3

Inhalt

Indice

Übersicht über die Infokästen mit italienischen Formulierungshilfen
(im italienisch-deutschen Wörterbuchteil)

Übersicht über die Infokästen mit deutschen Formulierungshilfen
(im deutsch-italienischen Wörterbuchteil)

Hinweise zur Benutzung des Wörterbuchs

Guida all'uso del dizionario

1. Schriftarten

Fettdruck	Stichwörter und Verweise
Halbfettdruck	Anwendungsbeispiele, Redewendungen und Ziffern
Grundschrift	Übersetzungen
Kursivschrift	Wortart und Genus, Indikatoren, Erklärungen und Definitionen
KAPITÄLCHEN	Sachgebiete

1. Caratteri usati

nero	lemmi e rimandi
neretto	esempi illustrativi, locuzioni e numeri romani e arabi
tondo	traduzioni
corsivo	categoria grammaticale, genere, indicatori, spiegazioni e definizioni
MAIUSCOLETTO	settore d'appartenenza

> **Dezember** [de'tsɛmbɐ] <-(s), -> *m* dicembre *m; s. a.* **April**
>
> **gemeinsam** I. *adj* comune; **der Gemeinsame Markt** (COM) il mercato comune; **mit jdm ~e Sache machen** far causa comune con qu II. *adv* (*mehrere betreffend*) in comune; (*zusammen*) insieme, assieme

> **risoluto, -a** [riso'lu:to] I. *pp di* **risolvere** II. *agg* resolut, resch *A*

2. Satzzeichen und Symbole

,	trennt Stichwortvarianten
	trennt die maskuline und feminine Form eines Wortes
	trennt gleichwertige Übersetzungen
;	steht zwischen nicht synonymen Übersetzungen; der Unterschied wird durch einen erklärenden Zusatz erläutert
:	steht zwischen einer Gebrauchsangabe und ihrer zusätzlichen Erklärung
~	ersetzt in Anwendungsbeispielen und Redewendungen das Stichwort
	bei Stichwörtern mit geklammerter Endung das Wort bis zur Klammer
-	ersetzt einen Teil des Stichworts, in spitzen Klammern auch das vollständige Stichwort

2. Interpunzione e simboli

,	separa varianti ortografiche di un lemma
	separa la forma maschile di una parola da quella femminile
	separa due traduzioni di ugual valore
;	separa traduzioni non sinonimiche; la differenza di significato viene ulteriormente specificata da aggiunte esplicative
:	separa gli indicatori da eventuali aggiunte esplicative
~	sostituisce il lemma negli esempi illustrativi e nelle locuzioni. Per alcune forme flesse viene data la tilde seguita dalla desinenza del femminile o del plurale
-	sostituisce il lemma o una parte del lemma

–	unterscheidet in Anwendungsbeispielen zwischen zwei Sprechern	–	negli esempi illustrativi, distingue tra due parlanti
~	steht bei einer ungefähren Entsprechung aufgrund kultureller Unterschiede	~	segnala un equivalente culturale nel caso non esista una traduzione diretta
()	in runden Klammern stehen Elemente, durch deren Weglassen sich die Bedeutung nicht ändert	()	tra parentesi tonde vengono posti elementi la cui omissione non modifica il significato di un'espressione
< >	in spitzen Klammern stehen grammatische und morphologische Angaben	< >	tra parentesi uncinate si trovano indicazioni grammaticali e morfologiche
[ ]	in eckigen Klammern stehen phonetische Angaben	[ ]	tra parentesi quadre si trova la trascrizione fonetica
	In Verbindung mit *o* zeigen eckige Klammern den Ersatz eines oder mehrerer Elemente durch andere an		In concomitanza con *o*, le parentesi quadre indicano la possibilità di sostituire uno o più elementi con altri.
®	kennzeichnet eingetragene Warenzeichen	®	Indica marchi registrati
RR	kennzeichnet die reformierte Schreibweise im Deutschen	RR	indica la grafia riformata in tedesco
ALT	kennzeichnet die alte Schreibweise im Deutschen	ALT	indica la vecchia grafia in tedesco

3. Stichwortanordnung – Makrostruktur

Alle Stichwörter sind **alphabetisch angeordnet.**

Im deutschen Teil werden die **Umlaute ä, ö, ü** wie die entsprechenden nicht umgelauteten Vokale behandelt, *ß* wie *ss.*

Stichwörter mit großen Anfangsbuchstaben folgen bei gleicher Schreibung solchen mit kleinen Anfangsbuchstaben.

Wo zwei **orthographische Varianten** eines Wortes alphabetisch nicht unmittelbar aufeinander folgen, wird jede als eigenes Stichwort behandelt. Es erfolgt in der Regel ein **Verweis** zu der ausführlich dargestellten Variante.

Die **feminine Form** ist in der Regel bei der maskulinen abgehandelt und an alphabetischer Stelle dann noch einmal als eigenes Stichwort mit **Verweis** aufgenommen, wenn sie alphabetisch nicht unmittelbar neben der maskulinen Form stehen würde.

3. Ordine alfabetico – Macrostruttura

I lemmi seguono un **ordine** rigorosamente **alfabetico.**

Nella sezione tedesca i lemmi con le **vocali ä, ö, ü** seguono quelli con le vocali *a, o, u* e quelli con la *ß* seguono quella con *ss.*

Per le coppie di omofoni la variante maiuscola segue quella minuscola.

Se due **varianti ortografiche** di una stessa parola non si susseguono in ordine alfabetico, ciascuna viene presentata come lemma a sé. Sotto una delle due voci ci sarà un **rimando** alla variante trattata con maggiore ampiezza.

Il femminile dei sostantivi viene trattato sotto il maschile. Nel caso le due forme non siano contigue, il femminile è stato inserito nel lemmario in ordine alfabetico con un **rimando** al maschile.

Epen *pl von* **Epos**
dachte ['daxtə] *1. u 3. pers sing imp von*
denken

---

buoi ['buɔːi] *pl di* **bue**
ho [ɔ] *1. pers sing pr di* **avere**[1]

Homographen (verschiedene Wörter gleicher Schreibung) werden durch hochgestellte arabische Ziffern unterschieden:

Gli **omografi** (parole diverse con la stessa grafia) sono contrassegnati da un esponente numerico.

> **Kiefer**[1] ['kiːfɐ] <-s, -> *m* (ANAT) mascella *f*
> **Kiefer**[2] <-, -n> *f* (BOT) pino *m;* **Kiefernwald** *m* pineta *f,* foresta *f* di pini

> **nettare**[1] ['nɛttare] *m* Göttertrank *m,* Nektar *m*
> **nettare**[2] [net'taːre] *vt* reinigen, putzen

4. Aufbau der Wörterbuchartikel – Mikrostruktur

4. Sviluppo delle voci – Microstruttura

Die einzelnen Wörterbuchartikel können durch **Zahlen** untergliedert sein.

Römische Ziffern kennzeichnen verschiedene Wortarten und Konstruktionsmöglichkeiten eines Verbs (*vt, vi, vr*).

A seconda della complessità le singole voci sono articolate in suddivisioni e sottosuddivisioni contrassegnate da **numeri.**

I **numeri romani** segnalano suddivisioni grammaticali.

> **seitdem** [zaɪt'deːm] **I.** *adv* da allora **II.** *konj* da quando
> **seitlich** **I.** *adj* laterale **II.** *adv* lateralmente, di lato **III.** *prp* +*gen* a lato di

> **schermire** [sker'miːre] <schermisco>
> **I.** *vt* schützen **II.** *vi* fechten **III.** *vr* **-rsi da qc** sich vor etw *dat* schützen; (*fig*) etw abwehren

Arabische Ziffern kennzeichnen verschiedene Bedeutungen eines Stichworts.

I **numeri arabi** servono a distinguere le diverse accezioni di un lemma.

> **Ebene** ['eːbənə] <-, n> *f* ❶ (*flaches Land*) pianura *f* ❷ (*fig: Niveau*) livello *m;* ...

> **fornace** [for'naːtʃe] *f* ❶ (TEC) Brennofen *m* ❷ (*stabilimento*) Ziegelei *f* ❸ (*fig: luogo caldo*) Backofen *m fam*

Feste Syntagmen, mehrgliedrige Ausdrücke, Anwendungsbeispiele, Redewendungen und **Sprichwörter** folgen nach den verschiedenen Bedeutungen eines Stichworts.

Redewendungen und Sprichwörter, die keiner Grundbedeutung des Stichworts zuzuordnen sind, werden im deutschen Teil mit dem Zusatz *Wend*, im italienischen mit dem Zusatz *loc* unter einer gesonderten arabischen Ziffer aufgeführt.

La fraseologia – **sintagmi fissi, espressioni costituiti da più elementi, esempi illustrativi, modi di dire** e **proverbi** – è stata di volta in volta inserita sotto l'accezione di pertinenza

Per comodità di consultazione locuzioni e proverbi non riducibili ad una sola accezione, sono stati raggruppati sotto una nuova suddivisione. contrassegnata da *Wend* nella sezione tedesca, e da *loc* in quella italiana.

5. Erklärende Zusätze

Sowohl in der Ausgangs- als auch in der Zielsprache können erklärende Zusätze die Bedeutung und Anwendung eines Wortes näher bestimmen:

– die **Bedeutung** eines Wortes wird durch Synonyme, Kollokatoren oder kurze Definitionen erläutert;

– **Sachgebietsangaben** wie z. B. film, MED, zoo, die besonders zur Unterscheidung verschiedener Bedeutungen verwendet werden;

– **Angaben zur regionalen Verbreitung** wie z. B. *südd, tosc, venez* zur Markierung der Wörter, Bedeutungen und Wendungen, die einem regionalen Gebrauch unterliegen;

– **Stilangaben** zur Markierung der Wörter, Bedeutungen und Wendungen, die keiner neutralen Stilebene angehören: *geh, form, fam, sl, vulg;*

– **rhetorische Angaben**, wenn eine besondere Sprechhaltung markiert wird: *fig, iron, pej, scherz.*

5. Sistema di indicatori

Sia per lingua di partenza che per quella d'arrivo è stato adottato un sistema di indicatori volti a precisare ulteriormente l'uso di un vocabolo:

– **il significato:** si tratta di sinonimi, brevi contesti, collocatori, spiegazioni e definizioni che hanno la funzione di delimitare le varie accezioni di un lemma e di distinguerle;

– **il settore d'appartenenza:** sono abbreviazioni in maiuscoletto, film, MED, zoo, volte ad evidenziare vocaboli, accezioni e locuzioni il cui uso è limitato ad un settore specifico;

– **la diffusione geografica:** sono abbreviazioni volte per evidenziare vocaboli, accezioni e locuzioni caratterizzati da un uso regionale, *südd, tosc, venez;*

– **il registro:** si tratta di indicazioni che servono ad evidenziare vocaboli, accezioni e locuzioni che si discostano da un uso neutrale della lingua: *form, fam, sl, vulg;*

– **lo stile** si tratta di indicazioni volte ad individuare un particolare atteggiamento linguistico nell'uso di un vocabolo: *fig, iron, pej, scherz.*

6. Grammatische und morphologische Angaben

6. Indicazioni grammaticali e morfologiche

Substantive

Sostantivi

Alle Substantive sind mit einer **Genusangabe** versehen: *m* (Maskulinum), *f* (Femininum) und im Deutschen auch *n* (Neutrum).

Per tutti i sostantivi viene fornita l'**indicazione del genere**: *m* (maschile), *f* (femminile) o *n* (neutro).

In spitzen Klammern werden die **Flexionsendungen** im **Genitiv Singular** und im **Nominativ Plural** angegeben. Fehlen bei zusammengesetzten Substantiven diese Angaben, so gelten auch hier die grammatischen Angaben des Grundworts.

Tra parentesi uncinate, vengono riportate le **desinenze delle forme flesse**. Nel caso di sostantivi composti valgono di norma le indicazioni riportate alla voce semplice.

> **Hase** ['haːzə] <-n, -n> *m* …
> **Staat** [ʃtaːt] <-(e)s, -en> *m* …
> **Globus** ['gloːbʊs] <- *o* -ses, Globen *o* Globusse> *m* …
> **Zone** ['tsoːnə] <-, -n> *f* zona *f*; …
> **Knautschzone** *f* …

> **bue** ['buːe] <buoi> *m* …
> **programma** [pro'gramma] <-i> *m* …
> **famiglia** [fa'miʎʎa] <-glie> *f* …
> **gioco** ['dʒɔːko] <-chi> *m* …
> **videogioco** [video'dʒɔːko] *m* …

Ein Bindestrich (-) ohne Endung bedeutet, dass die betreffende Form mit der im Nominativ gegebenen Grundform identisch ist.

Una lineetta (-) senza desinenza significa che la forma corrispondente è identica a quella del nominativo singolare.

> **Art** [aːɐt] <-, -en> *f* …
> **Mädchen** ['mɛːtçən] <-s, -> *n* …

> **film** [film] <-> *m* …
> **città** [tʃit'ta] <-> *f* Stadt *f*; …

Besteht das Stichwort aus einer maskulinen und einer femininen Form, so erscheinen die Flexionsendungen der femininen Form nach den Endungen der maskulinen Form:

Se il lemma presenta una forma maschile e una femminile, le forme flesse del femminile seguono quelle del maschile.

> **Lehrer(in)** <-s, -; -, -nen> *m(f)* …

Substantive oder einzelne Bedeutungen eines Substantivs mit der Angabe *pl* werden nur im Plural gebraucht.

Sostantivi o singole accezioni di un sostantivo con l'indicazione *pl* vengono usati solo al plurale.

Bei Substantiven, die nur im Singular verwendet werden steht *kein Pl* im deutschen Teil und *sing* im italienischen Teil.

I sostantivi che vengono usati solo al singolare hanno l'indicazione *kein Pl* nella sezione tedesca e *sing* nella sezione italiana.

Die **feminine Form** wird in der Regel bei der maskulinen Form abgehandelt und an alphabetischer Stelle dann noch einmal als eigenes Stichwort mit **Verweis** aufgenommen, wenn sie alphabetisch nicht direkt nach der maskulinen Form steht.

Il **femminile** dei sostantivi è stato trattato sotto il maschile. Nel caso le due forme non siano contigue, il femminile è stato inserito in ordine alfabetico nel lemmario con un **rimando** al maschile.

Arzt [artst, *pl:* 'ɛːɐ̯tstə] <-es, Ärzte> *m* …
Ärztin ['ɛːɐ̯tstɪn *o* 'ɛrtstɪn] <-, -nen> *f* dottoressa *f; s. a.* **Arzt**
Chefarzt *m*, **Chefärztin** *f* …
Schuldige <ein -r, -n, -n> *mf* …
Sieger(in) <-s, -; -, -nen> *m(f)* …

amico, -a [aˈmiːko] <-ci, -che> **I.** *m, f* …
autore, -trice [auˈtoːre] *m, f* …
conte, -essa [ˈkonte, konˈtessa] *m, f* …

Adjektive und Adverbien

Aggettivi ed avverbi

Adjektive sind in ihrer **unflektierten Form** angegeben.

Degli aggettivi è stata registrata la **forma indeclinata**.

Besitzt das deutsche Adjektiv keine unflektierte Form, wird es nach dem Muster *erste(r, s)* dargestellt.

Se l'aggettivo tedesco non presenta una forma indeclinata esso viene registrato secondo il modello *erste(r, s)*.

Bei den italienischen Adjektiven auf *-o* wird auch die **feminine Form** angegeben.

Per gli aggettivi italiani in *-o* è stata data la **desinenza del femminile**.

Die **Pluralangabe** in spitzen Klammern erfolgt nach denselben Regeln wie die der Substantive.

Le indicazioni del **plurale** sono state date fra parentesi uncinate, secondo le stesse regole usate per i sostantivi.

logico, -a [ˈlɔːdʒiko] <-ci, -che> *agg* …
biologico, -a [bioˈlɔːdʒiko] *agg* …
ricco, -a [ˈrikko] <-cchi, -cche> **I.** *agg* …
lungo, -a <-ghi, -ghe> *agg* …

Unveränderliche Adjektive werden mit <inv> gekennzeichnet.

L'indicazione <inv> segnala gli aggettivi invariabili.

beiderlei [ˈbaɪdɐˈlaɪ] <inv> *adj* di entrambe le specie; …

blu [blu] **I.** <inv> *agg* blau; …

Unregelmäßige Steigerungsformen und solche mit morphologischen Besonderheiten werden in spitzen Klammern angegeben.

Le **forme irregolari del comparativo e del superlativo** sono riportate fra parentesi uncinate.

rot [roːt] <-er *o* röter, -este *o* röteste> …

bene[1] [ˈbɛːne] <meglio, benissimo *o* ottimamente> …

Verben	**Verbi**
Die grammatischen Angaben *vt, vi* oder *vr* kennzeichnen ein Stichwort als Verb. Wird ein Verb in mehreren dieser Konstruktionsmöglichkeiten gebraucht, ist der Eintrag mit römischen Ziffern untergliedert.	Per i verbi è stata data l'indicazione di transitivo, intransitivo o riflessivo *vt, vi* o *vr.* I cambiamenti grammaticali sono contrassegnati da numeri romani.

> **zu|decken I.** *vt* **etw (mit etw)** ~ (ri)coprire qc (di qc) **II.** *vr* **sich** ~ coprirsi

> **scolorare** [skolo'raːre] **I.** *vt* avere ausbleichen **II.** *vr* **-rsi** verbleichen

| **Unregelmäßige Verbformen** werden in spitzen Klammern angegeben.
Im Deutschen werden die 3. Person Singular Präsens und Imperfekt sowie das Partizip Perfekt angegeben. | Le **forme irregolari** sono riportate tra parentesi uncinate.
Nella sezione tedesca sono state riportate la terza persona singolare del presente e dell'imperfetto ed il participio passato. |

> **lesen** ['leːzən] <liest, las, gelesen> ...

| **Im Italienischen** werden die 1. Person Singular Präsens und Passato Remoto sowie das Partizip Perfekt angegeben. | **Nella sezione italiana** sono state date la prima persona singolare del presente e del passato remoto e il participio passato. |

> **essere¹** ['ɛssere] <sono, fui, stato> ...
> **fare¹** ['faːre] <faccio, feci, fatto> ...

| In der Regel werden diese Formen noch einmal an alphabetischer Stelle als **Verweis** auf den Infinitiv aufgenommen, wenn sie alphabetisch nicht unmittelbar neben dieser Form stehen würden.
Bei deutschen Verben wird ein abtrennbares Präfix durch „|" gekennzeichnet. | Di regola queste forme sono state anche inserite nel lemmario in ordine alfabetico con un **rimando** alla forma dell'infinito, nel caso in cui non si trovino immediatamente vicine alla forma stessa dell'infinito.
Per i verbi tedeschi, una barra verticale „|" indica che il prefisso è separabile. |

> **durch|sagen** *vt* ...

| Verben, deren **Partizipform ohne** *ge-* gebildet wird, werden so dargestellt: | I verbi che formano **il participio senza** *ge-* vengono registrati come segue: |

> **studieren** [ʃtu'diːrən] <ohne ge-> *vt, vi* ...

Hilfsverben

Bei den Verben, die die **zusammengesetzten Zeiten** nicht ausschließlich mit *haben – avere* bilden, steht nach der Wortartangabe der Zusatz *sein – essere* bzw. *haben o sein – avere o essere.*

In Fällen, wo *haben* oder *sein* mit einem Unterschied in der Konstruktionsweise oder der Bedeutung verbunden ist, steht die Angabe jeweils vor der Differenzierung:

Ausiliari

Hanno l'indicazione *sein – essere* oppure *sein o haben – essere o avere* tutti i verbi che non formano i tempi composti con *haben – avere.* Qualora all'interno della voce si verificasse un cambio di ausiliare questo verrà segnalato all'inizio della suddivisione o accezione di pertinenza.

> **laufen** ['laufən] <läuft, lief, gelaufen> **I.** *vi*
> *sein* ...

> **saltare** [sal'taːre] **I.** *vi essere o avere*
> ❶ (*gener*) springen; ~ ... **II.** *vt avere*
> ❶ (*ostacolo*) überspringen; ...

Präpositionen

Ist eine Präposition Stichwort, wird im Deutschen der von ihr regierte Kasus angegeben.

Preposizioni

Nella sezione tedesca vengono sempre segnalati il caso o i casi retti dalle preposizioni lemmatizzazte.

> **angesichts** *prp +gen* ...
> **unter** ['ʊntɐ] *prp +acc o dat* ...

7. Berücksichtigung der Rechtschreibreform

Dieses Wörterbuch berücksichtigt die Neuregelung der deutschen Rechtschreibung.

Grundlage für die italienische Rechtschreibung ist die Schreibweise der gebräuchlichsten italienischen Wörterbücher. Im deutsch-italienischen Teil des Wörterbuchs werden Stichwörter sowohl in der neuen als auch in der alten Schreibung angegeben. Auf diese Weise soll der Übergangszeit Rechnung getragen werden, innerhalb derer beide Schreibungen – alt und neu – ihre Gleichberechtigung haben, zum anderen der Tatsache, dass eine große Menge literarischer Texte noch über diese Zeitspanne hinaus nach der alten Orthographie verfasst sein werden.

7. Adozione della riforma ortografica

Questo dizionario è stato compilato nel rispetto delle regole stabilite dalla riforma dell'ortografia tedesca.

Per agevolare l'utente, nella sezione tedesco-italiano, sono state registrate sia la nuova che la vecchia grafia. In questo modo si è voluto tener conto, da un lato della fase di transizione, durante la quale entrambe le grafie – vecchia e nuova – rimangono valide; dall'altro del fatto che anche in seguito molti testi letterari saranno scritti in base alle vecchie regole ortografiche.

Basiswörter	Lemmi di base

Neue Schreibungen werden mit ^{RR} gekennzeichnet, alte Schreibungen mit ^{ALT}. Folgen Neu- und Altschreibung alphabetisch nicht unmittelbar aufeinander, so wird ein Verweis von der alten zur neuen Schreibung gemacht.

La nuova grafia è contrassegnata da ^{RR}, la vecchia grafia da ^{ALT}. Se i lemmi non sono contigui, alla vecchia grafia ci sarà un rimando al lemma con la nuova grafia.

> **Gemse**^{ALT} <-, -n> *f s.* **Gämse**
> **Gämse**^{RR} ['gɛmzə] <-, -n> *f* (ZOO)
>   camozza *f*

Komposita	Lemmi composti

Von der Reform betroffene Komposita, die sich aus zwei sinntragenden Elementen zusammensetzen, werden lediglich in der neuen Schreibung erfasst und mit ^{RR} gekennzeichnet, vorausgesetzt, dass sich trotz der reformierten Schreibung nicht ihre ursprünglich alphabetische Stellung verändert. Die abgelöste Schreibung wird nicht nochmals aufgeführt.

I composti formati da due elementi portanti, sono stati riportati unicamente nella nuova grafia e contrassegnati da ^{RR}, a condizione che abbiano mantenuto la loro posizione alfabetica originaria anche nella grafia riformata. In questi casi, la vecchia grafia non è stata più registrata.

> **Ablassventil**^{RR} *n* (TEC) valvola *f* di scarico
> **Ablass**^{RR} <-es, Ablässe> *m,* **Ablaß**^{ALT}
>   ['aplas] <-lasses, Ablässe> *m* (REL) indul
>   genza *f*

Neu entstandene Syntagmen	Sintagmi di nuova formazione

Es gibt Verben und Adjektive, die nach der neuen Rechtschreibreform zu Syntagmen aufgespalten werden und deren Position sich somit von der Stichwort- auf die phraseologische Ebene verlagert. Um das Auffinden dieser Wörter zu garantieren, findet der Benutzer diese Wörter weiterhin als Stichwörter mit der Markierung ^{ALT} verzeichnet. Er wird an dieser Stelle auf die genaue Position verwiesen, wo er das neu entstandene Syntagma samt Übersetzung vorfindet.

La riforma prevede che alcuni verbi e aggettivi vengano separati in due sintagmi. Questi vocaboli sono stati registrati come locuzioni alla voce di pertinenza: Per facilità di consultazione si è deciso di lasciare nel lemmario, in ordine alfabetico, i sintagmi con la vecchia grafia, debitamente contrassegnati dal fondino blu e con un rimando alla voce sotto cui si trovano le locuzioni.

> **allgemeinverständlich**^{ALT} *s.* **allgemein**
>   **II.**; ...
> **allgemein** ['algə'maɪn] **I.** *adj* ... **II.** *adv*
>   ...; ~ **verständlich** comprensibile a tutti;
>   ...

Neu entstandene Verben und Adjektive

Schmelzen bisherige Syntagmen, die zuvor im Wendungsblock eines Stichwortes angesiedelt waren, zu einem Wort zusammen, werden diese als Stichwörter mit der Markierung [RR] aufgenommen.

Verbi e aggettivi di nuova formazione

Se due sintagmi fino ad ora registrati sotto la fraseologia di un unico lemma si fondono per formare una sola parola, questi vengono riportati come voci semplici e contrassegnati da [RR].

flussabwärts[RR] *adv* a valle

Haupt- und Nebenvarianten

In vielen Fällen ersetzt die reformierte Schreibweise nicht die bisherige Schreibung, sondern tritt lediglich als Variante neben diese. Sind beide Varianten gleichberechtigt, erhalten sie jeweils einen eigenen Eintrag samt Übersetzung. Wird zwischen einer Haupt- und Nebenvariante unterschieden, wird in der Regel von der Neben- zur Hauptvariante verwiesen, wo die Übersetzung steht.

Varianti principali e secondarie

In diversi casi l'ortografia riformata non sostituisce la grafia esistente bensì compare unicamente come variante di questa. Le varianti con identico valore sono state entrambe lemmatizzate. Per i casi in cui si distingue tra una variante principale e secondaria, sotto quest'ultima si troverà un rimando a quella principale.

Autobiografie[RR] [aʊtobiogra'fiː] *f* autobiografia *f*
Autobiographie *f s.* **Autobiografie**

Liste der Abkürzungen

Lista delle abbreviazioni

deutsch-italienisch
tedesco-italiano

italienisch-deutsch
italiano-tedesco

a	auch	anche	*a*
A	österreichisch	austriaco	*A*
abk v	Abkürzung	abbreviazione	*abbr di*
acc	Akkusativ	accusativo	*acc*
	Akronym	acronimo	*acro di*
adj	Adjektiv	aggettivo	
ADM	Verwaltung	amministrazione	ADM
adv	Adverb	avverbio	
AERO	Luftfahrt	aeronautica	AERO
	Adjektiv	aggettivo	*agg*
AGR	Landwirtschaft	agricoltura	AGR
akr v	Akronym	acronimo	
allg	allgemein	generalmente	
ANAT	Anatomie	anatomia	ANAT
ARCH	Architektur	architettura	ARCH
art def	bestimmter Artikel	articolo definito	*art det*
art indef	unbestimmter Artikel	articolo indefinito	*art indet*
ASTR	Astrologie, Astronomie	astrologia, astronomia	ASTR
attr	attributiv	attributivo	*attr*
AUTO	Automobil	automobile	AUTO
	Adverb	avverbio	*avv*
bes	besonders	specialmente	
BIOL	Biologie	biologia	BIOL
BOT	Botanik	botanica	BOT
BRD	bundesdeutsch (nicht als Gegensatz zu „DDR", sondern zu „A" oder „CH")	solamente nella RFG	*BRD*
CH	schweizerisch	svizzero	*CH*
CHEM	Chemie	chimica	CHEM
COM	Handel	commercio	COM
	Konjunktion	congiunzione	*cong*
conj	Konjunktiv	congiuntivo	*conj*
dat	Dativ	dativo	*dat*
DDR	polit. Term. aus der DDR	termine politico della RDT	*DDR*
dial	mundartlich	dialettale	*dial*
ECO	Umwelt, Ökologie	ecologia	ECO
etw	etwas	qualcosa	
EL	Elektrizität	elettricità	EL
EU	Europäische Union	Unione europea	EU
f	feminin	femminile	*f*
fam	familiär, umgangssprachlich	familiare	*fam*

FERR	Eisenbahn	ferrovia	FERR
fig	übertragen, figurativ	figurato	*fig*
FILM	Film, Kino	film	FILM
FIN	Finanzen, Banken	finanza	FIN
fior	florentinisch	fiorentino	*fior*
FOTO	Fotografie	fotografia	FOTO
form	formell, Amtssprache	burocratico, amministrazione	*form*
GASTR	Gastronomie	gastronomia	GASTR
geh	gehobene Ausdrucksweise	linguaggio elevato	*geh*
gen	Genitiv	genitivo	*gen*
	allgemein	generalmente	*gener*
GEOG	Geografie	geografia	GEOG
GEOL	Geologie	geologia	GEOL
HIST	Geschichte	storia, storico	HIST
imp	Imperfekt	imperfetto	*imp*
ind	Indikativ	indicativo	*ind*
inf	Infinitiv	infinito	*inf*
INFORM	Informatik	informatica	INFORM
int	Interjektion	interiezione	*int*
inv	unveränderlich	invariabile	*inv*
iron	ironisch	ironico	*iron*
irr	unregelmäßig	irregolare	*irr*
jd	jemand	qualcuno	
jdm	jemandem	a qualcuno	
jdn	jemanden	qualcuno	
jds	jemandes	di qualcuno	
JUR	Recht, Jura	giurisprudenza	JUR
konj	Konjunktion	congiunzione	
KUNST	Kunst	arte	KUNST
LING	Linguistik, Grammatik	linguistica, grammatica	LING
LIT	Literatur	letteratura	LIT
	Wendung	locuzione	*loc*
lomb	lombardisch	lombardo	*lomb*
m	maskulin	maschile	*m*
MAR	Marine	marina	MAR
MAT	Mathematik	matematica	MAT
MED	Medizin	medicina	MED
mer	süditalienisch	meridionale	*mer*
METEO	Meteorologie	meteorologia	METEO
MIL	Militär, Armee, Heer	militare	MIL
MIN	Mineralogie	mineralogia	MIN
MOT	Kfz-Wesen	motori, traffico	MOT
MUS	Musik	musica	MUS
n	neutrum	neutro	*n*
napol	neapoletanisch	napoletano	*napol*
NAUT	Seefahrt, Nautik	nautica	NAUT
nom	Nominativ	nominativo	*nom*
nordd	norddeutsch	Germania settentrionale	*nordd*
num	Zahlwort	numerale	*num*

o	oder	o	*o*
obs	obsolet, veraltet	obsoleto, poco usato	*obs*
OPT	Optik	ottica	OPT
ostd	ostdeutsch	Germania orientale	*ostd*
PARL	Parlament	parlamento	PARL
	Passato Remoto	passato remoto	*pass rem*
pej	pejorativ	peggiorativo	*pej*
PHILOS	Philosphie	filosofia	PHILOS
PHYS	Physik	fisica	PHYS
piem	piemontesisch	piemontese	*piem*
pl, Pl	Plural	plurale	*pl*
poet	literarisch, poetisch	poetico, letterario	*poet*
POL	Politik	politica	POL
pp	Partizip Perfekt	participio passato	*pp*
ppres	Partizip Präsens	participio presente	*ppres*
pr	Präsens	presente	*pr*
pron	Pronomen	pronome	*pron*
pron dem	Demonstrativpronomen	pronome dimostrativo	*pron dim*
pron indef	Indefinitpronomen	pronome indefinito	*pron indef*
pron inter	Interrogativpronomen	pronome interrogativo	*pron inter*
pron pers	Personalpronomen	pronome personale	*pron pers*
pron poss	Possessivpronomen	pronome possessivo	*pron poss*
pron ref	Reflexivpronomen	pronome riflessivo	*pron rifl*
pron rel	Relativpronomen	pronome relativo	*pron rel*
prov	sprichwörtlich, Sprichwort	proverbiale, proverbio	*prov*
prp	Präposition	preposizione	*prp*
PSYCH	Psychologie	psicologia	PSYCH
PUBL	Werbung	pubblicità	PUBL
	etwas	qualcosa	qc
	jemand	qualcuno	qu
RADIO	Rundfunk	radiofonia	RADIO
rar	selten	raro	*rar*
REL	Religion	religione	REL
s.	siehe	vedi	
scherz	scherzhaft, Humor	scherzoso	*scherz*
SCIENT	Wissenschaft	scienza	SCIENT
sett	norditalienisch	settentrionale	*sett*
sicil	sizilianisch	siciliano	*sicil*
sing	Singular	singolare	*sing*
sl	Slang, Jargon	slang, gergo	*sl*
SOC	Soziologie	sociologia	SOC
	besonders	specialmente	*spec*
SPORT	Sport	sport	SPORT
südd	süddeutsch	Germania meridionale	*südd*
TEC	Technik, Technologie	tecnica, tecnologia	TEC
TEL	Telekommunikation	telecomunicazione	TEL
THEAT	Theater	teatro	THEAT
tosc	toskanisch	toscano	*tosc*
TV	Fernsehen	televisione	TV

TYP	Druckwesen	stampa, tipografia	TYP
UNIV	Universität	università	UNIV
	siehe	vedi	v.
venez	venezianisch	veneziano	*venez*
vi	intransitives Verb	verbo intransitivo	*vi*
vr	reflexives Verb	verbo riflessivo	*vr*
vt	transitives Verb	verbo transitivo	*vt*
vulg	vulgär	volgare	*vulg*
Wend	Wendung	locuzione	
WIRTSCH	Wirtschaft	economia	
ZOO	Tierkunde	zoologia	ZOO

Verwendete Lautschriftzeichen

Segni usati per la trascrizione fonetica

Die deutsche Phonetik

La fonetica italiana

[:]	Längezeichen
[']	Betonungszeichen
[ʔ]	Knacklaut
[ɐ]	Leber
[ã]	Chanson
[ã:]	Chance, Ensemble
[ɑ:]	Hardware
[æ]	Gangway
[ʌ]	Publicrelations
[aɪ]	Hai, mein, Reihe, Bayern
[aʊ]	Maus, rau
[ç]	ich, König
[dʒ]	Dschungel, Jazz
[ɛ]	fällen, Bett
[ɛ:]	Refrain, Pointe
[ə]	Katze
[ɪ]	bitte
[ʒ]	Genie
[ŋ]	fangen, Anker
[ǫ]	Pointe
[õ]	Fondue
[ɔ]	offen
[ø]	Ökologie
[œ]	öffnen
[ɔɪ]	neu, Joint, Boykott
[ʃ]	schauen, Stein
[ts]	Zoo, Lotse, Katze, Skizze
[tʃ]	Matsch
[θ]	Thriller
[ʊ]	Butter
[w]	Gangway
[x]	Nacht
[y:]	Tüte, früh, Zyklus
[ɣ]	Hütte, Hymne
[z]	Hase

[:]	Segno della lunghezza vocale
[']	Accento tonico
[ã]	pendant
[ɐ]	piranha
[æ]	match
[ʌ]	pick-up
[ai]	nightclub
[au]	round
[ç]	Liechtenstein
[dʒ]	gente, già
[dz]	zero
[ɛ]	ecco
[ə]	Mister
[ei]	Playback
[j]	maquillage
[ʎ]	gli
[ŋ]	rango
[ɲ]	Gnocchi
[ɲɲ]	ogni
[ɔ]	otto
[õ]	pardon
[ø:]	föhn
[œ:]	chauffeur
[ou]	Motorscooter
[ɔi]	playboy
[tʃ]	pace, cielo
[ts]	Terzo
[ʃ]	scendere, scienza
[w]	walkman
[y]	parvenu
[y:]	ouverture
[ɣ]	kümmel
[z]	viso

A

A, a [a] <-> *f* A, a *n;* **dall'~ alla zeta** von A bis Z; **~ come Ancona** A wie Anton

a *abbr di* **anno** J.

a [a] <al, allo, all', alla, ai, agli, alle> *prp* ❶ *(stato in luogo)* in +*dat,* auf +*dat;* *(vicino a)* an +*dat,* bei +*dat,* zu +*dat;* **al mare** am Meer; **al mercato** auf dem Markt; **~ Trieste** in Triest; **sono ~ casa** ich bin zu Hause; **~ 20 chilometri da Torino** 20 Kilometer von Turin entfernt; **~ pagina cinque** auf Seite fünf ❷ *(moto a luogo)* in +*acc,* auf +*acc,* an +*acc,* nach +*dat,* zu +*dat;* **al mare** ans Meer; **al mercato** auf den Markt; **~ Trieste** nach Triest ❸ *(tempo)* in +*dat,* zu +*dat;* *(con riferimento all'ora)* um +*acc;* **~ domani** bis morgen; **~ marzo** im März; **~ mezzogiorno** am Mittag; **due volte al giorno** zweimal am Tag; **alle sette** um sieben (Uhr); **al venerdì** freitags; **dall'oggi al domani** von heute auf morgen ❹ *(con prezzo)* zu +*dat* ❺ *(complemento di termine)* si traduce con il dativo; **lo regalo ~ Giuseppe** ich schenke es Giuseppe *dat* ❻ *(età)* **~ vent'anni** mit zwanzig Jahren ❼ *(proposizione finale)* **andare ~ ballare** tanzen gehen; **andare ~ nuotare** schwimmen gehen ❽ *(GASTR)* **cotoletta alla milanese** Schnitzel nach Mailänder Art ❾ *(mezzo)* **lavorare ~ macchina** mit der Maschine arbeiten; **~ cavallo** zu Pferd; **~ piedi** zu Fuß ❿ *(velocità)* **correre ~ 120 chilometri l'ora** (mit) 120 Stundenkilometer(n) fahren ⓫ *(MAT)* **due al quadrato** zwei zum Quadrat, zwei hoch zwei ⓬ *(loc)* **~ uno ~ uno** einzeln; **~ due ~ due** paarweise, zu zweit

A ❶ *abbr di* **Austria** A ❷ *abbr di* **autostrada** A ❸ *abbr di* **ampère** A

Aarau ['a:rau] *f* Aarau *n*

AAST *abbr di* **Azienda Autonoma di Soggiorno e Turismo** *italienischer Fremdenverkehrsverein*

AA.VV. *abbr di* **Autori Vari** verschiedene Autoren

abaco ['a:bako] <-chi> *m* (HIST, ARCH) Abakus *m,* Rechenbrett *n*

abate [a'ba:te] *m* Abt *m*

abat-jour [aba'ʒu:r] <-> *m* Lampenschirm *m;* *(lampada)* Lampe *f* mit Schirm

abbacchiare [abbak'kia:re] **I.** *vt* (*fig*) entmutigen **II.** *vr* **-rsi** niedergeschlagen [*o* betrübt] werden

abbacchiato [abbak'kia:to] *agg* niederge-

schlagen

abbacchio [ab'bakkio] <-cchi> *m* (*Lazio*) Lamm(fleisch) *n*

abbacinamento [abbatʃina'mento] *m* ❶ *(abbagliamento)* Blendung *f* ❷ *(fig: inganno, illusione)* Verblendung *f,* Täuschung *f;* **abbacinare** [abbatʃi'na:re] *vt* ❶ *(abbagliare)* blenden ❷ *(fig: illudere)* verblenden, täuschen

abbaco ['abbako] *v.* abaco

abbagliamento [abbaʎʎa'mento] *m* ❶ *(abbacinamento)* Blendung *f* ❷ *(fig: sbaglio)* Verwirrung *f;* **abbagliante** [abbaʎʎante] *agg (luce)* blendend; **abbaglianti** [abbaʎʎanti] *mpl* (AUTO) Fernlicht *n;* **abbagliare** [abbaʎʎa:re] *vt essere* ❶ *(luce)* blenden ❷ *(fig: ingannare)* verwirren; **abbaglio** [ab'baʎʎo] <-gli> *m* Versehen *n,* Fehler *m;* **prendere un ~** einen Fehler machen

abbaiare [abba'ia:re] *vi* bellen; **~ alla luna** (*fig*) den Mond anbellen

abbaino [abba'i:no] *m* Dachfenster *n;* *(soffitta)* Mansarde *f*

abbaio [abba:io] <-ai> *m* Gebell *n,* Bellen *n*

abbandonare [abbando'na:re] **I.** *vt* ❶ *(lasciare)* verlassen; *(non aiutare)* im Stich lassen ❷ *(per trascuratezza)* vernachlässigen ❸ *(rinunciare a)* aufgeben ❹ *(reclinare)* sinken lassen ❺ *(allentare)* lockern, loslassen, auslassen *A* **II.** *vr* **-rsi** *(a fig)* sich gehen lassen; **-rsi a un vizio** sich einem Laster hingeben; **abbandonato, -a** [abbando'na:to] *agg* verlassen; *(trascurato)* vernachlässigt; **~ a sé stesso** sich *dat* selbst überlassen; **a briglie -e** ungezügelt; **abbandono** [abban'do:no] *m* ❶ *(l'abbandonare)* Verlassen *n* ❷ *(trascuratezza)* Vernachlässigung *f;* **cadere in ~** vernachlässigt werden; *(casa)* verfallen; *(giardino)* verwildern ❸ *(rinuncia)* Aufgabe *f* ❹ *(rilassamento)* Hingabe *f;* **in un momento di ~** in einem schwachen Augenblick

abbarbagliamento [abbarbaʎʎa'mento] *m* Blendung *f;* **abbarbagliare** [abbarbaʎʎa:re] *vt* blenden

abbarbicare [abbarbi'ka:re] **I.** *vi* Wurzeln schlagen **II.** *vr* **-rsi** ❶ (BOT) Wurzeln schlagen ❷ *(fig: radicarsi)* Wurzeln schlagen, sich festsetzen, Fuß fassen

abbarbicarsi [abbarbi'kar:si] *vr* ❶ (BOT) Wurzeln schlagen ❷ *(fig: radicarsi)* Fuß

fassen
abbassalingua [abbassa'liŋgua] <-> *m* (MED) (Zungen)spachtel *m*
abbassamento [abbassa'mento] *m* (*di prezzi*) Senkung *f;* (*di temperatura*) Sinken *n;* (*di voce*) Senken *n;* (*d'intensità*) Abschwächen *n;* **abbassare** [abbas'sa:re] I. *vt* ❶ (*mettere più in basso*) niedriger machen; (*finestrino*) aufmachen ❷ (*prezzo, voce, temperatura*) senken; (*radio*) leiser stellen; (*tasto*) drücken; (*bandiera*) einholen; ~ **i fari** abblenden; ~ **gli occhi** den Blick senken; ~ **le armi** (*fig*) die Waffen strecken; ~ **la cresta** (*fig*) klein beigeben II. *vr* **-rsi** (*chinarsi*) sich bücken; (*fig: umiliarsi*) sich erniedrigen; (*calare*) sinken; (*barometro, temperatura*) fallen; (*sole*) sich neigen; **abbasso** [ab'basso] *avv* (*stato*) unten; (*moto*) herunter, hinunter; ~ ...! nieder mit ...!
abbastanza [abbas'tantsa] I. *avv* ❶ (*a sufficienza*) genug; **averne** ~ **di qu/qc** von jdm/etw genug haben ❷ (*alquanto*) ziemlich II.<inv> *agg* (*a sufficienza*) genug, genügend
abbattere [ab'battere] I. *vt* ❶ (*alberi*) fällen, schlägern *A;* (*muri*) einreißen ❷ (*uccidere*) töten; (*bestie al macello*) schlachten; (*selvaggina*) erlegen ❸ (*aereo*) abschießen ❹ (*fig: prostrare*) niederschlagen; (*malattia*) niederwerfen ❺ (*fig: rovesciare*) stürzen II. *vr* **-rsi** (*cadere di schianto*) (auf)prallen; (*piombare addosso*) prallen; (*fig: accasciarsi*) niedergeschlagen sein; **abbattimento** [abbatti'mento] *m* ❶ (*di alberi*) Fällen *n*, Schlägern *n A;* (*di case*) Abriss *m* ❷ (*di bestie al macello*) Schlachten *n;* (*di selvaggina*) Erlegen *n* ❸ (*di aereo*) Abschuss *m* ❹ (*fig: prostrazione*) Niedergeschlagenheit *f;* (*da malattia*) Schwächung *f* ❺ (*fig: rovesciamento*) Umsturz *m;* **abbattitore, -trice** [abbatti'to:re] *m, f* Holzfäller(in) *m(f)*, Holzhacker(in) *m(f) A*
abbazia [abbat'tsi:a] <-ie> *f* Abtei *f;* **abbaziale** [abbat'tsia:le] *agg* Abtei-, Abt-
abbecedario [abbetʃe'da:rio] <-i> *m* Fibel *f*, Abc-Buch *n*
abbellimento [abbelli'mento] *m* ❶ (*il rendere più bello*) Verschönerung *f* ❷ (*ornamento*) Verzierung *f*, Aufputz *m A* ❸ (MUS) Koloratur *f;* **abbellire** [abbel'li:re] <abbellisco> I. *vt* ❶ (*rendere più bello*) verschönern ❷ (*ornare*) verzieren, schmücken ❸ (*fig: racconto*) ausschmücken II. *vr* **-rsi** sich schön machen
abbeveraggio [abbeve'raddʒo] <-ggi> *m* Tränken *n*

abbeverare [abbeve'ra:re] I. *vt* tränken II. *vr* **-rsi** seinen Durst stillen, trinken; **abbeveratoio** [abbevera'to:io] <-oi> *m* Tränke *f*
abbi, abbia ['abbi, 'abbia] *conj di* **avere**
abbiccì [abbit'tʃi] <-> *m* ❶ (*alfabeto*) Abc *n* ❷ (*sillabario*) Fibel *f* ❸ (*fig: primi elementi*) Abc *n*, Grundbegriffe *mpl*
abbiente [ab'biɛnte] I. *agg* wohlhabend II. *mf* Begüterte(r) *f(m);* **i non -i** die Mittellosen
abbietto [ab'biɛtto] *v.* **abietto**
abbigliamento [abbiʎʎa'mento] *m* (Be)kleidung *f;* (*indumenti*) Kleidungsstücke *npl;* **abbigliare** [abbiʎ'ʎa:re] I. *vt* kleiden II. *vr* **-rsi** sich kleiden
abbinamento [abbina'mento] *m* Kopp(e)lung *f*, Verbindung *f;* (*di colori, abiti*) Kombination *f;* **abbinare** [abbi'na:re] *vt* koppeln, verbinden; (*di colori, abiti*) kombinieren
abbindolamento [abbindola'mento] *m* Umgarnung *f*, Täuschung *f*, Betrug *m*
abbindolare [abbindo'la:re] *vt* an der Nase herumführen; **abbindolatore, -trice** [abbindola'to:re] *m, f* Schwindler(in) *m(f)*, Betrüger(in) *m(f)*
abbioccato, -a [abbiok'ka:to] *agg* müde; **abbiocco** [ab'biɔkko] <-cchi> *m* (*fam*) Müdigkeitsanfall *m*
abbisognare [abbizoɲ'ɲa:re] *vi* ~ **di qc** etw brauchen
abboccamento [abbokka'mento] *m* Unterredung *f;* **abboccare** [abbok'ka:re] I. *vt* (TEC) zusammenstecken II. *vi* ❶ (*pesce, a fig*) anbeißen ❷ (TEC: *combaciare*) ineinander passen III. *vr* **-rsi** eine Unterredung haben
abboccato, -a [abbok'ka:to] *agg* ❶ (*vino*) vollmundig ❷ (*persona*) beim Essen nicht wählerisch, nicht heikel *A*
abboccatura [abbokka'tu:ra] *f* ❶ (*di tubi*) Anschluss *m* ❷ (*di recipienti*) Öffnung *f*
abbonamento [abbona'mento] *m* ❶ (*a un giornale, a teatro*) Abonnement *n;* **fare l'~ a qc** etw abonnieren ❷ (*ferroviario, tranviario*) Dauerkarte *f* ❸ (*prezzo*) Bezugspreis *m*
abbonare [abbo'na:re] I. *vt* ❶ (*defalcare*) erlassen ❷ (*fig: perdonare*) ~ **qc a qu** jdm etw vergeben ❸ (*fare un abbonamento*) abonnieren; ~ **qu a una rivista** für jdn eine Zeitschrift abonnieren II. *vr* **-rsi a un giornale** eine Zeitung abonnieren; **abbonato, -a** [abbo'na:to] I. *agg* abonniert; **essere ~ a un giornale** eine Zeitung abonniert haben II. *m, f* Abonnent(in) *m(f);* ~ **al teatro** Theaterabonnent *m;* ~ **al telefono**

Fernsprechteilnehmer *m;* ~ **alla TV** Fernsehteilnehmer *m*
abbondante [abbon'dante] *agg* reichlich, üppig; (*vestito*) weit; **tre metri -i** gut drei Meter; **abbondanza** [abbon'dantsa] *f* Überfluss *m,* Fülle *f;* **in** ~ im Überfluss; **abbondare** [abbon'da:re] *vi* ❶ (*essere in grande quantità*) im Überfluss vorhanden sein ❷ (*eccedere*) ~ **in qc** mit etw übertreiben; ~ **di** reichlich enthalten
abbonire [abbo'ni:re] **I.** *vt* ❶ (*persona*) besänftigen ❷ (*terreno*) verbessern, aufbereiten **II.** *vr* **-rsi** sich beruhigen
abbono [ab'bɔ:no] *v.* **abbuono**
abbordabile [abbor'da:bile] *agg* ❶ (*spesa*) tragbar ❷ (*persona*) zugänglich
abbordaggio [abbor'daddʒo] <-ggi> *m* ❶ (NAUT) Entern *n* ❷ (*fig: approccio*) Annäherungsversuch *m;* **abbordare** [abbor'da:re] *vt* ❶ (NAUT) entern ❷ (*fam: persona*) ansprechen, anmachen *fam* ❸ (*fig: affrontare*) angehen, in Angriff nehmen; **abbordo** [ab'bordo] *m* Annäherung *f;* **di facile** ~ zugänglich
abborracciamento [abborrattʃa'mento] *m* Schludrigkeit *f*
abborracciare [abborrat'tʃa:re] *vt* pfuschen, schludern; **abborracciatore, -trice** [abborrattʃa'to:re] *m, f* Pfuscher(in) *m(f);* **abborracciatura** [abborrattʃa'tu:ra] *f* Pfusch *m,* Schluderarbeit *f;* **abborraccione, -a** [abborrat'tʃo:ne] *m, f* Schludrian *m,* Pfuscher(in) *m(f)*
abbottonare [abbotto'na:re] **I.** *vt* zuknöpfen **II.** *vr* **-rsi** (*fig fam*) sich verschließen; **abbottonato, -a** [abbotto'na:to] *agg* (*a fig fam*) zugeknöpft; **abbottonatura** [abbotton a'tu:ra] *f* ❶ (*chiusura*) Zuknöpfen *n* ❷ (*serie di bottoni*) Knopfreihe *f*
abbozzare [abbot'tsa:re] *vt* ❶ (*disegno, romanzo*) skizzieren, entwerfen ❷ (*fig: accennare*) andeuten; ~ **un sorriso** ein Lächeln andeuten; **abbozzo** [ab'bɔttso] *m* Skizze *f,* Entwurf *m;* ~ **di legge** (JUR) Gesetzentwurf
abbracciare [abbrat'tʃa:re] **I.** *vt* ❶ (*con le braccia*) umarmen ❷ (*fig: contenere*) umfassen ❸ (*fig: causa*) vertreten; (*fede*) sich bekennen zu **II.** *vr* **-rsi** sich umarmen; **abbraccio** [ab'brattʃo] <-cci> *m* Umarmung *f*
abbrancare [abbraŋ'ka:re] **I.** *vt* fest anpacken **II.** *vr* **-rsi a qc** sich an etw *acc* (an)klammern
abbreviamento [abbrevia'mento] *m* (Ab)kürzung *f*

abbreviare [abbre'via:re] *vt* (ab-, ver)kürzen; **abbreviativo, -a** [abbre'via'ti:vo] *agg* kürzend, Kürzungs-; **abbreviatura** [abbrevia'tu:ra] *f* (Ab)kürzung *f;* **abbreviazione** [abbreviat'tsio:ne] *f* (*riduzione*) (Ab)kürzung *f*
abbrivare [abbri'va:re] **I.** *vt* (NAUT) beschleunigen **II.** *vi* Fahrt aufnehmen; **abbrivo** [ab'bri:vo] *m* ❶ (NAUT) Fahrt *f;* **prendere l'**~ in Fahrt [*o* Schwung] kommen ❷ (*fig: spinta*) Anstoß *m;* **dare l'**~ den Anstoß geben
abbronzante [abbron'dzante] **I.** *agg* bräunend **II.** *m* Bräunungsmittel *n;* **abbronzare** [abbron'dza:re] **I.** *vt* ❶ (*metalli*) bronzieren ❷ (*epidermide*) bräunen **II.** *vr* **-rsi** sich bräunen; **abbronzato, -a** [abbron'dza:to] *agg* braun (gebrannt); **abbronzatura** [abbrondza'tu:ra] *f* ❶ (*atto*) Bräunen *n* ❷ (*effetto*) Bräune *f*
abbruciacchiare [abbrutʃak'kia:re] *vt* ansengen, versengen
abbrunare [abbru'na:re] **I.** *vt* mit (einem) Trauerflor [*o* Trauerrand] versehen **II.** *vr* **-rsi** Trauerkleidung tragen
abbrustolimento [abbrustoli'mento] *m* Rösten *n,* Röstung *f*
abbrustolire [abbrusto'li:re] <abbrustolisco> **I.** *vt* rösten **II.** *vr* **-rsi** (*scherz: al sole*) sich rösten
abbrutimento [abbruti'mento] *m* Verrohung *f;* **abbrutire** [abbru'ti:re] <abbrutisco> *vt, vr* **-rsi** verrohen
abbruttire [abbrut'ti:re] <abbruttisco> **I.** *vt avere* hässlich machen **II.** *vi essere* hässlich werden
abbuffarsi [abbuf'farsi] *vr* (*fam*) reinhauen; **abbuffata** [abbuf'fa:ta] *f* Völlerei *f;* **fare un'**~ sich voll stopfen
abbuiare [abbu'ia:re] **I.** *vt* ❶ (*oscurare*) verdunkeln ❷ (*fig: mettere a tacere*) verschleiern **II.** *vr* **-rsi** (*oscurarsi*) sich verdunkeln; (*fig: incupirsi*) sich verdüstern
abbuonare [abbuo'na:re] *v.* **abbonare**
abbuono [ab'buɔ:no] *m* (*di prezzo*) Nachlass *m,* Rabatt *m*
abburattare [abburat'ta:re] *vt* beuteln
abdicare [abdi'ka:re] *vi* abdanken; **abdicazione** [abdikat'tsio:ne] *f* Abdankung *f;* **l'**~ **a una missione** den Rücktritt von einem Auftrag; ~ **al trono** Thronverzicht *m*
aberrazione [abberrat'tsio:ne] *f* Abweichung *f;* ~ **morale** Fehltritt *m;* ~ **mentale** (MED) geistige Verwirrung
abetaia [abe'ta:ia] <-aie> *f* Tannenwald *m*
abete [a'be:te] *m* Tanne *f;* ~ **bianco** Edeltanne *f;* ~ **rosso** Fichte *f*
abiettezza [abiet'tettsa] *f* Gemeinheit *f,*

Verworfenheit *f*
abietto, -a [a'biɛtto] *agg* gemein, niederträchtig; **abiezione** [abiet'tsio:ne] *f* Gemeinheit *f*, Niederträchtigkeit *f*
abile ['a:bile] *agg* ❶ (*idoneo*, MIL) tauglich; **essere ~ al lavoro pesante** zu schwerer Arbeit tauglich sein ❷ (*esperto*) fähig; **~ negli affari** geschäftstüchtig ❸ (*accorto*) gewandt, geschickt; **abilità** [abili'ta] <-> *f* Geschicklichkeit *f*, Fähigkeit *f*
abilitante [abili'tante] *agg* befähigend, qualifizierend; **esame ~** Befähigungs-, Qualifikationsprüfung *f*; **corso ~** Befähigungs-, Qualifikationskurs *m*; **abilitare** [abili'ta:re] I. *vt* befähigen II. *vr* **-rsi** sich qualifizieren; **abilitato, -a** [abili'ta:to] I. *agg* geprüft, zugelassen II. *m*, *f* (Lehr)berechtigte(r) *f*/*m*/; **abilitazione** [abilitat'tsio:ne] *f* Befähigung *f*, Qualifizierung *f*; **~ all'insegnamento** Lehrbefähigung *f*
abissale [abis'sa:le] *agg* ❶ (*degli abissi marini*) Tiefsee- ❷ (*fig: profondo*) abgrundtief
abisso [a'bisso] *m* (*a fig*) Abgrund *m*; (*grande differenza*) Unterschied *m* wie Tag und Nacht
abitabile [abi'ta:bile] *agg* bewohnbar; **abitabilità** <-> *f* Bewohnbarkeit *f*; **permesso di ~** Baugenehmigung *f*
abitacolo [abi'ta:kolo] *m* (MOT) Kabine *f*; (AERO) Cockpit *n*
abitante [abi'tante] *mf* Einwohner(in) *m(f)*; (*di casa, appartamento*) Bewohner(in) *m(f)*
abitare [abi'ta:re] I. *vt* bewohnen II. *vi* wohnen; **~ a Firenze** in Florenz wohnen; **~ in campagna** auf dem Land wohnen
abitativo, -a [abita'ti:vo] *agg* Wohn-, Wohnungs-; **edilizia -a** Wohnungsbau *m*
abitato [abi'ta:to] *m* bewohntes Gebiet, (*villaggio*) Ortschaft *f*
abitato, -a *agg* bewohnt; (*popolato*) bevölkert; **abitatore, -trice** [abita'to:re] *m*, *f* Bewohner(in) *m(f)*; **abitazione** [abitat'tsio:ne] *f* Wohnung *f*; (*casa*) Wohnhaus *n*; **~ popolare** Sozialwohnung *f*; **~ di proprietà** Eigentumswohnung *f*
abito ['a:bito] *m* Kleidung *f*; (*da cerimonia*) Gewand *n*; (*da donna*) Kleid *n*; (*da uomo*) Anzug *m*; **~ borghese** Zivil *n*; **l'~ non fa il monaco** (*prov*) die Kutte macht noch keinen Mönch; **prendere l'~** (*fig*) ins Kloster gehen
abituale [abitu'a:le] *agg* gewohnt, üblich; **cliente ~** Stammkunde, -kundin *m*, *f*; **abitualmente** [abitual'mente] *avv* gewöhnlich
abituare [abitu'a:re] I. *vt* **~ qu a qc** jdn an

etw *acc* gewöhnen II. *vr* **-rsi a qc** sich an etw *acc* gewöhnen; **abituato, -a** [abitu'a:to] *agg* gewöhnt; **essere ~ a qc** an etw *acc* gewöhnt sein; **abitudinario, -a** [abitudi'na:rio] <-i, -ie> I. *agg* Gewohnheits- II. *m*, *f* Gewohnheitsmensch *m*; (*cliente*) Stammkunde *m*, -kundin *f*; **abitudine** [abi'tu:dine] *f* ❶ (*consuetudine*) Gewohnheit *f*; **d'~** gewöhnlich ❷ (*assuefazione*) Gewöhnung *f*; **fare l'~ a qc** sich an etw *acc* gewöhnen
abituro [abi'tu:ro] *m* Hütte *f*, armselige Behausung
abiura [a'biu:ra] *f* ❶ (*rinunzia*) Abschwörung *f* ❷ (*ritrattazione*) Zurücknahme *f*; **abiurare** [abiu'ra:re] *vt* **~ qc** einer Sache *dat* abschwören
ablativo [abla'ti:vo] *m* (LING) Ablativ *m*
ablazione [ablat'tsio:ne] *f* ❶ (MED) Entfernen *n*, Amputation *f* ❷ (GEOL) Ablation *f*
abluzione [ablut'tsio:ne] *f* Waschung *f*
abnegazione [abnegat'tsio:ne] *f* Entsagung *f*, Verzicht *m*
abnorme [ab'nɔrme] *agg* abnorm
abolire [abo'li:re] <abolisco> *vt* abschaffen; **abolizione** [abolit'tsio:ne] *f* Abschaffung *f*; **abolizionismo** [abolittsio-'nizmo] *m* Abolitionismus *m*
abominare [abomi'na:re] *vt* verabscheuen; **abominazione** [abominat'tsio:ne] *f* v. **abominio**
abominevole [abomi'ne:vole] *agg* abscheulich; **abominio** [abo'mi:nio] <-i> *m* ❶ (*disprezzo*) Abscheu *m o f*, Verabscheuung *f* ❷ (*cosa, atto*) Scheußlichkeit *f*
aborigeno, -a [abo'ri:dʒeno] I. *agg* eingeboren II. *m*, *f* Ureinwohner(in) *m(f)*
aborrimento [aborri'mento] *m* Abscheu *m o f*
aborrire [abor'ri:re] <aborrisco *o* aborro> I. *vt* verabscheuen II. *vi* sich ekeln; **~ da qc** sich vor etw *dat* ekeln
abortire [abor'ti:re] <abortisco> *vi* ❶ *avere* (MED) abtreiben ❷ *essere* (*fig: fallire*) scheitern; **abortista** [abor'tista] <-i *m*, -e *f*> I. *mf* Abtreibungsbefürworter(in) *m(f)* II. *agg* Abtreibungs-; **aborto** [a'bɔrto] *m* ❶ (*spontaneo*) Fehlgeburt *f* ❷ (*procurato*) Abtreibung *f* ❸ (*fig: persona*) Missgeburt *f*
abracadabra [abraka'da:bra] <-> *m* Abrakadabra *n*
abrasione [abra'zio:ne] *f* ❶ (*raschiatura*) Abschaben *n*; (TEC) Schmirgeln *n* ❷ (*cancellatura*) Radieren *n*; (*traccia*) Radierspur *f* ❸ (GEOL) Abrasion *f* ❹ (*lesione*) Schürfwunde *f*
abrasivo [abra'zi:vo] *m* Schleifmittel *n*

abrasivo, -a *agg* Schleif-
abrogare [abro'ga:re] *vt* aufheben; **abrogativo, -a** [abroga'ti:vo] *agg* aufhebend, außer Kraft setzend; **abrogazione** [abrogat'tsio:ne] *f* Aufhebung *f*; **abrogazionista** [abrogattsio'nista] *mf* (POL) Befürworter(in) *m(f)* einer Gesetzesabschaffung
abruzzese [abrut'tse:se] **I.** *agg* abruzzisch **II.** *mf* (*abitante*) Bewohner(in) *m(f)* der Abruzzen **III.** <*sing*> *m* (*dialetto*) abruzzischer Dialekt
Abruzzi [a'bruttsi] *pl,* **Abruzzo** [a'bruttso] *m* Abruzzen *pl*
ABS *m abbr di* **Antiblockiersystem** ABS *n* (*sistema frenante antibloccaggio*)
abside ['abside] *f* (ARCH) Apsis *f*
abusare [abu'za:re] *vi* ~ **di** missbrauchen; (*approfittare*) ausnützen; **abusivismo** [abuzi'vizmo] *m* unerlaubte Tätigkeit; ~ **edilizio** nicht genehmigte Bautätigkeit; **abusivista** [abuzi'vista] <-i *m*, -e *f*> *mf* Missbrauch betreibende Person; **abusività** [abuzivi'ta] <-> *f* missbräuchliche Verwendung *f* [*o* Nutzung *f*], Unrechtmäßigkeit *f*; **abusivo, -a** [abu'zi:vo] **I.** *agg* rechtswidrig, illegal **II.** *m, f* ohne Genehmigung handelnde Person *f*; **abuso** [a'bu:zo] *m* Missbrauch *m*; ~ **di autorità** Machtmissbrauch *m*; **fare** ~ **di un cibo** von etw zu viel essen; ~ **di sostanze stupefacenti** Drogenmissbrauch *m*
a.C. *abbr di* **avanti Cristo** v. Chr.
acacia [a'ka:tʃa] <-cie> *f* Akazie *f*
acagiù [aka'dʒu] <-> *m* Mahagoni *n*
acanto [a'kanto] *m* Akanthus *m*
acaro ['a:karo] *m* Milbe *f*
acattolico, -a [akat'tɔ:liko] <-ci, -che> **I.** *agg* nicht katholisch **II.** *m, f* Nichtkatholik(in) *m(f)*
acaule [a'ka:ule] *agg* stängellos
acca ['akka] <-> *f* ❶ (*lettera*) H, h *n* ❷ (*fig fam*) **non ... un'** ~ kein bisschen, nicht die Bohne
accaddi [ak'kaddi] *1. pers sing pass rem di* **accadere**
accademia [akka'dɛ:mia] <-ie> *f* Akademie *f*; ~ **di Belle Arti** Kunstakademie *f*; ~ **musicale** Musikakademie *f*; **accademico, -a** [akka'dɛ:miko] <-ci, -che> **I.** *agg* ❶ (*di accademia*) akademisch ❷ (*fig: astratto*) akademisch, lebensfern **II.** *m, f* Akademiker(in) *m(f)*; **accademismo** [akkade'mizmo] *m* Akademismus *m;* (*a pej*) Formalismus *m;* **accademista** [akkade'mista] <-i *m*, -e *f*> *mf* (MIL) Kadett *m*
accadere [akka'de:re] <irr> *vi essere* geschehen, passieren; **che accade?** was ist los?; **accada quel che accada** was auch

immer geschehen mag; **accaduto** [akka'du:to] *m* Ereignis *n,* Vorfall *m*
accagliare [akkaʎ'ʎa:re] **I.** *vt* gerinnen lassen **II.** *vr* **-rsi** gerinnen; **accagliatura** [akkaʎʎa'tu:ra] *f* Gerinnung *f*
accalappiacani [akkalappia'ka:ni] <-> *m* Hundefänger(in) *m(f)*
accalappiamento [akkalappia'mento] *m* ❶ (*cattura*) Einfangen *n* ❷ (*fig: lusinga*) Umgarnen *n;* (*inganno*) Hereinlegen *n*
accalappiare [akkalap'pia:re] *vt* ❶ (*catturare*) einfangen ❷ (*fig: circuire*) umgarnen; (*ingannare*) hereinlegen; **accalappiatore, -trice** [akkalappia'to:re] *m, f* ❶ (*accalappiacani*) Hundefänger(in) *m(f)* ❷ (*fig: ingannatore*) Bauernfänger(in) *m(f),* Betrüger(in) *m(f)*
accalcare [akkal'ka:re] **I.** *vt* zusammendrängen **II.** *vr* **-rsi** sich (eng) zusammendrängen
accaldarsi [akkal'darsi] *vr* ❶ (*riscaldarsi*) sich erhitzen ❷ (*fig: eccitarsi*) sich erhitzen
accaloramento [akkalora'mento] *m* Erhitzen *n*
accalorarsi [akkalo'rarsi] *vr* sich erhitzen
accampamento [akkampa'mento] *m* Lager *n;* **accampare** [akkam'pa:re] **I.** *vt* ❶ (*sotto tende*) lagern ❷ (*fig: scuse, ragioni*) vorbringen; (*diritti*) erheben **II.** *vr* **-rsi** (sich) lagern
accanimento [akkani'mento] *m* Verbissenheit *f;* (*odio*) Erbitterung *f;* **accanirsi** [akka'nirsi] <mi accanisco> *vr* ❶ (*infierire*) ~ (**contro qu/qc**) sich (gegen jdn/ etw) erbittern ❷ (*ostinarsi*) ~ (**in qc**) sich (in etw *acc*) verbohren; **accanito, -a** [akka'ni:to] *agg* ❶ (*discussione*) verbissen ❷ (*fumatore*) stark; (*lavoratore*) eifrig
accanto [ak'kanto] **I.** *avv* daneben; (*casa*) nebenan **II.** *prp* ~ **a** (*stato in luogo*) neben +*dat;* (*moto a luogo*) neben +*acc* **III.** <inv> *agg* (von) nebenan
accantonamento [akkantona'mento] *m* ❶ (*di merci*) Einlagerung *f* ❷ (COM: *di utili*) Zurücklegen *n* ❸ (MIL) Einquartierung *f* ❹ (*fig: il rimandare*) Aufschub *m*
accantonare [akkanto'na:re] *vt* ❶ (*merci*) einlagern ❷ (COM: *utili*) zurücklegen ❸ (MIL: *truppe*) einquartieren ❹ (*fig: rimandare*) aufschieben
accaparramento [akkaparra'mento] *m* Aufkaufen *n;* (*di generi razionati*) Hamstern *n;* **accaparrare** [akkapar'ra:re] **I.** *vt* aufkaufen; (*generi razionati*) hamstern **II.** *vr* **-rsi qc** sich *dat* etw sichern; **accaparratore, -trice** [akkaparra'to:re] *m, f* Aufkäufer(in) *m(f);* (*di generi razionati*)

Hamsterer *m*, Hamsterin *f*

accapigliarsi [akkapiʎˈʎarsi] *vr* sich *dat* in die Haare geraten

accapo [akˈkaːpo] *avv* **andare ~** eine neue Zeile beginnen

accappatoio [akkappaˈtoːio] <-oi> *m* Bademantel *m*

accapponare [akkappoˈnaːre] *vt* schaudern lassen; **mi si accappona la pelle** ich bekomme eine Gänsehaut

accarezzamento [akkarettsaˈmento] *m* Zärtlichkeit *f;* (*con la mano*) Streicheln *n*, Liebkosung *f*

accarezzare [akkareˈtsaːre] *vt* ❶ (*con la mano*) streicheln ❷ (*fig: lusingare*) **~ qu/qc** jdm/etw schmeicheln; **~ qu con lo sguardo** jdn zärtlich ansehen ❸ (*fig: vagheggiare*) liebäugeln mit; (*speranza*) hegen

accartocciare [akkartotˈtʃaːre] **I.** *vt* zusammenrollen **II.** *vr* **-rsi** sich zusammenrollen

accasare [akkaˈsaːre] **I.** *vt* verheiraten **II.** *vr* **-rsi** heiraten, einen Hausstand gründen; **accasato, -a** [akkaˈsaːto] *agg* ❶ (*sposato*) verheiratet ❷ (SPORT) gesponsert

accasciamento [akkaʃʃaˈmento] *m* Niedergeschlagenheit *f,* Bedrückung *f;* **accasciare** [akkaʃˈʃaːre] **I.** *vt* bedrücken, niederschlagen **II.** *vr* **-rsi** ❶ (*lasciarsi cadere*) zusammensinken, zusammenbrechen ❷ (*fig: avvilirsi*) verzagen, den Mut verlieren; **accasciarsi** [akkaʃˈʃarsi] *vr* ❶ (*lasciarsi cadere*) in sich zusammensinken ❷ (*fig: avvilirsi*) verzagen; **accasciato, -a** [akkaʃˈʃaːto] *agg* ❶ (*spossato*) entkräftet ❷ (*fig: demoralizzato*) entmutigt, niedergeschlagen

accasermare [akkaserˈmaːre *o* akkazerˈmaːre] *vt* kasernieren

accastellare [akkastelˈlaːre] *vt* aufhäufen, aufschichten

accatastabile [akkatasˈtaːbile] *agg* ❶ (*ammucchiabile*) stapelbar ❷ (*registrabile al catasto*) ins Grundbuch eintragbar; **bene ~** ins Grundbuch eintragbare Immobilie

accatastamento [akkatastaˈmento] *m* ❶ (*atto*) Stapeln *n* ❷ (*effetto*) Stapel *m*

accatastare [akkatasˈtaːre] *vt* ❶ (*disporre a catasta*) stapeln, aufschichten; (*fig: ammucchiare*) anhäufen ❷ (*registrare al catasto*) ins [*o* in den] Kataster eintragen

accattabrighe [akkattaˈbriːge] <-> *mf* Streithahn *m*

accattare [akkatˈtaːre] *vt* betteln um; (*fig*) zusammensuchen

accattivante [akkattiˈvante] *agg* einnehmend, gewinnend; **una proposta ~** ein interessanter Vorschlag; **un sorriso ~** ein gewinnendes Lächeln; **accattivare** [akkattiˈvaːre] *vt*, *vr* **-rsi** erwerben, gewinnen

accatto [akˈkatto] *m* Schnorren *n fam,* Betteln *n;* **campare d'~** von Almosen leben; **accattona** *f v.* **accattone**

accattonaggio [akkattoˈnaddʒo] <-ggi> *m* Schnorrerei *f fam,* Bettelei *f;* **accattone, -a** [akkatˈtoːne] *m, f* Schnorrer(in) *m(f) fam,* Bettler(in) *m(f)*

accavallamento [akkavallaˈmento] *m* Verschränkung *f;* **accavallare** [akkavalˈlaːre] **I.** *vt* (*gambe*) übereinander schlagen; (*maglie*) verschränken **II.** *vr* **-rsi** sich zusammenballen; (*fig*) sich überschlagen, sich überstürzen

accecamento [attʃekaˈmento] *m* ❶ (*di persone*) Erblinden *n* ❷ (*di finestre*) Zumauern *n* ❸ (*fig: offuscamento*) Verblendung *f;* **accecare** [attʃeˈkaːre] **I.** *vt avere* ❶ (*persone*) blenden, blind machen ❷ (*finestre*) zumauern ❸ (*abbagliare*) blenden ❹ (*fig: offuscare*) verblenden **II.** *vi essere* erblinden, blind werden

accedere [atˈtʃɛːdere] *vi* <accedo, accedei *o* accedetti, accesso> *vi* ❶ *essere* (*entrare*) eintreten; **~ a qc** etw betreten ❷ *avere* (*fig*) **~ a qc** (*entrare a far parte*) in etw *acc* eintreten; (*aderire*) einer Sache *dat* zustimmen; **~ a un partito** in eine Partei eintreten

acceleramento [attʃeleraˈmento] *m* Beschleunigung *f;* **accelerare** [attʃeleˈraːre] **I.** *vt* beschleunigen **II.** *vi* (MOT: *andatura*) schneller fahren; **accelerata** [attʃeleˈraːta] *f* Gasgeben *n*

accelerato [attʃeleˈraːto] *m* (FERR) Personenzug *m*

accelerato, -a *agg* beschleunigt

acceleratore [attʃeleraˈtoːre] *m* ❶ (MOT) Gaspedal *n* ❷ (PHYS) Beschleuniger *m;* **accelerazione** [attʃeleratˈtsioːne] *f* Beschleunigung *f*

accendere [atˈtʃɛndere] *vt* <accendo, accesi, acceso> **I.** *vt* ❶ (*fuoco, sigaretta*) anzünden; **per favore, mi fai ~?** hast du mal bitte Feuer? ❷ (*conto*) eröffnen; (*ipoteca*) aufnehmen ❸ (*apparecchio, ipo*) einschalten *fam*, aufdrehen *A;* (*motore*) anlassen ❹ (*fig: animo, cuore*) entflammen; (*sentimenti*) entfachen **II.** *vr* **-rsi** (*prender fuoco*) sich entzünden; (*luce, stufa*) angehen; (*fig: passione*) entflammen; **accendigas** [attʃendiˈgas] <-> *m* Gasanzünder *m;* **accendino** [attʃenˈdiːno] *m,* **accendisigari** [attʃendiˈsiːgari] <-> *m* Feuerzeug n; (in un veicolo) Zigarettenanzünder m; **accenditoio** [attʃendi'to:io] <-oi> m Anzünder m; **accenditore** [attʃendi'to:re] m Zünder m; **accendo** [at'tʃɛndo] 1.pers sing pr di **accendere**

accennare [attʃen'na:re] I. vt andeuten II. vi ❶ (fare un cenno) ein Zeichen geben; ~ **di sì** nicken ❷ (dare indizio) ~ **a qc** etw ankündigen ❸ (alludere) ~ **a qc** auf etw acc anspielen; **accenno** [at'tʃenno] m ❶ (cenno) Wink m ❷ (indizio) Hinweis m; **un ~ a qc** ein Hinweis auf etw acc ❸ (allusione) Anspielung f; **fare ~ a qc** auf etw acc hindeuten

accensione [attʃen'sio:ne] f ❶ (atto dell'accendere) Anzünden n; (TEC) Einschalten n, Aufdrehen n A ❷ (di motore) Zündung f

accentare [attʃen'ta:re] vt betonen; (fig) hervorheben; **accentazione** [attʃentat'tsio:ne] f Akzentuierung f, Akzentsetzung f

accento [at'tʃɛnto] m ❶ (LING) Akzent m, Betonung f; ~ **acuto** Akut m; ~ **circonflesso** Zirkumflex m; ~ **grave** Gravis m; **porre l'~ su qc** (fig) etw hervorheben ❷ (intonazione) Akzent m, Tonfall m; (tono) Ton m

accentramento [attʃentra'mento] m Konzentration f; (POL) Zentralisierung f; **accentrare** [attʃen'tra:re] vt ❶ (riunire) konzentrieren, zusammenziehen; (POL) zentralisieren ❷ (fig: accumulare) vereinen ❸ (fig: attirare) auf sich ziehen, anziehen; **accentratore, -trice** [attʃentra'to:re] I. agg zentralistisch II. m, f Machtmensch m

accentuare [attʃentu'a:re] I. vt ❶ (pronunciare con enfasi) betonen ❷ (fig: rendere evidente) betonen, hervorheben II. vr -rsi sich verstärken; (pej) sich verschlimmern; **la crisi si è accentuata** die Krise hat sich verschärft; **accentuazione** [attʃentuat'tsio:ne] f ❶ (messa in rilievo) Betonung f ❷ (recrudescenza) Steigerung f

accerchiamento [attʃerkia'mento] m Umzingeln n; (a fig) Einkreisen n; **accerchiare** [attʃer'kia:re] vt umzingeln; (a fig) einkreisen

accertabilità [attʃertabili'ta] <-> f Nachprüfbarkeit f

accertamento [attʃerta'mento] m Ermittlung f, Ausforschung f A, Feststellung f; ~ **fiscale** Steuerermittlung f; **accertare** [attʃer'ta:re] I. vt feststellen, ermitteln, erheben A II. vr -rsi sich vergewissern

accesi [at'tʃe:si] 1.pers sing pass rem di **accendere**

acceso, -a [at'tʃe:so] I. pp di **accendere**

II. agg ❶ (che brucia) brennend ❷ (in funzione) eingeschaltet; (motore a) laufend ❸ (colore) lebhaft; **rosso ~** feuerrot ❹ (fig) erhitzt; ~ **d'ira** wutentbrannt

accessibile [attʃes'si:bile] agg ❶ (raggiungibile) zugänglich ❷ (comprensibile) (leicht) verständlich ❸ (persona: alla mano) zugänglich; **accessibilità** [attʃessibili'ta] <-> f ❶ (l'essere accessibile) Zugänglichkeit f ❷ (comprensibilità) Verständlichkeit f ❸ (fig: di persone) Zugänglichkeit f

accessione [attʃes'sio:ne] f ❶ (POL) Beitritt m ❷ (in biblioteca) Zugang m; **recenti -i** Neuzugänge mpl

accesso¹ [at'tʃɛsso] pp di **accedere**

accesso² m ❶ (a un luogo) Zugang m, Zutritt m; (di veicoli) Zufahrt f; **divieto di ~** Zutritt verboten ❷ (MED) Anfall m; ~ **di tosse** Hustenanfall m; ~ **d'ira** (fig) Wutanfall m ❸ (INFORM) Zugriff m, Zugang m; ~ **a Internet** Internetzugang m

accessori [attʃes'sɔ:ri] mpl Zubehör n; (dell'abbigliamento) Accessoires npl; **accessoriato, -a** [attʃesso'ria:to] agg mit Zubehör (ausgestattet); **automobile perfettamente -a** Auto n mit allen Extras; **accessorio, -a** <-i, -ie> agg zusätzlich, Zusatz-; (secondario) nebensächlich, Neben-; **accessorista** [attʃesso'rista] <-i m, -e f> mf (fabbricante) Hersteller(in) m(f) von Zubehör(teilen); (venditore) Verkäufer(in) m(f) von Zubehör(teilen); **accessoristica** [attʃesso'ristika] <-che> f Zubehörindustrie f

accetta [at'tʃetta] f Beil n, Hacke f A; **tagliato con l'~** (fig) grobschlächtig; **darsi l'~ sui piedi** (fig) sich dat ins eigene Fleisch schneiden

accettabile [attʃet'ta:bile] agg akzeptabel, annehmbar; **accettabilità** [attʃettabili'ta] <-> f Annehmbarkeit f, Akzeptabilität f; **accettante** [attʃet'tante] mf Akzeptant m, Bezogene(r) f(m); **accettanza** [attʃet'tantsa] f (PHYS) Akzeptanz f; **accettare** [attʃet'ta:re] vt annehmen; (persona) aufnehmen; (fig) akzeptieren; ~ **una scommessa** eine Wette eingehen; ~ **una sfida** eine Herausforderung annehmen; **accettazione** [attʃettat'tsio:ne] f ❶ (in consegna) Annahme f; ~ **bagagli/merci** Gepäck-/Warenannahme f ❷ (in una comunità) Aufnahme f ❸ (JUR, COM) Akzept n, Übernahme f ❹ (ufficio) Empfang m, Rezeption f; **accetto, -a** [at'tʃɛtto] agg willkommen; (persona a) gern gesehen

accezione [attʃet'tsio:ne] f Bedeutung f, Sinn m

A

accertarsi/assicurare	
accertarsi	**sich vergewissern**

Va bene così?	**Ist es richtig so?**
Ti è piaciuta la festa?	**Hat dir** das Fest **gefallen?**
È questo il treno per Napoli?	**Ist das** der Zug nach Neapel?
(*al telefono*): **Parlo con** la ditta …?	(*am Telefon*): **Bin ich hier richtig bei** der Firma …?
Sei sicuro che l'indirizzo sia giusto?	**Bist du dir sicher, dass** die Adresse stimmt?

assicurare, affermare	**versichern, beteuern**
L'autobus era **veramente** in ritardo.	Der Bus hatte **wirklich** Verspätung.
Non lo sapevo **proprio!**	Ich habe **wirklich** nichts davon gewusst!
Che tu lo creda o no, si sono separati.	**Ob du es nun glaubst oder nicht,** sie haben sich getrennt.
Le posso assicurare che la stampante ora funziona perfettamente.	**Ich kann Ihnen versichern, dass** der Drucker jetzt perfekt funktioniert.
Credimi, ti piacerà!	**Glaub mir,** der wird dir gefallen!
Puoi essere davvero certo che non hanno notato nulla di strano.	**Du kannst ganz sicher sein,** sie haben nichts Außergewöhnliches bemerkt.
Le garantisco che la maggioranza voterà a favore.	**Ich garantiere Ihnen, dass** die Mehrheit dafür stimmen wird.
Ha tutti i documenti in regola: **ci metto la mano sul fuoco!**	Alle seine Dokumente sind in Ordnung; **dafür lege ich meine Hand ins Feuer.**

acchetare [akke'ta:re] **I.** *vt* (*poet*) beruhigen **II.** *vr* **-rsi** sich beruhigen

acchiappa fantasmi [ak'kiappa fan'tazmi] <-> *m* Geisterjäger(in) *m(f)*

acchiappafarfalle [akkiappafar'falle] <-> *m* Schmetterlingsnetz *n;* **acchiappamosche** [akkiappa'moske] <-> *m* ❶ (*per catturare mosche*) Fliegenfänger *m;* (*schiacciamosche*) Fliegenklatsche *f* ❷ (*fig: fannullone*) Tagedieb *m*

acchiappare [akkiap'pa:re] *vt* fangen, erwischen

acchiocciolarsi [akkiottʃo'larsi] *vr* sich kauern

acchito [ak'ki:to] *m* (*fig*) **di primo ~** auf Anhieb

acciaccare [attʃak'ka:re] *vt* ❶ (*ammaccare*) verbeulen ❷ (*pestare*) zerquetschen ❸ (*fam: debilitare*) mitnehmen; **acciaccato, -a** [attʃak'ka:to] *agg* ❶ (*ammaccato*) verbeult ❷ (*fam: indebolito*) mitgenommen, kaputt; **acciaccatura** [attʃakka'tu:ra] *f* (MED) Beule *f;* (*contusione*) Quetschung *f;* **acciacco** [at'tʃakko] <-cchi> *m* Beschwerden *fpl,* Gebrechen *npl*

acciaiare [attʃa'ia:re] *vt* verstählen; **acciaiatura** [attʃaia'tu:ra] *f* Verstählung *f*

acciaieria [attʃaie'ri:a] <-ie> *f* Stahlwerk *n*

acciaio [at'tʃa:io] <-ai> *m* Stahl *m;* **avere nervi d'~** Nerven wie Drahtseile haben; **occhi d'~** eiskalter Blick; (*penetranti*) durchdringender Blick; **una tempra d'~** (*fig*) eine eiserne Konstitution; **acciaiolo** [attʃa'iɔ:lo] *m* Wetzstahl *m*

acciarino [attʃa'ri:no] *m* Feuerstein *m;* **battere l'~** Feuer schlagen

accidempoli [attʃi'dɛmpoli] *int* (*fam*) Donnerwetter!

accidentaccio [attʃiden'takkio] **I.** *int* verdammter Mist **II.** <-> *m* Schlamassel *m;* **un ~ di situazione** eine verdammt blöde Situation

accidentale [attʃiden'ta:le] *agg* ❶ (*casuale*) zufällig ❷ (*accessorio*) nebensächlich; **accidentalità** [attʃidentali'ta] <-> *f* ❶ (*casualità*) Zufälligkeit *f* ❷ (*del terreno*) Unebenheit *f*

accidentato, -a [attʃiden'ta:to] *agg* ❶ (MED) gelähmt ❷ (*terreno*) uneben; (*strada*) holprig

accidente [attʃi'dɛnte] *m* ❶ (*evento for-*

tuito) Zufall *m* ② (*disgrazia*) Unglücksfall *m;* **mandare un ~ a qu** (*fam*) jdm die Pest an den Hals wünschen; **gli venisse un ~!** (*fam*) der Schlag soll ihn treffen! ③ (MED) Schlag(anfall) *m* ④ (*loc*) **non ... un ~** (*fam*) nicht die Spur; **non m'importa un ~** (*fam*) ich scher' mich einen Teufel drum; **-i!** (*fam*) zum Donnerwetter (nochmal)!

acciderba [attʃi'dɛrba] *int* (*fam*) zum Donnerwetter (nochmal)!

accidia [at'tʃi:dia] <-ie> *f* Unlust *f;* **accidioso, -a** [attʃi'dio:so] *agg* unlustig, träge

accigliarsi [attʃiʎ'ʎarsi] *vr* die Stirn runzeln

accingersi [at'tʃindʒersi] <irr> *vr* ~ **a fare qc** sich anschicken, etw zu tun

acciocché [attʃok'ke] *cong* + *conj* damit, auf dass

acciottolare [attʃotto'la:re] *vt* ① (*strada*) pflastern ② (*stoviglie*) scheppern mit, klappern mit

acciottolato [attʃotto'la:to] *m* Steinpflaster *n;* **acciottolio** [attʃotto'li:o] <-ii> *m* Scheppern *n,* (Teller)klappern *n*

accipicchia [attʃi'pikkia] *int* (*fam*) zum Donnerwetter (nochmal)!, verflixt (nochmal)!

acciuffare [attʃuf'fa:re] I. *vt* erwischen II. *vr* **-rsi** sich *dat* in die Haare geraten

acciuga [at'tʃu:ga] <-ghe> *f* ① (*alice*) Sardelle *f;* **stare pigiati come -ghe** wie die Ölsardinen zusammengedrängt sein ② (*fig: persona magra*) Hering *m;* **secco come un'~** dünn wie ein Hering

acclamare [akkla'ma:re] I. *vt* ① (*applaudire*) applaudieren; **~ qu** jdm Beifall spenden ② (*eleggere*) durch Zuruf wählen II. *vi* (zu)jubeln; **acclamazione** [akklamat'tsio:ne] *f* Zuruf *m;* **per ~** durch Zuruf

acclimatare [akklima'ta:re] I. *vt* akklimatisieren II. *vr* **-rsi** sich akklimatisieren; **acclimatarsi** [akklima'ta:rsi] *vr* sich akklimatisieren; **acclimatazione** [akklimatat'tsio:ne] *f* Akklimatisierung *f*

accludere [ak'klu:dere] <accludo, acclusi, accluso> *vt* beifügen, beilegen; **accluso, -a** [ak'klu:zo] *agg* beigefügt, anbei; **~ alla lettera invio ...** anbei [*o* als Anlage] übersende ich ...

accoccolarsi [akkokko'larsi] *vr* sich zusammenkauern

accodare [akko'da:re] I. *vt* hintereinander stellen II. *vr* **-rsi** (*disporsi in fila*) sich in einer Reihe aufstellen; (*fig: seguire passivamente*) sich anschließen

accogliente [akkoʎ'ʎɛnte] *agg* (*casa, gesto*) einladend; (*persona*) gastfreundlich;

accoglienza [akkoʎ'ʎɛntsa] *f* Empfang *m*

accogliere [ak'kɔʎʎere] <irr> *vt* ① (*persone*) aufnehmen, empfangen ② (*consiglio*) annehmen; (*domanda*) aufnehmen ③ (*contenere*) fassen, aufnehmen; **accoglimento** [akkoʎʎi'mento] *m* Aufnahme *f*

accollacciato, -a [akkollat'tʃa:to] *agg* hochgeschlossen

accollare [akkol'la:re] I. *vt* ~ **qc a qu** (*fig*) jdm etw aufhalsen, jdm etw aufbürden II. *vr* **-rsi** auf sich nehmen; **accollato, -a** [akkol'la:to] *agg* hochgeschlossen; **accollatura** [akkolla'tu:ra] *f* Halsausschnitt *m*

accollo [ak'kɔllo] *m* ① (ARCH) Vorsprung *m* ② (JUR) Schuldübernahme *f*

accolsi [ak'kɔlsi] *1. pers sing pass rem di* **accogliere**

accolta [ak'kɔlta] *f* Versammlung *f*

accoltellare [akkoltel'la:re] *vt* erstechen; (*ferire*) niederstechen; **accoltellatore, -trice** [akkoltella'to:re] *m, f* Messerstecher(in) *m(f)*

accolto [ak'kɔlto] *pp di* **accogliere**

accomandante [akkoman'dante] *m* (JUR, COM) Kommanditist *m;* **accomandatario** [akkomanda'ta:rio] <-i> *m* Komplementär *m;* **accomandita** [akko'mandita] *f* Kommanditgesellschaft *f*

accomiatare [akkomia'ta:re] I. *vt* verabschieden II. *vr* **-rsi** sich verabschieden

accomodamento [akkomoda'mento] *m* (JUR) Vergleich *m;* **venire** [*o* **giungere**] **ad un ~** zu einem Vergleich kommen

accomodante [akkomo'dante] *agg* anpassungswillig; (*accondiscendente*) entgegenkommend

accomodare [akkomo'da:re] I. *vt* ① (*aggiustare*) reparieren, ausbessern; (*guasto*) beheben ② (*riordinare*) (her)richten, aufräumen ③ (*fig: sistemare*) in Ordnung bringen, erledigen; (*debito*) begleichen; (*lite*) beilegen II. *vr* **-rsi** ① (*mettersi a proprio agio*) es sich *dat* bequem machen; (*sedersi*) Platz nehmen; **prego, si accomodi!** nehmen Sie doch bitte Platz! ② (*accordarsi*) sich einigen; **accomodatura** [akkomoda'tu:ra] *f* Ausbesserung *f;* **accomodazione** [akkomodat'tsio:ne] *f* Akkomodation *f*

accompagnamento [akkompaɲɲa'mento] *m* ① (*l'accompagnare*) Begleitung *f;* **~ funebre** Totengeleit *n* ② (*l'essere aggiunto*) **lettera di ~** Begleitbrief *m* ③ (JUR) **ordine di ~** Vorführungsbefehl *m* ④ (MUS) **musica d'~** Begleitmusik *f* ⑤ (ADM: *pensione*) Pflege- und Betreuungsrente *f*

accompagnare [akkompa'ɲa:re] I. *vt*

acconsentire	
acconsentire, essere d'accordo	**zustimmen, beipflichten**
Sì, lo penso anch'io.	Ja, das denke ich auch.
Condivido del tutto la tua opinione.	Da bin ich ganz deiner Meinung.
Mi associo.	Dem schließe ich mich an.
Sono pienamente d'accordo con Lei.	Ich stimme Ihnen voll und ganz zu.
Sì, la vedo (proprio) alla stessa maniera.	Ja, das sehe ich (ganz) genauso.
(Questo) l'ho detto anch'io.	(Das) habe ich ja (auch) gesagt.
Proprio così!/Giusto! (*fam*)	Genau!/Stimmt! (*fam*)
approvare	**einwilligen**
D'accordo!/Ok!/Siamo d'accordo!	Einverstanden!/Okay!/Abgemacht!
Non c'è problema!	Kein Problem!
Va bene!	Geht in Ordnung!
Sarà fatto!/Lo farò!	Wird gemacht!/Mach ich!

❶ (*andare insieme*) begleiten; ~ **un morto** einem Verstorbenen das letzte Geleit geben ❷ (*unire*) beifügen ❸ (JUR) vorführen ❹ (MUS) ~ **qu al** [*o* **con il**] **violino** jdn auf der Violine begleiten **II.** *vr* **-rsi** ❶ (MUS) sich begleiten ❷ (*prendere come compagno*) **-rsi a qu** sich zu jdm gesellen; **accompagnatore, -trice** [akkompaɲa'to:re] *m, f* Begleiter(in) *m(f)*; ~ **turistico** Reiseleiter *m*
accompagnatoria [akkompaɲa'tɔ:ria] <-ie> *f* (ADM) Begleitbrief *m*
accompagnatorio, -a [akkompaɲa'tɔ:rio] <-i, -ie> *agg* Begleit-; **accompagnatrice** *f v.* accompagnatore
accomunare [akkomu'na:re] *vt* verbinden
acconciamento [akkontʃa'mento] *m* Aufmachung *f*
acconciare [akkon'tʃa:re] *vt* ❶ (*accomodare*) herrichten; (*letto*) machen ❷ (*sistemare*) erledigen, regeln ❸ (*persone*) zurechtmachen; **acconciatura** [akkontʃa'tu:ra] *f* ❶ (*pettinatura*) Frisur *f* ❷ (*ornamento*) Haarschmuck *m*
acconcio, -a [ak'kontʃo] <-ci, -ce> *agg* (*idoneo*) geeignet; (*opportuno*) angebracht
accondiscendere [akkondiʃ'ʃendere] <irr> *vi* ~ **a qc** auf etw *acc* eingehen
acconsentimento [akkonsenti'mento] *m* Zustimmung *f*; **acconsentire** [akkonsen'ti:re] *vi* ~ (**a qc**) (einer Sache *dat*) zustimmen, (in etw *acc*) einwilligen; ~ **a un progetto** auf einen Plan eingehen; **acconsento che lui parta** ich erlaube ihm zu gehen; **acconsenziente** [akkonsen'tsiɛn-

te] *agg* zustimmend
accontentamento [akkontenta'mento] *m* Befriedigung *f*, Zufriedenstellen *n*
accontentare [akkonten'ta:re] **I.** *vt* zufrieden stellen **II.** *vr* **-rsi** sich begnügen; **-rsi di qc** sich mit etw zufrieden geben
acconto [ak'konto] *m* Anzahlung *f*, Angabe *f A*; **ritenuta d'~** Steuervorauszahlung *f*; **in ~** als Anzahlung
accoppare [akkop'pa:re] **I.** *vt* erschlagen; (*fig*) übel zurichten **II.** *vr* **-rsi** (*fam*) draufgehen
accoppiamento [akkoppia'mento] *m* ❶ (*accostamento*) Zusammenstellung *f*, Verbindung *f* ❷ (TEC) Kopp(e)lung *f* ❸ (*tra persone*) Beischlaf *m*; (*tra animali*) Paarung *f*; **accoppiare** [akkop'pia:re] *vt* ❶ (*accostare*) zusammenstellen; (*a fig*) verbinden ❷ (*fig* TEC) koppeln ❸ (*animali*) paaren **II.** *vr* **-rsi** (*persone*) sich (körperlich) vereinigen; (*animali*) sich paaren; **accoppiata** [akkop'pia:ta] *f* Doppelwette *f*; **accoppiato, -a** [akkop'pia:to] *agg* verbunden; (TEC) gekoppelt; **quei due sono bene -i** die beiden passen gut zusammen
accoramento [akkora'mento] *m* Beklommenheit *f*; (*dolore profondo*) tiefer Kummer
accorare [akko'ra:re] **I.** *vt* zutiefst betrüben **II.** *vr* **-rsi** betrübt sein; **-rsi per qc** sich *dat* etw zu Herzen nehmen
accorciamento [akkortʃa'mento] *m* Kürzung *f*; **accorciare** [akkor'tʃa:re] **I.** *vt* ❶ (*abbreviare*) ab-, verkürzen; (*percorso*) abkürzen; (*distanza*) verringern ❷ (*abito*) kürzen, kürzer machen **II.** *vr* **-rsi** kürzer

werden; (*distanza*) sich verringern

accorciativo [akkortʃaˈtiːvo] *m* (LING) Kurzform *f;* **accorciatura** [akkortʃaˈtuːra] *f* Kürzung *f*

accordare [akkorˈdaːre] I. *vt* ➊ (*concedere*) gewähren; (ADM) bewilligen ➋ (*conciliare*) versöhnen ➌ (*fig: armonizzare*) (miteinander) in Einklang bringen; (*colori*) (aufeinander) abstimmen ➍ (MUS) stimmen II. *vr* -**rsi** (*persone*) sich einigen; (*fig: colori*) zusammenpassen; **accordatore, -trice** [akkordaˈtoːre] *m, f* Stimmer(in) *m(f);* **accordatura** [akkordaˈtuːra] *f* Stimmen *n* (von Instrumenten)

accordo [akˈkɔrdo] *m* ➊ (*concordia*) Einigkeit *f;* (*in vertenze*) Einigung *f;* **come d'~** wie vereinbart; **di comune ~** im Einvernehmen; **mettersi d'~** sich einigen ➋ (*fig: armonia*) Einklang *m;* **andare d'~** sich verstehen; **essere d'~** einverstanden sein; **d'~!** einverstanden! ➌ (*patto*) Abkommen *n;* **venire a un ~** zu einer Einigung kommen ➍ (MUS) Akkord *m*

accorgersi [akˈkɔrdʒersi] <mi accorgo, mi accorsi, accorto> *vr* ~ **di qc** etw (be)merken; **accorgimento** [akkordʒiˈmento] *m* ➊ (*avvedutezza*) Umsicht *f* ➋ (*espediente*) Kniff *m*

accorpamento [akkorpaˈmento] *m* (ADM) Zusammenlegung *f;* **accorpare** [akkorˈpaːre] *vt* (ADM) zusammenlegen; **~ dipartimenti** Abteilungen eingliedern

accorrere [akˈkorrere] <irr> *vi essere* herbeieilen

accorsi [akˈkɔrsi] *1. pers sing pass rem di* **accorgersi**

accortezza [akkorˈtettsa] *f* Umsicht *f*

accorto, -a [akˈkɔrto] I. *pp di* **accorgersi** II. *agg* aufmerksam; (*astuto*) klug

accosciarsi [akkoʃˈʃarsi] *vr* in die Hocke gehen

accostabile [akkosˈtaːbile] *agg* erreichbar; (*persona*) zugänglich

accostamento [akkostaˈmento] *m* ➊ (*avvicinamento*) Annäherung *f* ➋ (*fig: adesione*) Anschluss *m*

accostare [akkosˈtaːre] I. *vt* näher stellen [*o* legen]; (*porta, imposte*) anlehnen; (*avvicinare*) nähern; **~ qu** jdm näher kommen; **~ la sedia alla parete** den Stuhl an die Wand rücken II. *vr* -**rsi** ➊ (*avvicinarsi*) -rsi **a qu/qc** sich jdm/etw nähern ➋ (*fig*) -rsi **a qc** sich an etw *acc* annähern; -rsi **ai Sacramenti** die Sakramente empfangen; **accostata** [akkosˈtaːta] *f* (NAUT) Kursänderung *f*

accosto [akˈkɔsto] *avv* daneben, dabei; **~ a** neben +*dat;* (*moto*) neben +*acc*

accostumare [akkostuˈmaːre] I. *vt* gewöhnen (*a* an +*acc*) II. *vr* -**rsi** sich gewöhnen (*a* an +*acc*)

accotonare [akkotoˈnaːre] *vt* ➊ (*tessili*) aufrauen ➋ (*capelli*) toupieren

account [əˈkaunt] *m* (INFORM) Benutzerkonto *n*

account executive [əˈkaunt igˈzekjutiv] <- *o* accounts executive> *mf* Kontakter(in) *m(f);* **fare l'~** kontakten

accounting manager [əˈkauntiŋ ˈmanadʒer] <- *o* accounting managers> *mf* Account Manager(in) *m(f)*

accovacciarsi [akkovatˈtʃarsi] *vr* sich kauern

accozzaglia [akkotˈtsaʎʎa] <-glie> *f* (*pej*) Haufen *m;* (*di cose*) Mischmasch *m fam;* **accozzamento** [akkottsaˈmento] *m* bunte Mischung; **accozzare** [akkotˈtsaːre] *vt* zusammenwürfeln

accrebbi [akˈkrebbi] *1. pers sing pass rem di* **accrescere**

accreditamento [akkreditaˈmento] *m* ➊ (*avvaloramento*) Bestätigung *f* ➋ (COM) Gutschrift *f;* **~ in conto** Verrechnung *f* ➌ (*di un diplomatico*) Akkreditierung *f;* **accreditante** [akkrediˈtante] *agg* beglaubigend

accreditare [akkrediˈtaːre] *vt* ➊ (*avvalorare*) glaubhaft machen ➋ (COM) gutschreiben ➌ (*diplomatico*) akkreditieren; **accreditario, -a** [akkrediˈtaːrio] <-i, -ie> *m, f* Kreditnehmer(in) *m(f);* **accreditato, -a** [akkrediˈtaːto] *agg* (*notizia*) glaubwürdig; (*giornalista*) akkreditiert; **accredito** [akˈkreːdito] *m* Gutschrift *f*

accrescere [akˈkreʃʃere] <irr> *vt* vermehren, anwachsen lassen; **accrescimento** [akkreʃʃiˈmento] *m* ➊ (*aumento*) Anwachsen *n*, Zunahme *f*, Erhöhung *f* ➋ (BIOL: *crescita, sviluppo*) Wachstum *n*

accrescitivo [akkreʃʃiˈtiːvo] *m* (LING) Vergrößerungsform *f*

accrescitivo, -a *agg* steigernd, wachstumsfördernd

accresciuto [akkreʃˈʃuːto] *pp di* **accrescere**

accresco [akˈkresko] *1. pers sing pr di* **accrescere**

accucciarsi [akkutˈtʃarsi] *vr* (*cane*) sich hinlegen, kuschen

accudire [akkuˈdiːre] <accudisco> I. *vt* pflegen, versorgen; (*bambino a*) beaufsichtigen II. *vi* ~ **a qc** sich einer Sache *dat* widmen

acculturare [akkultuˈraːre] I. *vt* akkulturieren II. *vr* -**rsi** eine fremde Kultur übernehmen

acculturato, -a [akkultu'ra:to] *agg* akkulturisiert, kultiviert; **civiltà -a** akkulturisierte Zivilisation; **acculturazione** [akkulturat'tsio:ne] *f* Akkulturation *f;* **processo di ~** Akkulturationsprozess *m*

accumulare [akkumu'la:re] **I.** *vt* anhäufen **II.** *vr* **-rsi** sich häufen; **accumulatore** [akkumula'to:re] *m* Akkumulator *m*

accumulatorista [akumulato'rista] <-i *m*, -e *f*> *mf* Hersteller(in) *m(f)* [*o* Installateur(in) *m(f)*] von Akkumulatoren; **accumulazione** [akkumulat'tsio:ne] *f* Anhäufung *f;* **accumulo** [ak'ku:mulo] *m* ❶ (*accumulazione*) Anhäufung *f* ❷ (GEOL) Akkumulation *f*

accuratezza [akkura'tettsa] *f* Sorgfalt *f;* **accurato, -a** [akku'ra:to] *agg* akkurat, genau, sorgfältig

accusa [ak'ku:za] *f* ❶ (*attribuzione di colpa*) Be-, Anschuldigung *f* ❷ (JUR) Anklage *f;* **pubblica ~** Staatsanwaltschaft *f* ❸ (*in giochi di carte*) Meldung *f*

accusare [akku'za:re] *vt* ❶ (*incolpare*) beschuldigen; **~ qu di qc** jdn einer Sache *gen* beschuldigen ❷ (JUR) anklagen ❸ (*palesare*) äußern, vorbringen; (*lasciar scorgere*) erkennen lassen, zeigen ❹ (ADM) bestätigen ❺ (*sentire*) **~ mal di testa** über Kopfschmerzen klagen; **accusata** *f v.* **accusato**

accusativo [akkuza'ti:vo] *m* (LING) Akkusativ *m*

accusato, -a [akku'za:to] **I.** *agg* angeklagt **II.** *m, f* Angeklagte(r) *f(m);* **accusatore, -trice** [akkuza'to:re] *m, f* ❶ (*chi accusa*) Ankläger(in) *m(f)* ❷ (JUR) Kläger(in) *m(f);* (*magistrato*) Staatsanwalt *m,* -anwältin *f;* **accusatorio, -a** [akkuza'tɔ:rio] <-i, -ie> *agg* anklagend, Anklage-; **accusatrice** *f v.* **accusatore**

ace [eis] *m* (SPORT) Ass *n;* **fare (un) ~** ein Ass schlagen

acefalia [atʃefa'li:a] <-ie> *f* (MED) Kopflosigkeit *f*

acellulare [atʃellu'la:re] *agg* (BIOL) zellenlos

acerbità [atʃerbi'ta] <-> *f* ❶ (*a fig: asprezza*) Schärfe *f,* Herbheit *f* ❷ (*immaturità*) Unreife *f*

acerbo, -a [a'tʃɛrbo] *agg* ❶ (*immaturo*) unreif ❷ (*aspro*) sauer ❸ (*fig: dolore*) bitter, herb; (*punizione*) hart

acero [a'tʃero] *m* Ahorn *m*

acerrimo, -a [a'tʃɛrrimo] *agg* ❶ *superlativo di* **acre** ❷ (*fig: irriducibile*) erbittert

acescenza [atʃeʃʃentsa] *f* Sauerwerden *n*

acetabolo [atʃe'ta:bolo] *m* (ANAT) (Hüft)gelenkpfanne *f*

acetato [atʃe'ta:to] *m* Acetat *n*

acetico, -a [a'tʃɛ:tiko] <-ci, -che> *agg* essigsauer

acetile [atʃe'ti:le] *m* Acetyl *n*

acetilene [aceti'lɛ:ne] *m* (CHEM) Acetylen *n*

acetire [atʃe'ti:re] *vi* essere zu Essig werden

aceto [a'tʃe:to] *m* Essig *m;* **cetriolini sott'~** Essiggurken *fpl;* **mettere sott'~** in Essig einlegen

acetobatterio [atʃetobatte'ri:o] <-ri> *m* (CHEM) Essigbakterie *f,* Acetobacter *n*

acetone [atʃe'to:ne] *m* Aceton *n*

acetosa [atʃe'to:sa] *f* (großer) Sauerampfer *m;* **acetosella** [atʃeto'sɛlla] *f* (kleiner) Sauerampfer *m;* **sale di ~** Kleesalz *n*

acetoso, -a [atʃe'to:so] *agg* sauer

achillea [akil'lɛ:a] *f* Schafgarbe *f*

ACI [a'tʃi] *m* ❶ *abbr di* **Automobile Club d'Italia** ≈ ADAC *m* ❷ *abbr di* **Azione Cattolica Italiana** *italienischer Katholikenverband*

aciclico, -a [a'tʃi:kliko] <-ci, -che> *agg* azyklisch

acidificare [atʃidifi'ka:re] **I.** *vt* säuern **II.** *vi* sauer werden; **acidificazione** [atʃidifikat'tsio:ne] *f* Säurebildung *f*

acidità [atʃidi'ta] <-> *f* ❶ (*asprezza*) Säure *f* ❷ (*fig: mordacità*) Bissigkeit *f* ❸ (CHEM) Säuregrad *m,* Acidität *f* ❹ (MED) **~ di stomaco** Sodbrennen *n*

acid music ['æsid 'mju:zik] <-> *f* Acid *m*

acido [a'tʃido] *m* Säure *f;* **resistente agli -i** säurebeständig

acido, -a *agg* ❶ (*aspro*) sauer ❷ (*fig: mordace*) bissig; (*critica a*) beißend, raß *A;* **acidulo, -a** [a'tʃi:dulo] *agg* säuerlich

acino ['a:tʃino] *m* (*chicco d'uva*) (Wein)beere *f*

acme ['akme] *f* (*fig* MED) Höhepunkt *m*

acne ['akne] *f* (MED) Akne *f*

aconcettuale [akkontʃet'tua:le] *agg* akonzeptuell; **arte ~** akonzeptuelle Kunst

aconcettualità [akkontʃettuali'ta] <-> *f* Akonzeptualität *f*

aconfessionale [akonfessio'na:le] *agg* konfessionslos; **aconfessionalità** [akonfessionali'ta] <-> *f* Konfessionslosigkeit *f*

acostituzionale [akostituttsio'na:le] *agg* verfassungswidrig

acqua ['akkua] *f* ❶ (*gener*) Wasser *n;* **~ alta** Hochwasser *n;* **~ benedetta** Weihwasser *n;* **~ corrente** fließendes Wasser; **~ dolce** Süßwasser *n;* **~ minerale** Mineralwasser *n;* **~ morta** stehendes Gewässer; **~ ossigenata** Wasserstoffsuperoxyd *n;* **~ potabile** Trinkwasser *n;* **~ ragia** Terpentin *n;* **~ salata** Salzwasser *n;* **~ tonica** Tonic *n;*

~ **da bere** Trinkwasser *n;* ~ **di Colonia** Kölnischwasser *n;* **essere all'**~ **e sapone** (*fig*) natürlich aussehen ❷ *pl* (*massa*) Gewässer *npl;* (*termale*) Thermalquellen *fpl,* (Thermal)bad *n;* **-e bianche** Regenwasser *n;* **-e nere** Abwässer *npl;* **-e territoriali** Hoheitsgewässer *npl;* **cura delle -e** Trinkkur *f* (mit Heilwasser); **intorbidare le -e** (*fig*) absichtlich Verwirrung stiften; **navigare in cattive -e** (*fig*) in der Klemme sitzen ❸ (*fig*) **calmare le -e** die Wogen glätten; **un buco nell'**~ ein Schlag ins Wasser; **tirare l'**~ **al proprio mulino** sich einen Vorteil verschaffen; ~ **in bocca!** still!, kein Wort darüber!; **è ormai** ~ **passata** das ist Schnee von gestern; **sentirsi come un pesce fuor d'**~ sich wie ein Fisch auf dem Trockenen fühlen; **fare** ~ **da tutte le parti** überall undicht sein; (*fig: argomento*) hinken ❹ (*prov*) ~ **cheta rovina i ponti** stille Wasser sind tief

acqua-aria [akkua'a:ria] <inv> *agg* Wasser-Luft-; **missile** ~ Wasser-Luft-Rakete *f*

acquacoltura [akkuakol'tu:ra] *f* Aquakultur *f*

acquacolturista [akkuakoltu'rista] <-i *m,* -e *f*> *mf* Spezialist(in) *m(f)* für Aquakultur

acquaforte [akkua'fɔrte] <acqueforti> *f* Radierung *f;* **acquafortista** [akkuafor'tista] <-i *m,* -e *f*> *mf* Kupferstecher(in) *m(f)*

acquagym [akkua'dʒi:m] *f* Wassergymnastik *f*

acquaio [ak'kua:io] <-quai> *m* Ausguss *m,* Spülstein *m*

acquaiolo, -a [akkua'iɔ:lo] **I.** *agg* Wasser- **II.** *m, f* Wasserträger(in) *m(f)*

acquamarina [akkuama'ri:na] <acquemarine> *f* Aquamarin *m*

acquanauta [akkua'na:uta] <-i *m,* -e *f*> *mf* Aquanaut(in) *m(f),* Unterwasserforscher(in) *m(f)*

acquapark [akkua'park] <-> *m* Erlebnisbad *n*

acquaplano [akkua'pla:no] *m* Surfbrett *n*

acquaragia [akkua'ra:dʒa] <-ge> *f* Terpentin *n*

acquarellare, acquarello [akkuarel'la:re, akkua'rɛllo] *v.* **acquerellare, acquerello**

acquario [ak'kua:rio] <-i> *m* ❶ (*edificio*) Aquarium *n* ❷ (*ASTR*) **Acquario** Wassermann *m;* **sono (dell' [*o* un]) Acquario** ich bin (ein) Wassermann

acquartieramento [akkuartiera'mento] *m* (*MIL*) Einquartierung *f;* **acquartierare** [akkuartie'ra:re] **I.** *vt* (*MIL*) einquartieren **II.** *vr* **-rsi** (*MIL*) sich einquartieren

acquasanta [akkua'santa] *f* Weihwas-

ser *n;* **essere come il diavolo e l'**~ wie Hund und Katze sein; **acquasantiera** [akkuaʃan'tiɛ:ra] *f* Weihwasserbecken *n*

acquascivolo [akkua'ʃi:volo] *m* (Riesen-)Wasserrutsche *f*

acquascooter [akkua'scu:ter] *m* Acqua-Scooter *m* (*kleines Sportboot*)

acquata [ak'kua:ta] *f* ❶ (*acquazzone*) (Regen)schauer *m* ❷ (*NAUT*) **far l'**~ den Trinkwasservorrat auffüllen

acqua-terra [akkua'tɛrra] <inv> *agg* Wasser-Boden-; **missile** ~ Wasser-Boden-Rakete *f*

acquaticità [akkuatitʃi'ta] <-> *f* Aquatizität *f* (*Neigung sich im Wasser aufzuhalten und zu bewegen*)

acquatico, -a [ak'kua:tiko] <-ci, -che> *agg* Wasser-

acquattarsi [akkuat'tarsi] *vr* sich ducken

acquavite [akkua'vi:te] *f* Schnaps *m,* Branntwein *m;* ~ **di vino** ≈ Weinbrand *m;* ~ **di lamponi** Himbeergeist *m*

acquazzone [akkuat'tso:ne] *m* Wolkenbruch *m*

acquedotto [akkue'dɔtto] *m* Wasserleitung *f;* (*HIST*) Aquädukt *n*

acqueforti *pl di* **acquaforte**

acquemarine *pl di* **acquamarina**

acqueo, -a ['akkueo] <-ei, -ee> *agg* Wasser-; **vapore** ~ Wasserdampf *m*

acquerellare [akkuerel'la:re] *vt* aquarellieren; **acquerellista** [akkuerel'lista] <-i *m,* -e *f*> *mf* Aquarellmaler(in) *m(f)*

acquerello [akkuer'rɛllo] *m* ❶ (*tecnica*) Aquarellmalerei *f,* Aquarelltechnik *f* ❷ (*quadro*) Aquarell *n* ❸ (*vinello*) Tresterwein *m*

acquerugiola [akkue'ru:dʒola] *f* Nieselregen *m,* Sprühregen *m*

acquiescente [akkuieʃ'ʃɛnte] *agg* gefügig, fügsam; **acquiescenza** [akkuieʃ'ʃɛntsa] *f* Gefügigkeit *f,* Fügsamkeit *f*

acquietare [akkuie'ta:re] **I.** *vt* beruhigen; (*desiderio*) befriedigen; (*ira*) besänftigen **II.** *vr* **-rsi** sich beruhigen

acquifero, -a [ak'kui:fero] *agg* wasserführend; **falda -a** Wasserader *f*

acquirente [akkui'rɛnte] *mf* Käufer(in) *m(f)*

acquisire [akkui'zi:re] <acquisisco> *vt* erwerben; (*abitudine*) annehmen; **acquisito, -a** [akkui'zi:to] *agg* erworben; (*parente*) angeheiratet; **acquisizione** [akkuizit'tsio:ne] *f* Erwerb *m,* Erwerbung *f;* ~ **ostile** feindliche Übernahme

acquistabile [akkuis'ta:bile] *agg* käuflich, erhältlich

acquistare [akkuis'ta:re] **I.** *vt* ❶ (*COM*) erwerben, kaufen ❷ (*fig: meriti*) erwerben; (*tempo*) gewinnen; ~ **terreno** an Boden gewinnen **II.** *vi* ~ **in qc** an etw *dat* zunehmen; ~ **in bellezza** schöner werden; **acquistato, -a** [akkuis'ta:to] *agg* erworben; (*parente*) angeheiratet; **acquisto** [ak'kuisto] *m* ❶ (COM) Erwerb *m*, Kauf *m;* ~ **in contanti/a rate** Bar-/Ratenkauf *m;* **fare -i** Einkäufe machen; **potere d'~** Kaufkraft *f;* **bell'~ hai fatto!** (*iron*) da hast du dir ja was (Schönes) eingehandelt! ❷ (*fig: persona*) Neuzugang *m*

acquitrino [akkui'tri:no] *m* Sumpf *m*, Morast *m;* **acquitrinoso, -a** [akkuitri'no:so] *agg* sumpfig

acquolina [akkuo'li:na] *f* **far venire a qu l'~ in bocca** jdm den Mund wäss(e)rig machen; **mi viene l'~ in bocca** da läuft mir das Wasser im Mund zusammen

acquosità [akkuosi'ta] <-> *f* Wäss(e)rigkeit *f;* **acquoso, -a** [ak'kuo:so] *agg* wäss(e)rig

acre ['a:kre] <più acre, acerrimo> *agg* ❶ (*sapore, odore*) herb, beißend; (*fumo*) beißend ❷ (*fig: mordace*) bissig; (*critica a*) scharf; **acredine** [a'krɛ:dine] *f* ❶ (*asprezza*) Schärfe *f* ❷ (*fig: mordacità*) Bissigkeit *f*

acrilico, -a [a'kri:liko] <-ci, -che> *agg* Acryl-

acrimonia [akri'mɔ:nia] <-ie> *f* Schärfe *f;* (*rancore*) Bitterkeit *f;* **acrimonioso, -a** [akrimo'nio:so] *agg* bissig

acrisia [akri'zi:a] <-ie> *f* Kritiklosigkeit *f,* mangelndes Unterscheidungsvermögen

acriticità [akrititʃi'ta] <-> *f* Kritiklosigkeit *f;* **acritico, -a** [a'kri:tiko] <-ci, -che> *agg* unkritisch

acro ['a:kro] *m* (*misura*) Morgen *m*

acrobata [a'krɔ:bata] <-i *m*, -e *f*> *mf* (Luft)akrobat(in) *m(f);* (*funambolo*) Seiltänzer(in) *m(f);* **acrobatica** [akro'ba:tika] <-che> *f* Akrobatik *f;* **acrobatico, -a** [akro'ba:tiko] <-ci, -che> *agg* akrobatisch; **volo** ~ Kunstflug *m;* **acrobatismo** [akroba'tizmo] *m* Akrobatik *f;* (*rappresentazione*) Artistik *f;* **acrobazia** [akrobat'tsi:a] <-ie> *f* akrobatische Übung, Kunststück *n*

action movie ['ækʃən 'mu:vi] <- *o* action movies> *m* Actionfilm *m*

acufene [aku'fɛ:ne] *m* (MED) Tinnitus *m*

acuire [aku'i:re] <acuisco> **I.** *vt* zuspitzen; (*a fig: ingegno*) schärfen **II.** *vr* **-rsi** sich verschärfen; (*situazione a*) sich zuspitzen

aculeato, -a [akule'a:to] *agg* Stech-

aculeo [a'ku:leo] *m* ❶ (ZOO) Stachel *m* ❷ (BOT) Dorn *m*, Stachel *m*

acume [a'ku:me] *m* Scharfsinn *m;* (*dell'intelletto*) Schärfe *f*

acuminare [akumi'na:re] *vt* spitzen, schärfen

acustica [a'kustika] <-che> *f* Akustik *f;* **acustico, -a** [a'kustiko] <-ci, -che> *agg* ❶ (PHYS) akustisch; **vibrazione -a** Schallschwingung *f* ❷ (ANAT) Gehör-, Hör-

acustoelettricità [akustoelettritʃi'ta] *f* Elektroakustik *f*

acutangolo [aku'taŋgolo] *agg* spitzwink(e)lig

acutezza [aku'tettsa] *f* ❶ (*acuità*) Schärfe *f;* (*del suono*) schriller Klang; ~ **visiva** Sehschärfe *f* ❷ (*fig: perspicacia*) Scharfsinnigkeit *f;* ~ **di mente** Scharfsinn *m*

acutizzare [akutid'dza:re] *v.* **acuire**

acutizzazione [akutidzat'tsio:ne] *f* (*a fig*) Zuspitzung *f*

acuto [a'ku:to] *m* (MUS) hoher Ton

acuto, -a *agg* ❶ (*aguzzo,* MAT) spitz ❷ (*vista*) scharf; (*suono*) schrill ❸ (MED, LING) akut; **dolore** ~ stechender Schmerz ❹ (*penetrante*) heftig, stark; (*freddo*) beißend; (*odore a*) scharf ❺ (*vivo, struggente*) brennend, heftig ❻ (ARCH) **arco a sesto** ~ Spitzbogen *m*

ad [ad] *prp* = **a** davanti a vocale; *v.* **a**

AD *f abbr di* **Alleanza Democratica** Demokratische Allianz *f*

adagetto [adad'ʒetto] *m* (MUS) Adagetto *n*

adagiare [ada'dʒa:re] **I.** *vt* betten, legen **II.** *vr* **-rsi** ❶ (*distendersi*) sich betten, sich (hin)legen ❷ (*fig*) sich hingeben, sich überlassen

adagino [ada'dʒi:no] *avv* behutsam

adagio¹ [a'da:dʒo] *avv* ❶ (*lentamente*) langsam ❷ (*con cautela*) behutsam ❸ (MUS) adagio

adagio² <-gi> *m* (MUS) Adagio *n*

adamantino, -a [adaman'ti:no] *agg* ❶ (*con le proprietà del diamante*) diamanten, Diamant(en)- ❷ (*fig: splendente*) leuchtend, glänzend, strahlend ❸ (*fig: saldo*) hart, fest

adamitico, -a [ada'mi:tiko] <-ci, -che> *agg* **in costume** ~ im Adamskostüm

adattabile [adat'ta:bile] *agg* anpassungsfähig; **adattabilità** [adattabili'ta] <-> *f* Anpassungsfähigkeit *f*

adattamento [adatta'mento] *m* ❶ (*accomodamento,* BIOL) Anpassung *f;* (TEC) Anpassen *n* ❷ (*di un'opera*) Bearbeitung *f* ❸ (*fig: adeguamento*) Nachgiebigkeit *f;* **spirito di** ~ Anpassungsfähigkeit *f* ❹ (COM) ~ **del mercato** Marktanpassung *f*

adattare [adat'ta:re] **I.** *vt* ❶ (*conformare*) anpassen; ~ **un abito a qu** jdm einen Anzug anpassen ❷ (*cambiare*) umwandeln; (*edificio*) umbauen ❸ (*opera*) bearbeiten **II.** *vr* **-rsi** ❶ (*stare bene*) passen; **si adatta molto a lei** das passt gut zu ihr ❷ (*adeguarsi*) **-rsi** (**a qc**) sich (nach etw) richten; **-rsi ai tempi** sich an die Zeit anpassen; **adattatore** *m* (INFORM) Adapter *m;* **adatto, -a** [a'datto] *agg* geeignet; (*momento*) passend; **essere ~ per qc** für etw geeignet sein

addebitamento [addebita'mento] *m* Belastung *f;* **addebitare** [addebi'ta:re] *vt* ❶ (COM) **~ qc a qu** jdn mit etw belasten ❷ (*fig: incolpare*) zur Last legen; **addebito** [ad'de:bito] *m* ❶ (COM) Belastung *f;* **nota di ~** Lastschrift *f* ❷ (*fig: accusa*) Beschuldigung *f;* **muovere un ~ a qc/qu** eine Beschuldigung gegen jdn/etw erheben

addenda [ad'dɛnda] *mpl* Addenda *pl*

addendo [ad'dɛndo] *m* (MAT) Summand *m*

addensamento [addensa'mento] *m* Verdichtung *f;* (*di eventi*) Anhäufung *f;* **addensare** [adden'sa:re] **I.** *vt* ❶ (*rendere denso*) verdichten; (*liquido*) eindicken (lassen) ❷ (*accumulare*) häufen **II.** *vr* **-rsi** sich verdichten; (*folla*) zusammenströmen; (*nubi*) sich zusammenballen

addentare [adden'ta:re] **I.** *vt* ❶ (*con i denti*) mit den Zähnen packen ❷ (*con tenaglie*) mit der Zange packen **II.** *vr* **-rsi** ineinander greifen

addentellare [addentel'la:re] *vt* mit einer Zahnung versehen

addentellato [addentel'la:to] *m* ❶ (*in muri*) Zahnung *f* ❷ (*fig: appiglio*) Anknüpfungspunkt *m*

addentrarsi [adden'trarsi] *vr* ❶ (*inoltrarsi*) eindringen ❷ (*fig*) sich vertiefen; **addentro** [ad'dentro] *avv* im Inneren; **essere ~ in qc** (*fig*) sich in etw *dat* gut auskennen

addestramento [addestra'mento] *m* ❶ (*di persone*) Ausbildung *f* ❷ (*di animali*) Dressur *f*

addestrare [addes'tra:re] **I.** *vt* ❶ (*persone*) ausbilden ❷ (*animali*) dressieren; (*cani*) abrichten **II.** *vr* **-rsi** sich üben, sich schulen; **addestrativo, -a** [addestra'ti:vo] *agg* Ausbildungs-; **corso ~** Ausbildungs-/Schulungslehrgang *m;* **addestratore, -trice** [addestra'to:re] *m, f* ❶ (*di persone*) Ausbilder(in) *m(f)* ❷ (*di animali*) Dresseur(in) *m(f)*

addetto, -a [ad'detto] **I.** *agg* (*responsabile*) zuständig; **essere ~ a qc** für etw zuständig sein **II.** *m, f* ❶ (*responsabile*) Zuständige(r) *f(m);* **vietato l'ingresso ai non -i ai lavori** Zutritt für Unbefugte verboten ❷ (*impiegato*) Angehörige(r) *f(m),* Angestellte(r) *f(m);* **~ stampa** Pressesprecher *m*

addì [ad'di] *avv* (ADM, *obs*) den, am; **Torino, ~ 31 ottobre 2008** Turin, den 31. Oktober 2008

addiaccio [ad'diattʃo] <-cci> *m* ❶ (*recinto per bestiame*) Pferch *m* ❷ (*bivacco*) Lager *n;* **dormire all'~** im Freien übernachten

addice 3. *pers sing pr di* **addirsi**

addietro [ad'die:tro] *avv* ❶ (*luogo*) zurück; **restare ~** zurückbleiben ❷ (*tempo*) früher; **anni ~** vor Jahren; **tempo ~** früher; **per l'~** in der Vergangenheit ❸ (*fig*) **tirarsi ~** einen Rückzieher machen; **lasciare ~** vernachlässigen

addio¹ [ad'di:o] *int* ade, adieu, leb wohl; (*fig*) aus (mit), dahin; **dire ~ al mondo** der Welt den Rücken kehren; **sono stato bocciato e ~ regalo!** ich habe nicht bestanden, und jetzt kann ich das Geschenk vergessen!

addio² <-ii> *m* Abschied *m;* **l'ultimo ~** das letzte Geleit

addirittura [addirit'tu:ra] *avv* ❶ (*perfino*) sogar ❷ (*veramente*) geradezu

addirsi [ad'dirsi] <si addice> *vr* (*impersonale*) **qc si addice a qu** etw passt zu jdm; **questo incarico non mi si addice** diese Aufgabe liegt mir nicht

additare [addi'ta:re] *vt* (*mostrare con il dito*) (mit dem Finger) zeigen (auf + *acc*)

additivare [additi'va:re] *vt* zusetzen, Zusätze hinzufügen; **additivazione** [additivat'tsio:ne] *f* Hinzufügung *f*

additivo [addi'ti:vo] *m* (CHEM) Additiv *n,* Zusatz *m*

additivo, -a *agg* additiv, Zusatz-

addivenire [addive'ni:re] <addivengo, addivenni, addivenuto> *vi essere* gelangen (*a* zu), erreichen (*a qc* etw); **~ a un accordo** zu einer Übereinkunft gelangen

addizionale [addittsio'na:le] *agg* zusätzlich, Zusatz-, außertourlich A

addizionare [addittsio'na:re] *vt* addieren, zusammenzählen; **addizionatrice** [addittsiona'tri:tʃe] *f* Additions-, Addiermaschine *f;* **addizione** [addit'tsio:ne] *f* Addition *f*

addobbare [addob'ba:re] *vt* dekorieren, schmücken; **addobbatore, -trice** [addobba'to:re] *m, f* Dekorateur(in) *m(f);* **addobbo** [ad'dɔbo] *m* ❶ (*atto*) Dekorieren *n,* Schmücken *n* ❷ (*ornamenti*) Dekoration *f,* Schmuck *m*

addocilire [addotʃi'li:re] *vt* ❶ (*pelle*) geschmeidig machen ❷ (*fig obs: persona*) erweichen

addolcimento [addoltʃi'mento] *m* Süßen *n;* (*fig*) Milderung *f*

addolcire [addol'tʃiːre] <addolcisco> **I.** *vt* ❶ (*caffè*) süßen ❷ (*acciaio, acqua*) enthärten ❸ (*fig: mitigare*) mildern **II.** *vr* -**rsi** (*carattere*) sanfter werden; (*tempo*) milder werden; **addolcitore** [addoltʃi-'toːre] *m* (Wasser)enthärter *m*

addolorare [addolo'raːre] **I.** *vt* betrüben; ~ **qu** jdm Schmerz(en) zufügen **II.** *vr* -**rsi per qc** sich über etw *acc* grämen

addome [ad'dɔːme] *m* ❶ (*ventre*) Unterleib *m* ❷ (zoo) Hinterleib *m,* Abdomen *n*

addomesticabilità [addomestikabili'ta] <-> *f* Zähmbarkeit *f,* Domestizierbarkeit *f;* **addomesticamento** [addomestika'mento] *m* Zähmung *f,* Domestizierung *f;* **addomesticare** [addomesti'kaːre] *vt* zähmen; (*fig*) bändigen, zähmen; **addomesticato, -a** [addomesti'kaːto] *agg* (*animale*) domestiziert, gezähmt

addominale [addomi'naːle] *agg* Unterleib(s)-, Bauch-

addormentare [addormen'taːre] **I.** *vt* ❶ (*far dormire*) zum Schlafen bringen; (*medicina, musica*) einschläfern ❷ (MED: *con narcotico*) betäuben, narkotisieren ❸ (*fig: intorpidire*) einschläfern **II.** *vr* -**rsi** einschlafen; **mi si è addormentata la mano** mir ist die Hand eingeschlafen; -**rsi in piedi** (*fig*) im Stehen einschlafen; **addormentato, -a** [addormen'taːto] *agg* ❶ (*immerso nel sonno*) schlafend ❷ (MED: *con narcotico*) betäubt ❸ (*fig: sonnacchioso*) schläfrig, verschlafen ❹ (*fig: fiacco*) lahm

addossamento [addossa'mento] *m* Aufbürden *n*

addossare [addos'saːre] **I.** *vt* ❶ (*porre addosso*) aufbürden ❷ (*accostare*) anrücken; (*appoggiare*) anlehnen ❸ (*fig: imputare*) aufbürden; (*colpa*) anlasten **II.** *vr* -**rsi** ❶ (*appoggiarsi*) sich anlehnen; (*accalcarsi*) sich drängen ❷ (*fig: accollarsi*) sich *dat* aufbürden, auf sich nehmen

addosso [ad'dɔsso] **I.** *avv* am Leib; (*fig*) bei sich +*dat;* **avere** ~ (*vestito*) anhaben; (*denaro, libro*) bei sich *dat* haben; **mettere** ~ anziehen; **avere il diavolo** ~ (*fig*) den Teufel im Leib haben; **piangersi** ~ sich selbst bemitleiden; **avere la rabbia** ~ (*fig*) eine Wut im Bauch haben; **farsela** ~ (*vulg*) sich *dat* ins Hemd machen *fam;* **levarsi qu d'**~ (*fig*) sich *dat* jdn vom Halse schaffen **II.** *prp* ~ **a** (*stato*) neben +*dat;* (*moto*) neben +*acc;* **andare** ~ **a due pedoni** zwei Fußgänger anfahren; **mettere le mani** ~ **a qu** Hand an jdn legen; **dare** ~ **a qu** (*fig*) jdm widersprechen; **stare** ~ **a qu** (*fig*) jdm keine Ruhe lassen; **tagliare i panni** ~ **a qu** (*fig*) jdm am Zeug flicken; **vivere** ~ **a qu** (*fig*) auf jds Kosten leben

addotto [ad'dɔtto] *pp di* **addurre**

addottorare [addotto'raːre] **I.** *vt* promovieren **II.** *vr* -**rsi** promovieren

addottrinare [addottri'naːre] **I.** *vt* unterweisen, ausbilden **II.** *vr* -**rsi** sich bilden

addurre [ad'durre] <adduco, addussi, addotto> *vt* anführen, vorbringen; **adduzione** [addut'tsioːne] *f* ❶ (ANAT) Adduktion *f* ❷ (TEC) Zuleitung *f,* Zufuhr *f*

adeguamento [adegua'mento] *m* Angleichung *f,* Angleichen *n;* **adeguare** [ade'guaːre] **I.** *vt* angleichen; ~ **gli stipendi ai prezzi** die Löhne an die Preise angleichen **II.** *vr* -**rsi** sich anpassen; -**rsi a qc** sich an etw *acc* anpassen; **adeguato, -a** [ade'guaːto] *agg* angemessen, passend

adempiere [a'dempiere] <adempio *o* adempisco, adempii, adempiuto *o* adempito> **I.** *vt* (*dovere, desiderio*) erfüllen; (*promessa*) halten **II.** *vr* -**rsi** sich erfüllen; **adempimento** [adempi'mento] *m* Erfüllung *f*

adempire [adem'piːre] *v.* **adempiere**

adempisco [adem'pisko] *1. pers sing pr di* **adempi(e)re**

adempi(u)to [adem'piːto (adem'piuːto)] *pp di* **adempi(e)re**

adenotomia [adenoto'miːa] <-ie> *f* Mandeloperation *f*

adepto, -a [a'dɛpto] *m, f* Anhänger(in) *m(f),* Mitglied *n*

aderente [ade'rɛnte] **I.** *agg* haftend, klebend; (*vestito*) eng anliegend **II.** *mf* Anhänger(in) *m(f);* ~ **a una setta** Anhänger einer Sekte

aderenza [ade'rɛntsa] *f* ❶ (*che è aderente*) Haftung *f,* Haftfähigkeit *f* ❷ (PHYS) Reibung *f* ❸ <*gener al pl*> (*fig: conoscenza*) Beziehungen *fpl*

adergere [a'dɛrdʒere] <adergo, adersi, aderto> *poet* **I.** *vt* erheben **II.** *vr* -**rsi** sich erheben

aderire [ade'riːre] <aderisco> *vi* ❶ (*rimanere a contatto*) haften, kleben; (*vestito, scarpa*) anliegen ❷ (*fig: a una proposta*) zustimmen; (*a una richiesta*) nachkommen ❸ (*fig: entrare a far parte*) beitreten

adersi [a'dɛrsi] *1. pers sing pass rem di* **adergere**

aderto [a'dɛrto] *pp di* **adergere**

adescamento [adeska'mento] *m* Ködern *n;* **adescare** [adesk'kaːre] *vt* (*pesci, uccelli, a fig*) ködern

adesione [ade'zio:ne] *f* ❶ (*aderenza*) Haftung *f;* (PHYS) Adhäsion *f* ❷ (*fig: consenso*) Zustimmung *f,* Einwilligung *f;* (*a una richiesta*) Nachkommen *n* ❸ (*a un partito*) Beitritt *m;* **paese candidato all'~** Beitrittskandidat *m*

adesività [adezivi'ta] <-> *f* Haftfähigkeit *f,* Klebrigkeit *f*

adesivo [ade'zi:vo] *m* ❶ (*collante*) Klebstoff *m* ❷ (*autoadesivo*) Aufkleber *m,* Pickerl *n A*

adesivo, -a *agg* klebend, Kleb(e)-; **nastro ~** Klebeband *n*

adespoto, -a [a'dɛspoto] *agg* anonym, namenlos

adesso [a'dɛsso] *avv* ❶ (*in questo momento, ora*) jetzt, nun ❷ (*poco fa*) gerade (eben) ❸ (*tra poco*) (jetzt) gleich

ad honorem [ad o'nɔ:rem] *avv* honoris causa, ehrenhalber; **laurea ~** Ehrendoktorwürde *f*

adiacente [adia'tʃɛnte] *agg* anliegend, angrenzend; **adiacenza** [adia'tʃɛntsa] *f* Umgebung *f,* Nähe *f*

adibire [adi'bi:re] <adibisco> *vt* ❶ (*usare*) benutzen; **~ una stanza a soggiorno** einen Raum als Wohnzimmer benutzen ❷ (*destinare*) **~ qc a qu** etw für jdn vorsehen

Adige ['a:didʒe] *m* Etsch *f;* **Alto ~** Südtirol *n*

adipe ['a:dipe] *m* Fett(gewebe) *n*

adiposità [adiposi'ta] <-> *f* Fettleibigkeit *f;* **adiposo, -a** [adi'po:so] *agg* Fett-, fetthaltig

adirarsi [adi'rarsi] *vr* **~ con qu** jdm zürnen; **adirato, -a** [adi'ra:to] *agg* erzürnt, zornig

adire [a'di:re] <adisco> *vt* (*tribunale*) anrufen; (*eredità*) antreten; **~ le vie legali** den Rechtsweg beschreiten

adito ['a:dito] *m* ❶ (*accesso*) Eingang *m,* Zugang *m,* Zutritt *m* ❷ (*fig*) Anlass *m;* **dare ~ a qc** Anlass zu [*o* für] etw geben

adocchiare [addok'kia:re] *vt* erblicken; (*con compiacenza, desiderio*) liebäugeln mit

adolescente [adoleʃ'ʃɛnte] I. *agg* jung, jugendlich; (*immaturo*) unreif II. *mf* Jugendliche(r) *f(m),* junger Mann, junges Mädchen; **adolescenza** [adoleʃ'ʃɛntsa] *f* Jugend *f;* **adolescenziale** [adoleʃʃen'tsia:le] *agg* Jugend-, pubertär

adombrabile [adom'bra:bile] *agg* ❶ (*suscettibile*) empfindlich, verletzbar ❷ (*ombroso*) scheu

adombramento [adombra'mento] *m* ❶ (*oscuramento*) Beschattung *f,* Verdunklung *f* ❷ (*fig*) Argwohn *m* ❸ (*di cavallo*) Scheuen *n* ❹ (*ombreggiamento*) Schattierung *f*

adombrare [adom'bra:re] I. *vt* ❶ (*oscurare*) beschatten +*acc* ❷ (*ombreggiare*) schattieren II. *vr* **-rsi** (*insospettirsi*) stutzig werden

adone [a'do:ne] *m* Adonis *m*

adontarsi [adon'tarsi] *vr* beleidigt sein

adop(e)rabile [ado'pra:bile (adope'ra:bile)] *agg* brauchbar; **adop(e)rare** [ado'pra:re (adope'ra:re)] I. *vt* benutzen, (ge)brauchen; (*tempo*) nutzen; **~ le mani** schlagen II. *vr* **-rsi per qu** sich für jdn einsetzen

adorabile [ado'ra:bile] *agg* bezaubernd; **adorare** [ado'ra:re] *vt* ❶ (*divinità, persona*) anbeten ❷ (*arte, cibo*) lieben; **adoratore, -trice** [adora'to:re] *m, f* (*ammiratore*) Verehrer(in) *m(f);* **adorazione** [adorat'tsio:ne] *f* Anbetung *f,* Verehrung *f*

adornare [ador'na:re] I. *vt* schmücken, verzieren II. *vr* **-rsi** sich schmücken; **adorno, -a** [a'dorno] *agg* geschmückt

adottare [adot'ta:re] *vt* ❶ (*figlio*) adoptieren ❷ (*libro*) verwenden; (*metodo*) anwenden; (*provvedimenti*) ergreifen; (*vita*) annehmen; **adottivo, -a** [adot'ti:vo] *agg* ❶ (*figlio, padre*) Adoptiv- ❷ (*fig: patria*) Wahl-; **adozione** [adot'tsio:ne] *f* ❶ (JUR) Adoption *f* ❷ (*fig: scelta*) Wahl *f;* (*di provvedimento*) Ergreifen *n;* (*di metodo*) Anwendung *f;* **patria di ~** Wahlheimat *f*

adrematrice [adrema'tri:tʃe] *f* Adressiermaschine *f*

adrenalina [adrena'li:na] *f* Adrenalin *n*

adriano, -a [adri'a:no] *agg* Hadrians-; **mole -a** Engelsburg *f*

Adriatico [adri'a:tiko] *m* Adria *f*

adriatico, -a <-ci, -che> *agg* adriatisch, Adria-; **il Mare Adriatico** das Adriatische Meer, die Adria

adroterapia [adrotera'pia] *f* (MED) Strahlentherapie *f*

ADSL *abbr di* **Asymmetric Digital Subscriber Line** ADSL

aduggiare [adud'dʒa:re] I. *vt* (*poet*) ❶ (*coprire d'ombra*) beschatten ❷ (*fig: inaridire*) unterdrücken, bedrängen II. *vr* **-rsi** verdorren

adulare [adu'la:re] *vt* schmeicheln; **~ qu** jdm schmeicheln; **adulatore, -trice** [adula'to:re] *m, f* Schmeichler(in) *m(f);* **adulatorio, -a** [adula'tɔ:rio] <-i, -ie> *agg* schmeichlerisch; **adulatrice** *f v.* **adulatore; adulazione** [adulat'tsio:ne] *f* Schmeichelei *f*

adulta *f v.* **adulto**

adultera *f v.* **adultero**
adulterare [adulte'ra:re] *vt* ❶ (*sofistica-re*) verfälschen; (*vino*) panschen ❷ (*fig: corrompere*) verderben; **adulterazione** [adulterat'tsio:ne] *f* ❶ (*sofisticazione*) Verfälschung *f* ❷ (*del vino*) Panschen *n;* **adulterino, -a** [adulte'ri:no] *agg* (JUR) unehelich
adulterio [adul'tɛ:rio] <-i> *m* Ehebruch *m;* **adultero, -a** [a'dultero] I. *agg* ehebrecherisch II. *m, f* Ehebrecher(in) *m(f)*
adulto, -a [a'dulto] I. *agg* ❶ (*persona*) erwachsen ❷ (*animale*) ausgewachsen ❸ (*fig: maturo*) ausgereift, reif II. *m, f* Erwachsene(r) *f(m)*
adunanza [adu'nantsa] *f* Versammlung *f;* **adunare** [adu'na:re] I. *vt* versammeln, zusammenfassen II. *vr* **-rsi** sich versammeln; **adunata** [adu'na:ta] *f* ❶ (MIL) Appell *m* ❷ (*persone riunite*) Versammlung *f,* Zusammenkunft *f*
adunco, -a [a'duŋko] <-chi, -che> *agg* krumm; (*naso*) Haken-
adunghiare [aduŋ'gia:re] *vt* krallen
adunque [a'duŋkue] *cong* (*poet*) also
adusare [adu'za:re] *vt* (*poet*) gewöhnen (*a* an +*acc*)
adusto, -a [a'dusto] *agg* (*poet*) ❶ (*pianta*) ausgedorrt ❷ (*persona*) mager, dürr; (*faccia*) hager
advertising, advertizing [ædvə:'taiziŋ *o* adver'taiziŋ(g)] *m* Werbung *f*
aedo [a'ɛ:do] *m* ❶ (HIST) Aöde *m* ❷ (*fig: poeta*) Dichter *m,* Sänger *m*
aerare [ae'ra:re] *vt* lüften; **aerazione** [aerat'tsio:ne] *f* Lüftung *f*
aere ['a:ere] *m* (*poet*) Luft *f*
aereo [a'ɛ:reo] <-ei> *m* ❶ (*aeroplano*) Flugzeug *n* ❷ (*antenna*) Antenne *f*
aereo, -a <-ei, -ee> *agg* ❶ (*relativo all'aria*) Luft-; **linea -a** (AERO) Luftverkehrslinie *f;* (*compagnia*) Fluggesellschaft *f;* (EL, TEL) Freiluftleitung *f;* **spazio ~** Luftraum *m* ❷ (*fig: leggero*) luftig; **aeriforme** [aeri'forme] *agg* gasförmig
aeroacustica [aeroa'kustika] *f* Aeroakustik *f*
aerobica [ae'rɔ:bika] *f* Aerobic *n*
aerobico, -a [ae'rɔ:biko] <-ci, -che> *agg* Aerobic-; **ginnastica -a** Aerobic *n*
aerobox [aero'bɔ:ks] *f* (SPORT) Box-Aerobic *f*
aerobrigata [aerobri'ga:ta] *f* (MIL) Luftbrigade *f*
aerobus ['a:erobus] <-> *m* Airbus *m;* **aerocentro** [aero'tʃɛntro] *m* Kleinflugbereich *m;* **aerocisterna** [aerotʃis'tɛrna] *f* Tankflugzeug *n;* **aeroclub** [aero'klub]

<-> *m* Flugverein *m*
aerodinamica [aerodi'na:mika] *f* Aerodynamik *f*
aerodinamico, -a [aerodi'na:miko] <-ci, -che> *agg* aerodynamisch; (*carrozzeria*) stromlinienförmig; **linea -a** Stromlinienform *f;* **resistenza -a** Luftwiderstand *m*
aerodromo [ae'rɔ:dromo] *m* Flugplatz *m;* **aerofaro** [aero'fa:ro] *m* (Flughafen)befeuerung *f*
aerofotografia [aerofotogra'fi:a] *f* Luftaufnahme *f;* **aerogiro** [aero'dʒi:ro] *m* (AERO) Drehflügler *m;* **aerografo** [ae'rɔ:-grafo] *m* Spritzpistole *f;* **aerogramma** [aero'gramma] <-i> *m* Luftpostbrief *m;* **aerolinea** [aero'li:nea] *f* Luftlinie *f*
aerolito [ae'rɔ:lito] *m* Meteorstein *m*
aerologia [aerolo'dʒi:a] <-ie> *f* Aerologie *f;* **aerologico, -a** [aero'lɔ:dʒiko] <-ci, -che> *agg* aerologisch
aeromarittimo, -a [aeroma'rittimo] *agg* See- und Luft-; **aerometro** [ae'rɔ:metro] *m* Aerometer *n;* **aeromobile** [aero'mɔ:bile] *m* Luftfahrzeug *n;* **aeromodello** [aeromo'dɛllo] *m* Modellflugzeug *n;* **aeromoto** [aero'mɔ:to] *m* Druckwelle *f*
aeronautica [aero'na:utika] *f* Luftfahrt *f;* **~ civile** zivile Luftfahrt; **~ militare** Luftwaffe *f;* **aeronautico, -a** [aero'na:utiko] <-ci, -che> *agg* Luftfahrt-
aeronave [aero'na:ve] *f* Luftschiff *n;* **aeronavigazione** [aeronavigat'tsio:ne] *f* Luftschifffahrt *f*
aeroplano [aero'pla:no] *m* Flugzeug *n;* **~ da caccia/ricognizione/turismo** Jagd-/Aufklärungs-/Charterflugzeug *n*
aeroponica [aero'pɔ:nika] <*obs* -che> *f* (AGR) Pflanzenzucht *f* ohne Erde, Substratkultur *f*
aeroporto [aero'pɔrto] *m* Flughafen *m;* **aeroportuale** [aeroportu'a:le] I. *mf* Flughafenpersonal *n* II. *agg* Flughafen-; **tassa ~** Flughafengebühr *f*
aeropostale [aeropos'ta:le] I. *agg* Luftpost- II. *m* Postflugzeug *n;* **aerorifornimento** [aeroriforni'mento] *m* Versorgung *f* aus der Luft; **aeroscivolante** [aeroʃivo'lante] *m* (*hovercraft*) Luftkissenfahrzeug *n;* **aerosilurante** [aerosilu'rante] *m* Torpedoflugzeug *n;* **aerosoccorso** [aerosok'korso] *m* Flugrettung *f,* Flugrettungsdienst *m*
aerosol [aero'sɔl] <-> *m* ❶ (*dispersione*) Aerosol *n* ❷ (*contenitore*) Sprühdose *f*
aerospaziale [aerospat'tsiale] *agg* Raumfahrt-; **aerospazio** [aero'spattsio] <-zi> *m* Weltraum *m*
aerostatica [aeros'ta:tika] *f* Aerostatik *f;*

aerostatico, -a [aeros'ta:tiko] <-ci, -che> *agg* aerostatisch; **pallone ~** Fessel-, Heißluftballon *m;* **aerostato** [ae'rɔstato] *m* Heißluftballon *m;* (*fisso*) Fesselballon *m;* (*dirigibile*) Luftschiff *n*

aerostazione [aerostat'tsio:ne] *f* Terminal *n o m*

aerostiere [aeros'tiɛːre] *m* Ballonfahrer *m*

aerotassì, aero-taxi [aerotas'si, aero-'taksi] <-> *m* Lufttaxi *n*

aerotecnica [aero'tɛknika] *f* Luftfahrttechnik *f*

aerotecnico, -a [aero'tɛkniko] <-ci, -che> **I.** *agg* luftfahrttechnisch **II.** *m, f* Luftfahrttechniker(in) *m(f)*

aerotermo [aero'tɛrmo] *m* Heißluftheizung *f*

aeroterrestre [aeroter'rɛstre] *agg* (MIL) Luft-Boden-; **forze -i** Luft-Boden-Streitkräfte *fpl*

aerotrasporto [aerotras'pɔrto] *m* Lufttransport *m;* **aerovia** [aero'vi:a] *f* Luftstraße *f*

afa ['a:fa] *f* Schwüle *f;* **c'è ~** es ist schwül

afasia [afa'zi:a] <-ie> *f* Aphasie *f*

affabile [af'fa:bile] *agg* liebenswürdig, freundlich; **affabilità** [affabili'ta] <-> *f* Liebenswürdigkeit *f,* Freundlichkeit *f*

affabulare [affabu'la:re] *vt* fabulieren

affabulativo, -a [affabula'ti:vo] *agg* fabulisierend, erzählend

affaccendamento [affattʃenda'mento] *m* Geschäftigkeit *f*

affaccendarsi [affattʃen'darsi] *vr* sich *dat* zu schaffen machen; **~ intorno a qc** an etw *dat* herumhantieren; **affaccendato, -a** [affattʃen'da:to] *agg* sehr beschäftigt

affacciare [affat'tʃa:re] **I.** *vt* ❶ (*mostrare*) (in der Tür [*o* am Fenster]) zeigen ❷ (*fig: avanzare*) vorbringen; (*dubbi*) aufwerfen **II.** *vr* **-rsi** sich (in der Tür [*o* am Fenster]) zeigen; **-rsi alla mente** durch den Kopf gehen

affacciarsi [affat'tʃa:rsi] *vr* sich (in der Tür [*o* am Fenster]) zeigen; **~ alla mente** (*fig*) durch den Kopf gehen, (auf)kommen

affaccio [affat'tʃo] <-cci> *m* Aussicht *f* (aus einem Fenster); **diritto d'~** Anrecht auf unverbaute Aussicht

affamare [affa'ma:re] *vt* hungern lassen; **affamato, -a** [affa'ma:to] **I.** *agg* ❶ (*chi ha fame*) hungrig ❷ (*fig: avido*) gierig; **essere ~ di qc** nach etw gierig sein **II.** *m, f* Hungernde(r) *f(m)*

affannare [affan'na:re] **I.** *vt* ❶ (*dare affanno*) Atemnot bereiten ❷ (*fig: procurare pena*) beunruhigen, ängstigen **II.** *vr* **-rsi** ❶ (*provare affanno*) keuchen ❷ (*fig: affati-*

carsi) sich abmühen; **affannato, -a** [af-fan'na:to] *agg* atemlos; **affanno** [af'fanno] *m* ❶ (*difficoltà di respiro*) Atemnot *f* ❷ (*fig: preoccupazione*) Sorge *f,* Angst *f;* **affannoso, -a** [affan'no:so] *agg* ❶ (*oppresso da affanno*) keuchend ❷ (*fig*) mühselig

affardellare [affardel'la:re] *vt* bündeln; (*zaino*) packen

affare [af'fa:re] *m* ❶ (*faccenda*) Angelegenheit *f,* Sache *f;* **~ da nulla** Kleinigkeit *f;* **bell'~ hai combinato!** da hast du was Schönes angerichtet!; **non è ~ tuo!** das geht dich nichts an!; **sono -i miei** das ist meine Sache ❷ (COM) Geschäft *n;* **uomo d'-i** Geschäftsmann *m;* **fare un ~ d'oro** ein Bombengeschäft machen; **affari del mercato aperto** Offenmarktgeschäfte *fpl* ❸ (JUR) Prozess *m,* Sache *f;* **~ giudiziario** Rechtsangelegenheit *f,* Rechtssache *f;* **Ministero degli Affari esteri** Auswärtiges Amt ❹ (*fam: cosa, utensile*) Ding *n,* Dings(da) *n* ❺ *pl* Angelegenheiten *fpl;* **-i di stato** Staatsangelegenheiten *fpl* ❻ (*loc*) **casa di mal ~** Freudenhaus *n;* **donna di mal ~** Freudenmädchen *n;* **affarismo** [affa'rizmo] *m* Geschäftstüchtigkeit *f;* **affarista** [affa'rista] <-i m, -e f> *mf* (*pej*) Geschäftemacher(in) *m(f);* **affaristico, -a** [affa'ristiko] <-ci, -che> *agg* Geschäfts-; **affarone** [affa'ro:ne] *m* (*fam*) Bombengeschäft *n*

affascinante [affaʃʃi'nante] *agg* faszinierend

affascinare [affaʃʃi'na:re] *vt* (*attrarre, sedurre*) faszinieren, bezaubern

affascinatore, -trice [affaʃʃina'to:re] *m, f* Verführer(in) *m(f)*

affastellamento [affastella'mento] *m* ❶ (*raccolta in fastelli*) Bündelung *f* ❷ (*fig: ammasso confuso*) Anhäufung *f,* Haufen *m;* **affastellare** [affastel'la:re] *vt* ❶ (*raccogliere in fastelli*) bündeln ❷ (*fig: ammassare confusamente*) anhäufen

affaticamento [affatika'mento] *m* Ermüdung *f*

affaticare [affati'ka:re] **I.** *vt* anstrengen, ermüden **II.** *vr* **-rsi** sich anstrengen

affatto [af'fatto] *avv* ganz und gar, durchaus; **niente** [*o* **non**] **~** (ganz und) gar nicht, überhaupt nicht

affatturare [affattu'ra:re] *vt* ❶ (*stregare*) verhexen ❷ (*vino*) panschen; (*alimenti*) verfälschen

afferire [affe'ri:re] <afferisco> *vi* (JUR, ADM, *form: concernere*) **~ (a qc)** (etw) betreffen, (zu etw) gehören

affermare [affer'ma:re] **I.** *vt* ❶ (*dire di sì*)

bejahen ❷ (*confermare*) bestätigen ❸ (*attestare*) bezeugen, bekräftigen ❹ (*sostenere*) behaupten ❺ (JUR: *innocenza*) beteuern; (*verità*) behaupten II. *vr* **-rsi** sich behaupten, sich durchsetzen; **affermativo, -a** [afferma'ti:vo] *agg* bejahend; (*risposta a*) positiv; **affermazione** [affermat'tsio:ne] *f* ❶ (*asserzione*) Behauptung *f*; (*confermazione*) Bejahung *f*, Bestätigung *f* ❷ (*successo*) Erfolg *m*

afferrare [affer'ra:re] I. *vt* ❶ (*prendere*) (er)greifen, fassen ❷ (*fig: occasione*) ergreifen; (*senso, idea*) begreifen, erfassen II. *vr* **-rsi** (*a fig*) sich klammern; **-rsi a qu/ qc** sich an jdn/etw klammern

Aff. Est. *abbr di* (**Ministero degli**) **Affari Esteri** ≈ AA

affettare [affet'ta:re] *vt* ❶ (*tagliare a fette*) in Scheiben schneiden ❷ (*ostentare*) demonstrativ zeigen ❸ (*pretendere*) vorgeben

affettato [affet'ta:to] *m* Aufschnitt *m*

affettato, -a *agg* affektiert, gekünstelt

affettatrice [affetta'tri:tʃe] *f* (*per affettati*) Wurstschneidemaschine *f*; (*per pane*) Brotmaschine *f*

affettazione [affettat'tsio:ne] *f* (*pej*) Affektiertheit *f*

affettività [affettivi'ta] <-> *f* ❶ (*capacità affettiva*) Warmherzigkeit *f* ❷ (PSYCH) Emotionalität *f*, Affektivität *f*

affettivo, -a [affet'ti:vo] *agg* ❶ (*affettuoso*) warmherzig, gefühlsbetont ❷ (PSYCH) emotional, Gefühls-

affetto [af'fɛtto] *m* Zuneigung *f*, Liebe *f*; **avere ~ per qu** jdn gern haben; **ti saluto con ~** ich grüße dich herzlich

affetto, -a *agg* betroffen

affettuosità [affettuosi'ta] <-> *f* Herzlichkeit *f*

affettuoso, -a [affettu'o:so] *agg* liebevoll; (*cordiale*) herzlich; (*tenero*) zärtlich

affezionare [affettsio'na:re] I. *vt* **~ qu a qc** jds Interesse für etw wecken II. *vr* **-rsi** Zuneigung fassen (*a qu* zu jdm), lieb gewinnen (*a qc/qu* etw/jdn)

affezionarsi [affettsio'na:rsi] *vr* **~ a qu/ qc** jdn/etw lieb gewinnen; **affezionato, -a** [affezio'na:to] *agg* (*fedele*) anhänglich; (*legato*) zugetan; (*appassionato*) ergeben; **affezione** [affet'tsio:ne] *f* ❶ (*sentimento*) Zuneigung *f*, Wohlwollen *n* ❷ (MED) Leiden *n*

affiancare [affiaŋ'ka:re] I. *vt* ❶ (*mettere a lato*) zur Seite stellen; **~ qc a qc** etw neben etw stellen ❷ (MIL) flankieren ❸ (*fig: sostenere*) (unter)stützen II. *vr* **-rsi a qu** sich neben jdn stellen

affiatamento [affiata'mento] *m* Einvernehmen *n*; (MUS, SPORT) Einklang *m*, Harmonie *f*; **affiatare** [affia'ta:re] I. *vt* (*creare accordo*) vertraut machen; (MUS) aufeinander einspielen lassen II. *vr* **-rsi** sich vertraut machen; (MUS, SPORT) sich aufeinander einspielen

affibbiare [affib'bia:re] *vt* ❶ (*cintura*) zuschnallen, schnüren ❷ (*fig: dare*) anhängen, andrehen *fam*, unterjubeln *fam*; (*colpa*) in die Schuhe schieben; (*multa, nomignolo*) geben, verpassen *fam*; (*colpo*) versetzen

affidabile *agg* vertrauenswürdig; **lui passa per molto ~** er gilt als sehr vertrauenswürdig

affidabilità [affidabili'ta] <-> *f* Zuverlässigkeit *f*

affidamento [affida'mento] *m* ❶ (*l'affidare*) Anvertrauen *n* ❷ (*assicurazione*) Versicherung *f* ❸ (*fiducia*) Vertrauen *n*, Zuversicht *f*; **dare ~** Vertrauen erwecken; **fare ~ su qu** sich auf jdn verlassen ❹ (*garanzia*) Gewähr *f*, Sicherheit *f* ❺ (JUR: *di minori*) Sorgerecht *n*; **affidare** [affi'da:re] I. *vt* **~ qc (a qu)** (jdm) etw anvertrauen; **~ un incarico a qu** jdn mit einem Auftrag betrauen II. *vr* **-rsi a qu** sich anvertrauen; **-rsi a qu** sich auf jdn verlassen

affido [af'fi:do] *m* Pflege *f* (von Minderjährigen); **dare/prendere un bambino in ~** ein Kind in Pflege geben/nehmen

affievolimento [affievoli'mento] *m* (Ab)schwächung *f*; **affievolire** [affievo'li:re] <affievolisco> I. *vt* (ab)schwächen II. *vr* **-rsi** schwächer werden, schwinden

affiggere [af'fiddʒere] <affiggo, affissi, affisso> *vt* anschlagen, anheften

affilamento [affila'mento] *m* Schärfung *f*

affilare [affi'la:re] I. *vt* ❶ (*coltello*) schleifen, wetzen ❷ (*matita*) (an)spitzen ❸ (*fig: malattia*) auszehren, schmal werden lassen II. *vr* **-rsi** (*dimagrire*) schmal werden; **affilato, -a** [affi'la:to] *agg* ❶ (*lama*) geschärft ❷ (*matita*) gespitzt ❸ (*fig: lingua*) spitz; (*naso*) schmal; (*volto*) schmal; **affilatrice** [affila'tri:tʃe] *f* Schleifmaschine *f*; **affilatura** [affila'tu:ra] *f* Schliff *m*

affiliare [affi'lia:re] I. *vt* (*iscrivere, associare*) aufnehmen; **~ qu a una società** jdn in eine Gesellschaft aufnehmen II. *vr* **-rsi** beitreten; **affiliata** *f* (FIN) Affiliation *f*; **affiliazione** [affiliat'tsio:ne] *f* (*a una società*) Aufnahme *f*

affinaggio [affi'naddʒo] <-ggi> *m* Raffination *f*; **affinamento** [affina'mento] *m* Verfeinerung *f*

affinare [affi'naːre] I. *vt* ❶ (*render sottile*) dünn machen, verdünnen; (*aguzzare*) (an)spitzen ❷ (*metalli*) affinieren ❸ (*fig: perfezionare*) verfeinern; (*vista, ingegno*) schärfen II. *vr* **-rsi** (*assottigliarsi*) dünn(er) werden; (*fig: perfezionarsi*) sich verfeinern; **affinazione** [affinat'tsioːne] *f* Affination *f*

affinché [affiŋ'ke] *cong* + *conj* damit

affine [affiːne] I. *agg* ähnlich, verwandt II. *mf* angeheiratete(r) Verwandte(r) *f(m)*; **affini** [affiːni] *mpl* ähnliche Produkte *npl*; **vendita di corde e -i** Verkauf *m* von Seilen und Seilwaren; **affinità** [affini'ta] <-> *f* ❶ (*parentela*) Verwandtschaft *f* ❷ (*somiglianza*) Ähnlichkeit *f*, (Wesens)verwandtschaft *f* ❸ (CHEM) Affinität *f*

affiochimento [affioki'mento] *m* Dämpfung *f*, Abschwächung *f*; **affiochire** [affio'kiːre] <affiochisco, affiochisci> I. *vt* dämpfen, abschwächen II. *vr* **-rsi** schwächer werden, auslassen *A*

affioramento [affiora'mento] *m* ❶ (*l'affiorare*) Auftauchen *n* ❷ (GEOL) Zutagekommen *n*

affiorare [affio'raːre] *vi* essere ❶ (*spuntare, emergere*) auftauchen, an die Oberfläche kommen ❷ (GEOL) zutage treten ❸ (*fig*) sich zeigen, auftauchen

affissi [affissi] *I. pers sing pass rem di* **affiggere**

affissionale [affissio'naːle] *agg* anschlagbar; **pubblicità** ~ Plakatwerbung *f*

affissione [affis'sioːne] *f* Anschlag *m*; **divieto d'~** Plakatankleben verboten

affisso[1] [af'fisso] *pp di* **affiggere**

affisso[2] *m* ❶ (*manifesto*) Aushang *m*, Anschlag *m*, Plakat *n* ❷ (ARCH) Trennwand *f* ❸ (LING) Affix *n*

affittabile [affit'taːbile] *agg* zu vermieten

affittacamere [affitta'kaːmere] <-> *mf* Vermieter(in) *m(f)*

affittare [affit'taːre] *vt* ❶ (*dare in affitto*) vermieten; (*terreno*) verpachten; **affittasi alloggio ammobiliato** möblierte Wohnung zu vermieten ❷ (*prendere in affitto*) mieten; (*terreno*) pachten; **affitto** [af'fitto] *m* (*di immobile*) Miete *f*; (*di terreno*) Pacht *f*; **dare/prendere in** ~ vermieten/mieten; (*terreno*) verpachten/pachten; **affittuario, -a** [affittu'aːrio] <-i, -ie> *m, f* (*di immobile*) Mieter(in) *m(f)*; (*di terreno*) Pächter(in) *m(f)*

afflato [af'flaːto] *m* (*poet*) Odem *m*

affliggere [af'flidddʒere] <affliggo, afflissi, afflitto> I. *vt* quälen, belasten II. *vr* **-rsi** sich quälen, betrübt sein; **afflizione** [af-

flit'tsioːne] *f* Kummer *m*

afflosciare [affloʃ'ʃaːre] I. *vt* ❶ (*render floscio*) erschlaffen lassen ❷ (*fig: togliere vigore*) entkräften II. *vr* **-rsi** (*sgonfiarsi*) erschlaffen; (*svenire*) zusammensinken

affluente [afflu'ɛnte] *m* Nebenfluss *m*

affluenza [afflu'ɛntsa] *f* ❶ (*di liquidi*) Zufluss *m*, Zustrom *m*; (*a di sangue*) Andrang *m* ❷ (*di merci*) Schwemme *f* ❸ (*di persone*) Andrang *m*; ~ **alle urne** Wahlbeteiligung *f*

affluire [afflu'iːre] <affluisco> *vi* essere ❶ (*liquidi*) zufließen, zuströmen ❷ (COM: *merci*) den Markt überschwemmen ❸ (*persone*) zusammenströmen; **afflusso** [af'flusso] *m* ❶ (*di liquidi*) Zufluss *m*; (MED: *di sangue*) Andrang *m* ❷ (*di persone*) Zustrom *m* ❸ (COM) **l'~ di capitali all'estero** Devisenabfluss *m*

affocare [affo'kaːre] I. *vt* (*poet*) ❶ (*incendiare*) entzünden, entfachen ❷ (*fig: arroventare*) versengen II. *vr* **-rsi** ❶ (*infiammarsi*) entflammen ❷ (*fig: avvampare*) erglühen

affogamento [affoga'mento] *m* ❶ (*l'affogare*) Ertränken *n* ❷ (*l'affogarsi*) Ertrinken *n*

affogare [affo'gaːre] I. *vt* avere ertränken II. *vi* essere ertrinken; ~ **in un bicchier d'acqua** (*fig*) über einen Strohhalm stolpern; ~ **nei debiti** (*fig*) bis zum Hals in Schulden stecken; ~ **nell'oro** (*fig*) im Geld schwimmen III. *vr* **-rsi** ertrinken; **affogato, -a** [affo'gaːto] I. *agg* ❶ (*annegato*) ertrunken; **morire** ~ ertrinken ❷ (GASTR) **gelato** ~ Eisbecher mit Likör; **uova -e** verlorene Eier *npl* II. *m, f* Ertrunkene(r) *f(m)*

affollamento [affolla'mento] *m* Gedränge *n*, Andrang *m*; **affollare** [affol'laːre] I. *vt* ❶ (*gremire*) (mit Menschen) füllen, bevölkern ❷ (*fig: opprimere*) bedrängen II. *vr* **-rsi** (*accalcarsi*) zusammenströmen; **affollato, -a** *agg* überfüllt

affondamento [affonda'mento] *m* Versenken *n*

affondare [affon'daːre] I. *vt* avere versenken; (*nella terra a*) vergraben; (*nave*) versenken II. *vi* essere versinken; (*nave*) untergehen

affondo [af'fondo] I. *avv* gründlich II. *m* Ausfall *m*

affossamento [affossa'mento] *m* (*avvallamento*) Vertiefung *f*; **affossare** [affos'saːre] I. *vt* ❶ (*scavare con fosse*) mit Gräben umgeben [*o* durchziehen] ❷ (*incavare, avvallare*) vertiefen, aushöhlen ❸ (*fig: accantonare*) begraben II. *vr* **-rsi** hohl [*o* ausgehöhlt] sein

affossato, -a [affos'sa:to] *agg* ausgehöhlt; (*guance*) eingefallen; (*occhi*) tief liegend; **affossatura** [affossa'tu:ra] *f* ❶ (*di fossa*) Aushebung *f* ❷ (*fig: incavatura*) Aushöhlung *f;* (*del volto*) Eingefallensein *n*

affrancamento [affraŋka'mento] *m* ❶ (*liberazione*) Befreiung *f* ❷ (*della lettera*) Frankierung *f*

affrancare [affraŋ'ka:re] **I.** *vt* ❶ (*liberare*) befreien ❷ (*posta*) frankieren, freimachen **II.** *vr* **-rsi** sich befreien; (*fig a*) sich lösen; **affrancatrice** [affraŋka'tri:tʃe] *f* Frankiermaschine *f;* **affrancatura** [affraŋka'tu:ra] *f* Frankierung *f;* (*tassa a*) Porto *n*

affranto, -a [af'franto] *agg* ❶ (*spossato, logorato*) abgekämpft, erschöpft ❷ (*prostrato dal dolore*) gebrochen

affratellamento [affratella'mento] *m* Verbrüderung *f*

affratellare [affratel'la:re] **I.** *vt* verbrüdern **II.** *vr* **-rsi** sich verbrüdern

affrescare [affres'ka:re] *vt* mit Fresken bemalen; **affreschista** [affres'kista] <-i *m*, -e *f*> *mf* Freskenmaler(in) *m(f);* **affresco** [af'fresko] <-schi> *m* Fresko *n*

affrettare [affret'ta:re] **I.** *vt* beschleunigen **II.** *vr* **-rsi** sich beeilen; **affrettato, -a** [affret'ta:to] *agg* hastig, eilig; (*pej*) flüchtig; (*decisione*) voreilig

affricata [affri'ka:ta] *f* (LING) Affrikata *f*

affrontare [affron'ta:re] **I.** *vt* ~ **qu/qc** jdm/etw entgegentreten; ~ **un pericolo** der Gefahr ins Auge blicken; ~ **un problema** ein Problem in Angriff nehmen; ~ **il pubblico** sich der Öffentlichkeit stellen; ~ **una situazione** sich einer Situation stellen; ~ **le spese** die Kosten auf sich nehmen **II.** *vr* **-rsi** aneinandergeraten

affronto [af'fronto] *m* Beleidigung *f,* Affront *m geh;* **fare un ~ a qu** jdn beleidigen

affumicare [affumi'ka:re] *vt* ❶ (*riempire, annerire di fumo*) verräuchern ❷ (*alimenti*) räuchern, selchen *A;* **affumicato, -a** [affumi'ka:to] *agg* ❶ (*pieno, annerito di fumo*) verräuchert ❷ (*alimenti*) geräuchert ❸ (*colorato di bruno*) nachgedunkelt; (*occhiali*) getönt; **affumicatura** [affumika'tu:ra] *f* Räucherung *f,* Räuchern *n,* Selchen *n A*

affusolato, -a [affuso'la:to *o* affuzo'la:to] *agg* ❶ (*magro*) schmal ❷ (*a forma di fuso*) spindelförmig

affusto [af'fusto] *m* Lafette *f*

Afganistan [afganis'tan] *m* **l'~** Afghanistan *n;* **afgano, -a** [af'ga:no] **I.** *agg* afghanisch **II.** *m, f* Afghane *m,* Afghanin *f*

afide ['a:fide] *m* Blattlaus *f*

a.f.m. *abbr di* **a fine mese** ult.

afonia [afo'ni:a] <-ie> *f* Stimmlosigkeit *f,* Aphonie *f geh;* **afono, -a** ['a:fono] *agg* stimmlos

aforisma [afo'rizma] <-i> *m* Aphorismus *m*

afosità [afosi'ta] <-> *f* Schwüle *f*

afoso, -a [a'fo:so] *agg* schwül, drückend

Africa ['a:frika] *f* Afrika *n*

africanistico, -a [afrika'nistiko] <-ci, -che> *agg* afrikanistisch; **africano, -a** [afri'ka:no] **I.** *agg* afrikanisch **II.** *m, f* Afrikaner(in) *m(f)*

afrodisiaco [afrodi'zi:ako] <-ci> *m* Aphrodisiakum *n*

afrodisiaco, -a <-ci, -che> *agg* aphrodisisch

afta ['afta] *f* (MED) Aphthe *f;* ~ **epizootica** Maul- und Klauenseuche *f*

afterhour [a:ftɛ'auɐ] *m* Afterhour *f*

after-hours ['a:ftəˈauəz] <inv> *agg* (*fuori orario*) nach Ladenschluss, abendlich

aftershave <-> *m* Aftershavelotion *f,* Rasierwasser *n*

agape ['a:gape] *f* (REL) Agape *f*

agata ['a:gata] *f* Achat *m*

agave ['a:gave] *f* Agave *f*

agenda [a'dʒɛnda] *f* ❶ (*libretto*) Notizbuch *n* ❷ (*elenco di argomenti*) Agenda *f,* Tagesordnung *f* ❸ (INFORM) Organizer *m;* ~ **elettronica** elektronisches Notizbuch

agente [a'dʒɛnte] **I.** *agg* wirkend **II.** *mf* ❶ (~ *segreto*) Agent(in) *m(f);* ~ **provocatore** Agent provocateur *m,* Lockspitzel *m;* ~ **segreto** Geheimagent(in) *m(f)* ❷ (*guardia*) Polizist(in) *m(f),* Polizeibeamte(r) *m,* -beamtin *f,* Wachmann *m A;* ~ **di pubblica sicurezza** Polizeibeamte(r) *m,* -beamtin *f;* ~ **investigativo** Detektiv(in) *m(f),* Geheimpolizist(in) *m(f)* ❸ (COM) Agent(in) *m(f),* Vertreter(in) *m(f),* Makler(in) *m(f);* ~ **di assicurazione** Versicherungsagent(in) *m(f);* ~ **di cambio** Börsenmakler(in) *m(f);* ~ **di commercio** Handelsvertreter(in) *m(f);* ~ **immobiliare** Immobilienmakler(in) *m(f)* **III.** *m* ❶ (MED, LING, CHEM) Agens *n;* **-i cancerogeni** krebserregende Stoffe ❷ *pl* (METEO) Einflüsse *mpl* ❸ (CHEM) Wirkstoff *m;* ~ **inquinante** Schadstoff *m;* **-i chimici** Chemikalien *fpl;* **-i fisici** Naturkräfte *fpl*

agenzia [adʒen'tsi:a] <-ie> *f* Agentur *f;* (*filiale*) Zweigstelle *f;* ~ **cuori solitari** Partnervermittlung *f;* ~ **di cambio** Wechselstube *f;* ~ **d'investigazione** Detektivbüro *n;* ~ **di stampa** Presseagentur *f;* ~ **di viaggi** Reisebüro *n;* ~ **teatrale** Theateragentur *f*

agevolare [adʒevo'la:re] *vt* ❶ (*render fa-*

cile) erleichtern ❷ (*favorire*) unterstützen; **agevolazione** [agevolat'tsio:ne] *f* Erleichterung *f*

agevole [a'dʒe:vole] *agg* ❶ (*comodo*) angenehm ❷ (*facile*) leicht ❸ (*docile*) umgänglich; **agevolezza** [adʒevo'lettsa] *f* Annehmlichkeit *f*, Bequemlichkeit *f*

agganciamento [aggantʃa'mento] *m* Kopp(e)lung *f*, Anschluss *m*

agganciare [aggan'tʃa:re] *vt* ❶ (*vagoni*) anhängen, ankuppeln ❷ (*vestiti*) zuhaken; (*cintura*) zuschnallen; (*appendere*) aufhängen ❸ (*fig: per parlare*) abfangen; **aggancio** [ag'gantʃo] <-ci> *m* ❶ (*collegamento*) Kopp(e)lung *f* ❷ (*fig: appiglio*) Ansatzpunkt *m*

aggeggio [ad'dʒeddʒo] <-ggi> *m* Ding *n*, Gerät *n*

aggettivo [addʒet'ti:vo] *m* (LING) Adjektiv *n*, Eigenschaftswort *n*

aggetto [ad'dʒetto] *m* (ARCH) Vorbau *m*, Vorsprung *m*; **fare ~** (her)vorragen, -springen

agghiacciante [aggiat'tʃa:nte] *agg* schauderhaft, entsetzlich

agghiacciare [aggiat'tʃa:re] **I.** *vt avere* ❶ (*far diventare ghiacciato*) gefrieren (lassen) ❷ (*fig: far inorridire*) erstarren lassen **II.** *vr* **-rsi** (*divenir ghiaccio*) gefrieren; (*inorridire*) erstarren

agghindare [aggin'da:re] **I.** *vt* herausputzen **II.** *vr* **-rsi** sich herausputzen

aggio ['addʒo] <-ggi> *m* ❶ (COM, FIN) Agio *n*, Aufgeld *n* ❷ (*di esattori*) Provision *f*

aggiogare [addʒo'ga:re] *vt* ❶ (*tori*) ins Joch spannen ❷ (*fig*) einspannen; (*soggiogare*) unterjochen

aggiornamento [addʒorna'mento] *m* ❶ (*perfezionamento*) Fortbildung *f* ❷ (*rinvio*) Vertagung *f* ❸ (*appendice di un'enciclopedia*) Ergänzungsband *m* ❹ (INFORM) Aktualisierung *f*; **~ dati** Datenpflege *f*;

aggiornare [addʒor'na:re] **I.** *vt avere* ❶ (*mettere a giorno*) auf den neuesten Stand bringen ❷ (*rinviare*) vertagen **II.** *vi essere* (*impersonale*) Tag werden **III.** *vr* **-rsi** sich fortbilden

aggiramento [addʒira'mento] *m* ❶ (*accerchiamento*) Einkreisen *n*; (MIL) Umzingelung *f* ❷ (*fig: raggiro*) Betrug *m*, Hinterlist *f*

aggirare [addʒi'ra:re] **I.** *vt* ❶ (*circondare*) einkreisen; (MIL) umzingeln ❷ (*fig: evitare*) umgehen ❸ (*fig: ingannare*) betrügen, hintergehen **II.** *vr* **-rsi** ❶ (*andare attorno*) sich herumtreiben; (*fig*) kreisen; **-rsi intorno a qc** um etw kreisen ❷ (*approssimarsi*) in etwa betragen; **il prezzo s'aggira sul milio-**

ne der Preis bewegt sich um eine Million

aggiudicare [addʒudi'ka:re] **I.** *vt* **~ qc (a qu)** etw (an jdn) vergeben; (JUR) jdm etw zuerkennen **II.** *vr* **-rsi** erlangen; **aggiudicazione** [addʒudikat'tsio:ne] *f* Zuschlag *m*

aggiungere [ad'dʒundʒere] <irr> **I.** *vt* hinzufügen, beifügen **II.** *vr* **-rsi** hinzukommen

aggiunta [ad'dʒunta] *f* Zusatz *m*, Zugabe *f*; (*in libri*) Ergänzung *f*

aggiuntare [addʒun'ta:re] *vt* zusammenfügen; **aggiuntatura** [addʒunta'tu:ra] *f* Nahtstelle *f*

aggiuntivo, -a [addʒun'ti:vo] *agg* Zusatz-, Ergänzungs-, zusätzlich, außertourlich A

aggiunto, -a [ad'dʒunto] **I.** *pp di* **aggiungere II.** *agg* Hilfs-, beigeordnet; (*medico*) Assistenz- **III.** *m, f* Assistent(in) *m(f)*, Stellvertreter(in) *m(f)*; **~ giudiziario** Gerichtsassessor *m*

aggiustafogli [addʒusta'fɔʎʎi] <-> *m* Papierkontrolleur(in) *m(f)*

aggiustamento [addʒusta'mento] *m* ❶ (MIL) Zielen *n*, Richten *n* ❷ (*fig: accomodamento*) Vergleich *m* ❸ (*fig: pareggio*) Ausgleich *m*; **~ di conti** Abrechnung *f*

aggiustare [addʒus'ta:re] **I.** *vt* ❶ (*riparare*) reparieren; (*vestito*) ausbessern; (*mettere in ordine*) in Ordnung bringen ❷ (MIL: *regolare bene*) richten ❸ (*diverbio*) beilegen ❹ (FIN) begleichen ❺ (*loc*) **~ qu per le feste** (*fig*) jdn böse zurichten **II.** *vr* **-rsi** ❶ (*venire ad un accomodamento*) sich einigen ❷ (*fam: adattarsi*) sich behelfen; **aggiustatore, -trice** [addʒusta'to:re] *m, f* Reparateur(in) *m(f)*; **aggiustatura** [addʒusta'tu:ra] *f* Reparatur *f*

agglomeramento [agglomera'mento] *m* Zusammenballung *f*

agglomerante [agglome'rante] *m* Bindemittel *n*

agglomerare [agglome'ra:re] **I.** *vt* zusammenballen, häufen **II.** *vr* **-rsi** sich zusammenballen, sich (an)sammeln; **agglomerato** [agglome'ra:to] *m* ❶ (*centro abitato*) Siedlung *f* ❷ (GEOL) Agglomerat *n*; **-i di carbone/legno** Presskohle *f*/Pressholz *n*

agglutinazione [agglutinat'tsio:ne] *f* Agglutination *f*

aggomitolare [aggomito'la:re] **I.** *vt* aufwickeln **II.** *vr* **-rsi** sich zusammenrollen

aggradare [aggra'da:re] *vi* (*poet*) belieben; **questo vino non mi aggrada** dieser Wein ist nicht nach meinem Geschmack

aggrappare [aggrap'pa:re] **I.** *vt* anklammern **II.** *vr* **-rsi** (**a qu/qc**) (*a fig*) sich (an

jdn/etw) klammern

aggravamento [aggrava'mento] *m* Verschärfung *f*; (*peggioramento*) Verschlimmerung *f*; **aggravante** [aggra'vante] I. *agg* erschwerend II. *f* erschwerender Umstand; **aggravare** [aggra'va:re] I. *vt* verschärfen, verschlimmern II. *vr* **-rsi** sich verschlimmern

aggravio [ag'gra:vio] <-i> *m* Belastung *f*; **essere d'~ a qu** jdm zur Last fallen; **~ fiscale** Steuerlast *f*

aggraziare [aggrat'tsia:re] I. *vt* verfeinern II. *vr* **-rsi qu** jds Gunst erlangen; **aggraziato, -a** [aggra'tsia:to] *agg* graziös, anmutig

aggredire [aggre'di:re] <aggredisco> *vt* ① (*assalire*) angreifen ② (*fig: problema*) angehen, in Angriff nehmen; (*persona*) anherrschen, anfahren

aggreditrice *f v.* **aggressore**

aggregare [aggre'ga:re] I. *vt* angliedern; **~ un asilo ad una scuola** der Schule einen Kindergarten angliedern II. *vr* **-rsi a qu/qc** sich jdm/etw angliedern

aggregato [aggre'ga:to] *m* ① (*complesso di persone*) Ansammlung *f*; (*di cose*) Komplex *m* ② (MAT, EL, CHEM, GEOL, BIOL) Aggregat *n*

aggregato, -a *agg* ① (*aggiunto*) zusätzlich ② (*distaccato provvisoriamente*) abgestellt, abgeordnet; **aggregazione** [aggregat'tsio:ne] *f* Aggregation *f*; **stato di ~** Aggregatzustand *m*

aggressione [aggres'sio:ne] *f* Überfall *m*; **patto di non ~** Nichtangriffspakt *m*

aggressive [ə'gresiv] *agg* (*sl*) aggressiv

aggressività [aggressivi'ta] <-> *f* Aggressivität *f*

aggressivo [aggres'si:vo] *m* **~ chimico** chemischer Kampfstoff

aggressivo, -a *agg* aggressiv

aggressore, aggreditrice [aggres'so:re, aggredi'tri:tʃe] I. *agg* angreifend; **stato ~** Aggressor *m* II. *m*, *f* Angreifer(in) *m(f)*

aggrinzire [aggrin'tsi:re] I. *vt* runzeln II. *vr* **-rsi** sich runzeln

aggrottare [aggrot'ta:re] *vt* (*fronte, sopracciglia*) runzeln

aggrovigliamento [aggroviʎʎa'mento] *m* Verwicklung *f*

aggrovigliare [aggroviʎ'ʎa:re] I. *vt* verwickeln II. *vr* **-rsi** (*fig*) sich verwickeln; **la situazione si è aggrovigliata** die Situation ist verworren

aggrumarsi [aggru'marsi] *vr* gerinnen

agguantare [agguan'ta:re] I. *vt* fassen, fest halten II. *vr* **-rsi** sich fest halten

agguato [ag'gua:to] *m* ① (*imboscata*)

Hinterhalt *m*, Falle *f*; **stare in ~** auf der Lauer liegen; **tendere un ~ a qu** jdm eine Falle stellen ② (POL) Anschlag *m*, Attentat *n*

agguerrire [agguer'ri:re] <agguerrisco> I. *vt* ① (MIL) drillen ② (*fig: temprare*) abhärten II. *vr* **-rsi** sich stählen, sich abhärten

aghifoglia [agi'fɔʎʎa] *f* Nadelbaum *m*

aghiforme [agi'forme] *agg* nadelförmig

agiatezza [adʒa'tettsa] *f* Wohlstand *m*; **agiato, -a** [a'dʒa:to] *agg* ① (*benestante*) wohlhabend ② (*comodo*) bequem

agibile [a'dʒi:bile] *agg* benutzbar; **agibilità** [adʒibili'ta] <-> *f* Benutzbarkeit *f*

agile ['a:dʒile] *agg* ① (*di movimento*) gewandt, behände ② (*fig*) wendig; (*ingegno*) wach; (*libro*) handlich; **agilità** [adʒili'ta] <-> *f* ① (*facilità di movimento*) Gewandtheit *f*, Flinkheit *f* ② (*fig*) Wendigkeit *f*; (*di ingegno a*) Wachheit *f*

agio ['a:dʒo] <-gi> *m* ① (*comodo*) Behaglichkeit *f*, Bequemlichkeit *f*; **trovarsi a proprio ~** sich wohl fühlen; **mettiti a tuo ~!** mach es dir bequem! ② (*opportunità*) Möglichkeit *f*, Spielraum *m* ③ *pl* (*comodità del vivere*) Annehmlichkeiten *fpl*

agiografia [adʒogra'fi:a] *f* Hagiographie *f*

AGIP ['a:dʒip] *f acro di* **Azienda Generale Italiana Petroli** *italienische Mineralölverwaltung*

agire [a'dʒi:re] <agisco> *vi* ① (*operare*) handeln, tun ② (*veleno*) wirken; (TEC) funktionieren ③ (*di comportamento*) sich verhalten ④ (JUR) **~ (contro qu)** (gegen jdn) gerichtlich vorgehen

agitabile [adʒi'ta:bile] *agg* (*fig*) erregbar

agitare [adʒi'ta:re] I. *vt* ① (*scuotere*) schütteln; (*fazzoletto*) schwenken; **~ prima dell'uso** vor Gebrauch schütteln ② (*fig: eccitare*) erregen, in Aufruhr versetzen II. *vr* **-rsi** ① (*rigirarsi*) sich hin und her werfen, sich wälzen ② (*fig: turbarsi*) unruhig werden; (POL) sich erheben

agitato, -a [adʒi'ta:to] *agg* ① (*mosso*) unruhig; (*a mare, discussione*) bewegt ② (*fig: eccitato, turbato*) aufgeregt; **agitatore, -trice** [adʒita'to:re] *m*, *f* Agitator(in) *m(f)*; **agitatorio, -a** [adʒita'tɔ:rio] <-i, -ie> *agg* agitatorisch

agitazione [adʒitat'tsio:ne] *f* ① (*turbamento*) Unruhe *f*, Aufregung *f*; **mettere in ~** in Aufregung versetzen; **essere in ~** aufgeregt sein ② (*disturbo*) Reizung *f*; (*di stomaco*) Verstimmung *f* ③ (POL) Unruhe *f*, Aufruhr *m*

agit-prop ['a:dʒit 'prɔp] <-> *m* Agitprop *f*

agli ['aʎʎi] *prp* = **a + gli** *v.* **a**

aglio ['aʎʎo] <-gli> *m* Knoblauch *m*

agnello [aɲ'nɛllo] *m* Lamm *n*; **~ arrosto**

Lammbraten *m*

agnolotti [aɲɲoˈlɔtti] *mpl mit Fleisch gefüllte Nudeltaschen*

agnostico, -a [aɲˈnɔstiko] <-ci, -che> I. *agg* agnostizistisch II. *m, f* Agnostiker(in) *m(f)*

ago [ˈaːgo] <-ghi> *m* Nadel *f;* (*di bilancia*) Zeiger *m;* **cercare un ~ in un pagliaio** (*fig*) eine Stecknadel im Heuhaufen suchen; **non saper tener l'~ in mano** (*fig*) zwei linke Hände haben

agognare [agoɲˈɲaːre] *vt* schmachten nach

agonia [agoˈniːa] <-ie> *f* ① (MED) Todeskampf *m*, Agonie *f* ② (*fig: angoscia*) Todesängste *fpl*

agonismo [agoˈnizmo] *m* Wetteifer *m;* **agonistico, -a** [agoˈnistiko] <-ci, -che> *agg* ① (SPORT) Leistungs-; **spirito ~** Kampfgeist *m* ② (*fig*) kämpferisch

agonizzare [agonidˈdzaːre] *vi* ① (*essere in agonia*) im Sterben liegen ② (*fig: languire*) dahinsiechen

agopressione [agopresˈsioːne] *f* Akupressur *f;* **agopuntura** [agopunˈtuːra] *f* Akupunktur *f*

agorafobia [agorafoˈbiːa] *f* (MED) Platzangst *f*, Agoraphobie *f;* **agorafobo, -a** [agoˈraːfobo] I. *agg* agoraphobisch II. *m, f* an Agoraphobie [*o* Platzangst] leidende Person *f*

agoraio [agoˈraːio] <-ai> *m* Nadelbüchse *f*

agostiniano, -a [agostiˈniaːno] I. *agg* Augustiner- II. *m, f* Augustiner(in) *m(f)*

agosto [aˈgosto] *m* August *m; v. a.* **aprile**

agraria [aˈgraːria] *f* Agrarwissenschaft *f*

agrario, -a [aˈgraːrio] <-i, -ie> *agg* landwirtschaftlich, Agrar-

agretto [aˈgretto] *m* ① (*sapore*) Säuerlichkeit *f*, Herbheit *f* ② (BOT) Gartenkresse *f*

agretto, -a *agg* säuerlich, herb

agricolo, -a [aˈgriːkolo] *agg* landwirtschaftlich, Land-

agricoltore [agrikolˈtoːre] *m* ① (*coltivatore*) Bauer *m* ② (*imprenditore*) Landwirt *m;* **agricoltura** [agrikolˈtuːra] *f* Landwirtschaft *f*

agrifoglio [agriˈfɔʎʎo] *m* Stechpalme *f*

agrigenetica [agridʒeˈnɛːtika] *f* (AGR) Agrargenetik *f*, in der Landwirtschaft eingesetzte Genetik *f*

Agrigentino <*sing*> *m* Umgebung *f* von Agrigent

agrigentino, -a [agridʒenˈtiːno] I. *agg* aus Agrigent stammend II. *m, f* (*abitante*) Bewohner(in) *m(f)* Agrigents

Agrigento *f* Agrigent *n* (*Stadt in Sizilien*); **siamo stati in vacanza ad ~** wir haben in

Agrigent Urlaub gemacht

agrimensore [agrimenˈsoːre] *m* Vermessungsingenieur(in) *m(f)*, Landvermesser(in) *m(f);* **agrimensura** [agrimenˈsuːra] *f* Vermessung *f*

agriturismo [agrituˈrizmo] *m* Ferien *pl* auf dem Bauernhof; **agriturista** [agrituˈrista] <-i *m*, -e *f*> *mf* Tourist(in) *m(f)* in landwirtschaftlichen Betrieben, Agrartourist(in) *m(f);* **agrituristico, -a** [agrituˈristiko] <-ci, -che> *agg* agrartouristisch; **azienda -a** *Bauernhof, der Zimmer an Feriengäste vermietet*

agro [ˈaːgro] *m* ① (*agrezza*) saurer Geschmack; **all'~** sauer eingelegt ② (*fig: acrimonia*) Verbitterung *f;* **avere dell'~ con qu** über jdn verbittert sein ③ (*campagna*) ländliche Umgebung

agro, -a [ˈaːgro] *agg* ① (*sapore*) sauer; **in ~** (GASTR) säuerlich eingelegt ② (*fig: pungente*) herb

agroalimentare [agroalimenˈtaːre] *agg* Agrar- und Nahrungsmittel-; **mercato ~** Markt für landwirtschaftliche Erzeugnisse

agroalimentarista [agroalimentaˈrista] <-i *m*, -e *f*> *mf* Händler(in) *m(f)* für landwirtschaftlich erzeugte Nahrungsmittel; **agrobiologo, -a** [agrobiˈɔːlogo] <-gi, -ghe> *m, f* Agrarbiologe, -biologin *m, f*

agrobiotecnologo, -a [agrobiotekˈnɔːlogo] <-gi, -ghe> *m, f* Agrarbiotechnologe, -technologin *m, f;* **agrochimico, -a** [agroˈkiːmiko] <-ci, -che> *m, f* Agrarchemiker(in) *m(f);* **agrodolce** [agroˈdoltʃe] *agg* süß-sauer

agroindustria *f* Agrarindustrie *f*

agroinformatico, -a [agroinforˈmaːtiko] <-ci, -che> *m, f* Agrarinformatiker(in) *m(f)*

agronica [aˈgrɔːnika] *f* (AGR) Agrartechnologie *f*

agronico, -a [aˈgrɔːniko] <-ci, -che> *agg* agrartechnologisch, die Agrartechnologie betreffend

agronoma *f v.* **agronomo**

agronomia [agronoˈmiːa] <-ie> *f* Agronomie *f;* **agronomo, -a** [aˈgrɔːnomo] *m, f* Agronom(in) *m(f)*, Diplomlandwirt(in) *m(f)*

agropastorale [agropastoˈraːle] *agg* Weide- und Ackerbau-; **civiltà ~** Weide- und Ackerbaukultur *f*

agrosistema [agrosisˈtɛːma] <-i> *m* Agrarsystem *n*

agrotecnico, -a [agroˈtɛkniko] <-ci, -che> I. *agg* agrotechnisch II. *m, f* Agrartechniker(in) *m(f)*

agrume [aˈgruːme] *m* ① (*frutto*) Zitrusfrucht *f* ❷ (*pianta*) Zitruspflanze *f*

agucchiare [aguk'kia:re] *vi* sticheln

aguzzare [agut'tsa:re] *vt* ❶ (*rendere appuntito*) (zu)spitzen ❷ (*fig: appetito*) wecken, anregen; (*ingegno, vista*) schärfen; (*orecchie*) spitzen

aguzzino [agud'dzi:no] *m* (*fig: tormentatore*) Folterknecht *m*

aguzzo, -a [a'guttso] *agg* ❶ (*acuminato*) spitz ❷ (*fig: intenso, penetrante*) scharf, stechend

ah [a] *int* ah, ach

ahi ['a:i] *int* au(a)

ahia ['aia] *int* Au, Aua, Autsch

ahimè [ai'mɛ] *int* oje, ojemine

ai ['a:i] *prp* = **a + i** *v.* **a**

aia ['a:ia] <aie> *f* Tenne *f;* **menare il can per l'~** (*fig*) etw auf die lange Bank schieben

Aidelberga [aidel'bɛrga] *f* Heidelberg *n*

AIDO *f acro di* **Associazione Italiana Donatori Organi** *italienische Organspendervereinigung*

AIDS *m acro di* **Acquired Immune Deficiency Syndrome** AIDS *n,* Aids *n*

aie *pl di* **aia**

AIG ['a:ig] *f acro di* **Associazione Italiana Alberghi per la Gioventù** *italienischer Jugendherbergsverband,* ≈ DJH *n*

AIIP *f acro di* **Associazione Italiana Internet Providers** *Vereinigung italienischer Internetanbieter*

aio, -a ['a:io] <ai, aie> *m, f* Erzieher(in) *m(f)*

aiola [a'iɔ:la] *f* Beet *n*

air bag [ɛə bæg] <- *o* air bags> *m* (MOT) Airbag *m;* ~ **laterale** Seitenairbag *m*

airbus ['ɛəbʌs] <-> *m* (AERO) Airbus *m*

AIRC *f abbr di* **Associazione Italiana per la Ricerca sul Cancro** *italienische Krebsforschungsgesellschaft*

aire [a'i:re] *m* Anstoß *m,* Antrieb *m;* **dare l'~ a qc** etw in Gang setzen

airone [ai'ro:ne] *m* Reiher *m*

air-show [er'ʃo] <-> *m* Flugshow *f*

AISM *f abbr di* **Associazione Italiana per la Sclerosi Multipla** *italienische Multiple-Sklerose-Vereinigung*

aitante [ai'tante] *agg* mannhaft, stattlich

aiuola [a'iuɔ:la] *v.* **aiola**

aiutante [aiu'tante] *mf* ❶ (*collaboratore*) Gehilfe *m,* Gehilfin *f,* Helfer(in) *m(f)* ❷ (MIL) Adjutant *m,* Stabsoffizier *m;* ~ **di bandiera/di campo** Fahnenjunker *m/* Feldjunker *m*

aiutare [aiu'ta:re] **I.** *vt* ~ **qu** jdm helfen; ~ **la fuga di qu** jdm zur Flucht verhelfen **II.** *vr* **-rsi** sich helfen; **aiutati che Dio** [*o* **il**

ciel] **t'aiuta** (*prov*) hilf dir selbst, so hilft dir Gott

aiuto [a'iu:to] *m* ❶ (*assistenza, soccorso*) Hilfe *f,* Beistand *m;* ~ **!** Hilfe!; ~ **allo sviluppo** Entwicklungshilfe *f;* **correre in ~ a qu** jdm zu Hilfe eilen; **essere di ~ a qu** jdm behilflich sein; **invocare ~** um Hilfe rufen ❷ (*collaboratore*) Assistent(in) *m(f),* Helfer(in) *m(f);* ~ **medico** Assistenzarzt *m,* -ärztin *f,* Sekundararzt, -ärztin *m, f A;* ~ **regista** Regieassistent(in) *m(f)* ❸ *pl* Hilfsgüter *npl*

aizzare [ait'tsa:re] *vt* aufhetzen, aufwiegeln, aufhussen *A*

al [al] = **a + il** *v.* **a**

ala ['a:la] <-i> *f* ❶ (*di uccello*) Flügel *m;* (AERO) Tragfläche *f;* **abbassare le -i** (*fig*) die Flügel hängen lassen; **in un batter d'-i** (*fig*) im Nu; **essere sotto le -i di qu** (*fig*) unter jds Schutz stehen; **mettere le -i ai piedi** (*fig*) die Beine in die Hand nehmen; **tarpare le -i a qu** (*fig*) jdm die Flügel stutzen ❷ (SPORT) ~ **destra/sinistra** rechter/ linker Flügel ❸ (*di cappello*) Krempe *f*

alabarda [ala'barda] *f* Hellebarde *f*

alabastro [ala'bastro] *m* Alabaster *m*

à la coque [a la 'kɔk] <inv> *agg* **uovo** ~ weich gekochtes Ei

alacre ['a:lakre] *agg* ❶ (*sollecito*) munter, eifrig ❷ (*fig: fervido*) lebhaft, wach, resch *A;* **alacrità** [alakri'ta] <-> *f* Lebhaftigkeit *f,* Munterkeit *f*

alamaro [ala'ma:ro] *m* Schnürverschluss *m,* Schnurbesatz *m*

alambicco [alam'bikko] <-cchi> *m* Destillierkolben *m*

alano [a'la:no] *m* Dogge *f*

alare [a'la:re] *agg* Flügel-; **apertura ~** Spannweite *f*

Alasca [a'laska] *f* Alaska *n*

alato, -a [a'la:to] *agg* ❶ (*fornito di ali*) mit Flügeln ❷ (*fig: sublime, elevato*) gehoben, erhaben

alba ['alba] *f* Morgengrauen *n,* Morgendämmerung *f;* **all'~** bei Tagesanbruch; **spunta l'~** es dämmert

albagia [alba'dʒi:a] <-gie> *f* Hochmut *m,* Überheblichkeit *f*

albanese [alba'ne:se] **I.** *agg* albanisch, Albaner **II.** *mf* Albaner(in) *m(f)*

Albania [alba'ni:a] *f* Albanien *n*

albatro ['albatro] *m* Albatros *m*

albeggiamento [albeddʒa'mento] *m* Tagesanbruch *m*

albeggiare [albed'dʒa:re] <albeggia> *vi essere* dämmern, tagen

alberare [albe'ra:re] *vt* ❶ (*viale*) mit Bäumen bepflanzen ❷ (*nave*) mit Masten ver-

sehen; **alberata** [albe'raːta] *f* Baumreihe *f*
alberato, -a [albera'ːto] *agg* baumbestanden; **alberatura** [albera'tuːra] *f* Takelage *f*
albergare [alber'gaːre] I. *vt* ❶ (*alloggiare*) beherbergen, aufnehmen ❷ (*fig: sentimenti*) hegen II. *vi* wohnen, unterkommen; **albergatore, -trice** [alberga'toːre] *m, f* Hotelier *m,* Hotelbesitzer(in) *m(f);* **alberghiero, -a** [alber'giɛːro] *agg* Hotel-; **albergo** [al'bɛrgo] <-ghi> *m* ❶ (*hotel*) Hotel *n,* Gasthof *m;* ~ **per la gioventù** Jugendherberge *f;* ~ **diurno** Tageshotel *n;* **chiamare l'~ per riservare una camera** im Hotel anrufen, um ein Zimmer zu bestellen ❷ (*ospitalità*) **dare ~ a qu** jdn beherbergen
albero ['albero] *m* ❶ (BOT) Baum *m;* ~ **di Natale** Weihnachtsbaum *m* ❷ (NAUT) Mast *m* ❸ (ANAT: *di arteria*) Ast *m* ❹ (TEC) Welle *f,* Baum *m;* ~ **motore** Antriebswelle *f* ❺ (*loc*) ~ **della cuccagna** Maibaum *m;* ~ **genealogico** Stammbaum *m*
albicocca [albi'kɔkka] <-cche> *f* Aprikose *f,* Marille *f A;* **albicocco** [albi'kɔkko] <-cchi> *m* Aprikosenbaum *m,* Marillenbaum *m A*
albina *f v.* **albino**
albinismo [albi'nizmo] *m* Albinismus *m;* **albino, -a** [al'biːno] I. *agg* Albino- II. *m, f* Albino *m*
albo ['albo] *m* ❶ (*tavola*) Anschlagbrett *n,* schwarzes Brett ❷ (*registro*) Register *n;* ~ **dei medici** Ärzteregister *n* ❸ (*album*) Album *n;* **l'~ d'oro** das Goldene Buch ❹ (*libro illustrato*) Bilderbuch *n*
albore [al'boːre] *m* ❶ (*bianchezza*) (heller) Schimmer *m* ❷ *pl* (*inizio*) Anfang *m,* Anfänge *mpl*
albori [al'boːri] *mpl* Anfänge *mpl*
album ['album] <-> *m* Album *n*
albume [al'buːme] *m* Eiweiß *n,* Eiklar *n A;* **albumina** [albu'miːna] *f* Albumin *n*
alburno [al'burno] *m* Splint *m*
alcali ['alkali] <-> *m* Alkali *n*
alcalino, -a [alca'liːno] *agg* alkalisch
alce ['altʃe] *f* Elch *m*
alchimia [al'kiːmia *o* alki'miːa] <-ie> *f* Alchemie *f;* **alchimista** [alki'mista] <-i *m,* -e *f>* *mf* Alchemist(in) *m(f)*
alchimistico, -a [alki'mistiko] <-ci, -che> *agg* alchemistisch
alco(o)l ['alkol ('alkool)] <-> *m* Alkohol *m;* **alco(o)lico** [al'kɔːliko (alkoɔ'liːko)] <-ci> *m* Spirituose *f,* alkoholisches Getränk; **alco(o)lico, -a** <-ci, -che> *agg* alkoholisch; **alco(o)lismo** [alko'lizmo (alkoɔ'lizmo)] *m* Alkoholismus *m;* **al-**

co(o)lista [alko'lista (alkoɔ'lista)] <-i *m,* -e *f> mf* Alkoholiker(in) *m(f);* **alco(o)lizzare** [alkolid'dzaːre (alkoɔlid'dzaːre)] I. *vt* alkoholisieren II. *vr* **-rsi** sich betrinken; **alco(o)lizzato, -a** [alkolid'dzaːto (alkoɔlid'dzaːto)] I. *agg* alkoholisiert II. *m, f* Alkoholiker(in) *m(f);* **alco(o)ltest** [alkol'tɛst (alkoɔːl'tɛst)] <-> *m* Alkoholtest *m*
alcova [al'kɔːva] *f* Alkoven *m;* **segreti d'~** Bettgeheimnisse *npl*
alcun, alcun' [al'kun] *v.* **alcuno**
alcunché [alkuŋ'ke] *pron indef* (*poet*) ❶ (*qualche cosa*) etwas ❷ (*nulla*) gar nichts
alcuno, -a [al'kuːno] I. *agg* einige, etwas; **non ~** kein; **senza alcun riguardo** ohne jede Rücksicht II. *pron indef* (manch) eine(r, s); **non ~** niemand, keiner; **senza che ~ mi udisse** ohne dass mich jemand gehört hätte
aldilà [aldi'la] <-> *m* Jenseits *n*
alé [a'le] *int* (*fam*) vorwärts, los; **alé oh oh!** Ole, ole, ole!
alea ['aːlea] *f* Wagnis *n;* **aleatorio, -a** [alea'tɔːrio] <-i, -ie> *agg* Zufalls-; **contratti -i** (JUR) Risikoverträge *mpl*
aleggiare [aled'dʒaːre] *vi* ❶ (*di venti leggeri*) wehen ❷ (*fig: aggirarsi*) umgeben
alemanno, -a [ale'manno] I. *agg* alemannisch II. *m, f* Alemanne *m*
Alessandria *f* ❶ (*in Piemonte*) Alessandria *n* ❷ (*in Egitto*) Alexandria *n*
alessandrino, -a [alessan'driːno] I. *agg* ❶ (*di Alessandria d'Egitto e della sua cultura tra IV e I sec aC.*) alexandrinisch ❷ (*di Alessandria in Piemonte*) aus Alessandria ❸ (LIT) alexandrinisch; **verso ~** Alexandriner *m* II. *m, f* ❶ (*artista dell'età alessandrina*) Künstler(in) *m(f)* der alexandrinischen Epoche ❷ (LIT: *verso*) Alexandriner *m* ❸ (*abitante di Alessandria in Piemonte*) Bewohner(in) *m(f)* von Alessandria
Alessandrino <*sing*> *m* Umgebung *f* von [*o* Gebiet *n* um] Alessandria, Provinz *f* Alessandria
aletta [a'letta] *f* Flügel *m,* Klappe *f;* **alettone** [alet'toːne] *m* Querruder *n*
alfa ['alfa] <-> *f* (*lettera*) Alpha *n*
alfabetico, -a [alfa'bɛːtiko] <-ci, -che> *agg* alphabetisch
alfabetizzare [alfabetid'dzaːre] *vt* alphabetisieren; **alfabetizzazione** [alfabetiddzat'tsioːne] *f* Alphabetisierung *f;* **alfabeto** [alfa'bɛːto] *m* Alphabet *n*
alfanumerico, -a [alfanu'mɛːriko] <-ci, -che> *agg* (INFORM) alphanumerisch

alfiere [al'fiɛːre] *m* ❶ (*portabandiera*) Fahnen-, Bannerträger *m* ❷ (MIL) Fähnrich *m* ❸ (*negli scacchi*) Läufer *m*

alfine [al'fiːne] *avv* schließlich, endlich

alga ['alga] <-ghe> *f* Alge *f*

algebra ['aldʒebra] *f* Algebra *f*; **algebrico, -a** [al'dʒɛːbriko] <-ci, -che> *agg* algebraisch

Algerìa [aldʒe'riːa] *f* Algerien *n*; **algerino, -a** [aldʒe'riːno] I. *agg* algerisch II. *m, f* Algerier(in) *m(f)*

alghicida [algi'tʃiːda] <-i> *m* Algizid *n*

algocoltura [algokol'tuːra] *f* Algenzucht *f*

algoritmista [algorit'mista] <-i *m*, -e *f*> *mf* Algorithmiker(in) *m(f)*

Algovia [al'gɔːvia] *f* Allgäu *n*

ALI ['aːli] *m abbr di* **Atlante Linguistico Italiano** *italienischer Sprachatlas*

aliante [a'liante] *m* Segelflugzeug *n*; **aliantista** [alian'tista] <-i *m*, -e *f*> *mf* Segelflieger(in) *m(f)*

alibi ['aːlibi] <-> *m* Alibi *n*

alice [a'liːtʃe] *f* Sardelle *f*

alienamento [aliena'mento] *m* (JUR) Veräußerung *f*

alienare [alie'naːre] I. *vt* ❶ (JUR: *vendere*) veräußern ❷ (*rendere ostile*) entfremden ❸ (*distogliere*) ~ **qu da qc** jdn um etw bringen II. *vr* **-rsi qu** sich jdm entfremden; **-rsi qc** sich *dat* etw verscherzen; **alienato, -a** [alie'naːto] I. *agg* ❶ (JUR) veräußert ❷ (MED) geistesgestört II. *m, f* Geistesgestörte(r) *f(m)*; **alienazione** [alienat'tsioːne] *f* ❶ (JUR) Veräußerung *f* ❷ (PHILOS) Entfremdung *f* ❸ (PSYCH) ~ **mentale** Geistesgestörtheit *f*; **alienista** [alie'nista] <-i *m*, -e *f*> *mf* Nervenarzt *m*, -ärztin *f*; **alieno, -a** [a'liɛːno] *agg* **essere ~ da qc** einer Sache *dat* abgeneigt sein

alimentare¹ [alimen'taːre] *agg* Lebensmittel-, Nahrungs(mittel)-; **generi -i** Lebensmittel *npl*, Nahrungsmittel *npl*

alimentare² I. *vt* ❶ (*nutrire persone*) ernähren; (*animali*) füttern ❷ (*rifornire di viveri*) versorgen ❸ (*caldaia, fuoco*) speisen; (*altiforni*) beschicken ❹ (*fig: mantenere vivo*) nähren II. *vr* **-rsi** sich ernähren

alimentari [alimen'taːri] *mpl* Lebensmittel *npl*, Nahrungsmittel *npl*

alimentarista [alimenta'rista] <-i *m*, -e *f*> *mf* ❶ (*commerciante*) Lebensmittelhändler(in) *m(f)* ❷ (*lavoratore*) in der Lebensmittelindustrie Beschäftigte(r) *f(m)* ❸ (*studioso*) Ernährungswissenschaftler(in) *m(f)*

alimentazione [alimentat'tsioːne] *f* ❶ (*con cibo*) Ernährung *f*; ~ **a base di cibi integrali** Vollwertnahrung *f* ❷ (TEC) Versorgung *f*; ~ **elettrica** Stromversorgung; ~ **del carburante** Kraftstoffförderung *f*;

alimento [ali'mento] *m* ❶ (*cibo*) Ernährung *f*, Nahrung *f*, Nahrungsmittel *n* ❷ (TEC) Speisung *f*, Zufuhr *f* ❸ *pl* (JUR) Alimente *pl*, Unterhalt *m*; **obbligo di passare gli -i** Unterhaltspflicht *f*

alinea [a'liːnea] <-> *m* Absatz *m*, Abschnitt *m*

aliquota [a'liːkuota] *f* ❶ (*quota*) Anteil *m* ❷ (*d'imposta*) Steuersatz *m*

aliscafista [aliska'fista] <-i *m*, -e *f*> *mf* Tragflächenbootfahrer(in) *m(f)*

aliscafo [alis'kaːfo] *m* (NAUT) Tragflächenboot *n*

aliseo [ali'zɛːo] I. *agg* Passat- II. *m* Passat(wind) *m*

alitare [ali'taːre] *vi* ❶ (*respirare*) (aus)atmen, hauchen ❷ (*fig: soffiare*) leise wehen; **alito** [a'liːto] *m* ❶ (*fiato*) Atem *m*; **aver l'~ cattivo** Mundgeruch haben ❷ (*fig: lieve soffio*) Hauch *m*; **alitosi** [ali'tɔːzi] <-> *f* Mundgeruch *m*

all. *abbr di* **allegato, -i** Anl., Anlage

all', alla [all, 'alla] *prp* = **a + l', la** *v.* **a**

allacciamento [allattʃa'mento] *m* ❶ (TEC) Anschluss *m* ❷ (*fig*) (An)knüpfen *n*

allacciare [allat'tʃaːre] I. *vt* ❶ (*stringere con lacci*) (zu)schnüren, (zu)binden; (*cintura*) schließen ❷ (*fig: collegare*) verknüpfen; (*località*) verbinden; (*amicizia*) knüpfen ❸ (TEC) anschließen II. *vr* **-rsi la cintura (di sicurezza)** sich anschnallen

allagamento [allaga'mento] *m* Überschwemmung *f*; **allagare** [alla'gaːre] *vt* überschwemmen, überfluten

allampanato, -a [allampa'naːto] *agg* hager, abgemagert

allargamento [allarga'mento] *m* Erweiterung *f*, Verbreiterung *f*

allargando [allar'gando] <-> *m* (MUS) Allargando *n*

allargare [allar'gaːre] I. *vt* ❶ (*rendere più largo*) erweitern; (*strade*) verbreitern; (*vestiti*) weiter machen ❷ (*braccia*) ausbreiten; (*dita*) spreizen ❸ (*fig: estendere*) ausdehnen, erweitern; **mi si allarga il cuore** ich bin erleichtert; ~ **il freno** (*fig*) die Zügel lockern II. *vi* (SPORT) ~ **in curva** in der Kurve ausbrechen; ~ **sulla destra** über die rechte Flanke spielen III. *vr* **-rsi** sich erweitern; **-rsi con qu** (*fig*) sich bei jdm aussprechen; **-rsi nelle spese** (*fig*) sich mit den Ausgaben übernehmen

allarmare [allar'maːre] I. *vt* ❶ (*dare l'allarme*) alarmieren ❷ (*fig: mettere in agitazione*) beunruhigen II. *vr* **-rsi** sich beunruhigen; **allarme** [al'larme] *m* Alarm *m*,

Warnung *f;* **mettersi in ~** in Unruhe geraten; **dare l'~** Alarm schlagen; **allarmismo** [allar'mizmo] *m* (*tendenza ad allarmare*) Panikmache *f;* (*stato di allarme*) Panikstimmung *f;* **allarmista** [allar'mista] <-i *m*, -e *f*> *mf* Panikmacher(in) *m(f)*

allarmistico, -a [allar'mistiko] <-ci, -che> *agg* alarmierend, beunruhigend

allattamento [allatta'mento] *m* (*di bambini*) Stillen *n;* (*di animali*) Säugen *n;* **allattare** [allat'ta:re] *vt* (*bambini*) stillen; (*animali*) säugen

alle ['alle] *prp* = **a** + **le** *v.* **a**

alleanza [alle'antsa] *f* Allianz *f,* Bündnis *n;* **stringere un'~** ein Bündnis schließen; **allearsi** [alle'arsi] *vr* **~ a** [*o* **con**] **qu** sich mit jdm verbünden; **alleato, -a** [alle'a:to] **I.** *agg* verbündet; (HIST) alliiert, Alliierten- **II.** *m, f* Verbündete(r) *f(m),* Bündnispartner *m;* **-i** (HIST) Alliierte(n) *pl*

allegare [alle'ga:re] **I.** *vt* ❶ (*accludere*) beifügen, beilegen; (INFORM) anhängen ❷ (*addurre*) anführen, beibringen ❸ (*denti*) stumpf machen **II.** *vi* Frucht ansetzen

allegato [alle'ga:to] *m* Anlage *f;* **in ~** anbei, beiliegend

allegato, -a *agg* beigefügt; **qui ~** anbei, in der Anlage

alleggerimento [alleddʒeri'mento] *m* ❶ (*di peso*) Entlastung *f* ❷ (*fig: sollievo*) Erleichterung *f*

alleggerire [alleddʒe'ri:re] <alleggerisco> **I.** *vt* ❶ (*rendere leggero*) leichter machen ❷ (*fig: liberare di un peso*) erleichtern; (*pena*) mildern; (*dolore*) lindern ❸ (*scherz: derubare*) erleichtern **II.** *vr* **-rsi** ablegen; (*indossare indumenti più leggeri*) sich leichter kleiden; **alleggio** [al'leddʒo] <-ggi> *m* ❶ (*sbarco del carico*) Leichtern *n,* Löschen *n* ❷ (*maona*) Leichter *m*

allegoria [allego'ri:a] <-ie> *f* Allegorie *f;* **allegorico, -a** [alle'gɔ:riko] <-ci, -che> *agg* allegorisch

allegrezza [alle'grettsa] *f* Fröhlichkeit *f,* Heiterkeit *f*

allegria [alle'gri:a] <-ie> *f* Fröhlichkeit *f;* **vivere in ~** unbekümmert leben; **mettere ~ a qu** jdn fröhlich stimmen; **allegro, -a** *agg* lustig, ausgelassen; (*colore*) lebhaft; **far vita -a** ein unbekümmertes Leben führen; **c'è poco da stare -i** da gibt es nichts zu lachen; **essere un po' ~** (*fam*) etwas angeheitert sein

alleluia [alle'lu:ia] <-> *m* Halleluja *n*

allenamento [allena'mento] *m* Übung *f,* Training *n;* **esser fuori ~** aus der Übung sein; **tenersi in ~** sich fit halten; **allenare** [alle'na:re] **I.** *vt* trainieren **II.** *vr* **-rsi** (per

[*o* **a**] **qc**) (auf etw *acc*) trainieren; **allenatore, -trice** [allena'to:re] *m, f* (*tecnico*) Trainer(in) *m(f)*

allentamento [allenta'mento] *m* Lockerung *f,* Nachlassen *n*

allentare [allen'ta:re] **I.** *vt* lockern, lösen; **~ un ceffone a qu** (*fam*) jdm eine Ohrfeige verpassen; **~ i cordoni della borsa** (*fig*) spendabel sein **II.** *vr* **-rsi** (*divenire lento*) locker werden, sich lockern; (*diminuire d'intensità*) nachlassen

allergia [aller'dʒi:a] <-gie> *f* Allergie *f;* **avere l'~ a qc** (*a fig scherz*) gegen etw allergisch sein; **allergico, -a** [al'lɛrdʒiko] <-ci, -che> *agg* (*a fig scherz*) **essere ~ (a qc)** (gegen etw) allergisch sein

allergologia [allergolo'dʒi:a] <-gie> *f* (MED) Allergologie *f;* **allergologo, -a** [aller'gɔ:logo] <-gi, -ghe> *m, f* (MED) Allergologe, -login *m, f*

allergopatia [allergopa'ti:a] <-ie> *f* (MED) Allergopathie *f,* durch eine Allergie hervorgerufene Krankheit *f*

allerta [al'lerta] *f* Achtung *f;* **stare ~** Acht geben

allestimento [allesti'mento] *m* ❶ (*approntamento*) Herrichten *n,* Ausstatten *n* ❷ (NAUT) Ausrüstung *f* ❸ (THEAT) Bühnenausstattung *f;* (FILM) Szenerie *f;* **allestire** [alles'ti:re] <allestisco> *vt* ❶ (*pranzo, cena*) zubereiten; (*festa*) organisieren ❷ (*vetrina*) dekorieren ❸ (THEAT) inszenieren ❹ (MIL, NAUT) ausrüsten

allettamento [alletta'mento] *m* Verlockung *f,* Verführung *f;* **allettare** [allet'ta:re] *vt* verlocken, verführen; **allettatore, -trice** [alletta'to:re] *m, f* Verführer(in) *m(f)*

allevamento [alleva'mento] *m* ❶ (*di animali*) Zucht *f;* (*di piante*) Züchtung *f* ❷ (*luogo*) Farm *f* ❸ (*di bambini*) Aufziehen *n*

allevare [alle'va:re] *vt* ❶ (*animali*) züchten; (*piante*) ziehen ❷ (*bambini*) aufziehen, großziehen; **~ una serpe in seno** (*fig*) eine Schlange am Busen nähren; **allevatore, -trice** [alleva'to:re] *m, f* Züchter(in) *m(f)*

alleviare [alle'via:re] *vt* erleichtern; (*dolore*) lindern

allibire [alli'bi:re] <allibisco> *vi* essere (vor Schreck) erstarren; **allibito, -a** [alli'bi:to] *agg* verblüfft

allibramento [allibra'mento] *m* Buchung *f,* Eintragung *f;* **allibrare** [alli'bra:re] *vt* buchen, registrieren

allibratore [allibra'to:re] *m* Buchmacher *m*

allietare [allie'ta:re] *vt* erfreuen, erheitern

allievo, -a [al'liɛːvo] *m, f* Schüler(in) *m(f);* ~ **ufficiale** Offiziersanwärter *m*

alligatore [alliga'toːre] *m* Alligator *m*

allignare [alliɲ'naːre] *vi* ➊ (*attecchire*) anwachsen ➋ (*fig: trovarsi, essere presente*) verwurzelt sein (*in* in +*dat*)

allineamento [allinea'mento] *m* ➊ (*disposizione in linea*) Aufreihen *n* ➋ (NAUT) (Flotten)verband *m* ➌ (*in economia*) Angleichung *f* ➍ (*computer*) Ausrichtung *f* ➎ (*fig: adeguamento*) Anpassung *f*, Angleichung *f*

allineare [alline'aːre] **I.** *vt* aufreihen, in einer Reihe aufstellen; (MIL) formieren **II.** *vr* -**rsi** ➊ (*mettersi in linea*) sich in einer Reihe aufstellen ➋ (*conformarsi*) sich anpassen, sich angleichen; **allineato, -a** *agg* ~ **a sinistra/destra** links-/rechtsbündig

allitterazione [allitterat'tsioːne] *f* Alliteration *f*

allo ['allo] *prp* = **a + lo** *v.* **a**

allocativo, -a [alloka'tiːvo] *agg* Zuteilungs-, Bereitstellungs-

allocco [al'lɔkko] <-cchi> *m* (ZOO) Waldkauz *m*

allocco, -a <-cchi, -cche> *m, f* (*balordo*) Tölpel *m*

allocutivo, allocutorio [alloku'tiːvo, alloku'tɔːrio] <-i, -ie> *agg* Anrede-

allocuzione [allocut'tsioːne] *f* ➊ (*discorso*) Ansprache *f* ➋ (REL) Allokution *f*

allodola [al'lɔːdola] *f* Lerche *f*

allogamia [aloga'miːa] <-ie> *f* (BIOL) Allogamie *f*, Fremdbestäubung *f*; **allogamico, -a** [allo'gaːmiko] <-ci, -che> *agg* (BIOL) allogamisch, fremdbestäubt

allogare [allo'gaːre] **I.** *vt* unterbringen **II.** *vr* -**rsi** unterkommen

allogeno, -a [al'lɔːdʒeno] **I.** *agg* fremdstämmig **II.** *m, f* Fremde(r) *f(m)*

alloggiamento [alloddʒa'mento] *m* ➊ (*l'ospitare*) Beherbergung *f*; (*alloggio*) Unterkunft *f* ➋ (MIL) Quartier *n*, Unterkunft *f* ➌ (TEC) Sitz *m*; (*dell'orologio*) Gehäuse *n*

alloggiare [allod'dʒaːre] **I.** *vi* ➊ (*dimorare*) wohnen, untergebracht sein ➋ (MIL) einquartiert sein **II.** *vt avere* ➊ (*dare ospitalità*) unterbringen ➋ (MIL) einquartieren; **alloggio** [al'lɔddʒo] <-ggi> *m* ➊ (*dimora*) Unterkunft *f*; **vitto e** ~ Kost und Logis ➋ (*appartamento*) Wohnung *f* ➌ (NAUT) Kabine *f* ➍ (MIL) Quartier *n*

allontanamento [allontana'mento] *m* ➊ (*distacco, espulsione*) Entfernung *f* ➋ (*fig: estraniamento*) Entfremdung *f*

allontanare [allonta'naːre] **I.** *vt* ➊ (*collocare lontano*) entfernen ➋ (*licenziare*) entfernen ➌ (*suscitare avversione*) abstoßen ➍ (*fig: pericolo*) abwenden; (*sospetto*) von sich *dat* weisen **II.** *vr* -**rsi** sich entfernen; ~ **dalla retta via** [*o* **dal retto cammino**] (*fig*) vom rechten Wege abkommen

allora [al'loːra] **I.** *avv* da, damals; **da** ~ **in poi** von da an; **fino** ~ bis dahin **II.** *cong* ➊ (*in questo caso*) (al)so, dann ➋ (*ebbene*) nun

allorché [allor'ke] *cong* als

alloro [al'lɔːro] *m* Lorbeer *m;* **conquistare l'** ~, **cogliere -i** Lorbeeren ernten; **dormire** [*o* **riposare**] **sugli -i** sich auf seinen Lorbeeren ausruhen

alluce ['allutʃe] *m* großer Zeh

allucinante [allutʃi'nante] *agg* blendend, betörend; **allucinazione** [allutʃinat'tsioːne] *f* Halluzination *f*

allucinogeno, -a [allutʃi'nɔdʒeno] *agg* (MED) halluzinogen

alludere [al'luːdere] <alludo, allusi, alluso> *vi* ~ **a qc** auf etw *acc* anspielen

allume [al'luːme] *m* Alaun *n*

alluminio [allu'miːnio] <-i> *m* Aluminium *n*

allunaggio [allu'naddʒo] <-ggi> *m* Mondlandung *f*; **allunare** [allu'naːre] *vi* auf dem Mond landen

allungalapis [alluŋga'laːpis] <-> *m* Bleistiftverlängerer *m;* **allungamatite** [alluŋgama'tiːte] <-> *m* Bleistiftverlängerer *m*

allungamento [alluŋga'mento] *m* ➊ (*l'allungare*) Verlängerung *f*; (*di abito, brodo*) Verlängern *n*; (*di vino, brodo*) Verdünnen *n*, Verwässern *n* ➋ (LING, TEC) Dehnung *f*

allungare [alluŋ'gaːre] **I.** *vt* ➊ (*accrescere di lunghezza*) verlängern, länger machen; (*distendere*) (aus)strecken; (*tavolo*) ausziehen; ~ **la strada** einen Umweg machen; ~ **il passo** den Schritt beschleunigen ➋ (*accrescere di durata*) verlängern, ausdehnen ➌ (*diluire*) verdünnen; (*vino a*) verwässern ➍ (LING, TEC) dehnen ➎ (*loc*) ~ **un ceffone** (*fam*) eine Ohrfeige verpassen; ~ **le mani** (*fig: per rubare*) lange Finger machen; (*per molestare*) sexuell belästigen; ~ **le orecchie** (*fig*) die Ohren spitzen **II.** *vr* -**rsi** (*farsi più lungo*) länger werden; (*sdraiarsi*) sich ausstrecken; (*crescere*) in die Länge wachsen

allungo [al'luŋgo] <-ghi> *m* (*nella scherma*) Ausfall *m;* (*nel calcio*) Vorlage *f;* (*nel ciclismo*) Spurt *m;* (*nel pugilato*) Gerade *f*

allupato [allu'paːto] *agg* (*sl*) notgeil

allusi [al'luːzi] *1. pers sing pass rem di* **al-**

ludere

allusione [allu'zio:ne] *f* Anspielung *f*, Andeutung *f*; **allusivo, -a** [allu'zi:vo] *agg* anspielend, zweideutig

alluso [al'lu:zo] *pp di* **alludere**

alluvionale [alluvio'na:le] *agg* alluvial, angeschwemmt; **deposito** ~ Anschwemmung *f*; **pianura** ~ Schwemmlandebene *f*; **alluvionato, -a** [alluvio'na:to] I. *agg* überschwemmt II. *m, f* Überschwemmungsopfer *n;* **alluvione** [allu'vio:ne] *f* Überschwemmung *f; (fig)* Flut *f*

almanacco [alma'nakko] <-cchi> *m* Almanach *m*

almeno [al'me:no] I. *avv* mindestens, wenigstens II. *cong* + *conj* wenn nur

aloe ['a:loe] <-> *f* o *m* Aloe *f*

alogeno [a'lɔ:dʒeno] *m* (CHEM) Halogen *n*, Salzbildner *m*

alogeno, -a *agg* Halogen-; **lampada -a** Halogenlampe *f*

alone [a'lo:ne] *m* ❶ *(attorno agli astri)* Aureole *f*, Hof *m;* (FOTO) Lichthof *m* ❷ *(fig: aureola)* Nimbus *m*

alopecia [alope'tʃi:a] <-cie> *f* Haarausfall *m*

alpaca ['alpaka *o* al'pa:ka] <-> *m* ❶ *(animale)* Alpaka *n* ❷ *(tessuto)* Alpaka *m*

alpacca [al'pakka] <-cche> *f* Alpaka *n*, Neusilber *n*

alpe ['alpe] *f* Alm *f*, Hochweide *f*; **alpeggio** [al'peddʒo] <-ggi> *m* Weiden *n* auf der Alm

alpestre [al'pɛstre] *agg* Gebirgs-

Alpi ['alpi] *fpl* Alpen *pl;* **alpicoltura** [alpikol'tu:ra] *f* (AGR) Alp-, Almwirtschaft *f*; **alpigiano, -a** [alpi'dʒa:no] I. *agg* Berg-, Alpen- II. *m, f* Bergbewohner(in) *m(f);* **alpinismo** [alpi'nizmo] *m* Bergsteigen *n*, Alpinismus *m;* **alpinista** [alpi'nista] <-i *m*, -e *f*> *mf* Bergsteiger(in) *m(f)*, Alpinist(in) *m(f);* **alpinistico, -a** [alpi'nistiko] <-ci, -che> *agg* alpinistisch

alpino [al'pi:no] *m* Gebirgsjäger *m*

alpino, -a *agg* alpin, Hochgebirgs-

alquanto [al'kuanto] I. *agg* einige(r, s) II. *pron indef* einiges, manches III. *avv* ziemlich, beträchtlich

Alsazia [al'sattsia] *f* Elsass *n;* ~ - **Lorena** Elsass-Lothringen *n;* **alsaziano, -a** [alsatts'ia:no] I. *agg* elsässisch, Elsässer II. *m, f* Elsässer(in) *m(f)*

alt¹ [alt] *int* halt

alt² <-> *m* ❶ Anhalten *n*, Unterbrechung *f*; **dare l'~** anhalten lassen

altalena [alta'le:na] *f* ❶ *(in bilico)* Wippe *f* ❷ *(a funi)* Schaukel *f* ❸ *(fig: vicenda alterna)* Hin und Her *n*, Schwanken *n*

altamente [alta'mente] *avv* äußerst, erheblich

altare [al'ta:re] *m* Altar *m;* ~ **maggiore** Hochaltar *m;* **mettere qu sugli -i** *(fig)* jdn in den Himmel heben; **altarino** [alta'ri:no] *m* (Haus-, Neben)altar *m;* **scoprire gli -i** *(fig scherz)* aus der Schule plaudern

alterabile [alte'ra:bile] *agg* ❶ *(cibo)* verderblich; *(colore)* nicht beständig ❷ *(fig: irritabile)* reizbar

alterare [alte'ra:re] I. *vt* ❶ *(modificare)* (ver)ändern; *(verità)* verdrehen ❷ *(adulterare)* verfälschen; *(falsificare)* fälschen II. *vr* **-rsi** ❶ *(modificarsi)* sich verändern ❷ *(fig: turbarsi)* sich erregen ❸ *(guastarsi)* schlecht werden, verderben; **alterazione** [alterat'tsio:ne] *f* ❶ *(modificazione)* Veränderung *f* ❷ *(falsificazione)* Fälschung *f* ❸ (MED, MUS) Alteration *f* ❹ *(fig: turbamento)* Erregung *f*

altercare [alter'ka:re] *vi* streiten; **alterco** [al'tɛrko] <-chi> *m* Auseinandersetzung *f*, Wortwechsel *m*

alterezza [alte'rettsa] *f* Ehrgefühl *n*

alterigia [alte'ri:dʒa] <-gie> *f* Hochmut *m*

alternanza [alter'nantsa] *f* Wechsel *m;* (LING) Alternation *f;* **alternare** [alter'na:re] I. *vt* alternieren, wechseln II. *vr* **-rsi** sich abwechseln, sich ablösen; **alternativa** [alterna'ti:va] *f* Wechsel *m;* *(scelta)* Alternative *f*

alternativista [alternati'vista] <-i *m*, -e *f*> *mf Person, die einen Wechsel in der Regierungsmehrheit anstrebt*

alternatività [alternativi'ta] <-> *f* Beinhaltung *f* einer Wahlmöglichkeit; **alternativo, -a** [alterna'ti:vo] *agg* alternativ

alternato, -a [alter'na:to] *agg* alternierend, wechselnd; **corrente -a** Wechselstrom *m;* **alternatore** [alterna'to:re] *m* (Wechselstrom)generator *m;* **alternatorista** [alternato'rista] <-i *m*, -e *f*> *mf* Wartungsarbeiter(in) *m(f)* für Wechselstromgeneratoren; **alterno, -a** [al'tɛrno] *agg* abwechselnd; **a settimane -e** jede zweite Woche

altero, -a [al'tɛ:ro] *agg* würdevoll; *(fiero)* stolz; *(superbo)* hochmütig

altezza [al'tettsa] *f* ❶ *(gener, MUS)* Höhe *f* ❷ *(statura)* Größe *f* ❸ *(livello)* Stand *m* ❹ *(profondità)* Tiefe *f* ❺ *(larghezza di tessuti)* Breite *f* ❻ *(titolo nobiliare)* Hoheit *f* ❼ *(fig)* ~ **d'animo** moralische Größe; **essere all'~ di fare qc** in der Lage sein, etw zu tun ❽ *(latitudine)* **all'~ di Trieste** auf der Höhe von Triest

altezzosità [altettsosi'ta] <-> *f* Hochmut *m;* **altezzoso**, **-a** [altet'tso:so] *agg* hochmütig

alticcio, **-a** [al'tittʃo] <-cci, -cce> *agg* angeheitert

altiforni *pl di* **altoforno**

altimetria [altime'tri:a] <-ie> *f* Höhenmessung *f;* **altimetro** [al'ti:metro] *m* Höhenmesser *m*

altipiani *pl di* **altopiano**

altipiano [alti'pja:no] *m v.* **altopiano**

altiporto [alti'pɔrto] <-i *o* altoporti> *m* (AERO) Flughafen *m* in den Bergen (mit hängenden Pisten)

altisonante [altiso'nante] *agg* ❶ (*sonoro*) wohlklingend ❷ (*tronfio*) hochtrabend

altitudine [alti'tu:dine] *f* Höhe *f*

alto¹ ['alto] *m* Höhe *f;* (*parte più elevata*) oberer Teil; **in ~** hoch; **mani in ~!** Hände hoch!; **gli -i e i bassi** die Höhen und Tiefen; **guardare qu dall'~ in basso** jdn von oben herab ansehen

alto² *avv* **mirare ~** ein hohes Ziel anstreben

alto, **-a** <più alto *o* superiore, altissimo *o* supremo *o* sommo> *agg* ❶ (*sviluppato in altezza*) hoch ❷ (*statura*) groß; **quanto sei ~?** wie groß bist du? ❸ (*in luogo elevato*) hoch (gelegen); (GEOG) Ober- ❹ (*acqua, mare*) hoch ❺ (*tessuti*) breit ❻ (*suono*) hoch; (*voce*) laut ❼ (*fig: eminente*) hervorragend; (*nobile*) edel; **-a società** High Society *f;* **-a moda** Haute Couture *f;* **quartieri -i** die reicheren Stadtteile; **avere un ~ concetto di sé** eine hohe Meinung von sich *dat* haben ❽ (*loc*) **-a stagione** Hochsaison *f;* **-a finanza** Hochfinanz *f*

Alto Adige ['alto 'a:didʒe] *m* Alto Adige *n*, Südtirol *n;* **Trentino ~** Trentino-Südtirol *n*, Alto Adige *n;* **altoatesino**, **-a** [altoate'zi:no] **I.** *agg* die Region Alto Adige betreffend, südtirolerisch **II.** *m, f* (*abitante*) Bewohner(in) *m(f)* der Region Alto Adige, Südtiroler(in) *m(f)*

altoforno [alto'forno] <altiforni> *m* Hochofen *m*

altolocato, **-a** [altolo'ka:to] *agg* hochgestellt

altoparlante [altopar'lante] *m* Lautsprecher *m*

altopiano [alto'pja:no] <altipiani> *m* Hochebene *f*

altorilievo [altori'liɛ:vo] *m* Relief *n*

altresì [altre'si] *avv* (*geh, obs*) ebenso, gleichfalls

altrettanto [altret'tanto] *avv* ebenso, ebenfalls, gleichfalls

altrettanto, **-a** **I.** *agg* ebenso viel **II.** *pron indef* dasselbe; **grazie ~!** danke, gleichfalls!

altri ['altri] <inv, solo al sing> *pron indef* ❶ (*qualcuno*) ein anderer, man ❷ (*altra persona*) andere(r, s)

altrimenti [altri'menti] *avv* ❶ (*in caso contrario*) sonst, ansonsten *A* ❷ (*in modo diverso*) anders

altro ['altro] *m* (etwas) anderes; **non aggiungere ~** nichts hinzufügen; **ci mancherebbe ~!** das wäre ja noch schöner!; **che ~ vuoi?** was willst du noch?; **ci vuol ben ~!** es gehört viel mehr dazu; **dell'~** noch etwas; **desidera ~?** möchten Sie noch etwas?; **per ~** im Übrigen; **più che ~** vor allem; **se non ~** zumindest; **senz'~** sicher; **tra l'~** unter anderem; **tutt'~** ganz im Gegenteil; **l'un l'~** einander, gegenseitig; **non fare ~ che studiare** nichts anderes tun als lernen

altro, **-a** **I.** *agg* ❶ (*distinto*) andere(r, s); **in un ~ modo** anders; **sarà per un'-a volta** vielleicht klappt es ein andermal ❷ (*ulteriore*) noch ein(e); **ci sono altre domande?** hat noch jemand Fragen?; **un ~ caffè, per favore!** noch einen Kaffee, bitte!; **un'-a volta** noch einmal ❸ (*passato*) letzte(r, s); **l'-a settimana** letzte Woche; **l'-a volta** das letzte Mal; **l'~ giorno** neulich; **l'~ ieri** vorgestern ❹ (*prossimo*) nächste(r, s); **domani l'~** übermorgen; **quest'altr'anno** nächstes Jahr; **quest'~ mese** kommenden Monat **II.** *pron indef* andere(r, s); **un giorno o l'~** früher oder später; **da un momento all'~** jeden Augenblick; **non avere ~ da fare** nichts anderes zu tun haben; **noi -i/voi -i** wir (unsererseits)/ihr (eurerseits); **altroché** [altro'ke] *int* und wie, und ob; **altronde** [al'tronde] *avv* **d'~** im Übrigen; **altrove** [al'tro:ve] *avv* anderswo, woanders

altrui [al'tru:i] **I.** <inv> *agg* von anderen, anderer **II.** *pron indef* andere, die anderen

altruismo [altru'izmo] *m* Altruismus *m;* **altruista** [altru'ista] <-i *m*, -e *f*> *mf* Altruist *m;* **altruistico**, **-a** [altru'istiko] <-ci, -che> *agg* altruistisch

altura [al'tu:ra] *f* ❶ (*luogo elevato*) Anhöhe *f* ❷ (*alto mare*) hohe See

alunno, **-a** [a'lunno] *m, f* Schüler(in) *m(f)*

alveare [alve'a:re] *m* ❶ (*arnia*) Bienenstock *m* ❷ (*fig: caseggiato*) Wohnsilo *m o n*

alveo ['alveo] *m* (Fluss-, Bach)bett *n*

alveolare [alveo'la:re] *agg* alveolar; **alveolo** [al'vɛ:olo] *m* ❶ (ANAT) Alveole *f* ❷ (BOT) Zelle *f*

alzabandiera [altsaban'diɛ:ra] <-> *m* Fahnenappell *m*

alzare [al'tsa:re] **I.** *vt* ❶ (*sollevare*) hochheben; **~ il bicchiere** das Glas erheben;

~ **le carte** abheben; ~ **le vele** die Segel hissen; ~ **i tacchi** (*fig*) Fersengeld geben ❷(*parte del corpo*) heben; ~ **le mani** [*o* **le braccia**] die Hände hochnehmen; ~ **gli occhi al cielo** den Blick zum Himmel richten; ~ **le spalle** mit den Schultern zucken; ~ **la cresta** (*fig*) hochmütig werden; ~ **il gomito** (*fig*) zu tief ins Glas gucken; ~ **le mani su qu** (*fig*) Hand an jdn legen; **non** ~ **un dito** (*fig*) keinen Finger rühren ❸(*edificio*) errichten ❹(*prezzi*) anheben; (*volume*) lauter stellen; (*voce*) (er)heben **II.** *vr* **-rsi** ❶(*levarsi*) aufstehen ❷(*sorgere*) aufkommen; (*sole, luna*) aufgehen; **-rsi in volo** aufsteigen; **alzata** [al'tsaːta] *f* Heben *n*; ~ **di spalle** Achselzucken *n*; **votare per** ~ **di mano** durch Handzeichen abstimmen

alzo ['altso] *m* (*su fucili*) Visier *n*; (*su cannoni*) Aufsatz *m*

AM ❶ *abbr di* **Aeronautica Militare** italienische Luftwaffe ❷ *abbr di* **Modulazione d'Ampiezza** AM

a.m. *abbr di* **antimeridiano** vormittags, Vormittags-

amabile [a'maːbile] *agg* ❶(*persona*) liebenswert ❷(*vino*) lieblich; **amabilità** [amabiliˈta] <-> *f* Liebenswürdigkeit *f*

amaca [a'maːka] <-che> *f* Hängematte *f*

amalgama [a'malgama] <-i> *m* (*lega*) Amalgam *n*; **amalgamare** [amalgaˈmaːre] **I.** *vt* ❶(*unire in lega*) amalgamieren ❷(*per impasto*) vermischen **II.** *vr* **-rsi** sich vermischen

amante [a'mante] **I.** *agg* liebend **II.** *mf* Geliebte *mf*; (*fig*) Liebhaber(in) *m(f)*; ~ **della buona tavola** Feinschmecker(in) *m(f)*

amanuense [amanu'ɛnse] *m* Schreiber *m*; (*impiegato*) Schreibgehilfe *m*

amare [a'maːre] **I.** *vt* lieben **II.** *vr* **-rsi** sich lieben

amareggiare [amaredˈdʒaːre] **I.** *vt* verbittern **II.** *vr* **-rsi** sich grämen

amarena [amaˈrɛːna] *f* Sauerkirsche *f*

amaretto [amaˈretto] *m* ❶(*biscottino*) Mandelmakrone *f* ❷(*liquore*) Mandellikör *m*

amarevole [amaˈrɛːvole] *agg* (*amaro e gradevole*) leicht bitter, angenehm bitter

amarezza [amaˈrettsa] *f* ❶(*sapore*) Bitterkeit *f* ❷(*fig: dolore misto a rancore*) Verbitterung *f*

amaro [a'maːro] *m* ❶(*sapore*) Bitterkeit *f* ❷(*liquore*) Bitter *m* ❸(*fig: rancore*) Verbitterung *f*

amaro, -a *agg* (*a fig*) bitter; **mandare giù bocconi -i** (*fig*) die bittere Pille schlucken; **restar con la bocca -a** (*fig*) einen bitteren Nachgeschmack haben

amarone [amaˈroːne] *m* Amarone *m* (*dunkelroter Wein aus Venetien*)

amatore, -trice [ama'toːre] *m, f* Liebhaber(in) *m(f)*

amatoriale [amatoˈriaːle] *agg* Amateur-; **sport** ~ Amateursport *m*

amazzone [a'maddzone] *f* Amazone *f*

ambage [am'baːdʒe] *fpl* Umschweife *pl*

ambasceria [ambaʃʃeˈriːa] <-ie> *f* ❶(*delegazione*) Abordnung *f* ❷(*incarico*) Botschaft *f*

ambascia [am'baʃʃa] <-sce> *f* ❶(*affanno*) Atemnot *f* ❷(*fig: angoscia*) Sorge *f*, Kummer *m*

ambasciata [ambaʃˈʃaːta] *f* Botschaft *f*; **fare un'**~ etw ausrichten; **ambasciatore, -trice** [ambaʃʃaˈtoːre] *m, f* ❶(*diplomatico*) Botschafter(in) *m(f)* ❷(*messaggero*) Bote *m*, Botin *f*; **ambasciator non porta pena** (*prov*) den Boten trifft keine Schuld

ambedue [ambe'duːe] **I.** <inv> *agg* beide; ~ **gli amici** beide Freunde **II.** *pron* (alle) beide

ambidestro, -a [ambi'dɛstro] *agg* beidhändig

ambientale [ambien'taːle] *agg* Umwelt-; **danni -i** Umweltschäden *mpl*; **impatto** ~ Umweltverträglichkeit *f*; **tutela** ~ Umweltschutz *m*; **ambientalismo** [ambienta'lizmo] *m* Umweltschutz *m*; **ambientalista** [ambienta'lista] <-i *m*, -e *f*> **I.** *mf* Umweltschützer(in) *m(f)* **II.** *agg* Umweltschutz-; **ambientalistico, -a** [ambienta'listiko] <-ci, -che> *agg* Umweltschutz-

ambientamento [ambienta'mento] *m* Eingewöhnung *f*; **ambientare** [ambien'taːre] **I.** *vt* (LIT, FILM, THEAT) spielen lassen **II.** *vr* **-rsi** sich eingewöhnen; **ambientazione** [ambientat'tsioːne] *f* (FILM, THEAT) (Bühnen)ausstattung *f*

ambiente [am'biɛnte] *m* ❶(*spazio*) Raum *m*, Umgebung *f*; **temperatura** ~ Zimmertemperatur *f* ❷(BIOL) Lebensraum *m*, Umwelt *f*; **tutela dell'**~ Umweltschutz *m* ❸(SOC) Milieu *n* ❹(*stanza*) Raum *m* ❺(*fig*) **sentirsi nel proprio** ~ sich in seinem Element fühlen

ambientino [ambien'tiːno] *m* (*fam*) kleiner (hübsch eingerichteter) Raum *m*; **che bell'**~! was für eine Sippschaft!

ambiguità [ambigui'ta] <-> *f* ❶(*equivocità*) Zweideutigkeit *f* ❷(*pej: falsità*) Scheinheiligkeit *f*; **ambiguo, -a** [am'biːguo] <-i, -ie> *agg* ❶(*equivoco*) zweideutig ❷(*pej: falso*) scheinheilig

ambio ['ambio] <-i> *m* Passgang *m*

ambire [am'biːre] <ambisco> **I.** *vt* anstreben **II.** *vi* ~ (**a qc**) (nach etw) streben

ambito ['ambito] *m* Bereich *m*

ambivalente [ambiva'lɛnte] *agg* ambivalent; **ambivalenza** [ambiva'lɛntsa] *f* Ambivalenz *f*

ambizione [ambit'tsio:ne] *f* Ehrgeiz *m;* (*aspirazione*) Ambition *f,* Bestreben *n;* **ambizioso, -a** [ambi'tsio:so] *agg* ehrgeizig

ambo ['ambo] *m* Ambo *m A,* Doppeltreffer *m*

ambo, -a <inv *o* -i, -e> *agg* beide; ~ [*o* -i] **i lati** beide Seiten *fpl*

ambosessi [ambo'sɛssi] <inv> *agg* beiderlei Geschlechts; **cercasi persone ~** Personen beiderlei Geschlechts gesucht

ambra ['ambra] *f* Bernstein *m;* ~ **grigia** Amber *m;* **ambrato, -a** [am'bra:to] *agg* ❶(*colore*) bernsteinfarben ❷(*profumo*) nach Amber duftend

ambrosia [am'brɔ:zia] <-ie> *f* Ambrosia *f*

ambrosiano, -a [ambro'zia:no] **I.** *agg* mailändisch **II.** *m, f* Mailänder(in) *m(f)*

ambulacro [ambu'la:kro] *m* Wandelgang *m*

ambulante [ambu'lante] **I.** *agg* fahrend, Wander- **II.** *mf* Straßenhändler(in) *m(f)*

ambulanza [ambu'lantsa] *f* Krankenwagen *m,* Rettung *f A*

ambulatorietà [ambulatorie'ta] <-> *f* Überschreibungs-, Übertragungsfähigkeit *f*

ambulatorio [ambula'tɔ:rio] <-i> *m* ❶(*per consultazione*) Sprechzimmer *n* ❷(*per cura*) Ambulanz *f*

ambulatorio, -a <-i, -ie> *agg* ❶(ANAT) Geh- ❷(MED) ambulant

Amburgo [am'burgo] *f* Hamburg *n*

ameba [a'mɛ:ba] *f* Amöbe *f*

amen ['a:men] **I.** *m* Amen *n;* **in un ~** im Nu; **giungere all'**~ zum Abschluss kommen **II.** *int* (REL, *a fam: così sia*) amen

amenità [ameni'ta] <-> *f* ❶(*attrattiva*) Lieblichkeit *f,* Anmut *f* ❷(*facezia*) Bonmot *n,* witzige Bemerkung ❸(*bizzarria*) Sonderbarkeit *f;***ameno, -a** [a'mɛ:no] *agg* ❶(*attraente*) lieblich, anmutig; (*piacevole*) angenehm, wohltuend; **letteratura -a** Unterhaltungsliteratur *f;* **un tipo ~** ein angenehmer Typ ❷(*strano*) sonderbar

America *f* Amerika *n;* ~ **Latina** Lateinamerika *n;* ~ **Centrale** Mittelamerika *n;* ~ **del Nord/Sud** Nord-/Südamerika *n*

american dream [a'merican 'dri:m] <-> *m* der amerikanische Traum

americanità [amerikani'ta] <-> *f* amerikanische Wesensart *f;* **americano, -a** [ameri'ka:no] **I.** *agg* amerikanisch **II.** *m, f* Amerikaner(in) *m(f)*

ametista [ame'tista] *f* Amethyst *m*

amianto [a'mianto] *m* Asbest *m*

amica *f v.* **amico**

amichetto, -a [ami'ketto] *m, f* (*iron*) Freund(in) *m(f),* Gspusi *n südd, A*

amichevole [ami'ke:vole] *agg* freundschaftlich; **incontro** ~ (SPORT) Freundschaftsspiel *n*

amicizia [ami'tʃittsia] <-ie> *f* ❶(*affetto*) Freundschaft *f;* **in** ~ in aller Freundschaft; **fare** ~ **con qu** mit jdm Freundschaft schließen; **rompere un'**~ die Freundschaft kündigen; **patti chiari** ~ **lunga** (*prov*) kleine Geschenke erhalten die Freundschaft ❷(*relazione amorosa*) Verhältnis *n* ❸*pl* (*fig: relazioni*) Beziehungen *fpl*

amico, -a [a'mi:ko] <-ci, -che> **I.** *m, f* ❶(*legato da sentimenti di amicizia*) Freund(in) *m(f);* ~ **intimo** [*o* **del cuore**] Busenfreund *m;* ~ **di famiglia** Freund *m* des Hauses; **essere -ci per la pelle** miteinander durch dick und dünn gehen ❷(*amante*) Freund(in) *m(f),* Geliebte(r) *f(m)* **II.** *agg* freundschaftlich; (*benevole*) freundlich, gut

amidaceo, -a [ami'da:tʃeo] *agg* stärkehaltig

amido ['a:mido] *m* (Wäsche)stärke *f*

ammaccare [ammak'ka:re] *vt* verbeulen; (*parti del corpo*) quetschen; **ammaccatura** [ammakka'tu:ra] *f* (*deformazione*) Beule *f;* (*contusione*) Quetschung *f;* (*di frutta*) Druckstelle *f*

ammaestramento [ammaestra'mento] *m* Belehrung *f,* Unterweisung *f;* (*di animali*) Dressur *f;* **ammaestrare** [ammaes'tra:re] *vt* belehren, unterweisen; (*animali*) dressieren, abrichten

ammainabandiera [ammainaban'diɛ:ra] <-> *m* Flaggeneinholung *f*

ammainare [ammai'na:re] *vt* einholen, einziehen; ~ **la vela** (*a fig*) die Segel streichen

ammalare [amma'la:re] **I.** *vi essere* erkranken **II.** *vr* **-rsi** krank werden, erkranken (*di* an +*dat*)

ammalarsi [amma'la:rsi] *vr* **-rsi** krank werden; **-rsi di ...** an ... +*dat* erkranken; **ammalato, -a** [amma'la:to] **I.** *agg* krank **II.** *m, f* Kranke(r) *f(m)*

ammaliamento [ammalia'mento] *m* Bezauberung *f*

ammaliante [amma'liante] *agg* bezaubernd; **ammaliare** [amma'lia:re] *vt* bezaubern, verzaubern

ammanco [am'maŋko] <-chi> *m* Fehlbetrag *m*

ammanettare [ammanet'ta:re] *vt* Handschellen anlegen; ~ **qu** jdm Handschellen anlegen

ammanicarsi [ammani'karsi] *vr* ~ (**con qu**) sich (bei jdm) einschmeicheln

ammanierato, -a [ammanie'ra:to] *agg* manieriert, gekünstelt

ammanigliato, -a [ammaniʎ'ʎa:to] *agg* ❶ (*unito con maniglie*) verklammert ❷ (*fig pej fam: protetto*) protegiert

ammannire [amman'ni:re] *vt* vorbereiten

ammansire [amman'si:re] *vt* beschwichtigen, besänftigen

ammantare [amman'ta:re] I. *vt* (*poet*) ❶ (*avvolgere con manto*) ummanteln, umhüllen ❷ (*fig: velare*) bemänteln; (*coprire*) umhüllen, verhüllen II. *vr* -**rsi** ❶ (*vestirsi*) sich verhüllen, sich bedecken ❷ (*fig*) vorgeben; -**rsi di qc** etw vortäuschen

ammaraggio [amma'raddʒo] <-ggi> *m* Wasserung *f,* Wassern *n;* **ammarare** [amma'ra:re] *vi essere* wassern

ammarrare [ammar'ra:re] *vt* verankern

ammassamento [ammassa'mento] *m* Aufhäufung *f*

ammassare [ammas'sa:re] I. *vt* aufhäufen, -schichten; (*raccogliere*) anhäufen, sammeln II. *vr* -**rsi** sich zusammendrängen; **ammasso** [am'masso] *m* ❶ (*mucchio*) Haufen *m;* (*congerie*) Anhäufung *f* ❷ (*di prodotti agricoli*) Ablieferung *f;* (*deposito*) Sammelstelle *f* ❸ (GEOL) Ablagerung *f*

ammattire [ammat'ti:re] <ammattisco> *vi essere* verrückt werden

ammattonare [ammatto'na:re] *vt* pflastern

ammattonato [ammatto'na:to] *m* (Backstein)pflaster *n*

ammazzacattivi [ammattsakat'ti:vi] <-> *mf* Bezwinger *m* allen Übels, Held *m,* Drachentöter *m*

ammazzamento [ammattsa'mento] *m* ❶ (*strage*) Blutbad *n* ❷ (*fig: lavoro*) Schufterei *f fam*

ammazzare [ammat'tsa:re] I. *vt* ❶ (*uccidere*) töten, umbringen; (*a colpi*) erschlagen; (*macellare*) schlachten ❷ (*botte*) anstechen ❸ (*fig: lavoro*) umbringen; (*tempo*) totschlagen; (*noia*) vertreiben II. *vr* -**rsi** ❶ (*darsi la morte*) sich umbringen ❷ (*perdere la vita*) umkommen ❸ (*fig: affaticarsi*) sich kaputtmachen *fam*

ammazzasette [ammattsa'sɛtte] <-> *m* Aufschneider *m,* Prahlhans *m*

ammenda [am'mɛnda] *f* ❶ (*risarcimento*) Entschädigung *f* ❷ (*multa*) Geldstrafe *f* ❸ (*fig: riparazione*) Wiedergutmachung *f*

ammennicolo [ammen'ni:kolo] *m*

❶ (*pretesto*) Vorwand *m,* Ausflucht *f* ❷ (*bazzecola*) Kleinigkeit *f*

ammesso, -a [am'messo] I. *agg* vorausgesetzt; ~ **che** +*conj* angenommen, dass II. *m, f* Zugelassene(r) *f(m)*

ammettere [am'mettere] <irr> *vt* ❶ (*accettare, ricevere*) zulassen, annehmen ❷ (*supporre*) voraussetzen, annehmen; **ammettiamo che io fugga** nehmen wir einmal an, ich fliehe ❸ (*riconoscere*) zugeben ❹ (*accogliere*) zulassen, dulden

ammezzato [ammed'dza:to] *m* Halbgeschoss *n*

ammiccare [ammik'ka:re] *vi* zwinkern, blinzeln; ~ **a qu** jdm zuzwinkern

amministrare [amminis'tra:re] *vt* ❶ (ADM) verwalten; ~ **la giustizia** Recht sprechen ❷ (*fig: tempo*) einteilen; (*sacramenti*) spenden; **amministrativo, -a** [amministra'ti:vo] *agg* administrativ, Verwaltungs-; **amministratore, -trice** [amministra'to:re] *m, f* Verwalter(in) *m(f);* ~ **delegato** Geschäftsführer *m;* **amministrazione** [amministrat'tsio:ne] *f* Verwaltung *f;* ~ **della giustizia** Rechtspflege *f;* **cose di ordinaria** ~ (*fig*) alltägliche Angelegenheiten *fpl;* ~ **comunale** Stadtverwaltung *f;* ~ **pubblica** öffentliche Verwaltung *f*

ammirabile [ammi'ra:bile] *agg* bewundernswert

ammiraglia [ammi'raʎʎa] <-glie> *f* ❶ (NAUT) Flaggschiff *n* ❷ (MOT) Begleitwagen *m;* **ammiraglio** [ammi'raʎʎo] <-gli> *m* Admiral *m*

ammirare [ammi'ra:re] *vt* bewundern; **ammiratore, -trice** [ammira'to:re] *m, f* Bewunderer *m,* Bewund(r)erin *f;* **ammirazione** [ammirat'tsio:ne] *f* Bewunderung *f;* **ammirevole** [ammi're:vole] *agg* bewundernswert

ammisi [am'mi:zi] *1. pers sing pass rem di* **ammettere**

ammissibile [ammis'si:bile] *agg* annehmbar, akzeptabel

ammissione [ammis'sio:ne] *f* Annahme *f,* Zulassung *f;* (*approvazione*) Zustimmung *f*

ammobiliamento [ammobilia'mento] *m* Möblierung *f*

ammobiliare [ammobi'lia:re] *vt* einrichten; **ammobiliato, -a** *agg* möbliert

ammodernamento [ammoderna'mento] *m* Modernisierung *f;* **ammodernare** [ammoder'na:re] *vt* modernisieren

ammodo [am'mɔ:do] <inv> *agg o avv* anständig

ammogliare [ammoʎ'ʎa:re] I. *vt* (mit einer Frau) verheiraten II. *vr* -**rsi** sich (mit einer Frau) verheiraten

ammollare [amol'la:re] I. *vt* einweichen II. *vr* **-rsi** (*a fig*) weich werden

ammollire [ammol'li:re] I. *vt* ❶ (*ammorbidire*) aufweichen, erweichen ❷ (*geh: mitigare, lenire*) lindern ❸ (*fig: infiacchire*) verweichlichen II. *vr* **-rsi** ❶ (*ammorbidirsi*) weich werden ❷ (*fig: infiacchirsi*) verweichlicht werden; **ammollo** [am'mɔllo] *m* Einweichen *n;* **lasciare in** ~ einweichen lassen

ammoniaca [ammo'ni:aka] <-che> *f* Ammoniak *n*

ammonimento [ammoni'mento] *m* ❶ (*avvertimento*) Ermahnung *f* ❷ (*per rimprovero*) Verweis *m,* Rüge *f*

ammonio [am'mɔ:nio] *m* (CHEM) Ammonium *n*

ammonire [ammo'ni:re] <ammonisco> *vt* ❶ (*per avvertimento*) ermahnen ❷ (*per rimprovero*) verweisen, rügen; **ammonitore, -trice** [ammoni'to:re] I. *agg* mahnend II. *m, f* Mahner(in) *m(f);* **ammonizione** [ammonit'tsio:ne] *f* ❶ (*avvertimento*) Mahnung *f* ❷ (*rimprovero*) Verweis *m,* Rüge *f*

ammontare[1] [ammon'ta:re] I. *vt* avere aufhäufen II. *vi* essere ~ **a qc** etw betragen, sich auf etw *acc* belaufen

ammontare[2] *m* (Gesamt)betrag *m,* Summe *f*

ammonticchiare [ammontik'kia:re] *vt* (auf)stapeln

ammorbare [ammor'ba:re] *vt* ❶ (*appestare*) verpesten ❷ (*fig: corrompere*) verderben

ammorbidente [ammorbi'dɛnte] *m* Weichspüler *m*

ammorbidire [ammorbi'di:re] <ammorbidisco> I. *vt* avere ❶ (*render morbido*) weich(er) machen ❷ (*fig: sfumare*) abtönen II. *vr* **-rsi** (*a fig*) weich werden

ammortamento [ammorta'mento] *m* ❶ (*ammortizzazione*) Amortisierung *f* ❷ (JUR, FIN: *estinzione*) Abschreibung *f,* Tilgung *f;* **ammortare** [ammor'ta:re] *vt* amortisieren; (*debito*) tilgen

ammortire [ammor'ti:re] <ammortisco, ammortisci> *vt* dämpfen; **ammortizzare** [ammortid'dza:re] *vt* ❶ (*ammortare*) amortisieren; (*debito*) tilgen ❷ (TEC: *attutire*) abschwächen, dämpfen; **ammortizzatore** [ammortiddza'to:re] *m* Stoßdämpfer *m*

ammostatura [ammosta'tu:ra] *f* Mostbereitung *f*

ammucchiamento [ammukkia'mento] *m* Anhäufung *f;* **ammucchiare** [ammuk'kia:re] I. *vt* anhäufen II. *vr* **-rsi** sich drängen

ammucchiata [ammuk'kia:ta] *f* ❶ (*orgia*) Orgie *f* ❷ (*fig: insieme confuso di persone o cose*) Anhäufung *f,* Durcheinander *n;* **fare un'** ~ **generale** ein komplettes Chaos verursachen

ammuffire [ammuf'fi:re] <ammuffisco> *vi* essere ❶ (*fare la muffa*) (ver)schimmeln ❷ (*fig: sciuparsi*) versauern

ammutinamento [ammutina'mento] *m* Meuterei *f;* **ammutinarsi** [ammuti'narsi] *vr* meutern

ammutolire [ammuto'li:re] <ammutolisco> *vi* essere verstummen

amnesia [amne'zi:a] <-ie> *f* Amnesie *f,* Gedächtnisschwund *m*

amniocentesi [amnio'tʃentesi] <-> *f* (MED) Fruchtwasseruntersuchung *f;* **amnioscopia** [amniosko'pi:a] <-ie> *f* (MED) Ultraschalluntersuchung *f;* **amniotico, -a** [amni'ɔ:tiko] <-ci, -che> *agg* (ANAT) amnotisch; **liquido** ~ Fruchtwasser *n*

amnistia [amnis'ti:a] <-ie> *f* Amnestie *f,* Straferlass *m;* **amnistiare** [amnis'tia:re] *vt* amnestieren, begnadigen

amo ['a:mo] *m* Angelhaken *m;* **abboccare all'**~ (*fig*) anbeißen

amorale [amo'ra:le] *agg* unmoralisch; **amoralità** [amorali'ta] *f* Unmoral *f*

amore [a'mo:re] *m* Liebe *f;* (*persona*) Liebste(r) *f(m);* (*fig*) Schatz *m,* Engel *m;* ~ **del prossimo** Nächstenliebe *f;* ~ **materno** Mutterliebe *f;* **amor patrio/proprio** Vaterlands-/Eigenliebe *f;* ~ **per lo studio** Freude *f* am Lernen; **quella ragazza è un** ~ dieses Mädchen ist ein Schatz; **un** ~ **di casetta** ein reizendes Häuschen; **far l'**~ [*o* **all'**~] **con qu** jdn lieben, mit jdm schlafen; **lavorare con** ~ mit Hingabe arbeiten; **vivere d'**~ **e d'accordo** ein Herz und eine Seele sein; **per** ~ **di qu** aus Liebe zu jdm; (*favore*) jdm zuliebe; **per amor tuo** dir zuliebe; **per** ~ **o per forza** im Guten oder im Bösen; **per amor di Dio!** um Gottes willen!; **l'**~ **è cieco** (*prov*) Liebe macht blind; **il primo** ~ **non si scorda mai** (*prov*) alte Liebe rostet nicht; **amoreggiamento** [amoreddʒa'mento] *m* Liebelei *f;* **amoreggiare** [amoreddʒa:re] *vi* flirten; **amorevole** [amo're:vole] *agg* liebevoll; **amorevolezza** [amorevo'lettsa] *f* liebevolle Art; (*benevolenza*) Liebenswürdigkeit *f*

amorfo, -a [a'mɔrfo] *agg* amorph, form-, gestaltlos

amorino [amo'ri:no] *m* Putte *f*

amoroso, -a [amo'ro:so] I. *agg* Liebes-; (*persona*) liebevoll II. *m, f* Geliebte(r) *f(m)*

amovibile [amo'vi:bile] *agg* ❶ (*oggetto*) beweglich ❷ (*persona: trasferibile*) versetzbar; (*rimovibile*) absetzbar

amperaggio [ampe'raddʒo] <-ggi> *m* Amperestärke *f;* **ampère** [ã'pɛːr] <-> *m* Ampere *n;* **amperometro** [ampe'rɔːmetro] *m* Amperemeter *n;* **amperora** [ampe'roːra] <-> *f* Amperestunde *f*

ampiezza [am'piettsa] *f* ❶ (*larghezza*) Weite *f* ❷ (*estensione*) Ausdehnung *f;* (*spaziosità*) Geräumigkeit *f* ❸ (*fig: abbondanza*) Fülle *f,* Reichtum *m;* (*di spiegazione*) Ausführlichkeit *f* ❹ (PHYS) Amplitude *f;* **~ di vedute** weiter Horizont *m;* **ampio, -a** ['ampio] <-i, -ie, amplissimo> *agg* weit; (*spazioso*) geräumig; (*spiegazione*) ausführlich; (*garanzia*) weit reichend

amplesso [am'plɛsso] *m* ❶ (*abbraccio*) Umarmung *f* ❷ (*coito*) Beischlaf *m*

ampliamento [amplia'mento] *m* Erweiterung *f;* **ampliare** [ampli'aːre] I. *vt* erweitern, ausdehnen II. *vr* **-rsi** sich ausdehnen

amplificare [amplifi'kaːre] *vt* erweitern; (TEC: *suono*) verstärken

amplificatore [amplifika'toːre] *m* Verstärker *m;* **amplificatore, -trice** *agg* verstärkend, Verstärker-

amplificatorio, -a [amplifika'tɔːrio] <-i, -ie> *agg* amplifizierend

amplificazione [amplifikat'tsio:ne] *f* Ausdehnung *f;* (TEC) Verstärkung *f*

amplio ['amplio] *agg v.* **ampio**

amplissimo [am'plissimo] *superlativo di* **ampio**

ampolla [am'polla] *f* Fläschchen *n;* (MED) Ampulle *f;* **ampolliera** [ampol'liɛːra] *f* Öl- und Essigständer *m*

ampolloso, -a [ampol'lo:so] *agg* geschwollen, schwülstig

amputare [ampu'taːre] *vt* ❶ (MED) amputieren ❷ (*fig: eliminare una parte di*) kürzen; **amputazione** [amputat'tsio:ne] *f* ❶ (MED) Amputation *f* ❷ (*fig: eliminazione di una parte*) Kürzung *f*

Amuchina® [amu'ki:na] *f* Desinfektionslösung auf Chlorbasis

amuleto [amu'lɛːto *o* amu'le:to] *m* Amulett *n*

AN *f abbr di* **Alleanza Nazionale** Nationale Allianz *f* (*neofaschistische Partei Italiens*)

anabattista [anabat'tista] <-i *m,* -e *f*> *mf* (REL) Wiedertäufer(in) *m(f)*

anabbagliante [anabba'ʎʎante] I. *agg* blendfrei II. *m* Abblendlicht *n*

anacronismo [anakro'nizmo] *m* Anachronismus *m;* **anacronistico, -a** [anakro'nistiko] <-ci, -che> *agg* anachronistisch

anafora [a'nafora] *f* (LING) Anapher *f*

anagrafe [a'naːgrafe] *f* ❶ (*registro*) Einwohnerverzeichnis *n;* (*di stato civile*) Personenstandsregister *n* ❷ (*ufficio*) Einwohnermeldeamt *n;* (*di stato civile*) Standesamt *n;* **anagrafico, -a** [ana'graːfiko] <-ci, -che> *agg* Einwohner-, Personenstands-

anagramma [ana'gramma] <-i> *m* Anagramm *n*

analcolico [anal'kɔːliko] <-ci> *m* alkoholfreies Getränk

analcolico, -a <-ci, -che> *agg* alkoholfrei

anale [a'naːle] *agg* anal

analfabeta [analfa'bɛːta] <-i *m,* -e *f*> I. *mf* Analphabet(in) *m(f)* II. *agg* analphabetisch; **analfabetismo** [analfabe'tizmo] *m* Analphabetismus *m*

analgesia [analdʒe'ziːa] <-ie> *f* ❶ (*insensibilità al dolore*) Analgesie *f* ❷ (*dottrina stoica*) Analgesie *f*

analgesico [anal'dʒɛːziko] <-ci> *m* schmerzstillendes Mittel, Analgetikum *n*

analgesico, -a <-ci, -che> *agg* analgetisch, schmerzstillend

analgesista [analdʒe'zista] <-i *m,* -e *f*> *mf* (MED) Analgetiker(in) *m(f)*

analisi [a'naːlizi] <-> *f* Analyse *f,* Untersuchung *f;* **fare l'~ della situazione** die Lage einschätzen; **in ultima ~** letztendlich; **analista** [ana'lista] <-i *m,* -e *f*> *mf* Analytiker(in) *m(f);* **~ finanziario** Aktienanalyst(in) *m(f);* **analiticità** [analititʃi'ta] <-> *f* Analysierbarkeit *f;* **analitico, -a** [anali'liːtiko] <-ci, -che> *agg* analytisch

analizzare [analid'dzaːre] *vt* analysieren; **analizzatore** [analiddza'toːre] *m* Analysegerät *n*

anallergico, -a [anal'lɛrdʒiko] *agg* allergiegetestet

analogia [analo'dʒiːa] <-gie> *f* Analogie *f;* **analogico, -a** [ana'lɔːdʒiko] <-ci, -che> *agg,* **analogo, -a** [a'naːlogo] <-ghi, -ghe> *agg* analog

anamnesi [anam'nɛːzi] <-> *f* Anamnese *f*

ananas ['aːnanas *o* ana'nas] <-> *m* Ananas *f*

anarchia [anar'kiːa] <-chie> *f* Anarchie *f;* **anarchico, -a** [a'narkiko] <-ci, -che> I. *agg* anarchisch, anarchistisch II. *m, f* Anarchist(in) *m(f);* **anarchismo** [anar'kizmo] *m* Anarchismus *m;* **anarcoide** [anar'kɔːide] I. *agg* Anarcho- II. *mf* Anarcho *m sl*

ANAS ['aːnas] *f abbr di* **Azienda Nazionale Autonoma delle Strade** *italienische Straßenaufsichtsbehörde*

anatema [ana'tɛːma] <-i> *m* ❶ (*maledi-*

zione) Fluch *m* ❷(*scomunica*) Kirchenbann *m*, Anathema *n*

anatomia [anato'mi:a] <-ie> *f* ❶(*scienza, a fig: struttura*) Anatomie *f* ❷(*dissezione*) Sektion *f*, Sezieren *n* ❸(*fig: analisi
minuziosa*) Detailanalyse *f* ❹(*scherz:
aspetto fisico*) Körperbau *m;* **anatomico,
-a** [ana'tɔ:miko] <-ci, -che> *agg* anatomisch; **anatomizzare** [anato-
mid'dza:re] *vt* ❶(*dissecare*) sezieren
❷(*fig: esaminare*) analysieren

anatra ['a:natra] *f* Ente *f*

anca ['aŋka] <-che> *f* Hüfte *f*, Hüferl *n A*

ancella [an'tʃɛlla] *f* (*poet*) Magd *f*

anche ['aŋke] *cong* ❶(*pure*) auch;
quand'~ ..., **~ se ...** auch [*o* selbst]
wenn ...; **~ a pregarlo non accetterebbe**
selbst wenn man ihn bäte, würde er nicht
einwilligen ❷(*inoltre*) dazu, außerdem
❸(*perfino*) noch, sogar

ancheggiare [aŋked'dʒa:re] *vi* sich in den
Hüften wiegen

anchorman ['æŋkəmæn] <achormen> *m*
(TV) Moderator *m;* **anchorwoman**
['æŋkəwumən] <anchorwomen> *f* Mo-
deratorin *f*

ancia ['antʃa] <-ce> *f* Rohrblatt *n*

ancipite [an'tʃi:pite] *agg* ❶(*poet: a due
tagli*) zweischneidig ❷(*fig poet: ambiguo*)
zweideutig ❸(*in metrica*) anzeps

Ancona [aŋ'ko:na] *f* Ancona *n* (*Hauptstadt der Region Marken*)

ancona [aŋ'ko:na] *f* Altarbild *n*

Anconetano [aŋkone'ta:no] <*sing*> *m*
Umgebung *f* von Ancona

anconetano, -a I. *agg* aus Ancona stammend II. *m, f* (*abitante*) Bewohner(in)
m(f) von Ancona

anconitano, -a [aŋkoni'ta:no] *v.* **anconetano**

ancora[1] [aŋ'ko:ra] *avv* ❶(*continuità di
un'azione*) noch ❷(*fino ad ora*) bisher,
noch; **non ~** noch nicht ❸(*un'altra volta*)
noch einmal ❹(*in aggiunta*) noch

ancora[2] ['aŋko:ra] *f* Anker *m;* **essere
all'~** vor Anker liegen; **gettare/levare**
[*o* **salpare**] **l'~** den Anker auswerfen/lich-
ten; **~ di salvezza** (*fig*) Rettungsanker *m;*
ancoraggio [aŋko'raddʒo] <-ggi> *m*
❶(*azione*) Ankern *n* ❷(*luogo*) Ankerplatz *m*

ancorare [aŋko'ra:re] I. *vt* (*a fig* NAUT) verankern II. *vr* **-rsi** (NAUT) ankern; **-rsi** (**a qu/
qc**) (*aggrapparsi*) sich (an jdn/etw) klammern

ancorché [aŋkor'ke] *cong* +*conj* (*poet*)
❶(*sebbene*) obschon ❷(*anche se*) wenn
auch

andai [an'da:i] *1. pers sing pass rem di* **andare**[1]

andamento [anda'mento] *m* ❶(*svolgimento*) (Fort)gang *m;* (*a di malattia*) Verlauf *m;* **l'~ del prezzo** Preisentwicklung *f*
❷(MUS) Tempo *n* ❸(*portamento*) Gang *m*,
Haltung *f*

andante [an'dante] I. *agg* ❶(*ordinario*)
gängig; (*di poco pregio*) von geringem
Wert ❷(*corrente*) laufend ❸(MUS) andante II. *m* (MUS) Andante *n*

andare[1] [an'da:re] <vado, andai, anda-
to> I. *vi essere* ❶(*a piedi*) gehen, laufen;
~ a piedi zu Fuß gehen; **~ avanti** vorgehen; **~ a zonzo** bummeln; **~ di fretta** in
Eile sein; **~ via** fortgehen; **andiamo!** los!
❷(*con mezzo su ruote*) fahren; **~ in tre-
no/macchina** (mit dem) Zug/Auto fah-
ren; **~ in aereo** fliegen; **~ a cavallo** reiten;
~ a scuola in bicicletta mit dem Fahrrad
zur Schule fahren ❸(*recarsi*) gehen; **~ a
fare la spesa** einkaufen gehen; **~ a mangiare** essen gehen; **~ a prendere** (ab)ho-
len; **~ a trovare** besuchen ❹(*strade*) führen ❺(*vestiario*) passen ❻(*essere di moda*) getragen werden ❼(*funzionare*) gehen ❽(*fig: svolgersi*) laufen; **com'è andata?** wie war's?, wie ist es gelaufen?; **è
andata bene** es ist gut gelaufen ❾(*piacere*) passen, gefallen; **ti va di andare a ballare?** hast du Lust tanzen zu gehen?
❿(*loc*) **~ a monte** sich in Wohlgefallen
auflösen; **~ a genio a qu** jdm passen; **~ di
mezzo** dazwischenkommen; **~ pazzo per
qc** von etw begeistert sein; **~ all'aria** auffliegen; **~ a male** verderben; **~ in fumo** in
Rauch aufgehen; **~ in tilt** ausflippen,
schlappmachen; **come va? — bene grazie!** wie geht's? — danke, gut!; **questa camicia va lavata** dieses Hemd muss gewaschen werden; **vai al diavolo!** (*fam*) scher
dich zum Teufel! II. *vr* **andarsene** weggehen; (*sparire*) verschwinden; **andarsene
all'altro mondo** das Zeitliche segnen; **me
ne vado subito** ich gehe sofort; **se ne sono andati tre mila euro** dreitausend Euro
sind dabei draufgegangen *fam*

andare[2] *m* Gang *m;* **a lungo ~** auf die
Dauer

andata [an'da:ta] *f* ❶(*atto dell'andare*)
Gehen *n* ❷(*con mezzo di locomozione*)
Hinfahrt *f;* **biglietto di (sola) ~** einfache
Fahrkarte; **biglietto di ~ e ritorno**
Rückfahrkarte *f* ❸(*partenza*) Abfahrt *f*
❹(SPORT) *girone di ~* Hinrunde *f;* **anda-
tura** [anda'tu:ra] *f* ❶(*modo dell'andare*)
Gang *m*, Gangart *f* ❷(*portamento*) Hal-
tung *f* ❸(SPORT) Lauf *m*, Gangart *f*

andazzo [an'dattso] *m* Unsitte *f*
Ande ['ande] *fpl* Anden *pl*
andirivieni [andiri'vjɛ:ni] <-> *m* ❶ (*via-vai*) Hin und Her *n*, Kommen und Gehen *n* ❷ (*fig: giro confuso di parole*) Hin und Her *n*
andito ['andito] *m* Flur *m*, Korridor *m*, Gang *m*
Andorra [an'dɔrra] *f* Andorra *n*; **andorrano, -a** [andɔr'ra:no] **I.** *agg* andorranisch **II.** *m, f* Andorraner(in) *m(f)*
androcentrismo, -a [androtʃen'tri:zmo] *m* Androzentrismus *m*
androgenico, -a [andro'dʒɛːniko] <-ci, -che> *agg* androgyn
androgino, -a [an'drɔːdʒino] *agg* androgyn
andrologia [androlo'dʒi:a] <-ie> *f* (MED) Andrologie *f*, Männerheilkunde *f*; **andrologo, -a** [an'drɔːlogo] <-gi, -ghe> *m, f* Androloge , -login *m, f*, Arzt *m*, Ärztin *f* für Männerheilkunde
androne [an'dro:ne] *m* Hausflur *m*, Eingangshalle *f*
andropausa [andro'pa:uza] *f* Andropause *f*
aneddotico, -a [anned'dɔ:tiko] <-ci, -che> *agg* anekdotisch, anekdotenhaft
aneddoto [an'nɛ:doto] *m* Anekdote *f*
anelare [ane'la:re] *vi* (*poet*) ❶ (*respirare*) ächzen, keuchen ❷ (*fig*) ~ **a qc** etw herbeisehnen, sich nach etw sehnen; **anelito** [a'nɛ:lito] *m* ❶ (*respiro*) Keuchen *n* ❷ (*fig: brama*) Sehnsucht *f*
anello [a'nɛllo] *m* (*gener, fig* ANAT, SPORT) Ring *m*; (*di catena*) Glied *n*; ~ **matrimoniale** Ehering *m*; ~ **stradale** Ring(straße *f*) *m*, Umgehungsstraße *f*, Umfahrung *f A*
anemia [ane'mi:a] <-ie> *f* Blutarmut *f*, Anämie *f*; **anemico, -a** [a'nɛ:miko] <-ci, -che> **I.** *agg* ❶ (MED) blutarm, anämisch ❷ (*fig: fiacco*) blutleer, ohne Leben **II.** *m, f* anämischer Mensch
anemometro [ane'mɔ:metro] *m* Windmesser *m*, Anemometer *n*
anemone [a'nɛ:mone] *m* Anemone *f*
anergia [aner'dʒi:a] <-ie> *f* (MED) Anergie *f*, Unempfindlichkeit *f*
anergizzante [anerdʒid'dzante] *agg* unempfindlich machend, betäubend
anestesia [aneste'zi:a] <-ie> *f* Narkose *f*, Anästhesie *f*; ~ **generale** Vollnarkose *f*; ~ **locale** örtliche Betäubung; **anestesista** [aneste'zista] <-i *m*, -e *f*> *mf* Anästhesist(in) *m(f)*, Narkosearzt *m*, -ärztin *f*
anestetico [anes'tɛ:tiko] <-ci> *m* Betäubungsmittel *n*, Anästhetikum *n*

anestetico, -a <-ci, -che> *agg* anästhetisch, betäubend; **anestetizzare** [anestetid'dza:re] *vt* betäuben, anästhetisieren
aneto [a'nɛ:to *o* a'ne:to] *m* Dill *m*
anfetamina [anfeta'mi:na] *f* (MED) Amphetamin *n*
anfibi [an'fi:bi] *mpl* (ZOO) Amphibien *pl*
anfibio [an'fi:bio] *m* ❶ (MOT) Amphibienfahrzeug *n* ❷ (AERO) Amphibienflugzeug *n*
anfibio, -a <-i, -ie> *agg* amphibisch, Amphibien-
anfiteatro [anfite'a:tro] *m* ❶ (*edificio*) Amphitheater *m* ❷ (*aula*) Hörsaal *m*
anfitrione [anfitri'o:ne] *m* (*poet*) großzügiger Gastgeber
anfora ['anfora] *f* Amphore *f*
anfratto [an'fratto] *m* Kluft *f*, Schlucht *f*; **anfrattuoso, -a** [anfrattu'o:so] *agg* zerklüftet
angariare [aŋga'ria:re] *vt* unterdrücken, schinden
angelico, -a [an'dʒɛ:liko] <-ci, -che> *agg* engelhaft, Engels-; **angelo** [an'dʒelo] *m* Engel *m*; **discutere sul sesso degli -i** sich um des Kaisers Bart streiten; ~ **custode** (REL) Schutzengel *m*; (*scherz: guardia*) Schutzmann *m*
angheria [aŋge'ri:a] <-ie> *f* Unterdrückung *f*, Schikane *f*
angina [an'dʒi:na] *f* (MED) Angina *f*
angioplastica [andʒo'plastika] <-che> *f* (MED) Angioplastik *f*
anglicano, -a [aŋgli'ka:no] **I.** *agg* anglikanisch **II.** *m, f* Anglikaner(in) *m(f)*
angli(ci)smo [aŋ'glizmo (aŋli'tʃizmo)] *m* (LING) Anglizismus *m*; **anglicizzazione** [aŋglitʃiddzat'tsio:ne] *f* Anglisierung *f*; **anglista** [aŋ'glista] <-i *m*, -e *f*> *mf* Anglist(in) *m(f)*; **anglistica** [aŋ'glistika] <-che> *f* Anglistik *f*
anglofono, -a [aŋ'glɔ:fono] **I.** *agg* anglophon, Englisch als Muttersprache sprechend **II.** *m, f* anglophone Person, englische(r) Muttersprachler(in) *m(f)*
anglosassone [aŋglo'sassone] **I.** *agg* angelsächsisch **II.** *mf* Angelsachse *m*, -sächsin *f*
angolare [aŋgo'la:re] *agg* Eck-, eckig; **pietra** ~ (ARCH) Eckstein *m*; (*fig*) Grundstein *m*; **angolazione** [aŋgolat'tsio:ne] *f* ❶ (*fig* FILM) Blickwinkel *m* ❷ (SPORT) Eckschuss *m*
angoliera *f* Eckschrank *m*
angolo ['aŋgolo] *m* ❶ (*gener*, SPORT) Ecke *f*, Corner *m A*; **d'** ~ Eck-; **calcio d'** ~ Eckball *m*, Corner *m A*; ~ **cottura** Kochecke *f* ❷ (*in geometria*) Winkel *m* ❸ (*di mobile*) Kante *f*; (*di fazzoletto*) Zipfel *m* ❹ (*della*

bocca) Winkel *m;* **-i della bocca** Mundwinkel *mpl;* **angoloso, -a** [aŋgo'lo:so] *agg* ❶ (*che ha angoli*) eckig ❷ (*fig: poco affabile*) eckig, spröde

angora ['aŋgora] *f* **d'~** Angora-

angoscia <-sce> *f* ❶ (*stato di ansia*) Angst *f,* Beklemmung *f;* **passare ore d'~** bange Stunden verbringen ❷ (MED) Angstzustand *m;* **angosciare** [aŋgoʃʃa:re] **I.** *vt* ängstigen; **~ qu** jdm Angst machen **II.** *vr* **-rsi** (**per qu/qc**) sich (um jdn/etw) Sorgen machen; **angoscioso, -a** [aŋgoʃʃo:so] *agg* beklemmend; (*attesa a*) quälend; (*grido*) angstvoll, angsterfüllt

anguilla [aŋ'guilla] *f* Aal *m;* **scivoloso come un'~** (*fig*) aalglatt; **anguillesco, -a** [aŋguil'lesko] <-schi, -sche> *agg* aalglatt

anguria [aŋ'gu:ria] <-ie> *f* (*sett*) Wassermelone *f*

angustia [aŋ'gustia] <-ie> *f* ❶ (*penuria*) Knappheit *f,* Enge *f* ❷ (*preoccupazione*) Beklemmung *f,* Sorge *f;* **angustiare** [aŋgus'tia:re] **I.** *vt* beängstigen **II.** *vr* **-rsi** (**per qc**) sich (um etw) ängstigen

angusto, -a [aŋ'gusto] *agg* ❶ (*stretto*) knapp, eng ❷ (*fig: meschino*) beschränkt

anice ['a:nitʃe] *m* Anis *m*

aniconicità [anikonitʃi'ta] <-> *f* Unmöglichkeit *f* der bildhaften Darstellung

aniconico, -a [ani'kɔ:niko] <-ci, -che> *agg* anikonisch, nicht bildhaft

anilina [ani'li:na] *f* (CHEM) Anilin *n*

anima ['a:nima] *f* ❶ (*a fig*) Seele *f;* **non c'era ~ viva** es war keine Menschenseele da; **dedicarsi ~ e corpo a qc** sich einer Sache *dat* mit Leib und Seele hingeben; **essere l'~ gemella di qu** mit jdm seelenverwandt sein; **romper l'~ a qu** (*fam*) jdm auf die Nerven gehen; **la buon'~ di mia madre** meine selige Mutter ❷ (*nucleo centrale a*) Innere(s) *n* ❸ (TEC) Kern *m*

animale [ani'ma:le] **I.** *m* ❶ (*essere animato*) Lebewesen *n* ❷ (*bestia*) Tier *n,* Vieh *n;* **~ domestico** Haustier *n* ❸ (*fig: persona violenta*) Bestie *f;* (*a persona stupida*) Rindvieh *n* **II.** *agg* ❶ (*relativo a corpo animato*) Tier-, Lebend- ❷ (*fig: corporeo*) tierisch, tierhaft; **animalesco, -a** [anima'lesko] <-schi, -sche> *agg* animalisch

animalismo [anima'lizmo] *m* Tierschutz *m,* Tierschutzbewegung *f;* **animalità** [animali'ta] <-> *f* Animalität *f,* Tierhaftigkeit *f*

animare [ani'ma:re] **I.** *vt* ❶ (*infondere l'anima*) beleben ❷ (*fig: render più vivo*) beleben ❸ (*spingere*) bewegen, animieren **II.** *vr* **-rsi** ❶ (*acquistare vita*) sich beleben ❷ (*fig: accolorarsi*) sich erhitzen; **anima-**

to, -a [ani'ma:to] *agg* belebt; (*fig*) lebhaft; **disegni** [*o cartoni*] **-i** Zeichentrickfilm *m*

animatore, -trice [anima'to:re] **I.** *agg* belebend **II.** *m, f* ❶ (*di giochi*) Spielleiter(in) *m(f);* (*di spettacolo*) Ansager(in) *m(f),* Conférencier *m;* (*di villaggio turistico*) Animateur(in) *m(f);* (*fig*) Seele *f,* treibende Kraft ❷ (*di cartoni animati*) Trickfilmzeichner(in) *m(f);* **animazione** [animat'tsio:ne] *f* ❶ (*vivacità*) Lebhaftigkeit *f,* Leben *n* ❷ (*folla*) Betrieb *m;* **film d'~** Zeichentrickfilm *m*

animella [ani'mɛlla] *f* (GASTR) Bries *n*

animo ['a:nimo] *m* ❶ (*sede dei sentimenti*) Gemüt *n;* **stato d'~** Gemütsverfassung *f;* **star con l'~ in sospeso** bangen ❷ (*spirito*) Geist *m* ❸ (*anima*) Seele *f;* **mettersi l'~ in pace** sich abfinden ❹ (*pensieri*) Gedanken *mpl,* Sinn *m;* **leggere nell'~ di qu** in jds Innere blicken ❺ (*coraggio*) Mut *m;* **farsi ~** sich *dat* Mut machen, Mut fassen; **perdersi d'~** den Mut verlieren ❻ (*disposizione*) Wesen *n* ❼ (*intendimento*) Absicht *f,* Wille *m;* **di buon/mal ~** gern/ungern; **aver in ~ di far qc** vorhaben, etw zu tun

animosità [animosi'ta] <-> *f* Feindseligkeit *f*

animoso, -a [ani'mo:so] *agg* ❶ (*ostile*) feindselig ❷ (*coraggioso*) beherzt, mutig

anisetta [ani'zetta] *f* Anislikör *m*

anitra ['a:nitra] *v.* **anatra**

ANLAIDS *f acro di* **Associazione Nazionale per la Lotta all'AIDS** *nationale Vereinigung zur Bekämpfung von AIDS*

ANMIC *f acro di* **Associazione Nazionale Mutilati e Invalidi Civili** *nationale Vereinigung der zivilen Kriegsversehrten und -invaliden*

annacquare [annak'kua:re] *vt* ❶ (*diluire*) mit Wasser verdünnen ❷ (*fig: mitigare*) (ab)mildern; **annacquata** [annak'kua:ta] *f* ❶ (*di vino*) Verdünnen *n* mit etwas Wasser ❷ (*pioggerella*) leichter Regen

annaffiare [annaf'fia:re] *vt* ❶ (*orti, fiori*) (be)wässern, (be)gießen; (*strade*) sprengen ❷ (*fig scherz: pasti*) begießen; (*annacquare*) verdünnen; **annaffiatoio** [annaffia'to:io] <-oi> *m* Gießkanne *f;* **annaffiatura** [annaffia'tu:ra] *f* Begießen *n*

annali [an'na:li] *mpl* Annalen *pl,* Jahrbuch *n*

annaspare [annas'pa:re] *vi* ❶ (*dibattersi*) um sich schlagen; (*gesticolare*) gestikulieren ❷ (*fig: nel parlare*) sich verhaspeln ❸ (*loc*) **~ nel buio** im Dunkeln tappen

annata [an'na:ta] *f* ❶ (*durata di un anno*)

Jahr *n,* Jahrgang *m* ② (*produzione*) Jahrgang *m* ③ (*importo*) Jahresbeitrag *m* ④ (*di giornale*) Jahrgang *m*

annebbiamento [annebbia'mento] *m* ① (*formazione di nebbia*) Nebelbildung *f* ② (*banco di nebbia*) Nebelbank *f* ③ (*fig: offuscamento*) Umnebelung *f,* Trübung *f;* **annebbiare** [anneb'bia:re] I. *vt* ① (*velare di nebbia*) umnebeln ② (*fig: ottundere*) trüben; (*alcool*) trüben II. *vr* **-rsi** (*riempirsi di nebbia*) neb(e)lig werden; (*offuscarsi*) sich trüben, unklar werden

annegamento [annega'mento] *m* ① (*l'annegarsi*) Ertrinken *n* ② (*l'annegare*) Ertränken *n,* Ersäufen *n;* **annegare** [anne'ga:re] I. *vt avere* ertränken, ersäufen II. *vr* **-rsi** ertrinken

annerimento [anneri'mento] *m* Schwärzen *n*

annerire [anne'ri:re] <annerisco> I. *vt avere* schwärzen II. *vi essere* sich schwärzen

annessi[1] [an'nɛssi] *I. pers sing pass rem di* **annettere**

annessi[2] *mpl* ① (ARCH) Anbauten *mpl,* Nebengebäude *npl* ② (ANAT) Nebenorgane *npl* ③ (*cose*) Zubehör *n;* **gli ~ e connessi** alles Drum und Dran *fam,* alles, was dazugehört; **annessione** [annes'sio:ne] *f* (POL) Annexion *f;* **annesso, -a** [an'nɛsso] *agg* ① (*adiacente, congiunto*) anliegend, verbunden ② (*allegato*) beigefügt, beiliegend ③ (POL) annektiert

annettere [an'nɛttere] <annetto, annettei *o* annessi, annesso> *vt* ① (*unire*) anbauen, anfügen ② (POL) annektieren ③ (*allegare*) beifügen ④ (*fig: attribuire*) beimessen

annichilamento [annikila'mento] *m* Vernichtung *f*

annichilare, annichilire [anniki'la:re, anniki'li:re] I. *vt* ① (*nullificare*) vernichten ② (*fig: persona*) niederschmettern II. *vr* **-rsi** ① (*annullarsi*) sich (selbst) vernichten ② (*umiliarsi*) sich erniedrigen; **annichilare** [anniki'la:re] I. *vt* ① (*nullificare*) vernichten ② (*fig: persona*) niederschmettern II. *vr* **-rsi** ① (*annullarsi*) sich (selbst) vernichten ② (*fig: umiliarsi*) sich erniedrigen; **annichilazione** [annikilat'tsio:ne] *f* ① (*annichilamento*) Vernichtung *f* ② (PHYS) Zerstrahlung *f*

annichilimento, annichilire [annikili'mento, anniki'li:re] *v.* **annichilamento, annichilare**

annidare [anni'da:re] I. *vt* ① (ZOO) ins Nest setzen ② (*fig: celare*) verborgen halten II. *vr* **-rsi** ① (*fare il nido*) nisten ② (*fig: albergare*) sich einnisten ③ (*nascondersi*)

sich verbergen

annientamento [annienta'mento] *m* (völlige) Vernichtung *f,* Zerstörung *f;* **annientare** [annien'ta:re] *vt* ① (*distruggere*) zerstören ② (*fig: persona*) niederschmettern

anniversario [anniver'sa:rio] <-i> *m* Jahrestag *m,* Jubiläum *n;* (*compleanno*) Geburtstag *m;* ~ **di matrimonio** Hochzeitstag *m*

anniversario, -a <-i, -ie> *agg* Jahres-

anno ['anno] *m* Jahr *n;* ~ **accademico** Studienjahr *n;* ~ **bisestile** Schaltjahr *n;* ~ **civile** Kalenderjahr *n;* ~ **commerciale** Geschäftsjahr *n;* ~ **corrente** im laufenden Jahr; ~ **-luce** Lichtjahr *n;* ~ **nuovo** Neues Jahr; ~ **santo** Heiliges Jahr; ~ **scolastico** Schuljahr *n;* **buon ~!** Prost Neujahr!; **capo d'~** Neujahr *n;* **compiere gli -i** Geburtstag haben; **nel fior degli -i** in der Blüte des Lebens; **quanti -i hai?** wie alt bist du?; **ho vent'-i** ich bin zwanzig Jahre (alt)

annodare [anno'da:re] *vt* ① (*stringere*) verknoten; (*cravatta*) binden ② (*fig: relazioni*) (an)knüpfen; **annodatura** [annoda'tu:ra] *f* ① (*azione*) Knoten *n* ② (*risultato*) Knoten *m*

annoiare [anno'ia:re] I. *vt* langweilen II. *vr* **-rsi** sich langweilen

annonario, -a [anno'na:rio] <-i, -ie> *agg* Versorgungs-, Lebensmittel-; **tessera** [*o* **carta**] **-a** Lebensmittelkarte *f*

annoso, -a [an'no:so] *agg* alt; (*questione a*) langjährig

annotare [anno'ta:re] *vt* ① (*data*) notieren ② (*testo*) mit Anmerkungen versehen; **annotatore, -trice** [annota'to:re] *m, f* Kommentator(in) *m(f);* **annotazione** [annotat'tsio:ne] *f* ① (*registrazione*) Notiz *f,* Vermerk *m* ② (*postilla*) Anmerkung *f*

annottare [annot'ta:re] *vi essere* (*impersonale*) Nacht werden

Annover [an'no:ver] *f* Hannover *n*

annoverare [annove'ra:re] *vt* zählen; ~ **tra ...** zu ... zählen

annuale [annu'a:le] I. *agg* ① (*di un anno*) Jahres-; (*che dura un anno*) (Ein)jahres-, einjährig ② (*di ogni anno*) jährlich II. *m* Jahresfeier *f;* **annualità** [annuali'ta] <-> *f* ① (*somma*) Jahresbeitrag *m* ② (*quota*) jährliche Tilgungsquote

annuario [annu'a:rio] <-i> *m* Jahrbuch *n;* ~ **commerciale** Handelsadressbuch *n*

annuire [annu'i:re] <annuisco> *vi* (zustimmend) nicken, zustimmen

annullamento [annulla'mento] *m* ① (*l'annullare*) Annullierung *f,* Aufhebung *f* ② (*annullo*) Entwertung *f* ③ (*revo-*

ca) Zurücknahme *f,* Widerrufung *f* ❹ (*disdetta*) Aufhebung *f* ❺ (*distruzione*) Vernichtung *f* ❻ (MAT) Annullierung *f*
annullare [annul'la:re] **I.** *vt* annullieren, für nichtig erklären; (*francobolli*) entwerten; (*revocare*) widerrufen, zurücknehmen; (*disdire*) aufheben; (*distruggere*) zerstören; (*computer*) abbrechen **II.** *vr* **-rsi** sich verflüchtigen; **annullatore, -trice** [annulla'to:re] **I.** *agg* entwertend, aufhebend, abstempelnd; **bollo** ~ Entwertungs-/ Poststempel *m* **II.** *m, f* Entwerter *m;* **annullo** [an'nullo] *m* Entwertung *f*
annunciare [annun'tʃa:re] **I.** *vt* ❶ (*notizia*) bekannt geben ❷ (*persona in visita*) melden ❸ (RADIO, TV) ansagen ❹ (*predire*) voraussagen ❺ (*far prevedere*) ankündigen **II.** *vr* **-rsi** sich ankündigen; **annunciatore, -trice** [annuntʃa'to:re] *m, f* ❶ (*chi annuncia*) Melder(in) *m(f)* ❷ (TV, RADIO) Sprecher(in) *m(f),* Ansager(in) *m(f)*
Annunciazione [annuntʃat'tsio:ne] *f* (REL) Mariä Verkündigung *f*
annuncio [an'nuntʃo] <-ci> *m* Mitteilung *f,* Meldung *f;* (*nel giornale*) Anzeige *f;* **mettere un** ~ **sul giornale** eine Anzeige in die Zeitung setzen; **-ci economici/ mortuari** Klein-/Todesanzeigen *fpl*
annunziare [annun'tsia:re] *v.* **annunciare**
annuo, -a ['annuo] *agg* Jahres-; (*pianta*) einjährig; (*che ricorre una volta all'anno*) jährlich
annusare [annu'sa:re] *vt* ❶ (*fiutare*) schnuppern (an *+dat*); (*a animali*) beschnuppern ❷ (*tabacco*) schnupfen ❸ (*fig: intuire*) wittern
annuvolamento [annuvola'mento] *m* Bewölkung *f;* **annuvolare** [annuvo'la:re] **I.** *vt* ❶ (*coprire di nuvole*) bewölken ❷ (*fig: offuscare*) trüben **II.** *vr* **-rsi** ❶ (*coprirsi di nuvole*) sich bewölken ❷ (*fig: oscurarsi in volto*) sich verdüstern
annuvolarsi [annuvo'la:rsi] *vr* ❶ (*coprirsi di nuvole*) sich bewölken ❷ (*fig: oscurarsi in volto*) sich verdüstern
ano ['a:no] *m* After *m,* Anus *m*
anodino, -a [ano'di:no] *agg* ❶ (MED: *calmante*) schmerzstillend ❷ (*fig: inefficace, insignificante*) harmlos, unwirksam
anodizzato, -a [anodid'dza:to] *agg* eloxiert
anodo ['a:nodo] *m* Anode *f*
anomalia [anoma'li:a] <-ie> *f* ❶ (MED) Anomalie *f* ❷ (*irregolarità*) Abweichung *f,* Unregelmäßigkeit *f;* **anomalo, -a** [a'nɔ:malo] *agg* ❶ (MED) anomal ❷ (*irregolare*) unregelmäßig, abweichend
anonimato [anoni'ma:to] *m,* **anonimia**

[anoni'mi:a] <-ie> *f* Anonymität *f;* **conservare l'**~ anonym bleiben
anonimo [a'nɔ:nimo] *m* Anonymus *m,* Unbekannte(r) *m*
anonimo, -a *agg* anonym; **società -a** Aktiengesellschaft *f*
anoressante [anores'sante] **I.** *mf* Appetitzügler *m,* Appetithemmer *m* **II.** *agg* appetitzügelnd, appetithemmend
anoressia [anores'si:a] <-ie> *f* Magersucht *f*
anoressico, -a [ano'ressiko] <-ci, -che> **I.** *m, f* Magersüchtige(r) *f(m)* **II.** *agg* magersüchtig
anoressizzante [anosserit'tsa:nte] *m* Appetitzügler *m*
anorgasmico, -a [anor'gazmiko] <-ci, -che> *agg* anorgasmisch, ohne Orgasmus
anormale [anor'ma:le] **I.** *agg* ❶ (*irregolare*) abnorm, anormal ❷ (MED) anomal, krankhaft **II.** *mf* (MED) Anormale(r) *f(m);* **anormalità** [anormali'ta] <-> *f* Normabweichung *f,* Abnormität *f*
ANPA *f acro di* **Associazione Nazionale per la Protezione dell'Ambiente** *nationale Umweltschutzvereinigung*
ansa ['ansa] *f* ❶ (*di vaso*) Henkel *m,* Griff *m* ❷ (*di fiume*) Flussschleife *f* ❸ (ANAT) Krümmung *f*
ANSA ['ansa] *f abbr di* **Agenzia Nazionale Stampa Associata** *italienische Presseagentur*
ansare [an'sa:re] *vi* keuchen, ächzen
ansia ['ansia] <-ie> *f* Angst *f,* Beklemmung *f;* **essere in** ~ **per qu** sich um jdn Sorgen machen; **aspettare qu/qc con** ~ jdn/etw sehnsüchtig erwarten; **ansietà** [ansie'ta] <-> *f* Angstzustand *m*
ansimare [ansi'ma:re] *vi* keuchen, ächzen
ansiolitico, -a [ansio'li:tiko] <-ci, -che> **I.** *agg* neuroleptisch **II.** *m* Neuroleptikum *n*
ansioso, -a [an'sio:so] *agg* begierig, ungeduldig
anta ['anta] *f* ❶ (*pilastro*) Ante *f* ❷ (*sportello*) Flügel *m,* Tür *f* ❸ (*battente di finestra*) (Fenster)laden *m*
antagonismo [antago'nizmo] *m* Antagonismus *m*
antagonista¹ [antago'nista] <-i *m,* -e *f*> *mf* (*rivale*) Antagonist(in) *m(f),* Gegner(in) *m(f)*
antagonista² <-i> *m* (*muscolo*) Antagonist *m;* **antagonistico, -a** [antago'nistiko] <-ci, -che> *agg* antagonistisch
antalgico [an'taldʒiko] <-ci> *m* (MED) schmerzstillendes Mittel, Analgetikum *n*
antalgico, -a <-ci, -che> *agg* (MED) schmerzstillend, analgetisch

antartico [an'tartiko] <-ci> *m* Antarktis *f*

antartico, -a <-ci, -che> *agg* antarktisch; **Antartide** [an'tartide] *f* Antarktis *f*

antecedente [antetʃe'dɛnte] **I.** *agg* vorig, vorhergehend **II.** *m* Vorhergehende(s) *n;* **-i** (*fig*) Vorleben *n;* **antecedenza** [antetʃe'dɛntsa] *f* Vortritt *m;* **in** ~ im Voraus

antefatto [ante'fatto] *m* Vorgeschichte *f*

anteguerra [ante'gwɛrra] **I.**<inv> *agg* Vorkriegs- **II.**<-> *m* Vorkriegszeit *f*

antelucano, -a [antelu'kaːno] *agg* (*poet*) vor dem Morgengrauen

antenato, -a [ante'naːto] *m, f* Vorfahr(in) *m(f)*, Ahn *m*, Ahne *mf*

antenna [an'tenna] *f* ❶ (RADIO) Antenne *f;* ~ **parabolica** Satellitenantenne *f* ❷ (ZOO) Fühler *m* ❸ (NAUT) Rahe *f*

antennista [anten'nista] <-i *m*, -e *f*> *mf* Antenneninstallateur(in) *m(f)*

anteporre [ante'porre] <irr> *vt* ❶ (*mettere innanzi*) vor(aus)stellen; (*fig a*) voranstellen ❷ (*preferire*) vorziehen

anteprima [ante'priːma] *f* Voraufführung *f*

antera [an'tɛːra] *f* Staubbeutel *m*

anteriore [ante'rioːre] *agg* ❶ (*davanti*) vordere(r, s), Vorder- ❷ (*precedente*) vorhergehend

antesignano, -a [antesiɲ'ɲaːno] *m, f* Vorkämpfer(in) *m(f)*

anti- [anti] (*in parole composte*) anti-, Anti-; (*non …*) nicht(-), Nicht-; **antiabbagliante** [antiabbaʎ'ʎante] **I.** *agg* nicht blendend **II.**<*pl*> *m* Abblendlicht *n*

antiabbaglianti [antiabbaʎ'ʎanti] *mpl* (AUTO) Abblendlicht *n*

antiabortista [antiabor'tista] <-i *m*, -e *f*> **I.** *mf* Abtreibungsgegner(in) *m(f)* **II.** *agg* abtreibungsfeindlich

antiacne [anti'akne] <inv> *agg* gegen Akne wirkend; **detergente** ~ Reinigungspräparat *n* gegen Akne

antiaereo, -a [antia'ɛːreo] *agg* Flugabwehr-; **antiaggregante** [antiaggre'gante] **I.** *m* Aggregations-, Agglomerationshemmer *m* **II.** *agg* aggregations-, agglomerationshemmend

antialghe [anti'alge] **I.**<-> *m* Algenmittel *n* **II.**<inv> *agg* gegen Algen wirkend, algizid

antiappanante [antiappa'nante] *m* Antibeschlag(s)tuch *n*

antiatomico, -a [antia'tɔːmiko] <-ci, -che> *agg* atombombensicher; **rifugio** ~ Atombunker *m*

antibatterico, -a [antibat'tɛːriko] <-ci, -che> *agg* antibakteriell

antibiotico [antibi'ɔːtiko] <-ci> *m* Antibiotikum *n;* **antibiotico, -a** <-ci, -che> *agg* antibiotisch

antibloccaggio [antiblok'kaddʒo] <-> *m v.* **antiblocco**; **antibloccante** [antiblok'kante] *agg* **sistema** ~ Antiblockiersystem *n*, ABS *n;* **antiblocco** [anti'blɔkko] **I.**<-> *m* Antiblockiersystem *n*, ABS *n* **II.**<inv> *agg* (MOT) Antiblockier-

anticaccia [anti'kattʃa] <inv> *agg* gegen das Jagen

anticaglia [anti'kaʎʎa] <-glie> *f* Gerümpel *n*

anticalcare [antikal'kaːre] *m* Mittel *n* gegen Kalkablagerungen (*z.B. in Wasserleitungen*)

anticamera [anti'kaːmera] *f* Vorzimmer *n;* **fare** ~ (*fig*) warten (müssen); **non mi passa neppure per l'~ del cervello** (*fam*) daran denke ich nicht mal im Traum

anticamerista [antikame'rista] <-i *m*, -e *f*> *mf* Klinkenputzer(in) *m(f)*, Bittsteller(in) *m(f)*

anticancro [anti'kaŋkro] <inv> *agg* gegen Krebs wirkend; **terapia** ~ Antikrebstherapie *f*

anticarie [anti'kaːrie] <inv> *agg* karieshemmend; **anticarro** [anti'karro] <inv> *agg* Panzerabwehr-

anticellulite [antitʃellu'liːte] <inv> *agg* gegen Cellulite wirkend

antichità [antiki'ta] <-> *f* ❶ (*qualità*) Altertümlichkeit *f* ❷ (*età*) Altertum *n*, Antike *f* ❸ (*oggetto*) Antiquität *f*

anticiclone [antitʃi'kloːne] *m* Antizyklone *f*, Hochdruckgebiet *n*

anticipare [antitʃi'paːre] **I.** *vt* ❶ (*azione*) vorziehen, vorverlegen ❷ (*notizia*) im Voraus bekannt geben, vorwegnehmen ❸ (*somma*) vorstrecken ❹ (*fare in anticipo*) vorwegnehmen **II.** *vi* (*arrivare in anticipo*) früher kommen

anticipazione [antitʃipat'tsioːne] *f* ❶ (*di notizia, informazione*) Vorwegnahme *f* ❷ (*di azione*) Vorverlegung *f* ❸ (FIN) Voraus(be)zahlung *f;* ~ **bancaria** Bankvorausdarlehen *n;* **anticipo** [an'tiːtʃipo] *m* ❶ (*di tempo*) **in** ~ zu früh; **essere in** ~ **di un'ora** eine Stunde zu früh dran sein ❷ (COM: *somma*) Vorschuss *m;* **pagare in** ~ im Voraus bezahlen

antico [an'tiːko] <-chi> *m* ❶ (*ciò che appartiene a tempi remoti*) Alte(s) *n*, Antike(s) *n* ❷ *pl* (*uomini vissuti in tempi remoti*) die Alten *pl*, die Vorfahren *mpl*

antico, -a <-chi, -che> *agg* alt; (HIST) antik; (*tipico*) nach alter Art; **storia -a** Geschichte *f* des Altertums

anticoncezionale [antikontʃettsio'naːle] **I.** *agg* empfängnisverhütend **II.** *m* Verhütungsmittel *n*

anticoncorrenziale [antikonkor-ren'tsia:le] *agg* wettbewerbswidrig

anticonformismo [antikonfor'mizmo] *m* Nonkonformismus *m;* **anticonformista** [antikonfor'mista] <-i *m*, -e *f*> I. *agg* nonkonformistisch II. *mf* Nonkonformist(in) *m(f);* **anticonformistico, -a** [antikonfor'mistiko] <-ci, -che> *agg* nonkonformistisch

anticongelante [antikondʒe'lante] I. *agg* Gefrierschutz- II. *m* Gefrierschutzmittel *n*

anticongiunturale [antikondʒuntu'ra:le] *agg* gegen die Konjunktur, konjunkturfeindlich

anticorpo [anti'kɔrpo] *m* Antikörper *m*, Abwehrstoff *m*

anticostituzionale [antikostituttsio'na:le] *agg* verfassungswidrig

anticrimine [anti'kri:mine] <inv> *agg* Verbrechenbekämpfungs-; **squadra** ~ Abteilung für Verbrechensbekämpfung

anticristo [anti'kristo] *m* Antichrist *m*

anticrittogamico [antikritto'ga:miko] <-ci> *m* Pflanzenschutzmittel *n*

anticrittogamico, -a <-ci, -che> *agg* Pflanzenschutz-

antidatare [antida'ta:re] *vt* vordatieren

antideficit [anti'dɛ:fitʃit] <inv> *agg* antidefizitär; **provvedimenti** ~ Maßnahmen zur Bekämpfung des Defizits

antideflagrante [antidefla'grante] I. *m* Explosionshemmer *m* II. *agg* explosionshemmend

antidemocratico, -a [antidemo'kra:tiko] <-ci, -che> I. *m, f* Antidemokrat(in) *m(f)*, undemokratisch denkende Person II. *agg* antidemokratisch, undemokratisch; **provvedimento** ~ antidemokratische Maßnahme; **partito** ~ demokratiefeindliche Partei

antidepressivo [antidepres'si:vo] *m* Antidepressivum *n*

antidepressivo, -a *agg* (MED) antidepressiv

antiderapante [antidera'pante] I. *agg* rutschfest II. *m* rutschfester Reifen; **antidetonante** [antideto'nante] I. *agg* klopffest II. *m* Antiklopfmittel *n*

antidiluviano, -a [antidilu'via:no] *agg* vorsintflutlich

antidivorzismo [antidivor'tsizmo] *m* Ablehnung *f* der Ehescheidung

antidivorzista [antidivor'tsista] <-i *m*, -e *f*> I. *mf* Ehescheidungsgegner(in) *m(f)* II. *agg* die Ehescheidung ablehnend

antidogmatico, -a [antisdog'ma:tiko] <-ci, -che> *agg* antidogmatisch, undogma-

tisch; **atteggiamento** ~ antidogmatische [*o* undogmatische] Einstellung

antidogmatismo [antidogma'tizmo] *m* Antidogmatismus *m*

antidolorifico [antidolo'ri:fiko] <-ci> *m* (MED) Schmerzmittel *n*

antidoping [anti'dɔpin(g)] I. <-> *m* Dopingkontrolle *f* II. <inv> *agg* Doping-, Dopingbekämpfungs-; **esame/test** ~ Dopingkontrolle *f*/Dopingtest *m*

antidoto [an'ti:doto] *m* Gegengift *n;* (*a* *fig*) Gegenmittel *n*

antidroga [anti'drɔ:ga] <inv> *agg* Drogen-; **cane** ~ Drogenspürhund *m;* **squadra** ~ Drogenkommando *n*

anti-dumping [anti'dʌmpin(g)] <inv> *agg* (FIN) Antidumping-, gegen Dumping

antiemorragico [antiemor'ra:dʒiko] <-ci> *m* (MED) blutstillendes Mittel; **antiemorragico, -a** <-ci, -che> *agg* blutstillend

antieroe [antie'rɔ:e] *m* Antiheld *m*

antierrore [antier'ro:re] <inv> *agg* fehlerlos, fehlerfrei, störungsfrei

antifame [anti'fa:me] *agg* **farmaco** ~ Appetitzügler *m*

antifascismo [antifaʃ'ʃizmo] *m* Antifaschismus *m;* **antifascista** [antifaʃ'ʃista] <-i *m*, -e *f*> I. *mf* Antifaschist(in) *m(f)* II. *agg* antifaschistisch; **movimento** ~ antifaschistische Bewegung; **antifascistico, -a** [antifaʃ'ʃistiko] <-ci, -che> *agg* antifaschistisch; **atteggiamento** ~ antifaschistische Einstellung

antifecondativo [antifekonda'ti:vo] *m* Empfängnisverhütungsmittel *n;* **antifecondativo, -a** *agg* empfängnisverhütend

antifemminismo [antifemmi'nizmo] *m* Antifeminismus *m;* **antifemminista** [antifemmi'nista] <-i *m*, -e *f*> I. *mf* Feminismus-, Frauenrechtsgegner(in) *m(f)* II. *agg* antifeministisch; **antifemministico, -a** [antifemmi'nistiko] <-ci, -che> *agg* antifeministisch; **comportamento** ~ frauenfeindliches Verhalten

antifiscalismo [antifiska'lizmo] *m* Ablehnung *f* des Besteuerungssystems; **antifiscalista** [antifiska'lista] <-i *m*, -e *f*> I. *mf* Gegner(in) *m(f)* des Besteuerungssystems II. *agg* das Besteuerungssystem ablehnend; **antifiscalistico, -a** [antifiska'listiko] <-ci, -che> *agg* das Besteuerungssystem ablehnend

antifona [an'ti:fona] *f* Wechselgesang *m*, Antiphon *f;* **capir l'~** (*fam*) die Anspielung verstehen; **è sempre la solita** ~ (*fam*) es ist immer die gleiche Leier

antiforfora [anti'forfora] <inv> *agg*

shampoo ~ Antischuppenshampoo *n*
antifumo [anti'fu:mo] <inv> *agg* Nichtraucher-; **campagna** ~ Kampagne gegen das Rauchen
antifurto [anti'furto] I.<inv> *agg* diebstahlsicher II.<-> *m* Diebstahlsicherung *f*
antigas [anti'gas] <inv> *agg* gegen Gas (schützend), Gas-; **maschera** ~ Gasmaske *f*
antigelo [anti'dʒe:lo] I.<inv> *agg* Frostschutz- II.<-> *m* Frostschutzmittel *n*
antigene [anti'dʒɛ:ne] *m* (BIOL) Antigen *n*
antigenico, -a [anti'dʒɛ:niko] <-ci, -che> *agg* antigen
antiglobal [anti'gloubəl] <-> *mf* Globalisierungsgegner(in) *m(f)*
antiglobalizzatore [antiglobalidzat'to:re] <-> *m* Globalisierungsgegner *m*
antiglobalizzazione [antiglobalidzat'tsio:ne] <-> *f* Anti-Globalisierung *f*
antigovernativo, -a [antigoverna'ti:vo] *agg* regierungsfeindlich; **giornale** ~ regierungsfeindliche Zeitung
antigraffio [anti'graffio] <inv> *agg* kratzfest; **superficie** ~ kratzfeste Oberfläche
anti(i)gienico, -a [anti(i)'dʒɛ:niko] <-ci, -che> *agg* unhygienisch; **materiale** ~ unhygienisches Material
anti(i)nfiammatorio [anti(i)nfiamma'tɔ:rio] <-i> *m* (MED) entzündungshemmendes Mittel
anti(i)nfiammatorio, -a <-i, -ie> *agg* entzündungshemmend
Antille [an'tille] *fpl* Antillen *pl*
antilope [an'ti:lope] *f* Antilope *f*
antimafia [anti'ma:fia] <inv> *agg* Antimafia-; **squadra** ~ Antimafiaeinheit *f;* **commissione** ~ Mafia-Untersuchungsausschuss *m;* **legge** ~ Antimafiagesetz *n*
antimeridiano, -a [antimeri'dia:no] *agg* Vormittags-
antimissile [anti'missile] <inv> *agg* Raketenabwehr-; **difesa** ~ Raketenabwehr *f*
antimuffa [anti'muffa] <inv> *agg* Schimmelbekämpfungs-
antincendio [antin'tʃɛndio] I.<inv> *agg* Feuerschutz- II.<-> *m* Löschschaum *m*
antinebbia [anti'nebbia] I.<inv> *agg* Nebel- II.<-> *m* Nebelscheinwerfer *m*
antinflativo, -a [antinfla'ti:vo] *agg* (FIN) inflationsdämpfend, antiinflationistisch
antinflazionistico, -a [antinflatsio'nistiko] <-ci, -che> *agg* inflationsdämpfend; **provvedimento** ~ Maßnahme zur Bekämpfung der Inflation
antinfluenzale [antinfluen'tsa:le] I. *m* Grippemittel *n* II. *agg* gegen Grippe, Grippeschutz-; **vaccino** ~ Grippeschutzimpfung *f*

antinomia [antino'mi:a] <-ie> *f* Antinomie *f*
antinquinamento [antiŋkuina'mento] <inv> *agg* Umweltschutz-; **misure** ~ Umweltschutzmaßnahmen *fpl;* **antinquinante** [antinkui'na:nte] *agg* (ECO) umweltschonend; **motore** ~ schadstoffarmer Motor
antinucleare [antinukle'a:re] I. *mf* Kernkraftgegner(in) *m(f)* II. *agg* Antiatom-; **antinuclearista** [antinuklea'rista] <-i *m*, e *f*> I. *mf* Kernkraft-, Atomkraftgegner(in) *m(f)* II. *agg* Antiatom-
antioccidentale [antiottʃiden'ta:le] *agg* antiwestlich; **politica** ~ antiwestliche Politik
antiorario, -a [antio'ra:rio] <-i, -ie> *agg* gegen den Uhrzeigersinn
antiossidante [antiossi'dante] *agg* Antioxidations-
antipapa [anti'pa:pa] *m* Gegenpapst *m;* **antipapale** [antipa'pa:le] *agg* papstfeindlich, antipapistisch; **antipapismo** [antipa'pizmo] *m* Papstfeindlichkeit *f*, Antipapismus *m;* **antipapista** [antipa'pista] <-i *m*, -e *f*> *mf* Papstfeind(in) *m(f)*, Antipapist(in) *m(f)*
antiparassitario [antiparassi'ta:rio] <-i, -ie> *m* Schädlingsbekämpfungsmittel *n*
antiparassitario, -a *agg* schädlingsbekämpfend
antipastiere, -a [antipas'tiɛ:re] *m, f Person, die für die Zubereitung und das Servieren der Antipasti zuständig ist*
antipasto [anti'pasto] *m* Vorspeise *f;* ~ **misto** gemischte Vorspeisen *fpl (Aufschnitt, Oliven, Schinken, etc)*
antipatia [antipa'ti:a] <-ie> *f* Antipathie *f*, Abneigung *f;* **antipatico, -a** [anti'pa:tiko] <-ci, -che> *agg* unsympathisch II. *m, f* unsympathischer Mensch
antipatriottico, -a [antipatri'ɔttiko] <-ci, -che> *agg* antipatriotisch, unpatriotisch
antipatriottismo [antipatriot'tizmo] *m* Antipatriotismus *m*
antipiega [anti'piɛ:ga] <inv> *agg* knitterfrei
antipiovra [anti'piɔ:vra] <inv> *agg* Antimafia-
antiplacca [anti'plakka] <inv> *agg* Antiplaque-, gegen Zahnbelag
antipodi [an'ti:podi] *mpl* Antipoden *mpl;* **essere agli** ~ *(fig)* entgegengesetzter Meinung sein
antipolio [anti'pɔ:lio] <inv> *agg* Polioschutz-; **vaccino** ~ Polioschutzimpfung *f*
antipolvere [anti'polvere] <inv> *agg* staubdicht, Staubschutz-

antiporta [anti'pɔrta] *f* Vortür *f*
antiproibizionista [antiproibittsio'nista]
<-i *m*, -e *f*> I. *mf* Prohibitionsgegner(in)
m(f), Antiprohibitionist(in) *m(f)* II. *agg* gegen die Prohibition, antiprohibitionistisch;
movimento ~ Bewegung *f* gegen die Prohibition
antiproiettile [antiproiet'ti:le] <inv> *agg*
kugelsicher; **giubbotto ~** kugelsichere
Weste; **cristallo ~** kugelsicheres Glas, Panzerglas *n*
antipulci [anti'pultʃi] <inv> *agg* Flohschutz-; **collare ~** Flohhalsband *n*
antiquaria [anti'kua:ria] <-ie> *f* ❶ *(scienza)* Altertumswissenschaft *f* ❷ *(commercio)* Antiquitätenhandel *m* ❸ *(persona)* v.
antiquario
antiquariato [antikua'ria:to] *m* ❶ *(commercio)* Antiquitätenhandel *m* ❷ *(raccolta)* Antiquitätensammlung *f*; **pezzo d'~**
Antiquität *f*; **antiquario, -a** [anti'kua:rio]
<-i, -ie> I. *agg* antiquarisch, Antiquitäten-;
libreria -a Antiquariat *n* II. *m, f* Antiquitätenhändler(in) *m(f)*
antiquato, -a [anti'kua:to] *agg* antiquiert, veraltet
antirabbico, -a [anti'rabbiko] <-ci, -che> *agg* Tollwut-
antiracket [anti'raket] <inv> *agg* gegen das organisierte Verbrechen; **legge ~** Gesetz gegen die organisierte Kriminalität
antirazzismo [antirat'tsizmo] *m* Antirassismus *m*; **antirazzista** [antirat'tsista]
<-i *m*, -e *f*> I. *mf* Antirassist(in) *m(f)*
II. *agg* antirassistisch
antireferendario, -a [antireferen'da:rio]
<-i, -ie> *agg* antiplebiszitär
antiretorica [antire'tɔ:rika] <-che> *f* Ablehnung *f* von rhetorischen Ausschmückungen; **antiretorico, -a** [antire'tɔ:riko] <-ci, -che> *agg* gegen rhetorische Ausschmückungen
antireumatico, -a [antireu'ma:tiko] <-ci, -che> I. *m, f* Rheumamittel *n* II. *agg* (MED) gegen Rheumatismus, Rheuma-
antiriciclaggio [antirikli'kladdʒo] <inv>
agg gegen Geldwäsche; **norme ~** Gesetze zur Bekämpfung der Geldwäsche
antirivoluzionario, -a [antirivoluttsio'na:rio] <-i, -ie> *agg* antirevolutionär, revolutionsfeindlich
antiruggine [anti'ruddʒine] I. <inv> *agg*
Rostschutz- II. <-> *m* Rostschutzmittel *n*
antirughe [anti'ru:ge] I. <-> *m* Antifaltenmittel *n* II. <inv> *agg* Antifalten-; **crema ~**
Antifaltencreme *f*
antirumore [ru'mo:re] <inv> *agg* Lärmschutz-

antisala [anti'sa:la] *f* Vorraum *m*
antisatellite [antisa'tɛllite] <inv> *agg* (MIL)
Satellitenabwehr-; **armi ~** Waffen zur Satellitenabwehr
antiscippo [anti'ʃippo] <inv> *agg* gegen Taschendiebstahl gesichert; **valigia ~** diebstahlsicherer Koffer
antisdrucciolevole [antisdruttʃole'vo:le]
agg rutschfest; **pavimento ~** rutschfester Boden
antisemita [antise'mi:ta] <-i *m*, -e *f*>
I. *mf* Antisemit(in) *m(f)* II. *agg* antisemitisch; **antisemitico, -a** [antise'mi:tiko]
<-ci, -che> *agg* antisemitisch; **antisemitismo** [antisemi'tizmo] *m* Antisemitismus *m*
antisequestro [antise'kuɛstro] <inv> *agg*
gegen Entführung; **squadra ~** Einsatzkommando zur Bekämpfung von Entführungen
antisettico [anti'sɛttiko] <-ci> *m* Antiseptikum *n*
antisettico, -a <-ci, -che> *agg* antiseptisch
antisfondamento [antisfonda'mento]
<inv> *agg* bruchsicher; **cristallo ~** bruchsicheres Glas
antisindacale [antisinda'ka:le] <inv> *agg*
gewerkschaftsfeindlich; **provvedimento ~**
gewerkschaftsfeindliche Maßnahme
antisismico, -a [anti'sizmiko] <-ci, -che> *agg* erdbebensicher
antiskating [anti'skeitin(g)] <-> *m* Antiskating *n*
antismog [antizmɔg] <inv> *agg* Antismog-, smogbekämpfend; **campagna ~**
Antismog-Kampagne *f*; **antisociale** [antiso'tʃa:le] *agg* unsozial; **antisofisticazione** [antisofistikat'tsio:ne] <inv> *agg* Lebensmittelpanschereien *fpl* bekämpfend
antisolare [antiso'la:re] *agg* Sonnenschutz-; **antispasmodico, -a** [antispaz'mɔ:diko] <-ci, -che> I. *m, f* Antispastikum *n*, krampflösendes Mittel II. *agg*
(MED) antispastisch, krampflösend; **antispastico, -a** [anti'spaztiko] <-ci, -che>
I. *m, f* Antispastikum *n*, krampflösendes Mittel II. *agg* (MED) antispastisch, krampflösend; **antisportivo, -a** [antispor'ti:vo]
agg unsportlich
antistadio [anti'sta:dio] <-di> *m* Stadionvorplatz *m*
antistaminico [antista'mi:niko] <-ci> *m*
Antihistamin(ikum) *n*
antistaminico, -a <-ci, -che> *agg* antihistaminisch
antistante [antis'tante] *agg* gegenüberliegend
antistatico, -a [antis'ta:tiko] <-ci, -che>

agg antistatisch
antistrappo [anti'strappo] <inv> *agg* reißfest; **materiale** ~ reißfestes Material
antistress [anti'stres] <inv> *agg* Antistress-
antistupro [anti'stu:pro] <inv> *agg* gegen Vergewaltigung; **legge** ~ Gesetz gegen sexuelle Nötigung
antisudorifero [antisudo'ri:fero] *m* Antitranspirant *n*
antitarlo [anti'tarlo] I. <-> *m* Holzschutzmittel *n* II. <inv> *agg* gegen Holzwürmer, Holzschutz-
antitartaro [anti'tartaro] <inv> *agg* gegen Zahnstein
antitermico, -a [anti'tεrmiko] <-ci, -che> *agg* (MED) antithermisch
antiterrorismo [antiterro'rizmo] I. <-> *m* Terrorismusbekämpfung *f* II. <inv> *agg* Antiterror-, Terrorismus(bekämpfungs)-; **antiterroristico, -a** [antiterro'ristiko] <-ci, -che> *agg* Antiterror-, Terrorismus(bekämpfungs)-
antitesi [anti'ti:tezi] *f* ❶ (PHILOS) Antithese *f* ❷ (*contrasto*) Gegensatz *m*
antitetanico, -a [antite'ta:niko] <-ci, -che> *agg* Tetanus-, Wundstarrkrampf-; **vaccino** ~ Tetanusimpfung *f*
antitetico, -a [anti'tε:tiko] <-ci, -che> *agg* antithetisch, gegensätzlich
antitraspirante [antitraspi'rante] *agg* schweißhemmend; **materiale** ~ Material, das die Schweißbildung verhindert
antitrust [ænti'trʌst] I. <inv> *agg* Antitrust-, Kartell- II. <-> *m* (FIN) Antitrust *m*, Kartellbekämpfung *f*
antitumorale [antitumo'ra:le] *agg* antitumoral, tumorbekämpfend
antiurto [anti'urto] <inv> *agg* stoßfest
antivigilia [antivi'dʒi:lia] *f* l'~ **di Natale** der Tag vor Heiligabend, der 23. Dezember
antivipera [anti'vi:pera] I. <-> *m* Schlangenbissserum *n* II. <inv> *agg* gegen Schlangen(bisse); **siero** ~ Schlangenbissserum
antivirale [antivi'ra:le] *agg* antiviral, gegen Viren
antivivisezione [antiviviset'tsio:ne] <inv> *agg* Antivivisektions-; **campagna** ~ Kampagne *f* gegen Vivisektion; **antivivisezionismo** [antivivisettsio'nizmo] *m* Ablehnung *f* der Vivisektion; **antivivisezionista** [antivivisettsio'nista] <-i *m*, -e *f*> *mf* Vivisektionsgegner(in) *m(f)*
antologia [antolo'dʒi:a] <-gie> *f* Anthologie *f*; **antologista** [antolo'dʒista] <-i *m*, -e *f*> *mf* Herausgeber(in) *m(f)* einer Anthologie

antonimo [an'tɔ:nimo] *m* Antonym *n*
antonomasia [antonoma'zi:a] *f* (LING) Antonomasie *f*; **per** ~ antonomastisch
antracite¹ [antra'tʃi:te] <inv> *agg* anthrazit(farben)
antracite² *f* Anthrazit *m*
antro ['antro] *m* ❶ (*caverna*) Höhle *f* ❷ (*fig pej: abitazione misera*) Loch *n*
antropizzare [antropid'dza:re] *vt* an menschliche Bedürfnisse anpassen; **antropizzazione** [antropiddzat'tsio:ne] *f* Anpassung *f* an menschliche Bedürfnisse
antropofago, -a [antro'pɔ:fago] <-gi, -ghe> *m, f* Menschenfresser(in) *m(f)*
antropogenesi [antropo'dʒε:nezi] <-> *f* Anthropogenese *f*
antropoide [antro'pɔ:ide] *m* Menschenaffe *m*
antropologia [antropolo'dʒi:a] <-gie> *f* Anthropologie *f*; **antropologo, -a** [antro'pɔ:logo] <-gi, -ghe> *m, f* Anthropologe *m*, -login *f*
antropomorfismo [antropomor'fizmo] *m* Anthropomorphismus *m*; **antropomorfo, -a** [antropo'mɔrfo] *agg* anthropomorph, menschenähnlich; **scimmie -e** Menschenaffen *mpl*
anulare [anu'la:re] I. *agg* ringförmig, Ring- II. *m* Ringfinger *m*
anuri [a'nu:ri] *mpl* Anuren *pl*
anuria [anu'ri:a] <-ie> *f* Anurie *f*
anuro, -a [a'nu:ro] *agg* schwanzlos
Anversa [an'vεrsa] *f* Antwerpen *n*
anzi ['antsi] *avv* ❶ (*invece*) im Gegenteil, sogar ❷ (*ancor di più*) sogar, ja ❸ (*o meglio*) besser noch
anziana *f v.* **anziano**
anzianità [antsiani'ta] <-> *f* Alter *n*; (ADM) Dienstalter *n*; **anziano, -a** [an'tsia:no] I. *agg* alt; (ADM) dienstalt II. *m, f* Alte(r) *f(m)*; **Consiglio degli -i** Ältestenrat *m*
anziché, anzi che [antsi'ke] *cong* ❶ (*invece di*) statt zu ❷ (*piuttosto che*) eher als, lieber als
anzidetto, -a [antsi'detto] *agg* vorgenannt, oben genannt
anzitempo [antsi'tεmpo] *avv* vorzeitig
anzitutto [antsi'tutto] *avv* vor allem, zunächst
aorta [a'ɔrta] *f* Aorta *f*, Hauptschlagader *f*
Aosta [a'ɔsta] *f* Aosta *n* (*Hauptstadt des Aostatals*); **Valle d'** ~ Aostatal *n*
Aostano <sing> *m* Umgebung *f* von Aosta
aostano, -a [aos'ta:no] I. *agg* aus Aosta stammend II. *m, f* (*abitante*) Bewohner(in) *m(f)* Aostas
apartheid [a'parthεit] <-> *f* Apartheid *f*
apatia [apa'ti:a] <-ie> *f* Apathie *f*;

apatico, -a [a'pa:tiko] <-ci, -che> *agg* apathisch

a.p.c. *abbr di* **a pronta cassa** gegen Barzahlung

ape ['a:pe] *f* Biene *f;* ~ **domestica** Honigbiene *f;* ~ **maschio** Drohne *f;* ~ **operaia** Arbeitsbiene *f;* ~ **regina** Bienenkönigin *f*

Ape® *f* (*veicolo a tre ruote della Piaggio*) dreirädriges Fahrzeug von Piaggio

aperitivo [aperi'ti:vo] *m* Aperitif *m*

apersi [a'pεrsi] *1. pers sing pass rem di* **aprire**

aperto [a'pεrto] *m* Freie(s) *n;* **all'**~ im Freien; **teatro all'**~ Freilufttheater *n*

aperto, -a I. *pp di* **aprire** II. *agg* ❶ (*comunicante con l'esterno*) offen, geöffnet; (*fig: lettera, conto, città*) offen ❷ (*libero, accessibile*) offen, zugänglich ❸ (*non concluso*) offen ❹ (*evidente*) offen, klar ❺ (*mentalità*) offen, aufgeschlossen; (*anticonformista*) unkonventionell ❻ (*loc*) **in -a campagna** auf freiem Feld; **in mare** ~ auf offenem Meer; **all'aria -a** an der frischen Luft

apertura [aper'tu:ra] *f* ❶ (*azione*) Öffnen *n*, Öffnung *f*, Aufsperren *n A;* (*fig: di un conto*) Eröffnung *f* ❷ (*inizio*) Eröffnung *f*, Beginn *m;* **articolo di** ~ Leitartikel *m;* **discorso di** ~ Eröffnungsrede *f;* ~ **delle scuole** Schulbeginn *m* ❸ (*foro*) Öffnung *f* ❹ (*fig: di mente*) Offenheit *f*, Aufgeschlossenheit *f* ❺ (*ampiezza*) Weite *f;* ~ **d'ali** [*o* **alare**] Flügelspannweite *f*

aperturismo [apertu'rizmo] *m* (POL) Bereitschaft *f* zur politischen Öffnung

API ['a:pi] *f acro di* **Anonima Petroli Italiana** italienische Mineralölverwaltung

apiario [a'pia:rio] <-i> *m* Bienenhaus *n;* (*alveare*) Bienenstock *m*

apice ['a:pitʃe] *m* ❶ (*culmine*) Gipfel *m* ❷ (ANAT, BOT) Spitze *f* ❸ (LING, ASTR) Apex *m*

apicoltore, -trice [apikol'to:re] *m, f* Imker(in) *m(f);* **apicoltura** [apikol'tu:ra] *f* Bienenzucht *f*

apnea [ap'ne:a] *f* (SPORT) Luftanhalten *n;* ~ **subacquea** Apnoe-Tauchen *n*

apocalisse [apoka'lisse] *f* Apokalypse *f*, Weltuntergang *m;* (*fig a*) Katastrophe *f;* **apocalittico, -a** [apoka'littiko] <-ci, -che> *agg* apokalyptisch; (*fig a*) katastrophal

apodittico, -a [apo'dittiko] <-ci, -che> *agg* apodiktisch

apogeo [apo'dʒε:o] *m* ❶ (ASTR) Erdferne *f*, Apogäum *n* ❷ (*fig: culmine*) Gipfel *m;* **essere all'**~ **della gloria** auf dem Gipfel des Ruhms angelangt sein

apolide [a'pɔ:lide] I. *agg* staatenlos II. *mf* Staatenlose(r) *f(m)*

apolitico, -a [apo'li:tiko] <-ci, -che> *agg* unpolitisch

apollo [a'pɔllo] *m* Apoll *m*

apologeta [apolo'dʒε:ta] <-i *m*, -e *f*> *mf* Apologet(in) *m(f);* **apologetica** [apolo'dʒε:tika] <-che> *f* Apologetik *f;* **apologetico, -a** [apolo'dʒε:tiko] <-ci, -che> *agg* apologetisch

apologia [apolo'dʒi:a] <-gie> *f* Verteidigungsrede *f*, Apologie *f;* **apologista** [apolo'dʒista] <-i *m*, -e *f*> *mf* Apologet(in) *m(f);* (*difensore*) Verteidiger(in) *m(f)*

apoplessia [apoples'si:a] <-ie> *f* (MED) Schlaganfall *m*, Apoplexie *f*

apoplettico, -a [apo'plεttiko] <-ci, -che> I. *agg* apoplektisch; **colpo** ~ Schlaganfall *m* II. *m, f* Apoplektiker(in) *m(f)*

apostasia [aposta'zi:a] <-ie> *f* Lossagung *f*, Apostasie *f*

apostolico, -a [apos'tɔ:liko] <-ci, -che> *agg* apostolisch; **apostolo** [a'pɔstolo] *m* Apostel *m*

apostrofare [apostro'fa:re] I. *vt* ❶ (*interrogare*) anreden; (*con rigore*) anfahren, anherrschen ❷ (LING) apostrophieren II. *vi* wettern

apostrofe [a'pɔstrofe] *f* Anrede *f*

apostrofo [a'pɔstrofo] *m* Apostroph *m*

apoteosi [apote'ɔ:zi] <-> *f* Apotheose *f*, Verherrlichung *f*

app. ❶ *abbr di* **appendice** Anh. ❷ *abbr di* **appartamento** Whg.

appagamento [appaga'mento] *m* Befriedigung *f;* **appagare** [appa'ga:re] I. *vt* befriedigen II. *vr* **-rsi di qc** sich mit etw begnügen

appaiamento [appaia'mento] *m* Paarung *f;* **appaiare** [appa'ia:re] I. *vt* paaren II. *vr* **-rsi** sich paaren

appaio [ap'paio] *1. pers sing pr di* **apparire**

appallottolare [appallotto'la:re] I. *vt* zusammenballen, zusammenknüllen II. *vr* **-rsi** sich zusammenballen

appaltare [appal'ta:re] *vt* ❶ (*dare in appalto*) als Auftrag vergeben ❷ (*prendere in appalto*) als Auftrag annehmen; **appaltatore, -trice** [appalta'to:re] I. *agg* auftragnehmend II. *m, f* Aufragnehmer(in) *m(f);* **appalto** [ap'palto] *m* Auftragserteilung *f;* **dare in** ~ als Auftrag vergeben; **prendere in** ~ als Auftrag annehmen

appannaggio [appan'naddʒo] <-ggi> *m* ❶ (POL) Apanage *f* ❷ (*fig: prerogativa*) Vorzug *m*, Vergünstigung *f*

appannamento [appanna'mento] *m* Trübung *f*

appannare [appa'na:re] I. *vt* ❶ (*togliere*

la lucentezza, la trasparenza) trüben, beschlagen lassen ❷ (*fig: offuscare*) trüben II. *vr* **-rsi** sich trüben

apparato [appa'ra:to] *m* ❶ (*per manifestazioni*) Aufmachung *f,* Ausstaffierung *f,* Schmuck *m* ❷ (*fig* MIL) Aufwand *m* ❸ (TEC, ANAT, LIT, ADM) Apparat *m;* ~ **circolatorio** Gefäßsystem *n;* ~ **governativo** Regierungsapparat *m;* l'~ **scenico** Inszenierung *f*

apparecchiare [apparek'kia:re] I. *vt* (vor)bereiten, herrichten; ~ **la tavola** den Tisch decken II. *vr* **-rsi** sich vorbereiten

apparecchiatura [apparekia'tu:ra] *f* ❶ (TEC) Apparatur *f,* Vorrichtung *f;* (*strumento*) Einrichtung *f* ❷ (*di tessuti*) Ausrüstung *f* ❸ (*preparazione*) Rüstung *f;* **apparecchio** [appa'rekkio] <-cchi> *m* ❶ (TEC) Apparat *m,* Gerät *n* ❷ (AERO) Flugzeug *n*

apparentamento [apparenta'mento] *m* (POL) Koalition *f;* **apparentare** [apparen'ta:re] I. *vt* verschwägern II. *vr* **-rsi** ❶ (*imparentarsi*) sich verschwägern, ein Verwandtschaftsverhältnis eingehen ❷ (POL) koalieren

apparente [appa'rɛnte] *agg* scheinbar, anscheinend; **apparenza** [appa'rɛntsa] *f* (An)schein; (*aspetto*) Äußere(s) *n,* Aussehen *n,* Erscheinung *f;* **salvare le -e** den Schein wahren; l'~ **inganna** der Schein trügt; **in** ~ dem Anschein nach

apparire [appa'ri:re] <appaio *o* apparisco, apparvi *o* apparii *o* apparsi, apparso> *vi essere* ❶ (*presentarsi*) erscheinen ❷ (*risultare*) offenbar werden, erscheinen ❸ (*sembrare*) scheinen; **appariscente** [appariʃ'ʃɛnte] *agg* auffallend, auffällig; **apparizione** [apparit'tsio:ne] *f* Erscheinen *n;* (*visione*) Erscheinung *f*

apparsi [ap'parsi] *1. pers sing pass rem di* **apparire**

apparso [ap'parso] *pp di* **apparire**

appartamento [apparta'mento] *m* Wohnung *f*

appartarsi [appar'tarsi] *vr* sich zurückziehen, sich absondern

appartenente [apparte'nɛnte] I. *agg* angehörig, zugehörig II. *mf* Angehörige(r) *f(m);* **appartenenza** [apparte'nɛntsa] *f* Zugehörigkeit *f;* l'~ **a qc** die Zugehörigkeit zu etw

appartenere [apparte'ne:re] <irr> *vi essere o avere* ❶ (*essere di proprietà*) ~ **a qu** jdm gehören ❷ (*far parte*) ~ **a qc** zu etw gehören

apparvi [ap'parvi] *1. pers sing pass rem di* **apparire**

appassimento [appassi'mento] *m* Wel-

ken *n*

appassionare [appassio'na:re] I. *vt* begeistern; (*commuovere*) rühren II. *vr* **-rsi** (**a qc**) sich (für etw) begeistern; (*commuovere*) (von etw) gerührt sein; **appassionato, -a** [appassio'na:to] I. *agg* leidenschaftlich, begeistert II. *m, f* Fan *m,* Begeisterte(r) *f(m)*

appassire [appas'si:re] <appassisco> *vi essere* (ver)welken

appellante [appel'lante] I. *agg* anfechtend, berufend II. *mf* Appellant *m,* Berufungskläger(in) *m(f)*

appellare [appel'la:re] I. *vt* anreden; (JUR) anfechten, Berufung einlegen gegen II. *vr* **-rsi** appellieren; (JUR) in (die) Berufung gehen; **-rsi a qu** an jdn appellieren; **-rsi contro qc** gegen etw Berufung einlegen

appellativo [appella'ti:vo] *m* ❶ (LING) Appellativ *n* ❷ (*soprannome*) Name *m,* Anrede *f*

appello [ap'pɛllo] *m* ❶ (*chiamata*) Appell *m;* (*per nome*) Aufruf *m* ❷ (*invocazione*) Appell *m,* Aufruf *m;* **fare** ~ **a qc** an etw *acc* appellieren ❸ (*di esami universitari*) Examenstermin *m* ❹ (JUR) Appellation *f,* Berufung *f;* **corte d'**~ Berufungsgericht *n;* **ricorrere in** ~ in (die) Berufung gehen

appena [ap'pe:na] I. *avv* ❶ (*a stento*) gerade noch, kaum; **ha parlato** ~ er [*o* sie] hat kaum gesprochen ❷ (*soltanto, da poco*) gerade erst, kaum; **sono** ~ **le dieci** es ist gerade erst zehn Uhr II. *cong* sobald

appendere [ap'pɛndere] <appendo, appesi, appeso> I. *vt* aufhängen II. *vr* **-rsi** sich festhalten; **-rsi al braccio di qu** sich bei jdm einhängen

appendice [appen'di:tʃe] *f* ❶ (*aggiunta*) Anhang *m,* Zusatz *m* ❷ (*nei giornali*) Feuilleton *n* ❸ (ANAT) Blinddarm *m;* **appendicite** [appendi'tʃi:te] *f* Blinddarmentzündung *f*

appendo [ap'pɛndo] *1. pers sing pr di* **appendere**

Appennino [appen'ni:no] *m* Appennin *m;* **gli -i** die Appenninen

Appenzell [apən'tsɛl] *m* Appenzell *n*

appesantire [appesan'ti:re] <appesantisco> I. *vt* beschweren, schwer machen; (*fig*) belasten II. *vr* **-rsi** schwer werden

appesi [ap'pe:si] *1. pers sing pass rem di* **appendere**

appeso [ap'pe:so] *pp di* **appendere**

appestare [appes'ta:re] *vt* ❶ (*contagiare*) anstecken ❷ (*ammorbare*) verpesten; **appestato, -a** [appes'ta:to] *m, f* Pestkranke(r) *f(m)*

appetibile [appe'ti:bile] *agg* verlockend,

attraktiv

appetire [appe'ti:re] (*poet*) **I.** *vt* anstreben, den Wunsch haben nach **II.** *vi* verlocken, Appetit machen

appetito [appe'ti:to] *m* ❶ (*di cibo*) Appetit *m;* **buon ~!** guten Appetit!; **l'~ vien mangiando** (*prov*) der Appetit kommt beim Essen ❷ (*fig: voglia, desiderio*) Verlangen *n,* Hunger *m;* **appetitoso, -a** [appeti'to:so] *agg* appetitanregend; (*a fig*) appetitlich

appetizer ['æpətaizə] <-> *m* (*stuzzichino*) Appetithappen *m,* -anreger *m;* **appetizing** [æpə'taizɪŋ] <-> *m* Appetizing *n*

appezzamento [appettsa'mento] *m* Grundstück *n*

appezzare [appet'tsa:re] *vt* in Stücke zerteilen [*o* zerlegen]

appianamento [appiana'mento] *m* ❶ (*spianamento*) (Ein)ebnung *f* ❷ (*fig: di difficoltà*) Beseitigung *f;* (*di lite*) Beilegung *f*

appianare [appia'na:re] *vt* ❶ (*terreno*) (ein)ebnen ❷ (*fig: difficoltà*) beseitigen; (*lite, controversia*) beilegen

appiattarsi [appiat'tarsi] *vr* sich verstecken

appiattimento [appiatti'mento] *m* Abflachung *f;* (*fig*) Angleichung *f,* Nivellierung *f;* (*spirituale*) Verflachung *f*

appiattire [appiat'ti:re] <appiattisco> **I.** *vt* abflachen **II.** *vr* **-rsi** (*divenire piatto*) flach werden; (*farsi piatto*) sich ducken, sich flach machen

appiccare [appik'ka:re] *vt* ❶ (*affiggere*) befestigen, anheften ❷ (*appendere*) aufhängen ❸ (*fuoco*) legen

appiccicare [appittʃi'ka:re] **I.** *vt* ❶ (*attaccare*) anheften, ankleben ❷ (*fig: attribuire*) anhängen **II.** *vr* **-rsi** (*fig: a qu*) sich (an)hängen; **appiccicaticcio, -a** [appittʃika'tittʃo] <-cci, -cce> *agg* ❶ (*attaccaticcio*) klebrig ❷ (*fig: persona*) lästig, aufdringlich; **appiccicoso, -a** [appittʃi'ko:so] *agg* ❶ (*vischioso*) klebrig ❷ (*fig: persona*) lästig, aufdringlich

appicco [ap'pikko] <-cchi> *m* Steilwand *f*

appiedato, -a [appie'da:to] *agg* zu Fuß

appieno [ap'piɛ:no] *avv* völlig, vollkommen

appigionare [appidʒo'na:re] *vt* vermieten

appigliarsi [appiʎ'ʎarsi] *vr* **~ a qu/qc** (*aggrapparsi*) sich an jdn/etw klammern; (*fig: attenersi*) sich an jdn/etw halten; **appiglio** [ap'piʎʎo] <-gli> *m* ❶ (*punto di appoggio*) Halt *m,* Stützpunkt *m* ❷ (*fig: pretesto*) Vorwand *m,* Aufhänger *m*

appiombo [ap'piombo] *m* Lot *n,* lotrechter Fall

appioppare [appiop'pa:re] *vt* (*fam*) anhängen, andrehen; (*schiaffo, nomignolo*) verpassen; **~ una multa a qu** jdn zu einer Geldstrafe verdonnern

appisolarsi [appizo'larsi] *vr* einnicken

applaudire [applau'di:re] <applaudo *o* applaudisco> *vt, vi* **~** (**a**) **qu/qc** jdm/etw applaudieren; **applauso** [ap'pla:uzo] *m* Beifall *m;* **applausometro** [applau'zo:metro] *m* Applausmessgerät *n*

applicabile [appli'ka:bile] *agg* **essere ~** (**a qc**) (auf etw *acc*) anwendbar sein

applicare [appli'ka:re] **I.** *vt* ❶ (*attaccare*) applizieren, anbringen; (*con colla*) aufkleben ❷ (*far pagare*) auferlegen ❸ (*mettere in atto, utilizzare*) anwenden ❹ (*concentrare*) richten **II.** *vr* **-rsi** sich widmen

applicativo, -a *agg* Anwendungs-; **programma ~** Anwendungsprogramm *n;* **applicato, -a** [appli'ka:to] **I.** *agg* angewandt **II.** *m, f* Angestellte(r) *f(m)*

applicazione [applikat'tsio:ne] *f* ❶ (*l'applicare*) Anbringung *f;* (*l'utilizzare*) Anwendung *f* ❷ (*cura*) Eifer *m* ❸ (INFORM) Anwendung *f*

applique [a'plik] <-> *f* Wandleuchter *m*

appoderare [appode'ra:re] *vt* in Landgüter aufteilen

appoggiacapo [appoddʒa'ka:po] <-> *m* Kopfstütze *f*

appoggiare [appod'dʒa:re] **I.** *vt* ❶ (*posare*) (ab)stellen, (ab)legen ❷ (*accostare*) (an)lehnen; **~ la scala alla parete** die Leiter an die Wand anlehnen ❸ (*fig: sostenere*) unterstützen **II.** *vr* **-rsi** ❶ (*sostenersi, reggersi*) sich anlehnen; **-rsi al muro** sich an die Wand anlehnen ❷ (*fig: ricorrere*) **-rsi a qc** sich auf etw *acc* stützen

appoggiatesta [appoddʒa'testa] <-> *m* Kopfstütze *f;* **appoggiatura** [appoddʒa'tu:ra] *f* Vorschlag *m;* **appoggio** [ap'poddʒo] <-ggi> *m* ❶ (*sostegno*) Stütze *f,* Halt *m* ❷ (*fig: aiuto*) Stütze *f,* Unterstützung *f*

appollaiarsi [appolla'iarsi] *vr* (nieder)kauern, hocken

apporre [ap'porre] <irr> *vt* anbringen, hinzufügen

apportare [appor'ta:re] *vt* ❶ (*portare*) beitragen, hinzufügen ❷ (*fig: causare*) mit sich *dat* bringen, verursachen; **apporto** [ap'pɔrto] *m* ❶ (*conferimento*) Zufuhr *f;* (*di persona*) Einführung *f* ❷ (*contributo*) Beitrag *m*

apposi [ap'po:zi] *1. pers sing pass rem di* **apporre**

appositamente [appozita'mente] *avv* eigens; **apposito, -a** [ap'pɔ:zito] *agg* eigen, geeignet

apposizione [appozit'tsio:ne] *f* ❶ (LING) Apposition *f* ❷ (*collocazione*) Anbringung *f*

apposta [ap'posta] **I.** *avv* absichtlich; **non l'ho fatto** ~ es war keine Absicht **II.** <inv> *agg* extra

appostamento [apposta'mento] *m* ❶ (*agguato*) Hinterhalt *m* ❷ (MIL) Stellung *f* ❸ (*a caccia*) Ansitz *m;* **appostare** [appos'ta:re] **I.** *vt* ~ **qu/qc** jdm/etw auflauern **II.** *vr* **-rsi** sich auf die Lauer legen

apposto [ap'posto] *pp di* **apporre**

apprendere [ap'prɛndere] <irr> *vt* ❶ (*imparare*) (er)lernen ❷ (*venire a sapere*) erfahren; **apprendimento** [apprendi'mento] *m* **capacità d'**~ Lernfähigkeit *f*

apprendista [appren'dista] <-i *m*, -e *f*> *mf* Lehrling *m*, Auszubildende(r) *f(m);* **apprendistato** [apprendis'ta:to] *m* ❶ (*condizione*) Lehre *f* ❷ (*periodo*) Lehrzeit *f*

apprendo [ap'prɛndo] *1. pers sing pr di* **apprendere**

apprensione [appren'sio:ne] *f* Sorge *f;* **apprensivo, -a** [appren'si:vo] *agg* ängstlich, furchtsam

appresi [ap'pre:zi] *1. pers sing pass rem di* **apprendere**

appreso [ap'pre:zo] *pp di* **apprendere**

appressarsi [appres'sarsi] *vr* sich nähern; **appresso** [ap'prɛsso] **I.** *avv* ❶ (*vicino*) daneben, nahe bei ❷ (*più tardi*) nachfolgend; **come** ~ wie folgt **II.** *prp* (*stato*) neben +*dat*, bei +*dat*; (*moto*) neben +*acc* **III.** <inv> *agg* folgend

apprestamento [appresta'mento] *m* ❶ (*preparativo*) Bereitstellung *f*, Vorbereitung *f* ❷ (MIL) Befestigung *f*

apprestare [appres'ta:re] **I.** *vt* bereitstellen, vorbereiten **II.** *vr* **-rsi a fare qc** sich anschicken, etw zu tun

apprettare [appret'ta:re] *vt* appretieren; **apprettatura** [appretta'tu:ra] *f* Appretur *f*

appretto [ap'prɛtto] *m* Appretur *f;* **dare l'**~ **a qc** etw appretieren

apprezzabile [appret'tsa:bile] *agg* bemerkenswert; (*somma a*) nennenswert, beträchtlich

apprezzamento [apprettsa'mento] *m* Wertschätzung *f;* **apprezzare** [appret'tsa:re] *vt* würdigen, schätzen

approccio [ap'prɔttʃo] <-cci> *m* Herangehensweise *f*, Ansatz *m;* (*fig*) Annäherungsversuch *m*

approdare [appro'da:re] *vi* essere *o* avere (NAUT) anlegen, landen; **non** ~ **a nulla** (*fig*)

zu nichts führen; **approdo** [ap'prɔ:do] *m* ❶ (*manovra*) Landung *f* ❷ (*luogo*) Landungsplatz *m*

approfittare [approfit'ta:re] **I.** *vi* ~ **di qu/ qc** jdn/etw (aus)nutzen; ~ **dell'occasione** die Gelegenheit nutzen **II.** *vr* **-rsi di qu/qc** jdn/etw (aus)nutzen

approfondimento [approfondi'mento] *m* Vertiefung *f;* **approfondire** [approfon'di:re] <approfondisco> **I.** *vt* ❶ (*rendere* (*più*) *profondo*) vertiefen ❷ (*fig: studiare a fondo*) genau prüfen **II.** *vr* **-rsi** sich vertiefen

approntamento [appronta'mento] *m* Bereitstellung *f;* (MIL) Rüstung *f*

approntare [appron'ta:re] *vt* bereitstellen; (MIL) rüsten

appropriarsi [appro'priarsi] *vr* ~ (**di**) **qc** sich *dat* etw aneignen

appropriato, -a [appro'pria:to] *agg* geeignet; (*termine*) treffend

appropriazione [appropriat'tsio:ne] *f* Aneignung *f*

approssimarsi [approssi'marsi] *vr* ~ (**a qu/qc**) sich (jdm/etw) nähern; **approssimativo, -a** [approssima'ti:vo] *agg* annähernd, ungefähr; **approssimazione** [approssimat'tsio:ne] *f* ❶ (*avvicinamento*) Annäherung *f* ❷ (MAT) Näherungswert *m;* **per** ~ annähernd

approvare [appro'va:re] *vt* ❶ (*giudicare buono*) billigen, gutheißen ❷ (*candidato*) bestehen lassen, annehmen ❸ (*ratificare*) annehmen; **approvazione** [approvat'tsio:ne] *f* Billigung *f*, Anerkennung *f*

approvvigionamento [approvvidʒona'mento] *m* ❶ (*rifornimento*) Versorgung *f*, Verpflegung *f*, Proviant *m;* (*provvista*) Vorrat *m* ❷ *pl* (MIL) Verproviantierung *f;* **approvvigionare** [approvvidʒon'na:re] *vt* versorgen; (MIL) verproviantieren; **approvvigionatore, -trice** [approvvidʒona'to:re] *m, f* Einkäufer(in) *m(f)* [*o* Mitarbeiter(in) *m(f)*] der Beschaffungsstelle

appuntamento [appunta'mento] *m* ❶ (*di piacere*) Verabredung *f;* **darsi** (**un**) ~ sich verabreden; ~ **al buio** Blinddate *n* ❷ (*d'affari, dal medico*) Termin *m;* **prendere un'**~ sich *dat* einen Termin geben lassen

appuntare [appun'ta:re] *vt* ❶ (*lapis*) (an)spitzen ❷ (*decorazione*) anheften ❸ (*appunti*) notieren ❹ (*fig: puntare*) richten; ~ **le orecchie** die Ohren spitzen; ~ **l'indice su qc** mit dem Finger auf etw *acc* zeigen; ~ **lo sguardo su qu** jdn fixieren

appuntato [appun'ta:to] *m* Obergefreite(r) *m*

appuntino [appun'ti:no] *avv* sorgfältig, genau

appuntire [appun'ti:re] <appuntisco> *vt* (an)spitzen; **appuntito, -a** [appun'ti:to] *agg* spitz

appunto¹ [ap'punto] *avv* genau; **per l'~** ganz genau

appunto² *m* ❶ (*nota*) Notiz *f* ❷ (*rimprovero*) Vorwurf *m*

appuramento [appura'mento] *m* Nachprüfung *f;* Überprüfung *f*

appurare [appu'ra:re] *vt* ❶ (*controllare*) nachprüfen, überprüfen ❷ (*mettere in chiaro*) klarstellen

apribile [a'pri:bile] *agg* zu öffnen(d), aufklappbar

apribottiglie [apribot'tiʎʎe] <-> *m* Flaschenöffner *m*

aprii [a'pri:i] *1. pers sing pass rem di* **aprire**

aprile [a'pri:le] *m* April *m;* **in ~** [*o* **nel mese di**] **~** im April; **nel bel ~** im schönen April; (**alla**) **fine** (**di**) **~** Ende April; **a metà ~** Mitte April; **ai primi di ~** Anfang April; **agli ultimi di ~** Ende April; **~ ha 30 giorni** der April hat 30 Tage; **Firenze,** (**il**) **15 ~ 2009** Florenz, den 15. April 2009; **oggi è il primo** (**di**) **~** heute ist der erste April; **l'undici/il venti/il ventun ~** der elfte/zwanzigste/einundzwanzigste April

apripista [apri'pista] <-> **I.** *m* (*trattore*) Planierraupe *f* **II.** *mf* (*sciatore*) Vorläufer(in) *m(f)*

aprire [a'pri:re] <apro, apersi *o* aprii, aperto> **I.** *vt* ❶ (*finestra*) öffnen, aufmachen; (*porta*) öffnen, aufmachen, aufsperren *A;* (*ombrello*) aufspannen; (*libri*) aufschlagen; (*con chiave*) aufschließen, aufsperren *A;* **non ~ bocca** den Mund nicht aufmachen; (*mantenere un segreto*) den Mund halten; **~ gli occhi** (*a fig*) aufwachen; **~ le orecchie** gut zuhören; **~ il cuore a qu** jdm sein Herz ausschütten ❷ (*fig: iniziare*) einleiten; (*essere in prima fila*) anführen; (*fuoco, trattative, conto*) eröffnen; (*negozio*) aufmachen, eröffnen ❸ (IN-FORM) laden, öffnen ❹ (*fam: luce, radio*) anmachen; (*rubinetto*) aufdrehen **II.** *vr* **-rsi** sich öffnen; (*mostra*) eröffnet werden; **-rsi con qu** sich jdm anvertrauen; **la finestra si apre sul giardino** das Fenster weist auf den Garten; **-rsi un varco nella folla** sich *dat* einen Weg durch die Menge bahnen

apriscatole [apris'ka:tole] <-> *m* Dosenöffner *m*

apro ['a:pro] *1. pers sing pr di* **aprire**

aquagym [akua'dʒi:m] *f* Wassergymnastik *f*

aquaplaning ['ækwə'pleiniŋ] <-> *m* Aquaplaning *n*

aquario [a'kua:rio] *m v.* **acquario**

aquascooter ['ækwə'sku:tə] <-> *m* Jetski *m*

aquila ['a:kuila] *f* Adler *m;* **~ selvaggia** (*fig*) wilder Streik der Piloten

Aquilano <*sing*> *m* Umgebung *f* von Aquila

aquilano, -a [akui'la:no] **I.** *agg* aus Aquila stammend **II.** *m, f* (*abitante*) Bewohner(in) *m(f)* Aquilas

aquilino, -a [akui'li:no] *agg* Adler-; **naso ~** Adlernase *f*

aquilone [akui'lo:ne] *m* Drachen *n*

Aquisgrana [akuiz'gra:na] *f* Aachen *n*

ara ['a:ra] **I.** *f* ❶ (REL) Altar *m* ❷ (*misura*) Ar *n* **II.** *m* (ZOO) Ara *m*

araba *f v.* **arabo**

arabesco [ara'besko] <-schi> *m* Arabeske *f*

arabesco, -a <-schi, -sche> *agg* arabesk; (*arabo*) arabisch

Arabia [a'ra:bia] *f* Arabien *n;* **~ Saudita** Saudi-Arabien *n*

arabistica [ara'bistika] <-che> *f* Arabistik *f*

arabizzare [arabid'dza:re] *vt* arabisieren; **arabizzazione** [arabiddzat'tsio:ne] *f* Arabisierung *f*

arabo ['a:rabo] *m* Arabisch(e) *n;* **parlare ~** (*fig*) Chinesisch sprechen

arabo, -a **I.** *agg* arabisch; **cavallo ~** Araber *m* **II.** *m, f* Araber(in) *m(f)*

arachide [a'ra:kide] *f* Erdnuss *f*

aragosta [ara'gosta] *f* Languste *f*

araldica [a'raldika] <-che> *f* Heraldik *f,* Wappenkunde *f;* **araldico, -a** [a'raldiko] <-ci, -che> *agg* heraldisch

araldo [a'raldo] *m* ❶ (HIST) Herold *m* ❷ (*messaggero*) Bote *m*

aranceto [aran'tʃe:to] *m* Orangenhain *m;* **arancia** [a'rantʃa] <-ce> *f* Orange *f,* Apfelsine *f;* **aranciata** [aran'tʃa:ta] *f* Orangenlimonade *f;* **aranciera** [aran'tʃɛ:ra] *f* Orangerie *f;* **arancino** [aran'tʃi:no] *m* (GASTR) Reiskrokette *f*

arancio¹ [a'rantʃo] <inv> *agg* orange(farben)

arancio² <-ci> *m* ❶ (*albero*) Apfelsinen-, Orangenbaum *m* ❷ (*frutto*) Orange *f,* Apfelsine *f* ❸ (*colore*) Orange *n*

arancione [aran'tʃo:ne] <inv *o* -i> *agg* (dunkel)orange

arare [a'ra:re] *vt, vi* pflügen

aratore, -trice [ara'to:re] *m, f* Pflüger(in)

m(f); **aratro** [a'ra:tro] *m* Pflug *m*

arazzo [a'rattso] *m* Gobelin *m,* Wandteppich *m*

arbitraggio [arbi'traddʒo] <-ggi> *m* ❶ (JUR, COM) Arbitrage *f* ❷ (SPORT) Schiedsspruch *m;* **arbitrale** [arbi'tra:le] *agg* schiedsrichterlich, Schieds-; **arbitrare** [arbi'tra:re] *vt* ❶ (*decidere*) schiedsrichterlich entscheiden ❷ (*dirigere una gara*) Schiedsrichter sein bei

arbitrarietà [arbitrarie'ta] <-> *f* Willkür *f;* **arbitrario, -a** [arbi'tra:rio] <-i, -ie> *agg* willkürlich

arbitrato [arbi'tra:to] *m* ❶ (*procedimento*) Schiedsspruchverfahren *n* ❷ (*commissione*) Schiedsgericht *n* ❸ (*sentenza*) Schiedsspruch *m*

arbitrio [ar'bi:trio] <-i> *m* ❶ (*facoltà di scelta*) Gutdünken *n,* Ermessen *n;* **libero ~** freier Wille; **lasciare qc all'~ di qu** etw dem Ermessen von jdm überlassen; **prendersi l'~ di fare qc** sich *dat* die Freiheit nehmen, etw zu tun ❷ (*abuso*) Willkür *f*

arbitro ['arbitro] *m* ❶ (*chi dispone a sua discrezione*) (sein eigener) Herr *m;* (*padrone*) Herr *m,* Gebieter *m* ❷ (SPORT) Schiedsrichter *m;* (*nel pugilato*) Ringrichter *m* ❸ (JUR) Schiedsmann *m*

arboreo, -a [ar'bɔ:reo] *agg* baumartig, Baum-

arboscello [arboʃ'ʃɛllo] *m* Bäumchen *n*

arbusto [ar'busto] *m* Strauch *m,* Staude *f*

arca ['arka] <-che> *f* ❶ (*mobile*) Truhe *f* ❷ (*sepolcro*) Sarkophag *m* ❸ (*nella Bibbia*) Arche *f;* **l'~ di Noè** die Arche Noah

arcade ['arkade] I. *agg* arkadisch II. *mf* Arkadier(in) *m(f);* **arcadico, -a** [ar'ka:diko] <-ci, -che> *agg* arkadisch

arcaico, -a [ar'ka:iko] <-ci, -che> *agg* archaisch, altertümlich

arcangelo [ar'kandʒelo] *m* Erzengel *m*

arcano [ar'ka:no] *m* Mysterium *n,* Geheimnis *n*

arcano, -a *agg* geheimnisvoll, mysteriös

arcata [ar'ka:ta] *f* ❶ (ARCH) Arkade *f,* Bogen *m* ❷ (ANAT) Bogen *m* ❸ (MUS) Bogenstrich *m*

archeggio [ar'keddʒo] <-ggi> *m* Bogenstrich *m*

archeologa *f v.* **archeologo**

archeologia [arkeolo'dʒi:a] <-ie> *f* Archäologie *f;* **archeologico, -a** [archeo'lɔ:dʒiko] <-ci, -che> *agg* archäologisch; **archeologo, -a** [archeo'lɔ:logo] <-gi, -ghe> *m, f* Archäologe *m,* -login *f*

archeometria [arkeome'tri:a] <-ie> *f* Archeometrie *f*

archetipico [arke'ti:piko] *agg* archety-

pisch; **archetipo** [ar'kɛ:tipo] *m* Archetyp *m*

archetto [ar'ketto] *m* (kleiner) Bogen *m*

archiatra [ar'kia:tra] <-i> *m* Leibarzt *m*

archibugio [arki'bu:dʒo] <-gi> *m* Arkebuse *f,* Hakenbüchse *f*

architetta *f v.* **architetto**

architettare [arkitet'ta:re] *vt* ausdenken, aushecken *fam*

architetto, -a [arki'tetto] *m, f* Architekt(in) *m(f);* **architettonico, -a** [arkitet'tɔ:niko] <-ci, -che> *agg* architektonisch; **architettura** [arkitet'tu:ra] *f* Architektur *f*

architrave [arki'tra:ve] *m* Stützbalken *m,* Träger *m*

archiviare [arki'via:re] *vt* ❶ (ADM) archivieren, ablegen; **~ una pratica** ein Verfahren zu den Akten legen ❷ (*fig: non occuparsi più di*) ad acta legen; **archiviazione** [arkiviat'tsio:ne] *f* Archivierung *f;* **archivio** [ar'ki:vio] <-i> *m* Archiv *n;* **archivista** [arki'vista] <-i *m,* -e *f>* *mf* Archivar(in) *m(f)*

ARCI ['artʃi] *m acro di* **Associazione Ricreativa Culturale Italiana** *italienischer Freizeit- und Kulturverband*

arci- [artʃi] (*in parole composte*) Erz-; **arcicontento, -a** [artʃicon'tɛnto] *agg* (*fam*) hoch zufrieden, überglücklich; **arcidiacono** [artʃidi'a:kono] *m* Archidiakon *m;* **arciduca, -duchessa** [artʃi'du:ka, artʃidu'kessa] *m, f* Erzherzog *m,* -herzogin *f*

arciere [ar'tʃɛ:re] *m* Bogenschütze *m*

arcigno, -a [ar'tʃiɲɲo] *agg* mürrisch, finster

arcinoto, -a [artʃi'nɔ:to] *agg* (*fam*) altbekannt

arcione [ar'tʃo:ne] *m* Sattelbogen *m*

arcipelago [artʃi'pɛ:lago] <-ghi> *m* Archipel *m*

arciprete [artʃi'prɛ:te] *m* Erzpriester *m*

arciricco, -a [artʃi'rikko] <-cchi, -cche> *agg* (*fam*) steinreich

arcistufo, -a [artʃi'stu:fo] *agg* (*fam*) **essere ~ di qc** etw absolut satthaben

arcivescovo [artʃi'veskovo] *m* Erzbischof *m*

arco ['arko] <-chi> *m* Bogen *m;* **strumenti ad ~** Streichinstrumente *npl;* **~ a sesto acuto** Spitzbogen *m;* **~ di tempo** Zeitspanne *f*

arcobaleno [arkoba'le:no] *m* Regenbogen *m*

arcolaio [arko'la:io] <-ai> *m* Haspel *f,* Garnwinde *f*

arcuale [arku'a:le] *agg* gebogen, gekrümmt

arcuare [arku'a:re] *vt* krümmen, biegen

ardente [ar'dɛnte] *agg* glühend, brennend; (*colore*) leuchtend

ardere ['ardere] <ardo, arsi, arso> I. *vt avere* verbrennen II. *vi essere o avere* brennen, glühen; ~ **d'amore** in Liebe entbrannt sein; ~ **dal desiderio di fare qc** den brennenden Wunsch haben, etw zu tun

ardesia[1] [ar'dɛ:zia] <inv> *agg* schiefergrau

ardesia[2] <-ie> *f* Schiefer *m*

ardimento [ardi'mento] *m* Kühnheit *f,* Wagemut *m*

ardire[1] [ar'di:re] <ardisco> *vi* wagen

ardire[2] *m* ❶ (*audacia*) Kühnheit *f,* Verwegenheit *f* ❷ (*impudenza*) Dreistigkeit *f;* **arditezza** [ardi'tettsa] *f* (*coraggio*) Mut *m,* Tapferkeit *f;* (*temerarietà*) Wagemut *m,* Kühnheit *f*

ardito [ar'di:to] *m* Einzelkämpfer *m*

ardito, -a *agg* kühn, mutig; (*insolente*) dreist; (*complimento, idea*) gewagt; **farsi** ~ sich erdreisten

ardo ['ardo] *1. pers sing pr di* **ardere**

ardore [ar'do:re] *m* Hitze *f,* Glut *f;* **lavorare con** ~ mit Eifer arbeiten; **nell'** ~ **della discussione** im Eifer des Gefechts

arduo, -a ['arduo] *agg* steil; (*difficile*) schwierig

area ['a:rea] *f* ❶ (*superficie*) Fläche *f;* ~ **di lavoro** (INFORM) Arbeitsplatz *m* ❷ (*zona*) Raum *m,* Zone *f;* ~ **ciclonica** Tiefdruckgebiet *n;* ~ **fabbricabile** Bauland *n;* ~ **linguistica** Sprachraum *m;* ~ **di porta** (SPORT) Torraum *m;* ~ **di rigore** (SPORT) Strafraum *m;* ~ **di servizio** Raststätte *f;* ~ **sismica** Erdbebengebiet *n* ❸ (*fig* POL) Gruppierung *f*

area manager <- *o* area managers> *mf* Gebietsleiter(in) *m(f)*

arena[1] [a're:na] *f* (*sabbia*) Sand *m*

arena[2] [a'rɛ:na] *f* (*stadio*) Arena *f*

arenarsi [are'narsi] *vr* ❶ (NAUT) stranden ❷ (*fig: bloccarsi*) ins Stocken geraten

areniano, -a [are'nia:no] *agg* (*dell'arena di Verona*) die Arena von Verona betreffend

arenile [are'ni:le] *m* Sandstrand *m;* **arenoso, -a** [are'no:so] *agg* sandig

areo- [areo] *v.* **aereo-**

areola [a'rɛ:ola] *f* Warzenvorhof *m*

aretino, -a [are'ti:no] I. *agg* aus Arezzo stammend II. *m, f* (*abitante*) Bewohner(in) *m(f)* Arezzos; **L'Aretino** (*per antonomasia, narratore del Cinquecento*) Aretino

Arezzo *f* Arezzo *n* (*Stadt in der Toskana*)

argano ['argano] *m* Winde *f*

argentare [ardʒen'ta:re] *vt* versilbern; **argenteo, -a** [ar'dʒɛnteo] *agg* silbrig, silbern; **argenteria** [ardʒente'ri:a] <-ie> *f* Silber(geschirr) *n;* ~ **da tavola** Tafelsilber *n;* **argentiere** [ardʒen'tiɛ:re] *m* ❶ (*lavorante*) Silberschmied(in) *m(f)* ❷ (*venditore*) Silberhändler(in) *m(f);* **argentifero, -a** [ardʒen'ti:fero] *agg* silberhaltig

Argentina [ardʒen'ti:na] *f* Argentinien *n*

argentino, -a [ardʒen'ti:no] I. *agg* ❶ (*suono, voce*) hell ❷ (*che ha il colore dell'argento*) silbern, silbrig ❸ (*dell'Argentina*) argentinisch II. *m, f* (*abitante*) Argentinier(in) *m(f)*

argento [ar'dʒɛnto] *m* Silber *n;* ~ **vivo** Quecksilber *n;* **carta d'**~ (FERR) Seniorenpass *m;* **nozze d'**~ Silberhochzeit *f;* **argentone** [ardʒen'to:ne] *m* Neusilber *n,* Alpaka *n*

argilla [ar'dʒilla] *f* Ton *m;* **esser fatto della stessa** ~ (*fig*) aus dem gleichen Holz geschnitzt sein; **argilloso, -a** [ardʒil'lo:so] *agg* tonhaltig

arginamento [ardʒina'mento] *m* Eindämmung *f;* **arginare** [ardʒi'na:re] *vt* eindämmen; ~ **qc** (*fig*) einer Sache *dat* Einhalt gebieten; **arginatura** [ardʒina'tu:ra] *f* Eindämmung *f*

argine ['ardʒine] *m* Damm *m,* Wall *m*

argomentare [argomen'ta:re] *vi* argumentieren; **argomentatorio, -a** [argomenta'tɔ:rio] <-i, -ie> *agg* argumentatorisch, deduktiv, beweisführend; **argomentazione** [argomentat'tsio:ne] *f* Argumentation *f;* **argomento** [argo'mento] *m* ❶ (*tema*) Thema *n,* Gegenstand *m* ❷ (*pretesto*) Vorwand *m,* Anlass *m* ❸ (*prova*) Argument *n,* Beweisgrund *m*

argonauta [argo'na:uta] <-i> *m* Argonaut *m*

arguire [argu'i:re] <arguisco> *vt* ~ **qc da qc** etw aus etw schließen

argutezza [argu'tettsa] *f* Scharfsinn *m,* Geist *m;* (*a parola*) Witz *m*

arguto, -a [ar'gu:to] *agg* scharfsinnig; (*spiritoso*) geistvoll, witzig; **arguzia** [ar'guttsia] <-ie> *f* Geist *m,* Scharfsinn *m;* (*facezia*) Witz *m,* Findigkeit *f*

aria ['a:ria] <-ie> *f* ❶ (*atmosfera, clima*) Luft *f;* ~ **condizionata** Klimaanlage *f;* **corrente d'**~ Durchzug *m;* **filo d'**~ Luftzug *m;* **vuoto d'**~ Luftloch *n;* **all'**~ **aperta** im Freien; **prendere una boccata d'**~ (frische) Luft schnappen; **cambiare l'**~ ❷ (*fig: aspetto*) (An)schein *m;* (*espressione*) Ausdruck *m,* Miene *f* ❸ (MUS) Arie *f;* (*canzone*) Weise *f,* Lied *n* ❹ (*fig: loc*) **buttare all'**~ durcheinander werfen; **darsi**

delle -e sich aufspielen; **prendere un colpo d'**~ sich erkälten, sich verkühlen *A;* **saltare in** ~ in die Luft fliegen; **campato in** ~ (*fig*) aus der Luft gegriffen; **andare all'**~ ins Wasser fallen, nicht stattfinden; **mandare qc all'**~ (*fig*) etw ins Wasser fallen lassen, etw über den Haufen werfen; **avere la testa per** ~ mit den Gedanken woanders sein; **c'è qc nell'**~ es liegt etw in der Luft; **non tira** ~ **buona qui** hier ist dicke Luft

aria-acqua ['a:ria 'akkua] <inv> *agg* Luft-Wasser-; **aria-aria** ['a:ria 'a:ria] <inv> *agg* Luft-Luft-

ariano, -a [a'ria:no] I. *agg* arisch II. *m, f* Arier(in) *m(f);* **aria-terra** ['a:ria 'tɛrra] <inv> *agg* Luft-Boden-

aridi ['a:ridi] *mpl* feinkörnige, pulverartige Körper *mpl*

aridità [aridi'ta] <-> *f* ❶ (*siccità*) Dürre *f*, Trockenheit *f* ❷ (*fig: mancanza di sentimento*) Leere *f*, Gefühllosigkeit *f;* **arido, -a** ['a:rido] *agg* ❶ (*secco*) dürr, trocken ❷ (*fig: povero di sentimenti*) gefühllos; (*sterile*) karg, trocken

arieggiare [aried'dʒa:re] *vt* ❶ (*cambiare l'aria*) lüften ❷ (*imitare*) nachahmen

ariete [a'riɛ:te] *m* ❶ (ZOO) Widder *m* ❷ (MIL) Sturmbock *m* ❸ (ASTR) **Ariete** Widder *m;* **sono** (**dell'** [*o* **un**]) **Ariete** ich bin (ein) Widder

aringa [a'riŋga] <-ghe> *f* Hering *m*

arioso, -a *agg* ❶ (*ampio*) luftig, weit ❷ (*fig: spazioso*) großzügig, weitläufig ❸ (MUS) arioso, liedhaft

arista ['a:rista] *f* (GASTR) Schweinerücken *m*

aristocratico, -a [aristo'kra:tiko] <-ci, -che> I. *agg* ❶ (*nobile*) aristokratisch, ad(e)lig ❷ (*fig: raffinato*) vornehm, edel II. *m, f* Aristokrat(in) *m(f);* **aristocratizzazione** [aristokratiddzat'tsio:ne] *f* Aristokratisierung *f;* **aristocrazia** [aristokrat'tsi:a] <-ie> *f* ❶ (*nobiltà*) Aristokratie *f*, Adel *m* ❷ (*fig: comportamento raffinato*) Vornehmheit *f*

aritmetica [arit'mɛ:tika] <-che> *f* Arithmetik *f*, Rechnen *n;* **aritmetico, -a** [arit'mɛ:tiko] <-ci, -che> *agg* arithmetisch

aritmia [arit'mi:a] <-ie> *f* (MED) Arrhythmie *f*

aritmico, -a [a'ritmiko] <-ci, -che> *agg* unrhythmisch

arlecchinata [arlekki'na:ta] *f* Harlekinade *f*, Hanswurstiade *f;* **arlecchinesco, -a** [arlekki'nesko] <-schi, -sche> *agg* harlekinisch

arlecchino¹ [arlek'ki:no] *m* Harlekin *m*, Hanswurst *m*

arlecchino² <inv> *agg* (bunt)gefleckt

arma ['arma] <-i> *f* Waffe *f;* **-i a corto raggio** Kurzstreckenraketen *fpl;* **-i a medio raggio** Mittelstreckenraketen *fpl;* **-i biologiche** Biowaffen *fpl;* ~ **automatica** Schnellfeuerwaffe *f;* ~ **azzurra** Luftwaffe *f;* ~ **da fuoco** Feuerwaffe *f;* **fatto d'-i** Gefecht *n;* **andare sotto le -i** zum Militär gehen; **chiamare alle -i** einberufen; **deporre le -i** die Waffen strecken; ~ **a doppio taglio** (*fig*) zweischneidiges Schwert; **essere alle prime -i** (*fig*) ein (blutiger) Anfänger sein; **partire con -i e bagagli** (*fig*) mit Sack und Pack aufbrechen

armacollo [arma'kɔllo] *m* **ad** ~ (quer über Brust und Rücken) umgehängt

armadillo [arma'dillo] *m* Gürteltier *n*

armadio [ar'ma:dio] <-i> *m* Schrank *m*, Kasten *m A;* ~ **blindato** Panzerschrank *m;* ~ **guardaroba** Kleiderschrank *m*, Kleiderkasten *m A;* ~ **a muro** Wandschrank *m*

armaiolo [arma'iɔ:lo] *m* ❶ (*fabbricante*) Waffenschmied *m* ❷ (*venditore*) Waffenhändler *m*

armamentario [armamen'ta:rio] <-i> *m* Rüstzeug *n*

armamento [arma'mento] *m* ❶ (MIL) Bewaffnung *f* ❷ (NAUT: *attrezzatura*) Ausrüstung *f;* (*equipaggio*) Besatzung *f* ❸ *pl* Rüsten *n;* **corsa agli -i** Wettrüsten *n*

armare [ar'ma:re] I. *vt* ❶ (ARCH) armieren, stützen; (FERR) befestigen ❷ (MIL) bewaffnen ❸ (NAUT) armieren, ausrüsten II. *vr* **-rsi** (*munirsi di armi*) sich bewaffnen; (*provvedersi*) sich wappnen; **-rsi di pazienza** sich mit Geduld wappnen; **armata** [ar'ma:ta] *f* Armee *f*, Heer *n;* **armato, -a** *agg* bewaffnet; **carro** ~ Panzer *m;* **cemento** ~ Stahlbeton *m;* **a mano -a** mit Waffengewalt

armatore, -trice [arma'to:re] I. *agg* Reederei- II. *m, f* Reeder(in) *m(f)*

armatura [arma'tu:ra] *f* ❶ (HIST) Rüstung *f* ❷ (*struttura*) Gerüst *n* ❸ (*nel cemento armato*) Armierung *f*

arme ['arme] *f* Wappen *n*

armeggiare [armed'dʒa:re] *vi* herumfuchteln; ~ **intorno a qc** sich an etw *dat* zu schaffen machen, an etw *dat* herumhantieren; **armeggio** [armed'dʒi:o] <-ggi> *m* Herumwirtschaften *n*

armento [ar'mento] *m* Herde *f*

armeria [arme'ri:a] <-ie> *f* ❶ (*magazzino*) Waffenkammer *f* ❷ (*negozio*) Waffengeschäft *n* ❸ (*collezione*) Waffensammlung *f;* **armiere** [ar'miɛ:re] *m* Waffenmeister *m;* **armigero** [ar'mi:dʒero] *m* Knappe *m*

armistizio [armis'tittsio] <-i> *m* Waffen-

stillstand *m*
armo ['armo] *m* Besatzung *f*, Mannschaft *f*
armonia [armo'niːa] <-ie> *f* ❶ (MUS) Harmonie *f*, Zusammenklang *m* ❷ (*fig: concordia*) Harmonie *f*, Einklang *m*; **agire in ~ con le leggi** im Einklang mit dem Gesetz handeln; **essere in buona ~ con qu** mit jdm in gutem Einvernehmen sein
armonica [ar'mɔːnika] <-che> *f* Harmonika *f*; **~ a bocca** Mundharmonika *f*; **~ a mantice** Ziehharmonika *f*
armonico, -a [ar'mɔːniko] <-ci, -che> *agg*,
armonioso, -a [armo'nioːso] *agg* harmonisch
armonium [ar'mɔːnium] <-> *m* Harmonium *n*
armonizzare [armonid'dzaːre] **I.** *vt* harmonisieren, in Einklang bringen **II.** *vi* harmonieren; **armonizzazione** [armoniddzat'tsioːne] *f* Harmonisierung *f*; **~ fiscale** Steuerharmonisierung *f*
arnese [ar'neːse] *m* ❶ (*attrezzo*) Werkzeug *n*, Gerät *n*; **-i del mestiere** Handwerkszeug *n* ❷ (*oggetto*) Ding *n*, Gerät *n*
arnia ['arnia] <-ie> *f* Bienenstock *m*, Bienenhaus *n*
arnica ['arnika] <-che> *f* Arnika *f*
aroma [a'rɔːma] <-i> *m* Aroma *n*; **aromaterapia** [arɔmatera'piːa] *f* Aromatherapie *f*; **aromatico, -a** [aro'maːtiko] <-ci, -che> *agg* aromatisch, würzig; **piante -che** Gewürzpflanzen *fpl*; **aromatizzare** [aromatid'dzaːre] *vt* aromatisieren, würzen
arpa ['arpa] *f* Harfe *f*
arpeggio [ar'peddʒo] <-ggi> *m* (MUS) Arpeggio *n*
arpia [ar'piːa] <-ie> *f* (*fig: persona avida*) raffgieriger Mensch; (*donna sgradevole*) böses Weib *n*
arpicordo [arpi'kɔrdo] *m* Clavicembalo *n*, Spinett *n*
arpionare [arpio'naːre] *vt* harpunieren
arpione [ar'pioːne] *m* ❶ (*cardine*) (Tür-, Fenster)angel *f*, Zapfen *m* ❷ (*gancio*) Haken *m* ❸ (*da pesca*) Harpune *f*
arpista [ar'pista] <-i *m*, -e *f*> *mf* Harfenspieler(in) *m(f)*
arpone [ar'poːne] *m* Harpune *f*
arra ['arra] *f* (*poet*) Unterpfand *n*
arrabbattarsi [arrabbat'tarsi] *vr* sich abrackern, sich abmühen
arrabbiare [arrab'biaːre] **I.** *vt* **far ~ qu** jdn ärgern **II.** *vr* **-rsi (con qu)** (auf jdn) wütend werden; **arrabbiato, -a** [arrab'biaːto] *agg* ❶ (*idrofobo*) tollwütig ❷ (*fig: irato*) wütend, zornig; (*accanito*) verbissen

❸ (GASTR) **all'-a** sehr pikant; **arrabbiatura** [arrabbia'tuːra] *f* Wutanfall *m*
arraffare [arraf'faːre] *vt* ❶ (*afferrare*) ergreifen; (*oggetto*) an sich reißen ❷ (*rubare*) klauen *fam*; **arraffone, -a** [arraf'foːne] *m, f* Raffzahn *mf*, Geier *mf*
arrampicarsi [arrampi'karsi] *vr* klettern; **~ su un albero** auf einen Baum klettern [*o* kraxeln *A*]; **~ sugli specchi** fadenscheinige Begründungen vorbringen; **arrampicata** [arrampi'kaːta] *f* (*scalata*) Klettertour *f*; **arrampicatore, -trice** [arrampika'toːre] *m, f* ❶ (*alpinista*) Kletterer *m*, Klett(r)erin *f*, Bergsteiger(in) *m(f)* ❷ (*fig: persona ambiziosa*) Aufsteiger(in) *m(f)*; **~ sociale** gesellschaftlicher Aufsteiger *m*
arrancare [arraŋ'kaːre] *vi* ❶ (*camminare dimenandosi*) hinken ❷ (*avanzare a fatica*) sich abrackern
arrangement [ə'reindʒmənt] <-> *m* Arrangement *n*, Vereinbarung *f*
arrangiamento [arrandʒa'mento] *m* ❶ (*accomodamento*) Übereinkommen *n*, Vereinbarung *f* ❷ (MUS) Arrangement *n*
arrangiare [arran'dʒaːre] **I.** *vt* ❶ (*aggiustare*) bewerkstelligen, herrichten ❷ (*fam: rimediare alla meglio*) zurechtmachen ❸ (MUS) arrangieren **II.** *vr* **-rsi** ❶ (*industriarsi*) sich *dat* zu helfen wissen; **ci arrangiamo da soli, grazie!** danke, wir kommen alleine zurecht! ❷ (*mettersi d'accordo*) sich absprechen; **arrangiatore, -trice** [arrandʒa'toːre] *m, f* Arrangeur *m*
array [ə'rei] <-> *m* (INFORM) Array *n*, Feld *n*
arrecare [arre'kaːre] *vt* ❶ (*portare*) bringen ❷ (*fig: causare*) verursachen; (*dolore*) bereiten; **~ disturbo** stören
arredamento [arreda'mento] *m* Einrichtung *f*; **arredare** [arre'daːre] *vt* einrichten; **arredatore, -trice** [arreda'toːre] *m, f* Innenarchitekt(in) *m(f)*; **arredo** [ar'rɛːdo] *m* ❶ (*suppellettile*) Einrichtungsgegenstand *m* ❷ *pl* Ausstattung *f*
arrembaggio [arrem'baddʒo] <-ggi> *m* Entern *n*; **buttarsi all'~ di qc** (*fig*) etw erobern
arrendersi [ar'rɛndersi] <irr> *vr* ❶ (*darsi vinto*) **~ (a qu)** sich (jdm) ergeben ❷ (*fig: desistere*) sich fügen; **arrendevole** [arren'deːvole] *agg* nachgiebig; **arrendevolezza** [arrendevo'lettsa] *f* Nachgiebigkeit *f*; (*di cosa a*) Geschmeidigkeit *f*
arrestare [arres'taːre] **I.** *vt* ❶ (*catturare*) verhaften, festnehmen ❷ (*fermare*) zum Stillstand bringen, anhalten **II.** *vr* **-rsi** stehen bleiben; **arresto** [ar'rɛsto] *m* ❶ (*cattura*) Verhaftung *f*, Festnahme *f*; **mandato d'~** Haftbefehl *m*; **-i domiciliari** Hausar-

rest *m* ❷ (*interruzione*) Stillstand *m;* ~ **cardiaco** Herzstillstand *m* ❸ (TEC) Sperrung *f* ❹ *pl* (MIL) Arrest *m*

arretramento [arretra'mento] *m* Rückzug *m*

arretrare [arre'traːre] **I.** *vi essere* sich zurückziehen **II.** *vt avere* zurückziehen

arretratezza [arretra'tettsa] *f* Rückständigkeit *f,* Unterentwicklung *f*

arretrati [arre'traːti] *mpl* ❶ (*somme*) Rückstände *mpl* ❷ (*fig: faccende in sospeso*) noch zu regelnde Angelegenheiten *fpl*

arretrato, -a [arre'traːto] *agg* alt, veraltet; (*paese*) rückständig; (*lavoro*) überfällig; (*pagamento*) nachträglich; **essere ~ con il lavoro** mit der Arbeit im Rückstand sein

arricchimento [arrikki'mento] *m* Bereicherung *f;* (*a fig* TEC) Anreicherung *f*

arricchire [arrik'kiːre] <arricchisco> **I.** *vt avere* ❶ (*rendere ricco*) bereichern; (*fig* TEC) anreichern ❷ (*fig: incrementare*) aufstocken, erweitern **II.** *vr* **-rsi** sich bereichern; **-rsi alle spalle** [*o* **a spese**] **di qu** sich an jdm bereichern; **arricchito, -a** [arrik'kiːto] *m, f* (*pej*) Neureiche(r) *f(m)*

arricciacapelli [arritt∫aka'pelli] <-> *m* Lockenstab *m*

arricciamento [arritt∫a'mento] *m* Kräuseln *n*

arricciare [arrit't∫aːre] *vt* kräuseln; (*capelli*) locken; **~ il naso** die Nase rümpfen

arricciato [arrit't∫aːto] *m* Rauputz *m*

arricciato, -a *agg* gekräuselt

arricciolare [arritt∫o'laːre] *vt* locken, kräuseln

arridere [ar'riːdere] <irr> *vi* zulächeln; **la fortuna ci arride** das Glück ist uns hold *geh*

arringa [ar'riŋga] <-ghe> *f* ❶ (JUR) Plädoyer *n* ❷ (*discorso*) Rede *f,* Ansprache *f;* **arringare** [arriŋ'gaːre] *vt* eine Ansprache halten an +*acc*

arrischiare [arris'kiaːre] **I.** *vt* riskieren, wagen **II.** *vr* **-rsi** sich (ge)trauen; **-rsi a fare qc** sich wagen, etw zu tun; **arrischiato, -a** [arris'kiaːto] *agg* wagemutig

arrisi [ar'riːzi] *1. pers sing pass rem di* **arridere**

arriso [ar'riːzo] *pp di* **arridere**

arrivare [arri'vaːre] *vi essere* ❶ (*giungere*) ankommen; **~ primo/secondo** (SPORT) Erster/Zweiter sein; **chi tardi arriva, male alloggia** (*prov*) wer zu spät kommt, hat das Nachsehen ❷ (*raggiungere un livello, a fig*) kommen; **~ a qc** zu etw kommen; (*raggiungere un limite*) etw erreichen; **l'acqua gli arriva al ginocchio** das Wasser reicht ihm bis zum Knie; **~ a buon**

punto weit gediehen sein ❸ (*somme*) ~ **a ...** sich auf ... +*acc* belaufen ❹ (*riuscire*) (es) schaffen; **non ci arrivo** (*non riesco*) ich schaffe es nicht; (*non capisco*) ich komme nicht dahinter; **arrivato, -a** [arri'vaːto] **I.** *agg* (*socialmente*) arriviert **II.** *m, f* (*socialmente*) Arrivierte(r) *f(m)*

arrivederci [arrive'dert∫i] *int* auf Wiedersehen; ~ **(a) presto** bis bald; **arrivederLa** [arrive'derla] *int* auf Wiedersehen; **arrivederla** [arrive'derla] *int* auf Wiedersehen

arrivismo [arri'vizmo] *m* Ehrgeiz *m,* Strebertum *n;* **arrivista** [arri'vista] <-i *m,* -e *f>* *mf* Streber(in) *m(f),* Emporkömmling *m;* **arrivistico, -a** [arri'vistiko] <-ci, -che> *agg* strebsam, ehrgeizig, ambitioniert

arrivo [ar'riːvo] *m* ❶ (*l'arrivare*) Ankunft *f;* (*di merce*) Eingang *m;* **lettere in ~** eingehende Post; **il treno è in ~ sul quarto binario** der Zug fährt auf Gleis vier ein ❷ (SPORT) Ziel *n;* **punto d'~** Zielpunkt *m;* ~ **in volata** Endspurt *m*

arrocco [ar'rɔkko] <-cchi> *m* Rochade *f*

arrochire [arrok'kiːre] <arrochisco, arrochisci> *vi essere* heiser werden

arrogante [arro'gante] *agg* arrogant; **arroganza** [arro'gantsa] *f* Arroganz *f*

arrogarsi [arro'garsi] *vr* ~ **qc** sich *dat* etw anmaßen

arrossamento [arrossa'mento] *m* Rötung *f;* **arrossare** [arros'saːre] *vi,* **arrossire** [arros'siːre] <arrossisco> *vi essere* erröten, rot werden

arrostire [arros'tiːre] <arrostisco> **I.** *vt* braten; (*pane, castagne*) rösten; (*ai ferri*) grillen **II.** *vi essere* (*fig: al sole*) braten, rösten; **arrosto** [ar'rɔsto] *m* Braten *m*

arrotare [arro'taːre] *vt* ❶ (*affilare*) schleifen, wetzen ❷ (*levigare*) abschleifen ❸ (*investire*) an-, überfahren ❹ (*fig*) ~ **i denti** mit den Zähnen knirschen; **~ la lingua** eine spitze Zunge haben; **arrotatrice** [arrota'triːt∫e] *f* Schleifmaschine *f;* **arrotino** [arro'tiːno] *m* Scherenschleifer(in) *m(f)*

arrotolare [arroto'laːre] *vt* aufrollen, zusammenrollen; **arrotolatore** [arrota'toːre] *m* (*per le cinture di sicurezza*) Aufroller *m,* Aufrollvorrichtung *f*

arrotondare [arroton'daːre] *vt* ❶ rund machen ❷ (MAT: *per eccesso*) aufrunden; (*per difetto*) abrunden ❸ (*stipendio*) aufbessern

arrovellarsi [arrovel'larsi] *vr* ❶ (*affannarsi*) sich abmühen; ~ **il cervello** sich *dat* den Kopf zerbrechen ❷ (*arrabbiarsi*) ~ (**per qc**) sich (wegen etw [*o* über etw *acc*])

ärgern

arroventare [arroven'taːre] **I.** *vt* zum Glühen bringen **II.** *vr* **-rsi** glühend werden

arruffapopoli [arruffa'pɔːpoli] <-> *mf* Volksaufwiegler(in) *m(f)*

arruffare [arruf'faːre] *vt* ❶ (*scompigliare*) verwirren; (*capelli*) zerzausen ❷ (*fig: confondere*) verwirren; ~ **la matassa** für Wirrwarr sorgen

arruffianare [arruffia'naːre] **I.** *vt* (*fam*) (ver)kuppeln **II.** *vr* **-rsi (con qu)** (*fam*) sich bei jdm lieb Kind machen

arruffio [arruf'fiːo] <-ii> *m* Wirrwarr *m*

arruffone, -a [arruf'foːne] *m, f* ❶ (*disordinato*) Wirrkopf *m* ❷ (*imbroglione*) Schwindler(in) *m(f)*

arrugginire [arruddʒi'niːre] <arruginisco> **I.** *vt avere* ❶ (*rendere rugginoso*) rostig machen ❷ (*fig: indebolire*) einrosten lassen **II.** *vr* **-rsi** (*ricoprirsi di ruggine*) (ver)rosten; (*fig*) einrosten

arruolamento [arruola'mento] *m* ❶ (MIL) Einberufung *f* ❷ (NAUT) Anheuern *n;* **I.** **arruolare** [arruo'laːre] **I.** *vt* ❶ (MIL) einberufen, einziehen ❷ (NAUT) anwerben, anheuern **II.** *vr* **-rsi** (MIL) sich freiwillig melden; (NAUT) sich anwerben lassen

arsenale [arse'naːle] *m* ❶ (NAUT) Werft *f* ❷ (MIL: *fabbrica*) Waffenschmiede *f;* (*deposito*) Arsenal *n*

arsenico [ar'sɛːniko] *m* Arsen *n,* Arsenik *n*

arsi ['arsi] *1. pers sing pass rem di* **ardere**

arso, -a ['arso] **I.** *pp di* **ardere** **II.** *agg* ❶ (*bruciato*) verbrannt ❷ (*inaridito*) ausgedorrt, verdörrt

arsura [ar'suːra] *f* ❶ (*calore*) (Glut)hitze *f* ❷ (*aridità, siccità*) Dürre *f,* Trockenheit *f* ❸ (*per sete*) Brand *m fam;* (*per febbre*) Hitze *f,* Glut *f*

art. *abbr di* **articolo** Art.

art buyer [aːt 'baiə] <-> *mf* Artbuyer *m*

art director ['aːt daiˈrektə] <-> *mf* Artdirector *m*

arte ['arte] *f* ❶ (*gener*) Kunst *f;* ~ **poetica** Dichtkunst *f;* **-i grafiche** Grafik *f;* **-i meccaniche** Mechanik *f;* **le belle -i** die schönen Künste *fpl;* **le -i figurative** die darstellenden Künste *fpl;* **nome d'~** Künstlername *m;* **opera d'~** Kunstwerk *n;* **storia dell'~** Kunstgeschichte *f;* **a regola d'~** kunstgerecht, nach allen Regeln der Kunst ❷ (*mestiere*) Kunst *f,* Handwerk *n;* **non avere né ~ né parte** (*fig*) zu nichts taugen; **impara l'~ e mettila da parte** (*prov*) gelernt ist gelernt ❸ (*abilità*) Kunstfertigkeit *f,* Geschicklichkeit *f* ❹ (*artificio*) Kunstgriff *m,* Kniff *m;* **ad ~** absichtlich; (*con artificio*) mit List (und Tücke) ❺ (HIST)

Zunft *f*

artefatto, -a [arteˈfatto] *agg* gefälscht, künstlich; **artefice** [arˈtɛːfitʃe] *mf* ❶ (*creatore*) Schöpfer(in) *m(f)* ❷ (*artista*) Künstler(in) *m(f)* ❸ (*artigiano*) Handwerker(in) *m(f)* ❹ (*macchinatore*) Urheber(in) *m(f)*

arteria [arˈtɛːria] <-ie> *f* ❶ (ANAT) Arterie *f,* Schlagader *f* ❷ (*fig: di traffico*) Verkehrsader *f;* **arteriosclerosi** [arterioskleˈrɔːzi] <-> *f* Arterienverkalkung *f,* Arteriosklerose *f*

arteriosclerotico, -a [arterioskeˈrɔːtiko] <-ci, -che> **I.** *agg* ❶ (MED) arteriosklerotisch ❷ (*fam: rimbambito*) verkalkt **II.** *m, f* an Arteriosklerose leidende Person

arterioso, -a [arteˈrioːso] *agg* Arterien-

artico, -a ['artiko] <-ci, -che> *agg* arktisch

articolare[1] [artikoˈlaːre] *agg* Gelenk-, Glieder-

articolare[2] *vt* ❶ (*muovere*) beugen, bewegen ❷ (*pronunciare*) artikulieren ❸ (*suddividere*) gliedern, unterteilen

articolazione [articolatˈtsioːne] *f* ❶ (ANAT, TEC) Gelenk *n* ❷ (LING) Artikulation *f* ❸ (*suddivisione*) Gliederung *f*

articolista [artikoˈlista] <-i *m,* -e *f*> *mf* Artikelschreiber(in) *m(f)*

articolo [arˈtiːkolo] *m* ❶ (*di giornale,* LING, JUR, COM) Artikel *m;* ~ **di fondo** Leitartikel *m* ❷ (*di bilancio*) Posten *m* ❸ (*fam: tipo*) Typ *m*

Artide ['artide] *f* Arktis *f*

artiere [arˈtiɛːre] *m* Pionier *m*

artificiale [artifiˈtʃaːle] *agg* künstlich, Kunst-; **artificio** [artiˈfiːtʃo] <-ci> *m* (*espediente*) Kniff *m;* (*stratagemma*) Kunstgriff *m;* (*ricercatezza*) Finesse *f,* Feinheit *f;* ~ **scenico** Trick *m;* **fuochi d'~** Feuerwerk *n;* **artificiosità** [artifitʃosiˈta] <-> *f* Künstlichkeit *f;* (*affettazione*) Geschraubtheit *f;* **artificioso, -a** [artifiˈtʃoːso] *agg* künstlich, gesucht; (*non spontaneo*) gekünstelt

artigiana *f v.* **artigiano**

artigianale [artidʒaˈnaːle] *agg* handwerklich; **artigianalità** [artidʒanaliˈta] <-> *f* Kunsthandwerklichkeit *f;* **artigianalizzazione** [artidʒanaliddzatˈtsioːne] *f* Manufakturisierung *f* (*Reduzierung auf handwerkliches Niveau*); **artigianato** [artidʒaˈnaːto] *m* Handwerk *n;* ~ **artistico** Kunsthandwerk *n;* **artigiano, -a** [artiˈdʒaːno] **I.** *agg* handwerklich **II.** *m, f* Handwerker(in) *m(f)*

artigliere [artiˈʎːɛːre] *m* Artillerist *m;* **artiglieria** [artiʎːeˈriːa] <-ie> *f* Artillerie *f*

artiglio [arˈtiʎːo] <-gli> *m* Kralle *f;* (*a fig*)

Klaue *f;* **tirare fuori gli -i** (*fig*) die Krallen zeigen, aggressiv werden

artista [ar'tista] <-i *m,* -e *f*> *mf* ❶ (*nel campo dell'arte, a fig*) Künstler(in) *m(f);* ~ **cinematografico** Filmschauspieler *m;* ~ **lirico** Opernsänger *m* ❷ (*di circo*) Artist(in) *m(f);* **artistico, -a** [ar'tistiko] <-ci, -che> *agg* künstlerisch; (*da artista di circo*) artistisch

arto ['arto] *m* Glied *n,* Gliedmaße *f*

artrite [ar'tri:te] *f* Arthritis *f;* **artritico, -a** [ar'tri:tiko] <-ci, -che> *agg* arthritisch

artrosi [ar'trɔ:zi] <-> *f* Arthrose *f*

ARVA ['arva] *f acro di* **Apparecchio di Ricerca in VAlanga** *elektronisches Gerät zum Aufspüren von Lawinenopfern*

arvicola [ar'vi:kola] *f* Feldmaus *f*

arzigogolare [ardzigogo'la:re] *vi* ❶ (*fantasticare*) grübeln, tüfteln ❷ (*cavillare*) Haarspalterei treiben; **arzigogolo** [arzi'gɔ:golo] *m* ❶ (*trovata fantasiosa*) Grübelei *f* ❷ (*giro di parole*) Wortspiel *n* ❸ (*cavillo*) Spitzfindigkeit *f;* **arzigogolone, -a** [arzigogo'lo:ne] *m, f* Fantast(in) *m(f),* Phantast(in) *m(f)*

arzillo, -a [ar'dzillo] *agg* ❶ (*vispo*) lebhaft, -munter, resch *A;* (*vecchio*) rüstig ❷ (*scherz*) angeheitert

asbesto [az'bɛsto] *m* Asbest *m*

asce ['aʃʃe] *pl di* **ascia**

ascella [aʃ'ʃɛlla] *f* ❶ (ANAT) Achselhöhle *f* ❷ (BOT) Blattachsel *f*

ascendentale [aʃʃenden'ta:le] *agg* aszendental

ascendente [aʃʃen'dɛnte] I. *agg* aufstrebend, aufsteigend; (MUS) ansteigend; **in linea** ~ (*parente*) in aufsteigender Linie II. *m* ❶ (*parente*) direkter Vorfahr ❷ (*fig: influsso*) Einfluss *m* ❸ (ASTR) Aszendent *m;* **ascendenza** [aʃʃen'dɛntsa] *f* Herkunft *f*

ascendere [aʃ'ʃendere] <irr> *vi essere* (*salire*) (auf)steigen; **ascensionale** [aʃʃensio'na:le] *agg* aufsteigend; **ascensione** [aʃʃen'sio:ne] *f* Aufstieg *m;* **l'Ascensione** (Christi) Himmelfahrt *f*

ascensore [aʃʃen'so:re] *m* Aufzug *m,* Fahrstuhl *m;* ~ **esterno** Außenlift *m;* **ascensorista** [aʃʃenso'rista] <-i *m,* -e *f*> *mf* Fahrstuhlführer(in) *m(f)*

ascesa [aʃ'ʃe:sa] *f* Aufstieg *m*

ascesi[1] [aʃ'ʃe:zi] *1. pers sing pass rem di* **ascendere**

ascesi[2] [aʃ'ʃɛ:zi] <-> *f* Askese *f*

asceso [aʃ'ʃe:zo] *pp di* **ascendere**

ascesso [aʃ'ʃɛsso] *m* Abszess *m*

asceta [aʃ'ʃɛ:ta] <-i *m,* -e *f*> *mf* Asket(in) *m(f);* **ascetico** [aʃ'ʃɛ:tiko] <-ci, -che> *agg* asketisch; **ascetismo** [aʃʃe'tizmo] *m*

Askese *f*

ascia ['aʃʃa] <asce> *f* Axt *f*

ASCII *m acro di* **American Standard Code for Information Interchange**, codice standard ~ ASCII-Code *m*

ascissa [aʃ'ʃissa] *f* Abszisse *f*

asciugacapelli [aʃʃugaka'pelli] <-> *m* Haartrockner *m,* Föhn *m*

asciugamano [aʃʃuga'ma:no] *m* Handtuch *n;* ~ **di spugna** Frottiertuch *n*

asciugare [aʃʃu'ga:re] I. *vt* ❶ (*rendere asciutto*) trocknen; (*stoviglie, mani*) abtrocknen ❷ (*seccare*) austrocknen II. *vr* **-rsi** trocknen, sich abtrocknen; **asciugatoio** [aʃʃuga'to:io] <-oi> *m* ❶ (*panno*) Trockentuch *n;* (*da bagno*) Badetuch *n* ❷ (*apparecchio*) Trockner *m;* **asciugatore** [aʃʃuga'to:re] *m* Händetrockner *m;* **asciugatrice** [aʃʃuga'tri:tʃe] *f* (Wäsche)trockner *m;* **asciugatura** [aʃʃuga'tu:ra] *f* (Ab)trocknen *n;* **asciuttezza** [aʃʃut'tettsa] *f* Trockenheit *f*

asciutto [aʃ'ʃutto] I. *m* Trockene(s) *n;* **rimanere** [*o* **restare**] **all'**~ (*fig*) auf dem Trockenen sitzen, abgebrannt sein II. *avv* barsch, kurz angebunden

asciutto, -a *agg* ❶ (*secco*) trocken; (*asciugato*) getrocknet; (*arido*) ausgedorrt; **restare a bocca -a** (*fig*) leer ausgehen ❷ (*fig: magro*) hager, mager ❸ (*fig: brusco*) brüsk, kurz angebunden

Ascolano <*sing*> *m* Umgebung *f* von Ascoli

ascolano, -a [asko'la:no] I. *agg* aus Ascoli stammend II. *m, f* (*abitante*) Bewohner(in) *m(f)* Ascolis

Ascoli Piceno *f* Ascoli *n* (*Stadt in der Region Marken*)

ascoltabilità [askoltabili'ta] <-> *f* Hörbarkeit *f*

ascoltare [askol'ta:re] I. *vt* ❶ (*udire*) hören ❷ (*esaudire*) erhören ❸ (*dar retta*) ~ **qu/qc** jdm/etw folgen ❹ (MED: *auscultare*) abhorchen II. *vi* (*origliare*) horchen, lauschen; **ascoltatore, -trice** [askolta'to:re] *m, f* (Zu)hörer(in) *m(f)*

ascolto [as'kolto] *m* Zuhören *n;* (*attenzione*) Gehör *n;* **indice di** ~ Einschaltquote *f;* **dare** ~ **a qu** auf jdn hören; **prestare** ~ **a qu** jdm Gehör schenken; **stare in** ~ (*ascoltare*) zuhören; (*origliare*) lauschen

ascrivere [as'kri:vere] <irr> *vt* ❶ (*annoverare*) zuordnen, zuzählen ❷ (*imputare*) zuschreiben, anrechnen; ~ **a merito** als Verdienst anrechnen

asepsi [a'sɛpsi] <-> *f* Keimfreiheit *f,* Asepsis *f*

asessuale [asessu'a:le] *agg* ungeschlecht-

80

lich

asessuato, -a [asessu'a:to] *agg* ❶ (BIOL)
geschlechtslos ❷ (*fig: indifferenziato*) undifferenziert

asettico, -a [as'sɛttiko] <-ci, -che> *agg*
❶ (MED) keimfrei, aseptisch ❷ (*fig: freddo,
sterile*) leidenschaftslos

asfaltare [asfal'ta:re] *vt* asphaltieren; **as-
faltatura** [asfalta'tu:ra] *f* Asphaltdecke *f*;
asfalto [as'falto] *m* Asphalt *m*

asfissia [asfis'si:a] <-ie> *f* Erstickung *f*;
asfissiare [asfis'sia:re] **I.** *vt avere*
❶ (MED) ersticken ❷ (*fig fam: molestare*)
anöden **II.** *vi essere* ersticken

Asia ['a:zia] *f* Asien *n*; **~ Minore** Kleinasien *n*

asiatica [a'zia:tika] <-che> *f* (MED) asiati-
sche Grippe

asiatico, -a [a'zia:tiko] <-ci, -che> **I.** *agg*
asiatisch **II.** *m, f* Asiat(in) *m(f)*

asilante [azi'la:nte] *m, f* Asylbewerber *m*

asilo [a'zi:lo] *m* ❶ (*rifugio*) Asyl *n*, Zuflucht *f* ❷ (POL) **diritto di ~** Asylrecht *n*; **richiesta di ~** (**politico**) Asylantrag *m* ❸ (*ospizio*) Asyl *n*, Heim *n*; **~ d'infanzia** Kindergarten *m*; **~ nido** Kinderkrippe *f*

asimmetria [asimme'tri:a] *f* Asymmetrie *f*;
asimmetrico, -a [asim'mɛtriko] <-ci,
-che> *agg* asymmetrisch

asina ['a:sina] *f* Eselin *f*; **asinaio**
[asi'na:io] <-ai> *m* Eselsführer *m*, Eseltrei-
ber *m*; **asinata** [asi'na:ta] *f* Eselei *f*; **asi-
neria** [asine'ri:a] <-ie> *f* Eselei *f*; **asi-
nesco, -a** [asi'nesko] <-schi, -sche> *agg*
ungehobelt

asinino, -a [asi'ni:no] *agg* **tosse -a** Keuchhusten *m*; **asinità** [asini'ta] <-> *f* Eselei *f*,
Dummheit *f*

asino, -a ['a:sino] *m, f* Esel(in) *m(f)*; **a
schiena d'~** (*fig*) gekrümmt; **qui casca
l'~!** (*fig*) da liegt der Hund begraben; **essere un ~ calzato e vestito** (*fig*) ein aus-
gemachter Esel sein; **legare l'~ dove vuole il padrone** (*fig*) sein Mäntelchen nach
dem Wind hängen; **meglio un ~ vivo che
un dottore morto** (*prov*) lieber dumm leben als gescheit sterben

asintomatico, -a [asinto'ma:tiko] <-ci,
-che> *agg* asymptomatisch

ASL *f abbr di* **Azienda Sanitaria Locale** *lokale öffentliche Gesundheitseinrichtung*

asma ['azma] *f* Asthma *n*; **asmatico, -a**
[az'ma:tiko] <-ci, -che> **I.** *agg* asthmatisch **II.** *m, f* Asthmatiker(in) *m(f)*

asociale [aso'tʃa:le] *agg* unsozial

asola ['a:zola] *f* Knopfloch *n*; (*occhiello*)
Öse *f*

asparagicoltura [asparadʒikol'tu:ra] *f*
Spargelzucht *f*

asparago [as'pa:rago] <-gi> *m* Spargel *m*

aspecifico, -a [aspe'tʃi:fiko] <-ci, -che>
agg unspezifisch

asperità [asperi'ta] <-> *f* Rauheit *f*; (*di terreno*) Unebenheit *f*; (*di carattere*) Schroffheit *f*; **le ~ della vita** die Widrigkeiten des
Lebens

aspersorio [asper'sɔ:rio] <-i *o* -ii> *m*
Weihwasserwedel *m*

aspettare [aspet'ta:re] **I.** *vt* warten auf
+acc, erwarten; (*bambino*) erwarten; **farsi ~** auf sich warten lassen; **chi la fa
l'aspetti** (*prov*) wie du mir, so ich dir **II.** *vr*
-rsi rechnen mit, erwarten; **c'era da
aspettarselo!** das war zu erwarten!;
aspettativa [aspetta'ti:va] *f* ❶ (*attesa*)
Erwartung *f* ❷ (ADM) Sonderurlaub *m*

aspetto [as'pɛtto] *m* ❶ (*apparenza*) Aussehen *n*; **avere un bell'~** gut aussehen,
gut ausschauen *A*; **all'~** dem Aussehen
nach; **sotto l'~** unter dem Gesichtspunkt
❷ (*punto di vista*) Aspekt *m* ❸ (*loc*) **sala
d'~** Wartesaal *m*

aspirante [aspi'rante] **I.** *agg* saugend,
Saug- **II.** *mf* Anwärter(in) *m(f)*

aspirapolvere [aspira'polvere] <-> *m*
Staubsauger *m*; **~ manuale** Handstaubsauger *m*

aspirare [aspi'ra:re] **I.** *vt* ❶ (*respirare*) einatmen ❷ (TEC) (auf-, ein)saugen **II.** *vi* **~ (a
qc)** (nach etw) streben; **~ al successo**
nach Erfolg streben; **aspiratore** [aspi-
ra'to:re] *m* Sauggerät *n*; (MED) Aspirator *m*;
aspirazione [aspirat'tsio:ne] *f* ❶ (*inspirazione*) Einatmen *n* ❷ (*fig: desiderio*)
Streben *n*, Bestrebung *f* ❸ (TEC) (An-,
Ab)saugen *n* ❹ (MOT) Einlass *m*

aspirina® [aspi'ri:na] *f* Aspirin® *n*

asportabile [aspor'ta:bile] *agg* tragbar,
beweglich, entfernbar; **asportare**
[aspor'ta:re] *vt* ❶ (*portar via*) forttragen,
entfernen ❷ (*estirpare*) entfernen; **asportazione** [asportat'tsio:ne] *f* Entfernung *f*,
Entfernen *n*

asprezza [as'prettsa] *f* ❶ (*al gusto*) Herbheit *f*; (*al tatto*) Rauheit *f*; (*all'udito*)
Schrillheit *f* ❷ (*di terreno*) Schroffheit *f*
❸ (*rigore*) Rauheit *f* ❹ (*fig: durezza*) Herbheit *f*, Härte *f*; (*severità*) Strenge *f*; **asprigno, -a** [as'priɲɲo] *agg* leicht herb;
aspro, -a ['aspro] <più aspro, asperrimo
o asprissimo> *agg* ❶ (*sapore, odore*)
herb, scharf; (*suono*) schrill; (*vino*) herb
❷ (*ruvido*) rau ❸ (*paesaggio*) schroff, rau;
(*clima*) rau ❹ (LING) scharf ❺ (*fig: ruvido*)
rau; (*duro*) hart; (*severo*) streng

Ass. *abbr di* **Assicurazione** Vers.

ass. *abbr di* **assegno** Scheck *m*

assaggiare [assad'dʒa:re] *vt* ❶ (*provare*) kosten, probieren ❷ (*mangiare pochissimo*) knabbern; (*bevande*) nippen ❸ (*fig*) ~ **il bastone** [*o* **le botte**] Schläge bekommen; ~ **il terreno** die Lage peilen; **assaggiatore, -trice** [assaddʒa'to:re] *m, f* Verkoster(in) *m(f);* **assaggio** [as'saddʒo] <-ggi> *m* Probe *f,* Kostprobe *f*

assai [as'sa:i] **I.** *avv* ❶ (*abbastanza*) genug ❷ (*molto*) sehr, viel, reichlich; **m'importa ~ di lui!** (*fam iron*) ihm lege ich gerade Wert! **II.** <inv> *agg* viel

assale [as'sa:le] *m* Achse *f*

assalire [assa'li:re] <irr> *vt* ❶ (*aggredire*) angreifen, anfallen; ~ **qu alle spalle** jdn von hinten anfallen ❷ (*fig: sopraffare*) befallen, überfallen; **la febbre lo assalì all'improvviso** er bekam plötzlich Fieber; **assalitore, -trice** [assali'to:re] *m, f* Angreifer(in) *m(f)*

assaltare [assal'ta:re] *vt* überfallen; **assalto** [as'salto] *m* ❶ (MIL) Angriff *m,* Überfall *m;* **prendere d'~ qu/qc** jdn/etw überfallen ❷ (SPORT) Gang *m*

assaporare [assapo'ra:re] *vt* (*a fig*) genießen, auskosten

assassina *f v.* **assassino**

assassinare [assassi'na:re] *vt* ❶ (*uccidere*) ermorden ❷ (*fig: rovinare*) ruinieren ❸ (*fig: sciupare*) verschandeln, verhunzen; **assassinio** [assas'si:nio] <-ii> *m* ❶ (*omicidio*) Mord *m* ❷ (*fig: esecuzione pessima*) Verschandelung *f;* **assassino, -a** [assas'si:no] **I.** *agg* mordend; (*a fig*) mörderisch **II.** *m, f* (*omicida*) Mörder(in) *m(f)*

assatanato, -a [assata'na:to] *agg* ❶ (*posseduto dal diavolo*) vom Teufel besessen ❷ (*fig: sovreccitato sessualmente*) aufgegeilt, geil

asse ['asse] **I.** *f* (*tavola di legno*) Brett *n;* ~ **di equilibrio** Schwebebalken *m;* ~ **da stiro** Bügelbrett *n* **II.** *m* Achse *f;* ~ **stradale** Verkehrsachse *f*

assecondare [assekon'da:re] *vt* ❶ (*favorire*) unterstützen ❷ (*soddisfare*) ~ **qc** einer Sache *dat* nachkommen

assediare [asse'dia:re] *vt* (*fig* MIL) belagern; (*persona*) bedrängen, bestürmen; **assedio** [as'sɛ:dio] <-i> *m* (MIL) Belagerung *f*

assegnamento [asseɲɲa'mento] *m* Vertrauen *n,* Zuversicht *f;* **fare ~ su qu** auf jdn zählen

assegnare [asseɲ'ɲa:re] *vt* ❶ (*dare*) zuweisen, zuteilen ❷ (*compiti a scuola*) auf-

geben; (*incarico*) erteilen; (*ufficio*) zuweisen ❸ (*premio, rendita*) zuerkennen ❹ (*termine*) festsetzen; **assegnatario, -a** [asseɲɲa'ta:rio] <-i, -ie> *m, f* Assignatar(in) *m(f);* **assegnato, -a** [aseɲ'ɲa:to] *agg* unfrei; **assegnazione** [asseɲɲat'tsio:ne] *f* ❶ (*attribuzione*) Zuweisung *f,* Vergabe *f* ❷ (*fig: aggiudicazione*) Zuerkennung *f;* (*di termine*) Festsetzung *f;* **assegnista** [asseɲ'ɲista] <-i *m,* -e *f*> *mf* in den siebziger Jahren an italienischen Universitäten beschäftigte(r) Nachwuchswissenschaftler(in) *ohne feste Stelle*

assegno [as'seɲɲo] *m* ❶ (COM, FIN) Scheck *m;* ~ **in bianco** Blankoscheck *m;* ~ **postale** Postscheck *m;* ~ **sbarrato** Verrechnungsscheck *m;* ~ **scoperto** [*o* **a vuoto**] ungedeckter Scheck ❷ (*attribuzione*) Zuwendung *f;* ~ **di maternità** Erziehungsgeld *n;* **-i familiari** Kindergeld *n* ❸ (*rendita*) Rente *f*

assemblaggio [assem'bladdʒo] <-ggi> *m* Zusammensetzen *n,* Montage *f;* **assemblare** [assem'bla:re] *vt* zusammensetzen, montieren; **assemblatore, -trice** [assembla'to:re] **I.** *m, f* Monteur(in) *m(f)* **II.** *agg* zusammenfügend, zusammenbauend

assemblea [assem'blɛ:a] *f* Versammlung *f;* ~ **plenaria** Plenum *n;* **assemblearismo** [assemblea'rizmo] *m* Basisdemokratie *f;* (*pej*) Versammlungsmarathon *n*

assembramento [assembra'mento] *m* Zusammenkunft *f,* Ansammlung *f*

assennatezza [assenna'tettsa] *f* Besonnenheit *f,* Vernunft *f*

assennato, -a [assen'na:to] *agg* besonnen, vernünftig

assenso [as'sɛnso] *m* Zustimmung *f*

assentarsi [assen'tarsi] *vr* ~ (**da un luogo**) sich (von einem Ort) entfernen; **assente** [as'sɛnte] **I.** *agg* (*a fig*) abwesend; **è ~ da una settimana** (*a scuola*) er/sie fehlt seit einer Woche **II.** *mf* Abwesende(r) *f(m)*

assenteismo [assente'izmo] *m* ❶ (*fig: disinteresse*) (politisches) Desinteresse *n* ❷ (*in azienda*) Fernbleiben *n* von der Arbeit; **assenteista** [assente'ista] <-i *m,* -e *f*> *mf* Blau-, Krankmacher(in) *m(f) fam;* **assenteistico, -a** [assente'istiko] <-ci, -che> *agg* drückebergerisch

assentire [assen'ti:re] *vi* zustimmen

assenza [as'sɛntsa] *f* ❶ (*da un luogo*) Abwesenheit *f,* Fehlen *n* ❷ (*mancanza*) Mangel *m;* **l'~ di qc** der Mangel an etw *dat*

assenziente [assen'tsiɛnte] *agg* zustimmend

assenzio [as'sɛntsio] <-i> *m* ❶ (BOT) Wermut *m* ❷ (*liquore*) Absinth *m*

asserire [asse'ri:re] <asserisco> *vt* behaupten, versichern

asserragliarsi [asserraʎ'ʎarsi] *vr* sich verbarrikadieren

assertivista [asserti'vista] <-i *m*, -e *f*> *mf* Verfechter(in) *m(f)*; **assertività** [assertivi'ta] <-> *f* Durchsetzungsvermögen *n*; **assertivo, -a** [asser'ti:vo] *agg* behauptend, bejahend; **asserto** [as'sɛrto] *m* Behauptung *f*, Beteuerung *f*

assertore, -trice [asser'to:re] *m, f* Befürworter(in) *m(f)*, Verfechter(in) *m(f)*

asservimento [asservi'mento] *m* Unterwerfung *f*; (*servitù*) Knechtschaft *f*; **asservire** [asser'vi:re] <asservisco> I. *vt* unterwerfen II. *vr* **-rsi** sich unterwerfen

asserzione [asser'tsio:ne] *f* Behauptung *f*, Beteuerung *f*

assessorato [assesso'ra:to] *m* Assessoramt *n*; **assessore** [asses'so:re] *m* Assessor(in) *m(f)*, Beisitzer *m*; **~ comunale** Abgeordnete(r) *f(m)* im Stadtrat

assestamento [assesta'mento] *m* ❶ (ARCH) Setzung *f* ❷ (*sistemazione*) Konsolidierung *f*, Regelung *f*, Ordnung *f*

assestare [asses'ta:re] I. *vt* ❶ (*mettere in ordine*) in Ordnung bringen, regeln ❷ (*regolare*) einstellen ❸ (*ceffone*) versetzen II. *vr* **-rsi** ❶ (*sistemarsi*) sich einrichten, sich konsolidieren ❷ (*su poltrona*) es sich *dat* bequem machen

assestata [asses'ta:ta] *f* (oberflächliche) Aufräumaktion *f*; **dare un'~** oberflächlich aufräumen

assestato, -a [asses'ta:to] *agg* ❶ (*ordinato*) geordnet, konsolidiert ❷ (*fig: assennato*) besonnen

assetare [asse'ta:re] *vt* durstig machen; **assetato, -a** [asse'ta:to] I. *agg* (*a fig*) durstig; (*terreno*) ausgetrocknet II. *m, f* Durstige(r) *f(m)*

assettare [asset'ta:re] I. *vt* herrichten, in Ordnung bringen II. *vr* **-rsi** sich zurechtmachen; **assetto** [as'sɛtto] *m* ❶ (*sistemazione*) Ordnung *f* ❷ (*equipaggiamento*) Ausrüstung *f*; (*tenuta*) Ausstattung *f* ❸ (NAUT) Trimm *m* ❹ (AUTO) Fahrwerk *n*

asseverare [asseve'ra:re] *vt* beteuern, versichern

Assia ['assia] *f* Hessen *n*

assiale [as'sia:le] *agg* axial

assiano, -a [as'sia:no] I. *agg* hessisch II. *m, f* Hesse *m*, Hessin *f*

assicurare [assiku'ra:re] I. *vt* ❶ (*garanti-*

re) sicherstellen ❷ (*affermare*) versichern ❸ (*fissare*) befestigen, sichern ❹ (JUR) ~ (**contro qc**) (gegen etw) versichern ❺ (*lettera*) als Wertsendung schicken II. *vr* **-rsi** (*accertarsi*) sich versichern, sich überzeugen; **-rsi** (**contro qc**) (JUR) sich (gegen etw) versichern; **assicurata** [assiku'ra:ta] *f* Wertsendung *f*; (*lettera*) Wertbrief *m*; **assicurato, -a** [assiku'ra:to] *m, f* Versicherte(r) *f(m)*, Versicherungsnehmer(in) *m(f)*; **assicuratore, -trice** [assikura'to:re] I. *agg* Versicherungs- II. *m, f* Versicherer *m*

assicurazione [assikurat'tsio:ne] *f* Versicherung *f*; **~ casco/contro tutti i rischi** Kasko-/Vollkaskoversicherung *f*; **~ contro i danni** Schadensversicherung *f*; **~ contro la responsabilità civile** Haftpflichtversicherung *f*; **~ sulla vita** Lebensversicherung *f*

assideramento [assidera'mento] *m* Erfrierung *f*; **assiderare** [asside'ra:re] I. *vt* erfrieren lassen II. *vi* **-rsi** erfrieren

assiduità [assidui'ta] <-> *f* ❶ (*perseveranza*) Ausdauer *f*, Beharrlichkeit *f* ❷ (*frequenza abituale*) regelmäßiger Besuch; **assiduo, -a** [as'si:duo] *agg* ❶ (*costante*) ausdauernd, beharrlich ❷ (*regolare*) ständig, dauernd; (*cliente*) Stamm- ❸ (*diligente*) beständig, fleißig

assieme [as'siɛːme] I. *avv* zusammen II. *prp* **~ a** (zusammen) mit +*dat* III. <-> *m* Gesamtheit *f*; (MUS, THEAT) Ensemble *n*

assiepare [assie'pa:re] I. *vt* ❶ (*cingere*) mit einer Hecke umschließen ❷ (*affollare*) überfüllen II. *vr* **-rsi** sich drängen; **-rsi intorno a qu** jdn umzingeln

assillare [assil'la:re] *vt* bedrängen, quälen

assillo [as'sillo] *m* ❶ (ZOO) Bremse *f*, Stechfliege *f* ❷ (*fig: pensiero tormentoso*) Druck *m*, Last *f*, Sorge *f*

assimilabile [assimi'la:bile] *agg* ❶ (*assorbibile*) assimilierbar ❷ (*paragonabile*) vergleichbar; **assimilabilità** [assimilabili'ta] <-> *f* Assimilierbarkeit *f*; **assimilare** [assimi'la:re] *vt* ❶ (BIOL, LING) assimilieren ❷ (*fig: far proprio*) annehmen, sich *dat* aneignen; **assimilativo, -a** [assimila'ti:vo] *agg* assimilierbar, Assimilations-; **assimilazione** [assimilat'tsio:ne] *f* ❶ (BIOL, LING) Assimilierung *f* ❷ (*fig: equiparazione*) Gleichstellung *f*; (*apprendimento*) Annahme *f*, Aneignung *f*

assioma [as'siɔːma] <-i> *m* Axiom *n*; **assiomatico, -a** [assio'ma:tiko] <-ci, -che> *agg* axiomatisch, unanfechtbar

assisano, -a [assi'za:no] I. *agg* (*di Assisi*) aus Assisi stammend II. *m, f* (*abitante*) Bewohner(in) *m(f)* Assisis

assise [as'si:ze] *fpl* ❶ (JUR: *Corte d'Assise*) Schwurgericht *n* ❷ (*fig: riunione plenaria*) (Voll)versammlung *f*

Assisi *f* Assisi *n* (*Stadt in Umbrien*)

assisiate [assi'zia:te] I. *mf* Bewohner(in) *m(f)* Assisis; **L'Assisiate** (*per antonomasia S. Francesco d'Assisi*) *der heilige Franziskus von Assisi* II. *agg v.* **assisano**

assist [ə'sist] <-> *m* (SPORT) Vorlage *f*

assistei [assis'te:i] *1. pers sing pass rem di* **assistere**

assistentato [assisten'ta:to] *m* ❶ (*ufficio*) Assistentenstelle *f* ❷ (*durata*) Assistenzzeit *f*

assistente [assis'tɛnte] I. *agg* Assistenz-II. *mf* Assistent(in) *m(f)*; ~ **di bordo** Steward *m*, Stewardess *f*; ~ **alla regia** Regieassistent(in) *m(f)*; ~ **sociale** Sozialarbeiter(in) *m(f)*; ~ **universitario** Hochschulassistent(in) *m(f)*

assistenza [assis'tɛntsa] *f* ❶ (*presenza*) Anwesenheit *f* ❷ (*aiuto, soccorso*) Hilfe *f*, Beistand *m*; ~ **di frenata** (MOT) Bremsassistent *m*; ~ **legale** Rechtsbeistand *m*; ~ **sociale** Sozialhilfe *f*; ~ **tecnica** Kundendienst *m*; ~ **alla clientela** Kundenbetreuung *f* ❸ (*beneficenza, a fig* MED) Fürsorge *f*, Pflege *f*, Betreuung *f*; **prestare** ~ **a qu** jdm Beistand leisten ❹ (*sorveglianza*) Aufsicht *f*; **assistenziale** [assisten'tsia:le] *agg* Hilfs-, Fürsorge-

assistenzialismo [assistentsia'lizmo] *m* Sozialstaatlichkeit *f*, Bereitstellung *f* des sozialen Netzes; **assistenzialista** [assistentsia'lista] <-i *m*, -e *f*> *agg* Sozial-, Wohlfahrts-; **stato** ~ Sozial-, Wohlfahrtsstaat *m*; **assistenzialistico, -a** [assistentsia'listiko] <-ci, -che> *agg* Sozial-, Wohlfahrts-; **assistenziario** [assisten'tsia:rio] <-i> *m Amt für die Wiedereingliederung Strafentlassener*

assistere [as'sistere] <assisto, assistei *o* assistetti, assistito> I. *vi* ~ **a qc** an etw *dat* teilnehmen, bei etw anwesend sein II. *vt* ❶ (*soccorrere*) ~ **qu** jdm beistehen; ~ **legalmente qu** jdm Rechtsbeistand leisten; **che Dio t'assista!** Gott steh dir bei! ❷ (*curare*) pflegen, betreuen ❸ (COM: *clientela*) betreuen

assistibile [assis'ti:bile] *agg* unterstützbar

assito [as'si:to] *m* (*parete*) Bretterwand *f*; (*pavimento*) Dielenboden *m*

asso ['asso] *m* (*a fig*) Ass *n*; (*di dado*) Eins *f*; **un** ~ **dello sport** ein Sportass *n*; **un** ~ **del volante** ein phantastischer Autofahrer; **avere l'** ~ **nella manica** (*fig*) einen Trumpf in der Hand haben; **piantare** [*o* lasciare] **qu in** ~ (*fig*) jdn im Stich lassen

associare [asso'tʃa:re] I. *vt* ❶ (*rendere partecipe*) als Mitglied aufnehmen ❷ (*mettere insieme*) vereinigen ❸ (*fig: idee*) assoziieren, verbinden II. *vr* **-rsi** ❶ (*unirsi*) sich vereinigen, sich verbinden ❷ (*farsi socio*) **-rsi a qc** bei etw Mitglied werden ❸ (*aderire*) sich anschließen ❹ (*fig*) **-rsi a qc** an etw *dat* teilhaben, etw teilen; **associativo, -a** [assotʃa'ti:vo] *agg* assoziativ, verbindend

associazione [assotʃat'tsio:ne] *f* ❶ (*unione*) Assoziation *f*, Bund *m*, Vereinigung *f*; (COM) Gesellschaft *f*; ~ **di categoria** Berufsverband *m*; ~ **a** [*o* **per**] **delinquere** kriminelle Vereinigung ❷ (PSYCH, BOT, MAT) Assoziation *f*; **per** ~ assoziativ

assodamento [assoda'mento] *m* Verfestigung *f*

assodare [asso'da:re] I. *vt* ❶ (*rendere sodo, duro*) härten, hart machen; (*uova*) hart kochen ❷ (*fig: accertare*) feststellen, erheben A II. *vr* **-rsi** ❶ (*divenir sodo*) hart werden ❷ (*fig: rafforzarsi*) sich stärken

assoggettabilità [assoddʒettabili'ta] <-> *f* Unterwerfbarkeit *f*, Unterjochbarkeit *f*

assoggettamento [assoddʒetta'mento] *m* Unterwerfung *f*; **assoggettare** [assoddʒet'ta:re] I. *vt* ❶ (*sottomettere*) unterwerfen ❷ (*domare*) bezwingen II. *vr* **-rsi** ❶ (*sottomettersi*) sich unterwerfen ❷ (*sottoporsi*) sich unterziehen ❸ (*adattarsi*) sich fügen

assolato, -a [asso'la:to] *agg* sonnig

assoldare [assol'da:re] *vt* anwerben; (MIL) in Sold nehmen; (*pej a*) dingen

assolo [as'so:lo] <-> *m* Solo *n*

assolsi [as'sɔlsi] *1. pers sing pass rem di* **assolvere**

assolto [as'sɔlto] *pp di* **assolvere**

assolutamente [assoluta'mente] *avv* ❶ (*senz'altro*) unbedingt ❷ (*del tutto*) absolut, völlig

assolutismo [assolu'tizmo] *m* Absolutismus *m*; **assolutista** [assolu'tista] <-i *m*, -e *f*> I. *agg* absolutistisch II. *mf* Absolutist(in) *m(f)*; **assolutistico, -a** [assolu'tistiko] <-ci, -che> *agg* absolutistisch

assolutizzazione [assolutiddzat'tsio:ne] *f* Verabsolutierung *f*

assoluto, -a [asso'lu:to] *agg* absolut; (*urgente*) unbedingt

assolutorio, -a [assolu'tɔ:rio] <-i, -ie> *agg* freisprechend, lossprechend; **assoluzione** [assolut'tsio:ne] *f* ❶ (JUR) Freispruch *m* ❷ (REL) Absolution *f*

assolvere [as'sɔlvere] <assolvo, assolsi, assolto> *vt* ❶ (JUR) freisprechen ❷ (REL)

~ **qu** jdm die Absolution erteilen ❸(*compiere*) erfüllen; (*promessa*) einlösen ❹(*liberare*) ~ **qu da qc** jdn von etw entbinden ❺(*pagare*) begleichen

assomigliare [assomiʎʎaːre] I. *vi* ~ **a qu** jdm ähneln II. *vr* -**rsi** sich ähneln; -**rsi come due gocce d'acqua** sich gleichen wie ein Ei dem anderen

assommare [assomˈmaːre] I. *vt avere* vereinigen II. *vi essere* sich belaufen (*a* auf +*acc*), betragen (*a qc* etw)

assonanza [assoˈnantsa] *f* Assonanz *f*, Gleichklang *m*; (*fig*) Übereinstimmung *f*

assonnato, -a [assoˈnaːto] *agg* (*a fig*) verschlafen, schläfrig

assopirsi [assoˈpirsi] <mi assopisco> *vr* (*addormentarsi*) einnicken

assorbente [assorˈbɛnte] I. *agg* absorbierend, (auf)saugend; **carta** ~ Löschpapier *n* II. *m* ~ **igienico** Monatsbinde *f*; ~ **interno** Tampon *m*

assorbimento [assorbiˈmento] *m* ❶(*impregnamento,* PHYS, BIOL) Absorption *f*, Aufnahme *f* ❷(COM) Fusion *f*

assorbire [assorˈbiːre] *vt* ❶(*impregnare*) aufsaugen; (PHYS) absorbieren ❷(*fig: incorporare*) vereinnahmen; (*consumare, assimilare*) aufnehmen; (*impegnare*) beanspruchen, in Anspruch nehmen

assordante [assorˈdante] *agg* ohrenbetäubend; **assordare** [assorˈdaːre] I. *vt avere* ❶(*render sordo*) taub machen ❷(*stordire*) betäuben ❸(*attutire*) dämpfen II. *vi essere* taub werden

assortimento [assortiˈmento] *m* Sortiment *n*, Auswahl *f*

assortire [assorˈtiːre] <assortisco> *vt* ❶(*disporre*) sortieren, zusammenstellen ❷(COM: *rifornire*) mit einem Sortiment versehen; **assortito, -a** [assorˈtiːto] *agg* sortiert, zusammengestellt; (*misto*) gemischt; (*adatto*) passend

assorto, -a [asˈsɔrto] *agg* versunken, vertieft; **essere** ~ (**in pensieri**) in Gedanken versunken sein

assottigliamento [assottiʎʎaˈmento] *m* ❶(*il rendere sottile*) Verdünnen *n*, Verdünnung *f*; (*riduzione*) Verminderung *f* ❷(*fig: affinamento*) Verfeinerung *f*

assottigliare [assottiʎʎaːre] I. *vt* ❶(*render sottile*) dünner machen, feiner machen ❷(*ridurre*) verringern, mindern ❸(*fig: acuire*) schärfen II. *vr* -**rsi** ❶(*diventar sottile*) dünn werden ❷(*ridursi*) abnehmen, sich verringern ❸(*dimagrire*) abnehmen

assuefare [assueˈfaːre] <irr> I. *vt* ~ **qc a qc** etw an etw *acc* gewöhnen II. *vr* -**rsi a qc** sich an etw *acc* gewöhnen; **assuefa-**

zione [assuefatˈtsioːne] *f* Gewöhnung *f*; **l'~ a qc** die Gewöhnung an etw *acc*

assumere [asˈsuːmere] <assumo, assunsi, assunto> I. *vt* ❶(*prendere, fare proprio, ammettere*) annehmen; (*responsibilità*) übernehmen ❷(*procurarsi*) einholen ❸(*impiegato*) anstellen, einstellen, aufnehmen *A* ❹(*elevare*) erheben, ernennen; (REL: *al cielo*) aufnehmen II. *vr* -**rsi** ❶(*attribuirsi*) übernehmen ❷(*addossarsi*) auf sich nehmen

Assunta [asˈsunta] *f* ❶(*Maria Vergine*) Heilige Jungfrau ❷(*festa*) Mariä Himmelfahrt

assunto¹ [asˈsunto] *m* (*tesi*) Annahme *f*, These *f*

assunto² *pp di* **assumere**

assunzione [assunˈtsioːne] *f* ❶(*l'assumere*) Annahme *f*, Übernahme *f*; (*di impiegato*) Einstellung *f* ❷(*elevazione*) Erhebung *f*; **l'Assunzione della Vergine** Mariä Himmelfahrt

assurdità [assurdiˈta] <-> *f* Absurdität *f*

assurdo [asˈsurdo] *m* Absurde(s) *n*

assurdo, -a *agg* absurd

asta [ˈasta] *f* ❶(*bastone*) Stab *m*, Stange *f*; (*del compasso*) Schenkel *m*; (*degli occhiali*) Bügel *m*; **a mezz'**~ auf Halbmast ❷(SPORT) Stab *m*; **salto con l'**~ Stabhochsprung *m* ❸(*lancia*) Speer *m*, Lanze *f* ❹(*nella scrittura*) Grundstrich *m* ❺(*vendita all'incanto*) Versteigerung *f*, Auktion *f*; **mettere all'**~ versteigern

astante [asˈtante] I. *agg* anwesend II. *mf* Anwesende(r) *f(m)*; **astanteria** [astante'riːa] <-ie> *f* Aufnahmeraum *m*

astemio, -a [asˈtɛmio] <-i, -ie> I. *agg* abstinent II. *m, f* Abstinenzler(in) *m(f)*

astenersi [asteˈnersi] <irr> *vr* ~ (**da qc**) sich (einer Sache *gen*) enthalten; **astensione** [astenˈsioːne] *f* Enthaltung *f*, Verzicht *m*; **astenuto, -a** [asteˈnuːto] I. *pp di* **astenersi** II. *m, f* Stimmenthaltung *f*, sich der Stimme Enthaltende(r) *f(m)*

astergere [asˈtɛrdʒere] <astergo, astersi, asterso> *vt* abwischen

asteriscare [asterisˈkaːre] *vt* mit einem Sternchen [*o* Asterisk] versehen

asterisco [asteˈrisko] <-schi> *m* ❶(TYP) Sternchen *n*, Asteriskus *m* ❷(*stelloncino*) kurzer Artikel

asteroide [asteˈrɔide] *m* Asteroid *m*

Asti *f* Asti *n* (*Stadt in Piemont*)

asticciola [astitˈtʃɔːla] *f* ❶(*della freccia*) kleiner Stiel ❷(*penna per scrivere*) Federhalter *m*

astice [ˈastitʃe] *m* Hummer *m*

asticella [astiˈtʃɛlla] *f* Sprunglatte *f*

Astigiano <*sing*> *m* Umgebung *f* von Asti
astigiano, -a [asti'dʒa:no] **I.** *agg* aus Asti stammend **II.** *m, f* (*abitante*) Bewohner(in) *m(f)* Astis
astigmatico, -a [astig'ma:tiko] <-ci, -che> **I.** *agg* astigmatisch **II.** *m, f* Astigmatiker(in) *m(f);* **astigmatismo** [astigma'tizmo] *m* Astigmatismus *m*
astinente [asti'nɛnte] *agg* abstinent, enthaltsam; **astinenza** [asti'nɛntsa] *f* Abstinenz *f,* Enthaltsamkeit *f*
astio ['astio] <-i> *m* Groll *m;* **astiosità** [astiosi'ta] <-> *f* Feindseligkeit *f,* Groll *m;* **astioso, -a** [as'tio:so] *agg* (*parole*) feindselig; (*persone*) missgünstig
astore [as'to:re] *m* Habicht *m*
astrale [as'tra:le] *agg* astral, die Gestirne betreffend
astrarre [as'trarre] <irr> **I.** *vt* ❶ (*distogliere*) entfernen, ablenken ❷ (PHILOS) abstrahieren **II.** *vi* ~ **da qc** absehen von etw **III.** *vr* **-rsi** sich zerstreuen; **astrattezza** [astrat'tettsa] *f* Abstraktheit *f;* **astrattismo** [astrat'tizmo] *m* abstrakte Kunst; **astrattista** [astrat'tista] <-i *m,* -e *f*> *mf* abstrakte(r) Künstler(in) *f(m)*
astratto [as'tratto] *m* Abstrakte(s) *n*
astratto, -a **I.** *pp di* **astrarre** **II.** *agg* abstrakt; **astrazione** [astrat'tsio:ne] *f* Abstraktion *f;* **fare** ~ **da qc** von etw absehen
astringente [astrin'dʒɛnte] **I.** *agg* adstringierend **II.** *m* Adstringens *n*
astro ['astro] *m* ❶ (ASTR) Stern *m,* Gestirn *n* ❷ (*fig: star*) Star *m;* **astrobussola** [astro'bussola] *f* (AERO) Astrokompass *m*
astrofisica [astro'fi:zika] <-che> *f* Astrophysik *f;* **astrofisico, -a** [astro'fi:ziko] <-ci, -che> **I.** *agg* die Astrophysik betreffend; **osservatorio** ~ Sternwarte *f,* Observatorium *n* **II.** *m, f* (*studioso di astrofisica*) Astrophysiker(in) *m(f)*
astrologia [astrolo'dʒi:a] <-gie> *f* Astrologie *f;* **astrologico, -a** [astro'lɔ:dʒiko] <-ci, -che> *agg* astrologisch; **astrologo, -a** [as'trɔ:logo] <-gi, -ghe> *m, f* ❶ (ASTR) Astrologe *m,* -login *f* ❷ (*scherz: chi predice sciagure*) Schwarzseher(in) *m(f)*
astronauta [astro'na:uta] <-i *m,* -e *f*> *mf* Astronaut(in) *m(f);* **astronautica** [astro'na:utika] <-che> *f* Raumfahrt *f;* **astronautico, -a** [astro'na:utiko] <-ci, -che> *agg* astronautisch; **astronave** [astro'na:ve] *f* Raumschiff *n;* **astronoma** *f v.* **astronomo**
astronomia [astrono'mi:a] <-ie> *f* Astronomie *f;* **astronomico, -a** [astro'nɔ:miko] <-ci, -che> *agg* (*a fig: prezzo, cifre*) astronomisch; **astronomo, -a** [as'trɔ:no-

mo] *m, f* Astronom(in) *m(f)*
astruseria [astruze'ri:a] <-ie> *f* Verworrenheit *f;* (*cosa, parola a*) verworrenes Zeug
astrusità [astruzi'ta] <-> *f* Abstrusität *f;* **dire delle** ~ abstruses Zeug daherreden; **astruso, -a** [as'tru:zo] *agg* abstrus, verworren
astuccio [as'tuttʃo] <-cci> *m* Etui *n*
astuto, -a [as'tu:to] *agg* schlau, listig; **astuzia** [as'tuttsia] <-ie> *f* Schlauheit *f*
AT ❶ *abbr di* **Antico Testamento** A.T. ❷ *abbr di* **Alta Tensione** Hochspannung
atea *f v.* **ateo**
ateismo [ate'izmo] *m* Atheismus *m;* **ateistico, -a** [ate'istiko] <-ci, -che> *agg* atheistisch
atelier [atə'lje] <-> *m* Atelier *n*
Atene [a'tɛ:ne] *f* Athen *n*
ateo, -a ['a:teo] **I.** *agg* atheistisch **II.** *m, f* Atheist(in) *m(f)*
atermico, -a [a'tɛrmiko] <-ci, -che> *agg* wärmeisolierend; **vetro** ~ Isolierglas *n*
atesino, -a [ate'zi:no] **I.** *agg* aus dem Etschtal **II.** *m, f* Etschtaler(in) *m(f)*
ATI ['a:ti] *f abbr di* **Aereo Trasporti Italiani** *italienische Fluggesellschaft*
atipico, -a [a'ti:piko] <-ci, -che> *agg* atypisch, unregelmäßig
atlante [a'tlante] *m* Atlas *m*
atlantico, -a [a'tlantiko] <-ci, -che> *agg* atlantisch, Atlantik-; **l'Atlantico** der Atlantik
atleta [a'tlɛ:ta] <-i *m,* -e *f*> *mf* Athlet(in) *m(f);* **atletica** [a'tlɛ:tika] *f* Athletik *f;* ~ **leggera** Leichtathletik *f;* **atletico, -a** [a'tlɛ:tiko] <-ci, -che> *agg* athletisch; **atletismo** [atle'tizmo] *m* Athletik *f*
atmosfera [atmos'fɛ:ra] *f* (*a fig*) Atmosphäre *f;* **atmosferico, -a** [atmos'fɛ:riko] <-ci, -che> *agg* atmosphärisch; **condizioni -che** Wetterlage *f*
atollo [a'tɔllo] *m* Atoll *n*
atomico, -a [a'tɔ:miko] <-ci, -che> *agg* ❶ (CHEM) Atom-, atomar ❷ (*fig: eccezionale*) fantastisch, phantastisch
atomizzare [atomid'dza:re] *vt* zerstäuben; **atomizzatore** [atomiddza'to:re] *m* Zerstäuber *m*
atomo ['a:tomo] *m* (*a fig*) Atom *n*
atonale [ato'na:le] *agg* atonal
atonia [ato'ni:a] <-ie> *f* ❶ (LING) Unbetontheit *f* ❷ (MED) Schlaffheit *f,* Atonie *f;* **atono, -a** ['a:tono] *agg* unbetont
atrio ['a:trio] <-ii> *m* (Vor)halle *f,* Vorraum *m*
atro, -a ['a:tro] *agg* (*poet*) ❶ (*tenebroso*) finster, düster ❷ (*fig: crudele, funesto*) un-

heilvoll

atroce [a'tro:tʃe] *agg* (*crudele*) grausam; (*raccapricciante*) grauenhaft; (*angoscioso*) furchtbar, entsetzlich; **atrocità** [atrotʃi'ta] <-> *f* Grausamkeit *f*; (*cosa atroce*) Gräueltat *f*

atrofia [atro'fi:a] <-ie> *f* Atrophie *f*; **atrofizzare** [atrofid'dza:re] **I.** *vt* schrumpfen lassen **II.** *vr* -rsi atrophieren, schrumpfen

attaccabottoni [attakkabot'to:ni] <-> *mf* (*fam*) lästige(r) Schwätzer(in) *m(f)*

attaccabrighe [attakka'bri:ge] <-> *mf* (*fam*) Streithammel *m*

attaccamento [attakka'mento] *m* Anhänglichkeit *f*

attaccante [attak'kante] **I.** *agg* angreifend **II.** *mf* (SPORT) Stürmer(in) *m(f)*

attaccapanni [attakka'panni] <-> *m* Kleiderhaken *m*; (*a stelo*) Kleiderständer *m*

attaccare [attak'ka:re] **I.** *vt* ❶ (*fissare*) befestigen; (*manifesto*) anschlagen; (*con colla*) ankleben; (*cucendo*) annähen; (*saldare*) zusammenheften; (*appendere*) aufhängen; (*animali ad un veicolo*) anspannen; **~ al chiodo i guantoni/la bicicletta** (*fig*) das Boxen/Fahrradfahren an den Nagel hängen ❷ (*iniziare*) anfangen, beginnen; (*discorso a*) anknüpfen ❸ (*assalire*) angreifen ❹ (CHEM) angreifen ❺ (MED: *contagiare*) **~ qc a qu** jdn mit etw anstecken ❻ (*fig: osteggiare*) angreifen, bekämpfen **II.** *vi* ❶ (*avere azione adesiva*) kleben, haften ❷ (*muovere all'assalto*) angreifen ❸ (*fig: attecchire*) Wurzeln schlagen; **con me non attacca!** (*fam*) nicht mit mir! ❹ (*impersonale*) anfangen; **attacca a piovere** es fängt an zu regnen **III.** *vr* -rsi ❶ (*restare aderente*) haften, kleben ❷ (GASTR) ansetzen, anbrennen ❸ (MED) übertragen werden ❹ (*aggrapparsi*) **-rsi a qu/qc** sich an jdn/etw *acc* klammern; **-rsi alla bottiglia** an der Flasche hängen; **-rsi a qu** (*affezionarsi*) jdn lieb gewinnen

attaccaticcio [attaka'tittʃo] <-cci> *m* **sapere di ~** angebrannt schmecken

attaccato, -a [attak'ka:to] *agg* ❶ (*affezionato*) anhänglich; **essere ~ ai soldi/alla famiglia** am Geld/an der Familie hängen ❷ (*ligio*) treu; **attaccatura** [attakka'tu:ra] *f* Ansatz *m*; **attaccatutto** [attakka'tutto] *m* Alleskleber *m*

attacchinaggio [attakki'naddʒo] <-gi> *m* Anschlagen *n* politischer Plakate; **attacchinare** [attakki'na:re] *vi* politische Plakate ankleben; **attacchino** [attak'ki:no] *m* Plakatankleber(in) *m(f)*

attacco [at'takko] <-cchi> *m* ❶ (*giunzione*) Ansatz *m*, Verbindungsstelle *f*; (*per sci*) Bindung *f* ❷ (EL, TEL) Anschluss *m* ❸ (*servizio da tiro*) Gespann *n* ❹ (*fig: critica violenta,* MIL) Angriff *m*, Attacke *f* ❺ (SPORT) Sturmspitze *f* ❻ (MED) Anfall *m* ❼ (*avvio, inizio*) Einsatz *m*, Anfang *m*

attachment [at'ta:tʃment] *m* (INFORM) Anhang *m*

attagliarsi [attaʎ'ʎarsi] *vr* genau passen (*a* zu), zugeschnitten sein (*a* für, auf +*acc*)

attanagliare [attanaʎ'ʎa:re] *vt* ❶ (*stringere forte*) fest ergreifen; (*con le tenaglie*) mit Zangen greifen ❷ (*fig: assillare*) peinigen

attardarsi [attar'darsi] *vr* sich aufhalten

attecchimento [attekki'mento] *m* Verwurz(e)lung *f*

attecchire [attek'ki:re] <attecchisco> *vi* ❶ (BOT) Wurzel fassen ❷ (*fig: attaccare*) sich festsetzen

atteggiamento [atteddʒa'mento] *m* Auftreten *n*, Verhalten *n*; **il tuo ~ verso questa questione** deine Haltung zu dieser Frage; **atteggiare** [atted'dʒa:re] **I.** *vt* **~ qc** einer Sache *dat* Ausdruck geben; **~ il volto a sofferenza** eine Leidensmiene aufsetzen **II.** *vr* -rsi sich gebärden; **-rsi a martire** sich als Märtyrer aufspielen

attempato, -a [attem'pa:to] *agg* bejahrt, alt

attendamento [attenda'mento] *m* Zeltlager *n*

attendarsi [atten'darsi] *vr* die Zelte aufschlagen

attendente [atten'dɛnte] *m* Offiziersbursche *m*

attendere [at'tɛndere] <irr> **I.** *vt* erwarten, warten auf +*acc* **II.** *vi* versorgen, besorgen; **~ a qc** sich um etw kümmern

attendibile [atten'di:bile] *agg* zuverlässig; (*notizia*) glaubwürdig

attendista [atten'dista] *agg* abwartend, verhalten

attenere [atte'ne:re] <irr> **I.** *vi* essere betreffen **II.** *vr* **-rsi a qc** sich an etw *acc* halten

attentare [atten'ta:re] *vi* **~ a qu** auf jdn einen Anschlag verüben; **attentato** [atten'ta:to] *m* Attentat *n*, Anschlag *m*; **-i dinamitardi terroristici** Bombenterror *m*; **~ kamikaze** Selbstmordattentat *n*; **attentatore, -trice** [attenta'to:re] *m, f* Attentäter(in) *m(f)*

attenti [at'tɛnti] **I.** *int* ❶ (*attenzione*) Achtung; **~ al cane!** Vorsicht, bissiger Hund! ❷ (MIL) habt Acht, stillgestanden **II.** <-> *m* Grundstellung *f*; **mettere qu sull'~** (*fig*) jdn auf Trab bringen

attento, -a [at'tɛnto] **I.** *agg* aufmerksam;

(*diligente*) gewissenhaft; (*accurato*) sorgfältig; **sta attento!** pass auf! II. *int* pass auf, Vorsicht

attenuante [attenu'ante] I. *agg* abschwächend, mildernd II. *f* mildernder Umstand;

attenuare [attenu'aːre] I. *vt* abschwächen; (*rumore*) dämpfen; (*colpa*) mildern II. *vr* -**rsi** schwächer werden; **attenuazione** [attenuat'tsio:ne] *f* Abschwächung *f*, Milderung *f*

attenuto [atte'nuːto] *pp di* **attenere**

attenzione[1] [atten'tsio:ne] *f* ① (*concentrazione*) Aufmerksamkeit *f*; **fare ~** aufpassen ② (COM) Beachtung *f* ③ *pl* Aufmerksamkeiten *fpl*, Liebenswürdigkeiten *fpl*; **alla cortese ~ di ...** zu Händen von ...

attenzione[2] *int* Achtung

atterraggio [atter'raddʒo] <-ggi> *m* Landung *f*; (SPORT) Aufsprung *m*; **autorizzazione all'~** Landegenehmigung *f*; **campo d'~** Landeplatz *m*; **~ di fortuna** Notlandung *f*

atterramento [atterra'mento] *m* ① (*di muro*) Niederreißen *n*; (*di albero*) Fällen *n*, Schlägern *n* A ② (SPORT) Niederwerfen *n*

atterrare [atter'raːre] I. *vt* niederwerfen, niederschlagen II. *vi* landen; (SPORT) aufspringen

atterrire [atter'riːre] <atterrisco> I. *vt* erschrecken; **~ qu** jdm Angst einjagen II. *vr* -**rsi** sich erschrecken

attesa [at'te:sa] *f* ① (*atto*) Warten *n*; **sala d'~** Wartesaal *m*; **lista d'~** Warteliste *f*; **essere in ~ di qu/qc** auf jdn/etw warten; **nell'~ della Sua risposta** in Erwartung Ihrer Antwort ② (*periodo*) Wartezeit *f*

attesi [at'te:si] *1. pers sing pass rem di* **attendere**

atteso [at'te:so] *cong* **~ che ...** in Anbetracht dessen, dass ...

atteso, -a I. *pp di* **attendere** II. *agg* (*aspettato*) erwartet; (*desiderato*) erwünscht; **-e le circostanze, ...** in Anbetracht der Umstände ...

attestabile [attes'ta:bile] *agg* bezeugbar

attestare [attes'taːre] *vt* ① (*testimoniare*) bezeugen ② (*certificare*) bescheinigen, bestätigen ③ (*fig: dimostrare*) beweisen, zeugen von

attestato [attes'taːto] *m* Attest *n*, Bescheinigung *f*; **~ di morte** Totenschein *m*; **rilasciare un ~** eine Bescheinigung ausstellen; **attestazione** [attestat'tsio:ne] *f* ① (*testimonianza*) Bezeugung *f* ② (*certificato*) Attest *n* ③ (*fig: dimostrazione*) Bezeugung *f*, Bekundung *f*

attico ['attiko] <-ci> *m* ① (ARCH) Attika *f* ② (*appartamento*) Mansarde *f*, Dachwohnung *f*

attiguità [attigui'ta] <-> *f* Nähe *f*, Nachbarschaft *f*

attiguo, -a [at'ti:guo] *agg* benachbart, angrenzend; (*stanza*) Neben-

attillato, -a [attil'laːto] *agg* ① (*abito*) eng anliegend ② (*persona*) elegant

attimino [atti'miːno] *m* (*fam: un breve istante*) Momentchen *n*, winziger Augenblick

attimo ['attimo] *m* Augenblick *m*; **di ~ in ~** von einer Minute zur anderen; **in un ~** im Nu

attinente [atti'nɛnte] *agg* **~ a qc** zu etw gehörend, etw betreffend; **attinenza** [atti'nɛntsa] *f* ① (*connessione*) Zusammenhang *m*, Bezug *m* ② (*legame*) Verbundenheit *f*

attingere [at'tindʒere] <irr> *vt* ① (*acqua*) schöpfen ② (*fig: ricavare*) entnehmen, (be)ziehen; (FIN) abschöpfen

attingibile [attin'dʒi:bile] *agg* fassbar

attinia [at'ti:nia] <-ie> *f* Aktinie *f*, Seeanemone *f*

attirare [atti'raːre] I. *vt* ① (*attrarre*) anziehen; (*attenzione*) auf sich ziehen ② (*fig: allettare*) verlocken II. *vr* -**rsi** sich *dat* zuziehen, gewinnen

attitudinale [attitudi'naːle] *agg* Eignungs-;

attitudine [atti'tuːdine] *f* ① (*capacità*) Eignung *f*; **l'~ a qc** die Eignung zu etw; **l'~ per qc** die Begabung für etw ② (*atteggiamento*) Haltung *f*, Stellung *f*

attivare [atti'vaːre] *vt* ① (*mettere in azione*) betätigen, in Gang setzen ② (*riportare in efficienza*, CHEM, PHYS) aktivieren; **attivazionale** [attivattsio'na:le] *agg* aktivierend

attivazione [attivat'tsio:ne] *f* ① (*messa in azione*) Betätigung *f* ② (*il riportare in efficienza*, CHEM, PHYS) Aktivierung *f*

attivismo [atti'vizmo] *m* Aktivismus *m*; **attivista** [atti'vista] <-i *m*, -e *f*> *mf* Aktivist(in) *m(f)*; **attivistico, -a** [atti'vistiko] <-ci, -che> *agg* aktivistisch

attività [attivi'ta] <-> *f* ① (*operosità*) Aktivität *f*; (*fig*) Tätigkeit *f* ② (*lavoro, occupazione*) Beschäftigung *f*, Tätigkeit *f*; **~ primaria/secondaria/terziaria** Beschäftigung *f* in der Landwirtschaft/in der Industrie/im Dienstleistungssektor ③ *pl* (COM) Aktiva *pl* ④ (*funzionamento, azione*) Betrieb *m* ⑤ (MED, CHEM) Wirkung *f*

attivo [at'ti:vo] *m* ① (COM) Aktivum *n*, Aktivposten *m*; **portare all'~ un'azienda** ein Unternehmen aktivieren; **segnare una partita all'~** einen Posten gutschreiben ② (LING) Aktiv *n* ③ (POL) Aktivisten *mpl*

attivo, -a *agg* ① (*operoso*) aktiv, geschäftig; (*lavoratore*) arbeitend, werktätig ❷(*que determina l'azione*) entscheidend ❸(*in funzione, in azione*) tätig; (TEC) in Betrieb ❹(COM) aktiv; **le partite -e di un bilancio** die Aktivposten *mpl* einer Bilanz

attizzare [attit'tsa:re] *vt* ❶(*fiamma*) schüren, anfachen ❷(*fig: eccitare*) schüren; **attizzatoio** [attittsa'to:io] <-oi> *m* Schüreisen *n*, Schürhaken *m*; **attizzatore, -trice** [attittsa'to:re] *m, f* Aufwiegler(in) *m(f)*

atto ['atto] *m* ❶(*gesto, moto*) Geste *f;* (*azione*) Handlung *f;* **cogliere qu sull'~** jdn auf frischer Tat ertappen; **essere in ~** (gerade) stattfinden; **mettere in ~ qc** etw in Gang setzen; **all'~ di** +*inf* im Augenblick, als …; **nell'~ di** +*inf* gerade bei(m) ❷(*atteggiamento*) Haltung *f* ❸(PHILOS, THEAT: *manifestazione*) Akt *m; ~* **unico** Einakter *m* ❹(*documento*) Urkunde *f; ~* **di accusa** Anklageschrift *f; ~* **di matrimonio** Heiratsurkunde *f; ~* **di nascita** Geburtsurkunde *f; ~* **giuridico** Rechtshandlung *f* ❺ *pl* (*documentazione*) Akten *fpl*; **passare agli -i** zu den Akten legen; (*fig*) ad acta legen ❻ *pl* (*resoconti collegiali*) Berichte *mpl* ❼(REL) **~ di dolore** Sündenbekenntnis *n; ~* **di fede** Glaubensbekenntnis *n;* **Atti degli Apostoli** Apostelgeschichte *f* ❽(*loc*) **dare ~ di qc** etw bestätigen; **fare ~ di presenza** seine Aufwartung machen; **prendere ~ di qc** etw zur Kenntnis nehmen; **all'~ pratico** in der Praxis

atto, -a *agg* ❶(*idoneo*) **~ a qc** fähig zu etw, tauglich für etw ❷(*adatto*) **~ a qc** geeignet zu etw, passend zu [*o* für] etw

Atto europeo unitario <-> *m* Einheitliche Europäische Akte *f*

attonito, -a [at'tɔ:nito] *agg* erschüttert; (*sorpreso*) erstaunt

attorcigliamento [attortʃiʎʎa'mento] *m* Aufwickeln *n*, Verwicklung *f*

attorcigliare [attortʃiʎʎa:re] I. *vt* (auf)wickeln II. *vr* **-rsi** sich (auf)wickeln

attore, attrice [at'to:re] *m, f* ❶(*in spettacoli*) Schauspieler(in) *m(f); ~* **cinematografico** Filmschauspieler *m; ~* **comico** Komiker *m* ❷(*fig: protagonista*) Protagonist(in) *m(f)* ❸(JUR) Kläger(in) *m(f)*

attoriale [atto'ria:le] *agg* schauspielerisch; **attorialità** [attoriali'ta] <-> *f* Schauspielkunst *f*

attorniare [attor'nia:re] I. *vt* ❶(*circondare*) umgeben ❷(*fig: circuire*) umgarnen II. *vr* **-rsi di qc** sich mit etw umgeben; **-rsi di qu** jdn um sich scharen

attorno [at'torno] I. *avv* (rund)herum; **dar-**

si d'~ sich bemühen; **levarsi qu d'~** sich *dat* jdn vom Halse schaffen II. *prp* **~ a** um +*acc* (herum); **stare ~ a qu** (*fig*) hinter jdm her sein, jdm auf der Pelle liegen

attraccare [attrak'ka:re] I. *vi* *essere o avere* anlegen II. *vt* *avere* anlegen; **attracco** [at'trakko] <-cchi> *m* ❶(*manovra*) Anlegen *n* ❷(*luogo*) Anlegestelle *f*

attraente [attra'ɛnte] *agg* anziehend; (*persona a*) attraktiv; (*proposta*) verlockend

attrarre [at'trarre] <irr> *vt* ❶(*tirare a sé*) anziehen ❷(*fig: allettare*) verlocken; **attrattiva** [attrat'ti:va] *f* ❶(*fascino*) Reiz *m* ❷ *pl* (*qualità che attraggono*) Verlockungen *fpl*

attraversamento [attraversa'mento] *m* Übergang *m; ~* **pedonale** Fußgängerüberweg *m*, Schutzweg *m A;* **attraversare** [attraver'sa:re] *vt* ❶(*passare attraverso*) durchqueren; (*mare, strada*) überqueren; (*confine*) überschreiten ❷(*fig: trascorrere*) durchmachen

attraverso [attra'vɛrso] I. *avv* ❶(*trasversalmente*) quer über [*o* durch] +*acc* ❷(*fig: di traverso*) schief, schlecht II. *prp* durch +*acc* (hindurch); (*mediante*) mittels +*gen*, durch +*acc*

attrazione [attrat'tsio:ne] *f* ❶(*fig: attrattiva*) Anziehung *f;* **provare ~ per qu** von jdm angezogen sein ❷(PHYS) Anziehungskraft *f* ❸(*numero sensazionale*) Attraktion *f*

attrezzare [attret'tsa:re] I. *vt* **~ qc (di qc)** etw (mit etw) ausstatten; (TEC) etw (mit etw) ausrüsten II. *vr* **-rsi** sich ausrüsten; **attrezzato, -a** [attret'tsa:to] *agg* ausgestattet; **~ con qc** mit etw ausgestattet; **giardino pubblico ~** öffentliche Parkanlage; **via -a** (*strada ferrata*) Eisenbahn *f;* **attrezzatura** [attrettsa'tu:ra] *f* Ausstattung *f;* (TEC) Ausrüstung *f;* (NAUT) Takelage *f;* **attrezzista** [attret'tsista] <-i *m*, -e *f*> *mf* ❶(SPORT) Geräteturner(in) *m(f)* ❷(THEAT, FILM) Requisiteur(in) *m(f)* ❸(*operaio*) Ausrüster(in) *m(f);* **attrezzistica** [attret'tsistika] <-che> *f* Geräteturnen *n*

attrezzo [at'trettso] *m* Gerät *n*, Werkzeug *n;* **-i da** [*o* **di**] **ginnastica** Turngeräte *npl*

attribuire [attribu'i:re] <attribuisco> I. *vt* ❶(*assegnare*) **~ qc a qu** jdm etw zuerkennen ❷(*ascrivere*) **~ qc a qu** jdm etw zuschreiben; **~ qc a qu/qc** etw auf jdn/etw zurückführen; **~ importanza a qc** einer Sache *dat* Bedeutung beimessen II. *vr* **-rsi** sich *dat* zuschreiben; **attributivo, -a** [attribu'ti:vo] *agg* (A GRAM) attributiv; **negozio giuridico ~** *Rechtsgeschäft, bei dem*

Vermögensrechte umverteilt werden; **attributo** [attri'buːto] *m* ❶ (LING) Attribut *n* ❷ (*qualità caratteristica*) Merkmal *n*, Attribut *n* ❸ (*simbolo*) Symbol *n;* **attribuzione** [attribut'tsjoːne] *f* ❶ (*assegnazione*) Zuerkennung *f* ❷ *pl* (*mansioni, funzioni*) Kompetenz-, Aufgabenbereich *m*
attrice *f v.* **attore**
attrito [at'triːto] *m* ❶ (PHYS) Reibung *f* ❷ (*fig: contrasto*) Reibereien *fpl,* Streit *m*
attuabile [attu'aːbile] *agg* durchführbar; **attuabilità** [attuabili'ta] <-> *f* Durchführbarkeit *f*
attuale [attu'aːle] *agg* (*odierno*) aktuell, zeitgemäß; (*presente*) derzeitig, jetzig; (*tuttora valido*) aktuell; **attualismo** [attua'lizmo] *m* Aktualismus *m;* **attualità** [attuali'ta] <-> *f* Aktualität *f;* **programma di ~** Nachrichtensendung *f;* **tornare di ~** wieder aktuell werden; **attualizzare** [attualid'dzaːre] *vt* aktualisieren
attuare [attu'aːre] **I.** *vt* ❶ (*realizzare*) verwirklichen ❷ (*eseguire*) durchführen **II.** *vr* **-rsi** sich verwirklichen; **attuativo, -a** [attua'tiːvo] *agg* ausführend, in Kraft setzend; **legge regionale -a** ausführendes Regionalgesetz; **attuazione** [attuat'tsjoːne] *f* ❶ (*realizzazione*) Verwirklichung *f* ❷ (*esecuzione*) Durchführung *f*
attutire [attu'tiːre] <attutisco> *vt* abmildern, abschwächen; (*suono, urto*) dämpfen
AUC, a.u.c. *abbr di* **ab urbe condita** seit der Gründung Roms
audace [au'daːtʃe] *agg* ❶ (*coraggioso*) mutig ❷ (*arrischiato*) riskant; (*impresa*) kühn ❸ (*provocante*) gewagt ❹ (*insolente*) unverschämt, frech; **audacia** [au'daːtʃa] <-cie> *f* ❶ (*coraggio*) Mut *m* ❷ (*atto arrischiato*) Kühnheit *f* ❸ (*originalità che incontra opposizione*) Gewagtheit *f;* (*provocazione*) Provokation *f* ❹ (*insolenza*) Unverschämtheit *f*
audience [ɔːdjεns] <-o audiences> *f* Einschaltquote *f;* **un'alta ~** eine hohe Einschaltquote
audio [a'uːdio] <-> *m* Audion *n;* **audiocassetta** [audiokas'setta] *f* Audiokassette *f;* **audiofrequenza** [audiofre'kuεntsa] *f* Hörfrequenz *f;* **audioleso, -a** [audio'leːzo] *agg* hörgeschädigt; **audiolibro** [audio'liːbro] *m* Hörbuch *n;* **audioprotesi** [audio'prɔːtezi] <-> *f* (*protesi acustica*) Hörgerät *n;* **audioprotesista** [audioprote'zista] <-i *m,* -e *f>* *mf* Hörgeräteakustiker(in) *m(f);* **audiovisivo, -a** [audiovi'ziːvo] *agg* audiovisuell; **audiovisuale** [audiovizu'aːle] *agg* audiovisuell;

educazione ~ audiovisueller Unterricht
AUDITEL *m acro di* **AUD**Ience **TEL**evisiva AUDITEL *n* (*Gesellschaft, die Hörer- und Zuschauerquoten misst*); **indice di ascolto ~** Hörer-/Zuschauerquote *f*
auditivo, -a [audi'tiːvo] *agg* auditiv; **auditorio** [audi't>:rio] <-i> *m* Auditorium *n;* **audizione** [audit'tsjoːne] *f* ❶ (*l'udire*) Hören *n* ❷ (JUR: *di testimoni*) Anhörung *f* ❸ (RADIO) Empfang *m*
auge ['aːudʒe] *f* ❶ (ASTR) Apogäum *n* ❷ (*fig: apice*) Gipfel *m,* Höhepunkt *m;* **venire in ~** (*fig*) Ruhm erlangen
augurale [augu'raːle] *agg* Glück(wunsch)-; **augurare** [augu'raːre] **I.** *vt* wünschen; **~ buon viaggio** eine gute Reise wünschen **II.** *vi* wahrsagen **III.** *vr* **-rsi** (sich *dat*) wünschen, (sich *dat*) erhoffen
augure ['aːugure] *m* Augur *m*
augurio [au'guːrio] <-i> *m* ❶ (*voto di felicità, benessere*) Glückwunsch *m;* **fare** [*o* **porgere**] **gli -i a qu** jdm Glück wünschen; **tanti -i di buon compleanno!** herzlichen Glückwunsch zum Geburtstag! ❷ (*desiderio*) Wunsch *m* ❸ (*presagio*) Vorzeichen *n*
Augusta [au'gusta] *f* Augsburg *n*
augusto, -a [au'gusto] *agg* erlaucht, erhaben
aula ['aːula] *f* Saal *m;* (*di scuola*) Klasse *f,* Klassenzimmer *n;* (*di università*) Hörsaal *m; ~* **magna** Auditorium maximum *n*
aulico, -a ['aːuliko] <-ci, -che> *agg* ❶ (*solenne*) gehoben, erhaben ❷ (*di corte*) höfisch, Hof-
aumentare [au'men'taːre] **I.** *vt* *avere* ❶ (*numeri*) vermehren; (*in grandezza*) vergrößern; (*in larghezza*) erweitern; (*in lunghezza*) verlängern; (*prezzo, salario, spese*) erhöhen; (*punti di maglia*) zunehmen ❷ (*fig: intensificare*) verstärken **II.** *vi* *essere* ❶ (*numero*) sich vermehren, zunehmen; (*grandezza*) größer werden; (*prezzi, salari*) steigen ❷ (*fam: diventare più caro*) teurer werden; **aumento** [au'mento] *m* Erhöhung *f;* (*a fig*) Zunahme *f; ~* **di peso** Gewichtszunahme *f; ~* **salariale** Gehaltserhöhung *f; ~* **di temperatura** Temperaturanstieg *m;* **essere in ~** zunehmen
aura ['aːura] *f* ❶ (*poet: aria*) Lufthauch *m* ❷ (*fig: atmosfera*) Aura *f*
aureo, -a ['aːureo] *agg* ❶ (*d'oro*) golden, Gold- ❷ (*fig: prezioso*) kostbar; (*eccellente*) hervorragend
aureola [au'rεːola] *f* Heiligenschein *m;* (*fig a*) Nimbus *m*
auricolare [auriko'laːre] **I.** *agg* Ohr(en)-

II. *m* Kopfhörer *m*

aurifero, -a [au'ri:fero] *agg* goldhaltig

auriga [au'ri:ga] <-ghi> *m* (*poet*) Kutscher *m*

aurora [au'rɔːra] *f* ❶ (*alba*) Morgenröte *f;* ~ **australe** Südlicht *n;* ~ **boreale** Nordlicht *n;* ~ **polare** Polarlicht *n* ❷ (*fig: inizio*) Anbruch *m,* Dämmerung *f*

auscultare [auskul'taːre] *vt* auskultieren, abhorchen; **auscultazione** [auskultat'tsioːne] *f* Auskultation *f*

ausiliare [auzi'liaːre] **I.** *agg* Hilfs- **II.** *m* (LING) Hilfsverb *n* **III.** *mf* Aushilfe *f,* Helfer(in) *m(f);* **ausiliario, -a** [auzi'liaːrio] <-i, -ie> **I.** *agg* (Aus)hilfs-; (MIL) Reserve-; **spese -ie** Nebenkosten *pl* **II.** *m, f* Helfer(in) *m(f);* **ausilio** [au'ziːlio] <-i> *m* (*poet*) Hilfe *f*

auspicare [auspi'kaːre] *vt* avere wünschen, erhoffen; **auspicio** [aus'piːtʃo] <-ci> *m* ❶ (*pronostico*) Vorzeichen *n* ❷ (*desiderio*) Wunsch *m*

austerità [austeri'ta] <-> *f* Strenge *f,* Härte *f;* **misure di** ~ (COM) Sparmaßnahmen *fpl;* **austero, -a** [aus'tɛːro] *agg* ❶ (*rigido*) streng, hart ❷ (*senza superfluità*) schmucklos, einfach

australe [aus'traːle] *agg* Süd-, südlich

Australia [aus'traːlia] *f* Australien *n;* **australiano, -a** [austra'liaːno] **I.** *agg* australisch **II.** *m, f* Australier(in) *m(f)*

Austria ['aːustria] *f* Österreich *n;* ~ **Alta** Oberösterreich *n;* ~ **Bassa** Niederösterreich *n;* **austriaco, -a** [aus'triːako] <-ci, -che> **I.** *agg* österreichisch **II.** *m, f* Österreicher(in) *m(f)*

austro ['aːustro] <-> *m* ❶ (*sud*) Süden *m* ❷ (*vento*) Südwind *m*

autarchia [autar'kiːa] <-chie> *f* Autarkie *f;* **autarchico, -a** [au'tarkiko] <-ci, -che> *agg* ❶ (POL) autark ❷ (JUR) autonom, unabhängig

aut aut ['aːut 'aːut] <-> *m* Entweder-Oder *n*

autentica [au'tɛntika] <-che> *f* Beglaubigung *f;* **autenticare** [autenti'kaːre] *vt* bestätigen; (JUR, ADM) beglaubigen; **autenticazione** [autentikat'tsioːne] *f* Beglaubigung *f;* **autenticità** [autentitʃi'ta] <-> *f* Echtheit *f;* (*veridicità*) Glaubwürdigkeit *f;* **autentico, -a** [au'tɛntiko] <-ci, -che> *agg* (*vero*) wahr; (*regolare*) authentisch; (*non falsificato*) echt; (*reale*) wirklich; (*originale*) echt, original; (*genuino, puro*) rein, wahr, echt

authority [ɔː'θɔriti] <- *o* authorities> *f* Authority *f* (*öffentliche Institution mit Kontroll-, Aufsichts- und Entscheidungsbefugnissen*)

autismo [au'tizmo] *m* (PSYCH) Autismus *m*

autista [au'tista] <-i *m,* -e *f*> **I.** *mf* ❶ (*conducente*) Fahrer(in) *m(f);* (~ *di autobus*) Chauffeur(in) *m(f),* Busfahrer(in) *m(f)* ❷ (PSYCH) Autist(in) *m(f)* **II.** *agg* (PSYCH) autistisch

autistico, -a [au'tistiko] <-ci, -che> *agg* autistisch

auto ['aːuto] <-> *f* Auto *n;* ~ **civetta** Zivilstreifenwagen *m;* ~ **d'epoca** Oldtimer *m;* ~ **pubblica** Taxi *n;* ~ **usata** Altauto *n*

autoabbronzante [autoabbron'dzante] **I.** *agg* selbstbräunend; **olio** ~ selbstbräunendes Öl **II.** *m* Selbstbräuner *m;* **darsi l'**~ sich mit einem Selbstbräuner eincremen

autoaccensione [autoattʃen'sioːne] *f* Selbstzündung *f*

autoaccessorio [autoattʃes'sɔːrio] *m* Autozubehör *n*

autoadesivo [autoade'ziːvo] *m* Aufkleber *m,* Pickerl *n* A

autoadesivo, -a *agg* selbsthaftend, -klebend

autoambulanza [autoambu'lantsa] *f* Krankenwagen *m,* Rettung *f* A

autoapprendimento [autoapprendi'mento] *m* ❶ (INFORM) künstliche Intelligenz ❷ (*senza l'intervento di un docente*) Selbstlernen *n*

autoarticolato [autoartiko'laːto] *m* Sattelschlepper *m*

autobiografia [autobiogra'fiːa] *f* Autobiografie *f;* **autobiografico, -a** [autobio'graːfiko] <-ci, -che> *agg* autobiografisch

autoblinda, autoblindata [auto'blinda, autoblin'daːta] *f* Panzerwagen *m;* **autoblindato, -a** [autoblin'daːto] *agg* gepanzert, Panzer-

autobloccante [autoblok'kante] *agg* (TEC) selbstsperrend; **differenziale** ~ automatisches Sperrdifferenzial

autobomba [auto'bomba] <-> *f* Autobombe *f;* **autobotte** [auto'botte] *f* ❶ (*per trasporto liquidi*) Tankwagen *m* ❷ (*innaffiatrice*) Sprengwagen *m;* **autobus** ['aːutobus] <-> *m* Autobus *m;* **autocampeggio** [autokam'peddʒo] <-ggi> *m* Autocamping *n;* **autocaravan** [auto'kaːravan] <-> *m o f* Wohnmobil *n;* **autocarro** [auto'karro] *m* Last(kraft)wagen *m*

autocensura [autotʃen'suːra] *f* ❶ (*in argomenti delicati*) Selbstkontrolle *f* ❷ (*pubblicazioni*) Selbstzensur *f*

autocercante [autotʃer'kante] **I.** *agg* (MIL) Such-, automatisch das Ziel suchend; **missile con congegno** ~ Rakete *f* mit automatischer Suchvorrichtung **II.** *m* automatischer Sucher *m*

autocertificazione [autotʃertifikat'tsio:ne] *f* Eigenbeleg *m*

autocingolato [autotʃingo'la:to] *m* Raupen-, Kettenfahrzeug *n*

autocisterna [autotʃis'tɛrna] *f* Tankwagen *m;* **autocisternista** [autotʃister'nista] <-i *m*, -e *f*> *mf* Tankwagenfahrer(in) *m(f)*

autocitarsi [autotʃi'tarsi] *vr* sich selbst zitieren; **autocitazione** [autotʃitat'tsio:ne] *f* Eigenzitat *n*

autocivetta [autotʃi'vetta] *f* Zivilstreifenwagen *m*

autoclave [auto'kla:ve] *f* Druckkessel *m*

autocolonna [autoko'lonna] *f* Autokolonne *f*

autocommiserarsi [autokommize'rarsi] *vr* sich selbst bemitleiden; **autocommiserazione** [autokommizerat'tsio:ne] *f* Selbstmitleid *n*

autocompiacimento [autokompiatʃi'mento] *m* Selbstzufriedenheit *f*

autoconcessionario [autokontʃessio'na:rio] <-ri> *m* Autovertragshändler *m*

autoconsumo [autokon'su:mo] *m* Eigenverbrauch *m*

autocontrollo [autokon'trollo] *m* Selbstbeherrschung *f*

autoconvocato, -a [autokonvo'ka:to] **I.** *m, f* (POL) Aktivist(in) *m(f)* gegen die Gewerkschaften **II.** *agg* selbst ernannt, selbst einberufen

autoconvocazione [autokonvokat'tsio:ne] *f* (POL) spontane Einberufung *(oft ohne Genehmigung)*

autoconvoglio [autokon'vɔʎʎo] *m* Autokonvoi *m*

autocorrettivo, -a [autokorret'ti:vo] *agg* selbst zu korrigierend; **autocorrezione** [autokorret'tsio:ne] *f* ❶ *(didattica)* Selbstkorrektur *f*, Selbstkontrolle *f* ❷ (GEOG) Selbstreinigung *f* (der Gewässer)

autocorriera [autokor'riɛ:ra] *f* Omnibus *m*, Linienbus *m*

autocosciente [autokoʃ'ʃɛnte] *agg* seiner selbst bewusst, selbstbewusst; (PSYCH) selbstbewusst, ichbewusst

autocoscienza [autokoʃ'ʃɛntsa] *f* (PHILOS) Ichbewusstsein *n;* **gruppo di ~** Selbsterfahrungsgruppe *f*

autocrate [au'tɔ:krate] *m* Autokrat *m*, Alleinherrscher *m;* **autocratico, -a** [auto'kra:tiko] <-ci, -che> *agg* autokratisch, unumschränkt; **regime ~** Autokratie *f;* **autocrazia** [autokrat'tsi:a] <-ie> *f* Autokratie *f*

autocritica [auto'kri:tika] *f* Selbstkritik *f;* **autocritico, -a** [auto'kri:tiko] <-ci, -che> *agg* selbstkritisch

autocross [auto'krɔs] <-> *m* Auto-Cross *n*

autoctono, -a [au'tɔktono] **I.** *agg* autochthon **II.** *m, f* Alteingesessene(r) *f(m)*

autodecisione, autodeterminazione [autodetʃi'zio:ne, autodeterminat'tsio:ne] *f* Selbstbestimmung *f*

autodefinirsi [autodefi'nirsi] <mi autodefinisco> *vr* sich bezeichnen als; **~ un genio** *(iron)* sich für ein Genie halten

autodemolitore [autodemoli'to:re] *m* Kfz-Verschrotter *m*

autodenuncia [autode'nuntʃa] <-ce *o* -cie> *f* ❶ *(di errori)* Selbstanklage *f*, Selbstkritik *f* ❷ (JUR) Selbstanzeige *f;* **fare atto di ~** Selbstanzeige erstatten; **autodenunciarsi** [autodenun'tʃarsi] *vr* ❶ (JUR) Selbstanzeige erstatten ❷ *(fig)* sich selbst beschuldigen, bezichtigen; **~ una persona debole** zugeben, ein Schwächling zu sein

autodenunzia [autode'nuntsia] *f v.* **autodenuncia**

autodeterminazione [autodeterminat'tsio:ne] *f* Selbstbestimmung *f*

autodidatta [autodi'datta] <-i *m*, -e *f*> *mf* Autodidakt(in) *m(f);* **autodidattico, -a** [autodi'dattiko] <-ci, -che> *agg* autodidaktisch

autodifesa [autodi'fe:sa] *f* Selbstverteidigung *f*

autodisciplina [autodiʃʃi'pli:na] *f* Selbstdisziplin *f*

autodistruggersi [autodis'truddʒersi] <irr> *vr* ❶ *(missile)* sich selbst zerstören ❷ *(fig)* sich selbst vernichten, sich umbringen; **autodistruzione** [autodistrut'tsio:ne] *f* (*a fig*) Selbstzerstörung *f*

autodromo [au'tɔ:dromo] *m* Autorennbahn *f*

autoerotismo [autoero'tizmo] *m* Autoerotismus *m*, Selbstbefriedigung *f*

autoescludersi [autoesklu'dersi] <irr> *vr* sich ausschließen; **~ da un gruppo** sich von einer Gruppe absondern

autofattura [autofat'tu:ra] *f* Rechnung *f* auf eigenen Namen *(vom Käufer zu Steuerzwecken ausgestellte Rechnung);* **emettere ~** eine Rechnung auf eigenen Namen ausstellen

autoferrotranviario, -a [autoferrotran'via:rio] <-i, -ie> *agg* die öffentlichen Verkehrsbetriebe betreffend

autoferrotranviere, -a [autoferrotran'viɛ:re] *m, f* Bedienstete(r) des öffentlichen Verkehrs *f(m);* **autofficina** [autooffi'tʃi:na] *f* Auto(reparatur)werkstatt *f;*

autofilotranviario, -a [autofilotran-'via:rio] <-i, -ie> *agg* den öffentlichen Verkehr betreffend (Autobus, Straßenbahn)

autofinanziamento [autofinantsia'mento] *m* Eigenfinanzierung *f;* **autofinanziarsi** [autofinan'tsiarsi] *vr* kostendeckend arbeiten, sich selbst finanzieren

autoflagellazione [autofladʒel-lat'tsio:ne] *f* ❶ (*del corpo*) Selbstgeißelung *f* ❷ (*fig: autocritica*) Selbstanklage *f,* Selbstkritik *f*

autofocus [auto'fɔkus] **I.** <-> *m* (FOTO) Autofokus *m* **II.** <inv> *agg* **obiettivo ~** Autofokusobjektiv *n* **III.** <-> *f* (*macchina fotografica*) Autofokuskamera *f*

autofurgone [autofur'go:ne] *m* Lieferwagen *m*

autogeno, -a [au'tɔ:dʒeno] *agg* autogen

autogestione [autodʒes'tio:ne] *f* Selbstverwaltung *f;* **autogestire** [autodʒes-'ti:re] <autogestisco> **I.** *vt* selbst verwalten **II.** *vr* **-rsi** sich selbst verwalten; **autogestito, -a** [autodʒes'ti:re] *agg* selbstverwaltet, selbstbestimmt

autogol [auto'gɔl] *m* Eigentor *n*

autogonfiabile [autogon'fia:bile] **I.** *agg* automatisch aufblasbar; **canotto ~** automatisch aufblasbares Boot **II.** *m* Schlauchboot *n*

autogovernarsi [autogover'narsi] *vr* sich selbst regieren; **autogoverno** [autogo'vɛrno] *m* ❶ (*di enti o gruppi*) Selbstbestimmung *f* ❷ (JUR: *indipendenza politica*) Selbstregierung *f* ❸ (*amministrazione*) Selbstverwaltung *f*

autografo [au'tɔ:grafo] *m* (*firma*) Autogramm *n*

autogrill® [auto'gril] <-> *m* Autobahnraststätte *f*

autogru [auto'gru] <-> *m o f* Abschleppwagen *m;* **autogruista** [autogru'ista] <-i *m,* -e *f>* *mf* Abschleppwagenfahrer(in) *m(f)*

autoguida [auto'gui:da] *f* automatische Steuerung

autoimmunità [autoimmuni'ta] <-> *f* (MED, BIOL) Autoimmunität *f;* **autoimmunitario, -a** [autoimmuni'ta:rio] <-i, -ie> *agg* (MED, BIOL) autoimmun; **sistema ~** Autoimmunsystem *n*

autoincensamento [autointʃensa'mento] *m* (*fig*) Selbstbeweihräucherung *f*

autoincensarsi [autointʃen'sarsi] *vr* sich selbst beweihräuchern

autoinganno [autoiŋ'ganno] *m* Selbstbetrug *m,* Selbsttäuschung *f*

autoinvitarsi [autoinvi'tarsi] *vr* sich selbst einladen

autoipnosi [autoip'nɔ:zi] <-> *f* Selbst-, Autohypnose *f*

autoironia [autoiro'ni:a] *f* Selbstironie *f;* **autoironico, -a** [autoi'rɔ:niko] <-ci, -che> *agg* selbstironisch

autolavaggio [autola'vaddʒo] <-ggi> *m* Autowaschanlage *f*

autolesione [autole'zio:ne] *f* (PSYCH) Selbstverstümmelung *f;* **autolesivo, -a** [autole'zi:vo] *agg* selbstverstümmelnd

autolettiga [autolet'ti:ga] <-ghe> *f* Krankenwagen *m,* Rettung *f A*

autolinea [auto'li:nea] *f* Buslinie *f*

autoliquidazione [autolikuidat'tsio:ne] *f* *Accontozahlung eines Teilbetrages der Steuerschuld bei Selbstbesteuerung*

automa [au'tɔ:ma] <-i> *m* Roboter *m*

automatico [auto'ma:tiko] <-ci> *m* ❶ (*bottone*) Druckknopf *m* ❷ (*fucile*) Repetiergewehr *n*

automatico, -a <-ci, -che> *agg* automatisch; **pilota ~** Autopilot *m*

automatismo [automa'tizmo] *m* Automatik *f; (a fig)* Automatismus *m*

automatizzare [automatid'dza:re] *vt* automatisieren; **automazione** [automat'tsio:ne] *f* Automation *f*

automezzo [auto'mɛddzo] *m* Kraftfahrzeug *n*

automobile [auto'mɔ:bile] *f* Auto *n,* Automobil *n; ~* **da corsa** Rennwagen *m; ~* **da piazza** Taxi *n; ~* **decappotabile** Kabriolett *n; ~* **utilitaria** Kleinwagen *m;* **automobilismo** [automobi'lizmo] *m* Kraftfahrwesen *n;* (SPORT) Motorsport *m;* **automobilista** [automobi'lista] <-i *m,* -e *f>* *mf* Autofahrer(in) *m(f);* **automobilistico, -a** [automobi'listiko] <-ci, -che> *agg* Auto(mobil)-; **patente -a** Führerschein *m*

automodellismo [automodel'lizmo] *m* Automodellbau *m;* **automodellista** [automodel'lista] <-i *m,* -e *f>* *mf* Automodellbauer(in) *m(f)*

automontato, -a [automon'ta:to] *agg* motorisiert

automotrice [automo'tri:tʃe] *f* Triebwagen *m*

automutilazione [automutilat'tsio:ne] *f* Selbstverstümmelung *f*

autonica [au'tɔ:nika] <-che> *f* (TEC) Autoelektronik *f*

autonoleggiatore, -trice [autono-leddʒa'to:re] *m, f* Autovermieter(in) *m(f),* Autoverleiher(in) *m(f);* **autonoleggio** [autono'leddʒo] <-ggi> *m* Autovermietung *f,* Autoverleih *m*

autonomia [autono'mi:a] <-ie> *f* ❶ (*indipendenza,* POL) Autonomie *f,* Unabhängigkeit *f* ❷(TEC) Reichweite *f*, Aktionsradius *m;* **autonomismo** [autono'mismo] *m* Autonomiebestrebungen *fpl;* **autonomista** [autono'mista] <-i *m*, -e *f*> I. *mf* Autonomist *m* II. *agg* autonomistisch, nach Autonomie strebend; **autonomistico, -a** [autono'mistiko] <-ci, -che> *agg* autonomistisch; **tendenze -che** Autonomiebestrebungen *fpl;* **autonomo, -a** [au'tɔ:nomo] *agg* autonom, unabhängig; (*lavoro*) selb(st)ständig

autoorganizzazione [autoorganiddzat'tsio:ne] *f* (PHYS) Selbstorganisation *f*

autoparco [auto'parko] <-chi> *m* Fahrzeugpark *m*

autoparodia [autoparo'di:a] <-ie> *f* Selbstverspottung *f*

autopattuglia [autopattuʎʎi:a] *f* Streifenwagen *m*

autopiano [auto'pia:no] *m* elektrisches Klavier

autopilota [autopi'lɔ:ta] *m* Autopilot *m*

autopista [auto'pista] *f* Piste *f*; (*nei parchi di divertimento*) Autoskooter *m*

autopoietico, -a [autopoi'etiko] <-ci, -che> *agg* (PHYS) autopoietisch

autopompa [auto'pompa] *f* Feuerwehrauto *n*, Spritzenwagen *m*

autoporto [auto'pɔrto] *m* Großparkplatz *m;* ~ **doganale** Parkplatz für Zollabfertigung

autoprevidenza [autoprevi'dɛntsa] *f* Eigen-, Selbstvorsorge *f*

autopsia [autop'si:a] <-ie> *f* Autopsie *f*

autopubblica [autop'pubblika] <-che> *f* Taxi *n*

autopulente [autopu'lɛnte] *agg* (TEC) selbstreinigend

autopullman [auto'pulman] <-> *m* Reisebus *m*

autopunitivo, -a [autopuni'ti:vo] *agg* selbstbestrafend; **comportamento** ~ selbstbestrafendes Verhalten

autopunizione [autopunit'tsio:ne] *f* (PSYCH) Selbstbestrafung *f*

autoradio [auto'ra:dio] <-> *f* ❶(*radio*) Autoradio *n* ❷(*auto*) Funk(streifen)wagen *m*

autoraduno [autora'du:no] *m* Autofahrertreffen *n*

autore, -trice [au'to:re] *m, f* ❶(*esecutore*) Urheber(in) *m(f);* (*di crimine*) Täter(in) *m(f)* ❷(LIT) Autor(in) *m(f)*, Verfasser(in) *m(f);* (*compositore*) Komponist(in) *m(f)* ❸(*artista*) Künstler(in) *m(f)*

autoreferenza [autorefe'rɛntsa] *f* (PHILOS) Selbstbezug *m*, Selbst-, Autoreferenz *f*; **autoreferenziale** [autoreferen'tsia:le] *agg*

(PHILOS) selbstbezogen; **autoreferenzialità** [autoreferentsiali'ta] <-> *f* Selbstbezogenheit *f*

autoreggente [autored'dʒɛnte] *agg* halterlos; **calze -i** halterlose Strümpfe

autoregolamentazione [autoregolamentat'tsio:ne] *f* Selbstreglementierung *f*

autorete [auto're:te] *f* Eigentor *n*

autoreverse [autore'vers] <-> *m* Autoreverse *n;* **registratore con** ~ Kassettenrecorder *m* mit Autoreverse

autorevole [auto're:vole] *agg* gebieterisch, einflussreich; (*consiglio*) maßgebend

autoriale [auto'ria:le] *agg* Autor-, Verfasser-; **opera** ~ Autorenwerk *n*

autoricambio [autori'kambio] <-bi> *m* Kfz-Ersatzteil *n;* **negozio -i** Kfz-Handel *m*

autoriferimento [autoriferi'mento] *m* ❶(PHILOS) Selbstbezogenheit *f* ❷(PSYCH) Selbstbezogenheit *f*

autoriflessivo, -a [autorifles'si:vo] *agg* grüblerisch, nachdenklich (über sich selbst)

autorimessa [autori'messa] *f* Garage *f*, Autowerkstatt *f*

autorità [autori'ta] <-> *f* ❶(JUR) (Macht)befugnis *f*, Recht *n* ❷(*persona, potere*) Autorität *f* ❸(ADM) Behörde *f* ❹ *pl* (*titolari*) Würdenträger *mpl* ❺(*stima, credito*) Ansehen *n;* **autoritarietà** [autoritarie'ta] <-> *f* (JUR) Autoritätsprinzip *n;* **autoritario, -a** [autori'ta:rio] <-i, -ie> *agg* autoritär

autoritarismo [autorita'ri:zmo] *m* Autoritarismus *m*

autoritratto [autori'tratto] *m* Selbstbildnis *n*

autorizzare [autorid'dza:re] *vt* ❶(*permettere*) genehmigen, bewilligen; ~ **qu a fare qc** jdn ermächtigen, etw zu tun ❷(*giustificare*) rechtfertigen; **autorizzazione** [autoridzat'tsio:ne] *f* Genehmigung *f*, Bewilligung *f*; (*di persona*) Ermächtigung *f*

autosalone [autosa'lo:ne] *m* Autoschauraum *m*

autosbrinante [autozbri'na:nte] *agg* **retrovisori esterni -i** beheizbare Außenspiegel

autoscala [autos'ka:la] *f* Feuerwehrleiter *f*

autoscatto [autos'katto] *m* Selbstauslöser *m*

autoscontro [autos'kontro] *m* Autoskooter *m;* **autoscuola** [autos'kuɔ:la] <-> *f* Fahrschule *f*

autoservizio [autoser'vittsio] *m* Selbstbedienung *f*

autosilo [auto'si:lo] *m* Parkhaus *n;* **autosnodato** [autozno'da:to] *m* Gelenkfahrzeug *n*

autosoccorso [autosok'korso] *m* Selbsthilfe *f*

autosomiglianza [autosomiλ'λantsa] *f* Ähnlichkeit *f* (eines Teils einer Figur mit der Figur selbst)

autospazzatrice [autospattsa'tri:tʃe] *f* Straßenkehrmaschine *f*

autostazione [autostat'tsio:ne] *f* ❶ (*stazione di servizio*) Tankstelle *f* ❷ (*di autolinee*) Busbahnhof *m*

autostello [autos'tɛllo] <-> *m* Motel *n*

autostima [auto'sti:ma] *f* Selbstbewusstsein *n*, Selbstvertrauen *n*

autostop [autos'tɔp] *m* Trampen *n*, Autostopp *m*; **fare** (**l'**)~ per Anhalter fahren, trampen; **autostoppista** [autostop'pista] <-i *m*, -e *f*> *mf* Anhalter(in) *m(f)*

autostrada [autos'tra:da] *f* Autobahn *f*; ~ **a pedaggio** gebührenpflichtige Autobahn; ~ **del sole** *italienische Autobahn, die von Bologna über Rom südwärts führt*; **autostradale** [autostra'da:le] *agg* Autobahn-; **casello** ~ Mautstelle *f*; **raccordo** ~ Autobahnzubringer *m*; **svincolo** ~ Autobahndreieck *n*

autosufficiente [autosuffi'tʃɛnte] *agg* unabhängig; (*individuo*) selbstständig; **autosufficienza** [autosuffi'tʃɛntsa] *f* Selbstgenügsamkeit *f*

autosuggestionabile [autosuddʒestio-'na:bile] *agg* von sich selbst beeinflussbar

autosuggestionarsi [autosuddʒestio-'narsi] *vr* Autosuggestion betreiben; **autosuggestione** [autosuddʒes'tio:ne] *f* Autosuggestion *f*

autotassarsi [autotas'sarsi] *vr* sich selbst besteuern; ~ **per aiutare qu** sich einschränken um jdm zu helfen

autotassazione [autotassat'tsio:ne] *f* Selbstbesteuerung *f*

autotelaio [autote'la:io] *m* Fahrgestell *n*; **autotelefono** [autote'lɛ:fono] *m* Autotelefon *n*

autotrasportatore, -trice [autotrasporta'to:re] *m, f* ❶ (*impresario*) LKW-Transportunternehmer(in) *m(f)* ❷ (*camionista*) LKW-Fahrer(in) *m(f)*; **autotrasporto** [autotras'pɔrto] *m* Transport *m* (von Gütern oder Personen) auf der Straße

autotrenista [autotre'nista] <-i *m*, -e *f*> *mf* Lastzugfahrer(in) *m(f)*; **autotreno** [auto'trɛ:no] *m* Lastzug *m*

autoveicolista [autoveiko'lista] <-i *m*, -e *f*> *mf* (*obs*) Kfz-Fahrer(in) *m(f)*; **autoveicolo** [autove'i:kolo] *m* Kraftfahrzeug *n*; **autovelox®** [auto've:loks] <-> *m o f* Radargerät *n* zur Geschwindigkeitskon-

trolle; **autovettura** [autovet'tu:ra] *f* Personenkraftwagen *m*

autrice *f v.* **autore**

autunnale [autun'na:le] *agg* herbstlich; **autunno** [au'tunno] *m* Herbst *m*; **d'**~ im Herbst

a/v *abbr di* **a vista** bei [*o* nach] Sicht; **pagabile** ~ nach Sicht zahlbar

ava *f v.* **avo**

avallante [aval'lante] *mf* Wechselbürge *m*

avallare [aval'la:re] *vt* ❶ (COM) avalieren ❷ (*fig: confermare*) bestätigen; **avallato, -a** [aval'la:to] I. *agg* avaliert, verbürgt; **cambiale -a** avalierter [*o* verbürgter] Wechsel II. *m, f* (JUR) Bürgschaftsnehmer *m*; **avallo** [a'vallo] *m* ❶ (COM) Aval *m*, Bürgschaft *f* ❷ (*fig: conferma, garanzia*) Bestätigung *f*; **per** ~ als Wechselbürge

avambraccio [avam'brattʃo] <-cci> *m* Unterarm *m*; **avamposto** [avam'posto] *m* Vorposten *m*; **avancarica** [avaŋ'ka:rika] *f* **ad** ~ Vorderlader-

avances [a'vãs] *fpl* Avancen *fpl*, Annäherungsversuche *fpl*; **fare delle** ~ **a qu** jdm Avancen machen

avancorpo [avaŋ'kɔrpo] *m* Vorbau *m*

avanguardia [avaŋ'guardia] *f* ❶ (MIL) Vorhut *f* ❷ (*nell'arte, nella letteratura*) Avantgarde *f*; **essere all'**~ (*fig: in campo ideologico, politico*) zur Avantgarde gehören; **avanguardismo** [avaŋguar'dizmo] *m* Avantgardismus *m*; **avanguardista** [avaŋguar'dista] <-i *m*, -e *f*> *mf* Avantgardist(in) *m(f)*

avannotto [avan'nɔtto] *m* Setzling *m*, Jungfisch *m*

avanscoperta [avansko'pɛrta] *f* Vorposten *m*; **avanspettacolo** [avanspet'ta:kolo] *m* Vorprogramm *n*

avanti [a'vanti] I. *avv* ❶ (*stato in luogo*) vorn ❷ (*avvicinamento*) näher, nach vorn; **andare** ~ vorausgehen; **farsi** ~ vortreten; **venire** ~ näher treten; ~ **e indietro** hin und her; **lasciar passare** ~ vorlassen; **mettere le mani** ~ (*fig*) sich absichern; **mettere** ~ **scuse** (*fig*) Entschuldigungen vorbringen ❸ (*allontanamento*) voraus ❹ (*tempo*) künftig; (*prima*) vorher; **d'ora in** ~ ab jetzt; **l'orologio va** ~ die Uhr geht vor ❺ (*loc*) **essere** ~ **negli anni** betagt sein; **essere** ~ **negli studi** im Studium fortgeschritten sein; **tirare** ~ sich durchschlagen; **tirare** ~ **la famiglia** die Familie durchbringen II. *prp* ❶ (*di luogo: stato*) vor +*dat*; (*moto*) vor +*acc* ❷ (*di tempo*) vor +*dat*; **lo vidi** ~ **che partisse** ich sah ihn, bevor er abfuhr III. <*inv*> *agg* ❶ (*di luogo*) Vorder- ❷ (*di tempo*) vorhergehend, vorige(r, s); **il giorno** ~ am Vortag, tags zuvor **IV.** <·> *m* (SPORT) Stürmer *m* **V.** *int* ❶ (*avvicinamento*) bitte; (*entrate*) herein; ~ **il primo!** der Erste, bitte! ❷ (*allontanamento*) los; (MIL) vorwärts ❸ (*esortazione*) los; ~ **tutta!** (NAUT) alle Kraft voraus!; **avantieri, avant'ieri** [avan'tiɛːri] *avv* vorgestern

avantreno [avan'trɛːno] *m* Vorderachse *f,* Vordergestell *n*

avanzamento [avantsa'mento] *m* ❶ (*promozione*) Beförderung *f* ❷ (*progresso*) Fortschritt *m;* (*dei lavori*) Voranschreiten *n*

avanzare [avan'tsaːre] **I.** *vi essere* ❶ (*andare avanti*) vorausgehen, sich fortbewegen ❷ (*fig: progredire*) vorwärts-, vorankommen; (*lavoro*) fortschreiten ❸ (*essere promosso*) befördert werden ❹ (*sporgere in fuori*) vorspringen, herausragen ❺ (*rimanere come resto*) übrig bleiben ❻ (*essere sovrabbondante*) reichlich vorhanden sein ❼ *avere* (MIL) vorrücken **II.** *vt avere* ❶ (*spostare in avanti*) vorrücken; (*sorpassare*) überholen ❷ (*promuovere*) befördern ❸ (*presentare*) vorlegen; (*domanda*) einreichen; (*proposta*) unterbreiten ❹ (*superare*) ~ **qu** (**in qc**) jdn (an etw *dat*) übertreffen ❺ (*essere creditore*) ~ **qc** (**da qu**) etw (bei jdm) guthaben ❻ (*fig: guadagnare*) (ein)sparen **III.** *vr* **-rsi** sich nähern; (*a fig*) näher kommen

avanzata [avan'tsaːta] *f* Vorrücken *n;* (*a fig* MIL) Vormarsch *m*

avanzato, -a [avan'tsaːto] *agg* ❶ (*spostato in avanti*) vorgeschoben ❷ (*inoltrato*) fortgeschritten ❸ (*innovatore, audace*) fortschrittlich ❹ (*residuo*) übrig geblieben; (*ancora disponibile*) verblieben

avanzo [a'vantso] *m* ❶ (*resto,* MAT) Rest *m;* **il 4 nel 9 sta 2 volte con l'~ di 1** neun durch vier ist zwei, Rest eins ❷ (*eccedenza,* COM) Überschuss *m* ❸ *pl* Überreste *mpl*

avara *f v.* **avaro**

avaria [ava'riːa] <-ie> *f* Schaden *m,* Havarie *f* A; (NAUT) Havarie *f;* **avariare** [ava'riaːre] **I.** *vt* beschädigen **II.** *vr* **-rsi** verderben; **avariato, -a** [ava'riaːto] *agg* beschädigt, verdorben; **cibo** ~ verdorbene Nahrungsmittel

avarizia [ava'rittsia] <-ie> *f* Geiz *m;* **avaro, -a** [a'vaːro] **I.** *agg* ❶ (*persona*) geizig; ~ **di elogi** (*fig*) sparsam mit Lob; ~ **di parole** (*fig*) wortkarg ❷ (*fig: terreno*) karg **II.** *m, f* Geizige(r) *f(m)*

avellana [avel'laːna] *f* Haselnuss *f*

avellinese [avelli'neːse] **I.** *agg* avellinisch,

aus Avellino stammend **II.** *mf* (*abitante*) Bewohner(in) *m(f)* von Avellino

Avellinese <*sing*> *m* Umgebung *f* von Avellino

Avellino *f* Avellino *n* (*Stadt in Kampanien*)

avello [a'vɛllo] *m* (*poet*) Grab *n,* Gruft *f*

avem(m)aria [avem(m)a'riːa] <-ie> *f* Ave-Maria *n;* **sapere qc come l'~** etw inund auswendig kennen

avena [a'veːna] *f* Hafer *m;* **fiocchi d'~** Haferflocken *fpl*

avente causa [a'vɛnte 'kaːuza] <aventi causa> *mf* (JUR) Rechtsnachfolger(in) *m(f);* **avente diritto** [a'vɛnte di'ritto] <aventi diritto> *mf* (JUR) Berechtigte(r) *f(m)*

avere¹ [a'veːre] <ho, ebbi, avuto> **I.** *vt* haben; ~ **vent'anni** zwanzig Jahre alt sein; ~ **da lavorare** zu arbeiten haben; **ho da fare** ich habe zu tun; ~ **un bambino** ein Kind bekommen; **ce l'hai tu la chiave?** hast du den Schlüssel?; ~ **a che dire con qu** mit jdm streiten; ~ **a che fare** [*o vedere*] **con qu** mit jdm zu tun haben; **avercela con qu** auf jdn böse sein; ~ **molto di qu** (*fig: assomigliargli*) viel von jdm haben; **chi ha avuto, ha avuto** damit ist die Sache erledigt **II.** *vi* (*impersonale*) vorhanden sein, geben; **non v'ha dubbio** es gibt keinen Zweifel

avere² *m* ❶ (*patrimonio*) Vermögen *n* ❷ (*credito*) Guthaben *n* ❸ (COM) Haben *n;* **il dare e l'~** Soll und Haben *n*

averno [a'vɛrno] *m* (*poet*) Avernus *m,* Unterwelt *f*

aviario [a'viaːrio] *m* Voliere *f*

aviatore, -trice [avia'toːre] *m, f* Flieger(in) *m(f);* **aviatorio, -a** [avia'tɔːrio] <-i, -ie> *agg* Flugzeug-, Flug-, Flieger-;

aviatrice *f v.* aviatore; **aviazione** [aviat'tsioːne] *f* Luftfahrt *f;* (MIL) Luftwaffe *f*

avicoltore, -trice [avikol'toːre] *m, f* Geflügelzüchter(in) *m(f)*

avicoltura [avikol'tuːra] *f* Geflügelzucht *f;* **avicultore, -trice** [avikul'toːre] *m, f v.* avicoltore

avicunicolo, -a [aviku'niːkolo] *agg* Geflügel- und Kaninchen-; **avicunicoltore, -trice** [avikunikol'toːre] *m, f* Geflügel- und Kaninchenzüchter(in) *m(f);* **avicunicoltura** [avikunikol'tuːra] *f* Geflügel- und Kaninchenzucht *f;* **avicunicultore, -trice** [avikunikul'toːre] *m, f v.* avicunicoltore; **avicunicultura** [avikunikul'tuːra] *f v.* avicunicoltura

avidità [avidi'ta] <-> *f* Gier *f;* ~ **di denaro** Geldgier *f;* ~ **di sapere** Wissensdurst *m;* **avido, -a** ['aːvido] *agg* gierig; ~ **di conos-**

cere wissensdurstig; **~ di denaro** habgierig

aviere [a'viɛːre] *m* Flieger *m*

avifauna [avi'fa:una] *f* Vogelwelt *f*

aviogetto [avio'dʒɛtto] *m* Düsenflugzeug *n*; **aviolinea** [avio'liːnea] *f* Fluglinie *f*; **aviorimessa** [aviori'messa] *f* Flugzeughalle *f*; **aviotrasportare** [aviotraspor'taːre] *vt* mit dem Flugzeug befördern; **aviotrasporto** [aviotras'pɔrto] *m* Lufttransport *m*

AVIS ['aːvis] *f acro di* Associazione Volontari Italiani del Sangue *Verein der freiwilligen Blutspender Italiens*

A.V.I.S. ['aːvis] *f abbr di* Associazione Volontari Italiani del Sangue *Verein der freiwilligen Blutspender Italiens*

avito, -a [a'viːto] *agg* Ahnen-

avo, -a ['aːvo] *m, f* Ahn(e) *m(f)*

avocado [avo'kaːdo] *m* Avocado *f*

avocare [avo'kaːre] *vt* ❶ (*assumere*) abberufen, übernehmen ❷ (*confiscare*) konfiszieren, beschlagnahmen; **avocazione** [avokat'tsioːne] *f* ❶ (*assunzione*) Abberufung *f*, Übernahme *f* ❷ (*confisca*) Beschlagnahmung *f*

avorio [a'vɔːrio] <-i> *m* ❶ (*sostanza*) Elfenbein *n* ❷ (*colore*) Elfenbeinfarbe *f* ❸ (GEOG) **Costa d'Avorio** Elfenbeinküste *f*

avulso, -a [a'vulso] *agg* herausgerissen

avuto [a'vuːto] *pp di* **avere¹**

avvalersi [avva'lersi] <irr> *vr* sich bedienen +*gen;* **~ di qc** von etw Gebrauch machen

avvalimento [avvali'mento] *m* (ADM) *Form der Zusammenarbeit zwischen Region und Behörden, wobei die Region die Räumlichkeiten der Behörden nutzt*

avvallamento [avvalla'mento] *m* Senkung *f*, Niederung *f*

avvaloramento [avvalora'mento] *m* ❶ (*aumento di valore*) Aufwertung *f* ❷ (ADM: *convalida*) Bestätigung *f*; **~ di un'area fabbricabile** Urbarmachung *f*; **~ di un assegno** Bestätigung eines Schecks

avvalorare [avvalo'raːre] *vt* bekräftigen, bestätigen

avvampamento [avvampa'mento] *m* ❶ (*l'avvampare*) Lodern *n*, Glühen *n* ❷ (*fiamma*) Flackern *n* ❸ (*arrossamento del viso*) Erröten *n*

avvampare [avvam'paːre] *vi essere* ❶ (*ardere divampando*) lodern ❷ (*arrossire*) erröten ❸ (*fig: di rabbia*) aufbrausen

avvantaggiare [avvantad'dʒaːre] **I.** *vt* ❶ (*favorire*) bevorteilen, begünstigen ❷ (*far progredire*) fördern **II.** *vr* **-rsi** ❶ (*av-*

valersi con profitto) nutzen ❷ (*guadagnar tempo*) einen Vorsprung gewinnen ❸ (*prevalere*) **-rsi su qu** jdm voraus sein, jdm gegenüber im Vorteil sein; **avvantaggiato, -a** [avvantad'dʒato] *agg* bevorzugt

avvedersi [avve'dersi] <irr> *vr* **~ di qc** etw bemerken

avvedutezza [avvedu'tettsa] *f* Umsicht *f*, Schlauheit *f*; **avveduto, -a** [avve'duːto] *agg* umsichtig, schlau

avvelenamento [avvelena'mento] *m* Vergiftung *f*; **avvelenare** [avvele'naːre] **I.** *vt* ❶ (*con veleno*) vergiften ❷ (*ammorbare*) verpesten ❸ (*fig: amareggiare*) vergällen ❹ (*fig: corrompere*) verderben **II.** *vr* **-rsi** sich vergiften

avvenente [avve'nɛnte] *agg* anmutig, gefällig; **avvenenza** [avve'nɛntsa] *f* Anmut *f*

avvenimento [avveni'mento] *m* Ereignis *n*

avvenire¹ [avve'niːre] **I.** <inv> *agg* künftig **II.** <-> *m* Zukunft *f*

avvenire² <irr> *vi essere* geschehen, passieren; **che è avvenuto di lui?** was ist aus ihm geworden?

avvenirismo [avveni'rizmo] *m* Zukunftsglaube *m*

avventare [avven'taːre] **I.** *vt* (*scagliare*) schleudern **II.** *vr* **-rsi** (**su qu/qc**) sich (auf jdn/etw) stürzen; **avventatezza** [avventa'tettsa] *f* Unbesonnenheit *f*; **avventato, -a** [avven'taːto] *agg* (*giudizio, atto*) überstürzt, voreilig; (*persona*) unbesonnen, leichtsinnig

avventizio, -a [avven'tittsio] <-i, -ie> **I.** *agg* ❶ (*provvisorio*) (Aus)hilfs- ❷ (*occasionale*) Gelegenheits- **II.** *m, f* Aushilfe *f*

avvento [av'vɛnto] *m* ❶ (*venuta*) Anbruch *m*, Eintreten *n* ❷ (REL) Advent *m*

avventore, -a [avven'toːre] *m, f* (*di negozio*) Stammkunde *m*, -kundin *f*; (*di locale pubblico*) Stammgast *m*

avventura [avven'tuːra] *f* Abenteuer *n*; **avventurare** [avventu'raːre] **I.** *vt* wagen, aufs Spiel setzen **II.** *vr* **-rsi** ❶ (*esporsi a rischi*) sich wagen, sich trauen ❷ (*fig: azzardarsi*) wagen (*a fare qc* etw zu tun); **-rsi in mare con la tempesta** sich bei Sturm aufs Meer wagen; **avventurarsi** [avventu'raːrsi] *vr* ❶ (*esporsi a rischi*) sich wagen, sich trauen ❷ (*fig: azzardarsi*) wagen; **~ a fare qc** wagen, etw zu tun; **avventuriero, -a** [avventu'riɛːro] *m, f* Abenteurer *m*, Abenteu(r)erin *f*; **avventuroso, -a** [avventu'roːso] *agg* ❶ (*ricco di avventure*) abenteuerlich ❷ (*attratto dall'avventura*) abenteuerlustig ❸ (*fig: rischioso*) abenteuerlich, gewagt

esprimere avversione

esprimere antipatia	Antipathie ausdrücken
Non mi piace (particolarmente).	Ich mag ihn/sie nicht (besonders).
Non mi piace affatto.	Ich mag ihn/sie überhaupt nicht.
Mi è antipatico.	Er/Sie ist mir unsympathisch.
Questo tipo è insopportabile. (*fam*)	Dieser Typ ist unerträglich/unausssstehlich. (*fam*)
Non lo sopporto. (*fam*)	Ich kann ihn nicht leiden/ausstehen. (*fam*)
No lo/la reggo. (*fam*)	Ich habe ihn/sie auf dem Kieker./Ich kann ihn/sie nicht riechen. (*fam*)
È uno (un vero) stronzo. (*vulg*)	Das ist ein (richtiges) Arschloch. (*vulg*)
Questa donna mi fa venire il nervoso/mi da sui nervi/mi fa imbestialire. (*fam*)	Diese Frau geht mir auf den Geist/Wecker/Keks. (*fam*)

esprimere noia	Langeweile ausdrücken
Che noia!	Wie langweilig!
Che programma noioso! (*fam*)	So eine langweilige Sendung!
Che palle! (*sl*)	Wie öde!
Questo locale è di una noia mortale.	Dieses Lokal ist total öde.
Sono stufa di dover sentire sempre le stesse cose!	Ich bin es überdrüssig, immer wieder dasselbe hören zu müssen.
Non ce la faccio più di fare sempre le stesse cose!	Ich habe es satt, immer wieder dasselbe zu machen.

esprimere orrore, ribrezzo	Abscheu ausdrücken
Puah!/Che schifo!	Igitt!/Wie eklig!
Mi fai schifo!	Du widerst mich an!
È davvero ripugnante!	Das ist geradezu widerlich!
Mi fa vomitare.	Das ekelt mich an.
Appena lo vedo, mi viene la nausea.	Sobald ich ihn sehe, packt mich Ekel.

avvenuto [avve'nu:to] *pp di* **avvenire²**

avveramento [avvera'mento] *m* Realisierung *f*, Verwirklichung *f*

avverare [avve'ra:re] **I.** *vt* verwirklichen **II.** *vr* **-rsi** eintreffen, sich bewahrheiten

avverbiale [avver'bia:le] *agg* adverbial; **avverbio** [av'vɛrbio] <-i> *m* Adverb *n*, Umstandswort *n*

avversare [avver'sa:re] *vt* anfechten, bekämpfen; **avversario, -a** [avver'sa:rio] <-i, -ie> **I.** *agg* gegnerisch **II.** *m, f* Gegner(in) *m(f)*; (MIL: *nemico*) Feind *m*; **avversativo, -a** [avversa'ti:vo] *agg* adversativ; **avversatore, -trice** [avversa'to:-re] *m, f* Gegner(in) *m(f)*; (*a fig*) Gegenspieler(in) *m(f)*

avversione [avver'sio:ne] *f* Aversion *f*;

avere un'~ per qu/qc eine Abneigung gegen jdn/etw haben

avversità [avversi'ta] <-> *f* ❶ (*ostilità*) Widrigkeit *f* ❷ (*disgrazia*) Unglücksfall *m*; **avverso, -a** *agg* widrig, feindlich; (*fig* JUR) gegnerisch

avvertenza [avver'tɛntsa] *f* ❶ (*cautela*) Umsicht *f*, Besonnenheit *f* ❷ (*avviso*) Hinweis *m*; (*ammonimento*) Ermahnung *f* ❸ (LIT) Vorwort *n* ❹ *pl* (*istruzioni per l'uso*) (Gebrauchs)anweisung *f*

avvertimento [avverti'mento] *m* Benachrichtigung *f*, Hinweis *m*; (*diffida*) Warnung *f*; **avvertire** [avver'ti:re] *vt* ❶ (*avvisare*) ~ **qu** (**di qc**) jdn (auf etw *acc*) aufmerksam machen ❷ (*ammonire, minacciare*) warnen ❸ (*percepire*) empfinden, wahrnehmen

avvezzare [avvet'tsa:re] I. *vt* ❶ (*abituare*) gewöhnen (*a* an *+acc*) ❷ (*fam: educare*) erziehen II. *vr* **-rsi** sich gewöhnen (*a* an *+acc*)

avvezzo, -a [av'vettso] *agg* gewöhnt, gewohnt

avviamento [avvia'mento] *m* ❶ (*inizio*) Einführung *f,* Einleitung *f;* l'**~ a qc** die Einführung in etw *acc* ❷ (COM) Eingeführtsein *n* ❸ (TEC: *messa in moto*) Anlassen *n;* (*il mettersi in moto*) Anspringen *n;* **motorino d'~** Anlasser *m*

avviare [avvi'a:re] I. *vt* ❶ (*mettere sul cammino*) lenken, leiten ❷ (*fig: indirizza-re*) **~ qu a qc** jdn zu etw anleiten ❸ (TEC: *mettere in moto*) anlassen ❹ (*dare inizio*) einleiten, in Gang bringen II. *vr* **-rsi** ❶ (*dirigersi, incamminarsi*) sich auf den Weg machen ❷ (*fig: stare per*) **-rsi a fare qc** im Begriff sein, etw zu tun

avvicendamento [avvitʃenda'mento] *m* Ablösung *f;* **~ ai comandi** Führungswechsel *m;* **~ delle colture** Fruchtwechsel *m*

avvicendare [avvitʃen'da:re] I. *vt* abwechseln II. *vr* **-rsi** sich abwechseln

avvicinamento [avvitʃina'mento] *m* Annäherung *f*

avvicinare [avvitʃi'na:re] I. *vt* ❶ (*mettere vicino*) **~ qc a qu/qc** etw an jdn/etw heranrücken ❷ (*entrare in rapporti con qu*) **~ qu** an jdn herantreten II. *vr* **-rsi** ❶ (*farsi vicino*) **-rsi a qu/qc**) sich (jdm/etw) nähern; **l'inverno si avvicina** der Winter naht ❷ (*essere simile*) nahe kommen ❸ (*ricevere*) aufnehmen

avvidi [av'vi:di] *v.* **avvedersi**

avvilente [avvi'lɛnte] *agg* (*degradante*) demütigend, erniedrigend; (*disprezzabile*) schmählich; (*scoraggiante*) entmutigend

avvilimento [avvili'mento] *m* (*degradazione morale*) Erniedrigung *f,* Demütigung *f;* (*abbattimento*) Entmutigung *f*

avvilire [avvi'li:re] <avvilisco> I. *vt* (*degradare*) erniedrigen; (*umiliare*) demütigen; (*scoraggiare*) entmutigen II. *vr* **-rsi** (*umiliarsi*) sich demütigen; (*perdersi d'animo*) verzagen, den Mut verlieren; **avvilito, -a** [avvi'li:to] *agg* erniedrigt, gedemütigt

avviluppare [avvilup'pa:re] I. *vt* ❶ (*avvolgere*) einwickeln ❷ (*aggrovigliare*) aufwickeln II. *vr* **-rsi** (*avvolgersi*) sich einwickeln; (*aggrovigliarsi*) sich verwickeln

avvinazzarsi [avvinat'tsarsi] *vr* sich (mit Wein) betrinken

avvinazzato, -a [avvinat'tsa:to] I. *agg* beschwipst, angeheitert II. *m, f* Angetrunkene(r) *f(m)*

avvincente [avvin'tʃɛnte] *agg* fesselnd, anziehend; **avvincere** [av'vintʃere] <irr> *vt* (*a fig*) fesseln

avvinghiare [avviŋ'gia:re] I. *vt* umklammern II. *vr* **-rsi a qu/qc** sich an jdn/etw klammern

avvio [av'vi:o] <-ii> *m* ❶ (*inizio*) Beginn *m,* Einleitung *f;* **dare** (l')**~ a qc** etw in Gang bringen ❷ (*computer*) Start *m;* **menu di ~** Startmenü *n*

avvisaglia [avvi'zaʎʎa] <-glie> *f* ❶ (MIL) Scharmützel *n* ❷ *pl* (*primi sintomi*) Vorzeichen *npl*

avvisare [avvi'za:re] *vt* ❶ (*informare*) benachrichtigen ❷ (*ammonire*) warnen

avvisatore [avviza'to:re] *m* Warnanlage *f;* **~ acustico** Hupe *f;* **~ d'incendio** Feuermelder *m*

avviso [av'vi:zo] *m* ❶ (*informazione, notizia*) Meldung *f,* Nachricht *f;* (*comunicato*) Bekanntmachung *f;* **~ di sfratto** Räumungsbefehl *m;* **dare ~** benachrichtigen ❷ (*sul giornale*) Anzeige *f* ❸ (*consiglio, ammonimento*) Warnung *f,* Hinweis *m;* **metter qu sull'~** jdn warnen ❹ (JUR: *notificazione*) Mitteilung *f,* Anzeige *f* ❺ (*parere, opinione*) Meinung *f;* **essere d'~** der Meinung sein; **a mio ~** meiner Meinung nach

avvistamento [avvista'mento] *m* Sichtung *f*

avvistare [avvis'ta:re] *vt* sichten

avvitamento [avvita'mento] *m* ❶ (*di vite*) Anschrauben *n* ❷ (AERO) Schraube *f,* Rolle *f;* (SPORT) Schraube *f*

avvitare [avvi'ta:re] I. *vt* (an-, ein)schrauben II. *vr* **-rsi** (AERO) eine Rolle machen; **avvitato, -a** [avvi'ta:to] *agg* ❶ (*vestito*) tailliert ❷ (*tuffo*) mit Drehung; **avvitatri-ce** [avvita'tri:tʃe] *f* (Dreh)schrauber *m*

avviticchiamento [avvitikkia'mento] *m* Umschlingen *n,* Umranken *n*

avviticchiare [avvitik'kia:re] I. *vt* umschlingen, umranken II. *vr* **-rsi** (**a qc**) sich (um etw) ranken

avvivare [avvi'va:re] I. *vt* beleben; (*conversazione*) anregen; (*fuoco*) anfachen; (*tinte*) auffrischen II. *vr* **-rsi** sich beleben

avvizzimento [avvittsi'mento] *m* Welken *n*

avvizzire [avvi'tsi:re] <avvizzisco> I. *vi essere* (ver)welken II. *vt avere* welken lassen

avvocata [avvo'ka:ta] *f* ❶ (*protettrice*) Schutzpatronin *f* ❷ (*esercitante l'avvocatura*) Anwältin *f;* **avvocatesco, -a** [avvoka'tesko] <-schi, -sche> *agg* (*pej*) (Winkel)advokaten-; **avvocatessa** [av-

voka'tessa] *f* ❶ (*esercitante l'avvocatura*) Anwältin *f* ❷ (*fam scherz*) Klatschtante *f*

avvocato, -essa [avvo'ka:to] *m, f* ❶ (*professionista*) Anwalt *m*, Anwältin *f*; ~ **difensore** Verteidiger(in) *m(f)*; ~ **dello Stato** Staatsanwalt *m*, -anwältin *f*; ~ **penale** Strafverteidiger(in) *m(f)*; ~ **delle cause perse** (*scherz*) Winkeladvokat *m*; ~ **del diavolo** Advocatus Diaboli *m*; **parlare come un** ~ (*fig fam*) wie ein Buch reden ❷ (*fig: patrocinatore*) Fürsprecher(in) *m(f)*; **avvocatura** [avvoka'tu:ra] *f* ❶ (*professione*) Anwaltsberuf *m* ❷ (*complesso di avvocati*) Anwaltschaft *f*

avvolgere [av'vɔldʒere] <irr> I. *vt* ~ **qu/qc** jdn/etw aufwickeln; ~ **qc attorno a qu/qc** etw um jdn/etw wickeln II. *vr* **-rsi** sich wickeln; **avvolgibile** [avvol'dʒi:bile] I. *m* Rollladen *m* II. *agg* Roll-; **avvolgibilista** [avvoldʒibi'lista] <-i> *m* Rollladenmontierer *m*; **avvolgimento** [avvoldʒi'mento] *m* ❶ (*arrotolamento*) Umwicklung *f*, Aufwicklung *f* ❷ (MIL) Aufrollen *n* ❸ (EL) Wicklung *f*

avvolgitore [avvoldʒi'to:re] *m* ❶ (*per nastro metallico*) Aufrollmaschine *f* ❷ (*cinematografico*) Aufspuler *m*, Aufroller *m*

avvolgitore, -trice *agg* Aufroll-, Aufwickel-

avvolsi *1. pers sing pass rem di* **avvolgere**

avvolto *pp di* **avvolgere**

avvoltoio [avvol'to:io] <-oi> *m* ❶ (ZOO) Geier *m* ❷ (*fig: strozzino*) Halsabschneider *m*

ayatollah [ajatol'la] <-> *m* Ajatollah *m*

Az. *abbr di* **azioni** Aktien

AZ *abbr di* **Alitalia** Alitalia *f* (*italienische Fluggesellschaft*)

azalea [addza'lɛ:a] *f* Azalee *f*

azero, -a [ad'dzɛ:ro] I. *m, f* Aserbaidschaner(in) *m(f)* II. *agg* aserbaidschanisch

azienda [ad'dzjɛnda] *f* Betrieb *m*, Firma *f*, Unternehmen *n*; **aziendale** [addzjen'da:le] *agg* Betriebs-; **aziendalista** [addzjenda'lista] <-i *m*, -e *f*> I. *mf* ❶ (*esperto di economia aziendale*) Betriebswirtschaftler(in) *m(f)*, Betriebswirt(in) *m(f)* ❷ (*chi applica l'aziendalismo*) Unternehmer(in) *m(f)*, Wirtschaftler(in) *m(f)* II. *agg* unternehmerisch; **mentalità** ~ Unternehmergeist *m*; **atteggiamento** ~ unternehmerische Einstellung; **aziendalistico, -a** [addzjenda'listiko] <-ci, -che> *agg* unternehmerisch

aziendalizzare [addzjendakid'dza:re] *vt* privatisieren; **aziendalizzazione** [addzjendakiddzat'tsio:ne] *f* Privatisierung *f*; ~ **degli ospedali** Privatisierung der Kran-

kenhäuser

azionabile [attsio'na:bile] *agg* ❶ (*che si può azionare*) beweglich ❷ (JUR) anwendbar, geltend; **azionabilità** [attsionabili'ta] <-> *f* (JUR) Anwendbarkeit *f*, Gültigkeit *f*

azionamento [attsiona'mento] *m* Betätigung *f*; **azionare** [attsio'na:re] *vt* betätigen, in Gang setzen

azionario, -a [attsio'na:rio] <-i, -ie> *agg* Aktien-

azionatore, -trice [attsiona'to:re] I. *m, f* Bediener(in) *m(f)* (einer Maschine) II. *agg* Antriebs-; **dispositivo** ~ Antriebsvorrichtung *f*

azione [at'tsio:ne] *f* ❶ (*l'agire*) Tat *f*, Aktion *f*; **uomo d'**~ Mann *m* der Tat; **passare all'**~ zur Tat schreiten ❷ (*attività*) Tätigkeit *f*; (TEC) Betrieb *m*; **essere in** ~ in Betrieb sein; **entrare in** ~ in Aktion treten ❸ (*funzionamento*) Wirkung *f*, Aktion *f* ❹ (*insieme di iniziative*) Aktion *f*, Unternehmung *f*; ~ **dimostrativa** Scheinangriff *m* ❺ (*intreccio*) Handlung *f* ❻ (JUR) Klage *f*, Verfahren *n* ❼ (MIL) Kampfhandlung *f*, Gefecht *n* ❽ (FIN) Aktie *f*; ~ **con diritto di voto** Stimmrechtsaktie *f* ❾ (FILM) ~! Aufnahme!; **azionista** [attsio'nista] <-i *m*, -e *f*> *mf* Aktionär(in) *m(f)*; **grande/piccolo** ~ Groß-/Kleinaktionär *m*

azotato, -a [addzo'ta:to] *agg* stickstoffhaltig

azoto [ad'dzɔ:to] *m* Stickstoff *m*

azzannare [attsan'na:re] *vt* mit den Zähnen packen; **azzannatura** [attsanna'tu:ra] *f* ❶ (*colpo*) Biss *m* ❷ (*cicatrice*) Narbe *f* (von einem Biss)

azzardare [addzar'da:re] I. *vt* wagen; (*arrischiare*) riskieren II. *vr* **-rsi** wagen; **azzardato, -a** [addzar'da:to] *agg* ❶ (*imprudente*) unvorsichtig; **mossa -a** gewagter Schritt ❷ (*avventato*) unüberlegt; **giudizio** ~ vorschnelles Urteil ❸ (*rischioso*) gewagt; **investimento** ~ riskante Investition; **azzardo** [ad'dzardo] *m* ❶ (*rischio*) Risiko *n* ❷ (*atto sconsiderato, temerario*) Wagnis *n*; **giocatore d'**~ Glücksspieler *m*; **azzardoso, -a** [addzar'do:so] *agg* ❶ (*persona*) wagemutig ❷ (*cosa*) gewagt

azzeccagarbugli [attsekkagar'buλλi] <-> *m* (*pej*) Winkeladvokat *m*

azzeccare [attsek'ka:re] *vt* ❶ (*colpire nel segno*) treffen ❷ (*fig: indovinare*) erraten; **azzeccato, -a** [attsek'ka:to] *agg* gut getroffen; (*risposta*) passend

azzeramento [addzera'mento] *m* Annullierung *f*; **azzerare** *vt* auf Null stellen

azzimare [addzi'ma:re] I. *vt* schmücken,

putzen **II.** *vr* **-rsi** sich (auf)putzen

azzimo ['addzimo] *m* **festa degli -i** Passahfest *n*

azzittire [attsit'tiːre] <azzittisco, azzittisci> **I.** *vt* zum Schweigen bringen **II.** *vr* **-rsi** verstummen

azzoppare, azzoppire [attsop'paːre, attsop'piːre] **I.** *vt* lahm machen **II.** *vr* **-rsi, -rsi** lahm werden

Azzorre [ad'dzɔrre] *fpl* Azoren *pl*

azzuffarsi [attsuf'farsi] *vr* sich raufen

azzurrino [addzur'riːno] *m* Zartblau *n*

azzurro [ad'dzurro] *m* ❶ (*colore*) (Himmel)blau *n*, Azurblau *n*; **~ di cobalto** Kobaltblau *n* ❷ (SPORT) italienischer Nationalspieler

azzurro, -a *agg* (himmel)blau, azurblau; **principe ~** Märchenprinz *m*; **azzurrognolo, -a** [addzur'roɲɲolo] *agg* bläulich

B b

B, b [bi] <-> *f* B, b *n;* ~ **come Bologna** B wie Berta

babà [ba'ba] <-> *m Hefeteilchen mit Rum und Rosinen*

babau [ba'ba:u] <-> *m* (*fam*) schwarzer Mann, Buhmann *m*

babbeo, -a [bab'bɛ:o] I. *agg* dumm, einfältig II. *m, f* Dummkopf *m*, Tölpel *m*

babbo ['babbo] *m* (*fam*) Papa *m*, Papi *m;* ~ **Natale** Weihnachtsmann *m*

babbuccia [bab'buttʃa] <-cce> *f* Pantoffel *m*

babbuino, -a [babbu'i:no] *m, f* ❶ (*ZOO*) Pavian *m* ❷ (*fig: persona sciocca*) Kamel *n fam*, Esel *m fam*

babele [ba'bɛ:le] *f* Durcheinander *n*, Chaos *n;* **Babele** [ba'bɛ:le] *f* Babel *n;* **babelico, -a** [ba'bɛ:liko] <-ci, -che> *agg* chaotisch, wirr

babilonese [babilo'ne:se] *agg* babylonisch; **Babilonia** [babi'lɔ:nia] <-ie> *f* ❶ (*provincia*) Babylonien *n* ❷ (*città*) Babel *n*, Babylon *n* ❸ (*fig*) **babilonia** heilloses Durcheinander

babordo [ba'bordo] *m* Backbord *n;* **a** ~ backbord(s)

baby ['beibi] I. <-> *m* Baby *n* II. <inv> *agg* Baby-

baby-banda ['bɛbi 'banda] *f* Kinderbande *f*

baby-doll ['beibi dɔl] <-> *m* Babydoll *n*

baby-gang ['bɛbi 'gɛng] <-> *f v.* **baby-banda**

baby-pensionato, -a *m, f* Frührentner(in) *m(f)*

baby-sitter ['beibi'sitə] <-> *mf* Babysitter *m;* **babysitteraggio** [bɛbisitte'raddʒo] <-ggi> *m* Babysitting *n;* **servizio di** ~ Babysitterdienst *m;* **baby-sitting** ['beibi'sitiŋ] <-> *m* Babysitting *n;* **baby talk** ['beibi 'tɔ:k] <sing> *m* Babysprache *f*

bacarsi [ba'karsi] *vr* wurmstichig werden

bacato, -a [ba'ka:to] *agg* ❶ (*frutta*) wurmstichig ❷ (*fig, pej: corrotto*) verdorben

bacca ['bakka] <-cche> *f* Beere *f*

baccalà [bakka'la] <-> *m* ❶ (*GASTR*) Stockfisch *m* ❷ (*fig pej: persona stupida*) Dummkopf *m*, Trottel *m fam;* (*persona allampanata*) Hering *m*, Zündholz *n A*

baccanale [bakka'na:le] *m* ❶ (*fig pej: gozzoviglia*) Gelage *n*, Orgie *f* ❷ (*HIST*) Bacchanal *n*, Bacchusfest *n*

baccano [bak'ka:no] *m* Lärm *m*, Krach *m;* **fare un** ~ **infernale** einen Höllenlärm ma-

chen *fam*

baccante [bak'kante] *f* ❶ (*HIST*) Bacchantin *f* ❷ (*fig pej: donna dissoluta*) liederliches Frauenzimmer

baccarà [bakka'ra] <-> *m* ❶ (*gioco*) Bakkarat *n* ❷ (*cristallo*) Baccarat-Kristall *n*

baccelliere [battʃel'liɛ:re] *m* ❶ (*grado accademico*) Bakkalaureus *m* ❷ (*HIST*) Knappe *m*

baccello [bat'tʃɛllo] *m* Hülse *f*

bacchetta [bak'ketta] *f* Stab *m;* (*per battere*) Stock *m;* (*del direttore d'orchestra*) Taktstock *m;* (*per il tamburo*) Trommelschlägel *m;* ~ **magica** Zauberstab *m;* **comandare qu a** ~ jdn herumkommandieren; **bacchettata** [bakket'ta:ta] *f* Stockschlag *m*, Stockhieb *m;* **bacchetto** [bak'ketto] *m* Stöckchen *n*

bacchettone, -a [bakket'to:ne] *m, f* (*pej*) Frömmler(in) *m(f)*

bacchiare [bak'kia:re] *vt* (*noci, castagne, olive*) mit einer Stange herunterschlagen; **bacchiatura** [bakkia'tu:ra] *f* Herunterschlagen *n* (*von Nüssen, Kastanien, Oliven mit einer Stange*)

bacchico, -a ['bakkiko] <-ci, -che> *agg* bacchisch

bacheca [ba'kɛ:ka] <-che> *f* ❶ (*per affissione*) schwarzes Brett ❷ (*di negozio, museo*) Schaukasten *m*, Vitrine *f*

bachelite [bake'li:te] *f* Bakelit® *n*

bacherozzo(lo) [bake'rɔttso(lo)] *m* Käfer *m*

bachicoltore, -trice [bakikol'to:re] *m, f* Seidenraupenzüchter(in) *m(f)*

bachicoltura [bakikol'tu:ra] *f* Seidenraupenzucht *f*

baciamano [batʃa'ma:no] <- o -i> *m* Handkuss *m;* **fare il** ~ **a qu** jdm einen Handkuss geben

baciapile [batʃa'pi:le] <-> *mf* (*pej*) Frömmler(in) *m(f)*

baciare [ba'tʃa:re] I. *vt* küssen II. *vr* **-rsi** sich küssen

bacile [ba'tʃi:le] *m* Becken *n*

bacillare [batʃil'la:re] *agg* Bazillen-, bazillär

bacillo [ba'tʃillo] *m* Bazillus *m*

bacinella [batʃi'nɛlla] *f* Becken *n*, Schüssel *f*

bacino [ba'tʃi:no] *m* Becken *n;* (*MIN*) Revier *n;* (*recipiente*) Bottich *m*, Kübel *m;* ~ **di carenaggio** Dock *n;* ~ **idroelettrico** Staubecken *n;* ~ **idrografico** Wasserein-

B

zugsgebiet *n*

bacio ['ba:tʃo] <-ci> *m* Kuss *m;* ~ **di Giuda** Judaskuss *m;* **al ~** (*fig fam*) perfekt

background ['bækgraund] <-> *m* Hintergrund *m*, Background *m*

backup ['bækʌp] <-> *m* (INFORM) Backup *n*, Datensicherung *f;* **fare un ~ dei dati** ein Backup der Daten durchführen

baco ['ba:ko] <-chi> *m* ❶ (ZOO) Raupe *f;* (*verme*) Wurm *m;* (*di generi alimentari*) Made *f;* ~ **da seta** Seidenraupe *f* ❷ (INFORM) Bug *m*

bacon ['beikən] <-> *m* Frühstücksspeck *m*

bacucco, -a [ba'kukko] <-cchi, -cche> *agg* (*fam*) vertrottelt, trottelig

bada ['ba:da] *f* **tenere a ~ qu** jdn hinhalten; (*bambino*) jdn hüten

badante [ba'dante] *mf* (*assistente*) Betreuer(in) *m(f)*

badare [ba'da:re] *vi* ❶ (*accudire*) ~ **a qu/qc** auf jdn/etw aufpassen; ~ **alla casa/ai bambini** das Haus/die Kinder hüten ❷ (*stare attento*) ~ **a qc** auf etw *acc* aufpassen; **non** ~ **a spese** keine Kosten scheuen; **bada a quello che fai!** pass auf, was du tust!, sei vorsichtig! ❸ (*dedicarsi*) sich kümmern; ~ **solo a divertirsi** nur ans Vergnügen denken; **bada ai fatti tuoi!** kümm(e)re dich um deine eigenen Angelegenheiten!

badessa [ba'dessa] *f* Äbtissin *f;* **sembrare** [*o* **parere**] **una ~** (*fig*) üppig aussehen; **fare la ~** (*fig*) sich aufspielen, angeben

badge [bædʒ] <- *o* **badges**> *m* Namensschild *n;* ~ **magnetico** Magnetkarte *f*, Badge *m CH*

badia [ba'di:a] <-ie> *f* Abtei *f*

badile [ba'di:le] *m* Schaufel *f*

baedeker® ['bɛːdɛkər] <-> *m* Baedeker® *m*

baffo ['baffo] *m* (*dell'uomo*) Schnurrbart *m*, Schnauzbart *m;* **ridere sotto i -i** sich *dat* ins Fäustchen lachen; **una cosa da leccarsi i -i** etwas, nach dem man sich *dat* die [*o* alle zehn] Finger lecken kann; **mi fa un ~** (*vulg*) das kümmert mich einen Scheiß; **baffone** [baf'fo:ne] *m* (*fam scherz*) Schnauzer *m*, Schnauzbart *m;* **baffuto, -a** [baf'fu:to] *agg* schnurrbärtig, mit Schnurrbart

bagagliaio [bagaʎ'ʎa:io] <-ai> *m* ❶ (MOT) Kofferraum *m* ❷ (FERR) Gepäckwagen *m*

bagaglio [ba'gaʎʎo] <-gli> *m* ❶ (*valigie*) Gepäck *n;* **assicurazione** (**dei**) **-gli** Reisegepäckversicherung *f;* **deposito -gli** Gepäckaufbewahrung *f;* **disfare i -gli** auspacken; **fare i -gli** packen; ~ **a mano** Handgepäck *n;* **con armi e -gli** mit Sack und

Pack ❷ (*fig: formazione*) Ausrüstung *f*, Ausstattung *f;* ~ **culturale** Bildung *f*

bagascia [ba'gaʃʃa] <-sce> *f* (*vulg*) Nutte *f*, Dirne *f;* **bagascio** [ba'gaʃʃo] <-sci>, **bagascione** [bagaʃ'ʃo:ne] *m* ❶ (*omosessuale*) Schwule(r) *m* ❷ (*vulg*) Hurenbock *m*

bagattella [bagat'tɛlla] *f* ❶ (*bazzecola*) Bagatelle *f*, Lappalie *f* ❷ (MUS) Bagatelle *f*

baggianata [baddʒa'na:ta] *f* (*fam pej*) Quatsch *m*, Gefasel *n*

bagher <-> *m v.* **baghero**

baghero [ba'ge:ro] *m* ❶ (SPORT) Bagger *m* (beim Volleyball) ❷ kleine Kutsche *f*, Wägelchen *n*

bagliore [baʎ'ʎo:re] *m* ❶ (*di lampo, faro*) Schein *m*, Schimmer *m* ❷ (*fig: apparizione breve*) Schimmer *m*

bagnacauda [baɲɲa'ka:uda] *f* (*piem*) Bagnacauda *f* (*Piemonteser Soße aus Öl, Knoblauch, Sardellen und Trüffeln*)

bagnante [baɲ'nante] *mf* Badende(r) *f(m)*, Badegast *m*

bagnare [baɲ'na:re] **I.** *vt* ❶ (*inumidire*) nass machen, anfeuchten ❷ (*fiume*) fließen durch ❸ (*laurea, vittoria*) begießen **II.** *vr* **-rsi** ❶ (*fare il bagno*) baden ❷ (*di pioggia, acqua*) nass werden; **bagnarola** [baɲɲa'rɔ:la] *f* (*fam*) (Bade)zuber *m;* **bagnasciuga** [baɲɲaʃ'ʃu:ga] <-> *m* ❶ (*battigia*) Strandlinie *f* ❷ (NAUT) Wasserlinie *f;* **bagnata** [baɲ'na:ta] *f* Bad *n*, Guss *m*

bagnato [baɲ'na:to] *m* nasser Boden

bagnato, -a *agg* nass, durchnässt; ~ **fradicio** klatschnass; **bagnatura** [baɲɲa'tu:ra] *f* ❶ (MED) Heilbad *n*, Badekur *f* ❷ (*il bagnare*) Baden *n;* **fare le -e** eine Badekur machen

bagnino, -a [baɲ'ni:no] *m, f* Bademeister(in) *m(f)*

bagno ['baɲɲo] *m* ❶ (FOTO, CHEM) Bad *n* ❷ (*stanza*) Bad *n*, Badezimmer *n;* **andare in ~** auf die Toilette gehen; **-i pubblici** öffentliche Badeanstalten *fpl;* ~ **turco** türkisches Bad ❸ (*immergersi in acqua*) Bad *n;* **costume da ~** Badeanzug *m;* **fare il ~** baden; ~ **termale** Thermalbad *n* ❹ *pl* (*stabilimento: stazione balneare*) Badeort *m;* **fare la cura dei -i** eine (Bade)kur machen ❺ (*lavaggio*) Bad *n;* **mettere qc a ~** etw einweichen; **essere in un ~ di sudore** (*fig*) schweißgebadet sein

bagnomaria [baɲɲoma'ri:a] <-> *m* **a ~** im Wasserbad

bagnoschiuma [baɲɲo'ʃu:ma] <-> *m* Schaumbad *n*

bagordo [ba'gordo] *m* (*pej*) Völlerei *f;*

darsi ai -i in Saus und Braus leben

baguttiano, -a [bagut'tia:no] I. *agg* (*premio Bagutta*) den Literaturpreis Bagutta betreffend II. *m* Bagutta-Preisträger(in) *m(f)*

bah [ba] *int* (*fam*) hm, wer weiß, Gott ...

baia ['ba:ia] <-aie> *f* (GEOG) Bucht *f*

baicolo [ba'i:kolo] *m* (*venez*) feines Gebäck mit Orangenliköraroma

baignoire [bɛ'nwar] <- *o* baignoires> *f* Proszeniumsloge *f*

bailamme [bai'lamme] <-> *m* Getümmel *n*, Lärm *m*

baio ['ba:io] <-ai> *m* (*cavallo*) (Rot)fuchs *m*, Braune(r) *m*

baiocco [ba'iɔkko] <-cchi> *m* ❶ *pl* (*fam: quattrini*) Pfennige *mpl*, Moneten *pl;* **non valere un ~** (*fig*) keinen Pfennig wert sein ❷ (HIST) päpstliche Kupfermünze

baionetta [baio'netta] *f* Bajonett *n*

Baireut [bai'rɔyt] *f* Bayreuth *n*

baita ['ba:ita] *f* Berghütte *f*, Almhütte *f*

bakelite [bake'li:te] *v.* **bachelite**

balance ['bæləns] <-> *m* Balanceregler *m*

balaustra [bala'ustra] *f* Balustrade *f*, Brüstung *f*

balayage [balə'jaʒ] <- *o* balayages> *m* Farbschattierung *f* (beim Strähnchenfärben)

balbettamento [balbetta'mento] *m* Stottern *n*, Gestammel *n*

balbettare [balbet'ta:re] I. *vi* stottern, stammeln; (*bambino*) plappern II. *vt* (*scusa*) stammeln; (*lingua straniera*) radebrechen; **balbettio** [balbet'ti:o] <-ii> *m* Gestotter *n*, Gestammel *n*

balbuzie [bal'buttsie] <-> *f* Stottern *n;* **essere affetto da ~** stottern; **balbuziente** [balbut'tsiɛnte] I. *agg* stotternd II. *mf* Stotterer *m*, Stott(r)erin *f*

Balcani [bal'ka:ni] *mpl* Balkan *m;* **balcanico, -a** [bal'ka:niko] <-ci, -che> *agg* balkanisch, Balkan-; **la penisola -a** die Balkanhalbinsel

balconata [balko'na:ta] *f* ❶ (ARCH) umlaufender Balkon ❷ (THEAT) Rang *m*

balcone [bal'ko:ne] *m* Balkon *m;* **balconiere, -a** [balko'niɛ:re] *m, f* Balkon- und Terassenausstatter *m*

baldacchino [baldak'ki:no] *m* Baldachin *m;* **letto a ~** Himmelbett *n*

baldanza [bal'dantsa] *f* Kühnheit *f*, Unverfrorenheit *f*

baldanzoso, -a [baldan'tso:so] *agg* unverfroren, keck

baldo, -a ['baldo] *agg* kühn, selbstsicher

baldoria [bal'dɔ:ria] <-ie> *f* Rummel *m;* **fare ~** Remmidemmi machen *fam*

baldracca [bal'drakka] <-cche> *f* Dirne *f*

balena [ba'le:na] *f* ❶ (ZOO) Wal(fisch) *m* ❷ (*fig, scherz: donna grassa*) Walross *n*, Tonne *f*

balenare [bale'na:re] *vi essere* ❶ (METEO) blitzen ❷ (*apparire improvvisamente*) aufblitzen; **mi è balenata un'eccellente idea** mir ist eine glänzende Idee gekommen

baleniera [bale'niɛ:ra] *f* ❶ (NAUT) Walfangboot *n*, Walfänger *m* ❷ (NAUT, MIL) Beiboot *n;* **baleno** [ba'le:no] *m* Blitz *m;* (*di luce*) Lichtstrahl *m;* **in un ~** (*fig*) blitzschnell, im Nu

balenottera [bale'nɔttera] *f* Furchenwal *m*

balera [ba'lɛ:ra] *f* Tanzlokal *n* (*in Vorstadtvierteln*)

balestra [ba'lɛstra] *f* ❶ (MOT) Blattfeder *f* ❷ (MIL) Armbrust *f*

Bali *f* Bali *n;* **l'isola di ~** die Insel Bali

balia¹ ['ba:lia] <-ie> *f* (*donna*) Amme *f;* **~ asciutta** Kindermädchen *n;* **avere bisogno della ~** (*fig*) ein Kindermädchen brauchen

balia² [ba'li:a] *f* (*potere*) Gewalt *f*, Willkür *f;* **essere in ~ della sorte** (*fig*) ein Spielball des Schicksals sein

balinese [bali'ne:se] I. *agg* balinesisch II. *mf* (*abitante*) Balinese *m*, Balinesin *f*

balistica [ba'listika] <-che> *f* Ballistik *f;* **balistico, -a** [ba'listiko] <-ci, -che> *agg* ballistisch

balla ['balla] *f* ❶ (COM) Ballen *m* ❷ (*fig fam: frottola*) (Lügen)märchen *n*, Stuss *m;* **non raccontare -e!** erzähl keine Märchen!

ballabile [bal'la:bile] I. *agg* tanzbar II. *m* Tanzstück *n*

ballare [bal'la:re] I. *vt* tanzen II. *vi* ❶ (MUS) tanzen; **~ dalla** [*o* **per la**] **gioia** vor Freude tanzen ❷ (NAUT) schlingern ❸ (*abiti*) schlottern; (*oggetti*) wackeln; **il cappotto mi balla addosso** der Mantel schlottert mir am Leib; **ballata** [bal'la:ta] *f* Ballade *f;* **ballerina** [balle'ri:na] *f* ❶ (*scarpa*) Ballerina *f*, Ballerinaschuh *m* ❷ (ZOO) Bachstelze *f;* **ballerino, -a** [balle'ri:no] I. *m, f* Balletttänzer(in) *m(f);* (*donna*) Ballerina *f;* (*danzatore*) Tänzer(in) *m(f);* **prima -a** Primaballerina *f* II. *agg* tanzend; **terre -e** Erdbebengebiete *npl;* **balletto** [bal'letto] *m* Ballett *n*

ballo ['ballo] *m* ❶ (*atto, arte di ballare*) Tanzen *m;* **corpo di ~** Ballett *n*, Corps de ballet *n* ❷ (*danza*) Tanz *m;* **mi permette questo ~?** darf ich um diesen Tanz bitten? ❸ (*festa da ~*) Ball *m*, Tanzfest *n* ❹ (*fig*) **essere in ~** auf dem Spiel stehen; **tirare**

B

in ~ qc etw ins Spiel bringen; **quando si è
in ~, bisogna ballare** (*prov*) wer A sagt,
muss auch B sagen; **ballonzolare** [bal-
lontso'la:re] *vi* ❶(*saltellare*) herumhüp-
fen ❷(*ballare goffamente*) tapsen, wie ein
Trampel(tier) tanzen ❸(*scuotere*) umher-
schwingen

ballotta [bal'lɔtta] *f* gesottene Kastanie

ballottaggio [ballot'taddʒo] <-ggi> *m*
Stichwahl *f;* (SPORT) Titelentscheidungs-
kampf *m*

balneabile [balne'a:bile] *agg* für den Badebetrieb frei gegeben; **balneabilità** [bal-
neabili'ta] <-> *f* Bademöglichkeit, -taug-
lichkeit *f;* **balneare** [balne'a:re] *agg* Ba-
de-; **stagione ~** Badesaison *f;* **stazione ~**
Badeort *m;* **balneazione** [balne-
at'tsio:ne] *f* Badebetrieb *m;* (*nel mare*) Baden *n* im Meer; **divieto di ~** Badeverbot *n*

baloccare [balok'ka:re] I. *vt* beschäftigen,
unterhalten II. *vr* **-rsi** (*fam*) (herum)spie-
len; (*gingillarsi*) herumtrödeln

balocco [ba'lɔkko] <-cchi> *m* (*per bambini*) Spielzeug *n*

balorda *f v.* **balordo**

balordaggine [balor'daddʒine] *f* Blödsinn *m,* Hirnrissigkeit *f*

balordo, -a [ba'lordo] I. *agg* blöd(sinnig),
dämlich, hirnrissig II. *m, f* Dummkopf *m,*
Schafskopf *m*

balsamico, -a [bal'sa:miko] <-ci, -che>
agg ❶(MED) balsamisch, Balsam-; **pomata
-a** Balsam *m,* Heilsalbe *f* ❷(*fig: salubre*)
gesund, sauber; **aria -a** (wohltuend) gesunde Luft; **balsamo** ['balsamo] *m* (*a fig*)
Balsam *m*

baltico, -a ['baltiko] <-ci, -che> *agg* baltisch; **il** (**Mar**) **Baltico** die Ostsee

baluardo [balu'ardo] *m* Schutzwall *m;* (*a
fig*) Bollwerk *n*

baluci [ba'lu:tʃi] I. <inv> *agg* belutschisch
II. <-> *mf* (*abitante*) Belutsche *m,* Belut-
schin *f* III. <*sing*> *m* (*lingua iranica*) Be-
lutschisch(e) *n*

baluginare [baludʒi'na:re] *vi* essere
❶(*apparire e sparire*) blitzartig auftauchen
und wieder verschwinden; (*luce*) aufflac-
kern ❷(*fig: balenare*) aufkommen

balza ['baltsa] *f* ❶(*di vestito*) Volant *m*
❷(GEOG) Steilhang *m* ❸(ARCH) Sockel *m,*
Borte *f*

balzano, -a [bal'tsa:no] *agg* (*fig: persona*)
eigentümlich

balzare [bal'tsa:re] *vi* essere ❶(*saltare
di scatto*) (hoch)springen, hüpfen, (empor)schnellen; **~ in piedi** aufspringen, auf
die Beine springen ❷(*fig: risaltare*) springen; **~ agli occhi** in die Augen springen; **le**

balzò il cuore in gola das Herz klopfte ihr
bis zum Hals; **balzellare** [baltsel'la:re] *vi*
hüpfen; **balzelloni** [baltsel'lo:ni] *avv* **a ~**
in Sprüngen; **balzo** ['baltso] *m* Sprung *m,*
Satz *m;* **prendere** [*o* **cogliere**] **la palla
al ~** (*fig*) die Gelegenheit beim Schopfe packen [*o* ergreifen]

bambagia [bam'ba:dʒa] <-gie> *f* (*fig*)
Watte *f;* **allevare** [*o* **tenere**] **qu nella ~**
jdn in Watte packen; **stare** [*o* **vivere**] **nella ~** (*fig*) wohl behütet leben

bamberottolo, -a [bambe'rɔttolo] *m, f*
(*fam*) Pummelchen *n,* Dickerchen *n*

bambina *f v.* **bambino**

bambinaia [bambi'na:ia] <-aie> *f* Kindermädchen *n;* **bambinata** [bam-
bi'na:ta] *f* Kinderstreich *m,* Kinderei *f;*
bambinesco, -a [bambi'nesko] <-schi,
-sche> *agg* kindisch, albern; **bambinità**
[bambini'ta] <-> *f* Kindlichkeit *f,* Infantilität *f*

bambino, -a [bam'bi:no] I. *m, f* ❶Kind *n;*
(*maschio*) Junge *m,* Bub *m* A, *südd;* (*femmina*) Mädchen *n;* **aspettare un ~** (*fam*)
ein Kind erwarten ❷(*fig scherz*) Kindskopf *m,* kleines Kind; **non fare il ~!** sei
nicht kindisch! II. *agg* naiv, kindlich;
bambinone, -a [bambi'no:ne] *m, f*
(*fam*) ❶(*bambino robusto*) kräftiges Kind
❷(*scherz*) Kindskopf *m*

bamboccio [bam'bɔttʃo] <-cci> *m* (*fam*)
❶(*bambino*) Pummelchen *n,* Dickerchen *n* ❷(*fantoccio*) Puppe *f* ❸(*fig: semplicione*) Einfaltspinsel *m*

bambola [bam'bola] *f* ❶(*per bambini*)
Puppe *f* ❷(*fig: donna bella*) (süße)
Puppe *f;* **bamboleggiare** [bambo-
led'dʒa:re] *vi* sich affektiert benehmen, ge-
ziert tun; **bambolotto** [bambo'lɔtto] *m*
Püppchen *n,* Puppe *f*

bambù [bam'bu] <-> *m* Bambus *m;* (*canna*) Bambusrohr *n*

banale [ba'na:le] *agg* banal; **banalità**
[banali'ta] <-> *f* Banalität *f;* **banalizzare**
[banalid'dza:re] *vt* banalisieren; **banaliz-
zazione** [banaliddzat'tsio:ne] *f* Banali-
sierung *f*

banana [ba'na:na] *f* ❶(*frutto*) Banane *f*
❷(*di capelli*) Haarknoten *f;* **banana split**
[bə'na:na split] <- *o* banana splits> *f* Ba-
nanensplit *m*

bananeto [bana'ne:to] *m* Bananenplanta-
ge *f;* **banano** [ba'na:no] *m* Bananenstaude *f*

banca ['baŋka] <-che> *f* Bank *f;* **biglietto
di ~** Banknote *f;* ~ (**dei**) **dati** (INFORM) Datenbank *f;* ~ **del sangue** Blutbank *f;* **andare in** [*o* **alla**] ~ auf die [*o* zur] Bank gehen

B

Banca centrale europea <-> f (*Unione europea*) Europäische Zentralbank f; **il comitato esecutivo della** ~ das Direktorium der Europäischen Zentralbank

bancarella [baŋka'rɛlla] f Marktstand m, Verkaufsstand m

bancario, -a [baŋ'ka:rio] <-i, -ie> I. agg Bank-; **coordinate -ie** Bankverbindung f; **sistema** ~ Bankensystem n; **estratto** ~ Bankauszug m II. m, f Bankangestellte(r) f(m)

bancarotta [baŋka'rotta] f Bankrott m

banchettare [baŋket'ta:re] vi ❶ (*partecipare ad un banchetto*) an einem Bankett teilnehmen ❷ (*mangiare e bere*) schlemmen, tafeln

banchetto [baŋ'ketto] m ❶ (*piccolo banco*) Bänkchen n; (*bancarella*) Verkaufsstand m ❷ (*pranzo*) Bankett n, Festmahl n

banchiere, -a [baŋ'kie:re] m, f ❶ (FIN) Bankier m ❷ (*nei giochi d'azzardo*) Bankhalter(in) m(f)

banchina [baŋ'ki:na] f ❶ (NAUT) Kai m, Mole f; ~ **di carico/di scarico** Laderampe f ❷ (FERR) Bahnsteig m ❸ (*per ciclisti*) Radweg m; (*per pedoni*) Fußgängerweg m; ~ **spartitraffico** Mittelstreifen m; **banchinare** [baŋki'na:re] vt am Kai anlegen

banchisa [baŋ'ki:za] f Packeis n

banco ['baŋko] <-chi> m ❶ (*sedile*) (Sitz)bank f; ~ **degli imputati** [o **accusati**] Anklagebank f; ~ **della giuria** Geschworenenbank f; **scaldare i -chi** (*fig*) die Schulbank drücken ❷ (*di bar*) Theke f; (*di negozio*) Ladentisch m, Theke f; **passare qc sotto** ~ (*fig*) etw unter der Hand weitergeben ❸ (COM) Stand m ❹ (FIN) Bank f, Geldinstitut n; ~ **del lotto** Lottoannahmestelle f ❺ (GEOG) Bank f, Schicht f; ~ **di nebbia** Nebelbank f; ~ **di corallo** Korallenriff n; ~ **di ghiaccio** Eisbank f; ~ **di pesci** (Fisch)schwarm m ❻ (TEC) Werkbank f; ~ **di prova** Prüfstand m

bancogiro [baŋko'dʒi:ro] m Giroverkehr m

bancomat [baŋko'mat o 'baŋkomat] <-> m ❶ (*servizio automatizzato*) Geldautomat m; **prelevare soldi al** ~ am Automat Geld abheben ❷ (*tessera*) Scheckkarte f

bancone [baŋ'ko:ne] m (*di banca, biglietteria*) Schalter m; (*di bar*) Theke f, Tresen m

banconota [baŋko'nɔ:ta] f Banknote f; **bancoposta** [baŋko'pɔsta] <-> m Postbank f

band [bænd] <-> f Band f

banda ['banda] f ❶ (MUS) (Musik)kapelle f

❷ (*striscia*) Band n ❸ (INFORM) Band n; ~ **perforata** Lochstreifen m ❹ (*di malviventi*) Bande f; (*scherz: cricca*) Clique f ❺ (MIL) Truppe f ❻ (PHYS) Band n, Bandbreite f

banderuola [bande'ruɔ:la] f Wetterfahne f; (*piccola bandiera*) Wimpel m, Fähnchen n

bandiera [ban'diɛ:ra] f Fahne f, Flagge f; ~ **bianca** weiße Flagge; **cambiare** [o **mutare**] ~ (*fig*) ins andere Lager überwechseln; **bandierina** [bandie'ri:na] f ❶ (*piccola bandiera*) Fähnchen n ❷ (INFORM) ~ **elettronica** Flag n ❸ (*calcio*) Eckfahne f; **tiro dalla** ~ (*calcio d'angolo*) Eckball m, Corner m A

bandire [ban'di:re] <bandisco> vt ❶ (*concorso*) ausschreiben ❷ (*esiliare*) verbannen, verstoßen

bandita [ban'di:ta] f (*di caccia*) Schongehege n; (*di pesca*) Schongewässer n

banditismo [bandi'tizmo] m Banditentum n

bandito [ban'di:to] m ❶ (*fuorilegge*) Kriminelle(r) m, Bandit m ❷ (*messo al bando*) Verbannte(r) m, Geächtete(r) m

bandito, -a agg verbannt, geächtet

banditore, -trice [bandi'to:re] m, f (*all'asta*) Versteigerer m, Versteig(r)erin f, Auktionator m; **bando** ['bando] m ❶ (*pubblico annuncio*) (öffentliche) Bekanntmachung f; (*di concorso*) Ausschreibung f ❷ (*esilio*) Verbannung f, Exil n; **mettere al** ~ (*a fig*) verbannen; ~ **a ...** Schluss mit ...; ~ **agli scherzi!** Spaß beiseite!

bandolo ['bandolo] m Stranganfang m; **perdere il** ~ **della matassa** (*fig*) den Faden verlieren; **trovare il** ~ **della matassa** (*fig*) des Rätsels Lösung finden

bandone [ban'do:ne] m ❶ (*saracinesca*) Rollladen m ❷ (*lastra metallica*) Eisenblech n

bang [baŋg] I. int peng II. <-> m ~ **sonico** Überschallknall m

banjo ['bændʒou o 'bandʒo] <-> m Banjo n

banketing manager ['bæŋketiŋ 'mænidʒə] <-> m Bankettorganisator m, -manager m

BANKITALIA f acro di BANCa d'ITALIA italienische Zentralnotenbank

banner ['banner] <-> m (INFORM) Banner n; **campagna** ~ Bannerkampagne f

baobab [bao'bab] <-> m Affenbrotbaum m

bar [bar] <-> m ❶ (*locale*) (Steh)café n, Lokal n ❷ (*mobile*) (Haus)bar f ❸ (PHYS)

Bar *n*

BAR *abbr di* **Battaglione Addestramento Reclute** *Ausbildungsbataillon für Rekruten*

bara ['ba:ra] *f* (*feretro*) Bahre *f*, Sarg *m*; **avere un piede nella ~** (*fig*) mit einem Fuß im Grabe stehen; **fino alla ~ sempre si impara** (*prov*) man lernt nie aus

barabba [ba'rabba] <-> *m* Gauner *m*

baracca [ba'rakka] <-cche> *f* ❶ (*catapecchia*) Baracke *f*, Schuppen *m* ❷ (*nelle fiere*) Bude *f*, Stand *m* ❸ (*fig fam*) Laden *m*, Schuppen *m*; **mandare avanti la ~** (*fam*) den Laden schmeißen; **piantare ~ e burattini** (*fig*) den Bettel hinwerfen; **baraccare** [barak'ka:re] **I.** *vi* avere ❶ (*costruire baracche*) Baracken aufstellen ❷ (*fig: divertirsi*) ausgelassen sein, feiern; **abbiamo baraccato fino a tardi** wir haben bis spät in die Nacht gefeiert **II.** *vt* in Baracken unterbringen; **~ i terremotati** die Erdbebenopfer in Notunterkünften unterbringen; **baraccato, -a** [barak'ka:to] **I.** *agg* in Baracken untergebracht **II.** *m, f* Barackenbewohner(in) *m(f)*; **baracchino** [barak'ki:no] *m* (*fam: chiosco*) Bude *f*, Kiosk *m*; **baraccone** [barak'ko:ne] *m* große Baracke; (*nelle fiere*) Jahrmarkt-, Kirmesbude *f*; **baracconismo** [barakko'nizmo] *m* Zurschaustellung *f*, Entblößung *f*; **baracconista** [barakko'nista] <-i -m, -e *f*> *mf* Schausteller(in) *m(f)*; **baraccopoli** [barak'kɔ:poli] <-> *f* Barackensiedlung *f*, Armenviertel *n*

baraonda [bara'onda] *f* (großes) Durcheinander *n*, Zirkus *m fam*

barare [ba'ra:re] *vi* ❶ (*al gioco*) falschspielen ❷ (*imbrogliare*) betrügen, schummeln

baratro ['ba:ratro] *m* Abgrund *m*

barattare [barat'ta:re] *vt* **~ qc** (**con qc**) etw (gegen etw) (ein)tauschen; **baratto** [ba'ratto] *m* Tausch(handel) *m*

barattolo [ba'rattolo] *m* Büchse *f*, Dose *f*; (*di vetro*) Glas *n*

barba ['barba] *f* ❶ (*dell'uomo*) Bart *m*; **farsi la ~** sich rasieren ❷ (*fig*) Langeweile *f*; **che ~ quel tipo!** (*fig*) was für ein Langweiler!; **che ~!** (*fig fam*) so was Ödes! ❸ (*loc*) **farla in ~ a qu** (*fig*) jdn hinters Licht führen; **far venire la ~** (*fig*) langweilig sein; **in ~ a qu/qc** (*fig*) jdm/einer Sache zum Trotz

barbabietola [barba'bi:tola] *f* rote Rübe, rote Bete; **~ da zucchero** Zuckerrübe *f*

barbablù [barba'blu] <-> *m* Blaubart *m*

barbagianni [barba'dʒanni] <-> *m* ❶ (zoo) Schleiereule *f* ❷ (*fig pej: sciocco*) Trottel *m*, Tölpel *m*

barbaglio [barba'baʎʎo] <-gli> *m* Blendung *f*; (*luce*) grelles Licht

barbaresco [barba'resko] <-schi> *m* Barbaresco *m* (*Rotwein aus dem Piemont*)

barbarico, -a [barba'ri:ko] <-ci, -che> *agg* barbarisch; **barbarie** [bar'ba:rie] <-> *f* Barbarei *f*; **barbarismo** [barba'rizmo] *m* Barbarismus *m*

barbaro ['barbaro] *m* (*a fig*) Barbar *m*

barbaro, -a *agg* (*a fig*) barbarisch

barbecue ['ba:bikju:] <-> *m* Grillfest *n*, Grillen *n*; (*griglia*) (Garten)grill *m*

barbera [bar'bɛ:ra] *m* Barbera *f* (*trockener Rotwein aus dem Piemont*)

barbero ['barbero] *m* (*cavallo berbero*) Berber *m*, Berberpferd *n*; (*cavallo veloce*) schnelles Pferd

barbetta [bar'betta] *f* (*piccola barba*) Bärtchen *n*

barbie ['barbi] <- *o* barbies> *f* Barbie(puppe) *f*

barbiere [bar'bjɛ:re] *m* (Herren)friseur *m*

barbino, -a [bar'bi:no] *agg* (*fam*) jämmerlich, mies; **fare una figura -a** eine jämmerliche Figur abgeben

barbitonsore [barbiton'so:re] *m* (*scherz*) Barbier *m obs*

barbiturato [barbitu'ra:to] *m* (CHEM) Barbiturat *n*

barbiturico [barbi'tu:riko] <-ci> *m* Barbiturat *n*

barbogio, -a [bar'bɔ:dʒo] <-gi, -gie *o* -ge> *agg* tatt(e)rig; **un vecchio ~** (*pej*) ein Tattergreis *m*

barbone [bar'bo:ne] *m* ❶ (*lunga barba*) langer Bart, Vollbart *m* ❷ (*persona con barba*) Bärtige(r) *m* ❸ (*pej: vagabondo*) Landstreicher *m*, Penner *m fam* ❹ (zoo) Pudel *m*

barboso, -a [bar'bo:so] *agg* (*fig*) langweilig, öde *fam*

barbuto, -a [bar'bu:to] *agg* bärtig

barca ['barka] <-che> *f* ❶ (NAUT) Boot *n*; **~ a remi** Ruderboot *n*; **~ a vela** Segelboot *n*; **andare in ~** mit dem Boot fahren; **la ~ fa acqua da tutte le parti** (*fig fam*) da ist überall der Wurm drin ❷ (*fig fam: famiglia, lavoro e propri affari*) Laden *m*; **siamo tutti nella** [*o* **sulla**] **stessa ~** (*fig*) wir sitzen alle in einem Boot ❸ (*fig fam: mucchio*) Menge *f*; **avere una ~ di soldi** (*fig fam*) einen Haufen Geld haben

barcaiolo [barka'iɔ:lo] *m* Bootsführer *m*; (*traghettatore*) Fährmann *m*; (*chi noleggia barche*) Bootsverleiher *m*

barcamenarsi [barkame'narsi] *vr* sich durchschlängeln

barcarola [barka'rɔ:la] *f* (MUS) Barkarole *f*

barcata [bar'ka:ta] *f* ❶ (*fig fam: mucchio*) Haufen *m*, Menge *f* ❷ (NAUT) Schiffsladung *f*

barchettone [barket'to:ne] *m* Cassonebett *n* (*großes Bett im Stil der italienischen Renaissance*)

barcollamento [barkolla'mento] *m* Wanken *n*, Taumeln *n*

barcollare [barkol'la:re] *vi* ❶ (*vacillare*) wanken, taumeln ❷ (*fig: perdere autorità, stabilità*) wanken; **barcollio** [barkol'li:o] <-ii> *m* fortgesetztes Schwanken; **barcolloni** [barkol'lo:ni] *avv* wankend, taumelnd; **andare ~** taumeln

barcone [bar'ko:ne] *m* großer Kahn; (*ponte di barche*) Ponton *m*

bardare [bar'da:re] I. *vt* (*cavallo*) anschirren II. *vr* **-rsi** (*scherz*) sich auftakeln

bardatura [barda'tu:ra] *f* ❶ (*del cavallo*) Geschirr *n*, Sattelzeug *n* ❷ (*scherz*) Aufmachung *f*

bardo ['bardo] *m* Barde *m*

bardolino [bardo'li:no] *m* Bardolino *m* (*trockener Rotwein aus Venetien*)

barella [ba'rɛlla] *f* Tragbahre *f*

barese [ba're:se] I. *agg* aus Bari stammend, baresisch II. *mf* (*abitante*) Barese *m*, Baresin *f*, Einwohner(in) *m(f)* von Bari

Barese <*sing*> *m* Gebiet *n* um Bari

bargiglio [bar'dʒiʎʎo] <-gli> *m* (ZOO) (Hals)lappen *m*

Bari *f* Bari *n* (*Hauptstadt Apuliens*)

baricentro [bari'tʃɛntro] *m* Baryzentrum *n*, Schwerpunkt *m*

barile [ba'ri:le] *m* Fass *n*; **barilotto** [bari'lɔtto] *m* ❶ (*per vino, olio*) Fässchen *n* ❷ (*fig fam pej: persona piccola e tozza*) (fetter) Mops *m*

bario ['ba:rio] *m* Barium *n*

barista [ba'rista] <-i *m*, -e *f*> *mf* ❶ (*chi lavora in un bar*) Barkeeper *m*, Barfrau *f*, Bedienung *f* (im Café) ❷ (*proprietario*) Wirt(in) *m(f)*, Lokalbesitzer(in) *m(f)*

baritonale [barito'na:le] *agg* baritonal, Bariton-

baritono [ba'ri:tono] *m* (MUS) Bariton *m*

baritono, -a *agg* (LING) Barytonon-

barlume [bar'lu:me] *m* fahler Lichtschein; (*a fig*) Schimmer *m*; **~ di speranza** Hoffnungsschimmer *m*

barman ['ba:mən *o* 'ba:man] <-> *m* Barkeeper *m*, Barmixer *m*

baro, -a ['ba:ro] *m, f* ❶ (*al gioco*) Falschspieler(in) *m(f)*, Mogler(in) *m(f)*, Schummler(in) *m(f)* ❷ (*truffatore*) Betrüger(in) *m(f)*

barocchetto [barok'ketto] *m* Spätbarock *n o m*; **barocchismo** [barok'kiz-

mo] *m* barocker Stil; (*pej*) Schwulst *m*

barocco [ba'rɔkko] *m* Barock *n o m*

barocco, -a <-cchi, -cche> *agg* ❶ (*proprio del barocco*) barock, Barock- ❷ (*fig pej: fastoso*) schwülstig

barolo [ba'rɔ:lo] *m* Barolo *m* (*Rotwein aus dem Piemont*)

barometrico, -a [baro'mɛːtriko] *agg* barometrisch

barometro [ba'rɔːmetro] *m* Barometer *n*

baronaggio [baro'naddʒo] <-ggi> *m* Baronie *f*; **baronale** [baro'na:le] *agg* des Barons, die Baronie betreffend

barone, -essa [ba'ro:ne, baro'nessa] *m, f* ❶ (*titolo*) Baron(in) *m(f)* ❷ (*fig*) Boss *m*, Magnat *m*; **i -i della finanza** die Finanzbosse *mpl*; **baronia** [baro'ni:a] <-ie> *f* ❶ (*titolo, dominio*) Baronie *f* ❷ (*fig: potere economico*) Magnatentum *n*

barra ['barra] *f* ❶ (*asta*) Stab *m*; (TEC, MOT) Stange *f* ❷ (NAUT) (Ruder)pinne *f* ❸ (JUR) Schranke *f* (im Gerichtssaal) ❹ (*segno grafico*) (Schräg)strich *m* ❺ (*di metalli*) Barren *m* ❻ (INFORM) Schaltfläche *f*; **~ dei menu** Menüleiste *f*; **~ di navigazione** Navigationsleiste *f*; **~ dei task** Taskleiste *f*; **~ del titolo** Titelleiste *f*; **~ di scorrimento** Bildlaufleiste *f*

barricare [barri'ka:re] I. *vt* verbarrikadieren II. *vr* **-rsi** sich verbarrikadieren, sich einschließen; **-rsi in casa** sich zu Hause verkriechen; **-rsi in un silenzio assoluto** sich in absolutes Schweigen hüllen; **barricata** [barri'ka:ta] *f* Barrikade *f*; **andare sulle -e** (*fig*) auf die Barrikaden gehen

barriera [bar'riɛːra] *f* ❶ (*sbarramento*) Barriere *f*, Schranke *f*, Sperre *f*; (FERR) (Bahn)schranke *f*; **~ doganale** Zollschranke *f* ❷ (*fig: impedimento*) Hindernis *n*, Barriere *f*; **le -e sociali** die sozialen Schranke ❸ (GEOG) Riff *n*, Bank *f*; **~ corallina** Korallenriff *n* ❹ (SPORT: *nel calcio*) Mauer *f*

barrire [bar'ri:re] <*barrisco, barrisci*> *vi* (*elefante*) trompeten; **barrito** [bar'ri:to] *m* Ruf *m* [*o* Trompeten *n*] des Elefanten

barrocciaio [barrot'tʃa:io] <-ai> *m* Fuhrmann *m*, Wagenführer *m*; **barroccino** [barrot'tʃi:no] *m* Handwagen *m*; **barroccio** [bar'rɔttʃo] <-cci> *m* Karren *m*

baruffa [ba'ruffa] *f* (heftiger) Streit *m*, Zank *m*; (*zuffa*) Rauferei *f*; **far ~** (heftig) streiten, zanken; (*in modo violento*) raufen

barzelletta [bardzel'letta] *f* Witz *m*; **raccontare ~** Witze erzählen; **barzellettistica** [bardzellet'tistika] <-che> *f* Witze *fpl*, Genre *n* des Schwanks [*o* der Burleske]; **barzellettistico, -a** [bartsellet'tistiko] <-ci, -che> *agg* den Schwank betreffend, burlesk; **umorismo** ~ burleske Komik

basale [ba'za:le] *agg* ❶ *(relativo alla base)* Basal- ❷ *(fig: essenziale)* Basis-

basalto [ba'zalto] *m* Basalt *m*

basamento [baza'mento] *m* ❶ (ARCH) Fundament *n,* Grundmauern *fpl* ❷ (MOT) Kurbelgehäuse *n* ❸ *(di monumento, mobile)* Sockel *m*

basare [ba'za:re] I. *vt* ❶ *(fig: fondare)* ~ **qc su qc** etw auf etw *acc* (be)gründen ❷ *(statua)* stellen; *(edificio)* bauen II. *vr* **-rsi** *(a fig)* sich stützen; **-rsi su qc** sich auf etw *acc* stützen, auf etw basieren

basco ['basko] <-schi> *m* Baskenmütze *f*

basco, -a <-schi, -sche> I. *agg* baskisch II. *m, f* Baske *m,* Baskin *f*

basculante [basku'lante] *agg* ❶ Schwenk-, Schwing-; **porta** ~ Schwingtür *f* ❷ *(di fucile)* Kipplauf-; **canna** ~ Kipplauf *m,* Gewehrlauf *m* mit Knickgelenk

basculla [bas'kulla] *f* Brückenwaage *f*

base ['ba:ze] *f* ❶ *(fig)* Fundament *n,* Basis *f;* **a ~ di** auf der Grundlage von; **in ~ a** aufgrund [*o* auf Grund] +*gen;* **gettare** [*o* **porre**] **le -i di qc** zu etw das Fundament legen; **essere privo di ~** ohne Grundlage sein; **mancare di -i** jeder Grundlage entbehren ❷ (MIL) Basis *f,* Stützpunkt *m;* **~ aerea** Luftwaffenstützpunkt *m;* **~ navale** Flottenstützpunkt *m* ❸ (ASTR) Station *f;* **~ spaziale** Raumstation *f* ❹ (MAT) Basis *f,* Grundzahl *f* ❺ (CHEM) Base *f* ❻ (SPORT: *baseball)* Base *n* ❼ (POL) Basis *f* ❽ (COM) ~ **negoziale** Verhandlungsgrundlage *f*

baseball ['beisbɔ:l *o* 'bɛsbɔl] <-> *m* Baseball *m*

basetta [ba'zetta] *f* Koteletten *fpl*

basicità [bazitʃi'ta] <-> *f* Basizität *f;* **basico, -a** ['ba:ziko] <-ci, -che> *agg* basisch; **basificazione** [bazifikat'tsio:ne] *f* (CHEM) Basenbildung *f,* Umwandlung *f* in eine Base

basilare [bazi'la:re] *agg* grundlegend; **basilarità** [basilari'ta] <-> *f* Grundprinzip *n,* Grundsätzlichkeit *f*

Basilea [bazi'lɛ:a] I. *m* *(cantone)* Basel *n* II. *f* *(città)* Basel *n*

basilica [ba'zi:lika] <-che> *f* Basilika *f*

Basilicata [bazili'ka:ta] *f* Basilicata *f*

basilico [ba'zi:liko] *m* Basilikum *n*

basilisco [bazi'lisko] <-schi> *m* Basilisk *m;* **fissare qu come un ~** jdn ansehen, als ob man ihn (mit Blicken) töten wollte

basire [ba'zi:re] <basisco, basisci> *vi essere* in Ohnmacht fallen

basista [ba'zista] <-i *m,* -e *f*> *mf* Basispolitiker(in) *m(f)*

basito, -a [ba'zi:to] *agg* benommen; **rimaner** ~ benommen sein

basketball ['ba:skitbɔ:l *o* 'basketbol] <-> *m* Basketball *m*

bassa ['bassa] *f* Tiefebene *f;* **la ~ padana** die Poebene

bassezza [bas'settsa] *f* ❶ *(fig: viltà)* Niederträchtigkeit *f,* Niedrigkeit *f;* *(pochezza)* Armseligkeit *f;* *(azione vile)* Gemeinheit *f;* ~ **d'animo** Verworfenheit *f* ❷ *(di statura)* Kleinwuchs *m*

bassifondi *pl di* **bassofondo**

bassipiani *pl di* **bassopiano**

basso ['basso] *m* ❶ *(parte inferiore)* unterer Teil, tief gelegener Teil; *(di casa)* Untergeschoss *n;* **cadere in** ~ *(fig)* tief sinken ❷ (MUS) Bass *m;* **chiave di** ~ Bassschlüssel *m*

basso, -a <più basso *o* inferiore, bassissimo *o* infimo> I. *agg* ❶ *(di statura)* klein; *(acqua, muro)* niedrig; *(tacco)* flach ❷ *(prezzi)* niedrig ❸ *(voce)* leise; (MUS) tief ❹ (HIST) spät, Spät-; **il ~ Medioevo** das späte Mittelalter ❺ *(ricorrenza)* früh; **quest'anno la Pasqua è -a** dieses Jahr ist Ostern früh ❻ (SOC: *ceti, classi)* untere(r, s), niedrig ❼ *(fig: vile)* niedrig, niederträchtig; **gli istinti -i** die niederen Instinkte *mpl* ❽ *(di paese)* **Bassa Italia** Süditalien *n;* **i Paesi Bassi** die Niederlande ❾ *(loc)* **-a stagione** *(inizio dell'anno)* Vorsaison *f;* *(fine dell'anno)* Nachsaison *f;* **tenere gli occhi -i** die Augen niederschlagen; **guardare qu dall'alto in ~** jdn von oben herab betrachten II. *avv* ❶ *(in basso)* (nach) unten, zu Boden ❷ *(a bassa voce)* leise

bassofondo [basso'fondo] <bassifondi> *m* ❶ *pl* (SOC) Unterwelt *f;* *(quartieri)* Elendsviertel *npl* ❷ (NAUT) Untiefe *f*

bassoforno [basso'forno] <bassiforni> *m* (TEC) Niederschachtofen *m*

bassopiano [basso'pia:no] <-i *o* bassipiani> *m* Tiefebene *f*

bassorilievo [bassori'liɛ:vo] *m* Basrelief *n*

bassotto [bas'sɔtto] *m* (ZOO) Dackel *m*

basta ['basta] *int* Schluss; **punto e** ~ und damit Schluss; *v. a.* **bastare; bastante** [bas'tante] *agg* genügend, ausreichend

bastarda *f v.* **bastardo**

bastardaggine [bastar'daddʒine] *f* Charakterlosigkeit *f*

bastardo, -a [bas'tardo] I. *agg* ❶ (ZOO) nicht reinrassig ❷ (BOT) gekreuzt, hybrid ❸ *(persona)* unehelich ❹ *(fig: spurio)* falsch, unecht; *(corrotto)* schlecht, gemein II. *m, f* (fam pej) Bastard *m*

bastare [bas'ta:re] *vi essere* *(essere sufficiente)* genügen, (aus)reichen; ~ **a sé**

stesso sich *dat* selbst genügen; **basta poco per essere felici** man braucht nicht viel um glücklich zu sein; **come se non bastasse** als wäre das nicht genug; **basta che ... +*conj*** wenn nur ...; **basta con** [*o* **di**] **...** Schluss mit +*dat*, genug +*gen*; **basta così** das reicht, so ist es gut; **punto e basta!** Punktum!, Schluss, aus!

bastian contrario [bas'tiaŋ kon'tra:rio] <- -i> *m* (*fam*) ewiger Besserwisser, Nörgler *m*; **fare il ~** immer widersprechen müssen

bastimento [basti'mento] *m* ❶ (*nave*) Schiff *n* ❷ (*carico*) Schiffsladung *f*

bastione [bas'tio:ne] *m* Bastion *f*, Bollwerk *n*

basto ['basto] *m* ❶ (*per muli e asini*) Packsattel *m* ❷ (*fig: peso eccessivo*) Bürde *f*, Last *f*; **mettere il ~ a qu** jdn einspannen

bastonare [basto'na:re] I. *vt* (ver)prügeln, mit dem Stock schlagen; **sembrare un cane bastonato** (*fig*) wie ein geprügelter Hund aussehen II. *vr* **-rsi** sich prügeln; **bastonata** [basto'na:ta] *f* Stockschlag *m*, Stockhieb *m*; **gli dette un fracco di -e** (*fam*) er [*o* sie] hat ihm die Hucke voll gehauen; **bastoncino** [baston'tʃi:no] *m* ❶ (*piccolo bastone*) kleiner Stock, Stecken *m*, Stöckchen *n* ❷ (SPORT: *di sci*) Skistock *m*; (*di corsa*) (Stafetten)stab *m*; **~ di pesce** Fischstäbchen *n*; **bastone** [bas'to:ne] *m* ❶ (*di legno*) Stock *m*; **~ da montagna** Bergstock *m*; **~ da passeggio** Spazierstock *m*; **mettere il ~ tra le ruote a qu** (*fig*) jdm (einen) Knüppel zwischen die Beine werfen ❷ (*fig* MIL) (Befehls)gewalt *f*, Kommando *n* ❸ (SPORT) Schläger *m*, Stock *m* ❹ *pl* (*di carte da gioco*) italienische Spielkartenfarbe ❺ (*fig: sostegno*) Stütze *f*; **essere il ~ della vecchiaia di qu** (*fig*) jds Stütze im Alter sein

batacchio [ba'takkio] <-cchi> *m* ❶ (*di campana*) Glockenschwengel *m* ❷ (*di porta*) Türklopfer *m* ❸ (AGR) Schlagstange *f*

bataia [bata'i:a] <-ie> *f* Goldwäschersieb *n*

batata [ba'ta:ta] *f* Batate *f*, Süßkartoffel *f*

batch processing ['bætʃ 'prouse싱] <-> *m* (INFORM) Batch processing *n*, Schub-, Stapelverarbeitung *f*

batic [ba'tik] <-> *m* Batik *m o f*

batista [ba'tista] <-> I. *f* Batist *m* II. *agg* Batist-, aus Batist

batosta [ba'tɔsta] *f* ❶ (*fig: sconfitta*) Schlappe *f*; (*disgrazia*) (schwerer) Schlag *m* ❷ (*colpo*) Schlag *m*

battaglia [ba'taʎʎa] <-glie> *f* ❶ (MIL) Schlacht *f*, Feldzug *m*; **campo di ~** (*a fig*) Schlachtfeld *n*; **~ campale** Feldschlacht *f*;

dare ~ a qu/qc jdm/etw eine Schlacht liefern ❷ (*fig: lotta*) Kampf *m*, Schlacht *f* ❸ (*campagna*) Kampagne *f*; **una ~ per** [*o* **contro**] **qc** eine Kampagne für [*o* gegen] etw; **~ elettorale** Wahlkampf *m*; **battagliero, -a** [battaʎ'ʎɛ:ro] *agg* kämpferisch

battaglio [bat'taʎʎo] <-gli> *m* ❶ (*di campana*) Glockenschwengel *m* ❷ (*di porta*) Türklopfer *m*

battaglione [battaʎ'ʎo:ne] *m* Bataillon *n*

battelliere [battel'liɛ:re] *m* Bootsführer *m*, Fährmann *m*

battello [bat'tɛllo] *m* Boot *n*, Kahn *m*

battente [bat'tɛnte] *m* (*di porta e finestra*) Flügel *m*; (*di mobile*) Tür *f*; **chiudere i -i** (*fig*) schließen

battere ['battere] I. *vt* ❶ (*dare dei colpi*) schlagen, klopfen; **~ un colpo** (einmal) schlagen; **~ le ore** die Stunden schlagen; **~ i piedi** mit den Füßen stampfen; (*fig*) (vor Wut) aufstampfen; **non so dove ~ il capo** [*o* **la testa**] (*fig*) ich weiß nicht mehr ein noch aus; **~ le ali** mit den Flügeln schlagen; **~ le mani** (in die Hände) klatschen ❷ (*grano*) dreschen; (*carne*) klopfen ❸ (MUS: *tempo*) (an)geben, schlagen; (*tamburo*) schlagen ❹ (SPORT) schlagen; (*primato*) brechen; **~ la punizione** den Strafstoß ausführen ❺ (FIN: *moneta*) prägen ❻ (*metallo, ferro*) hämmern, schlagen; **~ il ferro finché è caldo** (*prov*) das Eisen schmieden, solange es heiß ist ❼ (*loc*) **~ i denti** (**dal freddo**) (vor Kälte) mit den Zähnen klappern; **~ il marciapiede** (*fam*) auf den Strich gehen; **~ una lettera a macchina** einen Brief mit der Maschine tippen; **non ~ ciglio** ohne mit der Wimper zu zucken; **in un batter d'occhio** im Nu, in null Komma nichts *fam* II. *vi* ❶ (*pioggia*) prasseln; (*orologio, cuore*) schlagen; (*sole*) knallen ❷ (*bussare*) klopfen, pochen; **~ alla porta** an die Tür klopfen ❸ (MOT, TEC) klopfen; **~ sempre sullo stesso tasto** (*fig*) darauf herumhacken, immer auf dem gleichen Thema herumreiten III. *vr* **-rsi** ❶ (MIL) sich schlagen, kämpfen ❷ (*fig: lottare*) sich schlagen, sich auseinander setzen; **-rsi per qc** um etw kämpfen; **-rsi il petto** (*fig*) sich *dat* an die Brust schlagen; **battersela** (*fam*) sich verdrücken

batteria [batte'ri:a] <-ie> *f* ❶ (*insieme di cose*) Satz *m*, Batterie *f*; (*di rubinetti*) Armaturen *fpl* ❷ (MOT, EL, MIL) Batterie *f*; (*di orologio*) Schlagwerk *n* ❸ (MUS) Schlagzeug *n*

battericida¹ [batteri'tʃi:da] <-i, -e> *agg* bakterizid, keimtötend

battericida² <-i> *m* Bakterizid *n*, keimtötendes Mittel; **batterico, -a** [bat'tɛːriko] <-ci, -che> *agg* bakteriell, Bakterien-

batterio [bat'tɛːrio] <-i> *m* Bakterie *f*

batteriologa *f v.* batteriologo

batteriologia [batteriolo'dʒiːa] <-gie> *f* Bakteriologie *f;* **batteriologico, -a** [batterio'lɔːdʒiko] <-ci, -che> *agg* bakteriologisch; **batteriologo, -a** [batte'riɔːlogo] <-gi, -ghe> *m, f* Bakteriologe *m,* -login *f*

batterista [batte'rista] <-i *m,* -e *f> mf* ❶ (MUS) Schlagzeuger(in) *m(f)* ❷ (EL) Batterienhersteller(in) *m(f)*

battesimale [battezi'maːle] *agg* Tauf-; **fonte ~** Taufbecken *n;* **battesimo** [bat'tɛːzimo] *m* Taufe *f;* **nome di ~** Taufname *m;* **tenere a ~ qu** jds Taufpate [*o* -patin] sein

battezzando, -a [batted'dzando] *m, f* Täufling *m*

battezzare [batted'dzaːre] **I.** *vt (fig: denominare,* REL*)* taufen; **l'hanno battezzata Silvia** sie wurde auf den Namen Silvia getauft **II.** *vr* **-rsi** sich taufen lassen

battibaleno [battiba'leːno] *avv* **in un ~** im Nu

battibeccarsi [battibek'karsi] *vr* sich zanken

battibecco [batti'bekko] <-chi> *m* Gezänk *n*

batticarne [batti'karne] <-> *m* Fleischklopfer *m*

batticuore [batti'kuɔːre] *m* Herzklopfen *n*

battigia [bat'tiːdʒa] <-gie> *f* Strandlinie *f*

battimani [batti'maːni] *mpl,* **battimano** [batti'maːno] *m* Beifall *m,* Applaus *m*

battipanni [batti'panni] <-> *m* Klopfer *m;* (*per tappeti*) Teppichklopfer *m*

battipenna [batti'penna] <-> *m* (MUS) Spielplättchen *n*

battipista [batti'pista] <-> *m* ❶ (SPORT) Vorläufer *m* ❷ (TEC) Planierraupe *f;* (*per la neve*) Schneeraupe *f*

battiscopa [battis'koːpa] <-> *m* Fuß(boden)leiste *f*

battista [bat'tista] <-i *m,* -e *f>* **I.** *mf* Baptist(in) *m(f);* **San Giovanni Battista** Johannes der Täufer **II.** *agg* Tauf-; **chiesa ~** Baptistenkirche *f*

battistero [battis'tɛːro] *m* Taufkapelle *f,* Baptisterium *n*

battistrada [battis'traːda] <-> *m* ❶ (MOT) (Reifen)profil *n* ❷ (SPORT) Schrittmacher *m*

battitappeto [battitap'peːto] <- *o* -i> *m* Klopfsauger *m*

battito ['battito] *m* (*del cuore, dell'orologio*) Schlag *m;* (*della pioggia*) Prasseln *n*

battitore, -trice [batti'toːre] *m, f* (SPORT) Schläger(in) *m(f);* (*tennis*) Aufschläger(in)

m(f); **battitrice** [batti'triːtʃe] *f* Dreschmaschine *f;* **battitura** [batti'tuːra] *f* ❶ (TYP) Tippen *n* ❷ (AGR) Dreschen *n*

battona [bat'toːna] *f* (*dial, vulg*) Nutte *f*

battuta [bat'tuːta] *f* ❶ (*percossa*) Schlag *m,* Stoß *m* ❷ (*scherz: frase spiritosa*) Witz *m;* **~ di spirito** geistreiche Bemerkung; **avere la ~ pronta** schlagfertig sein ❸ (MUS) Takt *m;* **~ d'arresto** Pause *f,* Unterbrechung *f;* (*insuccesso*) Rückschlag *m;* **alle prime -e** (*a fig*) am Anfang ❹ (*di macchina da scrivere*) Anschlag *m* ❺ (THEAT) Einsatz *m;* (*frase*) Satz *m* ❻ (SPORT) Abspiel *n* ❼ (*caccia*) Treibjagd *f* ❽ (*di polizia*) Razzia *f*

battutismo [battu'tizmo] *m* Schlagfertigkeit *f,* Fähigkeit *f,* geistreiche Bemerkungen zu machen

battutistico, -a [battu'tistiko] <-ci, -che> *agg* geistreich, schlagfertig

battuto, -a *agg* ❶ (*rame, ferro*) gehämmert, geschmiedet; **di ferro ~** schmiedeeisern ❷ (*strada*) begangen; (*con veicolo*) befahren ❸ (GASTR: *carne*) geklopft ❹ (*sconfitto*) geschlagen

batuffolo [ba'tuffolo] *m* ❶ (*di cotone*) Bausch *m* ❷ (*fig: bambino*) Pummelchen *n;* (*cane*) Mops *m*

bau bau ['baːu 'baːu] *int* wauwau

baule [ba'uːle] *m* ❶ (*da viaggio*) Überseekoffer *m* ❷ (MOT) Kofferraum *m;* **bauletto** [bau'letto] *m* ❶ (*per oggetti femminili*) Schmuck-, Kosmetikkäfferchen *n* ❷ (*borsetta*) Handkäfferchen *n*

bauliera [bau'liɛːra] *f* Kofferraum *m*

bauxite [bauk'siːte] *f* Bauxit *m*

bava ['baːva] *f* ❶ (ANAT, ZOO) Schaum *m,* Schleim *m;* **avere la ~ alla bocca** Schaum vor dem Mund haben; (*fig*) (vor Wut) schäumen ❷ (*del baco da seta*) Spinnfaden *m;* (*seta fiacca*) Flockseide *f* ❸ (*loc*) **~ di vento** Windhauch *m*

bavaglino [bavaʎ'ʎiːno] *m* Lätzchen *n*

bavaglio [ba'vaʎʎo] <-gli> *m* Knebel *m;* **mettere il ~ a qu** (*fig*) jdm einen Maulkorb anlegen

bavagliolo [bavaʎ'ʎɔːlo] *m* Lätzchen *n*

bavarese [bava're:se] **I.** *agg* bay(e)risch **II.** *mf* Bayer(in) *m(f)*

bavero ['baːvero] *m* Kragen *m;* **prendere qu per il ~** jdn beim Kragen packen; (*fig*) jdn auf den Arm nehmen

Baviera [ba'viɛːra] *f* Bayern *n*

bazar [bad'dzar] <-> *m* ❶ (*nei paesi musulmani*) Basar *m;* (*fig* COM) Warenhaus *n* ❷ (*fig: disordine*) Durcheinander *n*

bazza ['baddza] *f* ❶ (*mento sporgente*) (vorspringendes) Kinn *n* ❷ (*fortuna*)

Glück *n*, Dusel *m fam;* (*successo*) Erfolg *m;* **che ~!** so ein Glück!

bazzecola [bad'dzɛːkola] *f* Lappalie *f*, Kleinigkeit *f*

bazzicare [battsi'kaːre] **I.** *vi* verkehren; **~ con qu** mit jdm verkehren; **in questo locale bazzicano molti artisti** in diesem Lokal verkehren viele Künstler **II.** *vt* regelmäßig besuchen, verkehren in +*dat*

bazzotto, -a [bad'dzɔtto] *agg* ❶ (*uovo*) weich (gekocht) ❷ (*fig: infermiccio*) schwach, kränklich; (*alticcio*) angetrunken

BCE *f abbr di* **Banca Centrale Europea** EZB *f*

be' [bɛ] *int v.* **beh**

bè [bɛ] *int* (*della pecora*) bäh, mäh

beach volley [biːtʃ 'vɔli] <-> *m* Beach-Volleyball *n*

beare [be'aːre] **I.** *vt* beglücken **II.** *vr* **-rsi di qc** an etw *dat* Wohlgefallen [*o* Vergnügen] finden

beat [biːt] **I.** <-> *mf* Beatnik *m;* (LIT A) Angehörige(r) *f(m)* der Beatgeneration **II.** <inv> *agg* Beat-

beata *f v.* **beato**

beatificare [beatifi'kaːre] *vt* selig sprechen; **beatificazione** [beatifi-kat'tsioːne] *f* Seligsprechung *f*

beatitudine [beati'tuːdine] *f* ❶ (REL) Seligkeit *f* ❷ (*felicità*) (Glück)seligkeit *f*; **beato, -a** [be'aːto] **I.** *agg* ❶ (*fig: felice*) glücklich, glückselig ❷ (REL) selig; **il Beatissimo Padre** der Heilige Vater; **~ te!** (*fam*) du hast es gut!; **~ tra le donne** (*scherz*) Hahn im Korb **II.** *m, f* Selige(r) *f(m)*

beau geste [bo 'ʒɛst] <- *o* beaux gestes> *m* (*iron*) höfliche Geste *f*

beautiful ['bjuːtəfəl] *agg* wunderschön, perfekt; **~ people** (*iron: gente mondana*) Schickeria *f*, mondäne Gesellschaft

beauty-case ['bjuːti 'keis] <-> *m* Kosmetikkoffer *m*

beauty center ['bjuːti 'sentə] <- *o* beauty centers> *m* Beauty-Center *n*, Schönheitsinstitut *n*

beauty farm ['bjuːti 'faːm] <- *o* beauty farms> *f* Beauty-, Schönheitsfarm *f*

beauty hostess ['bjuːti 'houstis *o* 'bjuti 'hɔstes] <-> *f* Vorführdame *f* von Kosmetika

beauty parlour ['bjuːti 'paːlə] <- *o* beauty parlours> *m* Schönheits-, Kosmetiksalon *m*

bebè [be'bɛ] <-> *m* Baby *n*

beccaccia [bek'kattʃa] <-cce> *f* Waldschnepfe *f*

beccare [bek'kaːre] **I.** *vt* ❶ (ZOO) (auf)picken; (*colpire con il becco*) picken (nach)

❷ (*fam: mangiucchiare*) picken ❸ (*fig fam*) kriegen, schnappen; **~ qu sul fatto** jdn auf frischer Tat ertappen; **beccati questa!** (*fam*) da hast [*o* siehst] du's! ❹ (THEAT) ausbuhen, auspfeifen **II.** *vr* **-rsi** ❶ (ZOO) schnäbeln ❷ (*fam: bisticciarsi*) sich zanken; **beccata** [bek'kaːta] *f* ❶ (*colpo*) Schnabelhieb *m* ❷ (*quantità*) Schnabel (voll) *m* ❸ (*fig* THEAT) Buhruf *m;*

beccatura [bekka'tuːra] *f* Picken *n*

beccheggiare [bekked'dʒaːre] *vi* (NAUT, AERO) (heftig) schaukeln; **beccheggio** [bek'keddʒo] <-ggi> *m* (NAUT, AERO) (heftiges) Schaukeln *n*

becchettare [bekket'taːre] *vt* picken; **becchettio** [bekket'tiːo] <-ii> *m* Picken *n*

becchime [bek'kiːme] *m* (Hühner-, Vogel)futter *n*

becchino [bek'kiːno] *m* Totengräber *m*

becco ['bekko] <-cchi> *m* ❶ (*fig fam: bocca umana*, ZOO) Schnabel *m;* **mettere il ~ dappertutto** (*fam*) überall seine Nase hineinstecken; (*immischiarsi*) zu allem seinen Senf dazugeben; **restare a ~ asciutto** (*fam*) leer ausgehen; **chiudi il ~!** (*fam*) halt den Schnabel!; **non avere il ~ d'un quattrino** (*fam*) keinen roten Heller haben, blank sein ❷ (ZOO: *caprone*) (Ziegen)bock *m* ❸ (*di bricchi*) Tülle *f*, Schnabel *m* ❹ (CHEM) Brenner *m;* **~ di Bunsen** Bunsenbrenner *m* ❺ (*fam: marito di donna infedele*) Gehörnter *m*, betrogener Ehemann

beccuccio [bek'kuttʃo] <-cci> *m* ❶ (*di bricco*) Tülle *f*, Schnabel *m* ❷ (*per capelli*) Haarklammer *f*

becero, -a ['beːtʃero] **I.** *agg* (*tosc: pej*) primitiv, ordinär **II.** *m, f* (*pej*) Primitivling *m fam*, ordinäre Person

beckettiano, -a [bekket'tiaːno] *agg* Becket-; **stile ~** Becket'scher Stil *m*, im Stile Becketts

bed and breakfast [bed ænd 'brekfəst] <-> *m* Bed and Breakfast *n*, Zimmer *n* mit Frühstück

bee [bɛ] *v.* **bè**

beeper ['biːpə] <- *o* beepers> *m* Personensuchanlage *f*, Piepser *m*

befana [be'faːna] *f* ❶ (*Epifania*) Dreikönigsfest *n* ❷ (*vecchia*) Befana *f* (*Fee, die in der Dreikönigsnacht den braven Kindern Geschenke und den bösen Kohle bringt*) ❸ (*fig fam: donna vecchia e brutta*) alte Schreckschraube, Vettel *f*

beffa ['bɛffa] *f* Spott *m;* **farsi -e di qu** über jdn spotten, jdn verspotten; **restare col danno e con le -e** zum Schaden auch noch den Spott haben; **beffardo, -a** [bef'fardo] *agg* spöttisch, höhnisch; **beffare** [bef'faːre] **I.** *vt* verspotten, verhöhnen **II.** *vr* **-rsi di qu/qc** sich über jdn/etw lustig machen; **-rsi della legge** die Gesetze missachten

beffeggiare [beffed'dʒaːre] *vt* auslachen, verhöhnen, verspotten

bega ['bɛːga] <-ghe> *f* (*fam*) Scherereien *fpl*, Zoff *m sl*; (*litigio*) Streit *m*

beghina [be'giːna] *f* ❶(REL) Begine *f* ❷(*pej: bigotta*) Betschwester *f*, Frömmlerin *f*

begli ['bɛʎʎi] *v.* **bello, -a**

begonia [be'gɔːnia] <-ie> *f* Begonie *f*

beh [bɛ] *int* (*fam*) nun, also

behaviorismo [beavio'rizmo] *m* Behaviorismus *m*

bei ['bɛːi] *v.* **bello, -a**

beige [bɛːʒ] **I.** <inv> *agg* beige(farben) **II.** <-> *m* Beige *n*

bel [bɛl] *v.* **bello, -a**

belare [be'laːre] *vi* ❶(ZOO) blöken, meckern ❷(*fig fam: piangere*) plärren; (*lamentarsi*) jammern, raunzen *A*; **belato** [be'laːto] *m* Blöken *n*, Meckern *n*

belcantismo [belkan'tizmo] *m* Technik *f* [*o* Pflege *f*] des Belcanto; **belcantistico, -a** [belkan'tistiko] <-ci, -che> *agg* belcantistisch, den Belcanto betreffend; **virtuosismo** ~ Belcantovirtuosität *f*

bel esprit [bɛl ɛ'spri] <-> *o* beaux esprits> *m* Belesprit *m*, Schöngeist *m*

belga ['bɛlga] <-gi *m*, -ghe *f*> **I.** *agg* belgisch **II.** *mf* Belgier(in) *m(f)*; **Belgio** ['bɛldʒo] *m* il ~ Belgien *n*

Belgrado [bel'graːdo] *f* Belgrad *n*

bell' [bɛll] *v.* **bello, -a**

bella ['bɛlla] *f* ❶(*donna bella*) Schöne *f*, Schönheit *f*; **la ~ addormentata nel bosco** Dornröschen *n* ❷(*innamorata*) Freundin *f* ❸(*copia*) Reinschrift *f*; **ricopiare in ~** ins Reine schreiben ❹(SPORT) Entscheidungsspiel *n*

belladonna [bella'dɔnna] *f* Tollkirsche *f*

bellamente [bella'mente] *avv* schön, hübsch *fam*; (*con precauzione*) vorsichtig, schonend; **dire qc a qu** ~ jdm etw durch die Blume sagen

belletto [bel'letto] *m* ❶(*cosmetico*) Schminke *f*; **darsi il** ~ sich schminken ❷(*fig: artificio stilistico*) stilistischer Kunstgriff

bellezza [bel'lettsa] *f* ❶(*qualità*) Schönheit *f*; (*splendore*) Pracht *f*; **istituto di** ~ Kosmetiksalon *m*; **prodotti di** ~ Kosmetika *npl*, Kosmetikprodukte *pl*; **le -e di una città** Sehenswürdigkeiten *fpl* einer Stadt;

per ~ zur Verzierung ❷(*persona*) Schönheit *f*; (*cosa*) Prachtstück *n*; **concorso di** ~ Schönheitswettbewerb *m* ❸(*loc*) **che** ~! wie schön!; **finire in** ~ (*fig*) ein gutes Ende nehmen; **la ~ di tre milioni** (*fam*) die Kleinigkeit von drei Millionen

bellicismo [belli'tʃizmo] *m* Kriegshetze *f*

bellico, -a <-ci, -che> *agg* kriegerisch, Kriegs-; **industria -a** Rüstungsindustrie *f*; **bellicoso, -a** [belli'koːso] *agg* (*popolo*) kriegerisch; (*carattere*) kampflustig

belligerante [bellidʒe'rante] **I.** *agg* Krieg führend **II.** *mf* Kriegführende(r) *f(m)*; **belligeranza** [bellidʒe'rantsa] *f* Kriegszustand *m*

bellimbusto [bellim'busto] *m* (*fam*) Lackaffe *m*, Modenarr *m*

bello ['bɛllo] *m* ❶(*bellezza*) Schöne(s) *n*, Schönheit *f*; **che c'è di ~ alla televisione?** (*fam*) was kommt Schönes im Fernsehen?; **che fai di bello?** was machst du Schönes?; **ora viene il** ~ (*fam*) nun kommt das Beste; **il ~ è che ...** (*fam iron*) komisch daran ist, dass ...; **questo è il** ~ (*fam*) das ist es ja gerade!; **sul più** ~ (*fam*) gerade, als es am schönsten war ❷(METEO) schönes Wetter; **oggi fa** ~ heute ist schönes Wetter; **il tempo s'è rimesso al** ~ das Wetter ist wieder schön geworden

bello, -a I. *agg* schön; (*carino*) hübsch, fesch *A*; (*buono*) gut; (*occasione*) günstig; **il bel mondo** die elegante Welt; **le -e arti** die schönen Künste; **fare la -a vita** ein liederliches Leben führen; **fare una -a figura** (*a iron*) einen guten Eindruck machen; **non valere un bel nulla** (*fam*) keinen Pfifferling wert sein; **avere un bel dire** (*fam*) gut reden haben; **mi sono preso una -a paura** (*fam*) ich habe ganz schön Angst bekommen, ich habe so einen Schiss bekommen; **un bel giorno te lo dirò** (*fam*) eines schönen Tages werde ich es dir sagen; **l'ho fatta/detta -a!** (*fam*) da habe ich ja was angestellt/gesagt!; **sei un bel cretino** (*fam*) du bist vielleicht ein Idiot; **una -a somma** (*fam*) ein hübsches Sümmchen; **-a copia** Reinschrift *f*; **nel bel mezzo** (*fam*) mitten, mittendrin; **bell'e fatto** (*fam*) schon erledigt; **bell'e buono** (*fam*) echt, durch und durch; **alla bell'e meglio** (*fam*) mehr schlecht als recht; **ne hai fatte delle -e** (*fam*) da hast du dir ja allerhand geleistet; **un bel niente** ganz und gar nichts; **un bel pasticcio!** ein schönes Durcheinander!; **bel** ~ (*fam*) in aller (Gemüts)ruhe; **oh -a!** (*iron*) na wunderbar! *fam*, wie schön! *fam*; **questa è -a!** (*fam*) das ist ein Ding!, das gibt's ja nicht!; **-a figu-**

ra! (*fam iron*) schöne Blamage!; **tante -e cose!** alles Gute! **II.** *m, f* Schöne(r) *f(m)*;
belloccio, -a [bel'bttʃo] <-cci, -cce> *agg* (*fam*) hübsch, von einer natürlichen Schönheit, fesch *A*
bellunese [bellu'ne:se] **I.** *agg* bellunesisch **II.** *mf* (*abitante*) Bellunese *m*, Bellunesin *f*, Einwohner(in) *m(f)* von Belluno
Bellunese <*sing*> *m* Gebiet *n* um Belluno
Belluno *f* Belluno *n* (*Stadt in Venetien*)
bel paese® ['bɛl pa'e:ze] <-> *m* Bel-Paese *m* (*milder Butterkäse aus der Lombardei*)
beltà [bel'ta] <-> *f* (*poet*) Schönheit *f*
Belucistan *m* Belutschistan *n*
belva ['belva] *f* ❶ (*animale*) wildes Tier ❷ (*fig: persona*) Bestie *f*
belvedere [belve'de:re] <-> *m* ❶ (*luogo*) Aussichtspunkt *m* ❷ (NAUT) Besanmast *m*
benaccetto, -a [benat'ʃɛtto] *agg* (*poet*) willkommen; **benamato, -a** [bena'ma:to] *agg* (*poet iron*) heiß geliebt
benarrivato [benarri'va:to] *m* Willkommensgruß *m;* **dare il ~ a qu** jdn (bei seiner Ankunft) willkommen heißen
benarrivato, -a *agg* willkommen
benché [beŋ'ke] *cong* + *conj* obwohl
benda ['bɛnda] *f* ❶ (MED) Binde *f*, Verband *m* ❷ (*ornamento*) (Stirn)band *n;* **avere la ~ agli occhi** (*fig*) mit Blindheit geschlagen sein; **bendaggio** [ben'daddʒo] <-ggi> *m* Verband *m;* (SPORT) Bandage *f;* **bendare** [ben'da:re] *vt* ❶ (*gli occhi*) zubinden ❷ (MED) verbinden; **bendatura** [benda'tu:ra] *f* ❶ (*atto*) Verbinden *n* ❷ (*bendaggio*) Verband *m*
bendisposto, -a [bendis'posto] *agg* wohlgesinnt, wohlwollend; (*pronto ad aiutare*) hilfsbereit
bene¹ ['bɛ:ne] <meglio, benissimo *o* ottimamente> *avv* gut, wohl; (*giusto, esatto*) genau, richtig; **essere vestito (per) ~** gut gekleidet sein; **di ~ in meglio** (*a iron*) immer besser; **~ o male** gut oder schlecht; (*comunque sia*) wohl oder übel; **ben ~** (*fam*) richtig, (ganz) genau; (*a fondo*) gründlich, ordentlich; **è andata ~** es ist gut gelaufen; **non mi sento ~ oggi** ich fühle mich heute nicht wohl; **lo credo ~** (*fam*) das glaube ich gern; **prenderla ~** etw gut aufnehmen; **ben tre milioni m'è costato!** (*fam*) das hat mich gut drei Millionen gekostet; **ben gli sta!, gli sta ~!** (*fam*) das geschieht ihm recht!; **ben detto!** (*fam*) richtig!, gut gesagt!; **va ~!** (*fam*) gut!, in Ordnung!, einverstanden!; **tutto è ~ quel che finisce ~** (*prov*) Ende gut, alles gut; **voler ~ a qu** jdn gern(e) haben, jdn lieben

bene² *int* gut; **~, basta così** gut, das reicht; **~!** **bravo! bis!** wunderbar!, bravo!, Zugabe!
bene³ *m* ❶ (*buono*) Gute(s) *n;* (*benessere*) Wohl *n;* **opere di ~** gute Werke *npl;* **far ~ (alla salute)** gesund sein; **per il tuo ~** zu deinem Besten; **per ~** anständige Leute; **fare qc a fin di ~** etw in guter Absicht tun, etw gut meinen; (*a scopo caritativo*) etw für einen guten Zweck tun; **lo dico per il tuo ~** ich sage es zu deinem Wohl; **ti auguro ogni ~** ich wünsche dir alles Gute ❷ (COM, JUR) Gut *n;* **-i di consumo** Konsumgüter *npl;* **-i immobili** unbewegliche Güter *npl;* **-i mobili** bewegliche Güter *npl;* **avere dei -i al sole** Immobilien besitzen ❸ *pl* (*averi*) Vermögen *n*, Besitz *m;* **-i culturali** Kulturgüter *npl*
benedettino, -a I. *agg* benediktinisch, Benediktiner- **II.** *m, f* (REL) Benediktiner(in) *m(f)*
benedetto, -a [bene'detto] *agg* ❶ (REL) gesegnet; (*terra, oggetto*) geweiht; **acqua -a** Weihwasser *n;* **Dio sia ~** gelobt sei der Herr ❷ (*fig: persona*) begnadet ❸ (*fausto*) glücklich
benedire [bene'di:re] <benedico, benedissi *o* benedii, benedetto> *vt* segnen; **Dio ti benedica!** Gott segne dich!; **mandare qu a farsi ~** (*fam*) jdn zum Teufel schicken; **la frutta è andata a farsi ~** (*fam*) das Obst ist verdorben; **benedizione** [benedit'tsio:ne] *f* ❶ (REL: *atto*) Segnung *f;* (*effetto*) Segen *m* ❷ (*fig: fonte di bene, di gioia*) Segen *m*, Wohltat *f*
beneducato, ben educato, -a [benedu'ka:to] *agg* wohl erzogen
benefattore, -trice [benefat'to:re] *m, f* Wohltäter(in) *m(f)*
beneficare [benefi'ka:re] *vt* beschenken; (*dare aiuti finanziari*) unterstützen
beneficenza [benefi'ʃɛntsa] *f* Wohltätigkeit *f;* **fiera di ~** Wohltätigkeitsbasar *m*
beneficiare [benefi'ʃa:re] *vi* **~ di qc** in den Genuss einer Sache *gen* kommen; (*trarre vantaggi*) Vorteil aus etw ziehen; **beneficiario, -a** [benefi'ʃa:rio] <-i, -ie> *m, f* ❶ (JUR) Begünstigte(r) *f(m)*, Bezugsberechtigte(r) *f(m)* ❷ (COM) Empfänger *m*, Wechselnehmer *m;* **beneficio** [bene'fi:tʃo] <-ci> *m* ❶ (*bene*) Wohltat *f* ❷ (*giovamento*) Nutzen *m*, Gewinn *m* ❸ (JUR) Rechtswohltat *f*, Vorteil *m;* **benefico, -a** [be'nɛ:fiko] <-ci, -che> *agg* wohltuend, heilsam; (*persona*) wohltätig
benefit ['benifit] <- *o* benefits> *m* Zusatzleistungen *fpl*, Vergünstigungen *fpl*
benemerenza [beneme'rɛntsa] *f* Ver-

dienst *n;* **benemerita** [bene'mɛ:rita] *f*
Karabinieri *mpl*

benemerito, -a [bene'mɛ:rito] *agg* verdienstvoll, verdient

beneplacito [bene'pla:tʃito] *m* ❶ (*approvazione*) Zustimmung *f,* Einwilligung *f*
❷ (*arbitrio*) Belieben *n,* Gutdünken *n*

benessere [be'nɛssere] *m* ❶ (*buono stato
di salute*) Wohlbefinden *n,* Wohlsein *n*
❷ (COM) Wohlstand *m;* **società del ~**
Wohlstandsgesellschaft *f*

benestante [benes'tante] **I.** *agg* wohlhabend **II.** *mf* wohlhabender Mensch

benestare [benes'ta:re] <-> *m* (ADM) Zustimmung *f,* Genehmigung *f;* **benestari-
sta** [benesta'rista] <-i *m,* -e *f> mf* Person, die die Industrieproduktion kontrol-
liert und Genehmigung für die Kommerzialisierung erteilt

beneventano, -a [beneven'ta:no] **I.** *agg*
beneventanisch **II.** *m, f* (*abitante*) Bene-
ventaner(in) *m(f)*

Beneventano <*sing*> *m* Provinz *f* Benevento, Umgebung *f* von Benevento; **Benevento** *f* Benevento *n* (*Stadt in Kampanien*)

benevolenza [benevo'lɛntsa] *f* Wohlwollen *n;* **benevolo, -a** [be'nɛ:volo] *agg* **essere ~** (**con** [*o* **verso**] **qu**) (gegenüber
jdm) wohlwollend sein

benfatto, ben fatto, -a [ben'fatto] *agg*
❶ (*persona*) gut gewachsen [*o* gebaut]
❷ (*lavoro, cosa*) gut (gemacht), ordentlich,
sauber

bengala [beŋ'ga:la] <-> *m* ❶ (*fuoco d'artificio*) bengalisches Feuer ❷ (*per segnala-
zioni*) Leuchtkugel *f,* Leuchtrakete *f*

bengodi [beŋ'gɔ:di] <-> *m* Schlaraffenland *n;* **il paese di ~** das Schlaraffenland

beniamino, -a [benia'mi:no] *m, f* ❶ (*in
famiglia*) Liebling *m,* Lieblingskind *n* ❷ (*di
pubblico*) Publikumsliebling *m*

benignità [beniɲɲi'ta] <-> *f* Güte *f,* Milde *f*

benigno, -a [be'niɲɲo] *agg* ❶ (*benevolo*)
wohlwollend; (*giudice, critico*) gütig, mild;
(*cortese*) liebenswürdig ❷ (*fig: favorevole*)
nachsichtig, mild ❸ (METEO: *clima*) mild
❹ (MED: *tumore*) gutartig

beninformato, ben informato, -a
[beninfor'ma:to] **I.** *agg* gut informiert
[*o* unterrichtet] **II.** *m, f* Person, die gut informiert [*o* auf dem Laufenden] ist

benintenzionato, -a [benintentsio-
'na:to] *agg* wohlmeinend; **essere ~ verso
qu** jdm wohlgesonnen sein

beninteso [benin'te:so] *avv* selbstverständlich; **~ sei invitato anche tu** natür-

lich bist auch du eingeladen

benissimo [be'nissimo] *superlativo di* **bene**[1]

benpensante, ben pensante [ben-
pen'sante] **I.** *mf* rechtschaffener Mensch;
(*pej, iron*) Biedermann *m,* Spießer(in) *m(f)*
fam **II.** *agg* rechtschaffen; (*pej*) bieder, spießig *fam*

benservito [benser'vi:to] *m* (Dienst)füh-
rungszeugnis *n,* Abgangszeugnis *n;* **dare
il ~ a qu** (*iron*) jdm den Laufpass geben

bensi [ben'si] *cong* ❶ (*ma*) sondern ❷ (*invece*) jedoch, hingegen

bentornato, ben tornato [ben-
tor'na:to] *m* Willkommensgruß *m;* **dare
il ~ a qu** jdn (wieder zu Hause) willkommen heißen

bentornato, ben tornato, -a *agg o int*
willkommen (zu Hause)

benvenuto, ben venuto [ben-
ve'nu:to] *m* Willkommensgruß *m;* **dare
[*o* porgere] il ~ a qu** jdn willkommen heißen

benvenuto, ben venuto, -a **I.** *agg o int*
willkommen **II.** *m, f* Willkommene(r) *f(m);*
essere il ~ in un luogo an einem Ort willkommen sein

benvisto, ben visto, -a [ben'visto] *agg*
gern gesehen

benvolere, ben volere[1] [benvo'le:re]
<*solo inf e pp:* benvoluto> *vt* schätzen,
gern(e) mögen; **farsi ~ da qu** jds Zuneigung gewinnen, sich bei jdm beliebt machen; **prendere a ~ qu** jdn lieb gewinnen

benvolere, ben volere[2] *m* Zuneigung *f*

benvoluto, -a [benvo'lu:to] *agg* beliebt

benzina [ben'dzi:na] *f* Benzin *n;* **~ normale** Normalbenzin *n;* **~ senza piombo**
bleifreies Benzin; **~ super** Superbenzin *n;*
~ verde bleifreies Benzin; **serbatoio della ~** Benzintank *m;* **fare ~** tanken; **benzinaio, -a** [bendzi'na:io] <-ai, -aie>,
benzinaro, -a [bendzi'na:ro] *m, f* Tank-
wart(in) *m(f)*

beone, -a [be'o:ne] *m, f* (*fam*) Säufer(in)
m(f)

beota [be'ɔ:ta] <-i *m,* -e *f> mf* ❶ (*pej:
idiota*) Holzkopf *m,* Idiot *m* ❷ (*abitante
della Beozia*) Böotier(in) *m(f)* **II.** *agg* (*pej*)
blöd(e)

berbero, -a ['bɛrbero] **I.** *agg* Berber-
II. *m, f* Berber(in) *m(f)*

berciare [ber'tʃa:re] *vi* (*fam*) schreien,
brüllen, grölen; **bercio** ['bɛrtʃo] <-ci> *m*
(*fam*) Gebrüll *n,* Geschrei *n,* Gegröle *n*

bere[1] ['be:re] <bevo, bevvi *o* bevetti, be-
vuto> **I.** *vt* trinken; **~ dalla bottiglia** aus
der Flasche trinken; **~ alla salute di qu**

auf jds Gesundheit [o Wohl] trinken; **questa pianta beve molto** diese Pflanze braucht viel Wasser; **la mia macchina beve benzina/olio** mein Auto schluckt viel Benzin/frisst viel Öl; ~ **le parole di qu** (*fig*) an jds Lippen hängen; **darla a ~ a qu** (*fig fam*) jdm etw weismachen **II.** *vi* trinken; ~ **come una spugna** saufen wie ein Loch *fam;* ~ **per dimenticare** trinken um zu vergessen

bere² *m* Trinken *n*; (*vizio*) Trunksucht *f;* **darsi al** ~ sich dem Trunk ergeben, (gewohnheitsmäßig) trinken

bergamasco [berga'masko] <*sing*> *m* (*dialetto*) Dialekt *m* von Bergamo

Bergamasco <*sing*> *m* Gebiet *n* um Bergamo

bergamasco, -a <-chi, -che> **I.** *agg* Bergamo betreffend, aus Bergamo stammend **II.** *m, f* (*abitante*) Bergamaske *m*, Bergamaskin *f*, Einwohner(in) *m(f)* von Bergamo

Bergamo *f* Bergamo *n* (*Stadt in der Lombardei*)

bergamotto [berga'mɔtto] *m* Bergamotte *f*

berillio [be'rillio] <*sing*> *m* Beryllium *n*

berlina [ber'li:na] *f* ❶ (HIST) Pranger *m* ❷ (AUTO) Limousine *f* ❸ (*loc*) **mettere alla** [*o* **in**] ~ (*fig*) zum Gespött machen

Berlino [ber'li:no] *f* Berlin *n*

bermuda [ber'mu:da] *mpl* Bermudas *pl*, Bermudashorts *pl*

Berna ['bɛrna] **I.** *f* (*città*) Bern *n* **II.** *m* (*cantone*) Bern *n*

bernoccolo [ber'nɔkkolo] *m* ❶ (*in testa*) Beule *f* ❷ (*fig: inclinazione*) Veranlagung *f;* **avere il** ~ **di qc** eine Veranlagung für etw haben; **avere il** ~ **della musica** eine musikalische Begabung haben

berretta [ber'retta] *f* Mütze *f*, Kappe *f;* ~ **da notte** (*per uomo*) Schlafmütze *f;* (*per donna*) Nachthaube *f;* **berretto** [ber'retto] *m* Mütze *f*, Barett *n*

bersagliare [bersaʎ'ʎa:re] *vt* ❶ (*fig*) überhäufen; (*perseguitare*) verfolgen, plagen; ~ **qu di domande** jdn mit Fragen überhäufen ❷ (MIL) unter Beschuss nehmen

bersagliera [bersaʎ'ʎɛ:ra] *f* **alla** ~ frisch und munter, schwungvoll

bersagliere [bersaʎ'ʎɛ:re] *m* (MIL) Bersagliere *m* (*Scharfschütze der italienischen Infanterie*)

bersagliero, -a *m, f* (*fig*) energische Person, Kämpfernatur *f*

bersaglio [ber'saʎʎo] <-gli> *m* Ziel *n*; (*a fig*) Zielscheibe *f;* **tiro al** ~ Scheibenschießen *n;* **colpire il** ~ **in pieno** (*a fig*) ins

Schwarze treffen

bertuccia [ber'tuttʃa] <-cce> *f* ❶ (ZOO) Magot *m*, Berberaffe *m* ❷ (*fam pej: donna brutta*) (alte) Schachtel *f*

besciamella [beʃʃa'mɛlla] *f* Béchamelsoße *f*

bestemmia [bes'temmia] <-ie> *f* Fluch *m;* **bestemmiare** [bestem'mia:re] **I.** *vi* fluchen **II.** *vt* lästern; (*maledire*) verfluchen; **bestemmiatore, -trice** [bestemmia'to:re] *m, f* Lästermaul *n fam*, Flucher(in) *m(f)*

bestia ['bestia] <-ie> *f* Tier *n*; **una** ~ **rara** (*fig*) ein seltenes Exemplar; **brutta** ~ (*fig*) schlimme Sache; (*persona*) schrecklicher Mensch; **andare in** ~ wütend werden, aufdrehen *A;* **lavorare come una** ~ (*fam*) arbeiten wie ein Tier; **sudare come una** ~ (*fam*) schwitzen wie ein Schwein; **bestiale** [bes'tia:le] *agg* ❶ (*fig: crudele*) bestialisch ❷ (*fig fam: caldo, fame*) mörderisch, tierisch ❸ (ZOO) tierisch; **bestialità** [bestiali'ta] <-> *f* ❶ (*fig: grosso sproposito*) grober Schnitzer; **ha detto una** ~ (*fam*) er/sie hat etwas ganz Blödes gesagt ❷ (*brutalità*) Bestialität *f*

bestiame [bes'tia:me] *m* Vieh *n*

best seller [best 'selə] <-> *m* Bestseller *m*

beta ['bɛ:ta] **I.** <-> *f* Beta *n* **II.** <inv> *agg* beta-, Beta-; **raggi** ~ Betastrahlen *mpl*

betabloccante [betablok'kante] **I.** *agg* (MED) Betablock- **II.** *m* (MED) Betablocker *m*

bêtise [be'tiz] <- *o* bêtises> *f* Betise *f*, Dummheit *f*

Betlemme [be'tlɛmme] *f* Bethlehem *n*

bettola ['bettola] *f* (*fam pej*) Kaschemme *f*

betulla [be'tulla] *f* Birke *f*

bevanda [be'vanda] *f* Getränk *n*; **beveraggio** [beve'raddʒo] <-ggi> *m* ❶ (*scherz: bevanda*) Trinkbare(s) *n* ❷ (*per le bestie*) Viehtrank *m* ❸ (*pozione*) Gebräu *n;* **beverone** [beve'ro:ne] *m* ❶ (*per le bestie*) Kleiewasser *n* ❷ (*scherz pej: bevanda disgustosa*) Gesöff *n fam*

bevetti [be'vetti] *1. pers sing pass rem di* **bere¹**

bevibile [be'vi:bile] *agg* trinkbar; **bevicchiare** [bevik'kia:re] **I.** *vt* in kleinen Schlucken trinken, (lustlos) nippen **II.** *vi* (*fam*) bechern, picheln; **bevitore, -trice** [bevi'to:re] *m, f* Trinker(in) *m(f)*

bevo ['be:vo] *1. pers sing pr di* **bere¹**

bevuta [be'vu:ta] *f* Trinken *n*, Umtrunk *m*

bevuto [be'vu:to] *pp di* **bere¹**

bevvi ['bevvi] *1. pers sing pass rem di* **bere¹**

bezzi ['bɛttsi] *mpl* (*venez: soldi*) Mäuse *fpl sl*, Kröten *fpl sl*

BF *abbr di* **Bassa Frequenza** NF

Bhutan *m* Bhutan *n* (*Staat im Himalaja*)

BI *abbr di* **Banca d'Italia** *staatliches Bankinstitut Italiens*

biacca ['biakka] <-cche> *f* Bleiweiß *n*

biada ['bia:da] *f* Futtergetreide *n*

biadesivo [biade'zi:vo] *m* Doppelklebeband *n*

biadesivo, -a *agg* beidseitig klebend; **nastro** ~ Doppelklebeband *n*

bianca *f v.* **bianco**

biancastro, -a [bian'kastro] *agg* weißlich; **biancheggiare** [bianked'dʒa:re] *vi* essere ➊ (*essere bianco*) weiß sein [*o* leuchten] ➋ (*mare*) weiß(lich) schäumen ➌ (*cielo*) sich aufklären

biancheria [bianke'ri:a] <-ie> *f* Wäsche *f;* ~ **intima** Unterwäsche *f;* ~ **da letto** Bettwäsche *f;* ~ **da tavola** Tischwäsche *f*

bianchetto [bian'ketto] *m* (*per colori*) Deckweiß *n;* (*per correggere*) Korrekturflüssigkeit *f*

bianchezza [bian'kettsa] *f* Weiß *n;* **bianchiccio, -a** [bian'kittʃo] <-cci, -cce> *agg* schmutzigweiß

bianco ['bianko] <-chi> *m* ➊ (*colore*) Weiß *n;* **foglio in** ~ leeres Blatt; **vestirsi di** ~ sich weiß kleiden, Weiß tragen; **sposarsi in** ~ in Weiß heiraten; **in** ~ **e nero** schwarzweiß; **film in** ~ **e nero** Schwarzweißfilm *m;* **mettere nero su** ~ schriftlich festhalten; **dare il** ~ **a** weißen, tünchen ➋ (*parte bianca*) Weiße(s) *n;* ~ **dell'uovo** Eiweiß *n,* Eiklar *n* A ➌ (COM) **in** ~ blanko, Blanko- ➍ (GASTR) **in** ~ *nur in Öl oder Butter zubereitet* ➎ (*loc*) **dare ad intendere a qu** ~ **per nero** jdm ein X für ein U vormachen (wollen); **di punto in** ~ plötzlich; **notte in** ~ schlaflose Nacht

bianco, -a <-chi, -che> I. *agg* weiß; **carni -che** helles Fleisch; **pane** ~ Weißbrot *n;* **vino** ~ Weißwein *m;* **voce -a** Knabenstimme *f;* (*falsetto*) Falsett *n;* **essere** ~ **come un cencio lavato** kreidebleich sein; **essere** ~ **e rosso** kerngesund aussehen II. *m, f* Weiße(r) *f(m)*

bianco e nero ['bianko e n'ne:ro] <-> *m* ➊ (*disegno*) Schwarzweißzeichnung *f,* Schwarzweißbild *n* ➋ (FILM) Schwarzweißfilm *m*

biancoscudato, -a [biankosku'da:to] *agg* (POL) christdemokratisch

biancospino [biankos'pi:no] *m* Weißdorn *m*

biascicamento [biaʃʃika'mento] *m* Schmatzen *n,* schmatzendes Kauen

biascicare [biaʃʃi'ka:re] I. *vi* (*pej*) schmatzen, schmatzend kauen II. *vt* (*fig pej*) nuscheln; (*lingua*) gebrochen sprechen; **biascichio** [biaʃʃi'ki:o] <-chii> *m* Nuscheln *n*

biasimare [biazi'ma:re] *vt* tadeln, rügen; **biasimevole** [biazi'me:vole] *agg* tadelnswert; **biasimo** ['bia:zimo] *m* Tadel *m,* Rüge *f*

biat(h)leta [bia'tlɛ:ta] <-i *m,* -e *f*> *mf* (SPORT) Biathlet(in) *m(f)*

biat(h)lon [bia'tlon] <-> *m* (SPORT) Biathlon *n*

bibagni <inv> *agg v.* **bibagno**

bibagno [bi'baɲɲo] <inv> *agg* mit zwei Bädern; **vendesi appartamento** ~ Wohnungen mit zwei Bädern zu verkaufen

Bibbia ['bibbia] <-ie> *f* Bibel *f*

biberon [bibe'rɔn] <-> *m* (Milch)fläschchen *n*

bibita ['bi:bita] *f* Getränk *n*

biblico, -a ['bi:bliko] <-ci, -che> *agg* ➊ (REL) biblisch, Bibel- ➋ (*fig: grandioso*) aufwändig; (*solenne*) feierlich; **un'impresa** ~ ein Mammutunternehmen *n*

bibliobus [bi:bliobus] <-> *m* Fahrbücherei *f,* Bücherbus *m*

bibliografa *f v.* **bibliografo**

bibliografia [bibliogra'fi:a] <-ie> *f* Bibliografie *f;* **bibliografico, -a** [biblio'gra:fiko] <-ci, -che> *agg* bibliografisch; **bibliografo, -a** [bi'bliɔ:grafo] *m, f* Bibliograf(in) *m(f)*

bibliologo, -a [bi'bliɔ:logo] <-gi, -ghe> *m, f* Bücherforscher(in) *m(f)*

biblioteca [biblio'tɛ:ka] <-che> *f* ➊ (*luogo*) Bibliothek *f;* **essere una** ~ **ambulante** [*o* **vivente**] (*fig scherz*) ein wandelndes Lexikon sein ➋ (*mobile*) Bücherregal *n;* (*armadio*) Bücherschrank *m* ➌ (INFORM) ~ **di programmi** Software(bibliothek) *f;* **bibliotecario, -a** [bibliote'ka:rio] <-i, -ie> *m, f* Bibliothekar(in) *m(f)*

bicamerale [bikame'ra:le] *agg* (POL) Zweikammer-; **bicameralismo** [bikamera'li:zmo] *m* Zweikammersystem *n*

bicamere, bicamera [bi'ka:mere, bi'ka:mera] <inv> *agg* Zweizimmer-

bicarattere [bika'rattere] *m* (INFORM) Byte *n*

bicarbonato [bikarbo'na:to] *m* Bikarbonat *n;* ~ **di sodio** doppelkohlensaures Natrium

bicchierata [bikkie'ra:ta] *f* Umtrunk *m;* **bicchiere** [bik'kiɛ:re] *m* (Trink)glas *n;* ~ **da vino/acqua** Wein-/Wasserglas *n;* **un** ~ **di vino/d'acqua** ein Glas Wein-/ Wasser; **fondo di** ~ falscher Schmuckstein; **alzare il** ~ (**a**) das Glas erheben (auf +*acc*); **bicchierino** [bikkie'ri:no] *m* Gläschen *n*

bicentenario [bitʃente'na:rio] <-i> *m* zweihundertster Jahrestag, Zweihundertjahrfeier *f*

bichini [bi'ki:ni] <-> *m* Bikini *m*

bici ['bi:tʃi] <-> *f* (*fam*) (Fahr)rad *n*; **bicicletta** [bitʃi'kletta] *f* (Fahr)rad *n*, Velo *n CH*; **~ da corsa** Rennrad *n*; **andare in ~** Fahrrad fahren; **biciclo** [bi'tʃi:klo] *m* Hochrad *n*

bicilindrico, -a [bitʃi'lindriko] <-ci, -che> *agg* zweizylindrisch, Zweizylinder-

bicipattino [bitʃipat'ti:no] *m* Tretboot *n*

bicipite [bi'tʃi:pite] I. *m* Bizeps *m* II. *agg* zweiköpfig; **aquila ~** Doppeladler *m*

bicocca [bi'kɔkka] <-cche> *f* Bruchbude *f fam*

bicolore [biko'lo:re] I. *agg* ❶ (*che ha due colori*) zweifarbig ❷ (*fig* POL) Zweiparteien- II. *f* Zweifarbendruckmaschine *f*

biconsonantico, -a [bikonso'nantiko] <-ci, -che> *agg* (LING) mit zwei Konsonanten, zweikonsonantisch; **biconsonantismo** [bikonsonan'tizmo] *m* (LING) Zweikonsonanz *f*

bicromatico, -a [bikro'ma:tiko] <-ci, -che> *agg* zweifarbig; **stampa -a** Zweifarbendruck *m*; **emulsione -a** zweifarbige Emulsion

bicromia [bikro'mi:a] <-ie> *f* Zweifarbendruck *f*

bidè [bi'dɛ] <-> *m* Bidet *n*

bidello, -a [bi'dɛllo] *m, f* (*di una scuola*) Hausmeister(in) *m(f)*

bidimensionale [bidimensio'na:le] *agg* zweidimensional; **bidimensionalità** [bidimensionali'ta] <-> *f* Zweidimensionalität *f*; **la ~ dell'immagine cinematografica** die Zweidimensionalität des Kinofilmbildes; **la ~ di un problema** (*fig*) die Zweidimensionaliät [*o* zwei Dimensionen] eines Problems

bidirezionale [bidirettsio'na:le] *agg* bidirektional; **segnale ~** (INFORM) bidirektionales Signal

bidonare [bido'na:re] *vt* (*fam*) beschummeln, anschmieren; **bidonata** [bido'na:ta] *f* (*fam*) Beschiss *m*, Schwindel *m*; **questo film è una ~** dieser Film ist ein Reinfall; **bidonatore, -trice** [bidona'to:re] *m, f* (*fam*) Schwindler *m*, Gauner *m*

bidone [bi'do:ne] *m* ❶ (*recipiente*) Kanister *m* ❷ (*fam: imbroglio*) Beschiss *m*, Verarschung *f vulg*; **mi ha fatto il ~** (*fam*) er [*o* sie] hat mich versetzt ❸ (*fam pej: veicolo*) Rostlaube *f*

bidonvia [bidon'vi:a] <-ie> *f* Gondelbahn *f*

bidonville [bidɔ̃'vil] <-> *f* Barackenvier-

tel *n*

bieco, -a ['biɛ:ko] <-chi, -che> *agg* ❶ (*sguardo*) scheel, schräg ❷ (*proposito*) hinterlistig, tückisch

biella ['biɛlla] *f* Pleuelstange *f*

Bielorussia [bielo'russia] *f* Weißrussland *n*; **bielorusso, -a** [bielo'russo] I. *agg* weißrussisch II. *m, f* (*abitante*) Weißrusse *m*, Weißrussin *f* III. <*sing*> *m* (*lingua*) Weißrussisch *n*

biennale [bien'na:le] I. *agg* zweijährig, Zweijahres- II. *f* Biennale *f*

Bienne [bjɛn] *f* Biel *n*

biennio [bi'ɛnnio] <-i> *m* ❶ (*periodo*) Zeitraum *m* von zwei Jahren, zwei Jahre *npl* ❷ (*corso universitario*) Zweijahreskurs *m*

bierre [bi'ɛrre] I. <-> *m, f* (*brigatista*) Rotbrigadist(in) *m(f)* II. *fpl* (*organizzazione*) Rote Brigaden *fpl* III. <inv> *agg* die Roten Brigaden betreffend

bieticoltore, -trice [bietikol'to:re] *m, f* Zuckerrübenzüchter(in) *m(f)*

bieticoltura [bietikol'tu:ra] *f* Zuckerrübenanbau *m*; **bieticultore, -trice** [bietikol'to:re] *m, f v.* bieticoltore; **bieticultura** [bietikul'tu:ra] *f v.* bieticoltura

bietola ['biɛ:tola] *f* Mangold *m*

bietolone, -a [bieto'lo:ne] *m, f* (*fam*) Holzkopf *m*, Doofmann *m*

bifacciale [bifat'tʃa:le] *agg* doppelgesichtig; **foglia ~** (BOT) doppelgesichtiges Blatt; **amigdala ~** (ANAT) paarige Gaumenmandel *f*

bifamiliare [bifami'lia:re] *agg* Zweifamilien-; **villetta ~** Zweifamilienhaus *n*, Doppelhaus *n*

bifase [bi'fa:ze] *agg* zweiphasig, Zweiphasen-

bifido, -a ['bi:fido] *agg* zweispitzig; (*fig*) gespalten

bifocale [bifo'ka:le] *agg* bifokal, Bifokal-

bifolco, -a [bi'folko] <-chi, -che> *m, f* ❶ (*pej: persona rozza, ignorante*) Prolet(in) *m(f) fam* ❷ (AGR) Viehhüter *m*; (*per buoi*) Ochsentreiber *m*

bifora ['bi:fora] *f* zweibogiges Fenster

biforcare [bifor'ka:re] I. *vt* zweiteilen II. *vr* **-rsi** sich gabeln; **biforcatura** [biforka'tu:ra] *f* Gabelung *f*; **biforcazione** [biforkat'tsio:ne] *f* Gabelung *f*, Abzweigung *f*; **biforcuto, -a** [bifor'ku:to] *agg* zweispitzig; (*lingua*) gespalten; **avere una lingua -a** (*fig pej*) eine spitze Zunge haben; (*traditrice*) doppelzüngig sein

biforme [bi'forme] *agg* doppelgestaltig, zweiförmig

big [big] <-> *m* Größe *f*, großes Tier

bigama *f v.* **bigamo**

bigamia [biga'mi:a] <-ie> *f* Bigamie *f*,
Doppelehe *f*; **bigamo, -a** ['bi:gamo]
I. *agg* bigamistisch **II.** *m, f* Bigamist(in)
m(f)

bigattaia [bigat'ta:ia] <-aie> *f* Seidenrau-
penfarm *f*, -zuchtbetrieb *m*; **bigattiere, -a**
[bigat'tiɛ:re] *m, f* Seidenraupenzüchter(in)
m(f)

bigatto [bi'gatto] *m* (*dial*) Seidenraupe *f*

big bang ['big'bæn] <*sing*> *m* (PHYS) Urknall *m*

big crunch [big 'krʌntʃ] <-> *m* (ASTR) Big
Crunch *m*

bigemino, -a [bi'dʒɛ:mino] *agg* Zwillings-;
parto ~ Zwillingsgeburt *f*

bighellona *f v.* **bighellone**

bighellonare [bigello'na:re] *vi* bummeln,
umherschlendern; **bighellone, -a** [bi-
gel'lo:ne] *m, f* (*fam*) Herumtreiber(in)
m(f), Nichtstuer(in) *m(f)*

bigiare [bi'dʒa:re] *vt* (*dial: fam: la scuola*)
schwänzen

bigino [bi'dʒi:no] *m* (*lomb*) Übersetzungs-
hilfe *f*

bigio, -a ['bi:dʒo] <-gi, -ge *o* -gie> *agg*
❶ (*colore*) (asch)grau ❷ (*fig* POL) unentschlossen

bigiotteria [bidʒotte'ri:a] <-ie> *f* ❶ (*articoli*) Modeschmuck *m* ❷ (*negozio*) Geschäft *n* für Modeschmuck

bigiù [bi'dʒu] <-> *m* ❶ (*gioiello*)
Schmuck *m* ❷ (*fig: persona*) Juwel *n*, Perle *f* ❸ (*fam: oggetto*) Schmuckstück *n*

biglia ['biʎʎa] *v.* **bilia**

bigliardino [biʎʎar'di:no] *v.* **biliardino**

bigliettaio, -a [biʎʎet'ta:io] <-ai,
-aie> *m, f* (Fahr)kartenverkäufer(in) *m(f)*;
bigliettazione [biʎʎettat'tsio:ne] *f* Fahr-
kartenausgabe *f*; ~ **automatica** Fahrkartenautomat *m*; **biglietteria** [biʎʎette'ri:a]
<-ie> *f* (FERR) Fahrkartenschalter *m*; (THEAT,
FILM) Kasse *f*, Kassa *f* A

biglietto [biʎ'ʎetto] *m* ❶ (*cartoncino*) Karte *f*; ~ **d'auguri** Glückwunschkarte *f*; ~ **da
visita** Visitenkarte *f*; ~ **della lotteria** Lotterielos *n* ❷ (*di treno, tram, autobus*) Fahrkarte *f*; **fare il** ~ die Fahrkarte lösen
❸ (THEAT, FILM) (Eintritts)karte *f* ❹ (FIN)
Schein *m*, Note *f*; ~ **di banca** Geldschein *m*
❺ (*foglietto*) Zettel *m*; **lasciare un** ~ eine
Nachricht hinterlassen

Bignami® [big'na:mi] <-> *m* Leitfaden *m*
(*Zusammenfassung des Unterrichtsstoffes
für jedes Schulfach in Taschenbuchfor-
mat*); **Bignamino** [bigna'mi:no] *m* Bignamino *m*, kleiner Bignami

bignè [biɲ'ɲɛ] <-> *m* Beignet *m*

bigodino [bigo'di:no] *m* Lockenwickler *m*

bigoncia [bi'gontʃa] <-ce> *f* Bütte *f*

bigotta *f v.* **bigotto**

bigotteria [bigotte'ri:a] *f* Bigotterie *f*,
Frömmelei *f*; (*ipocrisia*) Scheinheiligkeit *f*

bigotto, -a [bi'gɔtto] **I.** *agg* bigott, fröm-
melnd; (*ipocrita*) scheinheilig **II.** *m, f*
Frömmler(in) *m(f)*, bigotte Person

bijou [bi'ʒu] *v.* **bigiù**

bikini [bi'ki:ni] *v.* **bichini**

bilabiale [bila'bia:le] *agg* (LING) bilabial

bilama [bi'la:ma] <inv> *agg* doppel-,
zweiklingig; **rasoio** ~ Rasierer mit Doppel-
klinge

bilancia [bi'lantʃa] <-ce> *f* ❶ (*a fig* TEC)
Waage *f*; ~ **automatica/romana** Schnell-/
Laufgewichtswaage *f*; **porre sul piatto
della** ~ (*fig*) in die Waagschale werfen;
(*parole*) auf die Goldwaage legen; **pesare**
[*o* **mettere**] **sulla** ~ **dell'orafo** (*fig*) auf die
Goldwaage legen; **essere l'ago della** ~
(*fig*) das Zünglein an der Waage sein
❷ (ASTR) **Bilancia** Waage *f*; **sono** (**della**
[*o* **una**]) **Bilancia** ich bin (eine) Waage
❸ (COM) Bilanz *f*; ~ **commerciale** Handelsbilanz *f*; ~ **dei pagamenti** Zahlungsbilanz *f*

bilanciare [bilan'tʃa:re] **I.** *vt* ❶ (*tenere in
equilibrio*) balancieren mit; (*carico, fig*)
ausgleichen, im Gleichgewicht halten
❷ (*fig: valutare*) abwägen ❸ (COM) bilan-
zieren ❹ (*pesare*) (ab)wiegen **II.** *vr* **-rsi**
(*equilibrarsi*) sich im Gleichgewicht halten; (*equivalersi*) sich ausgleichen, sich
dat die Waage halten; **bilanciere** [bi-
lan'tʃɛ:re] *m* ❶ (*di orologio*) Unruh *f*
❷ (NAUT) Ausleger *m* ❸ (TEC) Bügel *m*,
Schwinghebel *m*

bilancio [bi'lantʃo] <-ci> *m* (COM: *budget*)
Haushalt *m*, Etat *m*; (*fig a*) Bilanz *f*; ~ **consuntivo** Schlussrechnung *f*; ~ **preventivo**
Haushaltsplan *m*; ~ **pubblico** Staatshaushalt *m*; **deficit di** ~ Haushaltsdefizit *n*; **fare
il** ~ **della propria vita** (*fig*) die Bilanz seines Lebens ziehen

bilaterale [bilate'ra:le] *agg* bilateral, beiderseitig; **bilateralismo** [bilatera'liz-
mo] *m* Bilateralismus *m*

bildungsroman ['bilduŋs'roman] <-> *m*
Bildungsroman *m*

bile ['bi:le] *f* ❶ (ANAT) Galle *f* ❷ (*fig: collera*) Wut *f*, Ärger *f*; **essere verde dalla** ~
(*fig*) sich schwarz ärgern

bilia ['bi:lia] <-ie> *f* ❶ (*gioco*) Murmel *f*,
Kugel *f* ❷ (*del biliardo*) Billardkugel *f*

biliardino [biliar'di:no] *m* kleines Billard-
spiel; ~ **elettrico** Flipper *m*; **biliardo**
[bi'liardo] *m* ❶ (*gioco*) Billard(spiel) *n*
❷ (*tavolo*) Billardtisch *m*

biliare [bi'lia:re] *agg* gallig, Gallen-

bilico ['bi:liko] <-chi> *m* (labiles) Gleichgewicht *n*, Balance *f*; **essere in ~ tra la vita e la morte** zwischen Leben und Tod schweben

bilingue [bi'lingue] **I.** *agg* zweisprachig **II.** *mf* zweisprachige Person; **bilinguismo** [bilin'guizmo] *m* Zweisprachigkeit *f*

bilione [bi'lio:ne] *m* Billion *f*; (*secondo l'uso italiano*) Milliarde *f*

bilioso, -a [bi'lio:so] *agg* reizbar

billboard [bil'bɔ:d] <- *o* bill boards> *m* Programmvorschau *f*; **trasmettere un ~** eine Programmvorschau zeigen

billing ['bilin] <-> *m* ❶ (FILM, THEAT) Besetzungsliste *f* ❷ (*fatturato annuo*) Jahresumsatz *m*; **il ~ di un'agenzia di pubblicità** der Jahresumsatz einer Werbeagentur

bilocale [bilo'ka:le] **I.** *m* Zweizimmerwohnung *f* **II.** *agg* aus zwei Zimmern [*o* Räumen] bestehend

bimarcia [bi'martʃa] <inv> *agg* Zweigang-, mit zwei Gängen

bimbo, -a ['bimbo] *m, f* (*fam*) (kleines) Kind *n*

bimensile [bimen'si:le] *agg* zweimal monatlich, Halbmonats-; **bimestrale** [bimes'tra:le] *agg* zweimonatlich, Zweimonats-; **bimestralità** [bimestrali'ta] <-> *f* ❶ (*durata*) Dauer *f* von zwei Monaten ❷ (*ricorrenza*) Zweimonatsrhythmus *m*; **bimestre** [bi'mɛstre] *m* ❶ (*periodo*) Zeitraum *m* von zwei Monaten, zwei Monate *mpl* ❷ (COM) Zweimonatsrate *f*

bimetallico, -a [bime'talliko] <-ci, -che> *agg* bimetallisch; **sistema monetario ~** Doppelwährungssystem *n*; **lega -a** eine aus zwei Metallen bestehende Legierung

bimetallismo [bimetal'lizmo] *m* Bimetallismus *m*, Doppelwährung *f*

bimodale [bimo'da:le] *agg* ❶ (*trasporto*) Kombinations-, Zweiarten- ❷ (*di norma statistica*) auf zwei häufigste Werte verteilt; **distribuzione ~** Verteilung auf zwei häufigste Werte

bimotore [bimo'to:re] **I.** *agg* zweimotorig, Zweimotoren- **II.** *m* zweimotoriges Flugzeug

binario [bi'na:rio] <-i> *m* Gleis *n*, Schiene *f*; **~ morto** Abstellgleis *n*; **essere su un ~ morto** (*fig*) in einer Sackgasse stecken, auf dem Abstellgleis stehen; **uscire dai -i** (*fig: eccedere*) die Grenzen überschreiten; (*nella vita*) aus dem Gleis kommen; **il treno per Monaco parte dal ~ 16** der Zug nach München fährt auf Bahnsteig 16 ab

bingo ['bingo] <-> *m* Bingo *n*; **giocare a ~**

Bingo spielen; **partecipare al ~ televisivo** beim Bingospiel im Fernsehen mitspielen

binocolo [bi'nɔ:kolo] *m* Fernglas *n*, Feldstecher *m*; **binoculare** [binoku'la:re] *agg* binokular

binomio [bi'nɔ:mio] <-i> *m* ❶ (MAT) Binom *n* ❷ (*fig: coppia*) Paar *n*; (*parole, concetti*) Wortpaar *n*, Doppelbegriff *m*

bioagricoltore [bioagrikol'to:re] *m* Biobauer *m*; **bioagricoltura** [bioagrikol'tu:ra] *f* Biolandwirtschaft *f*

bioalimento [bioali'mento] *m* biologisches Nahrungsmittel *n*, Bioprodukt *n*

bioarchitettura [bioarkitet'tu:ra] *f* Bioarchitektur *f*

bioastronautica [bioastro'na:utika] <-che> *f* Bioastronautik *f*

biocarburante [biokarbu'rante] *m* Biokraftstoff *m*

bioccolo ['biɔkkolo] *m* Baumwollflocke *f*

biocupato, -a [biokku'pa:to] **I.** *agg* zwei Beschäftigungen nachgehend, zwei Berufe ausübend **II.** *m, f* Person *f*, die zwei Berufe ausübt; **bioccupazione** [biokkupat'sio:ne] *f* Doppelbeschäftigung *f*

biochimica [bio'ki:mika] <-che> *f* Biochemie *f*; **biochimico, -a** [bio'ki:miko] <-ci, -che> **I.** *agg* biochemisch **II.** *m, f* Biochemiker(in) *m(f)*

biochip [baio'tʃip] <- *o* biochips> *m* (INFORM) Biochip *m*, Schaltkreis *m* mit biologischen Schaltelementen

biocida[1] [bio'tʃi:da] <-i> *m* Biozid *n*

biocida[2] <-i, -e> *agg* Pflanzen vernichtend; **sostanza ~** Pflanzen vernichtende Substanz

biocompatibile [biokompa'ti:bile] *agg* umweltverträglich

biodegradabile [biodegra'da:bile] *agg* biologisch abbaubar; **biodegradabilità** [biodegra'dabili'ta] <-> *f* biologische Abbaubarkeit

biodegradare [biodegra'da:re] *vt* (ECO) biologisch abbauen

biodiesel ['biodi:zel] <-> *m* Biodiesel *m*

biodinamico, -a [biodi'na:miko] <-ci, -che> *agg* ❶ (BIOL) biodynamisch ❷ (AGR) biologisch-dynamisch

biodiversità [biodiversi'ta] <-> *f* (BIOL) biologische Vielfalt *f*, Biodiversität *f*

bioelettricità [bioelettritʃi'ta] <-> *f* (PHYS) Bioelektrizität *f*; **fenomeni di ~** Phänomene der Bioelektrizität; **bioelettrico, -a** [bioe'lɛttriko] <-ci, -che> *agg* (PHYS) bioelektrisch

bioelettronica [bioelet'trɔ:nika] <-che> *f* Bioelektronik *f*

bioenergetica   [bioener'dʒɛ:tika]

<-che> *f* (BIOL) Bioenergetik *f;* **bioenergetico, -a** [bioener'dʒɛ:tiko] <-ci, -che> *agg* (BIOL) bioenergetisch; **bioenergia** [bioener'dʒi:a] *f* Alternativenergie *f*

bioetica [bio'ɛ:tika] <-che> *f* Bioethik *f;* **bioetico, -a** [bio'ɛ:tiko] <-ci, -che> I. *agg* bioethisch; **argomentazione -a** bioethische Argumentation II. *m, f* Bioethiker(in) *m(f)*

biofabbrica [bio'fabbrika] <-che> *f* Biobetrieb *m,* Biobauernhof *m*

biofarmaceutica [biofarma'tʃɛ:utika] <-che> *f* Biopharmazie *f;* **biofarmaceutico, -a** [biofarma'tʃɛ:utiko] <-ci, -che> *agg* biopharmazeutisch

biofeedback [biofid'bɛk] <-> *m* (MED) Biofeedbackmethode *f*

biofisica [bio'fi:zika] <-che> *f* Biophysik *f;* **biofisico, -a** [bio'fi:ziko] <-ci, -che> I. *agg* biophysikalisch II. *m, f* Biophysiker(in) *m(f)*

biofobia [biofo'bi:a] <-ie> *f* Phobie *f* vor bestimmten Lebewesen

biogas [bio'gas] <-> *m* Biogas *n*

biogenesi [bio'dʒɛ:nezi] *f* Biogenese *f;* **biogenetica** [biodʒe'nɛ:tika] <-che> *f* Biogenetik *f;* **biogenetico, -a** [biodʒen'ɛ:tiko] *agg* biogenetisch

biogeografico, -a [biodʒeo'gra:fiko] <-ci, -che> *agg* biogeografische, biogeographisch

biografa *f v.* **biografo**

biografia [biogra'fi:a] *f* Biografie *f;* **biografico, -a** [bio'gra:fiko] <-ci, -che> *agg* biografisch; **biografo, -a** [bi'ɔ:grafo] *m, f* Biograf(in) *m(f)*

bioindicatore, -trice [bioindika'to:re] *m, f* Bioindikator *m; ~* **ambientale** Bioinidikator für die Umwelt; **bioinformatica** [bioinfor'ma:tika] *f* Bioinformatik *f*

bioingegnere [bioindʒeɲ'ɲɛ:re] *m* Bioingenieur(in) *m(f);* **bioingegneria** [bioindʒeɲɲe'ri:a] *m* Bioingenieurwesen *n*

bioinsetticida[1] [bioinsetti'tʃi:da] <-i, -e> *agg* bioinsektizid

bioinsetticida[2] <-i> *m* biologisches Insektenbekämpfungsmittel

biolinguistica [bioliɲ'guistika] <-che> *f* Biolinguistik *f*

biologa *f v.* **biologo**

biologia [biolo'dʒi:a] <-ie> *f* Biologie *f;* **biologico, -a** [bio'lɔ:dʒiko] *agg* biologisch; **biologo, -a** [bi'ɔ:logo] <-gi, -ghe> *m, f* Biologe, -login *m, f*

bioma [bi'ɔ:ma] <-i> *m* (BIOL) Biom *n*

biomanipolazione [biomanipolat'tsio:ne] *f* Genmanipulation *f*

biomassa [bio'massa] *f* Biomasse *f*

biomatematica [biomate'ma:tika] <-che> *f* Biomathematik *f*

biomateriale [biomate'ria:le] *m* Biomaterial *n,* Implantat *n*

biomeccanica [biomek'ka:nika] <*sing*> *f* Biomechanik *f*

bionda *f v.* **biondo**

biondeggiare [bionded'dʒa:re] *vi* gelb werden; (*persona*) blond sein; **biondezza** [bion'dettsa] *f* Blondsein *n,* Blondheit *f;* **biondiccio, -a** [bion'dittʃo] <-cci, -cce> *agg* ins Blonde gehend

biondo ['biondo] *m* (*colore*) Blond *n*

biondo, -a I. *agg* blond; *~* **cenere** aschblond; *~* **come l'oro** goldblond II. *m, f* Blonde(r) *f(m),* Blondine *f;* (*bambino*) Blondschopf *m*

bionica ['biɔ:onika] <-che> *f* Bionik *f;* **bionico, -a** ['biɔ:oniko] <-ci, -che> *agg* bionisch; **ricerche -che** bionische Untersuchungen

bioparco [bio'parko] <-chi> *m* (ECO) moderner Tiergarten, in dem die Tiere so naturgemäß wie möglich gehalten werden sollen

biopatia [biopa'ti:a] <-ie> *f* Biopathie *f,* Biose *f*

biopolimero [biopo'li:mero] *m* (CHEM) Biopolymer *n,* Biowerkstoff *m*

biopsia [bio'psi:a] <-ie> *f* Biopsie *f*

biorario, -a [bio'ra:rio] <-i, -ie> *agg* zu zwei verschiedenen Zeiten stattfindend

bioreattore [bioreat'to:re] *m* Bioreaktor *m*

bioritmico, -a [bio'ritmiko] <-ci, -che> *agg* Biorhythmus-, biorhythmisch; **bioritmo** [bio'ritmo] *m* Biorhythmus *m*

biosatellite [biosa'tɛllite] *m* Biosatellit *m*

biosfera [bios'fɛ:ra] *f* Biosphäre *f*

biosistema [biosis'tɛ:ma] <-i> *m* (BIOL) Ökosystem *n*

biosociologia [biosotʃolo'dʒi:a] <-gie> *f* Biosoziologie *f*

biossido [bi'ɔssido] *m* Dioxyd *n,* Dioxid *n*

biostatistica [biosta'tistika] <-che> *f* Biometrie *f,* Biostatistik *f*

biotecnica [bio'tɛknika] <-che> *f* Biotechnik *f*

biotecnologia [biotɛknolo'dʒi:a] *f* Biotechnologie *f;* **biotecnologico, -a** [biotekno'lɔ:dʒiko] <-ci, -che> *agg* biotechnologisch; **biotecnologo, -a** [biotek'nɔ:logo] <-gi, -ghe> *m, f* Biotechnologe, -technologin *m, f*

bioterapeuta [biotera'pɛ:uta] <-i *m,* -e *f*> *mf* Biotherapeut(in) *m(f)*

bioterapia [biotera'pi:a] *f* (MED) Biotherapie *f*

bioterrorismo [bioterrori:zmo] *m* Bioterrorismus *m*

biotopo [bi'ɔ:topo] *m* Biotop *n*

biottica ['biɔttika] *f* (TEC) Stereophotoapparat *m*

bipartire [bipar'ti:re] <bipartisco, bipartisci> I. *vt* zweiteilen II. *vr* **-rsi** sich zweiteilen

bipartisan [bi'partizan] <inv> *agg* (POL) überparteilich

bipartitico, -a [bipar'ti:tiko] *agg* Zweiparteien-; **governo ~** Zweiparteienregierung *f*; **bipartitismo** [biparti'tizmo] *m* Zweiparteiensystem *n*

bipartito, -a [bipar'ti:to] *agg* zweigeteilt; **bipartizione** [bipartit'tsio:ne] *f* Zweiteilung *f*

bipede ['bi:pede] I. *m* ❶ (ZOO) Zweifüßer *m* ❷ (*scherz: l'uomo*) Zweibeiner *m* II. *agg* zweifüßig

bipiano [bi'pia:no] *m* zweistöckiges Haus, Maisonettenwohnung *f*

biplano [bi'pla:no] *m* Doppeldecker *m*

bipolare [bipo'la:re] *agg* zweipolig, bipolar; **bipolarismo** [bipola'rizmo] *m* Bipolarität *f*, Zweipoligkeit *f*; **il ~ russo-americano** die russisch-amerikanische Bipolarität

bipolarità [bipolari'ta] <-> *f* Zweipoligkeit *f*, Bipolarität *f*

bipolarizzazione [bipolariddzat'tsio:ne] *f* Bipolarisierung *f*

biposto [bi'posto] <inv> *agg* zweisitzig; **automobile/aereo ~** Zweisitzer *m*

birba ['birba] *f* (*fam scherz*) Spitzbube *m*, Schelm *m*; **birbante** [bir'bante] *mf* ❶ (*fam scherz: monello*) Schlingel *m*, Gauner *m* ❷ (*pej: mascalzone*) Schurke *m*; **birbanteria** [birbante'ri:a] <-ie> *f* ❶ (*fam scherz: monelleria*) Schelmenstreich *m*, Gaunerstück *n* ❷ (*pej: furfanteria*) Schuftigkeit *f*; **birbona** *f v.* **birbone**; **birbonata** [birbo'na:ta] *f* (*fam scherz*) Schelmenstreich *m*, Gaunerstück *n*; **birbone, -a** [bir'bo:ne] *m, f* (*fam scherz*) Schelm *m*; **birboneria** [birbone'ri:a] <-ie> *f* ❶ (*fam scherz: monelleria*) Schelmenstreich *m*, Gaunerstück *n* ❷ (*pej: furfanteria*) Schuftigkeit *f*

bird watcher ['bɘ:d 'wɔtʃə] <- *o* bird watchers> *mf* Vogelbeobachter(in) *m(f)*; **bird-watching** ['bɘ:d'wɔtʃin] <-> *m* Vogelbeobachtung *f*; **praticare il ~** Vögel beobachten

bireattore [bireat'to:re] *m* zweistrahliges Flugzeug

birichina *f v.* **birichino**

birichinata [biriki'na:ta] *f* (*fam*) Schel-

menstreich *m*, Jungenstreich *m*; **birichino, -a** [biri'ki:no] (*fam*) I. *agg* schelmisch, spitzbübisch II. *m, f* Schelm *m*, Schlingel *m*

birillo [bi'rillo] *m* Kegel *m*

biro® ['bi:ro] <-> *f* Kuli *m fam*, Kugelschreiber *m*

birra ['birra] *f* Bier *n*; **lievito di ~** Bierhefe *f*; **~ alla spina** Bier vom Fass; **a tutta ~** (*fam*) volle Pulle; **birraio** [bir'ra:io] <-ai> *m* (*fabbricante*) Bierbrauer *m*; (*venditore*) Bierhändler *m*; **birreria** [birre'ri:a] <-ie> *f* (*locale*) Bierstube *f*; (*tenda*) Bierzelt *n* ❷ (*fabbrica*) Brauerei *f*

bis [bis] I. *int* Zugabe! II. <-> *m* Zugabe *f*; **concedere il ~** eine Zugabe geben; **fare il ~ di qc** etw wiederholen; (*nel mangiare*) von etw noch einmal nehmen III. <inv> *agg* Sonder-, zusätzlich; **treno ~** Sonderzug *m*

bisarca [bi'zarka] <-che> *f* Autotransporter *m*

bisavolo, -a [bi'za:volo] *m, f* Urgroßvater *m*, -mutter *f*

bisbetico, -a [biz'bɛ:tiko] <-ci, -che> I. *agg* launisch, launenhaft II. *m, f* (*pej*) launischer Mensch; **"La Bisbetica domata"** „Der Widerspenstigen Zähmung"

bisbigliare [bizbiʎ'ʎa:re] I. *vt* ❶ (*orazione, parole*) (zu)flüstern, wispern; **~ qc nell'orecchio a qu** jdm etw ins Ohr flüstern ❷ (*sparlare*) tuscheln über +*acc*, klatschen über +*acc* II. *vi* flüstern, tuscheln

bisbiglio¹ [biz'biʎʎo] <-gli> *m* ❶ Getuschel *n* ❷ (*sussurrare*) Flüstern *n*

bisbiglio² [bizbiʎ'ʎi:o] <-glii> *m* Flüstern *n*, Geflüster *n*

bisboccia [biz'bɔttʃa] <-ce> *f* (*fam*) Fest *n*, Mordsfete *f*; **bisbocciare** [bizbot'tʃa:re] *vi* (*fam*) ordentlich feiern, eine Mordsfete machen

bisca ['biska] <-sche> *f* Spielkasino *n*; (*pej*) Spielhölle *f*

biscarto [bi'skarto] *m* (Art) Silbenrätsel *n*

bischero ['biskero] *m* ❶ (*tosc: vulg: membro virile*) Pimmel *m*, Schwanz *m* ❷ (MUS) Wirbel *m*

biscia ['biʃʃa] <-sce> *f* Natter *f*

biscione [biʃ'ʃo:ne] *m* ❶ (*stemma*) Symbol für Mailand; **la TV del ~** Privatfernsehen *n*/-sender *m*; **il ~ dell'Inter** die Schlange (als Wappentier) von Inter Mailand ❷ (*dolce emiliano*) Süßspeise aus Marzipan in Schlangenform

biscottato, -a [biskot'ta:to] *agg* zweimal gebacken; (*tostato*) geröstet; **fette -e** Zwieback *m*; **biscotteria** [biskotte'ri:a] <-ie> *f* ❶ (*fabbrica*) Keksfabrik *f* ❷ (*negozio*) Feingebäckladen *m* ❸ (*assortimento*)

Gebäck *n*, Backwerk *n*; **biscottiera** [biskot'tiɛːra] *f* Keksdose *f*; (*da presentazione*) Gebäckschale *f*; **biscottificio** [biskotti'fiːtʃo] <-ci> *m* Keksfabrik *f*; **biscotto** [bis'kɔtto] *m* ❶ (GASTR) Keks *m*, Plätzchen *n*, Kipfe(r)l *m A* ❷ (*ceramica*) Biskuitporzellan *n*

biscugino, -a [bisku'dʒiːno] *m*, *f* Cousin *m*, Cousine *f* zweiten Grades

biscuit [bis'kʋi] <-> *m* ❶ (*porcellana*) Biskuitporzellan *n* ❷ (GASTR) Halbgefrorene(s) *n*

bisecare [bise'kaːre] *vt* halbieren

biservizi [biser'vittsi] <inv> *agg* mit zwei Bädern

bisessuale [bisessu'aːle] *agg* bisexuell; (*pianta, animale*) doppelgeschlechtig; **bisessualità** [bisessuali'ta] <-> *f* Bisexualität *f*; (*di pianta, animale*) Doppelgeschlechtigkeit *f*; **bisessuato, -a** [bisessu'aːto] *agg* bisexuell, doppelgeschlechtig, Zwitter-

bisestile [bizes'tiːle] *agg* **anno ~** Schaltjahr *n*; **bisesto** [bi'zɛsto] *m* Schalttag *m*

bisettimanale [bisettima'naːle] **I.** *agg* zweimal wöchentlich **II.** *m* Zeitschrift, die zweimal die Woche erscheint

bisettrice [biset'triːtʃe] *f* Winkelhalbierende *f*

bisex [bi'seks] **I.** <inv> *agg* ❶ (*persona*) bisexuell, bi *fam* ❷ (*capo vestiario*) unisex **II.** <-> *mf* Bisexuelle(r) *f(m)*

bisezione [biset'tsioːne] *f* Winkelhalbierung *f*

bisillabico, -a [bisil'laːbiko] <-ci, -che> *agg* zweisilbig; **sostantivo ~** zweisilbiges Substantiv; **radice -a** zweisilbiger Stamm

bisillabo [bi'sillabo] *m* zweisilbiges Wort

bisillabo, -a *agg* zweisilbig

bislacco, -a [bi'zlakko] <-cchi, -cche> *agg* (*fam*) komisch, sonderbar; (*a persona*) verschroben

bislungo, -a [bi'zluŋgo] <-ghi, -ghe> *agg* länglich, lang; (*più lungo del normale*) überlang

bismuto [biz'muːto] *m* Wismut *n*

bisnipote [bizni'poːte] *mf* (*di nonno*) Urenkel(in) *m(f)*; (*di zio*) Großneffe *m*, -nichte *f*; **bisnonno, -a** [biz'nɔnno] *m*, *f* Urgroßvater *m*, -mutter *f*

bisognare [bizoɲ'ɲaːre] <bisogna, biso­gnano> *vi* essere (*avere bisogno di*) brauchen, benötigen; (*dovere*) müssen; (*essere necessario*) nötig sein; **bisogna che ...** +*conj*, **bisogna ...** +*inf* man muss [*o* braucht] ...; **bisogna che tu lo faccia** du musst es tun; **non bisogna crederci** das muss man nicht glauben

bisognatario, -a [bisoɲɲa'taːrio] <-ri, -rie> *m*, *f* (JUR COM) Notadressat *m* (bei einem Not leidenden Wechsel)

bisognino [bisoɲ'ɲiːno] *m* (*fam*) Geschäft *n*, Notdurft *f*; **fare un ~** sein Geschäft verrichten

bisogno [bi'zoɲɲo] *m* ❶ (*necessità*) Bedarf *m*, Notwendigkeit *f*; **avere ~ di qc/ qu** etw/jdn brauchen; **in caso di ~** im Bedarfsfall, nötigenfalls; **secondo il ~** (je) nach Bedarf; **al ~** wenn nötig; **non c'è ~ di ...** +*inf* man braucht nicht ... ❷ (*mancanza di mezzi*) Not *f*, Bedürftigkeit *f*; **essere nel ~** in Not sein; **al ~ si conosce l'amico** (*prov*) Freunde in der Not gehen tausend auf ein Lot; **il ~ non ha legge** (*prov*) Not kennt kein Gebot ❸ (*desiderio*) Bedürfnis *n*; **sentire il ~ di fare qc** das Bedürfnis haben etw zu tun ❹ *pl* (*fam: corporali*) Notdurft *f*, Bedürfnis *n*; **fare i propri -i** seine Notdurft verrichten; **bisognoso, -a** [bizoɲ'nɔːso] **I.** *agg* bedürftig; **~ di aiuto/ cura** hilfs-/pflegebedürftig **II.** *m*, *f* Bedürftige(r) *f(m)*

bisolfato [bisol'faːto] *m* Bisulfat *n*; **bisolfito** [bisol'fiːto] *m* Bisulfit *n*

bisonte [bi'zonte] *m* (*europeo*) Wisent *m*; (*americano*) Bison *m*

bisso ['bisso] *m* (*feines*) Leinengewebe *n*

bistecca [bis'tekka] <-cche> *f* Steak *n*, Schnitzel *n*; **~ alla fiorentina** Florentiner T-Bone-Steak *n* (*von Chianina-Rindern, auf dem Holzkohlenfeuer gegrillt*); **bistecchiera** [bistek'kiɛːra] *f* Grillpfanne *f*

bisticciare [bistit'tʃaːre] (*fam*) **I.** *vi* zanken, streiten **II.** *vr* **-rsi** sich zanken, sich streiten; **bisticcio** [bis'tittʃo] <-cci> *m* (*fam*) Zank *m*, Streit *m*

bistrattare [bistrat'taːre] *vt* misshandeln, schlecht behandeln

bistrò, bistrot [bis'trɔ, bis'tro] <-> *m* Bistro *n*

bisturi ['bisturi] <-> *m* Skalpell *n*

bisunto, -a [bi'zunto] *agg* (*fam*) schmierig; (*sporco di grasso*) fettig; **unto e ~** (*fam*) in Dreck und Speck

bit [bit] <-> *m* Bit *n*

bitonale [bito'naːle] *agg* bitonal

bitorzolo [bi'tortsolo] *m* Pickel *m*; (*prominenza*) Beule *f*

bitter ['bitter] <-> *m* Bitter *m*

bitumare [bitu'maːre] *vt* asphaltieren, bituminieren; **bitumatrice** [bituma'triːtʃe] *f* Asphaltier-, Teermaschine *f*; **bitumatura** [bituma'tuːra] *f* ❶ (*operazione di bitumare*) Bituminierung *f*, Asphaltierung *f* ❷ (*strato di bitume*) Bitumenschicht *f*, Asphaltdecke *f*;

bitumazione [bitumat'tsio:ne] *f* Bituminierung *f*, Asphaltierung *f*
bitume [bi'tu:me] *m* Bitumen *n*; **bituminoso, -a** [bitumi'nɔ:so] *agg* bituminös, bitumig; **bitumizzazione** [bitumiddzat'tsio:ne] *f* ❶(BIOL, CHEM) Bituminierung *f* ❷(TEC) Bituminieren *n*
biturbo [bi'turbo] *m* zweifacher Turbolader
bivaccare [bivak'ka:re] *vi* im Freien übernachten; (*spesso mil*) biwakieren; **bivacco** [bi'vakko] <-cchi> *m* Biwak *n*
bivalente [biva'lɛnte] *agg* ❶(CHEM) zweiwertig, bivalent ❷(*fig*) zweideutig
bivio ['bi:vio] <-i> *m* Gabelung *f*, Abzweigung *f*; **essere (giunto) a un ~** (*fig*) an einem [*o* am] Scheideweg angelangt sein
bizantinismo [biddzanti'nizmo] *m* ❶(*fig pej: sottigliezza eccessiva*) Haarspalterei *f*, Spitzfindigkeit *f*, Pedanterie *f* ❷(*fig pej: arte*) überladene Pracht ❸(*cerimoniale esagerato*) übertriebener Aufwand
bizantino, -a [biddzan'ti:no] *agg* ❶(HIST) byzantinisch ❷(*fig pej: sottile, pedante*) pedantisch, spitzfindig
bizza ['biddza] *f* Eigensinn *m*; (*stizza*) Koller *m fam*; **fare le -e** ungezogen sein
bizzarria [biddzar'ri:a] <-ie> *f* Absonderlichkeit *f*, Wunderlichkeit *f*; **bizzarro, -a** [bid'dzarro] *agg* ❶(*persona, idea*) absonderlich, wunderlich ❷(*cavallo*) temperamentvoll, eigenwillig
bizzeffe [bid'dzeffe] *avv* **a ~** in Hülle und Fülle, haufenweise *fam*; **avere denaro a ~** Geld wie Heu haben
bizzoso, -a [bid'dzo:so] *agg* (*bambino*) launenhaft, eigensinnig
bla bla [bla 'bla] <-> *m* Blabla *n*, Gerede *n*; **smettetela con questi ~** hört auf mit diesem dummen Gerede
black comedy [blæk 'kɔmədi] <-*o* black comedies> *f* (FILM) schwarze Komödie *f*; **blackjack** [blæk'dʒæk] <-> *m* Black Jack *n*
blackleg [blæk'leg] <-*o* blacklegs> *m* Schwindler *m*, Falschspieler *m*
black music [blæk 'mju:zik] <-> *f* (MUS) Black Music *f* (*Musik der Afroamerikaner*)
black-out [blæk'aut] <-> *m* Blackout *m o n*
black power [blæk 'pauə] <-> *m* (POL) Black Power *f*
blague [blag] <-*o* blagues> *f* Angeberei *f*, Prahlerei *f*, Aufschneiderei *f*; **blagueur, blagueuse** [bla'gœr] <-*o* blagueurs *m*, blagueuses *f*> *m, f* Angeber(in) *m(f)*, Aufschneider *m*, Schaumschläger *m*

blando, -a ['blando] *agg* ❶(*parole*) sanft ❷(*medicinale*) leicht
blasfemo, -a [blas'fɛ:mo] I. *agg* blasphemisch, gotteslästerlich II. *m, f* Gotteslästerer *m*, -lästerin *f*
blasonato, -a [blazo'na:to] I. *agg* ad(e)lig II. *m, f* Ad(e)lige(r) *f(m)*; **blasone** [bla'zo:ne] *m* Wappen(schild) *n*
blaterare [blate'ra:re] *vi* (*fam*) schwatzen
blazer ['bleizə *o* 'blazer] <-> *m* Blazer *m*
bleso, -a ['blɛ:zo] *agg* lispelnd; **essere ~** lispeln
blindare [blin'da:re] *vt* panzern; **blindato, -a** [blin'da:to] *agg* Panzer-, gepanzert; **carro ~** Panzer *m*; **auto -a** Panzerwagen *m*; **vetro ~** Panzerglas *n*; **blindatore, -trice** [blinda'to:re] *m, f* Arbeiter(in) *m(f)*, der Panzertüren montiert
blindosbarra® [blindos'barra] *f* Stromverteilernetz *n*
blinker ['bliŋkə] <-*o* blinkers> *m* Warnblinkanlage *f*
blister ['blistə *o* 'blister] <-*o* blisters> *m* Blister *m*
blitz [blits] <-> *m* (*guerra*) Blitzkrieg *m*; (*operazione a sorpresa*) Blitzaktion *f*
blob [blɔb] <-*o* blobs> *m* (FILM) Zusammenschnitt *m*
bloccabile [blok'ka:bile] *agg* feststellbar
bloccaggio [blok'kaddʒo] <-ggi> *m* ❶(TEC) Blockierung *f*, Verriegelung *f* ❷(SPORT) Abfangen *n*, Halten *n* ❸(COM) Sperren *n*, Stopp *m*
bloccare [blok'ka:re] I. *vt* ❶(TEC) (ab)sperren, verriegeln; (*sterzo*) sperren, blockieren ❷(*comunicazione*) unterbrechen; (*città*) abschneiden; (*strada, passo*) blockieren ❸(*fissare*) festsetzen; (*fermare*) anhalten ❹(SPORT) abfangen, halten ❺(*prezzi, salari*) einfrieren; (*licenziamento*) stoppen, aufhalten; (JUR) abbrechen, stoppen ❻(FIN: *assegno, conto*) sperren II. *vr* **-rsi** blockieren; (*fig*) sich sperren
bloccaruota, bloccaruote [blokka'ruɔ:ta, blokka'ruɔ:te] <-> *m* Radfeststellung *f*, Radblockierung *f*
bloccaruota [blokka'ruɔ:ta] <-> *m v.* **bloccaruote**
bloccaruote [blokka'ruɔ:te] <-> *m* Radfeststellung *f*, Radblockierung *f*; **bloccasterzo** [blokkas'tɛrtso] *m* Lenkradschloss *n*
bloccata [blok'ka:ta] *f* (SPORT) ❶(*nel calcio*) Abwehrparade *f* ❷(*nel pugilato*) Abblocken *n*
blocco ['blɔkko] <-cchi> *m* ❶(*gener, a fig*) Block *m*; **vendere/comprare in ~** en bloc verkaufen/kaufen ❷(*per appunti*) (Notiz-, Schreib)block *m* ❸(TEC) (Ab)sper-

rung *f*, Verriegelung *f*; (*di sterzo*) Sperrung *f*, Blockierung *f* **④** (NAUT, MIL) Blockade *f*; (*di strada*) Sperre *f*; **~ navale** Seeblockade *f*, Seesperre *f*; **~ stradale** Straßensperre *f*; **posto di ~** Absperrung *f* **⑤** (JUR: *dei fitti*) Stopp *m*; (FIN) Sperrung *f*; **~ delle riforme** Reformstau *m*; **~ dei salari** Lohnstopp *m* **⑥** (*arresto*) Unterbrechung *f*; (*di congegno*) Stockung *f* **⑦** (MED) Versagen *n*; **~ renale/cardiaco** Nieren-/Herzversagen *n* **⑧** (PSYCH: *di personalità, coscienza*) Hemmung *f*, Störung *f*; (*di memoria*) Gedächtnislücke *f*

bloc-notes [blɔk'nɔt] <-> *m* Notizblock *m*

blood doping [blʌd 'doupiŋ] <-> *m* (SPORT) Blutdoping *n*

bloody mary ['blʌdi 'mɛəri] <- *o* bloody marys> *m* Bloody Mary *f*

blotting ['blɔtiŋ] <-> *m* (BIOL) Blotten *n*

blu [blu] **I.** <inv> *agg* blau; **avere il sangue ~** blaues Blut haben **II.** <-> *m* Blau *n*; **~ di Prussia** Preußischblau *n*; **bluastro, -a** [blu'astro] *agg* bläulich

blucard [blu'ka:d] <-> *f* Platzreservierungskarte bei der Schifffahrt

blue chip [blu: 'tʃip] <blue chips> *m* Bluechip *m*, erstklassiges Wertpapier

blue-jeans ['blu: 'dʒi:nz] *mpl* Jeans *pl*

blue movie [blu: 'mu:vi] <- *o* blue movies> *m* Blue Movie *m o n*, Pornofilm *m*

bluette [bly'ɛt] **I.** <inv> *agg* kornblumenblau **II.** <-> *m* Kornblumenblau *n*

bluff [bluf] <-> *m* Bluff *m*; **bluffare** [bluf'fa:re] *vt* bluffen; **bluffatore, -trice** [bluffa'to:re] *m, f* Bluffer(in) *m(f)*

blusa ['blu:za] *f* **①** (*camicetta*) (Hemd)bluse *f* **②** (*da lavoro*) Kittel *m*; **blusotto** [blu'zɔtto] *m* Kittel *m*; (*camicia da uomo*) (leichtes) Hemd *n*

b-movie [bi'mu:vi] <- *o* b-movies> *m* (FILM) zweitklassiger Film *m*

BNL *f abbr di* **Banca Nazionale del Lavoro** *italienisches Kreditinstitut*

boa¹ ['bɔ:a] <-> *m* **①** (ZOO) Boa *f* **②** (*sciarpa*) (Feder)boa *f*

boa² *f* (NAUT) Boje *f*

boato [bo'a:to] *m* Dröhnen *n*, Donnern *n*

bob [bɔb] <-> *m* Bob *m*; (*sport*) Bobsport *m*; **bobbista** [bob'bista] <-i *m*, -e *f*> *mf* Bobfahrer(in) *m(f)*

bobina [bo'bi:na] *f* Spule *f*; (*rotolo*) Rolle *f*

bocca ['bokka] <-cche> *f* **①** (ANAT) Mund *m*; (*di animale*) Maul *m*; (BOT) Löwenmaul *n*; **a ~ mündlich**; **a ~ piena** mit vollem Mund; **mettere ~ in qc** (*fig*) sich in etw *acc* einmischen; **restare a ~ aperta** (*a fig*) mit offenem Mund dastehen; **tenere la ~ chiusa** (*a fig*) den Mund

halten; **restare a ~ asciutta** (*fig*) leer ausgehen; **essere di ~ buona** (*fig*) nicht wählerisch sein; **essere la ~ della verità** (*fig*) die Wahrheit in Person sein; **essere sulla ~ di tutti** (*fig*) in aller Munde sein; **in ~ al lupo!** (*fam*) Hals- und Beinbruch!, toi, toi, toi! **②** (*fig: apertura*) Öffnung *f*, Mund *m*; (*di cannone*) Mündung *f*; (*di forno*) Tür *f* **③** (GEOG: *di fiume*) Mündung *f*; (*di mare*) Straße *f*; **boccaccia** [bokk'kattʃa] <-cce> *f* **①** (*smorfia*) Grimasse *f*, Schnute *f*; **fare le -cce** Grimassen schneiden **②** (*fig pej: persona maldicente*) Lästermaul *n* **③** (*pej: bocca brutta*) Schnauze *f*, hässlicher Mund; **boccaglio** [bok'kaʎʎo] <-gli> *m* **①** (TEC) Düse *f* **②** (*imboccatura*) Mundstück *n*

boccale [bok'ka:le] **I.** *agg* (ANAT) Mund- **II.** *m* (*di birra*) Krug *m*

boccaporto [bokka'pɔrto] *m* (Schiffs)luke *f*

boccascena [bokkaʃʃɛ:na] <-> *m* Bühnenöffnung *f*

boccata [bok'ka:ta] *f* Mundvoll *m*; (*di sigaretta*) Zug *m*; (*d'acqua*) Schluck *m*; **andare a prendere una ~ d'aria** (*fig*) frische Luft schnappen (gehen)

boccetta [bot'tʃetta] *f* **①** (*per inchiostro, medicinali*) Fläschchen *n* **②** (*al biliardo*) Stoßkugel *f*

boccheggiante [bokked'dʒante] *agg* **①** (*per il caldo, la fatica*) nach Luft ringend **②** (*fig: moribondo*) sterbend, im Niedergang befindlich; **boccheggiare** [bokked'dʒa:re] *vi* nach Luft ringen; **~ come un pesce fuor d'acqua** nach Luft schnappen wie ein Fisch auf dem Trockenen

bocchino [bok'ki:no] *m* **①** (*per sigaretta*) Zigarettenspitze *f* **②** (MUS) Mundstück *n*

boccia ['bɔttʃa] <-cce> *f* **①** (*per gioco*) Bocciakugel *f*; **gioco delle -cce** Boccia(spiel) *n*; **giocare alle -cce** Boccia spielen **②** (*recipiente*) Karaffe *f* **③** (*fam scherz: testa*) Birne *f*, Rübe *f*

bocciarda [bot'tʃarda] *f* **①** (TEC) Kröneleisen *n*, Scharriereisen *n* **②** (*martello a punte*) Stockhammer *m*; **bocciardare** [bottʃar'da:re] *vt* (TEC) kröneln, aufrauen, scharrieren; **bocciardato, -a** [bottʃar'da:to] *agg* gekrönelt, aufgeraut, scharriert; **bocciardatrice** [bottʃarda'tri:tʃe] *f* (TEC) Krönelmaschine *f*, Scharriermaschine *f*; **bocciardatura** [bottʃarda'tu:ra] *f* (TEC) Krönelung *f*, Aufrauung *f*

bocciare [bot'tʃa:re] *vt* **①** (*fam: agli esami*) durchfallen lassen **②** (*proposta, idea*) ablehnen **③** (*alle bocce*) treffen; **bocciatura** [bottʃa'tu:ra] *f* Durchfallen *n*; (*a*

scuola) Sitzenbleiben *n*
boccino [bot'tʃiːno] *m* Malkugel *f*
boccio ['bɔttʃo] <-cci> *m* Knospe *f;* **in ~**
noch nicht erblüht; (*fig*) noch nicht reif
bocciodromo [bot'tʃɔːdromo] *m* Boccia-
anlage *f*
bocciofila [bottʃo'fiːla] *f* Bocciaspielge-
meinschaft *f,* Bocciaclub *m*
bocciofilo, -a [bot'tʃɔːfilo] I. *m, f* (*giocatore*) Bocciaspieler(in) *m(f)* II. *agg* Boccia-;
società -a Bocciaspielerclub *m*
bocciolo [bot'tʃɔːlo] *m* Knospe *f*
boccola ['bokkola] *f* ❶ (TEC) Büchse *f,*
Hülse *f* ❷ (EL) Buchse *f* ❸ (*anello*) Ring *m;*
(*orecchino*) Ohrring *m*
boccolo ['bokkolo] *m* Locke *f*
bocconcino [bokkon'tʃiːno] *m* Häpp-
chen *n,* Leckerbissen *m,* Schmankerl *n A;*
boccone [bok'koːne] *m* Bissen *m,* Happen *m;* (*cibo prelibato, fig*) Leckerbissen *m,*
Schmankerl *m A;* **fra un ~ e l'altro** (*fam*)
während des Essens, zwischendurch;
mangiare un ~ (noch schnell) einen Happen essen; **inghiottire un ~ amaro** (*fig*)
eine bittere Pille schlucken; **col ~ in gola**
(*fig fam*) gleich nach dem Essen
bocconi [bok'koːni] *avv* auf den Bauch,
bäuchlings; **cadere ~** der Länge nach hinfallen
body ['bɔdi] <-> *m* Body *m,* Bodysuit *m;*
un ~ a maniche lunghe ein langärm(e)li-
ger Body; **body art** ['bɔdi 'aːt] <-> *f* Body
Art *f;* **body builder** ['bɔdi 'bildə] <- *o*
body builders> *mf* Bodybuilder(in) *m(f);*
body-building ['bɔdi'bildiŋ] <-> *m* Bodybuilding *n;* **praticare il ~** Bodybuilding
betreiben; **fare ~** Bodybuilding machen;
body copy ['bɔdi 'kɔpi] <- *o* body
copies> *m* Bodycopy *f,* Fließtext *m;* **body
language** ['bɔdi 'læŋgwidʒ] <- *o* body
languages> *m* Körpersprache *f;* **body
painting** ['bɔdi 'peintiŋ] <-> *f* Body Painting *n,* Körperbemalung *f;* **body sculp-
turing** ['bɔdi 'skʌlptʃəriŋ] <-> *f* (MED)
Schönheitsoperation *f* (*operatives Entfernen von Fettgewebe*)
boeing ['bɔeiŋ] <- *o* boeings> *m* Boeing *f*
boero [bo'ɛːro] *m* Praline mit einer Likör-
kirsche
bofonchiare [bofoŋ'kiaːre] *vi* (*fam*) murren, meckern
bohème [bo'ɛm] <-> *f* Bohemeleben *n;*
bohémien [boe'mjɛ] <-> *m* Bohemien *m*
boia ['bɔːia] I. <-> *m* Henker *m,* Scharfrichter *m;* **~ d'un mondo!** (*vulg*) beschis-
sene Welt! II. <inv> *agg* (*vulg*) beschissen,
verdammt *fam;* **che tempo ~!** (*fam*) was
für ein Sauwetter!; **ho una sete ~** (*fam*)

ich habe einen Mordsdurst; **boiata**
[bo'iaːta] *f* (*vulg*) Scheiß *m,* Scheiße *f;*
(*spettacoli, libri*) Schund *m*
boicottaggio [boikot'taddʒo] <-ggi> *m*
Boykott *m,* Boykottieren *n;* **boicottare**
[boikot'taːre] *vt* ❶ (COM) boykottieren
❷ (*ostacolare*) behindern
boiler ['bɔilə *o* 'bɔiler] <-> *m* Boiler *m*
boîte [bwat] <-> *f* ❶ (*locale notturno*)
kleines Nachtlokal, Bar *f* ❷ (*scatola*) Dose *f,* Schatulle *f*
bolero [bo'lɛːro] *m* ❶ (MUS) Bolero *m*
❷ (*corpetto*) Bolero(jäckchen) *n*
bolgia ['bɔldʒa] <-ge> *f* (*fig pej:* baraon-
da) Höllenspektakel *m;* **quella stanza è
una ~** in dem Zimmer ist die Hölle los *fam*
bolide ['bɔːlide] *m* ❶ (ASTR) Bolid *m* ❷ (AU-
TO) schneller Flitzer *fam,* Rennwagen *m;* **è
passato come un ~** er ist wie der Blitz
vorbeigeschossen ❸ (*fam scherz: persona
grossa*) Koloss *m*
bolla ['bolla] *f* ❶ (*di sapone,* MED) Blase *f;*
(*nel vetro, metallo*) (Luft)blase *f;* **finire in
una ~ di sapone** (*fig*) wie eine Seifenblase zerplatzen ❷ (REL) Bulle *f* ❸ (COM)
Schein *m;* (*sigillo*) Siegel *n;* **~ di accompagnamento** Warenbegleitschein *m;* **~ di
consegna** Lieferschein *m;* **bollare**
[bol'laːre] *vt* ❶ (ADM) (ab)stempeln ❷ (*fig:
marchiare*) brandmarken; (*d'infamia*)
überhäufen ❸ (*fam: dare una contravvenzione*) jdm eine Geldstrafe verpassen; **bollato, -a** [bol'laːto] *agg* ❶ (ADM) (ab)ge-
stempelt; **carta -a** Stempelpapier *n* ❷ (*fig:
marchiato*) gebrandmarkt; **bollatura**
[bolla'tuːra] *f* (Ab)stemp(e)lung *f*
bollente [bol'lɛnte] *agg* ❶ (*acqua, caffè*)
kochend, siedend, heiß ❷ (*fig: temperamento, carattere*) hitzig, feurig; **-i spiriti**
(*poet*) erhitzte Gemüter *npl*
bolletta [bol'letta] *f* (Ab)rechnung *f;*
(*polizza*) Schein *m;* **essere in ~** (*fam*)
blank sein
bollettino [bollet'tiːno] *m* ❶ (*pubblicazione*) Bericht *m,* Bulletin *n;* **~ meteorologico** (Wetter)bericht *m;* **Bollettino Ufficiale**
Amtsbericht *m;* **~ medico** Krankenbe-
richt *m* ❷ (*polizza*) Schein *m*
bollilatte [bolli'latte] <-> *m* Milchkoch-
topf *m*
bollinare [bolli'naːre] *vt* mit einer (Bei-
trags)marke bekleben
bollino [bol'liːno] *m* Marke *f;* (*tagliando*)
Abschnitt *m;* **~ blu** (AUTO) ASU-Plakette *f*
bollire [bol'liːre] I. *vi* (PHYS, GASTR) kochen,
sieden; **~ di rabbia** (*fig*) vor Wut kochen;
chissà cosa bolle in pentola! (*fig*) wer
weiß, was da dahinter steckt! II. *vt* (auf)ko-

chen (lassen); (*per sterilizzare*) (ab)kochen

bollito [bol'li:to] *m* (*da bollire*) Suppen- fleisch *n*; (*pronto*) gekochtes Rind- [*o* Kalb]fleisch

bollito, -a *agg* (ab)gekocht; **bollitore** [bolli'to:re] *m* (*pentola*) Kochtopf *m*; (*attrezzo*) Kocher *m*; **bollitura** [bolli'tu:ra] *f* Kochen *n*, Sieden *n*

bolliuova [bolli'uɔ:va] <-> *m* Eierko- cher *m*

bollo ['bollo] *m* ❶ (*strumento, marchio*) Stempel *m*, Siegel *n*; ~ **di circolazione** Kraftfahrzeugsteuermarke *f* ❷ (*fam: fran- cobollo*) Briefmarke *f*

bollore [bol'lo:re] *m* ❶ (GASTR, PHYS) Sie- den *n*, Aufkochen *n* ❷ (*fig: caldo intenso*) Hitze *f*; **a** ~ kochend (heiß); **far passare i -i a qu** jdn beschwichtigen ❸ (*fig: ardore*) Hitze *f*, Ungestüm *n*

bolo ['bɔ:lo] *m* große Pille

Bologna *f* Bologna *n* (*Hauptstadt der Regi- on Emilia-Romagna*)

bolognese [boloɲ'ɲe:se] I. *agg* bologne- sisch, aus Bologna stammend; **pasta alla ~** Nudelgericht Bologneser Art II. *m, f* (*abitante*) Bolognese *m*, Bolognesin *f* III. <*sing*> *m* (*dialetto*) Bologneser Dialekt

Bolognese <*sing*> *m* Gebiet *n* um Bolo- gna

bolsaggine [bol'saddʒine] *f* ❶ (*fig: fi- acchezza*) Schlaffheit *f*, Trägheit *f*; (*di stile*) Schwülstigkeit *f* ❷ (ZOO) Pferdestaupe *f*

bolscevico, -a [bolʃe'vi:ko] <-chi, -che> I. *agg* ❶ (POL) bolschewikisch, bolschewis- tisch ❷ (*comunista rivoluzionario*) bol- schewikisch, bolschewistisch; **partito ~** bolschewistische Partei II. *m, f* ❶ (POL) Bol- schewik(in) *m(f)*, Bolschewist(in) *m(f)* ❷ (*comunista intransigente*) Bolsche- wik(in) *m(f)*, Bolschewist(in) *m(f)*

bolzanino, -a [boltsa'ni:no] I. *agg* Bozner- II. *m, f* (*abitante*) Bozner(in) *m(f)*

Bolzanino <*sing*> *m* Umgebung *f* Bozens, Gebiet *n* um Bozen

Bolzano [bol'tsa:no] *f* Bozen *n* (*Stadt in Südtirol*)

bomba ['bomba] *f* (MIL) Bombe *f*; ~ **a idro- geno/orologeria** Wasserstoff-/Zeitbom- be *f*; ~ **a mano** Handgranate *f*; ~ **atomica** Atombombe *f*; ~ **vulcanica** [*o* **lavica**] (La- va)bombe *f*; **una notizia** ~ (*fig*) eine Sensa- tion; **fare scoppiare la** ~ (*fig*) die Bombe platzen lassen; **a prova di** ~ bombensicher

bombardamento [bombarda'mento] *m* ❶ (MIL: *di bombe aeree*) Bombardierung *f* (*di artiglieria pesante*) schwerer Beschuss, schweres Feuer; ~ **a tappeto** Flächenbom- bardierung *f*, Bombenteppich *m*; (*di arti-*

glieria) Sperrfeuer *n* ❷ (*fig: di domande*) Bombardierung *f* ❸ (PHYS) Beschuss *m*;

bombardare [bombar'da:re] *vt* ❶ (MIL) bombardieren, beschießen ❷ (*fig*) bombar- dieren; ~ **qu di domande** jdn mit Fragen bombardieren ❸ (PHYS) beschießen; **bom- bardiere** [bombar'diɛ:re] *m* ❶ (*pilota*) Bombenflieger *m*, Bomberpilot *m*; (*aereo*) Bomber *m* ❷ (*di artiglieria pesante*) Artil- lerist *m*

bombarolo, -a [bomba'ro:lo] I. *m, f* (*mer*) Bombenleger(in) *m(f)* II. *agg* (*mer*) Bombenleger-, Bomben-; **l'offensiva -a** Bombenanschlag *m*

bomber ['bɔmbə *o* 'bɔmber] <- *o* bom- bers> *m* ❶ (SPORT: *cannoniere*) Torschüt- ze *m* ❷ (*giubbotto*) Bomber-Jacke *f*

bomberina [bombe'ri:na] *f* (Art) Nagel- kopf *m*

bombetta [bombe'tta] *f* ❶ (*cappello*) Melone *f*, Zylinder *m* ❷ (*fialetta puzzolen- te*) Stinkbombe *f*

bombing ['bɔmbing] <-> *m* Sprühen *n* von Graffiti

bombola ['bombola] *f* Gasflasche *f*; (*per nebulizzazione*) Sprühdose *f*

bombolo, -a ['bombolo] *m, f* (*fam scherz*) Dickerchen *n*

bombolone [bombo'lo:ne] *m* mit Creme oder Marmelade gefüllter Krapfen

bomboniera [bombo'niɛ:ra] *f* Bonbonnie- re *f*

bonaccia [bo'nattʃa] <-cce> *f* ❶ (NAUT) Flaute *f*, Windstille *f*; (*mare*) Meeresstille *f* ❷ (*fig: calma*) Stille *f*, Ruhe *f*

bonaccione, -a [bonat'tʃo:ne] (*fam*) I. *agg* gutmütig II. *m, f* gutmütiger Mensch

bonarietà [bonarie'ta] <-> *f* Gutmütig- keit *f*

bonario, -a [bo'na:rio] <-i, -ie> *agg* gut- mütig

bonifica [bo'ni:fika] <-che> *f* ❶ (*di terre- no*) Urbarmachung *f*; (*di palude*) Trocken- legung *f* ❷ (MIL) Entminung *f*; **bonificare** [bonifi'ka:re] *vt* ❶ (*terreno*) urbar ma- chen; (*palude*) trockenlegen ❷ (MIL) entmi- nen ❸ (FIN) gutschreiben

bonifico [bo'ni:fiko] <-ci> *m* ❶ (FIN) Gut- schrift *f* ❷ (COM) Preisnachlass *m*

bonomia [bono'mi:a] <-ie> *f* Gutmütig- keit *f*

bonsai ['bonsai *o* bon'sai] <-> *m* ❶ (*tecnica di coltivazione*) Bonsai *n* ❷ (*pi- anta*) Bonsai *m*

bontà [bon'ta] <-> *f* ❶ (*di persona*) Güte *f*; **abbia la** ~ **di dirmelo** haben Sie die Güte, es mir zu sagen ❷ (*di cosa*) Güte *f*, Quali- tät *f*; **che** ~ **questa torta!** diese Torte ist ein Gedicht!

bonus ['bɔnus] <-> *m* ❶ (*incentivo economico*) Prämie *f*, Prämienzahlung *f*; **un ~ di cento euro** eine Prämie von 100 Euro ❷ (*tagliando*) Gutschein *m*, Vergütung *f*; **~ per gli acquisti** Gutschein für die Einkäufe ❸ (*premio*) Bonus *m* ❹ (SPORT) Bonus *m*, Punktvorteil *m*

bonus-malus ['bɔnus'malus] <-> *m* Bonus-Malus-System *n*, Schadenfreiheitsrabatt *m*

bonzo ['bondzo] *m* Bonze *m*

boom [bu:m] <-> *m* Aufschwung *m*, Boom *m;* **~ edilizio** Bauboom *m*

boomerang ['bu:məræŋ] *o* 'bumerang] <-> *m* Bumerang *m*

bootstrap [bu:t'stræp] (INFORM, TEC) **I.**<inv> *agg* Bootstrap-; **circuito ~** Bootstrap-Schaltung *f* **II.**<-> *m* Bootstrapping *n*, Ureingabe *f*

bora ['bɔːra] *f* Bora *f*

boracifero, -a [bora'tʃiːfero] *agg* borhaltig, Borax-; **soffione ~** Borquelle *f*

borato [bo'ra:to] *m* Borat *n*

borbottamento [borbotta'mento] *m* (*fam*) Murmeln *n*, Gemurmel *n*

borbottare [borbot'ta:re] *vi, vt* (*fam: parlare in modo indistinto*) murmeln; (*brontolare*) brummen; **borbottio** [borbot'ti:o] <-ii> *m* (*fam*) Gemurmel *n*, Gestammel *n*

borchia ['bɔrkia] <-chie> *f* Metallverzierung *f*, Beschlag *m;* (*su allacciamenti*) Niete *f*; (*a poltrone*) Ziernagel *m*

bordare [bor'da:re] *vt* (*tovaglia, vestito*) (ein)säumen, (um)säumen; (*per ornamento*) mit einer Borte verzieren; **bordatura** [borda'tu:ra] *f* (*di vestito*) Bordüre *f*, Borte *f*

bordello [bor'dɛllo] *m* ❶ (*fig fam: ambiente corrotto*) Lasterhöhle *f* ❷ (*fig: disordine*) Tohuwabohu *n*, Durcheinander *n;* (*fracasso*) Radau *m*, Spektakel *m;* **smettetela di far ~!** (*fam*) hört mal auf mit dem Radau! ❸ (*postribolo*) Bordell *n*, Freudenhaus *n*

borderline ['bɔːdəlain] **I.**<-> *mf* (MED, PSYCH) Borderline *n*, Grenzfall *m* **II.**<inv> *agg* Borderline-

bordino [bor'di:no] *m* (*di tessuto*) feiner Saum, Einfassung *f*; (*per ornamento*) kleine Borte

bordo ['bordo] *m* ❶ (*di vestito*) Saum *m;* (*per ornamento*) Borte *f* ❷ (NAUT, AERO, MOT) Bord *m;* **salire a ~** an Bord gehen, einsteigen; **prendere qu a ~** jdn an Bord nehmen; **a ~** an Bord; **a ~ della macchina** im Wagen ❸ (*di strada*) Rand *m;* (*di aiuo-*

la) Einfassung *f*, Rand(streifen) *m;* **sul ~ della strada** am Straßenrand ❹ (*di tavolo, sedia*) Kante *f*

bordocampo [bordo'kampo] *m* (SPORT) Seitenlinie *f*

bordura [bor'du:ra] *f* ❶ (*di aiuola*) Einfassung *f*, Rand(streifen) *m* ❷ (*di abito*) Bordüre *f* ❸ (GASTR) Garnierung *f*

boreale [bore'a:le] *agg* boreal; **aurora ~** Nordlicht *n*

borgata [bor'ga:ta] *f* ❶ (*piccolo centro*) Ortschaft *f* ❷ (*di periferia*) Vorort *m*

borgesiano, -a [bordʒe'sia:no] *agg* Borges'sche

borghese [bor'ge:se] **I.** *agg* ❶ (SOC) bürgerlich, Bürger- ❷ (ADM) zivil, Zivil-; **abito ~** Zivilkleidung *f*; **in ~** in Zivil ❸ (*fig pej*) (klein)bürgerlich **II.** *mf* Bürger(in) *m(f)*, Bourgeois *m;* **piccolo ~** Kleinbürger *m;* (*pej*) Spießbürger *m*, Spießer *m* **III.** *m* Zivilist *m;* **borghesia** [borge'zi:a] <-ie> *f* Bürgertum *n;* **alta ~** Großbürgertum *n;* **media ~** Mittelstand *m;* **piccola ~** Kleinbürgertum *n*

borgo ['borgo] <-ghi> *m* ❶ (*centro abitato*) Ortschaft *f*, Dorf *n* ❷ (*quartiere cittadino*) (Vorstadt)viertel *n*

borgomastro [borgo'mastro] *m* Bürgermeister *m*

boria ['bɔːria] <-ie> *f* Aufgeblasenheit *f*, Hochmut *m*

borico, -a ['bɔːriko] <-ci, -che> *agg* Bor-; **acido ~** Borsäure *f*

borioso, -a [bo'rio:so] *agg* aufgeblasen, hochmütig

borotalco® [boro'talko] *m* Körperpuder *m*

borraccia [bor'rattʃa] <-cce> *f* Wasserflasche *f*; (MIL) Feldflasche *f*

borsa ['borsa] *f* ❶ (*portaoggetti*) Tasche *f*, Beutel *m;* (*di donna*) Handtasche *f*; (*per denaro*) Geldbeutel *m*, Geldbörse *f* A; **~ da viaggio** Reisetasche *f*; **~ dell'acqua calda** Wärmflasche *f*; **~ del ghiaccio** Eisbeutel *m;* **~ della spesa** Einkaufstasche *f*; **~ del tabacco** Tabakbeutel *m;* **o la ~ o la vita!** Geld oder Leben! ❷ (FIN) Börse *f*; **giocare in ~** an der Börse spekulieren ❸ (*fig: denaro*) Geld *n;* **~ di studio** Stipendium *n* ❹ (ANAT) Beutel *m*, Sack *m;* **avere le -e sotto gli occhi** (Tränen)säcke (unter den Augen) haben

borsaiolo, -a [borsa'iɔ:lo] *m, f* Taschendieb(in) *m(f)*

borsanera [borsa'ne:ra] <borsenere> *f* Schwarzmarkt *m*

borseggiare [borsed'dʒa:re] *vt* bestehlen; **borseggiatore, -trice** [borsed'dʒa'to:re] *m, f* Taschendieb(in) *m(f)*;

borseggio [bor'seddʒo] <-ggi> m Taschendiebstahl m

borsellino [borsel'li:no] m Geldbeutel m, Portmonee n, Geldbörse f A; **borsello** [bor'sɛllo] m (da uomo) Tasche f, Täschchen n

borsenere pl di **borsanera**

borsetta [bor'setta] f (da donna) (Hand)tasche f, Täschchen n; **borsettaio, -a** [borset'ta:io] <-ai, -aie> m, f Handtaschenhändler(in) m(f); **borsetteria** [borsette'ri:a] <-ie> f Handtaschengeschäft n; **borsettificio** [borsetti'fi:tʃo] <-ci> m Handtaschenhersteller m

borsista [bor'sista] <-i m, -e f> mf ① (chi ha una borsa di studio) Stipendiat(in) m(f) ② (FIN) Börsenspekulant(in) m(f)

boscaglia [bos'kaʎʎa] <-glie> f Gehölz n

boscaiolo, -a [boska'iɔ:lo] m, f ① (spaccalegna) Holzfäller(in) m(f) ② (guardaboschi) Förster(in) m(f)

boschereccio, -a [boske'rettʃo] <-cci, -cce> agg ① (ninfe, fungo) Wald- ② (fig: semplice, rozzo) ungeschliffen, ungehobelt; **boschivo, -a** [bos'ki:vo] agg waldig, Wald-

bosco ['bɔsko] <-schi> m Wald m; ~ **da taglio** Nutzwald m; **boscosità** [boskosi'ta] <-> f Bewaldung f, Waldbestand m; **boscoso, -a** [bos'ko:so] agg waldig

Bosforo ['bɔsforo] m Bosporus m

Bosnia f Bosnien n; **bosniaco, -a** [bos'nia:ko] <-ci, -che> **I.** agg bosnisch; **l'indipendenza -a** die Unabhängigkeit Bosniens **II.** m, f (abitante) Bosnier(in) m(f)

boss [bɔs] <-> m Boss m

bosso ['bɔsso] m ① (BOT) Buchsbaum m ② (legno) Buchsbaumholz n

bossolo ['bɔssolo] m (MIL) Patronenhülse f

bostik® ['bɔstik] <-> m Alleskleber m

BOT, bot <-> m acro di **Buono Ordinario del Tesoro** normale Schatzanweisung (Schuldbrief gegenüber dem Staat)

botanica [bo'ta:nika] <-che> f Botanik f; **botanico, -a** [bo'ta:niko] <-ci, -che> **I.** agg botanisch; **orto** [o **giardino**] ~ botanischer Garten **II.** m, f Botaniker(in) m(f)

botola ['bɔ:tola] f Kellerluke f; (trabocchetto) Falltür f

botolo ['bɔ:tolo] m (pej) ① (cane) Köter m ② (fig: persona) Giftzwerg m

botta ['bɔtta] f ① (colpo) Schlag m, Hieb m; (percossa) Stoß m; **un sacco di -e** eine Tracht Prügel; **fare a -e** raufen, sich prügeln; **è stata una bella ~ per lui** (fig) das war ein schwerer Schlag für ihn ② (rumore) Knall m ③ (fig: battuta pungente)

scharfe Bemerkung, Hieb m; **fare a -e risposta** sich dat ein Wortgefecht liefern

botte ['botte] f ① (di vino) Fass n; **essere in una ~ di ferro** (fig) ganz sicher sein; **nella botte piccola sta** [o **c'è**] **il vino buono** (prov: persona) klein, aber oho fam; **non si può avere la ~ piena e la moglie ubriaca** (prov) man kann nicht alles haben ② (fig fam: persona) Tonne f, Fass n ③ (ARCH) Tonne f; **volta a ~** Tonnendach n

bottega [bot'te:ga] <-ghe> f ① (negozio) Geschäft n, Laden m; **avere la ~ aperta** (fig fam) den Hosenladen offen haben ② (officina) Werkstatt f ③ (POL) **Botteghe Oscure** Sitz der linken demokratischen Partei in Rom; **bottegaio, -a** [botte'ga:io] <-ai, -aie> m, f Händler(in) m(f), Kaufmann m

botteghino [botte'gi:no] m Kartenschalter m; (THEAT) Theaterkasse f; (FILM) Kinokasse f; (SPORT) Wettbüro n; (del lotto) Lottoannahmestelle f; **bottegone** [botte'go:ne] m (scherz) Sitz der linken demokratischen Partei in Rom

bottiglia [bot'tiʎʎa] <-glie> f Flasche f; **una ~ di acqua minerale** eine Flasche Mineralwasser; **~ Molotov** Molotowcocktail m; **bottiglione** [bottiʎ'ʎo:ne] m große Flasche

bottino [bot'ti:no] m (MIL) Kriegsbeute f; (di furto) (Diebes)beute f

botto ['bɔtto] m ① (colpo) Schlag m; (dello sparo) Knall m; **di ~** schlagartig, mit einem Schlag; **in un ~** mit einem Schlag, im Handumdrehen ② (fuochi d'artificio) Feuerwerk n

bottone [bot'to:ne] m ① (per indumenti) Knopf m; **~ automatico** Druckknopf m; **~ d'oro** Dotterblume f ② (TEC) (Druck)knopf m, Taste f; **stanza dei -i** (fig) Schaltstelle f ③ (loc) **attaccare un ~** (a qu) (fig fam) jdn in ein endloses Gespräch verwickeln; **bottoniera** [botto'ni:ra] f ① (di vestito) Knopfreihe f ② (EL) Schalttafel f

botuligeno, -a [botuli'dʒɛ:no] agg (MED) Botulismus verursachend

botulinico, -a [botu'liniko] <-ci, -che> agg (MED) Botulinus-; **tossina -a** Botulinustoxin n; **botulino, -a** [botu'li:no] **I.** agg (BIOL, MED) Botulinus- **II.** m Botulinusbazillus m

botulismo [botu'lizmo] m (MED) Botulismus m, Lebensmittelvergiftung f

boucle [bukl] <- o boucles> m o f Ring m, Reifen m

bouclé [bu'kle] <inv> agg Bouclé-

bouquet [bu'kɛ] <-> *m* **❶** (*di fiori*) Blumenstrauß *m* **❷** (*di vino*) Bukett *n*, Blume *f*

boutade [bu'tad] <-> *f* witzige [*o* geistreiche] Pointe [*o* Bemerkung]

boutique [bu'tik] <-> *f* Boutique *f*

bovarismo, bovarysmo [bova'rizmo] *m* Bovarismus *m*, Unzufriedenheit *f*, innere Unruhe *f*; **bovarista** [bova'rista] <-i *m*, -e *f*> *agg* bovaristisch, unzufrieden

bovaro [bo'va:ro] *m* Kuhhirte *m*

bove ['bɔ:ve] *m* Ochse *m*

bovino [bo'vi:no] *m* Rind *n*

bovino, -a *agg* Ochsen-, Rind(er)-; **occhi -i** (*pej*) Kuhaugen *npl*, Glotzaugen *npl*

bowling ['bouliŋ] <-> *m* **❶** (*gioco*) Bowling *n* **❷** (*luogo*) Bowlingcenter *n*; (*pista*) Bowlingbahn *f*

box [bɔks] <-> *m* **❶** (*per bambini*) Laufstall *m* **❷** (MOT, ZOO) Box *f*

boxare [bok'sa:re] *vi* boxen; **boxe** [bɔks] <-> *f* Boxen *n*, Boxsport *m*

boxer ['bɔksə *o* 'bɔkser] <-> *m* **❶** (ZOO) Boxer *m* **❷** *pl* (*mutande a calzoncino*) Boxershorts *pl*

boxeur [bɔk'sœ:r] <-> *m* (SPORT) Boxer *m*

boxistico, -a [bo'ksistiko] <-ci, -che> *agg* den Boxsport betreffend, boxerisch

boy [bɔi] <-> *m* **❶** (*d'albergo*) Boy *m*, Hoteldiener *m* **❷** (THEAT) Revuetänzer *m*

boyfriend ['bɔifrend] <- *o* boyfriends> *m* Boyfriend *m*; **boygroup** ['bɔigru:p] <-> *m* Boygroup *f*

boy-scout ['bɔi 'skaut] *m* Pfadfinder *m*

bozza ['bɔttsa] *f* **❶** (TYP) Fahne *f*, (Korrektur)abzug *m*; **correzione di -e** Fahnenkorrektur *f*; **-e di stampa** Druckfahnen *fpl* **❷** (LIT) Entwurf *m*

bozzettista [bottset'tista] <-i *m*, -e *f*> *mf* **❶** (LIT) Skizzenschreiber(in) *m(f)* **❷** (*di pubblicità*) Entwurfzeichner(in) *m(f)*

bozzetto [bot'tsetto] *m* **❶** (LIT) Skizze *f*, Kurzgeschichte *f* **❷** (*modello*) Entwurf *m*

bozzo ['bɔttso] *m* (*dial*) Beule *f*

bozzolo ['bɔttsolo] *m* **❶** (ZOO) Kokon *m*; **uscire dal ~** (ZOO) ausschlüpfen; (*fig*) wieder unter die Menschen gehen **❷** (*protuberanza*) Beule *f*, Höcker *m*

B.P.L. *abbr di* **Buono Per Lire** Abkürzung vor der zahlbaren Summe auf Wechseln

BR *fpl abbr di* **Brigate Rosse** Rote Brigaden *pl*

braca ['bra:ka] <-che> *f* **❶** *pl* (*calzoni*) Hose *f*; (*mutande*) Unterhose *f*; **calare** [*o* **calarsi**] **le -che** (*vulg: per paura*) sich *dat* in die Hosen machen **❷** (*allacciatura per operai*) Sicherheitsgurt *m*

bracalone, -a [braka'lo:ne] *m, f* (*fam*) Schlamper(in) *m(f)*

braccare [brak'ka:re] *vt* hetzen, aufspüren; (*fig a*) verfolgen

braccetto [brat'tʃetto] *m* **a ~** Arm in Arm, eingehakt; **prendere qu a ~** sich bei jdm einhaken

braccia ['brattʃa] *f pl di* **braccio**[1]

bracciale [brat'tʃa:le] *m* **❶** (*ornamento*) Armband *n* **❷** (*fascia distintiva*) Armbinde *f*; **braccialetto** [brattʃa'letto] *m* Armband *n*; (*cerchio*) Armreif *m*; **~ elettronico antievasione** elektronische (Fuß)fessel

bracciantato [brattʃan'ta:to] *m* Hilfsarbeiter *mpl*, Tagelöhner *mpl*

bracciante [brat'tʃante] *mf* Tagelöhner(in) *m(f)*; **~ agricolo** landwirtschaftlicher Hilfsarbeiter

bracciata [brat'tʃa:ta] *f* **❶** (SPORT) (Arm)zug *m* (beim Schwimmen) **❷** (*quantità*) Arm voll *m*; **a -e** haufenweise, in Mengen

braccio[1] ['brattʃo] <*pl*: braccia *f*> *m* **❶** (ANAT) Arm *m*; **accogliere qu a braccia aperte** jdn mit offenen Armen empfangen; **agitare le braccia** mit den Armen fuchteln; (*in segno di saluto*) winken; (*per fare segni*) gestikulieren; **portare un bambino in ~** ein Kind auf dem Arm tragen; **prendere qu per un ~** jdn am [*o* beim] Arm nehmen; **offrire il ~ a qu** jdm den Arm anbieten; **~ di ferro** Armdrücken *n*; (*fig*) Tauziehen *n*, Kraftprobe *f*; **incrociare le braccia** (*fig*) die Arbeit niederlegen, streiken; **stare a braccia conserte** mit verschränkten Armen dastehen; **mi fai cadere le braccia** (*fig*) du enttäuschst mich; **essere il ~ destro di qu** (*fig*) die rechte Hand von jdm sein; **gettare le braccia al collo di qu** jdm um den Hals fallen **❷** *pl* (*fig*) Arbeitskräfte *fpl*; **avere buone ~** eine gute Arbeitskraft sein, tüchtig sein **❸** (*misura*) Elle *f*

braccio[2] <-cci> *m* (GEOG) **~ di fiume** Flussarm *m*; **~ di mare** Meerenge *f*; **~ di terra** Landzunge *f*

bracciolo [brat'tʃɔ:lo] *m* Armlehne *f*

bracco ['brakko] <-cchi> *m* Bracke *m*, Spürhund *m*

bracconiere [brakko'niɛ:re] *m* Wilderer *m*, Wilddieb *m*

brace ['bra:tʃe] *f* Glut *f*, Feuer *n*; (*carbone*) Holzkohle *f*; **una bistecca alla ~** ein Steak vom (Holzkohlen)grill; **essere sulle -i** (*fig*) wie auf (glühenden) Kohlen sitzen

brache ['bra:ke] *fpl* (*calzoni*) Hose *f*; (*mutande*) Unterhose *f*; **calare** [*o* **calarsi**] **le ~** (*vulg: per paura*) sich *dat* in die Hosen machen *sl*

brachetta [bra'ketta] *f* **❶** *pl* (*per bambi-*

ni) Höschen *n* ❷(TYP) Fälzel *n*
brachiale [bra'kia:le] *agg* (Ober)arm-
braciere [bra'tʃɛ:re] *m* Kohlenbecken *n*, Kohlenpfanne *f*
braciola [bra'tʃɔ:la] *f* Schnitzel *n;* ~ **di maiale** Schweineschnitzel *n*
bradisismo [bradi'sizmo] *m* bradyseismische Bewegung
brado, -a ['bra:do] *agg* ungezähmt, wild
braille [braj] <-> *m o f* Blinden-, Brailleschrift *f*
brainstorming ['brein'stɔ:miŋ] <-> *m* Brainstorming *n*
brain trust ['brein 'trʌst] <-> *m* Brain-trust *m*, Expertengruppe *f*
brama ['bra:ma] *f* (*poet*) Begierde *f*, Sehnsucht *f;* ~ **di sapere** Wissbegierde *f*
bramano [bra'ma:no] *m* Brahmane *m;* **bramare** [bra'ma:re] *vt* (*poet*) heiß begehren, schmachten nach *geh*
bramino [bra'mi:no] *v.* **bramano**
bramire [bra'mi:re] <bramisco, bramisci> *vi* (*orso*) brüllen; (*cervo*) röhren; **bramito** [bra'mi:to] *m* (*dell'orso*) Brüllen *n;* (*del cervo*) Röhren *n*
bramosia [bramo'si:a] <-ie> *f* Begierde *f*, Sehnsucht *f;* **bramoso, -a** [bra'mo:so] *agg* sehnsüchtig; **essere** ~ **di qc** nach etw sehnsüchtig [*o* auf etw *acc* (be)gierig] sein
branca ['braŋka] <-che> *f* ❶(ZOO) Klaue *f;* (*di uccelli*) Kralle *f* ❷(*fig: ramo*) Gebiet *n*, Zweig *m*
branchiale [braŋ'kia:le] *agg* Kiemen-
branchiato [braŋ'kia:to] *m* Kiemenatmer *m*
branchiato, -a *agg* mit Kiemen versehen, Kiemen-
branchie ['braŋkie] *fpl* Kiemen *fpl*
brancicare [brantʃi'ka:re] **I.** *vi* tappen **II.** *vt* (*fam*) betatschen, begrapschen
branco ['braŋko] <-chi> *m* ❶(ZOO) Rudel *n;* (*gregge*) Herde *f;* (*di uccelli*) Schwarm *m* ❷(*fig pej: di persone*) Meute *f*, Haufen *m*
brancolamento [braŋkola'mento] *m* (*a fig*) (Herum)tappen *n*
brancolare [braŋko'la:re] *vi* herumirren; ~ **nel buio** (*fig*) im Dunkeln tappen
branda ['branda] *f* Feldbett *n*
brandeburghese [brandebur'ge:ze] *agg* brandenburgisch
Brandeburgo [brandebur'go] *m* Brandenburg *n;* **Porta di** ~ Brandenburger Tor
brandeggiabile [branded'dʒa:bile] *agg* ❶(MIL, NAUT) schwenkbar; **arma** ~ Schwenkwaffe *f* ❷(FILM) schwenkbar; **brandeggiare** [branded'dʒa:re] **I.** *vt* (MIL: *far ruotare orizzontalmente armi,*

strumenti) schwenken **II.** *vi* ❶(*oscillare*) schwingen ❷(*obs: tentennare, esitare*) schwanken, zögern ❸(NAUT: *ruotare di imbarcazione*) wenden; **brandeggio** [bran'deddʒo] <-ggi> *m* ❶(NAUT: *di imbarcazione*) Wenden *n* ❷(MIL: *di bocca di fuoco*) Schwenken *n* ❸(*rotazione*) Schwenk *m*
brandello [bran'dɛllo] *m* Fetzen *m*, Stück *n;* **fare a -i** zerfetzen, in Stücke reißen
brandina [bran'di:na] *f* Liege *f*
brandire [bran'di:re] <brandisco> *vt* schwingen
brano ['bra:no] *m* ❶(MUS) (Musik)stück *n* ❷(LIT) Stelle *f*, Ausschnitt *m* ❸(*pezzo*) Stück *n*, Fetzen *m*
branzino [bran'tsi:no] *m* Seebarsch *m*
brasare [bra'za:re] *vt* ❶(GASTR) schmoren ❷(TEC) (hart)löten
brasato [bra'za:to] *m* (Rinder)schmorbraten *m*
brasato, -a *agg* geschmort
Brasile [bra'zi:le] *m* **il** ~ Brasilien *n;* **brasiliano, -a** [brazi'lia:no] **I.** *agg* brasilianisch **II.** *m, f* Brasilianer(in) *m(f)*
bravaccio [bra'vattʃo] <-cci> *m* Aufschneider *m*
bravamente [brava'mente] *avv* beherzt
bravata [bra'va:ta] *f* ❶(*azione rischiosa*) Bravourstück *n;* (*a iron*) Glanzleistung *f*, Glanznummer *f* ❷(*millanteria*) Aufschneiderei *f*, Prahlerei *f*
bravo, -a ['bra:vo] **I.** *agg* ❶(*abile*) tüchtig, fähig; **essere** ~ **in qc** [*o* **a fare qc**] etw gut (machen) können ❷(*onesto*) ehrlich, anständig ❸(*buono*) gut; (*bambino*) brav, artig; **fare il** ~ brav sein; **su su, da ~, vieni qua** (*fam*) sei schön artig und komme her ❹(*coraggioso*) mutig **II.** *int* bravo, gut; **bravura** [bra'vu:ra] *f* Geschicklichkeit *f*, Können *n;* (*virtuosismo*) Bravour *f;* **pezzo di** ~ (TEC) Meisterstück *n;* (*fig*) Meisterleistung *f;* **con** ~ mit Bravour, bravourös
break ['breik *o* 'brɛk] <-> *m* ❶(*pausa, intervallo*) Pause *f;* (*interruzione pubblicitaria*) Werbepause *f*, -unterbrechung *f* ❷(SPORT) Break *m* ❸(MUS: *breve improvvisazione jazz*) Break *m*
break-dance ['breik'da:ns] <-> *f* Breakdance *m*
breakdown ['breik'daun] <-> *m* Ausfall *m*, Versagen *n*, Panne *f*
break even ['breik 'i:vən] <-> *m* (FIN) Break-Even *m*, Gewinnschwelle *f*, Deckungspunkt *m*
breaking ['breikiŋ] <-> *m* Breakdance *m*
breccia ['brettʃa] <-cce> *f* ❶(*sassi*)

Schotter *m*, Splitt *m* ❷(MIL) Bresche *f* ❸(*loc*) **essere sulla ~** in vorderster Linie stehen; **far ~ nell'animo di qu** (*fig*) jdn für sich einnehmen

brefotrofio [brefo'trɔ:fio] <-i> *m* (Kinder)heim *n*; (HIST) Findelhaus *n*

Bregenz ['bre:gɛnts] *f* Bregenz *n*

Brema ['brɛ:ma] *f* Bremen *n*

Brennero ['brɛnnero] *m* Brenner *m*; **Passo del ~** Brennerpass *m*

bresaola [bre'za:ola] *f* luftgetrocknetes, gesalzenes Rindfleisch

Brescia *f* Brescia *n* (*Stadt in der Lombardei*)

Bresciano <*sing*> *m* Umgebung *f* von [*o* Gebiet *n* um] Brescia, Provinz *f* Brescia

bresciano, -a [breʃʃa:no] **I.** *agg* aus Brescia stammend **II.** *m*, *f* (*abitante*) Brescianer(in) *m(f)*, Bewohner(in) *m(f)* von Brescia

Breslavia [bre'zla:via] *f* Breslau *n*

Bressanone [bressa'no:ne] *f* Brixen *n*

bretella [bre'tɛlla] *f* ❶ *pl* (*per pantaloni, gonne*) Hosenträger *m* ❷(*fig: raccordo*) Zubringerstraße *f*, Querspange *f*

brev. *abbr di* **brevetto** Patent

breve ['brɛ:ve] *agg* kurz; **-i parole** knappe Worte, ein paar Worte; **essere ~** (*fig*) sich kurz fassen; (*pej*) kurz angebunden sein; **a farla ~** um es kurz zu machen, kurzum; **a ~ termine** kurzfristig; **in ~** kurz, knapp; **fra ~** in Kürze, demnächst

brevettabile [brevet'ta:bile] *agg* patentfähig, patentierbar

brevettare [brevet'ta:re] *vt* patentieren; **brevetto** [bre'vetto] *m* Patent *n*; **~ da pilota** [*o* **pilotaggio**] Flugschein *m*, Pilotenschein *m*

breviario [bre'via:rio] <-i> *m* Brevier *n*

brevità [brevi'ta] <-> *f* Kürze *f*

brezza ['breddza] *f* Brise *f*, Wind *m*

bricco ['brikko] <-cchi> *m* Kanne *f*

briccona *f v.* **briccone**

bricconata [brikko'na:ta] *f* (*fam*) böser Streich *scherz*, Kinderstreich *m*

briccone, -a [brik'ko:ne] *m*, *f* (*fam*) Schelm *m*, Gauner(in) *m(f)*; **bricconeria** [brikkone'ri:a] <-ie> *f* (*fam*) (Schelmen)streich *m*, Gaunerei *f*

briciola ['bri:tʃola] *f* ❶(*di pane*) Krümel *m*; **andare in -e** (*fig*) zerbröckeln, zusammenbrechen *fam*; **ridurre in -e** (*fig*) zertrümmern ❷(*fig: quantità minima*) Spur *f*, Funke *m*; **briciolo** ['bri:tʃolo] *m* (*fig: quantità minima*) Funke *m*, Spur *f*; **non avere un ~ di cervello** (*fig*) keinen Funken Verstand haben

bricolage [briko'laʒ] <-> *m* Heimwer-

ken *n*, Basteln *n*

bridge [bridʒ] <-> *m* Bridge *n*; **il circolo del ~** der Bridgeclub; **bridgista** [bri'dʒista] <-i *m*, -e *f*> *mf* Bridgespieler(in) *m(f)*; **bridgistico, -ca** [bri'dʒistiko] <-ci, -che> *agg* Bridge-; **torneo ~** Bridgeturnier *n*

brief [bri:f] <-> *m* Kurzbericht *m*; **briefing** ['bri:fiɲ] <-> *m* Briefing *n*, Besprechung *f*

briga ['bri:ga] <-ghe> *f* ❶(*noia*) Mühe *f*, Unannehmlichkeit *f*; **prendersi la ~ di fare qc** sich die Mühe machen etw zu tun ❷(*lite*) Streit *m*; **attaccar ~ con qu** mit jdm Streit anfangen

brigadiere [briga'djɛ:re] *m* Unteroffizier *m* (*der Karabinieri*)

brigantaggio [brigan'taddʒo] <-ggi> *m* Räuberwesen *n*; **brigante, -essa** [bri'gante, brigan'tessa] *m*, *f* ❶(*bandito*) Bandit(in) *m(f)* ❷(*fam scherz: briccone*) Gauner *m*

brigantino [brigan'ti:no] *m* Brigg *f*

brigare [bri'ga:re] *vi* (*fam*) **~ per ottenere qc** alle Hebel in Bewegung setzen um etw zu erreichen

brigata [bri'ga:ta] *f* ❶(*fam: gruppo*) Schar *f* ❷(*MIL*) Brigade *f*; **~ aerea** Geschwader *n*; **le Brigate Rosse** die Roten Brigaden

brigatista [briga'dista] <-i *m*, -e *f*> *mf* Brigadist(in) *m(f)*; **~ nero** Schwarzbrigadist *m*; **~ rosso** Rotbrigadist *m*

brighella [bri'gɛlla] <-> *m* ❶(THEAT) **Brighella** Brighella *m* (*Figur der Commedia dell'arte*) ❷(*fig pej: intrigante*) schlauer Fuchs, Intrigant *m*

briglia ['briʎʎa] <-glie> *f* ❶(*del cavallo*) Zügel *m*, Zaum *m*; **a ~ sciolta** (*fig*) zügellos ❷(*per bambini*) Laufgurt *m* ❸(*di torrente*) Wehr *n*

brillamento [brilla'mento] *m* Sprengung *f*

brillantante [brillan'tante] *m* (*per lavastoviglie*) Klarspüler *m*, Klarspülmittel *n*

brillante [bril'lante] **I.** *agg* ❶(*fig: che spicca*) brillant, glänzend ❷(*che brilla*) glänzend, strahlend **II.** *m* Brillant *m*

brillantina [brillan'ti:na] *f* Pomade *f*, Brillantine *f*

brillare [bril'la:re] **I.** *vi* ❶(*stella, sole, occhi*) glänzen, leuchten, strahlen ❷(*fig: spiccare*) glänzen; **~ per qc** sich durch etw auszeichnen ❸(*mina*) explodieren **II.** *vt* ❶(*mina*) sprengen ❷(*riso*) schälen, polieren

brillatura [brilla'tu:ra] *f* Polieren *n*, Schälen *n*

brillio [bril'li:o] <-ii> *m* Schimmern *n*

brillo, -a ['brillo] *agg* beschwipst

brilluccichio [brillut∫i'ki:o] <-chii> *m* (*riflesso luminoso intenso*) Gleißen *n*

brina ['bri:na] *f*, **brinata** [bri'na:ta] *f* (Rau)reif *m*

brindare [brin'da:re] *vi* ~ **a qu/qc** auf jdn/etw anstoßen

brindello [brin'dɛllo] *m* (*di stoffa*) Stück *n*, Fetzen *m*

brindellone, -a [brindel'lo:ne] *m, f* (*fam*) ungepflegte, nachlässige [*o* zerlumpt] gekleidete Person

brindisi ['brindizi] <-> *m* Trinkspruch *m*; **fare un ~** (**a qu**) einen Toast (auf jdn) aussprechen

Brindisi *f* Brindisi *n* (*Stadt in Apulien*)

Brindisino <*sing*> *m* Gebiet *n* um Brindisi

brindisino, -a [brindi'zi:no] **I.** *agg* aus Brindisi stammend **II.** *m, f* (*abitante*) Brindisiner(in) *m(f)*, Bewohner(in) *m(f)* von Brindisi

brio ['bri:o] <*sing*> *m* Schwung *m*, Lebhaftigkeit *f*

brioche [bri'ɔʃ] <-> *f* Brioche *f* (*Hefegebäck*)

briosità [briosi'ta] <-> *f* Schwung *m*, Begeisterung *f*; (*ingegno*) Geist *m*

brioso, -a [bri'o:so] *agg* schwungvoll, lebhaft, resch *A*; (*ingegnoso*) spritzig, geistvoll

briscola ['briskola] *f* **①** (*gioco*) ein Kartenspiel *n* **②** (*fam: botte*) Haue *f*

Brisgovia [briz'gɔ:via] *f* Breisgau *m*

bristol ['bristol] <-> *m* Bristolkarton *m*

brivido ['bri:vido] *m* **①** (*di freddo*) Frösteln *n*; (*di febbre, fig*) Schüttelfrost *m*; **mi vengono i -i** es überläuft mich eiskalt **②** (*fig*) Schau(d)er *m*, Grau(s)en *n*; **~ della velocità** Geschwindigkeitsrausch *m*; **racconto del ~** Gruselgeschichte *f*; **sentire un ~ di piacere** ein prickelndes Vergnügen empfinden

brizzolato, -a [brittso'la:to] *agg* **①** (*cavallo*) gescheckt **②** (*marmo*) gefleckt, gesprenkelt **③** (*barba, capelli*) grau meliert

brocca ['brɔkka] <-cche> *f* Kanne *f*, Krug *m*

broccato [brok'ka:to] *m* Brokat *m*

broccolo ['brɔkkolo] *m* **①** *pl* (GASTR) Brokkoli *pl*, Spargelkohl *m* **②** (*fig fam: persona stupida*) Dummkopf *m*, Kohlkopf *m*

broche [brɔʃ] <-> *f* Brosche *f*

brochure [brɔ'ʃy:r] <-> *f* Broschüre *f*

broda, brodaglia ['brɔ:da, bro'daʎʎa] <-glie> *f* **①** (GASTR) Brühe *f*, Kochwasser *n* **②** (*fig pej: liquido disgustoso*) (dünne) Brühe *f*, Abwaschwasser *n* **③** (*acqua sporca*) dreckige Brühe *f* **④** (*fig: discorso*) Ge-

wäsch *n fam*

broderie [brɔ'dri] <-> *f* (*ricamo ad ago*) Stickerei *f*, Stickarbeit *f*

brodetto [bro'detto] *m* ~ **di pesce** Fischsuppe *f*

brodo ['brɔ:do] *m* (klare) Brühe *f*; ~ **ristretto** Kraftbrühe *f*; ~ **di verdura** Gemüsesuppe *f*; **in ~** in Brühe; **lasciar cuocere** [*o* **bollire**] **qu nel suo ~** (*fig*) jdn im eigenen Saft schmoren lassen; **andare in ~ di giuggiole** (*fig*) überglücklich sein; **tutto fa ~** (*fig*) Kleinvieh macht auch Mist; **brodocoltura** [brodokol'tu:ra] *f* (BIOL) Nährbrühe *f*, Nährlösung *f*; **brodolone, -a** [brodo'lo:ne] *m, f* (*pej*) Ferkel *n fam*, Kleckerfritze *m fam*, Kleckerliese *f fam*; **brodoso, -a** [bro'do:so] *agg* dünn(flüssig); (*noioso*) langatmig

brogliaccio [broʎ'ʎatt∫o] <-cci> *m* **①** (*scartafaccio*) Schmierkladde *f* **②** (COM) Journal *n*

broglio ['brɔʎʎo] <-gli> *m* Machenschaft *f*; ~ **elettorale** Wahlmanipulation *f*, Wahlbetrug *m*

broker ['brouka *o* 'brɔker] <-> *mf* (FIN: *mediatore*) Broker(in) *m(f)*, Börsenmakler(in) *m(f)*; ~ **finanziario** Finanzbroker *m*; ~ **di assicurazioni** Versicherungsmakler(in) *m(f)*

brokeraggio [brɔke'raddʒo] <-ggi> *m* (*mediazione*) Maklergeschäft *n*

bromo ['brɔ:mo] *m* Brom *n*

bromuro [bro'mu:ro] *m* Bromid *n*

bronchiale [broŋ'kia:le] *agg* bronchial, Bronchial-; **bronchite** [broŋ'ki:te] *f* Bronchitis *f*; **bronchitico, -a** [broŋ'ki:tiko] <-ci, -che> **I.** *agg* bronchitisch **II.** *m, f* Bronchitiskranke(r) *f(m)*

broncio ['bront∫o] <-ci> *m* (*fam*) Schnute *f*, Schmollmund *m*; **fare** [*o* **tenere**] **il ~** schmollen, eingeschnappt sein; **portare il ~ a qu** (mit) jdm schmollen

bronco ['broŋko] <-chi> *m* Bronchie *f*

broncospasmo [bronko'spazmo] *m* (MED) Bronchospasmus *m*

brontolamento [brontola'mento] *m* Murren *n*, Brummen *n*; **brontolare** [bronto'la:re] **I.** *vi* (*persona*) murren, brummen; (*stomaco*) knurren **II.** *vt* brummen; **brontolio** [bronto'li:o] <-ii> *m* (*di persona*) Murren *n*, Brummen *n*; (*di tuono*) Grollen *n*, Rollen *n*; (*di stomaco*) Knurren *n*; **brontolone, -a** [bronto'lo:ne] **I.** *agg* brummig, knurrig, mürrisch **II.** *m, f* Brummbär *m*

bronx ['brɔŋks] *m* (*fig: quartiere malfamato*) verrufenes Viertel

bronzeo, -a ['brondzeo] <-ei, -ee> *agg*

bronzen, bronzefarben; (*pelle*) gebräunt;
bronzetto [bron'dzetto] *m* Bronzefigur *f;*
bronzista [bron'dzista] <-i *m*, -e *f>*
mf ❶ (*artefice*) Bronzekünstler(in) *m(f)*
❷ (*venditore*) Bronze(kunst)händler(in)
m(f); **bronzo** ['brondzo] *m* Bronze *f;* **età
del** ~ Bronzezeit *f;* **faccia di** ~ (*fig*) unverschämter Lümmel

brossura [bros'su:ra] *f* Broschüre *f*

browser ['brauzə] <- *o* browsers> *m* (IN-
FORM) Browser *m*

brrr [br] *int* brr

brucare [bru'ka:re] *vt* abweiden

bruciacchiare [brutʃak'kia:re] *vt* abbrennen; (*capelli*) versengen; **bruciacchia-
tura** [brutʃakkia'tu:ra] *f* Abbrennen *n;* (*di
capelli*) Versengen *n*

bruciapelo [brutʃa'pe:lo] *avv* **a** ~ (*vicino*)
aus nächster Nähe; (*fig: all'improvviso*) unvermittelt, plötzlich

bruciare [bru'tʃa:re] **I.** *vt avere* ❶ (*gener*)
verbrennen; (GASTR) anbrennen lassen, verbrennen (lassen); (*col ferro da stiro*) versengen, ansengen ❷ (*ferita, porro*) ausbrennen; (*sole*) verbrennen, versengen;
(*gelo*) erfrieren lassen **II.** *vi essere* ❶ (*fuoco*) brennen ❷ (*sole*) brennen, glühen
❸ (*cibi*) heiß sein ❹ (*fig: ardere*) brennen,
glühen; ~ **dal desiderio di fare qc** den
brennenden Wunsch haben etw zu tun;
~ **di febbre/di vergogna** vor Fieber/
Scham glühen; ~ **dalla sete** einen brennenden Durst haben **III.** *vr* -**rsi** sich verbrennen; **bruciata** [bru'tʃa:ta] *f* geröstete
Kastanie

bruciaticcio [brutʃa'tittʃo] <-cci> *m*
❶ (*odore*) Geruch *m* von Angebranntem;
sa di ~ das riecht angebrannt ❷ (*sapore*)
Geschmack *m* von Angebranntem; **sa di** ~
das schmeckt angebrannt

bruciato [bru'tʃa:to] *m* ❶ (GASTR) Ange-
brannte(s) *n* ❷ (*odore*) Brandgeruch *m*

bruciato, -a *agg* verbrannt; **gioventù -a**
Halbstarke(n) *pl*

bruciatore [brutʃa'to:re] *m* Brenner *m;*
bruciatura [brutʃa'tu:ra] *f* Verbrennung *f;* (*scottatura*) Brandwunde *f;* **bruciore** [bru'tʃo:re] *m* ❶ (MED) Brennen *n;*
~ **di stomaco** Sodbrennen *n* ❷ (*fig: ardore*) Brennen *n,* brennender Schmerz

bruco ['bru:ko] <-chi> *m* Raupe *f*

bruf(f)olo ['bru:folo ('bruffolo)] *m* Pickel *m*

brufolo ['bru:folo] *m* Pickel *m*

brughiera [bru'giɛ:ra] *f* Heide *f,* Heidel-
land *n*

brugola [bru'go:la] *f* Innensechskant-
schraube *f*

brûlé [bry'le] <inv> *agg* **vino** ~ Glühwein *m*

brulicame [bruli'ka:me] *m* ❶ (ZOO) Gewimmel *n* ❷ (*fig pej: di persone*) Auflauf *m,* Menschengewimmel *n*

brulicare [bruli'ka:re] *vi* wimmeln; **brulicava di gente** es wimmelte von Menschen; **brulichio** [bruli'ki:o] <-chii> *m*
Gewimmel *n*

brullo, -a ['brullo] *agg* kahl, öde

bruma ['bru:ma] *f* Nebel *m*

bruna *f v.* bruno

brunastro, -a [bru'nastro] *agg* bräunlich

Brunico [bru'ni:ko] *f* Bruneck *n*

bruno ['bru:no] *m* (*colore*) Braun *n*

bruno, -a I. *agg* braun; (*di capelli*) brünett,
braunhaarig **II.** *m, f* (*persona*) Braunhaari-
ge(r) *f(m),* Brünette *f*

brusca ['bruska] <-sche> *f* Striegel *m;*
bruschino [brus'ki:no] *m* Striegel *m,*
Bürste *f*

brusco, -a ['brusko] <-schi, -sche> *agg*
(*maniere, modi, movimento*) schroff,
brüsk; (*sapore*) säuerlich, herb; **rispondere con le -sche** schroff antworten

bruscolo ['bruskolo] *m* Körnchen *n,*
Stäubchen *n;* **essere un** ~ **in un occhio a
qu** (*fig*) jdm ein Dorn im Auge sein

brusio [bru'zi:o] <-ii> *m* Geräusch *n;* (*di
voci*) Stimmengewirr *n*

Brussele [brus'sɛlle] *f* Brüssel *n*

bruta *f v.* bruto

brutale [bru'ta:le] *agg* brutal; **brutalità**
[brutali'ta] <-> *f* Brutalität *f;* (*fig a*) Härte *f,*
Erbarmungslosigkeit *f*

bruto, -a I. *agg* roh, tierisch; **forza -a** rohe Gewalt **II.** *m, f* Unmensch *m,*
Bestie *f*

brutta ['brutta] *f* (*fam: brutta copia*) Konzept *n;* **scrivere qc in** ~ etw ins Unreine
schreiben; **bruttezza** [brut'tettsa] *f* Hässlichkeit *f*

bruttibuoni [brutti'buɔ:ni] *mpl* (*tosc*)
kleine Eiweißkekse mit Mandeln

brutto ['brutto] **I.** *m* ❶ (*cosa*) Hässli-
che(s) *n,* Schlechte(s) *n;* **il** ~ **è che ...** das
Schlimme (daran) ist, dass ...; **ha di** ~ **che
...** (*di una persona*) sein Fehler ist, dass
...; (*di una cosa*) der Nachteil daran ist,
dass ... ❷ (METEO) schlechtes Wetter; **il
tempo si mette al** ~ das Wetter wird
schlechter **II.** *avv* böse, feindlich

brutto, -a I. *agg* ❶ (*non bello*) hässlich,
schiech *A;* -**a copia** Konzept *n;* **essere** ~
come il peccato hässlich wie die Nacht
sein ❷ (*fig*) schlecht, schlimm; (*circostanze*) unerfreulich; (METEO) schlecht; **fa** ~
tempo das Wetter ist schlecht ❸ (*loc*) **gi-**

B

ungere in un ~ momento in einem unpassenden Augenblick kommen; **fare una -a figura** (*fig*) eine schlechte Figur machen; **se l'è vista -a** (*fig*) er/sie befand sich in einer heiklen Lage; **passarne delle -e** Schlimmes durchmachen; **~ ignorante!** (*fam pej*) blöder Heini! **II.** *m, f* hässlicher Mensch; **bruttura** [brut'tu:ra] *f* ❶ (*cosa*) Hässlichkeit *f*, Scheußlichkeit *f* ❷ (*azione*) Schandtat *f*, Scheußlichkeit *f* ❸ (*sudiciume*) Schmutz *m*, Widerlichkeit *f*

BSE *f abbr di* **Bovine Spongiform Encephalopathy** BSE *f*, Rinderwahnsinn *m*

BT *abbr di* **Bassa Tensione** Niederspannung

btg. *abbr di* **battaglione** Bat., Btl.

B.U. *abbr di* **bollettino ufficiale** Amtsblatt *n*

bua ['bu:a] *f* (*linguaggio infantile*) Aua *n*, Wehweh *n*; **farsi la ~** (*fam*) sich *dat* wehtun; **hai la ~ al pancino?** (*fam*) tut (dir) das Bäuchlein weh?

bubbola ['bubbola] *f* Flausen *fpl*

bubbolare [bubbo'la:re] *vi* ❶ (*mare*) tosen, brausen; (*tuono*) grollen, rollen ❷ (*fam: tremare*) bibbern; **~ di freddo/di paura** vor Kälte/Angst bibbern

bubbolo ['bubbolo] *m* Schelle *f*, Glöckchen *n*

bubbone [bub'bo:ne] *m* Schwellung *f*, Beule *f*; **bubbonico, -a** [bub'bɔ:niko] <-ci, -che> *agg* Beulen-, Bubonen-; **peste -a** Beulenpest *f*

buca ['bu:ka] <-che> *f* ❶ (*fossa*) Loch *n*, Grube *f* ❷ (*delle guance*) (Wangen)grübchen *n* ❸ (GEOG) Talsenke *f* ❹ (*loc*) **~ delle lettere** Briefkasten *m*; **~ del suggeritore** Souffleurkasten *m*

bucaneve [buka'ne:ve] <-> *m* Schneeglöckchen *n*

bucare [bu'ka:re] **I.** *vt* ❶ (*forare*) durchlöchern, ein Loch machen in +*acc*; (*biglietto, lamiera*) lochen; **~ una gomma** eine Reifenpanne haben ❷ (*pungere*) zerstechen, durchstechen ❸ (SPORT: *palla*) verfehlen **II.** *vr* **-rsi** ❶ (*pungersi*) sich stechen ❷ (*pneumatico*) ein Loch bekommen ❸ (*sl: drogati*) fixen

Bucarest [buka'rɛst *o* 'bu:karest] *f* Bukarest *n*

bucatini [buka'ti:ni] *mpl* Bucatini *mpl* (*etwas dickere Spaghettiart*)

bucato [bu'ka:to] *m* Wäsche *f*; **fare il ~** (die Wäsche) waschen; **fresco di ~** frisch gewaschen

bucato, -a *agg* durchlöchert; **avere le mani -e** (*fig*) das Geld mit vollen Händen ausgeben; **bucatura** [buka'tu:ra] *f* ❶ (MOT)

Reifenpanne *f* ❷ (*puntura*) Loch *n*, (Ein)stich *m*

buccia ['buttʃa] <-cce> *f* ❶ (*di frutta*) Schale *f*; (*baccello*) Hülse *f* ❷ (*di salume*) Haut *f*, Darm *m*

buccola ['bukkola] *f* Ohrring *m*

bucefalo [bu'tʃɛ:falo] *m* (*scherz*) Schindmähre *f*, Klepper *m*

bucherellare [bukerel'la:re] *vt* durchlöchern

buco ['bu:ko] <-chi> *m* ❶ (*foro*) Loch *n*; (*apertura*) Öffnung *f*; **~ della chiave** Schlüsselloch *n*; **-chi del naso** Nasenlöcher *npl*; (*di cavallo*) Nüstern *fpl*; **tappare un ~** (*a fig*) ein Loch stopfen ❷ (*bugigattolo*) Loch *n fam* ❸ (*intervallo*) Loch *n*, Leerlauf *m* ❹ (*sl: di eroina*) Schuss *m*

bucolica [bu'kɔ:lika] <-che> *f* Bukolik *f*, Hirtendichtung *f*; **bucolico, -a** [bu'kɔ:liko] <-ci, -che> *agg* ❶ (LIT) bukolisch, Hirten- ❷ (*paesaggio, atmosfera*) ländlich

Budapest ['bu:dapest *o* buda'pɛst] *f* Budapest *n*

buddismo [bud'dizmo] *m* Buddhismus *m*; **buddista** [bud'dista] <-i *m*, -e *f*> **I.** *agg* buddhistisch **II.** *mf* Buddhist(in) *m(f)*; **buddistico, -a** [bud'distiko] <-ci, -che> *agg* buddhistisch

budello [bu'dɛllo] <*pl*: -a *f o fig* -i *m*> *m* ❶ (ANAT) Darm *m*, Gedärm *n*, Eingeweide *npl* ❷ (*fig: tubo*) Schlauch *m* ❸ (*fig: viuzza*) (übel riechende) enge Gasse

budget ['bʌdʒit *o* 'badʒet] <-> *m* Budget *n*; **budgetario, -a** [baddʒe'tarjo] <-i, -ie> *agg* Budget-, Haushalts-

budino [bu'di:no] *m* Pudding *m*

bue ['bu:e] <buoi> *m* ❶ (ZOO) Ochse *m*; **lavorare come un ~** schuften wie ein Pferd; **~ muschiato** Moschusochse *m* ❷ (*fig fam: uomo ignorante*) Ochse *m*, Schafskopf *m*

bufala ['bu:fala] *f* Büffelkuh *f*; **bufalo** ['bu:falo] *m* Büffel *m*; **fatiche da -i** Knochenarbeit *f*; **mangiare come un ~** essen wie ein Scheunendrescher *fam*

bufera [bu'fɛ:ra] *f* Unwetter *n*; (*a fig*) Sturm *m*

buffer ['bʌfə] <-> *m* (INFORM) Puffer *m*, Pufferspeicher *m*

bufferizzare [bufferid'dza:re] *vt* (INFORM) puffern

buffet [by'fɛ] <-> *m* Büfett *n*; (*mobile a*) Anrichte *f*; **~ freddo** kaltes Büfett

buffetto [buf'fetto] *m* Klaps *m* (auf die Wange)

buffo ['buffo] *m* ❶ (THEAT) Buffo *m* ❷ (*cosa*) Komische(s) *n*, Witzige(s) *n*

buffo, -a *agg* ❶ (*cosa, persona*) witzig, drollig, komisch ❷ (THEAT) Buffo-; **opera -a**

komische Oper, Opera Buffa *f;* **buffona** *f v.* **buffone**

buffonata [buffo'na:ta] *f* Narretei *f,* Posse *f;* (*cosa poca seria*) Dummheit *f,* Blödsinn *m;* **buffone, -a** [buffo:ne] *m, f* ❶ (*fam: pagliaccio*) Clown *m,* Narr *m,* Närrin *f;* **fare il** ~ den Narren spielen ❷ (HIST: *di corte*) (Hof)narr *m;* **buffoneria** [buffone'ri:a] <-ie> *f* Narretei *f,* Clownerie *f;* **buffonesco, -a** [buffo'nesko] <-schi, -sche> *agg* komisch, witzig

bug [bʌg] <- *o* bugs> *m* (INFORM) (Programm)fehler *m,* Bug *m*

buggerare [buddʒe'ra:re] *vt* (*fam*) beschummeln, reinlegen

bugia [bu'dʒi:a] <-gie> *f* (*menzogna*) Lüge *f;* **dire le -gie** lügen; **le -gie hanno le gambe corte** (*prov*) Lügen haben kurze Beine

bugiarda *f v.* **bugiardo**

bugiardaggine [budʒar'daddʒine] *f* Verlogenheit *f;* **bugiarderia** [budʒarde'ri:a] <-ie> *f* Verlogenheit *f;* (*cumulo di bugie*) lauter Lügen *fpl,* ein Haufen *m* Lügen

bugiardo, -a [bu'dʒardo] **I.** *agg* (*persona*) verlogen; (*promessa*) falsch, trügerisch **II.** *m, f* Lügner(in) *m(f)*

bugigattolo [budʒi'gattolo] *m* ❶ (*locale piccolo*) Loch *n* ❷ (*ripostiglio*) Rumpelkammer *f*

bugliolo [buʎ'ʎɔ:lo] *m* (NAUT) Pütz *f*

bugna ['buɲɲa] *f* Kragstein *m*

bugnato [buɲ'ɲa:to] *m* Bosse *f,* Rustika *f*

buio ['bu:io] *m* Dunkel *n,* Dunkelheit *f;* **farsi** ~ dunkel werden; **prima del** ~ vor Einbruch der Dunkelheit; **brancolare** [*o* **brancicare**] **nel** ~ (*fig*) im Dunkeln tappen; **tenere al** ~ **qu** (*fig*) jdn über etw *acc* im Ungewissen lassen; **fare un salto nel** ~ (*fig*) einen Sprung ins Ungewisse tun; **finire al** ~ (*fig, scherz*) hinter Gittern landen

buio, -a <bui, buie> *agg* dunkel, finster; (*a fig*) ungewiss; ~ **pesto** stockdunkel; ~ **fitto** stockfinster

bulbicoltore, -trice [bulbikol'to:re] *m, f* Züchter(in) *m(f)* von Blumenzwiebeln; **bulbicoltura** [bulbikol'tu:ra] *f* Zwiebelkultur *f,* Zucht *f* von Blumenzwiebeln

bulbo ['bulbo] *m* ❶ (BOT) (Pflanzen)knolle *f,* Zwiebel *f* ❷ (*di lampada*) Kolben *m;* (*di termometro*) Kugel *f* ❸ (ANAT) ~ **oculare** [*o* **dell'occhio**] Augapfel *m*

Bulgaria [bulga'ri:a] *f* Bulgarien *n*

bulgaro ['bulgaro] *m* (*profumo*) Juchten(leder) *n*

bulgaro, -a **I.** *agg* bulgarisch **II.** *m, f* Bulgare *m,* Bulgarin *f*

bulinare [buli'na:re] *vt* (*metallo*) gravieren, radieren; (*cuoio, pelle*) stechen; **bulinatura** [bulina'tu:ra] *f* Gravur *f;* **bulino** [bu'li:no] *m* (Gravier)nadel *f*

bulldog ['buldɔg] <-> *m* Bulldogge *f;* **bulldozer** ['buldouzə *o* bul'dɔddzer] <-> *m* Bulldozer *m*

bulletta [bul'letta] *f* (Reiß)zwecke *f;* (*per tapezzeria*) Polsternagel *m*

bullo ['bullo] *m* (*bellimbusto*) Geck *m;* (*teppista*) Halbstarke(r) *m,* Rowdy *m*

bullonaggio [bullo'naddʒo] <-ggi> *m* (*obs: bullonatura*) Verbolzen *n,* Verbolzung *f*

bullonare [bullo'na:re] *vt* verbolzen; **bullonatura** [bullona'tu:ra] *f* Verbolzen *n,* Verbolzung *f;* **bullone** [bul'lo:ne] *m* Bolzen *m;* **dado del** ~ Bolzenmutter *f*

bumerang ['bu:meraŋ] *v.* **boomerang**

bungalow ['bʌŋgəlou *o* 'bungalov] <-> *m* Bungalow *m*

bungee-jumping ['bandʒi'dʒamping] <-> *m* (SPORT) Bungeejumping *n*

bunker ['buŋkə] <-> *m* Bunker *m;* **bunkeraggio** [bunke'raddʒo] <-ggi> *m* (NAUT) Bunkern *n;* **bunkerare** [bukke'ra:re] *vi* (NAUT: *rifornirsi di combustibile*) bunkern

buoi ['buɔːi] *pl di* **bue**

buon, buon' [buɔn] *v.* **buono, -a**

buona *f v.* **buono**

buonacristiana [buonakris'tiana] *f* Williamsbirne *f*

buonafede, buona fede [buona'fe:de] *f* **in** ~ in gutem Glauben

buonanima, buon'anima[1] [buo'na:nima] *f* Selige(r) *f(m);* **la** ~ **del nonno** der Großvater selig

buonanima, buon'anima[2] <inv> *agg* (*poet scherz*) selig; **mia zia** ~ meine Tante selig, meine selige Tante

buonanotte, buona notte [buona'nɔtte] **I.** *int* gute Nacht; **... e** ~ **!** (*fam*) ... na, das wär's dann ja wohl! **II.** <-> *f* gute Nacht; **dare** [*o* **augurare**] **la** ~ **a qu** jdm gute Nacht sagen

buonasera, buona sera [buona'se:ra] **I.** *int* guten Abend **II.** <-> *f* guter Abend; **dare** [*o* **augurare**] **la** ~ **a qu** jdm guten Abend sagen, jdm einen guten Abend wünschen

buoncostume, buon costume [buoŋkos'tu:me] <-> *m* gute Sitte, Sittlichkeit *f;* **squadra del** ~ Sittenpolizei *f,* Sitte *f fam*

buondì [buon'di] *int* guten Tag, guten Morgen

buongiorno, buon giorno [buon'dʒorno] **I.** *int* guten Tag, guten Morgen

II. <-> *m* guter Tag, guter Morgen; **dare** [*o* **augurare**] **il ~ a qu** jdm guten Tag [*o* guten Morgen] sagen; **il ~ si vede** [*o* **si conosce**] **dal mattino** (*prov*) am Morgen erkennt man den Tag

buongoverno, buon governo [buoŋgo'vɛrno] <-> *m* gute Regierung

buongrado [buoŋ'graːdo] *avv* **di ~** gern(e), mit Freude

buongustaio, -a [buoŋgus'taːio] <-ai, -aie> *m, f* (GASTR) Feinschmecker(in) *m(f)*, Gourmet *m*

buongusto, buon gusto [buoŋ'gusto] *m* (guter) Geschmack *m;* (*tatto*) Takt *m*, Feingefühl *n;* **con ~** geschmackvoll

buono ['buɔːno] *m* ❶ (COM) Abschnitt *m*, Schein *m;* **~ di cassa** Kassenanweisung *f;* (*in negozio*) Kassenzettel *m*, Kassenbon *m;* **~ di consegna** Lieferabschnitt *m;* **~ del Tesoro** Staatsanleihe *f* ❷ <*sing*> (*ciò che è buono*) Gute(s) *n;* **sapere di ~** gut riechen/schmecken; **c'è questo di ~** das ist das Gute daran

buono, -a <più buono *o* migliore, buonissimo *o* ottimo> **I.** *agg* ❶ (*non cattivo*) gut; (*persona*) anständig; (*indulgente*) gütig; (*bambino*) brav, artig, lieb; (*ragione*) triftig; (*tempo*) schön; (GASTR) genießbar, essbar; **buon senso** gesunder Menschenverstand; **un'anima -a** eine Seele von Mensch; **è -a gente** das sind gute Leute; **essere ~ con qu** gut zu jdm sein; **essere in -e mani** in guten Händen sein; **essere ~ come il pane** herzensgut sein; **alla -a** schlicht, einfach; **colle -e** auf gütlichem Wege; **o con le -e o con le cattive** wenn nicht im Guten, dann im Bösen ❷ (*adatto*) gut, tauglich, passend, geeignet; **usare le -e maniere** sich manierlich betragen; (*fig*) es im Guten versuchen; ❸ (COM: *moneta*) gültig; (*oro*) echt; **questa moneta è ancora -a** diese Münze ist noch im Kurs; **a buon mercato** billig, preiswert ❹ (*loc*) **di buon grado** gern(e); **di buon occhio** wohlwollend; **di buon'ora** früh(zeitig); **ti ho aspettato un'ora -a** ich habe eine volle Stunde auf dich gewartet ❺ (*espressioni esclamative*) **buon anno!** Frohes Neues Jahr!; **buon appetito!** guten Appetit!; **buon divertimento!** viel Vergnügen!; **buon giorno!** guten Tag!, guten Morgen!; **buon riposo!** angenehme Ruhe!; **buon viaggio!** gute Reise!; **-a fortuna!** viel Glück!; **-a notte!** gute Nacht!; **-a sera!** guten Abend!; **Dio ~!** lieber Gott! **II.** *m, f* (*persona*) Gute(r) *f(m);* **un ~ a nulla** ein Nichtsnutz *m;* **essere un poco di ~** nicht viel taugen, ein Taugenichts sein; **fare il ~** brav sein

buonomini *pl di* **buonuomo**

buonora, buon'ora [buo'noːra] <-> *f* **di ~** früh(zeitig), zeitig; **alla ~!** endlich (einmal)!

buonsenso, buon senso [buon'sɛnso] <-> *m* gesunder Menschenverstand

buontempone, -a [buoŋtem'poːne] *m, f* (*fam*) stets gut gelaunter Mensch, sonniger Charakter

buonumore, buon umore [buoŋu'moːre] <-> *m* gute Laune; **essere di ~** gut aufgelegt sein

buonuomo, buon uomo [buo'nuɔːmo] <buon(u)omini> *m* ❶ (*uomo buono*) guter Mann ❷ (HIST) Ehrenmann *m*

buonuscita, buona uscita [buonuʃ'ʃiːta, 'buɔːna uʃʃiːta] *f* (*per un appartamento*) Mietablösung *f*, Ablösesumme *f;* (*per un impiego*) Abfindung *f*, Abfertigung *f* A

burattinaio, -a [buratti'naːio] <-ai> *m, f* Puppenspieler(in) *m(f);* **burattino** [burat'tiːno] *m* ❶ (THEAT) Handpuppe *f;* (*a fili*) Marionette *f;* **teatro dei -i** Puppentheater *n* ❷ (*fig: persona manovrata da altri*) Marionette *f*, Kasperlfigur *f;* **piantare baracca e -i** (*fig*) den Bettel hinwerfen

burbanza [bur'bantsa] *f* Arroganz *f*, Hochmut *m;* **burbanzoso, -a** [burban'tsoːso] *agg* aufgeblasen, arrogant

burbero, -a ['burbero] **I.** *agg* mürrisch, barsch **II.** *m, f* Brummbär *m*, Griesgram *m*

bureau [by'ro] <-> *m* ❶ (*scrivania*) Schreibtisch *m* ❷ (*di albergo*) Direktion *f* ❸ (*ufficio*) Büro *n*

buriana [bu'riaːna] *f* ❶ (*fam: chiasso*) Rummel *m* ❷ (*temporale*) Gewitterschauer *m*

burino, -a [bu'riːno] (*Lazio*) **I.** *agg* primitiv, ungeschlacht **II.** *m, f* Bauer *m*, Grobian *m*

burla ['burla] *f* Spaß *m*, Scherz *m*, Schmäh *m A;* **mettere in ~ qc** etw ins Lächerliche ziehen; **prendere in ~ qc** etw auf die leichte Schulter nehmen; **per ~** zum Spaß, spaßeshalber; **burlare** [bur'laːre] **I.** *vt* verspotten, aufziehen **II.** *vr* **-rsi di qu/qc** über jdn/etw spotten

burlesco, -a [bur'lesko] <-schi, -sche> *agg* (*tono, modi*) scherzhaft, spaßhaft; (LIT) burlesk; **burletta** [bur'letta] *f* (*fam*) Spaß *m*, Witz *m*, Scherz *m*, Schmäh *m A;* **mettere qc in ~** etw ins Lächerliche ziehen

burlone, -a [bur'loːne] **I.** *m, f* (*fam*) Witzbold *m*, Spaßvogel *m* **II.** *agg* (*fam*) spaßig, witzig

burocrate [bu'rɔːkrate] *mf* ❶ (ADM) Büro-

krat(in) *m(f)* ❷ (*fig pej: persona pedante*)
Paragrafenreiter(in) *m(f)*, Kleinigkeitskrämer(in) *m(f)*; **burocratese** [burokra'te:se] *m* Amtssprache *f*; **burocratico,
-a** [buro'kra:tiko] <-ci, -che> *agg* Beamten-; (*a pej*) bürokratisch; **linguaggio** ~ Beamtensprache *f*; **riforma -a** Verwaltungsreform *f*; **burocratismo** [burokra'tizmo] *m*
Bürokratismus *m*; **burocratizzare** [burokratid'dza:re] *vt* bürokratisieren; **burocratizzazione** [burokratiddzat'tsio:ne] *f*
Bürokratisierung *f*; **burocrazia** [burokrat'tsi:a] <-ie> *f* ❶ (ADM) Bürokratie *f*,
❷ (*pej: pedanteria, lungaggine*) Amtsschimmel *m*

burotica [bu'rɔtika] <-che> *f* Büroautomation *f*

burrasca [bur'raska] <-sche> *f* (*a fig*)
Sturm *m*; **tempo di** ~ stürmisches Wetter;
(*fig*) stürmische Zeiten *fpl*; **il mare è in** ~
die See ist stürmisch; **burrascoso, -a**
[burras'ko:so] *agg* (*a fig*) stürmisch

burrata [bur'ra:ta] *f* frischer Sahnekäse
aus Süditalien (*Apulien*)

burrificare [burrifi'ka:re] *vt* zu Butter machen [*o* schlagen]; **burrificazione** [burrifikat'tsio:ne] *f* Butterherstellung *f*; **burrificio** [burri'fi:tʃo] <-ci> *m* Molkerei *f*

burrino [bur'ri:no] *m* (*mer*) mit Butter gefüllter Büffelkäse aus Süditalien (*Salerno,
Kalabrien*)

burro ['burro] *m* Butter *f*; **al** ~ mit Butter
zubereitet; **pane e** ~ Butterbrot *n*; **avere
le mani di** ~ (*fig fam*) alles fallen lassen,
nichts fest halten können

burrone [bur'ro:ne] *m* Schlucht *f*; (*fig*) Abgrund *m*

burroso, -a [bur'ro:so] *agg* butt(e)rig, Butter-; (*fig*) butterweich

bus [bʌs] <-> *m* ❶ (*autobus*) Bus *m* ❷ (INFORM) Bus *m*

buscare [bus'ka:re] *vt, vr* **-rsi** (*fam*) kriegen; **-rsi l'influenza** (die) Grippe kriegen;
buscarne [*o* **buscarle**] Prügel kriegen

busillis [bu'zillis] <-> *m* Schwierigkeit *f*,
Problem *n*, Hindernis *n*; **qui sta il** ~ da
liegt der Hase im Pfeffer [*o* der Hund begraben]

business ['biznis] <-> *m* Geschäft *n*, Business *n*

business class ['biznis kla:s] <-> *f* Businessclass *f*

business game ['biznis 'geim] <- *o*
business games> *m* (FIN) (Unternehmens)planspiel *n*

businessman ['biznismən] <-> *m* Geschäftsmann *m*

business partner ['biznis 'pa:tnə] *m* Geschäftspartner *m*

bussare [bus'sa:re] *vi* klopfen, pochen;
~ **alla porta** an die Tür klopfen; ~ **a quattrini** (*fig*) (um Geld) anpumpen *fam*; **bussata** [bus'sa:ta] *f* (An)klopfen *n*

busse ['busse] *fpl* (*fam*) Prügel *pl*; **prendere le** ~ Prügel kriegen

busso ['busso] *m* Schlag *m*

bussola ['bussola] *f* ❶ (NAUT) Kompass *m*
❷ (TEC) Buchse *f*, Hülse *f* ❸ (*loc*) **perdere
la** ~ (*fig*) aus dem Konzept kommen; (*perdere il controllo*) die Fassung verlieren

bussolotto ['busso'lɔtto] *m* Würfelbecher *m*

busta ['busta] *f* ❶ (*per lettera*) Briefumschlag *m*, Kuvert *n*; ~ **paga** Lohntüte *f*
❷ (*custodia*) Tasche *f*; (*per documenti*)
Mappe *f*; (*per occhiali*) Etui *n*; (*per generi
alimentari*) Packung *f*

bustaia [bus'ta:ia] <-aie> *f* Korsettmacherin *f*

bustarella [busta'rɛlla] *f* Schmiergeld *n*;
bustarellaro, -a [bustarel'la:ro] *m, f*
(*chi intasca denaro illegalmente*) Schmiergeldempfänger(in) *m(f)*

bustina [bus'ti:na] *f* ❶ (*berretto*) Schiffchen *n* ❷ (*per farmaci, erbe aromatiche*)
Tütchen *n*

bustino [bus'ti:no] *m* Mieder *n*, Leibchen *n*

busto ['busto] *m* ❶ (ANAT) Oberkörper *m*
❷ (*nell'arte*) Büste *f*; (*nella pittura*) Brustbild *n* ❸ (MED) Stützkorsett *n* ❹ (*da donna*) Korsett *n*, Mieder *n*

bustometro [bus'tɔ:metro] *m* Mustermaß *n* für Briefe

butanese [buta'ne:se] **I.** *agg* (*del Bhutan*)
bhutanisch **II.** *mf* (*abitante*) Bhutaner(in)
m(f)

butano [bu'ta:no] *m* Butan *n*

butirrico, -a [bu'tirriko] <-ci, -che> *agg*
Butter-; **acido** ~ Buttersäure *f*

buttafuori [butta'fuɔ:ri] <-> *m* Rausschmeißer(in) *m(f)*

buttare [but'ta:re] **I.** *vt* ❶ (*gettare*) werfen; (*con forza, rabbia*) schmeißen; **buttare qc a qu** jdm etw zuwerfen; ~ **giù** hinunterwerfen; ~ **via** wegwerfen ❷ (*fig*)
~ **pus** eitern; ~ **sangue** bluten; ~ **tutto
all'aria** alles auf den Kopf stellen; (*piano,
progetto*) alles zunichte machen; ~ **via**
vergeuden ❸ (*loc*) ~ **giù un edificio** ein
Gebäude abreißen; ~ **giù due righe** ein
paar Zeilen niederschreiben; ~ **giù qu** (*fig*)
jdn entmutigen; ~ **la pasta** Nudeln ins kochende Wasser werfen; ~ **giù un boccone**
einen Happen hinunterschlingen; ~ **giù
una bottiglia di cognac** eine Flasche Ko-

gnak hinunterschütten **II.** *vi* (BOT) ausschlagen, sprießen; (*semi*) keimen **III.** *vr* **-rsi** sich werfen, sich stürzen; **-rsi dalla finestra** sich aus dem Fenster stürzen; **-rsi nelle braccia di qu** sich in jds Arme werfen; **-rsi in mare** sich ins Meer stürzen; **-rsi nel fuoco per qu** (*fig*) für jdn durchs Feuer gehen; **-rsi a destra/sinistra** (*fig*) ins rechte/linke Lager überwechseln; **-rsi giù** (*fig*) den Kopf hängen lassen; **buttata** [but'ta:ta] *f* ❶ (*alle carte*) ausgespielte Karte ❷ (BOT: *effetto*) Trieb *m*, Spross *m*; (*atto*) Sprießen *n*, Ausschlagen *n*

butterato, -a [butte'ra:to] *agg* pockennarbig

buttero ['buttero] *m* ❶ (*cicatrice*) Pockennarbe *f* ❷ (*guardiano*) berittener Herdenwächter

buvette [by'vεt] *f* Bar *f*, Ausschank *m*, Theke *f*

buy back ['bai bæk] <-> *m* (FIN) Rückkauf *m*

buyer ['baiə] <- *o* buyers> *mf* (COM) Einkäufer *m*

buy-out ['bai aut] <-> *m* (COM) Aufkauf *m*, Buy-out *m o n*

buzzer ['bʌzə] <- *o* buzzers> *m* Summer *m*

buzzo ['buddzo] *m* (*fam*) Ranzen *m;* **empirsi il ~** sich *dat* den Ranzen voll schlagen; **di ~ buono** (*fig*) mächtig

buzzone, -a [bud'dzo:ne] *m, f* (*fam*) Dickwanst *m*

buzzurro, -a [bud'dzurro] *m, f* ❶ (*fam pej: burino*) Grobian *m*, Bauer *m* ❷ (*venditore ambulante*) Straßenverkäufer(in) *von Süßigkeiten, Kastanien, etc*

bypass ['bai'pa:s] <- *o* bypasses> *m* ❶ (*diramazione idraulica*) Nebenleitung *f* ❷ (MED: *deviazione artificiale*) Bypass *m;* **bypassare** [baipas'sa:re] *vt* überbrücken, umgehen; **bypassato, -a** [baipas'sa:to] **I.** *agg* (MED) Bypass- **II.** *m, f* (MED) bypassoperierte(r) Patient(in) *f(m)*

byronismo [bairo'nizmo] *m* (LIT) Byronismus *m*

byte ['bait] <-> *m* (INFORM) Byte *n*

C c

C, c [tʃi] <-> *f* C, c *n;* ~ **come Catania** C wie Cäsar

C *abbr di* **Celsius** C

c. *abbr di* **circa** ca.

c.a. *abbr di* **corrente anno** d. J.

ca' [ka] <-> *f* (*venez: casa*) Haus *n*

cabala ['kaːbala] *f* ❶ (*dottrina misteriosa dell'ebraismo medievale*) Kabbala *f* ❷ (*fig, pej: imbroglio*) Betrug *m;* (*intrigo*) Intrige *f;* **cabalista** [kaba'lista] <-i *m*, -e *f*> *mf* Kabbalist *m*, Hellseher(in) *m(f);* **cabalistico, -a** [kaba'listiko] <-ci, -che> *agg* kabbalistisch, okkult

caban [ka'bã] <- *o* cabans> *m* (*cappotto, giaccone sportivo*) Caban *m*

cabaret [kaba'rɛ] <-> *m* Varietee *n*, Varieté *n*, Kabarett *n;* **cabarettistico, -a** [kabaret'tistiko] <-ci, -che> *agg* kabarettistisch, Kabarett-; **spettacolo** ~ Kabarett *n;* **numero** ~ Kabarettnummer *f*

cabina [ka'biːna] *f* ❶ (*vano*) Kabine *f*, Raum *m;* (NAUT) Kabine *f;* (*di funicolare*) Kabine *f*, Gondel *f;* ~ **di guida** Führerhaus *n;* ~ **di pilotaggio** Pilotenkanzel *f;* ~ **di proiezione** Vorführraum *m;* ~ **di registrazione** Aufnahmestudio *n;* ~ **elettrica** Transformatorenhäuschen *n;* ~ **passeggeri** (AERO) Passagierraum *m;* ~ **telefonica** Telefonzelle *f* ❷ (*al mare*) Kabine *f*

cabinato [kabi'naːto] *m* Kabinenboot *n*

cabinato, -a *agg* mit Kabinen versehen

cablaggio [ka'bladdʒo] <-ggi> *m* Verkabelung *f;* (*collegamento a cavo*) Kabelverbindung *f;* **cablare** [ka'blaːre] *vi* kabeln, nach Übersee telegrafieren

cable ['kaːble] I.<inv> *agg* (*di filato ritorto*) gezwirnt II.<-> *m* (*tipo di filato*) Cablé(garn) *n*

cablo ['kaːblo] *m*, **cablogramma** [kablo'gramma] <-i> *m* Kabel *n*, Überseetelegramm *n*

cabotaggio [kabo'taddʒo] <-ggi> *m* Küstenschifffahrt *f*

cabrare [ka'braːre] *vi* das Höhensteuer ziehen; **cabrata** [ka'braːta] *f* Steilflug *m*

cabriolé [kabrio'lɛ] <-> *m*, **cabriolet** [kabrio'lɛ] <-> *m* Kabrio(lett) *n*

cacadubbi [kaka'dubbi] <-> *mf* (*vulg pej*) Hosenscheißer(in) *m(f)*, Angsthase *m fam*

cacao [ka'kaːo] <-> *m* Kakao *m*

cacare [ka'kaːre] I. *vi*, *vt* (*vulg*) kacken, scheißen; **ma va a** ~! verpiss dich! II. *vr* (*vulg*) **cacarsi sotto** (*fig*) sich *dat* in die

Hose scheißen; **cacarella** [kaka'rɛlla] *f* (*vulg*) Dünnschiss *m;* **cacasenno** [kaka'senno] <-> *mf* (*pej*) Klugscheißer(in) *m(f) fam;* **cacata** [ka'kaːta] *f* (*vulg*) ❶ (*atto*) Scheißen *n* ❷ (*escrementi*) Haufen *m fam* ❸ (*fig: cosa brutta*) Scheiße *f*

cacatua, cacatoa [kaka'tua, kaka'toa] <-> *m* Kakadu *m*

cacca ['kakka] <-cche> *f* (*fam*) Kacke *f;* (*dei bambini*) Aa *n;* **fare la** ~ kacken, Aa machen; **non toccare, è** ~! nicht anfassen, das ist pfui!

cacchio ['kakkio] <-cchi> *m* (*vulg*) Scheißdreck *m*

caccia¹ ['kattʃa] <-cce> *f* ❶ (*cattura*) Jagd *f;* ~ **alla lepre** Hasenjagd *f;* ~ **grossa** Großwildjagd *f;* **aereo da** ~ Jagdflugzeug *n;* **cane da** ~ Jagdhund *m;* ~ **all'occasione** Schnäppchenjagd *f;* **andare a** ~ auf die Jagd gehen; **andare a** ~ **di qc** auf etw *acc* Jagd machen; (*fig*) auf der Suche nach etw sein; **dare la** ~ **a qu** jdn jagen ❷ (GASTR) Wild *n*

caccia² <-> *m* (AERO) Jagdflugzeug *m;* (NAUT) Zerstörer *m;* **cacciaballe** [kattʃa'balle] <-> *mf* (*fam: bugiardo*) Aufschneider(in) *m(f)*, Prahler(in) *m(f)*, Großmaul *n fam;* **cacciabile** [kat'tʃaːbile] *agg* jagdbar

cacciabombardiere [kattʃabombar'diɛːre] *m* Jagdbomber *m;* **cacciachiodo** [kattʃa'kiɔːdo] *m* ❶ (*legno*) Nagelzieher *m* ❷ (*metallo*) Nietenzieher *m*

cacciagione [kattʃa'dʒoːne] *f* ❶ (ZOO) Wild *n* ❷ (GASTR) Wild(bret) *n* ❸ (*bottino*) Jagdbeute *f*

cacciare [kat'tʃaːre] I. *vt* ❶ (SPORT) jagen; (*a fig*) verjagen, vertreiben ❷ (*fig*) werfen, stecken; **dove ho cacciato l'orologio?** (*fam*) wo habe ich nur die Uhr hingesteckt? ❸ (*con violenza*) stoßen ❹ (*cavare fuori*) herausholen, herausziehen; (*urlo*) ausstoßen; ~ **fuori i soldi** das Geld herausrücken; ~ **fuori la lingua** die Zunge herausstrecken II. *vr* **-rsi** ❶ (*fam: andare a finire*) stecken; (*nascondersi*) sich verstecken; **-rsi nella folla** sich unters Volk mischen; **dove si è cacciato?** (*fam*) wo steckt er? ❷ (*introdursi*) sich hineinzwängen; **-rsi in un mare di guai** (*fig*) bis zum Hals in Schwierigkeiten stecken; **cacciata** [kat'tʃaːta] *f* Vertreibung *f;* **cacciatora** [kattʃa'toːra] *f* ❶ (*giacca*) Jagdrock *m* ❷ (GASTR) **alla** ~ nach Jägerart (*mit Knob-*

lauch, Kräutern und Wein)

cacciatore [kattʃa'to:re] *m* ❶(*pilota*) Jagdflieger *m* ❷(*aereo*) Jagdflugzeug *n*, Abfangjäger *m*

cacciatore, -trice *m, f* Jäger(in) *m(f)*; ~ **di dote** Mitgiftjäger *m*; ~ **di frodo** Wilderer *m*

cacciatorino [kattʃato'ri:no] *m* (GASTR: *salame*) ≈ Landjäger *m*; **cacciatorpediniere** [kattʃatorpedi'niɛ:re] *m* (NAUT) Zerstörer *m*; **cacciatrice** *f v.* **cacciatore**

cacciavite [kattʃa'vi:te] <-> *m* Schraubenzieher *m*

caccola ['kakkola] *m* ❶(*fam: di naso*) Popel *m*; (*di occhi*) Schlaf *m* ❷(ZOO) Kot *m*

cache [kæʃ] I.<inv> *agg* (INFORM) Cache-; **memoria** ~ Cachespeicher *m* II.<-> *f* (INFORM) Cache *m*; ~ **di massa** Datenträger *m*

cache-col [kaʃ'kɔl] <-> *m* (*fazzoletto*) Halstuch *n*

cachemire [kaʃ'mi:r] <-> *m* ❶(*lana*) Kaschmirwolle *f* ❷(*tessuto*) Kaschmir *m*

cache-nez [kaʃ'ne] <-> *m* (*sciarpa*) Cachenez *n*, großes Halstuch *n*

cache-sexe [kaʃ'sɛks] <-> *m* (*perizoma*) Cache-sexe *n*, Minislip *m*

cachet [ka'ʃɛ] <-> *m* ❶(MED) Kapsel *f* ❷(THEAT, FILM: *comparsa*) Statist(in) *m(f)*; (*compenso*) Gage *f* ❸(*colorante per capelli*) Haarfärbemittel *n*

cachettista [caket'tista] <-i *m*, -e *f*> *mf* Person *f*, die gegen Gage [*o* Honorar] arbeitet

cachi ['ka:ki] I.<inv> *agg* (*colore*) khakifarben II.<-> *m* ❶(*colore cachi*) Khaki *n* ❷(*albero*) Kakibaum *m* ❸(*frutto*) Kakifrucht *f*, Kakipflaume *f*

caciara [ka'tʃa:ra] *f* (*Lazio: fam*) Lärm *m*, Krach *m*

cacicavalli *pl di* **caciocavallo**

cacio ['ka:tʃo] <-ci> *m* Käse *m*; **forma di ~** Käselaib *m*; **come il ~ sui maccheroni** (*fig*) wie gerufen, gerade recht; **caciocavallo** [katʃoka'vallo] <caci(o)cavalli> *m* (*mer*) birnenförmiger Hartkäse aus Kuhmilch; **caciotta** [ka'tʃotta] *f* Weichkäse aus Kuh- oder Schafmilch

cacofonia [kakofo'ni:a] <-ie> *f* Missklang *m*

cactus ['kaktus] <-> *m* Kaktus *m*

CAD (INFORM) *abbr di* **Computer Aided Design** CAD *n*

cadauno, -a [kada'u:no] I. *agg* das [*o* pro] Stück II. *pron indef* jedwede(r, s), ein(e) jede(r, s)

cadavere [ka'da:vere] *m* Leiche *f*, Leichnam *m*; **cadaverico, -a** [kada'vɛ:riko] <-ci, -che> *agg* leichenhaft; (*fig*) leichenblass; **rigidità -a** Totenstarre *f*

caddi ['kaddi] *1. pers sing pass rem di* **cadere**[1]

cadente [ka'dɛnte] *agg* ❶(*edificio*) baufällig; (*fig: persona*) gebrechlich ❷(*fig: sole*) untergehend; **stella ~** Sternschnuppe *f*; (*meteora*) Meteor *m*

cadenza [ka'dɛntsa] *f* ❶(LING) Tonfall *m*, Akzent *m* ❷(MUS) Kadenz *f*; (*andamento ritmico*) Takt *m*, Rhythmus *m*; **cadenzare** [kaden'tsa:re] I. *vt* ❶(*passo*) anpassen; ~ **il passo** Schritt halten ❷(LIT) skandieren II. *vi* (MUS) kadenzieren; **cadenzato, -a** [kadɛn'tsa:to] *agg* kadenziert, rhythmisch

cadere[1] [ka'de:re] <cado, caddi, caduto> *vi essere* ❶(*cascare*) (hin-, um)fallen; (*dall'alto*) herab-, hinunterfallen; (*aereo, alpinista*) abstürzen; (*foglie*) fallen; (*frutta*) abfallen; (*capelli*) ausfallen; ~ **lungo e disteso** der Länge nach hinfallen; ~ **dalla stanchezza** [*o* **dal sonno**] vor Müdigkeit umfallen; ~ **morto** tot umfallen; ~ **in piedi** (*a fig*) auf die Füße fallen; ~ **dalle nuvole** (*fig*) aus allen Wolken fallen; **far ~ qc dall'alto** (*fig*) **quest'abito cade bene** (*fig*) dieses Kleid fällt gut; ~ **dalla padella nella brace** (*fig*) vom Regen in die Traufe kommen ❷(*fig: decadere*) geraten, (ver)fallen; ~ **ammalato** krank werden; ~ **in disgrazia** in Ungnade fallen; ~ **in miseria** in Not geraten; ~ **in oblio** in Vergessenheit geraten; ~ **nel volgare** ins Vulgäre abgleiten ❸(*fig: in battaglia*) fallen ❹(POL: *governo*) stürzen ❺(*pioggia*) fallen; (*vento*) nachlassen, sich legen ❻(*far fiasco*) scheitern; (*candidato*) durchfallen ❼(*crollare*) einstürzen ❽(*capitare*) ~ **a proposito** gerade recht kommen

cadere[2] *m* **al ~ del sole** bei Sonnenuntergang

cadetteria [kadette'ri:a] <-ie> *f* (SPORT) Zweite Liga *f*

cadetto [ka'detto] *m* ❶(*figlio non primogenito*) jüngerer Sohn ❷(MIL) Kadett *m* ❸(SPORT) Nachwuchssportler *m*, Mitglied *n* einer B-Mannschaft

cadetto, -a *agg* ❶(*di figlio non primogenito*) jüngere(r, s) ❷(SPORT) Nachwuchs-, B-

cadì [ka'di] <-> *m* Kadi *m*

cadmio ['kadmio] *m* Kadmium *n*

cado ['ka:do] *1. pers sing pr di* **cadere**

caducità [kadutʃi'ta] <-> *f* Vergänglichkeit *f*, Hinfälligkeit *f*; **caduco, -a** [ka'du:ko] <-chi, -che> *agg* von kurzer Lebensdauer; (*fig*) flüchtig, vergänglich; **mal ~** (*fam*) Fallsucht *f*; **foglie -che** (fallendes) Laub *n*

caduta [ka'du:ta] *f* ❶(*il cadere*) Fall *m*,

Sturz *m; (dall'alto)* Absturz *m; ~* **massi** Steinschlag *m; ~* **della temperatura** Temperatursturz *m* ❷ *(fig: crollo)* Untergang *m* ❸ (POL: *del governo*) Sturz *m* ❹ (COM, FIN: *dei prezzi, corsi*) Verfall *m*

caduto [ka'du:to] *m* (MIL) Gefallene(r) *m*

caduto, -a *pp di* **cadere**[1]

caffè [kaffɛ] <-> *m* ❶ (GASTR) Kaffee *m; ~* **espresso** Espresso *m; ~* **corretto** Kaffee *m* mit Schuss; *~* **macchiato** Kaffee *m* mit etwas Milch; *~* **in chicchi** Bohnenkaffee *m; ~* **in polvere** Pulverkaffee *m;* **macchina del** *~* Kaffeemaschine *f* ❷ *(locale)* Café *n*, Kaffeehaus *n A; ~* **concerto** Tanzcafé *n* ❸ (BOT) Kaffee *m*, Kaffeepflanze *f;* **caffeario, -a** [kaffe'a:rio] <-i, -ie> *agg* Kaffee-

caffeina [kaffe'i:na] *f* Koffein *n;* **caffè senza** *~* koffeinfreier Kaffee

caffel(l)atte [kaffe'latte (kaffel'latte)] <-> *m* Milchkaffee *m;* **caffeomanzia** [kaffeoman'tsi:a] <-ie> *f* Kaffeesatzlesen *n*, Wahrsagerei *f* aus dem Kaffeesatz

caffet(t)ano [kaffe'ta:no (kaffet'ta:no)] *m* Kaftan *m*

caffetteria [kaffette'ri:a] <-ie> *f (di albergo)* Frühstücksbar *f; (bar)* Cafeteria *f*

caffettiera [kaffet'tiɛ:ra] *f* ❶ *(bricco)* Kaffeekanne *f; (macchina)* Kaffeemaschine *f* ❷ *(fig, scherz: macchina)* Mühle *f fam*

cafona *f v.* **cafone**

cafonaggine [kafo'naddʒine] *f* Rüpelhaftigkeit *f;* **cafonata** [kafo'na:ta] *f* Flegelei *f*, Rüpelei *f;* **cafone, -a** [ka'fo:ne] I. *agg* ungehobelt, rüde II. *m, f* Rüpel *m*

CAG, cag *m acro di* **Centro Addestramento Guastatori** Ausbildungszentrum *n* für Pioniere

cagare [ka'ga:re] *v.* **cacare**

cagionare [kadʒo'na:re] *vt* verursachen, bewirken; **cagione** [ka'dʒo:ne] *f (causa)* Ursache *f; (motivo)* Grund *m*

cagionevole [kadʒo'ne:vole] *agg* kränklich, anfällig; **essere di salute** *~* sehr anfällig sein

cagliare [kaʎ'ʎa:re] *vi, vr* **-rsi** gerinnen

Cagliari *f* Cagliari *n (Hauptstadt Sardiniens)*

Cagliaritano <*sing*> *m* Umgebung *f* von Cagliari

cagliaritano, -a [caʎʎari'ta:no] I. *agg* aus Cagliari stammend II. *m, f (abitante)* Cagliaritaner(in) *m(f)*, Bewohner(in) *m(f)* von Cagliari

caglio ['kaʎʎo] <-gli> *m* ❶ *(per il latte)* Lab *n* ❷ (BOT) Labkraut *n*

cagna ['kaɲɲa] *f* ❶ (ZOO) Hündin *f* ❷ *(fam pej: donna di facili costumi)* Flittchen *n*

cagnara [kaɲ'ɲa:ra] *f (fam pej)* Krach *m*, Gezänk *n*

cagnesco, -a [kaɲ'ɲesko] <-schi, -sche> *agg* hündisch; **guardare qu in** *~ (fig)* jdn feindselig ansehen

cahier [ka'je] <-> *m (raccolta, quaderno)* Notiz-, Schreibheft *n; ~* **de doléances** Beschwerdeheft *n; ~* **d'art** Kunstheft *n*

CAI ['ka:i] *m* ❶ *acro di* **Club Alpino Italiano** *italienischer Alpenverein* ❷ *acro di* **Corriere Accelerato Internazionale** *italienischer Eilzustellungsdienst*

caimano [kai'ma:no] *m* Kaiman *m*

Cairo ['ka:iro] *m* Il ~ Kairo *n*

cake [keik] <-> *m* (Rosinen)kuchen *m*

cal *abbr di (piccola)* **caloria** cal.

cala ['ka:la] *f* ❶ *(insenatura)* Bucht *f* ❷ (NAUT) Kielraum *m*, Hellegat(t) *n*

calabrache [kala'bra:ke] <-> I. *mf (fam)* Schlappschwanz *m*, Waschlappen *m* II. *m ein Kartenspiel für zwei Personen*

calabrese [kala'bre:se] I. *agg* kalabrisch, aus Kalabrien stammend II. *mf (abitante)* Kalabrier(in) *m(f)*, Kalabrese *m*, Kalabresin *f* III. <*sing*> *m (dialetto)* kalabrischer Dialekt, Kalabresisch(e) *n;* **Calabria** [ka'la:bria] *f* Kalabrien *n*

calabrone [kala'bro:ne] *m* ❶ (ZOO) Hornisse *f* ❷ *(fig: corteggiatore insistente)* aufdringlicher Verehrer

calafatare [kalafa'ta:re] *vt* kalfatern, abdichten

calamaio [kala'ma:io] <-ai> *m* Tintenfass *n*

calamaro [kala'ma:ro] *m* ❶ (ZOO) Tintenfisch *m* ❷ *pl (occhiaie)* dunkle Ringe *mpl* unter den Augen

calamita [kala'mi:ta] *f* Magnet *m*

calamità [kalami'ta] <-> *f* Unheil *n*, Plage *f*

calamitare [kalami'ta:re] *vt* ❶ *(ferro, acciaio)* magnetisieren ❷ *(fig: attirare)* magnetisch anziehen, anlocken; **calamitato, -a** [kalami'ta:to] *agg* magnetisiert, Magnet-

calamo ['ka:lamo] *m* ❶ (BOT) Rohr *n*, Schilf *n* ❷ (ZOO) (Feder)kiel *m* ❸ (HIST) Schreibfeder *f*, Federkiel *m*

calanco [ka'laŋko] <-chi> *m* Furche *f*, Graben *m*

calandra [ka'landra] *f* (AUTO) Kühlergrill *m*

calandrare [kalan'dra:re] *vt* (MOT) walzen, pressen; (TYP) kalandrieren, satinieren; **calandratore, -trice** [kalandra'to:re] *m, f* Kalandrierer(in) *m(f);* **calandratura** [kalandra'tu:ra] *f* Kalandern *n*, Kalandrieren *n*, Walzen *n;* **calandrista** [kalan'drista] <-i *m*, -e *f*> *mf* Kalandrierer(in) *m(f)*

C

calante [ka'lante] *agg* ❶ (*luna*) abnehmend; (*temperatura*) sinkend ❷ (*moneta, peso*) fehlgewichtig

calare [ka'la:re] I. *vt avere* senken, herablassen; (*reti*) auswerfen; (*vele*) einholen, streichen; (*maglie*) abnehmen; (*prezzo, sipario*) senken; (*nei giochi a carte*) ausspielen II. *vi essere* ❶ (*scendere*) hinabgehen, hinuntergehen; (*fig: notte*) hereinbrechen; (*sipario*) fallen ❷ (*invadere*) einfallen, einbrechen ❸ (*vento*) abflauen, nachlassen; (*acqua*) sinken, zurückgehen; (*prezzo*) sinken; (MUS) tiefer werden; (*di peso*) abnehmen; ~ **di tono** leiser werden; (*fig*) in der Qualität nachlassen III. *vr* -**rsi** sich herab-, hinab-, hinunterlassen; (SPORT) sich abseilen; **calata** [ka'la:ta] *f* ❶ (*del sole*) Untergang *m;* (*del sipario*) Fallen *n;* (*dei prezzi*) Sinken *n;* (*delle reti*) Auswerfen *n* ❷ (MIL) Einfall *m*

calca ['kalka] <-che> *f* Gedränge *n*

calcagno [kal'kaɲɲo] <*pl*: -i *m o fig* -a *f*> *m* Ferse *f;* **avere qu alle -a** (*fig*) jdn auf den Fersen haben

calcare[1] [kal'ka:re] *vt* ❶ (*coi piedi*) treten, stampfen; ~ **le scene** auf der Bühne stehen ❷ (*con la voce*) betonen ❸ (*disegno*) durchpausen ❹ (*premere*) drücken, zwängen; ~ **la mano** (*fig*) übertreiben; (*essere severo*) zu streng bestrafen

calcare[2] *m* (MIN) Kalkstein *m*

calcareo, -a [kal'ka:reo] <-ei, -ee> *agg* kalkhaltig

calce[1] ['kaltʃe] *f* Kalk *m;* **bianco di** ~ weiße Tünche, weißer Anstrich

calce[2] <-> *m* **in** ~ (ADM) unten, am unteren Ende eines Schriftstücks; **in** ~ **alla pagina** am Ende der Seite

calcese [kal'tʃe:se] *m* (NAUT: *albero*) Topp *m*

calcestruzzo [kaltʃes'truttso] *m* Beton *m*

calcetto [kal'tʃetto] *m* Hallenfußball *n;* (*da tavolo*) Tischfußball *m*

calciare [kal'tʃa:re] I. *vi* ❶ (*tirar calci*) Fußtritte austeilen, treten; (*animale*) ausschlagen ❷ (SPORT) schießen, treten II. *vt* schießen, treten; **calciatore, -trice** [kaltʃa'to:re] *m, f* Fußballspieler(in) *m(f)*

calcico, -a ['kaltʃiko] <-ci, -che> *agg* kalziumhaltig, Kalzium-

calcificare [kaltʃifi'ka:re] *vt, vr* -**rsi** (BIOL) verkalken; **calcificazione** [kaltʃifikat'tsio:ne] *f* Verkalkung *f*

calcimetrico, -a [kaltʃi'mɛ:triko] <-ci, -che> *agg* (*eseguito mediante il calcimetro*) kalzimetrisch; **rilevazione -a** Kalkmessung *f*

calcina [kal'tʃi:na] *f* Mörtel *m;* **calcinac-**

cio [kaltʃi'nattʃo] <-cci> *m* ❶ (*pezzo di calcina*) Putz-, Mörtelstück *n* ❷ *pl* (*rovine*) Schutt *m*

calcinculo [kaltʃin'ku:lo] <-> *m* (*fam: giostra*) (Ketten)karussell *n*

calcio ['kaltʃo] <-ci> *m* ❶ (*colpo dato col piede*) (Fuß)tritt *m;* (*di animale*) Huftritt *m;* **prendere qu a -ci** jdn treten; **tirare -ci** treten, Fußtritte austeilen; (*animale*) ausschlagen ❷ (SPORT) Fußball *m;* ~ **d'angolo** Eckstoß *m,* Corner *m A;* ~ **d'inizio** Anstoß *m;* ~ **di punizione** Strafstoß *m;* ~ **di rigore** Elfmeter *m;* ~ **di rinvio** Abstoß *m;* **giocare a** ~ Fußball spielen ❸ (MIL) (Gewehr)kolben *m* ❹ (CHEM) Kalzium *n*

calciobalilla [kaltʃoba'lilla] <-> *m* Tischfußball *m*

calciocianammide [kaltʃotʃanam'mi:de] *f* Kalkstickstoff(dünger) *m*

calciofilo, -a [kal'tʃɔ:filo] I. *m, f* Fußballfan *m* II. *agg* fußballbegeistert; **gruppo** ~ Fußballfanclub *m*

calciomane [kaltʃo'ma:ne] *mf* Fußballnarr, -närrin *m, f;* **calciomania** [kaltʃoma'ni:a] <-ie> *f* Fußballfieber *n*

calciomercato [kaltʃomer'ka:to] <-> *m* Fußballmarkt *m*

calcioscommesse [kaltʃoskom'messe] <-> *m* illegales Fußballtoto

calcioterapia [kaltʃotera'pi:a] <-ie> *f* (MED) Kalziumtherapie *f*

calcistico, -a [kal'tʃistiko] <-ci, -che> *agg* Fußball-

calco ['kalko] <-chi> *m* (*copia*) Abdruck *m;* (TYP) Abzug *m*

calcografia [kalkogra'fi:a] *f* ❶ (TYP: *procedimento di stampa*) Kupferdruck *m* ❷ (*tecniche manuali d'incisione*) Kupferstich *m* ❸ (*istituzione, luogo*) Kupferstichkabinett *n;* **calcografico, -a** [klako'gra:fiko] <-ci, -che> *agg* Kupferstich-; **inchiostro** ~ Kupferdruckfarbe *f;* **calcografo, -a** [kal'kɔ:grafo] *m, f* ❶ (TYP: *intagliatore in rame*) Kupferstecher(in) *m(f)* ❷ (*stampatore*) Kupferdrucker(in) *m(f)* ❸ (*venditore di incisioni*) Kupferstichhändler(in) *m(f)*

calcolabile [kalko'la:bile] *agg* berechenbar; (*valutabile*) schätzbar; **calcolare** [kalko'la:re] *vt* ❶ (MAT) berechnen, ermitteln ❷ (*fig: valutare*) abwägen, abschätzen; (*tenere conto*) berücksichtigen

calcolatore [kalkola'to:re] *m* ~ **elettronico** (INFORM) Elektronenrechner *m,* Computer *m;* ~ **personale** Personalcomputer *m*

calcolatore, -trice I. *agg* ❶ (*regolo, macchina*) Rechen- ❷ (*fig: persona, mente*) berechnend II. *m, f* ❶ (*chi esegue calcoli, persona*) Rechner(in) *m(f)* ❷ (*fig:*

mente fredda) kühler Kopf

calcolatrice [kalkola'tri:tʃe] *f* (TEC) Rechenmaschine *f*, Rechner *m;* (*regolo*) Rechenschieber *m;* ~ **tascabile** Taschenrechner *m*

calcolitografia [kalkolitogra'fi:a] *f* (TYP) Kupferflachdruck *m;* **calcolitografico, -a** [kalkolito'gra:fiko] <-ci, -che> *agg* Kupferflachdruck-; **stampa -a** Kupferflachdruck *m*

calcolo ['kalkolo] *m* ❶ (MAT) Rechnung *f*, Berechnung *f;* **fare i -i** rechnen; ~ **preventivo** Vorausberechnung *f*, Kostenvoranschlag *m;* ~ **delle probabilità** Wahrscheinlichkeitsrechnung *f;* **agire per** ~ (*fig*) berechnend sein; ~ **dei costi** (*costing*) Kalkulation *f* ❷ (MED) Stein *m;* ~ **renale** Nierenstein *m*

caldaia [kal'da:ia] <-aie> *f* Kessel *m;* (TEC: *a vapore*) Dampfkessel *m;* (*per riscaldamento*) Heizkessel *m*

caldamente [kalda'mente] *avv* warm, wärmstens *fam;* (*cordialmente*) herzlich

caldana [kal'da:na] *f* Hitzewallung *f*

caldareria [kaldare'ri:a] <-ie> *f* Kesselschmiede *f*

caldarrosta [kaldar'rɔsta] *f* geröstete Kastanie

caldeggiare [kalded'dʒa:re] *vt* befürworten

calderone [kalde'ro:ne] *m* Kessel *m*, Hafen *m A;* **mettere tutto nello stesso** ~ (*fig*) alles in einen Topf werfen

caldo ['kaldo] *m* Wärme *f;* (~ *intenso*) Hitze *f;* (*fig: fervore*) Eifer *m;* **fa** ~ es ist warm; **ho** [*o* **sento**] ~ mir ist heiß; **mettere** [*o* **tenere**] **le vivande in** ~ die Speisen warmhalten; **non mi fa né** ~ **né freddo** (*fig*) das lässt mich kalt

caldo, -a *agg* warm; (*molto* ~) heiß; (*colore, voce*) warm; (*amicizia*) innig, herzlich; (*notizia*) neueste(r, s); **pane** ~ frisches Brot; **essere una testa -a** (*fig*) ein Hitzkopf sein; **avere il sangue** ~ (*fig*) heißblütig sein; **a sangue** ~ (*fig*) im Affekt

caleidoscopio [kaleidos'kɔ:pio] <-i> *m* (OPT) Kaleidoskop *n*

calendario [kalen'da:rio] <-i> *m* Kalender *m;* **calende** [ka'lɛnde] *fpl* **rimandare qc alle ~ greche** etw auf den Sankt-Nimmerleins-Tag verschieben

calendimaggio [kalendi'maddʒo] <-> *m* Maifeiertag *m*, Maifeier *f*

calendola [ka'lɛndola] *f* Ringelblume *f*

calesse [ka'lɛsse] *m* Kalesche *f*

calettamento [kaletta'mento] *m* Verkeilung *f;* **calettare** [kalet'ta:re] *vt* verbinden; (TEC) verkeilen, verzahnen

calibrare [kali'bra:re] *vt* kalibrieren; (*fig*) genau messen; **calibro** ['ka:libro] *m* (*a fig*) Kaliber *n*

calice ['ka:litʃe] *m* ❶ (*bicchiere*) Kelch *m* ❷ (REL) (Mess)kelch *m*

califfo [ka'liffo] *m* Kalif *m*

caligine [ka'li:dʒine] *f* (*nebbia*) Dunst *m*, Nebel *m;* (*in zone industriali*) Smog *m;* **caliginoso, -a** [kalidʒi'no:so] *agg* trüb, dunstig

call [kɔ:l] <-> *m* (FIN: *dont*) Call *m*, Kaufoption *f*, Call-Option *f*

calla ['kalla] *f* Calla *f*

calle ['kalle] *f* (*a Venezia*) Gasse *f*, Straße *f*

call girl ['kɔ:lgə:l] <-> *f* Callgirl *n*

callifugo [kal'li:fugo] <-ghi> *m* hornhauterweichendes Mittel

calligrafia [kalligra'fi:a] *f* Handschrift *f;* **calligrafico, -a** [kalli'gra:fiko] <-ci, -che> *agg* ❶ (*esame, perito*) grafologisch, graphologisch ❷ (*fig: che cura eccessivamente la forma*) kalligrafisch, kalligraphisch

callista [kal'lista] <-i *m*, -e *f*> *mf* Fußpfleger(in) *m(f);* **callo** ['kallo] *m* Hornhaut *f;* (*dei piedi*) Hühnerauge *n;* (*della mano*) Schwiele *f;* ~ **osseo** Kallus *m;* **fare il** ~ **a qc** (*fig*) sich an etw *acc* gewöhnen, gegen etw unempfindlich werden; **pestare i -i a qu** (*fig fam*) jdm auf die Füße treten; **callosità** [kallosi'ta] <-> *f* Verhornung *f;* **calloso, -a** [kal'lo:so] *agg* schwielig, verhornt; **corpo** ~ (ANAT) Balken *m*

calma ['kalma] *f* Ruhe *f;* (*silenzio*) Stille *f;* (*tranquillità*) Gelassenheit *f;* (METEO: *vento*) Windstille *f;* (*mare*) Flaute *f*, Meeresstille *f;* **periodo di** ~ ruhige Zeit; (COM) Flaute *f;* **prendersela con** ~ es in aller Ruhe angehen; ~ **e sangue freddo!** (nur) ruhig Blut!, immer mit der Ruhe!; **calmante** [kal'mante] I. *agg* beruhigend; (*che allevia*) lindernd; (*che elimina dolore*) schmerzstillend II. *m* Beruhigungsmittel *n;* **calmare** [kal'ma:re] I. *vt* ❶ (*persona*) beruhigen; (*placare*) besänftigen ❷ (*dolore*) lindern II. *vr* **-rsi** ❶ (*persona*) sich beruhigen ❷ (*vento*) abflauen, sich legen; (*dolore*) nachlassen

calmata [kal'ma:ta] *f* ❶ (NAUT) kurze Flaute *f* ❷ (*fam*) **è ora che tu ti dia una ~ !** es wird Zeit, dass du dich ein bisschen beruhigst!

calmierare [kalmie'ra:re] *vt* ~ **qc** den Höchstpreis einer Sache *gen* amtlich festsetzen; **calmiere** [kal'miɛ:re] *m* obere Preisgrenze, Preisbindung *f;* **prezzo di** ~ Höchstpreis *m*

calmo, -a ['kalmo] *agg* ruhig; (*tranquillo*)

gelassen; (*equilibrato*) ausgeglichen

calo ['ka:lo] *m* Verminderung *f*, Rückgang *m*; (*di volume, peso*) Abnahme *f*, Sinken *n*; (*di qualità*) Verschlechterung *f*; (*di prezzo*) (Preis)senkung *f*; **~ di potenza** (TEC) Spannungsabfall *m*

calore [ka'lo:re] *m* Wärme *f*; (*calore intenso*) Hitze *f*; **~ familiare** Nestwärme *f*; **avere un po' di ~** etw Temperatur haben; **essere/andare in ~** läufig sein/werden; **caloria** [kalo'ri:a] <-ie> *f* Kalorie *f*; **grande ~** Kilokalorie *f*; **calorico, -a** [ka'lɔ:riko] <-ci, -che> *agg* ❶ (PHYS) Wärme-, kalorisch ❷ (BIOL) Kalorien-; **apporto ~** Kalorienzufuhr *f*

calorifero [kalo'ri:fero] *m* Heizkörper *m*; **calorifico, -a** [kalo'ri:fiko] <-ci, -che> *agg* Heiz-, wärmeerzeugend; **calorimetro** [kalo'ri:metro] *m* Wärmemesser *m*, Kalorimeter *n*; **calorizzare** [kalorid'dza:re] *vt* (TEC) kalorisieren, alitieren; **calorizzazione** [kaloriddzat'tsio:ne] *f* (TEC) Kalorisieren *n*, Alitieren *n*

calorosamente [kalorosa'mente] *avv* herzlich, warmherzig

caloroso, -a [kalo'ro:so] *agg* ❶ (*cibo, bevanda, spezie*) wärmend ❷ (*persona*) kälteunempfindlich ❸ (*fig: affettuoso, cordiale*) herzlich; (*discussione*) angeregt

caloscia [ka'bɔʃʃa] <-sce> *f* Überschuh *m*

calotta [ka'lɔtta] *f* ❶ (GEOG) (Eis)kappe *f*; **~ artica/antartica** arktische/antarktische Polkappe ❷ (MAT, ARCH, REL) Kalotte *f*

calpestamento [kalpesta'mento] *m* ❶ (*coi piedi*) Treten *n* ❷ (*fig: disprezzo*) Missachtung *f*

calpestare [kalpes'ta:re] *vt* ❶ (*coi piedi*) (zer)treten; **(è) vietato ~ l'erba** (das) Betreten des Rasens (ist) verboten ❷ (*fig: disprezzare*) missachten, mit Füßen treten; **calpestio** [kalpes'ti:o] <-ii> *m* (*scalpiccio*) Getrappel *n*; (*calpestare*) Getrampel *n*

Caltanissetta *f* Caltanissetta *n* (*Stadt in Sizilien*)

calumet [kaly'mɛ] <-> *m* Friedenspfeife *f*; **fumare il ~ della pace** (*fig*) die Friedenspfeife rauchen

calunnia [ka'lunnia] <-ie> *f* Verleumdung *f*; **calunniare** [kalun'nia:re] *vt* verleumden; **calunniatore, -trice** [kalunnia'to:re] *m, f* Verleumder(in) *m(f)*; **calunnioso, -a** [kalun'nio:so] *agg* verleumderisch

calura [ka'lu:ra] *f* (*poet dial*) Hitze *f*

calva *f v.* **calvo**

calvario [kal'va:rio] <-i> *m* Kreuzweg *m*, Leidensweg *m*; (*fig*) unsagbares Leid

calvinismo [kalvi'nizmo] *m* Kalvinis-

mus *m*; **calvinista** [kalvi'nista] <-i *m*, -e *f*> *mf* Kalvinist(in) *m(f)*; **calvinistico, -a** [kalvi'nistiko] <-ci, -che> *agg* kalvinistisch

calvizie [kal'vittsie] <-> *f* Kahlheit *f*; (*di persone*) Kahlköpfigkeit *f*; **calvo, -a** ['kalvo] I. *agg* kahl; (*persona*) glatzköpfig; **essere ~** eine Glatze haben II. *m, f* Glatzkopf *m fam*

calza ['kaltsa] *f* Strumpf *m*; **~ elastica** Gummistrumpf *m*; **ferri da ~** Stricknadeln *fpl*; **fare la ~** stricken; **calzamaglia** [kaltsa'maʎʎa] *f* Strumpfhose *f*

calzante [kal'tsante] I. *agg* passend II. *m* Schuhlöffel *m*

calzare [kal'tsa:re] I. *vt* avere (*scarpe, guanti*) anziehen II. *vi* ❶ avere (*scarpe*) passen ❷ essere (*fig: essere conveniente*) passen, passend sein

calzascarpe [kaltsas'karpe] <-> *m*, **calzatoio** [kaltsa'to:io] <-oi> *m* Schuhanzieher *m*, Schuhlöffel *m*

calzatura [kaltsa'tu:ra] *f* Schuhe *mpl*; **industria delle -e** Schuhindustrie *f*; **calzaturificio** [kaltsaturi'fi:tʃo] <-ci> *m* Schuhfabrik *f*

calzerotto [kaltse'rɔtto] *m* Söckchen *n*; (*di lana*) Wollsocke *f*; **calzetta** [kal'tsetta] *f* Söckchen *n*; **mezza ~** (*persona mediocre*) kleines Würstchen

calzettone [kaltset'to:ne] *m* Kniestrumpf *m*, Stutzen *m A*; **calzificio** [kaltsi'fi:tʃo] <-ci> *m* Strumpffabrik *f*; **calzino** [kal'tsi:no] *m* Socke *f*

calzolaio, -a [kaltso'la:io] <-ai, -aie> *m, f* Schuster *m*, Schuhmacher(in) *m(f)*; **calzoleria** [kaltsole'ri:a] <-ie> *f* ❶ (*negozio*) Schuhgeschäft *n* ❷ (*bottega del calzolaio*) Schusterwerkstatt *f*

calzoncini [kaltson'tʃi:ni] *mpl* kurze Hose; **~ da bagno** Badehose *f*; **calzone** [kal'tso:ne] *m* ❶ *pl* (*indumento*) Hose *f*; **portare i -i** (*fig fam*) die Hosen anhaben ❷ (*parte*) Hosenbein *n* ❸ (GASTR) pizza ~ gefüllte Teigtasche

camaleonte [kamale'onte] *m* (*a fig*) Chamäleon *n*; **camaleontismo** [kamaleon'tizmo] *m* Opportunismus *m*

camarilla [kama'rilla] *f* ❶ (POL: *pej*) Kamarilla *f*, Höflingspartei *f* ❷ (*pej: combriccola*) Klüngel *m*, Clique *f*

camber ['kæmbə] <-> *m* (MOT) (Rad)sturz *m*; **angolo di ~** Sturzwinkel *m*

cambiadischi [kambia'diski] <-> *m* Plattenwechsler *m*

cambiale [kam'bia:le] *f* Wechsel *m*; **~ a vista** Sichtwechsel *m*

cambiamento [kambia'mento] *m* Wechsel *m*, Veränderung *f;* ~ **climatico** Klimawandel *m; ~* **d'aria** Luftveränderung *f; ~* **di stagione** Wechsel *m* der Jahreszeit; **ha fatto un grande** ~ er [*o* sie] hat sich sehr verändert

cambiare [kam'bia:re] **I.** *vt avere* ❶ (*sostituire*) wechseln, auswechseln; (*modificare*) ändern; ~ **casa** umziehen; ~ **idea** seine Meinung ändern, es sich *dat* anders überlegen; ~ **marcia** in einen anderen Gang schalten; ~ **treno** umsteigen; ~ **vestito** sich umziehen ❷ (*scambiare*) ~ **qc con qc** etw gegen etw tauschen ❸ (*trasformare*) (ver)ändern, umändern ❹ (FIN) wechseln; ~ **euro in dollari** Euro in Dollar wechseln; **mi cambia cento euro?** können Sie mir hundert Euro wechseln? **II.** *vi essere* sich (ver)ändern; (MOT) schalten **III.** *vr* **-rsi** ❶ (*d'indumento*) sich umziehen ❷ (*diventare diverso*) sich (ver)ändern; (*trasformarsi*) sich verwandeln

cambiario, -a [kam'bia:rio] <-i, -ie> *agg* Wechsel-; **effetto** ~ Wechsel *m*

cambiatensione [kambiaten'sio:ne] <-> *m* Transformator *m*, Umspanner *m*

cambiavalute [kambiava'lu:te] <-> *mf* Geldwechsler(in) *m(f)*

cambio ['kambio] <-i> *m* ❶ (*sostituzione*) Tausch *m*, Wechsel *m;* (*modifica*) Änderung *f;* **fare a** ~ tauschen; **dare il** ~ **a qu** jdn ablösen; **accettare qc in** ~ **di qc** etw für etw (*anderes*) in Tausch nehmen ❷ (*soldi*) (Geld)wechsel *m;* (FIN) (Wechsel)kurs *m;* **agente di** ~ Börsenmakler(in) *m(f)* ❸ (MOT) Getriebe *n;* (*azione*) Schaltung *f;* ~ **a cloche** Knüppelschaltung *f;* ~ **automatico** Automatikgetriebe *n;* ~ **manuale** Schaltgetriebe *n*

cambusa [kam'bu:za] *f* Speisekammer *f;* **cambusiere** [kambu'zie:re] *m* Schiffskoch *m*

camcorder ['kæm'kɔːdə] <-> *m* (TEC) Camcorder *m*

camelia [ka'mɛ:lia] <-ie> *f* Kamelie *f*

camembert [kamã'bɛ:r] <-> *m* Camembert *m*

camera ['ka:mera] *f* ❶ (*locale d'abitazione*) Zimmer *n*, Raum *m; ~* **da letto** Schlafzimmer *n; ~* **da pranzo** Esszimmer *n; ~* **degli ospiti** Gästezimmer *n; ~* **matrimoniale** Doppelzimmer *n; ~* **singola** Einzelzimmer *n; ~* **ad un letto/a due letti** Einbett-/Zweibettzimmer *n;* **appartamento di quattro** ~ e Vierzimmerwohnung *f;* **essere in** ~ auf seinem Zimmer sein; **fare la** ~ das Zimmer aufräumen; **prenotare/disdire una** ~ ein Zimmer bestellen/abbestellen ❷ (*mobilia*) Zimmereinrichtung *f*,

Möbel *npl* ❸ (POL, ADM) Kammer *f;* **sciogliere le -e** das Parlament auflösen; **Camera di Commercio** Handelskammer *f* ❹ (*locale chiuso*) ~ **blindata** Stahlkammer *f; ~* **mortuaria** Leichenhalle *f; ~* **oscura** Dunkelkammer *f; ~* **a gas** Gaskammer *f* ❺ (MOT) ~ **d'aria** Luftschlauch *m* ❻ (MUS) **musica da** ~ Kammermusik *f*

camerale [kame'ra:le] *agg* Kammer-, Staats-

cameraman ['kæmərəmən *o* 'kameramɛn] <-> *m* Kameramann *m*

camerata[1] [kame'ra:ta] *f* (*di collegio, caserma*) Schlafsaal *m*

camerata[2] <-i *m*, -e *f*> *mf* (*persona*) Kamerad(in) *m(f);* **cameratesco, -a** [kamera'tesko] <-schi, -sche> *agg* kameradschaftlich

cameratismo [kamera'tizmo] *m* Kameradschaft *f*

cameriera [kame'riɛ:ra] *f* (*di casa privata*) Dienstmädchen *n;* (*di locale*) Kellnerin *f;* (*di albergo*) Zimmermädchen *n;* **cameriere** [kame'riɛ:re] *m* (*di casa privata*) Hausdiener *m;* (*di locale*) Kellner *m*, Ober *m;* (*di albergo*) Hoteldiener *m; ~* **, mi porti il conto, per favore!** Herr Ober, bitte zahlen!

camerinista [kameri'nista] <-i *m*, -e *f*> *mf* Garderobier(e) *m(f)*

camerino [kame'ri:no] *m* ❶ (THEAT) Garderobe *f*, Umkleideraum *m* ❷ (NAUT) Offizierskabine *f*

camerunese [kameru'ne:se] **I.** *agg* (*del Camerun*) kamerunisch **II.** *mf* (*abitante*) Kameruner *m* **III.** <*sing*> *m* (*lingua, dialetto*) Kamerunisch(e) *n*

camice ['ka:mitʃe] *m* ❶ (MED) Kittel *m* ❷ (REL) Messhemd *n;* (*di sacerdote*) Albe *f*

camiceria [kamitʃe'ri:a] <-ie> *f* Wäschegeschäft *n*

camicetta [kami'tʃetta] *f* Bluse *f*

camicia [ka'mi:tʃa] <-cie> *f* ❶ (*da uomo*) Hemd *n;* (*da donna*) Bluse *f; ~* **da notte** Nachthemd *n; ~* **di forza** Zwangsjacke *f;* **le -cie rosse/nere** die Rothemden [*o* Garibaldianer]/Schwarzhemden; **in maniche di** ~ in Hemdsärmeln; **essere nato con la** ~ (*fig*) ein Glückskind sein; **giocarsi anche la** ~ (*fig*) sein letztes Hemd verspielen; **sudare sette -cie** (*fig*) Herkulesarbeit verrichten; **si leverebbe** [*o* **caverebbe**] **anche la** ~ (*fig*) er würde sein letztes Hemd hergeben; ~ **verde** Mitglied des Ordnungsdienstes der Lega Nord ❷ (*custodia*) Hülle *f*, Umschlag *m* ❸ (MOT, TEC) Mantel *m; ~* **dei cilindri** Zylindermantel *m;* **camiciaio, -a** [kami'tʃa:io] <-ai,

-aie> *m, f* (*fabbricante*) Hemdenfabrikant(in) *m(f)*; (*chi fa camicie*) Hemdennäher(in) *m(f)*; (*chi vende camicie*) Hemdenverkäufer(in) *m(f)*; **camiciola** [kami'tʃɔ:la] *f* ❶ (*sulla pelle*) Unterhemd *n* ❷ (*per l'estate*) Sommerhemd *n*; **camiciotto** [kami'tʃɔtto] *m* Arbeitskittel *m*

caminetto [kami'netto] *m* (offener) Kamin *m*, Rauchfang *m* A

camino [ka'mi:no] *m* ❶ (*per riscaldamento*) Kamin *m*, Rauchfang *m* A ❷ (*comignolo*) Kamin *m*, Schornstein *m*

camion ['ka:mion] <-> *m* Last(kraft)wagen *m*; **camionabile, camionale** [kamio'na:bile, kamio'na:le] **I.** *agg* für Lastkraftwagen befahrbar **II.** *f* für Lastkraftwagen befahrbare Straße; **camioncino** [kamion'tʃi:no] *m* Lieferwagen *m*; **camionetta** [kamio'netta] *f* Jeep® *m*; **camionista** [kamio'nista] <-i *m*, -e *f*> *mf* Lastwagenfahrer(in) *m(f)*

camma ['kamma] *f* Nocken *m*; **albero a -e** Nockenwelle *f*

cammelliere [kammel'liɛ:re] *m* Kameltreiber *m*

cammello¹ [kam'mɛllo] *m* ❶ (ZOO) Kamel *n* ❷ (*tessuto*) Kamelhaar *n*

cammello² <inv> *agg* kamelhaarfarben

cammeo [kam'mɛ:o] *m* Kamee *f*; **avere un profilo da ~** (*fig*) fein geschnittene Züge haben

camminare [kammi'na:re] *vi* gehen; (*velocemente*) laufen; (*veicoli*) fahren; (TEC) laufen, gehen; (*a fig*) fortschreiten; **~ a quattro zampe** auf allen vieren gehen; **cammina!** (*affrettati*) beeil dich!; (*vattene*) hau ab! *fam*; **~ sulle uova** (*fig fam*) wie auf Eiern gehen; **~ sul filo del rasoio** sich in einer brenzligen Situation befinden; **camminata** [kammi'na:ta] *f* ❶ (*passeggiata*) Spaziergang *m* ❷ (*modo di camminare*) Gang *m*, Gangart *f*; **camminatore, -trice** [kammina'to:re] *m, f* Läufer(in) *m(f)*, Geher(in) *m(f)*; **è un buon ~** er ist gut zu Fuß; **cammino** [kam'mi:no] *m* ❶ (*viaggio*) Weg *m*, Reise *f*; **mettersi in ~** sich auf den Weg machen; **ci sono tre ore di ~** es sind eine Strecke von drei Stunden; (*a piedi*) zu Fuß sind es drei Stunden ❷ (*strada*) Weg *m*, Wegstrecke *f*; **aprirsi il ~** sich *dat* einen Weg bahnen; **essere a metà ~** auf halbem Wege sein; **~ facendo** unterwegs

camomilla [kamo'milla] *f* ❶ (*pianta*) Kamille *f* ❷ (*infuso*) Kamillentee *m*

camorra [ka'mɔrra] *f* ❶ (*società*) Kamorra *f*; (*fig*) Verbrecherring *m* ❷ (*fig: azione*) Betrug *m*, Schiebung *f*; **camorrista** [ka-

morr'ista] <-i *m*, -e *f*> *mf* ❶ (*chi fa parte della camorra*) Mitglied *n* der Kamorra ❷ (*fig: imbroglione*) Schieber(in) *m(f)*, Betrüger(in) *m(f)*

camoscio [ka'mɔʃʃo] <-sci> *m* ❶ (ZOO) Gämse *f* ❷ (*pelle*) Wildleder *n*

campagna [kam'paɲɲa] *f* ❶ (AGR, GEOG) Land *n*; **abitare in ~** auf dem Land wohnen; **frutti della ~** landwirtschaftliche Produkte *npl* ❷ (MIL) Feldzug *m* ❸ (POL, COM) Kampagne *f*; **~ elettorale** Wahlkampf *m*; **~ promozionale** (COM) Aktion *f*; **~ pubblicitaria** Werbekampagne *f*; **campagnola** [kam'paɲ'ɲɔ:la] *f* Geländewagen *m*; **campagnolo, -a** [kam'paɲ'ɲɔ:lo] **I.** *agg* ländlich, Land- **II.** *m, f* Landbewohner(in) *m(f)*

campale [kam'pa:le] *agg* Feld-; **scontro** [*o* **battaglia**] **~** Feldschlacht *f*; **giornata ~** (*a fig*) Großkampftag *m*

campana [kam'pa:na] *f* Glocke *f*; **~ per la raccolta del vetro** Glascontainer *m*; **~ pneumatica** Luftkammer *f*; **a ~** glockenförmig; **pantaloni a ~** Hose mit weitem Schlag; **fare la testa come una ~ a qu** jdm in den Ohren liegen; **sordo come una ~** stocktaub; **sentire tutte e due le -e** (*fig*) beide Meinungen hören; **vivere/tenere sotto una ~ di vetro** (*fig*) unter einer Glasglocke leben/halten; **campanaccio** [kampa'nattʃo] <-cci> *m* Kuhglocke *f*; **campanario, -a** [kampa'na:rio] <-i, -ie> *agg* Glocken-; **campanaro** [kampa'na:ro] *m* Glöckner *m*; **campanella** [kampa'nɛlla] *f* ❶ (*a scuola*) Klingel *f* ❷ (BOT, *fam*) Glockenblume *f* ❸ (*orecchino*) Ohrring *m*; **campanello** [kampa'nɛllo] *m* Klingel *f*; (*piccola campana*) Glöckchen *n*; **~ d'allarme** Alarmglocke *f*; (*a fig*) Alarmsignal *n*

Campania [kam'pa:nia] *f* Kampanien *n*

campanile [kampa'ni:le] *m* ❶ (ARCH) Kirchturm *m*, Glockenturm *m* ❷ (*fig: paese natio*) Geburtsort *m*

campanilismo [kampani'lizmo] *m* Lokalpatriotismus *m*, Kirchturmpolitik *f*; **campanilista** [kampani'lista] <-i *m*, -e *f*> *mf* Lokalpatriot(in) *m(f)*; **campanilistico, -a** [kampani'listiko] <-ci, -che> *agg* lokalpatriotisch

campano, -a [kam'pa:no] **I.** *agg* kampanisch, aus Kampanien stammend **II.** *m, f* (*abitante*) Kampanier *m*

campanula [kam'pa:nula] *f* Glockenblume *f*

campare [kam'pa:re] *vi* essere (*fam*) leben; **~ di qc** von etw leben; **~ alla giornata** von der Hand in den Mund leben; **tirare**

a ~ sich durchschlagen; (*prender la vita com'è*) das Leben nehmen, wie es ist; **~ di aria** (*fig*) nur von Luft leben; **campa, cavallo** (*che l'erba cresce*) (*prov*) da kann man warten, bis man schwarz wird

campata [kam'pa:ta] *f* Spannweite *f*

campato, -a [kam'pa:to] *agg* **~ in aria** aus der Luft gegriffen

campeggiare [kamped'dʒa:re] *vi* ❶ (*far campeggio*) campen, zelten ❷ (*spiccare*) hervorstechen, sich abheben; **campeggiatore, -trice** [kampeddʒa'to:re] *m, f* Camper(in) *m(f)*; **campeggio** [kam'peddʒo] <-ggi> *m* ❶ (*terreno*) Campingplatz *m* ❷ (*turismo*) Camping *n*; **fare il ~** campen; **campeggistico, -a** [kamped'dʒistiko] <-ci, -che> *agg* Camping-; **impianto ~** Campingausrüstung *f*

camper ['kæmpə *o* 'kamper] <-> *m* Wohnmobil *n*; **camperista** [kampe'rista] <-i *m*, -e *f*> *mf* Camper(in) *m(f)*

campestre [kam'pɛstre] *agg* Feld-; **corsa ~** Querfeldeinlauf *m*

campetto [kam'petto] *m* ❶ (*campo sportivo*) Trainings-, Übungsplatz *m* ❷ *dim di* **campo** kleines Feld, Äckerchen *n*

campicchiare [kampik'kia:re] *vi essere* (*fam*) sich über Wasser halten

campiello [kam'piɛllo] *m* (*a Venezia*) kleiner Platz

camping ['kæmpiŋ *o* 'kampiŋ] <-> *m v.* **campeggio**

campionamento [kampiona'mento] *m* Stichprobenentnahme *f*, Musterentnahme *f*; **campionare** [kampio'na:re] *vt* eine Stichprobe machen bei

campionario [kampio'na:rio] <-i> *m* Musterkollektion *f*

campionario, -a <-i, -ie> *agg* Muster-; **fiera -a** Mustermesse *f*

campionarista [kampiona'rista] <-i *m*, -e *f*> *mf* (COM) Präsentator(in) *m(f)* von Musterkollektionen

campionato [kampio'na:to] *m* Meisterschaft *f*; **~ mondiale di calcio** Fußballweltmeisterschaft *f*

campionatura [kampiona'tu:ra] *f* Probeentnahme *f*

campioncino [kampion'tʃi:no] *m* ❶ *dim di* **campione** kleiner Meister ❷ (*saggio, esempio di un prodotto*) Probepackung *f*, (Waren)probe *f*; **~ di profumo** Parfüm-, Duftprobe *f* ❸ (*fam: chi possiede qualità per avere successo*) Hoffnungsträger *m*, Champion *m*; **ecco qui il nostro ~!** da ist unser Champion!

campione¹ [kam'pio:ne] <inv> *agg* ❶ (SPORT) Meister- ❷ (*per indagini, test*) Stichproben-; **analisi ~** Stichprobenuntersuchung *f*

campione² *m* ❶ (COM, TEC) Muster *n*, Probe *f*; **~ senza valore** Warensendung *f* ❷ (PHYS) Normalmaß *n*

campione, -essa *m, f* ❶ (SPORT) Meister(in) *m(f)*, Champion *m* ❷ (*fig: chi eccelle in un'attività*) Meister *m*; **essere ~ di** [*o* **in**] **qc** in etw *dat* Meister sein; **~ di simpatia** Sympathieträger(in) *m(f)*; **campionissimo, -a** [kampio'nissimo] *m, f* Meister(in) *m(f)*; (*del mondo*) Weltbeste(r) *f(m)*

campionista [kampio'nista] <-i *m*, -e *f*> *mf* Stichprobenentnehmer(in) *m(f)*, Prüfer(in) *m(f)* von Mustern [*o* Proben]

campisanti *pl di* **camposanto**

campo ['kampo] *m* ❶ (AGR) Feld *n*, Acker *m* ❷ (*area*) Feld *n*; **avere ~ libero** (*fig*) freie Bahn haben; **~ d'aviazione** Flugplatz *m*; **~ di concentramento** Konzentrationslager *n*; **~ profughi** Flüchtlingslager *n*; **lasciare il ~** (*fig*) das Feld räumen; **scendere in ~ contro qu** (*fig*) gegen jdn zu Felde ziehen ❸ (SPORT) Platz *m*, Feld *n*; **~ giochi** Spielplatz *m*; **~ sportivo** Sportplatz *m*; **~ da gioco** Spielfeld *n*; **~ da golf** Golfplatz *m*; **~ da tennis** Tennisplatz *m*; **scendere in ~** ins Feld ziehen; **scendere in ~ contro qu** (*fig*) gegen jdn zu Felde ziehen ❹ (*nell'arte*) Hintergrund *m*; **~ visivo** Gesichtsfeld *n*; **~ d'immagine** (TV, FILM) Bildfläche *f* ❺ (*fig: ambito*) Bereich *m*, Feld *n*, Gebiet *n*; **~ d'azione** Aktionsradius *m*, Wirkungsbereich *m*; **ciò non rientra nel ~ delle mie competenze** das gehört nicht in meinen Kompetenzbereich ❻ (PHYS) Feld *n*; **~ di forze** Kraftfeld *n* ❼ (INFORM) Feld *n*; **~ facoltativo** Kannfeld *n*; **~ obbligatorio** Mussfeld *n*

Campobassano <*sing*> *m* Umgebung *f* von Campobasso

campobassano, -a [cmpobas'sa:no] **I.** *agg* aus Campobasso stammend **II.** *m, f* (*abitante*) Campobassaner *m*, Bewohner(in) *m(f)* von Campobasso

Campobasso *f* Campobasso *n* (*Hauptstadt der Region Molise*)

camposanto [kampo'santo] <campisanti> *m* Friedhof *m*

campus ['kæmpəs *o* 'kampus] <-> *m* Campus *m*

camuffamento [kamuffa'mento] *m* Vermummung *f*, Verkleidung *f*

camuffare [kamuf'fa:re] **I.** *vt* ❶ (*travestire*) verkleiden; **~ qu da qc** jdn als etw verkleiden ❷ (*fig: nascondere*) verbergen, tarnen **II.** *vr* **-rsi** sich vermummen; **-rsi da qc** sich als etw verkleiden

camuso, -a [ka'mu:zo] *agg* ❶ (*persona*) plattnasig ❷ (*naso*) platt

can [kan] <-> *m* Khan *m*

Canada ['ka:nada] *m* il ~ Kanada *n;* **canadese** [kana'de:se] **I.** *agg* kanadisch **II.** *mf* Kanadier(in) *m(f)*

canadienne [kana'djɛn] <- *o* canadien- nes> *f* (*giacca sportiva*) Canadian *m,* Ca- nadienne *f*

canaglia [ka'naʎʎa] <-glie> *f* ❶ (*pej: per- sona malvagia*) Kanaille *f,* Schurke *m* ❷ (*scherz: birbante*) Spitzbube *m,* Ra- cker *m;* **canagliata** [kanaʎ'ʎa:ta] *f* Schuftigkeit *f*

canale [ka'na:le] *m* ❶ (*artificiale*) Kanal *m* ❷ (GEOG) Kanal *m,* Meerenge *f* ❸ (ANAT) Gang *m;* (*condotto*) Kanal *m,* Leiter *m* ❹ (EL, TEL) Leitung *f* ❺ (TV, RADIO) Pro- gramm *n;* ~ **di informazione** Nachrich- tensender *m;* ~ **di musica** Musiksender *m* ❻ (*fig: via*) Kanal *m,* Weg *m;* **canalizzare** [kanalid'dza:re] *vt* ❶ (AGR, NAUT) kanalisie- ren ❷ (MED) ableiten, kanalisieren; **cana- lizzazione** [kanaliddzat'tsio:ne] *f* ❶ (*per acque*) Kanalisation *f;* (*per gas, elettricità*) Leitungssystem *n* ❷ (*operazione*) Kanali- sierung *f*

canapa ['ka:napa] *f* Hanf *m*

canapè [kana'pɛ] <-> *m* Kanapee *n*

canapiero, -a [kana'piɛ:ro] *agg* Hanf-; **canapificio** [kanapi'fi:tʃo] <-ci> *m* Hanfspinnerei *f;* **canapo** ['ka:napo] *m* Hanfseil *n;* (NAUT) Tau *n*

canaricoltura [kanarikol'tu:ra] *f* Kana- rienvogelzucht *f*

Canarie [ka'na:rie] *fpl* le ~ die Kanari- schen Inseln *fpl*

canarino¹ [kana'ri:no] *m* Kanarienvogel *m*

canarino² <inv> *agg* kanariengelb

canasta [ka'nasta] *f* Canasta *n*

cancan [kaŋ'kan] <-> *m* Cancan *m*

cancellare [kantʃel'la:re] *vt* ❶ (*con la gomma*) ausradieren; (*con la penna*) durchstreichen; (*sulla lavagna*) auswi- schen, auslöschen; (INFORM) löschen, abbre- chen ❷ (*fig: debito*) tilgen; (*appuntamen- to*) absagen; (*volo, prenotazione*) stornie- ren; (*ricordo*) auslöschen

cancellata [kantʃel'la:ta] *f* Gitterwerk *n*

cancellatura [kantʃella'tu:ra] *f* Strei- chung *f,* Löschung *f;* **cancellazione** [kantʃellat'tsio:ne] *f* Löschung *f,* Tilgung *f*

cancelleria [kantʃelle'ri:a] <-ie> *f* ❶ (POL, JUR, ADM) Kanzlei *f;* (*del tribunale*) Ge- schäftsstelle *f* ❷ (*materiale*) Bürobedarf *m*

cancelletto [kantʃel'letto] *m* (TEL, INFORM) Rautetaste *f*

cancelliere [kantʃel'liɛ:re] *m* ❶ (POL) Kanzler *m* ❷ (JUR) Urkundsbeamte(r) *m* (der Geschäftsstelle)

cancello [kan'tʃɛllo] *m* (Gitter)tor *n*

cancerogenesi [kantʃero'dʒɛ:nezi] <-> *f* (MED) Karzinogenese *f,* Krebsentstehung *f*

cancerogeno [kantʃe'rɔ:dʒeno] *m* Krebs- erreger *m*

cancerogeno, -a *agg* Krebs erregend

cancerologa *f v.* **cancerologo**

cancerologia [kantʃerolo'dʒi:a] <-gie> *f* Krebsforschung *f;* **cancerologo, -a** [kantʃe'rɔ:logo] <-gi, -ghe> *m, f* Krebsfor- scher(in) *m(f)*

canceroso, -a [kantʃe'ro:so] **I.** *agg* krebs- artig, Krebs- **II.** *m, f* Krebskranke(r) *f(m)*

cancrena [kaŋ'krɛ:na] *f* ❶ (MED) Brand *m;* **andare in** ~ brandig werden ❷ (*fig pej: vi- zio incallito*) Plage *f,* Übel *n*

cancro ['kaŋkro] *m* ❶ (MED) Krebs *m* ❷ (ASTR) **Cancro** Krebs *m;* **sono** (**del** [*o* **un**]) **Cancro** ich bin (ein) Krebs ❸ (*fig, pej: male incurabile*) Unheil *n,* Krebsge- schwür *n*

candeggiante [kanded'dʒante] **I.** *agg* bleichend **II.** *m* Weißmacher *m,* Aufhel- ler *m;* **candeggiare** [kanded'dʒa:re] *vt* bleichen; **candeggina®** [kan- ded'dʒi:na] *f* Bleichmittel *n;* **candeggio** [kan'deddʒo] <-ggi> *m* Bleichen *n*

candela [kan'de:la] *f* ❶ (*di cera*) Kerze *f;* **a** ~ kerzengerade; **a lume di** ~ bei Kerzen- schein; **tenere** [*o* **reggere**] **la** ~ **a qu** (*fig*) bei jdm die Anstandsdame spielen; **il gioco non vale la** ~ (*fig*) das ist nicht der Mühe wert ❷ (MOT) (Zünd)kerze *f* ❸ (EL) Licht- stärkeeinheit *f;* **una lampadina da 60 -e** eine 60-Watt-Birne; **candelabro** [kande'la:bro] *m* Kandelaber *m,* (mehrarmiger) Kerzenleuchter *m;* **candeliere** [kan- de'liɛ:re] *m* Kerzenhalter *m*

Candelora [kande'lɔ:ra] *f* Mariä Licht- mess

candelotto [kande'lɔtto] *m* (Stumpen)ker- ze *f;* ~ **lacrimogeno** Tränengaspatrone *f*

candidamente [kandida'mente] *avv* (*con schiettezza*) treuherzig; (*ingenuamente*) leichtgläubig, naiv

candidare [kandi'da:re] **I.** *vt* (*presentare come candidato*) als Kandidaten aufstel- len; (*proporre come candidato*) als Kandi- daten vorschlagen **II.** *vr* **-rsi** kandidieren

candidato, -a [kandi'da:to] *m, f* Kandi- dat(in) *m(f);* (*all'esame*) Prüfungskandi- dat(in) *m(f),* Prüfling *m;* **candidatura** [kandida'tu:ra] *f* Kandidatur *f;* **presenta- re la propria** ~ sich bewerben; (POL, ADM) kandidieren

candid camera ['kændid 'kæmərə] <-> *f*

Versteckte Kamera *f*

candidezza [kandi'dettsa] *f* ❶ (*candore*) Reinheit *f* ❷ (*fig: ingenuità*) Naivität *f;* (*schiettezza*) Arglosigkeit *f,* Treuherzigkeit *f*

candido, -a ['kandido] *agg* ❶ (*pulito*) rein; (*colore*) schneeweiß ❷ (*fig: ingenuo*) naiv; (*schietto*) arglos, treuherzig

candire [kan'di:re] *vt* kandieren

canditi [kan'di:ti] *mpl* kandierte Früchte *fpl*

candito, -a *agg* kandiert; (*zucchero*) Kandis-

canditore [kandi'to:re] *m* Kandiergerät *n*

candore [kan'do:re] *m* ❶ (*candidezza*) Reinheit *f* ❷ (*fig: ingenuità*) Naivität *f,* Arglosigkeit *f;* (*innocenza*) Unschuld *f*

cane ['ka:ne] *m* ❶ (ZOO, ASTR) Hund *m; ~* **da caccia** Jagdhund *m; ~* **da guardia** Wachhund *m; ~* **maggiore/minore** (ASTR) der Große/Kleine Hund; **figlio d'un ~** (*fam*) Hundesohn *m;* **vita da -i** Hundeleben *n;* **lavoro fatto da -i** hundsmiserable Arbeit; **mondo ~!** (*fam*) so ein Mist!; **essere solo come un ~** einsam und verlassen sein; **tempo da -i** Hundewetter *n;* **menare il can per l'aia** etw auf die lange Bank schieben; **sentirsi come un ~ bastonato** sich wie ein geprügelter Hund fühlen; **fa un freddo ~** (*fam*) es ist hundekalt; **non c'era un ~** (*fig fam*) es war kein Schwein da *vulg;* **essere come ~ e gatto** wie Hund und Katze sein; **can che abbaia non morde** (*prov*) Hunde, die bellen, beißen nicht ❷ (*nelle armi da fuoco*) Hahn *m*

canea [ka'nɛ:a] *f* ❶ (ZOO: *muta*) Meute *f;* (*urlo*) Gebell *n* der Meute; (*fig: persone che schiamazzano*) Meute *f* ❷ (*fig: schiamazzo*) Lärm *m* ❸ (*fig: dei critici, della stampa*) Verriss *m,* vernichtende Kritik

canestrelli *mpl* (GASTR) Mandelkringel aus Ligurien

canestro [ka'nɛstro] *m* Korb *m*

canfora ['kanfora] *f* Kampfer *m;* **canforato, -a** [kanfo'ra:to] *agg* Kampfer-

cangiante [kan'dʒante] *agg* changierend

canguro [kaŋ'gu:ro] *m* Känguru *n*

canicola [ka'ni:kola] *f* Hundsstern *m,* Sirius *m;* **i giorni della ~** die Hundstage; **canicolare** [kaniko'la:re] *agg* schwül, drückend heiß; **caldo ~** Gluthitze *f*

canile [ka'ni:le] *m* ❶ (*cuccia*) Hundehütte *f* ❷ (*allevamento*) Hundezucht *f* ❸ (*fig, pej: giaciglio*) schmutziges Lager; (*stanza*) elendes Loch

canino [ka'ni:no] *m* Eckzahn *m*

canino, -a *agg* Hunde-, Hunds-; **tosse -a** Keuchhusten *m;* **dente ~** Eckzahn *m;* **rosa**

-a Hecken-, Hundsrose *f*

canizie [ka'nittsie] <-> *f* ❶ (*dei capelli*) Ergrauen *n;* (*capelli*) weißes Haar ❷ (*fig: vecchiaia*) Alter *n*

canna ['kanna] *f* ❶ (BOT) Rohr *n; ~* **da zucchero** Zuckerrohr *n;* **essere povero in ~** (*fig*) arm wie eine Kirchenmaus sein ❷ (*bastone*) (Rohr)stock *m;* (*da pesca*) Angelrute *f* ❸ (*dell'organo*) Pfeife *f* ❹ (*del fucile*) Lauf *m;* (*della bicicletta*) Stange *f* ❺ (*sl: di marijuana, haschisc*) Joint *m;* **farsi una ~** (*fumare marijuana*) einen Joint rauchen ❻ (*parte del camino*) ~ **fumaria** Rauchfang *m*

cannabico, -a [kan'na:biko] <-ci, -che> *agg* Cannabis-

cannare [kan'na:re] **I.** *vt* (*sl: sbagliare*) verpatzen; (*bocciare*) durchfallen lassen **II.** *vi* (*sl: fallire*) durchfallen

cannata [kan'na:ta] *f* ❶ (*colpo di canna*) Stockschlag *m,* Stockhieb *m* ❷ (*obs: graticcio*) Rohrgeflecht *n*

cannella [kan'nɛlla] *f* ❶ (GASTR) Zimt *m* ❷ (*dell'acqua*) Hahn *m;* (*della botte*) Zapfen *m*

cannello [kan'nɛllo] *m* ❶ (BOT, TEC) Röhrchen *n* ❷ (CHEM, MED) Kanüle *f*

cannelloni [kannel'lo:ni] *mpl* ❶ (*pasta*) Cannelloni *pl* (*große Rohrnudeln zum Füllen*) ❷ (*piatto*) Cannelloni *pl* (*Rohrnudeln mit Hackfleischfüllung*)

canneto [kan'ne:to] *m* Röhricht *n*

cannibale [kan'ni:bale] *mf* Kannibale *m,* Kannibalin *f;* **cannibalesco, -a** [kanniba'lesko] <-schi, -sche> *agg* kannibalisch; **cannibalismo** [kanniba'lizmo] *m* Kannibalismus *m*

cannibalizzare [kannibalid'dza:re] *vt* ❶ (*prelevare, sostituire elementi da impianti, apparecchi*) ausschlachten *fam,* ausbauen ❷ (COM, FIN) kannibalisieren, den Markt streitig machen; **cannibalizzazione** [kannibaliddzat'tsio:ne] *f* ❶ (MOT: *riparazione*) Ausschlachten *n fam,* Ausbau *m* ❷ (FIN) Kannibalisierung *f; ~* **del profitto** Gewinnkannibalisierung *f*

cannocchiale [kannok'kia:le] *m* Fernrohr *n*

cannolo [kan'nɔ:lo] *m* (*sicil:* GASTR) *süße gefüllte Teigröhrchen*

cannonata [kanno'na:ta] *f* ❶ (MIL) Kanonenschuss *m* ❷ (*fig fam: cosa eccezionale*) Wucht *f;* **cannoncino** [kannon'tʃi:no] *m* ❶ (MIL) Feldhaubitze *f* ❷ (*piega*) Biese *f* ❸ (GASTR) *mit Sahne oder Creme gefüllte Teigröhrchen;* **cannone** [kan'no:ne] *m* ❶ (MIL) Kanone *f; ~* **sparaneve** Schneekanone *f* ❷ (*fig fam: asso*) Ass *n,* Kanone *f;*

cannone sparaneve [kan'no:ne spara'ne:ve] <cannoni sparaneve> m (*cannone d'innevamento*) Schneekanone *f;*

cannoniera [kanno'niɛ:ra] *f* ❶(MIL) Schießscharte *f* ❷(NAUT) Kanonenboot *n;*

cannoniere [kanno'niɛ:re] *m* ❶(*bombardiere*) Kanonier *m* ❷(*fig: nel calcio*) Torjäger *m*

cannuccia [kan'nuttʃa] <-cce> *f* (*per bibite*) Strohhalm *m*

canoa [ka'nɔːa] *f* Kanu *n;* (SPORT) Kajak *m o n;* (*piccola imbarcazione a pagaia*) Paddelboot *n*

canocchia [ka'nɔkkia] <-cchie> *f* Heuschreckenkrebs *m*

canoismo [kano'izmo] *m* Kanusport *m;* **canoista** [kano'ista] <-i *m*, -e *f*> *mf* Kanute *m*, Kanutin *f*

canone [ka'no:ne] *m* ❶(*norma*) Regel *f;* (*schema di riferimento*) Maßstab *m*, Kanon *m;* **i -i della morale** die moralischen Grundsätze *mpl* ❷(COM, FIN) Abgabe *f;* (RADIO, TV: *abbonamento*) Gebühr *f;* ~ **d'affitto** Miete *f*, Mietzins *m* ❸(REL, MUS) Kanon *m*

canonica [ka'nɔ:nika] <-che> *f* Pfarrhaus *n*

canonico [ka'nɔ:niko] <-ci> *m* Kanoniker *m*, Kanonikus *m*

canonico, -a <-ci, -che> *agg* kanonisch; (*valido*) vorschriftsmäßig

canonizzare [kanonid'dza:re] *vt* ❶(REL) heiligsprechen ❷(*fig: indicare come norma*) institutionalisieren; (*approvare*) sanktionieren; **canonizzazione** [kanoniddzat'tsio:ne] *f* Kanonisation *f*

canoro, -a [ka'nɔ:ro] *agg* Sing-; **uccelli -i** Singvögel *mpl*

canotta [ka'notta] *f* (*maglietta*) Trikot *n*, ärmelloses T-Shirt

canottaggio [kanot'taddʒo] <-ggi> *m* Rudersport *m*

canottiera [kanot'tiɛ:ra] *f* (ärmelloses) Unterhemd *n*

canottiere [kanot'tiɛ:re] *m* Ruderer *m;* **canotto** [ka'nɔtto] *m* kleines Boot *n;* (*di gomma*) Schlauchboot *n*

canovaccio [kano'vattʃo] <-cci> *m* ❶(*tessuto*) Kanevas *m* ❷(*da cucina*) Putztuch *n;* (*per stoviglie*) Geschirrtuch *n* ❸(THEAT: *della commedia dell'arte*) Canovaccio *n*, Kanevas *m*

cantabile [kan'ta:bile] I. *agg* singbar II. *m* Kantabile *n;* **cantabilità** [kantabili'ta] <-> *f* Singbarkeit *f*

cantabrigense [kantabri'dʒɛnse] I. *agg* (LIT: *cantabrigiano, di Cambridge*) Cambridger, aus Cambridge II. *mf* (*nativo,*

abitante di Cambridge) Cambridger *m* III.<*sing*> *m* (*dialetto*) Cambridger Dialekt *m*

cantante [kan'tante] *mf* Sänger(in) *m(f);* ~ **lirico** Opernsänger(in) *m(f);* ~ **di musica leggera** Schlagersänger(in) *m(f)*

cantare [kan'ta:re] I. *vi* ❶(MUS) singen; ~ **da tenore** Tenor singen; **canta che ti passa** (*prov*) nimm's nicht so schwer, es wird schon wieder gut ❷(ZOO: *gallina*) gackern; (*gallo*) krähen; (*uccello*) zwitschern, singen; (*grilli*) zirpen ❸(*fig: fare la spia*) reden, plaudern; (*sl: davanti alla polizia*) singen *sl* II. *vt* ❶(*canzoni*) singen ❷(*persone, fatti*) besingen; ~ **le lodi di qu** ein Loblied auf jdn singen; ~ **vittoria** frohlocken, triumphieren; **cantarla chiara** (*fig*) kein Blatt vor den Mund nehmen; **cantarne quattro a qu** (*fam*) jdm deutlich die Meinung sagen; **cantastorie** [kantas'tɔ:rie] <-> *mf* Bänkelsänger(in) *m(f);*

cantata [kan'ta:ta] *f* ❶(MUS) Kantate *f* ❷(*fam: canto*) Singen *n*, Gesang *m;* **cantautorale** [kantauto'ra:le] *agg* Liedermacher-; **brano** ~ engagiertes Lied; **cantautorato** [kantauto'ra:to] *m* Liedermacherei *f;* **cantautore, -trice** [kantau'to:re] *m*, *f* Liedermacher(in) *m(f);*

canterellare [kanterel'la:re] *vt, vi* vor sich hin singen, trällern; **canterino, -a** [kante'ri:no] I. *agg* (*uccello*) sing-, sangesfreudig; (*grillo*) zirpend II. *m, f* eifrige(r) Sänger(in) *m(f);* **cantica** ['kantika] <-che> *f* (LIT) Gesang *m;* **canticchiare** [kantik'kia:re] *vt, vi* trällern; **cantico** ['kantiko] <-ci> *m* Lobgesang *m*, Hymne *f;* **il** ~ **dei -ci** das Hohelied (Salomos)

cantiere [kan'tiɛ:re] *m* (NAUT, AERO) Werft *f;* (~ *edile*) Baustelle *f;* **mettere qc in** ~ (*fig*) etw vorbereiten, etw anfangen

cantieristica [kantie'ristika] <*obs* -che> *f* (NAUT) Schiffbauindustrie *f*, Werftindustrie *f;* **cantieristico, -a** [kantie'ristiko] <-ci, -che> *agg* Werft-

cantilena [kanti'lɛ:na] *f* ❶(*il cantare*) Singsang *m;* (*ninnananna*) Wiegenlied *n;* (*fig: lamentela*) Gejammer *n;* **sempre la stessa** ~ immer die alte Leier ❷(MUS) Kantilene *f*

cantina [kan'ti:na] *f* ❶(ARCH) Keller *m;* (*per il vino*) Weinkeller *m* ❷(*fig: luogo umido e oscuro*) (Keller)loch *n* ❸(*bottega*) Weinschänke, Weinschenke *f* ❹(*produzione e vendita di vino*) Kellerei *f;* ~ **sociale** Winzergenossenschaft *f;* **cantiniere** [kanti'niɛ:re] *m* Kellermeister *m*

canto ['kanto] *m* ❶(MUS) Gesang *m;* (*canzone*) Lied *n;* ~ **popolare** Volkslied *n*

② (zoo: *del gallo*) Schrei *m;* (*degli uccelli*) Gesang *m;* (*dell'usignolo*) Schlag *m;* **al ~ del gallo** beim ersten Hahnenschrei **③** (*poet*) Gedicht *n,* Gesang *m* **④** (*angolo*) Winkel *m,* Ecke *f* **⑤** (*parte*) Seite *f;* **d'altro ~** andererseits, auf der anderen Seite; **dal ~ mio/suo/loro** was mich/ihn [*o* sie]/sie betrifft; **mettere qc da ~** (*fig*) etw beiseite lassen **⑥** (*spigolo*) Kante *f*

cantonale [kanto'na:le] *agg* (*della Svizzera*) kantonal, Kantonal-

cantonalismo [kantona'lizmo] *m* (*CH*) Kantonalismus *m*

cantonata [kanto'na:ta] *f* **①** (*angolo*) (Straßen)ecke *f* **②** (*fig: errore*) Fehlschlag *m;* **prendere una ~** einen Reinfall erleben

cantone [kan'to:ne] *m* **①** (*angolo*) Ecke *f;* **il gioco dei quattro -i** ≈ Bäumchen, wechsle dich **②** (*della Svizzera*) Kanton *m;* **Lago dei Quattro Cantoni** Vierwaldstättersee *m*

cantoniera [kanto'niɛ:ra] *f* **①** (*di ferrovia e strade*) Bahn-, Straßenwärterhäuschen *n* **②** (*mobile*) Eckschrank *m;* **cantoniere** [kanto'niɛ:re] *m* Bahn-, Straßenwärter *m*

cantore [kan'to:re] *m* **①** (REL) Kantor *m* **②** (LIT) Sänger *m,* Dichter(in) *m(f);* **i maestri -i** die Meistersinger *mpl;* **cantoria** [kanto'ri:a] <-ie> *f* **①** (REL) Chor *m* **②** (MUS) Kantorei *f*

cantuccio [kan'tuttʃo] <-cci> *m* (*fam*) Winkel *m;* **stare in un ~** abseits stehen

canuto, -a [ka'nu:to] *agg* **①** (*capelli*) weiß; (*grigio*) grau **②** (*persona*) weißhaarig, ergraut

canvassing ['kænvəsiŋ] <-> *m* Canvassing *n,* Werbefeldzug *m*

canzonare [kantso'na:re] *vt* verspotten, hänseln; **farsi ~** zum Gespött werden; **canzonatorio, -a** [kantsona'tɔ:rio] <-i, -ie> *agg* spöttisch; **canzonatura** [kantsona'tu:ra] *f* Spott *m*

canzone [kan'tso:ne] *f* **①** (MUS) Lied *n;* **festival della ~** Schlagerfestival *n;* **~ popolare** Volkslied *n;* (*molto nota*) (bekannter) Schlager *m;* **è sempre la solita ~** (*fig*) es ist immer das alte Lied **②** (LIT) Kanzone *f;*

canzonetta [kantso'netta] *f* (MUS) Liedchen *n;* **canzonettaro** [kantsonet'ta:ro] *m* (*pej*) Schnulzensänger *m;* **canzonettista** [kantsonet'tista] <-i *m,* -e *f>* *mf* Chansonnier *m,* Chansonnette *f;* **canzonettistico, -a** [kantsonet'tistiko] <-ci, -che> *agg* Schlager-, Chanson-; **canzoniere** [kantso'niɛ:re] *m* (LIT, MUS) Liedersammlung *f*

caos ['ka:os] <-> *m* Chaos *n;* **caotico, -a** [ka'ɔ:tiko] <-ci, -che> *agg* chaotisch

cap. *abbr di* **capitolo** Kap.

cap [kæp] <-> *m* (SPORT) (Sturz)kappe *f*

CAP [kap] *m acro di* **Codice di Avviamento Postale** PLZ *f*

capa ['ka:pa] *f* (*scherz*) Chefin *f,* Kopf *m*

capace [ka'pa:tʃe] *agg* **①** (*atto*) fähig; (*abile*) geschickt; **essere ~ di fare qc** etw tun können; **essere ~ d'intendere e di volere** im Vollbesitz seiner geistigen Kräfte sein **②** (JUR) rechtsfähig **③** (*spazioso*) weit, geräumig; (*borsa*) groß **④** (*supposizione*) **è ~ che ... +***conj* es kann sein, dass ...; **è ~ che piova** es kann sein, dass es bald regnet; **capacità** [kapatʃi'ta] <-> *f* **①** (*di contenere*) Fassungsvermögen *n,* Kapazität *f;* **il teatro ha una ~ di 2000 persone** das Theater kann 2000 Personen fassen **②** (*abilità*) Fähigkeit *f,* Tüchtigkeit *f;* **~ giuridica** Rechtsfähigkeit *f;* **~ di agire** Handlungsfähigkeit *f*

capacitarsi [kapatʃi'tarsi] *vr* begreifen; (*persuadersi*) sich überzeugen; **non poter ~ di qc** sich *dat* etw nicht erklären können

capacitore [kapatʃi'to:re] *m* (TEC: *condensatore elettrico*) Kondensator *m*

capanna [ka'panna] *f* Hütte *f*

capannello [kapan'nɛllo] *m* kleine Menschenansammlung

capanno [ka'panno] *m* Unterstand *m,* Laube *f;* (*cabina*) Umkleide-, Badekabine *f*

capannone [kapan'no:ne] *m* **①** (AGR) Scheune *f,* Stadel *m* A, Schuppen *m* **②** (*deposito*) Lagerhalle *f;* (*di fabbrica*) Werkshalle *f*

caparbietà [kaparbie'ta] <-> *f* Dickköpfigkeit *f,* Hartnäckigkeit *f;* **caparbio, -a** [ka'parbio] <-i, -ie> *agg* dickköpfig, hartnäckig; **~ come un mulo** störrisch wie ein Esel

caparra [ka'parra] *f* (*parte del pagamento*) Anzahlung *f,* Angabe *f* A; (*pegno*) Pfand *n;* (*cauzione*) Kaution *f;* **dare una ~ a qu** jdm eine Anzahlung leisten

capata [ka'pa:ta] *f* (*fam*) Kopfstoß *m;* **fare una ~ in un luogo** irgendwo kurz auftauchen

capatina [kapa'ti:na] *f* Stippvisite *f;* **fare una ~** auf einen Sprung vorbeikommen

capeggiare [kaped'dʒa:re] *vt* anführen; **capeggiatore, -trice** [kapeddʒa'to:re] *m, f* Anführer(in) *m(f)*

capellini [kapel'li:ni] *mpl* lange Fadennudeln

capello [ka'pello] *m* Haar *n;* **-i d'angelo** lange Fadennudeln; **portare i -i lunghi/corti** lange/kurze Haare haben; **al ~** haargenau; **averne fin sopra i -i** die Nase gestrichen voll haben *fam;* **tirare qu per i -i** jdn zwingen; **non torcere neppure un ~ a qu** jdm kein Haar krümmen; **cose da far rizzare i -i** *(fig)* haarsträubende Dinge *npl;* **mettersi le mani nei -i** *(fig)* sich *dat* die Haare raufen; **mi fai venire i -i bianchi** *(fig)* deinetwegen bekomme ich noch graue Haare; **prendersi per i -i** *(fig)* sich *dat* in die Haare geraten; **spaccare un ~ in quattro** *(fig)* Haarspalterei betreiben; **capellone, -a** [kapel'lo:ne] **I.** *m, f (fam)* Langhaarige(r) *f(m); (fig pej)* Gammler(in) *m(f)* **II.** *agg* langhaarig; *(fig pej)* gammelig; **capelluto, -a** [kapel'lu:to] *agg* behaart; **cuoio ~** Kopfhaut *f*

capestro [ka'pestro] *m* Strick *m,* Strang *m;* **tipo da ~** *(pej)* Galgenvogel *m;* **condannare al ~** zum Tode durch den Strang verurteilen

capezzale [kapet'tsa:le] *m* Keilkissen *n; (parte del letto presso la spalliera)* Kopfende *n* (vom Bett); *(fig: letto di un malato)* Krankenbett *n;* **accorrere al ~ di qu** an jds Krankenbett eilen

capezzolo [ka'pettsolo] *m* Brustwarze *f*

capi- [kapi] *(in Zusammensetzungen)* v. a. **capo-**

capiarea *pl di* **capoarea**

capibanda *pl di* **capobanda**

capiclasse *pl di* **capoclasse**

capicorda *pl di* **capocorda**

capicronisti *pl di* **capocronista**

capicuochi *pl di* **capocuoco**

capidivisione *pl di* **capodivisione**

capidoglio v. **capodoglio**

capiente [ka'piɛnte] *agg* geräumig; *(recipiente)* groß; **capienza** [ka'piɛntsa] *f* Fassungsvermögen *n*

capifabbrica *pl di* **capofabbrica**

capifamiglia *pl di* **capofamiglia**

capifila *pl di* **capofila**

capigliatura [kapiʎʎa'tu:ra] *f* Haare *npl;* **folta** [*o* **ricca**] **~** dichtes [*o* volles] Haar

capigruppo *pl di* **capogruppo**

capilinea *pl di* **capolinea**

capilista *pl di* **capolista**[1]

capillare [kapil'la:re] **I.** *agg* ❶ (ANAT) kapillar, haarförmig; **vasi -i** Kapillargefäße *npl* ❷ *(fig: minuzioso)* detailliert; *(organizzazione)* engmaschig **II.** *m* Kapillargefäß *n;* **capillarità** [kapillari'ta] <-> *f* ❶ (PHYS) Kapillarität *f* ❷ *(fig: minuziosità)* Genauigkeit *f; (di organizzazione)* Engmaschigkeit *f;* **capillarizzare** [kapillarid'dza:re] *vt (diffondere)* verbreiten, ausweiten, ausbauen; **capillarizzazione** [kapillariddzat'tsio:ne] *f (diffusione)* Ver-

breitung *f,* Ausweitung *f*

capimafia *pl di* **capomafia**

capimastri *pl di* **capomastro**

capinera [kapi'ne:ra] *f* Mönchsgrasmücke *f*

capiofficina *pl di* **capoofficina**

capire [ka'pi:re] <capisco> **I.** *vt avere* verstehen, begreifen; **far ~ qc a qu** jdm etw zu verstehen geben; *(far comprendere)* jdm etw begreiflich machen; **~ fischi per fiaschi** etw falsch verstehen; **chi ti capisce è bravo!** *(fam)* dich soll einer verstehen! **II.** *vi essere* klar sein; **farsi ~** sich verständlich machen; **~ al volo** sofort verstehen; **si capisce** das versteht sich von selbst, das ist selbstverständlich; **si capisce che ti telefono** selbstverständlich rufe ich dich an **III.** *vr* **-rsi** sich verstehen; **ci siamo capiti?** haben wir uns verstanden?

capiredattori *pl di* **caporedattore**

capireparto *pl di* **caporeparto**

capirosso [kapi'rosso] *m* Stieglitz *m*

capisala *pl di* **caposala**

capisaldi *pl di* **caposaldo**

capiscuola *pl di* **caposcuola**

capiservizio *pl di* **caposervizio**

capisettore *pl di* **caposettore**

capisezione *pl di* **caposezione**

capisquadra *pl di* **caposquadra**

capistazione *pl di* **capostazione**

capitale [kapi'ta:le] **I.** *agg (principale)* wesentlich, Haupt-; (JUR, REL) Tod(es)-; **sentenza ~** Todesurteil *n;* **condannare alla pena ~** zur Todesstrafe verurteilen; **i peccati -i** die Todsünden *fpl* **II.** *f* Hauptstadt *f;* **Capitale Europea della Cultura** Kulturhauptstadt *f* Europas **III.** *m* Kapital *n; (patrimonio)* Vermögen *n; ~* **a rischio** Risikokapital *n; ~* **sociale** Stammkapital *n; ~* **proprio** Eigenkapital *n;* **fare ~ di qc** *(a fig)* Kapital aus etw schlagen

capitalismo [kapita'lizmo] *m* Kapitalismus *m;* **capitalista** [kapita'lista] <-i *m,* -e *f>* **I.** *mf* Kapitalist(in) *m(f)* **II.** *agg* kapitalistisch, Kapitalisten-; **capitalistico, -a** [kapita'listiko] <-ci, -che> *agg* kapitalistisch; **capitalizzare** [kapitalid'dza:re] *vt* kapitalisieren

capitana [kapi'ta:na] *f* ❶ *(scherz)* Kapitänsfrau *f; (fig)* Anführerin *f* ❷ (NAUT) Flaggschiff *n*

capitanare [kapita'na:re] *vt* anführen, leiten; **~ una squadra di calcio** (SPORT) Kapitän einer Fußballmannschaft sein; **capitaneria** [kapitane'ri:a] <-ie> *f ~* **(di porto)** Hafenbehörde *f;* **capitanessa** [kapita'nessa] *f (scherz)* Kapitänsfrau *f; (fig)* Anführerin *f*

capire	
segnalare di aver capito	**Verstehen signalisieren**
(Sì,) capisco.	(Ja, ich) verstehe!
Esattamente!	Genau!
Sì, La/ti seguo.	Ja, das kann ich nachvollziehen.
segnalare di non aver capito	**Nichtverstehen signalisieren**
Non ti capisco. Per favore, puoi parlare un po' più lentamente?	Ich kann dich nicht verstehen. Kannst du bitte langsamer sprechen?
Mi scusi, ma non capisco cosa vuole dire.	Entschuldigen Sie bitte, aber ich verstehe nicht, was Sie meinen.
Chiedo scusa, non ho capito questa parola.	Entschuldige, ich habe dieses Wort nicht verstanden.
Puoi spiegarmelo in modo più semplice?	Kannst du es mir auf einfachere Art erklären?
Non riesco a seguirLa.	Ich kann Ihnen nicht ganz folgen.
controllare se si viene sentiti	**kontrollieren, ob man akustisch verstanden wird**
(*ad un pubblico*): **Riuscite a sentirmi?**	(*an ein Publikum*): **Verstehen Sie mich alle?**
(*al telefono*): **Mi senti?/Riesci a sentirmi?**	(*am Telefon*): **Können Sie mich hören?**

capitano [kapi'ta:no] *m* ❶(MIL) Hauptmann *m* ❷(NAUT) Kapitän *m;* (AERO) (Flug)kapitän *m* ❸(SPORT) (Mannschafts)kapitän *m* ❹(*fig: capo*) Anführer *m*
capitare [kapi'ta:re] *vi essere (giungere)* (zufällig) kommen, geraten; (*occasione*) sich bieten; (*succedere*) passieren, vorkommen; ~ **bene/male** gelegen/ungelegen kommen; (*avere fortuna/sfortuna*) Glück/Pech haben; ~ **nelle mani di qu** jdm in die Hände fallen; **capita a tutti** das passiert jedem einmal; **capita anche nelle migliori famiglie** das kommt in den besten Familien vor; **capiti proprio a proposito!** du kommst gerade recht!; **dove capita** irgendwo(hin)
capitavola *pl di* **capotavola**
capitello [kapi'tɛllo] *m* Kapitell *n*
capitolare[1] [kapito'la:re] *vi (a fig)* kapitulieren
capitolare[2] *agg* (REL) Kapitular-
capitolato [kapito'la:to] *m* (Vertrags)bedingungen *fpl;* ~ **d'appalto** Submissionsbedingungen *fpl;* (*prestazioni previste da un contratto*) Leistungsverzeichnis *n*
capitolazione [kapitolat'tsio:ne] *f (a fig)* Kapitulation *f*
capitolino, -a [kapito'li:no] *agg* kapitolinisch

capitolo [ka'pi:tolo] *m* ❶(*di libro*) Kapitel *n* ❷(COM) Posten *m* ❸(REL) Kapitel *n* ❹(*fig*) **avere voce in** ~ etw zu sagen haben; **comincia un nuovo** ~ **della mia vita** ein neues Kapitel meines Lebens beginnt
capitombolare [kapitombo'la:re] *vi essere* kopfüber fallen, purzeln
capitombolo [kapi'tombolo] *m* ❶(*caduta*) Purzelbaum *m* ❷(*fig: crollo*) Umsturz *m,* Zusammenbruch *m*
capitone [kapi'to:ne] *m dicker (weiblicher)* Aal
capitreno *pl di* **capotreno**
capitribù *pl di* **capotribù**
capi ufficio *pl di* **capo ufficio**
capivoga *pl di* **capovoga**
capo ['ka:po] **I.** *m* ❶(ANAT) Kopf *m;* **chinare** [*o* **abbassare**] [*o* **piegare**] **il** ~ (*fig*) sich beugen; **lavata di** ~ (*fig fam*) Standpauke *f;* **mettersi in** ~ **qc** (*fig*) sich *dat* etw in den Kopf setzen; **togliere qc dal** ~ **a qu** (*fig*) jdm etw ausreden; **rompersi il** ~ (*fig*) sich *dat* den Kopf zerbrechen; **avere altro per il** ~ anderes im Kopf haben; **non sapere dove** (s)**battere il** ~ (*fig*) nicht ein noch aus wissen; **non avere né** ~ **né coda** weder Hand noch Fuß haben; **cosa ti frulla** [*o* **passa**] **per il** ~? (*fam*) was geht dir durch den Kopf?; **arrivare fra** [*o* **capitare**

fra] ~ **e collo** (*fig*) völlig unerwartet eintreffen; (*inopportuno*) ungelegen kommen ❷ (*chi comanda, dirige, guida*) Haupt *n*, Kopf *m*; (POL) Oberhaupt *n*; (*in ufficio*) Chef(in) *m(f)*; (*in tribù*) Häuptling *m*; ~ **del governo** Regierungschef *m*; ~ **della chiesa** Kirchenoberhaupt *n*; ~ **dello stato** Staatschef *m*; ~ **operaio** Vorarbeiter(in) *m(f)*; **comandante in** ~ Oberbefehlshaber *m*; **essere a** ~ **di qu/qc** jdn/etw anführen; **fare** ~ **a qu** sich an jdn wenden ❸ (GEOG) Kap *n* ❹ (*singolo oggetto*) Stück *n*; **per sommi -i** in groben Zügen; ~ **d'aglio** Knoblauchzwiebel *f* ❺ (*estremità*) Ende *n*; (*di spillo*) (Stecknadel)kopf *m*; (*parte alta*) oberes Ende, oberer Teil; **a** ~ **del letto** am Kopfende des Bettes; **andare in** ~ **al mondo** bis ans Ende der Welt gehen ❻ (*principio*) **cominciare da** ~ von vorne anfangen; **andare a** ~ eine neue Zeile beginnen; **punto e a** ~ Punkt und neue Zeile; (*fig*) nochmal von vorn(e) ❼ (*fine, conclusione*) **in** ~ **ad un mese** nach Ablauf eines Monats; **venire a** ~ **di qc** einer Sache auf den Grund gehen; (*concludere*) mit etw fertig werden **II.** <*inv*> *agg* Chef-; **ispettore** ~ Hauptinspektor *m*; **redattore** ~ Chefredakteur *m*

capoarea [kapoa're:a] <capiarea *m, - f*> *mf* Gebietsleiter(in) *m(f)*

capobanda [kapo'banda] <capibanda> *m* ❶ (MUS) Kapellmeister *m* ❷ (*pej: caporione*) Bandenführer *m*; (*scherz*) Anführer *m*; **capobastone** [kapobas'to:ne] <capibastone> *m* (*sl: nella gerarchia mafiosa*) Mafiaboss *m* (eines bestimmten Gebiets); **capocantiere** [kapokan'tiɛ:re] <capicantiere *m, - f*> *mf* Bauführer(in) *m(f)*, Bauleiter(in) *m(f)*, Baustellenleiter(in) *m(f)*

capocchia [ka'pɔkkia] <-cchie> *f* (*di spillo, fiammifero, chiodo*) Kopf *m*

capoccia[1] [ka'pɔttʃa] <-> *m* (*in famiglia*) Familienoberhaupt *n*; (*scherz*) Boss *m fam*, Chef *m*; (*pej*) Anführer *m*

capoccia[2] <-cce> *f* (*dial, fam: testa*) Rübe *f*, Birne *f*; **capocciata** [kapot'tʃa:ta] *f* (*dial: fam*) **dare una** ~ sich *dat* die Birne anhauen; **capoccione** [kapot'tʃo:ne] *m* (*dial*) Boss *m*; (*persona con alta carica*) hohes Tier *n fam*

capocentrale [kapotʃen'tra:le] <capicentrale *m, - f*> *mf* Leiter(in) *m(f)* eines Kraftwerks [*o* Telefonamts]; **capoclasse** [kapo'klasse] <capiclasse *m, - f*> *mf* Klassensprecher(in) *m(f)*; **capoclassifica** [kapoklassi'fi:ka] <capiclassifica *m, - f*> *mf* Tabellenführer(in) *m(f)*

capocomicale [kapokomi'ka:le] *agg* (*obs*) des Leiters [*o* der Leiterin] einer Schauspielgruppe; **capocomicato** [kapokomi'ka:to] *m* (*funzione del capocomico*) Theaterleitung *f*

capocomico, -a [kapo'kɔ:miko] <-ci, -che> *m, f* Leiter(in) *m(f)* einer Schauspieltruppe

capocommessa [kapokom'messa] <-> *f* (COM) Hauptunternehmung *f*, Generalunternehmung *f*; **capocorda** [kapo'kɔrda] <capicorda> *m* Kabelschuh *m*; **capocordata** [kapokor'da:ta] <capicordata *m, - f*> *mf* (SPORT) Seilschaftsführer(in) *m(f)*; **capocorrente** [kapocor'rɛnte] <capicorrente *m, - f*> *mf* (POL) Wortführer(in) *m(f)* eines Flügels innerhalb einer Partei

capocronista [kapokro'nista] <capicronisti *m, -e f*> *mf* leitende(r) Nachrichtenredakteur(in) *m(f)*

capocuoco, -a [kapo'kuɔːko] <-chi, -che> *m, f* Chefkoch *m*, -köchin *f*

capodanno, capo d'anno [kapo'danno] *m* Neujahr *n*

capodimonte [kapodi'monte] **I.** *agg* Capodimonte-, aus Capodimonte **II.** <-> *m* (*oggetto fabbricato a Capodimonte*) Capodimonte-Porzellan *n*

capodivisione [kapodivi'zio:ne] <capidivisione *m, - f*> *mf* ❶ (MIL) Divisionskommandeur *m* ❷ (ADM: *industria*) Abteilungsleiter(in) *m(f)*

capodoglio [kapo'dɔʎʎo] <-gli> *m* Pottwal *m*

capofabbrica [kapo'fabbrika] <capifabbrica *m, - f*> *mf* Werkmeister(in) *m(f)*

capofamiglia [kapofa'miʎʎa] <capifamiglia *m, - f*> *mf* Familienoberhaupt *n*; **capofila** [kapo'fi:la] <capifila *m, - f*> *mf* Spitze *f* (eines Zuges [*o* einer Kolonne]); (POL) Führer(in) *m(f)*

capofitto [kapo'fitto] *avv* **a** ~ kopfüber; **buttarsi a** ~ **in qc** (*fig*) sich in etw *acc* stürzen

capogiro [kapo'dʒi:ro] *m* Schwindel *m*; **prezzi da** ~ (*fig*) Schwindel erregende Preise *mpl*

capogruppo [kapo'gruppo] <capigruppo *m, - f*> *mf* Gruppenleiter(in) *m(f)*

capolavoro [kapola'vo:ro] *m* Meisterwerk *n*

capolinea [kapo'li:nea] <capilinea> *m* Endstation *f*

capolino [kapo'li:no] *m* **far** ~ hervorkommen, hervorgucken

capolista[1] [kapo'lista] <capilista *m, - f*> *mf* Listenführer(in) *m(f)*; (POL) Spitzenkandidat(in) *m(f)*

capolista² *m* essere a [*o* in] ~ an der Spitze der Liste stehen

capolista³ <inv> *agg* candidato ~ (POL) Spitzenkandidat(in) *m(f);* squadra ~ (SPORT) Tabellenführer *m*

capoluogo [kapo'lu:go] <capoluoghi *o* capiluoghi> *m* (ADM) Hauptstadt *f*

capomacchinista [kapomakki'nista] <-i *m*, -e *f*> *mf* Maschinenmeister *m;* (NAUT) Obermaschinist *m*

capomafia [kapo'ma:fia] <capimafia> *m* Mafiaboss *m*

capomastro [kapo'mastro] <-i *o* capimastri> *m* (*capocantiere*) Polier *m,* Bauführer *m;* (*imprenditore*) Bauunternehmer *m*

capomensa [kapo'mensa] <capimensa *m*, - *f*> *mf* Kantinenleiter(in) *m(f)*, Mensachef(in) *m(f)*

caponaggine [kapo'naddʒine] *f* Hartnäckigkeit *f*

capoofficina [kapooffi'tʃi:na] <capiofficina *m*, - *f*> *mf* Werkstattleiter(in) *m(f)*

capo operaio ['ka:po ope'ra:io] <capi operai *m*, - *f*> *mf* Vorarbeiter(in) *m(f)*

caporale [kapo'ra:le] *m* Korporal *m,* Obergefreite(r) *m;* **caporalesco, -a** [kapora'lesko] <-schi, -sche> *agg* (*fig*) schroff, barsch, feldwebelhaft; **caporalmaggiore, caporal maggiore** [kaporalmad'dʒo:re] *m* Hauptgefreite(r) *m*

caporedattore, -trice [kaporedat'to:re] <capiredattori *m*, caporedattrici *f*> *m, f* Chefredakteur(in) *m(f)*

caporeparto [kapore'parto] <capireparto *m*, - *f*> *mf* Abteilungsleiter(in) *m(f)*

caporione, -a [kapo'rio:ne] *m, f* Rädelsführer(in) *m(f)*, Anführer(in) *m(f)*

caposala [kapo'sa:la] <capisala *m*, - *f*> *mf* Saalaufsicht *f;* (*in ospedale*) Stationspfleger *m,* -schwester *f*

caposaldo [kapo'saldo] <capisaldi> *m* ❶ (*fig: punto fondamentale*) Kern-, Angelpunkt *m* ❷ (MIL) Bollwerk *n* ❸ (*topografia*) Fixpunkt *m*

caposcuola [kapos'kuɔ:la] <capiscuola *m*, - *f*> *mf* (LIT, SCIENT) Begründer(in) *m(f)* einer Schule

caposervizio [kaposer'vittsio] <capiservizio *m*, - *f*> *mf* Ressortleiter(in) *m(f)*

caposettore [kaposet'to:re] <capisettore *m*, - *f*> *mf* Abteilungsleiter(in) *m(f)*, Abteilungschef(in) *m(f)*

caposezione [kaposet'tsio:ne] <capisezione *m*, - *f*> *mf* Abteilungsleiter(in) *m(f)*

caposquadra¹ [kapos'kua:dra] <capisquadra *m*, - *f*> *mf* (SPORT) Mannschafts-

caposquadra² <capisquadra> *m* (MIL: *di operai*) Kolonnen-, Gruppenführer *m*

capostazione [kapostat'tsio:ne] <capistazione *m*, - *f*> *mf* Bahnhofs-, Stationsvorsteher(in) *m(f)*

capostipite [kapos'ti:pite] *mf* Stammvater *m*

capostruttura [kapostrut'tu:ra] <capistruttura *m*, - *f*> *mf* Ressortleiter(in) *m(f)*; (*TV*) Intendant(in) *m(f)*

capotamento [kapota'mento] *m* (MOT) Überschlag *m,* Überschlagen *n;* **capotare** [kapo'ta:re] *vi* sich überschlagen; (NAUT) kentern

capotasto [kapo'tasto] *m* (*parte di strumento*) Sattel *m;* (*attrezzo*) Kapodaster *m*

capotavola¹ [kapo'ta:vola] <capitavola *m*, - *f*> *mf* essere il ~ den Ehrenplatz (am oberen Tischende) einnehmen

capotavola² <capitavola> *m* Tischende *n;* sedere a ~ am oberen Tischende/auf dem Ehrenplatz sitzen

capote [ka'pɔt] <-> *f* Verdeck *n*

capotreno [kapo'trɛ:no] <-i *o* capitreno *m*, - *f*> *mf* Zugführer(in) *m(f);* **capotribù** [kapotri'bu] <capitribù *m*, - *f*> *mf* Stammeshäuptling *m*

capottabile [kapot'ta:bile] *agg* aufklappbar; **automobile** ~ Kabriolett *n*

cap(o)ufficio, capo ufficio [kap(o)uf'fi:tʃo] <capi ufficio *m*, - *f*> *mf* Bürovorsteher(in) *m(f)*

capoverso [kapo'vɛrso] *m* Absatz *m*

capovoga [kapo'vo:ga] <capivoga> *m* Schlagmann *m*

capovolgere [kapo'vɔldʒere] <irr> I. *vt* ❶ (*voltare*) umdrehen, auf den Kopf stellen ❷ (*fig: rovesciare*) umkehren, auf den Kopf stellen II. *vr* -rsi ❶ (*barca*) kentern; (*macchina*) sich überschlagen ❷ (*fig: cambiare radicalmente*) sich wenden; **capovolgimento** [kapovoldʒi'mento] *m* ❶ (*ribaltamento: di barca*) Kentern *n;* (*di macchina*) Überschlagen *n* ❷ (*fig: rovesciamento*) Umwälzung *f;* (POL) Umsturz *m*

cappa¹ ['kappa] *f* ❶ (*indumento*) Umhang *m,* Mantel *m;* ~ di piombo (*fig*) bleierne Schwere ❷ (TEC) Abzugshaube *f;* (*del camino*) Rauchfang *m*

cappa² <-> *m o f v.* K, k

cappella [kap'pɛlla] *f* ❶ (REL) Kapelle *f* ❷ (MUS) (Kirchen)chor *m* ❸ (*del fungo*) Hut *m,* Kopf *m*

cappellaio, -a [kappel'la:io] <-ai, -aie> *m, f* ❶ (*fabbricante*) Hutmacher(in) *m(f)* ❷ (*venditore*) Hutverkäufer(in) *m(f)*

cappellano [kappel'la:no] *m* Kaplan *m*

cappellata [kappel'la:ta] *f* ❶ (*colpo dato con il cappello*) Klaps *m* mit dem Hut ❷ (*quantità che sta in un cappello*) Hutvoll *m;* **a -e** in Unmengen, in Hülle und Fülle ❸ (*sl: errore, sbaglio grossolano*) **fare una ~** einen Bock schießen; **che ~!** was für ein Reinfall!

cappelletti [kappel'letti] *mpl* (GASTR) *kleine gefüllte Nudeln*

cappelletto [kappel'letto] *m* ❶ *pl* (GASTR) *kleine gefüllte Nudeln* ❷ (HIST, MIL) Eisenhut *m,* Helm *m* ❸ (*della calza*) verstärkter Zehenteil

cappelliera [kappel'liɛ:ra] *f* Hutschachtel *f;* **cappellificio** [kappelli'fi:tʃo] <-ci> *m* Hutfabrik *f;* **cappellino** [kappel'li:no] *m* (Damen)hütchen *n*

cappello [kap'pɛllo] *m* ❶ (*copricapo*) Hut *m;* (*copertura, protezione*) (Schutz)haube *f;* **~ a cilindro** [*o* **a tuba**] Zylinder *m;* **avere il ~ in testa** den Hut auf dem Kopf haben; **cavarsi il ~ davanti a qu/qc** (*fig*) vor jdm/etw den Hut ziehen; **tanto di ~!** Hut ab! ❷ (*di scritto, discorso*) Vorspann *m*

capperi ['kapperi] *int* (*fam*) Donnerwetter!

cappero ['kappero] *m* ❶ (GASTR) Kaper *f* ❷ (BOT) Kapernstrauch *m*

cappio ['kappio] <-i> *m* Schlinge *f;* **avere il ~ al collo** (*fig*) die Schlinge um den Hals haben

cappone [kap'po:ne] *m* Kapaun *m*

cappottatura [kapotta'tu:ra] *f* (AERO) Verkleidung *f,* Haube *f*

cappotto [kap'pɔtto] *m* Mantel *m*

cappuccina [kapput'tʃi:na] *f* Kapuzinerkresse *f*

cappuccino [kapput'tʃi:no] *m* ❶ (GASTR) Cappuccino *m* ❷ (REL) Kapuziner *m* ❸ (ZOO) Kapuzineraffe *m*

cappuccino, -a *agg* Kapuziner-

cappuccio [kap'puttʃo] <-cci> I. *m* ❶ (*copricapo*) Kapuze *f* ❷ (*di penna, biro*) Kappe *f;* (*copertura*) Haube *f* ❸ (*fam* GASTR) Cappuccino *m* II. *agg* **cavolo ~** Weißkohl *m*

capra ['ka:pra] *f* ❶ (ZOO) Ziege *f;* **arrampicarsi come una ~** klettern wie eine Gämse; **salvare ~ e cavoli** (*fig*) zwei gegensätzliche Interessen unter einen Hut bringen ❷ (TEC) Bock *m,* Winde *f;* **capraio, -a** [ka'pra:io] <-ai, -aie> *m, f* Ziegenhirt(in) *m(f)*

caprese [ka'pre:se] I. *agg* aus Capri stammend II. *mf* (*abitante*) Capreser(in) *m(f),* Bewohner(in) *m(f)* von Capri III. *f* (GASTR) *Tomatensalat mit Mozzarella und Basili-*

kum; **pizza ~** Pizza Caprese (*mit Mozzarella, Tomatenscheiben und Basilikum*)

capretto [ka'pretto] *m* ❶ (ZOO, GASTR) Zicklein *n* ❷ (*pelle*) Ziegenleder *n*

Capri *f* Capri *n* (*Insel im Golf von Neapel*)

capriata [ka'pria:ta] *f* Dachstuhl *m*

capriccio [ka'prittʃo] <-cci> *m* ❶ (*grillo*) Laune *f;* (*amoroso*) Liebelei *f;* **fare i -cci** bockig sein ❷ (MUS) Capriccio *n;* **capriccioso, -a** [kaprit'tʃo:so] *agg* ❶ (*bambino*) bockig; (*ragazza*) launisch, zickig *fam* ❷ (*cappellino, vestito*) extravagant ❸ (*tempo*) launenhaft, wechselhaft

capricorno [kapri'kɔrno] *m* ❶ (ZOO) Steinbock *m* ❷ (ASTR) **Capricorno** Steinbock *m;* **sono (del** [*o* **un]) Capricorno** ich bin (ein) Steinbock

caprifoglio [kapri'fɔʎʎo] *m* Geißblatt *n*

caprino [ka'pri:no] *m* ❶ (*puzza*) Ziegengestank *m;* **puzzar di ~** stinken wie ein Bock ❷ (*concime*) Ziegenmist *m* ❸ (GASTR) Ziegenkäse *m*

capriola [kapri'ɔ:la] *f* ❶ (*salto*) Purzelbaum *m;* (*nella danza*) Luftsprung *m;* (SPORT) Kapriole *f;* **fare le -e** Purzelbäume schlagen ❷ (ZOO) Ricke *f*

capriolo [kapri'ɔ:lo] *m* Reh *n*

capro ['ka:pro] *m* Ziegenbock *m;* **~ espiatorio** (*fig*) Sündenbock *m;* **caprone** [ka'pro:ne] *m* ❶ (ZOO) Ziegenbock *m* ❷ (*fig pej*) ungepflegter Mensch

capsula ['kapsula] *f* ❶ (MED, AERO) Kapsel *f* ❷ (CHEM) Tiegel *m,* Schale *f*

captare [kap'ta:re] *vt* ❶ (TEL, RADIO) empfangen ❷ (*appoggio, benevolenza*) zu erlangen suchen, buhlen um ❸ (*fig: cogliere*) erfassen; (*intuire*) (voraus)ahnen, fühlen

captativo, -a [kapta'ti:vo] *agg* (PSYCH) vereinnahmend, kaptativ

capufficio [kapuf'fi:tʃo] *v.* **cap(o)ufficio**

capziosità [kaptsiosi'ta] <-> *f* (*pej: di persona*) Hinterhältigkeit *f,* Hinterlistigkeit *f;* (*di situazione*) Verfänglichkeit *f;* (*di ragionamento*) Spitzfindigkeit *f*

capzioso, -a [kap'tsio:so] *agg* (*situazione*) verfänglich; (*ragionamento*) spitzfindig

CAR *m acro di* **Centro Addestramento Reclute** Ausbildungszentrum für Rekruten

cara *f v.* **caro**

carabattola [kara'battola] *f* (*fam pej*) Kram *m,* Plunder *m,* Krempel *m*

carabba [ka'rabba] <-> *m* (*sl: carabiniere*) Bulle *m*

carabina [kara'bi:na] *f* Karabiner *m;* **carabinetta** [karabi'nɛtta] *f* ❶ (SPORT) Kleinkalibergewehr *n* ❷ (*gara di tiro a segno*)

Kleinkaliberschießen *n*

carabiniere [karabi'niɛːre] *m* Karabiniere *m*

carachiri [kara'kiːri] <-> *m* Harakiri *n*

caracollare [karakol'laːre] *vi* voltigieren, Volten reiten; *(fig)* sich tummeln, tollen; **caracollo** [kara'kɔllo] *m* Volte *f*

caraffa [ka'raffa] *f* Karaffe *f*

caramba [ka'ramba] **I.**<-> *m* (*sl: carabiniere*) Bulle *m* **II.** *int* (*fam: accidenti!*) Donnerwetter!

carambola [ka'rambola] *f* ➊ (*gioco a biliardo*) Karambole *f;* (*nel biliardo*) Karambolage *f* ➋ (*fig: scontro di automobili*) Zusammenstoß *m*

caramella [kara'mɛlla] *f* ➊ (GASTR) Bonbon *n o m,* Zuckerl *n* A ➋ (*fig fam: monocolo*) Monokel *n;* **caramellare** [karamel'laːre] *vt* karamellisieren; **caramello** [kara'mɛllo] *m* Karamell *m;* **caramelloso, -a** [karamel'loːso] *agg* süßlich; (*fig pej*) honigsüß, süßlich; (*lezioso*) geziert

caratello [kara'tɛllo] *m* (Holz)fässchen *n*

carato [ka'raːto] *m* Karat *n;* (NAUT) Schiffsanteil *m*

carattere [ka'rattere] *m* ➊ (*indole*) Charakter *m;* (*natura*) Natur *f,* Wesen *n;* **un uomo di ~** ein Mann mit Charakter; **mancare di ~** charakterlos sein ➋ (*caratteristica*) Merkmal *n,* Kennzeichen *n* ➌ (TYP) Type *f,* Letter *f;* **~ corsivo** Kursivschrift *f;* **~ grassetto** halbfette Schrift; **-i a stampatello** Druckbuchstaben *mpl* ➍ (*di scrittura*) Schriftzeichen *n,* Buchstabe *m* ➎ (INFORM) Zeichen *n;* **mappa dei -i** Zeichensatz *m;* **stringa di -i** Zeichenkette *f* ➏ (BIOL) (Erb)faktor *m;* **caratteriale** [karatte'riaːle] **I.** *agg* Charakter- **II.** *mf* Verhaltensgestörte(r) *f(m);* **caratterino** [karatte'riːno] *m* (*iron*) schwieriger Charakter; **caratterista** [karatte'rista] <-i *m,* -e *f>* *mf* Charakterdarsteller(in) *m(f)*

caratteristica [karatte'ristika] <-che> *f* Eigenheit *f,* Eigenart *f*

caratteristico, -a [karatte'ristiko] <-ci, -che> *agg* charakteristisch

caratterizzare [karatterid'dzaːre] *vt* charakterisieren; **caratterizzato, -a** [karatterid'dzaːto] *agg* gekennzeichnet; **essere ~ da qc** etw kennzeichnet jdn; **caratterizzazione** [karatteriddzat'tsioːne] *f* Charakterisierung *f;* **caratterologico, -a** [karattero'lɔːdʒiko] <-ci, -che> *agg* charakterologisch

caratteropatia [karatteropa'tiːa] <-ie> *f* (PSYCH) Charakterstörung *f*

caratura [kara'tuːra] *f* (*dell'oro*) Karatmessung *f*

caravan [kærə'væn] <-> *m* Wohnwagen *m;* **caravanista** [karava'nista] <-i *m,* -e *f>* *mf* (*roulottista*) Camper(in) *m(f),* Caravaner(in) *m(f);* **caravanning** ['kærə'vænɪŋ] <-> *m* Wohnwagentourismus *m,* Caravaning *n*

caravanserraglio [karavanser'raʎʎo] <-gli> *m* Karawanserei *f;* (*fig*) heilloses Durcheinander

caravella [kara'vɛlla] *f* Karavelle *f*

carboidrato [karboi'draːto] *m* Kohle(n)hydrat *n*

carbonaio, -a [karbo'naːio] <-ai, -aie> *m, f* ➊ (*lavoratore*) Köhler(in) *m(f)* ➋ (COM) Kohlenhändler(in) *m(f)*

carbonaro [karbo'naːro] *m* Karbonaro *m*

carbonaro, -a *agg* ➊ (HIST) Karbonaro-; **moti -i** die Aufstände *mpl* der Karbonari ➋ (GASTR) **alla ~** mit Speck und Eiern

carbonchio [kar'boŋkio] <-chi> *m* ➊ (MED) Karbunkel *m,* Geschwür *n* ➋ (BOT) Getreidebrand *m*

carboncino [karbon'tʃiːno] *m* ➊ (*per disegnare*) Zeichenkohle *f,* Kohlestift *m* ➋ (*disegno*) Kohlezeichnung *f*

carbone [kar'boːne] *m* ➊ (MIN) Kohle *f;* **nero come il ~** kohl(raben)schwarz; **essere** [*o* **stare**] **sui -i accesi** (*fig*) (wie) auf glühenden Kohlen sitzen ➋ (BOT) Getreidebrand *m;* **carbonella** [karbo'nɛlla] *f* Holzkohle *f*

carboneria [karbone'riːa] <-ie> *f* Geheimbund der Karbonari

carbonico [kar'bɔːniko] <-ci> *m* Karbon *n*

carbonico, -a <-ci, -che> *agg* kohlensauer; **acido ~** Kohlensäure *f;* **anidride -a** Kohlendioxyd *n*

carbonifero [karbo'niːfero] *m* Karbon *n*

carbonifero, -a *agg* kohlehaltig, mit Kohlevorkommen; **bacino ~** Kohlenbecken *n;* (*regione*) Kohlenrevier *n;* (*in Germania*) Ruhrgebiet *n;* **periodo ~** Karbon *n*

carbonio [kar'bɔːnio] *m* Kohlenstoff *m;* **ossido di ~** Kohlenmonoxyd *n,* Kohlenoxyd *n;* **carbonizzare** [karbonid'dzaːre] **I.** *vt* ankohlen, verschmoren (lassen) **II.** *vr* **-rsi** verkohlen; (*automobile*) völlig ausbrennen; **carbonizzazione** [karboniddzat'tsioːne] *f* Verkohlung *f*

carburante [karbu'rante] *m* Treibstoff *m*

carburare [karbu'raːre] *vt* vergasen; **oggi proprio non carburo** (*sl*) heute bin ich echt nicht fit; **carburatore** [karbura'toːre] *m* Vergaser *m;* **carburatorista** [karburato'rista] <-i *m,* -e *f>* *mf* Mechaniker(in) *m(f)* für Vergaser; **carburazione** [karburat'tsioːne] *f* Vergasung *f*

carburo [kar'buːro] *m* Karbid *n*

carcassa [kar'kassa] *f* ❶ (ZOO) Gerippe *n* ❷ (TEC) Gerüst *n; (di turbine)* Gehäuse *n;* (NAUT) Wrack *n; (ossatura)* (Schiffs)gerippe *n* ❸ *(fig pej: macchina)* Klapperkiste *f fam*

carcerare [kartʃe'raːre] *vt* inhaftieren; **carcerato, -a** [kartʃe'raːto] *m, f* Häftling *m;* **carcerazione** [kartʃerat'tsioːne] *f* ❶ *(provvedimento)* Inhaftierung *f* ❷ *(periodo)* Haft *f;* **carcere** ['kartʃere] <*pl:* -i *f*> *m* ❶ *(luogo)* Gefängnis *n* ❷ *(pena)* Gefängnis *n,* Gefängnisstrafe *f;* **~ preventivo** Untersuchungshaft *f;* **carceriere, -a** [kartʃe'rieːre] *m, f* ❶ *(secondino)* Gefängniswärter(in) *m(f)* ❷ *(fig pej)* Wachhund *m,* Aufpasser(in) *m(f)*

carcinoma [kartʃi'nɔːma] <-i> *m* Karzinom *n*

carciofino [kartʃo'fiːno] *m* Artischockenherz *n;* **carciofo** [kar'tʃɔːfo] *m* (BOT) Artischocke *f*

card [kaːd] <-> *f (tessera)* Karte *f; (carta di credito)* Kreditkarte *f*

cardanico, -a [kar'daːniko] <-ci, -che> *agg* Kardan-; **albero ~** Kardanwelle *f*

cardare [kar'daːre] *vt (lana, canapa)* kämmen, karden; *(lino)* hecheln; **cardatore, -trice** [karda'toːre] *m, f* Hechler(in) *m(f),* Wollkämmer(in) *m(f);* **cardatura** [karda'tuːra] *f* Kämmen *n*

cardellino [kardel'liːno] *m* Stieglitz *m*

cardiaco, -a [kar'diːako] <-ci, -che> *agg* Herz-

cardinale [kardi'naːle] I. *agg (fondamentale)* Grund-, hauptsächlich; (GEOG) Haupt-; *(virtù, numero)* Kardinal-; **punti -i** (Haupt)himmelsrichtungen *fpl* II. *m* Kardinal *m;* **cardinalizio, -a** [kardina'littsio] <-i, -ie> *agg* Kardinals-

cardine ['kardine] *m* ❶ *(di porta, finestra)* Angel *f* ❷ *(fig: fondamento, base)* Fundament *n,* Grundlage *f*

cardioangiochirurgo, -a [kardioandʒoki'rurgo] <-gi *o* -ghi, -ghe> *m, f* Herzgefäßchirurg(in) *m(f)*

cardiochirurgia [kardiokirur'dʒia] <-gie> *f* Herzchirurgie *f;* **cardiochirurgico, -a** [kardioki'rurdʒiko] <-ci, -che> *agg* Herzchirurgie-, herzchirurgisch; **cardiochirurgo, -a** [kardioki'rurgo] <-gi *o* -ghi, -ghe> *m, f* Herzchirurg(in) *m(f)*

cardiogramma [kardio'gramma] <-i> *m* Kardiogramm *n*

cardiologa *f v.* **cardiologo**

cardiologia [kardiolo'dʒia] <-gie> *f* Kardiologie *f;* **cardiologo, -a** [kar'diːologo] <-gi, -ghe> *m, f* Kardiologe *m,* -login *f*

cardiopatico, -a [kardio'paːtiko] <-ci,

-che> I. *agg* herzkrank II. *m, f* Herzkranke(r) *f(m)*

cardiotelefono [karkiote'lɛːfono] *m* (MED) Gerät zur kardiologischen Überwachung der Patienten via Telefon

cardo ['kardo] *m* (Karden)distel *f*

career girl [kə'riə gəːl] <- *o* career girls> *f* Karrieregirl *n*

career woman [kə'riə 'wumən] <- *o* career women> *f* Karrierefrau *f*

carena [ka'rɛːna] *f* ❶ (NAUT) Kiel *m;* (AERO) Rumpf *m* ❷ (ZOO) Brustbeinplatte *f;* **carenaggio** [kare'naddʒo] <-ggi> *m* Kielholung *f;* **carenare** [kare'naːre] *vt* kielholen

carente [ka'rɛnte] *agg* mangelhaft, unzureichend; **essere ~ di qc** an etw *dat* arm sein; **un'alimentazione ~ di vitamine** eine vitaminarme Ernährung

carenza [ka'rɛntsa] *f* Mangel *m;* **la ~ di qc** der Mangel an etw *dat;* **per ~ di prove** (JUR) mangels Beweisen; **~ di posti di lavoro** Arbeitsplatzmangel *m;* **~ di parcheggi** Parkraumnot *f*

carestia [kares'tiːa] <-ie> *f* ❶ *(grave insufficienza di alimenti)* (Hungers)not *f* ❷ *(scarsità)* Mangel *m;* **la ~ di qc** der Mangel an etw *dat*

carezza [ka'rettsa] *f* Streicheln *n,* Liebkosung *f;* **fare una ~ a qu** jdn streicheln; **carezzare** [karet'tsaːre] *vt* streicheln; **~ un'idea** *(fig)* mit einem Gedanken spielen; **carezzevole** [karet'tseːvole] *agg* ❶ *(voce, maniere)* zärtlich, (ein)schmeichelnd ❷ *(fig: leggero)* zart

cargo ['kargo] <- *o* -ghi> *m* ❶ (NAUT) Frachtschiff *n,* Frachter *m* ❷ (AERO) Transportflugzeug *n*

cariare [ka'riaːre] I. *vt (provocare carie)* Karies verursachen bei [*o* an +*dat*]; *(fig: intaccare)* angreifen; *(corrodere)* zerfressen; **la cioccolata caria i denti** Schokolade greift die Zähne an II. *vr* **-rsi** von Karies befallen werden

cariatide [ka'riaːtide] *f* (ARCH) Karyatide *f;* **starsene immobile come una ~** *(fig)* dastehen wie eine Säule

caribico, -a [ka'riːbiko] <-ci, -che> *agg* karibisch

carica ['kaːrika] <-che> *f* ❶ (ADM) Amt *n;* **essere in ~** ein Amt innehaben ❷ (PHYS, EL) Ladung *f* ❸ (MIL) Attacke *f,* Angriff *m;* (SPORT) Angriff *m;* **tornare alla ~** erneut angreifen; *(fig)* es noch einmal versuchen ❹ *(fig: cumulo di energie)* Ausstrahlung *f;* *(slancio)* Elan *m,* Schwung *m;* **dare la ~ a qu** *(fig)* jdn aufbauen, jdm Mut machen; **~ innovatrice** Innovationskraft *f*

caricabatteria [karikabatte'ri:a] <-> *m* Batterieladegerät *n*

caricare [kari'ka:re] **I.** *vt* **①** (*macchina, camion, bastimento*) (be)laden; (*riempire*) aufladen **②** (*fucile, pistola*) laden **③** (*orologio*) aufziehen **④** (FOTO) einen Film einlegen in +*acc* **⑤** (SPORT) behindern **⑥** (*fig*) ~ **di qc** mit etw belasten; ~ **qu di qc** jdm etw aufbürden; ~ **la dose** das Maß steigern, eins obendrauf setzen; ~ **il prezzo di qc** den Grundpreis von etw erhöhen **II.** *vr* -**rsi** (*di peso, cibo*) -**rsi di qc** sich mit etw belasten; -**rsi per una gara** sich für einen Wettkampf fit machen; **caricato, -a** [kari'ka:to] *agg* (*pej*) affektiert; **modi -i** affektiertes Getue; **caricatore** [karika'to:re] *m* **①** (MIL, FOTO, FILM) Magazin *n*; ~ **CD** CD-Wechsler *m* **②** (*operaio*) Ladearbeiter *m*, Auf-, Verlader *m*

caricatore, -trice *agg* **piano** ~ Laderampe *f*; **ponte** ~ Ladebrücke *f*

caricatura [karika'tu:ra] *f* Karikatur *f*; **mettere in** ~ karikieren; (*rendere ridicolo*) lächerlich machen; **caricaturale** [karikatu'ra:le] *agg* karikaturistisch; **caricaturista** [karikatu'rista] <-i *m*, -e *f*> *mf* Karikaturist(in) *m(f)*

carico ['ka:riko] <-chi> *m* **①** (*di merce*) Verladung *f* **②** (*quantità*) Ladung *f* **③** (NAUT) Fracht *f* **④** (*peso*) Last *f* **⑤** (EL) Leistung *f*, Ladung *f* **⑥** (*fig: onere*) Verantwortung *f*, Belastung *f*; **persone a** ~ unterhaltsberechtigte Personen *fpl*; **avere la famiglia a** ~ die Familie ernähren müssen; **a** ~ **di** zulasten [*o* zu Lasten] von **⑦** (FIN) ~ **fiscale** [*o* **tributario**] Steuerlast *f*

carico, -a <-chi, -che> *agg* **①** (*carro, camion, nave*) beladen; ~ **di qc** beladen mit etw **②** (*persona*) bepackt **③** (*fig: colmo*) überhäuft; ~ **di onori** mit Ehren überhäuft **④** (*pistola, batteria*) geladen; (*orologio, sveglia*) aufgezogen

carie ['ka:rie] <-> *f* Karies *f*

carillon [kari'jɔ̃] <-> *m* Glockenspiel *n*; (*scatola armonica*) Spieldose *f*

carino, -a [ka'ri:no] *agg* lieb; (*grazioso*) hübsch, nett

Carinzia [ka'rintsia] *f* Kärnten *n*

cariogeno, -a [kario'dʒɛ:no] *agg* (MED) kariogen, Karies verursachend

carisma [ka'rizma] <-i> *m* Charisma *n*; **carismatico, -a** [karis'ma:tiko] <-ci, -che> *agg* charismatisch

carità [kari'ta] <-> *f* **①** (*compassione*) Mitleid *n*; (*misericordia*) Barmherzigkeit *f*; (REL) Nächstenliebe *f* **②** (*elemosina*) Almosen *n*; **chiedere la** ~ um Almosen bitten **③** (*favore*) Gefallen *m*; **fammi la** ~ **di**

spegnere la radio (*fam*) tu mir den Gefallen und mach das Radio aus; **per** ~! (*fam*) um Himmels Willen!; **caritatevole** [karita'te:vole] *agg* barmherzig; (*benefico*) mild-, wohltätig

carlona [kar'lo:na] *f* **alla** ~ (*fam*) schlampig, schlud(e)rig

carmelitano, -a [karmeli'ta:no] **I.** *agg* Karmeliter- **II.** *m, f* Karmeliter(in) *m(f)*

carminio [kar'mi:nio] <-i> *m* Karmesin *n*, Karmin(rot) *n*

carnagione [karna'dʒo:ne] *f* Teint *m*, Hautfarbe *f*

carnaio [kar'na:io] <-ai> *m* **①** (*fig pej: folla compatta*) Gedränge *n*; (*spiaggia*) Fleischmassen *fpl* **②** (*di macello*) Fleischlager *n*

carnale [kar'na:le] *agg* **①** (*sensuale*) sinnlich; (*piaceri, peccato*) Fleisches-, fleischlich; **violenza** ~ Notzucht *f* **②** (*fratello, cugino*) blutsverwandt; **carnalità** [karnali'ta] <-> *f* Sinnlichkeit *f*

carnato [kar'na:to] *m* frische Hautfarbe

carne ['karne] *f* Fleisch *n*; (*di frutta*) Fruchtfleisch *n*; ~ **bianca** helles Fleisch; ~ **rossa** dunkles Fleisch; ~ **tritata** Hackfleisch *n*; ~ **viva** rohes Fleisch; ~ **in scatola** Dosenfleisch *n*; **essere bene in** ~ gut genährt sein; **in** ~ **ed ossa** leibhaftig; **non essere né** ~ **né pesce** (*fig*) weder Fisch noch Fleisch sein; **mettere troppa** ~ **al fuoco** (*fig*) sich zu viel vornehmen; **peccati della** ~ Fleischessünden *fpl*

carnefice [kar'ne:fitʃe] *m* **①** (*boia*) Henker *m* **②** (*fig: tiranno*) Tyrann *m*; (*tormentatore*) Menschenschinder *m*; **carneficina** [karnefi'tʃi:na] *f* Blutbad *n*; (*tortura*) Marter *f*, Folter(ung) *f*

carnet [kar'nɛ] <-> *m* Notizbuch *n*; ~ **di ballo** Tanzkarte *f*; ~ **di assegni** Scheckheft *n*

carnevalata [karneva'la:ta] *f* Karnevalstreiben *n*

carnevale [karne'va:le] *m* **①** (*periodo festivo*) Karneval *m*, Fastnacht *f*; **veglione di** ~ Faschingsball *m*; **a** [*o* **di**] ~ **ogni scherzo vale** (*prov*) im Karneval herrscht Narrenfreiheit **②** (*fig: tempo di baldorie*) Freudenfest *n*; **carnevalesco, -a** [karneva'lesko] <-schi, -sche> *agg* Karnevals-, karnevalistisch

carniere [kar'nie:re] *m* Jagdtasche *f*

carnivori [kar'ni:vori] *mpl* Fleischfresser *mpl*

carnivoro, -a [kar'ni:voro] *agg* Fleisch fressend

carnosità [karnosi'ta] <-> *f* **①** (MED) wildes Fleisch **②** (*fig: pienezza di un frutto*)

Fleischigkeit f ❸ (*fig: morbidezza*) Weichheit f, Zartheit f

carnoso, -a [kar'no:so] *agg* fleischig

caro, -a ['ka:ro] **I.** *agg* ❶ (*a cui si vuol bene*) lieb; (*amabile*) liebenswert; (*gentile*) nett; (**tanti**) **-i saluti** (viele) liebe Grüße; **tenersi ~ qu** eine Freundschaft mit jdm pflegen; **sono stati molto -i con me** sie waren sehr nett zu mir; **questo quadro mi è molto ~** ich hänge sehr an diesem Bild ❷ (*costoso*) teuer; **pagare qc a ~ prezzo** (*a fig*) etw teuer bezahlen **II.** *avv* teuer; **pagare ~ qc** etw teuer bezahlen; **devi pagarla -a** (*fam*) das wird dich teuer zu stehen kommen **III.** *m, f* Liebe(r) *f(m)*, Liebste(r) *f(m)*

carogna [ka'roɲɲa] f ❶ (ZOO) Aas n ❷ (*fig pej: persona vile*) Aas n *fam*, Ekel n; **carognata** [ka'roɲ'ɲa:ta] f (*fam*) Niederträchtigkeit f, Gemeinheit f

carola [ka'rɔ:la] f Reigen m

carosello [karo'zɛllo] m (*per bambini*) Karussell n, Ringelspiel n A

carota [ka'rɔ:ta] f ❶ (BOT) Karotte f, Möhre f; **pel di ~** (*fig fam*) Rotschopf m ❷ (*fig fam: menzogna*) Schwindel m, Lüge f

carotaggio [karo'taddʒo] <-ggi> m (MIN) Kernbohrung f, -bohren n

carotare [karo'ta:re] **I.** *vt* (MIN) eine Kernbohrung durchführen **II.** *vi* (*fam: raccontare bugie, mentire*) flunkern

carotatrice [karota'tri:tʃe] f (MIN) Kernbohrer m

carotene [karo'tɛ:ne] m Karotin n

carotide [ka'rɔ:tide] f Halsschlagader f

carovana [karo'va:na] f Karawane f; **carovaniere** [karova'niɛ:re] m Karawanenführer m; **carovaniero, -a** [karova'niɛ:ro] *agg* Karawanen-

carovita [karo'vi:ta] <-> m Teuerung f; **indennità di ~** Teuerungszulage f

carpa ['karpa] f Karpfen m

carpenteria [karpente'ri:a] <-ie> f ❶ (*tecnica*) Zimmermannsarbeit f, Zimmermannhandwerk n ❷ (*reparto*) (Bau)tischlerei f

carpentiere [karpen'tiɛ:re] m Zimmermann m

carpire [kar'pi:re] <carpisco> vt (*con frode*) ergaunern; (*con violenza*) entreißen; (*segreto*) entlocken; **~ qc a qu** jdm etw entreißen

carpo ['karpo] m Handwurzel f

carponi [kar'po:ni] *avv* auf allen vieren

carrabile [kar'ra:bile] *agg* befahrbar; **passo ~** Ein-/Ausfahrt f; **carraio, -a** [kar'ra:io] <-ai, -aie> *agg* Fahr-

carré [ka're] <-> m ❶ (*di abito*) Passe f ❷ (GASTR) Rippenstück n; **pan ~** Toastbrot n

carreggiata [karred'dʒa:ta] f ❶ (MOT) (Fahr)bahn f ❷ (MOT: *di veicolo*) Spurweite f ❸ (*fig: retta via*) rechte Bahn; **uscir di ~** (*fig*) von der rechten Bahn abkommen; **rimettere qu in ~** (*fig*) jdn wieder auf die rechte Bahn bringen

carrellabile [karrel'la:bile] *agg* beförderbar

carrellare [karrel'la:re] vi (FILM, TV) eine Fahraufnahme machen

carrellata [karrel'la:ta] f Fahraufnahme f, Kamerafahrt f

carrellista [karrel'lista] <-i m, -e f> mf ❶ (*venditore di cibi, bevande e giornali*) Verkäufer(in) *m(f)* mit einem Rollwagen ❷ (*operaio addetto ai carrelli cinematografici*) Bediener(in) *m(f)* des Fahrstativs

carrello [kar'rɛllo] m ❶ (*per trasporto*) Wagen m; (*al supermercato*) Einkaufswagen m ❷ (TEC) Schlitten m, Rollgestell n; (AERO) Fahrwerk n; (*della macchina da scrivere*) Schlitten m; (FILM) Kamerawagen m ❸ (*per cibi e bevande*) Tee-, Servierwagen m ❹ (MIN) Hund m, Förderwagen m

carretta [kar'retta] f (*a fig pej*) Karre f, Karren m; **~ del mare** Wrack n; **tirare la ~** (*fig*) sich abplagen, sich abrackern *fam*; **carrettata** [karret'ta:ta] f (Wagen)ladung f, Fuhre f; **carrettiere** [karret'tiɛ:re] m ❶ (*addetto al trasporto*) Fuhrmann m ❷ (*fig pej: uomo volgare*) Rüpel m, Flegel m; **carretto** [kar'retto] m Karren m; (*a mano*) Handwagen m, -karren m

carriera [kar'riɛ:ra] f ❶ (*professione, direzione di lavoro*) Beruf m, Laufbahn f; (*l'affermarsi nella vita professionale*) Karriere f, Aufstieg m; **far ~** Karriere machen; **sbagliare ~** den falschen Beruf ergreifen ❷ (*corsa*) Lauf m; (*del cavallo*) gestreckter Galopp, Karriere f; **carrierismo** [karrie'rizmo] m Karrierismus m; **carrierista** [karrie'rista] <-i m, -e f> mf Karrieremacher(in) *m(f)*, Karrierist(in) *m(f)*; (*donna*) Karrierefrau f

carriola [kar'riɔ:la] f Schubkarren m; (*carretto a mano*) Handwagen m

carrista [kar'rista] <-i> m Panzergrenadier m

carro ['karro] m Wagen m; (FERR) Waggon m; **~ armato** Panzer m; **~ attrezzi** Abschleppwagen m; **~ bestiame** Viehwaggon m; **~ funebre** Leichenwagen m; **~ merci** Güterwagen m; **il Gran/Piccolo Carro** (ASTR) der Große/Kleine Wagen; **mettere il ~ davanti** [o **innanzi**] **ai buoi** (*fig*) das Pferd am [o beim] Schwanz aufzäumen

carroccio [kar'rɔtʃo] <-cci> *m* Fahnenwagen *m*

carrozza [kar'rɔttsa] *f* ❶ (*vettura*) Kutsche *f* ❷ (FERR) Eisenbahnwagen *m;* ~ **ristorante** Speisewagen *m;* **signori, in** ~ **!** alles einsteigen!; **carrozzabile** [karrot'tsa:bile] **I.** *agg* befahrbar **II.** *f* befahrbare Straße; **carrozzella** [karrot'tsɛlla] *f* ❶ (*per bambini*) Kinderwagen *m* ❷ (MED) Rollstuhl *m*

carrozzeria [karrottse'ri:a] <-ie> *f* ❶ (MOT) Karosserie *f* ❷ (*officina*) (Karosserie)werkstatt *f;* **carrozziere** [karrot'tsiɛ:re] *m* Autoschlosser *m*

carrozzina [karrot'tsi:na] *f* Kinderwagen *m;* **carrozzino** [karrot'tsi:no] *m* ❶ (*piccola carrozza*) *eleganter zweirädriger, zweisitziger Einspänner* ❷ (*sidecar*) Beiwagen *m;* **carrozzone** [karrot'tso:ne] *m* Zirkuswagen *m*

carruba [kar'ru:ba] *f* Johannisbrot *n;* **carrubo** [kar'ru:bo] *m* Johannisbrotbaum *m*

carrucola [kar'ru:kola] *f* Flaschenzug *m*

carsico, -a ['karsiko] <-ci, -che> *agg* karstig

carta ['karta] *f* ❶ (*materiale*) Papier *n;* ~ **assorbente** Löschpapier *n;* (*da cucina*) Küchenpapier *n;* ~ **bancomat** EC-Karte *f;* ~ **da lettere** Briefpapier *n;* ~ **igienica** Toilettenpapier *n;* ~ **oleata** Butterbrotpapier *n;* ~ **millimetrata** Millimeterpapier *n;* ~ **vetrata** Schmirgelpapier *n;* **dare** ~ **bianca a qu** (*fig*) jdm freie Hand lassen ❷ (JUR, ADM) Papiere *npl;* ~ **bollata** [*o* **da bollo**] Stempelpapier *n;* ~ **costituzionale** Verfassungs(urkunde) *f;* ~ **d'identità** Personalausweis *m;* **la** ~ **delle Nazioni Unite** die Charta der Vereinten Nationen; **avere le -e in regola** seine Papiere in Ordnung haben; (*fig*) qualifiziert sein; ~ **di credito** Kreditkarte *f;* ~ **di credito telefonica** Telefon(kredit)karte *f;* ~ **d'imbarco** Bordkarte *f;* ~ **di soggiorno** (JUR) Aufenthaltserlaubnis *f* ❸ (*geografica*) (Land)karte *f;* (*pianta*) Plan *m;* ~ **stradale** Straßenkarte *f* ❹ (GASTR) (Speise)karte *f;* **mangiare alla** ~ à la carte essen ❺ (*da gioco*) Spielkarte *f;* **giocare a -e** Karten spielen; **giocare a -e scoperte** (*fig*) mit offenen Karten spielen; **giocare l'ultima** ~ (*fig*) den letzten Trumpf ausspielen; **mettere le -e in tavola** (*fig*) die Karten (offen) auf den Tisch legen; **chi è fortunato in amor non giochi a -e** (*prov*) Pech im Spiel, Glück in der Liebe; **cambiare le -e in tavola** (*fig*) die Situation zu seinen Gunsten verdrehen; **farsi fare le -e** sich *dat* die Karten legen lassen; **leggere le -e** aus den Karten lesen, (die) Karten legen

cartacarbone [kartakar'bo:ne] <cartecarbone> *f* Kohlepapier *n*

cartaceo, -a [kar'ta:tʃeo] *agg* (FIN) Papier-; **circolazione -a** Notenumlauf *m;* **moneta -a** Papiergeld *n*

cartamodello [kartamo'dɛllo] *m* Schnittmusterbogen *m*

cartamoneta [kartamo'ne:ta] *f* Papiergeld *n*

cartapecora [karta'pɛ:kora] *f* Pergament *n*

cartapesta [karta'pesta] *f* Pappmaché *n,* Pappmaschee *n;* **cartario, -a** [kar'ta:rio] <-i, -ie> *agg* Papier-

cartastraccia [kartas'trattʃa] <cartestracce> *f* Altpapier *n;* **cartata** [kar'ta:ta] *f* Tüte (voll) *f,* Sackerl *n* A; (*di prosciutto*) Lage *f*

cartecarbone *pl di* **cartacarbone**

carteggio [kar'teddʒo] <-ggi> *m* Briefsammlung *f;* (*corrispondenza*) Briefwechsel *m*

cartella [kar'tɛlla] *f* ❶ (*foglio*) Blatt *n;* (*scheda*) Schein *m;* ~ **clinica** Krankenblatt *n* ❷ (TYP) Manuskriptseite *f* ❸ (FIN) Schatzanweisung *f;* ~ **delle tasse** Steuerbescheid *m;* ~ **fondiaria** Hypothekenpfandbrief *m* ❹ (*custodia*) Mappe *f;* (*per la scuola*) Schultasche *f*

cartellinare [kartelli'na:re] *vt* ❶ (*munire di cartellino*) auspreisen ❷ (SPORT: *reclutare, schedare*) rekrutieren, aufnehmen

cartellinatura [kartellina'tu:ra] *f* Kennzeichnung *f*

cartellino [kartel'li:no] *m* (COM) Schild(chen) *n,* Etikett *n;* (*targhetta*) Namensschild *n;* ~ **dei prezzi** Preisschild *n;* ~ **segnaletico** Fingerabdruckkarte *f;* ~ **orologio** Stechkarte *f;* ~ **giallo/rosso** (SPORT) gelbe/rote Karte

cartello [kar'tɛllo] *m* ❶ (*pubblicitario*) Plakat *n;* (*avviso*) Anschlag *m;* ~ **pubblicitario** Werbeplakat *n* ❷ (COM) Kartell *n* ❸ (*insegna*) Schild *n;* ~ **stradale** (Straßen)verkehrsschild *n*

cartellone [kartel'lo:ne] *m* ❶ (*per pubblicità*) Plakat *n* ❷ (*della tombola*) Lottotafel *f* ❸ (*programma*) Programm *n;* (THEAT) Spielplan *m;* **tenere il** ~ sich lange auf dem Spielplan halten; **cartellonista** [kartello'nista] <-i *m,* -e *f*> *mf* Plakatmaler(in) *m(f)*

carter ['karter] <-> *m* Motorgehäuse *n;* (*di bicicletta*) Kettenschutz *m;* (*dell'olio*) Ölschützer *m*

cartesiano, -a [karte'sia:no] *agg* (MAT) kartesianisch, kartesisch

cartestracce *pl di* **cartastraccia**

cartevalori, **carte-valori** [karteva'lo:ri] *fpl* Wertpapiere *npl*

cartiera [kar'tiɛ:ra] *f* Papierfabrik *f*

cartilagine [karti'la:dʒine] *f* Knorpel *m;* **cartilaginoso, -a** [kartiladʒi'no:so] *agg* knorp(e)lig

cartina [kar'ti:na] *f* ❶ (*per sigarette*) Zigarettenpapier *n* ❷ (CHEM: *di aghi*) Briefchen *n* ❸ (*geografica*) (Land)karte *f;* (*della città*) Stadtplan *m*

cartocciata [kartot'tʃa:ta] *f* Tüte (voll) *f,* Sackerl *n* A

cartoccio [kar'bttʃo] <-cci> *m* ❶ (*involucro di carta*) Tüte *f,* Sackerl *n* A ❷ (*contenuto*) Tüte (voll) *f,* Sackerl *n* A ❸ (GASTR) Folie *f;* **al ~** in Folie (gebacken)

cartografa *f v.* **cartografo**

cartografia [kartogra'fi:a] *f* Kartografie *f;* **cartografico, -a** [karto'gra:fiko] <-ci, -che> *agg* kartografisch; **cartografo, -a** [kar'b:grafo] *m, f* Kartograf(in) *m(f)*

cartolaio, -a [karto'la:io] <-ai, -aie> *m, f* Schreibwarenhändler(in) *m(f);* **cartoleria** [kartole'ri:a] <-ie> *f* Schreibwarenhandlung *f;* **cartolibrario, -a** [kartoli'bra:rio] *agg* Buch- und Schreibwaren-; **cartolibreria** [kartolibre'ri:a] <-ie> *f* Buch- und Schreibwarenhandlung *f*

cartolina [karto'li:na] *f* Karte *f;* **~ illustrata** Ansichtskarte *f;* **~ postale** Postkarte *f;* **~ precetto** [*o* **rosa** *fam*] Einberufungsbefehl *m*

cartomante [karto'mante] *mf* Kartenleger(in) *m(f);* **cartomanzia** [kartoman'tsi:a] <-ie> *f* Kartenlegen *n*

cartonaro [karto'na:ro] *m* (*fam*) Altkartonsammler *m*

cartoncino [karton'tʃi:no] *m* ❶ (*cartone leggero*) leichter Karton, Steifpapier *n* ❷ (*biglietto*) Kärtchen *n;* **~ d'auguri** Glückwunschkarte *f,* Billet *n* A

cartone [kar'to:ne] *m* ❶ (*carta consistente*) Pappe *f,* Karton *m* ❷ (*disegno*) Karton *m;* **i -i animati** (Zeichen)trickfilm *m*

cartongesso [karton'dʒɛsso] *m* Gipskarton *m;* **parete di ~** Wand *f* aus Gipskarton

cartonificio [kartoni'fitʃo] <-ci> *m* Kartonfabrik *f*

cartonista [karto'nista] <-i *m,* -e *f*> *mf* Trickfilmzeichner(in) *m(f)*

cartoon [ka:'tu:n] <-> *m* ❶ (*fumetto*) Cartoon *m,* Comicstrip *m* ❷ (FILM) Zeichentrick *m*

cartotecnica [karto'tɛknika] <-che> *f* (*tecnica*) Papierverarbeitung *f;* (*produzione*) Papierherstellung *f;* **cartotecnico, -a** [karto'tɛkniko] <-ci, -che> *agg* Papier

verarbeitend

cartuccia [kar'tuttʃa] <-cce> *f* ❶ (MIL) Patrone *f;* (*artiglieria pesante*) Kartusche *f;* **sparare l'ultima ~** (*fig*) einen letzten Versuch machen; **essere una mezza ~** (*fig: di statura*) eine halbe Portion sein; (*valere poco*) nicht viel taugen ❷ (*di penna*) Patrone *f;* **cartucciera** [kartut'tʃɛ:ra] *f* Patronengurt *m*

casa ['ka:sa] *f* ❶ (*ambiente in cui si vive*) Haus *n,* Zuhause *n;* **~ popolare** Siedlungshaus *n;* (*abitazione sociale*) Sozialwohnung *f,* Gemeindewohnung *f* A; **a ~ mia** bei mir zu Hause; **andare a ~** nach Hause gehen; **essere a ~** zu Hause sein, daheim sein A; **essere fuori (di) ~** außer Haus sein; **uscire di ~** aus dem Haus gehen; **essere di ~ da qualche parte** (*fig*) irgendwo zu Hause sein; **cercare/trovare ~** eine Wohnung suchen/finden; **faccende** [*o* **lavori**] **di ~** Hausarbeit *f;* **spese di** [*o* **per la**] **~** Haushaltskosten *pl;* **mandare avanti la ~** (*fig*) den Haushalt führen; **mettere su ~** (*fig*) einen eigenen Hausstand gründen; **fatto in ~** (GASTR) hausgemacht; **fare gli onori di ~** die Gäste willkommen heißen; **passare di ~ in ~** von Haus zu Haus gehen; **~ mia, ~ mia, benché piccola tu sia, tu mi sembri una badia** (*prov*) eigener Herd ist Goldes wert; **dalla ~ si riconosce il padrone** (*prov*) wie der Herr so's Gescherr ❷ (*istituto*) Heim *n,* Anstalt *f;* **~ di cura** Sanatorium *n;* (*privata*) Privatkrankenhaus *n,* -klinik *f;* **~ di correzione** Besserungsanstalt *f;* **~ di pena** Strafanstalt *f;* **~ di ricovero** Pflegeheim *n;* (*per anziani*) Altersheim *n;* **~ da gioco** Spielkasino *n;* **~ dello studente** Studentenwohnheim *n;* **~ chiusa** [*o* **di tolleranza**] Freudenhaus *n* ❸ (COM) Firma *f;* (*di vendita*) Handelshaus *n;* **~ automobilistica** Automobilhersteller *m;* **~ editrice** Verlag *m,* Verlagshaus *n* ❹ (POL) (Herrscher)haus *n;* **la Casa Bianca** das Weiße Haus ❺ (SPORT) **giocare in/fuori ~** zu Hause/auswärts spielen

casacca [ka'zakka] <-cche> *f* Kasack *m*

casaccio [ka'zattʃo] *m* **a ~** (*pej*) unüberlegt, aufs Geratewohl

casa-famiglia ['ka:sa fa'miʎʎa] <-case-famiglia> *f* Wohnheim *n* der Jugendhilfe [*o* Jugendfürsorge]

casalasco, -a [kasa'lasko] <-chi, -che> **I.** *agg* aus Casale Monferrato stammend **II.** *m, f* (*nativo, abitante di Casale Monferrato*) Einwohner(in) *m(f)* von Casale Monferrato

casalinghi [kasa'liŋgi] *mpl* Haushaltswaren *fpl*

casalinghitudine [kasaliŋgi'tu:dine] *f* (*obs*) Gartenzwergidylle *f*, Hausfrauenmentalität *f*

casalingo, -a [kasa'liŋgo] <-ghi, -ghe> **I.** *agg* ❶ (*vita, persona*) häuslich ❷ (GASTR) hausgemacht; **pane ~** selbst gebackenes Brot; **alla -a** nach Hausfrauenart ❸ (SPORT) Heim-; **incontro ~** Heimspiel *n* **II.** *m, f* Hausmann *m*, -frau *f*

casamatta [kasa'matta] <casematte> *f* Kasematte *f*

casamento [kasa'mento] *m* ❶ (*edificio*) (Wohn)block *m* ❷ (*persone*) Hausgemeinschaft *f*

casato [ka'sa:to] *m* ❶ (*cognome*) Familienname *m* ❷ (*stirpe*) Familie *f*, Geschlecht *n*

cascadeur [kaska'dœr] <-> *m v.* **cascatore**

cascamorto [kaska'mɔrto] *m* (*fam*) Verehrer *m*, Schmachtlappen *m;* **fare il ~ a qu** (*fam*) jdn anschmachten

cascante [kas'kante] *agg* schlaff; (*debole*) schwach, kraftlos; (*guance, seno*) Hänge-

cascare [kas'ka:re] *vi* essere (*fam*) fallen; **~ dalla fame/dal sonno** vor Hunger/Müdigkeit umfallen; **~ bene/male** (*fig: di persona*) an den Richtigen/Falschen geraten; (*di cosa*) das Richtige/Falsche treffen; **far ~ qc dall'alto a qu** (*fig*) sich zu etw *dat* herablassen; **cascarci** darauf hereinfallen; **caschi pure il mondo, io ci vado!** und wenn der Himmel einstürzt, ich gehe hin!; **cascata** [kas'ka:ta] *f* ❶ (*fam: caduta*) Sturz *m*, Fall *m* ❷ (GEOG) Wasserfall *m*

cascatore, -trice [kaska'to:re] *m, f* Stuntman *m*, Stuntwoman *f*

cascina [kaʃ'ʃi:na] *f* (*fattoria*) Bauernhof *m;* (*caseificio*) Meierei *f;* (*in montagna*) Sennerei *f*

cascinale [kaʃʃi'na:le] *m* Ansiedlung *f*, Weiler *m;* (*casolare*) Landhaus *n*

casco[1] ['kasko] <-schi> *m* ❶ (*per il capo*) Helm *m;* **-schi blu** (MIL) Blauhelme *mpl;* **~ coloniale** Tropenhelm *m* ❷ (*per capelli*) (Trocken)haube *f*

casco[2] <inv> *agg* **assicurazione ~** Kaskoversicherung *f*

caseario, -a [kaze'a:rio] <-i, -ie> *agg* Käse-, Molkerei-

caseggiato [kased'dʒa:to] *m* (*gruppo di case*) Siedlung *f;* (*singolo edificio*) Wohn-, Mietshaus *n*

caseificazione [kazeifikat'tsio:ne] *f* Verkäsung *f*

caseificio [kazei'fi:tʃo] <-ci> *m* Käserei *f*, Molkerei *f*

caseina [kaze'i:na] *f* Kasein *n;* **caseinico, -a** [kaze'i:niko] <-ci, -che> *agg* kaseinhaltig

casella [ka'sɛlla] *f* ❶ (*di mobile*) Fach *n;* **~ postale** Postfach *n* ❷ (*di scacchiera*) Feld *n* ❸ (*di foglio*) Kästchen *n;* (*di registro*) Rubrik *f* ❹ (INFORM) Feld *n;* **~ di dialogo** Dialogfeld *n*

casellante [kasel'lante] *mf* ❶ (FERR) Bahnwärter(in) *m(f)* ❷ (MOT) Mautner(in) *m(f)* A, Straßenwärter(in) *m(f)*

casellario [kasel'la:rio] <-i> *m* ❶ (*per documenti*) Aktenschrank *m* ❷ (JUR) **~ giudiziale** Strafregister *n*

casello [ka'sɛllo] *m* ❶ (MOT) Autobahnzahlstelle *f*, -häuschen *n*, Mautstelle *f* A ❷ (FERR) Bahnwärterhäuschen *n*

casematte *pl di* **casamatta**

casentino [kazen'ti:no] *m* schwerer Wollstoff

casereccio, -a [kase'rettʃo] <-cci, -cce> *agg* hausgemacht

caserma [ka'sɛrma] *o* ka'zɛrma] *f* Kaserne *f;* **casermone** [kazɛr'mo:ne] *m* (Miets)kaserne *f*

Caserta *f* Caserta *f* (*Stadt in Kampanien*)

Casertano [kazer'ta:no] <sing> *m* Umgebung *f* von Caserta

casertano, -a [kazer'ta:no] **I.** *agg* aus Caserta stammend **II.** *m, f* (*abitante*) Einwohner(in) *m(f)* von Caserta

casetta [ka'setta] *f* (*tenda*) Hauszelt *n*

casework ['keis'wə:k] <-> *m* Sozialarbeit *f*

cash ['kæʃ] <-> *m* Bargeld *n*, Cash *fam;* **pagare in ~** bar bezahlen; **cash-and-carry** ['kæʃən(d)'kæri] <-> *m* (COM) cash and carry *m*

cash dispenser ['kæʃ di'spensə *o* 'kæʃ dis'pɛnser] <-> *m* Geldautomat *m;* **cash flow** ['kæʃ flou] <-> *m* (FIN, COM: *flusso di cassa*) Kassenzufluss *m*, Cashflow *m*

cashmere [kæʃ'miə] <-> *m v.* **cachemire**

casiere, -a [ka'siɛ:re] *m, f* (*tosc*) Hausmeister(in) *m(f)*, Hausbesorger(in) *m(f)* A

casinista [kasi'nista] <-i *m*, -e *f*> *mf* (*fam*) Chaot(in) *m(f)*

casino [ka'si:no] *m* ❶ (*fam: confusione*) Durcheinander *n*, Drunter und Drüber *n;* (*chiasso*) Krach *m* ❷ (*fam: casa di prostituzione*) Puff *m* ❸ (*da caccia*) Jagdhütte *f*

casinò [kazi'nɔ] <-> *m* (Spiel)kasino *n*

casistica [ka'zistika] <-che> *f* Statistik *f*

casko *v.* **casco**

caso ['ka:zo] *m* ❶ (*avvenimento fortuito*) Zufall *m*, Fügung *f;* **per ~** durch Zufall, zufällig; **per puro ~** rein zufällig; **a ~** auf gut Glück, aufs Geratewohl; **la colpa è del ~** der Zufall hat es so gewollt ❷ (*ipotesi*)

Fall *m*, Annahme *f;* in [*o* nel] ~ **contrario** ander(e)nfalls, ansonsten; **in qualunque ~** in jedem Fall; **in tal ~** in diesem Fall; **in ogni ~** auf jeden Fall, jedenfalls; **in nessun ~** keinesfalls; **nel peggiore dei -i** schlimmstenfalls; **nel ~ che** [*o* **in cui] ... +***conj* für den Fall, dass ...; **~ mai ... +***conj* für den Fall, falls ...; **mettiamo** [*o* **poniamo] il ~ che ... +***conj* gesetzt den Fall, dass ...; **si dà (il) ~ che ... +***conj* (*accadere*) es kommt vor, dass ...; (*cosa sicura*) Tatsache ist, dass ...; **i -i sono due** es gibt zwei Möglichkeiten; **non è il ~** (*conveniente*) es lohnt sich nicht; (*opportuno*) es ist nicht angebracht; **in ~ di morte/malattia** im Todes-/Krankheitsfall ❸ (*fatto*) Fall *m*, Ereignis *n;* **~ limite** Grenzfall *m;* **il ~ Dreyfus** die Dreyfus-Affäre; **un ~ disperato** ein aussichtsloser Fall; **i -i propri** die eigenen Angelegenheiten ❹ (LING) Fall *m*, Kasus *m*

casolare [kaso'la:re] *m* abgelegenes Haus

casomai, caso mai [kazo'ma:i, 'ka:zo 'ma:i] *cong* ~ *+conj* für den Fall, falls; (*eventualmente*) eventuell, gegebenenfalls

casotto [ka'sɔtto] *m* ❶ (*fam: casa di prostituzione*) Puff *m* ❷ (*vulg: baccano, confusione*) Heidenlärm *m fam*, Drunter und Drüber *n fam* ❸ (*piccola casa*) Häuschen *n;* (*di fiera, mercati*) Bude *f*

caspita ['kaspita] *int* (*fam*) Donnerwetter; **ma che ~ vuoi!** (*fam*) zum Donnerwetter, was willst du (denn)?

cassa ['kassa] *f* ❶ (*recipiente*) Kiste *f*, Kasten *m;* **~ acustica** Lautsprecherbox *f;* **~ da morto** Sarg *m* ❷ (TEC: *dell'orologio*) Gehäuse *n* ❸ (COM, FIN) Kasse *f*, Kassa *f A;* **~ di risparmio** Sparkasse *f;* **~ integrazione** Lohnausgleichskasse *f;* **~ malattia** Krankenkasse *f;* **registratore di ~** Registrierkasse *f;* **batter ~** (*fam*) Geld verlangen; **pagare (a) pronta ~** bar zahlen ❹ (ANAT) **~ toracica** Brustkasten *m*

cassaforte [kassa'fɔrte] <casseforti> *f* Safe *m*, Geldschrank *m*

cassaintegrato, -a [kassainte'gra:to] *v.* **cassintegrato**

Cassandra [kas'sandra] *f* Kassandra *f;* **fare la ~** unken

cassapanca [kassa'paŋka] <-che *o* cassepanche> *f* Sitztruhe *f*

cassata [kas'sa:ta] *f* Cassata *f* (*Eis mit kandierten Früchten, sizil. Quarktorte mit Schokolade und kandierten Früchten*)

cassazione [kassat'tsio:ne] *f* Berufung *f;* (*annullamento*) Aufhebung *f;* **Corte di Cassazione** ≈ (Bundes)gerichtshof *m*

casse [kas] <- *o* casses> *f* (TEC: *vino*) Änderung *f* der Farbe

casseforti *pl di* **cassaforte**

cassepanche *pl di* **cassapanca**

cassero ['kassero] *m* Aufbaudeck *n*

casseruola [kasse'rʊɔːla] *f* Kasserolle *f*, Schnortopf *m*

cassetta [kas'setta] *f* ❶ (*piccola cassa*, TEC) Kasten *m;* **~ delle lettere** Briefkasten *m;* **~ postale elettronica** (INFORM) Mailbox *f;* **~ di distribuzione** Verteilerkasten *m;* **~ di sicurezza** Schließfach *n* ❷ (*di registratore, video*) Kassette *f;* **film di ~** kommerzieller Film ❸ (*di carrozza*) (Kutsch)bock *m*

cassetto [kas'setto] *m* Schublade *f*

cassettone [kasset'to:ne] *m* ❶ (*mobile*) Kommode *f* ❷ (ARCH) Kassette *f;* **soffitto a -i** Kassettendecke *f*

cassiere, -a [kas'siɛːre] *m, f* Kassierer(in) *m(f)*, Kassier *A*

cassintegrato, -a [kassinte'gra:to] **I.** *m, f* Kurzarbeiter(in) *m(f)* **II.** *agg* Kurzarbeit-; **operaio** [*o* **lavoratore] ~** Kurzarbeiter *m*

cassone [kas'so:ne] *m* ❶ (*grande cassa*) große Kiste ❷ (*mobile*) große Truhe; **cassonetto** [kasso'netto] *m* Müllcontainer *m*

cast [ka:st] <-> *m* Besetzung *f*

casta ['kasta] *f* Kaste *f*

castagna [kas'taɲɲa] *f* Kastanie *f;* **prendere qu in ~** (*fig*) jdn auf frischer Tat ertappen; **castagnaccio** [kas'taɲ'ɲattʃo] <-cci> *m* Kuchen aus Maronenmehl; **castagneto** [kas'taɲ'ɲe:to] *m* Kastanienwald *m*

castagnetta [kastaɲ'ɲetta] *f* ❶ (*petardo*) Knallkörper *m* ❷ *pl* (MUS) Kastagnetten *fpl;* **castagno** [kas'taɲɲo] *m* Kastanie *f*, Kastanienbaum *m*

castagnola [kastaɲ'ɲɔ:la] *f* ❶ (*petardo*) Knallkörper *m* ❷ (GASTR) kleiner Krapfen

castaldo [kas'taldo] *m* ❶ (AGR) Gutsverwalter *m* ❷ (HIST) Statthalter *m*

castano, -a [kas'ta:no] *agg* kastanienbraun

castellano [kastel'la:no] *m* Kastellan *m*

castelletto [kastel'letto] *m* ❶ (*piccolo castello*) kleine Burg ❷ (*edilizia*) Gerüst *n* ❸ (FIN) (Überziehungs)kredit *m*

castello [kas'tɛllo] *m* ❶ (*gener*) Burg *f*, Schloss *n;* **fare -i in aria** (*fig*) Luftschlösser bauen ❷ (*impalcatura*) Gerüst *n;* (NAUT) Aufbauten *mpl;* **letto a ~** Etagenbett *n*

castigamatti [kastiga'matti] <-> *m* ❶ (*fig scherz: persona*) Zuchtmeister *m* ❷ (*bastone*) (Zucht)rute *f*

castigare [kasti'ga:re] *vt* ❶ (*punire*) bestrafen ❷ (*correggere*) korrigieren, verbessern; **castigatezza** [kastiga'tettsa] *f* Untadeligkeit *f*, Korrektheit *f;* (*purezza*) Reinheit *f;* **castigato, -a** [kasti'ga:to] *agg* (*costumi, vita*) untadelig, korrekt; (*lingua*) rein; (*stile*) gepflegt

castigatoia [kastiga'to:ia] <-ie> *f* (*poet*) *v.* **castigo**; **castigo** [kas'ti:go] <-ghi> *m* Strafe *f;* **essere in ~** (*fam*) in der Ecke stehen; **mettere qn in ~** (*fam*) jdn in die Ecke stellen

casting ['ka:stiŋ] <-> *m* (FILM, TV) Casting *n;* **ultimare il ~** die Rollenverteilung festlegen

castità [kasti'ta] <-> *f* Keuschheit *f;* **cintura di ~** Keuschheitsgürtel *m;* **fare voto di ~** das Keuschheitsgelübde ablegen; **casto, -a** ['kasto] *agg* keusch

castone [kas'to:ne] *m* Fassung *f*

castorino [kasto'ri:no] *m* ❶ (*pelliccia*) Nutria *m,* Nutriafell *n* ❷ (ZOO) Nutria *f,* Biberratte *f*

castoro [kas'tɔ:ro] *m* ❶ (ZOO) Biber *m* ❷ (*pelliccia*) Biberpelz *m*

castrante [kas'trante] *agg* (*fig*) frustrierend

castrare [kas'tra:re] *vt* (*animale, uomo*) kastrieren

castrato [kas'tra:to] *m* ❶ (ZOO) kastriertes Tier ❷ (GASTR) Hammelfleisch *n,* Schöpserne *n* A ❸ (*cantante evirato*) Kastrat *m*

castrato, -a *agg* kastriert; **castratore** [kastra'to:re] *m* ❶ (*chi castra*) Kastrierer *m* ❷ (*fig pej: censore*) strenger Zensor

castrazione [kastrat'tsio:ne] *f* Kastration *f*

castronaggine [kastro'naddʒine] *f* (*fam*) Blödsinn *m;* **castroneria** [kastrone'ri:a] <-ie> *f* (*fam*) Riesendummheit *f*

casual ['kæʒuəl] **I.** <inv> *agg* leger; **abbigliamento ~** Freizeitkleidung *f* **II.** *avv* leger, salopp; **vestirsi ~** sich leger und bequem kleiden **III.** <-> *m* legere Kleidung *f,* Freizeitmode *f;* **il ~ va sempre di moda** Freizeitmode ist zeitlos

casuale [kazu'a:le] *agg* ❶ (*dovuto al caso*) zufällig ❷ (LING) Deklinations-, Kasus-; **casualità** [cazuali'ta] <-> *f* Zufälligkeit *f;* **casualizzare** [kazualid'dza:re] *vt* etw dem Zufall zuschreiben, etw als Schicksal deuten

casupola [ka'su:pola] *f* Hütte *f*

cataclisma [kata'klizma] <-i> *m* ❶ (*calamità naturale*) Naturkatastrophe *f* ❷ (*fig: sovvertimento*) Umwälzung *f*

catacomba [kata'komba] *f* Katakombe *f*

catafalco [kata'falko] <-chi> *m* Katafalk *m*

catafascio [kata'faʃʃo] *m* **a ~** durcheinander; **andare a ~** durcheinander geraten; (*in rovina*) verfallen; (*rapporto*) in die Brüche gehen; **mandare a ~** durcheinander bringen; (*in rovina*) dem Verfall preisgeben

catalisi [ka'ta:lizi] <-> *f* (CHEM) Katalyse *f;* **catalitico, -a** [ka'tali:tiko] <-ci, -che> *agg* (MOT) katalytisch, Katalysator-; **marmitta -a** Katalysator *m;* **catalizzare** [katalid'dza:re] *vt* ❶ (CHEM) katalysieren ❷ (*fig: accelerare*) beschleunigen; (*attirare*) anziehen; **catalizzato, -a** [katalid'dza:to] *agg* (MOT: *dotato di catalizzatore*) mit Katalysator, mit Kat *fam;* **catalizzatore** [kataliddza'to:re] *m* (MOT) Katalysator *m*

catalogare [katalo'ga:re] *vt* katalogisieren; **catalogo** [ka'ta:logo] <-ghi> *m* ❶ (*di libri, oggetti*) Katalog *m,* Verzeichnis *n* ❷ (*fig: elencazione*) Katalog *m,* Aufzählung *f*

catalografico, -a [katalo'gra:fiko] <-ci, -che> *agg* (TYP) katalografisch

catanese [kata'ne:se] **I.** *agg* aus Catania stammend **II.** *mf* (*abitante*) Einwohner(in) *m(f)* von Catania

Catanese <sing> *m* Umgebung *f* von Catania

Catania *f* Catania *n* (*Stadt in Sizilien*)

catanzarese [katantsa're:se] **I.** *agg* aus Catanzaro **II.** *mf* (*abitante*) Einwohner(in) *m(f)* von Catanzaro

Catanzarese <sing> *m* Umgebung *f* von Catanzaro

Catanzaro *f* Catanzaro *n* (*Hauptstadt Kalabriens*)

catapecchia [kata'pekkia] <-cchie> *f* Bruchbude *f fam*

cataplasma [kata'plazma] <-i> *m* Wickel *m,* Packung *f*

catapulta [kata'pulta] *f* Katapult *n* o *m;* **catapultare** [katapul'ta:re] *vt* schleudern, katapultieren

cataratta [kata'ratta] *v.* **cateratta**

catarifrangente [katarifran'dʒɛnte] *m* Rückstrahler *m,* Katzenauge *n fam*

catarro [ka'tarro] *m* Katarrh *m*

catasta [ka'tasta] *f* Stapel *m,* Stoß *m;* (*mucchio, a fig*) Haufen *m*

catasto [ka'tasto] *m* ❶ (*registro*) Kataster *m* o *n* ❷ (*ufficio*) Katasteramt *n*

catastrofale [katastro'fa:le] *agg* Katastrophen-

catastrofe [ka'tastrofe] *f* Katastrophe *f;* **~ ecologica** Umweltkatastrophe *f;* **catastrofico, -a** [katas'trɔ:fiko] <-ci, -che> *agg* katastrophal; **catastrofismo** [katastro'fizmo] <sing> *m* ❶ (SCIENT) Katastrophentheorie *f* ❷ (*esagerato pessimismo*) Schwarzseherei *f,* Schwarzmalerei *f;* **catastrofista** [katastro'fista] <-i *m,* -e *f*> *mf* Schwarzseher(in) *m(f),* Schwarzmaler(in) *m(f);* **catastrofistico, -a** [katastro'fistiko} <-ci, -che> *agg* ❶(SCIENT) katastrophentheoretisch ❷(*pessimistico*) schwarzseherisch, schwarzmalerisch

catch [kætʃ] <-> *m* Catch *n*

catcher ['kætʃə] <-> *m* (SPORT) Fänger(in) *m(f)* beim Baseball

catcheur [ka'ʃœr] <-> *m* (SPORT) Catcher(in) *m(f)*

catechesi [kate'kɛːzi] <-> *f* Religionsunterricht *m*, Katechese *f;* **catechismo** [kate'kizmo] *m* Katechismus *m;* **catechizzare** [katekid'dzaːre] *vt* in Religion unterrichten; (*fig*) indoktrinieren

categoria [katego'riːa] <-ie> *f* Kategorie *f;* ~ **a rischio** Risikogruppe *f;* ~ **di prezzo** Preisklasse *f;* ~ **di reddito** Einkommensklasse *f;* **categorico, -a** [kate'gɔːriko] <-ci, -che> *agg* kategorisch; **categorizzare** [kategorid'dzaːre] *vt* eingruppieren, kategorisieren *geh*

catena [ka'teːna] *f* Kette *f;* ~ **di alberghi** Hotelkette *f;* ~ **di negozi** Ladenkette *f;* ~ **di montaggio** [*o* di lavorazione] Fließband *n;* ~ **cinematica** Antriebsstrang *m;* ~ **di trasmissione** Antriebskette *f;* **reazione a** ~ Kettenreaktion *f;* **una** ~ **di avvenimenti** (*fig*) eine Kette von Ereignissen; **catenaccio** [kate'nattʃo] <-cci> *m* Riegel *m;* **catenella** [kate'nɛlla] *f* Kettchen *n;* **punto** ~ Kettenstich *m*

cateratta [kate'ratta] *f* ❶(MED) grauer Star ❷(GEOG) Stromschnelle *f*, Katarakt *m* ❸(*chiusa*) Schleuse *f*

catering ['keitəriŋ] <-> *m* Catering *n*

caterpillar® [kater'pillar] <-> *m* Raupenschlepper *m*, Caterpillar *m*

caterva [ka'tɛrva] *f* Haufen *m*

catetere [kate'tɛːre] *m* Katheter *m*

cateto [ka'tɛːto] *m* Kathete *f*

catinella [kati'nɛlla] *f* Waschschüssel *f;* **piove a -e** es schüttet, es gießt

catino [ka'tiːno] *m* (*recipiente*) Schüssel *f;* (*quantità*) Schüssel (voll) *f*

catodico, -a [ka'tɔːdiko] <-ci, -che> *agg* Kathoden-; **catodo** ['kaːtodo] *m* Kathode *f*

catorcio [ka'tɔrtʃo] <-ci> *m* (*fam pej:* oggetto*) Schrott *m;* (*veicolo*) Schrottkiste *f*

catramare [katra'maːre] *vt* teeren; **catrame** [ka'traːme] *m* Teer *m*

cattedra ['kattedra] *f* ❶(*di scuola*) Katheder *n*, Pult *n;* **stare in** ~ (*fig scherz*) dozieren ❷(*all'università*) Lehrstuhl *m* ❸(REL) Stuhl *m*

cattedrale [katte'draːle] **I.** *f* Kathedrale *f* **II.** *agg* Kathedral-

cattedratico, -a [katte'draːtiko] <-ci, -che> **I.** *agg* professoral **II.** *m, f* Lehrstuhl-

inhaber(in) *m(f)*

cattiva *f v.* **cattivo**

cattivarsi [katti'varsi] *vr* sich *dat* sichern, gewinnen

cattiveria [katti'vɛːria] <-ie> *f* Bosheit *f*, Boshaftigkeit *f*

cattività [kattivi'ta] <-> *f* (*poet*) Gefangenschaft *f*

cattivo [kat'tiːvo] *m* ❶(*parte cattiva*) Schlechte(s) *n;* (*immangiabile, imbevibile*) Ungenießbare(s) *n* ❷(METEO) schlechtes Wetter

cattivo, -a <più cattivo *o* peggiore, cattivissimo *o* pessimo> **I.** *agg* ❶(*persona*) böse, schlecht ❷(*cosa, tempo, aria*) schlecht; **essere di** ~ **umore** schlechte Laune haben; **essere in** ~ **stato** in einem schlechten Zustand sein; **fa** ~ **tempo** das Wetter ist schlecht; **essere** [*o* navigare] **in** **-e acque** (*fig*) sich in einer üblen Lage befinden **II.** *m, f* (*persona*) Böse(r) *f(m);* **fare il** ~ unartig sein

cattocomunista [kattokomu'nista] <-i *m*, -e *f*> *mf* Katholik(in) *m(f)* als Wähler [*o* aktives Mitglied] einer kommunistischen Partei

cattolica *f v.* **cattolico**

cattolicesimo [kattoli'tʃeːzimo] *m* Katholizismus *m;* **cattolicità** [kattolitʃi'ta] <-> *f* Katholizität *f;* **cattolicizzare** [kattoli-tʃid'dzaːre] *vt* jdn zum Katholizismus bekehren, jdn für den Katholizismus gewinnen; **cattolico, -a** [kat'tɔːliko] <-ci, -che> **I.** *agg* katholisch **II.** *m, f* Katholik(in) *m(f)*

cattura [kat'tuːra] *f* ❶(JUR) Festnahme *f*, Ergreifung *f;* (*come prigioniero*) Festnahme *f;* **mandato** [*o* ordine] **di** ~ Haftbefehl *m* ❷(*di animale*) Fang *m;* **catturare** [kattu'raːre] *vt* ❶(*persona*) fangen, ergreifen; (*fare prigioniero*) gefangen nehmen ❷(*animale*) fangen

caucciù [kaut'tʃu] <-> *m* Kautschuk *n*

caudale [kau'daːle] *agg* Schwanz-; **pinna** ~ Schwanzflosse *f;* **caudato, -a** [kau'daːto] *agg* mit (einem) Schwanz (versehen); **stella -a** Komet *m*, Schweifstern *m*

caudiforme [kaudi'forme] *agg* schweifartig

caudino, -a [kau'diːno] *agg* **passare le forche -e** Spießruten laufen

caule ['kaːule] *m* Stiel *m*, Stängel *m*

causa ['kaːuza] *f* ❶(*origine*) Ursache *f*, Grund *m;* ~ **ed effetto** Ursache und Wirkung; **essere** ~ **di qc** die Ursache für etw sein ❷(JUR) Klage *f;* (*processo*) Prozess *m;* ~ **civile** Zivilklage *f;* ~ **penale** Strafverfahren *n;* **far** ~ **a qu** jdn gerichtlich belangen;

fare [o **muovere**] ~ klagen ❸ (*fig* POL, COM, SOC, REL) Sache *f;* **fare ~ comune** gemeinsame Sache machen; **perorare una ~** für etw eintreten ❹ (*motivo*) Anlass *m;* **a** [o **per**] ~ **di qc** auf Grund einer Sache *gen;* **causale** [kau'za:le] **I.** *agg* kausal, ursächlich **II.** *f* ❶ (LING) Kausalsatz *m* ❷ (JUR: *di un delitto*) (Beweg)grund *m,* Ursache *f* ❸ (COM: *di un pagamento*) Verwendungszweck *m;* **causalità** [kauzali'ta] <-> *f* Kausalität *f,* Ursächlichkeit *f;* **causare** [kau'za:re] *vt* verursachen; **causativo, -a** [kauza'ti:vo] *agg* (LING) kausativ; **verbo** ~ Kausativ *n*

causerie [ko'zri] <causeries> *f* Smalltalk *m,* Plauderei *f*

caustico, -a ['ka:ustiko] <-ci, -che> *agg* ❶ (CHEM) ätzend, kaustisch ❷ (*fig: mordace*) beißend, scharf, raß A

cautela [kau'tɛ:la] *f* Vorsicht *f,* Umsicht *f*

cautelare[1] [kaute'la:re] *agg* Vorsichts-, Sicherheits-

cautelare[2] **I.** *vt* (ab)sichern, sicherstellen **II.** *vr* **-rsi -rsi contro** [o **da**] **qc** (*assicurarsi*) sich gegen etw absichern; **-rsi da qc** (*proteggersi*) sich vor etw *dat* schützen

cauterizzare [kauterid'dza:re] *vt* ätzen, kauterisieren

cauterizzazione [kauteriddzat'tsio:ne] *f* Ätzung *f,* Kauterisation *f*

cauto, -a ['ka:uto] *agg* vorsichtig, umsichtig

cauzionale [kauttsio'na:le] *agg* Kautions-; **cauzione** [kaut'tsio:ne] *f* Kaution *f*

Cav. *abbr di* **Cavaliere** *Träger eines Verdienstordens*

cava ['ka:va] *f* Grube *f;* (*di pietre*) Steinbruch *m;* (*fig*) Fundgrube *f*

cavadenti [kava'dɛnti] <-> *mf* (*pej*) Zahnklempner(in) *m(f) fam*

cavafrutti [kava'frutti] <-> *m* Gemüseschneider *m*

cavalcare [kaval'ka:re] **I.** *vt* ❶ (*cavallo, asino*) reiten (auf +*dat*); (*montare*) aufsteigen auf +*acc* ❷ (*muretto*) besteigen **II.** *vi* reiten; **cavalcata** [kaval'ka:ta] *f* Ritt *m;* **cavalcatore, -trice** [kavalka'to:re] *m, f* Reiter(in) *m(f)*

cavalcavia [kavalka'vi:a] <-> *m* (*ponte*) Überführung *f*

cavalcioni [kaval'tʃo:ni] *avv* **a ~** rittlings

cavaliere [kava'liɛ:re] *m* ❶ (HIST) Ritter *m;* **i -i della tavola rotonda** König Artus' Tafelrunde *f* ❷ (SPORT) Reiter *m* ❸ (HIST) Kavallerist *m,* Soldat *m* der Kavallerie ❹ (*persona cortese*) Kavalier *m* ❺ (*chi accompagna una donna*) Begleiter *m,* Kavalier *m;* (*al ballo*) Tanzpartner *m,* Herr *m* ❻ (*onori-*

ficenza) Ordensträger *m*

cavalla [ka'valla] *f* Stute *f*

cavalleggero [kavalled'dʒɛ:ro] *m* Soldat *m* der leichten Kavallerie

cavalleresco, -a [kavalle'resko] <-schi, -sche> *agg* ❶ (LIT) höfisch; **letteratura -a** höfische Literatur ❷ (HIST) Ritter-, ritterlich ❸ (*fig: nobile*) vornehm, edel; **animo ~** edle Gesinnung

cavalleria [kavalle'ri:a] <-ie> *f* ❶ (MIL) Kavallerie *f* ❷ (HIST) Rittertum *n* ❸ (*fig: raffinata cortesia*) Ritterlichkeit *f;* **cavallerizzo, -a** [kavalle'rittso] *m, f* (*maestro d'equitazione*) Reitlehrer(in) *m(f)* ❷ (*chi cavalca*) Reiter(in) *m(f);* (*acrobata*) Kunstreiter(in) *m(f);* **pantaloni alla -a** Reithose *f*

cavalletta [kaval'letta] *f* (ZOO) Heuschrecke *f*

cavalletto [kaval'letto] *m* (TEC) Bock *m,* Gestell *n;* (*da pittore*) Staffelei *f;* (FOTO, FILM) Stativ *n;* (MIL) Dreifuß *m*

cavallina [kaval'li:na] *f* ❶ (ZOO) junge Stute ❷ (SPORT) Bock *m* ❸ (*loc*) **correre la ~** über die Stränge schlagen; **cavallino, -a** [kaval'li:no] *agg* Pferde-; **mosca -a** Stechfliege *f,* Bremse *f;* **tosse -a** Keuchhusten *m*

cavallo [ka'vallo] *m* ❶ (ZOO, SPORT) Pferd *n;* ~ **a dondolo** Schaukelpferd *n;* ~ **baio** Braune(r) *m;* ~ **bianco** Schimmel *m;* ~ **sauro** Fuchs *m;* ~ **da corsa** Rennpferd *n;* ~ **da sella** Reitpferd *n;* ~ **di battaglia** (*fig*) Stärke *f;* (*di artista*) Glanznummer *f;* **coda di ~** Pferdeschwanz *m;* **ferro di ~** Hufeisen *n;* **andare a ~** reiten; **montare** [o **salire**] **a ~** aufsteigen; **scendere da ~** absitzen; **a ~ di** rittlings auf +*dat;* **essere a ~** (*fig*) über den Berg sein; **a caval donato non si guarda in bocca** (*prov*) einem geschenkten Gaul schaut man nicht ins Maul ❷ (*di scacchi*) Pferd *n,* Springer *m;* (*di carte*) italienische Spielkartenfigur, ≈ Dame *f* (*beim französischen Blatt*) ❸ (*di calzoni, mutande*) Schritt *m*

cavallone [kaval'lo:ne] *m* ❶ (*onda*) Brecher *m,* große Welle ❷ (ZOO) großes Pferd

cavallone, -a *m, f* (*fam pej*) Pferd *n,* grobschlächtiger Mensch

cavalluccio [kaval'luttʃo] <-cci> *m* (*cavallo*) Pferdchen *n;* (*pej*) Klepper *m;* ~ **marino** Seepferdchen *n;* **portare un bambino a ~** ein Kind auf den Schultern tragen

cavapietre [kava'piɛ:tre] <-> *m* Steinbrucharbeiter *m*

cavare [ka'va:re] *vt* ❶ (*estrarre, tirare fuori*) herausholen; (*dente*) ziehen; (*marmo*) (heraus)brechen; (*liquidi*) ablassen, abzapfen; **-rsi gli occhi** (*fig*) sich *dat* die Augen verderben; **non saper ~ un ragno dal bu-**

co (*fig*) nichts erreichen ❷ (*levare*) weg-, ab-, fortnehmen; (*macchia*) entfernen; (*vestiti*) ausziehen, ablegen; **-rsi la fame** den Hunger stillen; **-rsi la sete** den Durst löschen; **-rsi la voglia di far qc** das Bedürfnis befriedigen etw zu tun ❸ **cavarsela** (*fam*) davonkommen; **come te la cavi?** (*fam*) wie kommst du zurecht?; **cavastivali** [kavasti'vaːli] <-> *m* Stiefelknecht *m*

cavatappi [kava'tappi] <-> *m* Korkenzieher *m*

cavaturaccioli [kavatu'rattʃoli] <-> *m* v. **cavatappi**

caverna [ka'vɛrna] *f* ❶ (*grotta*) Höhle *f*, Grotte *f* ❷ (MED) Kaverne *f*; **cavernicolo, -a** [kaver'niːkolo] **I.** *agg* Höhlen- **II.** *m, f* Höhlenbewohner(in) *m(f)*; **cavernoso, -a** [kaver'noːso] *agg* ❶ (*fig: cupo*) hohl; (*voce*) tief ❷ (*luogo*) reich an Höhlen ❸ (MED) kavernös

cavezza [ka'vettsa] *f* ❶ (*di cavallo*) Halfter *m o n*; **tenere a ~ qu** (*fig*) jdn (fest) an der Kandare halten ❷ (*furfante*) Schlingel *m*, Strick *m*

cavia ['kaːvia] <-ie> *f* ❶ (ZOO) Meerschweinchen *n* ❷ (*fig: animale*) Versuchstier *n*; (*persona*) Versuchsperson *f*, Proband(in) *m(f)*

caviale [ka'viaːle] *m* Kaviar *m*

cavicchio [ka'vikkio] <-cchi> *m* ❶ (AGR) Pflanz-, Setzholz *n* ❷ (*di scale*) (Leiter)sprosse *f*; (*piolo*) Pflock *m*; (*gancio*) Haken *m*

caviglia [ka'viʎʎa] <-glie> *f* (ANAT) Fußgelenk *n*; (*di animale*) Fessel *f*; (*malleolo*) Fußknöchel *m*; **cavigliera** [kaviʎ'ʎɛːra] *f* Fußgelenk-, Fesselbandage *f*

cavillare [kavil'laːre] *vi* Haarspaltereien treiben, Haare spalten; **cavillo** [ka'villo] *m* Haarspalterei *f*, Spitzfindigkeit *f*; (*pretesto*) Vorwand *m*; **cavillosità** [kavillosi'ta] <-> *f* Spitzfindigkeit *f*; **cavilloso, -a** [kavil'loːso] *agg* spitzfindig

cavità [kavi'ta] <-> *f* Höhle *f*

cavo ['kaːvo] *m* ❶ (*cavità*) Höhle *f*, Höhlung *f*; **nel ~ della mano** in der hohlen Hand ❷ (ANAT) **~ orale** Mundhöhle *f* ❸ (EL) Kabel *n*; **televisione via ~** Kabelfernsehen *n*; **~ a fibbre ottiche** Glasfaserkabel *n* ❹ (*corda*) Tau *n*, Seil *n*

cavo, -a *agg* hohl

cavolaia [kavo'laːia] <-aie> *f* ❶ (*farfalla*) Kohlweißling *m* ❷ (*campo*) Kohlacker *m*

cavolata [kavo'laːta] *f* (*fig fam*) Dummheit *f*, Blödsinn *m*

cavolfiore [kavol'fioːre] <-> *m* Blumenkohl *m*, Karfiol *m* A

cavolo ['kaːvolo] *m* Kohl *m*; **~ cappuccio**

Weißkohl *m*; **~ di Bruxelles** Rosenkohl *m*, Sprossenkohl *m* A; **~ rapa** Kohlrabi *m*; **~ verzotto** Wirsing(kohl) *m*; **testa di ~** (*fig fam*) Dummkopf *m*; **non capire un ~** (*fam*) nicht die Bohne verstehen; **non fare un ~** (*fam*) keinen Strich tun; **non me ne importa un ~** (*fam*) das kümmert mich einen Dreck *vulg*; **col ~** (*fam*) von wegen!, erst recht nicht!; **sono -i tuoi** (*fam*) das ist dein Bier; **entrarci** [*o* **starci**] **come il ~ a merenda** passen wie die Faust aufs Auge; **che ~ vuoi?** (*fam*) was zum Kuckuck willst du

cavour(r)iano, -a [kavu(r)'rjano] *agg* Cavour'sche, Cavours

cazzata [kat'tsaːta] *f* (*vulg*) Scheiß *m*, Mist *m fam*; **non dire -e!** red bloß keinen Scheiß!

cazzeggiare [katted'dʒaːre] *vt* (*vulg*) Blödsinn [*o* Blech] reden *fam*; (*vulg*) rumhängen; **cazzeggio** [kat'tseddʒo] <-ggi> *m* (*vulg*) Schwachsinn *m*, Gelaber *n*

cazziatone [kattsia'toːne] *m* (MIL, *vulg*) Anschiss *m*; **cazzo** ['kattso] *m* (*vulg: pene*) Schwanz *m*; **testa di ~** (*vulg*) Arschloch *n*; **non me ne importa un ~** (*vulg*) das kümmert mich einen Scheißdreck; **non capisce un ~** (*vulg*) er [*o* sie] versteht keinen Dreck davon

cazzone [kat'tsoːne] *m* ❶ (*vulg*) v. **cazzo** lange Latte *f* ❷ (*fam: balordo*) Blödmann *m*

cazzottare [kattsot'taːre] (*fam*) **I.** *vt* boxen, mit Fäusten schlagen **II.** *vr* **-rsi** (**con qu**) sich (mit jdm) schlagen; **cazzottata, cazzottatura** [kattsot'taːta, kattsotta'tuːra] *f* (*fam*) Keilerei *f*, Prügelei *f*; **cazzotto** [kat'tsɔtto] *m* (*fam*) Faustschlag *m*, Boxhieb *m*; **fare a -i** (**con qu**) sich (mit jdm) schlagen

cazzuola [kat'tsuɔːla] *f* (Maurer)kelle *f*

cazzuto, -a [kat'tsuːto] *agg* (*vulg*) ❶ (*scaltro, imbattibile*) ausgebufft, pfiffig *fam* ❷ (*noioso, faticoso, sgradevole*) abgefuckt

CC *abbr di* **Carabinieri** Karabinieri

cc, c.c. *abbr di* **corrente continua** Gleichstrom

C.C. ❶ *abbr di* **Codice Civile** ≈ BGB ❷ *abbr di* **Corte Costituzionale** ≈ (Bundes)verfassungsgericht ❸ *abbr di* **Corte di Cassazione** ≈ BGH ❹ *abbr di* **Corte dei Conti** ≈ (Bundes)rechnungshof

c/c *abbr di* **conto corrente** Girokonto

CCD *m abbr di* **Centro Cristiano Democratico** *christlich demokratische Partei Italiens*

CCT, cct *m abbr di* **Certificato di Credito del Tesoro** (langfristige) Staatsanleihen *fpl*

CD <-> *m abbr di* **Compact Disc** CD *f;* **lettore** ~ CD-Player *m*

c.d.d. *abbr di* **come dovevasi dimostrare** q.e.d.

C.d.M. *f abbr di* **Cassa del Mezzogiorno** *Entwicklungsbank für Süditalien*

CD-RAM *m abbr di* **Compact Disc Random Access Memory** (INFORM) CD-RAM *f*

CD-ROM, cd-rom *m abbr di* **Compact Disc Read Only Memory** (INFORM) CD-ROM *f;* **lettore** ~ CD-ROM-Laufwerk *n*

C.d.S. *abbr di* **Codice della Strada** StVO

CDU *m abbr di* **Classificazione Decimale Universale** DK *f*, Dezimalklassifikation *f*

ce [tʃe] *pron pers* (*davanti a lo, la, li, le, ne*) *v.* **ci I., II., III.**

CE *f abbr di* **Comunità Europea** (HIST) EG *f*

ceca *f v.* **ceco**

CECA *f acro di* **Comunità Europea del Carbone e dell'Acciaio** (HIST) EGKS *f* (*Europäische Gemeinschaft für Kohle und Stahl*), MontU *f* (*Montanunion*)

cecchino [tʃek'ki:no] *m* Scharfschütze *m*

cece ['tʃe:tʃe] *m* Kichererbse *f*

cecità [tʃetʃi'ta] <-> *f* Blindheit *f*

ceco ['tʃɛ:ko] <*sing*> *m* (*lingua*) Tschechisch(e) *n*

ceco, -a <-chi, -che> I. *agg* tschechisch II. *m, f* (*abitante*) Tscheche *m*, Tschechin *f*

cecogramma [tʃeko'gramma] <-i> *m* in Brailleschrift verfasste Nachricht

Cecoslovacchia [tʃekozlo'vakkia] *f* (**la**) ~ (HIST) die Tschechoslowakei; **cecoslovacco, -a** [tʃekozlo'vakko] <-chi, -che> I. *agg* (HIST) tschechoslowakisch II. *m, f* (HIST) Tschechoslowake *m*, -slowakin *f*

cecoviano, -a [tʃeko'via:no] *agg* Tschechov-, Tschechovs

ced. *abbr di* **cedola** Coupon *m*, Zinsschein *m*

cedere ['tʃɛ:dere] I. *vi* ❶ (MIL: *ritirarsi*) zurückweichen; (*arrendersi*) sich ergeben; ~ **a qc** vor etw *dat* zurückweichen ❷ (*fig: darsi per vinto*) sich beugen, nachgeben; ~ **alle preghiere di qu** jds Bitten nachgeben ❸ (*pilastri, fondazioni*) nachgeben, einstürzen; (*abbassarsi*) absacken II. *vt* ❶ (*lasciare*) überlassen; ~ **il passo a qu** jdm den Vortritt lassen; ~ **le armi** (*a fig*) sich ergeben, die Waffen strecken; ~ **terreno** (*fig*) an Boden verlieren ❷ (COM, JUR) abtreten; **cedevole** [tʃe'de:vole] *agg* ❶ (*duttile, molle*) nachgiebig, weich ❷ (*fig: docile*) gefügig; **cedevolezza** [tʃedevo'lettsa] *f* ❶ (*duttilità*) Nachgiebigkeit *f* ❷ (*fig: docilità*) Gefügigkeit *f;* **cedibile** [tʃe'di:bile] *agg* übertragbar

cediglia [tʃe'diʎʎa] <-glie> *f* Cedille *f*

cedimento [tʃedi'mento] *m* (*di terreno, strada*) Absinken *n*, Absacken *n;* (*di ponte*) Einsturz *m;* (*fig* MED) Schwächeanfall *m*

cedola ['tʃɛ:dola] *f* Schein *m;* (COM, FIN) Coupon *m;* (*di interessi*) Zinsschein *m;* ~ **di consegna** Lieferschein *m;* **cedolare** [tʃedo'la:re] *agg* Dividenden-

cedolino [tʃedo'li:no] *m* ❶ *dim di* **cedola** Coupon *m*, Abschnitt *m* ❷ (FIN) Lohnstreifen *m*

cedrata [tʃe'dra:ta] *f* ❶ (*bevanda*) erfrischendes Getränk aus dem Sirup der Zitronatzitrone ❷ (*dolce*) sizilianischer Zitronatkuchen

cedro ['tʃe:dro] *m* ❶ (*conifera*) Zeder *f;* (*albero da frutto*) Zitronatbaum *m* ❷ (*frutto*) Zitronatzitrone *f* ❸ (*legno*) Zedernholz *n* ❹ (*candito*) Zitronat *n*

ceduo, -a ['tʃɛ:duo] *agg* fällbar, schlagbar; **bosco** ~ Nutzwald *m*, Forst *m*

CEE ['tʃɛ:e] *f abbr di* **Comunità Economica Europea** (HIST) EWG *f*

cefalea [tʃefa'lɛ:a] *f* Kopfschmerz *m*

cefalo ['tʃɛ:falo] *m* Meeräsche *f*

cefalopode [tʃefa'lɔ:pode] *m* Kopffüßer *m*, Zephalopode *m*

ceffo ['tʃɛffo] *m* ❶ (*muso*) Schnauze *f*, Maul *n* ❷ (*fig pej: faccia*) Visage *f fam;* (*persona*) Halunke *m*

ceffone [tʃef'fo:ne] *m* Ohrfeige *f*, Watsche *f A;* **mollare un** ~ **a qu** (*fam*) jdm eine Ohrfeige verpassen

Ceilano [tʃei'la:no] *m* **il** ~ Ceylon *n*

celare [tʃe'la:re] I. *vt* (*poet*) verbergen; (*verità*) verheimlichen II. *vr* **-rsi** sich verbergen; **-rsi a qu** sich vor jdm verbergen

celata [tʃe'la:ta] *f* (HIST) Sturmhaube *f*

celeberrimo, -a [tʃele'bɛrrimo] *agg* superlativo di **celebre** hochberühmt, hochgefeiert

celebrante [tʃele'brante] *m* Zelebrant *m*

celebrare [tʃele'bra:re] *vt* (*vittoria, festa*) feiern; (*messa*) lesen, zelebrieren; (*nozze*) vollziehen; (*processo*) (durch)führen; **celebrativo, -a** [tʃelebra'ti:vo] *agg* (*solenne*) festlich, Fest-; (*glorificatore*) preisend, Lob(es)-; **celebrazione** [tʃelebrat'tsio:ne] *f* Feier *f;* (*di messa*) Zelebrieren *n;* (*di matrimonio*) Vollziehung *f;* (*di processo*) (Durch)führung *f*

celebre ['tʃɛ:lebre] <più celebre, celeberrimo> *agg* berühmt; **celebrità** [tʃelebri'ta] <-> *f* ❶ (*fama*) Ruhm *m*, Berühmtheit *f* ❷ (*persona*) Berühmtheit *f*, Größe *f*

celere ['tʃɛ:lere] I. *agg* ❶ (*nave, servizio, spedizione*) Eil- ❷ (*corso*) schnell, rasch II. *f* Überfallkommando *n;* **celerità** [tʃeleri'ta] <-> *f* Geschwindigkeit *f*, Schnelligkeit f

celeste [tʃe'lɛste] **I.** *agg* ❶ (ASTR) Himmels-; **corpi -i** Himmelskörper *mpl;* **fenomeni -i** Himmelserscheinungen *fpl* ❷ (*fig: divino,* REL) himmlisch ❸ (*colore*) himmelblau **II.** *m* Himmelblau *n;* **celestiale** [tʃeles'tia:le] *agg* himmlisch

celestino [tʃeles'ti:no] *m* Hellblau *n*

celetto [se'letto] *m* (THEAT) Bühnenhimmel *m*

celia ['tʃɛ:lia] <-ie> *f* Spaß *m,* Scherz *m,* Schmäh *m A*

celibato [tʃeli'ba:to] *m* Junggesellendasein *n;* (REL) Zölibat *n o m*

celibe ['tʃɛ:libe] **I.** *agg* (*uomo*) unverheiratet, ledig **II.** *m* Junggeselle *m*

cella ['tʃɛlla] *f* ❶ (*di frati, suore, carcerati*) Zelle *f* ❷ (*vano*) Kammer *f,* Raum *m;* **~ frigorifera** Kühlraum *m* ❸ (*delle api*) (Honig)wabe *f* ❹ (INFORM) Speicher *m*

cello ['tʃɛllo] *m* Cello *n*

cellofanare [selofa'na:re] *vt* (TEC) einschweißen; **cellofanatrice** [selofana'tri:tʃe] *f* Einschweißgerät *n;* **cellofanatura** [selofana'tu:ra] *f* Einschweißen *n*

cellophane® [selo'fan] <-> *m* Zellophan *n*

cellula ['tʃɛllula] *f* Zelle *f;* **~ fotoelettrica** Fotozelle *f,* Photozelle *f;* **-e staminali** (embryonale) Stammzellen *fpl*

cellulare [tʃellu'la:re] **I.** *agg* ❶ (BIOL) zellular, Zell-; **struttura ~** Zellstruktur *f* ❷ (*diviso in celle*) geteilt ❸ (*carcere, furgone*) Zellen- **II.** *m* ❶ (*telefono*) Handy *n fam,* Mobiltelefon *n;* **~ GSM** GSM-Handy *n* ❷ (*furgone*) Grüne Minna *fam* ❸ (*carcere*) Zellengefängnis *n;* **cellularista** [tʃellula'rista] <-i *m,* -e *f*> *mf* Handybenutzer(in) *m(f)*

cellulite [tʃellu'li:te] *f* Zellulitis *f,* Cellulite *f;* **cellulitico, -a** [tʃellu'li:tiko] <-ci, -che> *agg* Zellulitis-, Cellulite-

celluloide [tʃellu'lɔ:ide] *f* Zelluloid *n;* **mondo della ~** Welt *f* des Films; **divi della ~** Leinwandhelden *mpl*

cellulosa [tʃellu'lo:sa] *f* Zellulose *f*

celtico, -a ['tʃɛltiko] <-ci, -che> *agg* ❶ (*dei Celti*) keltisch ❷ (*venereo*) Geschlechts-; **malattie -che** Geschlechtskrankheiten *fpl*

cembalista [tʃemba'lista] <-i *m,* -e *f*> *mf* Cembalist(in) *m(f);* **cembalo** ['tʃembalo] *m* Cembalo *n*

cementare [tʃemen'ta:re] *vt* ❶ (*edilizia*) zementieren; (*strada*) betonieren ❷ (*fig: affermazione*) bekräftigen; (*amicizia*) festigen; **cementizio, -a** [tʃemen'ti:zio] <-i, -ie> *agg* Zement-; **cemento** [tʃe'mento] *m* Zement *m;* (*calcestruzzo*) Beton *m;*

~ armato Stahlbeton *m*

cena ['tʃe:na] *f* Abendessen *n,* Nachtmahl *n A;* **l'ultima ~** das (Letzte) Abendmahl

cenacolo [tʃe'na:kolo] *m* ❶ (*nell'arte*) Abendmahl *n* ❷ (*fig: di artisti e letterati*) Zirkel *m,* Künstlertreff *m*

cenare [tʃe'na:re] *vi* zu Abend essen

cenciaio, -a [tʃen'tʃa:io] <-ai, -aie> *m, f,* **cenciaiolo, -a** [tʃentʃa'iɔ:lo] *m, f* Lumpenhändler(in) *m(f),* -sammler(in) *m(f)*

cencio ['tʃentʃo] <-ci> *m* ❶ (*brandello*) Lumpen *m;* (*per pulire*) (Putz)lappen *m,* -lumpen *m;* **~ da dare in terra** (*fam*) Scheuerlappen *m,* Aufnehmer *m;* **~ della polvere** Staubtuch *n;* **pallido come un ~** (*fig*) totenbleich, leichenblass ❷ (*pej: di abiti*) Fetzen *m,* Lumpen *m* ❸ (*fig: persona indebolita*) geschwächter Mensch, Schatten *m* seiner [*o* ihrer] selbst; **cencioso, -a** [tʃen'tʃo:so] *agg* zerlumpt

cenere[1] ['tʃe:nere] *f* Asche *f;* (**mercoledì del)le -i** Aschermittwoch *m;* **ridursi in ~** ausbrennen; (*fig*) sich ruinieren; **covare sotto la ~** (*a fig*) schwelen

cenere[2] <inv> *agg* aschgrau

cenerentola [tʃene'rɛntola] *f* Aschenbrödel *n,* Aschenputtel *n*

cenerino, -a [tʃene'ri:no] *agg* aschgrau

cenno ['tʃenno] *m* ❶ (*gesto*) Wink *m,* Zeichen *n;* **~ di riscontro** kurze Empfangsbestätigung; **salutare qu con un ~ della mano** jdm zuwinken; **fare ~ di sì/no** nicken/den Kopf schütteln ❷ (*indizio*) Anzeichen *n* ❸ (*spiegazione*) Andeutung *f,* Hinweis *m;* **sull'argomento darò solo qualche ~** das Thema werde ich nur streifen

cenone [tʃe'no:ne] *m* großes Abendessen; **~ di San Silvestro** Silvesterabendessen *n*

cenotafio [tʃeno'ta:fio] <-i> *m* Kenotaph *n,* Zenotaph *n*

censimento [tʃensi'mento] *m* Bestandsaufnahme *f;* **~ della popolazione** Volkszählung *f;* **censire** [tʃen'si:re] <censisco> *vt* zählen; (*registrare*) registrieren

censore [tʃen'so:re] *m* Zensor *m;* **censura** [tʃen'su:ra] *f* ❶ (*controllo*) Zensur *f* ❷ (*ufficio*) Zensurbehörde *f* ❸ (*fig: biasimo*) Rüge *f,* Verweis *m;* **censurabile** [tʃensu'ra:bile] *agg* zu beanstanden; (*biasimevole*) tadelnswert; **censurare** [tʃensu'ra:re] *vt* ❶ (*film, opera, libro*) zensieren ❷ (*fig: criticare*) beanstanden

centauro [tʃen'ta:uro] *m* ❶ (*nella mitologia,* ASTR) Zentaur *m* ❷ (SPORT) Fahrer *m* von Motorradrennen

centellinare [tʃentelli'na:re] *vt* ❶ (*bevanda*) genussvoll trinken ❷ (*fig: gustare*) auskosten

centenario [tʃente'naːrio] <-i> *m* Hundertjahrfeier *f*

centenario, -a <-i, -ie> I. *agg* ① (*che ha cent'anni*) hundertjährig ② (*che ricorre ogni cento anni*) Hundertjahr(es)- II. *m, f* Hundertjährige(r) *f(m);* **centennale** [tʃenten'naːle] *agg* hundertjährig; **centennio** [tʃen'tɛnnio] <-i> *m* Zeitraum *m* von hundert Jahren, hundert Jahre *npl*

centerbe [tʃen'tɛrbe] <-> *m* Kräuterlikör *aus den Abruzzen*

centesima *f v.* **centesimo**

centesimale [tʃentezi'maːle] *agg* zentesimal

centesimo [tʃen'tɛːzimo] *m* ① (*frazione*) Hundertstel *n*, hundertster Teil ② (*moneta*) Cent *m* ③ (*fig fam: denaro*) **non avere un ~ in tasca** blank sein; **non valere un ~** keinen roten Heller wert sein

centesimo, -a I. *agg* hundertste(r, s) II. *m, f* Hundertste(r, s) *mfn*

centigrado, -a [tʃen'tiːgrado] *agg* hundertgradig, Celsius-; **grado ~** Grad Celsius

centigrammo [tʃenti'grammo] *m* Zentigramm *n*, Hundertstel Gramm *n;* **centilitro** [tʃen'tiːlitro] *m* Zentiliter *m o n,* Hundertstel Liter *m;* **centimetro** [tʃen'tiːmetro] *m* Zentimeter *m o n*

centimilionesimo, -a [tʃentimilio'nɛːzimo] *agg* hundertmillionstel

centina ['tʃentina] *f* ① (ARCH) Lehrbogen *m* ② (AERO) Rippe *f*

centinaio [tʃenti'naːio] <*pl:* -aia *f*> *m* Hundert *n;* **un ~ (di...)** etwa hundert (...); **a -aia** zu Hunderten

centista [tʃen'tista] <-i *m*, -e *f*> *mf* Hundertmeterläufer(in) *m(f)*

cento ['tʃɛnto] I. *num* (ein)hundert; (*a fig*) viel; **~ di questi giorni!** noch viele solche Tage! II. <-> *m* Hundert *f;* **per ~** Prozent; *v. a.* **cinque**

centometrista [tʃentome'trista] <-i *m*, -e *f*> *mf* Hundertmeterläufer(in) *m(f)*

centomila [tʃento'miːla] I. *num* hunderttausend II. <-> *m* Hunderttausend *f;* **centomillesimo, -a** [tʃentomil'lɛːzimo] *agg* hunderttausendste(r, s)

centonario, -a [tʃento'naːrio] <-i, -ie> I. *agg* zusammengestückelt, geklittert II. *m* (*autore di centoni*) Verfasser(in) *m(f)* von Centos

centone [tʃen'toːne] *m* (*scherz: banconota da cento*) Blauer *m*

centopiedi [tʃento'piɛːdi] <-> *m* Tausendfüßler *m*

centotredici [tʃento'treditʃi] <-> *m* ① (*numero di telefono*) italienischer Not-

---

ruf ② (*gruppo di pronto intervento*) Polizei *f*, Streifendienst *m;* **chiamare il ~** die Polizei rufen

centrale [tʃen'traːle] I. *agg* ① (*di posizione, a fig: principale*) zentral, Zentral- ② (ADM) Haupt- ③ (GEOG) Zentral-; **Italia ~** Mittelitalien *n* II. *f* Zentrale *f;* **~ elettrica** Elektrizitätswerk *n;* **~ telefonica** Telefonzentrale *f;* **~ nucleare** [*o* **atomica**] Kern-, Atomkraftwerk *n*

centralinista [tʃentrali'nista] <-i *m*, -e *f*> *mf* Telefonist(in) *m(f)*

centralino [tʃentra'liːno] *m* Telefonvermittlung *f*

centralismo [tʃentra'lizmo] *m* Zentralismus *m;* **centralità** [tʃentrali'ta] <-> *f* ① (*posizione*) zentrale Lage, Zentralität *f* ② (POL) Zentralismus *m*

centralizzare [tʃentralid'dzaːre] *vt* zentralisieren; **centralizzazione** [tʃentraliddzat'tsioːne] *f* Zentralisierung *f*

centrare [tʃen'traːre] *vt* ① (*bersaglio*) treffen; (*inquadrare*) visieren; (*mirare*) zielen auf +*acc* ② (*fig: cogliere con precisione*) **~ qc** etw erfassen ③ (TEC) zentrieren; (MOT) auswuchten ④ (*nel calcio*) einwerfen, in die Feldmitte werfen

centrasiatico, -a [tʃentra'ziaːtiko] <-ci, -che> *agg* (GEOG) zentralasiatisch; **centrato, -a** *agg* (*a computer*) zentriert

centrattacco [tʃentrat'takko] <-cchi> *m* Mittelstürmer(in) *m(f);* **centratura** [tʃentra'tuːra] *f* Zentrierung *f;* **centravanti** [tʃentra'vanti] <-> *m* Mittelstürmer(in) *m(f)*

centrifuga [tʃen'triːfuga] <-ghe> *f* Schleuder *f*, Zentrifuge *f;* (*per frutta*) Entsafter *m;* **centrifugare** [tʃentrifu'gaːre] *vt* schleudern, zentrifugieren; **centrifugo, -a** [tʃen'triːfugo] <-ghi, -ghe> *agg* zentrifugal; **forza -a** Flieh-, Zentrifugalkraft *f*

centrino [tʃen'triːno] *m* (Häkel-, Spitzen)deckchen *n*

centritaliano, -a [tʃentrita'liaːno] *agg* (GEOG) mittelitalienisch, Mittelitalien-

centritavola *pl di* **centrotavola**

centro ['tʃɛntro] *m* ① (MAT, GEOG) Mittelpunkt *m;* (POL, ANAT) Zentrum *n* ② (*di città*) (Stadt)zentrum *n*, Stadtmitte *f;* **andare in ~** in die Stadt gehen; **~ abitato** (geschlossene) Ortschaft *f;* **~ balneare** Badeort *m;* **~ storico** Altstadt *f* ③ (*servizio*) Zentrum *n;* **~ commerciale** Einkaufszentrum *n;* **~ estetico** Beautysalon *m;* **~ profughi** Flüchtlingslager *n* ④ (*istituto di studi*) Institut *n;* **~ conferenze** Konferenzzentrum *n;* **~ meccanografico** [*o* **elettronico**] (INFORM) Rechenzentrum *n;* **~ trapi-**

anti Transplantationszentrum *n* ➎ *(fig: punto fondamentale)* Kern-, Mittelpunkt *m;* ~ **d'attrazione** Anziehungspunkt *m;* ~ **di gravità** Schwerpunkt *m;* **far** ~ *(a fig)* treffen

Centroamerica [tʃentroaˈmɛːrika] *f* Mittelamerika *n*

centrocampista [tʃentrokamˈpista] <-i *m*, -e *f>* *mf* Mittelfeldspieler(in) *m(f);* **centrocampo** [tʃentroˈkampo] *m* Mittelfeld *n*

centroclassifica [tʃentroklasˈsiːfika] <-> *m* (SPORT) mittlerer Rang *m*, Mittelfeld *n*

centro commerciale [tʃentro komˈmerˈtʃaːle] *m* Einkaufszentrum *n*

centrodestra [tʃentroˈdɛstra] <-> *m* Mitte-Rechts-Koalition *f*

centroitaliano, -a [tʃentroitaˈliaːno] *agg v.* **centritaliano**

centromediano, -a [tʃentromeˈdiaːno] *m, f* Mittelläufer(in) *m(f);* **centrosinistra** [tʃentrosiˈnistra] <-> *m* Mitte-Links-Koalition *f*

centrotavola [tʃentroˈtaːvola] <centritavola> *m* Tafelaufsatz *m*

centuplicare [tʃentupliˈkaːre] *vt* ➊ (COM) verhundertfachen; (MAT) mit hundert multiplizieren ➋ *(fig: accrescere di molto)* vervielfachen, stark vermehren

centuplo, -a [ˈtʃɛntuplo] **I.** *agg* hundertfach **II.** *m* Hundertfache(s) *n*

ceppo [ˈtʃeppo] *m* ➊ (BOT) Wurzelstock *m;* *(di albero tagliato)* (Baum)stumpf *m* ➋ *(da ardere)* Holzklotz *m;* *(pezzo lungo)* Scheit *m* ➌ *(stirpe)* Stamm *m* ➍ *pl (ai piedi dei prigionieri)* Fesseln *fpl;* *(catene)* Ketten *fpl;* *(fig)* Fesseln *fpl,* Ketten *fpl*

cera[1] [ˈtʃeːra] *f* ➊ *(sostanza)* Wachs *n;* *(per lucidare)* Wichse *f;* ~ **da scarpe** Schuhwichse *f,* -creme *f;* ~ **da pavimenti** Bohnerwachs *n;* ~ **per mobili** Möbelpolitur *f;* **dare la** ~ wachsen, bohnern; **struggersi come la** ~ sich verzehren ➋ *(modello)* Wachsfigur *f;* **museo delle -e** Wachsfigurenkabinett *n*

cera[2] [ˈtʃeːra *o* ˈtʃɛːra] *f (del viso)* Gesichtsfarbe *f;* *(espressione)* Miene *f;* **avere una bella/brutta** ~ gut/schlecht aussehen; *(umore)* gut/schlecht gelaunt sein

ceralacca [tʃeraˈlakka] <-cche> *f* Siegellack *m*

ceramica [tʃeˈraːmika] <-che> *f* ➊ *(oggetto)* Keramik *f,* Töpferware *f* ➋ *(arte)* Keramik(kunst) *f* ➌ *(impasto)* Steingut *n,* Ton *m;* **ceramista** [tʃeraˈmista] <-i *m,* -e *f>* *mf* Keramiker(in) *m(f),* Töpfer(in) *m(f)*

cerato, -a [tʃeˈraːto] *agg* gewachst, Wachs-; **tela -a** Wachstuch *n*

cerbero [ˈtʃɛrbero] *m* ➊ *(nella mitologia)* Zerberus *m,* Höllenhund *m* ➋ *(fig pej: guardiano arcigno)* Zerberus *m;* *(persona intrattabile)* unzugänglicher Mensch

cerbiatto, -a [tʃerˈbiatto] *m, f* Hirschkalb *n*

cerbottana [tʃerbotˈtaːna] *f* Blasrohr *n*

cerca [ˈtʃerka] <-che> *f* **in** ~ **di** auf der Suche nach

cercafase [tʃerkaˈfaːze] <-> *m* (TEC: *in elettrotecnica)* Phasensucher *m*

cercafughe [tʃerkaˈfuːge] <-> *m* (TEC) Gasdetektor *m,* Gassuch-, Gasspürgerät *n*

cercamine [tʃerkaˈmiːne] <-> *m* Minensuchgerät *n*

cercapersone [tʃerkaperˈsoːne] <-> *m* *(beeper)* Piep(s)er *m* einer Personensuchanlage

cercare [tʃerˈkaːre] **I.** *vt* suchen; *(in un libro)* nachschlagen; *(desiderare)* wünschen; *(aspirare)* streben nach; ~ **marito/moglie** sich *dat* einen Mann/eine Frau (zum Heiraten) suchen; ~ **il proprio utile** auf den eigenen Vorteil aus sein; ~ **guai** Streit suchen; **cercasi … …** gesucht **II.** *vi* versuchen; **cercherò di sbrigarmi** ich werde versuchen mich zu beeilen; **chi cerca trova** *(prov)* wer sucht, der findet

cercatore, -trice **I.** *agg* Such- **II.** *m, f* Sucher(in) *m(f)*

cerchia [ˈtʃerkia] <-che> *f* ➊ (GEOG) Ring *m;* *(di mura)* Ringmauer *f* ➋ *(fig: di persone)* Kreis *m,* Runde *f;* ~ **di amici** Freundeskreis *m;* ~ **di utenti** Benutzerkreis *m;* **cerchiare** [tʃerˈkiaːre] *vt* ➊ *(ruota, botte)* bereifen ➋ *(circondare)* umgeben; **cerchiato, -a** [tʃerˈkiaːto] *agg* ➊ *(ruota, botte)* bereift ➋ *(occhi)* umschattet, gerändert

cerchietto [tʃerˈkietto] *m* ➊ *(piccolo cerchio)* kleiner Kreis ➋ *(anello)* Ring *m;* *(braccialetto)* Reif *m;* *(per capelli)* Haarreif *m*

cerchio [ˈtʃerkio] <-chi> *m* ➊ (MAT) Kreis *m* ➋ *(di botte)* Reifen *m;* **dare un colpo al** ~ **ed uno alla botte** *(fig)* eine klare Stellung beziehen ➌ *(di ruota)* Felge *f;* **-chi in lega** Leichtmetallfelgen *fpl* ➍ *(di persone)* Ring *m,* Kreis *m;* **fare ~ attorno a qu** einen Kreis um jdn bilden, jdn umringen; **disporsi in** *[o* **a]** ~ sich im Kreis aufstellen ➎ *(anello)* Ring *m;* *(bracciale)* Armreif *m;* *(per capelli)* Stirnreif *m* ➏ *(loc)* **avere un** ~ **alla testa** *(fig)* Kopfschmerzen haben; **cerchione** [tʃerˈkioːne] *m* Felge *f*

cercopiteco [tʃerkopiˈtɛːko] <-chi> *m*

(zoo) Meerkatze *f*

cereagricolo, -a [tʃerea'gri:kolo] *agg den Getreideanbau einer landwirtschaftlichen Genossenschaft betreffend;* **sezione** -a genossenschaftliche Sektion für Getreideanbau

cereale [tʃere'a:le] *agg* Getreide-; **cereali** [tʃere'a:li] *mpl* Getreide *n;* **cerealicolo, -a** [tʃerea'li:kolo] *agg* Getreide-; **coltura** -a Getreideanbau *m;* **cerealicoltore, -trice** [tʃerealikol'to:re] *m, f* Getreidebauer, -bäuerin *m, f;* **cerealicoltura** [tʃerealikol'tu:ra] *f* Getreideanbau *m;* **cerealicultore, -trice** [tʃerealikul'to:re] *v.* **cerealicoltore; cerealicultura** [tʃerealikul'tu:ra] *v.* **cerealicoltura**

cerealista [tʃerea'lista] <-i *m,* -e *f> mf* (*industriale che si occupa del commercio di cereali*) Vertriebsagent(in) *m(f)* für den Getreidehandel

cerebrale [tʃere'bra:le] *agg* ❶ (ANAT) Gehirn-, zerebral ❷ (*fig: persona, artista, opera*) kopflastig, intellektualistisch; **cerebralismo** [tʃerebra'lizmo] *m* Kopflastigkeit *f,* Intellektualismus *m;* **cerebralità** [tʃerebrali'ta] <-> *f* Kopflastigkeit *f*

cereo, -a ['tʃɛ:reo] <-ei, -ee> *agg* ❶ (*di cera*) wächsern ❷ (*aspetto, volto*) wachs-, kreidebleich

ceretta [tʃe'retta] *f* Enthaarungswachs *n*

cerimonia [tʃeri'mɔ:nja] <-ie> *f* ❶ (*rito*) Zeremonie *f;* (*festeggiamento*) Feier *f;* **abito da ~** (*da donna*) Festkleid *n,* Abendkleid *n;* (*da uomo*) dunkler Anzug ❷ *pl* (*complimenti*) Förmlichkeiten *fpl;* **cerimoniale** [tʃerimo'nja:le] *m* ❶ (*regole*) Zeremoniell *n* ❷ (*libro*) Zeremonienbuch *n;* **cerimoniosità** [tʃerimoniosi'ta] <-> *f* Förmlichkeit *f;* **cerimonioso, -a** [tʃerimo'njo:so] *agg* förmlich

cerino [tʃe'ri:no] *m* Wachsstreichholz *n*

cerniera [tʃer'njɛ:ra] *f* ❶ (*di borsa*) Verschluss *m,* Schloss *n;* **~ lampo** Reißverschluss *m* ❷ (*a cardine*) Scharnier *n*

cernita [tʃer'ni:ta] *f* Auslese *f,* Auswahl *f*

cero ['tʃɛ:ro] *m* große Kerze; **~ pasquale** Osterkerze *f*

cerone [tʃe'ro:ne] *m* Schminke *f*

ceroso, -a [tʃe'ro:so] *agg* (*simile a cera*) wachsartig; (*di cera*) Wachs-; (*contenente cera*) wachshaltig

cerottino [tʃerot'ti:no] *m* (MED) *dim di* **cerotto** kleines Pflaster, Pflästerchen *n;* **cerotto** [tʃe'rɔtto] *m* ❶ (MED) Pflaster *n* ❷ (*fam pej: persona molesta*) Nervensäge *f;* (*di salute cagionevole*) kränklicher Mensch

certamente [tʃerta'mente] *avv* sicherlich,

gewiss

certezza [tʃer'tettsa] *f* Sicherheit *f,* Gewissheit *f*

certificare [tʃertifi'ka:re] *vt* bescheinigen, bestätigen; **certificato** [tʃertifi'ka:to] *m* Zeugnis *n;* (ADM) Bescheinigung *f,* Nachweis *m;* (*documento*) Urkunde *f;* (*attesto*) Attest *n;* **~ di garanzia** Garantieschein *m;* **~ di morte** Sterbeurkunde *f;* **~ di nascita** Geburtsurkunde *f;* **~ di proprietà** Kfz-Brief *m;* **~ di residenza** Anmeldebestätigung *f;* **~ medico** ärztliches Attest

certo ['tʃɛrto] *avv* sicher(lich), natürlich; **~ che vengo!** natürlich komme ich!; **ma ~!** aber sicher!; **sì/no ~!,** **~ che sì/ no!** ja sicher/sicher nicht!; **ormai sarà ~ arrivato** jetzt ist er sicher schon angekommen; **lei, ~, lo nega** sie bestreitet es natürlich

certo, -a *agg* ❶ (*sicuro*) sicher, gewiss; (*in dubbio*) zweifellos; (*vero*) wahr; (*convinto*) überzeugt; **dare qc per ~** etw als Tatsache hinstellen ❷ (*qualche*) manche(r, s); **in -i giorni** an manchen Tagen ❸ (*alquanto*) einige(r, s) ❹ (*tale*) gewiss; **in un ~ senso** in gewissem Sinne; **quel ~ non so che** das gewisse Etwas; **hai -e occhiaie oggi!** hast du aber heute Ringe unter den Augen!; **ha telefonato una -a Gianna** eine gewisse Gianna hat angerufen

certosa [tʃer'to:za] *f* (REL, ARCH) Kartause *f*

certosina [tʃerto'zi:na] *f* (KUNST: *tavolino rinascimentale intarsiato con oro e vari legni*) Intarsia *f*

certosino [tʃerto'zi:no] *m* ❶ (REL) Kartäuser *m* ❷ (GASTR) Honigkuchen mit Gewürzen und kandierten Früchten; (*liquore*) Kräuterlikör *m,* Chartreuse® *m* ❸ (*loc*) **pazienza da** [*o* **di un**] *~* Engelsgeduld *f;* **lavoro da ~** Geduldsarbeit *f*

certuno [tʃer'tu:no] *pron indef* manch eine(r, s), manche(r, s)

cerume [tʃe'ru:me] *m* Ohrenschmalz *n*

cervelletto [tʃervel'letto] *m* Kleinhirn *n*

cervello [tʃer'vɛllo] <*pl a*: cervella *f*> *m* ❶ (ANAT) Gehirn *n;* **lavaggio del ~** Gehirnwäsche *f;* **avere il ~ di una gallina** [*o* **di una formica**] (*fig*) ein Spatzenhirn haben *fam* ❷ (INFORM) Rechner *m;* **~ elettronico** Elektronenhirn *n,* -rechner *m* ❸ (*fig: intelletto*) Verstand *m;* (*senno*) Vernunft *f;* (*intelligenza*) Intelligenz *f;* (*spirito*) Geist *m;* (*testa*) Kopf *m;* **è un ~** er [*o* sie] ist ein kluger Kopf; **agire senza ~** unvernünftig handeln; **usare il ~** nachdenken; **uscire di ~** (*fig*) den Verstand verlieren; **dare di volta il ~** (*fig*) durchdrehen *fam;* **bruciarsi** [*o* **farsi saltare**] **le cervella** sich *dat* eine

Kugel durch den Kopf jagen; **mi si spacca il ~** mir platzt der Kopf; **arrovellarsi** [o **lambiccarsi**] **il ~** (*fig*) sich *dat* den Kopf zerbrechen; **cervellone, -a** [tʃervel'loːne] *m, f* Intelligenzbestie *f;* **cervellotico, -a** [tʃervel'lɔːtiko] <-ci, -che> *agg* wunderlich, (ab)sonderlich

cervicale [tʃervi'kaːle] *agg* Nacken-, Hals-

cervicite [tʃervi'tʃiːte] *f* (MED) Gebärmutterhalsentzündung *f,* Zervizitis *f*

Cervino [tʃer'viːno] *m* Matterhorn *n*

cervo [tʃˈervo] *m* Hirsch *m;* **~ volante** (ZOO) Hirschkäfer *m;* (*giocattolo*) (Papier)drachen *m*

cesareo [tʃeˈzaːreo] *agg* kaiserlich; **taglio ~** (MED) Kaiserschnitt *m*

cesarismo [tʃezaˈrizmo] <*sing*> *m* (POL) Cäsarismus *m*

cesarista [tʃezaˈrista] <-i *m,* -e *f*> I. *mf* (POL) Cäsarenherrscher(in) *m(f) geh* II. *agg* cäsarisch *geh,* selbstherrlich

cesellare [tʃezelˈlaːre] *vt* ziselieren; **cesellatore, -trice** [tʃezellaˈtoːre] *m, f* Ziseleur *m,* Ziselierer(in) *m(f);* **cesellatura** [tʃezellaˈtuːra] *f* Ziselierung *f;* **cesello** [tʃeˈzɛllo] *m* Grabstichel *m;* (*a più punte*) Punze *f;* **lavorare di ~** (*a fig*) ziselieren

cesoia [tʃeˈzoːia] <-oie> *f* ❶ (*per lamiere*) Draht-, Blechschere *f* ❷ *pl* (*da giardino*) Gartenschere *f*

cesoiata [tʃezoiˈaːta] *f* Scherenschnitt *m*

cesoiatore, -trice [tʃezoiaˈtoːre] *m, f* Bediener(in) *m(f)* der Blechschneidemaschine; **cesoiatrice** [tʃezoiaˈtriːtʃe] *f* (TEC) Blechschneidemaschine *f;* **cesoista** [tʃezoˈista] <-i *m,* -e *f*> *mf v.* **cesoiatore**

cespite [tʃˈɛspite] *m* Einnahmequelle *f*

cespo [tʃˈɛspo] *m* (Salat-, Kohl)kopf *m;* **~ d'insalata** Salatkopf *m*

cespuglieto [tʃespuʎˈʎeːto] *m* Gebüsch *n,* Strauchrabatte *f*

cespuglio [tʃesˈpuʎʎo] <-gli> *m* Busch *m,* Strauch *m;* **cespuglioso, -a** [tʃespuʎˈʎoːso] *agg* ❶ (BOT) strauchig ❷ (*fig: sopracciglia*) buschig

cessare [tʃesˈsaːre] I. *vi* essere o avere **~ di fare qc** aufhören etw zu tun II. *vt avere* einstellen, beenden

cessate il fuoco [tʃesˈsaːte il ˈfuɔːko] <-> *m* Waffenstillstand *m*

cessazione [tʃessatˈtsioːne] *f* Beendigung *f,* Aufgabe *f;* **~ delle ostilità** Einstellung *f* der Feindseligkeiten; **~ di un contratto** Auslaufen *n* eines Vertrages

cessione [tʃesˈsioːne] *f* Abtretung *f,* Übertragung *f*

cesso [tʃˈɛsso] *m* (*fam*) Klo *n,* Lokus *m*

cesta [tʃˈesta] *f* ❶ (*recipiente*) Korb *m*

❷ (*contenuto*) Korb (voll) *m;* **cestello** [tʃesˈtɛllo] *m* ❶ (*piccola cesta*) Körbchen *n;* (*per bottiglie*) Flaschenkorb *m* ❷ (*di lavatrice*) Trommel *f;* (*di lavastoviglie*) (Geschirr)korb *m*

cestinare [tʃestiˈnaːre] *vt* (*a fig*) in den Papierkorb werfen

cestino [tʃesˈtiːno] *m* Körbchen *n;* **~ da lavoro** Nähkästchen *n;* **~ da viaggio** Lunchpaket *n;* **~ della carta** Papierkorb *m*

cesto [tʃˈesto] *m* Korb *m;* **~ regalo** Präsent-, Geschenkkorb *m*

cesura [tʃeˈzuːra] *f* Zäsur *f*

cetaceo [tʃeˈtaːtʃeo] *m* Walfisch *m*

ceto [tʃˈɛːto] *m* Stand *m;* (*strato*) Schicht *f*

cetra [tʃˈeːtra] *o* 'tʃɛːtra] *f* ❶ (MUS) Zither *f,* Lyra *f* ❷ (*fig: ispirazione poetica*) dichterische Inspiration

cetriolo [tʃetriˈɔːlo] *m* Gurke *f*

cf., cfr. *abbr di* **confronta** vgl.

CFC *mpl abbr di* **clorofluorocarburo** FCKW *m,* Fluorchlorkohlenwasserstoff *m*

cg *abbr di* **centigrammo** cg

CGIL *f abbr di* **Confederazione Generale Italiana del Lavoro** Allgemeiner italienischer Gewerkschaftsbund

CH *abbr di* **Confoederatio Helvetica** CH

cha cha cha [tʃa tʃa ˈtʃa] <-> *m* Cha-Cha(-Cha) *m*

chairman [ˈtʃɛəmən] <-> *m* Chairman *m,* Vorsitzende(r) *f/m),* Älteste(r) *f/m)*

chalet [ʃaˈlɛ] <-> *m* Chalet *n,* Sennhütte *f*

chambré [ʃãˈbre] <inv> *agg* (GASTR: *vino*) bei Raumtemperatur zu servieren

champagne [ʃãˈpaɲ] I. <-> *m* (GASTR) Champagner *m* II. <inv> *agg* (*colore*) champagnerfarben

champignon [ʃãpiˈɲɔ̃] <- *o* champignons> *m* (GASTR) Champignon *m*

chance [ʃãːs] <-> *f* Chance *f*

chanteuse [ʃãˈtøːz] <-> *f* Kabarett-, Nachtclubsängerin *f*

chantilly [ʃãtiˈji] <-> *f* ❶ (GASTR) geschlagene Sahne, Schlag *m A;* (*crema*) Creme *f* für Tortenfüllungen; **crema ~** Schlagsahne *f,* Schlagobers *m A* ❷ (*pizzo*) Sahnehaube *f*

chapter [ˈtʃæptə] <- *o* chapters> *m* ❶ (*sala per assemblee*) Sitzungssaal *m,* Tagungsraum *m,* Konferenzraum *m* ❷ (*consiglio*) Rat *m*

charango [tʃaˈrango] <charangos> *m* (MUS) fünfsaitige Mandoline der südamerikanischen Indios

charme [ʃarm] <-> *m* Charme *m*

chart [tʃaːt] <-> *f* ❶ (FIN) Verlaufsdiagramm *n* der Börsennotierungen ❷ (*graduatoria di successi*) Chart *f*

charter [ˈtʃaːtə] I. <-> *m* (AERO) Charter-

flugzeug *n* II.<inv> *agg* gechartert, Charter-; **volo ~** Charterflug *m*

chase [tʃeis] <-> *m* (MUS: *jazz*) improvisierte Solopassage *f*

châssis [ʃa'si] <-> *m* Chassis *n*, Fahrgestell *n*

chatlag [tʃæt'læg] <-> *m* (INFORM) Chatlag *m*

chat-line [tʃat'lain] <-> *f* (TEL) Chatline *f*

chattare [tʃat'ta:re] *vi* (INFORM) chatten; **chatting** ['tʃɛtting] <-> *m* (INFORM) Chatten *n*

chauffeur [ʃo'fœːr] <-> *m* Chauffeur *m*

che [ke] I. *pron rel* ❶ (*soggetto*) der *m*, die *f*, das *n*, die *pl*, welche(r, s) *geh*, welche *pl geh* ❷ (*complemento*) den *m*, die *f*, das *n*, die *pl*, welche(n, s) *geh*, welche *pl geh* ❸ (*la qual cosa*) was ❹ (*temporale*) als, an dem; (*luogo a*) wo II. *pron inter* was; **~ (cosa) pensi?** was denkst du?; **~ cosa vuoi da bere?** was möchtest du trinken?; **~ ne dici?** was hältst du davon?; **di ~ (cosa) ti lamenti?** (worüber) beklagst du dich? III. *pron* was; **~ vedo!** was sehe ich!; **~, sei già in piedi!** was, du bist schon auf(gestanden)? IV. *pron indef* etwas; **ha un certo non so ~ di curioso** er hat etwas Sonderbares an sich *dat* V. *agg* (*interrogativo*) welche(r, s), was für ein(e); **a ~ pagina siamo arrivati?** auf welcher Seite sind wir?; **con ~ diritto?** mit welchem Recht?; **~ uomo sei?** was bist du für ein Mensch? VI. <inv> *agg* (*esclamativo*) was für ein(e); **~ bello!** wie schön!; **~ stupido sono stato!** wie dumm ich doch gewesen bin! VII. *cong*+*conj* ❶ (*con proposizioni subordinate*) dass; (*affinché*) damit; **è ora ~ tu vada** es wird Zeit, dass du gehst; **c'era un'afa ~ non si respirava** es war so schwül, dass man kaum atmen konnte; **in modo ~** so, dass; **sempre ~** vorausgesetzt, dass ❷ (*temporale, eccettuativo, in comparazioni*) als; **è andata meglio ~ non credessi** es ging besser, als ich gedacht hatte; **nonostante ~** obwohl; **prima ~** bevor; **ogni volta ~** jedes Mal, wenn ❸ (*limitativo*) soweit; **~ io sappia non è ancora arrivato** soviel ich weiß, ist er noch nicht angekommen; **non fa altro ~ brontolare** er [*o* sie] meckert andauernd; **~ vada!** dann soll er/sie doch gehen!; **~ tu lo voglia o no, è lo stesso** ob du (es) willst oder nicht ist egal; **sia ~ ..., sia ~ ...** ob ... sei ..., sei es, dass ... oder ...; **~ mi sia sbagliato?** sollte ich mich getäuscht haben?; **~ nessuno osi entrare!** dass mir keiner hereinkommt!

ché [ke] *cong* (*poet*) weil, da

checca ['kekka] <-cche> *f* (*sl*) Tunte *f*

checché [kek'ke] *pron rel o pron indef* was auch immer

check-in ['tʃek'in] <-> *m* (AERO) Check-in-Schalter *m*; **fare il ~** einchecken

check panel ['tʃek 'pænl] <-> *m* (MOT) Kontrolltafel *f*

checkpoint ['tʃek'pɔint] <-> *m* ❶ (*posto di blocco*) Kontrollposten *m*, Checkpoint *m* ❷ (AERO: *punto di riferimento noto*) Kontrollpunkt *m*

checks and balances ['tʃeks ən(d) 'bælənsiz] *mpl* (JUR, POL: *sistema istituzionale*) Gewaltenteilung *f* (*Kontrolle und Teilung der Staatsgewalt in demokratischen Ordnungen*)

check-up ['tʃekʌp *o* tʃe'kap] <-> *m* (MED) gründliche Untersuchung, Check-up *m*

cheese-burger ['tʃi:zbə:gə] <-> *m* Cheeseburger *m*

chef [ʃɛf] <-> *m* Chefkoch *m*

chela ['kɛːla] *f* Schere *f* (von Schalentieren)

chemioterapia [kemiotera'pi:a] <-ie> *f* Chemotherapie *f*

chemisier [ʃəmi'zje] <-> *m* Hemdblusenkleid *n*

chepì [ke'pi] <-> *m* Käppi *n*, Schiffchen *n*

chèque [ʃɛk] <-> *m* Scheck *m*

cheratina [kera'ti:na] *f* Keratin *n*

cherigma [ke'rigma] *m* (REL) Kerygma *n*; **cherigmatico, -a** [kerig'ma:tiko] <-ci, -che> *agg* (REL) kerygmatisch

cherosene [kero'zɛːne] *m* Kerosin *n*

cherubino [keru'bi:no] *m* (REL) Cherub(im) *m*

chetare [ke'taːre] I. *vt* beruhigen II. *vr* **-rsi** sich beruhigen

chetichella [keti'kɛlla] *f* **alla ~** heimlich, in aller Stille

cheto, -a ['keːto] *agg* still, ruhig; **acqua -a** (*fig*) stilles Wasser; **acqua -a rompe i ponti** (*prov*) stille Wasser sind tief

chewing gum ['tʃuːiŋɡʌm] <-> *m* Kaugummi *n o m*

chi [ki] I. *pron rel* ❶ (*soggetto*) wer, der-/die-/dasjenige, welche(r, s); **si salvi ~ può** rette sich, wer kann ❷ (*accusativo*) den-/die-/dasjenige(n), welche(n, s); **parlane a ~ vuoi** sag es, wem du willst II. *pron indef* jemand, einer; **~ dice una cosa, ~ un'altra** der eine sagt dies, der andere das III. *pron inter* ❶ (*soggetto*) wer; **~ c'è?** wer ist da? ❷ (*accusativo*) wen; (*dativo*) wem; **di ~ hai paura?** vor wem hast du Angst?; **di ~ è questo giornale?** wem gehört diese Zeitung?; **a ~ telefoni?** wen rufst du an?; **con ~ esci?** mit wem gehst du aus? IV. *pron* ❶ (*soggetto*) wer ❷ (*og-*

getto) wen; **~ si vede!** so trifft man sich!
chiaccherato, -a [kiakke'ra:to] *agg* im
Gerede; **è una ragazza molto -a** über das
Mädchen wird viel getratscht
chiacchiera ['kiakkiera] *f* ❶ *pl* (*conversazione*) Plauderei *f*, Schwätzchen *n*; (*pej*)
Geschwätz *n*; **fare quattro -e** (*fam*) ein
Schwätzchen halten ❷ (*loquacità*) Geschwätzigkeit *f* ❸ (*notizia infondata*) Gerede *n*, Klatsch *m*; **tutte -e!** alles Geschwätz! ❹ *pl* (GASTR) Baiser *n*; **chiacchierare** [kiakkie'ra:re] *vt* ❶ (*parlare*)
plaudern, schwatzen ❷ (*pej: spettegolare*)
klatschen, tratschen *fam*; **chiacchierata**
[kiakie'ra:ta] *f* Plausch *m*, Plauderei *f*; **chi-
acchiericcio** [kiakkie'rittʃo] <-cci> *m*
❶ (*chiacchierio, parlottio*) Geplauder *n*
❷ (*pettegolezzo*) Gerede *n*, Tratsch *m*,
Klatsch *m*; **chiacchierino, -a** [kia-
kie'ri:no] **I.** *agg* redselig, geschwätzig
II. *m, f* Plappermaul *n fam*; **chiacchierio**
[kiakie'ri:o] <-ii> *m* (*diceria*) Gerede *n*;
(*rumore*) Gemurmel *n*; **chiacchierone,
-a** [kiakie'ro:ne] **I.** *agg* ❶ (*che chiacchiera
molto*) geschwätzig, redselig ❷ (*che non
sa tenere un segreto*) klatschhaft, schwatzhaft **II.** *m, f* ❶ (*chi chiacchiera molto*)
Schwätzer *m fam*, Plaudertasche *f* ❷ (*chi
non sa tenere un segreto*) Klatschmaul *n*
chiama ['kia:ma] *f* (Namens)aufruf *m*
chiamare [kia'ma:re] **I.** *vt* ❶ (*gener*) rufen; **mandare a ~ qu** jdn rufen lassen;
~ qu per nome jdn mit seinem Namen ansprechen; **~ a raccolta** zusammenrufen;
~ aiuto um Hilfe rufen; **~ alle armi** zu den
Waffen rufen; (*servizio di leva*) einberufen;
~ in giudizio (JUR) vor Gericht laden; **~ in
causa** (*fig*) in etw *acc* hineinziehen ❷ (*telefonare*) anrufen ❸ (*dare nome*) (be)nen-
nen; **~ qc** etw (be)nennen, einer Sache *dat*
einen Namen geben; **~ le cose col loro
(vero) nome** die Dinge beim Namen nennen ❹ (*a una carica*) ernennen, berufen
II. *vr* **-rsi** (*aver nome*) heißen; (*considerarsi*) sich nennen; **come ti chiami?** wie
heißt du?; **chiamata** [kia'ma:ta] *f* ❶ (TEL)
Anruf *m*, Telefongespräch *n*; **~ interurbana** Ferngespräch *n* ❷ (MIL) Einberufung *f*
❸ (JUR) Vorladung *f* ❹ (TYP) Verweis *m*
chianti ['kianti] <-> *m* Chianti *m* (*Rotwein
aus der Toskana*)
chiappa ['kiappa] *f* (*vulg*) Arschbacke *f*
chiappare [kiap'pa:re] *vt* (*fam*) ❶ (*afferrare*) schnappen, packen ❷ (*sorprendere*)
erwischen
chiara ['kia:ra] *f* (*fam*) Eiweiß *n*, Eiklar *n A*
chiaretto [kia'retto] *m* heller Wein; (*rosé*)
Rosé(wein) *m*

chiarezza [kia'rettsa] *f* ❶ (*fig: lucidità*)
Klarheit *f*, Deutlichkeit *f* ❷ (*di cielo*) Klarheit *f*; (*d'acqua*) Reinheit *f*
chiarificare [kiarifi'ka:re] *vt* ❶ (*liquido*)
klären ❷ (*fig: chiarire*) klarstellen; (*spiegare*) erläutern, erklären
chiarificatore [kiarifika'to:re] *m* Klärmit-
tel *n*; (*recipiente*) Klärgefäß *n*; **chiarificazione** [kiarifikat'tsio:ne] *f* ❶ (*fig: chiarimento*) Erklärung *f*, Erläuterung *f* ❷ (*di
liquido*) Klärung *f*
chiarimento [kiari'mento] *m* Erklärung *f*,
Erläuterung *f*; **chiarire** [kia'ri:re] <chia-
risco> **I.** *vt* ❶ (*spiegare*) erläutern, erklären; (*situazione*) klären, klarstellen; (*dubbio*) aus der Welt schaffen; (*faccenda a*)
bereinigen ❷ (*oro, argento*) putzen; (*lucidare*) polieren **II.** *vr* **-rsi** ❶ (*diventare chiaro*) sich aufklären ❷ (*procurarsi chiarezza*)
-rsi di qc sich *dat* über etw *acc* Klarheit
verschaffen
chiarissimo, -a [kia'rissimo] *agg* Anrede
für eine(*n*) *Professor*(*in*)
chiaro ['kia:ro] **I.** *m* Helle(s) *n*; (*luce*)
Licht *n*, Helligkeit *f*; **al ~ di luna** bei Mondschein; **vestire di ~** hell gekleidet sein;
mettere in ~ una questione eine Angelegenheit klarstellen **II.** *avv* offen; **parlar ~**
offen reden; **vederci ~ in qc** etw durchschauen; **~ e tondo** klipp und klar
chiaro, -a *agg* ❶ (*giorno, cielo, acqua*)
klar; (*colore, suoni, voce*) hell; **blu/ver-
de ~** hellblau/-grün ❷ (*fig: netto, deciso*)
klar; **~ come la luce del sole** sonnenklar;
un no ~ e tondo (*fig*) ein klares Nein
❸ (*fig: comprensibile*) klar
chiarore [kia'ro:re] *m* Schein *m*
chiaroscuro [kiaros'ku:ro] *m* ❶ (*tecnica*)
Helldunkelmalerei *f* ❷ (*fig: della vita*)
Wechselfälle *mpl*; (*contrasto*) Kontrast *m*
chiaroveggente [kiaroved'dʒɛnte] **I.** *agg*
hellseherisch **II.** *mf* Hellseher(in) *m(f)*;
chiaroveggenza [kiaroved'dʒɛntsa] *f*
❶ (*preveggenza*) Hellsehen *n* ❷ (*fig: perspicacia*) Scharfblick *m*
chiasmo ['kiasmo] *m* (LING: *figura retorica*) Chiasmus *m*
chiassata [kias'sa:ta] *f* Theater *n fam*; (*rumore*) Lärm *m*; (*lite*) Krach *m fam*
chiasso ['kiasso] *m* (*rumore*) Krach *m*,
Lärm *m*; **fare un ~ del diavolo** (*fam*) einen Höllenlärm machen; **l'articolo ha fatto ~** (*fig*) der Artikel hat Aufsehen erregt
chiassoso, -a [kias'so:so] *agg* ❶ (*persone, luoghi*) laut ❷ (*colore*) grell
chiatta ['kiatta] *f* (*traghetto*) Fähre *f*; (*per
trasporto merci*) Lastkahn *m*
chiavarda [kia'varda] *f* Bolzen *m*

chiavare [kia'vaːre] *vt* (*vulg*) vögeln, ficken

chiave[1] ['kiaːve] *f* (*a fig*) Schlüssel *m;* (*punto strategico*) Schlüsselpunkt *m; ~ di* **ricerca** (INFORM) Suchausdruck *m; ~ di* **volta** (ARCH) Schluss-, Scheitelstein *m;* (*fig*) Grundlage *f,* Basis *f; ~* **inglese** (TEC) Engländer *m;* **chiudere a ~** abschließen, absperren *A;* **mettere sotto ~** unter Verschluss halten; **-i in mano** (*casa*) schlüsselfertig, bezugsfertig; **la ~ di un enigma** (*fig*) eines Rätsels Lösung

chiave[2] <inv> *agg* Schlüssel-; **personaggio ~** Schlüsselfigur *f;* **chiavetta** [kia'vetta] *f* (*di giocattolo*) (Aufzieh)schlüssel *m;* (*per condutture*) (Gas-, Wasser)hahn *m; ~* **d'accensione** Zündschlüssel *m*

chiavica ['kiaːvika] <-che> *f* ❶(*fogna*) Abzugskanal *m* ❷(*in idraulica*) Schleuse *f;* **topo di ~** Kanalratte *f*

chiavistello [kiavis'tɛllo] *m* Riegel *m*

chiazza ['kiattsa] *f* Fleck *m;* (*di liquidi a*) Klecks *m;* **chiazzare** [kiat'tsaːre] *vt* beflecken; (*con liquidi a*) beklecksen

chic [ʃik] I.<inv> *agg* schick, elegant II.<-> *m* Schick *m,* Eleganz *f*

chicca ['kikka] <-cche> *f* ❶(*linguaggio infantile*) Süßigkeit *f,* Süße(s) *n,* Bonbon *m o n,* Zuckerl *n A* ❷(*fig: cosa squisita*) Schmuckstück *n*

chicchera ['kikkera] *f* Tasse *f,* Schale *f,* Häferl *n A*

chicchessia [kikkes'siːa] <inv> *pron indef* wer auch immer

chicchirichì [kikkiri'ki] <-> *m* (*verso del gallo*) Kikeriki *n*

chicco ['kikko] <-cchi> *m* ❶(BOT: *di grano, riso*) Korn *n;* (*di caffè*) Bohne *f* ❷(*di grandine*) Korn *n;* (*di un vezzo*) Perle *f*

chiedere ['kiɛːdere] <chiedo, chiesi, chiesto> I. *vt* ❶(*per sapere*) fragen nach; **~ qc a qu** jdn etw fragen; **~ il prezzo di qc** nach dem Preis von etw fragen; **~ notizie di qu** sich nach jdm erkundigen ❷(*per avere*) bitten um, erbitten; **~ un favore a qu** jdn um einen Gefallen bitten; **~ la mano di una ragazza** um die Hand eines Mädchens anhalten II. *vi* fragen; **~ a qu di qc** sich bei jdm nach etw erkundigen

chierica ['kieːrika] <-che> *f* Tonsur *f*

chierichetto [kieri'ketto] *m* Messdiener *m,* Ministrant *m;* **chierico** ['kieːriko] <-ci> *m* Geistliche(r) *m*

chiesa ['kiɛːza] *f* Kirche *f*

chiesi ['kiɛːsi *o* 'kiɛːzi] *1. pers sing pass rem di* **chiedere**

chiesto ['kiɛsto] *pp di* **chiedere**

Chieti *f* Chieti *n* (*Stadt in den Abruzzen*)

chietino, -a [kie'tiːno] I. *agg* aus Chieti stammend II. *m, f* (*abitante*) Einwohner(in) *m(f)* von Chieti

chifel ['kiːfel] <-> *m* Hörnchen *n,* Kipfe(r)l *m A*

chiffon [ʃi'fɔ̃] <-> *m* Chiffon *m*

chiglia ['kiʎʎa] <-glie> *f* Kiel *m*

chignon [ʃi'njɔ̃] <-> *m* (Haar)knoten *m,* Dutt *m*

chilo ['kiːlo] *m abbr di* **chilogrammo** Kilo *n*

chilocaloria [kilokalo'riːa] *f* Kilokalorie *f;* **chilociclo** [kilo'tʃiːklo] *m* Kilohertz *n*

chilogrammo [kilo'grammo] *m* Kilogramm *n*

chilohertz [kilo'ɛrts] *m* Kilohertz *n*

chilometraggio [kilome'traddʒo] <-ggi> *m* zurückgelegte Kilometerzahl; (*tasso di rimborso*) Kilometergeld *n;* **chilometrico, -a** [kilo'mɛːtriko] <-ci, -che> *agg* ❶(*di chilometro*) Kilometer-; (*percorso*) kilometrisch ❷(*fig: interminabile*) unendlich lang; **chilometro** [ki'lɔːmetro] *m* Kilometer *m*

chiloton [kilo'tɔːn] *v.* **chilotone**

chilotone [kilo'tɔːne] *m* (PHYS: *unità di misura*) Kilotonne *f*

chilowatt [kilo'vat *o* 'kiːlovat] *m* Kilowatt *n;* **chilowattora** [kilovat'toːra] <-> *m* Kilowattstunde *f*

chimera [ki'mɛːra] *f* ❶(*fig: fantasticheria*) Hirngespinst *n* ❷(*in mitologia*) Chimäre *f;* **chimerico, -a** [ki'mɛːriko] <-ci, -che> *agg* fantastisch, unwirklich

chimica ['kiːmika] <-che> *f* Chemie *f;* **chimico, -a** ['kiːmiko] <-ci, -che> I. *agg* chemisch; **concime ~** Kunstdünger *m* II. *m, f* Chemiker(in) *m(f)*

chimo ['kiːmo] *m* Speisebrei *m,* Chymus *m*

chimono [ki'mɔːno] <-> *m* Kimono *m*

china[1] ['kiːna] <-> *f* (*inchiostro*) Tusche *f*

china[2] *f* (*pendio*) Abhang *m,* Lehne *f A*

chinare [ki'naːre] I. *vt* (*capo, volto*) neigen, beugen; (*sguardo, occhi*) senken; **~ il capo** [*o* **la schiena**] (*fig*) sich beugen II. *vr* **-rsi** sich bücken

chinato, -a [ki'naːto] *agg* ❶(*piegato*) gebeugt ❷(GASTR) mit Chinarinde aromatisiert

chincaglieria [kiŋkaʎʎe'riːa] <-ie> *f* ❶ *pl* (*oggetti*) Trödel *m,* Kleinkram *m;* (*ninnoli*) Nippes *pl* ❷(*negozio*) Trödelladen *m*

chinino [ki'niːno] *m* Chinin *n*

chino, -a ['kiːno] *agg* gebeugt

chinotto [ki'nɔtto] *m* ❶(GASTR) *Limonade aus Bitterorangen* ❷(BOT) Bitterorange *f,* Bittermandarine *f*

chintz [tʃints] <-> *m* Chintz *m*

chioccia ['kiɔttʃa] <-cce> *f* Glucke *f;*

chiocciare [kiot'tʃaːre] *vi* ❶ (*emettere il verso delle galline*) glucken ❷ (*fig: stare rannicchiato*) kauern; **chiocciata** [kiot'tʃata] *f* Brut *f*

chioccio, -a ['kiɔttʃo] <-cci, -cce> *agg* (*voce*) rau, knarrend

chiocciola ['kiɔttʃola] *f* ❶ (ANAT, ZOO) Schnecke *f*; **scala a ~** Wendeltreppe *f* ❷ (INFORM) Klammeraffe *m* (*@-Symbol in einer Mail-Adresse*)

chiodato, -a [kio'daːto] *agg* ge-, vernagelt; (*scarpe*) Nagel-

chiodo ['kiɔːdo] *m* ❶ (*da legno o metallo*) Nagel *m*; **~ da roccia** Felshaken *m*; **mettere** [*o* **piantare**] **un ~** einen Nagel einschlagen; **attaccare la bicicletta/i guantoni al ~** (*fig* SPORT) den Radsport/die Boxhandschuhe an den Nagel hängen; **magro come un ~** (*fig*) spindeldürr ❷ (*fig: idea fissa*) Tick *m*, fixe Idee ❸ (BOT) **-i di garofano** Gewürznelken *fpl*

chioma ['kiɔːma] *f* ❶ (*poet: capigliatura*) Haar *n*; **~ folta** dichtes Haar ❷ (ZOO) Mähne *f* ❸ (BOT) (Baum)krone *f*, Wipfel *m*

chiosa ['kiɔːza] *f* Glosse *f*; **chiosare** [kio'zaːre] *vt* glossieren

chiosco ['kiɔsko] <-schi> *m* Kiosk *m*

chiostro ['kiɔstro] *m* Kreuzgang *m*; (*convento*) Kloster *n*

chip [tʃip] <-> *m* (INFORM) Chip *m*; **chip set** [tʃip 'sɛt] <-> *m* (INFORM) Chipset *n*

chiromante [kiro'mante] *mf* Handliniendeuter(in) *m(f)*, Chiromant(in) *m(f)*; **chiromanzia** [kiroman'tsiːa] <-ie> *f* Handlesekunst *f*, Chiromantie *f*

chirurga *f v.* **chirurgo**

chirurgia [kirur'dʒiːa] <-gie> *f* Chirurgie *f*; **~ plastica** plastische Chirurgie, Schönheitschirurgie *f*; **chirurgico, -a** [ki'rurdʒiko] <-ci, -che> *agg* chirurgisch; **intervento ~** operativer Eingriff; **chirurgo, -a** [ki'rurgo] <-gi *o* -ghi, -ghe> *m, f* Chirurg(in) *m(f)*

chissà [kis'sa] *avv* wer weiß; **~ chi verrà** wer weiß, wer kommen wird; **~ quando/dove/mai** wer weiß, wann/wo/ob

chitarra [ki'tarra] *f* Gitarre *f*; **suonare la ~** Gitarre spielen; **chitarrista** [kitar'rista] <-i *m*, -e *f*> *mf* Gitarrist(in) *m(f)*

chitina [ki'tiːna] *f* Chitin *n*

chiudere ['kiuːdere] <chiudo, chiusi, chiuso> **I.** *vt* ❶ (*finestra, porta, valigia*) schließen, zumachen; (*libro, ombrello*) zuklappen, -machen; (*acqua, gas*) abdrehen; (*mano*) schließen; (*pugno*) ballen; (*strada, passaggio*) (ver)sperren; (*radio*) abstellen; (*buco, falla*) zumachen; **~ qc sotto chiave** etw unter Verschluss nehmen; **~ la bocca**

den Mund zumachen; (*fig*) den Mund halten; **~ un occhio** (*fig*) ein Auge zudrücken; **~ gli occhi** (*a fig: morire*) die Augen schließen; **non ~ occhio tutta la notte** die ganze Nacht kein Auge zutun (können); (*comando*) **chiudi** (*computer*) Beenden *n* ❷ (*fig: lettera, scuole*) schließen, beenden; (*fabbrica*) stilllegen, auflassen *A*; **~ le scuole** den Unterricht beenden; **~ il corteo** den Schluss eines Zuges bilden ❸ (*rinchiudere*) einsperren, -schließen **II.** *vi* ❶ (*porta, finestra*) schließen, zugehen ❷ (*scuola*) schließen (*locale*) schließen, auflassen *A*; **il negozio chiude alle otto** das Geschäft schließt um acht ❸ (COM) abschließen; **~ in avanzo/perdita** mit Gewinn/Verlust abschließen **III.** *vr* **-rsi** ❶ (*scuola, locale*) schließen ❷ (*rinchiudersi*) sich verschließen; **-rsi in se stesso** sich in sich selbst zurückziehen ❸ (*cielo*) sich bewölken, sich zuziehen

chiudiporta [kiudi'pɔrta] <-> *m* Türschließer *m*

chiunque [ki'unkue] <inv, solo al sing> *pron* ❶ (*relativo*) wer auch immer ❷ (*indefinito*) jede(r, s); **~ sia** egal wer, wer auch immer

chiurlo ['kiurlo] *m* ❶ (ZOO) Brachschnepfe *f* ❷ (*fig tosc: grullo*) Dummkopf *m*

chiusa ['kiuːsa] *f* ❶ (*di fiume, canale*) Schleuse *f* ❷ (*di lettera, discorso*) Schluss *m* ❸ (GEOG) Talenge *f*

chiusi ['kiuːsi] *1. pers sing pass rem di* **chiudere**

chiuso ['kiuːso] *m* ❶ (*luogo riparato*) geschlossener Raum; **puzza di ~** stickige Luft ❷ (*per animali*) Gehege *n*; (*per ovini*) Pferch *m*

chiuso, -a I. *pp di* **chiudere II.** *agg* zu, geschlossen; (*naso*) zu, verstopft; (*fig*) verschlossen; **casa -a** Freudenhaus *n*; **cielo ~** bedeckter Himmel; **circolo ~** geschlossene Gesellschaft; **persona -a** verschlossene Person; **tenere la bocca -a** (*fig*) den Mund halten; **chiusura** [kiu'suːra] *f* ❶ (*fine*) Schluss *m*, Ende *n*; (*di attività*) Beendigung *f*, (Ab)schluss *m*; **l'orario di ~ dei negozi** die Ladenschlusszeit ❷ (*di strada*) Absperrung *f* ❸ (*serratura*) Verschluss *m*; **~ automatica** [*o* **a scatto**] Schnappverschluss *m*; **~ a strappo** Klett(en)verschluss *m*; **~ centralizzata** Zentralverriegelung *f*; **~ lampo** Reißverschluss *m*

chiusurista [kiusu'rista] <-i *m*, -e *f*> *mf* Arbeitnehmer der letzten Schicht eines Arbeitstages

ci [tʃi] **I.** *pron pers 1. pers pl* uns **II.** *pron rifl*

1. pers pl uns **III.** *pron dim* davon, daran; **non ~ pensare più** denk(e) nicht mehr daran **IV.** *pron* man; **~ si diverte** man amüsiert sich **V.** *avv* **❶** (*qui*) hier; (*moto*) hierhin; **c'è/ci sono ...** es gibt ... **❷** (*lì*) dort; (*moto*) dorthin **❸** (*per quel luogo*) hier durch

C.ia *abbr di* **compagnia** Co.

ciabatta [tʃa'batta] *f* **❶** (*pantofola*) Pantoffel *m*, Hausschuh *m*, Patschen *m A;* (*scarpa malandata*) Latsche *f fam;* **~ da mare** Badelatsche *f* **❷** (*fig pej: cosa*) Lumpen *m;* (*persona*) heruntergekommene Person; **trattare qu come una ~** jdn wie den letzten Dreck behandeln *fam* **❸** (*forma di pane*) Ciabatta *f* (*knuspriges, flaches, langes Brot*)

ciabattare [tʃabat'ta:re] *vi* schlurfen, latschen *fam;* **ciabattino, -a** [tʃabat'ti:no] *m, f* **❶** (*chi ripara scarpe*) Flickschuster(in) *m(f)* **❷** (*fig: chi esegue male il lavoro*) Stümper(in) *m(f);* **ciabattone, -a** [tʃabat'to:ne] *m, f* Schludrian *m,* Schlamper(in) *m(f) fam*

ciac [tʃak] **I.** <-> *m* (FILM) Klappe *f* **II.** *int* **~, si gira!** Achtung, Aufnahme!

cialda ['tʃalda] *f* Waffel *f;* **cialdone** [tʃal'do:ne] *m* mit Sahne gefüllte Waffelrolle

cialtrona *f v.* **cialtrone**

cialtronaggine [tʃaltro'naddʒine] *f* (*pej*) Pfuscherei *f,* Schlampigkeit *f,* Nachlässigkeit *f;* **questa è pura ~** das ist reine Pfuscherei; **vestirsi con ~** sich schlampig kleiden; **lavorare con ~** schlampig arbeiten

cialtronata [tʃaltro'na:ta] *f* Schlamperei *f;* (*briconata*) Schelmenstreich *m,* Spitzbubenstreich *m;* **cialtrone, -a** [tʃal'tro:ne] *m, f* (*persona incapace*) Stümper(in) *m(f),* Dilettant(in) *m(f);* (*persona trasandata*) ungepflegter Mensch, Schlampe *f;* (*briccone*) Gauner *m;* **cialtroneria** [tʃaltrone'ri:a] <-ie> *f* Schlamperei *f;* (*briconaggine*) Gaunerei *f,* Betrügerei *f*

ciambella [tʃam'bɛlla] *f* **❶** (GASTR) Kringel *m;* **non tutte le -e riescono col buco** (*prov*) es geht nicht immer alles nach Wunsch **❷** (*salvagente*) Rettungsring *m*

ciambellano [tʃambel'la:no] *m* Kammerherr *m,* Kämmerer *m*

ciancia ['tʃantʃa] <-ce> *f* (*fam: discorso vuoto*) Geschwätz *n,* Unsinn *m;* (*pettegolezzo*) Tratsch *m;* (*fandonia*) Flause *f;* **cianciare** [tʃan'tʃa:re] *vi* (*fam*) schwafeln, faseln

ciancicare [tʃantʃi'ka:re] **I.** *vt* (*dial*) zerknittern, verknautschen **II.** *vi* **❶** (*biascica-*re) stammeln **❷** (*mangiare*) mühsam kauen

ciancicone, -a [tʃantʃi'ko:ne] **I.** *agg* **❶** (*che balbetta*) stammelnd **❷** (*fig*) träge, schwerfällig, arbeitsunlustig **II.** *m, f* **❶** (*chi balbetta*) Stotterer *m,* Stotterin *f* **❷** (*chi lavora svogliatamente*) unmotivierte [*o* arbeitsunlustige] Person *f*

ciancione, -a [tʃan'tʃo:ne] **I.** *agg* schwatzhaft **II.** *m, f* Plaudertasche *f,* Plappermaul *n*

cianfrugliare [tʃanfruʎ'ʎa:re] **I.** *vt* **❶** (*fare discorsi disordinati*) faseln, wirres Zeug reden **❷** (*lavorare in maniera imprecisa*) nachlässig arbeiten **II.** *vi* **❶** (*parlare*) faseln, schwafeln **❷** (*lavorare*) nachlässig arbeiten

cianfruglione, -a [tʃanfruʎ'ʎo:ne] *m, f* Wirrkopf *m*

cianfrusaglia [tʃanfru'zaʎʎa] <-glie> *f* (*fam*) Firlefanz *m,* Krimskrams *m*

ciangottare [tʃangot'ta:re] *vi* **❶** (*di persone*) lallen, brabbeln **❷** (*di uccelli*) zwitschern **❸** (*di acqua che gorgoglia*) murmeln, gurgeln

ciangottio [tʃangot'ti:o] <-ii> *m* **❶** (*chiacchericcio indistinto*) Brabbeln *n,* Lallen *n* **❷** (*di uccelli*) Zwitschern *n* **❸** (*lieve gorgoglio dell'acqua*) Murmeln *n,* Gurgeln *n*

ciangottone, -a [tʃangot'to:ne] *m, f* Stotterer *m,* Stotterin *f*

cianidrico, -a [tʃa'ni:driko] <-ci, -che> *agg* Zyan-; **acido ~** Blausäure *f*

cianocopia [tʃano'kɔ:pia] *f* (TYP) Blaupause *f*

cianuro [tʃa'nu:ro] *m* Zyanid *n*

ciao ['tʃa:o] *int* **❶** (*nell'incontrarsi*) hallo, grüß' dich **❷** (*nel lasciarsi*) tschüs, ade *dial,* servus *A*

ciaramella [tʃara'mɛlla] *f* Schalmei *f*

ciarda ['tʃarda] *f* Csárdás *m*

ciarla ['tʃarla] *f* **❶** (*notizia falsa*) Gerücht *n* **❷** (*chiacchiere*) Geschwätz *n* **❸** (*loquacità*) Geschwätzigkeit *f;* **ciarlare** [tʃar'la:re] *vi* (*fam*) tratschen

ciarlataneria [tʃarlatane'ri:a] <-ie> *f* Scharlatanerie *f;* **ciarlatano** [tʃarla'ta:no] *m* Scharlatan *m*

ciarliero, -a [tʃar'liɛ:ro] *agg* geschwätzig, redselig

ciarpame [tʃar'pa:me] *m* Kram *m fam,* Gerümpel *n*

ciascuno, -a [tʃas'ku:no] <sing> *agg o pron indef* jede(r, s); **a ~ il suo** jedem das Seine

cibare [tʃi'ba:re] **I.** *vt* ernähren, füttern **II.** *vr* **-rsi** sich ernähren; **-rsi di qc** sich von etw ernähren; **cibarie** [tʃi'ba:rie] *fpl* Lebensmittel *npl*

cibernetica [tʃiber'nɛːtika] <-che> f Kybernetik f

cibo ['tʃiːbo] m Nahrung f, Speise f; (per animali) Futter n; **non toccare ~** nichts essen, fasten; **il ~ dell'anima** (fig) Seelennahrung f

ciborio [tʃi'bɔːrio] <-i> m Ziborium n; (ostensorio) Monstranz f

cicala [tʃi'kaːla] f (ZOO) Zikade f; **cicalare** [tʃika'laːre] vi palavern fam; **cicaleccio** [tʃika'lettʃo] <-cci> m Palaver n fam

cicatrice [tʃika'triːtʃe] f Narbe f; **cicatriziale** [tʃikatrit'tsiaːle] agg Narben-; **cicatrizzare** [tʃikatrid'dzaːre] I. vt vernarben lassen II. vr **-rsi** vernarben, verheilen; **cicatrizzazione** [tʃikatriddzat'tsioːne] f Vernarbung f, Narbenbildung f

cicca ['tʃikka] <-cche> f ❶ (di sigaretta) Kippe f ❷ (da masticare) Priem m ❸ (loc) **non valere una ~** (fig) keinen Pfifferling wert sein; **ciccare** [tʃik'kaːre] vi priemen

cicchetto [tʃik'ketto] m ❶ (di vino, liquore) Gläschen n; **farsi un ~** sich dat einen genehmigen ❷ (ramanzina) Anpfiff m, Rüge f

ciccia ['tʃittʃa] <-cce> f (fam) Fleisch n; (a fig) Speck m; **avere troppa ~** zu viel Speck auf den Rippen haben; **cicciolo** ['tʃittʃolo] m ❶ (GASTR) Griebe f, Grammel f A ❷ (MED) Wucherung f; **ciccione, -a** [tʃit'tʃoːne] m, f (fam) Fettwanst m; **cicciotto, -a** [tʃit'tʃotto] agg pummelig, dicklich

cicerone [tʃitʃe'roːne] m Fremdenführer m

cicisbeo [tʃitʃiz'bɛːo] m ❶ (HIST) Galan m ❷ (pej: vagheggino) Frauenheld m

ciclabile [tʃi'klaːbile] agg mit dem Fahrrad befahrbar; **pista ~** Rad(fahr)weg m

ciclamino¹ [tʃikla'miːno] m Alpenveilchen n

ciclamino² <inv> agg zyklamfarben

ciclicità [tʃiklitʃi'ta] <-> f zyklischer Ablauf

ciclico, -a ['tʃiːkliko] <-ci, -che> agg zyklisch; (LIT) Zyklus-, Zyklen-

ciclismo [tʃi'klizmo] m Radsport m; **ciclista** [tʃi'klista] <-i m, -e f> mf (Fahr)radfahrer(in) m(f); (SPORT) Radrennfahrer(in) m(f); **pista riservata ai -i** (Fahr)radweg m; **ciclistico, -a** [tʃi'klistiko] <-ci, -che> agg Rad-

ciclo ['tʃiːklo] m ❶ (gener) Zyklus m; (decorso) Verlauf m; **~ biologico** biologischer Kreislauf; **~ mestruale** Periode f; **~ di vita** Lebensdauer f; (serie) Reihe f; **~ di prova** Versuchsreihe f; **~ di trasmissioni** Sendereihe f

cicloalpinista [tʃikloalpi'nista] <-i m,

-e f> mf (SPORT) Querfeldeinfahrer(in) m(f), Mountainbike-Fahrer(in) m(f)

cicloamatore, -trice [tʃikloama'toːre] m, f (SPORT) Amateurradsportler(in) m(f)

cicloanalista [tʃikloana'lista] <-i m, -e f> mf REFA-Spezialist(in) m(f)

ciclocampestre [tʃiklokam'pɛstre] agg Geländerad-; **ciclocross** [tʃiklo'krɔs] <-> m Geländeradrennen n

ciclomanzia [tʃikloman'tsiːa] <-ie> f Parapsychologie f, übernatürliche Fähigkeiten fpl

ciclomotore [tʃiklomo'toːre] m Kleinkraftrad n, Moped n

ciclonauta [tʃiklo'naːuta] <-i> m (SPORT) Zeitfahrer(in) m(f)

ciclone [tʃi'kloːne] m (METEO) Zyklon m; (tempesta) Wirbelsturm m; **ciclonico, -a** [tʃi'klɔːniko] <-ci, -che> agg ❶ (METEO) Tiefdruck- ❷ (fig: esuberante) stürmisch, bewegt

ciclope [tʃi'klɔːpe] m Zyklop m; **ciclopico, -a** [tʃi'klɔːpiko] <-ci, -che> agg riesig, gewaltig

ciclopista [tʃiklo'pista] f Rad(fahr)weg m

cicloraduno [tʃiklora'duːno] m Radfahrertreffen n

ciclostilare [tʃiklosti'laːre] vt hektographieren; **ciclostile** [tʃiklos'tiːle] m Hektograph m

cicloturismo [tʃiklotu'rizmo] m Radwandern n, Radtourismus m; **cicloturista** [tʃiklotu'rista] <-i m, -e f> mf Radwanderer(in) m(f), Fahrradtourist(in) m(f); **cicloturistico, -a** [tʃiklotu'ristiko] <-ci, -che> agg Fahrrad-, Radwander-; **giro ~** Fahrradausflug m

cicogna [tʃi'koɲɲa] f Storch m

cicoria [tʃi'kɔːria] <-ie> f ❶ (BOT) Wegwarte f ❷ (GASTR: insalata) Chicorée f o m, Schikoree f o m; (surrogato del caffè) Zichorie(nkaffee m) f

cicuta [tʃi'kuːta] f ❶ (veleno) Schierlingsgift n ❷ (BOT) Schierling m

cieco, -a ['tʃɛːko] <-chi, -che> I. agg (a fig) blind; **diventare ~** erblinden; **essere ~ da un occhio** auf einem Auge blind sein; **alla -a** (fig) blindlings; **ubbidienza -a** (fig) blinder Gehorsam; **vicolo ~** (a fig) Sackgasse f II. m, f Blinde(r) f(m); **nel regno dei -chi** (anche) **un guercio è re** (prov) unter den Blinden ist der Einäugige König

cielo ['tʃɛːlo] m ❶ (a fig REL) Himmel m; (MIL, ADM) Luftraum m; **essere al settimo ~** (fig) im siebten Himmel sein; **toccare il ~ con un dito** (fig) überglücklich sein; **muovere ~ e terra per ottenere qc**

(*fig*) Himmel und Erde in Bewegung setzen um etw zu erreichen; **non sta né in ~ né in terra** (*fig*) das hat die Welt noch nicht gesehen *fam;* **sotto altri -i** (*fig*) unter anderen Sternen; **per l'amore del ~!** um Himmels Willen!; **~ a pecorelle, acqua a catinelle** (*prov*) Schäfchenwolken kündigen Regen an ❷(ASTR) Sphäre *f* **II.** *int* (*fam*) (du lieber) Himmel

cifra ['tʃi:fra] *f* ❶(MAT) Ziffer *f*, Zahl *f;* **numero di tre -e** dreistellige Zahl ❷(COM) Summe *f;* **~ d'affari** Umsatz *m* ❸(*monogramma*) Monogramm *n* ❹(*scrittura segreta*) Chiffre *f*, Geheimschrift *f;* **cifrare** [tʃi'fra:re] *vt* ❶(*fazzoletti, lenzuola*) mit einem Monogramm versehen ❷(*messaggio, testo*) chiffrieren, kodieren; **cifrario** [tʃi'fra:rio] <-i> *m* Kode *m*, Code *m*

cifratura *f* (INFORM) Verschlüsselung *f*

CIGA ['tʃi:ga] *f acro di* **Compagnia Italiana dei Grandi Alberghi** *Verband italienischer erster Klasse Hotels*

ciglio[1] ['tʃiʎʎo] <-gli> *m* (*orlo*) Rand *m*

ciglio[2] <*pl:* -glia *f*> *m* (ANAT, ZOO) Wimper *f;* (*sopracciglio*) (Augen)braue *f;* **aggrottare/alzare le -glia** die Brauen zusammenziehen/heben; **non batter ~** (*fig*) nicht mit der Wimper zucken

ciglionamento [tʃiʎʎona'mento] *m* Anlage *f* von Erdterrassen

ciglione [tʃiʎʎo:ne] *m* (*di precipizio*) Rand *m*

cigno ['tʃiɲɲo] *m* Schwan *m*

cigolare [tʃigo'la:re] *vi* quietschen, knarren; **cigolio** [tʃigo'li:o] <-ii> *m* Quietschen *n*, Knarren *n*

Cile ['tʃi:le] *m* **il ~** Chile *n*

cilecca [tʃi'lekka] *f* **far ~** (MIL, *fam*) vorbeischießen, daneben treffen; (*fig*) versagen, auslassen *A*

cileno, -a [tʃi'lɛ:no] **I.** *agg* chilenisch **II.** *m, f* Chilene *m*, Chilenin *f*

ciliare [tʃi'lia:re] *agg* Wimpern-

cilicio [tʃi'li:tʃo] <-ci> *m* (*cintura*) Bußgürtel *m*

ciliegia [tʃi'liɛ:dʒa] <-ge *o* -gie> *f* Kirsche *f;* **ciliegio** [tʃi'liɛ:dʒo] <-gi> *m* Kirschbaum *m;* (*legno*) Kirschbaumholz *n*

cilindrata [tʃilin'dra:ta] *f* Hubraum *m;* **macchina di piccola ~** Kleinwagen *m;* **macchina di media ~** Mittelklassewagen *m;* **macchina di grossa ~** Wagen *m* der gehobenen Klasse

cilindrico, -a [tʃi'lindriko] <-ci, -che> *agg* zylindrisch; **cilindro** [tʃi'lindro] *m* ❶(MAT, MOT) Zylinder *m* ❷(TEC) Walze *f* ❸(*cappello*) Zylinder(hut) *m*

cima ['tʃi:ma] *f* ❶(*vertice*) Spitze *f;* (*di montagna*) Gipfel *m;* (*di albero*) Wipfel *m*, Krone *f;* **-e di rapa** Rübengrün *n;* **da ~ a fondo** von Anfang bis Ende, von oben bis unten; (*fig*) durch und durch; **raggiungere la ~** (*a fig*) den Gipfel erreichen ❷(*fam: campione*) Ass *n*

cimasa [tʃi'ma:za] *f* Sims *m o n*

cimbrico, -a ['tʃimbriko] <-ci, -che> *agg* kimbrisch

cimelio [tʃi'mɛ:lio] <-i> *m* Reliquie *f;* (*ricordo*) Andenken *n*

cimentare [tʃimen'ta:re] **I.** *vt* (*rischiare*) aufs Spiel setzen; (*mettere alla prova*) auf die Probe stellen **II.** *vr* ❶(*impegnarsi*) **-rsi in qc** etw wagen ❷(*misurarsi*) **-rsi con qu** sich mit jdm messen; **cimento** [tʃi'mento] *m* (*rischio*) Wagnis *n;* (*prova*) Probe *f*

cimice ['tʃi:mitʃe] *f* ❶(ZOO) Wanze *f* ❷(*puntina da disegno*) Reißzwecke *f*

cimiero [tʃi'miɛ:ro] *m* Helmschmuck *m*, -busch *m*

ciminiera [tʃimi'niɛ:ra] *f* Schornstein *m*

cimiteriale [tʃimite'ria:le] *agg* Friedhofs-

cimitero [tʃimi'tɛ:ro] *m* Friedhof *m;* **~ delle automobili** Autofriedhof *m*

cimosa [tʃi'mo:sa] *f* ❶(*per lavagna*) Tafellappen *m* ❷(*di stoffa*) Webkante *f*

cimurro [tʃi'murro] *m* (ZOO) Staupe *f*

Cina ['tʃi:na] *f* China *n*

cinabro [tʃi'na:bro] *m* ❶(MIN) Zinnober *m* ❷(*colore*) Zinnoberrot *n* ❸(*rossetto*) Lippenstift *m*

cinciallegra [tʃintʃal'le:gra] *f* Kohlmeise *f*

cincilla [tʃin'tʃilla] <-> *m*, **cincillà** [tʃintʃi'la] <-> *m* ❶(ZOO) Chinchilla *f o n* ❷(*pelliccia*) Chinchilla *m*

cincin, cin cin [tʃin'tʃin] *int* (*fam*) prost

cincischiare [tʃintʃis'kia:re] **I.** *vt* ❶(*spiegazzare*) zerknittern ❷(*tagliuzzare*) schnipseln, schnippeln *fam* ❸(*fig: smozzicare le parole*) stammeln **II.** *vi* (*fam*) trödeln, bummeln

cine ['tʃi:ne] <-> *m* (*fam*) Kino *n;* **cineamatore, -trice** [tʃineama'to:re] *m, f* Amateurfilmer(in) *m(f);* **cineasta** [tʃine'asta] <-i *m*, -e *f*> *mf* Filmemacher(in) *m(f);* **cinecassetta** [tʃinekas'setta] *f* Filmkassette *f;* **cinecittà** [tʃinetʃit'ta] <-> *f* Filmstadt *f*, Filmstudios *npl;* **cineclub** [tʃine'klub] *m* Filmklub *m;* **cinedilettante** [tʃinedilet'tante] *mf* Filmamateur(in) *m(f);* **cineforum** [tʃine'fɔ:rum] <-> *m* Filmforum *n;* **cinegiornale** [tʃinedʒor'na:le] *m* Wochenschau *f*

cinello [tʃi'nɛllo] <*bes pl*> *m* (MUS, *obs*) Becken *n*

cinema ['tʃi:nema] <-> *m* ❶(*locale*) Kino *n* ❷(*arte*) Kino *n*, Filmkunst *f*; **ciné-ma d'essai** [sine'ma de'sɛ *o* 'tʃinema des'se] <-> *m* Experimentalkino *n;* (*locale*) Programmkino *n;* **cinemascope®** ['sinimǝskoup *o* 'tʃinemas'kɔp(e)] <-> *m* Cinemascope® *n*

cinematica [tʃine'ma:tika] *f* Kinematik *f;* **cinematico, -a** [tʃine'ma:tiko] <-ci, -che> *agg* (PHYS) kinematisch

cinematografare [tʃinematogra'fa:re] *vt* filmen; **cinematografia** [tʃinemato-gra'fi:a] *f* ❶(*arte*) Filmkunst *f*, Kino *n* ❷(*industria*) Filmindustrie *f;* **cinemato-grafico, -a** [tʃinemato'gra:fiko] <-ci, -che> *agg* Film-, Kino-; **cinematografo** [tʃinema'tɔ:grafo] *m* ❶(*locale*) Kino *n*, Lichtspielhaus *n* ❷(*arte*) Film *m*, Film-kunst *f*, Kino *n*

cineoperatore, -trice [tʃineope-ra'to:re] *m, f* Filmer *m*, Kameramann *m*

cinepresa [tʃine'pre:sa] *f* Filmkamera *f*

cinerama® [tʃine'ra:ma] <-> *m* Cinera-ma® *n*

cinerario, -a [tʃine'ra:rio] <-i, -ie> *agg* Aschen-

cineromanzo [tʃinero'mandzo] *m* Foto-roman *m*

cinese [tʃi'ne:ze] I. *agg* chinesisch II. *mf* Chinese *m*, Chinesin *f* III. *m* Chine-sisch(e) *n;* **per me è ~** (*fig*) ich verstehe nur Bahnhof

cinesina [tʃine'zi:na] <*bes pl*> *f* Frauen-schuh mit flachem Absatz

cinesiologia [tʃinesiolo'dʒi:a] <-ie> *f* (MED) Kinesiologie *f*, Bewegungslehre *f;* **ci-nesiologo, -a** [tʃine'ziɔ:logo] <-ghi *o* -gi, -ghe> *m, f* Kinesiologe, -login *m, f*

cinesiterapia [tʃinezitera'pi:a] *f* Bewe-gungs-, Kinesiotherapie *f;* **cinesiterapis-ta** [tʃinezitera'pista] <-i *m*, -e *f*> *mf* Be-wegungstherapeut(in) *m(f)*, Kinesiothera-peut(in) *m(f)*

cineteca [tʃine'tɛ:ka] <-che> *f* Filmar-chiv *n*

cinetica [tʃi'nɛ:tika] <-che> *f* Kinetik *f;* **cinetico, -a** [tʃi'nɛ:tiko] <-ci, -che> *agg* kinetisch

cingere ['tʃindʒere] <cingo, cinsi, cinto> I. *vt* ❶(*circondare*) umschließen, umge-ben; **~ d'assedio** (MIL) belagern ❷(*avvol-gere*) umhüllen ❸(*con le braccia*) umar-men II. *vr* **-rsi** sich umgürten mit; **-rsi una fascia intorno alla vita** sich *dat* eine Schärpe um die Taille legen

cinghia ['tʃiŋgia] <-ghie> *f* Riemen *m;* (*cintura*) Gürtel *m*, Gurt *m;* **~ trapezoida-le** Keilriemen *m;* **tirare** [*o* **stringere**] **la ~** (*fig*) den Gürtel enger schnallen

cinghiale [tʃiŋ'gia:le] *m* ❶(ZOO) Wild-schwein *n* ❷(*pelle*) Schweinsleder *n*

cingo ['tʃiŋgo] *1. pers sing pr di* **cingere**

cingolato, -a [tʃiŋgo'la:to] *agg* Raupen-, Ketten-; **cingolo** ['tʃiŋgolo] *m* ❶(MOT) Raupenkette *f* ❷(REL) Zingulum *n*

cinguettare [tʃiŋguet'ta:re] *vi* zwitschern; **cinguettio** [tʃiŋguet'ti:o] <-ii> *m* Ge-zwitscher *n*

cinico, -a ['tʃi:niko] <-ci, -che> I. *agg* zy-nisch II. *m, f* Zyniker(in) *m(f)*

ciniglia [tʃi'niʎʎa] <-glie> *f* Chenille *f*

cinismo [tʃi'nizmo] *m* Zynismus *m*

cinofila *f v.* **cinofilo**

cinofilia [tʃinofi'li:a] *f* Hundeliebhaberei *f;* **cinofilo, -a** [tʃi'nɔ:filo] I. *agg* hunde-freundlich II. *m, f* Hundefreund(in) *m(f)*

cinquanta [tʃiŋ'kuanta] I. *num* fünfzig II. <-> *m* Fünfzig *f;* **gli anni ~** die fünfziger Jahre; **essere sui ~** um die fünfzig sein; **avere passato i ~** die fünfzig überschritten haben, über fünfzig sein; **cinquantena-rio** [tʃiŋkuante'na:rio] <-i> *m* Fünfzig-jahrfeier *f;* **cinquantenne** [tʃiŋkuan'tɛn-ne] I. *agg* fünfzigjährig II. *mf* Fünfzigjähri-ge(r) *f(m);* **cinquantennio** [tʃiŋkuan'tɛn-nio] <-i> *m* Zeitraum *m* von fünfzig Jah-ren

cinquantesimo [tʃiŋkuan'tɛ:zimo] *m* (*fra-zione*) Fünfzigstel *n*

cinquantesimo, -a I. *agg* fünfzigste(r, s) II. *m, f* Fünfzigste(r, s) *mfn; v. a.* **quinto**; **cinquantina** [tʃiŋkuan'ti:na] *f* una ~ (**di ...**) (etwa) fünfzig (...); **essere sulla ~** an [*o* um] die fünfzig sein

cinque ['tʃiŋkue] I. *num* fünf; **capitolo/ pagina ~** Kapitel/Seite fünf; **tre più due fa ~** drei plus zwei macht fünf; **siamo in ~** wir sind zu fünft; **a ~ a ~** in Fünferreihen, zu (jeweils) fünfen; **ho ~ anni** ich bin fünf Jahre (alt); **di ~ anni** fünfjährig; **ogni ~ an-ni** alle fünf Jahre; **~ volte** fünfmal II. <-> *m* ❶(*numero*) Fünf *f;* **abita al** (**numero**) **~** er [*o* sie] wohnt im Nummer fünf; **il** (**tram numero**) **~** die (Straßenbahnlinie) Fünf ❷(*nelle date*) Fünfte(r) *m;* **oggi è il ~ agosto** heute ist der fünfte August; **arrive-rò il ~** ich komme am Fünften; **arriverò il ~ maggio** ich komme am fünften Mai; **Roma, (il) ~ dicembre 2008** Rom, den fünften Dezember 2008 ❸(*voto scolasti-co*) ≈ mangelhaft, Fünf; **prendere un ~** ei-ne Fünf bekommen ❹(*nei giochi a carte*) **il ~ di cuori** die Herzfünf III. *fpl* fünf Uhr; **alle ~** um fünf (Uhr); **sono le ~** (**del mat-tino/pomeriggio**) es ist fünf Uhr (mor-gens/nachmittags); **sono le ~ in punto** es ist genau fünf Uhr; **sono le quattro me-**

no ~ es ist fünf (Minuten) vor vier (Uhr);
sono le ~ e mezzo es ist halb sechs
cinquecentenario [tʃiŋkuetʃente'na:rio]
<-ri> m Fünfhundertjahrfeier f
cinquecentesco, -a [tʃiŋkuetʃen'tesko]
<-schi, -sche> agg aus dem sechzehnten
Jahrhundert; **cinquecentista** [tʃiŋkuet-
ʃen'tista] <-i m, -e f> mf Künstler(in)
m(f) des Cinquecento; **cinquecen-
to** [tʃiŋkue'tʃɛnto] **I.** num fünfhundert
II. <-> m Fünfhundert f; **il Cinquecento**
das sechzehnte Jahrhundert; (nell'arte italiana) das Cinquecento
cinquemila [tʃiŋkue'mi:la] **I.** num fünftausend **II.** <-> m Fünftausend f
cinquenne [tʃiŋ'kuɛnne] **I.** agg fünfjährig
II. mf Fünfjährige(r) f(m)
cinquina [tʃiŋ'kui:na] f ❶ (al lotto, alla
tombola) Quinterne f ❷ (MIL) Fünftage-
sold m; (THEAT) Fünftagelohn m
cinsi ['tʃinsi] 1. pers sing pass rem di **cingere**
cinta ['tʃinta] f Umgrenzung f; (recinto)
Einfriedung f; **~ di mura** Mauerring m;
cintare [tʃin'ta:re] vt einfrieden
cinto ['tʃinto] pp di **cingere**
cintola ['tʃintola] f ❶ (ANAT) Taille f; **dalla ~
in su** von der Taille aufwärts ❷ (fam: cintura) Gürtel m; **sopra/sotto la ~** oberhalb/
unterhalb der Gürtellinie
cintura [tʃin'tu:ra] f Gürtel m; **allacciare
la ~ di sicurezza** den Sicherheitsgurt anlegen; **~ verde** (di una città) Grüngürtel m
cinturato [tʃintu'ra:to] m Gürtelreifen m;
cinturino [tʃintu'ri:no] m (dell'orologio)
Band n; **cinturone** [tʃintu'ro:ne] m Koppel n
ciò [tʃɔ] <solo sing> pron dim das, dies;
~ che ... (das) was ...; **~ nonostante** dessen ungeachtet, dennoch; **~ non di meno**
trotz alledem; **con tutto ~** bei all dem
CIO ['tʃi:o] f acro di **Comitato Internazionale Olimpico** IOK n
ciocca ['tʃɔkka] <-cche> f Strähne f; (ciuffo) Büschel n
ciocco ['tʃɔkko] <-cchi> m ❶ (pezzo di
legno) Baumstumpf m; (da ardere)
(Brenn)klotz m ❷ (fig: uomo stupido)
Dummkopf m
cioccolata [tʃokko'la:ta] f ❶ (liquida) Kakao m, Schokolade f ❷ (solida) Schokolade f; **una tavoletta di ~** eine Tafel Schokolade; **cioccolatino** [tʃokkola'ti:no] m
Praline f; **cioccolato** [tʃokko'la:to] m
Schokolade f
cioè [tʃo'ɛ] avv das heißt, nämlich
ciondolare [tʃondo'la:re] vi ❶ (dondolare) baumeln; (pendere) hängen ❷ (fig:

aggirarsi oziosamente) herumhängen sl,
-lungern fam
ciondolo ['tʃondolo] m Anhänger m;
~ portachiavi Schlüsselanhänger m; **ci-
ondolone, -a** [tʃondo'lo:ne] m, f Faulen-
zer(in) m(f), Tachinierer(in) m(f) A; **cion-
doloni** [tʃondo'lo:ni] avv baumelnd; **con
le gambe ~** mit herunterhängenden Beinen; **andare ~** (fig) herumbummeln
ciononostante, ciò nonostante [tʃo-
nonos'tante, 'tʃɔ nonos'tante] avv dennoch, trotzdem
ciotola ['tʃɔ:tola] f Schälchen n, Napf m
ciottolo ['tʃɔttolo] m Kieselstein m
cip [tʃip] <-> m Chip m
CIP [tʃip] m acro di **Comitato Interministeriale dei Prezzi** italienische Preiskom-
mission
cipiglio [tʃi'piʎʎo] <-gli> m Stirnrunzeln n;
guardare qu con ~ jdn finster ansehen
cipolla [tʃi'polla] f Zwiebel f
cipollina [tʃipol'li:na] f ❶ (piccola cipolla)
kleine Zwiebel ❷ (erba cipollina) Schnittlauch m
cippo ['tʃippo] m (funerario) Grabstein m;
(di confine) Grenzstein m
cipresseto [tʃipres'se:to] m Zypressen-
hain m; **cipresso** [tʃi'prɛsso] m ❶ (BOT)
Zypresse f ❷ (legno) Zypressenholz n
cipria ['tʃi:pria] <-ie> f Puder m
cipriota [tʃipri'ɔ:ta] <-i m, -e f> **I.** agg zyprisch, zypriotisch **II.** mf Zyprier(in) m(f),
Zypriot(in) m(f)
Cipro ['tʃi:pro] f Zypern n
circ. abbr di **circolare** Rundschreiben, Aussendung f A
circa ['tʃirka] **I.** avv etwa, circa; (temporale) gegen **II.** prp bezüglich +gen, in Bezug
auf +acc, über +acc
circense [tʃir'tʃense] agg Zirkus-
circo ['tʃirko] <-chi> m Zirkus m
circolante [tʃirko'lante] agg umlaufend,
zirkulierend; **biblioteca ~** Leihbücherei f
circolare¹ [tʃirko'la:re] vi essere o avere
❶ (veicoli) fahren; (traffico) fließen; (muoversi) sich bewegen; (proseguire) weitergehen; **~!** weitergehen! ❷ (sangue) zirkulieren, kreisen ❸ (FIN) kursieren, zirkulieren ❹ (voce) kursieren, umgehen
circolare² **I.** agg ❶ (MAT) Kreis- ❷ (stadio,
tracciato) kreisförmig, Kreis- ❸ (FIN) **assegno ~** Orderscheck m **II.** f ❶ (ADM) Rundschreiben n, Aussendung f A ❷ (linea di
autobus) Ringbahn f
circolatorio, -a [tʃirkola'tɔ:rio] <-i, -ie>
agg Kreislauf-; **apparato ~** Blutkreislauf m;
disturbi -i Kreislaufstörungen fpl; **circolazione** [tʃirkolat'tsio:ne] f ❶ (BIOL) Blut-

zirkulation f, -kreislauf m; **disturbi di ~** Kreislaufstörungen fpl ❷ (MOT) Verkehr m; **carta di ~** (Kraft)fahrzeugschein m; **libretto di ~** (Kraft)fahrzeugbrief m ❸ (FIN) Umlauf m; **mettere in ~** (a fig) in Umlauf bringen; **togliere dalla ~** (a fig) aus dem Verkehr ziehen

circolo ['tʃirkolo] m ❶ (MAT) Kreis m ❷ (GEOG) (Breiten)kreis m; ~ **equatoriale** Äquator m ❸ (associazione) Klub m, Zirkel m ❹ (ADM) Kollegium n ❺ (loc) ~ **vizioso** (fig) Teufelskreis m

circoncidere [tʃirkon'tʃiːdere] <circoncido, circoncisi, circonciso> vt beschneiden; **circoncisione** [tʃirkontʃi'zioːne] f Beschneidung f; **circonciso** [tʃirkon'tʃizo] pp di **circoncidere**

circondare [tʃirkon'daːre] **I.** vt ❶ (MIL) umzingeln, umstellen; (attorniare) umringen; (accerchiare) einkreisen ❷ (fig: contornare) umgeben; ~ **di qc** mit etw umgeben **II.** vr -**rsi** sich umgeben; -**rsi di qu/qc** sich mit jdm/etw umgeben

circondario [tʃirkon'daːrio] <-i> m ❶ (JUR, ADM) Bezirk m ❷ (dintorni) Umkreis m, Umgebung f

circonduzione [tʃirkondut'tsioːne] f (SPORT) Kreisen n

circonferenza [tʃirkonfe'rɛntsa] f (Kreis)umfang m; ~ **vita** Taillenweite f

circonflesso, -a [tʃirkon'flɛsso] agg **accento ~** Zirkumflex m

circonlocuzione [tʃirkonlokut'tsioːne] f Umschreibung f, Periphrase f

circonvallazione [tʃirkonvallat'tsioːne] f Umgehungsstraße f, Umfahrung f A

circoscritto, -a [tʃirkos'kritto] **I.** pp di **circoscrivere II.** agg (MAT: figura geometrica) mit Umkreis; **triangolo ~ a un cerchio** der Inkreis eines Dreiecks; **circoscrivere** [tʃirkos'kriːvere] <irr> vt ❶ (MAT) umschreiben ❷ (fig: delimitare) ein-, begrenzen

circoscrizionale [tʃirkoskrittsio'naːle] agg (ADM) den Verwaltungsbezirk einer Stadt betreffend; **ufficio ~** Verwaltungsstelle des Stadtbezirks; **biblioteca ~** Stadtbibliothek f

circoscrizione [tʃirkoskrit'tsioːne] f (ADM) Bezirk m; ~ **elettorale** Wahlbezirk m

circospetto, -a [tʃirkos'pɛtto] agg umsichtig, vorsichtig; **circospezione** [tʃirkospet'tsioːne] f Umsicht f, Vorsicht f

circostante [tʃirkos'tante] agg umgebend, umliegend; (persone) umstehend

circostanti [tʃirkos'tanti] mpl Umstehende(n) pl

circostanza [tʃirkos'tantsa] f Umstand m,

Gegebenheit f; (occasione) Gelegenheit f; **atteggiamento di ~** angemessenes Verhalten; **-e attenuanti/aggravanti** (JUR) mildernde/erschwerende Umstände mpl

circostanziare [tʃirkostan'tsiaːre] vt ausführlich beschreiben; (riferire) ausführlich berichten

circuire [tʃirku'iːre] <circuisco> vt umgarnen

circuitale [tʃirkui'taːle] agg (TEC) Stromkreis-

circuito [tʃir'kuːito] m ❶ (SPORT) Rennstrecke f; (chiuso) Ring m; (gara) Rundrennen n ❷ (~ elettrico) Stromkreis m; ~ **base** Grundschaltung f; **corto ~** Kurzschluss m

circumetneo, -a [tʃirkumet'nɛːo] <-ei, -ee> agg Ätna-, den Ätna umgebend; **circumlacuale** [tʃirkumlaku'aːle] agg Seeufer-, einen See umgebend; **circumlunare** [tʃirkumlu'naːre] agg den Mond umgebend; **orbita ~** Mondumlaufbahn f

circumnavigare [tʃirkumnavi'gaːre] vt umschiffen; (a vela) umsegeln; **circumnavigatore, -trice** [tʃirkumnaviga'toːre] m, f Umsegler(in) m(f); **circumnavigazione** [tʃirkumnavigat'tsioːne] f Umschiffung f; (a vela) Umseg(e)lung f; **circumterrestre** [tʃirkumter'rɛstre] agg die Erde umgebend; **orbita ~** Erdumlaufbahn f

ciré [si're] <-> m Wachstuch n

cirillico, -a [tʃi'rilliko] <-ci, -che> agg kyrillisch

cirro ['tʃirro] m ❶ (METEO) Feder-, Zirruswolke f ❷ (BOT) Ranke f ❸ (ZOO) Zirrus m

cirrosi [tʃir'rɔːzi] <-> f Zirrhose f; ~ **epatica** Leberzirrhose f

cisalpino, -a [tʃizal'piːno] agg zisalpin(isch), diesseits der Alpen (von Rom aus gesehen)

CISL [tʃizl] f acro di **Confederazione Italiana Sindacati Lavoratori** italienischer Arbeitergewerkschaftsbund

CISNAL ['tʃiznal] f acro di **Confederazione Italiana Sindacati Nazionali dei Lavoratori** Verband der nationalen italienischen Arbeitergewerkschaften

cispa ['tʃispa] f Augenschleim m

cispadano, -a [tʃispa'daːno] agg diesseits des Po (von Rom aus gesehen)

cisposo, -a [tʃis'poːso] agg verschleimt

ciste ['tʃiste] v. **cisti**

cistercense [tʃister'tʃɛnse] **I.** agg Zisterzienser-, zisterziensisch **II.** m Zisterzienser m

cisterna [tʃis'tɛrna] **I.** f Zisterne f; (serbatoio) Tank m **II.** <inv> agg Tank-

cisti ['tʃisti] <-> f Zyste f

cistifellea [tʃisti'fɛllea] *f* Gallenblase *f*

cistite [tʃis'tiːte] *f* Blasenentzündung *f*

CIT [tʃit] *f acro di* **Compagnia Italiana Turismo** *italienische Reiseverkehrsgesellschaft*

cit. *abbr di* **citato, -a** zit., cit.

citare [tʃi'taːre] *vt* ❶ *(riferire)* zitieren, anführen; *(nominare)* erwähnen; **~ ad esempio** als Beispiel anführen ❷ *(testo, discorso)* zitieren ❸ *(JUR)* **~ qu in tribunale** *[o giudizio]* jdn (bei Gericht) vorladen; **citazionale** [tʃitattsio'naːle] *agg* Zitaten-, zitiert; **citazione** [tʃitat'tsioːne] *f* ❶ *(JUR)* Vorladung *f* ❷ *(LIT)* Zitat *n* ❸ *(menzione)* Erwähnung *f*, Nennung *f*; **una ~ al merito** eine lobende Erwähnung

citazionismo [tʃitattsio'nizmo] *m* *(LIT)* *Verwendung von Zitaten in literarischen Werken*

citazionista [tʃitattsio'nista] *<-i m, -e f>* *mf (LIT) Autor, der Zitate in seine Werke einarbeitet*

citizens' band ['sitizənz bænd] *<->* *m o f* CB-Funk *m*

citofonare [tʃitofo'naːre] *vi* durch die (Gegen)sprechanlage sprechen; **citofonico, -a** [tʃitofɔ:niko] *<-ci, -che>* *agg* Gegensprech-; **impianto ~** Gegensprechanlage *f*; **citofoniera** [tʃitofo'nieːra] *f* Tastenfeld *n* einer Gegensprechanlage; **citofono** [tʃi'tɔ:fono] *m* (Gegen)sprechanlage *f*

citologia [tʃitolo'dʒiːa] *<-gie>* *f* Zytologie *f*; *(ricerca)* Zellforschung *f*; **citologico, -a** [tʃitolɔ'dʒiko] *<-ci, -che>* *agg* zytologisch

citoplasma [tʃito'plazma] *<-i>* *m* Zytoplasma *n*

citrico, -a ['tʃiːtriko] *<-ci, -che>* *agg* zitronensauer; **acido ~** Zitronensäure *f*

citrulla *f v.* **citrullo**

citrullaggine [tʃitrul'laddʒine] *f* *(fam)* Dämlichkeit *f*, Doofheit *f*, Blödheit *f*

citrullo, -a [tʃi'trullo] *(fam)* **I.** *agg* dämlich, doof **II.** *m, f* Trottel *m*, Blödmann *m*

città [tʃit'ta] *<->* *f* Stadt *f*; **~ nuova** Neubaugebiet *n*; **~ vecchia** Altstadt *f*; **~ satellite** Satellitenstadt *f*; **~ universitaria** *[o degli studi]* Universitätsgelände *n*, Campus *m*; **~ dei ragazzi** Kinderdorf *n*; **Città del Vaticano** Vatikanstadt *f*; **Città del Capo** Kapstadt *n*; **abitare in ~** in der Stadt wohnen

cittadella [tʃitta'dɛlla] *f* ❶ *(MIL)* Zitadelle *f* ❷ *(fig: roccaforte)* Hochburg *f*

cittadina [tʃitta'diːna] *f* Kleinstadt *f*; **cittadinanza** [tʃittadi'nantsa] *f* ❶ *(JUR)* Staatsbürgerschaft *f*, -angehörigkeit *f*; **diritto di ~** Bürgerrecht *n*; **~ onoraria** Ehren-

bürgerschaft *f* ❷ *(insieme di cittadini)* Bürgerschaft *f*, Einwohnerschaft *f*; **cittadino, -a** [tʃitta'diːno] **I.** *agg* städtisch, Stadt- **II.** *m, f* ❶ *(JUR)* Staatsangehörige(r) *f(m)* ❷ *(di città)* Bürger(in) *m(f)*; **primo ~** Bürgermeister *m*

citti (**CT**) [tʃi'ti] *<->* *mf acro di* **Commissario Tecnico** Technischer Direktor *m*

city ['siti] *<->* *f* City *f*

citycar ['sitikar] *f* Kleinstwagen *m*

citymatic ['siti'mætik] *<->* *m* *(MOT)* Citymatic-System *n*

ciuca *f v.* **ciuco**

ciucca ['tʃukka] *<-cche>* *f* *(fam)* Rausch *m*, Schwips *m*; **s'è preso una bella ~** er hat sich *dat* einen ordentlichen Rausch angetrunken

ciucciare [tʃut'tʃaːre] *vt* *(fam)* saugen; *(poppare)* trinken; **~ il dito** (am) Daumen lutschen; **ciucciata** [tʃut'tʃaːta] *f* *(fam)* Nuckeln *n*; **ciuccio** ['tʃuttʃo] *<-cci>* *m* *(fam)* Schnuller *m*; *(per biberon)* Sauger *m*; **ciucciotto** [tʃut'tʃotto] *m* *(fam)* Schnuller *m*

ciuco, -a ['tʃuːko] *<-chi, -che>* *m, f* *(fam)* ❶ *(ZOO)* Esel(in) *m(f)* ❷ *(fig pej: balordo)* Esel *m*, Dummkopf *m*

ciuffo ['tʃuffo] *m* Büschel *n*

ciuffolotto [tʃuffo'lɔtto] *m* Dompfaff *m*, Gimpel *m*

ciurma ['tʃurma] *f* ❶ *(NAUT)* Mannschaft *f*, Besatzung *f* ❷ *(fig pej: gentaglia)* Pack *n*, Gesindel *n*

civaie [tʃi'vaːie] *fpl* Hülsenfrüchte *fpl*

civetta¹ [tʃi'vetta] *f* ❶ *(ZOO)* Eule *f* ❷ *(fig pej: donna)* gefallsüchtige Frau; **fare da ~** *(fig)* ködern

civetta² *<inv>* *agg* **auto ~** ziviles Polizeiauto

civettare [tʃivet'taːre] *vi* kokettieren; **civetteria** [tʃivette'riːa] *<-ie>* *f* Koketterie *f*; **civettuolo, -a** [tʃivet'tuɔ:lo] *agg* kokett

civico, -a ['tʃiːviko] *<-ci, -che>* *agg* ❶ *(di città)* städtisch, Stadt- ❷ *(JUR)* staatsbürgerlich ❸ *(dovere, sentimento)* Bürger-; **senso ~** Gemeinschaftssinn *m*; **educazione -a** Staatsbürger-, Gemeinschaftskunde *f*

civile [tʃi'viːle] **I.** *agg* ❶ *(del cittadino)* bürgerlich, Bürger; **diritti -i** Bürgerrechte *npl*; **stato ~** Personenstand *m* ❷ *(non militare, ecclesiastico)* zivil; **guerra ~** Bürgerkrieg *m*; **matrimonio ~** standesamtliche Trauung ❸ *(nazione, popolo)* zivilisiert; *(persona, maniere)* gesittet; *(colto)* kultiviert; *(letteratura, poesia)* gepflegt, stilvoll; *(abito)* anständig, gepflegt **II.** *m* Zivil *m*; **essere vestito in ~** Zivil tragen; **civilista** [tʃivi'lista] *<-i m, -e f>* *mf* Zivilist(in) *m(f)*

civilizzare [tʃivilid'dza:re] **I.** *vt* zivilisieren **II.** *vr* **-rsi** ❶ (*popolo*) zivilisiert werden ❷ (*persona*) kultiviert werden; **civilizzatore, -trice** [tʃiviliddza'to:re] **I.** *agg* zivilisierend **II.** *m, f* Überbringer(in) *m(f)* der Zivilisation; **civilizzazione** [tʃiviliddzat'tsio:ne] *f* Zivilisierung *f*

civilmente [tʃivil'mente] *avv* ❶ (*educatamente*) anständig, höflich ❷ (ADM) zivilrechtlich; **sposarsi ~** standesamtlich heiraten

civiltà [tʃivil'ta] <-> *f* ❶ (*cultura*) Kultur *f* ❷ (*progresso*) Zivilisation *f* ❸ (*cortesia*) Anstand *m*, Höflichkeit *f*

civismo [tʃi'vizmo] *m* Gemeinschaftssinn *m*

CL *abbr di* **Comunione e Liberazione** *kirchliche Laienbewegung in Italien*

clacson ['klakson] <-> *m* Hupe *f;* **suonare il ~** hupen; **clacsonare** [klakso'na:re] *vi* hupen

clamore [kla'mo:re] *m* ❶ (*chiasso*) Lärm *m* ❷ (*fig: scalpore*) Aufsehen *n,* Wirbel *m;* **suscitare** [*o* **destare**] **~** Aufsehen erregen; **clamoroso, -a** [klamo'ro:so] *agg* Aufsehen erregend

clan [klan] <-> *m* Clan *m,* Klan *m*

clandestina *f v.* **clandestino**

clandestinità [klandestini'ta] <-> *f* Verborgenheit *f,* Heimlichkeit *f;* (*illegalità*) Illegalität *f;* (POL) Untergrund *m;* **clandestino, -a** [klandes'ti:no] **I.** *agg* heimlich; (*illegale*) illegal, gesetzwidrig; (*lavoro, vendita, viaggio*) schwarz **II.** *m, f* blinder Passagier

clanico, -a ['kla:niko] <-ci, -che> *agg* (SOC) Clan-, dem Clan eigen

claque [klak] <-> *f* Claque *f*

clarinettista [klarinet'tista] <-i *m,* -e *f>* *mf* Klarinettist(in) *m(f);* **clarinetto** [klari'netto] *m* Klarinette *f;* **clarino** [kla'ri:no] *m* Clarino *n,* Bachtrompete *f*

classe ['klasse] *f* ❶ (*servizio*) Klasse *f;* **viaggiare in prima ~** erster Klasse reisen ❷ (*scuola*) Schulklasse *f;* (*aula*) Klassenzimmer *n* ❸ (MIL) Jahrgang *m;* **~ di leva** Einberufungsjahrgang *m* ❹ (*fig: ceto*) Klasse *f,* Rang *m;* **lotta di ~** Klassenkampf *m;* **~ dirigente** Führungsschicht *f* ❺ (*fig: qualità*) **un uomo di ~** ein Mann von Welt; **avere ~** Klasse haben

classica ['klassika] <-che> *f* (SPORT) Internationales Sportfest

classicismo [klassi'tʃizmo] *m* ❶ (*qualità*) Klassische(s) *n* ❷ (*epoca*) Klassik *f;* (*stile*) Klassizismus *m;* **classicista** [klassit'tʃista] <-i *m,* -e *f>* *mf* ❶ (*nell'arte*) Klassiker(in) *m(f),* Klassizist(in) *m(f)* ❷ (*studio*-

so) Kenner(in) *m(f)* der Klassik; **classicistico, -a** [klassit'tʃistiko] <-ci, -che> *agg* klassizistisch; **classicità** [klassitt'ʃi'ta] <-> *f* (*obs*) ❶ (*greca, romana*) Klassik *f* ❷ (*nell'arte*) Klassizismus *m*

classico ['klassiko] <-ci> *m* Klassiker *m*

classico, -a <-ci, -che> *agg* ❶ (LIT, MUS) klassisch; **danza -a** Ballett *n* ❷ (*liceo, studi*) altsprachlich, humanistisch

classifica [klas'si:fika] <-che> *f* ❶ (SPORT) Tabelle *f,* Rangliste *f;* **arrivare ultimo in ~** am Tabellenende stehen; **essere in testa alla ~** Tabellenführer sein ❷ (*graduatoria*) Wertung *f,* Einstufung *f;* **classificare** [klassifi'ka:re] **I.** *vt* ❶ (*scolaro, compito*) bewerten ❷ (*materiale, libri*) klassifizieren, einordnen **II.** *vr* **-rsi** sich platzieren; **-rsi bene** gut abschneiden; **-rsi terzo** Dritter werden

classificatore [klassifika'to:re] *m* ❶ (*raccoglitore*) (Akten)ordner *m;* (*cartella*) Schnellhefter *m;* **~ di francobolli** Briefmarkenalbum *n* ❷ (*mobile*) Büroschrank *m*

classificazione [klassifikat'tsio:ne] *f* ❶ (*ordinazione per classi*) Klassifizierung *f,* Klassifikation *f;* (*ripartizione*) Einteilung *f* ❷ (*valutazione*) Bewertung *f;* (SPORT) Wertung *f;* (*a scuola*) Zensur *f,* Note *f*

classismo [klas'sizmo] *m* (POL) Klassentheorie *f;* **classista** [klas'sista] <-i *m,* -e *f>* **I.** *mf* Vertreter(in) *m(f)* der Klassentheorie **II.** *agg* Klassen(kampf)-; **lotta ~** Klassenkampf *m*

claudicante [klaudi'kante] **I.** *agg* (*poet*) hinkend; (*fig a*) holp(e)rig **II.** *mf* Hinkende(r) *f(m)*

claunesco, -a [klau'nesko] <-schi, -sche> *agg* possenhaft, spaßig, clownesk

clausola ['kla:uzola] *f* Klausel *f*

claustrale [klaus'tra:le] *agg* Kloster-, klösterlich

claustrofobia [klaustrofo'bi:a] *f* Klaustrophobie *f,* Platzangst *f fam;* **claustrofobico, -a** [klaustro'fɔ:biko] <-ci, -che> **I.** *agg* klaustrophobisch **II.** *m, f* an Klaustrophobie leidende Person *f*

clausura [klau'zu:ra] *f* ❶ (REL) Klausur *f* ❷ (*fig: luogo appartato*) Abgeschiedenheit *f*

clava ['kla:va] *f* Keule *f*

clavetta [kla'vetta] *f* ❶ *dim di* **clava** kleine Keule *f* ❷ (*attrezzo da ginnastica*) leichte Gymnastikkeule *f*

clavicembalo [klavi'tʃembalo] *m* (Clavi)cembalo *n*

clavicola [kla'vi:kola] *f* Schlüsselbein *n*

clavicordo [klavi'kɔrdo] *m* Clavichord *n*

claviroline [klavio'li:ne] <-> *m o f* (MUS) elektronisches Klavier *n*

cleansing cream ['klɛnziŋ kri:m] <-> f Reinigungscreme f

clear [kliə] <-> m (INFORM) Löschtaste f

clearing ['kliəriŋ] <-> m (FIN) Clearing n, Abrechnungsverkehr m

clemente [kle'mɛnte] agg (clima) mild; (persona) gütig; (tollerante) nachsichtig; **clemenza** [kle'mɛntsa] f Milde f, Güte f

cleptocrate [klepto'kra:te] mf Steuergelder veruntreuende(r) Politiker(in) m(f); **cleptocrazia** [kleptokrat'tsi:a] <-ie> f Amtsmissbrauch m bei Politikern, Veruntreuung f von Steuergeldern durch die Politik

cleptomane [klep'tɔ:mane] I. agg kleptomanisch II. mf Kleptomane m, -manin f; **cleptomania** [kleptoma'ni:a] f Kleptomanie f

clericale [kleri'ka:le] I. agg klerikal II. mf Klerikale(r) f(m); **clericalismo** [kleri-ka'lizmo] m Klerikalismus m; **clero** ['klɛ:ro] m Klerus m, Geistlichkeit f; ~ **regolare/secolare** Ordens-/Weltgeistlichkeit f

clessidra [kles'si:dra] f (a sabbia) Sanduhr f; (ad acqua) Wasseruhr f

clic [klik] <-> m (computer) Klick m; ~ **del mouse** Mausklick m; **fare** (**doppio**) ~ (doppelt) klicken; **cliccare** [klik'ka:re] I. vt anklicken II. vi ~ **su qc** auf etw acc klicken

cliché [kli'ʃe] <-> m Klischee n

cliente [kli'ɛnte] mf (di un negozio) Kunde m, Kundin f; (di un albergo, ristorante, bar) Gast m; (MED) Patient(in) m(f); (JUR: di un avvocato) Mandant(in) m(f), Klient(in) m(f); ~ **fisso** [o **abituale**] Stammkunde m; **clientela** [klien'tɛ:la] f (di un negozio) Kundschaft f; (di un albergo, ristorante, bar) Gäste mpl; (MED) Patienten mpl; (JUR: di un avvocato) Mandanten mpl, Klientel f

clientelarismo [klientela'rizmo] m (POL: pej) Protektionswirtschaft f, Ämterpatronage f; **clientelistico, -a** [kliente'listiko] <-ci, -che> agg Protektionswirtschaft unterstützend

clima ['kli:ma] <-i> m (METEO) Klima n

climaterico, -a [klima'tɛ:riko] <-ci, -che> agg klimakterisch; **climaterio** [klima'tɛ:rio] <-i> m Wechseljahre npl, Klimakterium n; **climatico, -a** [kli'ma:tiko] <-ci, -che> agg klimatisch, Klima-; **stazione -a** Luftkurort m; **climatizzare** [klimatid'dza:re] vt klimatisieren; **climatizzatore** [klimatiddza'to:re] m Klimaanlage f; **climatizzazione** [klimatiddzat'tsio:ne] f Klimatisierung f; **impianto di** ~ Klimaanlage f

climatologo, -a [klima'tɔ:logo] <-gi, -ghe> m, f Klimaforscher(in) m(f)

clinica ['kli:nika] <-che> f Klinik f

clinical monitor ['klinikəl 'mɔnitə] <- o clinical monitors> m für die klinische Erprobung von Arzneimitteln verantwortlicher Arzt, Ärztin m, f

clinicizzare [klinitʃid'dza:re] vt in eine Klinik umwandeln

clinico ['kli:niko] <-ci> m Krankenhausarzt m; (docente) Kliniker m

clinico, -a <-ci, -che> agg klinisch; **cartella -a** Krankenblatt n; **avere l'occhio** ~ (fig) einen Röntgenblick haben

clip [klip] <-> f (orecchino) (Ohr)clip m

CLIP ['klip] m (TEL) CLIP-Funktion f

clipboard <-> m (INFORM) Zwischenablage f

CLIR ['klir] m (TEL) CLIR-Funktion f

clistere [klis'tɛ:re] m Klistier n

clitoride [kli'tɔ:ride] m o f Klitoris f

CLN m abbr di **Comitato di Liberazione Nazionale** (HIST) Gemeinschaftsregierung aller Parteien während der Resistenza

cloaca [klo'a:ka] <-che> f ❶ (canale, fogna) Kloake f ❷ (fig) Sumpf m

cloche [klɔʃ] <-> f ❶ (MOT) Schaltknüppel m; (AERO) Steuerknüppel m; **cambio a** ~ Knüppelschaltung f ❷ (cappello) Glocke f

clonare [klo'na:re] vt klonen; **clonatore, -trice** [klona'to:re] m, f (BIOL) Biologe, -login m, f, der [o die] Klonexperimente durchführt; **clonazione** [klonat'tsio:ne] f Klonen n; **clone** [klɔne] m Klon m

clorato [klo'ra:to] m Chlorat n

cloridrico, -a [klo'ri:driko] <-ci, -che> agg Chlorwasserstoff-; **acido** ~ Salzsäure f; **cloro** ['klɔ:ro] m Chlor n

clorofilla [kloro'filla] f Chlorophyll n; **clorofilliano, -a** [klorofil'lia:no] agg Chlorophyll-; **sintesi -a** Fotosynthese f, Photosynthese f

clorofluorocarburo [klorofluoro-kar'bu:ro] m (CHEM) Fluorchlorkohlenwasserstoff m

cloroformio [kloro'fɔrmio] <-i> m Chloroform m

cloruro [klo'ru:ro] m Chlorid n

clou [klu] <-> m Clou m

clown [klaun] <-> m Clown m

clownerie [klun'ri] <- o clowneries> f Clownerie f

club [klub] <-> m Klub m; ~ **amatoriale** Amateurverein m

clubman ['klʌbmən] <- o clubmen> m Clubmitglied n, Clubgänger(in) m(f)

cluster ['klʌstə o 'klaster] <- o clusters> m ❶ (ammasso stellare) Sternwolke f ❷ (MUS: gruppo di suoni) Cluster m ❸ (IN-

FORM: *gruppo di calcolatori*) Computernetz *n* ❹ (MAT: *gruppo di elementi*) Cluster *m*

cm *abbr di* **centimetro** cm

CM *abbr di* **Circolare Ministeriale** ministerieller Runderlass

c.m. *abbr di* **corrente mese** d. M.

CNR *m abbr di* **Consiglio Nazionale delle Ricerche** *staatliche italienische Forschungsgesellschaft*

c/o *abbr di* **care of** (*presso*) c/o, bei

coabitare [koabi'ta:re] *vi* zusammen wohnen; **coabitazione** [koabitat'tsio:ne] *f* Zusammenwohnen *n*

coacervo [koa'tʃɛrvo] *m* Mischmasch *m*

coaching ['kəʊtʃiŋ] <-> *m* betriebsinterne Supervision *f* angehender Manager

coadiutore, -trice [koadiu'to:re] *m, f* ❶ (*aiutante*) Gehilfe *m*, Gehilfin *f* ❷ (REL) Vikar(in) *m(f)*; (*di un vescovo*) Koadjutor *m*

coadiuvante [koadiu'vante] **I.** *agg* Hilfs- **II.** *m* Hilfsmedikament *n*; **coadiuvare** [koadiu'va:re] *vt* mitwirken; (*collaborare a*) mitarbeiten

coagulabile [koagu'la:bile] *agg* gerinnungsfähig, gerinnbar; **coagulabilità** [koagulabili'ta] <-> *f* Gerinnungsfähigkeit *f*, Gerinnbarkeit *f*

coagulante [koagu'lante] **I.** *agg* gerinnungsfördernd **II.** *m* Gerinnungsmittel *n*

coagulare [koagu'la:re] **I.** *vt* gerinnen lassen; (MED) koagulieren **II.** *vr* **-rsi** gerinnen; (MED) koagulieren; **coagulazione** [koagulat'tsio:ne] *f* Gerinnen *n*; (MED) Gerinnung *f*, Koagulation *f*; **la ~ del sangue** Blutgerinnung *f*; **coagulo** [ko'a:gulo] *m* ❶ (MED) Blutgerinnsel *n* ❷ (*caglio*) Lab *n*

coalizione [koalit'tsio:ne] *f* Koalition *f*; (*di enti*) Zusammenschluss *m*; **accordo di ~** Koalitionsvertrag *m*; **coalizzare** [koalid'dza:re] **I.** *vt* koalisieren; (*unire*) verbinden **II.** *vr* **-rsi** eine Koalition bilden

coartare [koar'ta:re] *vt* zwingen

coattivo, -a [koat'ti:vo] *agg* ❶ (*mezzo*) zwingend ❷ (JUR) Zwangs-; **misure -e** Zwangsmaßnahmen *fpl*

coatto, -a [ko'atto] *agg* Zwangs-, gezwungen

coautore, -trice [koau'to:re] *m, f* Ko-, Mitautor(in) *m(f)*

cobalto [ko'balto] *m* ❶ (CHEM) Kobalt *n* ❷ (*colore*) Kobaltblau *n*; **cobaltoterapia** [kobaltotera'pi:a] *f* Kobalttherapie *f*, -bestrahlung *f*

cobas *m acro di* **Comitato di Base** *paragewerkschaftliche Basisgruppen in Italien*

Coblenza [ko'blɛntsa] *f* Koblenz *n*

cobol <-> *m* (INFORM) *acro di* **Common Business Oriented Language** COBOL *n*

coboldo [ko'bɔldo] *m* Kobold *m*

cobra ['kɔ:bra] <-> *m* Kobra *f*

coca ['kɔ:ka] <-che> *f* ❶ (BOT) Kokastrauch *m* ❷ (*sl: cocaina*) Kokain *n* ❸ (*fam: bevanda*) Cola *f*

cocaina [koka'i:na] *f* Kokain *n*; **cocainomane** [kokai'nɔ:mane] *mf* Kokainsüchtige(r) *f(m)*; **cocainomania** [kokainoma'ni:a] <-ie> *f* Drogen nehmen *n*, Koksen *n sl*

coca party ['kouka 'pa:ti] <- *o* coca parties> *m* Drogenparty *f*

cocca ['kɔkka] <-cche> *f* ❶ (*di fazzoletto, grembiule*) Zipfel *m* ❷ (*di freccia*) (Pfeil)kerbe *f*

coccarda [kok'karda] *f* Rosette *f*, Kokarde *f*

cocchiere, -a [kok'kiɛ:re] *m, f* Kutscher *m*; **cocchio** ['kɔkkio] <-cchi> *m* Kutsche *f*

coccige [kot'tʃi:ge] *m* Steißbein *n*

coccinella [kottʃi'nɛlla] *f* Marienkäfer *m*

cocciniglia [kottʃi'niʎʎa] <-glie> *f* ❶ (ZOO) Koschenillelaus *f*, Scharlachschildlaus *f* ❷ (*colore*) Koschenille *f*

coccio ['kɔttʃo] <-cci> *m* ❶ (*terracotta*) Steingut *n* ❷ *pl* (*fam: stoviglie*) Geschirr *n* ❸ (*frammento*) Scherbe *f* ❹ (*fig: persona malaticcia*) kränklicher Mensch

cocciuta *f v.* **cocciuto**

cocciutaggine [kottʃu'taddʒine] *f* Dickköpfigkeit *f*, Eigensinn *m*; **cocciuto, -a** [kot'tʃu:to] **I.** *agg* dickköpfig, eigensinnig **II.** *m, f* Dickkopf *m*, Sturkopf *m*

cocco ['kɔkko] <-cchi> *m* ❶ (BOT) Kokospalme *f*; **noce di ~** Kokosnuss *f* ❷ (BIOL) Kokkus *m*, Kokke *f*

cocco, -a <-cchi, -cche> *m, f* (*fam scherz*) Liebling *m*, Schätzchen *n*; **essere il ~ di mamma** Mamas Liebling sein; **povero ~!** armes Ding!

coccodè [kokko'dɛ] *int* gack, gack; **fare ~** gackern

coccodrillo [kokko'drillo] *m* ❶ (ZOO) Krokodil *n*; **lacrime di ~** (*fig*) Krokodilstränen *fpl* ❷ (*pelle*) Kroko(dil)leder *n*

coccoina® [kokko'i:na] <-> *f* Papierleim *m*

coccola [ko'kkola] *f* Liebkosung *f*; **fare le -e** schmusen

coccolare [kokko'la:re] *vt* (*fam*) schmusen mit; (*vezzeggiare*) (ver)hätscheln, verziehen; **coccolo, -a** ['kɔkkolo] *m, f* (*fam*) Hätschelkind *n*, Liebling *m* der Eltern; **coccolone, -a** [kokko'lo:ne] *m, f* (*fam*) Schmusekater *m*, -katze *f*

coccoloni [kokko'lo:ni] *avv* in der Hocke,

niedergekauert; **stare** ~ kauern, hocken

cocente [ko'tʃɛnte] *agg* ❶ (*ardente*) glühend heiß ❷ (*fig: dolore*) heftig, brennend, stechend; (*offesa*) schmerzend, verletzend

cochon [kɔ'ʃɔ̃] <*inv*> *agg* obszön, pornografisch; **cinema** ~ Pornokino *n*

cocker ['kɔkə *o* 'kɔker] <-> *m* Cockerspaniel *m*

cocktail ['kɔkteil *o* 'kɔktɛl] <-> *m* ❶ (GASTR) Cocktail *m;* ~ **di scampi** Krabbencocktail *m* ❷ (*trattenimento*) Cocktail-party *f;* **abito da** ~ Cocktailkleid *n*

cocktail-party ['kɔkte(i)l 'pa:ti] <- *o* cocktail-parties> *m* Cocktail-Party *f*

coclea ['kɔ:klea] *f* ❶ (ANAT) (Ohr)schnecke *f* ❷ (TEC) Schnecke *f*

cocomeraia [kokome'ra:ia] <-ie> *f* Gurkenanbaufläche *f*, Gurkenfeld *n*

cocomerata [kokome'ra:ta] *f* Wassermelonenessen *n*

cocomero [ko'ko:mero] *m* Wassermelone *f*

cocooning [kə'ku:niŋ] <*sing*> *m* Cocooning *n*

cocuzza [ko'kuttsa] *f* (*mer: scherz*) Birne *f fam*, Rübe *f fam*

cocuzzolo [ko'kuttsolo] *m* ❶ (*di montagna*) Gipfel *m*, Kuppe *f* ❷ (*di testa, cappello*) Spitze *f*

cod. *abbr di* **codice** Gesetzbuch

coda ['ko:da] *f* ❶ (ZOO) Schwanz *m;* ~ **in umido** (GASTR) geschmorter Ochsenschwanz *m;* ~ **di cavallo** (*acconciatura*) Pferdeschwanz *m;* ~ **di rospo** (ZOO) Seeteufel *m;* **andarsene con la** ~ **fra le gambe** (*fig*) mit eingezogenem Schwanz abziehen; **avere la** ~ **di paglia** (*fig*) Dreck am Stecken haben; (*essere più che prudente*) übervorsichtig sein; (*offendersi*) schnell beleidigt sein; **il diavolo ci ha messo** [*o* **ficcato**] **la** ~ (*fig*) der Teufel hat seine Hand im Spiel gehabt ❷ (ASTR) Schweif *m* ❸ (*di un abito femminile*) Schleppe *f;* (*di un abito maschile*) Rockschoß *m* ❹ (*di un aereo*) Heck *n;* **vettura di** ~ (FERR) Schlusswagen *m* ❺ (*fila*) Reihe *f*, Schlange *f;* **fare la** ~ Schlange stehen; **mettersi in** ~ sich anstellen ❻ (*appendice*) Anhang *m;* **titoli di** ~ (FILM, TV) Abspann *m* ❼ (*loc*) **guardare con la** ~ **dell'occhio** aus den Augenwinkeln betrachten

codarda *f v.* **codardo**

codardia [kodar'di:a] <-ie> *f* (*poet*) Feigheit *f*

codardo, -a [ko'dardo] **I.** *agg* feige **II.** *m, f* Feigling *m*

codazzo [ko'dattso] *m* (*pej*) Schwarm *m*, Gefolgschaft *f*

code [koud] <- *o* codes> *m* (TEL, INFORM) Code *m*

codesto, -a [ko'desto] *pron dim* (*tosc: poet*) diese(r, s)

codice ['kɔ:ditʃe] *m* ❶ (JUR, LIT) Kodex *m;* ~ **civile** Bürgerliches Gesetzbuch; ~ **fiscale** Steuernummer *f;* ~ **penale** Strafgesetzbuch *n;* ~ **di procedura civile** Zivilprozessordnung *f;* ~ **di procedura penale** Strafprozessordnung *f;* ~ **della strada** Straßenverkehrsordnung *f;* ~ **di avviamento postale** Postleitzahl *f* ❷ (*cifrario*, INFORM) Kode *m*, Code *m;* (*sistema*) Schlüssel *m;* ~ **a barre** Strichcode *m;* ~ **ASCII** ASCII-Code *m*

codicillo [kodi'tʃillo] *m* Kodizill *n*

codificare [kodifi'ka:re] *vt* ❶ (INFORM) codieren, kodieren; (*tradurre*) verschlüsseln ❷ (JUR) kodifizieren; **codificatore** [kodifika'to:re] *m* (INFORM) Codierer *m*, Encoder *m;* **codificazione** [kodifikat'tsio:ne] *f* Kodifizierung *f;* ~ **audio** (INFORM) Audiokodierung *f*

codino [ko'di:no] *m* (*di capelli*) Zopf *m*, Zöpfchen *n*

coeditare [koedi'ta:re] *vt* gemeinsam herausgeben

coeditore, -trice [koedi'to:re] *m, f* Mitherausgeber(in) *m(f);* **coedizione** [koedit'tsio:ne] *f* gemeinschaftliche Herausgabe, Koedition *f geh*

coefficiente [koeffi'tʃɛnte] *m* Koeffizient *m*

coercibile [koer'tʃi:bile] *agg* ❶ (*domabile*) lenkbar, zähmbar ❷ (PHYS) komprimierbar

coercitivo, -a [koertʃi'ti:vo] *agg* Zwangs-, Druck-; **mezzi -i** Druckmittel *npl*

coercizione [koertʃit'tsio:ne] *f* Druck *m*, Zwang *m*

coerede [koe'rɛ:de] *mf* Miterbe *m*, -erbin *f*

coerente [koe'rɛnte] *agg* (*fig: argomento, discorso, ragionamento*) folgerichtig, schlüssig; (*persona*) zielstrebig, konsequent; **coerenza** [koe'rɛntsa] *f* Folgerichtigkeit *f*, Kohärenz *f geh;* (*di persona*) Zielstrebigkeit *f*, Konsequenz *f*

coesione [koe'zio:ne] *f* (*fig: di ragionamento, discorso*) Zusammenhang *m;* (*di gruppo*) Zusammenhalt *m*, Geschlossenheit *f*

coesistente [koezis'tɛnte] *agg* koexistent; **coesistenza** [koezis'tɛntsa] *f* Koexistenz *f*, Nebeneinanderbestehen *n*

coesistere [koe'zistere] <*irr*> *vi* essere koexistieren

coesivo, -a [koe'zi:vo] *agg* ❶ (*che tiene unito*) Kleb-, klebend ❷ (PHYS) Kohäsions-

coeso, -a [ko'ɛ:zo] *agg* (*connesso*) zusammenhängend

coetaneo, -a [koe'ta:neo] **I.** *agg* gleichaltrig; (*coevo*) zeitgenössisch **II.** *m, f* Gleichaltrige(r) *f(m)*, Altersgenosse *m*, -genossin *f*; (*coevo*) Zeitgenosse *m*, -genossin *f*

coevo, -a [ko'ɛ:vo] *agg* zeitgenössisch

cofanetto [kofa'netto] *m* ❶ (*cassetta*) Kästchen *n*; (*per gioielli*) Schmuckkästchen *n* ❷ (*per libri*) Schuber *m*, Kassette *f*

cofano ['kɔ:fano] *m* ❶ (MOT) Motorhaube *f* ❷ (*cassa*) Truhe *f*, Kasten *m*

coffa ['kɔffa] *f* Mastkorb *m*

coffee break ['kɔfi breik] <-> *m* Kaffeepause *f*

cofirmatario, -a [kofirma'ta:rio] <-i, -ie> **I.** *agg* unterzeichnend, Unterzeichner-; **le nazioni -ie del Trattato di Maastricht** die Unterzeichnerstaaten des Maastrichter Vertrages **II.** *m, f* Mitunterzeichnende(r) *f(m)*

cofondatore, -trice [kofonda'to:re] *m, f* Mitbegründer(in) *m(f)*

cogenerazione [kodʒenerat'tsio:ne] *f* (TEC) Sekundärenergiegewinnung *f*, Fernwärme *f*

cogerente [kodʒe'rɛnte] *mf* Mitverwalter(in) *m(f)*; **cogestione** [kodʒes'tio:ne] *f* Mitverwaltung *f*; **cogestire** [kodʒes'ti:re] <cogestisco, cogestisci> *vt* gemeinsam leiten

cogitabondo, -a [kogita'bondo] *agg* (*poet*) grüblerisch, sinnend, seinen Gedanken nachhängend

cogli ['koʎʎi] *prp* = con + gli *v.* con

cogliere ['kɔʎʎere] <colgo, colsi, colto> *vt* ❶ (*fiore, frutto*) pflücken; (*frutto a*) ernten; (*bacche*) lesen ❷ (*colpo*) treffen; **~ nel segno** genau treffen ❸ (*sorprendere*) erwischen, ertappen; **~ qu in fallo/in flagrante** jdn auf frischer Tat/in flagranti erwischen ❹ (*fig: occasione*) ergreifen ❺ (*fig: significato, problema*) erfassen; **~ qc al volo** etw sofort verstehen

coglionaggine [koʎʎonad'dʒi:ne] *f* (*vulg*) Hirnrissigkeit *f fam*, Hirnverbranntheit *f fam*

coglionata [koʎʎo'na:ta] *f* (*vulg*) Blödsinn *m fam*, Müll *m fam*

coglione, -a [koʎʎo:ne] *m, f* (*vulg*) Eierarsch *m*, dumme Sau; **essere un ~** (*vulg*) eine dumme Sau sein; **coglioneria** [koʎʎone'ri:a] <-ie> *f* (*vulg*) (Bock)mist *m fam*

coglioni [koʎʎo:ni] *mpl* (*vulg*) Eier *npl*; **rompere** [*o* **far girare**] **i ~ a qu** (*vulg*) jdm auf den Sack gehen

cognac [kɔ'ɲak *o* koɲ'ɲak] <- *o* cognacs> *m* Cognac *m;* **cognacchino**

[kɔɲɲak'ki:no] *m dim di* **cognac** kleiner Cognac

cognato, -a [koɲ'ɲa:to] *m, f* Schwager *m*, Schwägerin *f*

cognizione [koɲɲit'tsio:ne] *f* ❶ (*nozione*) Kenntnis *f* ❷ (JUR) Zuständigkeit *f*, Kompetenz *f*; **con ~ di causa** kompetent, mit Sachverstand

cognome [koɲ'ɲo:me] *m* Nach-, Familienname *m;* **nome e ~** Vor- und Nachname; **~ da nubile** Mädchenname *m*

coi ['ko:i] *prp* = con + i *v.* con

coibentare [koiben'ta:re] *vt* (TEC) isolieren, dämmen; **coibentatore** [koibenta'to:re] *m* (TEC) Spezialist(in) *m(f)* für Thermoisolierung [*o* Wärmedämmung]; **coibente** [koi'bɛnte] **I.** *agg* isolierend, Isolier-, nicht leitend **II.** *m* Isoliermaterial *n;* **coibenza** [koi'bɛntsa] *f* Isolierung *f*

coiffeur, coiffeuse [kwa'fœr] <- *o* coiffeurs *m*, coiffeuses *f*> *m, f* Damenfriseur(in) *m(f)*

coil [kɔil] <-> *m* Drahtrolle *f*

coincidenza [koint∫i'dɛntsa] *f* ❶ (*avvenimento simultaneo*) Zusammentreffen *n;* (*avvenimento casuale*) Zufall *m* ❷ (*mezzi di trasporto*) Anschluss *m* ❸ (*fig: corrispondenza*) Übereinstimmung *f*; **coincidere** [koin't∫i:dere] <irr> *vi* (*accadere insieme*) zusammenfallen; (*corrispondere*) sich *dat* entsprechen, übereinstimmen; (*essere la stessa cosa*) sich decken

coin-op [kɔin'ɔp] **I.** <-> *mf* Münzautomat *m* **II.** <inv> *agg* Münz-, mit Münzeinwurf, mit Münzen betrieben

coinquilino, -a [koiŋkui'li:no] *m, f* Mitbewohner(in) *m(f)*

coinsieme [koin'siɛ:me] *m* (MAT) Wertemenge *f*

cointeressare [kointeres'sa:re] *vt* beteiligen, teilhaben lassen; **cointeressato, -a** [kointeres'sa:to] **I.** *agg* teilhabend **II.** *m, f* Teilhaber(in) *m(f)*; **cointeressenza** [kointeres'sɛntsa] *f* Teilhaberschaft *f*

cointestario, -a [kointes'ta:rio] <-i, -ie> **I.** *agg* (JUR) beteiligt, Mitinhaber- **II.** *m, f* (JUR) Mitinhaber(in) *m(f)*

coinvolgente [koinvol'dʒɛnte] *agg* (*libro, spettacolo*) fesselnd, mitreißend; **un libro ~** ein fesselndes Buch; **coinvolgere** [koin'vɔldʒere] <irr> *vt* **~ qu in qc** jdn in etw *acc* hineinziehen; **coinvolgimento** [koin'vɔldʒmento] *m* Verwicklung *f*

coinvolto, -a [koin'vɔlto] **I.** *pp di* **coinvolgere II.** *agg* verwickelt; **essere ~ in qc** in etw *acc* verwickelt sein; **lo spettacolo mi ha ~** das Stück hat mich angesprochen

coiote [ko'iɔ:te] <-> *m* Kojote *m*

Coira ['kɔːira] *f* Chur *n*

coito ['kɔːito] *m* Koitus *m*, Beischlaf *m*

coke [kouk] <-> *m* Koks *m*

cokefazione [kokefat'tsio:ne] *f* ❶ (TEC) Verkokung *f,* Koksgewinnung *f* ❷ (CHEM: *processo che lascia residuo carbonioso*) Verkohlung *f*

col [kol] *prp* = **con + il** *v.* **con**

colà [ko'la] *avv* (*poet*) dort, dorthin

colabrodo [kola'brɔːdo] <-> *m* Durchschlag *m,* Sieb *n;* **essere un ~** (*fig*) durchsiebt sein

colapasta [kola'pasta] <-> *m* Nudelsieb *n,* Seiher *m*

colare [ko'la:re] **I.** *vt avere* ❶ (*liquido*) abgießen, filtern; (*brodo*) durchseihen, durch ein Sieb schütten; (*pasta*) abgießen, -schütten ❷ (*metallo*) gießen ❸ (*loc*) ~ **a picco** [*o* **a fondo**] (*nave*) versenken **II.** *vi* ❶ *essere o avere* (*gocciolare*) tropfen, rinnen; (*naso*) laufen; (*recipiente*) lecken; **mi cola il naso** mir läuft die Nase ❷ *essere* (*loc*) **~ a picco** [*o* **a fondo**] (auf den Grund) sinken; **colata** [ko'la:ta] *f* ❶ (GEOL) Strom *m;* ~ **lavica** Lavastrom *m* ❷ (*di metallo*) Guss *m*

colato, -a [ko'la:to] *agg* rein, pur; **prendere qc per oro ~** (*fig*) etw für bare Münze nehmen

colazione [kolat'tsio:ne] *f* ❶ (*prima ~*) Frühstück *n;* **fare ~** frühstücken ❷ (*seconda ~*) Mittagessen *n;* **~ di lavoro** Arbeitsessen *n*

cold boot [kold 'but] <-> *m* (INFORM) Kaltstart *m*

cold cream ['kould 'kri:m] <-> *f* Gesichtscreme *f*

COLDIRETTI [koldi'rɛtti] *f abbr di* **Confederazione Nazionale Coltivatori Diretti** Verband (*selbstständiger*) Landwirte

coldiretto *m acro di* **Coltivatore diretto** selbstständiger Landwirt *m*

colei *f v.* **colui**

coleottero [kole'ɔttero] *m* Käfer *m*

colera [ko'lɛːra] <-> *m* Cholera *f;* **colerico, -a** [ko'lɛːriko] <-ci, -che> *agg* Cholera-

colesterina [koleste'ri:na] *f,* **colesterolo** [koleste'rɔːlo] *m* Cholesterin *n*

colf [kolf] <-> *f* Haushaltshilfe *f,* Bedienung *f A*

colgo ['kɔlgo] *1. pers sing pr di* **cogliere**

colibatterio [kolibatte'ri:o] <-ri> *m* (BIOL) Kolibakterie *f*

colibrì [koli'bri] <-> *m* Kolibri *m*

colica ['kɔːlika] <-che> *f* Kolik *f*

colino [ko'li:no] *m* kleines Sieb; (*per tè*) Teesieb *n*

colite [ko'li:te] *f* (MED) Kolitis *f*

colla¹ ['kɔlla] *f* Leim *m,* Klebstoff *m;* ~ **in stick** Klebestift *m;* ~ **universale** Alleskleber *m*

colla² ['kɔlla] *prp* = **con + la** *v.* **con**

collaborare [kollabo'ra:re] *vi* mitarbeiten; ~ **a un progetto** an einem Projekt mitarbeiten; ~ **con qu** mit jdm zusammenarbeiten; (*pej a*) mit jdm kollaborieren; **collaboratore, -trice** [kollabora'to:re] *m, f* Mitarbeiter(in) *m(f);* ~ **esterno** freier Mitarbeiter; **-trice familiare** [*o* **domestica**] Hausangestellte *f,* Haushaltshilfe *f;* **collaborazione** [kollaborat'tsio:ne] *f* Mitarbeit *f,* Zusammenarbeit *f;* **la ~ a un progetto** die Mitarbeit an einem Projekt; **collaborazionismo** [kollaborattsio'nizmo] *m* Kollaboration *f;* **collaborazionista** [kollaborattsio'nista] <-i *m,* -e *f*> *mf* Kollaborateur(in) *m(f)*

collage [ko'la:ʒ] <-> *m* Collage *f*

collageno [kol'la:dʒeno] *m* Kollagen *n*

collana [kol'la:na] *f* ❶ (*di perle, oro, coralli*) (Hals)kette *f* ❷ (*di libri*) Reihe *f*

collant [kɔ'lã] <-> *m* Strumpfhose *f*

collare [kol'la:re] *m* ❶ (*per cani*) Halsband *n* ❷ (*ornamento*) Halskrause *f* ❸ (REL) Beffchen *n,* Kollar *n*

collasso [kol'lasso] *m* Kollaps *m*

collaterale [kollate'ra:le] *agg* (*a lato*) seitlich, Seiten-; (*vicino*) Neben-; **effetti -i** Nebenwirkungen *fpl*

collateralismo [kollatera'lizmo] *m* (POL) Parteiunterstützung *f*

collaudare [kollau'da:re] *vt* prüfen, testen, zensurieren *A;* **collaudatore, -trice** [kollauda'to:re] *m, f* Prüfer(in) *m(f);* **collaudo** [kol'la:udo] *m* Kontrolle *f,* Prüfung *f;* (*di macchina, impianti*) Probelauf *m;* **volo di ~** Probeflug *m*

collazione [kollat'tsio:ne] *f* Kollation *f*

colle¹ ['kɔlle] *m* ❶ (*rilievo*) Hügel *m* ❷ (*passo*) Pass *m*

colle² ['kɔlle] *prp* = **con + le** *v.* **con**

collega [kol'lɛːga] <-ghi *m,* -ghe *f*> *mf* Kollege *m,* Kollegin *f*

collegamento [kollega'mento] *m* ❶ (*connessione*) Verbindung *f;* ~ **ferroviario** Eisenbahnverbindung *f;* ~ **radiofonico** Funkverbindung *f;* ~ **telefonico** Telefonverbindung *f* ❷ (EL) Schaltung *f;* ~ **in serie/parallelo** Serien-/Parallelschaltung *f* ❸ (MIL, TV, RADIO) Verbindung *f;* **ufficiale di ~** Verbindungsoffizier *m;* **in ~ con Madrid, vi trasmettiamo ...** (TV, RADIO) wir sind mit Madrid verbunden und senden ...; **collegante** [kolle'gante] *agg* verbindend, Binde-; **elemento ~** Bindeglied *n;*

collegare [kolle'ga:re] **I.** *vt* verbinden; (*a fig*) in Verbindung setzen **II.** *vr* **-rsi con qu** sich mit jdm in Verbindung setzen; **collegato, -a** [kolle'ga:to] *agg* verbunden, angeschlossen; **essere ~ a qc** an etw *acc* angeschlossen sein; **questo computer è ~ a Internet** dieser Computer ist ans Internet angeschlossen

college ['kɔlidʒ *o* 'kɔlledʒ] <-> *o* colleges> *m* College *n;* **collegiale** [kolle'dʒa:le] **I.** *agg* ❶ (*collettivo*) kollegial, Kollegial- ❷ (*da collegio*) Internats- **II.** *mf* ❶ (*allievo*) Internatsschüler(in) *m(f)* ❷ (*fig: giovane inesperto, impacciato*) Schuljunge *m,* Schulmädchen *n,* Grünschnabel *m;* **collegialità** [kolledʒali'ta] <-> *f* Kollegialität *f;* **collegialmente** [kolledʒal'mente] *avv* ❶ (*da collega*) kollegial ❷ (*collettivamente*) kollektiv, gemeinschaftlich

collegio [kol'lɛ:dʒo] <-gi> *m* ❶ (*istituto*) Internat *n,* Internatsschule *f* ❷ (*professionale*) Kollegium *n* ❸ (*circoscrizione*) **~ elettorale** Wahlbezirk *m*

collera ['kɔllera] *f* Wut *f;* **andare/essere in ~** wütend werden/sein; **essere in ~ con qu** auf jdn wütend sein; **collerico, -a** [kol'lɛ:riko] <-ci, -che> **I.** *agg* cholerisch, jähzornig **II.** *m, f* Choleriker(in) *m(f)*

colletta [kol'lɛtta] *f* (Geld)sammlung *f;* (REL) Kollekte *f*

collettanea [kolletta'nɛ:a] <-ee> *f* Festschrift *f,* Essaysammlung *f*

collettivismo [kolletti'vizmo] *m* (POL) Kollektivismus *m;* **collettivista** [kolletti'vista] <-i *m,* -e *f>* *mf* Kollektivist(in) *m(f);* **collettivistico, -a** [kolletti'vistiko] <-ci, -che> *agg* kollektivistisch

collettività [kolletivi'ta] <-> *f* Kollektivität *f,* Gemeinschaftlichkeit *f;* **collettivizzare** [kolletivid'dza:re] *vt* kollektivieren; **collettivizzazione** [kolletividdtat'tsio:ne] *f* Kollektivierung *f*

collettivo [kollet'ti:vo] *m* Kollektiv *n*

collettivo, -a *agg* kollektiv, gemeinschaftlich

colletto [kol'letto] *m* ❶ (*di camicia, abito*) Kragen *m* ❷ (ANAT) Zahnhals *m* ❸ (BOT) Wurzelhals *m;* **~ bianco** (*fig*) Angestellte(r) *m*

collettore [kollet'to:re] *m* ❶ (TEC) Sammelleitung *f* ❷ (EL) Kollektor *m*

collettore, -trice *agg* Sammel-

collezionare [kollettsio'na:re] *vt* sammeln; **collezione** [kollet'tsio:ne] *f* ❶ (*raccolta*) Sammlung *f;* **fare ~ di qc** etw sammeln ❷ (*nella moda*) Kollektion *f* ❸ (*di libri*) Reihe *f;* **collezionismo** [kol-

lettsio'nizmo] *m* ❶ (*interesse, propensione a collezionare oggetti*) Sammelleidenschaft *f* ❷ (*insieme dei collezionisti*) Sammler *mpl;* **collezionista** [kollettsio'nista] <-i *m,* -e *f>* *mf* Sammler(in) *m(f)*

collie ['kɔli] <-> *m* Collie *m*

collier [kɔ'lje] <-> *m* Kollier *n*

collimare [kolli'ma:re] *vi* übereinstimmen, sich *dat* entsprechen

collimazione [kollimat'tsio:ne] *f* (OPT) Kollimation *f*

collina [kol'li:na] *f* Hügel *m,* Anhöhe *f;* **collinoso, -a** [kolli'no:so] *agg* hüg(e)lig

collirio [kol'li:rio] <-i> *m* Augentropfen *mpl*

collisione [kolli'zio:ne] *f* Zusammenstoß *m,* Kollision *f;* **entrare in ~** zusammenstoßen, kollidieren

collo¹ ['kɔllo] *m* ❶ (*anat*) Hals *m;* (*del piede*) Spann *m,* Rist *m;* **avere/portare al ~** um den Hals haben/tragen; **allungare il ~** einen langen Hals machen; **avere la testa sul ~** Verstand haben; **tirare il ~ ad un pollo** einem Huhn den Hals umdrehen; **essere nei debiti fino al ~** bis zum Hals in Schulden stecken; **rompersi il** [*o* **l'osso del**] **~** (*fig*) sich *dat* den Hals brechen; **ci ho rimesso l'osso del ~** (*fig*) das hat mir das Genick gebrochen ❷ (*di bottiglia, fiasco*) Hals *m* ❸ (*di abito*) Kragen *m;* **prendere qu per il ~** jdn am Kragen packen; (*fig*) jdn nötigen; **a ~ alto** Rollkragen- ❹ (COM) Frachtstück *n,* Kollo *n* ❺ (TEC) **~ d'oca** Kurbelwelle *f;* (*di tubi*) Schwanenhals *m*

collo² ['kollo] = **con + lo**

collocamento [kolloka'mento] *m* ❶ (*impiego*) Stellung *f;* **agenzia di ~** Stellenvermittlung *f;* **ufficio di ~** Arbeitsamt *n* ❷ (*disposizione*) Anordnung *f,* Stellung *f* ❸ (TEC) Einbau *m;* **collocare** [kollo'ka:re] **I.** *vt* ❶ (*mettere*) setzen, stellen, legen; **~ qu a riposo** jdn in den Ruhestand versetzen ❷ (*trovare un lavoro per*) unterbringen **II.** *vr* **-rsi** sich *dat* eine Position verschaffen; **collocazione** [kollokat'tsio:ne] *f* Stellung *f;* (*di libro, fig*) Standort *m;* (*sistemazione*) Anordnung *f*

colloquiale [kollo'kuia:le] *agg* umgangssprachlich; **linguaggio ~** Umgangssprache *f;* **tono ~** Plauderton *m*

colloquiare [kollo'kuia:re] *vi* reden, plaudern; **~ con qu** sich mit jdm unterhalten

colloquio [kol'lɔ:kuio] <-qui> *m* ❶ (*conversazione*) Gespräch *n,* Unterhaltung *f;* **~ di lavoro** Vorstellungsgespräch *n* ❷ (*esame*) Kolloquium *n*

colloso, -a [kol'lo:so] *agg* klebrig

collottola [kol'lɔttola] *f* (*fam*) Nacken *m*

collusione [kollu'zio:ne] *f* Kollusion *f*

colluso, -a [kol'lu:so] **I.** *m, f* Teil *m* eines Klüngels **II.** *agg* (*di politico, amministratore*) unter einer Decke steckend (*con* mit +*dat*)

collut(t)orio [kollu'tɔ:rio (kollutt'tɔ:rio)] <-i> *m* (medizinisches) Mundwasser *n*, Gurgelmittel *n*

colmare [kol'ma:re] *vt* ❶ (*recipiente*) füllen; (*lacuna*) schließen, ausfüllen; ~ **di qc** mit etw füllen ❷ (*fig: dare in abbondanza*) überschütten; ~ **qu di regali** jdn mit Geschenken überschütten; **colmata** [kol'ma:ta] *f* Auflandung *f*, Aufspülung *f*

colmo ['kolmo] *m* ❶ (*di cima, colle*) Gipfel *m* ❷ (*fig: apice*) Gipfel *m;* **questo è il ~!** (*fam*) das ist ja die Höhe!

colmo, -a *agg* ❶ (*bicchiere*) voll, (voll) gefüllt; (*cucchiaio*) gehäuft; ~ **fino all'orlo** randvoll ❷ (*fig: di dolore, bile, amarezze*) voll; **essere ~ di qc** voll von etw sein

colomba [ko'lomba] *f* Taube *f;* **la ~ pasquale** typischer Osterkuchen aus Hefeteig in Form einer Taube; **colombaccio** [kolom'battʃo] <-cci> *m* Ringeltaube *f;* **colombaia** [kolom'ba:ia] <-aie> *f* Taubenschlag *m;* **colombicoltura** [kolombikol'tu:ra] *f* Taubenzucht *f;* **colombo** [ko'lombo] *m* Täuberich *m*, Taube *f;* **tubano come due -i** (*fam*) sie sind wie die Turteltauben

colon ['kɔ:lon] <-> *m* (ANAT) Grimmdarm *m*, Kolon *n*

colonia [ko'lɔ:nia] <-ie> *f* ❶ (POL, BIOL) Kolonie *f* ❷ (*per le vacanze*) Ferienlager *n*, -kolonie *f* ❸ (*gruppo di stranieri*) (Ausländer)kolonie *f* ❹ (*acqua di Colonia*) Kölnischwasser *n*

Colonia [ko'lɔ:nia] *f* Köln *n;* **acqua di ~** Kölnischwasser *n*

coloniale [kolo'nia:le] **I.** *agg* ❶ (POL, COM) kolonial, Kolonial- ❷ (BIOL) Kolonien bildend **II.** *mf* Kolonist(in) *m(f);* **coloniali** [kolo'nia:li] *mpl* Kolonialwaren *fpl;* **colonialismo** [kolonia'lizmo] *m* Kolonialismus *m;* **colonialista** [kolonia'lista] <-i *m*, -e *f*> **I.** *mf* Kolonialist(in) *m(f)* **II.** *agg* Kolonial-; **colonialistico, -a** [kolonia'listiko] <-ci, -che> *agg* kolonialistisch

colonico, -a [ko'lɔ:niko] <-ci, -che> *agg* (Land)pächter-; (*rurale*) Bauern-; **casa -a** Bauernhaus *n*

colonizzare [kolonid'dza:re] *vt* ❶ (HIST, POL) kolonisieren ❷ (AGR) besiedeln; **colonizzatore, -trice** [koloniddza'to:re] **I.** *agg* kolonisatorisch **II.** *m, f* Kolonisator *m;* **colonizzazione** [koloniddzat'tsio:ne] *f* ❶ (POL) Kolonisierung *f* ❷ (AGR) Besied(e)lung *f*

colonna [ko'lonna] *f* ❶ (ARCH) Säule *f* ❷ (*di automobili*) Kolonne *f;* (*di numeri*) Reihe *f*, Kolonne *f* ❸ (TYP) Spalte *f*, Kolumne *f* ❹ (*fig: sostegno*) Stütze *f* ❺ (*d'acqua, di fuoco*) (Wasser-, Feuer)wand *f* ❻ (ANAT) **~ vertebrale** Wirbelsäule *f;* **colonnare** [kolon'na:re] *agg* Säulen-; **colonnato** [kolon'na:to] *m* Säulenreihe *f;* (*portico*) Arkade *f*

colonnello [kolon'nɛllo] *m* Oberst *m*

colonnina [kolon'i:na] *f* ~ **di soccorso** Notrufsäule *f*

colonnista [kolon'ista] <-i *m*, -e *f*> *mf* (*columnist*) Kolumnist(in) *m(f)*

colono [ko'lɔ:no] *m* ❶ (AGR) Pächter *m* ❷ (HIST) Kolone *m*

colorante [kolo'rante] **I.** *agg* färbend, Färbe-, Farb- **II.** *m* Farbstoff *m;* -i **alimentari** Lebensmittelfarben *fpl*

colorare [kolo'ra:re] **I.** *vt* ❶ (*capelli, tessuti*) färben; (*disegno*) kolorieren, bemalen ❷ (*fig: mascherare*) tarnen, verbergen **II.** *vr* **-rsi** sich färben; **colorazione** [kolo'rat'tsio:ne] *f* Färbung *f*, Koloration *f*

colore [ko'lo:re] *m* ❶ (POL) Couleur *f;* ~ **locale** Lokalkolorit *n;* **scatola di -i** Farbkasten *m;* **uomo di ~** Farbige(r) *m;* **-i a olio/tempera/dita** Öl-/Tempera-/Fingerfarben *fpl;* **dare una mano di ~ a qc** etw anstreichen; **a -i** farbig, Farb-; **senza -i** farblos; **dirne di tutti i -i** (*fig*) kein Blatt vor den Mund nehmen; **farne di tutti i -i** (*fig*) alles Mögliche anstellen, es bunt treiben; **diventare di mille** [*o* **di tutti i**] **-i** (*fig: dovuto a un'emozione*) abwechselnd blass und rot werden; **colorificio** [kolori'fi:tʃo] <-ci> *m* Färberei *f;* **colorire** [kolo'ri:re] <-colorisco> *vt* ❶ (*colorare*) kolorieren ❷ (*fig: racconto*) ausschmücken; **colorismo** [kolo'rizmo] *m* Kolorismus *m;* **colorista** [kolo'rista] <-i *m*, -e *f*> *mf* Kolorist(in) *m(f)*

colorito [kolo'ri:to] *m* (*tinta*) Farbe *f*, Färbung *f;* (*della pelle*) Gesichtsfarbe *f*, Teint *m*

colorito, -a *agg* ❶ (*viso, guance*) rosig; (*abito*) farbig ❷ (*fig*) lebhaft, farbig; (*linguaggio*) ausdrucksvoll

coloro [ko'lo:ro] *pron dim pl di* **colui**

colossale [kolos'sa:le] *agg* ❶ (*di enormi proporzioni*) kolossal, riesig ❷ (*fig: successo, sproposito, fiasco*) Riesen-, riesig; **colosso** [ko'lɔsso] *m* ❶ (*statua*) Koloss *m* ❷ (*fig: personalità*) Größe *f;* **un ~ dello schermo** eine Filmgröße

colostro [ko'lɔstro] *m* Kolostrum *n*

colpa ['kolpa] *f* Schuld *f;* **dare la ~ a qu** jdm die Schuld geben; **essere in ~** schuldig sein; **sentirsi in ~** sich schuldig fühlen; **per ~ di qu** durch jds Schuld; **per ~ di qc** wegen etw; **non è ~ mia** das ist nicht meine Schuld, ich kann nichts dafür; **colpevole** [kol'pe:vole] **I.** *agg* ❶ *(persona)* schuldig; **~ di furto** des Diebstahls schuldig ❷ *(azione)* schuldhaft **II.** *mf* Schuldige(r) *f(m);* **colpevolezza** [kol'pevo'lettsa] *f* Schuld *f,* Schuldhaftigkeit *f*

colpevolismo [kolpevo'lizmo] *m* Vorverurteilung *f;* **colpevolistico, -a** [kolpevo'listiko] <-ci, -che> *agg* vorverurteilend; **colpevolizzare** [kolpevolid'dza:re] *vt* **~ qu** in jdm Schuldgefühle hervorrufen; *(dare la colpa)* jdm die Schuld geben

colpire [kol'pi:re] <colpisco> *vt* ❶ *(cogliere)* treffen; *(ferire)* schlagen; **~ qu con un pugno** jdm einen Faustschlag versetzen; **~ nel segno** ins Schwarze treffen ❷ *(fig: impressionare)* beeindrucken, treffen

colpo ['kolpo] *m* ❶ *(botta)* Schlag *m;* *(urto)* Stoß *m;* **~ basso** *(a fig)* Schlag *m* unter die Gürtellinie; **andare a ~ sicuro** *(fig)* sichergehen; **la notizia ha fatto ~** *(fig)* die Nachricht hat (sofort) eingeschlagen ❷ *(fig pej: azione sleale)* Coup *m;* **fare un ~** einen Coup landen; **~ di Stato** Staatsstreich *m* ❸ *(sparo)* Schuss *m;* *(detonazione)* Knall *m* ❹ *(fig: manifestazione improvvisa)* **gli è venuto un ~** ihn hat der Schlag getroffen; **~ d'aria** Luftzug *m;* **~ di fortuna** Glücksfall *m;* **un ~ di fulmine** *(fig)* Liebe *f* auf den ersten Blick; **~ di grazia** *(a fig)* Gnadenschuss *m;* **~ di vento** Windstoß *m;* **~ di scena** *(a fig)* Überraschungseffekt *m;* **a ~ d'occhio** auf den ersten Blick; **di ~** plötzlich; **sul ~** auf der Stelle ❺ *(loc)* **~ di testa** Kurzschlusshandlung *f;* **dare un ~ di telefono a qu** *(fam)* jdn kurz anrufen; **fare ~** beeindrucken; **prendere un ~ di sole** einen Sonnenstich bekommen

colposo, -a [kol'po:so] *agg* (JUR) fahrlässig

colsi ['kɔlsi] *1. pers sing pass rem di* **cogliere**

coltella [kol'tɛlla] *f* Fleischermesser *n;* **coltellame** [koltel'la:me] *m* Messersatz *m*

coltellata [koltel'la:ta] *f* *(colpo)* Messerstich *m;* **coltelleria** [koltelle'ri:a] <-ie> *f* ❶ *(fabbrica)* Messerfabrik *f;* *(negozio)* Messerhandlung *f* ❷ *(assortimento)* Messerwaren *fpl*

coltello [kol'tɛllo] *m* Messer *n;* **avere il ~**

dalla parte del manico *(fig)* das Heft in der Hand haben

coltivabile [kolti'va:bile] *agg* anbaufähig; **area ~** Anbaugebiet *n;* **coltivare** [kolti'va:re] *vt* ❶ *(campo, terreno)* bestellen, bebauen ❷ *(patate, rape)* anbauen ❸ (MIN) abbauen ❹ *(fig: amicizia)* pflegen; *(mente)* kultivieren, bilden; *(scienze, arti)* pflegen, betreiben; **coltivato, -a** [kolti'va:to] *agg* ❶ (AGR: *terreno)* bestellt, bebaut ❷ *(rape, patate)* angebaut ❸ *(funghi, perle)* Zucht-; **coltivatore, -trice** [koltiva'to:re] *m, f* Erzeuger(in) *m(f),* Produzent(in) *m(f);* **~ diretto** Direkterzeuger *m;* **coltivazione** [koltivat'tsio:ne] *f* *(di un prodotto)* Anbau *m;* *(di un campo)* Bestellen *n;* **coltivo, -a** [kol'ti:vo] *agg* bestellbar; *(coltivato)* bestellt

colto ['kɔlto] *pp di* **cogliere**

colto, -a ['kolto] *agg* kultiviert, gebildet

coltre ['koltre] *f* Decke *f*

coltura [kol'tu:ra] *f* ❶ (AGR) Anbau *m,* Kultur *f* ❷ (BIOL) Kultur *f* ❸ (ZOO) Zucht *f*

colui, colei [ko'lu:i, ko'lɛ:i] <coloro> *pron dim* diese(r, s) (dort), jene(r, s); **~ che ...** der(jenige), der ...

columnist ['kɔləmnist] <-> *mf* Kolumnist(in) *m(f)*

colza ['kɔltsa] *f* Raps *m*

coma ['kɔ:ma] <-> *m* Koma *n;* **essere in ~** im Koma liegen

comacino, -a [koma'tʃi:no] *agg* *(obs)* v. **comasco**

comandamento [komanda'mento] *m* Gebot *n*

comandante [koman'dante] *m* Kommandant *m;* (NAUT) Kapitän *m*

comandare [koman'da:re] **I.** *vt* ❶ (MIL: *reggimento, nave)* kommandieren, befehligen ❷ (TEC) bedienen ❸ (ADM) versetzen ❹ *(ordinare)* befehlen, anordnen, anschaffen *A;* **comandi!** zu Befehl! **II.** *vi* kommandieren, befehlen; **~ a qu di fare qc** jdm befehlen etw zu tun; **comandato, -a** [koman'da:to] *agg* ❶ (ADM) berufen; **professore ~ presso il ministero** Professor *m* im Ministerialdienst ❷ (MIL) beordert *(di* zu), abgestellt *(di* zu) ❸ (REL: *feste)* geboten; **comando** [ko'mando] *m* ❶ (MIL) Kommando *n,* Führung *f* ❷ (ADM) Leitung *f* ❸ *(ordine)* Befehl *m* ❹ *(computer)* Befehl *m;* **riga di ~** Befehlszeile *f;* **~ vocale** Sprachbedienung *f* ❺ (TEC) Schaltung *f;* **leva di ~** Schalthebel *m* ❻ (SPORT) Führung *f*

comare [ko'ma:re] *f* ❶ *(di battesimo)* (Tauf)patin *f* ❷ *(donna pettegola)* Klatschbase *f*

Comasco [ko'masko] <*sing*> *m* Umgebung *f* von Como

comasco, -a [<-schi, -sche> **I.** *agg* aus Como stammend **II.** *m, f* (*abitante*) Einwohner(in) *m(f)* von Como

combaciare [komba'tʃaːre] *vi* ❶ (*aderire*) (zusammen)passen ❷ (*fig: coincidere*) übereinstimmen

combattente [kombat'tɛnte] **I.** *agg* kämpfend, Kampf- **II.** *mf* Kämpfer(in) *m(f)*

combattere [kom'battere] **I.** *vi* ❶ (MIL) kämpfen; ~ **contro il nemico** gegen den Feind kämpfen ❷ (*fig: lottare*) sich einsetzen, kämpfen; ~ **contro** [*o* **per**] **qc** sich gegen [*o* für] etw einsetzen **II.** *vt* (*fig* MIL) bekämpfen, kämpfen gegen; **combattimento** [kombatti'mento] *m* ❶ (MIL) Kampf *m*, Gefecht *n;* **mettere fuori** ~ (*a fig*) außer Gefecht setzen ❷ (SPORT) (Wett-, Ring)kampf *m;* **combattività** [kombattivi'ta] <-> *f* Kampfgeist *m;* **combattivo, -a** [kombat'tiːvo] *agg* kämpferisch; **combattuto, -a** [kombat'tuːto] *agg* unschlüssig; (*da dubbi*) gequält, geplagt; **essere ~ fra opposti pareri** zwischen gegensätzlichen Meinungen schwanken

combinare [kombi'naːre] **I.** *vt* ❶ (*colori, sapori*) kombinieren, zusammenstellen; (*gita, cena, riunione*) arrangieren, in die Wege leiten; (*affare*) zu Stande bringen ❷ (CHEM, TEC) verbinden ❸ (*unire*) vereinen ❹ (*fam scherz: fare*) zu Stande bringen, bewerkstelligen; ~ **un guaio** (*fam*) was anstellen; **ne ha combinata un'altra delle sue** (*fam*) er [*o* sie] hat mal wieder was angestellt **II.** *vr* **-rsi** ❶ (CHEM) sich verbinden ❷ (*fam: conciarsi*) sich herrichten; **ma come ti sei combinato oggi?** (*fam*) wie siehst du denn heute aus! ❸ (*mettersi d'accordo*) sich einigen; **-rsi su qc** sich über etw *acc* einigen; **combinata** [kombi'naːta] *f* (SPORT) Kombination *f;* **combinatore, -trice** [kombina'toːre] **I.** *agg* Vermittlungs-; **disco** ~ Wählscheibe *f* **II.** *m, f* Arrangeur(in) *m(f);* **combinazione** [kombinat'tsioːne] *f* ❶ (*caso fortuito*) Zufall *m;* **per** (**pura**) ~ (rein) zufällig ❷ (*di colori*) Zusammenstellung *f;* (*di idee*) Verbindung *f;* (*di cassaforte*) Kombination *f* ❸ (CHEM) Verbindung *f*

combo ['kombou] **I.** <-> *m* ❶ (FOTO) Fotomontage *f* ❷ (MUS) Ensemble *n* **II.** <inv> *agg* (FOTO) Fotomontage-

combriccola [kom'brikkola] *f* Clique *f*, Bande *f*

combustibile [kombus'tiːbile] **I.** *agg* brennbar, Brenn- **II.** *m* Brennstoff *m;* **combustibilità** [kombustibili'ta] <-> *f* Brennbarkeit *f*

combustione [kombus'tioːne] *f* Verbrennung *f;* **camera di ~** Brennraum *m;* **motore a ~ interna** Verbrennungsmotor *m*

combutta [kom'butta] *f* (*pej*) Bande *f;* **essere in ~ con qu** (*pej*) mit jdm unter einer Decke stecken

come ['koːme] **I.** *avv* ❶ (*interrogativo, esclamativo, nei paragoni*) wie; ~ **me/te** wie ich/du; ~ **è cara!** wie lieb ist sie!; **ma ~!** wie bitte?; ~ **stai?** wie geht's (dir)?; ~ **mai?** wieso?; ~ **no?** natürlich! ❷ (*correlativo*) so wie; **ora ~ ora** so wie es jetzt aussieht; ~ **viene viene** (*fam*) wie es kommt, so kommt es ❸ (*in qualità di*) als **II.** *cong* ❶ (*dichiarativo*) wie ❷ (*condizionale*) als ❸ (*temporale*) als ❹ (*comparativo*) wie; ~ **se** als ob **III.** <-> *m* Wie *n*

COMECON ['kɔːmekon] *m* Comecon *m* [*o* n], COMECON *m* [*o* n]

comedone [kome'doːne] *m* Mitesser *m*

comense [ko'mɛnse] (LIT) *v.* **comasco**

cometa [ko'meːta] *f* Komet *m*

comfort ['kʌmfət] <-> *m* Komfort *m;* **questa macchina offre tutti i ~** dieses Auto bietet jeden erdenklichen Komfort

comic ['kɔmik] <- *o* comics> *m* Comic *m*

comica ['kɔːmika] <-che> *f* ❶ (FILM) Stummfilmsketch *m* ❷ (*fig: situazione farsesca*) Farce *f*

comicità [komitʃi'ta] <-> *f* Komik *f*

comico ['kɔːmiko] <-ci> *m* ❶ (*attore, a fig*) Komiker(in) *m(f)* ❷ (*scrittore*) Komödienautor(in) *m(f)* ❸ (*comicità*) Komik *f*, Komische(s) *n*

comico, -a <-ci, -che> *agg* ❶ (*della commedia*) Lustspiel- ❷ (*buffo*) komisch

comignolo [ko'miɲɲolo] *m* Schornstein *m*

cominciare [komin'tʃaːre] **I.** *vi essere* anfangen (mit), beginnen (mit); **comincia a piovere** es beginnt zu regnen; ~ **col dire ...** damit anfangen, dass man sagt ...; **a ~ da oggi** ab heute; **una parola che comincia per elle** ein Wort, das mit L anfängt **II.** *vt avere* (*lavoro, studi, discorso*) beginnen, anfangen; **chi ben comincia è a metà dell'opera** (*prov*) frisch gewagt ist halb gewonnen

comino [ko'miːno] *v.* **cumino**

comitato [komi'taːto] *m* Komitee *n;* **Comitato delle regioni** (EU) Ausschuss *m* der Regionen; **Comitato economico e sociale** (EU) Wirtschafts- und Sozialausschuss *m*

comitiva [komi'tiːva] *f* (Reise)gruppe *f*, -gesellschaft *f*

comiziante [komit'tsiante] *mf* Kundgebungsteilnehmer(in) *m(f)*

comizio [ko'mittsio] <-i> *m* Kundgebung *f*

Comm. *abbr di* **Commendatore** Komtur, Kommandeur

comma ['komma] <-i> *m* ❶ (JUR) Absatz *m*, Paragraf *m*, Paragraph *m* ❷ (MUS) Komma *n*

commando [kom'mando] <-> *m* Kommando *n*

commedia [kom'mɛːdia] <-ie> *f* Komödie *f;* ~ **musicale** Musical *n;* ~ **a soggetto** Stegreifkomödie *f;* ~ **dell'arte** Commedia dell'arte *f;* ~ **d'intreccio/di carattere** Verwicklungs-/Charakterkomödie *f;* **personaggio da** ~ Hanswurst *m;* **fare la** ~ (*fig*) Theater spielen; **commediante** [komme'diante] *mf* ❶ (THEAT) Komödiant(in) *m(f)* ❷ (*fig pej: persona simulatrice*) Heuchler(in) *m(f)*, Komödiant(in) *m(f);* **commediografo, -a** [komme'diɔːgrafo] *m, f* Lustspiel-, Komödienautor(in) *m(f)*

commemorare [kommemo'raːre] *vt* jds gedenken; (*celebrare*) feiern; **commemorativo, -a** [kommemora'tiːvo] *agg* Gedenk-, Gedächtnis-; **commemorazione** [kommemorat'tsioːne] *f* Gedenken *n;* (*cerimonia*) Gedächtnisfeier *f;* **la** ~ **di qu** das Gedenken an jdn

commenda [kom'mɛnda] *f* ❶ (REL) Komturei *f*, Kommende *f* ❷ (*titolo di commendatore*) Komturwürde *f*

commendatore [kommenda'toːre] *m* Komtur *m*, Kommandeur *m*

commensale [kommen'saːle] *mf* Tischgenosse *m*, -genossin *f*

commensurabile [kommensu'raːbile] *agg* kommensurabel, vergleichbar

commentare [kommen'taːre] *vt* ❶ (*passo, poesia*) interpretieren, erläutern ❷ (*spiegare con commento*) kommentieren ❸ (*esprimere giudizi*) seine Meinung äußern über +*acc*, bewerten; **commentatore, -trice** [kommenta'toːre] *m, f* (RADIO, TV) Kommentator(in) *m(f);* **commento** [kom'mento] *m* ❶ (*nota illustrativa*) Kommentar *m*, Erläuterung *f* ❷ (LIT, RADIO, TV) Besprechung *f* ❷ (*giudizio*) Kommentar *m*, Beurteilung *f;* (*opinione*) Meinung *f;* (*osservazione*) Bemerkung *f* ❸ (FILM) ~ **musicale** (Film)musik *f*

commerciabile [kommer'tʃaːbile] *agg* verkäuflich, marktgängig; **commerciabilità** [kommertʃabili'ta] <-> *f* (COM) Marktfähigkeit *f*, Marktgängigkeit *f*

commercial [kə'məːʃəl] <-> *m* (RADIO, TV) Werbespot *m*

commercial bank [kə'məːʃəl bæŋk] <-> *m* (FIN) Kreditinstitut *n*, Geschäftsbank *f*

commerciale [kommer'tʃaːle] *agg* ❶ (*lettera, valore, scuola*) Handels- ❷ (*prodotto, film, libro*) kommerziell; **commercialista** [kommertʃa'lista] <-i *m*, -e *f*> *mf* ❶ Steuerberater(in) *m(f)* ❷ (*esperto in diritto commerciale*) Handelsrechtsexperte *m*, -expertin *f*

commercialità [kommertʃali'ta] <-> *f* Warencharakter *m;* **commercializzare** [kommertʃalid'dzaːre] *vt* ❶ (COM) vermarkten ❷ (*fig pej*) kommerzialisieren

commercial paper [kə'məːʃəl 'peipə] <-> *m* (FIN: *financial paper*) kurzfristiges Wertpapier *n*, kurzfristiger Forderungstitel *m*

commerciante [kommer'tʃante] *mf* Händler(in) *m(f);* ~ **all'ingrosso** Großhändler(in) *m(f);* ~ **in pellami** Lederwarenhändler(in) *m(f)*

commerciare [kommer'tʃaːre] *vi* handeln; ~ **in qc** in [*o* mit] etw handeln; **commercio** [kom'mɛrtʃo] <-ci> *m* Handel *m;* ~ **all'ingrosso** Großhandel *m;* ~ **al minuto** Einzelhandel *m;* ~ **equo e solidale** Dritte-Welt-Handel *m;* **essere in** ~ im Handel sein; **essere nel** ~ im Handel tätig sein; ~ **elettronico** Internethandel *m*

commessa [kom'messa] *f* ❶ (*in un negozio*) Verkäuferin *f* ❷ (*ordinazione*) Auftrag *m*, Bestellung *f*

commesso, -a [kom'messo] I. *pp di* **commettere** II. *m, f* Verkäufer(in) *m(f);* ~ **viaggiatore** Handlungsreisende(r) *m*

commestibile [kommes'tiːbile] *agg* essbar, genießbar; **commestibili** [kommes'tiːbili] *mpl* Lebensmittel *npl;* **commestibilità** [kommestibili'ta] <-> *f* Essbarkeit *f*, Genießbarkeit *f*

commettere [kom'mettere] <irr> *vt* (*delitto, imprudenza*) begehen; (*errore*) machen

commettitura [kommetti'tuːra] *f* Verbindungsstelle *f*

commiato [kom'miaːto] *m* (*congedo*) Abschied *m;* **prendere** ~ **da qu** von jdm Abschied nehmen

commilitone, -a [kommili'toːne] *m, f* Kamerad(in) *m(f)*

comminare [kommi'naːre] *vt* (JUR) vorsehen

commiserare [kommize'raːre] *vt* bemitleiden, bedauern; **commiserazione** [kommizerat'tsioːne] *f* Mitleid *n*

commisi [kom'miːzi] *1. pers sing pass rem di* **commettere**

commissaria *f v.* **commissario**

commissariale [kommissa'riaːle] *agg* Kommissariats-; **commissariamento**

[kommissaria'mento] *m* kommissarische Leitung *f;* **commissariare** [kommis-sa'ria:le] *vt* kommissarisch leiten, einen Kommissar einsetzen

commissariato [kommissa'ria:to] *m* Kommissariat *n;* **commissario, -a** [kommis'sa:rio] <-i, -ie> *m, f* **❶** (ADM) Kommissar(in) *m(f)*, Kommissär(in) *m(f)* A, Beauftragte(r) *f(m);* ~ **di pubblica sicurezza** Polizeikommissar *m;* **Commissario europeo** (*Unione europea*) Europäischer Kommissar **❷** (*membro di commissione*) Kommissionsmitlied *n;* ~ **d'esame** Mitglied *n* einer Prüfungskommission **❸** (SPORT) Funktionär(in) *m(f);* ~ **tecnico** (Fußball)nationaltrainer *m*

commissionare [kommissio'na:re] *vt* bestellen, ordern; **commissionario, -a** [kommissio'na:rio] <-i, -ie> *m, f* Auftragnehmer(in) *m(f);* **commissione** [kommis'sio:ne] *f* **❶** (COM: *ordinazione*) Bestellung *f*, Auftrag *m;* (*somma*) Kommission *f;* **su** ~ auf Bestellung **❷** (*comitato*) Kommission *f*, Ausschuss *m;* ~ **direttiva** Lenkungsausschuss *m;* ~ **esaminatrice** Prüfungskommission *f;* **Commissione europea** (EU) Europäische Kommission; ~ **d'esami** Prüfungsausschuss *m;* ~ **d'inchiesta** Untersuchungsausschuss *m;* ~ **interna** Betriebsrat *m* **❸** (*acquisto*) **fare una** ~ eine Besorgung machen **❹** (FIN) Provision *f;* **spese di** ~ Provisionsaufwand *m*

Commissione europea *f* (*Unione Europea*) Europäische Kommission *f*

commisurare [kommizu'ra:re] *vt* bemessen; ~ **qc a qc** etw nach etw bemessen

committente [kommit'tɛnte] *mf* Auftraggeber(in) *m(f)*

commodoro [kommo'dɔ:ro] *m* Kommodore *m*

commossi *1. pers sing pass rem di* **commuovere**

commosso *pp di* **commuovere**

commovente [kommo'vɛnte] *agg* rührend, ergreifend; **commozione** [kommot'tsio:ne] *f* Rührung *f*, Bewegung *f;* ~ **cerebrale** (MED) Gehirnerschütterung *f*

commuovere [kom'muɔ:vere] <irr> I. *vt* rühren, ergreifen II. *vr* **-rsi** gerührt sein

commutare [kommu'ta:re] *vt* **❶** (*scambiare*) austauschen; (*pena*) umwandeln **❷** (EL) umschalten; **commutativo, -a** [kommuta'ti:vo] *agg* kommutativ, Kommutativ-; **commutatore** [kommuta'to:re] *m* **❶** (EL) Kollektor *m*, Stromwender *m* **❷** (TEL) (Um)schaltung *f;* **commutatrice** [kommuta'tri:tʃe] *f* Umformer *m;* **commutazione** [kommutat'tsio:ne] *f*

❶ (*scambio*) Austausch *m*, Auswechseln *n* **❷** (MAT) Kommutation *f* **❸** (JUR) Umwandlung *f* **❹** (EL, TEL) Schaltung *f*

comò [ko'mɔ] <-> *m* Kommode *f*

Como ['kɔ:mo] *f* Como *n* (*Stadt in der Lombardei*); **il lago di** ~ der Comer See

comoda ['kɔ:moda] *f* (MED) Nachtstuhl *m*

comodante [komo'dante] *agg* (JUR) Verleiher(in) *m(f)*

comodare [komo'da:re] *vi essere* (*fam*) passen; **fai come ti comoda** mach's so, wie's dir gefällt

comodatario, -a [komoda'ta:rio] <-i, -ie> *m, f* (JUR) Entleiher(in) *m(f)*, Entlehner(in) *m(f);* **comodato** [komo'da:to] *m* (JUR) Leihe *f;* **in** ~ zur unentgeltlichen Nutzung

comodino [komo'di:no] *m* Nachttisch *m*, -schränkchen *n*

comodità [komodi'ta] <-> *f* Bequemlichkeit *f*

comodo ['kɔ:modo] *m* Bequemlichkeit *f;* **con** ~ in Ruhe, ohne Eile; **fare** [*o* **tornare**] ~ **a qu** jdm gelegen kommen; **fare il proprio** ~ nur das tun, wozu man Lust hat

comodo, -a *agg* bequem; **state -i!** bleibt sitzen! bemüht euch nicht!

compact disc [kɔm'pækt disk *o* 'kɔmpakt disk] <-> *m* **❶** (*disco*) Compact Disc *f* **❷** (*lettore*) CD-Player *m*

compaesano, -a [kompae'za:no] *m, f* Landsmann *m*, -männin *f*

compagine [kom'pa:dʒine] *f* **❶** (*congiungimento*) Gefüge *n* **❷** (SPORT) Mannschaft *f*

compagna *f v.* **compagno**

compagnia [kompaɲ'ɲi:a] <-ie> *f* **❶** (*lo stare insieme*) Gesellschaft *f;* **essere di buona** ~ gesellig sein; **fare** [*o* **tenere**] ~ **a qu** jdm Gesellschaft leisten **❷** (*gruppo*) Clique *f*, Gruppe *f* **❸** (THEAT) (Schauspiel)truppe *f* **❹** (REL) Orden *m;* (*confraternità*) Bruderschaft *f* **❺** (MIL) Kompanie *f* **❻** (COM) Gesellschaft *f;* ~ **di assicurazione** Versicherungsgesellschaft *f;* ~ **low-cost** Billigfluglinie *f;* **compagno, -a** [kom'paɲɲo] I. *m, f* **❶** (*di persona amica*) Gefährte *m*, Gefährtin *f;* (*di classe, gioco, sport*) Kamerad(in) *m(f);* ~ **di banco** Banknachbar *m;* ~ **di scuola** Klassenkamerad *m;* ~ **di stanza** Zimmergenosse *m;* ~ **di sventura** Leidensgenosse *m* **❷** (POL) Genosse *m*, Genossin *f* **❸** (COM) Teilhaber(in) *m(f)*, Partner(in) *m(f)* **❹** (*persona con cui si vive*) Lebensgefährte *m*, -gefährtin *f*, Partner(in) *m(f)* II. *agg* (*fam*) entsprechend, passend; **compagnone, -a** [kompaɲ'ɲo:ne] *m, f* (*fam*) geselliger Mensch, lustiger Geselle, munteres Mädchen

compaio [kom'pa:io] *1. pers sing pr di* **comparire**

companatico [kompa'na:tiko] <-ci> *m* Beilage *f* zum Brot, Brotbelag *m*

company ['kʌmpəni] <-> *m* Firma *f*; **public ~** Volksaktionärsgesellschaft *f*

comparare [kompa'ra:re] *vt* vergleichen; **comparativo, -a** *agg* ❶ (*studio, metodo*) vergleichend ❷ (LING) Komparativ-, Steigerungs-; **grado ~** Steigerungsstufe *f*; **comparato, -a** [kompa'ra:to] *agg* vergleichend; **comparazione** [komparat'tsio:ne] *f* ❶ (*paragone*) Vergleich *m* ❷ (LING) Steigerung *f*, Komparation *f*

compare [kom'pa:re] *m* (*mer*) ❶ (*di battesimo*) (Tauf)pate *m* ❷ (*amico*) Kumpel *m* ❸ (*pej: in azioni disoneste*) Kumpan *m*, Helfershelfer *m*

comparire [kompa'ri:re] <comparisco *o* compaio, comparvi *o* comparii, comparso> *vi essere* ❶ (*presentarsi*) erscheinen ❷ (*risultare*) auftreten, in Erscheinung treten ❸ (*far mostra*) sich in Szene setzen; **comparizione** [komparit'tsio:ne] *f* Erscheinen *n*; **mandato** [*o* ordine] **di ~** (JUR) Vorladung *f*

comparsa [kom'parsa] *f* ❶ (THEAT, FILM) Statist(in) *m(f)*, Komparse *m*, Komparsin *f*; **fare la ~** als Komparse auftreten ❷ (*il comparire*) Erscheinen *n*, Auftreten *n*; (THEAT) Auftritt *m* ❸ (JUR) Schriftsatz *m*

comparso [kom'parso] *pp di* **comparire**

compartecipare [kompartetʃi'pa:re] *vi* **~ a qc** sich an etw *dat* beteiligen; **compartecipazione** [kompartetʃipat'tsio:ne] *f* Beteiligung *f*; **compartecipe** [kompar'te:tʃipe] I. *agg* beteiligt II. *mf* Beteiligte *mf*

compartimentale [kompartimen'ta:le] *agg* Bezirks-

compartimento [komparti'mento] *m* ❶ (*suddivisione*) Abteilung *f*; (*di scaffale*) Fach *n* ❷ (FERR) Abteil *n* ❸ (ADM) Bezirk *m*

comparvi [kom'parvi] *1. pers sing pass rem di* **comparire**

compassato, -a [kompas'sa:to] *agg* beherrscht, distanziert

compassionare [kompassio'na:re] *vt* bemitleiden, bedauern

compassione [kompas'sio:ne] *f* Mitleid *n*; (*pietà*) Erbarmen *n*; **avere ~ di** [*o* **per**] [*o* **verso**] **qu** mit jdm Mitleid haben; **far ~ a qu** jdm Leid tun; **compassionevole** [kompassio'ne:vole] *agg* ❶ (*commovente*) bedauernswert ❷ (*pietoso*) mitleidig; (A REL) barmherzig

compasso [kom'passo] *m* Zirkel *m*; (NAUT: *bussola*) Kompass *m*

compatibile [kompa'ti:bile] *agg* ❶ (*conciliabile*) vereinbar; (INFORM) kompatibel; **essere ~ con qc** mit etw vereinbar sein ❷ (*scusabile*) verzeihlich; **compatibilità** [kompatibili'ta] <-> *f* Vereinbarkeit *f*, Verträglichkeit *f*; (INFORM) Kompatibilität *f*; **compatibilmente** [kompatibil'mente] *avv* **~ con ...** soweit es mit ... vereinbar ist

compatimento [kompati'mento] *m* ❶ (*compassione*) Mitleid *n*, Mitgefühl *n* ❷ (*indulgenza*) Nachsicht *f*; **compatire** [kompa'ti:re] <compatisco> *vt* ❶ (*avere compassione di*) Mitleid haben mit ❷ (*commiserare*) bedauern, bemitleiden ❸ (*scusare*) verzeihen

compatriota [kompatri'ɔ:ta] <-i *m*, -e *f*> *mf* Landsmann *m*, -männin *f*

compattamento [kompatta'mento] *m* ❶ (*consolidamento*) Stabilisierung *f*, Verfestigung *f* ❷ (*fig*) Einmütigkeit *f*

compattare [kompat'ta:re] I. *vt* ❶ (*materiali*) pressen, verdichten ❷ (*fig: rinsaldare, rafforzare*) zusammenschweißen, einen; **la crisi ha compattato tutti** die Krise hat alle zusammengeschweißt II. *vr* **-rsi** hart werden, sich verfestigen

compattazione [kompattat'tsio:ne] *f* ❶ (*consolidamento*) Verdichtung *f*, Pressen *n* ❷ (*di terreni*) Verdichtung *f* von Erdreich

compattezza [kompat'tettsa] *f* ❶ (*solidità*) Kompaktheit *f*, Dichte *f* ❷ (*fig: di gruppo*) Geschlossenheit *f*; **compatto, -a** [kom'patto] *agg* ❶ (*solido, denso*) kompakt, dicht ❷ (*fig: azioni*) geschlossen; (*idee*) übereinstimmend

compendiabile [kompen'dia:bile] *agg* zusammenfassbar

compendiare [kompen'dia:re] *vt* zusammenfassen; **compendio** [kom'pɛndio] <-i> *m* Kompendium *n*, Abriss *m*; **in ~** zusammengefasst

compenetrare [kompene'tra:re] I. *vt* ❶ (*penetrare*) durchdringen ❷ (*fig: pervadere*) erfüllen, durchdringen II. *vr* **-rsi** ❶ (*fig: in una situazione*) sich hineinversetzen (*in* in +*acc*) ❷ (*sostanze*) sich (gegenseitig) durchdringen; **compenetrazione** [kompenetrat'tsio:ne] *f* Durchdringung *f*

compensare [kompen'sa:re] *vt* ❶ (*somma*) begleichen, bezahlen; **~ qu in qc** jdn mit etw bezahlen; **~ qu di qc** (*risarcire*) jdn für etw entschädigen ❷ (*differenza*) ausgleichen, wettmachen

compensato [kompen'sa:to] *m* Sperrholz *n*

compensato, -a *agg* vergütet, entlohnt

dichiarare competenza	
fare domande sulla competenza	nach Zuständigkeit fragen
È Lei il medico curante?	Sind Sie der behandelnde Arzt?
È Lei il/la responsabile?	Sind Sie dafür zuständig?
dichiarare competenza	**Zuständigkeit ausdrücken**
Sono il/la responsabile del gruppo.	Ich bin für die Gruppe verantwortlich/zuständig.
dichiarare di non essere competenti	**Nichtzuständigkeit ausdrücken**
(Mi dispiace) non sono il/la responsabile.	Dafür bin ich (leider) nicht zuständig.
(Mi dispiace) non sono autorizzato.	Dazu bin ich (leider) nicht berechtigt/befugt.
Non è di nostra competenza. (*form*)	Das fällt nicht in unseren Zuständigkeitsbereich. (*form*)

compensatore [kompensa'to:re] *m* Kompensator *m*

compensazione [kompensat'tsio:ne] *f* Ausgleich *m;* **compenso** [kom'pɛnso] *m* ❶ (COM: *retribuzione*) Vergütung *f;* (*risarcimento*) Entschädigung *f* ❷ (*fig*) Ausgleich *m;* **in** [*o* **per**] **~** als [*o* zum] Ausgleich, dafür

compera ['kompera] *f* Kauf *m;* **fare -e** Einkäufe machen

competente [kompe'tɛnte] **I.** *agg* ❶ (*esperto*) kompetent, sachkundig ❷ (ADM) zuständig **II.** *mf* Sachverständige(r) *f(m)*, Fachmann *m;* **competenza** [kompe'tɛntsa] *f* ❶ (*perizia*) Kompetenz *f*, Sachverstand *m* ❷ (ADM) Zuständigkeit *f*, Befugnis *f;* **ciò non è di sua ~** dafür ist er [*o* sie] nicht zuständig ❸ *pl* (COM) Honorar *n*

competere [kom'pɛ:tere] <competo, competei *o* competetti, *manca il pp*> *vi* ❶ (*gareggiare*) konkurrieren; **~ con qu** [*o* **per**] mit jdm [*o* um jdn] konkurrieren ❷ (ADM) zustehen, zukommen; **qc compete a qu** etw steht jdm zu; **competitività** [kompetitivi'ta] <-> *f* ❶ (COM) Konkurrenz-, Wettbewerbsfähigkeit *f* ❷ (*fig: attitudine*) Konkurrenzdenken *n;* **competitivo, -a** [kompeti'ti:vo] *agg* ❶ (COM) konkurrenzfähig, wettbewerbsfähig ❷ (*fig: società*) vom Konkurrenzdenken geprägt; **competitore, -trice** [kompeti'to:re] *m, f* Konkurrent(in) *m(f);* **competizione** [kompetit'tsio:ne] *f* ❶ (COM) Konkurrenz *f*, Wettbewerb *m* ❷ (*gara*) Wettkampf *m*

competo [kom'pɛ:to] *1. pers sing pr di*

competere

compiacente [kompia'tʃɛnte] *agg* gefällig; (*cortese*) entgegenkommend; **compiacenza** [kompia'tʃɛntsa] *f* ❶ (*cortesia*) Gefälligkeit *f*, Entgegenkommen *n;* **avere la ~ di fare qc** so liebenswürdig sein etw zu tun ❷ (*soddisfazione*) Befriedigung *f*, Zufriedenheit *f*

compiacere [kompia'tʃe:re] <irr> **I.** *vi* gefällig sein, entgegenkommen; (*assecondare*) zufrieden stellen; **qc compiace a qu** etw stellt jdn zufrieden **II.** *vr* **-rsi** sich freuen; **-rsi di** [*o* **per**] **qc** sich über etw *acc* freuen; **compiacimento** [kompiatʃi'mento] *m* Befriedigung *f*, Genugtuung *f*

compiangere [kom'piandʒere] <irr> *vt* bedauern

compianto [kom'pianto] *m* Trauer *f*

compianto, -a *agg* (*fig*) verstorben

compiere ['kompiere] <compio, compii *o* compiei, compiuto> **I.** *vt* ❶ (*concludere*) beenden; (*età*) vollenden; **~ gli anni** Geburtstag haben; **ha compiuto 10 anni giovedì** er [*o* sie] ist am Donnerstag zehn Jahre (alt) geworden ❷ (*adempiere*) ausführen, tun; (*dovere*) erfüllen **II.** *vr* **-rsi** ❶ (*concludere*) zu Ende gehen, zum Abschluss kommen ❷ (*avverarsi*) eintreffen, sich erfüllen

compilare [kompi'la:re] *vt* verfassen, zusammenstellen; (*lista*) aufstellen; (*modulo*) ausfüllen; (*vocabolario*) kompilieren; **compilatore** [kompila'to:re] *m* (INFORM) Compiler *m;* **compilazione** [kompilat'tsio:ne] *f* Zusammenstellung *f*, Verfassung *f;* (*di modulo*) Ausfüllen *n;* (*di voca-*

bolario) Kompilation *f*

compimento [kompi'mento] *m* Abschluss *m;* **portare a ~ qc** etw zum Abschluss bringen

compio ['kompio] *1. pers sing pr di* **compiere**

compire [kom'pi:re] *v.* **compiere**

compitare [kompi'ta:re] *vt* buchstabieren, mühsam lesen; **compitazione** [kompi-tat'tsio:ne] *f* Buchstabieren *n*

compitezza [kompi'tettsa] *f* Höflichkeit *f*, Korrektheit *f*

compitino [kompi'ti:no] *m* ❶ *dim di* **compito** leichte Aufgabe *f* ❷ (*iron*) abgedroschener Artikel *m*

compito ['kompito] *m* ❶ (*a scuola*) (Haus)aufgabe *f* ❷ (*incarico*) Aufgabe *f*, Pflicht *f;* **~ in classe** (**d'italiano**) Klassenarbeit *f* (in Italienisch), Schularbeit *f* (in Italienisch) *A*

compito, -a [kom'pi:to] *agg* korrekt, höflich

compiutamente [kompiuta'mente] *avv* vollständig

compiuto, -a [kom'piu:to] **I.** *pp di* **compiere II.** *agg* vollendet, abgeschlossen

compleanno [komple'anno] *m* Geburtstag *m;* **tanti auguri di buon ~** herzliche Glückwünsche zum Geburtstag

complementare [komplemen'ta:re] *agg* komplementär; (*accessorio*) zusätzlich, Zusatz-; **complemento** [komple'men-to] *m* (LING) Ergänzung *f*, Angabe *f;* **~ di causa/specificazione/tempo** (adverbiale) Bestimmung des Grundes/der Art und Weise/der Zeit; **~ di termine** Dativobjekt *n*

complessare [komples'sa:re] *vt* Komplexe hervorrufen bei; **complessato, -a** [komples'sa:to] **I.** *agg* komplexbeladen, voller Komplexe **II.** *m, f* an Koplexen leidender Mensch

complessione [komples'sio:ne] *f* Statur *f*

complessità [komplessi'ta] <-> *f* Komplexität *f;* (*a fig*) Vielschichtigkeit *f;* (*difficoltà*) Schwierigkeit *f*

complessivamente [komplessiva'mente] *avv* insgesamt, im Ganzen; **complessivo, -a** [komples'si:vo] *agg* umfassend, gesamt

complesso [kom'plɛsso] *m* ❶ (PSYCH) Komplex *m;* **~ d'inferiorità** Minderwertigkeitskomplex *m* ❷ (*industriale*) (Gebäude)komplex *m* ❸ (MUS) Gruppe *f*, Band *f* ❹ (*insieme*) Komplex *m*, Gesamtheit *f;* **in** [*o* **nel**] **~** insgesamt, im Großen und Ganzen

complesso, -a *agg* komplex; (*a fig*) viel-

schichtig; (*difficile*) kompliziert, schwierig

completamente [kompleta'mente] *avv* völlig

completamento [kompleta'mento] *m* Vervollständigung *f;* (*a parte*) Ergänzung *f;* **completare** [komple'ta:re] *vt* vervollständigen, ergänzen; **completezza** [komple'tettsa] *f* Vollständigkeit *f*

completo [kom'plɛ:to] *m* ❶ (*accessori*) Satz *m*, Set *n* ❷ (*abito*) Anzug *m* ❸ (*loc*) **al ~** (*con la presenza di tutti i partecipanti*) vollzählig; (*con tutti i posti occupati*) voll besetzt; (*albergo*) (voll) belegt

completo, -a *agg* ❶ (*assortimento, elenco*) vollständig ❷ (*cinema*) (voll) besetzt; (*albergo*) (voll) belegt; (*teatro*) ausverkauft

compliance [kəm'plaiəns] <-> *m* (MED) Mitarbeit *f* des Patienten, Befolgung *f* der ärztlichen Anweisungen

complicanza [kompli'kantsa] *f* Komplikation *f*

complicare [kompli'ka:re] **I.** *vt* komplizieren, schwierig(er) machen **II.** *vr* **-rsi** (*situazione, trama*) sich komplizieren, kompliziert werden; **la malattia si è complicata** (MED) es haben sich bei der Krankheit Komplikationen ergeben; **complicato, -a** [kompli'ka:to] *agg* kompliziert; **complicazione** [komplikat'tsio:ne] *f* ❶ (MED) Komplikation *f* ❷ (*difficoltà*) Schwierigkeit *f*

complice ['kɔmplitʃe *o* 'komplitʃe] *mf* Komplize *m*, Komplizin *f;* (JUR) Mittäter(in) *m(f);* **complicità** [komplitʃi'ta] <-> *f* ❶ (*l'essere complice*) Mittäterschaft *f*, Komplizenschaft *f* ❷ (*intesa*) Einverständnis *n*

complimentare [komplimen'ta:re] **I.** *vt* (*far complimenti*) ein Kompliment machen (*qu per qc* jdm für etw); (*riverire*) seine Reverenz erweisen (*qu* jdm) *obs* **II.** *vr* **-rsi** beglückwünschen (*con qu* jdn), gratulieren (*con qu* jdm)

complimentarsi [komplimen'ta:rsi] *vr* **~ con qu per qc** jdm zu etw beglückwünschen [*o* gratulieren]; **complimento** [kompli'mento] *m* ❶ (*lode*) Kompliment *n;* **-i** Empfehlungen *fpl;* **-i!** (mein) Kompliment!; (*per la laurea, successo*) (ich) gratuliere! ❷ **-i** (*convenevoli*) Umstände *mpl;* **non fare -i!** zier dich doch nicht!; **no grazie, senza -i!** nein danke, wirklich nicht!; **complimentoso, -a** [komplimen'to:so] *agg* umständlich

complottare [komplot'ta:re] *vi* ein Komplott schmieden, sich verschwören; **complottismo** [komplot'tizmo] *m* (POL) Untergrabung *f* der staatlichen Ordnung;

complotto [kom'plɔtto] *m* Komplott *n;*
fare un ~ contro qu ein Komplott gegen
jdn anzetteln

componente [kompo'nɛnte] **I.** *agg* for-
mend, bildend **II.** *mf* Mitglied *n* **III.** *m* Bestandteil *m,* Komponente *f*

componentistica [komponen'tistika]
<-che> *f* Zulieferindustrie *f,* Zulieferfir-
men *fpl;* **componentistico, -a** [kompo-
nen'tistiko] <-ci, -che> *agg* Zuliefer-

compongo *1. pers sing pr di* **comporre**

componibile [kompo'ni:bile] *agg* Anbau-;
cucina ~ Einbauküche *f*

componimento [komponi'mento] *m*
❶ (*scolastico*) Aufsatz *m* **❷** (LIT) Werk *n*
❸ (MUS) Komposition *f*

comporre [kom'porre] <irr> *vt* **❶** (*formare*) bilden; (*numero telefonico*) wählen
❷ (LIT) verfassen, schreiben **❸** (MUS) komponieren

comportamentale [komportamen'ta:le]
agg Verhaltens-; **comportamentismo**
[kompor'tizmo] *m* Verhaltensforschung *f;*
comportamentistico, -a [komporta-
men'tistiko] <-ci, -che> *agg* behaviou-
ristisch; **comportamento** [kompor-
ta'mento] *m* Verhalten *n,* Benehmen *n*

comportare [kompor'tare] **I.** *vt* (*richiedere*) bedingen; (*implicare*) mit sich *dat* bringen **II.** *vr* **-rsi** sich verhalten, sich benehmen

composi *1. pers sing pass rem di* **comporre**

composito, -a [kom'pɔ:zito] *agg* gemischt, zusammengesetzt

compositore, -trice [kompozi'to:re] *m, f*
(MUS) Komponist(in) *m(f);* **compositrice**
[kompozi'tri:tʃe] *f* Setzmaschine *f;* **composizione** [kompozit'tsio:ne] *f* **❶** (*il
comporre*) Zusammensetzung *f,* Zusammenstellung *f;* (*formazione*) Bildung *f*
❷ (MUS: *testo*) Komposition *f* **❸** (*a scuola*)
Aufsatz *m*

compossedere [kompos'se:dere] *vt* (JUR)
mitbesitzen

compost ['kɔmpɔst] <-> *m* Kompost *m*

composta [kom'posta] *f* **❶** (GASTR) Kompott *m* **❷** (AGR) Kompost *m*

compostaggio [kɔmpɔs'taddʒo]
<-ggi> *m* Kompostierung *f*

compostezza [kompos'tettsa] *f* Anstand *m*

composto [kom'posto] *m* **❶** (*composizione*) Zusammensetzung *f* **❷** (*misto*) Mischung *f*

composto, -a [kom'pɔsto] **I.** *pp di* **comporre II.** *agg* **❶** (*formato da più elementi*)
zusammengesetzt **❷** (*posizione*) gesittet;

(*capelli*) geordnet; **cerca di star ~** be-
nimm dich bitte

compra ['kompra] *f* Kauf *m*

comprare [kom'pra:re] *vt* kaufen, erwerben; **compratore, -trice** [kom-
pra'to:re] *m, f* Käufer(in) *m(f);* **compravendita** [kompra'vendita] *f* (COM) Ein-
und Verkauf *m*

comprendere [kom'prɛndere] <irr> **I.** *vt*
❶ (*capire*) verstehen, begreifen **❷** (*contenere*) umfassen, enthalten **II.** *vr* **-rsi**
sich verstehen; **comprendonio** [kom-
pren'dɔ:nio] <-i> *m* (*fam scherz*) Grips *m;*
essere duro di ~ schwer von Begriff sein;
comprensibile [kompren'si:bile] *agg*
verständlich; **comprensione** [kom-
pren'sio:ne] *f* Verständnis *n;* **comprensivo, -a** [kompren'si:vo] *agg* **❶** (*indulgente*) verständnisvoll **❷** (COM) einschließlich; **~ di qc** einschließlich einer Sache
+*gen,* etw inbegriffen; **prezzo ~ di I.V.A.**
Preis einschließlich Mehrwertsteuer

comprensoriale [komprenso'ria:le] *agg*
-gebiet, -zone

comprensorio [kompren'sɔ:rio] *m* Ein-
zugsgebiet *n*

compresi [kom'pre:si] *1. pers sing pass
rem di* **comprendere**

compreso, -a [kom'pre:so] **I.** *pp di* **comprendere II.** *agg* **❶** (*persona*) aufgenommen, eingeschlossen **❷** (*incluso*) einschließlich, inbegriffen; **tutto ~** alles in
allem; (COM) alles inklusive; **I.V.A. -a** einschließlich Mehrwertsteuer

compressa [kom'prɛssa] *f* **❶** (*pastiglia*)
Tablette *f* **❷** (*garza*) Kompresse *f*

compressi [kom'prɛssi] *1. pers sing pass
rem di* **comprimere**

compressione [kompres'sio:ne] *f* **❶** (*il
comprimere*) Zusammendrücken *n,* -pres-
sen *n;* **~ dati** (INFORM) Datenkomprimierung *f* **❷** (MOT) Verdichtung *f,* Kompressi-
on *f;* **compresso, -a** [kom'prɛsso] **I.** *pp
di* **comprimere II.** *agg* **❶** (*sottoposto a
pressione*) zusammengedrückt, -gepresst
❷ (MOT) verdichtet, komprimiert; **compressore** [kompres'so:re] **I.** *agg* kompri-
mierend, Druck- **II.** *m* Kompressor *m*

comprimario [kompri'ma:rio] *m* **❶** (MED)
einer von mehreren Chefärzten **❷** (THEAT)
Nebenrolle *f*

comprimere [kom'pri:mere] <compri-
mo, compressi, compresso> *vt* **❶** (*sottoporre a pressione*) zusammendrücken;
(MED) abbinden **❷** (PHYS) komprimieren,
verdichten **❸** (INFORM) komprimieren

compromesso [kompro'mɛsso] *m*
❶ (*fig: accomodamento*) Kompromiss *m;*
venire [*o* **scendere**] **a un ~** einen Kompromiss eingehen **❷** (JUR: *di contratto*) Vor-

vertrag *m;* (*accordo*) Vergleich *m*

compromesso, -a I. *pp di* **compromettere** II. *agg* (*pej: persona*) kompromittiert; (*reputazione*) geschädigt

compromettente [kompromet'tɛnte] *agg* kompromittierend; **compromettere** [kompro'mettere] <irr> I. *vt* (*impresa, reputazione*) gefährden; (*persona*) kompromittieren II. *vr* **-rsi** ❶ (*mettersi in cattiva luce*) sich kompromittieren ❷ (*impegnarsi*) **-rsi con qu** sich mit jdm einlassen; **compromissorio, -a** [kompromis'sɔːrjo] <-i, -ie> *agg* Kompromiss-; **clausola -a** (JUR) Vergleichsklausel *f*

comproprietà [komproprie'ta] *f* Miteigentum *n;* **comproprietario, -a** [komproprie'taːrjo] *m, f* Miteigentümer(in) *m(f)*

comprovare [kompro'vaːre] *vt* nachweisen, beweisen

compunto, -a [kom'punto] *agg* reumütig, reuig; **compunzione** [kompun'tsioːne] *f* Reue *f,* Zerknirschung *f*

computare [kompu'taːre] *vt* ❶ (*contare*) berechnen; (*calcolare*) ausrechnen ❷ (COM) berechnen

computazionale [komputattsjo'naːle] *agg* Computer-, computergesteuert; **la linguistica** ~ die Computerlinguistik

computer [kəm'pjuːtə *o* kom'pjuter] <-> *m* Computer *m;* ~ **portatile** Laptop *m;* ~ **tascabile** Taschencomputer *m;* ~ **animation** Computeranimation *f*

computerese [kompjute're:se] <*sing*> *m* Computer-, Informatikjargon *m;* **computeriale** [kompjute'rjaːle] *agg* (INFORM) computergestützt, Computer-

computeristica [kompjute'ristika] <-che> *f* (INFORM) ❶ Computerindustrie *f* ❷ (*di un azienda*) EDV-System *n,* Computeranlage *f* ❸ (*teoria e pratica*) Computertechnik *f*

computeristico, -a [kompjute'ristiko] <-ci, -che> *agg* computertechnisch, computerbezogen

computerizzabile [kompjuterid'dzaːbile] *agg* durch Computer steuerbar; **computerizzare** [kompjuterid'dzaːre] *vt* computerisieren; **computerizzato, -a** [kompjuterid'dzaːto] *agg* computergestützt, -gesteuert; **computerizzazione** [kompjuteriddzat'tsjoːne] *f* Computerisierung *f*

computista [kompu'tista] <-i *m*, -e *f*> *mf* Buchhalter(in) *m(f);* **computisteria** [komputiste'riːa] <-ie> *f* Buchhaltung *f,* Buchführung *f;* **computo** ['kɔmputo] *m* (Be)rechnung *f*

comunale [komu'naːle] *agg* ❶ (ADM) kommunal, Gemeinde-; **palazzo** ~ (HIST) Rathaus *n* ❷ (HIST) **l'età** ~ die Zeit der Stadtstaaten

comunanza [komu'nantsa] *f* Gemeinschaft *f,* Gemeinsamkeit *f*

comunardo, -a [komu'nardo] I. *agg* die Pariser Kommune betreffend II. *m, f* Kommunarde *m,* Kommunardin *f*

comune [ko'muːne] I. *agg* ❶ (*di tutti*) gemeinsam, Gemeinschafts-; **bene** ~ Gemeinwohl *n;* **il Mercato Comune** der Gemeinsame Markt ❷ (*opinione, uso*) allgemein, üblich ❸ (*medio, normale*) durchschnittlich, mittelmäßig; (*ordinario*) gewöhnlich; ~ **mortale** Normalsterbliche(r) *f(m)* ❹ (*pej: non raffinato*) gewöhnlich II. *m* ❶ (ADM) Gemeinde *f;* (*sede*) Gemeindeverwaltung *f;* **sposarsi in** ~ standesamtlich heiraten ❷ (HIST) Stadtstaat *m* ❸ (*loc*) **avere qc in** ~ etw gemeinsam haben; ~ **mortale** Normalsterbliche(r) *f(m)*

comunella [komu'nɛlla] *f* (*accordo*) Abmachung *f,* Absprache *f;* **fare** ~ gemeinsame Sache machen

comunemente [komune'mente] *avv* allgemein, gewöhnlich

comunicabile [komuni'kaːbile] *agg* mitteilbar

comunicando, -a [komuni'kando] *m, f* Kommunikant(in) *m(f)*

comunicante [komuni'kante] *agg* miteinander verbunden; (*vasi*) kommunizierend

comunicare [komuni'kaːre] I. *vt* ❶ (*notizia*) mitteilen; (*pubblicamente*) bekannt geben ❷ (*sentimenti*) zeigen ❸ (MED, PHYS) übertragen II. *vi* ❶ (*luoghi*) ~ **con qc** mit etw verbunden sein ❷ (*persone*) sich verständigen; (*fig*) sich verstehen; **comunicativa** [komunika'tiːva] *f* Mitteilsamkeit *f,* Kontaktfreudigkeit *f;* **comunicatività** [komunikativi'ta] <-> *f* Gesprächsbereitschaft *f,* Kommunikationsfähigkeit *f;* **comunicativo, -a** [komunika'tiːvo] *agg* extrovertiert, kontaktfreudig

comunicato [komuni'kaːto] *m* Meldung *f,* Bericht *m;* ~ **stampa** Pressemeldung *f;* ~ **di guerra** Kriegsbericht *m*

comunicato, -a *agg* bekannt gegeben, mitgeteilt

comunicazione [komunikat'tsjoːne] *f* Kommunikation *f;* (*collegamento*) Verbindung *f;* (*notizia*) Mitteilung *f;* **mezzi di** ~ Kommunikationsmittel *npl,* Medien *pl;* ~ **-i ferroviarie/marittime/stradali** Eisenbahn-/Schiffs-/Straßenverbindungen *fpl;* ~ **telefonica/interurbana** Telefon-/Fernverbindung *f;* **essere in** ~ in Verbindung stehen

comunione [komu'njo:ne] *f* **①** (REL) Kommunion *f*, Abendmahl *n;* **prima ~** Erstkommunion *f* **②** (JUR) Gemeinschaft *f;* **~ dei beni** (JUR) Gütergemeinschaft *f* **③** (*fig: di interessi, idee*) Gemeinsamkeit *f*

comunismo [komu'nizmo] *m* Kommunismus *m;* **comunista** [komu'nista] <-i *m,* -e *f*> I. *mf* Kommunist(in) *m(f)* II. *agg* kommunistisch

comunità [komuni'ta] <-> *f* Gemeinschaft *f;* **la Comunità Economica Europea** (HIST) die Europäische Wirtschaftsgemeinschaft; **Comunità Europea** Europäische Gemeinschaft; **Comunità europea del carbone e dell'acciaio** (HIST) Europäische Gemeinschaft für Kohle und Stahl; **Comunità europea dell'energia atomica** Europäische Atomgemeinschaft

comunitario, -a [komuni'ta:rio] <-i, -ie> *agg* gemeinschaftlich, Gemeinschafts-, EU-; **trattato ~** EU-Vertrag *m;* **direttiva -a** EU-Verordnung *f;* **le istituzioni -ie** die EU-Institutionen *fpl*

comunque [ko'muŋkue] I. *avv* (*in ogni modo*) jedenfalls; (*tuttavia*) immerhin II. *cong* +*conj* wie auch immer

con [kon] <col, collo, colla, coi, cogli, colle> *prp* **①** (*compagnia, unione*) mit +*dat;* **caffè col latte** Kaffee mit Milch; **un uomo coi capelli bianchi** ein Mann mit weißen Haaren **②** (*mezzo, strumento, modo, maniera*) mit +*dat;* **viaggiare col treno/colla macchina** mit dem Zug/Auto reisen; **~ tutto il cuore** mit [*o* von] ganzem Herzen **③** (*tempo, causa*) mit +*dat,* bei +*dat;* **~ questo** damit; **~ questo caldo non si può uscire** bei dieser Hitze kann man nicht aus dem Haus gehen **④** (*verso*) zu +*dat;* **essere gentile ~ qu** nett zu jdm sein **⑤** (*avversativo*) trotz +*dat o gen;* **~ tutti i suoi difetti, mi piace** trotz all seiner [*o* ihrer] Fehler gefällt er [*o* sie] mir; **~ tutto che ...** obwohl ...

conato [ko'na:to] *m* Ringen *n,* krampfhaftes Bemühen; **avere -i di vomito** Brechreiz haben

conca ['koŋka] <-che> *f* **①** (*recipiente*) (Wasch)schüssel *f* **②** (GEOG) Becken *n,* Mulde *f*

concatenamento [koŋkatena'mento] *m* Verkettung *f;* **concatenare** [konkate'na:re] *vt* verketten, verbinden; **concatenazione** [konkatenat'tsio:ne] *f* Verkettung *f,* Verbindung *f*

concavità [koŋkavi'ta] *f* Aushöhlung *f*

concavo, -a ['koŋkavo] *agg* konkav

concedere [kon'tʃɛ:dere] <concedo,

concessi *o* concedei *o* concedetti, concesso> I. *vt* gewähren, zugestehen; (*a prestito*) einräumen II. *vr* **-rsi** **①** (*donna*) sich hingeben **②** (*permettersi*) sich *dat* gönnen, sich *dat* erlauben

concentramento [kontʃentra'mento] *m* Konzentration *f;* **campo di ~** Konzentrationslager *n;* **concentrare** [kontʃen'tra:re] I. *vt* **①** (MIL) konzentrieren, zusammenziehen **②** (*fig*) **~ qc su qc** etw auf etw *acc* konzentrieren II. *vr* **-rsi su qc** sich auf etw *acc* konzentrieren

concentrato [kontʃen'tra:to] *m* **①** (GASTR) Konzentrat *n,* Extrakt *m;* **~ di pomodoro** Tomatenmark *n* **②** (*fig: cumulo*) Häufung *f*

concentrato, -a *agg* konzentriert; **concentrazione** [kontʃentrat'tsio:ne] *f* Konzentration *f;* **concentrazionismo** [kontʃentrattsio'nizmo] *m* (COM) Konzentrationsprozess *m;* **il ~** die zunehmende Konzentration in der Wirtschaft

concentricità [kontʃentritʃi'ta] <-> *f* Konzentrizität *f;* **concentrico, -a** [kon'tʃentriko] <-ci, -che> *agg* konzentrisch

concepibile [kontʃe'pi:bile] *agg* vorstellbar, fassbar; **non è ~ che ...** +*conj* es ist nicht zu fassen, dass ...

concepimento [kontʃepi'mento] *m* **①** (BIOL) Empfängnis *f* **②** (*fig: ideazione*) Ausdenken *n,* Ersinnen *n;* **concepire** [kontʃe'pi:re] <concepisco> *vt* **①** (BIOL) empfangen **②** (*fig: comprendere*) begreifen **③** (*ideare*) ausdenken, ersinnen

conceria [kontʃe'ri:a] <-ie> *f* Gerberei *f*

concernente [kontʃer'nɛnte] *agg* **~ qc** etw betreffend; **concernere** [kon'tʃerne-re] <mancano pass rem e pp> *vt* betreffen, angehen

concertare [kontʃer'ta:re] *vt* **①** (*pej: truffa, rapina, intrigo*) planen, aushecken **②** (MUS) (ein)stimmen

concertato [kontʃer'ta:to] *m* (MUS) Concertato *n*

concertatore [kontʃerta'to:re] *m* Kapellmeister *m;* **concertazione** [kontʃertat'tsio:ne] *f* (Ein)stimmen *n*

concertista [kontʃer'tista] <-i *m,* -e *f*> *mf* Solist(in) *m(f);* **concertistico, -a** [kontʃer'tistiko] <-ci, -che> *agg* Konzert-; **concerto** [kon'tʃɛrto] *m* (MUS) Konzert *n*

concessi [kon'tʃɛssi] *1. pers sing pass rem di* **concedere**

concessionaria [kontʃessio'na:ria] <-ie> *f* Vertretung *f*

concessionario [kontʃessio'na:rio] <-i> *m* Konzessionär *m;* (*ditta*) Vertretung *f*

concessionario, -a <-i, -ie> *agg* Konzessions-; **ditta -a** Niederlassung *f*, Vertretung *f*

concessione [kontʃes'sio:ne] *f* ❶ (*di prestito, mutuo, pensione*) Bewilligung *f*, Gewährung *f* ❷ (COM) Konzession *f* ❸ (*permesso*) Genehmigung *f*

concessiva [kontʃes'si:va] *f* (LING) Konzessivsatz *m*

concessivo, -a [kontʃes'si:vo] *agg* konzessiv

concesso [kon'tʃɛsso] *pp di* **concedere**

concetto [kon'tʃɛtto] *m* Vorstellung *f*, Begriff *m;* **farsi un ~ di qc** sich *dat* eine Vorstellung von etw machen; **concettoso, -a** [kontʃet'to:so] *agg* verschlüsselt, voller Symbole; **concettuale** [kontʃettu'a:le] *agg* begrifflich, Begriffs-

concezione [kontʃet'tsio:ne] *f* ❶ (*concetto, idea*) Konzeption *f*, Auffassung *f* ❷ (*di piano*) Entwurf *m*

conchiglia [kon'kiʎʎa] <-glie> *f* ❶ (ZOO) Muschel *f* ❷ *pl* (GASTR) *muschelförmige Nudeln*

concia ['kontʃa] <-ce> *f* ❶ (*delle pelli*) Gerbung *f;* (*del tabacco, delle olive*) Fermentation *f* ❷ (*sostanza*) Gerbmittel *n;* **conciante** [kon'tʃante] **I.** *agg* gerbend **II.** *m* Gerbmittel *n*

conciare [kon'tʃa:re] **I.** *vt* ❶ (*pelli*) gerben ❷ (*tabacco, olive*) fermentieren ❸ (*fig fam: ridurre in cattivo stato*) (übel) zurichten, versauen *sl;* **~ qu per le feste** (*fam*) jdn übel zurichten **II.** *vr* **-rsi** (*pej: vestirsi male*) sich geschmacklos anziehen; **guarda come ti sei conciato!** wie siehst du denn aus!; **conciatore, -trice** [kontʃa-'to:re] *m, f* Gerber(in) *m(f);* **conciatura** [kontʃa'tu:ra] *f* Gerbung *f*

conciliabile [kontʃi'lia:bile] *agg* vereinbar; **conciliabilità** [kontʃiliabili'ta] <-> *f* Vereinbarkeit *f*

conciliabolo [kontʃi'lia:bolo] *m* (*pej*) heimliche Zusammenkunft

conciliante [kontʃi'liante] *agg* versöhnlich; **conciliare** [kontʃi'lia:re] **I.** *vt* ❶ (ADM: *multa*) sofort bezahlen ❷ (*sonno*) fördern, herbeiführen; (*appetito*) anregen; **questo film concilia il sonno** dieser Film ist einschläfernd ❸ (*litiganti, avversari*) versöhnen; **~ due opinioni contrastanti** einen Konsens zwischen zwei gegensätzlichen Ansichten herstellen ❹ (*fig: proposte, opinioni*) vereinbaren **II.** *vr* **-rsi** (*trovarsi d'accordo*) übereinstimmen; **-rsi con qu** (*mettersi d'accordo*) sich mit jdm einigen

conciliativo, -a [kontʃilia'ti:vo] *agg* versöhnlich

conciliatore, -trice [kontʃilia'to:re] **I.** *agg* schlichtend, vermittelnd; (*fig*) begünsti-

gend; **giudice ~** Schiedsmann *m* **II.** *m, f* ❶ (*chi concilia*) Vermittler(in) *m(f)* ❷ (JUR) Schiedsmann *m*

conciliazione [kontʃiliat'tsio:ne] *f* ❶ (*di due avversari*) Versöhnung *f* ❷ (JUR) Vergleich *m*

concilio [kon'tʃi:lio] <-i> *m* ❶ (REL) Konzil *n* ❷ (*scherz: riunione*) Versammlung *f*

concimaia [kontʃi'ma:ia] <-aie> *f* Dunggrube *f*

concimare [kontʃi'ma:re] *vt* düngen; **concimazione** [kontʃimat'tsio:ne] *f* Düngung *f;* **concime** [kon'tʃi:me] *m* Dünger *m*, Düngemittel *n*

concio, -a ['kontʃo] <-ci, -ce> *agg* ❶ (*pelle*) gegerbt ❷ (*tosc: fam: ridotto*) zugerichtet

concionare [kontʃo'na:re] *vi* ❶ (LIT) eine Rede halten ❷ (*iron: fare discorsi ampollosi*) predigen; **concione** [kon'tʃo:ne] *f* (*a iron*) Sermon *m*

concisione [kontʃi'zio:ne] *f* Bündigkeit *f*, Kürze *f;* **conciso, -a** [kon'tʃi:zo] *agg* bündig, kurz

concistoro [kontʃis'tɔ:ro] *m* Konsistorium *n*

concitato, -a [kontʃi'ta:to] *agg* erregt, aufgeregt

concitazione [kontʃitat'tsio:ne] *f* Aufregung *f*, Erregung *f*

concittadino, -a [kontʃitta'di:no] *m, f* Mitbürger(in) *m(f)*

conclave [kon'kla:ve] *m* (REL) Konklave *n;* **conclavistico, -a** [konkla'vistiko] <-ci, -che> *agg* das Konklave betreffend; **la decisione -a** die Entscheidung des Konklaves

concludente [konklu'dɛnte] *agg* schlüssig

concludere [kon'klu:dere] <concludo, conclusi, concluso> **I.** *vt* ❶ (*condurre a termine*) beenden, abschließen ❷ (*trattato, vertenza*) (ab)schließen; (*patto, pace*) schließen; (*affare*) abschließen ❸ (*di conseguenza*) schließen, folgern ❹ (*fare*) zu Stande bringen **II.** *vr* ausgehen, enden; **conclusione** [konklu'zio:ne] *f* ❶ (*fine*) (Ab)schluss *m*, Ende *n;* (*di partita*) Ausgang *m;* **giungere alla ~ che ...** zu dem Ergebnis kommen, dass ...; **in ~** abschließend ❷ (*deduzione*) Folgerung *f*, Schluss *m;* (*di accordo*) Ergebnis *n;* **conclusivo, -a** [konklu'zi:vo] *agg* abschließend, End-; **concluso, -a** [kon'klu:zo] **I.** *pp di* **concludere II.** *agg* (ab)geschlossen, vollendet; (*affare*) abgeschlossen; (*pace*) geschlossen

concomitante [konkomi'tante] *agg* begleitend, Begleit-; **concomitanza** [konkomi'tantsa] *f* gemeinsames Vorkommen;

in ~ gleichzeitig

concordanza [koŋkor'dantsa] *f* ❶ (LING)
Kongruenz *f* ❷ (*di opinioni, idee, fatti*)
Übereinstimmung *f,* Einklang *m;* **concordare** [koŋkor'da:re] **I.** *vt* ❶ (LING) in Kongruenz bringen ❷ (*prezzo, tregua*) vereinbaren, abmachen **II.** *vi* **~ con qc** mit etw übereinstimmen; **~ con qu su qc** mit jdm über etw *acc* einig sein

concordatario, -a [koŋkorda'ta:rio] <-i,
-ie> *agg* ❶ (JUR) Vergleichs- ❷ (REL) Konkordats-; **concordato** [koŋkor'da:to] *m*
❶ (JUR) Vergleich *m* ❷ (REL) Konkordat *n*

concorde [koŋ'kɔrde] *agg* einvernehmlich; **concordia** [koŋ'kɔrdia] <-ie> *f* Einvernehmen *n;* (*armonia*) Eintracht *f*

concorrente [koŋkor'rɛnte] **I.** *agg*
❶ (COM) konkurrierend, Konkurrenz-
❷ (MAT) konvergent **II.** *mf* ❶ (SPORT, COM)
Konkurrent(in) *m(f)* ❷ (*di concorso*)
(Mit)bewerber(in) *m(f),* Kandidat(in) *m(f);*
concorrenza [koŋkor'rɛntsa] *f* Konkurrenz *f;* (COM) Wettbewerb *m;* **~ libera/**
sleale freier/unlauterer Wettbewerb; **i**
nostri prezzi non temono la ~ unsere
Preise halten jedem Vergleich stand; **fare ~**
a qu jdm Konkurrenz machen; **concorrenziale** [koŋkorren'tsia:le] *agg* Konkurrenz-, Wettbewerbs-; (*prezzo*) konkurrenzfähig

concorrere [koŋ'korrere] <irr> *vi* ❶ (*partecipare*) **~ in qc** an etw *dat* teilnehmen
❷ (*competere*) **~ a qc** sich um etw bewerben; **~ a un concorso** an einem Wettbewerb teilnehmen ❸ (*contribuire*) sich beteiligen; **~ a qc** zu etw beitragen, an etw *dat* mitwirken; **~ alle spese** sich an den
Kosten beteiligen; **concorsista** [konkor'sista] <-i *m,* -e *f*> *mf* Bewerber(in)
m(f); **concorso** [koŋ'korso] *m* ❶ (*gara*)
Wettbewerb *m;* **~ di bellezza** Schönheitswettbewerb *m;* **~ a premi** Preisausschreiben *n;* **fuori ~** außer Konkurrenz ❷ (SPORT)
Wettkampf *m;* **~ ippico** Reitturnier *n;* (*corsa di cavalli*) Pferderennen *n*

concretare [koŋkre'ta:re] **I.** *vt* konkretisieren; (*realizzare*) realisieren, verwirklichen **II.** *vr* **-rsi** sich verwirklichen, Gestalt
annehmen

concretezza [koŋkre'tettsa] *f* Konkretheit *f*

concretizzare [koŋkreti'ddza:re] **I.** *vt*
konkretisieren; (*realizzare*) realisieren, verwirklichen **II.** *vr* **-rsi** sich verwirklichen,
Gestalt annehmen; **concretizzazione**
[konkretidddzat'tsio:ne] *f* Realisierung *f,*
Verwirklichung *f*

concreto [koŋ'krɛ:to] *m* Konkrete(s) *n;*

venire al ~ zur Sache kommen; **in ~** konkret (betrachtet)

concreto, -a *agg* konkret; **nome ~** Konkretum *n*

concrezione [koŋkret'tsio:ne] *f* ❶ (GEOL)
Konkretion *f* ❷ (MED) Konkrement *n*

concubina [koŋkubi'na:to] *f;* **concubinato**
[koŋkubi'na:to] *m* wilde Ehe; **concubino, -a** [koŋku'bi:no] *m, f* in wilder Ehe lebender Mann, lebende Frau

concupiscenza [koŋkupiʃʃentsa] *f* Wollust *f*

concussionario, -a [koŋkussio'na:rio]
<-i, -ie> *m, f* Mensch, der Amtsmissbrauch betreibt

concussione [koŋkus'sio:ne] *f* Amtsmissbrauch *m*

condanna [kon'danna] *f* ❶ (JUR) Verurteilung *f,* Urteil *n* ❷ (*fig: disapprovazione*)
Missbilligung *f;* **condannabile** [kondan'na:bile] *agg* tadelnswert, verwerflich;
condannare [kondan'na:re] *vt* ❶ (JUR)
verurteilen; **~ qu a** [*o* **per**] **qc** jdn zu [*o* wegen] etw verurteilen ❷ (*fig: disapprovare*)
verurteilen, missbilligen; **condannato,**
-a [kondan'na:to] *m, f* Verurteilte(r) *f(m)*

condebitore, -trice [kondebi'to:re] *m, f*
Mitschuldner(in) *m(f)*

condensa [kon'dɛnsa] *f* Kondenswasser *n*

condensamento [kondensa'mento] *m*
Kondensation *f;* **condensare** [konden'sa:re] **I.** *vt* ❶ (PHYS) kondensieren, verdichten ❷ (*fig: riassumere*) zusammenfassen, resümieren **II.** *vr* **-rsi** kondensieren,
sich verdichten

condensato, -a *agg* ❶ (*latte*) Kondens-
❷ (PHYS) kondensiert ❸ (*libro*) zusammengefasst; **condensatore** [kondensa'to:re] *m* Kondensator *m;* **condensazione** [kondensat'tsio:ne] *f* Kondensation *f*

condimento [kondi'mento] *m* ❶ (GASTR)
Gewürz *n* ❷ (*fig*) Würze *f,* Pep *m*
fam; **condire** [kon'di:re] <condisco> *vt*
❶ (GASTR: *con frutta, prezzemolo*) anrichten; (*con pepe, sale*) würzen, abschmecken; (*insalata*) anmachen ❷ (*fig*) würzen,
bereichern

condirettore, -trice [kondiret'to:re] *m, f*
Kodirektor(in) *m(f)*

condiscendente [kondiʃʃen'dɛnte] *agg*
entgegenkommend; (*cedevole*) nachgiebig; **condiscendenza** [kondiʃʃen'dɛntsa] *f* Entgegenkommen *n;* (*cedevolezza*)
Nachgiebigkeit *f*

condiscendere [kondiʃ'ʃendere] <irr> *vi*
❶ (*consentire*) **~ a qc** in etw *acc* einwilligen ❷ (*cedere*) **~ a qu/qc** jdm/etw nach-

geben

condividere [kondi'vi:dere] <irr> *vt* (*opinioni, idee, scelta*) teilen; **condivisibile** [kondivi'zi:bile] *agg* ❶(*opinione, idea*) nachvollziehbar ❷(*decisione, punto di vista*) vertretbar; **condivisione** [kondivi'zio:ne] *f* ❶(*di idee, speranze*) Anteilnahme *f*; **la ~ di** qc die Anteilnahme an etw *dat* ❷(INFORM: *di dati, stampante*) gemeinsame Nutzung, gemeinsamer Zugriff

condizionale [kondittsio'na:le] **I.** *agg* ❶(LING) Konditional-, konditional ❷(JUR) zur [*o* mit] Bewährung *A*, bedingt; **sospensione ~ della pena** Aussetzung *f* der Strafe zur Bewährung **II.** *m* (LING) Konditional *m* **III.** *f* ❶(LING) Konditionalsatz *m* ❷(JUR) Bewährung *f*

condizionamento [kondittsiona'mento] *m* (*dell'aria*) Klimatisierung *f*; **impianto di ~** Klimaanlage *f*; **condizionare** [kondittsio'na:re] *vt* ❶(*aria*) klimatisieren ❷(PSYCH) konditionieren ❸(*subordinare*) **~ qu/qc a** qc jd/etw von etw abhängig machen; **condizionatore** [kondittsiona'to:re] *m* Klimaanlage *f*

condizione [kondit'tsio:ne] *f* ❶(*presupposto*) Bedingung *f*, Voraussetzung *f*; (*requisito*) Voraussetzung *f*; (JUR) Kondition *f*; **porre delle -i** Bedingungen stellen; **a ~ che ... +**_conj_ unter der Bedingung, dass ... ❷*pl* (COM) Konditionen *fpl*, Modalitäten *fpl* ❸*pl* (*stato*) Zustand *m*; (*finanziarie*) Lage *f*; **-i di salute** Gesundheitszustand *m*; **essere in ~ di fare** qc in der Lage sein etw zu tun ❹(*limite*) Bedingung *f*

condoglianze [kondoʎʎantse] *fpl* Beileid *n*; **fare le ~ a** qu jdm sein Beileid aussprechen

condom ['kɔndɔm] <-> *m* Kondom *n*

condominio [kondo'mi:nio] <-i> *m* ❶(JUR) Miteigentum *n* ❷(*casa*) Haus *n* mit Eigentumswohnungen; **condomino, -a** [kon'dɔ:mino] *m, f* Miteigentümer(in) *m(f)*

condonabile [kondo'na:bile] *agg* (*debito*) erlässlich; (*errore*) verzeihlich; **condonare** [kondo'na:re] *vt* erlassen; **condono** [kon'dɔ:no] *m* Erlass *m*, Erlassung *f*

condor ['kɔndɔr] <-> *m* Kondor *m*

condotta [kon'dotta] *f* ❶(*comportamento*) Betragen *n*, Verhalten *n*; **voto di ~** Betragensnote *f* ❷(*di gioco, impresa*) Führung *f*, Leitung *f* ❸(TEC: *tubazione*) Rohrleitung *f*

condottiero [kondot'tiɛ:ro] *m* (HIST, MIL) Söldnerführer *m*; (*fig*) Führer *m*

condotto [kon'dɔtto] *m* ❶(ANAT: ~ *uditi-*

vo, ~ epatico) Gang *m;* (~ *lacrimale*) Kanal *m;* (~ *spermatico, ~ ovario*) Leiter *m* ❷(TEC) Rohr *n*, Leitung *f*

condotto, -a **I.** *pp di* **condurre** **II.** *agg* (*medico*) Bezirks-

conducente [kondu'tʃɛnte] **I.** *mf* (*di veicolo*) Fahrer(in) *m(f)*, Chauffeur(in) *m(f)* **II.** *m* (MIL) Rittmeister *m*

condurre [kon'durre] <conduco, condussi, condotto> **I.** *vt* ❶(MOT, FERR, NAUT) fahren, führen ❷(*accompagnare*) führen, begleiten ❸(*azienda*) leiten ❹(*fig: trattative, vita*) führen ❺(SPORT) anführen ❻(*fig: portare a*) treiben; **~** qu **al suicidio/alla rovina** jdn zum Selbstmord/in den Ruin treiben; **~ a termine** [*o* **compimento**] qc etw zum Abschluss bringen **II.** *vi* ❶(SPORT) führen; **~ per due a zero** mit zwei zu null führen ❷(*strada*) führen; **questa strada conduce a Padova** diese Straße führt nach Padua **III.** *vr* **-rsi** sich verhalten; **-rsi da idiota** sich wie ein Idiot aufführen; **conduttanza** [kondut'tantsa] *f* Leitwert *m;* **conduttività** [konduttivi'ta] <-> *f* Leitfähigkeit *f*; **conduttivo, -a** [kondut'ti:vo] *agg* leitfähig

conduttore [kondut'to:re] *m* (PHYS) Leiter *m*, (EL) Leitung *f*

conduttore, -trice **I.** *agg* führend, Führungs-; **filo ~** (*fig*) roter Faden **II.** *m, f* ❶(FERR) Zugführer(in) *m(f)*, -schaffner(in) *m(f)* ❷(MOT) (Renn)fahrer(in) *m(f)* ❸(*di azienda*) Leiter(in) *m(f)*, Betreiber(in) *m(f)* ❹(TV, RADIO) Fernseh-, Radiomoderator(in) *m(f)*; **conduttura** [kondut'tu:ra] *f* Leitungsnetz *n;* **conduzione** [kondut'tsio:ne] *f* ❶(*gestione*) Leitung *f* ❷(PHYS) Übertragung *f* ❸(*presentazione*) Moderation *f* ❹(*di caldaie*) Überwachung *f*

confabulare [konfabu'la:re] *vi* (*scherz*) tuscheln; **confabulazione** [konfabulat'tsio:ne] *f* (*scherz*) Getuschel *n*

confacente [konfa'tʃɛnte] *agg* geeignet, passend

CONFAGRICOLTURA [konfagrikol'tu:ra] *f acro di* **Confederazione Generale dell'Agricoltura Italiana** Verband der italienischen Landwirte

confarsi [kon'farsi] <irr *rar il pp ed i tempi composti*> *vr* ❶(*addirsi*) **~ a** qu/qc jdm/etw entsprechen, zu jdm/etw passen ❷(*giovare*) **~ a** qu/qc jdm/etw (gut) bekommen; **l'aria di montagna non mi confà** die Bergluft bekommt mir nicht gut

CONFARTIGIANATO [konfartidʒa'na:to] *f acro di* **Confederazione Generale dell'Artigianato Italiano** italieni-

scher Handwerkerverband

CONFCOMMERCIO [konfkom'mɛrtʃo] *f acro di* **Confederazione Generale del Commercio** *italienischer Handelsverband*

confederale [konfede'ra:le] *agg* Bündnis-, Bundes-; **confederalità** [konfederali'ta] <-> *f* (POL) konföderaler Gedanke, konföderales Konzept

confederare [konfede'ra:re] I. *vt* zusammenschließen, vereinigen II. *vr* **-rsi** sich zusammenschließen, sich vereinigen

confederata *f v.* **confederato**; **confederativo, -a** [konfedera'ti:vo] *agg* Bündnis-; **confederato, -a** [konfede'ra:to] I. *agg* verbündet II. *m, f* Verbündete(r) *f(m)*; **confederazione** [konfederat'tsio:ne] *f* ❶ (POL) Konföderation *f* ❷ (*tra organizzazioni, enti*) Verband *m*, Bund *m*; **la Confederazione Elvetica** die Schweizerische Eidgenossenschaft

CONFEDILIZIA [konfedi'littsia] *f acro di* **Confederazione Italiana della Proprietà Edilizia** *Verband des italienischen Bauwesens*

conferenza [konfe'rɛntsa] *f* ❶ (*discorso*) Vortrag *m*; **tenere una ~ su qc** einen Vortrag über etw *acc* halten ❷ (*riunione*) Konferenz *f*; **~ episcopale** Bischofskonferenz *f*; **~ stampa** Pressekonferenz *f*; **~ al vertice** Spitzentreffen *n*; (POL) Gipfeltreffen *n*, -konferenz *f*

conferenziere, -a [konferen'tsiɛ:re] *m, f* Sprecher(in) *m(f)*, Redner(in) *m(f)*

conferimento [konferi'mento] *m* Verleihung *f*; **conferire** [konfe'ri:re] <conferisco> I. *vt* (*incarico*) vergeben; (*ricompensa*) geben; (*titolo*) verleihen II. *vi* ❶ (*colloquiare*) eine Besprechung haben ❷ (*giovare*) gut tun, gut bekommen

conferma [kon'ferma] *f* Bestätigung *f*; **trovare** [*o* **avere**] **~** bestätigt werden; **confermare** [konfer'ma:re] I. *vt* (*convalidare*) bestätigen; (*rafforzare*) bekräftigen II. *vr* **-rsi** ❶ (*rafforzarsi*) sich festigen ❷ (*acquistare credito*) sich bestätigen; **confermazione** [konfermat'tsio:ne] *f* Firmung *f*; (*nella chiesa luterana*) Konfirmation *f*

CONFESERCENTI [konfezer'tʃɛnti] *f acro di* **Confederazione degli Esercenti Attività Commerciali e Turistiche** *italienischer Handels- und Tourismusverband*

confessare [konfes'sa:re] I. *vt* ❶ (REL) beichten; (*fig: a persona amica*) anvertrauen, beichten *fam* ❷ (*colpa, errori*) gestehen II. *vr* **-rsi** ❶ (REL) zur Beichte gehen, beichten ❷ (*rivelarsi*) sich bekennen; **-rsi**

colpevole sich schuldig bekennen; **confessionale** [konfessio'na:le] I. *m* Beichtstuhl *m* II. *agg* Beicht-; **segreto ~** Beichtgeheimnis *n*; **confessione** [konfes'sio:ne] *f* ❶ (REL) Bekenntnis *n*, Konfession *f*; (*sacramento*) Beichte *f* ❷ (JUR) Geständnis *n*; **confesso, -a** [kon'fɛsso] *agg* ❶ (REL) bußfertig ❷ (JUR) geständig; **confessore** [konfes'so:re] *m* Beichtvater *m*

confettare [konfet'ta:re] I. *vt* ❶ (*rivestire qc di zucchero*) kandieren ❷ (*fig: addolcire qc di spiacevole*) versüßen ❸ (*obs fig: lusingare, corteggiare*) schmeicheln (*o* den Hof machen) [*o* Honig ums Maul schmieren] (*qu* jdm) II. *vi* (*obs: mangiare dolciumi*) naschen, leckern

confettatrice [konfetta'tri:tʃe] *f* (TEC: *macchina per confettare*) Dragiermaschine *f*

confetteria [konfette'ri:a] <-ie> *f* ❶ (*bottega*) Süßwarenladen *m* ❷ (*assortimento*) Süßwaren *fpl*; **confetto** [kon'fɛtto] *m* ❶ (GASTR) Pariser Mandel *f*; **mangiare i -i di qu** (*fig*) jds Hochzeit feiern ❷ *pl* (*poet: dolciumi*) Konfekt *n*

confettura [konfet'tu:ra] *f* Konfitüre *f*; **confetturiero, -a** [konfettu'rie:ro] *agg* Konfitüre-

confezionamento [konfettsiona'mento] *m* Verpackung *f*, Abpackung *f*; **data di ~** Verpackungsdatum *n*

confezionare [konfettsio'na:re] *vt* ❶ (*vestito*) anfertigen ❷ (*merci*) ein-, verpacken; (*pacco*) machen; **confezionatore, -trice** [konfettsiona'to:re] *m, f* ❶ (*per vendita, trasporto*) Packer(in) *m(f)* ❷ (*di biancheria*) Näher(in) *m(f)*, Konfektionsschneider(in) *m(f)*; **confezionatrice** [konfettsiona'tri:tʃe] *f* Packmaschine *f*; **confezione** [konfet'tsio:ne] *f* ❶ (*imballaggio*) (Ver)packung *f*; (*presentazione*) Aufmachung *f*; **~ regalo** Geschenkpackung *f*; **~ di cioccolatini** Pralinenschachtel *f* ❷ *pl* (*vestiti*) Konfektion *f*; **confezionista** [konfettsio'nista] <-i *m*, -e *f*> *mf* Konfektionär *m*, Konfektioneuse *f*

conficcare [konfik'ka:re] I. *vt* ❶ (*ficcare*) einschlagen ❷ (*fig: nella mente*) einprägen II. *vr* **-rsi** ❶ (*penetrare*) eindringen ❷ (*nella mente*) sich einprägen

confidare [konfi'da:re] I. *vt* anvertrauen II. *vi* (*aver fiducia*) vertrauen; **~ in qu** auf jdn vertrauen III. *vr* **-rsi con qu** sich jdm anvertrauen; **confidente** [konfi'dɛnte] *mf* ❶ (*persona amica*) Vertraute(r) *f(m)*, Vertrauensperson *f* ❷ (*della polizia*) Spitzel *m*; **confidenza** [konfi'dɛntsa] *f* ❶ (*fiducia*) Vertrauen *n*; (*familiarità*) Vertrautheit *f;* **essere in ~ con qu** mit jdm vertraut sein; **prendere ~ con qc** mit etw *dat* vertraut werden; **prendersi la ~ di fare qc** sich *dat* erlauben etw zu tun ❷ *(segreto)* Vertraulichkeit *f;* **fare una ~ a qu** jdm etw anvertrauen; **confidenziale** [konfiden'tsia:le] *agg* vertraulich

configurare [konfigu'ra:re] <configuro> *vt* (INFORM) konfigurieren

configurarsi [konfigu'rarsi] *vr* sich gestalten; **configurazionale** [konfigurattsion'na:le] *agg* ❶ geformt, gebildet ❷ (CHEM: *atomi*) räumlich angeordnet ❸ (BIOL) gemeinsame Merkmale betreffend; **caratterre ~** gemeinsames Verhaltensmerkmal; **configurazione** [konfigurat'tsio:ne] *f* ❶ *(il configurare)* Darstellung *f; (aspetto, forma)* Gestalt *f,* Form *f* ❷ (INFORM) Konfiguration *f* ❸ (GEOG) Beschaffenheit *f* ❹ (ASTR) Konfiguration *f*

confinante [konfi'nante] *agg* angrenzend; **paese ~** Nachbarland *n*

confinare [konfi'na:re] I. *vi* (an)grenzen; **~ con qc** an etw *acc* angrenzen II. *vt (fig: relegare)* isolieren, verbannen; **confinato, -a** [konfi'na:to] I. *agg* (an einen Zwangswohnort) verbannt II. *m, f* (an einen Zwangswohnort) Verbannte(r) *f(m)*

CONFINDUSTRIA [konfin'dustria] *f acro di* **Confederazione Generale dell'Industria Italiana** *Verband der italienischen Industrieunternehmen*

confine [kon'fi:ne] *m* Grenze *f;* **ai -i del mondo** *(fig)* am Ende der Welt

confino [kon'fi:no] *m* Verbannung *f* (an einen Zwangswohnort), Wohnortbeschränkung *f*

confisca [kon'fiska] <-sche> *f* (JUR) Beschlagnahmung *f;* **confiscare** [konfis'ka:re] *vt* (JUR) konfiszieren, beschlagnahmen

confiteor [kon'fi:teor] <-> *m* Sündenbekenntnis *n,* Confiteor *n;* **dire** *[o* **recitare] il ~** *(fig)* sich schuldig bekennen

conflagrazione [konflagrat'tsio:ne] *f* Aufflammen *n*

conflitto [kon'flitto] *m* ❶ *(combattimento)* Kampf *m;* (*guerra*) Krieg *m;* **~ mondiale** Weltkrieg *m* ❷ *(contrasto)* Zusammenstoß *m,* Streit *m* ❸ *(fig* PSYCH, JUR) Konflikt *m;* **essere in ~** in einem Konflikt sein; **~ d'interesse** Zielkonflikt *m;* **conflittuale** [konflittu'a:le] *agg* Konflikt-; **conflittualità** [konflittuali'ta] <-> *f* Konflikt *m,* Konfliktsituation *f*

confluenza [konflu'ɛntsa] *f* Zusammenfluss *m;* **confluire** [konflu'i:re] <confluisco> *vi* ❶ (GEOG) zusammenfließen ❷ *(fig:*

convergere) zusammentreffen

confondere [kon'fondere] <irr> I. *vt* ❶ *(scambiare)* verwechseln, durcheinanderbringen ❷ *(turbare, imbarazzare)* verwirren II. *vr* -**rsi** ❶ *(mescolarsi)* sich mischen; **-rsi tra la folla** sich unters Volk mischen ❷ *(fig: smarrirsi)* sich verwirren, sich verlieren; *(colori)* verschwimmen ❸ *(turbarsi)* durcheinander geraten

conformare [konfor'ma:re] I. *vt (adeguare)* **~ qc a qc** etw an etw *acc* anpassen II. *vr* -**rsi a qc** sich an etw *acc* anpassen; **conformazionale** [konformat-tsio'na:le] *agg* Struktur-; **analisi ~** Strukturanalyse *f;* **conformazione** [konformat'tsio:ne] *f* Beschaffenheit *f; (figura)* Formgebung *f,* Form *f*

conforme [kon'forme] I. *agg* konform, übereinstimmend; **essere ~ alle norme** normgerecht sein II. *avv* gemäß, entsprechend; **conformismo** [konfor'mizmo] *m* Konformismus *m;* **conformista** [konfor'mista] <-i, -e *f> mf* Konformist(in) *m(f);* **conformistico, -a** [konfor'misti-ko] <-ci, -che> *agg* konformistisch; **conformità** [konformi'ta] <-> *f* Übereinstimmung *f;* **in ~ a** *[o* **con]** in Übereinstimmung mit

confort [kɔ̃'fɔr *o* kon'fɔrt] <-> *m* Komfort *m*

confortante [konfor'tante] *agg* tröstend

confortare [konfor'ta:re] I. *vt* ❶ *(consolare)* trösten ❷ *(fig: tesi, assunto)* stärken, bekräftigen II. *vr* -**rsi** ❶ *(farsi animo)* sich *dat* Mut machen ❷ *(consolarsi)* sich trösten; **confortevole** [konfor'te:vole] *agg* ❶ *(consolante)* tröstend ❷ *(comodo)* komfortabel; **conforto** [kon'fɔrto] *m* ❶ *(consolazione)* Trost *m;* **portare ~ a qu** jdm Trost bringen ❷ *(agio)* Komfort *m*

confratello [konfra'tɛllo] *m* Ordensbruder *m*

confraternita [konfraterni'ta] *f* Bruderschaft *f*

confrontabile [konfron'ta:bile] *agg* vergleichbar

confrontabilità [konfrontabili'ta] <-> *f* Vergleichbarkeit *f*

confrontare [konfron'ta:re] *vt* vergleichen; **confronto** [kon'fronto] *m* Vergleich *m;* (JUR) Gegenüberstellung *f;* **fare un ~ (fra)** einen Vergleich anstellen (zwischen); **mettere a ~** gegenüberstellen; **reggere ai ~ con qu/qc** einem Vergleich mit etw/jdm standhalten; **in ~ a** vergleichen mit; **nei -i di** gegen, gegenüber; **senza -i** beispiellos; **non c'è ~!** das ist unvergleichlich!

congedarsi	
congedarsi	**sich verabschieden**
Arrivederci!	Auf Wiedersehen!
A presto!	Auf ein baldiges Wiedersehen!
Alla prossima!	Bis zum nächstes Mal!
Ciao! *(fam)*	Tschüss! *(fam)*/Ciao! *(fam)*
(Bene,) a presto! *(fam)*	(Also dann,) bis bald! *(fam)*
A domani!/A settimana prossima!	Bis morgen!/Bis nächste Woche!
Ci vediamo! *(fam)*/Ci si vede! *(fam)*	Wir sehen uns!/Man sieht sich! *(fam)*
Buona notte, sogni d'oro!	Gute Nacht, schlaf gut/schön!
Ciao, buon viaggio!	Tschüss! Gute Reise!
Buona giornata!	Einen schönen Tag noch!
concludere una telefonata	**sich am Telefon verabschieden**
A risentirci!	Auf Wiederhören! *(form)*
Bene allora, alla prossima! *(fam)*	Also dann, bis bald wieder! *(fam)*
Ciao! *(fam)*	Tschüss! *(fam)* /Ciao! *(fam)*
Grazie per aver chiamato/per la telefonata. A presto!	Danke für deinen Anruf. Bis dann!
Grazie per l'informazione. È stato molto gentile da parte Sua.	Vielen Dank für die Auskunft. Das war sehr nett von Ihnen.

confusi [kon'fu:zi] *1. pers sing pass rem di* **confondere**

confusionario, -a [konfuzio'na:rio] <-i, -ie> I. *agg* wirr, durcheinander II. *m, f* Wirrkopf *m,* Chaot(in) *m(f) fam;* **confusione** [konfu'zio:ne] *f* ❶ *(disordine)* Durcheinander *n* ❷ *(agitazione, imbarazzo)* Verwirrung *f;* **confuso, -a** [kon'fu:zo] I. *pp di* **confondere** II. *agg* ❶ *(discorso, situazione)* unklar, verworren ❷ *(persona)* verwirrt

confutare [konfu'ta:re] *vt* widerlegen; **confutazione** [konfutat'tsio:ne] *f* Widerlegung *f*

congedare [kondʒe'da:re] I. *vt (geh)* verabschieden; (MIL) entlassen II. *vr* **-rsi** sich verabschieden; **congedo** [kon'dʒɛ:do] *m* ❶ *(commiato)* Abschied *m;* **prendere ~ da** Abschied nehmen von ❷ (MIL) Abschied *m,* Entlassung *f* ❸ *(di impiegato)* Beurlaubung *f;* **essere in ~** beurlaubt sein; **~ parentale** Erziehungsurlaub *m*

congegnare [kondʒeɲ'ɲa:re] *vt* ❶ (TEC) konstruieren ❷ *(fig: piano)* austüfteln, ausdenken

congegno [kon'dʒeɲɲo] *m* Mechanismus *m,* Werk *n*

congelabile [kondʒe'la:bile] *agg* gefrierfähig, einfrierbar; **congelamento** [kondʒela'mento] *m* ❶ *(gener)* Einfrieren *n* ❷ (MED) Erfrierung *f;* **congelare** [kondʒe'la:re] I. *vt* ❶ *(agghiacciare)* gefrieren lassen ❷ (FIN, COM, POL) einfrieren ❸ *(alimenti)* einfrieren, tiefkühlen II. *vr* **-rsi** (PHYS) (ge)frieren; (MED) erfrieren; **congelatore** [kondʒela'to:re] *m* Tiefkühltruhe *f;* *(nel frigorifero)* Gefrier-, Tiefkühlfach *n;* **congelazione** [kondʒelat'tsio:ne] *f* Erfrierung *f*

congeniale [kondʒe'nia:le] *agg* wesensgleich; *(persona a)* geistesverwandt

congenito, -a [kon'dʒɛ:nito] *agg* angeboren

congerie [kon'dʒɛ:rie] <-> *f* Aufhäufung *f*

congestionare [kondʒestio'na:re] *vt* ❶ (MED) einen Blutandrang bewirken in *+dat* ❷ *(fig: strade, centro)* verstopfen, unpassierbar machen; **congestione** [kondʒes'tio:ne] *f* ❶ (MED) Blutandrang *m* ❷ *(fig: del traffico)* Stau *m*

congettura [kondʒet'tu:ra] *f* Vermutung *f,* Annahme *f;* **congetturare** [kondʒettu'ra:re] *vt* vermuten

congiungere [kon'dʒundʒere] <irr> I. *vt* verbinden; *(mani)* falten; **~ in matrimonio** vermählen II. *vr* **-rsi** sich verbinden;

-rsi in matrimonio sich vermählen; **congiungimento** [kondʒundʒi'mento] *m* Verbindung *f*; (*di mani*) Falten *n*

congiunta *f v.* congiunto

congiuntamente [kondʒunta'mente] *avv* verbunden, in Verbindung

congiuntiva [kondʒun'tiːva] *f* Bindehaut *f*; **congiuntivale** [kondʒunti'vaːle] *agg* Bindehaut-; **mucosa ~** Bindehaut *f*

congiuntivite [kondʒunti'viːte] *f* Bindehautentzündung *f*, Konjunktivitis *f*

congiuntivo [kondʒun'tiːvo] *m* (LING) Konjunktiv *m*

congiunto, -a [kon'dʒunto] I. *agg* vereint, verbunden II. *m, f* Verwandte(r) *f(m)*

congiuntura [kondʒun'tuːra] *f* ❶ (COM) Konjunktur *f* ❷ (ANAT) Gelenk *n*; **congiunturale** [kondʒuntu'raːle] *agg* konjunkturell; **congiunturalista** [kondʒuntura'lista] <-i *m*, -e *f*> *mf* Konjunkturexperte, -expertin *m, f*

congiunzione [kondʒun'tsioːne] *f* ❶ (ASTR, LING) Konjunktion *f* ❷ (*carnale*) Vereinigung *f*

congiura [kon'dʒuːra] *f* Verschwörung *f*; **congiurare** [kondʒu'raːre] *vi* sich verschwören; **~ contro qu** sich gegen jdn verschwören; **congiurato, -a** [kondʒu'raːto] *m, f* Verschwörer(in) *m(f)*

conglomerale [koŋglome'raːle] *agg* (COM, FIN) Holding-, Konzern-

conglomerare [koŋglome'raːre] *vt* zusammenballen; **conglomerata** [koŋglome'raːta] *f* ❶ (COM) Mischkonzern *m* ❷ (FIN) Holding *f*; **conglomerato** [koŋglome'raːto] *m* Konglomerat *n*, Gemisch *n*; **conglomerazione** [koŋglomerat'tsioːne] *f* Zusammenballung *f*

congratularsi [koŋgratu'larsi] *vr* **~ con qu per qc** jdm zu etw gratulieren; **congratulazione** [koŋgratulat'tsioːne] *f* Glückwunsch *m*, Gratulation *f*; **fare le -i a qu per qc** jdm zu etw gratulieren; **-i!** herzlichen Glückwunsch!

congrega [koŋ'grɛːga] <-ghe> *f* ❶ (*pej: combriccola*) Bande *f*, Clique *f* ❷ (REL) Bruderschaft *f*; **congregare** [koŋgre'gaːre] I. *vt* versammeln II. *vr* -rsi sich versammeln; **congregazione** [koŋgregat'tsioːne] *f* ❶ (REL) Kongregation *f* ❷ (*comunità*) Versammlung *f*

congressista [koŋgres'sista] <-i *m*, -e *f*> *mf* Kongressteilnehmer(in) *m(f)*; **congresso** [koŋ'grɛsso] *m* Kongress *m*, Tagung *f*

congruente [koŋgru'ɛnte] *agg* ❶ (*rispondente*) - **a** [*o* con] **qc** einer Sache *dat* entsprechend ❷ (MAT) kongruent; **congru-**

-enza [koŋgru'ɛntsa] *f* ❶ (*corrispondenza*) Entsprechung *f* ❷ (MAT) Kongruenz *f*

congruo, -a ['kɔŋgruo] *agg* ❶ (*adeguato*) passend, angemessen ❷ (MAT) kongruent

conguagliare [koŋguaʎ'ʎaːre] *vt* ausgleichen; **conguaglio** [koŋ'guaʎʎo] <-gli> *m* Ausgleich *m*; **~ salariale** Lohnausgleich *m*; **~ fiscale** Steuerausgleich *m*

CONI ['kɔːni] *m acro di* Comitato Olimpico Nazionale Italiano *Gesellschaft zur Förderung des Sports in Italien*

coniare [ko'niaːre] *vt* ❶ (FIN) prägen ❷ (*fig*) schöpfen, prägen; **coniatore, -trice** [konia'toːre] *m, f* ❶ (*di monete, medaglie*) Präger(in) *m(f)* ❷ (*fig: di neologismi*) Schöpfer(in) *m(f)*; **coniazione** [koniat'tsioːne] *f* ❶ (FIN) Prägung *f* ❷ (*fig: di nuove espressioni*) Schöpfung *f*, Prägung *f*

conica ['kɔːnika] <-che> *f* Kegelschnitt *m*; **conico, -a** ['kɔːniko] <-ci, -che> *agg* konisch, kegelförmig

conifera [ko'niːfera] *f* Nadelgewächs *n*, Konifere *f*

conigliera [koniʎ'ʎɛːra] *f* Kaninchenstall *m*

coniglio [ko'niʎʎo] <-gli> *m* ❶ (ZOO) Kaninchen *n* ❷ (*fig: persona paurosa*) Angsthase *m*, Hasenfuß *m*

conio ['kɔːnio] <-i> *m* ❶ (TEC: *arnese*) Prägeeisen *n* ❷ (*il coniare*) Prägen *n* ❸ (*effetto*) Prägung *f*; **vocaboli di nuovo ~** sprachliche Neuschöpfungen ❹ (*fig: tipo*) Art *f*, Schlag *m*; **gente di basso ~** Leute *pl* aus der Unterschicht

coniugale [koniu'gaːle] *agg* ehelich, Ehe-

coniugare [koniu'gaːre] I. *vt* ❶ (LING) konjugieren ❷ (*unire in matrimonio*) verheiraten II. *vr* -rsi heiraten, sich verheiraten; **coniugazione** [koniugat'tsioːne] *f* (LING) Konjugation *f*

coniuge ['kɔniudʒe] *mf* Ehemann *m*, -frau *f*, Gatte *m*, Gattin *f geh*

connaturale [konnatu'raːle] *agg* wie angeboren, natürlich; (*congeniale*) wesensgleich

connaturare [konnatu'raːre] I. *vt* (sich *dat*) zur eigenen Natur machen II. *vr* -rsi in Fleisch und Blut übergehen; **connaturato, -a** [konnatu'raːto] *agg* wie angeboren, natürlich

connazionale [konnattsio'naːle] I. *agg* aus dem gleichen Land II. *mf* Landsmann *m*, -männin *f*

connection [kə'nɛkʃən] <-> *f* (*relazione*) Verbindungen *fpl*; **~ tra ...** Verbindungen zwischen ...

connessi [kon'nɛssi] *mpl* **gli annessi e ~** alles Drum und Dran, alles, was dazugehört

connessione [konnes'sio:ne] *f* ❶ (*fra due fatti*) Verbindung *f* ❷ (EL) Anschluss *m* ❸ (TEC) Verbindung *f;* ~ **a banda larga** (TEL) Breitbandverbindung *f;* ~ **a raggi infrarossi** Infrarotverbindung *f;* ~ **flat** Flatrate *f;* **connesso, -a** [kon'nɛsso] *agg* ❶ (EL) angeschlossen ❷ (TEC) verbunden ❸ (*fig: fatti, fenomeni*) verbunden, zusammenhängend

connettere [kon'nɛttere] <connetto, connettei, connesso> I. *vt* ❶ (*fili, pezzi*) verbinden, zusammenfügen ❷ (*fig: fatti, fenomeni*) in Zusammenhang bringen; (*idee*) verknüpfen II. *vi* (*ordinare i propri pensieri*) klar denken; **non riesco a** ~ ich kann keinen klaren Gedanken fassen III. *vr* **-rsi** zusammenhängen; **connettivale** [konnetti'va:le] *agg* Bindegewebs-

connettivo, -a *agg* **tessuto** ~ Bindegewebe *n*

connivente [konni'vɛnte] I. *agg* stillschweigend einverstanden II. *mf* Mitwisser(in) *m(f);* **connivenza** [konni'vɛntsa] *f* stilles Einverständnis; (JUR) Mitwisserschaft *f*

connotato [konno'ta:to] *m* Kennzeichen *n*, Merkmal *n;* **cambiare i -i a qu** (*fam scherz*) jdn windelweich schlagen; **connotazione** [konnotat'tsio:ne] *f* Konnotation *f*

connubio [kon'nu:bio] <-i> *m* ❶ (*matrimonio*) Heirat *f* ❷ (*fig: unione*) Verbindung *f;* (POL) Bündnis *n*

cono ['kɔ:no] *m* Kegel *m;* (MAT) Konus *m;* ~ **gelato** Eistüte *f;* **a** ~ kegelförmig

conobbi [ko'nobbi] *1. pers sing pass rem di* **conoscere**

conocchia [ko'nɔkkia] <-cchie> *f* (Spinn)rocken *m*

conoide [ko'nɔ:ide] *m* Konoid *n*

conoscente [konoʃ'ʃɛnte] *mf* Bekannte(r) *f(m);* **conoscenza** [konoʃ'ʃɛntsa] *f* ❶ (*apprendimento*) Kenntnis *f;* **avere** ~ **di qc** von etw Kenntnis haben; **essere a** ~ **di qc** über etw *acc* Bescheid wissen; **per** ~ zur Kenntnisnahme; **venire a** ~ **di qc** etw erfahren; **prendere** ~ **di qc** (ADM) etw zur Kenntnis nehmen ❷ (MED) Bewusstsein *n;* **perdere la** ~ das Bewusstsein verlieren; **essere privo di** ~ bewusstlos sein ❸ (*persona*) Bekannte(r) *f(m),* Bekanntschaft *f;* **avere molte -e** viele Bekannte haben; **fare la** ~ **di qu** jds Bekanntschaft machen; **piacere di fare la sua** ~ (sehr) angenehm; ich freue mich, Ihre Bekanntschaft zu machen; **una vecchia** ~ ein alter Bekannter, eine alte Bekannte

conoscere [ko'noʃʃere] <conosco, co-

nobbi, conosciuto> *vt* ❶ (*persona*) kennen, kennen lernen; ~ **qu di vista/personalmente** jdn vom Sehen/persönlich kennen; **ti faccio** ~ **mio fratello** ich mache dich mit meinem Bruder bekannt; **conosco i miei polli** (*scherz*) ich kenne meine Pappenheimer ❷ (*cosa*) sich auskennen in +*dat* [*o* bei], kennen; (*lingue*) beherrschen, können; **conoscibile** [konoʃʃi:bile] *agg* erkennbar; **conoscitivo, -a** [konoʃʃi'ti:vo] *agg* Erkenntnis-

conoscitore, -trice [konoʃʃi'to:re] *m, f* Kenner(in) *m(f)*

conosciuto, -a [konoʃ'ʃu:to] I. *pp di* **conoscere** II. *agg* bekannt

conosco [ko'nosko] *1. pers sing pr di* **conoscere**

conquibus [koŋ'kui:bus] <-> *m* (*scherz*) Nervus rerum *m geh*

conquista [koŋ'kuista] *f* ❶ (*ottenimento*) Erreichen *n,* Erwerbung *f;* (*della libertà*) Erringung *f,* Erlangung *f;* (*del potere*) Ergreifung *f* ❷ (MIL) Eroberung *f* ❸ (*progresso*) Errungenschaft *f* ❹ (*fig:* ~ *amorosa*) Eroberung *f;* **conquistare** [koŋkuis'ta:re] *vt* ❶ (*ottenere*) erreichen, erwerben; (*libertà*) erlangen, erringen; (*potere*) ergreifen ❷ (MIL) erobern ❸ (*fig: persona*) erobern; (*amicizia, amore, simpatia*) gewinnen; **conquistatore, -trice** [koŋkuista'to:re] *m, f* ❶ (MIL) Eroberer(in) *m(f)* ❷ (*fig: chi fa conquiste amorose*) Herzensbrecher(in) *m(f)*

consacrare [konsa'kra:re] I. *vt* ❶ (REL) weihen ❷ (*re, imperatore*) salben ❸ (*dedicare*) widmen II. *vr* **-rsi** sich widmen; (*a Dio, completamente*) sich weihen; **consacrazione** [konsakrat'tsio:ne] *f* Weihe *f;* (*durante la messa*) Wandlung *f*

consanguinea *f v.* **consanguineo**

consanguineità [konsaŋguinei'ta] <-> *f* Blutsverwandtschaft *f;* **consanguineo, -a** [konsaŋ'gui:neo] <-ei, -ee> I. *agg* blutsverwandt II. *m, f* Blutsverwandte(r) *f(m)*

consapevole [konsa'pe:vole] *agg* bewusst; **essere** ~ **delle proprie responsabilità** sich *dat* seiner Verantwortung bewusst sein; **consapevolezza** [konsapevo'lettsa] *f* Bewusstsein *n;* **consapevolizzare** [konsapevolid'dza:re] I. *vt* bewusst machen; ~ **qu di qc** jdm etw bewusst machen II. *vr* **-rsi di qc** sich *dat* über etw *acc* bewusst werden; **consapevolizzazione** [konsapevoliddzat'tsio:ne] *f* Vergegenwärtigung *f*

conscio, -a ['kɔnʃʃo] <-sci, -sce> *agg* bewusst; **essere** ~ **dei propri doveri** sich *dat* seiner Pflichten bewusst sein

consecutiva [konseku'ti:va] *f* (LING) Konsekutivsatz *m*

consecutivo, -a [konseku'ti:vo] *agg* ❶ *(giorno, ora)* aufeinander folgend, hintereinander ❷ *(traduzione, interprete)* Konsekutiv-, konsekutiv ❸ (LING) Konsekutiv-, konsekutiv

consegna [kon'seɲɲa] *f* ❶ *(di merci)* (Aus)lieferung *f*, Zustellung *f*; **pagamento alla ~** Zahlung *f* bei Lieferung ❷ (ADM) (Amts)übergabe *f* ❸ *(custodia)* Aufbewahrung *f*; **ricevere in ~** zur Aufbewahrung erhalten; **consegnare** [konseɲ'ɲa:re] *vt* *(recapitare)* übergeben, abliefern; (COM) (aus)liefern; *(affidare)* anvertrauen; **consegnatario, -a** [konseɲɲa'ta:rio] <-i, -ie> *m, f* Empfänger(in) *m(f)*

conseguente [konse'gwɛnte] *agg* ❶ *(danno, disturbi)* Folge- ❷ *(persona)* konsequent, unbeirrbar ❸ *(ragionamento, deduzione)* konsequent, folgerichtig; **conseguentemente** [konseguente'mente] *avv* folglich

conseguenza [konse'gwɛntsa] *f* Konsequenz *f*, Folge *f*; *(conclusione logica)* (Schluss)folgerung *f*; **agire di ~** entsprechend handeln; **in ~ di qc** infolge einer Sache *gen*

conseguimento [konsegui'mento] *m* Erlangung *f*; **conseguire** [konse'gui:re] **I.** *vt* erlangen **II.** *vi* hervorgehen; **da ciò consegue che ...** daraus folgt, dass ...

consenso [kon'sɛnso] *m* Zustimmung *f*, Einverständnis *n*; **il ~ a qc** die Zustimmung zu etw; **dare il ~ a qc** einer Sache *dat* zustimmen; **tacito ~** stillschweigendes Einverständnis; **consensuale** [konsensu'a:le] *agg* einvernehmlich

consentire [konsen'ti:re] **I.** *vi* ❶ *(essere d'accordo)* zustimmen, beipflichten ❷ *(acconsentire)* zustimmen **II.** *vt* zulassen; **consenziente** [konsen'tsiɛnte] *agg* zustimmend

consequenziale [konsekuen'tsia:le] *agg* Folge-

conserto [kon'sɛrto] *m* **di ~** einmütig

conserva [kon'sɛrva] *f* *(cibo)* Konserve *f*; *(in vasi)* Eingemachte(s) *n*; **conservabile** [konser'va:bile] *agg* konservierbar, haltbar; **conservabilità** [konservabili'ta] <-> *f* Haltbarkeit *f*; **conservante** [konser'vante] *m* Konservierungsstoff *m*

conservare [konser'va:re] **I.** *vt* ❶ (GASTR) konservieren, haltbar machen; *(in vasi)* einmachen ❷ *(custodire)* aufbewahren ❸ *(fig: mantenere)* erhalten, bewahren **II.** *vr* **-rsi** ❶ (GASTR) sich halten ❷ *(manten-*

ersi) sich erhalten; *(in salute)* gesund bleiben

conservatività [konservativi'ta] <-> *f* ❶ Konservatität *f geh* ❷ (JUR) Konservatität *f*, konservative Beschaffenheit *f*

conservativo [konserva'ti:vo] *m* Konservierungsstoff *m*

conservatore, -trice [konserva'to:re] **I.** *agg* konservativ **II.** *m, f* Konservative(r) *f(m)*

conservatorio [konserva'tɔ:rio] <-i> *m* ❶ (MUS) Konservatorium *n* ❷ *(per ragazze)* (Mädchen)stift *n*, (Mädchen)institut *n*

conservatorismo [konservato'rizmo] *m* Konservativismus *m*; **conservatrice** *f v.* **conservatore**

conservazione [konservat'tsio:ne] *f* ❶ *(mantenimento)* Erhaltung *f* ❷ (GASTR) Konservierung *f*, Haltbarmachung *f* ❸ (BIOL) Selbsterhaltung *f*; **istinto di ~** Selbsterhaltungstrieb *m* ❹ (PHYS) Speicherung *f*; **conservazionismo** [konservat'tsio'nizmo] *m* (ECO: *dell'ecosistema*) Öko-Konservatismus *m* *(Tendenz zur Erhaltung von Ökosystemen)*; **conservazionista** [konservattsio'nista] <-i *m*, -e *f*> **I.** *agg* (ECO) naturerhaltend **II.** *mf* (ECO) Befürworter(in) *m(f)* intakter Ökosysteme

conserviero, -a [konser'viɛ:ro] *agg* Konserven-; **conservificio** [konservi'fi:tʃo] <-ci> *m* Konservenfabrik *f*

consesso [kon'sɛsso] *m* Vereinigung *f*; **~ di popoli** Völkervereinigung *f*

considerabile [konside'ra:bile] *agg* beachtlich

considerare [konside'ra:re] *vt* ❶ *(tenere conto)* berücksichtigen, bedenken; **tutto considerato** alles in allem; **considerata la sua età** wenn man sein [*o* ihr] Alter bedenkt, für sein [*o* ihr] Alter ❷ *(soppesare)* abschätzen; *(esaminare)* erwägen ❸ *(ritenere)* betrachten ❹ *(stimare)* achten, schätzen; **considerazione** [konsiderat'tsio:ne] *f* ❶ *(osservazione)* Betrachtung *f*; *(riflessione)* Überlegung *f*; **agire senza ~** unüberlegt handeln ❷ *(esame)* Erwägung *f*; **prendere in ~** beachten; **in ~ di qc** in Anbetracht einer Sache *gen* ❸ *(stima)* Achtung *f*, Wertschätzung *f*; **essere tenuto in gran ~** hoch angesehen sein; **considerevole** [konside're:vole] *agg* beachtlich

consigliabile [konsiʎ'ʎa:bile] *agg* ratsam

consigliare [konsiʎ'ʎa:re] **I.** *vt* raten, empfehlen; *(persone)* beraten; **~ a qu di fare qc** jdm raten etw zu tun **II.** *vr* **-rsi** sich beraten; **consigliere, -a** [konsiʎ'ʎɛ:re] *m, f* ❶ *(chi dà consigli)* Ratgeber(in) *m(f)*, Be-

rater(in) *m(f)* ❷ (ADM) Rat *m,* Rätin *f;*
~ d'amministrazione Aufsichtsrat *m;* **~ di
stato** Staatsrat *m*
consiglio [kon'siʎʎo] <-gli> *m* ❶ (*suggerimento*) Rat(schlag) *m,* Empfehlung *f;* **chiedere un ~ a qu** jdn um Rat fragen; **dare
un ~ a qu** jdm einen Rat geben; **la notte
porta ~** (*prov*) man soll die Sache überschlafen ❷ (ADM) Rat *m;* **il ~ d'amministrazione** der Vorstand; **Consiglio Direttivo** Vorstand *m;* **~ dei ministri** Ministerrat *m;* **~ di fabbrica** Betriebsrat *m;* **~ di
stato** Staatsrat *m;* **sala del ~** Ratssaal *m;*
**Consiglio dell'Economia e della Finan-
za** (EU) ECOFIN-Rat *m;* **Consiglio europeo** (EU) Europäischer Rat ❸ (*riunione*) Beratung *f*
Consiglio ampliato <-> *m* (*Europäische
Union*) Erweiterter Rat *m*
consiliare [konsi'lia:re] *agg* Rats-
consistente [konsis'tɛnte] *agg* ❶ (*materiale*) fest, solide ❷ (*fig: notevole*)
beträchtlich, beachtlich; **consistenza**
[konsis'tɛntsa] *f* ❶ (*di materiale*) Festigkeit *f* ❷ (COM) Bestand *m* ❸ (*fig: valore*)
Gehalt *m;* **prendere ~** Form annehmen
consistere [kon'sistere] <consisto, con-
sistei *o* consistetti, consistito> *vi essere*
~ in qc aus etw [*o* in etw *dat*] bestehen
consocia *f v.* **consocio**
consociare [konso'tʃa:re] I. *vt* zusammenschließen II. *vr* **-rsi** sich zusammenschließen
consociata [konso'tʃa:ta] *f* Beteiligungs-
gesellschaft *f*
consociativismo [konsotʃati'vizmo] *m*
(POL: *pej*) Kompromissstrategie *f,* Anbiede-
rungspolitik *f;* **consociativista** [konso-
tʃati'vista] <-i *m,* -e *f*> *mf* (*pej*) Kompro-
missler *m*
consociato, -a I. *agg* angeschlossen
II. *m, f* Teilhaber(in) *m(f);* **consocia-
zione** [konsotʃat'tsio:ne] *f* Zusammenschluss *m;* **consocio, -a** [kon'sɔ:tʃo] *m, f*
Teilhaber(in) *m(f);* **~ in affari** Geschäftspartner *m*
consolante [konso'lante] *agg* tröstlich,
tröstend
consolare [konso'la:re] I. *vt* trösten II. *vr*
-rsi di qc sich über etw *acc* trösten; **-rsi
con il pensiero che ...** sich mit dem Gedanken trösten, dass ...
consolato [konso'la:to] *m* Konsulat *n*
consolatore, -trice [konsola'to:re] I. *agg*
tröstend II. *m, f* Tröster(in) *m(f);* **consolazione** [konsolat'tsio:ne] *f* Trost *m;* **premio di ~** Trostpreis *m*
console ['kɔnsole] *m* Konsul *m*

consolidamento [konsolida'mento] *m*
❶ (*di struttura, terreno*) (Be)festigung *f*
❷ (*fig: rinsaldamento*) Konsolidierung *f,*
Festigung *f;* (*di amicizia, conoscenza*) Vertiefung *f;* **consolidare** [konsoli'da:re]
I. *vt* ❶ (*rendere solido*) festigen ❷ (*fig: rinsaldare*) konsolidieren; (*posizione*) ausbauen, stärken; (*migliorare*) verbessern;
(*amicizia, conoscenza*) vertiefen, festigen
II. *vr* **-rsi** ❶ (*diventare solido*) fest werden
❷ (*amicizia, conoscenza*) sich festigen,
sich vertiefen
consolidato [konsoli'da:to] *m* konsoli-
dierte Schuld
consolidato, -a *agg* ❶ (COM) konsolidiert
❷ (*fig: rinsaldato*) gesichert, gefestigt;
consolidazione [konsolidat'tsio:ne] *f*
Konsolidation *f,* Konsolidierung *f*
consolle [kon'sɔlle] <-> *f* Konsole *f*
consommé [kɔsɔ'me] <-> *m* Kraftbrühe *f,*
Consommé *f o n*
consonante [konso'nante] *f* Konsonant *m,* Mitlaut *m;* **consonantico, -a**
[konso'nantiko] <-ci, -che> *agg* konso-
nantisch; **consonanza** [konso'nantsa] *f*
Konsonanz *f,* Gleichklang *m*
consono, -a ['kɔnsono] *agg* entsprechend, angemessen
consorella [konso'rɛlla] I. *f* (Mit)schwes-
ter *f* II. *agg* Schwester-
consorte [kon'sɔrte] *mf* Gemahl(in) *m(f),*
Gatte *m,* Gattin *f*
consorteria [konsorte'ri:a] <-ie> *f*
❶ (POL: *pej*) (Partei)klüngel *m,* Clique *f*
❷ (HIST) Sippenbündnis *n*
consorziare [konsor'tsia:re] I. *vt* zusammenschließen II. *vr* **-rsi** sich zusammenschließen
consorzio [kon'sɔrtsio] <-i> *m* (JUR, FIN)
Konsortium *n;* (AGR) Genossenschaft *f*
constare [kons'ta:re] *vi essere* ❶ (*essere
costituito*) bestehen; **~ di qc** aus etw bestehen ❷ (*risultare*) sich ergeben; (*essere
noto*) bekannt sein; **a quanto mi consta**
soweit mir bekannt ist
constatare [konsta'ta:re] *vt* feststellen; **constatazione** [konstatat'tsio:ne] *f*
Feststellung *f*
consueto, -a *agg* gewohnt, üblich; **consuetudinario, -a** [konsuetudi'na:rio]
<-i, -ie> I. *agg* (JUR) Gewohnheits- II. *m, f*
Gewohnheitsmensch *m;* **consuetudine**
[konsue'tu:dine] *f* ❶ (*abitudine*) Gewohnheit *f;* **avere la ~ di fare qc** die Gewohnheit haben etw zu tun; **per ~** aus Gewohnheit ❷ (*costume*) Brauch *m;* **com'è
nostra ~** wie es bei uns Brauch ist
consulente [konsu'lɛnte] *mf* Berater(in)

m(f); ~ **legale/tributario** Rechts-/Steuerberater(in) *m(f);* **consulenza** [konsu'lɛntsa] *f* Beratung *f*

consulta [kon'sulta] *f* ❶ (*riunione*) Beratung *f*, Besprechung *f* ❷ (ADM, POL) beratende Versammlung

consultare [konsul'ta:re] **I.** *vt* (*medico, avvocato*) zu Rate ziehen, konsultieren, beiziehen *A;* (*libro*) nachschlagen in +*dat* **II.** *vr* **-rsi** sich beraten; **consultazione** [konsultat'tsio:ne] *f* ❶ (*dare consigli*) Beratung *f* ❷ (*ricerca*) Konsultation *f;* **opere di** ~ Nachschlagewerke *npl;* **consultivo, -a** [konsul'ti:vo] *agg* beratend; **consulto** [kon'sulto] *m* Konsilium *n;* **consultore, -trice** [konsul'to:re] *m, f* Berater(in) *m(f);* **consultorio** [konsul'tɔ:rio] <-i> *m* Beratungsstelle *f;* ~ **familiare** Familienberatung(sstelle) *f*

consultrice *f v.* consultore

consumare [konsu'ma:re] **I.** *vt* ❶ (*usare*) verbrauchen; (*scarpe, cinturino*) abnutzen ❷ (*pasti*) verzehren, zu sich *dat* nehmen ❸ (*matrimonio*) vollziehen; (*delitto*) begehen **II.** *vr* **-rsi** (*logorarsi*) sich abnutzen; **-rsi la vista** sich *dat* die Augen verderben; **consumato, -a** [konsu'ma:to] *agg* ❶ (*consunto*) verbraucht, verlebt; (*vestiti, scarpe*) abgenutzt ❷ (*matrimonio*) vollzogen; **consumatore, -trice** [konsuma'to:re] *m, f* Verbraucher(in) *m(f);* **consumazione** [konsumat'tsio:ne] *f* ❶ (*consumo*) Verbrauch *m* ❷ (GASTR) Verzehr *m*, Konsumation *f A* ❸ (*JUR*) Vollzug *m;* **consumer benefit** [kən'sju:mə 'benefit] <-> *m* (COM) Produktattraktivität *f*, Kaufanreiz *m;* **consumerismo** [konsume'rizmo] *m* Verbraucherschutzbewegung *f*

consumismo [konsu'mizmo] *m* Konsumdenken *n*, -rausch *m;* **consumistico, -a** [konsu'mistiko] <-ci, -che> *agg* konsumorientiert; **consumo** [kon'su:mo] *m* Konsum *m;* (*uso*) Verbrauch *m;* **civiltà dei -i** Konsumgesellschaft *f;* **beni di** ~ Konsumgüter *npl*

consuntivo [konsun'ti:vo] *m* Bilanz *f;* (*a fig*) Abrechnung *f*, Bilanz *f;* **fare il** ~ Bilanz ziehen

consunto, -a [kon'sunto] *agg* ❶ (*consumato*) verbraucht; (*scarpe, indumenti*) abgenutzt ❷ (*persona*) verbraucht; (*volto*) ausgezehrt; **consunzione** [konsun'tsio:ne] *f* Auszehrung *f*

consuocero, -a [kon'suɔ:tʃero] *m, f* Vater *m*, Mutter *f* des Schwiegersohns

consustanziale [konsustan'tsia:le] *agg* Dreifaltigkeits-; **consustanzialità** [kon-

sustantsiali'ta] <-> *f* Dreifaltigkeit *f*

conta ['konta] *f* **fare la** ~ (*nei giochi*) abzählen

contabile [kon'ta:bile] **I.** *agg* Rechnungs-, Buchungs- **II.** *mf* Buchhalter(in) *m(f);* **contabilità** [kontabili'ta] <-> *f* Buchführung *f*, -haltung *f;* **ufficio** ~ Buchhaltung *f;* **tenere la** ~ die Bücher führen; **la doppia** ~ **valutaria** (*Unione monetaria europea*) die doppelte Währungsbuchhaltung; **contabilizzare** [kontabilid'dza:re] *vt* buchen

contachilometri [kontaki'lɔ:metri] <-> *m* Kilometerzähler *m;* **contacopie** [konta'kɔ:pie] <-> *m* (TEC) Kopienzähler *m*

contadina *f v.* contadino

contadinesco, -a [kontadi'nesko] <-schi, -sche> *agg* bäuerlich, Bauern-

contadino, -a [konta'di:no] **I.** *m, f* ❶ (AGR) Bauer *m*, Bäu(e)rin *f;* ~, **scarpe grosse e cervello fino** (*prov*) der Schein trügt ❷ (*pej: persona dai modi grossolani*) Bauer *m* **II.** *agg* bäuerlich

contado [kon'ta:do] *m* ❶ (*campagna*) Umland *n* ❷ (*popolazione*) Bevölkerung *f* des Umlandes

contafiletti [kontafi'letti] <-> *m* (TEC) Gewindemesser *m*

contagiare [konta'dʒa:re] *vt* anstecken, infizieren; **contagio** [kon'ta:dʒo] <-gi> *m* Ansteckung *f*, Infizierung *f;* **contagioso, -a** [konta'dʒo:so] *agg* ansteckend

contagiri [konta'dʒi:ri] <-> *m* Drehzahlmesser *m*, Tourenzähler *m*

contagocce [konta'gottʃe] <-> *m* Pipette *f;* **col** ~ (*scherz*) tröpfchenweise

container [kən'teinə o kon'tɛiner] <-> *m* Container *m;* **containerizzare** [konteinerid'dza:re] *vt* in Container verladen; **containerizzazione** [konteineriddzat'tsio:ne] *f* (TEC) Verladung *f* in Container

contametri [kontra'mɛ:tri] <-> *m* ❶ (TEC) Messvorrichtung *f* für Stranglängen ❷ (FILM) Filmzähler *m*

contaminare [kontami'na:re] *vt* ❶ (*acque, aria*) verunreinigen, verseuchen ❷ (*fig: corrompere*) verderben, beeinträchtigen; (*reputazione, nome*) beschmutzen; **contaminazione** [kontaminat'tsio:ne] *f* ❶ (*dell'acqua, aria*) Verunreinigung *f*, Verseuchung *f* ❷ (*fig: corruzione*) Beeinträchtigung *f*, Schädigung *f*

contaminuti [kontami'nu:ti] <-> *m* Eieruhr *f*

contante [kon'tante] **I.** *agg* bar; **denaro** [*o* **moneta**] ~ Bargeld *n* **II.** *m* Bargeld *n;* **pagare in -i** bar bezahlen

contapallini [kontapal'li:ni] <-> *m* Schrotkugelzähler *m*

contare [kon'ta:re] **I.** *vt* (*numerare*) zählen; (*calcolare*) zusammenzählen; ~ **i giorni/le ore/i minuti** (*fig*) die Stunden zählen **II.** *vi* **❶** (*numeri*) zählen; ~ **fino a trenta** bis dreißig zählen **❷** (*valere*) zählen, gelten; **questo non conta** das zählt nicht **❸** (*fare assegnamento*) zählen; ~ **su qu/qc** auf jdn/etw zählen **❹** (*proporsi*) rechnen; ~ **di** +*inf* damit rechnen, dass ..., davon ausgehen, dass ...

contascatti [konta'skatti] <-> *m* Gebührenzähler *m;* **contasecondi** [kontase'kondi] <-> *m* Sekundenzähler *m;* **contata** [kon'ta:ta] *f* Überschlagsrechnung *f;* **dare una ~ a** qc etw überschlagen

contato, -a [kon'ta:to] *agg* (*denaro*) abgezählt; (*fig*) wenig, gezählt; **avere i minuti -i** wenig Zeit haben; **contatore** [konta'to:re] *m* Zähler *m;* (*orologio*) Stoppuhr *f*

contattare [kontat'ta:re] *vt* sich in Verbindung setzen mit, kontaktieren *geh;* **contatteria** [kontatte'ri:a] <-rie> *f* (TEC) Kontaktmaterial *n*, Kontaktzubehör *n*, Kontaktteile *npl;* **contatto** [kon'tatto] *m* **❶** (*accostamento*) Kontakt *m*, Berührung *f;* **lenti a ~** Kontaktlinsen *fpl* **❷** (*fig: relazione*) Kontakt *m*, Verbindung *f;* **mantenere i -i con qu** den Kontakt zu jdm aufrechterhalten; **prendere ~ con qu** mit jdm Kontakt aufnehmen; **essere in ~ con qu** mit jdm in Verbindung stehen; **venire a ~ con** in Kontakt kommen mit **❸** (EL) Kontakt *m* **❹** (MOT) Zündung *f* **❺** (TEL, RADIO) Verbindung *f*

contattologo, -a [kontat'tɔ:logo] <-gi, -ghe> *m, f* (OPT) Kontaktlinsenspezialist(in) *m(f)*

conte, -essa ['konte, kon'tessa] *m, f* Graf *m*, Gräfin *f;* **contea** [kon'tɛ:a] *f* **❶** (ADM) Grafschaft *f* **❷** (*titolo*) Grafentitel *m*

conteggiare [konted'dʒa:re] **I.** *vt* ausrechnen **II.** *vi* rechnen; **conteggio** [kon'teddʒo] <-ggi> *m* (Be)rechnung *f;* ~ **alla rovescia** Countdown *m o n*

contegno [kon'teɲɲo] *m* **❶** (*compostezza*) Haltung *f;* **darsi un ~** Haltung annehmen **❷** (*comportamento*) Verhalten *n;* **contegnoso, -a** [konteɲ'ɲo:so] *agg* zurückhaltend; (*altero*) hochmütig

contemperare [kontempe'ra:re] *vt* **❶** (*adattare*) angleichen (*a* an +*acc*), anpassen (*a* an +*acc*) **❷** (*mitigare*) ausgleichen, mildern

contemplare [kontem'pla:re] *vt* **❶** (*guardare attentamente*) betrachten; (*ammirare*) bewundern **❷** (*meditare*) sich vertiefen in +*acc;* **contemplativo, -a** [kontempla'ti:vo] *agg* besinnlich; (REL) kontemplativ; **contemplazione** [kontemplat'tsio:ne] *f* Betrachtung *f;* (REL) Kontemplation *f*

contempo [kon'tɛmpo] *m* **nel ~** gleichzeitig

contemporanea *f v.* **contemporaneo**

contemporaneamente [kontemporanea'mente] *avv* gleichzeitig; **contemporaneista** [kontemporane'ista] <-i *m*, -e *f*> *mf* Experte, Expertin *m, f* für zeitgenössische Geschichte und Literatur; **contemporaneità** [kontemporanei'ta] <-> *f* Gleichzeitigkeit *f;* **contemporaneo, -a** [kontempo'ra:neo] <-ei, -ee> **I.** *agg* gleichzeitig; (HIST) zeitgenössisch; **storia -a** Zeitgeschichte *f* **II.** *m, f* Zeitgenosse *m*, -genossin *f*

contendente [konten'dɛnte] **I.** *agg* rivalisierend **II.** *mf* Rivale *m*, Rivalin *f*

contendere [kon'tɛndere] <irr> **I.** *vt* streitig machen (wollen), rivalisieren um **II.** *vi* streiten; ~ **per qc** um etw streiten **III.** *vr* **-rsi qc** um etw kämpfen

contenere [konte'ne:re] <irr> **I.** *vt* **❶** (*persone, cose*) enthalten, fassen **❷** (*fig: lacrime, sdegno, entusiasmo*) unterdrücken **❸** (*piena*) eindämmen **II.** *vr* **-rsi ❶** (*moderarsi*) sich beherrschen **❷** (*comportarsi*) sich verhalten; **contenitore** [konteni'to:re] *m* Behälter *m*

contentare [konten'ta:re] **I.** *vt* zufrieden stellen **II.** *vr* **-rsi di qc** sich mit etw zufrieden geben; **chi si contenta gode** (*prov*) Zufriedenheit macht glücklich; **contentezza** [konten'tettsa] *f* Zufriedenheit *f;* (*letizia*) Freude *f;* (*felicità*) Glück *n;* **contentino** [konten'ti:no] *m* (*fam*) Extra *n*, Zugabe *f;* **contento, -a** [kon'tɛnto] *agg* **❶** (*soddisfatto*) zufrieden; **essere ~ di qc** mit etw zufrieden sein; **fare ~ qu** jdn zufrieden stellen **❷** (*lieto*) froh; **essere ~ di qc** über etw *acc* froh sein; (*felice*) mit etw glücklich sein; **sono ~ per te** ich freue mich für dich

contenutistico, -a [kontenu'tistiko] <-ci, -che> *agg* (LIT) inhaltlich

contenuto [konte'nu:to] *m* Inhalt *m*

contenuto, -a **I.** *pp di* **contenere II.** *agg* (*gioia, carattere, stile*) verhalten, zurückhaltend

contenzione [konten'tsio:ne] *f* Ruhigstellung *f;* **camicia di ~** Zwangsjacke *f*

contenzioso [konten'tsio:so] *m* Gerichtsbarkeit *f*

contenzioso, -a *agg* Streit-

conterraneo, -a [konter'ra:neo] I. *agg* aus der gleichen Gegend kommend II. *m, f* Landsmann *m*, -männin *f*

contesa [kon'te:sa] *f* Streit *m*, Auseinandersetzung *f*

contesi [kon'te:si] *1. pers sing pass rem di* **contendere**

conteso [kon'te:so] *pp di* **contendere**

contessa *f v.* **conte**

contestabile [kontes'ta:bile] *agg* anfechtbar; **contestare** [kontes'ta:re] *vt* protestieren gegen; (*negare*) bestreiten, abstreiten; (JUR) anfechten; **contestatore, -trice** [kontesta'to:re] *m, f* Anfechter(in) *m(f)*; (POL, SOC) Protestler(in) *m(f)*; **contestazione** [kontestat'tsio:ne] *f* ❶ (POL, SOC) Protest *m* ❷ (JUR) Anfechtung *f* ❸ (*contrasto*) Widerspruch *m*

conteste [kon'tɛste] *mf* Mitzeuge *m*, -zeugin *f*

contesto [kon'tɛsto] *m* ❶ (*di scritto, discorso*) Zusammenhang *m*, Kontext *m* ❷ (*fig: ambiente*) Umfeld *n*, Hintergrund *m*; **contestuale** [kontestu'a:le] *agg* kontextuell; (LIT) Kontext-; **contestualizzare** [kontestualid'dza:re] *vt* ❶ (*avvenimento*) einordnen, zuordnen ❷ (*parole*) im Sinnzusammenhang sehen

contiguità [kontigui'ta] <-> *f* Angrenzung *f*

contiguo, -a [kon'ti:guo] *agg* angrenzend

continentale [kontinen'ta:le] I. *agg* kontinental, Festland(s)- II. *mf* Festland(s)bewohner(in) *m(f)*; **continente** [konti'nɛnte] *m* Kontinent *m*, Erdteil *m*; (*terraferma*) Festland *n*; ~ **antico/nuovo** Alte/Neue Welt

continenza [konti'nɛntsa] *f* Enthaltsamkeit *f*, Zurückhaltung *f*

contingentamento [kontindʒenta'mento] *m* Kontingentierung *f*; **contingentare** [kontindʒen'ta:re] *vt* kontingentieren

contingente [kontin'dʒɛnte] *m* (COM) Kontingent *n*; **contingenza** [kontin'dʒɛntsa] *f* ❶ (*circostanza*) Umstand *m*, Zufälligkeit *f* ❷ (*loc*) **indennità di ~** Teuerungszulage *f*

continuare [kontinu'a:re] I. *vt* fortsetzen II. *vi* fortfahren; (*durare*) weitergehen, andauern; ~ **a fare qc** wie fortfahren; ~ **a dormire** weiterschlafen; ~ **a vivere** weiterleben; **continuativo, -a** [kontinua'ti:vo] *agg* Dauer-, dauerhaft; **impiego a carattere ~** Dauerbeschäftigung *f*; **continuatore, -trice** [kontinua'to:re] *m, f* Fortsetzer(in) *m(f)*; **continuazione** [kontinuat'tsio:ne] *f* Fortsetzung *f*; **in ~** dauernd, ununterbrochen; **continuità**

[kontinui'ta] <-> *f* Kontinuität *f*, Fortdauer *f*; **continuo, -a** [kon'ti:nuo] *agg* dauernd, ständig; (*fig* > dauernd, fortwährend

contitolare [kontito'la:re] I. *agg* Mit(inhaber)- II. *mf* Mitinhaber(in) *m(f)*

conto ['konto] *m* ❶ (MAT, COM) Rechnung *f*; **mettere in ~ qc a qu** jdm etw in Rechnung stellen; **a -i fatti** (*fig*) alles in allem; **fare i -i senza l'oste** (*fig*) die Rechnung ohne den Wirt machen ❷ (FIN) Konto *n* ❸ (*stima*) Ansehen *n*; **tenere da ~ qc** etw in Ehren halten; **tenere in gran ~ qc/qu** eine hohe Meinung von etw/jdm haben ❹ (*previsione, valutazione*) **far ~ di fare qc** planen etw zu tun; **far ~ su qu/qc** auf jdn/etw bauen; **dire qc sul ~ di qu** über jdn sagen; **tenere ~ di qc** etw berücksichtigen ❺ (*fig: interesse*) **per ~ di qu** in jds Auftrag; **per ~ mio/tuo/suo** was mich/dich/ihn betrifft ❻ (*fig*) **fare i -i con qu** mit jdm abrechnen; **dar** [*o* **render**] **~ a qu di qc** jdm über etw *acc* Rechenschaft ablegen; **rendersi ~ di qc** sich *dat* einer Sache *gen* bewusst werden, sich über etw *acc* klar sein; **alla fin(e) dei -i** schließlich, letztlich; **è un altro ~** das ist ein anderes Kapitel

contorcere [kon'tɔrtʃere] <irr> I. *vt* verdrehen II. *vr* **-rsi** sich krümmen; **contorcimento** [kontortʃi'mento] *m* Winden *n*, Krümmen *n*

contornare [kontor'na:re] I. *vt* ❶ (*disegno, occhi*) umranden ❷ (*fig: amici*) umgeben; (*ammiratori*) umschwärmen II. *vr* **-rsi** sich umgeben; **-rsi di qu/qc** sich mit jdm/etw umgeben; **contorno** [kon'torno] *m* ❶ (GASTR) Beilage *f* ❷ (*di disegno, volto*) Kontur *f*, Umriss *m* ❸ (*ornamento*) Umrandung *f*, Einfassung *f*

contorsi *1. pers sing pass rem di* **contorcere**

contorsione [kontor'sio:ne] *f* (Ver)drehung *f*, Verrenkung *f*; **contorsionista** [kontorsio'nista] <-i *m*, -e *f*> *mf* Schlangenmensch *m*, Kontorsionist(in) *m(f)*; **contorto, -a** [kon'tɔrto] I. *pp di* **contorcere** II. *agg* ❶ (*storto*) gewunden ❷ (*fig*) geschnörkelt, verschlungen

contrabbandare [kontrabban'da:re] *vt* schmuggeln; **contrabbandiere, -a** [kontrabban'diɛ:re] I. *m, f* Schmuggler(in) *m(f)* II. *agg* Schmuggler-; **contrabbando** [kontrab'bando] *m* Schmuggel *m*; **importare qc di ~** etw illegal einführen; **di ~** (*fig*) heimlich

contrabbasso [kontrab'basso] *m* Kontrabass *m*

contraccambiare [kontrakkam'bia:re] *vt*

contraddire/obiettare

contraddire	widersprechen
Su questo punto La devo contraddire.	Da muss ich Ihnen widersprechen.
La vedo in modo diverso.	Das sehe ich anders.
Non credo che Lei abbia ragione./ Credo che Lei abbia torto.	Ich glaube nicht, dass Sie da Recht haben./Ich glaube, da haben Sie Unrecht.
È assolutamente fuori discussione.	Davon kann gar nicht die Rede sein.
Non hai ragione./Hai torto.	Du hast nicht Recht./Du bist im Unrecht.
Non è chiaro quello che dici.	Es ist ziemlich unklar, was du sagst.
Quello che dici è piuttosto vago.	Was du da sagst, klingt ziemlich nebulös.
Ma no! (*fam*)	Ach was! (*fam*)
Macchè! Che stupidaggini! (*fam*)	Was für ein Unsinn! (*fam*)
Schiocchezze! (*fam*)	Quatsch! (*fam*)
Smettila di dire scemenze! (*fam*)	Hör mit dem Unfug auf! (*fam*)
Non dire stupidaggini! (*fam*)	Red doch keinen Schwachsinn! (*fam*)
Non è vero! (*fam*)	Stimmt nicht! (*fam*)

obiettare	einwenden
Sì, però ...	Ja, aber ...
Hai dimenticato che ...	Du hast vergessen, dass ...
Hai completamente frainteso.	Das siehst du aber völlig falsch.
Lei ha ragione, ma tenga anche conto che ...	Sie haben schon Recht, aber bedenken Sie doch auch ...
D'accordo, ma ... (*fam*)	Das ist ja alles schön und gut, aber ...
Ho qualcosa da obiettare.	Ich habe dagegen einiges einzuwenden.
Non si può trarre questa conclusione così facilmente.	Diesen Schluss kann man daraus nicht so einfach ziehen.

erwidern; **contraccambio** [kontrak-'kambio] *m* Erwiderung *f*

contraccettivo [kontrattʃet'ti:vo] *m* Verhütungsmittel *n*

contraccettivo, -a *agg* empfängnisverhütend, Verhütungs-

contraccolpo [kontrak'kolpo] *m* ❶ (*urto*) Gegen-, Rückschlag *m* ❷ (*fig: ripercussione*) Rückwirkung *f*

contraccusa [kontrak'ku:za] *f* Gegenklage *f*

contrada [kon'tra:da] *f* Straße *f*, Gasse *f*; (HIST: *rione*) Stadtbezirk *m*

contraddire [kontrad'di:re] <irr> I. *vt* jdm widersprechen II. *vr* **-rsi** sich widersprechen

contraddistinguere [kontraddis'tiŋguere] <irr> I. *vt* unterscheiden, kennzeich-

nen II. *vr* **-rsi per qc** sich durch etw abheben

contraddittorio, -a <-i, -ie> *agg* widersprüchlich; **contraddizione** [kontraddit'tsio:ne] *f* Widerspruch *m;* **spirito di ~** Widerspruchsgeist *m;* **cadere in ~** sich in Widersprüche verwickeln

contraente [kontra'ɛnte] I. *agg* vertragsabschließend, Vertrags-; **parte ~** Vertragspartei *f* II. *mf* Vertragspartner(in) *m(f)*

contraereo, -a *agg* Flugabwehr-

contraffare [kontraf'fa:re] <irr> *vt* nachmachen, imitieren; (*falsificare*) fälschen; **contraffattore, -trice** [kontraffat'to:re] *m, f* Nachahmer(in) *m(f);* (*falsificatore*) Fälscher(in) *m(f)*

contraffazione [kontraffat'tsio:ne] *f* Nachahmung *f;* (*falsificazione*) Fälschung *f;*

~ **di certificati** Urkundenfälschung *f*

contrafforte [kontraf'fɔrte] *m* (ARCH) Stütze *f*, Verstärkung *f*

contraggo [kon'traggo] *1. pers sing pr di* **contrarre**

contralto [kon'tralto] **I.** *m* ❶ (*voce*) Alt *m*, Altstimme *f* ❷ (*persona*) Alt *m*, Altistin *f* **II.** <inv> *agg* (MUS) Alt-; **sassofono** ~ Altsaxophon *n*

contrammiraglio [kontrammi'raʎʎo] *m* Konteradmiral *m*

contrappasso [kontrap'passo] *m* Vergeltung *f*

contrappello [kontrap'pɛllo] *m* zweiter Appell

contrappesare [kontrappe'saːre] **I.** *vt* ❶ (*bilanciare*) (ab-, aus)wiegen ❷ (*fig: valutare*) abwägen **II.** *vr* **-rsi** sich ausgleichen; **contrappeso** [kontrap'peːso] *m* ❶ (TEC) Gegengewicht *n* ❷ (*fig: compensazione*) Ausgleich *m*

contrapporre [kontrap'porre] <irr> **I.** *vt* ❶ (*ostacolo, sbarramento*) entgegensetzen ❷ (*fig: opporre*) gegenüberstellen, entgegenstellen **II.** *vr* **-rsi** ❶ (*opporsi*) sich widersetzen ❷ (*essere in contrasto*) gegensätzlich sein; **contrapposizione** [kontrappozit'tsio:ne] *f* Gegenüberstellung *f*

contrapposto [kontrap'posto] *m* Gegensatz *m*, Gegenteil *n*; ~ **di qc** Gegensatz zu etw

contrapposto, -a **I.** *pp di* **contrapporre** **II.** *agg* gegensätzlich

contrappuntistico, -a [kontrappun'tistiko] <-ci, -che> *agg* kontrapunktisch

contrappunto [kontrap'punto] *m* Kontrapunkt *m*

contrariamente [kontraria'mente] *avv* ~ **a ...** im Gegensatz zu ...

contrariare [kontra'ria:re] *vt* ❶ (*contraddire*) widersprechen ❷ (*infastidire*) verärgern ❸ (*contrastare*) behindern, durchkreuzen; **contrarietà** [kontrarie'ta] <-> *f* Ärgernis *n*; (*fastidio*) Verärgerung *f*

contrario [kon'tra:rio] <-i> *m* Gegenteil *n*; **al** ~ im Gegenteil; **in caso** ~ sonst, andernfalls; **avere qc in** ~ etw dagegen haben; **non avere nulla in** ~ nichts dagegen haben

contrario, -a <-i, -ie> *agg* ❶ (*opposto*) gegenteilig, entgegengesetzt; **sono** ~ **a ...** ich bin gegen ... ❷ (*avverso*) widrig, ungünstig

contrarre [kon'trarre] <irr> **I.** *vt* ❶ (*patto*) (ab)schließen; (*matrimonio*) schließen; (*obbligo*) übernehmen ❷ (*malattia*) bekommen, sich *dat* zuziehen; (*abitudine*) sich *dat* zulegen; (*debito*) machen ❸ (*lab-*

bra, muscolo, sopracciglia) zusammenziehen **II.** *vr* **-rsi** sich zusammenziehen

contrassegnare [kontrasseɲ'ɲa:re] *vt* kennzeichnen; **contrassegno** [kontras'seɲɲo] *m* ❶ (*distintivo*) Kennzeichen *n* ❷ (*fig: di stima, affetto*) Zeichen *n*

contrastare [kontras'ta:re] **I.** *vt* ❶ (*impedire*) ~ **qc** einer Sache *dat* entgegenwirken ❷ (*negare*) ~ **qc a qu** jdm etw streitig machen **II.** *vi* ❶ (*essere in disaccordo*) ~ **con qu** zu jdm in Widerspruch stehen ❷ (*discutere*) streiten; **contrasto** [kon'trasto] *m* ❶ (*di cose*) Gegensatz *m* ❷ (*diverbio*) Streit *m* ❸ (FOTO, TV) Kontrast *m*

contrattaccare [kontrattak'ka:re] *vt* einen Gegenangriff starten auf +*acc;* **contrattacco** [kontra'takko] <-cchi> *m* Gegenangriff *m*

contrattare [kontrat'ta:re] **I.** *vt* verhandeln (um [*o* über +*acc*]); (COM) handeln (um [*o* über +*acc*]) **II.** *vi* handeln; **contrattazione** [kontrattat'tsio:ne] *f* Verhandlung *f*

contrattempo [kontrat'tɛmpo] *m* (*impedimento*) Verzögerung *f*, Zwischenfall *m*

contrattista [kontrat'tista] <-i *m*, -e *f*> *mf* Vertragsangestellte(r) *f(m)*

contratto¹ [kon'tratto] *m* Vertrag *m*; ~ (**collettivo**) **di lavoro** Tarifvertrag *m*, Kollektivvertrag *m A*; ~ **a progetto** projektgebundener Arbeitsvertrag; ~ **a termine** Zeitvertrag *m*; ~ **a tempo determinato** befristeter Arbeitsvertrag; ~ **a tempo indeterminato** unbefristeter Arbeitsvertrag; ~ **cornice** Rahmenvertrag *m*; ~ **di formazione lavoro** Ausbildungsvertrag *m*

contratto² *pp di* **contrarre**; **contrattuale** [kontrattu'a:le] *agg* Vertrags-, vertraglich; **contratt(ual)izzato, -a** [kontratt(ual)id'dza:to] *agg* unter Vertrag stehend, vertraglich gebunden

contravveleno [kontravve'le:no] *m* Gegengift *n*

contravvenire [kontravve'ni:re] <irr> *vi* ~ **a qc** gegen etw verstoßen; **contravventore, -trice** [kontravven'to:re] *m, f* Gesetzesbrecher(in) *m(f)*; **contravvenzione** [kontravven'tsio:ne] *f* ❶ (*violazione*) (Gesetzes)übertretung *f*; **cadere in** ~ sich strafbar machen ❷ (*contestazione*) gebührenpflichtige Verwarnung, Geldstrafe *f*

contrazione [kontrat'tsio:ne] *f* Zusammenziehung *f*

contribuente [kontribu'ɛnte] *mf* Steuerzahler(in) *m(f)*

contribuire [kontribu'i:re] <contribuisco> *vi* ~ **a qc** zu etw beitragen; **contributo** [kontri'bu:to] *m* ❶ (COM) Beitrag *m*;

~ previdenziale Versicherungsbeitrag *m;* **-i sociali** Sozialabgaben *fpl* ❷ (JUR, ADM) Gebühr *f* ❸ (*fig*) **dare un ~ a qc** einen Beitrag zu etw leisten; **contribuzione** [kontribut'tsio:ne] *f* ❶ (COM) Beitragszahlung *f,* -leistung *f* ❷ (*contributo*) Beitrag *m*

contristare [kontris'ta:re] **I.** *vt* betrüben **II.** *vr* **-rsi** betrübt sein

contrito, -a [kon'tri:to] *agg* zerknirscht; (REL) reuig; **contrizione** [kontrit'tsio:ne] *f* Zerknirschung *f;* (REL) Reue *f*

contro ['kontro] **I.** *prp* gegen +*acc,* entgegen +*dat;* **sparare ~ qu** auf jdn schießen; **votare/essere ~** dagegen stimmen/sein; **dare ~** Kontra geben; **~ natura** wider die Natur, naturwidrig; **~ assegno/ricevuta/ pagamento** gegen Scheck/Quittung/Zahlung **II.** *avv* dagegen; **~ di me/te/lei** gegen mich/dich/sie **III.** **<->** *m* **il pro ed il ~** Pro und Kontra

contro- [kontro] (*in parole composte*) Gegen-, Wider-

controaccusa [kontroak'ku:za] *f* Gegenklage *f*

controbattere [kontro'battere] *vt* (*fig: ribattere*) erwidern; **controbatteria** [kontrobatte'ri:a] *f* Gegenfeuer *n*

controbilanciare [kontrobilan'tʃa:re] **I.** *vt* ❶ (*carico, pesi*) ausbalancieren ❷ (*fig: compensare*) ausgleichen, aufwiegen **II.** *vr* **-rsi** ❶ (*pesi*) sich aufwiegen ❷ (*pareggiarsi*) sich ausgleichen; **controcampo** [kontro'kampo] *m* Gegenfeldaufnahme *f*

controcorrente [kontrokor'rɛnte] *avv* gegen den Strom; **andare ~** (*fig*) gegen den Strom schwimmen

controcultura [kontrokul'tu:ra] *f* Alternativkultur *f,* alternative Kulturkreise *mpl*

controdado [kontro'da:do] *m* Konter-, Gegenmutter *f;* **controdata** [kontro'da:ta] *f* ❶ (*data aggiunta*) Neudatierung *f* ❷ (*data di registrazione*) Eingangsdatum *n*

controdatare [kontroda'ta:re] *vt* neu datieren

controdomanda [kontrodo'manda] *f* Gegenfrage *f;* **controesame** [kontroe'za:me] *m* Kontrolle *f,* Kontrollprüfung *f;* **controfagottista** [kontrofagot'tista] <-i *m,* -e *f*> *mf* (MUS) Kontrafagottist(in) *m(f)*

controffensiva [kontroffen'si:va] *f* Gegenangriff *m;* (*a fig*) Gegenoffensive *f;* **passare alla ~** (*a fig*) zum Gegenangriff übergehen

controfferta [kontroffʼɛrta] *f* (COM) Gegenerbieten *n,* Gegenangebot *n,* Gegenofferte *f;* **controffrire** [kontroffʼri:re] <controffro, controffersi, controfferto> *vt* ein Gegenangebot machen

controfigura [kontrofi'gu:ra] *f* Double *n;* **controfiletto** [kontrofi'letto] *m* Lendenstück *n*

controfinestra [kontrofi'nɛstra] *f* Innenfenster *n;* **controfinta** [kontro'finta] *f* (SPORT: *finta e ~*) Körpertäuschung *f*

controfirma [kontro'firma] *f* Gegenzeichnung *f;* **controfirmare** [kontrofir'ma:re] *vt* gegenzeichnen; **controguerriglia** [kontroguerʼriʎʎa] <-glie> *f* (MIL) Guerrillabekämpfung durch Sondereinheiten des Militärs; **controinchiesta** [kontroin'kjɛsta] *f* Überprüfung *f;* **controindicare** [kontroindi'ka:re] *vt* ❶ (MED) als gegenangezeigt erklären ❷ (*su pagina, testo*) am Rande vermerken

controindicazione [kontroindikat'tsio:ne] *f* ❶ (MED) Gegenanzeige *f,* Kontraindikation *f* ❷ (*su pagina, testo*) Randbemerkung *f;* **controinformazione** [kontroinformat'tsio:ne] *f* alternative Berichterstattung *f;* **controinteressato, -a** [kontrointeres'sa:to] *m, f* (JUR) Gegenpartei *f;* **controinvestimento** [kontroinvesti'mento] *m* (PSYCH) Verdrängungsbestreben *n*

controllabilità [kontrollabili'ta] <-> *f* Kontrollierbarkeit *f*

controllare [kontrol'la:re] **I.** *vt* ❶ (*accertare*) kontrollieren, überprüfen; (*attività*) beaufsichtigen; (*sorvegliare*) überwachen ❷ (*situazione, mercato, aversario*) beherrschen, unter Kontrolle haben ❸ (*fig: gesti, emozioni*) beherrschen, kontrollieren **II.** *vr* **-rsi** sich beherrschen; **non sapere** [*o* **riuscire a**] **-rsi** sich nicht beherrschen können; **-rsi nelle spese** sich bei den Ausgaben einschränken

controller [kənˈtroulə *o* kon'trɔller] <- *o* controllers> *m* ❶ (TEC, INFORM) Controller *m* ❷ (FERR) Kontroller *m*

controllo [kon'trɔllo] *m* ❶ (*verifica*) Kontrolle *f,* Überprüfung *f;* (*sorveglianza*) Aufsicht *f,* Überwachung *f;* **~ dei bagagli/biglietti** Gepäck-/Fahrkartenkontrolle *f;* **visita di ~** Kontrolluntersuchung *f;* **~ di gestione** (COM) Controlling *n* ❷ (*fig: di gesti, emozioni*) Beherrschung *f,* Kontrolle *f;* **perdere il ~** die Selbstbeherrschung verlieren ❸ (TEC) Steuerung *f,* Regulierung *f;* **~ della stabilità dinamica** (AUTO) Elektronisches Stabilitätsprogramm *n,* ESP® *n;* **controllore** [kontrol'lo:re] *m* Kontrolleur *m,* Schaffner *m*

controluce [kontro'lu:tʃe] **I.** *f* Gegenlicht *n* **II.** *avv* Gegenlicht-; **fotografia in ~**

Gegenlichtaufnahme *f;* **guardare qc ~** etw im Gegenlicht betrachten; **contromano** [kontro'ma:no] *avv* gegen die Fahrrichtung; **contromarca** [kontro'marka] <-che> *f* Kontrollmarke *f*

contromisura [kontromi'zu:ra] *f* Gegenmaßnahme *f*

controparte [kontro'parte] *f* Gegenpartei *f*

contropartita [kontropar'ti:ta] *f* Gegenleistung *f*

contropelo [kontro'pe:lo] **I.** *avv* gegen den Strich; **prendere qu ~** *(fig)* jdn vor den Kopf stoßen **II.** *m* **fare (il pelo ed) il ~ a qu** *(fig)* jdn zerpflücken; **controperizia** [kontrope'rittsia] <-zie> *f* Gegengutachten *n;* **contropezzo** [kontro'pettso] *m* Gegenstück *n*

contropiede [kontro'piɛ:de] *m* Überraschungsangriff *m;* **prendere** [*o* **cogliere**] **qu in ~** *(fig)* jdn überraschen; **contropiedista** [kontropie'dista] <-i *m,* -e *f>* *mf* (SPORT) Konterspieler(in) *m(f);* **contropotere** [kontropo'tɛ:re] *m* (POL) außerparlamentarische Opposition *f*

controproducente [kontroprodu'tʃɛnte] *agg* kontraproduktiv

controproposta [kontropro'posta] *f* Gegenvorschlag *m*

controprova [kontro'prɔ:va] *f* Gegenbeweis *m;* **controquerela** [kontrokue'rɛ:la] *f* (JUR) Gegenklage *f*

contrordine [kon'trordine] *m* Gegenbefehl *m;* (COM) Rückrufaktion *f*

controriforma [kontrori'forma] *f* Gegenreformation *f;* **controrivoluzionario, -a** [kontrorivoluttsio'na:rio] **I.** *agg* konterrevolutionär **II.** *m,* *f* Konterrevolutionär(in) *m(f)*

controrivoluzione [kontrorivolut'tsio:ne] *f* Konterrevolution *f;* **controsala** [kontro'sa:la] *f* (THEAT) Hintergrundkulisse *f*

controsenso [kontro'sɛnso] *m* Widersinn *m*

controsoffittare [kontrosoffit'ta:re] *vt* eine Zwischendecke *f* [*o* blinde Decke *f*] einbauen; **controsoffittatura** [kontrosoffitta'tu:ra] *f* Bau *m* einer Zwischendecke [*o* blinden Decke]

controsoffitto [kontrosoffitto] *m* Zwischendecke *f,* blinde Decke

controspionaggio [kontrospio'naddʒo] <-ggi> *m* Gegenspionage *f*

controsterzare [kontroster'tsa:re] *vt* gegenlenken; **controsterzata** [kontroster'tsa:ta] *f* Gegenlenken *n,* Gegenlenkvorgang *m;* **controsterzo** [kontro'stɛr-

tso] *m v.* **controsterzata; controstomaco** [kontros'tɔ:mako] **I.** *avv* angewidert; *(malvolentieri)* widerwillig **II.** <-chi> *m* Übelkeit *f*

controtendenza [kontroten'dɛntsa] *f* gegenläufige Tendenz

controvalore [kontrova'lo:re] *m* Gegenwert *m*

controvento [kontro'vɛnto] **I.** *avv* gegen den Wind; **andare ~** *(a fig)* gegen den Wind segeln **II.** *m* Gegenwind *m*

controversia [kontro'vɛrsia] <-ie> *f* ❶ (JUR) Streitpunkt *m* ❷ *(polemica)* Meinungsverschiedenheit *f;* **controverso, -a** [kontro'vɛrso] *agg* kontrovers, strittig

controvoglia [kontro'vɔʎʎa] *avv* ungern, widerwillig

contumace [kontu'ma:tʃe] **I.** *agg* (ADM) abwesend **II.** *mf* (ADM) Abwesende(r) *f(m);* **contumacia** [kontu'ma:tʃa] <-cie> *f* (JUR) Abwesenheit *f*

contundente [kontun'dɛnte] *agg* schlagend, Schlag-

conturbante [kontur'bante] *agg* verwirrend

contusione [kontu'zio:ne] *f* Prellung *f,* Quetschung *f;* **contuso, -a** [kon'tu:zo] *agg* geprellt

contuttoché [kontutto'ke] *cong* +*conj* obwohl, trotz der Tatsache, dass …

contuttociò, con tutto ciò [kontutto'tʃɔ] *cong* dennoch, trotzdem

conurbazione [konurbat'tsio:ne] *f* Ballungsgebiet *n*

convalescente [konvaleʃ'ʃɛnte] **I.** *agg* genesend, rekonvaleszent **II.** *mf* Rekonvaleszent(in) *m(f),* Genesende(r) *f(m);* **convalescenza** [konvaleʃ'ʃɛntsa] *f* Rekonvaleszenz *f;* **essere in ~** auf dem Wege der Genesung sein; **convalescenziario** [konvaleʃʃen'tsia:rio] <-i> *m* Genesungsheim *n*

convalida [kon'va:lida] *f* Beglaubigung *f;* *(riprova)* Bestätigung *f;* **convalidare** [konvali'da:re] *vt* ❶ (JUR) bestätigen, beglaubigen ❷ *(fig: sospetto, supposizione)* bestätigen, bekräftigen

convegnismo [konveɲ'ɲizmo] *m* *(pej)* Kulturveranstaltungswelle *f*

convegnista [konveɲ'ɲista] <-i *m,* -e *f>* *mf* Tagungsteilnehmer(in) *m(f);* **convegnistica** [konveɲ'ɲistika] <*obs* -che> *f* Veranstaltung *f* [*o* Organisation *f*] von Tagungen

convegno [kon'veɲɲo] *m* *(incontro)* Treffen *n;* *(di studi, medici, giuristi)* Tagung *f;* **darsi ~** sich verabreden

convenevoli [konve'ne:voli] *mpl* Förmlichkeiten *fpl*

conveniente [konve'niɛnte] *agg* angemessen; (*vantaggioso*) lohnend, günstig; **convenienza** [konve'niɛntsa] *f* ❶ *pl* (*regole*) Form *f*, (Anstands)regeln *fpl* ❷ (*vantaggio*) Form *f*, Vorteil *m;* **matrimonio di ~** Vernunftehe *f*

convenire [konve'ni:re] <irr> **I.** *vi* essere o avere ❶ (*riunirsi*) sich versammeln ❷ (*concordare*) **~ su qc** sich über etw *acc* einigen; **~ con qu** sich mit jdm einigen ❸ (*tornare utile*) sich lohnen; **ci conviene tentare** das ist einen Versuch wert ❹ (*impersonale: essere opportuno*) besser sein; (*essere necessario*) nötig sein **II.** *vt* avere **~ qc** über etw *acc* übereinkommen

convento [kon'vɛnto] *m* Kloster *n;* **contentarsi di quello che passa il ~** (*fig scherz*) sich mit dem Vorhandenen zufrieden geben; **conventuale** [konventu'a:le] *agg* klösterlich, Kloster-

convenuto, -a **I.** *pp di* **convenire II.** *agg* vereinbart; **come ~** wie vereinbart **III.** *m, f* ❶ (JUR) Angeklagte(r) *f(m)* ❷ *pl* (*a riunione*) Anwesende *pl*

convenzionale [konventsio'na:le] *agg* ❶ (*per accordo*) Konventional- ❷ (*comune*) konventionell ❸ (*pej: banale*) banal; **convenzionalismo** [konventsiona'lizmo] *m* Konventionalismus *m;* **convenzionalità** [konventsionali'ta] <-> *f* Konventionalität *f*

convenzionare [konventsio'na:re] **I.** *vt* absprechen, abmachen **II.** *vr* **-rsi** übereinkommen, Abmachungen treffen

convenzione [konven'tsio:ne] *f* ❶ (JUR, ADM) Abkommen *n* ❷ (POL) Konvent *m,* Versammlung *f* ❸ (*intesa*) Konvention *f* ❹ *pl* (*pej: regole tradizionali*) Formeln *fpl,* Konventionen *fpl*

convergente [konver'dʒɛnte] *agg* ❶ (*strade, linee*) konvergierend, zusammenlaufend ❷ (*fig: coincidente*) konvergent, übereinstimmend ❸ (MAT, PHYS) konvergent; **convergenza** [konver'dʒɛntsa] *f* ❶ (*il convergere, a fig*) Konvergenz *f,* Annäherung *f* ❷ (MAT) Konvergenz *f* ❸ (FIN, EU) **fase di ~** Konvergenzphase *f;* **politica di ~** Konvergenzpolitik *f;* **programma di ~** Konvergenzprogramm *n*

convergere [kon'vɛrdʒere] <convergo, conversi, converso> **I.** *vi* essere ❶ (*strade, linee*) zusammenlaufen ❷ (*fig: mirare a un unico fine*) das gleiche Ziel anstreben; (*concordare*) übereinstimmen ❸ (MAT) konvergieren **II.** *vt* avere ❶ (PHYS) konvergieren lassen ❷ (*fig: volgere*) **~ qc su qc** etw auf etw *acc* richten

conversa *f v.* **converso**

conversare [konver'sa:re] *vi* sich unterhalten; **conversatore, -trice** [konversa'to:re] *m, f* Gesellschafter(in) *m(f);* **conversazione** [konversat'tsio:ne] *f* Unterhaltung *f,* Konversation *f*

conversi [kon'vɛrsi] *1. pers sing pass rem di* **convergere**

conversione [konver'sio:ne] *f* ❶ (*trasformazione*) Umwandlung *f;* (EL, TEC) Konversion *f* ❷ (REL) Bekehrung *f* ❸ (EU) **~ monetaria** Währungsumstellung *f*

converso, -a [kon'vɛrso] *pp di* **convergere**

convertibile [konver'ti:bile] **I.** *agg* ❶ (*auto*) mit aufklappbarem Verdeck ❷ (*moneta*) konvertierbar **II.** *f* Kabrio(lett) *n;* **convertibilità** [konvertibili'ta] <-> *f* Konvertierbarkeit *f*

convertire [konver'ti:re] **I.** *vt* ❶ (*trasformare*) **~ qc in qc** etw in etw *acc* umwandeln ❷ (REL, POL) **~ qu a qc** jdn zu etw bekehren ❸ (FIN, INFORM) konvertieren **II.** *vr* **-rsi a qc** zu etw konvertieren; **-rsi in qc** (*trasformarsi*) sich in etw *acc* verwandeln; **convertista** [konver'tista] <-i *m,* -e *f>* *mf* (FIN: *chi converte le azioni in titoli*) Aktientauscher(in) *m(f),* Aktienhändler(in) *m(f);* **convertito, -a** [konver'ti:to] **I.** *agg* bekehrt **II.** *m, f* Bekehrte(r) *f(m);* **convertitore** [konverti'to:re] *m* Umformer *m,* Konverter *m;* **~ di coppia** (MOT) Wandler *m*

convessità [konvessi'ta] <-> *f* Konvexität *f*

convesso, -a [kon'vɛsso] *agg* konvex; (*angolo*) stumpf

convettore [konvet'to:re] *m* Konvektor *m*

convincere [kon'vintʃere] <irr> **I.** *vt* **~ qu** (**di qc**) jdn (von etw) überzeugen; **mi hanno convinto a venire** sie haben mich überredet zu kommen **II.** *vr* **-rsi di qc** sich von etw überzeugen, etw einsehen; **convinto, -a** [kon'vinto] *agg* überzeugt; (JUR) überführt; **convinzione** [konvin'tsio:ne] *f* Überzeugung *f,* Meinung *f*

convitato, -a [konvi'ta:to] *m, f* Gast *m*

convitto [kon'vitto] *m* Internat *n;* **convittore, -trice** [konvit'to:re] *m, f* Internatsschüler(in) *m(f),* Internatszögling *m*

convivenza [konvi'vɛntsa] *f* Zusammenleben *n;* **convivere** [kon'vi:vere] <irr> *vi* essere o avere zusammenleben

conviviale [konvi'via:le] *agg* (*poet*) Tafel-

convocare [konvo'ka:re] *vt* zusammenrufen; (POL, ADM) einberufen; **convocazione** [konvokat'tsio:ne] *f* Einberufung *f*

convogliabile [konvoʎ'ʎa:bile] *agg* (*luce, acque*) kanalisierbar, lenkbar

convogliare [konvoʎ'ʎaːre] *vt* (*traffico, soccorsi*) leiten, führen; **convoglio** [kon'vɔʎʎo] <-gli> *m* Konvoi *m*, Kolonne *f*; (FERR) Zug *m*

convolare [konvo'laːre] *vi* essere (*poet*) ~ **a** (**giuste**) **nozze** sich vermählen

convolvolo [kon'vɔlvolo] *m* Winde *f*

convulsione [konvul'sioːne] *f* Krampf(anfall) *m*, Konvulsion *f*; **convulsivo, -a** [konvul'siːvo] *agg* Krampf-, konvulsiv; **tosse -a** Keuchhusten *m*

convulso [kon'vulso] *m* Krampf(anfall) *m*

convulso, -a *agg* ❶(MED) krampfhaft, Krampf-; **tosse -a** Keuchhusten *m* ❷(*pianto, riso*) krampfhaft ❸(*fig: lavoro, attività*) hektisch, fieberhaft; (*parole, discorso*) verworren, konfus

cookie ['kukɪ] <-s> *m* (INFORM) Cookie *n*

coop <-> *f acro di* **cooperativa** Kooperative *f*, Genossenschaft *f*

cooperare [koope'raːre] *vi* zusammenarbeiten; (*contribuire*) mitwirken; ~ **a** [*o* **in**] **qc** an etw *dat* mitwirken; **cooperativa** [koopera'tiːva] *f* Genossenschaft *f*; **cooperativizzare** [kooperativid'dzaːre] *vt* in eine Kooperative [*o* Genossenschaft] umwandeln; **cooperatore, -trice** [koopera'toːre] *m, f* ❶(*di impresa*) Mitarbeiter(in) *m(f)* ❷(COM) Genossenschaftler(in) *m(f)*; **cooperazione** [kooperat'tsioːne] *f* ❶(*ad un'impresa*) Mitarbeit *f* ❷(COM) Genossenschaftswesen *n*

coordinamento [koordina'mento] *m* Koordination *f*, Koordinierung *f*; **coordinare** [koordi'naːre] *vt* koordinieren, aufeinander abstimmen

coordinata [koordi'naːta] *f* Koordinate *f*; **sistema di -e** Koordinatensystem *n*

coordinato, -a *agg* ❶(*armonizzato*) koordiniert, abgestimmt ❷(LING) nebengeordnet, beigeordnet; **coordinatore, -trice** [koordina'toːre] *m, f* Koordinator(in) *m(f)*; **coordinazione** [koordinat'tsioːne] *f* Koordination *f*, Abstimmung *f*

Copenaghen [kope'naːgen] *f* Kopenhagen *n*

copenaghense [kopena'gɛnse] **I.** *agg* Kopenhagener-, aus Kopenhagen stammend **II.** *mf* Kopenhagener(in) *m(f)*, Einwohner(in) *m(f)* von Kopenhagen

coperchio [ko'pɛrkio] <-chi> *m* Deckel *m*

copernicano, -a [koperni'kaːno] *agg* kopernikanisch

copersi [ko'pɛrsi] *1. pers sing pass rem di* **coprire**

coperta [ko'pɛrta] *f* ❶(*panno*) Decke *f* ❷(NAUT) Deck *n*

copertina [koper'tiːna] *f* Einband *m*, Um-

schlag *m*

coperto [ko'pɛrto] *m* ❶(*in tavola*) Gedeck *n* ❷(*luogo riparato*) überdachter Ort; **mettersi al** ~ sich unterstellen

coperto, -a I. *pp di* **coprire II.** *agg* ❶(*luogo*) überdacht ❷(FIN: *rischio*) gedeckt ❸(METEO: *cielo, tempo*) bedeckt ❹(*cosparso*) **essere** ~ **di qc** mit etw bedeckt sein

copertone [koper'toːne] *m* ❶(MOT) (Reifen)mantel *m*, Reifen *m* ❷(*per riparo*) Plane *f*

copertura [koper'tuːra] *f* ❶(*del tetto*) Bedeckung *f*; (ARCH) Abdeckung *f* ❷(COM, FIN, SPORT) Deckung *f*

copia ['kɔːpia] <-ie> *f* ❶(*trascrizione*) Kopie *f*, Abschrift *f*; **bella** ~ Reinschrift *f*; **brutta** ~ Konzept *n*; ~ **di sicurezza** (INFORM) Sicherheitskopie *f*; **per** ~ **conforme** (ADM) für die Richtigkeit der Abschrift ❷(*di opere d'arte*) Kopie *f* ❸(TYP) Exemplar *n*, Stück *n* ❹(FILM) Kopie *f*; (FOTO) Abzug *m*; **copiare** [ko'piaːre] *vt* ❶(*trascrivere*) abschreiben; (FILM) kopieren ❷(INFORM) kopieren ❸(*a scuola*) abschreiben ❹(*imitare*) kopieren; **copiativo, -a** [kopia'tiːvo] *agg* Kopier-; **carta -a** Kohlepapier *n*; **copiatore, -trice** [kopia'toːre] *m, f* ❶(*di opere d'arte*) Fälscher(in) *m(f)* ❷(*fig: imitatore*) Nachahmer(in) *m(f)*; **copiatrice** [kopia'triːtʃe] *f* Kopiergerät *n*, Kopierer *m*; **copiatura** [kopia'tuːra] *f* ❶(*operazione*) Kopieren *n*; (*trascrizione*) Abschreiben *n* ❷(*brano, passo copiato*) Abgeschriebene(s) *n*

copiglia *f v.* **coppiglia**

copilota [kopi'lɔːta] <-i *m*, -e *f*> *mf* (AERO) Kopilot(in) *m(f)*

copione [ko'pioːne] *m* (THEAT) Regiebuch *n*; (FILM) Drehbuch *n*

copioso, -a [ko'pioːso] *agg* (*poet*) zahlreich, reichlich

copista [ko'pista] <-i *m*, -e *f*> *mf* Kopist(in) *m(f)*; **copisteria** [kopiste'riːa] <-ie> *f* Copyshop *m*, Kopierladen *m*

coppa ['kɔppa *o* 'koppa] *f* ❶(*recipiente, contenuto*) Becher *m*, Kelch *m*; ~ **da gelato** Eisbecher *m*; ~ **da spumante** Sektschale *f*; ~ **dell'olio** (TEC) Ölwanne *f* ❷(SPORT) Pokal *m* ❸(*del reggiseno*) Körbchen *n* ❹ *pl* (*di carte da gioco*) italienische Spielkartenfarbe

coppetta [kop'petta] *f* Schröpfkopf *m*

coppia ['kɔppia] <-ie> *f* ❶(*gener*) Paar *n*; **a -ie, in** ~ paarweise ❷(*uomo e donna*) (Ehe)paar *n*; **problema di** ~ Beziehungsproblem *n* ❸(SPORT) Doppel *n*; **gara a -ie** Paarlauf *m*

cop(p)iglia [ko'piʎʎa (kop'piʎʎa)] <-glie> *f* Splint *m*

copra ['kɔːpra] *f* Kopra *f*

copresidente [kopresi'dɛnte] *mf* Kopräsident(in) *m(f)*

copricalorifero [koprikalo'riːfero] *m* Heizkörperabdeckung *f*

copricapo [kopri'kaːpo] *m* Kopfbedeckung *f*

copricostume [koprikos'tuːme] <-> *m* Strandkleid *n*

copridivano [kɔpridi'vaːno] *m* Sofa-Überwurf *m;* **coprifilo** [kopri'fiːlo] *m* Türverkleidung *f*, -bekleidung *f*, Deckleiste *f*

coprifuoco [kopri'fuɔːko] *m* Ausgangssperre *f*

coprii [ko'priːi] *1. pers sing pass rem di* **coprire**

copriletto [kopri'lɛtto] <-> *m* Tagesdecke *f;* **coprimaterasso** [koprimate'rasso] <-> *m* Matratzenschoner *m;* **copripiumone** [kopripiu'moːne] <-> *m* Feder-, Deckbettbezug *m;* **copriradiatore** [kopriradia'toːre] <-> *m* Kühlerschutz *m*

coprire [ko'priːre] <copro, coprii *o* copersi, coperto> **I.** *vt* ❶ (*mettere sopra*) (be)decken, zudecken; ~ **qu di baci** jdn mit Küssen bedecken; ~ **qu di onori** jdn mit Ehrungen überhäufen ❷ (*persona*) bedecken, einhüllen ❸ (*fig: impiego*) bekleiden ❹ (FIN, COM: *debito, rischio*) (ab)decken **II.** *vr* **-rsi** ❶ (FIN) sich absichern ❷ (*cielo, viso*) sich bedecken, sich überziehen; **-rsi di qc** sich mit etw bedecken; **-rsi bene** sich warm anziehen

coprisella [kopri'sɛlla] <-> *m* Sattelschoner *m;* **copritermosifone** [kopritermosi'foːne] <-> *m v.* **copricalorifero**

coprocessore [koprotʃes'soːre] *m* (INFORM) Koprozessor *m*

coproduzione [koprodut'tsioːne] *f* Koproduktion *f*

copto, -a ['kɔpto] **I.** *agg* koptisch **II.** *m, f* Kopte *m,* Koptin *f*

copula ['kɔːpula] *f* ❶ (GRAM) Kopula *f* ❷ (BIOL) Begattung *f*, Kopulation *f*

copy ['kɔpi] <-> *m* ❶ (*copywriter*) Werbetexter(in) *m(f)* ❷ (*testo*) Werbetext *m*

copychef ['kɔpiʃɛf] <-> *m* Chef(in) *m(f)* einer Werbeagentur

copyright ['kɔpirait] <-> *m* Copyright *n*

copywriter ['kɔpi'raita *o* kɔpi'raiter] <-> *mf* Werbetexter(in) *m(f)*

coque [kɔk] <-> *f* **uovo alla ~** weich gekochtes Ei

coraggio [ko'raddʒo] *m* Mut *m;* **avere il ~ di fare qc** den Mut haben etw zu tun; **fare ~ a qu** jdm Mut machen; **mancare di ~**

keinen Mut haben; **perdersi di ~** den Mut verlieren; **~!** nur Mut!; **coraggioso, -a** [korad'dʒoːso] *agg* mutig

corale [ko'raːle] **I.** *agg* (MUS) Chor-; **canto ~** Chorgesang *m;* **musica ~** Chormusik *f* **II.** *m* ❶ (MUS) Choral *m* ❷ (REL) Chorbuch *n*

corallifero, -a [koral'liːfero] *agg* Korallen-, korallenreich; **corallino, -a** [koral'liːno] *agg* ❶ (GEOG) Korallen-; **barriera -a** Korallenriff *n* ❷ (*colore*) korallenrot; **corallo** [ko'rallo] *m* Koralle *f*

coram populo ['kɔːram 'pɔːpulo] *avv* coram publico *geh*, öffentlich

corano [ko'raːno] *m* Koran *m*

coratella [kora'tɛlla] *f* Innereien *fpl*

corazza [ka'rattsa] *f* ❶ (MIL) Rüstung *f*, Harnisch *m* ❷ (ZOO) Panzer *m;* **corazzare** [korat'tsaːre] **I.** *vt* ❶ (MIL) (*fig: difendere*) abschirmen **II.** *vr* **-rsi** ❶ (MIL) sich panzern ❷ (*difendersi*) sich wappnen; **corazzata** [korat'tsaːta] *f* Panzerkreuzer *m;* **corazzato, -a** [korat'tsaːto] *agg* gepanzert, Panzer-

corazziere [korat'tsiɛːre] *m* ❶ (MIL) Kürassier *m* ❷ (*fig: persona molto alta*) Riese *m,* Hüne *m*

corazzino [korad'dziːno] *m* ❶ *dim di* **corazza** kleiner Brustharnisch *m* ❷ (SPORT) Fechtmaske *f*, Fechtkorb *m*

corbellare [korbel'laːre] *vt* (*fam*) hänseln; **corbelleria** [korbelle'riːa] <-ie> *f* (*fam*) Unsinn *m,* Blödsinn *m*

corbezzolo [kor'bettsolo] *m* Erdbeerbaum *m*

corcontento [korkon'tɛnto] *m* (*fam*) Sonnenkind *n*

corda ['kɔrda] *f* ❶ (*fune*) Seil *n,* Schnur *f;* (SPORT) Seil *n;* **salto della ~** Seilspringen *n;* **ballare** [*o* **camminare**] **sulla ~** seiltanzen; **essere con la ~ al collo** (*fig*) den Kopf in der Schlinge haben; **tenere qu sulla ~** (*fig*) jdn auf die Folter spannen; **tirar troppo la ~** (*fig*) den Bogen überspannen; **la ~ troppo tesa si spezza** (*prov*) man soll den Bogen nicht überspannen ❷ (MUS) Saite *f;* **strumenti a ~** Saiteninstrumente *npl;* **essere teso come le -e di un violino** (*fig*) gespannt sein wie ein Flitzebogen *fam* ❸ (*di arco*) Sehne *f* ❹ (ANAT) **-e vocali** Stimmbänder *npl* ❺ (*fig*) **dare ~ a qu** auf jdn eingehen, jdn unterstützen; **essere giù di ~** missgestimmt sein; **tagliare la ~** Reißaus nehmen, sich aus dem Staub machen;

cordame [kor'daːme] *m* Tauwerk *n*

cordata [kor'daːta] *f* (*alpinismo*) Seilschaft *f*

cordati [kor'daːti] *mpl* Chordaten *pl*

cordiale [kor'diaːle] *agg* herzlich;

cordialità [kordiali'ta] <-> f ❶ (affabilità) Herzlichkeit f; **accogliere qu con ~** jdn herzlich empfangen ❷ pl (saluti) herzliche Grüße mpl; **cordialmente** [kordial'mente] avv herzlich

cordless [kɔ:dles] I.<inv> agg (TEL) schnurlos, ohne Kabel II.<-> m schnurloses Telefon

cordoglio [kor'dɔʎʎo] <-gli> m Schmerz m, (tiefe) Trauer f, Leid n

cordone [kor'do:ne] m ❶ (corda) Schnur f, Kordel f ❷ (ANAT) ~ **ombelicale** Nabelschnur f ❸ (EL) Kabel n

cordoniforme [kordoni'forme] agg faden-, schnurförmig

coreografa f v. coreografo

coreografia [koreogra'fi:a] f Choreographie f; **coreografico, -a** [koreo'gra:fiko] <-ci, -che> agg ❶ (THEAT) choreografisch ❷ (fig: cerimonia, manifestazione) spektakulär; **coreografo, -a** [kore'ɔ:grafo] m, f Choreograf(in) m(f)

coriaceo, -a [ko'ria:tʃeo] agg ❶ (come il cuoio) ledern, lederartig ❷ (fig: privo di sensibilità) dickfellig

coriandolo [ko'riandolo] m ❶ (BOT) Koriander m ❷ pl (di carnevale) Konfetti n

coricare [kori'ka:re] I. vt (hin)legen II. vr -rsi sich hinlegen

corifeo, -a [kori'fɛ:o] m, f (a fig) Koryphäe f

corinzio, -a [ko'rintsio] <-i, -ie> agg korinthisch

corista [ko'rista] <-i m, -e f> mf Chorsänger(in) m(f)

cormorano [kormo'ra:no] m Kormoran m

cornacchia [kor'nakkia] <-cchie> f Krähe f

cornamusa [korna'mu:za] f Dudelsack m

cornata [kor'na:ta] f Stoß m mit den Hörnern

cornea ['kɔrnea] f Hornhaut f; **corneale** [korne'a:le] agg Hornhaut-; **corneo, -a** ['kɔrneo] agg Horn-; **sostanza -a** Keratin n; **strato ~** Hornschicht f

corner ['kɔrner] <-> m (SPORT) Eckball m, Corner m A

cornetta [kor'netta] f (fam) Telefonhörer m; **mettere giù la ~** den Telefonhörer auflegen; **cornettista** [kornet'tista] <-i m, -e f> mf Kornettist(in) m(f); **cornetto** [kor'netto] m ❶ (amuleto) hornförmiges Amulett ❷ (GASTR) Hörnchen n, Croissant n

cornflakes [kɔ:n'fleiks] mpl Cornflakes mpl

cornice [kor'ni:tʃe] f ❶ (di quadro, specchio) Rahmen m ❷ (ARCH) Gesims n;

corniciaio [korni'tʃa:io] <-ai> m Rahmenhersteller m; **cornicione** [korni'tʃo:ne] m Kranzgesims n

cornificare [kornifi'ka:re] vt (scherz) jdm Hörner aufsetzen

cornista [kor'nista] <-i m, -e f> mf Hornist(in) m(f)

corno¹ ['kɔrno] <pl: -a f> m ❶ (ZOO) Horn n; (del cervo, dell'alce) Geweih n; **prendere il toro per le -a** (fig) den Stier bei den Hörnern packen; **rompere** [o **spezzare**] **le -a a qu** (fam) jdn verdreschen ❷ pl (fam fig: di persona) Hörner npl; **fare le -a alla moglie** seine Frau betrügen; **fare le -a al marito** seinem Mann Hörner aufsetzen; **portare le -a** gehörnt sein ❸ (vulg: niente) **non me ne importa un ~** es kümmert mich einen Dreck!

corno² m ❶ (sostanza) Horn n ❷ (da scarpe) Schuhlöffel m ❸ (MUS) Horn n; **cornucopia** [kornu'kɔ:pia] <-ie> f Füllhorn n

cornuto, -a [kor'nu:to] I. agg ❶ (ZOO) Horn-, hörnertragend ❷ (fam fig: persona) gehörnt, betrogen II. m, f ❶ (fam fig: persona tradita) Gehörnte(r) f(m) ❷ (vulg: insulto) Blödmann m fam

coro ['kɔ:ro] m Chor m; **rispondere in ~** im Chor antworten

corografia [korogra'fi:a] f Chorographie f

corolla [ko'rɔlla] f Korolla f, Blumenkrone f

corollario [korol'la:rio] <-i> m Korollar(ium) n

corona [ko'ro:na] f ❶ (di metallo prezioso) Krone f ❷ (ornamento) Kranz m; **~ mortuaria** [o **funebre**] (Grab)kranz m; **~ di alloro** Lorbeerkranz m; **~ di spine** Dornenkrone f; **~ del rosario** Rosenkranz m; **~ dei santi** Heiligenschein m ❸ (fig: potere) Krone f, Herrschaft f ❹ (ASTR) Strahlenkranz m; **~ solare** Korona f ❺ (in cerchio) **disporsi a ~** sich im Kreis aufstellen

coronale [koro'na:le] agg ❶ (ANAT) **osso ~** Stirnbein n ❷ (ASTR) die Korona betreffend

coronamento [korona'mento] m Krönung f; **coronare** [koro'na:re] vt ❶ (fig) krönen ❷ (cingere) kränzen

coronaria [koro'na:ria] <-ie> f (ANAT) Kranzgefäß n; **coronario, -a** [koro'a:rio] <-i, -ie> agg ❶ (ANAT) koronar, Kranz- ❷ (LIT) den Dichterkranz betreffend; **certame ~** Dichterwettstreit m (um den silbernen Lorbeerkranz)

coronarografia [koronarogra'fi:a] <-ie> f (MED) Koronarradiographie f

corpetto [kor'petto] m Leibchen n; (panciotto) Weste f; (corpino) Mieder n;

corpino [kor'pi:no] *m* Mieder *n*

corpo ['kɔrpo] *m* ❶ (*parte di Materia*) Körper *m;* **-i celesti** Himmelskörper *mpl* ❷ (*oggetto*) ~ **del reato** (JUR) Corpus delicti *n,* Beweisstück *n* ❸ (*umano e anima-le*) Körper *m,* Leib *m;* **guardia del** ~ Leibwache *f;* **avere qc in** ~ (*essere tormentato da qc*) etw schwer auf dem Magen liegen haben; **avere il diavolo in** ~ den Teufel im Leib haben; **anima e** ~ (mit) Leib und Seele; **combattere** ~ **a** ~ Mann gegen Mann kämpfen ❹ (*parte sostanziale*) Hauptteil *m;* (*forma*) Form *f;* **dare** ~ **a qc** etw Form geben, etw verwirklichen; **prendere** ~ Form annehmen ❺ (*insieme di persone*) Körper *m,* Körperschaft *f;* (MIL, POL) Korps *n;* ~ **insegnante** (ADM) Lehrkörper *m;* ~ **di ballo** Ballettgruppe *f* ❻ (MUS) Klangkörper *m,* Korpus *n* ❼ (*salma*) Leiche *f* ❽ (*loc*) **andare di** ~ (*fam*) Stuhlgang haben; ~ **di Bacco!** (*fam*) ~ **di mille bombe!** (*fam*) Donnerwetter!

corporale [korpo'ra:le] **I.** *agg* (*del corpo*) körperlich, Körper- **II.** *m* (REL) Korporale *n*

corporation [kɔ:pə'reiʃən] <-> *f* Gesellschaft *f,* Unternehmen *n*

corporativismo [korporati'vizmo] *m* Korporativismus *m;* **corporativista** [korporati'vista] <-i *m,* -e *f*> *mf* (POL: *fautore del corporativismo*) Korporativist *m,* Verfechter(in) *m(f)* des Korporativismus; **corporativizzazione** [korporativid-dazt'sio:ne] *f* Anwendung korporativen Gedankengutes in Wirtschaft und Gesellschaft

corporativo, -a [korpora'ti:vo] *agg* körperschaftlich, korporativ

corporatura [korpora'tu:ra] *f* Körperbau *m*

corporazione [korporat'tsio:ne] *f* ❶ (COM, ADM) Körperschaft *f* ❷ (HIST) Zunft *f*

corporeità [korporei'ta] <-> *f* Körperlichkeit *f*

corporeo, -a [kor'pɔ:reo] <-ei, -ee> *agg* körperlich; (*peso*) Körper-; (*sostanza*) materiell

corposo, -a [kor'po:so] *agg* ❶ (*denso*) dicht, kompakt ❷ (*vino*) vollmundig

corpulento, -a [korpu'lɛnto] *agg* korpulent, beleibt; **corpulenza** [korpu'lɛntsa] *f* Korpulenz *f,* Beleibtheit *f*

corpus ['kɔrpus] <-> *m* (LIT, LING, JUR) Korpus *n*

corpuscolare [korpusko'la:re] *agg* korpuskular, Teilchen-; **corpuscolato, -a** [korpusko'la:to] *agg* (BIOL, MED) -körperchen, -teilchen; **gli elementi -i del sangue** die Blutkörperchen

corpuscolo [kor'puskolo] *m* ❶ (SCIENT, PHYS) Korpuskel *n* ❷ (ANAT) (Blut)körperchen *n*

Corpus Domini ['kɔrpus 'dɔ:mini] <-> *m* Fronleichnam *m*

correa *f v.* **correo**

corredare [korre'da:re] *vt* ausstatten; ~ **una stanza di qc** einen Raum mit etw ausstatten; **corredo** [kor'rɛ:do] *m* ❶ (*di sposa*) Aussteuer *f* ❷ (*di laboratorio, casa*) Ausstattung *f*

correggere [kor'rɛddʒere] <irr> **I.** *vt* korrigieren, verbessern **II.** *vr* **-rsi di qc** sich *dat* etw abgewöhnen

correggia [kor'reddʒa] <-gge> *f* Riemen *m*

correità [korrei'ta] <-> *f* (JUR) Mitschuld *f*

correlare [korre'la:re] *vt* in (Wechsel)beziehung stellen; **correlativo, -a** [korrela'ti:vo] *agg* korrelativ

correlazione [korrelat'tsio:ne] *f* Wechselbeziehung *f;* (LING) Korrelation *f*

corrente [kor'rɛnte] **I.** *agg* ❶ (*acqua*) fließend; **camera con acqua** ~ Zimmer *n* mit fließendem Wasser ❷ (*mese, anno*) laufend; ~ **anno** dieses Jahres, heurig *A;* ~ **mese** dieses Monats ❸ (FIN) **conto** ~ Girokonto *n* **II.** *m* **essere/mettere al** ~ auf dem Laufenden sein/halten; **mettersi al** ~ sich auf dem Laufenden halten **III.** *f* ❶ (*di fiume*) Strömung *f,* Strom *m;* (*di lava*) (Lava)strom *m* ❷ (EL) Strom *m;* ~ **impulsiva** Reizstrom *m;* **prendere la** ~ einen Schlag bekommen; **presa di** ~ Steckdose *f* ❸ (*fig: moda, tendenza*) Richtung *f,* Strömung *f;* (*movimento*) Bewegung *f;* **seguire la** ~ (*fig*) mit dem Strom schwimmen; **andare contro** (**la**) ~ (*fig*) gegen den Strom schwimmen

correntemente [korrente'mente] *avv* ❶ (*speditamente*) fließend ❷ (*comunemente*) üblicherweise

correntista [korren'tista] <-i *m,* -e *f*> *mf* Girokontoinhaber(in) *m(f)*

correo, -a ['kɔrreo] <-ei, -ee> *m, f* (JUR) Mitschuldige(r) *f(m)*

correre ['korrere] <corro, corsi, corso> **I.** *vi* **essere o avere** ❶ (*persone*) laufen, rennen; (MOT, SPORT) fahren; ~ **dietro a qu** hinter jdm herlaufen; **lasciar** ~ (*fig*) nicht eingreifen; ~ **a gambe levate** die Beine in die Hand nehmen; ~ **ai ripari** Abhilfe schaffen ❷ (*fig: strade*) verlaufen ❸ (*tempo*) schnell vergehen **II.** *vt* **avere** ❶ (SPORT: *distanza*) laufen; (*gara*) teilnehmen an +*dat* ❷ (*rischio*) eingehen

corresponsabile [korrespon'sa:bile] *agg* mitverantwortlich

corresponsabilizzare [korresponsabi-lid'dza:re] *vt* ~ **qu** jdm Verantwortung übertragen, jdn einbeziehen

corresponsione [korrespon'sio:ne] *f* Gegenleistung *f*

corressi [kor'rɛssi] *1. pers sing pass rem di* **correggere**

correttezza [korret'tettsa] *f* Korrektheit *f*

correttivo [korret'ti:vo] *m* Geschmacksverstärker *m*

correttivo, -a *agg* bessernd, Heil-; **ginnastica -a** Krankengymnastik *f*

corretto, -a [kor'rɛtto] **I.** *pp di* **correggere II.** *agg* ❶ (*giusto*) korrekt, richtig ❷ (*persona, comportamento*) korrekt, untadelig

correttore, -trice [korret'to:re] *m, f* Korrektor(in) *m(f)*

correzione [korret'tsio:ne] *f* ❶ (*miglioramento*) Verbesserung *f* ❷ (*dei compiti, saggio*) Korrektur *f*; (*dallo scolaro*) Verbesserung *f*

corrida [kor'ri:da] *f* Stierkampf *m*

corridoio [korri'do:io] <-oi> *m* ❶ (*di casa*) Korridor *m,* Flur *m*; **voci di ~** Gerüchte *npl* ❷ (FERR) Gang *m* ❸ (POL, SPORT) Korridor *m*; (*nel tennis*) Doppelfeld *n*

corridore [korri'do:re] *m, f* Läufer(in) *m(f)*; (MOT) Rennfahrer(in) *m(f)*

corriera [kor'riɛ:ra] *f* Überlandbus *m*

corriere [kor'riɛ:re] *m* (*per trasporto*) (Eil)bote *m*; (MIL, POL) Kurier *m*

corrigendo, -a [korri'dʒɛndo] *m, f* Zögling *m* (einer Besserungsanstalt)

corrimano [korri'ma:no] *m* Griffstange *f*; (*di scala*) Geländer *n,* Handlauf *m*

corrispettivo [korrispet'ti:vo] *m* Gegenleistung *f*

corrispettivo, -a *agg* entsprechend

corrispondente [korrispon'dɛnte] **I.** *agg* entsprechend, angemessen **II.** *mf* ❶ (*epistolare*) Briefpartner(in) *m(f)* ❷ (*di giornale*) Korrespondent(in) *m(f)*, Berichterstatter(in) *m(f)*; ~ **di guerra** Kriegsberichterstatter(in) *m(f)*; ~ **dall'estero** Auslandskorrespondent(in) *m(f)*; **corrisponden-za** [korrispon'dɛntsa] *f* ❶ (*di lettere*) Korrespondenz *f*; (ADM) Schriftverkehr *m*; ~ **commerciale** Handelskorrespondenz *f*; ~ **epistolare** Briefwechsel *m*; **essere in ~ con qu** mit jdm in Briefwechsel stehen ❷ (*di giornale*) Korrespondentenbericht *m*

corrispondere [korris'pondere] <irr> **I.** *vi* ❶ (*equivalere*) entsprechen, übereinstimmen; ~ **a qc** mit etw übereinstimmen ❷ (*sentimenti*) erwidern; ~ **all'amore di qu** jds Liebe erwidern ❸ (*per lettera*) sich *dat* schreiben **II.** *vt* bezahlen

corro ['korro] *1. pers sing pr di* **correre**

corroborante [korrobo'rante] *agg* stärkend; **corroborare** [korrobo'ra:re] *vt* ❶ (*rinvigorire*) kräftigen, stärken ❷ (*fig: tesi, opinione, teoria*) bestärken, untermauern

corrodere [kor'ro:dere] <irr> **I.** *vt* ❶ (*metalli*) zersetzen; (*acidi*) ätzen; (*denti*) angreifen ❷ (*fig*) nagen an +*dat,* zehren an +*dat* **II.** *vr* **-rsi** sich zersetzen

corrompere [kor'rompere] <irr> **I.** *vt* ❶ (*fig: con denaro*) korrumpieren, bestechen; (*moralmente*) verderben ❷ (*acqua, aria*) verderben **II.** *vr* **-rsi** ❶ (*depravarsi*) verderben ❷ (*putrefarsi*) sich zersetzen; **corrompibile** [korrom'pi:bile] *agg* (*merci*) verderblich

corrosi *1. pers sing pass rem di* **corrodere**

corrosione [korro'zio:ne] *f* Korrosion *f*; (TEC, CHEM) Ätzung *f*

corrosivo [korro'zi:vo] *m* Ätzmittel *n*

corrosivo, -a *agg* ❶ (CHEM) korrosiv ❷ (*azione, fenomeno*) Korrosions-, Zersetzungs-

corroso *pp di* **corrodere**

corrotto *pp di* **corrompere**

corrucciare [korrut'tʃa:re] **I.** *vt* verdrießen **II.** *vr* **-rsi** sich ärgern; **corruccio** [kor'ruttʃo] <-cci> *m* Verdruss *m,* Missmut *m*

corrugamento [korruga'mento] *m* ❶ (GEOL) Faltung *f* ❷ (*di fronte*) Runzeln *n*; (*di sopracciglia*) Zusammenziehen *n*

corrugare [korru'ga:re] **I.** *vt* (*fronte*) runzeln; (*sopracciglia*) zusammenziehen **II.** *vr* **-rsi** sich runzeln

corruppi [kor'ruppi] *1. pers sing pass rem di* **corrompere**

corruttela [korrut'tɛ:la] *f* Verderbtheit *f*

corruttibile [korrut'ti:bile] *agg* (*persona*) korrupt, bestechlich; **corruttibilità** [korruttibili'ta] <-> *f* Korruptheit *f*; (*con denaro*) Bestechlichkeit *f*

corruttore, -trice [korrut'to:re] **I.** *agg* verderblich, Verderben bringend **II.** *m, f* Verderber(in) *m(f)*; (*seduttore*) Verführer(in) *m(f)*; **corruzione** [korrut'tsio:ne] *f* Korruption *f*; (*con denaro*) Bestechung *f*; **accusa di ~** Korruptionsvorwurf *m*; (*seduzione*) Verführung *f*

corsa ['korsa] *f* ❶ (*il correre*) Lauf *m,* Laufen *n*; **di ~** schnell; **fare una ~** rennen; **fare una ~ in qualche luogo** auf einen Sprung irgendwo hingehen ❷ (SPORT) Lauf *m,* Rennen *n*; **automobile da ~** Rennwagen *m*; **cavallo da ~** Rennpferd *n*; **andare alle -e** zum Pferderennen gehen ❸ (*di automezzo*) Fahrt *f,* Tour *f*; **perdere**

l'**ultima** ~ den letzten Bus verpassen; **è proibito scendere dal veicolo in** ~ es ist verboten während der Fahrt abzuspringen
corsaro, -**a** [kor'saːro] I. *m, f* (*pirata*) Korsar *m*, Freibeuter *m* II. *agg* Kaper-
corsetteria [korsetteˈriːa] <-ie> *f* ❶ (*assortimento*) Miederwaren *fpl* ❷ (*negozio*) Miederwarengeschäft *n*
corsetto [kor'setto] *m* ❶ (*da donna*) Korsett *n* ❷ (MED) Stützkorsett *n*
corsi ['kɔrsi] *1. pers sing pass rem di* **correre**
corsia [kor'siːa] <-ie> *f* ❶ (MED) Krankensaal *m* ❷ (*di strada*) (Fahr)spur *f;* ~ **di emergenza** Standspur *f;* ~ **di marcia** Fahrspur *f;* ~ **di sorpasso** Überholspur *f* ❸ (SPORT) Bahn *f*
Corsica ['kɔrsika] *f* Korsika *n*
corsivistica [korsi'vistika] <-che> *f* Anmerkungen *fpl*, (kursiv gedruckter) Kommentar *m*
corsivo [kor'siːvo] *m* Kursivschrift *f*
corsivo, -**a** *agg* kursiv
corso[1] ['kɔrso] *m* ❶ (*andamento*) Verlauf *m*, Lauf *m;* (*d'acqua*) Lauf *m;* **il** ~ **della vita** der Lauf des Lebens; **nel** ~ **dei secoli** im Laufe der Jahrhunderte; **seguire** [*o* **fare**] **il suo** ~ seinen Lauf nehmen; **in** ~ **di stampa** im Druck (befindlich); **aver** ~ ablaufen ❷ (*insegnamento*) Kurs *m;* ~ **di sci** Skikurs *m;* **essere fuori** ~ die Regelstudienzeit überschritten haben ❸ (FIN) Umlauf *m;* (*prezzo*) Kurs *m;* **moneta fuori** ~ ungültige Münze ❹ (COM) (Ab)lauf *m*, Gang *m* ❺ (*strada*) Prachtstraße *f*, Korso *m* ❻ (ASTR) Lauf *m*, Bahn *f*
corso[2] *pp di* **correre**
corso, -**a** ['kɔrso] I. *agg* korsisch II. *m, f* Korse *m*, Korsin *f*
corte ['kɔrte] *f* ❶ (*reggia*) Hof *m* ❷ (ARCH) Hof *m* ❸ (JUR) Gericht *n*, (Gerichts)hof *m;* ~ **d'appello** Berufungsgericht *n;* **Corte di Cassazione** ≈ (Bundes)gerichtshof *m;* **Corte dei Conti** ≈ (Bundes)rechnungshof *m;* **Corte Costituzionale** ≈ (Bundes)verfassungsgericht *n;* ~ **dei conti/di giustizia dell'Unione europea** Europäischer Rechnungs-/Gerichtshof ❹ (*loc*) **fare la** ~ **a qu** jdm den Hof machen
corteccia [kor'tettʃa] <-cce> *f* Rinde *f;* ~ **cerebrale** Hirnrinde *f*
corteggiamento [korteddʒa'mento] *m* ❶ (*di donna*) (Um)werben *n* ❷ (ZOO) Balz *f;*
corteggiare [korted'dʒaːre] *vt* jdm den Hof machen, jdn umwerben; (*a principe*) hofieren; **corteggiatore**, -**trice** [korteddʒa'toːre] *m, f* Verehrer(in) *m(f)*
corteo [kor'tɛːo] *m* (Um)zug *m*

cortese [kor'teːze] *agg* ❶ (*garbato*) höflich; (*gentile*) freundlich ❷ (HIST) höfisch;
cortesia [korte'ziːa] <-ie> *f* Höflichkeit *f;* (*gentilezza*) Freundlichkeit *f;* **per** ~ bitte; **fammi la** ~ **di uscire** geh bitte hinaus
cortigiana [korti'dʒaːna] *f* (*prostituta*) Kurtisane *f;* **cortigiano**, -**a** [korti'dʒaːno] *m, f* ❶ (HIST) Höfling *m*, Hofdame *f* ❷ (*pej: adulatore*) Hofschranze *f*
cortile [kor'tiːle] *m* Hof *m*
cortina [kor'tiːna] *f* ❶ (*tenda*) Vorhang *m* ❷ (*fig: di nebbia, fumo*) Wand *f*
cortisone [korti'zoːne] *m* Kortison *n;* **cortisonoterapia** [kortizonotera'piːa] <-ie> *f* (MED) Kortisontherapie *f*
corto, -**a** ['kɔrto] I. *agg* kurz; **settimana** -**a** Fünftagewoche *f;* **essere a** ~ **di soldi** knapp bei Kasse sein; **per farla** -**a** um es kurz zu machen; **alle** -**e!** (nun aber) zur Sache! II. *avv* **tagliar** ~ es kurz machen
cortocircuitare [kortotʃirkui'taːre] *vt* (TEC) kurz schließen
cortocircuito [kortotʃir'kuːito] *m* Kurzschluss *m;* **cortometraggio** [kortome'traddʒo] <-ggi> *m* Kurzfilm *m*
corvé [kor've] <-> *f* ❶ (MIL) Sonderkommando *n;* **essere di** ~ zu einem Sonderkommando abgestellt sein ❷ (*fig: lavoro ingrato e gravoso*) Schinderei *f*
corvetta [kor'vetta] *f* ❶ (NAUT, HIST) Korvette *f* ❷ (SPORT) Kurbette *f*
corvino, -**a** [kor'viːno] *agg* raben-, pechschwarz; **corvo** ['kɔrvo] *m* Rabe *m;* **nero come un** ~ rabenschwarz; ~ **del malaugurio** (*fig*) Unglücksbote *m*
cosa ['kɔːsa] *f* Sache *f*, Ding *n;* **arrivare a** -**e fatte** sich vollendeten Tatsachen gegenüber sehen; (**che**) ~? was?; **a che** ~ **serve?** wozu dient das?; **a** (**che**) ~ **pensi?** woran denkst du?; **di che** ~? wovon?; **credersi chissà che** ~ sich für Gott weiß wen halten; **è** ~ **fatta** es ist erledigt; **non è una gran** ~ das ist nichts Besonderes; **è la stessa** ~ das ist egal; **è tutt'altra** ~ das ist etwas völlig anderes; **ho le mie** -**e** (*fam*) ich habe meine Tage; **la** ~ **pubblica** der Staat; **le** -**e si mettono male** die Lage verschlimmert sich; **una** ~ **tira l'altra**, **da** ~ **nasce** ~ eins zieht das andere nach (sich); **raccontami come sono andate le** -**e** erzähl mir, wie es gelaufen ist; **dimmi una** ~ sag' mal; **sai una** ~, ... weißt du was? …; ~ **vuoi**, **sono bambini!** was willst du, so sind Kinder eben!; **per prima** ~ als Erstes, vor allem; **sopra ogni** ~ mehr als alles; **fra le altre** -**e** unter anderem; **tante** (**belle**) -**e!** alles Gute!; (*salutando*) viele Grüße!; **qualche** ~ etwas; **qualsiasi** ~ **succeda** egal, was pas-

siert

cosca ['kɔska] <-sche> f Mafia-Klan m

coscia ['kɔʃʃa] <-sce> f ❶ (ANAT) Schenkel m ❷ (GASTR) Keule f, Schlegel m

cosciente [koʃʃɛnte] agg bewusst; **coscientemente** [koʃʃɛnte'mente] avv bewusst, im Bewusstsein; **coscienza** [koʃʃɛntsa] f ❶ (consapevolezza) Bewusstsein n; **perdere/riacquistare la ~** das Bewusstsein verlieren/wiedererlangen ❷ (valori morali) Gewissen n; **avere la ~ pulita/sporca** ein gutes/schlechtes Gewissen haben; **avere qc sulla ~** etw auf dem Gewissen haben; **caso di ~** Gewissensfrage f; **esame di ~** Gewissensprüfung f; **mettersi una mano sulla ~** mit sich dat ins Gericht gehen ❸ (impegno, senso del dovere) Gewissenhaftigkeit f; **agire con ~** gewissenhaft handeln ❹ (onestà) Ehrlichkeit f; **obiettore di ~** Wehrdienstverweigerer m; **coscienziale** [koʃʃen'tsia:le] agg (PSYCH) Bewusstseins-; **coscienziosità** [koʃʃentsiosi'ta] <-> f Gewissenhaftigkeit f; **coscienzioso, -a** [koʃʃen'tsio:so] agg ❶ (persona) gewissenhaft ❷ (opera, lavoro) gewissenhaft, sorgfältig

coscio ['kɔʃʃo] <-sci> m Keule f

cosciotto [koʃʃɔtto] m Schlegel m, kleine Keule

coscritto [kos'kritto] m Rekrut m; **coscrivere** [kos'kri:vere] <coscrivo, coscrissi, coscritto> vt einberufen; **coscrizione** [koskrit'tsio:ne] f Einberufung f

coseno [ko'se:no] m (MAT) Kosinus m

Cosentino [kosen'ti:no] <sing> m Umgebung f von Cosenza

cosentino, -a I. agg aus Cosenza stammend II. m, f (abitante) Einwohner(in) m(f) von Cosenza

Cosenza f Cosenza n (Stadt in Kalabrien)

così [ko'si] I. avv ❶ (in questo modo) so; **come va? — ~ ~** wie geht es? — so lala; **non devi fare ~** so darfst du das nicht machen; **per ~ dire** sozusagen; **e ~ via** und so weiter; **è proprio ~** es ist wirklich so ❷ (tanto) so ❸ (correlativo di come) (so) wie II. <inv> agg solche(r, s), so ein(e, r, s) III. cong so; **~ sia** amen; **cosicché** [kosik'ke] cong so dass, sodass A

cosiddetto, -a [kosid'detto] agg so genannt; **cosiffatto, -a** [kosif'fatto] agg solcherart, so beschaffen

cosmesi [koz'mɛ:zi] <-> f, **cosmetica** [kos'mɛ:tika] <-> f Kosmetik f

cosmetico [kos'mɛ:tiko] <-ci> m Kosmetikprodukt n

cosmetico, -a <-ci, -che> agg kosme-

tisch

cosmetista [kosme'tista] <-i m, -e f> mf Kosmetiker(in) m(f)

cosmetologia [kosmetolo'dʒi:a] <-ie> f (MED) Kosmetologie f; **cosmetologico, -a** [kosmeto'lɔ:dʒiko] <-ci, -che> agg (MED) kosmetologisch; **cosmetologo, -a** [kosme'tɔ:logo] <-gi, -ghe> m, f Kosmetologe, -login m, f

cosmico, -a ['kɔzmiko] <-ci, -che> agg ❶ (ASTR) kosmisch ❷ (fig: di tutti) universal; **cosmo** ['kɔzmo] m Kosmos m, Weltall n; **cosmografia** [kozmogra'fi:a] f Kosmographie f; **cosmologia** [kozmolo'dʒi:a] <-gie> f Kosmologie f; **cosmonauta** [kozmo'na:uta] <-i m, -e f> mf Kosmonaut(in) m(f); **cosmonautica** [kozmo'na:utika] f Kosmonautik f, Technik f der bemannten Raumfahrt; **cosmonautico, -a** [kozmo'na:utiko] <-ci, -che> agg kosmonautisch; **cosmonave** [kozmo'na:ve] f Raumschiff n

cosmopolita [kozmopo'li:ta] <-i m, -e f> I. mf Kosmopolit(in) m(f) II. agg kosmopolitisch

coso ['kɔ:so] m (fam) Dingsda n, Dingsbums n

cosottoscrittore, -trice [kosottoskrit'to:re] m, f Mitunterzeichner(in) m(f), Mitzeichner(in) m(f)

cospargere [kos'pardʒere] <irr> vt bestreuen; (disseminare) übersäen; **~ un dolce di zucchero** einen Kuchen mit Zucker bestreuen

cospetto [kos'pɛtto] m **al ~ di qu** in jds Gegenwart, jdm gegenüber

cospicuità [kospikui'ta] <-> f Ansehnlichkeit f, Beträchtlichkeit f; (evidenza) Augenfälligkeit f

cospicuo, -a [kos'pi:kuo] agg ansehnlich, beträchtlich; (evidente) augenfällig

cospirare [kospi'ra:re] vi sich verschwören; **cospirativo, -a** [kospira'ti:vo] agg konspirativ; **cospiratore, -trice** [kospira'to:re] m, f Verschwörer(in) m(f); **cospirazione** [kospirat'tsio:ne] f Verschwörung f

cossi ['kɔssi] 1. pers sing pass rem di **cuocere**

Cost. abbr di **Costituzione** Verf.

costa ['kɔsta] f ❶ (GEOG) Küste f ❷ (ANAT, BOT) Rippe f ❸ (di libro, coltello) Rücken m ❹ (di tessuto) Rippe f; **velluto a -e** Kordsamt m

costà [kos'ta] avv (tosc: stato) dort; (moto) dorthin

costale [kos'ta:le] agg Rippen-

costante [kos'tante] I. agg ❶ (persona)

beharrlich; (*fermo*) beständig ② (*sentimenti*) anhaltend; (*tempo*) beständig **II.** *f*
Konstante *f*

Costantino (*nome maschile*) Konstantin

costanza [kos'tantsa] *f* ① (*di persona*)
Beharrlichkeit *f,* Ausdauer *f;* (*fermezza*)
Beständigkeit *f* ② (TEC, SCIENT) Stetigkeit *f,*
Konstanz *f*

Costanza [kos'tantsa] *f* Konstanz *n; *Lago
di ~ Bodensee *m*

costare [kos'ta:re] *vi, vt* essere (*a fig*) kosten; **~ caro** viel kosten, teuer sein; **~ poco**
wenig kosten, nicht teuer sein; **quanto
costa?** wie viel kostet das?; **costi quel che
costi** koste es, was es wolle; **~ fatica a qu**
jdn Mühe kosten

costata [kos'ta:ta] *f* Rumpsteak *n*

costato [kos'ta:to] *m* Brustkorb *m*

costeggiare [kosted'dʒa:re] *vt* ① (NAUT)
entlangfahren an *+dat* ② (*strada, sentiero*)
vorbeiführen an *+dat,* entlanglaufen an
+dat

costei *v.* **costui**

costellare [kostel'la:re] *vt* sprenkeln (*di*
mit), übersäen (*di* mit)

costellazione [kostellat'tsio:ne] *f* (ASTR)
Konstellation *f;* (*dello zodiaco*) Sternbild *n*

costernare [koster'na:re] *vt* bestürzen;
costernazione [kosternat'tsio:ne] *f* Bestürzung *f*

costì [kos'ti] *avv* (*stato*) dort; (*moto*) dorthin

costicchiare [kostik'kia:re] *vi* essere
(*fam*) ganz schön teuer sein

costiera [kos'tiɛ:ra] *f* Küstenregion *f;*
costiero, -a [kos'tiɛ:ro] *agg* Küsten-

costing ['kɔstiŋ] <-> *m* Kosten(be)rech-
nung *f,* Kalkulation *f*

costipare [kosti'pa:re] *vt* ① (*terreno*) walzen ② (MED) verstopfen; **costipazione**
[kostipat'tsio:ne] *f* ① (MED: *d'intestino*)
Verstopfung *f* ② (*fam: raffreddore*) starke
Erkältung, Verkühlung *f* A ③ (AGR) Boden-
verdichtung *f*

costituente [kostitu'ɛnte] **I.** *agg* konstitu-
ierend **II.** *f* konstituierende Versammlung
III. *m* ① (*persona*) Mitglied *n* der verfas-
sunggebenden Versammlung ② (CHEM) Bestandteil *m*

costituire [kostitu'i:re] <costituisco> **I.** *vt*
① (*fondare, creare*) gründen ② (*rappresentare*) darstellen, sein ③ (*formare*) bilden; **essere costituito da** bestehen aus,
zusammengesetzt sein aus ④ (*eleggere*) ernennen; (*nominare*) einsetzen; **~ qu a
erede** jdn zum Nachfolger ernennen **II.** *vr*
-rsi ① (JUR) sich stellen; **-rsi parte civile**
Nebenklage erheben; **-rsi in giudizio** vor

Gericht erscheinen ② (*formarsi*) sich bilden; **costituito, -a** [kostitu'i:to] *agg* Ge-
setzes-; **costitutivo, -a** [kostitu'ti:vo] *agg*
konstitutiv, bestimmend

costituzionale [kostituttsio'na:le] *agg*
① (POL) konstitutionell, verfassungsmäßig;
(JUR) Verfassungs-; **Corte Costituzionale** ≈
(Bundes)verfassungsgericht *n;* **governo/
monarchia ~** konstitutionelle Regierung/
Monarchie ② (MED) konstitutionell; **co-
stituzionalità** [kostituttsionali'ta] <-> *f*
Verfassungsmäßigkeit *f;* **costituzionaliz-
zare** [kostituttsionalid'dza:re] *vt* (POL)
konstitutionalisieren; **~ un partito** eine
Partei an die Verfassung binden

costituzione [kostitut'tsio:ne] *f* ① (JUR)
Verfassung *f* ② (*di società, giuria*) Bildung *f,* Gründung *f* ③ (GEOL) Formation *f*
④ (MED) Konstitution *f* ⑤ (*struttura*) Struktur *f,* Gefüge *n*

costo ['kɔsto] *m* ① (*somma*) Preis *m;*
(COM) Kosten *pl,* Unkosten *pl;* **~ della vita**
Lebenshaltungskosten *pl;* **sotto ~** unter
Preis; **a prezzo di ~** zum Selbstkosten-
preis; **-i di nolo** Frachtkosten *pl* ② (*fig*)
Preis *m,* Einsatz *m; *a qualunque [*o* ogni]
~, a tutti i -i um jeden Preis

costola ['kɔstola] *f* ① (ANAT, BOT) Rippe *f;*
stare alle -e di qu jdm auf der Pelle liegen
fam; **gli si contano le -e** bei ihm kann
man die Rippen zählen *fam* ② (GASTR) Rippchen *n* ③ (*di libro, lama*) Rücken *m;* **costoletta** [kosto'letta] *f* Kotelett *n;* **costolone** [kosto'lo:ne] *m* Rippe *f*

costone [kos'to:ne] *m* Gebirgskamm *m,*
Grat *m*

costoro [kos'to:ro] *v.* **costui**

costoso, -a [kos'to:so] *agg* teuer; (*dispendioso*) kostspielig

costringere [kos'trindʒere] <irr> *vt* zwingen; **~ qu a fare qc** jdn zwingen etw zu
tun; **la febbre lo costringe a letto** das
Fieber fesselt ihn ans Bett; **costrittivo,
-a** [kostrit'ti:vo] *agg* ① (JUR) zwingend,
Zwangs- ② (LING) **consonanti -e** Reibelau-
te *mpl;* **costrittore** [kostrit'to:re] *agg*
(ANAT) Schließ-; **muscolo ~** Schließmuskel *m*

costrizione [kostrit'tsio:ne] *f* Zwang *m*

costruire [kostru'i:re] <costruisco> *vt*
① (ARCH) (er-, auf)bauen; (TEC) (zusammen)bauen ② (*fig*) errichten, aufbauen;
~ sulla sabbia (*fig*) auf Sand bauen; **costruttivo, -a** [kostrut'ti:vo] *agg* ① (*tecnica, processo*) baulich, Bau- ② (*fig*) konstruktiv, aufbauend; **costrutto** [kos'trut-
to] *m* ① (LING) Konstruktion *f,* (Satz)bau *m*
② (*senso*) Sinn *m,* Zusammenhang *m*

C

❸ (*fig: profitto*) Nutzen *m;* **cavare** [*o* **trar-re**] **~ da qc** aus etw Nutzen ziehen; **costruttore, -trice** [kostrut'to:re] *m, f* (Er)bauer(in) *m(f);* **costruzione** [kostrut'tsio:ne] *f* ❶(ARCH) Bau *m; (fabbricazione)* (Auf)bau *m,* Konstruktion *f;* **essere in ~** im Bau (befindlich) sein ❷(TEC) Bauart *f,* Bauweise *f* ❸(LING) Konstruktion *f;* (Satz)bau *m;* (LIT) Aufbau *m*

costui, costei [kos'tu:i, kos'tɛ:i] <**costo-ro**> *pron dim* diese(r, s), der/die/das da

costume [kos'tu:me] *m* ❶(THEAT) Kostüm *n; (foggia di vestire)* Tracht *f;* **~ da bagno** (*da donna*) Badeanzug *m;* (*da uomo*) Badehose *f* ❷(*usanze*) Sitte *f,* Brauch *m;* (*abitudine*) Gewohnheit *f* ❸(*condotta morale*) Sitte *f,* Anstand *m;* **il buon ~** die guten Sitten *fpl;* **una donna di facili -i** eine Frau mit lockerem Lebenswandel; **squadra del buon ~** Sittenpolizei *f;* **costumista** [kostu'mista] <-i *m,* -e *f*> *mf* Kostümbildner(in) *m(f)*

costura [kos'tu:ra] *f* Naht *f*

cotangente [kotan'dʒɛnte] *f* Kotangens *m*

cotechino [kote'ki:no] *m* Brühwurst aus Schweinefleisch

cotenna [ko'tenna] *f* Schwarte *f;* **avere la ~ dura** (*fig*) ein dickes Fell haben

cotica ['kɔ:tika] <-che> *f* (*dial*) Schwarte *f*

cotiledone [koti'lɛ:done] *m* Keimblatt *n*

cotogna [ko'toɲɲa] *f* Quitte *f;* **cotognata** [kotoɲ'ɲa:ta] *f* Quittengelee *m o n;* (*confitura*) Quittenmarmelade *f;* **cotogno** [ko'toɲɲo] *m* Quitte *f,* Quittenbaum *m*

cotoletta [koto'letta] *f* Kotelett *n;* (*senza osso*) Schnitzel *n*

cotonare [koto'na:re] **I.** *vt* toupieren **II.** *vr* **-rsi** *dat* die Haare toupieren

cotonata [koto'na:ta] *f* einseitig bunt bedruckter Baumwollstoff *m;* **cotonatura** [kotona'tu:ra] *f* Toupieren *n*

cotone [ko'to:ne] *m* ❶(*tessuto*) Baumwollstoff *m,* Baumwolle *f* ❷(BOT) Baumwolle *f* ❸(*ovatta*) **~ (idrofilo)** Watte *f*

cotoniero, -a [koto'niɛ:ro] *agg* Baumwoll-; **cotonificio** [kotoni'fi:tʃo] <-ci> *m* Baumwollspinnerei *f*

cotta ['kɔtta] *f* ❶(*fam: passione amorosa*) Vernarrtheit *f,* Verliebtheit *f;* **avere una ~ per qu** in jdn verknallt sein; **prendersi una ~ per qu** sich in jdn verknallen ❷(REL) Chorhemd *n*

cottage ['kɔtidʒ] <-> *m* Landhaus *n*

cottimista [kotti'mista] <-i *m,* -e *f*> *mf* Akkordarbeiter(in) *m(f)*

cottimo ['kɔttimo] *m* Akkord *m;* **lavorare a ~** im Akkord arbeiten

cotto ['kɔtto] *m* Tonfliese *f*

cotto, -a [...] **I.** *pp di* **cuocere II.** *agg* ❶(GASTR: *pronto*) gar; (*carne, verdura*) gekocht; (*in forno*) gebacken; (*in padella*) gebraten; (*in umido*) gedünstet, geschmort; **ben ~** durch(gebraten); **~ e stracotto** (*a fig*) zerkocht; **farne di -e e di crude** (*fig*) die unmöglichsten Dinge anstellen; **né ~ né crudo** (*fig*) weder Fisch noch Fleisch ❷(*fam: innamorato*) **essere ~ di qu** in jdn verknallt sein ❸(*fig: sfinito*) geschafft

cotton fioc ['kɔtn fi'ɔk] <-> *m* Wattestäbchen *n*

cottura [kot'tu:ra] *f* (GASTR) Garen *n;* (*nell'acqua*) Kochen *n;* (*in padella*) Braten *n;* (*in umido*) Dünsten *n,* Schmoren *n;* (*in forno*) Backen *n;* **punto di ~** Garpunkt *m*

count ['kaunt] <- *o* counts> *m* (SPORT) Punktzahl *f*

count down ['kaunt 'daun] <-> *m* Countdown *m o n*

coupé [ku'pe] <-> *f* Coupé *n,* Kupee *n*

coupon [ku'pɔ̃] <-> *m* Coupon *m,* Abschnitt *m;* **~ per la benzina** Benzingutschein *m*

couponing ['ku:pɔniŋ] <-> *m* Couponing *n*

couscoussiera [kuskus'siera] *f* (GASTR) Pfanne zur Zubereitung von Kuskus

cova ['ko:va] *f* Brut *f;* (*tempo*) Brutzeit *f;* **covare** [ko'va:re] **I.** *vt* ❶(ZOO) ausbrüten ❷(*fig: malattia*) ausbrüten *fam;* (*odio, sospetto, speranza*) hegen **II.** *vi* ❶(ZOO) brüten ❷(*fig: stare celato*) verborgen sein, schwelen; **covata** [ko'va:ta] *f* Brut *f*

coventrizzato, -a [koventrid'dza:to] *agg* zerstört durch Bombardierung, dem Erdboden gleichgemacht

coverage ['kʌvəridʒ] <-> *m* Umfang *m,* Reichweite *f,* Geltungsbereich *m;* (INFORM) Versorgung *f,* Flächendeckung *f*

cover girl ['kʌvə 'gə:l *o* 'kɔvər 'gɛrl] <-> *f* Covergirl *n*

cover story ['kʌvə 'stɔ:ri] <- *o* cover stories> *f* Titelgeschichte *f,* Titelstory *f*

covo ['ko:vo] *m* ❶(ZOO) Höhle *f,* Bau *m* ❷(*fig: nascondiglio*) Schlupfwinkel *m,* Versteck *n;* **~ di ladri** Diebesnest *n*

covone [ko'vo:ne] *m* Garbe *f*

cow-boy ['kaubɔi] <-> *m* Cowboy *m*

coyote [ko'jote] *v.* **coiote**

cozza ['kɔttsa] *f* Miesmuschel *f*

cozzare [kot'tsa:re] **I.** *vi* ❶(*sbattere*) anstoßen, **~ contro qu/qc** gegen jdn/etw stoßen ❷(ZOO) mit den Hörnern stoßen ❸(*fig: mettersi in contrasto*) **~ con qu** sich mit jdm anlegen **II.** *vr* **-rsi** ❶(*urtarsi*) zusammenstoßen ❷(*contrastare*) aneinan-

dergeraten; **cozzo** ['kɔttso] *m* ❶ (*urto*)
Stoß *m* ❷ (*fig: contrasto*) Auseinandersetzung *f*

CP *mpl abbr di* **Cattolici Popolari** *eine der*
Nachfolgeparteien der Democrazia Cri-
stiana

C.P. *abbr di* **Casella Postale** Postf.

C.P.C. *abbr di* **Codice di Procedura Civi-**
le ZPO

C.P.P. *abbr di* **Codice di Procedura Pena-**
le StPO

C.p.r. *abbr di* **con preghiera di restituzio-**
ne mit der Bitte um Rückerstattung

CPU *f abbr di* **Central Processing Unit**
(INFORM) CPU *f*

crac [krak] <-> *m* ❶ (*rumore*) Knacken *n*,
Krachen *n* ❷ (*fig* COM) Zusammenbruch *m*

cracker ['krækə *o* 'krɛker] <-> *m* Cracker *m*

cracking ['krækiŋ] <-> *m* Krackverfahren *n*

Cracovia *f* Krakau *n*

cracoviano, -a [krako'via:no] **I.** *agg* Kra-
kauer **II.** *m, f* (*abitante*) Krakauer(in) *m(f)*

CRAL [kral] *m acro di* **Circolo Ricreativo**
Assistenziale Lavoratori *Freizeitverband*
für italienische Arbeiter

crampo ['krampo] *m* Krampf *m*

cranico, -a ['kra:niko] <-ci, -che> *agg*
Schädel-; **trauma ~** Schädeltrauma *n*; **cra-**
nio ['kra:nio] <-i> *m* Schädel *m*

crapula ['kra:pula] *f* Völlerei *f*, Fressgier *f*;
crapulone, -a [krapu'lo:ne] *m, f* Vielfraß *m*

crash [kræʃ] <-> *m* ❶ (*rumore*) Crash *m*,
Krach(en) *n* ❷ (INFORM) Absturz *m*; **avere**
un ~ abstürzen; **crash test** [kræʃ test] <-
o crash tests> *m* Crashtest *m*

crasso, -a ['krasso] *agg* grob, krass; **inte-**
stino ~ Dickdarm *m*

cratere [kra'tɛ:re] *m* Krater *m*; **~ lunare**
Mondkrater *m*; **craterico, -a** [kra'tɛ:riko]
<-ci, -che> *agg* Krater-

crauti ['kra:uti] *mpl* Sauerkraut *n*

cravatta [kra'vatta] *f* Krawatte *f*, Schlips *m*;
cravattino [kravat'ti:no] *m* Fliege *f*

crawl [krɔːl] <-> *m* Kraul(schwimmen) *n*,
Kraulen *n*; **battere il ~** kraulen; **crawli-**
sta [kro'lista] <-i *m*, -e *f*> *mf* Kraul-
schwimmer(in) *m(f)*

creanza [kre'antsa] *f* ❶ (*educazione*) Erziehung *f* ❷ (*buone maniere*) Anstand *m*,
Benehmen *n*

creare [kre'a:re] *vt* ❶ (*produrre*) (er)schaf-
fen; (COM: *società*) gründen; (*nella moda*)
kreieren; (TEC) konstruieren; (*teoria*) aufstellen ❷ (*fig: scandalo, disagio*) verursachen; (*difficoltà*) machen, bereiten ❸ (*no-*

minare) ernennen

creatina [krea'ti:na] *f* Kreatin *n*

creativa *f v.* **creativo**

creative writing [kri(ː)'etiv 'raitiŋ] <-> *f*
Creative writing *n*, kreatives Schreiben

creatività [kreativi'ta] <-> *f* Kreativität *f*;
creativo, -a [krea'ti:vo] *agg* kreativ,
schöpferisch

creato [kre'a:to] *m* Schöpfung *f*

creato, -a *agg* geschaffen; **creatore, -tri-**
ce [krea'to:re] **I.** *agg* schöpferisch **II.** *m, f*
Schöpfer(in) *m(f)*; **il Creatore** (REL) der
Herr, der Schöpfer; **creatura** [krea'tu:ra] *f*
❶ (REL) Kreatur *f*, Geschöpf *n* ❷ (*bambino*)
kleines Wesen, Kind *n* ❸ (*essere umano*)
Geschöpf *n*, Wesen *n*; **creazione** [kre-
at'tsio:ne] *f* ❶ (*il creare*) (Er)schaffung *f*;
(REL) Schöpfung *f* ❷ (*fondazione*) Gründung *f* ❸ (*nella moda*) Kreation *f* ❹ (TEC)
Konstruktion *f* ❺ (*invenzione*) Erfindung *f*

crebbi ['krebbi] *1. pers sing pass rem di*
crescere

credei [kre'dе:i] *1. pers sing pass rem di*
credere[1]

credente [kre'dɛnte] **I.** *agg* gläubig **II.** *mf*
Gläubige(r) *f(m)*

credenza [kre'dɛntsa] *f* ❶ (*mobile*) Anrichte *f* ❷ (*leggenda*) Glaube *m*; **-e popo-**
lari Volksglaube *m*

credenziale [kreden'tsia:le] **I.** *agg* (*lette-*
ra) Beglaubigungs- **II.** *pl* Akkreditiv *n*

credere[1] ['kre:dere] <credo, credetti *o*
credei, creduto> **I.** *vt* (*ritenere*)
halten für; **io non ci credo** das glaube ich
nicht; **lo credo bene!** (*fam*) das glaube ich
gern!; **lo credo capace di tutto** ich glaube, er ist zu allem fähig; **credo che …**
+*conj* ich glaube, dass … **II.** *vi* glauben;
~ in qu/qc an jdn/etw glauben; **~ a** qu
jdm glauben; **non potevo ~ ai miei occhi**
ich traute meinen Augen kaum; **fa come**
credi mach, was du für richtig hältst **III.** *vr*
-rsi sich halten für; **-rsi furbo/intelligen-**
te sich für schlau/intelligent halten; **ma**
chi ti credi di essere? für wen hältst du
dich eigentlich?

credere[2] *m* Meinung *f*, Vorstellung *f*

credibile [kre'di:bile] *agg* glaubhaft, glaubwürdig; **credibilità** [kredibili'ta] <-> *f*
Glaubhaftigkeit *f*, Glaubwürdigkeit *f*

credit card ['kredit ka:d] <- *o* credit
cards> *f* Kreditkarte *f*

creditizio, -a [kredi'tittsio] <-i, -ie> *agg*
Kredit-

credit line ['kredit lain] <- *o* credit
lines> *f* Kredit(ober)grenze *f*; **credito**
['kre:dito] *m* ❶ (COM, FIN) Kredit *m*, Forderung *f*, Darlehen *n*; **comprare/vendere**

C

credere/supporre	
esprimere opinioni	**Meinungen ausdrücken**
Credo che sarò bocciato.	**Ich glaube/denke, dass** ich versetzt werde.
Credo nella vittoria della nostra squadra.	**Ich glaube an** den Sieg unserer Mannschaft.
Ritengo questa spiegazione assolutamente logica.	**Ich halte** diese Erklärung **für** vollkommen logisch.
Lo **considero** abbastanza intelligente.	**Ich halte** ihn **für** ziemlich intelligent.
esprimere supposizioni	**Vermutungen ausdrücken**
Suppongo che non verrà stasera.	**Ich vermute,** er wird heute Abend nicht kommen.
È da supporre che sia contento del suo nuovo lavoro.	**Es ist anzunehmen, dass** er mit seiner neuen Arbeit zufrieden ist.
Considero (più che) possibile una fusione delle due ditte a breve termine.	**Ich halte** eine Fusion der beiden Firmen in der nächsten Zeit **für (durchaus) möglich.**
Ho un certo presentimento.	**Ich habe da so eine Ahnung.**
Presumo che il treno avrà ritardo.	**Mir scheint, dass** der Zug Verspätung haben wird.
Ho la sensazione che mi imbrogli.	**Ich habe das Gefühl, dass** er mich betrügt.
Ho l'impressione che non voglia venire alla festa di compleanno.	**Ich habe den Eindruck, dass** er nicht zur Geburtstagsparty kommen will.

a ~ auf Kredit kaufen/verkaufen; **essere in** ~ Kredit haben; ~ **formativo** Ausbildungsdarlehen *n;* ~ **d'imposta** Steuererstattungsanspruch *m* ❷ (*fig: stima*) Ansehen *n;* (*attendibilità*) Glauben *m,* Beachtung *f;* **godere di molto** ~ sehr angesehen sein; **creditore, -trice** [kredi'to:re] **I.** *agg* Gläubiger-, kreditgebend **II.** *m, f* Gläubiger(in) *m(f)*
credo ['krɛːdo] *m* (REL) Kredo *n;* (*a fig*) Glaubensbekenntnis *n*
credulità [kreduli'ta] <-> *f* Leichtgläubigkeit *f;* **credulo, -a** ['krɛːdulo] *agg* leichtgläubig
credulone, -a [kredu'lo:ne] (*fam*) **I.** *agg* naiv, leichtgläubig **II.** *m, f* Einfaltspinsel *m,* Naivling *m;* **creduto** [kre'du:to] *pp di* **credere**
crema ['krɛːma] **I.** *f* ❶ (*panna*) Sahne *f;* **gelato alla** ~ Eiscreme *f;* **la** ~ **della società** (*fig*) die Crème de la crème ❷ (GASTR: *passato*) ~ **di pomodoro/piselli** Tomaten-/Erbsencremesuppe *f* ❸ (*cosmetico, per calzature*) Creme *f;* ~ **antietà** Antiagingcreme *f;* ~ **per le mani** Handcreme *f;* ~ **da giorno/notte** Tages-/Nachtcreme *f;* ~ **da barba** Rasiercreme *f;* ~ **solare** Son-

nencreme *f;* ~ **da scarpe** Schuhcreme *f* **II.** <inv> *agg* (*color*) ~ cremefarben
cremagliera [kremaʎˈʎɛːra] *f* Zahnstange *f;* **ferrovia a** ~ Zahnradbahn *f*
cremare [kre'ma:re] *vt* einäschern; **crematorio** [krema'tɔ:rio] <-i> *m* Krematorium *n;* **cremazione** [kremat'tsio:ne] *f* Einäscherung *f*
crème [krɛm] <-> *f* (*fig*) Crème *f;* **la ~ della società** die Crème de la crème; **cremeria** [kreme'ri:a] <-ie> *f* Molkerei *f*
cremisi ['krɛːmizi] **I.** <inv> *agg* karmesinrot, karminrot **II.** <-> *m* Karmesin *n,* Karmin *m*
Cremlino [krem'li:no] *m* Kreml *m*
Cremona [kre'mo:na] *f* Cremona *n* (*Stadt in der Lombardei*)
cremonese [kremo'ne:se] **I.** *agg* Cremoneser **II.** *mf* (*abitante*) Cremoneser(in) *m(f)* **III.** *f* ❶ (*sistema di chiusura*) Basküleverschluss *m* ❷ (*focaccia dolce*) süßer Hefekuchen *m*
Cremonese <sing> *m* Umgebung *f* von Cremona
cremore [kre'mo:re] *m* ~ **di tartaro** Weinstein *m*
cren [krɛn] <-> *m* Meerrettich *m,*

Kren *m A*

crepa ['krɛ:pa] *f* Riss *m,* Sprung *m;* **crepaccio** [kre'pattʃo] <-cci> *m* Spalte *f;* ~ **di un ghiacciaio** Gletscherspalte *f*

crepacuore [krepa'kuɔ:re] *m* **morire di** ~ an gebrochenem Herzen sterben

crepapelle [krepa'pɛlle] *avv* **a** ~ (*fam*) zum Platzen; **ridere a** ~ (*fam*) sich kaputtlachen

crepare [kre'pa:re] **I.** *vi* essere ❶ (*muro, terra*) bersten, aufbrechen ❷ (*pelle*) aufspringen, aufplatzen ❸ (*fig fam*) ~ **di rabbia** vor Wut platzen; ~ **di paura** vor Angst sterben ❹ (*pej: morire*) krepieren *vulg,* verrecken *vulg;* ~ **dal caldo/dalla sete/fame** (*fam*) vor Hitze/Durst/Hunger eingehen; ~ **dalle risa** (*fam*) sich totlachen; **in bocca al lupo! — crepi (il lupo)!** (*fam*) Hals- und Beinbruch! Toi, toi, toi! **II.** *vr* **-rsi** aufbrechen, rissig werden

crêpe [krɛp] <-> *f* (GASTR) Crêpe *f*

creperia [krepe'ri:a] <-ie> *f* Crêperie *f,* Lokal *n,* in dem Crêpes serviert werden

crepitare [krepi'ta:re] *vi* (*fuoco*) knistern; (*pioggia*) prasseln; **crepitio** [krepi'ti:o] <-ii> *m* (*del fuoco*) Knistern *n;* (*della pioggia*) Prasseln *n*

crepuscolare [krepusko'la:re] *agg* ❶ (*luce, cielo*) dämm(e)rig, Dämmer- ❷ (*fig: sentimenti, sensazione*) vage, unbestimmt; **crepuscolarismo** [krepuskola'rizmo] *m* Crepuscolarismo *m* (*Richtung der italienischen Lyrik zu Beginn des 20. Jh.*)

crepuscolo [kre'puskolo] *m* ❶ (*ora*) Dämmerung *f;* (*luce*) Dämmerlicht *n* ❷ (*fig: declino*) Untergang *m,* Ende *n*

crescendo [kreʃʃɛndo] *m* ❶ (MUS) Crescendo *n* ❷ (*fig: aumento di intensità*) Anschwellen *n;* **crescente** [kreʃʃɛnte] *agg* zunehmend

crescenza [kreʃʃɛntsa] *f* (GASTR) *sahniger Weichkäse aus der Lombardei*

crescere [kreʃʃere] <cresco, crebbi, cresciuto> **I.** *vi* essere ❶ (*aumentare, svilupparsi*) wachsen, zunehmen; ~ **di peso/volume** an Gewicht/Volumen zunehmen; **farsi** ~ **i capelli** sich *dat* die Haare wachsen lassen; **come sei cresciuto!** du bist aber gewachsen! ❷ (*fig*) ~ **in bellezza/virtù** an Schönheit/Tugend gewinnen; ~ **nella stima di qu** in jds Achtung steigen **II.** *vt* avere ❶ (*figli*) aufziehen, großziehen ❷ (BOT) ziehen, züchten ❸ (COM: *prezzi*) erhöhen

crescione [kreʃʃo:ne] *m* (Brunnen)kresse *f*

crescita ['kreʃʃita] *f* Wachstum *n;* ~ **zero** (COM) Nullwachstum *n*

cresciuto [kreʃʃu:to] *pp di* **crescere**

cresco ['kresko] *1. pers sing pr di* **crescere**

cresima ['krɛ:zima] *f* Firmung *f;* (*nella chiesa luterana*) Konfirmation *f;* **cresimando, -a** [krezi'mando] *m, f* Firmling *m;* (*nella chiesa luterana*) Konfirmand(in) *m(f);* **cresimare** [krezi'ma:re] **I.** *vt* firmen; (*nella chiesa luterana*) konfirmieren **II.** *vr* **-rsi** gefirmt/konfirmiert werden

crespella [kres'pɛlla] *f* (GASTR) *dünner Pfannkuchen mit Füllung*

crespo ['krespo] *m* Krepp *m*

crespo, -a *agg* (*capelli*) kraus; (*tessuto*) gekräuselt

cresta ['kresta] *f* ❶ (ZOO) (Hahnen)kamm *m;* **alzare/abbassare la** ~ (*fig*) den Kopf hoch tragen/einziehen ❷ (GEOG) (Gebirgs)kamm *m,* Grat *m;* **essere sulla** ~ **dell'onda** (*fig*) auf dem Gipfel des Erfolgs sein

creta ['kre:ta] *f* ❶ (MIN) Ton *m* ❷ (GEOL) Kreide *f* ❸ (*oggetto*) Tongefäß *n;* (*statuetta*) Tonfigur *f*

cretaceo, -a *agg* Kreide-; **periodo** ~ Kreidezeit *f*

cretina *f v.* **cretino**

cretinata [kreti'na:ta] *f* (*fam*) Blödsinn *m;* **cretineria** [kretine'ri:a] <-ie> *f* (*fam*) Dummheit *f;* **cretinismo** [kreti'nizmo] *m* Kretinismus *m,* Schwachsinnigkeit *f;* **cretino, -a** [kre'ti:no] **I.** *agg* (*fam*) blöd(e), blödsinnig **II.** *m, f* (*fam: stupido*) Idiot(in) *m(f)*

CRI *f abbr di* **Croce Rossa Italiana** ≈ DRK *n*

cric [krik] <-> *m* (*fam*) Wagenheber *m*

cricca ['krikka] <-cche> *f* Clique *f;* (*a pej*) Bande *f*

cricchiare [krik'kia:re] *vi* knirschen; **cricchio** ['krikkio] <-cchi> *m* Knirschen *n*

cricco ['krikko] <-cchi> *m v.* **cric**

criceto [kri'tʃɛ:to] *m* Hamster *m*

cricket ['krikit] <-> *m* Kricket *n*

Crimea [kri'mɛ:a] *f* Krim *f*

criminale [krimi'na:le] **I.** *agg* Kriminal-; (*criminoso*) kriminell **II.** *mf* Kriminelle(r) *f(m),* Verbrecher(in) *m(f);* **criminalista** [krimina'lista] <-i *m,* -e *f*> *mf* Kriminalist(in) *m(f),* Strafrechtler(in) *m(f);* **criminalità** [kriminali'ta] <-> *f* Kriminalität *f;* ~ **finanziaria** Wirtschaftskriminalität *f;* ~ **organizzata** organisiertes Verbrechen; **criminalizzazione** [kriminaliddzat'tsio:ne] *f* Kriminalisierung *f;* ~ **della protesta politica** politische Protestaktionen zur Strafsache machen; **Criminalpol.** ['kri:minalpɔl] <-> f Kriminalpolizei f

crimine ['kri:mine] m Verbrechen n; **-i di guerra** Kriegsverbrechen npl

criminologa f v. **criminologo**

criminologia [kriminolo'dʒi:a] <-gie> f Kriminologie f; **criminologo, -a** [krimi'nɔ:logo] <-gi, -ghe> m, f Kriminologe m, -login f; **criminoso, -a** [krimi'no:so] agg kriminell

crinale [kri'na:le] m (Gebirgs)kamm m, Grat m

crine ['kri:ne] m ❶(ZOO) (Ross)haar n ❷(BOT) Faser f

criniera [kri'niɛ:ra] f (a scherz) Mähne f

crinolina [krino'li:na] f Krinoline f

cripta ['kripta] f Krypta f

criptare [krip'ta:re] vt (INFORM) kodieren, verschlüsseln; ~ **un programma televisivo** einen Fernsehsender verschlüsseln

criptato, -a [krip'ta:to] agg (INFORM) kodiert, verschlüsselt; **programma televisivo** ~ Pay-TV n, Abonnementfernsehen n

crisalide [kri'za:lide] f (ZOO) Puppe f

crisantemo [krizan'tɛ:mo] m Chrysantheme f

crisi ['kri:zi] <-> f Krise f; (MED) Anfall m; ~ **congiunturale** Konjunkturschwäche f; ~ **economica** Wirtschaftskrise f; ~ **epilettica** epileptischer Anfall; ~ **di governo** Regierungskrise f; ~ **di nervi** Nervenzusammenbruch m; ~ **di pianto** Weinkrampf m; **essere in** ~ sich in einer Krise befinden

crisis management ['kraisis 'mɛnadʒmɛnt] m Beschwerdemanagement n

crisma ['krizma] <-i> m Chrisma n, Salböl n; **con tutti i -i** (fig) ganz ordnungsgemäß

criss-cross ['kriskrɔs] <inv> agg gekreuzt, Kreuz-; **reggiseno** ~ Büstenhalter mit verschränkten Riemen

cristalleria [kristalle'ri:a] <-ie> f ❶(da tavola) Tafelkristall n ❷(fabbrica) Kristallwarenfabrik f

cristalliera [kristal'liɛ:ra] f (Glas)vitrine f

cristallino [kristal'li:no] m (ANAT) Linse f

cristallino, -a agg ❶(fig: voce, acqua) kristallklar ❷(MIN) kristallin

cristallizzare [kristallid'dza:re] I. vt ❶(CHEM) kristallisieren ❷(fig) erstarren lassen II. vr **-rsi** ❶(CHEM) sich kristallisieren ❷(fig) erstarren

cristallizzazione [kristalliddzat'tsio:ne] f ❶(CHEM) Kristallisierung f, Kristallisation f ❷(fig) Erstarrung f

cristallo [kris'tallo] m ❶(MIN) Kristall m ❷(vetro) Kristall(glas) n; (lastra) (Fenster)scheibe f

cristiana f v. **cristiano**

cristianesimo [kristia'ne:zimo] m Christentum n; **cristianità** [kristiani'ta] <-> f ❶(qualità) Christlichkeit f ❷(tutti i cristiani) Christenheit f; **cristianizzare** [kristianid'dza:re] vt zum Christentum bekehren, christianisieren

cristiano, -a [kris'tia:no] I. agg christlich, Christen- II. m, f ❶(REL) Christ(in) m(f) ❷(fam fig: essere umano) Mensch m; **da** ~ (fam) anständig, vernünftig; **essere un buon** ~ (fam) ein guter Mensch sein

cristo ['kristo] m ❶(REL) **Cristo** Christus m; **avanti/dopo Cristo** vor/nach Christus ❷(fam: persona miserevole, malridotta) Mensch m, Kerl m; **un povero** ~ ein armer Teufel

criterio [kri'tɛ:rio] <-i> m ❶(norma) Kriterium n ❷(senno) Vernunft f, Verstand m; **una persona di** ~ ein vernünftiger Mensch; **fare qc con** ~ etw mit Vernunft tun

critica ['kri:tika] <-che> f Kritik f; ~ **sociale** Sozialkritik f; ~ **storica/letteraria** Geschichts-/Literaturkritik f; **rivolgere -che a qu** jdn kritisieren; **criticabile** [kriti'ka:bile] agg tadelnswert; **criticare** [kriti'ka:re] vt kritisieren; (LIT, FILM, THEAT, MUS) besprechen; **critichese** [kriti'ke:se] m Kritikaster m, Nörgler m; **critico, -a** ['kri:tiko] <-ci, -che> I. agg kritisch; (difficile) schwierig; (a pej) nörglerisch II. m, f Kritiker(in) m(f); ~ **letterario/musicale** Literatur-/Musikkritiker m

criticone, -a [kriti'ko:ne] m, f (fam) Nörgler(in) m(f)

crittare [krit'ta:re] vt v. **criptare**

crittato, -a [krit'ta:to] agg v. **criptato**

crivellare [krivel'la:re] vt durchsieben; ~ **qu di pallottole** jdn mit Kugeln durchlöchern

croato, -a [kro'a:to] I. agg kroatisch; **repubblica -a** kroatische Republik II. m, f (abitante) Kroate, Kroatin m, f III. m (lingua) Kroatisch(e) n

Croazia f Kroatien n

croccante [krok'kante] I. agg knusp(e)rig II. m Krokant m

crocchetta [krok'ketta] f Krokette f

crocchia ['krɔkkia] <-cchie> f (di capelli) Knoten m

crocchio ['krɔkkio] <-cchi> m Grüppchen n

croce ['kro:tʃe] f Kreuz n; (onorificenza) (Verdienst)kreuz n; (segno) Kreuz(zeichen) n; **Croce Rossa/Verde** Rotes/Grünes Kreuz; **farsi il segno della** ~ sich bekreuzigen; **testa o** ~? Kopf oder Zahl?;

criticare

criticare, giudicare negativamente	kritisieren, negativ bewerten
Non mi piace affatto/per niente.	Das gefällt mir gar nicht.
Non si presenta bene.	Das sieht aber nicht gut aus.
Si sarebbe potuto fare di meglio.	Das hätte man aber besser machen können.
Ho i miei dubbi al riguardo.	Da habe ich so meine Bedenken.

disapprovare	missbilligen
Non lo approvo.	Damit bin ich nicht einverstanden.
Non posso essere d'accordo.	Das kann ich nicht billigen/gutheißen.
Non è proprio una bella cosa da parte tua.	Das finde ich gar nicht gut von dir.
Sono assolutamente contrario.	Da bin ich absolut dagegen.

fare una ~ su qc (*fig*) etw abhaken; **in ~** gekreuzt; (*braccia*) verschränkt; **ciascuno ha la sua ~** (*fig*) jeder hat sein Kreuz zu tragen

crocerossina [krotʃeros'si:na] *f* Rotkreuzschwester *f*

crocevia [krotʃe'vi:a] <-> *m* (Weg)kreuzung *f*

crociata [kro'tʃa:ta] *f* Kreuzzug *m*

crociato [kro'tʃa:to] *m* Kreuzritter *m*

crociato, -a *agg* gekreuzt; **parole -e** Kreuzworträtsel *n*; **scudo ~** Kreuzwappen *n* (*Emblem der Democrazia Cristiana*)

crocicchio [kro'tʃikkio] <-cchi> *m* (Weg)kreuzung *f*

crociera [kro'tʃɛ:ra] *f* ❶ (NAUT) Kreuzfahrt *f* ❷ (AERO) Reiseflug *m;* **velocità di ~** Reisegeschwindigkeit *f* ❸ (ARCH) (Gewölbe)kreuz *n;* **volta a ~** Kreuzgewölbe *n*

crocifiggere [krotʃi'fiddʒere] <crocifiggo, crocifissi, crocifisso> *vt* ❶ (REL) kreuzigen ❷ (*fig: tormentare*) quälen; **crocifissione** [krotʃifis'sio:ne] *f* Kreuzigung *f*

crocifisso[1] [krotʃi'fisso] *m* ❶ (*persona*) Gekreuzigte(r) *m* ❷ (REL: *immagine di Gesù*) Kruzifix *n*

crocifisso[2] *pp di* **crocifiggere**

croco ['krɔ:ko] <-chi> *m* Krokus *m*

crogiolare [krodʒo'la:re] **I.** *vt* ❶ (*cuocere*) köcheln (lassen) ❷ (*oggetti di vetro*) langsam abkühlen lassen **II.** *vr* **-rsi** sich aalen; **-rsi al sole** sich in der Sonne aalen

crogiolarsi [krodʒo'la:rsi] *vr* sich aalen; **crogiolo** [kro'dʒɔ:lo] *m* (*a fig*) Schmelztiegel *m*

crollare [krol'la:re] *vi essere* ❶ (*costruzione*) einstürzen, zusammenbrechen ❷ (*persone*) zusammenbrechen; (*prezzi*) fallen;

crollo ['krɔllo] *m* ❶ (*di casa, ponte*) Einsturz *m*, Zusammenbruch *m* ❷ (COM) Zusammenbruch *m;* (*dei prezzi*) Sturz *m;* **~ delle nascite** Geburtenknick *m* ❸ (*fig: caduta definitiva*) Zusammenbruch *m*, Ende *n*

croma ['krɔ:ma] *f* Achtelnote *f*

cromare [kro'ma:re] *vt* verchromen

cromaticità [kromatitʃi'ta] <-> *f* ❶ (*valore coloristico*) Farbigkeit *f,* Farbgebung *f* ❷ (LIT, MUS, KUNST) Chromatik *f*

cromatico, -a [kro'ma:tiko] <-ci, -che> *agg* chromatisch

cromatismo [kroma'tizmo] *m* Chromatik *f*

cromato, -a [kro'ma:to] *agg* verchromt

cromatura [kroma'tu:ra] *f* Verchromung *f;*

cromo ['krɔ:mo] *m* Chrom *n*

cromosoma [kromo'sɔ:ma] <-i> *m* Chromosom *n;* **cromosomico, -a** [kromo'sɔ:miko] <-ci, -che> *agg* Chromosomen-

cronaca ['krɔ:naka] <-che> *f* Chronik *f,* Reportage *f;* **~ bianca** allgemeiner Nachrichtenteil; **~ nera** Verbrechens- und Unfallmeldungen *fpl;* **~ politica** politische Meldungen *fpl;* **~ rosa** [*o* **mondana**] Klatschspalte *f;* **fatti di ~** Tagesereignisse *npl*

cronica *f v.* **cronico**

cronicità [kronitʃi'ta] <-> *f* chronischer Charakter

cronico, -a ['krɔ:niko] <-ci, -che> **I.** *agg* chronisch **II.** *m, f* chronisch Kranke(r) *f(m)*

cronista [kro'nista] <-i *m,* -e *f*> *mf* Berichterstatter(in) *m(f),* Reporter(in) *m(f)*

cronistoria [kronis'tɔ:ria] *f* Chronik *f*

cronologia [kronolo'dʒi:a] <-gie> *f* Chronologie *f*, zeitliche Abfolge; **cronologico, -a** [krono'lɔːdʒiko] <-ci, -che> *agg* chronologisch

cronometraggio [kronome'traddʒo] <-ggi> *m* Zeitmessung *f*, Zeitnahme *f*; **cronometrare** [kronome'traːre] *vt* (ab)stoppen; **cronometrista** [kronome'trista] <-i *m*, -e *f*> *mf* Zeitnehmer(in) *m(f)*; **cronometro** [kro'nɔːmetro] *m* Chronometer *m*; (SPORT) Stoppuhr *f*

cronoscalata [kronoska'laːta] *f* (SPORT) Bergzeitfahren *n*

cronotachigrafo [kronota'kiːgrafo] *m* Chronotachograf *m*, Fahrtenschreiber *m*

cronotecnica [krono'tɛknika] <-che> *f* Chronotechnik *f*; **cronotecnico, -a** [krono'tɛkniko] <-ci, -che> *m, f* Chronotechniker(in) *m(f)*

cross [krɔs] <-> *m* ❶ (*motociclismo*) Motocross *n* ❷ (*nel calcio*) Flanke *f* ❸ (*nel pugilato*) Gerade *f*; **crossare** [kros'saːre] *vi* flanken

crossculturale [krosskultu'raːle] *agg* kulturübergreifend

crossdromo [kross'dromo] *m v.* **crossodromo**

crossista [kros'sista] <-i *m*, -e *f*> *mf* Motocross-Fahrer(in) *m(f)*; **crossodromo** [krosso'dromo] *m* Motodrom *n*

crosta ['krɔsta] *f* ❶ (*del pane*) Kruste *f*; (*del formaggio*) Rinde *f* ❷ (MED) Schorf *m*, Kruste *f*; ~ **lattea** Milchschorf *m* ❸ (GEOG) Kruste *f*; ~ **terrestre** Erdkruste *f*

crostacei [kros'taːtʃei] *mpl* Krustentiere *npl*

crostale [kros'taːle] *agg* Erdkrusten-; **zona** ~ Erdkrustenzone *f*; **zolla** ~ Erdkrustenscholle *f*

crostata [kros'taːta] *f* Mürbeteigkuchen *m*, meist mit Obst oder Marmelade

crostino [kros'tiːno] *m* (gerösteter) Brotwürfel *m*

crotalo ['krɔːtalo] *m* Klapperschlange *f*

crucca *f v.* **crucco**

crucciare [krut'tʃaːre] I. *vt* betrüben II. *vr* **-rsi** sich grämen; **cruccio** ['kruttʃo] <-cci> *m* Kummer *m*, Gram *m*

crucco, -a ['krukko] <-cchi, -cche> *m, f* (*fam pej*) Deutsche(r) *f(m)*

cruciale [kru'tʃaːle] *agg* entscheidend, kritisch

cruciforme [krutʃi'forme] *agg* kreuzförmig

cruciverba [krutʃi'vɛrba] <-> *m* Kreuzworträtsel *n*

crudele [kru'deːle] *agg* grausam; **crudeltà** [krudel'ta] <-> *f* Grausamkeit *f*

crudo, -a ['kruːdo] *agg* ❶ (*carne, verdura*)

roh ❷ (*fig*) nackt

cruento, -a [kru'ɛnto] *agg* blutig

cruising ['kruːziŋ] <-> *m* Cruising *n*

crumira *f v.* **crumiro**

crumiraggio [krumi'raddʒo] <-ggi> *m* Streikbruch *m*

crumiro, -a [kru'miːro] *m, f* Streikbrecher(in) *m(f)*

cruna ['kruːna] *f* Nadelöhr *n*

crusca ['kruska] <-sche> *f* Kleie *f*; **l'Accademia della Crusca** Gesellschaft zur Pflege der italienischen Sprache

cruscotto [krus'kɔtto] *m* Armaturenbrett *n*

c.s. *abbr di* **come sopra** w.o., wie oben

CT <-> *m abbr di* **Commissario Tecnico** ≈ Fußballbundestrainer

cubanizzare [kubanid'dzaːre] I. *vt* (POL) kubanisieren, ins politische Abseits stellen II. *vr* **-rsi** (POL) sich ins politische Abseits stellen; **cubanizzazione** [kubaniddzat'tsioːne] *f* (POL) Kubanisierung *f*, politische Isolation *f*

cubatura [kuba'tuːra] *f* Rauminhalt *m*, Volumen *n*

cubettatrice [kubetta'triːtʃe] *f* Maschine *f* zur Herstellung von Würfeln

cubetto [ku'betto] *m* Würfel *m*

cubicità [kubitʃi'ta] <-> *f* Würfelform *f*

cubico, -a ['kuːbiko] <-ci, -che> *agg* ❶ (*forma*) kubisch, würfelförmig ❷ (MAT) kubisch, Kubik-; **radice -a** Kubikwurzel *f*

cubismo [ku'bizmo] *m* Kubismus *m*; **cubista** [ku'bista] <-i *m*, -e *f*> I. *mf* Kubist(in) *m(f)*, Table-Dancer *m* II. *agg* kubistisch

cubito ['kuːbito] *m* Elle *f*

cubo ['kuːbo] I. *m* ❶ (MAT) Kubus *m*, Würfel *m*; (*terza potenza*) dritte Potenz ❷ (*oggetto*) Würfel *m* II. *agg* **metro** ~ Kubikmeter *m o n*

cucador [kuka'dor] <- *o* cucadores> *m* (*sl*) Frauenheld *m*, Playboy *m*

cuccagna [kuk'kaɲɲa] *f* Schlaraffenland *n*; **il paese della** ~ das Schlaraffenland; **l'albero della** ~ Klettermast, an dessen oberen Ende Preise hängen

cuccare [kuk'kaːre] I. *vt* (*fam*) ❶ (*ingannare*) reinlegen, anschmieren ❷ (*prendere*) erwischen, ertappen ❸ (*fig: rimorchiare*) abschleppen, mitschleppen II. *vr* **-rsi** (*fam*) ❶ (*prendersi*) sich holen ❷ (*sorbirsi*) über sich ergehen lassen

cuccetta [kut'tʃetta] *f* (NAUT) Koje *f*; (FERR) Platz *m* im Liegewagen; **cuccettista** [kuttʃet'tista] <-i *m*, -e *f*> *mf* Liegewagenschaffner(in) *m(f)*

cucchiaiata [kukkia'iaːta] *f* Löffel (voll) *m*; **cucchiaino** [kukkia'iːno] *m* Teelöffel *m*;

sono da raccattare col ~ (*fam*) ich gehe auf dem Zahnfleisch; **cucchiaio** [kuk'kia:io] <-ai> *m* ❶ (*da tavola*) (Ess)löffel *m* ❷ (TEC) Schaufel *f;* **cucchiaione** [kukkia'io:ne] *m* Kelle *f,* Schöpflöffel *m*

cuccia ['kuttʃa] <-cce> *f* ❶ (*del cane*) Hundehütte *f;* (*giaciglio*) Körbchen *n;* **a ~!** Platz!; (*fig scherz*) kusch! ❷ (*fig fam: letto*) Falle *f,* Kiste *f*

cucciola *f v.* **cucciolo**

cucciolata [kuttʃo'la:ta] *f* Wurf *m;* **cucciolo, -a** ['kuttʃolo] *m, f* (Hunde)junge(s) *n,* Welpe *m*

cucco ['kukko] <-cchi> *m* ❶ (*cuculo*) Kuckuck *m;* **vecchio come il ~** (*fam*) uralt ❷ (*cocco*) Liebling *m,* Nesthäkchen *n*

cuccuma ['kukkuma] *f* Kanne *f*

cucina [ku'tʃi:na] *f* ❶ (*luogo*) Küche *f;* **~ componibile** [*o* **all'americana**] Einbauküche *f* ❷ (*arte, modo*) Küche *f,* Kochkunst *f;* **libro di ~** Kochbuch *n* ❸ (*apparecchio*) Herd *m;* **~ a gas** Gasherd *m,* Rechaud *m A;* **~ elettrica** Elektroherd *m;* **cucinare** [kutʃi'na:re] **I.** *vt* kochen, zubereiten **II.** *vi* kochen

cuciniere, -a [kutʃi'niɛ:re] *m, f* Küchenmeister *m*

cucinino [kutʃi'ni:no] *m,* **cucinotto** [ku-tʃi'nɔtto] *m* Kochnische *f*

cucire [ku'tʃi:re] *vt* nähen; **macchina da ~** Nähmaschine *f;* **~ la bocca a qu** (*fig*) jdm den Mund stopfen

cucito [ku'tʃi:to] *m* Näherei *f,* Näharbeit *f*

cucito, -a *agg* genäht; **avere le labbra -e** (*fig*) beharrlich schweigen; **cucitrice** [kutʃi'tri:tʃe] *f* ❶ (TEC) Nähmaschine *f* ❷ (TYP) Heftmaschine *f;* (*per carta*) Hefter *m;* **cucitura** [kutʃi'tu:ra] *f* ❶ (*di tessuto*) Naht *f* ❷ (TYP) Heftung *f*

cucù [ku'ku] **I.** <-> *m* ❶ (ZOO) Kuckuck *m* ❷ (*orologio*) Kuckucksuhr *f* **II.** *int* kuckuck; **cuculo** [ku'ku:lo] *m* Kuckuck *m*

cuffia ['kuffia] <-ie> *f* ❶ (*per la testa*) Haube *f;* **~ da bagno** Badekappe *f* ❷ (TEL, RADIO) Kopfhörer *m*

cugino, -a [ku'dʒi:no] *m, f* Cousin *m,* Cousine *f*

cui ['ku:i] *pron rel* ❶ (*con preposizioni*) **con ~** mit dem, der; **di ~** von dem, der; **in ~** in [*o* an] dem, der; **per ~** für den, die, das ❷ (*a cui*) dem, der, denen *pl* ❸ (*di cui*) dessen, deren

culatello [kula'tɛllo] *m emilianische Schinkenart*

culat(t)one [kula(t)'to:ne] *m* (*vulg*) Hinterlader *m*

culinaria [kuli'na:ria] <-ie> *f* Kochkunst *f;* **culinario, -a** [kuli'na:rio] <-i, -ie> *agg*

kulinarisch, Koch-; **arte -a** Kochkunst *f*

culla ['kulla] *f* Wiege *f;* **fin dalla ~** von Geburt an; **cullare** [kul'la:re] **I.** *vt* wiegen **II.** *vr* **-rsi** (*a fig*) sich wiegen

culminante [kulmi'nante] *agg* Haupt-, Gipfel-; **punto ~** Höhepunkt *m*

culminare [kulmi'na:re] *vi essere* ❶ (*fig: arrivare all'apice*) gipfeln; **~ in qc** in etw *dat* gipfeln ❷ (ASTR) kulminieren; **culminazione** [kulminat'tsio:ne] *f* Kulmination *f;* **culmine** ['kulmine] *m* ❶ (*fig: apice*) Gipfel *m,* Höhepunkt *m* ❷ (*di monte*) Gipfel *m,* Spitze *f*

culo ['ku:lo] *m* ❶ (*vulg*) Arsch *m;* **avere ~** Schwein haben *fam;* **prendere qu per il ~** jdn verarschen; **farsi il ~** [*o* **un ~ così**] sich den Arsch abreißen; **va a fare in ~** leck mich am Arsch ❷ (*di bicchiere, bottiglia*) Boden *m*

cult [kʌlt] **I.** <-> *m* Kult *m* **II.** <inv> *agg* Kult-; **~ movie** Kultfilm *m*

culto ['kulto] *m* ❶ (REL) Kult(us) *m;* (*religione*) Religion *f;* **libertà di ~** Religionsfreiheit *f* ❷ (*fig: venerazione*) Kult *m;* **avere il ~ della propria persona** übertriebenen Wert auf sein Äußeres legen; **cultore, -trice** [kul'to:re] *m, f* Liebhaber(in) *m(f),* Förderer *m,* Förderin *f*

cultura [kul'tu:ra] *f* ❶ (*gener*) Kultur *f,* Bildung *f;* **un uomo di ~** ein kultivierter Mann; **farsi una ~** sich bilden ❷ (AGR) Kultur *f,* Pflanzung *f,* Anbau *m;* **culturale** [kultu'ra:le] *agg* ❶ (*preparazione, prova*) kulturell ❷ (*associazione, scambi*) Kultur-; **culturalismo** [kultura'lizmo] *m* ❶ (*sfoggio di cultura*) übertriebene Zurschaustellung von Bildung; **un'opera che presenta un ~ eccessivo** ein übertrieben bildungsbetontes Werk ❷ (*interpretazione*) Auslegung *f,* Deutung *f;* **culturalistico, -a** [kultura'listiko] <-ci, -che> *agg* ❶ (*che sfoggia cultura*) bildungsprahlerisch, bildungsprotzig ❷ (*di interpretazione*) interpretatorisch; **opera eccessivamente -a** ein übertrieben bildungsbetontes Werk

culturismo [kultu'rizmo] *m* Bodybuilding *n;* **culturista** [kultu'rista] <-i *m,* -e *f*> *mf* Bodybuilder(in) *m(f)*

cumino [ku'mi:no] *m* Kümmel *m*

cumulabile [kumu'la:bile] *agg* kumulierbar; **cumulare** [kumu'la:re] *vt* anhäufen, kumulieren; **cumulativo, -a** [kumula'ti:vo] *agg* Sammel-; (*prezzo*) Gesamt-; **cumulismo** [kumu'lizmo] *m* (*obs*) Kumulierung *f,* Anhäufung *f;* **cumulo** ['ku:mulo] *m* ❶ (*di cose*) Haufen *m;* **dire un ~ di sciocchezze** einen Haufen Unsinn reden ❷ (METEO) Kumulus *m,* Haufenwolke *f*

cuneense [kune'ɛnse] I. *agg* aus [*o* von] Cuneo II. *mf* (*abitante*) Einwohner(in) *m(f)* von Cuneo III. *m* (*cioccolatino*) Praline *f* aus Schokolade

Cuneense <*sing*> *m* Umgebung *f* von Cuneo

cuneiforme [kunei'forme] I. *agg* keilförmig; **caratteri -i** Keilschriftzeichen *npl* II. *m* Keilschrift *f*

cuneo ['ku:neo] *m* Keil *m*

Cuneo *f* Cuneo *n* (*Stadt in Piemont*)

cunetta [ku'netta] *f* Querrinne *f*

cunicolo [ku'ni:kolo] *m* Stollen *m*, unterirdischer Gang

cuoca *f v.* **cuoco**

cuocere ['kwɔ:tʃere] <cuocio, cossi, cotto> I. *vt avere* ❶ (GASTR) garen; (*nell'acqua*) kochen; (*in padella*) braten; (*in forno*) backen; (*in umido*) dünsten, schmoren; ~ **alla griglia** grillen; ~ **sulla brace** rösten ❷ (*ceramiche, mattoni, calcina*) brennen ❸ (*sole*) verbrennen, austrocknen II. *vi essere* ❶ (GASTR) kochen; **il riso sta cuocendo** der Reis kocht ❷ (*fig: offesa*) wehtun, brennen

cuociuova [kwɔ:tʃiu'ɔ:va] <-> *m* Eierkocher *m*

cuoco, -a ['kwɔ:ko] <-chi, -che> *m, f* Koch *m*, Köchin *f*; **troppi -chi guastano la cucina** (*prov*) viele Köche verderben den Brei

cuoio ['kwɔ:io] <*pl*: -oi *m o fig* -a *f*> *m* ❶ (ANAT, ZOO) Leder *n* ❷ (*fig scherz: pelle dell'uomo*) Fell *n*; ~ **capelluto** Kopfhaut *f*; **tirare** [*o* **lasciarci**] **le -a** (*fig fam*) ins Gras beißen

cuore ['kwɔ:re] *m* ❶ (ANAT) Herz *n* ❷ (*fig: sede dei sentimenti*) Herz *n*; **affari di ~** Herzensangelegenheiten *fpl*; **gente di ~** herzliche Leute *pl*; **amico del ~** Busenfreund *m*; **avere buon ~** ein gutes Herz haben; **essere** [*o* **stare**] **a ~** am Herzen liegen; **prendersi a ~ qc** sich einer Sache annehmen; **ragionare col ~** nach dem Herzen handeln; **spezzare il ~ a qu** (*fig*) jdm das Herz brechen; **senza ~** herzlos; **con tutto il ~** von ganzem Herzen; **a** (**forma**) **di ~** herzförmig; **mi si stringe il ~** (*fig*) mir blutet das Herz; **un ~ ed una capanna** Raum ist in der kleinsten Hütte (für ein glücklich liebend Paar); ~ **contento il ciel l'aiuta** (*prov*) dem Glücklichen schlägt keine Stunde ❸ *pl* (*carte da gioco*) Herz *n* ❹ (*fig: punto centrale*) Herz *n*; ~ **del carciofo** Artischockenherz *n*; **nel ~ della notte** mitten in der Nacht ❺ (*loc*) **ridere di ~** herzlich lachen

cupezza [ku'pettsa] *f* Düsterkeit *f*, Finsternis *f*

cupidigia [kupi'di:dʒa] <-gie> *f* Gier *f*; ~ **di ...** Gier nach ...

cupo, -a ['ku:po] *agg* ❶ (*colore*) dunkel ❷ (*notte, foresta*) finster ❸ (*voce*) tief; (*brontolio*) dumpf ❹ (*fig: volto, sguardo*) düster, finster

cupola ['ku:pola] *f* ❶ (ARCH) Kuppel *f*, Wölbung *f* ❷ (ASTR) Kuppel *f*, Gewölbe *n*

cupoliforme [kupoli'forme] *agg* kuppelförmig

cupuliforme [kupuli'forme] *agg v.* **cupoliforme**

cura ['ku:ra] *f* ❶ (*premura*) Aufmerksamkeit *f*; (*impegno*) Pflege *f*, Sorge *f*; (*oggetto di interessamento*) Sorge *f*; **avere ~ di qu** sich um jdn kümmern; **avere ~ della propria salute** auf seine Gesundheit achten ❷ (*accuratezza*) Sorgfalt *f*; **a ~ di ...** (*libro*) herausgegeben von ... ❸ (MED) Kur *f*; (*terapia*) Behandlung *f*; **casa di ~** Privatklinik *n*; **luogo di ~ termale** Thermalbad *n*; **essere in ~ da qu** bei jdm in Behandlung sein; **curabile** [ku'ra:bile] *agg* heilbar; **curante** [ku'rante] *agg* behandelnd

curare [ku'ra:re] I. *vt* ❶ (*malato, malattia*) behandeln ❷ (*badare*) achten auf +*acc*, pflegen; (*interessi*) wahrnehmen; ~ **gli affari** den Geschäften nachgehen ❸ (REL) sorgen für, betreuen ❹ (*testo*) herausgeben II. *vr* -**rsi** ❶ (*prendersi cura*) sich pflegen; (MED) sich behandeln lassen ❷ (*preoccuparsi*) -**rsi di qu/qc** sich um jdn/etw *acc* kümmern; **curati dei fatti tuoi!** kümmere dich um deine Angelegenheiten!

curatela [kura'tɛ:la] *f* (JUR) Vormundschaft *f*, Kuratel *f*

curativo, -a [kura'ti:vo] *agg* Pflege-, Behandlungs-

curato [ku'ra:to] *m* Pfarrer *m*

curatore, -trice [kura'to:re] *m, f* ❶ (*di antologia, edizione*) Herausgeber(in) *m(f)* ❷ (JUR) Verwalter(in) *m(f)*

curia ['ku:ria] <-ie> *f* Kurie *f*; **curiale** [ku'ria:le] *agg* ❶ (REL) Kurien- ❷ (LIT: *stile*) erhaben

curiosa *f v.* **curioso**

curiosare [kurio'sa:re] *vi* herumschnüffeln; **curiosità** [kuriosi'ta] <-> *f* ❶ (*desiderio di sapere*) Neugier *f*; **mostrare ~ per qc** neugierig auf etw *acc* sein ❷ (*rarità*) Kuriosität *f*; **curioso, -a** [ku'rio:so] I. *agg* ❶ (*indiscreto*) neugierig ❷ (*bizzarro*) kurios, sonderbar II. *m, f* Neugierige(r) *f(m)*

curriculum (**vitae**) [kur'ri:kulum ('vi:te)] <-> *m* Lebenslauf *m*

curry ['kʌri] <-> *m* Curry *m o n*
cursore *m* (INFORM) Cursor *m*
cursorio, -a [kur'sɔːrio] <-i, -ie> *agg* kursorisch, rasch
curtain wall ['kəːtən wɔːl] <- *o* curtain walls> *f* (ARCH) Curtain-wall *m*
curva ['kurva] *f* Kurve *f;* **doppia ~** S-Kurve *f;* **curvaiolo, -a** [kurva'ioːlo] *m, f* (*obs*) Fußballzuschauer(in) *m(f)* in der Fankurve; **curvare** [kur'vaːre] I. *vt* ❶ (*sbarra, ramo*) biegen ❷ (*capo, fronte*) beugen; (*schiena*) krümmen II. *vr* **-rsi** sich krümmen; (*persona*) sich beugen; **curvatura** [kurva'tuːra] *f* Rundung *f;* (*piegatura*) Krümmung *f,* Biegung *f*
curvilineo, -a *agg* gekrümmt; (MAT) krummlinig
curvo, -a ['kurvo] *agg* gebogen, gekrümmt; (*spalle, persona*) gebeugt
CUS [kus] *m acro di* **Centro Universitario Sportivo** *Sportausschuss italienischer Universitäten*
cuscinetto[1] [kuʃʃi'netto] *m* ❶ (TEC) Lager *n; ~* **a sfere** Kugellager *n* ❷ (*per spilli, timbri*) Kissen *n*
cuscinetto[2] <inv> *agg* **stato ~** Pufferstaat *m;* **zona ~** Pufferzone *f*
cuscino [kuʃʃiːno] *m* Kissen *n,* Polster *m A*
cuscus ['kuskus] <-> *m* (GASTR) Kuskus *m o n*
cuspide ['kuspide] *f* Spitze *f;* (ARCH) Giebel *m*
custode [kus'tɔːde] I. *mf* ❶ (*sorvegliante*) Aufseher(in) *m(f),* Wächter(in) *m(f);* (*di museo, palazzo, scuola*) Wärter(in) *m(f),* Pförtner(in) *m(f)* ❷ (*fig: di valore, bene*

ideale) (Be)wahrer(in) *m(f)* II. *agg* **angelo ~** Schutzengel *m;* **custodia** [kus'tɔːdia] <-ie> *f* ❶ (*cura*) Bewachung *f,* Beaufsichtigung *f;* (*conservazione*) Aufbewahrung *f;* **dare qc in ~ a qu** jdm etw zur Aufbewahrung geben ❷ (JUR) **~ cautelare** Sicherungshaft *f* ❸ (*astuccio per violino*) Kasten *m;* (*degli occhiali*) Etui *n;* **custodire** [kusto'diːre] <custodisco> I. *vt* bewachen; (*casa, bambini, mandria, segreto*) hüten II. *vr* **-rsi** auf seine Gesundheit achten
custom ['kʌstəm] I. <inv> *agg* (*fatto su misura*) nach Maß angefertigt II. <-> *f* (*motocicletta*) Motorrad *n*
customizing ['kʌstəaiziŋ] *m* (COM) Customizing *n*
cutaneo, -a [ku'taːneo] *agg* Haut-; **cute** ['kuːte] *f* Haut *f;* **cuticola** [ku'tiːkola] *f* ❶ (ANAT) Häutchen *n; ~* **delle unghie** Nagelhaut *f* ❷ (BOT, ZOO) Kutikula *f*
cutrettola [ku'trettola *o* ku'trɛttola] *f* Bachstelze *f*
CV ❶ *abbr di* **Cavallo Vapore** PS, Pferdestärke ❷ *abbr di* **curriculum vitae** Lebenslauf

cybercafé [saiberka'fe] <-> *m* Cybercafé *n;* **cybernauta** [saiber'nauta] <-i *m,* -e *f>* *mf v.* **internettista;** **cyberpizzo** [saiber'pittso] *m* *Erpressungsgeld im Internet;* **cybersesso** *m* (INFORM) Cybersex *m;* **cyberspazio** [tʃiber'spattsio] <-i> *m* (INFORM) Cyberspace *n*
cyclette [si'klɛt] <- *o* cyclettes> *f* Heim-, Hometrainer *m;* **fare ~** auf dem Heimtrainer trainieren
czarda *f v.* **ciarda**

D d

D, d [di] <-> *f* D, d *n;* ~ **come Domodossola** D wie Dora

d' *prp* = **di** *vor Vokal; v.* **di**

D ❶ *abbr di* **Diretto** ≈ E ❷ *abbr di* **Deutschland** D

da [da] <dal, dallo, dall', dalla, dai, dagli, dalle> *prp* ❶ (*stato in luogo*) bei *+dat;* (*moto da luogo*) von *+dat,* aus *+dat;* (*moto a luogo: con persone*) zu *+dat;* (*attraverso*) durch *+acc,* über *+acc;* (*distanza*) von *+dat;* (*fuori di*) aus *+dat;* **abito ~ mio zio** ich wohne bei meinem Onkel; **andare ~ Torino a Stoccarda** von Turin nach Stuttgart fahren; **vado ~ un amico** ich gehe zu einem Freund; **vengo ~ casa** ich komme von daheim; **verrò ~ Firenze** ich werde aus [*o* von] Florenz kommen; **trattoria "~ Giovanni"** Gasthof „Bei Giovanni"; **~ dove** woher, von wo ❷ (*agente*) von *+dat,* durch *+acc* ❸ (*causa*) vor *+dat o acc;* **tremare dal freddo** vor Kälte zittern ❹ (*tempo*) seit *+dat,* von *+dat ...* an; **~ cinque anni** seit fünf Jahren; **~ domani** ab morgen; **~ oggi in poi** von heute an; (**fin**) **~ bambino** (schon) als Kind; **~ allora** seither, seit damals; **~ molto/poco** seit langem/kurzem; **~ principio** anfangs, am Anfang; **~ quanto tempo** seit wann ❺ (*fine, scopo*) als, zu; **auto ~ corsa** Rennauto *n,* Rennwagen *m;* **cane ~ caccia** Jagdhund *m* ❻ (*modo*) wie; (*età*) als; **~ solo** (von) selbst, allein; **comportarsi ~ vero amico** sich wie ein wahrer Freund verhalten ❼ (*qualità*) mit *+dat;* **una ragazza dai capelli rossi** ein Mädchen mit roten Haaren ❽ (*valore*) zu *+dat,* im Wert von *+dat* ❾ (*con inf*) zu(m); **essere così stanchi ~ non poter stare in piedi** sich vor Müdigkeit nicht mehr auf den Beinen halten können; **qc ~ bere** etw zum Trinken, etw zu trinken

dabbasso [dab'basso] *avv* unten

dabbenaggine [dabbe'naddʒine] *f* Vertrauensseligkeit *f,* Leichtgläubigkeit *f*

dabbene [dab'bɛːne] <inv> *agg* rechtschaffen, redlich

daccapo [dak'kaːpo] *avv* noch einmal (von Anfang an), von vorn

dacché [dak'ke] *cong* ❶ (*poet: poiché*) weil ❷ (*da quando*) seit, seitdem

dadaismo [dada'izmo] *m* Dadaismus *m*

dado ['daːdo] *m* ❶ (*cubetto*) Würfel *m;* **giocare ai -i** Würfel spielen, würfeln ❷ (GASTR) Brüh-, Suppenwürfel *m* ❸ (*per*

bulloni) (Schrauben)mutter *f*

daffare [daf'faːre] <-> *m* Arbeit *f,* (dringende) Aufgabe *f;* **avere un gran ~** sehr viel Arbeit haben

daga ['daːga] <-ghe> *f* großer Dolch, kurzes Schwert

dagli ['daʎʎi] **I.** *prp con articolo gli* **da II.** *int* (*fam*) gib (es) ihm!; **~ al ladro!** halt den Dieb!; **~ oggi, ~ domani, alla fine lo convinse a partire** da er [*o* sie] keine Ruhe gab, ließ er sich am Ende zur Abreise überreden

daino ['daːino] *m* Damhirsch *m*

dal [dal] *prp* = **da + il** *v.* **da**

dalia ['daːlia] <-ie> *f* Dahlie *f*

dall', dalla, dallo, dalle [dall, 'dalla, 'dallo, 'dalle] *prp* = **da + l', la, lo, le** *v.* **da**

daltonico, -a [dal'tɔːniko] <-ci, -che> **I.** *agg* farbenblind **II.** *m, f* Farbenblinde(r) *f(m);* **daltonismo** [dalto'nizmo] *m* Farbenblindheit *f,* Daltonismus *m*

dama ['daːma] *f* ❶ (*persona*) Dame *f;* **~ di compagnia** Gesellschaftsdame *f;* **~ di corte** Hofdame *f* ❷ (*gioco*) Dame *f,* Damespiel *n;* (*scacchiera*) Damebrett *n;* **giocare a ~** Dame spielen

damascare [damas'kaːre] *vt* ❶ (*panno*) damastartig weben ❷ (*armi*) damaszieren

damasco [da'masko] <-schi> *m* Damast *m*

damerino [dame'riːno] *m* ❶ (*giovane galante*) Galan *m geh* ❷ (*pej: bellimbusto*) Geck *m,* Stutzer *m obs*

damigella [dami'dʒɛlla] *f* (HIST) Edelfräulein *n;* **~ d'onore** Brautjungfer *f*

damigiana [dami'dʒaːna] *f* große Korbflasche

dammeno [dam'meːno] <inv> *agg* weniger wert; **essere ~ di qu** jdm unterlegen sein

DAMS [dams] *m acro di* **Discipline delle Arti, della Musica e dello Spettacolo** *Hochschule für darstellende Kunst, Musik und Schauspiel*

danaro [da'naːro] *v.* **denaro; danaroso, -a** [dana'roːso] *agg* vermögend, wohlhabend

dance music ['daːns 'mjuːzik] <-> *f* Dance music *f*

dancing ['daːnsiŋ *o* 'dɛnsiŋ(g)] <-> *m* Tanzlokal *n*

danese [da'neːse] **I.** *agg* dänisch **II.** *mf* Däne *m,* Dänin *f*

Danimarca [dani'marka] *f* Dänemark *n*

dannare [dan'na:re] **I.** *vt* verdammen, verfluchen; **far ~ qu** jdn zur Verzweiflung treiben **II.** *vr* **-rsi** sich plagen, sich quälen; **-rsi l'anima per qc** sich wegen etw aufzehren; **dannato, -a** [dan'na:to] **I.** *agg* verdammt **II.** *m, f* Verdammte(r) *f(m);* **dannazione** [dannat'tsio:ne] **I.** *f* ❶ (*perdizione*) Verdammnis *f,* Verdammung *f* ❷ (*fig: tormento*) Plage *f,* Strafe *f* **II.** *int* ~! verdammt (nochmal)! *fam*

danneggiamento [danneddʒa'mento] *m* Beschädigung *f;* **danneggiare** [danned'dʒa:re] *vt* ❶ (*rovinare*) beschädigen ❷ (*nuocere*) schädigen, schaden; ~ **qu/qc** jdm/etw schaden

danno ['danno] *m* Schaden *m; -i* **ambientali** Umweltschaden *pl;* **far ~i** Schaden anrichten; **recare ~** Schaden zufügen; **pagare i -i** für den Schaden aufkommen; **a ~** [*o* **ai -i**] **di qu** zu jds Schaden; **rimanere** [*o* **restare**] **col ~ e con le beffe** wer den Schaden hat, braucht für den Spott nicht zu sorgen; **dannoso, -a** [dan'no:so] *agg* **essere ~** (**per** [*o* **a**] **qu/qc**) (für jdn/etw) schädlich sein

dantesco, -a [dan'tesko] <-schi, -sche> *agg* dantisch, von Dante; **dantista** [dan'tista] <-i *m,* -e *f*> *mf* Danteforscher(in) *m(f)*

Danubio [da'nu:bio] *m* Donau *f*

danza ['dantsa] *f* Tanz *m; ~* **classica** Ballett *n; ~* **popolare** Volkstanz *m;* **danzante** [dan'tsante] *agg* tanzend, Tanz-; **trattenimento ~** Tanzvergnügen *n;* **danzare** [dan'tsa:re] *vi, vt* tanzen; **danzatore, -trice** [dantsa'to:re] *m, f* Tänzer(in) *m(f)*

Danzica ['dantsika] *f* Danzig *n*

dappertutto [dapper'tutto] *avv* ❶ (*stato*) überall ❷ (*moto*) überallhin

dappiè, dappiede, dappiedi [dap'piɛ, dap'piɛːde, dap'piɛːdi] *avv* (*poet*) am Fuß(e), zu Füßen

dappiù [dap'piu] <inv> *agg* mehr wert, besser

dappocaggine [dappo'kaddʒine] *f* Unfähigkeit *f,* Beschränktheit *f*

dappoco [dap'pɔ:ko] <inv> *agg* ❶ (*inetto*) unfähig, beschränkt ❷ (*di poca importanza*) unbedeutend, bedeutungslos

dappresso [dap'prɛsso] *avv* (*moto*) von nahem, aus der Nähe; (*stato*) in der Nähe (*a* von)

dapprima [dap'pri:ma] *avv* im ersten Moment, anfangs

dapprincipio [dapprin'tʃi:pio] *avv* anfangs, am Anfang

dardeggiare [darded'dʒa:re] **I.** *vt* (*poet*) ❶ (*sole*) versengen, verbrennen ❷ (*occhi*) durchbohren **II.** *vi* (*sole*) brennen, stechen

dardo ['dardo] *m* Pfeil *m*

dare¹ ['da:re] <do, diedi *o* detti, dato> **I.** *vt* ❶ (*gener*) geben; (*da portare via*) mitgeben; (*medicina*) eingeben, einflößen; (*disposizioni*) geben; (*esame*) ablegen; (*fuoco*) legen; (*sguardo*) werfen; ~ **una multa a qu** jdm ein Bußgeld auferlegen; ~ **una notizia** Nachricht geben; ~ **peso a qc** Wert auf etw *acc* legen; ~ **del Lei/tu a qu** jdn siezen/duzen ❷ (*assegnare*) verleihen, geben ❸ (*produrre*) hervorbringen, erzeugen ❹ (*causare*) verursachen; (*dispiacere, preoccupazioni, gioia*) machen ❺ (*offrire*) anbieten ❻ (*festa*) veranstalten; (*ricevimento*) geben ❼ (*augurare*) wünschen; ~ **il buongiorno a qu** jdm einen guten Tag wünschen **II.** *vi* ❶ (*guardare*) gehen; **la finestra dà sul cortile** das Fenster geht auf den Hof; **la finestra dà sulla strada** das Fenster geht nach der Straße ❷ (*prorompere*) ausbrechen ❸ (*battere*) schlagen ❹ (*fare effetto*) ~ **nell'occhio** ins Auge springen; ~ **alla testa** zu Kopf steigen ❺ (*tendere a un colore*) ~ **sul rosso** ins Rot gehen **III.** *vr* **-rsi** ❶ (*dedicarsi*) sich widmen; **darsi alla pittura** sich der Malerei widmen ❷ (*sottomettersi*) sich ergeben ❸ (*incominciare*) anfangen, beginnen ❹ (*trovare*) **non darsi pace** keine Ruhe finden ❺ (*loc*) **si dà il caso che ...** +*conj* zufällig ...; **può darsi che ...** +*conj* es mag sein, dass ..., es kann sein, dass ...; **darsela a gambe** die Beine in die Hand nehmen; **-rsi per ...** sich ausgeben für ...

dare² <-> *m* Soll *n;* **il ~ e l'avere** Soll und Haben

dark [da:k *o* dark] **I.** <inv> *agg* ❶ (*tipo di musica*) Dark music- *f* ❷ (*modo di vestirsi*) ausschließlich dunkle Kleidung tragend **II.** <-> *mf* Gruftie *m*

dark lady [da:k 'leidi *o* dark 'lɛdi] <- *o* dark ladies> *f* Dark lady *f*

darsena ['darsena] *f* Dock *n*

darvinismo [darvi'nizmo] *m* Darwinismus *m*

DAT ['dat] *m acro di* **Digital Audio Tape** DAT *n*

data¹ ['da:ta] *f* Datum *n,* Zeitpunkt *m; ~* **di nascita** Geburtsdatum *n; ~* **di scadenza** Haltbarkeitsdatum *n;* **rimandare qc a ~ da destinarsi** etw bis auf Weiteres verschieben; **di fresca ~** neueren Datums; **un amico di lunga/vecchia ~** ein alter Freund

data² [data *o* 'deitə] *mpl* (INFORM) Daten *npl; ~* **base** Datenbasis *f; ~* **bank** Datenbank *f; ~* **glove** Datenhandschuh *m; ~* **ma-**

nagement Datenverwaltung *f*, -management *n*

datare [da'ta:re] **I.** *vt avere* datieren **II.** *vi essere* datieren; **la nostra amicizia data da maggio 1998** wir sind seit Mai 1998 befreundet; **a ~ da domani** ab morgen

datario [da'ta:rio] *m* Datumsanzeige *f*

datazione [datat'tsio:ne] *f* Datierung *f*

dativo [da'ti:vo] *m* Dativ *m*, Wemfall *m*

dato ['da:to] *m* Anhaltspunkt *m;* **~ di fatto** Tatsache *f*, Gegebenheit *f;* **banca -i** (IN-FORM) Datenbank *f;* **trasmissione** (**di**) **-i** (INFORM) Datenübertragung *f;* **elaborazione elettronica dei -i** elektronische Datenverarbeitung *f;* **-i fiscali** Steuerdaten *pl*

dato, -a I. *pp di* dare[1] **II.** *agg* **❶**(*determinato*) bestimmt, gewiss, dediziert *A* **❷**(*dedito*) ergeben **❸**(*supposto*) gegeben; **~ che** in Anbetracht der Tatsache, dass; **-e le circostanze** unter diesen Umständen; **-i i nostri ottimi rapporti** in Anbetracht unserer hervorragenden Beziehungen

datore, -trice [da'to:re] *m, f* Geber(in) *m(f);* **~ di lavoro** Arbeitgeber(in) *m(f)*, Dienstgeber(in) *m(f) A;* **datoriale** [dato'ria:le] *agg* Arbeitgeber-, Dienstgeber- *A*

dattero ['dattero] *m* **❶**(*frutto*) Dattel *f* **❷**(*pianta*) Dattelpalme *f*

dattilo ['dattilo] *m* Daktylus *m*

dattilocomposizione [dattilokomposit'tsio:ne] *f* Fingersatz *m*

dattilografa *f v.* **dattilografo**

dattilografare [dattilogra'fa:re] *vt* mit der (Schreib)maschine schreiben; **dattilografia** [dattilogra'fi:a] *f* Maschine(n)schreiben *n;* **dattilografico, -a** [dattilo'gra:fiko] <-ci, -che> *agg* (Schreib)maschinen-; **nastro ~** Farbband *n;* **dattilografo, -a** [datti'lɔ:grafo] *m, f* Maschine(n)schreiber(in) *m(f)*, Stenotypist(in) *m(f)*

dattilogramma [dattilo'gramma] <-i> *m* Daktylogramm *n*, Fingerabdruck *m*

dattilologia [dattilolo'dʒi:a] <-gie> *f* Daktylologie *f*, Finger- und Gebärdensprache *f;* **dattilologico, -a** [dattilo'lɔ:dʒiko] <-ci, -che> *agg* daktylologisch

dattiloscopia [dattilos'kɔ:pia] <-ie> *f* Daktyloskopie *f*, Fingerabdruckverfahren *n*, -erkennung *f;* **dattiloscopico, -a** [dattilos'kɔ:piko] <-ci, -che> *agg* daktyloskopisch; **esame ~** Fingerabdruckuntersuchung *f*

dattiloscritto, -a *agg* Maschine geschrieben, maschinenschriftlich; **dattiloscrittura** [dattiloskrit'tu:ra] *f* Maschine(n)schreiben *n*, Daktylografie *f CH;* **dattiloscrivere** [dattilos'kri:vere] <irr> *vt*

mit der Maschine schreiben, tippen, daktylografieren *CH*

dattorno [dat'torno] **I.** *avv* **❶**(*intorno*) umher, herum; **darsi ~** sich umtun, sich bemühen **❷**(*vicino*) in der Nähe **II.** *prp* **~ a** (*intorno*) um … herum; (*vicino*) in der Nähe von … **III.**<inv> *agg* umliegend

davanti [da'vanti] **I.** *avv* davor; (*di fronte*) gegenüber; (*nella parte anteriore*) vorn(e) **II.** *prp* **~ a me** (*stato*) vor mir; (*moto*) vor mich **III.**<inv> *agg* Vorder-, vordere(r, s) **IV.** *m* Vorderteil *n*, Vorderseite *f*

davanzale [davan'tsa:le] *m* Fensterbank *f*

davanzo, d'avanzo [da'vantso] *avv* mehr als genug, im Überfluss

davvero [dav've:ro] *avv* wirklich, tatsächlich; **per ~** tatsächlich, im Ernst

day ['dei] <- *o* days> *m* Tag *m*, Tageszeit *f*

day after ['dei 'a:ftə] <*sing*> *m* day after *m*, Tag *m* danach

day hospital [dei 'hɔspitəl *o* dei 'ospital] <- *o* day hospitals> *m* Tagesklinik *f;* **servizio ~** ambulanter Klinikdienst

daylight ['deilait] <inv> *agg* **lampada ~** Tageslichtlampe *f*

dazebao [dattse'ba:o] <-> *m v.* **dazibao**

daziare [dat'tsia:re] *vt* Zoll erheben auf +*acc;* **daziario, -a** [dat'tsia:rio] <-i, -ie> *agg* Zoll-

dazibao [dattsi'ba:o] <-> *m* Ta-tzu-pao *n*, politisches Plakat *n*

daziere [dat'tsiɛ:re] *m* Zollbeamte(r) *m*, -beamtin *f*, Zöllner(in) *m(f);* **dazio** ['dat-tsio] <-i> *m* Zoll *m*

d.C. *abbr di* **dopo Cristo** n. Chr.

DC *f abbr di* **Democrazia Cristiana** (HIST) *ehemalige christdemokratische Partei Italiens*

D.D.L. *abbr di* **Disegno Di Legge** Gesetzesvorlage *f*, Gesetzentwurf *m*

dea ['dɛ:a] *f* Göttin *f*

deaerare [deae'ra:re] *vt* entlüften; **~ un liquido** eine Flüssigkeit entlüften; **deaerazione** [deaerat'tsio:ne] *f* (TEC) Entlüftung *f*

deal [di:l] <-> *m* Handel *m*, Geschäft *n*

dealer ['di:lə] <- *o* dealers> *mf* Dealer(in) *m(f)*, Drogenhändler(in) *m(f)*, Rauschgifthändler(in) *m(f)*

dealfabetizzazione [dealfabetiddzat'tsio:ne] *f* Dealphabetisierung *f*, Rückgang *m* der Alphabetisierung

deamarizzare [deamatid'dza:re] *vt* (*caffè*) die Bitterstoffe entfernen

deambulante [deambu'lante] *mf* (*obs*) Spaziergänger(in) *m(f);* **deambulare** [deambu'la:re] *vi* (*poet*) sich ergehen *geh*, lustwandeln *geh*, *obs*

deambulatorio, -a <-i, -ie> *agg* **funzione -a** Fortbewegung *f;* **deambulazione** [deambulat'tsio:ne] *f* Gang *m,* Fortbewegung *f*

deamicisiano, -a [deamitʃi'zia:no] *agg* (*patetico*) pathetisch; **socialismo ~** romantisch verklärter Sozialismus nach Art von De Amicis; **clima ~** (*fig*) schwülstiges Klima

deamplificare [demamplifi'ka:re] *vt* (TEC) Verstärkung zurücknehmen; **deamplificazione** [deamplifikat'tsio:ne] *f* (TEC) Rücknahme *f* der Verstärkung

deasfaltizzazione [deasfaltiddzat-'tsio:ne] *f* (CHEM) Deasphaltierung *f*

deb [deb] <-> *mf* ❶ (*che si presenta in società*) erstmalig in der Gesellschaft Auftretende(r) *f(m)* ❷ (*debuttante*) Debütant(in) *m(f)*

débâcle [de'bakl] <- *o* débâcles> *f* Debakel *n,* Niederlage *f;* **avere** [*o* **subire**] **una ~** ein Debakel erleiden

debbo ['dɛbbo] *1. pers sing pr di* **dovere**[1]

debellamento [debella'mento] *m* völlige Vernichtung; **debellare** [debel'la:re] *vt* (*poet*) bezwingen, besiegen; (*male*) ausrotten

debilitamento [debilita'mento] *m* (*obs*) Schwächung *f,* Entkräftung *f*

debilitante [debili'tante] *agg* schwächend, entkräftend; **malattia ~** schwächende Krankheit; **debilitare** [debili'ta:re] *vt* schwächen, entkräften; **debilitazione** [debilitat'tsio:ne] *f* Schwächung *f,* Entkräftung *f*

debitamente [debita'mente] *avv* in der vorschriftsgemäßen Form, ordnungsgemäß

debito ['de:bito] *m* ❶ (FIN) Schuld *f,* Verbindlichkeit *f,* Soll *n;* **avere un ~ con qu** jdm etw schulden; **annullare un ~** eine Schuld tilgen; **~ pubblico** Staatsverschuldung *f* ❷ (*obbligo morale*) Pflicht *f,* Schuldigkeit *f;* **sentirsi in ~ verso qu** in jds Schuld stehen

debito, -a *agg* ❶ (*doveroso*) schuldig, gebührend ❷ (*imposto*) notwendig, geboten ❸ (*opportuno*) passend; **a tempo ~** im passenden Augenblick, zur rechten Zeit; **debitore, -trice** [debi'to:re] *m, f* ❶ (*a fig*) Schuldner(in) *m(f)* ❷ (COM) Debitor *m;* **debitorio, -a** [debi'tɔ:rio] <-ri, -rie> *agg* (JUR) Schuld(en)-, Schuldner-; **la situazione -a di un'azienda** die Schuldensituation eines Unternehmens

debitrice *f v.* **debitore**

debole ['de:bole] **I.** *agg* schwach, kraftlos **II.** *m* Schwäche *f,* schwache Seite; **avere il ~ del gioco** eine Schwäche für das

Glücksspiel haben; **debolezza** [debo'lettsa] *f* Schwäche *f,* Schwachheit *f*

debordare [debor'da:re] *vi* überlaufen, überfließen

debosciato, -a [deboʃ'ʃa:to] **I.** *agg* ausschweifend, lasterhaft, zügellos **II.** *m, f* Wüstling *m,* zügelloser Mensch *m*

debraiata [debra'ia:ta] *f* (*sl* MOT) Schalten *n* mit Zwischengas

debugging [di:'bʌgiŋ] <-> *m* (INFORM) Debugging *n,* Austesten *n*

debuttante [debut'tante] **I.** *agg* debütierend **II.** *mf* Debütant(in) *m(f);* **debuttare** [debut'ta:re] *vi* debütieren, erstmals (öffentlich) auftreten; **debutto** [de'butto] *m* Debüt *n,* erstes (öffentliches) Auftreten

decacordo [deka'kordo] *m* (MUS) ❶ (*arpa*) zehnsaitige Harfe *f* ❷ (*chitarra antica francese*) Déchacorde *n*

decade ['dɛ:kade] *f* (*dieci giorni*) Dekade *f*

decadente [deka'dɛnte] *agg* dekadent; **decadentismo** [decaden'tizmo] *m* (LIT) Dekadenz *f;* **decadentista** [dekaden'tista] <-i *m,* -e *f*> **I.** *mf* Vertreter(in) *m(f)* der Dekadenzdichtung **II.** *agg* Dekadenz-; **poetica ~** Dekadenzdichtung *f;* **decadentistico, -a** [dekaden'tistiko] <-ci, -che> *agg* dekadentistisch; **opera -a** dekadentistisches Werk

decadenza [deca'dɛntsa] *f* ❶ (*declino*) Dekadenz *f,* Verfall *m* ❷ (*fig* LIT) Dekadenz *f*

decadere [deka'de:re] <irr> *vi essere* verfallen; **decadimento** [decadi'mento] *m* Verfall *m,* Dekadenz *f;* **decaduto, -a** [deka'du:to] *agg* verarmt, heruntergekommen; **nobiltà -a** verarmter Adel; **antiche civiltà -e** untergegangene antike Zivilisationen

decaedro [deka'ɛ:dro] *m* (MAT) Dekaeder *n,* Zehnflächner *m*

decaffeinare [dekaffei'na:re] *vt* entkoffeinieren; **decaffeinato** [dekaffei'na:to] *m* koffeinfreier Kaffee [*o* Tee]

decaffeinazione [dekaffeinat'tsio:ne] *f v.* **decaffeinizzazione**

decaffeinizzare [dekaffeinid'dza:re] *vt* entkoffeinieren; **decaffeinizzazione** [dekaffeiniddzat'tsio:ne] *f* Entkoffeinierung *f*

decagono [de'ka:gono] *m* (MAT) Dekagon *n,* Zehneck *n*

decagrammo [deka'grammo] *m* Dekagramm *n*

decalcare [dekal'ka:re] *vt* (ab-, durch)pausen

decalcificare [dekaltʃifi'ka:re] *vt* (CHEM, MED) Kalzium entziehen

decalcificazione [dekaltʃifikat'tsio:ne] *f* Entkalkung *f*

decalco [de'kalko] <-chi> *m* Abpausen *n*

decalcomania [dekalkoma'ni:a] <-ie> *f* Abziehbild *n*

decalitro [de'ka:litro] *m* Dekaliter *m o n*

decalogo [de'ka:logo] <-ghi> *m* ❶ (REL: *di Mosè*) die Zehn Gebote *npl*, Dekalog *m* ❷ (*norme*) Verhaltensregeln *fpl*, Gebote *npl*, Vorschriften *fpl*

decametro [de'ka:metro] *m* Dekameter *m*

decampare [dekam'pa:re] *vi* ❶ (*rar* MIL) das Lager abbrechen ❷ (*fig*) verzichten (*da* auf +*acc*), aufgeben (*da qc* etw)

decanato [deka'na:to] *m* Dekanat *n*

decano [de'ka:no] *m* Älteste(r) *m*, Doyen *m*; (*titolo*) Dekan *m*

decantare [dekan'ta:re] *vt* rühmen; **decantazione** [dekantat'tsio:ne] *f* ❶ (CHEM) Dekantierung *f*, Klärung *f* ❷ (*fig*) Läuterung *f*

decapaggio [deka'paddʒo] <-ggi> *m* Dekapierung *f*, Beizen *n*; **decapamento** [dekapa'mento] *m* (*obs*) *v.* **decapaggio**;

decapare [deka'pa:re] *vt* beizen, entzundern, dekapieren; **decapatore, -trice** [dekapa'to:re] *m, f* Beizer(in) *m(f)*

decapitare [dekapi'ta:re] *vt* enthaupten; **decapitazione** [dekapitat'tsio:ne] *f* Enthauptung *f*

decappotabile [dekappo'ta:bile] I. *agg* mit Klappverdeck; **auto** ~ Kabrio(lett) *n* II. *f* Kabrio(lett) *n*; **decappottare** [dekappot'ta:re] *vt* das Verdeck aufklappen

decartellizzazione [dekartelliddzat'tsio:ne] *f* (ADM) Dekartellisierung *f*, Entflechtung *f*

decasillabo [deka'sillabo] *m* Zehnsilb(l)er *m*, Dekasyllabus *m*

decasillabo, -a *agg* zehnsilbig; **verso** ~ Dekasyllabus *m*

decathlon ['dɛ:katlon] <-> *m* Zehnkampf *m*; **decatleta** [dekat'lɛ:ta] *mf* Zehnkämpfer(in) *m(f)*; **decatlon** *m v.* **decathlon**

decedere [de'tʃɛ:dere] <decedo, decessi *o* decedetti, deceduto> *vi essere* (*poet*) entschlafen, versterben; **deceduto, -a** [detʃe'du:to] I. *agg* verstorben, entschlafen II. *m, f* Verstorbene(r) *f(m)*, Tote(r) *f(m)*; **i -i in guerra** die Kriegstoten

decelerare [detʃele'ra:re] *vt* die Geschwindigkeit verringern; **deceleratore, -trice** [detʃelera'to:re] *agg* verzögernd, verlangsamt; **azione deceleratrice** verzögernde Wirkung; **decelerazione** [detʃelerat'tsio:ne] *f* Verringerung *f* der Geschwindigkeit

decemvirato [detʃemvi'ra:to] *m* Dezemvirat *n*

decennale [detʃen'na:le] I. *agg* ❶ (*che dura 10 anni*) zehnjährig ❷ (*ogni 10 anni*) zehnjährlich II. *m* zehnter Jahrestag; (*celebrazione*) Zehnjahresfeier *f*

decenne [de'tʃɛnne] I. *agg* zehnjährig II. *mf* Zehnjährige(r) *f(m)*; **decennio** [de'tʃɛnnio] <-i> *m* Jahrzehnt *n*

decente [de'tʃɛnte] *agg* ❶ (*di pudore*) schicklich, anständig; (*di tatto*) taktvoll ❷ (*fig: adeguato*) annehmbar, angemessen

decentralizzare [detʃentralid'dza:re] *vt* dezentralisieren; **decentralizzazione** [detʃentraliddzat'tsio:ne] *f* Dezentralisierung *f*, Auslagerung *f*; ~ **amministrativa** Dezentralisierung der Verwaltung; ~ **produttiva** Dezentralisierung der Produktion

decentramento [detʃentra'mento] *m* Dezentralisierung *f*; **decentrare** [detʃen'tra:re] *vt* dezentralisieren; **decentrato, -a** [detʃen'tra:to] *agg* dezentralisiert; **servizi/uffici -i** dezentralisierte Dienste/Ämter

decenvirato [detʃenvi'ra:to] *m v.* **decemvirato**

decenza [de'tʃɛntsa] *f* ❶ (*pudore, dignità*) Schicklichkeit *f*, Anstand *m*; (*tatto*) Takt *m* ❷ (*convenienza*) Angemessenheit *f*

decerato, -a [detʃe'ra:to] *agg* entwachst

decespugliatore [detʃespuʎʎa'to:re] *m* Rodemaschine *f*

decessi [de'tʃɛssi] *1. pers sing pass rem di* **decedere**

decesso [de'tʃɛss] *m* (ADM) Ableben *n geh*, Tod *m*

decibel [detʃi'bɛl *o* 'dɛ:tʃibel] <-> *m* (PHYS) Dezibel *n*; **scala in** ~ Dezibelskala *f*; ~ **acustico** Schalldezibel *n*

decidere [de'tʃi:dere] <decido, decisi, deciso> I. *vt* beschließen II. *vi* entscheiden III. *vr* -**rsi** sich entscheiden; -**rsi a fare qc** sich entschließen etw zu tun; -**rsi di fare qc** beschließen etw zu tun

decidibile [detʃi'di:bile] *agg* ❶ entscheidbar ❷ (MAT) lösbar, bestimmbar; **formula** ~ bestimmbare Formel; **decidibilità** [detʃibili'ta] <-> *f* ❶ Entscheidbarkeit *f* ❷ (MAT) Lösbarkeit *f*, Bestimmbarkeit *f*

deciduo, -a [detʃi'du:o] *agg* (*foglie*) abfallend; **stella -a** sinkender Stern; **denti -i** Milchzähne *mpl*

decifrabile [detʃi'fra:bile] *agg* entzifferbar; **decifrabilità** [detʃifrabili'ta] <-> *f* Dechiffrierbarkeit *f*; **calligrafia di facile** ~ leicht zu entschlüsselnde Handschrift; ~ **dei pensieri** (*fig*) Durchschaubarkeit *f* der Gedanken

decidere	
accertarsi di una decisione	**nach Entschlossenheit fragen**
È sicuro di volere questo/volerlo?	**Sind Sie sicher, dass** Sie das wollen?
Ci ha riflettuto bene?	**Haben Sie sich das gut überlegt?**
Non preferisce questo colore?	**Wollen Sie nicht lieber** diese Farbe?
esprimere una decisione	**Entschlossenheit ausdrücken**
Ho deciso: domani parto.	**Ich habe mich entschieden:** Ich werde morgen abfahren.
Mi sono finalmente deciso/a a dirgli tutto.	**Ich habe mich dazu durchgerungen,** ihm alles zu sagen.
Niente/Nessuno mi dissuaderà dal farlo.	**Ich lasse mich von nichts/niemandem davon abbringen,** es zu tun.
esprimere indecisione	**Unentschlossenheit ausdrücken**
Non so ancora cosa devo fare.	Ich weiß noch nicht, was ich tun soll.
Siamo ancora in dubbio sul da farsi/su cosa faremo.	**Wir sind uns noch im Unklaren darüber,** was wir tun werden.
Sono ancora indeciso se prendere in affitto l'appartamento oppure no.	**Ich bin mir noch unschlüssig, ob** ich die Wohnung mieten soll oder nicht.
Non mi sono ancora deciso/a.	Ich habe mich noch nicht entschieden.
Non sono ancora giunto a una conclusione al riguardo.	**Ich bin noch zu keinem Entschluss in dieser Sache gekommen.**

deciframento [detʃifra'mento] *m* (*obs*) Dechiffrierung *f*, Entschlüsselung *f*, Entzifferung *f*; **~ di un testo crittografico** Entschlüsselung eines kodierten Textes; **decifrare** [detʃi'fra:re] *vt* (*scrittura*) entziffern; (*codice*) entschlüsseln; (*enigma*) (auf)lösen; **decifrato, -a** [detʃi'fra:to] *agg* dechiffriert, entschlüsselt, entziffert; **un messaggio ~** eine entschlüsselte Nachricht; **decifratore, -trice** [detʃifra'to:re] *m, f* Entzifferer(in) *m(f)*; **~ di enigmi** Rätsellöser *m*; **decifrazione** [detʃifrat'tsio:ne] *f* Entzifferung *f*, Entschlüsselung *f*

decigrado [detʃi'gra:do] *m* (MAT) Dezigrad *m*; **decigrammo** [detʃi'grammo] *m* Dezigramm *n*; **decilitro** [de'tʃi:litro] *m* Deziliter *m* o *n*

decima ['dɛːtʃima] *f* ❶ (MUS) Dezime *f* ❷ (MAT) zehnte Potenz; **7 alla ~** sieben hoch zehn

decimale [detʃi'ma:le] *agg* dezimal, Dezimal-

decimalizzare [detʃimalid'dza:re] *vt* dezimalisieren, auf das Dezimalsystem umstellen

decimare [detʃi'ma:re] *vt* dezimieren; **decimazione** [detʃimat'tsio:ne] *f* Dezi-

mierung *f*, Dezimation *f*

decimetro [de'tʃi:metro] *m* Dezimeter *m* o *n*

decimilionesimo, -a [detʃimilio'nɛːzimo] **I.** *agg* ❶ (*posto*) zehnmillionste(r, s); **occupare il ~ posto** auf dem zehnmillionsten Platz liegen; **la -a targa di una provincia** das zehnmillionste Nummernschild einer Provinz ❷ (*con valore frazionario*) zehnmillion(s)tel **II.** *m, f* Zehnmillionstel *n*; **un ~** ein Zehnmillionstel

decimillesimo [detʃimil'lɛːzimo] *m* Zehntausendstel *n*; **un ~ di secondo** eine Zehntausendstelsekunde

decimillesimo, -a *agg* ❶ (*posto*) zehntausendste(r, s) ❷ (*con valore frazionario*) zehntausendstel; **la -a parte** der zehntausendste Teil

decimilligrammo [detʃimilli'grammo] *m* Dezimilligramm *n*

decimillimetro [detʃimil'li:metro] *m* Dezimillimeter *m* o *n*

decimo ['dɛːtʃimo] *m* (*frazione*) Zehntel *n*, zehnter Teil

decimo, -a **I.** *agg* zehnte(r, s) **II.** *m, f* Zehnte(r, s) *mfn; v. a.* **quinto; decimoprimo, decimosecondo** [detʃimo'pri:mo, detʃimose'kondo] *agg* (*poet*) *v.* **undicesimo,**

dodicesimo

decina [de'tʃi:na] *f v.* **diecina**

decisamente [detʃiza'mente] *avv* ❶ (*con risolutezza*) mit Entschiedenheit, (fest) entschlossen ❷ (*veramente*) ausgesprochen

decisi [de'tʃi:zi] *1. pers sing pass rem di* **decidere**

decisionale [detʃizio'na:le] *agg* Entscheidungs-; **decisionalità** [detʃizionali'ta] <-> *f* Entscheidungsfreudigkeit *f,* -fähigkeit *f*

decisione [detʃi'zio:ne] *f* ❶ (*risolutezza*) Entschlossenheit *f* ❷ (*deliberazione*) Entscheidung *f,* Entschluss *m;* **prendere una ~** eine Entscheidung treffen; **~ preliminare** Vorentscheidung *f* ❸ (JUR: *sentenza*) Entscheid *m,* Beschluss *m*

decisionismo [detʃizio'nizmo] *m* ❶ (*decidere affrettatamente*) (übereilte) Entscheidungsfreudigkeit *f* ❷ (PHILOS) Dezisionismus *m;* **decisionista** [detʃizio'nista] <-i *m,* -e *f*> *mf* Dezisionist(in) *m(f),* Entscheidungsfreudige(r) *f(m)*

decision maker [di'siʒən 'meikə *o* decision meker] <- *o* decision makers> *mf* Entscheidungsträger(in) *m(f)*

decisività [detʃizivi'ta] <-> *f* Entschiedenheit *f,* Entschlossenheit *f,* Bestimmtheit *f*

decisivo, -a [detʃi'zi:vo] *agg* ausschlaggebend, entscheidend; (SPORT) Entscheidungs-; **deciso, -a** [de'tʃi:zo] I. *pp di* **decidere** II. *agg* entschlossen, entschieden; **decisore, deciditrice** [detʃi'zo:re] *m, f* Entscheider(in) *m(f);* **decisorio, -a** [detʃi'zo:rio] <-i, -ie> *agg* (JUR) entscheidend, Entscheidungs-; **giuramento ~** Entscheidungseid *m;* **parere ~** entscheidende Meinung

deck [dek] <- *o* decks> *m* ❶ (*ponte di una nave*) Deck *n* ❷ (*registratore*) Kassettendeck *n*

declamare [dekla'ma:re] *vt, vi* deklamieren; **declamatore, -trice** [dekla-ma'to:re] *m, f* Vortragskünstler(in) *m(f);* **declamatorio, -a** [dekla'bɔ:rio] <-i, -ie> *agg* deklamatorisch; **declamatrice** *f v.* **declamatore; declamazione** [deklamat'tsio:ne] *f* Deklamation *f*

declaratorio, -a [deklara'bɔ:rio] <-i, -ie> *agg* deklaratorisch, feststellend

declassamento [deklassa'mento] *m* ❶ (*passaggio a una classe inferiore*) Deklassierung *f* ❷ (*diminuzione di prestigio*) Abstieg *m;* **declassare** [deklas'sa:re] *vt* deklassieren, herabsetzen; **declassificare** [deklassifi'ka:re] *vt* deklassieren, zurückstufen, herabsetzen, sozial erniedrigen

declinante [dekli'nante] *agg* ❶ (*che digrada verso il basso*) abfallend, sinkend; **pendio ~ verso la valle** Abhang *m,* Lehne *f* ❷ (*fig: che si avvicina alla fine*) ausgehend, sich dem Ende nähernd; **declinare** [de-kli'na:re] I. *vt* ❶ (LING) deklinieren, beugen ❷ (*porre un rifiuto*) zurückweisen, ablehnen II. *vi* ❶ (*diminuire*) sinken, nachlassen ❷ (*volgere alla fine*) zu Ende gehen ❸ (*sole, astro*) untergehen; **declinatoria** [de-klina'bɔ:ria] <-ie> *f* (JUR) Einrede *f* der Unzuständigkeit, Einwand *m* des Rechtsmangels; **declinazione** [deklinat'tsio:ne] *f* Deklination *f;* **declino** [de'kli:no] *m* ❶ (*decadenza*) Niedergang *m,* Untergang *m* ❷ (*fig: di bellezza*) Schwinden *n,* Verblühen *n*

declivio [de'kli:vio] <-i> *m* Hang *m,* Berghang *m;* **in ~** geneigt, abfallend

decloratore [deklora'to:re] *m* Entchlorer *m;* **declorazione** [deklorat'tsio:ne] *f* Entchlorung *f*

decoder [di'koudə *o* decoder] <- *o* decoders> *m* Decoder *m,* Datenentschlüsseler *n*

decodificabile [dekodifi'ka:bile] *agg* decodierbar, entschlüsselbar; **dati -i** entschlüsselbare Daten; **decodificare** [de-kodifi'ka:re] *vt* dekodieren, entschlüsseln; (INFORM) decodieren, dekodieren; **decodificatore, -trice** [dekodifika'to:re] *m, f* ❶ (*chi decodifica un messaggio*) Decodierer(in) *m(f)* einer Nachricht ❷ (INFORM) Decoder *m,* Datenentschlüsseler *m;* **decodificazione** [dekodifikat'tsio:ne] *f* ❶ (*decifrazione*) Entzifferung *f,* Entschlüsselung *f* ❷ (INFORM) Dekodierung *f,* Entschlüsselung *f*

decollare [dekol'la:re] *vi* abheben, starten

décolleté [dekɔl'te] I.<inv> *agg* (*abito*) ausgeschnitten, dekolletiert; (*scarpe*) ausgeschnitten II.<-> *m* (*di abito*) Ausschnitt *m,* Dekolletee *n;* (*di scarpe*) Ausschnitt *m*

decollettivizzazione [dekollettividdzat-'tsio:ne] *f* Dekollektivierung *f*

decollo [de'kɔllo] *m* ❶ (AERO) Start *m,* Abheben *n* ❷ (*fig*) Aufschwung *m*

decolonizzazione [dekoloniddzat-'tsio:ne] *f* Dekolonisation *f,* Entkolon(ial)isierung *f*

decolorante [dekolo'rante] I. *agg* bleichend, Bleich- II. *m* Bleichmittel *n,* Entfärbungsmittel *n;* **decolorare** [deko-lo'ra:re] *vt* bleichen, entfärben; **decolorazione** [dekolorat'tsio:ne] *f* Entfärbung *f,* Bleichung *f,* Blondierung *f*

decommissioning [di:kəmiʃənin] <-> *m*

Außerdienststellung *f,* Ausmusterung *f,* Stilllegung *f*

decompongo *1. pers sing pr di* **decomporre**

decomponibile [dekompo'ni:bile] *agg* zerlegbar, auflösbar; **decomponibilità** [dekomponibili'ta] <-> *f* Zerlegbarkeit *f,* Auflösbarkeit *f*

decomporre [dekom'porre] <irr> I. *vt* (MAT, CHEM) zerlegen, (in seine Einzelteile) auflösen II. *vr* **-rsi** (CHEM) sich zersetzen; **decomposizione** [dekompozit'tsio:ne] *f* ❶ (*scomposizione*) Zerlegung *f,* Auflösung *f* ❷ (*putrefazione*) Zersetzung *f,* Verwesung *f;* **decomposto, -a** [dekom'pɔsto] I. *pp di* **decomporre** II. *agg* zerlegt, aufgelöst; **un prodotto ~** ein (in seine Einzelteile) zerlegtes Produkt; **cadavere ~** verweste Leiche

decompressimetro [dekompres'si:metro] *m* Dekometer *n*

decompressione [dekompres'sio:ne] *f* Druckentlastung *f,* Dekompression *f*

decomprimere [dekom'pri:mere] <decomprimo, decompressi, decompresso> *vt* (*gas*) dekomprimieren, den Druck verringern

deconcentrare [dekontʃen'tra:re] I. *vt* zerstreuen; (ADM) dekonzentrieren, auflösen II. *vr* **-rsi** die Konzentration verlieren

deconcentrato, -a [dekontʃen'tra:to] *agg* unkonzentriert, abgelenkt; **alunno ~** unkonzentrierter Schüler; **deconcentrazione** [dekontʃentrat'tsio:ne] *f* ❶ (*distrazione*) Unkonzentriertheit *f,* Zerstreutheit *f* ❷ (COM: *diffusione di ricchezza*) Dekonzentration *f,* Entflechtung *f*

decondizionamento [dekondittsiona'mento] *m* (PSYCH) Dekonditionierung *f,* Befreiung *f* von einer Abhängigkeit; **centro medico per il ~ dal tabacco** medizinisches Zentrum zur Raucherentwöhnung; **decondizionare** [dekondittsio'na:re] I. *vt* dekonditionieren, von einer bedingten Reaktion befreien II. *vr* **-rsi** sich von einer Konditionierung befreien

decongelamento [dekondʒela'mento] *m* ❶ (*decongelazione*) Auftauen *n;* **~ di una sostanza** Auftauen einer Substanz ❷ (*fig*) Auftauen *n,* Aus-Sich-Herausgehen *n;* **~ di un credito** Auftauen eines Kredits; **decongelare** [dekondʒe'la:re] *vt* auftauen; **decongelazione** [dekondʒela'tsio:ne] *f* Auftauen *n*

decongestionamento [dekondʒestiona'mento] *m* ❶ (MED) Stillung *f* einer inneren Blutung, Auflösung *f* einer Blutstauung ❷ (*del traffico*) Entlastung *f;* **deconge-**

stionante [dekondʒestio'nante] I. *agg* abschwellend, den Blutandrang herabmindernd II. *m* Blut stillendes Mittel; **decongestionare** [dekondʒestio'na:re] *vt* ❶ (MED) eine innere Blutung stillen, eine Blutstauung auflösen ❷ (*traffico*) entlasten; **decongestione** [dekondʒes'tio:ne] *f* ❶ (MED) Abschwellung *f,* Herabminderung *f* des Blutandrangs ❷ (*fig*) Entlastung *f*

decontaminare [dekontami'na:re] *vt* dekontaminieren, entgiften; **~ una centrale nucleare** ein Atomkraftwerk dekontaminieren; **decontaminazione** [dekontaminat'tsio:ne] *f* Dekontamination *f,* Entgiftung *f*

decontestualizzare [dekontestualid'dza:re] *vt* vom Kontext abweichen; **decontestualizzi sempre i nostri discorsi!** du weichst immer vom Thema ab!; **decontestualizzazione** [dekontestualiddzat'tsio:ne] *f* Abweichung *f* vom Kontext, Dekontextualisierung *f*

decontrarre [dekon'trarre] <irr> *vt* entkrampfen; **decontratto, -a** [dekon'tratto] I. *pp di* **decontrarre** II. *agg* entspannt, locker; **decontrazione** [dekontrat'tsio:ne] *f* Entkrampfung *f*

décor [de'kɔr] <- *o* décors> *m* ❶ (*scenario*) Bühnenausstattung *f,* Bühnenbild *n,* (Film)kulisse *f* ❷ (*quadro*) Gemälde *n* ❸ (*arredamento*) Ausstattung *f,* Ausschmückung *f*

decorare [deko'ra:re] *vt* (aus)schmücken, verzieren

decorativismo [dekorati'vizmo] *m* Dekorativismus *m;* **decorativo, -a** [dekora'ti:vo] *agg* schmückend, dekorativ; (*arte*) Dekorations-; **decorato, -a** [deko'ra:to] *agg* dekoriert, verziert; **decoratore, -trice** [dekora'to:re] *m, f* Dekorateur(in) *m(f);* **decorazione** [dekorat'tsio:ne] *f* Dekoration *f,* Ausschmückung *f*

decoro [de'kɔ:ro] *m* ❶ (*dignità*) Anstand *m* ❷ (*fig: vanto*) Zierde *f,* Glanz *m* ❸ (*onore, prestigio*) Ansehen *n,* Prestige *n;* **decoroso, -a** [deko'ro:so] *agg* ❶ (*dignitoso*) anständig ❷ (*di prestigio*) angesehen, geachtet

decorrenza [dekor'rɛntsa] *f* ❶ (*data*) Fristbeginn *m;* **con ~ dal 1 maggio** vom 1. Mai ab ❷ (*periodo*) Laufzeit *f*

decorrere [de'korrere] <irr> *vi essere* ❶ (*passare*) verlaufen, verstreichen ❷ (FIN, COM) laufen; **a ~ da domani** von morgen an; **decorso** [de'korso] *m* ❶ (*del tempo*) Ablauf *m,* Verlauf *m* ❷ (*della malattia*) Verlauf *m*

D

decorticare [dekorti'ka:re] **I.** *vt* ❶(*una pianta*) entrinden, (ab)schälen, enthülsen ❷(*un animale*) rupfen **II.** *vr* **-rsi** die Rinde [*o* Schale] verlieren; **decorticazione** [dekortikat'tsio:ne] *f* ❶(BOT) Entrinden *n* ❷(*scuoiatura*) Häuten *n,* Abziehen *n* ❸(MED) Dekortikation *f*

decotto [de'kɔtto] *m* Aufguss *m*

decrebbi *1. pers sing pass rem di* **decrescere**

decremento [dekre'mento] *m* Abnahme *f,* Minderung *f*

decrepitezza [dekrepi'tettsa] *f* Hinfälligkeit *f,* Gebrechlichkeit *f*

decrepito, -a [de'krɛ:pito] *agg* ❶(*di estrema vecchiaia*) hinfällig, altersschwach ❷(*fig*) überaltert, überholt

decrescente [dekreʃ'ʃɛnte] *agg* abnehmend, sinkend; **serie ~ di numeri** abnehmende Zahlenreihe; **la fase ~ della luna** die abnehmende Mondphase; **costi -i** (COM) sinkende Kosten; **decrescenza** [dekreʃ'ʃɛntsa] *f* Abnahme *f,* Rückgang *m;* **la marea è in ~** die Flut geht zurück; **decrescere** [de'kreʃʃere] <irr> *vi essere* abnehmen, zurückgehen; (*prezzi*) fallen

decretare [dekre'ta:re] *vt* anordnen, verordnen; **decretazione** [dekretat'tsio:ne] *f* (JUR) Beschluss *m,* Verordnung *f;* **~ d'urgenza** Dringlichkeitserlass *m*

decreto [de'krɛ:to] *m* Verordnung *f,* Dekret *n;* **~ di citazione** (Vor)ladung *f;* **~ legge** Gesetzesverordnung *f;* **~ legislativo** Rechtsverordnung *f;* **~ ministeriale** *Ermächtigungsgesetz eines Ministeriums;* **decretone** [dekre'to:ne] *m* Gesamtbeschluss *m,* Gesamtverordnung *f;* **~ fiscale** Steuergesamtbeschluss *m*

decriminalizzare [dekriminalid'dza:re] *vt* entkriminalisieren; **decriminalizzazione** [dekriminaliddzat'tsio:ne] *f* Entkriminalisierung *f*

decriptare [dekrip'ta:re] *vt v.* **decrittare**

decriptatorio, -a [dekripta'tɔ:rio] <-i, -ie> *agg v.* **decrittatorio**

decriptazione [dekriptat'tsio:ne] *f v.* **decrittazione**

decrittare [dekrit'ta:re] *vt* dekryptieren, entziffern; **decrittatorio, -a** [dekritta'tɔ:rio] <-i, -ie> *agg* dekryptisch, verschlüsselt; **decrittazione** [dekrittat'tsio:ne] *f* Dekryptation *f,* Entzifferung *f,* Entschlüsselung *f*

decubito [de'ku:bito] *m* (MED) **piaghe da ~** Wundliegen *n*

decuplicare [dekupli'ka:re] *vt* verzehnfachen

decuplo ['dɛ:kuplo] *m* Zehnfache(s) *n*

decuplo, -a *agg* zehnfach

decurtare [dekur'ta:re] *vt* (ver)kürzen; **decurtazione** [dekurtat'tsio:ne] *f* (ADM, FIN) Kürzung *f,* Abschreibung *f;* **~ dei salari** Kürzung der Löhne und Gehälter

decussato, -a [dekus'sa:to] *agg* **croce -a** Andreaskreuz *n*

dedalo ['dɛ:dalo] *m* Labyrinth *n*

dedica ['dɛ:dika] <-che> *f* Widmung *f;* **dedicante** [dedi'kante] **I.** *mf* Widmende(r) *f(m)* **II.** *agg* widmend, zuneigend

dedicare [dedi'ka:re] **I.** *vt* widmen; (REL) weihen **II.** *vr* **-rsi** sich widmen; **dedicatario, -a** [dedika'ta:rio] <-i, -ie> *m, f* Gewidmete(r) *f(m);* **dedicatoria** [dedika'tɔ:ria] <-ie> *f* Widmung *f;* **dedicazione** [dedikat'tsio:ne] *f* ❶(*cerimonia*) Weihe *f* ❷(*dedica*) Widmung *f*

dedito, -a ['dɛ:dito] *agg* gewidmet; (*ai vizi*) ergeben

dedizione [dedit'tsio:ne] *f* Hingabe *f;* **~ al lavoro** Hingabe an die Arbeit

dedotto [de'dotto] *pp di* **dedurre**

deducibile [dedu'tʃi:bile] *agg* ❶(*conclusione*) ableitbar ❷(COM: *spese*) abziehbar, abzugsfähig; **deducibilità** [dedutʃibili'ta] <-> *f* (FIN) Absetzbarkeit *f;* **~ fiscale** steuerliche Abzugsfähigkeit *f*

dedurre [de'durre] <deduco, dedussi, dedotto> *vt* ❶(*conclusioni*) folgern; **~ da qc** aus etw schließen, den Schluss aus etw ziehen ❷(COM: *spese*) abziehen; **~ le spese dalle tasse** die Kosten von der Lohnsteuer absetzen; **deduttivo, -a** [dedut'ti:vo] *agg* ableitend, deduktiv; **deduzione** [dedut'tsio:ne] *f* ❶(*conclusione*) (Schluss)folgerung *f,* Schluss *m* ❷(*detrazione*) Abzug *m,* Absetzung *f*

deejay [di:'dʒei] <-> *o* deejays> *mf* DJ *m*

de-escalation [di:eskə'leiʃən] <-> *o* de-escalations> *f* ❶(*di impegno militare*) Deeskalation *f* ❷(*di fenomeno politico, sociale, economico*) Entschärfung *f*

de facto [de 'fakto] *avv* ❶(JUR) de facto; **riconoscimento ~ di uno stato** De-facto-Anerkennung eines Staates ❷(*in realtà*) tatsächlich; **~ chi comanda in casa è lei!** in Wahrheit ist sie es, die zu Hause das Sagen hat!

défaillance [defa'jã:s] <-> *f* Schwäche(anfall *m*) *f*

defalcare [defal'ka:re] *vt* abziehen; **~ le spese dalle tasse** die Kosten von den Steuern absetzen; **defalcazione** [defalkat'tsio:ne] *f* ❶(*detrazione*) Abrechnung *f,* Abschreibung *f* ❷(*somma defalcata*) Abzug *m;* **defalco** [de'falko] <-chi> *m* Absetzung *f,* Abzug *m*

defascistizzare [defaʃʃistid'dza:re] *vt* von faschistischen Elementen befreien; **defascistizzazione** [defaʃʃistiddzat'tsio:ne] *f* Befreiung *f* von faschistischen Elementen

defaticamento [defatika'mento] *m* (SPORT) Lockerung *f;* **corsa di ~** Auslaufen *n;* **defaticante** [defati'kante] *agg* (SPORT) lockernd; **allenamento ~** Lockerungs-, Entspannungstraining; **defaticarsi** [defati'karsi] *vr* (SPORT) Lockerungsübungen [*o* Dehnungsübungen] machen

defatigante [defati'gante] *agg* ermüdend, anstrengend; **defatigare** [defati'ga:re] *vt* ermüden; **~ l'avversario** den Gegner zermürben

defatigatorio, -a [defatiga'tɔːrio] <-i, -ie> *agg* (JUR) schleppend, Verschleppungs-

default [di'fɔːlt] <-> *m* ❶ (INFORM) Standardeinstellung *f* ❷ (*difetto*) Fehler *m*

defecare [defe'ka:re] I. *vt* klären II. *vi* Kot ausscheiden; **defecazione** [defekat'tsio:ne] *f* Stuhlentleerung *f,* Defäkation *f*

defedante [defe'dɛnte] *agg* auszehrend, entkräftend; **una cura ~** eine kräftezehrende Behandlung; **defedato, -a** [defe'da:to] *agg* (MED) ausgezehrt, entkräftet; **individuo ~** entkräftete Person; **organismo ~** entkräfteter Organismus

defenestrare [defenes'tra:re] *vt* ❶ (*buttare dalla finestra*) aus dem Fenster werfen ❷ (*fig*) hinauswerfen; (POL) stürzen; **defenestrazione** [defenestrat'tsio:ne] *f* ❶ (*lancio dalla finestra*) Fenstersturz *m* ❷ (*fig*) Hinauswurf *m;* (POL) Sturz *m*

defensionale [defensio'na:le] *agg* Verteidigungs-

deferente [defe'rɛnte] *agg* ❶ (*rispettoso*) ehrerbietig ❷ (ANAT) **canale ~** Samenleiter *m;* **deferenza** [defe'rɛntsa] *f* Ehrerbietung *f,* Hochachtung *f*

deferimento [deferi'mento] *m* ❶ (*denuncia*) Anzeige *f* ❷ (*assegnazione*) Vorlage *f,* Unterbreitung *f*

deferire [defe'ri:re] *vt* ❶ (JUR: *giuramento*) auferlegen; (*denunciare*) anzeigen, belangen; **~ qu all'autorità giudiziaria** jdn gerichtlich belangen ❷ (*sottoporre*) überweisen, unterbreiten

deferrizzazione [deferriddzat'tsio:ne] *f* (*dell'acqua*) Enteisenung *f*

defettologia [defettolo'dʒi:a] <-gie> *f* Defektologie *f*

defezionare [defettsio'na:re] *vi* abfallen (*da* von), abtrünnig werden

defezione [defet'tsio:ne] *f* Wortbruch *m,* Treulosigkeit *f;* (POL) Abfall *m,* Abtrünnig-

keit *f;* (MIL) Desertion *f;* **defezionista** [defettsio'nista] <-i *m*, -e *f>* I. *agg* Abspaltungs-, abspaltend II. *mf* Abtrünnige(r) *f(m)*

defibrillatore [defibrilla'to:re] *m* (MED) Defibrillator *m;* **defibrillazione** [defibrillat'tsio:ne] *f* Defibrillation *f*

deficiente [defi'tʃɛnte] I. *agg* ❶ (*scarso*) schwach, nicht ausreichend ❷ (*persona*) geistesschwach, schwachsinnig; (*scolaro*) lernbehindert II. *mf* (MED) Geistesgestörte(r) *f(m);* (*pej*) Schwachsinnige(r) *f(m),* Idiot *m;* **deficienza** [defi'tʃɛntsa] *f* ❶ (*scarsità*) Mangel *m,* Unzulänglichkeit *f* ❷ (MED) Geistesgestörtheit *f,* Idiotie *f*

deficit ['dɛ:fitʃit] <-> *m* Verlust *m,* Defizit *n;* **deficitario, -a** [defitʃi'ta:rio] <-i, -ie> *agg* mangelhaft, Mangel-; (FIN) defizitär

defilare [defi'la:re] I. *vt* (MIL) aus der Schusslinie bringen; **~ le truppe** die Truppen in gedeckte Stellung bringen II. *vr* **-rsi** ❶ (MIL) aus der Schusslinie bringen; **le truppe si sono defilate** die Truppen haben sich in Deckung gebracht ❷ (*farsi da parte*) sich aus der Schusslinie bringen; **appena può si defila** er verdrückt sich so schnell er kann; **defilato, -a** [defi'la:to] *agg* ❶ (*protetto*) geschützt, gedeckt; **mantenersi in una posizione -a** in Deckung bleiben ❷ (*appartato*) abgeschieden, abgesondert; **strada -a rispetto al traffico** Nebenstraße *f*

défilé [defi'le] <-> *m* Modenschau *f*

definibile [defi'ni:bile] *agg* ❶ (*precisabile*) bestimmbar, definierbar ❷ (*risolvibile*) lösbar

definire [defi'ni:re] <definisco> *vt* ❶ (*descrivere*) beschreiben; (*spiegare*) definieren, erklären ❷ (*limiti*) bestimmen ❸ (*risolvere*) (auf)lösen, beenden; **definitezza** [definit'tettsa] *f* Bestimmtheit *f;* **~ di forma** Formvorgabe *f;* **definitivista** [definiti'vista] <-i *m*, -e *f>* *mf* Layouter(in) *m(f);* **definitività** [definitivi'ta] <-> *f* Endgültigkeit *f;* **definitivo, -a** [defini'ti:vo] *agg* endgültig, definitiv; **in -a** (*in conclusione*) schließlich; (*tutto sommato*) alles in allem; **definito, -a** [defi'ni:to] *agg* ❶ (*determinato*) bestimmt, festgelegt, dezidiert *A* ❷ (*nitido, chiaro*) klar, scharf; **definitore, -trice** [defini'to:re] *m, f* ❶ Person *f,* die definiert ❷ (REL) Definitor *m;* **definizione** [definit'tsio:ne] *f* ❶ (*determinazione*) Definition *f,* (genaue) Bestimmung *f;* **per ~** per Definition ❷ (*decisione*) Entscheidung *f,* Beendigung *f*

defiscalizzabile [defiskalid'dza:bile] *agg*

(*importo*) entfiskalisierbar
defiscalizzare [defiskalid'dza:re] *vt*
❶ (FIN) entfiskalisieren ❷ (*fig*) entbürokratisieren; **defiscalizzazione** [defiska-
liddzat'tsio:ne] *f* Entfiskalisierung *f*
deflagrante [defla'grante] I. *agg* ❶ (*che
esplode*) Detonations-, detonierend; **sostanza** ~ explosive Substanz ❷ (*fig: sconvolgente*) aufwühlend, schockierend; **un
dramma** ~ ein erschütterndes Drama II. *m*
(*esplosivo*) Sprengstoff *m;* **deflagrare**
[defla'gra:re] *vi* ❶ (CHEM) verpuffen,
(schwach) explodieren ❷ (*fig*) auflodern,
aufflammen; (*mischia*) ausbrechen
deflagrazione [deflagrat'tsio:ne] *f*
❶ (CHEM) Verpuffung *f;* (GEOL) Deflagration *f*
❷ (*fig*) Explosion *f,* Ausbruch *m*
deflativo, -a [defla'ti:vo] *agg* Deflations-,
deflationär; **deflatore** [defla'to:re] *m*
(FIN) Deflator *m;* **deflatorio, -a** [de-
fla'tɔ:rio] <-ri, -rie> *agg* deflatorisch
deflazionare [deflattsio'na:re] *vt* deflatio-
nieren
deflazione [deflat'tsio:ne] *f* Deflation *f;*
deflazionista [deflattsio'nista] <-i *m,*
-e *f*> *mf* Deflationist(in) *m(f);* **defla-
zionistico, -a** [deflattsio'nistiko] <-ci,
-che> *agg* deflationistisch, deflationär
deflessione [defles'sio:ne] *f* ❶ (*fig: allontanamento*) Ausnahme *f;* ~ **da un principio** Abweichung *f* von einem Prinzip
❷ (TEC) Ablenkung *f* ❸ (OPT) Ablenkung *f*
❹ (MED) Deflexion(slage) *f*
deflettere [de'flɛttere] <irr> *vi* abweichen; **deflettore** [deflet'to:re] *m* Deflek-
tor *m,* Klappe *f;* (MOT) Ausstellfenster *n*
deflorare [deflo'ra:re] *vt* (*poet*) entjungfern, deflorieren; **deflorazione** [deflo-
rat'tsio:ne] *f* (*poet*) Entjungferung *f,* Defloration *f*
defluire [deflu'i:re] <defluisco> *vi essere*
❶ (*liquidi*) (her)abfließen, herunterfließen
❷ (*gas*) entweichen, ausströmen ❸ (*fig:
capitale*) abfließen; (*folla*) hinausströmen;
deflusso [de'flusso] *m* ❶ (*di liquidi*) Abfluss *m,* Ablaufen *n* ❷ (*di gas*) Abzug *m,*
Entweichen *n* ❸ (*fig*) Auszug *m;* (*di capitale*) Abfluss *m*
defogliante [defoʎ'ʎante] I. *agg* Entlau-
bungs- II. *m* Entlaubungsmittel *n;* **defo-
gliare** [defoʎ'ʎa:re] I. *vt* (*obs*) entlauben
II. *vr* **-rsi** das Laub [*o* die Blätter] verlieren;
defogliazione [defoʎʎat'tsio:ne] *f* Entlaubung *f*
defoliante *v.* **defogliante**
deforestazione [deforestat'tsio:ne] *f*
Entwaldung *f*
deformabile [defor'ma:bile] *agg* defor-

mierbar, verformbar; **deformabilità** [de-
formabili'ta] <-> *f* Deformierbarkeit *f,*
Verformbarkeit *f;* **deformante** [de-
for'mante] *agg* deformierend, verformend;
specchio ~ Zerr-, Vexierspiegel *m;* **deformare** [defor'ma:re] *vt* ❶ (TEC) verformen;
(*pej*) verunstalten, entstellen ❷ (*fig: verità*) verzerren, entstellen; **deformato, -a**
[defor'ma:to] *agg* deformiert, verformt; **dita -e** verkrüppelte Finger; **una notizia -a**
(*fig*) eine entstellte Nachricht; **deformazione** [deformat'tsio:ne] *f* ❶ (TEC) Verformung *f;* (*pej*) Verunstaltung *f,* Entstellung *f*
❷ (*fig*) Verzerrung *f,* Entstellung *f;* ~ **professionale** (*fig*) Berufskrankheit *f;* **deforme** [de'forme] *agg* entstellt; (*troppo grosso*) unförmig; **deformità** [deformi'ta]
<-> *f* Verunstaltung *f;* (*senza forma*) Un-
förmigkeit *f;* (MED) Missbildung *f*
deframmentazione [deframmen-
ta'ttsio:ne] *f* (INFORM) Defragmentierung *f*
defraudamento [defrauda'mento] *m*
Unterschlagung *f;* **subire un** ~ betrogen
werden
defraudare [defrau'da:re] *vt* betrügen;
~ **qu di qc** jdn um etw betrügen; (*fig*) jdm
etw vorenthalten; **defraudatore, -trice**
[defrauda'to:re] *m, f* Betrüger(in) *m(f);*
defraudazione [defraudat'tsio:ne] *f* Betrug *m,* Unterschlagung *f*
defunto, -a [de'funto] I. *agg* ❶ (*morto*)
verstorben, tot ❷ (*fig: amore*) erloschen
II. *m, f* Verstorbene(r) *f(m),* Tote(r) *f(m)*
degassamento [degassa'mento] *m* Entgasung *f;* **degassare** [degas'sa:re] *vt*
(CHEM) entgasen; **degassatore** [degas-
sa'to:re] *m* Entgaser *m;* **degassificare**
[degassifi'ka:re] *vt* (CHEM) entgasen; **de-
gassificato, -a** [degassifi'ka:to] *agg*
entgast; **degassificazione** [degassifi-
kat'tsio:ne] *f* Entgasung *f*
degenerare [dedʒene'ra:re] *vi* ❶ (*dirizza-
re*) entarten, degenerieren; (MED, BIOL) verkümmern, degenerieren ❷ (*fig: cambiare
in peggio*) ausarten; ~ **in qc** in etw *acc*
ausarten; **degenerata** *f v.* **degenerato;**
degenerativo, -a [dedʒenera'ti:vo] *agg*
Degenerations-; **degenerato, -a** [dedʒe-
ne'ra:to] I. *agg* ❶ (MED, BIOL) degeneriert
❷ (*fig: di morale*) verkommen II. *m, f*
verkommene Person; **degenerazione**
[dedʒenerat'tsio:ne] *f* Degeneration *f;*
degenere [de'dʒɛnere] *agg* missraten
degente [de'dʒɛnte] I. *agg* bettlägerig
II. *mf* Krankenhauspatient(in) *m(f);* **degenza** [de'dʒɛntsa] *f* Bettlägerigkeit *f;*
~ **ospedaliera** Krankenhausaufenthalt *m*
deglassare [deglas'sa:re] *vt* (GASTR) ver-

dünnen

degli ['deʎʎi] *prp* = **di** + **gli** *v.* **di**

deglutire [deglu'tiːre] <deglutisco> *vt* schlucken, aufnehmen; **deglutizione** [deglutit'tsioːne] *f* Schlucken *n,* Aufnahme *f*

degnare [deɲ'naːre] **I.** *vt* würdigen, für würdig halten; **non** ~ **qu di uno sguardo** jdn keines Blickes würdigen **II.** *vr* **-rsi** sich herablassen, sich bequemen

degnazione [deɲɲat'tsioːne] *f* Liebenswürdigkeit *f,* Güte *f;* **degno, -a** ['deɲɲo] *agg* würdig, wert; ~ **di nota** beachtenswert, bemerkenswert; **una -a ricompensa** eine angemessene Belohnung

degradabile [degra'daːbile] *agg* (CHEM) abbaubar; **degradabilità** [degradabili'ta] <-> *f* Abbaubarkeit *f*

degradante [degra'dante] *agg* entwürdigend; **degradare** [degra'daːre] **I.** *vt* degradieren **II.** *vr* **-rsi** sich erniedrigen; **degradazione** [degradat'tsioːne] *f* ❶ (MIL) Degradierung *f* ❷ (REL, PHYS) Degradation *f* ❸ (*fig*) Abbau *m,* Niedergang *m;* (*avvilimento morale*) Herabwürdigung *f,* Erniedrigung *f;* **degrado** [de'graːdo] *m* Zerfall *m,* Verfall *m*

degustare [degus'taːre] *vt* probieren, (ver)kosten; **degustatore, -trice** [degusta'toːre] *m, f* Verkoster(in) *m(f),* Prüfer(in) *m(f);* **degustazione** [degustat'tsioːne] *f* ❶ (*assaggio*) Probieren *n,* (Ver)kosten *n,* Degustation *f* ❷ (*locale*) Probierstube *f*

deh [dɛ] *int* (*poet*) oh, ach

dei¹ ['dɛːi] *m pl di* **dio**

dei² ['deːi] *prp* = **di** + **i** *v.* **di**

deicida [dei'tʃiːda] <-i *m,* -e *f*> **I.** *agg* gottesmörderisch; **popolo** ~ gottesmörderisches Volk **II.** *mf* Gottesmörder(in) *m(f);* **deicidio** [dei'tʃiːdio] <-i> *m* Gottesmord *m*

deideologizzare [deideolodʒid'dzaːre] *vt* (*partito*) entideologisieren; **deideologizzazione** [deideolodʒiddzat'tsioːne] *f* Entideologisierung *f*

deidratare [deidra'taːre] *vt* dehydratisieren; **deidratazione** [deidratat'tsioːne] *f* Dehydratation *f,* Wasserentzug *m*

deidrocongelazione [deidrokondʒelat'tsioːne] *f* Gefriertrocknung *f*

deidrogenare [deidrodʒe'naːre] *vt* (CHEM) dehydrieren; **deidrogenazione** [deidrodʒenat'tsioːne] *f* (CHEM) Dehydrierung *f*

deiezione [deiet'tsioːne] *f* ❶ (GEOL: *deposito di detriti*) Schutthalde *f* ❷ (GEOG: *da cratere vulcanico*) Auswurf *m,* Aussto-

ßung *f* ❸ (MED: *di feci*) Entleerung *f* ❹ *pl* (*escrementi*) Exkremente *npl*

deificare [deifi'kaːre] *vt* ❶ (*divinizzare*) vergöttlichen ❷ (*fig: glorificare*) vergöttern, verherrlichen; **deificazione** [deifikat'tsioːne] *f* ❶ (REL) Vergöttlichung *f* ❷ (*fig*) Vergötterung *f,* Verherrlichung *f;* **deifico, -a** [de'iːfiko] <-ci, -che> *agg* vergöttlichend; **deiforme** [dei'forme] *agg* (*poet*) göttlich, göttergleich

deindicizzare [deinditʃid'dzaːre] *vt* ❶ (COM) deindexieren, vom Preisindex lösen; ~ **i salari/l'economia** die Gehälter/ die Wirtschaft deindexieren ❷ (INFORM) deindizieren; **deindicizzazione** [deinditʃiddzat'tsioːne] *f* ❶ (COM) Deindexierung *f* ❷ (INFORM) Deindizierung *f*

deindustrializzare [deindustrialid'dzaːre] *vt* deindustrialisieren; **deindustrializzazione** [deindustrialiddzat'tsioːne] *f* Deindustrialisierung *f*

deismo [de'izmo] *m* Deismus *m;* **deista** [de'ista] <-i *m,* -e *f*> *mf* Deist(in) *m(f);* **deistico, -a** [de'istiko] <-ci, -che> *agg* deistisch

deità [dei'ta] <-> *f* (*poet*) Gottheit *f*

déjà vu [deˈʒa ˈvy] **I.** <inv> *agg* Déjà-vu- **II.** <-> *m* (PSYCH) Déjà-vu-Erlebnis *n*

del [del] *prp* = **di** + **il** *v.* **di**

delatore, -trice [dela'toːre] *m, f* Denunziant(in) *m(f),* Spitzel *m;* **delatorio, -a** [dela'tɔːrio] <-i, -ie> *agg* Denunzianten-, denunzierend

delattosizzato, -a [delattosid'dzaːto] *agg* laktosefrei, frei von Milchzucker

délavé, délavée [dela've] <inv *o* délavés *m,* délavées *f*> *agg* vorgewaschen; **jeans** ~ verwaschene Jeans

delazione [delat'tsioːne] *f* Denunziation *f,* denunzierende Anzeige

delebile [de'leːbile] *agg* löschbar, entfernbar; **inchiostro** ~ löschbare Tinte

delega ['dɛːlega] <-ghe> *f* Vollmacht *f,* Ermächtigung *f;* **per** ~ im Auftrag, in Vollmacht; **delegante** [dele'gante] **I.** *agg* delegierend **II.** *mf* Delegant(in) *m(f),* Vollmachtgeber(in) *m(f);* **firma del** ~ Unterschrift des Auftraggebers; **delegare** [dele'gaːre] *vt* beauftragen; ~ **qc a qu** jdn mit etw beauftragen, etw an jdn delegieren; (JUR) jdn zu etw ermächtigen, jdm die Vollmacht zu etw erteilen; **delegatario, -a** [delega'taːrio] <-i, -ie> **I.** *m, f* (JUR) Anweisungsbegünstigte(r) *f(m)* **II.** *agg* anweisungsbegünstigt; **creditore** ~ Gläubiger, dem ein Schuldner angewiesen ist; **delegato, -a** [dele'gaːto] **I.** *agg* beauftragt, bevollmächtigt **II.** *m, f* Delegierte(r) *f(m),* Beauftragte(r) *f(m);* Bevollmächtigte(r) *f(m);* **delegazione** [deleg at'tsio:ne] *f* ❶ (POL) Delegation *f,* Ermächtigung *f* ❷ (*rappresentanza*) Delegation *f,* Abordnung *f* ❸ (*sede, circoscrizione territoriale*) Amtsbereich *m;* (REL) Delegatur *f*

delegificare [deladʒifi'ka:re] *vt* der öffentlichen Verwaltung übertragen; **delegificazione** [deledʒifikat'tsio:ne] *f* Übertragung *f* an die öffentliche Verwaltung

delegittimare [deledʒitti'ma:re] *vt* die Legitimation entziehen; ~ **un comitato** einem Ausschuss die Legitimation entziehen; **delegittimazione** [deledʒittimat'tsio:ne] *f* Entzug *m* [o Aberkennung *f*] der Legitimation

delete [di'li:t] <-> *m* Löschen *n,* Löschung *f;* ~ **di un file** Löschen einer Datei

deleterio, -a [dele'tɛ:rio] <-i, -ie> *agg* verderblich, schädlich

delfinario [delfi'na:rio] <-ri> *m* Delfinarium *n;* **delfiniera** [delfi'nie:ra] *f* Delphinharpune *f;* **delfinista** [delfi'nista] <-i *m,* -e *f*> *mf* (SPORT) Delphinschwimmer(in) *m(f)*

delfino [del'fi:no] *m* Delphin *m;* **nuoto a** ~ Delphinschwimmen *n*

delibare [deli'ba:re] *vt* ❶ (*poet: cibi, bevande*) kosten ❷ (JUR) anerkennen; **delibazione** [delibat'tsio:ne] *f* ❶ (*poet: assaggio*) Kosten *n* ❷ (JUR) **giudizio di** ~ *gerichtliches Verfahren, in dem über die Anerkennung eines ausländischen Urteils entschieden wird*

delibera [de'li:bera] *f* Beschluss *m,* Entscheidung *f;* **deliberante** [delibe'rante] *agg* beschließend, beschlussfassend; **tribunale** ~ beschließendes Gericht; **potere** ~ Entscheidungsgewalt *f;* **deliberare** [delibe'ra:re] **I.** *vt* ❶ (*decidere*) entscheiden, beschließen ❷ (*nelle aste*) zuschlagen **II.** *vi* ~ **su qc** über etw *acc* beraten; **deliberatamente** [deliberata'mente] *avv* mit (voller) Absicht, mit Vorbedacht

deliberatario, -a [delibera'ta:rio] <-i, -ie> **I.** *agg* erstehend, ersteigernd **II.** *m, f* Käufer(in) *m(f)*

deliberato [delibe'ra:to] *m* Entscheidung *f,* Beschluss *m*

deliberato, -a *agg* entschieden, beschlossen; (*risoluto*) entschlossen, entschieden

deliberazione [deliberat'tsio:ne] *f* ❶ (*decisione*) Entscheidung *f,* Beschluss *m* ❷ (*discussione preliminare*) Beratung *f,* Beratschlagung *f*

delicatezza [delika'tettsa] *f* ❶ (*finezza*) Zartheit *f* ❷ (*di sentimenti*) Zartgefühl *n,* Feingefühl *n* ❸ (*tatto*) Takt(gefühl *n*) *m*

❹ (*cibo, bevanda*) Leckerbissen *m,* Delikatesse *f,* Schmankerl *n A;* **delicato, -a** [deli'ka:to] *agg* ❶ (*per finezza*) fein, zart ❷ (*sentimento*) zart; (*gusto*) delikat ❸ (*facile a guastarsi*) empfindlich, anfällig; (*debole*) schwach; (*salute*) zart ❹ (*che richiede attenzione, tatto*) heikel, delikat ❺ (*cibo, bevanda*) delikat, köstlich

delicious [di'lifəs *o* de'lifus] **I.** <-> *f* Delicious *m;* **golden** ~ Golden Delicious *m* **II.** <inv> *agg* Delicious-; **mele** ~ Delicious *m*

delimitabile [delimi'ta:bile] *agg* begrenzbar, abgrenzbar; **delimitare** [delimi'ta:re] *vt* ❶ (*circoscrivere*) abgrenzen, begrenzen ❷ (*fig*) abstecken, abgrenzen; (*definire*) definieren, festlegen; **delimitativo, -a** [delimita'ti:vo] *agg* begrenzend, abgrenzend; **segnale** ~ Begrenzungszeichen *n;* **delimitazione** [delimitat'tsio:ne] *f* ❶ (*di confini*) Abgrenzung *f,* Begrenzung *f* ❷ (*fig: di attribuzioni*) Abgrenzung *f,* Definition *f*

delineamento [delinea'mento] *m* ❶ (*fig: descrizione essenziale*) kurze Beschreibung, Abriss *m;* ~ **di un problema** Abriss eines Problems ❷ (*abbozzo, esposizione sommaria*) Entwurf *m,* Skizzierung *f;* **delineare** [deline'a:re] **I.** *vt* ❶ (*abbozzare*) umreißen, skizzieren ❷ (*fig*) (kurz) umreißen, skizzieren **II.** *vr* **-rsi** sich abzeichnen, sichtbar werden

delinquente [delin'kuɛnte] *mf* ❶ (JUR) Verbrecher(in) *m(f),* Straftäter(in) *m(f)* ❷ (*fig, scherz*) Gauner *m;* **delinquenza** [delin'kuɛntsa] *f* Kriminalität *f,* Straffälligkeit *f;* ~ **minorile** Jugendkriminalität *f;* **delinquenziale** [delinkuen'tsia:le] *agg* Verbrecher-, Verbrechens-; **delinquere** [de'linkuere] *vi* Straftaten begehen; **associazione per** [o **a**] ~ kriminelle Vereinigung

deliquescenza [delikueʃ'ʃɛntsa] *f* (CHEM) Löslichkeit *f,* Auflösbarkeit *f*

deliquio [de'li:kuio] <-qui> *m* (*geh*) Ohnmacht *f;* **cadere in** ~ in Ohnmacht fallen

delirante [deli'rante] *agg* ❶ (*irragionevole*) irrsinnig, absurd ❷ (*frenetico*) irrsinnig; (*applauso*) rasend; **delirare** [deli'ra:re] *vi* ❶ (MED) irrereden, delirieren ❷ (*fig*) phantasieren; **delirio** [de'li:rio] <-i> *m* ❶ (MED) Wahn(vorstellung *f*) *m,* Delirium *n* ❷ (*fig: esaltazione*) Rausch *m,* Taumel *m;* **delirium tremens** [de'li:rium 'trɛ:mens] <--> *m* Delirium tremens *n*

delitto [de'litto] *m* ❶ (JUR) Verbrechen *n,* Delikt *n;* ~ **colposo/doloso** fahrlässig/vorsätzlich begangene Straftat; **corpo del** ~

Beweisstück *n* ❷(ADM) Straftat *f,* strafbare Handlung; **delittuosità** [delittuosi'ta] <-> *f* Verbrechen *n,* Tatbestand *m* eines Verbrechens; **delittuoso, -a** [delit-tu'o:so] *agg* ungesetzlich, verbrecherisch **delivery** [di'livəri] <- *o* deliveries> *f* Lieferung *f;* **delivery order** [di'livəri 'ɔːdə] <- *o* delivery orders> *m* Lieferanweisung *f,* -auftrag *m*

delizia [de'littsia] <-ie> *f* ❶(*piacere*) Genuss *m,* Vergnügen *n;* **la ~ di qc** das Vergnügen an etw *dat* ❷(*predilezione*) Genuss *m,* Freude *f;* **deliziare** [delit'tsia:re] I. *vt* Freude bereiten (*qu* jdm), erfreuen, ergötzen II. *vr* **-rsi** sich erfreuen (*di* an +*dat*), sich ergötzen (*di* an +*dat*); **delizioso, -a** [delit'tsio:so] *agg* ❶(*cibo, bevanda*) köstlich ❷(*persona, cosa*) entzückend, reizend

dell', della, delle, dello [dell, 'della, 'delle, 'dello] *prp* = **di + l', la, le, lo** *v.* **di**

delta ['dɛlta] <-> I. *m o f* (*lettera greca*) Delta *n* II. *m* (*di fiume*) Delta *n*

deltaplanista [deltapla'nista] <-i *m,* -e *f*> *mf* (SPORT) Drachenflieger(in) *m(f);* **deltaplano** [delta'pla:no] *m* (Flug)drachen *m;* **fare il ~** Drachen fliegen

deltista [del'tista] <-i *m,* -e *f*> *mf* Drachenflieger(in) *m(f)*

deltizio, -a [del'ti:ttsio] <-zi, -zie> *agg* Delta-; **foce -a** Deltamündung *f;* **formazione -a** Deltaformation *f*

delucidare [delutʃi'da:re] *vt* erklären, verständlich machen; **delucidazione** [delutʃidat'tsio:ne] *f* Erklärung *f,* Aufklärung *f*

deludente [delu'dɛnte] *agg* enttäuschend, frustrierend; **deludere** [de'lu:dere] <deludo, delusi, deluso> *vt* enttäuschen; **delusione** [delu'zio:ne] *f* Enttäuschung *f;* **deluso, -a** [de'lu:zo] I. *pp di* **deludere** II. *agg* enttäuscht

demagogia [demago'dʒi:a] <-gie> *f* Demagogie *f;* **demagogico, -a** [dema'gɔ:dʒiko] <-ci, -che> *agg* demagogisch; **demagogo** [dema'gɔ:go] <-ghi *m*> *mf* Demagoge *m,* Demagogin *f*

demandare [deman'da:re] *vt* ver-, überweisen; (*affidare*) anvertrauen

demaniale [dema'nia:le] *agg* Domänen-, staatlich; **bene ~** Domänengut *n;* **demanialità** [demaniali'ta] <-> *f* Domanialität *f;* **demanializzare** [demanialid'dza:re] *vt* verstaatlichen, zur Domäne machen; **demanializzazione** [demanialiddzat'tsio:ne] *f* Verstaatlichung *f,* Domänialisierung *f;* **demanio** [de'ma:nio] <-i> *m* Staatsgut *n,* Domäne *f*

demarcare [demar'ka:re] *vt* abgrenzen;

demarcativo, -a [demarka'ti:vo] *agg* ❶(*che delimita*) begrenzend, abgrenzend, Demarkations-; **linea -a** Demarkationslinie ❷(LING) demarkierend *f;* **demarcazione** [demarkat'tsio:ne] *f* Abgrenzung *f;* **linea di ~** Demarkationslinie *f*

demedicalizzare [demedikalid'dza:re] *vt* der medizinischen Sphäre [*o* dem medizinischen Bereich] entziehen

demente [de'mɛnte] I. *agg* ❶(MED) schwachsinnig ❷(*pej: idiota*) blöd(e) II. *mf* ❶(MED) Schwachsinnige(r) *f(m)* ❷(*pej: idiota*) Blödian *m fam,* Dummkopf *m;* **demenza** [de'mɛntsa] *f* ❶(MED) Schwachsinn *m* ❷(*pej: stoltezza*) Blödheit *f,* Dummheit *f;* **demenziale** [demen'tsia:le] *agg* ❶(MED) Demenz-, dement; **stato ~** Demenz *f;* **comportamento ~** verrücktes Verhalten ❷(*assurdo*) irrsinnig, schwachsinnig; **discorso ~** Faselei *f;* **comicità ~** (*fig*) absurde Komik, Blödelei *f;* **demenzialità** [dementsiali'ta] <-> *f* Schwachsinnigkeit *f*

demeritare [demeri'ta:re] I. *vt* unwürdig sein (*qc* einer Sache *gen*), nicht verdienen (*qc* etw) II. *vi* (*rar*) sich unwürdig erweisen (*di qc* einer Sache *gen*)

demerito [de'mɛ:rito] *m* Vergehen *n,* Schuld *f*

demilitarizzare [demilitarid'dza:re] *vt* entmilitarisieren; **demilitarizzazione** [demilitariddzat'tsio:ne] *f* Entmilitarisierung *f*

demi-monde [d(ə)mi'mɔ̃'d] <- *o* demi-mondes> *m* Halbwelt *f,* Demimonde *f*

demineralizzare [demineralid'dza:re] *vt* (*acqua*) entmineralisieren; **demineralizzazione** [demineraliddzat'tsio:ne] *f* Entmineralisierung *f*

demistificante [demistifi'kante] *agg* entmystifizierend; **demistificare** [demistifi'ka:re] *vt* entmystifizieren; **demistificatorio, -a** [demistifika'tɔ:rio] <-i, -ie> *agg* entmystifizierend; **demistificazione** [demistifikat'tsio:ne] *f* Entmystifizierung *f*

demitizzare [demitid'dza:re] *vt* entmythisieren, entmythologisieren; **demitizzazione** [demitiddzat'tsio:ne] *f* ❶Entmythisierung *f,* Entmythologisierung *f* ❷(*di testi sacri*) Entmythologisierung *f*

demitologizzare [demitolodʒid'dza:re] *vt* entmythologisieren, entmythisieren, von einem Mythos befreien; **demitologizzazione** [demitolodʒiddzat'tsio:ne] *f* Entmythologisierung *f,* Entmythisierung *f*

demiurgico, -a [demi'urdʒiko] <-ci, -che> *agg* demiurgisch, weltenschöpfend;

demiurgo [demi'urgo] <-gi o -ghi> m Demiurg m, Weltschöpfer m; **atteggiarsi a ~** sich als Schöpfer gebärden

demmo ['demmo] 1. pers pl pass rem di **dare**[1]

demo car ['demo ka:] f Vorführwagen m

democratica f v. **democratico**

democraticismo [demokrati'tʃizmo] m Demokratismus m

democraticità [demokratitʃi'ta] <-> f demokratische Art, demokratisches Wesen; **democratico, -a** [demo'kra:tiko] <-ci, -che> I. agg ❶ (POL) demokratisch ❷ (alla mano) leutselig II. m, f Demokrat(in) m(f); **democratismo** [demokra'tizmo] m Demokratismus m; **democratizzare** [demokratid'dza:re] vt demokratisieren; **democratizzazione** [demokratiddzat'tsio:ne] f Demokratisierung f; **democrazia** [demokrat'tsi:a] <-ie> f Demokratie f; **Democrazia Cristiana** (HIST) ehemalige christdemokratische Partei Italiens

democristianità [demokristiani'ta] <-> f (obs) Christdemokratie f

democristiano, -a [demokris'tia:no] I. agg (HIST) christdemokratisch II. m, f (HIST) Christdemokrat(in) m(f)

démodé [demo'de] <inv> agg aus der Mode (gekommen), unmodern, nicht modisch

demodossologia [demodossolo'dʒi:a] <-gie> f Meinungsforschung f, Erforschung f der öffentlichen Meinungsbildung; **demodossologo, -a** [demodos'sɔ:logo] <-gi o -ghi, -ghe> m, f Meinungsforscher(in) m(f)

demodulare [demodu'la:re] vt (TEC) demodulieren, gleichrichten; **demodulatore, -trice** [demodula'to:re] agg Demodulator-, demodulierend, gleichrichtend; **circuito elettrico ~** Demodulatorstromkreis m; **demodulazione** [demodulat'tsio:ne] f Demodulation f, Gleichrichtung f

demoecologia [demoekolo'dʒi:a] <-gie> f (ECO) Demökologie f

demofobia [demofo'bi:a] <-ie> f Demophobie f

demografia [demogra'fi:a] f Demografie f, Bevölkerungswissenschaft f; **demografico, -a** [demo'gra:fiko] <-ci, -che> agg demografisch, Bevölkerungs-; **demografo, -a** [de'mɔ:grafo] m, f Demograf(in) m(f)

demolire [demo'li:re] <demolisco> vt ❶ (distruggere) zerstören; (appartamento) demolieren, verwüsten; (muri) abreißen, niederreißen; (auto) verschrotten; (navi)

abwracken ❷ (fig) vernichten; (reputazione) ruinieren; (scritto, film) verreißen

demolitivo, -a [demoli'ti:vo] agg (MED) entfernend, Resektions-; **intervento chirurgico ~** Resektion f, operative Entfernung

demolitore, -trice [demoli'to:re] I. agg zerstörerisch; (a fig) vernichtend II. m, f Abbrucharbeiter(in) m(f); **demolizione** [demolit'tsio:ne] f ❶ (distruzione) Zerstörung f; (di muri) Abriss m, Abbruch m; (di appartamento) Verwüstung f; (di macchinari) Verschrottung f ❷ (fig) Vernichtung f; (della critica) Verriss m

demologia [demolo'dʒi:a] <-gie> f Volkskunde f; **demologico, -a** [demo'lɔ:dʒiko] <-ci, -che> agg demologisch, volkskundlich; **demologo, -a** [de'mɔ:logo] <-gi, -ghe> m, f Demologe m, Volkskundler(in) m(f)

demoltiplica [demol'ti:plika] <-che> f Untersetzungsgetriebe n; **demoltiplicare** [demoltipli'ka:re] vt untersetzen; **demoltiplicatore, -trice** [demoltiplika'to:re] I. agg Untersetzungs-, untersetzend m II. m Untersetzungsgetriebe n; **~ di frequenza** Frequenzuntersetzer m; **demoltiplicazione** [demoltiplikat'tsio:ne] f Untersetzung f

demone ['dɛ:mone] m Dämon m

demonetizzare [demonetid'dza:re] vt aus dem Umlauf ziehen; **demonetizzazione** [demonetiddzat'tsio:ne] f Demonetisierung f, Außerkurssetzung f eines Zahlungsmittels

demoniaco, -a [demo'ni:ako] <-ci, -che> agg teuflisch, dämonisch; **demonico, -a** [de'mɔ:niko] <-ci, -che> agg (poet) übernatürlich, dämonisch; **demonio** [de'mɔ:nio] <-i> m Teufel m; (a fig) Teufelskerl m; **fare il ~** ausrasten; **demonismo** [demo'nizmo] m Dämonismus m

demonizzare [demonid'dza:re] vt dämonisieren, verteufeln; **demonizzazione** [demoniddzat'tsio:ne] f Dämonisierung f, Verteufelung f; **~ della libertà di pensiero** Verteufelung der Gedankenfreiheit

demonofobia [demonofo'bi:a] <-ie> f (PSYCH) Dämonophobie f, Teufelsangst f

demonolatria [demonola'tri:a] <-ie> f Teufelskult m

demonologia [demonolo'dʒi:a] <-gie> f Dämonologie f; **demonologo, -a** [demo'nɔ:logo] <-gi, -ghe> m, f Dämonologe, -login m, f

demonomania [demonoma'ni:a] <-ie> f Dämonomanie f

demoplutocrazia [demoplutokrat'tsi:a]

<-ie> *f* Scheindemokratie *f*

demoproletario, -a [demoprole'ta:rio] <-i, -ie> **I.** *agg* volksproletarisch; **partito ~** volksproletarische Partei **II.** *m, f* Anhänger(in) *m(f)* einer volksproletarischen Partei

demopsicologia [demopsikolo'dʒi:a] <-gie> *f* Völker-, Volkspsychologie *f*

demoralizzante [demoralid'dzante] *agg* demoralisierend, entmutigend; **demoralizzare** [demoralid'dza:re] **I.** *vt* entmutigen, demoralisieren **II.** *vr* **-rsi** den Mut verlieren; **demoralizzato, -a** [demoralid'dza:to] *agg* demoralisiert, entmutigt; **demoralizzatore, -trice** [demoraliddza'to:re] **I.** *agg* demoralisierend **II.** *m, f* Demoralisierer(in) *m(f)*; **demoralizzazione** [demoraliddzat'tsio:ne] *f* Entmutigung *f,* Demoralisierung *f*

demordere [de'mɔrdere] <demordo, demorsi, demorso> *vi* lockerlassen, ablassen

demoscopia [demosko'pi:a] <-ie> *f* Demoskopie *f,* Meinungsforschung *f;* **demoscopico, -a** [demos'kɔ:piko] <-ci, -che> *agg* demoskopisch, Meinungsforschungs-; **sondaggio ~** demoskopische Umfrage; **tecniche -che** demoskopische Methoden; **demoscopo, -a** *m, f* Meinungsforscher(in) *m(f)*

demotivare [demoti'va:re] *vt* demotivieren; **demotivato, -a** [demoti'va:to] *agg* demotiviert; **sentirsi ~** sich frustriert fühlen; **demotivazione** [demotivat'tsio:ne] *f* Demotivation *f*

demuscazione [demuskat'tsio:ne] *f* Mücken-, Fliegenvernichtung *f*

denaro [de'na:ro] *m* ➊ (*soldi*) Geld *n;* **~ contante** Bargeld *n;* **~ spicciolo** Kleingeld *n;* **avere il ~ contato** knapp bei Kasse sein; **buttare il ~** sein Geld zum Fenster hinauswerfen; **far -i a palate** Geld scheffeln; **il ~ è una chiave che apre tutte le porte** (*prov*) Geld öffnet alle Türen ➋ *pl* (*di carte da gioco*) italienische Spielkartenfarbe

denatalità [denatali'ta] *f* Geburtenrückgang *m*

denaturante [denatu'rante] **I.** *agg* denaturierend, ungenießbar machend *n* **II.** *m* Denaturiermittel *n*

denaturare [denatu'ra:re] *vt* denaturieren, vergällen; **denaturato, -a** [denatu'ra:to] *agg* denaturiert; **denaturazione** [denaturat'tsio:ne] *f* Denaturierung *f*

denazificare [denattsifi'ka:re] *vt* entnazifizieren; **denazificazione** [denattsifikat'tsio:ne] *f* (HIST) Entnazifizierung *f*

denazionalizzare [denattsionalid'dza:re] *vt* entstaatlichen; **denaziona-**

lizzazione [denattsionaliddzat'tsio:ne] *f* Denationalisierung *f,* Entstaatlichung *f*

dendrocronologia [dendrokronolo'dʒi:a] <-gie> *f* Dendrochronologie *f;* **dendrologia** [dendrolo'dʒi:a] <-gie> *f* (BOT) Dendrologie *f,* Baumkunde *f;* **dendrologico, -a** [dendro'lɔ:dʒiko] <-ci, -che> *agg* dendrologisch; **dendrometria** [dendrome'tri:a] <-ie> *f* Dendrometrie *f,* Baummessung *f;* **dendrometrico, -a** [dendro'mɛ:triko] <-ci, -che> *agg* dendrometrisch, Baummessungs-

denegare [dene'ga:re] *vt* nicht zugestehen

denicotinizzare [denikotinid'dza:re] *vt* **~ qc** einer Sache *dat* Nikotin entziehen; **denicotinizzazione** [denikotiniddzat'tsio:ne] *f* Entnikotinisierung *f,* Entziehung *f* des Nikotins

denigrare [deni'gra:re] *vt* verleumden, diffamieren; (*reputazione*) ruinieren; **denigratore, -trice** [denigra'to:re] *m, f* Verleumder(in) *m(f)*; **denigratorio, -a** [denigra'tɔ:rio] <-i, -ie> *agg* verleumderisch; **denigrazione** [denigrat'tsio:ne] *f* Verleumdung *f,* Diffamierung *f*

denim ['denim] <-> *m* Denim *m* o *n*

denocciolare [denottʃo'la:re] *vt* entsteinen, entkernen; **~ le ciliege/albicocche** Kirschen/Aprikosen entsteinen; **denocciolato, -a** [denottʃo'la:to] *agg* entsteint, entkernt; **prugne -e** entsteinte Pflaumen; **denocciolatrice** [denottʃola'tri:tʃe] *f* Entkerner *m,* Entsteiner *m*

denominare [denomi'na:re] **I.** *vt* (be)nennen, bezeichnen als **II.** *vr* **-rsi** sich nennen; **denominativo, -a** [denomina'ti:vo] *agg* bezeichnend, benennend; **denominatore** [denomina'to:re] *m* (MAT) Nenner *m;* **denominazione** [denominat'tsio:ne] *f* (*attribuzione di un nome*) Bezeichnung *f,* Benennung *f;* (*nome*) Name *m;* (FIN) Denominierung *f;* **vino di ~ di origine controllata** [o **vino DOC**] Qualitätswein aus kontrolliertem Anbau

denotare [deno'ta:re] *vt* bedeuten, ausdrücken

denotativo, -a [denota'ti:vo] *agg* ➊ hinweisend, anzeigend ➋ (LING) denotativ; **denotazione** [denotat'tsio:ne] *f* Andeutung *f*

densimetrico, -a [densi'mɛ:triko] <-ci, -che> *agg* densimetrisch; **esame ~** Dichteprüfung *f;* **densimetro** [den'si:metro] *m* Dichtemesser *m,* Densimeter *n*

densità [densi'ta] <-> *f* ➊ (*fittezza*) Dichte *f,* Dichtigkeit *f;* **~ della popolazione** Bevölkerungsdichte *f* ➋ (*fluidità ridotta*)

Dicke *f*, Dickflüssigkeit *f*; **denso, -a** ['dɛnso] *agg* ❶(*fluido*) dick(flüssig) ❷(*fitto*) dicht ❸(*fig*) dicht, reich; **una settimana -a di avvenimenti** eine ereignisreiche Woche

dentale [den'ta:le] **I.** *agg* dental, Zahn- **II.** *f* (LING) Dental(laut) *m*, Zahnlaut *m*; **dentario, -a** [den'ta:rio] <-i, -ie> *agg* Zahn-; **carie -a** Karies *f*

dentata [den'ta:ta] *f* Biss(wunde *f*) *m*

dentato, -a [den'ta:to] *agg* gezahnt, gezackt; (TEC) **ruota -a** Zahnrad *n*; **dentatore, -trice** [denta'to:re] *m, f* Arbeiter(in) *m(f)* an einer Räderfräsmaschine; **dentatrice** [denta'tri:tʃe] *f* Räderfräsmaschine *f*; **dentatura** [denta'tu:ra] *f* ❶(ANAT) ❷(TEC) Zahnung *f*

dente ['dɛnte] *m* ❶(ANAT) Zahn *m*; **~ canino** Eckzahn *m*; **~ incisivo** Schneidezahn *m*; **~ molare** Backenzahn *m*; **~ del giudizio** Weisheitszahn *m*; **~ di latte** Milchzahn *m*; **avere mal di -i** Zahnschmerzen haben; **battere i -i** mit den Zähnen klappern; **avere il ~ avvelenato contro qu** jdn gefressen haben *fam*; **mettere qc sotto i -i** (*fig*) etw zwischen die Zähne schieben; **mostrare i -i a qu** (*fig*) jdm die Zähne zeigen; **restare a -i asciutti** (*fig*) leer ausgehen; **stringere i -i** (*fig*) die Zähne zusammenbeißen ❷(GASTR) **al ~** (*spaghetti, pasta*) bissfest, al dente; (*riso*) körnig ❸(TEC) Zacke *f*, Zahn *m* ❹(BOT) **~ di leone** Löwenzahn *m*

dentellare [dentel'la:re] *vt* zacken, auszacken; **dentellato, -a** [dentel'la:to] *agg* ausgezackt, gezähnt; **dentellatura** [dentella'tu:ra] *f* Zähnung *f*; (ARCH) Zackenornament *n*; **dentello** [den'tɛllo] *m* ❶(*di francobollo*) Zahn *m*, Zähnchen *n* ❷(ARCH) Zacke *f* ❸(*d'ingranaggio*) Zahn *m*

dentice ['dɛntitʃe] *m* (ZOO) Zahnbrasse *f*

dentiera [den'tiɛ:ra] *f* ❶(*protesi*) Zahnersatz *m*, Gebiss *n* ❷(*cremagliera*) Zahnstange *f*, Zahnrad *n*

dentifricio [denti'fri:tʃo] <-ci> *m* Zahnputzmittel *n*; (*pasta*) Zahnpasta *f*

dentifricio, -a <-ci, -cie> *agg* **pasta -a** Zahnpasta *f*

dentista [den'tista] <-i *m*, -e *f*> *mf* Zahnarzt *m*, -ärztin *f*; **dentistico, -a** [den'tistiko] <-ci, -che> *agg* zahnärztlich, Zahnarzt-

dentizione [dentit'tsio:ne] *f* Zahndurchbruch *m*, Zahnen *n*

dentro ['dentro] **I.** *avv* (*stato*) darin, drinnen; (*moto*) hinein, herein; **essere ~** (*fam*) drin sein; (*in carcere*) sitzen *sl*; **mettere ~** (*fam*) einlochen *sl*, einbuchten *sl*

II. *prp* (*stato*) in +*dat*; (*moto*) in +*acc*; **~ casa** im Haus; **~ di me** in meinem Inner(e)n, bei mir; **essere ~ a qc** (*fam*) in etw *dat* drinstecken

denuclearizzare [denukleatid'dza:re] *vt* Atomwaffen abrüsten; **denuclearizzato, -a** [denuklearid'dza:to] *agg* atomwaffenfrei; **denuclearizzazione** [denukleariddzat'tsio:ne] *f* Schaffung *f* einer atomwaffenfreien Zone, Abrüstung *f* von Atomwaffen

denudamento [denuda'mento] *m* Entblößung *f*, Entkleidung *f*

denudare [denu'da:re] **I.** *vt* entblößen; (*a fig*) entkleiden **II.** *vr* **-rsi** sich entblößen, sich entkleiden; **denudazione** [denudat'tsio:ne] *f* ❶Entblößung *f*, Entkleidung *f* ❷(GEOL) Abtragung *f*, Denudation *f*

denuncia [de'nuntʃa] <-ce *o* -cie, -ie> *f* ❶(JUR) Anzeige *f*; **sporgere ~** Anzeige erstatten ❷(ADM) (An)meldung *f* ❸(*dichiarazione*) Erklärung *f*; **~ dei redditi** Steuererklärung *f*; **denunciante** [denun'tʃante] *mf* Erklärende(r) *f(m)*, Anzeigeerstatter *m*; **denunciare** [denun'tʃa:re] *vt* ❶(JUR) anzeigen; (*fig: accusare*) brandmarken ❷(ADM) (an)melden ❸(*fig: dimostrare*) zeigen ❹(*dichiarare*) erklären; **denunciatore, denunziatore, -trice** [denuntʃa'to:re] *m, f* Anzeigeerstattende(r) *f(m)*

denutrito, -a [denu'tri:to] *agg* unterernährt; **denutrizione** [denutrit'tsio:ne] *f* Unterernährung *f*

deodorante [deodo'rante] **I.** *agg* de(s)odorierend **II.** *m* De(s)odorant *n*; **deodorare** [deodo'ra:re] *vt* de(s)odorieren; **deodorazione** [deodorat'tsio:ne] *f* Deodorisierung *f*, Desodorisation *f*; **deodorizzare** [deodorid'dza:re] *vt* de(s)odorieren; **~ un ambiente** einen Raum de(s)odorieren; **deodorizzazione** [deodoriddzat'tsio:ne] *f* Desodorisierung *f*, Desodorisation *f*

deontologia [deontolo'dʒi:a] <-gie> *f* ❶(*codice morale*) Pflichtkodex *m* ❷(PHILOS) Deontologie *f*, Ethik *f* als Pflichtenlehre; **~ professionale** Berufsethos *n*; **~ medica** medizinische Ethik; **deontologico, -a** [deonto'lɔ:dʒiko] <-ci, -che> *agg* deontologisch, Pflicht-

deorbitare [deorbi'ta:re] *vt* (ASTR) schießen, befördern; **~ un satellite** einen Satelliten aus seiner Umlaufbahn befördern; **deorbitazione** [deorbitat'tsio:ne] *f* (ASTR) Beförderung *f* aus der Umlaufbahn

deossiribonucleico [deossiribonu'klɛ:iko] *agg* **acido ~** Desoxyribonukleinsäure *f*

deostruire [deostru'i:re] <deostruis-co> *vt* eine Verstopfung beseitigen; (MED) von einer Verstopfung befreien; ~ **una conduttura** eine verstopfte Leitung reinigen

deparlamentarizzazione [deparlamentariddzat'tsio:ne] *f* Entparlamentarisierung *f*

dépassé, dépassée [depa'se] <- *o* dépassés *m*, dépassées *f*> *agg* veraltet, unmodern; **moda** ~ überholte Mode; **coma** ~ (MED) irreversibles Koma, Hirntod *m*

depauperamento [depaupera'mento] *m* Erschöpfung *f*, Auslaugung *f*; (*fig*) Verarmung *f*; **depauperare** [depaupe'ra:re] *vt* erschöpfen, auslaugen; **depauperato, -a** [depaupe'ra:to] *agg* erschöpft, ausgelaugt

depenalizzare [depenalid'dza:re] *vt* (JUR) für straffrei erklären; **depenalizzazione** [depenaliddzat'tsio:ne] *f* (Erklärung *f* der) Straffreiheit *f*

dépendance [depä'dã:s] <-> *f* Nebengebäude *n*, Dependance *f*, Nebenbetrieb *m*, Filiale *f*

depennamento [depenna'mento] *m* Streichen *n*, Streichung *f*; **depennare** [depen'na:re] *vt* (aus-, durch)streichen

deperibile [depe'ri:bile] *agg* (leicht) verderblich

deperimento [deperi'mento] *m* ➊ (MED) Kräfteverfall *m*, Auszehrung *f* ➋ (*deterioramento*) Verfall *m*; (*danno*) Schaden *m*, Schädigung *f*; (*di alimenti*) Verderben *n*; **deperire** [depe'ri:re] <deperisco> *vi* essere ➊ (*di salute*) verkümmern, dahinsiechen ➋ (*deteriorarsi*) verderben, verkommen; (*consumarsi*) verfallen; **deperito, -a** [depe'ri:to] *agg* ausgezehrt, mitgenommen

depersonalizzazione [depersonaliddzat'tsio:ne] *f* Entpersönlichung *f*, Depersonalisation *f*

depicciolare [depittʃo'la:re] *vt* den Stängel [*o* Stiel] entfernen, entstielen; **depicciolatrice** [depittʃola'tri:tʃe] *f* Maschine *f* zum Entfernen der Stängel [*o* Stiele]

depigmentato, -a [depigmen'ta:to] *agg* (BIOL) pigmentlos, depigmentiert; **depigmentazione** [depigmentat'tsio:ne] *f* (BIOL) Depigmentierung *f*

depilare [depi'la:re] *vt* ➊ (*gambe*) enthaaren ➋ (*peli*) entfernen; (*sopracciglia*) zupfen

depilatore [depila'to:re] *m* (*apparecchio*) Enthaarungsgerät *n*, Epiliergerät *n*; **depilatore, -trice** *agg* enthaarend, Enthaarungs-

depilatorio [depila'tɔ:rio] *m* Enthaarungsmittel *n*

depilatorio, -a <-i, -ie> *agg* enthaarend, Enthaarungs-; **depilatrice** [depila'tri:tʃe] *f* Epiliergerät *n*

depilazione [depilat'tsio:ne] *f* Enthaarung *f*

dépistage [depis'taʒ] <- *o* dépistages> *m* ➊ (*individuazione di piste*) Aufspüren *n* ➋ (*ricerca particolareggiata*) (genaue) Untersuchung *f*; ~ **di massa** (MED) Reihenuntersuchung *f*

depistaggio [depis'taddʒo] <-ggi> *m* Irreführung *f*; **depistare** [depis'ta:re] *vt* irreleiten, irreführen

dépliant [depli'jã] <-> *m* Faltblatt *n*, Prospekt *m o n*

deplorabile [deplo'ra:bile] *agg* tadelnswert; **deplorare** [deplo'ra:re] *vt* ➊ (*biasimare*) missbilligen, tadeln ➋ (*compiangere*) beklagen, bedauern; **deplorazione** [deplorat'tsio:ne] *f* Missbilligung *f*, Tadel *m*; **deplorevole** [deplo're:vole] *agg* ➊ (*da biasimare*) tadelnswert ➋ (*miserevole*) beklagenswert, bedauernswert; (*fatto*) bedauerlich

depolarizzante [depolarid'dzante] **I.** *agg* (CHEM) depolarisierend **II.** *m* (CHEM: *depolarizzatore*) Depolarisator *m*

depolarizzare [depolarid'dza:re] *vt* (CHEM) depolarisieren; **depolarizzatore** [depolariddza'to:re] *m* (CHEM) Depolarisator *m*; **depolarizzazione** [depolariddzat'tsio:ne] *f* (CHEM) Depolarisation *f*

depoliticizzare [depolititʃid'dza:re] *vt* entpolitisieren; **depoliticizzazione** [depolititʃiddzat'tsio:ne] *f* Entpolitisierung *f*

depolpaggio [depol'paddʒo] <-ggi> *m* Fruchtfleischentfernung *f*; **depolpatore** [depolpa'to:re] *m* Fruchtfleischentferner *m*, Schnitzelmaschine *f*

depolverizzare [depolverid'dza:re] *vt* (PHYS) entstauben, depulverisieren; **depolverizzatore** [depolveriddza'to:re] *m* (TEC) Entstauber *m*, Depulverisator *m*; **depolverizzazione** [depolveriddzat'tsio:ne] *f* (PHYS) Entstaubung *f*, Depulverisation *f*

deponente [depo'nɛnte] **I.** *agg* **verbo** ~ Deponens *n* **II.** *m* ➊ (LING) Deponens *n* ➋ (TYP, MAT, CHEM) Index(zahl *f*) *m*

deporre [de'porre] <irr> **I.** *vt* ➊ (*oggetto*) absetzen, ablegen; (*uova*) legen; (*fig: armi*) niederlegen ➋ (*in giudizio*) ablegen; (*da testimone*) aussagen ➌ (*fig: pensiero*) fallen lassen **II.** *vi* ➊ (*in tribunale*) aussagen ➋ (*fig*) ~ **a favore di qu** sich für jdn aussprechen

deportare [depor'ta:re] *vt* deportieren; **deportato, -a** [depor'ta:to] *m, f* Deportierte(r) *f(m);* **deportazione** [deportat'tsio:ne] *f* Deportation *f*

deporto [de'pɔrto] *m* (FIN) Deport *m*, Deportgeschäft *n*, Kursabschlag *m*

deposi *1. pers sing pass rem di* **deporre**

depositante [depozi'tante] *mf* Deponent(in) *m(f)*, Hinterleger(in) *m(f)*

depositare [depozi'ta:re] **I.** *vt* ❶ (*porre giù*) absetzen, -stellen, -legen ❷ (*in banca*) deponieren, hinterlegen ❸ (*in custodia*) zur Aufbewahrung geben; (*documenti*) deponieren, hinterlegen ❹ (*in magazzino*) (ein)lagern ❺ (*liquidi*) ablagern, absetzen **II.** *vi* einen Bodensatz bilden; **depositario, -a** [depozi'ta:rio] <-i, -ie> *m, f* ❶ (*gener*) Verwahrer(in) *m(f)*, Aufbewahrer(in) *m(f)* ❷ (FIN) Depositar *m* ❸ (*fig*) Bewahrer(in) *m(f)*, Wächter(in) *m(f)*, Hüter(in) *m(f);* **deposito** [de'pɔːzito] *m* ❶ (*in banca*) Hinterlegung *f;* (*somma*) Depot *n*, Einlage *f* ❷ (*di valigie*) Aufbewahrung *f;* (*di documenti*) Hinterlegung *f;* ~ **bagagli** Gepäckaufbewahrung *f;* ~ **a cassette** Schließfächer *npl* ❸ (*in magazzino*) (Ein)lagerung *f;* (*luogo*) Depot *n*, (Sammel)lager *n* ❹ (*di liquidi*) (Boden)satz *m*, Depot *n;* (GEOL) Ablagerung *f* ❺ (*cauzione*) Kaution *f*

deposizione [depozit'tsio:ne] *f* ❶ (*sedimento*) Ablagerung *f* ❷ (*da una carica*) Absetzung *f* ❸ (*in tribunale*) Zeugenaussage *f* ❹ (REL) Kreuzabnahme *f*

deposto *pp di* **deporre**

depotenziamento [depotentsia'mento] *m* Schwächung *f*, Abbau *m*

depotenziare [depoten'tsia:re] *vt* die Leistung vermindern, schwächen

depravare [depra'va:re] *vt* ❶ (*volgere al male*) verderben ❷ (*fig*) pervertieren, korrumpieren

depravato, -a [depra'va:to] **I.** *agg* verdorben, verkommen **II.** *m, f* verkommener Mensch; **depravazione** [depravat'tsio:ne] *f* Verderbtheit *f*, Verkommenheit *f*

deprecabile [depre'ka:bile] *agg* unwillkommen, unliebsam

deprecare [depre'ka:re] *vt* missbilligen; **deprecativo, -a** [depreka'ti:vo] *agg* missbilligend; **deprecazione** [deprekat'tsio:ne] *f* Missbilligung *f*, Beanstandung *f*

depredamento [depreda'mento] *m* Plünderung *f*

depredare [depre'da:re] *vt* ❶ (*saccheggiare*) plündern ❷ (*derubare*) aus-, berauben; ~ **qu di qc** jdn einer Sache *gen* berau-

ben; **depredatore, -trice** [depreda'to:re] *m, f* (*poet*) Plünderer *m*, Plünd(r)erin *f;* **depredatorio, -a** [depreda'tɔːrio] <-i, -ie> *agg* plündernd

depressa *f v.* **depresso**

depressi [de'prɛssi] *1. pers sing pass rem di* **deprimere**

depressionario, -a [depressio'na:rio] <-i, -ie> *agg* (METEO) **area -a** Tiefdruckgebiet *n*

depressione [depres'sio:ne] *f* ❶ (*avvallamento*) (Ab)senkung *f*, Vertiefung *f;* (GEOG) Landsenke *f* ❷ (METEO) Tief(druckgebiet) *n* ❸ (MED) Depression *f;* **depressivo, -a** [depres'si:vo] *agg* depressiv, niedergeschlagen; **depresso, -a** [de'prɛsso] **I.** *pp di* **deprimere** **II.** *agg* ❶ (*abbassato*) abgesenkt, vertieft ❷ (*avvilito*) deprimiert, niedergeschlagen **III.** *m, f* deprimierte Person; (MED) Depressive(r) *f(m)*

depressore [depres'so:re] **I.** *agg* depressorisch **II.** *m* Depressor *m*

depressurizzare [depressurid'dza:re] *vt* (TEC) den Luftdruck senken; **depressurizzazione** [depressuriddzat'tsio:ne] *f* Luftdrucksenkung *f*

deprezzamento [deprettsa'mento] *m* Wertminderung *f;* (*della moneta*) Entwertung *f;* **deprezzare** [depret'tsa:re] *vt* ❶ (*diminuire il prezzo*) ~ **qc** den Preis einer Sache *gen* senken; (*svalutare*) den Wert einer Sache *gen* mindern ❷ (*moneta*) entwerten ❸ (*fig*) abwerten

deprimente [depri'mɛnte] *agg* deprimierend, bedrückend

deprimere [de'pri:mere] <deprimo, depressi, depresso> *vt* (*fig*) deprimieren, bedrücken; **deprimibile** [depri'mi:bile] *agg* verminderbar, reduzierbar; **polso** ~ (MED) leichter Pulsschlag, schwacher Puls

deprivare [depri'va:re] *vt* berauben; **deprivato, -a** [depri'va:to] *agg* beraubt; **una persona -a di ogni bene** eine Person, der alles geraubt wurde; **deprivazione** [deprivat'tsio:ne] *f* ❶ (*sottrazione*) Entzug *m* ❷ (PSYCH) Deprivation *f*, Mangel *m* ❸ (MED) Deprivation *f*, Entzug *m;* ~ **sensoriale** verminderte Wahrnehmungsfähigkeit

depurare [depu'ra:re] *vt* reinigen; (CHEM) klären

depurativo [depura'ti:vo] *m* Entschlackungsmittel *n*

depurativo, -a *agg* reinigend, entschlackend

depuratore [depura'to:re] *m* ❶ (*apparecchio*) Reinigungsapparat *m* ❷ (*impianto*) Kläranlage *f*

depuratore, **-trice** *agg* Klär-, Reinigungs-; **depurazione** [depurat'tsio:ne] *f* Reinigung *f*, Klärung *f*

deputare [depu'ta:re] *vt* beauftragen, abordnen

deputato, **-a** [depu'ta:to] *m*, *f* ❶ (*delegato*) Beauftragte(r) *f(m)* ❷ (POL) Abgeordnete(r) *f(m)*, Mandatar(in) *m(f)* A; **deputazione** [deputat'tsio:ne] *f* Abordnung *f*

dequalificare [dekualifi'ka:re] *vt* dequalifizieren, entqualifizieren; **dequalificazione** [dekualifikat'tsio:ne] *f* Herabsetzung *f*

déraciné [derasi'ne] <inv> *agg* (*sradicato*) entwurzelt

deragliamento [deraʎʎa'mento] *m* Entgleisen *n;* **deragliare** [deraʎ'ʎa:re] *vi* *essere* entgleisen; **deragliatore** [deraʎʎa'to:re] *m* (TEC) Kettenwechsler *m*

dérapage [dera'pa:ʒ] <-> *m v.* **derapaggio**

derapaggio [dera'paddʒo] <-ggi> *m* ❶ (AERO: *slittata o deviazione laterale*) Abgleiten *n* ❷ (SPORT: *sci*) (seitliches) Abrutschen *n* ❸ (SPORT: *nell'automobilismo tecnica per affrontare le curve*) Übersteuern *n*, Untersteuern *n;* (*slittamento della vettura*) Ausbrechen *n;* ~ **controlé** kontrolliertes Über-/Untersteuern; **derapare** [dera'pa:re] *vi* (MOT) schleudern, ausbrechen; (AERO) abrutschen, abkippen; **derapata** [dera'pa:ta] *f v.* **dérapage**

derattizzante [drattid'dzante] **I.** *agg* (CHEM) rattentötend, rattenvernichtend **II.** *m* (CHEM) Rattengift *n*, Rattenvernichtungsmittel *n;* **derattizzazione** [derattiddzat'tsio:ne] *f* Rattenbekämpfung *f*, Rattenvernichtung *f*

derby ['dɛrbi] <-> *m* Derby *n*

deregolamentare [deregolamen'ta:re] *vt* (ADM) deregulieren, die Reglementierung aufheben; **deregolamentazione** [deregolamentat'tsio:ne] *f* (ADM) Aufhebung *f* einer Reglementierung; **deregolare** [derego'la:re] *vt* (ADM) deregulieren, die Reglementierung aufheben [*o* lockern]

deregulation [di:regju'leiʃən] <-> *f* (ADM) Deregulation *f*

derelitto, **-a** [dere'litto] **I.** *agg* vereinsamt, verlassen **II.** *m*, *f* vereinsamter Mensch; **derelizione** [derelit'tsio:ne] *f* ❶ (JUR) Besitzaufgabe *f*, Eigentumsverzicht *m*, Dereliktion *f* ❷ (PHILOS) Dereliktion *f*, Verlassenheit *f* ❸ (*obs: abbandono totale*) Alleinsein *n*, Verlassensein *n*, Vereinsamung *f*, Einsamkeit *f*

derequisire [derekui'zi:re] *vt* (ADM) frei-

geben; **derequisizione** [derekui-zit'tsio:ne] *f* Freigabe *f*

deresponsabilizzare [deresponsabi-lid'dza:re] *vt* von einer Verantwortung entheben; **deresponsabilizzazione** [deresponsabiliddzat'tsio:ne] *f* Befreiung [*o* Freisprechung *f*] *f* von Verantwortung

deretano [dere'ta:no] *m* Gesäß *n*

deridere [de'ri:dere] <irr> *vt* auslachen; ~ **qu per qc** jdn wegen etw auslachen; **derisione** [deri'zio:ne] *f* Verspottung *f*, Spott *m;* **derisore** [deri'zo:re] *m* Spötter *m;* **derisorio**, **-a** [deri'zɔ:rio] <-i, -ie> *agg* ❶ (*che deride*) Spott-, spöttisch ❷ (*di derisione*) lächerlich

deriva [de'ri:va] *f* ❶ (NAUT: *trascinamento*) Abtrift *f*, Drift *f;* **andare alla** ~ abgetrieben werden; (*fig*) sich treiben lassen ❷ (*di natante*) (Kiel)schwert *n* ❸ (*di aereo*) Seitenruder *n* ❹ (GEOL) ~ **dei continenti** Kontinentaldrift *f*, Kontinentalverschiebung *f*

derivabile [deri'va:bile] *agg* ableitbar, herleitbar; **funzione** ~ (MAT) ableitbare Funktion; **derivabilità** [derivabili'ta] <-> *f* (MAT) Ableitbarkeit *f*, Herleitbarkeit *f*

derivare [deri'va:re] **I.** *vi* essere ❶ (*aver origine*) ~ **da** herkommen von, seinen Ursprung haben in +*dat;* (*fiumi*) entspringen in +*dat* ❷ (*fig: discendere*) (ab)stammen; **ciò deriva da ...** das kommt von ... her **II.** *vt* avere ❶ (*canale*) ableiten ❷ (*fig: per deduzione*) ableiten; **derivata** [deri'va:ta] *f* Ableitung *f;* **derivativo**, **-a** [deriva'ti:vo] *agg* ❶ (*non originario*) abgeleitet ❷ (MED) ableitend; **intervento chirurgico** ~ ableitender chirurgischer Eingriff; **derivato** [deri'va:to] *m* ❶ (CHEM) Derivat *n* ❷ (LING) Ableitung *f;* **derivatore** [deriva'to:re] *m* (TEC) Nebenwiderstand *m*, Shunt *m;* **derivatore**, **-trice** *agg* Ableitungs-, ableitend; **circuito** ~ Ableitungsstromkreis *m;* **canale** ~ **d'acque** Abwasser-, Entsorgungskanal *m;* **derivazione** [derivat'tsio:ne] *f* ❶ (TEC) Abzweigung *f*, Ableitung *f;* (EL) Abzweigung *f*, Abzweig *m;* (TEL) Nebenanschluss *m;* **in** ~ parallel geschaltet ❷ (MAT) Differenzialrechnung *f* ❸ (LING) Derivation *f*, Ableitung *f*

dermatite [derma'ti:te] *f* Hautentzündung *f*, Dermatitis *f;* ~ **atopica** Neurodermitis *f;* **dermatologa** *f v.* **dermatologo**

dermatologia [dermatolo'dʒi:a] <-gie> *f* Dermatologie *f;* **dermatologo**, **-a** [derma'tɔ:logo] <-gi, -ghe> *m*, *f* Hautarzt *m*, -ärztin *f*, Dermatologe *m*, -login *f*

dermatoplastica [dermato'plastika] <-che> *f* (MED) Dermatoplastik *f*, Hauttransplantation *f*

dermatosi [derma'tɔ:zi] <-> f Hautkrankheit f, Dermatose f

dermocosmetico [dermokos'mɛ:tiko] <-ci> m Hautkosmetikum n

dermocosmetico, -a <-ci, -che> agg hautkosmetisch; **prodotto ~** hautkosmetisches Produkt; **dermocosmetologo, -a** [dermokosme'tɔ:logo] <-gi, -ghe> m, f Hautkosmetiker(in) m(f)

dermoide [der'mɔ:ide] f Kunstleder n

dermosifilopatico, -a [dermosifilo'pa:tiko] <-ci, -che> agg Haut- und Geschlechtskrankheiten betreffend

deroga ['dɛ:roga] <-ghe> f Abweichung f, (teilweise) Außerkraftsetzung f; **in ~ a** abweichend von, in Abweichung von; **derogabile** [dero'ga:bile] agg abdingbar; **derogare** [dero'ga:re] vi (JUR) etw teilweise außer Kraft setzen; **~ a qc** etw derogieren; **derogatorio, -a** [deroga'tɔ:rio] <-i, -ie> agg (JUR: derogativo) abweichend, aufhebend, derogativ, derogatorisch; **derogazione** [derogat'tsio:ne] f ❶ (JUR: deroga) Abschaffung f, Aufhebung f, Zuwiderhandlung f, Derogation f ❷ (JUR, obs: perdita temporanea della nobiltà) temporäre Aberkennung f des Adelstitels

derrata [der'ra:ta] f (Ess)ware f; **-e alimentari** Lebens-, Nahrungsmittel npl

derrick ['derik] <-> m ❶ (TEC: tipo di gru) Derrickkran m, Montagekran m ❷ (TEC: castello piramidale nei pozzi petroliferi) Bohrturm m, Erdölturm m ❸ (GEOL: masse rocciose) Spitze f

derrista [der'rista] <-i> m Minen-, Erdölbohrarbeiter m

derubare [deru'ba:re] vt bestehlen, berauben; **derubato, -a** [deru'ba:to] agg beraubt, bestohlen; **~ di ogni dignità** (fig) aller Würde beraubt

derubricare [derubri'ka:re] vt (JUR) zurückstufen; **derubricazione** [derubrikat'tsio:ne] f (JUR) Zurückstufung f, Abschwächung f

deruralizzare [deruralid'dza:re] vt (ADM) zum Baugrundstück erklären, als Baugebiet ausweisen; **deruralizzazione** [deruraliddzat'tsio:ne] f ❶ (ADM: sottrazione di un immobile al catasto agricolo) Ausweisung f als Baugebiet ❷ (abbandono delle campagne) Landflucht f

derustizzazione [derustiddzat'tsio:ne] f Rostentfernung f

derviscio [der'viʃʃo] <-sci> m Derwisch m

desacralizzare [dezakralid'dza:re] vt entweihen, entheiligen; **desacralizzazione** [dezakraliddzat'tsio:ne] f Entweihung f

desalinizzare [dezalinid'dza:re] vt (CHEM) entsalzen; **desalinizzazione** [desaliniddzat'tsio:ne] f Entsalzung f

desaparecido, -a [desapare'tʃi:do] <- o desaparecidos m, desaparecidas f> m, f (scomparso) Verschwundene(r) f(m), Verschleppungsopfer n

deschetto [des'ketto] m Arbeitstisch m (des Schuhmachers), Werkbank f

desco ['desko] <-schi> m (poet) Tafel f geh

descolarizzare [deskolarid'dza:re] vt entschulen, die bisher üblichen Schulformen abschaffen; **descolarizzazione** [deskolariddzat'tsio:ne] f Entschulung f, Abschaffung f der bisher üblichen Schulformen

descrissi 1. pers sing pass rem di **descrivere**

descrittivismo [deskritti'vizmo] m (KUNST) Deskriptivismus m

descrittivo, -a [deskrit'ti:vo] agg beschreibend, deskriptiv; **descrittore, -trice** [deskrit'to:re] m, f Beschreiber(in) m(f)

descrivere [des'kri:vere] <irr> vt ❶ (rappresentare) beschreiben; (avvenimento) schildern ❷ (lasciare una traccia) beschreiben; **l'aereo descrisse nel cielo un ampio arco** das Flugzeug beschrieb einen großen Bogen am Himmel; **descrivibile** [deskri'vi:bile] agg beschreibbar; **descrizione** [deskrit'tsio:ne] f Schilderung f, Beschreibung f

desegregazione [dezegragat'tsio:ne] f (SOC) Aufhebung f der Rassentrennung, Desegregation f

desensibilizzare [desensibilid'dza:re] vt desensibilisieren; **desensibilizzatore** [dezensibiliddza'to:re] m (FOTO) Desensibilisator m; **desensibilizzazione** [dezensibiliddzat'tsio:ne] f (FOTO) Desensibilisation f, Desensibilisierung f

desertico, -a [de'zɛrtiko] <-ci, -che> agg Wüsten-; **deserticolo, -a** [dezer'ti:kolo] agg Wüsten-; **animale ~** Wüstentier n; **desertificazione** [dezertifikat'tsio:ne] f (GEOG) Desertifikation f, Wüstenbildung f

deserto [de'zɛrto] m ❶ (GEOG) Wüste f ❷ (fig) Einöde f

deserto, -a agg unbewohnt, menschenleer; (fig) ausgestorben

desessualizzare [dezessualid'daz:re] vt entsexualisieren; **desessualizzazione** [dezessualiddzat'tsio:ne] f Entsexualisierung f

déshabillé [dezabi'je] <-> m Hauskleid n, Morgenrock m

desiderabile [deside'ra:bile] *agg* wünschenswert; (*sessualmente*) begehrenswert; **desiderabilità** [deziderabili'ta] <-> *f* Begehrtheit *f*

desiderare [deside'ra:re] *vt* wünschen; (*sessualmente*) begehren; ~ **un figlio** sich *dat* ein Kind wünschen; ~ **di rivedere qu** sich wünschen, jdn wiederzusehen; **farsi ~** sich rar machen; **lasciare a ~** zu wünschen übrig lassen; **ti desiderano al telefono** du wirst am Telefon verlangt; **desiderata** [deside'ra:ta] *mpl* Wünsche *mpl*, Anliegen *npl*; **desiderativo, -a** [desidera'ti:vo] *agg* ❶ (*che manifesta desiderio*) Wunsch- ❷ (LING) optativ, Wunsch-; **desiderio** [desi'dɛ:rio] <-i> *m* ❶ (*aspirazione*) Wunsch *m*; ~ **di qc** Wunsch nach etw ❷ (*brama sensuale*) Begierde *f*; **il suo ~ di potenza** seine Begierde nach Macht; **desideroso, -a** [deside'ro:so] *agg* verlangend, sehnsüchtig; **essere ~ di qc** etw wünschen

design [di'zain *o* de'zain] <-> *m* Design *n*

designabile [deziɲ'ɲa:bile] *agg* bestimmbar, designierbar

designare [desiɲ'ɲa:re] *vt* bestimmen, bestellen; **designato, -a** [desiɲ'ɲa:to] *agg* bestimmt, designiert; **designatore, -trice** [deziɲɲato:re] **I.** *agg* bestimmend, designierend; **commissione -trice** designierender Ausschuss **II.** *m, f* Designierende(r) *f(m)*; **designazione** [desiɲɲat'tsio:ne] *f* ❶ (*di incarico*) Ernennung *f*, Bestellung *f* ❷ (*indicazione*) Bestimmung *f*

designer [di'zainə *o* de'zainer] <-> *mf* Designer(in) *m(f)*

desinare[1] [dezi'na:re] *vi* (zu) Mittag essen

desinare[2] *m* Mittagessen *n*

desinente [dezi'nɛnte] *agg* endend

desinenza [dezi'nɛntsa] *f* Endung *f*

desistenza [dezis'tɛntsa] *f* Rücktritt *m*; ~ **da un crimine** Ablassen *n* von einem Verbrechen; ~ **da una querela** Rückzug *m* einer Anzeige

desistere [de'sistere] <desisto, desistei *o* desistetti, desistito> *vi* ❶ (JUR) zurücknehmen; ~ **da qc** etw zurücknehmen, von etw absehen ❷ (*da attuare qc*) verzichten; ~ **da un progetto** von einem Plan Abstand nehmen

desk ['desk] <-> *m* Desk *m*, Computertisch *m*

desktop <-> *m* (INFORM) Arbeitsoberfläche *f*, Benutzeroberfläche *f*

desktop publishing ['desktɔp 'pʌbliʃiŋ] <-> *m* (INFORM) Desktoppublishing *n*

desocializzazione [desotʃaliddzat'tsio:ne] *f* Desozialisierung *f*

desolante [dezo'lante] *agg* trostlos, desolat; **desolare** [dezo'la:re] *vt* ❶ (*devastare*) verheeren, verwüsten ❷ (*addolorare*) (tief) betrüben, bekümmern; **desolato, -a** [dezo'la:to] *agg* ❶ (*luogo*) verlassen, ausgestorben; (*per squallore*) öd(e), trostlos ❷ (*persona*) tief betrübt, bekümmert ❸ (*dispiaciuto*) **sono veramente ~ di ...** es tut mir wirklich sehr leid, dass ...; **desolazione** [dezolat'tsio:ne] *f* ❶ (*rovina*) Verheerung *f*, Verwüstung *f* ❷ (*squallore*) Öde *f*, Trostlosigkeit *f* ❸ (*dolore*) (tiefe) Betrübnis *f*

desolforare [desolfo'ra:re] *vt* (CHEM) entschwefeln; **desolforatore** [desolfora'to:re] *m* Entschweflungsanlage *f*, Entschwefler *m*; **desolforazione** [desolforat'tsio:ne] *f* Entschwefelung *f*

desovranizzare [desovranid'dza:re] *vt* die Souveränität entziehen

desperado [despe'ra:do] <-> *m* Desperado *m*

despota ['dɛspota] <-i *m*, -e *f*> *mf* Despot(in) *m(f)*

desquamativo, -a [deskuama'ti:vo] *agg* abschuppend; **processo ~** Abschuppungsprozess *m*; **desquamazione** [deskuamat'tsio:ne] *f* ❶ (*distacco di squame*) Abschuppung *f* ❷ (GEOL: *disgregazione delle rocce*) Desquamation *f* ❸ (MED) Desquamation *f*

dessert [de'sɛːr] <-> *m* Nachspeise *f*, Dessert *n*

dessi ['dessi] *1. e 2. pers sing conj imp di* **dare**[1]

destabilizzante [destabilid'dzante] *agg* destabilisierend; **destabilizzare** [destabilid'dza:re] *vt* destabilisieren, instabil machen; **destabilizzatore** [destabiliddza'to:re] *m* destabilisierendes Element; **destabilizzatore, -trice** *agg* destabilisierend; **destabilizzazione** [destabiliddzat'tsio:ne] *f* Destabilisierung *f*

destare [des'ta:re] **I.** *vt* ❶ (*poet: svegliare*) (auf)wecken, erwecken *geh* ❷ (*fig*) wachrufen, erwecken; (*meraviglia, sospetti*) erregen **II.** *vr* **-rsi** (*poet*) erwachen *geh*

deste ['deste] *2. pers pl pass rem, 2. pers pl conj imp di* **dare**[1]

desti ['desti] *2. pers sing pass rem di* **dare**[1]

destinare [desti'na:re] *vt* verurteilen; (*somma*) widmen, zueignen; ~ **qc a qu** etw für jdn bestimmen; **destinato al fallimento** zum Scheitern verurteilt; **destinato a morire** dem Tod geweiht; **destinatario, -a** [destina'ta:rio] <-i, -ie> **I.** *agg* **banca -a** Empfängerbank *f*; **paese ~** Bestimmungsland *n* **II.** *m, f* Adressat(in) *m(f)*, Empfänger(in) *m(f)*; **destinazione** [destinat'tsio:ne] *f* ❶ (*scopo, fine*) Bestimmung *f*, (End)zweck *m*, Ziel *n*; **raggiungere la propria ~** sein Ziel erreichen ❷ (*luogo*) Bestimmungsort *m*, Ziel(ort *m*) *n*; **giungere a ~** am Ziel ankommen

destino [des'ti:no] *m* Schicksal *n*

destituire [destitu'i:re] <destituisco> *vt* absetzen; **~ qu da qc** jdn von etw absetzen, jdn einer Sache *gen* entheben; **destituito, -a** [destitu'i:to] *agg* abgesetzt, enthoben; **destituzione** [destitut'tsio:ne] *f* Absetzung *f*, (Amts)enthebung *f*

desto, -a ['desto] *agg* ❶ (*sveglio*) wach ❷ (*vigilante*) wachsam

destoricizzare [destoritʃid'dza:re] *vt* aus dem geschichtlichen Zusammenhang reißen; **destorificazione** [destorifikat'tsio:ne] *f* Herausreißen *n* aus dem geschichtlichen Zusammenhang

destra ['dɛstra] *f* ❶ (*mano*) Rechte *f*; **dare la ~ a qu** jdn rechts gehen lassen ❷ (*lato*) rechte Seite; **a ~** rechts; **alla mia ~** zu meiner Rechten ❸ (POL) Rechte *f*

destreggiarsi [destred'dʒarsi] *vr* zurechtkommen; **~ con qu/qc** mit jdm/etw zurechtkommen; **~ in qc** sich in etw *dat* zurechtfinden

destrese [des'tre:ze] *m* (POL) Jargon *m* der Rechten

destrezza [des'trettsa] *f* Geschick *n*, Gewandtheit *f*; **~ di mano** Fingerfertigkeit *f*; **gioco di ~** Geschicklichkeitsspiel *n*

destriero [des'triɛ:ro] *m* (*poet*) (Schlacht)ross *n obs*

destrimano [destri'ma:no] I.<inv> *agg* rechtshändig II.<-> *mf* Rechtshänder(in) *m(f)*

destrismo [des'trizmo] *m* ❶ (POL) Rechtsorientierung *f* ❷ (MED) Rechtshändigkeit *f*

destro ['dɛstro] *m* ❶ (*opportunità*) Gelegenheit *f*, rechter Zeitpunkt ❷ (SPORT) Rechte *f*

destro, -a *agg* ❶ (*lato, parte*) rechte(r, s); **il braccio ~ di qu** jds rechte Hand ❷ (*fig*) tüchtig, geschickt

destrorso, -a [des'trɔrso] *agg* rechtsdrehend

destrutturare [destruttu'ra:re] *vt* ❶ (*scomporre*) destrukturieren; **~ qc** die Struktur von etw auflösen ❷ (*smantellare*) demontieren, abbauen; **destrutturato, -a** [destruttu'ra:to] *agg* destrukturiert, strukturlos; **destrutturazione** [destruttu rat'tsio:ne] *f* Destrukturation *f*, Destrukturierung *f*

desueto, -a [desu'ɛ:to] *agg* (*poet*) unge-

bräuchlich; (*disusato*) ungewohnt; **desuetudine** [desue'tu:dine] *f* ❶ (*poet*) Ungebräuchlichkeit *f*, Ungewohntheit *f* ❷ (JUR) Nichtbeachtung *f*

desumere [de'su:mere] <desumo, desunsi, desunto> *vt* ~ **qc** (**da qc**) etw (aus etw) folgern; **desumibile** [desu'mi:bile] *agg* **è ~ che ...** es ist anzunehmen, dass ...

desunsi [de'sunsi] *1. pers sing pass rem di* **desumere**

desunto [de'sunto] *pp di* **desumere**

detartraggio [detar'traddʒo] <-ggi> *m* (MED) Zahnsteinentfernung *f*

detartrasi [detar'tra:si] <-> *f v.* **detartraggio**

detassabilità [detassabili'ta] <-> *f* Möglichkeit *f* der Steuerbefreiung

detassare [detas'sa:re] *vt* von der Steuer befreien; **detassazione** [detassat'tsio:ne] *f* Steuerbefreiung *f*

detective [di'tektiv *o* de'tɛctiv] <-> *m* ❶ (*agente di polizia*) Geheimpolizist *m* ❷ (*investigatore privato*) (Privat)detektiv *m*

detector [di'tektə *o* de'tɛctor] <-> *m* Detektor *m*

deteinato, -a [detei'na:to] *agg* entkoffeiniert, koffein-, theinfrei

detenere [dete'ne:re] <irr> *vt* ❶ (*possedere*) besitzen, bei [*o* mit] sich *dat* führen; (*primato*) halten; (*incarico*) inne haben ❷ (*in prigione*) gefangen halten, in Haft (be)halten

detentivo, -a [deten'ti:vo] *agg* **pena -a** Freiheitsstrafe *f*; **detentore, -trice** [deten'to:re] I. *agg* haltend, verteidigend II. *m, f* Inhaber(in) *m(f)*, Besitzer(in) *m(f)*; **~ di un titolo** (SPORT) Titelverteidiger(in) *m(f)*

detenuto, -a [dete'nu:to] *m, f* Häftling *m*, Inhaftierte(r) *f(m)*; **detenzione** [deten'tsio:ne] *f* ❶ (*possesso*) Besitz *m*; (*fig*) Innehaben *n*; **~ di armi e munizioni** unerlaubter Waffenbesitz ❷ (*pena*) Haft *f*, Gewahrsam *m*; **~ preventiva** Untersuchungshaft *f*

detergente [deter'dʒɛnte] I. *agg* reinigend, Reinigungs-; **latte ~** Reinigungsmilch *f* II. *m* Reinigungsmittel *n*; **detergenza** [deter'dʒɛntsa] *f* Reinigungskraft *f*, Reinigung *f*

detergere [de'tɛrdʒere] <irr> *vt* ❶ (*pulire*) reinigen, säubern; (*biancheria*) waschen ❷ (*togliere*) abwischen

deteriorabile [deterio'ra:bile] *agg* verderblich

deterioramento [deteriora'mento] *m* Abnutzung *f*, Verschleiß *m*; (*di cibi*) Verderb *m*, Verderben *n*; (*di oggetti*) Beschädigung *f;* **deteriorare** [deterio'ra:re] **I.** *vt* (*danneggiare*) beschädigen; (*cibi*) verderben **II.** *vr* **-rsi** ❶ (*cibi*) verderben, schlecht werden; (*oggetti*) beschädigt werden; (*edifici*) verfallen ❷ (*fig*) sich verschlechtern ❸ (*logorarsi*) verschleißen; **deteriorato, -a** [deterio'ra:to] *agg* verdorben, zerfressen; **rapporti -i** (*fig*) verschlechterte Beziehungen; **deteriore** [dete'rio:re] *agg* minderwertig, miserabel

determinabile [determi'na:bile] *agg* bestimmbar; **determinabilità** [determinabili'ta] <-> *f* Bestimmbarkeit *f*

determinante [determi'nante] *agg* ❶ (*decisivo*) entscheidend, maßgeblich, ausschlaggebend; **fattore ~ per la risoluzione del conflitto** ein maßgeblicher Faktor zur Beilegung des Konflikts ❷ (JUR) determinant, entscheidend

determinare [determi'na:re] *vt* ❶ (*precisare*) festlegen, bestimmen ❷ (*causare*) verursachen, bewirken; **determinatezza** [determina'tettsa] *f* ❶ (*precisione*) Genauigkeit *f*, Exaktheit *f* ❷ (*fermezza*) Entschlossenheit *f*, Entschiedenheit *f*; **determinativo, -a** [determina'ti:vo] *agg* bestimmt, dezidiert *A;* **determinato, -a** [determi'na:to] *agg* ❶ (*stabilito, fissato*) bestimmt, festgelegt, dezidiert *A;* **in -i casi** in bestimmten Fällen ❷ (*risoluto*) entschlossen, entschieden, dezidiert *A;* (*volontà*) fest; **determinazione** [determinat'tsio:ne] *f* ❶ (*stabilizzazione*) Festsetzung *f*, Festlegung *f* ❷ (*decisione*) Beschluss *m;* **la ~ di qc** der Beschluss eine Sache ❸ (*risoluzione*) Entschiedenheit *f*, Bestimmtheit *f*; **determinismo** [determi'nizmo] *m* Determinismus *m*

deterrente [deter'rɛnte] **I.** *agg* abschreckend, Abschreckungs- **II.** *m* Abschreckungswaffe *f*, Abschreckungsmittel *n*

deterrenza [deter'rɛntsa] *f* Abschreckung *f*

detersi *1. pers sing pass rem di* **detergere**

detersivo [deter'si:vo] *m* (*sostanza per pulire*) Reinigungsmittel *n;* (*per biancheria*) Waschmittel *n; (per stoviglie)* Spülmittel *n; (per pavimenti)* Putzmittel *n*

detersivo, -a *agg* reinigend, Reinigungs- **deterso** *pp di* **detergere**

detestabile [detes'ta:bile] *agg* verabscheuungswürdig, hassenswert; (*insopportabile*) unausstehlich, scheußlich

detestare [detes'ta:re] *vt* verabscheuen, hassen

detonante [deto'nante] **I.** *agg* explosiv, Spreng- **II.** *m* Sprengstoff *m*

detonare [deto'na:re] *vi* detonieren;

detonatore [detona'to:re] *m* Zünd-, Sprengkapsel *f*, Detonator *m;* **detonazione** [detonat'tsio:ne] *f* ❶ (*scoppio*) Explosion *f*, Detonation *f* ❷ (*in motori*) Klopfen *n*, Klingeln *n*

detraggo *1. pers sing pr di* **detrarre**

detraibile [detra'i:bile] *agg* abzugsfähig, absetzbar; **spese -i** absetzbare Ausgaben; **detraibilità** [detraibili'ta] <-> *f* Abzugsfähigkeit *f*, Absetzbarkeit *f*

detrarre [de'trarre] <*irr*> *vt* abziehen; **~ le spese dall'incasso** die Kosten von der Einnahme abziehen; **detrattivo, -a** [detrat'ti:vo] *agg* Abzugs-; **detrattore, -trice** [detrat'to:re] *m, f* Verleumder(in) *m(f)*, Ehrabschneider *m obs;* **detrazione** [detrat'tsio:ne] *f* ❶ (*sottrazione*) Abzug *m*, Abrechnung *f* ❷ (*fig: denigrazione*) Verleumdung *f*

detrimento [detri'mento] *m* Nachteil *m;* **a ~ di qu** zu jds Nachteil

detritico, -a [de'tri:tiko] <-ci, -che> *agg* Geröll-; **depositi -i** Geröllhalde *f*

detrito [de'tri:to] *m* ❶ (*frammento*) Bruchstück *n* ❷ (*rifiuto*) Schutt *m*, Abfall *m* ❸ (GEOL) Geröll *n*, (Gesteins)schutt *m*

detronizzare [detronid'dza:re] *vt* ❶ (POL) entthronen, stürzen ❷ (*fig*) entmachten, absetzen; **detronizzazione** [detroniddzat'tsio:ne] *f* Entthronung *f;* **la ~ di un campione** die Entthronung eines Champions, die Ablösung eines Titelverteidigers

detta ['detta] *f* **a ~ di ...** nach Aussage von ..., wie von ... gesagt wird; **a ~ mia/tua/sua** meiner/deiner/seiner [*o* ihrer] Aussage nach

dettagliante [dettaʎ'ʎante] *mf* Einzelhändler(in) *m(f)*

dettagliare [dettaʎ'ʎa:re] *vt* im Einzelnen darlegen, detaillieren

dettagliato, -a [dettaʎ'ʎa:to] *agg* eingehend, detailliert; **dettaglio** [det'taʎʎo] <-gli> *m* Detail *n*, Einzelheit *f;* **vendita al ~** Einzelhandel *m*, Einzelverkauf *m;* **in ~** eingehend, detailliert

dettame [det'ta:me] <*gener al pl*> *m* ❶ (*principio*) Gebot *n*, Grundsatz *m;* (*fig, pej*) Diktat *n* ❷ (*suggerimento*) Impuls *m*, Anregung *f*

dettare [det'ta:re] *vt* ❶ (*lettera*) diktieren ❷ (*condizioni*) auferlegen, aufzwingen; (*legge*) vorschreiben; **~ legge** (*fig*) das Regiment führen; **~ sentenze** (*fig*) befehlen, kommandieren; **dettato** [det'ta:to] *m* ❶ (*testo*) Diktat *n* ❷ (*norma*) Vorschrift *f*, Bestimmungen *fpl;* **dettatore, -trice** [detta'to:re] *m, f* ❶ (*chi detta un testo*)

Diktierer(in) *m(f)*, Diktant(in) *m(f)* ❷ (LIT: *trattatista dell'arte del comporre*) Verfasser(in) *m(f)* einer Abhandlung über die Aufsatzkunst ❸ (*dittatore, obs*) Diktator *m;* **dettatura** [detta'tu:ra] *f* Diktat *n,* Diktieren *n;* **scrivere sotto** ~ nach Diktat schreiben

detti ['dɛtti] *1. pers sing pass rem di* **dare**[1]

detto ['detto] *m* (*motto*) (Aus)spruch *m,* Wort *n;* (*sentenza*) Lebensregel *f,* Sinnspruch *m;* ~ **popolare** Volksweisheit *f*

detto, -a I. *pp di* **dire**[1] II. *agg* ❶ (*con soprannome*) genannt ❷ (*suddetto*) oben genannt, oben erwähnt ❸ (ADM) vorgenannt

deturpare [detur'pa:re] *vt* entstellen, verunstalten; **deturpatore, -trice** [deturpa'to:re] *agg* entstellend, verunstaltend; **deturpazione** [deturpat'tsio:ne] *f* Entstellung *f,* Verunstaltung *f*

deumidificare [deumidifi'ka:re] *vt* entfeuchten; **deumidificatore** [deumidifika'to:re] *m* Entfeuchtungsapparat *m,* Entfeuchter *m;* **deumidificazione** [deumidifikat'tsio:ne] *f* Entfeuchtung *f*

devalutazione [devalutat'tsio:ne] *f* (FIN) Abwertung *f,* Devalutation *f*

devastare [devas'ta:re] *vt* ❶ (*guastare, rovinare*) verwüsten, verheeren ❷ (*distruggere*) vernichten, zerstören; **devastatore, -trice** [devasta'to:re] I. *agg* verwüstend, verheerend; (*che distrugge*) vernichtend, zerstörend II. *m, f* Zerstörer(in) *m(f);* **devastazione** [devastat'tsio:ne] *f* Verwüstung *f,* Verheerung *f;* (*distruzione*) Vernichtung *f,* Zerstörung *f*

deviamento [devia'mento] *m* ❶ (*del traffico*) Umleitung *f* ❷ (*fig*) Abweichung *f;* **deviante** [de'viante] *agg* abweichend; **comportamento** ~ von der Norm sozialen Verhaltens abweichend; **devianza** [devi'antsa] *f* ❶ (*aberranza*) Devianz *f,* Abnormität *f* ❷ (PHYS) Deviation *f;* **deviare** [devi'a:re] I. *vi* ❶ (*di direzione*) abkommen; (*strada*) abzweigen ❷ (*fig*) abweichen, abkommen II. *vt* ❶ (*traffico*) umleiten ❷ (*fig*) lenken; **deviato, -a** [de'via:to] *agg* umgeleitet; **traffico** ~ umgeleiteter Verkehr; **deviatoio** [devia'to:io] <-toi> *m* (FERR: *scambio ferroviario*) Weiche *f;* **deviatore** [devia'to:re] *m* ❶ (TEC) Verteiler(kasten) *m* ❷ (FERR) Weichensteller *m,* Weichenwärter *m;* **deviazione** [deviat'tsio:ne] *f* ❶ (*allontanamento dalla norma*) Abweichung *f;* (*spostamento*) Verschiebung *f* ❷ (*via diversa*) Umweg *m;* (*stradale*) Umleitung *f;* **deviazionismo** [deviattsio'nizmo] *m* (POL) Abweichlertum *n;* **deviazionista** [deviatt-

sio'nista] <-i *m,* -e *f*> *mf* (POL) Abweichler(in) *m(f)*

deviscerare [deviʃʃe'ra:re] *vt* ❶ (*togliere le viscere*) ausweiden, ausnehmen ❷ (*fig: sviscerare*) eingehend behandeln

devitalizzare [devitalid'dza:re] *vt* (MED) abtöten; ~ **un molare** den Nerv eines Backenzahns abtöten; **devitalizzazione** [devitaliddzat'tsio:ne] *f* (MED) Devitalisation *f,* Abtötung *f*

devitaminizzante [devitaminid'dzante] *agg* (BIOL) Vitamine entziehend, devitaminisierend; **devitaminizzare** [devitaminid'dza:re] *vt* (MED) Vitamine entziehen

devo ['dɛ:vo] *1. pers sing pr di* **dovere**[1]

devoltare [devol'ta:re] *vt* (TEC) mit niedriger Spannung betreiben, abwärts transformieren; **devoltore** [devol'to:re] *m* (TEC) Abwärtstransfomator *m*

devoluto [devo'tu:to] *pp di* **devolvere**

devoluzione [devolut'tsio:ne] *f* ❶ (JUR) Übergabe *f,* Übertragung *f* ❷ (FIN) Zuweisung *f,* Zuwendung *f*

devolvere [de'vɔlvere] <devolvo, devolvei *o* devolvetti, devoluto> *vt* ❶ (JUR) übergeben; (*diritto*) übertragen ❷ (FIN) zuweisen, zuwenden

devoto, -a [de'vɔ:to] I. *agg* ❶ (*religioso*) gläubig, fromm; (*pej*) devot ❷ (*affezionato*) ergeben, treu ❸ (*a un ideale*) ergeben II. *m, f* ❶ (REL) Gläubige(r) *f(m),* Fromme(r) *f(m),* frommer Mensch ❷ (*fig*) Ergebene(r) *f(m),* Getreue(r) *f(m)*

devozionale [devottsio'na:le] *agg* Andachts-

devozione [devot'tsio:ne] *f* ❶ (*spirituale*) Andacht *f;* (*religiosità*) Frömmigkeit *f,* Gläubigkeit *f* ❷ (*deferenza*) Ergebenheit *f,* Hochachtung *f* ❸ (*affetto*) Ergebenheit *f,* Treue *f* ❹ (*dedizione*) Hingabe *f;* ~ **a qu** Hingabe an jdn; **-i** Gebete *npl*

di [di] <d', del, dello, dell', della, dei, degli, delle> *prp* ❶ (*specificazione*) von +*dat,* für +*acc,* zu +*dat;* (*riferito a materia*) aus +*dat;* (*possessivo*) von +*dat;* **una donna** ~ **trent'anni** eine dreißigjährige Frau; **un litro** ~ **latte** ein Liter Milch; **la città** ~ **Torino** die Stadt Turin; **il mese** ~ **gennaio** der Monat Januar ❷ (*causa*) vor +*dat;* **gridare** ~ **gioia** vor Freude schreien ❸ (*modo, mezzo*) mit +*dat;* **venire** ~ **corsa** schnell kommen, angerannt kommen ❹ (*fine, scopo*) zu +*dat,* für +*acc* ❺ (*origine*) aus +*dat,* von +*dat;* **cittadino** ~ **Torino** Einwohner *m* von Turin; **essere** ~ **Trieste** aus Triest sein ❻ (*moto da luogo*) von +*dat,* aus +*dat* ❼ (*tempo*) bei +*dat,* in +*dat,* an +*dat;* **alzarsi** ~ **mattina** mor-

gens aufstehen; **d'estate** im Sommer;
~ **giorno** tagsüber, bei Tag(e), untertags *A;*
~ **sera** abends, am Abend ❽(*paragone*)
als ❾(*partitivo*) **vorrei del pane** ich
möchte (etwas) Brot ❿(*con infinito*) **mi
sembra** ~ **capire** ich glaube, ich verstehe;
tentare ~ **fuggire** zu fliehen versuchen
⓫(*loc*) **non c'è** ~ **meglio** es gibt nichts
Besseres; **invece** ~ **lui** an seiner Stelle; **do-
po/prima** ~ **me** nach/vor mir

dì [di] <-> *m* (*poet*) Tag *m*

dia ['di:a] *1., 2. e 3. pers sing conj pr di* **dare**[1]

diabete [dia'bɛ:te] *m* Zuckerkrankheit *f,*
Diabetes *m;* **diabetico, -a** [dia'bɛ:tiko]
<-ci, -che> I. *agg* diabetisch, zuckerkrank
II. *m, f* Diabetiker(in) *m(f)*

diabolico, -a [dia'bɔ:liko] <-ci, -che> *agg*
teuflisch, diabolisch

diaconia [diako'ni:a] <-ie> *f* Diakonie *f;*
diacono [di'a:kono] *m* Diakon *m*

diacritico, -a [dia'kri:tiko] <-ci, -che>
agg diakritisch

diacronia [diakro'ni:a] <-ie> *f* Diachro-
nie *f;* **diacronico, -a** [dia'krɔ:niko] <-ci,
-che> *agg* diachron(isch)

diadema [dia'dɛ:ma] <-i> *m* Diadem *n*

diafano, -a [di'a:fano] *agg* ❶(*trasparente*) durchscheinend, durchsichtig ❷(*fig:
delicato*) zart

diafonia [diafo'ni:a] <-ie> *f* ❶(MUS) Diafo-
nie *f* ❷(TEC, TEL) Störgeräusch *n*

diaframma [dia'framma] <-i> *m* ❶(*elemento divisorio*) (Trenn)wand *f,* Barriere *f*
❷(ANAT) Zwerchfell *n* ❸(FOTO, OPT) Blende *f* ❹(TEL) Membran(e) *f* ❺(*anticoncezionale*) Diaphragma *n,* (Intrauterin)pes-
sar *n;* **diaframmare** [diafram'ma:re] *vi*
(FOTO) abblenden; ~ **sul 16** Blende 16 einstellen

diagnosi [di'aɲɲozi] <-> *f* Diagnose *f;* **fare una** ~ eine Diagnose stellen; **diagnostica** [diaɲ'nɔstika] <-che> *f* Diagnostik *f*
diagnosticare [diaɲɲosti'ka:re] *vt* diagnostizieren; **diagnostico, -a** [diaɲ'nɔsti-
ko] <-ci, -che> I. *agg* diagnostisch II. *m, f*
Diagnostiker(in) *m(f)*

diagonale [diago'na:le] I. *agg* diagonal
II. *m* ❶(*stoffa*) Diagonal *m* ❷(SPORT: *cal-
cio*) Querpass *m;* (*tennis*) Cross *m* III. *f*
Diagonale *f*

diagramma [dia'gramma] <-i> *m* Diagramm *n;* ~ **di flusso** (INFORM: *flowchart*)
Flussdiagramm *n;* **diagrammatore** [dia-
gramma'to:re] *m* (INFORM: *plotter*) Plotter *m,* Dataplotter *m*

dialettale [dialet'ta:le] *agg* Dialekt-, dialektal; **dialettalismo** [dialetta'lizmo] *m*

Dialektausdruck *m,* Mundartwort *n*

dialettica [dia'lɛttika] <-che> *f* Dialektik *f;*
dialettico, -a [dia'lɛttiko] <-ci, -che>
agg dialektisch; **abilità -a** Unterredungs-
kunst *f*

dialettismo [dialet'tizmo] *m* Dialektausdruck *m,* Mundartwort *n*

dialetto [dia'lɛtto] *m* Mundart *f,* Dialekt *m;*
parlare in ~ Dialekt sprechen; **dialetto-
logia** [dialettolo'dʒi:a] <-ie> *f* (LING) Dia-
lektologie *f,* Dialekt-, Mundartforschung *f*

dialisi [di'a:lizi] <-> *f* Dialyse *f*

dialogare [dialo'ga:re] *vi* ein Gespräch
führen; **dialogico, -a** [dia'lɔ:dʒiko] <-ci,
-che> *agg* dialogisch, in Dialogform; **dialogo** [di'a:logo] <-ghi> *m* Dialog *m*

diamante [dia'mante] *m* Diamant *m;* **di** ~
diamanten; **un cuore di** ~ (*fig*) ein Herz
aus Stein; **nozze di** ~ diamantene Hochzeit; **diamantifero, -a** [diaman'ti:fero]
agg Diamanten enthaltend, Diamant(en)-

diametrale [diame'tra:le] *agg* diametral,
gegensätzlich; **diametralmente** [diame-
tral'mente] *avv* diametral, völlig anders;
~ **opposto** vollkommen gegensätzlich

diametro [di'a:metro] *m* Durchmesser *m*

diamine ['dia:mine] *int* (*fam*) (zum) Teufel!; ~ **se lo voglio!** und ob ich das will!

diana ['dia:na] *f* ❶(MIL) Wecken *n;* **suonare la** ~ zum Wecken blasen; (*fig*) das Zeichen geben ❷(ASTR) Morgenstern *m*

dianzi ['diantsi] *avv* (*poet*) vor kurzem

diapason [di'a:pazon] <-> *m* ❶(*strumento*) Stimmgabel *f;* **dare il** ~ den Ton
angeben ❷(*registro*) Register *n*

diapositiva [diapozi'ti:va] *f* Dia *n*

diapoteca [diapo'tɛ:ka] <-che> *f* (*diate-
ca*) Diathek *f*

diaproiettore [diaproiet'to:re] *m* Diaprojektor *m*

diaria [di'a:ria] <-ie> *f* Tagegeld *n,* Aufwandsentschädigung *f;* ~ **parlamentare**
Diäten *pl*

diario [di'a:rio] <-i> *m* Tagebuch *n;* ~ **di
bordo** Schiffstagebuch *n,* Logbuch *n;*
~ **scolastico** Aufgabenheft *n;* **tenere un** ~
ein Tagebuch führen

diarrea [diar'rɛ:a] *f* Durchfall *m,* Diarrhö *f*

diaspora [di'aspora] *f* Diaspora *f*

diaspro [di'aspro] *m* (MIN) Jaspis *m*

diatonia [diato'ni:a] <-ie> *f* Diatonik *f*

diatriba [di'a:triba] *f* Diatribe *f;* (*discorso*)
Moralpredigt *f;* (*scritto*) Streitschrift *f*

diavola ['dia:vola] *f* **pollo alla** ~ pikant ge-
würztes Hähnchen vom Rost; **fare un la-
voro alla** ~ miserable Arbeit leisten; **dia-
voleria** [diavole'ri:a] <-ie> *f* ❶(*perfidia*)
Teufelei *f* ❷(*fam: stravaganza*) Verrückt-

heit *f;* **diavolerio** [diavo'lɛːrio] <-i> *m* (*sett*) Höllenlärm *m;* **diavolessa** [diavo'lessa] *f* Teufelin *f;* (*a fig*) Teufel *m;* (*persona vivace*) Teufel(sweib *n*) *m;* **diavoletto, -a** [diavo'letto] *m, f* (*scherz*) kleiner Teufel *fam;* **diavolìo** [diavo'liːo] <-ii> *m* Höllenlärm *m fam,* höllisches Durcheinander *n*

diavolo ['diːavolo] *m* Teufel *m;* (*persona vivace*) Teufel(skerl) *m;* **avvocato del ~** Advocatus Diaboli *m;* **un povero ~** (*fam*) ein armer Teufel; **avere il ~ addosso** den Teufel im Leib haben; **quel ragazzo è un ~ scatenato** dieser Junge hat den Teufel im Leib; **avere un ~ per capello** fuchsteufelswild sein; **mandare qu al ~** jdn zum Teufel schicken; **mandare tutto al ~** alles zur Hölle wünschen; **saperne una più del ~** mit allen Wassern gewaschen sein; **per mille -i!** Teufel nochmal!; **che ~ vuoi adesso?** was zum Teufel willst du jetzt?; **come/dove/perché ~?** wie/wo/warum zum Teufel?; **stare a casa del ~** (*scherz*) am Ende der Welt wohnen; **il ~ fa le pentole, ma non i coperchi** (*prov*) es ist nichts so fein gesponnen, es kommt doch ans Licht der Sonnen; **il diavolo non è brutto, quanto lo si dipinge** (*prov*) es wird nichts so heiß gegessen, wie es gekocht wird

dibattere [di'battere] I. *vt* erörtern II. *vr* **-rsi** um sich schlagen; (*divincolarsi*) sich winden; **dibattimento** [dibatti'mento] *m* (JUR) Hauptverhandlung *f,* Gerichtsverhandlung *f;* **dibattito** [di'battito] *m* (lebhafte) Diskussion *f;* **un ~ su qc** eine Diskussion über etw *acc;* **dibattuto, -a** [dibat'tuːto] *agg* umstritten

diboscamento [diboska'mento] *m* Abholzung *f,* Entwaldung *f*

dicembre [di'tʃɛmbre] *m* Dezember *m;* v. *a.* **aprile**

diceria [ditʃe'riːa] <-ie> *f* Gerede *n,* Klatsch *m*

dichiarante [dikia'rante] *mf* (ADM) Erklärende(r) *m,* Deklarant(in) *m(f)*

dichiarare [dikia'raːre] I. *vt* ❶ (*manifestare*) kundtun, erklären; (ADM: *generalità*) angeben ❷ (FIN, COM: *notificare*) deklarieren, angeben ❸ (*annunziare, proclamare*) erklären, (offiziell) mitteilen; **~ marito e moglie** zu Mann und Frau erklären; **~ la guerra** den Krieg erklären; **~ qu in arresto** jdn für verhaftet erklären; **~ aperta la seduta** die Sitzung für eröffnet erklären; **~ colpevole qu** jdn für schuldig erklären II. *vr* **-rsi** ❶ (*confessare il proprio amore*) seine Liebe gestehen ❷ (*proclamarsi*) sich

aussprechen; **-rsi favorevole** sich dafür aussprechen; **-rsi innocente** sich für unschuldig erklären; **dichiaratamente** [dikiarata'mente] *avv* erklärtermaßen, ausdrücklich; **dichiarativo, -a** [dikiara'tiːvo] *agg* erklärend, erläuternd; **dichiarazione** [dikiarat'tsioːne] *f* Erklärung *f,* Deklaration *f;* **~ dei redditi** Einkommensteuererklärung *f;* **~ d'amore** Liebeserklärung *f;* **~ finale** Abschlusserklärung *f*

diciannove [ditʃan'nɔːve] I. *num* neunzehn II. <-> *m* ❶ (*numero*) Neunzehn *f* ❷ (*nelle date*) Neunzehnte(r) *m* III. *fpl* neunzehn Uhr; v. *a.* **cinque; diciannovenne** [ditʃanno'vɛnne] I. *agg* neunzehnjährig II. *mf* Neunzehnjährige(r) *f(m)*

diciannovesimo [ditʃanno'vɛːzimo] *m* (*frazione*) Neunzehntel *n,* neunzehnter Teil

diciannovesimo, -a I. *agg* neunzehnte(r, s) II. *m, f* Neunzehnte(r, s) *mfn;* v. *a.* **quinto**

diciassette [ditʃas'sɛtte] I. *num* siebzehn II. <-> *m* ❶ (*numero*) Siebzehn *f* ❷ (*nelle date*) Siebzehnte(r) *m* III. *fpl* siebzehn Uhr; v. *a.* **cinque; diciassettenne** [ditʃasset'tɛnne] I. *agg* siebzehnjährig II. *mf* Siebzehnjährige(r) *f(m)*

diciassettesimo [ditʃasset'tɛːzimo] *m* (*frazione*) Siebzehntel *n,* siebzehnter Teil

diciassettesimo, -a I. *agg* siebzehnte(r, s) II. *m, f* Siebzehnte(r, s) *mfn;* v. *a.* **quinto**

diciottenne [ditʃot'tɛnne] I. *agg* achtzehnjährig II. *mf* Achtzehnjährige(r) *f(m);* **diciottesimo, -a** [ditʃot'tɛːzimo] I. *agg* achtzehnte(r, s) II. *m, f* Achtzehnte(r, s) *mfn* III. *m* (*frazione*) Achtzehntel *n,* achtzehnter Teil; v. *a.* **quinto; diciotto** [di'tʃɔtto] I. *num* achtzehn II. <-> *m* ❶ (*numero*) Achtzehn *f* ❷ (*nelle date*) Achtzehnte(r) *m* III. *fpl* achtzehn Uhr; v. *a.* **cinque**

dicitore, -trice [ditʃi'toːre] *m, f* Vortragskünstler(in) *m(f)*

dicitura [ditʃi'tuːra] *f* Ausdruck *m,* Redeweise *f;* (*didascalia*) Aufschrift *f,* Beschriftung *f*

dico ['diːko] *1. pers sing pr di* **dire**[1]

didascalia [didaska'liːa] <-ie> *f* ❶ (LIT) Bildunterschrift *f,* Legende *f* ❷ (FILM) Untertitel *m* ❸ (THEAT) Regieanweisung *f;* **didascalico, -a** [didas'kaːliko] <-ci, -che> *agg* Lehr-, didaktisch

didatta [di'datta] <-i *m,* -e *f*> *mf* Didaktiker(in) *m(f);* **didattica** [di'dattika] <-che> *f* Didaktik *f;* **didatticismo** [didatti'tʃizmo] *m* Schulmeisterlichkeit *f;* **didattico, -a** [di'dattiko] <-ci, -che> *agg* didaktisch

didentro [di'dentro] <-> *m* (*fam*) Innere(s) *n*

didietro [di'diɛ:tro] I.<inv> *agg* hintere(r, s), Hinter- II.<-> *m* ❶ (*parte posteriore*) Rückseite *f* ❷ (*scherz: sedere*) Hinterteil *n*

dido ['di:do] *m* (zoo: *dronte*) Dronte *f*, Dodo *m*

dieci ['diɛ:tʃi] I. *num* zehn II.<-> *m* ❶ (*numero*) Zehn *f*; (*nelle date*) Zehnte(r) *m* ❷ (*voto scolastico*) sehr gut III. *fpl* zehn Uhr; *v. a.* **cinque**; **diecimila** [dietʃi'mi:la] I. *num* zehntausend II.<-> *m* Zehntausend *f*; **diecimilionesimo** [dietʃimilio'nɛ:zimo] *v.* **decimilionesimo**; **diecimillesimo** [dietʃimil'lɛ:zimo] *v.* **decimillesimo**; **diecina** [die'tʃi:na] *f* (MAT) Zehner *mpl*; **una ~** (**di ...**) (etwa) zehn (...); **a -e** zu [*o* in] Dutzenden

diedi ['diɛ:di] *1. pers sing pass rem di* **dare**[1]

die-in ['daiin] <-> *m* Die-in *n*, Anti(atom)waffendemonstration *f*

dieresi [di'ɛ:rezi] <-> *f* Diärese *f*; (*segno diacritico*) Trema *n*

diesis [di'ɛ:zis] <-> *m* (MUS) Kreuz *n*, Erhöhungszeichen *n*, Diesis *f*

dieta ['diɛ:ta] *f* Diät *f*; **stare a ~** Diät halten

dietetica [die'tɛ:tika] <-che> *f* Diätetik *f*; **dietetico, -a** [die'tɛ:tiko] <-ci, -che> *agg* diätetisch, Diät-; **dietista** [die'tista] <-i *m*, -e *f*> *mf* Diätassistent(in) *m(f)*; **dietologia** [dietolo'dʒi:a] <-gie> *f* Diätetik *f*; **dietologo, -a** [die'tɔ:logo] <-gi, -ghe> *m*, *f* (MED) Diätist(in) *m(f)*, Diätassistent(in) *m(f)*

dietro ['diɛ:tro] I. *prp* ❶ (*locale, stato*) hinter +*dat*; (*moto*) hinter +*acc*; **~ di me** hinter mir ❷ (*appresso*) **portarsi ~ qu** jdn mitnehmen ❸ (*fig: alle spalle*) **tutti gli ridono ~** alle lachen hinter seinem Rücken (über ihn) ❹ (*temporale*) nach +*dat*; **un guaio ~ l'altro** ein Unglück nach dem andern; **~ consegna** bei Lieferung ❺ (*dopo, mediante*) gegen +*acc*; **~ ricevuta** gegen Quittung; **~ domanda** auf Wunsch II. *avv* (*stato*) hinten; (*moto*) nach hinten

dietrofront, dietro-front ['diɛ:tro 'front] I.<-> *m* (*a fig*) Kehrtwendung *f* II. *int* kehrt

dietrologia [dietrolo'dʒi:a] <-ie> *f* Manie (*vor allem in der Politik*), hinter allem verborgene Beweggründe zu vermuten; **dietrologo, -a** [die'trɔ:logo] <-gi, -ghe> *m*, *f* Person, die hinter allem verborgene Beweggründe vermutet

difatti [di'fatti] *cong* in der Tat, tatsächlich

difendere [di'fɛndere] <difendo, difesi,

difeso> I. *vt* (*gener*) verteidigen; (*diritto, interessi*) vertreten; (*dare riparo*) schützen II. *vr* **-rsi da qu/qc** sich gegen jdn/etw verteidigen; (*proteggersi*) sich vor jdm/ etw schützen; **difendibile** [difen'di:bile] *agg* gut zu verteidigen

difenditrice *f v.* **difensore**

difensiva [difen'si:va] *f* Defensive *f*, Verteidigung *f*; **stare sulla ~** in der Defensive sein; **difensivismo** [difensiv'vizmo] *m* (SPORT) Defensivtaktik *f*; **difensivista** [difensi'vista] <-i *m*, -e *f*> *mf* (SPORT) Anhänger(in) *m(f)* einer Defensivtaktik; **difensivistico, -a** [difensi'vistiko] <-ci, -che> *agg* (SPORT) (übertrieben) defensiv; **tattica -a** (übertriebene) Defensivtaktik *f*; **difensivo, -a** [difen'si:vo] *agg* Verteidigungs-, Defensiv-; **difensore, difenditrice** [difen'so:re, difendi'tri:tʃe] *m*, *f* ❶ (*protettore*) Verteidiger(in) *m(f)*, Beschützer(in) *m(f)* ❷ (SPORT) Verteidiger(in) *m(f)* ❸ (*avvocato*) (Straf)verteidiger(in) *m(f)*; **difesa** [di'fe:sa] *f* Verteidigung *f*, Abwehr *f*; (*riparo*) Schutz *m*; **la ~ da** [*o* **contro**] **qu/qc** die Verteidigung gegen jdn/etw; **la ~ di qc** der Schutz vor etw *dat*; **legittima ~** Notwehr *f*; **~ antiaerea** Flugabwehr *f*

difesi [di'fe:si] *1. pers sing pass rem di* **difendere**

difeso [dife:so] *pp di* **difendere**

difettare [difet'ta:re] *vi* ❶ (*mancare, scarseggiare*) mangeln; **~ di qc** an etw *dat* mangeln ❷ (*essere difettoso*) Mängel haben, mangelhaft sein; **difettivo, -a** [difet'ti:vo] *agg* ❶ (*poet: incompleto*) unvollkommen, unvollständig ❷ (GRAM) defektiv

difetto [di'fetto] *m* ❶ (*mancanza*) Mangel *m*; **il ~ di qc** der Mangel an etw *dat*; **far ~** fehlen ❷ (*imperfezione*) Fehler *m*, Defekt *m*; **~ di fabbricazione** Fabrikationsfehler *m*; **difettoso, -a** [difet'to:so] *agg* fehlerhaft, mangelhaft; (*meccanismo*) defekt; (*fisico*) angegriffen, mitgenommen

diffamare [diffa'ma:re] *vt* verleumden, diffamieren; **diffamatore, -trice** [diffama'to:re] *m*, *f* Verleumder(in) *m(f)*; **diffamatorio, -a** [diffama'tɔ:rio] <-i, -ie> *agg* verleumderisch; **campagna -a** Hetzkampagne *f*; **diffamatrice** *f v.* **diffamatore**; **diffamazione** [diffamat'tsio:ne] *f* Verleumdung *f*; (JUR) üble Nachrede

differente [diffe'rɛnte] *agg* unterschiedlich; **è una cosa ~** das ist etwas anderes; **differentemente** [differente'mente] *avv* anders

differenza [diffe'rɛntsa] *f* (*diversità*) Verschiedenheit *f*; (*divario*) Unterschied *m*; **~ di opinioni** Meinungsunterschiede *mpl*;

~ **di prezzo** Preisdifferenz *f;* **a ~ di** im Unterschied zu; **per me non fa ~** das ist mir egal; **differenziabile** [differen'tsia:bile] *agg* unterscheidbar, differenzierbar; **differenziabilità** [differentsiabili'ta] <-> *f* Unterscheidbarkeit *f;* (MAT) Differenzierbarkeit *f;* **differenziale** [differen'tsia:le] **I.** *agg* Differenzial-; **calcolo ~** (MAT) Differenzialrechnung *f* **II.** *m* Differenzial(getriebe) *n;* **differenziare** [differen'tsia:re] **I.** *vt* unterscheiden, differenzieren *geh* **II.** *vr* **-rsi da qu/qc** sich von jdm/etw unterscheiden; **differenziatore** [differentsia'to:re] *m* Differenziergerät *n,* -kreis *m;* **differenziazione** [differentsiat'tsio:ne] *f* Unterscheidung *f,* Differenzierung *f*

differibile [diffe'ri:bile] *agg* verschiebbar, aufschiebbar

differimento [differi'mento] *m* Verschiebung *f,* Aufschub *m*

differire [diffe'ri:re] <differisco> **I.** *vt* *avere* verschieben, aufschieben; **~ qc di un mese** etw um einen Monat verschieben; **~ qc al prossimo anno** etw auf nächstes Jahr verschieben **II.** *vi essere o avere* unterschiedlich sein; **~ da qu/qc** sich von jdm/etw unterscheiden

differita [diffe'ri:ta] *f* Aufzeichnung *f,* zeitversetzte Übertragung *f*

difficile [dif'fi:tʃile] **I.** *agg* ❶ (*complicato, astruso*) schwer, schwierig ❷ (*faticoso*) mühsam ❸ (*persona*) schwierig; **essere di gusti -i** wählerisch sein ❹ (*improbabile*) kaum, schwerlich; **è ~ che venga ...** er [*o* sie] wird kaum ... kommen (können) **II.** *m* Schwierigkeit *f;* **fare il ~** Schwierigkeiten machen; **difficilmente** [diffitʃil'mente] *avv* kaum, schwerlich

difficoltà [diffikol'ta] <-> *f* Schwierigkeit *f;* **incontrare ~** auf Schwierigkeiten stoßen; **sollevare ~** Schwierigkeiten machen; **con ~** unter Schwierigkeiten, mit Mühe; **ad ogni/alla minima ~** bei jeder/bei der kleinsten Schwierigkeit; **difficoltoso, -a** [diffikol'to:so] *agg* schwer, schwierig

diffida [dif'fi:da] *f* Warnung *f,* Verwarnung *f;* **diffidare** [diffi'da:re] **I.** *vi* **~ di qu** jdm misstrauen **II.** *vt* verwarnen; **~ qu dal fare qc** jdn (davor) warnen etw zu tun; **diffidente** [diffi'dɛnte] *agg* misstrauisch; **diffidenza** [diffi'dɛntsa] *f* Misstrauen *n*

diffondere [dif'fondere] <irr> **I.** *vt* aus-, verbreiten; (*notizia*) verbreiten **II.** *vr* **-rsi** sich verbreiten, sich ausbreiten; **-rsi troppo su una questione** sich lang und breit über ein Thema auslassen; **diffonditrice** *f v.* **diffusore**

difforme [dif'forme] *agg* andersförmig;

(*fig*) abweichend, nicht übereinstimmend; **difformità** [difformi'ta] <-> *f* Abweichung *f,* Verschiedenheit *f*

diffrazione [diffrat'tsio:ne] *f* (PHYS) Diffraktion *f*

diffusi *1. pers sing pass rem di* **diffondere**

diffusione [diffu'zio:ne] *f* ❶ (*il diffondere*) Verbreitung *f,* Ausbreitung *f;* (*di notizia*) Verbreitung *f* ❷ (PHYS) Diffusion *f,* Streuung *f*

diffusività [diffuzivi'ta] <-> *f* (PHYS) Diffusionskoeffizient *m*

diffuso, -a [dif'fu:zo] **I.** *pp di* **diffondere** **II.** *agg* verbreitet, diffus

diffusore [diffu'zo:re] *m* (*apparecchio*) Diffusor *m;* **~ di luce** Streuscheibe *f;* **~ sonoro** Lautsprecher *m*

diffusore, diffonditrice [diffu'zo:re, diffondi'tri:tʃe] *m, f* (*propagatore*) Aus-, Verbreiter(in) *m(f)*

difilato, -a [difi'la:to] *agg o avv* geradewegs, direkt

difronte [di'fronte] **I.** <inv> *agg* gegenüber liegend **II.** *avv* gegenüber

difterite [difte'ri:te] *f* Diphtherie *f*

diga ['di:ga] <-ghe> *f* Damm *m,* Deich *m,* (Stau)wehr *n;* **~ di ritenuta** Staudamm *m;* **~ di sbarramento** Talsperre *f;* **~ marittima** Schutzdamm *m,* Hafenmole *f;* **rompere le -ghe** (*fig*) die Schranken durchbrechen

digerente [didʒe'rɛnte] *agg* Verdauungs-

digeribile [didʒe'ri:bile] *agg* verdaulich; **digeribilità** [didʒeribili'ta] <-> *f* Verdaulichkeit *f*

digerire [didʒe'ri:re] <digerisco> *vt* ❶ (MED) verdauen ❷ (*fig*) fressen *fam,* bewältigen ❸ (*fig: sopportare*) ertragen; **digestione** [didʒes'tio:ne] *f* Verdauung *f*

digestivo [didʒes'ti:vo] *m* ❶ (*farmaco*) verdauungsförderndes Mittel ❷ (*bevanda*) Digestif *m,* Magenbitter *m*

digestivo, -a *agg* Verdauungs-

digesto [di'dʒɛsto] *m* (HIST) Digesten *pl*

digitale [didʒi'ta:le] *agg* ❶ (ANAT) Finger- ❷ (INFORM) digital, Digital-; **digitalina** [didʒita'li:na] *f* Digitalis *n;* **digitalizzare** *vt* (INFORM) digitalisieren; **digitalizzato, -a** [didʒitalid'dza:to] *agg* (TEC, INFORM) digitalisiert

digitare [didʒi'ta:re] *vt* eintippen, eingeben; **~ i dati sulla tastiera** die Daten über die Tastatur eingeben; **digitazione** [didʒitat'tsio:ne] *f* Fingersatz *m*

digitronica [didʒi'trɔ:nika] <-che> *f* digitale Elektronik *f*

digiunare [didʒu'na:re] *vi* fasten, hungern; **digiunatore, -trice** [didʒu-

na'to:re] *m*, *f* Fastende(r) *f(m)*, Hunger-
künstler(in) *m(f)*
digiuno [di'dʒu:no] *m* ❶ (ANAT: *intestino*)
Leerdarm *m* ❷ (*astensione da alimenti*)
Fasten *n*, Hungern *n*; **a ~** auf nüchternen
Magen
digiuno, -a *agg* (*senza cibo*) nüchtern; **essere (a) ~ di qc** (*fig: essere privo*) ohne
etw sein
dignità [diɲɲi'ta] <-> *f* ❶ (*rispetto*) Würde *f*, Dignität *f* ❷ (*decoro*) Anstand *m*,
Schicklichkeit *f* ❸ (*alta carica*) (Amts)wür-
de *f*; **dignitario** [diɲɲi'ta:rio] <-i> *m*
Würdenträger *m*; **dignitoso, -a**
[diɲɲi'to:so] *agg* würdevoll, würdig
DIGOS ['di:gɔs] *f acro di* **Divisione Investigazioni Generali e Operazioni Speciali** *Sondereinsatzdezernat der italienischen Polizei*
digradare [digra'da:re] *vi* abfallen,
sich senken; **digradazione** [digradat-
'tsio:ne] *f* Dämpfung *f*, Abschwächung *f*
digredire [digre'di:re] <digredisco> *vi*
abkommen, abschweifen; **digressione**
[digres'sio:ne] *f* ❶ (*deviazione*) Abweichung *f*, Umweg *m* ❷ (*divagazione*) Abschweifung *f*, Exkurs *m*; **digressivo, -a**
[digres'si:vo] *agg* abschweifend
digrignare [digriɲ'ɲa:re] *vt* blecken, fletschen; **~ i denti** (*persone*) mit den Zähnen
knirschen; (*animali*) die Zähne fletschen
digrossare [digros'sa:re] *vt* ❶ (*sgrossare*)
behauen, (grob) bearbeiten ❷ (*fig*) einführen (*in* in +*acc*)
dilagare [dila'ga:re] *vi essere* ❶ (*espandersi*) über die Ufer treten, überfluten; **il
fiume dilagò per la campagna** der Fluss
überflutete das Land ❷ (*fig*) um sich greifen, sich ausbreiten ❸ (SPORT) spielbestim-
mend sein
dilaniare [dila'nia:re] *vt* ❶ (*lacerare*) zerreißen, zerfetzen ❷ (*fig*) zerfleischen
dilapidare [dilapi'da:re] *vt* verschwenden; **dilapidatore, -trice** [dilapi-
da'to:re] *m*, *f* Verschwender(in) *m(f)*; **di-
lapidazione** [dilapidat'tsio:ne] *f* Verschwendung *f*, Vergeudung *f*
dilatabile [dila'ta:bile] *agg* ausdehnbar
dilatare [dila'ta:re] I. *vt* (aus)dehnen, erweitern; (*bocca*) aufreißen, aufsperren
II. *vr* **-rsi** (*ampliarsi*) sich ausdehnen; (*fig*)
sich ausbreiten; **dilatatorio, -a** [dila-
ta'tɔ:rio] <-i, -ie> *agg* dehnend; **dilatazione** [dilatat'tsio:ne] *f* Ausdehnung *f*,
Erweiterung *f*
dilatorio, -a [dila'tɔ:rio] <-i, -ie> *agg* auf-
schiebend, dilatorisch *geh*; (*tattica, manovra*) Verzögerungs-

dilavamento [dilava'mento] *m* Auswa-
schung *f*
dilazionabile [dilattsio'na:bile] *agg* aufschiebbar, verschiebbar; **pagamento ~ in
rate mensili** Zahlung in monatlichen Raten; **dilazionare** [dilattsio'na:re] *vt* hi-
naus-, aufschieben; (FIN) stunden; **dilazione** [dilat'tsio:ne] *f* Aufschub *m*; (FIN) Stundung *f*; (JUR) Dilation *f*
dileggiare [diled'dʒa:re] *vt* verhöhnen;
dileggiatore, -trice [diledSdʒa'to:re] *m*, *f*
Spötter(in) *m(f)*; **dileggio** [di'leddʒo]
<-ggi> *m* Verhöhnung *f*
dileguare [dile'gua:re] I. *vt avere* zerstreu-
en, vertreiben II. *vi essere* schwinden *geh*,
verschwinden; (*fig*) verfliegen III. *vr* **-rsi**
verschwinden
dilemma [di'lɛmma] <-i> *m* Dilemma *n*
diletta *f v.* **diletto**
dilettante [dilet'tante] I. *agg* Amateur-,
Laien-; (*pej*) dilettantisch; **fotografo ~**
Amateurfotograf *m*; **pittore ~** Hobbyma-
ler *m* II. *mf* ❶ (*non professionista*) Nichtfachmann *m*, Laie *m*; **compagnia di -i**
(THEAT) Laienspielgruppe *f* ❷ (*pej*) Nichts-
könner(in) *m(f)*, Dilettant(in) *m(f)*; **dilettantesco, -a** [dilettan'tesko] <-schi,
-sche> *agg* (*pej*) stümperhaft, dilettantisch; **dilettantismo** [dilettan'tizmo] *m*
❶ (SPORT) Amateursport *m* ❷ (*atteggiamento*) Dilettantismus *m*; (*pej*) Stümperhaftig-
keit *f*; **dilettantistico, -a** [dilettan'tisti-
ko] <-ci, -che> *agg* ❶ (SPORT) amateurhaft,
Amateur- ❷ (*pej: superficiale*) laienhaft, dilettantisch
dilettare [dilet'ta:re] I. *vt* erfreuen, ergötzen II. *vr* **-rsi** sich erfreuen; **-rsi di qc** etw
zu seinem Vergnügen tun; **dilettevole**
[dilet'te:vole] I. *agg* erfreulich, angenehm
II. *m* Erfreuliche(s) *n*, Angenehme(s) *n*; **diletto** [di'lɛtto] *m* Vergnügen *n*, Ergötzen *n*;
far qc per ~ etw zum Vergnügen tun; **di-
lettoso, -a** [dilet'to:so] *agg* (*poet*) delek-
tabel *geh*, delektierlich *geh*
diligente [dili'dʒɛnte] *agg* fleißig; (*accurato*) sorgfältig
diligenza [dili'dʒɛntsa] *f* ❶ (*cura*) Fleiß *m*;
(*accuratezza*) Sorgfalt *f* ❷ (HIST: *carrozza*)
Postwagen *m*
diliscare [dilis'ka:re] *vt* entgräten
dilucidare, dilucidazione [dilutʃi'da:re,
dilutʃidat'tsio:ne] *v.* **delucidare, delucidazione**
diluente [dilu'ɛnte] *m* Verdünnung *f*
diluire [dilu'i:re] <diluisco> *vt* ❶ (*sostanze*) verdünnen; (*sciogliere*) auflösen
❷ (*fig*) verwässern; **diluizione** [di-
luit'tsio:ne] *f* Verdünnung *f*

D

dilungare [dilun'ga:re] **I.** *vr* **-rsi in qc** sich in etw *dat* ergehen **II.** *vt* (*poet*) hinausschieben; (*rimuovere*) fern halten

diluviare [dilu'via:re] *vi* essere o avere (METEO) in Strömen regnen, gießen *fam;* **diluvio** [di'lu:vio] <-i> *m* ❶ (METEO) Wolkenbruch *m*, sintflutartiger Regen ❷ (*fig*) Flut *f*, Regen *m;* ~ **universale** Sintflut *f*

dimafonista [dimafo'nista] <-i *m*, -e *f*> *mf* Aufzeichnungsgerätetechniker(in) *m(f);* **dimafono** [di'ma:fono] *m* (TEC) Aufzeichnungsgerät *n* für Telefongespräche

dimagramento [dimagra'mento] *m* ❶ (MED) Abmagerung *f* ❷ (AGR) Auslaugung *f;* **dimagrante** [dima'grante] *agg* **cura ~** Schlankheits-, Abmagerungskur *f;* **dimagrare** [dima'gra:re] **I.** *vi* essere abnehmen, abmagern **II.** *vt* avere ❶ (*rendere magro*) abmagern (lassen) ❷ (AGR) auslaugen; **dimagrimento** [dimagri'mento] *m v.* **dimagramento; dimagrire** [dima'gri:re] <dimagrisco> *vi* essere abnehmen

dimenare [dime'na:re] **I.** *vt* schütteln; ~ **qc** (mit) etw schütteln; ~ **la coda** mit dem Schwanz wedeln **II.** *vr* **-rsi** sich schütteln; (*nel letto*) sich wälzen; **dimenio** [dime'ni:o] <-ii> *m* Geschüttel *n*, Gezappel *n*

dimensionamento [dimensiona'mento] *m* (MAT) Dimensionierung *f*, Bemessung *f;* **dimensionare** [dimensio'na:re] *vt* dimensionieren, bemessen; **dimensione** [dimen'sio:ne] *f* Dimension *f;* **-i** (*misure*) Abmessungen *pl*

dimenticanza [dimenti'kantsa] *f* ❶ (*omissione*) Versäumnis *n* ❷ (*effetto del dimenticare*) Vergessenheit *f* ❸ (*mancanza di memoria*) Vergesslichkeit *f;* **dimenticare** [dimenti'ka:re] **I.** *vt* vergessen; (*trascurare*) vernachlässigen **II.** *vr* **-rsi** (**di**) vergessen; **dimenticatoio** [dimentika'to:io] <-oi> *m* (*scherz*) Vergessenheit *f;* **andare a finire nel ~** in Vergessenheit geraten; **dimentico, -a** [di'mentiko] <-chi, -che> *agg* (*poet*) vergessend, uneingedenk *geh*

dimesso, -a [di'messo] **I.** *pp di* **dimettere II.** *agg* ❶ (*modesto*) bescheiden, schlicht ❷ (*pej: trascurato*) nachlässig

dimestichezza [dimesti'kettsa] *f* ❶ (*familiarità*) Vertraulichkeit *f*, Vertrautheit *f;* **entrare in ~ con qu** mit jdm vertraut werden ❷ (*fig: pratica*) Vertrautheit *f;* **aver ~ con qc** mit etw vertraut sein, sich mit etw auskennen

dimettere [di'mettere] <irr> **I.** *vt* entlassen **II.** *vr* **-rsi** zurücktreten

dimezzare [dimed'dza:re] *vt* ❶ (*in due*) halbieren, teilen ❷ (*ridurre*) drosseln, herabdrücken

diminuendo [diminu'ɛndo] *m* (MUS) Diminuendo *n*

diminuire [diminu'i:re] <diminuisco> **I.** *vt* avere vermindern, verringern **II.** *vi* essere geringer werden; ~ **di qc** an etw *dat* abnehmen; ~ **di prezzo** billiger werden

diminutivo [diminu'ti:vo] *m* (LING) Diminutiv(um) *n*, Verkleinerungsform *f*

diminutivo, -a *agg* verkleinernd, diminutiv; **diminuzione** [diminut'tsio:ne] *f* Verringerung *f*, Abnahme *f;* ~ **dei costi** Kostensenkung *f;* ~ **delle esportazioni** Exportrückgang *m;* ~ **di pena** Strafmilderung *f;* ~ **del personale** Personalabbau *m;* ~ **di peso** Gewichtsabnahme *f;* ~ **di temperatura** Temperaturrückgang *m;* ~ **del valore** Wertminderung *f*

dimisi *1. pers sing pass rem di* **dimettere**

dimissionare [dimissio'na:re] *vt* entlassen; **dimissione** [dimis'sio:ne] <*gener al pl*> *f* Rücktritt *m*, Demission *f;* **lettera di -i** Rücktrittsgesuch *n*

dimissioni [dimis'sio:ni] *fpl* Rücktritt *m;* **lettera di ~** Rücktrittsgesuch *n*

dimmer ['dimə *o* 'dimmer] <-> *m* Dimmer *m*, Helligkeitsregler *m*

dimora [di'mɔ:ra] *f* Wohnsitz *m;* **senza fissa ~** ohne festen Wohnsitz; **dimorare** [dimo'ra:re] *vi* (*poet* JUR) Aufenthalt nehmen *geh*, wohnen

dimostrante [dimos'trante] *mf* Demonstrant(in) *m(f)*

dimostrare [dimos'tra:re] **I.** *vt* ❶ (*palesare*) zeigen; **non dimostra affatto i suoi sessant'anni** man sieht ihm [*o* ihr] seine [*o* ihre] 60 Jahre überhaupt nicht an ❷ (*provare*) beweisen **II.** *vi* demonstrieren **III.** *vr* **-rsi** sich herausstellen; **la notizia si è dimostrata falsa** die Nachricht hat sich als falsch erwiesen; **dimostrativo, -a** [dimostra'ti:vo] *agg* beweisend, Beweis-; **dimostrazione** [dimostrat'tsio:ne] *f* ❶ (*manifestazione*) Beweis *m*, Bekundung *f* *geh* ❷ (*argomentazione*) Beweis(führung) *f* *m* ❸ (*protesta*) Demonstration *f*, (Protest)kundgebung *f*

dinamica [di'na:mika] <-che> *f* (*a fig*) Dynamik *f;* **dinamicità** [dinamitʃi'ta] <-> *f* Dynamik *f;* **dinamico, -a** [di'na:miko] <-ci, -che> *agg* dynamisch; **dinamismo** [dina'mizmo] *m* Dynamismus *m*

dinamitardo, -a [dinami'tardo] **I.** *agg* Sprengstoff-, Dynamit- **II.** *m*, *f* Sprengstoffattentäter(in) *m(f)*

dinamite [dina'miːte] *f* Dynamit *n*

dinamo ['diːnamo] <-> *f* Dynamo *m*, Generator *m;* **dinamoelettrico, -a** [dinamoe'lɛttriko] <-ci, -che> *agg* **macchina -a** Dynamomaschine *f*, Lichtmaschine *f*

dinanzi [di'nantsi] I. *avv* (*stato*) vorn(e); (*moto*) voraus, nach vorne II. *prp* ~ **a** (*stato*) vor +*dat*; (*moto*) vor +*acc* III. <inv> *agg* ❶(*anteriore*) gegenüber liegend ❷(*precedente*) vorhergehend, vorige(r, s)

dinastia [dinas'tiːa] <-ie> *f* Dynastie *f;* **dinastico, -a** [di'nastiko] <-ci, -che> *agg* dynastisch

dindin, din din [din'din] I. <-> *m* Klingeln *n*, Bimmeln *n* II. *int* kling(e)ling

dindon, din don [din'dɔn] I. <-> *m* Bimbam *n* II. *int* bim, bam

diniego [di'niɛːgo] <-ghi> *m* Verneinung *f;* (*rifiuto*) Weigerung *f*

dinner jacket ['dinə 'dʒækit *o* 'dinner 'dʒaket] <-> *m* Dinnerjacket *n*, Smokingjackett *n;* **dinner party** ['dinə 'paːti *o* 'dinner 'parti] <-> *m* Dinnerparty *f*

dinoccolato, -a [dinokko'laːto] *agg* gelenkig

dinosauro [dino'sauro] *m* Dinosaurier *m*, Dinosaurus *m*

dintorni [din'torni] *mpl* Umgebung *f;* **nei ~ di** in der Umgebung von

dintorno [din'torno] I. *avv* herum, ringsherum, im Umkreis II. *prp* ~ **a** um +*acc* … herum

dio ['diːo] <dei> *m* Gott *m;* **cantare come un ~** singen wie ein junger Gott

Dio *m* (*Signore*) Gott *m;* **andarsene con ~** seines Weges gehen *geh;* **la pioggia viene giù che ~ la manda** der Himmel öffnet seine Schleusen; **come ~ vuole** (*alla meglio*) wie es Gott gefällt; **grazie a ~** Gott sei Dank; **senza ~** gottlos; ~ **m'assista!** Gott steh mir bei!; ~ **me ne guardi!** Gott behüte!; ~ **ce la mandi buona!** Gott sei uns gnädig!; ~ **sa quando** Gott weiß, wann; ~ **sia lodato** Gott sei gelobt; ~ **ci scampi e liberi!** Gott bewahre!; ~ **lo voglia!** gebe es Gott!; ~ **non voglia!** da sei Gott vor!; **per l'amor di ~!** um Gottes Willen!

diocesano [diotʃe'zaːno] *m* Diözesan *m*

diocesano, -a *agg* diözesan

diocesi [di'ɔːtʃezi] <-> *f* Diözese *f*, Bistum *n*

diodo ['diːodo] *m* (TEC) Diode *f*

dionisiaco, -a [dioni'ziːako] <-ci, -che> *agg* dionysisch

diossina [dios'siːna] *f* Dioxin *n*

diottria [diot'triːa] <-ie> *f* (OPT) Dioptrie *f;* **diottrica** [di'ɔttrika] <-che> *f* (PHYS, OPT) Dioptrik *f;* **diottrico, -a** [di'ɔttriko] <-ci,

-che> *agg* dioptrisch

dipanamento [dipana'mento] *m* Aufwick(e)lung *f;* **dipanare** [dipa'naːre] *vt* ❶(*lana*) aufwickeln, aufspulen ❷(*fig*) entwirren, auflösen

dipartimento [diparti'mento] *m* ❶(*circoscrizione territoriale*) Verwaltungsbezirk *m*, Departement *n* CH ❷(*ministero*) Ministerium *n*, Departement *n* CH ❸(*di università*) Fachbereich *m*

dipartita [dipar'tiːta] *f* (*poet: morte*) Hinscheiden *n*

dipendente [dipen'dɛnte] I. *agg* abhängig, untergeordnet II. *mf* Beschäftigte(r) *f(m)*, Angestellte(r) *f(m);* **dipendenza** [dipen'dɛntsa] *f* (*subordinazione*) Abhängigkeit *f;* **in ~ di ciò** infolgedessen, folglich

dipendere [di'pɛndere] <dipendo, dipesi, dipeso> *vi* essere ~ **da qu/qc** von jdm/etw abhängen, durch jdn/etw bedingt sein; **vieni anche tu? — dipende** kommst du auch? — das kommt (ganz) darauf an

dipingere [di'pindʒere] <dipingo, dipinsi, dipinto> I. *vt* ❶(*con colori*) malen; (*per adornare*) aus-, bemalen; ~ **su qc** auf etw *acc* malen; ~ **ad acquerello** mit Wasserfarben malen; ~ **ad olio** in Öl malen ❷(*fig: descrivere*) ausmalen, zeichnen, beschreiben II. *vr* **-rsi** sich schminken

dipinto [di'pinto] *m* Gemälde *n*

dipinto, -a I. *pp di* **dipingere** II. *agg* gemalt; (*ornato*) bemalt; (*truccato*) geschminkt; **non voler vedere qu neanche ~** jdn nicht einmal im Traum sehen wollen; **non volerci stare neppure ~** nicht einmal dort begraben sein wollen

dipl. *abbr di* **diploma** Dipl.

diploma [di'plɔːma] <-i> *m* Diplom *n*, (Abschluss)zeugnis *n;* ~ **di benemerenza** Ehrenurkunde *f*, Diplom *n;* **diplomare** [diplo'maːre] I. *vt* ein Abschlusszeugnis ausstellen, diplomieren *geh* II. *vr* **-rsi** einen Abschluss machen

diplomata *f v.* **diplomato**

diplomatico [diplo'maːtiko] <-ci> *m* (POL) Diplomat(in) *m(f)*

diplomatico, -a <-ci, -che> *agg* (*a fig*) diplomatisch

diplomatismo [diploma'tizmo] *m* Diplomatie *f*, diplomatisches Verhalten

diplomatizzare [diplomatid'dzaːre] *vt* diplomatisch behandeln; **diplomatizzazione** [diplomatiddzat'tsjoːne] *f* diplomatisches Vorgehen *n*

diplomato, -a [diplo'maːto] I. *agg* diplomiert, (staatlich) geprüft, Diplom- II. *m, f* Diplominhaber(in) *m(f)*, Magister *m*, Magistra *f A;* ~ **in agraria** Diplomlandwirt *m*

diplomazia [diplomat'tsi:a] <-ie> *f* (*a fig*) Diplomatie *f;* **entrare nella** ~ die Diplomatenlaufbahn einschlagen

dipoi, di poi [di'pɔ:i] I. *avv* danach, nachher II.<inv> *agg* (darauf)folgend, nächste(r, s)

dipolo [di'pɔ:lo] *m* (TEC) Dipol *m*

diportismo [dipor'tizmo] *m* Sportschifffahrt *f;* **diportista** [dipor'tista] <-i *m*, -e *f>* *mf* Sportschifffahrt Betreibende(r) *f(m)*

diporto [di'pɔrto] *m* ❶ (*divertimento*) Vergnügen *n,* Zerstreuung *f* ❷ (SPORT) **imbarcazione da** ~ Sportboot *n*

dipresso [di'prɛsso] *avv* **a un** ~ ungefähr, annähernd

diradamento [dirada'mento] *m* ❶ (BOT) Ausdünnung *f,* Lichten *n* ❷ (*fig: diminuzione*) Abnahme *f,* Verringerung *f*

diradare [dira'da:re] I. *vt* ❶ (*rendere meno fitto, spesso*) dünner werden lassen; (*piante, capelli*) lichten, ausdünnen ❷ (*fig: visite*) einschränken, verringern II. *vr* -**rsi** seltener werden; (*piante, capelli*) sich lichten; (*nebbia, folla*) sich auflösen

diramare [dira'ma:re] I. *vt* ❶ (*diffondere*) in Umlauf bringen, verbreiten ❷ (*piante*) entästen, ausputzen II. *vr* -**rsi** sich verzweigen; (*strada*) abzweigen, sich gabeln; **diramazione** [diramat'tsio:ne] *f* ❶ (*ramificazione*) Verzweigung *f;* ~ **di un fiume** Flussarm *m* ❷ (*diffusione*) Verbreitung *f*

dire¹ ['di:re] <dico, dissi, detto> *vt* ❶ (*gener*) sagen; (*raccontare*) erzählen; (*parlare*) sprechen, reden; ~ **bugie** lügen; ~ **la sua** seine Meinung sagen; **dirle grosse** (*fam*) den Mund voll nehmen; **dir male di qu** jdm Übles nachsagen; **avere da** ~ **su qu** jdn kritisieren; **lasciar** ~ sprechen lassen; **a** ~ **il vero** um die Wahrheit zu sagen; **lo dicevo io!** das habe ich ja (gleich) gesagt!; **dico bene?** nicht wahr?; **è presto detto** das ist leicht gesagt; **come si dice in tedesco?** wie heißt das auf Deutsch?; **dice di essere ammalato** er sagt, er sei krank; **si dice che sia molto ricco** man sagt, er sei sehr reich; ~ **di sì/no** ja/nein sagen; ~ **pane al pane** das Kind beim Namen nennen; **dico sul serio** im Ernst; **un film che non dice nulla** (*fig*) ein nichts sagender Film; **così dicendo** mit diesen Worten; **diciamo, ...** sagen wir mal ...; **dica, signora?** Sie wünschen (gnädige Frau)?, was darf es sein?; **è facile a dirsi** (**ma non a farsi**) das ist leichter gesagt als getan ❷ (*recitare*) vortragen; (*poesia*) aufsagen; (*preghiera*) sprechen; (*messa*) lesen ❸ (*signifi-*

care) heißen, bedeuten; **sarebbe a** ~? wie meinen Sie?; **come sarebbe a** ~? was soll das?, wie ist das gemeint?; **voler** ~ bedeuten; **vale a** ~ will sagen, das heißt ❹ (*pensare*) meinen; **che ne dici del mio abito nuovo?** was sagst du zu meinem neuen Kleid? ❺ (*chiamare*) nennen

dire² *m* Sagen *n,* Reden *n,* Worte *npl;* **hai un bel** ~ du hast gut reden; **tra il** ~ **e il fare c'è di mezzo il mare** (*prov*) das ist leichter gesagt als getan

direct mail [di'rekt meil] <-> *f* (COM) Directmailing *n*

directory [di'rekt(ə)ri] <- *o* directories> *f* (INFORM) Directory *n,* Verzeichnis *n*

diressi [di'rɛssi] *1. pers sing pass rem di* **dirigere**

diretta [di'rɛtta] *f* **in -a** (TV) live, als Direktübertragung

direttamente [diretta'mente] *avv* ❶ (*per via diretta*) direkt, geradewegs ❷ (*senza interposizione*) unmittelbar

direttissima [diret'tissima] *f* Schnellverbindung *f;* **per** ~ (JUR) im Schnellverfahren

direttiva [diret'ti:va] *f* Direktive *f,* Verhaltensregel *f;* ~ **comunitaria** EU-Verordnung *f*

direttivo [diret'ti:vo] *m* Leitung *f,* Führung *f*

direttivo, -a *agg* leitend, Leitungs-, Führungs-; **norme -e** Direktiven *fpl*

diretto [di'rɛtto] *m* ❶ (*treno*) Eilzug *m* ❷ (SPORT: *pugilato*) Gerade *f*

diretto, -a I. *pp di* **dirigere** II. *agg* ❶ (*senza deviazioni*) direkt, unmittelbar ❷ (*guidato*) geleitet, geführt ❸ (LING) **complemento** ~ Akkusativobjekt *n;* **discorso** ~ direkte Rede

direttore, -trice [diret'to:re] I. *agg* Leit-, Richt-; **principio** ~ Leitsatz *m* II. *m, f* Direktor(in) *m(f),* Leiter(in) *m(f);* ~ **di banda** Kapellmeister(in) *m(f);* ~ **del coro** Chorleiter(in) *m(f);* ~ **d'orchestra** Orchesterleiter(in) *m(f),* Dirigent(in) *m(f);* ~ **artistico** künstlerischer Leiter(in) *m(f),* Regisseur(in) *m(f);* ~ **didattico** Rektor(in) *m(f)* (*an Grund- u Hauptschulen*)*;* ~ **responsabile** Herausgeber(in) *m(f);* ~ **delle vendite** Vertriebsleiter(in) *m(f);* **direttoriale** [diretto'ria:le] *agg* direktorial, Direktor-; **direttorio** [diret'tɔ:rio] <-ii> *m* Direktorium *n*

direttrice [diret'tri:tʃe] *f* ❶ *v.* **direttore** ❷ (*mat*) Leitlinie *f;* (POL, MIL) Richtung *f*

direzionale [direttsio'na:le] *agg* ❶ (*relativo alla direzione*) Direktoren-, Direktions-; **centro** ~ Geschäftszentrum *n,* City *f* ❷ (*di direzione*) Richt-, Richtungs-; **microfono** ~

Richtmikrofon *n*

direzione [diret'tsio:ne] *f* ❶ (*organo dirigente*) Leitung *f*, Direktion *f*; ~ **amministrativa** Geschäftsleitung *f*; **sotto la ~ di** unter (der) Leitung von ❷ (*senso*) Richtung *f*; **in ~ di** in Richtung (auf +*acc* [*o* zu])

dirigente [diri'dʒɛnte] **I.** *agg* führend, Führungs-, leitend; **classe ~** Führungsschicht *f* **II.** *mf* leitende(r) Angestellte(r) *f(m)*; ~ **sindacale** Gewerkschaftsführer(in) *m(f)*; **dirigenza** [diri'dʒɛntsa] *f* Führung *f*, Leitung *f*

dirigere [di'ri:dʒere] <dirigo, diressi, diretto> **I.** *vt* ❶ (*essere a capo*) leiten, führen; (MOT, NAUT) lenken; (MUS) dirigieren ❷ (*indirizzare*) richten; ~ **qu/qc verso qu/qc** jdn/etw auf jdn/etw richten **II.** *vr* **-rsi** zugehen; **-rsi verso qu** auf jdn zugehen; **-rsi verso ...** Richtung ... gehen/fahren

dirigibile [diri'dʒi:bile] *m* Luftschiff *n*

dirigibilità [diridʒibili'ta] <-> *f* Lenkbarkeit *f*, Manövrierfähigkeit *f*

dirigismo [diri'dʒizmo] *m* (POL) Dirigismus *m*

dirimente [diri'mɛnte] *agg* (JUR) **impedimento matrimoniale ~** Ehehindernis *n*

dirimere [di'ri:mere] <dirimo, *obs* dirimei *o* dirimetti, *manca il pp*> *vt* (*poet*) beilegen, schlichten

dirimpettaio, -a [dirimpet'ta:io] <-ai, -aie> *m*, *f* (*fam*) Gegenüber *n*, Visavis *n*; **dirimpetto** [dirim'pɛtto] **I.** *avv* gegenüber, vis-à-vis **II.** *prp* ~ **a te** dir gegenüber **III.** <inv> *agg* gegenüber liegend

diritto [di'ritto] *m* ❶ (*complesso di norme*) Recht *n*; ~ **civile** Zivilrecht *n*; ~ **penale** Strafrecht *n*; ~ **privato** Privatrecht *n*; ~ **pubblico** öffentliches Recht ❷ (*scienza*) Jura *f*, Rechtswissenschaft *f*, Jus *n* A ❸ (*facoltà, pretesa*) Recht *n*; **avere ~ a qc** Recht auf etw *acc* haben; ~ **dei lavoratori** Arbeitnehmerrecht *n*; ~ **di proprietà** Eigentumsrecht *n*; ~ **di sciopero** Streikrecht *n*; ~ **di voto** Wahlrecht *n*; **-i d'autore** Urheberrechte *npl*; **-i dell'uomo** Menschenrechte *npl*; **rivendicare un ~** einen Anspruch geltend machen; **a ~** mit Recht; **a buon ~** mit gutem Recht; **di ~** von Rechts wegen ❹ *pl* (*tassa*) Gebühren *fpl*, Abgaben *fpl*; **avanzare dei -i** Gebühren erheben ❺ (*parte principale*) Vorderseite *f* ❻ (SPORT) Vorhand *f*

diritto, -a *agg* ❶ (*dritto*) gerade, aufrecht; **tirar ~** ohne Halt durchfahren; (*fig*) unbeirrt seinen Weg machen ❷ (*fig*) geradlinig; (*onesto*) rechtschaffen, redlich; **rigar ~** spuren *fam*; **dirittura** [dirit'tu:ra] *f* ❶ (*li-*

nea retta) Gerade *f* ❷ (SPORT) ~ **d'arrivo** Zielgerade *f*

diroccare [dirok'ka:re] <dirocco, dirocchi> *vt* niederreißen

diroccato, -a [dirok'ka:to] *agg* baufällig

dirompente [dirom'pɛnte] *agg* **bomba ~** Spreng-, Splitterbombe *f*; **forza ~** Sprengkraft *f*

dirottamente [dirotta'mente] *avv* in hohem Maß(e), heftig

dirottamento [dirotta'mento] *m* Kursänderung *f*, Kursabweichung *f*; (*di un dirottatore*) Flugzeugentführung *f*; **dirottare** [dirot'ta:re] **I.** *vt* ❶ (*far deviare*) zur Kursänderung zwingen ❷ (*deviare*) umleiten **II.** *vi* den Kurs ändern; **dirottatore, -trice** [dirotta'to:re] *m*, *f* Luftpirat(in) *m(f)*, Flugzeugentführer(in) *m(f)*

dirotto, -a [di'rotto] *agg* heftig, stark; **a ~** in hohem Maß(e); **piovere a ~** in Strömen regnen

dirozzare [dirod'dza:re] *vt* ❶ (*legno, marmo*) roh behauen [*o* bearbeiten] ❷ (*fig*) formen; (*costumi*) verfeinern; (*popolo*) zivilisieren

dirt track ['dǝːt trækt] <-> *m* (MOT) Dirt-Track *m*, Sandbahn *f*, Aschenbahn *f*

dirupo [di'ru:po] *m* abschüssiges Gelände *n*

disabile [di'za:bile] **I.** *agg* behindert **II.** *mf* Behinderte(r) *f(m)*; **posti riservati ai -i** für Behinderte reservierte Plätze; **disabilità** [dizabili'ta] <-> *f* (*handicap*) Behinderung *f*, Invalidität *f*; **disabilitare** [dizabili'ta:re] *vt* abqualifizieren, (funktions)unfähig machen, für unfähig erklären; **disabilitato, -a** [dizabili'ta:to] *agg* außer Betrieb, außer Funktion

disabitato, -a [dizabi'ta:to] *agg* unbewohnt

disabituare [dizabitu'a:re] **I.** *vt* ~ **qu a qc** jdm etw abgewöhnen **II.** *vr* **-rsi a qc** sich *dat* etw abgewöhnen

disaccoppiare [dizakkop'pia:re] *vt* trennen, scheiden, lösen, entkoppeln, auskuppeln

disaccordo [dizak'kɔrdo] *m* ❶ (MUS) Missklang *m*, Dissonanz *f* ❷ (*contrasto*) Uneinigkeit *f*; **essere in ~ su qc** über etw *acc* uneinig sein

disacidare [dizatʃi'da:re] *vt* entsäuern; **disacidificazione** [dizatʃidifikat'tsio:ne] *f* Entsäuerung *f*; **disacidire** [dizatʃi'di:re] *vt* entsäuern

disadattamento [dizadatta'mento] *m* Unangepasstheit *f*, fehlendes Anpassungsvermögen; **disadattare** [dizadat'ta:re] *vt* ❶ (*rendere disadatto*) unpassend [*o* ungeeignet] machen ❷ (PHYS, TEC) fehlanpassen,

D

fehladaptieren *A;* **disadattato, -a** [diza-dat'ta:to] I. *agg* unangepasst, nicht anpassungsfähig II. *m, f* nicht anpassungsfähige Person; ~ **sociale** (*sl*) Asi *m*

disadatto, -a [diza'datto] *agg* ungeeignet; **essere** ~ **per qc** für etw ungeeignet sein; (*persona*) unfähig zu etw sein

disadorno, -a [diza'dorno] *agg* schmucklos, schlicht

disaerare [disae'ra:re] *vt* entlüften; **disaeratore** [dizaera'to:re] *m* Entlüfter *m;* **disaerazione** [dizaerat'tsio:ne] *f* Entlüftung *f*

disafferenza [dizaffe'rɛntsa] *f* Aufhebung *f* der Zugehörigkeit

disaffezionare [dizaffettsio'na:re] I. *vt* entfremden (*da qc* etw *dat*), abgeneigt machen (*da qc* etw *dat*) II. *vr* **-rsi a** [*o* **da**] **qu/qc** das Interesse an jdm/etw verlieren

disaffezione [dizaffet'tsio:ne] *f* ❶ (*mancanza d'affetto*) Lieblosigkeit *f;* **la** ~ **da qc** die Lieblosigkeit gegenüber etw ❷ (*mancanza d'interesse*) Abneigung *f;* **la** ~ **a qc** [*o* **per**] die Abneigung gegen etw

disagevole [diza'dʒe:vole] *agg* beschwerlich, mühselig

disaggregare [dizaggre'ga:re] I. *vt* trennen II. *vr* **-rsi** sich trennen, sich lösen; **disaggregazione** [dizaggregat'tsio:ne] *f* Zersetzung *f,* Verwitterung *f*

disagiato, -a [diza'dʒa:to] *agg* ❶ (*senza agio*) unbehaglich, unbequem ❷ (*povero*) mittellos, ärmlich; **condizione -a** Bedürftigkeit *f;* **disagio** [di'za:dʒo] *m* Unbehagen *n;* (*mancanza di comodità*) Unbequemlichkeit *f;* (*imbarazzo*) Verlegenheit *f;* **sentirsi a** ~ sich unbehaglich fühlen; **mettere a** ~ **qu** jdn in Verlegenheit bringen

disallineamento [dizallinea'mento] *m* Ausgliederung *f* (aus einer Reihe); **disallineare** [dizalline'a:re] *vt* auf verschiedene Frequenzen [*o* Leitungen] legen, aus einer Reihe nehmen

disalveare [dizalve'a:re] *vt* in ein (anderes) Flussbett (um)leiten

disambientato, -a [dizambien'ta:to] *agg* unvertraut, fremd

disamina [di'za:mina] *f* (A JUR) (gründliche) Prüfung *f*

disamorare [dizamo'ra:re] I. *vt* verleiden (*qu da qc* jdm etw), die Freude verderben (*qu da qc* jdm an etw +*dat*) II. *vr* **-rsi** die Lust/Liebe/Freude verlieren (*da qc* +*dat*)

disamorarsi [dizamo'ra:rsi] *vr* ~ **da qc/qu** das Interesse an jdm/etw verlieren; ~ **dal lavoro** die Freude an der Arbeit verlieren; **disamorato, -a** [dizamo'ra:to] *agg* gleichgültig (*da, di* gegen, gegenüber),

teilnahmslos; **disamore** [diza'mo:re] *m* (*obs*) Gleichgültigkeit *f* (*per, a* gegenüber), Teilnahmslosigkeit *f;* (*avversione*) Abneigung *f* (*per* gegen)

disancorare [dizanko'ra:re] I. *vt* den Anker lichten II. *vr* **-rsi** (*liberarsi*) sich lösen; **-rsi da certi pregiudizi** bestimmte Vorurteile ablegen

disappagato, -a [dizappa'ga:to] *agg* unerfüllt, unbefriedigt; **aspettative -e** enttäuschte Erwartungen

disappannamento [dezappanna'mento] *m* Abwischen *n* (beschlagener Scheiben)

disappartenenza [dizapparte'nɛntsa] *f* Nichtzugehörigkeit *f*

disappetenza [dizappe'tɛntsa] *f* Appetitlosigkeit *f*

disapprovare [dizappro'va:re] *vt* missbilligen, ablehnen; **disapprovazione** [dizapprovat'tsio:ne] *f* Missbilligung *f,* Ablehnung *f*

disappunto [dizap'punto] *m* Enttäuschung *f*

disarcionare [dizartʃo'na:re] *vt* aus dem Sattel werfen

disarmante [dizar'mante] *agg* entwaffnend

disarmare [dizar'ma:re] *vt* (*persone, a fig*) entwaffnen; (*fortezze*) wehrlos machen; **disarmato, -a** [dizar'ma:to] *agg* ❶ (*senza armi*) unbewaffnet ❷ (*fig*) wehrlos; **disarmismo** [dizar'mizmo] *m* Befürwortung *f* der Abrüstung; **disarmo** [di'zarmo] *m* ❶ (*di forze militari*) Abrüstung *f* ❷ (*di persone*) Entwaffnung *f*

disarmonia [dizarmo'ni:a] *f* Disharmonie *f,* Dissonanz *f;* **disarmonico, -a** [dizar'mɔ:niko] <-ci, -che> *agg* disharmonisch, unharmonisch

disarticolato, -a [dizartiko'la:to] *agg* ❶ (MED) abgetrennt ❷ (*fig*) unartikuliert

disassortire [dizassor'ti:re] *vt* aussortieren, aus dem Sortiment nehmen; **disassortito, -a** [dizassor'ti:to] *agg* verschieden; **scarpe -e** nicht zusammengehörende Schuhe

disastrare [dizas'tra:re] *vt* verwüsten, eine Katastrophe anrichten in [*o* bei] *dat;* **disastrato, -a** [dizas'tra:to] *agg* verwüstet

disastro [di'zastro] *m* ❶ (*calamità*) (schweres) Unglück *n,* Katastrophe *f;* (MIL) Niederlage *f* ❷ (*fig*) Katastrophe *f;* (*disordine*) Chaos *n*

disastrologo, -a [dizas'trɔ:logo] <-gi, -ghe> *m, f* Unheilsprophet(in) *m(f)*

disastroso, -a [dizas'tro:so] *agg* katastrophal, fürchterlich

disatomizzare [dizatomid'dza:re] *vt* atomwaffenfrei machen; **disatomizzazione** [dizatomiddzat'tsio:ne] *f* Schaffung *f* einer atomwaffenfreien Zone

disattendere [dizat'tɛndere] <disattendo, disattesi, disatteso> *vt* (JUR) missachten, nicht beachten

disattento, **-a** [dizat'tɛnto] *agg* unaufmerksam; **disattenzione** [dizatten'tsio:ne] *f* ❶ (*mancanza d'impegno, di riguardo*) Unaufmerksamkeit *f* ❷ (*svista*) Unachtsamkeit *f*, Versehen *n*

disattivare [dizatti'va:re] *vt* (*bomba*) entschärfen; (*impianto*) abschalten

disavanzo [diza'vantso] *m* Fehlbetrag *m*, Defizit *n;* **-i pubblici** Haushaltsdefizit *n*

disavvedutezza [dizavvedu'tettsa] *f* Unvorsichtigkeit *f*, Unbedachtheit *f*

disavveduto, **-a** [dizavve'du:to] *agg* unvorsichtig, unbedacht

disavventura [dizavven'tu:ra] *f* Unglück *n*, Missgeschick *n*

disavvertenza [dizavver'tɛntsa] *f* Unachtsamkeit *f*, Versehen *n*

disavvezzare [dizavvet'tsa:re] *vt* abgewöhnen (*qu a qc* jdm etw), entwöhnen (*qu a qc* jdn einer Sache *gen*)

disbrigo [diz'bri:go] <-ghi> *m* (rasche) Erledigung *f*

discanto [dis'kanto] *m* (MUS) Diskant *m*

discapito [dis'ka:pito] *m* Nachteil *m*, Schaden *m;* **a ~ di qu** zu jds Nachteil

discarica [dis'ka:rika] <-che> *f* ❶ (*per rifiuti*) (Schutt)abladeplatz *m*, (Müll)deponie *f* ❷ (*da nave*) Ausladung *f*, Löschung *f*

discarico [dis'ka:riko] <-chi> *m* (*fig*) Entlastung *f;* **testimone a ~** Entlastungszeuge, -zeugin *m*, *f*

discendente [diʃʃen'dɛnte] I. *agg* absteigend, fallend, Abwärts- II. *mf* Nachkomme *m;* **discendenza** [diʃʃen'dɛntsa] *f* ❶ (*origine*) Abstammung *f* ❷ (*discendenti*) Nachkommenschaft *f*

discendere [diʃʃendere] <irr> I. *vi essere* ❶ (*provenire*) **~ da qu/qc** von jdm/etw abstammen ❷ (*venire giù, scendere*) hinunter-, hinabsteigen; (*da veicolo*) aussteigen; (*da cavallo, bicicletta*) absteigen; **~ in una fossa** in eine Grube hinuntersteigen; **~ da un luogo** von einem Ort heruntersteigen ❸ (*fig: abbassarsi*) abfallen, sich senken; (*prezzi, temperatura*) sinken, fallen II. *vt avere* hinabsteigen, hinuntergehen; **discensionale** [diʃʃensio'na:le] *agg* (PHYS) absteigend

discepolo, **-a** [diʃʃe:polo] *m*, *f* ❶ (*poet: alunno*) Schüler(in) *m(f)* ❷ (*seguace*) Anhänger(in) *m(f)* ❸ (REL) Jünger *m*

discernere [diʃʃɛrnere] <discerno, discernei, manca il pp> *vt* ❶ (*distinguere*) auseinander halten, unterscheiden ❷ (*scorgere*) (klar) erkennen; **discernimento** [diʃʃerni'mento] *m* Unterscheidungsvermögen *n;* (*giudizio*) Urteilsvermögen *n*, Vernunft *f*

discesa [diʃʃe:sa] *f* ❶ (*il venire giù*) Absteigen *n*, Abstieg *m;* (*da cavallo*) Absitzen *n;* (*da veicolo*) Aussteigen *n* ❷ (*pendenza*) Gefälle *n*, Abhang *m*, Lehne *f* A ❸ (*invasione*) Einfall *m* ❹ (SPORT) Abfahrt *f;* **~ libera** Abfahrtslauf *m*, Abfahrtsrennen *n*

discesi *1. pers sing pass rem di* **discendere; discesismo** [diʃʃe'sizmo] *m* Abfahrtslauf *m*

discesista [diʃʃe'sista] <-i *m*, -e *f*> *mf* Abfahrtsläufer(in) *m(f)*

disceso *pp di* **discendere**

dischetto [dis'ketto] *m* (INFORM) Diskette *f;* **drive per -i** Diskettenlaufwerk *n*

dischiudere [dis'kiu:dere] <irr> *vt* ❶ (*schiudere*) aufmachen; (*occhi*) aufschlagen ❷ (*fig*) öffnen

discinto, **-a** [diʃʃinto] *agg* (*poet*) nachlässig gekleidet

disciogliere [diʃʃɔʎʎere] <irr> *vt* (*liquefare, stemperare*) auflösen; (*neve*) schmelzen

disciplina [diʃʃi'pli:na] *f* ❶ (*ordine*) Disziplin *f* ❷ (*materia di studio*) Disziplin *f*, (Unterrichts)fach *n*

disciplinare[1] [diʃʃipli'na:re] *agg* disziplinarisch, Disziplinar-, disziplinär A; **sanzioni -i** Disziplinarmaßnahmen *fpl*

disciplinare[2] *vt* ❶ (*regolare*) regeln, ordnen ❷ (*fig*) disziplinieren geh, bezwingen; **disciplinato**, **-a** [diʃʃipli'na:to] *agg* diszipliniert

disc-jockey ['disk 'dʒɔki *o* 'dis 'dʒɔki] <-> *mf* Diskjockey *m*

disco[1] [disko] <-schi> *m* ❶ (*piastra rotonda*) Scheibe *f;* **~ volante** fliegende Untertasse; **~ orario** Parkscheibe *f*, Parkuhr *f;* **zona ~** blaue Zone, Kurzparkzone *f* ❷ (SPORT) Diskus *m;* **classificarsi primo nel ~** beim Diskuswerfen den ersten Platz erreichen ❸ (MUS) (Schall)platte *f;* **cambiare ~** (*fig*) eine andere Platte auflegen ❹ (INFORM: *disco magnetico*) Magnetplatte *f;* **~ fisso** [*o* **rigido**] (INFORM) Festplatte *f* ❺ (FERR) Lichtsignal *n;* **~ rosso** Haltsignal *n* ❻ (TEL: **~ combinatore**) Wählscheibe *f* ❼ (MOT) Scheibe *f;* **~ del freno** Bremsscheibe *f;* **~ della frizione** Kupplungsscheibe *f* ❽ (ANAT) **~ intervertebrale** Band-, Zwischenwirbelscheibe *f*

disco[2] <-> f (*discoteca, discomusic*) Disko f; **andare in** ~ in die Disko gehen

discobar [disko'bar] <-> m Tanzbar f

discobolo [dis'kɔːbolo] m Diskuswerfer(in) m(f)

disco dance ['diskou 'daːns] <-> f (MUS) Disco Dance m

disco-digitale ['diskodidʒi'taːle] <dischidigitali> m digitale Aufnahme, digitaler Tonträger

discofilo, -a [dis'kɔːfilo] m, f ❶ (*collezionista di dischi*) Schallplattenliebhaber(in) m(f), Schallplattensammler(in) m(f) ❷ (*frequentatore di discoteche*) Discogänger(in) m(f), Discofan m

discografia [diskogra'fiːa] f ❶ (*tecnica*) Schallplattenproduktion f ❷ (*elenco*) Diskografie f; **discografico, -a** [disko'graːfiko] <-ci, -che> I. agg Schallplatten- II. m, f Beschäftigte(r) f(m) in der Schallplattenindustrie

discoide [dis'kɔːide] I. agg scheibenförmig II. m (*compressa*) Dragee n

discolo, -a ['diskolo] m, f Bengel m, Lausejunge m, Gör(e f) n

discolpa [dis'kolpa] f Entlastung f; Rechtfertigung f; **a mia** ~ zu meiner Entlastung; **discolpare** [diskol'paːre] I. vt entschuldigen; (JUR) entlasten; (*dall'accusa*) befreien II. vr -rsi sich rechtfertigen, sich entschuldigen

disco-mix ['diskoumiks o 'discomiks] <-> m Disko-Mix m

disconoscere [disko'noʃʃere] <irr> vt nicht anerkennen; **disconoscimento** [diskonoʃʃi'mento] m Nichtanerkennung f, Nichtanerkennen n

discontinuità [diskontinui'ta] f ❶ (*mancanza di continuità*) Diskontinuität f; (*interruzione*) Unterbrechung f ❷ (*fig*) Unbeständigkeit f, Unstetigkeit f; **discontinuo, -a** [diskon'tiːnuo] agg ❶ (*non continuo*) unterbrochen, mit Unterbrechungen ❷ (*non costante*) unbeständig, unstet

discordante [diskor'dante] agg ❶ (*opposto*) gegensätzlich ❷ (*contraddittorio*) nicht übereinstimmend, widersprüchlich; **discordanza** [diskor'dantsa] f Diskordanz f, Missklang m

discordare [diskor'daːre] vi disharmonieren, nicht zusammenstimmen; ~ **da qu su qc** mit jdm in etw dat nicht übereinstimmen; **discorde** [dis'kɔrde] agg gegensätzlich, widersprüchlich; **discordia** [dis'kɔrdia] <-ie> f Zwietracht f, Uneinigkeit f

discorrere [dis'korrere] <irr> vi ~ **di qc** sich über etw acc unterhalten, über etw acc reden; **discorsivo, -a** [diskor'siːvo]

agg ❶ (*relativo al discorso*) Rede-, Gesprächs- ❷ (*loquace*) gesprächig; **discorso** [dis'korso] m ❶ (*discussione*) Unterhaltung f, Gespräch n; **attaccar** ~ eine Unterhaltung anfangen; **il** ~ **cadde su di te** man war die Rede von dir; **questo è un altro** ~ das ist etw (ganz) anderes; **fare un** ~ **campato in aria** ins Blaue hinein reden ❷ (*esposizione orale*) Ansprache f, Rede f; ~ **inaugurale** Eröffnungsansprache f; **pronunciare un** ~ eine Rede halten ❸ (LING) ~ **diretto/indiretto** direkte/indirekte Rede

discostante [diskos'tante] agg unsympathisch, abstoßend

discostare [diskos'taːre] I. vt ab-, wegrücken II. vr -rsi **da qu/qc** sich von jdm/ etw entfernen; **discosto, -a** [dis'kɔsto] I. agg abgelegen; **essere** ~ **da qc** von etw abgelegen sein II. avv weit, abseits

discoteca [disko'tɛːka] <-che> f Diskothek f, Disco f fam; **andare in** ~ in die Disco gehen

discount ['diskaunt] <-> m Discountgeschäft n, Discounter m

discreditare [diskredi'taːre] I. vt in Verruf bringen, diskreditieren II. vr -rsi sich in Verruf kommen, sich diskreditieren; **discredito** [dis'kreːdito] m Misskredit m

discrepanza [diskre'pantsa] f Widersprüchlichkeit f, Diskrepanz f

discretamente [diskreta'mente] avv ❶ (*con discrezione*) taktvoll, diskret ❷ (*sufficientemente*) ziemlich (gut), ganz gut; (*mediocremente*) einigermaßen, halbwegs fam

discreto, -a [dis'kreːto] agg ❶ (*sufficiente*) ausreichend, genügend ❷ (*moderato*) mäßig, bescheiden ❸ (*abbastanza buono*) ziemlich gut, ganz gut ❹ (*di tatto*) taktvoll, diskret

discrezionale [diskrettsio'naːle] agg (JUR) Ermessens-; **potere** ~ Ermessensfreiheit f; **discrezionalità** [diskrettsionali'ta] <-> f Ermessensfreiheit f, Ermessen n

discrezione [diskret'tsioːne] f (*fatto*) Diskretion f; (*senso della misura*) Maß n; **senza** ~ taktlos, indiskret; **a** ~ nach Belieben

discriminante [diskrimi'nante] I. agg (JUR) **circostanza** ~ Strafmilderungsgrund m II. m (MAT) Diskriminante f

discriminare [diskrimi'naːre] vt ❶ (*far differenza*) unterschiedlich behandeln ❷ (JUR: *crimine*) entkriminalisieren; (*persone*) entlasten; **discriminatorio, -a** [diskrimina'tɔːrio] <-i, -ie> agg unterscheidend; (POL) diskriminierend; **discriminazione** [diskriminat'tsioːne] f Diskriminierung f;

~ razziale Rassendiskriminierung *f*
discussi [dis'kussi] *1. pers sing pass rem di* **discutere**
discussione [diskus'sio:ne] *f* Diskussion *f*, Erörterung *f*; (POL) Debatte *f*; (*litigio*) Auseinandersetzung *f*
discusso, -a [dis'kusso] *agg* umstritten
discutere [dis'ku:tere] <discuto, discussi, discusso> I. *vt* ① (*per prendere una decisione*) diskutieren, besprechen ② (*contestare*) bestreiten, bezweifeln II. *vi* ① (*conversare*) **~ di** [*o* su] **qc** über etw *acc* diskutieren ② (*litigare*) heftig diskutieren; **~ di qc** (sich) über etw *acc* streiten; **discutibile** [disku'ti:bile] *agg* ① (*da discutere*) diskutabel, strittig ② (*incerto*) umstritten, zweifelhaft
disdegnare [dizdeɲ'ɲa:re] *vt* verschmähen; **disdegno** [diz'deɲɲo] *m* Geringschätzung *f*, Verachtung *f*; **disdegnoso, -a** [dizdeɲ'ɲo:so] *agg* (*poet: sprezzante*) geringschätzig, verächtlich
disdetta [diz'detta] *f* ① (*sfortuna*) Pech *n*, Missgeschick *n* ② (*di contratto*) Kündigung *f*; **disdettare** [dizdet'ta:re] *vt* (JUR) kündigen
disdicevole [dizdi'tʃe:vole] *agg* (*poet*) unziemlich *geh*, unschicklich *geh*
disdire [diz'di:re] <irr> I. *vt* ① (JUR) kündigen ② (*ritrattare*) zurücknehmen, widerrufen ③ (*non rispettare*) absagen ④ (*annullare*) rückgängig machen, stornieren II. *vr* **-rsi** sich *dat* widersprechen
disdoro [diz'dɔ:ro] *m* (*poet*) Schmach *f* *geh*, Schande *f*
diseconomia [dizekono'mi:a] <-ie> *f* (*squilibrio economico*) Unausgeglichenheit *f* der Handelsbilanz; **diseconomicità** [dizekonomitʃi'ta] <-> *f* Kostenprogression *f*; **diseconomico, -a** [dizeko-'nɔ:miko] <-ci, -che> *agg* kostenprogressiv, nicht wirtschaftlich
diseducativo, -a [dizeduka'ti:vo] *agg* unpädagogisch
disegnare [diseɲ'ɲa:re] *vt* ① (*tracciando linee*) zeichnen ② (*descrivere*) beschreiben, skizzieren ③ (*progettare*) konzipieren, planen; (*col disegno*) entwerfen ④ (*fig: avere in animo*) planen, vorhaben, sich *dat* vornehmen; **disegnatore, -trice** [diseɲɲa'to:re] *m, f* Zeichner(in) *m(f)*; **disegno** [di'seɲɲo] *m* ① (*rappresentazione grafica*) Zeichnung *f*, Bild *n*; **~ animato** Zeichentrickfilm *m* ② (*fig: abbozzo*) Entwurf *m*, Skizze *f*; **fare -i** Pläne schmieden ③ (*motivo ornamentale*) Muster *n* ④ (*arte*) Zeichnen *n*, Zeichenkunst *f* ⑤ (*fig: intenzione*) Plan *m*; **~ di legge** Gesetzesvorlage *f*, Gesetzentwurf *m*

diseguale [dize'gua:le] *agg v.* **disuguale**
disequilibrio [dizekuili'bri:o] <-ri> *m* Ungleichgewicht *n*
diserbante [dizer'bante] *m* Unkrautbekämpfungsmittel *n*
diserbare [dizer'ba:re] *vt* Unkraut jäten auf, Unkraut entfernen von
diseredare [dizere'da:re] *vt* enterben; **diseredazione** [dizeredat'tsio:ne] *f* Enterbung *f*
disertare [dizer'ta:re] I. *vi* ① (MIL) Fahnenflucht begehen, desertieren ② (*fig*) abfallen, abtrünnig werden; **~ dal partito** von der Partei abfallen II. *vt* verlassen; **disertore** [dizer'to:re] *m* ① (MIL) Fahnenflüchtige(r) *f(m)*, Deserteur *m* ② (*fig*) Abtrünnige(r) *f(m)*; **diserzione** [dizer'tsio:ne] *f* ① (MIL) Fahnenflucht *f*, Desertion *f* ② (*fig*) Abtrünnigkeit *f*, Abfall *m*
disfacimento [disfatʃi'mento] *m* ① (*decomposizione*) Auflösung *f*; (*di cadavere*) Verwesung *f* ② (*fig: sfacelo*) Auflösung *f*, Zerrüttung *f*; **disfare** [dis'fa:re] <irr> I. *vt* (*scomporre*) auflösen; (*distruggere*) zerstören; (*letto*) auf-, abdecken II. *vr* **-rsi** ① (*andare in pezzi*) entzweigehen; (*fig*) sich auflösen ② (*liberarsi*) sich entledigen
disfatta [dis'fatta] *f* Niederlage *f*; **disfattismo** [disfat'tizmo] *m* Defätismus *m*; **disfattista** [disfat'tista] <-i *m*, -e *f*> I. *agg* defätistisch II. *mf* Defätist(in) *m(f)*
disfatto *pp di* **disfare**
disfavore [disfa'vo:re] *m* **a ~ di** zu Ungunsten [*o* zum Nachteil] von
disfeci *1. pers sing pass rem di* **disfare**
disfida [dis'fi:da] *f* (*poet*) Herausforderung *f*
disfonia [disfo'ni:a] <-ie> *f* Dysfonie *f*, Stimmbildungsstörung *f*; **disfonico, -a** [dis'fɔ:niko] <-ci, -che> *agg* dysfonisch
disfunzionale [disfuntsio'na:le] *agg* nicht funktionsgerecht, nicht funktionell
disfunzione [disfun'tsio:ne] *f* ① (MED) Funktionsstörung *f* ② (TEC) schlechtes Funktionieren *n*
disgelare [dizdʒe'la:re] I. *vt avere* erwärmen; (*liberare dal ghiaccio*) auftauen II. *vr* **-rsi** (auf)tauen; **disgelo** [diz'dʒɛ:lo] *m* ① (METEO) (Auf)tauen *n*, Tauwetter *n* ② (*fig* POL) Tauwetter *n*
disgiungere [dis'dʒundʒere] <irr> *vt* (*poet*) trennen, scheiden; **disgiuntivo, -a** [dis'dʒun'ti:vo] *agg* trennend, Trenn-; (GRAM) disjunktiv; **disgiunzione** [disdʒun'tsio:ne] *f* Trennung *f*
disgrazia [diz'grattsia] *f* ① (*sventura*) Unglück *n*, Pech *n*; **per ~** unglücklicherweise;

le -ie non vengono mai sole, le -ie vengono a tre per volta (*prov*) ein Unglück kommt selten allein ❷ (*sfavore*) Ungnade *f;* **disgraziata** *f v.* **disgraziato; disgraziatamente** [dizgrattsiata'mente] *avv* unglücklicherweise, unglückseligerweise; **disgraziato, -a** [dizgrat'tsia:to] **I.** *agg* unglücklich, unglückselig **II.** *m, f* ❶ (*persona sfortunata*) Pechvogel *m,* Unglücksrabe *m;* (*persona deplorevole*) Unglückselige(r) *f(m)* ❷ (*fam: persona minorata*) Unglückliche(r) *f(m)*

disgregabile [dizgre'ga:bile] *agg* auflösbar; **disgregamento** [dizgrega'mento] *m* Zerfall *m,* Auflösung *f;* **disgregare** [dizgre'ga:re] **I.** *vt* ❶ (*frantumare*) auseinander brechen (lassen), zersplittern ❷ (*fig*) auflösen, zersetzen **II.** *vr* **-rsi** ❶ (*andare in pezzi*) auseinander gehen, zersplittern ❷ (*fig*) sich auflösen; **disgregatore, -trice** [dizgrega'to:re] **I.** *agg* auflösend, zersetzend **II.** *m, f* zersetzender Faktor; **disgregazione** [dizgregat'tsio:ne] *f* Zersetzung *f,* Auflösung *f;* (~ *meteorica*) Verwitterung *f*

disguido [diz'gui:do] *m* ❶ (*postale*) Fehlleitung *f,* Fehlzustellung *f* ❷ (*svista*) Versehen *n*

disgustare [dizgus'ta:re] **I.** *vt* ❶ (*dare disgusto*) anwidern ❷ (*fig*) abstoßen **II.** *vr* **-rsi** Widerwillen empfinden; **-rsi di qc** von etw angeekelt sein; **disgusto** [diz'gusto] *m* Widerwille *m,* Abscheu *m;* **il ~ per qc** der Ekel vor etw *dat;* **disgustoso, -a** [dizgus'to:so] *agg* ❶ (*nauseante*) Ekel erregend; (*cibo*) unappetitlich, ungustiös *A* ❷ (*fig*) abstoßend, ekelhaft

disidentità [dizidenti'ta] <-> *f* Identitätsverlust *m*

disidratare [dizidra'ta:re] *vt* ❶ (*alimenti*) trocknen, dörren ❷ (*privare dell'acqua*) austrocknen; **disidratato, -a** [dizidra-'ta:to] *agg* ❶ (*alimenti*) getrocknet, Trocken-, Dörr- ❷ (*organismo*) ausgetrocknet ❸ (MED) dehydratisiert; **disidratatore** [dizidrata'to:re] *m* Entwässerungsgerät *n;* **disidratazione** [dizidrat'tsio:ne] *f* ❶ (*alimentare*) Trocknen *n,* Dörren *n* ❷ (*eliminazione dell'acqua*) Wasserentzug *m,* Dehydratation *f*

disilludere [dizil'lu:dere] <irr> **I.** *vt* ernüchtern, enttäuschen **II.** *vr* **-rsi** ernüchtert sein; **disillusione** [dizillu'zio:ne] *f* Ernüchterung *f,* Enttäuschung *f*

disimballare [dizimbal'la:re] *vt* auspacken

disimparare [dizimpa'ra:re] *vt* verlernen

disimpegnare [dizimpeɲ'ɲa:re] **I.** *vt* (*li-*

berare) befreien; (*fig: da impegno, promessa*) entbinden **II.** *vr* **-rsi** (*liberarsi*) sich befreien; **disimpegnato, -a** [dizimpeɲ'ɲa:to] *agg* ❶ (*locale*) frei zugänglich ❷ (*fig* POL) nicht engagiert; **disimpegno** [dizim'peɲɲo] *m* ❶ (*di mansioni*) Erledigung *f,* (Aufgaben)erfüllung *f* ❷ (POL) fehlendes Engagement

disimpiego [dizim'piɛ:go] <-ghi> *m* Arbeitslosigkeit *f;* (*lavoro ridotto*) Unterbeschäftigung *f*

disincagliare [diziŋkaʎ'ʎa:re] **I.** *vt* ❶ (NAUT) flottschleppen, flottmachen ❷ (*fig*) wiederbeleben, wieder in Gang bringen **II.** *vr* **-rsi** ❶ (NAUT) flottkommen ❷ (*fig*) freikommen, herauskommen; **disincaglio** [dizin'kaʎʎo] *m* Flottmachen *n*

disincantato, -a [diziŋkan'ta:to] *agg* ❶ (*disilluso*) nicht mehr verzaubert, entzaubert ❷ (*fig: smaliziato*) ernüchtert; **disincanto** [diziŋ'kanto] *m* ❶ (*da influsso magico*) Entzauberung *f* ❷ (*fig*) Ernüchterung *f*

disincentivante [dizintʃenti'vante] *agg* hemmend, einschränkend

disincentivare [dizintʃenti'va:re] *vt* hemmen, einschränken; **disincentivazione** [dizintʃentivat'tsio:ne] *f* Hemmen *n;* **disincentivo** [dizintʃen'ti:vo] *m* Hemmung *f,* Beschränkung *f*

disincrostante [dizinkros'tante] **I.** *agg* (Kalk)ablagerungen lösend **II.** *m* Kesselsteinentferner *m;* **disincrostare** [dizinkros'ta:re] *vt* von (Kalk)ablagerungen befreien

disindustrializzare [dizindustrialid'dza:re] *vt* die Industrie abbauen, einen Industriestandort verlegen; **disindustrializzazione** [dizindustrialiddzat'tsio:ne] *f* Industrieabbau *m*

disinfestare [dizinfes'ta:re] *vt* entwesen, von Ungeziefer befreien; ~ **la cantina dai topi** den Keller von Mäusen befreien; **disinfestazione** [dizinfestat'tsio:ne] *f* Entwesung *f,* Vernichtung *f* von Schädlingen

disinfettante [dizinfet'tante] **I.** *agg* desinfizierend **II.** *m* Desinfektionsmittel *n;* **disinfettare** [dizinfet'ta:re] **I.** *vt* desinfizieren; ~ **una ferita** eine Wunde desinfizieren **II.** *vr* **-rsi** sich desinfizieren; **-rsi con l'alcool** sich mit Alkohol desinfizieren; **disinfezione** [dizinfet'tsio:ne] *f* Desinfektion *f*

disinfiammare [dizinfiam'ma:re] *vt* eine Entzündung stillen

disinformato, -a [dizinfor'ma:to] *agg* schlecht informiert; **disinformazione** [dizinformat'tsio:ne] *f* Fehlinformation *f,* Unkenntnis *f*

disingannare [diziŋgan'na:re] **I.** *vt* jdm die Augen öffnen; (*deludere*) enttäuschen, ernüchtern **II.** *vr* **-rsi** seine Illusionen aufgeben; **disinganno** [diziŋ'ganno] *m* Enttäuschung *f*, Ernüchterung *f*

disingranare [dizingra'na:re] *vt* auseinander nehmen, trennen

disinibire [dizini'bi:re] <disinibisco, disinibisci> **I.** *vt* enthemmen; **atteggiamento disinibito** enthemmtes Verhalten **II.** *vr* **-rsi** seine Hemmungen verlieren

disinibito, -a [dizini'bi:to] **I.** *agg* unbefangen, ungehemmt **II.** *m, f* unbefangener Mensch *m*; **disinibitorio, -a** [dizinibi'tɔ:rio] <-i, -ie> *agg* enthemmend; **disinibizione** [dizinibit'tsio:ne] *f* Enthemmung *f*

disinnescare [dizinnes'ka:re] *vt* (*a fig*) entschärfen; **disinnesco** [dizin'nesko] <-schi> *m* (*a fig*) Entschärfung *f*

disinnestare [dizinnes'ta:re] *vt* (MOT: *frizione*) auskuppeln; (*marcia*) herausnehmen; (TEC: *spina*) herausziehen; **disinnesto** [dizin'nɛsto] *m* ❶ (*disinserimento*) Ausschalten *n*; **~ della frizione** Auskupplung *f*; **leva di ~** Abschalthebel *m* ❷ (TEL) Unterbrechung *f* der Verbindung

disinquinamento [diziŋkuina'mento] *m* Dekontaminierung *f*, Entseuchung *f*; **disinquinare** [diziŋkui'na:re] *vt* von Schadstoffen befreien

disinserire [dizinse'ri:re] <disinserisco> *vt* ab-, ausschalten; **disinserito, -a** [dizinse'ri:to] **I.** *agg* ❶ (*non inserito*) ausgeschlossen ❷ (TEC) ausgeschaltet, vom Stromkreis getrennt **II.** *m, f* Außenseiter *m*, Ausgeschlossene(r) *f(m)*

disinstallare [dizinstal'la:re] *vt* (INFORM) deinstallieren

disintasare [dizinta'sa:re] *vt* frei machen, ausräumen; **~ il traffico** einen Stau auflösen

disintegrare [dizinte'gra:re] **I.** *vt* ❶ (*ridurre in frammenti*) zertrümmern, zerkleinern ❷ (PHYS) spalten **II.** *vr* **-rsi** ❶ (*ridursi in frammenti*) sich auflösen ❷ (PHYS) sich spalten, zerfallen; **disintegratore** [dizintegra'to:re] *m* Desintegrator *m*; **disintegrazione** [dizintegrat'tsio:ne] *f* ❶ (*ridurre in frammenti*) Zertrümmerung *f*, Zerkleinerung *f* ❷ (PHYS) Spaltung *f*, Zerfall *m*

disinteressamento [dizinteressa'mento] *m* Interesselosigkeit *f*, Desinteresse *n*; **il ~ per qc** das Desinteresse an etw *dat*; **disinteressare** [dizinteres'sa:re] **I.** *vt* **~ qu a qc** jdm das Interesse an etw *dat* nehmen **II.** *vr* **-rsi di qu/qc** sich nicht für jdn/etw interessieren; (*smettere di interessar-*

si) das Interesse an jdm/etw verlieren; **disinteressato, -a** [dizinteres'sa:to] *agg* ❶ (*senza interesse*) uninteressiert, desinteressiert ❷ (*senza interesse personale*) uneigennützig; **disinteresse** [dizinte'rɛsse] *m* ❶ (*imparzialità*) Unvoreingenommenheit *f* ❷ (*noncuranza*) Desinteresse *n*, Interesselosigkeit *f*; **mostrare ~ per qc** Desinteresse an etw *dat* zeigen ❸ (*generosità*) Uneigennützigkeit *f*

disintermediazione [dizintermediat'tsio:ne] *f* (FIN) Geldanlage *f* (*außerbanklich, wodurch die Rolle der Banken geschwächt wird*)

disintossicante [dizintossi'kante] **I.** *agg* entgiftend, entschlackend **II.** *m* Entgiftungs-, Entschlackungsmittel *n*; **disintossicare** [dizintossi'ka:re] **I.** *vt* entgiften **II.** *vr* **-rsi** den Körper entschlacken; **disintossicazione** [dizintossikat'tsio:ne] *f* Entgiftung *f*, Entschlackung *f*

disinvolto, -a [dizin'vɔlto] *agg* ❶ (*privo di timidezza*) unbefangen, ungezwungen ❷ (*pej: sfacciato*) frech, unverfroren; **disinvoltura** [dizinvol'tu:ra] *f* ❶ (*franchezza*) Unbefangenheit *f*, Ungezwungenheit *f* ❷ (*pej: sfacciataggine*) Frechheit *f*, Unverfrorenheit *f*

disistima [dizis'ti:ma] *f* Geringschätzung *f*, Missachtung *f*

disk drive <-> *m* (INFORM: *drive per dischetti*) Diskettenlaufwerk *n*

dislivello [dizli'vɛllo] *m* ❶ (*differenza di livello*) Höhenunterschied *m* ❷ (*fig*) Unterschied *m*; **~ tra classi sociali** Klassenunterschied *m*

dislocamento [dizloka'mento] *m* ❶ (*spostamento*) Verschiebung *f* ❷ (MIL) Dislozieren *n*, Stationierung *f*; **dislocare** [dizlo'ka:re] *vt* ❶ (*spostare*) verlegen, versetzen ❷ (MIL) dislozieren; **dislocazione** [dizlokat'tsio:ne] *f* ❶ (*trasferimento*) Verschiebung *f* ❷ (MIL) Stationierung *f* ❸ (*collocazione*) Versetzung *f*, Verlegung *f*

dismisura [dizmi'zu:ra] *f* **a ~** maßlos, übermäßig

disneyano, -a [dizne'ia:no] *agg* Disney-; **personaggi -i** Disneyfiguren *fpl*; **disneyland** ['dizniland *o* 'diznejland] <*sing*> *f* Disneyland *n*

disobbediente [dizobbe'diɛnte] *agg v.* **disubbidiente**

disobbligare [dizobbli'ga:re] **I.** *vt* **~ qu da qc** jdn von etw entbinden **II.** *vr* **-rsi con qu per qc** sich bei jdm für etw revanchieren

disoccupato, -a [dizokku'pa:to] **I.** *agg* ❶ (*senza lavoro*) arbeitslos ❷ (*poet: ozio-*

so) müßig *geh* II. *m, f* Arbeitslose(r) *f(m);* ~ **di lunga durata** Langzeitarbeitslose(r) *f(m);* **disoccupazione** [dizokku-pat'tsio:ne] *f* Arbeitslosigkeit *f;* ~ **giovanile** Jugendarbeitslosigkeit *f;* ~ **stagionale** saisonbedingte Arbeitslosigkeit

disoleare [dizole'a:re] *vt* Öl gewinnen [*o* herauspressen]; **disoleazione** [dizole-at'tsio:ne] *f* Ölpressung *f*

disomogeneità [dizomodʒenei'ta] <-> *f* Ungleichheit *f*, Uneinheitlichkeit *f;* **disomogeneo, -a** [dizomo'dʒɛ:neo] <-ei, -ee> *agg* ungleich, uneinheitlich

disonestà [dizones'ta] *f* Unehrlichkeit *f*, Unredlichkeit *f;* **disonesto, -a** [dizo'nɛsto] *agg* ❶ (*privo di onestà*) unehrlich, unredlich ❷ (*immorale*) unanständig

disonorare [dizono'ra:re] I. *vt* entehren II. *vr* -**rsi** seine Ehre verlieren; **disonore** [dizo'no:re] *m* ❶ (*perdita dell'onore*) Verlust *m* der Ehre ❷ (*vergogna*) Schande *f;* (*a fig*) Schandfleck *m;* **disonorevole** [dizono're:vole] *agg* unehrenhaft, entehrend

disopra, di sopra [di'so:pra] I. *avv* oben, darauf; (*moto*) nach oben; (*nella parte superiore*) darüber II. <inv> *agg* obere(r, s), darüber liegend III. <-> *m* Oberseite *f*, Außenseite *f;* (*parte*) oberer Teil *m;* **essere al ~ di ogni cosa** über den Dingen stehen; **essere al ~ di ogni sospetto** über jeden Verdacht erhaben sein

disordinare [dizordi'na:re] *vt* in Unordnung bringen; (*a fig*) durcheinanderbringen; **disordinato, -a** [dizordi'na:to] I. *agg* ❶ (*scompigliato*) ungeordnet ❷ (*privo di modo*) unordentlich, ungeregelt ❸ (*privo di misura*) unmäßig II. *m, f* unordentliche Person

disordine [di'zordine] *m* ❶ (*scompiglio*) Unordnung *f*, Durcheinander *n;* **in ~** unaufgeräumt ❷ (*situazione confusa*) Durcheinander *n* ❸ (*sregolatezza*) Unmäßigkeit *f* ❹ *pl* (*tumulti*) Unruhen *fpl*

disorganicità [dizorganitʃi'ta] <-> *f* Unlogik *f*, Folgewidrigkeit *f*

disorganico, -a [dizor'ga:niko] <-ci, -che> *agg* unorganisch, anorganisch

disorganizzare [dizorganid'dza:re] I. *vt* desorganisieren, zerrütten II. *vr* -**rsi** sich auflösen; **disorganizzato, -a** [dizorgan-id'dza:to] *agg* unorganisiert, desorganisiert; **disorganizzazione** [dizorgan-iddzat'tsio:ne] *f* Organisationsmangel *m*, Desorganisation *f*

disorientamento [dizorienta'mento] *m* Verwirrung *f*, Desorientierung *f;* **disorientare** [dizorien'ta:re] I. *vt* ❶ (*nella direzione*) in die Irre führen ❷ (*fig*) verwirren

II. *vr* -**rsi** ❶ (*nella direzione*) sich verirren ❷ (*fig*) die Orientierung verlieren; **disorientato, -a** [dizorien'ta:to] *agg* desorientiert, orientierungslos

disorlare [dizor'la:re] *vt* den Saum [*o* die Webkante] abtrennen

disormeggiare [dizormed'dza:re] *vt* die Leinen losmachen

disossare [dizos'sa:re] *vt* entbeinen; **disossatore** [dizossa'to:re] *agg* **coltello ~** Ausbeinmesser *n;* **disossatrice** [dizos-sa'tri:tʃe] *f* Entkerner *m*, Entsteiner *m*

disossidante [dizossi'dante] I. *agg* desoxidierend II. *m* Reduktionsmittel *n*

disossidare [dizossi'da:re] *vt* desoxidieren; **disossidazione** [dizossi-dat'tsio:ne] *f* Desoxidation *f*

disostruire [dizostru'i:re] <disostruisco> *vt* (TEC, MED) ausräumen, von einer Verstopfung befreien; **disostruzione** [dizostrut'tsio:ne] *f* (MED) Beseitigung *f* von Arterienverstopfungen

disotto, di sotto [di'sotto] I. *avv* unten; (*moto*) nach unten; (*nella parte inferiore*) darunter II. <inv> *agg* untere(r, s), darunter liegend III. <-> *m* Unterseite *f*, Innenseite *f;* (*parte*) unterer Teil; **al ~ del livello del mare** unter dem Meeresspiegel; **rimanere al ~ di qu** (*fig*) jdm unterlegen sein

dispaccio [dis'pattʃo] <-cci> *m* Botschaft *f*, Bericht *m;* ~ **telegrafico** Telegramm *n*

disparato, -a [dispa'ra:to] *agg* ungleichartig, verschieden

disparere [dispa're:re] *m* Meinungsunterschied *m*

dispari ['dispari] <inv> *agg* ungleich; (MAT) ungerade; **disparità** [dispari'ta] *f* Ungleichheit *f*, Verschiedenheit *f*

disparte [dis'parte] *avv* **in ~** beiseite, abseits; **lasciare qc in ~** etw beiseite lassen; **tenersi** [*o* **starsene**] **in ~** abseits stehen

dispendio [dis'pendio] <-i> *m* großer Aufwand; (*pej*) Verschwendung *f;* ~ **di energie** Energieverschwendung *f;* **dispendioso, -a** [dispen'dio:so] *agg* aufwändig, kostspielig

dispensa [dis'pɛnsa] *f* ❶ (*fascicolo*) (Einzel)ausgabe *f*, Lieferung *f;* ~ **universitaria** Skript *n* ❷ (*esonero*) Freistellung *f*, Befreiung *f;* ~ **matrimoniale** Ehedispens *f* ❸ (*mobile*) Anrichte *f* ❹ (*stanzino*) Vorrats-, Speisekammer *f;* **dispensare** [dispen'sa:re] *vt* ❶ (*distribuire*) aus-, verteilen ❷ (*esonerare*) befreien, freistellen; (ADM) suspendieren; **dispensario** [dispen'sa:rio] <-ri> *m* Krankenfürsorgeeinrichtung *f;* **dispensatore, -trice** [dispensa'to:re] *m, f* Spender(in) *m(f)*, Freisteller(in) *m(f)*

dispenser [di'spensə *o* dis'pɛnser] <-> *m* Spender *m;* **dispensiere**, **-a** [dispen'siɛ:re] *m, f* Verwalter(in) *m(f)* (eines Lebensmittelvorrats); (NAUT) Proviantmeister *m*

disperare [dispe'ra:re] I. *vi* ~ **di** qc an etw *dat* verzweifeln; **far** ~ **qu** jdn zur Verzweiflung bringen II. *vr* **-rsi** verzweifeln; **-rsi per qc** an etw *dat* verzweifeln; **disperato**, **-a** [dispe'ra:to] I. *agg* verzweifelt, hoffnungslos; **caso** ~ hoffnungsloser Fall II. *m, f* Verzweifelte(r) *f(m)*, Hoffnungslose(r) *f(m);* **è un povero** ~ (*fam*) er ist ein armer Schlucker; **lavorare come un** ~ (*fam*) wie ein Wilder arbeiten; **disperazione** [disperat'tsio:ne] *f* ❶ (*mancanza di speranza*) Verzweiflung *f*, Hoffnungslosigkeit *f*; **il coraggio della** ~ der Mut der Verzweiflung ❷ (*che fa disperare*) Elend *n*, Unglück *n*

disperdere [dis'pɛrdere] <irr> I. *vt* ❶ (*dissipare*) ver-, zerstreuen ❷ (*consumare*) ver-, aufbrauchen II. *vr* **-rsi** ❶ (*dissiparsi*) sich zerstreuen, sich verlaufen ❷ (*fig*) **-rsi in qc** sich in etw *dat* verlieren; **lo scrittore si è disperso nella descrizione di dettagli** der Schriftsteller hat sich in Detailschilderungen verloren; **dispersa** *f v.* **disperso**; **dispersione** [disper'sio:ne] *f* ❶ (*dissipazione*) Zerstreuung *f*; (*fig*) Verschwendung *f* ❷ (PHYS) Dispersion *f;* ~ **di calore** Wärmeverlust *m;* **dispersività** [dispersivi'ta] <-> *f* ❶ (PSYCH) Zerstreutheit *f* ❷ (PHYS) Dispersität *f;* **dispersivo**, **-a** [disper'si:vo] I. *agg* zerstreut II. *m, f* zerstreute Person

disperso, **-a** [dis'pɛrso] I. *agg* ❶ (*sparso*) zerstreut, versprengt ❷ (*perso*) verloren (gegangen) ❸ (*irreperibile*) vermisst, abgängig *A;* **dare qu per** ~ jdn als vermisst melden ❹ (*fig*) zersplittert II. *m, f* Vermisste(r) *f(m);* **dispersore** [disper'so:re] *m* ❶ (PHYS) Ableiter *m*, Erdung *f* ❷ (*fosse biologiche*) biologische Kläranlage *f*

dispetto [dis'petto] *m* ❶ (*atto spiacevole*) Bosheit *f;* **fare un** ~ **a qu** jdm einen (bösen) Streich spielen; **a** ~ **di qu** jdm zum Trotz ❷ (*irritazione*) Ärger *m;* **provare** ~ **per qc** sich über etw *acc* ärgern; **dispettoso**, **-a** [dispet'to:so] *agg* boshaft; (*fastidioso*) lästig, ärgerlich

dispiacere[1] [dispia'tʃe:re] *m* ❶ (*afflizione*) Kummer *m* ❷ (*rammarico*) Bedauern *n*

dispiacere[2] <irr> *vi* essere missfallen, nicht zusagen; **mi dispiace** (**che …**) es tut

mir Leid (, dass …); **ti dispiace posare il libro sul tavolo?** macht es dir etwas aus, das Buch auf den Tisch zu legen?; **se non ti dispiace …** wenn du nichts dagegen hast …, wenn es dir recht ist …; **dispiaciuto**, **-a** [dispia'tʃu:to] *agg* bekümmert; **essere** ~ **di qc** über etw *acc* bekümmert sein

dispiegare [dispie'ga:re] *vt* ausbreiten, auseinander falten

display [di'splei] <-> *m* (INFORM) Display *n;* ~ **a colori** Farbdisplay *n*

displuvio [dis'plu:vio] <-i> *m* ❶ (GEOG: *spartiacque*) Wasserscheide *f* ❷ (*del tetto*) Dachgrat *m*

dispongo *1. pers sing pr di* **disporre**

disponibile [dispo'ni:bile] *agg* ❶ (*a disposizione*) verfügbar; (*merce, libro*) vorrätig; **non c'è più un posto** ~ es ist kein Platz mehr frei ❷ (*persone*) frei; **questo pomeriggio sono** ~ heute Nachmittag habe ich Zeit; **disponibilità** [disponibili'ta] <-> *f* Verfügbarkeit *f;* (*di merce, libro*) Vorrätigkeit *f*

disporre [dis'porre] <irr> I. *vt* ❶ (*collocare*) aufstellen, anordnen ❷ (*sistemare*) (an)ordnen ❸ (*preparare*) vorbereiten, einstimmen ❹ (*prescrivere*) veranlassen, anordnen II. *vi* ❶ (*avere a disposizione*) ~ **di qc** über etw *acc* verfügen ❷ (*stabilire*) bestimmen, verfügen ❸ (*decidere*) entscheiden III. *vr* **-rsi** ❶ (*sistemarsi*) sich aufstellen ❷ (*prepararsi*) **-rsi a qc** sich auf etw *acc* vorbereiten

disposal [dis'pouzəl] <-> *m* Einwegartikel *m*

dispositivo [dispozi'ti:vo] *m* ❶ (JUR) Tenor *m* ❷ (*congegno*) Vorrichtung *f;* (*fig: di sicurezza*) Vorkehrung *f*

dispositivo, **-a** *agg* verfügend; (ADM, JUR) dispositiv; **disposizione** [dispozit'tsio:ne] *f* ❶ (*collocazione*) Aufstellung *f*, Anordnung *f;* **la** ~ **degli invitati a tavola** die Tischordnung für die Gäste ❷ (*inclinazione*) Veranlagung *f;* **avere** ~ **a** [*o* **per**] **qc** zu etw Veranlagung haben ❸ (*condizione di spirito*) Verfassung *f* ❹ (*ordine*) Bestimmung *f* ❺ (*servizio*) Verfügung *f;* **mettere qc a** ~ **di qu** jdm etw zur Verfügung stellen; **tenersi a** ~ sich zur Verfügung halten

disposto [dis'posto] *m* Bestimmung *f*

disposto, **-a** I. *pp di* **disporre** II. *agg* ❶ (*collocato*) aufgestellt, angeordnet; (*casa*) eingerichtet; (*sistemato*) (an)geordnet ❷ (*pronto*) bereit; **essere** ~ **a fare qc** bereit sein etw zu tun ❸ (*condizione d'animo*) bereit, geneigt; **ben/mal** ~ gut/

esprimere disprezzo	
esprimere disprezzo	**Geringschätzung/Missfallen ausdrücken**
Non ne ho una grande considerazione.	Davon halte ich nicht viel.
Ho una pessima opinione di quest'uomo.	Ich halte gar nichts von diesem Mann.
Non venirtene ora con queste storie! (*fam*)	Komm mir jetzt nicht mit diesen Geschichten!
(Mi dispiace ma) questa donna **non mi piace per niente**. (*fam*)	(Es tut mir Leid, aber) **ich habe für** diese Frau **nichts übrig**. (*fam*)
Le bugie **non le tollero/sopporto**. (*fam*)	Lügen **kann ich überhaupt nicht ausstehen/leiden**. (*fam*)
Non mi piace per niente come ti comporti.	Es gefällt mir überhaupt/gar nicht, wie du dich verhältst.
È insopportabile.	Es ist unerträglich.

schlecht aufgelegt

dispotico, -a [dis'pɔ:tiko] <-ci, -che> *agg* ❶ (POL) despotisch ❷ (*fig*) despotisch, tyrannisch; **dispotismo** [dispo'tizmo] *m* ❶ (POL) Despotismus *m* ❷ (*fig*) Tyrannei *f*

dispregiativo, -a [dispredʒa'ti:vo] *agg* verächtlich; **dispregio** [dis'prɛ:dʒo] <-gi> *m* Verachtung *f*, Missachtung *f*

disprezzabile [dispret'tsa:bile] *agg* verachtenswert, zu verachten(d)

disprezzare [dispret'tsa:re] *vt* ❶ (*ritenere indegno*) verachten; (*disdegnare*) verschmähen ❷ (*non osservare*) missachten, unterschätzen; **disprezzo** [dis'prɛttso] *m* ❶ (*sdegnoso rifiuto*) Verachtung *f*; (*di cose*) Verschmähung *f* ❷ (*noncuranza*) Missachtung *f*, Unterschätzung *f*

disputa ['disputa] *f* ❶ (*discussione*) Disput *m*, Streitgespräch *n* ❷ (*alterco*) Auseinandersetzung *f*; **disputare** [dispu'ta:re] I. *vt* ❶ (*contendere*) streitig machen ❷ (SPORT: *partita*) austragen II. *vr* **-rsi qc** um etw kämpfen

disquisire [diskui'zi:re] <disquisisco> *vi* (ausführlich) dikutieren; ~ **su qc** über etw *acc* debattieren; **disquisizione** [diskuizit'tsio:ne] *f* (eingehende) Darlegung *f*

dissacrante [dissa'krante] *agg* ketzerisch; **dissacrare** [dissa'kra:re] *vt* ❶ (REL) entweihen ❷ (*fig: demitizzare*) entmythisieren; **dissacratore, -trice** [dissakra'to:re] I. *agg* ketzerisch II. *m, f* Ketzer(in) *m(f)*; **dissacrazione** [dissakrat'tsio:ne] *f* ❶ (REL) Entweihung *f* ❷ (*fig*) Entmythisierung *f*

dissalare [dissa'la:re] *vt* entsalzen; **dissalatore** [dissala'to:re] *m* Entsalzungsanlage *f*, -gerät *n*; **dissalazione** [dissalat'tsio:ne] *f* Entsalzung *f*

dissaldatore [dissalda'to:re] *m* Gerät *n* zum Losschweißen

dissanguamento [dissaŋgua'mento] *m* ❶ (MED) Verbluten *n* ❷ (*fig*) Ausbluten *n*, Aderlass *m geh*; **dissanguare** [dissaŋ'gua:re] I. *vt* ❶ (MED) verbluten lassen; (*animali*) ausbluten lassen ❷ (*fig*) schröpfen, ausnehmen, (bis aufs Blut) aussaugen II. *vr* **-rsi** ❶ (MED) verbluten; **-rsi per qc** an etw *dat* verbluten ❷ (*fig*) sich aufopfern; **dissanguatore, -trice** [dissaŋgua'to:re] I. *agg* (*fig*) ausbeuterisch II. *m, f* (*fig*) Ausbeuter(in) *m(f)*

dissapore [dissa'po:re] *m* Unstimmigkeit *f*

disseccare [disse'ka:re] *vt, vr* **-rsi** austrocknen, trocknen; **disseccazione** [dissekkat'tsio:ne] *f* Trocknen *n*, Dörren *n*

disselciare [dissel'tʃa:re] *vt* aufreißen, das Pflaster aufreißen

disseminare [dissemi'na:re] *vt* ❶ (*spargere*) verstreuen, ausstreuen ❷ (*fig*) verbreiten; **disseminatore, -trice** [dissemina'to:re] *m, f* Kolporteur(in) *m(f)*; **disseminazione** [disseminat'tsio:ne] *f* Aussaat *f*

dissennatezza [dissenna'tettsa] *f* Unverstand *m*, Unvernunft *f*

dissennato, -a [dissen'na:to] *agg* unvernünftig, töricht

dissenso [dis'sɛnso] *m* ❶ (*divergenza di opinioni*) Meinungsverschiedenheit *f* ❷ (*disapprovazione*) Missbilligung *f*, Ablehnung *f* ❸ (POL, REL) Abweichlertum *n*, Dissidententum *n*

dissenteria [dissente'ri:a] <-ie> *f* Ruhr *f*

dissentire [dissen'ti:re] *vi* ~ **da qu su qc** mit jdm in etw *dat* nicht übereinstimmen; **dissenziente** [dissen'tsiɛnte] I. *agg* anders denkend II. *mf* Andersdenkende(r) *f(m)*

disseppellire [disseppel'li:re] <dissep-pellisco> *vt* ❶ (*riportare alla luce*) ausgraben, freilegen ❷ (*esumare*) exhumieren

dissequestrare [dissekues'tra:re] *vt* freigeben; **dissequestro** [disse'kuɛstro] *m* Freigabe *f*

dissertare [disser'ta:re] *vi* ~ **su** [*o* **di**] **qc** etw (gründlich) abhandeln

dissertazione [dissertat'tsio:ne] *f* wissenschaftliche Abhandlung; ~ **di laurea** Hochschulabschlussarbeit *f*

disservizio [disser'vittsio] *m* Misswirtschaft *f;* (*cattivo funzionamento*) schlechtes Funktionieren

dissestare [disses'ta:re] *vt* ❶ (*mettere in disordine*) aus den Fugen gehen lassen, in Unordnung bringen ❷ (*fig*) das Gefüge zerstören; (*famiglia*) zerrütten; **dissesto** [dis'sɛsto] *m* (*fig*) Zerrüttung *f;* **ditta in ~** vom Konkurs bedrohte Firma; ~ **finanziario** katastrophale Finanzlage

dissetante [disse'tante] I. *agg* durstlöschend, durststillend II. *m* Durstlöscher *m;* **dissetare** [disse'ta:re] I. *vt* ~ **qu** jds Durst löschen II. *vr* -**rsi** seinen Durst löschen

dissezione [disset'tsio:ne] *f* Sezierung *f*

dissi ['dissi] *1. pers sing pass rem di* **dire**[1]

dissidente [dissi'dɛnte] I. *agg* abgefallen, abtrünnig II. *mf* Dissident(in) *m(f),* Abtrünnige(r) *f(m);* **dissidenza** [dissi'dɛntsa] *f* Interessenkollision *f,* Dissidenz *f*

dissidio [dis'si:dio] <-i> *m* Zwist *m,* Meinungsverschiedenheit *f*

dissigillare [dissidʒil'la:re] *vt* das Siegel aufbrechen, entsiegeln

dissimile [dis'si:mile] *agg* nicht ähnlich, verschieden

dissimmetria [dissimme'tri:a] *f* Asymmetrie *f;* **dissimmetrico, -a** [dissim'mɛ:triko] <-ci, -che> *agg* asymmetrisch

dissimulare [dissimu'la:re] *vt* ❶ (*nascondere*) verheimlichen, verbergen; (*sentimento*) verhehlen ❷ (*fingere*) vorspiegeln, vortäuschen; **dissimulatore, -trice** [dissimula'to:re] *m, f* Heuchler(in) *m(f);* **dissimulazione** [dissimulat'tsio:ne] *f* Verstellung *f,* Vortäuschung *f*

dissintonia [dissinto'ni:a] <-ie> *f* ❶ (RADIO) (Frequenz)störung *f* ❷ (*disarmonia*) Verstimmung *f;* **dissintonizzare** [dissintonid'dza:re] *vt* auf Störfrequenz stellen [*o* schalten]

dissipare [dissi'pa:re] I. *vt* ❶ (*dissolvere*) auflösen, zerstreuen ❷ (*fig: dubbi*) zerstreuen ❸ (*sperperare*) vergeuden, verschwenden II. *vr* -**rsi** (*a fig*) sich auflösen

dissipata *f v.* **dissipato**

dissipatezza [dissipa'tettsa] *f* ❶ (*sperpero*) Verschwendungssucht *f* ❷ (*modo vizioso*) Zügellosigkeit *f,* Liederlichkeit *f;* **dissipativo, -a** [dissipa'ti:vo] *agg* ❶ (*che provoca dissipazione*) Verschwendung [*o* Vergeudung] hervorrufend ❷ (*obs: lassativo*) abführend

dissipato, -a [dissi'pa:to] I. *agg* ❶ (*di sperpero*) verschwenderisch ❷ (*sfrenato*) ausschweifend, liederlich II. *m, f* ausschweifender Mensch; **dissipatore, -trice** [dissipa'to:re] *m, f* Verschwender(in) *m(f);* **dissipazione** [dissipat'tsio:ne] *f* ❶ (*sperpero*) Verschwendung *f,* Vergeudung *f* ❷ (*condotta sregolata*) Zügellosigkeit *f,* Maßlosigkeit *f*

dissociabile [disso'tʃa:bile] *agg* trennbar

dissociare [disso'tʃa:re] *vt* ❶ (*separare*) trennen ❷ (CHEM) dissoziieren; **dissociativo, -a** [dissotʃati:vo] *agg* Trennungs-, Spaltungs-; **fattore** ~ Trennungsfaktor *m;* **dissociato, -a** [disso'tʃa:to] *m, f* ❶ (PSYCH) an Dissoziation Leidende(r) *f(m)* ❷ (POL) Genosse *m,* Genossin *f;* (*nei processi contro i terroristi, la mafia*) Aussteiger(in) *m(f);* **dissociazione** [dissotʃat'tsio:ne] *f* ❶ (*disgiunzione*) Trennung *f* ❷ (CHEM, PSYCH) Dissoziation *f,* Spaltung *f*

dissodamento [dissoda'mento] *m* Urbarmachung *f;* **dissodare** [disso'da:re] *vt* urbar machen

dissolsi [dis'sɔlsi] *1. pers sing pass rem di* **dissolvere**

dissolto [dis'5lto] *pp di* **dissolvere**

dissolubile [disso'lu:bile] *agg* (auf)lösbar

dissoluta *f v.* **dissoluto**

dissolutezza [dissolu'tettsa] *f* Ausschweifung *f,* Sittenlosigkeit *f;* **dissoluto, -a** [disso'lu:to] I. *agg* ausschweifend, sittenlos II. *m, f* zügelloser Mensch

dissoluzione [dissolut'tsio:ne] *f* ❶ (*disfacimento*) Auflösung *f,* Zersetzung *f* ❷ (*fig*) Auflösung *f,* Zerfall *m*

dissolvenza [dissol'vɛntsa] *f* (FILM) ~ **in apertura** Einblendung *f;* ~ **in chiusura** Ausblendung *f;* ~ **incrociata** Überblendung *f*

dissolvere [dis'sɔlvere] <dissolvo, dissolsi, dissolto> I. *vt* ❶ (*sciogliere*) auflösen ❷ (*disperdere*) zerstreuen ❸ (*dissipare*) vertreiben II. *vr* -**rsi** sich auflösen

dissomigliare [dissomiʎ'ʎa:re] I. *vi* keine Ähnlichkeit haben; ~ **da qu** jdm unähnlich sein II. *vr* -**rsi** sich *dat* nicht ähnlich sein

dissonante [disso'nante] *agg* ❶ (MUS) dissonant, misstönend ❷ (*fig*) nicht übereinstimmend, verschieden; **dissonanza**

[disso'nantsa] *f* ❶ (MUS) Dissonanz *f* ❷ (*fig*) Unstimmigkeit *f,* Disharmonie *f*

dissotterrare [dissotter'ra:re] *vt* ausgraben, exhumieren

dissuadere [dissua'de:re] <dissuado, dissuasi, dissuaso> *vt* abbringen; ~ **qu da qc** jdn von etw abbringen, jdm etw ausreden; **dissuasione** [dissua'zio:ne] *f* Abraten *n;* **dissuaso** [dissu'a:zo] *pp di* **dissuadere**

dissuggellare [dissudd͡ʒel'la:re] *vt* ❶ (*lettera*) entsiegeln ❷ (*poet fig: segreto*) enthüllen, offenbaren; (*occhi, labbra*) öffnen

distaccare [distak'ka:re] I. *vt* ❶ (*separare*) abnehmen, ablösen, trennen ❷ (*allontanare*) entfernen; (*da famiglia*) trennen ❸ (SPORT) zurückklassen, abhängen II. *vr* **-rsi** ❶ (*allontanarsi*) sich abwenden ❷ (*distinguersi*) sich abheben; **distaccato, -a** [distak'ka:to] *agg* distanziert; **distacco** [dis'takko] <-chi> *m* ❶ (*rimozione*) Abnahme *f,* Ablösung *f* ❷ (*fig: allontanamento*) Abkehr *f,* Abwendung *f* ❸ (*distanza*) Abstand *m,* Ablöse *f A*

distante [dis'tante] I. *agg* ❶ (*lontano*) fern, weit ❷ (*fig: di riserbo*) unnahbar II. *avv* (weit) entfernt; **venire da ~** von weit her kommen; **distanza** [dis'tantsa] *f* ❶ (*spazio*) Abstand *m,* Entfernung *f,* Ablöse *f A;* **~ di sicurezza** Sicherheitsabstand *m;* **comando a ~** Fernsteuerung *f* ❷ (*tempo*) Abstand *m* ❸ (*fig: differenza*) Unterschied *m*

distanziamento [distantsia'mento] *m* Distanzierung *f;* **distanziare** [distan'tsia:re] *vt* ❶ (*disporre a distanza*) in einem bestimmten Abstand aufstellen ❷ (*fig* SPORT) abhängen, hinter sich *dat* lassen

distare [dis'ta:re] <disto, *mancano pass rem e pp*> *vi* entfernt sein

distendere [dis'tɛndere] <irr> I. *vt* ❶ (*estendere*) ausbreiten; (*braccia, mani*) ausstrecken; (*vele*) aufziehen; (*biancheria*) aufhängen ❷ (*mettere a giacere*) (hin)legen ❸ (*gambe*) ausstrecken; (*nervi, muscoli*) entspannen ❹ (*spalmare*) **~ qc su qc** etw auf etw *acc* streichen ❺ (*abbattere*) niederstrecken II. *vr* **-rsi** ❶ (*rilassarsi*) sich entspannen ❷ (*sdraiarsi*) sich hinlegen ❸ (*stirarsi*) sich strecken, sich dehnen; **distensione** [disten'sio:ne] *f* ❶ (*allungamento, estensione*) Dehnung *f,* Streckung *f* ❷ (*rilassamento*) Entspannung *f;* **distensivo, -a** [disten'si:vo] *agg* entspannend; **politica -a** Entspannungspolitik *f*

distesa [dis'te:sa] *f* ❶ (*quantità*) (ganze)

Reihe *f* ❷ (*estensione*) Ausdehnung *f,* Weite *f*

distesamente [distesa'mente] *avv* in allen Einzelheiten

distesi *1. pers sing pass rem di* **distendere**

disteso, -a [dis'te:so] I. *pp di* **distendere** II. *agg* ❶ (*sdraiato, allungato*) ausgestreckt; (*vela*) gestrafft ❷ (*pacato*) gedämpft ❸ (*rilassato*) entspannt III. *avv* **a -a** ohne Unterbrechung; (*cantare*) aus vollem Hals(e); **per ~** in allen Einzelheiten, ausführlich

distico ['distiko] <-ci> *m* Distichon *n,* Zweizeiler *m*

distillare [distil'la:re] I. *vt avere* ❶ (CHEM) destillieren; (*acquavite*) brennen ❷ (*mandar fuori*) (tropfenweise) absondern II. *vi essere* tropfen, sich absondern

distillato [distil'la:to] *m* ❶ (CHEM) Destillat *n* ❷ (*bevanda*) Branntwein *m* ❸ (*fig*) Konzentrat *n*

distillato, -a *agg* (*alcol*) gebrannt; (CHEM) destilliert

distillatore [distilla'to:re] *m* Destillator *m*

distillatore, -trice *m, f* ❶ (CHEM) Destillateur *m* ❷ (*di liquori*) Branntweinbrenner(in) *m(f);* **distillazione** [distillat'tsio:ne] *f* Destillation *f;* **distilleria** [distille'ri:a] <-ie> *f* (Branntwein)brennerei *f*

distinguere [dis'tiŋguere] <distinguo, distinsi, distinto> I. *vt* ❶ (*discernere*) auseinander halten, unterscheiden ❷ (*percepire*) unterscheiden, wahrnehmen ❸ (*vedere*) erkennen ❹ (*contrassegnare*) kennzeichnen, unterscheiden II. *vr* **-rsi da qu** (**per qc**) sich von jdm (in etw *dat*) unterscheiden

distinguo [dis'tiŋguo] <-> *m* Präzisierung *f*

distinta [dis'tinta] *f* Aufstellung *f,* Liste *f,* Verzeichnis *n*

distintivo [distin'ti:vo] *m* Erkennungsmarke *f,* Abzeichen *n*

distintivo, -a *agg* Unterscheidungs-, unterscheidend, distinktiv; **caratteri -i** (SCIENT) Unterscheidungsmerkmale *npl*

distinto, -a [dis'tinto] I. *pp di* **distinguere** II. *agg* ❶ (*differente*) verschieden(artig), getrennt ❷ (*chiaro*) deutlich ❸ (*fine*) vornehm, distinguiert *geh;* **-i saluti** hochachtungsvoll, mit freundlichen Grüßen; **distinzione** [distin'tsio:ne] *f* ❶ (*considerazione separata*) Unterschied *m* ❷ (*discriminazione*) Unterscheidung *f,* Unterschied *m* ❸ (*riguardo*) Hochachtung *f*

distogliere [dis'tɔʎʎere] <irr> *vt* abbringen; (*attenzione*) ablenken; (*sguardo*) abwenden

distonia [disto'ni:a] <-ie> *f* (MED) Dystonie *f*

distorcere [dis'bɔrtʃere] <irr> I. *vt* ❶ (*torcere, contorcere*) verziehen, verzerren ❷ (*fig: verità*) entstellen, verzerren ❸ (TEC, PHYS) verzerren II. *vr* -rsi sich winden; -rsi il polso sich *dat* die Hand verstauchen; **distorsione** [distor'sio:ne] *f* ❶ (MED) Verstauchung *f* ❷ (TEC, PHYS) Verzerrung *f* ❸ (*fig*) Entstellung *f*, Verzerrung *f*

distrarre [dis'trarre] <irr> I. *vt* ❶ (*dallo studio*) ablenken; (*divertire*) zerstreuen ❷ (*sguardo*) abwenden; (*somma*) abzweigen; (*truppe*) abziehen II. *vr* -rsi ❶ (*volgere la mente*) sich ablenken (lassen) ❷ (*divertirsi*) sich zerstreuen; **distratto, -a** [dis'tratto] I. *agg* unaufmerksam, zerstreut II. *m, f* zerstreute Person; **distrazione** [distrat'tsio:ne] *f* ❶ (*disattenzione*) Unaufmerksamkeit *f*, Zerstreutheit *f* ❷ (*diversivo*) Zerstreuung *f*, Ablenkung *f*

distretto [dis'tretto] *m* Bezirk *m,* Distrikt *m;* ~ **carbonifero** Kohlenrevier *n;* ~ **postale** Post-, Zustellbezirk *m*

distribuire [distribu'i:re] <distribuisco> *vt* verteilen, austeilen; (*fornire*) versorgen mit; (*onoreficenze*) vergeben; (*posta*) austragen, zustellen; **distributivo, -a** [distribu'ti:vo] *agg* distributiv, verteilend; **giustizia -a** ausgleichende Gerechtigkeit

distributore [distribu'to:re] *m* (TEC) Verteiler *m;* ~ **di benzina** Tankstelle *f;* ~ **di sigarette** Zigarettenautomat *m;* ~ **automatico** Automat *m*

distributore, -trice *m, f* Verteiler(in) *m(f);* (*della posta, di giornali*) Austräger(in) *m(f);* **distribuzionale** [distributtsio'na:le] *agg* Verteiler-, Distributions-; **distribuzionalismo** [distributtsiona'lizmo] *m* (LING) Distributionalismus *m;* **distribuzionalista** [distributtsiona'lista] <-i *m,* -e *f*> *mf* (LING) Distributionalist(in) *m(f)*

distribuzione [distribut'tsio:ne] *f* ❶ (*assegnazione*) Zuteilung *f*, Verteilung *f* ❷ (*consegna*) Austeilung *f*, Zustellung *f* ❸ (*fornitura*) Versorgung *f* ❹ (*meccanismo*) Steuerung *f* ❺ (COM) Vertrieb *m,* Distribution *f* ❻ (*posizione*) Verteilung *f*, Distribution *f*

districare [distri'ka:re] I. *vt* entwirren II. *vr* -rsi (*fig: trarsi d'impaccio*) sich herauswinden

distruggere [dis'truddʒere] <irr> *vt* ❶ (*annientare*) zerstören, vernichten; (*specie*) ausrotten ❷ (*vanificare*) zunichte machen, vereiteln ❸ (*fig*) zerstören, zu

Grunde richten; **distruttivo, -a** [distrut'ti:vo] *agg* zerstörerisch; (*a fig*) destruktiv; (*critica*) vernichtend; **distrutto** [dis'trutto] *pp di* **distruggere**

distruttore [distrut'to:re] *m* ~ **di documenti** Reißwolf *m,* Aktenvernichter *m*

distruttore, -trice I. *agg* Zerstörungs- II. *m, f* Zerstörer(in) *m(f)*

distruzione [distrut'tsio:ne] *f* Zerstörung *f*, Vernichtung *f;* (*di specie*) Ausrottung *f*

disturbare [distur'ba:re] I. *vt* ❶ (*ostacolare*) stören ❷ (*infastidire*) belästigen, stören, sekkieren *A* II. *vr* -rsi sich bemühen, (sich *dat*) Umstände machen; **non si disturbi** machen Sie sich keine Umstände; **grazie, ma non doveva -rsi** vielen Dank, das war (doch) nicht nötig; **disturbatore, -trice** [disturba'to:re] *m, f* Störenfried *m;* **disturbo** [dis'turbo] *m* ❶ (TEC) Störung *f* ❷ (MED) Verstimmung *f*, Beschwerden *fpl;* ~ **di stomaco** Magenbeschwerden *fpl* ❸ (*incomodo*) Bemühung *f*, Mühe *f;* **togliere il** ~ sich empfehlen *geh,* nicht länger stören wollen

disubbidiente [dizubbi'diɛnte] *agg* ungehorsam; **disubbidienza** [dizubbi'dientsa] *f* Ungehorsam *m,* Nichtbefolgung *f*

disubbidire [dizubbi'di:re] <disubbidisco> *vi* ~ **a qu** jdm nicht gehorchen; ~ **a un ordine** einen Befehl nicht befolgen

disuguaglianza [dizuguaʎ'ʎantsa] *f* ❶ (*divario*) Unterschied *m;* **-e sociali** soziale Unterschiede ❷ (MAT) Ungleichung *f;* **disuguale** [dizu'gua:le] *agg* ❶ (*diverso*) ungleich, unterschiedlich ❷ (*irregolare*) ungleichmäßig, unregelmäßig; (*terreno*) uneben

disumanità [dizumani'ta] <-> *f* Unmenschlichkeit *f*, Grausamkeit *f;* **disumanizzare** [dizumanid'dza:re] *vt* entmenschlichen; **disumanizzazione** [dizumaniddzat'tsio:ne] *f* Entmenschlichung *f;* **disumano, -a** [dizu'ma:no] *agg* unmenschlich

disunione [dizu'nio:ne] *f* ❶ (*mancanza di coesione*) Uneinigkeit *f* ❷ (*discordia*) Zwietracht *f;* **disunire** [dizu'ni:re] <disunisco> *vt* ❶ (*separare*) scheiden, trennen ❷ (*fig*) entzweien

disusato, -a [dizu'za:to] *agg* ungebräuchlich; (*antiquato*) veraltet

disuso [di'zu:zo] *m* **in** ~ veraltet; **cadere in** ~ veralten, ungebräuchlich werden

disutile [di'zu:tile] I. *agg* ❶ (*cose*) unnütz, nutzlos ❷ (*pej: persone*) nichtsnutzig II. *m* Verlust *m*

ditale [di'ta:le] *m* Fingerhut *m*

ditata [di'ta:ta] *f* ❶ (*colpo*) Stoß *m* mit dem Finger ❷ (*impronta*) Fingerabdruck *m*

diteggiatura [ditedd3a'tu:ra] *f* (MUS: *atto e tecnica*) Fingersatz *m*

dito ['di:to] <nel loro insieme: -a *f*, considerati separatamente: -i *m*> *m* ❶ (ANAT: *della mano*) Finger *m*; (*del piede*) Zeh *m*, Zehe *f*; **avere qc sulla punta delle -a** (*fig*) etw aus dem Effeff beherrschen *fam*; **si contano sulle** [*o* **sulla punta delle**] **-a** man kann sie an zehn Fingern abzählen; **leccarsi le -a** (*fig*) sich *dat* alle zehn Finger lecken *fam*; **mettere il ~ sulla piaga** (*fig*) den wunden Punkt treffen; **mordersi le -a** (*fig*) vor Wut mit den Zähnen knirschen; **non muovere un ~ in favore di qu** für jdn keinen Finger rühren; **segnare a ~ qu** (*fig*) mit Fingern auf jdn zeigen; **toccare il cielo con un ~** den Himmel offen sehen *geh*; **questo me lo lego al ~** (*fig*) das werde ich mir hinter die Ohren schreiben ❷ (*del guanto*) Finger *m* ❸ (*misura*) Fingerbreit *m*; (*di liquidi*) Schluck *m*

ditta ['ditta] *f* Firma *f*, Betrieb *m*

dittafono [dit'ta:fono] *m* ❶ (*per la dettatura*) Diktiergerät *n*, Diktafon *n* ❷ (*per la conversazione*) Sprechanlage *f*

dittatore [ditta'to:re] *m* Diktator *m*; **dittatoriale** [dittato'ria:le] *agg* diktatorisch; **dittatura** [ditta'tu:ra] *f* Diktatur *f*

dittongo [dit'bŋgo] <-ghi> *m* (LING) Doppelvokal *m*, Diphthong *m*

diuresi [diu'rɛ:zi] <-> *f* (MED) Harnausscheidung *f*, Diurese *f*

diuretico [diu'rɛ:tiko] <-ci> *m* Diuretikum *n*, harntreibendes Mittel

diuretico, -a <-ci, -che> *agg* harntreibend, diuretisch

diurna [di'urna] *f* (THEAT, FILM) Nachmittagsvorstellung *f*, -veranstaltung *f*

diurnista [diur'nista] <-i *m*, -e *f*> *mf* Aushilfskraft *f* (*mit täglicher Entlohnung*)

diurno, -a [di'urno] *agg* Tag(es)-; **albergo ~** Tageshotel *n*; **servizio ~ e notturno** Tag und Nacht geöffnet

diuturno, -a [diu'turno] *agg* (*poet*) fortdauernd, fortwährend

diva ['di:va] *f* Diva *f*

divagare [diva'ga:re] I. *vi* abschweifen, abkommen II. *vt* zerstreuen, ablenken; **~ da qc** von etw ablenken III. *vr* **-rsi** sich zerstreuen; **divagazione** [divagat'tsio:ne] *f* Abschweifung *f*, Exkurs *m*

divampare [divam'pa:re] *vi essere* ❶ (*incendio, fiamma*) auflodern ❷ (*fig: emozione, guerra*) auflodern; (*persone*) glühen; **~ d'ira** vor Zorn glühen

divano [di'va:no] *m* Sofa *n*, Couch *f*; **~ let-**

to Bettcouch *f*

divaricare [divari'ka:re] *vt* ❶ (*in ginnastica*) (auseinander) spreizen ❷ (*allargare*) verbreitern, öffnen; **divaricatore** [divarika'to:re] *m* (MED) Wundhaken *m*

divario [di'va:rio] *m* Unterschied *m*; **~ nord-sud** Nord-Süd-Gefälle *n*

divellere [di'vɛllere] <divello, divelsi, divelto> *vt* (*poet*) ausreißen, entwurzeln

divenire [dive'ni:re] <irr> *vi essere* werden; **~ qc** (zu) etw werden

diventare [diven'ta:re] *vi essere* werden; **~ qc** (zu) etw werden; **~ vecchio** alt werden; **il bambino è diventato uomo** das Kind ist zum Mann geworden; **mi fai ~ nervoso** du machst mich nervös

diverbio [di'vɛrbio] <-i> *m* Wortgefecht *n*, Wortwechsel *m*

divergente [diver'd3ɛnte] *agg* ❶ (*in direzione diversa, a fig*) auseinander laufend ❷ (MAT) divergent ❸ (OPT) **lente ~** Zerstreuungslinse *f*; **divergenza** [diver'd3ɛntsa] *f* ❶ (*punto di allontanamento*) Auseinanderlaufen *n*, Auseinanderstreben *n* ❷ (MAT) Divergenz *f* ❸ (*fig*) (Meinungs)verschiedenheit *f*, Divergenz *f*; **divergere** [di'vɛrd3ere] <divergo, *mancano pass rem e pp*> *vi* ❶ (*andare in direzioni diverse*) auseinander laufen, abzweigen ❷ (MAT, SCIENT) divergieren; (*fig*) abweichen

diversamente [diversa'mente] *avv* ❶ (*in maniera diversa*) anders, auf andere Weise ❷ (*altrimenti*) sonst, andernfalls

diversificare [diversifi'ka:re] I. *vt* unterscheiden II. *vr* **-rsi** sich unterscheiden; **diversificazione** [diversifikat'tsio:ne] *f* ❶ (*atto*) Unterscheidung *f* ❷ (*effetto*) Unterschiedlichkeit *f* ❸ (COM) Diversifikation *f*

diversione [diver'sio:ne] *f* ❶ (*deviazione*) Um-, Ableitung *f* ❷ (MIL) Ablenkungsmanöver *n*

diversità [diversi'ta] <-> *f* ❶ (*differenza*) Verschiedenheit *f*; (*divario*) Unterschied *m*; (*di prezzo*) Differenz *f* ❷ (*varietà*) Vielfalt *f*; **diversivo** [diver'si:vo] *m* Abwechslung *f*, Ablenkung *f*; **diversivo, -a** *agg* **manovra -a** Ablenkungsmanöver *n*; **diverso, -a** [di'vɛrso] I. *agg* ❶ (*differente*) verschieden, andere(r, s), anders ❷ *pl* (*vari*) mehrere, diverse, einige II. *pron pl* etliche, mehrere

divertente [diver'tɛnte] *agg* unterhaltsam, lustig

divertimentificio [divertimenti'fi:tʃo] <-ci> *m* Unterhaltungsprogramm *n*, Vergnügungspark *m*, Funpark *m*

divertimento [diverti'mento] *m* ❶ (*passatempo*) Unterhaltung *f*, Vergnügen *n*

② (*godimento*) Vergnügen *n;* **buon ~**! viel Vergnügen! ③ (*persona*) Unterhalter(in) *m(f)* ④ (MUS) Divertimento *n,* Divertissement *n;* **divertire** [diver'ti:re] I. *vt* unterhalten, amüsieren II. *vr* **-rsi** sich vergnügen; **-rsi con qu/qc** sich mit jdm/etw vergnügen; **-rsi a fare qc** seinen Spaß an etw *dat* haben; **-rsi alle spalle di qu** sich über jdn lustig machen; **divertito, -a** [diver'ti:to] *agg* vergnügt, belustigt, amüsiert

divezzare [divet'tsa:re] I. *vt* ① (*disabituare*) entwöhnen ② (*slattare*) abstillen II. *vr* **-rsi da qc** sich *dat* etw abgewöhnen

dividendo [divi'dɛndo] *m* ① (MAT) Dividend *m* ② (FIN) Dividende *f*

dividere [di'vi:dere] <divido, divisi, diviso> I. *vt* ① (*separare*) (auf)teilen, (in Stücke) teilen; **~ in quattro** vierteln, in vier (Stücke) teilen ② (*suddividere*) ein-, aufteilen ③ (*distribuire*) (ver-, auf)teilen ④ (*fig: condividere*) teilen ⑤ (*fig: disunire*) trennen, entzweien ⑥ (MAT) teilen; **~ per ...** durch ... teilen; **~ 9 per 3** 9 durch 3 teilen II. *vr* **-rsi** sich teilen; (*separarsi*) sich trennen; **-rsi tra casa e ufficio** eine Doppelbelastung (von Haushalt und Beruf) tragen

divieto [di'vjɛ:to] *m* Verbot *n;* **~ di fumare** Rauchverbot *n;* **~ di parcheggio** Parkverbot *n;* **~ di sosta** Halteverbot *n;* **~ di transito** keine Durchfahrt

divinare [divi'na:re] *vt* hellsehen, wahrsagen; **divinatore, -trice** [divina'to:re] I. *agg* hellseherisch II. *m, f* Hellseher(in) *m(f),* Wahrsager(in) *m(f);* **divinatorio, -a** [divina'tɔ:rio] <-i, -ie> *agg* hellseherisch; **divinatrice** *f v.* **divinatore; divinazione** [divinat'tsio:ne] *f* Wahrsagung *f*

divincolamento [diviŋkola'mento] *m* Krümmen *n,* Winden *n;* **divincolarsi** [diviŋko'larsi] *vr* sich krümmen, sich winden

diving ['daiviŋ] <-> *m* (SPORT) Tauchen *n,* Tauchsport *m*

divinità [divini'ta] <-> *f* ① (*natura*) Göttlichkeit *f* ② (*dio*) Gottheit *f*

divinizzare [divinid'dza:re] *vt* ① (*considerare divino*) vergöttlichen ② (*fig*) vergöttern; **divinizzazione** [diviniddzat'tsio:ne] *f* ① (*deificazione*) Vergöttlichung *f,* Vergottung *f* ② (*fig*) Vergötterung *f*

divino [di'vi:no] *m* Göttliche(s) *n*

divino, -a *agg* ① (*appartenente alla divinità*) göttlich, Gottes- ② (*fig*) himmlisch, göttlich

divisa [di'vi:za] *f* ① (*uniforme*) Uniform *f;* **~ sportiva** Sportdress *m;* **essere in ~** eine Uniform tragen ② (FIN) Devise *f,* ausländisches Zahlungsmittel; **~ europea** Euro-

währung *f*

divisamento [diviza'mento] *m* (*obs*) Vorhaben *n,* Absicht *f*

divisare [divi'za:re] *vt* vorhaben, beabsichtigen

divisi [di'vi:zi] *1. pers sing pass rem di* **dividere**

divisibile [divi'zi:bile] *agg* teilbar; **divisibilità** [divizibili'ta] <-> *f* Teilbarkeit *f*

divisionale [divizio'na:le] *agg* ① (MIL) Divisions- ② (FIN) **moneta ~** Scheidemünze *f,* Scheidegeld *n*

divisione [divi'zio:ne] *f* ① (*ripartizione*) (Auf)teilung *f;* **~ dei poteri** Gewaltenteilung *f* ② (*separazione*) Teilung *f,* Trennung *f;* (*scomposizione*) Trennung *f;* **~ in sillabe** Silbentrennung *f;* **~ dei beni** (JUR) Güterteilung *f,* Gütertrennung *f* ③ (*suddivisione*) Auf-, Einteilung *f* ④ (MAT) Teilung *f,* Division *f* ⑤ (*fig: disunione*) Kluft *f,* Gegensatz *m* ⑥ (*reparto*) Abteilung *f;* **~ ospedaliera** Krankenhausabteilung *f,* -station *f* ⑦ (MIL) Division *f* ⑧ (SPORT) Spielklasse *f,* Division *f;* **massima ~** (SPORT) erste Division *f,* 1. Liga *f,* ≈ Bundesliga *f*

divismo [di'vizmo] *m* ① (*ammirazione*) Starkult *m* ② (*comportamento capriccioso*) Starallüren *pl*

diviso, -a [di'vi:zo] I. *pp di* **dividere** II. *agg* ① (*separato*) getrennt, abgesondert ② (*fig*) uneinig, getrennt

divisore [divi'zo:re] *m* ① (MAT) Divisor *m,* Teiler *m;* **~ comune** (MAT) gemeinsamer Teiler ② (TEC) Trennscheibe *f*

divisorio [divi'zɔ:rio] *m* Trennwand *f;* **~ di vetro** Trennscheibe *f*

divisorio, -a <-i, -ie> *agg* Trenn-, Scheide-; **parete -a** Scheidewand *f*

divo, -a ['di:vo] *m, f* Star *m*

divorare [divo'ra:re] *vt* ① (*mangiare avidamente, a fig*) verschlingen; **~ la strada** Kilometer fressen ② (*fig: distruggere*) fressen, verzehren; **divoratore, -trice** [divora'to:re] *m, f* Vielfraß *m;* **~ di dolciumi** Schleckermaul *n fam;* **~ di libri** Bücherwurm *m*

divorziare [divor'tsia:re] *vi* ① (JUR) **~ da qu** sich von jdm scheiden lassen ② (*fig*) sich trennen; **divorzio** [di'vɔrtsio] <-i> *m* ① (JUR) (Ehe)scheidung *f;* **chiedere il ~** die Scheidung einreichen ② (*fig*) Trennung *f;* **divorzismo** [divor'tsizmo] *m* Befürwortung der Ehescheidung; **divorzista** [divor'tsista] <-i *m,* -e *f*> I. *agg* ① (*che riguarda il divorzio*) Scheidungs-, die Scheidung betreffend ② (*favorevole al divorzio*) scheidungsfreundlich, die Scheidung befürwortend II. *mf* (*avvocato*) Scheidungsan-

D

walt *m*, Scheidungsanwältin *f*; (*giudice*) Scheidungsrichter(in) *m(f)*; **divorzistico, -a** [divor'tsistiko] <-ci, -che> *agg* (POL) Scheidungs-

divulgare [divul'ga:re] **I.** *vt* verbreiten, bekannt machen **II.** *vr* **-rsi** sich verbreiten, bekannt werden; **divulgativo, -a** [divulga'ti:vo] *agg* allgemein verständlich, populärwissenschaftlich; **divulgatore, -trice** [divulga'to:re] *m, f* Verbreiter(in) *m(f)*; (*di dottrina*) Propagandist(in) *m(f)*; **divulgazione** [divulgat'tsio:ne] *f* Verbreitung *f*, Bekanntmachung *f*

dizionario [dittsio'na:rio] <-i> *m* Wörterbuch *n*; ~ **monolingue/bilingue** ein-/zweisprachiges Wörterbuch; ~ **consultare il ~** im Wörterbuch nachschlagen; **dizionarista** [dittsiona'rista] <-i *m*, -e *f*> *mf* Lexikograf(in) *m(f)*, Wörterbuchschreiber(in) *m(f)*

dizione [dit'tsio:ne] *f* ❶ (*modo*) Aussprache *f* ❷ (*recitazione*) Vortrag *m*, Deklamation *f*

dl *abbr di* **decilitro** dl

D.L. *abbr di* **Decreto legge** *Verordnung mit Gesetzeskraft*

dm *abbr di* **decimetro** dm

D.M. *abbr di* **Decreto Ministeriale** *Ministerialerlass*

DNA *m abbr di* **Deoxyribonucleic acid** (*acido deossiribonucleico*) DNA *f*, DNS *f*

do¹ [dɔ] <-> *m* (MUS) c, C *n*; ~ **maggiore/minore** C-Dur/C-Moll; **chiave di ~** C-Schlüssel *m*

do² *1. pers sing pr di* **dare¹**

dobbiamo [dob'bia:mo] *1. pers pl pr di* **dovere¹**

DOC [dɔk] *acro di* **Denominazione di Origine Controllata** QbA (*Qualitätswein aus bestimmten Anbaugebieten*)

doccia ['dottʃa] <-cce> *f* ❶ (*nel bagno*) Dusche *f*; **fare la ~** (sich) duschen; **una ~ fredda** eine kalte Dusche ❷ (*grondaia*) Dachrinne *f* ❸ (MED) Bein-, Armschiene *f*; **docciacrema** [dottʃa'krɛ:ma] *m* Cremedusche *f*

doccione [dot'tʃo:ne] *m* (Regen)abflussrohr *n*; (*di costruzioni antiche*) Wasserspeier *m*

docente [do'tʃɛnte] **I.** *agg* Lehr(er)-; **personale ~** Lehrkörper *m* **II.** *mf* Lehrkraft *f*, Lehrer(in) *m(f)*; ~ **universitario** Dozent(in) *m(f)*, Hochschullehrer(in) *m(f)*; **libero ~** Privatdozent(in) *m(f)*; **docenza** [do'tʃɛntsa] *f* Dozentur *f*; **libera ~** Privatdozentur *f*

docile ['dɔ:tʃile] *agg* ❶ (*persone*) gefügig,

fügsam ❷ (*animale*) zahm ❸ (*strumento*) handlich; (*materiale*) geschmeidig, weich; **docilità** [dotʃili'ta] <-> *f* ❶ (*sottomissione*) Gefügigkeit *f*, Fügsamkeit *f* ❷ (*di animali*) Zahmheit *f* ❸ (*di strumenti*) Handlichkeit *f*

docking ['dɔkiŋ *o* 'dɔking] <-> *m* (TEC) Docking *n*, Docken *n*

documentale [dokumen'ta:le] *agg* urkundlich, dokumentarisch; **prova ~** Urkundenbeweis *m*

documentare [dokumen'ta:re] **I.** *vt* dokumentieren; (*comprovare*) beweisen; (*con documenti*) belegen, nachweisen **II.** *vr* **-rsi** (**su qc**) sich (über etw *acc*) informieren

documentario [dokumen'ta:rio] <-i> *m* Dokumentarfilm *m*

documentario, -a <-i, -ie> *agg* dokumentarisch, Dokumentar-; **materiale ~** Dokumentations-, Belegmaterial *n*; **documentatore, -trice** [dokumenta'to:re] *m, f* Dokumentator(in) *m(f)*

documentazione [dokumentat'tsio:ne] *f* ❶ (*raccolta di materiale*) Dokumentation *f* ❷ (*appendice di documenti*) Dokumentations-, Belegmaterial *n* ❸ (*insieme di documenti*) Unterlagen *fpl*, Akte *f*

documento [doku'mento] *m* ❶ (ADM) Dokument *n*, Papiere *npl*; ~ **contabile** (COM) Buchungsbeleg *m* ❷ *pl* (*di identità*) Papiere *npl*, (Personal)ausweis *m* ❸ (*fig: testimonianza storica*) Dokument *n*, Zeugnis *n*

dodecaedro [dodeka'ɛ:dro] *m* Zwölfflächner *m*

dodecafonia [dodekafo'ni:a] *f* Zwölftonmusik *f*

dodecagono [dode'ka:gono] *m* Zwölfeck *n*

dodecasillabo [dodeka'sillabo] *m* Zwölfsilb(l)er *m*

dodecasillabo, -a *agg* zwölfsilbig

dodicenne [dodi'tʃɛnne] **I.** *agg* zwölfjährig **II.** *mf* Zwölfjährige(r) *f(m)*; **dodicennio** [dodi'tʃɛnnio] <-i> *m* Zeitraum *m* von 12 Jahren, 12 Jahre; **dodicesimale** [doditʃezi'ma:le] *agg* (MAT) duodezimal; **calcolo ~** Duodezimalrechnung *f*

dodicesimo [dodi'tʃɛ:zimo] *m* (*frazionario*) Zwölftel *n*, zwölfter Teil

dodicesimo, -a **I.** *agg* zwölfte(r, s) **II.** *m, f* Zwölfte(r, s) *mfn; v. a.* **quinto**

dodici ['do:ditʃi] **I.** *num* zwölf **II.** <-> *f* ❶ (*numero*) Zwölf *f*; **essere in ~** zu zwölft sein ❷ (*nelle date*) Zwölfte(r) *m* **III.** *fpl* zwölf Uhr; *v. a.* **cinque**

doga ['do:ga] <-ghe> *f* (Fass)daube *f*

dogana [do'ga:na] *f* ❶ (*imposta*) Zoll *m*

D

❷(*ufficio*) Zoll *m*, Zollbehörde *f;* **operazioni di ~** Zollabfertigung *f;* **passare la ~** den Zoll passieren ❸(*impiegati*) Zollbeamte(n) *mpl;* **doganale** [doga'na:le] *agg* Zoll-; **doganiere** [doga'niɛːre] *mf* Zollbeamte(r) *m,* -beamtin *f*

dogaressa [doga'ressa] *f* (HIST) Frau *f* eines Dogen

doge ['dɔːdʒe] *m* Doge *m*

doglia ['dɔʎʎa] <-glie> *f* ❶(*poet*) Weh *n* geh, Schmerz *m* ❷*pl* (*del parto*) (Geburts)wehen *fpl*

dogma ['dɔgma] <-i> *m* Dogma *n;* **dogmatica** [dog'ma:tika] *f* Dogmatik *f*

dogmatico [dog'ma:tiko] <-ci> *m* Dogmatiker *m*

dogmatico, -a <-ci, -che> *agg* dogmatisch

dogmatismo [dogma'tizmo] *m* Dogmatismus *m;* **dogmatizzare** [dogmatid'dzaːre] *vi* dogmatische Ansichten vertreten

do-it-yourself ['duːitjoːˈself] <-> *m* (*fai da te*) Do-it-yourself *n*

dolby® ['dɔlbi] <-> *m* Dolby® *n*

dolce ['doltʃe] I. *agg* ❶(*sapore*) süß; **~ come il miele** honigsüß ❷(*lieve, tenero*) leicht, sanft ❸(*delicato, mite*) mild II. *m* Süßspeise *f,* Süßigkeit *f,* Kuchen *m,* Dessert *n*

dolceamaro, -a [doltʃea'ma:ro] *agg* bittersüß

dolcetto [dol'tʃetto] *m* ❶(*piccolo dolce*) Gebäck *n* ❷(*vino rosso piemontese*) Dolcetto *m*

dolcezza [dol'tʃettsa] *f* ❶(*sapore dolce, a fig*) Süße *f;* **le -e della vita** die Freuden des Lebens ❷(*mitezza*) Milde *f* ❸(*bontà*) Sanftheit *f,* Güte *f*

dolciario, -a [dol'tʃa:rio] <-i, -ie> *agg* **industria -a** Süßwarenindustrie *f*

dolciastro, -a [dol'tʃastro] *agg* ❶(*sapore*) unangenehm süß ❷(*fig, pej: persona, maniera*) honigsüß, süßlich

dolcificante [doltʃifiˈkante] I. *agg* süßend, Süß- II. *m* Süßstoff *m*

dolcificare [doltʃifiˈkaːre] *vt* ❶(*rendere dolce*) süßen ❷(*acqua*) enthärten

dolciume [dol'tʃuːme] *m* ❶(*sapore troppo dolce*) unangenehme Süße ❷*pl* (*prodotti*) Süßwaren *fpl*

dolente [do'lɛnte] *agg* schmerzend, schmerzhaft; (*fig*) schmerzlich; **sono ~ per quanto è successo** ich bedaure, was geschehen ist

dolere [do'le:re] <dolgo, dolsi, doluto> I. *vi* essere *o* avere schmerzen, weh tun; **mi dolgono i denti** mir tun die Zähne

weh; **mi duole di non potervi aiutare** es tut mir Leid euch nicht helfen zu können II. *vr* **-rsi** (*lamentarsi*) sich beklagen; **-rsi con qu di qc** sich bei jdm über etw *acc* beklagen; **-rsi di qc** etw bedauern, über etw *acc* betrübt sein

dolina [do'li:na] *f* (GEOL) Doline *f*

dollaro ['dɔllaro] *m* Dollar *m*

dolmen ['dɔlmen] <-> *m* Dolmen *m*

dolo ['dɔːlo] *m* (*nel diritto penale*) Vorsatz *m,* Dolus *m;* (*nel diritto privato*) arglistige Täuschung

dolomite [dolo'miːte] *f* Dolomit *m;* **le Dolomiti** (GEOG) die Dolomiten

dolorante [doloˈrante] *agg* schmerzend, schmerzhaft

dolorare [doloˈraːre] *vi* (*poet*) leiden, Schmerzen erleiden

dolore [do'loːre] *m* ❶(MED) Schmerz *m,* Weh *n;* **~ di testa** Kopfschmerzen *mpl,* Kopfweh *n;* **~ alla schiena** Rückenschmerzen *mpl* ❷(*fig: afflizione*) Kummer *m,* Leid *n;* **con mio grande ~** zu meinem großen Leidwesen ❸(REL) **atto di ~** Bußgebet *n;* **dolorifico, -a** [doloˈri:fiko] <-ci, -che> *agg* Schmerz-; **doloroso, -a** [doloˈro:so] *agg* ❶(MED) schmerzhaft ❷(*afflitto*) schmerzlich, traurig

dolosità [dolosiˈta] <-> *f* vorsätzliches Verhalten

doloso, -a [do'lo:so] *agg* (JUR) vorsätzlich

dolsi ['dɔlsi] *1. pers sing pass rem di* **dolere**

doluto [do'lu:to] *pp di* **dolere**

domabile [do'ma:bile] *agg* zähmbar; (*fig*) bezähmbar

domanda [do'manda] *f* ❶(*interrogazione, quesito*) Frage *f;* **fare una ~** eine Frage stellen; **punto di ~** Fragezeichen *n* ❷(*richiesta*) Anfrage *f,* Antrag *m;* (ADM) Antrag *m,* Gesuch *n,* Ansuchen *n A;* (*di lavoro*) Bewerbung *f;* **~ di matrimonio** Heiratsantrag *m* ❸(COM) Nachfrage *f;* **domandare** [doman'da:re] I. *vt* ❶(*per sapere qc*) fragen (nach); **~ qc a qu** jdn etw fragen; **~ un consiglio a qu** jdn um Rat fragen; **~ notizie di qu** Auskunft über jdn erbitten; **~ il prezzo** nach dem Preis fragen ❷(*per ottenere qc*) bitten; **~ un favore a qu** jdn um einen Gefallen bitten; **~ la parola** um das Wort bitten; **~ scusa** um Entschuldigung bitten II. *vr* **-rsi** sich fragen

domani [do'ma:ni] I. *avv* morgen; **~ mattina** morgen früh; **~ pomeriggio** morgen Nachmittag; **a ~!** bis morgen! II. <-> *m* ❶(*giorno seguente*) darauffolgender Tag ❷(*fig*) Morgen *n,* Zukunft *f*

domare [do'ma:re] *vt* ❶(*animali*) zäh-

D

domandare	
chiedere informazioni	**Informationen erfragen**
Qual è la strada migliore per la stazione?	**Wie komme ich am besten** zum Bahnhof?
Qual è la strada più breve per il centro?	**Welches ist der kürzeste Weg** ins Stadtzentrum?
Mi potrebbe dire se c'è una farmacia qui vicino?	**Können Sie mir sagen, ob** es hier in der Nähe eine Apotheke gibt?
Conosci un buon avvocato?	**Kennst du** einen guten Anwalt?
chiedere permesso	**um Erlaubnis bitten**
Permesso?	**Darf ich?**
Posso entrare?	**Darf ich hereinkommen?**
Disturbo?	**Störe ich (gerade)?**

men, bändigen ❷ (*fig*) bändigen; (*passioni*) bezähmen; (*popolo*) unterwerfen; (*rivolta*) niederwerfen; **domatore, -trice** [doma'to:re] *m, f* ❶ (*di cavalli*) Zureiter(in) *m(f)* ❷ (*di belve*) Tierbändiger(in) *m(f)*, Dompteur *m*, Dompteuse *f*

domattina [domat'ti:na] *avv* morgen früh

domatura [doma'tu:ra] *f* Zähmung *f*, Bändigung *f*

domenica [do'me:nika] <-che> *f* Sonntag *m;* **la** [*o* **di**] ~ sonntags; **l'ho visto** ~ ich habe ihn am Sonntag gesehen; ~ **scorsa/prossima** (am) letzten/(am) nächsten Sonntag; **tutta la** ~ den ganzen Sonntag (über); **ogni** ~, **tutte le -che** jeden Sonntag; **una** ~ **sì, una** ~ **no** jeden zweiten Sonntag; **una** ~ eines Sonntags, an einem Sonntag; ~ **a otto** Sonntag in acht Tagen; ~ **mattina/pomeriggio/sera** (am) Sonntagmorgen/-nachmittag/-abend; **di** ~ **mattina/pomeriggio/sera** sonntagmorgens/-nachmittags/-abends; **oggi è** ~ **due maggio** heute ist Sonntag, der zweite Mai; **domenicale** [domeni'ka:le] *agg* Sonntags-, sonntäglich

domestica *f v.* domestico

domesticità [domestitʃi'ta] <-> *f* Domestikation *f*, Domestizierung *f*

domestico, -a [do'mɛstiko] <-ci, -che> I. *agg* Haus-, häuslich; (*animale*) Haus-; (*pianta*) Kultur-; **lavori -ci** Hausarbeit *f;* **per uso** ~ für den Hausgebrauch II. *m, f* Hausangestellte(r) *f(m)*, Hausdiener *m*, Dienstmädchen *n*

domiciliare [domitʃi'lia:re] *agg* Haus-; **arresti -i** Hausarrest *m;* **perquisizione** ~ Haus(durch)suchung *f;* **domiciliato, -a** [domitʃi'lia:to] *agg* ❶ (ADM) wohnhaft ❷ (COM) **cambiale -a** Domizilwechsel *m;*

domicilio [domi'tʃi:lio] <-i> *m* Wohnung *f*, Wohnsitz *m*, Domizil *n;* **consegna a** ~ Lieferung frei Haus; **lavoro a** ~ Heimarbeit *f;* **violazione di** ~ Hausfriedensbruch *m*

dominante [domi'nante] *agg* vorherrschend, dominierend

dominare [domi'na:re] I. *vi* ❶ (*essere padrone assoluto*) herrschen ❷ (*fig: primeggiare*) ~ **su qu** jdm überlegen sein ❸ (*fig: prevalere*) (vor)herrschen, dominieren II. *vt* (*a fig*) beherrschen III. *vr* **-rsi** sich beherrschen; **dominatore, -trice** [domina'to:re] *m, f* (Be)herrscher(in) *m(f)*; **dominazione** [dominat'tsio:ne] *f* Herrschaft *f*

dominicale [domini'ka:le] *agg* **reddito** ~ (JUR) Pachteinkünfte *pl*

dominio [do'mi:nio] <-i> *m* ❶ (*padronanza*) Herrschaft *f;* **avere il** ~ **di qc** die Herrschaft über etw *acc* ausüben ❷ (*controllo*) Beherrschung *f;* ~ **di sé** Selbstbeherrschung *f* ❸ (JUR: *proprietà*) Eigentum *n*, Besitz *m;* **beni di** ~ **pubblico** Allgemeingut *n* ❹ (*territorio*) Herrschaftsgebiet *n*

domino ['dɔ:mino] <-> *m* ❶ (*costume*) Domino *m* ❷ (*persona mascherata*) Domino *m* ❸ (*gioco*) Domino(spiel) *n*

domma ['dɔmma] *m v.* **dogma**

donare [do'na:re] I. *vt* ❶ (*regalare*) verschenken, geben ❷ (*fig*) hingeben ❸ (*sangue, organi*) spenden II. *vi* (*fig*) stehen, schmeicheln III. *vr* **-rsi** sich hingeben, sich (ganz) widmen; **donatario, -a** [dona'ta:rio] <-i, -ie> *m, f* (JUR) Donatar *m*, Beschenkte(r) *f(m);* **donativo** [dona'ti:vo] *m* (*poet*) Gabe *f*, Belohnung *f;* **donatore, -trice** [dona'to:re] *m, f* Spender(in) *m(f);* **donazione** [donat'tsio:ne] *f*

Spende *f*, Geschenk *n*; (JUR) Schenkung *f*
donchisciotte [doŋkiʃʃɔtte] <-> *m* Don Quichotte *m*
donde ['donde] *avv* ❶ (*da dove*) woher, von wo ❷ (*da che*) woraus
dondolamento [dondola'mento] *m* Schaukeln *n*; **dondolare** [dondo'la:re] **I.** *vt* schaukeln **II.** *vr* **-rsi** ❶ (*muoversi oscillando*) schaukeln ❷ (*fig: oziare*) herumtrödeln *fam*; **dondolio** [dondo'li:o] <-ii> *m* Schaukeln *n*; **dondolo** ['dondolo] *m* Hollywoodschaukel *f*; **a** ~ Schaukel-; **cavallo a** ~ Schaukelpferd *n*; **sedia a** ~ Schaukelstuhl *m*; **dondoloni** [dondo'lo:ni] *avv* schaukelnd; **camminare** ~ (*fig*) herumbummeln
dongiovanni [dondʒo'vanni] <-> *m* Don Juan *m*, Frauenheld *m*
donna ['dɔnna] *f* ❶ (*gener*) Frau *f*; ~ **di casa** Hausfrau *f*; ~ **di mondo** Dame *f* von Welt; ~ **di strada** Strichmädchen *n*; ~ **di vita** Lebedame *f*; **bicicletta da** ~ Damen(fahr)rad *n* ❷ (*in carte da gioco*) Dame *f* ❸ (*domestica*) Hausangestellte *f*, Putzhilfe *f fam*; ~ **di servizio** Haushaltshilfe *f*; **donnaccia** [don'nattʃa] <-cce> *f* (*pej*) (liederliches) Weibsstück *n*; **donnaiolo** [donna'iɔ:lo] *m* Schürzenjäger *m fam*, Frauenheld *m*; **donnesco, -a** [don'nesko] <-schi, -sche> *agg* Frauen-; **lavori -schi** Frauenarbeit *f*; **donnicciola** [donnit'tʃɔ:la] *f* ❶ (*donna pettegola*) Waschweib *n fam*, Klatschbase *f fam* ❷ (*pej: uomo pauroso*) Weichling *m*, Waschlappen *m fam*; **donnina** [don'ni:na] *f* kleine Frau; **non è più una bambina, è già una** ~ sie ist kein Kind mehr, sondern schon eine junge Frau; ~ **allegra** leichtes Mädchen
donnola ['dɔnnola] *f* Wiesel *n*
dono ['dɔ:no] *m* ❶ (*regalo*) Geschenk *n*; **in** ~ zum Geschenk ❷ (*fig: dote*) Gabe *f*, Begabung *f*; ~ **di natura** Naturbegabung *f*
donzella [don'dzɛlla] *f* (*poet*) Maid *f*
doomwriter ['du:m'raitə *o* 'dum'raiter] <-> *m* (LIT) Apokalyptiker *m*, pessimistischer Schriftsteller *m* [*o* Journalist *m*]; **doomwriting** ['du:m'raitiŋ *o* 'dum'raitin(g)] <-> *m* (LIT) pessimistischer Journalismus *m*, Schwarzmalerei *f*
dopaggio [do'paddʒo] <-ggi> *m* Dopingwirkung *f*
dopante [do'pante] *agg* Doping-; **sostanza** ~ Dopingmittel *n*; **dopato, -a** [do'pa:to] *agg* gedopt; **atleta** ~ gedopter Athlet, **doping** ['doupiŋ *o* 'dɔpin(g)] <-> *m* Doping *n*
dopo ['do:po] **I.** *avv* ❶ (*tempo*) nachher,

danach; **poco** ~ kurz danach; **a** ~ bis später, bis dann *fam*; ~ **di che** darauf(hin) ❷ (*luogo*) danach **II.** *prp* ❶ (*tempo*) nach +*dat*; **due anni** ~ nach zwei Jahren ❷ (*luogo*) hinter +*dat* **III.** *cong* nachdem **IV.** <inv> *agg* (darauf) folgend, nächste(r, s); **il giorno** ~ am nächsten Tag; **dopobarba** [dopo'barba] <-> *m* Rasierwasser *n*, Aftershave *n*; **dopoborsa** [dopo'borsa] <-> *m* Nachbörse *f*; **dopocena** [dopo'tʃe:na] <-> *m* Zeit *f* nach dem Abendessen; (*trattenimento*) Empfang *m* nach dem Abendessen; **dopodiché, dopo di che** [dopodi'ke, 'do:po di 'ke] *avv* darauf, schließlich
dopodomani [dopodo'ma:ni] *avv* übermorgen
dopofestival [dopo'festival] <-> *m* Schlussveranstaltung *f* (*Veranstaltung, die nach einem Festival stattfindet, mit Interviews, Kommentaren etc*); **le rivelazioni del** ~ die Enthüllungen der Schlussveranstaltung
dopoguerra [dopo'guɛrra] <-> *m* Nachkriegszeit *f*, Nachkriegsjahre *npl*; **storia del** ~ Nachkriegsgeschichte *f*
dopolavoro [dopola'vo:ro] <-> *m* öffentliche Einrichtung für die Freizeitgestaltung des Arbeitnehmers
dopopranzo [dopo'prandzo] **I.** <-> *m* (früher) Nachmittag *m* **II.** *avv* am (frühen) Nachmittag, nachmittags
doposci [dopoʃʃi] *m* Après-Ski(-Kleidung *f*) *n*
doposcuola [dopos'kuɔ:la] <-> *m* Kinderhort *m*, nachmittägliche Kinderbetreuung; **dopoteatro** [dopote'a:tro] <-> *m* Ausklang *m* des Theaterabends
dopotutto, dopo tutto [dopo'tutto, 'do:po 'tutto] *avv* schließlich, letzten Endes
dopovoto [dopo'vo:to] <-> *m* Zeitraum *m* nach den Wahlen; **le reazioni del** ~ die Reaktionen nach den Wahlen
doppiaggio [dop'piaddʒo] <-ggi> *m* (FILM) Synchronisation *f*, Synchronisierung *f*; **doppiare** [dop'pia:re] *vt* ❶ (NAUT) umschiffen ❷ (SPORT) überrunden ❸ (FILM) synchronisieren; **doppiatore, -trice** [doppia'to:re] *m, f* Synchronsprecher(in) *m(f)*
doppietta [dop'pietta] *f* ❶ (*fucile*) Doppelflinte *f*, -büchse *f* ❷ (SPORT: *nel pugilato*) Dublette *f*; (*nel calcio*) doppelter Treffer; (*due vittorie*) Doppelerfolg *m* ❸ (MOT) **fare la** ~ mit Zwischengas schalten
doppiezza [dop'piettsa] *f* Doppelzüngigkeit *f*, Falschheit *f*

doppifondi *pl di* **doppiofondo**

doppio ['doppio] *m* ❶ (*di quantità, numero, misura*) Doppelte(s) *n* ❷ (SPORT) Doppel *n;* ~ **femminile**/**maschile** Damen-/Herrendoppel *n;* ~ **misto** gemischtes Doppel *n*

doppio, -a <-i, -ie> I. *agg* ❶ (*gener*) doppelt, doppel-, Doppel-; **filo** ~ Zwirn *m;* **chiudere a -a mandata** den Schlüssel zweimal umdrehen ❷ (*fig*) zweideutig; (*ipocrita*) doppelzüngig; **fare il** ~ **gioco** ein doppeltes Spiel spielen II. *avv* doppelt, zweifach; **vederci** ~ doppelt sehen *fam;* **in** ~ in doppelter Ausfertigung

doppiofallo [doppio'fallo] <doppifalli> *m* (SPORT) ❶ (*tennis*) Doppelfehler *m* ❷ (*basket, pallavolo*) Doppelfehler *m*

doppiofondo [doppio'fondo] <doppifondi> *m* doppelter Boden; (NAUT) Doppelboden *m*

doppione [dop'pio:ne] *m* Duplikat *n*

doppiopetto [doppio'pɛtto] <-> *m* Zweireiher *m,* Doppelreiher *m*

doppiovetro [doppio've:tro] <doppivetri> *m* (*fam: vetrocamera*) Doppelfenster *n*

doppista [dop'pista] <-i *m,* -e *f*> *mf* (SPORT) (Tennis)doppelspieler(in) *m(f)*

dorare [do'ra:re] *vt* ❶ (*con oro*) vergolden ❷ (GASTR) goldbraun backen ❸ (*fig*) ~ **la pillola** die [*o* eine] bittere Pille versüßen; **dorato, -a** [do'ra:to] *agg* ❶ (*rivestito d'oro*) vergoldet, Gold- ❷ (*fig*) golden ❸ (GASTR) goldbraun gebacken; **doratore, -trice** [dora'to:re] *m, f* Vergolder(in) *m(f);* **doratura** [dora'tu:ra] *f* ❶ (*rivestimento*) Vergoldung *f* ❷ (*ornamento*) goldene Verzierung

doriano, -a [do'ria:no] I. *agg* den Fußballclub Sampdoria in Genua betreffend II. *m, f* Spieler *m*/Fan *m* des Fußballclubs Sampdoria

dorico, -a ['dɔ:riko] <-ci, -che> *agg* (KUNST) dorisch

dormicchiare [dormik'kia:re] *vi* nicken, dösen *fam*

dormiglione, -a [dormiʎˈʎo:ne] *m, f* Langschläfer(in) *m(f),* Schlafmütze *f fam*

dormire [dor'mi:re] I. *vi* ❶ (*gener*) schlafen; ~ **come un ghiro** wie ein Murmeltier schlafen; **dormirci sopra** etw überschlafen ❷ (*fig*) ruhen; **qui dorme in pace** … (*su sepolcri*) hier ruht (in Frieden) …; ~ **sugli allori** sich auf seinen Lorbeeren ausruhen *fam* II. *vt* schlafen; ~ **sonni tranquilli** einen ruhigen Schlaf haben; ~ **il sonno del giusto** den Schlaf des Gerechten schlafen; **dormita** [dor'mi:ta] *f* langer, tiefer Schlaf; **dormitina** [dor-

mi'ti:na] *f* Schläfchen *n;* **dormitorio** [dormi'tɔ:rio] <-i> *m* ❶ (*stanzone*) Schlafsaal *m;* ~ **pubblico** Nachtasyl *n* ❷ (*città*) Schlafstadt *f;* **dormiveglia** [dormi'veʎʎa] <-> *m* Dämmerzustand *m,* Halbschlaf *m*

dorsale [dor'sa:le] I. *agg* (MED) Rücken-, dorsal; **spina** ~ Rückgrat *n,* Wirbelsäule *f* II. *m* ❶ (*di letto*) Kopfende *n* ❷ (*di poltrona*) Rück(en)lehne *f* III. *f* (Berg)rücken *m;* (*catena*) Bergkette *f*

dorsista [dor'sista] <-i *m,* -e *f*> *mf* (SPORT) Rückenschwimmer(in) *m(f)*

dorso ['dɔrso] *m* ❶ (*schiena*) Rücken *m;* **a** ~ **nudo** mit nacktem Oberkörper ❷ (*faccia esterna*) Rücken *m;* ~ **della mano** Handrücken *m* ❸ (SPORT) Rückenschwimmen *n*

dosacaffè [dosakaf'fe] <-> *m* Kaffeedosierer *m*

dosaggio [do'zaddʒo] <-ggi> *m* Dosierung *f;* **dosare** [do'za:re] *vt* ❶ (*misurare*) dosieren ❷ (*fig*) dosieren, bemessen

dosaspaghetti [dosaspa'getti] <-> *m* Spaghettimessbehälter *m*

dosatura [doza'tu:ra] *f* Dosierung *f*

dosazucchero [dosa'tsukkero] <-> *m* Zuckerstreuer *m*

dose ['dɔ:ze] *f* ❶ (*quantità*) Menge *f,* Ration *f,* Quantum *n;* **una buona** ~ **di legnate** eine gehörige Tracht Prügel ❷ (MED) Dosis *f* ❸ (*fig, scherz*) Portion *f fam;* **rincarare la** ~ noch einen draufsetzen

dossier [do'sje] <-> *m* Dossier *n*

dosso ['dɔsso] *m* ❶ (*dorso*) Rücken *m;* **levarsi i vestiti di** ~ sich ausziehen ❷ (~ *stradale*) Unebenheit *f,* Kuppe *f*

dossometria [dossome'tri:a] <-ie> *f* (SOC) Doxometrie *f*

dostowskiano, -a [dostovs'kia:no] *agg* (*dostoevskiano*) dostojewskisch; **l'opera -a** das dostojewskische Werk

dotale [do'ta:le] *agg* Mitgift-; **beni -i** Mitgift *f,* Aussteuer *f*

dotare [do'ta:re] *vt* ❶ (*dare la dote*) als Mitgift geben; ~ **qu di qc** jdm etw als Mitgift geben ❷ (*corredare*) ausstatten; ~ **qc di qc** etw mit etw ausstatten; **dotato, -a** [do'ta:to] *agg* ❶ (*di talento*) begabt, intelligent ❷ (*provvisto*) versehen, ausgestattet; **essere** ~ **di qc** mit etw ausgestattet sein; **dotazione** [dotat'tsio:ne] *f* ❶ (*rendita*) Zuwendung *f* ❷ (*mezzi e materiali*) Ausstattung *f,* Ausrüstung *f*

dotcom [dɔt'cɔːm] *f* (*sl*) Dotcom *f*

dote ['dɔ:te] *f* ❶ (*della sposa*) Mitgift *f,* Aussteuer *f;* **cacciatore di** ~ Mitgiftjäger *m;* **portare in** ~ in die Ehe mitbringen; **sposare la** ~ (*fam*) Geld heiraten ❷ (*fig: pregio*)

Mitgift *f*, Gabe *f*

Dott. *abbr di* **Dottore** ≈ Dipl., M.A. (*akademischer Grad, der nach einem mit einer Prüfung abgeschlossem Studium erworben wird*)

dotto, -a ['dɔtto] **I.** *agg* (sehr) gebildet, gelehrt **II.** *m, f* Gelehrte(r) *f(m)*, Wissenschaftler(in) *m(f)*; **dottorale** [dotto'ra:le] *agg* ❶ (*di, da dottore*) Doktor- ❷ (*iron, pej*) besserwisserisch, neunmalklug

dottorato [dotto'ra:to] *m* Doktorwürde *f*, Promotion *f*; **fare il ~ di ricerca** promovieren; **dottore, -essa** [dot'to:re, dotto'ressa] *m, f* ❶ (*laureato*) Doktor *m*; (*con diploma*) Diplominhaber(in) *m(f)*, Magister *m*, Magistra *f A;* **~ in legge/medicina** Doktor der Rechte/der Medizin ❷ (*fam: medico*) Doktor(in) *m(f)*

dottrina [dot'tri:na] *f* ❶ (*cognizioni*) Wissen *n*, Bildung *f* ❷ (*principi teorici*) Lehre *f*, Theorie *f* ❸ (REL: *principi di fede cristiana*) Glaubenslehre *f*; (*catechismo*) Katechismus *m* ❹ (JUR) Rechtslehre *f*, Rechtstheorie *f*; **dottrinario** [dottri'na:rio] <-i> *m* Doktrinär *m*

Dott.ssa *abbr di* **Dottoressa** ≈ Dipl., M.A. (*akademischer Grad, der nach einem mit einer Prüfung abgeschlossem Studium erworben wird*)

double event ['dʌbl i'vent] <-> *m* Double event *m o n*

double-face [duble'fa:s] *agg* giacca ~ Wendejacke *f*

dove ['do:ve] **I.** *avv* ❶ (*stato*) wo ❷ (*moto*) wohin; **da** [*o* di] ~ woher; **~ vai?** wohin gehst du? **II.** *cong* ❶ +*conj* (*nel caso che*) falls, wenn ❷ (*mentre*) während **III.** *m* Wo *n*; **per ogni ~** (*stato*) überall; (*moto*) überallhin

dovere¹ [do've:re] <devo *o* debbo, dovei *o* dovetti, dovuto> **I.** *vi* müssen, sollen; **sono dovuto andare** ich musste gehen; **ho dovuto mangiare** ich musste essen; **come si deve** wie es sich gehört; **deve essere successo qc** es muss etw passiert sein; **strano, dovrebbe già nevicare** seltsam, es müsste (eigentlich) schon schneien **II.** *vt* (*essere debitore*) schulden; (*a fig*) verdanken; **come dovevasi dimostrare** was zu beweisen war

dovere² *m* Pflicht *f*; **~ coniugale** eheliche Pflichten *fpl;* **farsi un ~ di qc** sich *dat* etw zur Pflicht machen; **sentirsi in ~ di ...** sich verpflichtet fühlen zu ...; **a ~** pflichtgemäß; (*come si deve*) wie es sich gehört; **doveroso, -a** [dove'ro:so] *agg* geboten, gebührend

dovizia [do'vittsia] <-ie> *f* (*poet*) ❶ (*ab-*

bondanza) Fülle *f* ❷ (*ricchezza*) unermesslicher Reichtum *m*

dovunque [do'vuŋkue] *cong* +*conj* ❶ (*stato*) wo (auch) immer; (*moto*) wohin (auch) immer ❷ (*dappertutto: stato*) überall; (*moto*) überallhin

dovuto [do'vu:to] *m* Schuld *f*, Verpflichtungen *fpl*

dovuto, -a *agg* ❶ (*necessario*) gebührend, geboten ❷ (*causato*) ~ **a** verursacht durch [*o* von]

download ['daunləud] (INFORM) **I.** *vt* (*scaricare*) downloaden, herunterladen **II.** *m* Download *m*

dozzina [dod'dzi:na] *f* Dutzend *n;* **una ~** (**di ...**) (etwa) zwölf (...), ein Dutzend (...); **a -e** in [*o* zu] Dutzenden, dutzendweise; **roba di** [*o* **da**] ~ (*pej*) Dutzendware *f*; **dozzinale** [doddzi'na:le] *agg* (*pej*) gewöhnlich, alltäglich; **prodotti -i** Billigwaren *fpl*

D.P. *abbr di* **Decreto Presidenziale** *Präsidialerlass*

D.P.C. *abbr di* **Decreto del Presidente del Consiglio** *Ermächtigungsgesetz des Ministerpräsidenten*

D.P.R. *abbr di* **Decreto del Presidente della Repubblica** *abbr di* **D.P.**

Dr. *abbr di* **Dottore, Dottoressa** ≈ Dipl., M.A. (*akademischer Grad, der nach einem mit einer Prüfung abgeschlossem Studium erworben wird*)

dracma ['drakma] *f* Drachme *f*

draconiano, -a [drako'nia:no] *agg* drakonisch; (*severo*) streng

drafting ['dra:ftiŋ] <-> *m* (JUR) Gesetzesentwurf *m*, Regierungsvorlage *f*

draga ['dra:ga] <-ghe> *f* (Schwimm)bagger *m*

dragaggio [dra'gaddʒo] <-ggi> *m* Ausbaggerung *f*

dragamine [draga'mi:ne] <-> *m* Minensuchboot *n*

dragare [dra'ga:re] *vt* ❶ (*scavare sottacqua*) ausbaggern ❷ (*mine*) räumen

dragata [dra'ga:ta] *f* Ausbaggerung *f* (des Meeresgrundes)

drago ['dra:go] <-ghi> *m* Drache *m*

dragona [dra'go:na] *f* (MIL) Portepee *n*

dragone [dra'go:ne] *m* ❶ (MIL) Dragoner *m* ❷ (*mostro*) (großer) Drache *m*

dragster ['drægstə] <-> *m* (MOT) Dragster *m*

dramma ['dramma] <-i> *m* ❶ (THEAT) Drama *n*, Schauspiel *n;* **~ pastorale** Schäferspiel *n*, Hirtenspiel *n* ❷ (*fig*) Drama *n;* (*esagerazione*) Theater *n*

drammatica [dram'ma:tika] <-che> *f*

D

Dramatik *f,* dramatische Kunst; **drammaticità** [drammatitʃi'ta] <-> *f* Dramatik *f;* **drammatico, -a** [dram'ma:tiko] <-ci, -che> *agg* dramatisch; **attore ~** (THEAT) Theaterschauspieler *m;* **una situazione -a** eine dramatische Situation

drammatizzare [drammatid'dza:re] *vt* ❶ (*ridurre in forma di dramma*) für die Bühne bearbeiten ❷ (*fig: esagerare*) dramatisieren

drammaturga *f v.* **drammaturgo**

drammaturgia [drammatur'dʒi:a] <-gie> *f* dramatische Dichtkunst, Abhandlung *f* zur dramatischen Dichtkunst; **drammaturgico, -a** [dramma'turdʒiko] <-ci, -che> *agg* dramatisch, die dramatische Dichtkunst betreffend; **drammaturgo, -a** [dramma'turgo] <-ghi, -ghe> *m, f* Dramatiker(in) *m(f),* Bühnendichter(in) *m(f)*

drappeggiare [drapped'dʒa:re] **I.** *vt* drapieren; (*avvolgere*) einhüllen **II.** *vr* **-rsi** sich (ein)hüllen; **-rsi in qc** sich in etw *acc* hüllen; **drappeggio** [dra'peddʒo] <-ggi> *m* Drapierung *f*

drappella [drap'pɛlla] *f* Fanfarenflagge *f*

drappello [drap'pɛllo] *m* Schar *f,* Trupp *m*

drapperia [drappe'ri:a] <-ie> *f* ❶ (*assortimento*) Stoffsortiment *n* ❷ (*magazzino*) Tuchfabrik *f*

drappo ['drappo] *m* Tuch *n*

drastico, -a ['drastiko] <-ci, -che> *agg* drastisch

drawback ['drɔ:bæk] <-> *m* Drawback *n,* Zollrückvergütung *f*

drenaggio [dre'naddʒo] <-ggi> *m* ❶ (*sistema per lo scolo delle acque*) Entwässerungsanlage *f,* Drainage *f* ❷ (*bonifica*) Dränung *f* ❸ (MED) Dränierung *f* Drainage *f;* **drenare** [dre'na:re] *vt* drainieren

Dresda ['drɛzda] *f* Dresden *n*

driade ['dri:ade] *f* Dryade *f,* Waldnymphe *f*

dribblare [drib'bla:re] *vi* dribbeln

drindrin, drin drin [drin'drin] **I.** <-> *m* Klingeln *n* **II.** *int* kling(e)ling

drink [driŋk *o* drink] <-> *m* Drink *m*

dritto, -a ['dritto] **I.** *m, f* (*fam*) Schlauberger *m,* Schlaukopf *m* **II.** *agg v.* **diritto, -a**

drive ['draiv] <-> *m* (INFORM) Laufwerk *n*

drive-in ['draivin] **I.** <inv> *agg* Drive-in-, Auto-; **cinema ~** Autokino *n;* **ristorante ~** Drive-in-Restaurant *n* **II.** <-> *m* Autokino *n*

drizzare [drit'tsa:re] **I.** *vt* ❶ (*raddrizzare*) gerade machen; **~ le orecchie** die Ohren spitzen ❷ (*innalzare*) aufrichten ❸ (*dirigere*) **~ qu verso qc** jdn auf etw *acc* hinlenken **II.** *vr* **-rsi** sich aufrichten

droga ['drɔ:ga] <-ghe> *f* ❶ (*sostanza aro-*

matica) Gewürz *n* ❷ (MED) Arzneimittel *n,* Droge *f* ❸ (*stupefacente*) Rauschgift *n,* Droge *f;* **-ghe leggere/pesanti** weiche/harte Drogen; **drogaggio** [dro'gaddʒo] *m* Doping *n;* **drogare** [dro'ga:re] **I.** *vt* ❶ (GASTR) würzen ❷ (*somministrare droghe a qu*) unter Drogen setzen, Rauschgift geben; (SPORT) dopen; **~ qu** jdm Rauschgift geben **II.** *vr* **-rsi** (*prendere la droga*) Rauschgift nehmen; (SPORT) Dopingmittel nehmen; **drogato, -a** [dro'ga:to] *m, f* Drogenabhängige(r) *f(m),* Rauschgiftsüchtige(r) *f(m)*

drogheria [droge'ri:a] <-ie> *f* Kolonialwarengeschäft *n,* Drogerie *f;* **droghiere, -a** [dro'giɛːre] *m, f* Kolonialwarenhändler(in) *m(f),* Drogist(in) *m(f)*

dromedario [drome'da:rio] <-i> *m* Dromedar *n*

drop-out ['drɔpaut] <-> *mf* (*emarginato*) Drop-out *m;* (INFORM) Drop-out *m*

drudo, -a ['dru:do] *m, f* (*poet*) Buhle *mf* poet

DS *m abbr di* **Democratici di Sinistra** *linke demokratische Partei Italiens*

duale [du'a:le] *m* Dual(is) *m;* **dualismo** [dua'lizmo] *m* Dualismus *m;* **dualità** [duali'ta] <-> *f* Dualität *f,* Zweiheit *f*

dubbio ['dubbio] *m* Zweifel *m;* (*sospetto*) Verdacht *m;* **avere un ~ su qc** an etw *dat* Zweifel haben; **avere dei -i su qu** an jdm zweifeln; **essere in ~ su qc** über etw *acc* im Zweifel sein; **senza ~** zweifellos, ohne Zweifel; **mi sorge un ~** mir kommen Zweifel; **in caso di ~** im Zweifelsfalle

dubbio, -a <-i, -ie> *agg* zweifelhaft, fragwürdig, unsicher

dubbiosità [dubbiosi'ta] <-> *f* Ungewissheit *f;* **dubbioso, -a** [dub'bio:so] *agg* ❶ (*che è in dubbio*) zweifelnd, unsicher ❷ (*che dà motivo di dubbio*) zweifelhaft, dubios

dubitare [dubi'ta:re] *vi* ❶ (*esitare*) zweifeln; **~ di qu/qc** an jdm/etw zweifeln; ❷ (*ritenere poco probabile*) bezweifeln; **~ di qc** etw bezweifeln; **dubito assai che tu venga** ich bezweifle sehr, dass du kommst ❸ (*temere*) befürchten; **dubito che la malattia sia ben più grave** ich befürchte, dass die Krankheit wesentlich schlimmer ist; **dubitativo, -a** [dubita'ti:vo] *agg* unbestimmt, zweifelnd

Dublino [du'bli:no] *f* Dublin *n*

duca ['du:ka] <-chi> *m* Herzog *m;* **ducale** [du'ka:le] *agg* herzoglich, Herzogs-

ducato [du'ka:to] *m* ❶ (POL) Herzogtum *n* ❷ (*moneta d'oro*) Dukaten *m*

duce ['du:tʃe] <-ci> *m* Führer *m;* **il Duce**

dubitare

esprimere dubbi	Zweifel ausdrücken
Non (ne) sono tanto sicuro.	Ich bin mir (da) nicht so sicher.
Mi risulta difficile crederlo.	Es fällt mir schwer, das zu glauben.
Non la bevo!	Das kaufe ich dir nicht ab! (*fam*)
Non ci posso credere.	So ganz kann ich das nicht glauben.
Non lo so con certezza.	Ich weiß nicht so recht.
Non si sa se è vero.	Man weiß nicht, ob das wahr ist.
Lo suppongo, ma non lo so con certezza.	Ich vermute es, aber ich weiß es nicht sicher.
Dubito sempre di più che l'indirizzo sia giusto.	Mir kommen allmählich Zweifel daran, **ob** die Adresse richtig ist.
È (più che) dubbio/incerto se, con questa campagna, raggiungeranno mai i loro obiettivi.	Ob sie ihre Ziele mit dieser Kampagne erreichen werden, **ist (mehr als) zweifelhaft/fraglich.**

D

(*Benito Mussolini*) der Duce
ducetto [du'tʃetto] *m* Kaiser *m*, Zar *m*
duchessa [du'kessa] *f* Herzogin *f;* **duchessina** [dukes'si:na] *f* Herzogstochter *f;* **duchino** [du'ki:no] *m* Herzogssohn *m*
due ['du:e] I. *num* zwei; (*fig fam*) ein paar; **non poter dividersi in** ~ (*fig*) sich nicht zweiteilen können; **fare ~ passi** (*fam*) ein paar Schritte gehen; **scambiare ~ chiacchiere** (*fam*) einen (kleinen) Schwatz halten; **a ~ a** ~ zu zweien (nebeneinander), paarweise; **su ~ piedi** aus dem Stand II. <-> *m* ❶(*numero*) Zwei *f;* **lavorare/mangiare per** ~ für zwei arbeiten/essen ❷(*nelle date*) Zweite(r) *m* ❸(*voto scolastico*) ≈ mangelhaft, ungenügend ❹(SPORT: *nel canottaggio*) ~ **con/senza** Zweier *m* mit/ohne III. *fpl* zwei Uhr *f; v. a.* **cinque**
duecentesco, -a [duetʃen'tesko] <-schi, -sche> *agg* das dreizehnte Jahrhundert betreffend; **duecentista** [duetʃen'tista] <-i *m*, -e *f*> *mf* ❶(*nell'arte*) Künstler(in) *m(f)* des Duecento ❷(SPORT) Zweihundertmeterläufer(in) *m(f);* **duecentistico, -a** [duetʃen'tistiko] <-ci, -che> *agg* das Duecento betreffend; **duecento** [due'tʃento] I. *num* zweihundert II. <-> *m* Zweihundert *f;* **il Duecento** das dreizehnte Jahrhundert; (*nell'arte e nella letteratura italiana*) das Duecento
duellante [duel'lante] *m* Duellant *m*
duellare [duel'la:re] *vi* ~ **con qu** sich mit jdm duellieren; **duello** [du'ello] *m* ❶(HIST) Duell *n;* **battersi a** ~ ein Duell austragen; **sfidare a** ~ zum Duell (heraus)fordern ❷(SPORT) Zweikampf *m*, Duell *n*

duemila [due'mi:la] I. *num* zweitausend II. <-> *m* Zweitausend *f;* **il** ~ das Jahr 2000
duepezzi, due pezzi [due'pɛttsi, 'du:e 'pɛttsi] <-> *m* (*giacca e gonna*) Kostüm *n*, Zweiteiler *m;* (*costume da bagno*) Zweiteiler *m fam,* Bikini *m*
duetto [du'etto] *m* ❶(MUS) Duett *n* ❷(*scherz*) Duo *n*
dulcamara [dulka'ma:ra] <-> *m* (BOT) Quacksalber *m*
dulia [du'li:a] <-ie> *f* (REL) Heiligenverehrung *f*
dumper ['dʌmpə *o* 'damper] <-> *m* (MOT) Dumper *m*, Kipper *m*, Kippkarren *m*, Kippwagen (für Erdtransport) *m*
dumping ['dʌmpiŋ *o* 'dampin(g)] <-> *m* (COM) Dumping *n*, Preisunterbietung *f*
duna ['du:na] *f* Düne *f*
dune buggy ['dju:n 'bʌgi] <-> *m o f* (MOT) Dünenfahrzeug *n*, Dune Buggy *m* (*kleiner, offener Geländewagen*)
dunque ['duŋkue] I. *cong* ❶(*perciò*) folglich, also ❷(*allora*) also ❸(*esortativo*) nun, also II. *m* **essere al** ~ vor einer Entscheidung stehen; **veniamo al** ~ kommen wir zum springenden Punkt
duo ['du:o] <-> *m* Duo *n*
duodecimale [duodetʃi'ma:le] *agg* duodezimal; **duodecimo, -a** [duo'dɛ:tʃimo] *agg* (*obs*) zwölfte(r, s)
duodeno [duo'dɛ:no] *m* Zwölffingerdarm *m*
duolo ['duɔ:lo] *m* (*poet*) Pein *f geh*
duomo ['duɔ:mo] *m* Dom *m*
duplicare [dupli'ka:re] *vt* duplizieren; **duplicato** [dupli'ka:to] *m* Duplikat *n*, Kopie *f;* **duplicatore** [duplika'to:re] *m* Ko-

piergerät *n,* Kopierer *m;* **duplicatorista** [duplikato'rista] <-i *m*, -e *f*> *mf* Spezialist(in) *m(f)* für das Duplizieren (*z.B. von Zeichnungen und Büchern*)*;* **duplicazione** [duplikat'tsio:ne] *f* Kopieren *n,* Duplizieren *n,* Vervielfältigung *f*

duplice ['du:plitʃe] *agg* zweifach, doppelt; **duplicità** [duplitʃi'ta] <-> *f* Duplizität *f,* Zweifachheit *f*

dura *f v.* **duro**

durame [du'ra:me] *m* (BOT) Kern(holz *n*) *m*

durante [du'rante] *prp* während +*gen;* **~ la guerra** während des Krieges; **vita natural ~** zeitlebens

durare [du'ra:re] *vi essere o avere* ❶ (*continuare*) (an)dauern, weitergehen; **così non può ~** so kann das nicht weitergehen ❷ (*mantenersi*) halten, sich halten ❸ (*prov*) **chi la dura la vince** Beharrlichkeit führt zum Ziel; **durata** [du'ra:ta] *f* Dauer *f;* (*di oggetti*) Lebensdauer *f,* Haltbarkeit *f;* **~ d'ascolto** (*di cassette*) Spieldauer *f;* **di lunga ~** haltbar, von langer Lebensdauer; **duraturo, -a** [dura'tu:ro] *agg* bleibend, dauerhaft; **durevole** [du're:vole] *agg* dauerhaft, langlebig

durezza [du'rettsa] *f* ❶ (*qualità*) Härte *f* ❷ (*fig: severità*) Härte *f;* (*del clima*) Strenge *f;* (*ostinazione*) Hartnäckigkeit *f;* **~ di cuore** Hartherzigkeit *f*

duro ['du:ro] *m* ❶ (*gener*) Harte(s) *n* ❷ (*fig*) Schwierigkeit *f*

duro, -a I. *agg* ❶ (*resistente*) hart; **grano ~** Hartweizen *m;* **è un osso ~** (*fig*) das ist eine harte Nuss *fam;* (*persona*) er [*o* sie] ist ein zäher Knochen *fam* ❷ (*tiglioso, a fig*) zäh ❸ (*severo*) hart, streng; (*ostinato*) hartnäckig; **~ di cuore** hartherzig ❹ (*difficile*) schwer, schwierig; **un testo ~ da capire** ein schwer verständlicher Text; **tempi -i** harte Zeiten *fpl* ❺ (*persona*) **~ di comprendonio** schwer von Begriff; **~ d'orecchi** schwerhörig; **più ~ di un mulo** störrischer als ein Esel **II.** *avv* hart; **tener ~** durchhalten **III.** *m, f* harter Bursche

durone [du'ro:ne] *m* Hornhaut *f*

duttile ['duttile] *agg* ❶ (*materiale*) dehnbar, geschmeidig; (*metallo*) duktil ❷ (*fig: carattere*) flexibel; **duttilità** [duttili'ta] <-> *f* ❶ (*di materiale*) Dehnbarkeit *f,* Geschmeidigkeit *f;* (*di metallo*) Duktilität *f* ❷ (*fig*) Flexibilität *f*

duty-free shop ['dju:tifri: 'ʃɔp] <-> *m* Dutyfreeshop *m*

DVD [divud'di] <-> *m abbr di* **Digital Video Disc** DVD *f;* **lettore ~** DVD-Player *m*

E e

E, e [e] <-> *f* E, e *n;* ~ **come Empoli** E wie Emil; **vitamina** ~ Vitamin E

e [e] *cong* ❶ (*correlativa*) und, sowie; **e ... e ...** sowohl ... als auch ... ❷ (*ma, invece*) aber, doch ❸ (*ebbene*) gut, nun ❹ (MAT) und, plus; **tutti** ~ **tre** alle drei

E *abbr di* **est** O

è [ɛ] *3. pers sing pr di* **essere**[1]

EA *abbr di* **Ente Autonomo** autonome Körperschaft

EAD *abbr di* **elaborazione automatica dei dati** automatische Datenverarbeitung

ebanista [eba'nista] <-i *m*, -e *f*> *mf* Kunsttischler(in) *m(f);* **ebanisteria** [ebaniste'ri:a] <-ie> *f* Kunsttischlerei *f*

ebanite [eba'ni:te] *f* Ebonit *n*

ebano ['ɛ:bano] *m* ❶ (BOT) Ebenholzbaum *m* ❷ (*legno*) Ebenholz *n*

ebbe ['ɛbbe] *3. pers sing pass rem di* **avere**[1]

ebbene [eb'bɛ:ne] *cong* ❶ (*dunque*) also, (nun) gut ❷ (*interrogativo*) nun, also

ebbi ['ɛbbi] *1. pers sing pass rem di* **avere**[1]

ebbrezza [eb'brettsa] *f* (*a fig*) Rausch *m*, Trunkenheit *f;* ~ **della velocità** Geschwindigkeitsrausch *m;* **essere in stato di** ~ betrunken sein; **ebbro, -a** ['ɛbbro] *agg* betrunken; (*fig*) trunken, berauscht; ~ **d'amore** liebestrunken; ~ **di gioia** freudetrunken; ~ **di felicità** glückstrahlend

ebete ['ɛ:bete] **I.** *agg* schwachsinnig; (*viso, sguardo*) blöd(e) **II.** *mf* Schwachsinnige(r) *f(m);* (*fig, pej*) Schwachkopf *m;* **ebetismo** [ebe'tizmo] *m* Stumpf-, Schwachsinn *m*

ebollizione [ebollit'tsio:ne] *f* Sieden *n;* **punto di** ~ Siedepunkt *m*

ebraico, -a [e'bra:iko] <-ci, -che> *agg* hebräisch

ebraismo [ebra'izmo] *m* ❶ (REL) Judentum *n* ❷ (LING) Hebraismus *m;* **ebraista** [ebra'ista] <-i *m*, -e *f*> *mf* Hebraist(in) *m(f)*

ebreo, -a [e'brɛ:o] <-ei, -ee> **I.** *agg* jüdisch **II.** *m, f* Jude *m*, Jüdin *f*

EC *abbr di* **EuroCity** (FERR) EC *m*

ecatombe [eka'tombe] *f* Gemetzel *n*, Blutbad *n*

ecc. *abbr di* **eccetera** etc.

eccedente [ettʃe'dɛnte] **I.** *agg* überschüssig **II.** *m* Überschuss *m;* **eccedenza** [ettʃe'dɛntsa] *f* Überschuss *m;* **avere** ~ **di qc** an etw *dat* Überschuss haben; **in** ~ im Überschuss, überzählig; **eccedere**

[et'tʃɛ:dere] **I.** *vt* ❶ (*superare*) übersteigen, übertreffen ❷ (*fig: limiti*) überschreiten **II.** *vi* übertreiben; ~ **in qc** sich bei etw *dat* übernehmen

eccellente [ettʃel'lɛnte] *agg* ausgezeichnet, Spitzen-; **eccellenza** [ettʃel'lɛntsa] *f* ❶ (*titolo*) Exzellenz *f* ❷ (*qualità*) Unübertrefflichkeit *f,* Vorzüglichkeit *f;* (*perfezione*) Vollkommenheit *f;* **per** ~ par excellence *geh,* schlechthin

eccellere [et'tʃɛllere] <eccello, eccelsi, eccelso> *vi* essere o avere sich auszeichnen; ~ **in qc** sich durch etw auszeichnen; ~ **su qu** jdm überlegen sein

eccelso, -a [et'tʃɛlso] *agg* ❶ (*fig*) erhaben, vortrefflich ❷ (*altissimo*) höchste(r, s)

eccentrica *f v.* **eccentrico**

eccentricità [ettʃentritʃi'ta] <-> *f* ❶ (*fig*) Überspanntheit *f,* Exzentrizität *f* ❷ (MAT, ASTR) Exzentrizität *f;* **eccentrico, -a** [et'tʃɛntriko] <-ci, -che> *agg* ❶ (*fig*) exzentrisch, bizarr ❷ (MAT, ASTR) exzentrisch, abweichend

eccepibile [ettʃi'pi:bile] *agg* (*argomento*) fraglich, angreifbar; (*contegno*) tadelnswert; **eccepire** [ettʃi'pi:re] <eccepisco> *vt* einwenden

eccessivo, -a [ettʃes'si:vo] *agg* ❶ (*esagerato*) übertrieben; (*prezzo, temperatura*) übermäßig hoch, zu hoch ❷ (*persona*) unbeherrscht; **eccesso** [et'tʃɛsso] *m* ❶ (*esagerazione*) Übermaß *n;* (*pej*) Exzess *m;* **l'** ~ **di qc** das Übermaß an etw *dat;* ~ **nel bere** übermäßiger Alkoholkonsum; **dare in** -i Wutanfälle bekommen; **all'eccesso** übermäßig; **fino all'** ~ bis zum Exzess; **in** ~ zu viel ❷ *pl* Ausschreitungen *fpl*

eccetera [et'tʃɛ:tera] *avv* et cetera, und so weiter

eccetto [et'tʃɛtto] **I.** *prp* außer +*dat,* bis auf +*acc* **II.** *cong* ~ **che ...** es sei denn, ...; außer (wenn) ...; **eccettuare** [ettʃettu'a:re] *vt* ausnehmen, absehen von; **eccettuati i presenti** Anwesende ausgenommen

eccezionale [ettʃettsio'na:le] *agg* außergewöhnlich; (*singolare*) einmalig; **in via** (**del tutto**) ~ (ganz) ausnahmsweise; **eccezione** [ettʃet'tsio:ne] *f* ❶ (*rarità*) Ausnahme *f;* **fare** ~ eine Ausnahme darstellen; **senza** ~ ausnahmslos; **d'** ~ Ausnahme-; **ad** ~ **di** mit Ausnahme von; **l'** ~ **conferma la regola** (*prov*) die Ausnahme bestätigt die Regel ❷ (JUR) Einspruch *m,* Einrede *f*

ecchimosi [ek'ki:mozi] <-> f Bluterguss m

eccì [et'tʃi] int hatschi

eccidio [et'tʃi:dio] <-i> m Massaker n, Gemetzel n

eccipiente [ettʃi'piɛnte] m Arzneimittelträger m, Trägerstoff m

eccitabile [ettʃi'ta:bile] agg erregbar, reizbar; **eccitabilità** [ettʃitabili'ta] <-> f Erregbarkeit f, Reizbarkeit f

eccitamento [ettʃita'mento] m Ansporn m, Anreiz m; **eccitante** [ettʃi'tante] I. agg (caffé) anregend; (atmosfera) erregend II. m Aufputschmittel n; **eccitare** [ettʃi'ta:re] I. vt ❶ (agitare) erregen, aufregen; (masse) aufheizen ❷ (fig: curiosità) erwecken; (fantasia) anregen II. vr -rsi sich aufregen; **eccitazione** [ettʃitat'tsio:ne] f ❶ (fisica) Erregung f, Aufregung f ❷ (psichica) Erregtheit f ❸ (TEC, PHYS) Erregung f

ecclesiastico [ekkle'ziastiko] <-ci> m Geistliche(r) m

ecclesiastico, -a <-ci, -che> agg kirchlich, geistlich

ecco ['ɛkko] I. avv da (ist [o sind]), hier (ist [o sind]), da kommt [o kommen]; ~**mi** da bin ich; ~**ti il libro** da hast du das Buch; ~ **il libro** ist das Buch; ~ **perché** ... deswegen, das ist der Grund, warum ...; ~ **tutto** das ist alles; ~ **fatto** fertig, das hätten wir II. int (ja) eben, genau

eccome [ek'ko:me] avv und wie, und ob

ECG abbr di **elettrocardiogramma** EKG n

echeggiare [eked'dʒa:re] vi avere o essere widerhallen, (er)tönen

echi pl di **eco**

echinococco [ekino'kɔkko] <-cchi> m Blasenwurm m, Echinokokkus m

echinodermi [ekino'dɛrmi] mpl Stachelhäuter mpl

eclatante [ekla'tante] agg eklatant, offensichtlich; **un successo** ~ ein Aufsehen erregender Erfolg

eclettico, -a [e'klɛttiko] <-ci, -che> agg ❶ (persona, studioso) vielseitig ❷ (PHILOS) eklektisch; **eclettismo** [eklet'tizmo] m Eklektizismus m

eclissare [eklis'sa:re] I. vt ❶ (ASTR) verdunkeln ❷ (fig) in den Schatten stellen II. vr -rsi ❶ (ASTR) sich verdunkeln ❷ (fig) untertauchen; **eclisse** [e'klisse] f, **eclissi** [e'klissi] <-> f Finsternis f; ~ **di luna** Mondfinsternis f; ~ **di sole** Sonnenfinsternis f

eclittico, -a [e'klittiko] <-ci, -che> agg ekliptisch

ecloga ['ɛkloga] f v. **egloga**

eco ['ɛko] <echi m> f o m (a fig) Echo n,

Widerhall m; **fare** ~ **alle parole di qu** jdm beipflichten

ecoattivista [ekoatti'vista] f Ökoaktivist m

ecocardiografia [ekokardiogra'fi:a] <-ie> f (MED) Echokardiographie f, Ultraschall-Kardiographie f; **ecocardiografo** [ekokar'diɔ:grafo] m (MED) Echokardiograph m

ecocatastrofe [ekoka'tastrofe] f (ECO) Umweltkatastrophe f

ecocertificazione [ekotʃertifika'tsio:ne] f Öko-Zertifikat n

ecocidio [eko'tʃi:dio] <-di> m (ECO) Ökozid m, Umweltzerstörung f

ecocompatibile [ekokompa'ti:bile] agg umweltverträglich

ecocontributo [ɛkokontri'bu:to] m (ECO) Verschrottungsprämie f

ecodeputato [ekodepu'ta:to] m (POL) Abgeordnete(r) f(m) der Grünen

ecodiesel [ɛko'di:zel] <-> m o f (AUTO) abgasreduziertes Dieselfahrzeug

ecoetichetta [ɛkoeti'ketta] f (ECO) Umweltgütesiegel n

ecografia [ekogra'fi:a] <-ie> f (MED) Ultraschalluntersuchung f; **ecografico, -a** [eko'gra:fiko] <-ci, -che> agg (MED) echografisch; **ecografo** [e'kɔ:grafo] m Ultraschallgerät n

ecogramma [eko'gramma] <-i> m Ultraschallbild n

ecoincentivo [ekointʃen'ti:vo] m Verschrottungsprämie f

ecolabel [ikə'leibl] <-> m ökologisches Gütesiegel der EU

ecologa f v. **ecologo**

ecologia [ekolo'dʒi:a] <-gie> f Ökologie f; **ecologico, -a** [eko'lɔdʒiko] <-ci, -che> agg ökologisch, Umwelt-; **ecologista** [ekolo'dʒista] <-i m, -e f> mf Umweltschützer(in) m(f); **ecologo, -a** [e'kɔ:logo] <-gi, -ghe> m, f Ökologe m, -login f

ecometro [e'kɔ:metro] m (TEC, NAUT) Echolot n

e-commerce [i'kɔmers] <-> m (COM) E-Commerce n

ecomostro [eko'mostro] m Betonklotz m (eine die Umwelt verschandelnde Gebäudekonstruktion)

econama f v. **economo**

economato [ekono'ma:to] m Verwaltung f

economia [ekono'mi:a] <-ie> f ❶ (gener) Wirtschaft f; ~ **domestica** Hauswirtschaft f, Haushaltsführung f; ~ **politica** Volkswirtschaftslehre f; **Nuova Economia** New Economy f ❷ (risparmio) Sparsamkeit f; **fare** ~ [o -ie] sparen ❸ pl (somma)

Ersparnisse *fpl*, Ersparte(s) *n*; **economicismo** [ekonomi'tʃizmo] *m* Ökonomismus *m*; **economicistico, -a** [ekonomi'tʃistiko] <-ci, -che> *agg* ökonomistisch; **economico, -a** [eko'nɔːmiko] <-ci, -che> *agg* ❶ (*condizioni, criterio*) wirtschaftlich ❷ (*poco costoso*) preiswert, billig; **economismo** [ekono'mizmo] *m v.* **economicismo**; **economista** [ekono'mista] <-i *m*, -e *f*> *mf* Wirtschaftswissenschaftler(in) *m(f)*; **economizzare** [ekonomid'dzaːre] **I.** *vt* sparen, einsparen **II.** *vi* Haus halten, sparen; **economizzatore** [ekonomiddza'toːre] *m* (TEC) Ökonomiser *m*; (*per lavatrici*) Spartaste *f*, Sparvorrichtung *f*; **economo, -a** [e'kɔːnomo] *m, f* Verwalter(in) *m(f)*

economy (**class**) ['ikɔnəmi 'klaːs] <-> *f* Economyklasse *f*, Economy Class *f*

ecopacifismo [ekopatʃi'fizmo] <*sing*> *m* Umweltschutz- und Friedensbewegung *f*; **ecopacifista** [ekopatʃi'fista] <-i *m*, -e *f*> *mf* Ökopazifist(in) *m(f)*

ecoreato [ɛkore'aːto] *m* (ECO) Umweltvergehen *n*

ecoscandaglio [ekoskan'daʎʎo] <-gli> *m* (NAUT) Echolot *n*

ecosfera [eko'sfɛːra] *f* (ECO, GEOG) Ökosphäre *f*

ecosistema [ekosis'tɛːma] *m* Ökosystem *n*

ecostrage [eko'stradʒe] *f* (ECO) Umweltkatastrophe *f*

ecotassa [ɛko'tassa] *f* (ECO) Ökosteuer *f*

ecoturismo [ɛkotu'rizmo] *m* (ECO) Ökotourismus *m*

ecru [e'kry] <inv> *agg* ❶ (*tessuto*) roh, ungebleicht ❷ (*colore*) ekrü, naturfarben

ecstasy ['ekstəsi] <-> *f* Ecstasy *n*

ecumenico, -a [eku'mɛːniko] <-ci, -che> *agg* ökumenisch

eczema [ek'dzɛːma] <-i> *m* Ekzem *n*

ed. *abbr di* **edizione** Ed., Ausg.

Ed. *abbr di* **editore** Hg., Hrsg.

ed *cong* = **e** *davanti a vocale*

edelweiss ['eːdəlvais] <-> *f* Edelweiß *n*

edema [e'dɛːma] <-i> *m* Ödem *n*

eden ['ɛːden] <-> *m* Eden *n*; (*fig*) Paradies *n*; **il giardino dell'** ~ der Garten Eden

edera ['eːdera] *f* Efeu *m*

edibile [e'diːbile] *agg* (*obs: commestibile*) essbar, genießbar

edicola [e'diːkola] *f* ❶ (*del giornalaio*) Zeitungsstand *m*, -kiosk *m* ❷ (ARCH) Ädikula *f*; **edicolante** [ediko'lante] *mf* Zeitungsverkäufer(in) *m(f)* (*am Zeitungsstand*)

edificabile [edifi'kaːbile] *agg* bebaubar, Bau-; **edificabilità** [edifikabili'ta] <-> *f*

Bebaubarkeit *f*

edificante [edifi'kante] *agg* erbaulich, erhebend

edificare [edifi'kaːre] *vt* ❶ (ARCH) (er)bauen, errichten ❷ (*fig*) bauen; (*stato, azienda*) aufbauen, gründen; (*dottrina*) begründen; (*teoria*) aufstellen; (*moralmente*) erbauen; ~ **sulla sabbia** (*fig*) auf Sand bauen; **edificatore, -trice** [edifika'toːre] **I.** *agg* (er)bauend **II.** *m, f* Erbauer(in) *m(f)*; **edificazione** [edifikat'tsioːne] *f* ❶ (ARCH) Bau *m*, Errichtung *f*, Erbauung *f* ❷ (*fig*) (Be)gründung *f*; (*moralmente*) Erbauung *f*; **edificio** [edi'fiːtʃo] <-ci> *m* ❶ (ARCH) Gebäude *n*, Bau *m* ❷ (*fig*) Aufbau *m*, Gefüge *n*

edile [e'diːle] **I.** *agg* baulich, Bau- **II.** *m* Bauarbeiter *m*; **edilizia** [edi'littsia] <-ie> *f* Bauwesen *n*, Baugewerbe *n*; **edilizio, -a** [edi'littsio] <-i, -ie> *agg* baulich, Bau-

edipico, -a [e'diːpiko] <-ci, -che> *agg* ödipal, Ödipus-; **complesso** ~ Ödipuskomplex *m*

editing ['editiŋ] <-> *m* ❶ (*editoria*) Redigieren *n*, Redaktion *f* ❷ (INFORM) Editieren *n*

edito, -a ['ɛːdito] *agg* verlegt, aufgelegt; (*a cura di*) herausgegeben von

editor <-> *m* (INFORM) Editor *m*

editore, -trice [edi'toːre] **I.** *agg* Verlags-; (*dell'editore*) Verleger-, verlegerisch; **casa -trice** Verlag *m*, Verlagshaus *n* **II.** *m, f* ❶ (*pubblicatore*) Verleger(in) *m(f)* ❷ (*curatore*) Herausgeber(in) *m(f)*; **editoria** [edito'riːa] <-ie> *f* Verlagswesen *n*; ~ **da tavolo** Desktop Publishing *n*; **editoriale** [edito'riaːle] **I.** *agg* Verlags-; (*dell'editore*) Verleger-, verlegerisch **II.** *m* Leitartikel *m*; **editorialista** [editoria'lista] <-i *m*, -e *f*> *mf* Leitartikler(in) *m(f)*, Leitartikelschreiber(in) *m(f)*; **editrice** *f v.* **editore**

editto [e'ditto] *m* (HIST) Edikt *n*, Erlass *m*

edizione [edit'tsioːne] *f* ❶ (TYP) Auflage *f*; (*esemplare*) Ausgabe *f*; ~ **economica** Taschenbuch-, Billigausgabe *f*; ~ **originale** Originalausgabe *f*; ~ **straordinaria** Sonderausgabe *f* ❷ (TV, RADIO) Ausgabe *f* ❸ (*di manifestazione*) Veranstaltung *f*

edonismo [edo'nizmo] *m* Hedonismus *m*; **edonista** [edo'nista] <-i *m*, -e *f*> *mf* Genussmensch *m*; **edonistico, -a** [edo'nistiko] <-ci, -che> *agg* genießerisch

EDP *f abbr di* **Electronic Data Processing** EDV *f*

educanda [edu'kanda] *f* Internats-, Pensionatsschülerin *f*; (*fig*) schamhaftes Mädchen; **educandato** [edukan'daːto] *m* Mädchenpensionat *n*, Mädcheninternat *n*

educare [edu'ka:re] *vt* ❶ (*giovani*) erziehen ❷ (*fig*) gewöhnen; (*allenare*) trainieren, stärken; ~ **qu a qc** jdn an etw *acc* gewöhnen; **educativo, -a** [eduka'ti:vo] *agg* Erziehungs-; (*metodo*) erzieherisch; (*romanzo*) Erziehungs-, Bildungs-; **educato, -a** [edu'ka:to] *agg* (wohl) erzogen, artig; **educatore, -trice** [eduka'to:re] **I.** *agg* erzieherisch **II.** *m, f* Erzieher(in) *m(f)*; **educazione** [edukat'tsio:ne] *f* ❶ (*dei giovani*) Erziehung *f*; ~ **fisica** Leibeserziehung *f*, Turnen *n*; ~ **stradale** Verkehrserziehung *f* ❷ (*buone maniere*) (gutes) Benehmen *n*, Erziehung *f*; **gente senza ~** Leute ohne Benehmen

EED *abbr di* **elaborazione elettronica dei dati** EDV *f*

EEG *abbr di* **elettroencefalogramma** (MED) EEG *n*

efelide [e'fɛ:lide] *f* Sommersprosse *f*

effem(m)inata *f v.* **effem(m)inato**

effem(m)inatezza [effem(m)ina'tettsa] *f* ❶ (*con tratti femminili*) Effeminiertheit *f*, Verweiblichung *f* ❷ (*pej*) Verweichlichung *f*; **effem(m)inato** [effem(m)i'na:to] *m* (*pej*) Weichling *m*; **effem(m)inato, -a** *agg* ❶ effeminiert, geziert ❷ (*pej*) verweichlicht, weibisch

efferatezza [effera'tettsa] *f* Grausamkeit *f*, Abscheulichkeit *f*; **efferato, -a** [effe'ra:to] *agg* grausam, roh

efferente [effe'rɛnte] *agg* (*condotto*) Ableitungs-, ableitend

effervescente [efferveʃ'ʃɛnte] *agg* ❶ (*frizzante*) sprudelnd, (auf)brausend; (*pasticca*) Brause- ❷ (*fig*) lebhaft, resch *A*; **effervescenza** [efferveʃ'ʃɛntsa] *f* ❶ (*di pasticca, acqua*) Sprudeln *n*; (*di vino*) Gärung *f*, ❷ (*fig: agitazione*) Erregung *f*, Aufregung *f*

effettato, -a [effet'ta:to] *agg* effektvoll, wirkungsvoll; **effettismo** [effet'tizmo] *m* Effekthascherei *f*

effettivamente [effettiva'mente] *avv* tatsächlich, in Wirklichkeit

effettività [effettivi'ta] <-> *f* Wirklichkeit *f*, Tatsächlichkeit *f*

effettivo [effet'ti:vo] *m* ❶ (ADM, COM) (Effektiv)bestand *m* ❷ (MIL) (Effektiv)stärke *f*

effettivo, -a *agg* ❶ (*reale*) wirklich; (*valore, danno*) effektiv, tatsächlich ❷ (*socio, professore*) ordentlich; (*operaio*) festangestellt; **personale ~** Personalbestand *m* ❸ (MIL) aktiv, Berufs-; **ufficiale ~** Berufsoffizier *m*

effetto [ef'fɛtto] *m* ❶ (JUR, PHYS) Wirkung *f*, Auswirkung *f*; (*fig*) Ergebnis *n*; (*scopo*) Zweck *m*; ~ **serra** (ECO) Treibhauseffekt *m*; **causa ed ~** Ursache und Wirkung; **fare l'~**

di aussehen wie, den Eindruck machen als ob; **ottenere l'~ voluto** die gewünschte Wirkung erzielen; **fare ~** Eindruck machen; **in -i** wirklich, in der Tat; **-i collaterali** Nebenwirkungen *fpl*; **-i personali** persönliche Gegenstände *mpl* ❷ (FIN) Schuldverschreibung *f*, Wechsel *m*

effettuare [effettu'a:re] *vt* aus-, durchführen; **effettuazione** [effettuat'tsio:ne] *f* Aus-, Durchführung *f*

efficace [effi'ka:tʃe] *agg* wirksam, wirkungsvoll; **efficacia** [effi'ka:tʃa] <-cie> *f* Wirksamkeit *f*, Wirkung *f*

efficiente [effi'tʃɛnte] *agg* (*organizzazione, persona*) leistungsfähig, effizient; (*che funziona*) wirksam, wirkungsvoll; **efficientismo** [effitʃen'tizmo] *m* Streben *n* nach Effizienz; **efficientista** [effitʃen'tista] <-i *m*, -e *f*> *mf* Anhänger(in) *m(f)* des Effizienzstrebens; **efficientistico, -a** [effitʃen'tistiko] <-ci, -che> *agg* nach Effizienz strebend, Efficiency-; **efficienza** [effi'tʃɛntsa] *f* Wirksamkeit *f*, Effizienz *f*; (*di persona*) Leistungsfähigkeit *f*; (*di motore*) Leistung *f*

effigiare [effi'dʒa:re] *vt* (*poet*) darstellen, abbilden; (*modellare con effigi*) mit Bildern versehen [o schmücken]

effigie [effi:dʒe] <- *o* -gi> *f* (*poet*) Bildnis *n*, Bild *n*

effimero, -a [ef'fi:mero] *agg* ❶ (*fugace*) flüchtig, vergänglich; (*di breve durata*) kurzlebig ❷ (ZOO) eintägig, Eintags-

efflusso [ef'flusso] *m* Ausströmen *n*, Austreten *n*

effluvio [ef'flu:vio] <-i> *m* Duft *m*

effondere [ef'fondere] <irr> *vt* ergießen

effrazione [effrat'tsio:ne] *f* Aufbrechen *n*, Aufbruch *m*; (*fig*) Verletzung *f*

effusione [effu'zio:ne] *f* ❶ (*versamento*) Ver-, Ausgießen *n*; (*di gas*) Auströmen *n*; (*di lava*) Erguss *m*, Effusion *f* ❷ (*fig*) Überschwänglichkeit *f*; (*cordialità*) Herzlichkeit *f*; **con ~** überschwänglich

egalitario [egali'ta:rio] *agg v.* **egualitario**

egemone [e'dʒɛ:mone] *agg* hegemonial; (*a fig*) (vor)herrschend; **egemonia** [edʒemo'ni:a] <-ie> *f* Hegemonie *f*; (*a fig*) (Vor)herrschaft *f*; **egemonico, -a** [edʒe'mɔ:niko] <-ci, -che> *agg* hegemonial, Hegemonie-; **egemonizzare** [edʒemonid'dza:re] *vt* beherrschen

Egeo [e'dʒɛ:o] *m* Ägäis *f*

egida ['ɛ:dʒida] *f* ❶ (*fig*) Schutz *m*, Obhut *f*, Ägide *f* ❷ (*nella mitologia*) Ägide *f*

Egitto [e'dʒitto] *m* l'~ Ägypten *n*; **egittologa** *f v.* **egittologo**; **egittologia** [edʒittolo'dʒi:a] <-ie> *f* Ägyptologie *f*;

egittologo, **-a** [edʒit'tɔ:logo] <-gi, -ghe> *m, f* Ägyptologe *m,* -login *f*

egizia *f v.* **egizio**

egiziano, **-a** [edʒi'tsia:no] I. *agg* ägyptisch II. *m, f* Ägypter(in) *m(f)*

egizio, **-a** [e'dʒittsio] <-i, -ie> I. *agg* altägyptisch II. *m, f* (Alt)ägypter(in) *m(f)*

egli ['eʎʎi] *pron pers 3. pers sing m* er

egloga ['ɛgloga] <-ghe> *f* Ekloge *f*

ego ['ɛ:go] <-> *m* Ego *n,* Ich *n*

egocentrica *f v.* **egocentrico**

egocentricità [egotʃentritʃi'ta] <-> *f* Egozentrik *f,* Ichbezogenheit *f;* **egocentrico**, **-a** [ego'tʃɛntriko] <-ci, -che> I. *agg* egozentrisch II. *m, f* Egozentriker(in) *m(f);* **egocentrismo** [egotʃen'trizmo] *m* Egozentrik *f,* Ichbezogenheit *f*

egoismo [ego'izmo] *m* Egoismus *m,* Selbstsucht *f;* **egoista** [ego'ista] <-i *m,* -e *f>* I. *mf* Egoist(in) *m(f)* II. *agg* egoistisch, selbstsüchtig; **egoistico**, **-a** [ego'istiko] <-ci, -che> *agg* egoistisch, selbstsüchtig

egolalia [egola'li:a] <-ie> *f* Tendenz, immer über sich selbst zu sprechen

egotismo [ego'tizmo] *m* Egotismus *m*

Egr. *abbr di* **egregio** ...

egregio, **-a** [e'grɛ:dʒo] <-gi, -gie> *agg* ausgezeichnet, vortrefflich; (*nelle lettere*) sehr geehrte(r)

eguaglianza [eguaʎ'ʎantsa] *f v.* **uguaglianza**

egualitario, **-a** [eguali'ta:rio] <-i, -ie> I. *agg* egalitär II. *m, f* Gleichmacher(in) *m(f);* **egualitarismo** [egualita'rizmo] *m* Egalitarismus *m*

eh [ɛ *o* e] *int* (*fam*) he; (*sorpresa, compatimento*) oh; (*domanda*) siehe **male, ~?** nicht übel, was?; **~! dove corri?** (*fam*) he! wo läufst du hin?

ehi ['e:i] *int* (*fam*) hallo, he(da)

ehm [m] *int* (*fam*) hm

E.I. *abbr di* **Esercito Italiano** *die italienischen Steitkräfte*

eiaculare [eiaku'la:re] *vi* ejakulieren; **eiaculazione** [eiakulat'tsio:ne] *f* Ejakulation *f,* Samenerguss *m*

eidomatica® [eido'ma:tika] <-che> *f* (INFORM) Bildverarbeitung *f*

eidomatica [eido'ma:tika] <-che> *f* (INFORM) Bildverarbeitung *f,* -bearbeitung *f*

eidophor, eidofor® [eidi'fɔr] <-> *m* (TV: *grande schermo*) Eidophor® *n,* Fernsehgroßbild-Projektionsanlage *f*

eiettabile [eiet'ta:bile] *agg* **sedile ~** Schleudersitz *m*

elaborare [elabo'ra:re] *vt* ❶ (*tesi, piano*) ausarbeiten, erarbeiten ❷ (INFORM: *dati*)

verarbeiten ❸ (BIOL: *digerire*) verdauen; (*secernere*) absondern, produzieren; **elaboratezza** [elabora'tettsa] *f* Ausgefeiltheit *f,* Geschliffenheit *f*

elaborato [elabo'ra:to] *m* ❶ (*a scuola*) Arbeit *f,* Aufgabe *f* ❷ (INFORM) Ausdruck *m* ❸ (BIOL: *digestione*) Verdauung *f;* (*secrezione*) Absonderung *f,* Produktion *f*

elaborato, **-a** *agg* ausgefeilt, geschliffen

elaboratore [elabora'to:re] *m* (INFORM) Computer *m,* Rechner *m;* **~ elettronico** EDV-Anlage *f*

elaboratore, **-trice** *agg* aus-, verarbeitend; **elaborazione** [elaborat'tsio:ne] *f* ❶ (INFORM) Verarbeitung *f* ❷ (*di progetto, piano, teoria*) Erstellung *f,* Ausarbeitung *f* ❸ (BIOL) Verdauung *f*

elargire [elar'dʒi:re] <elargisco> *vt* spenden; **elargizione** [elardʒit'tsio:ne] *f* Spende *f*

elasticità [elastitʃi'ta] <-> *f* ❶ (*di molle, gomma*) Elastizität *f,* Dehnbarkeit *f* ❷ (*agilità*) Beweglichkeit *f,* Gelenkigkeit *f* ❸ (*fig*) Flexibilität *f,* Beweglichkeit *f;* **~ mentale** geistige Beweglichkeit; **elasticizzare** [elastitʃid'dza:re] *vt* flexibilisieren; **elasticizzato**, **-a** [elastitʃid'dza:to] *agg* Stretch-

elastico [e'lastiko] <-ci> *m* ❶ (*tessuto*) elastisches Gewebe ❷ (*per fissare*) Gummi(band) *n*

elastico, **-a** <-ci, -che> *agg* ❶ (*molla, tessuto*) elastisch, dehnbar ❷ (*persona*) gelenkig, beweglich; (*carattere*) beweglich, flexibel; (*cedevole*) nachgiebig

Elba *f* ❶ (*isola toscana*) Elba *n* ❷ (GEOG: *fiume*) Elbe *f;* **elbano**, **-a** [el'ba:no] *m, f* (*abitante dell'isola d'Elba*) Einwohner(in) *m(f)* von Elba

eldorado [eldo'ra:do] *m* (El)dorado *n*

elefante [ele'fante] *m* Elefant *m;* **elefantesco**, **-a** [elefan'tesko] <-schi, -sche> *agg* Elefanten-; (*fig*) gigantisch; **elefantessa** [elefan'tessa] *f* Elefantenkuh *f;* **elefantiasi** [elefan'ti:azi] <-> *f* ❶ (MED) Elefantiasis *f* ❷ (*fig*) Aufgeblähtheit *f*

elegante [ele'gante] *agg* elegant; **eleganza** [ele'gantsa] *f* Eleganz *f*

eleggere [e'lɛddʒere] <irr> *vt* wählen

elegia [ele'dʒi:a] <-gie> *f* Elegie *f;* **elegiaco**, **-a** [ele'dʒi:ako] <-ci, -che> *agg* elegisch, Klage-

elementare [elemen'ta:re] I. *agg* (*semplice*) einfach; (*di base*) elementar, Grund-; **scuola ~** Grundschule II. *fpl* Grundschule *f;* **elementarizzare** [elementarid'dza:re] *vt* vereinfachen

elemento [ele'mento] *m* ❶ (*gener,* CHEM,

PHILOS) Element *n* ❷ (*fig: parte costitutiva*) Bestandteil *m*, Element *n;* (*di studio, arte*) Grundlage *f* ❸ (*fig, pej: individuo*) Person *f*, Subjekt *n*

elemosina [ele'mɔ:zina] *f* Almosen *n*, Spende *f*; **chiedere l'~** um Almosen bitten, betteln; **fare l'~** ein Almosen geben; **elemosinare** [elemozi'na:re] **I.** *vt* erbetteln, betteln um **II.** *vi* betteln

elencare [elen'ka:re] *vt* auflisten; (*enumerare*) aufzählen; **elencazione** [eleŋkat'tsio:ne] *f* Auflistung *f*; (*enumerazione*) Aufzählung *f*

elenco [e'lɛŋko] <-chi> *m* Verzeichnis *n*, Liste *f*; ~ **telefonico** Telefonbuch *n*

elessi *1. pers sing pass rem di* **eleggere**

eletta *f v.* **eletto**

elettivo, -a [elet'ti:vo] *agg* Wahl-

eletto, -a [e'lɛtto] **I.** *pp di* **eleggere II.** *agg* ❶ (POL) gewählt ❷ (REL) auserwählt ❸ (*fig*) erlesen **III.** *m, f* Gewählte(r) *f(m)*

elettorale [eletto'ra:le] *agg* Wahl-; **elettoralismo** [elettora'lizmo] *m* Stimmenfang *m*

elettorato [eletto'ra:to] *m* Wählerschaft *f*, Wähler *mpl;* **elettore, -trice** [elet'to:re] *m, f* Wähler(in) *m(f)*

elettrauto [elet'tra:uto] <-> *m* Kraftfahrzeugelektrodienst *m*

elettrica *f v.* **elettrico**

elettrice *f v.* **elettore**

elettricista [elettri'tʃista] <-i *m*, -e *f*> *mf* Elektriker(in) *m(f)*; **elettricità** [elettri-tʃi'ta] <-> *f* (PHYS) Elektrizität *f*; **elettrico, -a** [e'lɛttriko] <-ci, -che> **I.** *agg* (PHYS) elektrisch, Elektrizitäts- **II.** *m, f* Elektriker(in) *m(f)*

elettrificare [elettrifi'ka:re] *vt* auf Elektrobetrieb umstellen; **elettrificazione** [elettrifikat'tsio:ne] *f* Umstellung *f* auf Elektrobetrieb

elettrizzante [elettrid'dzante] *agg* aufregend

elettrizzare [elettrid'dza:re] **I.** *vt* ❶ (PHYS) elektrisieren ❷ (*fig*) aufrütteln; (*entusiasmare*) begeistern **II.** *vr* **-rsi** (PHYS) elektrisiert werden; (*fig*) in Aufregung geraten; **elettrizzazione** [elettriddzat'tsio:ne] *f* Elektrisierung *f*

elettro [e'lɛttro] *m* ❶ (*lega*) Gold- und Silberlegierung *f* ❷ (*ambra*) (gelber) Bernstein *m*

elettro- [elettro] (*in parole composte*) Elektro-, elektrisch

elettrocalamita [elettrokala'mi:ta] *f* Elektromagnet *m*

elettrocardiogramma [elettrokardio'gramma] *m* Elektrokardiogramm *n*

elettrochimica [elettro'ki:mika] <-che> *f* Elektrochemie *f*; **elettrochimico, -a** [elettro'ki:miko] <-ci, -che> **I.** *agg* elektrochemisch **II.** *m, f* Elektrochemiker(in) *m(f)*

elettrochoc [elettro'ʃɔk] *m v.* **elettroshock**

elettrodo [e'lɛttrodo] *m* Elektrode *f*

elettrodomestico [elettrodo'mɛstiko] *m* Elektrogerät *n*, Haushaltsgerät *n;* **negozio di -ci** Elektrogeschäft *n;* **elettroencefalogramma** [elettroentʃefalo'gramma] *m* Elektroenzephalogramm *n;* **elettrofisica** [elettro'fi:zika] <-che> *f* Elektrophysik *f*

elettrolisi [elet'trɔ:lizi] <-> *f* Elektrolyse *f*; **elettrolita, elettrolito** [elet'trɔ:lita, elet'trɔ:lito] <-i> *m* Elektrolyt *m;* **elettrolitico, -a** [elettro'li:tiko] <-ci, -che> *agg* elektrolytisch

elettromagnete [elettromaɲ'pɛ:te] *m* Elektromagnet *m;* **elettromagnetico, -a** [elettromaɲ'pɛ:tico] <-ci, -che> *agg* elektromagnetisch

elettromeccanica [elettromek'ka:nika] <-che> *f* Elektromechanik *f*; **elettromeccanico, -a** [elettromek'ka:niko] <-ci, -che> **I.** *agg* elektromechanisch **II.** *m, f* Elektromechaniker(in) *m(f)*

elettromotrice [elettromo'tri:tʃe] *f* E-Lok *f*

elettrone [elet'tro:ne] *m* Elektron *n;* **elettronica** [elet'trɔ:nika] <-che> *f* Elektronik *f;* **elettronico, -a** [elet'trɔ:niko] <-ci, -che> *agg* elektronisch, Elektronik-; **posta -a** elektronische Post; **commercio ~** E-commerce *n*, Internethandel *m*

elettroscopio [elettros'kɔ:pio] <-i> *m* Elektroskop *n*

elettroshock [elettro'ʃɔk] <-> *m* Elektroschock *m;* **elettroshockterapia** [elettroʃɔktera'pi:a] <-ie> *f* (MED) Elektroschocktherapie *f*

elettrosmog [elɛttro'zmɔg] <-> *m* (ECO) Elektrosmog *m*

elettrostatica [eletro'sta:tika] <-che> *f* (PHYS) Elektrostatik *f*

elettrotecnica [elettro'tɛknika] <-che> *f* Elektrotechnik *f*; **elettrotecnico, -a** [elettro'tɛkniko] <-ci, -che> **I.** *agg* elektrotechnisch **II.** *m, f* Elektrotechniker(in) *m(f)*

elettroterapia [elettrotera'pi:a] *f* Elektrotherapie *f*

elettrovalvola [elettroval'vo:la] *f* (TEC) elektrisches Ventil

elevamento [eleva'mento] *m* (Boden)erhebung *f*, Erhöhung *f;* **elevare** [ele'va:re] **I.** *vt* ❶ (*edificio*) aufstocken; **~ un edificio di un piano** ein Gebäude um einen Stock erhöhen ❷ (*fig*) anheben, erhöhen ❸ (*alzare*) er-, anheben ❹ (ADM: *multa*) auferlegen ❺ (MAT) ~ **un numero al quadrato** eine Zahl zum Quadrat erheben, eine Zahl quadrieren **II.** *vr* **-rsi** sich erheben, emporragen

elevatezza [eleva'tettsa] *f* ❶ (*di monte*) Höhe *f* ❷ (*fig*) Erhabenheit *f*; **elevato, -a** [eleva:to] *agg* (*monte, prezzo*) hoch

elevatore [eleva'to:re] *m* (TEC) Hebewerk *n*, Elevator *m*

elevatore, -trice *agg* Hebe-; (TEC) Hub-; **carrello ~** Gabelstapler *m*

elevazione [elevat'tsio:ne] *f* ❶ (*innalzamento, aumento*) Erhebung *f*, Erhöhung *f* ❷ (MIL, ASTR) Elevation *f*

elezione [elet'tsio:ne] *f* Wahl *f*

eliambulanza [eliambu'lantsa] *f* (AERO) Rettungshubschrauber *m*

eliapprodo [eliap'prɔ:do] *m* (AERO) Hubschraubernotlandeplatz *m*

elibus ['ɛ:libus] <-> *m* (AERO) Großraumhubschrauber *m*

elica ['ɛ:lika] <-che> *f* ❶ (NAUT) Schiffsschraube *f* ❷ (AERO) Propeller *m*; **elicoidale** [elikoi'da:le] *agg* Spiral-, Schrauben-

elicoplano [eli'kɔ:plano] *m* (AERO) Kombinationshubschrauber *m*

elicottero [eli'kɔttero] *m* Hubschrauber *m*, Helikopter *m*

elidere [e'li:dere] <elido, elisi, eliso> *vt* (*annullare*) aufheben

eliminare [elimi'na:re] *vt* ❶ (*togliere*) beseitigen, entfernen ❷ (*fig: ipotesi*) ausschließen; (*espellere*) ausscheiden; **eliminatoria** [elimina'tɔ:ria] <-ie> *f* Vorrunde *f*, Qualifikation(srunde) *f*, Ausscheidungskämpfe *mpl*; **eliminazione** [eliminat'tsio:ne] *f* ❶ (SPORT) Ausscheiden *n*; (*squalifica*) (Platz)verweis *m* ❷ (*soppressione, rimozione*) Entfernen *n*, Beseitigung *f*

elio ['ɛ:lio] *m* Helium *n*

eliocentrico, -a [elio't ʃɛntriko] <-ci, -che> *agg* heliozentrisch

elioelettrico, -a [elioe'lɛttriko] <-ci, -che> *agg* (TEC) Sonnenenergie-, Solarenergie-

eliografia [eliogra'fi:a] *f* Heliografie *f*, Lichtdruckverfahren *n*

eliparco [eli'parko] <-chi> *m* Hubschrauberparkplatz *m*

eliportato, -a [elipor'ta:to] *agg* v. **elitrasportato**

eliporto [eli'pɔrto] *m* Hubschrauberlandeplatz *m*; **eliportuale** [eliportu'a:le] *agg* den Hubschrauberlandeplatz betreffend

eliposta [eli'pɔsta] *f* Hubschrauberpost *f*,

Postbeförderung *f* per Hubschrauber; **inviato a mezzo ~** per Hubschrauberpost gesendet

elisi [e'li:zi] *1. pers sing pass rem di* **elidere**

elisio [e'li:zio] *m* Elysium *n*

elisio, -a <-i, -ie> *agg* elysisch

elisione [eli'zio:ne] *f* Elision *f*

elisir [eli'zir] <-> *m* Elixier *n*; **~ d'amore** Liebestrank *m*

eliso [e'li:zo] *pp di* **elidere**

elitario, -a [eli'ta:rio] <-i, -ie> *agg* elitär; **elitarismo** [elita'rizmo] *m* Elitedenken *n*, elitäres Verhalten

elitaxì [elita'ksi] <-> *m* Hubschraubertaxi *n*

élite [e'lit] <-> *f* Elite *f*

elitista [eli'tista] <-i *m*, -e *f*> **I.** *agg* ❶ (*che fa parte di un élite*) elitär ❷ (*che ha una concezione di tipo elitario*) elitegläubig **II.** *mf* ❶ (*chi fa parte di un élite*) Angehörige(r) *f(m)* einer Elite ❷ (*chi ha una concezione di tipo elitario*) Elitegläubige(r) *f(m)*

elitrasportato, -a [elitraspor'ta:to] *agg* mit dem Hubschrauber transportiert [*o* befördert]

ella ['ella] *pron pers 3. pers sing f* sie

ellenico, -a [el'lɛ:niko] <-ci, -che> *agg* hellenisch, (alt)griechisch; **ellenismo** [elle'nizmo] *m* (HIST, LIT) Hellenismus *m*; **ellenista** [elle'nista] <-i *m*, -e *f*> *mf* Hellenist(in) *m(f)*, Gräzist(in) *m(f)*; **ellenistico, -a** [elle'nistiko] <-ci, -che> *agg* hellenistisch

ellisse [el'lisse] *f* (MAT) Ellipse *f*

ellissi [el'lissi] <-> *f* (LING) Ellipse *f*

ellittico, -a [el'littiko] <-ci, -che> *agg* elliptisch

elmetto [el'metto] *m* (*per soldati, minatori, ciclisti*) Helm *m*

elmo ['elmo] *m* (*nelle antiche armature*) Helm *m*

elogiare [elo'dʒa:re] *vt* loben; **elogiativo, -a** [elodʒa'ti:vo] *agg* lobend, Lobes-; **elogio** [e'lɔ:dʒo] <-gi> *m* Lob *n*, Lobrede *f*; **~ funebre** Trauerrede *f*

eloquente [elo'kuɛnte] *agg* ❶ (*oratore, discorso*) redegewandt ❷ (*sguardo, silenzio*) vielsagend, sprechend; **eloquenza** [elo'kuɛntsa] *f* ❶ (*di oratore, discorso*) Redegewandtheit *f*, Wortgewandtheit *f*, Eloquenz *f* ❷ (*fig: di gesto, sguardo*) Beredtheit *f*

elsa ['elsa] *f* Degenglocke *f*

elucubrare [eluku'bra:re] *vt* ausklügeln, austüfteln; **elucubrazione** [elukubrat'tsio:ne] *f* Tüftelei *f*

eludere [e'lu:dere] <eludo, elusi, eluso> *vt* **~ qc** einer Sache *dat* ausweichen;

E

elogiare	
elogiare, valutare positivamente	**loben, positiv bewerten**
Eccellente!/Magnifico!/Fantastico!	Ausgezeichnet!/Hervorragend!
Bravo/Brava, ben fatto!	Das machen Sie gut!
Complimenti, (Lei) se la cava benissimo!	Es ist sehr schön, wie Sie das machen!
Ci sei riuscito benissimo! (*fam*)	Das hast du prima hingekriegt! (*fam*)
Hai fatto bene!	Das hast du gut gemacht!
È stato un lavoro molto bello.	Das war eine sehr gute Arbeit.
esprimere stima	**Wertschätzung ausdrücken**
Mi piace il modo in cui si occupa degli animali.	Mir gefällt es, wie er mit den Tieren umgeht.
Apprezzo (molto) il Suo impegno.	Ich schätze Ihren Einsatz (sehr).
Non so cosa farei senza il Suo appoggio.	Ich wüsste nicht, was ich ohne Ihre Unterstützung tun sollte.

elusivo, -a [elu'zi:vo] *agg* ausweichend; **eluso** [e'luzo] *pp di* **eludere**

elvetico, -a [el'vɛ:tiko] <-ci, -che> *agg* helvetisch, schweizerisch

elzevirista [eldzevi'rista] <-i *m*, -e *f*> *mf* Feuilletonist(in) *m(f)*; **elzeviro** [eldze-'vi:ro] *m* ❶ (*di giornale*) Feuilleton(artikel *m*) *n* ❷ (TYP) Elzevir *f*

emaciamento [ematʃa'mento] *m* starke Abmagerung, Auszehrung *f*; **emaciare** [ema'tʃa:re] I. *vt* auszehren, ausmergeln II. *vr* -**rsi** stark abmagern; **emaciato, -a** [ema'tʃa:to] *agg* stark abgemagert

E-mail [i'meil] <-> *f* E-Mail *f*

emanare [ema'na:re] *vt* avere ❶ (*luce, calore*) ausstrahlen; (*liquidi, gas*) ausströmen ❷ (JUR: *leggi*) erlassen ❸ (*fig*: *simpatia*) ausstrahlen; **emanazione** [emanat'tsio:ne] *f* ❶ (*di luce, calore*) Ausstrahlung *f*; (*di liquidi, gas*) Ausströmen *n* ❷ (JUR) Verkündung *f*, Erlass *m*

emancipare [emantʃi'pa:re] I. *vt* emanzipieren, befreien; (JUR) mündig sprechen II. *vr* -**rsi** sich emanzipieren; **emancipato, -a** [emantʃi'pa:to] *agg* emanzipiert; **emancipazione** [emantʃipat'tsio:ne] *f* Emanzipation *f*

emarginare [emardʒi'na:re] *vt* ❶ (ADM) anmerken, am Rande vermerken ❷ (*fig*) ins Abseits drängen, ausgrenzen

emarginati [emardʒi'na:ti] *mpl* Randgruppen *fpl*, Minderheiten *fpl*; **emarginato, -a** [emardʒi'na:to] I. *agg* (ADM) angemerkt, am Rande vermerkt II. *m, f* (*persona*) Ausgestoßene(r) *f(m)*

ematico, -a [e'ma:tiko] <-ci, -che> *agg*

(MED) hämato-, Blut-

ematologo, -a [ema'tɔ:logo] <-gi, -ghe> *m, f* Hämatologe *m, -*login *f*

ematoma [ema'tɔ:ma] <-i> *m* (MED) Hämatom *n;* (*livido*) Bluterguss *m*

embargo [em'bargo] <-ghi> *m* Embargo *n*

emblema [em'blɛ:ma] <-i> *m* Emblem *n*, Sinnbild *n;* **emblematico, -a** [emble'ma:tiko] <-ci, -che> *agg* emblematisch, sinnbildlich

embolia [embo'li:a] <-ie> *f* (MED) Embolie *f;* **embolo** ['ɛmbolo] *m* ❶ (MED) Gefäßpfropf *m*, Embolus *m* ❷ (TEC, MOT) Luftblase *f*

embrice ['embritʃe] *m* Dachziegel *m*

embrionale [embrio'na:le] *agg* ❶ (BIOL) embryonal, Embryo- ❷ (*fig*) im Keim vorhanden; **un progetto ~** ein unausgereifter Plan; **embrione** [embri'o:ne] *m* ❶ (BIOL) Embryo *m;* (BOT) Keimling *m* ❷ (*fig*) Keim *m*, Ansatz *m;* **essere in ~** im Keim vorhanden sein

emendabilità [emendabili'ta] <-> *f* (*geh*: *correggibilità*) Verbesserungsfähigkeit *f*

emendamento [emenda'mento] *m* ❶ (*correzione*) Verbesserung *f*, Berichtigung *f* ❷ (JUR) Abänderung *f;* **emendare** [emen'da:re] *vt* ❶ (*correggere*) verbessern, berichtigen ❷ (JUR) (ab)ändern

emergente [emer'dʒɛnte] *agg* aufstrebend, emporkommend; **paesi -i** Schwellenländer *npl*

emergenza [emer'dʒɛntsa] *f* unvorhergesehener Umstand; (*situazione critica*) Notfall *m;* **stato di ~** Ausnahmezustand *m;*

freno di ~ Notbremse *f*
emergere [e'mɛrdʒere] <emergo, emersi, emerso> *vi essere* ❶ (*apparire in alto*) emporragen ❷ (*venir fuori*) auftauchen ❸ (*fig: eccellere*) herausragen, sich hervortun; (*risultare*) deutlich werden, herauskommen
emerito, -a [e'mɛ:rito] *agg* ❶ (*professore*) emeritiert ❷ (*insigne*) hervorragend, bedeutend ❸ (*fig, a scherz*) notorisch, bekannt; **sei un** ~ **stupido** du bist ein ausgesprochener Dummkopf
emersi [e'mɛrsi] *1. pers sing pass rem di* **emergere**
emersione [emer'sio:ne] *f* (NAUT) Auftauchen *n*; (GEOG, ASTR) Emersion *f*
emerso [e'mɛrso] *pp di* **emergere**
emetico [e'mɛ:tiko] <-ci> *m* Brechmittel *n*
emetico, -a <-ci, -che> *agg* Brechreiz erregend, Brech-
emettere [e'mettere] <irr> *vt* ❶ (*mandare fuori*) hervor-, herausbringen; (*calore*) ausströmen, ausstrahlen ❷ (*grido, sibilo*) ausstoßen, von sich *dat* geben ❸ (FIN) emittieren; (*assegno*) ausstellen ❹ (JUR: *sentenza*) aussprechen; (*mandato*) erlassen ❺ (*fig: opinione*) aussprechen, zum Ausdruck bringen; **emettitore** [emetti'to:re] *m* (RADIO, TEL) Emitter *m*; **emettitrice** [emetti'tri:tʃe] *f* Ausgabegerät *n*; (*di biglietti*) Fahrkartenautomat *m*
emiciclo [emi'tʃi:klo] *m* Halbkreis *m*
emicrania [emi'kra:nia] <-ie> *f* (MED) Migräne *f*
emigrante [emi'grante] I. *agg* auswandernd, emigrierend II. *mf* Auswanderer *m*, Auswand(r)erin *f*, Emigrant(in) *m(f)*
emigrare [emi'gra:re] *vi essere o avere* ❶ (*espatriare*) auswandern, emigrieren ❷ (ZOO) ziehen, wandern; **emigrato, -a** [emi'gra:to] I. *agg* ausgewandert, emigriert II. *m, f* Auswanderer *m*, Auswand(r)erin *f*, Emigrant(in) *m(f)*; **emigratorio, -a** [emigra'tɔ:rio] <-i, -ie> *agg* Auswanderungs-, Emigrations-; **emigrazione** [emigrat'tsio:ne] *f* ❶ (*espatrio*) Auswanderung *f*, Emigration *f* ❷ (ZOO) Wanderung *f*, Migration *f* ❸ (FIN) Abwanderung *f*, Flucht *f*; **l'** ~ **di capitali** die Kapitalflucht
Emilia *f* ❶ (*regione*) Emilia-Romagna *f* ❷ (*città*) Emilia *f* (*Stadt in der Emilia Romagna*)
emiliano [emi'lia:no] <*sing*> *m* (*dialetto*) Emilianisch(e) *n*, Dialekt *m* der Emilia
emiliano, -a I. *agg* aus der Emilia stammend, emlianisch II. *m, f* (*abitante*) Emilianer(in) *m(f)*

Emilia-Romagna [e'mi:lia ro'maɲɲa] *f* Emilia-Romagna *f*
eminente [emi'nɛnte] *agg* ❶ (*alzato*) erhöht ❷ (*fig*) hervorragend, vortrefflich; **eminentemente** [eminente'mente] *avv* ausgesprochen; (*soprattutto*) über-, vorwiegend; **eminentissimo, -a** [eminen'tissimo] *agg* hochwürdigste(r, s)
eminenza [emi'nɛntsa] *f* ❶ (REL) Eminenz *f* ❷ (*fig*) Vorzüglichkeit *f*, Vortrefflichkeit *f* ❸ (*luogo*) Erhebung *f*, Anhöhe *f*
emirato [emi'ra:to] *m* Emirat *n*; **emiro** [e'mi:ro] *m* Emir *m*
emisferico, -a [emis'fɛ:riko] <-ci, -che> *agg* hemisphärisch; **emisfero** [emis'fɛ:ro] *m* ❶ (GEOG) Hemisphäre *f*, Erdhalbkugel *f*; ~ **australe/boreale** südliche/nördliche Hemisphäre; ~ **terrestre** Erdhalbkugel *f* ❷ (ANAT) Hemisphäre *f*, Gehirnhälfte *f* ❸ (MAT) Hemisphäre *f*, Halbkugel *f*
emisi *1. pers sing pass rem di* **emettere**
emissario [emis'sa:rio] <-i> *m* ❶ (GEOG) Abfluss *m* ❷ (*agente segreto*) geheimer Abgesandter, (Geheim)agent *m*
emissione [emis'sio:ne] *f* ❶ (*diffusione, fuoriuscita*) Aussenden *n*, -stoßen *n* ❷ (COM, FIN) Emission *f*, Ausgabe *f* ❸ (PHYS) Emission *f*; (RADIO) Ausstrahlung *f*
emistichio [emis'ti:kio] <-chi> *m* Halbvers *m*, Halbzeile *f*
emittente [emit'tɛnte] I. *agg* ❶ (RADIO) sendend, Sende- ❷ (FIN) Emissions- II. *f* (TV, RADIO) Sender *m*; **emittenza** [emit'tentsa] *f* Ausstrahlung *f*, Sendung *f*
Emmental ['mɛntal] <-> *m* Emmentaler *m*
emodialisi [emodia'li:zi] <-> *f* (MED) Blutwäsche *f*, Hämodialyse *f*; **emodializzato, -a** [emodialid'dza:to] *m, f* Hämodialysepatient(in) *m(f)*
emodinamico, -a [emodi'na:miko] <-ci, -che> *agg* (MED) hämodynamisch
emofilia [emofi'li:a] <-ie> *f* (MED) Bluterkrankheit *f*, Hämophilie *f*; **emofiliaco** [emofi'li:ako] <-ci> *m* Bluter *m*
emoglobina [emoglo'bi:na] *f* Hämoglobin *n*
emolliente [emol'liɛnte] I. *agg* weich machend II. *m* ❶ (MED) Schleim lösendes Mittel; (*crema*) entzündungshemmendes Mittel ❷ (*per tessuti*) Weichmacher *m*
emolumento [emolu'mento] *m* (*poet*) Bezüge *mpl*, Entgelt *n*, Gehalt *n*
emorragia [emorra'dʒi:a] <-gie> *f* (MED) Blutung *f*, Hämorrhagie *f*
emorroidi [emor'rɔ:idi] *fpl* Hämorrhoiden *fpl*
emostatico [emos'ta:tiko] <-ci> *m* Blut stillendes Mittel

E

emostatico, -a <-ci, -che> *agg* Blut stillend; **matita -a** Alaun-, Blutstiftstift *m*
emoteca [emo'tɛːka] *f* Blutbank *f*
emotiva *f v.* **emotivo**
emotività [emotivi'ta] <-> *f* Gefühlsbetontheit *f;* **emotivo, -a** [emo'tiːvo] I. *agg* Gefühls-, emotional, gefühlsmäßig; (*persona*) gefühlsbetont, emotional II. *m, f* Gefühlsmensch *m*
emozionabilità [emotsionabili'ta] <-> *f* Empfindsamkeit *f,* Emotionalität *f*
emozionale [emottsio'naːle] *agg* emotional, Gefühls-
emozionante [emottsio'nante] *agg* aufregend, spannend
emozionare [emottsio'naːre] I. *vt* bewegen, aufregen II. *vr* **-rsi** sich aufregen, sich erregen; **emozione** [emot'tsioːne] *f* Gefühl *n;* (*agitazione*) Aufregung *f,* Erregung *f;* **provare una forte ~** stark bewegt sein
empatia [empa'tiːa] <-ie> *f* (PSYCH) Empathie *f,* Einfühlungsvermögen *n*
empietà [empie'ta] <-> *f* Schändlichkeit *f;* (REL) Gottlosigkeit *f*
empii [em'piːi] *1. pers sing pass rem di* **empire**
empio, -a ['empio] <-i, -ie> *agg* schändlich, ruchlos; (REL) gottlos
empire [em'piːre] <empio, empii, empito> I. *vt* (*riempire*) füllen; **~ qc di qc** etw mit etw füllen II. *vr* **-rsi** sich satt essen; **-rsi di dolci** sich mit Süßigkeiten voll stopfen
empireo [em'piːreo] *m* Empyreum *n*
empirico, -a [em'piːriko] <-ci, -che> I. *agg* ❶ (*rimedio, metodo*) empirisch ❷ (*pej*) unwissenschaftlich, laienhaft II. *m, f* (MED) Heilpraktiker(in) *m(f)*
empirismo [empi'rizmo] *m* ❶ (PHILOS) Empirismus *m* ❷ (MED) Naturheilverfahren *n;* **empirista** [empi'rista] <-i *m,* -e *f>* *mf* (PHILOS) Empirist *m;* **empiristico, -a** [empi'ristiko] <-ci, -che> *agg* empiristisch
empito [em'piːto] *pp di* **empire**
emporio [em'pɔːrio] <-i> *m* (COM) Handelszentrum *n;* (*negozio*) Kaufhaus *n*
emù [e'mu] <-> *m* (ZOO) Emu *m*
emula *f v.* **emulo**
emulare [emu'laːre] *vt* ❶ (*sforzarsi di eguagliare*) jdm nacheifern ❷ (INFORM) emulieren; **emulazione** [emulat'tsioːne] *f* ❶ (*desiderio di eguagliare*) Nacheifern *n* ❷ (INFORM) Emulation *f;* **emulo, -a** ['ɛːmulo] I. *agg* nacheifernd II. *m, f* Nacheiferer *m,* Nacheifer(r)erin *f,* Schüler(in) *m(f)*
emulsionare [emulsio'naːre] *vt* emulgieren

emulsionatore [emulsiona'toːre] *m* (*apparecchio*) Emulgiergerät *n,* Vorverstäuber *m*
emulsionatore, -trice *agg* emulgierend
emulsione [emul'sioːne] *f* Emulsion *f*
Enalotto [ena'lɔtto] *m* staatlich organisierte Lotterie
encefalico, -a [entʃe'faːliko] <-ci, -che> *agg* Enzephalo-, (Ge)hirn-
encefalo [en'tʃɛːfalo] *m* Großhirn *n*
encefalopatia [entʃefalopa'tiːa] <-ie> *f* (MED) Enzephalopathie *f,* Gehirnerkrankung *f*
enciclica [en'tʃiːklika] <-che> *f* Enzyklika *f*
enciclopedia [entʃiklope'diːa] <-ie> *f* Enzyklopädie *f,* (Konversations)lexikon *n;* **enciclopedico, -a** [entʃiklo'pɛːdiko] <-ci, -che> *agg* enzyklopädisch
enclave [ã'klaːv] <-> *f* Enklave *f*
enclitico, -a [en'kliːtiko] <-ci, -che> *agg* enklitisch
encomiabile [eŋko'miaːbile] *agg* (*poet*) lobens-, rühmenswert
encomiare [eŋko'miaːre] *vt* (*poet*) rühmen, (lob)preisen; **encomiastico, -a** [eŋko'miastiko] <-ci, -che> *agg* (*poet*) rühmend, (lob)preisend; **discorso ~** Lobrede *f;* **encomio** [eŋ'kɔːmio] <-i> *m* Lob *n,* Lobrede *f;* **degno di ~** rühmenswert
endecasillabo [endeka'sillabo] *m* Elfsilb(l)er *m,* elffüßiger Vers
endecasillabo, -a *agg* elfsilbig, elffüßig
endemico, -a [en'dɛːmiko] <-ci, -che> *agg* endemisch
endocardio [endo'kardio] <-i> *m* (ANAT) Endokard *n,* Herzinnenhaut *f*
endocrino, -a [en'dɔːkrino] *agg* (ANAT) endokrin
endoenergetico, -a [endoenerdʒɛ'tiko] <-ci, -che> *agg* **processo ~** Prozess, dem von außen Energie zugefügt werden muss
endogeno, -a [en'dɔːdʒeno] *agg* endogen
endoscopio [endos'kɔːpio] <-i> *m* Endoskop *n*
endovenoso, -a [endove'noːso] *agg* (MED) intravenös
endurista [endu'rista] <-i *m,* -e *f>* *mf* (MOT) Enduro-Fahrer(in) *m(f);* **enduro** [en'duːro] <-> *m* Enduro *f,* geländegängiges Motorrad
ENEL ['ɛːnel] *m abbr di* **Ente Nazionale per l'Energia Elettrica** *Nationale Elektrizitätsgesellschaft Italiens*
energetico, -a [ener'dʒɛːtiko] <-ci, -che> *agg* ❶ (PHYS) energetisch, energieerzeugend; **fonti -che** Energiequellen *fpl* ❷ (MED) kräftigend, aufbauend

energia [enerˈdʒiːa] <-gie> *f* Energie *f;*
~ **atomica** [*o* **nucleare**] Atom-, Kernenergie *f;* ~ **elettrica** elektrische Energie; ~ **rinnovabile** erneuerbare Energie; ~ **solare** Sonnenenergie *f;* ~ **d'urto** Stoßenergie *f;* **con** ~ kraftvoll, tatkräftig; **senza** ~ energielos; **energico, -a** [eˈnɛrdʒiko] <-ci, -che> *agg* kraftvoll; **energizzare** [enerdʒidˈdzaːre] *vt* ~ **qc** einer Sache *dat* Energie zuführen

energumeno, -a [enerˈguːmeno] *m, f* Besessene(r) *f/m)*, Rasende(r) *f/m)*

energy manager [ˈenədʒiˈmænɪdʒə] <->
mf (*dirigente responsibile dell'energia*) Energiemanager(in) *m/f)*, Energy Manager *m*

energy saving [ˈenədʒiˈseivin] <-> *m* (*risparmio di energia*) Energiesparmaßnahme *f*

enfant prodige [āˈfā prɔˈdiːʒ] <-> *m* Wunderkind *n*

enfant terrible [āˈfā teˈribl] <-> *m* Enfant terrible *n*

enfasi [ˈenfazi] <-> *f* Nachdruck *m*, Emphase *f;* **enfatico, -a** [enˈfaːtiko] <-ci, -che> *agg* nachdrücklich, emphatisch; **enfatizzazione** [enfatiddzatˈtsioːne] *f* ❶ (*l'enfatizzare*) Emphatisierung *f* ❷ (*esagerazione*) Überbewertung *f*

enfiteusi [enfiˈtɛːuzi] <-> *f* (JUR) Erbpacht *f*

Engadina [enɡaˈdiːna] *f* (GEOG) Engadin *n*

engagé [āɡaˈʒe] <inv> *agg* engagiert

engagement [āɡaʒˈmā] <-> *m* Engagement *n*

engineer [endʒiˈniə] <-> *mf* (*ingegnere*) Ingenieur(in) *m/f);* **engineering** [endʒiˈniəriŋ] <-> *m* (*ingegneria*) Ingenieurwesen *n*

ENI [ˈɛːni] *m abbr di* **Ente Nazionale Idrocarburi** *staatlicher italienischer Energiekonzern*

enigma [eˈnigma] <-i> *m* Rätsel *n;* **enigmatico, -a** [enigˈmaːtiko] <-ci, -che> *agg* rätselhaft; **enigmista** [enigˈmista] <-i *m*, -e *f*> *mf* Rätsellöser(in) *m/f);* **enigmistico, -a** [enigˈmistiko] <-ci, -che> *agg* Rätsel-

Enna *f* Enna *n* (*Stadt in Sizilien*)

ennese [enˈneːse] **I.** *agg* aus Enna stammend **II.** *mf* (*abitante*) Einwohner(in) *m/f)* von Enna

Ennese <sing> *m* Umgebung *f* von Enna

ennesimo, -a [enˈnɛːzimo] *agg* ❶ (*fam*) x-te(r,s), hundertste(r, s); **per l'-a volta** zum x-ten Mal ❷ (MAT) n-te(r,s)

enologa *f v.* **enologo**

enologia [enoloˈdʒiːa] <-gie> *f* Weinkunde *f;* **enologico, -a** [enoˈlɔːdʒiko] <-ci,

-che> *agg* weinkundlich; **enologo, -a** [eˈnɔːlogo] <-gi, -ghe> *m, f* Weinkundler(in) *m/f)*

enorme [eˈnorme] *agg* enorm, ungeheuer; **enormità** [enormiˈta] <-> *f* ❶ (*grandezza*) Riesengröße *f*, Enormität *f* ❷ (*fig*) Ungeheuerlichkeit *f;* (*pej*) Abscheulichkeit *f;* **costa un'~!** (*fam*) das kostet ein Schweinegeld!

enoteca [enoˈtɛːka] *f* ❶ (*raccolta*) Weinsammlung *f*, Weinlager *n* ❷ (*locale*) Weinhandlung *f*, Weinprobierstube *f*

enoturismo [enotuˈrizmo] *m* Weintourismus *m*

en passant [ā paˈsā] *avv* en passant, im Vorübergehen

en plein [ā ˈplɛ̃] <-> *m* ❶ (*alla roulette*) voller Gewinn ❷ (*fig*) Volltreffer *m;* **fare un** ~ einen Volltreffer erzielen

ensemble [āˈsābl] <-> *m* ❶ (*moda*) Kostüm *n* ❷ (MUS) Ensemble *n*

ente [ˈɛnte] *m* ❶ (*istituzione*) Körperschaft *f*, Anstalt *f* ❷ (PHILOS) Wesen *n*

enter [ˈentə] <-> *m* (INFORM: *invio*) Enter *n*, Eingabetaste *f*

entità [entiˈta] <-> *f* ❶ (*valore*) Wert *m;* (*importanza*) Bedeutung *f* ❷ (PHILOS) Entität *f*

entomologa *f v.* **entomologo**

entomologia [entomoloˈdʒiːa] <-gie> *f* Insektenkunde *f*, Entomologie *f;* **entomologo, -a** [entoˈmɔːlogo] <-gi, -ghi> *m, f* Insektenforscher(in) *m/f)*

entourage [ātuˈraːʒ] <-> *m* Gefolge *n*, Gefolgschaft *f*

entraîneuse [ātrɛˈnøːz] <-> *f* Animierdame *f*

entrambi, -e [enˈtrambi] *agg o pron* (alle) beide; **-e le parti** beide Teile, beide Parteien

entrante [enˈtrante] *agg* kommend, nächste(r, s)

entrare [enˈtraːre] *vi* essere ❶ (*in un luogo*) hineingehen; ~ **in casa** ins Haus gehen; ~ **dalla porta**/**finestra** zur Tür/zum Fenster hereinkommen; **entrate pure!** kommt doch herein!; **fare ~ qu** jdn hereinlassen ❷ (*fig: in un gruppo*) eintreten; ~ **nell'esercito** zum Militär gehen; ~ **in convento** ins Kloster gehen ❸ (*vestito*) passen; **la gonna non mi entra più** der Rock passt mir nicht mehr ❹ (*trovare posto*) **qui non c'entra più nessuno** (*fam*) hier passt niemand mehr rein; **questo non c'entra** (*fig fam*) das hat damit nichts zu tun ❺ (*fig: iniziare*) ~ **in contatto con qu** mit jdm Verbindung aufnehmen; ~ **in carica** ein Amt antreten; **entrata** [enˈtraːta] *f*

E

❶ (*ingresso*) Eingang *m;* (*per veicoli*) Einfahrt *f;* ~ **principale** Haupteingang *m* ❷ (*l'entrare*) Eintritt *m* ❸ (INFORM) Eingabe *f* ❹ *pl* (COM) Einnahmen *fpl* ❺ (*in guerra*) Eintritt *m;* (*in carica*) Antritt *m;* **entratura** [entra'tu:ra] *f* ❶ (*ingresso*) Eingang *m,* Flur *m,* Diele *f* ❷ (*fig*) Zugang *m*

entrecôte [ātrə'ko:t] <-> *f* Entrecote *n,* Zwischenrippenstück *n*

entro ['entro] *prp* innerhalb +*gen o dat,* binnen +*gen o dat;* ~ **e non oltre il 30 ottobre** (ADM) bis spätestens (zum) 30. Oktober; **si sposa ~ l'anno** er [*o* sie] heiratet noch in diesem Jahr

entroterra [entro'tɛrra] <-> *m* Hinterland *n*

entusiasmare [entuziaz'ma:re] **I.** *vt* begeistern, mitreißen **II.** *vr* **-rsi** sich begeistern; **-rsi per qc** sich für etw begeistern; **entusiasmo** [entu'ziazmo] *m* Begeisterung *f,* Enthusiasmus *m;* **essere pieno di ~ per qc/qu** von etw/jdm hell(auf) begeistert sein; **entusiasta** [entu'ziasta] <-i *m,* -e *f>* **I.** *agg* begeistert; **essere ~ di qc** von etw begeistert sein **II.** *mf* Enthusiast(in) *m(f),* Begeisterte(r) *f(m);* **entusiastico, -a** [entu'ziastiko] <-ci, -che> *agg* begeistert; (*applauso*) stürmisch

enucleare [enukl'a:re] *vt* ❶ (*poet*) herausarbeiten, herausschälen ❷ (MED) ausschälen, enuklieren; **enucleazione** [enukleat'tsio:ne] *f* (MED) Ausschälung *f,* Enukleation *f*

enumerare [enume'ra:re] *vt* aufzählen; **enumerazione** [enumerat'tsio:ne] *f* Aufzählung *f*

enunciare [enun'tʃa:re] *vt* darlegen, formulieren; **enunciativo, -a** [enuntʃa'ti:vo] *agg* aussagend, Aussage-; **enunciato** [enun'tʃa:to] *m* Formulierung *f,* Wortlaut *m;* **enunciazione** [enuntʃat'tsio:ne] *f* Formulierung *f,* Darlegung *f*

enuresi [enu'rɛ:zi] <-> *f* (MED) Bettnässen *n,* Enurese *f*

enzima [en'dzi:ma] <-i> *m* Enzym *n;* **enzimologo, -a** [entsi'mɔ:logo] <-gi, -ghe> *m, f* (MED) Enzymologe, -login *m, f*

eolico, -a [e'ɔ:liko] <-ci, -che> *agg* ❶ (*del vento*) Wind-; **energia -a** Windenergie *f,* **motore ~** Windmotor *m* ❷ (*degli Eoli*) äolisch

Eolie [e'ɔ:lie] *fpl* Liparische Inseln *fpl*

epatico, -a [e'pa:tiko] <-ci, -che> *agg* Leber-; **cirrosi -a** Leberzirrhose *f;* **epatite** [epa'ti:te] *f* Hepatitis *f;* **epatologo, -a** [epatɔ:logo] <-gi, -ghe> *m, f* (MED) Leberspezialist(in) *m(f)*

epica ['ɛ:pika] <-che> *f* Epik *f*

epicentro [epi'tʃɛntro] *m* ❶ (GEOL) Epizentrum *n* ❷ (*fig*) Herd *m,* Schwerpunkt *m*

epico, -a ['ɛ:piko] <-ci, -che> *agg* episch, erzählend; **poema ~** Epos *n*

epicurea *f v.* **epicureo**

epicureismo [epikure'izmo] *m* (PHILOS) Epikureismus *m;* **epicureo, -a** [epiku'rɛo] **I.** *agg* epikureisch **II.** *m, f* ❶ (PHILOS) Epikureer(in) *m(f)* ❷ (*fig*) Genussmensch *m*

epidemia [epide'mi:a] <-ie> *f* ❶ (MED) Epidemie *f,* Seuche *f* ❷ (*fig*) Plage *f;* **epidemico, -a** [epi'dɛ:miko] <-ci, -che> *agg* ❶ (MED) epidemisch, seuchenartig ❷ (*fig*) (weit) um sich greifend; **epidemiologo, -a** [epide'miɔ:logo] <-gi, -ghe> *m, f* (MED) Epidemiologe, -login *m, f*

epidermico, -a [epi'dɛrmiko] <-ci, -che> *agg* (ANAT) Oberhaut-, epidermal; **epidermide** [epi'dɛrmide] *f* Epidermis *f,* Oberhaut *f*

epifania [epifa'ni:a] <-ie> *f* Epiphanie *f;* **Epifania** (*festa*) Dreikönigsfest *n*

epigono [e'pi:gono] *m* Epigone *m,* Nachahmer *m*

epigrafe [e'pi:grafe] *f* Aufschrift *f,* Inschrift *f;* **epigrafia** [epigra'fi:a] *f* Epigrafik *f,* Inschriftenkunde *f*

epigrafica [epi'gra:fika] <-che> *f* Meißelschrift *f;* **epigrafico, -a** [epi'gra:fiko] <-ci, -che> *agg* epigrafisch, Epigrafik-; **epigrafista** [epigra'fista] <-i *m,* -e *f>* *mf* Epigrafiker(in) *m(f),* Inschriftenforscher(in) *m(f)*

epigramma [epi'gramma] <-i> *m* (LIT) Epigramm *n;* **epigrammatico, -a** [epigram'ma:tiko] <-ci, -che> *agg* ❶ (LIT) epigrammatisch ❷ (*fig*) beißend, treffend

epilatore [epila'to:re] *m* Epiliergerät *n;* **epilatorio, -a** [epila'tɔ:rio] <-i, -ie> *agg* Epilier-, Enthaarungs-; **crema -a** Enthaarungscreme *f;* **epilazione** [epilat'tsio:ne] *f* Enthaaren *n*

epilessia [epiles'si:a] <-ie> *f* Epilepsie *f;* **epilettico, -a** [epi'lɛttiko] <-ci, -che> **I.** *agg* epileptisch **II.** *m, f* Epileptiker(in) *m(f)*

epilogo [e'pi:logo] <-ghi> *m* ❶ (LIT) Epilog *m,* Nachwort *n* ❷ (*fig*) Nachspiel *n*

episcopale [episko'pa:le] *agg* bischöflich, Bischofs-; **episcopato** [episko'pa:to] *m* Episkopat *n,* Bischofsamt *n*

episodico, -a [epi'zɔ:diko] <-ci, -che> *agg* ❶ (*film, romanzo*) episodisch, episodenartig ❷ (*fig*) vereinzelt; **episodio** [epi'zɔ:dio] <-i> *m* Episode *f*

epistassi [epis'tassi] <-> *f* (MED) Nasenbluten *n*

epistola [e'pistola] *f* ❶ (*poet*) Brief *m* ❷ (REL) Epistel *f,* Brief *m; (alla messa)* Lesung *f;* **epistolare** [episto'la:re] *agg* brieflich, Brief-; *romanzo ~* Briefroman *m;* **stile** *~* Briefstil *m;* **epistolario** [episto'la:rio] <-i> *m* Briefsammlung *f*

epitaffio [epi'taffio] <-i> *m* Epitaph *n,* Grabinschrift *f*

epitelio [epi'tɛ:lio] <-i> *m* (ANAT) Epithel *n*

epiteto [e'pi:teto] *m* Beiname *m; (pej)* Schimpfname *m*

epoca ['ɛ:poka] <-che> *f* Zeit *f,* Epoche *f; ~* **glaciale** Eiszeit *f;* **auto d'** ~ Oldtimer *m;* **a quell'** ~ zu jener Zeit, damals

epodo [e'pɔ:do] *m* (LIT) Epode *f,* Abgesang *m*

eponimo, -a [e'pɔ:nimo] **I.** *agg* namengebend **II.** *m, f* Namengeber(in) *m(f),* Eponym *n*

epopea [epo'pɛ:a] *f* ❶ (LIT) (Helden)epos *n; (genere letterario)* Epik *f* ❷ (HIST) Heldentaten *fpl;* **epos** ['ɛ:pos] <-> *m* (LIT) Epos *n*

eppure [ep'pu:re] *cong* und doch, trotzdem

epulone [epu'lo:ne] *m (scherz)* Schlemmer *m,* Prasser *m*

epurare [epu'ra:re] *vt* (POL) säubern; **epurazione** [epurat'tsio:ne] *f* (POL) Säuberung *f*

equalizzare [ekualid'dza:re] *vt (obs)* nivellieren, gleichmachen

equanime [e'kua:nime] *agg (giudizio)* sachlich, gerecht; *(giudice)* unparteiisch, unvoreingenommen; **equanimità** [ekuanimi'ta] <-> *f (di giudizio)* Sachlichkeit *f; (di giudice)* Unparteilichkeit *f,* Unvoreingenommenheit *f*

equatore [ekua'to:re] *m* Äquator *m;* **equatoriale** [ekuato'ria:le] *agg* äquatorial, Äquator-

equazione [ekuat'tsio:ne] *f* Gleichung *f*

equestre [e'kuɛstre] *agg* Reiter-; (HIST) Ritter-

equiangolo, -a [ekui'aŋgolo] *agg* gleichwink(e)lig

equidistante [ekuidis'tante] *agg* gleich weit entfernt, äquidistant; **equidistanza** [ekuidis'tantsa] *f* gleich große Entfernung, Äquidistanz *f*

equilatero, -a [ekui'la:tero] *agg* gleichseitig

equilibrare [ekuili'bra:re] **I.** *vt* ❶ (*tenere in equilibrio*) ausgleichen; *(pesi)* ins Gleichgewicht bringen; *(spese)* im Gleichgewicht halten ❷ *(scafo)* trimmen; (MOT) auswuchten **II.** *vr* **-rsi** sich ausgleichen; **equilibrato, -a** [ekuili'bra:to] *agg* ❶ *(fig)*

ausgeglichen ❷ (MOT) ausgewuchtet; (NAUT) getrimmt; **equilibratura** [ekuili-bra'tu:ra] *f* (TEC, MOT) Auswuchten *n; ~* **delle ruote** Auswuchten *n* der Räder

equilibrio [ekui'li:brio] <-i> *m* ❶ (PHYS) Gleichgewicht *n* ❷ *(fig)* Gleichgewicht *n; (di persona)* Ausgeglichenheit *f;* **perdere/ mantenere l'** ~ das Gleichgewicht verlieren/halten; **equilibrismo** [ekuili'briz-mo] *m* ❶ *(arte)* Äquilibristik *f,* Gleichgewichtskunst *f* ❷ *(fig)* Schaukelpolitik *f;* **equilibrista** [ekuili'brista] <-i *m,* -e *f> mf* Äquilibrist(in) *m(f),* Gleichgewichtskünstler(in) *m(f)*

equilizzatore [ekuiliddza'to:re] *m* Equalizer *m*

equino [e'kui:no] *m* Pferd *n*

equino, -a *agg* Pferde-

equinozio [ekui'nɔttsio] <-i> *m* (ASTR) Tagundnachtgleiche *f,* Äquinoktium *n; ~* **di primavera** Frühlingsäquinoktium *n; ~* **d'autunno** Herbstäquinoktium *n*

equipaggiamento [ekuipaddʒa'mento] *m* Ausrüstung *f;* **equipaggiare** [ekui-pad'dʒa:re] **I.** *vt* ausrüsten **II.** *vr* **-rsi** sich ausrüsten

equipaggio [ekui'paddʒo] <-ggi> *m* Besatzung *f,* Crew *f*

equiparare [ekuipa'ra:re] *vt* ❶ *(uguagliare)* gleichstellen ❷ *(comparare)* vergleichen; **equiparazione** [ekuipa-rat'tsio:ne] *f* Gleichstellung *f*

équipe [e'kip] <-> *f* Team *n,* Mannschaft *f;* **lavoro di** ~ Teamarbeit *f*

equipollente [ekuipol'lɛnte] *agg* gleichwertig; **equipollenza** [ekuipol'lɛntsa] *f* Gleichwertigkeit *f*

equità [ekui'ta] <-> *f* Unparteilichkeit *f,* Unvoreingenommenheit *f; ~* **sociale** Sozialverträglichkeit *f*

equitazione [ekuitat'tsio:ne] *f* Reiten *n,* Reitsport *m*

equivalente [ekuiva'lɛnte] **I.** *agg* gleichwertig, gleich bedeutend; (MAT) äquivalent; *(in geometria)* deckungsgleich **II.** *m* Gegenwert *m;* **equivalenza** [ekuiva'lɛntsa] *f* ❶ (MAT) Äquivalenz *f; (in geometria)* Deckungsgleichheit *f* ❷ *(fig)* Gleichwertigkeit *f*

equivalere [ekuiva'le:re] <irr> **I.** *vi* essere *o* avere entsprechen, gleichkommen **II.** *vr* **-rsi** gleichwertig sein, sich decken

equivocare [ekuivo'ka:re] *vi* sich täuschen, sich irren; **equivocità** [ekuivo-tʃi'ta] <-> *f* Zweideutigkeit *f*

equivoco [e'kui:voko] <-ci> *m* Zweideutigkeit *f; (malinteso)* Missverständnis *n;* **cadere in un** ~ einem Missverständnis zum Opfer fallen

equivoco, -a <-ci, -che> *agg* ❶ (*modo*) zweideutig ❷ (*fig: persona*) undurchsichtig

equo, -a ['ɛ:kuo] *agg* ❶ (*persona, giudice*) gerecht, unvoreingenommen ❷ (COM) angemessen

era¹ ['ɛ:ra] *f* Ära *f,* Zeitalter *n;* (HIST) Zeitrechnung *f;* l'~ **atomica** das Atomzeitalter; l'~ **cristiana/maomettana** die christliche/mohammedanische Zeitrechnung; l'~ **geologica** Erdzeitalter *n*

era² *3. pers sing imp di* **essere¹**

erariale [era'ria:le] *agg* Staatskassen-; **erario** [e'ra:rio] <-i> *m* Staatskasse *f*

erba ['ɛrba] *f* ❶ (BOT) Gras *n;* **un filo d'~** ein Grashalm *m;* ~ **medicinale** Heilpflanze *f;* **fare d'ogni ~ un fascio** (*fig*) alles in einen Topf werfen; **la mala ~ non muore mai** (*prov*) Unkraut vergeht nicht ❷ (GASTR) Gewürz(kraut) *n;* ~ **cipollina** Schnittlauch *m* ❸ (*sl: marijuana*) Gras *n;*

erbaceo, -a [er'ba:tʃeo] <-ei, -ee> *agg* grasartig, Gras-; **erbaggio** [er'baddʒo] <-ggi> *m* Gemüse *n;* **erbario** [er'ba:rio] <-i> *m* ❶ (*libro*) Kräuterbuch *n* ❷ (*collezione*) Herbarium *n,* Kräutersammlung *f*

erbicida¹ [erbi'tʃi:da] <-i *m,* -e *f*> *agg* unkrautvernichtend, herbizid

erbicida² <-i> *m* Herbizid *n,* Unkrautvernichtungsmittel *n*

erbivendolo, -a [erbi'vendolo] *m, f* Gemüsehändler(in) *m(f);* **erbivoro, -a** [er'bi:voro] I. *agg* pflanzenfressend II. *m* ❶ (*animale*) Pflanzenfresser *m* ❷ (*scherz*) Vegetarier(in) *m(f)*

erborista [erbo'rista] <-i *m,* -e *f*> *mf* (*esperto*) Kräuterspezialist(in) *m(f);* (COM) Heilpflanzenverkäufer(in) *m(f);* **erboristeria** *f* ❶ (*disciplina*) Kräuterkunde *f* ❷ (*negozio*) Kräuterladen *m*

erboso, -a [er'bo:so] *agg* grasbewachsen, Gras-

Ercolano [erko'la:no] *f* Herculaneum *n*

ercole ['ɛrkole] *m* (*fig, scherz*) Muskelprotz *m,* Herkules *m*

erculeo, -a [er'ku:leo] *agg* baumstark

erede [e'rɛ:de] *mf* Erbe *m,* Erbin *f;* **eredità** [eredi'ta] <-> *f* Erbschaft *f,* Erbe *n;* **lasciare in ~** vererben; **ricevere in ~** erben; **ereditare** [eredi'ta:re] *vt* erben; **ereditarietà** [ereditarie'ta] <-> *f* (BIOL) (Ver)erblichkeit *f;* (*fatto*) Vererbung *f;* **ereditario, -a** [eredi'ta:rio] <-i, -ie> *agg* ❶ (*principe*) Erb-, Kron- ❷ (JUR) Erb-, Nachlass- ❸ (BIOL) erblich; **ereditiera** [eredi'tiɛ:ra] *f* (reiche) Erbin *f*

eremita [ere'mi:ta] <-i> *m* Eremit *m,* Einsiedler *m;* **eremitaggio** [eremi'taddʒo] <-ggi> *m* Einsiedelei *f*

eremitico, -a [ere'mi:tiko] <-ci, -che> *agg* Einsiedler-, eremitisch

eremo ['ɛremo] *m* Einsiedelei *f;* (*fig*) Stille *f,* Abgeschiedenheit *f*

eresia [ere'zi:a] <-ie> *f* Ketzerei *f,* Häresie *f;* (*dottrina*) Irrlehre *f;* **eresiarca** [ere-zi'arka] <-chi> *m* Häresiarch *m*

eressi [e'rɛssi] *1. pers sing pass rem di* **erigere**

eretica *f v.* **eretico**

ereticale [ereti'ka:le] *agg* ketzerisch, Ketzer-

eretico, -a [e'rɛ:tiko] <-ci, -che> I. *agg* ketzerisch, Ketzer- II. *m, f* ❶ (REL) Ketzer(in) *m(f)* ❷ (*fam*) Gottlose(r) *f(m)*

eretto, -a [e'rɛtto] I. *pp di* **erigere** II. *agg* gerade, aufrecht

erezione [eret'tsio:ne] *f* ❶ (ARCH) Errichtung *f,* Bau *m* ❷ (BIOL) Erektion *f*

erg [ɛrg] <-> *m* ❶ (PHYS) Erg *n* ❷ (GEOG) Erg *n*

ergastolano, -a [ergasto'la:no] *m, f* zu lebenslänglich Verurteilte(r) *f(m),* Lebenslängliche(r) *f(m) fam;* **ergastolo** [er'ga-stolo] *m* ❶ (*pena*) lebenslängliche Freiheitsstrafe ❷ (*luogo*) Zuchthaus *n*

ergere ['ɛrdʒere] <ergo, ersi, erto> I. *vt* erheben, emporrichten II. *vr* -**rsi** aufragen

ergo ['ɛrgo] *cong* (*scherz*) ergo, also

ergonomia [ergono'mi:a] <-ie> *f* Ergonomie *f,* Ergonomik *f;* **ergonomico, -a** [er-go'nɔ:miko] <-ci, -che> *agg* ergonomisch; **ergonomo, -a** *m, f* Ergonom(in) *m(f)*

eri ['ɛ:ri] *2. pers sing imp di* **essere¹**

erica ['ɛ:rika] <-che> *f* (BOT) Erika *f,* Heidekraut *n*

erigere [e'ri:dʒere] <erigo, eressi, eretto> I. *vt* ❶ (ARCH) errichten, erbauen ❷ (*fig*) gründen II. *vr* -**rsi** sich aufwerfen; -**rsi a giudice** sich zum Richter aufwerfen

erinni [e'rinni] *fpl* (LIT) Erinnyen *fpl,* Rachegöttinnen *fpl*

eritema [eri'tɛ:ma] <-i> *m* Hautrötung *f,* Erythem(a) *n;* ~ **solare** Sonnenallergie *f*

ermafroditismo [ermafrodi'tizmo] *m* Hermaphrodismus *m,* Zweigeschlechtigkeit *f*

ermafrodito [ermafro'di:to] *m* Zwitter *m,* Hermaphrodit *m*

ermafrodito, -a *agg* Zwitter-, hermaphroditisch

ermellino [erme'li:no] *m* ❶ (ZOO) Hermelin *n* ❷ (*pelliccia*) Hermelin *m*

ermeneutica [erme'nɛ:utika] <-che> *f* Hermeneutik *f*

ermetico, -a [er'mɛ:tiko] <-ci, -che> *agg*

errore	
riconoscere un errore	**einen Fehler zugeben, eingestehen**
È colpa mia.	Ich bin Schuld (daran).
Sì, è stato un mio errore.	Ja, es war mein Fehler.
Ho fatto una stronzata. (*sl*)	Ich habe es verpfuscht./Ich habe Mist gebaut. (*sl*)
Lo ammetto/riconosco: ho agito precipitosamente.	Ich gebe es ja zu: Ich habe zu vorschnell gehandelt.
(Lei) ha ragione: avrei dovuto chiederlo prima.	Sie haben Recht, ich hätte vorher fragen sollen.

E

❶ (TEC, LIT) hermetisch ❷ (*fig*) unverständlich, dunkel

ermetismo [erme'tizmo] *m* ❶ (LIT) Hermetismus *m* ❷ (*di testo, frase, discorso*) Verschlüsseltheit *f*

ernia ['ɛrnia] <-ie> *f* (MED) (Eingeweide)bruch *m*, Hernie *f*; ~ **del disco** Bandscheibenvorfall *m*; **erniario, -a** [er'nia:rio] <-i, -ie> *agg* Bruch-; **cinto ~** Bruchband *n*

ero ['ɛːro] *1. pers sing imp di* **essere**[1]

erodere [e'ro:dere] <irr> *vt* erodieren, auswaschen

eroe, eroina [e'rɔːe, ero'i:na] *m, f* Held(in) *m(f)*

erogare [ero'gaːre] *vt* ❶ (*gas, luce, acqua*) liefern ❷ (*denaro*) spenden

erogatore [eroga'toːre] *m* Verteiler *m*

erogatore, -trice *agg* versorgend, Versorgungs-; **società -trice del gas** Gas(versorgungs)gesellschaft *f*

erogazione [eroga'tsioːne] *f* ❶ (*di gas, luce, acqua*) Lieferung *f*, Versorgung *f* ❷ (*di denaro*) Spende *f*

eroicità [eroitʃi'ta] <-> *f* Heldenhaftigkeit *f*; **eroicizzare** [eroid'dzaːre] *vt* heroisieren; (*a fig*) verherrlichen; **eroico, -a** [e'rɔːiko] <-ci, -che> *agg* heldenhaft, heroisch

eroina[1] [ero'i:na] *f* Heldin *f*

eroina[2] [ero'i:na] *f* (*droga*) Heroin *n*; **eroinomane** [eroi'nɔːmane] I. *mf* Heroinsüchtige(r) *f(m)* II. *agg* heroinsüchtig

eroismo [ero'izmo] *m* Heldenhaftigkeit *f*

erompere [e'rompere] <irr> *vi* hervorbrechen; **~ in un grido** einen Schrei ausstoßen

eros ['ɛːros] <-> *m* Eros *m*

erosi *1. pers sing pass rem di* **erodere**

erosione [ero'zioːne] *f* Erosion *f*; **erosivo, -a** [ero'ziːvo] *agg* erosiv

eroso *pp di* **erodere**

erosore [ero'soːre] *m* (*obs*) alter Begriff

für steuerflüchtige Großgrundbesitzer

erotico, -a [e'rɔːtiko] <-ci, -che> *agg* erotisch; **erotismo** [ero'tizmo] *m* Erotik *f*; (*tendenza*) Eroti(zi)smus *m*; **erotizzare** [erotid'dzaːre] *vt* erotisieren

erpete ['ɛrpete] *m* Herpes *m*; ~ **zoster** Gürtelrose *f*, Herpes zoster *m*

erpice ['erpitʃe] *m* (AGR) Egge *f*

errabondo, -a [erra'bondo] *agg* (*poet*) umherirrend; **errante** [er'rante] *agg* umherirrend; **errare** [er'raːre] *vi* ❶ (*vagare*) umherirren ❷ (*sbagliare*) (sich) irren; **se non erro** wenn ich mich nicht irre

errata corrige [er'raːta 'kɔrriʤe] <-> *m* (TYP) Errata *npl*, Korrigenda *pl*

errato, -a [er'raːto] *agg* irrig, verfehlt

erroneità [erronei'ta] <-> *f* Irrigkeit *f*, Abwegigkeit *f*; **erroneo, -a** [er'rɔːneo] *agg* irrig, falsch

errore [er'roːre] *m* Irrtum *m*, Fehler *m*; ~ **di battitura** Tippfehler *m*; ~ **di calcolo** Rechenfehler *m*; ~ **d'ortografia** Rechtschreibfehler *m*; **per ~** irrtümlich; **cadere in ~** einem Irrtum unterliegen

ersi ['ɛrsi] *1. pers sing pass rem di* **ergere**

erta ['erta] *f* Steigung *f*; **stare all' ~** auf der Hut sein

erto ['erto] *pp di* **ergere**

erudire [eru'diːre] <erudisco> *vt* bilden, lehren; **erudito, -a** [eru'diːto] I. *agg* gelehrt II. *m, f* Gelehrte(r) *f(m)*; **erudizione** [erudit'tsioːne] *f* Gelehrtheit *f*, Wissen *n*

eruibile [eru'iːbile] *agg* (*obs*) ableitbar

eruttare [erut'taːre] *vt* ausstoßen, ausspeien; **eruttazione** [eruttat'tsioːne] *f* Aufstoßen *n*, Rülpser *m fam*; **eruttivo, -a** [erut'tiːvo] *agg* eruptiv, Eruptions-; **rocce -e** (GEOL) Lavagestein *n*; **eruzione** [erut'tsioːne] *f* Ausbruch *m*, Eruption *f*

es. *abbr di* **esempio** Bsp.

esacerbare [ezatʃer'baːre] *vt* (*poet*) verschärfen, verschlimmern; **esacerbazione** [ezatʃerbat'tsioːne] *f* Verschärfung *f*,

Verschlimmerung *f,* Verbitterung *f,* Erbitterung *f*

esaedro [eza'ɛːdro] *m* Hexaeder *m,* Sechsflächner *m*

esagerare [ezadʒe'raːre] *vt, vi* übertreiben; ~ **in qc** mit etw übertreiben; **esagerato, -a** [ezadʒe'raːto] I. *agg* übertrieben, überzogen; (*persona*) überspannt II. *m, f* Übertreiber(in) *m(f);* **esagerazione** [ezadʒerat'tsioːne] *f* Übertreibung *f*

esagitato, -a [ezadʒi'taːto] *agg* aufgewühlt, stark erregt

esagonale [ezago'naːle] *agg* sechseckig, hexagonal; **esagono** [e'zaːgono] *m* Sechseck *n,* Hexagon *n*

esalare [eza'laːre] I. *vt avere* (*respiro*) aushauchen; (*profumo*) ausströmen II. *vi essere* (*odore, profumo*) aufsteigen; **esalazione** [ezalat'tsioːne] *f* Ausströmen *n*

esaltare [ezal'taːre] I. *vt* (lob)preisen, rühmen II. *vr* -**rsi** sich rühmen; (*entusiasmarsi*) sich begeistern; **esaltato, -a** [ezal'taːto] I. *agg* überschwänglich II. *m, f* überspannte Person; **esaltazione** [ezaltat'tsioːne] *f* ❶ (*lode*) Verherrlichung *f,* Lobpreisung *f* ❷ (*fig*) Enthusiasmus *m,* Überschwang *m*

esame [e'zaːme] *m* ❶ (*nell'insegnamento*) Prüfung *f;* ~ **orale** mündliche Prüfung; ~ **scritto** schriftliche Prüfung; ~ **di guida** Fahrprüfung *f;* ~ **di laurea** Diplomprüfung *f,* Examen *n;* -**i di maturità** Abitur *n,* Reifeprüfung *f,* Matura *f A;* **dare un** ~ eine Prüfung ablegen; **passare un** ~ eine Prüfung bestehen ❷ (MED) Untersuchung *f;* ~ **del sangue** Blutuntersuchung *f*

esametro [e'zaːmetro] *m* Hexameter *m*

esamificio [ezami'fiːtʃo] <-ci> *m* (*pej: istituto di scarsa qualità didattica*) Prüfungsfabrik *f*

esaminando, -a [ezami'nando] *m, f* Prüfling *m,* Examenskandidat(in) *m(f)*

esaminare [ezami'naːre] *vt* prüfen; (MED) untersuchen; (JUR: *testimoni*) vernehmen, verhören; **esaminatore, -trice** [ezamina'toːre] I. *agg* Prüfungs-; **commissione** -**trice** Prüfungskommission *f* II. *m, f* Prüfer(in) *m(f)*

esangue [e'zaŋgue] *agg* ❶ (*volto*) bleich; (*stile*) blutleer ❷ (MED) blutarm, anämisch

esanime [e'zaːnime] *agg* leblos, tot

esasperante [ezaspe'rante] *agg* (nerven)aufreibend; (*voce*) schrill

esasperare [ezaspe'raːre] I. *vt* ❶ (*persona*) empören, aufbringen ❷ (*pena, sofferenza*) verschärfen, verschlimmern II. *vr* -**rsi** wütend werden, aufdrehen *A;* **esasperazione** [ezasperat'tsioːne] *f* Ver-

schlimmerung *f,* Verschärfung *f;* (*irritazione*) Gereiztheit *f;* **portare qu all'**~ jdn zur Weißglut bringen

esattezza [ezat'tettsa] *f* Genauigkeit *f*

esattivo, -a [ezat'tiːvo] *agg* (*esattoriale*) Eintreibungs-

esatto [e'zatto] I. *pp di* **esigere** II. *agg* genau, exakt; (*corretto*) richtig

esattore, -trice [ezat'toːre] *m, f* (Geld)einnehmer(in) *m(f),* (Geld)eintreiber(in) *m(f);* **esattoria** [ezatto'riːa] <-ie> *f* Zahlstelle *f,* Steuereinnahmestelle *f;* **esattrice** *f v.* esattore

esaudire [ezau'diːre] <esaudisco> *vt* (*persona*) erhören; (*desiderio*) erfüllen

esauriente [ezau'riɛnte] *agg* erschöpfend, befriedigend

esaurimento [ezauri'mento] *m* Erschöpfung *f;* ~ **nervoso** Nervenzusammenbruch *m;* **fino ad** ~ **della merce** solange der Vorrat reicht; **esaurire** [ezau'riːre] <esaurisco> I. *vt* aufbrauchen, verbrauchen II. *vr* -**rsi** ❶ (*sorgente, vena*) versiegen; (*forze*) zu Ende gehen ❷ (COM) ausgehen; (*libri*) vergriffen sein ❸ (MED) sich erschöpfen; **esaurito, -a** [ezau'riːto] *agg* ❶ (*miniera*) ausgebeutet; (*sorgente*) versiegt ❷ (*posti*) ausverkauft; (*edizione*) vergriffen ❸ (MED) erschöpft, einem Zusammenbruch nahe

esaustivo, -a [ezau'stiːvo] *agg* erschöpfend, ausreichend

esausto, -a [e'zaːusto] *agg* erschöpft

esautorare [ezauto'raːre] *vt* absetzen, entmachten; **esautorazione** [ezautorat'tsioːne] *f* Entmachtung *f,* Absetzung *f*

esazione [ezat'tsioːne] *f* (ADM) Eintreibung *f*

esborso [ez'borso] *m* (ADM) Ausgabe *f,* Auslage *f*

esca ['eska] <esche> *f* ❶ (*a fig*) Köder *m;* **gettare l'**~ den Köder auswerfen ❷ (*fig: sostanza infiammabile*) Zunder *m*

escalation [eskə'leiʃən] <-> *f* Eskalation *f*

escandescenza [eskandeʃ'ʃɛntsa] *f* Jähzorn *m;* **dare in** -**e** Tobsuchtsanfälle bekommen

escape [is'keip] <-> *m* (INFORM: *tasto del computer*) Escapetaste *f*

escapismo [eska'pizmo] *m* (PSYCH) Eskapismus *m*

escatologia [eskatolo'dʒiːa] <-gie> *f* Eschatologie *f;* **escatologico, -a** [eska-to'lɔːdʒiko] <-ci, -che> *agg* eschatologisch

escavatore, -trice [eskava'toːre] I. *agg* Bagger- II. *m* Bagger *m*

escavazione [eskavat'tsioːne] *f* Ausgrabung *f*

esche *pl di* **esca**

eschimese [eski'me:se] **I.** *agg* Eskimo- **II.** *mf* Eskimo *m*, Eskimofrau *f*

eschimo ['eskimo] *m v.* **eskimo**

esclamare [eskla'ma:re] *vt* ausrufen; **esclamativo, -a** [esklama'ti:vo] *agg* Ausrufe-; **punto ~** Ausrufezeichen *n*, Ausrufezeichen *n A*, Rufzeichen *n A*; **esclamazione** [esklamat'tsio:ne] *f* Ausruf *m*

escludere [es'klu:dere] <escludo, esclusi, escluso> *vt* ausschließen; **esclusa** *f v.* **escluso**

esclusi [es'klu:zi] *1. pers sing pass rem di* **escludere**

esclusione [esklu'zio:ne] *f* Ausschluss *m*; **a ~ di** mit Ausnahme von; **andare per ~** ausschlussweise vorgehen; **criterio di ~** Ausschlusskriterium *n*

esclusiva [esklu'zi:va] *f* Alleinverkaufsrecht *n*, Monopol *n*; **esclusivamente** [eskluziva'mente] *avv* ausschließlich, allein; **esclusivista** [eskluzi'vista] <-i *m*, -e *f*> *mf* (COM) Alleinverkäufer(in) *m(f)*, Alleinvertreter(in) *m(f)*; **esclusività** [eskluzivi'ta] <-> *f* Exklusivität *f*; **esclusivo, -a** [esklu'zi:vo] *agg* exklusiv, Exklusiv-

escluso, -a [es'klu:zo] **I.** *pp di* **escludere** **II.** *agg* ausgeschlossen; (*eccetto*) außer; **non è ~ che ... +conj** es ist nicht ausgeschlossen, dass ...; **fino al 24 maggio ~** bis einschließlich 23. Mai **III.** *m, f* Ausgeschlossene(r) *f(m)*

esco ['ɛsko] *1. pers sing pr di* **uscire**

escogitare [eskodʒi'ta:re] *vt* ausdenken, austüfteln

escoriare [esko'ria:re] *vt* abschürfen; **escoriazione** [eskoriat'tsio:ne] *f* (Haut)abschürfung *f*

escremento [eskre'mento] *m* Exkrement *n*

escrescenza [eskreʃ'ʃɛntsa] *f* Auswuchs *m*, Wucherung *f*

escrezione [eskret'tsio:ne] *f* Ausscheidung *f*, Absonderung *f*

escursione [eskur'sio:ne] *f* ❶ (*gita*) Ausflug *m*; (*per studi*) Exkursion *f*; **andare in ~ a ...** einen Ausflug nach ... machen ❷ (METEO) Schwankung *f*; **~ termica** Temperaturschwankung *f*; **escursionista** [eskursio'nista] <-i *m*, -e *f*> *mf* Ausflügler(in) *m(f)*

escussi [es'kussi] *1. pers sing pass rem di* **escutere**

escussione [eskus'sio:ne] *f* (JUR) Vernehmung *f*, Einvernahme *f A*; **escutere** [es'ku:tere] <escuto, escussi, escusso> *vt* (JUR) vernehmen, anhören; (*debitore*) auf Zahlung verklagen

esecrabile [eze'kra:bile] *agg* verdammenswert; **esecrando, -a** [eze'krando] *agg* (*poet*) verdammenswert; **esecrare** [eze'kra:re] *vt* verdammen, verurteilen

esecutare [ezeku'ta:re] *vt* (JUR) bestrafen

esecutività [ezekutivi'ta] <-> *f* Vollstreckbarkeit *f*

esecutivo [ezeku'ti:vo] *m* Exekutive *f*

esecutivo, -a *agg* ❶ (JUR) exekutiv ❷ (*progetto, fase*) ausführend

esecutore, -trice [ezeku'to:re] *m, f* ❶ (JUR) Vollstrecker(in) *m(f)* ❷ (MUS) Vortragende(r) *f(m)*; **esecuzione** [ezekut'tsio:ne] *f* ❶ contratto, Ausführung *f* ❷ (JUR: *sentenza*) Vollstreckung *f* ❸ (MUS) Vortrag *m*

eseguire [eze'gui:re] *vt* ❶ (*realizzare*) aus-, durchführen ❷ (JUR: *sentenza*) vollstrecken ❸ (MUS) vortragen, spielen ❹ (INFORM) (**comando**) **esegui** Ausführen *n*

esempio [e'zɛmpio] <-i> *m* Beispiel *n*; **essere un ~ di bontà** ein Musterbeispiel an Güte sein; **dare il buon/cattivo ~** mit gutem/schlechtem Beispiel vorangehen; **fare un ~** ein Beispiel anführen; **seguire l'~ di qu** jds Beispiel folgen; **per ~** zum Beispiel; **che ti serva d'~!** das soll dir eine Lehre sein!; **esemplare** [ezem'pla:re] **I.** *agg* beispielhaft **II.** *m* Exemplar *n*, Stück *n*; **esemplificare** [ezemplifi'ka:re] *vt* durch Beispiele erläutern

esentare [ezen'ta:re] **I.** *vt* **~ qu da qc** jdn von etw befreien **II.** *vr* **-rsi da qc** sich einer Sache *dat* entziehen

esentasse [ezen'tasse] <inv> *agg* steuerfrei

esente [e'zɛnte] *agg* befreit, frei; **essere ~ da qc** von etw befreit sein; **~ da tasse** steuerfrei

esequie [e'zɛːkuie] *fpl* Begräbnisfeier *f*, Exequien *pl*

esercente [ezer'tʃɛnte] *mf* Gewerbetreibende(r) *f(m)*

esercitare [ezertʃi'ta:re] **I.** *vt* ❶ (*professione*) ausüben ❷ (*corpo, memoria*) üben, trainieren ❸ (*potere, diritto*) ausüben **II.** *vr* **-rsi** (**in qc**) sich (in etw *dat*) üben; **esercitazione** [ezertʃitat'tsio:ne] *f* ❶ (*allenamento*) Übung *f*, Training *n* ❷ (*lezione*) Übungskurs *m*

esercito [e'zɛrtʃito] *m* Armee *f*, Heer *n*

esercizio [ezer'tʃittsio] <-i> *m* ❶ (*gener*) Übung *f*; **essere fuori ~** außer Übung sein ❷ (COM: *gestione*) Betrieb *m*; (*anno*) Geschäftsjahr *n*

esibire [ezi'bi:re] <esibisco> **I.** *vt* ❶ (*passaporto, documento*) vorzeigen, vorlegen ❷ (*bravura, nudità*) zeigen, zur Schau stel-

esitare	
esitare	**zögern**
Non lo so esattamente.	Ich weiß nicht so recht.
Dammi un po' di tempo per rifletterci/pensarci.	Lass mir ein wenig Zeit, darüber nachzudenken.
Non Le posso ancora dire se accetterò la Sua offerta.	Ich kann Ihnen noch nicht sagen, ob ich Ihr Angebot annehmen werde.
Devo rifletterci ancora su.	Ich muss noch darüber nachdenken.

len II. *vr* **-rsi ❶** (*offrirsi*) sich anbieten **❷** (*in pubblico*) auftreten; **esibizione** [ezibit'tsio:ne] *f* **❶** (THEAT) Auftritt *m;* (SPORT) Darbietung *f* **❷** (*di documenti*) Vorlage *f,* Vorzeigen *n* **❸** (*mostra*) Vorführung *f,* Schau *f;* **esibizionismo** [ezibittsio'nizmo] *m* Prahlerei *f;* **esibizionista** [ezibittsio'nista] <-i *m,* -e *f*> *mf* Exhibitionist(in) *m(f)*

esigei [ezi'dʒe:i] *1. pers sing pass rem di* **esigere**

esigente [ezi'dʒɛnte] *agg* anspruchsvoll, fordernd; **esigenza** [ezi'dʒɛntsa] *f* Anspruch *m;* (*bisogno*) Bedürfnis *n*

esigere [e'zi:dʒere] <esigo, esigei *o* esigetti, esatto> *vt* **❶** (*richiedere*) verlangen, fordern **❷** (*riscuotere*) einziehen **❸** (*fig*) erfordern, verlangen

esiguo, -a [e'zi:guo] *agg* gering, geringfügig

esilarante [ezila'rante] *agg* erheiternd; **gas ~** Lachgas *n*

esile ['ɛ:zile] *agg* schmächtig; (*tenue, gracile*) zart

esiliare [ezi'lia:re] I. *vt* verbannen, ins Exil schicken II. *vr* **-rsi ❶** (POL) in die Verbannung gehen **❷** (*fig*) sich zurückziehen; **-rsi dalla società** sich von der Gesellschaft zurückziehen; **esiliato, -a** [ezilia:to] I. *agg* verbannt, im Exil II. *m, f* Verbannte(r) *f(m);* **esilio** [e'zi:lio] <-i> *m* **❶** (POL) Exil *n,* Verbannung *f* **❷** (*fig*) Abkehr *f*

esimere [e'zi:mere] <esimo, *mancano pass rem e pp*> *vt* befreien

esimio, -a [e'zi:mio] <-i, -ie> *agg* hervorragend; (*nelle lettere*) hochverehrt

esistei [ezis'te:i] *1. pers sing pass rem di* **esistere**

esistente [ezis'tɛnte] *agg* vorhanden, existent; **esistenza** [ezis'tɛntsa] *f* Existenz *f;* (*di cose*) Vorhandensein *n;* (*vita*) Existenz *f,* Dasein *n;* **esistenziale** [ezisten'tsia:le] *agg* existenziell

esistere [e'zistere] <esisto, esistei *o* esistetti, esistito> *vi* essere existieren, bestehen; (*esserci*) da sein

esitare [ezi'ta:re] *vi* zögern; **esitazione** [ezitat'tsio:ne] *f* Zögern *n*

esito ['ɛ:zito] *m* **❶** (*risultato*) Ergebnis *n* **❷** (ADM) Bearbeitung *f,* Erledigung *f*

eskimo ['ɛskimo] <-> *m* Parka *m o f*

esobiologia [ezobiolo'dʒi:a] <-ie> *f* Kosmobiologie *f*

esodo ['ɛ:zodo] *m* Abwanderung *f;* (REL, LIT) Exodus *m,* Auszug *m*

esofago [e'zɔ:fago] <-gi> *m* Speiseröhre *f*

esogeno, -a [e'zɔ:dʒeno] *agg* exogen

esonerare [ezone'ra:re] I. *vt* freistellen II. *vr* **-rsi** sich befreien; **esonero** [e'zɔ:nero] *m* Freistellung *f*

esorbitante [ezorbi'tante] *agg* gewaltig, exorbitant

esorcismo [ezor'tʃizmo] *m* Exorzismus *m;* **esorcista** [ezor'tʃista] <-i *m,* -e *f*> *mf* Exorzist(in) *m(f);* **esorcizzare** [ezortʃid'dza:re] *vt* austreiben

esordiente [ezor'djɛnte] I. *agg* angehend II. *mf* Debütant(in) *m(f),* Anfänger(in) *m(f);* **esordio** [e'zɔrdio] <-i> *m* (*inizio*) Anfang *m;* (THEAT) Debüt *n*

esordire [ezor'di:re] <esordisco> *vi* anfangen; (THEAT) debütieren

esortare [ezor'ta:re] *vt* ermahnen; **~ qu a** (**fare**) **qc** jdn zu etw ermahnen; **esortazione** [ezortat'tsio:ne] *f* Ermahnung *f*

esoso, -a [e'zɔ:zo] *agg* (*persona*) habgierig; (*prezzo*) Wucher-

esoterico, -a [ezo'tɛ:riko] <-ci, -che> *agg* esoterisch; **esoterismo** [ezote'rizmo] *m* Esoterik *f*

esotermo [ezo'tɛrmo] *agg* warmblütig

esotico, -a [e'zɔ:tiko] <-ci, -che> *agg* exotisch

ESP *abbr di* **Electronic Stability Program** (AUTO) **sistema ~** ESP *n*

espadrilles [ɛspa'drij] *fpl* Espadrilles *fpl*

espandere [es'pandere] <espando, espansi *o* espandetti, espanso> I. *vt* ausdehnen, erweitern II. *vr* **-rsi** sich ausdehnen, sich ausbreiten; (COM) expandieren; **espandibile** [espan'di:bile] *agg* **❶** (*aumentabile*) erweiterbar, ausdehnbar

esortare/esigere

esortare qualcuno	jemanden auffordern
Puoi venire **un momento?**	**Kannst du mal** kommen?
Vienimi a trovare una volta.	**Besuch mich doch mal.**
Ricordati di portare le chiavi!	**Denk dran,** die Schlüssel mitzubringen!
La devo pregare di lasciare la stanza. (*form*)	**Ich muss Sie bitten,** den Raum zu verlassen. (*form*)

esortare ad un'azione comune	zu gemeinsamem Handeln auffordern
Andiamo!	**Auf geht's!** (*fam*)
Al lavoro!/Mettiamoci al lavoro!	**An die Arbeit!/Fangen wir** mit der Arbeit an!
Vogliamo andarci **una buona volta?**	**Wollen wir jetzt nicht endlich mal** dahin gehen?

esigere	verlangen
Voglio/Insisto che tu resti qui.	**Ich will/bestehe darauf, dass** du hier bleibst.
Esigo una spiegazione da te.	**Ich verlange eine Erklärung von dir.**
È il minimo che si possa pretendere.	**Das ist das Mindeste, was man verlangen kann.**

② (PHYS) ausdehnbar, expansibel; **espansione** [espan'sio:ne] *f* ❶ (PHYS) Ausdehnung *f*, Erweiterung *f*; (ASTR) Ausdehnung *f*, Weite *f*; (COM) Expansion *f* ❷ (*fig*) Überschwänglichkeit *f*, Herzlichkeit *f*; **espansivo, -a** [espan'si:vo] *agg* ❶ (*affettuoso*) überschwänglich, offenherzig ❷ (PHYS) expansiv, Expansions-; **espanso, -a** [es'panso] I. *pp di* **espandere** II. *agg* Schaumstoff-

espatriare [espa'tria:re] *vi essere* auswandern; **espatrio** [es'pa:trio] <-i> *m* Auswanderung *f*

espediente [espe'dicnte] *m* Notbehelf *m*, Ausweg *m*

espellere [es'pɛllere] <espello, espulsi, espulso> *vt* ❶ (*allievi, giocatore*) aus-, verweisen; (*persona*) ausstoßen ❷ (MED) ausscheiden

esperanto [espe'ranto] *m* (LING) Esperanto *n*

esperienza [espe'rientsa] *f* ❶ (*gener*) Erfahrung *f*; **per ~** aus Erfahrung; **senza ~** unerfahren ❷ (SCIENT) Versuch *m*

esperimento [esperi'mento] *m* Experiment *n*, Versuch *m*

esperto, -a [es'pɛrto] I. *agg* sachkundig; (*abile*) gewandt II. *m, f* Fachmann *m*, Fachfrau *f*, Experte *m*, Expertin *f*

espiare [espi'a:re] *vt* (ab-, ver)büßen; (REL) sühnen; **espiatorio, -a** [espia'tɔ:rio] <-i, -ie> *agg* Sühne-; **capro ~** (*fig*) Sündenbock *m*; **espiazione** [espiat'tsio:ne] *f* Buße *f*; (REL) Sühne *f*

espirare [espi'ra:re] *vt* ausatmen; **espirazione** [espirat'tsio:ne] *f* Ausatmen *n*

espletare [esple'ta:re] *vt* bearbeiten, erledigen

esplicare [espli'ka:re] *vt* (*esercitare*) ausüben; (*attività*) entfalten; **esplicazione** [esplikat'tsio:ne] *f* (*esercizio*) Ausübung *f*; (*di attività*) Entfaltung *f*

esplicito, -a [es'pli:tʃito] *agg* explizit; (*ordine*) ausdrücklich

esplodere [es'plɔ:dere] <esplodo, esplosi, esploso> I. *vi essere o avere* ❶ (*bomba, dinamite*) explodieren; (*fucile*) losgehen ❷ (*fig*) ausbrechen II. *vt avere* abfeuern

esplorare [esplo'ra:re] *vt* ❶ (*indagare*) erforschen; (MED) untersuchen ❷ (*fig*) auskundschaften

esploratore, -trice *m, f* Forscher(in) *m(f)*

esplorazione [esplorat'tsio:ne] *f* Erforschung *f*; (MED) Untersuchung *f*

esplosi [es'plɔ:zi] *1. pers sing pass rem di* **esplodere**

esplosione [esplo'zio:ne] *f* ❶ (*di mina, bomba*) Explosion *f* ❷ (*fig*) Ausbruch *m*

esplosivo [esplo'zi:vo] *m* Sprengstoff *m*

esplosivo, -a *agg* Spreng-, explosiv

esploso [es'plɔ:zo] *pp di* **esplodere**

esponente [espo'nɛnte] **I.** *mf* ❶ (*rappresentante*) Vertreter(in) *m(f)* ❷ (*persona autorevole*) Wortführer(in) *m(f)* **II.** *m* (MAT) Exponent *m*, Hochzahl *f*; **esponenziale** [esponen'tsia:le] (MAT) **I.** *agg* Exponenzial-, exponenziell **II.** *f* Exponenzialgleichung *f*

esporre [es'porre] <irr> **I.** *vt* ❶ (*porre fuori*) aussetzen, ausstellen ❷ (*narrare*) darlegen; (*spiegare*) erläutern **II.** *vr* **-rsi** sich aussetzen

esportare [espor'ta:re] *vt* ❶ (COM) exportieren, ausführen ❷ (*a fig*) herausbringen; **esportatore, -trice** [esporta'to:re] **I.** *m, f* Exporteur(in) *m(f)* **II.** *agg* Export-, exportierend; **esportazione** [esportat'tsio:ne] *f* Export *m*, Ausfuhr *f*

esposi *1. pers sing pass rem di* **esporre**

esposimetro [espo'zi:metro] *m* (FOTO) Belichtungsmesser *m*

esposizione [espozit'tsio:ne] *f* ❶ (*di merci, opere d'arte*) Ausstellung *f* ❷ (*di fatto, brano*) Darstellung *f*, Ausführung *f*

esposto, -a [es'posto] **I.** *pp di* **esporre** **II.** *agg* ❶ (*mostra*) ausgestellt; (METEO) ausgesetzt ❷ (*motivo, ragione*) dargelegt, vorgetragen

espressamente [espressa'mente] *avv* ausdrücklich

espressi [es'prɛssi] *1. pers sing pass rem di* **esprimere**

espressione [espres'sio:ne] *f* Ausdruck *m*, Wendung *f*; **con ~** ausdrucksvoll

espressionismo [espressio'nizmo] *m* (KUNST, LIT, MUS) Expressionismus *m*; **espressionista** [espressio'nista] <-i *m*, -e *f*> **I.** *agg* expressionistisch **II.** *mf* Expressionist(in) *m(f)*; **espressionistico, -a** [espressio'nistiko] <-ci, -che> *agg* expressionistisch

espressivistico, -a [espressi'vistiko] <-ci, -che> *agg* (LIT) ausdrucksvoll, ausdrucksstark

espressività [espressivi'ta] *f* Ausdruckskraft *f*

espressivo, -a [espres'si:vo] *agg* ausdrucksvoll

espresso [es'prɛsso] *m* ❶ (*caffè*) Espresso *m* ❷ (FERR) Schnellzug *m*, Express(zug) *m* ❸ (*lettera*) Eil-, Expressbrief *m*

espresso, -a **I.** *pp di* **esprimere** **II.** *agg* ❶ (*ordine, dovere*) ausdrücklich ❷ (*lettera, treno*) Express-, Eil- ❸ **caffè ~** Espresso *m*

esprimere [es'pri:mere] <esprimo, espressi, espresso> **I.** *vt* ausdrücken, zum Ausdruck bringen **II.** *vr* **-rsi** sich ausdrücken

espromissione *f* (FIN) Schuldübernahme *f*

espropriare [espro'pria:re] *vt* enteignen; **espropriazione** [espropriat'tsio:ne] *f* Enteignung *f*; **esproprio** [es'prɔ:pio] <-i> *m* Enteignung *f*

espugnare [espuɲ'ɲa:re] *vt* ❶ (MIL) (er)stürmen, einnehmen ❷ (*fig*) bezwingen; **espugnazione** [espuɲɲat'tsio:ne] *f* Erstürmung *f*, Einnahme *f*

espulsi [es'pulsi] *1. pers sing pass rem di* **espellere**

espulsione [espul'sio:ne] *f* ❶ (*di socio, membro*) Ausschluss *m*; (*di allievo*) Verweis *m* ❷ (MED) Absonderung *f*; (*delle feci*) Ausscheidung *f*

espulso [es'pulso] *pp di* **espellere**

esquimese [eskui'me:se] *mf v.* **eschimese**

essa ['essa] *pron pers 3. pers sing f* sie; (*riferito a cose, animali*) es

essai [e'sɛ] <-> *m* Essay *m o n*

esse ['esse] *pron pers 3. pers pl f* sie

essenza [es'sɛntsa] *f* ❶ (*di discorso, problema*) Wesen *n*, Wesentliche(s) *n* ❷ (CHEM) Essenz *f*; **~ di rose** Rosenöl *n*; **essenziale** [essen'tsia:le] **I.** *agg* ❶ (*sostanziale*) wesentlich; (*principale*) Haupt- ❷ (CHEM) ätherisch; **oli -i** ätherische Öle **II.** *m* Wesentliche(s) *n*, Hauptsache *f*; **essenzialmente** [essentsial'mente] *avv* (*in sostanza, in effetti*) im Wesentlichen; (*fondamentalmente*) grundlegend

essere¹ ['essere] <sono, fui, stato> *vi* **essere** ❶ (*gener*) sein; **c'è, ci sono** es gibt; **c'è odore di ...** es riecht nach ...; **c'era una volta** es war einmal; **c'eri anche tu?** warst du auch da?; **ci siamo!** (*luogo*) da wären wir!; (*fig*) das hätten wir!; (*momento*) jetzt ist es soweit!; **~ di qu** jdm gehören; **è freddo** es ist kalt; **è Natale** es ist Weihnachten; **sono loro** sie sind es; **sono ore che t'aspetto** ich warte (schon) seit Stunden auf dich; **chi è?** wer ist es?; (*alla porta*) wer ist da?; **che ora è?, che ore sono?** wie spät ist es?; **come sarebbe a dire?** was soll das heißen? ❷ (*trovarsi*) sich befinden ❸ (*fam: costare*) kosten; **quant'è?** (*fam*) was kostet das? ❹ (*provenire*) stammen; **sono di Padova** ich bin aus Padua

essere² *m* ❶ (*esistenza*) Sein *n*, Dasein *n* ❷ (*essenza*) Wesen *n* ❸ (*fam: persona*) Mensch *m*, (Lebe)wesen *n*; **gli -i viventi** die Lebewesen *npl*

essi ['essi] *pron pers 3. pers pl m* sie

essiccare [essik'ka:re] I. *vt* (*palude*) trockenlegen, austrocknen; (*frutta*) dörren II. *vr* **-rsi** ❶ (*frutta, materiali*) trocknen ❷ (*fig*) versiegen; **essiccativo, -a** [essikka'ti:vo] *agg* austrocknend; **polvere -a** Trockenpulver *n;* **essiccatoio** [essikka'to:io] <-oi> *m* ❶ (*macchina per l'essicazione*) Trocken-, Dörrgerät *n,* Darre *f* ❷ (*impianto per l'essicazione*) Trocken-, Trocknungsanlage *f* ❸ (*luogo in cui si compie l'essicazione*) Trockenraum *m;* **essiccazione** [essikkat'tsio:ne] *f* ❶ (*disidratazione*) Trocknung *f,* Dehydratation *f* ❷ (*bonifica*) Trockenlegung *f*

esso ['esso] *pron pers 3. pers sing m* er; (*riferito a cose, animali*) es

est [ɛst] <-> *m* Ost(en) *m;* **a ~ di** östlich von

estasi ['ɛstazi] <-> *f* Verzückung *f,* Ekstase *f;* **andare in ~** in Verzückung geraten; **estasiare** [esta'zia:re] I. *vt* hinreißen, in Ekstase bringen II. *vr* **-rsi** in Ekstase geraten

estate [es'ta:te] *f* Sommer *m;* **in ~, d'~** im Sommer

estatico, -a [es'ta:tiko] <-ci, -che> *agg* ekstatisch, verzückt

estemporaneo, -a [estempo'ra:neo] *agg* improvisiert, aus dem Stegreif, Stegreif-

estendere [es'tɛndere] <irr> I. *vt* erweitern, vergrößern; (*a fig*) ausdehnen II. *vr* **-rsi** sich erstrecken, sich ausdehnen; **estensione** [esten'sio:ne] *f* ❶ (*di territorio, superficie*) Ausdehnung *f* ❷ (*di arto*) Streckung *f,* Strecken *n;* **estensivo, -a** [esten'si:vo] *agg* großflächig, extensiv

estenuante [estenu'ante] *agg* ermüdend

estenuare [estenu'a:re] I. *vt* ermatten, erschöpfen II. *vr* **-rsi** ermatten; **estenuazione** [estenuat'tsio:ne] *f* Kräfteverlust *m,* Ermattung *f*

estere ['ɛstere] *m* (CHEM) Ester *m*

esteriore [este'rio:re] I. *agg* äußere(r, s), Außen- II. *m* Äußere(s) *n,* Äußerliche(s) *n*

esterna *f v.* **esterno**

esternare [ester'na:re] *vt* äußern; **esternatore, -trice** [esterna'to:re] *m, f* Person *f,* die ihre persönliche Meinung äußert

esterno [es'tɛrno] *m* Äußere(s) *n;* (*di edificio*) Außenseite *f*

esterno, -a I. *agg* äußere(r, s), Außen-; **per uso ~** zur äußerlichen Anwendung II. *m, f* (*di collegio*) Externe(r) *f(m)*

estero ['ɛstero] *m* Ausland *n;* **all'~** im/ins Ausland

estero, -a *agg* ausländisch, Auslands-; **ministero degli affari -i** Außenministeri-

um *n;* **commercio ~** Außenhandel *m*

esterofobia [esterofo'bi:a] <-ie> *f* Auslandsfeindlichkeit *f*

esterrefatto, -a [esterre'fatto] *agg* bestürzt, entsetzt

estesi *1. pers sing pass rem di* **estendere**

esteso, -a [es'te:so] I. *pp di* **estendere** II. *agg* ausgedehnt; (*fig*) umfassend, umfangreich; **per ~** ausführlich

esteta [es'tɛ:ta] <-i *m*, -e *f*> *mf* Ästhet(in) *m(f);* **estetica** [es'tɛ:tika] <-che> *f* Ästhetik *f;* (*bellezza*) Schönheit *f;* **estetico, -a** [es'tɛ:tiko] <-ci, -che> *agg* ästhetisch, schön

estetista [este'tista] <-i *m*, -e *f*> *mf* Kosmetiker(in) *m(f)*

estimo ['ɛstimo] *m* (Ab)schätzung *f*

estinguere [es'tiŋguere] <estinguo, estinsi, estinto> I. *vt* ❶ (*incendio*) löschen ❷ (COM) tilgen, löschen II. *vr* **-rsi** ❶ (*incendio*) erlöschen ❷ (*fig*) aussterben; **estinto, -a** [es'tinto] I. *agg* ausgestorben, erloschen II. *m, f* Verstorbene(r) *f(m);* **estintore** [estin'to:re] *m* Feuerlöscher *m;* **estinzione** [estin'tsio:ne] *f* ❶ (*di famiglia*) Aussterben *n,* Erlöschen *n;* (BIOL: *di specie*) Aussterben *n* ❷ (*di incendio*) Löschen *n,* Löschung *f* ❸ (*di vulcano*) Erlöschen *n* ❹ (COM: *di debito*) Tilgung *f*

estirpare [estir'pa:re] *vt* ❶ (*sradicare*) (her)ausreißen; (MED: *dente*) ziehen; (*tumore*) entfernen ❷ (AGR: *erbacce*) ausrotten, herausreißen ❸ (*fig*) ausmerzen, ausrotten

estivo, -a [es'ti:vo] *agg* sommerlich, Sommer-

estone ['ɛstone] I. *agg* estländisch, estisch II. *mf* Este *m,* Estin *f*

Estonia [es'tɔ:nia] *f* Estland *n*

estorcere [es'tɔrtʃere] <estorco, estorsi, estorto> *vt* ❶ (*denaro*) **~ qc a qu** jdm etw abpressen ❷ (*fig*) abnötigen; **~ un favore a qu** jdm einen Gefallen abnötigen; **estorsione** [estor'sio:ne] *f* Erpressung *f*

estradizione [estradit'tsio:ne] *f* Auslieferung *f;* **procedura di ~** Auslieferungsverfahren *n*

estraneità [estranei'ta] <-> *f* ❶ (*non appartenenza, non pertinenza*) Nichtbeteiligung *f,* Unbeteiligtheit *f* ❷ (*freddezza, distacco*) Distanziertheit *f;* **estraneo, -a** [es'tra:neo] <-ei, -ee> I. *agg* fremd; (ADM) unbefugt II. *m, f* Fremde(r) *f(m);* (ADM) Unbefugte(r) *f(m);* **vietato l'ingresso agli -i** Zutritt für Unbefugte verboten

estraniare [estra'nia:re] I. *vt* entfremden; **~ qu da qu** jdn jdm entfremden II. *vr* **-rsi da qu** sich jdm entfremden; **-rsi dalla re-**

altà vor der Realität flüchten

estrapolazione [estrapolat'tsio:ne] *f* Extrapolation *f*

estrarre [es'trarre] <irr> *vt* ❶ (*tirare fuori*) aus-, herausziehen; (*dente*) ziehen ❷ (*numeri*) ziehen; ~ **a sorte** auslosen ❸ (MIN) fördern, gewinnen ❹ (MAT: *radice*) ziehen; **estrattivo, -a** [estrat'ti:vo] *agg* Förder-; **industria -a** Bergbau *m*

estratto [es'tratto] *m* ❶ (GASTR: *di carne, pomodori*) Extrakt *m* ❷ (COM, ADM) Auszug *m;* ~ **conto** Kontoauszug *m* ❸ (*opuscolo*) Auszug *m;* ~ **di nascita** Auszug *m* aus dem Geburtsregister

estratto, -a *agg* (*alcaloide*) extrahiert; (*premio*) ausgelost

estrazione [estrat'tsio:ne] *f* ❶ (Aus-, Heraus)ziehen *n;* (*di dente*) Ziehen *n* ❷ (MIN) Förderung *f,* Gewinnung *f* ❸ (CHEM) Extraktion *f* ❹ (MAT: *di radice*) Ziehen *n* ❺ (*di numeri*) Ziehung *f* ❻ (*fig*) Abstammung *f,* Herkunft *f*

estremismo [estre'mizmo] *m* Extremismus *m;* **estremista** [estre'mista] <-i *m,* -e *f>* *mf* Extremist(in) *m(f);* **estremistico, -a** [estre'mistiko] <-ci, -che> *agg* extremistisch

estremità [estremi'ta] <-> *f* ❶ (*parte*) Ende *n* ❷ *pl* (*mani e piedi*) Extremitäten *fpl*

estremizzare [estremid'dza:re] *vt* radikalisieren; (*acuire le tensioni*) die Spannungen verschärfen; **estremizzazione** [estremiddzat'tsio:ne] *f* Radikalisierung *f*

estremo [es'trɛ:mo] *m* ❶ (*punto estremo*) Ende *n,* äußerster Punkt *m* ❷ (*fig*) Extrem *n* ❸ *pl* (ADM) Hauptdaten *pl*

estremo, -a *agg* ❶ (*a fig*) äußerste(r, s), letzte(r, s); **l'Estremo Oriente** (GEOG) der Ferne Osten; **a mali -i, -i rimedi** (*prov*) auf einen groben Klotz gehört ein grober Keil ❷ (POL) extrem; **l'-a destra/sinistra** die extreme Linke/Rechte

estremorientale [estremorien'ta:le] *agg* fernöstlich

estrinsecare [estrinse'ka:re] I. *vt* äußern II. *vr* **-rsi** sich äußern

estro ['ɛstro] *m* Eingebung *f;* (*capriccio*) Anwandlung *f;* ~ **creativo** Kreativität *f*

estrogenato, -a [estrodʒe'na:to] *agg* (*fornito, carico di estrogeni*) Östrogene enthaltend, mit Östrogenen versehen; **anima-le** ~ mit Östrogenen gefüttertes Tier

estrogeno [es'trɔ:dʒeno] *m* Östrogen *n*

estroso, -a [es'tro:so] *agg* ❶ (*fantasioso*) phantasievoll, originell ❷ (*capriccioso*) launisch

estroverso, -a [estro'vɛrso] I. *agg* extrovertiert II. *m, f* Extrovertierte(r) *f(m)*

estuario [estu'a:rio] <-i> *m* Trichtermün-dung *f*

esuberante [ezube'rante] *agg* ❶ (*sovrabbondante*) übermäßig ❷ (*persona*) temperamentvoll; **esuberanza** [ezube'rantsa] *f* ❶ (*sovrabbondanza*) Übermaß *n,* Überfluss *m* ❷ (*di persona*) Temperament *n*

esulare [ezu'la:re] *vi* hinausgehen (*da* über +*acc*), fern stehen (*da* jdm *dat*)

esule ['ɛ:zule] I. *agg* verbannt, im Exil (le-bend) II. *mf* Verbannte(r) *f(m),* im Exil Lebende(r) *f(m)*

esultare [ezul'ta:re] *vi* jubeln, überglücklich sein; ~ **per qc** über etw *acc* hocher-freut sein

età [e'ta] <-> *f* ❶ Alter *n;* (GEOL, HIST) Zeital-ter *n;* **l'~ del bronzo/ferro** die Bronze-/ Eisenzeit; **maggiore** ~ Volljährigkeit *f;* **mi-nore** ~ Minderjährigkeit *f;* **raggiungere la maggiore** ~ volljährig werden; **all'~ di dodici anni** im Alter von zwölf Jahren

etc. *abbr di* **eccetera** etc.

etere ['ɛ:tere] *m* ❶ (*poet*) Äther *m,* Him-mel *m* ❷ (CHEM) Äther *m;* **eterizzazione** [eteriddzat'tsio:ne] *f* ❶ (*narcosi da etere*) Ätherisieren *n,* Äthernarkose *f* ❷ (TEC: *eli-minazione della manualità*) Fernsteue-rung *f,* Fernbedienung *f*

eternit® [eter'nit *o* 'ɛ:ternit] <-> *m* Eter-nit® *n o m*

eternità [eterni'ta] <-> *f* Ewigkeit *f*

eterno [e'tɛrno] *m* Ewigkeit *f;* **in** ~ in Ewig-keit

eterno, -a *agg* ewig

etero ['ɛtero] <inv> *agg v.* **eterosessuale**

eterocentrico, -a [etero'tʃɛntriko] <-ci, -che> *agg* heterozentrisch

eterodiretto, -a [eterodi'rɛtto] *agg* labil, unentschlossen und beeinflussbar

eteroeducazione [eteroedukat'tsio:ne] *f* Fremderziehung *f*

eterogeneo, -a [etero'dʒɛ:neo] *agg* hete-rogen

eterosessuale [eterosessu'a:le] I. *agg* he-terosexuell II. *mf* Heterosexuelle(r) *f(m);* **eterosessualità** [eterosessuali'ta] <-> *f* Heterosexualität *f*

ethernet ['iθə:nit] <-> *m* (INFORM: *tipo di rete informatica aziendale*) Ethernet *n* (*LAN-topologie*)

etica ['ɛ:tika] <-che> *f* Ethik *f;* (*morale*) Moral *f;* (*ethos*) Ethos *n;* ~ **professionale** Berufsethos *m*

etichetta [eti'ketta] *f* ❶ (COM) Etikett *n;* (*del prezzo*) (Preis)etikett *n,* Preisschild *n* ❷ (*cerimoniale*) Etikette *f,* Form *f*

etico, -a ['ɛ:tiko] <-ci, -che> *agg* ethisch, moralisch

etilato, -a [eti'la:to] *agg* verbleit; **benzina -a** verbleites Benzin

etilico, -a [e'ti:liko] <-ci, -che> *agg* Äthyl-; **alcool ~** Äthylalkohol *m*

etilismo [eti'lizmo] *m* Alkoholismus *m;* (*intossicazione*) Alkoholvergiftung *f*

etilometro [eti'lɔ:metro] *m* Alkomat *m,* Alkoholmessgerät *n*

etilotest [etilo'tɛst] <-> *m* Alkoholtest *m;* **sottoporsi all'~** sich einem Alkoholtest unterziehen

etimologia [etimolo'dʒi:a] <-gie> *f* Etymologie *f;* **etimologico, -a** [etimo'lɔ:dʒiko] <-ci, -che> *agg* etymologisch

Etna ['ɛtna] *m* Ätna *m*

etnico, -a ['ɛtniko] <-ci, -che> *agg* ethnisch, Volks-

etnocidio [etno'tʃi:dio] <-di> *m* Völkermord *m*

etnolinguista [etnoliŋ'guista] <-i *m,* -e *f>* *mf* (LING) Ethnolinguist(in) *m(f)*

etnolinguistica [etnoliŋ'guistika] <-che> *f* (LING) Ethnolinguistik *f;* **etnolinguistico, -a** [etnoliŋ'guistiko] <-ci, -che> *agg* ethnolinguistisch

etnologia [etnolo'dʒi:a] <-gie> *f* Ethnologie *f,* Völkerkunde *f;* **etnologo, -a** [et'nɔ:logo] <-gi, -ghe> *m, f* Ethnologe, -login *m, f*

etnomusicologia [etnomuzikolo'dʒi:a] <-gie> *f* (MUS) Musikethnologie *f*

etnostoria [etno'stɔ:ria] <-ie> *f* (HIST) Ethnohistorie *f*

etologia [etolo'dʒi:a] <-gie> *f* Ethologie *f;* **etologo, -a** [e'tɔ:logo] <-gi, -ghe> *m, f* Ethologe(in) *m(f)*

ETR 500 *m abbr di* **Elettrotreno** (FERR) *italienischer Hochgeschwindigkeitszug*

etrusco, -a [e'trusko] <-schi, -sche> I. *agg* etruskisch II. *m, f* Etrusker(in) *m(f)*

ettaedro [etta'ɛ:dro] *m* Siebenflächner *m,* Heptaeder *n*

ettaro ['ɛttaro] *m* Hektar *m o n*

etto ['ɛtto] *m,* **ettogrammo** [etto'grammo] *m* hundert Gramm, Hektogramm *n*

ettolitro [et'tɔ:litro] *m* Hektoliter *m o n*

eucalipto [euka'lipto] *m* Eukalyptus *m*

eucarestia, eucaristia [eukares'ti:a, eukaris'ti:a] <-ie> *f* Eucharistie *f*

eufemismo [eufe'mizmo] *m* Euphemismus *m;* **eufemistico, -a** [eufe'mistiko] <-ci, -che> *agg* euphemistisch

euforia [eufo'ri:a] <-ie> *f* Euphorie *f,* Hochgefühl *n;* **euforico, -a** [eu'fɔ:riko] <-ci, -che> *agg* euphorisch

eugenetica [eudʒe'nɛ:tika] <-che> *f* (SCIENT) Eugenetik *f,* Eugenik *f;* **eugenetico, -a** [eudʒe'nɛ:tiko] <-ci, -che> *agg* eu-

genetisch, eugenisch; **eugenismo** [eudʒe'nizmo] *m* Eugeniktheorie *f;* **eugenista** [eudʒe'nista] <-i *m,* -e *f>* *mf* Eugeniker(in) *m(f)*

eunuco [eu'nu:ko] <-chi> *m* Eunuch *m*

eureka [eu'rɛ:ka] *int* heureka!; **quando ormai non ci speravo più...~!** Ecco il risultato! als ich schon nicht mehr hoffte...Heureka! Da war die Lösung!

Euro <-> *m* (*Unione europea*) Euro *m;* **incaricato degli affari concernanti l'~** Eurobeauftragter *m;* **la fase di transizione dalla Lira all'~** die Übergangsphase von der Lira zum Euro; **l'introduzione dell'~** die Einführung des Euro; **la doppia indicazione in LIT e in ~** die doppelte Preisauszeichnung in LIT und in Euro; **la fissazione del valore dell'~** die Umstellung auf den Euro; **il simbolo ~** das Euro-Symbol; **le monete e le banconote in ~** die Euro-Münzen und -Banknoten; **pagamento in ~** Bezahlung in Euro

euroamericano, -a [euroameri'ka:no] *agg* Europa und Amerika betreffend

euroasiatico, -a [euroa'zia:tiko] <-ci, -che> *agg* eurasisch

eurobbligazioni [eurobbligat'tsio:ni] *fpl* (FIN) Euro-Anleihen *fpl,* Euroanleihen *fpl;* **eurobond** ['juəroubɔnd *o* euro'bɔnd] <-> *m* (FIN: *eurobbligazione*) Eurobond *m*

euroccidentale [eurottʃiden'ta:le] *agg* westeuropäisch

Euro-cent <-> *m* (*unità valutaria*) Euro-cent *n*

eurocent <-> *m* (*unità valutaria*) Euro-cent *n*

eurocentrico, -a [euro'tʃɛntriko] <-ci, -che> *agg* eurozentrisch; **eurocentrismo** [eurotʃen'trizmo] *m* Eurozentrismus *m*

eurocheque [euroʃʃɛk] <-> *m* Euroscheck *m*

eurocittà [eurotʃit'ta] <-> *f* Europastadt *f*

eurocity [euro'siti] <-> *m* (FERR) Eurocity *m*

eurocomunismo [eurokomu'nizmo] *m* Eurokommunismus *m;* **eurocomunista** [eurokomu'nista] <-i *m,* -e *f>* I. *agg* eurokommunistisch II. *mf* Eurokommunist(in) *m(f)*

eurocomunitario, -a [eurokomuni'ta:rio] *agg* die EU betreffend, EU-; **norma -a** EU-Norm *f,* Euronorm *f;* **legge -a** EU-Gesetz *n*

eurocrate [eu'rɔ:krate] *mf* (POL) Eurokrat(in) *m(f)*

eurodeputato, -a [eurodepu'ta:to] *m, f* (POL) Europa-Abgeordnete(r) *f(m),* Europa-Mandatar(in) *m(f)* A

E

eurodestra [εuro'dεstra] *f* (POL) europäische Rechte

eurodivisa [eurodi'vi:za] *f* (FIN) Eurodevisen *fpl,* Eurowährung *f*

eurodollaro [euro'dɔllaro] *m* Eurodollar *m*

eurofilo, -a [eu'rɔfilo] *m, f* Anhänger(in) *m(f)* der europäischen Idee

Eurolandia [euro'landia] *f* (*iron: Europa unita*) Euroland *n*

eurolira [euro'li:ra] *f* (FIN) Eurolira *f*

euromercato [euromer'ka:to] *m* (FIN) Eurogeldmarkt *m,* Euro-Markt *m*

euromissile [euro'missile] *m* Mittelstreckenrakete *f;* **euromissilistico, -a** [euromissi'listiko] <-ci, -che> *agg* die europäischen Mittelstreckenraketen betreffend

euromoneta [euromo'ne:ta] *f* (FIN: *eurodivisa*) Eurowährung *f,* europäische Währung

euronight [euro'nait] <-> *m* (FERR) Euronight *m,* Euronight-Zug *m*

Europa [eu'rɔ:pa] *f* Europa *n*

europarlamentare [europarlamen'ta:re] **I.** *agg* das Europaparlament betreffend **II.** *mf* Europaparlamentarier(in) *m(f);* **europarlamento** [europarla'mento] *m* ❶ (*Parlamento*) Europaparlament *n,* Europäisches Parlament ❷ (*edificio*) Europaparlament(sgebäude) *n*

europea *f v.* **europeo**

europeismo [europe'izmo] *m* Europagedanke *m*

europeista [europe'ista] <-i *m,* -e *f>* **I.** *mf* Europäer(in) *m(f),* Anhänger(in) *m(f)* der Europabewegung **II.** *agg* europäisch; **europeisticamente** [europeistika'mente] *avv* dem europäischen Gedanken folgend; **europeistico, -a** [europe'istiko] <-ci, -che> *agg* europäisch, Europa-

europeizzare [europeid'dza:re] *vt* europäisieren; **europeizzazione** [europeiddzat'tsio:ne] *f* Europäisierung

europeo, -a [euro'pε:o] <-ei, -ee> **I.** *agg* europäisch; **il mercato comune** ~ der Gemeinsame Markt **II.** *m, f* Europäer(in) *m(f)*

europocentrismo [europotʃen'trizmo] *m v.* **eurocentrismo**

Europol [εuro'pɔl] *m acro di* **European Police** Europol *f*

europolitica [εuropo'li:tika] *f* Europapolitik *f*

europoliziotto, -a [εuropolit'tsiɔtto] *m, f* (*agente dell'Europol*) Europol-Beamte *m,* Europol-Beamtin *f*

euroseggio [euro'sεddʒo] <-ggi> *m* Europarlamentssitz *m*

eurosinistra [εurosi'nistra] *f* (POL) euro

päische Linke

eurosocialismo [eurosotʃa'lizmo] *m* europäische sozialistische Bewegung

Eurostar [εuro'sta:r] <-> *m* (FERR) Eurostar-Zug *m*

eurotassa [euro'tassa] *f* Europa-, Unionssteuer *f*

euroterrorismo [euroterro'rizmo] *m* europaweiter Terrorismus; **euroterrorista** [euroterro'rista] <-i *m,* -e *f>* **I.** *mf* EuropaTerrorist(in) *m(f)* **II.** *agg* den europaweiten Terrorismus betreffend

eurovaluta [eurova'lu:ta] *f* Eurowährung *f*

eurovisione [eurovi'zio:ne] *f* Eurovision *f;* **collegamento in** ~ Eurovisionsübertragung *f*

eutanasia [eutana'zi:a] <-ie> *f* Sterbehilfe *f,* Euthanasie *f*

eutrofizzante [eutrofid'dzante] *agg* eutrophierend; **eutrofizzazione** [eutrofiddzat'tsio:ne] *f* (BIOL) Eutrophierung *f*

E.V. *abbr di* **Vostra Eccellenza** E. Exz.

evacuare [evaku'a:re] **I.** *vt* ❶ (*città, territorio*) evakuieren, räumen ❷ (*feci*) ausscheiden **II.** *vi* ❶ (*luogo*) verlassen; ~ **da una città** eine Stadt verlassen ❷ (*defecare*) Stuhlgang haben; **evacuazione** [evakuat'tsio:ne] *f* ❶ (*di territorio, piazza*) Evakuierung *f,* Räumung *f* ❷ (*di feci*) Ausscheidung *f*

evadere [e'va:dere] <evado, evasi, eva­so> **I.** *vi* essere (*scappare*) ausbrechen; ~ **dalla prigione** aus dem Gefängnis ausbrechen **II.** *vt* avere ❶ (ADM: *pratica, corrispondenza*) erledigen ❷ (JUR) ~ **le tasse** Steuern hinterziehen

evanescente [evaneʃ'ʃεnte] *agg* verschwommen; (*suono*) undeutlich; **evanescenza** [evaneʃ'ʃεntsa] *f* Verschwommenheit *f*

evangelico, -a [evan'dʒε:liko] <-ci, -che> *agg* evangelisch

evangelista [evandʒe'lista] <-i> *m* Evangelist *m*

evangelizzare [evandʒelid'dza:re] *vt* ❶ (*Vangelo*) verkünden ❷ (*convertire*) evangelisieren ❸ (*fig*) überreden; **evangelizzazione** [evandʒeliddzat'tsio:ne] *f* Evangelisation *f*

Evangelo [evan'dʒε:lo] *m v.* **Vangelo**

evaporare [evapo'ra:re] *vi* essere *o* avere verdunsten; **evaporazione** [evaporat'tsio:ne] *f* Verdunstung *f*

evasa *f v.* **evaso**

evasi [e'va:zi] *1. pers sing pass rem di* **evadere**

evasione [eva'zio:ne] *f* ❶ (*fuga*) Flucht *f;* (*da carcere*) Ausbruch *m* ❷ (*fig: distrazio* *ne*) **romanzo d'** ~ Unterhaltungsroman *m* ❸ (ADM) Erledigung *f* ❹ (*mancato pagamento di tasse*) ~ **fiscale** Steuerhinterziehung *f*

evasivo, -a [eva'zi:vo] *agg* ausweichend

evaso, -a [e'va:zo] I. *pp di* **evadere** II. *m, f* Flüchtling *m*

evasore [eva'zo:re] *m* Steuerhinterzieher *m*

evenemenziale [evenemen'tsia:le] *agg* (HIST: *obs*) ereignisbezogen

evenienza [eve'niɛntsa] *f* Fall *m,* Gelegenheit *f;* **nell'~ che ...** +*conj* für den Fall, dass ...; falls ...

evento [e'vɛnto] *m* Ereignis *n,* Vorfall *m;* **ad ogni ~** für alle Fälle

eventuale [eventu'a:le] I. *agg* eventuell, möglich II. *fpl* **varie ed -i** Verschiedene(s) *n,* Sonstige(s) *n;* **eventualità** [eventuali'ta] <-> *f* Möglichkeit *f;* **nell'~ che ...** +*conj* für den Fall, dass ...; **per ogni ~** für alle Fälle; **eventualmente** [eventual'mente] *avv* möglicherweise, eventuell

evergreen ['evəgri:n *o* ɛver'grin] <inv> *agg* (*intramontabile*) immer modern, unvergänglich

eversione [ever'sio:ne] *f* (Gesellschafts)zersetzung *f;* **eversivo, -a** [ever'si:vo] *agg* (gesellschafts)zersetzend

evidente [evi'dɛnte] *agg* evident; (*visibile*) augenfällig, sichtlich; (*manifesto*) offensichtlich; (*chiaro*) klar, deutlich; **evidenza** [evi'dɛntsa] *f* Evidenz *f,* Augenfälligkeit *f;* **mettere qc ~** etw hervorheben; **mettersi in ~** sich hervortun; **evidenziare** *vt* markieren

evidenziatore *m* Textmarker *m,* Leuchtstift *m*

evidenziatore, -trice [evidentsia'to:re] *agg* Markier-, Leucht-; **colore ~** Leuchtfarbe *f;* **segnale ~** Leuchtsignal *n*

evirare [evi'ra:re] *vt* (MED) entmannen, kastrieren; **evirazione** [evirat'tsio:ne] *f* (MED) Entmannung *f,* Kastration *f*

evitare [evi'ta:re] *vt* vermeiden; (*scansare*) meiden; (*pericolo*) umgehen, ausweichen +*dat*

evo ['ɛ:vo] *m* Zeit(alter *n*) *f;* ~ **antico** Altertum *n,* Antike *f;* **medio** ~ Mittelalter *n*

evocare [evo'ka:re] *vt* ❶ (*spiriti*) beschwören ❷ (*fig: richiamare*) heraufbeschwören

evolutivo, -a [evolu'ti:vo] *agg* Entwicklungs-, Evolutions-

evoluto, -a [evo'lu:to] I. *pp di* **evolvere** II. *agg* entwickelt, reif

evoluzione [evolut'tsio:ne] *f* ❶ (*sviluppo*) Entwicklung *f;* (BIOL, SOC) Evolution *f* ❷ *ge-*

ner al pl (AERO, NAUT) Manöver *n* ❸ (SPORT) Übung *f,* Bewegung *f*

evoluzionismo [evoluttsio'nizmo] *m* Evolutionstheorie *f*

evolvere [e'vɔlvere] <evolvo, evolvei *o* evolvetti, evoluto> I. *vt* entwickeln II. *vr* **-rsi** sich entwickeln

evviva [ev'vi:va] I. *int* (*fam*) es lebe ..., hoch lebe ..., hurra; ~ **gli sposi!** hoch lebe das Brautpaar!, sie leben hoch!; ~ **il re!** hoch [*o* es] lebe der König! II. <-> *m* Hochruf *m,* Hurra *n*

ex [ɛks] *prp* ehemalig, ex-; (*presidente*) Alt-

exchanger [iks'tʃeindʒə] <-> *m* (FIN) Exchanger *m,* Währungsumrechner *m*

executive [ig'zekjutiv] I. <-> *mf* Führungskraft *f,* Manager *m* II. <-> *m* (*aereo di piccole dimensioni*) Geschäftsflugzeug *n*

exit poll ['ɛksit poul] <-> *m* Wahlprognose *f,* Hochrechnung *f*

expo [ɛks'po] <-> *f* Weltausstellung *f,* Expo *f*

export ['ɛkspɔ:t] <-> *m* (COM: *esportazione*) Export *m;* **ditta di import-~** Import-Export-Firma *f*

extention [eks'tɛnʃn] *f* Haarverlängerung *f*

external auditor [eks'tə:nl 'ɔ:ditə] <-> *mf* (*revisore del bilancio*) externer Bilanzprüfer *m,* Revisor *m*

extra ['ɛkstra] I. <inv> *agg* ❶ (*speciale*) besondere(r,s), extra, Extra- ❷ (COM: *spese*) Sonder- II. <-> *m* Extra *n,* Sonderausgabe *f* III. *prp* außerhalb +*gen*

extraatmosferico, -a [ekstraatmos'fɛ:riko] <-ci, -che> *agg* außeratmosphärisch, Weltraum-

extracee [ekstra'tʃɛ:e] <-> *agg* EU-extern, nicht zur EU gehörig; **commercio/mercato ~** EU-externer Handel/Markt

extracellulare [ekstratʃellu'la:re] *agg* (BIOL, MED) extrazellulär

extracomunitario, -a [ekstrakomuni'ta:rio] <-i, -ie> I. *agg* nicht zur EU gehörig II. *m, f* Bürger(in) *m(f)* eines Nicht-EU-Staates

extraconiugale [ekstrakoniu'ga:le] *agg* außerehelich

extracontrattuale [ekstrakontrattu'a:le] *agg* ❶ (*che ha luogo fuori dal contratto*) außervertraglich ❷ (*che non deriva da rapporto contrattuale*) nicht vertraglich vereinbart

extracorporeo, -a [ekstra] <-ei, -ee> *agg* (MED) extrakorporal

extracurricolare [ekstrakurriko'la:re] *agg* Zusatz-; **esame ~** Zusatzprüfung *f*

extradiegetico, -a [ekstradie'dʒɛ:tiko] <-ci, -che> *agg* (LIT) extradiegetisch; **nar-**

razione -a Erzählhaltung, in der der Autor die Personen/Ereignisse von außerhalb des Geschehens kommentiert

extraeuropeo, -a [ekstraeuro'pɛːo] <-ei, -ee> *agg* außereuropäisch

extragalattico, -a [ekstraga'lattiko] <-ci, -che> *agg* (ASTR) extragalaktisch, außergalaktisch

extragiudiziale [ekstradʒudit'tsiaːle] *agg* (JUR) außergerichtlich

extra-large ['ekstrə'laːdʒ] <inv> *agg* XL (*Kleidergröße: sehr groß*)

extralegale [ekstrale'gaːle] *agg* ❶ (*non richiesto dalla legge*) außergesetzlich ❷ (*illegale*) ungesetzlich, illegal

extralinguistico, -a [ekstrakiŋ'guistiko] <-ci, -che> *agg* außersprachlich

extramurale [ekstramu'raːle] *agg* außerhalb einer Institution (stattfindend)

extranazionale [ekstranattsio'naːle] *agg* außerstaatlich

extraorario, -a [ekstrao'raːrio] <-i, -ie> *agg* außerhalb des Zeitplans (stattfindend)

extraparlamentare [ekstraparlamen'taːre] **I.** *agg* außerparlamentarisch **II.** *mf* Mitglied *n* einer außerparlamentarischen Organisation

extraprocessuale [ekstraprotʃessu'aːle] *agg* (JUR) ❶ (*che ha luogo fuori dal processo*) außerhalb des Prozesses stattfindend ❷ (*extragiudiziale*) außergerichtlich

extraprofitto [ekstrapro'fitto] *m* (FIN: *eccedenza di profitto*) Profit-, Gewinnüberschuss *m*

extrarapido, -a [ekstra'raːpido] *agg* ❶ (*rapidissimo*) sehr schnell, Hochgeschwindigkeits- ❷ (FOTO) **lastra fotografica -a** hochempfindliche Fotoplatte ❸ (TEC)

acciaio ~ Hochleistungs-Schnellstahl *m*

extrascolastico, -a [ekstrasko'lastiko] <-ci, -che> *agg* außerschulisch

extrasensibile [ekstrasen'siːbile] *agg* (PHILOS) übersinnlich

extrasensoriale [ekstrasenso'riaːle] *agg* außersinnlich, übersinnlich

extrasistole [ekstra'sistole] *f* (MED) Extrasystole *f*

extrasolare [ekstraso'laːre] *agg* außerhalb des Sonnensystems befindlich

extrasottile [ekstrasot'tiːle] *agg* hauchdünn

extrastrong ['ekstra'strɔŋ] **I.** <-> *f* (*tipo di carta*) Karton *m*, steifes Papier **II.** <inv> *agg* ❶ (*riferito a carta*) besonders steif ❷ (*fortissimo*) sehr stark, extrastark

extratemporale [ekstratempo'raːle] *agg* außerzeitlich

extraterrestre [ekstrater'rɛstre] **I.** *agg* außerirdisch **II.** *mf* Außerirdische(r) *f(m)*

extraterritoriale [ekstraterrito'riaːle] *agg* exterritorial, außerstaatlich; **extraterritorialità** [ekstraterritoriali'ta] <-> *f* Exterritorialität *f*

extrauniversitario, -a [ekstrauniversi'taːrio] *agg* außeruniversitär

extraurbano, -a [ekstraur'baːno] *agg* außerhalb der Stadt, außerstädtisch

extravergine [ekstra'verdʒine] <inv> *agg* nativ, unbehandelt; **olio di oliva ~** natives Olivenöl

ex voto [ɛks 'vɔːto] <-> *m* Exvoto *n*, Weihegabe *f*

eye-liner ['aiʹlainə] <-> *m* Lidstrich *m*, Eyeliner *m*

eye-shadow ['ai ʹʃædou] <-> *m* (*ombretto, belletto per occhi*) Lidschatten *m*

F f

F, f ['ɛffe] <-> *f* F, f *n;* ~ **come Firenze** F wie Friedrich

F *abbr di* **Fahrenheit** F

fa¹ [fa] <-> *m* (MUS) f, F *n;* ~ **maggiore** f-Moll; ~ **minore** F-Dur

fa² I. *3. pers sing pr di* **fare¹** II. *avv* (*addietro*) vor; **tre anni** ~ vor drei Jahren

fabbisogno [fabbi'zoɲɲo] *m* Bedarf *m;* **il** ~ **di qc** der Bedarf an etw *dat*

fabbrica ['fabbrika] <-che> *f* ❶ (*stabilimento*) Fabrik *f,* Werk *n* ❷ (*costruzione*) Bau *m,* Bauwerk *n;* **fabbricabile** [fabbri'ka:bile] *agg* ❶ (*edificabile*) bebaubar, Bau-; **area** ~ Baugebiet *n;* **terreno** ~ Baugrund *m* ❷ (*producibile, realizzabile*) erzeugbar, herstellbar; **fabbricabilità** [fabbrikabili'ta] <-> *f* Bebaubarkeit *f;* **fabbricante** [fabbri'kante] *mf* Fabrikant(in) *m(f);* **fabbricare** [fabbri'ka:re] *vt* ❶ (*costruire*) (er-, auf)bauen ❷ (*produrre*) herstellen, erzeugen *A;* **fabbricato** [fabbri'ka:to] *m* Bau *m,* Gebäude *n;* ~ **annesso** Anbau *m;* **fabbricazione** [fabbrikat'tsio:ne] *f* Herstellung *f,* Produktion *f;* ~ **in serie** Serienproduktion *f;* **difetto di** ~ Fabrikationsfehler *m*

fabbriceria [fabbritʃe'ri:a] <-ie> *f* (REL) Kirchenverwaltung *f,* Kirchenpflege *f*

fabbro ['fabbro] *m* ❶ (~ ferraio) Schmied *m* ❷ (*di serrature*) Schlosser *m*

fabulatore, -trice [fabula'to:re] *m, f* Fabulant *m,* Fabulierer *m;* **fabulatorio, -a** [fabula'bɔ:rio] <-i, -ie> *agg* (PSYCH) Konfabulations-; **fabulazione** [fabulat'tsio:ne] *f* (PSYCH) Konfabulation *f*

faccenda [fat'tʃɛnda] *f* ❶ (*affare, cosa da fare*) Angelegenheit *f,* Sache *f* ❷ *pl* (*lavori domestici*) Hausarbeit *f* ❸ (*situazione*) Umstand *m,* Lage *f*

faccendone, -a [fattʃen'do:ne] *m, f* (*fam*) Hansdampf *m* in allen Gassen

facchinaggio [fakki'naddʒo] <-ggi> *m* Trägerarbeit *f;* (*fig*) Plackerei *f;* **facchino** [fak'ki:no] *m* ❶ (*portabagagli*) Träger *m,* Gepäckträger *m* ❷ (*d'albergo*) Hoteldiener *m* ❸ (*fig, pej*) Rüpel *m,* Grobian *m;* **lavorare come un** ~ wie ein Pferd arbeiten

faccia ['fattʃa] <-cce> *f* ❶ (*volto*) Gesicht *n;* ~ **tosta** (*fig*) Dreistigkeit *f;* (*persona*) unverschämte Person; ~ **a** ~ Auge in Auge, von Angesicht zu Angesicht; **non guardare in** ~ **a nessuno** auf niemanden Rücksicht nehmen; **dire le cose in** ~ (**a qu**) jdm etw ins Gesicht sagen, kein Blatt vor den Mund nehmen; **alla** ~ **!** (*fam*) Donnerwetter! ❷ (*espressione*) Miene *f,* Ausdruck *m* ❸ (*aspetto*) Aussehen *n* ❹ (*parte*) Seite *f;* (*di case*) Fassade *f* ❺ (*superficie*) Oberfläche *f;* **facciale** [fat'tʃa:le] *agg* Gesichts-

facciata [fat'tʃa:ta] *f* ❶ (ARCH) Fassade *f* ❷ (*di pagina*) Seite *f* ❸ (*fig*) Aussehen *n*

faccia-vista ['fattʃa 'vista] **a** ~ unverputzt

faccina [fatt'ʃi:na] *f* (INFORM) Emoticon *n,* Smiley *n*

faccio ['fattʃo] *1. pers sing pr di* **fare¹**

faccioso, -a [fat'tʃo:so] *agg* pausbackig

face lifting [feis liftiŋ] <-> *m* Facelifting *n*

faceto, -a [fa'tʃɛ:to] *agg* witzig; **facezia** [fa'tʃɛttsia] <-ie> *f* Witz *m,* Schmäh *m A*

fachiro [fa'ki:ro] *m* Fakir *m*

facile ['fa:tʃile] *agg* ❶ (*agevole*) leicht; (*testo*) verständlich; ~ **a dirsi** leicht zu sagen ❷ (*affabile*) umgänglich, nett ❸ (*probabile*) wahrscheinlich ❹ (*poco serio*) leichtfertig; **donna di -i costumi** leichte Frau; **facilità** [fatʃili'ta] <-> *f* ❶ (*agevolezza*) Leichtigkeit *f* ❷ (*comprensibilità*) Verständlichkeit *f* ❸ (*predisposizione*) Gewandtheit *f* ❹ (*leggerezza*) Leichtfertigkeit *f;* **facilitare** [fatʃili'ta:re] *vt* ❶ (*agevolare*) erleichtern ❷ (*essere utile*) ~ **qu** jdm helfen; **facilitazione** [fatʃilitat'tsio:ne] *f* Erleichterung *f;* (FIN) Vergünstigung *f;* **facilone, -a** [fatʃi'lo:ne] *m, f* leichtsinniger Mensch; **faciloneria** [fatʃilone'ri:a] <-ie> *f* Leichtfertigkeit *f*

facinoroso, -a [fatʃino'ro:so] I. *agg* gewalttätig II. *m, f* Gewalttäter(in) *m(f)*

facocero [fako'tʃɛ:ro] *m* (ZOO) Warzenschwein *n*

facoltà [fakol'ta] <-> *f* ❶ (*capacità*) Fähigkeit *f,* Gabe *f;* ~ **di intendere e di volere** (JUR) Zurechnungsfähigkeit *f* ❷ (*potere*) Befugnis *f,* Macht *f* ❸ (*permesso*) Erlaubnis *f* ❹ (*universitaria*) Fakultät *f;* ~ **di farmacia** pharmazeutische Fakultät; ~ **di legge** juristische Fakultät; ~ **di lettere e filosofia** philosophische Fakultät

facoltatività [fakoltativi'ta] <-> *f* Freiwilligkeit *f;* **facoltativo, -a** [fakolta'ti:vo] *agg* ❶ (*a discrezione*) beliebig ❷ (*di libera scelta*) wahlfrei, fakultativ ❸ (*non obbligatorio*) unverbindlich; **fermata -a** Bedarfshaltestelle *f*

facoltoso, -a [fakol'to:so] *agg* vermögend, wohlhabend

façon [fa'sɔ̃] <-> *f* ❶ (*modello*) Modell *n*

❷ (*produzione*) Konfektion *f*

facondo, -a [fa'kondo] *agg* (*poet*) redegewandt

façonnista [fason'nista] <-i *m*, -e *f*> *mf* (*confezionista*) Konfektionär *m*

facsimilare [faksimi'la:re] *agg* Faksimile-, Faksimiledruck-; **facsimile** [fak'si:mile] <-> *m* Faksimile *n*

factor ['fæktə] <-> *m* (FIN) Factor *m*, Factoring-Unternehmen *n;* **factoring** ['fæktərin) *o* 'faktorin(g)) <-> *m* (FIN) Factoring *m*

factotum [fak'tɔ:tum] <-> *mf* Faktotum *n*

faenza [fa'ɛntsa] *f* Fayence *f*

faggio ['faddʒo] <-ggi> *m* Buche *f*

fagiano [fa'dʒa:no] *m* Fasan *m*

fagiolino [fadʒo'li:no] *m* grüne Bohne *f*, Fisole *f A;* **fagiolo** [fa'dʒɔ:lo] *m* Bohne *f;* **andare a ~** (*fam*) passen, behagen; **capitare a ~** (*fam*) wie gerufen kommen

fagocitare [fagotʃi'ta:re] *vt* ❶ (BIOL) phagozytieren ❷ (*fig: assorbire*) sich einverleiben

fagocitatore, -trice [fagotʃita'to:re] *m, f* Aufkäufer *m*

fagocito [fago'tʃi:to] *m* (BIOL) Phagozyt *m*, Fresszelle *f*

fagotto [fa'gɔtto] *m* ❶ (MUS) Fagott *n* ❷ (*involto*) Bündel *n;* **far ~** (*fig*) sein Bündel schnüren

faida ['fa:ida] *f* Fehde *f;* (*vendetta*) Blutrache *f*

faidaté, fai da te ['fa:ida'te] <-> *m* Do-it-yourself *n*, Heimwerken *n;* (*area di servizio*) Selbsttanken *n*

faina [fa'i:na] *f* (ZOO) Steinmarder *m*

falange [fa'landʒe] *f* ❶ (MIL) Phalanx *f* ❷ (ANAT: *piede, mano*) (Finger-, Zehen)glied *n*, erste Phalanx; **falangetta** [falan'dʒetta] *f* (ANAT: *Fuß, Hand*) dritte Phalanx; **falangina** [falan'dʒi:na] *f* (ANAT: *Fuß, Hand*) zweite Phalanx

falangista [falan'dʒista] <-i *m*, -e *f*> *mf* Falangist(in) *m(f)*

falcata [fal'ka:ta] *f* ❶ (*del cavallo*) Sprung *m* ❷ (*del podista*) Schritt *m*

falce ['faltʃe] *f* Sichel *f;* **~ fienaia** Sense *f;* **~ di luna** Mondsichel *f;* **falciacaricatrice** [faltʃakarika'tri:tʃe] *f* (AGR) Mähader *m;* **falciare** [fal'tʃa:re] *vt* ❶ (*erba, grano*) mähen ❷ (*fig: mietere vittime*) dahinraffen; (MIL) niedermähen; **falciatrice** [faltʃa-'tri:tʃe] *f* Mähmaschine *f;* **~ a mano** Rasenmäher *m*

falcidia [fal'tʃi:dia] <-ie> *f* ❶ (*riduzione*) Kürzung *f* ❷ (*strage*) Blutbad *n*

falco ['falko] <-chi> *m* Falke *m;* **falconiere** [falko'niɛ:re] *m* Falkner *m*

falda ['falda] *f* ❶ (GEOL) Schicht *f* ❷ (*di monte*) Hang *m* ❸ (*di neve*) Schneeflocke *f* ❹ (*di abito*) Schoß *m;* (*di cappello*) Krempe *f*

falegname [faleɲ'ɲa:me] *m* Schreiner *m*, Tischler *m;* **falegnameria** [faleɲname'ri:a] <-ie> *f* Schreinerei *f*, Tischlerei *f*

falena [fa'lɛ:na] *f* Nachtfalter *m*

falesia [fa'lɛ:zia] <-ie> *f* Kliff *n*

falla ['falla] *f* ❶ (NAUT) Leck *n* ❷ (MIL: *nello schieramento*) Lücke *f*

fallace [fal'la:tʃe] *agg* trügerisch; **fallacia** [fal'la:tʃa] <-cie> *f* Unzuverlässigkeit *f*

fallatura [falla'tu:ra] *f* Webfehler *m*

fallico, -a ['falliko] <-ci, -che> *agg* phallisch

fallimentare [fallimen'ta:re] *agg* ❶ (JUR) Konkurs- ❷ (*fig: situazione*) katastrophal; **fallimento** [falli'mento] *m* ❶ (JUR) Konkurs *m;* **dichiarare ~** Konkurs anmelden ❷ (*fig: insuccesso*) Schiffbruch *m*, Scheitern *n*

fallire [fal'li:re] <fallisco> **I.** *vi essere* ❶ (JUR) Konkurs machen ❷ (*fig*) misslingen, scheitern **II.** *vt avere* verfehlen; **fallito, -a** [fal'li:to] **I.** *agg* ❶ (JUR) bankrott ❷ (*fig*) gescheitert, misslungen **II.** *m, f* ❶ (*bancarottiere*) Bankrotteur(in) *m(f)* ❷ (*fig*) Gescheiterte(r) *(f)m*, Versager(in) *m(f)*

fallo ['fallo] *m* ❶ (*errore*) Fehler *m*, Irrtum *m;* **cogliere qu in ~** jdn auf frischer Tat ertappen ❷ (SPORT) Foul *n;* **~ laterale** Seitenaus *n* ❸ (ANAT) Phallus *m*

fallocrate [fal'lɔ:krate] *m* Phallokrat *m*, Macho *m;* **fallocratico, -a** [fallo'kra:tiko] <-ci, -che> *agg* phallokratisch, Macho-; **fallocrazia** [fallokrat'tsi:a] <-ie> *f* ❶ (*società*) Phallokratie *f* ❷ (*maschilismo*) männlicher Chauvinismus

falloso, -a [fal'lo:so] *agg* regelwidrig

fall-out [fɔ:l'aut] <-> *m* radioaktiver Niederschlag, Fallout *m*

falò [fa'lɔ] <-> *m* (Freuden)feuer *n*

falsare [fal'sa:re] *vt* verdrehen; (*riportare alterando*) verfälschen

falsariga [falsa'ri:ga] <-ghe> *f* ❶ (*foglio*) Linienblatt *n* ❷ (*fig: esempio, modello*) Beispiel *n*, Vorbild *n;* **sulla ~ di qu** nach jds Beispiel

falsario [fal'sa:rio] <-i> *m* Fälscher *m;* (*di monete*) Falschmünzer *m*

falsetto [fal'setto] *m* Falsett *n*

falsificabile [falsifi'ka:bile] *agg* fälschbar; **falsificabilità** [falsifikabili'ta] <-> *f* (*imitabilità*) Fälschbarkeit *f;* (*modificabilità*) Abänderbarkeit *f*

falsificare [falsifi'ka:re] *vt* fälschen; **falsificazione** [falsifikat'tsio:ne] *f* Fälschung *f*
falsità [falsi'ta] <-> *f* Unwahrheit *f*; (*ipocrisia*) Falschheit *f*
falso ['falso] *m* Falsche(s) *n*; (JUR) Fälschung *f*
falso, -a *agg* falsch; (*falsificato*) gefälscht
fama ['fa:ma] *f* ❶(*reputazione*) (guter) Ruf *m*; **di dubbia ~** von zweifelhaftem Ruf ❷(*celebrità*) Ruhm *m*
fame ['fa:me] *f* ❶(*stimolo*) Hunger *m*; **avere ~** Hunger haben; **mi viene ~** ich bekomme Hunger; **~ da lupi** [*o* **cani**] (*fam*) Bärenhunger *m*; **morire di ~** verhungern; (*fig fam*) vor Hunger umkommen ❷(*fig: bramosia*) Gier *f*, Sucht *f*; (*di sapere*) Durst *m*; **famelico, -a** [fa'mɛ:liko] <-ci, -che> *agg* ❶(*affamato*) ausgehungert ❷(*poet fig*) gierig
famigerato, -a [famidʒe'ra:to] *agg* berüchtigt
famiglia [fa'miʎʎa] <-glie> *f* Familie *f*; **~ allargata** Patchwork-Familie *f*; **~ reale** Königshaus *n*, königliche Familie *f*; **~ umana** Menschengeschlecht *n*; **essere di ~** zur Familie gehören; **essere di buona ~** aus gutem Hause sein; **metter su ~** eine Familie gründen
famigliastra [famiʎʎastra] *f* Stieffamilie *f*
familiare [fami'lia:re] **I.** *agg* ❶(*della famiglia*) familiär, Familien- ❷(*consueto, noto*) vertraut ❸(*semplice*) einfach; (*cucina*) gutbürgerlich ❹(LING) umgangssprachlich, familiär; **linguaggio ~** Umgangssprache *f* **II.** *mf* (Familien)angehörige(r) *f(m)* **III.** *f* (MOT) Familienwagen *m*; **familiarità** [familiari'ta] <-> *f* ❶(*confidenza*) Vertraulichkeit *f* ❷(*pratica*) Vertrautheit *f*; **familiarizzarsi** [familiarid'dzarsi] *vr* vertraut werden; (*impratichirsi*) sich vertraut machen
famoso, -a [fa'mo:so] *agg* berühmt
fan [fæn *o* fan] <-> *m* Fan *m*
fanale [fa'na:le] *m* Licht *n*, Lampe *f*; **~ antinebbia** (MOT) Nebellicht *n*, Nebelleuchte *f*; **fanalino** [fana'li:no] *m* kleine Lampe, Leuchte *f*; **~ di coda** (MOT) Rücklicht *n*; (*fig*) Letzte *mf*, Schlusslicht *n*
fanatico, -a [fa'na:tiko] <-ci, -che> **I.** *agg* fanatisch; **essere ~ di qc** von etw begeistert sein **II.** *m, f* Fanatiker(in) *m(f)*; **fanatismo** [fana'tizmo] *m* Fanatismus *m*
fanciulla [fan'tʃulla] *f* (*poet*) (junges) Mädchen; **fanciullezza** [fantʃul'lettsa] *f* Kindheit *f*, Kindesalter *n*; **fanciullo** [fan'tʃullo] *m* (*poet*) Knabe *m*, Kind *n*
fanculo [fan'ku:lo] *int* (*vulg: vaffanculo*) leck mich (am Arsch)!; **mandare qu a ~**

jdn zum Teufel schicken; **andare a ~** den Bach hinuntergehen
fandonia [fan'dɔ:nia] <-ie> *f* Märchen *n*, Lüge *f*
fanfaluca [fanfa'lu:ka] <-che> *f* (*fig*) Geschwätz *n*
fanfara [fan'fa:ra] *f* ❶(*banda*) Blechmusikkapelle *f* ❷(*musica*) Fanfare *f*
fanfarona *f v.* fanfarone
fanfaronata [fanfaro'na:ta] *f* Prahlerei *f*; **fanfarone, -a** [fanfa'ro:ne] *m, f* Prahler(in) *m(f)*, Prahlhans *m*
fanghiglia [faŋgiʎʎa] <-glie> *f* Schlamm(schicht *f*) *m*, Gatsch *m A*
fango ['faŋgo] <-ghi> *m* ❶(*limo*) Schlamm *m*, Gatsch *m A* ❷(GEOL) Schlick *m* ❸(MED) Fango *m* ❹ *pl* (*termali*) Moorbäder *npl*; **cura dei -ghi** Schlammkur *f*; **fangoso, -a** [faŋ'go:so] *agg* ❶(*pieno di fango*) schlammig ❷(*coperto di fango*) dreckig, schmutzig; **fangoterapia** [faŋgotera'pi:a] *f* (MED) Fangotherapie *f*
fannullone, -a [fannul'lo:ne] *m, f* Nichtstuer(in) *m(f)*, Tachinierer *m A*
fanone [fa'no:ne] *m* (ZOO) Barte *f*
fantapolitica [fantapo'li:tika] <-che> *f* ❶(LIT: *genere narrativo*) politische Sciencefiction *f* ❷(*ipotesi politica inverosimile*) politische Utopie *f*; **la sua proposta è pura ~!** sein Vorschlag ist eine reine politische Utopie; **fare della ~** politische Phantasterei betreiben
fantapolitico, -a [fantapo'li:tiko] <-ci, -che> *agg* utopisch-politisch
fantascientifico, -a [fantaʃen'ti:fiko] <-ci, -che> *agg* die Sciencefiction betreffend; **fantascienza** [fantaʃʃɛntsa] *f* Sciencefiction *f*
fantasia [fanta'zi:a] <-ie> *f* ❶(*immaginazione*) Phantasie *f*, Vorstellungsvermögen *n* ❷(*capriccio*) Laune *f* ❸(*tessuto*) bunt gemusterter Stoff ❹(MUS) Fantasie *f*; **fantasioso, -a** [fanta'zio:so] *agg* phantasievoll
fantasista [fanta'zista] <-i *m*, -e *f*> *mf* Kabarettkünstler(in) *m(f)*
fantasma[1] [fan'tazma] <-i> *m* Gespenst *n*, Geist *m*
fantasma[2] <inv> *agg* (*governo*) Schein-; (*nave*) Geister-
fantasmagoria [fantazmago'ri:a] <-ie> *f* Phantasmagorie *f*, Trugbild *n*; **fantasmagorico, -a** [fantasma'gɔ:riko] <-ci, -che> *agg* phantasmagorisch, bizarr
fantasmatico, -a [fantas'ma:tiko] <-ci, -che> *agg* rätselhaft, unheimlich; **fantasmico, -a** [fan'tasmiko] <-ci, -che> *agg* (*poet*) gespenstisch, geisterhaft
fantasticare [fantasti'ka:re] **I.** *vt* träumen

von, phantasieren von **II.** *vi* träumen, phantasieren; **fantasticheria** [fantastike'ri:a] <-ie> *f* Phantasterei *f*, Träumerei *f*

fantastico, -a [fan'tastiko] <-ci, -che> *agg* phantastisch; (*della fantasia*) Einbildungs-

fante ['fante] *m* ❶(MIL) Infanterist *m* ❷(*nelle carte francesi*) Bube *m;* (*nelle carte tedesche*) Unter *m;* **fanteria** [fante'ri:a] <-ie> *f* Infanterie *f*

fantino [fan'ti:no] *m* Jockey *m*, Jockei *m*

fantoccio [fan'tɔttʃo] <-cci> *m* ❶(*pupazzo*) Puppe *f* ❷(*fig: succube*) Hampelmann *m*, Marionette *f;* **governo** ~ Marionettenregierung *f*

fantomatico, -a [fanto'ma:tiko] <-ci, -che> *agg* unwirklich, unfassbar

farabutto, -a [fara'butto] *m, f* Schurke *m*, Schurkin *f*

faraglione [faraʎ'ʎo:ne] *m* Klippe *f*

faraona [fara'o:na] *f* (ZOO) Perlhuhn *n*

faraone [fara'o:ne] *m* (HIST) Pharao *m*

farcire [far'tʃi:re] <-farcisco> *vt* füllen, farcieren; **farcitura** [fartʃi'tu:ra] *f* Füllung *f*, Farce *f*

fard [far(d)] <-> *m* (*cosmetico, belletto*) Rouge *n;* **darsi il** ~ Rouge auftragen; **un tocco di** ~ ein Hauch Rouge

fardello [far'dɛllo] *m* ❶(*involto*) Bündel *n* ❷(*fig: peso*) Bürde *f*, Last *f*

fare¹ ['fa:re] <faccio, feci, fatto> **I.** *vt* ❶machen; (*fig: amicizia*) schließen; (*opera*) verfassen; **non fa niente** das macht nichts ❷(*attività*) tun; (*mestiere*) ausüben; ~ **il medico** Arzt sein ❸(*sport*) treiben; (*tennis, calcio*) spielen ❹(*comportamento*) spielen; **non** ~ **la sciocca!** spiel nicht die Dumme ❺(*rappresentazione*) spielen; (*al teatro, cinema*) geben ❻(*loc*) ~ **sapere qc a qu** jdn etw wissen lassen; ~ **vedere** zeigen; ~ **a meno di qc** ohne etw auskommen; ~ **tardi** zu spät kommen; **5 più 3 fa 8** 5 und 3 macht [*o* ist] 8; **farcela** es schaffen; **farla finita con** qu mit jdm Schluss machen; **strada facendo** unterwegs; **chi la fa l'aspetti** (*prov*) wie du mir, so ich dir; **far da sé** selbst machen; **quell'uomo si è fatto da sé** (*fig*) dieser Mann ist ein Selfmademan; **chi fa da sé fa per tre** (*prov*) selbst ist der Mann/die Frau **II.** *vi* ❶(*lavorare*) tun; (*agire*) handeln ❷(*essere efficace*) wirken ❸(*essere adatto*) geeignet sein; **questo lavoro non fa per me** diese Arbeit ist nichts für mich ❹(*loc*) **fa bello** es ist schön; **fa caldo** es ist warm; **fa freddo** es ist kalt; **faccia pure!** bitte sehr!; **non mi fa né caldo né freddo** das lässt mich kalt **III.** *vr* **-rsi** (*rendersi*)

werden; **-rsi avanti** sich melden, vortreten; **-rsi da parte** zur Seite treten, den Platz räumen; **-rsi fare una copia** sich *dat* eine Kopie machen lassen; **-rsi notare** sich bemerkbar machen; **-rsi pregare** sich bitten lassen; **farsela addosso** (*fam*) (sich *dat*) in die Hosen machen; **-rsi in quattro** sich zerreißen, sich vierteilen; **-rsi strada** seinen Weg machen; **si è fatto tardi** es ist spät geworden

fare² *m* ❶(*comportamento*) Benehmen *n;* (*portamento*) Art *f* ❷(*modo di fare*) Tun *n*, Handlungsweise *f* ❸(*loc*) **ha un bel** ~ **a pregarlo, ma è tutto inutile** er [*o* sie] kann ihn (noch so) viel bitten, es nützt doch nichts; **sul far del giorno** bei Tagesanbruch

faretra [fa'rɛ:tra] *f* Köcher *m*

faretto [fa'retto] *m* ❶ *dim di* **faro** kleiner Leuchtturm *m* ❷(*lampada a incandescenza*) Spot *m*

farfalla [far'falla] *f* ❶(ZOO) Schmetterling *m* ❷(*cravatta*) Fliege *f* ❸(SPORT) Schmetterlingsschwimmen *n*, Butterfly *m* ❹(TEC: *valvola*) Drosselklappe *f* ❺ *pl* (GASTR) *Nudelsorte;* **farfallina** [farfal'li:na] *f* leichtes Mädchen; **farfallone** [farfal'lo:ne] *m* (*fig*) Frauenheld *m*

farfugliare [farfuʎ'ʎa:re] *vi* murmeln

farina [fa'ri:na] *f* Mehl *n;* ~ **animale** (AGR) Tiermehl *n;* **non è** ~ **del tuo sacco** (*fig*) das ist nicht auf deinem Mist gewachsen; **la farina del diavolo se ne va in crusca** (*prov*) unrecht' Gut gedeiht nicht gut

farinacei [fari'na:tʃei] *mpl* (Stärke)mehlprodukte *npl;* **farinaceo, -a** *agg* mehlig

faringe [fa'rindʒe] *f* (ANAT) Rachen *m;* **faringite** [farin'dʒi:te] *f* Rachenentzündung *f*

farinoso, -a [fari'no:so] *agg* mehlhaltig, mehlig; **neve -a** Pulverschnee *m*

fariseo, -a [fari'zɛ:o] *m, f* (*a fig*) Pharisäer *m*

farmaceutico, -a [farma'tʃɛ:utiko] <-ci, -che> *agg* pharmazeutisch; (*industria*) Pharma-, Arzneimittel-

farmacia [farma'tʃi:a] <-cie> *f* ❶(*arte*) Pharmazie *f*, Arznei(mittel)kunde *f* ❷(*locale*) Apotheke *f;* ~ **di turno** diensttuende Apotheke; **da vendersi solo in** ~ apothekenpflichtig; **farmacista** [farma'tʃista] <-i *m*, -e *f*> *mf* Apotheker(in) *m(f)*

farmaco ['farmako] <-ci *o* -chi> *m* Heilmittel *n*, Medikament *n;* **farmacodipendente** [farmakodipen'dɛnte] **I.** *mf* Medikamentenabhängige(r) *f(m)* **II.** *agg* medikamentenabhängig, medikamentensüchtig; **farmacodipendenza** [farmakodipen'dɛntsa] *f* Medikamentenabhängigkeit *f*, -sucht *f*; **farmacologia** [farmakolo'dʒi:a] <-gie> *f* Pharmakologie *f*, Arzneimittellehre *f*; **farmacologo, -a** [farma'kɔ:logo] <-gi, -ghe> *m, f* Pharmakologe, -login *m, f*; **farmacopea** [farmako'pɛ:a] *f* Arzneibuch *n*; **farmacovigilanza** [farmakovidʒi'lantsa] *f* Medikamentenprüfung *f*, Zulassungsverfahren *n* für Medikamente

Farnesina [farne'zi:na] <*sing*> *f* (*Ministero degli Affari Esteri italiano*) **la ~** *italienisches Außenministerium*

farneticare [farneti'ka:re] *vi* ❶ (*delirare*) phantasieren ❷ (*dire assurdità*) faseln, wirr reden

faro ['fa:ro] *m* ❶ (*torre*) Leuchtturm *m* ❷ (*di veicolo*) Scheinwerfer *m;* **-i abbaglianti** Fernlicht *n;* **-i anabbaglianti** Abblendlicht *n* ❸ (*fig poet*) Leuchte *f fam*

farragine [far'ra:dʒine] *f* (*obs fig*) Durcheinander *n;* **farraginoso, -a** [farradʒi'no:so] *agg* verworren

farsa ['farsa] *f* ❶ (*LIT*) Farce *f*, Posse *f* ❷ (*fig: buffonata*) Posse *f*, (Narren)streich *m;* **farsesco, -a** [far'sesko] <-schi, -sche> *agg* grotesk

farsetto [far'setto] *m* Wams *n;* (*maglione*) Unterjacke *f*

fasc. *abbr di* **fascicolo** Faszikel *m*

fascetta [faʃ'ʃetta] *f* ❶ (*fiscale*) Banderole *f*, Streifband *n* ❷ (*libri*) Buchbinde *f* ❸ (*TEC*) Schlauchklemme *f*

fascia ['faʃʃa] <-sce> *f* ❶ (*striscia di tessuto*) Band *n;* (*MED*) Binde *f;* **~ elastica** (*MED*) elastische Binde ❷ *pl* (*per bambini*) Windel *f;* **bambino in -sce** Wickelkind *n* ❸ (*di territorio*) Strich *m*, Streifen *m;* **~ piovosa tropicale** (*METEO*) der tropische Regenwaldgürtel ❹ (*di carta*) Banderole *f*, Streifband *n* ❺ (*fig: settore*) Ausschnitt *m*, Teil *m*

fasciame [faʃ'ʃa:me] *m* (*NAUT*) Schiffsumhüllung *f*

fasciare [faʃ'ʃa:re] *vt* ❶ (*ferita*) verbinden ❷ (*bambino*) wickeln ❸ (*aderire*) (eng) anliegen an +*dat*, umschließen; **fasciatoio** [faʃʃa'to:io] <-oi> *m* Wickelkommode *f;* **fasciatura** [faʃʃa'tu:ra] *f* Verband *m*

fascicolare [faʃʃiko'la:re] *vt* einheften, zusammenheften; **fascicolatore** [faʃʃikola'to:re] *m* Hefter *m*, Sorter *m;* **fascicolatrice** [faʃʃikola'tri:tʃe] *f* Heftmaschine *f;* **fascicolazione** [faʃʃikolat'tsio:ne] *f* ❶ (*studio della composizione in fascicoli di codici e libri*) Heften *n*, Hefttechnik *f* ❷ (*disposizione di rivista, di giornale in fascicoli*) Zeitungs-, Zeitschriftenordner *m*

❸ (*MED*: *lieve contrazione muscolare*) leichte Muskelkontraktion *f;* **fascicolo** [faʃ'ʃi:kolo] *m* ❶ (*di riviste, dispensa*) Heft *n*, Lieferung *f* ❷ (*di documenti*) Aktenbündel *n;* **~ d'ufficio** Prozessakte *f*

fascina [faʃ'ʃi:na] *f* Reisigbündel *n*

fascino ['faʃʃino] *m* ❶ (*attrattiva*) Charme *m*, Zauber *m* ❷ (*allettamento*) Reiz *m*, Faszination *f*

fascio ['faʃʃo] <-sci> *m* ❶ (*di legna*) Bund *m*, Stoß *m* ❷ (*di fiori*) Strauß *m* ❸ (*di nervi, raggi, erba*) Bündel *n;* **far d'ogni erba un ~** (*fig*) alles über einen Kamm scheren ❹ (*POL*) Verband *m*, Bund *m;* (*HIST*: *partito fascista*) faschistische Partei *f* ❺ (*HIST*: *emblema*) Liktoren-, Rutenbündel *n*, Faszes *pl*

fascismo [faʃ'ʃizmo] *m* Faschismus *m;* **fascista** [faʃ'ʃista] <-i *m*, -e *f*> I. *agg* faschistisch II. *mf* Faschist(in) *m(f)*

fase ['fa:ze] *f* ❶ (*gener* ASTR, PHYS, CHEM, TEC) Phase *f;* (*a stadio*) Stadium *n*, Abschnitt *m;* **essere fuori ~** (*fig*) nicht in Form sein; **~ di sviluppo** Entwicklungsstufe *f* ❷ (*MOT*) Takt *m;* **motore a tre -i** Dreitaktmotor *m*

fastello [fas'tɛllo] *m* (*legna, paglia*) Bündel *n*, Bund *m*

fast-food ['fa(:)st'fu(:d)] <-> *m* ❶ (*pasto veloce*) Fastfood *n* ❷ (*locale*) Fastfoodrestaurant *n;* **fast-fooder** ['fa:st'fu:də] <-> *mf* (*frequentatore abituale di fast-food*) Stammkunde , -kundin *m, f* von Fastfoodrestaurants; **da quando lavora in centro è diventato un ~** seit er im Zentrum arbeitet isst er immer in Fastfoodrestaurants

fasti ['fasti] *mpl* (*HIST*) Heldentaten *fpl;* (*fatti memorabili*) Ruhmesblätter *npl*

fastidio [fas'ti:dio] <-i> *m* ❶ (*molestia*) Belästigung *f*, Störung *f;* **dare ~ a qu** jdn belästigen; **Le dà ~ il fumo?** stört Sie der Rauch? ❷ (*noia*) Überdruss *m*, Verdruss *m* ❸ (*disgusto*) Ekel *m* ❹ (*dispiacere*) Unannehmlichkeit *f;* **fastidioso, -a** [fasti'dio:so] *agg* ❶ (*seccante*) lästig, unangenehm; (*noioso*) langweilig ❷ (*irritabile*) reizbar

fasto ['fasto] *m* Prunk *m;* **fastoso, -a** [fas'to:so] *agg* prunkvoll

fasullo, -a [fa'zullo] *agg* ❶ (*moneta, oro*) falsch ❷ (*fig: persona*) unfähig, schlecht

fata ['fa:ta] *f* Fee *f*

fatale [fa'ta:le] *agg* fatal; (*di morte*) tödlich, todbringend; (*di disastro*) verhängnisvoll, unselig; (*di fascino*) unwiderstehlich

fatalismo [fata'lizmo] *m* Fatalismus *m;* **fatalista** [fata'lista] <-i *m*, -e *f*> *mf* Fatalist(in) *m(f)*

fatalità [fatali'ta] <-> f ❶(destino) Schicksalhaftigkeit f, Fatalität f ❷(disgrazia) Unglück n

fatamorgana [fatamor'ga:na] f Fata Morgana f

fatica [fa'ti:ka] <-che> f ❶(sforzo, difficoltà) Mühe f, Anstrengung f; a ~ mit Mühe; **fare ~ a fare qc** Mühe haben etw zu tun ❷(stanchezza) Müdigkeit f ❸(lavori pesanti) Schwerarbeit f; **faticare** [fati'ka:re] vi ❶(sottoporsi a sforzo) hart arbeiten ❷(incontrare difficoltà) sich abmühen, Mühe haben; **faticoso, -a** [fati'ko:so] agg mühsam, anstrengend; (stile) bemüht

fatiscente [fatiʃ'ʃɛnte] agg baufällig, heruntergekommen

fato ['fa:to] m Schicksal n

Fatt. abbr di **fattura** Rechn.

fattezze [fat'tettse] fpl (Gesichts)züge mpl

fattibile [fat'ti:bile] agg möglich, machbar

fattispecie [fattis'pɛ:tʃe] <-> f Tatbestand m; **nella ~** im vorliegenden Fall

fattivo, -a [fat'ti:vo] agg tatkräftig

fatto ['fatto] m ❶(azione) Tat f; **cogliere qu sul ~** jdn auf frischer Tat ertappen; **dato di ~** Tatsache f; **i -i parlano chiaro** die Tatsachen sprechen für sich; **il ~ è che ...; ~ sta che ...** Tatsache ist, dass ...; **mettere qu davanti al ~ compiuto** jdn vor vollendete Tatsachen stellen ❷(avvenimento) Ereignis n; **~ di cronaca** Tagesgeschehen n, -ereignis n ❸(affare) Angelegenheit f, Sache f; **badare ai** [o **farsi i**] **-i propri** sich um seine eigenen Angelegenheiten kümmern ❹(fig) **andare per i -i propri** seines Weges gehen; **sapere il ~ proprio** sich zu helfen wissen

fatto, -a I. pp di **fare¹ II.** agg ❶(compiuto) gemacht, getan; (abito) fertig, von der Stange; (TEC) hergestellt, gefertigt; **~ a macchina** maschinell hergestellt; **~ a mano** in Handarbeit hergestellt; **~ a cubo** würfelförmig (gemacht); **~ a uovo** eiförmig (gemacht); **~ di legno** aus Holz (gemacht); **~ di plastica** aus Plastik (gemacht); **ben ~!** gut gemacht!; **a conti -i** alles in allem; **detto ~** gesagt, getan ❷(maturo, a fig) reif ❸(conformato fisicamente) gebaut; **individuo ben/mal ~** eine gut/schlecht gebaute Person ❹(addetto) geschaffen; **essere ~ per qc/qu** für etw/jdn (wie) geschaffen sein; **non essere ~ per qc/qu** für etw/jdn nicht geeignet sein ❺(sl: sfinito) geschafft, fertig ❻(sl: drogato) breit; **è completamente ~** er ist völlig breit ❼(sl: pazzo) verrückt, übergeschnappt

fattora f (fam) v. **fattore**

fattore [fat'to:re] m ❶(elemento determinante) Faktor m, Umstand m ❷(MAT, PHYS, BIOL) Faktor m; **~ ereditario** (BIOL) Erbfaktor m

fattore, -essa o **-a** [fat'to:re, fatto'ressa] m, f (fam) Gutsverwalter(in) m(f); **fattoria** [fatto'ri:a] <-ie> f Gutshof m, (Land)gut n

fattorino, -a [fatto'ri:no] m, f ❶(commesso) Bote m, Botin f; (di negozio) Laufbursche m, -mädchen n ❷(bigliettaio) Schaffner(in) m(f)

fattrice [fat'tri:tʃe] f (ZOO) weibliches Zuchttier n

fattucchiera [fattuk'kiɛ:ra] f Zauberin f

fattura [fat'tu:ra] f ❶(lavorazione) Anfertigung f, Herstellung f ❷(confezione) Fasson f ❸(COM) Rechnung f; **rilasciare una ~** (COM) eine Rechnung ausstellen ❹(fam: maleficio) Zauberei f, Hexerei f; **fatturante** [fattu'rante] mf (obs) Akkordarbeiter(in) m(f), Stückarbeiter(in) m(f); **fatturare** [fattu'ra:re] vt (COM) fakturieren; **fatturato** [fattu'ra:to] m (COM) Umsatz m; **fatturatrice** [fattura'tri:tʃe] f Rechen-, Fakturiermaschine f; **fatturazione** [fatturat'tsio:ne] f (COM) Verrechnung f; **fatturista** [fattu'rista] <-i m, -e f> mf (COM) Fakturist(in) m(f)

fatuo, -a ['fa:tuo] agg oberflächlich, seicht

fauci ['fa:utʃi] fpl Rachen m, Schlund m

fauna ['fa:una] f Tierreich n, Fauna f

fauno ['fa:uno] m Faun m

fausto, -a ['fa:usto] agg glücklich

fautore, -trice [fau'to:re] m, f Förderer m, Förderin f; (sostenitore) Befürworter(in) m(f)

fava ['fa:va] f (legume) dicke Bohne, Saubohne f; **prendere due piccioni con una ~** (prov) zwei Fliegen mit einer Klappe schlagen

favelas [fa'vɛlas] <-> fpl Favelas fpl, Elendsviertel npl

favella [fa'vɛlla] f Sprache f; **favellare** [favel'la:re] vt, vi reden, sprechen

favilla [fa'villa] f ❶(scintilla) Funke(n) m; **far -e** (fig fam) Erfolg haben, groß rauskommen ❷(fig: causa) Auslöser m

favo ['fa:vo] m ❶(miele) (Bienen)wabe f ❷(MED) Favus m

favola ['fa:vola] f Fabel f, Märchen n; **il mondo delle -e** Märchenwelt f; **favolistica** [favo'listika] <-che> f Fabeldichtung f, Märchenschatz m; **favoloso, -a** [favo'lo:so] agg fabelhaft; (enorme) großartig, außergewöhnlich

favonio [fa'vɔ:nio] <-> m (poet: vento) Zephir m

chiedere un favore

pregare qualcuno	bitten
Puoi/Potresti aprire la finestra, **per favore?**	**Kannst/Könntest du bitte mal** das Fenster aufmachen?
Mi **potrebbe** inviare **(per favore)** la risposta via mail?	**Können Sie mir (bitte)** die Antwort per Mail senden?
Fammi la cortesia di portarmi gli occhiali.	**Bitte sei so gut und** bring mir meine Brille.
Sii buono e chiudi la finestra!	**Sei so lieb und** mach das Fenster zu!
Saresti così gentile da portarmi il giornale?	**Wärst du so nett und würdest** mir die Zeitung mitbringen?
Sarebbe così cortese da aspettare ancora cinque minuti?	**Wären Sie so liebenswürdig und würden** noch fünf Minuten warten?
Posso pregarLa di abbassare un poco il volume della musica, **per favore?**	**Darf ich Sie bitten,** Ihre Musik etwas leiser zu stellen?

chiedere un favore	um Hilfe bitten
Potresti aiutarmi, **per favore?**	**Könntest du mir bitte** helfen?
Le/ti spiacerebbe aiutarmi?	**Würde es Ihnen/dir etwas ausmachen,** mir zu helfen?
Mi **puoi fare un favore?**	**Kannst du mir einen Gefallen tun?**
Posso/Potrei chiederLe un favore?	**Darf/Dürfte ich Sie um einen Gefallen bitten?**
Le sarei molto grata/o se mi potesse aiutare.	**Ich wäre Ihnen dankbar, wenn** Sie mir dabei helfen könnten.

favore [fa'vo:re] m ➊ (*benevolenza*) Wohlwollen n ➋ (*servizio*) Gefallen m, Gefälligkeit f; **per ~** bitte; **fare un ~ a qu** jdm einen Gefallen tun ➌ (*protezione*) Gunst f, Schutz m; **parlare in ~ di qu** zu jds Gunsten sprechen; **favoreggiare** [favored'dʒa:re] vt begünstigen, bevorzugen, vorziehen; **favoreggiatore, -trice** [favoreddʒa'to:re] m, f Förderer m, Förderin f; (*protettore*) Beschützer(in) m(f)

favorevole [favo're:vole] agg ➊ (*vantaggioso*) günstig ➋ (*benevolo*) wohlwollend ➌ (*consenziente*) zustimmend; **essere ~** dafür sein; **essere ~ a qc/qu** für etw/jdn sein

favorire [favo'ri:re] <favorisco> vt ➊ (*assecondare*) begünstigen ➋ (*agevolare*) unterstützen, fördern ➌ (*in espressioni di cortesia*) **favorisca il biglietto** die Fahrkarte, bitte; **vuole ~?** (*invitando a mangiare*) geben Sie mir [o uns] die Ehre?; (*offrendo*) darf ich Ihnen das anbieten?

favorita [favo'ri:ta] f (*amante*) Geliebte f; (*negli harem*) Favoritin f

favoriti [favo'ri:ti] mpl Backenbart m, Favoris pl

favoritismo [favori'tizmo] m Begünstigung f, Günstlingswirtschaft f

favorito, -a [favo'ri:to] I. agg ➊ (*prediletto*) Lieblings-, bevorzugt ➋ (*probabile vincitore*) favorisiert II. m, f ➊ (*beniamino*) Liebling m ➋ (*in gare, elezioni*) Favorit(in) m(f)

fax [faks] <-> m ➊ (*apparecchio*) Fax(gerät) n; **via** [o **per**] **~** per Fax ➋ (*messaggio*) Fax n; **faxare** [fa'ksa:re] vt faxen

fazione [fat'tsio:ne] f Faktion f; **fazioso, -a** [fat'tsio:so] I. agg faktiös, aufwieglerisch II. m, f Aufrührer(in) m(f), Aufwiegler(in) m(f)

fazzoletto [fattso'letto] m Tuch n; (*da naso*) Taschentuch n; **~ di carta** Papiertaschentuch n

FC abbr di **fuori corso, uno studente ~** ein Student, der die Regelstudienzeit überschritten hat

febbraio [feb'bra:io] m Februar m, Feber m A; v. a. **aprile**

febbre ['fɛbbre] f (a fig) Fieber n; **~ da fieno** Heuschnupfen m; **~ dell'oro** Goldfieber n; **febbricitante** [febbritʃi'tante] agg fiebernd

febbrifugo [feb'bri:fugo] <-ghi> m Fiebermittel n

febbrifugo, -a <-ghi, -ghe> *agg* fiebersenkend

febbrile [feb'bri:le] *agg* ❶ (MED) fiebrig, Fieber- ❷ (*fig*) fieberhaft

fecale [fe'ka:le] *agg* Fäkal-

feccia ['fɛttʃa] <-cce> *f* ❶ (*di vino*) (Boden)satz *m*, Hefe *f* ❷ (*fig, pej*) Abschaum *m*

feci[1] ['fe:tʃi] *fpl* Fäkalien *pl*

feci[2] ['fe:tʃi] *1. pers sing pass rem di* **fare**[1]

fecola ['fɛ:kola] *f* Stärkemehl *n*

fecondare [fekon'da:re] *vt* ❶ (BIOL) befruchten ❷ (*rendere fertile*) fruchtbar machen; **fecondazione** [fekondat'tsio:ne] *f* Befruchtung *f;* ~ **artificiale** (MED) künstliche Befruchtung; ~ **in vitro** In-vitro-Fertilisation *f*

fecondità [fekondi'ta] <-> *f* (*a fig*) Fruchtbarkeit *f;* **fecondo, -a** [fe'kondo] *agg* fruchtbar; (*nozze*) kinderreich

fede ['fe:de] *f* ❶ (*credo*) Glaube(n) *m* ❷ (*fiducia*) Vertrauen *n* ❸ (*onestà, fedeltà*) Treue *f* ❹ (*anello*) Trau-, Ehering *m* ❺ (*attestato*) Schein *m*, Bescheinigung *f;* ~ **di battesimo** Taufschein *m;* ~ **di credito** Schuldschein *m* ❻ (*loc*) **far** ~ bezeugen; **in** ~ (ADM) für die Richtigkeit; **in buona** ~ in gutem Glauben; **in mala** ~ in böser Absicht

fedele [fe'de:le] **I.** *agg* ❶ (*devoto*) treu ❷ (*esatto*) genau; (*traduzione, riproduzione*) (original)getreu **II.** *mf* ❶ (*credente*) Gläubige(r) *f(m)* ❷ (*seguace*) Anhänger(in) *m(f)*, Getreue(r) *f(m);* **fedelissimo, -a** [fede'lissimo] *m, f* Vertraute(r) *f(m)*, enge(r) Mitarbeiter(in) *m(f);* **fedeltà** [fedel'ta] <-> *f* ❶ (*devozione*) Treue *f* ❷ (*esattezza*) Zuverlässigkeit *f*, Treue *f;* (*in acustica*) Wiedergabetreue *f*, -genauigkeit *f;* **ad alta** ~ Hi(gh)-Fi(delity)-

federa ['fɛ:dera] *f* (Kopf)kissenbezug *m*

federale [fede'ra:le] *agg* ❶ (POL) föderativ, Bundes- ❷ (*di società*) Verbands-, Vereins-; **federalismo** [federa'lizmo] *m* Föderalismus *m;* **federativo, -a** [federa'ti:vo] *agg* föderativ, föderalistisch; **federato, -a** [fede'ra:to] *agg* verbündet

federazione [federat'tsio:ne] *f* ❶ (*di stati*) Föderation *f* ❷ (*di società*) Verband *m;* **Federazione delle Borse Europee** (FIN) Europäischer Börsenverband *m*

FEDERCALCIO [feder'kaltʃo] *f abbr di* **Federazione Italiana Gioco Calcio** *italienischer Fußballverband,* ≈ DFB *m*

FEDERMECCANICA [federmek'ka:nika] *f abbr di* **Federazione Sindacale dell'Industria Metalmeccanica Italiana** *italienischer Gewerkschaftsbund der Me-*

tall verarbeitenden Industrie

fedifrago, -a [fe'di:frago] <-ghi, -ghe> *agg* (*poet a scherz*) wortbrüchig

fedina [fe'di:na] *f* (JUR) Strafregisterauszug *m;* ~ **penale** Führungszeugnis *n*

fedine [fe'di:ne] *fpl* (*favoriti*) Koteletten *pl*

feedback ['fi:dbæk *o* 'fidbɛk] <-> *m* ❶ Feed-back *n* ❷ (INFORM: *retroazione*) Rückkopplung *f*

feeling ['fi:liŋ *o* 'filin(g)] <-> *m* Feeling *n;* **tra di loro c'è un** ~ die beiden fühlen sich zueinander hingezogen

fegataccio [fega'tattʃo] <-cci> *m* (*obs*) Draufgänger *m*

fegatello [fega'tɛllo] *m* (GASTR) gebackene Schweinsleberscheibe *f;* **fegatini** [fega'ti:ni] *mpl* (GASTR) gebackene Geflügelleber *f*

fegato ['fe:gato] *m* (ANAT) Leber *f;* **avere** ~ Mut haben; **si mangia il** ~ (*fig*) es wurmt ihn [*o* sie]

felce ['feltʃe] *f* Farn *m*

feldspato [felds'pa:to] *m* (MIN) Feldspat *m*

felice [fe'li:tʃe] *agg* glücklich, freudig; **felicità** [felitsi'ta] <-> *f* Glück *n*, Glückseligkeit *f*

felicitarsi [felitʃi'tarsi] *vr* ~ **di qc** sich über etw *acc* freuen; ~ **con qu per qc** jdn zu etw beglückwünschen; **felicitazione** [felitʃitat'tsio:ne] *f* Glückwunsch *m*

felino [fe'li:no] *m* Katze *f*

felino, -a *agg* katzenartig, Katzen-

felliniano, -a [felli'nia:no] *agg* Fellini'sch, Fellini-

fellonia [fello'ni:a] <-ie> *f* (*obs, poet*) Verrat *m*, Felonie *f*

felpa ['felpa] *f* Plüsch *m;* **felpato, -a** [fel'pa:to] *agg* Plüsch-; **con passo** ~ (*fig*) auf leisen Sohlen

feltrabile [fel'tra:bile] *agg* verfilzbar; **feltrabilità** [feltrabili'ta] <-> *f* Verfilzbarkeit *f*

feltro ['feltro] *m* ❶ (*tessuto*) Filz *m* ❷ (*cappello*) Filzhut *m*

feluca [fe'lu:ka] <-che> *f* ❶ (NAUT) Feluke *f* ❷ (*cappello*) Zweispitz *m*

femmina ['femmina] *f* ❶ (*spesso pej: donna*) Weib *n* ❷ (ZOO) Weibchen *n* ❸ (TEC) Mutter *f;* **femminile** [femmi'ni:le] **I.** *agg* weiblich; (*abito, sport*) Damen-; (*lavoro*) Frauen-; (*scuola*) Mädchen-; **genere** ~ (LING) Femininum *n* **II.** *m* ❶ (LING) Femininum *n* ❷ (SPORT) Damenwettbewerb *m;* **femminilizzare** [femminilid'dza:re] *vt* frauenfreundlich gestalten; **femminismo** [femmi'nizmo] *m* Feminismus *m*, Frauenbewegung *f;* **femminista** [femmi'nista] <-i *m*, -e *f*> *mf* Feminist(in) *m(f);*

femminuccia [femmi'nuttʃa] <-cce> *f* ❶(*bambina*) Mädchen *n* ❷(*fig: uomo pavido*) Waschlappen *m fam*

femore ['fɛːmore] *m* Oberschenkelknochen *m*

fendente [fen'dɛnte] *m* Säbelhieb *m*

fendere ['fɛndere] <fendo, fendei *o* fendetti, fenduto> *vt* ❶(*tagliare*) spalten ❷(*folla*) sich *dat* einen Weg bahnen durch; (*onde*) durchpflügen

fendinebbia [fendi'nebbia] <-> *m* Nebelscheinwerfer *m*

fenditura [fendi'tuːra] *f* ❶(*taglio*) Spaltung *f* ❷(*apertura*) Spalt *m*, Riss *m*

fenice [fe'niːtʃe] *f* Phönix *m; essere come l'araba* ~ so selten sein wie ein weißer Rabe

fenicottero [feni'kɔttero] *m* Flamingo *m*

fenolo [fe'nɔːlo] *m* (CHEM) Phenol *n*

fenomenale [fenome'naːle] *agg* phänomenal, unglaublich; **fenomeno** [fe'nɔːmeno] *m* Phänomen *n*

ferale [fe'raːle] *agg* (*poet*) ❶(*di lutto*) traurig ❷(*di morte*) todbringend

feretro ['fɛːretro] *m* Bahre *f*

feriale [fe'riaːle] *agg* Wochen-, Werk-

ferie ['fɛːrie] *fpl* Ferien *pl*, Urlaub *m; andare in* ~ in Urlaub gehen; **essere in** ~ im Urlaub sein, Ferien haben; **prender le** ~ Urlaub nehmen

ferimento [feri'mento] *m* Verletzung *f*, Verwundung *f*; **ferire** [fe'riːre] <ferisco> *vt* ❶verletzen; (*colpendo*) verwunden ❷(*fig: offendere*) verletzen ❸(*fig: occhi*) blenden; **ferita** [fe'riːta] *f* Verletzung *f*, Wunde *f*; **riaprire una** ~ (*fig*) eine alte Wunde wieder aufreißen; **ferito, -a** [fe'riːto] I. *agg* verletzt, verwundet II. *m*, *f* Verletzte(r) *f(m)*, Verwundete(r) *f(m)*

feritoia [feri'toːia] <-oie> *f* ❶(MIL) Schießscharte *f* ❷(*in ambienti*) Schlitz *m*

feritore, -trice [feri'toːre] *m*, *f* (JUR) Täter(in) *m(f)*

ferma ['ferma] *f* (MIL) Wehrdienstzeit *f*, Präsenzdienst *m A*

fermacalzoni [fermakal'tsoːni] <-> *m* Fahrradklammer *f*

fermacarte [ferma'karte] <-> *m* Briefbeschwerer *m*

fermacravatta [fermakra'vatta] <-e> *m* Krawattennadel *f*

fermaglio [fer'maʎʎo] <-gli> *m* ❶(*borchia, fibbia*) Schnalle *f*, Spange *f* ❷(*per fogli*) Heftklammer *f*

fermaporte [ferma'porte] <-> *m* Türstopper *m*

fermare [fer'maːre] I. *vt* ❶(*arrestare il movimento*) anhalten; (*emorragia*) stillen;

(*motore*) abstellen ❷(*fuggitivo*) fassen; (*di polizia*) festnehmen ❸(*fissare*) befestigen; (*bottone*) annähen; (*fig: sguardo*) heften ❹(*chiudere*) schließen, sperren *A* II. *vr* **-rsi** ❶(*arrestarsi*) (an)halten; (*orologio*) stehen bleiben ❷(*trattenersi*) sich aufhalten; **senza -rsi** ununterbrochen; **fermata** [fer'maːta] *f* ❶(*sosta*) Halt *m*, Aufenthalt *m; ~ facoltativa* [*o* **a richiesta**] Bedarfshaltestelle *f; ~* **obbligatoria** planmäßige Haltestelle ❷(*luogo*) Haltestelle *f* ❸(MUS) Fermate *f*

fermentabile [fermen'taːbile] *agg* gärungsfähig; **fermentare** [fermen'taːre] I. *vi* (*a fig*) gären II. *vt* fermentieren; **fermentatore** [fermenta'toːre] *m* Gärungsapparat *m*, Gärgerät *n; fermentazione* [fermentat'tsioːne] *f* Gärung *f*

fermentescibile [fermenteʃ'ʃiːbile] *agg* gärfähig; **fermentescibilità** [fermenteʃʃibili'ta] <-> *f* Gärfähigkeit *f*

fermento [fer'mento] *m* ❶(*enzima*) Ferment *n* ❷(*lievito*) Hefe *f*, Germ *m A* ❸(*fig: agitazione*) Unruhe *f*, Gärung *f*; (*forza creativa*) Kreativität *f*

fermezza [fer'mettsa] *f* Entschlossenheit *f*, Festigkeit *f; ~ di propositi* Standhaftigkeit *f*

fermo ['fermo] *m* ❶(*chiusura*) Haltevorrichtung *f* ❷(JUR) Festnahme *f*

fermo, -a I. *agg* ❶(*non in moto*) still, unbeweglich; (*sguardo*) starr; (*veicolo*) stehend; **essere** ~ (*in piedi*) (still) stehen; (*seduto*) (still) sitzen; (*sdraiato*) (still) liegen ❷(*non in funzione*) still stehend; (*orologio*) stehen geblieben; (COM) stillliegend, stockend ❸(*fig: risoluto*) entschlossen, dezidiert *A*; (*costante*) beständig II. *int* halt

fermoposta [fermo'pɔsta] I. <inv> *agg o avv* postlagernd II.<-> *m* Schalter *m* für postlagernde Sendungen

feroce [fe'roːtʃe] *agg* ❶(*bestia*) wild ❷(*persona*) grausam ❸(*fig*) furchtbar, schrecklich; **ferocia** [fe'rɔːtʃa] <-cie> *f* ❶(*di bestie*) Wildheit *f* ❷(*di persone*) Grausamkeit *f*

ferodo [fe'rɔːdo] *m* (TEC) ~ **per freni** Bremsbelag *m*

Ferr. *abbr di* **ferrovia** Eisenbahn

ferraglia [fer'raʎʎa] <-glie> *f* Schrott *m*, Alteisen *n*

ferragosto [ferra'gosto] *m* ❶(*festa*) Mariä Himmelfahrt ❷(*periodo*) Mitte *f* August

ferramenta [ferra'menta] *fpl* Eisenwaren *fpl*

Ferrara *f* Ferrara *n* (*Stadt in der Emilia-Romagna*)

ferrare [fer'raːre] *vt* beschlagen

ferrarese [ferra're:se] I. *agg* aus Ferrara stammend II. *mf* (*abitante*) Einwohner(in) *m(f)* von Ferrara

Ferrarese <*sing*> *m* Umgebung *f* von Ferrara

ferrarista [ferra'rista] <-i *m*, -e *f*> *mf* Ferrarifahrer(in) *m(f)*

ferrato, -a [fer'ra:to] *agg* (*a fig*) beschlagen; **strada -a** Schienenstrang *m*, Eisenbahn *f*

ferravecchio [ferra'vɛkkio] *m* Schrotthändler *m*

ferreo, -a ['fɛrreo] <-ei, -ee> *agg* eisern

ferriera [fer'riɛːra] *f* Eisenhütte *f*

ferrifero, -a [fer'ri:fero] *agg* eisenhaltig, Eisen-

ferro ['fɛrro] *m* ❶ (*metallo, oggetto*) Eisen *n;* ~ **da stiro** Bügeleisen *n;* ~ **battuto** Schmiedeeisen *n;* **di** ~ (*a fig*) eisern; **battere il** ~ **finché è caldo** (*fig*) das Eisen schmieden, solange es heiß ist; **toccare** ~ (*fig*) auf Holz klopfen ❷ (*da calza*) Stricknadel *f* ❸ *pl* (*strumenti di lavoro*) Handwerkszeug *n*, Werkzeug *n* ❹ *pl* (GASTR) Rost *m*, Grill *m;* **bistecca ai -i** gegrilltes Beefsteak *n;* **ferroso, -a** [fer'ro:so] *agg* eisenhaltig

ferrotranvieri [ferrotran'viɛːri] *mpl* Eisen- und Straßenbahner *mpl*

FERROTRANVIERI [ferrotran'viɛːri] *mpl abbr di* **Federazione Nazionale Lavoratori Autoferrotranvieri e Internavigatori** *italienischer Gewerkschaftsbund der Angestellten des öffentlichen Verkehrs und der Binnenschifffahrt*

ferrovia [ferro'vi:a] *f* Eisenbahn *f;* ~ **a cremagliera** Zahnradbahn *f;* **ferroviario, -a** [ferro'via:rio] *agg* Eisenbahn-; **ferroviere** [ferro'viɛːre] *m* Eisenbahner *m*

ferruginoso, -a [ferrudʒi'no:so] *agg* eisenhaltig

fertile ['fɛrtile] *agg* fruchtbar

fertilizzante [fertilid'dzante] *m* Dünger *m;* **fertilizzare** [fertilid'dza:re] *vt* düngen

ferula ['fɛːrula] *f* Schiene *f;* (*fig*) Geißel *f*

fervente [fer'vɛnte] *agg* ❶ (*di passione*) leidenschaftlich; (*amore*) glühend; (*odio*) blind ❷ (*di zelo*) eifrig

fervere ['fɛrvere] <fervo, fervei *o* fervetti, manca il *pp*> *vi* ❶ (*ribollire*) kochen ❷ (*fig*) auf Hochtouren laufen; **fervido, -a** ['fɛrvido] *agg* (*preghiera*) inbrünstig; (*auguri*) herzlich; (*fantasia*) blühend; (*attività*) eifrig

fervore [fer'vo:re] *m* ❶ (*passione*) Leidenschaft *f* ❷ (*zelo*) Inbrunst *f*, (Feuer)eifer *m* ❸ (*fig: momento culminante*) Höhepunkt *m;* **fervorino** [fervo'ri:no] *m* (REL: *a*

scherz) Moralpredigt *f*

fesseria [fesse'ri:a] <-ie> *f* (*fam*) Dummheit *f*, Blödsinn *m*

fesso, -a ['fesso] I. *pp di* **fendere** II. *agg* ❶ (*incrinato*) gesprungen, rissig ❷ (*stridulo*) schrill ❸ (*fam: tonto*) bescheuert, beknackt *sl;* **fare** ~ **qu** (*vulg*) jdn bescheißen

fessura [fes'su:ra] *f* Spalt(e *f*) *m*, Schlitz *m*

festa ['fɛsta] *f* ❶ (*solennità*) Feiertag *m;* (*cerimonia*) Fest *n*, Feier *f;* (REL) Fest *n;* ~ **della mamma** Muttertag *m;* ~ **nazionale** Nationalfeiertag *m* ❷ (*dimostrazione gioiosa*) Fest(tag *m*) *n;* **far** ~ **a qu** jdn herzlich begrüßen; **fare la** ~ **a qu** (*fig: ucciderlo*) jdn umbringen ❸ (*vacanza*) freier Tag *m;* **festeggiamenti** [festeddʒa'menti] *mpl* Feierlichkeiten *fpl;* **festeggiare** [fested'dʒa:re] *vt* ❶ (*anniversario*) feiern ❷ (*persona*) festlich empfangen; **festino** [fes'ti:no] *m* Party *f*, Fete *f*

festival [festi'val *o* 'festival] <-> *m* ❶ (*festa popolare*) Fest *n* ❷ (*rassegna artistica*) Festival *n;* ~ **musicale** Musikfestspiele *npl*

festività [festivi'ta] <-> *f* Feiertag *m*, Festlichkeit *f;* **festivo, -a** [fes'ti:vo] *agg* ❶ (*giorno*) Feier-, Fest-; (*orario*) Feiertags-, Festtags-; **riposo** ~ Sonntagsruhe *f* ❷ (*banchetto*) Fest-; (*abito*) festlich

festone [fes'to:ne] *m* Girlande *f;* (*di fiori*) Gewinde *n*

festoso, -a [fes'to:so] *agg* freudig

festuca [fes'tu:ka] <-che> *f* ❶ (*poet*) Strohhalm *m* ❷ (BOT) Schwingel *m*

feticcio [fe'tittʃo] <-cci> *m* Fetisch *m;* **feticismo** [feti'tʃizmo] *m* Fetischismus *m;* **feticista** [feti'tʃista] <-i *m*, -e *f*> I. *mf* Fetischist(in) *m(f)* II. *agg* fetischistisch

fetido, -a ['fɛːtido] *agg* stinkend

feto ['fɛːto] *m* Fötus *m*

fetore [fe'to:re] *m* Gestank *m*

fetta ['fetta] *f* ❶ (*di cibo*) Scheibe *f;* **tagliare a -e** in Scheiben schneiden; **-e biscottate** Zwieback *m* ❷ (*fig: di luna*) Sichel *f;* (*di terra*) Streifen *m;* **fettina** [fet'ti:na] *f* ❶ (*piccola fetta*) kleine Scheibe ❷ (*carne*) (kleines) Kalbs- oder Rinderschnitzel *n*

fettuccia [fettut'sfa] <-ce> *f* Band *n;* **fettuccine** [fettut'tʃi:ne] *fpl* (*pasta*) Bandnudeln *fpl*

feudale [feu'da:le] *agg* feudal, Feudal-

feudatario [feuda'ta:rio] <-i> *m* ❶ (HIST) Lehnsherr *m* ❷ (*fig: proprietario terriero*) Großgrundbesitzer *m;* **feudo** ['fɛːudo] *m* ❶ (HIST) Lehen *n* ❷ (*fig: proprietà terriera*) Großgrundbesitz *m*

FF.AA. *fpl abbr di* **Forze Armate** *italienische Streitkräfte*

FI *f abbr di* **Forza Italia** Forza Italia *f* (*italie-*

nische rechtsliberale Partei)

fiaba ['fiaːba] *f* Märchen *n;* **fiabesco, -a** [fia'besko] <-schi, -sche> *agg* märchenhaft, Märchen-

fiacca ['fiakka] *f* ❶ (*stanchezza*) Müdigkeit *f* ❷ (*svogliatezza*) Trägheit *f;* **battere la ~** herumtrödeln; **fiaccare** [fiak'kaːre] *vt* schwächen

fiacchite [fiak'kiːte] *f* (*fam scherz: pigrizia*) (akuter) Anfall von Faulheit

fiacco, -a ['fiakko] <-cchi, -cche> *agg* ❶ (*persona*) müde, matt ❷ (*fig*) schwach

fiaccola ['fiakkola] *f* Fackel *f;* **la ~ olimpica** (SPORT) das olympische Feuer; **fiaccolata** [fiakko'laːta] *f* Fackelzug *m*

fiala ['fiaːla] *f* Ampulle *f*, Phiole *f*

fialoide [fialo'iːde] *m* Flacon *m o n*

fiamma ['fiamma] *f* Flamme *f;* **andare in -e** in Flammen aufgehen; **fiammante** [fiam'mante] *agg* (*colore*) leuchtend, knall- *fam;* **rosso ~** feuerrot, knallrot *fam;* **nuovo ~** (funkel)nagelneu; **fiammata** [fiam'maːta] *f* Stichflamme *f;* (*fig*) Strohfeuer *n;* **fiammeggiare** [fiammed'dʒaːre] *vi* aufflammen

fiammifero [fiam'miːfero] *m* Streichholz *n*, Zündholz *n A*

fiammingo, -a [fiam'miŋgo] <-ghi, -ghe> *agg* flämisch, flandrisch

fiancata [fiaŋ'kaːta] *f* ❶ (*parte laterale*) Seitenteil *n*, Seitenwand *f* ❷ (*urto*) Seitenstoß *m*

fiancheggiare [fiaŋked'dʒaːre] *vt* ❶ (*stare a lato*) säumen ❷ (MIL) flankieren ❸ (*fig: sostenere*) **~ qu** jdn unterstützen, jdm zur Seite stehen; **fiancheggiatore, -trice** [fiaŋkeddʒa'toːre] *m, f* Sympathisant(in) *m(f)*, Anhänger(in) *m(f)*

fianco ['fiaŋko] <-chi> *m* ❶ (ANAT) Hüfte *f* ❷ (*lato*) Seite *f;* (*di monte*) Abhang *m*, Lehne *f A;* **~ a ~** Seite an Seite; **di ~** (*laterale*) seitlich; (*accanto*) nebenan; **di ~ a** neben, bei

Fiandra ['fiandra] *f* Flandern *n*

fiasco ['fiasko] <-schi> *m* ❶ (*recipiente*) Korbflasche *f*, (strohumflochtene) Flasche *f* ❷ (*fig: insuccesso*) Fiasko *n;* **fare ~** Schiffbruch erleiden; (*all'esame*) durchfallen

FIAT *f acro di* **Fabbrica Italiana Automobili Torino** FIAT (*italienische Automobilfabrik Turin*)

fiat ['fiːat] *m* **in un ~** im Nu

fiatare [fia'taːre] *vi* ❶ atmen ❷ (*fig*) den Mund aufmachen, sprechen; **non ~!** halt' den Mund!; **fiato** ['fiaːto] *m* ❶ (*aria espirata*) Atem *m;* **prendere ~** Luft holen; **trattenere il ~** den Atem anhalten; **in un** [*o* **d'un**] **~** in einem Zug; **rimanere sen-**

za ~ (*fig*) sprachlos sein ❷ (*energia*) Ausdauer *f;* **fare il ~** (SPORT) trainieren ❸ *pl* (*strumenti*) Blasinstrumente *npl*

fibbia ['fibbia] <-ie> *f* Schnalle *f*

fibra ['fiːbra] *f* ❶ (BOT, BIOL) Faser *f* ❷ (TEC) Fiber *f;* (*cartone*) Vulkanfiber *f* ❸ (*fig: costituzione fisica*) Konstitution *f;* **fibroso, -a** [fi'broːso] *agg* faserig, Faser-

fica ['fiːka] <-che> *f* (*vulg*) Möse *f*

ficata [fi'kaːta] *f* (*sl*) *v.* **figata**

ficcanaso [fikka'naːso] <-i *o* -, -f> *mf* (*fam*) Schnüffler(in) *m(f)*

ficcare [fik'kaːre] I. *vt* stecken II. *vr* **-rsi** sich legen; (*cacciarsi*) sich verstecken; **-rsi nei guai** sich in die Nesseln setzen; **-rsi qc in testa** sich *dat* etw in den Kopf setzen

fichidindia *pl di* **ficodindia**

fico ['fiːko] <-chi> *m* ❶ (*frutto*) Feige *f;* **non me n'importa un ~ secco** (*fam*) das ist mir Wurscht, ich schere mich den Teufel darum; **non valere un ~ secco** (*fam*) keinen Pfifferling wert sein ❷ (*sl: persona attraente*) geiler Typ *m*, geile Frau *f;* **che ~!** geil!

fico, -a <-chi, -che> *agg* (*sl: bello*) geil

ficodindia [fiko'dindia] <fichidindia> *m* ❶ (*pianta*) Feigenkaktus *m* ❷ (*frutto*) Kaktusfeige *f*

ficologia [fikolo'dʒiːa] <-ie> *f* (BOT) Algologie *f*, Algenkunde *f;* **ficologo, -a** [fi'kɔːlogo] <-gi, -ghe> *m, f* Algologe, -login *m, f*, Algenforscher(in) *m(f)*

fidanzamento [fidantsa'mento] *m* Verlobung *f;* **fidanzarsi** [fidan'tsarsi] *vr* sich verloben; **fidanzato, -a** [fidan'tsaːto] *m, f* Verlobte(r) *f(m)*, Braut *f*, Bräutigam *m*

fidare [fi'daːre] I. *vi* **~ in qc** auf etw *acc* vertrauen II. *vr* **-rsi di qu** jdm vertrauen, **-rsi in qc** auf etw *acc* vertrauen; **non -rsi a uscire da soli** sich nicht trauen allein auszugehen; **-rsi è bene, non -rsi è meglio** (*prov*) Vertrauen ist gut, Kontrolle ist besser; **fidato, -a** [fi'daːto] *agg* zuverlässig

fideiussione [fideius'sioːne] *f* (JUR) Bürgschaft *f;* **fideiussore** [fideius'soːre] *m* (JUR) Bürge *m*

fido ['fiːdo] *m* ❶ (FIN) Kredit *m;* **~ bancario** Bankkredit *m* ❷ (*fedele*) Getreuer *m*

fido, -a *agg* treu

fiducia [fi'duːtʃa] <-cie> *f* Vertrauen *n;* **avere ~ in qu** Vertrauen zu jdm haben; **di ~** Vertrauens-; **ispirare ~** Vertrauen erwecken; **fiduciaria** [fidutʃa'riːa] <-ie> *f* (COM) Treuhand *f;* **fiduciario, -a** [fidu'tʃaːrio] <-i, -ie> I. *agg* Treuhand-, treuhänderisch; **moneta -a** Papierwährung *f* II. *m, f* Treuhänder(in) *m(f);* **fiducioso, -a** [fidu'tʃoːso] *agg* vertrauensvoll; **esse-**

F

re ~ **in** qc auf etw *acc* vertrauen

fiele ['fiːle] *m* ❶(*bile*) Galle *f* ❷(*fig: astio*) Bitterkeit *f*, Groll *m*

fienagione [fiena'dʒoːne] *f* Heuernte *f*

fienile [fie'niːle] *m* Heuschober *m*

fieno ['fiɛːno] *m* Heu *n;* **febbre** [*o* **raffreddore**] **da** ~ Heuschnupfen *m*

fiera ['fiɛːra] *f* ❶(*di paese*) Jahrmarkt *m* ❷(*del bestiame*) (Vieh)markt *m* ❸(COM: *esposizione*) Messe *f*, Ausstellung *f*

fierezza [fie'rettsa] *f* Stolz *m;* **fiero, -a** ['fiɛːro] *agg* ❶(*orgoglioso*) stolz ❷(*feroce, crudele*) grausam

fievole ['fieːvole] *agg* schwach

fifa ['fiːfa] *f* (*fam*) Bammel *m*, Schiss *m;* **avere una ~ blu** einen mächtigen Bammel haben

fifo ['fiːfo] <-> *m* (COM) Fifo-Methode *f*

fifone, -a [fi'foːne] *m, f* (*fam*) Angsthase *m*

fig. *abbr di* **figura** Abb.

figata [fi'gaːta] *f* (*sl: cosa riuscita*) Knüller *m*, Knaller *m;* (*cosa molto bella*) geile Sache *f;* **che ~!** geil!

figg. *abbr di* **figure** Abb., Abbildungen

figgiccino, -a *m, f* Mitglied *n* der italienischen Jungkommunisten; **figgicciotto, -a** *m, f* (*pej: figgiccino*) italienische(r) Jungkommunist(in) *m(f)*

figlia ['fiʎʎa] <-glie> *f* ❶(*prole*) Tochter *f* ❷(*ragazza*) Mädchen *n* ❸(*tagliando*) Abschnitt *m*

figliare [fiʎ'ʎaːre] *vt* werfen; (*bovini*) kalben

figliastro, -a [fiʎ'ʎastro] *m, f* Stiefsohn *m*, -tochter *f*

figliata [fiʎ'ʎaːta] *f* Wurf *m*

figlio ['fiʎʎo] <-gli> *m* ❶(*prole*) Kind *n;* (*di sesso maschile*) Sohn *m;* ~ **unico** Einzelkind *n;* ~ **di nessuno** Findelkind *n;* ~ **di mammà/papà** (*fam*) Mutter-/Vatersöhnchen *n;* ~ **di puttana** (*vulg*) Hurensohn *m* ❷(*ragazzo*) Junge *m*, Bub *m* A ❸(ZOO) Junge(s) *n* ❹*pl* Kinder *npl;* **senza -gli** kinderlos; **figlioccio, -a** [fiʎ'ʎɔttʃo] <-cci, -cce> *m, f* Patenkind *n;* **figliolanza** [fiʎʎo'lantsa] *f* Nachwuchs *m*, Kinder *npl*

figo ['fiːgo] <-ghi> *m* (*sett*) v. **fico 2.**

figo, -a <-ghi, -ghe> *agg* (*sett*) v. **fico, -a**

figura [fi'guːra] *f* ❶(*corporatura*) Figur *f* ❷(*aspetto esteriore*) Form *f*, Gestalt *f;* (*apparenza*) Aussehen *n*, Erscheinung *f* ❸(*illustrazione*) Abbildung *f*, Bild *n* ❹(*loc*) **fare (una) bella/brutta ~** einen guten/schlechten Eindruck machen; **che ~!** (*iron*) so eine Blamage!

figurare [figu'raːre] **I.** *vt* ❶(*ritrarre*) darstellen ❷(*simboleggiare*) symbolisieren, versinnbildlichen ❸(*plasmare*) bearbeiten **II.** *vi* ❶(*apparire*) (dabei) sein, erscheinen; (*in registri*) verzeichnet sein ❷(*far bella figura*) im Vordergrund stehen, hervortreten **III.** *vr* **-rsi** sich *dat* vorstellen; **figurati!** stell dir vor!, denk nur!; **figurativo, -a** [figura'tiːvo] *agg* bildlich, figurativ; (*arti*) bildend; **figurato, -a** [figu'raːto] *agg* ❶(*rappresentato in figura*) bildlich; (*significato*) übertragen, figurativ; **danza -a** Figurentanz *m* ❷(*libro*) bebildert; **figurina** [figu'riːna] *f* ❶(*statuina*) Figurine *f* ❷(*su cartoncino*) Bildchen *n;* **figurino** [figu'riːno] *m* ❶(*disegno*) Modeskizze *f*, -zeichnung *f* ❷(*rivista*) Modezeitschrift *f;* **figuro** [fi'guːro] *m* (verdächtiges) Individuum *n*

fila ['fiːla] *f* ❶(*serie*) Reihe *f* ❷(*successione nel tempo*) Serie *f*, Folge *f;* **di ~** hintereinander, ununterbrochen ❸(*fig*) Reihe *f*, Serie *f* ❹(*coda*) Schlange *f;* **far la ~** Schlange stehen

filamento [fila'mento] *m* ❶(BOT) Staubfaden *m* ❷(*di lampadina*) Glühfaden *m* ❸(ANAT) Faser *f*

filanca® [fi'laŋka] *f* Helanca® *n*

filanda [fi'landa] *f* Spinnerei *f*

filantropa *f v.* **filantropo**

filantropia [filantro'piːa] *f* Menschenliebe *f*, Philantropie *f;* **filantropo, -a** [fi'lantropo] *m, f* Menschenfreund *m*, Philantrop *m*

filare¹ [fi'laːre] *m* (*di piante*) Reihe *f*

filare² **I.** *vt* avere ❶(*fibre tessili*) spinnen ❷(*ridurre in fili*) Fäden ziehen lassen **II.** *vi* essere *o* avere ❶(*fare la tela*) spinnen ❷(*assumere forma di filo*) Fäden ziehen ❸(*discorso*) schlüssig sein ❹(*fam: andarsene*) verschwinden; (*svignarsela*) sich verdrücken, sich aus dem Staub machen ❺(*scherz: amoreggiare*) etw miteinander haben

filarmonica [filar'mɔːnika] <-che> *f* Philharmonie(orchester *n*) *f*

filarmonico, -a [filar'mɔːniko] <-ci, -che> **I.** *agg* philharmonisch **II.** *m, f* Philharmoniker(in) *m(f)*

filastrocca [filas'trɔkka] <-cche> *f* ❶(*per bambini*) Kinderreim *m* ❷(*fig: tiritera*) Litanei *f*

filatelia [filate'liːa] *f* Philatelie *f*, Briefmarkenkunde *f;* **filatelico, -a** [fila'tɛːliko] <-ci, -che> **I.** *agg* philatelistisch, Briefmarken- **II.** *m, f* Philatelist(in) *m(f);* **filatelista** [filate'lista] <-i *m*, -e *f*> *mf* Philatelist(in) *m(f)*

filato [fi'laːto] *m* Garn *n*

filato, -a *agg* ❶(*ridotto in filo*) gesponnen

② (*fig: ininterrotto*) schlüssig; **filatore,
-trice** [fila'to:re] *m, f* Spinner(in) *m(f)*

filatura [fila'tu:ra] *f* **①** (*lavorazione*) Spinnen *n* **②** (*opificio*) Spinnerei *f*

file ['fail] <-> *m* **①** (INFORM) Datei *f;* **~ attuale** Update *n;* **~ immagine** Bilddatei *f;* **~ di
testo** Textdatei *f;* **percorso ~** Dateipfad *m*
② (ADM) Akte *f*

filettaggio [filet'taddʒo] <-ggi> *m* (TEC)
Gewinde *n*

filettare [filet'ta:re] *vt* mit Kordeln schmücken; **filettatore, -trice** [filetta'to:re] *m, f*
Filetierer(in) *m(f);* **filettatrice** [filet-
ta'tri:tʃe] *f* (TEC) Filetiermaschine *f;* **filettatura** [filetta'tu:ra] *f* **①** (*insieme dei fi-
letti*) Besatz *m*, Bänder *npl* **②** (TEC) Gewinde *n;* **filetto** [fi'letto] *m* **①** (*nastrino*)
Band *n* **②** (GASTR) Filet *n*, Lungenbraten *m A*

filiale [fi'lia:le] *f* Filiale *f*, Zweigstelle *f*

filiazione [filiat'tsio:ne] *f* **①** (JUR) Abstammung *f;* (*fig*) Herleitung *f*, Herkunft *f*
② (COM) Tochtergesellschaft *f*

filibustiere [filibus'tiɛ:re] *m* Freibeuter *m*,
skrupelloser Mensch

filière [fi'ljɛr] <-> *m* (COM, ADM: *titolo all'ordine*) Orderpapier *n*

filiforme [fili'forme] *agg* fadenförmig

filigrana [fili'gra:na] *f* **①** (*in oreficeria*) Filigran *n* **②** (*sulla carta*) Wasserzeichen *n*

filippica [fi'lippika] <-che> *f* Philippika *f*,
Strafrede *f*

filisteo, -a [filis'tɛ:o] **I.** *agg* **①** (HIST) Philis-
ter- **②** (*fig: gretto*) spießbürgerlich, engstirnig **II.** *m, f* **①** (HIST) Philister *m* **②** (*fig: conformista*) Spießbürger(in) *m(f)*

fillossera [fil'lɔssera] *f* (ZOO) Reblaus *f*

film [film] <-> *m* **①** (FOTO, FILM) Film *m;*
~ d'animazione Zeichentrickfilm *m;* **~ giallo** Kriminalfilm *m;* **girare un ~** einen
Film drehen **②** (*per alimenti*) Folie *f;* **filmare** [fil'ma:re] *vt* **①** (*girare*) aufnehmen,
filmen **②** (*romanzo*) verfilmen

filmico, -a ['filmiko] <-ci, -che> *agg* filmisch, Film-

filmina [fil'mi:na] *f* (FILM) Diafilm(streifen) *m*

filmmaker ['film'meikə] <-> *mf* (FILM: *autore*) Filmemacher(in) *m(f)*

film noir ['film 'nwar] <-> *m* (FILM) Film
noir *m*

film-opera <-> *m* (FILM) Opernfilm *m*, ver-
filmte Oper *f*

film-strip ['film'strip] <-> *m* (FILM) Film-
satz *m*

filo ['fi:lo] *m* (*gener*) Faden *m;* (*prodotto*)
Garn *n;* (*di perle*) Schnur *f;* (*metallico*)
Draht *m;* **~ spinato** Stacheldraht *m;*

~ d'erba Grashalm *m;* **un ~ d'acqua** ein
dünner Wasserstrahl *m;* **un ~ di speranza**
ein Hoffnungsschimmer *m;* **un ~ di voce**
eine dünne Stimme; **dar del ~ da torcere
a qu** eine harte Nuss für jdn sein; **essere
attaccato a un ~** an einem seidenen Faden
hängen; **fare il ~ a qu** jdm den Hof machen; **perdere il ~ del discorso** den Faden verlieren; **per ~ e per segno** in allen
Einzelheiten; **~ conduttore** Leitfaden *m*

filoamericano, -a [filoameri'ka:no] *agg*
amerikafreundlich

filoarabo, -a [filo'a:rabo] *agg* pro-arabisch

filoatlantico, -a [filoa'tlantiko] <-ci,
-che> *agg* der NATO gegenüber positiv
eingestellt

filobus ['fi:lobus] *m* Oberleitungsbus *m*

filocinese [filotʃi'ne:se] *agg* China gegenüber positiv eingestellt

filocomunista [filokomu'nista] <-i *m,*
-e *f*> *agg* dem Kommunismus nahe stehend

filodendro [filo'dɛndro] *m* (BOT) Philoden-
dron *m*

filodiffusione [filodiffu'zio:ne] *f* Draht-
funk *m;* **filodiffuso, -a** [filodif'fu:zo] *agg*
(RADIO) per Kabel übertragen

filodrammatica [filodram'ma:tika]
<-che> *f* Laienbühne *f;* (*compagnia*) Lai-
enspiel(er)gruppe *f;* **filodrammatico, -a**
[filodram'ma:tiko] <-ci, -che> **I.** *agg* Lai-
enspiel(er)- **II.** *m, f* Laien(schau)spieler(in)
m(f)

filofascista [filofaʃ'ʃista] <-i *m,* -e *f*> *agg*
faschistenfreundlich

filogenesi [filo'dʒɛ:nezi] *f* (BIOL) Stammes-
geschichte *f*

filoisraeliano, -a [filoizrae'lia:no] *agg*
pro-israelisch

filologa *f v.* **filologo**

filologia [filolo'dʒi:a] <-gie> *f* Philologie *f;*
~ classica Altphilologie *f;* **~ germanica/
romanza** germanische/romanische Philologie; **filologico, -a** [filo'lɔːdʒiko] <-ci,
-che> *agg* philologisch; **filologo, -a**
[fi'lɔːlogo] <-gi, -ghe> *m, f* Philologe *m*,
-login *f*

filonazista [filona'tsista] <-i *m,* -e *f*> *agg*
Nazi-, neofaschistisch

filoncino [filon'tʃi:no] *m* Stangenbröt-
chen *n*

filone [fi'lo:ne] *m* **①** (*di giacimento*) Ader *f*
② (*pane*) längliches Brot **③** (*fig: di cultura*)
Bewegung *f*, Strömung *f*

filoneismo [filone'izmo] *m* Innovations-
freude *f;* **filoneista** [filone'ista] <-i *m,*
-e *f*> *agg* innovationsfreudig; **filoneisti-
co, -a** [filone'istiko] <-ci, -che> *agg* (*po-*

F

et) aufgeschlossen gegenüber Neuem

filonucleare [filonukle'a:re] *agg* Pro-Atomkraft-; **vertice ~** Pro-Atomkraftgipfel *m*

filooccidentale [filoottʃiden'ta:le] *agg* westlich orientiert; **politica ~** Westpolitik *f*

filorientale [filorien'ta:le] *agg* östlich, Ost-; **politica ~** Ostpolitik *f*

filoso, -a [fi'lo:so] *agg* ❶ (*pieno di fili*) faserig ❷ (*tiglioso*) zäh

filosofa *f v.* **filosofo**

filosofale [filozo'fa:le] *agg* (*scherz*) philosophenhaft; **pietra ~** Stein *m* der Weisen

filosofare [filoso'fa:re] *vi* philosophieren, philosophisch betrachten; **filosofeggiare** [filosofed'dʒa:re] *vi* (*iron*) sich als Philosoph aufspielen

filosofessa *f v.* **filosofo**

filosofia [filozo'fi:a] <-ie> *f* ❶ (*dottrina*) Philosophie *f* ❷ (*fig: serenità*) Gelassenheit *f*, Gleichmut *m*; **filosofico, -a** [filo'zɔ:fiko] <-ci, -che> *agg* philosophisch; **filosofo, -a** *o* **-essa** [fi'lɔ:zofo, filozo'fessa] *m, f* Philosoph(in) *m(f)*

filosovietico, -a [filoso'vie:tiko] <-ci, -che> *agg* der Sowjetunion nahe stehend

filossera [fi'lɔssera] *f v.* **fillossera**

filoveicolo [filove'i:kolo] *m* (TEC) Fahrzeug *n* mit Oberleitung

filovia [filo'vi:a] *f* Autobuslinie *f* mit Oberleitung

filtrare [fil'tra:re] **I.** *vt* avere filtern **II.** *vi* essere ❶ (*liquidi*) durchsickern ❷ (*luce*) durchdringen, -scheinen ❸ (*fig: notizie*) durchsickern

filtro ['filtro] *m* ❶ (*apparecchio*) Filter *m*; (*per il tè*) Sieb *n*; **sigaretta con ~** Filterzigarette *f*; **~ per caffè** Filtertüte *f*, Kaffeefilter *m*; **~ antiodore** Geruchsfilter *m* ❷ (*bevanda*) Zaubertrank *m*; **filtrotè** [filtro'tɛ] <-> *m* Tee-Ei *n*

filugello [filu'dʒello] *m* (ZOO) Seidenraupe *f*

filza ['filtsa] *f* ❶ (*serie di elementi*) Kette *f* ❷ (*fig: sequela*) Reihe *f*

fimosi [fi'mɔ:zi] <-> *f* (MED) Phimose *f*, Vorhautverengung *f*

fin [fin] *prp v.* **fine, fino**

finale [fi'na:le] **I.** *agg* ❶ (*conclusivo*) letzte(r, s), Schluss- ❷ (*definitivo*) endgültig; (LING) final, Final- **II.** *m* ❶ (*conclusione*) Schluss *m*, Ende *n* ❷ (MUS) Finale *n* **III.** *f* ❶ (LING) Finalsatz *m* ❷ (SPORT) Endrunde *f*; (*calcio, tennis*) Finale *n*, Endspiel *n*; (*pugilato*) Endkampf *m*; **finalina** [fina'li:na] *f* (SPORT) Spiel *n* um den 3. Platz, kleines Finale *n*; **finalissima** [fina'lissima] *f* Endausscheidung *f*; **finalista** [fina'lista] <-i *m*, -e *f*> *mf* Endspielteilnehmer(in) *m(f)*, Finalist(in) *m(f)*

finalità [finali'ta] <-> *f* Zweck *m*

finalizzare [finalid'dza:re] *vt* **~ qc a qc** mit etw auf etw *acc* abzielen; **finalizzazione** [finaliddzat'tsio:ne] *f* Zielsetzung *f*, Ziel *n*, Zweck *m*

finalmente [final'mente] *avv* endlich, schließlich

financial paper [fai'nænʃəl 'peipə] <-> *f* (FIN: *cambiale finanziaria*) Forderungs-, Kreditpapier *n*, Schuldtitel *m*; **financial trust** [fai'nænʃəl 'trʌst] <-> *m* (FIN: *monopolio finanziario*) Finanzmonopol *n*

finanza [fi'nantsa] *f* ❶ (*insieme di ricchezze*) Finanz *f*, Geldwesen *n* ❷ *pl* (*mezzi di enti pubblici*) Gelder *npl*, Finanzen *fpl*; **ministero delle -e** Finanzministerium *n* ❸ *pl* (*disponibilità private*) Finanzen *fpl* ❹ (*banche*) Bankwelt *f*, Finanz *f*; **finanziamento** *m* Finanzierung *f*; **finanziare** [finan'tsia:re] *vt* finanzieren; **finanziaria** [finan'tsia:ria] <-ie> *f* ❶ (*società*) Finanzgesellschaft *f* ❷ (*legge*) Haushaltsgesetz *n*; **finanziario, -a** [finan'tsia:rio] <-i, -ie> *agg* finanziell, Finanz-; **legge -a** Haushaltsgesetz *n*, Finanzgesetz *n*

finanziarizzarsi [finantsiarid'dzarsi] *vr* (*obs*) finanzwirtschaftliche Kompetenz erwerben; **finanziarizzazione** [finantsiariddzat'tsio:ne] *f* ❶ (FIN: *importanza delle attività finanziarie*) Bedeutung *f* der Direktfinanzierung ❷ (*azione diretta a ricevere o a fornire finanziamenti*) Direktfinanzierung *f*; **finanziatore, -trice** [finantsia'to:re] *m, f* Finanzier *m*, Geldgeber(in) *m(f)*; **finanziere** [finan'tsiɛ:re] *m* ❶ (*banchiere*) Finanz(fach)mann *m* ❷ (*della guardia di finanza doganale*) Zollbeamte(r) *m*; (*guardia tributaria*) Steuerfahnder *m*

finca ['fiŋka] <-che> *f* (ADM) (Tabellen)spalte *f*

finché [fiŋ'ke] *cong* ❶ (*per tutto il tempo che*) solange ❷ (*fino al momento in cui*) (solange) bis

fine ['fi:ne] **I.** *agg* ❶ fein; (*sottile*) dünn ❷ (*puro*) rein ❸ (*fig: eccellente*) fein, gut ❹ (*fig: elegante*) fein ❺ (*fig: vista*) scharf; (*udito*) fein **II.** *f* (*conclusione*) Ende *n*, Schluss *m*; **alla ~** schließlich, endlich; **alla fin ~** alles in allem, im Endeffekt; **in ~** zum Schluss; **a ~ mese** am [*o* zum] Monatsende; **che ~ ha fatto?** was ist aus ihm [*o* ihr] geworden? **III.** *m* ❶ (*scopo*) Ziel *n*, Zweck *m*; **secondo ~** Hintergedanke *m*; **a fin di bene** in bester Absicht; **il ~ giustifica i mezzi** der Zweck heiligt die Mittel ❷ (*esito*) Ende *n*, Ausgang *m*; **lieto ~** Hap-

pyend *n;* **salvo buon ~** (COM) unter üblichem Vorbehalt
finesettimana ['fi:ne setti'ma:na] <-> *m*
o f Wochenende *n*
finestra [fi'nɛstra] *f* ❶ *(gener)* Fenster *n,*
Öffnung *f* ❷ (INFORM) Fenster *n* ❸ *(giornale)* Kurznachricht *f;* **finestratura** [fine-
stra'tu:ra] *f* Verglasung *f,* Fenster *npl*
finestrino [fines'tri:no] *m* (*di veicolo*)
Fenster *n*
finezza [fi'nettsa] *f* Feinheit *f;* (*acutezza*)
Schärfe *f*
fingere [ˈfindʒere] <fingo, finsi, finto>
I. *vt* vortäuschen II. *vi* sich verstellen; ~ **di**
... +*inf* so tun als ob ... III. *vr* -**rsi malato**
sich krank stellen
finimenti [fini'menti] *mpl* (*bardatura*) Geschirr *n*
finimento [fini'mento] *m* ❶ *(rifinitura)*
Feinbearbeitung *f* ❷ *(ornamento)* Verzierung *f,* Aufputz *m A* ❸ *pl* (*bardatura*) Geschirr *n*
finimondo [fini'mondo] *m* (*fam*) Heidenlärm *m,* Mordskrach *m*
finire [fi'ni:re] <finisco> I. *vt avere* ❶ (*portare a compimento*) beenden; (*lavoro*) abschließen; ~ **di bere** austrinken; ~ **di
mangiare** fertig essen; ~ **di parlare** ausreden ❷ (*smettere*) aufhören; **finiscila!** hör
auf damit!; **finiamola!** Schluss damit!
❸ (*estinguere*) auf-, verbrauchen ❹ (*loc*)
finirai con l'ammalarti du wirst noch
krank werden II. *vi essere* ❶ (*giungere alla
fine*) zu Ende gehen; ~ **male** böse enden;
ho finito ich bin fertig ❷ (*cessare*) aufhören ❸ (*per consumo*) ausgehen ❹ (*morire*) sterben ❺ (*loc*) **com'è poi andata a ~?**
wie ist die Sache eigentlich ausgegangen?;
dov'è andato a ~ il giornale? wo ist die
Zeitung hingekommen?
finitimo, -a [fi'ni:timo] *agg* (*poet*) angrenzend
finito, -a [fi'ni:to] *agg* ❶ (*compiuto*) beendet; (*lavoro*) abgeschlossen; **farla -a con
qu** mit jdm Schluss machen; (**tutto**) **è ~** es
ist (alles) aus ❷ (*fam: rovinato*) gebrochen,
erledigt *fam* ❸ (*prodotto*) fertig, Fertig-
finlandese [finlan'de:se] I. *agg* finnisch
II. *mf* Finne *m,* Finnin *f;* **Finlandia**
[fin'landja] *f* Finnland *n*
fino ['fi:no] <*davanti a consonante:* fin>
I. *prp* bis; ~ **a** bis; (*luogo*) bis (zu [*o* nach]);
~ **a casa** bis nach Hause; ~ **a domani** bis
morgen; ~ **a nuovo ordine** bis auf Weiteres; ~ **da ...** schon seit ...; **fin da bambino** von Kind an; **fin dove** bis wohin; **fin
quando** bis wann II. *avv* (*perfino*) sogar,
selbst

fino, -a *agg* ❶ (*sottile*) dünn, fein; (*oro*)
fein ❷ (*purissimo*) fein ❸ (*acuto*) scharf,
fein
finocchio [fi'nɔkkio] <-cchi> *m* ❶ (BOT)
Fenchel *m* ❷ (*vulg*) Schwule(r) *m*
finora [fi'no:ra] *avv* bis jetzt
finsi ['finsi] *1. pers sing pass rem di* **fingere**
finta ['finta] *f* ❶ (*simulazione*) Verstellung *f;* **fare ~** sich verstellen; **fare ~ di
niente** (so) tun, als ob nichts wäre; **fare ~
di non sentire** so tun, als ob man nichts
hörte ❷ (SPORT) Finte *f*
fintantoché [fintanto'ke] *cong v.* **finché**
finto, -a ['finto] I. *pp di* **fingere** II. *agg*
❶ (*non vero*) falsch ❷ (*artificiale*) künstlich, Kunst- ❸ (*simulato*) vorgetäuscht,
Schein-; ~ **attacco** Scheinangriff *m*
finzione [fin'tsio:ne] *f* ❶ (*simulazione*)
(Vor)täuschung *f* ❷ (*doppiezza*) Heuchelei *f,* Verstellung *f* ❸ (*invenzione*) Fiktion *f*
fioccare [fiok'ka:re] *vi essere* ❶ (*cadere a
fiocchi*) (in Flocken) schneien ❷ (*fig*) regnen, hageln
fiocco ['fiɔkko] <-cchi> *m* ❶ (*bioccolo*)
Flocke *f;* (*di stoffa*) Bausch *m;* -**cchi d'avena** Haferflocken *fpl;* **coi -cchi** (*fig*) ausgezeichnet, bärig *A* ❷ (*di nastro*) Schleife *f*
❸ (*di neve*) Schneeflocke *f*
fiocina ['fiɔːtʃina] *f* Harpune *f*
fioco, -a ['fiɔːko] <-chi, -che> *agg*
schwach, leise
fionda ['fionda] *f* Schleuder *f*
fiondarsi [fion'darsi] *vr* (*fam*) stürmen,
stürzen
fioraio, -a [fio'ra:io] <-ai, -aie> *m, f* Blu-
menhändler(in) *m(f)*
fiorami [fio'ra:mi] *mpl* **a ~** geblümt
fiordaliso [fiorda'li:zo] *m* ❶ (BOT) Kornblume *f* ❷ (HIST: *giglio*) (französische) Lilie *f*
fiordilatte [fiordi'latte] <-> *m* ❶ (*mozzarella*) Mozzarellakäse aus Kuhmilch ❷ (*gelato*) Eissorte aus Milch, Sahne und Zucker
fiordo ['fiɔrdo] *m* Fjord *m*
fiore ['fio:re] *m* ❶ (BOT) Blume *f* ❷ (*di albero, a fig*) Blüte *f;* **essere in ~** (*a fig*) blühen, in voller Blüte stehen ❸ (*parte eletta*)
Auslese *f;* (*della società*) Elite *f;* **il fior ~
della società** die Spitzen der Gesellschaft
❹ *pl* (*di carte da gioco*) Kreuz *n,* Eichel *f*
❺ (*loc*) **avere i nervi a fior di pelle** (*fam*)
total angespannt sein
fiorentino [fioren'ti:no] <*sing*> *m* (*dialetto*) Florentinisch(e) *n*
Fiorentino <*sing*> *m* Umgebung *f* von Florenz
fiorentino, -a I. *agg* florentinisch II. *m, f*
(*abitante*) Florentiner(in) *m(f)*

F

fioretto [fio'retto] *m* ❶(SPORT) Florett *n* ❷(*offerta devota*) kleines Opfer; **fare un ~** ein kleines Opfer auf sich nehmen

fiorino [fio'ri:no] *m* Gulden *m*, Florin *m*

fiorire [fio'ri:re] <fiorisco> I. *vi essere* ❶(*essere in fiore, a fig*) blühen ❷(*prosperare*) blühen; (*speranza*) keimen II. *vt avere* verzieren, schmücken; **fiorista** [fio'rista] <-i *m*, -e *f*> *mf* Florist(in) *m(f);*

fiorito, -a [fio'ri:to] *agg* ❶(*coperto di fiori*) blumenbedeckt; (*adorno di fiori*) blumengeschmückt ❷(*fig: stile*) blumig; **fioritura** [fiori'tu:ra] *f* ❶(*processo, a fig: sviluppo*) Blüte *f* ❷(*epoca*) Blüte(zeit) *f* ❸(*di muffa*) Schimmel(fleck) *m*

Firenze [fi'rɛntse] *f* Florenz *n* (*Hauptstadt der Toskana*)

firma ['firma] *f* ❶(*sottoscrizione*) Unterschrift *f*; **~ elettronica** elektronische Signatur; **mettere la ~** unterschreiben ❷(COM) Marke *f*

firmamento [firma'mento] *m* ❶(*volta celeste*) Firmament *n* ❷(*fig: ambiente*) Welt *f*

firmare [fir'ma:re] *vt* unterschreiben; **firmatario, -a** [firma'ta:rio] <-i, -ie> I. *agg* unterzeichnend II. *m, f* Unterzeichner(in) *m(f)*

firmware ['fə:mwɛə *o* 'firmwɛr] <-> *m* (INFORM) Firmware *f*

FISAFS ['fi:zafs] *f abbr di* **Federazione Italiana Sindacati Autonomi Ferrovie dello Stato** *autonomer Gewerkschaftsbund für die Angestellten der italienischen Staatbahn FS*

fisarmonica [fizar'mɔ:nika] <-che> *f* Ziehharmonika *f*, Akkordeon *n*

fiscal adviser ['fiskəl əd'vaizə] <-> *mf* (FIN: *consulente fiscale*) Finanzberater(in) *m(f)*

fiscal drag ['fiskəl dræg] <-> *m* (FIN: *drenaggio fiscale*) fiskalpolitische Bremswirkung *f*, heimliche Steuerprogression *f*

fiscale [fis'ka:le] *agg* ❶(*di tributi*) fiskalisch, Steuer- ❷(*per controllo*) Kontroll- ❸(*medico*) Amts- ❹(*fig: rigoroso*) streng, hart

fiscalismo [fiska'lizmo] *m* ❶(*sistema fiscale eccessivamente oneroso*) Steuerschraube *f*, Fiskalpolitik *f* ❷(*fig: atteggiamento duro*) harter Kurs *m*

fiscalista [fiska'lista] <-i *m*, -e *f*> *mf* ❶(*consulente*) Steuerberater(in) *m(f)* ❷(*fig*) Kleinigkeitskrämer *m;* **fiscalistico, -a** [fiska'listiko] <-ci, -che> *agg* hart, streng

fiscalizzare [fiskalid'dza:re] *vt* fiskalisieren, auf den Fiskus übertragen; **fiscaliz-**

zazione [fiskalidzat'tsio:ne] *f* Fiskalisierung *f*, Verstaatlichung *f*

fischiare [fi'skia:re] I. *vi* (*emettere un fischio*) pfeifen; (*serpente*) zischen; **mi fischiano le orecchie** (*fig*) mir klingen die Ohren II. *vt* ❶(*zufolare*) pfeifen ❷(SPORT: *partita*) anpfeifen; (*fine della partita*) abpfeifen ❸(*per disapprovare*) auspfeifen; **fischietto** [fi'skietto] *m* Trillerpfeife *f;* **fischio** ['fiskio] <-schi> *m* ❶(*suono*) Pfiff *m;* (*a fig*) Pfeifen *n;* (*di serpenti*) Zischen *n;* **prendere -schi per fischi** (*fig*) sich schwer täuschen, voll daneben liegen ❷(*strumento*) Pfeife *f*

fisco ['fisko] *m* ❶(*erario*) Staatskasse *f* ❷(*ufficio*) Steuerbehörde *f*

fisherman ['fiʃəmən] <-> *m* (NAUT) Motorboot *n* für die Hochseefischerei

fisica ['fi:zika] <-che> *f* Physik *f;* **~ nucleare** Kernphysik *f*

fisico ['fi:ziko] <-ci> *m* (*corporatura*) Körperbau *m;* **fisico, -a** <-ci, -che> I. *agg* ❶(SCIENT, PHYS) physikalisch ❷(*della natura*) physisch; (*del corpo umano*) physisch, Körper-; **educazione -a** Sport *m*, Leibeserziehung *f* II. *m, f* Physiker(in) *m(f)*

fisima ['fi:zima] *f* fixe Idee, Einbildung *f*

fisiocinesiterapia [fisiotʃinezitera'pi:a] <-ie> *f* (MED) Physio-Kinesitherapie *f*, Bewegungstherapie *f;* **fisiocinesiterapista** [fisiotʃinezitera'pista] <-i *m*, -e *f*> *mf* (MED) Physio-Kinesiotherapeut(in) *m(f)*

fisiognom(on)ia [fizioɲɲo'mi:a (fizioɲɲomo'ni:a)] <-ie> *f* Physiognomik *f*

fisiologia [fiziolo'dʒi:a] *f* Physiologie *f;* **fisiologico, -a** [fizio'lɔ:dʒiko] *agg* physiologisch; **fisiologo, -a** [fiz'iologo] <-gi, -ghe> *m, f* Physiologe, -login *m, f*

fisionomia [fiziono'mi:a] <-ie> *f* ❶(*di persona*) Physiognomie *f*, Gestalt *f;* (*del viso*) Physiognomie *f*, Gesichtszüge *mpl* ❷(*fig*) Aussehen *n*, Gesicht *n*

fisioterapia [fiziotera'pi:a] *f* Physiotherapie *f*, Krankengymnastik *f;* **fisioterapista** [fiziotera'pista] <-i *m*, -e *f*> *mf* Physiotherapeut(in) *m(f)*, Krankengymnast(in) *m(f)*

fissaggio [fis'saddʒo] <-ggi> *m* ❶(BOT) Fixierung *f* ❷(FOTO) Fixieren *n;* **bagno di ~** Fixierbad *n*

fissamaiuscole [fissama'iuskole] <-> *m* (*di macchina da scrivere*) Feststelltaste *f* für Großbuchstaben; (*di computer*) Shift-Taste *f*

fissare [fis'sa:re] I. *vt* ❶(*applicare*) befestigen, festmachen; (*chiodo*) einschlagen ❷(*fig: sguardo, attenzione*) richten auf +*acc* ❸(*guardare*) den Blick richten auf

+*acc*, fixieren ❹(*stabilire*) festsetzen; (*prezzo*) vereinbaren; (*domicilio*) legen, aufschlagen ❺(*prenotare*) reservieren; (*viaggio*) buchen **II.** *vr* **-rsi** ❶(*tenersi fermo*) **-rsi su qu/qc** sich auf jdn/etw richten ❷(*stabilirsi in un luogo*) sich niederlassen ❸(*intestarsi*) **-rsi su qc** sich auf etw *acc* versteifen; **si è fissato di diventare un pittore** er hat sich in den Kopf gesetzt, Maler zu werden; **fissata** [fis'sa:ta] *f v.* **fissato; fissato** [fissa'ti:vo] *m* Fixiermittel *n;* (*nella pittura*) Fixativ *n;* **fissato, -a** [fis'sa:to] *m, f* Besessene(r) *f(m);* **fissatore** [fissa'to:re] *m* Fixativ *n;* ~ **per capelli** Haarfestiger *m;* **fissazione** [fissat'tsio:ne] *f* ❶(*determinazione*) Festsetzung *f;* ~ **di un termine** (FIN) Befristung *f* ❷(*idea ossessiva*) fixe Idee; (PSYCH) Zwangsvorstellung *f*

fissile ['fissile] *agg* spaltbar

fissionare [fissio'na:re] *vt* (PHYS) spalten

fissione [fis'sio:ne] *f* Kernspaltung *f*

fissità [fissi'ta] <-> *f* Unbeweglichkeit *f*

fisso ['fisso] *m* festes Gehalt

fisso, -a *agg* ❶(*fissato saldamente*) fest (sitzend) ❷(*sguardo*) starr ❸(*invariabile*) fest; (*domicilio, impiego*) fest; (*idea*) fix; **avere un chiodo ~** eine fixe Idee haben; **prezzo ~** fester Preis

fistola ['fistola] *f* (MED) Fistel *f;* **fistolizzarsi** [fistolid'dzarsi] *vr* (MED) eine Fistel bilden, sich zur Fistel umbilden

fitness ['fitnis] <-> *f* ❶(SPORT) Fitness *f;* **fare** [*o* **praticare**] ~ sich fit halten ❷(*locale*) Fitnessstudio *n*

fitocosmesi [fitokos'mɛ:zi] <-> *f* Naturkosmetik *f*, Pflanzenkosmetik *f*

fitopreparatore, -trice [fitopreparat'to:re] *m, f* Pflanzensortierer(in) *m(f)* für Pflanzenpräparate

fitoterapia [fitotera'pi:a] *f* ❶(MED) Pflanzenheilkunde *f* ❷(AGR) Schädlingsbekämpfung *f*

fitta ['fitta] *f* stechender Schmerz

fittacamere [fitta'ka:mere] <-> *mf* (*fam*) Zimmervermieter(in) *m(f);* **fittare** [fit'ta:re] *vt* (*fam*) vermieten

fittavolo, -a [fit'ta:volo] *m, f* (Land)pächter(in) *m(f)*

fittile ['fittile] *agg* tönern, Ton-

fittizio, -a [fit'tittsio] <-i, -ie> *agg* falsch, Schein-

fitto ['fitto] *m* ❶(*fig*) Tiefe *f;* (*del bosco*) Dickicht *n* ❷(*pigione*) Miete *f*

fitto, -a *agg* ❶dicht; (*tessuto*) engmaschig; **un tema ~ di errori** ein Aufsatz voller Fehler; **a capo ~** kopfüber ❷(*chiodo*) eingeschlagen ❸(*fig: mistero*) tief

fittone [fit'to:ne] *m* (BOT) Pfahlwurzel *f*

fiumana [fiu'ma:na] *f* ❶(*corrente*) Flut *f* ❷(*fig: massa*) Strom *m*, Menge *f*

fiume¹ ['fiu:me] *m* ❶(*corso d'acqua*) Fluss *m*, Strom *m* ❷(*fig: grande quantità*) Strom *m;* (*di parole*) Schwall *m;* **a -i** in Strömen

fiume² <inv> *agg* (*fig*) endlos; **un romanzo ~** Romanzyklus *m*

fiutare [fiu'ta:re] *vt* ❶(*annusare*) beschnuppern ❷(*aspirare col naso*) schnupfen ❸(*fig: intuire*) wittern; **fiuto** ['fiu:to] *m* ❶(*il fiutare*) Schnuppern *n;* (*odorato*) Witterung *f* ❷(*aspirazione*) Schnupfen *n;* **tabacco da ~** Schnupftabak *m* ❸(*fig: intuizione*) Spürsinn *m*, Riecher *m fam;* **riconoscere al ~** (*fig*) auf Anhieb erkennen

fix [fiks] <-> *f* (*sl*) Schuss *m*, Druck *m*

fixing ['fiksiŋ *o* 'fiksin(g)] <-> *m* (FIN) Fixing *n*

flabello [fla'bɛllo] *m* Wedel *m*

flaccido, -a ['flattʃido] *agg* schlaff

flacone [fla'ko:ne] *m* Flakon *n o m*, Fläschchen *n*

flag [flæg] <-> *m* (INFORM) Flag *n*

flagellare [fladʒel'la:re] *vt* ❶(*col flagello*) geißeln; (*fig: grandine*) peitschen ❷(*fig: censurare*) geißeln; **flagello** [flad'dʒɛllo] *m* (*a fig*) Geißel *f;* **un ~ di gente/di soldi** (*fam*) ein Haufen *m* Leute/Geld

flagrante [fla'grante] *agg* offensichtlich, offenkundig; **cogliere qu in ~** jdn auf frischer Tat ertappen

flanella [fla'nɛlla] *f* Flanell *m*

flâneur [fla'nœr] <-> *m* (*perditempo, fannullone*) Müßiggänger(in) *m(f)*, Herumtreiber(in) *m(f)*

flash [flæʃ *o* flɛʃ] **I.** <inv> *agg* (*breve*) Kurz-**II.** <-> *m* ❶(FOTO) Blitzlicht *n* ❷(*notizia*) Kurznachricht *f*

flatting ['flætiŋ *o* 'flatin(g)] <-> *m* (*vernice traslucida*) Möbelpolitur *f*

flatulenza [flatu'lɛntsa] *f* (MED) Blähung *f*

flautista [flau'tista] <-i *m*, -e *f*> *mf* Flötist(in) *m(f)*, Flötenspieler(in) *m(f);* **flauto** ['fla:uto] *m* Flöte *f;* ~ **dolce** Blockflöte *f;* ~ **magico** Zauberflöte *f;* ~ **traverso** Querflöte *f*

flebile ['flɛ:bile] *agg* weinerlich, schwach

flebite [fle'bi:te] *f* (MED) Venenentzündung *f*

flebo ['flɛ:bo] <-> *f* (*fam: fleboclisi*) (Venen)infusion *f*

fleboclisi [flebo'kli:zi] <-> *f* (Venen)infusion *f*

flebotomia [fleboto'mi:a] <-ie> *f* Aderlass *m*

flemma ['flɛmma] *f* Phlegma *n*, Schwerfälligkeit *f*; **flemmatico, -a** [flem'ma:tiko] <-ci, -che> *agg* phlegmatisch, träge
flesciare [fle'ʃa:re] *vi* flashen
flessibile [fles'si:bile] *agg* biegsam; (*a fig*) flexibel; (*carattere*) nachgiebig; **orario di lavoro** ~ Gleitzeit *f*; **flessibilizzazione** [flessibiliddzat'tsio:ne] *f* Flexibilisierung *f*
flessione [fles'sio:ne] *f* ❶ (*azione*) Krümmen *n*, Biegen *n* ❷ (*piegatura, curvatura*) Krümmung *f*, Biegung *f* ❸ (*in ginnastica*) Beuge *f*; ~ **sulle ginocchia** Kniebeuge *f* ❹ (LING) Flexion *f*, Beugung *f* ❺ (COM: *calo*) Rückgang *m*; **flessivo, -a** [fles'si:vo] *agg* beugbar, flexivisch
flesso ['flɛsso] *pp di* **flettere**
flessometro [fles'sɔ:metro] *m* Rollbandmaß *n*
flessore [fles'so:re] *m* (ANAT) Beugemuskel *m*
flessuoso, -a [flessu'o:so] *agg* ❶ (*corpo*) geschmeidig ❷ (*fiume, strada*) gewunden
flettere ['flɛttere] <fletto, fletei *o* flessi, flesso> **I.** *vt* ❶ biegen; (*membra*) beugen ❷ (LING) beugen **II.** *vr* **-rsi** sich biegen, sich beugen; **-rsi sulle ginocchia** in die Knie gehen
flic ['flik] <-> *m* (*sl*) Bulle *m*
flicornista [flikor'nista] <-i *m*, -e *f*> *mf* (MUS) Flügelhornspieler(in) *m(f)*; **flicorno** [fli'korno] *m* (MUS) Flügelhorn *n*; ~ **basso grave** Kontrabass-Flügelhorn; ~ **baritono** Bariton-Flügelhorn
flight dispatcher ['flait dis'pætʃə] <-> *m* (*spizioniere aereo*) Luftfrachtspediteur(in) *m(f)*
flight recorder ['flait ri'kɔ:də] <-> *m* (AERO: *scatola nera*) Blackbox *f*, Flugschreiber *m*
flip-book ['flipbuk] <-> *m* Daumenkino *n*
flippare [flip'pa:re] *vi avere* (*sl: drogarsi*) fixen; (*agitarsi*) ausflippen; **flippato, -a** [flip'pa:to] *agg* (*sl: stravolto*) ausgepumpt; (*drogato*) Junkie-
flipper ['flipper] <-> *m* Flipper *m*; **giocare a** ~ flippern, Flipper spielen
flirt [flə:t] <-> *m* Flirt *m*; **flirtare** [flir'ta:re] *vi* flirten
flit ['flit] <-> *m* (*per uso domestico*) Insektenspray *n*
F.lli *abbr di* **fratelli** Gebr.
FLM *f abbr di* **Federazione Lavoratori Metalmeccanici** Verband der Arbeitnehmer in der Metall verarbeitenden Industrie
float ['flout] **I.** <inv> *agg* Float- **II.** <-> *m* (FIN: *fluttuazione*) Fluktuation *f*; (*fondo cassa*) Kassenfonds *m*, -bestand *m*; **floating** ['floutiŋ] <-> *m* (FIN: *fluttuazione*)

Fluktuation *f*
floccaggio [flok'kaddʒo] <-ggi> *m* (TEC) Flocculatur *f*, Beflocken *n*; **floccare** [flok'ka:re] *vt* (TEC) kotonisieren, flocken; **floccato** [flok'ka:to] *m* (TEC) Faserflor *m*, Vlies *n*; **floccatrice** [flokka'tri:tʃe] *f* (TEC) Flockdruckmaschine *f*
flock [flɔk] <-> *m* (TEC: *insieme di fibre*) Flocken *fpl*, Schuppen *fpl*
flogistico, -a [flo'dʒistiko] <-ci, -che> *agg* (MED) entzündlich, Entzündungs-
flop ['flop] *m* Flop *m*
floppy disk ['flɔppi disk] <-> *m* (INFORM) Diskette *f*, Floppydisk *f*
flora ['flɔ:ra] *f* Pflanzenwelt *f*, Flora *f*
floreale [flore'a:le] *agg* Blumen-
floricoltore, -trice [florikol'to:re] *m*, *f* Blumenzüchter(in) *m(f)*; **floricoltura** [florikol'tu:ra] *f* Blumenzucht *f*
floridezza [flori'dettsa] *f* Blüte *f*, Gedeihen *n*; **florido, -a** ['flɔ:rido] *agg* blühend
florovivaismo [floroviva'izmo] *m v.* **florovivaistica**; **florovivaista** [floroviva'ista] <-i *m*, -e *f*> *mf* Gärtner(in) *m(f)*; **florovivaistica** [floroviva'istika] <-che> *f* Gartenbau *m*; **florovivaistico, -a** [floroviva'istiko] <-ci, -che> *agg* Gärtner-; **impianto** ~ Gartenbaubetrieb *m*
floscio, -a ['flɔʃʃo] <-sci, -sce> *agg* ❶ (*non rigido*) weich ❷ (*moscio*) schlaff ❸ (*fig: molle*) weichlich
flotta ['flɔtta] *f* Flotte *f*
flow chart ['flou tʃa:t] <-> *m* (INFORM) Flussdiagramm *n*
fluato, -a [flu'a:to] *agg* (FOTO, FILM) unscharf, verschwommen
fluente [flu'ɛnte] *agg* fließend
fluido ['flu:ido] *m* ❶ (PHYS) Flüssigkeit *f* ❷ (*fig*) Fluidum *n*
fluido, -a *agg* ❶ (PHYS: *stile*) flüssig ❷ (*fig: mutevole*) wandelbar, unbeständig
fluidodinamico, -a [fluidodi'na:miko] <-ci, -che> *agg* hydrodynamisch
fluidostatica [fluido'sta:tika] <-che> *f* (PHYS) Hydrostatik *f*; **fluidostatico, -a** [fluido'sta:tiko] <-ci, -che> *agg* hydrostatisch
fluire [flu'i:re] <fluisco> *vi essere* ❶ (*liquidi*) fließen; (*gas*) strömen ❷ (*fig: discorso*) fließen
fluitazione [fluitat'tsio:ne] *f* (*legname*) Flößen *n*
fluorescente [fluoreʃ'ʃɛnte] *agg* fluoreszierend; **lampada** ~ Neonlampe *f*; **striscia** ~ Kontrastblende *f*; **fluorescenza** [fluoreʃ'ʃɛntsa] *f* Fluoreszenz *f*
fluorite [fluo'ri:te] *f* (MIN) Flussspat *m*
fluoro [flu'ɔ:ro] *m* (CHEM) Fluor *n*

fluoruro [fluo'ru:ro] *m* Fluorid *n*

flusso ['flusso] *m* ❶ (*scorrimento*, PHYS) Strom *m*, Fluss *m*; (*del gas*) Strömen *n*; (*dell'acqua*) Fließen *n* ❷ (*fig: della storia*) Lauf *m* ❸ (*fig: di persone*) Strom *m*; (*di cose*) Fluss *m*; ~ **di merci** Warenstrom *m* ❹ (*alta marea*) Flut *f*; ~ **e riflusso** (NAUT) Ebbe und Flut; (*fig*) Auf und Ab

flûte ['flyt] <-> *m* Sektflöte *f*

fluttuare [fluttu'a:re] *vi* ❶ (*ondeggiare*) wogen, schaukeln ❷ (FIN) schwanken; **fluttuazione** [fluttuat'tsio:ne] *f* Schwankung *f*; ~ **dei cambi** (FIN) Wechselkursschwankung *f*

fluviale [flu'via:le] *agg* Fluss-

fly and drive ['flai ən 'draiv] <-> *m* (*biglietto*) Fly-and-Drive-Ticket *n*; **flyby** ['flaibai] <-> *m* (AERO) Fly-by *n*; **flying dutchman** ['flaiiŋ 'dʌtʃmən] <-> *m* Flying Dutchman *m*, Fliegender Holländer *m*; **flying junior** ['flaiiŋ dʒu:njə] <-> *m* Flying Junior *m*

f.m. *abbr di* **fine mese** ult. (*ultimo, am Ende des Monats*)

FM *abbr di* **modulazione di frequenza** FM

FMI *m abbr di* **Fondo Monetario Internazionale** IWF *m*

fobia [fo'bi:a] <-ie> *f* (krankhafte) Angst *f*; (PSYCH) Phobie *f*

foca ['fɔ:ka] <-che> *f* Seehund *m*

focaccia [fo'kattʃa] <-cce> *f* ❶ (*pane*) Fladen *m* ❷ (*dolce*) runder Hefekuchen *m* ❸ (*loc*) **rendere pan per** ~ mit gleicher Münze heimzahlen

focale [fo'ka:le] **I.** *agg* Brenn(punkt)-, fokal; **distanza** ~ Brennweite *f* **II.** *f* Brennweite *f*; **focalizzare** [fokalid'dza:re] *vt* ❶ (FOTO) scharf stellen ❷ (*fig*) scharf umreißen

foce ['fo:tʃe] *f* Mündung *f*

focheggiamento [fokeddʒa'mento] *m* Fokussierung *f*

fochista [fo'kista] <-i *m*, -e *f*> *mf* Heizer(in) *m(f)*

focolaio [foko'la:io] <-ai> *m* Herd *m*; **focolare** [foko'la:re] *m* ❶ (*per cucinare*) Herd *m*; (HIST) Feuerstelle *f* ❷ (TEC) Feuerraum *m*; (*di caldaia*) Feuerung *f*

focoso, -a [fo'ko:so] *agg* feurig

fodera ['fɔ:dera] *f* Hülle *f*, Bezug *m*; (*di vestito*) Futter *n*; (*di libro*) Schutzhülle *f*; ~ **del cuscino** Kissenbezug *m*; **foderare** [fode'ra:re] *vt* (*vestiti*) füttern; (*libri*) einbinden; (*cassetti*) ausschlagen

fodero ['fɔ:dero] *m* Scheide *f*

foga ['fo:ga] *f* Hitze *f*, Ungestüm *n*; **nella** ~ **del discorso** im Eifer des Gesprächs

fogey ['fougi] <-> *m* Traditionalist(in) *m(f)*

foggia ['fɔddʒa] <-gge> *f* ❶ (*forma*) Form *f*; (*di abito*) Schnitt *m* ❷ (*modo di abbigliarsi*) Tracht *f*, Mode *f*

Foggia *f* Foggia *n* (*Stadt in Apulien*)

Foggiano [fod'dʒa:no] <*sing*> *m* Umgebung *f* von Foggia

foggiano, -a **I.** *agg* aus Foggia stammend **II.** *m, f* (*abitante*) Einwohner(in) *m(f)* von Foggia

foglia ['fɔʎʎa] <-glie> *f* Blatt *n*; ~ **d'oro** Blattgold *n*; **ho mangiato la** ~ (*fam*) jetzt ist bei mir der Groschen gefallen; **tremare come una** ~ wie Espenlaub zittern; **fogliame** [foʎʎa:me] *m* Laub *n*

foglio ['fɔʎʎo] <-gli> *m* ❶ (*pezzo di carta*) Bogen *m*, Blatt *n*; ~ **protocollo** Kanzleipapierbogen *m* ❷ (*documento, banconota*) Schein *m*; ~ **rosa** (MOT) provisorische Fahrerlaubnis *f* ❸ (*giornale*) Blatt *n*; ~ **volante** Flugblatt *n*, Flugzettel *m* ❹ (*lamina*) Folie *f*; (*piastra*) Platte *f* ❺; ~ **elettronico** (INFORM: *spreadsheet*) Tabellenkalkulationsprogramm *n*; ~ **di stile** Druckformatvorlage *f*

fogna ['fɔɲɲa] *f* ❶ (*canale*) Abwasserkanal *m* ❷ (*fig, pej: ambiente corrotto*) Sumpf *m*; **fognatura** [foɲɲa'tu:ra] *f* Kanalisation *f*, Entwässerung *f*

fogy <-> *m v.* **fogey**

föhn [føːn] <-> *m* ❶ (METEO) Föhn *m* ❷ (*asciugacapelli*) (Haar)föhn *m*

foia ['fɔ:ia] <-oie> *f* ❶ (ZOO) Brunst *f* ❷ (*fig*) Begierde *f*

fola ['fɔ:la] *f* (*poet*) ❶ (*favola*) Märchen *n* ❷ (*frottola*) Lüge *f*

folaga ['fɔ:laga] <-ghe> *f* (ZOO) Blässhuhn *n*

folata [fo'la:ta] *f* Windstoß *m*

folclore [folk'lo:re] *m* Folklore *f*; **folcloristico, -a** [folklo'ristiko] <-ci, -che> *agg* folkloristisch

folgorante [folgo'rante] *agg* ❶ (*luce*) blendend ❷ (*fig: sguardo*) (durch)bohrend; (*bellezza*) strahlend, blendend

folgorare [folgo'ra:re] *vt* ❶ (*fulmine*) treffen, erschlagen ❷ (*scarica elettrica*) ~ **qu** jdm einen elektrischen Schlag verpassen ❸ (*con arma da fuoco*) niederschießen; **folgorazione** [folgorat'tsio:ne] *f* ❶ (*fulminazione*) Blitzschlag *m*; (*di corrente*) Stromschlag *m*, elektrischer Schlag *m* ❷ (*fig: della mente*) Geistesblitz *m*

folgore ['folgore] *f* (*poet*) Blitz(strahl) *m*

folk [fouk *o* 'fɔlk] **I.** <inv> *agg* Folk-; **canzone** ~ Folksong *m* **II.** <-> *m* (MUS) Folk *m*; **folk singer** ['fouk 'siŋə *o* 'fɔlk 'siŋə] <-> *mf* (MUS: *cantante di folk-song*) Folk-Interpret(in) *m(f)*; **folk song** ['fouk sɔŋ *o* 'fɔlk ɔŋ] <-> *f* (MUS: *canzone popolare, spesso di protesta*) Volkslied *n*, Folksong *m;* **al concerto ascolteremo solo ~** auf dem Konzert werden wir nur Volkslieder hören

folla ['fɔlla *o* 'fɔlla] *f* Menge *f*

follante [fol'lante] *m* (CHEM) Walkhilfsstoff *m*

follare [fol'laːre] *vt* ❶ (*sottoporre a follatura*) walken ❷ (*pigiare l'uva*) keltern, Trauben (mit den Füßen) pressen; **follatrice** [folla'triːtʃe] *f* (TEC) Walkmaschine *f*, Walke *f;* **follatura** [folla'tuːra] *f* (TEC) Walken *n*, Walke *f*

folle ['fɔlle] **I.** *agg* verrückt, närrisch; (*progetto, spesa*) sinnlos, unsinnig; **in ~** (MOT) im Leerlauf **II.** *mf* Narr *m*, Närrin *f;* **folleggiare** [folled'dʒaːre] *vi* es toll treiben

folletto [fol'letto] *m* ❶ (*nelle fiabe*) Kobold *m* ❷ (*fig: ragazzo vivace*) Wildfang *m*

follia [fol'liːa] <-ie> *f* Wahnsinn *m*, Torheit *f;* **alla ~** wahnsinnig; **fare -ie per qu** die verrücktesten Dinge für jdn tun

follicolo [fol'liːkolo] *m* ❶ (ANAT) Follikel *m* ❷ (BOT) Fruchthülse *f*, Samenkapsel *f*

follow-up ['fɔlouʌp *o* 'fɔllo'ap] <-> *m* ❶ Einarbeitungsphase *f* ❷ (MED) Nachuntersuchung *f*

folto ['folto] *m* ❶ (*del bosco*) Dickicht *n;* **nel ~ del bosco** im Dickicht des Waldes ❷ (*fig: della mischia*) Getümmel *n*, Gewühl *n*

folto, -a *agg* dicht

fomentare [fomen'taːre] *vt* schüren; **fomentatore, -trice** [fomenta'toːre] *m, f* Anstifter(in) *m(f)*

fomite ['fɔːmite] *m* (*poet*) Keim *m*, Nährboden *m*

fonda ['fonda] *f* (NAUT) Ankerplatz *m;* **essere alla ~** vor Anker liegen

fondaco ['fondako] <-chi> *m* Faktorei *f*

fondale [fon'daːle] *m* ❶ (NAUT) Wassertiefe *f* ❷ (THEAT) Bühnenhintergrund *m*

fondamentale [fondamen'taːle] *agg* wesentlich, Grund-

fondamento¹ [fonda'mento] <*pl:* -a> *f m* (ARCH) Fundament *n*

fondamento² *m* (*fig*) Fundament *n*, Grundlage *f;* **notizie senza ~** Berichte, die jeder Grundlage entbehren; **fare ~ su qu/qc** (*fig*) auf jdn/etw bauen

fondare [fon'daːre] **I.** *vt* ❶ (*costruire*) das Fundament legen für ❷ (*fig: istituire*) gründen; (*teoria*) aufstellen; (*accusa*) stützen **II.** *vr* **-rsi su qc** sich auf etw *acc* stützen; **fondatezza** [fonda'tettsa] *f* Stichhaltigkeit *f*, Glaubwürdigkeit *f;* **fondazione** [fondat'tsioːne] *f* ❶ (*istituzione*) Gründung *f* ❷ (JUR) Stiftung *f*

fondello [fon'dɛllo] *m* (*di bossolo*) Unterseite *f;* (*di calzoni*) Hosenboden *m;* **prendere qu per i -i** sich über jdn lustig machen

fondente [fon'dɛnte] *m* ❶ (TEC) Schmelz-, Flussmittel *n* ❷ (GASTR) Fondant *m o n;* **cioccolato ~** Bitterschokolade *f*

fondere ['fondere] <fondo, fusi, fuso> **I.** *vt* ❶ (*neve, ghiaccio*) schmelzen ❷ (*statua*) gießen ❸ (*fig*) verschmelzen **II.** *vi* schmelzen **III.** *vr* **-rsi** ❶ (*sciogliersi*) schmelzen ❷ (TEC: *valvola*) durchbrennen ❸ (*fig*) sich zusammenschließen; **fonderia** [fonde'riːa] <-ie> *f* Gießerei *f*

fondiario, -a [fon'diaːrio] <-i, -ie> *agg* Boden-, Grund-

fondista [fon'dista] <-i *m*, -e *f*> *mf* ❶ (SPORT) Langstreckenläufer(in) *m(f)* ❷ (*di giornale*) Leitartikler(in) *m(f)*, Leitartikelschreiber(in) *m(f)*

fondivalle *pl di* **fondovalle**

fondo ['fondo] *m* ❶ (*di recipiente*) Boden *m;* (*di pozzo*) Grund *m;* (*di valle*) Sohle *f;* (*limite estremo*) Ende *n;* (*parte inferiore*) unterer Rand; (*sfondo*) Hintergrund *m;* (*parte più interna, a fig*) Innerste(s) *n;* **in ~ alla stanza** hinten im Zimmer; **andare a ~** (*nave*) untergehen; **andare in ~ a qc** (*fig*) einer Sache *dat* auf den Grund gehen; **avere uno stomaco senza ~** unersättlich sein; **da cima a ~** von Kopf bis Fuß; (*fig*) durch und durch; **in ~** (*fig*) im Grunde (genommen); **articolo di ~** Leitartikel *m;* **~ oculare** (ANAT) Augenhintergrund *m* ❷ (SPORT) Langstreckenlauf *m;* **fare sci di ~** langlaufen ❸ (*in cosmesi*) Grundierung *f* ❹ (*deposito*) Bodensatz *m;* (*di liquido*) Rest *m;* **-i di caffè** Kaffeesatz *m* ❺ (*bene immobile*) Grundstück *n;* (*terreno*) (Land)gut *n* ❻ (COM: *voce di bilancio*) Fonds *m;* **-i** Finanzmittel *pl;* **-i d'investimento** Investitionsfonds *m* ❼ (*mezzi monetari*) Kapital *n*, Geld(bestand *m*) *n* ❽ (FIN) **~ di cassa** Kassenbestand *m;* **~ d'esercizio** Betriebskapital *n*, Gelder *npl;* **a ~ perduto** nicht rückzahlbar

fondo, -a *agg* ❶ (*profondo*) tief ❷ (*folto, fitto*) dicht; (*notte, foresta*) tief

fondocampo [fondo'kampo] <-> *m* (SPORT) Toraus *m*

fondoschiena [fondo'skiɛːna] <-> *m* (*fam: sedere*) Hintern *m*

fondovalle [fondo'valle] <fondivalle> *m* Talsohle *f*

fonduta [fon'duːta] *f* (GASTR) Fondue *n*

fonema [fo'nɛːma] <-i> *m* (LING) Phonem *n*

fonetica [fo'nɛːtika] <-che> *f* Phonetik *f;* **fonetico, -a** [fo'nɛːtiko] <-ci, -che> *agg* phonetisch

fonico ['fɔːniko] <-ci> *m* (FILM) Tonmeister *m*

fonico, -a <-ci, -che> *agg* Laut-, phonisch

fonoassorbente [fonoassor'bɛnte] *agg* schalldicht, schallisolierend; **materiale ~** schallisolierendes Material; **parete ~** schalldichte Wand

fonocassetta [fonokas'setta] *f* Tonband *n*, Audiokassette *f*

fonodettatura [fonodetta'tuːra] *f* (TEL) Phonodiktat *n*

fonografo [fo'nɔːgrafo] *m* (MUS) Plattenspieler *m*

fonogramma [fono'gramma] <-i> *m* ❶(LING) phonetisches Zeichen ❷(PHYS) Phonogramm *n*

fonokit [fono'kit] <-> *m* Stimmenrekonstruktion *f*

fonologia [fonolo'dʒiːa] <-gie> *f* (LING) Phonologie *f*

fonometro [fo'nɔːmetro] *m* (PHYS) Phonometer *n*, Geräuschmesser *m*

fonomontaggio [fonomon'taddʒo] <-ggi> *m* Tonzusammenschnitt *m*

fonoriproduttore [fonoriprodut'toːre] *m* Tonwiedergabegerät *n*

fonoriproduzione [fonoriprodut'tsioːne] *f* Tonaufzeichnung *f*

font [fɔnt] <-> *m o f* Font *m*, Zeichensatz *m*

fontana [fon'taːna] *f* Brunnen *m*; **~ a getto** Springbrunnen *m*; **fontanella** [fonta'nɛlla] *f* ❶(Trink)brunnen *m* ❷(ANAT) Fontanelle *f*; **fontaniere** [fonta'niɛːre] *m* Wassermeister *m*; **fontanile** [fonta'niːle] *m* ❶(presa d'acqua) Steigbrunnen *m* ❷(abbeveratoio) Tränke *f*

fonte ['fonte] I. *f* (a fig) Quelle *f* II. *m* **~ battesimale** Taufbecken *n*

footing ['futin] <-> *m* (SPORT) Jogging *n*, Laufen *n*; **fare ~** joggen

foracchiare [forak'kiaːre] *vt* durchlöchern

foraggero, -a [forad'dʒɛːro] *agg* Futter-; **foraggiare** [forad'dʒaːre] *vt* ❶(cavalli) füttern ❷(fig: mantenere) durchfüttern *fam*; **foraggio** [fo'raddʒo] <-ggi> *m* (Vieh)futter *n*

forare [fo'raːre] I. *vt* ❶(parete, lamiera) durchlöchern, durchbohren ❷(biglietti) lochen; **~ una gomma** eine Reifenpanne haben II. *vi* (pneumatico) platzen, ein Loch bekommen; **foratura** [fora'tuːra] *f* Reifenpanne *f*

forbici ['fɔrbitʃi] *fpl* Schere *f*; **un paio di ~** eine Schere

forbitezza [forbi'tettsa] *f* (obs) ❶(nettezza) Reinheit *f* ❷(fig: stile, discorso) Geschliffenheit *f*

forbito [for'biːto] *agg* (fig: lingua, discorso) gewählt, geschliffen

forca ['forka] <-che> *f* ❶(AGR) Heugabel *f* ❷(patibolo) Galgen *m*; **condannare alla ~** jdn zum Tode durch den Strang verurteilen ❸(valico) enger Bergpass

forcella [for'tʃɛlla] *f* ❶(TEC, BOT) Gabel *f*; (per alberi) Stütze *f*; **~ amortizzata** Federgabel *f* ❷(di montagna) Felsspalte *f*

forcellino [fortʃel'liːno] *m* Radgabel *f*

forchetta [for'ketta] *f* Gabel *f*; **essere una buona ~** ein guter Esser sein; **parlare in punta di ~** hochgestochen reden

forchettata [forket'taːta] *f* eine Gabel (voll); **una ~ di spaghetti** eine Gabel voll Spaghetti; **ne assaggio una ~** (fig) ich probiere ein bisschen davon

forchettone [forket'toːne] *m* ❶(grande forchetta) Fleischgabel *f*, Vorlegegabel *f* ❷(fig, pej) Raffer *m*

forcina [for'tʃiːna] *f* Haarnadel *f*

forcipe ['fɔrtʃipe] *m* (MED) (Geburts)zange *f*

forcone [for'koːne] *m* Mistgabel *f*

forense [fo'rɛnse] *agg* Gerichts-, gerichtlich

foresta [fo'rɛsta] *f* Wald *m*; **~ vergine** Urwald *m*; **forestale** [fores'taːle] *agg* Wald-, Forst-

foresteria [foreste'riːa] <-ie> *f* Gästehaus *n*

forestiero, -a [fores'tiɛːro] I. *agg* fremd II. *m, f* Fremde(r) *f(m)*, Ausländer(in) *m(f)*

forfait [fɔr'fɛ] <-> *m* ❶(FIN) Pauschalbetrag *m*, Pauschale *f*; **a ~** pauschal, Pauschal-; **lavoro a ~** Akkordarbeit *f* ❷(SPORT) Aufgabe *f*; **dichiarare ~** (SPORT) aufgeben

forfetario, -a [forfe'taːrio] <-i, -ie> *agg* (FIN) Pauschal-; **forfettario, -a** [forfe'taːrio] <-i, -ie> *agg* (FIN) Pauschal-

forfora ['forfora] *f* Schuppen *fpl*

forgia ['fɔrdʒa] <-ge> *f* Schmiede *f*; **forgiare** [for'dʒaːre] *vt* ❶(modellare) schmieden ❷(fig: plasmare) formen

Forlì *f* Forlì *n* (Stadt in der Emilia-Romagna)

forlivese [forli've:se] I. *agg* aus Forlì stammend II. *mf* (abitante) Einwohner(in) *m(f)* von Forlì

Forlivese <sing> *m* Umgebung *f* von Forlì

forma ['forma] *f* ❶(aspetto) Form *f*; **prendere ~** Gestalt annehmen; **a ~ di ...** ...-förmig ❷(del corpo) Gestalt *f*; **badare alla ~** die Form wahren; **essere in ~** in Form sein; **essere giù di ~** nicht in Form sein ❸(per calzature) Leisten *m*; (per dolci) Form *f*; (del sarto) Schneiderpuppe *f* ❹(fig: struttura) Form *f*; (POL) Regierungsform *f*; (stile, modo) Form *f*

formaggiera [formad'dʒɛːra] *f* Käseschälchen *f* (*für geriebenen Käse*); **formaggino** [formad'dʒiːno] *m* Käseecke *f;* **formaggio** [for'maddʒo] <-ggi> *m* Käse *m;* ~ **da spalmare** Schmier-, Streichkäse *m;* ~ **pecorino** Schaf(s)käse *m;* ~ **fresco** Frischkäse *m*

formaldeide [formal'dɛːide] *f* (CHEM) Formaldehyd *n*

formale [for'maːle] *agg* ❶ (*attinente alla forma*) formal, Form- ❷ (*osservante la forma*) förmlich, formal ❸ (*ufficiale*) formell

formalina [forma'liːna] *f* (CHEM) Formalin *n*

formalismo [forma'lizmo] *m* Formalismus *m;* **formalista** [forma'lista] <-i *m*, -e *f*> *mf* Formalist(in) *m(f);* **formalistico, -a** [forma'listiko] <-ci, -che> *agg* formalistisch; **dottrina/teoria -a** formalistische Doktrin/Theorie

formalità [formali'ta] <-> *f* Formalität *f;* **per** ~ der Form halber; **formalizzare** [formalid'dzaːre] I. *vt* formalisieren II. *vr* -**rsi per qc** an etw *dat* Anstoß nehmen

formare [for'maːre] I. *vt* ❶ (*modellare*) formen ❷ (*creare, costituire*) bilden ❸ (TEL: *numero*) wählen ❹ (*addestrare, educare*) aus-, heranziehen II. *vr* -**rsi** ❶ (*prodursi*) sich bilden ❷ (*svilupparsi*) sich entwickeln

format ['fɔːmæt] <-> *m* (FOTO, INFORM) Format *n;* ~ **orrizontale** Querformat

formato [for'maːto] *m* Größe *f;* (FOTO) Format *n;* **fotografia** ~ **tessera** Passbild *n;* **pellicola** ~ **ridotto** Schmalfilm *m*

formato, -a *agg* ❶ (*sviluppato*) voll entwickelt, reif ❷ (*costituito*) gebildet, zusammengesetzt

formattare [format'taːre] *vt* (INFORM) formatieren; ~ **un dischetto** eine Diskette formatieren; **formattato, -a** *agg* (INFORM) formatiert; **formattazione** [format-tat'tsioːne] *f* (INFORM) Formatierung *f*

formazione [format'tsioːne] *f* ❶ (*creazione*) Entstehung *f*, Bildung *f;* (*sviluppo*) Entwicklung *f* ❷ (*addestramento*) Ausbildung *f;* **contratto di** ~ (*professionale*) Ausbildungsvertrag *m* ❸ (GEOL) Formation *f* ❹ (MIL) Formation *f;* (SPORT) Aufstellung *f*

formella [for'mɛlla] *f* ❶ (ARCH) Kassette *f;* (*riquadro*) Tafel *f;* (*per pavimentazione*) Fliese *f* ❷ (*combustibile*) Brikett *n*

formica® ['fɔːmika] *f* (*laminato*) Resopal® *n*

formica [for'miːka] <-che> *f* Ameise *f;* ~ **operaia** Arbeiterin *f;* **formicaio** [formi'kaːio] <-ai> *m* ❶ (ZOO) Ameisenhaufen *m* ❷ (*fig*) Gewimmel *n;* **formichiere** [formi'kiɛːre] *m* (ZOO) Ameisenbär *m*

formico, -a ['fɔrmiko] <-ci, -che> *agg* (CHEM) Ameisen-; **acido** ~ Ameisensäure *f*

formicolare [formiko'laːre] *vi* ❶ *avere* (*brulicare*) ~ **di** ... wimmeln von [*o* vor] ...; **la strada formicolava di gente** auf der Straße wimmelte es von Leuten ❷ *avere* (*fig: essere pieno*) ~ **di** ... wimmeln von ... *fam* ❸ *essere* (*essere intorpidito*) kribbeln; **formicolio** [formiko'liːo] <-ii> *m* ❶ (*brulichio*) Gewimmel *n* ❷ (*di arti*) Kribbeln *n*

formidabile [formi'daːbile] *agg* furchtbar, schrecklich; (*fig*) riesig, außerordentlich

formoso, -a [for'moːso] *agg* üppig; (*ben fatto*) wohl geformt

formula ['fɔrmula] *f* Formel *f*, Wendung *f;* ~ **di commiato** Abschiedsformel *f;* ~ **magica** Zauberspruch *m;* ~ **di struttura** (CHEM) Strukturformel *f;* **gara automobilistica di Formula 1** (SPORT) Formel-1-Rennen *n*

formulare [formu'laːre] *vt* formulieren; **formulario** [formu'laːrio] <-i> *m* ❶ (*raccolta di formule*) Formularsammlung *f* ❷ (*modulo*) Formular *n*, Vordruck *m;* **formulazione** [formulat'tsioːne] *f* Formulierung *f;* (*testo*) Wortlaut *m*

fornace [for'naːtʃe] *f* ❶ (TEC) Brennofen *m* ❷ (*stabilimento*) Ziegelei *f* ❸ (*fig: luogo caldo*) Backofen *m fam*

fornaio, -a [for'naːio] <-ai, -aie> *m, f* Bäcker(in) *m(f)*

fornello [for'nɛllo] *m* ❶ (*per cucinare*) (kleiner) Herd *m*, Kocher *m;* ~ **a gas** Gasherd *m;* ~ **elettrico** Elektroherd *m* ❷ (*di caldaia*) Feuerung *f* ❸ (*di miniera*) Blindschacht *m*

fornicare [forni'kaːre] *vi* (*poet*) Unzucht treiben; **fornicazione** [fornikat'tsioːne] *f* (*poet*) Unzucht *f;* (*adultero*) Ehebruch *m*

fornire [for'niːre] <fornisco> I. *vt* ❶ (*somministrare, provvedere*) ~ **qu di qc** jdn mit etw ausstatten; ~ **qc a qu** jdn mit etw beliefern, jdm etw liefern ❷ (*informazioni*) geben, erteilen; (*prova*) erbringen II. *vr* -**rsi di qc** sich mit etw versorgen; **fornito, -a** [for'niːto] *agg* (*provvisto, equipaggiato*) beliefert; (*arredato*) ausgerüstet, ausgestattet; **negozio** ~ **di** ... ein mit ... beliefertes Geschäft; **ben** ~ gut ausgestattet; **fornitore, -trice** [forni'toːre] *m, f* Lieferant(in) *m(f);* ~ **ufficiale** (SPORT) offizieller Ausrüster; **fornitura** [forni'tuːra] *f* ❶ (*azione*) (Be)lieferung *f;* **blocco delle forniture** Lieferblockade *f* ❷ (*merce*) Lieferung *f* ❸ (*arredamento*) Ausstattung *f;* -**e per ufficio** Bürobedarf *m*

forno ['forno] *m* ❶ (*costruzione*) Ofen *m;* (*per pane*) Backofen *m*, Backrohr *n A;* **pas-**

ta al ~ überbackenes Nudelgericht; **patate al ~** Ofenkartoffeln *fpl;* **~ a microonde** Mikrowelle *f* ❷(TEC) Schmelzofen *m* ❸(*panetteria*) Bäckerei *f*

foro[1] ['fo:ro] *m* (*buco*) Loch *n;* (INFORM) Loch *n,* Lochung *f*

foro[2] ['fɔ:ro] *m* ❶(HIST) Forum *n* ❷(JUR) Gerichtsstand *m*

Foro Europeo dei non Vedenti <-> *m* Europäisches Behindertenforum *n*

for president [fɔ: 'prezidənt] <-> *int* (*sl: come presidente, capo*) for president; **Andrea ~!** Andrea for president!

forra ['forra] *f* Schlucht *f*

forse ['forse] **I.** *avv* vielleicht **II.** *m* Zweifel *m;* **essere in ~** im Zweifel sein; **mettere in ~** in Frage stellen

forsennato, -a [forsen'na:to] **I.** *agg* rasend, wahnsinnig **II.** *m, f* Rasende(r) *f(m),* Wahnsinnige(r) *f(m)*

forte[1] ['fɔrte] *avv* ❶(*a voce alta*) laut; **lo puoi dire ~!** das kannst du laut sagen! ❷(*velocemente*) schnell ❸(*assai*) stark; (*mangiare*) gut, tüchtig

forte[2] **I.** *agg* ❶(*robusto*) stark, kräftig; (*carattere*) fest ❷(*somma*) groß, hoch ❸(*intenso*) stark; (*colore*) kräftig; (*che non sbiadisce*) waschecht; (*sapore, odore*) scharf ❹(*abile*) gut, stark ❺(LING) stark; **dare man ~ a qu** jdm zur Hand gehen; **farsi ~ di qc** sich auf etw *acc* stützen **II.** *m* ❶(*persona*) Starke(r) *f(m);* (*fig*) Mächtige(r) *f(m)* ❷(*specialità*) Stärke *f;* **la matematica non è il suo ~** Mathematik ist nicht seine Stärke ❸(MIL) Fort *n*

fortezza [for'tettsa] *f* ❶(MIL) Festung *f* ❷(*robustezza, fermezza*) Stärke *f;* (*d'animo, di carattere*) Festigkeit *f* ❸(*virtù*) Tapferkeit *f*

fortificare [fortifi'ka:re] *vt* ❶(MIL) befestigen ❷(*corpo*) kräftigen, stärken; **fortificazione** [fortifikat'tsio:ne] *f* Befestigung *f*

fortilizio [forti'littsio] <-i> *m* kleine Festung, Fort *n*

fortino [for'ti:no] *m* Bunker *m*

fortuito, -a [for'tu:ito] *agg* zufällig; **per un caso ~** per [*o* durch] Zufall

fortuna [for'tu:na] *f* ❶(*destino*) Schicksal *n* ❷(*buona sorte*) Glück *n;* **un colpo di ~** ein Glücksfall *m;* **avere ~ in qc** bei etw Glück haben; **fare ~** sein Glück machen; **per ~** zum Glück ❸(*patrimonio*) Vermögen *n;* **atterraggio di ~** Notlandung *f;* **fortunato, -a** [fortu'na:to] *agg* glücklich; **essere ~** Glück haben; **fortunoso, -a** [fortu'no:so] *agg* bewegt, wechselvoll

foruncolo [fo'runkolo] *m* Furunkel *m o n*

forviare [forvi'a:re] **I.** *vt* ❶(*sviare*) irreleiten ❷(*fig: traviare*) auf Abwege führen, verführen **II.** *vi* auf Abwege geraten; (*bes fig*) vom rechten Weg abkommen

forwardare *vt* (INFORM) weiterleiten, forwarden

forza ['fɔrtsa] *f* ❶(*robustezza*) Kraft *f,* Stärke *f;* **essere in -e** bei Kräften sein; **con ~** mit Kraft; **con tutte le -e** mit aller Kraft ❷(*fig*) Kraft *f;* **farsi ~** (*fig*) sich Mut machen; **in ~ di** kraft +*gen;* **a ~ di ...** vom vielen ..., nach langem ...; **a ~ di gridare** vom vielen Schreien ❸(*efficacia*) Macht *f,* Stärke *f* ❹(*violenza*) Gewalt *f;* **~ bruta** rohe Gewalt; **~ maggiore** höhere Gewalt; **con la ~** mit Gewalt; **per ~** (*controvoglia*) notgedrungen; (*naturalmente*) natürlich; **contro la ~ la ragion non vale** (*prov*) wo Gewalt herrscht, schweigen die Rechte ❺*pl* (MIL) **-e** (**armate**) Streitkräfte *fpl* ❻(POL) **Forza Italia** Forza Italia *f* (*in den 90er Jahren entstandene italienische politische Bewegung*)

forzare [for'tsa:re] **I.** *vt* ❶(*scassinare*) aufbrechen; (*penetrare*) durchbrechen ❷(*accelerare*) beschleunigen ❸(*sottoporre a sforzo*) beanspruchen ❹(*costringere*) zwingen **II.** *vi* drücken; (*porta, cassetto*) klemmen; **forzato, -a** [for'tsa:to] **I.** *agg* ❶(*privo di naturalezza*) gezwungen ❷(JUR) Zwangs- ❸(TEC) Druck- **II.** *m, f* Zuchthäusler(in) *m(f)*

forziere [for'tsiɛ:re] *m* Geldschrank *m*

forzista [for'tsista] <-i *m,* -e *f*> *mf* Mitglied der Partei Forza Italia

forzoso, -a [for'tso:so] *agg* Zwangs-

forzuto, -a [for'tsu:to] *agg* bärenstark

fosburista [fosbu'rista] <-i *m,* -e *f*> *mf* (SPORT) Hochspringer(in) *m(f)* mit Floptechnik; **fosbury** ['fɔzbəri] <-> *m* (SPORT: *salto dorsale*) (Fosbury-)Flop *m*

foschia [fos'ki:a] <-schie> *f* Dunst *m*

fosco, -a ['fosko] <-schi, -sche> *agg* ❶(*colore*) dunkel ❷(*fig: sguardo*) finster, düster

fosfato [fos'fa:to] *m* Phosphat *n*

fosforescente [fosforeʃ'ʃɛnte] *agg* phosphoreszierend; (*fig: occhi*) leuchtend; **fosforescenza** [fosforeʃ'ʃɛntsa] *f* Phosphoreszenz *f*

fosforo ['fɔsforo] *m* ❶(CHEM) Phosphor *m* ❷(*fam fig: intelligenza*) Grips *m*

fossa ['fɔssa] *f* ❶(*scavo*) Graben *m* ❷(*buca*) Grube *f,* Loch *n* ❸(*tomba*) Grab *n;* **~ comune** Massengrab *n;* **scavarsi la ~ con le proprie mani** sich *dat* sein eigenes Grab schaufeln ❹(ANAT) Höhle *f* ❺(GEOL) Graben *m*

fossato [fos'sa:to] *m* Wassergraben *m*

fosse ['fosse] *3. per sing conj imp di* **esse-re**[1]

fossetta [fos'setta] *f* Grübchen *n*

fossi ['fossi] *1. e 2. pers sing conj imp di* **essere**[1]

fossile ['fɔssile] **I.** *agg* ❶ (*di epoca remota*) versteinert, fossil ❷ (*fig*) vorsintflutlich **II.** *m* Fossil *n*

fosso ['fɔsso] *m* ❶ (MIL) Festungsgraben *m* ❷ (*per acqua*) Bewässerungsgraben *m;* ~ **di scolo** Abflussrinne *f;* **saltare il** ~ (*fig*) sich *dat* einen Ruck geben, sich durchringen

foste ['foste] *2. pers pl conj imp di* **essere**[1]

fosti ['fosti] *2. pers sing pass rem di* **esse-re**[1]

foto ['fɔ:to] <-> *f* Foto *n*

foto- [foto] (*in parole composte*) Foto-, Photo-

fotoamatore, -trice [fotoama'to:re] *m, f* Hobbyfotograf(in) *m(f)*, Amateurfoto-graf(in) *m(f)*

fotobatteria [fotobatte'ri:a] <-ie> *f* (TEC) Fotobatterie *f,* fotovoltaische Batterie *f*

fotocellula [foto'tʃɛllula] *f* Fotozelle *f*

fotochimica [foto'ki:mika] <*sing*> *f* Foto-chemie *f;* **fotochimico, -a** [foto'ki:miko] <-ci, -che> *agg* (CHEM) fotochemisch

fotocinematografia [fototʃinemato-gra'fi:a] <-ie> *f* Filmfotografie *f;* **foto-cinematografico, -a** [fototʃinemato-to'gra:fiko] <-ci, -che> *agg* die Filmfoto-grafie betreffend

fotocolor [foto'kolor] <-> *f* (FOTO) Farb-film *m*

fotocomporre [fotokom'porre] <irr> *vt* (TYP) im Fotosatz herstellen; **fotocompo-sizione** [fotokompozit'tsio:ne] *f* Foto-satz *m*

fotoconduttività [fotokonduttivi'ta] <-> *f* (PHYS) Fotoleitfähigkeit *f;* **fotocon-duttivo, -a** [fotokondut'ti:vo] *agg* (PHYS) fotoleitfähig; **fotoconduttore** [fotokon-dut'to:re] *m* (PHYS) Fotoleiter *m,* -wider-stand *m;* **fotoconduzione** [fotokon-dut'tsio:ne] *f* Fotoleitung *f*

fotocopia [foto'kɔ:pia] *f* Fotokopie *f;* **fo-tocopiare** [fotoko'pia:re] *vt* fotokopie-ren; **fotocopiatore** [fotokopia'to:re] *m* Fo-tokopiergerät *n;* **fotocopiatrice** [fotoko-pia'tri:tʃe] *f* Fotokopierer *m*

fotocromatico, -a [fotokro'ma:tiko] <-ci, -che> *agg* (OPT) fototrop; **lenti -che** fototrope Brillengläser

fotocronaca [foto'krɔ:naka] <-che> *f* Bildbericht *m;* **fotocronista** [fotokro'ni-sta] <-i *m*, -e *f*> *mf* Fotoreporter(in) *m(f)*

fotoelettricità [fotoelettritʃi'ta] <-> *f* Fo-toelektrizität *f;* **fotoelettrico, -a** [fo-toe'lɛttriko] <-ci, -che> *agg* ❶ (TEC) foto-elektrisch; **effetto** ~ Fotoeffekt *m* ❷ (TEC: *che produce luce*) lichterzeugend

fotofit [foto'fit] <-> *m* (*sistema di identifi-cazione personale*) (fotografisches) Phan-tombild *n*

fotogeneratore [fotodʒenera'to:re] *m* Solar-

fotogenico, -a [foto'dʒɛ:niko] <-ci, -che> *agg* fotogen

fotogiornale [fotodʒor'na:le] *m* Illustrier-te *f*

fotografa *f v.* **fotografo**

fotografare [fotogra'fa:re] *vt* ❶ (FOTO) fo-tografieren, aufnehmen ❷ (*fig*) sich *dat* einprägen; **fotografia** [fotogra'fi:a] *f* ❶ (*tecnica*) Fotografie *f* ❷ (*immagine, co-pia*) Fotografie *f,* Aufnahme *f;* ~ **a colori** Farbfoto *n,* Farbbild *n;* ~ **in bianco e nero** Schwarzweißaufnahme *f;* ~ **formato tes-sera** Passbild *n;* ~ **aerea** Luftbild *n;* ~ **istantanea** Momentaufnahme *f,* Schnapp-schuss *m fam;* **fotografico, -a** [fo-to'gra:fiko] <-ci, -che> *agg* ❶ (FOTO) Fo-to-, fotografisch; **macchina -a** Kamera *f,* Fotoapparat *m;* **studio** ~ Fotostudio *n,* Fo-toatelier *n* ❷ (*fig: fedele al modello*) wirk-lichkeitsgetreu, genau; **fotografo, -a** [fo'tɔ:grafo] *m, f* Fotograf(in) *m(f)*

fotogramma [foto'gramma] <-i> *m* ❶ (TEC, SCIENT) Fotogramm *n* ❷ (FOTO, FILM) Einzelbild *n*

fotoincisione [fotointʃi'zio:ne] *f* Fototief-druckverfahren *n,* Heliogravüre *f;* **fotoin-cisore** [fotointʃi'zo:re] *m* Fotograveur *m*

fotointerpretazione [fotointerpre-tat'tsio:ne] *f* Fotoanalyseverfahren *n*

fotokit [foto'kit] <-> *m v.* **fotofit**

fotolaboratorio [fotolabora'tɔ:rio] <-i> *m* (FOTO) Fotolabor *n*

fotolibro [foto'li:bro] *m* Bildband *m*

fotolografo, -a [foto'lɔ:grafo] *m, f* Holo-grafie-Experte, -Expertin *m, f*

fotomeccanico, -a [fotomek'ka:niko] <-ci, -che> *agg* fotomechanisch

fotometria [fotome'tri:a] <-ie> *f* Fotome-trie *f*

fotomodella [fotomo'dɛlla] *f* Fotomo-dell *n*

fotomontaggio [fotomon'taddʒo] <-ggi> *m* Fotomontage *f*

fotoreportage [fotorəpor'taʒ] <-> *m* Fo-toreportage *f,* Bildbericht *m;* **fotorepor-ter** [fotore'pɔrter] <-> *mf* Fotorepor-ter(in) *m(f)*

fotoriproduttore [fotoriprodut'to:re] *m* (TEC, FOTO) Fotokopiergerät *n*

fotoriproduzione [fotoriprodut'tsio:ne] *f* ❶ (FOTO: *processo*) fotografische Wiedergabe *f* ❷ (FOTO: *copia*) Fotokopie *f*

fotoromanzo [fotoro'mandzo] *m* Fotoroman *m*

fotosafari [fotosa'fa:ri] <-> *m* Fotosafari *f*

fotosensibile [fotosen'si:bile] *agg* ❶ (*sensibile alla luce*) lichtempfindlich, fotosensibel ❷ (BIOL) fotosensibel

fotoservizio [fotoser'vi:tsio] <-zi> *m* Bildbericht *m*

fotosintesi [foto'sintezi] <-> *f* (BOT) Fotosynthese *f*

fotosub [foto'sub] <-> *mf* Unterwasserfotograf(in) *m(f)*

fototeca [fɔto'tɛ:ka] <-che> *f* Bildarchiv *n*

fototelegrafia [fototelegra'fi:a] <-ie> *f* (TEC) Bildtelegrafie *f*; **fototelegrafico, -a** [fototele'gra:fiko] <-ci, -che> *agg* bildtelegrafisch

fototelegramma [fototele'gramma] <-i> *m* Bildtelegramm *n*

fototessera [foto'tɛssera] *f* (FOTO) Lichtbild *n*, Passfoto *n*

fototipia [fototi'pi:a] <-ie> *f* Lichtdruck *m*

fottere ['fottere] I. *vt* ❶ (*vulg*) ficken, bumsen, pempern *A* ❷ (*fam: imbrogliare*) leimen *sl*, linken *sl*; **va a farti ~!** (*vulg*) leck mich am Arsch! *vulg* II. *vr* **fottersene di qu/qc** (*vulg*) auf jdn/etw scheißen *vulg*

foulard [fu'lar] <-> *m* Kopftuch *n*; (*per il collo*) Halstuch *n*

fra [fra] *prp v.* **tra**

frac [frak] <-> *m* Frack *m*

fracassare [frakas'sa:re] I. *vt* zerbrechen, zertrümmern II. *vr* **-rsi** zerbrechen; (*su scogli*) zerschellen; (*legno*) zersplittern; **fracasso** [fra'kasso] *m* ❶ (*chiasso*) Krach *m*, Lärm *m*; (*di vetri*) Geklirr *n* ❷ (*fam: forte quantità*) Haufen *m*

fradicio ['fra:ditʃo] *m* Korruption *f*, Korruptheit *f*

fradicio, -a <-ci, -ce> *agg* ❶ (*marcio*) verdorben; (*uova*) faul; (*legno*) morsch ❷ (*bagnato*) durchnässt; (*di sudore*) schweißgebadet; **bagnato ~** klatschnass ❸ (*fig: corrotto*) verdorben; **fradiciume** [fradi'tʃu:me] *m* ❶ (*putridume*) faules Zeug ❷ (*fig*) Verderbtheit *f*, Korruptheit *f*

fragile ['fra:dʒile] *agg* ❶ (*facile a rompersi*) zerbrechlich; (*capelli*) spröde; **~!** (*su pacchi*) Vorsicht, Glas! ❷ (*fig: gracile*) zart, schwach; (*salute, speranza*) schwach; **fragilità** [fradʒili'ta] <-> *f* ❶ (*di vetro*) Zerbrechlichkeit *f* ❷ (*gracilità*) Zartheit *f*, Schwäche *f*

fragola ['fra:gola] *f* Erdbeere *f*

fragore [fra'go:re] *m* Getöse *n*; (*del tuo-*

no) Grollen *n*; (*di motori*) Dröhnen *n*; **fragoroso, -a** [frago'ro:so] *agg* tosend, dröhnend; (*applauso*) brausend; (*risata*) schallend

fragrante [fra'grante] *agg* duftend, wohl riechend; **fragranza** [fra'grantsa] *f* Duft *m*, Wohlgeruch *m*

fraintendere [frain'tɛndere] <irr> *vt* missverstehen; **ti prego di non fraintendermi** bitte versteh mich recht

frame ['freim] <-> *m* ❶ (FOTO) Filmbild *n* ❷ (INFORM) Frame *m o n*

frammentare [frammen'ta:re] *vt* zerstückeln; **frammentario, -a** [frammen'ta:rio] <-i, -ie> *agg* fragmentarisch; (*a fig*) bruchstückhaft

frammentazione [frammentat'tsio:ne] *f* Zersplitterung *f*

frammento [fram'mento] *m* ❶ (*pezzo*) Bruchstück *n*; (*coccio*) Scherbe *f* ❷ (*fig LIT*) Fragment *n*

frammettere [fram'mettere] <irr> I. *vt* dazwischen stellen/setzen/legen II. *vr* **-rsi** ❶ sich dazwischen stellen/setzen/legen ❷ (*fig*) sich einmischen

frammezzo [fram'mɛddzo] I. *avv* dazwischen II. *prp* **~ a** (*stato*) zwischen +*dat*; (*moto*) zwischen +*acc*

frammischiare [frammis'kia:re] *vt* vermischen

frammisi *1. pers sing pass rem di* **frammettere**

frana ['fra:na] *f* ❶ (*di terreno*) Erdrutsch *m*, Steinlawine *f* ❷ (*fig: rovina*) Misserfolg *m*, Fiasko *n* ❸ (*fam scherz*) Trampel(tier *n*); **franare** [fra'na:re] *vi essere* ❶ (*terreno*) abrutschen ❷ (*fig*) zusammenbrechen, scheitern

francamente [fraŋka'mente] *avv* ehrlich, offen (heraus)

francescano [frantʃes'ka:no] *m* Franziskaner *m*

francescano, -a *agg* franziskanisch, Franziskaner-

francese [fran'tʃe:se] I. *agg* französisch II. *mf* Franzose *m*, Französin *f*

francesismo [frantʃe'zizmo] *m* (LING) Gallizismus *m*

francesista [frantʃe'sista] <-i m, -e f> *mf* Romanist(in) *m(f)* mit Schwerpunkt Französisch; **francesistica** [frantʃe'zistika] <-che> *f* französische Sprache und Kultur *f*

franchezza [fraŋ'kettsa] *f* ❶ (*schiettezza*) Aufrichtigkeit *f*, Offenheit *f* ❷ (*disinvoltura*) Unbefangenheit *f*; (*pej*) Unverfrorenheit *f*

franchigia [fraŋ'ki:dʒa] <-gie> *f* ❶ (FIN) (Gebühren)freiheit *f*; (*nelle assicurazioni*) (teilweiser) Risikoausschluss *m;* ~ **fiscale** Steuerfreiheit *f;* **in** ~ (abgaben-, gebühren)frei; **in** ~ **doganale** zollfrei; **in** ~ **postale** portofrei ② (NAUT) Landgang *m*

franchising [fræn'tʃaiziŋ *o* fran'tʃaisin(g)] <-> *m* Franchising *n*

Francia [frant'ʃa] *f* Frankreich *n*

franco ['fraŋko] <-chi> *m* ① (*moneta belga, francese*) Franc *m;* (*moneta svizzera*) Franken *m* ② (HIST) Franke *m*

franco, -a <-chi, -che> *agg* ① (COM) franko, frei; ~ **domicilio** frei Haus; ~ **fabbrica** ab Fabrik; ~ **magazzino** frei Lager ② (*sicuro di sé*) unbefangen ③ (*sincero*) offen, aufrichtig ④ (*degli antichi Franchi*) fränkisch ⑤ (*loc*) **farla -a** (*fig*) ungeschoren davonkommen; **lingua -a** Lingua Franca *f,* Verkehrssprache *f*

francobollo [fraŋko'bollo] *m* Briefmarke *f*

francofilo, -a [fraŋ'kɔːfilo] *agg* frankophil

Francoforte [fraŋko'fɔrte] *f* Frankfurt *n*

francone ['fraŋkone] **I.** *agg* fränkisch **II.** *mf* Franke *m,* Fränkin *f;* **Franconia** [fraŋ'kɔːnia] *f* Franken *n*

frangente [fran'dʒɛnte] *m* ① (*onda*) Sturzwelle *f,* Brecher *m* ② (*punto d'urto*) Klippe *f,* Riff *m* ③ (*fig: momento grave*) Notlage *f;* **frangere** ['frandʒere] <frango, fransi, franto> **I.** *vt* ① (*rompere*) brechen; (*olive*) (aus)pressen ② (*fig: resistenza*) brechen **II.** *vr* **-rsi** sich brechen

frangetta [fran'dʒetta] *f* Pony *m*

frangia ['frandʒa] <-ge> *f* ① (*di stoffa*) Franse *f* ② (*fascia costiera*) Küstenstreifen *m,* -saum *m* ③ (*fig* POL) Flügel *m* ④ (*fig: aggiunta*) Schnörkel *m,* Ausschmückung *f*

frangibile [fran'dʒiːbile] *agg* zerbrechlich

frangiflutti [frandʒi'flutti] <-> *m* Wellenbrecher *m*

frangigramma [frandʒi'gramma] <-i> *m* Herdgitter *n*

frangitura [frandʒi'tuːra] *f* (Aus)pressen *n*

frangivento [frandʒi'vɛnto] <-> *m* Windschutz *m*

fransi ['fransi] *1. pers sing pass rem di* **frangere**

franto ['franto] *pp di* **frangere**

frantoio [fran'toːio] <-oi> *m* (*per olive*) Ölmühle *f;* (*per pietre*) Steinmühle *f*

frantumare [frantu'maːre] **I.** *vt* zertrümmern **II.** *vr* **-rsi** zerbrechen, in Stücke gehen; (*legno*) zersplittern; **frantumi** [fran'tuːmi] *mpl* (Bruch)stücke *npl,* Trümmer *pl;* **andare in** ~ in die Brüche gehen

frappé [frap'pɛ] <-> *m* Milchmixgetränk *n,* Milchshake *m*

frapporre [frap'porre] <irr> **I.** *vt* ① (*cose*) dazwischen legen/stellen/setzen ② (*fig:*

ostacoli) in den Weg legen; ~ **indugi a qc** etw verzögern, etw verschleppen **II.** *vr* **-rsi** dazwischentreten, sich einmischen

frasario [fra'zaːrio] <-i> *m* (*di persona*) Redeweise *f,* Ausdrucksweise *f;* (*di categoria*) Sprache *f*

frasca ['fraska] <-sche> *f* ① (*fronda*) Zweig *m* ② (*d'osteria*) Schild *n,* Laubgebinde *n* ③ (*loc*) **saltare di palo in** ~ (*fig*) Gedankensprünge machen

frascati [fras'kaːti] <-> *m* (*vino laziale*) Frascati *m*

frase ['fraːze] *f* ① (LING) Satz *m* ② (*espressione*) Ausdruck *m;* (*locuzione*) Redewendung *f;* ~ **fatta** Gemeinplatz *m* ③ (MUS) Phrase *f;* **fraseggiare** [frazed'dʒaːre] *vi* ① (LING) Sätze bilden ② (MUS) phrasieren; **fraseggio** [fra'zeddʒo] <-ggi> *m* ① (LING) Satzbildung *f* ② (MUS) Phrasierung *f;* **fraseologia** [frazeolo'dʒiːa] <-gie> *f* Phraseologie *f*

frassino ['frassino] *m* Esche *f*

frastagliare [frastaʎ'ʎaːre] *vt* zerschneiden; (*ai margini*) ausschneiden; **frastagliato, -a** [frastaʎ'ʎaːto] *agg* (*terreno, costa*) zerklüftet

frastornato, -a [frastor'naːto] *agg* (*per rumore*) benommen; (*nelle idee*) verwirrt

frastuono [fras'tuɔːno] *m* Getöse *n,* Lärm *m*

frate ['fraːte] *m* (REL) Bruder *m;* **farsi** ~ ins Kloster gehen

fratellanza [fratel'lantsa] *f* ① (*tra fratelli*) Brüderlichkeit *f,* Brüderschaft *f* ② (*comunanza*) Bruderschaft *f* ③ (*fig: d'idee*) Gemeinsamkeit *f;* **fratellastro** [fratel'lastro] *m* Stiefbruder *m;* **fratello** [fra'tɛllo] *m* ① (*parente*) Bruder *m* ② (*fig* REL: *di confraternita, comunanza*) Bruder *m* ③ *pl* (*solo maschi*) Brüder *mpl;* (*-i e sorelle*) Geschwister *pl;* (COM) Gebrüder *pl;* ~ **d'armi** Waffenbruder *m*

fraternità [fraterni'ta] <-> *f* ① (*vincolo fraterno*) Brüderlichkeit *f* ② (*fig: amicizia, comunanza*) Bruderschaft *f;* **fraternizzare** [fraternid'dzaːre] *vi* sich verbrüdern; **fraterno, -a** [fra'tɛrno] *agg* ① (*relativo a fratelli*) brüderlich, Bruder- ② (*fig: amorevole*) brüderlich

fratricida [fratri'tʃiːda] <-i *m,* -e *f*> *mf* (*di fratello*) Brudermörder(in) *m(f);* (*di sorella*) Schwestermörder(in) *m(f);* **guerra** ~ Bruderkrieg *m*

fratta ['fratta] *f* Unterholz *n,* Dickicht *n*

frattaglie [frat'taʎʎe] *fpl* Innereien *pl*

frattale [frat'taːle] **I.** *agg* Fraktal- **II.** *m* (MAT, INFORM) Fraktal *n*

frattanto [frat'tanto] *avv* inzwischen, währenddessen

frattempo [frat'tɛmpo] *m* **nel ~** inzwischen, währenddessen

frattura [frat'tuːra] *f* (*a fig*) Bruch *m*

fraudolento, -a [fraudo'lɛnto] *agg* betrügerisch; **fraudolenza** [fraudo'lɛntsa] *f* Betrug *m*

frazionale [frattsio'naːle] *agg* aufteilbar, Bruch-; **moneta ~** Scheidemünze *f;* **numero ~** Bruchzahl *f*

frazionare [frattsio'naːre] *vt* (auf)teilen; **frazionario, -a** [frattsio'naːrio] <-i, -ie> *agg* Bruch-, Teil-; **frazione** [frat'tsioːne] *f* ❶ (*porzione*) Teil *m*, Bruchteil *m* ❷ (POL) Fraktion *f* ❸ (MAT) Bruch *m* ❹ (*di città*) Vorort *m*

freak [friːk] <-> *mf* Freak *m*

freatico, -a [fre'aːtiko] <-ci, -che> *agg* Grundwasser-

freccia ['frettʃa] <-cce> *f* Pfeil *m;* **veloce come una ~** pfeilschnell; **frecciata** [fret'tʃaːta] *f* Spitze *f*, Stichelei *f*

freddare [fred'daːre] *vt* ❶ (*cibi*) abkühlen lassen ❷ (*fig: entusiasmo*) abkühlen, dämpfen ❸ (*fig: uccidere*) kaltmachen

freddezza [fred'dettsa] *f* Kälte *f;* (*indifferenza*) Gleichgültigkeit *f;* (*sangue freddo*) Kaltblütigkeit *f*

freddo ['freddo] *m* Kälte *f;* **a ~** (*fig*) kaltblütig; **avere ~** frieren; **fa ~** es ist kalt; **fa un ~ cane** (*fam*) es ist saukalt *fam;* **far venir ~** (*fig*) erschau(d)ern lassen; **non mi fa né caldo né ~** das lässt mich (völlig) kalt, das ist mir egal

freddo, -a *agg* kalt; (*a fig*) kühl; (*colore*) kalt; **animali a sangue ~** Kaltblüter *mpl;* **guerra -a** Kalter Krieg; **mostrarsi ~ con qu** jdm die kalte Schulter zeigen; **freddoloso, -a** [freddo'loːso] *agg* gegen Kälte empfindlich, verfroren; **freddura** [fred'duːra] *f* Kalauer *m*

free climber [friː 'klaimə] <-> *mf* (SPORT) Freeclimber *m;* **free climbing** [friː 'klaimiŋ] <-> *m* (SPORT) Freeclimbing *n*

freedom ['friːdəm] <-> *m* Freiheitsideal *n*

free jazz ['friː dʒæz] <-> *m* (MUS) Freejazz *m;* **concerto ~** Freejazz-Konzert *n*

free lance ['friː'læns] I. <inv> *agg* frei, freiberuflich; **artista ~** freie(r) Künstler(in); **giornalista ~** freie(r) Journalist(in) II. <-> *mf* Freelance *m*, freie(r) Mitarbeiter(in) *m(f)*

free rider ['friː 'raidə] <-> *mf* (ADM: *chi trae vantaggio dal bene pubblico senza pagarne gli oneri*) Trittbrettfahrer *m*

freestyle ['friːstail] I. <-> *m* (SPORT: *sci*) Akrobatikski *m;* (*nuoto*) Freistil *m* II. <inv> *agg* (SPORT) **competizione ~** Frei-

stilschwimmen *n*

freeware <- *o* freewares> *m* (INFORM) Freeware *f*

freezer ['friːzə *o* 'frizer] <-> *m* ❶ (*cella del frigorifero*) Tiefkühlfach *n*, Gefrierfach *f* ❷ (*apparecchio congelatore*) Gefrierschrank *m*, Kühlbox *f*

fregare [fre'gaːre] I. *vt* ❶ (*pavimento*) scheuern; (*fiammifero*) reiben ❷ (*fig fam: imbrogliare*) anschmieren; (*rubare*) abstauben, klauen II. *vr* **-rsi** ❶ (*strisciare*) sich reiben ❷ (*fam*) **fregarsene di qc** auf etw *acc* pfeifen

fregata [fre'gaːta] *f* Fregatte *f*

fregatura [frega'tuːra] *f* (*fam*) Betrug *m*, Schwindel *m;* **dare una ~ a qu** jdn übers Ohr hauen; **prendere una ~** hereingelegt werden

fregio ['freːdʒo] <-gi> *m* ❶ (ARCH) Fries *m* ❷ (*su copricapo*) Tresse *f*

frego ['freːgo] <-ghi> *m* Strich *m*

fregola ['freːgola] *f* ❶ (ZOO) Brunst *f* ❷ (*fig: smania*) Sucht *f*

fremere ['frɛːmere] <fremo, fremei *o* fremetti, fremuto> *vi* zittern, beben; (*di orrore*) schaudern; **fremito** ['frɛːmito] *m* (*turbamento*) Zittern *n*, Beben *n;* (*di orrore*) Schauder *m*

frenare [fre'naːre] I. *vt* ❶ (*veicolo*) (ab)bremsen ❷ (*cavallo*) zügeln ❸ (*fig: trattenere*) zügeln; (*lacrime*) zurückhalten; (*riso*) sich verbeißen *fam;* (*lingua*) im Zaum halten II. *vr* **-rsi** sich beherrschen

frenastenia [frenaste'niːa] <-ie> *f* (MED) Schwachsinn *m;* **frenastenico, -a** [frenas'tɛːniko] <-ci, -che> I. *agg* schwachsinnig II. *m, f* Schwachsinnige(r) *f(m)*

frenata [fre'naːta] *f* Bremsung *f*, Bremsen *n*

frenesia [frene'ziːa] <-ie> *f* ❶ (*pazzia*) Tobsucht *f*, Raserei *f* ❷ (*fig: smania*) Sucht *f;* **~ del gioco** Spielleidenschaft *f;* **frenetico, -a** [fre'nɛːtiko] <-ci, -che> *agg* (*a fig*) rasend; (*applauso*) frenetisch

frenico, -a ['frɛːniko] <-ci, -che> *agg* (ANAT) Zwerchfell-

frenista [fre'nista] <-i *m*, -e *f*> *mf* Bremsenspezialist(in) *m(f)*

freno ['freːno] *m* ❶ (TEC) Bremse *f;* **~ a mano** Handbremse *f* ❷ (*del cavallo*) Gebiss *n* ❸ (*fig*) **mettere un ~ a qc** einer Sache *dat* einen Riegel vorschieben; **tenere a ~ qu** jdn im Zaum halten; **senza ~** zügellos

frenocomio [freno'kɔːmio] <-i> *m* Irrenhaus *n*

frenulo ['frɛːnulo] *m* (ANAT) (Zungen)bändchen *n*, Frenulum *n*

frequentare [frekuen'taːre] *vt* ❶ (*persone*) verkehren mit; **~ cattive compagnie**

schlechten Umgang haben ❷ (*luoghi*) verkehren in +*dat;* (*scuola*) gehen in +*acc*, besuchen; **frequentato, -a** [frekuen'ta:to] *agg* (*locale*) gut besucht; (*strada*) belebt

frequente [fre'kuɛnte] *agg* häufig; **frequenza** [fre'kuɛntsa] *f* ❶ (*di incidenti, fatti*) Häufung *f*, Häufigkeit *f* ❷ (*di persone*) Menge *f*, Zahl *f* ❸ (*di scuola*) Besuch *m* ❹ (PHYS) Frequenz *f* ❺ (INFORM) ~ **di refresh** Bildwiederholfrequenz *f*

fresatrice [freza'tri:tʃe] *f* (TEC) Fräsmaschine *f*

freschezza [fres'kettsa] *f* Frische *f*

freschista [fres'kista] <-i *m*, -e *f*> *mf* (KUNST) Freskenmaler(in) *m(f)*

fresco ['fresko] *m* ❶ (*temperatura*) Frische *f*; **fa** ~ es ist kühl; **stare al** ~ (*fig fam*) hinter Gittern sitzen ❷ (*tessuto*) Fresko *m*

fresco, -a <-schi, -sche> *agg* (*a fig*) frisch; **essere** ~ **di studi** gerade sein Examen gemacht haben; **un dottore** ~ **di studi** ein frischgebackener Doktor; **stare** ~ (*fig fam*) aufgeschmissen sein; **frescura** [fres'ku:ra] *f* Kühle *f*, Frische *f*

fretta ['fretta] *f* Eile *f*; **aver** ~ Eile haben, pressieren *A;* **far** ~ **a qu** jdn zur Eile antreiben; **non c'è** ~ das hat keine Eile; **in** ~ in Eile; **in** ~ **e furia** in aller Eile; **frettoloso, -a** [fretto'lo:so] *agg* ❶ (*rapido*) eilig, hastig ❷ (*sommario*) oberflächlich

friabile [fri'a:bile] *agg* (*terreno*) locker, bröck(e)lig; (*pasta*) mürbe; (*neve*) körnig; (*pietre*) brüchig

Fribourg [fri'bu:r] *f* (*in Svizzera*) Freiburg *n*

Friburgo [fri'burgo] *f* (*in Germania*) Freiburg *n*

fricassea [frikas'sɛ:a] *f* (GASTR) Frikassee *n*

fricativa [frika'ti:va] *f* (LING) Reibelaut *m*, Frikativ *m*

fricchettone [frikket'to:ne] *m* (*sl*) Freak *m*

friggere ['friddʒere] <friggo, frissi, fritto> **I.** *vt* backen, braten; (*con molto olio*) frittieren; **andare a farsi** ~ (*fam*) sich zum Teufel scheren; **mandare qu a farsi** ~ (*fam*) jdn zum Teufel jagen **II.** *vi* ❶ (*crepitare*) brutzeln ❷ (*fig: fremere*) kochen; **friggitoria** [friddʒito'ri:a] <-ie> *f* Bratstube *f*, Frittenbude *f*

frigidità [fridʒidi'ta] <-> *f* (MED) Frigidität *f*; **frigido, -a** ['fri:dʒido] *agg* ❶ (MED) frigid(e) ❷ (*fig: freddo*) kalt(herzig)

frignare [friɲ'ɲa:re] *vi* wimmern

frigo ['fri:go] <-> *m* (*fam*) Eisschrank *m*; **frigobar** [frigo'bar] <-> *m* Mini-Bar *f*; **frigocongelatore** [frigokondʒela'to:re] *m* Kühlschrank *m* mit (Dreisterne-)Gefrierfach

frigorifero [frigo'ri:fero] *m* Kühlschrank *m*, Eiskasten *m A*

frigorifero, -a *agg* Kühl-

fringe benefit [frindʒ 'benəfit] <-> *m* (ADM: *beneficio accessorio*) Lohnnebenleistungen *fpl*

fringuello [friŋ'guɛllo] *m* Buchfink *m*

frinire [fri'ni:re] <frinisco> *vi* zirpen

frisbee® ['frisbi:] <-> *m* Frisbee *n*, Frisbeescheibe *f*; **lanciare il** ~ die Frisbeescheibe werfen; **fare una partita a** [*o* **giocare a**] ~ Frisbee spielen

Frisia ['fri:zia] *f* Friesland *n*; ~ **Occidentale/Orientale** West-/Ostfriesland *n;* **frisone** [fri'zo:ne] **I.** *agg* friesisch **II.** *mf* Friese *m*, Friesin *f*

frissi ['frissi] *1. pers sing pass rem di* **friggere**

frittata [frit'ta:ta] *f* Eierkuchen *m*, Omelett *n;* **fare una** ~ (*fig fam*) Mist bauen

frittella [frit'tɛlla] *f* ❶ (GASTR) Krapfen *m* ❷ (*macchia d'unto*) Fettfleck *m*

fritto ['fritto] *m* Gebratene(s) *n*, Gebackene(s) *n;* ~ **misto** gemischtes Ausgebackenes (*meist Fisch, aber auch Fleisch oder Gemüse*)

fritto, -a **I.** *pp di* **friggere** **II.** *agg* ❶ (GASTR) gebraten, gebacken; (*con molto olio*) frittiert ❷ (*fig fam: spacciato*) geliefert, angeschmiert, gelackmeiert; **esser bell'e** ~ (*fig fam*) in Teufels Küche sein; ~ **e rifritto** (*fam fig*) zum tausendsten Mal aufgewärmt; **frittura** [frit'tu:ra] *f* (Aus)gebackene(s) *n*, Frittüre *f;* ~ **di pesce** gebackene Fische

friulano [friu'la:no] <*sing*> *m* Friaulanisch(e) *n*

friulano, -a **I.** *agg* friaulanisch, friaulisch **II.** *m, f* (*abitante*) Bewohner(in) *m(f)* des Friaul

Friuli [fri'u:li] *m* Friaul *n;* **il** ~ **è una regione a statuto speciale** die (autonome) Region Friaul hat einen Sonderstatus

frivolezza [frivo'lettsa] *f* Leichtfertigkeit *f*, Frivolität *f;* **frivolo, -a** ['fri:volo] *agg* leichtfertig, frivol

frizionare [frittsio'na:re] *vt* einreiben; **frizione** [frit'tsio:ne] *f* ❶ (*attrito*) Einreibung *f* ❷ (*fig: dissenso*) Reibung *f* ❸ (*massaggio*) Massage *f* ❹ (MOT) Kupplung *f;* **innestare la** ~ einkuppeln; **disinnestare la** ~ auskuppeln

frizzante [frid'dzante] *agg* ❶ (*vento*) schneidend ❷ (*bibita*) prickelnd ❸ (*fig: motto*) beißend

frizzo ['friddzo] *m* bissige Bemerkung *f*

frocio ['frɔtʃo] <-i> *m* (*vulg: omosessuale*) Schwule(r) *m fam*

frodare [fro'da:re] *vt* betrügen; ~ **il fisco** Steuern hinterziehen; **frode** ['frɔːde] *f* Betrug *m;* ~ **fiscale** Steuerhinterziehung *f;* **frodo** ['frɔːdo] *m* Schmuggel *m;* **cacciare di** ~ wildern

frogia ['frɔːdʒa] <-gie *o* -ge> *f* (*cavallo*) Nüster *f*

frollare [frol'la:re] I. *vt avere* (*carne di selvaggina*) abhängen lassen, mürbe werden lassen II. *vi essere* abhängen, mürbe werden; **frollatura** [frolla'tuːra] *f* (*carne di selvaggina*) Abhängen(lassen) *n,* Abhängezeit *f;* **frollo, -a** ['frɔllo] *agg* ❶ (*carne*) abgehangen ❷ (*fig: persone*) schlapp, schlaff ❸ (*loc*) **pasta -a** Mürbeteig *m*

frombola ['frombola] *f* (*poet*) Schleuder(waffe) *f;* **fromboliere** [frombo'liɛːre] *m* ❶ (HIST) Schleuderschütze *m* ❷ (SPORT) Torjäger *m*

fronda ['fronda] *f* ❶ (*frasca*) Zweig *m* ❷ *pl* (*fogliame*) Laubwerk *n* ❸ *pl* (*fig: ornamenti*) Schnörkel *mpl,* Verzierungen *fpl*

frondoso, -a [fron'do:so] *agg* ❶ (BOT) (dicht) belaubt ❷ (*fig: stile*) verschnörkelt

frontale [fron'ta:le] *agg* ❶ (ANAT) Stirn- ❷ (*attacco*) frontal, Frontal- ❸ (LING) frontal

frontaliero, -a [fronta'liɛːro] *m, f* (*frontiera*) Grenzgänger(in) *m(f)*

frontalino [fronta'li:no] *m* Bedienteil *n* eines Autoradios; ~ **estraibile** abnehmbares Bedienteil (eines Autoradios)

fronte ['fronte] I. *f* ❶ (ANAT) Stirn *f;* **a** ~ **alta/bassa** erhobenen/gesenkten Hauptes ❷ (*fig: volto*) Gesicht *n* ❸ (*facciata*) Vorderseite *f;* **a** ~ (*a confronto*) gegenüber +*dat;* (*a lato*) nebenstehend ❹ (*loc*) **di** ~ **alla casa** gegenüber dem Haus; **la casa di** ~ das Haus gegenüber; **di** ~ **a questa situazione** angesichts der Lage II. *m* ❶ (MIL, POL) Front *f* ❷ (*loc*) **far** ~ **alle difficoltà** den Schwierigkeiten bewältigen; **far** ~ **agli impegni** den Verpflichtungen nachkommen; **far** ~ **alle spese** für die Kosten aufkommen

fronteggiare [frontedʒ'dʒa:re] *vt* ❶ (*far fronte*) ~ **qu** jdm widerstehen; ~ **le difficoltà** (*fig*) die Schwierigkeiten bewältigen ❷ (*edificio*) ~ **qc** einer Sache *dat* gegenüber liegen

frontespizio [frontes'pittsio] <-i> *m* Frontispiz *n,* Titelseite *f*

frontiera [fron'tiɛːra] *f* (Staats)grenze *f;* **passare la** ~ die Grenze überschreiten

frontone [fron'to:ne] *m* (ARCH) Giebel *m*

fronzolo ['frondzolo] *m* Flitter *m,* Tand *m;* (*fig: stile*) Schnörkel *m*

Frosinone *f* Frosinone *n* (*Stadt im Latium*)

frotta ['frɔtta] *f* Schar *f,* Schwarm *m;* **a -e** in Scharen, scharenweise

frottola ['frɔttola] *f* Flunkerei *f,* Märchen *n*

frugale [fru'ga:le] *agg* ❶ (*persona*) genügsam, anspruchslos ❷ (*pasto*) einfach, bescheiden; **frugalità** [frugali'ta] <-> *f* Genügsamkeit *f,* Einfachheit *f*

frugare [fru'ga:re] I. *vi* (herum)kramen, (herum)stöbern II. *vt* durchsuchen

frugolo ['fru:golo] *m* Wildfang *m*

fruire [fru'i:re] <fruisco> *vi* ~ **di qc** etw genießen

fruit [fru:t] <-> *f* (*obs: maglietta, t-shirt*) T-Shirt *n*

frullare [frul'la:re] I. *vt avere* rühren, quirlen; (*panna*) schlagen II. *vi essere o avere* schwirren; (*a uccelli*) flattern; (*motore*) surren

frullateria [frullate'ri:a] <-ie> *f* Milchbar *f;* **frullato** [frul'la:to] *m* (Milch)mixgetränk *n;* **frullatore** [frulla'to:re] *m* Mixer *m;* ~ **a immersione** Stabmixer *m;* **frullino** [frul'li:no] *m* Quirl *m,* Sprudler *m A*

frumento [fru'mento] *m* Weizen *m,* Korn *n*

fruscio [fruʃ'ʃi:o] <-scii> *m* Rauschen *n,* Knistern *n*

frusinate [fruzi'na:te] I. *agg* aus Frosinone stammend II. *mf* (*abitante*) Einwohner(in) *m(f)* von Frosinone

frusta ['frusta] *f* ❶ (*sferza*) Peitsche *f* ❷ (*da cucina*) Schneebesen *m;* **frustare** [frus'ta:re] *vt* ❶ (*con la sferza*) (aus)peitschen ❷ (*fig: censurare*) geißeln; **frustata** [frus'ta:ta] *f* Peitschenhieb *m;* **frustino** [frus'ti:no] *m* Reitpeitsche *f,* (Reit)gerte *f*

frustrante [frus'trante] *agg* frustrierend, Frust-; **frustrare** [frus'tra:re] *vt* (*tentativi*) vereiteln; (*speranze*) zunichte machen, enttäuschen; **frustrazione** [frustrat'tsio:ne] *f* ❶ Enttäuschung *f;* (PSYCH) Frustration *f* ❷ (*di tentativi*) Vereitelung *f*

frutice ['fru:titʃe] *m* (BOT) Strauch *m*

frutta ['frutta] <*sing*> *f* Obst *n;* ~ **candita** kandierte Früchte *fpl;* ~ **secca** Dörrobst *n;* ~ **da tavola** Tafelobst *n;* **essere alla** ~ beim Dessert sein; (*fig fam*) am Ende sein

fruttare [frut'ta:re] *vi* ❶ (*capitale*) einbringen, abwerfen ❷ (*fig: esempio*) Früchte tragen, fruchten

frutteto [frut'te:to] *m* Obstgarten *m*

frutticolo, -a [frut'ti:kolo] *agg* Obst-; **frutticoltura** [fruttikol'tuːra] *f* Obstbau *m*

fruttiera [frut'tiɛːra] *f* Obstschale *f*

fruttifero, -a [frut'ti:fero] *agg* ❶ (BOT) Obst-, fruchttragend ❷ (*fig*) einträglich; (*conto*) zinsbringend, -tragend

fruttivendolo, -a [frutti'vendolo] *m, f* Obsthändler(in) *m(f)*

frutto ['frutto] *m* ❶ (BOT) Frucht *f* ❷ *pl* (*fig: prodotti di attività umana*) Früchte *fpl* ❸ (*fig: conseguenza*) Ergebnis *n;* ~ **dell'amore** Kind *n* der Liebe ❹ (COM: *profitto*) Ertrag *m,* Gewinn *m;* (FIN: *interesse*) Zins *m;* **mettere a ~ un capitale** Kapital Gewinn bringend anlegen ❺ (*loc*) **-i di mare** Meeresfrüchte *fpl*

fruttosio [frut'tɔːzio] <-i> *m* Fruchtzucker *m,* Fructose *f*

fruttuoso, -a [fruttu'oːso] *agg* fruchtbar, ertragreich

FS *fpl abbr di* **Ferrovie dello Stato** *staatliche italienische Eisenbahn,* ≈ DB *f*

f.to *abbr di* **firmato** gez.

fu [fu] **I.** *3. pers sing pass rem di* **essere**[1] **II.** <inv> *agg* verstorben, selig; **il ~ Giuseppe Bianchi** der selige Giuseppe Bianchi; **Bianchi Mario ~ Giuseppe** Mario Bianchi, Sohn des verstorbenen Giuseppe

fucilare [futʃi'laːre] *vt* erschießen; **fucilata** [futʃi'laːta] *f* Gewehrschuss *m;* **fucilazione** [futʃilat'tsioːne] *f* Erschießung *f*

fucile [fu'tʃiːle] *m* Gewehr *n;* ~ **ad avancarica** Vorderlader *m;* ~ **da caccia** Jagdgewehr *n;* ~ **mitragliatore** (*leichtes*) Maschinengewehr *n;* **fuciliere** [futʃi'liɛːre] *m* Schütze *m,* Füsilier *m CH*

fucina [fu'tʃiːna] *f* ❶ (*focolare*) Schmiedeofen *m* ❷ (*locale*) Schmiede *f;* **fucinare** [futʃi'naːre] *vt* schmieden

fuco ['fuːko] <-chi> *m* Drohne *f*

fuga ['fuːga] <-ghe> *f* ❶ (*atto del fuggire*) Flucht *f;* **darsi alla ~** die Flucht ergreifen; **mettere in ~** in die Flucht schlagen ❷ (*fuoriuscita*) Entweichen *n;* (*a di liquidi*) Ausströmen *n;* (*fig: di notizie*) Durchsickern *n* ❸ (*fig: espatrio*) Abwanderung *f* ❹ (MUS) Fuge *f* ❺ (ARCH) Flucht *f* ❻ (SPORT) Ausreißen *n* ❼ (COM) ~ **di capitali** Kapitalflucht *f*

fugace [fu'gaːtʃe] *agg* vergänglich, flüchtig; **fugacità** [fugatʃi'ta] <-> *f* Vergänglichkeit *f,* Flüchtigkeit *f*

fugare [fu'gaːre] *vt* ❶ (*poet: mettere in fuga*) in die Flucht schlagen, verjagen ❷ (*fig: dissipare*) vertreiben; (*dubbi, nubi*) zerstreuen

fuggiasco, -a [fud'dʒasko] <-schi, -sche> **I.** *agg* flüchtig **II.** *m, f* Flüchtige(r) *f(m)*

fuggifuggi [fuddʒi'fuddʒi] <-> *m* (*wilde*) Flucht *f*

fuggire [fud'dʒiːre] **I.** *vi* essere ❶ (*scappare*) fliehen, flüchten; ~ **via** fortlaufen ❷ (SPORT) ausreißen; (*fig*) davoneilen; (*tem-*

po) verfliegen **II.** *vt avere* meiden; **fuggitivo, -a** [fuddʒi'tiːvo] **I.** *agg* flüchtend **II.** *m, f* Flüchtling *m*

fui *1. pers sing pass rem di* **essere**[1]

fulcro ['fulkro] *m* ❶ (TEC) Drehpunkt *m* ❷ (*fig*) Kern *m,* Angelpunkt *m*

fulgido, -a ['fuldʒido] *agg* glänzend, leuchtend

fulgore [ful'goːre] *m* Glanz *m*

fuliggine [fu'liddʒine] *f* Ruß *m;* **fuligginoso, -a** [fuliddʒi'noːso] *agg* rußig

full employment [ful im'plɔimənt] <-> *m* Vollzeitbeschäftigung *f;* **full immersion** [ful i'məːʃən] <-> *f* Full-immersion *f;* **essere in ~** maximalen Einsatz bringen; **fare un corso ~** einen Intensivkurs machen; **full-time** [ful'taim] **I.** <inv> *agg* Vollzeit-, Ganztags-; **impiego ~** volle Stelle; **lavoro ~** Ganztagsarbeit *f;* **occupazione ~** Vollzeitbeschäftigung *f* **II.** *avv* ganztags; **lavorare a ~** ganztags arbeiten **III.** <-> *m* Vollzeitbeschäftigung *f;* **ho accettato il ~** ich habe den Fulltimejob angenommen

fulminante [fulmi'nante] **I.** *agg* ❶ (TEC) Spreng-, Schieß-, Zünd- ❷ (*fig: sguardo*) durchbohrend ❸ (*malattia*) tödlich **II.** *m* (*fam*) Streichholz *n,* Zündholz *n A*

fulminare [fulmi'naːre] **I.** *vt* ❶ (*fulmine*) treffen, erschlagen ❷ (*scarica elettrica*) einen elektrischen Schlag verpassen ❸ (*con arma da fuoco*) niederschießen ❹ (*fig: con lo sguardo*) durchbohren **II.** *vi* blitzen **III.** *vr* **-rsi** durchbrennen

fulmine ['fulmine] *m* Blitz *m;* **un ~ a ciel sereno** (*wie*) ein Blitz aus heiterem Himmel; **un colpo di ~** (*fig*) Liebe *f* auf den ersten Blick; **come un ~** wie ein Blitz; **fulmineo, -a** [ful'miːneo] <-ei, -ee> *agg* ❶ (*veloce*) blitzschnell ❷ (*improvviso*) schlagartig

fulvo, -a ['fulvo] *agg* rotblond

fumaiolo [fuma'iɔːlo] *m* Schornstein *m*

fumare [fu'maːre] *vt, vi* rauchen; **fumata** [fu'maːta] *f* ❶ (*colonna di fumo*) Rauchsäule *f* ❷ (*per segnalazione*) Rauchzeichen *n* ❸ (*di tabacco*) Rauchen *n;* **fumatore, -trice** [fuma'toːre] *m, f* Raucher(in) *m(f)*

fumetto [fu'metto] *m* ❶ (*nuvoletta*) Sprechblase *f* ❷ *pl* Comics *mpl,* Bildstreifen *mpl;* **racconto a -i** Comic *m*

fumigazione [fumigat'tsioːne] *f* Ausräucherung *f*

fumista [fu'mista] <-i *m,* -e *f*> *mf* Ofensetzer(in) *m(f),* Hafner(in) *m(f) A*

fummo ['fummo] *1. pers pl pass rem di* **essere**[1]

fumo ['fuːmo] *m* ❶ (*prodotto di combu-*

stione) Rauch *m*, Qualm *m; (vapore)* Dampf *m;* **andare in ~** *(fig)* sich in Rauch auflösen; **essere pieno di ~** *(fig)* aufgeblasen sein; **mandare in ~ qc** *(fam)* etw platzen lassen; **vendere ~** ein Schaumschläger sein; **molto ~ e poco arrosto** *(fig)* mehr Schein als Sein, viel Lärm um nichts ❷ *(del tabacco)* Rauchen *n;* **fumogeno, -a** [fu'mɔːdʒeno] *agg* Rauch-, raucherzeugend

fumoseria [fumose'riːa] <-ie> *f* Dunkelheit *f*, Unklarheit *f*

fumoso, -a [fu'moːso] *agg* ❶ *(pieno di fumo)* verraucht, rauchig ❷ *(che fa fumo)* rauchend ❸ *(fig: oscuro)* nebelhaft, dunkel

funambolo, -a [fu'nambolo] *m, f* Seiltänzer(in) *m(f)*

fune ['fuːne] *f (corda)* Seil *n; (cavo)* Tau *n; (per bucato)* Leine *f;* **tiro alla ~** Tauziehen *n*

funebre ['fuːnebre] *agg* ❶ *(relativo ai morti)* Leichen-, Toten- ❷ *(fig: mesto, lugubre)* düster

funerale [fune'raːle] *m* Beerdigung *f;* **una faccia da ~** ein Gesicht wie drei Tage Regenwetter

funerario, -a [fune'raːrio] <-i, -ie> *agg* Grab-

funereo, -a [fu'nɛːreo] <-ei, -ee> *agg v.* **funebre**

funestare [funes'taːre] *vt* heimsuchen, überschatten

funesto, -a [fu'nɛsto] *agg* verderben bringend, verhängnisvoll

fungaia [fuŋ'gaːia] <-aie> *f* ❶ *(terreno)* Pilzplatz *m*, Pilzbeet *n* ❷ *(fig, pej: quantità)* Haufen *m*

fungere ['fundʒere] <fungo, funsi, funto> *vi* **~ da** fungieren als; (ADM) amtieren als; *(essere)* sein; **~ da padrino** Pate sein

fungibile [fun'dʒiːbile] *agg* vertretbar

fungo ['fuŋgo] <-ghi> *m* Pilz *m*, Schwamm *m A*, Schwammerl *n A;* **~ edule** Speisepilz *m;* **~ porcino** Steinpilz *m;* **~ prataiolo** Champignon *m;* **~ velenoso** Giftpilz *m;* **crescere come -ghi** wie Pilze aus dem Boden schießen

funicolare [funiko'laːre] *f* (Stand)seilbahn *f*

funivia [funi'viːa] <-ie> *f* (Draht)seilbahn *f*, Seilschwebebahn *f*

funny ['fʌni] <-> *m* (NAUT) Regatta-Yacht *f*

funsi ['funsi] *1. pers sing pass rem di* **fungere**

funto ['funto] *pp di* **fungere**

funzionale [funtsio'naːle] *agg* zweckmäßig, funktionell

funzionalismo [funtsiona'lizmo] *m* Funktionalismus *m;* **funzionalistico, -a**

[funtsiona'listiko] <-ci, -che> *agg* funktionalistisch

funzionalizzare [funtsionalid'dzaːre] *vt* funktionstüchtig machen, verbessern

funzionamento [funtsiona'mento] *m* Arbeitsweise *f*, Funktionieren *n*

funzionante [funtsio'nante] *agg* funktionsfähig, funktionierend; **congegno ~** funktionstüchtiges Gerät; **apparecchio ~** funktionsfähiger Apparat; **una radio degli anni '40 perfettamente ~** ein vollständig funktionsfähiges Radio aus den 40-ern

funzionare [funtsio'naːre] *vi* ❶ (TEC) funktionieren, gehen; **far ~** in Betrieb setzen, in Gang bringen ❷ *(persone)* fungieren, amtieren

funzionario, -a [funtsio'naːrio] <-i, -ie> *m, f* Amtsperson *f*, Funktionär(in) *m(f); (impiegato)* Beamte(r) *m*, Beamtin *f; (incaricato)* Beauftragte(r) *f(m)*

funzione [fun'tsioːne] *f* ❶ (*gener* MAT, MED, TEC, INFORM) Funktion *f; (a di persona)* Tätigkeit *f*, Aufgabe *f; (ufficio)* Stellung *f; (carica)* Amt *n; (mansione)* Befugnis *f;* **nell'esercizio delle proprie -i** in Ausübung seines Amtes; **entrare in ~** in Betrieb gehen; *(persone)* die Arbeit aufnehmen ❷ *(cerimonia, rito)* Feier *f;* **~ funebre** Totenmesse *f;* **~ religiosa** Gottesdienst *m*

fuoco ['fuɔːko] <-chi> *m* ❶ *(gener)* Feuer *n;* **-chi d'artificio** Feuerwerk *n;* **dar ~ a qc** etw in Brand setzen, etw anzünden; **pigliar ~** Feuer fangen; **andare a ~** in Flammen aufgehen; **scherzare col ~** *(fig)* mit dem Feuer spielen; **mettere a ~ un argomento** *(fig)* eine Frage genau unter die Lupe nehmen; **mettere la mano sul ~ per qu** *(fig)* für jdn die Hand ins Feuer legen; **soffiare sul ~** *(fig)* in die Glut blasen, das Feuer schüren; **al ~!** Feuer!, es brennt! ❷ *(fornello)* (Herd)platte *f*, Flamme *f*, Feuer *n* ❸ (FOTO, PHYS) Brennpunkt *m*, Fokus *m* ❹ (MIL) Feuer *n;* **fare ~** Feuer machen; (MIL) Feuer geben, feuern; **aprire/cessare il ~** das Feuer eröffnen/einstellen

fuorché [fuor'ke] **I.** *cong* außer **II.** *prp* ausgenommen +*nom o acc*, außer +*dat*, mit Ausnahme +*gen*

fuordopera <-> *m* (LIT: *parte non integrante di un'opera letteraria*) Kommentar *m*, Anmerkung *f*

fuori [fu'ɔːri] **I.** *avv* ❶ *(stato)* draußen; *(sulla superficie)* außen; *(fuori di casa: persone)* außer Haus; *(all'estero)* im Ausland ❷ *(moto)* heraus, hinaus; **sporgersi in ~** sich hinauslehnen; **~ (di qui)**! hinaus!; **~ i soldi!** her mit dem Geld! ❸ *(loc)* **fuor di dubbio** außer Zweifel; **essere ~ strada**

(*fig*) auf dem falschen Dampfer sein; **far ~** (*fam: uccidere*) abmurksen; (*patrimonio*) durchbringen; **metter ~** (*denaro*) ausgeben; (*notizia*) verbreiten; (*persona*) vor die Tür setzen; **tagliar ~ qu** jdn (von etw) ausschließen; **essere ~ di sé** außer sich *dat* sein II. *prp* ❶ (*stato*) außerhalb *+gen*; (*fig*) außer *+dat* ❷ (*moto*) aus *+dat* ❸ (*loc*) **~ concorso/pericolo/uso** außer Konkurrenz/Gefahr/Gebrauch; **~ luogo** unangebracht, fehl am Platz(e); **~ mano** abgelegen, entlegen; **~ orario** außerplanmäßig, außerhalb der (festgesetzten) Zeit; **~ tempo** aus dem Takt; **~ tiro** außer Schussweite III. *m* **il di ~** die Außenseite

FUORI ['fuɔːri] *m abbr di* **Fronte Unitario Omosessuale Rivoluzionario Italiano** *italienische Homosexuellenbewegung*

fuoribordismo [fuoribor'dizmo] *m* (SPORT) Regatta *f* mit Außenbordern; **fuoribordo** [fuori'bordo] <-> *m* ❶ (*motore*) Außenbordmotor *m* ❷ (*imbarcazione*) Außenborder *m*

fuoriborsa [fuori'borsa] <-> *m* (FIN) Freiverkehr *m*

fuoribusta [fuori'busta] I. <-> *m* Extravergütung *f*, Nebenvergütung *f*; **il mio ~ è quasi pari al mio stipendio** meine Nebenvergütung ist fast so hoch wie mein Gehalt II. <inv> *agg* Sonder-, Neben-; **premio ~** Sonderprämie *f*

fuoricampo [fuori'kampo] I. <inv> *agg* (FILM) Off, off; **voce ~** Off-Stimme *f* II. <-> *m* ❶ (FILM: *suono, voce*) Off *n* ❷ (SPORT) Aus *n*

fuoriclasse [fuori'klasse] I. <inv> *agg* erstklassig; (*speciale*) Spezial-, Sonder- II. <-> *mf* Sonderklasse *f fam*, Klassemann, -frau *m, f*

fuori combattimento [fuorikombatti'mento] I. <inv> *agg* knockout; **mettere qu ~** jdn k.o. schlagen; (*fig*) jdn außer Gefecht setzen II. <-> *m* Knock-out *m*

fuori corsa [fuori'korsa] I. *avv* (SPORT) ausgeschieden II. <inv> *agg* (SPORT) ausgeschieden

fuoricorso [fuori'korso] <-> *mf* Student(in) *m(f)*, der (die) die Studienzeit überschritten hat

fuorigara [fuori'gaːra] I. *avv* außer Konkurrenz, aus dem Wettbewerb; **finire ~** aus dem Wettbewerb ausscheiden II. <inv> *agg* außer Konkurrenz

fuorigioco [fuori'dʒɔːko] <-> *m* Abseits *n*, Aus *n*

fuorilegge [fuori'leddʒe] <-> *mf* Gesetzlose(r) *f(m)*

fuorimano [fuori'maːno] I. *avv* abgelegen;

abitare/vivere ~ abgelegen wohnen/leben II. <inv> *agg* abgelegen, abgeschieden; **strada ~** abseits gelegene Straße

fuori misura, fuorimisura [fuˈɔːri miˈzuːra] I. <inv> *agg* ❶ (*che non risponde a misure standard*) Sonder-; **giacca ~** Jacke in Sondergröße; **armadio ~** Sondermodell eines Schrankes ❷ (*fig: esagerato, eccessivo*) unangemessen, Über-; **litigio ~** unangemessener Streit; **reazione ~** Überreaktion *f* II. *avv* (*in modo eccessivo, smodato*) maßlos, zu viel; **fumare ~** übermäßig rauchen; **mangiare ~** zu viel essen; **bere ~** zu viel trinken

fuorimoda [fuori'moːda] I. <inv> *agg* unmodern, aus der Mode gekommen II. *avv* nicht modisch, nicht nach der Mode; **vestire ~** sich nicht nach der Mode kleiden

fuori orario, fuoriorario [fuˈɔːri oˈraːrio] I. *avv* außerhalb der (feststehenden) Zeitplanes, nicht pünktlich II. <inv> *agg* unpünktlich, nicht pünktlich; **programma ~** nicht pünktlich beginnendes Programm

fuoripagina [fuori'paːdʒina] <-> *m* Artikel *m* auf einer Sonderseite

fuoripasto [fuori'pasto] *avv* außerhalb der Mahlzeiten; **non mangio mai ~** ich esse nie zwischendurch

fuoripista [fuori'pista] <-> *m* (SPORT) Tiefschneefahren *n;* **fare un ~** außerhalb der Piste fahren

fuoriporta [fuori'pɔrta] I. *avv* in der Vorstadt II. <inv> *agg* in der Vorstadt; **ristorante ~** Vorstadtrestaurant

fuoriprogramma [fuoripro'gramma] <-> *m* Zugabe *f*, Pausenfüller *m*, Programmfüller *m;* **eseguire un ~** eine Zugabe geben; **trasmettere un ~** einen Pausenfüller senden

fuoriquota [fuori'kuɔːta] <-> *mf* (SPORT) überzähliger Spieler/Athlet

fuorisacco [fuori'sakko] I. <-> *m* Eilbrief *m*, Eilsendung *f* II. <inv> *agg* Eil-; **plico ~** Eilsendung *f*

fuorisede [fuori'sɛːde] I. <inv> *agg* auswärtig II. <-> *mf* Auswärtige(r) *f(m)*

fuoriserie [fuori'sɛːrie] I. <inv> *agg* Sonder-, Spezial- II. <-> *f* Sonderausführung *f*, Sondermodell *n*

fuoristrada [fuori'straːda] I. <-> *m* ❶ (AUTO) Geländewagen *m* ❷ (SPORT: *gara*) Querfeldeinrennen *n* II. <inv> *agg* Gelände-; **moto ~** Geländemotorrad *n;* **auto ~** Geländewagen *m;* **fuoristradista** [fuoristraˈdista] <-i *m*, -e *f>* *mf* Fahrer(in) *m(f)* eines Geländewagens; **fuoristradistico, -a** [fuoristraˈdiːstiko] *agg* Gelände-; **prestazioni -che** Geländeeigenschaften

fuoriuscire [fuoriuʃʃiːre] <irr> *vi ~ da* austreten aus; **fuor(i)uscita** [fuor(i)uʃʃiːta] *f* Ausströmen *n*, Entweichen *n;* (*rinuncia*) Ausstieg *m;* (*dal partito*) Austritt *m*

fuoriuscitismo [fuoriuʃʃiˈtizmo] *m* Opposition *f* emigrierter Exilanten; **il governo è minacciato dal forte ~ degli esuli** die Regierung wird durch die starke Opposition emigrierter Exilanten bedroht

fuor(i)uscito, a [fuor(i)uʃʃiːto] *m, f* Emigrant(in) *m(f)*

fuorivia [fuoriˈviːa] *avv* weit weg, außer Landes

fuormisura [fuormiˈzuːra] *v.* fuorimisura

fuorviante [fuorˈviante] *agg* ❶ (*che svia*) irreführend, abwegig ❷ (*fig: aberrante*) abwegig; **indizio ~** irreführendes Indiz; **ipotesi ~** irrige Annahme

fuorviare [fuorviˈaːre] I. *vt* ❶ (*sviare*) irreleiten ❷ (*fig: traviare*) auf Abwege führen, verführen II. *vi* auf Abwege geraten; (*bes fig*) vom rechten Weg abkommen

furba *f v.* furbo

furbacchione, -a [furbakˈkioːne] *m, f* (*fam*) Schlaumeier *m*

furberia [furbeˈriːa] <-ie> *f* Listigkeit *f*, List *f;* **furbizia** [furˈbittsia] <-ie> *f* Schlauheit *f*, Schläue *f;* **furbo, -a** [ˈfurbo] I. *agg* schlau, listig II. *m, f* Schlaumeier *m*

furente [fuˈrɛnte] *agg* wütend

furetto [fuˈretto] *m* (zoo) Frettchen *n*

furfante [furˈfante] *m* Gauner *m*

furgonato [furgoˈnaːto] *m* (mot) Nutzfahrzeug *n*, Transporter *m*

furgonato, -a *agg* (mot) Transport-, Nutz-

furgone [furˈgoːne] *m* Lieferwagen *m;* **~ per traslochi** Möbelwagen *m*

furia [ˈfuːria] <-ie> *f* ❶ (*accesso di collera*) Wut *f;* **andare su tutte le -ie** einen heiligen Zorn bekommen, auf die Palme gehen *fam* ❷ (*fig: a del vento*) Wüten *n* ❸ (*fretta*) (große) Eile *f;* **in fretta e ~** in aller Eile ❹ (*fig: di sentimenti*) Heftigkeit *f* ❺ (*persona*) Furie *f fam* ❻ (*loc*) **a ~ di ...** durch viel(es) ...

furibondo, -a [furiˈbondo] *agg* wütend

furiere [fuˈriɛːre] *m* (mil) Kompaniefeldwebel *m*

furioso, -a [fuˈrioːso] *agg* ❶ (*persona*) wütend ❷ (*fig: passione, tempesta*) heftig

furono [ˈfuːrono] *3. pers pl pass rem di* essere[1]

furore [fuˈroːre] *m* ❶ (*agitazione violenta*) Wut *f*, Raserei *f* ❷ (*veemenza*) Heftigkeit *f;* **far ~** (*fig*) Furore machen; **furoreggiare** [furoredˈdʒaːre] *vi* Furore machen

furtivo, -a [furˈtiːvo] *agg* ❶ (*sguardo*) verstohlen, heimlich ❷ (*merce*) gestohlen

furto [ˈfurto] *m* ❶ (*azione*) Diebstahl *m;* **~ di dati** (inform) Datenklau *m fam* ❷ (*cosa rubata*) Diebesgut *n*

fusa [ˈfuːsa] *fpl* **far le ~** schnurren

fuscello [fuʃʃɛllo] *m* (dürrer) Zweig *m;* (*di paglia*) Halm *m*

fusciacca [fuʃʃakka] <-cche> *f* Schärpe *f*

fuseaux [fyˈzo] <-> *mpl* Leggin(g)s *mpl*

fusi [ˈfuːzi] *1. pers sing pass rem di* fondere

fusibile [fuˈziːbile] *m* Schmelzsicherung *f*

fusilli [fuˈsilli *o* fuˈzilli] *mpl* (*pasta*) spiralförmige Nudelsorte

fusione [fuˈzioːne] *f* ❶ (*di metalli*) Schmelzen *n;* (*di campane*) Gießen *n;* **punto di ~** Schmelzpunkt *m;* **~ nucleare** Kernfusion *f* ❷ (*di colori*) Mischung *f* ❸ (*di suoni*) Einklang *m* ❹ (com) Fusion *f;* (pol) Zusammenschluss *m;* (sport) Zusammenspiel *n*

fuso [ˈfuːzo] I. *pp di* fondere II. *m* ❶ (*in filatura*) Spindel *f* ❷ (*della ruota*) Achszapfen *m;* (*dell'ancora*) Schaft *m* ❸ (*loc*) **~ orario** Zeitzone *f*

fusoliera [fuzoˈliɛːra] *f* (aero) Rumpf *m*

fustagno [fusˈtaɲɲo] *m* Baumwollflanell *m*, Barchent *m*

fustella [fusˈtɛlla] *f* (*medicinali*) Preisabschnitt *m*

fustellare [fustelˈlaːre] *vt* ❶ (*sagomare con una fustella*) stanzen, perforieren ❷ (*carotare il terreno con una fustella*) brechen; **fustellatrice** [fustellatˈtriːtʃe] *f* (tec: *macchina usata per fustellare*) Stanze *f*

fustigare [fustiˈgaːre] *vt* ❶ (*battere*) (aus)peitschen ❷ (*fig*) geißeln; **fustigazione** [fustigatˈtsioːne] *f* Auspeitschung *f;* (*fig*) Geißelung *f*

fustino [fusˈtiːno] *m* Tonne *f;* **~ di detersivo** Waschpulverbehälter *m*

fusto [ˈfusto] *m* ❶ (bot) Stamm *m* ❷ (*di colonna*) Schaft *m* ❸ (*recipiente*) Fass *n* ❹ (*fig: tronco umano*) Rumpf *m* ❺ (*fam: giovane aitante*) Prachtkerl *m*

futile [ˈfuːtile] *agg* unbedeutend, nichtig; **futilità** [futiliˈta] <-> *f* Nichtigkeit *f*

futuribile [futuˈriːbile] I. *agg* Zukunfts-, zukünftig; **fenomeno ~** Zukunftsphänomen *n;* **guerra ~** zukünftiger Krieg II. *m* (philos, rel) Szenario *n*, Apokalypse *f*

futurismo [futuˈrizmo] *m* (kunst, lit, mus) Futurismus *m;* **futurista** [futuˈrista] <-i *m*, -e *f*> I. *agg* futuristisch II. *mf* Futurist(in) *m(f);* **futuristico, -a** [futuˈristiko] <-ci, -che> *agg* futuristisch

futuro [fuˈtuːro] *m* ❶ (*avvenire*) Zukunft *f*

❷ (LING) Futur *n*
futuro, -a *agg* zukünftig
futurologia [futurolo'dʒi:a] <-ie> *f* Zukunftsforschung *f;* **futurologico, -a** [futuro'lɔ:dʒiko] <-ci, -che> *agg* futurologisch, Zukunftsforschung betreffend; **futu-**

rologo, -a [futu'rɔ:logo] <-gi, -ghe> *m, f* Zukunftsforscher(in) *m(f),* Futurologe, -login *m, f*
FX producer [ɛf ɛks prə'dju:sə] <- *o* FX producers> *mf* (FILM, TV) Effekttechniker *m*

G g

G, g [dʒi] <-> *f* G, g *n;* ~ **come Genova** G wie Gustav

g *abbr di* **grammo** *m*

gabardina, gabardine [gabar'di:na, gabar'din] <-> *f* Gabardine *m o f*

gabbana [gab'ba:na] *f* **voltar ~** das [*o* sein] Mäntelchen nach dem Wind(e) hängen

gabbare [gab'ba:re] *vt* ❶ (*ingannare*) betrügen, hintergehen ❷ (*deridere*) verulken, verschaukeln

gabbia ['gabbia] <-ie> *f* ❶ (ZOO) Käfig *m;* (*per uccelli*) Vogelbauer *n o m* ❷ (*fig fam*) Kittchen *n,* Loch *n;* ~ **di matti** (*fam*) Irrenhaus *n* ❸ (ARCH) Armierung *f* ❹ (*involucro*) Korb *m;* (*per trasporto*) (Latten)verschlag *m*

gabbiano [gab'bia:no] *m* Möwe *f*

gabella [ga'bɛlla] *f* (HIST) Zoll *m,* Steuer *f;* **gabellare** [gabel'la:re] *vt* (HIST) ausgeben (*per* als); **gabelliere** [gabel'liɛ:re] *m* (HIST) Zöllner *m*

gabinetto [gabi'netto] *m* ❶ (*toilette*) Toilette *f;* **andare al** ~ auf die Toilette gehen ❷ (*studio*) Arbeitszimmer *n;* (*a scuola*) Raum *m;* (MED) Praxis *f;* (ADM) Amtszimmer *n;* ~ **di fisica** Physikraum *m* ❸ (POL) Kabinett *n*

gadget ['gadʒit] <-> *m* (*accessorio*) Schnickschnack *m fam;* (*omaggio*) Werbebeigabe *f*

gaffe [gaf] <-> *f* Schnitzer *m;* **fare una ~** ins Fettnäppchen treten *fam*

gaffer ['gæfə] <-> *m* (FILM, TV) Filmtechniker *m*

gag [gæg *o* gag] <-> *f* Gag *m*

gagà [ga'ga] <-> *m* (*pej*) Lackaffe *m,* Laffe *m*

gagliardetto [gaʎʎar'detto] *m* (SPORT) Fähnchen *n,* Wimpel *m;* (POL) Standarte *f;* (NAUT) Stander *m*

gagliardia [gaʎʎar'di:a] <-ie> *f* Stärke *f,* Kühnheit *f;* **gagliardo, -a** [gaʎ'ʎardo] *agg* (*giovane, pianta, vino*) kräftig, feurig; (*guerriero*) wacker, kühn

gaglioffa *f v.* **gaglioffo**

gaglioffaggine [gaʎʎof'faddʒine] *f* Tölpelhaftigkeit *f;* **gaglioffo, -a** [gaʎ'ʎɔffo] I. *agg* nichtsnutzig, tölpelhaft II. *m, f* Nichtsnutz *m,* Faulenzer(in) *m(f),* Tachinierer *m A*

gaiezza [ga'iettsa] *f* Fröhlichkeit *f,* Ausgelassenheit *f*

gaio, -a ['ga:io] <-ai, -aie> *agg* fröhlich

gala ['ga:la] *f* ❶ (*lusso*) Pracht *f,* Gala *f;* **mettersi in** ~ sich in Schale werfen; **di ~** Gala- ❷ (*ricevimento*) Empfang *m* ❸ (*di tessuto*) Rüsche *f*

galante [ga'lante] I. *agg* galant II. *m* Kavalier *m;* **galanteria** [galante'ri:a] <-ie> *f* Galanterie *f,* Ritterlichkeit *f*

galantina [galan'ti:na] *f* (GASTR) Sülze *f,* Aspik *m o n*

galantuomo [galan'tuɔ:mo] <galantuomini> *m* Ehrenmann *m,* Gentleman *m;* **il re ~** *Beiname von Vittorio Emanuele II.;* **il tempo è ~** (*prov*) mit der Zeit wird alles ins rechte Lot kommen

galassia [ga'lassia] <-ie> *f* Milchstraße *f,* Galaxis *f*

galateo [gala'tɛ:o] *m* Knigge *m,* gutes Benehmen

galattico, -a [ga'lattiko] <-ci, -che> *agg* galaktisch, Milchstraßen-

galattosio [galat'tɔ:zio] <-> *m* (CHEM) Galaktose *f*

galea [ga'lɛ:a] *f* Galeere *f*

galeone [gale'o:ne] *m* Galeone *f,* Galione *f*

galeotto [gale'ɔtto] *m* ❶ (*ergastolano*) Sträfling *m,* Zuchthäusler *m* ❷ (NAUT, HIST) Galeerensklave *m,* -sträfling *m* ❸ (*scherz*) Gauner *m*

galera [ga'lɛ:ra] *f* ❶ (NAUT, HIST) Galeere *f* ❷ (*prigione*) Gefängnis *n,* Zuchthaus *n;* **avanzo di** ~ Galgenvogel *m,* Galgenstrick *m;* **tipo da** ~ Knastbruder *m fam*

galla ['galla] *f* ❶ (*vescica, bolla*) Blase *f;* (BOT) Galle *f,* Wucherung *f* ❷ (*loc*) **a** ~ an der Oberfläche; **stare a** ~ oben schwimmen; (*a fig*) sich über Wasser halten; **tenersi a** ~ sich über Wasser halten; **venire a** ~ auftauchen; (*fig*) an den Tag kommen; **la verità vien sempre a** ~ (*prov*) die Wahrheit kommt immer ans Licht

galleggiabilità [galleddʒabili'ta] <-> *f* Schwimmfähigkeit *f;* **galleggiamento** [galleddʒa'mento] *m* Schwimmen *n;* **linea di** ~ Wasserlinie *f;* **galleggiante** [galled'dʒante] I. *agg* schwimmend, Schwimm- II. *m* ❶ (NAUT) Wasserfahrzeug *n* ❷ (*per la pesca, di recipiente*) Schwimmer *m;* **galleggiare** [galled'dʒa:re] *vi* (obenauf) schwimmen, treiben

galleria [galle'ri:a] <-ie> *f* ❶ (*traforo*) Tunnel *m;* (*di talpa*) Gang *m;* (MIN) Stollen *m;* ~ **del vento** Windkanal *m* ❷ (*di quadri*) Galerie *f* ❸ (THEAT, FILM) Rang *m,*

Galerie *f* ❹ (MOT, AERO) Kanal *m;* **galleri-sta** [galle'rista] <-i *m*, -e *f*> *mf* Galerist(in) *m(f)*

galletta [gal'letta] *f* (Schiffs)zwieback *m*

galletto [gal'letto] *m* ❶ (ZOO) Hähnchen *n*, Hendl *n A* ❷ (*fig fam*) Gockel *m*, Hallodri *m* ❸ (TEC) Flügelmutter *f*

gallicismo [galli'tʃizmo] *m* (LING) Gallizismus *m;* **gallico, -a** ['galliko] <-ci, -che> *agg* (HIST, LING) gallisch

gallina [gal'li:na] *f* Henne *f*, (Haus)huhn *n;* **avere un cervello di ~** (*fam*) ein Spatzenhirn haben; **andare a letto con le -e** mit den Hühnern zu Bett gehen; **~ vecchia fa buon brodo** (*prov, scherz*) das Alter hat auch seine Reize; **gallinacei** [galli'na:tʃei] *mpl* Hühnervögel *mpl;* **gallinella** [galli'nɛlla] *f* Wasserhuhn *n*

gallio ['gallio] *m* (CHEM) Gallium *n*

gallismo [gal'lizmo] *m* (*fig*) Männlichkeitswahn *m*, Gockeltum *n*

gallo¹ ['gallo] *m* (ZOO) Hahn *m;* (*a fig*) Gockel *m fam;* **fare il ~** sich wie ein Gockel aufführen; **al canto del ~** beim ersten Hahnenschrei; **troppi -i a cantare non fa mai giorno** (*prov*) viele Köche verderben den Brei

gallo² <inv> *agg* (SPORT) Bantam-; **peso ~** Bantamgewicht *n*

gallofilia [gallofi'li:a] <-ie> *f* Frankophilie *f*

gallonare [gallo'na:re] *vt* mit Tressen versehen

gallone [gal'lo:ne] *m* ❶ (MIL) Tresse *f* ❷ (*guarnizione*) Besatz *m*

galoche [ga'lɔʃ] <-> *f v.* **caloscia**

galoppante [galop'pante] *agg* galoppierend; **inflazione ~** galoppierende Inflation

galoppare [galop'pa:re] *vi* (*fig* ZOO) galoppieren; (*persona*) hasten, sich abhetzen; **galoppata** [galop'pa:ta] *f* Galopp *m;* (*fig*) Hetzerei *f;* **galoppino** [galop'pi:no] *m* Lakai *m*, Laufbursche *m;* **~ elettorale** Wahlhelfer *m;* **galoppo** [ga'lɔppo] *m* Galopp *m;* **andare al ~** galoppieren

galoscia [ga'lɔʃʃa] *f v.* **caloscia**

galvanico, -a [galva:niko] <-ci, -che> *agg* galvanisch; **galvanismo** [galva'nizmo] *m* Galvanismus *m;* **galvanizzare** [galvanid'dza:re] *vt* ❶ (TEC) galvanisieren ❷ (*fig*) aufrütteln; **galvanizzazione** [galvaniddzat'tio:ne] *f* ❶ (TEC) Galvanisierung *f* ❷ (*fig*) Aufrütt(e)lung *f;* **galvanometro** [galva'nɔ:metro] *m* Galvanometer *n;* **galvanoplastica** [galvano'plastika] <-che> *f* Galvanoplastik *f;* **galvanoplastico, -a** [galvano'plastiko] <-ci, -che> *agg* galvanoplastisch; **galvanoti-pia** [galvanoti'pi:a] <-ie> *f* Galvanotypie *f*

gamba ['gamba] *f* ❶ (ANAT) Bein *n;* (*a di animali*) Lauf *m;* **cadere a -e all'aria** (*a fig*) aufs Kreuz fallen *fam;* **camminare a quattro -e** auf allen Vieren laufen; **correre a -e levate** die Beine in die Hand nehmen; **darsela a -e** sich davonmachen, aus dem Staub machen; **essere in ~** auf Draht sein, fit sein *fam;* **prendere qc sotto ~** etw auf die leichte Schulter nehmen; **sedere a -e incrociate** im Schneidersitz sitzen ❷ (*di pantalone*) (Hosen)bein *n;* (*di tavolo*) Bein *n*, Fuß *m* ❸ (MUS: *d'organo*) Gambenstimme *f;* **viola da ~** Gambe *f*, Kniegeige *f* ❹ (*di lettera*) (Grund)strich *m*

gambale [gam'ba:le] *m* (Stiefel)schaft *m*

gamberetto [gambe'retto] *m* Garnele *f*

gambero [gambero] *m* Krebs *m;* **diventare rosso come un ~** krebsrot werden; **fare come i -i** im Krebsgang gehen

gambetto [gam'betto] *m* (*gioco degli scacchi*) Gambit *n;* **fare/dare il ~ a qu** (*a fig*) jdm ein Bein stellen

gambiera [gam'bjɛ:ra] *f* Beinschiene *f*

gambizzare [gambid'dza:re] *vt* in die Beine schießen; **gambizzazione** [gambiddzat'tsio:ne] *f* Terrorakt, bei dem auf die Beine der Opfer geschossen wird

gambo ['gambo] *m* ❶ (BOT) Stiel *m*, Stängel *m* ❷ (*fig*) Stiel *m*, Schaft *m*

game [geim] <-> *m* (SPORT) Spiel *n*

gamella [ga'mɛlla] *f* Essnapf *m*, Blechnapf *m*

gamete [ga'mɛ:te] *m* (BIOL) Geschlechtszelle *f*, Gamet *m;* **gametogenesi** [gameto'dʒɛ:nezi] <-> *f* (BIOL) Gametogenese *f*

gamia [ga'mi:a] <-ie> *f* (BIOL) geschlechtliche Fortpflanzung *f;* **gamico, -a** ['ga:miko] <-ci, -che> *agg* (BIOL) geschlechtlich, Geschlechts-

gamma¹ ['gamma] *f* ❶ (*di varie gradazioni*) Skala *f* ❷ (*serie*) Reihe *f*, Serie *f;* **~ di prodotti** Produktpalette *f* ❸ (RADIO) Band *n;* **~ (di lunghezza) d'onda** Wellenlänge *f*

gamma² <inv> *agg* (PHYS) Gamma-; **raggi ~** Gammastrahlen *mpl*

ganascia [ga'naʃʃa] <-sce> *f* ❶ (ANAT) Kinnlade *f* ❷ (ZOO) Ganasche *f* ❸ (MOT: *del freno*) (Brems)backe *f;* **ganascino** [ganaʃʃi:no] *m* Bäckchen *n*

gancio ['gantʃo] <-ci> *m* Haken *m;* **~ di traino** Anhängerkupplung *f*

Gand [gã] *f* (GEOG) Gent *n*

gang [gæŋ *o* gang] <-> *f* Gang *f*, Bande *f*

ganga ['ganga] *f* ❶ (MIN) Ganggestein *n* ❷ (*fam*) Bande *f*, Clique *f*

ganghero ['gaŋgero] *m* ❶ (*di porte, fine-stre*) Angel *f* ❷ (*di vestito*) Häkchen *n*, Öse *f* ❸ (*loc*) **uscire dai ~i** aus der Haut fahren; **essere fuori dai ~i** außer sich *dat* sein (vor Wut)

ganglio ['gaŋglio] <-gli> *m* ❶ (ANAT) Ganglion *n*, Nervenknoten *m* ❷ (*fig*) Lebensnerv *m*

gangrena [gaŋ'grɛːna] *f v.* **cancrena**

gangster ['ganster *o* 'gaŋgster] <-> *m* Gangster *m*; **gangsteristico, -a** [gangste'ristiko] <-ci, -che> *agg* gangsterhaft, Gangster-; **gruppo ~** Gangsterbande *f*

ganimede [gani'mɛːde] *m* Schönling *m*

ganzo, -a ['gandzo] I. *agg* (*fam*) pfiffig, clever II. *m*, *f* ❶ (*pej*) Liebhaber *m* ❷ (*fam*) cleverer Bursche

gap [gæp *o* gap] <-> *m* Kluft *f*

gara ['gaːra] *f* Wettkampf *m*, Wettstreit *m*, Wettbewerb *m*; (*lotta concorrenziale*) Konkurrenzkampf *m*; **~ d'appalto** Ausschreibungswettbewerb *m*; **~ di solidarie-tà** Spendenmarathon *m*; **fare una ~** einen Wettkampf veranstalten; **fare a ~ con** wetteifern mit; **essere fuori ~** ausgeschieden sein

garage [ga'raːʒ] <-> *m* Garage *f*; (*per servizio*) (Autoreparatur)werkstatt *f*; **~ sotterraneo** Tiefgarage *f*; **garagista** [gara'dʒista] <-i *m*, -e *f*> *mf* (Auto)werkstattbesitzer(in) *m(f)*

garante [ga'rante] *mf* Bürge *m*, Bürgin *f*, Garant *m*; **farsi ~ per qu/di qc** für jdn/etw bürgen

garantire [garan'tiːre] <garantisco> I. *vt* ❶ (*assicurare*) bürgen für ❷ (JUR) haften für ❸ (COM) Garantie leisten für ❹ (*fig: dare per certo*) garantieren, versichern II. *vi* bürgen III. *vr* **-rsi** sich *dat* eine Bürgschaft besorgen; **garantito, -a** [garan'tiːto] *agg* garantiert; **l'automobile è -a per un anno** das Auto hat ein Jahr Garantie; **impermeabile ~** garantiert wasserfest; **quei soldi, ~, non li rivedi più!** (*fam*) das Geld siehst du garantiert nicht wieder!

garanzia [garan'tsiːa] <-ie> *f* ❶ (JUR) Garantie *f*, Sicherheit *f*; **avviso di ~** Ermittlungsbescheid *m* ❷ (*fig*) Gewähr(leistung) *f*; **dare una ~** eine Garantie geben; **dare ~ di serietà** Seriosität zusichern

garbare [gar'baːre] *vi* essere (*fam*) gefallen, zusagen

garbatezza [garba'tettsa] *f* Liebenswürdigkeit *f*; **garbato, -a** [gar'baːto] *agg* angenehm, liebenswürdig

garbo ['garbo] *m* (*grazia*) Charme *m*, Anmut *f*; (*buone maniere*) Höflichkeit *f*, Anstand *m*; **con bel ~** behutsam; **senza ~** un-

gehobelt, plump

garbuglio [gar'buʎʎo] <-gli> *m* Wirrwarr *m*, Gewirr *n*

garçonne [gar'sɔn] <-> *f* **alla ~** nach Jungenart, nach Männerart

garçonnière [garsɔ'njɛːr] <-> *f* Junggesellenwohnung *f*

Gardena [gar'deːna] *f* **Val ~** Grödner Tal *n*, Gröden *n*

garden centre ['gaːdn 'sentə] <-> *m* (*vivaio*) Großgärtnerei *f*

gardenia [gar'dɛːnia] <-ie> *f* Gardenie *f*

garden-party ['gaːdn 'paːti *o* 'garden 'parti] *m* Gartenfest *n*

gardesano, -a [garde'zaːno] *agg* Gardasee-

gareggiare [gared'dʒaːre] *vi* wetteifern; (SPORT) kämpfen, antreten; **~ con qu in** [*o* **a**] **qc** mit jdm um etw [*o* in etw *dat*] wetteifern

garganella [garga'nɛlla] *f* **bere a ~** (direkt aus der Flasche) in den Mund gießen; (*fig*) saufen, zechen

gargarismo [garga'rizmo] *m* ❶ (*azione*) Gurgeln *n*; **fare i ~i** gurgeln ❷ (*liquido*) Gurgelmittel *n*; **gargarizzare** [gargarid'dzaːre] *vi* gurgeln

garibaldino, -a [garibal'diːno] I. *agg* Garibaldi-, von [*o* wie] Garibaldi II. *m*, *f* Garibaldianer(in) *m(f)*

garitta [ga'ritta] *f* Wach(t)turm *m*

garofano [ga'rɔːfano] *m* Nelke *f*; **chiodi di ~** Gewürznelken *fpl*

garrese [gar'reːse] *m* Widerrist *m*

garretto [gar'retto] *m* ❶ (ZOO) Hachse *f* ❷ (*fam: caviglia*) Ferse *f*, Hacke *f*

garrire [gar'riːre] <garrisco> *vi* (*uccelli*) kreischen, lärmen; **garrito** [gar'riːto] *m* lautes Gezwitscher

garrotta [gar'rɔtta] *f* Gar(r)otte *f*, Würgeisen *n*

garrulo, -a ['garrulo] *agg* ❶ (*uccelli*) zwitschernd ❷ (*fig: persona*) kreischend; (*loquace*) geschwätzig

garza ['gardza] *f* Gaze *f*; (MED) Verbandmull *m*

garzare [gar'dʒaːre] *vt* aufrauen; **garzatrice** [gardʒa'triːtʃe] *f* Raumaschine *f*; **garzatura** [gardʒa'tuːra] *f* (Auf)rauen *n*

garzone, -a [gar'dzoːne] *m*, *f* (Lauf)bursche *m*, Laufmädchen *n*

gas [gas] <-> *m* Gas *n*; **~ asfissiante** Giftgas *n*; **~ esilarante** Lachgas *n*; **~ lacrimogeno** Tränengas *n*; **~ nobile** Edelgas *n*; **a tutto ~** (*fig fam*) mit Volldampf; **~ di scarico** Abgase *mpl*; **~ serra** Treibgas *n*; **bolletta del ~** Gasrechnung *f*

gasare [ga'zaːre] *v.* **gassare**

gasarsi [ga'sarsi] *vr* (*fig fam*) sich aufblasen, sich aufspielen

gasato, -a [ga'sa:to] **I.** *agg* (*gassato*) mit Kohlensäure versetzt; **acqua -a** Sprudelwasser *n;* **bibita -a** Brause *f* **II.** *m, f* (*fig fam: esaltato*) aufgedrehte Person

gasdotto [gaz'dotto] *m* Gasleitung *f*

gasista [ga'zista] *v.* **gassista**

gasolina® [gazo'li:na] *f* Gasolin® *n*

gasolio [ga'zɔ:lio] *m* Dieselkraftstoff *m*

gasometro [ga'zɔ:metro] *m* Gasbehälter *m*

gassare [gas'sa:re] *vt* mit Kohlensäure versetzen; **gassato, -a** [gas'sa:to] *agg* kohlensäurehaltig

gassificare [gassifi'ka:re] *vt* gasifizieren; **gassificazione** [gassifikat'tsio:ne] *f* Gasifizierung *f*

gassista [gas'sista] <-i *m*, -e *f*> *mf* Gasarbeiter(in) *m(f);* **gassometro** [gas'sɔ:metro] *v.* **gasometro**

gassosa [gas'so:sa] *f* Brause(getränk *n*) *f;* **gassoso, -a** [gas'so:so] *agg* gasförmig, Gas-

gastrico, -a ['gastriko] <-ci, -che> *agg* Magen-, gastrisch; **lavanda -a** Magenspülung *f;* **gastrite** [gas'tri:te] *f* Gastritis *f*

gastroenterico, -a [gastroen'tɛ:riko] <-ci, -che> *agg* Magendarm-; **gastroenterite** [gastroente'ri:te] *f* Magendarmentzündung *f,* Gastroenteritis *f*

gastrointestinale [gastrointesti'na:le] *agg* Magendarm-, gastrointestinal

gastronoma *f v.* **gastronomo**

gastronomia [gastrono'mi:a] <-ie> *f* Gastronomie *f;* **gastronomico, -a** [gastro'nɔ:miko] <-ci, -che> *agg* gastronomisch; **gastronomo, -a** [gas'trɔ:nomo] *m, f* Gastronom(in) *m(f)*

gastropatia [gastropa'ti:a] <-ie> *f* Magenleiden *n*

gastroscopia [gastrosko'pi:a] <-ie> *f* Magenspiegelung *f,* Gastroskopie *f;* **gastroscopio** [gastros'kɔ:pio] <-i> *m* Gastroskop *n*

gâteau [ga'to] <-> *m* Kuchen *m*

gateway ['geitwei] <-> *m* (INFORM) Gateway *n*

gatta ['gatta] *f* Katze *f;* **una ~ da pelare** eine Heidenarbeit *fam;* (*difficile*) eine harte Nuss; **fare la ~ morta** sich dumm stellen, scheinheilig tun; **~ ci cova!** da ist was faul!; **tanto va la ~ al lardo che ci lascia lo zampino** (*prov*) der Krug geht so lange zum Brunnen, bis er bricht

gattabuia [gatta'bu:ia] <-ie> *f* (*fam*) Kittchen *n*

gattesco, -a [gat'tesko] <-schi, -sche> *agg* katzenhaft, Katzen-; **con agilità -a** flink wie ein Wiesel; **con furberia -a** schlau wie ein Fuchs

gattimammoni *pl di* **gattomammone**

gattinara [gatti'na:ra] <-> *m* Gattinara *m* (*trockener Rotwein aus Piemont*)

gatto ['gatto] *m* Katze *f;* (*maschio*) Kater *m;* **~ selvatico** Wildkatze *f;* **~ delle nevi** Schneekatze *f;* **il ~ con gli stivali** der Gestiefelte Kater; **c'erano quattro -i** (*fig*) es war kaum jemand da; **al buio tutti i -i sono neri** [*o* **bigi**] (*prov*) bei Nacht sind alle Katzen grau; **quando il ~ non c'è i topi ballano** (*prov*) wenn die Katze aus dem Haus ist, tanzen die Mäuse (auf dem Tisch)

gattò [gat'tɔ] <-> *m* (*dial*) süditalienisches Backofengericht aus Kartoffeln, Fleisch, Eiern und Käse

gattofilo, -a [gat'tɔ:filo] **I.** *agg* Katzen liebend **II.** *m, f* Katzenliebhaber(in) *m(f),* Katzennarr, -närrin *m, f*

gattomammone [gattomam'mo:ne] <gattimammoni> *m* schwarzer Mann, Buhmann *m*

gattoni [gat'to:ni] *avv* auf allen vieren

gattopardo [gatto'pardo] *m* große Raubkatze; (*~ africano*) Serval *m;* **~ americano** Ozelot *m*

gaudente [gau'dɛnte] **I.** *agg* genießerisch, Genießer- **II.** *mf* Genießer(in) *m(f)*

gaudio ['ga:udio] <-i> *m* (*poet*) Wonne *f;* **gaudioso, -a** [gau'dio:so] *agg* (*poet*) wonnevoll, freudig

gavetta [ga'vetta] *f* Blechnapf *m;* **venire dalla ~** von der Pike auf dienen

gavettone [gavet'to:ne] *m* ❶ (MIL: *recipiente per il rancio*) Feldküche *f* ❷ (*scherzo da caserma*) Wasserbombenwerfen *n*

gavotta [ga'vɔtta] *f* Gavotte *f*

gay ['gei] **I.** <-> *m* Homosexuelle(r) *m* **II.** <inv> *agg* homosexuell; **locale ~** Schwulenlokal *n;* **matrimonio ~** Homo-Ehe *f*

gazebo [gad'dzɛ:bo] *m* Gartenpavillon *m*

gazza ['gaddza] *f* Elster *f;* **~ ladra** diebische Elster

gazzarra [gad'dzarra] *f* (*fam*) Spektakel *n,* Zirkus *m*

gazzella [gad'dzɛlla] *f* ❶ (ZOO) Gazelle *f;* **occhi da ~** Rehaugen *npl* ❷ (*sl: dei carabinieri*) Polizeieinsatzwagen *m* (*schnellster Einsatzwagen der Karabinieri*)

gazzetta [gad'dzetta] *f* Zeitung *f,* Gazette *f;* **la Gazzetta Ufficiale** Amtsblatt *m;* **gazzettino** [gaddzet'ti:no] *m* ❶ (*piccolo giornale*) (kleine) Zeitung *f* ❷ (*parte del giornale*) Sparte *f,* Spalte *f* ❸ (*fig pej: persona pettegola*) Klatschtante *f* *fam,*

Waschweib *n fam;* **gazzettistico, -a**
[gadzzet'tistiko] <-ci, -che> *agg* (*pej*) Kä-
seblatt- *fam*
gazzosa [gad'dzo:sa] *v.* **gassosa**
Gazz. Uff. *abbr di* **Gazzetta Ufficiale** *re-*
gelmäßige Mitteilungen der italienischen
Regierung
GB *abbr di* **gigabyte** GB
geco ['dʒɛ:ko] <-chi> *m* Gecko *m*
geiger ['gaigər] <-> *m* Geigerzähler *m*
gel [dʒɛl] <-> *m* Gel *n*
gelare [dʒe'la:re] I. *vi* ❶ *essere* (*diventare*
di ghiaccio) frieren, gefrieren; (*stagno*) zufrieren ❷ *essere o avere* (*impersonale,* ME-
TEO) frieren II. *vt avere* gefrieren (lassen);
(*fig: sangue*) erstarren lassen III. *vr* **-rsi** erfrieren; **gelata** [dʒe'la:ta] *f* Frost *m*
gelataio, -a [dʒela'ta:io] <-ai, -aie> *m, f*
Eishersteller(in) *m(f);* (*venditore*) Eisver-
käufer(in) *m(f);* **gelateria** [dʒelate'ri:a]
<-ie> *f* Eiscafé *n,* Eisdiele *f;* **gelatiera**
[dʒela'tiɛ:ra] *f* Eismaschine *f*
gelatina [dʒela'ti:na] *f* ❶ (GASTR) Gelatine *f;*
(*salato*) Aspik *m o n;* **~ di frutta** Fruchtge-
lee *n o m* ❷ (CHEM) Gelatine *f;* **gelatinoso, -a** [dʒelati'no:so] *agg* gallertartig
gelato [dʒe'la:to] *m* Eis *n,* Speiseeis *n*
gelato, -a *agg* (zu)gefroren, eisig; **cono ~**
Eistüte *f*
gelidezza [dʒeli'dettsa] *f* ❶ (METEO)
Frost *m* ❷ (*fig: di persona*) Kälte *f,* Frostigkeit *f;* **gelido, -a** ['dʒɛ:lido] *agg* ❶ (*acqua,
aria, stanza*) eisig, eiskalt ❷ (*fig: persona,
accoglienza*) eisig, kühl
gelificante [dʒelifi'kante] I. *m* Geliermit-
tel *n* II. *agg* Gelier-; **gelificare** [dʒeli-
fi'ka:re] I. *vt* gelatinieren II. *vr* **-rsi** gelieren; **gelificazione** [dʒelifikat'tsio:ne] *f*
(*atto del gelificare*) Gelatinierung *f;* (*atto
del gelificarsi*) Gelieren *n*
gelo ['dʒɛ:lo] *m* ❶ (METEO) Frost *m,* eisige
Kälte ❷ (*fig*) Frostigkeit *f,* Kälte *f;* **essere
di ~** (*fig: persona*) eiskalt sein; **gelone**
[dʒe'lo:ne] *m* Frostbeule *f*
gelosia [dʒelo'si:a] <-ie> *f* ❶ (*stato d'animo*) Eifersucht *f;* **fare una scenata di ~** eine Eifersuchtsszene machen; **custodire qc
con ~** etw sorgsam hüten ❷ (*cura attenta*)
(peinliche) Sorgfalt *f* ❸ (*di finestra*) Jalousie *f,* Fensterladen *m*
geloso, -a [dʒe'lo:so] *agg* **~ di qu** auf jdn
eifersüchtig
gelseto [dʒel'se:to] *m* Maulbeerhain *m;*
gelsicoltura [dʒelsikol'tu:ra] *f* Maul-
beerzucht *f;* **gelso** ['dʒɛlso] *m* Maulbeerbaum *m*
gelsomino [dʒelso'mi:no] *m* Jasmin *m*
gemella *f v.* **gemello**

gemellaggio [dʒemel'laddʒo] <-ggi> *m*
Städtepartnerschaft *f*
gemellare[1] [dʒemel'la:re] *agg* Zwillings-;
parto ~ Zwillingsgeburt *f*
gemellare[2] *vt* durch eine Städtepartnerschaft verbinden
gemelli [dʒe'mɛlli] *mpl* ❶ (ASTR) **Gemelli**
Zwillinge *mpl;* **sono** (**dei**) **Gemelli** ich bin
(ein) Zwilling ❷ (*golfini*) Twinset *n* ❸ (*bottoni*) Manschettenknöpfe *mpl*
gemello, -a [dʒe'mɛllo] I. *agg* ❶ (*fratelli*)
Zwillings-; (*letti*) Doppel-, doppelt ❷ (*fig:
simile*) ähnlich, verwandt II. *m, f* Zwilling *m*
gemere ['dʒɛ:mere] *vi* ❶ (*piangere*) stöhnen, ächzen ❷ (*fig: soffrire*) stöhnen
geminato, -a [dʒemi'na:to] *agg* Zwil-
lings-, Doppel-; **geminazione** [dʒemi-
nat'tsio:ne] *f* ❶ (MIN) Zwillingsbildung *f*
❷ (LING) Gemination *f,* Konsonantenver-
doppelung *f*
gemito ['dʒɛ:mito] *m* (*lamento*) Stöhnen *n,* Ächzen *n;* (*del vento*) Heulen *n*
gemma ['dʒɛmma] *f* ❶ (BOT) Knospe *f*
❷ (MIN) Edelstein *m* ❸ (*fig: preziosità*) Perle *f,* Juwel *n;* (*del firmamento*) Stern *m;*
la ~ dell'Adriatico (*Venezia*) die Perle der
Adria; **gemmario, -a** [dʒem'ma:rio]
<-i, -ie> *agg* Edelstein-; **gemmazione**
[dʒemmat'tsio:ne] *f* Knospung *f;* **gem-
mologia** [dʒemmolo'dʒi:a] <-gie> *f*
Gemmologie *f*
gemuto [dʒe'mu:to] *pp di* **gemere**
gendarme [dʒen'darme] *m* ❶ (MIL) Gendarm *m* ❷ (*fig: donna*) Feldwebel *m fam,*
Dragoner *m fam;* **gendarmeria** [dʒen-
darme'ri:a] <-ie> *f* Gendarmerie *f*
gene ['dʒɛ:ne] *m* Gen *n*
genealogia [dʒenealo'dʒi:a] <-gie> *f* Genealogie *f;* **genealogico, -a** [dʒe-
nea'lɔ:dʒiko] <-ci, -che> *agg* genealo-
gisch; **albero ~** Stammbaum *m;* **genealo-
gista** [dʒenealo'dʒista] <-i *m,* -e *f*> *mf*
Genealoge *m,* -login *f*
generale [dʒene'ra:le] I. *agg* ❶ (*fatti, principi, norma*) allgemein; (*comune a tutti*)
umfassend; **in ~** im Allgemeinen ❷ (*direttore*) General-; (*ispettore*) Ober-; (*segretario*) Haupt- II. *m* (MIL) General *m;* **~ di brigata** Brigadegeneral *m;* **~ di corpo d'armata** Generalleutnant *m;* **generalesco,
-a** [dʒenera'lesko] <-schi, -sche> *agg*
(*pej*) feldwebelhaft, kommandiersüch-
tig; **generalessa** [dʒenera'lessa] *f*
❶ (*scherz: moglie di un generale*) Frau
General ❷ (*fig pej: di carattere*) Feldwebel *m fam*
generalità [dʒenerali'ta] <-> *f* ❶ *pl* (ADM)

G

Personalien *pl,* Angaben *fpl* zur Person; **declinare le proprie ~** seine Personalien angeben ❷ (*maggioranza*) Allgemeinheit *f,* Mehrheit *f* ❸ (*discorso, concetto generico*) Allgemeinheit *f*

generalizzare [dʒeneralid'dza:re] *vt, vi* verallgemeinern; **generalizzazione** [dʒeneraliddzat'tsio:ne] *f* Verallgemeinerung *f*

generalmente [dʒeneral'mente] *avv* im Allgemeinen, gewöhnlich

general trader ['dʒenərəl 'treidə] <-> *mf* (COM) Hauptvertriebsleiter(in) *m(f)* einer Import-Export-Firma

generare [dʒene'ra:re] *vt* ❶ (*figlio*) zeugen ❷ (*fig: causare*) erzeugen; (*sospetto, dubbio*) erregen; (*provocare*) bewirken ❸ (PHYS) erzeugen; **generativo, -a** [dʒenera'ti:vo] *agg* (er)zeugend, (Er)zeugungs-

generatore [dʒenera'to:re] *m* (PHYS) Generator *m*

generatore, -trice *agg* erzeugend, Erzeugungs-

generatrice [dʒenera'tri:tʃe] *f* ❶ (MAT) Erzeugende *f* ❷ (EL) Lademaschine *f*

generazionale [dʒeneratssio'na:le] *agg* (*conflitto*) Generations-

generazione [dʒenerat'tsio:ne] *f* ❶ (*di coetanei*) Generation *f* ❷ (BIOL) Zeugung *f;* **tramandare di ~ in ~** von Generation zu Generation überliefern

genere ['dʒɛ:nere] *m* ❶ (LING) Genus *n* ❷ *pl* (COM) Güter *npl;* **-i alimentari** Lebensmittel *npl;* **-i di consumo** Konsumgüter *npl;* **-i di prima necessità** lebensnotwendige Güter *pl* ❸ (LIT) Gattung *f* ❹ (BOT, ZOO) Gattung *f* ❺ (*insieme di persone*) Geschlecht *n;* (*insieme di cose*) Art *f;* **il ~ umano** das Menschengeschlecht ❻ (*tipo*) Art (und Weise *f*) *f* ❼ (*loc*) **in ~** im Allgemeinen, gewöhnlich

generica *f v.* **generico**

genericità [dʒeneritʃi'ta] <-> *f* Allgemeinheit *f*

generico [dʒe'nɛ:riko] *m* Allgemeine(s) *n*

generico, -a <-ci, -che> *agg* ❶ (MED) allgemein, praktisch; **medico ~** Arzt *m* für Allgemeinmedizin; **medicinali -ci** Generika *npl* ❷ (*discorso, significato*) allgemein

genero ['dʒɛ:nero] *m* Schwiegersohn *m*

generosa *f v.* **generoso**

generosità [dʒenerosi'ta] <-> *f* ❶ (*munificenza*) Großzügigkeit *f,* Freigebigkeit *f* ❷ (*magnanimità*) Großmut *f,* Hochherzigkeit *f;* **generoso, -a** [dʒene'ro:so] I. *agg* ❶ (*magnanimo*) großherzig, großmütig ❷ (*mancia*) großzügig; (*vino*) edel; (*scollo*) tief, offenherzig II. *m, f* großmütiger

Mensch

genesi ['dʒɛ:nezi] <-> I. *f* Entstehung *f;* (*di opera d'arte*) Genese *f* II. *f o m* (REL) Genesis *f,* Schöpfungsgeschichte *f*

genetica [dʒe'nɛ:tika] <-che> *f* Genetik *f;* **genetico, -a** [dʒe'nɛ:tiko] <-ci, -che> *agg* genetisch; **ingegneria -a** Gentechnik *f;* **genetista** [dʒene'tista] <-i *m,* -e *f*> *mf* Genforscher(in) *m(f)*

genetliaco [dʒene'tli:ako] <-ci> *m* Geburtstag *m;* **nel ~ di …** am Geburtstag von …

gengiva [dʒen'dʒi:va] *f* Zahnfleisch *n;* **gengivale** [dʒendʒi'va:le] *agg* Zahnfleisch-; **gengivite** [dʒendʒi'vi:te] *f* Zahnfleischentzündung *f*

genia [dʒe'ni:a] <-ie> *f* Gesindel *n,* Brut *f*

geniale [dʒe'nia:le] *agg* genial; **genialità** [dʒeniali'ta] <-> *f* Genialität *f*

genico, -a ['dʒɛ:niko] <-ci, -che> *agg* Gen-

geniere [dʒe'niɛ:re] *m* Pionier *m*

genio ['dʒɛ:nio] <-i> *m* ❶ (*capacità eccezionale*) Genie *n;* **un uomo di ~** ein erfindungsreicher Mensch ❷ (*in mitologia*) Schutzgeist *m* ❸ (*talento*) Begabung *f;* **lampo di ~** Geistesblitz *m* ❹ (ADM) **~ civile** (staatliches) Bauamt *n* ❺ (*loc*) **mi va a ~** das sagt mir zu, das liegt mir

genitale [dʒeni'ta:le] *agg* genital, Geschlechts-

genitali [dʒeni'ta:li] *mpl* Genitalien *pl,* Geschlechtsorgane *npl*

genitivo [dʒeni'ti:vo] *m* Genitiv *m,* Wesfall *m*

genitivo, -a *agg* genitivisch, Genitiv-; **caso ~** Genitiv *m,* Wesfall *m*

genitore [dʒeni'to:re] *m* ❶ (*padre*) Vater *m,* Erzeuger *m;* (*madre*) Mutter *f* ❷ *pl* (*padre e madre*) Eltern *pl*

genitorialità [dʒenitoriali'ta] *f* Elternsein *n;* **genitrice** [dʒeni'tri:tʃe] *f* (*poet*) Schöpferin *f,* Mutter *f*

gennaio [dʒen'na:io] *m* Januar *m,* Jänner *m A; v. a.* **aprile**

genocidio [dʒeno'tʃi:dio] <-i> *m* Völkermord *m*

genotipo [dʒeno'ti:po *o* dʒe'nɔ:tipo] *m* Genotyp *m*

Genova ['dʒɛ:nova] *f* Genua *n* (*Hauptstadt Liguriens*)

genovese [dʒeno've:se] I. *agg* genuesisch; **pesto alla ~** Pesto *n* (*aus Genua stammende Soße aus Olivenöl, fein gehacktem Basilikum, geriebenem Parmesan und Pinienkernen*) II. *mf* (*abitante*) Genuese, Genuesin *m, f* III. <*sing*> *m* (*dialetto*) Genuesisch(e) *n*

Genovese <*sing*> *m* Umgebung *f* von Genua

gentaglia [dʒen'taʎʎa] <-glie> *f* (*pej*) Pack *n*, Gesindel *n*

gente ['dʒɛnte] *f* ❶ <*sing*> (*persone in genere*) Leute *pl*, Menschen *mpl*; ~ **di campagna** Landbevölkerung *f*, Landvolk *n*; ~ **di teatro** Theaterleute *pl*; **la ~ dice ...** die Leute sagen ..., man sagt ...; **abbiamo ~ a cena** (*fam*) wir bekommen zum Abendessen Besuch ❷ (HIST) Familie *f*, Stamm *m*; **diritto delle -i** (JUR) Völkerrecht *n*

gentildonna [dʒentil'dɔnna] *f* vornehme Dame; (*nobile*) Edelfrau *f*, Adlige *f*

gentile [dʒen'tiːle] I. *agg* ❶ (*persona, maniere*) freundlich, nett, höflich ❷ (*lineamenti*) weich, lieblich ❸ (*sentimenti, animo*) edel; ~ **signora** gnädige Frau; (*nelle lettere*) sehr geehrte Frau ...; **il gentil sesso** das schwache Geschlecht II. *m* (REL) Ungläubige(r) *f(m)*, Heide *m*, Heidin *f*, Nichtchrist(in) *m(f)*

gentilezza [dʒenti'lettsa] *f* ❶ (*di persona*) Freundlichkeit *f*, Höflichkeit *f*; ~ **di aspetto** nettes Äußeres; ~ **di modi** freundliche Art; ~ **di sentimenti** edle Gesinnung ❷ (*piacere*) Gefälligkeit *f*; **per** ~ bitte, wären Sie bitte so freundlich, seien Sie bitte so nett; **fammi la ~ di ...** +*inf*sei so nett und ..., tu mir den Gefallen und ...

gentilizio, -a [dʒenti'littsio] <-i, -ie> *agg* (*poet*) Adels-, Familien-

gentiluomo [dʒenti'lyɔːmo] <gentiluomini> *m* Adlige(r) *m*, Edelmann *m*; **comportarsi da** ~ sich wie ein Ehrenmann verhalten

gentleman ['dʒɛntəlmən] <-> *m* (*signore*) Gentleman *m*, Kavalier *m*

genuflessione [dʒenufles'sioːne] *f* Kniefall *m*, Niederknien *n*; **genuflettersi** [dʒenu'flɛttersi] <irr> *vr* niederknien, auf die Knie fallen

genuinità [dʒenuini'ta] <-> *f* Echtheit *f*, Unverfälschtheit *f*; **genuino, -a** [dʒenu'iːno] *agg* echt, unverfälscht

genziana [dʒen'tsiaːna] *f* Enzian *m*

geocentrico, -a [dʒeo'tʃɛntriko] <-ci, -che> *agg* geozentrisch; **geocentrismo** [dʒeotʃen'trizmo] *m* Geozentrik *f*

geochimica [dʒeo'kiːmika] <-che> *f* Geochemie *f*

geode [dʒe'ɔːde] *m* Geode *f*

geodesia [dʒeode'ziːa] <-ie> *f* Erdvermessung *f*, Geodäsie *f*; **geodetico, -a** [dʒeo'dɛːtiko] <-ci, -che> *agg* Erdvermessungs-, geodätisch

geodinamica [dʒeodi'naːmika] <-che> *f* Geodynamik *f*; **geodinamico, -a** [dʒeo-di'naːmiko] <-ci, -che> *agg* geodynamisch

geofisica [dʒeo'fiːzika] <-che> *f* Geophysik *f*; **geofisico, -a** [dʒeo'fiːziko] <-ci, -che> I. *agg* geophysisch II. *m, f* Geophysiker(in) *m(f)*

geofisiologo, -a [geofi'ziːɔːlogo] <-gi, -ghe> *m, f* Geophysiologe, -login *m, f*

geografa *f v.* **geografo**

geografia [dʒeogra'fiːa] *f* Geografie *f*, Erdkunde *f*; **geografico, -a** [dʒeo'graːfiko] <-ci, -che> *agg* geografisch; **atlante** ~ Atlas *m*; **carta -a** Landkarte *f*; **geografo, -a** [dʒe'ɔːgrafo] *m, f* Geograf(in) *m(f)*

geolinguistica [dʒeoliŋ'guistika] <-che> *f* Sprachgeografie *f*

geologa *f v.* **geologo**

geologia [dʒeolo'dʒiːa] <-gie> *f* Geologie *f*; **geologico, -a** [dʒeo'lɔːdʒiko] <-ci, -che> *agg* geologisch; **geologo, -a** [dʒe'ɔːlogo] <-gi, -ghe> *m, f* Geologe *m*, -login *f*

geomagnetismo [dʒeomaɲɲe'tizmo] *m* Erdmagnetismus *m*

geometra [dʒe'ɔːmetra] <-i *m*, -e *f*> *mf* Geometer *m*, Vermessungstechniker(in) *m(f)*; **geometria** [dʒeome'triːa] <-ie> *f* Geometrie *f*; **geometrico, -a** [dʒeo'mɛːtriko] *agg* ❶ (MAT) geometrisch ❷ (*fig: esattezza, precisione*) mathematisch

geomorfologia [dʒeomorfolo'dʒiːa] *f* Geomorphologie *f*

geonauta [dʒeo'naːuta] <-i *m*, -e *f*> *mf* Höhlenforscher(in) *m(f)*

geopolitica [dʒeopo'liːtika] <-che> *f* Geopolitik *f*; **geopolitico, -a** [dʒeo-po'liːtiko] <-ci, -che> *agg* geopolitisch

georgico, -a [dʒe'ɔrdʒiko] <-ci, -che> *agg* (*poet*) ländlich, Ackerbau-

geotecnica [dʒeo'tɛknika] <-che> *f* Geotechnik *f*

geotermica [dʒeo'tɛrmika] <-che> *f* Geothermik *f*; **geotermico, -a** [dʒeo'tɛr-miko] <-ci, -che> *agg* geothermisch

geotropico, -a [dʒeo'trɔːpiko] <-ci, -che> *agg* geotrop; **geotropismo** [dʒeo-tro'pizmo] *m* Geotropismus *m*

geranio [dʒe'raːnio] <-i> *m* Geranie *f*

gerarca [dʒe'rarka] <-chi> *m* ❶ (REL) Hierarch *m* ❷ (HIST, POL) hohes Parteimitglied; **gerarchia** [dʒerar'kiːa] <-chie> *f* Hierarchie *f*, Rangordnung *f*; **le -ie celesti** die himmlischen Heerscharen *fpl*; **gerarchico, -a** [dʒe'rarkiko] <-ci, -che> *agg* hierarchisch

gerbera [dʒer'bɛːra] *f* Gerbera *f*

geremiade [dʒere'miːade] *f* (*pej*) ewiges

Gejammer

gerente [dʒe'rɛnte] *mf* (Geschäfts)führer(in) *m(f)*, -leiter(in) *m(f)*; **gerenza** [dʒe'rɛntsa] *f* (Geschäfts)führung *f*, -leitung *f*

gergale [dʒer'ga:le] *agg* Jargon-, Slang-; **espressione ~** Slangausdruck *m;* **gergo** ['dʒɛrgo] <-ghi> *m* Jargon *m,* Slang *m;* **~ giornalistico** Journalistenjargon *m*

geriatra [dʒe'ria:tra] <-i *m,* -e *f*> *mf* Geriater(in) *m(f);* **geriatria** [dʒeria'tri:a] <-ie> *f* Geriatrie *f,* Altersheilkunde *f;* **geriatrico, -a** [dʒe'ria:triko] <-ci, -che> *agg* geriatrisch; **clinica -a** Altenpflegeheim *n*

geriopsichiatra [dʒeriopsi'kia:tra] <-i *m,* -e *f*> *mf* (MED) *auf dem Gebiet der Geriatrie spezialisierter Psychologe*

gerla ['dʒɛrla] *f* Tragkorb *m,* Hucke *f*

germana *f v.* **germano**

Germania [dʒer'ma:nia] *f* Deutschland *n;* **vado in ~** ich fahre nach Deutschland

germanico, -a [dʒer'ma:niko] <-ci, -che> *agg* germanisch

germanio [dʒer'ma:nio] *m* Germanium *n*

germanismo [dʒerma'nizmo] *m* Germanismus *m*

germanista [dʒerma'nista] <-i *m,* -e *f*> *mf* Germanist(in) *m(f);* **germanistica** [dʒerma'nistika] <-che> *f* Germanistik *f*

germano, -a [dʒer'ma:no] **I.** *agg* ❶ (*tedesco*) germanisch ❷ (*fratello*) leiblich **II.** *m, f* Germane *m,* Germanin *f*

germanofilia [dʒermanofi'li:a] *f* Deutschfreundlichkeit *f*

germanofobia [dʒermanofo'bi:a] *f* Deutschfeindlichkeit *f*

germanofono, -a [dʒerma'nɔ:fono] *agg* deutschsprachig

germe ['dʒɛrme] *m* ❶ (BIOL) Keim *m,* Keimling *m* ❷ (MED) Keim *m;* **-i patogeni** Krankheitserreger *mpl* ❸ (BOT) Keimling *m,* Sämling *m* ❹ (*fig: origine*) Keim *m,* Ursprung *m;* **in ~** (*fig*) im Keim

germicida¹ [dʒermi'tʃi:da] <-i, -e> *agg* keimtötend, bakterizid

germicida² <-i> *m* keimtötendes Mittel, Bakterizid *n;* **germinale** [dʒermi'na:le] *agg* Keim-

germinare [dʒermi'na:re] *vi essere o avere* (BOT) keimen; **germinativo, -a** [dʒermina'ti:vo] *agg* Keim-, Keimungs-; **germinazione** [dʒerminat'tsio:ne] *f* Keimen *n,* Keimung *f*

germogliare [dʒermoʎ'ʎa:re] *vi essere o avere* ❶ (BOT) sprießen, treiben ❷ (*fig: nascere*) keimen; **germoglio** [dʒer'moʎʎo] <-gli> *m* ❶ (BOT) Sproß *m,* Trieb *m* ❷ (*fig: origine*) Keim *m*

gerocomio [dʒero'kɔ:mio] *v.* **gerontocomio**

geroglifico [dʒero'gli:fiko] *m* ❶ (LING) Hieroglyphe *f* ❷ *gener al pl* (*fig*) Krähenfüße *mpl fam,* Hieroglyphen *fpl*

geroglifico, -a <-ci, -che> *agg* (LING) hieroglyphisch, Hieroglyphen-

gerontocomio [dʒeronto'kɔ:mio] <-i> *m* Altenheim *n*

gerontologa *f v.* **gerontologo**

gerontologia [dʒerontolo'dʒi:a] <-gie> *f* Gerontologie *f;* **gerontologo, -a** [dʒeron'tɔ:logo] <-gi, -ghe> *m, f* Gerontologe *m,* -login *f*

gerundio [dʒe'rundio] <-i> *m* Gerundium *n;* **gerundivo, -a** [dʒerun'di:vo] *agg* gerundiv

Gerusalemme [dʒeruza'lɛmme] *f* Jerusalem *n*

gessare [dʒes'sa:re] *vt* ❶ (*carta, bende*) (ein)gipsen ❷ (AGR) kalken, mit Kalkdünger anreichern

gessato [dʒes'sa:to] *m* (*abito*) Nadelstreifenanzug *m*

gessato, -a *agg* (*trattato con gesso*) mit Gips behandelt; (*impregnato di gesso*) gipshaltig; **gessatura** [dʒessa'tu:ra] *f* ❶ (AGR) Kalken *n,* Anreicherung *f* mit Kalkdünger ❷ (*di mosto*) Gipsen *n*

gessetto [dʒes'setto] *m* Kreide *f*

gesso ['dʒɛsso] *m* ❶ (*per lavagna*) Kreide *f* ❷ (MIN) Gips *m* ❸ (MED) Gips(verband) *m* ❹ (*scultura*) Gipsfigur *f;* **gessoso, -a** [dʒes'so:so] *agg* gipshaltig, Gips-

gesta ['dʒɛsta] *fpl* (LIT) Heldentaten *fpl*

gestante [dʒes'tante] *f* Schwangere *f,* werdende Mutter

gestatorio, -a [dʒesta'tɔ:rio] <-i, -ie> *agg* **sedia -a** Tragsessel *m* (des Papstes); **gestazione** [dʒestat'tsio:ne] *f* ❶ (MED) Schwangerschaft *f* ❷ (*fig: preparazione*) Bearbeitung *f;* **in ~** in Bearbeitung, in Vorbereitung

gesticolare [dʒestiko'la:re] *vi* gestikulieren

gestionale [dʒestio'na:le] *agg* (Geschäfts)führungs-; **gestione** [dʒes'tio:ne] *f* (Geschäfts)führung *f,* -leitung *f;* **~ dei costi** Kostenmanagement *n;* **~ del motore** (AUTO) Motorsteuerung *f;* **~ fondi** (FIN) Fondsmanagement *n;* **società di ~** (FIN) Fondsgesellschaft *f;* **~ prestiti** (FIN) Darlehensverwaltung *f*

gestire [dʒes'ti:re] <gestisco> **I.** *vt* (COM, JUR) leiten, führen, abwickeln **II.** *vi* (*gesticolare*) gestikulieren

gesto ['dʒɛsto] *m* Geste *f,* Gebärde *f;* **ha fatto un bel ~** das war eine nette Geste von ihm [*o* ihr]

gestore, **-trice** [dʒes'to:re] *m*, *f* (Ge-schäfts)führer(in) *m(f)*, -leiter(in) *m(f)*

gestuale [dʒestu'a:le] *agg* Gesten-, Gebär-den-

Gesù [dʒe'zu] *m* Jesus *m*

gesuita [dʒezu'i:ta] <-i> *m* ❶(REL) Je-suit *m* ❷(*pej: ipocrita*) Heuchler *m;* **ge-suitico, -a** [dʒezu'i:tiko] <-ci, -che> *agg* ❶(REL) jesuitisch, Jesuiten- ❷(*pej: ipocri-ta*) heuchlerisch; **gesuitismo** [dʒezui'tiz-mo] *m* Jesuitentum *n*

gettare [dʒet'ta:re] **I.** *vt* ❶(*lanciare*) wer-fen, schmeißen; **~ via qc** etw wegwerfen; **~ le braccia al collo a qu** jdm die Arme um den Hals werfen ❷(NAUT: *ancora, re-ti*) auswerfen ❸(AGR: *seme*) (aus)säen ❹(ARCH: *fondamenta*) legen ❺(*statua*) gießen ❻(*radici, ponte*) schlagen ❼(*gri-do*) ausstoßen **II.** *vi* ❶(BOT) keimen, trei-ben ❷(*rubinetto, fontana*) fließen, laufen **III.** *vr* **-rsi** ❶(*buttarsi*) **-rsi a terra** sich auf den Boden werfen; **-rsi ai piedi di qu** sich jdm vor die Füße werfen; **-rsi contro qu** sich auf jdn stürzen; **-rsi dalla finestra** sich aus dem Fenster stürzen; **-rsi in gi-nocchio** sich auf die Knie werfen ❷(*fiu-me*) münden; **gettata** [dʒet'ta:ta] *f* ❶(*di metalli, cemento*) Guss *m* ❷(*diga*) Damm *m*

gettito ['dʒettito] *m* Ertrag *m*

getto ['dʒetto] *m* ❶(BOT) Spross *m*, Trieb *m* ❷(*di liquido*) Strahl *m* ❸(*di metallo*) Guss *m* ❹(*di calcestruzzo*) (Beton)schüt-tung *f* ❺(*fig*) **a ~ continuo** ununterbro-chen; **di ~** flüssig, zügig

gettonare [dʒetto'na:re] *vt* (*fam*) ❶(*dis-co*) spielen lassen ❷(*scherz* TEL) anrufen; **gettonato, -a** [dʒetto'na:to] *agg* (*fam*) gespielt, gedrückt; **la canzone più -a dell'anno** das meistgespielte Lied des Jah-res

gettone [dʒet'to:ne] *m* ❶(*gener*) (Ein-wurf)münze *f*, -marke *f;* **telefono a -i** Münzfernsprecher *m; ~* **del telefono** [*o* te-**lefonico**] Telefonmünze *f* ❷(*al gioco*) Spielmarke *f*, Jeton *m;* **gettoniera** [dʒet-to'niɛ:ra] *f* Münzbüchse *f*, Münzkassette *f*

gettonista [dʒtto'nista] <-i *m*, -e *f*> *mf* Abtreibungsarzt, -ärztin *m*, *f*

geyser ['gaizə] <-> *m* Geysir *m*, Geiser *m*

ghaneano, -a [gane'a:no] **I.** *agg* (*del Gha-na, ghaniano*) ghanaisch **II.** *m*, *f* (*nativo del Ghana*) Ghanaer(in) *m(f)* **III.** <*sing*> *m* (*dialetto del Ghana*) Ghanaisch(e) *n*

ghenga ['gɛŋga] <-ghe> *f* (*scherz*) Cli-que *f*

ghepardo [ge'pardo] *m* Gepard *m*

gheriglio [ge'riʎʎo] <-gli> *m* (Nuss)kern *m*

ghermire [ger'mi:re] *vt* ❶(ZOO) (mit den Krallen) packen [*o* greifen] ❷(*fig: carpire*) entreißen, fortnehmen; **~ un segreto a qu** jdm ein Geheimnis entreißen

gherone [ge'ro:ne] *m* ❶(*di camicia*) Zwi-ckel *m* ❷(NAUT) Schothorn *n*

ghetta ['getta] *f* Gamasche *f;* **pantaloni con le -e** Steghose *f*

ghettizzare [gettid'dza:re] *vt* g(h)ettoi-sieren *geh;* **ghettizzazione** [get-tiddzat'sio:ne] *f* G(h)ettoisierung *f geh*

ghetto ['getto] *m* G(h)etto *n*

ghiacciaia [giat'tʃa:ia] <-aie> *f* Eis-schrank *m*, Eiskasten *m* A

ghiacciaio [giat'tʃa:io] <-ai> *m* Glet-scher *m*

ghiacciare [giat'tʃa:re] **I.** *vt avere* ❶(*gela-re*) gefrieren, vereisen ❷(*fig: una perso-na*) erstarren lassen **II.** *vr* **-rsi** zufrieren; **ghiacciata** [giat'tʃa:ta] *f* Eisgetränk *n;* **ghiacciato, -a** [giat'tʃa:to] *agg* ❶(*stra-da, terreno*) vereist, gefroren ❷(*molto freddo*) eiskalt, eisig

ghiaccio ['giattʃo] <-cci> *m* Eis *n; ~* **sec-co** Trockeneis *n;* **pattinaggio sul ~** Schlitt-schuhlaufen *n;* **rompere il ~** (*a fig*) das Eis brechen; **rimanere di ~** (*fig*) wie erstarrt sein; **essere un pezzo di ~** (*fig*) ein Eis-klumpen sein

ghiacciolo [giat'tʃɔ:lo] *m* ❶(*pezzo di ghi-accio*) Eiszapfen *m* ❷(GASTR) Wassereis *n*

ghiaia [gi'a:ia] <-aie> *f* Kies *m;* **ghiaietti-no** [giaiet'ti:no] *m* ganz kleiner Kies; **ghiaione** [gia'io:ne] *m* Geröllhalde *f*, Berghalde *f;* **ghiaioso, -a** [gia'io:so] *agg* kiesig, Kies-

ghianda ['gianda] *f* (ZOO) Eichel *f;* **ghian-daia** [gian'da:ia] <-aie> *f* Eichelhäher *m*

ghiandola ['giandola] *f* Drüse *f;* **ghian-dolare** [giando'la:re] *agg* Drüsen-, glan-dulär *scient*

ghiera ['giɛ:ra] *f* Ring *m;* (*a di bastone, om-brello*) Zwinge *f*

ghigliottina [giʎʎot'ti:na] *f* Guillotine *f*, Fallbeil *n;* **ghigliottinamento** [giʎʎotti-na'mento] *m* ❶(*decapitazione*) Enthaup-tung *f* ❷(*fig: licenziamento improvvi-so*) Feuern *n;* **ghigliottinare** [giʎʎot-ti'na:re] *vt* ❶(*decapitare*) guillotinieren, enthaupten ❷(*fig: licenziare improvvisa-mente*) feuern

ghignare [giɲ'ɲa:re] *vi* grinsen; **ghignata** [giɲ'ɲa:ta] *f*, **ghigno** ['giɲɲo] *m* Grin-sen *n*

ghingheri ['gingeri] *avv* **in ~** (*fam scherz*) herausgeputzt, aufgetakelt

ghiotto, -a ['giotto] *agg* ❶(*persona*)

naschhaft; **è ~ di dolci** er mag gern Süßigkeiten, er nascht gern ❷(*cibo*) schmackhaft, lecker; **ghiottone, -a** [giot'to:ne] *m, f* ❶(*persona*) Schlemmer(in) *m(f)*, Leckermaul *n* ❷(ZOO) Vielfraß *m;* **ghiottoneria** [giotto'ri:a] <-ie> *f* ❶(*avidità*) Naschhaftigkeit *f* ❷(GASTR) Leckerbissen *m*, Schmankerl *n A*

ghiozzo ['giɔddzo] *m* Grundel *f,* Gründling *m*

ghiribizzo [giri'biddzo] *m* (*fam*) Schnapsidee *f*

ghirigoro [giri'gɔ:ro] *m* Schnörkel *m*

ghirlanda [gir'landa] *f* ❶(*di fiori, foglie*) Girlande *f*, Kranz *m* ❷(ARCH) Feston *n*

ghiro ['gi:ro] *m* (ZOO) Siebenschläfer *m;* **dormire come un ~** wie ein Murmeltier schlafen

ghisa ['gi:za] *f* Gusseisen *n*

ghostbuster ['goust'bʌstə] <-> *mf* (*acchiappafantasmi*) Ghostbuster *m*, Geisterjäger(in) *m(f)*

ghost-writer ['goust'raitə] <-> *mf* Ghostwriter *m*

già [dʒa] *avv* ❶(*prima d'ora*) schon, bereits ❷(*sin d'ora*) jetzt schon ❸(*ormai*) nun(mehr), schon ❹(*ex*) ehemalig ❺(*assenso*) gewiss, schon ❻(*rafforzativo*) gewiss; **~ ~** ja, ja

giacca ['dʒakka] <-cche> *f* Jacke *f;* (*indumento maschile*) Jackett *n*, Sakko *m; ~ a vento* Anorak *m*, Windjacke *f; ~ ad un petto* Einreiher *m; ~ a doppio petto* Zweireiher *m*

giacché [dʒak'ke] *cong* da ... (schon), weil ... (schon)

giacchetta [dʒak'ketta] *f* Jacke *f;* **giacchetto** [dʒak'ketto] *m* Jackett *n*

giaccio ['dʒattʃo] *1. pers sing pr di* **giacere**

giacente [dʒa'tʃɛnte] *agg* (*posta*) (post)lagernd; (*pratica*) unerledigt; **giacenza** [dʒa'tʃɛntsa] *f* Lagerbestand *m*, Lager *n; -e di magazzino* Lagerbestand *m;* **capitale in ~** brach liegendes Kapital

giacere [dʒa'tʃe:re] <giaccio, giacqui, giaciuto> *vi* essere liegen; (*a fig*) ruhen; **~ bocconi** auf dem Bauch liegen; **~ sul fianco** auf der Seite liegen; **~ supino** auf dem Rücken liegen; **qui giace ...** (*sulle tombe*) hier ruht (in Frieden) ...

giaciglio [dʒa'tʃiʎʎo] <-gli> *m* Lager *n*, Schlafgelegenheit *f*

giacimento [dʒatʃi'mento] *m* Vorkommen *n*, Lager *n*

giacinto [dʒa'tʃinto] *m* ❶(BOT) Hyazinthe *f* ❷(MIN) Hyazinth *m*

giaciuto [dʒa'tʃu:to] *pp di* **giacere**

giacomo giacomo ['dʒa:komo 'dʒa:komo] **far ~** (*fam*) schlottern

giacqui ['dʒakkui] *1. pers sing pass rem di* **giacere**

giaculatoria [dʒakula'tɔ:ria] <-ie> *f* ❶(REL) Stoßgebet *n* ❷(*scherz*) Leier *f*, Litanei *f*

giada¹ ['dʒa:da] *f* Jade *m o f*

giada² <inv> *agg* verde **~** jadegrün

giaggiolo [dʒad'dʒɔ:lo] *m* Schwertlilie *f*, Iris *f*

giaguaro [dʒa'gua:ro] *m* Jaguar *m*

giallastro, -a [dʒal'lastro] *agg* gelblich, schmutzig gelb; **gialliccio, -a** [dʒal'littʃo] <-cci, -cce> *agg* gelblich; **gialligno, -a** [dʒal'liɲɲo] *agg* gelblich, vergilbt; **giallino, -a** [dʒal'li:no] *agg* blassgelb, gelblich; **pullover ~** blassgelber Pullover; **colorito ~** gelblicher Farbton

giallista [dʒal'lista] <-i *m*, -e *f*> *mf* Kriminalschriftsteller(in) *m(f)*

giallo ['dʒallo] *m* ❶(*colore*) Gelb *n; ~ dell'uovo* Eigelb *n; ~ di Siena* Sienamarmor *m;* **passare col ~** bei Gelb über die Ampel fahren ❷(LIT, FILM) Krimi *m fam*

giallo, -a *agg* ❶(*colore*) gelb; **farina -a** Maismehl *n;* **febbre -a** Gelbfieber *n;* **Pagine -e** gelbe Seiten *fpl* ❷(LIT, FILM, THEAT, TV) Kriminal-, Krimi- *fam;* **romanzo ~** Kriminalroman *m;* **film ~** Kriminalfilm *m*

gialloblù [dʒallo'blu] I.<inv> *agg* (*relativo alla squadra di calcio del Verona*) gelbblau II.<-> *m* ❶(*chi gioca nella squadra del Verona*) Gelbblaue *m*, Spieler *m* bei Verona ❷(*tifoso della squadra del Verona*) Fan *m* der Gelbblauen

giallognolo, -a [dʒal'loɲɲolo] *agg* blassgelb, gelblich

giallorosa [dʒallo'rɔ:za] <inv> *agg* kitschig, Kitsch-; (*stampa*) Boulevard-

giambo ['dʒambo] *m* Jambus *m*

giammai [dʒam'ma:i] *avv* (*poet*) nie, niemals

gianduia [dʒan'du:ia] <-> *m* (GASTR) N(o)ugat *m o n*

giansenismo [dʒanse'nizmo] *m* Jansenismus *m;* **giansenista** [dʒanse'nista] <-i *m*, -e *f*> *mf* Jansenist(in) *m(f);* **giansenistico, -a** [dʒanse'nistiko] <-ci, -che> *agg* jansenistisch

Giappone [dʒap'po:ne] *m* **il ~** Japan *n;* **giapponese** [dʒappo'ne:se] I. *agg* japanisch II. *mf* Japaner(in) *m(f);* **giapponeseria** [dʒapponese'ri:a] <-ie> *f* (*pej*) (japanischer) Krimskrams *m*, Nippes *pl*

giara ['dʒa:ra] *f* Amphore *f*, Kanne *f*

giardinaggio [dʒardi'naddʒo] <-ggi> *m* Gartenbau *m*, Gartenarbeit *f*

giardinetta® [dʒardi'netta] *f* Kombiwagen *m*, Kombi *m fam*

giardiniera [dʒardi'niɛːra] *f* ❶ (MOT) Kombiwagen *m*, Kombi *m fam* ❷ (GASTR) Mischgemüse *n*; (*sottaceti*) Mixed Pickles *pl* ❸ (*mobile*) Blumenständer *m*

giardiniere, -a [dʒardi'niɛːre] *m, f* Gärtner(in) *m(f)*

giardino [dʒar'diːno] *m* Garten *m*; ~ **botanico** botanischer Garten; **-i pubblici** (öffentlicher) Park *m*; ~ **zoologico** Zoo *m*, Tiergarten *m*

giarrettiera [dʒarret'tiɛːra] *f* Strumpfband *n*, Strumpfhalter *m*

giavellottista [dʒavellot'tista] <-i *m*, -e *f*> *mf* Speerwerfer(in) *m(f)*; **giavellotto** [dʒavel'btto] *m* ❶ (MIL) Wurfspieß *m*, Lanze *f* ❷ (SPORT) Speer *m*

già-vissuto ['dʒa vis'suːto] <-> *m* (PSYCH: *déjà vu*) Déjàvu-Erlebnis *n*

gibbo ['dʒibbo] *m* Höcker *m*, Buckel *m*

gibbone [dʒib'boːne] *m* Gibbon *m*

gibbosità [dʒibbosi'ta] <-> *f* Buck(e)ligkeit *f*; (*del terreno*) Unebenheit *f*; **gibboso, -a** [dʒib'boːso] *agg* buck(e)lig; (*terreno*) uneben

giberna [dʒi'bɛrna] *f* Patronentasche *f*

gibigian(n)a [dʒibi'dʒaːna (dʒibi'dʒanna)] *f* (*lomb*) Lichtschimmer *m*; **fare la** ~ (*fig*) sich aufdonnern, sich auftakeln

Gibilterra [dʒibil'tɛrra] *f* Gibraltar *n*

gigabyte [gigabait] <-> *m* (INFORM) Gigabyte *n*

gigaelettronvolt [dʒigaelettron'vɔlt] <-> *m* (TEC: *unità di energia*) Gigaelektronvolt *n*

gigante [dʒi'gante] I. *agg* riesengroß, Riesen-; **i Monti Giganti** das Riesengebirge II. *m* ❶ (*poet*) Gigant *m*, Riese *m* ❷ (*persona imponente*) Riese *m*; **fare passi da** ~ Riesenschritte machen; **giganteggiare** [dʒiganted'dʒaːre] *vi* (riesenhaft) hervor-, herausragen; **gigantesco, -a** [dʒigan'tesko] <-schi, -sche> *agg* riesenhaft, Riesen-; **gigantessa** [dʒigan'tessa] *f* (*scherz pej*) Riesin *f*; **gigantismo** [dʒigan'tizmo] *m* (MED) Gigantismus *m*, Riesenwuchs *m*

gigliaceo, -a [dʒiʎ'ʎaːtʃeo] *agg* lilienartig, Lilien-; **gigliato, -a** [dʒiʎ'ʎaːto] *agg* Lilien-

giglio ['dʒiʎʎo] <-gli> *m* Lilie *f*

gigolo [ʒigɔ'lo] <-> *m* Gigolo *m*

gilda ['dʒilda] *f* Gilde *f*, Zunft *f*

gilè [dʒi'lɛ] <-> *m* Weste *f*

gillette® [dʒi'let] *m* Rasierapparat *m*

gimcana [dʒim'kaːna] *v.* **gincana**

gin [dʒin] <-> *m* Gin *m*

gincana [dʒiŋ'kaːna] *f* Gymkhana *n*; (*fig*) Hürdenlauf *m*

ginecologa *f v.* **ginecologo**

ginecologia [dʒinekolo'dʒiːa] <-gie> *f* Gynäkologie *f*, Frauenheilkunde *f*; **ginecologico, -a** [dʒinekolo'b:dʒiko] <-ci, -che> *agg* gynäkologisch; **ginecologo, -a** [dʒine'kɔːlogo] <-gi, -ghe> *m, f* Gynäkologe *m*, -login *f*, Frauenarzt *m*, -ärztin *f*

ginepro [dʒi'neːpro] *m* Wacholder *m*; **bacche di** ~ Wacholderbeeren *fpl*

ginestra [dʒi'nɛstra] *f* Ginster *m*

Ginevra [dʒi'neːvra] I. *m* (*cantone*) Genf *n* II. *f* (*città*) Genf *n*

gingillarsi [dʒindʒil'larsi] *vr* ❶ (*giocherellare*) ~ **con qc** mit etw herumspielen ❷ (*fig: baloccarsi*) herumtrödeln; **gingillo** [dʒin'dʒillo] *m* Krimskrams *m*, Nippes *pl*; **gingillone, -a** [dʒindʒil'loːne] *m, f* (*fam pej*) Tranfunzel *f*, Trödler(in) *m(f)*

ginnasiale [dʒinna'ziaːle] I. *agg* Gymnasial-, Gymnasium(s)- II. *mf* Schüler(in) *m(f)* des ginnasio; **ginnasio** [dʒin'naːzio] <-i> *m* ≈ gymnasiale Mittelstufe (*9. und 10. Klasse*)

ginnasta [dʒin'nasta] <-i *m*, -e *f*> *mf* Turner(in) *m(f)*; **ginnastica** [dʒin'nastika] <-che> *f* ❶ (SPORT) Gymnastik *f*; ~ **correttiva** [*o* **medica**] Krankengymnastik *f* ❷ (*fig*) Übung *f*; ~ **mentale** Gedächtnistraining *n*; **ginnastico, -a** [dʒin'nastiko] <-ci, -che> *agg* gymnastisch, Gymnastik-; **ginnico, -a** ['dʒinniko] <-ci, -che> *agg* gymnastisch, Gymnastik-; (*fig*) gelenkig, sportlich; **percorso** [*o* **sentiero**] ~ Trimm-dich-Pfad *m*

ginocchiera [dʒinok'kiɛːra] *f* Knieschützer *m*

ginocchio [dʒi'nɔkkio] <-cchi *m o* -cchia *f*> *m* Knie *n*; **arrivare fino al** ~ bis zum Knie gehen; **stare in** ~ knien; **piegare il** ~ einen Knicks machen; **mettersi in** ~ (*fig*) sich klein machen, sich beugen; **ginocchioni** [dʒinok'kio:ni] *avv* auf den Knien; **starsene** ~ knien

giocare [dʒo'kaːre] I. *vi* ❶ (*gener*) spielen; ~ **a carte** Karten spielen; ~ **a palla** Ball spielen; ~ **al lotto** Lotto spielen; ~ **con qc** mit etw spielen; ~ **con la propria vita** sein Leben aufs Spiel setzen ❷ (**a qc**) (etw) spielen ❸ (FIN) spekulieren II. *vt* ❶ (*al gioco*) spielen; (*carta*) (aus)spielen; (*somma*) setzen, spielen um ❷ (*fig: ingannare*) betrügen, täuschen III. *vr* **-rsi** verspielen, riskieren; **-rsi l'anima** [*o* **l'osso del collo**] Kopf und Kragen riskieren

giocata [dʒo'kaːta] *f* ❶ (*mossa*) Zug *m*, Spiel *n* ❷ (*puntata*) Einsatz *m*, Spiel *n* ❸ (*partita*) Spiel *n*, Partie *f* ❹ (*al lotto*)

esprimere gioia	
esprimere gioia	**Freude ausdrücken**
Che bello che sei venuta!	**Wie schön, dass** du gekommen bist!
Come sono contenta di rivederti!	**Ich freue mich so,** dich wiederzusehen!
Mi ha fatto molto piacere.	**Ich habe mich sehr gefreut.**
Quanto sono felice/Sono davvero contento che hai superato l'esame!	**Ich freue mich für dich, dass** du die Prüfung bestanden hast!
Che fortuna!	**Was für ein Glück!**
Potrei mettermi a saltare dalla gioia! (*fam*)	**Ich könnte vor lauter Freude in die Luft springen.** (*fam*)
esprimere entusiasmo	**Begeisterung ausdrücken**
Fantastico!	**Fantastisch!**
Splendido! (*fam*)**/Pazzesco!** (*sl*)**/Mitico!** (*sl*)**/Figo!** (*sl*)**/Bestiale!** (*fam*)	**Toll!** (*fam*)**/Wahnsinn!** (*sl*)**/Super!** (*sl*)**/Cool!** (*sl*)**/Krass!** (*sl*)
Questo tipo **mi fa impazzire!** (*sl*)	**Auf** diesen Typ **fahre ich voll ab.** (*sl*)
Il concerto **mi ha veramente colpito.**	Das Konzert **hat mich richtig mitgerissen.**

Tipp *m;* **giocatore, -trice** [dʒo-ka'to:re] *m, f* ❶ Spieler(in) *m(f);* ~ **d'azzardo** Glücksspieler(in) *m(f)* ❷ (FIN) Spekulant(in) *m(f);* **giocattolo** [dʒo'katto-lo] *m* Spielzeug *n;* **giocherellare** [dʒo-kerel'la:re] *vi* (herum)spielen; **giocherellone, -a** [dʒokerel'lo:ne] *agg* verspielt; (*persona*) leichtlebig; **giocheria** [dʒo-ke'ri:a] <-ie> *f* ❶ (*negozio*) Spielwarenhandlung *f* ❷ (*ludoteca*) Spielothek *f;* **giochetto** [dʒo'ketto] *m* ❶ (*divertimento*) Spielchen *n* ❷ (*fig: lavoro facile*) leichtes Spiel, Kinderspiel *n*

gioco ['dʒɔ:ko] <-chi> *m* Spiel *n;* (*giocattolo*) Spielzeug *n;* ~ **d'azzardo** Glücksspiel *n;* ~ **di parole** Wortspiel *n;* ~ **di società** Gesellschaftsspiel *n;* ~ **degli scacchi** Schachspiel *n;* ~ **del lotto** Lottospiel *n;* ~ **da bambini** [*o* **da ragazzi**] (*fig*) Kinderspiel *n;* **i** ~ **chi olimpici** die Olympischen Spiele; **campo da** ~ Spielfeld *n;* **fare il** ~ **di qu** (*fig*) jdm in die Hände spielen; **fare il doppio** ~ (*fig*) ein falsches [*o* doppeltes] Spiel treiben; **entrare in** ~ ins Spiel kommen, im Spiel sein; **essere in** ~ auf dem Spiel stehen; **mettere in** ~ **qc** etw aufs Spiel setzen; **cambiar** ~ (*fig*) die Taktik ändern; **prendersi** ~ **di qu** sich über jdn lustig machen; **il** ~ **non vale la candela** (*prov*) das ist den Aufwand nicht wert; **ogni bel** ~ **dura poco** (*prov*) in der Kürze liegt die Würze; **giocoforza** [dʒoko'fɔrt-sa] <-> *m* **essere** ~ nötig sein; **è** ~ **andarci** da muss man hingehen

giocoliere, -a [dʒoko'liɛ:re] *m, f* Jongleur(in) *m(f)*

Gioconda [dʒo'konda] *f* **La** ~ die Mona Lisa

giocondità [dʒokondi'ta] <-> *f* Heiterkeit *f;* **giocondo, -a** [dʒo'kondo] *agg* heiter

giocoso, -a [dʒo'ko:so] *agg* heiter; **opera -a** heiter-komische Oper

giogaia [dʒo'ga:ia] <-aie> *f* Gebirgskette *f*

giogo ['dʒo:go] <-ghi> *m* Joch *n*

gioia ['dʒɔ:ia] <-ie> *f* ❶ (*emozione*) Freude *f;* **darsi alla pazza** ~ sich ins Vergnügen stürzen ❷ (*gioiello*) Juwel *m o n*

gioielleria [dʒoielle'ri:a] <-ie> *f* ❶ (*negozio*) Juweliergeschäft *n* ❷ (*arte*) Goldschmiedekunst *f;* **gioielliere, -a** [dʒoi-el'liɛ:re] *m, f* Juwelier(in) *m(f);* **gioiello** [dʒo'iɛllo] *m* ❶ (*monile*) Schmuck *m* ❷ (*fig*) Juwel *n,* Perle *f*

gioioso, -a [dʒo'io:so] *agg* fröhlich, freudig

gioire [dʒo'i:re] <gioisco> *vi* ~ **di qc** über etw *acc* jubeln

giornalaio, -a [dʒorna'la:io] <-ai, -aie> *m, f* Zeitungsverkäufer(in) *m(f),* -händler(in) *m(f)*

giornale [dʒor'na:le] *m* ❶ (*quotidiano, settimanale*) Zeitung *f;* (*rivista*) Zeitschrift *f;* ~ **di moda** Modezeitschrift *f;* ~ **di strada** Straßenblatt *n* ❷ (RADIO, TV) Nachrichten *fpl;* ~ **radio** Rundfunknachrichten *fpl* ❸ (*registro*) Journal *n,* Buch *n;* ~ **di bordo** Schiffstagebuch *n;* ~ **di classe** Klas-

senbuch *n;* ~ **di viaggio** Reisejournal *n;*
giornalese [dʒorna'le:se] <-> *m* (*iron,*
pej) Zeitungsjargon *m;* **giornaletto**
[dʒorna'letto] *m* (*fam*) Comic-Heft *n*
giornaliero, **-a** [dʒorna'liɛ:ro] **I.** *agg*
❶ (*quotidiano*) (all)täglich, Tage(s)- ❷ (*va-*
riabile) wechselnd, schwankend **II.** *m, f*
Tagelöhner(in) *m(f)*
giornalino [dʒorna'li:no] *m* (*fam*) Comic-
Heft *n*
giornalismo [dʒorna'lizmo] *m* Journalismus *m,* Zeitungswesen *n;* **giornalista**
[dʒorna'lista] <-i *m,* -e *f*> *mf* Journa-
list(in) *m(f);* **giornalistese** [dʒorna-
lis'te:se] <-> *m* (*iron, pej*) *v.* **giornalese;**
giornalistico, **-a** [dʒorna'listiko] <-ci,
-che> *agg* journalistisch, Zeitungs-
giornalmente [dʒornal'mente] *avv* täglich, jeden Tag
giornata [dʒor'na:ta] *f* ❶ (*giorno*) Tag *m;*
~ **libera** freier Tag; **uova di** ~ (lege)frische
Eier *npl;* **in** ~ im Lauf(e) des Tages; **a -e** tageweise; **vivere alla** ~ in den Tag hinein leben ❷ (COM) Tagelohn *m;* **lavorare a** ~ im
Tagelohn arbeiten
giorno ['dʒorno] *m* Tag *m;* (*ricorrenza*)
Jahrestag *m;* ~ **feriale** Werktag *m;* ~ **festi-**
vo Feiertag *m;* ~ **lavorativo** Arbeitstag *m;*
punto (**a**) ~ Hohlsaumstich *m;* **piatto del** ~
Tagesgericht *n;* **i fatti del** ~ die Tagesereignisse *npl;* **al** [*o* **il**] ~ am Tag, täglich; **di** ~
tags(über), bei Tag, untertags *A;* **di** ~ **in** ~
von Tag zu Tag; **da un** ~ **all'altro** von einem Tag zum anderen; **un** ~ **o l'altro** irgendwann, eines Tages; ~ **per** ~ Tag für
Tag; **in pieno** ~ am helllichten Tag; **sul far**
del ~ bei Tagesanbruch; **al** ~ **d'oggi** heutzutage; **ai nostri -i** zu unserer Zeit, heutzutage; **a -i alterni** jeden zweiten Tag; **uno**
di questi -i in diesen Tagen, demnächst;
buon ~ *v.* **buongiorno**
giostra ['dʒɔstra] *f* (*nelle fiere*) Karussell *n,*
Ringelspiel *n A;* **giostraio** [dʒo'stra:io]
<-ai> *m* Karussellbetreiber(in) *m(f);* **gio-**
strare [dʒos'tra:re] *vi* sich durchlavieren
giovamento [dʒova'mento] *m* Nutzen *m,*
Vorteil *m*
giovane ['dʒo:vane] **I.** *agg* jung; **animale** ~
Jungtier *n* **II.** *mf* Jugendliche(r) *f(m);* (*ra-*
gazzo) Junge *m,* Bub *m A;* (*ragazza*) (junges) Mädchen *n;* **da** ~ in der Jugend(zeit);
Plinio il ~ Plinius der Jüngere **III.** *avv* jugendlich; **giovanetto**, **-a** [dʒova'net-
to] *m, f* (*ragazzo*) Jüngling *m,* Knabe *m;*
(*ragazza*) (junges) Mädchen *n;* **giovanile**
[dʒova'ni:le] *agg* jugendlich; **giovanilis-**
mo [dʒovani'lizmo] *m* Jugendlichkeits-
kult *m*

giovanotto [dʒova'nɔtto] *m* junger Mann,
Bursche *m*
giovare [dʒo'va:re] **I.** *vi* avere *o* essere nützen, nützlich sein; **non giova ...** +*inf* es ist
nicht ratsam zu ... +*inf* **II.** *vr* -**rsi di qu/qc**
sich *dat* jdn/etw zu Nutze machen
Giove [dʒo:ve] *m* Jupiter *m;* **per** ~! (*fam*)
bei allen Göttern!
giovedì [dʒove'di] <-> *m* Donnerstag *m;*
~ **grasso** Faschingsdonnerstag *m;* ~ **santo**
Gründonnerstag *m; v. a.* **domenica**
giovenca [dʒo'vɛnka] <-che> *f* Kalbe *f*
gioventù [dʒoven'tu] <-> *f* Jugend *f;*
amori/errori di ~ Jugendlieben *fpl/* Ju-
gendsünden *fpl;* **in** ~ in der Jugend
giovevole [dʒo've:vole] *agg* ~ (**a**) bekömmlich (für)
gioviale [dʒo'via:le] *agg* heiter; **giovialità**
[dʒoviali'ta] <-> *f* Heiterkeit *f*
giovinastro [dʒovi'nastro] *m* (junger) Flegel *m*
giovinetto [dʒovi'netto] *v.* **giovanetto**
giovinezza [dʒovi'nettsa] *f* Jugendlichkeit *f,* Jugendalter *n;* **la seconda** ~ die
zweite Jugend
GIP ['dʒip] <-> *mf abbr di* **giudice per le**
indagini preliminari Untersuchungsrichter *m*
gipsoteca [dʒipso'tɛ:ka] <-che> *f* Gipsfi-
gurenkabinett *n*
girabile [dʒi'ra:bile] *agg* girierbar, übertragbar
giradischi [dʒira'diski] <-> *m* Plattenspieler *m*
giradito [dʒira'di:to] *m* Nagelbettentzündung *f,* (Nagel)umlauf *m*
giraffa [dʒi'raffa] *f* ❶ (ZOO) Giraffe *f*
❷ (FILM, TV, RADIO) Galgen *m sl*
giramento [dʒira'mento] *m* Schwin-
del(gefühl *n*) *m;* ~ **di testa** (*fam*) Drehwurm *m;* **questo lavoro è un** ~ **di scato-**
le (*fam*) diese Arbeit geht mir auf den Keks
fam
giramondo [dʒira'mondo] <-> *mf* Wel-
tenbummler(in) *m(f)*
giranastri [dʒira'nastri] <-> *m* Kassettendeck *n,* -recorder *m*
girandola [dʒi'randola] *f* ❶ (*fuoco d'artifi-*
cio) Feuerrad *n* ❷ (*fig: persona*) Flatter-
geist *m,* Wetterfahne *f* ❸ (*giocattolo*)
Windrädchen *n* ❹ (*del vento*) Wetterfahne *f;* **girandolone**, **-a** [dʒiran-
do'lo:ne] *m, f* (*fam*) Herumtreiber(in)
m(f)
girante [dʒi'rante] *mf* (FIN) Girant(in) *m(f),*
Indossant(in) *m(f)*
girare [dʒi'ra:re] **I.** *vt* ❶ (*chiave*) (herum)drehen, (um)drehen; (*testa, occhi*)

G

drehen; (*fig: domanda*) weitergeben ❷(FILM) drehen ❸(FIN) indossieren, girieren ❹(*città, isola*) abfahren, durchfahren; (*ostacolo*) umgehen; ~ **il mondo** in der Welt herumkommen ❺(*fam: mescolare*) (um)rühren **II.** *vi* ❶(*gener*) sich drehen; **mi girano le scatole** (*fam*) ich bin auf hundertachtzig; **mi girano per la testa un sacco di idee** (*fam*) mir schwirren eine Menge Ideen im Kopf herum; ~ **alla larga** Abstand halten; **gira e rigira** man kann es drehen und wenden, wie man will ❷(MED) schwindlig werden; **far ~ la testa a qu** jdn schwindlig machen; (*fare innamorare*) jdm den Kopf verdrehen; **mi gira la testa** mir wird schwindlig ❸(*fam*) passen; **dipende da come mi gira** (*fam*) kommt drauf an, wie es mir gerade passt ❹(*camminare*) herumlaufen ❺(*voltare*) abbiegen ❻(FIN) zirkulieren ❼(*notizie, dicerie*) im Umlauf sein **III.** *vr* **-rsi** sich (um)wenden; **in questa casa non ci si gira** (*fam*) in diesem Haus kann man sich nicht bewegen

girarrosto [dʒirarˈrɔsto] *m* Grill *m,* (Braten)spieß *m*

girasole [dʒiraˈsoːle] *m* Sonnenblume *f*

girata [dʒiˈraːta] *f* ❶(*passeggiata*) Runde *f,* Rundgang *m* ❷(FIN) Giro *n* ❸(*il girare*) Drehung *f;* **giratario, -a** [dʒiraˈtaːrio] <-i, -ie> *m, f* (FIN) Giratar *m*

girato, -a [dʒiˈraːto] *agg* ❶(*persona*) mit dem Rücken zugewandt ❷(GASTR) gegrillt, Grill-; **arrosto ~** Spießbraten *m;* **pollo ~** Grillhähnchen *n* ❸(FIN) giriert, indossiert

giratubi [dʒiraˈtuːbi] <-> *m* Rohrzange *f*

giravolta [dʒiraˈvɔlta] *f* Purzelbaum *m*

girellare [dʒirelˈlaːre] *vi* umherschlendern, bummeln

girello [dʒiˈrɛllo] *m* ❶(*per bambini*) Lauflernhilfe *f* ❷(GASTR) Kugel *f,* Nuss *f*

girellone, -a [dʒirelˈloːne] *m, f* (*fam*) Bummler(in) *m(f)*

giretto [dʒiˈretto] *m* (*fam*) kleiner Rund-, Spaziergang *f*

girevole [dʒiˈreːvole] *agg* drehbar, Dreh-
girgentino, -a [dʒirdʒenˈtiːno] *agg v.* **agrigentino**

girigogolo [dʒiriˈgɔːgolo] *m* ❶(*scrittura*) Schnörkel *m* ❷(*parole*) Kauderwelsch *n*

girino [dʒiˈriːno] *m* (ZOO) Kaulquappe *f*

girl [gəːl] <-> *f* (Tanz)girl *n*

girlfriend [gəːlˈfrend] <-> *f* Freundin *f,* Flamme *f scherz*

girlgroup [gəːlˈgruːp] <-> *m* Girlgroup *f*

girlie [ˈgərli] *f* Girlie *n*

giro [ˈdʒiːro] *m* ❶(*cerchia*) Kreis *m;* ~ **di parole** Umschreibung *f;* ~ **di valzer** Walzerrunde *f* ❷(*rotazione*) Drehung *f;* (TEC)

Rotation *f;* (ASTR) Umdrehung *f;* (MOT) Drehzahl *f* ❸(SPORT) Rundstreckenrennen *n;* **il ~ di Francia** die Tour de France ❹(*passeggiata*) Rundgang *m;* (*in macchina*) Rundfahrt *f;* (*viaggio*) Reise *f;* **fare il ~ della città** eine Stadtrundfahrt machen; ~ **turistico** Rundfahrt *f;* **essere in ~ per lavoro/affari** beruflich/geschäftlich unterwegs sein; **andare in ~** umherlaufen ❺(*di vestito*) Ausschnitt *m* ❻(*di carte*) Runde *f* ❼(*circolazione*) Umlauf *m;* ~ **d'affari** Umsatz *m;* **mettere in ~ una diceria** ein Gerücht in Umlauf bringen ❽(*periodo di tempo*) Lauf *m;* **nel ~ di un mese/anno** im Laufe eines Monats/Jahres ❾(*fig*) **prendere in ~ qu** jdn auf den Arm nehmen; **essere su di -i** aufgedreht sein; **fare un ~ d'orizzonte** eine Bestandsaufnahme machen

girocollo [dʒiroˈkɔllo] *m* Rundausschnitt *m*

giroconto [dʒiroˈkonto] *m* Girogeschäft *n*

girone [dʒiˈroːne] *m* ❶(SPORT) Runde *f;* ~ **d'andata** Vorrunde *f;* ~ **di ritorno** Rückrunde *f* ❷(LIT) Kreis *m;* **i -i dell'inferno di Dante** Dantes Höllenkreise

gironzolare [dʒirondzoˈlaːre] *vi* (*fam*) herumbummeln; ~ **intorno a qu/qc** um jdn/etw herumschwänzeln

giroscopio [dʒirosˈkɔːpio] <-i> *m* Gyroskop *n*

girotondo [dʒiroˈtondo] *m* Ringelreihen *m*

girovaga *f v.* **girovago**

girovagare [dʒirovaˈgaːre] *vi* umherschweifen, umherziehen; **girovago, -a** [dʒiˈrɔːvago] <-ghi, -ghe> **I.** *agg* (*gente*) herum-, umherziehend; (*attori, suonatori*) fahrend, Wander- **II.** *m, f* Herum-, Umherziehende(r) *f(m)*

girovita [dʒiroˈviːta] <-> *m* Taillenumfang *m;* **prendere il ~** Taillenumfang messen

gita [ˈdʒiːta] *f* Ausflug *m;* **andare in ~ a ...** einen Ausflug nach ... machen

gitano, -a [dʒiˈtaːno] **I.** *agg* Zigeuner- **II.** *m, f* Zigeuner(in) *m(f)*

gitante [dʒiˈtante] *mf* Ausflügler(in) *m(f)*

gittata [dʒitˈtaːta] *f* Reichweite *f;* **missile a ~ intermedia** Mittelstreckenrakete *f*

giù [dʒu] *avv* (*stato*) unten; (*moto*) herunter, hinunter; **andare su e ~** auf und ab gehen; **mandare ~** (*a fig*) schlucken; **mettere ~** ablegen; (*cappello*) abnehmen; **essere ~** (*fig*) niedergeschlagen sein; **essere ~ di morale** demoralisiert sein; **quella storia non mi va ~** diese Geschichte liegt mir schwer im Magen *fam;* **la notizia l'ha buttato ~** die Nachricht hat ihn zutiefst getroffen; **i prezzi sono andati ~** die Preise sind gesunken; **su per** ~ ungefähr, etwa; ~ **di lì** oder so (ungefähr); (*temporale*) so herum; **in** ~ (*verso il basso*) hinunter; (*in basso*) unten; **scendi** ~ komm herunter; ~ **le mani!** Hände weg!

giubba ['dʒubba] *f* Jacke *f;* **giubbetto** [dʒub'betto] *m* leichte Jacke; **giubbino** [dʒub'bi:no] *m* Blouson *m;* **giubbone** [dʒub'bo:ne] *m* weite Jacke; (*per motociclista*) Motorradjacke *f;* **giubbotto** [dʒub'bɔtto] *m* Blouson *m*, Sportjacke *f;* ~ **salvagente** Schwimmweste *f;* ~ **antiproiettile** kugelsichere Weste

giubilare [dʒubi'la:re] **I.** *vt* (*scherz*) in den Ruhestand versetzen **II.** *vi* (*poet*) frohlocken *geh*, jubilieren *geh*

giubileo [dʒubi'lɛ:o] *m* ❶ (REL) Jubeljahr *n* ❷ (*cinquantenario*) Jubiläum *n*

giubilo ['dʒu:bilo] *m* (*poet*) Jubel *m*, Frohlocken *n*

giuda ['dʒu:da] <-> *m* (*pej*) Judas *m*

giudaico, -a [dʒu'da:iko] <-ci, -che> *agg* jüdisch, Juden-; **giudaismo** [dʒuda'iz-mo] *m* Judaismus *m*

giudeo-italiano, -a [dʒu'dɛ:oita'lia:no] **I.** *m, f* Judenitaliener(in) *m(f)* **II.** *agg* judenitalienisch

giudeo-romanesco, -a [dʒu'dɛ:oroma'nesko] <-chi, -che> **I.** *m, f* Mitglied *n* der jüdischen Gemeinde in Rom **II.** *agg* der jüdischen Gemeinde in Rom

giudicare [dʒudi'ka:re] *vt* ❶ (JUR) entscheiden; (*persona*) verurteilen; **fu giudicato colpevole** er wurde (für) schuldig erklärt ❷ (*valutare*) urteilen über + *acc;* **giudicò opportuno tacere** er [*o* sie] hielt es für gut zu schweigen

giudicato [dʒudi'ka:to] *m* (*sentenza*) rechtskräftiges Urteil; **passare in** ~ Rechtskraft erlangen, rechtskräftig werden

giudicato, -a *agg* beurteilt

giudicatore, -trice [dʒudika'to:re] **I.** *agg* (be)urteilend, Urteils- **II.** *m, f* Beurteiler(in) *m(f)*

giudice ['dʒu:ditʃe] *mf* ❶ (JUR) Richter(in) *m(f);* ~ **conciliatore** Friedensrichter(in) *m(f);* ~ **costituzionale** (JUR) Verfassungsrichter(in) *m(f);* ~ **penale** Strafrichter *m;* ~ **popolare** Geschworene(r) *f(m),* Schöffe *m*, Schöffin *f;* ~ **togato** Berufsrichter *m* ❷ (SPORT) Zielrichter(in) *m(f);* ~ **di gara** Kampfrichter(in) *m(f)*

giudiziale [dʒudit'tsia:le] *agg* gerichtlich, Gerichts-; **giudiziario, -a** [dʒudit'tsia:rio] <-i, -ie> *agg* gerichtlich, richterlich; **carcere** ~ Untersuchungsgefängnis *n;* **ufficiale** ~ Gerichtsvollzieher *m*

giudizio [dʒu'dittsio] <-i> *m* ❶ (*ragione*) Vernunft *f*, Verstand *m;* **l'età del** ~ das Alter der Vernunft; **non avere** ~ keinen Verstand haben ❷ (*opinione*) Urteil *n*, Beurteilung *f;* (*facoltà*) Urteilsvermögen *n;* **rimettersi al** ~ **di qu** sich jds Urteil beugen; **farsi un** ~ **su qu/qc** sich *dat* über jdn/ etw ein Urteil bilden; **a mio/tuo/suo** ~ meiner/deiner/seiner [*o* ihrer] Meinung nach ❸ (JUR) Prozess *m*, Verfahren *n;* (*sentenza*) Urteil *n;* ~ **di assoluzione** Freispruch *m;* ~ **di condanna** Verurteilung *f;* **comparire in** ~ vor Gericht erscheinen; **trascinare qu in** ~ vor Gericht bringen; **rinviare qu a** ~ das Hauptverfahren gegen jdn eröffnen ❹ (REL) Gericht *n;* **il** ~ **universale** [*o* **finale**] das Jüngste [*o* Letzte] Gericht; **giudizioso, -a** [dʒudit'tsio:so] *agg* vernünftig, überlegt

giuggiola ['dʒuddʒola] *f* ❶ (BOT) Brustbeere *f* ❷ (*fig: cosa da nulla*) Lappalie *f*, Bagatelle *f* ❸ (*loc*) **andare in brodo di -e** (*fig*) vor Seligkeit vergehen

giugno ['dʒuɲɲo] *m* Juni *m; v. a.* **aprile**

giugulare [dʒugu'la:re] *agg* jugular, Hals-

giuliano, -a [dʒu'lia:no] **I.** *agg* ❶ (*del Venezia Giulia*) aus dem julischen Teil Venetiens stammend ❷ (*di Giulio Cesare*) julianisch; **il calendario** ~ der julianische Kalender **II.** *m, f* (*abitante*) Bewohner(in) *m(f)* des julischen Teils Venetiens

giulivo, -a [dʒu'li:vo] *agg* fidel, vergnügt; **era tutto** ~ er [*o* sie] war kreuzfidel

giullare [dʒul'la:re] *m* Spielmann *m;* **giullaresco, -a** [dʒulla'resko] <-schi, -sche> *agg* Spielmanns-

giumenta [dʒu'menta] *f* (Reit)stute *f*, Reitpferd *n*

giunco ['dʒuŋko] <-chi> *m* Schilf *n*, Binse *f*

giungere ['dʒundʒere] <giungo, giunsi, giunto> **I.** *vi essere* (an)kommen, eintreffen; (*nave*) einlaufen; **mi giunge nuovo** das ist mir neu; ~ **all'orecchio di qu** jdm zu Ohren kommen **II.** *vt avere* (*poet*) vereinigen; ~ **le mani in preghiera** die Hände zum Gebet falten

giungla ['dʒuŋgla] *f* (*a fig*) Dschungel *m*

giunone [dʒu'no:ne] *f* Göttin *f* Juno

giunsi ['dʒunsi] *1. pers sing pass rem di* **giungere**

giunta ['dʒunta] *f* ❶ (ADM) Ausschuss *m* ❷ (*aggiunta*) Zugabe *f;* **per** ~ überdies ❸ (*per indumenti*) Ansatz *m*

giuntare [dʒun'ta:re] *vt* ❶ (*fare una giunta*) zugeben ❷ (*cucendo*) annähen, einsetzen

giuntatrice [dʒunta'tri:tʃe] *f* ❶ (FILM) Filmklebepresse *f* ❷ (TEC) Fügehobel *m*

giuntatura [dʒunta'tu:ra] *f* Zusammenfügung *f*, Verbindung *f*

giunto ['dʒunto] *m* ❶ (FERR) Stoß *m*, Fuge *f* ❷ (MOT) Kupplung *f*; ~ **cardanico** Gelenkkupplung *f*; ~ **rotante** rotierender Dichtkopf

giunto *pp di* **giungere**

giuntura [dʒun'tu:ra] *f* ❶ (*di pezzi*) Verbindung *f*, Naht *f* ❷ (ANAT) Gelenk *n*

giunzione [dʒun'tsio:ne] *f* Verbindung *f*, Fuge *f*

giuocare [dʒuo'ka:re] *v.* **giocare**

giuoco ['dʒuɔ:ko] *v.* **gioco**

Giura ['dʒu:ra] *m* Jura *m*

giuramento [dʒura'mento] *m* Schwur *m*, Eid *m*; **fare** ~ schwören; **prestar** ~ einen Eid leisten; **giurare** [dʒu'ra:re] **I.** *vt* schwören, beschwören; ~ **il falso** einen Meineid leisten **II.** *vi* ~ **su qc** bei etw [*o* auf etw *acc*] schwören; **giurato, -a** [dʒu'ra:to] **I.** *agg* (*nemico*) (ein)geschworen; (*interprete, guardia*) vereidigt, beeidigt **II.** *m, f* Geschworene(r) *f(m)*

giureconsulto [dʒurekon'sulto] *m* Rechtsgelehrte(r) *f(m)*

giurì [dʒu'ri] <-> *m* ~ **d'onore** Ehrengericht *n*

giuria [dʒu'ri:a] <-ie> *f* ❶ (*di gara, concorso*) Jury *f*, Preisgericht *n* ❷ (JUR) Schwurgericht *n*

giuridicità [dʒuriditʃi'ta] <-> *f* Rechtlichkeit *f*, Rechtsgültigkeit *f*; **giuridico, -a** [dʒu'ri:diko] <-ci, -che> *agg* juristisch; **persona -a** juristische Person

giurisdizionale [dʒurizdittsio'na:le] *agg* Gerichtsbarkeits-, gerichtlich; **giurisdizione** [dʒurizdit'tsio:ne] *f* ❶ (JUR) Gerichtsbarkeit *f*, Rechtsprechung *f* ❷ (*competenza*) Zuständigkeit *f*

giurisprudenza [dʒurispru'dɛntsa] *f* Jura *npl*, Jus *n A*; **giurisprudenziale** [dʒurispruden'tsia:le] *agg* juristisch

giurista [dʒu'rista] <-i *m*, -e *f*> *mf* Jurist(in) *m(f)*

giusta ['dʒusta] *prp* (ADM) laut +*gen*, gemäß +*gen*; ~ **il decreto** laut Beschluss

giustapporre [dʒustap'porre] <irr> *vt* nebeneinander stellen; **giustapposizione** [dʒustappozit'tsio:ne] *f* ❶ (*il giustapporre*) Nebeneinanderstellung *f* ❷ (LING) Juxtaposition *f*

giustapposto *pp di* **giustapporre**

giustezza [dʒus'tettsa] *f* ❶ (*esattezza*) Richtigkeit *f* ❷ (TYP) Spaltenbreite *f*

giustificare [dʒustifi'ka:re] **I.** *vt* ❶ (*condotta, errore*) rechtfertigen ❷ (*spese*) belegen **II.** *vr* **-rsi** sich rechtfertigen

giustificativo [dʒustifika'ti:vo] *m* Beleg(stück *n*) *m*

giustificativo, -a *agg* belegend, Beleg-

giustificazione [dʒustifikat'tsio:ne] *f* ❶ (*gener*) Rechtfertigung *f* ❷ (*a scuola*) Entschuldigung *f*; **libretto delle -i** Entschuldigungsbüchlein *n* (*in das die Eltern die Entschuldigungen für Schulversäumnisse eintragen*) ❸ (*riconoscimento*) Unterlage *f*, Beleg *m*

giustificazionistico, -a [dʒustifikattsio'nistiko] <-ci, -che> *agg* rechtfertigend, entschuldigend

giustizia [dʒus'tittsia] <-ie> *f* ❶ (*equità*) Gerechtigkeit *f*; **rendere** ~ **a qu** jdm Gerechtigkeit widerfahren lassen; **con** ~ gerecht; **secondo** ~ rechtmäßig ❷ (JUR) Justiz *f*; ~ **sommaria** (*a fig*) kurzer Prozess; **ricorrere alla** ~ vor Gericht gehen

giustiziare [dʒustit'tsia:re] *vt* hinrichten; **giustiziato, -a** [dʒustit'tsia:to] *m, f* Hingerichtete(r) *f(m)*; **giustiziere** [dʒustit'tsiɛ:re] *m* Scharfrichter *m*, Henker *m*

giusto¹ ['dʒusto] *m* Rechte(s) *n*, Richtige(s) *n*; **chiedere il** ~ sein(en) Teil verlangen; **dare a ciascuno il** ~ jedem das geben, was ihm zusteht

giusto² **I.** *avv* ❶ (*esattamente*) genau, richtig; **colpire** ~ (*fig*) ins Schwarze treffen; **arrivare** ~ (**in tempo**) (gerade noch) rechtzeitig kommen ❷ (*proprio*) eben **II.** *int* (*in risposta*) richtig, stimmt

giusto, -a **I.** *agg* (*persona, causa*) gerecht; (*osservazione, parola*) richtig, passend; (*salario*) gerecht; (*prezzo*) angemessen; (*preciso*) genau; (*vero*) richtig; **essere** ~ **di sale** genug gesalzen sein; **il conto è** ~ die Rechnung stimmt; **hai l'ora -a?** hast du die genaue (Uhr)zeit? **II.** *m, f* Gerechte(r) *f(m)*

glabro, -a ['gla:bro] *agg* (*glatt*) rasiert, bartlos

glacé [gla'se] <inv> *agg* ❶ (GASTR) glaciert, kandiert ❷ (*lucido*) **guanti** ~ Glaceehandschuhe *mpl*

glaciale [glatʃa:le] *agg* eiskalt, Eis-; (*a fig*) eisig; **il mar** ~ **artico** das nördliche Eismeer

glaciazione [glatʃat'tsio:ne] *f* Vereisung *f*

gladiatore [gladia'to:re] *m* Gladiator *m*; **gladiatorio, -a** [gladia'tɔ:rio] <-i, -ie> *agg* Gladiatoren-

gladiolo [gla'di:olo] *m* Gladiole *f*

glande ['glande] *m* (ANAT) Eichel *f*

glandolare [glando'la:re] *agg* glandulär, Drüsen-

Glarona [gla'ro:na] **I.** *m* (*cantone*) Glarus *m* **II.** *f* (*città*) Glarus *n*

glasnost ['glasnost] <-> *f* Glasnost *n*

glassa ['glassa] *f* Glasur *f*; (*per torta*) Tortenguss *m;* **glassare** [glas'saːre] *vt* glasieren, glacieren

glauco, -a ['glaːuko] <-chi, -che> *agg* (*poet*) blaugrün, meergrün

glaucoma [glau'kɔːma] <-i> *m* grüner Star, Glaukom *n*

gleba ['glɛːba] *f* (*poet*) (Erd)scholle *f;* **servo della ~** Leibeigene(r) *m*

gli [ʎi] **I.** *art det m pl* (*davanti a s impura, gn, pn, ps, x, z*) die **II.** *pron pers* ❶ *3. pers m sing* ihm ❷ *3. pers m e f pl* (*fam*) ihnen

glicemia [glitʃe'miːa] <-ie> *f* Blutzucker *m;* **glicemico, -a** [gli'tʃɛːmiko] <-ci, -che> *agg* Blutzucker-

gliceride [gli'tʃɛːride] *m* Glyzerid *n*

glicerina [glitʃe'riːna] *f* Glyzerin *n*

glicine ['gliːtʃine] *m* Glyzinie *f*

gliela, gliele, glieli, glielo, gliene ['ʎeːla, 'ʎeːle, 'ʎeːli, 'ʎeːlo, 'ʎeːne] = **gli/le + la, le, li, lo, ne**

glissare [glis'saːre] *vi* hinweggehen

glittoteca [glitto'tɛːka] <-che> *f* Glyptothek *f*

globale [glo'baːle] *agg* global, umfassend; **globalistico** [globa'listiko] <-ci, -che> *agg* global; **globalità** [globali'ta] <-> *f* Gesamtheit *f*

globalizzare [globalid'dzaːre] *vt* globalisieren; **globalizzazione** [globaliddzat'tsioːne] *f* Globalisierung *f*

global player <- *o* global players> *m* Global Player *m*

globe-trotter [gloub'trɔtə] <-> *mf* Globetrotter(in) *m(f)*, Weltenbummler(in) *m(f)*

globo ['glɔːbo] *m* ❶ (*gener*) Kugel *f* ❷ (ASTR) Kugel *f*, Globus *m;* **~ celeste** (Himmels)firmament *n;* **~ terrestre** Erdball *m* ❸ (ANAT) Apfel *m;* **~ oculare** Augapfel *m* ❹ (EL) Lampenglocke *f*

globulare [globu'laːre] *agg* ❶ (ASTR) kugelförmig, rund; **ammasso ~** Sternhaufen *m* ❷ (MED) Blutkörperchen-

globulina [globu'liːna] *f* Globulin *n*

globulo ['glɔːbulo] *m* Blutkörperchen *n*

gloria[1] ['glɔːria] <-ie> *f* Ruhm *m;* (REL) Herrlichkeit *f;* (*vanto*) Stolz *m;* **il cammino della ~** der Weg zum Ruhm; **lavorare per la ~** (*scherz*) für Gottes Lohn arbeiten

gloria[2] <-> *m* (*preghiera*) Gloria *n*

gloriarsi [glo'riarsi] *vr* **~ di qc** sich einer Sache *gen* rühmen; (*vantarsi*) mit etw prahlen

glorificare [glorifi'kaːre] *vt* ❶ (*Dio*) preisen ❷ (*martire, eroe*) ehren, verherrlichen; **glorificazione** [glorifikat'tsioːne] *f* ❶ (*di Dio*) Verherrlichung *f* ❷ (*di poeta, martire, eroe*) Verehrung *f*

glorioso, -a [glo'rioːso] *agg* glorreich, ruhmreich; **essere** [*o* **andare**] **~ di qc** sehr stolz auf etw *acc* sein

glossa ['glɔssa] *f* Glosse *f;* **glossare** [glos'saːre] *vt* glossieren; **glossario** [glos'saːrio] <-i> *m* Glossar *n;* **glossatore** [glossa'toːre] *m* Glossator *m*

glottide ['glɔttide] *f* Glottis *f*

glottologa *f v.* **glottologo**

glottologia [glottolo'dʒiːa] <-gie> *f* Sprachwissenschaft *f;* **glottologico, -a** [glotto'lɔːdʒiko] <-ci, -che> *agg* sprachwissenschaftlich; **glottologo, -a** [glot'tɔːlogo] <-gi, -ghe> *m, f* Sprachwissenschaftler(in) *m(f)*

glucide [glu'tʃiːde] *m* Glykosid *n*

glucosio [glu'kɔːzio] <-i> *m* Glykose *f*, Glucose *f*

glutammato [glutam'maːto] *m* Glutamat *n;* **glutammico, -a** [glu'tammiko] <-ci, -che> *agg* Glutamin-; **acido ~** Glutaminsäure *f*

gluteo ['gluːteo] *m* Gesäßbacke *f*, -muskel *m*

glutine ['gluːtine] *m* Gluten *n*

gnao, gnau ['ɲaːo, 'ɲaːu] *int* miau; **gnaulare** [ɲau'laːre] *vi* (ZOO) miauen

gnocco ['ɲɔkko] <-cchi> *m* ❶ (GASTR) Klößchen *n* ❷ (*fam pej: uomo goffo*) Tölpel *m*

gnomico, -a ['ɲɔːmiko] <-ci, -che> *agg* gnomisch

gnomo ['ɲɔːmo] *m* Gnom *m*, Kobold *m*

gnorri ['ɲɔrri] *m* **fare lo ~** (*fam*) sich dumm stellen

gnoseologia [ɲozeolo'dʒiːa] <-gie> *f* Erkenntnislehre *f*

gnosi ['ɲɔːzi] <-> *f* Gnosis *f*

gnostica *f v.* **gnostico**

gnosticismo [ɲosti'tʃizmo] *m* Gnostizismus *m;* **gnostico, -a** ['ɲɔstiko] <-ci, -che> **I.** *agg* gnostisch **II.** *m, f* Gnostiker(in) *m(f)*

gnu [ɲu] <-> *m* Gnu *n*

goal [goul *o* gɔl] <-> *m* Tor *n;* **fare** [*o* **segnare**] **un ~** ein Tor schießen

gobba ['gɔbba] *f* (*fam: sulla schiena*) Buckel *m;* (*su altra parte del corpo*) Höcker *m;* **avere la ~** (*fam*) einen Buckel haben; **~ a ponente luna crescente, ~ a levante luna calante** (*prov*) z wie zunehmender Mond, a wie abnehmender Mond

gobbo, -a ['gobbo] **I.** *agg* ❶ (*che ha la gobba*) buckelig ❷ (*con le spalle curve*) krumm, gebückt; **diventare ~** werden ❸ (*curvo*) höckerig, krumm; **ha il naso ~** er [*o* sie] hat eine höckerige Nase ❹ (*fig, scherz*) **colpo ~** ein böser Streich

G

II. *m, f* Buckelige(r) *f(m)*; **il ~ di Notre Dame** der Glöckner von Notre Dame

gobelin [go'blɛ̃] <-> *m* Gobelin *m*

goccia ['gottʃa] <-cce> *f* Tropfen *m;* **somigliarsi come due -cce d'acqua** sich *dat* gleichen wie ein Ei dem anderen; **la ~ che fa traboccare il vaso** (*fig*) der Tropfen, der das Fass zum Überlaufen bringt; **fino all'ultima ~** bis zum letzten Tropfen; **a ~** tropfenförmig; **a ~ a ~** tropfenweise; **a ~ a ~ si** [*o* **l'acqua**] **scava la pietra** (*prov*) steter Tropfen höhlt den Stein

goccio ['gottʃo] <-cci> *m* (*fam*) Tropfen *m*, Schluck *m*

gocciola ['gottʃola] *f* Tropfen *m;* **ho la ~ al naso** mir läuft die Nase; **gocciolamento** [gottʃola'mento] *m* Tropfen *n*

gocciolare [gottʃo'la:re] **I.** *vt* avere tropfen, tröpfeln; **la ferita gocciolava sangue** aus der Wunde tropfte Blut **II.** *vi* essere *o* avere ❶ (*bricco, cannella*) tropfen; (*naso*) laufen ❷ (*liquido*) tropfen; **gocciolatoio** [gottʃola'to:io] <-oi> *m* Dachtraufe *f;* **gocciolio** [gottʃo'li:o] <-ii> *m* Tröpfeln *n*, Tropfen *n;* **gocciolo** ['gottʃolo] *m* (*fam*) Tropfen *m*, Tröpfchen *n;* **non ce n'è più neanche un ~** (*fam*) es ist kein Tropfen mehr da

godere [go'de:re] <godo, godei *o* godetti, goduto> **I.** *vi* ~ **di qc** etw genießen; (*compiacersi*) sich über etw *acc* freuen; **~ di ... +inf, ~ che ... +conj** sich freuen, dass ...; **~ della fiducia di qu** jds Vertrauen genießen; **godeva nel vederlo così felice** er [*o* sie] freute sich, ihn so glücklich zu sehen **II.** *vt* genießen; **~ ottima salute** sich bester Gesundheit erfreuen, bei bester Gesundheit sein; **-rsi la vita/le vacanze** das Leben/den Urlaub genießen; **godersela** (*fam*) sich vergnügen; **me la godo al sole** (*fam*) ich genieße die Sonne; **godereccio, -a** [gode'rettʃo] <-cci, -cce> *agg* (*fam: gente*) genießerisch, lebenslustig; (*vita*) locker

godibile [go'di:bile] *agg* nutzbar; (*alimenti*) genießbar

godibilità [godibili'ta] <-> *f* ❶ (*piacevolezza*) Unterhaltsamkeit *f* ❷ (*fruibilità*) Nutzbarkeit *f*

godimento [godi'mento] *m* ❶ (*diletto*) Genuss *m;* (*vantaggio*) Nutzen *m;* **trarre ~ da qc** (*vantaggio*) aus etw Nutzen ziehen; (*gioia*) an etw *dat* Freude haben ❷ (JUR) Genuss *m*

godurioso, -a [gadu'rio:so] *agg* (*scherz*) vergnüglich; **un fine-settimana ~, all'insegna di cibo e amore** ein vergnügliches Wochenende unter dem Motto „Essen und Liebe"

goffaggine [gof'faddʒine] *f* Plumpheit *f*

goffo, -a ['gɔffo] *agg* ❶ (*impacciato*) ungeschickt, unbeholfen ❷ (*inelegante*) schlecht sitzend

goffrare [gof'fra:re] *vt* gaufrieren; **goffratura** [goffra'tu:ra] *f* Gaufrage *f*

gogna ['goɲɲa] *f* Halseisen *n;* (*berlina*) Pranger *m;* **mettere alla ~** (*fig*) anprangern

gogò [go'gɔ] <-> *m* **a ~** haufenweise

go-kart ['gouka:t *o* go'kart] <-> *m* Gokart *m*

gol [gɔl] *v.* **goal**

gola ['go:la] *f* ❶ (ANAT) Kehle *f;* (*collo*) Hals *m;* **prendere qu per la ~** (*a fig*) jdn an [*o* bei] der Gurgel packen; **ricacciarsi il pianto in ~** das Weinen unterdrücken; **urlare a piena ~** aus vollem Hals schreien; **ho l'acqua alla ~** (*a fig*) das Wasser steht mir bis zum Hals; **fino alla ~** bis zum Hals(e) ❷ (*vizio*) Gefräßigkeit *f;* **peccati di ~** Völlerei *f;* **far ~** Appetit machen; (*fig*) reizen; **ne ammazza più la ~ che la spada** (*prov*) mehr noch als des Krieges Lanze führt Völlerei zum Todestanze ❸ (GEOG) Schlucht *f* ❹ (*del camino*) Schlot *m*

golden delicious ['gouldən di'lifəs] **I.** <-> *m* (*varietà di melo*) Apfelbaum *m* der Sorte Golden Delicious **II.** <-> *f* (*frutto di tale qualità di melo*) Golden Delicious *m*

golden girl ['gouldən gə:l] <-> *f* reiches erfolgreiches Mädchen

golden goal ['golden gɔl] <-> *m* (SPORT) Golden Goal *n*

golden share ['gouldən 'ʃɛə] <-> *m* (FIN) Schlüsselbeteiligung *f*

goldoniano, -a [goldo'nia:no] *agg* goldonianisch

golf [gɔlf] <-> *m* ❶ (SPORT) Golf *n*, Golfspiel *n* ❷ (*maglia*) (kragenlose) Strickjacke *f*

golfista [gol'fista] <-i *m*, -e *f*> *mf* Golfspieler(in) *m(f);* **golfistico, -a** [gol'fistiko] <-ci, -che> *agg* Golf-

golfo ['golfo] *m* Golf *m*, Bucht *f;* **guerra del Golfo** Golfkrieg *m*

goliarda *f v.* **goliardo**

goliardia [goliar'di:a] <-ie> *f* ❶ (*spirito universitario*) Studentengeist *m* ❷ (*insieme dei goliardi*) Studentenschaft *f;* **goliardico, -a** [go'liardiko] <-ci, -che> *agg* studentisch, Studenten-; (*fig*) jugendlich leichtsinnig; **goliardo, -a** [go'liardo] *m, f* Student(in) *m(f)*

golletto [gol'letto] *m* (SPORT) kümmerliches Tor *n*

golosa *f v.* **goloso**

golosità [golosi'ta] <-> *f* ❶ (*ghiottoneria*)

Naschhaftigkeit *f* ❷ (*leccornia*) Leckerbissen *m*, Schmankerl *n A;* **goloso, -a** [go'lo:so] I. *agg* ❶ (*ghiotto*) naschhaft ❷ (*fig: avido*) **essere ~ di qc** nach etw gieren II. *m, f* Schlemmer(in) *m(f)*, Leckermaul *n*

golpe ['gɔlpe] <-> *m* (Militär)putsch *m*, Staatsstreich *m;* **golpista** [gol'pista] <-i *m*, -e *f*> *mf* Putschist(in) *m(f);* **golpistico, -a** [gol'pistiko] <-ci, -che> *agg* Militärputsch-; **tentativo ~** Putschversuch *m*

gomena ['go:mena] *f* Tau *n*

gomitata [gomi'ta:ta] *f* Stoß *m* mit dem Ellenbogen

gomito ['go:mito] *m* ❶ (ANAT) Ell(en)bogen *m;* **alzare il ~** einen heben *fam;* **farsi largo a forza di -i** (*fig*) die Ellbogen benutzen ❷ (*di fiume, tubazioni*) Knie *n;* **curva a ~** Haarnadelkurve *f*

gomitolo [go'mi:tolo] *m* Knäuel *m o n*

gomma ['gomma] *f* ❶ (*materiale*) Gummi *m o n;* **~ naturale** Kautschuk *m;* **~ americana** [*o* **da masticare**] Kaugummi *m o n* ❷ (*fam*) (Auto)reifen *m;* **cambiare una ~** (*fam*) einen Reifen wechseln; **forare una ~** (*fam*) einen Platten fahren ❸ (*da cancellare*) Radiergummi *m;* **~ da matita** Radiergummi *m*

gommapiuma® [gomma'piu:ma] *f* Schaumgummi *m*

gommato, -a [gom'ma:to] *agg* gummiert; **gommatura** [gomma'tu:ra] *f* (MOT) Bereifung *f*

gommifero, -a [gom'mi:fero] *agg* gummihaltig, Gummi-; **gommificio** [gommi'fi:tʃo] <-ci> *m* Gummifabrik *f*

gommina® [gom'mi:na] <-> *f* Wet-Gel *n*, Haargel *n*

gommino [gom'mi:no] *m* Gummidichtung *f*

gommista [gom'mista] <-i *m*, -e *f*> *mf* Reifenhändler(in) *m(f)*

gommone [gom'mo:ne] *m* Schlauchboot *n*

gommosità [gommosi'ta] <-> *f* Gummigehalt *m*, Gummiartigkeit *f;* **gommoso, -a** [gom'mo:so] *agg* Gummi-, gummiartig

gonade ['gɔ:nade] *f* Gonade *f*, Keimdrüse *f*

gondola ['gondola] *f* Gondel *f;* **gondoliere** [gondo'liɛːre] *m* Gondoliere *m*, Gondelführer *m*

gonfalone [gonfa'lo:ne] *m* Banner *n;* **gonfaloniere** [gonfalo'niɛːre] *m* Bannerträger *m*

gonfiabile [gon'fia:bile] *agg* aufblasbar

gonfiare [gon'fia:re] I. *vt* ❶ (*pallone, materassino*) aufblasen, aufpumpen; (*guance,* vele, stomaco*) aufblähen ❷ (*fig: notizia*) aufbauschen; (*persona*) übertrieben loben II. *vr* **-rsi** (*diventare gonfio*) sich aufblähen; (*inorgoglire*) sich (vor Stolz) aufblasen; **gonfiato, -a** [gon'fia:to] *agg* (*pallone, materassino*) aufgepumpt; (*vele*) (auf)gebläht; **pallone ~** (*fig, pej*) aufgeblasener Mensch; **gonfiezza** [gon'fiettsa] *f* Schwellung *f*

gonfio, -a ['gonfio] <-i, -ie> *agg* ❶ (MED) (an)geschwollen; (*occhi*) verquollen, geschwollen ❷ (*fiume, torrente*) angeschwollen ❸ (*fig: persona*) aufgeblasen ❹ (*fig: stile*) geschwollen, schwülstig ❺ (*loc*) **andare a -ie vele** (*fig*) gut vorankommen; (*cosa*) gut laufen; **gonfiore** [gon'fio:re] *m* (An)schwellung *f*

gong [gɔŋg] <-> *m* Gong *m;* **colpo di ~** Gongschlag *m*

gongolare [goŋgo'la:re] *vi* frohlocken *geh*

gonna ['gonna *o* 'gɔnna] *f* (Damen)rock *m;* **~ a pieghe** Faltenrock *m;* **~ a portafoglio** Wickelrock *m;* **~ pantalone** Hosenrock *m;* **gonnella** [gon'nɛlla] *f* Rock *m*, Röckchen *n;* **correre dietro alle -e** (*fam*) hinter jedem Rock her sein

gonococco [gono'kɔkko] <-cchi> *m* Gonokokkus *m*

gonorrea [gonor'rɛ:a] *f* Gonorrhöe *f*, Tripper *m*

gonzo, -a ['gondzo] I. *agg* (*fam pej*) einfältig II. *m, f* (*fam pej*) Däm(e)lack *m*, Schwachkopf *m*

gora ['gɔːra] *f* ❶ (*di mulino*) Mühlbach *m* ❷ (*stagno*) Sumpfwasser *n*

gordiano, -a [gor'dia:no] *agg* gordisch; **nodo ~** gordischer Knoten

gorgheggiare [gorged'dʒa:re] *vi* ❶ (ZOO) trillern; (*usignoli*) schlagen ❷ (MUS) trillern; **gorgheggio** [gor'geddʒo] <-ggi> *m* ❶ (ZOO) Getriller *n;* (*di usignoli*) Schlagen *n* ❷ (MUS) Triller *m*

gorgiera [gor'dʒɛːra] *f* (HIST) ❶ (*di abito femminile*) Halsband *n* ❷ (*di armatura*) Halsberge *f*

gorgo ['gorgo] <-ghi> *m* ❶ (*d'acqua*) Strudel *m* ❷ (*fig*) Wirbel *m*

gorgogliare [gorgoʎ'ʎa:re] *vi* (*liquido*) blubbern; (*intestino*) rumoren

gorgoglio¹ [gor'goʎʎo] <-gli> *m* (*di liquido*) Blubbern *n*

gorgoglio² [gorgoʎ'ʎi:o] <-glii> *m* fortwährendes Gurgeln

gorgonzola [gorgon'dzɔ:la] *m* Gorgonzola *m* (*Blauschimmelkäse aus der Lombardei*)

gorilla [go'rilla] <-> *m* (*fig* ZOO) Gorilla *m*

Gorizia f Görz n (*Stadt im Friaul*)

Goriziano [gori'tsia:no] <*sing*> m Umgebung f von Görz

goriziano, -a I. *agg* aus Görz II. *m, f* (*abitante*) Einwohner(in) *m(f)* von Görz

gota ['gɔ:ta] f (*tosc: poet*) Wange f

gotico m Gotik f; ~ **fiorito** Flamboyant-stil m

gotico, -a ['gɔ:tiko] <-ci, -che> *agg* gotisch

goto ['gɔ:to] m Gote m

gotta ['gɔtta] f Gicht f

Gottinga [got'tiŋga] f Göttingen n

gottoso, -a [got'to:so] I. *agg* gichtartig, Gicht- II. *m, f* Gichtkranke(r) *f(m)*

governante [gover'nante] I. *mf* (POL) Regiernde(r) *f(m)* II. f ❶ (*istitutrice*) Gouvernante f ❷ (*di casa*) Haushälterin f

governare [gover'na:re] I. *vt* ❶ (*paese, stato*) regieren; (*comune, regione*) verwalten ❷ (*casa, famiglia, azienda*) führen, leiten; (*bestie*) versorgen ❸ (NAUT, AERO) steuern II. *vr* **-rsi** sich verhalten; **governativo, -a** [governa'ti:vo] *agg* Regierungs-; **governatorato** [governato'ra:to] m Gouvernement n; **governatore, -trice** [governa'to:re] m, f (POL, ADM) Gouverneur(in) *m(f)*; (FIN: *di una banca*) Präsident(in) *m(f)*; **governatoriale** [governato'ria:le] *agg* Gouverneurs-; **governatrice** f v. **governatore**

governissimo [gover'nissimo] m (POL) große Koalitionsregierung

governo [go'vɛrno] m ❶ (POL) Regierung f; ~ **fantasma** Scheinregierung f; ~ **fantoccio** Marionettenregierung f; ~ **federale** Bundesregierung f; ~ **monocolore** Einparteienregierung f; ~ **ponte** Übergangsregierung f; ~ **di coalizione** Koalitionsregierung f ❷ (*della casa*) Haushalt m, Hauswirtschaft f; (*delle bestie*) Versorgung f ❸ (*direzione*) Leitung f; (ADM) Verwaltung f

gozzo ['gottso] m Kropf m; **restare sul** ~ (*fig*) im Hals stecken bleiben

gozzoviglia [gottso'viʎʎa] <-glie> f Prasserei f; **gozzovigliare** [gottsoviʎ'ʎa:re] *vi* prassen

gozzuto, -a [got'tsu:to] *agg* kropfig, Kropf-

GR m *abbr di* **Giornale Radio** Hörfunknachrichten; **il** ~ **1** die Hörfunknachrichten im ersten Programm

gracchiare [grak'kia:re] *vi* krächzen; (*rana*) quaken; (*cicala*) zirpen; **gracchio** ['grakkio] <-cchi> m ❶ (*il gracchiare*) Krächzen n; (*di rana*) Quaken n; (*di cicala*) Zirpen n ❷ (*uccello*) Alpendohle f

gracidare [gratʃi'da:re] *vi* quaken; **graci-**

dio [gratʃi'di:o] <-ii> m Quaken n, Gequake n

gracile ['gra:tʃile] *agg* (*fragile*) zart, grazil; (*fig*) schwach; **gracilità** [gratʃili'ta] <-> f Zartheit f, Grazilität f

gradasso [gra'dasso] m (*pej*) Aufschneider m; **fare il** ~ (*pej*) prahlen, aufschneiden

gradatamente [gradata'mente] *avv* stufenweise

gradazione [gradat'tsio:ne] f ❶ (*di vino, liquore*) Grad m; ~ **alcolica** Alkoholgehalt m ❷ (*di colori, luci, suoni*) Abstufung f; **in** ~ abgestuft

gradevole [gra'de:vole] *agg* angenehm, gefällig; **gradevolezza** [gradevo'lettsa] f Annehmlichkeit f

gradimento [gradi'mento] m Wohlgefallen m; (*accoglimento*) Billigung f; **indice di** ~ Einschaltquote f; **questo è di mio** ~ das gefällt mir, das sagt mir zu

gradinata [gradi'na:ta] f Freitreppe f; (*di stadi, teatri*) Sitzreihe f, Rang m; **gradino** [gra'di:no] m Stufe f

gradire [gra'di:re] <gradisco> *vt* (gern) mögen, (gern) entgegennehmen; (*desiderare*) wünschen; **voglia** ~ **i più sentiti auguri** mit den besten Wünschen; **gradisci un caffè?** möchtest du (gern) einen Kaffee?; **gradito, -a** [gra'di:to] *agg* willkommen, angenehm, gern gesehen

grado ['gra:do] m ❶ (METEO, MAT, LING, PHYS, MED) Grad m; ~ **alcolico** Alkoholgehalt m; ~ **comparativo** (LING) Komparativ m; ~ **superlativo** (LING) Superlativ m; ~ **di vaporizzazione** Verdampfungsgrad m; **ustioni di terzo** ~ Verbrennungen *fpl* dritten Grades; **la temperatura è di 7 -i** die Temperatur beträgt 7 Grad ❷ (*di parentela*) (Verwandtschafts)grad m ❸ (*stadio*) Schritt m, Stufe f; (*di difficoltà*) Schwierigkeitsgrad m; **andare per -i** schrittweise vorgehen; **a** ~ **a** ~ Schritt für Schritt, allmählich; **al massimo** ~ im höchsten Grade ❹ (*condizione sociale*) Stellung f; (MIL) Rang m; **essere al più alto** ~ **della carriera** auf dem Höhepunkt der beruflichen Laufbahn sein; **rimuovere dal** ~ **di** degradieren ❺ (*fig*) **essere in** ~ **di fare qc** in der Lage sein etw zu tun; **di buon** ~ (*poet*) gern(e)

graduabile [gradu'a:bile] *agg* abstufbar

graduale [gradu'a:le] *agg* graduell, stufenweise; **gradualismo** [gradua'lizmo] m Staffelung f; **gradualità** [graduali'ta] <-> f Staffelung f; **gradualmente** [gradual'mente] *avv* stufen-, schrittweise

graduare [gradu'a:re] *vt* ❶ (TEC) in Grade

einteilen, graduieren ❷ (*fig: ordinare per gradi*) abstufen, staffeln

graduato [gradu'aːto] *m* (MIL) Unterführer *m*

graduato, -a *agg* in Grade eingeteilt, graduiert

graduatoria [gradua'tɔːria] <-ie> *f* Rangfolge *f*, Rangliste *f*

graduazione [graduat'tsioːne] *f* Gradeinteilung *f*, Graduation *f*

graffa ['graffa] *f* Schelle *f*, Krampe *f*; **graffetta** [graf'fetta] *f* Kabelschelle *f*

graffiante [graf'fiante] *agg* (*fig*) bissig, beißend; **graffiare** [graf'fiaːre] I. *vt* (ver-, zer)kratzen II. *vr* **-rsi** sich kratzen; **graffiata** [graf'fiaːta] *f* (*atto*) Kratzen *n*; (*effetto*) Kratzer *m*; **graffiatura** [graffia'tuːra] *f* Kratzer *m*, Schramme *f*; (*di pelle*) Kratzwunde *f*; **graffio** ['graffio] <-i> *m* Kratzer *m*, Schramme *f*; (*di pelle*) Kratzwunde *f*

graffitaro, -a [graffit'taro] *m, f* Graffiti-Maler *m*; **graffito** [graf'fiːto] *m* Sgraffito *n*; **i -i** Graffiti *pl*

graffito, -a *agg* (ein)geritzt, Sgraffito-

grafia [gra'fiːa] <-ie> *f* Grafie *f*, Schrift *f*

grafica ['graːfika] <-che> *f* (*arte*) Grafik *f*; **~ computerizzata** Computergraphik *f*

grafic design <-> *m* Grafikdesign *n*

graficizzare [grafitʃid'dzaːre] *vt* grafisch gestalten

grafico ['graːfiko] <-ci> *m* (*rappresentazione*) Grafik *f*

grafico, -a <-ci, -che> I. *agg* grafisch II. *m, f* (*tecnico*) Grafiker(in) *m(f)*

grafite [gra'fiːte] *f* Graphit *m*

grafologa *f v.* **grafologo**

grafologia [grafolo'dʒiːa] <-gie> *f* Grafologie *f*; **grafologico, -a** [grafo'lɔːdʒiko] <-ci, -che> *agg* grafologisch; **grafologo, -a** [gra'fɔːlogo] <-gi, -ghe> *m, f* Grafologe *m*, -login *f*

gramaglie [gra'maʎʎe] *fpl* **in ~** in Trauer

gramigna [gra'miɲɲa] *f* (BOT) Quecke *f*, Queckengras *n*; **crescere** [*o* **moltiplicarsi**] **come la ~** wuchern, sich wie Unkraut vermehren

graminacee [grami'naːtʃee] *fpl* Gräser *npl*; **graminaceo, -a** [grami'naːtʃeo] <-ei, -ee> *agg* grasartig, Gras-

grammaestro *v.* **gran maestro**

grammatica [gram'maːtika] <-che> *f* Grammatik *f*; **grammaticale** [grammati'kaːle] *agg* grammatikalisch; **errore ~** Grammatikfehler *m*

grammaticalizzare [grammatikalid'dzaːre] I. *vt* (LING) grammatikalisieren II. *vi* (LING: *assumere funzione grammaticale*) grammatikalische Funktion haben;

grammaticalizzazione [grammatikaliddzat'tsioːne] *f* (LING) Grammatikalisierung *f*

grammaticografia [grammatikogra'fiːa] <-ie> *f* Grammatikologie *f*

grammo ['grammo] *m* ❶ (*unità di misura*) Gramm *n* ❷ (*fig: quantità minima*) Funke *m*

grammofono [gram'mɔːfono] *m* Grammofon *n*

gramo, -a ['graːmo] *agg* armselig, elend

gran [gran] *v.* **grande I.**

grana¹ ['graːna] *f* ❶ (*sl: denaro*) Kies *m* ❷ (*fig fam*) Stunk *m*; **piantare una ~** (*fam*) Stunk machen; **avere un sacco di -e** (*fam*) eine Menge Ärger am Hals haben ❸ (FOTO, MIN) Korn *n*

grana² <-> *m* (GASTR) *ein dem Parmesan ähnlicher Hartkäse aus der Lombardei*

granaglie [gra'naʎʎe] *fpl* Getreide *n*; **granaio** [gra'naːio] <-ai> *m* ❶ (AGR) Getreidespeicher *m* ❷ (*fig*) Kornkammer *f*; **granario, -a** [gra'naːrio] <-i, -ie> *agg* Getreide-

granata [gra'naːta] *f* ❶ (*per scopare*) Stroh-, Reisigbesen *m* ❷ (MIL) Granate *f* ❸ (BOT) Granatapfel *m*

granatiere [grana'tiɛːre] *m* ❶ (MIL) Grenadier *m* ❷ (*fig: persona alta e robusta*) Koloss *m*, Brocken *m*

granato [gra'naːto] *m* Granat *m*

granato, -a *agg* granat-, Granat-; **mela -a** Granatapfel *m*; **rosso ~** granatrot

Gran Bretagna ['gram bre'taɲɲa] *f* Großbritannien *n*

grancassa [graŋ'kassa] *f* große Trommel; **battere la ~** (*fig*) die Werbetrommel rühren

grancevola [gran'tʃɛːvola] *f* Meer-, Seespinne *f*

granchio ['graŋkio] <-chi> *m* ❶ (ZOO) Krabbe *f*, Taschenkrebs *m* ❷ (*fig: sbaglio*) Schnitzer *m*; **prendere un ~** hereinfallen *fam*, einem Trugschluss erliegen

grand' [grand] *v.* **grande I.**

grandangolare [grandaŋgo'laːre] I. *m* Weitwinkelobjektiv *n* II. *agg* weitwinklig, Weitwinkel-

grand commis [grã kɔ'mi] <-> *m* (*altissimo funzionario di amministrazione pubblica*) hoher Verwaltungsfunktionär *m*

grande ['grande] <più grande *o* maggiore, grandissimo *o* massimo *o* sommo> I. *agg* ❶ (*gener*) groß; (*largo*) breit; (*esteso*) weit; **come ti sei fatto ~!** wie du gewachsen bist! ❷ (*fig*) groß, bedeutend ❸ (*rafforzativo*) **ci vogliono** (**dei**) **gran quattrini** dazu braucht man eine Menge

Geld; **una gran bella donna** eine bildschöne Frau; **un gran bevitore/fumatore** ein starker Trinker/Raucher; **avere una gran fame** (*fam*) Kohldampf haben; (**una**) **gran cosa** (*fam*) super, toll, bärig *A*; **non è un gran che** das ist nichts Besonderes **II.** *mf* ❶ (*adulto*) Erwachsene(r) *f(m)* ❷ (*chi eccelle*) Große(r) *f(m)*, Mächtige(r) *f(m)* ❸ (HIST) Grande *m*; **Federico il Grande** Friedrich der Große **III.** *m* Größe *f*; (*fig*) Großartige(s) *n*; **riprodurre in ~** vergrößern; **fare le cose in ~** etw groß aufziehen

grandeggiare [granded'dʒa:re] *vi* ❶ (*di costruzione*) **~ su qc** über etw *acc* hinausragen ❷ (*fig: darsi arie*) den großen Herrn/die große Dame spielen

grandezza [gran'dettsa] *f* ❶ (*gener,* PHYS, MAT) Größe *f*; (*dimensione*) Ausmaß *n*; **mania di ~** Großmannssucht *f*; **aspirare alla ~** nach Macht und Größe streben; **in ~ naturale** in Originalgröße; (*persone*) in Lebensgröße ❷ (*fig: nobiltà*) Größe *f*; **~ d'animo** Edelmut *m*

grandiglione, -a [grandiʎʎoːne] *m, f* (*tosc: fam*) großes Kind

grandinare [grandi'na:re] *vi essere o avere* (METEO) hageln; **grandina** es hagelt; **grandinano bombe** (*fig*) es hagelt Bomben; **grandinata** [grandi'na:ta] *f* Hagel(schlag) *m*; **grandine** ['grandine] *f* (METEO) Hagel *m*; **chicco di ~** Hagelkorn *n*; **~ di riso** (*fig*) Reisregen *m*

grandiosità [grandiosi'ta] <-> *f* Großartigkeit *f*, Größe *f*; **grandioso, -a** [gran'dio:so] *agg* großartig, grandios

grandissimo [gran'dissimo] *superlativo di* **grande**

granduca, -duchessa [gran'du:ka] *m, f* Großherzog(in) *m(f)*; **granducale** [grandu'ka:le] *agg* großherzoglich; **granducato** [grandu'ka:to] *m* ❶ (*titolo*) Großherzogwürde *f* ❷ (*territorio*) Großherzogtum *n*; **granduchessa** *f v.* **granduca**; **granduchessina** [grandukes'si:na] *f* jüngste Großherzogtochter *f*

granello [gra'nɛllo] *m* (*di seme, sabbia, a fig*) Korn *n*; (*di uva*) Kern *m*

granicolo, -a [gra'ni:kolo] *agg* Getreide-; **granicoltura** [granikol'tu:ra] *f* Getreidebau *m*

granita [gra'ni:ta] *f* Granita *f* (*Sorbet aus gestoßenem Eis u Fruchtsäften oder Kaffee*)

granitico, -a [gra'ni:tiko] <-ci, -che> *agg* ❶ (MIN) granitisch, Granit- ❷ (*fig: fede, volontà*) unerschütterlich; **granito** [gra'ni:to] *m* Granit *m*

gran maestro ['gram ma'ɛstro] *m* ❶ (*di* Massoneria) Großmeister *m* ❷ (HIST) Hofmeister *m*

grano ['gra:no] *m* ❶ (BOT) Korn *n*, Getreide *n*; (*frumento*) Weizen *m*; **~ saraceno** Buchweizen *m* ❷ (*di pepe*) Korn *n* ❸ (*di rosario, collana*) Perle *f*, Kugel *f* ❹ (*fig: quantità minima*) Korn *n*; **con un ~ di sale** (*fig*) einsichtig und vernünftig

gran(o)turco [gran(o)'turko] <-chi> *m* Mais *m*, Kukuruz *m A*

granulare[1] [granu'la:re] *agg* körnig, gekörnt, Korn-

granulare[2] *vt* granulieren, körnen

granulato [granu'la:to] *m* (*materiale in granuli*) Granulat *n*

granulato, -a *agg* (*ridotto in granuli*) granulös; (*ruvido*) rau; **superficie -a** raue Oberfläche

granulo ['gra:nulo] *m* Granulum *n*; **granuloma** [granu'lɔ:ma] <-i> *m* Granulom *n*

granulosità [granulosi'ta] <-> *f* Körnigkeit *f*; **granuloso, -a** [granu'lo:so] *agg* gekörnt, körnig

grappa ['grappa] *f* (GASTR) Grappa *m* (*italienischer Tresterbranntwein*)

grappetta [grap'petta] *f* Heftklammer *f*

grappino [grap'pi:no] *m* (*fam*) Gläschen *n* Grappa

grappolo ['grappolo] *m* ❶ (BOT) (Wein)traube *f*; **un ~ d'uva** eine (Wein)traube; **fiori a ~** Traubenblütler *mpl* ❷ (*fig*) Traube *f*

grassaggio [gras'saddʒo] <-ggi> *m* (Ab)schmieren *n*

grassatore [grassa'to:re] *m* Straßenräuber *m*, Wegelagerer *m*

grassetto [gras'setto] *m* halbfette Schrift

grassetto, -a *agg* halbfett; (*computer*) fett

grassezza [gras'settsa] *f* ❶ (*di persona, animale*) Fettleibigkeit *f* ❷ (*di cibo*) Fettgehalt *m*, Fettigkeit *f* ❸ (AGR) Fruchtbarkeit *f*, Fettheit *f*

grasso ['grasso] *m* Fett *n*; (GASTR) Schmalz *n*; **~ vegetale** Pflanzenfett *n*; **~ per lubrificare** Schmierfett *n*; **cercare di perdere un po' di ~** ein wenig abzuspecken versuchen

grasso, -a *agg* ❶ (*persona*) dick(leibig), fett ❷ (BOT, AGR) fett; **piante -e** Fettpflanzen *fpl* ❸ (*pelle, capelli*) fettig ❹ (GASTR: *carne, formaggio, brodo*) fett; (*cucina, cibo*) fetthaltig, fettig ❺ (*fig: ricco*) fett; **fare -i guadagni** dicke Geld machen ❻ (*di carnevale*) **la settimana -a** die letzte Karnevalswoche

grassoccio, -a [gras'sɔttʃo] <-cci, -cce> *agg* pummelig, rundlich; **grassone, -a**

[gras'so:ne] *m, f* Dickwanst *m*
grata ['gra:ta] *f* Gitter *n*
gratella [gra'tɛlla] *f* Grill *m*, Rost *m;* **bistecca in ~** gegrilltes Steak
graticcio [gra'tittʃo] <-cci> *m* ❶ (*stuoia*) Darre *f* ❷ (*di chiusura*) Gitter *n*
graticola [gra'ti:kola] *f* ❶ (GASTR) Rost *m*, Grill *m;* **pesce in ~** gegrillter Fisch ❷ (*di confessionale*) Beichtgitter *n* ❸ (*di tortura*) Rost *m*
gratifica [gra'ti:fika] <-che> *f* (COM) Gratifikation *f*, (Sonder)zuwendung *f;* **~ natalizia** Weihnachtsgeld *n;* **gratificante** [gratifi'kante] *agg* befriedigend; **gratificare** [gratifi'ka:re] *vt* eine (Sonder)zuwendung gewähren für; **gratificazione** [gratifikat'tsio:ne] *f* Gratifikation *f*, (Sonder)zuwendung *f*
gratin [gra'tɛ̃] <-> *m* **al ~** gratiniert, überbacken; **gratinare** [grati'na:re] *vt* gratinieren, überbacken
gratis ['gra:tis] *avv* gratis, kostenlos
gratitudine [grati'tu:dine] *f* Dankbarkeit *f;* **provare ~ nei confronti di qu** jdm dankbar sein
grato, -a ['gra:to] *agg* ❶ (*persona*) dankbar; **essere ~ a qu di qc** jdm für etw dankbar sein ❷ (*odore, sapore*) angenehm, erfreulich
grattacapo [gratta'ka:po] *m* (*fam*) Schererei *f*, Unannehmlichkeit *f*
grattacielo [gratta'tʃɛ:lo] *m* Wolkenkratzer *m*
gratta e vinci ['gratta e 'vintʃi] <-> *m* Rubbellos *n*
grattare [grat'ta:re] **I.** *vt* ❶ (*pelle*) kratzen ❷ (*grattugiare*) reiben ❸ (*graffiare*) (weg)kratzen, verkratzen ❹ (*sl*) klauen *fam* **II.** *vi* ❶ (*produrre rumore metallico*) kratzen ❷ (*fam* MOT*: marcia*) krachen, kratzen **III.** *vr* **-rsi** sich kratzen; **grattata** [grat'ta:ta] *f* ❶ (*fam* MOT) Krachen *n*, Kratzen *n;* **che bella ~!** (*fam scherz*) schönen Gruß vom Getriebe! ❷ (*di testa, naso*) Kratzen *n*
grattugia [grat'tu:dʒa] <-gie> *f* Reibe *f;* **grattugiare** [grattu'dʒa:re] *vt* reiben
gratuità [gratui'ta] <-> *f* ❶ (*senza pagamento*) Unentgeltlichkeit *f* ❷ (*fig*) Grundlosigkeit *f;* **gratuito, -a** [gra'tu:ito *o* gratu'i:to] *agg* ❶ gratis, umsonst; **biglietto ~** Freikarte *f* ❷ (*fig*) grundlos
gravame [gra'va:me] *m* ❶ (*fig: peso*) Last *f*, Belastung *f* ❷ (JUR) Rechtsmittel *n*
gravare [gra'va:re] **I.** *vt* ❶ (*caricare*) **~ qc di qc** etw mit etw beladen ❷ (*fig*) **~ qu/qc di qc** jdn/etw mit etw belasten **II.** *vi* **~ su qu/qc** (*a fig*) auf jdm/etw lasten; **il pe-**

so della famiglia grava sulle sue spalle die Sorge für die Familie lastet schwer auf seinen [*o* ihren] Schultern
grave ['gra:ve] *agg* ❶ (*importante, serio*) schwer wiegend; (*errore, peccato, malattia*) schwer; (*situazione, caso*) ernst; (*atteggiamento*) ernsthaft ❷ (MUS) grave; (*nota*) tief ❸ (*pesante*) schwer
gravidanza [gravi'dantsa] *f* Schwangerschaft *f;* **gravido, -a** ['gra:vido] *agg* ❶ (*donna*) schwanger; (*animale*) trächtig; **è -a di cinque mesi** sie ist im fünften Monat schwanger ❷ (*fig poet*) **nubi -e di pioggia** regenschwere Wolken *fpl*
gravimetria [gravime'tri:a] <-ie> *f* Gravimetrie *f*
gravità [gravi'ta] <-> *f* ❶ (PHYS) Schwerkraft *f*, Anziehungskraft *f* ❷ (*fig*) Schwere *f;* (*di situazione*) Ernst *m*
gravitare [gravi'ta:re] *vi* ❶ (ASTR) kreisen, gravitieren ❷ (*fig*) sich bewegen; **~ intorno a** angezogen werden von; **gravitazionale** [gravitattsio'na:le] *agg* Gravitations-; **gravitazione** [gravitat'tsio:ne] *f* Gravitation *f*, Anziehungskraft *f;* **legge di ~** Gravitationsgesetz *n*
gravosità [gravosi'ta] <-> *f* Bürde *f*, Last *f;* **gravoso, -a** [gra'vo:so] *agg* drückend, beschwerlich
grazia ['grattsia] <-ie> *f* ❶ (*armonia, delicatezza*) Anmut *f;* **le tre -ie** die drei Grazien ❷ (*gentilezza*) Liebenswürdigkeit *f;* **con ~** freundlich ❸ (REL) Gnade *f;* **colpo di ~** (*fam*) Gnadenstoß *m;* **~ di Dio** (*fam*) Gottesgabe *f* ❹ (JUR) Begnadigung *f;* **concedere la ~** begnadigen ❺ (*benevolenza*) Gunst *f*, Wohlwollen *n;* **essere nelle -ie di qu** in jds Gunst stehen; **in** [*o* **per**] **~ di** dank *+dat o gen;* **nell'anno di ~ ...** im Jahre des Heils ...; **troppa ~ — Sant'Antonio!** (*fam*) zu viel des Guten!
graziare [grat'tsia:re] *vt* ❶ (JUR) begnadigen ❷ (*fig: concedere*) **~ qu di qc** jdm etw gewähren; **graziato, -a** [grat'tsia:to] *m, f* ❶ (JUR) Begnadigte(r) *f(m)* ❷ (REL) Begnadete(r) *f(m)*
grazie ['grattsie] *int* danke; **tante ~!** vielen Dank!, danke schön!; **~ mille!, mille ~!** vielen Dank!, tausend Dank!; **sì/no, ~** ja, bitte/nein, danke; **~ a** dank *+dat o gen;* durch *+acc;* **~ a Dio/al cielo** Gott/dem Himmel sei Dank; **~ per l'ospitalità** danke für die Gastfreundschaft
graziosità [grattsiosi'ta] <-> *f* Liebreiz *m*, Anmut *f;* **grazioso, -a** [grat'tsio:so] *agg* graziös, lieblich; (*piacevole*) reizend; (*gentile*) liebenswürdig
greca ['grɛ:ka] <-che> *f* (*motivo orna-*

mentale) Mäander *m*

grecale [gre'ka:le] **I.** *agg* nordöstlich, Nordost- **II.** *m* Nordostwind *m*

Grecia ['grɛːtʃa] *f* Griechenland *n;* **grecismo** [gre'tʃizmo] *m* Gräzismus *m;* **grecista** [gre'tʃista] <-i *m,* -e *f>* *mf* Gräzist(in) *m(f);* **grecità** [gretʃi'ta] <-> *f* Griechentum *n,* griechische Kultur u Literatur; **grecizzare** [gretʃid'dza:re] *vt, vi* gräzisieren

greco ['grɛːko] <*sing*> *m* (LING) Griechisch(e) *n; ~* **antico**/**moderno** Alt-/Neugriechisch(e) *n*

greco, -a <-ci, -che> **I.** *agg* (HIST, LING) griechisch, altgriechisch; (GEOG) griechisch; (*naso, profilo*) griechisch, klassisch; **~ -ortodosso** griechisch-orthodox; **~ -romano** griechisch-römisch **II.** *m, f* Grieche *m,* Griechin *f*

green card [gri:n 'ka:d] <-> *f* Green Card *f*

gregario [gre'ga:rio] <-i> *m* (*di società, organizzazione*) Mitglied *n;* (*pej*) Mitläufer(in) *m(f)*

gregario, -a <-i, -ie> *agg* Herden-

gregge ['greddʒe] <*pl:* -i *f>* *m* **①** (ZOO) Herde *f* **②** (*fig: moltitudine di persone*) Herde *f,* Masse *f;* **il ~ del parroco** die Schäflein *npl* des Pfarrers; **uscire dal ~** (*fig*) nicht mit der Herde laufen

greggio ['greddʒo] *m* Rohöl *n,* Erdöl *n*

greggio, -a <-ggi, -gge> *agg* **①** (*materiali, prodotti*) roh; **allo stato ~** im Urzustand **②** (*fig: rozzo*) ungehobelt, grob

gregoriano, -a [grego'ria:no] *agg* gregorianisch

grembiale, grembiule [grem'bia:le, grem'biu:le] *m* Schürze *f;* (*camice*) Kittel *m;* (*per bambini*) Schürzchen *n*

grembo ['grɛmbo *o* 'grembo] *m* Schoß *m*

gremire [gre'mi:re] <gremisco> **I.** *vt* füllen, bevölkern **II.** *vr* **-rsi di** sich füllen mit

greppia ['greppia] <-ie> *f* Futtertrog *m,* (Futter)krippe *f*

grésil [gre'sil] <-> *f* typische Frühlingseisregenfälle

greto ['grɛːto] *m* Kiesbank *f*

grettezza [gret'tettsa] *f* Kleinlichkeit *f;* **gretto, -a** ['gretto] *agg* **①** (*avaro*) geizig; **animo ~** Krämerseele *f* **②** (*fig*) kleinlich

greve ['grɛːve] *agg* schwer, schwül

grezza ['grettsa] *f* (*mer: figuraccia, gaffe*) Fettnäpfchen *n;* **fare una ~** ins Fettnäpfchen treten

grezzo ['greddzo] *v.* **greggio**

grida ['gri:da] *f* (HIST) Erlass *m,* Bekanntmachung *f*

gridare [gri'da:re] **I.** *vi* schreien; (*per chia-* *mare*) rufen; **~ a squarcia gola** aus vollem Halse schreien **II.** *vt* **①** (*dire ad alta voce*) schreien; (*per chiamare*) rufen; **~ aiuto** um Hilfe rufen **②** (*fam*) ausschimpfen; **gridio** [gri'di:o] <-ii> *m* Geschrei *n*

grido¹ ['gri:do] <*pl:* -a *f>* *m* **①** (*di persone*) Schrei *m,* Ruf *m;* (*invocazione*) Aufschrei *m* **②** (*fig: fama*) Ruf *m;* **di ~** von Ruf, berühmt; **essere all'ultimo ~** der letzte Schrei sein

grido² <*pl:* -i *m>* *m* (*di animali*) Schrei *m,* Ruf *m*

griffare [grif'fa:re] *vt* lizenzieren, die Lizenz erteilen für

griffato, -a [grif'fa:to] *agg* **①** (*abito, oggetto firmato da stilista*) Marken- **②** (*chi utilizza solo oggetti firmati da stilisti*) auf Markenartikel fixiert

griffe [grif] <-> *f* Designeretikett *n*

grifone [gri'fo:ne] *m* **①** (*uccello*) Gänsegeier *m* **②** (*mostro*) Greif *m*

grigiastro, -a [gri'dʒastro] *agg* gräulich

grigio ['gri:dʒo] <-gi> *m* Grau *n*

grigio, -a <-gi, -gie> *agg* **①** (*colore*) grau; **~ cenere** aschgrau; **~ perla** perlgrau **②** (*fig: scialbo*) grau, trostlos; **vedere tutto ~** (*fig*) alles grau in grau sehen

Grigioni [gri'dʒoːni] *mpl* Graubünden *n*

grigiore [gri'dʒoːre] *m* **①** (*di paesaggio*) Grau *n* **②** (*fig*) Eintönigkeit *f*

grigioverde [gridʒo'verde] **I.** *agg* graugrün **II.** *m* **①** (*colore*) Graugrün *n* **②** (MIL) Uniform *f,* Soldatenrock *m*

griglia ['griʎʎa] <-glie> *f* **①** (GASTR) Grill *m,* (Brat)rost *m;* **pollo/bistecca alla ~** Hähnchen *n*/Steak *n* vom Grill, gegrilltes Hähnchen/Steak **②** (*inferriata,* MOT, PHYS) Gitter *n; ~* **del radiatore** Kühlergrill *m*

grignolo [griɲ'nɔːlo] *m* Grignolo *m* (*Rotwein aus Piemont*)

grill [gril] <-> *m* **①** (*griglia*) Grill *m,* (Brat)rost *m* **②** (*carne*) Grillfleisch *n;* (*pesce*) gegrillter Fisch *m* **③** (*fam: ristorante*) Autobahnrestaurant *n*

grilletto [gril'letto] *m* Abzug *m;* **premere il ~** abdrücken

grillo ['grillo] *m* **①** (ZOO) Grille *f* **②** (*fig: capriccio*) Grille *f,* Laune *f;* **avere molti -i per il capo** (*fam*) eine Menge Flausen im Kopf haben

grinfia ['grinfia] <-ie> *f* (*fam*) Klaue *f;* **cadere** [*o* finire] **nelle -ie di qu** (*fig fam*) jdm in die Hände fallen

grinta ['grinta] *f* **①** (*faccia dura*) grimmiges Gesicht; **mostrare la ~** grimmig dreinschauen **②** (SPORT) (verbissener) Kampfgeist *m*

grinza ['grintsa] *f* **①** (*della pelle*) Falte *f,*

Runzel *f* ❷ (*di vestito*) Falte *f*; **le calze fanno le -e** die Strümpfe werfen Falten ❸ (*fig*) **non fare una ~** einwandfrei sein; (*calcolo*) aufs Haar stimmen; **grinzoso, -a** [grin'tso:so] *agg* (*pelle*) faltig, runz(e)lig; (*vestito*) zer-, verknittert

grip [grip] <-> *m* (SPORT) Griff *m*

grippaggio [grip'paddʒo] *m* ~ **del pistone** Kolbenfresser *m*; **grippare** [grip'pa:re] **I.** *vi* fressen **II.** *vr* **-rsi** (MOT) sich festfressen

grisou [gri'zu] <-> *m* Grubengas *n*

grissino [gris'si:no] *m* ❶ (GASTR) Grissini *npl* (*Knabberstangen aus Weißbrotteig*) ❷ (*fig: persona molto magra*) Hering *m*; **è magro come un ~** er ist dünn wie ein Hering

groenlandese [groenlan'de:se] **I.** *agg* grönländisch **II.** *mf* Grönländer(in) *m(f)*; **Groenlandia** [groen'landia] *f* Grönland *n*

grog [grɔg] <-> *m* Grog *m*

gromma ['gromma] *f* Weinstein *m*

grondaia [gron'da:ia] <-aie> *f* Dachrinne *f*, Regenrinne *f*

grondare [gron'da:re] **I.** *vi* (*piovere*) triefen; (*cadere a gocce*) tröpfeln, tropfen; **~ di qc** von etw triefen **II.** *vt* vergießen, verlieren

groppa ['grɔppa] *f* ❶ (ZOO) Kruppe *f* ❷ (*fig scherz: dorso dell'uomo*) Buckel *m*, Kreuz *n*; **avere molti anni sulla ~** schon viele Jahre auf dem Buckel haben; **groppone** [grop'po:ne] *m* (*fam scherz*) Buckel *m*; **piegare il ~** (*fig*) schuften, malochen

gros-grain [gro'grɛ̃] <-> *m* Ripsband *n*

grossa ['grɔssa] *f* Gros *n*; **dormire della ~** (*fam*) schlafen wie ein Murmeltier

Grossetano [grosse'ta:no] <*sing*> *m* Umgebung *f* von Grosseto

grossetano, -a **I.** *agg* aus Grosseto stammend **II.** *m, f* (*abitante*) Einwohner(in) *m(f)* von Grosseto

Grosseto *f* Grosseto *n* (*Stadt in der Toskana*)

grossezza [gros'settsa] *f* Dicke *f*, Umfang *m*

grossista [gros'sista] <-i *m*, -e *f*> *mf* Grossist(in) *m(f)*, Großhändler(in) *m(f)*

grosso ['grɔsso] *m* Hauptteil *m*, Großteil *m*

grosso, -a *agg* ❶ (*grande*) groß; **dito ~** (*fam*) Daumen *m*; (*del piede*) großer Zeh; **il pesce ~ mangia il piccolo** (*prov*) die großen Fische fressen die kleinen ❷ (*di notevole spessore*) dick; (*sale*) grob(körnig) ❸ (*robusto*) kräftig ❹ (*fig: persona*) groß, wichtig; **un pezzo ~** ein hohes Tier *fam*;

un ~ industriale ein Großunternehmer ❺ (COM: *somma, guadagno*) hoch; (*affare*) groß, wichtig ❻ (*rozzo*) grob, roh ❼ (*loc*) **mare ~** bewegte See; **sbagliarsi di ~** (*fam*) sich gewaltig irren; **questa sì che è -a!** (*fam*) das ist heiß!; **dirle -e** (*fam*) Stuss verzapfen; **farle -e** (*fam*) Dummheiten machen

grossolanità [grossolani'ta] <-> *f* (*modi*) Grobschlächtigkeit *f*; (*parole*) Grobheit *f*; **grossolano, -a** [grosso'la:no] *agg* (*persona, modi*) grob; **fare un errore ~** einen groben Fehler begehen

grossomodo [grosso'mɔ:do] *avv* ungefähr

grotta ['grɔtta] *f* Grotte *f*

grottescamente [grotteska'mente] *avv* grotesk, lachhaft

grottesco [grot'tesko] *m* Groteske *f*

grottesco, -a <-schi, -sche> *agg* grotesk, absonderlich

groupie ['gru:pi] <-> *mf* Groupie *n*

groviera [gro'viɛ:ra] <-> *m o f* Gruyère(käse) *m*, Greyerzer *m*

groviglio [gro'viʎʎo] <-gli> *m* Gewirr *n*, Durcheinander *n*

gru [gru] <-> *f* ❶ (ZOO) Kranich *m* ❷ (TEC) Kran *m*

gruccia ['gruttʃa] <-cce> *f* ❶ (MED) Krücke *f*; **camminare con le -cce** auf Krücken gehen ❷ (*per abiti*) Bügel *m*; **~ appendiabiti** Kleiderbügel *m*

grufolare [grufo'la:re] *vi* ❶ (ZOO) (mit der Schnauze) (herum)wühlen ❷ (*fig, pej*) schlürfen, schmatzen

grugnire [gruɲ'ɲi:re] <grugnisco> **I.** *vi* ❶ (ZOO) grunzen ❷ (*fig, pej*) knurren, maulen **II.** *vt* (*fig pej: saluto*) grunzen; **grugnito** [gruɲ'ɲi:to] *m* Grunzen *n*

grugno ['gruɲɲo] *m* ❶ (ZOO) Schnauze *f*, Rüssel *m* ❷ (*pej: faccia*) Schnauze *f vulg*, Fresse *f vulg*; **rompere il ~ a qu** jdm die Fresse polieren *vulg* ❸ (*fig fam: broncio*) Schnute *f*

grullo, -a ['grullo] (*pej*) **I.** *agg* doof **II.** *m, f* Schwachkopf *m*

grumo ['gru:mo] *m* Klumpen *m*

gruppettaro, -a [gruppet'ta:ro] *m, f* (*sl*) Gruppenmitglied *n*, Teilnehmer(in) *m(f)* einer Runde

gruppista [grup'pista] <-i *m*, -e *f*> *mf* Vermittler(in) *m(f)* zwischen Heimarbeitern und Auftraggebern

gruppo ['gruppo] *m* ❶ (*gener*) Gruppe *f*; (POL) Fraktion *f*; (SPORT) Verein *m*, Gruppe *f*; **~ sanguigno** Blutgruppe *f*; **lavoro di ~** Teamarbeit *f* ❷ (COM, FIN) Verband *m*, Konzern *m*, Kette *f*; **~ economico** Wirtschaftsverband *m;* **~ finanziario** Finanzgruppe *f* ❸(MOT) Satz *m,* Aggregat *n*

gruppuscolo [grup'puskolo] *m* (POL) Splittergruppe *f*

gruviera [gru'viɛːra] *v.* **groviera**

gruzzolo ['gruttsolo] *m* (*fam*) Notgroschen *m*

GSM *m abbr di* **Global System for Mobile communication** GSM *n*

G.U. *v.* **Gazzetta Ufficiale** *regelmäßige Mitteilungen der italienischen Regierung*

guadagnare [guadaɲ'ɲaːre] **I.** *vt* ❶(*denaro*) verdienen ❷(*fig: tempo, spazio, velocità*) gewinnen (an +*dat*) ❸(*cima, vetta*) erreichen ❹(*vincere*) gewinnen; **tanto di guadagnato** umso besser **II.** *vi* ❶(*ricevere uno stipendio*) verdienen; **~ per vivere** seinen Lebensunterhalt verdienen ❷(*fare una migliore figura*) zur Geltung kommen; **senza il cappello ci guadagna** ohne Hut sieht er besser aus; **guadagno** [gua'daɲɲo] *m* Verdienst *m;* (*utile, vantaggio*) Gewinn *m;* **~ lordo/netto** Brutto-/Nettoverdienst *m*

guadagnucchiare [guadaɲɲuk'kiaːre] **I.** *vt* (*guadagnare poco*) wenig verdienen **II.** *vi* (*guadagnare appena il necessario per vivere*) gerade so viel verdienen, wie man für die Lebenshaltungskosten benötigt, sich gerade so über Wasser halten

guadare [gua'daːre] *vt* durchwaten; **guado** ['gua:do] *m* Furt *f;* **passare a ~** durchwaten

guaglione, -a [guaʎ'ʎoːne] *m, f* (*napol*) Schlingel *m,* Strick *m*

guai ['gua:i] *int* wehe; **~ a te se ci riprovi!** wehe, du machst das noch mal!

guaina [gua'iːna] *f* ❶(*di spada*) Scheide *f* ❷(ANAT, BOT) Scheide *f* ❸(*indumento*) Korsett *n*

guaio ['gua:io] <-ai> *m* ❶(*disgrazia*) Unglück *n;* **ficcarsi nei -ai** (*fam*) Ärger kriegen; **passare un ~** im Schlamassel stecken ❷(*fastidio*) Ärger *m;* **che ~!** so ein Ärger!

guaire [gua'iːre] *vi* winseln; **guaito** [gua'iːto] *m* Gewinsel *n*

gualdrappa [gual'drappa] *f* Satteldecke *f*

guancia ['guantʃa] <-ce> *f* ❶(ANAT) Wange *f,* Backe *f* ❷(GASTR) (Schweins-, Kalbs)kopf *m*

guanciale [guan'tʃaːle] *m* (*cuscino*) (Kopf)kissen *n,* Polster *m A;* **dormire fra due -i** (*fig*) ruhig schlafen

guano ['gua:no] *m* Guano *m*

guantiera [guan'tiɛːra] *f* Tablett *n*

guanto ['guanto] *m* Handschuh *m;* **calzare come un ~** wie angegossen sitzen; **trattare qu coi -i** jdn mit Glaceehandschuhen

anfassen; **mandare** [*o* **gettare**] **il ~** (*fig*) das Handtuch werfen; **raccogliere il ~** (*fig*) den Fehdehandschuh aufnehmen; **con mano di ferro e ~ di velluto** harter Kern unter einer weichen Schale; **guantone** [guan'toːne] *m* Boxhandschuh *m*

guappo ['guappo] *m* (*napol*) Mitglied *n* der Kamorra

guar [ga:] <-> *m* (*additivo alimentare*) Guar *n,* Guarkernmehl *n*

guardaboschi [guarda'boski] <-> *m* Waldhüter(in) *m(f),* Förster(in) *m(f)*

guardacaccia [guarda'kattʃa] <-> *m* Jagdaufseher(in) *m(f)*

guardacoste [guarda'kɔste] <-> *m* Küstenwache *f*

guardalinee [guarda'liːnee] <-> *m* ❶(FERR) Streckenwärter(in) *m(f)* ❷(SPORT) Linienrichter(in) *m(f)*

guardare [guar'daːre] **I.** *vt* ❶(*vedere*) (an)sehen, anschauen; **guarda!** sieh mal!; **~ la televisione** fernsehen; **~ un film** einen Film ansehen; **~ qu/qc con la coda dell'occhio** jdn/etw aus den Augenwinkeln beobachten; **~ qu dall'alto in basso** jdn von oben herab ansehen; **~ qu di sbieco** jdn schief anschauen; **stare a ~** zuschauen, dastehen ❷(*custodire*) hüten **II.** *vi* ❶(*badare*) **~ a qc** sich um etw kümmern, auf etw *acc* aufpassen; **non ~ a spese** keine Kosten scheuen; **Dio ce ne guardi!** (*fam*) Gott behüte uns!, Gott bewahre! ❷(*edificio, finestra*) **~ su qc** auf etw *acc* gehen; **le finestre guardano sul cortile** die Fenster gehen auf den Hof; **le finestre guardano a sud** die Fenster liegen auf der Südseite **III.** *vr* **-rsi** ❶(*osservarsi*) sich ansehen; **non si guardano più in faccia** sie reden nicht mehr miteinander ❷(*stare in guardia*) **-rsi da qc** sich vor etw *dat* hüten

guardaroba [guarda'rɔːba] <-> *m* ❶(*armadio*) Kleiderschrank *m,* Kleiderkasten *m* *A* ❷(*stanza*) Garderobe *f,* Ankleideraum *m* ❸(*indumenti*) Kleidung *f,* Garderobe *f;* **guardarobiere, -a** [guardaro'biɛːre] *m, f* Garderobier *m,* Garderobiere *f,* Garderobenfrau *f*

guardasigilli [guardasi'dʒilli] <-> *m* ❶(JUR) *Justizminister als Gegenzeichner des Staatssiegels* ❷(HIST) Siegelbewahrer *m*

guardata [guar'daːta] *f* Blick *m;* **dammi una ~ ai bambini!** schau mal nach den Kindern!

guardia ['guardia] <-ie> *f* ❶(*mil*) Wache *f;* (MED) Wachdienst *m;* (SPORT) Deckung *f;* **~ del corpo** Leibwache *f;* **~ di finanza** Zollbehörde *f;* (*persona*) Zollbeamte(r), -beamtin *m, f;* **~ forestale** Förster(in) *m(f);* ~ **giurata** vereidigte(r) Wächter(in) *m(f);* ~ **medica** ärztlicher Notdienst; **cane da** ~ Wachhund *m;* **cambio della** ~ (*a fig*) Wachablösung *f;* **corpo di** ~ Gardekorps *n;* **medico di** ~ diensthabender Arzt; **mettere qu in** ~ jdn warnen; **mettersi/stare in** ~ in Deckung gehen/sein; **essere di** ~ auf Wache sein; **fare la** ~ Wache halten; **giocare a -ie e ladri** Räuber und Gendarm spielen; **in** ~**!** Achtung!, aufgepasst! ❷ (*limite*) Anzeiger *m;* **segnale di** ~ Wasserstandsanzeiger *m* ❸ (*di libro*) Vorsatz *m;*

guardiamarina [guardiama'ri:na] <-> *m* Leutnant *m* zur See

guardiano, -a [guar'dia:no] *m, f* ❶ (*di proprietà*) Wächter(in) *m(f),* Aufseher(in) *m(f)* ❷ (REL) Hüter(in) *m(f)*

guardina [guar'di:na] *f* Arrestzelle *f*

guardingo, -a [guar'diŋgo] <-ghi, -ghe> *agg* behutsam, umsichtig

guardone [guar'do:ne] *m* Voyeur *m*

guardrail [ga:d'reil *o* gard'rεil] <-> *m* Leitplanke *f*

guarentigia [guaren'ti:dʒa] <-gie> *f* Garantie *f,* Gewährleistung *f*

guarigione [guari'dʒo:ne] *f* Heilung *f,* Genesung *f;* **pronta** ~**!** gute Besserung!

guarire [gua'ri:re] <guarisco> **I.** *vt avere* ❶ (MED) heilen; (*persona a*) gesund machen ❷ (*fig: noia, tristezza*) besiegen; ~ **qu da qc** jdn von etw heilen **II.** *vi essere* ❶ (MED) gesund werden, genesen ❷ (*fig: dal vizio*) ~ **da qc** von etw geheilt werden;

guaritore, -trice [guari'to:re] *m, f* Heilpraktiker(in) *m(f)*

guarnigione [guarni'dʒo:ne] *f* Garnison *f*

guarnire [guar'ni:re] <guarnisco> *vt* ❶ (*indumento, tovaglia*) verzieren, schmücken; (GASTR) garnieren ❷ (MIL: *di soldati*) bemannen; **guarnizione** [guarnit'tsio:ne] *f* ❶ (*di indumento, tenda*) Garnitur *f,* Verzierung *f* ❷ (GASTR: *contorni*) Beilage *f* ❸ (TEC, MOT) Dichtung *f*

guastafeste [guasta'fεste] <-> *mf* Spielverderber(in) *m(f),* Miesmacher(in) *m(f) fam*

guastare [guas'ta:re] **I.** *vt* ❶ (*gener*) verderben; (*gioia*) trüben ❷ (*meccanismi, strada*) beschädigen, kaputt machen **II.** *vr* **-rsi** ❶ (*tempo*) sich verschlechtern ❷ (*cosa, meccanismo*) kaputt gehen ❸ (*cibi*) verderben, schlecht werden

guasto ['guasto] *m* ❶ (TEC) Schaden *m,* Defekt *m,* Aussetzer *m;* (MOT) Panne *f,* Havarie *f* A ❷ (*fig: corruzione*) Verderbnis *f*

guasto, -a *agg* ❶ (*gener*) kaputt, defekt ❷ (*cibo*) verdorben, schlecht; (*frutta*) verfault; (*uova*) faul ❸ (MED: *dente*) krank,

schlecht ❹ (*fig*) verderbt, korrupt; **cervello** ~ (*fig*) krankes Hirn

guazza ['guattsa] *f* Tau(nässe *f*) *m*

guazzabuglio [guattsa'buʎʎo] <-gli> *m* Durcheinander *n,* Kunterbunt *n;* (*a fig*) Wust *m*

guazzo ['guattso] *m* ❶ (*arte*) Gouache *f* ❷ (*di liquidi*) Lache *f;* **ciliegie in** ~ Kirschen *fpl* in Alkohol

guercio, -a ['gwεrtʃo] <-ci, -ce> **I.** *agg* schielend, schieläugig **II.** *m, f* Schielende(r) *f(m);* **essere** ~ schielen

guerra ['gwεrra] *f* ❶ (MIL) Krieg *m;* ~ **aerea** Luftkrieg *m;* ~ **atomica** Atomkrieg *m;* ~ **batteriologica** Krieg *m* mit biologischen Waffen; ~ **chimica** Krieg *m* mit chemischen Waffen; ~ **civile** Bürgerkrieg *m;* ~ **fredda** Kalter Krieg; ~ **lampo** Blitzkrieg *m;* ~ **psicologica** psychologische Kriegsführung; ~ **di successione** Erbfolgekrieg *m;* **-e stellari** Krieg *m* der Sterne; **zona di** ~ Kriegsgebiet *n;* **la prima/seconda** ~ **mondiale** der Erste/Zweite Weltkrieg; **entrare in** ~ in den Krieg eintreten; **essere in** ~ **con qu** mit jdm Krieg führen; **essere sul piede** [*o* **in assetto**] **di** ~ kriegsbereit sein ❷ (*fig* POL, COM) Krieg *m,* Kampf *m;* ~ **d'interessi** Interessenkonflikt *m;* **la** ~ **contro la droga/criminalità** der Kampf gegen die Drogen/Kriminalität;

guerrafondaio, -a [guerrafon'da:io] <-ai, -aie> **I.** *agg* kriegstreibend, kriegshetzerisch **II.** *m, f* Kriegstreiber(in) *m(f),* -hetzer(in) *m(f);* **guerreggiare** [guerred'dʒa:re] *vi* Krieg führen; ~ **con/contro qu** mit jdm/gegen jdn Krieg führen; **guerresco, -a** [guer'resko] <-schi, -sche> *agg* ❶ (MIL) kriegerisch, Kriegs- ❷ (*fig: incline alla guerra*) kriegerisch, kriegslustig; **guerriero, -a** [guer'riε:ro] **I.** *agg* ❶ kriegerisch, Krieger- ❷ (*fig: aspetto, animo*) streitbar; (*combattivo*) angriffslustig **II.** *m, f* Krieger(in) *m(f)*

guerriglia [guer'riʎʎa] <-glie> *f* Guerilla(krieg *m*) *f;* **guerrigliero, -a** [guerriʎ'ʎε:ro] *m, f* Guerillero *m,* Guerillakämpfer(in) *m(f)*

guest star [ges(t) 'sta: *o* gεst 'star] <-> *mf* (FILM) Gaststar *m,* Gastschauspieler(in) *m(f)*

gufare [gu'fa:re] **I.** *vi* (*verso del gufo*) rufen (wie ein Uhu oder Kauz) **II.** *vt* (*sl: portare sfortuna*) Unglück bringen

gufata [gu'fa:ta] *f* (*sl: iettatura*) böser Blick *m,* Unglück *n*

gufo ['gu:fo] *m* ❶ (ZOO) Eule *f;* ~ **reale** Uhu *m;* ~ **comune** Waldohreule *f* ❷ (*fig, pej: persona poco socievole*) Eigenbrötler *m*, Kauz *m*

guglia ['guʎʎa] <-glie> *f* ❶ (ARCH) Fiale *f* ❷ (GEOG) Felsnadel *f* ❸ (*per l'albero di Natale*) Christbaumspitze *f*

gugliata [guʎʎa:ta] *f* Faden(länge *f*) *m*

guida¹ ['gui:da] *f* ❶ (MOT) Fahren *n*, Führen *n*; **scuola ~** Fahrschule *f*; **patente di ~** Führerschein *m*; **posto di ~** Fahrersitz *m* ❷ (*libro*) Leitfaden *m*; (*per il turista*) Reiseführer *m*; (TEL) (Telefon)buch *n*; **~ al comporre/al tradurre** Aufsatz-/Übersetzungshandbuch *n* ❸ (*persona*) (Reise)führer(in) *m(f)*, Leiter(in) *m(f)*; **fare da ~ a qu** jdn führen, jdm den Weg weisen ❹ (TEC) Führung *f*, Schiene *f*; (MOT) Lenkung *f*

guida² <inv> *agg* Führungs-

guidare [gui'da:re] *vt* ❶ (*gener*) führen, leiten ❷ (MOT) fahren, führen; **non sa ~** er [*o* sie] kann nicht Auto fahren ❸ (SPORT) anführen, führen (in +*dat*); **guidatore, -trice** [guida'to:re] *m*, *f* Fahrer(in) *m(f)*, Lenker(in) *m(f)*

guidistica [gui'distika] <-che> *f* (*produzione di guide turistiche*) Reiseführerproduktion *f*; (*reparto di guide turistiche nelle librerie*) Reiseführerabteilung *f*

guinness® <-> *m* Guinnessbuch *n* (der Rekorde)

guinzaglio [guin'tsaʎʎo] <-gli> *m* ❶ (ZOO) (Hunde)leine *f*; **portare il cane al ~** den Hund an der Leine führen ❷ (*fig*) Leine *f*; **tenere qu al ~** (*fig*) jdn an der (kurzen) Leine halten

guisa ['gui:za] *f* Art und Weise *f*; **a ~ di** wie; **di** [*o* in] **~ che** so dass, sodass *A*

guitto, -a ['guitto] *m*, *f* (*pej*) Schmierenkomödiant(in) *m(f)*; **compagnia di -i** Schmierentheater *n*

guizzare [guit'tsa:re] *vi* essere ❶ (*pesce, serpente*) (in die Höhe) schnellen; (*fiamme*) züngeln; (*lampi*) zucken ❷ (*fig: sfug-*

gire) entschlüpfen, (ent)gleiten; **guizzo** ['guittso] *m* ❶ (*di pesce, serpente*) Zucken *n*, Schnellen *n*; (*di fiamme*) Züngeln *n* ❷ (*fig*) Ruck *m*

guru ['gu:ru] <-> *m* Guru *m*

guscio ['guʃʃo] <-sci> *m* ❶ (ZOO) Schale *f*; (*della tartaruga*) Panzer *m*; (*di chiocciola*) Haus *n* ❷ (BOT) Schale *f*; (*di piselli*) Hülse *f*, Schote *f*; (*dell'uovo*) Schale *f* ❸ (*fig*) Schneckenhaus *n*; **chiudersi nel ~** sich in sein Schneckenhaus zurückziehen; **stare nel proprio ~** zurückgezogen leben, ein verschlossener Mensch sein; **uscire dal ~** aus seinem Schneckenhaus herauskommen

gustare [gus'ta:re] **I.** *vt* ❶ (GASTR) probieren, kosten ❷ (*fig: godere*) genießen **II.** *vr* **-rsi** genießen; **gustativo, -a** [gusta'ti:vo] *agg* Geschmacks-

gusto ['gusto] *m* ❶ (*senso, sensazione, sapore*) Geschmack *m*; **al ~ di lampone** mit Himbeergeschmack ❷ (*piacere*) Gefallen *n*, Freude *f*; (*godimento*) Genuss *m*; **lavorare di ~** gern arbeiten; **mangiare di ~** mit Appetit essen; **ridere di ~** herzlich lachen; **prenderci ~** Spaß daran haben; **non c'è ~** es macht keinen Spaß ❸ (*opinione, estetica*) Geschmack *m*; **avere buon ~** einen guten Geschmack haben; **vestire con ~** sich geschmackvoll kleiden; **uno scherzo di pessimo ~** ein geschmackloser Scherz; **è questione di -i** es ist eine Geschmacksfrage; **non è di mio ~** das ist nicht nach meinem Geschmack; **tutti i -i son -i** (*prov*) über Geschmack lässt sich (nicht) streiten; **gustoso, -a** [gus'to:so] *agg* ❶ (GASTR) schmackhaft, wohlschmeckend ❷ (*fig: che diverte*) köstlich, amüsant

guttaperca [gutta'pɛrka] <-che> *f* Guttapercha *f o n*

gutturale [guttu'ra:le] *agg* guttural, Guttural-, kehlig

H h

H, h ['akka] <-> *f* H, h *n;* ~ **come hotel** H wie Heinrich; **bomba H** Wasserstoffbombe *f*

h ❶ *abbr di* **ora** h, Std. ❷ *abbr di* **etto** 100 Gramm

ha *abbr di* **ettaro** ha

ha [a] *3. pers sing pr di* **avere**[1]

habitat ['a:bitat] <-> *m* ❶ (BIOL) Habitat *n* ❷ (*fig: ambiente adatto*) geeignetes Milieu

habitué [abi'tve] <-> *mf* Stammgast *m*

habitus ['a:bitus] <-> *m* (MED, BIOL) Habitus *m*

hacker ['hækə o 'haker] <-> *mf* (INFORM) Hacker(in) *m(f);* **hackeraggio** [ake'raddʒo] *m* (*pirateria informatica*) Software-Piraterie *f;* **hacking** ['hækiŋ o 'akiŋ] <-> *m* (*pirateria nell'informatica*) Hacken *n*

hai ['a:i] *2. pers sing pr di* **avere**[1]

hairstyle [hɛə'stail o ɛr'stail] <-> *m* (*acconciatura*) Styling *n*, Frisur *f;* **hairstyling** [hɛə'stailiŋ o ɛr'stailing] <-> *m* (*studio di un'acconciatura*) Hairstyling *n;* **hairstylist** [hɛə'stailist o ɛr'stailist] <-> *mf* Hairstylist(in) *m(f)*

hall [hɔ:l] <-> *f* (Eingangs)halle *f*

hamburger [am'burger] <-> *m* Hamburger *m*, Burger *m;* **hamburgerizzazione** [amburgeriddzat'tsio:ne] *f* ❶ (*pasto rapido*) Fastfood *n* ❷ (*semplificazione*) (problematische) Vereinfachung *f* eines Prozesses; (*finalizzazione al consumo*) nur auf den Konsum ausgerichtete Vorgehensweise *f;* **hamburg(h)eria** [amburge'ri:a] <-ie> *f* Burger-Imbissbude *f*

handheld <-> *m* (INFORM) Handheld *m*

handicap ['hændikæp o 'ɛndikap] <-> *m* Handikap *n;* **handicappare** [andikap'pa:re] *vt* behindern, handikapen; **handicappato, -a** [andikap'pa:to] **I.** *agg* (*fig* MED) behindert **II.** *m, f* (*fig* MED) Behinderte(r) *f(m)*

handling ['hændliŋ o 'ɛndling] <-> *m* ❶ (AERO: *assistenza a terra negli aeroporti*) Bodenorganisation *f* ❷ (ADM, COM: *operazioni manuali di magazzino*) manuelle Lagerarbeiten *fpl*

handmade ['hænd'meid o 'ɛnd'meid] <inv> *agg* (*fatto a mano*) handgemacht; **maglione** ~ in Handarbeit hergestellter Pullover

hangar [ã'ga:r] <-> *m* Hangar *m*, Flugzeughalle *f*

hanno ['anno] *3. pers pl pr di* **avere**[1]

happening ['hæpəniŋ o 'ɛppenin(g)] <-> *m* Happening *n*

happy end [hæpi 'end o ɛppi 'ɛnd] <-> *m* Happyend *n;* **happy hour** ['ɛppi 'auar] <-> *f* Happy Hour *f*

hard-core ['ha:dkɔ:] <inv> *agg* (FILM) Hardcore-

hard discount [ard dis'kaunt] <-> *m* Billig-Discountmarkt *m*

hard disk [ha:d 'disk] <-> *m* (INFORM) Festplatte *f*

hard top [ha:d 'tɔp o ard 'top] <-> *m* Hardtop *m*

hardware ['ha:dwɛə o 'ardwer] <-> *m* (INFORM) Hardware *f;* **hardwarista** [ardwe'rista] <-i *m*, -e *f*> *mf* (INFORM) Hardware-Informatiker(in) *m(f)*

harem [a'rem o 'arem] <-> *m* Harem *m*

harmonium [armo'njom o ar'monium] <-> *m* Harmonium *n*

hascisc [aʃʃiʃ] <-> *m*, **hashish** [aʃʃiʃ] <-> *m* Haschisch *n o m*

haute [ot] <-> *f* (*poet*) Highsociety *f*, gesellschaftliche Oberschicht

haute-couture ['ot ku'tyr] <-> *f* Haute Couture *f*

HDTV *abbr di* **high definition television** HDTV *n*

head hunter ['hed 'hʌntə o 'ɛd 'anter] <-> *m* Headhunter(in) *m(f);* **head hunting** ['hed 'hʌntiŋ o 'ɛd 'antin(g)] <-> *m* ❶ (*caccia all'uomo, caccia di taglie*) Menschenjagd *f* ❷ (COM: *ricerca di personale altamente qualificato*) Headhuntertätigkeit *f*

heading ['hediŋ o 'ɛdin(g)] <-> *m* ❶ (*testata giornalistica*) Aufmacher *m* ❷ (SPORT: *colpo di testa*) Kopfstoß *m*

health food ['helθ 'fu:d o 'ɛlt 'fud] <-> *m* (*alimento salutistico*) gesundheitlich wertvolles Nahrungsmittel *n*

hearing ['hiəriŋ o 'hiaring] <-> *m* (*indagine conoscitiva*) Hearing *n*, öffentliche Anhörung *f*

heavy metal ['hevi 'met(a)l] **I.** <-> *m* (MUS: *rock duro*) Heavy Metal *n*, Heavy Rock *m* **II.** <inv> *agg* (MUS) Heavymetal-; **gruppo** ~ Heavymetal-Gruppe *f*

help ['help o 'ɛlp] <-> *m* (INFORM) Hilfe(funktion) *f*

Helsinki ['hɛlsiŋki] *f* Helsinki *n*

henna ['ɛnna] *f* ❶ (*tintura*) Henna *f o n* ❷ (BOT) Hennastrauch *m*

herpes ['ɛrpes] <-> *m* Herpes *m*

hertz [(h)ɛrts] <-> *m* Hertz *n*

hg *abbr di* **ettogrammo** 100 g

hi-fi ['hai'fai *o* 'ai'fai] *abbr di* **high-fidelity** Hi-Fi

high ['hai] I. <inv> *agg* (*sotto effetto di droga*) high II. <-> *mf* euphorische Stimmung *f* nach Genuss von Rauschgift

high-fidelity ['hai fi'deliti] I. <inv> *agg* Highfidelity- II. <-> *f* Highfidelity *f*

high society ['hai sə'saiəti] <-> *f* Highsociety *f*, gesellschaftliche Oberschicht

hijacking ['hai'dʒækiŋ] <-> *m* (*dirottamento o sequestro aereo a scopo politico*) Luftpiraterie *f*, Flugzeugentführung *f*

hippy ['hipi *o* 'ippi] I. <-> *mf* Hippie *m* II. <inv> *agg* Hippie-

hit [hit *o* 'it] <-> *m* Hit *m*

hit-parade ['(h)it pə'reid] <-> *f* (MUS) Hitparade *f*, Charts *fpl;* **entrare nella** ~ in die Charts kommen

hl *abbr di* **ettolitro** hl, 100 l

ho [ɔ] *1. pers sing pr di* **avere**[1]

hobby ['hɔbi *o* 'ɔbbi] <-> *m* Hobby *n*, Steckenpferd *n*

hockey ['hɔki *o* 'ɔkei] <-> *m* Hockey *n*

holding ['houdiŋ *o* 'ɔldin(g)] <-> *f* Holdinggesellschaft *f*

home banking ['houm bɛnkiŋ] <-> *m* Homebanking *n*

home design ['houm di'zain *o* 'om de'zain] <-> *m* (*architettura d'interni*) Innenarchitektur *f;* **progetto di** ~ Projekt *n* der Innenarchitektur; **home designer** ['houm di'zainə *o* 'om de'zainer] <-> *mf* (*progettista d'interni, arredatore*) Innenarchitekt(in) *m(f)*

home fitness ['houm 'fitnis *o* 'om 'fitnes] <-> *f* (*esercizi ginnici praticati in casa*) Hometraining *n*

homeland ['houmlænd *o* 'omlend] <-> *f* Homeland *n*

homeless ['houmlis] <-> *mf* (*senzatetto*) Obdachlose(r) *f(m)*

home movie ['houm 'mu:vi *o* 'om 'muvi] <-> *m* (*film amatoriale*) (Amateur)video *n*

homepage ['houmpeidʒ] <-> *f* (INFORM: *pagina Internet*) Homepage *f*

Hong Kong [xoŋ'kɔŋ] *f* Hongkong *n*

horror ['ɔrror] <-> *m* (FILM) Horrorfilm *m;* (LIT) Horrorroman *m*

host ['hɔst] <-> *m* (INFORM) Host *m*

hostaria [osta'ri:a] <-ie> *f* rustikales Gasthaus

hostess ['ɔstes] <-> *f* ❶ (AERO) Stewardess *f* ❷ (*guida turistica*) Reiseführerin *f*, Reiseleiterin *f*, Hostess *f*

hot dog ['(h)ɔt dɔg] <-> *m* ❶ (*panino*) Hotdog *n o m* ❷ (SPORT) Akrobatikski *m*

hotel [o'tɛl] <-> *m* Hotel *n*

hot line ['hɔt 'lain] <-> *o* hot lines> *f* Hotline *f*

hot money ['hɔt 'mʌni] <-> *m* ❶ (FIN) heißes Geld *n*, vagabundierende Gelder *npl* ❷ (*moneta in rapida svalutazione*) Inflationswährung *f*

hot pants ['hɔt 'pænts] <-> *mpl* (*pantaloncini femminili molto corti e aderenti*) Hotpants *fpl*

house music ['haus 'mju:zik] <-> *f* (MUS) House *m*, Housemusik *f*

HTML *abbr di* **Hypertext Markup Language** (INFORM) **codice** ~ HTML-Code *m*

human relations ['hju:mən ri'leiʃəns] *fpl* (ADM: *rivalutazione aziendale dell'elemento umano*) Human Relations *fpl*

humour ['hju:mə *o* 'jumor] <-> *m* Humor *m;* **avere senso dello** ~ Sinn für Humor haben

humus ['umus] <-> *m* ❶ (BOT) Humus *m* ❷ (*fig*) Nährboden *m*

hustler ['hʌstlə] I. <inv> *agg* streberisch II. <-> *mf* (*arrivista*) Streber(in) *m(f)*

Hz *abbr di* **hertz** Hz

I i

I, i [i] <-> *f* I, i *n;* ~ **come Imola** I wie Ida; ~ **lunga** J, j *n*

i *art det m pl* die

I *abbr di* **Italia** I

IA *abbr di* **intelligenza artificiale** KI

IAL *m abbr di* **Istituto Addestramento Lavoratori** Berufsschule für die Ausbildung von (technischen) Handwerkern

iato [i'a:to] *m* ❶ (LING) Hiat(us) *m* ❷ (fig) Bruch *m*, Unterbrechung *f*

ib. *abbr di* **ibidem** ib.

iberico, -a [i'bɛ:riko] <-ci, -che> *agg* iberisch

ibernare [iber'na:re] *vi* Winterschlaf halten; **ibernazione** [ibernat'tsio:ne] *f* ❶ (ZOO) Winterschlaf *m* ❷ (MED) Hibernation *f*

ibi, ibis ['i:bi, 'i:bis] <-> *m* (poet) Ibis *m*

ibid. *abbr di* **ibidem** ibd.

ibisco [i'bisko] <-schi> *m* Hibiskus *m*

ibrido ['i:brido] *m* ❶ (ZOO, BOT) Hybridzüchtung *f*, Hybride *f o m* ❷ (fig: mescolanza) Mischung *f*, Gemisch *n*

ibrido, -a *agg* ❶ (ZOO, BOT) hybrid, Hybrid-; **animale** ~ Mischling *m*, Bastard *m* ❷ (fig: stile, linguaggio) hybrid, Misch-

IC (FERR) *abbr di* **InterCity** IC *m*

ICE (FERR) *abbr di* **InterCity Express** ICE *m*

ICI, Ici *f abbr di* **Imposta Comunale sugli Immobili** Grundsteuer *f*

icona [i'kɔ:na *o* i'ko:na] *f* ❶ (immagine sacra) Ikone *f* ❷ (INFORM) Icon *n*, Schaltfläche *f;* ~ **di applicazione** Icon *n;* **ridurre a** ~ minimieren; **iconicità** [ikonitʃi'ta] <-> *f* Bildhaftigkeit *f*, Ikonismus *m;* **iconico, -a** [i'kɔ:niko] <-ci, -che> *agg* ikonisch *geh;* **iconologo, -a** [iko'nɔ:logo] <-gi, -ghe> *m, f* Ikonograf(in) *m(f)*

ics [iks] <-> *f v.* **X, x**

id. *abbr di* **idem** desgl.

Iddio [id'di:o] *m* (Herr)gott *m;* **Signore** ~ **!** mein Gott!, Herrgott!; **benedetto** ~ **!** allmächtiger Gott!

idea [i'dɛ:a] *f* ❶ (PHILOS) Idee *f*, Begriff *m* ❷ (conoscenza elementare) Vorstellung *f;* (immagine) Bild *n;* **farsi un'** ~ **di qc** sich *dat* eine Vorstellung von etw machen ❸ (pensiero) Idee *f*, Gedanke *m;* ~ **fissa** fixe Idee; **neanche per** ~ **!** nicht im Mindesten!, nicht (mal) im Traum! ❹ (impressione) Eindruck *m;* (opinione) Meinung *f*, Ansicht *f;* -**e politiche** politische Gesinnung; **cambiare** ~ es sich *dat* anders überlegen ❺ (trovata) Idee *f*, Einfall *m* ❻ (proposito) Gedanke *m;* (piano, progetto) Plan *m,* Vorhaben *n;* **accarezzare un'** ~ mit einem Gedanken spielen ❼ (sapere) Ahnung *f;* (sensazione) Gefühl *n;* **avere** ~ **di qc** eine Ahnung von etw haben; **non averne la più pallida** ~ keinen blassen Schimmer davon haben ❽ (apparenza) Anschein *m;* **dare l'** ~ **di qc** den Anschein von etw erwecken

ideale [ide'a:le] **I.** *agg* ❶ (che concerne l'idea) ideell, geistig ❷ (perfetto) ideal, vollkommen **II.** *m* Ideal *n;* (modello) Vorbild *n;* **idealista** [idea'lista] <-i *m*, -e *f*> *mf* Idealist(in) *m(f);* **idealistico, -a** [idea'listiko] <-ci, -che> *agg* idealistisch; **idealizzare** [idealid'dza:re] *vt* idealisieren; **idealizzazione** [idealiddzat'tsio:ne] *f* Idealisierung *f;* **idealmente** [ideal'mente] *avv* ❶ (teoricamente, di pensiero) ideell, geistig ❷ (in modo ideale) ideal

ideare [ide'a:re] *vt* ❶ (concepire) (sich *dat*) ausdenken; (inventare) erfinden ❷ (progettare) planen; **ideatore, -trice** [idea'to:re] *m, f* Schöpfer(in) *m(f);* (inventore) Erfinder(in) *m(f);* **ideazione** [ideat'tsio:ne] *f* ❶ (atto dell'ideare) Ausdenken *n*, Ersinnen *n;* (invenzione) Erfinden *n* ❷ (progettazione) Planung *f*

idem ['i:dem] <-> **I.** *pron* idem, desgleichen **II.** *avv* (fam) ebenso

identicità [identitʃi'ta] <-> *f* Identität *f*, völlige Übereinstimmung; **identico, -a** [i'dɛntiko] <-ci, -che> *agg* identisch; **essere** ~ **a qc** mit etw identisch sein, völlig übereinstimmen

identificabile [identifi'ka:bile] *agg* identifizierbar

identificare [identifi'ka:re] **I.** *vt* ❶ (riconoscere) identifizieren; ~ **qu** jds Identität feststellen, jdn identifizieren ❷ (considerare identico) gleichsetzen **II.** *vr* -**rsi con qu/qc** sich mit jdm/etw identifizieren; **identificazione** [identifikat'tsio:ne] *f* Identifikation *f*, Identifizierung *f*

identikit [identi'kit *o* i'dɛntikit] <-> *m* Phantombild *n*

identità [identi'ta] <-> *f* ❶ (di persona) Identität *f;* **carta d'** ~ Personalausweis *m* ❷ (l'essere identico) Gleichheit *f*

ideografico, -a [ideo'gra:fiko] <-ci, -che> *agg* ideografisch

ideogramma [ideo'gramma] <-i> *m* ❶ (di scrittura) Ideogramm *n*, Begriffszei-

chen *n* ❷(*di statistica*) (Statistik)diagramm *n*
ideologa *f v.* **ideologo**
ideologia [ideolo'dʒiːa] <-gie> *f* Ideologie *f*
ideologicamente [ideolodʒika'mente] *avv* ideologisch
ideologico, -a [ideo'lɔːdʒiko] <-ci, -che> *agg* ideologisch; **ideologo, -a** [ide'ɔːlogo] <-gi *o fam* -ghi, -ghe> *m, f* Ideologe *m,* -login *f*
idi ['iːdi] *m pl o f pl* (HIST) Iden *pl*
idilliaco, -a [idil'liːako] <-ci, -che> *agg,* **idillico, -a** [i'dilliko] <-ci, -che> *agg* idyllisch; **idillio** [i'dillio] <-i> *m* ❶(LIT) Idylle *f* ❷(*fig*) Idyll *n;* ~ **familiare** Familienidyll *n;* **intrecciare un** ~ zarte Bande knüpfen
idiocultura [idiokul'tuːra] *f* Eigenkultur *f,* Idiokultur *f;* **l'** ~ **dei sardi** die sardische Eigenkultur
idioma [i'diɔːma] <-i> *m* Idiom *n;* **idiomatico, -a** [idio'maːtiko] <-ci, -che> *agg* idiomatisch; **frasi -che** idiomatische Redewendungen *fpl*
idiosincrasia [idiosiŋkra'ziːa] <-ie> *f* ❶(MED) Idiosynkrasie *f,* Überempfindlichkeit *f* ❷(*fig: avversione totale*) unüberwindliche Abneigung (*per* gegen), Abscheu *m* (*per* vor +*dat*)
idiota [i'diɔːta] <-i *m,* -e *f>* I. *agg* idiotisch; (MED) schwachsinnig II. *mf* Idiot(in) *m(f);* (MED) Schwachsinnige(r) *f(m)*
idiotismo [idio'tizmo] *m* (LING) Spracheigenheit *f*
idiozia [idiot'tsiːa] <-ie> *f* ❶(MED) Idiotie *f,* Schwachsinn *m* ❷(*stupidità*) Idiotie *f,* Dummheit *f*
idolatra [ido'laːtra] <-i *m,* -e *f>* I. *agg* götzenanbetend, -verehrend II. *mf* ❶(REL) Götzenanbeter(in) *m(f),* -diener(in) *m(f)* ❷(*fig: fanatico*) fanatische(r) Verehrer(in); **idolatrare** [idola'traːre] *vt* ❶(REL) (als Götzen) anbeten ❷(*fig: ammirare*) abgöttisch verehren; (*amare*) vergöttern, anbeten; **idolatria** [idola'triːa] <-ie> *f* ❶(REL) Götzendienst *m* ❷(*fig: ammirazione*) abgöttische Verehrung; (*amore*) Vergötterung; **idolatrico, -a** [ido'laːtriko] <-ci, -che> *agg* ❶(REL) Götzen-, götzendienerisch ❷(*fig*) abgöttisch
idolo ['iːdolo] *m* ❶(*divinità*) Götze *m;* (*oggetto*) Götzenbild *n* ❷(*fig*) Idol *n*
idoneità [idonei'ta] <-> *f* Fähigkeit *f,* Tauglichkeit *f;* ~ **all'insegnamento** Lehrbefähigung *f;* ~ **al lavoro** Arbeitsfähigkeit *f;* **esami di** ~ Eignungsprüfungen *fpl;* **idoneo, -a** [i'dɔːneo] <-ei, -ee> *agg* ❶(*atto*) fähig, tauglich; ~ **al servizio militare**

wehrdiensttauglich ❷(*adatto*) geeignet
idra ['iːdra] *f* ❶(ZOO) Hydra *f* ❷(*fig*) Übel *n*
idrante [i'drante] *m* ❶(*dispositivo*) Hydrant *m* ❷(*autobotte*) Löschfahrzeug *n*
idratabile [idra'taːbile] *agg* (CHEM) hydrierbar
idratante [idra'tante] *agg* Feuchtigkeits-, feuchtigkeitsspendend; **crema** ~ Feuchtigkeitscreme *f*
idratare [idra'taːre] *vt* ~ **qc** einer Sache *dat* Feuchtigkeit zuführen; (CHEM) etw hydratisieren
idrato [i'draːto] *m* Hydrat *n;* **-i di carbonio** Kohlenhydrate *npl*
idraulica [i'draːulika] <-che> *f* Hydraulik *f;* **idraulico, -a** [i'draːuliko] <-ci, -che> I. *agg* hydraulisch; **sistema** ~ Hydraulik *f* II. *m, f* Installateur(in) *m(f)*
idrico, -a ['iːdriko] <-ci, -che> *agg* Wasser-, Hydro-
idroaerogiro [idroaero'dʒiːro] *m* (AERO) Hydrocopter *m*
idroaeroporto [idroaero'pɔrto] *m* (AERO: *idroscalo*) Wasserflughafen *m*
idrocarburo [idrokar'buːro] *m* Kohlenwasserstoff *m*
idrocultura [idrokul'tuːra] *f* Hydrokultur *f*
idrodegradazione [idrodegradat'sioːne] *f* (CHEM) Zersetzung *f* durch Wasser
idrodinamica [idrodi'naːmika] *f* Hydrodynamik *f*
idroelettrico, -a [idroe'lɛttriko] <-ci, -che> *agg* hydroelektrisch; **centrale -a** Wasserkraftwerk *n*
idrofilo, -a [i'drɔːfilo] *agg* hydrophil, Wasser aufnehmend
idrofobia [idrofo'biːa] *f* ❶(CHEM) Hydrophobie *f* ❷(MED: *rabbia*) Tollwut *f;* **idrofobo, -a** [i'drɔːfobo] *agg* ❶(MED) tollwütig ❷(*fig fam: furioso*) fuchsteufelswild
idrofono [i'drɔːfono] *m* Echolot *n*
idrofugo, -a [i'drɔːfugo] <-ghi, -ghe> *agg* Wasser abstoßend, Wasser abweisend
idrogenare [idrodʒe'naːre] *vt* hydrieren
idrogeno [i'drɔːdʒeno] *m* Wasserstoff *m*
idrografia [idrogra'fiːa] *f* Hydrografie *f,* Gewässerkunde *f*
idroguida [idro'guiːda] *f* (MOT) Servolenkung *f*
idrolisi [i'drɔːlizi] <-> *f* Hydrolyse *f*
idromassaggio [idromas'saddʒo] <-ggi> *m* ❶(*massaggio*) Unterwassermassage *f* ❷(*impianto*) Unterwassermassagevorrichtung *f;* **vasca (da)** ~ Whirlpool *m*
idrometro [i'drɔːmetro] *m* Wasserstandsmesser *m*

idronomia [idrono'miːa] <-ie> *f* (SCIENT) Erosionsforschung *f*

idroplano [idro'plaːno] *m* Tragflächenboot *n*

idropotabile [idropo'taːbile] *agg* trinkbar

idrorepellente [idrorepel'lɛnte] *agg* Wasser abstoßend

idroscala [idro'skaːla] *f* (TEC) hydraulische Hubleiter *f*

idroscalo [idros'kaːlo] *m* Wasserflughafen *m*

idrosolubile [idroso'luːbile] *agg* wasserlöslich

idrossido [i'drɔssido] *m* Hydroxyd *n*

idrostatica [idros'taːtika] <-che> *f* Hydrostatik *f*

idrovia [idro'viːa] *f* Wasserstraße *f*; **idrovolante** [idrovo'lante] *m* Wasserflugzeug *n*

idrovora [i'drɔːvora] *f* (Wasser)saugpumpe *f*; **idrovoro, -a** [i'drɔːvoro] *agg* Wasser absorbierend

idruntino, -a [idrun'tiːno] **I.** *agg* (*di Otranto*) aus Otranto **II.** *m, f* (*abitante*) Einwohner(in) *m(f)* von Otranto

ie, i.e. *abbr di* **id est** d.h., d.i.

iella ['iɛlla] *f* (*fam*) Pech *n*, Unglück *n*; **portare** ~ Unglück bringen; **iellato, -a** [iel'laːto] *agg* (*fam*) vom Pech verfolgt

iena ['iɛːna] *f* Hyäne *f*

ieratico, -a [ie'raːtiko] <-ci, -che> *agg* ❶ (*sacerdotale*) hieratisch *geh*, priesterlich ❷ (*fig*) würdevoll; (*solenne*) feierlich

ieri ['iɛːri] **I.** *avv* gestern; ~ **l'altro** vorgestern; ~ **mattina** gestern Morgen; ~ **sera** gestern Abend; **da** ~ **ad oggi** von gestern auf heute; **sembra nato** ~ (*fig*) er ist naiv **II.** <-> *m* Gestern *n*

iettatore, -trice [ietta'toːre] *m, f* Unglücksbringer(in) *m(f)*; **iettatura** [ietta'tuːra] *f* böser Blick, Unglück *n*

IGE ['iːdʒe] *f abbr di* **Imposta Generale sull'Entrata** USt, Umsatzsteuer

igiene [i'dʒɛːne] *f* Hygiene *f*, Gesundheitspflege *f*; **ufficio d'~** Gesundheitsamt *n*; ~ **della bocca** Mundpflege *f*; ~ **personale** Körperpflege *f*; **igienico, -a** [i'dʒɛːniko] <-ci, -che> *agg* hygienisch; (*salutare*) gesund; **carta -a** Toilettenpapier *n*; **impianti** ~**-sanitari** sanitäre Anlagen *fpl*; **igienista** [idʒe'nista] <-i *m*, -e *f*> *mf* Hygieniker(in) *m(f)*; (*fig*) Reinlichkeitsfanatiker(in) *m(f)*; **igienizzante** [idʒenid'dzante] *agg* antibakteriell; **igienizzare** [idʒenid'dzare] *vt etw hygienisch reinigen*

ignaro, -a [iɲ'ɲaːro] *agg* unwissend; (*inesperto*) unerfahren; ~ **degli avvenimenti** über die Ereignisse nicht unterrichtet

ignavia [iɲ'naːvia] <-ie> *f* Willensschwäche *f*; **ignavo, -a** [iɲ'ɲaːvo] *agg* willensschwach

ignifugo, -a [iɲ'ɲiːfugo] <-ghi, -ghe> *agg* Feuer hemmend; (*resistente al fuoco*) feuerfest

ignobile [iɲ'ɲɔːbile] *agg* niederträchtig, gemein; **ignobiltà** [iɲɲobil'ta] <-> *f* Niederträchtigkeit *f*, Gemeinheit *f*

ignominia [iɲɲo'miːnia] <-ie> *f* Schande *f*; **ignominioso, -a** [iɲɲomi'nioːso] *agg* schändlich

ignorante [iɲɲo'rante] **I.** *agg* ❶ (*incompetente*) unfähig; (*inesperto*) unerfahren ❷ (*senza cultura*) ungebildet; (*che non sa*) unwissend ❸ (*maleducato*) ungezogen **II.** *mf* ❶ (*senza istruzione*) Unwissende(r) *f(m)*, Ignorant(in) *m(f)* ❷ (*maleducato*) ungezogener Mensch, Flegel *m*; **ignoranza** [iɲɲo'rantsa] *f* ❶ (*insipienza*) Unwissenheit *f*; **non è ammessa l'~ della legge** Unwissenheit schützt vor Strafe nicht ❷ (*maleducazione*) Ungezogenheit *f*

ignorare [iɲɲo'raːre] *vt* ❶ (*non conoscere*) nicht kennen; (*non sapere*) nicht wissen ❷ (*trascurare*) übersehen, ignorieren

ignorato, -a [iɲɲo'raːto] *agg* ❶ (*non conosciuto*) unbekannt ❷ (*trascurato*) unbeachtet

ignoto [iɲ'ɲɔːto] *m* Unbekannte(s) *n*

ignoto, -a **I.** *agg* unbekannt, nicht bekannt; **monumento al Milite Ignoto** Denkmal *n* des Unbekannten Soldaten **II.** *m, f* Unbekannte(r) *f(m)*

ignudo, -a [iɲ'ɲuːdo] *agg* (*poet*) nackt, unbekleidet

igrometro [i'grɔːmetro] *m* Feuchtigkeitsmesser *m*, Hygrometer *n*

igroscopico, -a [igros'kɔːpiko] <-ci, -che> *agg* hygroskopisch

ih [i] *int* ❶ (*disgusto*) igitt, pfui ❷ (*stupore*) ach ❸ (*al cavallo*) hü

il [il] *art det m sing* der *m*, die *f*, das *n*

ilare [i'laːre] *agg* heiter, fröhlich; **ilarità** [ilari'ta] <-> *f* Heiterkeit *f*, Fröhlichkeit *f*

ileo ['iːleo] *m* ❶ (ANAT: *intestino*) Krummdarm *m*; (*osso*) Darmbein *n* ❷ (MED) Darmverschluss *m*; **iliaco, -a** [i'liːako] <-ci, -che> *agg* Darmbein-

ill. *abbr di* **illustrazione** Abb.

illanguidire [illaŋgui'diːre] <illanguidisco, illanguidisci> **I.** *vt avere* schwächen **II.** *vi essere* (immer) schwächer werden; (*persona a*) erlahmen; (*forze, attenzione*) erlahmen, nachlassen

illazione [illat'tsioːne] *f* Schlussfolgerung *f*

illecito [il'leːtʃito] *m* gesetzwidrige Handlung; ~ **penale** strafrechtliches Vergehen

illecito, -a *agg* unerlaubt, unzulässig; (*illegale*) gesetzwidrig, widerrechtlich

illegale [ille'ga:le] *agg* illegal, gesetzwidrig; **illegalità** [illegali'ta] *f* Illegalität *f*; (*atto*) Gesetzwidrigkeit *f*

illeggiadrire [illeddʒa'dri:re] <illeggiadrisco, illeggiadrisci> *vt avere* (*cosa*) verschönen, Glanz verleihen (*qc* etw *dat*); (*persona*) (eine gewisse) Anmut verleihen (*qu* jdm)

illeggibile [illed'dʒi:bile] *agg* (*difficile a leggersi*) unleserlich, schwer entzifferbar

illegittima *f v.* **illegittimo**

illegittimità [illedʒittimi'ta] *f* Unrechtmäßigkeit *f*, Gesetzwidrigkeit *f*; (*di figli*) Unehelichkeit *f*; ~ **costituzionale** Verfassungswidrigkeit *f*; **illegittimo, -a** [ille'dʒittimo] I. *agg* gesetzwidrig, unrechtmäßig; (*figli*) unehelich II. *m, f* uneheliches Kind

illeso, -a [il'le:zo] *agg* ① (*incolume*) heil, unversehrt ② (*indenne, cosa*) unbeschädigt; (*persona*) unbeschadet

illetterato, -a [illette'ra:to] *agg* ungebildet; (*analfabeta*) analphabetisch

illibatezza [illiba'tettsa] *f* Reinheit *f*, Unschuld *f*; (JUR) Unbescholtenheit *f*; (*di donna*) Jungfräulichkeit *f*; **illibato, -a** [illi'ba:to] *agg* rein, unschuldig; (JUR) unbescholten; (*donna*) jungfräulich

illicenziabilità [illitʃentsiabili'ta] <-> *f* Unkündbarkeit *f*

illimitato, -a [illimi'ta:to] *agg* unbegrenzt, unbeschränkt

illiquidità [illikuidi'ta] *f* (COM) Illiquidität *f*, (vorübergehende) Zahlungsunfähigkeit *f*

illividire [illivi'di:re] <illividisco> I. *vt avere* ① (*rendere livido*) blau anlaufen lassen ② (*coprire di lividi*) mit blauen Flecken übersäen II. *vr* -**rsi** blau anlaufen

Ill.mo *abbr di* **illustrissimo** (*in Briefen*) hochverehrter …

illogico, -a [il'lɔ:dʒiko] <-ci, -che> *agg* unlogisch

illudere [il'lu:dere] <illudo, illusi, illuso> I. *vt* ~ **qu** jdm falsche Hoffnungen machen II. *vr* -**rsi** sich *dat* etwas vormachen

illuminante [illumi'nante] *agg* ① (*che diffonde luce*) leuchtend, Leucht- ② (*fig*) erleuchtend; **la grazia** ~ die Gnade der Erleuchtung

illuminare [illumi'na:re] I. *vt* ① (*diffondere luce*) be-, erleuchten ② (REL) erleuchten ③ (*fig: svelare il vero*) ~ **qu su qc** jdn über etw *acc* aufklären II. *vr* -**rsi** (*apparire in luce*) hell werden, aufleuchten; -**rsi di contentezza** vor Freude strahlen; **illumina-**

to, -a [illumi'na:to] *agg* ① (*rischiarato*) er-, beleuchtet ② (*fig*) erleuchtet, eingeweiht ③ (HIST, POL) aufgeklärt; **illuminazione** [illuminat'tsio:ne] *f* ① (*atto, effetto*) Beleuchtung *f*, Beleuchten *n* ② (*apparato*) Beleuchtung(sanlage) *f* ③ (*fig*) Erleuchtung *f*

illuminismo [illumi'nizmo] *m* Aufklärung *f*; **illuminista** [illumi'nista] <-i *m*, -e *f*> *mf* Aufklärer(in) *m(f)*, Anhänger(in) *m(f)* der Aufklärung

illuminotecnica [illumino'tɛknika] <-che> *f* Beleuchtungstechnik *f*

illusa *f v.* **illuso**

illusi [il'lu:zi] *1. pers sing pass rem di* **illudere**

illusione [illu'zio:ne] *f* Täuschung *f*, Illusion *f*; ~ **ottica** optische Täuschung; **dare l'**~ vortäuschen; **farsi delle -i** sich *dat* Illusionen machen; **illusionismo** [illuzio'nizmo] *m* Zauberkunst *f*; **illusionista** [illuzio'nista] <-i *m*, -e *f*> *mf* Zauberkünstler(in) *m(f)*; **illusionistico, -a** [illuzio'nistiko] <-ci, -che> *agg* Zauber-

illuso, -a [il'lu:zo] I. *pp di* **illudere** II. *m, f* Träumer(in) *m(f)*, Schwärmer(in) *m(f)*

illusorietà [illuzorie'ta] <-> *f* Schein *m*, (Lug *m* und) Trug *m*; **l'**~ **di quelle promesse è ovvia** das sind offenkundig nur leere Versprechungen

illusorio, -a [illu'zɔ:rio] <-i, -ie> *agg* illusorisch, trügerisch

illustrare [illus'tra:re] *vt* ① (*con figure*) illustrieren ② (*con spiegazioni*) erläutern, veranschaulichen; **illustrativo, -a** [illustra'ti:vo] *agg* veranschaulichend, illustrierend; **materiale** ~ Bildmaterial *n*; **nota -a** erläuternde Anmerkung; **illustrato, -a** [illus'tra:to] *agg* illustriert; **cartolina -a** Ansichtskarte *f*; **rivista -a** Illustrierte *f*; **illustratore, -trice** [illustra'to:re] *m, f* Buchillustrator(in) *m(f)*, Zeitschriftenillustrator(in) *m(f)*; **illustrazione** [illustrat'tsio:ne] *f* ① (*figura*) Illustration *f*, Abbildung *f*; -**i fuori testo** Abbildungen *fpl* auf Tafeln ② (*commento*) Illustration *f*, Erläuterung *f*

illustre [il'lustre] *agg* ① (*famoso*) berühmt, bekannt ② (*nobile*) vornehm; **illustrissimo, -a** [illus'trissimo] *agg* sehr verehrt; **Vostra Signoria Illustrissima** (HIST) Euer Hochwohlgeboren

ILOR ['lɔr] *f acro di* **Imposta Locale sui Redditi** *kommunale Einkommensteuer*

imbacuccare [imbakuk'ka:re] I. *vt* einhüllen II. *vr* -**rsi** sich einhüllen

imbaldanzire [imbaldan'tsi:re] I. *vt avere* übermütig machen II. *vi essere* übermütig

werden **III.** *vr* **-rsi** übermütig werden
imbaldanzirsi [imbaldan'tsi:rsi] *vr* übermütig werden
imballaggio [imbal'laddʒo] <-ggi> *m* Verpackung *f;* ~ **a perdere** Einwegverpackung *f;* ~ **a rendere** Leergut *n;* **carta da** ~ Packpapier *n*
imballare [imbal'la:re] *vt* ver-, einpacken
imballatore, -trice [imballa'to:re] *m, f* Packer(in) *m(f)*
imbalneabile [imbalne'a:bile] *agg* mit Badeverbot belegt
imbalsamare [imbalsa'ma:re] *vt* ❶ (*persone*) einbalsamieren ❷ (*animali*) ausstopfen, präparieren; **imbalsamatore, -trice** [imbalsama'to:re] *m, f* ❶ (*di persone*) Einbalsamierer(in) *m(f)* ❷ (*di animali*) Tierpräparator(in) *m(f);* **imbalsamazione** [imbalsamat'tsio:ne] *f* ❶ (*di persone*) Einbalsamierung *f* ❷ (*di animali*) Ausstopfen *n*
imbambolato, -a [imbambo'la:to] *agg* verträumt, träumerisch; (*pej*) wie betäubt, bewegungslos
imbandierare [imbandie'ra:re] *vt* beflaggen, mit Fahnen schmücken
imbandigione [imbandi'dʒo:ne] *f* Herrichtung *f* (einer Festtafel)
imbandire [imban'di:re] <imbandisco> *vt* (*pasto*) auftischen; (*mensa*) (festlich) herrichten
imbarazzante [imbarat'tsante] *agg* heikel; (*increscioso*) peinlich
imbarazzare [imbarat'tsa:re] **I.** *vt* (*fig: mettere in imbarazzo*) in Verlegenheit bringen, verlegen machen; (*confondere*) verwirren **II.** *vr* **-rsi** verlegen werden; **imbarazzato, -a** [imbarat'tsa:to] *agg* (*persona*) verlegen; (*confuso*) verwirrt
imbarazzo [imba'rattso] *m* Verlegenheit *f;* (*confusione*) Verwirrung *f;* **non avere che l'~ della scelta** die Qual der Wahl haben; **mettere qu in ~** jdn in Verlegenheit bringen
imbarbarimento [imbarbari'mento] *m* Verrohung *f;* **imbarbarire** [imbarba'ri:re] <imbarbarisco> **I.** *vt avere* verrohen lassen **II.** *vi essere* verrohen
imbarcadero [imbarka'dɛ:ro] *m* Landungssteg *m*
imbarcare [imbar'ka:re] **I.** *vt* einschiffen, an Bord nehmen; (*merce*) verladen **II.** *vr* **-rsi** ❶ (*salire a bordo*) sich einschiffen, an Bord gehen ❷ (*impegnarsi*) **-rsi in qc** sich auf etw *acc* einlassen; **imbarcatoio** [imbarka'to:io] <-oi> *m* Fallreep *n;* **imbarcatura** [imbarka'tu:ra] *f* Krümmung *f;* **imbarcazione** [imbarkat'tsio:ne] *f*

Boot *n;* ~ **a remi** Ruderboot *n;* ~ **a vela** Segelboot *n*
imbarco [im'barko] <-chi> *m* ❶ (*atto dell'imbarcare*) Einschiffung *f;* (*di merci*) Verladung *f* ❷ (*banchina*) Verladeplatz *m,* Kai *m* ❸ (*arruolamento*) Anmusterung *f;* **ottenere un** ~ angeheuert werden
imbastardire [imbastar'di:re] <imbastardisco> **I.** *vi essere* ❶ (*divenire bastardo*) entarten ❷ (*fig: degenerare*) verkommen **II.** *vt avere* ❶ (*rendere bastardo*) bastardieren ❷ (*fig: guastare*) verderben
imbastire [imbas'ti:re] <imbastisco> *vt* ❶ (*tessuti*) heften, (an)reihen ❷ (*fig*) (in groben Zügen) entwerfen, skizzieren; (*mettere in opera*) einfädeln; **imbastitura** [imbasti'tu:ra] *f* ❶ (*cucitura*) Heften *n;* (*risultato*) Heftnaht *f* ❷ (SPORT) Erschlaffung *f*
imbattersi [im'battersi] *vr* ~ **in qu/qc** auf jdn/etw stoßen
imbattibile [imbat'ti:bile] *agg* unschlagbar; **imbattuto, -a** [imbat'tu:to] *agg* ungeschlagen
imbavagliamento [imbavaʎʎa'mento] *m* ❶ (*atto di imbavagliare*) Knebeln *n,* Kneb(e)lung *f* ❷ (*fig: censura, oppressione*) Mundtot machen *n*
imbavagliare [imbavaʎ'ʎa:re] *vt* knebeln
imbeccare [imbek'ka:re] *vt* ❶ (*nutrire*) füttern ❷ (*fig: istruire*) vorsagen, einflüstern; **imbeccata** [imbek'ka:ta] *f* (Schnabel voll *m*) Futter *n;* (*fig*) Vorsagen *n*
imbecille [imbe'tʃille] **I.** *agg* dumm, blöd; (MED) schwachsinnig **II.** *mf* Schwachkopf *m,* Dummkopf *m;* (MED) Schwachsinnige(r) *f(m);* **imbecillità** [imbetʃilli'ta] <-> *f* Dummheit *f;* (MED) Imbezillität *f,* Schwachsinn *m* (mittleren Grades)
imbelle [im'bɛlle] *agg* ❶ (*poet: inetto alla guerra*) unkriegerisch ❷ (*fig: debole*) schwach; (*vile*) feige
imbellettare [imbellet'ta:re] **I.** *vt* ❶ (*ornare di belletto*) schminken ❷ (*fig*) verschönern, ausschmücken **II.** *vr* **-rsi** sich schminken
imbellire [imbel'li:re] <imbellisco> **I.** *vt avere* verschönern **II.** *vr* **-rsi** schöner werden
imberbe [im'bɛrbe] *agg* bartlos; (*fig scherz*) unreif, unerfahren
imbestialire [imbestia'li:re] <imbestialisco, imbestialisci> **I.** *vi essere* wütend [*o* rasend] werden, aufdrehen *A* **II.** *vr* **-rsi** wütend [*o* rasend] werden, aufdrehen *A*
imbestialirsi [imbestia'li:rsi] <mi imbestialisco> *vr* rasend werden, ausrasten, aufdrehen *A*
imbevere [im'be:vere] <imbevo, imbevvi

o imbevetti, imbevuto> **I.** *vt* eintunken; (*fare assorbire*) durchtränken **II.** *vr* **-rsi di qc** sich mit etw voll saugen

imbiancare [imbiaŋ'ka:re] **I.** *vt avere* weiß färben; (*tessuto*) bleichen; (*pareti*) (weiß) anstreichen, tünchen **II.** *vi essere* ❶ (*diventar bianco*) weiß werden; (*incanutire*) ergrauen ❷ (*fig: impallidire*) erblassen; **imbiancato, -a** [imbiaŋ'ka:to] *agg* (*tessuto*) gebleicht; (*pareti*) (weiß) getüncht; **imbiancatura** [imbiaŋka'tu:ra] *f* (*di biancheria*) Bleichen *n;* (*tinteggiatura*) (weißer) Anstrich *m;* **imbianchimento** [imbiaŋki'mento] *m* Bleichen *n;* **imbianchino** [imbiaŋ'ki:no] *m* ❶ (*operaio*) Anstreicher *m,* Maler *m* ❷ (*pej: pittore*) Farbenkleckser *m;* **imbianchire** [imbiaŋ'ki:re] <imbianchisco> **I.** *vt avere* bleichen **II.** *vi essere* weiß werden, ergrauen

imbibizione [imbibit'tsio:ne] *f* Durchtränkung *f;* (*assorbimento*) Einsaugen *n*

imbiondire [imbion'di:re] <imbiondisco> **I.** *vt avere* blondieren, blond färben **II.** *vi essere* blond werden

imbizzarrire [imbiddzar'ri:re] <imbizzarrisco> *vi essere* ❶ (*cavallo*) scheuen ❷ (*persona*) sich erregen

imboccare [imbok'ka:re] *vt* ❶ (*introdurre cibo*) füttern ❷ (*strada*) einbiegen in +*acc;* **imboccatura** [imbokka'tu:ra] *f* ❶ (*entrata*) Einfahrt *f;* (*apertura*) Öffnung *f;* (*sbocco*) Mündung *f* ❷ (*di strumento a fiato*) Mundstück *n* ❸ (*del morso*) Gebiss *n;* **imbocco** [im'bokko] <-cchi> *m* Eingang *m;* (*apertura*) Öffnung *f;* (*sbocco*) (Ein)mündung *f*

imbonimento [imboni'mento] *m* ❶ (*di un prodotto*) Anpreisung *f* ❷ (*fig*) Lobhudelei *f;* (*su cose di pregio inesistente*) Schönfärberei *f;* **imbonire** [imbo'ni:re] <imbonisco, imbonisci> *vt* anpreisen (*qu* jdm etw); **imbonitore, -trice** [imboni'to:re] *m, f* Anpreiser(in) *m(f);* (*al mercato*) Marktschreier(in) *m(f)*

imborghesire [imborge'zi:re] <imborghesisco> **I.** *vi essere* verbürgerlichen; (*pej*) verspießern **II.** *vr* **-rsi** verspießern

imboscare [imbos'ka:re] **I.** *vt* ❶ (*nascondere*) im Wald verstecken ❷ (*fig: merce*) hamstern **II.** *vr* **-rsi** ❶ (*nascondersi*) sich im Wald verstecken ❷ (MIL) sich dem Militärdienst entziehen ❸ (*scherz: sottrarsi a compiti, impegni*) sich drücken *fam*

imboscata [imbos'ka:ta] *f* Hinterhalt *m;* **cadere in un'~** in einen Hinterhalt geraten

imboscato [imbos'ka:to] *m* (MIL) Deserteur *m,* Fahnenflüchtiger *m;* (*fig*) Drückeberger *m*

imboscato, -a *agg* untergetaucht

imboschimento [imbos'ki:mento] *m* Bewaldung *f*

imboschire [imbos'ki:re] <imboschisco, imboschisci> **I.** *vt avere* aufforsten, mit Bäumen bepflanzen **II.** *vi essere* sich bewalden, sich mit Wald bedecken **III.** *vr* **-rsi** sich bewalden, sich mit Wald bedecken

imbottigliamento [imbottiʎʎa'mento] *m* ❶ (*di liquidi*) (Flaschen)abfüllung *f* ❷ (*del traffico*) (Verkehrs)stau *m;* **imbottigliare** [imbottiʎʎa:re] **I.** *vt* (in Flaschen) abfüllen; **essere** [*o* **restare**] **imbottigliati** (*fig: veicoli*) im Stau stecken bleiben **II.** *vr* **-rsi** sich stauen; **imbottigliatore, -trice** [imbottiʎʎa'to:re] *m, f* Abfüller(in) *m(f);* **imbottigliatrice** [imbottiʎʎa'tri:tʃe] *f* Abfüllmaschine *f*

imbottire [imbot'ti:re] <imbottisco> *vt* ❶ (*riempire*) füllen; (*vestiti*) wattieren; (*poltrona*) polstern ❷ (*panini*) belegen ❸ (*fig: riempire*) voll stopfen; **imbottita** [imbot'ti:ta] *f* Steppdecke *f;* **imbottito, -a** [imbot'ti:to] *agg* (*poltrona*) gepolstert; (*abito*) wattiert; (*panino*) belegt; **imbottitura** [imbotti'tu:ra] *f* (*di poltrone*) Polsterung *f;* (*di abiti*) Wattierung *f*

imbracare [imbra'ka:re] *vt* ❶ (*cingere con corde o catene*) mit einem Seil [*o* einer Kette] umwickeln ❷ (*bambino*) wickeln

imbracciare [imbrat'tʃa:re] *vt* in den Arm nehmen; (*fucile*) schultern

imbranato, -a [imbra'na:to] **I.** *agg* tollpatschig **II.** *m, f* Tollpatsch *m*

imbrancare [imbraŋ'ka:re] **I.** *vt* zusammentreiben **II.** *vr* **-rsi** eine Gruppe bilden; **-rsi in cattive compagnie** sich in schlechte Gesellschaft begeben

imbrattacarte [imbratta'karte] <-> *mf* Schreiberling *m*

imbrattare [imbrat'ta:re] **I.** *vt* beschmieren, beschmutzen **II.** *vr* **-rsi** sich beschmutzen; **-rsi di sangue** (*a fig*) sich mit Blut beflecken

imbrattatele [imbratta'te:le] <-> *mf* Farbenkleckser(in) *m(f),* Sonntagsmaler(in) *m(f)*

imbratto [im'bratto] *m* Schmutz *m,* Geschmiere *n*

imbrigliare [imbriʎʎa:re] **I.** *vt* ❶ (*mettere le redini*) (auf)zäumen ❷ (*fig: tenere a freno*) zügeln, bändigen **II.** *vr* (*fig*) sich verfangen; **imbrigliatura** [imbriʎʎa'tu:ra] *f* ❶ (*di terreno*) Befestigung *f;* (*di corso d'acqua*) Eindämmung *f* ❷ (NAUT) Verstärkung *f*

imbroccare [imbrok'ka:re] *vt* ❶ (*colpire nel segno*) (ins Schwarze) treffen ❷ (*fig: azzeccare*) treffen; (*indovinare*) erraten; **non ne imbrocca una** ihm [*o* ihr] geht alles schief

imbrogliare [imbroʎ'ʎa:re] **I.** *vt* ❶ (*confondere*) durcheinanderbringen; **~ le idee a qu** jdn verwirren; **~ la matassa** Verwirrung stiften ❷ (*truffare*) in die Irre führen; (*frodare*) betrügen **II.** *vr* **-rsi** ❶ (*ingarbugliarsi*) sich verwickeln ❷ (*nel parlare*) sich verhaspeln

imbroglio [im'brɔʎʎo] *m* ❶ (*ingarbugliamento*) Verwicklung *f*; (*fig: difficoltà*) Hindernis *n* ❷ (*truffa*) Betrug *m*; **imbroglione, -a** [imbroʎ'ʎo:ne] *m, f* Betrüger(in) *m(f)*, Schwindler(in) *m(f)*

imbronciarsi [imbron't∫arsi] *vr* ❶ (*corrucciarsi*) schmollen, verärgert sein ❷ (*fig: cielo*) sich verdüstern; (*tempo*) sich verschlechtern

imbrunire[1] [imbru'ni:re] <imbrunisco> *vi essere o avere* dunkel werden; (*giorno*) (*dal tramonto*) dämmern; **il cielo imbrunisce** der Himmel verdunkelt sich

imbrunire[2] <*sing*> *m* (Abend)dämmerung *f*; **sull'~** in der (Abend)dämmerung

imbruttire [imbrut'ti:re] <imbruttisco> **I.** *vt avere* hässlich machen **II.** *vi essere* hässlich(er) werden

imbucare [imbu'ka:re] *vt* (*impostare*) einwerfen

imbufalire [imbufa'li:re] <imbufalisco, imbufalisci> **I.** *vi essere* vor Wut kochen [*o* platzen] **II.** *vr* **-rsi** vor Wut kochen [*o* platzen]

imbufalirsi [imbufa'li:rsi] <m'imbufalisco> *vr* ausrasten; **imbufalito, -a** [imbufa'li:to] *agg* (*arrabbiato, incazzato*) aufgebracht, wütend

imbullonare [imbullo'na:re] *vt* verbolzen, mit einem Bolzen befestigen

imburrare [imbur'ra:re] *vt* mit Butter bestreichen, buttern

imbussolare [imbusso'la:re] *vt* ❶ (MIL) (mit einer Patrone) laden ❷ (*nell'urna*) in die Urne werfen

imbustare [imbus'ta:re] *vt* kuvertieren, in einen Umschlag stecken; **imbustatrice** [imbusta'tri:t∫e] *f* (TEC) Kuvertiermaschine *f*

imbustinatrice [imbustina'tri:t∫e] *f* (TEC) Tütenfüllmaschine *f*

imbuto [im'bu:to] *m* Trichter *m*; **a ~** trichterförmig

IME *m abbr di* **Istituto Monetario Europeo** EWI *n*

imene [i'mɛ:ne] *m* (ANAT) Jungfernhäut-

chen *n*, Hymen *n o m scient*

imitabile [imi'ta:bile] *agg* nachahmbar, nachzuahmen(d)

imitare [imi'ta:re] *vt* imitieren, nachahmen; (*firma*) fälschen; **questo vetro imita l'alabastro** dieses Glas sieht aus wie Alabaster; **imitativo, -a** [imita'ti:vo] *agg* Nachahmungs-, Imitations-; **imitatore, -trice** [imita'to:re] *m, f* Nachahmer(in) *m(f)*; **imitazione** [imitat'tsio:ne] *f* Nachahmung *f*; (*contraffazione*) Fälschung *f*; **fare l'~ di qu** jdn nachahmen

immacolato, -a [immako'la:to] *agg* rein, makellos; **la Vergine -a** die Heilige Jungfrau (Maria)

immagazzinamento [immagaddzina'mento] *m* (Ein)lagerung *f*; **immagazzinare** [immagaddzi'na:re] *vt* ❶ (*nel magazzino*) (ein)lagern ❷ (INFORM) einspeisen ❸ (*fig: nozioni*) speichern; (*raccogliere*) ansammeln

immaginabile [immadʒi'na:bile] *agg* denkbar, vorstellbar

immaginare [immadʒi'na:re] *vt* ❶ (*figurarsi*) sich *dat* vorstellen; **La disturbo? — s'immagini!** störe ich (Sie)? — aber keineswegs, (aber) ich bitte Sie! ❷ (*ideare*) sich *dat* ausdenken; (*inventare*) erfinden ❸ (*supporre*) annehmen, vermuten; (*intuire*) ahnen; (*indovinare*) erraten ❹ (*illudersi*) sich *dat* einbilden; (*sperare*) hoffen; **immaginario, -a** [immadʒi'na:rio] <-i, -ie> *agg* imaginär; (*non reale*) unwirklich, Phantasie-; **numero ~** imaginäre Zahl; **immaginativa** [immadʒina'ti:va] *f* Vorstellungskraft *f*, -vermögen *n*; **mancare di ~** keine Phantasie haben; **immaginativo, -a** [immadʒina'ti:vo] *agg* Vorstellungs-

immaginazione [immadʒinat'tsio:ne] *f* Vorstellung(skraft) *f*; (*fantasia*) Phantasie *f*; **una fervida ~** eine blühende Phantasie

immagine [im'ma:dʒine] *f* ❶ (*gener*) (Ab)bild *n*; (*figura*) Gestalt *f*, Figur *f* ❷ (*nell'arte*) Bildnis *n*, Bild *n* ❸ (*riproduzione*) Abbild *n*, Ebenbild *n* ❹ (*evocazione di una realtà*) Verkörperung *f* ❺ (*rappresentazione simbolica*) Sinnbild *n*, Symbol *n* ❻ (*fig: descrizione*) Bild *n*; (*rappresentazione*) Darstellung *f*

immaginismo [immadʒi'nizmo] *m* Hang *m* zu bildhafter Rede

immaginoso, -a [immadʒi'no:so] *agg* phantasievoll, phantasiereich

immalinconire [immalinko'ni:re] <immalinconisco> **I.** *vt avere* schwermütig machen **II.** *vr* **-rsi** schwermütig werden

immancabile [imman'ka:bile] *agg* unausbleiblich; (*inevitabile*) unvermeidlich

immane [im'maːne] *agg* riesig, ungeheuer

immanente [imma'nɛnte] *agg* immanent; **immanenza** [imma'nɛntsa] *f* Immanenz *f*

immangiabile [imman'dʒaːbile] *agg* ungenießbar

immanicato, -a [immani'kaːto] *agg* ❶ (*provvisto di maniche*) mit Ärmeln ❷ (*provvisto di impugnatura, di manico*) mit Griff ❸ (*raccomandato, ammanicato*) gedeckt, begünstigt

immantinente [immanti'nɛnte] *avv* (*poet*) sofort, unverzüglich

immateriale [immate'riaːle] *agg* immateriell; (*dello spirito*) geistig; **beni -i** (JUR) geistige Güter *npl*

immatricolare [immatriko'laːre] **I.** *vt* eintragen, registrieren; (*automobili*) zulassen; (*all'università*) immatrikulieren, einschreiben, inskribieren *A* **II.** *vr* **-rsi** sich immatrikulieren (lassen), sich inskribieren *A;* **immatricolazione** [immatrikolat'tsioːne] *f* Immatrikulation *f,* Einschreibung *f,* Inskription *f A;* (*di un'automobile*) Zulassung *f,* Typisierung *f A*

immaturità [immaturi'ta] *f* Unreife *f;* **immaturo, -a** [imma'tuːro] *agg* ❶ (*acerbo, a fig*) unreif ❷ (*prematuro*) vorzeitig, verfrüht ❸ (MED) unreif; **nascita -a** Frühgeburt *f*

immedesimare [immedezi'maːre] **I.** *vt* (*obs*) identifizieren **II.** *vr* **-rsi** verwachsen (*in* mit), eins werden (*in* mit), sich identifizieren (*in* mit)

immedesimarsi [immedezi'maːrsi] *vr* ~ **in qu** sich in jdn hineinversetzen; ~ **nella situazione di qu** sich in jds Lage hineinversetzen; **immedesimazione** [immedezimat'tsioːne] *f* Identifikation *f* (*di* mit)

immediatamente [immediata'mente] *avv* sofort, unverzüglich

immediatezza [immedia'tettsa] *f* Unmittelbarkeit *f;* (*simultaneità*) Unverzüglichkeit *f;* **immediato, -a** [imme'diaːto] *agg* ❶ (*diretto*) unmittelbar, direkt; ~ **superiore** unmittelbarer Vorgesetzter; **nelle -e vicinanze** in unmittelbarer Nähe ❷ (*pronto*) sofortig, prompt

immemorabile [immemo'raːbile] *agg* undenklich

immemore [im'mɛːmore] *agg* nicht gedenkend

immensità [immensi'ta] <-> *f* ❶ (*qualità*) Unermesslichkeit *f,* Unendlichkeit *f* ❷ (*quantità*) Unmenge *f;* **immenso, -a** [im'mɛnso] *agg* ❶ (*enorme*) unermesslich, immens; (*sconfinato*) grenzenlos, unendlich (groß); (*numeroso*) unzählig ❷ (*fig: intenso*) ungeheuer; (*desiderio*) brennend

immensurabile [immensu'raːbile] *agg* unmessbar; (*fig*) unermesslich

immergere [im'mɛrdʒere] <immergo, immersi, immerso> **I.** *vt* ❶ (*tuffare*) eintauchen ❷ (*fig*) versenken **II.** *vr* **-rsi** ❶ (*penetrare*) eindringen; (*in acqua, tra la folla*) untertauchen ❷ (*dedicarsi*) sich vertiefen; **-rsi nel sonno** in Schlaf sinken; **-rsi nello studio** sich ins Studium vertiefen

immeritato, -a [immeri'taːto] *agg* unverdient

immeritevole [immeri'teːvole] *agg* unwürdig

immersi [im'mɛrsi] *1. pers sing pass rem di* **immergere**

immersione [immer'sioːne] *f* ❶ (*introduzione in mezzo liquido*) (Ein-, Unter)tauchen *n* ❷ (NAUT) Tiefgang *m*

immerso [im'mɛrso] *pp di* **immergere**

immettere [im'mettere] <irr> *vt* einführen; (*fig*) zuführen; (*acqua*) einlaufen lassen

immigrante [immi'grante] **I.** *agg* immigrierend, einwandernd **II.** *mf* Einwanderer *m,* Einwand(r)erin *f,* Immigrant(in) *m(f)*

immigrare [immi'graːre] *vi essere* immigrieren, einwandern; **immigrato, -a** [immi'graːto] **I.** *agg* immigriert, eingewandert **II.** *m, f* Immigrant(in) *m(f),* Einwanderer *m,* Einwand(r)erin *f;* **ufficio -i** Ausländeramt *n;* (*entro i confini comunali*) Zugezogene(r) *f(m);* **immigrazione** [immigrat'tsioːne] *f* Immigration *f,* Einwanderung *f*

imminente [immi'nɛnte] *agg* (*unmittelbar*) bevorstehend; **imminenza** [immi'nɛntsa] *f* (*unmittelbares*) Bevorstehen

immischiare [immis'kiaːre] **I.** *vt* ~ **qu in qc** jdn in etw *acc* hineinziehen **II.** *vr* **-rsi** (**in qc**) sich (in etw *acc*) einmischen

immiserimento [immizeri'mento] *m* (*a fig*) Verarmung *f;* **immiserire** [immize'riːre] <immiserisco> **I.** *vt* avere verarmen lassen **II.** *vr* **-rsi** (*a fig*) verarmen

immisi [im'miːzi] *1. pers sing pass rem di* **immettere**

immissario [immis'saːrio] <-i> *m* Zufluss *m*

immissione [immis'sioːne] *f* (*introduzione*) Einführen *n;* (*sbocco*) Einströmen *n*

immobile [im'mɔːbile] **I.** *agg* unbeweglich **II.** *m* Immobilie *f,* unbewegliches Gut

immobiliare [immobi'liaːre] *agg* Immobilien-, Immobiliar-

immobilismo [immobi'lizmo] *m* starre Haltung; (*inazione*) Untätigkeit *f*

immobilità [immobili'ta] *f* Unbeweglichkeit *f;* (*inerzia*) Regungslosigkeit *f*

immobilizzare [immobilid'dza:re] *vt* ❶ (*rendere immobile*) bewegungsunfähig machen; (MED) ruhigstellen, immobilisieren ❷ (COM: *capitale*) festlegen, langfristig anlegen; **immobilizzatore** [immobiliddza'to:re] *m* (AUTO) Wegfahrsperre *f;* **immobilizzazione** [immobiliddzat'tsio:ne] *f* ❶ (*atto dell'immobilizzare*) Unbeweglichmachen *n* ❷ (MED) Ruhigstellung *f* ❸ (FIN) Festlegung *f;* **immobilizzo** [immobi'liddzo] *m* Festlegung *f*

immodestia [immo'dɛstia] *f* Unbescheidenheit *f;* **immodesto, -a** [immo'dɛsto] *agg* unbescheiden

immolare [immo'la:re] **I.** *vt* (auf)opfern **II.** *vr* **-rsi** sich aufopfern; **immolazione** [immolat'tsio:ne] *f* (Auf)opferung *f*

immondezza [immon'dettsa] *f* ❶ (*immondizie*) Müll *m,* Abfall *m* ❷ (*fig: sudiciume*) Schmutzigkeit *f;* **immondezzaio** [immondet'tsa:io] <-ai> *m* Müllabladeplatz *m*

immondizia [immon'dittsia] <-ie> *f* Abfall *m,* Müll *m;* **bidone delle -e** Mülltonne *f*

immondo, -a [im'mondo] *agg* ❶ (*sporco*) schmutzig ❷ (*fig: indecente*) unanständig

immorale [immo'ra:le] *agg* unmoralisch; **immoralità** [immorali'ta] *f* Unmoral *f;* (*scostumatezza*) Unsittlichkeit *f;* (*corruzione*) Verderbtheit *f*

immortalare [immorta'la:re] **I.** *vt* verewigen **II.** *vr* **-rsi** sich verewigen; (*ottenere fama*) unsterblichen Ruhm erlangen; **immortale** [immor'ta:le] *agg* unsterblich; (*fig*) ewig; **immortalità** [immortali'ta] *f* Unsterblichkeit *f*

immotivato, -a [immoti'va:to] *agg* unmotiviert; (*senza ragione*) unbegründet

immoto, -a [im'mɔ:to] *agg* unbeweglich, regungslos

immune [im'mu:ne] *agg* ❶ (MED) **essere ~ a qc** gegen etw immun sein ❷ (*libero*) **essere ~ da qc** frei von etw sein; **rimanere ~ da qc** von etw verschont bleiben; **immunità** [immuni'ta] <-> *f* (MED, POL) Immunität *f;* **immunitario, -a** [immuni'ta:rio] <-i, -ie> *agg* Immunitäts-; **immunizzare** [immunid'dza:re] *vt* immunisieren; **immunizzazione** [immuniddzat'tsio:ne] *f* Immunisierung *f*

immunodeficienza [immunodefi'tʃɛntsa] *f* Immunschwäche *f;* **sindrome da ~ acquisita** Immunschwächekrankheit *f,* Aids *n*

immunologico, -a [immuno'lɔ:dʒiko] <-ci, -che> *agg* immunologisch; **immunologo, -a** [immu'nɔ:logo] <-gi *m,* -ghe *f*> *m, f* Immunologe, -login *m, f*

immusonirsi [immuzo'nirsi] <m'immusonisco> *vr* schmollen

immutabile [immu'ta:bile] *agg* unveränderlich, unwandelbar; **immutabilità** [immutabili'ta] <-> *f* Unveränderlichkeit *f;* **immutato, -a** [immu'ta:to] *agg* unverändert

impaccare [impak'ka:re] *vt* verpacken; **impaccatore, -trice** [impakka'to:re] *m, f* (Ver)packer(in) *m(f);* **impaccatrice** [impakka'tri:tʃe] *f* (TEC) Paketiermaschine *f*

impacchettare [impakket'ta:re] *vt* ❶ (*involgere*) ab-, ein-, verpacken ❷ (*fig fam: arrestare*) schnappen; (*prendere*) kassieren; **impacchettatrice** [impakketta'tri:tʃe] *f* (TEC) Paketiermaschine *f*

impacciare [impat'tʃa:re] *vt* behindern; (*disturbare*) stören; **impacciato, -a** [impat'tʃa:to] *agg* ❶ (*maldestro*) unbeholfen, plump ❷ (*imbarazzato*) verlegen, befangen; **impaccio** [im'pattʃo] <-cci> *m* ❶ (*imbarazzo*) Verlegenheit *f;* **cavarsi d'~** sich aus der Verlegenheit ziehen ❷ (*disturbo*) Störung *f;* **essere d'~ a qu** jdm im Wege sein

impacco [im'pakko] <-chi> *m* Umschlag *m,* Kompresse *f*

impadronirsi [impadro'nirsi] <m'impadronisco> *vr* ❶ (*impossessarsi*) **~ di qc** sich einer Sache *gen* bemächtigen; (*appropriarsi indebitamente*) sich *dat* etw aneignen ❷ (*fig: acquisire a fondo*) **~ di qc** sich *dat* etw aneignen

impagabile [impa'ga:bile] *agg* (*a fig*) unbezahlbar

impaginare [impadʒi'na:re] *vt* (TYP) umbrechen; **impaginato, -a** [impadʒi'na:to] **I.** *agg* (TYP) umbrochen **II.** *m* (TYP) Umbruch *m,* umbrochener Satz; **impaginazione** [impadʒinat'tsio:ne] *f* (TYP) Umbruch *m*

impagliare [impaʎ'ʎa:re] *vt* ❶ (*rivestire*) mit Stroh umwickeln ❷ (*imbalsamare*) ausstopfen; **impagliatore, -trice** [impaʎʎa'to:re] *m, f* ❶ (*di oggetti*) Korbflechter(in) *m(f),* Strohflechter(in) *m(f)* ❷ (*di animali*) (Tier)präparator(in) *m(f);* **impagliatura** [impaʎʎa'tu:ra] *f* ❶ (*rivestimento*) Strohgeflecht *n,* Korbgeflecht *n* ❷ (*imballo*) Strohfüllung *f* ❸ (*di animali*) Ausstopfung *f*

impalare [impa'la:re] **I.** *vt* pfählen **II.** *vr* **-rsi** eine kerzengerade Haltung einnehmen; **-rsi sull'attenti** stramm stehen;

impalato, -a [impa'la:to] *agg* (*rigido*) kerzengerade; **starsene ~** untätig herumstehen

impalcatura [impalka'tu:ra] *f* (Bau)gerüst *n;* (*fig*) Aufbau *m*

impallidire [impalli'di:re] <impallidisco> *vi essere* ❶ (*sbiancare*) erblassen ❷ (*fig: attenuarsi*) verblassen

impallinare [impalli'na:re] *vt* (mit einem Schrotschuss) treffen; (*tirare*) abfeuern

impalmare [impal'ma:re] *vt* zum Traualtar führen

impalpabile [impal'pa:bile] *agg* kaum wahrnehmbar; (*finissimo*) hauchdünn

impaludare [impalu'da:re] **I.** *vt* versumpfen lassen **II.** *vr* **-rsi** versumpfen, sumpfig werden

impanare [impa'na:re] *vt* ❶ (GASTR) panieren ❷ (*vite*) ein Gewinde schneiden in +*acc*

impancarsi [impaŋ'karsi] *vr* sich aufspielen (*a* als)

impaniare [impa'nia:re] **I.** *vt* ❶ (*spalmare di pania*) mit Vogelleim bestreichen ❷ (*fig: ingannare*) hereinlegen, anschmieren *fam,* leimen *sl* **II.** *vr* **-rsi** ❶ (*uccelli*) auf Leimruten hängen bleiben ❷ (*fig: impastoiarsi*) sich verfangen; **-rsi in un affare poco pulito** sich in ein unsauberes Geschäft hineinziehen lassen

impantanare [impanta'na:re] **I.** *vt* in einen Sumpf verwandeln, versumpfen lassen **II.** *vr* **-rsi** ❶ (*affondare nel pantano, a fig*) im Morast versinken; **si è impantanato in un mare di debiti** er steckt bis zum Hals in Schulden ❷ (*fig*) sich verwickeln [*o* hineinziehen] lassen (*in* in +*acc*)

impantanarsi [impanta'na:rsi] *vr* ❶ (*affondare nel pantano*) im Morast versinken ❷ (*fig: impegolarsi*) **~ in qc** sich in etw *acc* verwickeln lassen; **si è impantanato in un mare di debiti** er steckt bis zum Hals in Schulden

impaperarsi [impape'rarsi], **impappinarsi** [impappi'narsi] *vr* sich verhaspeln *fam,* sich verheddern *fam*

imparabile [impa'ra:bile] *agg* (*tiro di pallone*) unhaltbar

imparare [impa'ra:re] *vt* (er)lernen; **~ a leggere/scrivere** lesen/schreiben lernen; **impara l'arte e mettila da parte** (*prov*) gelernt ist gelernt

imparaticcio [impara'tittʃo] *m* ❶ (*nozioni mal assimilate*) oberflächliches Wissen ❷ (*lavoro malfatto*) Stümperei *f*

impareggiabile [impared'dʒa:bile] *agg* unvergleichlich

imparentarsi [imparen'ta:rsi] *vr* **~ con qu** sich mit jdm verschwägern; **~ con qc** (*per mezzo del matrimonio*) in etw +*acc* einheiraten

impari ['impari] <inv> *agg* ❶ (*disuguale*) ungleich ❷ (MAT: *dispari*) ungerade; **imparità** [impari'ta] *f* Ungleichheit *f;* (*inferiorità*) Unterlegenheit *f*

impartire [impar'ti:re] <impartisco> *vt* ❶ (*distribuire*) zuteilen, verteilen ❷ (*concedere*) erteilen, geben

imparziale [impar'tsia:le] *agg* unparteiisch; (*non prevenuto*) unvoreingenommen; (*giusto*) gerecht; **imparzialità** [impartsiali'ta] *f* Unparteilichkeit *f;* (*mancanza di prevenzione*) Unvoreingenommenheit *f;* **giudicare con ~** unparteiisch urteilen

impasse [ɛ̃'pas] <-> *f* Sackgasse *f*

impassibile [impas'si:bile] *agg* unerschütterlich; (*indifferente*) gleichmütig; **restare ~** keine Miene verziehen; **impassibilità** [impassibili'ta] <-> *f* Unerschütterlichkeit *f;* (*indifferenza*) Gleichmut *m*

impastare [impas'ta:re] *vt* ❶ (*pasta*) kneten ❷ (*colori*) mischen; **impastato, -a** [impas'ta:to] *agg* ❶ (*imbrattato*) **~ di qc** mit etw beschmiert; **avere la lingua -a** eine belegte Zunge haben ❷ (*fig: formato*) **essere ~ di bontà** die Güte selbst sein; **è ~ di cattiveria** er steckt voller Bosheit; **impastatore, -trice** [impasta'to:re] *m, f* (Teig)kneter(in) *m(f);* **impastatrice** [impasta'tri:tʃe] *f* Knetmaschine *f*

impasticcarsi [impastik'ka:rsi] *vr* (*fam: di droghe*) sich mit Drogen voll pumpen; (*di medicinali*) sich mit Tabletten voll stopfen; **impasticcato, -a** [impastik'ka:to] **I.** *m, f* (*sl: drogato*) Fixer(in) *m(f),* Junkie *m* **II.** *agg* drogensüchtig, drogenabhängig

impasticciare [impastit'tʃa:re] **I.** *vt* ❶ (GASTR) vermengen, mixen ❷ (*fig*) zusammenschustern **II.** *vr* **-rsi** ❶ (*sporcarsi*) sich dreckig machen ❷ (*fig: confondersi*) sich verzetteln

impasto [im'pasto] *m* Mischung *f,* Gemisch *n;* (GASTR) Teig *m*

impastoiare [impastoi'a:re] *vt* ❶ (*legare*) fesseln ❷ (*fig: intralciare*) behindern

impatto [im'patto] *m* ❶ (*urto*) Aufprall *m;* (*scontro*) Zusammenstoß *m* ❷ (*fig*) Wirkung *f;* (*contatto*) Berührung *f;* (*incontro*) Begegnung *f*

impaurire [impau'ri:re] <impaurisco> **I.** *vt* **avere ~ qu** jdm Furcht einjagen; (*intimidare*) jdn einschüchtern **II.** *vr* **-rsi** erschrecken

impavido, -a [im'pa:vido] *agg* unerschrocken

impaziente [impat'tsiɛnte] *agg* ❶ (*senza pazienza*) ungeduldig ❷ (*ansioso*) aufgeregt; (*desideroso*) begierig; **impazientirsi** [impattsiɛn'tirsi] <m'impazientisco> *vr* ungeduldig werden; **impazienza** [impat'tsiɛntsa] *f* Ungeduld *f*

impazzare [impat'tsa:re] *vi* e *essere* toben; **impazzata** [impat'tsa:ta] *f* **all'**~ wie verrückt, wie wahnsinnig; **fuggire all'**~ Hals über Kopf davonlaufen; **menare colpi all'**~ wie wahnsinnig um sich schlagen

impazzimento [impattsi'mento] *m* Verrücktwerden *n;* **che** ~ **questo lavoro!** (*fig*) diese Arbeit bringt mich noch zum Wahnsinn!; **impazzire** [impat'tsi:re] <impazzisco> *vi essere* ❶ (*ammattire*) verrückt werden ❷ (*fig: languire*) ~ **d'amore** vor Liebe vergehen; ~ **per qu** auf jdn [*o* nach jdm] verrückt sein; ~ **per il ballo** leidenschaftlich gern tanzen ❸ (*fig: stillarsi il cervello*) sich *dat* den Kopf zerbrechen ❹ (GASTR) gerinnen

impeccabile [impek'ka:bile] *agg* einwandfrei, tadellos; **impeccabilità** [impekkabili'ta] <-> *f* Fehlerlosigkeit *f*

impedenza [impe'dɛntsa] *f* Impedanz *f,* Scheinwiderstand *m*

impedimento [impedi'mento] *m* Hindernis *n;* **essere d'**~ ein Hindernis sein, im Wege sein; **impedire** [impe'di:re] <impedisco> *vt* ❶ (*intralciare*) behindern; (*vista, transito*) versperren ❷ (*ostacolare*) ~ **qc a qu** jdn an etw *dat* hindern; (*trattenere*) jdn von etw abhalten ❸ (*impacciare*) ~ **qc a qu** jdn bei etw (be)hindern ❹ (*scongiurare*) verhindern; (*prevenire*) verhüten ❺ (MED) lähmen

impegnare [impeɲ'ɲa:re] **I.** *vt* ❶ (*per garanzia*) verpfänden ❷ (*prenotare*) vormerken, reservieren ❸ (*tenere occupato*) beschäftigen ❹ (*obbligare*) ~ **a qc** zu etw verpflichten **II.** *vr* **-rsi** ❶ (*obbligarsi*) **-rsi a fare qc** sich verpflichten etw zu tun ❷ (*impiegare energie*) sich einsetzen, sich engagieren; **-rsi nello studio** sich dem Studium widmen

impegnativa [impeɲɲa'ti:va] *f* Krankenschein *m,* ärztliche Überweisung

impegnativo, -a [impeɲɲa'ti:vo] *agg* ❶ (*vincolante*) verbindlich; (*che obbliga*) verpflichtend ❷ (*che richiede impegno*) anspruchsvoll; **impegnato, -a** [impeɲ'ɲa:to] *agg* ❶ (*occupato*) beschäftigt ❷ (*fidanzato*) verlobt; (*promesso*) versprochen ❸ (*riservato*) belegt, besetzt; (*prenotato*) (vor)bestellt

impegno [im'peɲɲo] *m* ❶ (*obbligo*) Verpflichtung *f,* Revers *m A;* (FIN, COM) Ver-

bindlichkeit *f;* (*promessa*) Versprechen *n;* **soddisfare gli -i** den Verpflichtungen nachkommen; **senza** ~ unverbindlich ❷ (*fig*) Engagement *n,* Einsatz *m;* (*zelo*) Eifer *m;* **lottare con** ~ mit vollem Einsatz kämpfen

impegolarsi [impego'larsi] *vr* ~ **in qc** sich auf etw *acc* einlassen; (*intromettersi*) sich in etw *acc* einmischen; ~ **nei guai** sich in Schwierigkeiten verstricken

impelagarsi [impela'garsi] *vr* ~ **in qc** sich in etw *acc* verstricken

impellente [impel'lɛnte] *agg* dringend, dringlich; (*motivo*) zwingend

impenetrabile [impene'tra:bile] *agg* ❶ (*non trapassabile*) undurchlässig; (*inaccessibile*) undurchdringlich ❷ (*fig*) unergründlich, undurchschaubar; **impenetrabilità** [impenetrabili'ta] <-> *f* Unzugänglichkeit *f;* (PHYS) Undurchlässigkeit *f*

impenitente [impeni'tɛnte] *agg* unverbesserlich

impennaggio [impen'naddʒo] <-ggi> *m* Leitwerk *n*

impennarsi [impen'narsi] *vr* ❶ (*cavallo*) sich aufbäumen ❷ (AERO: *cabrare*) steil aufsteigen ❸ (*fig: inalberarsi*) hochfahren, aufbrausen; **impennata** [impen'na:ta] *f* ❶ (*di cavallo*) (Sich)aufbäumen *n* ❷ (*di aereo*) überzogener Flug; (*di nave*) Achterlastigkeit *f*

impensabile [impen'sa:bile] *agg* ❶ (*inconcepibile*) undenkbar, unvorstellbar; (*assurdo*) unmöglich, absurd ❷ (*imprevedibile*) unvorhersehbar

impensato, -a [impen'sa:to] *agg* unvermutet, ungeahnt; (*inaspettato*) unerwartet, überraschend

impensierire [impensie'ri:re] <impensierisco> **I.** *vt* ~ **qu** jdm Sorgen machen, jdn beunruhigen **II.** *vr* **-rsi** sich *dat* Sorgen machen

impepata [impe'pa:ta] *f* (GASTR) Impepata *f* (*neapolitanisches Meeresfrüchtegericht*)

imperare [impe'ra:re] *vi* ~ **su qu/qc** jdn/ etw beherrschen, über jdn/etw herrschen

imperativo [impera'ti:vo] *m* ❶ (LING) Imperativ *m,* Befehlsform *f* ❷ (PHILOS) Imperativ *m;* ~ **categorico/ipotetico** kategorischer/hypothetischer Imperativ

imperativo, -a *agg* ❶ (*gener*) befehlend, Befehls-; **tono** ~ Befehlston *m* ❷ (JUR) zwingend; (POL) imperativ; **mandato** ~ imperatives Mandat ❸ (LING) Imperativ-, Befehls-

imperatore, -trice [impera'to:re] *m, f* Kaiser(in) *m(f)*

impercettibile [impert∫et'ti:bile] *agg* kaum wahrnehmbar

imperdonabile [imperdo'na:bile] *agg* unverzeihlich

imperfetto [imper'fɛtto] *m* (LING) Imperfekt *n*, Mitvergangenheit *f* A

imperfetto, -a *agg* ❶ (*difettoso*) mangelhaft, unvollkommen ❷ (*incompleto*) unvollständig

imperfezione [imperfet'tsio:ne] *f* Unvollkommenheit *f*, Fehlerhaftigkeit *f*; (*difetto*) Fehler *m*; ~ **della vista** Sehfehler *m*

Imperia [impe'ri:a] *f* Imperia *n* (*Stadt in Ligurien*)

imperiale [impe'ria:le] *agg* kaiserlich, Kaiser-; **imperialismo** [imperia'lizmo] *m* Imperialismus *m*; **imperialista** [imperia'lista] <-i *m*, -e *f*> I. *agg* imperialistisch II. *mf* Imperialist(in) *m(f)*; **imperialistico, -a** [imperia'listiko] <-ci, -che> *agg* imperialistisch

imperialregio, -a [imperial'rɛ:dʒo] *agg* kaiserlich-königlich

imperiese [impe'tie:se] I. *agg* aus Imperia stammend II. *mf* (*abitante*) Einwohner(in) *m(f)* von Imperia

Imperiese <*sing*> *m* Umgebung *f* von Imperia

imperio [im'pɛ:rio] <-i> *m* (*poet*) ❶ (*impero*) (Kaiser)reich *n* ❷ (*comando*) Herrschaft *f*

imperiosità [imperiosi'ta] <-> *f* herrische Art; **imperioso, -a** [impe'rio:so] *agg* ❶ (*autoritario*) herrisch ❷ (*fig: impellente*) zwingend

imperito, -a [impe'ri:to] *agg* (*poet*) unerfahren; (*incapace*) unfähig

imperituro, -a [imperi'tu:ro] *agg* unvergänglich

imperizia [impe'rittsia] *f* Unerfahrenheit *f*; (*poca formazione*) mangelhafte Ausbildung

imperlare [imper'la:re] *vt* ❶ (*adornare con perle*) mit Perlen besetzen ❷ (*cospargere di gocce*) (ab)perlen (*qc* von etw); (*rugida*) benetzen

impermalirsi [imperma'lirsi] <impermalisco, impermalisci> *vr* gekränkt sein; ~ **con qu di qc** jdm etw übel nehmen

impermeabile [imperme'a:bile] I. *agg* (*riferito a liquidi*) undurchlässig; (*riferito all'acqua*) wasserdicht II. *m* Regenmantel *m*; **impermeabilità** [impermeabili'ta] <-> *f* (Wasser)undurchlässigkeit *f*; **impermeabilizzare** [impermeabilid'dza:re] *vt* (wasser)dicht machen; (*tessuto*) imprägnieren; (*muri*) abdichten

impermutabile [impermu'ta:bile] *agg* unabänderlich

imperniare [imper'nia:re] *vt* ❶ (*collegare con perni*) verzapfen; (*con bulloni*) verbolzen ❷ (*fig: basare*) ~ **qc su qc** etw auf etw *acc* stützen

impero¹ [im'pɛ:ro] *m* ❶ (*potestà imperiale*) kaiserliche Gewalt ❷ (*territorio*) (Kaiser)reich *n*, Imperium *n*; **l'~ britannico** das britische Empire; **gli -i centrali** die Mittelmächte *fpl* ❸ (*stile*) Empire *n* ❹ (*fig: potere*) Macht *f*, Herrschaft *f*

impero² <inv> *agg* Empire-

imperscrutabile [imperskru'ta:bile] *agg* unergründlich; (*persona*) undurchschaubar

impersonale [imperso'na:le] *agg* unpersönlich

impersonare [imperso'na:re] *vt* ❶ (*simbolo, tipo*) verkörpern, personifizieren ❷ (*da attore*) darstellen, spielen

imperterrito, -a [imper'tɛrrito] *agg* unerschrocken; (*imperturbabile*) unerschütterlich

impertinente [imperti'nɛnte] I. *agg* frech; (*sfrontato*) unverschämt II. *mf* unverschämter Mensch; **impertinenza** [imperti'nɛntsa] *f* Frechheit *f*; (*sfrontatezza*) Unverschämtheit *f*

imperturbabile [impertur'ba:bile] *agg* unerschütterlich; **imperturbabilità** [imperturbabili'ta] <-> *f* Gelassenheit *f*; **imperturbato, -a** [impertur'ba:to] *agg* gelassen, ungerührt

imperversare [imperver'sa:re] *vi* toben, wüten

impervio, -a [im'pɛrvio] <-i, -ie> *agg* unwegsam; (*inaccessibile*) unzugänglich

impeto ['impeto] *m* ❶ (*moto violento*) Heftigkeit *f*; (*violenza*) Wucht *f*; (*assalto*) Ansturm *m*; **urtare con ~** mit Wucht aufprallen ❷ (*fig: impulso violento*) Ausbruch *m*; (*slancio*) Schwung *m*; **nell'~ del discorso** im Redeeifer; **agire d'~** ungestüm handeln

impetrare [impe'tra:re] *vt* (*poet*) erbitten, erflehen

impettito, -a [impet'ti:to] *agg* kerzengerade; (*fig*) mit (stolz)geschwellter Brust

impetuosità [impetuosi'ta] <-> *f* Ungestüm *n*; **impetuoso, -a** [impetu'o:so] *agg* ungestüm, heftig

impiallacciare [impiallat't∫a:re] *vt* furnieren (*in* mit); **impiallacciatura** [impiallatt∫a'tu:ra] *f* Furnier *n*; (*operazione*) Furnierung *f*

impiantabile [impian'ta:bile] *agg* (MED) als Implantat geeignet; **impiantabilità** [impiantabili'ta] <-> *f* (MED: *possibilità di* *essere trapiantato*) Eignung *f* für Implantationen

impiantare [impian'taːre] *vt* ❶ (*costruire*) errichten, aufbauen; (TEC) installieren ❷ (*fondare*) gründen ❸ (*fig: discussione, dibattito*) in Gang bringen

impiantito [impian'tiːto] *m* Fußboden *m;* (*a mattonelle*) Fliesenfußboden *m,* Plattenfußboden *m*

impianto [im'pianto] *m* ❶ (*fase iniziale*) Einrichtung *f;* (TEC) Installierung *f* ❷ (*complesso di attrezzature*) Anlage *f;* ~ **sportivo** Sportanlage *f;* ~ **telefonico** Fernsprechanlage *f*

impiastrare [impias'traːre] **I.** *vt* ❶ (*spalmare*) beschmieren ❷ (*insudiciare*) beschmieren; (*macchiare*) beklecksen **II.** *vr* **-rsi** (*pej*) sich bemalen, sich übertrieben schminken

impiastricciare [impiastrit'tʃaːre] *vt* beschmieren, besudeln

impiastro [im'piastro] *m* ❶ (MED) (Brei)umschlag *m* ❷ (*fig fam: persona seccante*) Nervensäge *f,* Quälgeist *m*

impiccagione [impikka'dʒoːne] *f,* **impiccamento** [impikka'mento] *m* Erhängen *n,* Hinrichtung *f;* **impiccare** [impik'kaːre] **I.** *vt* (er)hängen, aufhängen **II.** *vr* **-rsi** sich erhängen, sich aufhängen; **impiccati!** geh zum Teufel!; **impiccato, -a** [impik'kaːto] **I.** *agg* erhängt **II.** *m, f* Erhängte(r) *f(m)*

impicciare [impit'tʃaːre] **I.** *vt* (*impedire*) behindern; (*ostacolare*) versperren **II.** *vr* **-rsi in qc** sich in etw *acc* einmischen; **impiccio** [im'pittʃo] <-cci> *m* ❶ (*ostacolo*) Hindernis *n;* **essere d'~** im Weg sein ❷ (*fig: seccatura*) Plage *f* ❸ (*fig: guaio*) Klemme *f fam;* **essere negli -cci** in der Klemme stecken *fam;* **impiccione, -a** [impit'tʃoːne] *m, f* Störenfried *m;* (*curioso*) Naseweis *m*

impiccolire [impikko'liːre] <impiccolisco> **I.** *vt avere* verkleinern **II.** *vr* **-rsi** sich verkleinern

impiegare [impie'gaːre] *vt* ❶ (*applicare*) anwenden; (*usare*) verwenden ❷ (*tempo*) brauchen; (*trascorrere*) verbringen

impiegata *f v.* **impiegato**

impiegatizio, -a [impiega'tittsio] <-i, -ie> *agg* Angestellten-; **rapporto ~** Angestelltenverhältnis *n*

impiegatizzazione [impiegatiddzat'tsioːne] *f* ❶ (*riduzione alla condizione di impiegato*) Beschränkung *f* auf ein Angestelltenverhältnis ❷ (*diffusione del ruolo impiegatizio*) zunehmende Beliebtheit *f* von Angestelltenverhältnissen

impiegato, -a [impie'gaːto] *m, f* Angestellte(r) *f(m);* (*funzionario pubblico*) Beamte(r) *m,* Beamtin *f;* ~ **d'amministrazione** Verwaltungsangestellte(r) *m,* -beamte(r) *m;* ~ **pubblico** Angehörige(r) *f(m)* des öffentlichen Dienstes; ~ **ministeriale** Ministerialbeamte(r) *m;* ~ **statale** (Staats)beamte(r) *m*

impiego [im'piɛːgo] <-ghi> *m* ❶ (*occupazione*) Beschäftigung *f;* (*posto di lavoro*) Stelle *f;* ~ **fisso** feste Stelle; ~ **a tempo pieno** Vollbeschäftigung *f;* ~ **pubblico** Stelle *f* im öffentlichen Dienst ❷ (*utilizzazione*) Gebrauch *m,* Verwendung *f;* (*applicazione*) Anwendung *f* ❸ (FIN) Anlage *f*

impietosire [impieto'siːre] <impietosisco> **I.** *vt* ~ **qu** jds Mitleid erregen; (*commuovere*) jdn rühren **II.** *vr* **-rsi** Mitleid haben; (*commuoversi*) gerührt sein

impietrire [impie'triːre] <impietrisco> *vi essere* (*fig*) erstarren; **-rsi per lo spavento** vor Schreck erstarren; **starsene lì impietrito** wie versteinert dastehen

impigliare [impiʎ'ʎaːre] **I.** *vt* gefangen halten, festhalten **II.** *vr* **-rsi** ❶ (*rimanere avviluppato*) sich verfangen (*in* in +*dat*), hängen bleiben (*in* in +*dat*) ❷ (*fig: rimanere coinvolto*) sich verstricken (*in* in +*acc*)

impigliarsi [impiʎ'ʎaːrsi] *vr* ~ **in qc** sich in etw *dat* verfangen, an etw *dat* hängen bleiben

impigrire [impi'griːre] <impigrisco> **I.** *vt avere* träge machen **II.** *vr* **-rsi** träge werden

impinguare [impiŋ'guaːre] **I.** *vt* ❶ (*ingrassare*) mästen ❷ (*fig: arricchire*) bereichern **II.** *vr* **-rsi** sich bereichern

impiombare [impiom'baːre] *vt* ❶ (*saldare con piombo*) plombieren, mit einer Plombe versehen; (*dente*) plombieren, mit einer Füllung versehen ❷ (*rivestire di piombo*) verbleien; (*tubo*) verlöten; **impiombatura** [impiomba'tuːra] *f* ❶ (*atto dell'impiombare*) Verplombung *f,* Verbleiung *f* ❷ (*sigillo*) Plombe *f* ❸ (*fam: di dente*) Plombe *f,* Füllung *f*

impiparsi [impi'parsi] *vr* (*fam*) pfeifen (*di* auf +*acc*); **me ne impipo di quello che dicono di me!** ich pfeife darauf, was die (anderen) über mich sagen!

impitonire [impito'niːre] <impitonisco, impitonisci> *vt* (*sl: incantare, abbindolare*) um den Finger wickeln, becircen

implacabile [impla'kaːbile] *agg* unversöhnlich, unerbittlich; **implacabilità** [implakabili'ta] <-> *f* Unversöhnlichkeit *f,* Unerbittlichkeit *f*

implementare [implemen'taːre] *vt* (INFORM) implementieren

implicare [impli'ka:re] I. vt ❶ (coinvolge-re) ~ **qu in qc** jdn in etw acc verwickeln ❷ (sottintendere) implizieren, einschlie-ßen; (come conseguenza) mit sich dat bringen II. vr -**rsi in qc** sich in etw acc verstricken; **implicazione** [impli-kat'tsio:ne] f Einbeziehen n, Einbezie-hung f

implicito, -a [im'pli:tʃito] agg ❶ (sottinte-so) unausgesprochen, implizit; **accettazio-ne -a** (JUR) stillschweigende Annahme ❷ (LING, MAT) implizit

implorare [implo'ra:re] vt erflehen, erbit-ten; ~ **Dio** zu Gott flehen; **implorazione** [implorat'tsio:ne] f Flehen n, flehentliche Bitte

implume [im'plu:me] agg federlos, unbe-fiedert

impluvio [im'plu:vio] <-i> m (ARCH) Implu-vium n

impolitico, -a [impo'li:tiko] <-ci, -che> agg ❶ (inopportuno) politisch unange-bracht; (non consigliabile) politisch unklug ❷ (fig) unklug

impollinare [impolli'na:re] vt bestäuben; **impollinazione** [impollinat'tsio:ne] f Bestäubung f

impoltronire [impoltro'ni:re] <impoltro-nisco> I. vt avere träge machen II. vr -**rsi** träge werden

impolverare [impolver'a:re] I. vt staubig machen II. vr -**rsi** staubig werden

imponderabile [imponde'ra:bile] agg nicht abzuwägen; (incalcolabile) unbere-chenbar; **imponderabilità** [impondera-bili'ta] <-> f Unberechenbarkeit f, Unwäg-barkeit f

imponente [impo'nɛnte] agg ❶ (grandio-so) imposant, großartig ❷ (che incute ri-spetto) imponierend, beeindruckend; **im-ponenza** [impo'nɛntsa] f ❶ (grandiosi-tà) Großartigkeit f ❷ (di persona) Ansehn-lichkeit f

impongo [im'poŋo] 1. pers sing pr di **im-porre**

imponibile [impo'ni:bile] I. agg besteuer-bar, steuerpflichtig II. m Bemessungsgrund-lage f; (reddito) steuerpflichtiges Einkom-men, Steuerbasisbetrag m; ~ **di mano d'opera** gesetzlich festgelegte Einstel-lungsquote von Arbeitskräften

impopolare [impopo'la:re] agg unpopu-lär; **impopolarità** [impopolari'ta] f Un-popularität f

imporporare [imporpo'ra:re] I. vt purpur-rot färben II. vr -**rsi** (purpur)rot werden, er-röten

imporre [im'porre] <irr> I. vt ❶ (prescri-

vere) vorschreiben ❷ (legge, tassa, silen-zio) auferlegen; (nome) geben; (volontà) aufzwingen ❸ (mani) auflegen II. vr -**rsi** ❶ (persone) sich durchsetzen; (affermarsi) sich behaupten ❷ (moda) sich durchsetzen

import ['impɔːt] <- o imports> m (COM: importazione) Import m; **società di ~-ex-port** Import-Export-Firma f

importante [impor'tante] I. agg bedeu-tend, wichtig II. m Wichtige(s) n; (cosa es-senziale) Hauptsache f; **l'~ è stare bene** Hauptsache, man ist gesund; **importanza** [impor'tantsa] f Wichtigkeit f, Bedeu-tung f; **dare ~ a qc** einer Sache dat Bedeu-tung beimessen; **di nessuna** [o **senza**] ~ bedeutungslos; (senza rilievo) belanglos; **di poca ~** von geringer Bedeutung, un-wichtig

importare [impor'ta:re] I. vt avere (dall'e-stero) importieren; (a fig) einführen; ~ **in franchigia** (COM) zollfrei einführen II. vi es-sere ❶ (stare a cuore) am Herzen liegen ❷ (interessare) interessieren ❸ (essere ne-cessario) nötig sein; (interessare) interes-sieren; **non me ne importa niente** das ist mir egal; **non importa** das macht nichts; **importa che ...** +conj es ist wichtig, dass ...; **devo proprio venire o non importa?** muss ich wirklich kommen, oder ist es nicht nötig?

importatore, -trice [importa'to:re] I. agg Einfuhr-, Import-; **paese ~ di caffè** Kaffee-importland n; **società -trice di automobi-li** Autoimportfirma f II. m, f Importeur(in) m(f), Einfuhrhändler(in) m(f); **importa-zione** [importat'tsio:ne] f ❶ (introdu-zione dall'estero) Import m, Einfuhr f ❷ (complesso delle merci importate) Ein-fuhrgut n, Importware f

importo [im'pɔrto] m Betrag m; (somma) Summe f

importuna f v. **importuno**

importunare [importu'na:re] vt belästi-gen, sekkieren A; (disturbare) stören; **im-portunità** [importuni'ta] <-> f Lästig-keit f; (invadenza) Aufdringlichkeit f; **im-portuno, -a** [impor'tu:no] I. agg lästig; (invadente) aufdringlich; (visitatore) unge-legen II. m, f lästige Person

imposi [im'po:zi] 1. pers sing pass rem di **imporre**

imposizione [impozit'tsio:ne] f ❶ (ingi-unzione) Befehl m; (costrizione) Zwang m ❷ (FIN) Abgabe f, Steuer f ❸ (di nome) Na-mensgebung f ❹ (REL) (Hand)auflegen n

impossessarsi [imposses'sarsi] vr ❶ (ap-propriarsi) ~ **di qu** jdn in seine Gewalt bringen; ~ **di qc** von etw Besitz ergreifen

❷ (*fig: apprendere*) ~ **di qc** sich *dat* etw aneignen

impossibile [impos'si:bile] **I.** *agg* ❶ (*inattuabile*) unmöglich ❷ (*incredibile*) unglaublich ❸ (*insopportabile*) unmöglich, unerträglich **II.** *m* Unmögliche(s) *n;* **impossibilità** [impossibili'ta] *f* Unmöglichkeit *f;* **impossibilitare** [impossibili'ta:re] *vt* verhindern; **impossibilitato, -a** [impossibili'ta:to] *agg* verhindert; **essere ~ a fare qc** nicht in der Lage sein etw zu tun

impossidenza [impossi'dɛntsa] *f* (*form: povertà*) Besitzlosigkeit *f*

imposta [im'pɔsta] *f* ❶ (*battente*) (Fenster)laden *m* ❷ (FIN) Steuer *f,* Abgabe *f;* ~ **di ricchezza mobile** Einkommen(s)steuer *f;* ~ **sul valore aggiunto** Mehrwertsteuer *f;* **ufficio delle -e** Finanzamt *n;* **esente da ~** steuerfrei; **soggetto a ~** steuerpflichtig ❸ (ARCH) Kämpfer *m*

impostare [impos'ta:re] *vt* ❶ (*cosa*) die Voraussetzungen schaffen für; (*problemi*) genau bestimmen; (*lavoro*) anlegen ❷ (*imbucare: nella cassetta*) einwerfen; (*alla posta*) aufgeben

impostazione [impostat'tsio:ne] *f* Anlegen *n;* ~ **di un problema** Aufgabenstellung *f;* ~ **della voce** Einnehmen *n* der korrekten Singhaltung

imposto, -a [im'posto] **I.** *pp di* **imporre II.** *agg* auferlegt; **prezzo ~** vorgeschriebener Preis

impostore, -a [impos'to:re] *m, f* Schwindler(in) *m(f),* Betrüger(in) *m(f);* **impostura** [impos'tu:ra] *f* Schwindel *m,* Betrug *m*

impotente [impo'tɛnte] **I.** *agg* ❶ (*senza potenza*) machtlos ❷ (*incapace*) unfähig ❸ (MED) impotent ❹ (*debole*) schwach, kraftlos ❺ (*inefficace*) wirkungslos **II.** *m* impotenter Mann; **impotenza** [impo'tɛntsa] *f* ❶ (*mancanza di potenza*) Machtlosigkeit *f* ❷ (*incapacità*) Unfähigkeit *f,* Unvermögen *n* ❸ (MED) Impotenz *f* ❹ (*debolezza*) Schwäche *f*

impoverimento [impoveri'mento] *m* Verarmung *f;* **impoverire** [impove'ri:re] <impoverisco> **I.** *vt avere* ❶ (*rendere povero*) verarmen lassen, in Armut bringen ❷ (*terreno*) auslaugen; (*cultura*) verkümmern lassen **II.** *vr* -**rsi** (*a fig*) verarmen

impraticabile [imprati'ka:bile] *agg* ❶ (*non percorribile*) unwegsam; (*strada*) unbefahrbar ❷ (*non applicabile*) unanwendbar; (*inattuabile*) undurchführbar ❸ (*fig: intrattabile*) unverträglich ❹ (*campo da gioco*) unbespielbar; **impraticabi-**

lità [impratikabili'ta] *f* ❶ (*di terreno*) Unwegsamkeit *f;* (*di strada*) Unbefahrbarkeit *f;* (*di campo da gioco*) Unbespielbarkeit *f* ❷ (*fig*) Unbrauchbarkeit *f,* Unanwendbarkeit *f*

impratichire [imprati'ki:re] <impratichismo, impratichisci> **I.** *vt* einüben; (*in un lavoro*) einarbeiten; ~ **qu nell'uso del computer** jdn in den Umgang mit dem Computer einführen **II.** *vr* -**rsi** sich (ein)üben; (*in un lavoro*) sich einarbeiten; -**rsi a cucinare** sich im Kochen üben

impratichirsi [imprati'ki:rsi] <m'impratichisco> *vr* sich (ein)üben; (*in un lavoro*) sich einarbeiten

imprecare [impre'ka:re] *vi* ~ (**contro qu/ qc**) fluchen (auf [*o* über] jdn/etw); **imprecazione** [imprekat'tsio:ne] *f* Fluch *m;* **lanciare -i** Flüche ausstoßen, fluchen

imprecisato, -a [impretʃi'za:to] *agg* nicht genau; (*indeterminato*) unbestimmt

imprecisione [imprettʃi'zio:ne] *f* Ungenauigkeit *f;* (*senza accuratezza*) Nachlässigkeit *f;* (*indeterminatezza*) Unbestimmtheit *f;* **impreciso, -a** [impre'tʃizo] *agg* ungenau; **calcolo ~** Überschlagsrechnung *f*

impregiudicato, -a [impredʒudi'ka:to] *agg* (JUR) nicht vorbestraft; (*incensurato*) unbescholten

impregnare [impreɲ'ɲa:re] **I.** *vt* ❶ (*imbevere*) ~ **qc di qc** etw mit etw (durch)tränken ❷ (*fig: riempire*) ~ **qc di qc** etw mit etw erfüllen; (*permeare*) etw mit etw durchsetzen ❸ (TEC) imprägnieren **II.** *vr* -**rsi** sich voll saugen; (*fig*) sich füllen

imprendere [im'prɛndere] <imprendo, impresi, impreso> *vt* (*poet*) beginnen; (*intraprendere*) unternehmen

imprendibile [impren'di:bile] *agg* uneinnehmbar

imprenditore, -trice [imprendi'to:re] *m, f* Unternehmer(in) *m(f);* **imprenditoriale** [imprendito'ria:le] *agg* Unternehmer-; **imprenditrice** *f v.* **imprenditore**

impreparato, -a [imprepa'ra:to] *agg* unvorbereitet; (*senza formazione*) unausgebildet; **impreparazione** [imprepara'zio:ne] *f* mangelnde Vorbereitung

impresa [im'pre:sa] *f* ❶ (*azione*) Unternehmen *n,* Unterfangen *n;* ~ **eroica** Heldentat *f,* heroische Tat ❷ (*organismo*) Unternehmen *n,* Betrieb *m;* ~ **industriale** Industrieunternehmen *n*

impresario, -a [impre'sa:rio] <-i, -ie> *m, f* ❶ (*di una ditta*) Unternehmer(in) *m(f)* ❷ (*di spettacolo*) Theateragent(in) *m(f),* Impresario *m*

imprescindibile [impreʃʃin'di:bile] *agg*

unumgänglich; (*indispensibile*) unabdingbar
imprescrittibile [impreskrit'ti:bile] *agg*
unverjährbar
impresi [im'pre:zi] *1. pers sing pass rem di*
imprendere
impreso [im'pre:zo] *pp di* **imprendere**
impressi [im'prɛssi] *1. pers sing pass rem
di* **imprimere**
impressionabile [impressio'na:bile] *agg*
(leicht) zu beeindrucken(d); (*eccitabile*) erregbar; (FOTO) belichtbar; **impressionante** [impressio'nante] *agg* beeindruckend,
eindrucksvoll
impressionare [impressio'na:re] **I.** *vt*
❶ (*turbare*) beeindrucken; (*commuovere*)
tief bewegen; (*disgrazia*) erschüttern
❷ (*colpire, fare effetto*) Eindruck machen
auf +*acc* ❸ (FOTO) belichten **II.** *vr* -**rsi**
❶ (*turbarsi*) sich beeindrucken lassen; (*essere scosso*) erschüttert sein ❷ (FOTO) be-
lichtet werden
impressione [impres'sio:ne] *f* ❶ (*sensazione*) (Sinnes)eindruck *m*, Empfindung *f*;
(*presentimento*) Gefühl *n* ❷ (*opinione*)
Eindruck *m*; **fare buona ~** einen guten
Eindruck machen ❸ (*turbamento*) (starker) Eindruck *m*; (*scossa*) Erschütterung *f*
❹ (*impronta*) Abdruck *m* ❺ (*stampa*)
Druck *m*, Auflage *f*
impressionismo [impressio'nizmo] *m*
Impressionismus *m*; **impressionista**
[impressio'nista] <-i *m*, -e *f*> **I.** *agg*
impressionistisch **II.** *mf* Impressionist(in)
m(f); **impressionistico, -a** [impres-
sio'nistiko] <-ci, -che> *agg* impressionistisch
impresso [im'prɛsso] *pp di* **imprimere**
imprevedibile [impreve'di:bile] *agg* unvorhersehbar; (*persona*) unberechenbar;
impreveduto, -a [impreve'du:to] *agg*
unvorhergesehen; (*inatteso*) unvermutet
imprevidente [imprevi'dɛnte] *agg* nicht
vorausschauend; (*non prudente*) leichtsinnig; **imprevidenza** [imprevi'dɛntsa] *f*
mangelnde Voraussicht
imprevisto [impre'visto] *m* Unvorherge-
sehene(s) *n*; **salvo -i** wenn nichts (Unvor-
hergesehenes) dazwischenkommt
imprevisto, -a *agg* unvorhergesehen;
(*inatteso*) unvermutet
impreziosire [imprettsio'si:re] <impre-
ziosisco> *vt* (*a fig*) bereichern; (*ornare*)
verzieren, ausschmücken
imprigionamento [impridʒona'men-
to] *m* Einsperren *n*, Inhaftierung *f* adm;
imprigionare [impridʒo'na:re] *vt* ❶ (*incarcerare*) einsperren, inhaftieren ❷ (*fig:*

bloccare) einklemmen; (*rinchiudere*) einschließen
imprimere [im'pri:mere] <imprimo, impressi, impresso> *vt* ❶ (*impronta*) aufprägen; (*sigillo, timbro*) aufdrücken ❷ (*fig:
carattere distintivo*) verleihen ❸ (*fig: ricordo*) einprägen
imprinting ['imprintiŋ] <-> *m* (SCIENT,
BIOL, ZOO) Imprinting *n*
improbabile [impro'ba:bile] *agg* unwahrscheinlich; **improbabilità** [improbabi-
li'ta] <-> *f* Unwahrscheinlichkeit *f*
improbo, -a ['improbo] *agg* (*poet*) ❶ (*disonesto*) unehrlich; (*malvagio*) boshaft
❷ (*fig: faticoso, duro*) mühsam, anstrengend, hart; **fatica -a** große und nicht loh-
nende Mühe
improduttività [improduttivi'ta] *f* Unpro-
duktivität *f*; (*mancanza di rendimento*)
Unergiebigkeit *f*; **improduttivo, -a** [im-
produt'ti:vo] *agg* unproduktiv; (*che non
rende*) unergiebig
impronta [im'pronta] *f* ❶ (*segno*) Abdruck *m*; (*traccia*) Spur *f*; **-e digitali** Fin-
gerabdrücke *mpl* ❷ (*fig: carattere distintivo*) Stempel *m*
improntare [impron'ta:re] *vt* (*fig: caratterizzare*) gestalten
improntitudine [impronti'tu:dine] *f*
Frechheit *f*; (*sfrontatezza*) Unverschämtheit *f*
impronunziabile [impronun'tsia:bile]
agg unaussprechlich, unaussprechbar
improperio [impro'pɛ:rio] <-i> *m* Beleidigung *f*; (*espressione irriverente*) Schimpfwort *n*
improprietà [improprie'ta] <-> *f* ❶ (*del
linguaggio*) Ungenauigkeit *f*; (*errore*) Unkorrektheit *f* ❷ (*singolo vocabolo*) un-
genauer Ausdruck; **improprio, -a**
[im'prɔ:prio] <-i, -ie> *agg* unangebracht,
unpassend; (*parole, locuzioni*) nicht korrekt
improrogabile [improro'ga:bile] *agg* unaufschiebbar
improvvido, -a [im'prɔvvido] *agg* (*poet*)
❶ (*imprevidente*) nicht vorsorgend (*di* für)
❷ (*incauto*) unvorsichtig, unbedacht
improvvisare [improvvi'za:re] **I.** *vt* (*a fig*)
improvisieren **II.** *vr* -**rsi cuoco**
sich als Koch versuchen
improvvisata [improvvi'za:ta] *f* (*fam*)
❶ (*avvenimento piacevole*) Überraschung *f*
❷ (*visita*) überraschender Besuch
improvvisatore, -trice [improvvi-
za'to:re] *m, f* (MUS) Improvisator(in) *m(f)*;
(LIT) Stegreifdichter(in) *m(f)*; **improvvisazione** [improvvizat'tsio:ne] *f* Improvi-

sation *f*

improvviso [improv'vi:zo] *m* **all'**~ plötzlich

improvviso, -a *agg* ❶ (*inatteso*) unerwartet ❷ (*repentino*) überraschend, plötzlich

imprudente [impru'dɛnte] I. *agg* ❶ (*sventato*) unbesonnen, leichtsinnig ❷ (*incauto*) unvorsichtig; (*senza riflettere*) unüberlegt II. *mf* unvorsichtiger Mensch; **imprudenza** [impru'dɛntsa] *f* Unvorsichtigkeit *f*; (*sventatezza*) Leichtsinn *m*

impubere [im'pu:bere] I. *agg* nicht (geschlechts)reif II. *mf* noch nicht geschlechtsreifer Junge, noch nicht geschlechtsreifes Mädchen

impudente [impu'dɛnte] I. *agg* unverschämt II. *mf* unverschämter Kerl; **impudenza** [impu'dɛntsa] *f* ❶ (*assenza di ritegno*) Schamlosigkeit *f* ❷ (*sfacciataggine*) Unverschämtheit *f*

impudicizia [impudi'tʃittsia] *f* Schamlosigkeit *f*; **impudico, -a** [im'pu:diko] <-ci, -che> *agg* schamlos; (*indecente*) unanständig

impugnabile [impuɲ'ɲa:bile] *agg* anfechtbar

impugnare [impuɲ'ɲa:re] *vt* ❶ (*afferrare*) ergreifen; (*tenere in mano*) in der Hand halten ❷ (*contestare*) beanstanden; (*sentenza, testamento*) anfechten

impugnatura [impuɲɲa'tu:ra] *f* Griff *m*

impugnazione [impuɲɲat'tsio:ne] *f* Anfechtung *f*; **mezzo d'**~ (JUR) Rechtsmittel *n*

impulsiva *f v.* **impulsivo**

impulsività [impulsivi'ta] <-> *f* Impulsivität *f*; **impulsivo, -a** [impul'si:vo] I. *agg* impulsiv II. *m, f* impulsiver Mensch

impulso [im'pulso] *m* ❶ (*fig: incremento*) Anreiz *m*, Antrieb *m*; (*moto istintivo*) Impuls *m*, innere Regung; (*inclinazione naturale*) Trieb *m* ❷ (PHYS) Impuls *m*

impunemente [impune'mente] *avv* ungestraft, straflos

impunibile [impu'ni:bile] *agg* ❶ (*azione*) nicht strafbar ❷ (*persona*) nicht der Strafe unterliegend; **impunibilità** [impunibili'ta] <-> *f* Nicht-Strafbarkeit *f*

impunità [impuni'ta] <-> *f* Straffreiheit *f*, Straflosigkeit *f*; **godere l'**~ Straffreiheit genießen; **impunito, -a** [impu'ni:to] *agg* unbestraft, straflos

impuntare [impun'ta:re] I. *vi* ❶ (*inciampare*) stolpern; (*urtare*) anstoßen (*in* an +*acc*), stoßen (*in* gegen, an +*acc*) ❷ (*fig: nel parlare*) stocken; **~ per emozione** vor Aufregung stammeln II. *vr* **-rsi** ❶ (*per resistere*) sich (auf dem Boden) aufstemmen ❷ (*ostinarsi*) beharren (*a* auf +*dat*), sich

impuntarsi [impun'ta:rsi] *vr* ❶ (*per resistere*) bocken ❷ (*ostinarsi*) ~ **a fare qc** darauf beharren etw zu tun; **s'impunta a dire di no** er [*o* sie] beharrt auf seinem [*o* ihrem] Nein

impuntire [impun'ti:re] <impuntisco, impuntisci> *vt* steppen; **impuntura** [impun'tu:ra] *f* ❶ (*cucitura*) Steppnaht *f*; (*punto*) Steppstich *m* ❷ (NAUT: *di vela*) Nockohr *n*

impurità [impuri'ta] *f* (*a fig: morale*) Unreinheit *f*; (*imbrattamento*) Verunreinigung *f*; ~ **dell'aria** Luftverschmutzung *f*; **impuro, -a** [im'pu:ro] *agg* ❶ (*sporco*) unrein, unsauber ❷ (*immorale*) unanständig ❸ (LING) **esse -a** vorkonsonantisches s

imputabile [impu'ta:bile] *agg* ❶ (*attribuibile*) zuschreibbar, zuzuschreiben(d); **una svista** ~ **a negligenza** ein auf Nachlässigkeit zurückzuführendes Versehen ❷ (*responsabile*) **essere** ~ **per** [*o* **di**] **qc** für etw verantwortlich sein ❸ (JUR) zurechnungsfähig; **imputabilità** [imputabili'ta] <-> *f* (MED, JUR) Zurechnungsfähigkeit *f*

imputare [impu'ta:re] *vt* ❶ (*considerare responsabile*) ~ **qu di qc** jdn für etw verantwortlich machen ❷ (*attribuire la colpa*) ~ **qc a qu** jdm für etw die Schuld geben ❸ (JUR: *accusare*) ~ **qu di qc** jdn einer Sache *gen* beschuldigen; **imputato, -a** [impu'ta:to] *m, f* (*nella fase del giudizio*) Angeklagte(r) *f(m)*; (*nella fase dell'inchiesta*) Beschuldigte(r) *f(m)*; **imputazione** [imputat'tsio:ne] *f* ❶ (JUR) Anklage *f* ❷ (COM) Anrechnung *f*

imputridimento [imputridi'mento] *m* Verwesung *f*; **imputridire** [imputri'di:re] <imputridisco> *vi* verwesen; (*marcire*) verfaulen

in¹ [in] <nel, nello, nell', nella, nei, negli, nelle> *prp* ❶ (*stato in luogo*) in +*dat*, auf +*dat*; (*moto a luogo*) nach +*acc*, in +*acc*; (*moto attraverso luogo*) durch +*acc*; **andare** ~ **Austria** nach Österreich fahren; **restare** ~ **casa** im Haus bleiben; **vivere** ~ **campagna** auf dem Lande leben; ~ **alto** oben; (*verso l'alto*) nach oben; ~ **fuori** nach außen; ~ **giù** nach unten ❷ (*tempo determinato*) in +*dat*; (*tempo continuato*) innerhalb +*gen*, im Laufe +*gen*; **sbrigare qc** ~ **giornata** etw im Laufe des Tages erledigen; ~ **breve** in Kürze; **di quando** ~ **quando** von Zeit zu Zeit; **di volta** ~ **volta** von Mal zu Mal ❸ (*modo, maniera*) in +*dat*, mit +*dat*; **dividere** ~ **sei** in sechs Teile teilen; **disporsi** ~ **cerchio** sich im Kreis aufstellen; ~ **tedesco** auf Deutsch;

~ **pace** in Frieden ❹ (*mezzo, strumento*) mit +*dat,* in +*dat;* **andare ~ tram** mit der Straßenbahn fahren; **pagare ~ contanti** bar bezahlen ❺ (*materia*) aus +*dat,* von +*dat* ❻ (*scopo, fine*) zu +*dat,* für +*acc;* **accorrere ~ aiuto di qu** jdm zu Hilfe eilen ❼ (*causa*) vor +*dat,* wegen +*gen* ❽ (*stato coniugale femminile*) verheiratete; **Filomena Rossi ~ Neri** Filomena Rossi, verheiratete Neri ❾ (*quantità*) zu +*dat;* **essere ~ due** zu zweit sein; **venire ~ gran numero** zahlreich erscheinen ❿ (GASTR) mit +*dat;* **carne ~ umido** gedünstetes Fleisch; **riso ~ bianco** Reis mit Butter ⓫ (*loc*) ~ **compagnia di** in Begleitung +*gen;* ~ **relazione a** in Bezug auf; ~ **seguito a** infolge von

in² [in] I. *avv* (*di moda, trendy*) in; **essere ~** „in" sein; **fare ~** im Trend liegen, „in" sein II. <inv> *agg* (*elegante, alla moda*) „in", trendy; **questo è proprio un locale ~** das Lokal ist absolut „in"

INA ['i:na] *f abbr di* **Istituto Nazionale delle Assicurazioni** *nationales italienisches Versicherungsinstitut*

inabbordabile [inabbor'da:bile] *agg* unzugänglich; (*persona*) unnahbar

inabile [i'na:bile] *agg* unfähig; ~ **al lavoro** arbeitsunfähig; ~ **al servizio militare** (wehrdienst)untauglich; **inabilità** [inabili'ta] <-> *f* Unfähigkeit *f;* **inabilitare** [inabili'ta:re] *vt* ❶ (*rendere inadatto*) untauglich [*o* unfähig] machen ❷ (JUR) ~ **qu** jds Geschäftsfähigkeit einschränken; **inabilitazione** [inabilitat'tsjo:ne] *f* ❶ (*incapacità*) Unfähigkeit *f* ❷ (JUR) beschränkte Geschäftsfähigkeit

inabissamento [inabissa'mento] *m* Versinken *n;* **inabissare** [inabis'sa:re] I. *vt* versenken II. *vr* -**rsi** versinken

inabitabile [inabi'ta:bile] *agg* unbewohnbar; **inabitato, -a** [inabi'ta:to] *agg* unbewohnt

inabrogabile [inabro'ga:bile] *agg* (JUR) unaufhebbar

inaccessibile [inattʃes'si:bile] *agg* ❶ (*irraggiungibile*) unerreichbar ❷ (*impercorribile*) unzugänglich ❸ (*fig: incomprensibile*) unverständlich; (*di prezzo*) unerschwinglich

inaccettabile [inattʃet'ta:bile] *agg* unannehmbar, inakzeptabel

inaccostabile [inakkos'ta:bile] *agg* unnahbar; (*irraggiungibile*) unerreichbar

inacerbire [inatʃer'bi:re] <inacerbisco> I. *vt* verschärfen; (*peggiorare*) verschlimmern II. *vr* -**rsi** sich verschlimmern; (*inasprirsi*) sich verschärfen

inacidire [inatʃi'di:re] <inacidisco> I. *vt avere* ❶ (*render acido*) sauer machen ❷ (*fig: inasprire*) verbittern; ~ **il sangue** böses Blut machen II. *vr* -**rsi** sauer werden

inadattabile [inadat'ta:bile] *agg* (*persona*) nicht anpassungsfähig; (*cosa*) unanpassbar; **inadattabilità** [inadattabili'ta] <-> *f* ❶ (*inservibilità*) Unverwendbarkeit *f* ❷ (*fig: incapacità di adattarsi*) mangelnde Anpassungsfähigkeit

inadatto, -a [ina'datto] *agg* **essere ~ a qc** für etw ungeeignet sein

inadeguatezza [inadegua'tettsa] *f* Unangemessenheit *f;* **inadeguato, -a** [inade'gua:to] *agg* unangemessen; **mezzi -i** unzureichende Mittel *npl;* **essere ~ a un compito** einer Aufgabe nicht gewachsen sein

inadempiente [inadem'pjɛnte] I. *agg* (JUR) vertragsbrüchig II. *mf* ❶ (JUR) Vertragsbrüchige(r) *f(m)* ❷ (*debitore*) Schuldner(in) *m(f);* **inadempienza** [inadem'pjɛntsa] *f* Nichterfüllung *f*

inafferrabile [inaffer'ra:bile] *agg* ❶ (*non catturabile*) nicht fassbar ❷ (*incomprensibile*) unverständlich

inagibile [ina'dʒi:bile] *agg* (*apparecchio*) außer Betrieb; (*luogo*) nicht betretbar

inalare [ina'la:re] *vt* inhalieren, einatmen; **inalatore** [inala'to:re] *m* Inhalator *m;* **inalazione** [inalat'tsjo:ne] *f* Inhalation *f*

inalberare [inalbe'ra:re] I. *vt* aufpflanzen II. *vr* -**rsi** ❶ (*cavallo*) sich aufbäumen ❷ (*adirarsi*) zornig werden

inalienabile [inalje'na:bile] *agg* (JUR) unveräußerlich

inalterabile [inalte'ra:bile] *agg* ❶ (*non alterabile*) unveränderlich; (*tinta, colore*) (wasch)echt; (*cibo*) unverderblich ❷ (*imperturbabile*) unerschütterlich; **inalterabilità** [inalterabili'ta] <-> *f* Unveränderlichkeit *f;* **inalterato, -a** [inalte'ra:to] *agg* unverändert; (*cibo*) unverdorben

INAM ['i:nam] *f acro di* **Istituto Nazionale per l'Assicurazione contro le Malattie** *nationale italienische Krankenversicherungsanstalt*

inamidare [inami'da:re] *vt* stärken

inammissibile [inammis'si:bile] *agg* unannehmbar; (JUR) unzulässig; **inammissibilità** [inammissibili'ta] <-> *f* Unzulässigkeit *f*

inamovibile [inamo'vi:bile] *agg* (JUR) unabsetzbar

inane [i'na:ne] *agg* (*poet*) vergeblich; (*vuoto*) leer

inanellato, -a [inanel'la:to] *agg* ❶ (*capelli*) gekringelt ❷ (*dita*) beringt

inanimato, -a [inani'ma:to] *agg* ❶ (*che non ha vita*) unbeseelt ❷ (*privo di sensi*) leblos

inappagabile [inappa'ga:bile] *agg* unerfüllbar; (*insaziabile*) unstillbar; **inappagamento** [inappaga'mento] *m* Unerfülltheit *f;* (*scontentezza*) Unzufriedenheit *f;* **inappagato, -a** [inappa'ga:to] *agg* unerfüllt; (*insoddisfatto*) unbefriedigt

inappellabile [inappel'la:bile] *agg* ❶ (JUR) unanfechtbar ❷ (*fig*) unwiderruflich

inappetente [inappe'tɛnte] *agg* appetitlos; **inappetenza** [inappe'tɛntsa] *f* Appetitlosigkeit *f*

inapplicabile [inappli'ka:bile] *agg* unanwendbar; **inapplicabilità** [inapplikabili'ta] <-> *f* Unanwendbarkeit *f*

inapprendibile [inappren'di:bile] *agg* nicht erlernbar

inapprensibile [inappren'si:bile] *agg* unverständlich

inapprezzabile [inappret'tsa:bile] *agg* unschätzbar; (*impagabile*) unbezahlbar

inappuntabile [inappun'ta:bile] *agg* ❶ (*irreprensibile*) untad(e)lig ❷ (*privo di difetti*) einwandfrei

inarcamento [inarka'mento] *m* Krümmung *f;* **inarcare** [inar'ka:re] **I.** *vt* krümmen; ~ **le sopracciglia** die Augenbrauen hochziehen **II.** *vr* **-rsi** sich krümmen

inargentare [inardʒen'ta:re] *vt* (*a fig*) versilbern

inarginato, -a [inardʒi'na:to] *agg* nicht eindämmbar, nicht in den Griff zu bekommen

inaridimento [inaridi'mento] *m* Austrocknen *n;* **inaridire** [inari'di:re] <inaridisco> *vi essere* ❶ (*diventare secco*) austrocknen, vertrocknen ❷ (*fig: esaurirsi*) versiegen

inarrestabile [inarres'ta:bile] *agg* unaufhaltsam

inarrivabile [inarri'va:bile] *agg* unerreichbar

inarticolato, -a [inartiko'la:to] *agg* unartikuliert

inascoltato, -a [inaskol'ta:to] *agg* ❶ (*non ascoltato*) nicht befolgt ❷ (*inesaudito*) nicht erhört

inaspettato, -a [inaspet'ta:to] *agg* unerwartet; (*insperato*) unverhofft

inasprimento [inaspri'mento] *m* Verschärfung *f;* (*peggioramento*) Verschlimmerung *f;* **inasprire** [inas'pri:re] <inasprisco> **I.** *vt* ❶ (*rendere più aspro*) verschärfen; (*peggiorare*) verschlimmern ❷ (*esasperare*) verbittern ❸ (*aumentare*) erhöhen **II.** *vr* **-rsi** ❶ (*diventare aspro*) sau-

er werden ❷ (*persona, animo*) verbittert sein; (*situazioni*) sich verschärfen

inastare [inas'ta:re] *vt* aufpflanzen, aufstecken

inattaccabile [inattak'ka:bile] *agg* ❶ (*immune da attacchi*) unangreifbar ❷ (*resistente*) beständig, -fest

inattendibile [inatten'di:bile] *agg* unglaubwürdig

inatteso, -a [inat'te:so] *agg* unerwartet; (*imprevisto*) unvorhergesehen

inattitudine [inatti'tu:dine] *f* ~ **a qc** mangelnde Begabung für etw

inattivare [inatti'va:re] *vt* (MED, CHEM) inaktivieren; (TEC) entschärfen; **inattività** [inattivi'ta] *f* Untätigkeit *f;* (*interruzione*) Stillstand *m;* (CHEM) Inaktivität *f;* **inattivo, -a** [inat'ti:vo] *agg* ❶ (*non attivo*) tatenlos ❷ (*vulcano*) untätig; (*spento*) erloschen ❸ (*fermo*) stillgelegt

inattuabile [inattu'a:bile] *agg* undurchführbar; (*irrealizzabile*) nicht zu verwirklichen(d)

inattuale [inattu'a:le] *agg* nicht aktuell; (*opinione, abito*) unzeitgemäß

inaudito, -a [inau'di:to] *agg* unglaublich; **comportamento** ~ unerhörtes Benehmen

inaugurale [inaugu'ra:le] *agg* Einweihungs-; (*di apertura*) Eröffnungs-

inaugurare [inaugu'ra:re] *vt* ❶ (*iniziare con solennità*) feierlich eröffnen ❷ (*aprire al pubblico*) eröffnen; (*costruzione, edificio*) einweihen; (*monumento*) enthüllen; (*consacrare*) weihen ❸ (*scherz: usare per la prima volta*) einweihen; **inaugurazione** [inaugurat'tsio:ne] *f* (*di mostre, opere pubbliche*) Eröffnung *f;* (*di edificio*) Einweihung *f;* (*di monumenti*) Enthüllung *f*

inavvedutezza [inavvedu'tettsa] *f* Unachtsamkeit *f,* Unvorsichtigkeit *f;* **inavveduto, -a** [inavve'du:to] *agg* unachtsam

inavvertenza [inavver'tɛntsa] *f* Unachtsamkeit *f;* (*imprudenza*) Unvorsichtigkeit *f*

inavvertitamente [inavvertita'mente] *avv* unabsichtlich, versehentlich

inavvertito, -a [inavver'ti:to] *agg* unbemerkt

inazione [inat'tsio:ne] *f* Untätigkeit *f,* Tatenlosigkeit *f*

inbreeding [in'bri:diŋ] <-> *m* (BIOL) Endogamie *f*

incacchiarsi [inkat'tʃarsi] *vr* (*fam: arrabbiarsi*) sich tierisch ärgern; **non farmi incacchiare!** bring mich nicht zur Weißglut!; **incacchiato, -a** [inkat'tʃa:to] *agg* (*fam*) verärgert, grantig *A;* **sono** ~ **nero per colpa sua!** ich habe mich über ihn [*o* sie] schwarz geärgert!

incafonire [inkafo'ni:re] <incafonisco, incafonisci> **I.** *vt* (*far diventare qu cafone*) zum Rüpel [*o* Flegel] machen **II.** *vi essere* (*diventare cafone, rozzo, maleducato*) zum Rüpel [*o* Flegel] werden **III.** *vr* -**rsi** zum Rüpel [*o* Flegel] werden

incafonirsi [inkafo'ni:rsi] <incafonisco> *vr* zum Rüpel werden

incagliare [inkaʎ'ʎa:re] **I.** *vi essere* (NAUT) auflaufen, stranden **II.** *vr* -**rsi** ❶ (NAUT) auflaufen, stranden ❷ (*fig: interrompersi*) ins Stocken geraten; (*nel parlare*) stocken, stecken bleiben **III.** *vt avere* ❶ (NAUT) stranden lassen, auflaufen lassen ❷ (*fig: ostacolare*) behindern, hemmen

incagliarsi [inkaʎ'ʎa:rsi] *vr* ❶ (NAUT) auflaufen, stranden ❷ (*fig: interrompersi*) ins Stocken geraten; (*nel parlare*) stocken, stecken bleiben; **incaglio** [in'kaʎʎo] <-gli> *m* ❶ (NAUT) Auflaufen *n* ❷ (*fig: intoppo*) Hindernis *n*

incalcinare [inkaltʃi'na:re] *vt* (*muro*) verputzen; (AGR) kalken

incalcolabile [inkalko'la:bile] *agg* nicht berechenbar; (*non valutabile*) unschätzbar

incallimento [inkalli'mento] *m* Schwieligwerden *n;* (*fig*) Verhärtung *f;* **incallire** [incal'li:re] <incallisco, incallisci> **I.** *vt avere* ❶ (*rendere calloso*) schwielig machen ❷ (*fig: indurire*) verhärten **II.** *vi essere* ❶ (*fare il callo*) Schwielen bekommen ❷ (*fig: assuefarsi*) sich gewöhnen (*in* an +*acc*) **III.** *vr* -**rsi** ❶ (*fare il callo*) Schwielen bekommen ❷ (*fig: assuefarsi*) sich gewöhnen (*in* an +*acc*); -**rsi nel vizio** dem Laster verfallen sein; **incallirsi** [incal'li:rsi] <incallisco> *vr* ❶ (*fare il callo*) Schwielen bekommen ❷ (*fig: assuefarsi*) ~ **nel vizio** dem Laster verfallen sein; **incallito, -a** [incal'li:to] *agg* ❶ (*reso calloso*) schwielig ❷ (*fig: accanito*) hartnäckig; (*insensibile*) hart; **fumatore** ~ Kettenraucher *m;* **bevitore** ~ Gewohnheitstrinker *m*

incalorirsi [inkalo'rirsi] <mi incalorisco, ti incalorisci> *vr* ❶ (*riscaldarsi*) sich erwärmen ❷ (MED) sich entzünden ❸ (*fig: infervorarsi*) sich ereifern, sich erhitzen

incalzante [inkal'tsante] *agg* bedrängend; (*urgente*) dringend

incalzare [inkal'tsa:re] **I.** *vt* ❶ (*inseguire*) verfolgen; (*assalire*) bedrängen; ~ **qu** sich jdm an die Fersen heften ❷ (*fig: urgere*) drängen **II.** *vr* -**rsi** sich überstürzen

incameramento [inkamera'mento] *m* Einziehung *f;* **incamerare** [incame'ra:re] *vt* einziehen

incamiciare [inkami'tʃa:re] *vt* verkleiden; (TEC) ummanteln; **incamiciatura** [inka-

mitʃa'tu:ra] *f* ❶ (*strato di materiale*) Verkleidung *f;* (*strato di protezione*) Schutzschicht *f* ❷ (MIL) Hülse *f*

incamminare [inkammi'na:re] **I.** *vt* in die Wege leiten **II.** *vr* -**rsi** ❶ (*andare*) sich auf den Weg machen ❷ (*fig*) -**rsi verso qc** auf etw *acc* zusteuern

incanalare [inkana'la:re] **I.** *vt* ❶ (*acqua*) kanalisieren; (*convogliare*) (in einem Kanal) auffangen ❷ (*dirigere*) lenken ❸ (*fig*) leiten **II.** *vr* -**rsi verso qc** auf etw *acc* zuströmen; **incanalatura** [inkanala'tu:ra] *f* Kanalisierung *f*

incancellabile [inkantʃel'la:bile] *agg* ❶ (*scrittura*) nicht ausradierbar ❷ (*fig: indelebile*) unauslöschlich

incancrenire [inkaŋkre'ni:re] <incancrenisco> *vi essere* (MED) brandig werden

incandescente [inkandeʃ'ʃente] *agg* (*a fig*) glühend; **incandescenza** [inkande'ʃentsa] *f* Glühen *n;* **lampada a** ~ Glühlampe *f*

incantamento [inkanta'mento] *m* Verzauberung *f*

incantare [inkan'ta:re] **I.** *vt* ❶ (*con arti magiche*) verzaubern ❷ (*serpenti*) beschwören ❸ (*fig: estasiare*) bezaubern, entzücken **II.** *vr* -**rsi** ❶ (*restare ammaliato*) entzückt sein ❷ (*restare intontito*) benommen sein; (*essere stordito*) betäubt sein; **incantato, -a** [inkan'ta:to] *agg* ❶ (*fatato*) verzaubert, Zauber-; **anello** ~ Zauberring *m;* **castello** ~ verwunschenes Schloss ❷ (*estasiato*) verzaubert ❸ (*intontito*) benommen, wie betäubt; **incantatore, -trice** [inkanta'to:re] *m, f* ❶ (*operatore d'incantesimi*) Zauberer *m,* Zaub(r)erin *f* ❷ (*fig: ammaliatore*) Verführer(in) *m(f);* ~ **di serpenti** Schlangenbeschwörer(in) *m(f);* **incantesimo** [inkan'te:zimo] *m* Zauber *m;* (*formula magica*) Zauberformel *f;* **incantevole** [inkan'te:vole] *agg* zauberhaft, bezaubernd

incanto [in'kanto] *m* ❶ (*magia*) Zauberei *f;* **come per** ~ wie von Zauberhand ❷ (*fig: fascino*) Zauber *m;* **d'** ~ wunderbar; **quella ragazza è un** ~ das Mädchen ist bezaubernd ❸ (JUR) Versteigerung *f;* **mettere all'** ~ versteigern

incanutire [inkanu'ti:re] <incanutisco> *vi essere* ergrauen

incapace [inka'pa:tʃe] **I.** *agg* unfähig; (*inetto*) untüchtig; ~ **di intendere e di volere** (JUR) unzurechnungsfähig **II.** *mf* Versager(in) *m(f);* **incapacità** [inkapat'ʃi'ta] *f* ❶ (*inabilità*) Unfähigkeit *f* ❷ (JUR) Rechtsunfähigkeit *f;* ~ **giuridica** Rechtsunfähigkeit *f*

incaparbirsi [iŋkapar'birsi] <m'incaparbisco> *vr* ~ **a fare qc** sich *dat* etw in den Kopf setzen

incaponirsi [iŋkapo'nirsi] <mi incaponisco, ti incaponisci> *vr* ~ **in qc** sich *dat* etw in den Kopf setzen; (*intestardirsi*) sich auf etw *acc* versteifen

incappare [iŋkap'paːre] *vi essere* ~ **in qu** auf jdn stoßen; ~ **in qc** in etw *acc* (hinein)geraten

incappottare [iŋkappot'taːre] I. *vt* in einen Mantel hüllen II. *vr* **-rsi** sich in einen Mantel hüllen

incappucciare [iŋkapput'tʃaːre] *vt* ~ **qu** jdm eine Mütze/Kapuze aufsetzen; **-rsi di neve** schneebedeckt sein

incapricciarsi [iŋkaprit'tʃarsi] *vr* ~ **di qu/qc** sich in jdn/etw vernarren

incapsulamento [iŋkapsula'mento] *m* ❶ (MED) Einkapselung *f;* (*di denti*) Überkronung *f* ❷ (TEC: *di bottiglie*) Verkapselung *f* (mit einem Kronkorken); **incapsulare** [iŋkapsu'laːre] *vt* ❶ (MED) einkapseln; (*denti*) verkronen ❷ (TEC: *bottiglie*) verkapseln

incarceramento [iŋkartʃera'mento] *m* Einsperren *n;* (HIST) Einkerkerung *f;* **incarcerare** [iŋkartʃe'raːre] *vt* ❶ (*imprigionare*) einsperren, inhaftieren; (HIST) einkerkern ❷ (*fig: rinchiudere*) einschließen

incardinare [iŋkardi'naːre] *vt* ❶ (*porta*) einhängen ❷ (*fig*) ~ **qc su qc** (*impostare*) etw auf etw *dat* aufbauen; (*basare*) etw auf etw *acc* stützen

incaricare [iŋkari'kaːre] I. *vt* ~ **qu di fare qc** jdn beauftragen, etw zu tun II. *vr* **-rsi di fare qc** es übernehmen, etw zu tun; **incaricato, -a** [iŋkari'kaːto] I. *agg* ~ **di qc** mit etw beauftragt sein; **professore** ~ außerordentlicher Professor II. *m, f* ❶ (*funzionario*) Beauftragte(r) *f(m)* ❷ (*professore*) Lehrbeauftragte(r) *f(m)*

incarico [iŋ'kaːriko] <-chi> *m* Auftrag *m;* (*di insegnante*) Lehrauftrag *m;* **per** ~ **di** im Auftrag von

incarnare [iŋkar'naːre] I. *vt* verkörpern; (*rappresentare*) darstellen II. *vr* **-rsi** ❶ (REL: *Cristo*) Mensch werden ❷ (MED: *unghia*) (ins Fleisch) einwachsen; **incarnato, -a** [iŋkar'naːto] *agg* ❶ (REL: *Cristo*) Fleisch geworden ❷ (*unghie*) eingewachsen; **incarnazione** [iŋkarnat'tsioːne] *f* ❶ (REL: *di Cristo*) Menschwerdung *f* ❷ (*fig: concretizzazione*) Verkörperung *f;* **è l'** ~ **della malvagità** er [*o* sie] ist die Bosheit in Person

incarnire [iŋkar'niːre] <incarnisco, incar-

nisci> I. *vi essere* (ins Fleisch) einwachsen II. *vr* **-rsi** (ins Fleisch) einwachsen

incarnirsi [iŋkar'niːrsi] <incarnisco> *vr* (ins Fleisch) einwachsen

incarognirsi [iŋkaroɲ'niːrsi] <m'incarognisco> *vr* verkommen, verludern *fam*

incartamento [iŋkarta'mento] *m* Akte *f,* Aktenbündel *n*

incartapecorire [iŋkartapeko'riːre] <incartapecorisco, incartapecorisci> *vi essere* ❶ (*insecchire*) vertrocknen; (*pelle*) runzlig werden ❷ (*fig: inaridirsi*) verknöchern

incartare [iŋkar'taːre] *vt* (in Papier) einwickeln

incarto [iŋ'karto] *m* Verpackung *f*

incartocciare [iŋkartot'tʃaːre] *vt* in Tüten abpacken

incasellare [iŋkasel'laːre] *vt* ❶ (*disporre in casellario*) auf Fächer verteilen ❷ (*fig: catalogare*) katalogisieren

incasinare [iŋkazi'naːre] *vt* (*fam*) ein Chaos anrichten; **incasinato, -a** [iŋkazi'naːto] *agg* (*fam: cosa*) verworren, chaotisch; (*fam: persona*) konfus, kopflos

incassare [iŋkas'saːre] *vt* ❶ (*collocare in cassa*) in Kisten verpacken ❷ (*riscuotere*) (ein)kassieren, einheben *A;* **incassatore, -trice** [iŋkassa'toːre] *m, f* (*imballatore*) Packer(in) *m(f);* **incassatura** [iŋkassa'tuːra] *f* ❶ (*inserimento*) Einlassen *n,* Einpassen *n* ❷ (*incastonatura*) Einfassung *f;* **incassettatrice** [inkasset-ta'triːtʃe] *f* (TEC) Kästenabfertigungsmaschine *f*

incasso [iŋ'kasso] *m* Einnahme *f;* (COM) Inkasso *n;* **realizzare un forte** ~ hohe Einnahmen verbuchen können

incastellatura [iŋkastella'tuːra] *f* Gerüst *n;* (*di supporto*) Gestell *n*

incastonare [iŋkasto'naːre] *vt* ❶ (*fermare nel castone*) (ein)fassen ❷ (*fig: inserire*) (schmückend) einfügen; **incastonatura** [iŋkastona'tuːra] *f* (Ein)fassung *f*

incastrare [iŋkas'traːre] I. *vt* ❶ (TEC) zusammenstecken ❷ (*fam: coinvolgere*) festnageln, verwickeln II. *vr* **-rsi** sich verklemmen, sich spießen *A*

incastro [iŋ'kastro] *m* ❶ (TEC) (Steck)verbindung *f;* **a** ~ zusammengesteckt; ~ **a maschio e femmina** Spundung *f* ❷ (*gioco enigmistico*) Einschachtelung eines Wortes in ein anderes

incatenamento [iŋkatena'mento] *m* Verkettung *f;* **incatenare** [iŋkate'naːre] I. *vt* ❶ (*legare con catene*) anketten; (*persona*) in Ketten legen ❷ (*fig: soggiogare*) fesseln; (*legare strettamente*) festbinden II. *vr* **-rsi**

sich (eng) verbinden, sich vereinigen

incatramare [iŋkatra'ma:re] *vt* (ein)teeren

incattivire [iŋkatti'vi:re] **I.** *vt* avere (*rendere cattivo*) böse machen; (*adirare*) verärgern, erzürnen **II.** *vr* **-rsi** sich erbosen

incauto, -a [iŋ'ka:uto] *agg* unvorsichtig; (*avventato*) unüberlegt

incavare [iŋka'va:re] *vt* aushöhlen; **incavato, -a** [iŋka'va:to] *agg* ❶ (*cavo*) ausgehöhlt ❷ (*fig: occhi*) tief liegend; (*guance*) hohl, eingefallen; **incavatura** [iŋkava'tu:ra] *f* Aushöhlung *f;* **incavo** [iŋ'ka:vo] *m* Aushöhlung *f;* (*cavità*) Vertiefung *f;* (*di abiti*) Ausschnitt *m;* ~ **della manica** Ärmelausschnitt *m*

incavolarsi [iŋkavo'larsi] *vr* (*fam*) fuchsteufelswild werden; **mi fai incavolare** du bringst mich auf die Palme; **incavolato, -a** [inkavo'la:to] *agg* (*fam scherz*) sauer, wütend; **essere ~ nero con qu** stinksauer auf jdn sein; **incavolatura** [iŋkavola'tu:ra] *f* (*fam*) Koller *m*

incazzarsi [iŋkat'tsarsi] *vr* (*vulg*) ausrasten *sl;* **incazzato, -a** [inkat'tsa:to] *agg* (*vulg*) sauwütend; **incazzatura** [iŋkattsa'tu:ra] *f* (*vulg*) Sauwut *f;* **incazzoso, -a** [inkat'tso:so] *agg* (*vulg: iroso*) reizbar, jähzornig

incedere [in'tʃɛ:dere] <incedo, incessi *o* incedei *o* incedetti, incesso> *vi* (*geh*) (einher)schreiten

incedibile [intʃe'di:bile] *agg* nicht übertragbar

incendiare [intʃen'dia:re] **I.** *vt* ❶ (*bruciare*) anzünden, in Brand setzen ❷ (*fig: infiammare*) entflammen **II.** *vr* **-rsi** sich entzünden, in Brand geraten; (*prendere fuoco*) Feuer fangen; **incendiario, -a** [intʃen'dia:rio] <-i, -ie> **I.** *agg* Brand-; **bombe -ie** Brandbomben *fpl* **II.** *m, f* Brandstifter(in) *m(f)*

incendio [in'tʃɛndio] <-i> *m* (*fuoco*) Brand *m,* Feuer *n;* ~ **doloso** Brandstiftung *f,* Brandlegung *f A*

incenerimento [intʃeneri'mento] *m* ~ (**delle immondizie**) Müllverbrennung *f;* **incenerire** [intʃene'ri:re] <incenerisco> **I.** *vt* ❶ (*ridurre in cenere*) einäschern ❷ (CHEM) veraschen **II.** *vr* **-rsi** zu Asche werden; **inceneritore** [intʃeneri'to:re] *m* Müllverbrennungsanlage *f*

incensamento [intʃensa'mento] *m* (*a fig*) Beweihräucherung *f;* **incensare** [intʃen'sa:re] *vt* (*a fig* REL) beweihräuchern; **incensata** [intʃen'sa:ta] *f* (*a fig*) Beweihräucherung *f;* **incensatore, -trice** [intʃensa'to:re] *m, f* (*fig*) Schmeichler(in)

m(f), Schöntuer(in) *m(f);* **incensiere** [intʃen'siɛ:re] *m* Weihrauchfass *n*

incenso [in'tʃɛnso] *m* Weihrauch *m*

incensurabile [intʃensu'ra:bile] *agg* tadellos; (*inappuntabile*) untadelig; **incensurato, -a** [intʃensu'ra:to] *agg* ❶ (*irreprensibile*) tadellos ❷ (JUR) nicht vorbestraft

incentivante [intʃenti'vante] *agg* Leistungs-, Anreiz-; **compenso** ~ Prämie *f,* Leistungszulage *f*

incentivare [intʃenti'va:re] *vt* anregen; (*incrementare*) ankurbeln; **incentivazione** [intʃentivat'tsio:ne] *f* Anregung *f;* (*incremento*) Ankurbelung *f;* **incentivo** [intʃen'ti:vo] *m* Anreiz *m;* (*stimolo*) Anregung *f;* ~ **fiscale** Steuererleichterung *f*

incentrare [intʃen'tra:re] **I.** *vt* (*poet*) in den Mittelpunkt stellen **II.** *vr* **-rsi su qu/qc** sich um jdn/etw drehen

inceppamento [intʃeppa'mento] *m* ❶ (*l'inceppare, l'incepparsi*) Hemmung *f;* (*di apparecchi meccanici*) Klemmen *n;* (*di armi*) Ladehemmung *f* ❷ (*fig: ostacolo*) Hindernis *n*

inceppare [intʃep'pa:re] **I.** *vt* (be)hindern **II.** *vr* **-rsi** (sich ver)klemmen; (*bloccarsi*) blockieren

incerare [intʃe'ra:re] *vt* (ein)wachsen

incerata [intʃe'ra:ta] *f* ❶ (*tela*) Wachstuch *n* ❷ (*impermeabile*) Regenhaut *f,* Regenschutz *m*

incerottatura [intʃerɔtta'tu:ra] *f* Verarztung *f* mit Pflastern

incertezza [intʃer'tettsa] *f* ❶ (*mancanza di certezza*) Ungewissheit *f* ❷ (*esitazione*) Unsicherheit *f*

incerto [in'tʃɛrto] *m* unvorherzusehender Fall, Risiko *n*

incerto, -a *agg* ungewiss, unsicher; **data -a** nicht feststehendes Datum; **tempo ~** unbeständiges Wetter

incespicare [intʃespi'ka:re] *vi* ❶ (*inciampare*) ~ (**in qc**) (über etw *acc*) stolpern ❷ (*fig*) ~ **nel leggere/parlare** stockend lesen/sprechen

incessante [intʃes'sante] *agg* unaufhörlich; (*persistente*) anhaltend

incessi [in'tʃɛssi] *1. pers sing pass rem di* **incedere**

incesso [in'tʃɛsso] *pp di* **incedere**

incesto [in'tʃɛsto] *m* Inzest *m,* Blutschande *f;* **incestuoso, -a** [intʃestu'o:so] *agg* inzestuös

incetta [in'tʃetta] *f* Vorratskauf *m,* Großeinkauf *m,* Hamsterkauf *m;* **fare ~ di zucchero** einen großen Zuckervorrat kaufen; **incettare** [intʃet'ta:re] *vt* ❶ (*accaparrare*) auf Vorrat kaufen, hamstern *fam* ❷ (*fig:*

procacciarsi) sich *dat* verschaffen; **incettatore, -trice** [intʃetta'to:re] *m, f* Großeinkäufer(in) *m(f)*, Hamsterer *m fam*, Hamsterin *f fam*

inchiappettare [inkiappet'ta:re] *vt* (*vulg: inculare*) arschficken

inchiesta [iŋ'kiɛsta] *f* ❶ (JUR) Ermittlung *f*, Ausforschung *f A;* **commissione d'~** Untersuchungsausschuss *m,* Ermittlungsausschuss *m; ~* **giudiziaria** Ermittlungsverfahren *n* ❷ (*giornalistica*) Bericht *m;* (*indagine*) Nachforschung *f;* **svolgere un'~** Nachforschungen anstellen ❸ (SOC) Umfrage *f; ~* **statistica** statistische Erhebung

inchinare [iŋki'na:re] I. *vt* neigen; (*corpo*) beugen; *~* **la fronte** den Kopf senken II. *vr* ❶ (*per riverenza*) *-rsi* **davanti a qu/qc** sich vor jdm/etw verneigen ❷ (*cedere*) *-rsi a qc* sich einer Sache *dat* beugen; (*sottomettersi*) sich in etw *acc* fügen; **inchino** [iŋ'ki:no] *m* Verneigung *f*, Verbeugung *f*

inchiodare [iŋkio'da:re] I. *vt* ❶ (*fissare con chiodi*) annageln, festnageln; *~* **una cassa** eine Kiste zunageln; *~* **alla croce** ans Kreuz nageln ❷ (*fig: immobilizzare*) festhalten; **il lavoro lo inchioda a tavolino** die Arbeit fesselt ihn an den Schreibtisch; *~* **la macchina** scharf bremsen II. *vr -rsi* (*fig*) plötzlich stehen bleiben

inchiodata [iŋkio'da:ta] *f* (*fam: frenata*) Vollbremsung *f*

inchiostrare [iŋkios'tra:re] *vt* einfärben; **inchiostrazione** [iŋkiostrat'tsio:ne] *f* Einfärbung *f*

inchiostro [iŋ'kiɔstro] *m* Tinte *f; ~* **di china** (Auszieh)tusche *f; ~* **da stampa** Druckerfarbe *f; ~* **per timbri** Stempelfarbe *f; ~* **simpatico** Geheimtinte *f;* **nero come l'~** pechschwarz

inciampare [intʃam'pa:re] *vi essere o avere* ❶ (*incespicare*) *~* **in qc** über etw *acc* stolpern ❷ (*fig*) *~* **in qu/qc** auf jdn/etw stoßen

inciampo [in'tʃampo] *m* ❶ (*ostacolo*) Hindernis *n;* **essere d'~ a qu** jdm im Wege sein ❷ (*fig: difficoltà*) Hindernis *n*

incidentale [intʃiden'ta:le] *agg* ❶ (*casuale*) zufällig ❷ (*secondario*) nebensächlich, Neben- *f* ❸ (JUR) Inzidenz-

incidentalità [intʃidentali'ta] <-> *f* (*casualità*) Zufälligkeit *f*

incidente [intʃi'dɛnte] I. *agg* (MAT, OPT) Einfalls-, Inzidenz-; **raggio** *~* Einfallsstrahl *m* II. *m* Unfall *m; ~* **di piccola entità** Bagatellunfall *m*

incidentistica [intʃiden'tistika] <-che> *f* (*studio degli incidenti*) Unfallursachenforschung *f*, Unfallstatistik *f*

incidenza [intʃi'dɛntsa] *f* ❶ (MAT, OPT) Einfall *m;* **angolo d'~** Einfallswinkel *m* ❷ (*fig: ripercussione*) Auswirkung *f*

incidere [in'tʃi:dere] <incido, incisi, inciso> I. *vi ~* **su qc** sich auf etw *acc* auswirken II. *vt* ❶ (*tagliare*) einschneiden ❷ (*intagliare*) (ein)ritzen; (*scolpire*) (ein)gravieren; *~* **il legno** (in Holz) schnitzen; *~* **la pietra** (in Stein) hauen; *~* **il rame** (in Kupfer) stechen ❸ (*registrare*) aufzeichnen, aufnehmen ❹ (*fig: imprimere*) *~* **qc nella memoria** sich etw einprägen

incinta [in'tʃinta] *agg* schwanger; **è ~ di quattro mesi** sie ist im vierten Monat schwanger; **rimanere ~** schwanger werden

incipiente [intʃi'piɛnte] *agg* beginnend; **calvizie ~** erste Anzeichen *npl* einer Glatze

incipriare [intʃi'pria:re] I. *vt* (ein)pudern II. *vr -rsi* sich (ein)pudern

incirca [in'tʃirka] *avv* ungefähr; **all'~** ungefähr, etwa

incisi [in'tʃi:zi] *1. pers sing pass rem di* **incidere**

incisione [intʃi'zio:ne] *f* ❶ (*taglio*) (Ein)schnitt *m* ❷ (*arte*) Gravierung *f* ❸ (*disegno inciso*) Gravur *f*, Stich *m; ~* **all'acquaforte** Radierung *f; ~* **a bulino** Stich *m; ~* **in legno** Holzschnitt *m; ~* **su rame** Kupferstich *m* ❹ (*registrazione*) Aufnahme *f*

incisività [intʃizivi'ta] <-> *f* ❶ (*taglio*) Schärfe *f* ❷ (*fig: efficacia*) Einprägsamkeit *f*

incisivo [intʃi'zi:vo] *m* Schneidezahn *m*

incisivo, -a *agg* ❶ (*tagliente*) schneidend ❷ (*fig*) einschneidend; (*efficace*) wirkungsvoll

inciso[1] [in'tʃi:zo] *pp di* **incidere**

inciso[2] *m* (LING) Einschiebsel *n;* **per ~** nebenbei

incisore [intʃi'zo:re] *m* Graveur(in) *m(f); ~* **in legno** Holzschneider(in) *m(f); ~* **in pietra** Bildhauer(in) *m(f); ~* **in rame** Kupferstecher(in) *m(f); ~* **in litografia** Litograf(in) *m(f)*

incisorio, -a [intʃi'zɔ:rio] <-i, -ie> *agg* Gravier-, Schneide-; **sala -a** Seziersaal *m*

incitamento [intʃita'mento] *m* Anreiz *m;* (*stimolo*) Anregung *f;* **incitare** [intʃi'ta:re] *vt ~* **qu a** (**fare**) **qc** jdn zu etw anregen; (*pej*) jdn zu etw aufwiegeln [*o* aufhussen *A*]; **incitatore, -trice** [intʃita'to:re] *m, f* Antreiber(in) *m(f)*

incitrullire [intʃitrul'li:re] <incitrullisco> *vi essere* verdummen, verblöden

inciucio [in'tʃutʃo] <-ci> *m* (*pej* POL) fauler Kompromiss

incivile [intʃi'vi:le] *agg* **①** (*barbaro*) unzivilisiert **②** (*maleducato*) unhöflich, grob
incivilimento [intʃivili'mento] *m* Zivilisierung *f;* **incivilire** [intʃiv'li:re] <incivilisco> **I.** *vt* (*popolo*) zivilisieren; (*ingentilire*) verfeinern **II.** *vr* -rsi zivilisierter werden; (*ingentilirsi*) sich verfeinern
inciviltà [intʃivil'ta] *f* **①** (*basso livello di civiltà*) Mangel *m* an Kultur **②** (*azione incivile*) Ungezogenheit *f,* ungehobeltes Benehmen
inclassificabile [iŋklassifi'ka:bile] *agg* **①** (*che non si può classificare*) nicht klassifizierbar; (*in livelli*) nicht einstufbar **②** (*a scuola*) unzensierbar **③** (*fig: scorretto*) unter aller Kritik
inclemente [iŋkle'mɛnte] *agg* **①** (*inflessibile*) erbarmungslos, unerbittlich **②** (*fig: avverso*) widrig, ungünstig; (*clima*) rau; **inclemenza** [iŋkle'mɛntsa] *f* Erbarmungslosigkeit *f*
inclinabile [iŋkli'na:bile] *agg* (schräg) verstellbar; (*ribaltabile*) kippbar
inclinare [iŋkli'na:re] **I.** *vt* neigen, schräg stellen **II.** *vi* **①** (*pendere*) ~ **a destra/sinistra** sich nach rechts/links neigen **②** (*fig*) ~ **a fare qc** geneigt sein, etw zu tun **III.** *vr* -rsi sich neigen, sich beugen; **inclinazione** [iŋklinat'tsio:ne] *f* **①** (*pendenza*) Neigung *f;* (*piano obliquo*) Schräge *f* **②** (*fig: propensione*) Neigung *f;* (*capacità naturale*) Veranlagung *f;* (*simpatia*) Zuneigung *f;* **incline** [iŋ'kli:ne] *agg* **essere** ~ **a qc** zu etw neigen
includere [iŋ'klu:dere] <includo, inclusi, incluso> *vt* **①** (*inserire*) einfügen **②** (*comprendere*) einschließen, einbeziehen **③** (*implicare, racchiudere*) (mit) einbegreifen
inclusione [iŋklu'zio:ne] *f* **①** (*atto dell'includere*) Einbeziehung *f* **②** (ADM) Anlage *f*
inclusive tour [in'klu:siv tur] <-> *m* Pauschalreise *f*
inclusivo, -a [iŋklu'zi:vo] *agg* einschließlich; ~ **delle spese** inklusive Spesen
incluso [iŋ'klu:zo] *pp di* **includere**
incocciare [iŋkot'tʃa:re] **I.** *vt* avere **①** (NAUT: *agganciare*) einhaken **②** (*dial: incontrare*) zufällig treffen; (*urtare*) stoßen (*qc* gegen, an etw *acc*) **II.** *vi* essere (*dial: imbattersi*) stoßen (*in* auf +*acc*); ~ **male/bene** es schlecht/gut treffen **III.** *vr* -rsi (*dial*) **①** (*incaponirsi*) sich versteifen (*in* auf +*acc*) **②** (*impermalirsi*) beleidigt sein, einschnappen *fam*
incoercibile [iŋkoer'tʃi:bile] *agg* **①** (CHEM, PHYS) unverdichtbar **②** (*che non si può reprimere*) unbezwingbar

incoerente [iŋkoe'rɛnte] *agg* (*contraddittorio*) widersprüchlich; **discorso** ~ unzusammenhängende Rede; **persona** ~ inkonsequente Person; **incoerenza** [iŋkoe'rɛntsa] *f* (*contraddizione*) Widersprüchlichkeit *f;* (*incongruenza*) Zusammenhang(s)losigkeit *f*
incogliere [iŋ'kɔʎʎere] <irr> *poet* **I.** *vt* avere überraschen; (*cogliere di sorpresa*) ertappen **II.** *vi* essere widerfahren; (*capitare*) zustoßen
incognita [iŋ'kɔɲɲita] *f* **①** (MAT) Unbekannte *f,* unbekannte Größe **②** (*fig*) unvorhersehbare Sache
incognito [iŋ'kɔɲɲito] *m* Inkognito *n;* **viaggiare in** ~ inkognito reisen
incognito, -a *agg* (*non conosciuto*) unbekannt; (*non riconosciuto*) unerkannt
incollare [iŋkol'la:re] **I.** *vt* **①** (*attaccare*) aufkleben, ankleben; ~ **parti insieme** zusammenkleben **②** (*fig*) (fest)kleben; ~ **la faccia contro la vetrina** das Gesicht an das Schaufenster drücken **II.** *vr* -rsi **a qc** an etw *dat* festkleben; -rsi **a qu** (*fig*) sich an jdn [*o* jdm] klammern
incollatura [iŋkolla'tu:ra] *f* **①** (*operazione dell'incollare*) Ankleben *n,* Anleimen *n* **②** (*nell'ippica*) Halslänge *f;* **vincere di mezza** ~ um eine halbe Halslänge siegen
incollerire [iŋkolle'ri:re] <incollerisco, incollerisci> **I.** *vi* essere sich erzürnen, in Zorn geraten **II.** *vr* -rsi sich erzürnen, in Zorn geraten
incollerirsi [iŋkolle'ri:rsi] <incollerisco> *vr* sich erzürnen
incolmabile [iŋkol'ma:bile] *agg* unausfüllbar; (*insostituibile*) unersetzbar
incolonnare [iŋkolon'na:re] **I.** *vt* **①** (*cifre*) in Spalten (untereinander) schreiben **②** (*persone*) in Reih und Glied aufstellen **II.** *vr* -rsi sich in Reih und Glied aufstellen
incolonnatore [iŋkollona'to:re] *m* Tabulator *m*
incolore [iŋko'lo:re] *agg* (*a fig*) farblos
incolpare [iŋkol'pa:re] *vt* ~ **qu di qc** (*accusare*) jdn einer Sache *gen* beschuldigen; (*rendere responsabile*) jdn für etw verantwortlich machen
incolpevole [iŋkol'pe:vole] *agg* schuldlos; (*innocente*) unschuldig; **incolpevolezza** [iŋkolpevo'lettsa] *f* Schuldlosigkeit *f;* (*innocenza*) Unschuld *f*
incolsi [iŋ'kolsi] *1. pers sing pass rem di* **incogliere**
incolto, -a [iŋ'kolto] **I.** *pp di* **incogliere** **II.** *agg* **①** (*terreno*) unbestellt, brach **②** (*fig: non curato*) ungepflegt; (*trascurato*) vernachlässigt **③** (*fig: ignorante*) ungebildet

incolume [iŋ'kɔːlume] *agg* unversehrt; (*cosa*) unbeschädigt; **incolumità** [iŋkolumi'ta] <-> *f* Unversehrtheit *f*; (*fig*) Unverletzlichkeit *f*

incombente [iŋkom'bɛnte] *agg* bevorstehend; (*pericolo*) drohend

incombenza [iŋkom'bɛntsa] *f* ❶ (*incarico*) Auftrag *m* ❷ (*dovere*) Aufgabe *f*, Verpflichtung *f*

incombere [iŋ'kombere] <incombo, incombei *o* incombetti, *manca il pp*> *vi* ❶ (*essere imminente*) bevorstehen; (*sovrastare minacciando*) drohen ❷ (*spettare*) ~ **a qu** jdm obliegen

incombustibile [iŋkombus'tiːbile] *agg* nicht brennbar; (*resistente al fuoco*) feuerfest

incominciare [iŋkomin'tʃaːre] *vt, vi* beginnen, anfangen

incommensurabile [iŋkommensu'raːbile] *agg* riesig, unermesslich

incomodare [iŋkomo'daːre] **I.** *vt* ~ **qu** jdm Umstände bereiten **II.** *vr* -**rsi** sich bemühen, sich *dat* Umstände machen; **non s'incomodi!** machen Sie sich *dat* keine Umstände!

incomodo [iŋ'kɔːmodo] *m* Unbequemlichkeit *f*; **essere d'~ per qu** jdm unbequem sein; **scusi l'~** entschuldigen Sie die Störung

incomodo, -a *agg* (*inopportuno*) ungelegen; (*fastidioso*) lästig

incomparabile [iŋkompa'raːbile] *agg* unvergleichlich

incompatibile [iŋkompa'tiːbile] *agg* (*inconciliabile*) unvereinbar; (*persone*) nicht zusammenpassend; (*sistemi*) inkompatibel; **incompatibilità** [iŋkompatibili'ta] *f* Unvereinbarkeit *f*; (*di persone*) Unverträglichkeit *f*

incompetente [iŋkompe'tɛnte] **I.** *agg* ❶ (*inesperto*) nicht kompetent ❷ (JUR) nicht zuständig ❸ (*pej*) untüchtig; (*incapace*) unfähig **II.** *mf* Laie *m*; **incompetenza** [iŋkompe'tɛntsa] *f* ❶ (*ignoranza*) Unkenntnis *f*; (*mancanza di competenza*) Inkompetenz *f* ❷ (JUR) Unzuständigkeit *f*

incompiuto, -a [iŋkom'piuːto] *agg* unvollendet

incompleto, -a [iŋkom'plɛːto] *agg* unvollständig

incomprensibile [iŋkompren'siːbile] *agg* unverständlich

incomprensione [iŋkompren'sioːne] *f* Unverständnis *n*; (*mancanza di comprensione*) Verständnislosigkeit *f*; **incompreso, -a** [iŋkom'preːso] *agg* unverstanden; (*genio*) verkannt

incomunicabile [iŋkomuni'kaːbile] *agg* nicht mitteilbar

inconcepibile [iŋkontʃe'piːbile] *agg* undenkbar; (*inimmaginabile*) unvorstellbar; (*incomprensibile*) unfassbar, unbegreiflich

inconciliabile [iŋkontʃi'liaːbile] *agg* unversöhnlich; (*fig*) unvereinbar

inconcludente [iŋkoŋklu'dɛnte] *agg* (*discorso*) zusammenhang(s)los; (*vano*) unnütz, fruchtlos; (*persona*) unbeständig

incondizionato, -a [iŋkondittsio'naːto] *agg* bedingungslos

inconfessabile [iŋkonfes'saːbile] *agg* uneingestehbar; (*turpe*) schändlich; **inconfessato, -a** [iŋkonfes'saːto] *agg* ungestanden; (*tenuto segreto*) uneingestanden

inconfondibile [iŋkonfon'diːbile] *agg* unverwechselbar; (*fig*) unverkennbar

inconfutabile [iŋkonfu'taːbile] *agg* unwiderlegbar; (*incontestabile*) unanfechtbar

incongruente [iŋkoŋgru'ɛnte] *agg* nicht übereinstimmend; (*contradditorio*) widersprüchlich; **incongruenza** [iŋkoŋgru'ɛntsa] *f* Nichtübereinstimmung *f*; (*contraddizione*) Widerspruch *m*

incongruo, -a [iŋ'kɔŋgruo] *agg* unangemessen; (*non adatto*) unpassend

inconsapevole [iŋkonsa'peːvole] *agg* unbewusst; (*ignaro*) ahnungslos; **inconsapevolezza** [iŋkonsapevo'lettsa] *f* Unbewusstheit *f*

inconscio [iŋ'kɔnʃo] <*sing*> *m* Unbewusste(s) *n*

inconscio, -a <-sci, -scie *o* -sce> *agg* unbewusst

inconseguente [iŋkonse'guɛnte] *agg* inkonsequent; **inconseguenza** [iŋkonse'guɛntsa] *f* Inkonsequenz *f*

inconsideratezza [iŋkonsidera'tettsa] *f* Unüberlegtheit *f*; **inconsiderato, -a** [iŋkonside'raːto] *agg* unüberlegt

inconsistente [iŋkonsis'tɛnte] *agg* ❶ (*senza fondamento*) unhaltbar; (*persona*) haltlos ❷ (PHYS, CHEM) unbeständig, inkonsistent *scient;* **inconsistenza** [iŋkonsis'tɛntsa] *f* ❶ (*infondatezza*) Unhaltbarkeit *f*; (*di persona*) Haltlosigkeit *f* ❷ (PHYS, CHEM) Unbeständigkeit *f*, Inkonsistenz *f scient*

inconsolabile [iŋkonso'laːbile] *agg* untröstlich

inconsueto, -a [iŋkonsu'ɛːto] *agg* ungewohnt; (*insolito*) ungewöhnlich

inconsulto, -a [iŋkon'sulto] *agg* unbesonnen

incontaminato, -a [iŋkontami'naːto] *agg* unbefleckt; (*non infestato*) unverseucht

incontentabile [iŋkonten'taːbile] *agg* ungenügsam; (*insaziabile*) unstillbar; **sei ~** du bist nie zufrieden

incontestabile [iŋkontes'ta:bile] *agg* unbestreitbar; **incontestato, -a** [iŋkontes'ta:to] *agg* unbestritten

incontinenza [iŋkonti'nɛntsa] *f* **➊** (*intemperanza*) Zügellosigkeit *f* **➋** (MED) Inkontinenz *f*

incontrare [iŋkon'tra:re] **I.** *vt* **➊** (*gener*) **~ qu** jdn treffen, jdm begegnen **➋** (*trovarsi di fronte a*) **~ qc** einer Sache *dat* gegenüberstehen **➌** (*fig: trovare*) finden **➍** (SPORT) treffen auf *+acc* **II.** *vr* **-rsi ➊** sich treffen, sich begegnen **➋** (*conoscersi*) sich kennen lernen **➌** (SPORT) gegeneinander antreten

incontrario [iŋkon'tra:rio] *avv* **all'~** (*fam*) verkehrt herum; **andare all'~** schiefgehen

incontrastabile [iŋkontras'ta:bile] *agg* unwiderstehlich; (*inoppugnabile*) unanfechtbar

incontrastato, -a [iŋkontras'ta:to] *agg* unangefochten; (*indiscusso*) unbestritten

incontro[1] [iŋ'kontro] *m* **➊** (*di persone*) Begegnung *f*; (*convegno*) Zusammenkunft *f*, Treffen *n*; **fissare un ~** einen Termin (für ein Treffen) ausmachen **➋** (SPORT) Begegnung *f*; (*partita*) Spiel *n*; (*di pugilato*) Kampf *m*

incontro[2] **I.** *avv* entgegen; **mi corse ~** er [*o* sie] lief mir entgegen, er [*o* sie] lief auf mich zu **II.** *prp* **~ a qu/qc** auf jdn/etw *+acc* ... zu; **farsi ~ a qu** auf jdn zugehen; **venire ~ a qu** (*fig*) jdm entgegenkommen; **andare ~ a difficoltà** Schwierigkeiten begegnen

incontrollabile [iŋkontrol'la:bile] *agg* unkontrollierbar; **incontrollato, -a** [iŋkontrol'la:to] *agg* unkontrolliert; (*privo di controllo*) unbeherrscht

incontrovertibile [iŋkontrover'ti:bile] *agg* unanfechtbar; (*indiscutibile*) unbestreitbar

inconveniente [iŋkonve'niɛnte] *m* Unannehmlichkeit *f*; (*difficoltà*) Schwierigkeit *f*

incoraggiamento [iŋkoraddʒa'mento] *m* Ermutigung *f*; **incoraggiare** [iŋkorad'dʒa:re] *vt* ermutigen; (*fig a*) unterstützen; (*favorire*) fördern; **~ qu a qc** jdn zu etw ermutigen

incordatura [iŋkorda'tu:ra] *f* (*di racchetta*) Bespannung *f*; (*di strumento*) Besaitung *f*

incornare [iŋkor'na:re] *vt* **➊** (*colpire con le corna*) auf die Hörner nehmen **➋** (*fam: tradire il coniuge*) **~ qu** jdm Hörner aufsetzen

incorniciare [iŋkorni'tʃa:re] *vt* **➊** (*mettere*

in cornice) (ein)rahmen **➋** (*fig*) umrahmen; **incorniciatura** [iŋkornitʃa'tu:ra] *f* (Ein)rahmung *f*

incoronare [iŋkoro'na:re] *vt* (*cingere di corona*) krönen; (*inghirlandare*) bekränzen; **~ la moglie/il marito** der Ehefrau/dem Ehemann Hörner aufsetzen; **incoronazione** [iŋkoronat'tsio:ne] *f* Krönung *f*

incorporare [iŋkorpo'ra:re] *vt* **➊** (*più elementi in una massa*) vermengen **➋** (*fig: annettere*) einverleiben; (*inserire*) eingliedern; **incorporazione** [iŋkorporat'tsio:ne] *f* Vermengung *f*; (*fig*) Einverleibung *f*

incorporeo, -a [iŋkor'pɔ:reo] <-ei, -ee> *agg* körperlos; (*fig*) zart, durchscheinend

incorreggibile [iŋkorred'dʒi:bile] *agg* unkorrigierbar; (*fig*) unverbesserlich

incorrere [iŋ'korrere] <irr> *vi essere* **~ in un errore** einem Irrtum verfallen; **~ in un pericolo** in Gefahr geraten

incorrotto, -a [iŋkor'rotto] *agg* (*fig: puro*) unverdorben, unbestochen; **incorruttibile** [iŋkorrut'ti:bile] *agg* **➊** (*inalterabile*) unverderblich **➋** (*fig: persona*) unbestechlich

incorsi *1. pers sing pass rem di* **incorrere**
incorso *pp di* **incorrere**

incosciente [iŋkoʃʃɛnte] **I.** *agg* **➊** (*senza coscienza*) gewissenlos; (*irresponsabile*) verantwortungslos **➋** (MED) bewusstlos **II.** *mf* verantwortungslose Person; **incoscienza** [iŋko'ʃɛntsa] *f* **➊** (*mancanza di coscienza*) Gewissenlosigkeit *f*; (*irresponsabilità*) Verantwortungslosigkeit *f* **➋** (*leggerezza*) Unbeschwertheit *f* **➌** (MED) Bewusstlosigkeit *f*

incostante [iŋkos'tante] *agg* unbeständig; (*volubile*) wankelmütig; **incostanza** [iŋkos'tantsa] *f* Unbeständigkeit *f*; (*volubilità*) Wankelmut *m*

incostituzionale [iŋkostituttsio'na:le] *agg* verfassungswidrig

incravattato, -a [iŋkravat'ta:to] *agg* mit Krawatte

incredibile [iŋkre'di:bile] *agg* unglaublich

incredula *f v.* **incredulo**

incredulità [iŋkreduli'ta] <-> *f* Ungläubigkeit *f*; **incredulo, -a** [iŋ'krɛ:dulo] **I.** *agg* ungläubig **II.** *m, f* Ungläubige(r) *f(m)*

incrementare [iŋkremen'ta:re] *vt* steigern; (*fare prosperare*) fördern; **incrementativo, -a** [iŋkrementa'ti:vo] *agg* (COM, FIN) fördernd, Anreiz-; **incremento** [iŋkre'mento] *m* Steigerung *f*; (*sviluppo*) Zunahme *f*; **tasso annuale d'~** (COM, FIN) jährliche Zuwachsrate

increscioso, -a [iŋkreʃ'ʃo:so] *agg* bedauerlich; (*sgradito*) lästig

increspare [iŋkres'pa:re] *vt* (*stoffa*) kräuseln; (*carta*) kreppen; **increspatura** [iŋkrespa'tu:ra] *f* Kräuselung *f;* (*di carta*) Kreppung *f*

incretinire [iŋkreti'ni:re] <incretinisco> *vi essere* verblöden

incriminare [iŋkrimi'na:re] *vt* anklagen; (*incolpare*) beschuldigen; **incriminazione** [iŋkriminat'tsio:ne] *f* Anschuldigung *f*

incrinare [iŋkri'na:re] I. *vt* ❶ (*fendere*) einen Sprung verursachen in +*dat* [*o* an +*dat*] ❷ (*fig: danneggiare*) schädigen II. *vr* -**rsi** einen Riss bekommen; **incrinatura** [iŋkrina'tu:ra] *f* Sprung *m;* (*crepa*) Riss *m*

incrociare [iŋkro'tʃa:re] I. *vt* ❶ (*gener,* BIOL, ZOO) kreuzen; (*gambe, braccia*) verschränken; ~ **le armi** (*fig*) die Waffen kreuzen; ~ **le braccia** (*fig*) die Arbeit niederlegen, streiken ❷ (*incontrare*) ~ **qu/qc** jdm/etw begegnen II. *vr* -**rsi** sich kreuzen; (*incontrarsi*) sich treffen, sich begegnen; **incrociatore** [iŋkrotʃa'to:re] *m* Kreuzer *m*

incrocio [iŋ'kro:tʃo] <-ci> *m* Kreuzung *f*

incrollabile [iŋkrol'la:bile] *agg* unerschütterlich; (*stabile*) fest

incrostare [iŋkros'ta:re] *vt* ❶ (*ricoprire come una crosta*) verkrusten ❷ (*per ornamento*) inkrustieren

incrostarsi [iŋkros'ta:rsi] *vr* verkrusten; **incrostazione** [iŋkrostat'tsio:ne] *f* ❶ (*formazione di crosta*) Verkrustung *f;* (*effetto*) Kruste *f* ❷ (*sedimento*) Belag *m*

incrudelire [iŋkrude'li:re] <incrudelisco, incrudelisci> *vi* ❶ *avere* (*infierire*) wüten; (*essere crudele*) grausam sein (*su* gegen) ❷ *essere* (*diventare malvagio*) grausam werden

incrudimento [iŋkrudi'mento] *m* (*di metalli*) Verfestigung *f;* **incrudire** [iŋkru'di:re] <incrudisco, incrudisci> I. *vt avere* (ver)härten, hart machen; (*metalli*) verfestigen II. *vi essere* ❶ (*metalli*) spröde werden; (*indurire*) hart werden; (*ferita*) sich verschlimmern ❷ (*fig: diventare crudo*) hart werden; (*inasprire*) sich verschärfen

incruento, -a [iŋkru'ɛnto] *agg* unblutig; **battaglia -a** (*scherz*) Wortgefecht *n*

incubatrice [iŋkuba'tri:tʃe] *f* ❶ (*per uova*) Brutapparat *m* ❷ (*per neonati*) Brutkasten *m;* **incubazione** [iŋkubat'tsio:ne] *f* ❶ (*cova*) Brüten *n;* (*periodo*) Brutzeit *f* ❷ (MED) Inkubation *f* ❸ (*fig: sviluppo*) Entwicklung *f*

incubo ['iŋkubo] *m* ❶ (*da sogni, a fig*) Alptraum *m* ❷ (*fig: paura*) Angst *f,* Alpdruck *m;* (*persona*) Schreckgespenst *n;* ~ **degli esami** Prüfungsangst *f*

incudine [iŋ'ku:dine] *f* Amboss *m;* **essere tra l'~ e il martello** (*fig*) in der Zwickmühle sein

inculcare [iŋkul'ka:re] *vt* einschärfen, eintrichtern *fam*

inculturazione [iŋkulturat'tsio:ne] *f* kulturelle Anpassung *f*

incunabolo [iŋku'na:bolo] *m* Inkunabel *f,* Wiegendruck *m*

incuneare [iŋkune'a:re] I. *vt* einkeilen; (*fissare*) verkeilen; (*fig*) einzwängen II. *vr* -**rsi** sich einkeilen; (*inserirsi a forza*) eindringen

incupire [iŋku'pi:re] <incupisco> *vi essere* ❶ (*diventare scuro*) sich verdunkeln ❷ (*fig*) sich verdüstern

incurabile [iŋku'ra:bile] *agg* unheilbar; (*fig*) unverbesserlich

incurante [iŋku'rante] *agg* **essere ~ di qc** sich um etw keine Gedanken machen; (*indifferente*) einer Sache gegenüber gleichgültig sein; **incuranza** [iŋku'rantsa] *f* Unbekümmertheit *f;* (*indifferenza*) Gleichgültigkeit *f;* (*disprezzo*) Missachtung *f*

incuria [iŋ'ku:ria] *f* Sorglosigkeit *f*

incuriosire [iŋkurio'si:re] <incuriosisco> I. *vt* neugierig machen II. *vr* -**rsi** neugierig werden

incursione [iŋkur'sio:ne] *f* Einfall *m;* (*attacco*) Angriff *m;* (*per rapina*) Überfall *m*

incurvamento [iŋkurva'mento] *m* Krümmung *f;* **incurvare** [iŋkur'va:re] I. *vt* (durch)biegen; (*inchinare*) beugen; (*curvare*) krümmen; ~ **la schiena** (*fig*) dienern II. *vr* -**rsi** sich beugen; (*piegarsi*) sich biegen

incussi [iŋ'kussi] *1. pers sing pass rem di* **incutere**

incusso [iŋ'kusso] *pp di* **incutere**

incustodito, -a [iŋkusto'di:to] *agg* unbeaufsichtigt; (*non sorvegliato*) unbewacht; **parcheggio ~** unbewachter Parkplatz; **passaggio a livello ~** unbeschrankter Bahnübergang

incutere [iŋ'ku:tere] <incuto, incussi, incusso> *vt* ~ **qc a qu** jdm etw einflößen; ~ **timore/spavento a qu** jdm Angst/einen Schreck einjagen

indaco ['indako] I. <inv> *agg* indigoblau, Indigo- II. <-chi> *m* Indigo *m o n*

indaffarato, -a [indaffa'ra:to] *agg* viel beschäftigt

indagare [inda'ga:re] I. *vt* erforschen II. *vi* ermitteln; ~ **su qc** über etw *acc* Nachforschungen anstellen; **indagatore, -trice**

[indaga'to:re] I. *agg* (*sguardo*) forschend II. *m, f* Forscher(in) *m(f)*

indagine [in'da:dʒine] *f* Untersuchung *f*; (JUR) Ermittlung *f*, Ausforschung *f A*; (*ricerca*) Erforschung *f*

indebitamento [indebita'mento] *m* Verschuldung *f*; **indebitarsi** [indebi'tarsi] *vr* sich verschulden

indebito, -a [in'de:bito] *agg* ❶ (*che non è dovuto*) ungebührlich; (*illecito*) unrechtmäßig; (JUR) widerrechtlich ❷ (*inopportuno*) unpassend

indebolimento [indeboli'mento] *m* Schwächung *f*; **indebolire** [indebo'li:re] <indebolisco> I. *vt avere* schwächen II. *vr* **-rsi** schwach werden

indecente [inde'tʃɛnte] *agg* unanständig; (*disdicevole*) unschicklich; **prezzi -i** unverschämte Preise; **indecenza** [inde'tʃɛntsa] *f* Unanständigkeit *f*; (*sconvenienza*) Anstößigkeit *f*; (*vergogna*) Schande *f*

indecifrabile [indetʃi'fra:bile] *agg* ❶ (*scrittura*) unentzifferbar; (*codice*) undechiffrierbar ❷ (*fig: oscuro*) unerforschlich

indecisione [indetʃi'zio:ne] *f* Unentschlossenheit *f*; **indeciso, -a** [inde'tʃi:zo] *agg* ❶ (*irresoluto*) unentschlossen, unschlüssig ❷ (*fig: incerto*) verschwommen; **tempo ~** unbeständiges Wetter

indeclinabile [indekli'na:bile] *agg* (LING) undeklinierbar

indecoroso, -a [indeko'ro:so] *agg* ungehörig; (*disdicevole*) unschicklich

indefesso, -a [inde'fɛsso] *agg* unermüdlich

indefinibile [indefi'ni:bile] *agg* undefinierbar; (*inspiegabile*) unerklärlich

indefinito, -a [indefi'ni:to] *agg* ❶ (*indeterminato*) unbestimmt; (*spazio*) unbegrenzt ❷ (LING) unbestimmt, indefinit ❸ (*non risolto*) ungelöst

indegnità [indeɲɲi'ta] <-> *f* Unwürdigkeit *f*; **indegno, -a** [in'deɲɲo] *agg* unwürdig

indelebile [inde'lɛ:bile] *agg* ❶ (*non cancellabile*) unauslöschbar; (*colore*) echt; (*inchiostro*) dokumentenecht ❷ (*fig: indimenticabile*) unauslöschlich

indelicatezza [indelika'tettsa] *f* Taktlosigkeit *f*; **indelicato, -a** [indeli'ka:to] *agg* taktlos

indemagliabile [indemaʎ'ʎa:bile] *agg* maschenfest; (*calze*) laufmaschensicher

indemoniato, -a [indemo'nia:to] I. *agg* ❶ (*ossesso*) (vom Teufel) besessen ❷ (*fig*) **un ragazzino ~** (*scherz*) ein Wildfang *m*

II. *m, f* Besessene(r) *f(m)*

indenne [in'dɛnne] *agg* ❶ (*incolume*) unverletzt, unversehrt ❷ (*senza danni*) schadlos, unbeschädigt

indennità [indenni'ta] <-> *f* ❶ (*attribuzione patrimoniale*) Vergütung *f*; **~ di buonuscita** Abfindung *f*, Abfertigung *f A*; **~ chilometrica** Fahrtgeld *n*; **~ di contingenza** Teuerungszulage *f*; **~ di licenziamento** (Kündigungs)abfindung *f*; **~ di trasferta** Reisekostenvergütung *f* ❷ (*risarcimento*) Schadensersatz *m*

indennizzare [indennid'dza:re] *vt* entschädigen; **indennizzo** [inden'niddzo] *m* Entschädigung *f*; **richiesta di ~** Entschädigungsforderung *f*

indentro, in dentro [in'dentro] I. *avv* hinein; **all'~** nach innen II.<inv> *agg* tief (liegend)

inderogabile [indero'ga:bile] *agg* unabdingbar; **inderogabilità** [inderogabili'ta] <-> *f* Unabdingbarkeit *f*

indescrivibile [indeskri'vi:bile] *agg* unbeschreiblich

indesiderabile [indeside'ra:bile] *agg*, **indesiderato, -a** [indeside'ra:to] *agg* unerwünscht

indeterminabile [indetermi'na:bile] *agg* unbestimmbar

indeterminatezza [indetermina'tettsa] *f* Unbestimmtheit *f*; (*irrisolutezza*) Unentschiedenheit *f*; **indeterminativo, -a** [indetermina'ti:vo] *agg* unbestimmt; **articolo ~** (LING) unbestimmter Artikel; **indeterminato, -a** [indetermi'na:to] *agg* unbestimmt; (*vago*) vage; **contratto a tempo ~** unbefristeter Vertrag; **indeterminazione** [indeterminat'tsio:ne] *f* ❶ (*imprecisione*) Unbestimmtheit *f* ❷ (*indecisione*) Unentschlossenheit *f*

indetraibile [indetra'i:bile] *agg* (FIN) nicht (steuerlich) absetzbar; **queste spese sono tutte -i** keine dieser Ausgaben ist steuerlich absetzbar

indetto [in'detto] *pp di* **indire**

indeuropeo, -a [indeuro'pɛ:o] *v.* **indoeuropeo**

indi ['indi] *avv* (*poet*) danach, sodann

India ['india] *f* Indien *n*; **indiano, -a** [in'dia:no] I. *agg* ❶ (*dell'India*) indisch ❷ (*dell'America del Nord*) indianisch, Indianer-; **camminare in fila -a** (*fig*) im Gänsemarsch gehen II. *m, f* ❶ (*dell'India*) Inder(in) *m(f)*; **fare l'~** (*fig*) sich dumm stellen ❷ (*pellerossa*) Indianer(in) *m(f)*

indiavolato, -a [indiavo'la:to] *agg* besessen, vom Teufel geritten; **un ragazzo ~** ein kleiner Teufel; **rumore ~** Höllenlärm *m*

indicare [indi'ka:re] *vt* ❶ (*additare*) zeigen auf +*acc* ❷ (TEC) (an)zeigen, angeben; **il termometro indica 20 gradi** das Thermometer zeigt 20 Grad (an) ❸ (*consigliare*) empfehlen, nennen

indicativo [indika'ti:vo] *m* (LING) Indikativ *m*

indicativo, -a *agg* hinweisend; (*segnalare*) anzeigend; (*fig*) bezeichnend; **modo ~** (LING) Indikativ *m;* **prezzo ~** Preisempfehlung *f;* **valore ~** Richtwert *m*

indicato, -a [indi'ka:to] *agg* angezeigt; (*adatto*) geeignet

indicatore [indika'to:re] *m* ❶ (TEC) Anzeiger *m*, Indikator *m;* **~ di direzione** (AUTO) seitliche Blinkleuchte ❷ (*elenco*) Verzeichnis *n*

indicatore, -trice *agg* Hinweis-, Anzeige-; **cartello ~** Verkehrsschild *n*, Verkehrszeichen *n*

indicazione [indikat'tsio:ne] *f* ❶ (*atto dell'indicare*) (An)zeigen *n* ❷ (*dato, notizia*) Angabe *f* ❸ (*informazione, cenno*) Hinweis *m* ❹ (MED) Indikation *f*

indice ['inditʃe] *m* ❶ (ANAT) Zeigefinger *m* ❷ (TEC) Zeiger *m* ❸ (*fig: indizio*) (An)zeichen *n* ❹ (*elenco*) Verzeichnis *n;* (REL) Index *m;* **~ analitico** Sachregister *n;* **~ dei libri proibiti** Index *m* der verbotenen Bücher; **mettere all'~** auf den Index setzen ❺ (*in statistica*) Index *m;* **~ azionario tedesco** Deutscher Aktienindex; **~ di gradimento** Einschaltquote *f;* **~ di natalità** Geburtenziffer *f*

indicibile [indi'tʃi:bile] *agg* unsagbar

indicizzabile [inditʃid'dza:bile] *agg* (COM, FIN) indexierbar; **i salari non sono sempre -i** die Löhne sind nicht immer indexierbar; **indicizzare** [inditʃid'dza:re] *vt* (COM) indexieren, dynamisieren; **indicizzato, -a** [inditʃid'dza:to] *agg* (COM, FIN) indexiert; **il mutuo sulla casa è ~** die Hypothek auf dem Haus ist indexiert; **prestito ~** indexierte Anleihe; **indicizzazione** [inditʃiddzat'tsio:ne] *f* Indexierung *f,* Dynamisierung *f*

indico [in'di:ko] *1. pers sing pr di* **indire**

indietreggiare [indietred'dʒa:re] *vi* essere *o* avere zurückweichen

indietro [in'die:tro] *avv* zurück, retour *A;* **dare ~ qc** etw zurückgeben; **fare marcia ~** (*fig*) einen Rückzieher machen; **lasciare ~ qu** jdn zurücklassen; (*fig*) jdn überholen; **tirarsi ~** sich zurückziehen; **tornare ~** zurückkehren; **voltarsi ~** sich umdrehen; **essere ~ con il lavoro** mit der Arbeit im Rückstand sein; **l'orologio è ~** die Uhr geht nach; **all'~** rückwärts

indifeso, -a [indi'fe:so] *agg* wehrlos; (*non protetto*) ungeschützt

indifferente [indiffe'rɛnte] *agg* gleichgültig; **è ~ a tutto** ihm ist alles gleichgültig; **per me è ~** das ist mir gleich; **indifferenza** [indiffe'rɛntsa] *f* Gleichgültigkeit *f;* **trattare qu con ~** jdn gleichgültig behandeln

indifferibile [indiffe'ri:bile] *agg* unaufschiebbar; **indifferibilità** [indifferibili'ta] <-> *f* Unaufschiebbarkeit *f*

indigeno, -a [in'di:dʒeno] I. *agg* (*popolazione, cucina*) einheimisch; (*di colonia*) eingeboren; (*flora, fauna*) heimisch II. *m, f* Einheimische(r) *f(m);* (*di colonia*) Eingeborene(r) *f(m)*

indigente [indi'dʒɛnte] I. *agg* Not leidend; (*povero*) bedürftig II. *mf* Not Leidende(r) *f(m);* (*povero*) Bedürftige(r) *f(m);* **indigenza** [indi'dʒɛntsa] *f* Not *f,* Elend *n*

indigestione [indidʒes'tio:ne] *f* Verdauungsstörung *f;* **fare un'~ di film/libri** (*fig*) bis zum Überdruss Filme sehen/Bücher lesen

indigesto, -a [indi'dʒɛsto] *agg* ❶ (*cibo*) unverdaulich ❷ (*fig*) unerträglich, schwer verdaulich

indignare [indiɲ'ɲa:re] I. *vt* entrüsten, empören II. *vr* **-rsi per qc** sich über etw *acc* entrüsten; **indignazione** [indiɲɲat'tsio:ne] *f* Entrüstung *f,* Empörung *f*

indilazionabile [indilattsio'na:bile] *agg* unaufschiebbar

indimenticabile [indimenti'ka:bile] *agg* unvergesslich

indipendente [indipen'dɛnte] I. *agg* unabhängig; (*autonomo*) selbst(st)ändig II. *mf* Unabhängige(r) *f(m);* **indipendentismo** [indipenden'tizmo] *m* Unabhängigkeits(be)streben *n;* **indipendentista** [indipenden'tista] <-i *m,* -e *f*> *mf* Befürworter(in) *m(f)* der Unabhängigkeit, Vertreter(in) *m(f)* der Unabhängigkeit; **indipendenza** [indipen'dɛntsa] *f* Unabhängigkeit *f;* (*autonomia*) Selbst(st)ändigkeit *f*

indire [in'di:re] <irr> *vt* ansagen; (*concorso*) ausschreiben; (*assemblea*) einberufen; (*elezioni*) anberaumen

indiretto, -a [indi'rɛtto] *agg* indirekt; **per vie -e** auf Umwegen

indirizzare [indirit'tsa:re] I. *vt* ❶ (*dirigere*) lenken; **~ qu da qu** (*mandare*) jdn zu jdm schicken ❷ (*fig: instradare*) lenken ❸ (*rivolgere*) **la parola a qu** das Wort an jdn richten ❹ (*corredare dell'indirizzo*) adressieren II. *vr* **-rsi** ❶ (*rivolgersi*) sich wenden ❷ (*per consiglio, aiuto*) **-rsi a qu** sich an jdn wenden; **indirizzario** [indirit'tsa:rio] <-i> *m* Adressbuch *n;* **indirizzo** [indi'rittso] *m* Anschrift *f,* Adresse *f*

indisciplina [indiʃʃi'pli:na] *f* Disziplinlosigkeit *f;* **indisciplinato, -a** [indiʃipli'na:to] *agg* disziplinlos, undiszipliniert

indiscreto, -a [indis'kre:to] *agg* indiskret; (*importuno*) zudringlich, aufdringlich; **indiscrezione** [indiskret'tsio:ne] *f* Indiskretion *f;* (*importunità*) Aufdringlichkeit *f,* Zudringlichkeit *f*

indiscriminato, -a [indiskrimi'na:to] *agg* unterschiedslos; (*a caso*) wahllos; **violenza -a** blinde Gewalt

indiscusso, -a [indis'kusso] *agg* unbestritten; **è ~ che avete torto** es ist gar keine Frage, dass ihr im Unrecht seid

indiscutibile [indisku'ti:bile] *agg* unbestreitbar

indispensabile [indispen'sa:bile] I. *agg* unentbehrlich; (*assolutamente necessario*) unerlässlich II. *m* Allernötigste(s) *n*

indispettire [indispet'ti:re] <indispettisco> I. *vt avere* (ver)ärgern II. *vr* **-rsi** sich ärgern

indisponente [indispo'nɛnte] *agg* ärgerlich

indispongo *1. pers sing pr di* **indisporre**

indisponibile [indispo'ni:bile] *agg* unverfügbar

indisporre [indis'porre] <irr> *vt* verstimmen, ärgern

indisposizione [indispozit'tsio:ne] *f* Unwohlsein *n;* **indisposto, -a** [indis'posto] I. *pp di* **indisporre** II. *agg* unpässlich, unwohl

indissi [in'dissi] *1. pers sing pass rem di* **indire**

indissolubile [indisso'lu:bile] *agg* unauflösbar

indistintamente [indistinta'mente] *avv* **❶** (*senza discriminazione*) unterschiedslos **❷** (*vagamente*) unklar, vage

indistinto, -a [indis'tinto] *agg* verschwommen; (*non chiaro*) undeutlich

indistruttibile [indistrut'ti:bile] *agg* (*a fig*) unzerstörbar; (*materiale, stoffa*) unverwüstlich

indisturbato, -a [indistur'ba:to] *agg* ungestört; (*non ostacolato*) ungehindert

indivia [in'di:via] <-ie> *f* Endivie *f*

individuale [individu'a:le] I. *agg* individuell, persönlich; **gara ~** (SPORT) Einzel(spiel) *n* II. *f* Einzelkampf *m;* **individualismo** [individua'lizmo] *m* Individualismus *m;* **individualista** [individua'lista] <-i *m,* -e *f*> *mf* Individualist(in) *m(f);* **individualistico, -a** [individua'listiko] <-ci, -che> *agg* individualistisch; **indivi-**

dualità [individuali'ta] <-> *f* **❶** (*gener*) Individualität *f;* (*singolarità*) Besonderheit *f* **❷** (*personaggio*) Persönlichkeit *f,* Erscheinung *f*

individualizzazione [individualiddzat-'tsio:ne] *f* Personalisierung *f*

individuare [individu'a:re] I. *vt* **❶** (*riconoscere*) erkennen; (JUR) identifizieren **❷** (*determinare*) bestimmen; (*scoprire*) herausfinden II. *vr* **-rsi** sich zu einer Persönlichkeit entwickeln; (*prendere forma*) Gestalt annehmen; **individuazione** [individuat'tsio:ne] *f* **❶** (*riconoscimento*) Erkennen *n;* (JUR) Identifizierung *f* **❷** (*determinazione*) Feststellung *f;* (*scoperta*) Auffinden *n*

individuo [indi'vi:duo] *m* **❶** (BIOL) (Einzel)wesen *n* **❷** (*persona singola*) Individuum *n,* Person *f* **❸** (*pej*) Subjekt *n*

indivisibile [indivi'zi:bile] *agg* **❶** (MAT, JUR) unteilbar **❷** (*cose*) untrennbar **❸** (*persone*) unzertrennlich; **indivisibilità** [individivibili'ta] *f* Unteilbarkeit *f*

indiviso, -a [indi'vi:zo] *agg* ungeteilt

indiziare [indit'tsia:re] *vt* verdächtigen; **indiziario, -a** [indit'tsia:rio] <-i, -ie> *agg* Indizien-; **indiziato, -a** [indit'tsia:to] I. *agg* verdächtigt II. *m, f* Verdächtigte(r) *f(m)*

indizio [in'dittsio] <-i> *m* **❶** (*sintomo*) **un ~ di qc** ein Zeichen *n* für etw; (JUR) ein Indiz *n* für etw **❷** (*base*) Anhaltspunkt *m*

indocile [in'dɔ:tʃile] *agg* unfügsam

indoeuropeo [indoeuro'pɛ:o] <sing> *m* Indoeuropäisch(e) *n*

indoeuropeo, -a <-ei, -ee> I. *agg* indoeuropäisch II. *m, f* Indoeuropäer(in) *m(f)*

indole ['indole] *f* Wesen *n,* Natur *f;* (*carattere*) Charakter *m;* **per ~ von** Natur aus

indolente [indo'lɛnte] *agg* nachlässig; (*apatico*) träge; **indolenza** [indo'lɛntsa] *f* Nachlässigkeit *f;* (*pigrizia*) Trägheit *f*

indolenzimento [indolentsi'mento] *m* Fühllosigkeit *f;* **indolenzire** [indolen'tsi:re] <indolenzisco> I. *vt avere* einschlafen lassen II. *vr* **-rsi** steif werden; **il mio braccio (si) è indolenzito** mein Arm ist eingeschlafen

indolore [indo'lo:re] *agg* schmerzlos

indomabile [indo'ma:bile] *agg* unbezähmbar

indomani [indo'ma:ni] *m* **l'~** der darauf folgende Tag; **l'~ dell'incidente** am Tag nach dem Unfall; **rimandare la visita all'~** den Besuch auf den nächsten Tag verschieben

indomito, -a [in'dɔ:mito] *agg* ungezähmt; (*fig*) unbeugsam

indorare [indo'ra:re] I. *vt* ❶ (*rivestire d'oro*) mit Gold überziehen; (*a fig*) vergolden; ~ **la pillola** (*fig*) die bittere Pille versüßen ❷ (GASTR) vor dem Braten in geschlagenem Ei wälzen II. *vr* -**rsi** sich vergolden, golden werden

indossare [indos'sa:re] *vt* ❶ (*avere indosso*) tragen, anhaben ❷ (*mettersi indosso*) anziehen; **indossatore, -trice** [indossa'to:re] *m, f* (*uomo*) Dressman *m;* (*donna*) Mannequin *n*

indosso [in'dɔsso] *avv* an, auf; **avere, mettersi ~** *v.* **indossare**

indotto [in'dɔtto] *m* Zuliefer- und Dienstleistungsbereich *m*

indotto, -a I. *pp di* **indurre** II. *agg* induziert; **corrente -a** Nebenstrom *m,* Induktionsstrom *m*

indottrinare [indottri'na:re] *vt* unterweisen

indovina *f v.* **indovino**

indovinare [indovi'na:re] I. *vt* (er)raten II. *vi* raten; **tirare a ~** auf gut Glück raten; **indovina un po' chi ha vinto?** (*fam*) rate mal, wer gewonnen hat?; **indovinato, -a** [indovi'na:to] *agg* geglückt, gelungen; **indovinello** [indovi'nɛllo] *m* Rätsel *n*

indovino, -a [indo'vi:no] *m, f* Wahrsager(in) *m(f)*

indubbio, -a [in'dubbio] <-i, -ie> *agg* zweifellos, ohne Zweifel

indubitabile [indubi'ta:bile] *agg* unzweifelhaft

induco [in'du:ko] *1. pers sing pr di* **indurre**

indugiare [indu'dʒa:re] I. *vi* zögern II. *vr* -**rsi** verweilen *geh,* sich aufhalten; **indugio** [in'du:dʒo] <-gi> *m* Zögern *n;* **senza ~** unverzüglich

indulgente [indul'dʒɛnte] *agg* nachsichtig; **indulgenza** [indul'dʒɛntsa] *f* Nachsicht *f*

indulgere [in'duldʒere] <indulgo, indulsi, indulto> *vi* (*poet*) nachgeben, Nachsicht haben (*a* mit)

indulto [in'dulto] *m* Straferlass *m*

indumento [indu'mento] *m* Kleidungsstück *n;* -**i intimi** Unterwäsche *f*

indurimento [induri'mento] *m* (Ver)härtung *f;* **indurire** [indu'ri:re] <indurisco> I. *vt* avere (*a fig*) (ver)härten, hart machen II. *vr* -**rsi** (*diventar duro*) (sich) verhärten, hart werden; -**rsi in qc** sich auf etw *acc* versteifen

indurre [in'durre] <induco, indussi, indotto> *vt* ~ **qu a qc** jdn zu etw bewegen; ~ **qu in errore** jdn irreführen; ~ **qu in tentazione** jdn in Versuchung führen

industria [in'dustria] <-ie> *f* ❶ (*attività*) Gewerbe *n,* Handel *m;* (*impresa commerciale*) Industrie *f;* ~ **libraria** Buchhandel *m;* ~ **turistica** Fremdenverkehrsgewerbe *n;* ~ **leggera** Konsumgüterindustrie *f;* ~ **pesante** Schwerindustrie *f* ❷ (*operosità*) Betriebsamkeit *f*

industrial design [in'dʌstriəl di'zain] <-> *m* Industrial Design *n;* **industrial designer** [in'dʌstriəl di'zainə] <- *o* industrial designers> *mf* Industrial Designer(in) *m(f)*

industriale [indus'tria:le] I. *agg* industriell, gewerblich; **chimica ~** industrielle Chemie; **corrente ~** Industriestrom *m;* **scuola ~** Gewerbeschule *f;* **zona ~** Industriegebiet *n* II. *mf* Industrielle(r) *f(m);* **industrializzare** [industrialid'dza:re] *vt* industrialisieren; **industrializzazione** [industrialiddzat'tsio:ne] *f* Industrialisierung *f*

industriarsi [indus'triarsi] *vr* sich bemühen, sich abmühen; **industrioso, -a** [indus'trio:so] *agg* betriebsam

induttivo, -a [indut'ti:vo] *agg* (PHILOS, EL) induktiv; **induzione** [indut'tsio:ne] *f* ❶ (PHILOS, PHYS) Induktion *f* ❷ (*supposizione*) Vermutung *f*

inebetire [inebe'ti:re] <inebetisco> *vi* essere verblöden

inebriare [inebri'a:re] I. *vt* ❶ (*ubriacare*) berauschen, betrunken machen ❷ (*fig*) berauschen, trunken machen II. *vr* -**rsi** ❶ (*ubriacarsi*) sich betrinken ❷ (*fig*) sich berauschen (*a* an +*dat*)

ineccepibile [inettʃe'pi:bile] *agg* einwandfrei

inedia [i'nɛ:dia] <-ie> *f* (langes) Fasten *n*

inedificabile [inedifi'ka:bile] *agg* unbebaubar

inedito [i'nɛ:dito] *m* unveröffentlichte Schrift

inedito, -a *agg* ❶ (LIT) unveröffentlicht ❷ (*fig*) unbekannt, neu

ineducato, -a [inedu'ka:to] *agg* unerzogen, ungezogen

ineffabile [inef'fa:bile] *agg* unaussprechlich, unsagbar

inefficace [ineffi'ka:tʃe] *agg* unwirksam; **inefficacia** [ineffi'ka:tʃa] *f* Unwirksamkeit *f*

inefficiente [ineffi'tʃɛnte] *agg* nicht leistungsfähig; **inefficienza** [ineffi'tʃɛntsa] *f* Leistungsunfähigkeit *f*

ineguagliabile [ineguaʎ'ʎa:bile] *agg* unvergleichlich, unerreichbar; **ineguaglianza** [ineguaʎ'ʎantsa] *f* Ungleichheit *f;* **ineguale** [ine'gua:le] *agg* ungleich

ineleggibile [ineled'dʒi:bile] *agg* unwählbar; **ineleggibilità** [ineleddʒibili'ta] *f* Unwählbarkeit *f*

ineludibilità [ineludibili'ta] <-> *f* Unvermeidbarkeit *f*

ineluttabile [inelut'ta:bile] *agg* (*poet*) unabwendbar; **ineluttabilità** [ineluttabili'ta] <-> *f* (*poet*) Unabwendbarkeit *f*

inequivocabile [inekuivo'ka:bile] *agg* unmissverständlich

inerente [ine'rɛnte] *agg* ~ **a qc** in Zusammenhang mit etw, etw betreffend

inerme [i'nɛrme] *agg* ❶ (*disarmato*) unbewaffnet ❷ (*indifeso*) wehrlos

inerpicarsi [inerpi'karsi] *vr* ~ **su qc** auf etw *acc* klettern [*o* kraxeln *A*]

inerte [i'nɛrte] *agg* ❶ (*inoperoso*, PHYS) träge; (*inattivo*) untätig ❷ (CHEM) untätig, reaktionsträge; (*gas*) Edel-

inertizzazione [inertiddzat'tsio:ne] *f* (CHEM) chemische Inaktivierung *f*, Stabilisierung *f*

inerzia [i'nɛrtsia] <-ie> *f* ❶ (*oziosità*, PHYS) Trägheit *f*; (*inoperosità*) Untätigkeit *f*; **forza d'**~ Trägheit *f* der Masse; (*fig*) Macht *f* der Gewohnheit ❷ (CHEM) Reaktionsträgheit *f*, Untätigkeit *f*

inesattezza [inezat'tettsa] *f* Ungenauigkeit *f*; **inesatto, -a** [ine'zatto] *agg* ungenau

inesauribile [inezau'ri:bile] *agg* unerschöpflich

ineseguibile [ineze'gui:bile] *agg* undurchführbar

inesigibile [inezi'dʒi:bile] *agg* (FIN) uneinbringlich

inesistente [inezis'tɛnte] *agg* nicht bestehend; **questa cosa è** ~ das gibt es nicht; **inesistenza** [inezis'tɛntsa] *f* Nichtbestehen *n*

inesorabile [inezo'ra:bile] *agg* ❶ (*implacabile*) unerbittlich ❷ (*fatale*) unabwendbar; **inesorabilità** [inezorabili'ta] <-> *f* ❶ (*implacabilità*) Unerbittlichkeit *f* ❷ (*fatalità*) Unabwendbarkeit *f*

inesperienza [inespe'riɛntsa] *f* Unerfahrenheit *f*; **inesperto, -a** [ines'pɛrto] *agg* unerfahren

inesplicabile [inespli'ka:bile] *agg* unerklärlich, unerklärbar; **inesplicato, -a** [inespli'ka:to] *agg* ungeklärt, unerklärt

inesplorabile [inesplo'ra:bile] *agg* unerforschlich, unergründbar; **inesplorato, -a** [inesplo'ra:to] *agg* unerforscht

inespressivo, -a [inespres'si:vo] *agg* ausdruckslos; **inespresso, -a** [ines'prɛsso] *agg* unausgedrückt; **inesprimibile** [inespri'mi:bile] *agg* unaussprechlich

inespugnabile [inespuɲ'ɲa:bile] *agg* uneinnehmbar

inestimabile [inesti'ma:bile] *agg* unschätzbar

inestinguibile [inestiŋ'gui:bile] *agg* ❶ (*fuoco*) nicht löschbar ❷ (*fig*) unauslöschlich

inestirpabile [inestir'pa:bile] *agg* unausrottbar

inestricabile [inestri'ka:bile] *agg* ❶ (*nodo*) unentwirrbar ❷ (*fig*) unlösbar

inetta *f v.* **inetto**

inettitudine [inetti'tu:dine] *f* Untauglichkeit *f*; **inetto, -a** [i'nɛtto] I. *agg* untauglich; (*incapace*) unfähig; **essere** ~ **alle armi** (wehrdienst)untauglich sein II. *m, f* Versager(in) *m(f)*

inevaso, -a [ine'va:zo] *agg* unbearbeitet, unerledigt

inevitabile [inevi'ta:bile] *agg* unvermeidbar

in extremis [in eks'trɛ:mis] *avv* (*sul punto di morte*) im Sterben; (*all'ultimo momento*) im letzten Moment

inezia [i'nɛttsia] <-ie> *f* Kleinigkeit *f*, Lappalie *f*

infagottare [infagot'ta:re] (*fam*) I. *vt* ❶ (*persona*) einmumme(l)n, dick anziehen ❷ (*vestito*) dick machen II. *vr* **-rsi** sich einmumme(l)n; (*pej*) sich unvorteilhaft kleiden

infallibile [infal'li:bile] *agg* ❶ (*che non fallisce*) unfehlbar ❷ (*preciso*) sicher; **infallibilità** [infallibili'ta] <-> *f* ❶ (*di metodo*) Unfehlbarkeit *f* ❷ (*precisione*) Sicherheit *f*

infamare [infa'ma:re] I. *vt* entehren II. *vr* **-rsi** sich entehren

infame [in'fa:me] *agg* ❶ (*ignobile*) schändlich, infam ❷ (*fig scherz*) widerlich, scheußlich; **infamia** [in'fa:mia] <-ie> *f* ❶ (*ignominia*) Schande *f*, Schmach *f* ❷ (*scelleratezza*) Schändlichkeit *f* ❸ (*fig, scherz*) Schande *f fam;* **senza** ~ **e senza lode** (*fam*) ohne Saft und Kraft

infangare [infaŋ'ga:re] *vt* ❶ (*sporcare di fango*) (mit Schlamm) beschmutzen ❷ (*fig: infamare*) durch den Schmutz ziehen; ~ **il proprio nome** seinen Namen mit Schimpf und Schande bedecken

infante [in'fante] *mf* (*bambino*) Kleinkind *n*

infanticida [infanti'tʃi:da] <-i *m*, -e *f*> *mf* Kindesmörder(in) *m(f)*; **infanticidio** [infanti'tʃi:dio] <-i> *m* Kindermord *m*, Kindesmord *m*

infantile [infan'ti:le] *agg* ❶ (*dell'infanzia*) kindlich, Kinder-; **asilo** ~ Kindergarten *m* ❷ (*pej: immaturo*) kindisch, infantil; **infantilismo** [infanti'lizmo] *m* ❶ (MED) Infantilismus *m* ❷ (*fig pej*) mangelnde Reife, Infantilität *f geh;* **infantilità** [infantili'ta] <-> *f* Kindlichkeit *f;* (*pej*) Infantilität *f geh*

infanzia [in'fantsia] <-ie> *f* ❶ (*periodo*) Kindheit *f* ❷ (*bambini in generale*) Kinder *npl;* **prima ~** Kleinkindalter *n;* **seconda ~** Kindheit *f* (*vom dirtten bis zum zwölften Lebensjahr*)*;* **dall'~** von Kindheit an

infarcire [infar'tʃiːre] <infarcisco> *vt* ❶ (GASTR) füllen ❷ (*fig*) **~ un discorso di citazioni** eine Rede mit Zitaten spicken

infarinare [infari'naːre] **I.** *vt* ❶ (*stampo*) mit Mehl bestäuben; (*pesce, carne*) in Mehl wenden ❷ (*fig*) **~ qc di qc** etw mit etw bestreuen **II.** *vr* **-rsi** (*scherz: incipriarsi*) sich pudern; **infarinatura** [infarina'tuːra] *f* ❶ (*l'infarinare*) Einmehlen *n* ❷ (*fig*) oberflächliche Kenntnis; **avere un'~ di tedesco** oberflächliche Deutschkenntnisse haben

infartato, -a [infar'taːto] **I.** *agg* (*colpito da infarto*) Infarkt- **II.** *m, f* Infarktpatient(in) *m(f)*

infarto [in'farto] *m* Infarkt *m;* **~ cardiaco** Herzinfarkt *m;* **~ cerebrale** Gehirnschlag *m*

infastidire [infasti'diːre] <infastidisco> **I.** *vt* belästigen, ärgern, sekkieren *A* **II.** *vr* **-rsi per qc** sich über etw *acc* ärgern

infaticabile [infati'kaːbile] *agg* unermüdlich

infatti [in'fatti] *cong* in der Tat, tatsächlich

infatuare [infatu'aːre] **I.** *vt* begeistern (*per* für), einnehmen (*per* für) **II.** *vr* **-rsi** sich vernarren (*di, per* in +*acc*); **infatuazione** [infatuat'tsio:ne] *f* Schwärmerei *f*

infausto, -a [in'faːusto] *agg* unheilvoll, unglückselig

infecondo, -a [infe'kondo] *agg* (*terreno*) unfruchtbar; (*persona a*) steril; (*matrimonio*) kinderlos

infedele [infe'deːle] **I.** *agg* ❶ (*sleale*) untreu, treulos ❷ (*fig*) ungetreu ❸ (REL) ungläubig **II.** *mf* Ungläubige(r) *f(m);* **infedeltà** [infedel'ta] *f* ❶ (*l'essere infedele*) Untreue *f,* Treulosigkeit *f* ❷ (*fig: inesattezza*) Ungenauigkeit *f*

infelice [infe'liːtʃe] **I.** *agg* ❶ (*sfortunato*) unglücklich ❷ (*mal riuscito*) misslungen ❸ (*sfavorevole*) ungünstig, unglücklich **II.** *mf* Unglückliche(r) *f(m);* **infelicità** [infelitʃi'ta] *f* Unglück *n*

infeltrire [infel'triːre] <infeltrisce> *vi* verfilzen

inferii [infe'riːi] *1. pers sing pass rem di* **inferire**[2]

inferiore [infe'rioːre] <comparativo di *basso*> **I.** *agg* niedrig; (*minore*) niedriger;

(*più basso*) untere(r, s), Unter-; (*a fig*) minderwertig; **essere ~ a qu per intelligenza** jdm geistig unterlegen sein **II.** *mf* Untergebene(r) *f(m);* **inferiorità** [inferiori'ta] <-> *f* Minderwertigkeit *f;* (*di persona*) Unterlegenheit *f;* **complesso d'~** Minderwertigkeitskomplex *m*

inferire [infe'riːre] <inferisco, infersi, inferto> *vt* (*colpo, pugnalata*) versetzen

inferma *f v.* **infermo**

infermeria [inferme'riːa] <-ie> *f* Krankenstation *f;* **infermiere, -a** [infer'miɛːre] *m, f* Krankenpfleger(in) *m(f),* Krankenschwester *f;* **infermieristica** [infermie'ristika] <-che> *f* Krankenpflege *f;* **infermieristico, -a** [infermie'ristiko] <-ci, -che> *agg* Krankenpflege(r)-; **assistenza -a** Krankenpflege *f*

infermità [infermi'ta] <-> *f* Krankheit *f;* **~ della volontà** Willensschwäche *f*

infermo, -a [in'fermo] **I.** *agg* krank **II.** *m, f* Kranke(r) *f(m)*

infernale [infer'naːle] *agg* ❶ (*dell'inferno*) höllisch ❷ (*fig: persona, azione*) teuflisch, diabolisch; (*musica, chiasso*) Höllen-; **un caos ~** ein heilloses Chaos; **inferno** [in'fɛrno] *m* Hölle *f;* **vita d'~** Hundeleben *n;* **mandare qu all'~** jdn zum Teufel jagen

inferocire [infero'tʃiːre] **I.** *vt* avere wild machen **II.** *vi* ❶ essere (*divenire feroce, adirarsi*) wild werden ❷ avere (*infierire*) wüten (*contro* gegen) **III.** *vr* **-rsi** wild [*o* wütend] werden

inferocirsi [infero'tʃiːrsi] <m'inferocisco> *vr* wild werden

inferriata [infer'riːata] *f* (Eisen)gitter *n*

infersi [in'fɛrsi] *1. pers sing pass rem di* **inferire**

inferto [in'fɛrto] *pp di* **inferire**

infervorare [infervo'raːre] **I.** *vt* anspornen **II.** *vr* **-rsi** sich erhitzen

infestare [infes'taːre] *vt* verseuchen; **erba infestante** Unkraut *n;* **infestazione** [infestat'tsio:ne] *f* Verseuchung *f*

infettare [infet'taːre] **I.** *vt* ❶ (MED) anstecken, infizieren *scient* ❷ (*fig: contaminare*) verseuchen, infizieren *geh;* (INFORM) mit einem Virus verseuchen **II.** *vr* **-rsi** sich anstecken, sich infizieren

infettivo, -a [infet'tiːvo] *agg* infektiös, Infektions-; **infettivologo, -a** [infetti'vɔːlogo] <-gi *o* -ghi, -ghe> *m, f* (MED) Spezialist(in) *m(f)* für Infektionskrankheiten

infetto, -a [in'fɛtto] *agg* ❶ (MED) infiziert ❷ (*inquinato*) verseucht

infeziologo, -a [infet'tsiɔːlogo] <-gi, -ghe> *m, f v.* **infettivologo**

infezione [infet'tsio:ne] *f* Infektion *f*, Entzündung *f fam*

infiacchire [infiak'ki:re] <infiacchisco> I. *vt avere* schwächen, entkräften II. *vr* **-rsi** matt werden, ermatten

infialatore, -trice [infiala'to:re] *m, f* (TEC: *persona addetta all'infialatrice*) Abfüller(in) *m(f)* für Ampullenmedikamente

infiammabile [infiam'ma:bile] I. *agg* (*sostanza*) entflammbar, entzündbar; (*con pericolo d'incendio*) feuergefährlich II. *m* feuergefährliches Material; **infiammabilità** [infiammabili'ta] <-> *f* Entflammbarkeit *f*, Entzündbarkeit *f*; (*con pericolo d'incendio*) Feuergefährlichkeit *f*

infiammare [infiam'ma:re] I. *vt* ❶ (*bruciare*) anzünden ❷ (*fig: cuore, animo*) entflammen lassen ❸ (GASTR) flambieren II. *vr* **-rsi** ❶ (*incendiarsi*) sich entzünden; (*bruciare*) brennen ❷ (*adirarsi*) aufbrausen ❸ (*sole, guance*) rot werden; **-rsi in viso** erröten ❹ (MED) sich entzünden; **infiammatorio, -a** [infiamma'tɔ:rio] <-i, -ie> *agg* Entzündungs-, entzündend; **infiammazione** [infiammat'tsio:ne] *f* Entzündung *f*

infiascare [infias'ka:re] *vt* in (Korb)flaschen füllen

inficiare [infi't∫a:re] *vt* anfechten

infido, -a [in'fi:do] *agg* treulos, untreu; (*a fig*) tückisch

infierire [infie'ri:re] <infierisco> *vi* wüten

infiggere [in'fidd3ere] <infiggo, infissi, infitto> I. *vt* ❶ (*chiodo*) einschlagen; (*palo*) hineinrammen ❷ (*fig: nella mente, memoria*) einprägen II. *vr* **-rsi** eindringen

infilare [infi'la:re] I. *vt* ❶ (*chiave, anello*) stecken; (*ago*) einfädeln; (*perle*) auffädeln, aufreihen ❷ (*trapassare*) **~ qc in qc** etw auf [*o* in] etw *acc* stecken ❸ (*vestito, scarpe*) schlüpfen in +*acc*, anziehen ❹ (*strada*) einschlagen, nehmen II. *vr* **-rsi** schlüpfen; **-rsi nel letto** ins Bett schlüpfen

infilata [infi'la:ta] *f* Reihe *f*; **d'~** in Längsrichtung

infiltrarsi [infil'trarsi] *vr* durchsickern; **infiltrazione** [infiltrat'tsio:ne] *f* ❶ (*di gas, liquido*) Eindringen *n*, Durchsickern *n* ❷ (MED) Infiltration *f*

infilzare [infil'tsa:re] *vt* (*trafiggere*) durchbohren; (*con spada*) aufspießen

infilzata [infil'tsa:ta] *f* Reihe *f*; (*fig*) (Ab)folge *f*

infimo, -a ['infimo] *agg superlativo di* **basso** niedrigste(r, s), unterste(r, s)

infine [in'fi:ne] *avv* ❶ (*finalmente*) schließlich, am Ende ❷ (*insomma*) endlich, vielleicht einmal

infingarda *f v.* **infingardo**

infingardaggine [infingar'dadd3ine] *f* Drückebergerei *f*; **infingardo, -a** [infin'gardo] I. *agg* drückebergerisch, unwillig II. *m, f* Drückeberger(in) *m(f)*

infinità [infini'ta] <-> *f* ❶ (*illimitatezza*) Unendlichkeit *f* ❷ (*fig: quantità immensa*) Unmenge *f*; **infinitamente** [infinita'mente] *avv* unendlich

infinitesimale [infinitezi'ma:le] *agg* ❶ (MAT) infinitesimal ❷ (*fig: minimo*) winzig klein

infinitesimo [infini'tɛ:zimo] *m* ❶ (*parte infinitamente piccola*) winziger Teil ❷ (MAT) Grenzwert *m*

infinitesimo, -a *agg* ❶ (MAT) infinitesimal ❷ (*minimo*) allerkleinste(r, s), winzig

infinitivo, -a [infini'ti:vo] *agg* (LING) **proposizione -a** Infinitivsatz *m*

infinito [infi'ni:to] *m* ❶ (*ciò che non ha fine*) Unendliche(s) *n*, Endlose(s) *n*; **all'~** endlos, ewig ❷ (LING) Infinitiv *m* ❸ (MAT, FOTO) Unendlich *n*

infinito, -a *agg* unendlich; (LING) infinit

infinocchiare [infinok'kia:re] *vt* (*fam*) übers Ohr hauen

infiocchettare [infiokket'ta:re] *vt* mit Schleifen verzieren

infiorare [infio'ra:re] *vt* ❶ (*con fiori*) mit Blumen schmücken ❷ (*fig: discorso*) ausschmücken

infiorescenza [infiore∫'∫entsa] *f* Blütenstand *m*

infirmare [infir'ma:re] *vt* anfechten; (*argomento*) entkräften

infischiarsi [infis'kiarsi] *vr* (*fam*) **~ di qc** auf etw *acc* pfeifen

infissi [in'fissi] *1. pers sing pass rem di* **infiggere**

infisso [in'fisso] *m* ❶ (ARCH) Einfassung *f*, Rahmenwerk *n* ❷ (*serramento*) Blendrahmen *m*, Einfassung *f* ❸ (LING) Infix *n*

infittire [infit'ti:re] <infittisco, infittisci> I. *vt avere* dichter machen II. *vi essere* sich verdichten, dichter werden III. *vr* **-rsi** sich verdichten, dichter werden

infitto [in'fitto] *pp di* **infiggere**

inflazionato, -a [inflat'tsiona:to] *agg* inflationiert

inflazione [inflat'tsio:ne] *f* ❶ (*in economia*) Inflation *f*; **~ galoppante/strisciante** galoppierende/schleichende Inflation ❷ (*fig: rapido accrescimento*) Schwemme *f*; **inflazionistico, -a** [inflattsio'nistiko] <-ci, -che> *agg* inflationistisch, inflatorisch

inflessibile [infles'si:bile] *agg* unbiegsam; (*fig*) unbeugsam; **inflessibilità** [inflessibili'ta] <-> *f* Unbeugsamkeit *f*

inflessione [infles'sio:ne] *f* Tonfall *m*

infliggere [in'fliddʒere] <infliggo, inflissi, inflitto> *vt* auferlegen, verhängen

influente [influ'ɛnte] *agg* einflussreich; **influenza** [influ'ɛntsa] *f* ❶ (*azione determinante*) Einfluss *m;* **l'~ su qu/qc** der Einfluss auf jdn/etw; **sfera d'~** Einflussbereich *m* ❷ (MED) Grippe *f;* **influenzabile** [influen'tsa:bile] *agg* beeinflussbar, leicht zu beeinflussen(d)

influenzale [influen'tsa:le] *agg* grippal, Grippe-

influenzare [influen'tsa:re] **I.** *vt* beeinflussen **II.** *vr* **-rsi** eine Grippe bekommen

influire [influ'i:re] <influisco> *vi* ~ **su qu/qc** auf jdn/etw einwirken, jdn/etw beeinflussen; **influsso** [in'flusso] *m* Einfluss *m*

infocato, -a [info'ka:to] *agg* (*a fig*) glühend (heiß)

infognarsi [infoɲ'narsi] *vr* (*fam*) ~ **nei debiti** sich in Schulden stürzen; ~ **con qu** sich mit jdm einlassen

infoltire [infol'ti:re] <infoltisco> **I.** *vt avere* verdichten **II.** *vr* **-rsi** dichter werden

infomediario [infome'dia:rio] <-i> *m* (INFORM) *Berater für neue Medien*

infondatezza [infonda'tettsa] *f* Unbegründetheit *f;* **infondato, -a** [infon'da:to] *agg* unbegründet

infondere [in'fondere] <irr> *vt* (*coraggio*) einflößen; (*fiducia*) erwecken

inforcare [infor'ka:re] *vt* ❶ (*fieno*) aufgabeln ❷ (*occhiali*) aufsetzen ❸ (*bicicletta*) sich setzen auf +*acc*

informale [infor'ma:le] *agg* informell

informante [infor'mante] *mf* Informant(in) *m(f)*, Umfrageteilnehmer(in) *m(f)*

informare [infor'ma:re] **I.** *vt* ~ **qu di** [*o* **su**] **qc** jdn über etw *acc* informieren, jdn von etw benachrichtigen **II.** *vr* **-rsi su** [*o* **di**] **qc** sich nach etw erkundigen, sich über etw *acc* informieren

informatica [infor'ma:tika] <-che> *f* Informatik *f;* **informatico, -a** [infor'ma:tiko] <-ci, -che> **I.** *agg* Datenverarbeitungs-, Informatik-; **autostrada -a** Datenautobahn *f;* **pirata** ~ Hacker *m;* **sistema** ~ EDV-System *n* **II.** *m, f* Informatiker(in) *m(f)*

informativa [informa'ti:va] *f* ❶ (ADM) Informationsschreiben *n* ❷ (JUR: *atto*) Polizeibericht *m*

informativo, -a [informa'ti:vo] *agg* informativ; **a titolo** ~ zur Information

informatizzare [informatid'dza:re] *vt* (INFORM) computerisieren; **informatizza-**

zione [informatiddzat'tsio:ne] *f* (INFORM) Computerisierung *f*

informato, -a [infor'ma:to] *agg* unterrichtet, informiert; **informatore, -trice** [informa'to:re] **I.** *agg* auskunftgebend, Informations- **II.** *m, f* Informant(in) *m(f)*, Auskunftgeber(in) *m(f)*

informazione [informat'tsio:ne] *f* Auskunft *f*, Information *f; -***i sul traffico** (RADIO) Verkehrsmeldung *f*

informe [in'forme] *agg* unförmig; (*fig*) gestaltlos

informicolamento [informikola'mento] *m* Kribbeln *n;* **informicolarsi, informicolirsi** [informiko'larsi, informiko'lirsi] *vr* einschlafen

infornare [infor'na:re] *vt* in den Backofen schieben; ~ **il pane** (Brot) backen; **infornata** [infor'na:ta] *f* Einschieben *n,* Backen *n*

infortunarsi [infortu'narsi] *vr* verunglücken; **infortunato, -a** [infortu'na:to] **I.** *agg* verunglückt **II.** *m, f* Verunglückte(r) *f(m)*

infortunio [infor'tu:nio] <-i> *m* Unfall *m,* Havarie *f* A

infortunistica [infortu'nistika] *f* Unfallforschung *f*

infortunistico, -a [infortu'nistiko] <-ci, -che> *agg* (Arbeits)unfall- *f*

infossamento [infossa'mento] *m* Versenken *n;* **infossare** [infos'sa:re] **I.** *vt* versenken **II.** *vr* **-rsi** ❶ (*guance*) einfallen ❷ (*avvallarsi*) einsinken; **infossato, -a** [infos'sa:to] *agg* ❶ (*campo*) mit Furchen durchzogen ❷ (*guance*) hohl, eingefallen; (*occhi*) tief liegend

infotainment [infou'teinmənt] <-> *m* (TV) Infotainment *n*

infra ['infra] *avv* unten; **vedi** ~ siehe unten

infracidire [infratʃi'di:re] *vi* essere faulen

infradiciare [infradi'tʃa:re] **I.** *vt* durchnässen **II.** *vr* **-rsi** nass werden

infradito [infra'di:to] **I.** <-> *m o f* Dianette *f* **II.** <inv> *agg* Dianetten-; **striscia** ~ Dianettenriemen *m*

inframmesso *pp di* **inframmettere**

inframmettenza [inframmet'tɛntsa] *f* Aufdringlichkeit *f*

inframmettere [infram'mettere] <irr> **I.** *vt* dazwischen setzen/legen/stellen **II.** *vr* **-rsi in qc** sich in etw *acc* einmischen

inframmezzare [inframmed'dza:re] *vt* ~ **qc a qc** etw mit etw vereinbaren; ~ **periodi di lavoro a periodi di svago** Arbeit und Freizeit miteinander vereinbaren

inframmischiare [inframmis'kia:re] *vt* ~ **qc a qc** etw unter etw *acc* mischen

inframmisi *1. pers sing pass rem di* **inframmettere**

infrangere [in'frandʒere] <irr> I. *vt* ❶ (*rompere*) zerbrechen ❷ (*fig*) übertreten; ~ **la legge** das Gesetz brechen; ~ **un contratto** einen Vertrag verletzen II. *vr* **-rsi** zerbrechen; **infrangibile** [infran'dʒi:bile] *agg* unzerbrechlich; (*vetro*) bruchfest

infransi *1. pers sing pass rem di* **infrangere**

infranto, -a [in'franto] I. *pp di* **infrangere** II. *agg* ❶ (*frantumato*) zerbrochen ❷ (*fig*) **cuore** ~ gebrochenes Herz

infraordine [infra'ordine] *m* (ZOO) Untergattung *f*

infrarosso, -a [infra'rosso] *agg* infrarot, Infrarot-

infrasettimanale [infrasettima'na:le] *agg* während der Woche

infrastruttura [infrastrut'tu:ra] *f* Infrastruktur *f*; **infrastrutturale** [infrastruttu'ra:le] *agg* infrastrukturell

infrasuono [infra'suɔ:no] *m* Infraschall *m*

infrazione [infrat'tsio:ne] *f* l'~ **a qc** die Verletzung einer Sache *gen*

infreddatura [infredda'tu:ra] *f* Schnupfen *m*, Erkältung *f*, Verkühlung *f A*

infreddolito, -a [infreddo'li:to] *agg* **essere tutto** ~ ganz durchgefroren sein

infrequente [infre'kuɛnte] *agg* nicht häufig, selten; **infrequenza** [infre'kuɛntsa] *f* Seltenheit *f*

infrociare [infro'tʃa:re] I. *vt* (*sl*) ~ **qc** gegen etw knallen II. *vr* **-rsi** (*sl*) aufeinander knallen

infrollire [infrol'li:re] <infrollisco, infrollisci> *vi* essere ❶ (GASTR: *carne*) mürbe werden, abhängen ❷ (*fig: indebolire*) schlapp [*o* kraftlos] werden

infruttescenza [infrutteʃ'ʃɛntsa] *f* Fruchtstand *m*

infruttifero, -a [infrut'ti:fero] *agg* ❶ (BOT) keine Früchte tragend, fruchtlos ❷ (FIN: *capitale*) unverzinslich; **infruttuoso, -a** [infruttu'o:so] *agg* ❶ (*infruttifero*) fruchtlos ❷ (*fig*) vergeblich, erfolglos; (*fatica*) fruchtlos

infuori [in'fuɔ:ri] I. *avv* **all'**~ nach außen, hinaus II. *prp* **all'**~ **di** mit Ausnahme von +*dat*, außer +*dat*

infuriare [infu'ria:re] I. *vi* wüten, toben II. *vr* **-rsi** wütend werden

infusi [in'fu:zi] *1. pers sing pass rem di* **infondere**

infusione [infu'zio:ne] *f* (*di erbe*) Aufguss *m*; (*bevanda*) (Kräuter)tee *m*

infuso [in'fu:zo] *m* Aufguss *m;* (*bevanda*) (Kräuter)tee *m*

infuso, -a I. *pp di* **infondere** II. *agg* (*versato sopra*) übergossen; **avere la scienza -a** (*scherz*) die Weisheit mit Löffeln gefressen haben

ingabbiare [iŋgab'bia:re] *vt* ❶ (*mettere in gabbia*) in einen Käfig stecken ❷ (*fig*) einkesseln; **ingabbiatura** [iŋgabbia'tu:ra] *f* Tragwerk *n*

ingaggiare [iŋgad'dʒa:re] *vt* (*assumere con contratto*) verpflichten; (SPORT) unter Vertrag nehmen; (THEAT, FILM, MUS) engagieren; (*impiegati*) einstellen, aufnehmen *A;* **ingaggio** [iŋ'gaddʒo] <-ggi> *m* ❶ (*assunzione con contratto*) Anwerbung *f,* Verpflichtung *f;* (SPORT) Einkauf *m* ❷ (*somma*) Gage *f*

ingagliardire [iŋgaʎʎar'di:re] <ingagliardisco, ingagliardisci> I. *vt* avere kräftigen, stark machen II. *vi* essere kräftig werden III. *vr* **-rsi** kräftig werden

ingannabile [iŋgan'na:bile] *agg* leicht zu täuschen(d), gutgläubig

ingannare [iŋgan'na:re] I. *vt* ❶ (*indurre in errore*) täuschen; **l'apparenza inganna** der Schein trügt ❷ (*imbrogliare*) betrügen, hintergehen; ~ **il tempo** die Zeit totschlagen II. *vr* **-rsi** sich irren, sich täuschen; **se non m'inganno ...** wenn ich mich nicht täusche ...; **ingannatore, -trice** [iŋganna'to:re] I. *agg* trügerisch II. *m, f* Betrüger(in) *m(f);* **ingannevole** [iŋgan'ne:vole] *agg* trügerisch, irreführend; **inganno** [iŋ'ganno] *m* ❶ (*frode*) Betrug *m;* **cadere in** ~ getäuscht werden; **trarre in** ~ täuschen ❷ (*illusione*) Täuschung *f*

ingarbugliare [iŋgarbuʎ'ʎa:re] I. *vt* (*a fig*) verwirren, durcheinanderbringen II. *vr* **-rsi** (*a fig*) sich verheddern; **ingarbugliato, -a** [iŋgarbuʎ'ʎa:to] *agg* ❶ (*aggrovigliato*) verheddert ❷ (*fig: complicato*) verzwickt

ingegnaccio [indʒeɲ'ɲattʃo] <-cci> *m* (*fam*) Intelligenzbestie *f*

ingegnarsi [indʒeɲ'ɲarsi] *vr* ❶ (*adoperarsi*) sich ereifern ❷ (*industriarsi*) sich bemühen; (*arrabattarsi*) sich durchschlagen

ingegnere [indʒeɲ'ɲɛ:re] *m* Ingenieur(in) *m(f);* ~ **civile** Bauingenieur(in) *m(f);* ~ **meccanico** Maschinenbauingenieur(in) *m(f);* ~ **navale** Schiffbauingenieur(in) *m(f);* **ingegneria** [indʒeɲɲe'ri:a] <-ie> *f* Ingenieurwesen *n;* **facoltà d'**~ Technische Hochschule; ~ **civile** Bauingenieurwesen *n;* ~ **nucleare** Kerntechnik *f*

ingegno [in'dʒeɲɲo] *m* ❶ (*facoltà dell'intelletto, intelligenza*) Geist *m,* Verstand *m* ❷ (*inclinazione*) Talent *n,* Begabung *f;*

ingegnosità [indʒeɲɲosi'ta] <-> *f* Einfallsreichtum *m;* **ingegnoso, -a** [indʒeɲ'ɲo:so] *agg* findig, einfallsreich

ingelosire [indʒelo'si:re] <ingelosisco> I. *vt avere* eifersüchtig machen II. *vr* **-rsi** eifersüchtig werden

ingenerare [indʒene'ra:re] *vt* hervorrufen, erzeugen, erregen; (*confusione*) stiften

ingeneroso, -a [indʒene'ro:so] *agg* unedel, schlecht

ingente [in'dʒɛnte] *agg* riesig, ungeheuer

ingentilire [indʒenti'li:re] <ingentilisco, ingentilisci> I. *vt avere* veredeln, verfeinern II. *vi essere* sich verfeinern III. *vr* **-rsi** sich verfeinern

ingentilirsi [indʒenti'li:rsi] <ingentilisco> *vr* sich verfeinern

ingenua *f v.* **ingenuo**

ingenuità [indʒenui'ta] <-> *f* Naivität *f;* (*candore*) Unschuld *f;* **ingenuo, -a** [in'dʒɛ:nuo] I. *agg* naiv; (*candido*) unschuldig II. *m, f* naiver Mensch

ingerenza [indʒe'rɛntsa] *f* Einmischung *f*

ingerire [indʒe'ri:re] <ingerisco> I. *vt* einnehmen, (hinunter)schlucken II. *vr* **-rsi in qc** sich in etw *acc* einmischen

ingessare [indʒes'sa:re] *vt* vergipsen; (MED) eingipsen; **ingessato** [indʒes'sa:to] *agg* (*fam*) **un'atmosfera un po' ingessata** eine etwas gezwungene Atmosphäre; **ingessatura** [indʒessa'tu:ra] *f* Gips(verband) *m*

ingestione [indʒes'tio:ne] *f* Einnahme *f*

Inghilterra [iŋgil'tɛrra] *f* England *n*

inghiottire [iŋgiot'ti:re] <inghiottisco *o* inghiotto> *vt* (*a fig*) (hinunter)schlucken

inghirlandare [iŋgirlan'da:re] *vt* ❶ (*con ghirlanda*) (mit Girlanden) schmücken; (*capo a*) bekränzen ❷ (*fig*) umschließen, umgeben

ingiallire [indʒal'li:re] <ingiallisco, ingiallisci> I. *vt avere* gelb färben II. *vi essere* ❶ (*diventare giallo*) gelb werden; (*carta*) vergilben ❷ (*fig*) vergehen; (*bellezza*) (ver)welken

ingigantire [indʒigan'ti:re] <ingigantisco> I. *vt avere* aufbauschen II. *vr* **-rsi** riesengroß werden

inginocchiarsi [indʒinok'kiarsi] *vr* sich knien, (sich) niederknien; **inginocchiatoio** [indʒinokkia'to:io] <-oi> *m* Kniebank *f*

ingioiellare [indʒoiel'la:re] I. *vt* mit Schmuck versehen; (*cosa*) schmücken II. *vr* **-rsi** Schmuck anlegen

ingiù [in'dʒu] *avv* **all'~** nach unten, hinunter; **guardare dall'~** von unten heraufsehen

hen

ingiudicato, -a [indʒudi'ka:to] *agg* unentschieden

ingiungere [in'dʒundʒere] <irr> *vt* auferlegen

ingiuntivo, -a [indʒun'ti:vo] *agg* Mahn-; **decreto ~** Mahnbescheid *m*

ingiunto *pp di* **ingiungere**

ingiunzione [indʒun'tsio:ne] *f* Anordnung *f;* (*richiesta perentoria*) Aufforderung *f;* **~ di pagamento** Zahlungsaufforderung *f,* Mahnung *f;* **procedimento d'~** Mahnverfahren *n*

ingiuria [in'dʒu:ria] *f* Beleidigung *f,* Schmähung *f;* **ingiuriare** [indʒu'ria:re] *vt* beleidigen, beschimpfen; **ingiurioso, -a** [indʒu'rio:so] *agg* Schmäh-, beleidigend

ingiusta *f v.* **ingiusto**

ingiustificabile [indʒustifi'ka:bile] *agg* unentschuldbar; **ingiustificato, -a** [indʒustifi'ka:to] *agg* ungerechtfertigt, unbegründet

ingiustizia [indʒus'tittsia] *f* Ungerechtigkeit *f*

ingiusto [in'dʒusto] *m* Unrecht *n,* Ungerechtigkeit *f*

ingiusto, -a I. *agg* ❶ (*persona*) ungerecht ❷ (*cosa*) ungerechtfertigt II. *m, f* ungerechter Mensch

inglese [iŋ'gle:se] I. *agg* englisch, britisch II. *mf* Engländer(in) *m(f),* Brite *m,* Britin *f;* **giardino all'~** englischer Garten; **inglesismo** [iŋgle'sizmo] *m* Anglizismus *m*

inglobare [iŋglo'ba:re] *vt* einverleiben

inglorioso, -a [iŋglo'rio:so] *agg* ruhmlos

ingobbire [iŋgob'bi:re] <ingobbisco, ingobbisci> I. *vi essere* buck(e)lig werden II. *vr* **-rsi** buck(e)lig werden

ingobbirsi [iŋgob'bi:rsi] <ingobbisco> *vr* buck(e)lig werden; **ingobbito, -a** [iŋgob'bi:to] *agg* buck(e)lig

ingoiare [iŋgo'ia:re] *vt* ❶ (*cibo*) verschlingen ❷ (*fig: subire*) (hinunter)schlucken *fam*

ingolfamento [iŋgolfa'mento] *m* Absaufen *n fam*

ingolfarsi [iŋgol'farsi] *vr* (MOT) zu viel Benzin bekommen, absaufen *fam*

ingolosire [iŋgolo'si:re] <ingolosisco> *vt avere* ❶ (*rendere goloso*) **~ qu** jdm Appetit machen ❷ (*fig: allettare*) verlocken

ingombrante [iŋgom'brante] *agg* sperrig; **ingombrare** [iŋgom'bra:re] *vt* versperren

ingombro [iŋ'gombro] *m* Hindernis *n;* **essere d'~** im Wege sein, Platz wegnehmen

ingombro, -a *agg* versperrt

ingommare [iŋgom'ma:re] *vt* kleben

ingordigia [iŋgor'di:dʒa] <-gie> *f* ❶ (*voracità*) Gefräßigkeit *f* ❷ (*fig: cupidigia*) **l'~ di qc** die Gier nach etw; **ingordo, -a** [iŋ'gordo] *agg* ❶ (*vorace*) gefräßig; **essere ~ di dolci** naschsüchtig sein ❷ (*fig: cupido*) **essere ~ di qc** gierig nach etw sein

ingorgare [iŋgor'ga:re] **I.** *vt* verstopfen **II.** *vr* **-rsi** sich verstopfen; (*traffico*) sich stauen; **ingorgo** [iŋ'gorgo] <-ghi> *m* ❶ (*intasamento*) Verstopfung *f*; **~** (**di traffico**) Verkehrsstau *m* ❷ (MED) Stauung *f*

ingovernabile [iŋgover'na:bile] *agg* unregierbar

ingozzare [iŋgot'tsa:re] **I.** *vt* (*animali*) fressen; (*fig*) verschlingen **II.** *vr* **-rsi** sich voll stopfen

ingranaggio [iŋgra'naddʒo] <-ggi> *m* (*a fig* TEC) Getriebe *n*; **essere preso nell'~ degli affari** von den Geschäften voll in Anspruch genommen sein

ingranare [iŋgra'na:re] **I.** *vt* einkuppeln; (*marcia*) einlegen **II.** *vi* ❶ (TEC) (ineinander) greifen ❷ (*fam: funzionare*) klappen

ingrandimento [iŋgrandi'mento] *m* Vergrößerung *f*; **lente d'~** Vergrößerungsglas *n*; **ingrandire** [iŋgran'di:re] <ingrandisco> **I.** *vt avere* ❶ (*gener,* FOTO) vergrößern ❷ (COM) steigern; (*casa, negozio, regno*) ausbauen ❸ (*fig: esagerare*) aufbauschen **II.** *vr* **-rsi** ❶ (*crescere*) sich vergrößern ❷ (*fig: espandersi*) sich erweitern, wachsen; **ingranditore** [iŋgrandi'to:re] *m* Vergrößerer *m*

ingrassamento [iŋgrassa'mento] *m* ❶ (ZOO) Mästung *f* ❷ (AGR) Düngung *f*; **ingrassare** [iŋgras'sa:re] **I.** *vt avere* ❶ (*persone*) dick machen ❷ (AGR) düngen ❸ (*ungere con grasso*) einfetten, schmieren **II.** *vr* **-rsi** (*aumentare di peso*) zunehmen, dick werden; (*diventare ricco*) reich werden

ingrasso [iŋ'grasso] *m* ❶ (ZOO) Mast *f* ❷ (AGR) Düngung *f*; (*concime*) Dünger *m*; **buoi da ~** Mastochsen *mpl*

ingrata *f v.* **ingrato**

ingratitudine [iŋgrati'tu:dine] *f* Undankbarkeit *f*, Undank *m*; **ingrato, -a** [iŋ'gra:to] **I.** *agg* (*a fig*) undankbar **II.** *m, f* Undankbare(r) *f(m)*

ingravidare [iŋgravi'da:re] *vi essere* schwanger werden

ingraziarsi [iŋgrat'tsiarsi] *vr* **~ qu** sich bei jdm beliebt machen

ingrediente [iŋgre'diɛnte] *m* Zutat *f*

ingressaggio [iŋgres'saddʒo] <-ggi> *m* (ADM) Katalogisierung *f*, Aufnahme *f* in die Bibliothekskartei; **ingressare** [iŋgres'sa:re] *vt* (ADM) katalogisieren, registrieren

ingresso [iŋ'grɛsso] *m* ❶ (*entrata, accesso*) Eingang *m* ❷ (*anticamera*) Vorzimmer *n* ❸ (THEAT) Auftritt *m*; (*in una carica*) Antritt *m* ❹ (*facoltà*) Zutritt *m*; **vietato l'~ ai non addetti ai lavori** Zutritt für Unbefugte verboten ❺ (*biglietto*) (Eintritts)karte *f*; **~ libero** Eintritt frei

ingrippare [iŋgrip'pa:re] **I.** *vt* (MOT) festfressen **II.** *vr* **-rsi** (MOT) sich festfressen

ingrossamento [iŋgrossa'mento] *m* Verdickung *f*; **ingrossare** [iŋros'sa:re] **I.** *vt avere* ❶ (*rendere grosso*) dick machen ❷ (*accrescere*) verstärken ❸ (*mare*) aufwühlen **II.** *vr* **-rsi** anschwellen

ingrosso [iŋ'grɔsso] *avv* **all'~** (COM) en gros, im Großen; **commercio all'~** Großhandel *m*; **vendere all'~** en gros verkaufen

inguacchio [iŋ'guakkio] <-chi> *m* (*fam: pasticcio, pastrocchio*) Schlamassel *m*, Pfuscherei *f*

inguaiare [iŋgua'ia:re] (*fam*) **I.** *vt* Schereien einbringen (*qu* jdm), in Schwierigkeiten bringen (*qu* jdn); **~ una ragazza** ein Mädchen schwängern **II.** *vr* **-rsi** in Schwierigkeiten geraten; **si è inguaiato fino al collo** er steckt bis zum Hals in Schwierigkeiten

inguainare [iŋguai'na:re] *vt* einziehen; (*spada*) (ein)stecken; **quell'abito la inguaina molto bene** das Kleid betont ihre Formen sehr gut

ingualcibile [iŋgual'tʃi:bile] *agg* knitterfrei

inguaribile [iŋgua'ri:bile] *agg* unheilbar; (*fig*) unverbesserlich

inguinale [iŋgui'na:le] *agg* Leisten-

inguine [iŋ'guine] *m* Leiste *f*

ingurgitare [iŋgurdʒi'ta:re] *vt* hinunterschlucken, hinunterwürgen

inibire [ini'bi:re] <inibisco> *vt* ❶ (*proibire*) untersagen, verbieten ❷ (PSYCH) hemmen; **inibito, -a** [ini'bi:to] **I.** *agg* gehemmt **II.** *m, f* gehemmter Mensch; **inibitore** [inibi'to:re] *m* (CHEM) Hemmstoff *m*; **~ d'appetito** Appetitzügler *m*; **inibizione** [inibit'tsio:ne] *f* Hemmung *f*

inidoneità [inidonei'ta] *f* Untauglichkeit *f*; **inidoneo, -a** [ini'dɔ:neo] *agg* ungeeignet, untauglich

iniettare [iniet'ta:re] *vt* (ein)spritzen, injizieren

iniettore [iniet'to:re] *m* Injektor *m*; **~ del carburante** Einspritzventil *n*; **iniezione** [iniet'tsio:ne] *f* ❶ (TEC) Einspritzung *f*; **motore ad ~** Einspritzmotor *m* ❷ (MED) Injektion *f*, Spritze *f*

inimicare [inimi'ka:re] I. *vt* zum Feind [*o* zu Feinden] machen, entzweien II. *vr* **-rsi** sich verfeinden

inimicarsi [inimi'ka:rsi] *vr* sich verfeinden; **inimicizia** [inimi'tʃittsia] <-ie> *f* Feindschaft *f*

inimitabile [inimi'ta:bile] *agg* unnachahmlich

inimmaginabile [inimmadʒi'na:bile] *agg* unvorstellbar

ininfiammabile [ininfiam'ma:bile] *agg* nicht entzündbar

inintelligibile [inintelli'dʒi:bile] *agg* unverständlich; (*grafia*) unleserlich

ininterrotto, -a [ininter'rotto] *agg* ununterbrochen

iniqua *f v.* **iniquo**

iniquità [inikui'ta] <-> *f* ❶ (*ingiustizia*) Ungerechtigkeit *f* ❷ (*malvagità*) Niederträchtigkeit *f*, Bosheit *f*; **iniquo, -a** [i'ni:kuo] I. *agg* ❶ (*ingiusto*) ungerecht, unbillig ❷ (*malvagio*) niederträchtig, boshaft, bösartig, raß *A* ❸ (*poet: avverso, sfavorevole*) abscheulich II. *m, f* niederträchtiger [*o* ungerechter] Mensch

iniziale [init'tsia:le] I. *agg* anfänglich, Anfangs- II. *f* Anfangsbuchstabe *m*; **le -i di un nome** die Initialen; **inizialmente** [inittsial'mente] *avv* am Anfang, zu Beginn

iniziare [init'tsia:re] *vt avere* ❶ (*intraprendere*) beginnen, anfangen ❷ (*avviare*) **~ qu a qc** jdn in etw *acc* einführen; **~ qu ai riti massonici** jdn in die Rituale der Freimaurer einweihen ❸ (*computer*) starten

iniziata *f v.* **iniziato**

iniziatico, -a [init'tsia:tiko] <-ci, -che> *agg* Einführungs-, Initiations-; **cerimoniale ~** Einführungszeremoniell *n*; (*nell'etnologia*) Initiationsritus *m*

iniziativa [inittsia'ti:va] *f* ❶ (*azione*) Initiative *f*, Anregung *f*; **agire di propria ~** etw auf eigene Faust [*o* von sich *dat* aus] tun; **prendere l'~ di qc** etw in die Hand nehmen ❷ (*attitudine*) Unternehmung *f*; **spirito d'~** Unternehmungsgeist *m*

iniziato, -a [init'tsia:to] *agg* **essere ~ a qc** in etw *acc* eingeführt sein; (*a un rito*) in etw *acc* eingeweiht sein; **iniziatore, -trice** [inittsia:to:re] *m, f* Initiator(in) *m(f)*; **iniziazione** [inittsiat'tsio:ne] *f* **l'~ a qc** die Einweihung in etw *acc*

inizio [i'nittsio] <-i> *m* Beginn *m*, Anfang *m*; **-i** Anfänge *mpl*; **avere ~** beginnen, anfangen; **all'~** anfangs, am Anfang

inlettera [in'lɛttera *o* in'lettera] <-> *m* (IN-FORM) Zeichenlängenakzent *m*

innalzamento [innaltsa'mento] *m* ❶ (ARCH) Errichtung *f*, Bau *m* ❷ (*a fig*) Er-

hebung *f*; **~ a potenza** Erhebung *f* zur Potenz; **innalzare** [innal'tsa:re] I. *vt* ❶ (*levare in alto*) hochheben ❷ (*erigere*) errichten II. *vr* **-rsi** ❶ (*levarsi verso l'alto*) sich erheben ❷ (*socialmente*) aufsteigen

innamoramento [innamora'mento] *m* Verliebtheit *f*; **innamorare** [innamo'ra:re] I. *vt* verliebt machen; **un sorriso che innamora** [*o* **che fa ~**] ein Lächeln zum Verlieben II. *vr* **-rsi (di qu)** sich (in jdn) verlieben; **innamorato, -a** [innamo'ra:to] I. *agg* verliebt; **~ cotto** bis über beide Ohren verliebt II. *m, f* Verliebte(r) *f(m)*

innanzi [in'nantsi] I. *avv* ❶ (*avanti*) vorn(e) ❷ (*prima*) vorher, vorhin II. *prp* vor +*dat*; **~ tutto** vor allem, insbesondere III. <inv> *agg* vorhergehend

innato, -a [in'na:to] *agg* ❶ (*per natura*) angeboren ❷ (*spontaneo*) natürlich, spontan

innaturale [innatu'ra:le] *agg* unnatürlich

innegabile [inne'ga:bile] *agg* unleugbar, unbestreitbar

inneggiare [inned'dʒa:re] *vi* **~ a qc** auf etw *acc* eine Hymne singen

innervosire [innervo'si:re] <innervosisco> I. *vt* nervös machen II. *vr* **-rsi** nervös werden

innescare [innes'ka:re] *vt* ❶ (*ami*) einen Köder festmachen an +*dat* ❷ (*cariche esplosive*) scharf machen; **innesco** [in'nesko] <-schi> *m* Auslösung *f*; (*di carica esplosiva*) Zündvorrichtung *f*

innestare [innes'ta:re] I. *vt* ❶ (AGR) veredeln, pfropfen ❷ (TEC) kuppeln; (*marcia*) einlegen ❸ (*inserire, a fig*) einschieben; (EL: *spina*) einstecken II. *vr* **-rsi in qc** in etw *acc* einmünden; **innesto** [in'nɛsto] *m* ❶ (AGR) Vered(e)lung *f*, Pfropfung *f* ❷ (TEC) Kupplung *f* ❸ (*fig*) Einschieben *n* ❹ (AUTO) Schaltvorgang *m*, Getriebeschaltung *f*

innevato, -a [inne'va:to] *agg* verschneit

inno ['inno] *m* Hymne *f*

innocente [inno'tʃɛnte] I. *agg* unschuldig; (*ingenuo*) naiv, harmlos II. *mf* Unschuldige(r) *f(m)*; **innocenza** [inno'tʃɛntsa] *f* ❶ (*mancanza di colpa*) Unschuld *f*, Schuldlosigkeit *f* ❷ (*purezza d'animo*) Unschuld *f*; (*ingenuità*) Naivität *f*

innocuità [innokui'ta] <-> *f* Unschädlichkeit *f*; **innocuo, -a** [in'nɔ:kuo] *agg* unschädlich; (*animale, persona*) harmlos

innominabile [innomi'na:bile] *agg* unaussprechlich

innovamento [innova'mento] *m* Erneuerung *f*; (*novità*) Neuerung *f*; **innovare** [inno'va:re] *vt* erneuern; **innovativo, -a**

[innova'ti:vo] *agg* erneuernd, Erneuerungs-; **innovatore**, **-trice** [innova'to:re] *m, f* Erneuerer *m*, Erneuerin *f;* **innovazione** [innovat'tsio:ne] *f* Erneuerung *f; (novità)* Neuerung *f*

Innsbruck ['insbruk] *f* Innsbruck *n*

innumerevole [innume're:vole] *agg* unzählig

inoccupato, **-a** [inokku'pa:to] I. *agg* unbeschäftigt, beschäftigungslos II. *m, f* Unbeschäftigte(r) *f(m)*

inoculare [inoku'la:re] *vt* ① (MED) (ein)impfen ② *(fig)* einimpfen; **inoculazione** [inokulat'tsio:ne] *f* ① (MED) (Ein)impfung *f* ② *(fig)* Einimpfen *n*

inodore, **-a** [ino'do:re] *agg* geruchlos; *(fiore)* nicht riechend

inoffensivo, **-a** [inoffen'si:vo] *agg (parole)* nicht beleidigend; *(animale)* ungefährlich, harmlos

inoltrare [inol'tra:re] I. *vt* ① (ADM) einreichen ② *(far proseguire)* übermitteln, weiterleiten II. *vr* **-rsi** ① *(addentrarsi)* vordringen ② *(fig: progredire)* sich einarbeiten; **inoltrato**, **-a** [inol'tra:to] *agg* spät (abends); **a notte** [*o* **sera**] **-a** zu vorgerückter Stunde; **fino a notte** **-a** bis spät in die Nacht (hinein)

inoltre [i'noltre] *avv* ① *(oltre a ciò)* ferner, außerdem ② *(per di più)* darüberhinaus, überdies

inoltro [i'noltro] *m* Weiterleiten *n*

inondare [inon'da:re] *vt* ① *(allagare)* überschwemmen ② *(fig: gioia)* erfüllen; *(lacrime)* überströmen, fließen über +*acc;* **inondazione** [inondat'tsio:ne] *f* ① *(allagamento)* Überschwemmung *f* ② *(fig)* Schwemme *f*

inoperabile [inope'ra:bile] *agg* inoperabel, nicht operierbar

inoperante [inope'rante] *agg* wirkungslos

inoperosità [inoperosi'ta] <-> *f* Untätigkeit *f;* **inoperoso**, **-a** [inope'ro:so] *agg (persona)* untätig; *(capitale)* tot; *(macchina)* stillgelegt

inopinabile [inopi'na:bile] *agg* unvorstellbar; **inopinato**, **-a** [inopi'na:to] *agg* unvorhergesehen

inopportunità [inopportuni'ta] *f* Ungelegenheit *f;* **inopportuno**, **-a** [inoppor'tu:no] *agg* unangebracht; *(visita)* ungelegen

inoppugnabile [inoppuɲ'ɲa:bile] *agg* ① *(certo, evidente)* unwiderlegbar ② *(fig)* unanfechtbar; **inoppugnabilità** [inoppuɲɲabili'ta] <-> *f* ① *(evidenza)* Unwiderlegbarkeit *f* ② (JUR) Unanfechtbarkeit *f*

inorganico, **-a** [inor'ga:niko] <-ci, -che>

agg (CHEM) anorganisch

inorgoglire [inorgoʎ'ʎi:re] <inorgoglisco, inorgoglisci> I. *vt* avere stolz machen *(di* auf +*acc)* II. *vi* essere stolz werden *(di* auf +*acc)* III. *vr* **-rsi** stolz werden *(di* auf +*acc)*

inorgoglirsi [inorgoʎ'ʎirsi] *vr* ~ **di qc** auf etw *acc* stolz werden

inorridire [inorri'di:re] <inorridisco> I. *vt* avere erschrecken, entsetzen II. *vi* essere (er)schaudern

inospitale [inospi'ta:le] *agg* ① *(persona, casa)* ungastlich, unfreundlich ② *(regione)* unwirtlich

inosservanza [inosser'vantsa] *f* Nichtbeachtung *f;* **inosservato**, **-a** [inosser'va:to] *agg* unbemerkt; *(non rispettato)* unbeachtet

inossidabile [inossi'da:bile] *agg* rostfrei

INPS [imps] *m acro di* **Istituto Nazionale Previdenza Sociale** nationale italienische Sozialversicherungsanstalt

input ['input] <-> *m* ① (INFORM) Eingabe *f*, Input *m o n* ② *(fig: impulso)* Anstoß *m*

inquadramento [iŋkuadra'mento] *m* Einordnung *f;* **inquadrare** [iŋkua'dra:re] *vt* ① *(incorniciare)* einrahmen ② *(fig)* einordnen ③ (FOTO, FILM) aufnehmen; **inquadratura** [iŋkuadra'tu:ra] *f* (FOTO) Bildausschnitt *m;* (FILM) Einstellung *f*

inqualificabile [iŋkualifi'ka:bile] *agg* unter aller Kritik

inquietante [iŋkuie'tante] *agg* ① *(preoccupante)* beunruhigend ② *(perturbante)* hinreißend

inquietare [iŋkuie'ta:re] I. *vt* beunruhigen, beängstigen II. *vr* **-rsi** sich beunruhigen; **inquieto**, **-a** [iɲ'kuiɛ:to] *agg* ① *(turbato)* unruhig ② *(irritato)* verärgert, grantig A ③ *(preoccupato)* besorgt; **inquietudine** [iŋkuie'tu:dine] *f* Unruhe *f;* *(preoccupazione)* Beunruhigung *f*, Sorge *f*

inquilino, **-a** [iŋkui'li:no] *m, f* Mieter(in) *m(f)*

inquinamento [iŋkuina'mento] *m* ① (ECO) Verschmutzung *f;* ~ **acustico** Lärmbelästigung *f;* ~ **atmosferico** Luftverschmutzung *f;* ~ **dell'ambiente** Umweltverschmutzung *f;* ~ **marino** Meeresverschmutzung *f;* ~ **nucleare** radioaktive Verseuchung ② (JUR) ~ **delle prove** Manipulation *f* von Beweismaterial; **inquinante** [iŋkui'nante] *agg* umweltgefährdend; **inquinare** [iŋkui'na:re] *vt* ① *(infettare)* verschmutzen, verseuchen ② *(fig: corrompere)* verderben

inquirente [iŋkui'rɛnte] I. *agg* ermittelnd,

Untersuchungs-; **magistrato** ~ Untersuchungsrichter *m* **II.** *f* Untersuchungsausschuss *m*

inquisire [iŋkui'zi:re] <inquisisco> **I.** *vt* untersuchen, (nach)forschen über +*acc* **II.** *vi* nachforschen, ermitteln

inquisitore, -trice [iŋkuizi'to:re] **I.** *agg* forschend; (JUR) Ermittlungs-, Untersuchungs-; (HIST) Inquisitions- **II.** *m, f* Ermittler(in) *m(f);* **inquisitorio, -a** [iŋkuizi'tɔ:rio] <-i, -ie> *agg* ❶(HIST) inquisitorisch, Inquisitions- ❷(*fig: severo*) forschend; **inquisitrice** *f v.* **inquisitore; inquisizione** [iŋkuizit'tsio:ne] *f* ❶(*inchiesta*) Untersuchung *f* ❷(HIST) (**Santa**) **Inquisizione** Inquisition *f*

insabbiamento [insabbia'mento] *m* Versandung *f*

insabbiare [insab'bia:re] **I.** *vt* ❶(*coprire di sabbia*) mit Sand bedecken ❷(*fig: celare*) vertuschen; (*non far procedere*) im Sand(e) verlaufen lassen **II.** *vr* **-rsi** ❶(*coprirsi di sabbia*) versanden ❷(*arenarsi*) auf Sand laufen; **insabbiatore, -trice** [insabbia'to:re] **I.** *m, f* ❶(*fig: chi agisce per insabbiare, ostacolare una procedura*) Vertuscher(in) *m(f)* ❷(JUR) Prozessverschlepper(in) *m(f)* **II.** *agg* ❶(*che insabbia*) vertuschend, verschleiernd ❷(*fig: che manovra per ostacolare una procedura*) behindernd, verschleppend

insaccare [insak'ka:re] **I.** *vt* (*mettere in sacchi*) einsacken, in Säcke füllen; (*in budelli*) in Häute [*o* Därme] füllen **II.** *vr* **-rsi** zusammensacken

insaccati [insak'ka:ti] *mpl* Wurst *f,* Wurstwaren *fpl*

insacchettare [insakket'ta:re] *vt* eintüten

insalata [insa'la:ta] *f* Salat *m;* ~ **russa** Gemüsesalat mit Mayonnaise; **insalatiera** [insala'tiɛ:ra] *f* Salatschüssel *f*

insalubre [insa'lu:bre] *agg* ungesund, gesundheitsschädlich

insalutato, -a [insalu'ta:to] *agg* ungegrüßt

insanabile [insa'na:bile] *agg* ❶(*inguaribile*) unheilbar ❷(*irrimediabile*) hoffnungslos

insanguinare [insaŋgui'na:re] **I.** *vt* blutig machen; (*a fig*) mit Blut beflecken **II.** *vr* **-rsi** sich blutig machen; (*a fig*) sich mit Blut beflecken

insania [in'sa:nia] <-ie> *f* (*poet*) Torheit *f,* Wahnsinn *m;* **insanire** [insa'ni:re] *vi* essere (*poet*) wahnsinnig werden

insano, -a [in'sa:no] *agg* (*poet*) wahnsinnig; (*atto*) wahnwitzig

insaponare [insapo'na:re] *vt* einseifen

insaporire [insapo'ri:re] <insaporisco>

I. *vt* abschmecken **II.** *vi* schmackhaft werden

insaporo, -a [insa'po:ro] *agg* geschmacklos

insaputa [insa'pu:ta] *f* **all'**~ **di** ohne Wissen +*gen;* **a mia** ~ ohne mein Wissen

insaturo, -a [in'sa:turo] *agg* ungesättigt

insaziabile [insat'tsia:bile] *agg* unersättlich; **insaziabilità** [insattsiabili'ta] <-> *f* Unersättlichkeit *f*

inscatolare [inskato'la:re] *vt* in Dosen füllen

inscenare [inʃe'na:re] *vt* ❶(THEAT) inszenieren ❷(*fig*) veranstalten, machen

inscindibile [inʃin'di:bile] *agg* untrennbar

insecchire [insek'ki:re] <insecchisco> *vi* essere ❶(*diventare secco*) austrocknen ❷(*fig: persona*) abmagern

insediamento [insedia'mento] *m* ❶(*in una carica*) Amtseinsetzung *f,* Amtsantritt *m* ❷(*presa di possesso*) Einnahme *f* ❸(*stanziamento in dimora*) Ansiedlung *f;* (*pej*) Einnistung *f;* **insediare** [inse'dia:re] **I.** *vt* (in das Amt) einsetzen **II.** *vr* **-rsi** ❶(ADM) sein Amt antreten ❷(*stabilirsi*) sich niederlassen, sich ansiedeln; (*pej*) sich einnisten

insediativo, -a [insedia'ti:vo] *agg* Siedlungen und Industrieansiedlungen betreffend

insegna [in'seɲɲa] *f* ❶(*di grado, dignità*) Abzeichen *n,* Zeichen *n;* **all'**~ **di** (*fig*) im Zeichen +*gen* ❷(*di negozio*) Schild *n*

insegnamento [inseɲɲa'mento] *m* ❶(*di una disciplina, di un'arte*) Unterricht *m* ❷(*precetto*) Lehre *f;* **insegnante** [inseɲ'ɲante] **I.** *agg* lehrend, Lehr-; **personale** ~ Lehrpersonal *n* **II.** *mf* Lehrer(in) *m(f),* Lehrkraft *f adm;* **insegnare** [inseɲ'ɲa:re] **I.** *vt* lehren, unterrichten; ~ **qc a qu** jdn etw lehren, jdm etw beibringen; ~ **a leggere e a scrivere a qu** jdm das Lesen und Schreiben beibringen **II.** *vi* unterrichten, lehren

inseguire [inse'gui:re] *vt* ~ **qu/qc** jdn/ etw verfolgen; **inseguitore, -trice** [insegui'to:re] *m, f* Verfolger(in) *m(f)*

insellare [insel'la:re] *vt* satteln

inselvatichire [inselvati'ki:re] <inselvatichisco> **I.** *vt* avere verwildern lassen **II.** *vr* **-rsi** verwildern

inseminato, -a [insemi'na:to] *agg* befruchtet, besamt; **inseminazione** [inseminat'tsio:ne] *f* Befruchtung *f;* ~ **artificiale** künstliche Befruchtung

insenatura [insena'tu:ra] *f* Einbuchtung *f,* Bucht *f*

insensatezza [insensa'tettsa] *f* Unbesonnenheit *f;* **insensato, -a** [insen'sa:to] *agg* ❶ (*persona*) unvernünftig ❷ (*azione*) unsinnig

insensibile [insen'si:bile] *agg* ❶ (*impercettibile*) unmerklich, unauffällig ❷ (*persona*) unempfindlich; (*pej*) gefühllos; **insensibilità** [insensibili'ta] <-> *f* Unempfindlichkeit *f*; (*pej*) Gefühllosigkeit *f*

inseparabile [insepa'ra:bile] *agg* ❶ (*cose*) untrennbar ❷ (*persone*) unzertrennlich

insepolto, -a [inse'polto] *agg* unbegraben

inserimento [inseri'mento] *m* ❶ Einfügung *f*; (*di persona*) Eingliederung *f*; **punto di ~** (INFORM) Einfügemarke *f*; **inserire** [inse'ri:re] <inserisco> I. *vt* ❶ (*introdurre, a fig*) einfügen; (*spina*) einstecken ❷ (*in un giornale*) aufgeben II. *vr* **-rsi** (*essere attaccato*) sich einfügen; **-rsi in qc** (*integrarsi*) einer Sache *dat* beitreten, in etw *acc* eintreten

inserto [in'sɛrto] *m* ❶ (*incartamento*) Aktenheft *n* ❷ (*in giornale, rivista*) Beilage *f* ❸ (FILM) Insert *n*; **~ pubblicitario** Werbebeilage *f*

inservibile [inser'vi:bile] *agg* unbrauchbar, nutzlos

inserviente [inser'viɛnte] *mf* Dienstbote *m*, -botin *f*

inserzione [inser'tsio:ne] *f* ❶ (*atto dell'inserire*) Einfügung *f*, Einschiebung *f* ❷ (*annuncio pubblicitario*) Anzeige *f*, Inserat *n*; **fare un'~** eine Anzeige aufgeben; **inserzionista** [insertsio'nista] <-i *m*, -e *f*> *mf* Inserent(in) *m(f)*

insetticida¹ [insetti'tʃi:da] <-i *m*, -e *f*> *agg* insektizid, insektentötend; **polvere ~** Insektenpulver *n*

insetticida² <-i> *m* Insektenvernichtungsmittel *n*, Insektizid *n scient*

insettivoro [inset'ti:voro] *m* Insektenfresser *m*

insettivoro, -a *agg* insektenfressend

insetto [in'sɛtto] *m* Insekt *n*; **~ nocivo** Schädling *m*

insicurezza [insiku'rettsa] *f* Unsicherheit *f*; **insicuro, -a** [insi'ku:ro] *agg* unsicher

inside ['in'said] I. *avv* (*dentro*) innerhalb, in II. <-> *m* (*i retroscena di un fatto*) Hintergrund *m*

insidia [in'si:dia] <-ie> *f* Falle *f*; **insidiare** [insi'dia:re] *vt* **~ qu** jdn in einen Hinterhalt locken, jdm auflauern; **insidioso, -a** [insi'dio:so] *agg* (*persone, domande*) hinterhältig; (*cose*) (heim)tückisch; (*situazione*) verfänglich

insieme [in'siɛ:me] I. *avv* ❶ (*complessivamente*) zusammen ❷ (*contemporanea-*

mente) zugleich, gleichzeitig II. *prp* ❶ (*in compagnia*) **~ a** [*o* **con**] zusammen mit +*dat* ❷ (*contemporaneamente*) gleichzeitig mit +*dat* III. *m* ❶ (*totalità*) Gesamtheit *f*, Ganze(s) *n* ❷ (MAT) Menge *f*

insight ['insait] <- *o* insights> *m* (PSYCH: *penetrazione psicologica*) Einblick *m*

insigne [in'siɲɲe] *agg* bedeutend, hervorragend

insignificante [insiɲɲifi'kante] *agg* unbedeutend, bedeutungslos

insignire [insiɲ'ɲi:re] *vt* auszeichnen (*di* mit)

insincerità [insintʃeri'ta] *f* Unaufrichtigkeit *f*, Unehrlichkeit *f*; **insincero, -a** [insin'tʃɛ:ro] *agg* unaufrichtig, unehrlich

insindacabile [insinda'ka:bile] *agg* unkontrollierbar; (*definitivo*) unanfechtbar, endgültig

insinuante [insinu'ante] *agg* einschmeichelnd

insinuare [insinu'a:re] I. *vt* ❶ (*introdurre*) (ein)stecken, hineinstecken ❷ (*fig*) unterstellen; (*sospetti*) erwecken, erregen; **cosa vuoi ~?** was willst du damit sagen? II. *vr* **-rsi** (*infiltrarsi*) eindringen; **-rsi in qc** (*penetrare*) sich in etw *acc* einschleichen; **insinuazione** [insinuat'tsio:ne] *f* Unterstellung *f*

insipidezza [insipi'dettsa] *f* Fadheit *f*, Geschmacklosigkeit *f*; **insipido, -a** [in'si:pido] *agg* ❶ (GASTR) fade, geschmacklos ❷ (*fig: banale*) fade

insipiente [insi'piɛnte] *agg* unwissend, dumm; **insipienza** [insi'piɛntsa] *f* Unwissenheit *f*, Dummheit *f*

insistente [insis'tɛnte] *agg* nachdrücklich, eindringlich; (*ostinato*) beharrlich; (*continuo*) anhaltend; **insistenza** [insis'tɛntsa] *f* (*perseveranza*) Beharrlichkeit *f*; (*continuità*) Anhalten *n*

insistere [in'sistere] <insisto, insistei *o* insistetti, insistito> *vi* ❶ (*persistere*) **~ in qc** auf etw *dat* beharren ❷ (*ribadire*) **~ su qc** auf etw *acc* immer wieder zurückkehren

insito, -a ['insito] *agg* verwurzelt, innewohnend; (*qualità*) angeboren

insoddisfatto, -a [insoddis'fatto] *agg* ❶ (*persona*) unbefriedigt, unzufrieden; **rimanere ~ di qc** mit etw unzufrieden sein ❷ (*desiderio*) unerfüllt; **insoddisfazione** [insoddisfat'tsio:ne] *f* Unzufriedenheit *f*, Unbefriedigtsein *n*

insofferente [insoffe'rɛnte] *agg* unduldsam; **insofferenza** [insoffe'rɛntsa] *f* Unduldsamkeit *f*

insolazione [insolat'tsio:ne] *f* Sonnenstich *m*

insolente [inso'lɛnte] *agg* frech; **insolentire** [insolen'ti:re] <insolentisco> *vi* ❶ *avere* (*usare parole insolenti*) schimpfen ❷ *essere* (*diventare insolente*) frech werden; **insolenza** [inso'lɛntsa] *f* ❶ (*arroganza*) Frechheit *f* ❷ (*villania*) Beleidigung *f*

insolito, -a [in'sɔːlito] *agg* ungewöhnlich

insolubile [inso'luːbile] *agg* ❶ (*problema, questione*) unlösbar; (*dubbio*) nicht zu zerstreuen(d) ❷ (CHEM) unlöslich; **insolubilità** [insolubili'ta] <-> *f* ❶ (*di problema, questione*) Unlösbarkeit *f* ❷ (CHEM) Unlöslichkeit *f*

insoluti [inso'luːti] *mpl* Außenstände *pl*

insoluto, -a [inso'luːto] *agg* ❶ (*problema, questione*) ungelöst ❷ (CHEM) nicht gelöst ❸ (*debito*) nicht eingelöst, unbezahlt

insolvente [insol'vɛnte] *agg* zahlungsunfähig, insolvent; **insolvenza** [insol'vɛntsa] *f* Zahlungsunfähigkeit *f*, Insolvenz *f*

insolvibile [insol'viːbile] *agg* zahlungsunfähig, insolvent; **insolvibilità** [insolvibili'ta] <-> *f* Zahlungsunfähigkeit *f*, Insolvenz *f*

insomma [in'somma] I. *avv* (*in conclusione*) also, somit; (*in breve*) kurz; (*in conclusione*) schließlich II. *int* (was) nun, also (was)

insondabile [inson'daːbile] *agg* ❶ (*profondità*) nicht auslotbar ❷ (*fig: inesplorabile*) unerforschlich, unergründlich

insonne [in'sɔnne] *agg* ❶ (*persona, notte*) schlaflos ❷ (*fig: instancabile*) unermüdlich; **insonnia** [in'sɔnnia] <-ie> *f* Schlaflosigkeit *f*

insonnolito, -a [insonno'liːto] *agg* schläfrig, verschlafen

insonorizzare [insonorid'dza:re] *vt* schalldicht isolieren; **insonorizzazione** [insonoriddzat'tsio:ne] *f* Schalldämpfung *f*

insopportabile [insoppor'taːbile] *agg* unerträglich

insorgenza [insor'dʒɛntsa] *f* Auftreten *n*; **insorgere** [in'sɔrdʒere] <irr> *vi essere* ❶ (*ribellarsi*) ~ **contro qu/qc** sich gegen jdn/etw erheben ❷ (*manifestarsi*) auftreten, erscheinen

insormontabile [insormon'taːbile] *agg* unüberwindlich

insorsi *1. pers sing pass rem di* **insorgere**

insorto, -a [in'sorto] I. *pp di* **insorgere** II. *m, f* Aufständische(r) *f(m)*

insospettabile [insospet'taːbile] *agg* ❶ (*senza sospetto*) unverdächtig ❷ (*imprevisto*) unvermutet

insospettire [insospet'tiːre] <insospet-

tisco> I. *vt avere* argwöhnisch machen II. *vr* -**rsi** argwöhnisch werden

insostenibile [insoste'niːbile] *agg* ❶ (*pena*) unerträglich; (*spese*) untragbar ❷ (*tesi,* MIL) unhaltbar

insostituibile [insostitu'iːbile] *agg* unersetzlich

insozzare [insot'tsaːre] I. *vt* besudeln; (*reputazione*) beschmutzen II. *vr* -**rsi** sich beschmutzen; (*di vergogna*) sich bedecken

insperabile [inspe'raːbile] *agg* nicht zu erhoffen(d); **insperato, -a** [inspe'raːto] *agg* unverhofft

inspiegabile [inspie'gaːbile] *agg* unerklärlich

inspirare [inspi'raːre] *vt* einatmen; **inspirazione** [inspirat'tsio:ne] *f* Einatmen *n*

instabile [ins'taːbile] *agg* ❶ (*non stabile*) nicht stabil, instabil ❷ (*tempo*) unbeständig; (*carattere*) wankelmütig ❸ (PHYS) instabil, labil; **instabilità** [instabili'ta] <-> *f* Unbeständigkeit *f*, Instabilität *f*

installare [instal'laːre] *vt* ❶ (*persone*) unterbringen; (*in una carica*) einsetzen ❷ (TEC) anschließen; (INFORM) installieren; **installatore, -trice** [installa'toːre] *m, f* Installateur(in) *m(f)*; **installazione** [installat'tsio:ne] *f* Installation *f*; **dischetto di ~** (INFORM) Installationsdiskette *f*

instancabile [instaŋ'kaːbile] *agg* unermüdlich

instaurare [instau'raːre] I. *vt* schaffen, errichten; (*processo*) einleiten II. *vr* -**rsi** errichtet werden; **instauratore, -trice** [instaura'toːre] *m, f* Gründer(in) *m(f)*; **instaurazione** [instaurat'tsio:ne] *f* Gründung *f*, Errichtung *f*

instillare [instil'laːre] *vt* einträufeln, eintröpfeln

instradare [instra'daːre] *vt* (*a fig*) leiten, einweisen

insù [in'su] *avv* **all'**~ nach oben, hinauf; **naso all'**~ Stupsnase *f*

insubordinato, -a [insubordi'naːto] *agg* undiszipliniert; **insubordinazione** [insubordinat'tsio:ne] *f* ❶ (*indisciplina*) Undiszipliniertheit *f* ❷ (JUR, MIL) Gehorsamsverweigerung *f*, Insubordination *f*

insuccesso [insut'tʃɛsso] *m* Misserfolg *m*

insudiciare [insudi'tʃaːre] I. *vt* ❶ (*sporcare*) beschmutzen ❷ (*fig: disonorare*) entehren II. *vr* -**rsi** (*sporcarsi*) sich schmutzig machen; (*compromettersi*) sich in Verruf bringen

insufficiente [insuffi'tʃɛnte] *agg* ungenügend; **insufficienza** [insuffi'tʃɛntsa] *f* ❶ (*inadeguatezza*) Unzulänglichkeit *f*; **assolvere qu per ~ di prove** jdn aus Mangel an Beweisen freisprechen ❷ (*incapacità*) Ungeeignetheit *f* ❸ (*votazione scolastica*) Ungenügend *n* ❹ (MED) Schwäche *f*, Versagen *n*

insulare [insu'la:re] *agg* Insel-, insular

insulina [insu'li:na] *f* Insulin *n*

insulso, -a [in'sulso] *agg* ❶ (*cosa*) banal ❷ (*persona*) geistlos

insultante [insul'tante] *agg* beleidigend

insultare [insul'ta:re] *vt* beleidigen, beschimpfen; **insulto** [in'sulto] *m* ❶ (*ingiuria, offesa*) Beleidigung *f*, Beschimpfung *f* ❷ (*fig: danno*) Anfechtung *f*

insuperabile [insupe'ra:bile] *agg* ❶ (*insormontabile*) unüberwindlich ❷ (*imbattibile*) unübertrefflich, bärig *A;* **insuperato, -a** [insupe'ra:to] *agg* unübertroffen

insuperbire [insuper'bi:re] <insuperbisco> I. *vt avere* stolz machen II. *vr* -**rsi** stolz werden

insurrezionale [insurrettsio'na:le] *agg* aufständisch; **insurrezione** [insurret'tsio:ne] *f* Aufstand *m*

insussistente [insussis'tɛnte] *agg* inexistent; **insussistenza** [insussis'tɛntsa] *f* Inexistenz *f*

intaccare [intak'ka:re] *vt* ❶ (*incidere*) (ein)kerben ❷ (*corrodere, a fig* MED) angreifen; **intaccatura** [intakka'tu:ra] *f* ❶ (*atto dell'intaccare*) (Ein)kerben *n* ❷ (*tacca, incavatura*) Kerbe *f;* **intacco** [in'takko] <-chi> *m* Kerbe *f*

intagliare [intaʎʎa:re] *vt* (*legno*) schnitzen; (*metallo*) (aus)stechen; (*pietra*) hauen; **intaglio** [in'taʎʎo] *m* Schnitzerei *f*

intangibile [intan'dʒi:bile] *agg* unberührbar; (*fig*) unantastbar

intanto [in'tanto] I. *avv* (*nel frattempo*) inzwischen, unterdessen; (*invece*) dagegen; **per** ~ einstweilen II. *cong* ~ **che** während

intarsiare [intar'sia:re] *vt* ❶ (*lavorare a intarsio*) intarsieren ❷ (*fig: impreziosire*) schmücken, verzieren; **intarsio** [in'tarsio] <-i> *m* ❶ (*decorazione*) Intarsie *f*, Einlegearbeit *f* ❷ (*in enigmistica*) Schachtelrätsel *n*

intasamento [intasa'mento *o* intaza'mento] *m* Verstopfung *f;* **intasare** [inta'sa:re *o* inta'za:re] I. *vt* verstopfen II. *vr* -**rsi** sich verstopfen

intascare [intas'ka:re] *vt* einstecken

intatto, -a [in'tatto] *agg* unberührt, unversehrt

intavolare [intavo'la:re] *vt* ❶ (*registrare*) aufstellen ❷ (*avviare*) einleiten; (*discussione*) eröffnen

integerrimo, -a [inte'dʒɛrrimo] *agg* superlativo di **integro** äußerst integer; (*fig*) makellos

integrale [inte'gra:le] I. *agg* ❶ (*completo, intero*) vollständig, Voll-; **edizione** ~ Gesamtausgabe *f* ❷ (MAT) Integral- ❸ (*farina*) Vollkorn-; **pane** ~ Vollkornbrot *n* II. *m* (MAT) Integral *n*

integrare [inte'gra:re] I. *vt* ❶ (*completare*) ergänzen ❷ (SOC) integrieren, eingliedern II. *vr* -**rsi** ❶ (*completarsi*) sich ergänzen ❷ (SOC) sich integrieren; **integrativo, -a** [integra'ti:vo] *agg* Ergänzungs-; (*esame*) Aufbau-; **integratore** [integra'to:re] *m* Ergänzer *m;* -**i alimentari** Nahrungsergänzung *f;* **integrazione** [integrat'tsio:ne] *f* ❶ (*completamento*) Ergänzung *f;* **cassa** ~ Lohnergänzungskasse *f,* ≈ Kurzarbeitergeld *n;* **andare** [*o* **essere**] **in cassa** ~ kurzarbeiten ❷ (SOC) Integration *f,* Eingliederung *f*

integrità [integri'ta] <-> *f* ❶ (*qualità di intatto*) Unversehrtheit *f,* Intaktheit *f;* (*completezza*) Vollständigkeit *f* ❷ (*fig: probità*) Rechtschaffenheit *f,* Integrität *f;* **integro, -a** ['integro] <più integro, integerrimo> *agg* ❶ (*intatto*) intakt, unversehrt; (*completo*) vollständig ❷ (*fig: probo*) integer, rechtschaffen

intelaiatura [intelaia'tu:ra] *f* (ARCH) Gerüst *n;* (*di finestra*) Rahmen *m*

intellettivo, -a [intellet'ti:vo] *agg* geistig, Verstandes-

intelletto [intel'lɛtto] *m* Geist *m,* Intellekt *m;* **intellettuale** [intellettu'a:le] I. *agg* geistig, intellektuell; **facoltà** ~ Denkvermögen *n;* **lavoro** ~ geistige Arbeit II. *mf* Intellektuelle(r) *f(m),* Geistesarbeiter *m;* **intellettualistico, -a** [intellettua'listiko] <-ci, -che> *agg* intellektualistisch; **intellettualità** [intellettuali'ta] <-> *f* Intellektualität *f,* Verstandesmäßigkeit *f*

intelligence [in'telidʒɛns] *f* Geheimdienst *m*

intelligente [intelli'dʒɛnte] *agg* intelligent; **intelligenza** [intelli'dʒɛntsa] *f* Verstand *m,* Intelligenz *f;* **quoziente di** ~ Intelligenzquotient *m*

intelligibile [intelli'dʒi:bile] *agg* verständlich

INTELSAT *m acro di* **INternational TElecommunications SATellite** INTELSAT *m*

intemerata [inteme'ra:ta] *f* Maßregelung *f*

intemerato, -a *agg* unbescholten; (*coscienza*) rein

intemperante [intempe'rante] *agg* unmäßig, maßlos; **intemperanza** [intempe'rantsa] *f* ❶ (*smodatezza*) Unmäßigkeit *f* ❷ (*violenza*) Unbeherrschtheit *f*

intemperie [intem'pɛ:rje] *fpl* schlechtes Wetter

intempestivo, -a [intempes'ti:vo] *agg* ungelegen

intendente [inten'dɛnte] *m* Verwalter *m*, Direktor *m;* **intendenza** [inten'dɛntsa] *f* Direktion *f*, Verwaltungsstelle *f;* ~ **di finanza** Finanzdirektion *f*

intendere [in'tɛndere] <irr> **I.** *vt* ❶ *(comprendere)* verstehen; **darla a ~ a qu** jdm etw weismachen; **lasciare ~ qc a qu** jdm etw zu verstehen geben ❷ *(udire)* vernehmen, hören ❸ *(avere intenzione)* beabsichtigen, vorhaben, wollen; **non intendo offenderti** ich will dich nicht beleidigen **II.** *vr* **-rsi** ❶ *(andare d'accordo)* sich verstehen; **intendersela con qu** mit jdm etw haben; *(illecitamente)* mit jdm unter einer Decke stecken ❷ *(esser competente)* **-rsi di qc** sich in etw *dat* auskennen; **intendimento** [intendi'mento] *m* ❶ *(facoltà d'intendere)* Verständnis *n; (intelligenza)* Verstand *m* ❷ *(intenzione, scopo)* Absicht *f*, Sinn *m;* **intenditore, -trice** [intendi'to:re] *m, f* Kenner(in) *m(f);* **a buon intenditor poche parole** *(prov)* einem Gelehrten ist gut predigen

intenerire [intene'ri:re] <intenerisco> **I.** *vt* ❶ *(render tenero)* weich machen ❷ *(fig: commuovere)* erweichen, rühren **II.** *vr* **-rsi** ❶ *(divenire tenero)* weich werden ❷ *(commuoversi)* sich erweichen lassen

intensificare [intensifi'ka:re] **I.** *vt* verstärken, intensivieren **II.** *vr* **-rsi** sich verstärken; **intensificazione** [intensifikat'tsio:ne] *f* Verstärkung *f*, Zunahme *f*

intensità [intensi'ta] <-> *f* Stärke *f*, Intensität *f;* **intensivo, -a** [inten'si:vo] *agg* intensiv; **intenso, -a** [in'tɛnso] *agg* intensiv; *(colore, luce)* kräftig, satt; *(sguardo)* eindringlich

intentare [inten'ta:re] *vt* (JUR) anstrengen; ~ **una causa contro qu** gegen jdn einen Prozess anstrengen

intentato, -a [inten'ta:to] *agg* unversucht; **non lasciar nulla d'~** nichts unversucht lassen

intento [in'tɛnto] *m (proposito)* Absicht *f; (fine)* Zweck *m;* ~ **suicida** Suizidabsicht *f*

intento, -a *agg* aufmerksam; **essere ~ a fare qc** dabei sein etw zu tun

intenzionale [intentsio'na:le] *agg* absichtlich, vorsätzlich; **intenzionato, -a** [intentsio'na:to] *agg* gesinnt; **essere bene/ male ~** gute/böse Absichten haben

intenzione [inten'tsio:ne] *f* ❶ *(intendimento)* Absicht *f;* **avere ~ di fare qc** die

Absicht haben etw zu tun ❷ *(desiderio)* Wille *m*

interafricano, -a [interafri'ka:no] *agg* interafrikanisch

interagente [intera'dʒɛnte] *agg* interagierend; **interagire** [intera'dʒi:re] <interagisco> *vi* ❶ *(esercitare un'azione reciproca)* interagieren, zusammenwirken ❷ (PHYS) Wechselwirkungen zeigen

interalleato, -a [interalle'a:to] *agg* interalliiert; **conferenza -a** Alliiertenkonferenz *f;* **forze -e** alliierte Streitkräfte *fpl*

interamente [intera'mente] *avv* ganz, vollständig

interamericano, -a [interameri'ka:no] *agg* interamerikanisch

interarabo, -a [inter'a:rabo] *agg* interarabisch

interarmi [inter'armi] <inv> *agg* (MIL) unter Beteiligung mehrerer Truppenteile

interasiatico, -a [intera'zia:tiko] <-ci, -che> *agg* interasiatisch

interasse [inter'asse] *m* (TEC) Achsabstand *m*

interatomico, -a [intera'tɔ:miko] <-ci, -che> *agg* Atom-; **spazio ~** Atomabstand *m;* **forze -che** Atomstreitkräfte *fpl*

interattività [interattivi'ta] <-> *f* Interaktivität *f*, Dialog *m;* **interattivo, -a** [interat'ti:vo] *agg* (INFORM) interaktiv

interaziendale [interaddzien'da:le] *agg* zwischenbetrieblich

interazione [interat'tsio:ne] *f* ❶ *(influenza reciproca)* Interaktion *f* ❷ (PHYS) Wechselwirkung *f*

interbancario, -a [interbaŋ'ka:rio] <-i, -ie> *agg* zwischen Banken; **accordi -i** Abstimmungen zwischen Banken

interbase [inter'ba:ze] <-> *m o f* (SPORT) im Baseball, Malspieler zwischen dem 2. und 3. Mal

interbellico, -a [inter'bɛlliko] <-ci, -che> *agg* **periodo ~** Friedensperiode *f* zwischen zwei Kriegen

interbinario [interbi'na:rio] <-i> *m* (FERR) Gleisabstand *m*, Spur *f*

interblocco [inter'blɔkko] <-cchi> *m* ❶ (TEC) Notschalter *m* ❷ (INFORM) Abstand *m* zwischen zwei Absätzen

intercalare[1] [interka'la:re] **I.** *agg* Zwischen-; *(mese, anno)* Schalt- **II.** *m* ❶ *(nel parlare)* Füllwort *n* ❷ (LIT) Kehrreim *m*, Refrain *m*

intercalare[2] *vt* einfügen, einschieben

intercambiabile [interkam'bia:bile] *agg* austauschbar, auswechselbar; **intercambiabilità** [interkambiabili'ta] <-> *f* Austauschbarkeit *f*

esprimere un'intenzione

domandare le intenzioni	nach Absicht fragen
A cosa mira?	Was bezwecken Sie damit?
Che senso ha tutto ciò?	Was hat das alles für einen Sinn?
Che intende dire con questo?	Was wollen Sie damit sagen?
Dove vuole arrivare con questo?	Worauf wollen Sie hinaus?

esprimere un'intenzione	Absicht ausdrücken
La settimana prossima mi **comprerò** la moto.	Nächste Woche **werde** ich mir das Motorrad **kaufen.**
Ho progettato/Ho in programma un viaggio in Portogallo.	Ich **habe** eine Reise nach Portugal **geplant.**
Ho intenzione di vivere a Napoli.	Ich **habe vor,** in Neapel zu leben.
Mi sono messa in testa di prendere il brevetto di pilota.	Ich **habe mir in den Kopf gesetzt,** den Pilotenschein zu machen.

esprimere la non intenzione	Absichtslosigkeit ausdrücken
Non è nelle mie intenzioni./Lunge da me.	Das liegt mir fern.
Non ho intenzione di darti nessun tipo di ordine.	Ich habe nicht die Absicht, dir irgendwelche Vorschriften zu machen.
Non l'ho fatto apposta.	Das war nicht von mir beabsichtigt.
Non miravo al Suo denaro.	Ich habe es nicht auf Ihr Geld abgesehen.

intercapedine [interka'pɛːdine] *f* Zwischenraum *m*

intercategoriale [interkatego'ria:le] *agg* zwischen Berufsgruppen [*o* Berufsständen]

intercedere [inter'tʃɛːdere] **I.** *vt avere* erbitten **II.** *vi* ❶ *essere* (*intercorrere*) dazwischenliegen ❷ *avere* (*farsi intermediario*) vermitteln, sich einsetzen; **interceditrice** *f v.* **intercessore**; **intercessione** [intertʃes'sio:ne] *f* Fürsprache *f;* **intercessore, -ceditrice** [intertʃes'so:re, intertʃedi'tri:tʃe] *m, f* Fürsprecher(in) *m(f)*

intercettare [intertʃet'ta:re] *vt* abhören; **intercettazione** [intertʃettat'tsio:ne] *f* (*di lettera*) Abfangen *n;* (*di telefonata*) Abhören *n*

intercity [inter'siti] <-> *m* (FERR) Intercity *m*

interclasse [inter'klasse] **I.** <-> *f* (*nella scuola elementare, insieme di più classi parallele*) Jahrgangsstufe *f* **II.** <inv> *agg* (*che interessa più classi*) Jahrgangs-

interclassismo [interklas'sizmo] <-> *m* (PHILOS, SOC: *ideologia*) Ablehnung *f* von Klassenunterschieden; **interclassista** [interklas'ista] <-i *m*, -e *f*> **I.** *mf* (PHILOS,

SOC: *sostenitore dell'interclassismo*) Befürworter(in) *m(f)* einer Gesellschaft ohne Klassenunterschiede **II.** *agg* ❶ (*comune a tutte le classi sociali, interclassistico*) Klassen übergreifend, klassenlos ❷ (PHILOS, SOC: *proprio dell'interclassismo*) gegen Klassenunterschiede; **interclassistico, -a** [interklas'istiko] <-ci, -che> *agg* Klassen übergreifend

intercompartimentale [interkompartimen'ta:le] *agg* zwischen Abteilungen

intercomunale [interkomu'na:le] *agg* interkommunal

intercomunicante [interkomuni'kante] *agg* Verbindungs-

interconfederale [interkonfede'ra:le] *agg* mehrere (Gewerkschafts)verbände betreffend

interconfessionale [interkonfessio'na:le] *agg* (REL) interkonfessionell, ökumenisch

interconfessionalismo [interkonfessiona'lizmo] *m* (REL) Interkonfessionalismus *m geh,* Ökumene *f;* **interconfessionalista** [interkonfessiona'lista] <-i *m*, -e *f*> **I.** *mf* (REL) Anhänger(in) *m(f)* des ökumenischen

Gedankens **II.** *agg* (REL) ökumenisch; **interconfessionalistico, -a** [interkonfessiona'listiko] <-ci, -che> *agg* (REL: *interconfessionale*) ökumenisch, interkonfessionell; **interconfessionalità** [interkonfessionali'ta] <-> *f* (REL) Ökumene *f*

interconnessione [interkonnes'sio:ne] *f* ❶ (*connessione reciproca tra fatti*) Verbindung *f* ❷ (TEC) Zusammenschaltung *f;* **interconnettere** [interkon'nɛttere] <irr> *vt* (TEC) zusammenschalten

intercontinentale [interkontinen'ta:le] *agg* interkontinental; **missile** ~ Interkontinentalrakete *f*

intercooler [intə'ku:lə *o* inter'kuler] <- *o* intercoolers> *m* (MOT) Zwischenkühler *m*

intercorrente [interkor'rɛnte] *agg* ❶ (*che trascorre tra due momenti*) zwischenzeitlich ❷ (MED) interkurrent

intercorrere [inter'korrere] <irr> *vi* essere dazwischenliegen; (*fig*) bestehen

interculturale [interkultu'ra:le] *agg* interkulturell; **interculturalismo** [interkultura'lizmo] <-> *m* interkulturelle Verständigung

interdentale [interden'ta:le] *agg* interdental; **spazio** ~ Zahnzwischenraum *m;* **filo** ~ Zahnseide *f;* **suono** ~ Interdental-, Zwischenzahnlaut *m*

interdetto [inter'detto] *m* (REL) Interdikt *n*

interdetto, -a I. *pp di* **interdire II.** *m, f* (JUR) Entmündigte(r) *f(m)* **III.** *agg* (*sorpreso, turbato*) sprachlos

interdigitale [interdidʒi'ta:le] *agg* zwischen den Zehen; **membrana** ~ Schwimmhaut *f*

interdipendente [interdipen'dɛnte] *agg* voneinander abhängig; **interdipendenza** [interdipen'dɛntsa] *f* gegenseitige Abhängigkeit

interdire [inter'di:re] <irr> *vt* ❶ (*proibire*) untersagen, verbieten ❷ (REL) mit einem Interdikt belegen ❸ (JUR) entmündigen

interdisciplinare [interdiʃʃipli'na:re] *agg* interdisziplinär; **interdisciplinarità** [interdiʃʃiplinari'ta] <-> *f* ❶ (*atteggiamento*) interdisziplinäre Denkweise ❷ (*collaborazione tra diverse discipline*) interdisziplinäre Zusammenarbeit

interdissi *1. pers sing pass rem di* **interdire**

interditore [interdi'to:re] *m* (SPORT) im Tackling [*o* Stören gegnerischer Aktionen] gewandter Fußballspieler

interdizione [interdit'tsio:ne] *f* ❶ (*proibizione*) Verbot *n* ❷ (REL) Interdikt *n* ❸ (JUR) Entmündigung *f*

interessamento [interessa'mento] *m* ❶ (*interesse*) Interesse *n;* (*partecipazione*) Anteilnahme *f* ❷ (*intervento*) Bemühung *f,* Verwendung *f;* **interessante** [interes'sante] *agg* interessant; **essere in stato** ~ in anderen Umständen sein; **interessare** [interes'sa:re] **I.** *vt* avere ❶ (*riguardare*) betreffen, angehen ❷ (*destare attenzione*) interessieren, interessant sein für **II.** *vi* essere ~ **a qu** jdn interessieren **III.** *vr* **-rsi** ❶ (*occuparsi*) **-rsi di qu/qc** sich um jdn/etw kümmern ❷ (*mostrare interesse*) **-rsi a** [*o* **di**] **qu/qc** sich für jdn/etw interessieren; **interessato, -a** [interes'sa:to] **I.** *agg* (*fig, pej: azione*) eigennützig; (*persona*) materiell eingestellt **II.** *m, f* Interessent(in) *m(f);* (*la persona in causa*) Betreffende(r) *f(m)*

interesse [inte'rɛsse] *m* ❶ (FIN) Zins *m,* Zinsen *mpl;* **tasso d'~** Zinssatz *m* ❷ (*tornaconto, utilità*) Interesse *n;* **agire nell'~ di qu** jds Interessen wahrnehmen ❸ (*interessamento*) Interesse *n;* (*partecipazione*) (An)teilnahme *f* ❹ *pl* (*affari*) Angelegenheiten *fpl,* Interessen *npl;* **interessenza** [interes'sɛntsa] *f* Gewinnbeteiligung *f*

interetnico, -a [inter'ɛtniko] <-ci, -che> *agg* zwischen ethnischen Gruppen

intereuropeo, -a [intereuro'pɛ:o] <-ei, -ee> *agg* zwischen europäischen Staaten, innerhalb der EU

interezza [inte'rettsa] *f* Gesamtheit *f*

interfaccia [inter'fattʃa] <-cce> *f o m* (INFORM) Schnittstelle *f;* ~ **grafica** Grafikoberfläche *f;* ~ **seriale** serielle Schnittstelle; ~ **stampante** Druckerschnittstelle *f;* ~ **utente** Benutzeroberfläche *f;* **interfacciabile** [interfat'tʃa:bile] *agg* (INFORM) über Schnittstellen verbindbar; **interfacciale** [interfat'tʃa:le] *agg* (INFORM) Schnittstellen-, Interface-; **sistema** ~ Oberflächensystem *n;* **interfacciamento** [interfattʃa'mento] *m* ❶ (*l'interfacciare*) Einschub *m* ❷ (INFORM) Verbindung *f* über Schnittstellen; **interfacciare** [interfat'tʃa:re] *vt* ❶ (*porre tra due superfici*) zwischenlegen ❷ (INFORM) über eine Schnittstelle verbinden

interfacoltà [interfakol'ta] *f* Studentenausschuss *m*

interfalda [inter'falda] *f* Füllmaterial *n*

interfederale [interfede'ra:le] *agg* Bundes-, interföderal

interferenza [interfe'rɛntsa] *f* ❶ (PHYS) Interferenz *f* ❷ (*fig: intromissione*) Einmischung *f*

interferenziale [interferen'tsia:le] *agg* (PHYS) Interferenz-

interferire [interfe'ri:re] <interferisco> *vi*

❶ (PHYS) interferieren ❷ (*fig: intromettersi*) **~ in qc** sich in etw *acc* einmischen

interfogliare [interfɔʎˈʎaːre] *vt* (TYP) durchschießen, interfoliieren; **interfogliatura** [interfɔʎʎaˈtuːra] *f* (TYP) Durchschießen *n*, Interfoliierung *f*

interfoglio [interˈfɔʎʎo] *m* Trennblatt *n*

interfonico, -a [interˈfɔːniko] <-ci, -che> *agg* Sprech-, Haustelefon-; **impianto ~** Sprechanlage *f*; **interfono** [interˈfɔːno] <-> *m* Sprechanlage *f*; **~ per neonati** Babyphon *n*

interforze [interˈfɔrtse] <inv> *agg* (MIL) truppenübergreifend

intergalattico, -a [intergaˈlattiko] <-ci, -che> *agg* intergalaktisch

intergenerazionale [interdʒenerattsioˈnaːle] *agg* zwischen Generationen, generationenübergreifend

interiezione [interietˈtsioːne] *f* Interjektion *f*

interim ['interim] <-> *m* Interimsregierung *f*, Übergangsregierung *f*; **ad ~** auf Zeit, ad Interim; **interimistico, -a** [interiˈmistiko] <-ci, -che> *agg* (ADM) Übergangs-, vorübergehend

interinale [interiˈnaːle] *agg* vorübergehend, vorläufig; **lavoro ~** Zeitarbeit *f*

interinato [interiˈnaːto] *m* provisorische Amtszeit

interiora [inteˈrioːra] *fpl* Innereien *fpl*

interiore [inteˈrioːre] *agg* innere(r, s), Innen-; **vita ~** Innenleben *n*; **interiorità** [interioriˈta] <-> *f* Innere *n*

interiorizzare [interioridˈdzaːre] **I.** *vt* verarbeiten; **~ un evento traumatico** ein traumatisches Erlebnis verarbeiten **II.** *vr* **-rsi** verinnerlicht werden; **interiorizzazione** [interioriddzatˈtsioːne] *f* Verinnerlichung *f*

interista [inteˈrista] <-i *m*, -e *f*> **I.** *mf* ❶ (SPORT: *giocatore*) Inter-Spieler *m* ❷ (SPORT: *tifoso*) Inter Mailand-Fan *m* **II.** *agg* (*dell'Inter*) Inter-, Inter Mailand-

interlinea [interˈliːnea] *f* Zeilenabstand *m*

interlineare[1] [interlineˈaːre] *agg* zwischen den Zeilen, Zeilen-

interlineare[2] *vt* durchschießen

interlingua [interˈlingua] *f* (LING: *lingua artificiale*) Interlingua *f*, Welthilfssprache *f*

interlinguistica [interlinˈguistika] <-che> *f* (LING) Interlinguistik *f*; **interlinguistico, -a** [interlinˈguistiko] <-ci, -che> *agg* ❶ (LING: *comune a più lingue diverse*) interlingual, zwei oder mehrere Sprachen betreffend ❷ (LING: *che riguarda l'interlinguistica*) interlinguistisch

interlocale [interloˈkaːle] *agg* überörtlich, überregional

interlocutore, -trice [interlokuˈtoːre] *m, f* Gesprächspartner(in) *m(f)*; **interlocutorio, -a** [interlokuˈtɔːrio] <-i, -ie> *agg* Zwischen-; **interlocutrice** *f v.* **interlocutore**

interludio [interˈluːdio] <-i> *m* Zwischenspiel *n*, Interludium *n*

intermediale [intermeˈdiaːle] *agg* (KUNST) multimedial

intermediario, -a [intermeˈdiaːrio] <-i, -ie> **I.** *agg* dazwischenliegend, Zwischen-**II.** *m, f* Vermittler(in) *m(f)*, Mittelsperson *f*; **intermediazione** [intermediatˈtsioːne] *f* Vermittlungstätigkeit *f*; **operazione di ~** Vermittlungsgeschäft *n*; **intermedio, -a** [interˈmɛːdio] *agg* Zwischen-, Mittel-

intermestruale [intermestruˈaːle] *agg* intermenstrual, intermenstruell

intermestruo [interˈmɛstruo] *m* (MED) Zyklus *m*

intermezzo [interˈmɛddzo] *m* ❶ (MUS, LIT) Intermezzo *n* ❷ (*intervallo*) Pause *f*

interminabile [intermiˈnaːbile] *agg* endlos, unaufhörlich

interministeriale [interministeˈriaːle] *agg* interministeriell

intermittente [intermitˈtɛnte] *agg* wechselnd, Wechsel-; (TEC) intermittierend; **febbre ~** Wechselfieber *n*; **luce ~** Blinklicht *n*; **intermittenza** [intermitˈtɛntsa] *f* Diskontinuität *f geh*; (TEC) Intermittenz *f*

intermodale [intermoˈdaːle] *agg* Umlade-, Umsteige-; **trasporto ~ di merci** Umladetransport *m*

intermuscolare [intermuskoˈlaːre] *agg* (MED) intermuskulär

interna *f v.* **interno**

internal auditing [inˈtəːnl ˈɔːditiŋ *o* inˈtəːnl ˈɔditiŋ] <-> *m* (COM) betriebsinterne Rechnungsprüfung; **internal auditor** [inˈtəːnl ˈɔːditə *o* inˈtəːnl ˈɔditor] <- *o* internal auditors> *m* (COM) betriebsinterne(r) Rechnungsprüfer(in) *m(f)*

internamente [internaˈmente] *avv* ❶ (*dentro*) innen, im Inner(e)n ❷ (*fig: nell'anima*) innerlich, im Inner(e)n

internamento [internaˈmento] *m* Internierung *f*; (MED) Einweisung *f*; **internare** [interˈnaːre] *vt* internieren; (MED) einweisen

internato [interˈnaːto] *m* ❶ (*periodo*) Praktikum *n* ❷ (*convitto*) Internat *n*

internauta [interˈnauta] <-i *m*, -e *f*> *mf* Surfer(in) *m(f)*

internavigatore [internavigaˈtoːre] *m* (NAUT) Angestellte(r) *f(m)* einer Binnenschifffahrtsgesellschaft

internazionale [internattsioˈnaːle] **I.** *agg*

international **II.** *f* **Internazionale** Internationale *f;* **internazionalismo** [internattsiona'lizmo] *m* ❶ (HIST) Internationalismus *m* ❷ (COM) Tendenz *f* zur Bildung multinationaler Konzerne; **internazionalista** [internattsiona'lista] <-i *m*, -e *f*> *mf* (HIST) Internationalist(in) *m(f);* **internazionalistico, -a** [internattsiona'listiko] <-ci, -che> *agg* internationalistisch; **movimento** ~ die sozialistische Internationale; **ideologia -a** die Ideologie der sozialistischen Internationale; **internazionalità** [internattsionali'ta] <-> *f* internationale Bedeutung, Internationalität *f;* **internazionalizzare** [internattsionalid'dza:re] *vt* internationalisieren; **internazionalizzazione** [internattsionaliddzat'tsio:ne] *f* Internationalisierung *f*

internegativo [internega'ti:vo] *m* (FOTO) Dianegativ *n* für Abzüge

Internet [inter'net] <-> *f* (INFORM, TEL) Internet *n;* **navigare su** ~ im Internet surfen; ~ **browser** Internet-Browser *m;* ~ **café** Internet-Café *n;* ~ **provider** Internet-Provider *m;* **sito** ~ Internet-Adresse *f;* **pagina** ~ Site *f*, Internetseite *f;* **collegamento a** ~ Internetanschluss *m;* **accesso a** ~ Internetzugang *m;* **Internet-dipendente** *mf* Internetabhängige(r) *f(m);* **Internet-scenario** *m* Internet-Szene *f;* **internettista** [internet'tista] <-i *m*, -e *f*> *mf* Internet-Anwender(in) *m(f)*

internista [inter'nista] <-i *m*, -e *f*> *mf* Internist(in) *m(f)*

interno [in'tɛrno] *m* ❶ (*parte interna*) Innere(s) *n* ❷ (FILM) Innenaufnahme *f* ❸ (*numero interno*) Wohnungsnummer *f;* (TEL) Durchwahlnummer *f*, Apparat *m* ❹ (*territorio nazionale*) Inland *n;* **ministro degli interni** [*o* dell'~] Innenminister *m*

interno, -a I. *agg* innere(r, s), Innen-; (*mare*) Binnen-; (ADM: *alunno*) intern; (*politica*) Innen-; (*fig*) innerlich; **medicina -a** innere Medizin; **regolamento** ~ interne Regelung **II.** *m, f* Interne(r) *f(m);* (SPORT) Mittelstürmer(in) *m(f)*

intero [in'te:ro] *m* Ganze(s) *n;* **per** ~ ganz, im Ganzen; **firmare per** ~ mit vollem Namen unterschreiben

intero, -a *agg* ganz, vollständig; (*fig: fiducia*) voll; **un anno** ~ ein ganzes Jahr; **latte** ~ Vollmilch *f*

interoceanico, -a [interotʃe'a:niko] <-ci, -che> *agg* interozeanisch

interparete® [interpa're:te] <-> *f* (SPORT) künstliche Kletterwand

interparlamentare [interparlamen'ta:re] *agg* (PARL) interparlamentarisch

interpartitico, -a [interpar'ti:tiko] <-ci, -che> *agg* (POL) überparteilich, Mehrparteien-

interpellante [interpel'lante] **I.** *mf* (PARL) Interpellant(in) *m(f)* **II.** *agg* (PARL) Anfrage-, eine Anfrage einbringend; **interpellanza** [interpel'lantsa] *f* Anfrage *f*, Interpellation *f* geh; **interpellare** [interpel'la:re] *vt* befragen, anfragen bei; (POL) interpellieren an +*acc;* **interpellato, -a** [interpel'la:to] **I.** *m, f* (ADM) Angesprochene(r) *f(m)* **II.** *agg* (*consultato*) zu Rate gezogen, kontaktiert

interpersonale [interperso'na:le] *agg* zwischenmenschlich

interpiano [inter'pia:no] *m* (AERO) Tragflächenabstand *m*

interplanetario, -a [interplane'ta:rio] *agg* interplanetar(isch), Weltraum-

interpolabile [interpo'la:bile] *agg* interpolierbar; **interpolare** [interpo'la:re] *vt* interpolieren; **interpolazione** [interpolat'tsio:ne] *f* Interpolation *f*

interporre [inter'porre] <irr> **I.** *vt* dazwischenlegen; (JUR: *appello*) einlegen; ~ **la propria influenza** seinen Einfluss geltend machen; ~ **ostacoli** Hindernisse in den Weg legen; ~ **tempo** zögern **II.** *vr* **-rsi** dazwischentreten; (*fig*) sich einschalten

interporto [inter'pɔrto] *m* (COM) Zwischenlager *n*

interposi *1. pers sing pass rem di* **interporre**

interposizione [interpozit'tsio:ne] *f* Vermittlung *f*

interposto *pp di* **interporre**

interpretabile [interpre'ta:bile] *agg* interpretierbar

interpretare [interpre'ta:re] *vt* ❶ (*chiarire*) deuten, auslegen ❷ (MUS, FILM, THEAT) interpretieren; (*rappresentare*) spielen, darstellen

interpretariato [interpreta'ria:to] *m* Dolmetschen *n*

interpretativo, -a [interpreta'ti:vo] *agg* ❶ (*esegetico*) auslegend, kommentierend ❷ (JUR) interpretativ, auslegend

interpretazione [interpretat'tsio:ne] *f* ❶ (*di testi, leggi*) Interpretation *f*, Auslegung; (*di parole, azione*) Deutung *f*, Auslegung *f* ❷ (*attribuzione di un significato*) Deutung *f* ❸ (MUS) Interpretation *f;* (FILM, THEAT) Darstellung *f*

interprete [in'tɛrprete] *mf* ❶ (*traduttore*) Dolmetscher(in) *m(f);* ~ **simultaneo** Simultandolmetscher *m* ❷ (FILM, TV, THEAT) Darsteller(in) *m(f);* (MUS) Interpret(in) *m(f)* ❸ (*commentatore*) Kommentator(in) *m(f)*, Interpret(in) *m(f)* ❹ (*espositore di*

interrompere

interrompere qualcuno	jemanden unterbrechen
Scusi se La interrompo, …	Entschuldigen Sie (bitte), dass ich Sie unterbreche, …
Non vorrei interromperLa, ma …	Ich möchte Sie nicht unterbrechen, aber …
Mi consenta (di interromperLa un momento) …	Wenn ich Sie einmal kurz unterbrechen dürfte: …

segnalare che si desidera continuare a parlare	anzeigen, dass man weitersprechen will
Un momento, per favore, non ho ancora finito.	Einen Moment bitte, ich bin noch nicht fertig.
Solo un attimo, ho quasi finito.	Augenblick bitte, ich bin fast fertig.
Per favore, non interrompermi! Allora, stavo dicendo che…	Bitte unterbrich mich nicht! Also, ich sagte gerade, dass …
Scusa, ma ora parlo io.	Entschuldige, aber jetzt spreche ich.
Mi lasci finire, per favore!	Lassen Sie mich bitte ausreden!

chiedere la parola	ums Wort bitten
Posso dire qualcosa al riguardo?	Darf ich dazu etwas sagen?

volontà altrui) Vermittler(in) *m(f)*; **farsi ~ di qc presso qu** bei jdm in etw *dat* vermitteln

interprovinciale [interprovin'tʃaːle] *agg* provinzenübergreifend; **campionato ~** Bezirksmeisterschaften *fpl*

interpsicologia [interpsikolo'dʒiːa] <-ie> *f* (PSYCH) Interpsychologie *f*, Psychologie *f* der zwischenmenschlichen Beziehungen

interpunzione [interpun'tsioːne] *f* Interpunktion *f*, Zeichensetzung *f*

interrail [inter'reil] <-> *m* (FERR) Interrailticket *n*, -karte *f*

interramento [interra'mento] *m* Eingraben *n*; **interrare** [inter'raːre] I. *vt* eingraben, vergraben II. *vr* **-rsi** sich mit Erde füllen; **interrato** [inter'raːto] *m* Kellergeschoss *n*

interrazziale [interrat'tsiaːle] *agg* zwischen den Rassen

interregionale [interredʒo'naːle] I. *agg* überregional II. *m* (FERR) Interregio *m*

interregno [inter'reɲɲo] *m* Interregnum *n*

interrelato, -a [interre'laːto] *agg* im Zusammenhang zueinander stehend; **fenomeni -i** Phänomene *pl*, die im Zusammenhang zueinander stehen; **interrelazione** [interrelat'tsioːne] *f* Zusammenhang *m*

interrogante [interro'gante] I. *mf* Fragesteller(in) *m(f)* II. *agg* fragend, Fragen stellend

interrogare [interro'gaːre] *vt* ❶ (*porre domande*) (be)fragen, anfragen bei; (*a scuola*) abhören, abfragen ❷ (JUR) verhören, vernehmen ❸ (*fig: coscienza*) befragen ❹ (INFORM) abfragen, abrufen

interrogativo [interroga'tiːvo] *m* ❶ (LING) Fragezeichen *n* ❷ (*quesito*) Frage *f*

interrogativo, -a *agg* fragend, Frage-; (LING) interrogativ

interrogato, -a [interro'gaːto] I. *m, f* Befragte(r) *f(m)* II. *agg* befragt, verhört

interrogatorio [interroga'tɔːrio] <-i> *m* Verhör *n*, Vernehmung *f*, Einvernahme *f* A

interrogazione [interrogat'tsioːne] *f* ❶ (*l'interrogare*) Befragung *f*; (*a scuola*) Abfragen *n* ❷ (JUR) Vernehmung *f*, Einvernahme *f* A ❸ (POL) Anfrage *f*

interrompere [inter'rompere] <irr> I. *vt* ❶ (*troncare*) unterbrechen, abbrechen ❷ (*sospendere*) unterbrechen, einstellen II. *vr* **-rsi** einhalten; (*nel parlare*) sich unterbrechen

interrompibile [interrom'piːbile] *agg* unterbrechbar, aussetzbar; **questa lezione non è ~** eine Unterbrechung der Unterrichtseinheit ist nicht möglich

interrotto *pp di* **interrompere**

interruttore [interrut'toːre] *m* Schalter *m*

interruzione [interrut'tsio:ne] *f* Unterbrechung *f*; **senza ~** ununterbrochen

interscambiabile [interskam'bia:bile] *agg* austauschbar, auswechselbar; **queste parti sono -i** die Teile sind austauschbar; **interscambiabilità** [interskambiabili'ta] <-> *f* Austauschbarkeit *f*, Auswechselbarkeit *f*

interscambio [inters'kambio] *m* Warenaustausch *m*

interscolastico, -a [intersko'la:stiko] <-ci, -che> *agg* zwischen Schulen

interscuola [inter'skuɔ:la] <-> *f* Mittagspause *f* in Internaten

intersecare [interse'ka:re] **I.** *vt* (durch)kreuzen **II.** *vr* **-rsi** sich schneiden, sich kreuzen

intersettoriale [intersetto'ria:le] *agg* fachübergreifend, gebietsübergreifend

intersezione [interset'tsio:ne] *f* Schnittpunkt *m*, Schnittstelle *f*

intersindacale [intersinda'ka:le] *agg* gewerkschaftsübergreifend; **agitazione ~** gewerkschaftsübergreifende Proteste; **incontro ~** Treffen mehrerer Gewerkschaftsgruppen

intersoggettivo, -a [intersoddʒet'ti:vo] *agg* intersubjektiv

interstazionale [interstattsio'na:le] *agg* (FERR) zwischen zwei Bahnhöfen

interstellare [interstel'la:re] *agg* (ASTR: *intersiderale*) interstellar

interstiziale [interstit'tsia:le] *agg* ❶ (BIOL, ANAT) interstitiell, in den Zwischenräumen liegend ❷ (PHYS, CHEM) frei im Kristallgitter vorkommend; **atomi -i** freie Atome im Gitter; **composto ~** 2-Phasen-Verbindung

interstizio [inters'tittsio] <-i> *m* Zwischenraum *m*; (*di tempo*) Zwischenzeit *f*

intertemporale [intertempo'ra:le] *agg* zwischenzeitlich

intertesto [inter'tɛsto] *m* Texteinschub *m*; **intertestuale** [intertestu'a:le] *agg* intertextual, zwischen zwei Texten; **analisi ~** textkritischer Vergleich; **intertestualità** [intertestuali'ta] <-> *f* (LING) intertextuelle Beziehungen *fpl*

intertropicale [intertropi'ka:le] *agg* (GEOG) in den Tropen liegend; **regione ~** Tropen *fpl*

interurbana [interur'ba:na] *f* (TEL) Ferngespräch *n*

interurbano, -a [interur'ba:no] *agg* zwischen den Städten liegend; (TEL) Fern(sprech)-; **linea di servizio -a** Fernsprechverbindung *f*

intervallare [interval'la:re] *vt* unterbrechen, dazwischenschieben; **intervallo**

[inter'vallo] *m* ❶ (*di tempo*) (Zwischen)zeit *f* ❷ (*di spazio*) Zwischenraum *m*, Abstand *m* ❸ (MUS) Intervall *n* ❹ (*ricreazione*) Pause *f*

interveniente [interve'niɛnte] *mf* ❶ (JUR: *chi interviene a un processo in corso*) Intervenient(in) *m(f)* ❷ (COM, FIN: *chi interviene a favore di terzi nel pagare una cambiale*) Ehrenzahler(in) *m(f)*, Honorant(in) *m(f)*

intervenire [interve'ni:re] <irr> *vi essere* ❶ (*intromettersi*) **~ in qc** sich in etw *acc* einmischen; **~ in una discussione** sich in eine Diskussion einschalten ❷ (*partecipare*) **~ a qc** an etw *dat* teilnehmen ❸ (MED) einen Eingriff vornehmen

interventismo [interven'tizmo] <-> *m* ❶ (HIST) Bewegung *f* zu Gunsten militärischer Interventionen (*bes 1914-15*) ❷ (POL) Interventionismus *m*; **interventista** [interven'tista] <-i *m*, -e *f*> **I.** *mf* ❶ (*hist*) Befürworter(in) *m(f)* militärischer Interventionen ❷ (JUR) Interventionist(in) *m(f)* **II.** *agg* (*interventistico*) für militärische Interventionen; **interventistico, -a** [interven'tistiko] <-ci, -che> *agg* militärische Interventionen unterstützend; **propaganda -a** Propaganda für Militäreinsätze

intervento [inter'vɛnto] *m* ❶ (*intromissione*) Eingreifen *n*, Dazwischentreten *n*; (*della polizia*) Einschreiten *n*; (*ingerenza*) Einmischung *f*; (POL, COM) Intervention *f*; **politica del non ~** Politik *f* der Nichteinmischung ❷ (*partecipazione*) **l'~ a qc** die Teilnahme an etw *dat* ❸ (*discorso in un dibattito*) Ansprache *f*, Rede *f* ❹ (MED) Eingriff *m*

intervenuti [interve'nu:ti] *mpl* (*presenti*) Erschienene(n) *pl*; **ringraziamo tutti gli ~** wir danken allen, die gekommen sind; **intervenuto, -a** [interve'nu:to] **I.** *pp di* **intervenire** **II.** *agg* anwesend, versammelt; **il pubblico ~ era molto folto** die Öffentlichkeit war zahlreich erschienen

intervenzionismo [interventsio'nizmo] <-> *m* (COM, FIN) Interventionismus *m*

interview ['intəvju] <- *o* interviews> *f* (*intervista*) Interview *n*

intervista [inter'vista] *f* Interview *n*; (*statistica*) Befragung *f*; **intervistare** [intervis'ta:re] *vt* interviewen; (*statisticamente*) befragen; **intervistatore, -trice** [intervista'to:re] *m, f* Interviewer(in) *m(f)*

intesa [in'te:sa] *f* ❶ (*accordo*) Einverständnis *n*, Absprache *f* ❷ (COM) Absprache *f* ❸ (POL) Bündnis *n*, Entente *f*

intesi [in'tesi] *1. pers sing pass rem di* **intendere**

inteso, -a [in'te:so] **I.** *pp di* **intendere** **II.** *agg* vereinbart, verstanden; **resta ~ che …** es ist vereinbart, dass …

intessere [in't̬essere] *vt* ❶ (*tessere, intrecciare*) flechten ❷ (*fig: comporre*) ersinnen, anzetteln

intestardirsi [intestar'dirsi] <m'intestardisco> *vr* ~ **su** [*o* **in**] **qc** sich auf etw *acc* versteifen

intestare [intes'ta:re] *vt* ❶ (*libro*) mit einer Überschrift versehen; (*busta*) mit Namen versehen; (*lettera*) mit Briefkopf versehen ❷ ~ **qc a qu** (*conto*) etw auf jds Namen eintragen; (*casa*) etw auf jds Namen überschreiben; **intestatario, -a** [intesta'ta:rio] <-i, -ie> *m, f* Inhaber(in) *m(f)*; **intestato, -a** [intes'ta:to] *agg* (*carta*) mit Namen versehen; ~ **a** lautend auf

intestazione [intestat'tsio:ne] *f* ❶ (*registrazione*) Eintragung *f* ❷ (*dicitura*) Überschrift *f*

intestinale [intesti'na:le] *agg* Darm-; **intestino** [intes'ti:no] *m* Darm *m;* ~ **cieco** Blinddarm *m*

intiepidire [intiepi'di:re] <intiepidisco> **I.** *vt avere* ❶ (*rendere tiepido*) lau(warm) machen ❷ (*fig: mitigare*) abkühlen **II.** *vr* **-rsi** ❶ (*diventare tiepido*) lau(warm) werden ❷ (*attenuarsi*) sich abschwächen, nachlassen

intifada [inti'fa:da] *f* Intifada *f*

intima ['intima] *f* ❶ (ANAT) Intima *f* ❷ (*dial: federa*) Bettbezug *m*

intimare [inti'ma:re] *vt* anordnen, befehlen; (*guerra*) erklären; ~ **l'alt** Halt gebieten; **intimazione** [intimat'tsio:ne] *f* Aufforderung *f*, Befehl *m;* (*di guerra*) Erklärung *f;* ~ **di pagamento** Zahlungsaufforderung *f*

intimidazione [intimidat'tsio:ne] *f* Einschüchterung *f;* **intimidire** [intimi'di:re] <intimidisco> **I.** *vt avere* ❶ (*rendere timido*) schüchtern machen ❷ (*incutere timore*) einschüchtern **II.** *vr* **-rsi** schüchtern werden

intimità [intimi'ta] <-> *f* ❶ (*di sentimenti*) Intimität *f*, Vertraulichkeit *f;* **essere in ~ con qu** mit jdm vertraut sein ❷ (*di ambienti*) Gemütlichkeit *f*

intimo ['intimo] *m* ❶ (*dell'animo*) Innerste(s) *n* ❷ *pl* engste Verwandte *pl*

intimo, -a *agg* ❶ (*più interno*) innerste(r, s); **biancheria -a** Unterwäsche *f* ❷ (*persona*) intim, vertraut; **rapporti -i** intime Beziehungen ❸ (*ambiente*) gemütlich

intimorire [intimo'ri:re] <intimorisco> **I.** *vt* (ver)ängstigen, verschüchtern **II.** *vr*

-rsi sich fürchten

intingere [in'tindʒere] <irr> *vt* eintauchen, eintunken

intingolo [in'tingolo] *m* Tunke *f*, Soße *f*

intirizzire [intirid'dzi:re] **I.** *vt avere* erstarren lassen **II.** *vr* **-rsi** erstarren

intisichire [intizi'ki:re] <intisichisco, intisichisci> *vi essere* ❶ (MED) schwindsüchtig werden ❷ (BOT) verkümmern ❸ (*fig*) verkümmern, versauern

intitolare [intito'la:re] *vt* ❶ (*dare un titolo*) betiteln, überschreiben ❷ (*dedicare*) widmen

intoccabile [intok'ka:bile] **I.** *agg* unberührbar **II.** *mf* Unberührbare(r) *f(m)*

intollerabile [intolle'ra:bile] *agg* unerträglich

intollerante [intolle'rante] *agg* intolerant, unduldsam; **intolleranza** [intolle'rantsa] *f* Intoleranz *f*, Unduldsamkeit *f*

intonacare [intona'ka:re] *vt* verputzen; **intonaco** [in'tɔ:nako] <-ci *o* -chi> *m* Verputz *m*

intonare [into'na:re] **I.** *vt* (MUS) anstimmen, intonieren; (*strumento*) stimmen **II.** *vr* **-rsi con** [*o* **a**] **qc** zu etw passen; **intonazione** [intonat'tsio:ne] *f* ❶ (MUS) Anstimmen *n;* (*di strumento*) Stimmen *n* ❷ (LING) Intonation *f*, Tongebung *f*

intontimento [intonti'mento] *m* Benommenheit *f;* **intontire** [inton'ti:re] <intontisco> **I.** *vt avere* benommen machen **II.** *vi essere* benommen werden

intoppo [in'tɔppo] *m* ❶ (*ostacolo*) Hindernis *n* ❷ (*urto*) Stoß *m*

intorbidamento [intorbida'mento] *m* Trübung *f;* **intorbidare** [intorbi'da:re] **I.** *vt avere* trüben, trübe machen **II.** *vr* **-rsi** trübe werden

intorno [in'torno] **I.** *avv* umher, herum; **girare** ~ umherlaufen; **guardarsi** ~ umherschauen, sich umschauen; **tutt'**~ ringsherum, ringsumher **II.** *prp* ~ **a** an +*dat;* (*locale, temporale*) um +*acc …* herum; **lavorare** ~ **a un progetto** an einem Projekt arbeiten **III.** <inv> *agg* umliegend

intorpidimento [intorpidi'mento] *m* Erstarrung *f;* **intorpidire** [intorpi'di:re] <intorpidisco> **I.** *vt avere* ❶ (*membra*) gefühllos machen ❷ (*fig*) stumpf machen **II.** *vr* **-rsi** ❶ (*membra*) gefühllos werden ❷ (*fig*) stumpf werden

intortare [intor'ta:re] *vt* (*fam: raggirare, abbindolare qu*) jdn um den Finger wickeln, jdn einwickeln

intossicare [intossi'ka:re] **I.** *vt* vergiften **II.** *vr* **-rsi** sich vergiften; **intossicazione** [intossikat'tsio:ne] *f* Vergiftung *f*

intracomunitario, -a [intrakomu-ni'taːrio] <-i, -ie> *agg* innereuropäisch, EU-intern; **scambi -i** EU-interne Transaktionen

intradosso [intra'dɔsso] *m* ❶ (ARCH) Laibung *f* ❷ (AERO: *superficie inferiore di un'ala*) Tragflügelunterseite *f*

intraducibile [intradu'tʃiːbile] *agg* ❶ (*lingua*) unübersetzbar ❷ (*fig: sentimento*) unausdrückbar; **intraducibilità** [intradutʃibili'ta] <-> *f* Unübersetzbarkeit *f*

intralciare [intral'tʃaːre] I. *vt* behindern, hemmen II. *vr* **-rsi** ❶ (*complicarsi*) sich verwickeln ❷ (*ostacolarsi*) sich behindern; **intralcio** [in'traltʃo] <-ci> *m* Hindernis *n*

intrallazzare [intrallat'tsaːre] *vi* Machenschaften betreiben; **intrallazzatore, -trice** [intrallattsa'toːre] *m, f* Ränkeschmied *m;* **intrallazzo** [intral'lattso] *m* Machenschaft *f*, Intrige *f*; **intrallazzone, -a** [intrallat'tsoːne] *m, f* (*fam: intrallazzatore*) Schieber *m fam*

intramezzare [intramed'dzaːre] *vt* ~ **qc con qc** etw in etw *acc* einschieben

intramontabile [intramon'taːbile] *agg* unvergänglich, unsterblich

intramuscolare [intramusko'laːre] I. *agg* (MED) intramuskulär II. *f* (MED: *iniezione*) intramuskuläre Injektion

intramuscolo [intra'muskolo] I. <inv> *agg* (MED: *intramuscolare*) intramuskulär; **iniezione** ~ intramuskuläre Injektion II. <-> *f* (MED) intramuskuläre Injektion *f*

Intranet [intra'net] <-> *f* (INFORM) Intranet *n*

intransigente [intransi'dʒɛnte] *agg* unnachgiebig, unversöhnlich; **intransigenza** [intransi'dʒɛntsa] *f* Unnachgiebigkeit *f*, Unversöhnlichkeit *f*

intransitabile [intransi'taːbile] *agg* unbefahrbar; **intransitabilità** [intransitabili'ta] <-> *f* Unpassierbarkeit *f*

intransitivo [intransi'tiːvo] *m* (LING) Intransitiv *n*, intransitives Verb

intransitivo, -a *agg* (LING) intransitiv

intrapersonale [intraperso'naːle] *agg* persönlich, intim

intrappolare [intrappo'laːre] *vt* ❶ (*animali*) in einer Falle fangen ❷ (*fig: truffare*) hereinlegen

intraprendente [intrapren'dɛnte] *agg* unternehmungslustig; (*con le donne*) draufgängerisch; **intraprendenza** [intrapren'dɛntsa] *f* Unternehmungslust *f*; (*con le donne*) Draufgängertum *n*

intraprendere [intra'prɛndere] <irr> *vt* (*spedizione*) unternehmen; (*carriera*) einschlagen; (*studi*) ergreifen, beginnen

intrapsichico, -a [intra'psiːkiko] <-ci, -che> *agg* (PSYCH) psychisch bedingt

intrasferibile [intrasfe'riːbile] *agg* unübertragbar; **intrasferibilità** [intrasferibili'ta] <-> *f* Unübertragbarkeit *f*

intrasportabile [intraspor'taːbile] *agg* nicht transportfähig; **il malato è** ~ der Kranke ist nicht transportfähig

intrattabile [intrat'taːbile] *agg* ❶ (*problema*) heikel, schwierig; (*persona, carattere*) schwierig, unzugänglich ❷ (*metallo*) schwer zu bearbeiten(d) ❸ (*prezzo*) nicht verhandlungsfähig; **intrattabilità** [intrattabili'ta] <-> *f* ❶ (*di persona*) Unleidlichkeit *f*, Unverträglichkeit *f* ❷ (TEC) schlechte Bearbeitbarkeit *f* ❸ (*di argomento*) Schwierigkeit *f*

intrattenere [intratte'neːre] <irr> I. *vt* unterhalten II. *vr* **-rsi su qc** sich bei etw aufhalten; **intrattenimento** [intratteni'mento] *m* Unterhaltung *f*; **intrattenitore, -trice** [intratteni'toːre] *m, f* Unterhalter(in) *m(f)*, Entertainer(in) *m(f)*

intrauterino, -a [intraute'riːno] *agg* (ANAT) intrauterin

intrav(v)edere [intrav(v)e'deːre] <irr> *vt* ❶ (*scorgere*) (flüchtig) erblicken ❷ (*fig: intuire*) (er)ahnen

intrecciare [intret'tʃaːre] I. *vt* ❶ (*capelli, vimini*) flechten; (*dita*) verschlingen ❷ (*fig*) knüpfen, spinnen II. *vr* **-rsi** ❶ (*incrociarsi*) sich verschlingen ❷ (*interesse*) sich verflechten; **intreccio** [in'trettʃo] <-cci> *m* ❶ (*lavoro*) Flechtwerk *n*, Geflecht *n* ❷ (*fig: trama*) Verwicklung *f*, Handlung *f*

intrepido, -a [in'trɛːpido] *agg* unerschrocken, draufgängerisch

intricare [intri'kaːre] I. *vt* verwickeln, verwirren II. *vr* **-rsi** sich verwickeln; **intrico** [in'triːko] <-chi> *m* Geflecht *n;* (*fig*) Gewirr *n*

intrigante [intri'gante] I. *agg* intrigant II. *mf* Intrigant(in) *m(f);* **intrigare** [intri'gaːre] I. *vi* Ränke schmieden, intrigieren II. *vr* **-rsi in qc** (*fam: impicciarsi*) sich in etw *acc* einmischen; **intrigo** [in'triːgo] <-ghi> *m* ❶ (*briga*) Intrige *f*, Machenschaften *fpl;* **ordire un** ~ eine Intrige anzetteln ❷ (*situazione imbarazzante*) Schlamassel *m fam*

intrinseco, -a [in'trinseko] <-ci, -che> *agg* innere(r, s); (*fig*) vertraut; (*amicizia*) innig

intriso, -a *agg* ~ **di** triefend von [*o* vor +*dat*]

introdurre [intro'durre] <introduco, introdussi, introdotto> I. *vt* ❶ (*inserire*) (hi-

nein)stecken, einführen ❷ (*mettere in uso,*
COM) einführen ❸ (*far entrare*) eintreten
lassen; (*presentare*) vorstellen ❹ (*fig: avviare*) einleiten ❺ (LING) einleiten II. *vr* **-rsi
in qc** in etw *acc* eindringen; **introduttivo, -a** [introdut'ti:vo] *agg* einleitend,
einführend; **introduzione** [intro-
dut'tsio:ne] *f* ❶ (*immissione*) Einführung *f*
❷ (COM) Einfuhr *f* ❸ (*prefazione*) Einleitung *f* ❹ (*avviamento, guida*) Einführung *f*
❺ (*di persona*) Vorstellung *f* ❻ (MUS) Vorspiel *n;* (*di opera*) Ouvertüre *f*
introitare [introi'ta:re] *vt* einnehmen; **introito** [in'trɔːito] *m* (*incasso*) Einnahme *f,*
Einkünfte *fpl*
intromettersi [intro'mettersi] <irr> *vr*
❶ (*interporsi*) Dazwischentreten ❷ (*immischiarsi*) ~ **in qc** sich in etw *acc* einmischen; **intromissione** [intromis'sio:ne] *f*
❶ (*intervento*) Dazwischentreten *n,* Eingreifen *n;* (*mediazione*) Vermittlung *f*
❷ (*ingerenza*) Einmischung *f*
introvabile [intro'va:bile] *agg* unauffindbar
introverso, -a, introvertito, -a [in-
tro'vɛrso, introver'ti:to] I. *agg* introvertiert
II. *m, f* Introvertierte(r) *f(m)*
intrufolare [intrufo'la:re] I. *vt* (*fam*) gleiten lassen II. *vr* **-rsi** sich einschmuggeln
intrufolarsi [intrufo'la:rsi] *vr* sich einschmuggeln
intrugliare [intruʎ'ʎa:re] I. *vt* (*fam: mescolare*) zusammenrühren, mixen II. *vr* **-rsi**
❶ (*fam: sporcarsi*) sich schmutzig machen
❷ (*immischiarsi*) **-rsi in qc** sich auf
etw *acc* einlassen; **intruglio** [in'truʎʎo]
<-gli> *m* ❶ (*pej: mistura*) Gemisch *n;* (*be-
vanda*) Gebräu *n* ❷ (*fig: imbroglio*) Machenschaft *f*
intrusa *f v.* **intruso**
intrusione [intru'zio:ne] *f* ❶ (*intervento*)
Eindringen *n* ❷ (*ingerenza*) Einmischung *f*
❸ (GEOL) Intrusion *f;* **intruso, -a**
[in'tru:zo] *m, f* Eindringling *m*
intuibile [intu'i:bile] *agg* (er)ahnbar, fühlbar
intuire [intu'i:re] <intuisco> *vt* ❶ (*sentire*)
fühlen, ahnen ❷ (*presentire*) (voraus)ah-
nen; **intuitivo, -a** [intui'ti:vo] *agg*
❶ (*comprensibile, ovvio*) verständlich, offensichtlich; **è ~** das versteht sich von
selbst ❷ (*relativo all'intuizione*) intuitiv;
intuito [in'tu:ito] *m* ❶ (*conoscenza immediata*) Gefühl *n,* Intuition *f;* **sapere
per ~** gefühlsmäßig wissen ❷ (*perspicacia*) Scharfsinn *m;* **intuizione** [in-
tuit'tsio:ne] *f* Intuition *f;* (*presentimento*)
Vorgefühl *n,* Vorahnung *f*

inturgidire [inturdʒi'di:re] <inturgidisco,
inturgidisci> *vi essere* (an)schwellen
inumano, -a [inu'ma:no] *agg* unmenschlich, inhuman
inumare [inu'ma:re] *vt* begraben, beerdigen; **inumazione** [inumat'tsio:ne] *f* Beerdigung *f*
inumidire [inumi'di:re] <inumidisco>
I. *vt* befeuchten, anfeuchten; (*bucato*) be-
sprengen, einsprengen II. *vr* **-rsi** feucht
werden
inurbamento [inurba'mento] *m* Landflucht *f;* **inurbano, -a** [inur'ba:no] *agg*
(*persona*) grobschlächtig; (*comportamento*) unzivilisiert; **inurbarsi** [inur'barsi] *vr*
in die Stadt ziehen
inusitato, -a [inuzi'ta:to] *agg* ungewöhnlich
inutile [i'nu:tile] *agg* ❶ (*senza utilità*) unnütz, nutzlos ❷ (*inefficace*) nutzlos, unwirksam ❸ (*vano, superfluo*) zwecklos,
sinnlos; **inutilità** [inutili'ta] *f* ❶ (*mancanza di utilità*) Nutzlosigkeit *f,* Zwecklosigkeit *f* ❷ (*inefficacia*) Unwirksamkeit *f*
❸ (*l'essere vano, superfluo*) Sinnlosigkeit *f;*
inutilizzabile [inutilid'dza:bile] *agg* unbrauchbar, nicht verwendbar
invadente [inva'dɛnte] I. *agg* aufdringlich
II. *mf* aufdringlicher Mensch; **invadenza**
[inva'dɛntsa] *f* Aufdringlichkeit *f*
invadere [in'va:dere] <invado, invasi, in-
vaso> *vt* ❶ (*con forza*) überfallen; (*città*)
einnehmen; (*fortezza*) stürmen; (*paese*)
einfallen in +*acc* ❷ (*fig*) überschwemmen
invaditrice *f v.* **invasore**
invaghire [inva'gi:re] <invaghisco> I. *vt*
verliebt machen II. *vr* **-rsi di qu** sich in jdn
verlieben; **-rsi di qc** (*fig*) mit etw liebäugeln
invalida *f v.* **invalido**
invalidare [invali'da:re] *vt* für ungültig erklären; (JUR) anfechten; **invalidità** [invali-
di'ta] *f* ❶ (*gener*) Ungültigkeit *f* ❷ (JUR)
Rechtsungültigkeit *f* ❸ (*per menomazione*) Invalidität *f;* **invalido, -a** [in'va:lido]
I. *agg* ❶ (*gener*) ungültig, nichtig ❷ (JUR)
rechtsungültig ❸ (*per menomazione*) invalide II. *m, f* Invalide *mf;* ~ **di guerra**
Kriegsversehrte(r) *m;* ~ **civile** Erwerbsun-
fähige(r) *m*
invalso, -a [in'valso] *agg* üblich, verbreitet
invano [in'va:no] *avv* umsonst, vergebens
invariabile [inva'ria:bile] *agg* unveränderlich; **invariabilità** [invariabili'ta] *f* Unveränderlichkeit *f;* **invariato, -a** [inva'ria:to]
agg unverändert
invasamento [invaza'mento] *m* ❶ (*ossessione*) Besessenheit *f* ❷ (*esaltazione*)

Aufgebrachtheit *f*

invasare [inva'za:re] *vt* ❶ (*ossessionare*) besessen machen ❷ (*mettere in un vaso*) in ein Gefäß füllen; (*piante*) eintopfen; **invasatura** [invaza'tu:ra] *f* Eintopfen *n*

invasi [in'va:zi] *1. pers sing pass rem di* **invadere**

invasione [inva'zio:ne] *f* ❶ (MIL) Invasion *f*, Einfall *m* ❷ (*enorme affluenza*) Ansturm *m* ❸ (*fig: diffusione*) Verbreitung *f*

invaso[1] [in'va:zo] *pp di* **invadere**

invaso[2] *m* (*di piante*) Eintopfen *n*

invasore, **invaditrice** [inva'zo:re, invadi'tri:tʃe] **I.** *agg* eindringend, einfallend **II.** *m*, *f* Invasor(in) *m(f)*, Eindringling *m*

invecchiamento [invekkia'mento] *m* ❶ (BIOL) Altern *n*, Alterung *f*; ~ **della pelle** Hautalterung *f* ❷ (*del vino*) Alterung *f*, Lagerung *f* ❸ (TEC) Aushärtung *f*, Aushärten *n* ❹ (*fig*) Veralten *n*; **invecchiare** [invek'kia:re] **I.** *vi essere* ❶ (BIOL) altern, alt werden ❷ (*vino*) altern, (ab)lagern **II.** *vt avere* ❶ (*far diventare vecchio*) alt werden lassen ❷ (*far sembrare vecchio*) alt machen ❸ (*vino*) altern lassen

invece [in've:tʃe] **I.** *avv* dagegen, indes(sen) **II.** *prp* ~ **di** (an)statt + *gen;* ~ **di lei** an ihrer Stelle

inveire [inve'i:re] <inveisco> *vi* ~ **contro qu/qc** auf jdn/etw schimpfen, gegen etw schimpfen

invelenire [invele'ni:re] *vi essere* ~ **contro qu** gegen jdn aufgebracht sein

invendibile [inven'di:bile] *agg* unverkäuflich

inventare [inven'ta:re] *vt* ❶ (*scoprire, trovare*) erfinden ❷ (*escogitare*) ersinnen, ausdenken ❸ (*ideare, immaginare*) erfinden; **inventarne di tutti i colori** die unglaublichsten Dinge erfinden, Geschichten erzählen

inventariare [inventa'ria:re] *vt* Bestandsaufnahme machen von; **inventario** [inven'ta:rio] <-i> *m* ❶ (*elencazione di beni*) Inventur *f*, Bestandsaufnahme *f* ❷ (*registro*) Aufnahmeverzeichnis *n*

inventiva [inven'ti:va] *f* Erfindungsgabe *f*; **ricco d'** ~ erfindungsreich; **inventivo**, **-a** [inven'ti:vo] *agg* erfinderisch, Erfinder-; **inventore**, **-trice** [inven'to:re] *m*, *f* Erfinder(in) *m(f)*

invenzione [inven'tsio:ne] *f* ❶ (*ideazione*) Erfindung *f*; (*scoperta*) Entdeckung *f* ❷ (*prodotto della fantasia*) Erfindung *f*; (*bugia*) Lüge *f*

inverecondia [invere'kondia] <-ie> *f* Schamlosigkeit *f*; **inverecondo**, **-a** [invere'kondo] *agg* schamlos

invernale [inver'na:le] *agg* winterlich, Winter-; **sport** ~ Wintersport *m;* **invernata** [inver'na:ta] *f* Winter(s)zeit *f*

inverniciare [inverni'tʃa:re] *vt* lackieren, anstreichen; **inverniciatura** [invernit-ʃa'tu:ra] *f* ❶ (*verniciatura*) Lackierung *f*, Anstrich *m* ❷ (*fig: infarinatura*) Anstrich *m*

inverno [in'vɛrno] *m* Winter *m;* **d'**~ im Winter; **nel cuore dell'**~ im tiefsten Winter

invero [in've:ro] *avv* (*poet*) wahrlich *geh*, wirklich

inverosimiglianza [inverosimiʎ'ʎantsa] *f* Unwahrscheinlichkeit *f*; **inverosimile** [invero'si:mile] *agg* unwahrscheinlich

inversione [inver'sio:ne] *f* ❶ (*atto dell'invertire*) Umkehrung *f*; ~ **di marcia** (MOT) Wenden *n*; ~ **di rotta** Kurswechsel *m* ❷ (LING, CHEM) Inversion *f*

inverso [in'vɛrso] *m* Gegenteil *n*

inverso, **-a** *agg* umgekehrt, entgegengesetzt

invertebrati [inverte'bra:ti] *mpl* (ZOO) Wirbellose(n) *pl*

invertebrato, **-a** [inverte'bra:to] *agg* ❶ (ZOO) wirbellos ❷ (*fig: persona smidollata*) ohne Rückgrat

invertire [inver'ti:re] *vt* ❶ (*nel senso contrario*) umkehren; (*direzione*) ändern ❷ (*scambiare*) (aus)tauschen, (aus)wechseln; (*posto, disposizione*) umstellen ❸ (LING, CHEM) invertieren ❹ (*fig: capovolgere*) auf den Kopf stellen, umkehren; **invertito**, **-a** [inver'ti:to] *m*, *f* Invertierte(r) *f(m);* **invertitore** [inverti'to:re] *m* Wender *m*, Wechsler *m*

investigare [investi'ga:re] **I.** *vt* erforschen, untersuchen **II.** *vi* Nachforschungen anstellen; **investigativo**, **-a** [investiga'ti:vo] *agg* (*agente*) Kriminal-; (*ufficio*) Detektiv-; **servizio** ~ Ermittlungsdienst *m;* **investigatore**, **-trice** [investiga'to:re] *m*, *f* (Er)forscher(in) *m(f);* ~ **privato** Privatdetektiv *m;* **investigazione** [investigat'tsio:ne] *f* Untersuchung *f*, Nachforschung *f*

investimento [investi'mento] *m* ❶ (FIN) Investition *f*, Anlage *f*; ~ **estero** (FIN) Auslandsinvestition *f* ❷ (*urto*) Zusammenstoß *m;* (*di persone, animali*) Anfahren *n;* (*a morte*) Überfahren *n;* **investire** [inves'ti:re] **I.** *vt* ❶ ~ **qu di qc** (*di una carica*) jdn mit etw betrauen; (*di potere, titolo, dignità*) jdm etw verleihen ❷ (FIN) investieren, anlegen ❸ (*urtare*) zusammenstoßen mit, auffahren auf + *acc;* (*persone, animali*) anfahren; (*a morte*) überfahren **II.** *vr* **-rsi** (*di un titolo*) erreichen, bekleiden; **-rsi**

invitare	
invitare	**einladen**
Vieni a trovarmi, mi farà molto piacere.	**Besuch mich doch,** ich würde mich sehr freuen.
Sabato prossimo organizzo una festa. **Ci vieni anche tu?**	Nächsten Samstag lasse ich eine Party steigen. **Kommst du auch?** (*fam*)
Desidererei invitarLa a pranzo.	**Ich würde Sie gern** zum Mittagessen **einladen.**

di qu/qc (*di persona, parte*) sich in jdn/ etw hineinversetzen; **investitore, -trice** [investi'to:re] *m, f* ❶ (*stradale*) Unfallfahrer(in) *m(f)* ❷ (FIN) Anleger(in) *m(f)*, Investor(in) *m(f)*; **investitura** [investi'tu:ra] *f* Investitur *f*

investment trust [in'vestmənt trʌst] <-> *m* (FIN: *fondo chiuso*) Investmenttrust *m*

inveterato, -a [invete'ra:to] *agg* eingewurzelt

invetriare [invetri'a:re] *vt* ❶ (*di vernice vitrea*) glasieren ❷ (*di vetri*) verglasen; **invetriata** [invetri'a:ta] *f* (*finestra*) Glasfenster *n*; (*porta*) Glastür *f*

invettiva [invet'ti:va] *f* Schmährede *f*, Schmähung *f*

inviare [invi'a:re] *vt* ❶ (*cose*) (ver)schicken, (ver)senden ❷ (*persone*) schicken, entsenden; **inviato, -a** [invi'a:to] *m, f* ❶ (*di giornale*) Berichterstatter(in) *m(f)*; **~ speciale** Sonderberichterstatter *m* ❷ (*in diplomazia*) (Ab)gesandte(r) *f(m)*

invidia [in'vi:dia] <-ie> *f* Neid *m*; **crepare d'~** vor Neid platzen; **possedere una salute che fa ~** eine beneidenswerte Gesundheit besitzen; **invidiabile** [invi'dia:bile] *agg* beneidenswert; **invidiare** [invi'dia:re] *vt* ❶ (*persone*) neidisch sein auf +*acc*; **~ qu per qc** jdn um etw beneiden ❷ (*cose*) missgönnen, neiden; **invidioso, -a** [invi'dio:so] **I.** *agg* neidisch; **essere ~ di qu/qc** auf jdn/etw neidisch sein **II.** *m, f* neidischer Mensch

inviluppare [invilup'pa:re] *vt* ❶ (*avvolgere*) einhüllen ❷ (*fig: irretire*) hineinziehen (*in* in +*acc*), verwickeln (*in* in +*acc*) ❸ (*fig: nascondere, mascherare*) verbergen, verhüllen; **inviluppo** [invi'luppo] *m* ❶ (*intrico*) Geflecht *n* ❷ (*fig: imbroglio*) verwickelte Angelegenheit

invincibile [invin'tʃi:bile] *agg* unbesiegbar

invio [in'vi:o] <-ii> *m* ❶ (*spedizione*) Sendung *f*; (*di persone*) Entsendung *f* ❷ (INFORM: *tasto*) Eingabe-, Entertaste *f*

inviolabile [invio'la:bile] *agg* unverletz-

lich, unverletzbar; (*diritto*) unantastbar; (*luoghi*) heilig; **inviolabilità** [inviolabili'ta] <-> *f* Unverletzbarkeit *f*; (*di diritto*) Unantastbarkeit *f*; **inviolato, -a** [invio'la:to] *agg* unverletzt; (*foresta, verginità*) unberührt; (*fede*) ungebrochen

inviperirsi [invipe'rirsi] <m'inviperisco> *vr* wütend werden, aufdrehen *A*

invischiare [invis'kia:re] **I.** *vt* ❶ (*spalmare di vischio*) mit Vogelleim einstreichen ❷ (*catturare con il vischio*) mit Vogelleim fangen ❸ (*fig: coinvolgere*) einwickeln **II.** *vr* **-rsi** sich einlassen (*in* auf +*acc*)

invischiarsi [invis'kia:rsi] *vr* **~ in qc** sich auf etw *acc* einlassen

invisibile [invi'zi:bile] *agg* unsichtbar; **invisibilità** [invizibili'ta] *f* Unsichtbarkeit *f*

inviso, -a [in'vi:zo] *agg* (*malvisto*) unbeliebt; (*odiato*) verhasst

invitante [invi'tante] *agg* einladend, verlockend

invitare [invi'ta:re] *vt* ❶ (*chiamare a partecipare*) einladen; **~ qu a cena** jdn zum Abendessen einladen ❷ (*esortare*) auffordern, mahnen; (*convocare*) bitten, ersuchen; (*ordinare*) auffordern; **invitato, -a** [invi'ta:to] *m, f* Gast *m*, Eingeladene(r) *f(m)*; **invito** [in'vi:to] *m* ❶ (*chiamata, biglietto*) Einladung *f* ❷ (*esortazione*) Aufforderung *f*, (Er)mahnung *f*

invitto, -a [in'vitto] *agg* (*poet*) unbesiegt

invivibile [invi'vi:bile] *agg* unerträglich; (*ambiente*) menschenunwürdig; **invivibilità** [invivibili'ta] <-> *f* Unerträglichkeit *f* der herrschenden Lebensbedingungen, schlechte Lebensqualität

invocare [invo'ka:re] *vt* ❶ (*chiamare con fervore*) anflehen, anrufen ❷ (*implorare*) erbitten, bitten um ❸ (*ambire*) beschwören; **invocazione** [invokat'tsio:ne] *f* ❶ (*azione dell'invocare*) Anrufung *f* ❷ (*grido*) Ruf *m*; **~ di soccorso** Hilferuf *m*

invogliare [invoʎʎa:re] **I.** *vt* **~ qu a qc** jdn zu etw anregen **II.** *vr* **-rsi di qc** auf etw *acc* Lust bekommen

involare [invo'la:re] (*poet*) **I.** *vt* entwen-

den *geh* **II.** *vi* dahinschwinden *geh*
involgarire [involga'ri:re] <involgarisco>
I. *vt avere* ordinär machen **II.** *vr* **-rsi** ordinär werden
involgere [in'vɔldʒere] <irr> *vt* ~ **qc in qc**
etw in etw *acc* einwickeln
involontario, -a [involon'ta:rio] *agg*
❶ (*contro la propria volontà*) unfreiwillig
❷ (*senza intenzione*) unabsichtlich, ungewollt ❸ (*gesto*) unwillkürlich
involsi *1. pers sing pass rem di* **involgere**
involtare [invol'ta:re] *vt* einwickeln
involtino [invol'ti:no] *m* Roulade *f*
involto[1] [in'vɔlto] *pp di* **involgere**
involto[2] *m* ❶ (*pacco*) Paket *n* ❷ (*fagotto*)
Bündel *n*
involucro [in'vɔ:lukro] *m* Hülle *f*
involutivo, -a [involu'ti:vo] *agg* rückbil-
dend, Rückbildungs-
involuto, -a [invo'lu:to] *agg* verworren
involuzione [involut'tsio:ne] *f* ❶ (*declino, degenerazione*) Rückentwicklung *f*
❷ (MED) Rückbildung *f* ❸ (*l'essere contorto*) Gewundenheit *f*
invulnerabile [invulne'ra:bile] *agg* unverwundbar; (*fig*) unangreifbar; **invulnera-
bilità** [invulnerabili'ta] *f* Unverwundbar-
keit *f*; (*fig*) Unangreifbarkeit *f*
inzaccherare [intsakke'ra:re] *vt* mit
Schlamm beschmutzen
inzigare [indzi'ga:re] *vt* reizen, sticheln
inzuccherare [intsukke'ra:re] *vt* ❶ (*di
zucchero*) zuckern ❷ (*fig*) versüßen
inzuppare [intsup'pa:re] **I.** *vt* ❶ (*impregnare*) durchnässen ❷ (*intingere*) eintauchen, eintunken; (*imbevere*) einweichen
II. *vr* **-rsi** ❶ (*imbeversi*) sich voll saugen
❷ (*sotto la pioggia*) durchnässt werden
io ['i:o] **I.** *pron pers 1. pers sing* ich
II. <-> *m* Ich *n*; **nel proprio ~** im Inneren,
innerlich
iodato [io'da:to] *m* Jodat *n*
iodato, -a *agg* jodhaltig, jodsauer; **iodico,
-a** ['iɔ:diko] <-ci, -che> *agg* jodhaltig,
Jod-; **iodio** ['iɔ:dio] *m* Jod *n*; **ioduro**
[io'du:ro] *m* Jodid *n*
iogurt ['iɔ:gurt] <-> *m* Joghurt *m o n*
iole ['iɔ:le] *f* Jolle *f*
ione ['io:ne] *m* Ion *n*
ionico, -a ['iɔ:niko] <-ci, -che> *agg* ❶ (GE-
OG) ionisch ❷ (PHYS) Ionen-
iosa ['iɔ:za] *avv* **a ~** in Hülle und Fülle
IP *f abbr di* **Italiana Petroli** *italienische Mi-
neralölgesellschaft*
iper- [iper] (*in parole composte*) über-,
Über-
iperacidità [iperatʃidi'ta] <-> *f* (MED) Hy-
peracidität *f*, Magenübersäuerung *f*

iperaffaticamento [iperaffatika'men-
to] *m* (MED) Überanstrengung *f*
iperattività [iperattivi'ta] <-> *f* (MED) Hy-
peraktivität *f*, Überfunktion *f*; ~ **intestinale** Überfunktion des Verdauungstraktes;
iperattivo, -a [iperat'ti:vo] *agg* extrem
aktiv, hyperaktiv
iperbole [i'pɛrbole] *f* ❶ (MAT, LING) Hyperbel *f* ❷ (*fig: esagerazione*) Übertreibung *f*;
iperbolico, -a [iper'bɔ:liko] <-ci, -che>
agg ❶ (MAT, LING) hyperbolisch ❷ (*fig: smisurato*) übertrieben
ipercalorico, -a [iperka'lɔ:riko] <-ci,
-che> *agg* kalorienreich
ipercritica [iper'kri:tika] <-che> *f* übertrieben beißende (Verreiß)kritik; **ipercriti-
cismo** [iperkriti'tʃizmo] *m* übertrieben
kritische Einstellung; **ipercritico, -a**
[iper'kri:tiko] <-ci, -che> *agg* überkritisch
ipereccitabile [iperettʃi'ta:bile] *agg* (MED)
überempfindlich, hypersensibel; **iperec-
citabilità** [iperettʃitabili'ta] <-> *f* (MED)
Hypersensibilität *f*, Übererregbarkeit *f*
iperemotività [iperemotivi'ta] <-> *f*
(PSYCH) Überempfindlichkeit *f*; **iperemoti-
vo, -a** [iperemo'ti:vo] **I.** *agg* emotionsge-
laden **II.** *m, f* stark gefühlsbetonter Mensch
iperestensione [iperesten'sio:ne] *f* (ANAT,
SPORT) Überstrecken *n* von Gliedmaßen
iperglicemia [iperglitʃe'mi:a] <-ie> *f*
(MED) Hyperglykämie *f*; **iperglicemico,
-a** [iperglitʃe'miko] <-ci, -che> *agg* (MED)
hyperglykämisch
iperinflazione [iperinflat'tsio:ne] *f* (FIN)
galoppierende Inflation, hohe Inflationsrate
ipermarket [iper'ma:kit] <-> *m*, **iper-
mercato** [ipermer'ka:to] *m* Großmarkt *m*
ipermetrope [iper'mɛ:trope] **I.** *agg* weitsichtig **II.** *mf* Weitsichtige(r) *f(m)*; **iper-
metropia** [ipermetro'pi:a] <-ie> *f* Weitsichtigkeit *f*
ipernutrire [ipernu'tri:re] *vt* (MED) über-
ernähren; **ipernutrizione** [ipernu-
trit'tsio:ne] *f* ❶ (MED: *nutrizione eccessiva*) Überernährung *f* ❷ (MED: *forma di
terapia*) künstliche Überernährung
iperossigenazione [iperossidʒe-
nat'tsio:ne] *f* (MED) überdosierte Sauer-
stoffzufuhr
iperproteico, -a [iperpro'tɛ:iko] <-ci,
-che> *agg* eiweißreich; **dieta -a** eiweißrei-
che Kost/Diät
iperprotettività [iperprotettivi'ta] <-> *f*
übertriebene Fürsorge; **iperprotettivo,
-a** [iperprotet'ti:vo] *agg* überängstlich,
überfürsorglich
ipersensibile [ipersen'si:bile] *agg* über-
sensibel, hochempfindlich

ipersensibilità [ipersensibili'ta] <-> *f*
❶ (*acuita percezione delle cose*) ausge-
prägte Sensibilität **❷** (MED) Hyperästhesie *f*

ipertensione [iperten'sio:ne] *f* Bluthochdruck *m;* **ipertensivo, -a** [iperten'si:vo]
I. *agg* (MED: *che causa l'ipertensione arteriosa o è dovuto a essa*) hypertonisch, Hy-
pertonie hervorrufend, durch Bluthochdruck bedingt **II.** *m* (MED: *farmaco che
aumenta la pressione*) hypertonisches
Pharmakum *n*

ipertermale [iperter'ma:le] *agg* (*acqua
sorgiva avente temperatura superiore a 40
gradi*) über 40 Grad heißes Quellwasser
betreffend

iperteso, -a [iper'te:so] **I.** *agg* (MED) hypertonisch **II.** *m, f* (MED) Hypertoniker(in)
m(f)

ipertesto [iper'tɛsto] *m* (INFORM) Hypertext *m;* **ipertestuale** [ipertestu'a:le] *agg*
(INFORM) Hypertext-; **ipertestualità** [iper-
testuali'ta] <-> *f* (INFORM) Hypertext *m*

ipertradizionalista [ipertradittsiona'li-
sta] *agg* (*fam*) stinkkonservativ

iperventilazione [iperventilat'tsio:ne] *f*
(MED) Hyperventilation *f*

ipervitaminico, -a [ipervita'mi:niko]
<-ci, -che> *agg* vitaminreich, (über)reich
an Vitaminen; **dieta -a** vitaminreiche Kost

ipnosi [ip'nɔ:zi] <-> *f* Hypnose *f;* **ipnote-
rapeuta** [ipnotera'pɛ:uta] <-i *m,* -e *f>*
mf (MED, PSYCH) Hypnotherapeut(in) *m(f)*

ipnotico, -a [ip'nɔ:tiko] <-ci, -che> **I.** *agg*
hypnotisch **II.** *m* Hypnotikum *n*

ipnotizzare [ipnotid'dza:re] *vt* hypnotisieren; **ipnotizzatore, -trice** [ipno-
tiddza'to:re] *m, f* Hypnotiseur(in) *m(f)*

ipoalimentazione [ipoalimen-
tat'tsio:ne] *f* Unterernährung *f*

ipoallergenico, -a [ipoaller'dʒɛ:niko]
<-ci, -che> *agg* -freundlich, antiallergen;
cosmetici -ci hautfreundliche Kosmetika

ipocalorico, -a [ipoka'lɔ:riko] <-ci,
-che> *agg* kalorienarm

ipocondria [ipokon'dri:a] <-ie>
❶ (PSYCH) Hypochondrie *f* **❷** (*poet: malinconia*) Schwermut *f;* **ipocondriaco, -a**
[ipokon'dri:ako] <-ci, -che> **I.** *agg* hypochondrisch **II.** *m, f* Hypochonder *m*

ipocrisia [ipokri'zi:a] <-ie> *f* Scheinheiligkeit *f*, Heuchelei *f;* **ipocrita** [i'pɔ:krita]
<-i *m,* -e *f>* **I.** *agg* scheinheilig, heuchle-
risch **II.** *mf* Scheinheilige(r) *f(m)*, Heuch-
ler(in) *m(f)*

ipodermico, -a [ipo'dɛrmiko] <-ci,
-che> *agg* (MED) subkutan

ipodotato, -a [ipodo'ta:to] *agg* (PSYCH)
minderbemittelt

ipoeccitabilità [ipoettʃitabili'ta] <-> *f*
(MED) verminderte [*o* herabgesetzte] Empfindlichkeit *f*

ipofisi [i'pɔ:fizi] <-> *f* (ANAT) Hirnanhang-
drüse *f*, Hypophyse *f*

iponutrire [iponu'tri:re] *vt* (MED) unter-
ernähren; **iponutrizione** [iponu-
trit'tsio:ne] *f* (MED) Unterernährung *f*,
Mangelernährung *f*

ipopigmentazione [ipopigmen-
tat'tsio:ne] *f* (MED) schwache Pigmentati-
on *f* der Haut

ipoproteico, -a [ipopro'tɛ:iko] <-ci,
-che> *agg* eiweißarm

iposodico, -a [ipo'sɔ:diko] <-ci, -che>
agg natriumarm, salzarm

ipostasi [i'pɔstazi] <-> *f* Hypostase *f*

ipoteca [ipo'tɛ:ka] <-che> *f* Hypothek *f;*
mettere un'~ su qc (*fig*) auf etw *acc* setzen; **ipotecare** [ipote'ka:re] *vt* (JUR) mit
einer Hypothek belasten; **ipotecario, -a**
[ipote'ka:rio] <-i, -ie> *agg* hypothekarisch;
(*mutuo*) grundpfandrechtlich

ipotenusa [ipote'nu:za] *f* (MAT) Hypotenuse *f*

ipotesi [i'pɔ:tezi] <-> *f* **❶** (*congettura,
supposizione*) Annahme *f*, Hypothese *f*
❷ (MAT, PHILOS) Hypothese *f* **❸** (*caso, eventualità*) Fall *m*, Eventualität *f;* **nell'~ che
... +***conj* für den [*o* im] Fall, dass ...; **nella
migliore delle ~** im günstigsten Fall; **ipotetico, -a** [ipo'tɛ:tiko] <-ci, -che> *agg*
❶ (*considerato per ipotesi*) angenommen,
hypothetisch **❷** (*dubbio, incerto*) unsicher,
zweifelhaft **❸** (LING) **periodo ~** Bedin-
gungssatz *m*

ipotizzare [ipotid'dza:re] *vt* annehmen

ipotonia [ipoto'ni:a] <-ie> *f* Hypotonie *f*

ipotrofia [ipotro'fi:a] <-ie> *f* (MED) Hypo-
trophie *f*

ippica ['ippika] <-che> *f* Reitsport *m*, Reiten *n;* **ma datti all'~!** (*fig, iron*) such dir
einen anderen Beruf!; **ippico, -a** ['ippiko]
<-ci, -che> *agg* Reit-, Pferde-

ippocampo [ippo'kampo] *m* Seepferdchen *n*

ippocastano [ippokas'ta:no] *m* Rosskas-
tanie *f*

ippodromo [ip'pɔ:dromo] *m* Pferderennbahn *f*, Hippodrom *m o n*

ippopotamo [ippo'pɔ:tamo] *m* Nilpferd *n*, Flusspferd *n*

iprite [i'pri:te] *f* Senfgas *n*

ipsilon ['ipsilon] <-> *f* Ypsilon *n*

IPZS *m abbr di* **Istituto Poligrafico e Zecca dello Stato** staatliche Druckerei und
Münze

IR *abbr di* **treno InterRegionale** (FERR) Interregio *m*

ira ['i:ra] *f* Zorn *m*; **avere uno scatto d'~** einen Zornesausbruch haben; **successe l'~ di Dio** (*fam*) es war der Teufel los

iracheno, -a [ira'kɛ:no] I. *agg* irakisch II. *m, f* Iraker(in) *m(f)*

iracondia [ira'kondia] <-ie> *f* Jähzorn *m*; **iracondo, -a** [ira'kondo] *agg* jähzornig

Iran [i'ran] *m* l'~ der Iran; **iraniano, -a** [ira'nia:no] I. *agg* iranisch II. *m, f* Iraner(in) *m(f)*

Iraq [i'rak] *m* l'~ der Irak

irascibile [iraʃʃi:bile] *agg* jähzornig; **irascibilità** [iraʃibili'ta] <-> *f* Jähzornigkeit *f*

irato, -a [i'ra:to] *agg* zornig, erzürnt

irenologia [irenolo'dʒi:a] <-ie> *f* (SCIENT) Irenik *f*, Bemühung *f* um eine friedliche Aussöhnung

ireos ['i:reos] <-> *m* Iris *f*, Schwertlilie *f*

IRI ['i:ri] *m abbr di* **Istituto per la Ricostruzione Industriale** *Institut für industriellen Wiederaufbau*

iridare [iri'da:re] *vt* regenbogenartig färben; **iridato, -a** [iri'da:to] *agg* regenbogenfarbig; **maglia -a** Regenbogentrikot *n*

iride ['i:ride] *f* ❶ (*arcobaleno*) Regenbogen *m* ❷ (ANAT) Iris *f*, Regenbogenhaut *f* ❸ (OPT) Irisblende *f* ❹ (BOT) Iris *f*, Schwertlilie *f*; **iridescente** [irideʃʃɛnte] *agg* irisierend, in Regenbogenfarben schillernd; **iridescenza** [iride'ʃɛntsa] *f* Schillern *n* in Regenbogenfarben

iris ['i:ris] <-> *m* Iris *f*

irish coffee ['aiariʃ 'kɔfi] <- *o* irish coffees> *m* (GASTR) Irish Coffee *m*

Irlanda [ir'landa] *f* Irland *n*; **irlandese** [irlan'de:se] I. *agg* irisch II. *mf* Ire *m*, Irin *f*

ironia [iro'ni:a] <-ie> *f* Ironie *f*; **~ della sorte** Ironie des Schicksals; **ironico, -a** [i'rɔ:niko] <-ci, -che> *agg* ironisch; **ironizzare** [ironid'dza:re] *vt, vi* ironisieren

iroso, -a [i'ro:so] *agg* zornig

IRPEF ['irpef] *f acro di* **Imposta sul Reddito delle PErsone Fisiche** Einkommenssteuer *f*, Lohnsteuer *f*

IRPEG *f acro di* **Imposta sul Reddito delle PErsone Giuridiche** Körperschaftssteuer *f*

irradiamento [irradia'mento] *m* (Aus)strahlung *f*

irradiare [irra'dia:re] I. *vt avere* ❶ (*rischiarare*) bestrahlen; (*illuminare*) anstrahlen, strahlen auf +*acc* ❷ (*diffondere*) ausstrahlen ❸ (MED, PHYS) bestrahlen; (*colpire con raggi radioattivi*) verstrahlen ❹ (RADIO) ausstrahlen II. *vr* **-rsi** ausstrahlen, abzweigen

irradiazione [irradiat'tsio:ne] *f* ❶ (*emis-*

sione di raggi) Strahlung *f*; (*propagazione*) Ausstrahlung *f* ❷ (MED) Bestrahlung *f*

irraggiungibile [irraddʒun'dʒi:bile] *agg* unerreichbar

irragionevole [irradʒo'ne:vole] *agg* ❶ (*irrazionale*) irrational, ohne Vernunft ❷ (*senza raziocinio*) unvernünftig ❸ (*fig: sospetto*) unbegründet; (*prezzo*) ungerechtfertigt

irrancidire [irrantʃi'di:re] <irrancidisco> *vi essere* ranzig werden

irrappresentabilità [irrapprezentabili'ta] <-> *f* Nichtvorstellbarkeit *f*

irrazionale [irrattsio'na:le] *agg* ❶ (*irragionevole*) irrational, vernunftlos ❷ (*insensato*) vernunftwidrig; (*persone*) unvernünftig ❸ (MAT, PHILOS) irrational, irrationell; **irrazionalismo** [irrattsiona'lizmo] *m* Irrationalismus *m*; **irrazionalistico, -a** [irrattsiona'listiko] <-ci, -che> *agg* irrational, irrationell; **irrazionalità** [irrattsionali'ta] <-> *f* Irrationalität *f*

irreale [irre'a:le] *agg* unwirklich, irreal

irrealizzabile [irrealid'dza:bile] *agg* undurchführbar, unrealisierbar

irrealtà [irreal'ta] <-> *f* Unwirklichkeit *f*, Irrealität *f*

irrecuperabile [irrekupe'ra:bile] *agg* unwiederbringlich; **un credito ~** eine uneinbringliche Forderung

irrecusabile [irreku'za:bile] *agg* unabweisbar; (*prova*) unwiderlegbar

irredento, -a [irre'dɛnto] *agg* unerlöst, unbefreit

irredimibile [irredi'mi:bile] *agg* untilgbar

irrefrenabile [irrefre'na:bile] *agg* unaufhaltsam; (*fig a*) ununterdrückbar

irrefutabile [irrefu'ta:bile] *agg* unwiderlegbar

irreggimentare [irreddʒimen'ta:re] *vt* ❶ (MIL) einem Regiment eingliedern ❷ (*fig*) reglementieren

irregolare [irrego'la:re] I. *agg* ❶ (*gener*) unregelmäßig; (*non conforme alla regola*) regelwidrig; (*condotta*) unordentlich; (MIL) irregulär; (JUR) rechtswidrig, gesetzwidrig; (*non uniforme*) ungleichmäßig ❷ (LING) unregelmäßig, irregulär II. *m* Irreguläre(r) *m*; **irregolarità** [irregolari'ta] <-> *f* ❶ (*gener*) Unregelmäßigkeit *f* ❷ (JUR) Rechtswidrigkeit *f*, Gesetzwidrigkeit *f*; (*reato*) Vergehen *n*

irreligioso, -a [irreli'dʒo:so] *agg* unreligiös, nicht religiös; (*contrario alla religione*) religionswidrig

irremissibile [irremis'si:bile] *agg* unverzeihbar, unverzeihlich

irremovibile [irremo'vi:bile] *agg* unbeugsam, unerschütterlich

irreparabile [irrepa'ra:bile] *agg* ❶ (*danno*) nicht wiedergutzumachen(d), irreparabel; (*perdita*) unersetzlich ❷ (*fig: inevitabile*) unvermeidlich

irreperibile [irrepe'ri:bile] *agg* unauffindbar

irreprensibile [irrepren'si:bile] *agg* tadellos, einwandfrei

irrequietezza [irrekuie'tettsa] *f* Unruhe *f*, Ruhelosigkeit *f*; **irrequieto, -a** [irre'kuiɛ:to] *agg* unruhig, ruhelos; **irrequietudine** [irrekuie'tu:dine] *f* innere Unruhe

irresistibile [irresis'ti:bile] *agg* unwiderstehlich

irresoluto, -a [irreso'lu:to] *agg* unentschlossen, unschlüssig

irrespirabile [irrespi'ra:bile] *agg* ❶ (*aria*) stickig, unerträglich; (*tossico*) schädlich ❷ (*fig: insopportabile*) unerträglich

irresponsabile [irrespon'sa:bile] *agg* ❶ (*esente da responsabilità*) unverantwortlich; (*persone*) verantwortungslos ❷ (JUR) unzurechnungsfähig; **irresponsabilità** [irresponsabili'ta] <-> *f* ❶ (*l'essere irresponsabile*) Unverantwortlichkeit *f*; (*di persone*) Verantwortungslosigkeit *f* ❷ (JUR) Unzurechnungsfähigkeit *f*

irrestringibile [irrestrin'dʒi:bile] *agg* nicht einlaufend

irretire [irre'ti:re] <irretisco, irretisci> *vt* ❶ (*rar: prendere nella rete*) im Netz fangen ❷ (*fig: abbindolare*) einwickeln, umgarnen

irreversibile [irrever'si:bile] *agg* nicht umkehrbar, irreversibel *geh*; (*fig*) unwiderruflich

irrevocabile [irrevo'ka:bile] *agg* unwiderruflich

irriconoscibile [irrikonoʃ'ʃi:bile] *agg* nicht wiederzuerkennen

irridere [ir'ri:dere] <irrido, irrisi, irriso> *vt* verlachen, verhöhnen

irriducibile [irridu'tʃi:bile] *agg* ❶ (*prezzo*) nicht herabsetzbar, fest ❷ (*volontà*) unbeugsam ❸ (MAT: *frazione*) echt

irriflessivo, -a [irrifles'si:vo] *agg* unüberlegt

irrigare [irri'ga:re] *vt* (AGR) bewässern

irrigatore [irriga'to:re] *m* (AGR) Sprinkler *m*, Beregnungsvorrichtung *f*

irrigatore, -trice *agg* bewässernd, Bewässerungs-; **irrigazione** [irrigat'tsio:ne] *f* (AGR) Bewässerung *f*

irrigidimento [irridʒidi'mento] *m* ❶ (*l'irrigidire, l'irrigidirsi*) Versteifung *f*; (*di un cadavere*) Erstarrung *f* ❷ (*fig*) Verschärfung *f*; **irrigidire** [irri'di:re] <irrigidisco>

I. *vt* ❶ (*rendere rigido*) versteifen, steif machen ❷ (*fig: inasprire*) verschärfen II. *vr* **-rsi** ❶ (*farsi rigido*) steif werden; (*aria*) rau werden ❷ (*ostinarsi*) **-rsi in** [*o* **su**] **qc** sich auf etw *acc* versteifen

irriguo, -a [ir'ri:guo] *agg* ❶ (TEC) Bewässerungs- ❷ (GEOG) wasserreich

irrilevante [irrile'vante] *agg* irrelevant; (*trascurabile*) unbedeutend, unerheblich; **irrilevanza** [irrile'vantsa] *f* Bedeutungslosigkeit *f*, Irrelevanz *f*

irrimediabile [irrime'dia:bile] *agg* nicht wiedergutzumachen(d), irreparabel

irripetibile [irripe'ti:bile] *agg* unwiederholbar; (*pagamento*) einmalig

irrisi [ir'ri:si] *1. pers sing pass rem di* **irridere**

irrisione [irri'zio:ne] *f* Verspottung *f*

irriso [ir'ri:so] *pp di* **irridere**

irrisorio, -a [irri'zɔ:rio] <-i, -ie> *agg* spöttisch, Spott-; **prezzo ~** Spottpreis *m*; **salario ~** Hungerlohn *m*

irrispettoso, -a [irrispet'to:so] *agg* respektlos; (*condotta*) ungebührlich

irritabile [irri'ta:bile] *agg* ❶ (*eccitabile*) reizbar, erregbar ❷ (MED) empfindlich; **irritabilità** [irritabili'ta] <-> *f* ❶ (*eccitabilità*) Reizbarkeit *f*, Erregbarkeit *f* ❷ (MED) Empfindlichkeit *f*

irritare [irri'ta:re] I. *vt* ❶ (*provocare fastidio*) reizen; (*far arrabbiare*) ärgern ❷ (MED) entzünden II. *vr* **-rsi** ❶ (*adirarsi*) sich ärgern ❷ (MED) sich entzünden; **irritazione** [irritat'tsio:ne] *f* ❶ (*per stizza*) Gereiztheit *f*, Ärger *m* ❷ (MED) Entzündung *f*

irriverente [irrive'rɛnte] *agg* respektlos; **irriverenza** [irrive'rɛntsa] *f* Respektlosigkeit *f*

irrobustire [irrobus'ti:re] <irrobustisco> I. *vt* stärken, kräftigen II. *vr* **-rsi** sich kräftigen, stark werden

irrogare [irro'ga:re] *vt* verhängen (*a carico di* gegen, über +*acc*); **irrogazione** [irrogat'tsio:ne] *f* Verhängung *f*

irrompere [ir'rompere] <irr> *vi essere* **~ in qc** in etw *acc* einbrechen

irrorare [irro'ra:re] *vt* ❶ (*bagnare*) benetzen; **il sangue irrora l'organismo** das Blut versorgt den Organismus ❷ (AGR) spritzen; **irroratrice** [irrora'tri:tʃe] *f* Pflanzenspritze *f*

irrotto *pp di* **irrompere**

irruente [irru'ɛnte] *agg* ungestüm, heftig; **irruenza** [irru'ɛntsa] *f* Ungestüm *n*

irruppi *1. pers sing pass rem di* **irrompere**

irruvidire [irruvi'di:re] <irruvidisco> I. *vt* avere aufrauen; (*pelle*) rau machen II. *vr* **-rsi** rau werden

provare irritazione	
esprimere irritazione	**Verärgerung ausdrücken**
È inaudito!	Das ist unerhört!
È una vergogna!	Eine Unverschämtheit ist das!
Che impudenza!/Che faccia tosta! (*fam*)	So eine Frechheit!
Questo è proprio il colmo!	Das ist doch wohl die Höhe!
Questi discorsi **mi irritano parecchio/mi danno molto fastidio**. (*fam*)	Dieses Gerede **geht mir mächtig auf den Geist/auf die Nerven**. (*fam*)
Che stress! (*fam*)/Che rottura! (*sl*)	Das nervt! (*fam*)/Das geht mir auf den Senkel. (*sl*)
È insopportabile!	Das ist ja nicht mehr zum Aushalten! (*fam*)
esprimere scontentezza	**Unzufriedenheit ausdrücken**
Questo non soddisfa le mie aspettative.	Das entspricht nicht meinen Erwartungen.
Mi sarei aspettato che ora si desse più da fare.	Ich hätte erwartet, dass Sie sich nun mehr Mühe geben.
Non era così che ci eravamo accordati./Non erano questi i nostri accordi.	So hatten wir es nicht vereinbart.

irruzione [irrut'tsio:ne] *f* Einbruch *m;* **fare ~ in ...** einbrechen in ... +*acc*

irsuto, -a [ir'su:to] *agg* struppig

irto, -a ['irto] *agg* ❶ (*ispido*) struppig ❷ (*fig*) ~ **di** qc gespickt mit etw; (*terreno*) voll mit etw

ISBN [i:ɛsse'bi:ɛnne] *m abbr di* **International Standard Book Number** ISBN *f*

iscrissi *1. pers sing pass rem di* **iscrivere**

iscritto [is'kritto] *m* **in** [*o* **per**] ~ schriftlich

iscritto, -a I. *pp di* **iscrivere** II. *m, f* Mitglied *n*, Eingetragene(r) *f(m)*

iscrivere [is'kri:vere] <irr> I. *vt* ❶ (*registrare*) eintragen ❷ (*far ammettere*) anmelden; (*all'università*) einschreiben II. *vr* **-rsi a** qc sich zu etw anmelden; **-rsi a un partito** einer Partei beitreten; **-rsi all'università** sich an der Universität einschreiben [*o* inskribieren *A*]; **iscrizione** [iskrit'tsio:ne] *f* ❶ (*atto dell'iscrivere*) Anmeldung *f;* (*all'università*) Einschreibung *f* ❷ (*registrazione*) Eintragung *f* ❸ (*frase incisa*) Inschrift *f*

ISDN [i:ɛsse'di:ɛnne] (TEL) *abbr di* **Integrated Services Digital Network** ISDN

ISEF ['i:zef] *m acro di* **Istituto Superiore di Educazione Fisica** *italienische Sporthochschule*

Isernia *f* Isernia *n* (*Stadt in Molise*)

Isernino <*sing*> *m* Umgebung *f* von Isernia

isernino, -a I. *agg* (*di Isernia*) aus Isernia II. *m, f* (*abitante*) Einwohner(in) *m(f)* von Isernia

Islam [iz'lam] <-> *m* Islam *m;* **islamico, -a** [iz'la:miko] <-ci, -che> I. *agg* islamisch II. *m, f* Mohammedaner(in) *m(f)*

islamismo [izla'mizmo] *v.* **Islam; islamista** [izla'mista] <-i *m*, -e *f*> *mf* Islamist(in) *m(f);* **islamistico** *agg* islamistisch

Islanda [iz'landa] *f* Island *n;* **islandese** [izlan'de:se] I. *agg* isländisch II. *mf* Isländer(in) *m(f)*

isobara [i'zɔ:bara] *f* Isobare *f*

isola ['i:zola] *f* Insel *f;* ~ **pedonale** Verkehrsinsel *f;* (*nel centro storico*) Fußgängerzone *f;* ~ **spartitraffico** Mittelstreifen *m*

isolamento [izola'mento] *m* ❶ (*esclusione da contatti*) Absonderung *f,* Isolierung *f;* (*solitudine*) Einsamkeit *f* ❷ (JUR, MED, TEC, PHYS) Isolierung *f;* ~ **dal freddo** Kälteisolierung *f;* ~ **acustico** Schalldämmung *f;* ~ **termico** Wärmedämmung *f*

isolano, -a [izo'la:no] I. *agg* insular, Insel- II. *m, f* Inselbewohner(in) *m(f)*

isolante [izo'lante] I. *agg* isolierend, Isolier- II. *m* Isolierstoff *m;* ~ **acustico** Schallisolierstoff *m;* ~ **termico** Wärmeisolierstoff *m*

isolare [izo'la:re] I. *vt* ❶ (*separare*) isolieren, (ab)trennen; ~ **una frase dal conte-**

sto einen Satz aus dem Zusammenhang nehmen ➋ (*ammalato, detenuto,* CHEM, PHYS) isolieren **II.** *vr* **-rsi** sich absondern

isolato [izo'la:to] *m* Häuserblock *m*

isolato, -a I. *agg* isoliert; (*persona*) abgesondert, zurückgezogen; (*luogo*) abgeschieden; **un caso** ~ ein Einzelfall *m;* **vivere** ~ abgeschieden leben **II.** *m, f* zurückgezogen lebender Mensch

isolatore [izola'to:re] *m* Isolator *m*

isoscele [i'zɔʃʃele] *agg* gleichschenk(e)lig

isotermico, -a [izo'tɛrmiko] *agg* isothermisch

ispanismo [ispa'nizmo] *m* (LING) Hispanismus *m*

ispanista [ispa'nista] <-i *m*, -e *f*> *mf* Hispanist(in) *m(f);* **ispanistica** [ispa'nistika] <-che> *f* Hispanistik *f*

ispanizzare [ispanid'dza:re] **I.** *vt* hispanisieren **II.** *vr* **-rsi** sich an die spanische Kultur anpassen; **ispanizzazione** [ispaniddzat'tsio:ne] *f* Hispanisierung *f*

ispano-americano, -a [ispanoameri'ka:no] *agg* ➊ (*dell'America latina*) lateinamerikanisch ➋ (*della Spagna e dell'America*) spanisch-amerikanisch

ispettivo, -a [ispet'ti:vo] *agg* Inspektions-

ispettorato [ispetto'ra:to] *m* ➊ (*organo, edificio*) Aufsichtsamt *n*, Aufsichtsbehörde *f;* ~ **del lavoro** Gewerbeaufsichtsamt *n* ➋ (*ufficio, grado*) Inspektorat *n;* **ispettore, -trice** [ispet'to:re] *m, f* Inspektor(in) *m(f)*

ispezionare [ispet'tsio'na:re] *vt* prüfen, zensurieren *A;* **ispezione** [ispet'tsio:ne] *f* ➊ (*di vigilanza*) Überwachung *f*, Aufsicht *f* ➋ (*di controllo*) Revision *f*, Inspektion *f* ➌ (MED) Untersuchung *f*

ispido, -a ['ispido] *agg* ➊ (*irto*) borstig, struppig ➋ (*fig: carattere*) rüde, kratzbürstig, raß *A*

ispirare [ispi'ra:re] **I.** *vt* ➊ (*suscitare*) erwecken, erregen; (*paura*) einflößen ➋ (*suggerire*) empfehlen, anregen ➌ (*estro creativo*) inspirieren **II.** *vr* **-rsi a qc** sich von etw inspirieren lassen; (*prendere a modello*) sich an etw *dat* orientieren; (*adeguarsi*) sich nach etw richten; **ispirato, -a** [ispi'ra:to] *agg* beseelt; **ispiratore, -trice** [ispira'to:re] *m, f* Anreger(in) *m(f);* (*fig*) Ursache *f;* **ispirazione** [ispirat'tsio:ne] *f* ➊ (*estro creativo*) Inspiration *f*, Eingebung *f* ➋ (*suggerimento*) Inspiration *f*, Anregung *f* ➌ (*trovata*) Einfall *m*, Eingebung *f*

Israele [izra'ɛ:le] *m* Israel *n;* **israeliano, -a** [izrae'lia:no] **I.** *agg* israelisch **II.** *m, f* Israeli *mf;* **israelita** [israe'li:ta] <-i *m*, -e *f*> *mf* Israelit(in) *m(f);* **israelitico, -a** [israe'li:tiko] <-ci, -che> *agg* israelitisch

issare [is'sa:re] *vt* stemmen, hoch heben; (*vele*) hissen

Istanbul [is'tambul] *f* Istanbul *n*

istantanea [istan'ta:nea] <-ee> *f* Momentaufnahme *f*, Schnappschuss *m;* **istantaneo, -a** [istan'ta:neo] <-ei, -ee> *agg* augenblicklich, sofortig

istante [is'tante] *m* Augenblick *m*, Moment *m;* **all'**~ augenblicklich, unverzüglich

istanza [is'tantsa] *f* ➊ (*richiesta*) Antrag *m*, Ansuchen *n A* ➋ (JUR, ADM) Instanz *f*

ISTAT *m acro di* **Istituto (Centrale) di STATistica** *italienisches Zentralamt für Statistik*

ISTEL *f acro di* **Indagine Sull'ascolto delle TELevisioni (in Italia)** *Nationales Institut für Medienforschung (in Italien)*

isteria [iste'ri:a] <-ie> *f* Hysterie *f;* **isterico, -a** [is'tɛ:riko] <-ci, -che> **I.** *agg* hysterisch **II.** *m, f* Hysteriker(in) *m(f)*

isterilire [isteri'li:re] <isterilisco, isterilisci> **I.** *vt* ➊ (*rendere sterile*) unfruchtbar machen ➋ (*fig*) verkümmern lassen **II.** *vr* **-rsi** ➊ (*divenire sterile*) unfruchtbar werden ➋ (*fig*) versiegen, verkümmern

istigare [isti'ga:re] *vt* ~ **qu a qc** jdn zu etw anstiften; **istigatore, -trice** [istiga'to:re] *m, f* Anstifter(in) *m(f)*, Aufwiegler(in) *m(f);* **istigazione** [istigat'tsio:ne] *f* Anstiftung *f*, Aufwieglung *f*

istintivo, -a [istin'ti:vo] *agg* instinktiv

istinto [is'tinto] *m* Instinkt *m;* (*impulso*) Trieb *m;* (*sentimento*) Gefühl *n;* ~ **di conservazione** Selbsterhaltungstrieb *m;* ~ **materno** Mutterinstinkt *m*

istituire [istitu'i:re] <istituisco> *vt* ➊ (*fondare*) gründen ➋ (*stabilire*) stiften ➌ (*nominare*) einsetzen, ernennen ➍ (*impostare*) aufstellen, anstellen

istitutivo, -a [istitu'ti:vo] *agg* gründend, Satzungs-

istituto [isti'tu:to] *m* ➊ (*ente, impresa*) Institut *n*, Anstalt *f;* ~ **di bellezza** Schönheitssalon *m*, Kosmetikinstitut *n;* ~ **di pena** Strafanstalt *f;* ~ **ospedaliero** Krankenanstalt *f* ➋ (*banca*) Institut *n*, Bank *f;* ~ **di credito** Kreditinstitut *n;* **Istituto monetario europeo** Europäisches Währungsinstitut ➌ (*di facoltà universitaria*) Institut *n* ➍ (*scuola*) Schule *f*, Institut *n;* ~ **superiore** Oberschule *f*

istitutore, -trice [istitu'to:re] *m, f* ➊ (*precettore*) Hauslehrer(in) *m(f)*, Privatlehrer(in) *m(f);* (*nei collegi*) Heimlehrer(in) *m(f)* ➋ (*fondatore*) Gründer(in) *m(f)*

istituzionale [istituttsio'na:le] *agg* institutionell; **fini -i** Grundziele *npl;* **referendum** ~ Volksentscheid *m*

istituzionalizzare [istituttsionalid'dza:re] I. *vt* ❶ *(rendere istituzione)* institutionalisieren ❷ *(fig)* fest etablieren II. *vr* sich etablieren; **istituzionalizzazione** [istituttsionaliddzat'tsio:ne] *f* Institutionalisierung *f*

istituzione [istitut'tsio:ne] *f* ❶ *(fondazione)* Stiftung *f,* Gründung *f; (ente)* Institution *f; (ordinamento)* Einrichtung *f* ❷ *(nomina)* Einsetzung *f,* Ernennung *f* ❸ *(fondato su leggi, usi)* Institution *f* ❹ *pl (nozioni fondamentali)* Grundbegriffe *mpl,* Grundlagen *fpl*

istmo ['istmo] *m* ❶ (GEOG) Landenge *f* ❷ (ANAT) Verengung *f*

istoriare [isto'ria:re] *vt* bebildern

istrice ['istritʃe] *m* ❶ (ZOO) Stachelschwein *n* ❷ *(fig)* ruppiger Mensch

istrione [istri'o:ne] *m* (HIST) Histrione *m; (pej)* Schmierenkomödiant *m; (fig)* Komödiant *m;* **istrionesco, -a** [istrio'nesko] <-schi, -sche> *agg (pej)* komödiantenhaft

istruire [istru'i:re] <istruisco> I. *vt* ❶ *(insegnare)* unterrichten, lehren ❷ *(educare)* erziehen, bilden; *(ammaestrare)* dressieren ❸ *(dare istruzioni)* unterrichten, anleiten ❹ (JUR: *processo)* einleiten II. *vr* **-rsi** *(darsi un'istruzione)* sich bilden; **-rsi su qc** *(informarsi)* sich über etw *acc* informieren; **istruttivo, -a** [istrut'ti:vo] *agg* lehrreich; **istruttore, -trice** [istrut'to:re] I. *agg* ausbildend, Ausbildungs-; (JUR) Untersuchungs- II. *m, f* Lehrer(in) *m(f);* **istruttoria** [istrut'tɔ:ria] <-ie> *f* (Vor)untersuchung *f;* **istruttorio, -a** [istrut'tɔ:rio] <-i, -ie> *agg* ermittelnd, untersuchend; **istruttrice** *f v.* **istruttore**; **istruzione** [istrut'tsio:ne] *f* ❶ *(insegnamento)* Unterricht *m* ❷ *(cognizioni acquisite)* (Aus)bildung *f;* **grado di** ~ Bildungsniveau *n;* **titolo di** ~ Bildungssabschluss *m* ❸ *(direttiva)* Anweisung *f;* **impartire -i** Anweisungen erteilen ❹ *pl (prescrizioni)* Gebrauchsanweisung *f* ❺ (JUR) (Vor)untersuchung *f*

istupidire [istupi'di:re] <istupidisco> I. *vt* avere verdummen, dumm machen II. *vi* essere verdummen, dumm werden

ITALCABLE [ital'ka:ble] *f acro di* **Servizi Cablografici Radiotelegrafici e Radioelettrici** *interkontinentale Fernmeldegesellschaft*

ITALCASSE [ital'kasse] *m acro di* **Istituto di Credito della Cassa di Risparmio Italiana** *Kreditinstitut der italienischen Sparkassen*

ITALGAS [ital'gas] *f acro di* **Società Italiana per il Gas** *Gesellschaft für die italienische Gasversorgung*

Italia [i'ta:lia] *f* Italien *n;* **vado in** ~ ich fahre nach Italien; **l'~ è un paese molto bello** Italien ist ein sehr schönes Land; **italiana** *f v.* **italiano**; **italianismo** [italia'nizmo] *m* Italianismus *m;* **italianista** [italia'nista] <-i *m,* -e *f>* *mf* Italianist(in) *m(f);* **italianistica** [italia'nistika] <-che> *f* (LING) Italianistik *f;* **dipartimento di** ~ italienische Abteilung; **professore di** ~ Professor für Italianistik; **italianità** [italiani'ta] <-> *f* italienische Wesensart; **italianizzare** [italianid'dza:re] *vt* italianisieren

italiano [ita'lia:no] <*sing*> *m* Italienisch(e) *n;* **come si dice in ~?** was [o wie] heißt das auf Italienisch?; **parla ~?** sprechen Sie Italienisch?

italiano, -a I. *agg* italienisch; **all'-a** auf italienische Art II. *m, f* Italiener(in) *m(f);* **è -a** sie ist Italienerin

italico, -a [i'ta:liko] <-ci, -che> I. *agg* italisch; **carattere** ~ (TYP) Kursivschrift *f* II. *m, f* Italiker(in) *m(f),* Italier(in) *m(f)*

italo- [italo] *(in parole composte)* italo-, Italo-

italocentrico, -a [italo'tʃentriko] <-ci, -che> *agg* Italiens Bedeutung hervorhebend, auf Italien ausgerichtet; **atteggiamento** ~ nationalistisches Italiengehabe

italofilo, -a [ita'lɔ:filo] I. *agg* italienbegeistert, italophil; **viaggiatori -i** begeisterte Italienreisende II. *m, f* Italienliebhaber(in) *m(f),* Italienfan *m*

ITALTEL *f acro di* **società ITAliana TELecomunicazioni** *italienische Telekom*

item ['aitəm] <- *o* items> *m* Item *n*

iter ['i:ter] <-> *m (trafila burocratica)* Weg *m,* Gang *m;* ~ **burocratico** Dienstweg *m*

iterativo, -a [itera'ti:vo] *agg* iterativ; **iterazione** [iterat'tsio:ne] *f* Wiederholung *f*

itinerante [itine'rante] *agg* Wander-, wandernd; **mostra** ~ Wanderausstellung *f*

itinerario [itine'ra:rio] <-i> *m* (Reise)weg *m,* Route *f;* ~ **europeo** Europastraße *f*

ITIS ['i:tis] *m acro di* **Istituto Tecnico Industriale Statale** *Schule für industrietechnische Berufsausbildung*

itterico, -a [it'tɛ:riko] <-ci, -che> I. *agg* gelbsüchtig, Gelbsucht- II. *m, f* an Gelbsucht Erkrankte(r) *f(m)*

itterizia [itter'rittsia] <-ie> *f* Gelbsucht *f*

ittico, -a ['ittiko] <-ci, -che> *agg* Fisch-; **ittiologia** [ittiolo'dʒi:a] <-gie> *f* Fischkunde *f*

iugero ['iu:dʒero] *m* Joch *n*

Iugoslavia [iugoz'la:via] *f* l'ex ~ das ehemalige Jugoslawien; **iugoslavo, -a** [iugoz'la:vo] **I.** *agg* jugoslawisch **II.** *m, f* Jugoslawe, -slawin *m, f*

iuta ['iu:ta] *f* Jute *f*

IVA ['i:va] *f acro di* **Imposta sul Valore Aggiunto** MwSt., MWSt.

ivato, -a [i'va:to] *agg* Mehrwertsteuer inbegriffen

ivi ['i:vi] *avv* (*poet*) ❶ (*lì*) da, dort ❷ (*nelle citazioni*) ebenda

J j

J, j [i l'lunga] <-> *f* J, j *n;* ~ **come jersey** J wie Julius

J *abbr di* **Joule** J

jabot [ʒa'bo] <-> *m* Jabot *n*

jack [dʒæk] <-> *m* (*nelle carte da gioco*) Bube *m*

jacket ['dʒækit *o* 'dʒaket] <-> *m* ❶ (TEC: *rivestimento in lega di alluminio*) Leichtmetallüberzug *m*, Schutzmantel *m* aus Leichtmetall ❷ (TEC) Bohrinselfundament *n*

jackpot ['dʒækpɔt] <-> *m* Jackpot *m*

jacquard [ʒa'kar] <inv> *agg* Jacquard-

jazz [dʒæz *o* dʒɛts] <-> *m* Jazz *m;* **jazzista** [dʒad'dzista] <-i *m*, -e *f*> *mf* Jazzmusiker(in) *m(f);* **jazzistico, -a** [dʒad'dzistiko] <-ci, -che> *agg* Jazz-

jeans [dʒi:nz] *mpl* Jeans *pl;* **jeanseria** [dʒinse'ri:a] <-ie> *f* ❶ (*negozio*) Jeans-Shop *m* ❷ (*fabbrica, stabilimento*) Jeansfabrik *f*

jeep® [dʒi:p] <-> *f* Jeep® *m*

jersey ['dʒɜ:zi *o* 'dʒerzi] <-> *m* Jersey *m*

jet [dʒɛt] <-> *m* Jet *m*

jetlag [dʒɛt'læg *o* 'dʒɛtlɛg] <-> *m* Jetlag *m*

jet pocket [dʒɛt 'pɔkit] <- *o* jet pockets> *m* (AERO: *paracadute con motore*) Motorfallschirm *m*

jet-set [dʒɛt 'sɛt] <-> *m*, **jet-society** [dʒɛt sə'saiəti] <-> *f* Jetset *m*

jingle ['dʒɪŋgəl] <-> *m* Jingle *m*

job [dʒɔb] <- *o* jobs> *m* (INFORM) Job *m*

jockey ['dʒɔki] <-> *m* Jockei *m*, Jockey *m*

jodler ['jo:dlər] <-> *m* Jodeln *n*

jogging ['dʒɔgiŋ] <-> *m* Jogging *n;* **fare ~** joggen

joint ['dʒɔint] <- *o* joints> *m* (*sl: spinello*) Joint *m*

joint venture ['dʒɔint 'vɛntʃə] <- *o* joint ventures> *f* (COM, FIN: *contratto*) Jointventure *n*, Joint Venture *n*

jolly ['dʒɔli] <-> *m* Joker *m*

jorky ball [ʒɔr'ki bɔ:l] <*sing*> *m* (SPORT) Jorkyballspiel *n*

joule [dʒu:l *o* dʒaul] <-> *m* Joule *n*

journal [ʒur'nal] <- *o* journaux> *m* (*diario*) Tagebuch *n*, Journal *n* obs

joystick ['dʒɔistik] <- *o* joysticks> *m* (INFORM) Joystick *m*

jr. *abbr di* **junior** jr., jun.

judo ['dʒi:do *o* 'dʒu:dɔ] <-> *m* Judo *n;* **judoista** [dʒu:dɔ'ista] <-i *m*, -e *f*> *mf* Judosportler(in) *m(f)*

jukebox ['dʒu:kbɔks] <-> *m* Musikbox *f*

jumbo [dʒʌmbou *o* dʒumbo] *m*, **jumbo-jet** [dʒʌmbou 'dʒɛt *o* dʒumbo 'dʒɛt] <-> *m* (AERO) Jumbojet *m*

jumbo-tram [dʒʌmbou'tram *o* dʒumbo'tram] <-> *m* (*vettura tranviaria piu lunga del normale*) Straßenbahn *f* mit erhöhter Beförderungskapazität

jumping ['dʒamping] <-> *m* v. **bungee-jumping**

junior¹ ['iunior] <inv> *agg* junior

junior² ['iunjor, iu'njɔ:res] <juniores> *mf* (SPORT) Junior(in) *m(f)*

junkie ['dʒʌŋki] <- *o* junkies> *m* ❶ (*sl: tossicodipendente*) Junkie *m* ❷ (*eroinomane*) Heroinsüchtige(r) *f(m)*

jus [ʒy] <-> *m* Parfümessenz *f*

juventino, -a I. *agg* ❶ (*della Juventus*) Juventus-, Juve- ❷ (*di giocatore o di tifoso*) Juventus-, Juve-; **la maglia -a** das Juventus-Trikot **II.** *m, f* ❶ (*giocatore*) Juve-Spieler *m*, Spieler *m* von Juventus Turin ❷ (*tifoso*) Juve-Fan *m*

K k

K, k ['kappa] <-> *m o f* K, k *n;* ~ **come Kursaal** K wie Kaufmann

kajal [ka'dʒal] <-> *m* (*in cosmetologia*) Kajal *n*

kalashnikov [ka'laʃnikɔf] <-> *m* Kalaschnikov *f*

kamikaze [kami'kaddze] <-> *m* Selbstmordattentäter *m*

kaputt [ka'put] <inv> *agg* kaputt

karaoke [kara'ɔke] <-> *m* Karaoke *n*

karatè [kara'tɛ *o* ka'rate] <-> *m* Karate *n*

karateka [kara'tɛka] <-> *m o f* (*chi pratica il karate*) Karateka *m*, Karatekämpfer(in) *m(f)*

kart [ka:t] <-> *m* Gokart *m;* **kartismo** [kar'tizmo] *m* Gokart-Fahren *n*, Gokart-Sport *m;* **kartodromo** [kar'tɔ:dromo] *m* Gokart-Bahn *f*

kashmir ['kaʃmir *o* ka'ʃmir] <-> *m* Kaschmir *m*

kayak [ka'jak] <-> *m* Kajak *m*

KB *abbr di* **kilobyte** (INFORM) KB

Kbyte [kei'bait] *m abbr di* **kilobyte** Kbyte *n*

kefir ['kɛfir *o* kɛ'fir] <-> *m* Kefir *m*

keirin [kei'rin] <-> *m* (SPORT: *nel ciclismo, gara di velocità*) Radsprint *m*

képi [ke'pi] <-> *m* Käppi *n*

kermesse [ker'mɛs] <-> *f* ❶ (*festa*) Kirmes *f*, Kir(ch)tag *m A* ❷ (SPORT) Ehrenrunde *f* ❸ (*fig: allegria*) Jubel

kerosene [kero'zɛ:ne] *v.* **cherosene**

ketamina [keta'mi:na] *f* Ketamin *n*

ketch [kɛtʃ] <-> *m* Ketsch *f*

ketchup ['kɛtʃəp] <-> *m* Ketchup *m o n*

key [ki:] <-> *m* ❶ (TEC: *capo di un gruppo di tecnici*) technische(r) Leiter(in) *m(f);* ~ **engineer** leitender Ingenieur ❷ (INFORM: *insieme di caratteri*) Key *m* ❸ (INFORM: *tasto*) Computertaste *f*

keyboard ['ki:bɔ:d] <- *o* keyboards> *f* (INFORM, MUS) Keyboard *n*

kg *abbr di* **chilogrammo** kg

kibbu(t)z [kib'buts] <-> *m* Kibbuz *m*

kidnapping ['kidnæpiŋ *o* kid'nɛpping] <-> *m* Kidnapping *n*, (Kindes)entführung *f*

killer ['kilə *o* 'killer] <-> *mf* Killer *m fam*, Mörder(in) *m(f)*

killing ['kiliŋ] <-> *m* (*colpo di fortuna*) Glücksfall *m*, Glücksgriff *m*

kilobyte ['kilə bait] <- *o* kilobytes> *m* (INFORM: *unità pari a 1024 byte*) Kilobyte *m*

kiloton [kilo'ton] <-> *m*, **kilotone** [kilo'to:ne] <-> *m* Kilotonne *f*

kindergarten ['kindərgartən] <-> *m* Kindergarten *m;* **kinderheim** ['kindərhaim] <-> *m* Kinderheim *n*

kingmaker ['kiŋmeikə] <- *o* kingmakers> *m* (POL: *chi ha il potere di favorire una nomina*) einflussreiche(r) Wahlhelfer(in) *m(f)*

kirsch [kirʃ] <-> *m* Kirsch *m*, Kirschwasser *n*

kit [kit] <- *o* kits> *m* (*insieme di pezzi*) Kit *m o n*, Satz *m;* ~ **di montaggio** Werkzeugsatz *m;* ~ **per campeggio** Campingausrüstung *f;* ~ **da trucco** Schminkutensilien *npl*

kitesurf [kait'səf] <-> *m* (SPORT) Kitesurfen *n*

kitsch [kitʃ] **I.** <inv> *agg* kitschig **II.** <-> *m* Kitsch *m*

kiwi ['kiwi] <-> *m* Kiwi *f*

kleenex® ['kli:neks] <-> *m* Kosmetiktuch *n*, Kleenex® *n*

km *abbr di* **chilometro** km

knockdown [nɔk'daun *o* 'knok'daun] **I.** <-> *m* (SPORT) Knockdown *m* **II.** <inv> *agg* knockdown

knockout [nɔk'aut] **I.** <-> *m* Knockout *m*, K.o.-Schlag *m* **II.** <inv> *agg o avv* knockout, k.o.; **essere** ~ (*a fig*) k.o. sein; **mettere qu** ~ (SPORT) jdn k.o. schlagen; (*fig*) jdn erledigen

know-how [nou'hau] <-> *m* Know-how *n*

knowledge engineer ['nɔlidʒ ɛndʒi'niə *o* 'nɔlidʒ 'eninir] <- *o* knowledge engineers> *mf* (INFORM) *auf leistungsfähige Datensysteme spezialisierte(r) Informatiker(in)*

koala [ko'a:la] <-> *m* Koala(bär) *m*, Beutelbär *m*

kolchoz [kal'xɔs] <-> *m* Kolchose *f*, Kolchos *m*

kolossal [kolɔ'sa:l] <-> *m* (FILM) Monumentalfilm *m*, monumentale Inszenierung

krapfen ['krapfən *o* 'krafen] <-> *m* Krapfen *m*

kris(s) [kris] <-> *m* Kris *m*

krug [kru:k] <-> *m* Krug *m*

kümmel ['kʏməl] <-> *m* Kümmel(branntwein) *m*

kursaal ['ku:rza:l] <-> *m* Kursaal *m*

kW *abbr di* **chilowatt** kW

K-Way® ['kappa 'wei] <-> *m o f* Windjacke *f*, Regenjacke *f*

K-way® [kei'wei] <-> *m o f* K-Way® *m*, (umschnallbare) Windjacke *f* mit Kapuze

kWh *abbr di* **chilowattora** kWh

L|

L, I ['ɛlle] <-> *f* L, l *n;* **ferro a ~** Winkeleisen *n;* **~ come Livorno** L wie Ludwig

l *abbr di* **litro** l

l' **I.** *art det m e f sing davanti a vocale* der *m,* die *f,* das *n* **II.** *pron pers* ❶ *3. pers m sing* ihn ❷ *3. pers f sing* sie ❸ *(forma di cortesia: L')* Sie

L *abbr di* **lira** L, Lit

la[1] [la] **I.** *art det f sing* der *m,* die *f,* das *n* **II.** *pron pers* ❶ *3. pers f sing* sie ❷ *(forma di cortesia: La)* Sie

la[2] <-> *m* (MUS) a, A *n;* **dare il ~** *(a fig)* den Ton angeben

là [la] *avv (stato)* dort, da; *(moto)* dorthin, dahin; **andare troppo in ~** *(fig)* zu weit gehen; **tirarsi in ~** zur Seite gehen; **chi va ~?** (MIL) wer da?; **di ~** *(stato in luogo)* drüben; *(da quel luogo)* von dort, von dorther; *(verso quel luogo)* hinüber; **al di ~ del fiume** jenseits des Flusses; **per di ~** dort hindurch; **via di ~!** weg da!

labaro ['la:baro] *m* Standarte *f,* Fahne *f*

labbro[1] ['labbro] *<pl: -a f> m* (ANAT) Lippe *f;* **pendere dalle -a di qu** an jds Lippen hängen; **~ leporino** Hasenscharte *f;* **rifarsi le -a** sich die Lippen aufspritzen lassen

labbro[2] *m (margine)* Rand *m*

labiale [la'bia:le] **I.** *agg* labial, Lippen- **II.** *f* (LING) Labiallaut *m,* Lippenlaut *m;* **leggere il ~** lippenlesen

labile ['la:bile] *agg* flüchtig, vergänglich

labiolettura [labiolet'tu:ra] *f* Ablesen *n* von den Lippen

labirintico, -a [labi'rintiko] *<-ci, -che> agg* labyrinthisch; *(fig)* verworren; **labirinto** [labi'rinto] *m* Labyrinth *n*

laboratorio [labora'tɔ:rio] *<-i> m* ❶ (SCIENT) Labor(atorium) *n* ❷ *(officina)* Werkstatt *f;* **laboratorista** [laborato'rista] *<-i m, -e f> mf* Laborant(in) *m(f)*

laboriosità [laboriosi'ta] <-> *f* Arbeitsamkeit *f,* Fleiß *m;* **laborioso, -a** [labo'rio:so] *agg* arbeitsam, eifrig

lacca ['lakka] *<-cche> f* ❶ *(sostanza)* Lack *m;* *(per unghie)* Nagellack *m* ❷ *(per capelli)* Haarspray *n;* **laccare** [lak'ka:re] *vt* lackieren, lacken; **laccatura** [lakka'tu:ra] *f* Lackierung *f,* Politur *f*

lacchè [lak'kɛ] <-> *m* ❶ *(valletto)* Lakai *m* ❷ *(fig pej)* Kriecher *m,* Speichellecker *m*

laccio ['lattʃo] *<-cci> m (nodo)* Schlinge *f;* *(nastro)* Schnur *f;* *(delle scarpe)* Schnürsenkel *m*

lacerabile [latʃe'ra:bile] *agg* zerreißbar;

lacerante [latʃe'rante] *agg (che lacera)* zerreißend; *(fig)* quälend

lacerare [latʃe'ra:re] **I.** *vt* ❶ *(strappare)* zerreißen ❷ *(fig)* quälen **II.** *vr* **-rsi** *(strapparsi)* reißen; *(fig)* sich quälen; **lacerazione** [latʃerat'tsio:ne] *f* ❶ *(atto)* Zerreißen *n* ❷ (MED) Risswunde *f;* **lacero, -a** ['la:tʃero] *agg* zerrissen, zerlumpt; **ferita -a** Risswunde *f*

lacerto [la'tʃɛrto] *m (muscolo)* (Arm)muskel *m*

laconicità [lakonitʃi'ta] <-> *f* ❶ *(di persona)* Einsilbigkeit *f,* Wortkargheit *f* ❷ *(di discorso, risposta)* Kürze *f,* Bündigkeit *f;* **laconico, -a** [la'kɔ:niko] *<-ci, -che> agg* ❶ *(risposta)* lakonisch, kurz und bündig ❷ *(persona)* wortkarg, einsilbig

lacrima ['la:krima] *f* ❶ *(dell'occhio)* Träne *f;* **-e di coccodrillo** Krokodilstränen *fpl;* **avere le -e agli occhi** Tränen in den Augen haben; **ridere fino alle -e** Tränen lachen ❷ *(goccia)* Tropfen *m;* **lacrimale** [lakri'ma:le] *agg* Tränen-; **secreto ~** Tränenflüssigkeit *f;* **lacrimare** [lakri'ma:re] *vi* weinen; **lacrimazione** [lakrimat'tsio:ne] *f* Tränen *n,* Tränenfluss *m;* **lacrimevole** [lakri'me:vole] *agg* beklagenswert, bedauerlich; **lacrimogeno, -a** [lakri'mɔ:dʒeno] *agg* Tränen erregend, Tränen-; **gas ~** Tränengas *n;* **lacrimoso, -a** [lakri'mo:so] *agg* verweint

lacuale [laku'a:le] *agg* (Binnen)see-

lacuna [la'ku:na] *f* Lücke *f;* *(fig a)* Mangel *m;* **~ della memoria** Gedächtnislücke *f;* **lacunosità** [lakunosi'ta] <-> *f* Lückenhaftigkeit *f;* **lacunoso, -a** [laku'no:so] *agg* lückenhaft, unvollständig

lacustre [la'kustre] *agg* (Binnen)see-

ladar ['la:dar] <-> *m* (TEC: *radar ottico)* Laserradargerät *n*

laddove [lad'do:ve] *(obs, poet)* **I.** *avv (stato)* dort, wo; *(moto)* dorthin, wo **II.** *cong* ❶ *(qualora)* wenn, falls ❷ *(mentre)* anstatt, wo doch

ladino, -a [la'di:no] **I.** *agg* ladinisch **II.** *m, f* Ladiner(in) *m(f)*

ladra ['la:dra] *f v.* **ladro;** **ladreria** [ladre'ri:a] *<-ie> f* Dieberei *f,* Diebstahl *m;* **ladresco, -a** [la'dresko] *<-schi, -sche> agg* diebisch

ladro, -a ['la:dro] **I.** *agg* diebisch **II.** *m, f* Dieb(in) *m(f);* *(fig)* Gauner(in) *m(f),* Halsabschneider(in) *m(f);* **ladrocinio** [ladro'tʃi:nio] *v.* **latrocinio**

ladrone [la'dro:ne] *m* (Straßen)räuber *m;* **i due -i** (*sul Calvario*) die beiden Schächer; **ladronesco, -a** [ladro'nesko] <-schi, -sche> *agg* räuberisch

ladruncolo, -a [la'druŋkolo] *m, f* Spitzbube *m,* -bübin *f;* (*ladro*) kleiner Dieb, kleine Diebin

lager ['la:gər] <-> *m* Konzentrations-, Vernichtungslager *n;* **il ~ di Dachau** das Konzentrationslager Dachau

Lager <-> *f* (GASTR: *tipo di birra*) Lagerbier *n;* **una ~ per favore!** ein Lager, bitte!

laggiù [lad'dʒu] *avv* (*stato*) dort unten, da drüben; (*moto*) dort hinunter, dort hinüber

lagna ['laɲɲa] *f* (*fam*) ❶ (*lamento*) Gejammer *n* ❷ (*persona*) Nervensäge *f* ❸ (*discorso*) Litanei *f,* Salbaderei *f;* **lagnanza** [laɲ'ɲantsa] *f* Beschwerde *f,* Klage *f;* **lagnarsi** [laɲ'ɲarsi] *vr* **~ per** [*o* **di**] **qc** sich über etw *acc* beschweren; (*lamentarsi*) über etw *acc* klagen

lagno ['laɲɲo] *m* (*poet*) Wehklage *f*

lago ['la:go] <-ghi> *m* (GEOG) See *m;* **~ artificiale** Stausee *m;* **Lago Maggiore** Lago *m* Maggiore; **Lago Trasimeno** Trasimenischer See; **Lago di Costanza** Bodensee *m;* **Lago di Garda** Gardasee *m*

lagotto [la'dʒɔtto] *m* (ZOO) Jagd- und Trüffelhund *m*

lagrima ['la:grima] *v.* **lacrima**

laguna [la'gu:na] *f* Lagune *f;* **lagunare** [lagu'na:re] *agg* Lagunen-

L'Aia ['la:ia] *f* Den Haag *n*

laica *f v.* **laico**

laicale [lai'ka:le] *agg* weltlich, Laien-; (*aconfessionale*) konfessionslos; **laicato** [lai'ka:to] *m* Laienstand *m;* **laicismo** [lai'tʃizmo] *m* Laizismus *m;* **laicità** [lai-tʃi'ta] <-> *f* Laientum *n;* **laicizzare** [lai-tʃid'dza:re] *vt* ❶ (*persone*) in den Laienstand zurückversetzen, laisieren ❷ (*beni*) säkularisieren, verweltlichen; **laico, -a** ['la:iko] <-ci, -che> **I.** *agg* ❶ (*non ecclesiastico*) weltlich, Laien- ❷ (*non confessionale*) konfessionslos **II.** *m, f* Laie *m*

laidezza [lai'dettsa] *f* (*poet*) ❶ (*sozzura*) Schmutzigkeit *f* ❷ (*fig: sconcezza*) Unflätigkeit *f;* **laido, -a** ['la:ido] *agg* (*poet*) ❶ (*sporco, sozzo*) schmutzig ❷ (*fig: sconcio*) unflätig, unanständig

lama¹ ['la:ma] *f* ❶ (*del coltello*) (Messer)klinge *f* ❷ (*spada*) Schwert *n,* Degen *m;* **~ a doppio taglio** (*fig*) zweischneidiges Schwert

lama² <-> *m* ❶ (REL) Lama *m* ❷ (ZOO) Lama *n*

lambada [lam'ba:da] *f* (MUS) Lambada *m o f*

lambiccare [lambik'ka:re] **I.** *vt* destillieren **II.** *vr* **-rsi il cervello** (**su qc**) sich *dat* (über etw *acc*) den Kopf zerbrechen; **lambiccato, -a** [lambik'ka:to] *agg* gekünstelt, geschraubt; (*soluzione*) spitzfindig

lambire [lam'bi:re] <lambisco> *vt* ❶ (*con la lingua*) (ab)lecken ❷ (*fig: sfiorare*) leicht berühren, streifen

lambrusco [lam'brusko] <-schi> *m* Lambrusco *m* (*Rotwein aus der Emilia-Romagna*)

lamella [la'mɛlla] *f* Lamelle *f;* **lamellare** [lamel'la:re] *agg* lamellenförmig, lamellar; **lamelliforme** [lamelli'forme] *agg* lamellenförmig

lamentare [lamen'ta:re] **I.** *vt* klagen über +*acc,* beklagen **II.** *vr* **-rsi per** [*o* **di**] **qc** sich über etw *acc* beklagen, über etw *acc* klagen; **lamentazione** [lamentat'tsio:ne] *f* Jammern *n,* Gejammer *n;* **lamentela** [lamen'tɛ:la] *f* Beschwerde *f,* Klage *f;* **lamentevole** [lamen'te:vole] *agg* (*poet*) klagend; **lamentio** [lamen'ti:o] <-ii> *m* Gejammer *n*

lamento [la'mento] *m* ❶ (*gemito*) Klage *f,* Wehklagen *n* ❷ (ZOO) Heulen *n;* (*di cane*) Winseln *n* ❸ (MUS) Klagelied *n;* **lamentoso, -a** [lamen'to:so] *agg* klagend, jammernd

lametta [la'metta] *f* (Rasier)klinge *f*

lamiera [la'miɛ:ra] *f* Blech *n;* **~ ondulata** Wellblech *n;* **lamierino** [lamie'ri:no] *m* Feinblech *n;* **lamierista** [lamie'rista] <-i *m,* -e *f*> *mf* Blechschläger(in) *m(f),* Metallschmied(in) *m(f)*

lamina ['la:mina] *f* Blättchen *n,* Folie *f;* **~ d'oro** Goldfolie *f*

laminare¹ [lami'na:re] *agg* blättchenförmig

laminare² *vt* ❶ (*ridurre in lamine*) (aus)walzen ❷ (*coprire con lamine*) mit einem Metallbelag versehen; (*sci*) mit Stahlkanten versehen

laminato [lami'na:to] *m* Walzstück *n,* Walzgut *n*

laminato, -a *agg* (aus)gewalzt; **laminatoio** [lamina'to:io] <-oi> *m* Walzmaschine *f,* Walzwerk *n;* **laminazione** [lami-nat'tsio:ne] *f* (Aus)walzen *n*

lampada ['lampada] *f* Lampe *f,* Leuchte *f;* **~ al neon** Neonröhre *f,* Neonlampe *f*

lampadario [lampa'da:rio] <-i> *m* Lüster *m,* (Kron)leuchter *m*

lampadato, -a [lampa'da:to] *agg* solariumgebräunt

lampadina [lampa'di:na] *f* (Glüh)birne *f*

lampante [lam'pante] *agg* (*evidente*) einleuchtend, klar

lampeggiamento [lampedʤa'mento] *m*
❶ (METEO) Blitzen *n*, Wetterleuchten *n*
❷ (*di auto*) Blinken *n*

lampeggiare [lamped'ʤa:re] *vi* ❶ *avere*
(METEO) blitzen, wetterleuchten ❷ *avere*
(*fig: occhi*) funkeln, leuchten ❸ *avere*
(MOT, TEC) blinken ❹ *essere o avere* (*impersonale*) blitzen, wetterleuchten; **lampeggiatore** [lampedʤa'to:re] *m* (MOT) Blinker *m*; **lampeggio** [lamped'ʤi:o]
<-ii> *m* Aufleuchten *n*; (METEO) Wetterleuchten *n*

lampioncino [lampion'tʃi:no] *m* Lampion *m* o *n*, Papierlaterne *f*

lampione [lam'pio:ne] *m* (Straßen)laterne *f*

lampista [lam'pista] <-i *m*, -e *f*> *mf* (FERR)
Signalwärter(in) *m(f)*; (MIN) Lampenwärter(in) *m(f)*

lampo¹ ['lampo] *m* Blitz *m*; (*a fig*) Aufleuchten *n*; ~ **di genio** Geistesblitz *m*; **in un** ~ im Nu

lampo² <inv> *agg* Blitz-; **chiusura** [*o* **cerniera**] ~ Reißverschluss *m*; **visita** ~ (POL)
Blitzbesuch *m*

lampone [lam'po:ne] *m* ❶ (*pianta*) Himbeerstrauch *m* ❷ (*frutto*) Himbeere *f*

lampreda [lam'prɛ:da] *f* Lamprete *f*, Neunauge *n*

lana ['la:na] *f* Wolle *f*; ~ **d'acciaio** Stahlwolle *f*; ~ **di legno** Holzwolle *f*; ~ **di vetro**
Glaswolle *f*; **lanaiolo, -a** [lana'iɔ:lo] *m, f*
Wollhändler(in) *m(f)*

lanceolato, -a [lantʃeo'la:to] *agg* lanzenförmig; (BOT) lanzettförmig

lancetta [lan'tʃetta] *f* (*di orologio*) Zeiger *m*

lancia ['lantʃa] <-ce> *f* Lanze *f*; **spezzare una ~ in favore di qu** (*fig*) für jdn eine Lanze brechen

lanciabile [lan'tʃa:bile] *agg* schleuderbar; (COM) absetzbar

lanciabombe [lantʃa'bombe] <-> *m* Granatwerfer *m*

lanciafiamme [lantʃa'fiamme] <-> *m*
Flammenwerfer *m*

lanciamissili [lantʃa'missili] I.<inv> *agg*
Raketen-, Raketenabschuss- II.<-> *m* Raketenabschussrampe *f*; **lanciapiattello**
[lantʃapiat'tɛllo] <-> *m* Wurfmaschine *f*

lanciarazzi [lantʃa'raddzi] <-> *m* Raketenwerfer *m*

lanciare [lan'tʃa:re] I. *vt* ❶ (*gettare*) werfen, schleudern; (*razzo*) abschießen; (*bombe*) abwerfen ❷ (COM) einführen, lancieren ❸ (*fig: grido*) ausstoßen; (*occhiata*) zuwerfen II. *vr* **-rsi** ❶ (*buttarsi*) sich stürzen; (*dall'alto*) sich fallen lassen; **-rsi contro**

qu/qc sich auf jdn/etw stürzen ❷ (*fig*)
-rsi in qc sich in etw *acc* stürzen

lanciasiluri [lantʃasi'lu:ri] <-> *m* Torpedo(ausstoß)rohr *n*

lanciato, -a [lan'tʃa:to] *agg* abgeworfen, abgeschossen; **essere** ~ (*fig*) in Fahrt sein; **lanciatore, -trice** [lantʃa'to:re] *m, f*
Werfer(in) *m(f)*; ~ **del disco** Diskuswerfer *m*; ~ **del giavellotto** Speerwerfer *m*;
~ **del peso** Kugelstoßer *m*

lanciere [lan'tʃɛ:re] *m* Lanzenreiter *m*

lancinante [lantʃi'nante] *agg* (*fig*) stechend

lancio ['lantʃo] <-ci> *m* ❶ (*gener*) Wurf *m*;
(*salto*) Sprung *m*; (*dall'alto*) Absprung *m*;
(*di bombe*) Abwurf *m* ❷ (*fig* COM) Lancieren *n*

landa ['landa] *f* Heide *f*, Heideland *n*

lanerie [lane'ri:e] *fpl* Wollwaren *fpl*

lanetta [la'netta] *f* leichter Wollstoff; (*tessuto misto*) Halbwolle *f*

langravio [laŋ'gra:vio] <-i> *m* Landgraf *m*

languidezza [laŋgui'dettsa] *f* Mattigkeit *f*,
Schwäche *f*; **languido, -a** ['laŋguido] *agg*
❶ (*fiacco*) matt ❷ (*fig: sguardo, occhi*)
schmachtend

languire [laŋ'gui:re] <languo *o* languisco, languii, languisco> *vi* ❶ (*struggersi*)
schmachten; ~ **in carcere** im Kerker schmachten ❷ (*indebolirsi*) ermatten; (*attività*) stocken; **la conversazione langue**
die Konversation stockt ❸ (*venir meno*)
vergehen; ~ **dalla fame** vor Hunger vergehen; **languore** [laŋ'guo:re] *m* ❶ (*fiacchezza*) Mattigkeit *f* ❷ (*fig: spirituale*)
Niedergeschlagenheit *f* ❸ (*struggimento*)
Schmachten *n*

laniccio [la'nittʃo] <-cci> *m* Staubfluse *f*

laniere, -a [la'niɛ:re] *m, f* Wollwarenfabrikant(in) *m(f)*; **laniero, -a** [la'niɛ:ro] *agg*
Woll-; **lanificio** [lani'fi:tʃo] <-ci> *m* Wollspinnerei *f*

lanolina [lano'li:na] *f* Lanolin *n*

lanoso, -a [la'no:so] *agg* wollig

lanterna [lan'tɛrna] *f* ❶ (*gener*) Laterne *f*
❷ (NAUT) Blinklicht *n*; (*faro*) Leuchtturm *m*;
lanternino [lanter'ni:no] *m* kleine Laterne; **cercare qu col ~** (*fig*) jdn verzweifelt suchen

lanugine [lanu'dʒi:ne] *f* Flaum *m*

lapalissiano, -a [lapalis'sia:no] *agg* altbekannt; **verità -a** Binsenwahrheit *f*

lapidare [lapi'da:re] *vt* steinigen

lapidario [lapi'da:rio] <-i> *m* ❶ (*operaio*)
Steinmetz *m*, Steinhauer *m* ❷ (*museo*) Lapidarium *n*

lapidario, -a <-i, -ie> *agg* ❶ (*arte*) Stein-,
Steinmetz- ❷ (*fig*) kurz und bündig, lapi-

dar; **lapidazione** [lapidat'tsio:ne] *f* Steinigung *f*

lapide ['la:pide] *f* (*su sepolcri*) Grabstein *m*; (*su muri*) Gedenktafel *f*, Gedenkstein *m*

lapis ['la:pis] <-> *m* Bleistift *m*; (*di colore*) Buntstift *m*; ~ **emostatico** Blutstillstift *m*

lapislazzuli [lapiz'laddzuli] <-> *m* Lapislazuli *m*

lappare [lap'pa:re] *vt*, *vi* schlabbern

lappatrice [lappa'tri:tʃe] *f* (TEC) Läppmaschine *f*

lappatura [lappa'tu:ra] *f* ❶ (TEC: *di metallo*) Läppen *n* ❷ (TEC: *di pietre preziose*) Schleifen *n*

lapsus ['lapsus] <-> *m* Lapsus *m*, Flüchtigkeitsfehler *m*

laptop ['læptɔp] <- *o* laptops> *m* (INFORM) Laptop *m*

L'Aquila *f* L'Aquila *n* (*Hauptstadt der Region Abruzzen*)

lardellare [lardel'la:re] *vt* (GASTR) spicken, füllen

lardo ['lardo] *m* Speck *m*

largheggiare [larged'dza:re] *vi* ~ **di** [*o* **in**] **qc** mit etw freigebig sein; ~ **in cortesie** betont höflich sein; ~ **in mance** reichlich Trinkgeld geben

larghezza [lar'gettsa] *f* ❶ (*gener*) Breite *f*; (*ampiezza*) Weite *f*, Geräumigkeit *f* ❷ (*fig: liberalità*) Großzügigkeit *f*, Freigebigkeit *f*; ~ **d'idee** Weitblick *m*

largire [lar'dʒi:re] <largisco> *vt* (*poet*) spenden, gewähren; **largitore, -trice** [lardʒi'to:re] *m*, *f* (*poet*) Spender(in) *m(f)*; **largizione** [lardʒit'tsio:ne] *f* (*poet*) freizügige Spende, großzügiges Geschenk

largo ['largo] <-ghi> *m* ❶ *sing* (*larghezza*) Breite *f*, Weite *f*; **farsi ~ tra la folla** sich *dat* einen Weg durch die Menge bahnen; **girare al ~ da qu** um jdn einen (großen) Bogen machen; **fate ~!** Platz da! ❷ *sing* (*mare*) offene See, offenes Meer; **prendere il ~** (NAUT) in See stechen; (*fig*) das Weite suchen, sich aus dem Staube machen ❸ (MUS) Largo *n* ❹ (*piccola piazza*) Platz *m*

largo, -a <-ghi, -ghe> *agg* ❶ (*gener*) breit; (*ampio*) weit; (*spazioso*) geräumig; (*vestito*) bequem; ~ **di fianchi** mit breiten Hüften; ~ **di spalle** breitschultrig; ~ **tre metri** drei Meter breit; **curva -a** flache Kurve; **stare alla -a da qu** jdn meiden, sich *dat* jdn vom Halse halten; **su -a scala** in großem Umfang ❷ (*generoso*) großzügig; (*quantità*) reichlich; (*d'idee*) großzügig, aufgeschlossen

larice ['la:ritʃe] *m* Lärche *f*

laringe [la'rindʒe] *f o m* (ANAT) Kehlkopf *m*;

laringite [larin'dʒi:te] *f* (MED) Kehlkopfentzündung *f*

laringotomia [laringoto'mi:a] <-ie> *f* (MED) Kehlkopfschnitt *m*

LARN *mpl acro di* **Livelli di Assunzione giornalieri Raccomandati di energia e di Nutrienti per la popolazione italiana** *italienische Empfehlungen für die Nährstoffzufuhr*

larva ['larva] *f* ❶ (ZOO) Larve *f* ❷ (*fig: ombra*) Gespenst *n*, Schatten *m*; **un uomo ridotto a una ~** ein Mensch, der nur noch ein Schatten seiner selbst ist ❸ (*fig: apparenza*) (An)schein *m*; **larvale** [lar'va:le] *agg* larval, Larven-

larvato, -a [lar'va:to] *agg* verhüllt, verschleiert

lasagne [la'zaɲɲe] *fpl* Lasagne *f* (*überbackene Nudelplatten mit Hackfleischfüllung*)

lasciapassare [laʃʃapas'sa:re] <-> *m* Passierschein *m*

lasciare [laʃ'ʃa:re] I. *vt* ❶ (*non portare con sé*) lassen, zurücklassen; (*dimenticare*) (liegen/stehen/hängen) lassen ❷ (*abbandonare*) verlassen; (*posto*) aufgeben; (*separarsi da*) sich trennen von; **chi lascia la via vecchia per la nuova, sa quel che lascia, ma non sa quel che trova** (*prov*) ≈ ein Spatz in der Hand ist besser als eine Taube auf dem Dach ❸ (*in eredità*) hinterlassen, vermachen; ~ **detto** ausrichten lassen; ~ **scritto** schriftlich festlegen ❹ (*mollare*) loslassen, auslassen *A*; (*liberare*) freilassen; ~ **le cose come stanno** die Dinge auf sich beruhen lassen; ~ **il discorso a mezzo** das Gespräch nicht zu Ende führen; **o prendere o ~** entweder oder, ja oder nein; ~ **ogni speranza** jede Hoffnung aufgeben ❺ (*affidare, consegnare*) lassen, abgeben, überlassen ❻ (*consentire*) lassen, zulassen; ~ **andare** fortlassen; (*non curarsi*) sich nicht kümmern um; ~ **andare** [*o* **perdere**] [*o* **stare**] sein lassen; ~ **correre** es geschehen lassen, ein Auge zudrücken; ~ **a desiderare** zu wünschen übrig lassen; ~ **fare** in Ruhe lassen, gewähren lassen; ~ **stare qu** jdn in Ruhe lassen; **lasciamo stare!** reden wir nicht mehr darüber! II. *vr* **-rsi** auseinander gehen, sich trennen; **-rsi andare** (*fig*) sich gehen lassen

lascito ['laʃʃito] *m* Vermächtnis *n*, Hinterlassenschaft *f*

lascivia [laʃ'ʃi:via] <-ie> *f* Wollust *f*; **lascivo, -a** [laʃ'ʃi:vo] *agg* wollüstig

laser ['la:zer] <-> *m* Laser *m*

laserfoto [lazer'fɔ:to] <-> *f* Laserfoto *n*

laserista [laze'rista] <-i *m*, -e *f*> *mf* (TEC)

Lasertechniker(in) *m(f)*

La Spezia *f* La Spezia *n* (*Stadt in Ligurien*)

lassativo [lassa'ti:vo] *m* Abführmittel *n*

lassativo, -a *agg* abführend, Abführ-

lassismo [las'sizmo] *m* ❶ (REL) Laxismus *m* ❷ (*fig*) Laxheit *f*, Gleichgültigkeit *f*

lasso ['lasso] *m* ~ **di tempo** Zeitraum *m*, Zeitspanne *f*

lassù [las'su] *avv* (*stato*) dort [*o* da] oben; (*moto*) da [*o* dort] hinauf

last minute [la:st'mɪnit] <inv> *agg* **volo** ~ Last-Minute-Flug *m;* **offerta** ~ Last-Minute-Angebot *n*

lastra ['lastra] *f* ❶ (*piastra*) Platte *f*, Tafel *f*; (*di vetro*) Scheibe *f* ❷ (FOTO) Fotoplatte *f*; (*radiografia*) Röntgenaufnahme *f* ❸ (TYP) Druckplatte *f*

lastricare [lastri'ka:re] *vt* pflastern; **lastricato** [lastri'ka:to] *m* (Straßen)pflaster *n*

lastrico ['lastriko] <-chi *o* -ci> *m* ❶ (*di strada*) Pflaster *n*, Pflasterung *f* ❷ (*fig: miseria*) Armut *f*, Elend *n;* **buttare** [*o* **ridurre**] **qu sul** ~ (*fig*) jdn an den Bettelstab bringen

lastrone [las'tro:ne] *m* Felsplatte *f*, Felswand *f*

latebra [la'tɛ:bra] *f* (*poet*) ❶ (*nascondiglio*) Unterschlupf *m*, Schlupfwinkel *m* ❷ (*fig*) Tiefe *f*, Unterste(s) *n*

latente [la'tɛnte] *agg* versteckt, verborgen

laterale [late'ra:le] **I.** *agg* seitlich, Neben- **II.** *m* (SPORT) Außenläufer *m*

lateranense [latera'nɛnse] *agg* lateranisch, Lateran-

laterizi [late'rittsi] *mpl* Ziegel(steine) *mpl*, Backsteine *mpl*

laterizio, -a [late'rittsio] <-i, -ie> *agg* aus (gebrannter) Tonerde, Ziegel-, Backstein-; **materiale** ~ Ziegelsteine *mpl*

latice ['la:titʃe] *m* Latex *m*, Gummimilch *f*

latifoglio, -a [lati'fɔʎʎo] <-gli, -glie> *agg* breitblätt(e)rig

latifondista [latifon'dista] <-i *m*, -e *f*> *mf* Großgrundbesitzer(in) *m(f);* **latifondistico, -a** [latifon'distiko] <-ci, -che> *agg* (HIST) Großgrund-; **latifondo** [lati'fondo] *m* Großgrundbesitz *m*, Latifundium *n*

Latina [la'ti:na] *f* Latina *n* (*Stadt in Latium*)

latina *f v.* **latino**

latine(n)se [lati'nɛ(n)se] **I.** *agg* (*di Latina*) latinisch **II.** *mf* (*abitante*) Einwohner(in) *m(f)* von Latina

latinismo [lati'nizmo] *m* Latinismus *m*

latinità [latini'ta] <-> *f* ❶ (*tradizione, carattere*) lateinischer Charakter, Latinität *f* ❷ (*lingua, letteratura*) römische Klassik

latino [la'ti:no] <sing> *m* Latein(isch) *n*

latino, -a **I.** *agg* lateinisch; (*neolatino*) romanisch; (REL) römisch(-katholisch); **America -a** Lateinamerika *n;* ~ **-americano** lateinamerikanisch; **chiesa -a** römisch-katholische Kirche **II.** *m, f* ❶ (*abitante del Lazio antico*) Latiner(in) *m(f)* ❷ (*romano*) Römer(in) *m(f)*

latitante [lati'tante] **I.** *agg* flüchtig (vor dem Gesetz) **II.** *mf* Flüchtige(r) *f(m);* **latitanza** [lati'tantsa] *f* Flüchtigsein *n*

latitudinale [latitudi'na:le] *agg* Breiten-; **coordinata** ~ Breitengrad *m;* **latitudine** [lati'tu:dine] *f* (geografische) Breite *f*

lato ['la:to] *m* ❶ (*parte*) Seite *f*; **a** ~ **di qu** neben jdm, an jds Seite ❷ (*fig: aspetto*) Seite *f*, Aspekt *m;* (*punto di vista*) Gesichtspunkt *m*, Standpunkt *m;* **d'altro** ~ and(e)rerseits; **da un** ~ ..., **dall'altro** ... einerseits ..., and(e)rerseits ...

lato, -a *agg* (*poet*) ausgedehnt; (*fig*) weit; **in senso** ~ im weiteren Sinne

latore, -trice [la'to:re] *m, f* Überbringer(in) *m(f)*

latrare [la'tra:re] *vi* kläffen; **latrato** [la'tra:to] *m* Gekläff(e) *n*

latrice *f v.* **latore**

latrina [la'tri:na] *f* Abort *m*

latrocinio [latro'tʃi:nio] <-i> *m* betrügerischer Diebstahl

latta ['latta] *f* ❶ (*lamiera*) Blech *n* ❷ (*recipiente*) Kanne *f*, Kanister *m*

lattaio, -a [lat'ta:io] <-i, -ie> *m, f* Milchmann *m*, -frau *f*, Milchhändler(in) *m(f)*

lattante [lat'tante] **I.** *agg* saugend **II.** *mf* Säugling *m*

lattazione [lattat'tsio:ne] *f* Milchabsonderung *f*, Milchproduktion *f*

latte ['latte] <sing> *m* Milch *f;* ~ **cagliato** Dickmilch *f;* ~ **condensato** Kondensmilch *f;* ~ **detergente** Reinigungsmilch *f;* ~ **intero** Vollmilch *f;* ~ **materno** Muttermilch *f;* ~ **scremato** Magermilch *f;* ~ **in polvere** Milchpulver *n;* ~ **in scatola** Dosenmilch *f;* **denti da** ~ Milchzähne *mpl;* **fior di** ~ Rahm *m;* **bianco come il** ~ schneeweiß; **lattemiele** [latte'miɛ:le] <-> *m* ❶ (GASTR) Süßspeise aus Honig und Milch ❷ (*fig*) Gefälligkeit *f*, Fügsamkeit *f;* **essere tutto** ~ **con qu** jdm Honig ums Maul schmieren; **latteo, -a** ['latteo] <-ei, -ee> *agg* Milch-; (*simile al latte*) milchig; **via -a** (ASTR) Milchstraße *f;* **latteria** [latte'ri:a] <-ie> *f* Molkerei *f*

lattescente [l atteʃ'ʃɛnte] *agg* milchig, milchfarben; **lattescenza** [latteʃ'ʃɛntsa] *f* Milchigkeit *f*

lattice ['lattitʃe] *v.* **latice**

latticello [latti'tʃɛllo] *m* Buttermilch *f*

latticini [latti'tʃi:ni] *mpl* Milchprodukte *npl*, Milcherzeugnisse *npl*

lattico, -a ['lattiko] <-ci, -che> *agg* Milch-

lattiera [lat'tiɛ:ra] *f* Milchkanne *f*; **lattiero, -a** [lat'tiɛ:ro] *agg* Milch-

lattifero, -a [lat'ti:fero] *agg* milchführend, milcherzeugend; **vacca -a** Milchkuh *f*

lattiginoso, -a [lattidʒi'no:so] *agg* ❶ (*simile al latte*) milchig, milchartig ❷ (BOT) Milchsaft absondernd

lattina [lat'ti:na] *f* Büchse *f*, Dose *f*

lattoniere [latto'niɛ:re] *m* Klempner *m*, Blechschmied *m*

lattonzolo [lat'tontsolo] *m* Jungtier *n* (*das noch gesäugt wird*); (*maialino*) Spanferkel *n*

lattosio [lat'tɔ:zio] <-i> *m* Laktose *f*, Milchzucker *m*

lattuga [lat'tu:ga] <-ghe> *f* Lattich *m*; (GASTR) grüner Salat

lauda ['la:uda] <-i> *f* Lauda *f*, Laude *f*

laudano ['la:udano] *m* Opiumtinktur *f*, Laudanum *f*

laudativo, -a [lauda'ti:vo] *agg* lobend, Lob-

laurea ['la:urea] *f* Hochschulabschluss *m*, Diplom *n*; ~ **breve** dreijähriges Kurzstudium; **esame di** ~ Examen *n*, Diplomprüfung *f*; **tesi di** ~ Diplomarbeit *f*, Magisterarbeit *f*; **conseguire la** ~ den Hochschulabschluss erwerben; **prendere la** ~ **in giurisprudenza** seinen Abschluss in Jura machen

laureando, -a [laure'ando] *m, f* Examenskandidat(in) *m(f)*, Diplomand(in) *m(f)*

laureare [laure'a:re] **I.** *vt* ~ **qu** jdm einen akademischen Grad verleihen **II.** *vr* **-rsi** den Hochschulabschluss erwerben; **-rsi in medicina** seinen Abschluss in Medizin machen; **laureato, -a** [laure'a:to] **I.** *agg* (*studente*) mit Hochschulabschluss, diplomiert **II.** *m, f* Hochschulabsolvent(in) *m(f)*, Akademiker(in) *m(f)*; ~ **in legge/lettere** Absolvent *m* der Rechte/Philologie

lauro ['la:uro] *m* ❶ (*poet*) Lorbeer *m* ❷ (*fig*) Lorbeerkranz *m*

lautal® [lau'ta:l] <-> *f* (MIN: *lega costituita da alluminio, silicio e rame*) Lautal® *n* (*Al-Si-Cu-Legierung*)

lauto, -a ['la:uto] *agg* auserlesen; (*abbondante*) üppig

LAV *f abbr di* **Lega Anti Vivisezione** Vereinigung gegen Tierversuche

lava ['la:va] *f* Lava *f*

lavaauto [lava'a:uto] <-> *mf* (MOT) Autowäscher(in) *m(f)*

lavabiancheria [lavabiaŋke'ri:a] <-> *f* Waschmaschine *f*

lavabile [la'va:bile] *agg* waschbar, waschecht

lavabo [la'va:bo] *m* (*ambiente*) Waschraum *m*; (*lavandino*) Waschbecken *n*

lavacristallo [lavakris'tallo] <-> *m* (MOT) Scheibenwaschanlage *f*

lavacro [la'va:kro] *m* ❶ (*poet*) Waschung *f* ❷ (*fig*) Läuterung *f*, Reinigung *f*; (*battesimo*) Taufe *f*; **Santo** ~ Taufe *f*

lavafrutta [lava'frutta] <-> *m* mit Wasser gefüllte Tischschale zum Waschen von Obst

lavaggiatore, -trice [lavaddʒa'to:re] *m, f* ❶ (TEC) Verantwortliche(r) *f(m)* für industrielle Reinigungsprozesse ❷ (*lavamacchine*) Autowäscher(in) *m(f)*

lavaggio [la'vaddʒo] <-ggi> *m* ❶ (*gener*) Reinigung *f*, Wäsche *f*, Waschen *n*; ~ **del cervello** Gehirnwäsche *f*; ~ **a secco** chemische Reinigung ❷ (MED) Spülung *f*; ~ **gastrico** Magenspülung *f*

lavagna [la'vaɲɲa] *f* ❶ (GEOL) Schiefer *m* ❷ (*nelle scuole*) (Schiefer)tafel *f*; ~ **luminosa** Overheadprojektor *m*

lavamacchine [lava'makkina] <-> *mf v.* **lavaauto**

lavamano [lava'ma:no] <-> *m* Waschtisch *m*

lavamoquette [lavamo'kɛt] <-> *f* Moquettereinigungsgerät *n*

lavanda [la'vanda] *f* ❶ (*atto del lavare, del lavarsi*) Waschung *f*; (MED) Spülung *f*; ~ **gastrica** Magenspülung *f* ❷ (BOT) Lavendel *m*; (*profumo*) Lavendelwasser *n*

lavandaia [lavan'da:ia] *f* (*fig, pej*) Waschweib *n*

lavandaio, -a [lavan'da:io] <-ai, -aie> *m, f* Wäscher(in) *m(f)*

lavanderia [lavande'ri:a] <-ie> *f* Wäscherei *f*; (*stanza*) Waschküche *f*

lavandino [lavan'di:no] *m* Waschbecken *n*, Spülbecken *n*

lavapavimenti [lavapavi'menti] <-> *f* Bodenreinigungsgerät *n*

lavapiatti [lava'piatti] <-> *mf* Tellerwäscher(in) *m(f)*

lavare [la'va:re] **I.** *vt* (ab)waschen; (*stoviglie*) spülen, abwaschen; (*denti, vetri*) putzen; ~ **a secco** chemisch reinigen **II.** *vr* **-rsi** sich waschen; **-rsi come i gatti** Katzenwäsche machen; **lavarsene le mani** (*fig*) seine Hände in Unschuld waschen

lavasciuga [lavaʃ'ʃu:ga] <-> *f* (TEC) Waschtrockner *m*

lavasecco [lava'sekko] <-> *m o f* chemische Reinigung

lavastoviglie [lavasto'viʎʎe] <-> *f* (Geschirr)spülmaschine *f*

lavata [la'va:ta] *f* (flüchtiges) (Ab)waschen *n;* **dare a qu una ~ di capo** (*fig*) jdm den Kopf waschen

lavatergifari [lavatɛrdʒi'fa:ri] <-> *m* (MOT) Scheinwerferwischer *m;* **lavatergilunotto** [lavatɛrdʒilu'nɔtto] <-> *m* (MOT) Heckscheibenwisch- und Waschanlage *f*

lavatesta [lava'tɛsta] I. <-> *m* Nackenstütze *f* für die Haarwäsche beim Friseur II. <inv> *agg* **catino ~** Haarwaschnackenstütze *f*

lavativo [lava'ti:vo] *m* Drückeberger *m*, Taugenichts *m*

lavatoio [lava'to:io] <-oi> *m* ❶ (*stanza*) Waschküche *f* ❷ (*vasca*) Waschtrog *m* ❸ (*lastra*) Waschbrett *n*

lavatore, -trice [lava'to:re] *m*, *f* (*persona*) Wäscher(in) *m(f)*

lavatrice [lava'tri:tʃe] *f* (TEC) Waschmaschine *f;* **lavatura** [lava'tu:ra] *f* ❶ (*il lavare*) Waschen *n*, Wäsche *f* ❷ (*acqua*) Spülwasser *n*, Waschwasser *n;* **un brodo che è una ~ di piatti** eine Brühe, die wie Abwaschwasser schmeckt

lavavetri [lava've:tri] <-> *mf* ❶ (*persona*) Fensterputzer(in) *m(f)* ❷ (*di parabrezza*) Autoscheibenputzer(in) *m(f)* ❸ (*attrezzo*) (elektrisches) Fensterputzgerät *n*

lavello [la'vɛllo] *m* Spülbecken *n*, Waschbecken *n*

lavico, -a ['la:viko] <-ci, -che> *agg* aus Lava, Lava-

lavina [la'vi:na] *f* Lawine *f*

lavorabile [lavo'ra:bile] *agg* bearbeitbar, verarbeitbar; (*terreno*) bestellbar

lavorante [lavo'rante] *mf* Geselle *m*, Gesellin *f*

lavorare [lavo'ra:re] I. *vt* (*agire su*) bearbeiten; (*pasta*) kneten; (*terreno*) bestellen II. *vi* ❶ (*gener*) arbeiten ❷ (*funzionare*) laufen ❸ (*negozio*) (gut) gehen III. *vr* **-rsi qu** (*fam*) jdn herumbekommen (wollen), jdn umgarnen

lavorativo, -a [lavora'ti:vo] *agg* Arbeits-, Werk-; **terreno ~** Ackerland *n;* **settimana -a** Arbeitswoche *f;* **lavoratore, -trice** [lavora'to:re] I. *agg* arbeitend, erwerbstätig II. *m*, *f* Arbeiter(in) *m(f)*, Erwerbstätige(r) *f(m);* **~ agricolo** Landarbeiter *m;* **~ autonomo** Selbständige(r) *m;* **~ dipendente** Festangestellte(r) *f(m)*, Arbeitnehmer *m*, Dienstnehmer *m A;* **~ qualificato** gelernter Arbeiter; **~ specializzato** Facharbeiter *m*

lavorazione [lavorat'tsio:ne] *f* Bearbeitung *f;* (*di materie prime*) Verarbeitung *f;* (*di film*) Herstellung *f;* (*di terreno*) Bestellung *f;* (*di pasta*) Kneten *n;* **~ in serie** Serienfertigung *f;* **essere in ~** in Arbeit sein

lavorio [lavo'ri:o] <-ii> *m* ❶ (*attività*) Geschäftigkeit *f*, Betriebsamkeit *f* ❷ (*fig: intrigo*) Intrige *f*

lavoro [la'vo:ro] *m* ❶ (*attività di produzione*) Arbeit *f*, Tätigkeit *f;* (*remunerato*) Beschäftigung *f;* **~ nero** [*o abusivo*] Schwarzarbeit *f*, Pfusch *m A;* **-i domestici** Hausarbeit *f;* **-i forzati** Zwangsarbeit *f;* **~ di manovalanza** Knochenjob *m;* **~ straordinario** Überstunden *fpl;* **-i in corso** (*su strade*) Baustelle *f;* **senza ~** arbeitslos; **andare al ~** zur Arbeit gehen ❷ (*opera*) Arbeit *f*, Werk *n;* **~ teatrale** Theaterstück *n*, Bühnenwerk *n;* **hai fatto proprio un bel ~!** (*iron*) da hast du aber etw Schönes angerichtet!

layout ['leiaut] <-> *m* Layout *n;* **layout man** ['leiaut mæn] <- *o* layout men> *m* (TYP) Layouter(in) *m(f)*

laziale [lat'tsia:le] I. *mf* ❶ (*abitante*) Bewohner(in) *m(f)* Latiums ❷ (SPORT: *giocatore*) Spieler(in) *m(f)* von Lazio Rom ❸ (SPORT: *tifoso*) Lazio-Fan *m* II. *agg* aus Latium

Lazio ['lattsio] <*sing*> I. *m* Latium *n* II. *f* (SPORT: *squadra di calcio romana*) Lazio Rom *ohne Artikel*

lazo ['laddzo] <-> *m* Lasso *n o m;* **prendere al ~** mit dem Lasso einfangen

lazzaretto [laddza'retto] *m* Lazarett *n*

lazzaronata [laddzaro'na:ta] *f* Gaunerei *f*

lazzarone [laddza'ro:ne] *m* Schurke *m*, Lump *m;* (*fannullone*) Nichtsnutz *m*

lazzeretto [laddze'retto] *m v.* **lazzaretto**

lazzo ['laddzo *o* 'lattso] *m* Schwank *m*, Witz *m*, Schmäh *m A*

LC *abbr di* **Lotta Continua** *italienische Linkspartei*

le [le] I. *art def f pl* die *fpl;* **~ signore** die Frauen II. *pron pers 3. pers f sing* ❶ (*complemento di termine*) ihr; **non ~ hai detto nulla?** hast du ihr nichts gesagt? ❷ (*complemento di termine, forma di cortesia: Le*) Ihnen; **adesso Le comunico i Suoi risultati** ich teile Ihnen jetzt Ihre Ergebnisse mit III. *pron pers 3. pers f pl* ❶ (*complemento oggetto*) sie; **non ~ avevo mai sentite così entusiaste** so begeistert habe ich sie noch nie gehört ❷ (*in espressioni ellittiche, spesso non tradotto*) **guarda che ~ prendi!** pass auf, sonst setzt es was!

lead [li:d] <-> *m* (TYP: *nel linguaggio giornalistico, il cappello introduttivo di un articolo*) Vorspann *m* eines Zeitungsartikels

leader ['li:də] <-> *mf* Führer *m;* **leaderismo** [lide'rizmo] *m* Herrscherallüren *fpl;* **leadership** ['li:dəʃip *o* 'liderʃip] <-> *f*

Führung *f*, Führerschaft *f*

leale [le'aːle] *agg* ❶ (*onesto, sincero*) aufrichtig; (*di comportamento*) fair ❷ (*fedele*) treu, loyal; **lealismo** [lea'lizmo] *m* Loyalität *f*, Regierungstreue *f*; **lealista** [lea'lista] <-i *m*, -e *f*> I. *mf* Regierungstreue(r) *f(m)*; (HIST) Loyalist(in) *m(f)* II. *agg* loyal

lealtà [leal'ta] <-> *f* ❶ (*onestà, sincerità*) Aufrichtigkeit *f*, Rechtschaffenheit *f*; (*comportamento*) Fairness *f* ❷ (*fedeltà*) Treue *f*, Loyalität *f*

leardo [le'ardo] I. *agg* grau und weiß getupft, grauscheckig II. *m* Grauschimmel *m*

leasing ['liːsiŋ] <-> *m* (FIN) Leasing *n*; **prendere un'auto in** ~ ein Auto leasen; **società di** ~ Leasing-Gesellschaft *f*; ~ **immobiliare** Immobilienleasing *n*; ~ **finanziario** Finanzierungsleasing *n*

lebbra ['lebbra] *f* ❶ (MED) Lepra *f*, Aussatz *m* ❷ (BOT) Schorf *m* ❸ (*fig*) Aussatz *m*, Übel *n*; **lebbrosa** *f v.* **lebbroso**; **lebbrosario** [lebbro'saːrio] <-i> *m* Leprakrankenhaus *n*, Leprastation *f*; **lebbroso, -a** [leb'broːso] I. *agg* aussätzig, leprakrank II. *m*, *f* Aussätzige(r) *f(m)*

leccaculo [lekka'kuːlo] <-li *o* -> *m* (*vulg*) Arschkriecher *m*, Schleimscheißer *m*

lecca lecca [lekka'lekka] <-> *m* Lutscher *m*

leccapiatti [lekka'piatti] <-> *mf* (*ghiottone*) Leckermaul *n*

leccapiedi [lekka'piɛːdi] <-> *mf* (*pej*) Speichellecker *m*

leccarda [lek'karda] *f* Fettfänger *m*, Fettpfanne *f*

leccare [lek'kaːre] I. *vt* lecken, schlecken; ~ **i piedi a qu** (*fig*) vor jdm kriechen II. *vr* **-rsi** sich schniegeln, sich schön machen; **-rsi le dita** [*o* **i baffi**] **per qc** (*fig*) sich die Finger nach etw lecken

leccata [lek'kaːta] *f* Lecken *n*, Ablecken *n*

leccato, -a [lek'kaːto] *agg* (*fig*) gepflegt

leccatura [lekka'tuːra] *f* (*fig*) Schmeichelei *f*

Lecce *f* Lecce *n* (*Stadt in Apulien*)

leccese [lek'keːse] I. *agg* (*di Lecce*) aus Lecce II. *mf* (*abitante*) Einwohner(in) *m(f)* von Lecce

Leccese <*sing*> *m* Umgebung *f* von Lecce

leccio ['lettʃo] <-cci> *m* Steineiche *f*

leccornia [lekkor'niːa] <-ie> *f* Delikatesse *f*, Leckerbissen *m*

lecitina [letʃi'tiːna] *f* Lezithin *n*

lecito, -a ['leːtʃito] *agg* erlaubt, zulässig

ledere ['lɛːdere] <ledo, lesi, leso> *vt* beschädigen; (*fig*) schädigen; (MED) verletzen

lega ['leːga] <-ghe> *f* ❶ (*federazione*)

Bund *m*, Liga *f*; (*associazione*) Verband *m*, Vereinigung *f*; ~ **anseatica** (HIST) Hanse *f*; ~ **delle nazioni** (HIST) Völkerbund *m* ❷ (*di metalli*) Legierung *f*; ~ **in argento** Silberlegierung *f*; **di bassa** ~ (**d'oro**) niedriger Goldgehalt

legaccio [le'gattʃo] <-cci> *m* (Schnür)band *n*; **-cci delle scarpe** Schürsenkel *mpl*

legaiolo, -a [lega'ioːlo] I. *m*, *f* (*pej: leghista*) Parteimitglied *n* der Lega Nord II. *agg* Lega-

legale [le'gaːle] I. *agg* legal, gesetzlich, Gesetzes-; (*secondo legge*) gesetzmäßig, rechtsgültig; (*a fig*) rechtmäßig; (*per vie legali*) gerichtlich; **studio** ~ Anwaltsbüro *n*, (Rechts)anwaltskanzlei *f* II. *m* (Rechts)anwalt *m*; **legalità** [legali'ta] <-> *f* Gesetzlichkeit *f*, Legalität *f*; (*a fig*) Rechtmäßigkeit *f*; **legalitario, -a** [legali'taːrio] <-i, -ie> *agg* gesetzmäßig, sich im Rahmen der Legalität bewegend

legalizzare [legalid'dzaːre] *vt* (JUR) legalisieren; (ADM) amtlich beglaubigen; **legalizzazione** [legaliddzat'tsioːne] *f* (JUR) Legalisierung *f*; (ADM) amtliche Beglaubigung

Legambiente [legam'biɛnte] *f* (ECO) *acro di* **Lega per l'ambiente** *italienischer Naturschutzbund*

legame [le'gaːme] *m* ❶ (*vincolo*) Bindung *f*, Band *n geh*; (*rapporto*) Verhältnis *n* ❷ (*nesso logico*) Zusammenhang *m*

legamento [lega'mento] *m* ❶ (*legame*) Verbindung *f*, Bindung *f* ❷ (ANAT) Band *n*

Lega Nord ['leːga nɔrd] *f* (POL) Lega Nord *f* (*sezessionistische Partei Norditaliens*)

legante [le'gante] *m* Bindemittel *n*

legare [le'gaːre] I. *vt* ❶ (*collegare*) binden, an-, festbinden; (*con spago*) zu-, verschnüren; (*con funi*) vertäuen; (*alla catena*) fesseln; (*cane*) anketten; (*capelli*) zusammenbinden; **ho le mani legate** (*fig*) mir sind die Hände gebunden; **legarsela al dito** (*fam*) es sich hinter die Ohren schreiben ❷ (MED: *arteria*) abbinden ❸ (*libri*) (ein)binden ❹ (*fig*) verpflichten, (ver)binden II. *vi* ❶ (CHEM) eine Legierung bilden ❷ (*fig*) zusammenpassen; (*andar d'accordo*) sich verstehen, sich vertragen III. *vr* **-rsi a qu** sich an jdn binden; **legatario, -a** [lega'taːrio] <-i, -ie> *m*, *f* Legatar *m*, Vermächtnisnehmer(in) *m(f)*

legato [le'gaːto] *m* ❶ (MUS) Legato *n* ❷ (POL) Gesandte(r) *f(m)*, Legat *m* ❸ (JUR) Vermächtnis *n*

legatore, -trice [lega'toːre] *m*, *f* Buchbinder(in) *m(f)*; **legatoria** [legato'riːa]

<-ie> f Buchbinderei f; **legatrice** f v. **legatore**

legatura [lega'tu:ra] f ❶ (il legare) Bindung f; (azione) Binden n; (con spago) Verschnürung f; (con funi) Vertäuen n ❷ (MED) Abbinden n ❸ (MUS) Ligatur f ❹ (rilegatura) Einband m; ~ in pelle Ledereinband m; ~ a spirale Spiralheftung f

legazione [legat'tsio:ne] f Gesandtschaft f, Legation f

legenda [le'dʒɛnda] f Legende f, Zeichenerklärung f

legge ['leddʒe] f ❶ (norma) Gesetz n, Regel f; ~ del gioco Spielregel f; ~ dell'onore Ehrenkodex m ❷ (JUR: precetto giuridico) Gesetz n; (diritto) Recht n; **per** ~ gesetzlich, nach dem Gesetz ❸ (giurisprudenza) Jura ohne Artikel, Rechtswissenschaft f, Recht n, Jus n A; **uomo di** ~ Gesetzeskundige(r) f(m), Jurist m; **dottore in** ~ Doktor m der Rechte ❹ (ordine) Vorschrift f

leggenda [led'dʒɛnda] f ❶ (LIT) Sage f, Legende f ❷ (fig) Märchen n ❸ (in araldica) Wappenspruch m, Wahlspruch m ❹ (didascalia) Legende f, Zeichenerklärung f

leggendario [leddʒen'da:rio] <-i> m Legendenbuch n, Legendensammlung f

leggendario, -a <-i, -ie> agg sagenhaft, Sagen-

leggere ['lɛddʒere] <leggo, lessi, letto> I. vt lesen; (ad altri) vorlesen; (ADM, JUR) verlesen; ~ il futuro die Zukunft voraussagen; ~ la mano aus der Hand lesen; ~ la musica Noten lesen II. vi lesen

leggerezza [leddʒe'rettsa] f ❶ (gener) Leichtigkeit f ❷ (fig) Unbeschwertheit f; (frivolezza) Leichtfertigkeit f; (sconsideratezza) Leichtsinn m

leggero, -a [led'dʒɛ:ro] agg (gener) leicht; (delicato) leise, sanft; (agile) gewandt, flink; **atletica -a** Leichtathletik f; **musica -a** leichte Musik, Unterhaltungsmusik f; **una ragazza -a** ein leichtes Mädchen; **prendere le cose alla -a** die Dinge auf die leichte Schulter nehmen

leggerone, -a [leddʒe'ro:ne] m, f (facilone) Leichtfuß m

leggiadria [leddʒa'dri:a] <-ie> f Anmut f, Grazie f; **leggiadro, -a** [led'dʒa:dro] agg anmutig, reizend; (forma) zierlich

leggibile [led'dʒi:bile] agg (scrittura) leserlich; (libro) lesbar; (raccomandabile) lesenswert

leggiero [led'dʒɛ:ro] agg v. **leggero**

leggina [led'dʒi:na] f Gesetzesnovelle f

leggio [led'dʒi:o] <-ii> m ❶ (per libri) Lesepult n ❷ (MUS) Notenständer m

leggiucchiare [leddʒuk'kia:re] vt über-

fliegen

leggo ['lɛggo] 1. pers sing pr di **leggere**

leghismo [le'gizmo] m Bündnisbildung f

leghista [le'gista] <-i m, -e f> I. mf ❶ (POL: sostenitore di una lega) Anhänger(in) m(f) eines Bündnisses, Bündnismitglied m ❷ (POL: sostenitore della Lega Nord) Anhänger(in) m(f) der Lega Nord II. agg (relativo alla Lega Nord) der Lega Nord, Lega-; **il deputato** ~ der Lega-Abgeordnete; **la manifestazione** ~ die Lega Nord-Kundgebung

legiferare [ledʒife'ra:re] vi ❶ (JUR) Gesetze erlassen ❷ (fig, scherz) Vorschriften machen, befehlen

legionario [ledʒo'na:rio] <-i> m ❶ (HIST) Legionär m ❷ (della Legione straniera) Fremdenlegionär m

legionario, -a <-i, -ie> agg Legions-, Legionär(s)-

legione [le'dʒo:ne] f (MIL) Legion f

legislativo, -a [ledʒizla'ti:vo] agg gesetzgebend, legislativ; **potere** ~ Legislative f; **legislatore, -trice** [ledʒizla'to:re] m, f Gesetzgeber(in) m(f); **legislatura** [ledʒizla'tu:ra] f ❶ (attività, assemblea) Legislative f, Legislatur f ❷ (periodo) Legislaturperiode f; **legislazione** [ledʒizlat'tsio:ne] f ❶ (attività) Gesetzgebung f ❷ (le leggi) Gesetze npl, Recht n

legittima [le'dʒittima] f (JUR) Pflichtteil m o n; **legittimare** [ledʒitti'ma:re] vt ❶ (JUR) legitimieren; (figlio) anerkennen ❷ (fig: giustificare) rechtfertigen, entschuldigen; **legittimario, -a** [ledʒitti'ma:rio] <-i, -ie> m, f gesetzlicher Erbe, gesetzliche Erbin

legittimatorio, -a [ledʒittima'tɔ:rio] <-i, -ie> agg (JUR) berechtigend, legitimierend; **documento** ~ Legitimationsurkunde f; **legittimazione** [ledʒittimat'tsio:ne] f Legitimation f, Legitimierung f; **legittimità** [ledʒittimi'ta] <-> f ❶ (JUR) Rechtsgültigkeit f, Gesetzlichkeit f; (fig) Legitimität f, Rechtmäßigkeit f ❷ (di prole) Ehelichkeit f ❸ (fig: fondatezza) Berechtigung f; **legittimo, -a** [le'dʒittimo] agg ❶ (conforme alla legge) gesetzlich, rechtsgültig; (per disposizione di legge) berechtigt; (fig) legitim, rechtmäßig; **-a difesa** Notwehr f ❷ (prole) ehelich ❸ (fig: fondato) berechtigt, gerechtfertigt; (dubbio) begründet

legna ['leɲɲa] <- o -e> f (Brenn)holz n; **far** ~ Holz sammeln; **mettere** ~ **al fuoco** (fig) Öl ins Feuer gießen; **legnaia** [leɲ'na:ia] <-aie> f Holzschuppen m; **legname** [leɲ'na:me] m Holz n, Nutzholz n; ~ **da costruzione** Bauholz n;

legnare [leɲˈɲaːre] *vt* (*tosc*) verprügeln, verhauen *fam;* **legnata** [leɲˈɲaːta] *f* Prügel *mpl*

legno [ˈleɲɲo] *m* Holz *n;* (*pezzo*) Holzscheit *n;* **testa di** ~ (*fam: persona poco intelligente*) Holzkopf *m;* (*persona ostinata*) Dickschädel *m,* Dickkopf *m;* ~ **compensato** Sperrholz *n;* **legnosità** [leɲɲosiˈta] <-> *f* Holzigkeit *f,* Zähigkeit *f;* **legnoso, -a** [leɲˈɲoːso] *agg* ❶ (*di legno*) hölzern, aus Holz ❷ (*fig: frutta*) holzig; (*carne*) zäh

leguleio [leguˈleːio] <-ei> *m* (*pej*) Rechtsverdreher *m,* Winkeladvokat *m*

legume [leˈguːme] *m* ❶ (*baccello*) Hülse *f,* Schote *f* ❷ *pl* Hülsenfrüchte *fpl*

lei [ˈlɛːi] *pron pers* ❶ 3. *pers f sing* sie; (*con preposizione*) sie, ihr, ihrer; **beata ~!** die Glückliche ❷ 3. *pers m e f sing* (*forma di cortesia: Lei*) Sie; (*con preposizione*) Sie, Ihnen, Ihrer; **dare del Lei a qu** jdn siezen, jdn mit Sie anreden

lembo [ˈlembo] *m* Rand *m;* (*di indumento*) Saum *m;* (*a fig*) Zipfel *m;* (*striscia*) (dünner) Streifen *m*

lemma [ˈlɛmma] <-i> *m* Stichwort *n,* Lemma *n;* **lemmario** [lemˈmaːrio] <-i> *m* Stichwörterverzeichnis *n*

lemme lemme [ˈlɛmme ˈlɛmme] *avv* (*fam*) gemächlich, in aller Gemütsruhe

lemure [ˈlɛːmure] *m* ❶ (*mitologia*) Lemur(e) *m* ❷ (zoo) Lemur *m,* Maki *m*

lena [ˈleːna] *f* Eifer *m,* Kraft *f;* (*di volontà*) Willensstärke *f;* **lavorare di buona ~** eifrig, tüchtig arbeiten

lendine [ˈlɛndine] *m* Nisse *f*

lenimento [leniˈmento] *m* Linderung *f,* Milderung *f*

leninismo [leniˈnizmo] *m* Leninismus *m*

lenire [leˈniːre] *vt* (*poet*) lindern, mildern

lenitivo [leniˈtiːvo] *m* Schmerz stillendes Mittel, Schmerzmittel *n*

lenitivo, -a *agg* Schmerz stillend, lindernd

lenocinio [lenoˈtʃiːnio] <-i> *m* ❶ (jur) Kuppelei *f,* Zuhälterei *f* ❷ (*fig*) Verlockung *f;* **lenone** [leˈnoːne] *m* Kuppler *m,* Zuhälter *m*

lente [ˈlɛnte] *f* Linse *f;* **-i** Brille *f;* ~ **d'ingrandimento** Lupe *f,* Vergrößerungsglas *n;* **-i a contatto** [*o* **corneali**] Kontaktlinsen *fpl*

lentezza [lenˈtettsa] *f* (*di persona*) Langsamkeit *f;* (*di cosa*) Langwierigkeit *f*

lenticchia [lenˈtikkia] <-cchie> *f* (bot) Linse *f*

lenticolare [lentikoˈlaːre] *agg* linsenförmig

lentiggine [lenˈtiddʒine] *f* Sommersprosse *f;* **lentigginoso, -a** [lentiddʒiˈnoːso] *agg* voll(er) Sommersprossen, sommersprossig

lento [ˈlɛnto] *m* (mus) Lento *n,* Blues *m*

lento, -a *agg* ❶ (*non veloce*) langsam; (*veleno, medicina, rimedio*) langsam wirkend; **cuocere a fuoco ~** bei kleiner Flamme kochen ❷ (*lungo, interminabile*) lang, langwierig ❸ (*fig: lungo, monotono*) langsam, träge; **essere ~ a capire** schwer von Begriff sein ❹ (*molle, allentato*) locker, lose; (*abito*) locker sitzend ❺ (*dolce*) sanft

lentocrazia [lentokratˈtsiːa] <-ie> *f* (*iron, pej*) schleichende Bürokratie *f*

lenza [ˈlɛntsa] *f* Angelschnur *f*

lenzuolo [lenˈtsuɔːlo] <-i *m,* o -a *f*> *m* ❶ (*gener*) Laken *n;* ~ **funebre** Leichentuch *n* ❷ (*nel letto*) Betttuch *n,* (Bett)laken *n,* Leintuch *n A;* ~ **con gli angoli** Spannbettlaken *n*

leonardesco, -a [leonarˈdesko] <-schi, -sche> *agg* ❶ im Stile Leonardos [*o* Leonardo da Vincis] ❷ (*fig*) Universal-; **ingegno ~** Universalgenie *n*

leone [leˈoːne] *m* ❶ (zoo) Löwe *m;* **fare la parte del ~** sich den Löwenanteil nehmen ❷ (astr) **Leone** Löwe *m;* **sono del** [*o* **un**] **Leone** ich bin (ein) Löwe; **leonessa** [leoˈnessa] *f* Löwin *f;* **leonino, -a** [leoˈniːno] *agg* Löwen-; **chioma -a** Löwenmähne *f*

leopardo [leoˈpardo] *m* Leopard *m*

lepido, -a [ˈlɛːpido] *agg* scharfsinnig, geistreich

lepidottero [lepiˈdɔttero] *m* Falter *m,* Schmetterling *m*

leporino [lepoˈriːno] *agg* **labbro ~** (med) Hasenscharte *f*

lepre [ˈlɛːpre] *f* Hase *m;* ~ **in salmì** Hasenpfeffer *m;* **pauroso come una ~** hasenfüßig, hasenherzig

lercio, -a [ˈlɛrtʃo *o* ˈlertʃo] <-ci, -ce> *agg* ❶ (*sozzo*) schmutzig, dreckig ❷ (*fig*) widerlich, ekelhaft; **lerciume** [lerˈtʃuːme] *m* Schmutz *m,* Unrat *m*

lesbica [ˈlɛzbika] <-che> *f* Lesbierin *f;* **lesbico, -a** [ˈlɛzbiko] <-ci, -che> *agg* lesbisch

lesi [ˈlɛːzi] 1. *pers sing pass rem di* **ledere**

lesina [ˈleːzina] *f* Ahle *f;* **lesinare** [leziˈnaːre] **I.** *vt* ~ **qc** mit (*o* an) etw *dat* sparen; ~ **il centesimo** jeden Pfennig [*o* Groschen *A*] umdrehen **II.** *vi* ~ **su qc** mit [*o* an] etw *dat* sparen

lesionare [lezioˈnaːre] *vt* beschädigen; **lesione** [leˈzioːne] *f* Beschädigung *f,* Schaden *m;* (med, jur) Verletzung *f;* **pericolo di** ~ Verletzungsgefahr *f;* **lesivo, -a** [leˈziːvo] *agg* schädigend

leso, -a [ˈleːzo] **I.** *pp di* **ledere II.** *agg* be-

scrivere una lettera	
intestazione nelle lettere	**Anrede in Briefen**
Caro/Cara ...,	Lieber/Liebe ...,
Ciao! (*fam*)	Hallo, ...!/Hi, ...! (*fam*)
Gentile Signora/Signor ...,	Liebe Frau/Lieber Herr ...,
Gentile Sig.ra/Egregio Sig. (*form*)	Sehr geehrte Frau .../Sehr geehrter Herr... (*form*)
Gentili Signori e Signore, ...	Sehr geehrte Damen und Herren, ...
formule di commiato nelle lettere	**Schlussformeln in Briefen**
Ciao! (*fam*)	Tschüss! (*fam*)/Ciao! (*fam*)
Questo è quanto. (*fam*)	So viel für heute. (*fam*)
Affettuosi/Cari saluti	Liebe Grüße (*fam*)
Tanti saluti/Un abbraccio	Viele Grüße
Cordiali saluti/Cordialmente (*form*)	Mit freundlichen Grüßen (*form*)
Con i migliori saluti (*form*)	Mit (den) besten Grüßen (*form*)

schädigt; (MED) verletzt; (JUR) geschädigt; (*fig*) verletzt, gekränkt

lessare [les'saːre] *vt* kochen, sieden

lessi ['lɛssi] *1. pers sing pass rem di* **leggere**

lessicale [lessi'kaːle] *agg* lexikalisch

lessico ['lɛssiko] <-ci> *m* ❶ (LIT) Wörterbuch *n* ❷ (LING) Wortschatz *m*; **lessicografa** *f v.* **lessicografo**; **lessicografia** [lessikograˈfiːa] *f* Lexikographie *f*; **lessicografo, -a** [lessiˈkɔːgrafo] *m, f* Lexikograph(in) *m(f)*; **lessicologa** *f v.* **lessicologo**; **lessicologia** [lessikoloˈdʒiːa] <-ie> *f* Lexikologie *f*; **lessicologo, -a** [lessiˈkɔːlogo] <-gi, -ghe> *m, f* Lexikologe *m, -*login *f*

lessicostatistica [lessikostaˈtistika] <-che> *f* (LING) Lexiko-, Sprachstatistik *f*

lesso ['lesso] *m* Koch-, Suppenfleisch *n*

lesso, -a *agg* gekocht, gesotten

lesto, -a ['lɛsto] *agg* gewandt, behände; **essere ~ di mano** lange Finger machen; **~ di mente** scharfsinnig

lestofante [lestoˈfante] *mf* Betrüger(in) *m(f)*, Gauner(in) *m(f)*

letale [leˈtaːle] *agg* tödlich, Todes-

letamaio [letaˈmaːio] <-ai> *m* ❶ (*concimaia*) Misthaufen *m*, Mistgrube *f* ❷ (*fig*) Schweinestall *m fam*; **letame** [leˈtaːme] *m* Mist *m*

letargia [letarˈdʒiːa] <-gie> *f* Lethargie *f*; **letargico, -a** [leˈtardʒiko] <-ci, -che> *agg* lethargisch

letargo [leˈtargo] <-ghi> *m* ❶ (MED) Lethargie *f*, Schlafkrankheit *f* ❷ (ZOO: *inver-* *nale*) Winterschlaf *m*; (*estivo*) Sommerschlaf *m* ❸ (*fig*) Lethargie *f*, Teilnahmslosigkeit *f*

letizia [leˈtittsia] <-ie> *f* Freude *f*, Fröhlichkeit *f*

letta ['lɛtta] *f* rasches Durchlesen, Überfliegen *n*

lettera ['lɛttera *o* 'lettera] *f* ❶ (*dell'alfabeto*) Buchstabe *m*; (TYP) Type *f*, Letter *f*; **alla ~** buchstabengetreu; (*traduzione*) wörtlich ❷ (*comunicazione scritta*) Brief *m*, Schreiben *n*; **~ assicurata** Wertbrief *m*; **~ circolare** Rundschreiben *n*; **~ espresso** Eilbrief *m*; **~ raccomandata** Einschreib(e)brief *m*; **per ~** brieflich ❸ *pl* (*letteratura*) Literatur *f*; (*materie letterarie*) Geisteswissenschaften *fpl*; **uomo di -e** Literat *m*, literarisch gebildeter Mensch

letterale [letteˈraːle] *agg* wörtlich, wortgetreu *f*; **letteralmente** [letteral'mente] *avv* ❶ (*alla lettera*) wörtlich ❷ (*fig: completamente*) buchstäblich, gänzlich

letterario, -a [letteˈraːrio] <-i, -ie> *agg* literarisch, Literatur-; (LING) gehoben; **lingua -a** Schriftsprache *f*; **materie -ie** geisteswissenschaftliche Fächer *npl*

letterato, -a [letteˈraːto] *m, f* Literat(in) *m(f)*, literarisch gebildeter Mensch; **letteratura** [letteraˈtuːra] *f* Literatur *f*

lettiga [letˈtiːga] <-ghe> *f* ❶ (*portantina*) Sänfte *f* ❷ (*barella*) (Trag)bahre *f*, Krankentrage *f*

lettino [letˈtiːno] *m* (*letto per bambini*) Kinderbett *n*; (*branda*) Liege *f*; **~ solare** Sonnenbank *f*

letto ['lɛtto] *m* ❶ (*mobile*) Bett *n;* ~ **matrimoniale** [*o* **a due piazze**] Doppelbett *n,* Ehebett *n;* ~ **a castello** Doppelstockbett *n;* **andare a** ~ ins [*o* zu] Bett gehen, schlafen gehen; **andare a** ~ **con qu** (*fam*) mit jdm ins Bett gehen; **mettersi a** ~ (*per dormire*) ins [*o* zu] Bett gehen; (*per malattia*) das Bett hüten (müssen); ~ **funebre** Sarg *m,* (Toten)bahre *f* ❷ (GEOL) Lager *n,* Bank *f;* (*di fiume*) Flussbett *n;* (*di valle*) Talsohle *f* ❸ (*fig: matrimonio*) Ehe *f;* **figlio di primo** ~ Kind *n* aus erster Ehe

letto <-a> I. *pp di* **leggere** II. *agg* ~ **ed approvato** (ADM) gelesen und genehmigt; ~**, confermato e sottoscritto** (ADM) gelesen, bestätigt und unterschrieben

lettorato [letto'ra:to] *m* Lektorat *n*

lettore [let'to:re] *m* (TEC) Laufwerk *n;* ~ **CD** [*o* **di compact disc**] CD-Player *m;* ~ **CD-ROM** CD-ROM-Laufwerk *n;* ~ **DVD** DVD-Player *m;* ~ **ottico** Scanner *m;* ~ **MP3** MP3-Player *m;* ~ **per microfilm** Lesegerät *n* (für Mikrofilme)

lettore, -trice *m, f* ❶ (*chi legge*) Leser(in) *m(f)* ❷ (*professione*) Lektor(in) *m(f)*

lettura [let'tu:ra] *f* ❶ (*atto del leggere*) Lesen *n,* Lektüre *f;* (*ad alta voce*) Vorlesen *n;* (TEC: *del contatore*) Ablesen *n* ❷ (*scritto*) Lektüre *f,* Lesestoff *m;* ~ **per l'infanzia** Kinderliteratur *f,* Kinderbücher *npl;* **letturista** [lettu'rista] <-i *m,* -e *f*> *mf* Ableser(in) *m(f)*

leucemia [leutʃe'mi:a] <-ie> *f* (MED) Leukämie *f;* **leucemico, -a** [leu'tʃɛ:miko] <-ci, -che> *m, f* an Leukämie Erkrankte(r) *f(m)*

leucocita [leuko'tʃi:ta] <-i> *m,* **leucocito** [leuko'tʃi:to] *m* Leukozyt *m,* weißes Blutkörperchen *n*

leucorrea [leukor'rɛ:a] *f* Weißfluss *m*

leva ['lɛ:va] *f* ❶ (TEC) Hebel *m* ❷ (*sbarra*) Brechstange *f,* -eisen *n* ❸ (*fig*) Hebel *m;* (*stimolo*) Antrieb *m;* **fare** ~ **su qu** auf jdn einwirken ❹ (*arruolamento*) Einberufung *f* (zum Wehrdienst), Wehrpflicht *f;* **classe di** ~ (Rekruten)jahrgang *m*

levanoccioli [leva'nɔttʃoli] <-> *m* Entsteiner *m*

levante [le'vante] I. *agg* aufgehend; **sole** ~ aufgehende Sonne II. *m* ❶ (*est*) Osten *m* ❷ (*vento*) Ostwind *m* ❸ (*Paesi del Mediterraneo orientale*) Küstenländer *npl* des östlichen Mittelmeers, Levante *f*

levapunti [leva'punti] <-> *m o f* Entklammerer *m*

levare¹ [le'va:re] I. *vt* ❶ (*alzare*) heben, aufheben; (*ancora*) lichten; ~ **le braccia in alto** sich geschlagen geben; ~ **gli occhi**

al cielo die Augen verdrehen ❷ (*togliere*) fort-, wegnehmen; (*ostacolo*) beseitigen; ~ **di mezzo qu** jdn beseitigen; **levati di mezzo!** geh aus dem Weg!; **levati dai piedi!** bleib mir vom Leibe! ❸ (*estrarre: dente*) ziehen; (*chiodo*) herausziehen ❹ (*seduta*) schließen, auflösen ❺ (*fame, sete*) stillen ❻ (*tenda*) abbrechen ❼ (*tassa, divieto*) aufheben ❽ (*vizio*) abgewöhnen II. *vr* **-rsi** ❶ (*alzarsi*) aufstehen; **-rsi in volo** (zum Flug) starten, abfliegen ❷ (*sollevarsi*) sich erheben; (*vento*) aufkommen ❸ (*indumenti*) sich *dat* ausziehen, ablegen ❹ (*voglia*) befriedigen; (*fame, sete*) stillen; (*vizio*) sich abgewöhnen; **-rsi qu/qc dalla testa** sich jdn/etw aus dem Kopf schlagen

levare² *m* (*di sole, astro*) Aufgang *m,* Aufgehen *n*

levata [le'va:ta] *f* ❶ (*di sole, astro*) Aufgang *m,* Aufgehen *n* ❷ (*dal letto*) Aufstehen *n* ❸ (*della posta*) Leerung *f* ❹ (*di merci*) Beziehen *n,* Bezug *m;* **levataccia** [leva'tattʃa] <-cce> *f* frühes Aufstehen; **fare una** ~ sehr früh aufstehen (müssen); **levato, -a** [le'va:to] *agg* ❶ (*alzato dal letto*) auf(geblieben) ❷ (*sollevato*) aufgehoben ❸ (*salvo*) abgesehen von +*dat,* außer +*dat*

levatoio, -a [leva'to:io] <-oi, -oie> *agg* beweglich; **ponte** ~ Zugbrücke *f,* Fallbrücke *f*

levatrice [leva'tri:tʃe] *f* Hebamme *f*

levatura [leva'tu:ra] *f* Format *n,* Niveau *n*

leveraggio [leve'raddʒo] <-ggi> *m* (TEC, MOT) Hebelwerk *n,* Hebelsystem *n*

levigare [levi'ga:re] *vt* ❶ (*limare, lisciare*) glätten, polieren; (*con abrasivo*) schleifen, schmirgeln ❷ (*lappare*) läppen; **levigatezza** [leviga'tettsa] *f* Glätte *f,* Schliff *m*

levitazione [levitat'tsio:ne] *f* Levitation *f,* freies Schweben

levriere, levriero [le'vriɛ:re, le'vriɛ:ro] *m* Windhund *m,* Windspiel *n*

lezione [let'tsio:ne] *f* ❶ (*scolastica*) Unterrichtsstunde *f;* ~ **di ballo** Tanzstunde *f;* ~ **di storia** Geschichtsunterricht *m;* **assistere alla** ~ am Unterricht teilnehmen; **fare** ~ unterrichten; (*all'università*) Vorlesungen halten; **prendere/dare -i** Privatunterricht nehmen/geben ❷ (*di università*) Vorlesung *f* ❸ (*in un libro*) Lektion *f;* (*compito a casa*) Hausaufgabe *f* ❹ (*fig: ammaestramento*) Belehrung *f,* Lehre *f;* **dare a qu una** ~ jdm eine Lektion erteilen

leziosità [lettsiosi'ta] <-> *f* Affektiertheit *f,* Geziertheit *f;* **lezioso, -a** [let'tsio:so] *agg* affektiert, geziert; (*smorfioso*) zimperlich

lezzo ['leddzo] *m* ❶ (*cattivo odore*) Gestank *m* ❷ (*fig*) Schmutz *m,* Verworfenheit *f*

li [li] *pron pers* ❶ *3. pers m pl* sie ❷ *(forma di cortesia: Li)* Sie

lì [li] *avv (stato)* dort, da; *(moto)* dorthin, dahin; **essere ~ ~ per fare qc** nahe dran sein, etw zu tun; **di ~ a pochi giorni** wenige Tage später; **fin ~** bis dort(hin); **giù di ~** mehr oder weniger, ungefähr; **per (di) ~** da (hin)durch; **~ per ~** im ersten Augenblick

liana [li'a:na] *f* Liane *f*

libagione [liba'dʒo:ne] *f* ❶ *(cerimonia,* REL*)* Trankopfer *n* ❷ *(scherz)* Zecherei *f,* Trinkgelage *n*

libanesizzare [libanezid'dza:re] *vt (linguaggio giornalistico)* mit Krieg überziehen, in Unruhe versetzen; **libanizzazione** [libaniddzat'tsio:ne] *f (linguaggio giornalistico)* Kriegszustand *m,* zerrüttete Lage

libbra ['libbra] *f* Pfund *n*

libeccio [li'bettʃo] <-cci> *m* ❶ *(vento)* Südwest(wind) *m* ❷ *(sud-ovest)* Südwesten *m*

libello [li'bɛllo] *m* Schmähschrift *f,* Pamphlet *n*

libellula [li'bɛllula] *f* Libelle *f*

liberale [libe'ra:le] **I.** *agg* ❶ *(che rispetta la libertà)* freisinnig, freiheitlich gesinnt; *(generoso)* freigebig, großzügig; *(magnanimo)* großmütig ❷ (POL) liberal **II.** *m* ❶ *(chi rispetta la libertà)* freisinniger Mensch ❷ (POL) Liberale(r) *f(m);* **liberalismo** [libera'lizmo] *m* Liberalismus *m;* **liberalità** [liberali'ta] <-> *f* Großzügigkeit *f*

liberalizzare [liberalid'dza:re] *vt* liberalisieren; **liberalizzazione** [liberaliddzat'tsio:ne] *f* Liberalisierung *f;* **~ dei servizi finanziari** Liberalisierung der Finanzdienstleistungen

liberamente [libera'mente] *avv* ❶ *(con franchezza)* freimütig, frei, offen ❷ *(senza formalità)* anstandslos, ohne weiteres

liberare [libe'ra:re] **I.** *vt* ❶ *(restituire alla libertà)* befreien, freilassen; *(fig: da impiego)* entbinden ❷ *(salvare da pericolo)* retten, bewahren ❸ *(sgombrare)* abräumen, (aus)räumen; **~ l'intestino** den Darm entleeren **II.** *vr* **-rsi da** *[o* **di]** **qc** sich von etw befreien; **liberatore, -trice** [libera'to:re] **I.** *agg* befreiend, Befreiungs- **II.** *m, f* Befreier(in) *m(f);* **liberatorio, -trice** [libera'tɔ:rio] <-i, -ie> *agg* ❶ *(gener)* befreiend ❷ (FIN) Schulden tilgend; **liberatrice** *f v.* **liberatore; liberazione** [liberat'tsio:ne] *f* ❶ *(gener)* Befreiung *f,* Freilassung *f* ❷ *(fig)* Erleichterung *f*

liberismo [libe'rizmo] *m* Freihandel *m; (dottrina)* Freihandelslehre *f*

liberista [libe'rista] <-i *m,* -e *f>* **I.** *mf* ❶ *(seguace del liberismo)* Befürworter(in) *m(f)* des Freihandels ❷ (SPORT) *discesista)* Abfahrtsläufer(in) *m(f)* **II.** *agg (che riguarda il liberalismo)* Freihandels-; **principi -i** Grundsätze des Freihandels

libero, -a ['li:bero] *agg* frei; **~ arbitrio** Willensfreiheit *f;* **mercato ~** freier Markt; **è ~ di ... +**inf*es steht Ihnen frei zu ...

libertà [liber'ta] <-> *f* Freiheit *f;* **~ di parola** Redefreiheit *f;* **~ di scelta** freie Wahl; **~ vigilata** Entlassung *f* auf Bewährung; **giorno di ~** freier Tag; **mettere in ~** freilassen; **prendersi la ~ di fare qc** sich *dat* die Freiheit (heraus)nehmen, etw zu tun

liberta *f v.* **liberto**

libertario, -a [liber'ta:rio] <-i, -ie> **I.** *agg* anarchistisch, libertär **II.** *m, f* libertärer Mensch; **liberticida** [liberti'tʃi:da] <-i *m,* -e *f>* *agg* freiheitsfeindlich, freiheitsgefährdend

libertinaggio [liberti'naddʒo] <-ggi> *m* Zügellosigkeit *f,* Ausschweifung *f; (religioso, morale)* Libertinage *f geh;* **libertino, -a** [liber'ti:no] **I.** *agg* frei denkend; *(sessualmente)* zügellos, ausschweifend **II.** *m, f* Libertin *m,* Freigeist *m; (sessualmente)* Wüstling *m*

liberto, -a [li'bɛrto] *m, f* (HIST) Freigelassene(r) *f(m)*

liberty ['li:berti] *m* Jugendstil *m*

libidine [li'bi:dine] *f* ❶ *(lascivia)* Lüsternheit *f,* Geilheit *f;* **che ~ ragazzi!** *(fam)* echt geil! ❷ *(fig)* Begierde *f,* Sucht *f;* **libidinoso, -a** [libidi'no:so] *agg* lüstern, geil; **libido** [li'bi:do] <-> *f* Libido *f*

libraio, -a [li'bra:io] <-ai, -aie> *m, f* Buchhändler(in) *m(f)*

librario, -a [li'bra:rio] <-i, -ie> *agg* Buch-, Bücher-

librarsi [li'brarsi] *vr* schweben; *(equilibrarsi)* balancieren; **librato, -a** [li'bra:to] *agg* schwebend, gleitend; **volo ~** Gleitflug *m;* **libratore** [libra'to:re] *m* Gleitflugzeug *n,* Gleiter *m*

libreria [libre'ri:a] <-ie> *f* ❶ *(negozio)* Buchhandlung *f,* Buchladen *m* ❷ *(mobile)* Bücherschrank *m,* Bücherregal *n; (fig)* Schrankwand *f*

libresco, -a [li'bresko] <-schi, -sche> *agg (pej)* Buch-, Bücher-; **cultura -a** Bücherweisheit *f,* Buchwissen *n*

librettista [libret'tista] <-i *m,* -e *f>* *mf* Librettist(in) *m(f);* **libretto** [li'bretto] *m* ❶ *(piccolo libro)* Büchlein *n,* kleines Buch; *(per appunti)* Notizbuch *n,* Notizblock *m;* **~ di assegni** Scheckheft *n,* Scheckbuch *n;* **~ di risparmio** Sparbuch *n* ❷ (MUS) Libret-

to *n,* Textbuch *n* ❸(*documento*) Ausweis *m,* Papier *n;* ~ **di circolazione** Fahrzeugschein *m;* ~ **personale** (MIL) Wehrpass *m;* ~ **universitario** Studienbuch *n*
libro ['li:bro] *m* Buch *n;* ~ **di cucina** Kochbuch *n;* ~ **di testo** Schulbuch *n,* Lehrbuch *n;* ~ **illustrato** Bilderbuch *n;* ~ **mastro** (COM) Hauptbuch *n;* ~ **nero** schwarze Liste; (JUR) Strafregister *n;* **Libro Verde** (EU) Grünbuch *n*
Libro Verde <-> *m* (*Unione europea*) Grünbuch *n*
licantropo [li'kantropo] *m* Werwolf *m,* Wolfsmensch *m*
liceale [litʃe'a:le] I. *agg* ≈ gymnasial, Gymnasial- II. *mf* Schüler(in) *m(f)* eines liceo
liceità [litʃei'ta] <-> *f* Zulässigkeit *f*
licenza [li'tʃɛntsa] *f* ❶(*autorizzazione*) Erlaubnis *f,* Genehmigung *f;* ~ **di caccia** Jagdschein *m;* ~ **di esercizio** Gewerbeschein *m;* ~ **di porto d'armi** Waffenschein *m* ❷(MIL: *congedo*) Urlaub *m,* Urlaubsschein *m;* ~ **di convalescenza** (MIL) Erholungs-, Genesungsurlaub *m* ❸(*abuso*) Freiheit *f;* ~ **poetica** dichterische Freiheit; **prendersi troppe -e** sich *dat* zu viele Freiheiten herausnehmen ❹(*attestato*) Abgangszeugnis *n;* ~ **elementare** Grundschulabgangszeugnis *n* ❺(*patente*) Lizenz *f,* Patent *n;* (SPORT, COM, ADM) Lizenz *f;* **su ~ tedesca** in deutscher Lizenz
licenziabile [litʃen'tsia:bile] *agg* kündbar; **licenziabilità** [litʃentsiabili'ta] <-> *f* Kündbarkeit *f;* **licenziamento** [litʃentsia'mento] *m* Entlassung *f,* Kündigung *f;* ~ **per giusta causa** gerechtfertigte Kündigung; **licenziare** [litʃen'tsia:re] I. *vt* ❶(*impiegato*) entlassen ❷(*ospiti*) verabschieden II. *vr* **-rsi** ❶(*da un impiego*) kündigen ❷(*per commiato*) sich verabschieden
licenziosità [litʃentsiosi'ta] <-> *f* Zügellosigkeit *f,* Liederlichkeit *f;* **licenzioso, -a** [litʃen'tsio:so] *agg* zügellos, liederlich
liceo [li'tʃɛ:o] *m* Schule für die letzten fünf Jahre vor dem Abitur; ~ **classico** humanistische Schule für die letzten drei Jahre vor dem Abitur
lichene [li'kɛ:ne] *m* Flechte *f*
licitare [litʃi'ta:re] *vi* bieten; **licitazione** [litʃitat'tsio:ne] *f* ❶(*asta*) Versteigerung *f,* Versteigern *n* ❷(*offerta*) Gebot *n*
lido ['li:do] *m* ❶(*spiaggia*) (Sand)strand *m;* (*Venezia*) Lido *m* ❷(*poet*) Gestade *n*
Liechtenstein ['lıçtənʃtain] *m* **il** ~ Liechtenstein *n*
lieto, -a ['liɛ:to] *agg* ❶(*persone*) froh, glücklich; **sono ~ di conoscerLa** (ich bin)

sehr erfreut (, Sie kennen zu lernen) ❷(*eventi*) freudig, froh
lieve ['liɛ:ve] *agg* ❶(*poco pesante*) leicht ❷(*debole*) geringfügig, leicht; (*delicato*) leise, sanft
lievitare [lievi'ta:re] *vi essere* ❶(*pasta*) aufgehen ❷(*fig: prezzi*) ansteigen, in die Höhe klettern; **lievitazione** [lievitat'tsio:ne] *f* ❶(*di pasta*) Gärung *f,* Aufgehen *n* ❷(*fig: dei prezzi*) Ansteigen *n*
lievitista [lievi'tista] <-i *m,* -e *f*> *mf* (GASTR) Hefebäcker(in) *m(f)*
lievito ['liɛ:vito] *m* (BIOL) Hefe *f,* Germ *m A;* ~ **di birra** Bierhefe *f;* ~ **in polvere** Trockenhefe *f*
lift [lift] <-> *m* Liftboy *m,* Fahrstuhlführer *m*
liftback [lift'bæk] I. <inv> *agg* (MOT) mit Heckklappe II. <-> *m* (MOT: *station wagon*) Kombi *m*
lifting ['lifting] <-> *m* Liften *n;* ~ **facciale** Gesichtsstraffung *f,* Facelifting *n*
light ['lait] <inv> *agg* ❶(*leggero*) light, leicht ❷(SPORT: *categoria di pugili*) Leichtgewichts-
light pen ['lait pɛn] <- *o* light pens> *f* (INFORM) Leuchtstift *m*
ligio, -a ['li:dʒo] <-gi, -gie> *agg* treu, untertan; ~ **al dovere** pflichteifrig, pflichttreu
lignaggio [liŋ'naddʒo] <-ggi> *m* (*poet*) Abstammung *f,* Herkunft *f*
ligneo, -a ['liŋneo] <-ei, -ee> *agg* hölzern, aus Holz
lignite [liŋ'ni:te] *f* Lignit *m,* Braunkohle *f*
ligure[1] [li'gu:re] <*sing*> *m* (*dialetto*) ligurischer Dialekt
Ligure <*gener al pb*> *m* (HIST) Ligurer *mpl*
ligure[2] I. *mf* (*abitante*) Ligurer(in) *m(f)* II. *agg* ligurisch
Liguria [li'gu:ria] <*sing*> *f* Ligurien *n*
lilla, lillà ['lilla, lil'la] I. <inv> *agg* lila, fliederfarben II. <-> *m* ❶(*colore*) Lila *n,* Fliederfarbe *f* ❷(BOT) Flieder *m*
lillipuziano, -a [lilliput'tsia:no] I. *agg* Liliputaner- II. *m, f* Liliputaner(in) *m(f)*
lima ['li:ma] *f* Feile *f*
limaccioso, -a [limat'tʃo:so] *agg* schlammig, trüb
limare [li'ma:re] I. *vt* ❶(*sbarre*) feilen ❷(*fig: romanzo*) (stilistisch) überarbeiten, ausfeilen II. *vr* **-rsi le unghie** sich *dat* die Nägel feilen; **limatura** [lima'tu:ra] *f* ❶(*lavorazione*) Feilen *n* ❷(*particelle*) Feilstaub *m,* Feilspäne *mpl*
limbo ['limbo] *m* Vorhölle *f,* Limbus *m*
lime [laim] *m* Limette *f*
limetta [li'metta] *f* Nagelfeile *f*
liming ['limiŋ] <-> *m* (GEOL, AGR) Kalkung *f*
limitare[1] [limi'ta:re] *m* ❶(*soglia*)

(Tür)schwelle *f* ❷ (*fig*) Schwelle *f*

limitare[2] **I.** *vt* ❶ (*confinare*) ein-, begrenzen ❷ (*restringere*) ein-, beschränken **II.** *vr* **-rsi** (**in qc**) sich (in etw *dat*) einschränken; **-rsi a qc** sich auf etw *acc* beschränken

limitativo, -a [limita'ti:vo] *agg* ein-, beschränkend; **limitato, -a** [limi'ta:to] *agg* ❶ (*scarso*) beschränkt, begrenzt ❷ (*modesto*) bescheiden, mäßig; **limitazione** [limitat'tsio:ne] *f* Beschränkung *f*, Begrenzung *f*

limite ['li:mite] *m* (*a fig*) Grenze *f*; **caso ~** Grenzfall *m*; **-i di età** Altersgrenze *f*; **~ di velocità** Geschwindigkeitsbegrenzung *f*; **al ~** letzten Endes, im Endeffekt; **fuori ~** (SPORT) im Aus, außerhalb des Spielfeldes; **nei -i del possibile** im Rahmen des Möglichen; **essere al ~ del minimo esistenziale** am Rand des Existenzminimums sein

limitrofo, -a [li'mi:trofo] *agg* angrenzend, Grenz-

limo ['li:mo] *m* Schlamm *m*, Schlick *m*

limonare [limo'na:re] *vi* (*fam*) schmusen, rummachen *fam*

limonata [limo'na:ta] *f* (Zitronen)limonade *f*; **limone** [li'mo:ne] *m* ❶ (*frutto*) Zitrone *f* ❷ (*pianta*) Zitronenbaum *m* ❸ (*colore*) Zitronengelb *n*

limoso, -a [li'mo:so] *agg* schlammig

limpidezza [limpi'dettsa] *f* Klarheit *f*, Durchsichtigkeit *f*; **limpido, -a** ['limpido] *agg* ❶ (*trasparente*) klar, durchsichtig ❷ (*fig*) klar, rein

lince ['lintʃe] *f* Luchs *m*

linciaggio [lin'tʃaddʒo] <-ggi> *m* Lynchjustiz *f*, Lynchen *n*; **~ morale** Rufmord *m*; **linciare** [lin'tʃa:re] *vt* lynchen

lindo, -a ['lindo] *agg* ❶ (*pulito*) reinlich, sauber; (*accurato*) ordentlich ❷ (*fig: abbigliamento*) gepflegt, fesch *A*

linea ['li:nea] *f* ❶ (*segno*) Linie *f*, Strich *m*; (TYP) Zeile *f*; **a grandi -e** in groben Zügen ❷ (*di abito*) Schnitt *m*, Modell *n* ❸ (*su strumenti di misura*) Teilstrich *m* ❹ (TEL, EL) Leitung *f*; **restare in ~** (TEL) am Apparat bleiben ❺ (AERO, FERR, NAUT, MOT) Linie *f*

lineamenti [linea'menti] *mpl* ❶ (*fisionomia*) (Gesichts)züge *mpl* ❷ (*fig*) Grundzüge *mpl*

lineare [line'a:re] *agg* ❶ (*come una linea*) linienartig, linear, Linear- ❷ (*fig*) geradlinig, klar; **linearità** [lineari'ta] <-> *f* (*di condotta*) Geradheit *f*, Aufrichtigkeit *f*; (*di discorso*) Geradlinigkeit *f*, Klarheit *f*; **lineatura** [linea'tu:ra] *f* Lineatur *f*, Lini(i)erung *f*

lineetta [line'etta] *f* (*trattino*) Binde-

strich *m*, Gedankenstrich *m*; (TYP) (kleiner) Strich *m*; (MAT) Minuszeichen *n*

linfa ['linfa] *f* ❶ (ANAT) Lymphe *f*; (BOT) Pflanzensaft *m*; **~ vitale** Lebenselixier *n*, Energiequelle *f* ❷ (*fig*) Inspiration *f*, Eingebung *f*; **linfatico, -a** [lin'fa:tiko] <-ci, -che> *I. agg* lymphatisch, Lymph- **II.** *m, f* an Lymphatismus Erkrankte(r) *f(m)*; **linfatismo** [linfa'tizmo] *m* Lymphatismus *m*

lingotto [lin'gɔtto] *m* ❶ (*massello*) Barren *m* ❷ (TYP) Reglette *f*

lingua ['lingua] *f* ❶ (ANAT) Zunge *f*; **mala ~** böse Zunge; **avere la ~ lunga** (*fig*) eine lose Zunge haben; **avere la ~ sciolta** ein flinkes Mundwerk haben; **avere qc sulla punta della ~** (*fig*) etw auf der Zunge (liegen) haben; **mordersi la ~** (*fig*) sich *dat* auf die Zunge beißen ❷ (*linguaggio*) Sprache *f*; **di ~ tedesca** deutschsprachig; **~ parlata** gesprochene Sprache, Umgangssprache *f*; **studiare -e** Sprachen studieren ❸ (*striscia*) länglicher Streifen, Zunge *f*; **~ di terra** Landzunge *f*; **linguaccia** [lin'guattʃa] <-cce> *f* ❶ (MED) belegte Zunge ❷ (*fig*) böse Zunge, Lästermaul *n*; **linguacciuto, -a** [linguat'tʃu:to] **I.** *agg* klatschsüchtig, klatschhaft **II.** *m, f* Lästermaul *n fam*; (*pettegolo*) Klatschmaul *n fam*; **linguaggio** [lin'guaddʒo] <-ggi> *m* Sprache *f*; **~ simbolico** (INFORM) Symbolsprache *f*; **~ tecnico** Fachsprache *f*; **~ di programmazione** (INFORM) Programmiersprache *f*; **linguella** [lin'guɛlla] *f* gummiertes Papier; **linguetta** [lin'guetta] *f* ❶ (*piccola lingua*) kleine Zunge, Zünglein *n* ❷ (*delle buste*) Klappe *f*; (*delle scarpe*) Zunge *f*, Lasche *f* ❸ (MUS) Zunge *f*, Rohrblatt *n* ❹ (TEC) Feder *f*

linguista [lin'guista] <-i *m*, -e *f*> *mf* Linguist(in) *m(f)*, Sprachwissenschaftler(in) *m(f)*; **linguistica** [lin'guistika] <-che> *f* Linguistik *f*, Sprachwissenschaft *f*; **~ computazionale** Computerlinguistik *f*; **linguistico, -a** [lin'guistiko] <-ci, -che> *agg* ❶ (*della lingua*) sprachlich, Sprach(en)- ❷ (*della linguistica*) linguistisch, sprachwissenschaftlich

linificio [lini'fi:tʃo] <-ci> *m* Leinenweberei *f*

linimento [lini'mento] *m* Einreibemittel *n*

link [link] <- *o* links> *m* ❶ (INFORM) Link *m*, Hyperlink *m* ❷ (TEC) Linkkopplung *f*

lino ['li:no] *m* ❶ (*pianta*) Flachs *m*, Lein *m* ❷ (*tessuto*) Leinen *n*

linoleum [li'nɔːleum] <-> *m* Linoleum *n*

linotipia [linoti'pi:a] <-ie> *f* ❶ (*composizione*) Linotypesatz *m*, Zeilensatz *m* ❷ (*locale*) Zeilensetzerei *f*; **linotype®** ['laino-

taip *o* lino'taip] <-> *f* Linotype-Setzmaschine *f*

Linz [lɪnts] *f* Linz *n*

liofilizzare [liofilid'dza:re] *vt* gefriertrocknen; **liofilizzato** [liofilid'dza:to] *m* gefriergetrocknetes Produkt; **liofilizzato, -a** *agg* gefriergetrocknet; **caffè** ~ gefriergetrockneter Kaffee; **liofilizzazione** [liofiliddzat'tsio:ne] *f* Gefriertrocknung *f*, Liophylisation *f*; **prodotti sottoposti a** ~ gefriergetrocknete Produkte *npl*

lipide [li'pi:de] *m* Fett *n*, Lipid *n*

lipizzano [lipit'tsa:no] *m* Lipizzaner *m*

lipoaspirazione [lipoaspirat'tsio:ne] *f* (MED) Fettabsaugung *f*

lipoma [li'po:ma] <-i> *m* (MED) Lipom(a) *n*

liposolubile [liposo'lu:bile] *agg* fettlöslich

liposuzione [liposut'tsio:ne] *f v.* **lipoaspirazione**

Lipsia ['lipsia] *f* Leipzig *n*

lipstick ['lipstik] <- *o* lipsticks> *m* Lippenstift *m*

LIPU *f acro di* **Lega Italiana per la Protezione degli Uccelli** *italienischer Vogelschutzbund*

liquame [li'kua:me] *m* Jauche *f*

liquefare [likue'fa:re] <irr> **I.** *vt* ❶ (*gas*) verflüssigen, flüssig machen ❷ (*metalli*) zum Schmelzen bringen, schmelzen ❸ (*neve*) zergehen lassen, schmelzen **II.** *vr* **-rsi** ❶ (*gas*) sich verflüssigen, flüssig werden ❷ (*metalli, ghiaccio*) schmelzen; **liquefazione** [likuefat'tsio:ne] *f* Verflüssigung *f*

liquefeci *1. pers sing pass rem di* **liquefare**

liquidare [likui'da:re] *vt* ❶ (*conto*) bezahlen, begleichen; (*somma*) auszahlen ❷ (*persone*) auszahlen ❸ (*svendere*) ausverkaufen; (*azienda*) auflösen ❹ (*affare*) abwickeln, erledigen ❺ (*fig: impiegato*) entlassen; (*avversario*) beseitigen; (*uccidere*) liquidieren; **liquidatore, -trice** [likuida'to:re] *m, f* Liquidator(in) *m(f)*, Abwickler(in) *m(f)*; **liquidazione** [likuidat'tsio:ne] *f* ❶ (*di un'azienda*) Geschäftsauflösung *f* ❷ (*somma liquidata*) Abfindung *f* ❸ (*della pensione*) Auszahlung *f* ❹ (*svendita*) Ausverkauf *m*; ~ **di fine stagione** (Saison)ausverkauf *m*, (Saison)schlussverkauf *m*

liquidità [likuidi'ta] <-> *f* ❶ (PHYS) Flüssigkeit *f* ❷ (FIN) Liquidität *f*

liquido ['li:kuido] *m* ❶ (PHYS) Flüssigkeit *f*; ~ **amniotico** Fruchtwasser *n*; ~ **per freni** Bremsflüssigkeit *f*; ~ **refrigerante** Kältemittel *n* ❷ (FIN) Bargeld *n*

liquido, -a *agg* ❶ (PHYS) flüssig ❷ (FIN) liquid(e), zahlungsfähig; **denaro** ~ Bargeld *n*

liquirizia [likui'rittsia] <-ie> *f* ❶ (BOT) Süßholz *n* ❷ (GASTR) Lakritze *f*

liquore [li'kuo:re] *m* Likör *m;* **negozio di -i** Spirituosengeschäft *n;* **liquoroso, -a** [likuo'ro:so] *agg* likörartig, Likör-

lira ['li:ra] *f* ❶ (*moneta*) Lira *f;* **non avere una** ~ keinen Pfennig haben ❷ (MUS) Leier *f*, Lyra *f* ❸ (*uccello* ~) Leierschwanz *m*

lirica ['li:rika] <-che> *f* ❶ (LIT) Lyrik *f*, Poesie *f* ❷ (MUS) Opernmusik *f*, Komposition *f* für Gesang; **liricità** [liritʃi'ta] <-> *f* lyrischer Charakter, Poesie *f*; **lirico, -a** ['li:riko] <-ci, -che> **I.** *agg* ❶ (LIT) lyrisch ❷ (*fig*) lyrisch, gefühlvoll ❸ (MUS) Opern-; **cantante -a** Opernsängerin *f;* **stagione -a** (Theater)spielzeit *f* **II.** *m, f* Lyriker(in) *m(f)*

Lisbona [liz'bo:na] *f* Lissabon *n*

lisca ['liska] <-sche> *f* (Fisch)gräte *f*

lisciamento [liʃʃa'mento] *m* ❶ (*levigazione*) Glätten *n*, Glattstreichen *n* ❷ (*fig: adulazione*) Schmeichelei *f*

lisciare [liʃʃa:re] **I.** *vt* ❶ (*levigare*) glätten; (*marmo, legno*) polieren ❷ (*capelli, barba*) (glatt) streichen; **-rsi i capelli** sich die Haare glatt streichen ❸ (*animali*) streicheln ❹ (*fig: adulare*) ~ **qu** jdm schmeicheln ❺ (*opera*) verschönern, ausschmücken **II.** *vr* **-rsi** ❶ (*persone*) sich herausputzen, sich schniegeln ❷ (*animali*) sich putzen

liscio ['liʃʃo] *m* ❶ (*ballo*) Gesellschaftstanz *m* ❷ (SPORT) Fehlschuss *m*, Fehlstoß *m*

liscio, -a <-sci, -sce> *agg* ❶ (*levigato*) glatt, eben; (*capelli*) glatt ❷ (*fig*) glatt, einfach, ohne Komplikationen; **va tutto** ~ es läuft alles glatt; **passarla -a** mit heiler Haut davonkommen ❸ (GASTR: *caffè*) ohne Milch, ohne Schnaps; (*bevanda alcolica*) ohne Selterswasser, pur

lisciva [liʃʃi:va] *f* (Aschen)lauge *f*; **liscivia** [liʃʃi:via] <-ie> *f* (Aschen)lauge *f*

liseuse [li'zø:z] <-> *f* Bettjacke *f*, Bettjäckchen *n*

liso, -a ['li:zo] *agg* abgenutzt, abgetragen

lista ['lista] *f* ❶ (*striscia*) Streifen *m* ❷ (*elenco*) Liste *f*, Verzeichnis *n* ❸ (*menu*) Speisekarte *f;* ~ **dei vini** Weinkarte *f;* **listare** [lis'ta:re] *vt* einfassen, umranden; **listello** [lis'tɛllo] *m* (Zier)leiste *f*

listing ['listiŋ] <-> *m* ❶ (*elenco*) Listenschreibung *f* ❷ (INFORM) Listing *n*

listino [lis'ti:no] *m* Liste *f*, Verzeichnis *n;* ~ **dei prezzi** Preisliste *f*

litania [lita'ni:a] <-ie> *f* (*a fig*) Litanei *f*

litantrace [litan'tra:tʃe] *m* Steinkohle *f*

lite ['li:te] *f* ❶ (*litigio*) Streit *m*, Zank *m* ❷ (JUR) Rechtsstreit *m*, Prozess *m*

litigante [liti'gante] *mf* Streitende(r) *f(m);* **fra i due -i il terzo gode** (*prov*) wenn zwei sich streiten, freut sich der Dritte

litigare [liti'ga:re] *vi* (sich) streiten

litigio [li'ti:dʒo] <-gi> *m* Streit *m*, Zank *m*; **litigiosità** [litidʒosi'ta] <-> *f* Streitsucht *f*, Zanksucht *f*; **litigioso, -a** [litid'ʒo:so] *agg* streitsüchtig, zanksüchtig

litografare [litogra'fa:re] *vt* lithographieren; **litografia** [litogra'fi:a] *f* ❶ (*arte, opera*) Lithographie *f* ❷ (*stabilimento*) Steindruckerei *f*; **litografico, -a** [lito'gra:fiko] <-ci, -che> *agg* lithographisch; **litografo** [li'tɔ:grafo] *m* Lithograph *m*

litologia [litolo'dʒi:a] <-gie> *f* Gesteinskunde *f*

litorale [lito'ra:le] I. *agg* Küsten-, Strand- II. *m* Küste *f*, Küstenstreifen *m*

litoranea [lito'ra:nea] *f* Küstenstraße *f*

litoraneo, -a [lito'ra:neo] *agg* Küsten-

litote [li'to:te] *f* (LING: *figura retorica*) Litotes *f*

litro ['li:tro] *m* Liter *m* o *n*

littore [lit'to:re] *m* Liktor *m*

littorina [litto'ri:na] *f* Triebwagen *m* (mit Dieselmotor)

littorio, -a [lit'tɔ:rio] <-i, -ie> *agg* ❶ (HIST) Liktoren- ❷ (*fascista*) Faschisten-, faschistisch

Lituania [litu'a:nia] *f* Litauen *n*

liturgia [litur'dʒi:a] <-gie> *f* Liturgie *f*; **liturgico, -a** [li'turdʒiko] <-ci, -che> *agg* liturgisch

liutista [liu'tista] <-i *m*, -e *f*> *mf* Lautenspieler(in) *m(f)*; **liuto** [li'u:to] *m* Laute *f*

livella [li'vɛlla] *f* Wasserwaage *f*; **livellamento** [livella'mento] *m* ❶ (TEC) Einebnung *f*, Planierung *f* ❷ (*fig*) Angleichen *n*, Ausgleichen *n*; **livellare** [livel'la:re] *vt* ❶ (TEC) (ein)ebnen, planieren ❷ (*fig*) ausgleichen, angleichen; (*persone*) gleich machen, gleich stellen; (*differenze*) nivellieren; **livellatore, -trice** [livella'to:re] I. *agg* ausgleichend II. *m*, *f* ❶ (TEC) Planierer(in) *m(f)* ❷ (*fig*) Gleichmacher(in) *m(f)*; **livellatrice** [livella'tri:tʃe] *f* Planierraupe *f*; **livellazione** [livellat'tsio:ne] *f* Nivellierung *f*

livello [li'vɛllo] *m* ❶ (*altezza*) Höhe *f*, Niveau *n*; (*del mare*) Spiegel *m*, Stand *m*; **differenza di ~** Höhenunterschied *m* ❷ (*fig*) Niveau *n*, Stand *m*; (*condizione sociale*) Rang *m*, Stand *m*; **~ dei prezzi** Preisniveau *n*; **~ di sussistenza** Existenzminimum *n*; **ad alto ~** auf höherer Ebene

livido ['li:vido] *m* blauer Fleck *m*

livido, -a *agg* bläulich, blassblau

lividura [livi'du:ra] *f v.* **livido** II

living-room ['liviŋru:m] <- o living-rooms> *m* (*soggiorno*) Wohnzimmer *n*

livore [li'vo:re] *m* Missgunst *f*, (blasser) Neid *m*

livornese [livor'ne:se] I. *mf* (*abitante*) Einwohner(in) *m(f)* Livornos, Livorneser(in) *m(f)* II. *agg* livornesisch; **triglie alla ~** Meerbarbe auf livornesische Art

Livornese <*sing*> *m* Provinz *f* Livorno

Livorno [li'vɔ:rno] <*sing*> *f* Livorno *n* (*Stadt in der Toskana*)

livrea [li'vrɛ:a] *f* Livree *f*

lizza ['littsa] *f* Wettkampf *m*, Streit *m*; **scendere in ~** in die Schranken treten

lo [lo] I. *art det m sing davanti a s impura, gn, pn, ps, x, z* der *m*, die *f*, das *n* II. *pron pers 3. pers sing* ihn, es

load ['loud] <-> *m* (INFORM) Laden *n*; **loading** ['loudiŋ] <-> *m* (INFORM) Laden *n*

lobato, -a [lo'ba:to] *agg* lappig, gelappt

lobbismo [lɔb'bizmo] *m* Lobbyismus *m*; **lobbista** [lɔb'bista] <-i *m*, -e *f*> *mf* Lobbyist(in) *m(f)*; **lobbistico, -a** [lɔb'bisti-ko] <-ci, -che> *agg* Lobby-; **sistema ~** Lobbyismus *m*; **politica -a** lobbyistische Interessenpolitik; **lobby** ['lɔbi] <- o lobbies> *f* Lobby *f*; **lobbying** ['lɔbiiŋ] <-> *m* (*lobbismo*) Lobbyismus *m*

lobo ['lɔ:bo] *m* (ANAT) Lappen *m* (eines Organs), Lobus *m*; **~ dell'orecchio** Ohrläppchen *n*; **~ polmonare** Lungenflügel *m*

locale [lo'ka:le] I. *agg* ❶ (*di luogo*) örtlich, Orts-; (*di un determinato luogo*) einheimisch; (*persone*) ortsansässig ❷ (*caratteristico del luogo*) ortsüblich, örtlich ❸ (MED) örtlich, Lokal- II. *m* ❶ (*stanza*) Raum *m*, Räumlichkeit *f* ❷ (*luogo pubblico*) Lokal *n*; **~ notturno** Nachtlokal *n*; **localino** [loka'li:no] *m* ❶ *dim di* **locale** kleiner Raum ❷ (*appartamento, stanza*) Bude *f* ❸ (*ambiente pubblico di ritrovo*) (kleine) Kneipe, Beisel *nf A*; **localista** [loka'lista] <-i *m*, -e *f*> I. *mf* ❶ (POL) Regionalist(in) *m(f)* ❷ (LING: *sostenitore del localismo*) Befürworter(in) *m(f)* des Lokalismus II. *agg* (POL) regional; **politica ~** regionale Strukturpolitik

località [lokali'ta] <-> *f* Ort *m*, Örtlichkeit *f*

localizzabile [lokalid'dza:bile] *agg* lokalisierbar; **localizzare** [lokalid'dza:re] *vt* lokalisieren, örtlich festlegen; (NAUT, AERO) orten; (*circoscrivere*) eingrenzen, eindämmen; **localizzazione** [lokaliddzat'tsio:ne] *f* Lokalisierung *f*; (NAUT, AERO) Ortung *f*

locanda [lo'kanda] *f* Gasthaus *n*, Gastwirtschaft *f*; **locandiere, -a** [lokan'diɛ:re] *m*, *f* Wirt(in) *m(f)*, Gastwirt(in) *m(f)*

locandina [lokan'di:na] *f* Reklamezettel *m*

locare [lo'ka:re] *vt* (JUR: *fabbricati*) vermieten; (*terreni*) verpachten; **locatario, -a** [loka'ta:rio] <-i, -ie> *m, f* (*di casa*) Mieter(in) *m(f)*; (*di terreno*) Pächter(in) *m(f)*

location [lou'keifən] <- *o* locations> *f* ❶ (FILM, PHOTO: *set esterno*) Drehort *m* ❷ (HIST: *riserva per i neri in Sudafrica*) Schwarzengetto *n*

locativo [loka'ti:vo] *m* (LING) Lokativ *m*, Ortsfall *m*

locativo, -a *agg* Miets-, Pacht-

locatore, -trice [loka'to:re] *m, f* Vermieter(in) *m(f)*; (*di terreno*) Verpächter(in) *m(f)*; **locazione** [lokat'tsio:ne] *f* ❶ (*da parte del locatore*) Vermietung *f*; (*di terreni*) Verpachtung *f* ❷ (*da parte del locatario*) Miete *f*, Pacht *f*; **dare in ~** vermieten; (*terreni*) verpachten

loc. cit. *abbr di* **loco citato** loc. cit., a.a.O. (*am angegebenen Ort*)

loco ['lɔːko] *m* **in alto ~** an höchster Stelle

locomotiva [lokomo'ti:va] *f* Lokomotive *f*; **locomotore** [lokomo'to:re] *m* Elektrolokomotive *f*, E-Lok *f*; **locomotorio, -a** [lokomo'tɔːrio] <-i, -ie> *agg* lokomotorisch, Fortbewegungs-; **locomotrice** [lokomo'tri:tʃe] *f* (Elektro)triebwagen *m*; **locomozione** [lokomot'tsio:ne] *f* ❶ (*facoltà propria*) Fortbewegung *f*, Sichfortbewegen *n* ❷ (*mediante veicolo*) Transport *m*, Beförderung *f*; **mezzo di ~** Beförderungsmittel *n*

loculo ['lɔːkulo] *m* Grabnische *f*

locusta [lo'ku:sta] *f* ❶ (ZOO) (Wander)heuschrecke *f* ❷ (*fig*) Blutsauger *m*, Schmarotzer *m*

locuzione [lokut'tsio:ne] *f* Redewendung *f*, Redensart *f*

lodabile [lo'da:bile] *agg* löblich, lobenswert

lodare [lo'da:re] **I.** *vt* ❶ (*dar lodi*) loben, anerkennen ❷ (*dichiararsi soddisfatto*) billigen, gutheißen ❸ (*celebrare*) preisen, rühmen; **sia lodato il cielo!** dem Himmel sei Dank!, Gott sei Dank! **II.** *vr* **-rsi** sich (selbst) loben; **chi si loda s'imbroda** (*prov*) Eigenlob stinkt; **lodatore, -trice** [loda'to:re] *m, f* Lobredner(in) *m(f)*, Schmeichler(in) *m(f)*

lode ['lɔːde] *f* ❶ (*elogio*) Lob *n*, Anerkennung *f*; **a** [*o* **in**] **~ di** zu Ehren von ❷ (*voto*) Auszeichnung *f* ❸ (*contemplazione*) Lobpreisung *f*

loden ['lo:dən] <-> *m* ❶ (*panno*) Loden *m* ❷ (*cappotto*) Lodenmantel *m*

lodevole [lo'de:vole] *agg* ❶ (*meritevole di lode*) löblich, lobenswert ❷ (*voto scolastico*) ausgezeichnet, sehr gut

lodo ['lɔːdo] *m* Schiedsspruch *m*

logaritmico, -a [loga'ritmiko] <-ci, -che> *agg* logarithmisch, Logarithmen-; **logaritmo** [loga'ritmo] *m* Logarithmus *m*

loggia ['lɔddʒa] <-gge> *f* ❶ (ARCH) Loggia *f*, Säulen(vor)halle *f* ❷ (*di massoneria*) Loge *f*; **loggiato** [lɔd'dʒa:to] *m* Loggia *f*, Arkade *f*; **loggione** [lɔd'dʒo:ne] *m* Galerie *f*; **loggionista** [lɔddʒo'nista] <-i *m*, -e *f*> *mf* Zuschauer(in) *m(f)* in der Galerie

logica ['lɔːdʒika] <-che> *f* Logik *f*; **a filo di ~** logisch, folgerichtig; **a rigor di ~** streng genommen; **logicità** [lodʒitʃi'ta] <-> *f* Logizität *f*, Folgerichtigkeit *f*; **logico, -a** ['lɔːdʒiko] <-ci, -che> *agg* ❶ (*conforme alla logica*) logisch, folgerichtig ❷ (*naturale*) natürlich, selbstverständlich

login [log'ɪn] <-> *f* (INFORM) Login *n*; **fare il ~** sich einloggen

logistica [lo'dʒistika] <-che> *f* Logistik *f*; **logistic manager** [lou'dʒistik 'mænidʒə] <- *o* logistic managers> *m* (COM) Logistic Manager(in) *m(f)*; **logistico, -a** [lo'dʒistiko] <-ci, -che> *agg* logistisch

loglio ['lɔʎʎo] <-gli> *m* Lolch *m*; **separare il grano dal ~** (*fig*) die Spreu vom Weizen trennen

logo ['logo] <-> *m* Logo *n*; **~ per cellulare** Handylogo *n*

logoff [log'ɔf] <-> *f* (INFORM) Logoff *n*

logogrifo [logo'gri:fo] *m* Buchstaben-, Silbenrätsel *n*

logomachia [logoma'ki:a] <-chie> *f* (*poet*) Wortgefecht *n*

logopedista [logope'dista] <-i *m*, -e *f*> *mf* (MED) Logopäde, -pädin *m, f*

logoramento [logora'mento] *m* Abnutzung *f*, Verschleiß *m*

logorante [logo'rante] *agg* aufreibend, zermürbend

logorare [logo'ra:re] **I.** *vt* abnutzen, verschleißen; (*vestiti*) abtragen; (*salute*) ruinieren **II.** *vr* **-rsi** ❶ (*consumarsi*) sich abnutzen; **-rsi la vista** sich die Augen verderben ❷ (*fig*) sich aufreiben, sich zugrunde richten; **logorio** [logo'ri:o] <-ii> *m* ❶ (*logoramento*) (kontinuierliche) Abnutzung *f* ❷ (*fig*) Zermürbung *f*, Zerrüttung *f*; **logoro, -a** ['lo:goro] *agg* abgenutzt, verbraucht; (*vestito*) abgetragen

logorrea [logor're:a] *f* ❶ (MED) Logorrhö(e) *f* ❷ (*fig, scherz*) krankhafte Geschwätzigkeit

logoterapeuta [logotera'pɛːuta] *mf* (MED) *v.* **logopedista**; **logoterapia** [logotera'pi:a] *f* (PSYCH) Gesprächstherapie *f*; **logoterapista** [logotera'pista] <-i *m*, -e *f*> *mf* (MED) *v.* **logopedista**

lolla ['lɔlla] *f* Streu *f*

lombaggine [lom'baddʒine] *f* Hexenschuss *m*

lombarda *f v.* **lombardo**

Lombardia [lombar'diːa] *f* Lombardei *f*

lombardo [lom'bardo] *<sing> m* (*dialetto*) lombardischer Dialekt, Lombardisch(e) *n;* **scrivere poesie in ~** Gedichte in lombardischem Dialekt verfassen

lombardo, -a I. *agg* lombardisch II. *m, f* (*abitante*) Lombarde *m*, Lombardin *f*

lombare [lom'baːre] *agg* Lumbal-, Lenden-

lombata [lom'baːta] *f* ❶ (*taglio di carne*) Lende *f*, Lendenstück *n* ❷ (*arrosto*) Lendenbraten *m*

lombo ['lombo] *m* ❶ (ANAT) Lende *f* ❷ *pl* Hüften *fpl*

lombricicoltore, -trice [lombrikikol'toːre] *m, f* (AGR) Regenwurmzüchter(in) *m(f)*

lombrico [lom'briːko] *<-chi> m* Regenwurm *m*

lompo ['loːmpo] *m* (GASTR: *surrogato del caviale*) Kaviarersatz *m*

Londra ['londra] *f* London *n*

longa manus ['lɔŋga 'maːnus] *<-> f* im Auftrag (eines anderen) Handelnde(r) *f(m)*

longanime [loŋ'gaːnime] *agg* nachsichtig; **longanimità** [loŋganimi'ta] *<-> f* Nachsicht *f*

longarina [loŋga'riːna] *v.* **longherina**

longarone [loŋga'roːne] *v.* **longherone**

long drink ['lɔŋ 'driŋk] *<- o long drinks> m* Longdrink *m*

longevità [londʒevi'ta] *<-> f* Langlebigkeit *f;* **longevo, -a** [lon'dʒɛːvo] *agg* langlebig

longherina [loŋge'riːna] *f* Längsträger *m;* (*di scala*) Freiwange *f;* (*traversina*) Schwellenrost *m;* **longherone** [loŋge'roːne] *m* Holm *m*, Längsträger *m*

longilineo, -a [londʒi'liːneo] *<-ei, -ee> agg* hochgewachsen, schlank und groß

longitudinale [londʒitudi'naːle] *agg* längsgerichtet, längs-; **longitudine** [londʒi'tuːdine] *f* (geographische) Länge *f*, Längengrad *m*

long play ['lɔŋ 'plei] *<- o long plays> m* (MUS) Langspielplatte *f*

long seller ['lɔŋ 'selə] *<- o long sellers> m* Longseller *m*

lontanamente [lontana'mente] *avv* ❶ (*in lontananza*) weit, entfernt ❷ (*con negazione*) im Geringsten, im Entferntesten; **non ci penso neanche ~** ich denke nicht im Traum daran

lontananza [lonta'nantsa] *f* Ferne *f*, Entfernung *f;* (*fig*) Fernsein *n*

lontano, -a [lon'taːno] I. *agg* ❶ (*spaziale*) fern, entfernt ❷ (*temporale*) lange her ❸ (*assente, estraneo*) abwesend, fern ❹ (*vago*) entfernt, unklar; (*somiglianza*) entfernt II. *avv* weit entfernt, weitab; **andare ~** sich entfernen; (*fig*) abweichen; **vedere ~** (*fig*) weitblickend sein; **alla -a** vage, flüchtig; **~ dagli occhi, ~ dal cuore** (*prov*) aus den Augen, aus dem Sinn

lontra ['lontra] *f* Fischotter *m;* **lontrato, -a** [lon'traːto] *agg* nach Art des Fischotterfells gegerbt

lonza ['lontsa] *f* (*sett:* GASTR) Lendenstück *n*

look [luk] *<- o looks> m* ❶ (COM: *di prodotto*) Produktimage *n* ❷ (*moda*) Look *m;* **~ casual** lässiges Outfit, *n*

lookologo, -a [lu'kɔlogo] *<-gi, -ghe> m, f* ❶ (COM) Produktwerber(in) *m(f)* ❷ (*stilista che si cura dell'aspetto esteriore*) Imagepfleger(in) *m(f)*

loop [luːp] *<- o loops> m* ❶ (TEC) Ringschaltung *f* ❷ (*circuito chiuso*) geschlossener Stromkreis ❸ (INFORM) zyklische Programmierung ❹ (AERO: *acrobazia*) Looping *m*

loppa ['lɔppa] *f* Spreu *f*

loquace [lo'kuaːtʃe] *agg* gesprächig; (*pej*) geschwätzig, redselig; (*fig: gesto, silenzio*) bedeutungsvoll, vielsagend; **loquacità** [lokuatʃi'ta] *<-> f* Gesprächigkeit *f;* (*pej*) Redseligkeit *f*

lord [lɔrd] *<-> m* ❶ (*titolo*) Lord *m* ❷ (*fam: gran signore*) großer Herr; **vivere come un ~** (*fam*) auf großem Fuße leben

lordare [lor'daːre] *vt* beschmutzen; **lordo, -a** ['lordo] *agg* ❶ (*sudicio*) schmutzig, beschmutzt ❷ (COM) Brutto-, brutto; **lordume** [lor'duːme] *m* Schmutz *m*, Unrat *m;* **lordura** [lor'duːra] *f* ❶ (*sozzura*) Schmutzigkeit *f* ❷ (*persone*) Gesindel *n*, Pack *n*

lorica [lo'riːka] *<-che> f* Brustpanzer *m* (der römischen Legionäre)

loro ['lɔːro] I. *pron pers* ❶ *3. pers pl* sie; (*con preposizione*) sie, ihnen, ihrer; (*complemento di termine*) ihnen; **beati ~!** die Glücklichen! ❷ *3. pers pl* (*forma di cortesia: Loro*) Sie; (*con preposizione*) Sie, Ihnen, Ihrer; (*complemento di termine*) Ihnen II. *<inv> agg* ihr; (*forma di cortesia: Loro*) Ihr; **le ~ speranze** ihre Hoffnungen; **il ~ padre/zio** ihr Vater/Onkel; **un ~ amico** ein Freund von ihnen III. *pron poss* **il/la ~** ihre(r, s); (*forma di cortesia: Loro*) Ihre(r, s) IV. *m* **il ~** das Ihre; **anche tu sei dei ~?** bist du auch einer von ihnen?; **~ due** die beiden

losanga [lo'zaŋga] *<-ghe> f* Rhombus *m*, Raute *f*

Losanna [lo'zanna] *f* Lausanne *n*

losco, -a ['losko] <-schi, -sche> *agg* ❶ (*strabico*) schielend ❷ (*miope*) kurzsichtig ❸ (*fig*) finster, suspekt; (*affare*) unsauber, anrüchig

loto ['lɔːto] *m* Lotos *m*, Lotosblume *f*

lotta ['lɔtta] *f* ❶ (*combattimento*) Kampf *m*; ~ **a corpo a corpo** Nahkampf *m*; **fare la** ~ raufen ❷ (SPORT) Ringen *n*, Ringkampf *m*; ~ **libera** Freistilringen *n* ❸ (*fig: dissidio*) Streit *m*, Auseinandersetzung *f*; ~ **di classe** Klassenkampf *m*; ~ **per l'esistenza** Existenzkampf *m*; ~ **al terrorismo** Anti-Terror-Kampf *m*; **lottare** [lot'taːre] *vi* kämpfen, ringen; ~ **con il sonno** mit dem Schlaf kämpfen; **lottatore, -trice** [lotta'toːre] *m, f* ❶ (*chi lotta, combatte*) Kämpfer(in) *m(f)* ❷ (SPORT) Ringkämpfer(in) *m(f)*

lotteria [lotte'riːa] <-ie> *f* Lotterie *f*

lottizzabile [lottid'dzaːbile] *agg* parzellierbar, in Landparzellen aufteilbar; **terreno** ~ aufteilbares Landgut; **lottizzare** [lottid'dzaːre] *vt* in Parzellen aufteilen, parzellieren; **lottizzatore, -trice** [lottiddza'toːre] I. *agg* ❶ (*che lottizza*) parzellierend, Ländereien aufteilend ❷ (ADM) bei der Ämtervergabe parteiisch handelnd, Ämterschieberei betreibend II. *m, f* ❶ (*chi lottizza*) Verantwortliche(r) *f/m)* für die Landaufteilung ❷ (ADM) Ämterschieber(in) *m(f)*; **lottizzatorio, -a** [lottiddza'tɔːrio] <-i, -ie> *agg* (POL) Vetternwirtschaft betreibend, Ämterschieberei betreibend; **sistema** ~ Vetternwirtschaft *f*; **lottizzazione** [lottiddzat'tsioːne] *f* ❶ (*di terreno*) Aufteilung *f* in Parzellen, Parzellierung *f* ❷ (*di potere*) Ämteraufteilung *f* (zwischen den Parteien)

lotto ['lɔtto] *m* ❶ (*gioco*) Lotto(spiel) *n*; **giocare al** ~ (im) Lotto spielen ❷ (*di terreno*) Parzelle *f*; (*di merce*) (Waren)posten *m*, Partie *f*; **a -i** partieweise, parzellenweise

love affair [lʌv ə'fɛə] <- *o* love affairs> *f* Liebesaffäre *f*, Affäre *f*; **love boat** [lʌv bout] <- *o* love boats> *m* Loveboat *n*; **molte coppie vanno in crociera su una** ~ viele Paare verbringen ihre Kreuzfahrt auf einem Loveboat; **love story** [lʌv 'stɔːri] <- *o* love stories> *f* Lovestory *f*, Liebesaffäre *f*

low technology [lou tek'nɔlədʒi] I. <inv> *agg* (TEC) Low-Tech- II. <-> *m* (TEC) Low-Tech *n*

lozione [lot'tsioːne] *f* Lotion *f*, Wasser *n*; ~ **per capelli** Haarwasser *n*

LP <-> *m* LP *f*

Lubecca [lu'bɛkka] *f* Lübeck *n*

lubrico, -a ['luːbriko] <-ci, -che> *agg* ❶ (*sdrucciole*) schlüpfrig, rutschig, glitschig ❷ (*fig*) schlüpfrig, zweideutig

lubrificante [lubrifi'kante] I. *agg* Schmier- II. *m* Schmiere *f*, Schmiermittel *n*

lubrificare [lubrifi'kaːre] *vt* (ab)schmieren; **lubrificazione** [lubrifikat'tsioːne] *f* (Ab)schmieren *n*

lucano [lu'kaːno] <*sing*> *m* (*dialetto*) lukanische Dialektgruppe

lucano, -a I. *agg* lukanisch; **Appennino** ~ der lukanische Teil des Appennins II. *m, f* (*abitante*) Lukaner(in) *m(f)*

Lucca *f* Lucca *n* (*Stadt in der Toskana*)

lucchese [luk'keːse] I. *mf* (*abitante*) Einwohner(in) *m(f)* aus Lucca II. *agg* aus Lucca

Lucchese <*sing*> *m* Provinz *f* Lucca

lucchetto [luk'ketto] *m* Vorhängeschloss *n*

luccicare [luttʃi'kaːre] *vi* leuchten, funkeln; **luccichio** [luttʃi'kiːo] <-chii> *m* Gefunkel *n*, Glitzern *n*

luccio ['luttʃo] <-cci> *m* Hecht *m*

lucciola ['luttʃola] *f* Glühwürmchen *n*, Leuchtkäfer *m*; **prender -e per lanterne** etw falsch verstehen, etw verwechseln

luce ['luːtʃe] *f* ❶ (*gener* PHYS, TEC) Licht *n*; **-i di posizione** Standlicht *n*; **dare alla** ~ zur Welt bringen; **fare** ~ **su qc** Licht in etw *acc* bringen, etw aufklären; **mettere in** ~ **qc** etw an den Tag bringen; **mettere qu in cattiva** ~ jdn ins schiefe Licht rücken, jdn schlechtmachen; **mettersi in** ~ sich hervortun; **riportare qc alla** ~ etw wieder ans Licht bringen; ~ **intermittente** Blinklicht *n*; **a -i rosse** (*cinema*) Porno-; **alla** ~ **dei fatti** in Anbetracht der Tatsachen; **contro** ~ bei Gegenlicht ❷ (*sole*) Helligkeit *f*, Tages-, Sonnenlicht *n*; **alle prime -i** bei Tagesanbruch, im Morgengrauen; **lucente** [lu'tʃɛnte] *agg* leuchtend, funkelnd, glänzend; **lucentezza** [lutʃen'tettsa] *f* Leuchten *n*, Glanz *m*; (*di seta, perle*) Schimmer *m*

lucerna [lu'tʃɛrna] *f* Lampe *f*, Öllampe *f*

Lucerna [lu'tʃɛrna] I. *m* (*cantone*) Luzern *m* II. *f* (*città*) Luzern *n*

lucernario [lutʃer'naːrio] <-i> *m* Oberlicht *n*

lucertola [lu'tʃɛrtola] *f* Eidechse *f*

lucherino [luke'riːno] *m* Zeisig *m*, Erlenfink *m*

lucidabile [lutʃi'daːbile] *agg* polierbar, polierfest; **lucidabilità** [lutʃi'dabili'ta] <-> *f* Polierbarkeit *f*

lucidalabbra [lutʃida'labbra] <-> *m* Lipgloss *n*

lucidante [lutʃi'dante] I. *m* Poliermittel *n* II. *agg* Polier-; **lucidare** [lutʃi'daːre] *vt* ❶ (*gener*) glänzend machen; (*scarpe*) putzen, wichsen; (*mobili*) polieren; (*pavimenti*) bohnern, wienern ❷ (*disegni*) durchpausen; **lucidatore, -trice** [lutʃidaˈtoːre] *m, f* Polierer(in) *m(f);* **lucidatrice** [lutʃidaˈtriːtʃe] *f* Bohnermaschine *f;* **lucidatura** [lutʃidaˈtuːra] *f* ❶ (*lustratura*) Polieren *n;* (*di scarpe*) Putzen *n,* Wichsen *n;* (*di pavimenti*) Bohnern *n* ❷ (*di disegni*) Durchpausen *n*

lucidità [lutʃidiˈta] <-> *f* Klarheit *f*

lucido ['luːtʃido] *m* ❶ (*lucentezza*) Glanz *m* ❷ (*per mobili*) Politur *f,* Poliermittel *n;* (*per scarpe*) Schuhcreme *f;* (*per pavimenti*) Bohnerwachs *n* ❸ (*disegno*) Pause(zeichnung) *f;* (*per lavagna luminosa*) Folie *f*

lucido, -a *agg* ❶ (*lucente*) glänzend, blank; **carta -a** Transparentpapier *n* ❷ (*fig*) klar, durchsichtig

lucignolo [luˈtʃiɲɲolo] *m* ❶ (*stoppino*) Docht *m* ❷ (*scherz: persona*) Bohnenstange *f fam,* Klappergestell *n fam*

lucrare [luˈkraːre] *vt* ❶ (*somme*) einnehmen, einstecken ❷ (*fig: indulgenze*) erlangen; **lucrativo, -a** [lukraˈtiːvo] *agg* einträglich, lukrativ; **lucro** ['luːkro] *m* Gewinn *m,* Vorteil *m;* **lucroso, -a** [luˈkroːso] *agg* Gewinn bringend, einträglich, lohnend

luculliano, -a [lukulˈliaːno] *agg* lukullisch, üppig

ludibrio [luˈdiːbrio] <-i> *m* Hohn *m,* (boshafter) Spott *m;* **essere il ~ di tutti** zum Gespött aller (Leute) werden

ludico, -a ['luːdiko] <-ci, -che> *agg* spielerisch, Spiel-; **ludo** ['luːdo] *m* ❶ (HIST) Spiel *n,* Schauspiel *n* ❷ *pl* Festspiele *npl;* **ludoteca** [ludoˈtɛːka] <-che> *f* Spiel(i)othek *f;* **ludotecario, -a** [ludoteˈkaːrio] <-i, -ie> *m, f* Verleiher(in) *m(f)* einer Spiel(i)othek

lue ['luːe] <-> *f* Syphilis *f,* Lues *f*

luganiga [luˈgaːniga] <-ghe> *f* (*sett*) (feine) Wurst *f*

luglio ['luʎʎo] *m* Juli *m; v. a.* **aprile**

lugubre ['luːgubre] *agg* schaurig, unheilvoll

lui ['luːi] *pron pers 3. pers m sing* ❶ (*soggetto*) er ❷ (*oggetto*) ihn; (*con preposizione*) ihn, ihm, seiner; **beato ~!** der Glückliche!

lumaca [luˈmaːka] <-che> *f* Schnecke *f;* **lumacone, -a** [lumaˈkoːne] *m, f* (*goffo*) Tranfunzel *f fam,* Schlafmütze *f fam*

lumbard [lumˈbaːrd] I. <inv> *agg* (*lomb:*

dial) Lega Nord- II. <-> *mf* (*lomb: dial*) überzeugte(r) Lega Nord-Wähler(in) *m(f)*

lume ['luːme] *m* Lampe *f;* (*a fig*) Leuchte *f;* (*luce*) Licht *n;* **perdere il ~ della ragione** außer sich sein; **lumeggiare** [lumedˈdʒaːre] *vt* ❶ (*in pittura*) Lichteffekte erzielen ❷ (*fig: fatto*) aufklären, erhellen

lumicino [lumiˈtʃiːno] *m* Lämpchen *n,* kleine Lampe

lumiera [luˈmiɛːra] *f* Kronleuchter *m,* Lüster *m,* Luster *m A*

luminare [lumiˈnaːre] *m* Leuchte *f;* **luminaria** [lumiˈnaːria] <-ie> *f* ❶ (*illuminazione*) (Fest)beleuchtung *f* ❷ (*quantità di lumi accesi*) Lichtermeer *n*

luminescente [lumineʃˈʃɛnte] *agg* lumineszierend, Leucht-; **luminescenza** [lumineʃˈʃɛntsa] *f* Lumineszenz *f,* Leuchten *n;* **luminismo** [lumiˈnizmo] *m* Helldunkelmalerei *f;* **luministica** [lumiˈnistika] <-che> *f* Beleuchtungstechnik *f*

lumino [luˈmiːno] *m* Lämpchen *n;* **~ da notte** Nachttischlampe *f*

luminosità [luminosiˈta] <-> *f* ❶ (*chiarore*) Helligkeit *f* ❷ (PHYS) Lichtstärke *f;* **luminoso, -a** [lumiˈnoːso] *agg* ❶ (*che emette luce*) strahlend, leuchtend ❷ (*limpido*) klar, hell ❸ (*fig*) hervorragend, glänzend; (*sorriso*) strahlend

lumpo ['lumpo] *m v.* **lompo**

luna ['luːna] *f* ❶ (ASTR) Mond *m;* **~ calante** abnehmender Mond; **~ crescente** zunehmender Mond; **~ piena** Vollmond *m;* **a mezza ~** halbmondförmig; **~ di miele** Flitterwochen *fpl* ❷ (*lunazione*) Mondwechsel *m* ❸ (*fig*) Laune *f;* **avere la ~ di traverso** [*o* **storta**] schlechte Laune haben

luna park ['luːna 'park] <-> *m* Vergnügungspark *m*

lunare [luˈnaːre] *agg* Mond-; **lunario** [luˈnaːrio] <-i> *m* Kalender *m,* Almanach *m*

lunatico, -a [luˈnaːtiko] <-ci, -che> *agg* launenhaft, unbeständig; (*strano*) wunderlich; **lunazione** [lunatˈtsioːne] *f* Mondwechsel *m*

luncheonette [lʌnʃəˈnet] <- *o* luncheonettes> *f* (GASTR) Imbissstube *f,* Bistro *n*

Luneburgo [luneˈburgo] *f* Lüneburg *n;* **Lande di ~** Lüneburger Heide *f*

lunedì [luneˈdi] <-> *m* Montag *m; v. a.* **domenica**

lunetta [luˈnetta] *f* ❶ (ARCH) Lünette *f,* Bogenfeld *n* ❷ (*mezzaluna*) Wiegemesser *n*

Lungadige <*sing*> *m* Etsch-Uferpromenade (Lungadige)

lungaggine [lunˈgaddʒine] *f* Langatmigkeit *f,* Schwerfälligkeit *f;* **le -i della buro-**

crazia Bürokratismus *m*

lungamente [luŋga'mente] *avv* lange (Zeit)

lungarno [luŋ'garno] *m* Straße *f* am Arno (entlang)

lunghezza [luŋ'gettsa] *f* ❶ (*estensione*) Länge *f*, Längsseite *f*; (*di tempo*) Länge *f*, Dauer *f* ❷ (*lentezza*) Langsamkeit *f*

lungi ['lundʒi] *avv* (*poet*) fern, fernab *geh*, in weiter Ferne; ~ **da me ogni sospetto!** jeglicher Verdacht sei fern von mir!; **lungimirante** [lundʒimi'rante] *agg* weitblickend, voraussehend; **lungimiranza** [lundʒimi'rantsa] *f* Weitblick *m*, Weitsicht *f*

lungo ['luŋgo] **I.** *m* Länge *f*; **per il** ~ der Länge nach **II.** *prp* ❶ (*di luogo*) längs +*gen o dat*, entlang … +*dat o gen*, … +*acc* entlang ❷ (*di tempo*) während +*gen o dat*

lungo, -a <-ghi, -ghe> *agg* ❶ (*estensione*) lang; (*tempo*) lange dauernd, langwierig; (*affare, progetto, programma*) langfristig; (*lontananza*) weit, lang; **avere le mani** [*o* **le unghie*) -ghe** (*fig*) lange Finger machen; **saperla -a** mit allen Wassern gewaschen sein, es faustdick hinter den Ohren haben; **alla -a** auf die Dauer; **di gran -a** weitaus, bei weitem; **in ~ e in largo** kreuz und quer; (*fig*) ausführlich, des Langen und (des) Breiten ❷ (*persona*) hochgewachsen; (*lento*) langsam ❸ (*bevanda, brodo*) dünn, verdünnt

lungofiume [luŋgo'fiu:me] *m* Uferstraße *f*, Uferpromenade *f*; **lungolago** [luŋgo'la:go] *m* Promenade *f* am Seeufer; **lungomare** [luŋgo'ma:re] *m* Strandpromenade *f*, Straße *f* am Meer

lungometraggio [luŋgome'traddʒo] <-ggi> *m* Spielfilm *m*; **lungotevere** [luŋgo'te:vere] *m* Straße *f* am Tiber (entlang)

lunotto [lu'nɔtto] *m* Heckscheibe *f*; ~ **termico** heizbare Heckscheibe

lunula ['lu:nula] *f* Nagelmond *m*

luogo ['luɔ:go] <-ghi> *m* Ort *m*, Stelle *f*; (*località*) Ortschaft *f*, Örtlichkeit *f*; (*posto*) Platz *m*, Raum *m*; (*locale*) Lokal *n*, Raum *m*; (*punto*) Stelle *f*; ~ **di divertimento** Vergnügungsstätte *f*; **le autorità del** ~ die örtliche Behörde, die Lokalbehörde; **in nessun** ~ nirgends; **in primo** ~ zunächst; **sul** ~ an Ort und Stelle; **fuori** ~ unangebracht, fehl am Platz(e); **in** ~ **di** anstelle von; **aver** ~ stattfinden; **dar ~ a qc** Anlass zu etw geben; **luogotenente** [luogote'nɛnte] *m* Statthalter *m*

lupa ['lu:pa] *f* ❶ (zoo) Wölfin *f* ❷ (*fig*) Nymphomanin *f*; **lupanare** [lu-pa'na:re] *m* (*poet*) Freudenhaus *n*

lupetto [lu'petto] *m* ❶ (zoo) kleiner Wolf; (*cane*) junger Wolfshund ❷ (*scout*) junger Pfadfinder, Wölfling *m*

lupino [lu'pi:no] *m* Lupine *f*

lupo ['lu:po] *m* Wolf *m*; **cane** ~ Wolfshund *m*, deutscher Schäferhund *m*; ~ **mannaro** Werwolf *m*, Wolfsmensch *m*; **fame da -i** Bärenhunger *m fam*; **tempo da -i** Hundewetter *n fam*; ~ **di mare** Seebär *m*; **al** ~! fangt den Wolf!; **il** ~ **perde il pelo ma non il vizio** (*prov*) die Katze lässt das Mausen nicht

luppolo ['luppolo] *m* Hopfen *m*

lurex® ['lu:reks] <-> *m* Lurex® *n* (*Garn mit metallisierten Fasern*)

lurido, -a ['lu:rido] *agg* ❶ (*sporco*) schmutzig, dreckig ❷ (*fig*) verkommen, unmoralisch; **luridume** [luri'du:me] *m* ❶ (*sporcizia*) Schmutz *m*, Unrat *m* ❷ (*fig*) Sündenpfuhl *m*

lusinga [lu'ziŋga] <-ghe> *f* Schmeichelei *f*; **lusingare** [luziŋ'ga:re] **I.** *vt* ~ **qu** jdm schmeicheln **II.** *vr* -**rsi** (*osar credere*) hoffen; **lusingatore, -trice** [luziŋga'to:re] **I.** *agg* schmeichelnd **II.** *m, f* Schmeichler(in) *m(f)*, Schöntuer(in) *m(f)*; **lusinghiero, -a** [luziŋ'giɛ:ro] *agg* schmeichlerisch, schmeichelhaft

lussazione [lussat'tsio:ne] *f* Luxation *f*, Verrenkung *f*

lussemburghese [lussembur'ge:se] **I.** *agg* luxemburgisch, Luxemburger **II.** *mf* Luxemburger(in) *m(f)*

Lussemburgo [lussem'burgo] *m* **il** ~ Luxemburg *n*

lusso ['lusso] *m* Luxus *m*; **automobile di** ~ Luxuswagen *m*, Luxuslimousine *f*; **edizione di** ~ Luxusausgabe *f*, Prachtausgabe *f*; **permettersi certi -i** sich einen gewissen Luxus erlauben; **lussuoso, -a** [lussu'o:so] *agg* luxuriös, Luxus-

lussureggiante [lussured'dʒante] *agg* üppig, prächtig

lussuria [lus'su:ria] <-ie> *f* Fleischeslust *f*, Unzucht *f*; **lussurioso, -a** [lussu'rio:so] **I.** *agg* geil, unzüchtig **II.** *m, f* unzüchtiger Mensch

lustrale [lus'tra:le] *agg* (*poet* REL) reinigend, läuternd; **acqua** ~ Weihwasser *n*

lustrare [lus'tra:re] **I.** *vt* reinigen; (*mobili, metallo*) polieren; (*pavimenti*) bohnern; (*scarpe*) putzen, wichsen; ~ **le scarpe a qu** (*fig*) jdm nicht das Wasser reichen können **II.** *vi* blank sein, glänzen; **lustrascarpe** [lustras'karpe] <-> *mf* Schuhputzer(in) *m(f)*; **lustrata** [lus'tra:ta] *f* rasches Putzen

lustrino [lusˈtriːno] *m* Flitter *m;* (*paillette*) Paillette *f*

lustro [ˈlustro] *m* ❶ (*lucentezza*) Glanz *m* ❷ (*fig: gloria*) Ruhm *m,* Ehre *f*

lustro, -a *agg* glänzend, blank

luterano, -a [luteˈraːno] **I.** *agg* lutherisch **II.** *m, f* Lutheraner(in) *m(f)*

lutto [ˈlutto] *m* Trauer *f;* (*abito*) Trauerkleidung *f;* (*periodo*) Trauerzeit *f;* **essere in ~** in Trauer sein; **prendere il ~** Trauer tragen; **chiuso per ~** wegen Trauerfall geschlossen; **luttuoso, -a** [luttuˈoːso] *agg* ❶ (*sventuroso*) unheilvoll, verhängnisvoll ❷ (*funesto*) tödlich

M m

M, **m** ['ɛmme] <-> *f* M, m *n;* **~ come Milano** M wie Martha

m *abbr di* **metro** m

ma¹ [ma] **I.** *cong* ❶ *(però)* (je)doch, aber ❷ *(bensì)* sondern ❸ *(rafforzativo)* sogar, doch; **~ è impossibile!** das ist doch nicht möglich! **II.** *int* wer weiß; **~** (**insomma**)! na ja! *fam;* **sarà vero? — ~!** ob es (wohl) wahr ist? — was weiß ich!

ma² <-> *m* Aber *n;* **non ci sono ~ che tengano** da gibt es kein Wenn und kein Aber

macabro, -a ['ma:kabro] *agg* makaber

macaco [ma'ka:ko] <-chi> *m* ❶ (ZOO) Makak *m* ❷ *(fig, pej)* Affe *m fam*

macché [mak'ke] *int* im Gegenteil, ach was

maccheroni [makke'ro:ni] *mpl* Makkaroni *pl;* **maccheronico, -a** [makke'rɔ:niko] <-ci, -che> *agg* ❶ (LIT) makkaronisch ❷ *(fig: storpiato)* stümperhaft

macchia ['makkia] <-cchie> *f* ❶ *(sporco)* Fleck *m* ❷ *(chiazza)* Sprenkel *m;* *(in pittura)* Farbtupfer *m* ❸ *(fig: colpa)* Makel *m,* Schandfleck *m* ❹ (BOT) Macchia *f* *(für den Mittelmeerraum charakteristischer Buschwald)*

macchiare [mak'kia:re] **I.** *vt* ❶ *(sporcare)* beflecken, Flecken machen auf *+acc;* **~ di vino la tovaglia** Weinflecken auf die Tischdecke machen ❷ *(fig: onore, innocenza)* beflecken **II.** *vr* **-rsi** ❶ *(sporcarsi)* sich beflecken; *(cose)* Flecken bekommen ❷ *(fig)* sich besudeln; **-rsi di una colpa** eine Schuld auf sich laden; **macchiato, -a** [mak'kia:to] *agg (sporco)* mit Flecken; *(di colore diverso)* gefleckt; **caffè ~** Espresso mit einem Schluck Milch; **macchietta** [mak'kietta] *f* ❶ *(schizzo, bozzetto)* Farbskizze *f* ❷ *(persona)* Original *n* ❸ (THEAT) Karikatur *f;* **macchiettista** [makkiet'tista] <-i *m,* -e *f>* *mf* ❶ *(che fa caricature)* Karikaturist(in) *m(f)* ❷ *(attore)* Komiker(in) *m(f)*

macchina ['makkina] *f* ❶ *(congegno)* Maschine *f,* Apparat *m;* *(apparecchiatura)* Apparatur *f;* **~ da caffè** Kaffeemaschine *f;* **~ da cucire** Nähmaschine *f;* **~ da scrivere** Schreibmaschine *f;* **~ fotografica** Fotoapparat *m;* **scrivere a ~** Maschine schreiben; **fatto a ~** maschinell hergestellt ❷ *(auto)* Auto *n,* Wagen *m;* **andare in ~** mit dem Auto fahren ❸ *(fig: struttura)* Apparat *m* ❹ *(fig: meccanismo)* Maschinerie *f,* Ge-

triebe *n;* **macchinale** [makki'na:le] *agg* mechanisch, unwillkürlich; **macchinare** [makki'na:re] *vt* anzetteln, anstiften; **macchinario** [makki'na:rio] <-i> *m* Maschinen *fpl,* Maschinenpark *m;* **macchinatore, -trice** [makkina'to:re] *m, f* Intrigant(in) *m(f);* *(di un complotto)* Drahtzieher(in) *m(f);* **macchinazione** [makkinat'tsio:ne] *f* Machenschaften *fpl,* Intrige *f;* **macchinetta** [makki'netta] *f* ❶ *dim di* **macchina** Maschinchen *n* ❷ *(fam: apparecchio)* Ding *n,* Maschine *f;* **la ~ da caffé** die Espressomaschine; **parlare come una ~** reden wie ein Wasserfall; **rispondere a ~** ohne nachzudenken antworten; **macchinismo** [makki'nizmo] *m* Technisierung *f;* **macchinista** [makki'nista] <-i *m,* -e *f>* *mf* ❶ *(addetto alle macchine)* Maschinist(in) *m(f),* Mechaniker(in) *m(f)* ❷ (FERR) Lokomotivführer(in) *m(f)* ❸ (NAUT) Maschinist(in) *m(f)* ❹ (THEAT) Maschinenmeister(in) *m(f);* **macchinoso, -a** [makki'no:so] *agg* kompliziert, verwickelt

macedonia [matʃe'dɔ:nia] <-ie> *f* Obstsalat *m*

macellaio, -a [matʃel'la:io] <-i, -ie> *m, f* ❶ *(chi macella)* Schlachter(in) *m(f),* Fleischer(in) *m(f)* ❷ *(negoziante)* Metzger(in) *m(f),* Fleischer(in) *m(f),* Fleischhauer(in) *m(f) A* ❸ *(fig, pej)* Schlächter *m;* **macellare** [matʃel'la:re] *vt* ❶ *(animali)* schlachten ❷ *(fig)* abschlachten, hinmetzeln; **macelleria** [matʃelle'ri:a] <-ie> *f* Metzgerei *f,* Fleischerei *f;* **macello** [ma'tʃɛllo] *m* ❶ *(mattatoio)* Schlachthof *m* ❷ *(strage)* Blutbad *n,* Gemetzel *n* ❸ *(fig, scherz)* Fiasko *n,* Reinfall *m*

macerare [matʃe'ra:re] **I.** *vt* auflösen, aufweichen **II.** *vr* **-rsi** ❶ *(consumarsi)* sich verschleißen, sich verbrauchen ❷ *(tormentarsi)* sich quälen

Macerata *f* Macerata *n* *(Stadt in den Marken)*

maceratese I. *mf* *(abitante)* Einwohner(in) *m(f)* aus Macerata **II.** *agg* aus [*o* von] Macerata

macerazione [matʃerat'tsio:ne] *f* *(processo)* Auflösung *f,* Aufweichen *n;* **macerie** [ma'tʃɛ:rie] *fpl* Trümmer *pl,* Schutt *m*

macero [ma'tʃero] *m* Auflösung *f,* Einstampfen *n;* **carta da ~** Makulatur *f*

macero, -a *agg* ❶ *(decomposto)* aufgelöst, verrottet ❷ *(fig: sfinito)* zerschlagen, entkräftet

machiavellico, **-a** [makia'vɛlliko] <-ci, -che> *agg* machiavellistisch; (*a fig*) skrupellos; **machiavellismo** [makiavel'lizmo] *m* Machiavellismus *m*

macigno [ma'tʃiɲɲo] *m* Fels(block) *m*; **un cuore di ~** ein Herz aus Stein

macilento, **-a** [matʃi'lɛnto] *agg* aus-, abgezehrt

macina ['ma:tʃina] *f* Mühlstein *m*

macinacaffè [matʃinakaf'fɛ] <-> *m* Kaffeemühle *f*

macinadosatore [matʃinadoza'to:re] *m* (TEC) Kaffeedosiermühle *f*

macinapepe [matʃina'pe:pe] <-> *m* Pfeffermühle *f*

macinare [matʃi'na:re] *vt* ❶ (*grano, caffè*) mahlen ❷ (*fig: strada, chilometri*) fressen *fam;* **macinato** [matʃi'na:to] *m* ❶ (*prodotto di macinazione*) Mehl *n,* Gemahlene(s) *n* ❷ (*fam: carne tritata*) Hackfleisch *n,* Faschierte *n A;* **macinatore**, **-trice** [matʃina'to:re] *m, f* Müller(in) *m(f);* **macinazione** [matʃinat'tsio:ne] *f* (Zer)mahlen *n,* Zerreiben *n;* **macinino** [matʃi'ni:no] *m* ❶ (*per caffè*) Kaffeemühle *f;* (*per pepe*) Pfeffermühle *f* ❷ (*fig, scherz: vecchia auto*) Mühle *f fam,* (Klapper)kiste *f fam*

maciste [ma'tʃiste] *m* (*scherz*) Herkules *m*

maciullare [matʃul'la:re] *vt* ❶ (*canapa, tessuti*) brechen ❷ (*stritolare*) zermalmen, zerquetschen

macroanalisi [makroa'na:lizi] *f* ❶ (*gener*) Makroanalyse *f* ❷ (COM, FIN: *macroeconomia*) Makroökonomie *f*

macrobiotica [makrobi'ɔ:tika] <-che> *f* Makrobiotik *f;* **macrobiotico**, **-a** [makrobi'ɔ:tiko] <-ci, -che> *agg* makrobiotisch; **negozio ~** Laden *m* mit makrobiotischen Lebensmitteln

macroclima [makro'kli:ma] *m* (METEO) Großklima *n,* Makroklima *n*

macrocontesto [makrokon'tɛsto] *m* ❶ (LING) Makrokontext *m* ❷ (*gener*) globaler Textzusammenhang

macrocosmo [makro'kɔzmo] *m* Makrokosmos *m*

macrocristallino, **-a** [makrokristal'li:no] *agg* (GEOL) makrokristallin

macrodistribuzione [makrodistribut'tsio:ne] *f* (FIN) globale Einkommensverteilung

macrodonte [makro'dɔnte] **I.** *agg* (MED) an Makrodontose erkrankt **II.** *mf* (MED) Makrodontosepatient(in) *m(f)*

macroeconomia [makroekono'mi:a] *f* (COM, FIN) Makroökonomie *f;* **macroeco-**

nomico, **-a** [makroeko'nɔ:miko] <-ci, -che> *agg* makroökonomisch

macrometeorologia [makrometeorolo'dʒi:a] <*sing*> *f* (METEO) Großklimaforschung *f*

macromolecola [makromo'lɛ:kola] *f* (CHEM) Makromolekül *n;* **macromolecolare** [makromoleko'la:re] *agg* (CHEM) makromolekular

macronutriente [makronutri'ɛnte] *m* (BIOL) Grundnährstoff *m*

macropetalo, **-a** [makro'pɛ:talo] *agg* (BOT) großblütig

macroprogrammazione [makroprogrammat'tsio:ne] *f* (INFORM) Makroprogrammierung *f*

macroscopico, **-a** [makros'kɔ:piko] <-ci, -che> *agg* ❶ (TEC) makroskopisch ❷ (*fig: enorme*) riesig, gewaltig

macrosistema [makrosis'tɛ:ma] <-i> *m* Makrosystem *n*

macrosociologia [makrosotʃolo'dʒi:a] <*sing*> *f* (SOC) Makrosoziologie *f;* **macrosociologico**, **-a** [makrosotʃo'lɔ:dʒiko] <-ci, -che> *agg* (SOC) makrosoziologisch

macrostruttura [makrostru'tu:ra] *f* ❶ (*gener*) Grobgefüge *n* ❷ (SCIENT) Makrostruktur *f*

maculato, **-a** [maku'la:to] *agg* gefleckt, gesprenkelt

madama [ma'da:ma] *f* ❶ (HIST) Madame *f* ❷ (*scherz*) Gnädige *f;* **madamigella** [madami'dʒɛlla] *f* (*scherz*) gnädiges Fräulein

madia ['ma:dia] <-ie> *f* Backtrog *m*

madido, **-a** ['ma:dido] *agg* nass, feucht; **~ di sudore** (*persona*) schweißgebadet; (*camicia*) schweißnass

Madonna [ma'dɔnna] *f* ❶ (REL) Jungfrau Maria *f,* Muttergottes *f* ❷ (*nell'arte*) Madonna *f,* Madonnenbild *n;* **madonnaro**, **-a** [madon'na:ro] *m, f* Pflastermaler(in) *m(f);* **madonnina** [madon'ni:na] *f* engelhaftes Mädchen

madornale [mador'na:le] *agg* gewaltig, enorm

madre¹ ['ma:dre] *f* ❶ (*genitrice*) Mutter *f;* **~ natura** Mutter *f* Natur ❷ (*di animali*) Muttertier *n,* Mutter *f* ❸ (REL) Schwester *f;* **~ superiora** (Schwester) Oberin *f*

madre² <inv> *agg* ❶ (*che ha figli*) Mutter-; **ragazza ~** unverheiratete Mutter ❷ (*principale*) Leit-, Haupt-

madrelingua [madre'liŋgua] *f* Muttersprache *f;* **essere di ~ italiana** Italienisch als Muttersprache sprechen

madrepatria [madre'pa:tria] *f* Vaterland *n;* (*delle colonie*) Mutterland *n*

M

madreperla [madre'pɛrla] f Perlmutter f, Perlmutt n; **madreperlaceo, -a** [madreper'la:tʃeo] agg perlmutt(er)farben; **madrepora** [ma'drɛːpora] f Steinkoralle f, Madrepore f; **madrevite** [madre'viːte] f Mutter f, Mutter-, Innengewinde n

madrigale [madri'gaːle] m Madrigal n

madrilista [madri'lista] <-i m, -e f> I. agg (SPORT) Real-, Madrid- II. mf ① (SPORT: giocatore del Real Madrid) Spieler m von Real Madrid ② (SPORT: tifoso del Real Madrid) Madrid-Fan m, Real-Fan m

madrina [ma'driːna] f ① (ai sacramenti) Patin f, Patentante f ② (ad inaugurazioni) Patin f

maestà [maes'ta] <-> f ① (imponenza) Erhabenheit f, Majestät f ② (di sovrani) Majestät f; **Sua ~** Seine [o Ihre] Majestät; **maestosità** [maestosi'ta] <-> f Erhabenheit f, Großartigkeit f; **maestoso, -a** [maes'toːso] agg ① (aspetto, gesto) hoheitsvoll, majestätisch ② (MUS) feierlich, maestoso

maestra [ma'ɛstra o ma'estra] f ① (insegnante) (Grundschul)lehrerin f; **~ d'asilo** Kindergärtnerin f ② (esperta) Meisterin f ③ (NAUT) Großsegel n

maestrale [maes'traːle] m Mistral m

maestranze [maes'trantse] fpl Arbeiterschaft f, Belegschaft f

maestria [maes'triːa] <-ie> f (abilità) Meisterschaft f, Geschicklichkeit f

maestro, -a [ma'ɛstro o ma'estro] I. m, f ① (di scuola primaria) (Grundschul)lehrer(in) m(f) ② (istruttore) Lehrer(in) m(f); **~ di ballo/di nuoto** Tanz-/Schwimmlehrer m; **~ del coro** Chorleiter m ③ (esperto) Meister m, Experte m; **nessuno nasce ~** (prov) es ist noch kein Meister vom Himmel gefallen II. agg ① (principale) Haupt-; **strada -a** Hauptstraße f; **muro ~** tragende Wand ② (abile) meisterhaft, Meister-

mafia ['maːfia] f Mafia f; **mafiosità** [mafiosi'ta] <-> f mafioser Charakter; **mafioso, -a** [ma'fioːso] I. agg Mafia- II. m, f Mafioso m, Mafiosa f

maga ['maːga] <-ghe> f ① (che fa magie) Zauberin f ② (fig: donna affascinante) Circe f

magagna [ma'gaɲɲa] f ① (difetto) Mangel m, Defekt m; (di frutta) faule Stelle ② (acciacco) Gebrechen n

magari [ma'gaːri] I. int und wie, schön wär's (ja) fam II. cong +conj wenn nur ... +conj, wenn doch ... +conj; **~ fosse vero!** wenn es doch wahr wäre! III. avv

① (forse) möglicherweise, vielleicht ② (persino) sogar

magazzinaggio [magaddzi'naddʒo] <-ggi> m ① (periodo) Lagerung f, Lagerhaltung f ② (prezzo) Lagergebühr f; **magazziniere, -a** [magaddzi'niɛːre] m, f Lagerverwalter(in) m(f), Lagerhalter(in) m(f)

magazzino [magad'dziːno] m ① (deposito) (Waren)lager n ② (punto di vendita) Kaufhaus n, Warenhaus n

maggese [mad'dʒeːse] m Brachland n, Brache f

maggio ['maddʒo] m Mai m; v. a. **aprile**

maggiolino [maddʒo'liːno] m ① (ZOO) Maikäfer m ② (autovettura) Käfer m

maggiorana [maddʒo'raːna] f Majoran m

maggioranza [maddʒo'rantsa] f ① (maggior parte) Mehrzahl f ② (in assemblea) Mehrheit f, Majorität f; **maggiorare** [maddʒo'raːre] vt (COM: prezzi) anheben, erhöhen; **maggiorazione** [maddʒorat'tsioːne] f Erhöhung f

maggiordomo [maddʒor'dɔːmo] <-i> m ① (capo della servitù) Butler m ② (HIST) Hausmeister m, Ober(haus)hofmeister m

maggiore [mad'dʒoːre] I. agg ① (comparativo: più grande) größer; (più alto) höher; (più vecchio) älter; (più importante) größer, bedeutender; (MAT) größer; (MIL) Ober-; (MUS) Dur-, -Dur; **la sorella è ~ di tre anni** die Schwester ist (um) drei Jahre älter; **forza ~** höhere Gewalt; **Stato Maggiore** (MIL) Stab m; **tono ~** (MUS) Durtonart f, Dur n; **andare per la ~** einen hervorragenden Ruf haben, großen Erfolg haben ② (superlativo relativo: il più grande) größte(r, s); (il più vecchio) älteste(r, s); (per importanza) bedeutendste(r, s), Haupt- II. mf ① (MIL) Major m ② (primogenito) Erstgeborene(r) f(m), Älteste(r) f(m)

maggiorenne [maddʒo'rɛnne] I. agg volljährig, mündig II. mf Volljährige(r) f(m); **maggiorenti** [maddʒo'rɛnti] mpl Oberschicht f

maggioritario, -a [maddʒori'taːrio] <-i, -ie> agg mehrheitlich, Mehrheits-; **sistema ~** (POL) Mehrheitswahlrecht n

maggiormente [maddʒor'mente] avv ① (di più) mehr, stärker, in höherem Maß ② (più di tutto) am meisten

magi ['maːdʒi] mpl **i re ~** die Heiligen Drei Könige mpl, die drei Weisen mpl aus dem Morgenland

magia [ma'dʒiːa] <-gie> f ① (arte occulta) Magie f, Zauberei f ② (fig) Zauber m; **magico, -a** ['maːdʒiko] <-ci, -che> agg ① (di magia) Zauber-, magisch; **formula -a**

Zauberformel *f* ❷(*fig: incantevole*) zauberhaft, bezaubernd

magione [ma'dʒo:ne] *f* (*obs a scherz*) Domizil *n*

magistero [madʒis'tɛ:ro] *m* ❶(*insegnamento*) Lehrtätigkeit *f*, Lehramt *n* ❷(*obs: facoltà*) pädagogische Hochschule; **magistrale** [madʒis'tra:le] *agg* ❶(*per maestri*) Lehrer-, Lehr-; **istituto ~** Lehrerbildungsanstalt *für Grundschullehrer* ❷(*da maestro*) meisterhaft, vorbildlich

magistrato [madʒis'tra:to] *m* ❶(ADM: *carica pubblica*) öffentliches Amt; (*persona*) Amtsperson *f* ❷(JUR: *giudice*) Richter *m;* **magistratura** [madʒistra'tu:ra] *f* ❶(*organi giudiziari*) Justiz *f*, Justizbehörde *f* ❷(*funzione*) Richteramt *n* ❸(*magistrati*) Richterstand *m*

maglia ['maʎʎa] <-glie> *f* ❶(*intrecciatura*) Masche *f;* ~ **diritta/rovescia** rechte/linke Masche; **lavorare a** ~ stricken ❷(*maglione*) Pullover *m;* (SPORT) Trikot *n* ❸ *pl* (*fig: trame*) Netz *n;* **cadere nelle -glie d'un intrigo** in ein Intrigennetz geraten; **magliaia** [maʎʎa:ia] <-aie> *f* Strickerin *f;* **maglieria** [maʎʎe'ri:a] <-ie> *f* ❶(*genere di merci*) Trikotagen *fpl*, Strickwaren *fpl* ❷(*fabbrica*) Strickerei *f*, Wirkerei *f* ❸(*bottega*) Strickwarengeschäft *n;* **maglietta** [maʎʎetta] *f* (*indumento*) Strickhemd *n*, (leichter) Strickpullover *m*, T-Shirt *n;* **maglificio** [maʎʎi'fi:tʃo] <-ci> *m* Strickwarenfabrik *f*

maglio ['maʎʎo] <-gli> *m* ❶(*per forgiare*) Gesenkhammer *m* ❷(*martello*) (schwerer) Hammer *m* ❸(SPORT: *hockey*) Schläger *m*

maglione [maʎʎo:ne] *m* (dicker) Pullover *m*

magma ['magma] <-i> *m* Magma *n*

magnaccia [maɲ'nattʃa] <-> *m* (*dial*) Zuhälter *m*

magnanimità [maɲɲanimi'ta] <-> *f* Großmut *f;* **magnanimo, -a** [maɲ'ɲa:nimo] *agg* großmütig, edel

magnate [maɲ'ɲa:te] *m* Magnat *m*

magnesia [maɲ'nɛ:zia] *f* (CHEM) Magnesiumoxid *n*, Magnesia *f*

magnesio [maɲ'nɛ:zio] *m* Magnesium *n*

magnete [maɲ'nɛ:te] *m* ❶(PHYS) Magnet *m* ❷(EL) Zündmagnet *m*, Zündspule *f;* **magnetico, -a** [maɲ'nɛ:tiko] <-ci, -che> *agg* ❶(EL) magnetisch, Magnet-; **campo ~** Magnetfeld *n* ❷(*fig: sguardo*) magnetisierend; **magnetismo** [maɲɲe'tizmo] *m* Magnetismus *m;* **magnetizzabile** [maɲɲetid'dza:bile] *agg* (PHYS) magnetisierbar; **magnetizzare**

[maɲɲetid'dza:re] *vt* magnetisieren; **magnetizzazione** [maɲɲetiddzat'tsio:ne] *f* Magnetisierung *f;* **magnetofonico, -a** [maɲɲeto'fɔ:niko] <-ci, -che> *agg* ❶(*del magnetofono*) Magnetophon-, magnetisch ❷(*che è stato registrato dal magnetofono*) Tonband-, Magnetband-

magnetofono® [maɲɲe'tɔ:fono] *m* Tonbandgerät *n*, Magnetophon® *n*

magnetolettore [maɲɲetolet'to:re] *m* (INFORM) Tonbandwiedergabegerät *n;* **magnetolettura** [maɲɲetolet'tu:ra] *f* (INFORM) Abruf *m* von auf Datenträgern gespeicherten Daten; **magnetomeccanica** [maɲɲetomek'ka:nika] <-che> *f* (PHYS) Magnetomechanik *f*

magnificare [maɲɲifi'ka:re] *vt* verherrlichen, rühmen; **magnificenza** [maɲɲifi'tʃɛntsa] *f* ❶(*dell'animo*) Großmut *f* ❷(*di una festa, di una villa*) Pracht *f*, Prunk *m* ❸(*titolo*) Magnifizenz *f;* **magnifico, -a** [maɲ'ɲi:fiko] <-ci, -che> *agg* herrlich, prächtig; (*sontuoso*) prunkvoll

magniloquente [maɲɲilo'kuɛnte] *agg* salbungsvoll, pathetisch; **magniloquenza** [maɲɲilo'kuɛntsa] *f* Pathos *m*, Schwülstigkeit *f*

magno, -a ['maɲɲo] *agg* (*poet*) groß; **aula -a** Festsaal *m*, Aula *f;* **Carlo Magno** Karl der Große

magnolia [maɲ'nɔ:lia] <-ie> *f* Magnolie *f*

mago, -a ['ma:go] <-ghi, -ghe> *m*, *f* ❶(*che esercita magia*) Magier(in) *m(f)*, Zauberer *m*, Zauberin *f* ❷(*guaritore*) Wunderheiler(in) *m(f)*

magone [ma'go:ne] *m* (*sett*) ❶(*del pollo*) Hühnermagen *m* ❷(*fig: affanno*) Sorge *f*, Kummer *m;* **avere il** ~ ein unangenehmes Gefühl in der Magengegend haben

Magonza [ma'gontsa] *f* Mainz *n*

magra ['ma:gra] *f* Niedrigwasser *n;* **tempi di** ~ (*fig*) magere Zeiten *fpl*

magrezza [ma'grettsa] *f* Magerkeit *f*

magro ['ma:gro] *m* ❶(*senza grasso*) magerer Teil, Magere(s) *n* ❷(*senza carni*) fleischlose Kost; **mangiare di** ~ fleischlos essen

magro, -a *agg* ❶(*persona*) mager; ~ **come un chiodo** spindeldürr ❷(*fig: scarso*) dürftig, spärlich

mah [ma] *int v.* **ma**[1] II.

maharaja [maa'ra:dʒa *o* maara'dʒa] <-> *m* Maharadscha *m*

mai ['ma:i] *avv* ❶(*nessuna volta*) nie(mals); **nessuno ... ~** niemand ... je; **non ... ~** nie; ~ **più** nie mehr, nie wieder; **ora più che** ~ jetzt erst recht, jetzt mehr denn je; **~ e poi ~** nie und nimmer ❷ (*qualche volta*) jemals, je; **chi l'avrebbe ~ detto?** wer hätte das jemals gedacht? ❸ (*fam: interrogativo*) denn; **come ~ non vieni?** wieso kommst du denn nicht?

maiala [ma'ia:la] *f* (*vulg*) Sau *f*; **maiale** [ma'ia:le] *m* ❶ (zoo) Schwein *n* ❷ (*carne*) Schweinefleisch *n*, Schwein *n* ❸ (*vulg*) Sau *f*

mail ['meil] <-> *f* Mail *f*

mailinglist [meiliŋ'list] <-> *f* (INFORM) Mailinglist *f*

mail order ['meil 'ɔːdə] <-> *m* Bestellung *f* per Post

mainframe [mein'freim] <- *o* mainframes> *m* (INFORM) Großrechner *m*

maiolica [ma'iɔ:lika] <-che> *f* ❶ (*ceramica*) Majolika *f* ❷ *pl* (*vasellame*) Majolikawaren *fpl*

maionese [maio'ne:se] *f* Majonäse *f*

Maiorca [ma'iɔrka] *f* Mallorca *n*

mais ['ma:is] <-> *m* Mais *m*, Kukuruz *m A*

maiuscola [ma'iuskola] *f* Großbuchstabe *m*; **maiuscolo, -a** [ma'iuskolo] *agg* (*scrittura, lettera*) Groß-, groß(geschrieben)

mal [mal] *m v.* **male²**

mala ['ma:la] *f* (*sl*) Unterwelt *f*

malaccetto, -a [malat'tʃeto] *agg* unwillkommen, ungern gesehen

malaccio *avv* (*fam*) schlimm, übel

malaccolto, -a [malak'kɔlto] *agg* schlecht empfangen, schlecht aufgenommen

malacconcio, -a [malak'kontʃo] <-ci, -ce> *agg* unpassend, unangemessen

malaccortezza [malakkor'tettsa] *f* Unvorsichtigkeit *f*, Unachtsamkeit *f*; **malaccorto, -a** [malak'kɔrto] *agg* ❶ (*frase*) unpassend, unklug ❷ (*persona*) unachtsam, unvorsichtig

malachite [mala'ki:te] *f* Malachit *m*

malacopia [mala'kɔ:pia] <malecopie> *f* Konzept *n*; **scrivere in ~ qc** etw ins Unreine schreiben; **malacreanza** [malakre'antsa] <malecreanze> *f* Unhöflichkeit *f*, Plumpheit *f*

malafede [mala'fe:de] <*pl* malefedi> *f* böse Absicht *f*, Böswilligkeit *f*; **agire in ~** in böser Absicht handeln

malaffare [malaf'fa:re] *m* **di ~** verrufen, übel beleumdet

malagevole [mala'dʒe:vole] *agg* beschwerlich, anstrengend

malagevolezza [maladʒevo'lettsa] *f* Unbefahrbarkeit *f*

malagiato, -a [mala'dʒa:to] *agg* unbemittelt

malagrazia [mala'grattsia] <malegra-

zie> *f* Grobheit *f*, Ungeschliffenheit *f*

malalingua [mala'liŋgua] <malelingue> *f* Lästerzunge *f*, Lästermaul *n fam*

malamente [mala'mente] *avv* in übler Weise, schlecht

malandato, -a [malan'da:to] *agg* ❶ (*ridotto male*) heruntergekommen; (*negozio, bar*) heruntergewirtschaftet ❷ (*sciatto*) verwahrlost

malandrinesco, -a [malandri'nesko] <-chi, -che> *agg* schurkenhaft; **alla -a** wie ein Schurke

malandrino, -a [malan'dri:no] **I.** *m*, *f* ❶ (*scherz: furbo*) Schlingel *m*, Spitzbube *m* ❷ (*persona losca*) Übeltäter *m*, Bösewicht *m* **II.** *agg* ❶ (*gente, vita*) diebisch, unehrlich ❷ (*scherz: occhi, sorriso*) spitzbübisch, schelmisch

malanimo [ma'la:nimo] *m* Abneigung *f*; (*ostilità*) Feindseligkeit *f*; **con ~** feindselig; **di ~** widerwillig

malanno [ma'lanno] *m* ❶ (*disgrazia*) Unglück *n*, Unheil *n*; **un ~ non vien mai solo** (*prov*) ein Unglück kommt selten allein ❷ (*malattia*) Leiden *n*, Übel *n*; **malaparata** [malapa'ra:ta] <maleparate> *f* (*fam*) kritische [*o* gefährliche] Situation *f*; **malaparola** [malapa'rɔ:la] <maleparole *o* male parole> *f* böses Wort *n*; **prendere qc a male parole** etw in den falschen Hals bekommen

malapena [mala'pe:na] *f* **a ~** mit Müh' und Not, kaum

malaria [ma'la:ria] <-ie> *f* Malaria *f*; **malarico, -a** [ma'la:riko] <-ci, -che> **I.** *agg* Malaria-; **febbre -a** Sumpffieber *n* **II.** *m*, *f* Malariakranke(r) *f(m)*

malasanità [malasani'ta] <-> *f* schlecht funktionierendes Gesundheitswesen; **un altro episodio di ~** ein weiteres Beispiel für die vielen Übel im Gesundheitswesen

malasorte [mala'sɔrte] <malesorti> *f* Missgeschick *n*, Unglück *n*

malata *f v.* **malato**

malaticcio, -a [mala'tittʃo] <-cci, -cce> *agg* kränklich; **malato, -a** [ma'la:to] **I.** *agg* krank; **è ~ di fegato** er ist leberkrank; **essere ~ di invidia** (*fig*) grün sein vor Neid **II.** *m*, *f* Kranke(r) *f(m)*; **malattia** [malat'ti:a] <-ie> *f* ❶ (*morbo*) Krankheit *f* ❷ (*fig: vizio*) Laster *n*; (*fissazione*) fixe Idee; **~ professionale** Berufskrankheit *f*; **non bisogna farne una ~** man darf sich deshalb nicht verrückt machen lassen

malaugurato, -a [malaugu'ra:to] *agg* unglückselig, verhängnisvoll; **malaugurio** [malau'gu:rio] <-i> *m* böses Omen; **fare l'uccello del ~** den Teufel an die Wand malen

malavita [mala'vi:ta] *f* Unterwelt *f;* **malavitoso, -a** [malavi'to:so] **I.** *agg* Unterwelt-, Verbrecher- **II.** *m, f* Verbrecher(in) *m(f);* **gruppi di -i** Gruppierungen der Unterwelt

malavoglia [mala'vɔʎʎa] <malevoglie> *f* Widerwillen *n,* Unlust *f;* **di ~** ungern, widerwillig

malcaduco [malka'du:ko] <-chi> *m* (*fam: epilessia*) Fallsucht *f*

malcapitato, -a [malkapi'ta:to] **I.** *agg* unglücklich **II.** *m, f* Unglückliche(r) *f(m),* Pechvogel *m*

malcelato, -a [maltʃe'la:to] *agg* unverhohlen

malconcio, -a [mal'kontʃo] <-ci, -ce> *agg* (*persona*) übel zugerichtet

malcontento [malkon'tɛnto] *m* Unzufriedenheit *f*

malcontento, -a *agg* unzufrieden

malcostume [malkos'tu:me] *m* Sittenlosigkeit *f,* Verdorbenheit *f*

maldestro, -a [mal'dɛstro] *agg* ungeschickt, unbeholfen

maldicente [maldi'tʃɛnte] **I.** *agg* klatschsüchtig **II.** *mf* Lästerzunge *f,* Lästermaul *n fam;* **maldicenza** [maldi'tʃɛntsa] *f* ❶(*sparlare*) Lästern *n* ❷(*calunnie*) üble Nachrede, Verleumdung *f*

maldisposto, -a [maldis'posto] *agg* **essere ~ verso qu** jdm übel gesinnt sein

male[1] ['ma:le] <peggio, malissimo> *avv* ❶(*non bene*) schlecht; **star ~** krank sein, sich unwohl fühlen; **finir ~** ein böses Ende nehmen; **andar di ~ in peggio** immer schlechter gehen; **meno ~ che è finita** gut, dass es vorbei ist ❷(*erroneamente*) fälschlicherweise

male[2] *m* ❶(*non bene*) Schlechte(s) *n,* Böse(s) *n;* **fare il ~** Böses tun; **non c'è ~** es geht ❷(*danno*) Schaden *m* ❸(*sventura*) Unglück *n,* Unheil *n;* **non tutto il ~ vien per nuocere** (*prov*) durch Schaden wird man klug; **mal comune mezzo gaudio** (*prov*) geteiltes Leid ist halbes Leid ❹(*dolore*) Schmerz *m;* **far ~** weh tun; **mal di denti** Zahnschmerzen *mpl* ❺(*malattia*) Krankheit *f,* Leiden *n;* **mal d'auto** Reisekrankheit *f*

malecopie *pl di* **malacopia**

malecreanze *pl di* **malacreanza**

maledetto [male'detto] **I.** *pp di* **maledire** **II.** *agg* (*a fam pej*) verdammt, verflucht **III.** *m, f* Verdammte(r) *f(m),* Verfluchte(r) *f(m);* **maledire** [male'di:re] <irr> *vt* verdammen, verfluchen

maledizione[1] [maledit'tsio:ne] *f* ❶(*con-*

danna) Fluch *m,* Verwünschung *f* ❷(*fig: rovina*) Fluch *m*

maledizione[2] *int* ~! **il treno è partito** (*fam*) verdammt (nochmal), der Zug ist weg

maleducato, -a [maledu'ka:to] **I.** *agg* ungezogen, flegelhaft **II.** *m, f* Flegel *m,* Lümmel *m;* **maleducazione** [maledukat'tsio:ne] *f* Ungezogenheit *f,* Flegelhaftigkeit *f*

malefatta [male'fatta] *f* Verfehlung *f,* Missetat *f*

malefedi (*rar*) *pl di* **malafede**

maleficio [male'fi:tʃo] <-ci> *m* Hexerei *f,* Zauberei *f;* **malefico, -a** [ma'lɛːfiko] <-ci, -che> *agg* ❶(*nocivo*) schädlich, giftig ❷(*di maleficio*) Zauber-, Hexen-

malegrazie *pl di* **malagrazia**

malelingue *pl di* **malalingua**

maleodorante [maleodo'rante] *agg* übel riechend

maleparate *pl di* **malaparata**

malerba [ma'lɛrba] *f* Unkraut *n;* **la ~ non muore mai** (*scherz*) Unkraut vergeht nicht *fam*

malesorti *pl di* **malasorte**

malessere [ma'lɛssere] *m* ❶(*indisposizione*) Unwohlsein *n,* Unpässlichkeit *f* ❷(*fig: turbamento*) Unbehagen *n,* Unruhe *f*

malestro [ma'lɛstro] *m* Schaden *m*

malevoglie *pl di* **malavoglia**

malevolenza [male'vo'lɛntsa] *f* Missgunst *f,* Böswilligkeit *f;* **malevolo, -a** [ma'lɛːvolo] *agg* missgünstig, böswillig

malfamato, -a [malfa'ma:to] *agg* verrufen, übel beleumdet

malfatto [mal'fatto] *m* Unrecht *n,* Verfehlung *f*

malfatto, -a *agg* ❶(*lavoro, azione*) missraten, misslungen ❷(*corpo, persona*) missgestaltet

malfattore, -trice [malfat'to:re] *m, f* Übeltäter(in) *m(f),* Missetäter(in) *m(f)*

malfermo, -a [mal'fermo] *agg* (*passo, persona*) unsicher; (*struttura*) instabil

malformato, -a [malfor'ma:to] *agg* missgebildet; **malformazione** [malformat'tsio:ne] *f* Missbildung *f*

malfunzionamento [malfuntsiona'mento] *m* mangelnde Funktionstüchtigkeit

malga ['malga] <-ghe> *f* Alm *f,* Hochweide *f*

malgarbo [mal'garbo] *m* Grobheit *f*

malgoverno, mal governo [malgo'vɛrno] *m* Misswirtschaft *f*

malgrado [mal'gra:do] **I.** *prp* trotz +*gen* o *dat* **II.** *cong* +*conj* obwohl, wenn … auch

M

III. *avv* **mio/tuo** ~ gegen meinen/deinen Willen

malia [ma'li:a] <-ie> *f* ❶ (*fascino*) Zauber *m*, Faszination *f* ❷ (*pratica magica*) Zauberei *f*, Hexerei *f*; **maliardo, -a** [ma'liardo] *agg* bezaubernd, faszinierend

malignare [maliɲ'ɲa:re] *vi* ~ **su qu/qc** über jdn/etw klatschen; **malignità** [maliɲɲi'ta] <-> *f* Boshaftigkeit *f*, Bosheit *f*; **maligno, -a** [ma'liɲɲo] *agg* ❶ (*avverso*) böse ❷ (*malvagio*) boshaft, böswillig ❸ (MED) bösartig

malinconia [maliŋko'ni:a] <-ie> *f* Melancholie *f*; **malinconico, -a** [maliŋ'kɔ:niko] <-ci, -che> *agg* melancholisch

malincuore [maliŋ'kuɔ:re] *m* **a** ~ schweren Herzens, notgedrungen

malinformato, -a [malinfor'ma:to] *agg* schlecht informiert

malintenzionato, -a [malintentsio-'na:to] *agg* übel gesinnt, böswillig

malinteso [malin'te:so] *m* Missverständnis *n*

malinteso, -a *agg* (*male interpretato*) missverstanden

malissimo [ma'lissimo] *avv* superlativo di **male[1]**

malizia [ma'littsia] <-ie> *f* ❶ (*sentimento*) Arglist *f*, Bosheit *f* ❷ (*furbizia allusiva*) Pfiffigkeit *f*, Gewitztheit *f* ❸ (*astuzia*) Trick *m*, Finesse *f*; **malizioso, -a** [malit'tsio:so] *agg* ❶ (*maligno*) boshaft, arglistig ❷ (*birichino*) pfiffig, gewitzt

malleabile [malle'a:bile] *agg* ❶ (*metallo*) hämmerbar, formbar; (PHYS) dehnbar ❷ (*fig: carattere*) gefügig; **malleabilità** [malleabili'ta] <-> *f* ❶ (PHYS) Dehnbarkeit *f* ❷ (*fig*) Gefügigkeit *f*

malleolo [mal'lɛ:olo] *m* (Fuß)knöchel *m*

mallevadore, -drice [malleva'do:re] *m, f* Bürge *m*; **malleveria** [malleve'ri:a] <-ie> *f* Bürgschaft *f*

mallo ['mallo] *m* weiche Außenschale *f* (*von Nüssen u Mandeln*)

malloppo [mal'lɔppo] *m* (*fam*) Sore *f sl*, (Diebes)beute *f*

malmenare [malme'na:re] *vt* ❶ (*conciare male*) misshandeln; (*picchiare*) verprügeln ❷ (*fig*) attackieren; (*strumento*) maltrátieren

malmesso, -a [mal'messo] *agg* verwahrlost; (*negli abiti*) nachlässig, ungepflegt

malnutrito, -a [malnu'tri:to] *agg* unterernährt

malo, -a ['ma:lo] *agg* böse, schlecht; **in ~ modo** in übler Weise

malocchio [ma'lɔkkio] *m* böser Blick

malora [ma'lo:ra] *f* Verderben *n*, Verhäng-

nis *n*; **mandare qu in** ~ jdn zugrunde richten; (**va**) **in ~!** (*fam*) (geh) zum Teufel!

malore [ma'lo:re] *m* plötzliche Übelkeit

malpagato, -a [malpa'ga:to] *agg* schlecht bezahlt, unterbezahlt

malpartito [malpar'ti:to] *avv* **a** ~ in einem schlechten Zustand, in einer schlechten Lage

malpensante [malpen'sante] *agg* übel gesinnt, schlecht denkend; **malpreparato, -a** [malprepa'ra:to] *agg* unvorbereitet, schlecht vorbereitet; **malridotto, -a** [malri'dotto] *agg* ❶ (*oggetto*) verschlissen, abgenutzt ❷ (*persona*) übel zugerichtet

malriuscito, -a [malriuʃʃi:to] *agg* nicht geglückt, misslungen

malsano, -a [mal'sa:no] *agg* ❶ (*clima, ambiente*) ungesund ❷ (*persona*) krank, kränklich

malservito, -a [malser'vi:to] *agg* schlecht bedient; **malsicuro, -a** [malsi'ku:ro] *agg* ❶ (*instabile*) instabil, schwankend ❷ (*fig: incerto*) ungewiss, zweifelhaft, unsicher

malta ['malta] *f* Mörtel *m*

Malta ['malta] *f* Malta *n*

maltagliati [maltaʎʎa:ti] *mpl* kleine, unregelmäßig geschnittene Nudeln

maltempo [mal'tɛmpo] *m* Unwetter *n*; (*cattivo tempo*) schlechtes Wetter

malto ['malto] *m* Malz *n*

maltrattamento [maltratta'mento] *m* Misshandlung *f*; **maltrattare** [maltrat'ta:re] *vt* ❶ (*persone, animali*) misshandeln, quälen ❷ (*fig*) verstümmeln, verschandeln

malumore [malu'mo:re] *m* ❶ (*cattiva vena*) schlechte Laune, Missstimmung *f* ❷ (*scontentezza*) Unzufriedenheit *f*, Verstimmung *f*

malva ['malva] *f* Malve *f*

malvagio, -a [mal'va:dʒo] <-gi, -gie> **I.** *agg* niederträchtig, böse **II.** *m, f* Bösewicht *m*; **malvagità** [malvadʒi'ta] <-> *f* Niedertracht *f*, Bosheit *f*

malversazione [malversat'tsio:ne] *f* Veruntreuung *f*, Unterschlagung *f*

malvestito, -a [malves'ti:to] *agg* schlecht gekleidet

malvissuto, -a [malvis'su:to] *agg* verlebt

malvisto, -a [mal'visto] *agg* unbeliebt

malvivente [malvi'vɛnte] *mf* Übeltäter(in) *m(f)*, Verbrecher(in) *m(f)*; **malvivenza** [malvi'vɛntsa] *f* ❶ (*rar: malavita*) Unterwelt *f*, Verbrecherwelt *f*, Verbrechertum *n* ❷ (*modo di comportarsi da malvivente*) sträfliches Verhalten

malvolentieri [malvolen'tiɛri] *avv* ungern, widerwillig

malvolere [malvo'le:re] *vt* **farsi ~ da qu** sich bei jdm unbeliebt machen

mamma[1] ['mamma] *f* ❶ (*fam*) Mama *f*, Mami *f* *fam* ❷ (*fig*) Mutter *f*

mamma[2] *int* **~ mia!** (ach) du lieber Himmel!

mammario, -a [mam'ma:rio] <-i, -ie> *agg* Brust-; **mammella** [mam'mɛlla] *f* ❶ (ANAT) (weibliche) Brust *f* ❷ (*di animali*) Zitze *f*; **mammifero** [mam'mi:fero] *m* Säugetier *n*

mammo ['mammo] *m* (*scherz*) Hausmann *m*

mammografia [mammogra'fi:a] *f* Mammographie *f*

mammola ['mammola'fi:a] *f* Veilchen *n*

mammut [mam'mut] <-> *m* Mammut *n*

management ['mænidʒmənt] <- *o* managements> *m* Management *n*

manager ['mænidʒə *o* 'manadʒer] <- *o* managers> *mf* (COM) Manager(in) *m(f)*, Leiter(in) *m(f)*; **manageriale** [manadʒe'ria:le] *agg* Manager-, Führungs-; **spirito ~** unternehmerischer Geist; **managerialità** [manadʒeriali'ta] <-> *f* Führungsqualitäten *fpl*

managerismo [manadʒe'rizmo] *m* (*pej*) Zielstrebigkeit *f*, Karrieredenken *n*

managing ['mænidʒiŋ *o* 'manadʒiŋ(g)] <-> *m* Führungsetage *f*

manata [ma'na:ta] *f* ❶ (*colpo*) Schlag *m* mit der Hand ❷ (*quantità*) Hand *f* voll

mancamento [maŋka'mento] *m* Ohnmacht *f*

mancanza [maŋ'kantsa] *f* ❶ (*carenza*) **la ~ di qc** der Mangel an etw *dat*; **per ~ di** aus Mangel an +*dat*; **in ~ di meglio** mangels Alternative ❷ (*fallo*) Fehler *m*, Verfehlung *f*; **mancare** [maŋ'ka:re] **I.** *vi* ❶ *essere* (*essere assente, insufficiente*) fehlen; (*persone*) abwesend sein ❷ *essere* (*venir meno*) wegbleiben; (*luce*) ausfallen ❸ *essere* (*spazio, tempo*) fehlen; **mancano tre giorni a Natale** es sind noch drei Tage bis Weihnachten ❹ *avere* **~ a qc** (*sottrarsi*) etw versäumen; (*non mantenere*) etw nicht (ein)halten ❺ *avere* (*trascurare*) **~ a qc** etw vernachlässigen **II.** *vt avere* ❶ (*fallire*) verfehlen ❷ (*perdere*) verpassen; **non farsi ~ niente** es sich *dat* an nichts fehlen lassen; **ci mancherebbe altro!** das fehlte gerade noch!; **mancato, -a** [maŋ'ka:to] *agg* (*tentativo*) fehlgeschlagen, erfolglos; (*scrittore, artista*) verhindert

manche ['mã:ʃ] <-> *f* Durchgang *m*, Runde *f*

manchevole [maŋ'ke:vole] *agg* ❶ (*insufficiente*) unzulänglich ❷ (*imperfetto*) mangelhaft; **manchevolezza** [maŋkevo'lettsa] *f* ❶ (*scorrettezza*) Verfehlung *f*, Fehltritt *m* ❷ (*insufficienza*) Unzulänglichkeit *f*, Mangelhaftigkeit *f*

mancia ['mantʃa] <-ce> *f* Trinkgeld *n*

manciata [man'tʃa:ta] *f* Hand voll *f*; **a -e** mit vollen Händen; **una ~ di sabbia** eine Hand voll Sand

mancino, -a [man'tʃi:no] **I.** *agg* ❶ (*persona*) linkshändig ❷ (*lato*) linke(r, s) ❸ (*fig*) link *fam*, hinterhältig, (heim)tückisch **II.** *m, f* Linkshänder(in) *m(f)*

manco ['maŋko] *avv* (*fam*) nicht mal, auch nicht; **~ per sogno** nicht mal im Traum; **~ a dirlo!** darüber reden wir nicht (ein)mal!; **~ male!** zum Glück!, Gott sei Dank!

mandante [man'dante] *mf* Auftraggeber(in) *m(f)*; (JUR) Mandant(in) *m(f)*

mandarancio [manda'rantʃo] <-ci> *m* Klementine *f*

mandare [man'da:re] *vt* ❶ (*inviare*) schicken, (über)senden; (*far andare*) schicken; **~ a chiamare qu** nach jdm schicken; **non ~ giù qc** (*fig*) etw nicht schlucken *fam*, etw nicht hinnehmen ❷ (*raggi, profumo*) ausstrahlen; (*grido*) ausstoßen

mandarino [manda'ri:no] *m* ❶ (BOT) Mandarine *f* ❷ (HIST) Mandarin *m*

mandata [man'da:ta] *f* ❶ (*spedizione*) Sendung *f* ❷ (*di serrature*) (Schlüssel)umdrehung *f*; **mandatario, -a** [manda'ta:rio] <-i, -ie> *m, f* Mandatar *m*, Beauftragte(r) *f(m)*; **mandato** [man'da:to] *m* ❶ (*incarico*) Auftrag *m*; **~ di cattura** Haftbefehl *m* ❷ (POL: *delega*) Mandat *n*; **durata del ~** Mandatszeit *f* ❸ (COM) (Zahlungs)anweisung *f*

mandibola [man'di:bola] *f* Unterkiefer *m*

mandolino [mando'li:no] *m* Mandoline *f*

mandorla ['mandorla] *f* Mandel *f*; **mandorlato** [mandor'la:to] *m* Mandelgebäck *n*, Mandelkuchen *m*; **mandorlo** ['mandorlo] *m* Mandelbaum *m*

mandra, mandria ['mandra, 'mandria] <-ie> *f* (*a fig, pej*) Herde *f*; **mandriano** [mandri'a:no] *m* Viehhüter *m*

mandrillo [man'drillo] *m* ❶ (ZOO) Mandrill *m* ❷ (*fam fig: libidinoso*) Lustmolch *m*, Sexprotz *m*

mandrino [man'dri:no] *m* Spindel *f*

maneggevole [maned'dʒe:vole] *agg* ❶ (*arnese*) handlich ❷ (*fig: carattere*) gefügig, fügsam; **maneggiare** [maned'dʒa:re] *vt* ❶ (*materiali*) bearbeiten ❷ (*arnesi*) handhaben, umgehen mit; **maneggio** [ma'neddʒo] <-ggi> *m* ❶ (*uso*)

Verwendung *f,* Handhabung *f* ❷ (*amministrazione*) Verwaltung *f,* Führung *f* ❸ (*manovra*) Manipulation *f,* Manöver *n* ❹ (*esercizi per cavalli*) Zureiten *n;* (*luogo*) Manege *f;* **maneggione, -a** [maned'dʒo:ne] *m, f* Intrigant(in) *m(f)*

manesco, -a [ma'nesko] <-schi, -sche> *agg* handgreiflich, tätlich

manetta [ma'netta] *f* ❶ (TEC) (Hand)hebel *m;* **andare a ~** mit Vollgas fahren ❷ *pl* Handschellen *fpl;* **mettere le -e a qu** jdm Handschellen anlegen

manga ['manga] <-> *m* Manga-Comic *m*

manganellare [manganel'la:re] *vt* (nieder)knüppeln; **manganello** [manga'nɛllo] *m* Knüppel *m*

manganese [manga'ne:se] *m* Mangan *n*

mangereccio, -a [mandʒe'rettʃo] <-cci, -cce> *agg* essbar, Speise-

mangeria [mandʒe'ri:a] <-ie> *f* (*fam*) Unterschlagung *f*

mangiabambini [mandʒabam'bi:ni] <-> *mf* Kinderschreck *m;* **orco ~** der gute Riese

mangiabile [man'dʒa:bile] *agg* essbar

mangiadischi [mandʒa'diski] <-> *m* (*obs*) automatischer tragbarer Plattenspieler mit Schlitzöffnung

mangia-e-bevi [mandʒae'be:vi] <-> *m* (GASTR) gemischtes Eis mit Früchten (und Likör), Fruchtbecher *m;* **mangiafagioli** [mandʒafa'dʒɔ:li] <-> *mf* ❶ (*scherz: persona che mangia moltissimi fagioli*) Bohnenfan *m,* Bohnenesser(in) *m(f)* ❷ (*pej: persona goffa e grossolana*) Bauer *m*

mangiafumo [mandʒa'fu:mo] <-> *agg* Rauchverzehrer-; **candela ~** Rauchverzehrer *m*

mangiamoccoli [mandʒa'mɔkkoli *o* mandʒa'mokkoli] <-> *mf* (*pej*) Frömmler(in) *m(f)*

mangianastri [mandʒa'nastri] <-> *m* Kassettenrecorder *m;* **mangiapagnotte** [mandʒapaɲ'ɲɔtte] <-> *mf* Schmarotzer(in) *m(f)* auf Staatskosten

mangiapane [mandʒa'pa:ne] <-> *mf* Gedieb(in) *m(f);* **~ a tradimento** [*o* a ufo] Schnorrer *m;* **mangiapatate** [mandʒapa'ta:ta] I. <-> *mf* (*fig pej*) Faulenzer(in) *m(f),* Tagedieb(in) *m(f),* Tachinierer(in) *m(f) A* II. <inv> *agg* kartoffelessend; **tedeschi ~** Kartoffelesser *mpl;* **mangiapolenta** [mandʒapo'lɛnta] <-> *mf* (*scherz: riferito ai lombardi e veneti*) Polentaesser(in) *m(f)* (*meist abwertender Spitzname der Süditaliener für Norditaliener*); **mangiapopolo** [mandʒa'pɔ:polo] <rar -i> *mf* Volksausbeuter(in) *m(f)*

mangiapreti [mandʒa'prɛ:ti] <-> *mf* Pfaf-

fenhasser(in) *m(f),* Pfaffenächter(in) *m(f)*

mangiare[1] [man'dʒa:re] *vt* ❶ (*cibi*) essen; (*animali*) fressen; **dare da ~ a qu** jdn füttern; **mangiarsi le mani** (*fig*) sich *dat* in den Hintern beißen (können) *fam;* **mangiarsi qu con gli occhi** jdn mit den Augen verschlingen ❷ (*consumare*) verbrauchen; (*patrimonio, risparmi*) verschlingen, aufzehren ❸ (*parole*) verschlucken ❹ (*pedina*) schlagen; (*carta*) stechen ❺ (*fig: intaccare*) zerfressen

mangiare[2] *m* Essen *n,* Speise *f;* (*di animali*) Fressen *n*

mangiasapone [mandʒasa'po:ne] <-> *mf* (*pej*) Seifenfresser(in) *m(f)* (*Schimpfname der Norditaliener für die Süditaliener*)

mangiasoldi [mandʒa'sɔldi] <inv> *agg* **macchinetta ~** Spielautomat *m*

mangiata [man'dʒa:ta] *f* (*fam*) Schmaus *m;* **farsi una bella ~** sich den Bauch vollschlagen

mangiatoia [mandʒa'to:ia] <-oie> *f* (Futter)krippe *f;* **mangiatore, -trice** [mandʒa'to:re] *m, f* Esser(in) *m(f);* **~ di fuoco** Feuerschlucker *m*

mangiauomini [mandʒa'uɔ:mini] <-> *f* (*scherz*) Männervernascherin *f,* männermordender Vamp

mangime [man'dʒi:me] *m* Futter *n*

mangione, -a [man'dʒo:ne] *m, f* (*scherz*) Vielfraß *m fam;* **mangiucchiare** [mandʒuk'kia:re] *vt* essen wie ein Spatz

mango ['mango] <-ghi> *m* Mango *f*

mangusta [man'gusta] *f* Manguste *f,* Mungo *m*

mania [ma'ni:a] <-ie> *f* ❶ (PSYCH) Wahn *m,* Manie *f;* **~ di persecuzione** Verfolgungswahn *m* ❷ (*fig: fissazione*) Manie *f;* (*passione*) Leidenschaft *f;* **avere la ~ del ballo** leidenschaftlich gern tanzen; **maniacalità** [maniakali'ta] <-> *f* Besessenheit *f;* **maniaco, -a** [ma'ni:ako] <-ci, -che> I. *agg* ❶ (PSYCH) manisch, Wahn- ❷ (*fig: fanatico*) fanatisch II. *m, f* ❶ (PSYCH) Wahnsinnige(r) *f(m)* ❷ (*fig*) Fanatiker(in) *m(f),* Verrückte(r) *f(m) fam*

manica ['ma:nika] <-che> *f* Ärmel *m;* **in -che di camicia** (*a fig*) hemdsärmelig; **senza ~** ärmellos; **essere di ~ larga** (*fig*) nachsichtig sein; **essere di ~ stretta** (*fig*) streng sein; **è un altro paio di -che!** (*fam*) das ist ein anderes Paar Schuhe

Manica ['ma:nika] *f* Ärmelkanal *m*

manicaretto [manika'retto] *m* Leckerbissen *m*

manichetta [mani'ketta] *f* ❶ (*mezza manica*) Ärmelschoner *m* ❷ (TEC: *tubo*) Schlauch *m*

manichino [mani'ki:no] *m* **❶** (*per artisti*) Gliederpuppe *f* **❷** (*per sarti*) Schneiderpuppe *f*, Kleiderpuppe *f*; (*da vetrina*) Schaufensterpuppe *f*

manico ['ma:niko] <-chi *o* -ci> *m* Griff *m*; (*di coltello*) Heft *n*; (*di pentola*) Henkel *m*; (*di scopa*) Stiel *m*; (*di borsa*) Bügel *m*; (*di strumento a corda*) Hals *m*

manicomio [mani'kɔ:mio] <-i> *m* **❶** (*ospedale*) Psychiatrie *f*, psychiatrische Klinik *f* **❷** (*fig, scherz*) Irrenhaus *n fam*

manicotto [mani'kɔtto] *m* **❶** (*di pelliccia*) Muff *m* **❷** (TEC) Muffe *f*, Manschette *f*

manicure [mani'ku:re] <-> *f* Maniküre *f*

maniera [ma'niɛːra] *f* **❶** (*modo*) Art *f*, Weise *f*; (*stile*) Stil *m*; **alla ~ di ...** nach Art +*gen*, auf ...-art; **in tutte le -e** unbedingt; **ognuno alla sua ~** jeder nach seinem Geschmack **❷** *pl* (*galateo*) Manieren *fpl*

manierato, -a [manie'ra:to] *agg* gekünstelt; **manierismo** [manie'rizmo] *m* (*arte*) Manierismus *m*; **manierista** [manie'rista] <-i *m*, -e *f*> **I.** *mf* Manierist(in) *m(f)* **II.** *agg* manieristisch

maniero [ma'niɛːro] *m* (*poet*) Schloss *n*, Burg *f*

manifattura [manifat'tu:ra] *f* **❶** (*lavorazione*) Verarbeitung *f* **❷** (*stabilimento*) Manufaktur *f*, Manufakturbetrieb *m*; **manifatturiero, -a** [manifattu'riɛ:ro] *agg* Verarbeitungs-

manifestante [manifes'tante] *mf* Demonstrant(in) *m(f)*, Teilnehmer(in) *m(f)* einer Kundgebung; **manifestare** [manifes'ta:re] **I.** *vt* kundtun *geh*, äußern **II.** *vi* demonstrieren **III.** *vr* **-rsi** sich zeigen, sich erweisen; **manifestazione** [manifestat'tsio:ne] *f* **❶** (*di coraggio, gioia*) Zeichen *n*, Äußerung *f* **❷** (*spettacolo*) Veranstaltung *f* **❸** (*dimostrazione pubblica*) Demonstration *f*, Kundgebung *f*; **~ contro la guerra** Antikriegskundgebung *f*; **manifestino** [manifes'ti:no] *m* Flugblatt *n*, Flugzettel *m A*

manifesto [mani'fɛsto] *m* **❶** (*avviso*) Plakat *n*, Bekanntmachung *f* **❷** (*programma*) Manifest *n*

manifesto, -a *agg* deutlich, offenkundig; (*noto*) bekannt

maniglia [ma'niʎʎa] <-glie> *f* Griff *m*; (*di sostegno*) Handgriff *m*; (*di porta*) Klinke *f*, Türschnalle *f A*

manigoldo [mani'goldo] *m* **❶** (*furfante*) Schurke *m* **❷** (*scherz*) Spitzbube *m*, Gauner *m*

manipolare [manipo'la:re] *vt* **❶** (*materiale*) bearbeiten **❷** (*sofisticare*) verfälschen **❸** (*fig: elezioni, risultati*) manipulieren;

manipolativo, -a [manipola'ti:vo] *agg* **❶** (*di manipolazione*) manipulierend, manipulativ *geh* **❷** (JUR: *nel processo costituzionale*) **sentenze -e** Verfassungsurteile *npl*; **manipolazione** [manipolat'tsio:ne] *f* **❶** (*di ingredienti*) Bearbeitung *f* **❷** (*fig: di notizie, dati*) Manipulation *f*

manipolo [ma'ni:polo] *m* **❶** (*fascio*) Bündel *n* **❷** (*gruppetto*) Schar *f*

mani pulite [mani pu'li:te] <*senza articolo*> *pl* (*fig*) Antikorruptionsprozesse *mpl*

maniscalco [manis'kalko] <-chi> *m* Hufschmied *m*

manna ['manna] *f* **❶** (REL, BOT) Manna *n* **❷** (*fig: bene inatteso*) Geschenk *n* des Himmels, Segen *m*; **aspettare la ~ dal cielo** warten, bis einem die gebratenen Tauben in den Mund fliegen *fam*

mannaggia [man'naddʒa] *int* (*mer*) verflixt (nochmal) *fam*, verdammt (nochmal) *fam*

mannaia [man'na:ia] <-aie> *f* Henkersbeil *n*

mannaro [man'na:ro] *agg* **lupo ~** Werwolf *m*; (*delle favole*) böser Wolf

mannequin [man'kɛ̃] <-> *f* Mannequin *n*

mano ['ma:no] *f* **❶** (*arto*) Hand *f*; **fallo di ~** (SPORT) Handspiel *n*; **a portata di ~** bei der Hand, (griff)bereit; **alla ~** (*fig: persona*) umgänglich; **fuori ~** abgelegen, entlegen; **man ~ che** (*come*) wie; (*mentre*) während; **man ~ a ~, man ~** nach und nach; **andare contro ~** die falsche Fahrspur benutzen; **dare la ~** die Hand geben; **dare una ~ a qu** (*fig*) jdm zur Hand gehen; **di prima/seconda ~** aus erster/zweiter Hand; **tenere per ~** an der Hand halten; **far man bassa di qc** etw einsacken, etw an sich raffen; (*mangiare*) etw aufessen; **prendere la ~** (*cavallo*) durchgehen; **stare con le -i in ~** die Hände in den Schoß legen; **ho le -i legate** mir sind die Hände gebunden; **ho le -i bucate** mir zerrinnt das Geld zwischen den Fingern; **-i in alto!** Hände hoch!; **-i pulite** (*fig* POL) Antikorruptionsprozesse *mpl* **❷** (*di colore, vernice*) Anstrich *m*; (*strato*) Schicht *f* **❸** (*potere*) Gewalt *f*, Macht *f*; **essere in ~ a qu** in jds Gewalt sein **❹** (*lato*) Seite *f*; **manodopera, mano d'opera** [mano'dɔ:pera] *f* **❶** (*lavoratori*) Arbeitskräfte *fpl* **❷** (*costo*) Arbeitslohn *m*

manomesso *pp di* **manomettere**

manometria [manome'tri:a] <*sing*> *f* (PHYS) Manometrie *f*

manometro [ma'nɔ:metro] *m* Manometer *n*, Druckmesser *m*

manomettere [mano'mettere] <irr> *vt*

➊ (*lettera*) (unerlaubt) öffnen; (*cassetto*) aufbrechen; (*tomba*) plündern **➋** (*documenti*) fälschen

manomorta [mano'mɔrta] *f* (*fam scherz*) **fare la** ~ zudringlich werden

manopesca [mano'peska] <inv> *agg* Samt-, aus Samt; **stoffa** ~ Samt *m*

manopola [ma'nɔːpola] *f* **➊** (*impugnatura*) Halteriemen *m*, (Halte)griff *m* **➋** (TEC) (Dreh)knopf *m*, Regler *m*

manoscritto [manos'kritto] *m* Manuskript *n*

manoscritto, -a *agg* handschriftlich, handgeschrieben

manovalanza [manova'lantsa] *f* Hilfsarbeit *f*, Handlangerdienst *m*; **manovale** [mano'vaːle] *m* Handlanger *m*, Hilfsarbeiter *m*

manovella [mano'vɛlla] *f* Kurbel *f*; **manovellismo** [manovel'liːzmo] *m* Kurbeltrieb *m*

manovra [ma'nɔːvra] *f* **➊** (TEC) Bedienung *f* **➋** (*fig*) Maßnahmen *fpl*, Vorkehrungen *fpl* **➌** (*guida, timone*) Steuerung *f*; **manovrabile** [mano'vraːbile] *agg* (TEC) lenkfähig, manövrierfähig; **manovrare** [mano'vraːre] I. *vt* **➊** (*azionare*) betätigen, bedienen **➋** (*fig: persona*) lenken, handhaben II. *vi* **➊** (MIL) manövrieren **➋** (*fig: tramare*) manövrieren; **manovratore** [manovra'toːre] *m* (*guidatore*) Führer *m*, Lenker *m*

manrovescio [manro'vɛʃʃo] *m* Ohrfeige *f* (mit dem Handrücken)

mansarda [man'sarda] *f* Mansarde *f*

mansionario [mansio'naːrio] <-i> *m* **➊** (HIST, REL) Kirchendiener(in) *m(f)*, Messner(in) *m(f)*, Küster(in) *m(f)* **➋** (ADM) Aufgabenfeld *n* **➌** (JUR) Aufgabenverteilung *f*

mansione [man'sioːne] *f* **➊** (*compito*) Aufgabe *f*; (ADM) Obliegenheit *f* **➋** (*competenza*) Befugnis *f*

mansueto, -a [mansu'ɛːto] *agg* sanft; (*animale*) zahm; **mansuetudine** [mansue'tuːdine] *f* Sanftheit *f*; (*di animale*) Zahmheit *f*

mantecare [mante'kaːre] *vt* (*pasta*) kneten; (*colla*) anrühren; **mantecato** [mante'kaːto] *m* (*gelato*) weiches, feinkörniges Speiseeis

mantella [man'tɛlla] *f* Cape *n*, Pelerine *f*; **mantello** [man'tɛllo] *m* **➊** (*cappotto*) Mantel *m*, Umhang *m* **➋** (ZOO) Fell *n* **➌** (*fig: strato*) Decke *f*

mantenere [mante'neːre] <irr> I. *vt* **➊** (*far continuare*) (er)halten **➋** (*persone, famiglia*) unterhalten, ernähren; (*amante*) aushalten **➌** (*parola, promessa*) einhalten,

halten; (*segreto*) bewahren; (*ordine, affermazione*) aufrecht erhalten; (*posto*) behaupten, halten II. *vr* **-rsi** **➊** (*giovani, in forze*) sich erhalten **➋** (*provvedere ai bisogni*) für seinen Unterhalt sorgen; **mantenimento** [manteni'mento] *m* **➊** (*conservazione*) Erhaltung *f* **➋** (*di famiglia*) Unterhalt *m*, Ernährung *f* **➌** (*di parola, promessa*) Einhaltung *f*, Halten *n*; (*di posto*) Behauptung *f*; (*di ordine, affermazione*) Aufrechterhaltung *f*

mantenni *1. pers sing pass rem di* **mantenere**

mantenuto *pp di* **mantenere**

mantice ['mantitʃe] *m* **➊** (MUS) (Blase)balg *m* **➋** (*di auto, carrozza*) Verdeck *n*

mantide ['mantide] *f* Fangheuschrecke *f*; ~ **religiosa** Gottesanbeterin *f*

manto ['manto] *m* **➊** (*indumento*) Mantel *m* **➋** (*di neve*) Decke *f* **➌** (*fig: finzione, pretesto*) Deckmantel *m*

Mantova ['mantova] *f* Mantua *n* (*Stadt in der Lombardei*)

mantovano [manto'vaːno] <sing> *m* (*dialetto*) Dialekt *m* Mantuas

Mantovano <sing> *m* Umgebung *f* von Mantova

mantovano, -a I. *agg* aus Mantua; **il poeta** ~ der Dichter aus Mantua (*Vergil*) II. *m*, *f* (*abitante*) Einwohner(in) *m(f)* von Mantua

manuale [manu'aːle] I. *agg* handgemacht, Hand- II. *m* Hand-, Lehrbuch *n*

manualistica [manua'listika] <-che> *f* (TYP) Universalhandbuch *n*

manubrio [ma'nuːbrio] <-i> *m* (*di bicicletta*) Lenkstange *f*

manufatto [manu'fatto] *m* **➊** (*prodotto*) Manufaktur(ware) *f* **➋** (*piccola costruzione*) Arbeit *f*, Arbeiten *fpl*

manufatto, -a *agg* Manufaktur-

manutenibilità [manutenibili'ta] <-> *f* erforderliche [*o* fällige] Wartung

manutenzione [manuten'tsioːne] *f* Wartung *f*, Instandhaltung *f*

manzo ['mandzo] *m* Rind *n*

maoismo [mao'izmo] *m* Maoismus *m*

maomettano, -a [maomet'taːno] I. *m*, *f* Mohammedaner(in) *m(f)* II. *agg* mohammedanisch

mappa ['mappa] *f* Landkarte *f*; ~ **catastale** Katasterkarte *f*

mappamondo [mappa'mondo] *m* Weltkarte *f*; (*globo*) Globus *m*

mappato, -a [map'paːto] *agg* (TEC) kennfeldgesteuert

mappatura [mappa'tuːra] *f* (GEOG) Kartierung *f*; (TEC) Kennfeld *n*

maquillage [maki'jaʒ] <-> *m* Make-up *n*

marabù [mara'bu] <-> *m* Marabu *m*

marachella [mara'kɛlla] *f* (*fam*) Mogelei *f*, Schwindel *m*

maracuja [maraku'ʒa] <-> *f* Maracuja *f*

maramaldismo [maramal'dizmo] *m* Siegen *n* über Wehrlose

maramao, marameo [mara'maːo, ma-ra'mɛːo] *int* (*scherz*) ätsch *fam*, Pustekuchen *fam*; **far ~ a qu** jdm eine lange Nase machen *fam*

marasca [ma'raska] <-sche> *f* Sauerkirsche *f*; **maraschino** [maras'kiːno] *m* Maraschino *m*

marasma [ma'razma] <-i> *m* (*fig*) Durcheinander *n*, Chaos *n*

maratona [mara'toːna] *f* Marathon *m*

marca ['marka] <-che> *f* ❶ (*segno*) Zeichen *n* ❷ (COM) Marke *f*; **~ depositata** [*o* **registrata**] eingetragenes Warenzeichen ❸ (*scontrino*) (Aufbewahrungs)schein *m*, (Quittungs)zettel *m*; (*bollo*) (Steuer-, Wert-, Gebühren)marke *f*, Stempelmarke *f A*; **marcamento** [marka'mento] *m* (SPORT) Deckung *f*

marcantonio, -a [markan'tɔːnio] <-i, -ie> *m, f* (*fam*) ❶ (*uomo*) Mordskerl *m* ❷ (*donna*) Walküre *f scherz*

marcare [mar'kaːre] *vt* ❶ (*oggetti*) kennzeichnen, markieren ❷ (SPORT: *punti*) machen; (*gol*) schießen; (*avversario*) decken ❸ (*parola, voce*) hervorheben, betonen; **marcato, -a** [mar'kaːto] *agg* ❶ (*con marchio*) gekennzeichnet, markiert ❷ (*fig*) ausgeprägt, markant; **marcatore, -trice** [marka'toːre] *m, f* ❶ (*chi fa marcature*) Kennzeichner(in) *m(f)*, Markierer(in) *m(f)* ❷ (SPORT: *di gol*) Torschütze *m*, -schützin *f*; **marcatura** [marka'tuːra] *f* ❶ (*gener*) Kennzeichnung *f*, Markierung *f* ❷ (SPORT: *punteggio*) Punktezahl *f*

Marche ['marke] *fpl* Marken *fpl*

marchese, -a [mar'keːze] *m, f* Marchese *m*, Marchesa *f*; (*in Francia*) Marquis(e) *m(f)*

marchetta [mar'ketta] *f* (Versicherungs)marke *f*; **far -e** (*fam*) anschaffen gehen

marchiano, -a [mar'kiaːno] *agg* ungeheuer, riesig

marchiare [mar'kiaːre] *vt* ❶ (*marcare*) (kenn)zeichnen, markieren; (*con timbro*) stempeln ❷ (*fig*) zeichnen

marchigiana <*sing*> *m* Mundarten *fpl* der Marken

marchigiano, -a I. *m, f* (*abitante*) Bewohner(in) *m(f)* der Marken **II.** *agg* der Marken, aus den Marken

marchio ['markio] <-chi> *m* ❶ (*del bestiame*) (Brand)zeichen *n*, (Brand)mal *n* ❷ (*fig*) Brandmal *n*, Schandmal *n* ❸ (COM) Warenzeichen *n*, Markenzeichen *n*; **~ di qualità** Gütezeichen *n*

marchionimo [mar'kioːnimo] *m* Markenbezeichnung *f*

marcia ['martʃa] <-ce> *f* ❶ (*cammino*) Marsch *m*; **~ silenziosa** Schweigemarsch *m*; **mettersi in ~** sich in Bewegung setzen ❷ (MUS) Marsch *m* ❸ (TEC, MOT) Gang *m*; **~ indietro** Rückwärtsgang *m* ❹ (SPORT) Gehen *n*

marcialonga [martʃa'longa] <-marce-longhe> *f* (SPORT) Wettkampf *m* im Skilanglauf

marciapiede [martʃa'piɛːde] *m* ❶ (*di strada*) Gehweg *m*, Bürgersteig *m*; **battere il ~** auf den Strich gehen *fam* ❷ (*di stazione*) Bahnsteig *m*

marciare [mar'tʃaːre] *vi* ❶ (*camminare*, MIL) marschieren ❷ (*fam: funzionare*) laufen, gehen ❸ (SPORT) marschieren

marcio ['martʃo] *m* ❶ (*parte marcia*) verdorbene Stelle ❷ (*fig: corruzione*) Verderbtheit *f*

marcio, -a <-ci, -ce> *agg* ❶ (*frutto*) faul, verdorben; (*legno*) morsch ❷ (MED) eitrig ❸ (*fig: società, costume*) verderbt, verkommen; **aver torto ~** völlig im Unrecht sein

marcire [mar'tʃiːre] <-marcisco> *vi essere* ❶ (*frutta, carne*) (ver)faulen, verderben ❷ (MED: *ferita*) eitern ❸ (*fig: nell'ozio*) verkommen; **marciume** [mar'tʃuːme] *m* ❶ (*cose marce*) faules Zeug, Moder *m* ❷ (*fig: corruzione*) Verderbtheit *f*, Verkommenheit *f*

marco ['marko] <-chi> *m* Mark *f*; **~ tedesco** Deutsche Mark, D-Mark *f*

marconista [marko'nista] <-i> *m* Funker *m*

mare ['maːre] *m* See *f*, Meer *n*; **Mar Egeo** Ägäis *f*; **Mar Ligure** Ligurisches Meer; **Mare Mediterraneo** Mittelmeer *n*; **Mar Tirreno** Tyrrhenisches Meer; **Mare del Nord** Nordsee *f*; **Mare del Sud** Südsee *f*; **sul livello del ~** über dem Meeresspiegel; **essere in alto ~** (*fig*) noch weit vom Ziel entfernt sein; **promettere mari e -i** (*fig*) das Blaue vom Himmel versprechen; **uomo in ~!** Mann über Bord!; **marea** [ma'rɛːa] <-ee> *f* ❶ (NAUT) Gezeiten *pl*; **alta ~** Flut *f*; **bassa ~** Ebbe *f* ❷ (*fig*) Flut *f*; **mareggiata** [mared'dʒaːta] *f* Sturmflut *f*

maremma [ma'remma] *f* (*pianura lungo la costa marina*) Seemarsch *m*; **Maremma toscana** Maremmen *fpl*

M

maremoto [mare'mɔːto] *m* Seebeben *n*

maresciallo [mareʃʃallo] *m* ❶ (*ufficiale supremo*) Marschall *m* ❷ (*sottufficiale*) Feldwebel *m*

maretta [ma'retta] *f* ❶ (NAUT) leichter Seegang *m*, leichte See *f* ❷ (*fig: nervosismo*) gespannte Atmosphäre *f*

marezzato, -a [mared'dza:to] *agg* gemasert; **marezzatura** [mareddza'tu:ra] *f* ❶ (*di stoffa, carta*) Moiré(muster) *n* ❷ (*di legno, marmo*) Maserung *f*

margarina [marga'ri:na] *f* Margarine *f*

margherita [marge'ri:ta] *f* Margerite *f*; **torta** ~ Sandkuchen *m;* (**pizza**) ~ Pizza mit Mozzarella und Tomaten

marginale [mardʒi'na:le] *agg* nebensächlich, Neben-; (COM) Marge-; **nota** ~ Randbemerkung *f*

marginalizzare [mardʒinalid'dza:re] *vt* ausgrenzen; ~ **le minoranze etniche** ethnische Minderheiten ausgrenzen; ~ **una questione** eine Frage ausklammern

marginare [mardʒi'na:re] *vt* den Rand von etw bestimmen, einlegen

margine ['mardʒine] *m* ❶ (*parte estrema*) Rand *m* ❷ (TYP) Steg *m* ❸ (COM: *quantità*) Spanne *f*, Marge *f* ❹ (*fig: di tempo*) Spanne *f;* (*eccedenza*) Spielraum *m*

mariano, -a [mari'a:no] *agg* Marien-

marijuana [mæri'wa:nə *o* mari'wana] *f* Marihuana *n*

marina¹ [ma'ri:na] *f* ❶ (*riva*) Küste *f;* (*città*) Küstensiedlung *f*, Küstenstadt *f* ❷ (NAUT, MIL) Marine *f*

marina² [ma'ri:na] *m o f* Marina *f*, Motorboothafen *m*

marinaio [mari'na:io] <-ai> *m* Seemann *m;* (MIL) Matrose *m;* **promessa da** ~ (*fig*) leere Versprechung; **marinara** [mari'na:ra] *f* ❶ (*abito*) Matrosenanzug *m* ❷ (*cappello*) Strohhut mit breiter, hochgezogener Krempe; **marinare** [mari'na:re] *vt* ❶ (GASTR) einlegen, marinieren ❷ (*fam fig: scuola*) schwänzen; **marinaresco, -a** [marina'resko] <-schi, -sche> *agg* Seemanns-, Matrosen-; **marinaro, -a** [mari'na:ro] *agg* See-, Matrosen-; (*di pescatori*) Fischer-

marinata [mari'na:ta] *f* Marinade *f*

marine [mə'ri:n *o* ma'ri:n] <-> *m* Marinesoldat *m*, Mariner *m* sl; **marineria** [mari-ne'ri:a] <-ie> *f* Seestreitkräfte *fpl*, Marine *f;* **marino, -a** [ma'ri:no] *agg* Meer(es)-, See-; **acqua -a** Meerwasser *n;* **cavalluccio** ~ Seepferdchen *n;* **blu** ~ marineblau

marioleria [mariole'ri:a] <-ie> *f* Gaunerei *f;* **mariolo** [mari'ɔ:lo] *m* Gauner *m*

marionetta [mario'netta] *f* ❶ (*fantoccio*)

Marionette *f* ❷ (*fig*) Hampelmann *m;* (*senza carattere*) Marionette *f*

maritale [mari'ta:le] *agg* des (Ehe)manns; **potestà** ~ eheliche Gewalt; **maritare** [mari'ta:re] I. *vt* verheiraten II. *vr* **-rsi con qu** jdn heiraten; **marito** [ma'ri:to] *m* (Ehe)mann *m;* **prender** ~ heiraten; **ragazza** (**in età**) **da** ~ Mädchen *n* im heiratsfähigen Alter

maritozzo [mari'bttso] *m süßes Brötchen aus Hefeteig mit Rosinen und Pinienkernen*

marittimo [ma'rittimo] *m* Hafenarbeiter *m;* (*marinaio*) Seemann *m*

marittimo, -a *agg* See-, Hafen-; (*clima, città*) maritim

marker ['ma:kə] <- *o* markers> *m* ❶ (*evidenziatore*) Marker *m* ❷ (BIOL, MED) Kontrastmittel *n*

market ['ma:kit *o* 'market] <-> *m* Supermarkt *m*

marketer ['ma:kitə *o* 'marketer] <- *o* marketers> *m* Marketingexperte, -expertin *m, f*

marketing ['ma:kitiŋ *o* 'marketing] <-> *m* Marketing *n;* **ricerca di** ~ Marktforschung *f;* **direct** ~ Direktmarketing *n*

marmaglia [mar'maʎʎa] <-glie> *f* (Lumpen)pack *n*, Gesindel *n*

marmellata [marmel'la:ta] *f* Marmelade *f*

marmifero, -a [mar'mi:fero] *agg* Marmor-

marmista [mar'mista] <-i *m*, -e *f*> *mf* Marmorsteinmetz(in) *m(f)*

marmitta [mar'mitta] *f* ❶ (*pentolone*) (Koch)kessel *m*, Topf *m* ❷ (MOT) Auspufftopf *m;* ~ **catalitica** (Auspuff *m* mit) Katalysator *m;* **marmittone** [marmit'to:ne] *m* Schlafmütze *f*

marmo ['marmo] *m* Marmor *m*

marmocchio, -a [mar'mɔkkio] <-cchi, -cchie> *m, f* (*fam*) Knirps *m*, Göre *f*

marmoreo, -a [mar'mɔ:reo] <-ei, -ee> *agg* Marmor-; **marmorizzare** [marmo-rid'dza:re] *vt* marmorieren

marmotta [mar'mɔtta] *f* ❶ (ZOO) Murmeltier *n* ❷ (*fig*) Schlafmütze *f fam*, Faulpelz *m*

marna ['marna] *f* Mergel *m*

marocchino [marok'ki:no] *m* ❶ (*cuoio*) Maroquin *m*, Maroquinleder *n* ❷ (*bevanda*) *kleiner Cappuccino mit Schokoladengeschmack im Glas*

marocchino, -a I. *agg* marokkanisch II. *m, f* Marokkaner(in) *m(f)*

Marocco [ma'rɔkko] *m* **il** ~ Marokko *n*

maroso [ma'ro:so] *m* Sturzwelle *f*

marrano [mar'ra:no] *m* Flegel *m*

marrone¹ [mar'ro:ne] *m* ❶ (BOT) (Edel)kastanie *f* ❷ (GASTR) (Ess)kastanie *f*,

Maroni *f A* ❸ (*colore*) Braun *n*

marrone[2] <inv> *agg* (kastanien)braun

marsala [mar'saːla] <-> *m* Marsala(wein) *m*

marsc' [marʃ] *int* marsch

marsina [mar'siːna] *f* Frack *m*

marsupiali [marsu'pjaːli] *mpl* Beuteltiere *npl*; **marsupio** [mar'suːpjo] <-i> *m* Bauchtasche *f*, Beutel *m*

Marte ['marte] <-> *m* Mars *m*

martedì [marte'di] <-> *m* Dienstag *m*; ~ **grasso** Faschingsdienstag *m*; *v. a.* **domenica**

martellamento [martella'mento] *m* ❶ (*colpo*) Hämmern *n* ❷ (*fig: di domande*) Trommelfeuer *n*; **martellare** [martel'laːre] I. *vt* ❶ (*il ferro*) hämmern ❷ (*percuotere*) schlagen, hämmern ❸ (*fig: di domande*) (jdn mit Fragen) überschütten II. *vi* klopfen, pochen; **martellata** [martel'laːta] *f* Hammerschlag *m*; **martelletto** [martel'letto] *m* ❶ (MED) Perkussionshammer *m* ❷ (*del pianoforte*) Hämmerchen *n*, Hammer *m*; (*della macchina da scrivere*) Typenhebel *m*; **martellio** [martel'liːo] <-ii> *m* Hämmern *n*, Gehämmer *n*

martello [mar'tɛllo] *m* (*gener, a fig* ANAT, SPORT) Hammer *m*; (*da ghiaccio*) Pickel *m*

martinetto [marti'netto] *m* Winde *f*

martingala [martiŋ'gaːla] *f* Rückengurt *m*

martin pescatore [mar'tin peska'toːre] <- -i> *m* Eisvogel *m*

martire ['martire] *mf* Märtyrer(in) *m(f)*; **martirio** [mar'tiːrjo] <-i> *m* (REL) Martyrium *n*; (*fig: supplizio*) Qual *f*; **martirizzare** [martirid'dzaːre] *vt v.* **martoriare**

martora ['martora] *f* Marder *m*

martoriare [marto'rjaːre] *vt* ❶ (*torturare*) martern ❷ (*fig: tormentare*) quälen, peinigen

marxismo [mark'sizmo] *m* Marxismus *m*; **marxista** [mark'sista] <-i *m*, -e *f*> I. *mf* Marxist(in) *m(f)* II. *agg* marxistisch

marzapane [martsa'paːne] *m* Marzipan *n*

marziale [mar'tsjaːle] *agg* ❶ (*della guerra*) Kriegs-; **arti -i** Kampfsportarten *fpl* ❷ (*fig: aspetto, passo*) martialisch *geh*, kriegerisch

marziano, -a [mar'tsjaːno] I. *agg* Mars- II. *m, f* ❶ (ASTR) Marsmensch *m* ❷ (*fig*) Sonderling *m*

marzo ['martso] *m* März *m*; **tempo di ~** Aprilwetter *n*; *v. a.* **aprile**

mas [mas] <-> *m* Schnellboot *n*

mascalzonata [maskaltso'naːta] *f* (*fam*) Lumperei *f*; **mascalzone** [maskal'tsoːne] *m* (*fam*) Lump *m*, Schuft *m*

mascara [mas'kaːra] <-> *m* Wimperntusche *f*, Mascara *n*

mascarpone [maskar'poːne] *m* Frischmilchkäse aus der Lombardei

mascella [maʃ'ʃɛlla] *f* Kiefer *m*; **mascellare** [maʃʃel'laːre] I. *agg* Kiefer- II. *m* Kieferknochen *m*, Kiefer *m*

maschera ['maskera] *f* ❶ (*finto volto, persona, a fig*) Maske *f*; ~ **antigas** Gasmaske *f*; ~ **subacquea** Tauchermaske *f*, Taucherbrille *f* ❷ (*travestimento*) Kostümierung *f*, Maskerade *f*; **ballo in ~** Maskenball *m* ❸ (THEAT) Kostüm *n*, Maske *f* ❹ (*protezione*) (Schutz)maske *f*; (*mortuaria*) (Toten)maske *f*; (*cosmetica*) (Schönheits)maske *f* ❺ (THEAT, FILM) Platzanweiser(in) *m(f)*; **mascheramento** [maskera'mento] *m* ❶ (*il mascherare*) Maskierung *f* ❷ (MIL: *fig*) Tarnung *f*; **mascherare** [maske'raːre] I. *vt* ❶ (*travestire*) kostümieren, verkleiden ❷ (*mimetizzare*, MIL) tarnen ❸ (*fig: nascondere*) verdecken, tarnen II. *vr* -**rsi da qu** (*travestirsi*) sich als jdn verkleiden; (*assumere un'apparenza*) sich als jdn ausgeben; **mascherata** [maske'raːta] *f* ❶ (*gruppo*) Maskenzug *m* ❷ (*festa*) Maskerade *f*; **mascherato, -a** [maske'raːto] *agg* maskiert, verkleidet; **ballo ~** Maskenball *m*; **mascherina** [maske'riːna] *f* (*per il viso*) Halbmaske *f*; **mascherone** [maske'roːne] *m* ❶ (*ornamento*) Maskaron *m* ❷ (*volto deformato*) Fratze *f*

maschietta [mas'kjetta] *f* burschikoses Mädchen *n*; **capelli alla ~** Bubikopf *m*

maschietto [mas'kjetto] *m* Junge *m*; **maschile** [mas'kiːle] I. *agg* ❶ männlich; (*di uomo*) Herren-, Männer-; (*di ragazzo*) Knaben-, Jungen- ❷ (*gener*) männlich, maskulin II. *m* (LING) Maskulinum *n*; **maschilismo** [maski'lizmo] *m* Männlichkeitswahn *m*, Machismo *m*; **maschilista** [maski'lista] <-i *m*, -e *f*> I. *mf* Macho *m* II. *agg* Macho-, machohaft; **maschilistico, -a** [maski'listiko] <-ci, -che> *agg* frauenfeindlich, machohaft

maschio ['maskjo] <-schi> *m* ❶ (BIOL) Männchen *n* ❷ (*uomo*) Mann *m*; (*ragazzo*) Junge *m*, Knabe *m* ❸ (TEC) Zapfen *m*; (*utensile*) Gewindebohrer *m*

mascolinizzare [maskolinid'dzaːre] I. *vt* vermännlichen II. *vr* -**rsi** männlich werden

mascolino, -a [masko'liːno] *agg* männlich

mascotte [mas'kɔt] <-> *f* Maskottchen *n*

masnada [maz'naːda] *f* Horde *f*, Bande *f*; **masnadiere** [mazna'djɛːre] *m* Halunke *m*, Bandit *m*; **faccia da ~** (*fam*) Gaunervisage *f*

masochismo [mazo'kizmo] *m* Masochismus *m;* **masochista** [mazo'kista] <-i *m,* -e *f>* *mf* Masochist(in) *m(f);* **masochistico, -a** [mazo'kistiko] <-ci, -che> *agg* masochistisch

massa ['massa] *f* ❶(PHYS) Masse *f* ❷(*mucchio*) Menge *f,* Haufen *m;* (*moltitudine*) (Un)menge *f,* große Menge; **in ~** massenweise, massenhaft; (*in blocco*) im Ganzen, en bloc ❸(SOC) (breite) Masse *f,* Volk *n* ❹(*nella tecnica dello spettacolo*) Gesamtheit *f* ❺(EL) Erde *f,* Masse *f;* **collegare** [*o* **mettere**] **a ~** erden

Massa ['massa] *f* Massa *n* (*Stadt in der Toskana*)

massacrante [massa'krante] *agg* aufreibend, mörderisch; **massacrare** [massa'kraːre] *vt* ❶(*trucidare*) niedermetzeln, hinschlachten ❷(*malmenare*) misshandeln; (*fig: logorare*) aufreiben; **massacro** [mas'saːkro] *m* ❶(*eccidio*) Massaker *n,* Gemetzel *n* ❷(*fig*) Katastrophe *f*

massaggiare [massad'dʒaːre] *vt* massieren; **massaggiatore** [massaddʒa'toːre] *m* Massagegerät *n;* **massaggiatore, -trice** *m, f* Masseur *m,* Masseurin *f;* **massaggio** [mas'saddʒo] <-ggi> *m* Massage *f*

massaia [mas'saːia] <-aie> *f* Hausfrau *f;* **massaio** [mas'saːio] <-ai> *m* Gutsverwalter *m,* Aufseher *m*

massello [mas'sɛllo] *m* ❶(*lingotto*) Metallblock *m,* Massel *f* ❷(*blocco di pietra*) Werkstein(block) *m,* Naturstein *m*

masseria [masse'riːa] <-ie> *f* Bauernhof *m,* Gutshof *m*

masserizie [masse'rittsie] *fpl* Hausrat *m*

massese [mas'seːse] **I.** *mf* (*abitante*) Einwohner(in) *m(f)* von Massa **II.** *agg* aus Massa

Massese <*sing*> *m* Umgebung *f* von Massa

massicciata [massit'tʃaːta] *f* Tragschicht *f;* **~ ferroviaria** Schotterung *f,* Schotterbettung *f*

massiccio [mas'sittʃo] <-cci> *m* (Gebirgs)massiv *n*

massiccio, -a <-cci, -cce> *agg* ❶(*solido*) massiv; (*sodo*) fest, solide; (*voluminoso*) massiv, wuchtig ❷(*fig: violento*) massiv; (*pesante*) erdrückend

massificare [massifi'kaːre] *vt* vermassen; **massificazione** [massifikat'tsioːne] *f* Vermassung *f*

massima ['massima] *f* ❶(*sentenza, motto*) Maxime *f* ❷(*principio*) Grundsatz *m;* **in linea di ~** im Prinzip, grundsätzlich ❸(*temperatura*) Höchsttemperatur *f*

massimale [massi'maːle] **I.** *agg* höchste(r, s), Höchst- **II.** *m* ❶(*limite*) Höchstgrenze *f* ❷(FIN) Höchstbetrag *m,* Höchstsumme *f*

massimalismo [massima'lizmo] *m* (POL, HIST) Extremismus *m;* **massimalista** [massima'lista] <-i *m,* -e *f>* **I.** *mf* (POL) Extremist(in) *m(f)* **II.** *agg* extremistisch; **programma ~** Parteiprogramm ohne Zugeständnisse; **massimalistico, -a** [massima'listiko] <-ci, -che> *agg* extremistisch

massimizzare [massimid'dzaːre] *vt* maximieren; **massimizzazione** [massimiddzat'tsioːne] *f* Maximierung *f;* **~ dei profitti** Gewinnmaximierung *f*

massimo ['massimo] *m* ❶(*il grado più elevato*) Maximum *n,* Höchstmaß *n;* **al ~** höchstens ❷(SPORT) Schwergewicht *n,* Schwergewichtler *m*

massimo, -a <superlativo di *grande*> *agg* ❶(*estremamente grande*) maximal, sehr groß ❷(*il più grande*) größte(r, s); **peso ~** (SPORT) Schwergewicht *n;* **~ comune divisore** (MAT) größter gemeinsamer Teiler; **in -a parte** größtenteils ❸(*il più alto*) höchste(r, s); **temperatura -a** Höchsttemperatur *f*

massimoleggero [massimoled'dʒɛːro] <-i> **I.** *agg* leichtgewichtig; **peso ~** Gewichtsklasse zwischen 79 kg und 86 kg **II.** *m* Boxer *m* in der Gewichtsklasse zwischen 79 kg und 86 kg

massivo, -a [mas'siːvo] *agg* ❶(*in massa*) Massen- ❷(MED: *asportazione*) Total-; (*emorragia*) massiv ❸(*massiccio*) stark, massiv

mass media [mæs 'miːdjə *o* mas 'mɛdia] *mpl* Massenmedien *pl*

masso ['masso] *m* Felsblock *m;* **sentirsi un ~ sullo stomaco** ein schweres Gefühl im Magen haben

massofisioterapia [massofiziotera'piːa] *f* (MED) Massage(therapie) *f;* **massofisioterapista** [massofiziotera'pista] <-i *m,* -e *f>* *mf* (MED) Masseur(in) *m(f)*

massone [mas'soːne] *m* Freimaurer *m;* **massoneria** [massone'riːa] <-ie> *f* Freimaurerei *f;* **massonico, -a** [mas'sɔːniko] <-ci, -che> *agg* freimaurerisch, Freimaurer-

mastello [mas'tɛllo] *m* Bottich *m,* Bütte *f*

master ['maːstə *o* 'master] <- *o* masters> *m* Ausbildungsgang nach dem Universitätsabschluss; **un ~ in economia aziendale** ein Master in Betriebswirtschaft

masterizzare [masterid'dzaːre] *vt* (INFORM) brennen; **masterizzatore** *m* (TEC) Brenner *m;* **~ (per) CD-ROM** CD-ROM-Brenner *m*

masticare [masti'kaːre] *vt* ❶(*cibo, tabac-*

co) kauen ❷(*fig: biascicare*) murmeln; (*lingua*) radebrechen; **~ amaro** [*o* **veleno**] (*fig*) etw zähneknirschend schlucken; **masticatorio, -a** [mastika'tɔːrio] <-i, -ie> *agg* Kau-; **masticazione** [mastikat'tsioːne] *f* Kauen *n*

mastice ['mastitʃe] *m* ❶(*miscuglio adesivo*) Kitt *m* ❷(*resina*) Mastix *m*

mastino [mas'tiːno] *m* Bluthund *m*

mastite [mas'tiːte] *f* Brust(drüsen)entzündung *f*

mastodonte [masto'donte] *m* (*fig*) Koloss *m;* **mastodontico, -a** [masto'dɔntiko] <-ci, -che> *agg* kolossal

mastro ['mastro] *m* (*artigiano*) Meister *m*

masturbare [mastur'baːre] *vt* **-rsi** masturbieren, sich selbst befriedigen

masturbarsi [mastur'barsi] *vr* masturbieren; **masturbazione** [masturbat'tsioːne] *f* Masturbation *f,* Selbstbefriedigung *f*

matassa [ma'tassa] *f* ❶(*di filo*) Docke *f,* Strähne *f* ❷(EL) Wicklung *f* ❸(*fig*) verwickelte Situation, Verwicklung *f*

match [mætʃ] <-> *m* Match *n o m;* (*di pugilato*) Fight *m,* Boxkampf *m*

match winner [mætʃ 'winə] <-> *m* (SPORT) Matchwinner *m*

matematica [mate'maːtika] <-che> *f* Mathematik *f*

matematicamente [matematika'mente] *avv* ❶(MAT) nach mathematischen Regeln ❷(*fig: in modo certo*) ganz sicher, todsicher *fam;* **matematico, -a** [mate'maːtiko] <-ci, -che> I. *agg* ❶(MAT) mathematisch ❷(*di assoluta precisione*) exakt, präzis(e) II. *m, f* Mathematiker(in) *m(f)*

Matera *f* Matera *n* (*Stadt in Basilicata*)

Materano [mate'raːno] <*sing*> *m* Umgebung *f* von Matera

materano, -a I. *m, f* (*abitante*) Einwohner(in) *m(f)* von Matera II. *agg* aus Matera

materassaio, -a [materas'saːio] <-ai, -aie> *m, f* Polsterer *m,* Polsterin *f*

materassino [materas'siːno] *m* Luftmatratze *f;* **materasso** [mate'rasso] *m* Matratze *f;* **~ a molle** Federkernmatratze *f;* **~ di gommapiuma** Schaumstoffmatratze *f;* **~ in lattice** Latexmatratze *f*

materia [ma'tɛːria] <-ie> *f* ❶(*sostanza*) Stoff *m,* Substanz *f;* **~ grigia** graue Substanz; **-ie plastiche** Kunststoffe *npl;* **-ie prime** Rohstoffe *npl* ❷(*contrapposta a spirito*) Materie *f* ❸(*argomento*) Thema *n,* Stoff *m;* **indice per -ie** Sachregister *n;* **entrare in ~** zum Thema kommen ❹(*disciplina*) (Lehr)fach *n;* **materiale** [mate'riaːle] I. *agg* ❶(*di, della materia*) stoff-

lich, materiell ❷(*concreto*) real, konkret ❸(*effettivo*) (effektiv) notwendig II. *m* ❶(*prodotto necessario*) Material *n,* Stoff *m,* Mittel *n;* **~ composito** Verbundmaterial, n ❷(*strumenti*) Mittel *npl,* Bedarf *m* ❸(*appunti e documenti*) Unterlagen *fpl*

materialismo [materia'lizmo] *m* Materialismus *m;* **materialista** [materia'lista] <-i m, -e f> I. *mf* Materialist(in) *m(f)* II. *agg* materialistisch; **materialistico, -a** [materia'listiko] <-ci, -che> *agg* materialistisch; **materialità** [materiali'ta] <-> *f* ❶(*condizione*) Materialität *f* ❷(*fig: volgarità*) Grobheit *f,* Vulgarität *f;* **materializzare** [materialid'dzaːre] I. *vt* materialisieren II. *vr* **-rsi** ❶(*prender corpo*) sich materialisieren ❷(*diventar concreto*) konkret werden; **materializzazione** [materialiddzat'tsioːne] *f* Materialisation *f;* **materialmente** [material'mente] *avv* konkret, tatsächlich; (*in sostanza*) Wesentlich

maternità [materni'ta] <-> *f* ❶(*condizione di madre*) Mutterschaft *f;* **interruzione della ~** Schwangerschaftsunterbrechung *f* ❷(JUR) Mutterschutz *m;* **essere in ~** im Mutterschutz sein ❸(*reparto ospedaliero*) Entbindungsstation *f;* **materno, -a** [ma'tɛrno] *agg* ❶(*di, da madre*) mütterlich, Mutter-; **scuola -a** Kindergarten *m,* Vorschule *f* ❷(*da parte di madre*) mütterlicherseits ❸(*lingua*) Mutter-; (*terra*) Heimat-

matita [ma'tiːta] *f* Stift *m;* (*lapis*) Bleistift *m*

matriarcale [matriar'kaːle] *agg* matriarchalisch; **matriarcato** [matriar'kaːto] *m* Matriarchat *n*

matrice [ma'triːtʃe] *f* ❶(MAT, BIOL) Matrix *f* ❷(TYP) Matrize *f,* Mater *f* ❸(TEC) Gesenk *n* ❹(COM) Stammregister *n* ❺(*fig: fonte*) Ursprung *m*

matricida [matri'tʃiːda] <-i *m,* -e *f*> *mf* Muttermörder(in) *m(f);* **matricidio** [matri'tʃiːdio] <-i> *m* Muttermord *m*

matricola [ma'triːkola] *f* ❶(*registro*) Matrikel *f,* Register *n* ❷(*numero*) Matrikelnummer *f* ❸(*studente*) Studienanfänger(in) *m(f)* ❹(*fig* SPORT) Anfänger(in) *m(f),* Neuling *m* ❺(MIL) Stammrolle *f;* **matricolare** [matriko'laːre] *agg* Matrikel-; **matricolato, -a** [matriko'laːto] *agg* (*scherz*) abgefeimt; (*bugiardo*) gerissen, durchtrieben; (*sciocco*) ausgemacht

matrigna [ma'trinɲa] *f* Stiefmutter *f*

matrimoniale [matrimo'niaːle] *agg* ehelich, Ehe-; **matrimonio** [matri'mɔːnio] <-i> *m* ❶(*rapporto*) Ehe *f;* **~ gay** Homoehe *f* ❷(*cerimonia*) Hochzeit *f,* Trauung *f;*

unire in ~ trauen
matrona [ma'trɔːna] *f* Matrone *f*
matroneo [matro'nɛːo] *m* Empore *f*
matta[1] ['matta] *f* (*carta da gioco*) Joker *m*
matta[2] *f v.* **matto**
mattacchione, -a [mattak'kioːne] *m, f*
(*scherz*) Spaßvogel *m*, Witzbold *m fam*;
mattana [mat'taːna] *f* (*fam*) Kapriole *f*,
launiger Einfall *m*
mattatoio [matta'toːio] <-oi> *m* Schlachthof *m*
matterello [matte'rɛllo] *m* Nudelholz *n*
mattina [mat'tiːna] *f* Morgen *m*; **di** ~ morgens; **di prima** ~ am frühen Morgen; **do-**
mani ~ morgen früh; **ieri** ~ gestern früh;
questa ~ heute Morgen; **sabato** ~ Samstag
früh; **mattinata** [matti'naːta] *f* Vormittag *m*; **mattiniero, -a** [matti'niɛːro] *agg*
essere ~ Frühaufsteher(in) *m(f)* sein;
mattino [mat'tiːno] *m* Morgen *m*; **di**
buon ~ frühmorgens; **giornale del** ~ Mor-
genzeitung *f*
matto, -a ['matto] **I.** *agg* ❶ (*pazzo*) wahnsinnig, verrückt; **scacco** ~ schachmatt;
avere una voglia -a di qc (*fam*) ganz verrückt auf etw *acc* sein; **essere ~ da legare**
(*fam*) total verrückt sein, spinnen ❷ (*fig:*
falso) falsch, unecht **II.** *m, f* (*pazzo*)
Wahnsinnige(r) *f(m)*; (*fam*) Verrückte(r)
f(m)
mattone [mat'toːne] *m* ❶ (*laterizio*) Zie-
gel(stein) *m*, Backstein *m* ❷ (*fig: libro,*
film) Schinken *m*; (*persona*) Langweiler *m*
fam; **mattonella** [matto'nɛlla] *f* (*piastrel-*
la) Fliese *f*, (Stein)platte *f*
mattutino [mattu'tiːno] *m* ❶ (REL) Mette *f*,
Matutin *f* ❷ (*della campana*) Morgenläu-
ten *n*
mattutino, -a *agg* Morgen-, morgendlich
matura *f v.* **maturo**
maturando, -a [matu'rando] *m, f* Abitu-
rient(in) *m(f)*, Maturant(in) *m(f)* A
maturare [matu'raːre] **I.** *vi essere* ❶ (*frut-*
ti) reifen, reif werden; (*diventar stagiona-*
to) ausreifen ❷ (*persona*) reifer werden
❸ (COM: *interessi*) fällig werden ❹ (*giunge-*
re a compimento) reif werden **II.** *vt avere*
❶ (*frutti*) reifen lassen, reif werden lassen; (*formaggio, vino*) (aus)reifen lassen
❷ (*idea, piano*) reifen lassen ❸ (*fig: pro-*
muovere) ~ **qu** jdm das Reifezeugnis erteilen **III.** *vr* **-rsi** reif werden; **maturazione**
[maturat'tsioːne] *f* ❶ (*gener*) Reifen *n*,
Reifeprozess *m* ❷ (COM) Fälligkeit *f*; **matu-**
rità [maturi'ta] <-> *f* ❶ (*età*) bestes Alter;
(*a fig*) Reife *f* ❷ (BIOL) (Geschlechts)reife *f*
❸ (*diploma*) Abiturzeugnis *n*, Reifezeugnis *n*; **esame di** ~ ≈ Abitur *n*, Matura *f* A,

Maturität *f CH*; **maturo, -a** [ma'tuːro]
I. *agg* ❶ (*frutto*) reif; (*vino*) ausgereift
❷ (*adulto*) erwachsen, reif ❸ (*studente*)
mit Abitur, mit Matura A ❹ (*fig: equilibra-*
to, compiuto) reif ❺ (*fig: approfondito*)
reiflich, gründlich ❻ (COM) fällig **II.** *m, f*
Abiturient(in) *m(f)* (nach der Reifeprüfung), Maturant(in) *m(f)* A
matusa [ma'tuːza] **I.** <-> *mf* verknöcher-
ter Mensch **II.** <inv> *agg* überlebt, veraltet
mausoleo [mauzo'lɛːo] *m* Mausoleum *n*
max [maks] *avv* maximal
maxicalcolatore [maksikalkola'toːre] *m*
(TEC) Großrechner *m*; **maxicappotto**
[maksikap'pɔtto] *m* Maximantel *m* (*knö-*
chellanger Mantel)
maxicondono ['maksikon'dɔːno] *m Rie-*
senstraferlass für Steuer- und Bausünder
maxidecreto ['makside'krɛːto] *m* umfang-
reiches Dekret
maxiemendamento   [maksiemen-
da'mento] *m* (POL) *umfangreicher Ände-*
rungsantrag im Gesetzgebungsverfahren;
maxigonna [maksi'gonna] *o* maksi'gɔn-
na] *f* Maxirock *m* (*knöchellanger Rock*);
maximoto [maksi'mɔːto] *f* schweres
Motorad *n*, Feuerstuhl *m fam*; **maximul-**
ta [maksi'multa] *f* saftige Strafe, Denkzettel *m*
maxiprocesso   [maksipro'tʃɛsso]   *m*
Mammutprozess *m*; **maxirissa** [ma-
ksi'rissa] *f* Massenauseinandersetzung *f*
maxischermo [maksi'skermo] *m* Riesen-
leinwand *f*; **televisore a** ~ Großbildschirmfernseher *m*
maxitangente [maksitan'dʒɛnte] *f* Spit-
zenschmiergelder *npl,* astronomische
(Schmier)geldsumme
maxitram [maksi'tram] <-> *m* Großraum-
straßenbahn *f*
mayday ['meidei] <-> *m internationaler*
Notruf im Funksprechverkehr
mazza ['mattsa] *f* ❶ (*bastone*) Knüppel *m*,
Schlagstock *m* ❷ (MIL) Keule *f* ❸ (SPORT)
Schlagholz *n*; (*a fig: persona*) Schläger *m*
❹ (*grosso martello*) Vorschlaghammer *m*,
Fäustel *m*; **mazzata** [mat'tsaːta] *f* Knüp-
pel-, Hammerschlag *m*; (*a fig*) Keulen-
schlag *m*
mazzo ['mattso] *m* ❶ (*di fiori*) Strauß *m*;
(*di erbe*) Bündel *n*; (*di oggetti*) Bund *m*
❷ (*di carte*) (Karten)spiel *n* ❸ (*vulg*
scherz) **farsi il** ~ sich den Arsch aufreiben
MB *abbr di* **megabyte** MB
MBA *m abbr di* **Master in Business Ad-**
ministration MBA *mf*
MCD *abbr di* **Massimo Comune Divisore**
ggT (*größter gemeinsamer Teiler*)

mcm *abbr di* **minimo comune multiplo** kgV (*kleinstes gemeinsames Vielfaches*)

me [me] *pron pers 1. pers sing* ❶ (*oggetto*) mich; (*con preposizione*) mich, mir, meiner; **da** ~ selbst, selber; **fra** [*o* **tra**] ~ **e** ~ in meinem Innern; **per** [*o* **quanto a**] ~ was mich betrifft; **secondo** ~ meiner Meinung nach ❷ (*soggetto in forme comparative ed esclamative*) ich ❸ (*complemento di termine davanti a lo, la, li, le, ne*) mir; (*complemento oggetto davanti a la, lo, li, le, ne*) mich

meandro [me'andro] *m* Mäander *m*

MEC [mɛk] *m acro di* **Mercato Comune Europeo** Gemeinsamer (europäischer) Markt

Mecca ['mɛkka] <-cche> *f* Mekka *n*; **venire dalla** ~ (*fam fig: ignorare*) aus allen Wolken fallen; (*comportarsi o vestirsi*) von einem anderen Stern sein

meccanica [mek'ka:nika] <-che> *f* ❶ (PHYS, TEC) Mechanik *f* ❷ (*attività tecnologica*) Maschinenbau *m*, Technik *f*

meccanicità [mekkanitʃi'ta] <-> *f* Automatismus *m*; **meccanico, -a** [mek'ka:niko] <-ci, -che> **I.** *agg* mechanisch; (*a fig*) automatisch **II.** *m, f* Mechaniker(in) *m(f)*; (*per automobil*) Automechaniker(in) *m(f)*; **meccanismo** [mekka'nizmo] *m* Mechanismus *m*

meccanizzare [mekkanid'dza:re] *vt* mechanisieren; **meccanizzazione** [mekkaniddzat'tsio:ne] *f* Mechanisierung *f*

meccano® [mek'ka:no] *m* (technischer) Metallbaukasten *m*

meccanografia [mekkanogra'fi:a] *f* (automatisierte) Datenverarbeitung *f*

meccanografico, -a [mekkano'gra:fiko] <-ci, -che> *agg* Datenverarbeitungs-, Rechen-; **centro** ~ Rechenzentrum *n*

meccatronica [mekka'trɔ:nika] <-che> *f* (TEC) Elektromechanik *f*; **meccatronico, -a** [mekka'trɔ:niko] <-ci, -che> **I.** *agg* ❶ (*relativo alla meccatronica*) elektromechanisch ❷ (*che si occupa del funzionamento di macchine elettroniche*) Elektromechanik-; **manutentore** ~ Experte für die Wartung elektromechanischer Anlagen **II.** *m, f* Elektromechaniker(in) *m(f)*

mecenate [metʃe'na:te] *mf* Mäzen(in) *m(f)*; **mecenatismo** [metʃena'tizmo] *m* Mäzenatentum *n*

mèche [mɛʃ] <-> *f* Strähne *f*; **farsi le** ~ sich Strähnen ins Haar einarbeiten

medaglia [me'daʎʎa] <-glie> *f* Medaille *f*; (*riconoscimento*) Orden *m*, Auszeichnung *f*; ~ **al valor civile** Verdienstorden *m*; ~ **al valor militare** Tapferkeitsmedaille *f*;

il rovescio della ~ (*fig*) die Kehrseite der Medaille; **mediaglietta** [medaʎ'ʎetta] *f* (REL) kleine Medaille (*als Medaillon getragen*); **medaglione** [medaʎ'ʎo:ne] *m* Medaillon *n*

medesimo, -a [me'de:zimo] **I.** *agg* ❶ (*stesso*) **il** ~, **la -a** der-, die-, dasselbe ❷ (*uguale*) gleich ❸ (*in persona*) selbst **II.** *pron dim* **il** (**la**) ~ (**-a**) der-, die-, dasselbe

media¹ ['mɛ:dia] <-ie> *f* ❶ (*gener*) Durchschnitt(swert) *m*; **in** ~ im Durchschnitt ❷ (MAT) Mittel *n*, Mittelwert *m*

media² ['mi:dʒe] *mpl* Massenmedien *npl*; **magnate dei** ~ (*fam*) Medienzar *m*

media buyer ['mi:dʒe 'baiə] <-> *m* Werbeberater(in) *m(f)*

mediale [me'dia:le] *agg* Medien-; **cultura** ~ Medienkultur *f*

media man ['mi:dʒe mæn] <-> *m* Werbestratege, -strategin *m, f*

medianico, -a [me'dia:niko] <-ci, -che> *agg* medial; **medianità** [mediani'ta] <-> *f* Fähigkeit *f* des Mediums, mediale Fähigkeit *f*

mediano, -a [me'dia:no] **I.** *agg* Mittel-, mittlere(r, s) **II.** *m, f* Läufer(in) *m(f)*

mediante [me'diante] *prp* mit +*dat*, durch +*acc*, mittels +*gen*

mediare [me'dia:re] *vt* ❶ (*da mediatore*) vermitteln ❷ (MAT) den Mittelwert bilden aus

mediateca [media'tɛ:ka] <-che> *f* Medienarchiv *n*

mediatico, -a [me'dia:tiko] *agg* Medien-; **evento** ~ Medienevent *m*

mediato, -a [me'dia:to] *agg* mittelbar, indirekt; **mediatore, -trice** [media'to:re] **I.** *m, f* ❶ (*intermediario*) Mittelsmann *m*, Mittelsperson *f*, Vermittler(in) *m(f)* ❷ (COM) Makler(in) *m(f)* **II.** *agg* vermittelnd, Mittler-; **mediazione** [mediat'tsio:ne] *f* ❶ (*conciliazione*) Vermittlung *f* ❷ (*provvigione*) Maklergebühr *f*

medica *f* (*rar*) *v.* **medico**

medicabile [medi'ka:bile] *agg* heilbar, behandelbar; **medicalizzazione** [medikaliddzat'tsio:ne] *f* medizinische Interpretation fachexterner Phänomene; **medicamento** [medika'mento] *m* Medikament *n*, Arznei *f*; **medicamentoso, -a** [medikamen'to:so] *agg* heilkräftig, Heil-, medikamentös; **medicare** [medi'ka:re] **I.** *vt* behandeln **II.** *vr* -**rsi** sich (selbst) behandeln; **medicastro** [medi'kastro] *m* (*pej*) Kurpfuscher *m*; **medicazione** [medikat'tsio:ne] *f* Behandlung *f*

medicina [medi'tʃi:na] *f* ❶ (*scienza*) Medizin *f*; ~ **legale** Gerichtsmedizin *f*; **studia-**

M

re ~ Medizin studieren ❷ (*farmaco*) Medizin *f*, Arznei *f*; **medicinale** [meditʃi-'naːle] **I.** *m* Arzneimittel *n*; **-i generici** Generika *npl* **II.** *agg* Heil-, Arznei-

medico, -a ['mɛːdiko] <-ci, -che> **I.** *m, f* Arzt *m*, Ärztin *f*; ~ **di base** Arzt/Ärztin *m/f* für Allgemeinmedizin, Allgemeinarzt/ -ärztin *m/f* **II.** *agg* ❶ (*della medicina*) medizinisch ❷ (*del medico*) ärztlich, Arzt-

medievale [medie'vaːle] *agg* mittelalterlich; **medievistica** [medie'vistika] <*sing*> *f* (SCIENT) Mediävistik *f*

medio ['mɛːdio] <-i> *m* Mittelfinger *m*

medio, -a <-i, -ie> *agg* ❶ (*di mezzo*) Mittel-, mittlere(r, s); **ceto** ~ Mittelstand *m*; **dito** ~ Mittelfinger *m*; **peso** ~ (SPORT) Mittelgewicht *n*, Mittelgewichtler *m*; **scuola -a** Mittelschule *f*; **licenza -a** Mittelschulabschluss *m* ❷ (*di valore intermedio*) Durchschnitts-, durchschnittlich

mediocre [me'diɔːkre] *agg* mittelmäßig, mäßig, (*ordinario*) gewöhnlich

mediocredito [medio'krɛːdito] *m* mittelfristiger Kredit

mediocrità [mediokri'ta] <-> *f* Mittelmäßigkeit *f*; **l'aurea** ~ der goldene Mittelweg

medioevale [medioe'vaːle] *agg v.* **medievale**; **medioevo** [medio'ɛːvo] *m* Mittelalter *n*

medioleggero [medioled'dʒɛːro] **I.** *agg* **peso** ~ Weltergewicht *n* **II.** *m* Weltergewicht *n*, Weltergewichtler *m*

mediologia [mediolo'dʒiːa] <*sing*> *f* (SCIENT) Medienwissenschaften *fpl*

mediomassimo [medio'massimo] **I.** *agg* **peso** ~ Halbschwergewicht *n* **II.** *m* Halbschwergewicht *n*, Halbschwergewichtler *m*

mediorientale [mediorien'taːle] *agg* Nahost-, Mittelost-

meditabondo, -a [medita'bondo] *agg* gedankenversunken

meditare [medi'taːre] **I.** *vi* meditieren **II.** *vt* ❶ (*considerare*) bedenken, nachdenken über +*acc* ❷ (*preparare*) planen, ausdenken; **meditativo, -a** [medita'tiːvo] *agg* nachdenklich; (*della meditazione*) meditativ; **meditato, -a** [medi'taːto] *agg* (wohl)überlegt, (wohl)bedacht; **meditazione** [meditat'tsioːne] *f* ❶ (*riflessione*) Meditation *f* ❷ (*considerazione*) Überlegung *f*, Erwägung *f* ❸ (*preparazione*) Ausdenken *n*, Planen *n*

mediterraneità [mediterranei'ta] <-> *f* Charakteristik *f* des Mittelmeerraumes

Mediterraneo [mediter'raːneo] *m* Mittelmeer *n*

mediterraneo, -a <-ei, -ee> *agg* ❶ (*gener*) mittelländisch ❷ (*del Mediterraneo*)

mediterran, Mittelmeer-; **il Mar Mediterraneo** das Mittelmeer

medium ['mɛdjum] <-> *mf* Medium *n*

medusa [me'duːza] *f* Qualle *f*

meeting ['miːtiŋ] <-> *m* Treffen *n*, Begegnung *f*

meeting-point ['miːtiŋ 'point] <-> *m* Jugendtreffpunkt *m*

mefitico, -a [me'fiːtiko] <-ci, -che> *agg* ❶ (*fetido*) stinkend ❷ (*fig: corrotto*) verkommen

megabit [mɛga'bit] <-> *m* (INFORM) Megabit *n*

megabyte, Megabyte ['megəbait *o* 'mega'bait] <-> *m* (INFORM) Megabyte *n*

megacaloria [megakalo'riːa] <-ie> *f* (PHYS) Megajoule *n*

megaciclo [mega'tʃiːklo] *m* Megahertz *n*

megaconcerto [megakon'tʃɛrto] *m* Megakonzert *n*; **megafonista** [megafo'nista] <-i *m*, -e *f*> *mf* Megaphonist(in) *m(f)*

megafono [me'gaːfono] *m* Megaphon *n*, Sprachrohr *n*

megagalattico, -a [mɛgagalat'tiːko] <-ci, -che> *agg* (*fam*) riesig, Riesen-; **una somma -a** eine Riesensumme

megahertz [mega'ɛrts] <-> *m* Megahertz *n*

megalomane [mega'lɔːmane] *agg* größenwahnsinnig; **megalomania** [megaloma'niːa] *f* Größenwahn *m*

megalopoli [mega'lɔːpoli] <-> *f* Megalopolis *f*, Riesenmetropole *f*

megateneo [mɛgate'nɛo] *m* (UNIV) *Universität mit einer übergroßen Zahl von Studenten;* **megatrend** [mega'trend] <-> *m* (COM, FIN) Megatrend *m*, Haupttrend *m*

megavolt [mega'vɔlt] <-> *m* (TEC) Megavolt *n*

megawatt [mega'vat] <-> *m* (TEC) Megawatt *n*

megera [me'dʒɛːra] *f* Megäre *f*

meglio[1] ['mɛʎʎo] **I.** <comparativo di *bene*> *avv* ❶ (*in modo migliore*) besser; **andar di bene in** ~ immer besser werden; (*iron*) immer schöner werden; **tanto** ~ **!, ~ così!** um so besser! ❷ (*piuttosto*) lieber, besser ❸ (*più*) mehr, besser ❹ (*ovvero*) (oder) besser; **per ~ dire** (oder) besser gesagt ❺ (*più facilmente*) leichter, besser ❻ (*con valore di superlativo*) am Besten **II.** <comparativo di *buono*> *agg* ❶ (*migliore*) besser ❷ (*preferibile*) besser ❸ (*fam: con valore di superlativo*) beste(r, s), allerbeste(r, s)

meglio[2] <-> *mf* Beste(s) *n*; **il** ~ **possibile** das Bestmögliche; **fare del proprio** ~ sein Bestes tun

mela ['me:la] *f* Apfel *m;* **melagrana** [mela'gra:na] *f* Granatapfel *m*
melanina [mela'ni:na] *f* Melanin *n*
melanzana [melan'dza:na *o* melan'tsa:na] *f* Aubergine *f,* Melanzani *f A*
melassa [me'lassa] *f* Melasse *f*
melato, -a [me'la:to] *agg* ❶ (GASTR) mit Honig gesüßt ❷ (*fig, pej*) honigsüß, süßlich
melenso, -a [me'lɛnso] *agg* ❶ (*persona*) einfältig, dämlich ❷ (*cosa*) albern, geistlos
melissa [me'lissa] *f* Melisse *f*
mellifluo, -a [mel'li:fluo] *agg* (*pej*) honigsüß, süßlich
melma ['melma] *f* ❶ (*fango*) Schlamm *m* ❷ (*fig*) Schmutz *m;* **melmoso, -a** [mel'mo:so] *agg* schlammig
melo ['me:lo] *m* Apfelbaum *m*
mélo [me'lo] I.<inv> *agg* melodramatisch II.<-> *m* Melodram(a) *n*
melodia [melo'di:a] <-ie> *f* ❶ (MUS) Melodie *f* ❷ (*fig*) Harmonie *f;* **melodico, -a** [me'lɔ:diko] <-ci, -che> *agg* melodisch; **melodioso, -a** [melo'dio:so] *agg* melodiös; (*armonico*) melodisch; **melodista** [melo'dista] <-i *m*, -e *f*> *mf* Melodiker(in) *m(f)*
melodramma [melo'dramma] <-i> *m* ❶ (THEAT) Melodram(a) *n* ❷ (*fig, pej*) Theatralik *f;* **cadere nel ~** pathetisch werden; **melodrammatico, -a** [melodram'ma:tiko] <-ci, -che> *agg* ❶ (THEAT) melodramatisch ❷ (*teatrale*) theatralisch
melograno [melo'gra:no] *m* Granat(apfel)baum *m*
melone [me'lo:ne] *m* (Netz)melone *f,* (Honig)melone *f*
meltdown [mɛlt'daun] <- *o* meltdowns> *m* (PHYS) Schmelzen *n* des Reaktorkerns
melting pot ['mɛltiŋ pɔt] <- *o* melting pots> *m* Schmelztiegel *m*
membrana [mem'bra:na] *f* ❶ (ANAT, BIOL, TEC, RADIO) Membran(e) *f* ❷ (MUS: *del tamburo*) Trommelfell *n* ❸ (*pergamena*) Pergament *n;* **membranoso, -a** [membra'no:so] *agg* membran(en)artig
membratura [membra'tu:ra] *f* Gliederung *f*
membro¹ ['mɛmbro] *m* ❶ (*persona*) Mitglied *n* ❷ (*parte costitutiva*) Teil *n,* Glied *n* ❸ (ANAT: *pene*) (männliches) Glied *n*
membro² <*pl:* -a *f*> *m* (ANAT: *arto*) Gliedmaßen *fpl,* Glieder *npl*
membruto, -a [mem'bru:to] *agg* starkgliedrig
memorabile [memo'ra:bile] *agg* denkwürdig
memorandum [memo'randum] <-> *m*

❶ (*promemoria*) Merkzettel *m* ❷ (*documento espositivo*) Denkschrift *f,* Memorandum *n*
memore ['mɛ:more] *agg* (*geh*) eingedenk; **essere ~ di qc** einer Sache *gen* eingedenk sein
memoria [me'mɔ:ria] <-ie> *f* ❶ (*capacità, processo*) Gedächtnis *n,* Erinnerungsvermögen *n;* **a ~** auswendig ❷ (*ricordo*) **la ~ di qu/qc** die Erinnerung an jdn/etw ❸ (*annotazione*) Notiz *f,* Gedächtnisstütze *f* ❹ (*menzione*) Erwähnung *f* ❺ (*cimelio, documento*) Erinnerungsstück *n* ❻ *pl* (*opera*) Memoiren *fpl* ❼ (INFORM) Speicher *m;* **~ ad accesso casuale** (*RAM*) Arbeitsspeicher *m;* **capacità di ~** Speicherkapazität *f;* **~ di correzione** Korrekturspeicher *m;* **posizione di ~** Speicherplatz *m;* **<memoria> principale** Hauptspeicher *m* ❽ (TEC) Steuerung *f;* **memorial** [mi'mɔ:riəl] <- *o* memorials> *m* ❶ (*manifestazione*) Memorial *m* ❷ (*monumento di commemorazione*) Denkmal *n;* **il Lincoln ~ a Washington** das Lincoln-Denkmal in Washington; **memoriale** [memo'ria:le] *m* ❶ (*scritto*) Denkschrift *f,* Verteidigungsschrift *f* ❷ (*monumento*) Gedenkstätte *f*
memorizzare [memorid'dza:re] *vt* ❶ (*nella memoria*) ins Gedächtnis einprägen ❷ (INFORM) speichern; **memorizzazione** [memoriddzat'tsio:ne] *f* ❶ (PSYCH) Memorisierung *f* ❷ (INFORM) Speicherung *f*
Memotel® ['mɛmotel] *m* (TEL) *zentraler Anrufbeantworterservice der Telecom*
menabò [mena'bɔ] <-> *m* Lay-out *n*
menadito [mena'di:to] *avv* **sapere a ~** etw aus dem Effeff beherrschen; **ripetere a ~** etw wie am Schnürchen heruntersagen *fam*
menare [me'na:re] I. *vt* ❶ (*condurre*) führen; **~ il can per l'aia** (*fig*) etw auf die lange Bank schieben *fam;* **~ qu per il naso** jdn an der Nase herumführen ❷ (*battere, picchiare*) schlagen; (*colpi*) austeilen; **~ le mani** handgreiflich werden ❸ (*coda*) wedeln mit ❹ (*fam: trascorrere*) verbringen; (*vita*) führen II. *vr* **-rsi** sich schlagen; **menata** [me'na:ta] *f* (*fam fig*) Litanei *f*
mencio, -a ['mentʃo] <-ci, -ce> *agg* (*tosc*) schlaff, schlapp; **cappello ~** Schlapphut *m*
mendicante [mendi'kante] I. *agg* Bettel-, bettelnd II. *mf* Bettler(in) *m(f);* **mendicare** [mendi'ka:re] I. *vt* ❶ (*elemosinare*) erbetteln, betteln um ❷ (*fig*) flehen um II. *vi* betteln (gehen); **mendicità** [menditʃi'ta] <-> *f* Armut *f;* **mendico, -a**

[men'di:ko] <-chi, -che> I. *agg* Bettler- II. *m, f* Bettler(in) *m(f)*

menefreghismo [menefre'gizmo] *m* (zynische) Gleichgültigkeit *f*, Ungerührtheit *f*; **menefreghista** [menefre'gista] <-i *m*, -e *f*> I. *agg* gleichgültig, ungerührt II. *mf* gleichgültige Person

menestrello [menes'trɛllo] *m* Spielmann *m*, fahrender Musikant *m*

meninge [me'nindʒe] *f* Hirnhaut *f*; **meningite** [menin'dʒi:te] *f* Hirnhautentzündung *f*, Meningitis *f scient*

menisco [me'nisko] <-schi> *m* Meniskus *m*

meno ['me:no] I. *avv* ❶ (*comparativo di poco*) weniger, nicht so viel; **di** [*o* **in**] ~ weniger; **uno più o** ~ einer mehr oder weniger; ~ **male!** (*fam*) Gott sei Dank!; **non essere da** ~ **di qu** jdm unterlegen sein ❷ (*in frasi comparative*) ~ **di** nicht so wie, weniger als; **poco** ~ so gut wie, fast; **tanto** ~ um so weniger; **niente** ~ **che …** kein Geringerer als …; **né più né** ~ nicht mehr und nicht weniger; **in** ~ **di un attimo** in null Komma nichts *fam* ❸ (*in frasi superlative*) am wenigsten; **quanto** ~ wenigstens; ~ **che** ~ am allerwenigsten ❹ (*di temperatura, nelle votazioni scolastiche*, MAT) minus ❺ (*di ora*) vor; **sono le 3 ~ 5** es ist fünf (Minuten) vor drei ❻ (*no*) nicht; **dobbiamo decidere se andarci o** ~ wir müssen uns entscheiden, ob wir hingehen oder nicht ❼ (*loc*) **fare a** ~ **di qc/qu** auf etw/ jdn verzichten, ohne etw/jdn auskommen; **venir** ~ **a qc** einer Sache *dat* nicht nachkommen II. <inv> *agg* ❶ (*minore in quantità*) geringer, weniger ❷ (*in minor numero*) weniger, nicht so viel; **ha ~ anni di me** er [*o* sie] ist jünger als ich III. *prp* außer +*dat*; **a ~ di** [*o* **che** +*conj*] es sei denn, dass …, außer wenn … IV. <-> *m* ❶ (*la minor cosa*) Geringste(s) *n*, Mindeste(s) *n*; **parlare del più e del** ~ von diesem und jenem reden ❷ (*la parte minore*) geringerer Teil ❸ (MAT) Minus(zeichen) *n* ❹ *pl* (*minoranza*) Minderheit *f*

Meno ['mɛ:no] *m* Main *m*

menomare [meno'ma:re] *vt* ❶ (*mutilare*) behindern, beeinträchtigen; (*danneggiare*) verletzen ❷ (*ridurre*) verringern, schmälern; **menomato** [meno'ma:to] *m, f* Behinderte(r) *f(m)*; **menomazione** [menomat'tsio:ne] *f* (*perdita*) Beeinträchtigung *f*; (*mutilazione*) Behinderung *f*

menopausa [meno'pa:uza] *f* Menopause *f*

mensa ['mɛnsa] *f* ❶ (*locale*) Kantine *f*; (*universitaria*) Mensa *f* ❷ (*tavola*) Tafel *f*

geh, Tisch *m*

menscevico, -a [menʃʃe'viko] <-chi, -che> I. *agg* (HIST) menschewistisch II. *m, f* Menschewik(in) *m(f)*, Menschewist(in) *m(f)*; **menscevismo** [menʃʃe'vizmo] *m* (HIST) Menschewismus *m*

mensile [men'si:le] I. *agg* ❶ (*di ogni mese*) monatlich, Monats- ❷ (*che dura un mese*) einmonatig II. *m* ❶ (*stipendio*) Monatsgehalt *n* ❷ (*periodico*) Monatsheft *n*, -schrift *f*; **mensilità** [mensili'ta] <-> *f* ❶ (*retribuzione*) Monatsgehalt *n*, Monatslohn *m*; **tredicesima** ~ dreizehntes Monatsgehalt ❷ (*periodicità mensile*) monatliche Leistung, monatlicher Vorgang

mensola ['mɛnsola] *f* Konsole *f*

menta ['menta] *f* ❶ (BOT) Minze *f* ❷ (GASTR: *liquore*) Pfefferminzlikör *m*; (*confetto*) Pfefferminzbonbon *n*

mentale [men'ta:le] *agg* ❶ (*della mente*) Geistes-, geistig ❷ (*senza parlare*) still; (*calcolo, lavoro*) Kopf-; **mentalità** [mentali'ta] <-> *f* Mentalität *f*; **mentalmente** [mental'mente] *avv* ❶ (*con la mente*) im Geiste ❷ (*di mente*) innerlich

mente ['mente] *f* ❶ (*intelligenza, intelletto*) Geist *m*, Verstand *m*; **a ~ lucida** bei klarem Verstand ❷ (*attenzione*) Gedanken *mpl*, Kopf *m*; (*intenzione*) Sinn *m*; **avere in ~ di fare qc** im Sinn haben, etw zu tun ❸ (*memoria*) Gedächtnis *n*; **a ~** auswendig; **passare** [*o* **uscir**] **di** ~ aus dem Sinn kommen, entfallen; **venire in ~, passare per la** ~ in den Sinn kommen, einfallen ❹ (*fig*) Kopf *m*, Geist *m*; **levarsi qu/qc dalla** ~ sich *dat* jdn/etw aus dem Kopf schlagen; **ficcarsi** [*o* **mettersi**] **in ~ di fare qc** (*fam*) sich *dat* in den Kopf setzen, etw zu tun; **cosa ti salta in ~?** was fällt dir ein?

mentecatto, -a [mente'katto] *agg* schwachsinnig; **povero ~!** (*fam*) du armer Irrer!

mentina [men'ti:na] *f* Pfefferminzbonbon *n*

mentire [men'ti:re] *vi* lügen; **mentito, -a** [men'ti:to] *agg* falsch, erlogen; **sotto -e spoglie** verkappt, unter falschem Namen; **mentitore, -trice** [menti'to:re] *m, f* Lügner(in) *m(f)*

mento ['mento] *m* Kinn *n*; **doppio ~** Doppelkinn *n*

mentolo [men'tɔ:lo] *m* Menthol *n*

mentore ['mɛntore] *m* (*poet*) Mentor(in) *m(f)*

mentre ['mentre] I. *cong* ❶ (*temporale*) während ❷ (*avversativo*) während, wohingegen II. *m* **in quel ~** gerade in diesem Moment

menu [me'nu] <-> *m* **❶**(*lista*) Speise(n)karte *f* **❷**(*insieme di vivande*) Speisenfolge *f*; Menü *n* **❸**(INFORM) Menü *n;* **barra dei** ~ Menüleiste *f;* ~ **di assistenza** Hilfemenü *n;* ~ **d'avvio** Startmenü *n;* ~ **a discesa** Pull-down-Menü *n;* **opzione** ~ Menüpunkt *m*

menzionare [mentsio'na:re] *vt* nennen, erwähnen; **menzione** [men'tsio:ne] *f* Erwähnung *f*

menzogna [men'tsoɲɲa] *f* Lüge *f;* **menzognero, -a** [mentsoɲ'ɲɛːro] *agg* **❶**(*bugiardo*) verlogen, lügend **❷**(*fig: fallace, illusorio*) trügerisch, täuschend

Merano [me'ra:no] *f* Meran *n* (*Stadt in Südtirol*)

meraviglia [mera'viʎʎa] <-glie> *f* **❶**(*sorpresa*) Überraschung *f* **❷**(*stupore*) Erstaunen *n*, Verwunderung *f* **❸**(*cosa, persona meravigliosa*) Wunder *n;* **le sette -glie del mondo** die Sieben Weltwunder; **a** ~ wunderbar, ausgezeichnet; **meravigliare** [meraviʎ'ʎa:re] **I.** *vt* verwundern, erstaunen **II.** *vr* -rsi sich wundern; **mi meraviglio di te!** ich muss mich doch sehr über dich wundern!; **non mi meraviglierei affatto se …** es würde mich (gar) nicht wundern, wenn …

meraviglioso, -a [meraviʎ'ʎo:so] *agg* wunderbar

mercante, -essa [mer'kante, mer-kan'tessa] *m, f* Händler(in) *m(f)*; (*fig, pej*) Krämer *m;* ~ **di uomini** Menschenhändler *m*, Schlepper *m;* **mercanteggiare** [merkanted'dʒa:re] **I.** *vi* ~ (**su qc**) (um etw) feilschen **II.** *vt* (*pej*) verschachern; **mercantesco, -a** [merkan'tesko] <-schi, -sche> *agg* (*pej*) Krämer-; **mercantessa** *f v.* mercante; **mercantile** [merkan'ti:le] **I.** *agg* Handels-, kaufmännisch; (*del mercante*) Händler- **II.** *m* Handels-, Frachtschiff *n;* **mercantilismo** [merkanti'lizmo] *m* Merkantilismus *m*

mercanzia [merkan'tsi:a] <-ie> *f* (Handels)ware *f*

mercatino [merka'ti:no] *m* (Wochen)markt *m;* ~ **di Natale** Weihnachtsmarkt *m;* **mercatistica** [merka'tistika] <-che> *f* Marketing *n*

mercato [mer'ka:to] *m* **❶**(COM) Markt *m;* (FIN) Handel *m;* ~ **all'ingrosso** Großmarkt *m;* ~ **al minuto** Einzelhandel *m;* ~ **monetario** Geldhandel *m;* ~ **nero** Schwarzmarkt *m;* **Mercato Comune** (**Europeo**) Gemeinsamer Markt; **Mercato Interno Europeo** Europäischer Binnenmarkt; **piazza del** ~ Marktplatz *m;* **analisi di** ~ Marktanalyse *f;* **economia di** ~

Marktwirtschaft *f;* **a buon** ~ preiswert, günstig **❷**(*fig: confusione*) Durcheinander *m*

merce ['mɛrtʃe] *f* **❶**(COM) Ware *f* **❷** *pl* Güter *npl;* **scalo -i** Güterbahnhof *m;* **treno -i** Güterzug *m* **❸**(*fig*) Gut *n*

mercenario [mertʃe'na:rio] <-i> *m* Söldner *m*

mercenario, -a <-i, -ie> *agg* **❶**(*truppe, soldati*) Söldner- **❷**(*fig, pej*) käuflich, bestechlich

merceologia [mertʃeolo'dʒi:a] <-ie> *f* Warenkunde *f*

merceria [mertʃe'ri:a] <-ie> *f* **❶**(*assortimento*) Kurzwaren *fpl* **❷**(*negozio*) Kurzwarenhandlung *f*

mercerizzare [mertʃerid'dza:re] *vt* merzerisieren

merchandiser ['mə:tʃəndaizə] <- *o* merchandisers> *mf* (COM) Verkäufer(in) *m(f)* (von Fan-Artikeln)

merchandizing ['mə:tʃəndaiziŋ] <-> *m* (COM) Merchandising *n*

merci ['mɛrtʃi] <-> *m* Güterzug *m;* **merciaio, -a** [mer'tʃa:io] <-ciai, -ciaie> *m, f* Kurzwarenhändler(in) *m(f);* **mercificare** [mertʃifi'ka:re] *vt* kommerzialisieren; **mercificazione** [mertʃifikat'tsio:ne] *f* Kommerzialisierung *f;* **mercimonio** [mertʃi'mɔ:nio] <-i> *m* (schmutziger) Handel *m*

mercoledì [merkole'di] <-> *m* Mittwoch *m; v. a.* **domenica**

mercuriale [merku'ria:le] **I.** *agg* **❶**(ASTR) Merkur- **❷**(CHEM) Quecksilber- **II.** *f* (COM) Marktbericht *m*

mercurio [mer'ku:rio] *m* (CHEM) Quecksilber *n*

Mercurio [mer'ku:rio] *m* (ASTR) Merkur *m*

merda ['mɛrda] *f* (*vulg*) Scheiße *f;* **essere nella** ~ in der Scheiße stecken, beschissen dran sein; **merdaio** [mer'da:io] <-ai> *m* (*vulg*) Dreck(s)loch *n;* **merdoso, -a** [mer'do:so] *agg* (*vulg*) beschissen; (*a fig*) dreckig

merenda [me'rɛnda] *f* Vesper(brot) *n*, Nachmittagsimbiss *m*, Jause *f A;* **fare** (**la**) ~ Vesper machen, vespern, jausnen *A*

meretrice [mere'tri:tʃe] *f* (*poet*) Dirne *f*, Hure *f*

merge [mə:dʒ] <- *o* merges> *m* (INFORM) Dateiverknüpfung *f*

meridiana [meri'dia:na] *f* **❶**(*orologio*) Sonnenuhr *f* **❷**(ASTR) Mittagslinie *f*

meridiano [meri'dia:no] *m* Meridian *m*

meridiano, -a *agg* Mittags-

meridionale [meridio'na:le] **I.** *agg* **❶**(*del sud*) südlich, Süd- **❷**(*del Mezzogiorno ita-*

M

liano) süditalienisch; **l'Italia ~** Süditalien *n*
II. *mf* ❶ (*del sud*) Südländer(in) *m(f)*
❷ (*del Mezzogiorno italiano*) Süditaliener(in) *m(f)*; **meridionalismo** [meridiona'lizmo] *m* (LING) süditalienischer Ausdruck; **meridione** [meri'dio:ne] *m* Süden *m*

meringa [me'riŋga] <-ghe> *f* Meringe *f*, Baiser *n*, Windbäckerei *f A*

merino [me'ri:no] **I.** <inv> *agg* Merino **II.** <-> *m* ❶ (ZOO) Merino *m*, Merinoschaf *n* ❷ (*lana*) Merinowolle *f*

meritare [meri'ta:re] **I.** *vt* verdienen **II.** *vi* (*fam: valere*) sich lohnen, der Mühe wert sein **III.** *vr* **-rsi** (sich) verdienen; **questa te la sei proprio meritata!** (*fam*) das geschieht dir gerade recht!

meritevole [meri'te:vole] *agg* wert, würdig

merito ['mɛ:rito] *m* ❶ (*qualità*) Verdienst *n*; **in ~ a ...** was ... betrifft, in Bezug auf +*acc* ...; **a pari ~** bei Gleichwertigkeit ❷ (*valore*) Wert *m*, Vorzug *m*

meritocratico, -a [mɛrito'kra:tiko] <-ci, -che> *agg* Verdienst-, Leistungs-; **il principio ~** das Leistungsprinzip; **meritocrazia** [mɛritokrat'tsi:a] *f* Leistungsprinzip *n*; **meritorio, -a** [meri'tɔ:rio] <-i, -ie> *agg* verdienstvoll

merlato, -a [mer'la:to] *agg* mit Zinnen versehen; **merlatura** [merla'tu:ra] *f* Zinnenkranz *m*; **merlettaia** [merlet'ta:ia] <-aie> *f* Spitzenklöpplerin *f*

merletto [mer'letto] *m* Spitze *f*

merlo ['mɛrlo] *m* (ARCH) Zinne *f*

merlo, -a *m, f* ❶ (ZOO) Amsel *f*, Schwarzdrossel *f* ❷ (*fam fig*) Gimpel *m*

merluzzo [mer'luttso] *m* Kabeljau *m*

mero, -a ['mɛ:ro] *agg* (*poet*) pur, rein

mésalliance [meza'ljãs] <mésal­liances> *f* Mesalliance *f geh,* nicht standesgemäße Ehe

mescere ['meʃʃere] <mesco, mescei, mesciuto> *vt* (*poet*) einschenken, eingießen

meschina *f v.* **meschino**

meschinità [meskini'ta] <-> *f* ❶ (*ristrettezza mentale*) Kleinlichkeit *f*, Engherzigkeit *f* ❷ (*inadeguatezza*) Dürftigkeit *f*, Unzulänglichkeit *f*; **meschino, -a** [mes'ki:no] **I.** *agg* ❶ (*misero*) armselig; (*fig*) kläglich ❷ (*insufficiente*) dürftig, spärlich ❸ (*gretto*) kleinlich, engstirnig **II.** *m, f* armer Teufel *fam*

mescita ['meʃʃita] *f* Ausschank *m*

mesciuto *pp di* **mescere**

mescolanza [mesko'lantsa] *f* ❶ (*il mescolare*) Mischung *f*, Mischen *n* ❷ (*insieme*

di cose mescolate) Mischung *f*, Gemisch *n* ❸ (*fig, pej: confusione*) Mischmasch *m fam*

mescolare [mesko'la:re] **I.** *vt* ❶ (*mischiare*) (ver)mischen; (*carte*) mischen ❷ (*fig: confondere*) durcheinanderbringen **II.** *vr* **-rsi** ❶ (*unirsi in una massa*) sich vermischen ❷ (*confondersi*) sich mischen ❸ (*fig: immischiarsi*) sich einmischen; **mescolata** [mesko'la:ta] *f* (kurzes) Umrühren *n*; **dare una ~ alle carte** die Karten kurz mischen; **mescolatrice** [meskola'tri:tʃe] *f* Rührmaschine *f*, Mischkneter *m*

mese ['me:se] *m* ❶ (*periodo di tempo*) Monat *m*; **essere al terzo ~** im dritten Monat (schwanger) sein ❷ (*stipendio*) Monatslohn *m*, -gehalt *n* ❸ (*canone d'affitto*) Monatsmiete *f*

messa ['messa] *f* ❶ (REL, MUS) Messe *f*; **dire la ~** die Messe lesen; **sentire la ~** die Messe hören; **servir la ~** ministrieren, bei der Messe dienen ❷ (*azione del mettere*) **~ a fuoco** Scharfeinstellung *f*; **~ a massa** [*o* **a terra**] (EL) Erdung *f*; **~ a punto** (TEC) Einstellung *f*, Regulierung *f*; **~ in marcia** (TEC) Ingangsetzen *n*; **~ in moto** (TEC) Anlassen *n*; **~ in opera** (TEC) Installation *f*, Verlegung *f*; **~ in piega** Wellung *f*, (Wasser)welle *f*; **~ in scena** *v.* **messinscena**

messaggera *f v.* **messaggero**

messaggeria [messad'dʒe'ri:a] <-ie> *f* Versandbuchhandel *m*; **~ postale** Bahnpost *f*

messaggero, -a [messad'dʒɛ:ro] **I.** *m, f* Bote *m*, Botin *f* **II.** *agg* (*poet*) kündend

messaggiare [messad'dʒa:re] **I.** *vi* (*fam*) simsen **II.** *vt* (*jdm*) eine SMS [*o* eine E-Mail] schicken **III.** *vr* **-rsi** (*fam*) sich simsen

messaggino [messad'dʒi:no] *m* (TEL) SMS(-Nachricht) *f*

messaggio [mes'saddʒo] <-ggi> *m* ❶ (*notizia*) Nachricht *f*; (*a fig*) Botschaft *f* ❷ (*discorso solenne*) Botschaft *f* ❸ (INFORM) Message *f*, Nachricht *f*

messaggistica [messad'dʒistika] <-che> *f* Kommunikationswesen *n*

messale [mes'sa:le] *m* Messbuch *n*, Missale *n*

messe ['messe] *f* ❶ (*mietitura*) (Getreide)ernte *f* ❷ (*quantità di cereali*) Getreide *n*, Korn *n* ❸ (*epoca*) Erntezeit *f* ❹ (*fig*) Ernte *f*, Ausbeute *f*

messia [mes'si:a] <-> *m* ❶ (REL: *il Messia*) der Messias ❷ (*fig*) Befreier *m*, Retter *m*

messicano, -a [messi'ka:no] **I.** *agg* mexikanisch **II.** *m, f* Mexikaner(in) *m(f)*;

Messico ['mɛssiko] *m* il ~ Mexiko *n*

Messina [mes'si:na] *f* Messina *n* (*Stadt in Sizilien*)

messinese [messi'ne:se] **I.** *mf* (*abitante*) Einwohner(in) *m(f)* Messinas **II.** *agg* aus Messina

Messinese <*sing*> *m* Umgebung *f* von Messina

messinscena, messa in scena [messin'ʃɛ:na] <messe in scena> *f* Inszenierung *f*

messo¹ ['messo] *pp di* **mettere**

messo² *m* (*poet*) **❶** (*messaggero*) Bote *m* **❷** (ADM) Amtsdiener *m;* ~ **di tribunale** Gerichtsdiener *m*

mestierante [mestie'rante] *mf* (*pej*) Pfuscher(in) *m(f)*

mestiere [mes'tiɛ:re] *m* **❶** (*lavoro*) Beruf *m*, Handwerk *n;* **i ferri del** ~ das Handwerkszeug; **fare i -i** die Hausarbeit verrichten **❷** (*competenza*) Fach *n*, Metier *n*, Handwerk *n;* **essere del** ~ vom Fach sein **❸** (*pej*) Gewerbe *n*

mestizia [mes'tittsja] <-ie> *f* Wehmut *f*, Traurigkeit *f;* **mesto, -a** ['mɛsto] *agg* wehmütig, traurig

mestola ['mestola] *f* **❶** (*da cucina*) Schöpflöffel *m*, (Schöpf)kelle *f* **❷** (*del muratore*) (Maurer)kelle *f;* **mestolo** ['mestolo] *m* Kochlöffel *m*

mestruale [mestru'a:le] *agg* menstrual, Menstruations-; **mestruazione** [mestrua'tsjo:ne] *f*, **mestruo** ['mɛstruo] *m* Monatsblutung *f*, Menstruation *f*

meta ['mɛ:ta] *f* **❶** (*destinazione*) Ziel *n* **❷** (*scopo*) Zweck *m*

metà [me'ta] <-> *f* **❶** (*parte*) Hälfte *f;* **a** ~ halb, zur Hälfte; **dire le cose a** ~ sich vage ausdrücken; **fare a** ~ halbe-halbe machen **❷** (*punto di mezzo*) Mitte *f;* ~ **campo** Mittelfeld *n;* **a** ~ **strada** auf halbem Wege **❸** (*fig, scherz: coniuge*) bessere Hälfte

metabolico, -a [meta'bɔ:liko] <-ci, -che> *agg* metabolisch; **metabolismo** [metabo'lizmo] *m* Stoffwechsel *m*, Metabolismus *m*

metacarpo [meta'karpo] *m* Mittelhand *f*

metadone [meta'dɔ:ne] *m* (CHEM, MED) Methadon *n*

metafisica [meta'fi:zika] *f* Metaphysik *f;* **metafisico, -a** [meta'fi:ziko] <-ci, -che> **I.** *agg* metaphysisch **II.** *m*, *f* Metaphysiker(in) *m(f)*

metafora [meta'fora] *f* Metapher *f;* **fuor di** ~ unverblümt; **metaforico, -a** [meta'fɔ:riko] <-ci, -che> *agg* metaphorisch; **metaletteratura** [metalettera'tu:ra] *f* (LIT) Literatur *f* über das Schreiben

metalinguaggio [metaliŋ'guaddʒo] <-ggi> *m* Metasprache *f*

metallico, -a [me'talliko] <-ci, -che> *agg* Metall-, metallen; (*a fig*) metallisch; **metallifero, -a** [metal'li:fero] *agg* metallhaltig, erzhaltig; **metallizzare** [metallid'dza:re] *vt* metallisieren; **metallizzato, -a** [metallid'dza:to] *agg* metallic

metallo [me'tallo] *m* Metall *n*

metallurgia [metallur'dʒi:a] <-gie> *f* Metallurgie *f*, Hüttenkunde *f;* **metallurgico, -a** [metal'lurdʒiko] <-ci, -che> **I.** *agg* metallurgisch, Hütten-, **II.** *m*, *f* Hütten-, Metallarbeiter(in) *m(f)*

metalmeccanico, -a [metalmek'ka:niko] **I.** *agg* Metall- (und Maschinenbau-) **II.** *m*, *f* Metallarbeiter(in) *m(f)*

metamorfosi [meta'mɔrfozi] <-> *f* Metamorphose *f*

metano [me'ta:no] *m* Methan(gas) *n;* **metanodotto** [metano'dotto] *m* Gas(fern)leitung *f*

metastasi [me'tastazi] <-> *f* Metastase *f*, Tochtergeschwulst *f*

metatesi [me'ta:tezi] <-> *f* Lautumstellung *f*, Metathese *f*

metempsicosi [metempsi'kɔ:zi] <-> *f* Seelenwanderung *f*

meteo ['mɛ:teo] *m* Wettervorhersage *f*

meteoecologia [meteoekolo'dʒi:a] *f* (ECO, METEO) Klimaforschung *f* unter ökologischen Gesichtspunkten, ökologische Klimaforschung

meteora [me'tɛ:ora] *f* Meteor *m;* **meteorico, -a** [mete'ɔ:riko] <-ci, -che> *agg* meteorisch; **meteorite** [meteo'ri:te] *m o f* Meteorit *m;* **meteorologa** *f v.* **meteorologo**

meteorologia [meteorolo'dʒi:a] <-gie> *f* Meteorologie *f*, Wetterkunde *f;* **meteorologico, -a** [meteoro'lɔ:dʒiko] <-ci, -che> *agg* meteorologisch; **bollettino** ~ Wetterbericht *m;* **meteorologo, -a** [mete'ɔ:rɔ:logo] <-gi, -ghe> *m*, *f* Meteorologe *m*, -login *f*

meteosat ['mɛ:teosat] <-> *m* (METEO) Wettersatellit *m*

meticcio, -a [me'tittʃo] <-cci, -cce> *m*, *f* **❶** (BIOL) Hybride *f o m* **❷** (*persona*) Mestize *m*, Mischling *m*

meticolosità [metikolosi'ta] <-> *f* Gewissenhaftigkeit *f*, Akribie *f;* **meticoloso, -a** [metiko'lo:so] *agg* gewissenhaft, minutiös

metile [me'ti:le] *m* Methyl *n*

metilico, -a [me'ti:liko] <-ci, -che> *agg* Methyl-

metodica [me'tɔ:dika] <-che> *f* Methodik *f;* **metodicità** [metoditʃi'ta] <-> *f* methodisches Vorgehen; **metodico, -a** [me'tɔ:diko] <-ci, -che> *agg* ❶ (*sistematico*) methodisch ❷ (*abitudinario*) gewohnheitsmäßig

metodismo [meto'dizmo] *m* Methodismus *m;* **metodista** [meto'dista] <-i *m*, -e *f*> **I.** *agg* methodistisch, Methodisten- **II.** *mf* Methodist(in) *m(f);* **metodistico, -a** [meto'distiko] <-ci, -che> *agg* methodistisch

metodo ['mɛ:todo] *m* ❶ (*procedimento*) Methode *f,* Verfahren *n* ❷ (*ordine*) System *n,* Methode *f* ❸ (*manuale*) Leitfaden *m,* Lehrbuch *n;* **metodologia** [metodolo'dʒi:a] <-gie> *f* Methodik *f,* Methodologie *f;* **metodologicamente** [metodololodʒika'mente] *avv* methodologisch; **metodologico, -a** [metodo'lɔ:dʒiko] <-ci, -che> *agg* methodologisch, methodisch; **metodologo, -a** [meto'dɔ:logo] <-gi, -ghe> *m, f* (SCIENT) Experte *m,* Expertin *f* für Methodologie

metonimia [meto'ni:mia *o* metoni'mi:a] *f* (LIT) Metonymie *f*

metraggio [me'traddʒo] <-ggi> *m* Messen *n* (nach Metern); **film a corto/lungo ~** Kurz-/(Normal)film *m;* **metratura** [metra'tu:ra] *f* Länge *f* in Metern

metrica ['mɛ:trika] <-che> *f* Verslehre *f,* Metrik *f;* **metrico, -a** ['mɛ:triko] <-ci, -che> *agg* metrisch

metro ['mɛ:tro] *m* ❶ (*unità di lunghezza*) Meter *m o n* ❷ (*strumento*) Metermaß *n,* Meterband *n;* **~ pieghevole** Stabmeter *m* ❸ (*fig: criterio di giudizio*) Maßstab *m* ❹ (LIT: *piede*) Versfuß *m;* (*verso*) Metrum *n,* Versmaß *n*

metrò [me'trɔ] <-> *m* Metro *f,* U-Bahn *f*

metronomo [me'trɔ:nomo] *m* Metronom *n*

metronotte [metro'nɔtte] <-> *m* Nachtwächter *m*

metropoli [me'trɔ:poli] <-> *f* Großstadt *f,* Metropole *f;* **metropolita** [metropo'li:ta] <-i> *m* Metropolit *m*

metropolitana [metropoli'ta:na] *f* Untergrundbahn *f,* U-Bahn *f*

metropolitano [metropoli'ta:no] *m* Polizist *m,* Schutzmann *m*

metropolitano, -a *agg* Großstadt-

mettere ['mettere] <metto, misi, messo> **I.** *vt* ❶ (*collocare, apporre*) setzen; (*in piedi*) stellen; (*orizzontalmente*) legen; **~ a confronto** gegenüberstellen, vergleichen; **~ ai voti** zur Abstimmung bringen; **~ al mondo** zur Welt bringen; (*fig*) in die Welt setzen; **~ in chiaro** klar stellen; **~ in funzione** in Betrieb setzen; **~ in giro** in Um-

lauf bringen; **~ in pericolo** in Gefahr bringen; **~ qu in libertà** jdm die Freiheit geben; **~ su** (*fondare*) gründen; (*organizzare*) einrichten, aufbauen; (*aprire*) eröffnen; (*fam: mettere a cuocere*) aufsetzen ❷ (*ficcare*) (hinein)stecken; **~ dentro** (*infilare*) hineinstecken; (*fam fig: imprigionare*) einlochen ❸ (*applicare*) (auf)kleben; (*appendere*) (auf)hängen ❹ (*fam: installare*) installieren; (EL) legen ❺ (*infondere*) machen; (*discordia*) säen; (*provocare*) verursachen, auslösen; **~ paura a qu** jdm Angst einjagen ❻ (*indossare*) anziehen, tragen; (*cappello*) aufsetzen ❼ (*imporre*) auferlegen ❽ (*ridurre*) umsetzen, machen zu; **~ in pratica** in die Tat umsetzen ❾ (*sviluppare*) bekommen; (*radici*) ansetzen; **~ i denti** Zähne bekommen; **~ le radici** Wurzeln schlagen ❿ (*alloggiare*) unterbringen ⓫ (*depositare*) deponieren ⓬ (*puntare*) (ein)setzen ⓭ (*fam: far pagare*) zahlen lassen ⓮ (*loc*) **mettercela tutta** alles daran setzen; **~ bocca** d(a)reinreden, sich einmischen **II.** *vi* ❶ (*sboccare*) münden ❷ (*germogliare*) keimen, treiben ❸ (*supporre*) annehmen; **mettiamo che ... +** *conj* nehmen wir an, dass ... **III.** *vr* **-rsi** ❶ (*collocarsi*) sich stellen; (*sedersi*) sich setzen; (*sdraiarsi*) sich legen; **-rsi a ... +** *inf* anfangen zu ... + *inf,* beginnen zu ... + *inf;* **-rsi a sedere** sich (hin)setzen; **-rsi a proprio agio** es sich bequem machen ❷ (*cacciarsi*) sich bringen, sich stürzen ❸ (*indossare*) (sich) anziehen; (*cappello*) (sich) aufsetzen ❹ (*unirsi*) sich vereinigen, sich zusammentun; **-rsi con qu** (*associarsi*) sich mit jdm vereinigen; (*avere una relazione amorosa*) mit jdm gehen; **-rsi in contatto con qu** sich mit jdm in Verbindung setzen

mezzacalzetta, mezza calzetta [meddzakal'tsetta] <mezzecalzette> *f* (*fam*) kleines Würstchen

mezzacartuccia, mezza cartuccia [meddzakar'tuttʃa] <mezzecartucce> *f* (*fam*) Niete *f,* Blindgänger *m*

mezzadria [meddza'dri:a] <-ie> *f* Halbpacht *f;* **mezzadro** [med'dza:dro] *m* Halbpächter *m;* **mezzala, mezz'ala** [med'dza:la] <-i *o* mezze ali> *f* Halbstürmer(in) *m(f);* **~ destra** Halbrechte(r) *(f)m*

mezzaluna [meddza'lu:na] <mezzelune> *f* ❶ (ASTR) Halbmond *m* ❷ (*coltello*) Wiegemesser *n*

mezzana [med'dza:na] *f* ❶ (NAUT) Besansegel *n* ❷ *v.* **mezzano**

mezzanino [meddza'ni:no] *m* Zwischengeschoss *n,* Mezzanin *n*

mezzano, **-a** [med'dza:no] **I.** *m, f* Kuppler(in) *m(f)* **II.** *agg* mittlere(r, s), Mittel-

mezzanotte [meddza'nɔtte] <mezzenotti> *f* Mitternacht *f*

mezzapunta [meddza'punta] <mezzepunte> *f* **①** (SPORT: *nel calcio*) Libero *m* **②** (*scarpa da danza*) Balettschuh *m* **③** (*posizione di danza*) Vorderfuß *m;* **ballare sulle mezzepunte** auf dem Vorderfuß tanzen

mezz'aria [med'dza:ria] *f* **a** ~ in halber Höhe

mezzasega [meddza'se:ga] <mezzeseghe> *mf* (*vulg*) kleiner Schwächling

mezz'asta [med'dzasta] *f* **a** ~ auf Halbmast

mezzatacca [meddza'takka] <mezzetacche> *f* (*fam*) Nichtskönner(in) *m(f)*, Volltrottel *m*

mezzecalzette *pl di* **mezzacalzetta**

mezzecartucce *pl di* **mezzacartuccia**

mezzelune *pl di* **mezzaluna**

mezzenotti *pl di* **mezzanotte**

mezzeria [meddze'ri:a] <-ie> *f* (*linea*) mittlere Linie; (*punto*) mittlerer Punkt; **linea di** ~ (*di strada*) Mittellinie *f*

mezzibusti *pl di* **mezzobusto**

mezzicontralti *pl di* **mezzocontralto**

mezzi di comunicazione ['mɛddzi di komunikat'tsio:ne] *mpl* Kommunikationsmittel *npl;* **mezzi di comunicazione di massa** ['mɛddzi di komunikat'tsio:ne di 'massa] *mpl* Massenmedien *npl*

mezzisoprani *pl di* **mezzosoprano**

mezzo ['mɛddzo] **I.** *m* **①** (*metà*) Hälfte *f* **②** (*parte centrale*) Mitte *f* **③** (*espediente*) Mittel *n;* ~ **legale** Rechtsmittel *n;* **con ogni** ~ mit allen Mitteln; **per** ~ **di** (*persona*) durch; (*cosa*) mit, mit Hilfe von; **il fine giustifica i -i** (*prov*) der Zweck heiligt die Mittel **④** (*veicolo*) Verkehrsmittel *n*, Fahrzeug *n* **⑤** *pl* Mittel *npl;* **privo di -i** mittellos; **-i di comunicazione di massa** Massenmedien *npl* **⑥** (PHYS) Medium *n* **⑦** (*fig: misura*) Maß *n;* **via di** ~ (*fig*) Mittelweg *m* **⑧** (*fig: dote, capacità*) Fähigkeit *f* **⑨** (*loc*) **andarci di** ~ etw abbekommen *fam;* **esserci di** ~ beteiligt sein, mit von der Partie sein *fam;* **levar** [*o* **togliere**] **di** ~ aus dem Weg räumen, ausschalten **II.** *avv* zur Hälfte, halb

mezzo, **-a** *agg* **①** (*metà di un intero*) halb, Halb-; **le tre e** ~ drei Uhr dreißig, halb vier; **mezz'ora** halbe Stunde *f;* **non dire una -a parola** kein Wort sagen **②** (*medio, intermedio*) mittlere(r, s); **vestito di -a stagione** Übergangskleid *n;* **un uomo** [*o* **una donna**] **di -a età** ein Mann [*o* eine Frau]

mittleren Alters **③** (*fig: quasi o non completo*) halb

mezzobusto, **mezzo busto** [meddzo'busto] <mezzibusti> *m* **①** (*parte del corpo*) Büste *f;* **fotografia a** ~ Brustbild *n* **②** (*iron: annunciatore televisivo*) Fernsehansager(in) *m(f)*, Nachrichtensprecher(in) *m(f)*

mezzobusto <mezzibusti> *m* (*iron*) Fernsehansager(in) *m(f)*, Nachrichtensprecher(in) *m(f);* **mezzocontralto**, **mezzo contralto** [meddzokon'traltro] <mezzicontralti> *m* Mezzosopran *m*

mezzofondista [meddzofon'dista] <-i *m*, -e *f*> *mf* Mittelstreckenläufer(in) *m(f)*, -schwimmer(in) *m(f);* **mezzofondo** [meddzo'fondo] *m* Mittelstreckenlauf *m*, -schwimmen *n*

mezzogiorno [meddzo'dʒorno] *m* **①** (*le 12*) Mittag *m*, zwölf Uhr (mittags) **②** (*sud*) Süden *m* **③** (*l'Italia meridionale*) Süditalien *n*

mezz'ora [med'dzo:ra] <mezze ore> *f* halbe Stunde; **mezzosangue** [meddzo'saŋgue] <-> *m* Halbblut *n*

mezzosoprano, **mezzo soprano** [meddzoso'pra:no] <mezzisoprani> *m* Mezzosopran *m*

mezzuccio [med'dzuttʃo] <-cci> *m* (*pej*) fauler Trick *m*

mi[1] [mi] **I.** *pron pers 1.pers sing* **①** (*complemento di termine*) mir **②** (*complemento oggetto*) mich **II.** *pron rifl 1.pers sing* mich

mi[2] <-> *m* (MUS) e, E *n*

miagolare [miago'la:re] *vi* **①** (*gatto*) miauen **②** (*pej: cantare*) jaulen; **miagolata** [miago'la:ta] *f* (*pej: canto lamentoso*) Katzenmusik *f fam;* **miagolio** [miago'li:o] <-ii> *m* **①** (*di gatto*) Miauen *n* **②** (*fig: piagnucolio*) Geplärr(e) *n fam;* **miao** ['mia:o] *int* miau

miasma [mi'azma] <-i> *m* Pestgestank *m*, Miasma *n*

MIB *m abbr di* **Milano Indice Borsa** Mailänder Börsenindex *m*

MIBTEL *m abbr di* **Milano Indice Borsa Telematico** Mailänder telematischer Börsenindex *m*

mica ['mi:ka] *avv* **①** (*affatto, per niente*) **non ...** ~ doch nicht, gar nicht; (*per caso*) doch (wohl) nicht **②** (*fam*) nicht; ~ **male quel tipo!** nicht übel dieser Typ!

miccia ['mittʃa] <-cce> *f* Zündschnur *f*

michelaccio [mike'lattʃo] <-cci> *m* Müßiggänger *m*

michetta [mi'ketta] *f* (*sett*) kleines, rundes Brötchen

micia *f v.* **micio**

micidiale [mitʃi'diaːle] *agg* ❶ (*mortale*) tödlich ❷ (*fig: molto dannoso*) schädlich; (*intollerabile*) mörderisch *fam*

micio, -a ['miːtʃo] <-ci, -ce> *m, f* (*fam*) Mieze *f*

micosi [mi'kɔːzi] <-> *f* Pilzkrankheit *f,* Mykose *f*

microampere [mikroã'pɛːr] <-> *m* (PHYS) Mikroampére *n;* **microamperometro** [mikroampe'rɔːmetro] *m* (PHYS) Mikroampéremeter *n*

microanalisi [mikroa'naːlizi] <-> *f* (CHEM) Mikroanalyse *f;* **microbibliografia** [mikrobibliogra'fiːa] *f* (FOTO) Mikrodokumentation *f*

microbicida [mikrobi'tʃiːda] <-i> *m* (CHEM) Bakterizid *n;* **microbico, -a** [mi'krɔːbiko] <-ci, -che> *agg* mikrobiell; **microbilancia** [mikrobi'lantʃa] <-ce> *f* (CHEM) Mikroanalysenwaage *f,* mikrochemische Waage, Mikrowaage *f;* **microbiologa** *f v.* **microbiologo**

microbiologia [mikrobiolo'dʒiːa] *f* Mikrobiologie *f;* **microbiologico, -a** [mikrobio'lɔːdʒiko] <-ci, -che> *agg* (CHEM, BIOL) mikrobiologisch; **microbiologo, -a** [mikrobi'ɔːlogo] <-gi, -ghe> *m, f* Mikrobiologe *m,* -biologin *f*

microbo ['miːkrobo] *m* Mikrobe *f*

microcalcolatore [mikrokalkola'toːre] *m* (INFORM) Mikrocomputer *m;* **microcamera** [mikro'kaːmera] *f* Kleinstbildkamera *f;* **microcassetta** [mikrokas'setta] *f* (TEC) Mikrokassette *f*

microchimica [mikro'kiːmika] *f* (CHEM) Mikrochemie *f*

microchip ['maikroutʃip] <- *o* microchips> *m* (TEC) Mikrochip *m,* Chip *m*

microchirurgia [mikrokirur'dʒiːa] *f* (MED) Mikrochirurgie *f*

microcircuito [mikrotʃir'kuːito] *m* (TEC) Mikroschaltung *f*

microclima [mikro'kliːma] *m* Mikroklima *n;* **microclimatologia** [mikroklimatolo'dʒiːa] <-ie> *f* (METEO) Mikroklimatologie *f;* **microcomponente** [mikrokompo'nɛnte] *m* (TEC) Mikrobaustein *m*

microcomputer ['mikrokəm'pjuːtə] <-> *m v.* **microcalcolatore;** **microconflittualità** [mikrokonflittuali'ta] <-> *f* Kleinkrieg *m;* **microcontesto** [mikrokon'tɛsto] *m* (LING) Mikrokontext *m*

microcosmico, -a [mikro'kɔzmiko] <-ci, -che> *agg* mikrokosmisch; **microcosmo** [mikro'kɔzmo] *m* Mikrokosmos *m*

microcriminalità [mikrokriminali'ta] <-> *f* Kleinkriminalität *f*

microdelinquenza [mikrodeliŋ'kuentsa] *f v.* **microcriminalità;** **microdinamometro** [mikrodina'mɔːmetro] *m* (PHYS) Mikrodynamometer *n*

microeconomia [mikroekono'miːa] *f* (COM, FIN) Mikroökonomie *f*

microelaboratore [mikroelabora'toːre] *m v.* **microcalcolatore**

microelemento [mikroele'mento] *m* ❶ (BIOL) oligodynamische Substanz ❷ (CHEM) Mikroelement *n*

microelettronica [mikroelet'trɔːnika] *f* (TEC) Mikroelektronik *f;* **microelettronico, -a** [mikroelet'trɔːniko] <-ci, -che> *agg* (TEC) mikroelektronisch; **microfarad** [mikro'faːrad] <-> *m* (PHYS) Mikrofarad *n;* **microfessurazione** [mikrofessurat'tsioːne] *f* Mikrorissbildung *f*

microfibra [mikro'fiːbra] *f* Mikrofaser *f*

microfiche [mikro'fiʃ] <- *o* microfiches> *f* (FOTO) Mikrofiche *n o m,* Mikrokarte *f*

microfilm [mikro'film] *m* Mikrofilm *m;* **microfilmare** [mikrofil'maːre] *vt* mikroverfilmen; **microfilmatrice** [mikrofilma'triːtʃe] *f* (FOTO) Mikrofilm-Aufnahmegerät *n;* **microfilmatura** [mikrofilma'tuːra] *f* (FOTO) Mikrodokumentation *f,* Mikroverfilmung *f*

microflora [mikro'flɔːra] *f* (BIOL) pflanzliche Mikroorganismen *mpl*

microfono [mi'krɔːfono] *m* Mikrophon *n;* (TEL) Telefonhörer *m*

microfotografia [mikrofotogra'fiːa] *f* Mikrofotografie *f;* **microfotografico, -a** [mikrofoto'graːfiko] <-ci, -che> *agg* (FOTO) mikrofotografisch; **apparecchio ~** Mikrophoto-Kopiergerät *n;* **microglossario** [mikroglos'saːrio] *m* ❶ (LING: *linguaggio settoriale*) fachsprachliches Wörterbuch ❷ (LING: *vocaboli più frequenti di un autore*) Frequenzwörterbuch *n;* **microgrammo** [mikro'grammo] *m* Mikrogramm *n;* **microinterruttore**® [mikrointerrut'toːre] *m* (TEC) Mikroschalter *m;* **microistruzione** [mikroistrut'tsioːne] *f* (INFORM) Mikrobefehl *m*

microlettore [mikrolet'toːre] *m* Lesegerät *n* (für Mikrofilme); **microlingua** [mikro'liŋgua] *f* (LING) Fachsprache *f;* **microlitro** [mikro'liːtro] *m* Mikroliter *m;* **micromacinatore** [mikromatʃina'toːre] *m* (PHYS) Feinmörser *m,* Mikropulverisator *m;* **micromania** [mikroma'niːa] *f* (PSYCH) Tendenz *f* zur Verharmlosung [*o* Bagatellisierung]; **micrometeorologia** [mikrometeorolo'dʒiːa] *f* (METEO) Mikrometeorologie *f;* **micrometria** [mikrome'triːa] *f* (TEC) Mikrometrologie *f,* Feinmessung *f* mittels Messschraube [o Bügelmessschraube]; **micrometrico, -a** [mikro'mɛ:triko] <-ci, -che> agg ❶ (TEC: di minima entità) mikrometer-, im Mikrometerbereich ❷ (TEC: relativo al micrometro) Messschrauben-; **vite -a** Messschraube f, Bügelmessschraube f; **micrometro** [mi'krɔ:metro] m Mikrometer n; **micromillimetro** [mikromil'li:metro] m ein Millionstel Millimeter m; **microminiaturizzare** [mikrominiaturid'dza:re] vt (TEC) mikrominiaturisieren; **microminiaturizzazione** [mikrominiaturiddzat'tsio:ne] f Mikrominiaturisierung f, starke Verkleinerung; **micromotore** [mikromo'to:re] m ❶ (motore) Kleinmotor m ❷ (veicolo) Kleinmotorfahrzeug n; **micromotorista** [mikromoto'rista] <-i m, -e f> mf Kleinkraftradfahrer(in) m(f)

micron ['mi:kron] <-> m (obs) Mikron n; **micronizzare** [mikronid'dza:re] vt (PHYS, TEC) pulverisieren; **micronizzatore** [mikroniddza'to:re] m (TEC) Pulverisator m, Mörser m; **micronizzazione** [mikroniddzat'tsio:ne] f (TEC) Pulverisierung f im My-Bereich

micronutriente [mikronutri'ɛnte] m (BIOL) Mikronährstoff m, Spurenelement n

microonda [mikro'onda] f Mikrowelle f; **forno a -e** Mikrowellenherd m

microporosità [mikroporosi'ta] <-> f Mikroporen fpl; **microporoso, -a** [mikropo'ro:so] agg Mikroporen-; **materiale ~** Mikroporenmaterial n

microprocessore [mikroprotʃes'so:re] m (INFORM) Mikroprozessor m

microprogramma [mikropro'gramma] <-i> m (INFORM) Mikroprogramm n; **microprogrammazione** [mikroprogrammat'tsio:ne] f (INFORM) Mikroprogrammierung f

microproiettore [mikroproiet'to:re] m (OPT) Mikroprojektor m; **microproiezione** [mikroproiet'tsio:ne] f (OPT) Mikroprojektion f; **micropropagatore, -trice** [mikropropaga'to:re] m, f (BOT) Pflanzer(in) m(f) von Mestemen; **micropropagazione** [mikropropagat'tsio:ne] f (BOT) Massenanpflanzung f von Mestemen

microregistratore [mikroredʒistra'to:re] m Taschenaufnahmegerät n

microrganismo [mikroorga'nizmo] m Mikroorganismus m; **microriproduttore** [mikroriprodut'to:re] m v. **microfilmatrice**; **microsaldatura** [mikrosalda'tu:ra] f ❶ (TEC: tecnica di precisione usata per saldare) Mikroschweißtechnik f ❷ (TEC: operazione di saldatura) Mikroschweißen n

❸ (TEC: punto di saldatura) extrem dünne Schweißfuge f

microscheda [mikros'kɛ:da] f Mikrokarte f

microscopia [mikrosko'pi:a] <-ie> f Mikroskopie f; **microscopico** [mikros'kɔ:piko] <-ci, -che> agg mikroskopisch; (fig: estremamente piccolo) verschwindend klein, winzig; **microscopio** [mikros'kɔ:pio] <-i> m Mikroskop n; **~ elettronico** Elektronenmikroskop n; **microscopista** [mikrosko'pista] <-i m, -e f> mf (TEC) Mikroskopierer(in) m(f), Mikroskopiker(in) m(f)

microsecondo [mikrose'kondo] m Mikrosekunde f

micro-show ['maikrouʃou] <- o microshows> m (TV) kurze Showeinlage, Blitzauftritt m in einer Show

microsisma [mikro'sizma] <-i> m (GEOL) mikroseismische Bewegung; **microsismico, -a** [mikro'sizmiko] <-ci, -che> agg (GEOL) mikroseismisch; **microsismografo** [mikrosiz'mɔ:grafo] m (TEC) Mikroseismograph m

microsociologia [mikrosotʃolo'dʒi:a] f (SOC) Mikrosoziologie f; **microsociologico, -a** [mikrosotʃo'lɔ:dʒiko] <-ci, -che> agg (SOC) mikrosoziologisch

microsolco¹ [mikro'solko] <-chi> m ❶ (solco) Mikrorille f ❷ (disco) Langspielplatte f

microsolco² <inv> agg disco ~ Langspielplatte f

microsonda [mikro'sonda] f (TEC, MED) Mikrosonde f

microspazio [mikro'spattsio] m (PHYS) Ausdehnung f atomarer Größenordnung

microspia [mikros'pi:a] f Minispion m, (Abhör)wanze f; **microstampatrice** [mikrostampa'tri:tʃe] f (TEC) Lese- und Rückvergrößerungsdrucker m; **microstazione** [mikrostat'tsio:ne] f kleine Polizeiwache der Carabinieri; **microstoria** [mikro'stɔ:ria] <-> f (HIST) regionale Kulturgeschichte; **microstorico, -a** [mikro'stɔ:riko] <-ci, -che> agg (HIST) die regionale Kulturgeschichte betreffend

microstruttura [mikrostrut'tu:ra] f ❶ (BIOL) Mikrostruktur f ❷ (fig LIT) Mikrogefüge n

microtelefono [mikrote'lɛ:fono] m (TEL) Telefonhörer m; **microtomo** [mi-kro'tɔ:mo] m (MED) Mikrotom n; **microvolt** [mikrovɔlt] <-> m (PHYS) Mikrovolt n

middlebrow ['midlbrau] I.<inv> agg durchschnittlich gebildet II.<- o middlebrows> mf durchschnittlich gebildeter

M

Mensch

middle class ['mɪdl 'klaːs] <-> f Mittelschicht f

midolla [mi'dolla] f Krume f; **midollare** [midol'laːre] agg (Knochen)mark-; **midollo** [mi'dollo] <pl -a f o rar -i m> m ❶ (ANAT, BOT) Mark n ❷ (fig) Mark n, Knochen m; **fino alle -a** durch und durch; **un uomo senza ~** ein Mann m ohne Rückgrat

midsummer ['mid'sʌmə] <sing> m Mittsommer m, Hochsommer m

mie, miei ['miːe, 'miːɛi] v. mio

miele ['miːɛle] m Honig m; **luna di ~** Flitterwochen fpl

mietere ['miːɛtere] vt ❶ (AGR) mähen ❷ (fig: raccogliere) einheimsen fam, ernten ❸ (fig: vittime) fordern; **mietilega, mietilegatrice** [mieti'leːga, mietilega'triːtʃe] f Mähbinder m; **mietitore, -trice** [mieti'toːre] I. m, f Mäher(in) m(f), Schnitter(in) m(f) II. agg vernichtend; **mietitrebbiatrice** [mietitrebbia'triːtʃe] f Mähdrescher m; **mietitrice** [mieti'triːtʃe] f Mähmaschine f

mietitura [mieti'tuːra] f ❶ (lavoro) Mähen n ❷ (periodo) Erntezeit f

migliaccio [miʎ'ʎattʃo] <-cci> m Kastanienkuchen m

migliaio [miʎ'ʎaːio] <pl: -aia f> m Tausend n; **un ~** (**di …**) etwa tausend (…); **-aia** tausend, Tausende pl; **a -aia** zu Tausenden

miglio¹ ['miʎʎo] <pl: -glia f> m ❶ (unità di misura) Meile f ❷ (fig: distanza notevole) meilenweite Entfernung; **essere lontano un ~** meilenweit entfernt sein ❸ (pietra) Meilenstein m

miglio² <-gli> m (BOT) Hirse f

miglioramento [miʎʎora'mento] m (Ver)besserung f

migliorare [miʎʎo'raːre] I. vt avere (ver)bessern II. vi essere besser werden, sich bessern; **il malato migliora di giorno in giorno** dem Kranken geht es von Tag zu Tag besser III. vr **-rsi** sich bessern; **migliorativo, -a** [miʎʎora'tiːvo] agg (Ver)besserungs-

migliore [miʎ'ʎoːre] I. agg (comparativo di buono) besser; (superlativo relativo) beste(r, s); **nel ~ dei casi** im günstigsten Fall II. mf Beste(r) f(m)

miglioria [miʎʎo'riːa] <-ie> f Ausbau m, Umbau m

migliorista [miʎʎo'rista] <-i m, -e f> mf Anhänger(in) m(f) der gemäßigt systemkritischen Linken

mignatta [miɲ'ɲatta] f ❶ (ZOO) Blutegel m

❷ (pej) Blutsauger m

mignolo ['miɲɲolo] m ❶ (della mano) kleiner Finger ❷ (del piede) kleiner Zeh

mignotta [miɲ'ɲotta] f (dial, vulg) Hure f

migrare [mi'graːre] vi essere wandern; (uccelli) ziehen; **migratore, -trice** [migra'toːre] I. agg Wander-; (uccelli) Zug- II. m, f (Aus)wanderer m, -wand(r)erin f; **migratorio, -a** [migra'tɔːrio] <-i, -ie> agg Migrations-, Wander-; **migratrice** f v. migratore; **migrazione** [migrat'tsioːne] f Wanderung f, Migration f; **~ di ioni/~ dei poli** Ionen-/Polwanderung f

milanese¹ [mila'neːse] <sing> m (dialetto) mailändischer Dialekt; **parlare in ~** mailändischen Dialekt sprechen

milanese² I. mf (abitante) Mailänder(in) m(f) II. agg mailändisch; **risotto alla ~** Risotto nach Mailänder Art

Milanese <sing> m Umgebung f von Mailand

milanesità [milanezi'ta] <-> f mailändische Identität; **milanista** [mila'nista] <-i m, -e f> I. agg (SPORT) Milan-, von AC Mailand II. mf (tifoso) AC Mailand-Fan m

Milano [mi'laːno] f Mailand n (Hauptstadt der Lombardei)

miliardario, -a [miliar'daːrio] <-i, -ie> I. m, f Milliardär(in) m(f) II. agg Milliardär(s)-; (somma) Milliarden-

miliardo [mi'liardo] m Milliarde f

miliare [mi'liaːre] agg **pietra ~** (a fig) Meilenstein m

milionario, -a [milio'naːrio] <-i, -ie> I. m, f Millionär(in) m(f) II. agg Millionär(s)-; (somma) Millionen-; (persona) millionenschwer fam

milione [mi'lioːne] m Million f

militante [mili'tante] I. agg militant II. mf Militant(in) m(f)

militare¹ [mili'taːre] I. agg Militär-, Soldaten-; **esercitazione ~** Wehrübung f; **servizio ~** Wehrdienst m II. m Soldat m

militare² vi ❶ (fare il soldato) Soldat sein, Wehrdienst leisten ❷ (fig: partecipare attivamente) aktiv (tätig) sein; **militaresco, -a** [mili'resko] <-schi, -sche> agg (pej) Kasernen-; **militaria** [mili'taːria] f (MIL) Militaria npl

militarismo [milita'rizmo] m Militarismus m; **militarista** [milita'rista] <-i m, -e f> mf Militarist(in) m(f); **militaristico, -a** [milita'ristiko] <-ci, -che> agg militaristisch; **militarizzare** [militarid'dzaːre] vt militarisieren; (fortificare) befestigen; **militarizzazione** [militariddzat'tsioːne] f Militarisierung f

militassolto, -a [militas'sɔlto] *agg* (aus dem Wehrdienst) entlassen

milite ['miːlite] *m* ❶ (*soldato*) Soldat *m;* **il Milite Ignoto** der Unbekannte Soldat ❷ (*membro*) Milizsoldat *m* ❸ (*fig: chi lotta*) Kämpfer *m*, Streiter *m*

militesente [milite'zɛnte] *agg* (von der Wehrpflicht) freigestellt

milizia [mi'littsia] <-ie> *f* ❶ (MIL: *esercito*) Armee *f*, Heer *n* ❷ (*speciale corpo armato*) Miliz *f* ❸ (*fig: partecipazione attiva*) Kämpfen *n*, Kampf *m*

milk-shake [milk'ʃeik] <- *o* milk-shakes> *m* (GASTR) Milchmixgetränk *n* (mit Speiseeis)

millantare [millan'taːre] I. *vt* rühmen, angeben mit II. *vr* **-rsi di qc** sich einer Sache *gen* rühmen; **millantatore, -trice** [millanta'toːre] I. *m, f* Angeber(in) *m(f)*, Prahler(in) *m(f)* II. *agg* prahlerisch; **millanteria** [millante'riːa] <-ie> *f* Prahlen *n*, Prahlerei *f*

mille ['mille] I. *num* (ein)tausend; **~ grazie** tausend Dank II. <-> *m* (Ein)tausend *f o n;* **l'anno ~** das Jahr Tausend (*nach Christus*)*;* **le ~ ed una notte** Tausendundeine Nacht; **per ~** Promille, vom Tausend; **uno su** [*o* **fra**] **~** einer von tausend

millecento [mille'tʃɛnto] *m* zwölftes Jahrhundert

millefoglie [mille'fɔʎʎe] <-> *mf* ❶ (GASTR) Blätterteiggebäck *n* ❷ (BOT) Schafgarbe *f*

millenario [mille'naːrio] <-i> *m* tausendster Jahrestag

millenario, -a <-i, -ie> *agg* ❶ (*che dura mille anni*) tausendjährig ❷ (*che ricorre ogni mille anni*) alle tausend Jahre, Tausendjahr(es)-

millennio [mil'lɛnnio] <-i> *m* Jahrtausend *n*, Millennium *n*

millepiedi [mille'piɛːdi] <-> *m* Tausendfüß(l)er *m*

millesimale [millɛzi'maːle] *agg* ❶ (*millesima parte*) Tausendstel- ❷ (*fig*) winzig; **millesimato, -a** [millɛzi'maːto] *agg* Jahrgang-; **una bottiglia -a** eine Weinflasche mit Angabe des Jahrgangs

millesimo [mil'lɛːzimo] *m* (*frazione*) Tausendstel *n*

millesimo, -a I. *agg* tausendste(r, s) II. *m, f* Tausendste(r, s) *f(mn)*

milleusi [mille'uːzi] <inv> *agg* Allzweck-, Mehrzweck-; **apriscatole ~** multifunktionaler Dosenöffner

millibar [milli'bar] <-> *m* Millibar *n*

milligrammo [milli'grammo] *m* Milligramm *n*

millimetrato, -a [millime'traːto] *agg*

carta -a Millimeterpapier *n*

millimetro [mil'liːmetro] *m* Millimeter *m o n*

milza ['miltsa] *f* Milz *f*

mimare [mi'maːre] I. *vt* mimen, mimisch darstellen II. *vi* schauspielern

mimetico, -a [mi'mɛːtiko] <-ci, -che> *agg* ❶ (*gener* PHILOS, LIT, ZOO) mimetisch ❷ (*imitativo*) imitativ ❸ (*mimetizzante*) Tarn-, tarnend; **mimetismo** [mime'tizmo] *m* ❶ (ZOO) Mimese *f* ❷ (*fig*) Anpassungsfähigkeit *f*, Anpassungsvermögen *n;* **mimetizzare** [mimetid'dzaːre] I. *vt* (MIL) tarnen II. *vr* **-rsi** ❶ (MIL) sich tarnen ❷ (*adeguarsi*) sich anpassen

mimica ['miːmika] <-che> *f* Mimik *f;* **mimico, -a** ['miːmiko] <-ci, -che> *agg* mimisch; **linguaggio ~** Gebärdensprache *f*

mimo, -a ['miːmo] *m, f* Pantomime *m*, -mimin *f*

mimosa [mi'moːsa] *f* Mimose *f*

min. ❶ *abbr di* **minuto** min., Min. ❷ *abbr di* **minimo, minima** min.

mina ['miːna] *f* Mine *f*

minaccia [mi'nattʃa] <-cce> *f* ❶ (*intimidazione*) Drohung *f* ❷ (*pericolo*) Bedrohung *f*, Gefahr *f;* **minacciare** [minat'tʃaːre] *vt* ❶ (*intimidire*) drohen; **~ qu di qc** jdn mit etw (be)drohen ❷ (*fig*) drohen, befürchten lassen; **minaccioso, -a** [minat'tʃoːso] *agg* drohend; (*pericoloso*) bedrohlich, gefährlich

minare [mi'naːre] *vt* ❶ (*collocare mine*) verminen, Minen legen in ❷ (*fig: logorare*) untergraben, zerstören

minareto [mina'reːto] *m* Minarett *n*

minatore [mina'toːre] *m* Bergmann *m*

minatorio, -a [mina'tɔːrio] <-i, -ie> *agg* Droh-

minchia ['miŋkia] <-chie> *f* (*mer: vulg: pene*) Schwanz *m;* **testa di ~!** Saftsack!

minchiona *f v.* **minchione; minchionaggine** [miŋkio'naddʒine] *f* (*vulg*) Dämlichkeit *f* *fam;* **minchionare** [miŋkio'naːre] *vt* (*vulg*) verarschen *vulg*

minchione, -a [miŋ'kioːne] *m, f* (*vulg*) Blödmann *m fam*, (Einfalts)pinsel *m fam;* **fossi ~!** ich wär' ja blöd! *fam;* **minchioneria** [miŋkione'riːa] <-ie> *f* (*vulg*) Scheiß *m*, Scheiße *f*

minerale [mine'raːle] I. *agg* mineralisch, Mineral- II. *m* Mineral *n*, Erz *n;* **mineralizzare** [mineralid'dzaːre] *vt* mineralisieren; **mineralizzazione** [mineraliddzat'tsioːne] *f* Mineralisation *f;* **mineralogia** [mineralo'dʒiːa] <-gie> *f* Mineralogie *f;* **mineralogico, -a** [minera'lɔːdʒiko] <-ci, -che> *agg* mineralogisch;

M

mineralurgia [mineralur'dʒi:a] *f* ❶ (MIN: *trattamento con il fuoco dei minerali metalliferi*) Erzverhüttung *f* ❷ (MIN: *raffinazione*) Erzverarbeitung *f;* **minerario, -a** [mine'ra:rio] <-i, -ie> *agg* ❶ (*dei minerali*) Erz- ❷ (*delle miniere*) Bergbau-, Montan-

minerva[1] [mi'nɛrva] <-> *m* Zündhölzer *npl,* Zündholzbriefchen *n*

minerva[2] *f* (*per il collo*) Stützkorsett *n*

minestra [mi'nɛstra] *f* ❶ (GASTR) Suppe *f* ❷ (*fig*) Geschichte *f,* Sache *f;* **è sempre la solita ~** (*fig*) es ist immer die alte Geschichte; **minestrina** [mines'tri:na] *f* (leichte) Suppe *f,* Brühe *f;* **minestrone** [mines'tro:ne] *m* ❶ (GASTR) (dicke) Suppe *f* (*meist mit Gemüsen, Hülsenfrüchten, Teigwaren o Reis*) ❷ (*fig: miscuglio*) Mischmasch *m fam,* Sammelsurium *n fam*

mingherlino, -a [miŋɡer'li:no] *agg* schmächtig; (*uomo*) schmalbrüstig

mini ['mi:ni] I. <-> *f* Mini(rock) *m* II. <inv> *agg* Mini-, mini

miniabito [mini'a:bito] *m* Minikleid *n;* **miniacciaieria** [miniattʃaie'ri:a] *f* (TEC) Ministahlwerk *n*

minialloggio [minial'lɔddʒo] <-ggi> *m* 1-2-Zimmerwohnung *f,* kleine Wohnung

miniappartamento [miniapparta'mento] *m v.* **minialloggio**

miniare [mi'nia:re] *vt* mit Miniaturen ausschmücken

miniassegno [minias'seɲɲo] *m* (FIN) Minischeck *m*

miniatore, -trice [minia'to:re] *m, f* Miniatur(en)maler(in) *m(f);* **miniatura** [mi-nia'tu:ra] *f* ❶ (*arte*) Miniaturmalerei *f* ❷ (*opera*) Miniatur *f;* **in ~** en miniature, im Kleinen ❸ (*fig: lavoro di precisione*) Präzisionsarbeit *f;* **miniaturista** [minia-tu'rista] <-i *m,* -e *f*> *mf* (*artista*) Miniatur(en)maler(in) *m(f);* **miniaturizzare** [miniaturid'dza:re] *vt* (TEC) miniaturisieren

minibar [mini'bar] <-> *m* Minibar *f;* **minibasket** [mini'ba:skit] <*sing*> *m* (SPORT) Minibasketball *m;* **minibomber** [mini'bɔmber] <-> *m* kurze Bomberjacke

minibus ['minibus *o* mini'bus] <-> *m* (MOT) Kleinbus *m*

minicalcolatore [minikalkola'to:re] *m v.* **microcalcolatore; minicomputer** [mi-nikəm'pju:tə] <-> *m v.* **microcalcolatore; minidisco** [mini'disko] <-chi> *m* (IN-FORM) Diskette *f;* **minielaboratore** [mi-nielabo'ra:re] *m v.* **microcalcolatore**

miniera [mi'niɛ:ra] *f* ❶ (MIN) Bergwerk *n,* Grube *f* ❷ (*fig: fonte*) Fundgrube *f*

minigolf [mini'gɔlf] <-> *m* Minigolf *n*

minigonna [mini'gonna *o* mini'gɔnna] *f* Minirock *m*

minima ['mi:nima] *f* ❶ (METEO) Tiefsttemperatur *f* ❷ (MUS) halbe Note

minimal art ['miniməl a:t] <-> *f* (KUNST) Minimalart *f,* Minimal Art *f*

minimale [mini'ma:le] *agg* Mindest-

minimalismo [minima'lizmo] *m* Minimalismus *m;* **minimalista** [minima'lista] <-i *m,* -e *f*> *agg* minimalistisch II. *mf* Minimalist(in) *m(f);* **minimalistico, -a** [minima'listiko] <-ci, -che> *agg* minimalistisch

minimal music ['miniməl 'mju:zik] <-> *f* (MUS) Minimalmusic *f,* Minimal Music *f*

minimarket [mini'ma:kit] <-> *m v.* **minimercato; minimercato** [mini-mer'ka:to] *m* kleiner Supermarkt

minimetro [mi'ni:metro] *m* (TEC) Minimeter *n*

minimissile [mini'missile] *m* (MIL) Kleinstrakete *f*

minimizzare [minimid'dza:re] *vt* bagatellisieren, verniedlichen

minimo ['mi:nimo] *m* Geringste(s) *n,* Mindeste(s) *n;* (*misura*) Mindestmaß *n,* Minimum *n;* **al ~** mindestens; **~ salariale** Grundlohn *m*

minimo, -a *agg* ❶ (*superlativo di piccolo*) minimal, sehr klein ❷ (*il più piccolo*) kleinste(r, s); (*a fig*) geringste(r, s) ❸ (*il più basso*) tiefste(r, s), niedrigste(r, s) ❹ (*ultimo*) Mindest-, äußerste(r, s) ❺ (*nessuno*) geringste(r, s), mindeste(r, s)

minimosca [mini'moska] <-> *m* ❶ (SPORT: *categoria di pugili leggeri*) Junior-Fliegengewicht *n* ❷ (SPORT: *pugile dei pesi minimosca*) Junior-Fliegengewichtler(in) *m(f)*

minimum tax ['miniməm tæks] <*sing*> *f* (FIN) steuerpflichtiger Mindestbetrag für Selbstständige

minio ['mi:nio] *m* Mennige *f*

minipillola [mini'pillola] *f* Minipille *f*

miniregistratore [miniredʒistra'to:re] *m* Minirecorder *m*

miniriforma [miniri'forma] *f* (POL) Minireform *f*

miniserie [mini'sɛ:rie] <-> *f* (TV) Mehrteiler *m*

ministeriale [ministe'ria:le] *agg* Minister-, ministerial; **crisi ~** Regierungskrise *f;* **ministero** [minis'tɛ:ro] *m* ❶ (*dicastero*) Ministerium *n;* **~ degli** (**affari**) **esteri** Außenministerium *n;* **~ della difesa** Verteidigungsministerium *n;* **~ delle finanze** Finanzministerium *n* ❷ (*governo*) Kabinett *n,* Regierung *f* ❸ (JUR) **pubblico ~**

Staatsanwalt *m;* (*organo*) Staatsanwaltschaft *f* ❹ (*fig: ufficio*) Mission *f,* hoher
Auftrag
ministro [mi'nistro] *m* ❶ (POL) Minister(in)
m(f); **primo ~** Premierminister *m;* **~ della difesa** Verteidigungsminister(in) *m(f);*
~ degli esteri Außenminister(in) *m(f);*
~ delle finanze Finanzminister(in) *m(f);*
~ degli interni Innenminister(in) *m(f);*
~ della giustizia Justizminister(in) *m(f)*
❷ (*fig*) Diener(in) *m(f);* (*divulgatore*) Ver-
breiter(in) *m(f)*
minoranza [mino'rantsa] *f* Minderheit *f,*
Minorität *f*
minorato, -a [mino'ra:to] **I.** *agg* behindert
II. *m, f* Behinderte(r) *f(m);* **minorazione**
[minorat'tsio:ne] *f* ❶ (MED) Behinderung *f*
❷ (*riduzione*) (Ver)minderung *f,* Kürzung *f*
minore [mi'no:re] **I.** *agg* ❶ (*comparativo:
più piccolo*) kleiner; (*fig*) geringer; (*più
breve*) kürzer; (*più giovane*) jünger; (*meno
importante*) unbedeutende(r, s); **Asia Minore** Kleinasien *n;* **l'Orsa ~** der Kleine
Bär ❷ (*superlativo relativo*) kleinste(r, s)
❸ (MUS) Moll-, -Moll **II.** *mf* ❶ (*persona più
giovane*) Jüngste(r) *f(m)* ❷ (*minorenne*)
Minderjährige(r) *f(m),* Jugendliche(r) *f(m);*
minorenne [mino'rɛnne] **I.** *mf* Minder-
jährige(r) *f(m),* Jugendliche(r) *f(m);* **tribunale dei -i** Jugendgericht *n* **II.** *agg* minderjährig; **minorile** [mino'ri:le] *agg* Jugend-,
jugendlich; **delinquenza ~** Jugendkriminalität *f;* **lavoro ~** Kinderarbeit *f;* **minori-
tario, -a** [minori'ta:rio] <-i, -ie> *agg* Min-
derheiten-, Minderheits-
minuendo [minu'ɛndo] *m* (MAT) Minu-
end *m*
minuetto [minu'etto] *m* Menuett *n*
minuscola [mi'nuskola] *f* Kleinbuchstabe *m*
minuscolo, -a [mi'nuskolo] *agg* ❶ (*scrittura*) klein-, klein(geschrieben); **lettera -a**
Kleinbuchstabe *m* ❷ (*piccolissimo*) winzig
minuta [mi'nu:ta] *f* Konzept *n,* Entwurf *m;*
minutaglia [minu'taʎʎa] <-glie> *f* (*pej*)
(Klein)kram *m fam;* **minutamente** [mi-
nuta'mente] *avv* ❶ (*a pezzetti*) in klei-
ne(n) Stücke(n) ❷ (*in modo particolareggiato*) in allen Einzelheiten, aufs Genaues-
te; **minuteria** [minute'ri:a] <-ie> *f* Klein-
artikel *mpl,* Nippes *mpl*
minuto [mi'nu:to] *m* Minute *f;* **~ primo**
Minute *f;* **~ secondo** Sekunde *f;* **~ di silenzio** Schweigeminute *f;* **in un ~** (*fig: rapidamente*) in einer Sekunde *fam;* **spaccare il ~** (*fig*) auf die Minute genau sein;
questa è una questione di pochi -i das
ist eine Sache von wenigen Minuten; **non**

avere un ~ di pace keine ruhige Minute
haben; **ho i -i contati** meine Zeit ist knapp
(bemessen)
minuto, -a *agg* ❶ (*piccolo*) klein, Klein-
❷ (*di poca importanza*) klein ❸ (*gracile*)
zierlich; (*delicato, sottile*) fein ❹ (*particolareggiato*) genau, eingehend ❺ (*di bassa
condizione*) nieder, einfach
minuzia [mi'nuttsia] <-ie> *f* Kleinigkeit *f;*
minuziosità [minuttsiosi'ta] <-> *f* peinliche Genauigkeit; **minuzioso, -a** [mi-
nut'tsio:so] *agg* (*lavoro*) minutiös; (*persona*) peinlich genau
minuzzolo [mi'nuttsolo] *m* Stückchen *n,*
kleines Stück
mio, -a ['mi:o] <miei, mie> **I.** *agg* mein; **la
-a anima/voce** meine Seele/Stimme;
~ padre/zio mein Vater/Onkel; **un ~
amico** ein Freund von mir **II.** *m, f* **il ~** das
Meine; **dire la -a** meine Meinung sagen; **
essere** [*o* **stare**] **dalla -a** auf meiner Seite
sein; **la -a del ...** mein Brief vom ...; **ne
ho fatta una delle -e** ich habe einen meiner Streiche gespielt **III.** *pron poss* **il ~, la
-a** meiner, meine, mein(e)s; **i miei** meine
Eltern
miope ['mi:ope] **I.** *agg* (*fig* MED) kurzsichtig **II.** *mf* Kurzsichtige(r) *f(m);* **miopia**
[mio'pi:a] <-ie> *f* (*fig* MED) Kurzsichtigkeit *f*
miosotide [mio'zɔ:tide] *f* Vergissmeinnicht *n*
mira ['mi:ra] *f* ❶ (*il mirare*) Zielen *n,*
(An)visieren *n;* **prendere di ~ qu** (*fig*) jdn
aufs Korn nehmen *fam* ❷ (*bersaglio*) Ziel *n*
❸ (*fig: intenzione, scopo*) Ziel *n,* Absicht *f*
mirabile [mi'ra:bile] *agg* bewundernswert;
(*meraviglioso*) wunderbar; **mirabilie** [mi-
ra'bi:lie] *fpl* (*scherz*) Wunderdinge *npl*
mirabolante [mirabo'lante] *agg* märchenhaft *fam,* unglaublich, großartig
miracolato, -a [mirako'la:to] *agg*
durch (ein) Wunder geheilt; **miracolo**
[mi'ra:kolo] *m* Wunder *n;* **~ economico**
Wirtschaftswunder *n;* **far -i** Wunder tun;
(*fig*) Wunder vollbringen; **conoscere**
[*o* **sapere**] **vita, morte e -i di qu** von jdm
auch noch das kleinste Detail kennen;
per ~ wie durch ein Wunder; **che ~!**
(*fam*) o Wunder!; **miracoloso, -a** [mira-
ko'lo:so] *agg* ❶ (*che fa miracoli*) wunder-
tätig ❷ (*cosa*) wunderbar; (*persona*) phänomenal, fabelhaft
miraggio [mi'raddʒo] <-ggi> *m* ❶ (PHYS)
Luftspiegelung *f* ❷ (*fig: promessa seducente*) Trugbild *n*
mirare [mi'ra:re] *vi* ❶ (*puntare*) zielen; **~ a
qc** auf etw *acc* zielen, etw anvisieren

M

❷ (*fig: tendere*) ~ **a qc** nach etw trachten; ~ **in alto** ein hohes Ziel anstreben

mirato, -a [mi'ra:to] *agg* zielgerichtet

miriade [mi'ri:ade] *f* Myriade *f*

mirino [mi'ri:no] *m* ❶ (MIL) Korn *n;* (*a fig*) Visier *n,* Fadenkreuz *n* ❷ (FOTO) Sucher *m*

mirra ['mirra] *f* Myrrhe *f*

mirtillo [mir'tillo] *m* Heidelbeere *f,* Blaubeere *f*

mirto ['mirto] *m* Myrte *f*

misantropa *f v.* **misantropo**

misantropia [mizantro'pi:a] <-ie> *f* Menschenhass *m;* **misantropo, -a** [mi'zantropo] I. *m, f* Menschenfeind(in) *m(f),* Misanthrop *m geh* II. *agg* menschenfeindlich, misanthropisch *geh*

miscela [miʃ'ʃɛ:la] *f* Mischung *f;* (MOT) Gemisch *n;* **miscelamento** [miʃʃela'men-to] *m* Mischen *n;* **miscelare** [miʃ-ʃe'la:re] *vt* (ver)mischen

miscelatore [miʃʃela'to:re] *m* ❶ (*apparecchio*) Mixer *m* ❷ (*recipiente graduato*) Mischbecher *m,* Mixbecher *m*

miscelatore, -trice *agg* Misch-, Mix-

miscelatura [miʃʃela'tu:ra] *f* Mischen *n,* Mischung *f*

miscellanea [miʃʃel'la:nea] *f* ❶ (*mescolanza*) Mischung *f,* Gemisch *n* ❷ (*di libro*) Sammelband *m,* Sammelwerk *n;* **miscellaneo, -a** [miʃʃel'la:neo] <-ei, -ee> *agg* Sammel-

mischia ['miskia] <-schie> *f* ❶ (*gener, SPORT*) Gewühl *n,* Gedränge *n* ❷ (*rissa*) Handgemenge *n,* Getümmel *n;* **mischiare** [mis'kia:re] I. *vt* (ver)mischen; (*carte*) mischen II. *vr* **-rsi tra la folla** sich unters Volk mischen

misconoscere [misko'noʃʃere] <irr> *vt* nicht anerkennen, verkennen

miscredente [miskre'dɛnte] I. *mf* Ungläubige(r) *f(m)* II. *agg* ungläubig

miscuglio [mis'kuʎʎo] <-gli> *m* Mischung *f,* Gemisch *n*

misera *f v.* **misero**

miserabile [mize'ra:bile] I. *agg* ❶ (*compassionevole*) erbärmlich, jämmerlich ❷ (*povero*) armselig, miserabel ❸ (*pej*) erbärmlich, miserabel II. *mf* Elende(r) *f(m)*

miserere [mize'rɛ:re] <-> *m* Miserere *m*

miserevole [mize're:vole] *agg* ❶ (*compassionevole*) Mitleid erregend, bedauernswert ❷ (*misero*) armselig, elend

miseria [mi'zɛ:ria] <-ie> *f* ❶ (*povertà*) Armut *f,* Elend *n* ❷ (*infelicità*) Not *f,* Leid *n* ❸ (*nonnulla*) costare una ~ spottbillig sein; **pagare una** ~ einen Hungerlohn zahlen ❹ (*meschinità*) Armseligkeit *f,* Armut *f* ❺ (*loc*) **porca ~!, ~ ladra!** (*fam*) elende

Schweinerei! *vulg*

misericordia [mizeri'kɔrdia] <-ie> *f* Barmherzigkeit *f;* (*pietà*) Mitleid *n;* **avere ~ di qu** mit jdm Mitleid haben; **senza ~** erbarmungslos; **misericordioso, -a** [mizerikor'dio:so] *agg* barmherzig; (*compassionevole*) mitleidsvoll, mitleidig

misero, -a ['mi:zero] I. *agg* ❶ (*povero*) arm, elend ❷ (*insufficiente*) kümmerlich, jämmerlich; (*meschino*) kläglich II. *m, f* Arme(r) *f(m)*

misfatto [mis'fatto] *m* Untat *f,* Missetat *f*

misi ['mi:zi] *1. pers sing pass rem di* **mettere**

misoginia [mizodʒi'ni:a] <-ie> *f* Frauenhass *m,* Misogynie *f*

misogino, -a [mi'zɔ:dʒino] *agg* frauenfeindlich, misogyn

miss [mis] <-> *f* Miss *f*

missaggio [mis'saddʒo] <-ggi> *m* (FILM) Mischen *n*

missile ['missile] *m* Flugkörper *m,* Rakete *f;* ~ **Cruise** Marschflugkörper *m;* **missilistica** [missi'listika] <-che> *f* Raketenforschung *f,* Raketentechnik *f;* **missilistico, -a** [missi'listiko] <-ci, -che> *agg* Raketen-

missing ['misiŋ] <-> *m* Verschollene(r) *f(m)*

missino, -a [mis'si:no] *m, f* Bis 1995, Mitglied o Anhänger der Partei M(ovimento) S(ociale) I(taliano)

missionario, -a [missio'na:rio] <-i, -ie> I. *m, f* ❶ (REL) Missionar(in) *m(f)* ❷ (*fig: apostolo*) Apostel *m* II. *agg* ❶ (REL) missionarisch, Missions- ❷ (*fig: zelante*) missionarisch; **missione** [mis'sio:ne] *f* Mission *f;* (*funzione*) Auftrag *m*

missiva [mis'si:va] *f* (*scherz*) Epistel *f*

mister ['mistə] <-> *m* ❶ (*vincitore di un concorso*) Mister *m;* ~ **universo** Mister *m* Universum ❷ (SPORT: *allenatore*) Coach *m,* Trainer *m*

misterioso, -a [miste'rio:so] *agg* (*incomprensibile*) geheimnisvoll, mysteriös; (*enigmatico*) rätselhaft; (*segreto*) geheim, heimlich; **mistero** [mis'tɛ:ro] *m* ❶ (*segreto*) Geheimnis *n;* **non fare ~ di qc** aus etw kein Geheimnis machen ❷ (*enigma*) Rätsel *n* ❸ (REL) Mysterium *n*

mistica ['mistika] <-che> *f* Mystik *f;* **misticismo** [misti'tʃizmo] *m* Mystizismus *m;* **mistico, -a** ['mistiko] <-ci, -che> I. *agg* mystisch II. *m, f* Mystiker(in) *m(f)*

mistificare [mistifi'ka:re] *vt* ❶ (*ingannare*) täuschen, irreführen ❷ (*falsificare*) fälschen; **mistificatore, -trice** [mistifika'to:re] *m, f* ❶ (*ingannatore*) Heuchler(in) *m(f),* Täuscher(in) *m(f)* ❷ (*falsifica-*

tore) Fälscher(in) *m(f)*; **mistificazione** [mistifikat'tsio:ne] *f* Täuschung *f*, Irreführung *f*

misto ['misto] *m* Mischung *f*, Gemisch *n*

misto, -a *agg* Misch-, gemischt; **classe/ scuola -a** gemischte Klasse/Schule; **matrimonio** ~ Mischehe *f*; **fritto** ~ *verschiedenes Ausgebackenes, meist Fisch, aber auch Gemüse und Fleisch*

mistura [mis'tu:ra] *f* Gemisch *n*, Mischung *f*

misura [mi'zu:ra] *f* ❶ (*gener, a fig*) Maß *n*; **non avere il senso della ~** kein Gefühl für das rechte Maß haben; **spendere senza ~** ohne Maß und Ziel vergeuden; **a ~** maßgerecht; (*fig*) maßvoll, in Maßen; **fuor di ~** maßlos; **oltre ~** über die Maßen; **su ~** nach Maß, Maß- ❷ (*taglia*) Größe *f*; **prendere le -e a qu** bei jdm Maß nehmen; **prendere le -e di qc** etw (ab)messen ❸ (*provvedimento*) Maßnahme *f*; **misurabile** [mizu'ra:bile] *agg* messbar; **misurare** [mizu'ra:re] I. *vt* ❶ (*valutare*) (aus-, ab)messen; (*terreni*) vermessen ❷ (*provare*) anprobieren ❸ (*limitare*) begrenzen, einschränken II. *vi* messen III. *vr* **-rsi** ❶ (*fig: cimentarsi*) sich messen ❷ (*contenersi*) sich mäßigen, maßvoller werden; **misurato, -a** [mizu'ra:to] *agg* ❶ (*moderato*) mäßig, maßvoll ❷ (*equilibrato*) ausgeglichen, gemäßigt ❸ (*ponderato*) abgewogen ❹ (*limitato*) begrenzt

misuratore [mizura'to:re] *m* Messgerät *n*

misuratore, -trice *m, f* Vermesser(in) *m(f)*

misurazione [mizurat'tsio:ne] *f* Messen *n*, Messung *f*; (*di terreni*) Vermessung *f*; **misurino** [mizu'ri:no] *m* Messbecher *m*; (CHEM) Messzylinder *m*

mite ['mi:te] *agg* ❶ (*benevolo*) mild(e), sanftmütig; (*tono*) mild; (*indulgente*) nachsichtig ❷ (*clima*) mild ❸ (*mansueto*) zahm ❹ (*moderato*) mäßig; **mitezza** [mi'tettsa] *f* ❶ (*benevolenza*) Milde *f*, Sanftmut *f*; (*indulgenza*) Nachsicht *f* ❷ (*di clima*) Milde *f* ❸ (*mansuetudine*) Zahmheit *f*

miticità [mititʃi'ta] <-> *f* mythischer Charakter; **miticizzare** [mititʃid'dza:re] *vt* zum Mythos erheben; **mitico, -a** ['mi:tiko] <-ci, -che> *agg* ❶ (*del mito*) mythisch ❷ (*leggendario*) legendär, sagenhaft

mitigare [miti'ga:re] I. *vt* ❶ (*addolcire*) mildern; (*dolore*) lindern ❷ (*attenuare*) (ab)mildern, dämpfen II. *vr* **-rsi** (*freddo, dolore*) nachlassen; **mitigazione** [mitigat'tsio:ne] *f* Milderung *f*

mitizzare [mitid'dza:re] I. *vt* zum Mythos

erheben II. *vi* Mythen schaffen

mito ['mi:to] *m* Mythos *m*; **mitologia** [mitolo'dʒi:a] <-gie> *f* Mythologie *f*; **mitologico, -a** [mito'lɔ:dʒiko] <-ci, -che> *agg* ❶ (*di mito*) mythologisch ❷ (*fig: favoloso*) sagenhaft

mitra¹ ['mi:tra] <-> *m* (MIL) Maschinengewehr *n*, -pistole *f*

mitra² *f* (REL) Mitra *f*, Bischofsmütze *f*

mitraglia [mi'traʎʎa] <-glie> *f* ❶ (*insieme di colpi*) Feuerstoß *m*, Feuersalve *f* ❷ (*mitragliatrice*) Maschinengewehr *n*; **mitragliamento** [mitraʎʎa'mento] *m* Maschinengewehrfeuer *n*; **mitragliare** [mitraʎ'ʎa:re] *vt* ❶ (MIL) unter Maschinengewehrfeuer nehmen ❷ (*fig: bersagliare*) bombardieren; **mitragliata** [mitraʎ'ʎa:ta] *f* Feuerstoß *m*, Feuergarbe *f*

mitragliatore [mitraʎʎa'to:re] *m* MG-Schütze *m*

mitragliatore, -trice *agg* Maschinen-

mitragliatrice [mitraʎʎa'tri:tʃe] *f* Maschinengewehr *n*; **parlare come una ~** (*fam*) reden wie ein Wasserfall

mitragliera [mitraʎ'ʎɛ:ra] *f* Maschinenkanone *f*

mitraglietta [mitraʎ'ʎetta] *f* Maschinenpistole *f*

mitt. *abbr di* **mittente** Abs.

mittente [mit'tɛnte] *mf* Absender(in) *m(f)*

mixare [mik'sa:re] *vt* (FILM, TV) mischen

mixer ['miksə] <-> I. *m* ❶ (*recipiente*) Misch-, Mixbecher *m* ❷ (*del frullatore*) Mixer *m* II. *mf* (TV) Bildmischer(in) *m(f)*

mixeraggio [mikse'raddʒo] <-ggi> *m* ❶ (FILM, TV: *missaggio*) Mischen *n* ❷ (MUS) Mix *m*, Mixen *n*

MLD *m abbr di* **Movimento per la Liberazione della Donna** Bewegung für die Befreiung der Frau

MLS *m abbr di* **Movimento dei Lavoratori per il Socialismo** sozialistische Arbeiterbewegung Italiens

mm *abbr di* **millimetro** mm

M.M. *abbr di* **Marina Militare** italienische Kriegsmarine

MM.GG. *mpl abbr di* **Magazzini Generali** Fruchtgroßhandel *m*

mnemonico, -a [mne'mɔ:niko] <-ci, -che> *agg* Erinnerungs-, mnemonisch; **facoltà -a** Erinnerungsvermögen *n*; **esercizi -ci** Gedächtnisübungen *fpl*; **mezzi -ci** Gedächtnishilfen *fpl*

mo'¹ [mɔ] *m* **a ~ di** (*fam*) auf die Art

MO *abbr di* **Medio Oriente** Nahost

mobbing ['mɔbiŋ] *m* Mobbing *n*; **fare ~** mobben

mobile ['mɔ:bile] I. *m* ❶ (*oggetto d'arre-*

damento) Möbel(stück) *n;* ~ **imbottito** Polstermöbel *n;* ~ **portacomputer** Computertisch *m* ❷ (PHYS) beweglicher Körper **II.** *agg* ❶ (*gener*) beweglich; **scala** ~ (TEC) Rolltreppe *f;* (COM) gleitende Lohnskala ❷ (MIL) mobil; **mobilia** [mo'bi:lia] <-ie> *f* Mobiliar *n,* Hausrat *m;* **mobiliare** [mobi'lia:re] *agg* (COM) beweglich; **mercato** ~ Effektenmarkt *m;* **mobiliere** [mobi'liɛ:re] *m* Möbelfabrikant *m;* (*commerciante*) Möbelhändler *m;* **mobilificio** [mobili'fi:tʃo] <-ci> *m* Möbelfabrik *f;* **mobilio** [mo'bi:lio] <-i> *m v.* **mobilia**

mobilità [mobili'ta] <-> *f* (*capacità di spostamento*) Beweglichkeit *f;* (*professionale, sociale*) Mobilität *f;* ~ **articolare** Gelenkigkeit *f;* **mobilitare** [mobili'ta:re] **I.** *vt* (*gener,* MIL) mobilisieren; (*capitale*) flüssig machen **II.** *vr* **-rsi** sich in Bewegung setzen; **mobilitazione** [mobilitat'tsio:ne] *f* ❶ (*appello generale*) Mobilisierung *f* ❷ (MIL) Mobilmachung *f*

moca[1] ['mɔ:ka] <-> *m* Mokka(kaffee) *m*

moca[2] <-che> *f* Kaffeemaschine für die Zubereitung von Mokkakaffee

mocassino [mokas'si:no] *m* Mokassin *m*

moccicare [mottʃi'ka:re] *vi* (*dial*) ❶ (*colar moccio*) schleimen, laufen ❷ (*frignare*) greinen *fam*

moccio ['mottʃo] <-cci> *m* (*fam*) Rotz *m,* Rotze *f dial;* **moccioso, -a** [mot'tʃo:so] **I.** *agg* verschleimt *fam,* rotzig *fam* **II.** *m, f* (*a fig*) Rotznase *f fam*

moccolo ['mɔkkolo *o* 'mokkolo] *m* ❶ (*di candela*) Kerzenstummel *m;* **reggere il** ~ (*fig*) Anstandswauwau sein ❷ (*fam: moccio*) Rotz *m,* Rotze *f dial*

mochettato, -a [moket'ta:to] *agg* Moquette-, Teppich-; **pavimento** ~ Teppichboden *m*

moda ['mɔ:da] *f* Mode *f;* **alla** ~ nach der Mode, modisch; **l'alta** ~ die Haute Couture; ~ **pronta** Konfektionsmode *f;* **fuori** ~ altmodisch; **di** ~ modern; **andare** [*o* **essere**] **di** ~ (in) Mode sein; **passare di** ~ aus der Mode kommen; **seguire la** ~ mit der Mode gehen

modale [mo'da:le] *agg* modal, Modal-; **modalità** [modali'ta] <-> *f* ❶ (*circostanza caratteristica*) Bedingung *f* ❷ (*cosa formale*) Formsache *f* ❸ (JUR) Bestimmung *f,* Modalität *f* ❹ (INFORM) ~ **in linea** Online-Betrieb *m;* ~ **fuori linea** Offline-Betrieb *m*

modanatura [modana'tu:ra] *f* Dekorleiste *f,* Blende *f,* Zierteil *n*

modella [mo'dɛlla] *f* Modell *n;* (*indossatrice*) Modell *n,* Mannequin *n*

modellare [model'la:re] **I.** *vt* ❶ (*plasma-*

re) formen, modellieren ❷ (*disegnare*) umreißen, skizzieren ❸ (*fig: conformare ad un modello*) ~ **qc su qc** etw an etw *dat* ausrichten **II.** *vr* **-rsi su qc** sich nach etw richten

modellatore [modella'to:re] *m* Korsett *n*

modellatore, -trice *m, f* Modelleur(in) *m(f)*

modellatura [modella'tu:ra] *f* Modellierung *f*

modellinista [modelli'nista] <-i *m,* -e *f*> *mf* (FILM, TV) Miniaturmodellierer(in) *m(f),* Miniaturmodelleur(in) *m(f);* **modellino** [model'li:no] *m* Modell *n* (in verkleinertem Maßstab); **modellismo** [model'lizmo] *m* Modellbau *m;* **modellista** [model'lista] <-i *m,* -e *f*> *mf* Modelleur(in) *m(f),* Modellist(in) *m(f);* (*di abiti*) Modelldesigner(in) *m(f);* **modellistica** [model'listika] <-che> *f* Modellbau *m*

modello [mo'dɛllo] *m* ❶ (*gener*) Modell *n;* (*oggetto di riferimento*) Muster *n* ❷ (*abito*) Modell(kleid) *n* ❸ (*figurino*) (Schnitt)muster *n* ❹ (*fig: esempio*) Vorbild *n;* **essere un** ~ **di qc** ein Muster an etw *dat* sein ❺ (*forma, stampo*) Form *f*

modem ['modem] <-> *m* (INFORM, TEL) Modem *n;* ~ **esterno** externes Modem

Modena ['mɔdena] *f* Modena *n* (*Stadt in der Emilia-Romagna*)

modenese [mode'ne:se] **I.** *mf* (*abitante*) Einwohner(in) *m(f)* von Modena **II.** *agg* aus [*o* von] Modena

Modenese <*sing*> *m* Umgebung *f* von Modena

moderare [mode'ra:re] **I.** *vt* ❶ (*ridurre*) vermindern, mäßigen; (*spese*) einschränken ❷ (*misurare*) zügeln, mäßigen; (*richieste*) herunterschrauben **II.** *vr* **-rsi** sich mäßigen, Maß halten; **moderatezza** [modera'tettsa] *f* maßvolles Verhalten; **moderato, -a** [mode'ra:to] *agg* ❶ (*non eccessivo*) maßvoll, mäßig; (*nel mangiare, fumare*) mäßig; (*equilibrato*) ausgeglichen ❷ (POL) gemäßigt ❸ (MUS) moderato, mäßig schnell

moderatore [modera'to:re] *m* (PHYS) Moderator *m*

moderatore, -trice **I.** *m, f* Moderator(in) *m(f)* **II.** *agg* mäßigend

moderazione [moderat'tsio:ne] *f* Mäßigkeit *f;* (*nel bere, mangiare*) Maßhalten *n*

modernamente [moderna'mente] *avv* ❶ (*in modo moderno*) modern ❷ (*in tempi moderni*) in jüngster Zeit

modern dance ['mɔdən 'da:ns] <-> *f* moderne Tanzrichtungen *fpl*

modernismo [moder'nizmo] *m* Modernismus *m;* **modernità** [moderni'ta] <-> *f* Modernität *f;* **modernizzare** [modernid'dza:re] I. *vt* modernisieren II. *vr* **-rsi** mit der Zeit gehen

moderno [mo'dɛrno] *m* Moderne(s) *n*

moderno, -a *agg* modern; (*lingua*) neuere(r, s); (*storia*) neuzeitlich

modern style ['mɔdən 'staɪl] <-> *m* (KUNST) Jugendstil *m*

modestia [mo'dɛstia] <-ie> *f* ❶ (*virtù*) Bescheidenheit *f; ~* **a parte** (*scherz*) bei aller Bescheidenheit ❷ (*sobrietà*) Genügsamkeit *f,* Anspruchslosigkeit *f* ❸ (*pudore*) Sittsamkeit *f;* **modesto, -a** [mo'dɛsto] *agg* ❶ (*umile*) bescheiden; (*parsimonioso*) anspruchslos, genügsam ❷ (*privo di sfarzo*) bescheiden, einfach; (*prezzo*) niedrig, reell ❸ (*pudico, serio*) sittsam, anständig

modicità [moditʃi'ta] <-> *f* Mäßigkeit *f,* Niedrigkeit *f;* **modico, -a** ['mɔːdiko] <-ci, -che> *agg* gering; (*prezzi*) niedrig, mäßig

modifica [mo'di:fika] <-che> *f* (Ab-, Um-, Ver)änderung *f,* Modifikation *f*

modificare [modifi'ka:re] I. *vt* (ab-, um-, ver)ändern, modifizieren; (**comando**) **modifica** (*computer*) Bearbeiten *n* II. *vr* **-rsi** sich (ver)ändern; **modificazione** [modifikat'tsio:ne] *f* (Ab)änderung *f,* Modifizierung *f;* (BIOL) Modifikation *f*

modiglianesco, -a [modiʎʎa'nesko] <-schi, -sche> *agg* (*del pittore A. Modigliani*) wie in Modiglianis Bildern; **un volto** *~* ein Gesichtsausdruck à la Modigliani

modista [mo'dista] *f* Modistin *f*

modo ['mɔːdo] *m* ❶ (*gener*) Art *f,* Weise *f,* Art und Weise *f;* **una persona a** *~* eine anständige Person; *~* **di pagamento** Zahlungsweise *f;* **di** [*o* **in**] *~* **che** ... *+conj* so, dass ...; **in che** *~?* wie?; **in qualche** *~* irgendwie; **in qualunque** *~* unter allen Umständen; **c' è** *~* **e** *~* **di dire** qc man kann etwas so oder so sagen; **ciascuno a suo** *~* (*prov*) jeder nach seinem Geschmack ❷ (*occasione*) Gelegenheit *f,* Möglichkeit *f;* **ad** [*o* **in**] **ogni** *~* auf jeden Fall, jedenfalls; **in nessun** *~* auf keinen Fall ❸ (LING) Modus *m,* Aussageweise *f;* *~* **condizionale** Konditional *m;* *~* **congiuntivo** Konjunktiv *m;* *~* **indicativo** Indikativ *m* ❹ (*locuzione*) Redewendung *f;* *~* **di dire** Redensart *f* ❺ (MUS) Tonart *f;* *~* **maggiore** Dur *n;* *~* **minore** Moll *n*

modulare[1] [modu'la:re] *agg* ❶ (ADM) Formular- ❷ (TEC) Modul(ar)-; (*sistema*) Baukasten-

modulare[2] *vt* ❶ (MUS, PHYS) modulieren ❷ (RADIO, TEC) regeln

modulatore [modula'to:re] *m* Modulator *m*

modulatore, -trice *agg* modulatorisch, Modulations-

modulazione [modulat'tsio:ne] *f* ❶ (PHYS, RADIO) Modulation *f* ❷ (MUS) Übergang *m,* Modulieren *n*

modulo ['mɔːdulo] *m* ❶ (*formulario*) Formblatt *n,* Formular *n* ❷ (TEC, ARCH, MAT) Modul *m*

moffetta [mo'fetta] *f* Stinktier *n,* Skunk *m*

mogano ['mɔːgano] *m* Mahagoni *n*

moggio ['mɔddʒo] <*pl:* -ggia *f*> *m* Scheffel *m*

mogio, -a ['mɔːdʒo] <-gi, -ge> *agg* ❶ (*avvilito*) niedergeschlagen, bedrückt ❷ (*privo di vivacità*) schlapp, lustlos

moglie ['moʎʎe] <-gli> *f* (Ehe)frau *f;* **dare in** *~* zur Frau geben; **prender** *~* heiraten; *~* **e buoi dei paesi tuoi** (*prov*) bleibe im Lande und nähre dich redlich; **tra** *~* **e marito non mettere il dito** (*prov*) lass Eheleute ihre Streitigkeiten allein ausfechten!

mogul [mou'gʌl] <- *o* moguls> *m* (FILM, TV) Medien-Mogul *m*

mohair [mɔ'ɛːr] <-> *m* Mohair *m*

moina [mo'iːna] *f* (*fam*) Schmeichelei *f;* **fare le -e a qu** (*fam*) jdm um den Bart gehen

moire [mwuar] *f* Moiré *n o m*

mola ['mɔːla] *f* Schleifstein *m,* Schleifscheibe *f*

molare [mo'la:re] I. *m* Backenzahn *m;* (*di animali*) Mahlzahn *m,* Molar(zahn) *m* II. *agg* (ANAT) **dente** *~* Backenzahn *m*

molatrice [mola'tri:tʃe] *f* Schleifmaschine *f;* **molatura** [mola'tu:ra] *f* Schleifen *n*

mole ['mɔːle] *f* ❶ (*dimensione*) Ausmaß *n,* Umfang *m* ❷ (ARCH) (imponierendes) Bauwerk *n,* Burg *f* ❸ (*volume*) (wuchtige) Masse *f* ❹ (*fig: quantità*) Menge *f,* Masse *f* *fam*

molecola [mo'lɛːkola] *f* Molekül *n;* **molecolare** [moleko'la:re] *agg* molekular, Molekular-

molestare [moles'ta:re] *vt* belästigen; **molestia** [mo'lɛstia] <-ie> *f* ❶ (*fastidio*) Plage *f,* Lästigkeit *f* ❷ (*azione molesta*) Belästigung *f;* **-ie sessuali** sexuelle Belästigung ❸ (JUR) Störung *f,* Unfug *m*

molesto, -a [mo'lɛsto] *agg* lästig

molisano [moli'za:no] <*sing*> *m* (*dialetto*) Dialekt *m* des Molise

molisano, -a I. *m, f* (*abitante*) Bewohner(in) *m(f)* des Molise II. *agg* aus der Region Molise

Molise [mo'li:ze] *m* Molise *m*

molitorio, -a [moli'tɔːrio] <-i, -ie> *agg*

Mühl(en)-; **molitura** [moli'tu:ra] f (di cereali) Mahlen n; (di olive) Pressen n

molla ['mɔlla] f ❶ (TEC) Feder f; **materasso a -e** Federkernmatratze f ❷ pl (pinze) Zange f; **prendere qu con le -e** (fam fig) jdn mit Vorsicht genießen ❸ (fig: impulso) Triebfeder f

mollare [mol'la:re] I. vt ❶ (lasciar andare) loslassen ❷ (allentare) locker machen ❸ (fam fig: dare) austeilen, verpassen ❹ (fam fig: piantare) sitzen lassen II. vi ❶ (cedere) nachgeben ❷ (fam fig: smetterla) locker lassen; **tira e molla** nach langem Hin und Her

molle ['mɔlle] I. agg ❶ (morbido) weich; (flessibile) biegsam, geschmeidig ❷ (bagnato) nass, durchnässt; (umido) feucht ❸ (fig: debole) schwach, weichlich II. m ❶ (il morbido) Weiche(s) n ❷ (liquido) Flüssigkeit f zum Einweichen

molleggiamento [molleddʒa'mento] m Federn n, Federung f; **molleggiare** [molled'dʒa:re] I. vi federn II. vr -rsi sich federnd bewegen; **-rsi sulle gambe** in den Knien federn; **molleggio** [mol'leddʒo] <-ggi> m Federung f

molletta [mol'letta] f ❶ (per capelli) (Haar)klammer f, -klemme f ❷ (per panni) (Wäsche)klammer f ❸ pl (per zucchero) Zuckerzange f; (per ghiaccio) Eiszange f

mollettone [molet'to:ne] m Molton m

mollezza [mol'lettsa] f ❶ (l'essere molle) Weichheit f ❷ (fig: fiacchezza) Weichlichkeit f, Schwäche f

mollica [mol'li:ka] <-che> f (Brot)krume f

molliccio, -a [mol'littʃo] <-cci, -cce> agg ❶ (alquanto molle) matschig fam ❷ (fam pej: viscido) schlüpfrig, (aal)glatt

mollo ['mɔllo] m Flüssigkeit f zum Einweichen

mollo, -a agg nass; (umido) feucht; **pappa -a** (fam pej) Schlappschwanz m, Waschlappen m

molluschicoltore, -trice [molluʃʃikol'to:re] m, f Muschelzüchter(in) m(f)

mollusco [mol'lusko] <-schi> m ❶ (ZOO) Weichtier n, Molluske f ❷ (fig, pej) Waschlappen m fam, Weichling m

molo ['mɔ:lo] m (Hafen)mole f

moloc ['mɔ:lok] <-> m Moloch m geh

molotov ['mɔ:lotov] <-> f Molotowcocktail m

molteplice [mol'te:plitʃe] agg vielfältig; **molteplicità** [molteplitʃi'ta] <-> f Vielfältigkeit f; (varietà) Vielfalt f

moltiplica [mol'ti:plika] <-che> f (TEC) Übersetzung f

moltiplicando [moltipli'kando] m (MAT) Multiplikand m

moltiplicare [moltipli'ka:re] I. vt ❶ (MAT) multiplizieren; **~ un numero per un altro** eine Zahl mit einer anderen multiplizieren ❷ (accrescere) vervielfachen, vermehren; (fig) steigern II. vr -rsi sich vermehren

moltiplicatore [moltiplika'to:re] m ❶ (fig MAT) Multiplikator m ❷ (TEC) Verstärker m, Vervielfacher m; (di velocità) Übersetzungsgetriebe n

moltiplicatore, -trice agg Vervielfältigungs-

moltiplicazione [moltiplikat'tsio:ne] f ❶ (MAT) Multiplikation f ❷ (accrescimento numerico) Vermehrung f, Zuwachs m ❸ (BOT) Fortpflanzung f, Vermehrung f

moltissimo [mol'tissimo] avv superlativo di **molto, -a**

moltitudine [molti'tu:dine] f ❶ (di persone) Menge f; (folla) Masse f ❷ (di cose) Vielzahl f, Menge f

molto ['molto] I. avv ❶ (quantità) viel ❷ (intensità) sehr ❸ (a lungo) lange ❹ (spesso) oft, viel ❺ (con comparativi) viel II. pron indef viel(e, s); **a dir ~** höchstens; **fra non ~** in Kürze; **per ~** auf lange (Zeit hinaus); **~ dopo/prima** viel später/früher

molto, -a <più, moltissimo> agg ❶ (in gran numero) viel ❷ (intenso, grande) groß ❸ (lungo) lange

momentaneamente [momentanea'mente] avv in diesem Moment; **momentaneo, -a** [momen'ta:neo] <-ei, -ee> agg augenblicklich, momentan

momento [mo'mento] m (istante) Augenblick m, Moment m; (periodo) Zeit f, Zeitraum m; **a -i** jeden Moment; (quasi) um ein Haar; **dal ~ che** (temporale) seit dem Augenblick, da …; (causale) da …; **da un ~ all'altro** von einem Augenblick zum andern; **del ~** momentan; **in qualunque ~** jederzeit; **in un ~** in einem Augenblick, im Nu; **ogni ~** andauernd, ununterbrochen; **per il ~** einstweilen, vorläufig; **sul ~** sofort, auf der Stelle; **un ~!** einen Augenblick!

mona ['mo:na] I. m (venez: vulg: stupido) Affenarsch m II. f (sett: vulg: vulva) Möse f

monaca ['mɔ:naka] <-che> f Nonne f; **monacale** [mona'ka:le] agg (da monaco) mönchisch, Mönchs-; (da monaca) Nonnen-; (a fig) mönchisch; **monachesimo** [mona'ke:zimo] m Mönch(s)tum n; **monaco** ['mɔ:nako] <-ci> m Mönch m

Monaco ['mɔ:nako] f ❶ (principato) Monaco n ❷ (di Baviera) München n

monade ['mɔ:nade] f Monade f

monarca [mo'narka] <-chi> m Monarch *m;* **monarchia** [monar'ki:a] <-chie> *f* Monarchie *f;* **monarchico, -a** [mo'narkiko] <-ci, -che> I. *agg* monarchistisch II. *m, f* Monarchist(in) *m(f)*

monastero [monas'tɛ:ro] *m* Kloster *n;* **monastico, -a** [mo'nastiko] <-ci, -che> *agg* Kloster-; (*a fig*) klösterlich

monatto [mo'natto] *m* (HIST) Leichenträger *m*

monca *f v.* **monco**

moncherino [moŋke'ri:no] *m* Armstumpf *m*

monco, -a ['moŋko] <-chi, -che> I. *agg* (*a fig*) verstümmelt; **essere ~ d'un braccio** nur einen Arm haben II. *m, f* Krüppel *m*

moncone [moŋ'ko:ne] *m* Stumpf *m*

mondanità [mondani'ta] <-> *f* ❶ (*frivolezza*) Mondänität *f* ❷ (*gente*) Highsociety *f,* Schickeria *f sl;* **mondano, -a** [mon'da:no] *agg* ❶ (*ricercato*) mondän; (*frivolo*) Halbwelt- ❷ (*del mondo*) weltlich

mondare [mon'da:re] *vt* säubern, putzen

mondezzaio [mondet'tsa:io] <-ai> *m* ❶ (*luogo*) Müllabladeplatz *m,* Mülldeponie *f* ❷ (*fig, pej: letamaio*) Saustall *m fam*

mondiale [mon'dia:le] *agg* ❶ (*del mondo*) Welt- ❷ (*fam fig: ottimo*) fabelhaft *fam*

mondiali [mon'dia:li] *mpl* (SPORT) Weltmeisterschaften *fpl*

mondo ['mondo] *m* ❶ (*gener*) Welt *f;* (*universo*) Weltall *n;* (*terra*) Erde *f;* **fare il giro del ~** eine Weltreise machen; **mettere al ~** zur Welt bringen; **venire al ~** auf die Welt kommen; **fuori del ~** (*fig*) weltfremd; **da che ~ è ~** seit die Welt besteht; **per nessuna cosa** [*o* **per niente**] **al ~** nicht um alles in der Welt; **com'è piccolo il ~!** wie klein doch die Welt ist; **tutto il ~ è paese** (*prov*) die Menschen sind doch überall gleich ❷ (*fig: regno*) Reich *n;* (*ambiente sociale, civiltà*) Welt *f;* **il ~ animale/minerale/vegetale** das Tier-/Mineral-/Pflanzenreich; **il ~ antico/il nuovo ~** die Alte/Neue Welt; **il bel ~** die vornehme Welt; **l'altro ~** das Jenseits; **cose dell'altro ~** (*fam*) haarsträubende Dinge; **donna di ~** Frau *f* von Welt; **uomo di ~** Weltmann *m* ❸ (*fig: gran quantità*) Unmenge *f,* Fülle *f;* **divertirsi un ~** (*fam*) sich köstlich amüsieren; **essere la fine del ~** umwerfend sein

mondo, -a *agg* ❶ (*lindo*) gesäubert ❷ (*fig: puro*) sauber; (*coscienza*) rein

mondovisione [mondovi'zio:ne] *f* Satellitenübertragung *f*

monelleria [monelle'ri:a] <-ie> *f* Lausbubenstreich *m;* **monello, -a** [mo'nɛllo] *m, f* ❶ (*pej: ragazzo di strada*) Straßenjunge *m,*

-mädchen *n* ❷ (*ragazzo vivace*) Lausbub *m,* Lausejunge *m fam*

moneta [mo'ne:ta] *f* (FIN) Münze *f,* Geldstück *n;* (*denaro*) Geld *n;* (*valuta*) Währung *f;* (*spicciolo*) Kleingeld *n;* (**ri**)**pagare qu con la stessa ~** es jdm mit gleicher Münze heimzahlen; **la ~ unica europea** die europäische Einheitswährung; **monetario, -a** [mone'ta:rio] <-i, -ie> *agg* Münz-, Geld-, Währungs-; **monetica** [mo'ne:tika] <*sing*> *f* (INFORM) Zahlungsverkehr *m* per Magnetkarte; **monetizzare** [monetid'dza:re] *vt* (FIN) in Geldwert umrechnen; **monetizzazione** [monetiddzat'tsio:ne] *f* (FIN) Schätzung *f* von Sachwerten

money manager ['mʌni 'mænidʒə] <-*o* money managers> *mf* (COM, FIN) Vermögensverwalter(in) *m(f)*

mongolfiera [moŋgol'fiɛ:ra] *f* (Heißluft)ballon *m*

mongolismo [moŋgo'lizmo] *m* Mongolismus *m;* **mongoloide** [moŋgo'lɔ:ide] I. *agg* mongoloid II. *mf* Mongoloide(r) *f(m)*

monile [mo'ni:le] *m* Schmuckstück *n*

monismo [mo'nizmo] *m* Monismus *m*

monito ['mɔ:nito] *m* Mahnung *f*

monitor, monitore ['mɔnitə *o* 'mɔnitor, moni'to:re] <-> *m* (INFORM: *schermo*) Monitor *m*

monitoraggio [monito'ra:dʒio] <-ggi> *m* Monitorüberwachung *f,* Überwachung *f* am Monitor; **~ dell'attività cardiaca** Überwachung der Herztätigkeit am Monitor; **~ dell'attività sismica** seismografische Monitoraufzeichnungen; **monitorare** [monito'ra:re] *vt* überwachen, kontrollieren

monitoriale [monito'ria:le] *agg* ❶ (*relativo al funzionamento del monitor*) Monitor-, Bildschirm- ❷ (*in pedagogia, mutuo insegnamento*) **sistema ~** Dialogmodell *n*

monitorio, -a [moni'tɔ:rio] <-i, -ie> *agg* ❶ (*che ammonisce*) Warn(ungs)-, Mahn- ❷ (TV) Monitor-

monitorizzare [monitorid'dza:re] *vt* ❶ (*dotare di monitor*) mit Bildschirmen ausstatten ❷ (*sottoporre a monitoraggio*) am Monitor überwachen

monna ['mɔnna] *f* (*poet, obs*) Frau *f*

mono ['mono] <inv> *agg* (*monofonico*) mono

monoasse [mono'asse] <inv> *agg* einachsig

monoblocco¹ [mono'blɔkko] <-cchi> *m* Zylinderblock *m*

monoblocco² <inv> *agg* aus einem Block bestehend, Block-

monocamera [mono'ka:mera] *f* Einzimmerwohnung *f*
monocamerale [monokame'ra:le] *agg* Einkammer-; **sistema** ~ Einkammersystem *n;* **monocameralismo** [monokamera'lizmo] *m* (POL) Einkammersystem *n*
monocanna [mono'kanna] I.<-> *m* (*fucile*) einläufiges Gewehr II.<inv> *agg* einläufig
monocassetta [monokas'setta] I.<-> *m* Recorder *m* mit einfachem Kassettendeck II.<inv> *agg* mit einfachem Kassettendeck
monocilindrico, -a [monotʃi'lindriko] <-ci, -che> *agg* Einzylinder-
monoclasse [mono'klasse] <inv> *agg* Einklassen-, aus einer Klasse bestehend
monocolo[1] [mo'nɔ:kolo] *m* ➊ (*lente*) Monokel *n* ➋ (*canocchiale*) Fernrohr *n*
monocolo[2] <inv> *agg* einäugig
monocolore [monoko'lo:re] <inv> *agg* ➊ (POL) Einparteien- ➋ (*di un solo colore*) einfarbig
monocoltura [monokol'tu:ra] *f* Monokultur *f*
monocomando [monoko'mando] <inv> *agg* ➊ (*che ha un solo comando*) mit nur einer Betätigungsmöglichkeit ➋ (*con un solo posto di pilotaggio*) **velivolo** ~ Einsitzer *m*
monocromaticità [monokromatitʃi'ta] <-> *f* ➊ (*gener*) Einfarbigkeit *f* ➋ (PHYS, MED) Monochromasie *f;* **monocromatico, -a** [monokro'ma:tiko] <-ci, -che> *agg* ➊ (*di un solo colore*) einfarbig, monochrom ➋ (PHYS) monochromatisch, einfarbig
monocromatore [monokroma'to:re] *m* (PHYS) Monochromator *m*
monocromo [mo'nɔ:kromo] *m* monochromes Gemälde
monocromo, -a *agg* einfarbig, monochrom
monoculare [monoku'la:re] *agg* monokular
monocultura [monokul'tu:ra] *f* (BIOL) einheitliche Kultur
monodose [mono'dɔ:ze] <inv> *agg* in Einzeldosen abgepackt; **farmaco** ~ Einzeldosis *f*
monofamiliare [monofami'lia:re] *agg* Einfamilien-
monofase [mono'fa:ze] <inv> *agg* einphasig
monogamia [monoga'mi:a] <-ie> *f* Einehe *f,* Monogamie *f*
monogenitoriale [monodʒenitori'a:le] *agg* allein erziehend; **famiglia** ~ Einelternfamilie *f*

monografia [monogra'fi:a] *f* Monographie *f;* **monografico, -a** [mono'gra:fiko] <-ci, -che> *agg* monographisch
monogramma [mono'gramma] <-i> *m* Monogramm *n*
monokini [mono'ki:ni] <-> *m* Minikini *m*
monolingue [mono'liŋgue] <inv> *agg* einsprachig; **monolinguismo** [monoliŋ'guizmo] *m* Einsprachigkeit *f*
monolitico, -a [mono'li:tiko] <-ci, -che> *agg* (*a fig*) monolithisch; **monolito** [mo'nɔ:lito] *m* Monolith *m*
monolocale [monolo'ka:le] *m* Einzimmerwohnung *f,* Garconniere *f* A
monologo [mo'nɔ:logo] <-ghi> *m* Monolog *m,* Selbstgespräch *n*
monomania [monoma'ni:a] *f* Monomanie *f*
monomediale [monome'dia:le] *agg* monomedial
monomotore [monomo'to:re] *m* einmotoriges Flugzeug
monopartitico, -a [monopat'ti:tiko] <-ci, -che> *agg* (POL) Einparteien-; **sistema** ~ Einparteiensystem *n;* **monopartitismo** [monoparti'tizmo] *m* (POL) Einparteiensystem *n*
monopattino [mono'pattino] *m* Roller *m*
monopetto [mono'pɛtto] I.<inv> *agg* einreihig II.<-> *m* Einreiher *m*
monopezzo [mono'pettso] I.<-> *m* Einteiler *m,* einteiliger Badeanzug II.<inv> *agg* einteilig; **costume** ~ einteiliger Badeanzug
monoplano [mono'pla:no] *m* Eindecker *m*
monopoli® [mo'nɔ:poli] <-> *m* Monopoly® *n*
monopolio [mono'pɔ:lio] <-i> *m* (*a fig*) Monopol *n;* **monopolista** [monopo'lista] <-i *m,* -e *f*> *mf* Monopolist(in) *m(f);* **monopolistico, -a** [monopo'listiko] <-ci, -che> *agg* monopolistisch; **monopolizzare** [monopolid'dza:re] *vt* ➊ (COM) monopolisieren ➋ (*fig: accentrare su di sé*) (auf sich) konzentrieren ➌ (*fig: riservare a pochi*) reservieren, (für sich) in Anspruch nehmen; **monopolizzatore, -trice** [monopoliddza'to:re] I. *agg* Monopol- II. *m, f* Monopolist(in) *m(f);* **monopolizzazione** [monopoliddzat'tsio:ne] *f* ➊ (COM) Monopolisierung *f* ➋ (*fig: possesso esclusivo di una cosa*) Alleinanspruch *m*
monoposto [mono'posto] I.<inv> *agg* einsitzig II.<-> *m* Einsitzer *m*
monoprogrammazione [monoprogrammat'tsio:ne] *f* (INFORM) Monotasking *n*

monorecchino [monorek'ki:no] *m* Single‑Ohrring *m*

monoreddito [mono'rɛddito] <inv> *agg* **famiglia** ~ Familie mit nur einem Einkommen

monormeggio [monor'meddʒo] <‑ggi> *m* (NAUT) Anlegeboje *f* für Öltankschiffe

monorotaia [monoro'ta:ia] <‑aie> *f* Einschienenbahn *f*

monoscafo [mono'ska:fo] *m* (NAUT) Eindecker *m*

monoscì [mono'ʃi] <‑> *m* (SPORT) Monoski *m*

monoscocca [mono'skɔkka] **I.** <‑> *f* (MOT) Fahrzeug *n* mit selbsttragender Karosserie **II.** <inv> *agg* (MOT) mit selbsttragender Karosserie

monoscopio [monos'kɔ:pio] <‑i> *m* Testbild *n*

monosillabico [monosil'la:biko] *m* einsilbiges Wort

monosillabico, ‑a <‑ci, ‑che> *agg* einsilbig

monossido [mo'nɔssido] *m* Monoxyd *n*

monoteismo [monote'izmo] *m* Monotheismus *m*; **monoteista** [monote'ista] <‑i *m*, ‑e *f*> **I.** *mf* Monotheist(in) *m(f)* **II.** *agg* monotheistisch; **monoteistico, ‑a** [monote'istiko] <‑ci, ‑che> *agg* monotheistisch

monotipo [mono'ti:po] *m* ❶ (*stampa*) Monotypie *f* ❷ (®*macchina*) Monotype® *f*

monotonia [monoto'ni:a] <‑ie> *f* Eintönigkeit *f*, Monotonie *f*; **monotono, ‑a** [mo'nɔ:tono] *agg* (*uniforme*) gleichförmig, monoton; (*privo di varietà*) eintönig; (*fig: noioso*) langweilig

monotype® ['mɔnətaip] <‑> *f* Monotype® *f*

monouso [mono'u:zo] <inv> *agg* Einweg‑; **siringa** ~ Einwegspritze *f*

monovalente [monova'lɛnte] *agg* einwertig

monovano [mono'va:no] **I.** *m* Zimmer *n* **II.** *agg* <inv> Zimmer‑, Einzimmer‑; **appartamento** ~ Einzimmerwohnung *f*, Garconniere *f* A

monovolume [monovo'lu:me] **I.** *f* (MOT) Großraumlimousine *n* **II.** *agg* (TEC, MOT) Großraum‑

monsignore [monsiɲ'ɲo:re] *m* Monsignore *m*

monsone [mon'so:ne] *m* Monsun *m*

monta ['monta] *f* ❶ (*accoppiamento*) Decken *n*, Beschälung *f* ❷ (*luogo*) Deckstation *f* ❸ (SPORT) Reiten *n*

montacarichi [monta'ka:riki] <‑> *m* Lastenaufzug *m*

montaggio [mon'taddʒo] <‑ggi> *m* ❶ (TEC) Montage *f*; **catena di** ~ Fließband *n* ❷ (FILM) Montage *f*, Schnitt *m* ❸ (*incorniciatura*) Rahmung *f*

montagna [mon'taɲɲa] *f* ❶ (*monte*) Berg *m*; ‑**e russe** Achterbahn *f* ❷ (*regione montuosa*) Gebirge *n*, Berge *mpl*; **andare in** ~ in die Berge fahren ❸ (*fig: grande quantità*) Berg *m*; **montagnoso, ‑a** [montaɲ'ɲo:so] *agg* bergig, gebirgig

montanaro, ‑a [monta'na:ro] **I.** *m, f* Gebirgsbewohner(in) *m(f)*, Bergbewohner(in) *m(f)* **II.** *agg* Gebirgs‑, Berg‑; **montano, ‑a** [mon'ta:no] *agg* Gebirgs‑, Berg‑

montante [mon'tante] *m* (*asta*) Pfeiler *m*, Pfosten *m*

montapanna [monta'panna] <‑> *m* elektrisches Rührgerät

montare [mon'ta:re] **I.** *vi* essere ❶ (*salire*) (auf)steigen; (*in veicolo*) einsteigen ❷ (GASTR: *panna*) steif werden **II.** *vt* avere ❶ (ZOO: *accoppiarsi*) bespringen, besteigen ❷ (*comporre*) auf‑, zusammenbauen, aufstellen; (*mobili*) einbauen; (TEC) montieren ❸ (GASTR) schlagen ❹ (FILM) montieren ❺ (*fig: esagerare*) aufbauschen, übertreiben; ~ **la testa a qu** (*fam*) jdm den Kopf verdrehen **III.** *vr* ‑**rsi** sich aufregen; ‑**rsi la testa** (*fam*) sich *dat* was einbilden; **montato, ‑a** [mon'ta:to] *agg* ❶ (GASTR) **panna** ‑**a** Schlagsahne *f*, Schlag *m* A ❷ (*sl: persona*) aufgeblasen *fam*; **montatore, ‑trice** [monta'to:re] **I.** *m, f* (TEC) Montagearbeiter(in) *m(f)*, Monteur(in) *m(f)* ❷ (FILM) Cutter(in) *m(f)* **II.** *agg* Montage‑; **montatura** [monta'tu:ra] *f* ❶ (*di gioielli*) Fassung *f* ❷ (*di occhiali*) Gestell *n* ❸ (*fig: esagerazione*) Aufbauschen *n*, Übertreibung *f* ❹ (*fig: finzione*) Vortäuschung *f* ❺ (TEC) Montage *f*, Zusammenbau *m*; **montavivande** [montavi'vande] <‑> *m* Speisenaufzug *m*

monte ['monte] *m* ❶ (*rilievo*) Berg *m*; **Monte Bianco** Montblanc *m* ❷ (*fig: grande quantità*) Berg *m*, Haufen *m fam* ❸ (FIN: *somma*) Geldsumme *f*; (*banca*) Geldinstitut *n*; ~ **dei pegni** Pfandleihanstalt *f*; ~ **di pietà** Leihhaus *n* ❹ (*fig*) **andare a** ~ ins Wasser fallen, scheitern; **mandare a** ~ über den Haufen werfen *fam*

montebianco [monte'biaŋko] *m* kegelförmige Süßspeise aus Kastaniencreme mit Sahne

Montecitorio [montetʃi'to:rio] *m* (*sede della Camera dei deputati*) Sitz des italienischen Parlamentes

MONTEDISON® *f* großer italienischer

Chemiekonzern

montone [mon'to:ne] *m* ❶ Schafbock *m;* (*castrato*) Hammel *m* ❷ (*fam: giaccone*) Schaffelljacke *f;* (*cappotto*) Schaffellmantel *m*

montuosità [montuosi'ta] <-> *f* Gebirge *n;* **montuoso, -a** [montu'o:so] *agg* gebirgig, bergig

monumentale [monumen'ta:le] *agg* ❶ (*di monumento*) Denkmal(s)-, Monumental- ❷ (*città, regione*) reich an Denkmälern ❸ (*fig: enorme*) monumental; **monumento** [monu'mento] *m* Monument *n;* (*a fig*) Denkmal *n*

moog® [mu:d] <-> *m* (MUS) Synthesizer *m*

moon boot® ['mu:n 'bu:t *o* 'mɔn but] <-> *m* Moonboot *m*

moquettato, -a [mokɛt'ta:to] *agg* mit Moquette ausgelegt, Moquette verlegt; **moquette** [mo'kɛt] <-> *f* Teppichboden *m*

mora ['mɔ:ra] *f* ❶ (BOT: *del rovo*) Brombeere *f;* (*del gelso*) Maulbeere *f* ❷ (JUR: *ritardo*) Verzug *m;* (*somma*) Verzugszinsen *mpl*

morale [mo'ra:le] **I.** *agg* moralisch, Moral- **II.** *f* ❶ (*moralità*) Moral *f* ❷ (PHILOS) Moralphilosophie *f,* Ethik *f* ❸ (*insegnamento*) Lehre *f;* (*della favola*) Moral *f* **III.** *m* (*fam: spirito*) Stimmung *f,* Moral *f;* **essere giù di ~** den Moralischen haben *fam;* **essere su di ~** in guter Stimmung sein; **risollevare il ~ di qu** jdn aufmuntern, aufbauen; **moraleggiare** [moraled'dʒa:re] *vi* moralisieren, Moral predigen; **moralismo** [mora'lizmo] *m* Moralismus *m;* **moralista** [mora'lista] <-i *m,* -e *f*> *mf* ❶ (*pej: intransigente*) Moralprediger(in) *m(f)* ❷ (PHILOS) Moralist(in) *m(f);* **moralistico, -a** [mora'listiko] <-ci, -che> *agg* moralistisch; **moralità** [morali'ta] <-> *f* Sittlichkeit *f;* (*morale*) Moral *f;* **moralizzare** [moralid'dza:re] *vt* sittlich machen

moratoria [mora'tɔ:ria] <-ie> *f* ❶ (*sospensione*) Moratorium *n,* (Zahlungs)aufschub *m* ❷ (*dilazione*) Stundung *f,* Aussetzung *f;* **moratorio, -a** [mora'tɔ:rio] <-i, -ie> *agg* Verzugs-

morbidezza [morbi'dettsa] *f* Weichheit *f,* Zartheit *f;* (*al tatto*) Haptik *f;* **morbido, -a** ['mɔrbido] *agg* (*a fig*) weich

morbillo [mor'billo] *m* Masern *fpl*

morbo ['mɔrbo] *m* ❶ (MED) Krankheit *f* ❷ (*fig: piaga*) Plage *f,* Übel *n;* **morbosità** [morbosi'ta] <-> *f* Krankhaftigkeit *f,* Morbidität *f;* **morboso, -a** [mor'bo:so] *agg* ❶ (*anormale*) krankhaft, morbid(e) ❷ (MED) Krankheits-

morchia ['mɔrkia] <-chie> *f* (Bo-

den)satz *m*

mordace [mor'da:tʃe] *agg* ❶ (*cane*) bissig ❷ (*fig: caustico*) bissig, scharf; (*lingua*) spitz; **mordacità** [mordatʃi'ta] <-> *f* Bissigkeit *f,* Schärfe *f*

mordente [mor'dɛnte] *m* ❶ (CHEM) Beize *f,* Beizmittel *n* ❷ (*fig: grinta*) Kampfgeist *m,* Mumm *m*

mordenzare [mordɛn'tsa:re] *vt* ❶ (TEC: *in tintoria*) beizen ❷ (TEC: *in tipografia*) ätzen

mordenzatura [mordɛntsa'tu:ra] *f* ❶ (TEC: *operazione nell'industria tessile*) Beizen *n* ❷ (TYP: *morsura*) Ätzung *f,* Ätzen *n* ❸ (FOTO) Fixieren *n,* Fixage *f*

mordere ['mɔrdere] <mordo, morsi, morso> *vt* ❶ (*morsicare*) beißen; (*insetti*) stechen; (*mela, cibi*) beißen in +*acc;* **-rsi le dita** [*o* **le mani**] (*fig*) sich *dat* in den Hintern beißen (können) *fam;* **can che abbaia non morde** (*prov*) Hunde, die bellen, beißen nicht ❷ (*far presa*) fassen, packen ❸ (*corrodere*) ätzen ❹ (*fig: irritare*) beißen, stechen ❺ (*fig: tormentare*) quälen; **mi morde la coscienza** mein Gewissen plagt mich, ich habe Gewissensbisse; **mordicchiare** [mordik'kia:re] *vt* knabbern, nagen

morello [mo'rɛllo] *m* Rappe *m*

morena [mo'rɛ:na] *f* Moräne *f*

morendo [mo'rɛndo] <-> *m* (MUS) Morendo *n*

morente [mo'rɛnte] **I.** *mf* Sterbende(r) *f(m)* **II.** *agg* ❶ (*persona*) sterbend, im Sterben liegend ❷ (*fig*) zu Ende gehend; (*sole*) untergehend

morfema [mor'fɛ:ma] <-i> *m* Morphem *n*

morfina [mor'fi:na] *f* Morphium *n,* Morphin *n;* **morfinismo** [morfi'nizmo] *m* Morphinismus *m;* **morfinomane** [morfi'nɔ:mane] **I.** *agg* morphiumsüchtig **II.** *mf* Morphinist(in) *m(f)*

morfologia [morfolo'dʒi:a] <-gie> *f* ❶ (LING, BIOL) Morphologie *f* ❷ (GEOG, MIN) (Geo)morphologie *f;* **morfologico, -a** [morfo'lɔ:dʒiko] *agg* morphologisch

morganatico, -a [morga'na:tiko] <-ci, -che> *agg* morganatisch

moria [mo'ri:a] <-ie> *f* Massensterben *n*

moribondo, -a [mori'bondo] **I.** *agg* sterbend, im Sterben liegend; **essere ~** im Sterben liegen **II.** *m, f* Sterbende(r) *f(m)*

morigeratezza [moridʒera'tettsa] *f* Mäßigkeit *f,* maßvolle Haltung *f*

morigerato, -a [moridʒe'ra:to] *agg* sittsam; (*sobrio*) gemäßigt, mäßig

morire [mo'ri:re] <muoio, morii, morto> *vi essere* ❶ (*cessare di vivere*) sterben; (*piante*) eingehen; (*animali*) eingehen, sterben; **~ ammazzato** umgebracht werden; **~ impiccato** durch Erhängen sterben; **~ di morte naturale/violenta** eines natürlichen/gewaltsamen Todes sterben ❷ (*fig*) **~ di fame/sete** vor Hunger/Durst sterben; **~ dal sonno** todmüde sein; **una fame da ~** (*fam*) ein Mordshunger *m;* **una sete da ~** (*fam*) ein Mordsdurst *m;* **più brutto di così si muore** so etwas Hässliches habe ich noch nie gesehen ❸ (*fig: cessare di esistere*) sterben; (*luce*) er-, verlöschen; (*suono*) ersterben, verhallen; (*estinguersi*) aussterben; (*terminare*) enden; (*non riuscire*) in die Brüche gehen

mormone [mor'mo:ne] *m* Mormone *m*

mormorare [mormo'ra:re] *vi* ❶ (*bisbigliare*) murmeln, flüstern ❷ (*sparlare*) munkeln ❸ (*fig: acque, fronde*) murmeln, rauschen; **mormorazione** [mormorat'tsio:ne] *f* (*pej*) Gerede *n*, Gemunkel *n;* **mormoreggiare** [mormored'dʒa:re] *vi* ❶ (*mormorare*) murmeln, rauschen ❷ (*fig*) murren; **mormorio** [mormo'ri:o] <-ii> *m* ❶ (*sussurro*) Gemurmel *n*, Geraune *n* ❷ (*di acque, fronde*) Murmeln *n* poet, Rauschen *n* ❸ (*commento maligno*) Gerede *n*, Gemunkel *n*

moro ['mɔ:ro] *m* Maulbeerbaum *m*

moro, -a I. *agg* ❶ (*nero*) schwarz ❷ (*di capelli scuri*) dunkelhaarig, brünett; (*di carnagione scura*) dunkelhäutig II. *m, f* ❶ (*persona*) Schwarze(r) *f(m)* ❷ (*di capelli scuri*) dunkelhaarige Person; (*di carnagione scura*) dunkelhäutige Person

morosa *f v.* **moroso**

morosità [morosi'ta] <-> *f* (*JUR*) Verzug *m*, Säumigkeit *f;* **moroso, -a** [mo'ro:so] *agg* (*JUR*) säumig

morsa ['mɔrsa] *f* Schraubstock *m;* **essere preso in una ~** (*fig*) in die Zange genommen werden *fam;* **morsetto** [mor'setto] *m* Zwinge *f,* Klammer *f;* (*EL*) Klemme *f*

morsi ['mɔrsi] *1. pers sing pass rem di* **mordere**

morsicare [morsi'ka:re] *vt* ❶ (*mordere*) beißen (in +*acc*); (*insetti*) stechen ❷ (*pungere*) beißen, stechen; **morsicatura** [morsika'tu:ra] *f* (*segno di morso*) Biss *m*, Bisswunde *f;* (*segno di puntura d'insetto*) Stich *m*

morso¹ ['mɔrso] *pp di* **mordere**

morso² *m* ❶ (*il mordere*) Biss *m*, (Zu)beißen *n* ❷ (*segno*) Biss *m*, Bisswunde *f;* (*puntura d'insetto*) Stich *m;* (*di serpente*) Biss *m* ❸ (*boccone*) Bissen *m* ❹ (*di cavallo*) Gebiss *n*

morta *f v.* **morto**

mortadella [morta'dɛlla] *f* Mortadella *f*

mortaio [mor'ta:io] <-ai> *m* Mörser *m*

mortale [mor'ta:le] *agg* ❶ (*soggetto a morte*) sterblich ❷ (*che causa la morte, a fig*) tödlich; **peccato ~** Todsünde *f;* **salto ~** Salto mortale *m* ❸ (*di morte*) Tod(es)-, tödlich; (*di morto*) Toten-; **mortalità** [mortali'ta] <-> *f* Sterblichkeit *f;* **mortalmente** [mortal'mente] *avv* ❶ (*in modo mortale*) tödlich ❷ (*fig: profondamente*) tödlich; (*odiare*) auf den Tod; (*annoiarsi*) zu Tode, tödlich

mortaretto [morta'retto] *m* Böller *m*

morte ['mɔrte] *f* ❶ (*cessazione della vita*) Tod *m;* (*di piante, animali*) Eingehen *n;* **pericolo di ~** Lebensgefahr *f;* **fare una brutta ~** einen schlimmen Tod haben; **condannare a ~ qu** jdn zum Tode verurteilen; **darsi la ~** sich töten, sich das Leben nehmen; **scherzare con la ~** mit dem Leben spielen; **a ~!** Tod!, tötet ihn [*o* sie]!; **finché ~ non ci separi** bis dass der Tod uns scheidet; **~ civile** (*JUR*) Verlust *m* der bürgerlichen Ehrenrechte; **pena di ~** Todesstrafe *f;* **sentenza di ~** Todesurteil *n* ❷ (*fig: fine*) Tod *m*, Ende *n;* **silenzio di ~** Totenstille *f;* **avere la ~ nel cuore** todunglücklich sein; **annoiarsi a ~** (*fam*) sich zu Tode langweilen; **avercela a ~ con qu** (*fam*) jdn wie die Pest hassen

mortificare [mortifi'ka:re] I. *vt* (*umiliare*) beschämen, demütigen II. *vr* **-rsi** ❶ (*avvilirsi*) beschämt sein ❷ (*REL: punirsi*) sich kasteien; **mortificazione** [mortifikat'tsio:ne] *f* ❶ (*umiliazione*) Demütigung *f* ❷ (*REL*) Kasteiung *f*

morto, -a ['mɔrto] I. *pp di* **morire** II. *m, f* (*persona morta*) Tote(r) *f(m);* (*defunto*) Verstorbene(r) *f(m);* **giorno dei -i** Allerseelen *n;* **fare il ~** sich tot stellen; **sembrare un ~ che cammina** (*fam*) wie eine wandelnde Leiche aussehen III. *agg* ❶ (*che ha cessato di vivere*) tot ❷ (*fig: inerte*) leblos, (wie) tot; **punto ~** toter Punkt; **stanco ~** (*fam*) todmüde; **fare la mano -a** zudringlich werden ❸ (*fig: civiltà*) untergegangen, versunken; (*lingua, capitale, binario*) tot; (*acqua*) stehend; **mortorio** [mor'tɔ:rio] <-i> *m* (*fam fig*) sterbenslangweilige Angelegenheit; **mortuario, -a** [mortu'a:rio] <-i,-ie> *agg* Toten-, Leichen-; **la camera -a** das Totenzimmer

mosaicista [mozai'tʃista] <-i *m*, -e *f*> *mf* (*artista*) Mosaikkünstler(in) *m(f);* (*operaio*) Mosaikarbeiter(in) *m(f);* **mosaico** [mo'za:iko] <-ci> *m* Mosaik *n;* **pavimento a ~** Mosaik(fuß)boden *m*

mosca¹ ['moska] <-sche> *f* ❶ (*a fig* ZOO) Fliege *f;* **giocare a ~ cieca** Blindekuh spielen; **essere raro come le -sche bianche** selten sein wie ein weißer Rabe; **fare d'una ~ un elefante** (*fam*) aus einer Mücke einen Elefanten machen; **non far male ad una ~** (*fam*) keiner Fliege etw zuleide tun, gutmütig sein; **non si sente una ~** (*fig*) es ist totenstill; **gli salta la ~ al naso** (*fam fig*) ihm reißt der Geduldsfaden; **zitto e ~!** (*fam*) Ruhe!, kein Wort (mehr)! ② (*fig: persona noiosa*) Quälgeist *m fam*

mosca² I.<inv> *agg* **peso ~** Fliegengewicht *n* II.<-> *m* Fliegengewicht *n*, Fliegengewichtler *m*

Mosca ['moska] *f* Moskau *n*

moscaio [mos'ka:io] <-ai> *m* Fliegenschwarm *m*

moscardino [moskar'di:no] *m* (zoo: *roditore*) Haselmaus *f*

moscatello [moska'tɛllo] *m* Muskateller *m*; **moscato** [mos'ka:to] *m* Muskateller *m*

moscato, -a *agg* ① (*uva*) Muskateller- ② (*noce*) Muskat-

moscerino [moʃʃe'ri:no] *m* Taufliege *f*, kleine Fliege

moschea [mos'kɛ:a] *f* Moschee *f*

moschettiere [mosket'tiɛ:re] *m* ① (MIL) Musketier *m*; **i tre -i** die drei Musketiere ② (SPORT) *Spieler in der italienischen Fußballnationalmannschaft*; **moschetto** [mos'ketto] *m* Karabiner *m*; (HIST) Muskete *f*; **moschettone** [mosket'to:ne] *m* Karabiner(haken) *m*

moschicida [moski'tʃi:da] <-i> I. *m* Fliegengift *n* II. *agg* Fliegen(gift)-

moscio, -a ['moʃʃo] <-sci, -sce> *agg* schlapp, schlaff; **cappello ~** Schlapphut *m*; **un tipo ~** ein Schlaffi *m sl*

moscone [mos'ko:ne] *m* ① (zoo) große Fliege, Brummer *m fam* ② (*fam fig: corteggiatore*) Verehrer *m* ③ (*pattino*) Ruderboot *n*

Mosella [mo'zɛlla] *f* Mosel *f*

mossa ['mɔssa] *f* ① (*movimento*) Bewegung *f* ② (*movenza*) Geste *f*, Gebärde *f* ③ (MIL) Manöver *n* ④ (*nel gioco, a fig*) Zug *m*

mossi ['mɔssi] *1. pers sing pass rem di* **muovere**

mosso, -a ['mɔsso] I. *pp di* **muovere** II. *agg* ① (*agitato*) bewegt ② (*ondulato*) gewellt ③ (MUS) lebhaft, mosso

mostarda [mos'tarda] *f* ① (*salsa*) Senfsoße *f* ② (*frutta*) ~ **di Cremona** Früchte in Senfsirup

mosto ['mosto] *m* (Trauben)most *m*

mostra ['mostra] *f* ① (*d'arte*) Ausstel-

lung *f*; **~ fotografica** Bilderausstellung *f* ② (COM) Messe *f* ③ (*fig: sfoggio*) Schau *f*, Zurschaustellung *f*; **mettere in ~ qc** (*fig*) etw zur Schau stellen ④ (*fig: finta*) (äußerer) Schein *m*, Anschein *m*; **far ~ di** +*inf* den Anschein erwecken, etw zu tun ⑤ (*vetrina*) Auslage *f*

mostrare [mos'tra:re] I. *vt* ① (*far vedere*) zeigen; (*per controllo*) (vor)zeigen; **~ i denti** (*fig*) die Zähne zeigen *fam* ② (*fingere*) vortäuschen, heucheln II. *vr* **-rsi** sich zeigen

mostriciattolo [mostri'tʃattolo] *m* (*fam*) kleines Monster

mostrina [mos'tri:na] *f* Kragenspiegel *m*

mostro ['mostro] *m* ① (*creatura fantastica*) Monstrum *n*, Ungeheuer *n*; (*a fig*) Scheusal *n* ② (*scherz: portento*) **essere un ~ di qc** ein Ausbund an etw *dat* sein; **mostruosità** [mostruosi'ta] <-> *f* Monstrosität *f*; **mostruoso, -a** [mostru'o:so] *agg* ① (*orrendo*) scheußlich ② (*eccezionale*) ungeheuer(lich)

mota ['mɔ:ta] *f* Schlamm *m*

motel [mo'tɛl] <-> *m* Motel *n*

motivare [moti'va:re] *vt* ① (*causare*) verursachen ② (*precisare il motivo*) begründen ③ (PSYCH) motivieren; **motivazione** [motivat'tsio:ne] *f* ① (*esposizione delle ragioni*) Begründung *f* ② (PSYCH) Motivation *f*

motivo [mo'ti:vo] *m* ① (*ragione*) Motiv *n*, (Beweg)grund *m*, Ursache *f*; **aver ~ di** [*o* **per**] ... +*inf* Grund haben zu ... +*inf*; **dar ~ di** Anlass geben zu; **per -i di famiglia/salute** aus familiären/gesundheitlichen Gründen ② (MUS, LIT) Thema *n*, Motiv *n*; **~ conduttore** Leitmotiv *n* ③ (*canzone*) Melodie *f*, (Musik)stück *n* ④ (*decorazione*) Muster *n*

moto¹ ['mɔ:to] *m* (*gener* HIST, POL) Bewegung *f*; **avverbi di ~** Ortsadverbien *npl* der Bewegung; **con ~** (MUS) mit Bewegung, etwas beschleunigt; **fare (del) ~** sich Bewegung verschaffen; **essere in ~** in Bewegung sein; (MOT) in Gang sein; **mettere in ~** in Gang setzen; **mettersi in ~** sich in Bewegung setzen; (*fig*) in Gang kommen

moto² <-> *f* (*motocicletta*) Motorrad *n*; **~ d'acqua** Seascooter *m*

motobarca [moto'barka] <-che> *f* kleines Motorboot

motocarro [moto'karro] *m* dreirädriger Kastenwagen, Dreirad *n*

motocarrozzetta [motokarrot'tsetta] *f* Motorrad *n* mit Beiwagen, Beiwagenmaschine *f*

motocicletta [mototʃi'kletta] *f* Motor-

rad *n*
motociclismo [mototʃi'klizmo] *m* Motor-radsport *m;* **motociclista** [mototʃi'klista] *mf* Motorradfahrer(in) *m(f);* **motociclis-tico, -a** [mototʃi'klistiko] *agg* Motorrad-; (SPORT) Motorrad(sport)-; **motociclo** [mo-to'tʃi:klo] *m* Motorrad *n*

motocross [moto'krɔs] <-> *m* Moto-cross *n;* **motocrossista** [motokros'sista] <-i *m*, -e *f> mf* Motocross-Fahrer(in) *m(f)*

motodromo [mo'tɔːdromo] *m* Moto-drom *n;* **motofalciatrice** [motofal-tʃa'tri:tʃe] *f* Mähmaschine *f;* **motofurgo-ne** [motofur'goːne] *m* dreirädriger Liefer-wagen *m,* Dreirad *n*

motonave [moto'naːve] *f* Motorschiff *n*
motopeschereccio [motopeske'ret-tʃo] *m* Fischkutter *m*

motopompa [moto'pompa] *f* Motor-pumpe *f;* **motopropulsore** [motopro-pul'soːre] **I.** *agg* Antriebs-; **gruppo** ~ An-triebsaggregat *n,* Triebwerk *n* **II.** *m* An-triebsmotor *m,* Triebwerk *n;* **motoradu-no** [motora'duːno] *m* Motorradfahrertref-fen *n*

motorboat ['moutə'bout] <-> *m* (NAUT) Motorboot *n*

motorcaravan [moutəkærə'væn *o* mɔ-tor'karavan] <-> *m* (MOT) Campingbus *m*

motore [mo'toːre] *m* ❶ (TEC) Motor *m,* An-trieb *m;* ~ **a benzina** Benzinmotor *m;* ~ **ad iniezione diretta** Motor *m* mit Direktein-spritzung; ~ **a scoppio** Verbrennungsmo-tor *m;* ~ **Diesel** Dieselmotor *m* ❷ (*fig: mo-vente*) Motor *m,* Triebfeder *f* ❸ (INFORM) ~ **di ricerca** Suchmaschine *f*

motore, -trice *agg* ❶ (TEC) Antriebs-, Trieb- ❷ (*nervi*) Bewegungs-
motoretta [moto'retta] *f* (*fam*) (Mo-tor)roller *m*

motorhome ['moutəhoum] <-> *m* (MOT) Wohnmobil *n*

motorino [moto'riːno] *m* ❶ (*fam: ciclo-motore*) Mofa *n,* Moped *n,* Mokick *n* ❷ (TEC) Kleinmotor *m,* kleiner Motor; ~ **d'avviamento** Anlasser *m,* Starter *m;* **motorio, -a** [mo'tɔːrio] <-i, -ie> *agg* Be-wegungs-, motorisch; **motorismo** [mo-to'rizmo] *m* Motorsport *m;* **motorista** [moto'rista] <-i> *m* Maschinist *m;* **moto-ristico, -a** [moto'ristiko] <-ci, -che> *agg* Motorsport-; **motorizzare** [motor-id'dza:re] **I.** *vt* motorisieren **II.** *vr* **-rsi** (*fam*) sich motorisieren; **motorizzazio-ne** [motoriddzat'tsioːne] *f* Motorisie-rung *f;* **Ispettorato della** ~ Straßenver-kehrsamt *n*

motorscooter ['moutəsku:tə] *m* (Mo-

tor)roller *m*
motoscafo [motos'kaːfo] *m* Motorboot *n*
motosega [moto'seːga] <-ghe> *f* Motor-säge *f*
motovedetta [motove'detta] *f* Patrouil-lenboot *m,* Wachboot *n*
motoveicolo [motove'iːkolo] *m* Motor-fahrzeug *n*
motovelodromo [motove'lɔːdromo] *m* Motorradrennbahn *f*
motozappa [moto'tsappa] *f* (TEC) Motor-hacke *f*
motrice [mo'tri:tʃe] *f* ❶ (*di autotreno*) Sat-telschlepper *m* ❷ (TEC: *macchina*) Zugma-schine *f* ❸ (FERR) Triebwagen *m*
motteggiare [motted'dʒa:re] *vi* witz-eln, scherzen; **motteggiatore** [mot-tedd3a'to:re] **I.** <-trice> *m, f* Spöt-ter(in) *m(f)* **II.** *agg* spöttisch; **motteggio** [mot'teddʒo] <-ggi> *m* Spott *m,* Spöttelei *f*
mottetto [mot'tetto] *m* ❶ (MUS) Motette *f* ❷ (LIT) Volksweisheit *f*
motto ['mɔtto] *m* (*detto arguto*) Witz *m,* Schmäh *m* A; (*detto sentenzioso*) Wahl-spruch *m,* Motto *n;* (*massima*) Wahl-spruch *m,* Devise *f;* (*slogan pubblicitario*) Werbeslogan *m,* Werbespruch *m*
mountain-bike ['mauntin 'baik] <-> *f* Mountainbike *n*
mouse [maus] <-> *m* (INFORM) Maus *f;* **tappetino per il** ~ Mauspad *n,* Mouse-pad *n;* **mouse pad** ['maus pɛd] <-> *m* (INFORM) Mauspad *n,* Mousepad *n*
mousse [mus] <-> *f* Mousse *f*
moutonné [mutɔ'ne] <inv> *agg* **velluto** ~ Kordsamt *m*
movente [mo'vɛnte] *m* Beweggrund *m*
movenza [mo'vɛntsa] *f* ❶ (*atteggiamen-to*) Bewegung *f* ❷ (*fig: andamento*) Ten-denzen *fpl*
movil® [mo'vil] <-> *m* Synthetikgewebe aus PVC
movimentare [movimen'ta:re] *vt* bele-ben, in Schwung bringen; **movimenta-zione** [movimentat'tsio:ne] *f* Warenum-schlag *m;* **movimentista** [movimen'ti-sta] <-i *m*, -e *f*> **I.** *mf* (POL) Befürwor-ter(in) *m(f)* von Bürgerinitiativen **II.** *agg* Bürgerinitiativen unterstützend
movimento [movi'mento] *m* ❶ (*mossa, moto*) Bewegung *f;* **mettersi in** ~ sich in Bewegung setzen ❷ (MIL) Bewegung *f,* Ver-schiebung *f* ❸ (FERR, FIN, COM) Verkehr *m* ❹ (MUS) Tempo *n* ❺ (*corrente,* POL) Bewe-gung *f* ❻ (TEC) Antrieb *m;* (*meccanismo*) Werk *n,* Mechanik *f*
moviola [mo'viɔːla] *f* Schneidetisch *m*
mozambicano, -a [motsambi'kaːno]

M

I. *agg* mosambikanisch **II.** *m, f* (*abitante*) Mosambikaner(in) *m(f)*

mozione [mot'tsio:ne] *f* Antrag *m,* Motion *f CH;* ~ **di fiducia** Vertrauensantrag *m;* ~ **di sfiducia** Misstrauensantrag *m*

mozzafiato [mottsa'fia:to] <inv> *agg* (*fam*) atemberaubend

mozzare [mot'tsa:re] *vt* ❶ (*recidere*) abschneiden, abschlagen ❷ (*fig: interrompere*) abbrechen; **da ~ il fiato** den Atem berauben

mozzarella [mottsa'rɛlla] *f* Mozzarella *m* (*Frischkäse aus Büffel- o Kuhmilch*); ~ **in carrozza** Käse- u Brotscheiben, die zusammen paniert und frittiert werden

mozzicone [mottsi'ko:ne] *m* Stumpf *m;* (*di sigaretta*) Stummel *m*

mozzo ['mottso] *m* (*marinaio*) Schiffsjunge *m*

mozzo, -a *agg* ❶ (*reciso*) abgeschnitten, abgeschlagen ❷ (*fig: mutilo*) verstümmelt, verkürzt

ms., MS. *abbr di* **manoscritto** Ms., Mskr.

M.S. *abbr di* **Movimento Studentesco** *Studentenbewegung Ende der 60er-Jahre*

MSI-DN *m abbr di* **Movimento Sociale Italiano - Destra Nazionale** *italienische neofaschistische Partei*

mucca ['mukka] <-cche> *f* Kuh *f;* ~ **pazza** (*fam*) an BSE erkranktes Rind

mucchio ['mukkio] <-cchi> *m* Haufen *m,* Menge *f;* **a -cchi** haufenweise *fam*

muco ['mu:ko] <-chi> *m* Schleim *m*

mucosa [mu'ko:sa] *f* Schleimhaut *f*

mucoso, -a [mu'ko:so] *agg* schleimig; (ANAT) Schleim-

muda ['mu:da] *f* Mauser *f*

muffa ['muffa] *f* ❶ Schimmel *m;* **fare la ~** schimm(e)lig werden, schimmeln ❷ (*fig: abbandono, inattività*) Muff *m fam;* **muffire** [muf'fi:re] <muffisco> *vi essere* schimmeln; (*a fig*) verschimmeln

muffola ['muffola] *f* ❶ (SPORT: *guanto*) Fausthandschuh *m* ❷ (TEC: *di forno*) Muffel *f* ❸ (EL) (Kabel)muffe *f*

muflone [mu'flo:ne] *m* Mufflon *m*

mugghiare [mug'gia:re] *vi* ❶ (*bue*) muhen, brüllen ❷ (*fig: mare, vento*) heulen; **mugghio** ['muggio] <-gghi> *m* ❶ (*di bue*) Muhen *n,* Brüllen *n* ❷ (*fig: di mare, vento*) Heulen *n*

muggine ['muddʒine] *m* Meeräsche *f*

muggire [mud'dʒi:re] *vi* ❶ (*bovino*) muhen, brüllen ❷ (*fig: mare, vento*) heulen; **muggito** [mud'dʒi:to] *m* ❶ (*di bovino*) Muhen *n,* Brüllen *n* ❷ (*di mare, vento*) Heulen *n*

mughetto [mu'getto] *m* ❶ (BOT) Mai-

glöckchen *n* ❷ (MED) Soor *m*

mugnaio, -a [muɲ'ɲa:io] <-i, -ie> *m, f* Müller(in) *m(f)*

mugo ['mu:go] <-ghi> *m* Latschenkiefer *f*

mugolare [mugo'la:re] **I.** *vi* ❶ (*cane*) winseln ❷ (*fig: vento*) heulen ❸ (*persona*) stöhnen **II.** *vt* brumme(l)n, murmeln; **mugolio** [mugo'li:o] <-ii> *m* Gewinsel *n,* Winseln *n*

mugugnare [muguɲ'ɲa:re] *vi* brummen, knurren; **mugugno** [mu'guɲɲo] *m* Gebrumme(l) *n*

mulatta *f v.* **mulatto**

mulattiera [mulat'tiɛ:ra] *f* Saumpfad *m,* Maultierpfad *m*

mulatto, -a [mu'latto] **I.** *m, f* Mulatte *m,* Mulattin *f* **II.** *agg* Mulatten-

muliebre [mu'liɛbre] *agg* weiblich, Frauen-

mulinare [muli'na:re] **I.** *vt avere* ❶ (*macchinare*) sich ausdenken, aushecken *fam* ❷ (*girare*) herumwirbeln, wirbeln **II.** *vi essere* wirbeln

mulinello [muli'nɛllo] *m* ❶ (*moto vorticoso*) Wirbel *m* ❷ (*di canna da pesca*) Rolle *f* ❸ (NAUT) Ankerwinde *f* ❹ (*ventilatore*) Ventilator *m,* Lüfter *m*

mulino [mu'li:no] *m* Mühle *f;* ~ **ad acqua** Wassermühle *f;* ~ **a vento** Windmühle *f;* **tirare** [*o* **portare**] **acqua al proprio ~** (*fig*) immer zuerst für sich selbst sorgen

mulo ['mu:lo] *m* Maultier *n,* Maulesel *m;* **ostinato come un ~** störrisch wie ein Esel

multa ['multa] *f* ❶ (*pena*) Geldstrafe *f* ❷ (*ammenda*) Verwarnungs-, Bußgeld *n;* **multare** [mul'ta:re] *vt* mit einer Geldstrafe belegen

multi-access ['mʌlti'ækses] <inv> *agg* mit vielfältigen Zugriffsmöglichkeiten

multiaccessoriato, -a [multiattʃesso'ria:to] *agg* (AUTO) mit allen Extras

multicanale [multika'na:le] <inv> *agg* Mehrkanal-

multicapsulare [multikapsu'la:re] *agg* (BOT) Vielkapsel-

multicellulare [multitʃellu'la:re] *agg* (BIOL) vielzellig; **organismo ~** Vielzeller *m*

multicentrico, -a [multi'tʃɛntriko] <-ci, -che> *agg* dezentral, mit vielen Zentren

multicolore [multiko'lo:re] *agg* bunt, vielfarbig

multicomponente [multikompo'nɛnte] *agg* (SCIENT) Mehrkomponenten-

multiculturale [multikultu'ra:le] *agg* multikulturell; **multiculturalismo** [multikultu'rizmo] *m* multikulturelle Zugehörigkeit

multidisciplinare [multidiʃʃipli'na:re]

agg fachübergreifend, multidisziplinär; **multidisciplinarità** [multidiʃʃiplinari'ta] <-> *f* multidisziplinärer Charakter

multietnico, -a [multi'ɛtniko] <-ci, -che> *agg* multiethnisch, Vielvölker-

multifattoriale [multifatto'ria:le] *agg* multifaktoriell, mit verschiedenen Ursachen

multiflash [muli'flæʃ] <inv> *agg* (FOTO) Mehrfachblitz-

multifocale [multifo'ka:le] *agg* (TEC) mit mehreren Brennpunkten

multiforme [multi'forme] *agg* ❶ (*vario, molteplice*) vielfältig, vielgestaltig ❷ (*versatile*) vielseitig

multifunzionale [multifuntsio'na:le] *agg* multifunktional, Multifunktions-; **multifunzionalità** [multifuntsionali'ta] <-> *f* Funktionsvielfalt *f*; **multifunzione** [multifunt'tsio:ne] <inv> *agg* multifunktional

multigrade ['mʌltigreid] <inv> *agg* olio ~ Mehrbereichsöl *n*

multilaterale [multilate'ra:le] *agg* mehrseitig; (a *fig*) multilateral; **multilateralismo** [multilatera'lizmo] <-> *m* multilaterale Beziehungen *fpl*; **multilateralità** [multilaterali'ta] <-> *f* multilateraler Charakter

multilingue [multi'liŋgue] <inv> *agg* mehrsprachig, polyglott; **multilinguismo** [multiliŋ'guizmo] *m* Mehrsprachigkeit *f*

multimedia [multi'mɛ:dia] <inv> *agg* Multimedia-; **multimediale** [multimɛ'dia:le] *agg* (INFORM) multimedial; **enciclopedia** ~ multimediales Lexikon; **multimedialità** [multimɛdiali'ta] <-> *f* (INFORM, TEL) Multimedia *n*

multimetro [multi'mɛ:tro] *m* (TEC) Vielfachmessgerät *n*, Vielfachmessinstrument *n*

multimilionario, -a [multimilio'na:rio] <-i, -ie> I. *m*, *f* Multimillionär(in) *m(f)* II. *agg* millionenschwer *fam*

multimmagine [multiim'ma:dʒine] <inv> *agg* (TEC, TV) mit Bildfeldzerleger

multimodale [multimo'da:le] *agg* auf verschiedene Art und Weise; **trasporto** ~ Beförderung mit wechselnden Transportmitteln

multimodo, -a [multi'mɔ:do] *agg* (OPT) Multimode-

multinazionale [multinattsio'na:le] I. *f* multinationales Unternehmen II. *agg* multinational

multinomiale [multino'mia:le] *agg* (*in statistica*) Multinomial-

multipartitico, -a [multipar'ti:tiko] <-ci, -che> *agg* (POL) Mehrparteien-; **sistema** ~ Mehrparteiensystem *n*; **multipartitismo**

[multiparti'tizmo] *m* (POL) Mehrparteiensystem *n*

multipiano [multi'pia:no] <inv> *agg* mehrstöckig, Etagen-; **un parcheggio** ~ ein mehrstöckiges Parkhaus

multiplazione [multiplat'tsio:ne] *f* (TEL) Multiplexbetrieb *m*

multiplex [multi'plɛks] <-> *m* (TEL, INFORM) Multiplexing *n*; **multiplexer** [multi'plɛkser] <-> *m* (INFORM) Multiplexer *n*

multiplo ['multiplo] *m* Vielfache(s) *n*; **il minimo comune** ~ (MAT) das kleinste gemeinsame Vielfache

multiplo, -a *agg* mehrfach, vielfach; **presa -a** Mehrfachsteckdose *f*

multipolare [multipo'la:re] *agg* mehrpolig; **multipolarità** [multipolari'ta] <-> *f* ❶ (PHYS) Mehrpoligkeit *f* ❷ (*compresenza di più centri di potere*) dezentrale Machtverteilung

multiprocessing [mʌlti'prousesiŋ] <-> *m* (INFORM) Multiprozessorbetrieb *m*

multiprogrammazione [multiprogrammat'sio:ne] *f* (INFORM) Multiprogramming *n*, Multiprogrammierung *f*

multiproprietà [multiproprie'ta] <-> *f* (JUR) gemeinschaftlicher Immobilienbesitz; **multiproprietario, -a** [multiproprie'ta:rio] <-i, -ie> *agg* (JUR) gemeinschaftlich besitzend, mitbesitzend; **assetto** ~ Ausrüstung aus Gemeinschaftsbesitz

multirazziale [multirat'tsia:le] *agg* Vielvölker-; **società** ~ multikulturelle Gesellschaft

multiruolo [multi'zuɔ:lo] <inv> *agg* mit vielen Aufgaben [*o* Rollen]

multisala [multi'sa:la] I. <inv> *agg* mit mehreren Kinosälen II. <-> *f* (FILM) Kinozentrum *n*, Multiplexkino *n*

multiscafo [multi'ska:fo] I. <-> *m* (NAUT) Mehrdecker *m* II. <inv> *agg* mit geteiltem Bootsrumpf

multisecolare [multiseko'la:re] *agg* jahrhundertealt

multistadio [multi'sta:dio] <inv> *agg* (AERO) mehrstufig

multistrato [multi'stra:to] <inv> *agg* (TEC) Schichtholz-; **pannello** ~ Schichtholzplatte *f*

multiuso [multi'u:zo] <inv> *agg* Vielzweck-, Mehrzweck-; **dispositivo** ~ Mehrzweckgerät *n*

multiutenza [multiu'tɛntsa] *f* vielseitige Anwendungsmöglichkeiten *fpl*, vielseitige Nutzung; ~ **telefonica** vielseitige Telefonnutzung

multivideo [multi'vi:deo] I. <-> *m* (TEC, FILM) Multivisionswand *f* II. <inv> *agg*

M

Multivisions-; **schermo** ~ Multivisions-wand *f*

multivisione [multivi'zio:ne] *f* (TEC, FILM) Multivision *f*

multivoltino, -a [multivɔl'ti:no] *agg* (ZOO) mit mehreren Würfen im Jahr

mummia ['mummia] <-ie> *f* ❶ (*cadavere imbalsamato*) Mumie *f* ❷ (*sl fig: persona vecchia*) Scheintote(r) *f(m)*; **mummifica-re** [mummifi'ka:re] I. *vt* mumifizieren II. *vr* **-rsi** (*fam: fossilizzarsi spiritualmen-te*) verkalken; (*rinsecchirsi*) verknö-chern; **mummificazione** [mummifi-kat'tsio:ne] *f* Mumifizierung *f*

mungere ['mundʒere] <mungo, munsi, munto> *vt* ❶ (*mucca, capra*) melken ❷ (*sl: sfruttare*) ausnehmen *fam*, mel-ken *fam*; **mungitore, -trice** [mundʒi-'to:re] *m, f* Melker(in) *m(f)*; **mungitrice** [mundʒi'tri:tʃe] *f* Melkmaschine *f*, Melk-anlage *f*; **mungitura** [mundʒi'tu:ra] *f* Melken *n*

municipale [munitʃi'pa:le] *agg* Stadt-, Ge-meinde-; **consiglio** ~ Gemeinderat *m*; **pa-lazzo** ~ Rathaus *n*; **municipalismo** [mu-nitʃipa'lizmo] *m* Lokalpatriotismus *m*, Kirchturmpolitik *f*; **municipalizzare** [munitʃipalid'dza:re] *vt* kommunalisie-ren; **municipalizzazione** [munitʃipa-liddzat'tsio:ne] *f* Kommunalisierung *f*

municipio [muni'tʃi:pio] <-i> *m* ❶ (*ammi-nistrazione*) Stadt(verwaltung) *f*, Gemein-de(verwaltung) *f* ❷ (*sede*) Rathaus *n*; **spo-sarsi in** ~ standesamtlich heiraten

munificenza [munifi'tʃɛntsa] *f* (*poet*) Hochherzigkeit *f* geh, Generosität *f* geh; **munifico, -a** [mu'ni:fiko] <-ci, -che> *agg* (*poet*) generös geh, hochherzig geh

munire [mu'ni:re] <munisco> I. *vt* ~ **qu/ qc di qc** jdn/etw mit etw versehen II. *vr* **-rsi di qc** (*procurarsi*) sich mit etw ausrüs-ten; **-rsi contro qc** (*premunirsi*) sich ge-gen etw wappnen

munito, -a [mu'ni:to] *agg* ❶ (*fortificato*) befestigt ❷ (*fig: dotato*) **essere** ~ **di qc** mit etw ausgestattet sein; **essere muniti di biglietto** einen Fahrschein besitzen ❸ (*fig: negli annunci funebri*) erhalten ha-ben

munizioni [munit'tsio:ni] *fpl* Munition *f*

munsi ['munsi] *1. pers sing pass rem di* **mungere**

munto ['munto] *pp di* **mungere**

muoio ['muɔ:io] *1. pers sing pr di* **morire**

muovere ['muɔ:vere] <muovo, mossi, mosso> I. *vt avere* ❶ (*spostare*) bewegen; (*coda*) wedeln mit; (*pedina*) vorrücken, ziehen; ~ **i primi passi** die ersten Schritte

machen; **non** ~ **un dito** (*fam fig*) keinen Finger rühren ❷ (*mettere in moto*) in Be-wegung setzen ❸ (*suscitare*) erregen, her-vorrufen ❹ (*sollevare*) vorbringen, erhe-ben ❺ (*spingere*) bringen, treiben II. *vi essere* ❶ (*partire*) ~ **da** abgehen von ❷ (*andare*) ~ **incontro a qu** jdm entge-gengehen ❸ (*fig: derivare*) ~ **da qc** von etw ausgehen III. *vr* **-rsi** ❶ (*essere in movi-mento*) sich bewegen; (*mettersi in movi-mento*) sich in Bewegung setzen, aufbre-chen; (*darsi da fare*) sich rühren; **oggi non mi muovo di casa** (*fam*) heute gehe ich nicht aus dem Haus; **e dai, muoviti!** (*fam*) los, beweg' dich mal! ❷ (*fig: commuover-si*) gerührt werden ❸ (*fig: sollevarsi*) sich erheben

muraglia [mu'raʎʎa] <-glie> *f* (*fig*) Mauer *f*; **muraglione** [muraʎ'ʎo:ne] *m* Schutzmauer *f*

murale [mu'ra:le] *agg* Mauer-; (*carta, gior-nale, pittura*) Wand-

murales [mu'rales] *mpl* (KUNST) Murales *mpl*, Wandmalerei *f*; **muralismo** [mu-ra'lizmo] *m* (KUNST) Wandmalerei *f*, De-ckenmalerei *f*

murare [mu'ra:re] I. *vt* mauern; (*chiude-re*) zumauern; (*conficcare*) einmauern II. *vr* **-rsi** (*fig*) sich abkapseln; **murario, -a** [mu'ra:rio] <-i, -ie> *agg* ❶ (*di muratu-ra*) Mauer-, gemauert ❷ (*di murato-re*) Maurer-; **muratore** [mura'to:re] *m* ❶ (*operaio*) Maurer *m* ❷ (*fig: massone*) (Frei)maurer *m*; **muratura** [mura'tu:ra] *f* ❶ (*costruzione*) Mauerwerk *n*, Mauer *f* ❷ (*il murare*) Mauern *n*, Mauerung *f*

murena [mu'rɛ:na] *f* Muräne *f*

muriatico, -a [muria'tiko] <-ci, -che> *agg* **acido** ~ Salzsäure *f*

muricciolo [murit'tʃɔ:lo] *m* Einfassungs-mauer *f*, Grenzmauer *f*; (*del giardino*) Gar-tenmauer *f*

muro[1] ['mu:ro] <*pl*: *-a f*> *m* (*cinta difensi-va*) Mauer *f*; ~ **di cinta** Ringmauer *f*, Ein-friedungsmauer *f*; **chiudersi fra quattro -a** (*fig*) sich in die eigenen vier Wände zu-rückziehen

muro[2] *m* (*parete*) Mauer *f*; (*fig*) Wand *f*; ~ **divisorio** Trenn-, Zwischenwand *f*; ~ **maestro** tragende Wand; ~ **del pianto** Klagemauer *f*; **armadio a** ~ Wand-, Einbau-schrank *m*; **mettere qu al** ~ (*fig*) jdn an die Wand stellen; **parlare al** ~ (*fam fig*) ge-gen eine Wand reden; **sbattere la testa contro il** ~ (*fig*) mit dem Kopf durch die Wand wollen; **è scritto anche sui -i** (*fig*) das pfeifen die Spatzen von den Dächern; **è come urtare contro il** ~ da beißt man auf

Granit

musa ['mu:za] f ❶ (dea) Muse f ❷ (poet: ispirazione) Muse f, Musenkuss m; (fig: poeta) Dichter m, von der Muse Geküsste(r) f(m) scherz

muschiato, -a [mus'kia:to] agg Moschus-, moschus-; **topo** ~ (zoo) Bisamratte f

muschio ['muskio] <-schi> m ❶ (bot) Moos n ❷ (secrezione) Moschus m

musco ['musko] m (bot) v. **muschio**

muscolare [musko'la:re] agg muskulär, Muskel-; **muscolatura** [muskola'tu:ra] f Muskulatur f

muscolo ['muskolo] m ❶ (anat) Muskel m ❷ (sett: cozza) Miesmuschel f; **muscoloso, -a** [musko'lo:so] agg muskulös

muscoso, -a [mus'ko:so] agg bemoost, moosbedeckt

museificare [muzɛifi'ka:re] vt ❶ (collocare qc in un museo) im Museum ausstellen ❷ (rendere un luogo simile a un museo) in ein Museum verwandeln ❸ (fig: togliere vivacità a qc) überladen

museificazione [muzɛifikat'sio:ne] f ❶ (collocazione di qc in un museo) Ausstellung f im Museum ❷ (fig: imbalsamazione) Ausstopfen n, Präparierung f (von Ausstellungsstücken)

museo [mu'zɛ:o] m Museum n; **pezzo da ~** (fig) Museumsstück n fam; **museologo, -a** [muzɛ'ɔ:logo] <-gi, -ghe> m, f Museumsfachkraft f

museruola [muze'ruɔ:la] f Maulkorb m; **mettere la ~ a qu** (fig) jdm einen Maulkorb anlegen fam

musica ['mu:zika] <-che> f ❶ (gener) Musik f; ~ **da camera** Kammermusik f; ~ **di fondo** Hintergrundmusik f; **carta da** ~ Notenpapier n; **far** ~ Musik machen, musizieren; **leggere la** ~ Noten lesen; **mettere in** ~ vertonen; **le sue parole sono** ~ **per le mie orecchie** seine [o ihre] Worte sind Musik in meinen Ohren; **è sempre la solita** ~ (fam) es ist immer dasselbe Lied ❷ (singolo componimento) Musikstück n, Musik f ❸ (fam: banda) Musik f, Musikkapelle f; **musicabile** [muzi'ka:bile] agg vertonbar

musical ['mju:zikəl] <-> m Musical n

musicale [muzi'ka:le] agg ❶ (di musica) Musik-, musikalisch ❷ (portato per la musica) musikalisch ❸ (armonioso) musikalisch, klangvoll; **musicalità** [muzikali'ta] <-> f Klangfülle f, Musikalität f

musicante [muzi'kante] I. mf (a pej) Musikant(in) m(f) II. agg musizierend; **musicare** [muzi'ka:re] vt in Musik setzen, vertonen

musicassetta [muzikas'setta] f Musikkassette f

music hall ['mju:zik hɔːl] <-> m Varietee n

musicista [muzi'tʃista] <-i m, -e f> mf ❶ (compositore) Komponist(in) m(f) ❷ (esecutore) Musiker(in) m(f)

musicologia [muzikolo'dʒi:] f Musikwissenschaft f

musicoterapia [muzikotera'pi:a] f Musiktherapie f

muso ['mu:zo] m ❶ (di animale) Schnauze f, Maul n ❷ (fig, pej: di persona) Schnauze f vulg, Maul n vulg; (broncio) Schnute f fam, Flappe f fam; (faccia) Visage f fam; **a ~ duro** (fig) kaltschnäuzig fam; **avere** [o **fare**] [o **tenere**] **il** ~ (fam) eine Schnute ziehen, schmollen; **rompere** [o **spaccare**] **il ~ a qu** (sl) jdm eins auf die Schnauze hauen fam, jdm die Fresse polieren vulg ❸ (fig: di auto) Schnauze f fam; (di aereo) Nase f; **musone** [mu'zo:ne] m, f (am) Miesepeter m, Sauertopf m; **musoneria** [muzone'ri:a] <-ie> f (fam) Miesepetrigkeit f, Sauertöpfischkeit f

mussare [mus'sa:re] vi moussieren

mussola ['mussola] f Musselin m

mussulmano [mussul'ma:no] m v. **musulmano**

mustacchi [mus'takki] mpl Schnauzbart m, (großer) Schnurrbart m

musulmano, -a [musul'ma:no] I. agg muselmanisch; (islamico) moslemisch II. m, f Moslem m, Moslime f

muta ['mu:ta] f ❶ (di uccelli) Mauser f; (di rettili, insetti) Häutung f ❷ (sport) Taucheranzug m ❸ (mil) Ablösung f ❹ (di cani) (Hunde)meute f

mutabile [mu'ta:bile] agg veränderlich

mutamento [muta'mento] m ❶ (cambiamento) (Ver)änderung f ❷ (trasformazione) Wandel m, Wechsel m

mutande [mu'tande] fpl Unterhose f; **mutandine** [mutan'di:ne] fpl ❶ (indumento femminile) Schlüpfer m, Slip m ❷ (calzoncini da bagno) Badehose f

mutare [mu'ta:re] I. vt avere (ver)ändern, wechseln II. vi, vr -**rsi** sich verwandeln, sich verändern; **mutazione** [mutat'tsio:ne] f ❶ (cambiamento) Wechsel m, Veränderung f ❷ (biol) Mutation f; **mutevole** [mu'te:vole] agg veränderlich, wechselhaft; (a pej) unbeständig; **mutevolezza** [mutevo'lettsa] f Unbeständigkeit f, Wechselhaftigkeit f

mutilare [muti'la:re] vt verstümmeln; (a fig) entstellen; **mutilato, -a** [muti'la:to] I. m, f Versehrte(r) f(m), Körperbeschädig-

M

te(r) *f(m);* ~ **di guerra** Kriegsversehrte(r) *m*
II. *agg* versehrt; (*a fig*) verstümmelt; **mutilazione** [mutilat'tsio:ne] *f* Verstümmelung *f;* (*a fig*) Entstellung *f;* **mutilo, -a**
['mu:tilo] *agg* (*poet*) verstümmelt

mutismo [mu'tizmo] *m* ❶ (MED) Stumm-
heit *f* ❷ (*silenzio*) Schweigen *n,* Schweigsamkeit *f*

muto ['mu:to] *m* Stummfilm *m*

muto, -a **I.** *agg* (MED, LING) stumm; (*per lo
stupore*) sprachlos; **cinema** ~ Stummfilm *m;* **fare scena -a** (*fig*) kein Wort hervorbringen; **essere ~ come un pesce**
stumm sein wie ein Fisch **II.** *m, f* Stum-
me(r) *f(m)*

mutua ['mu:tua] *f* (ADM) Versicherungsträ-
ger *m;* **cassa ~ malattia** Krankenkasse *f;*

essere in ~ krank geschrieben sein; **mettersi in** ~ sich krank schreiben lassen;
mutualistico, -a [mutua'listiko] <-ci,
-che> *agg* (ADM) (Sozial)versicherungs-;
mutuante [mutu'ante] **I.** *agg* Darlehens-,
Kredit- **II.** *mf* Darlehens-, Kreditgeber *m;*
mutuare [mutu'a:re] *vt* (FIN) (als Darlehen) aufnehmen; **mutuata** *f v.* **mutuato; mutuatario, -a** [mutua'ta:rio] <-i,
-ie> *m, f* Darlehens-, Kreditnehmer *m;*
mutuato, -a [mutu'a:to] *m, f* Versicher-
te(r) *f(m);* (MED) Kassenpatient(in) *m(f)*

mutuo ['mu:tuo] *m* Darlehen *n,* Kredit *m*

mutuo, -a *agg* gegenseitig

mystery ['mistəri] <- *o* mysteries> *m* Krimi *m,* Thriller *m*

M

N n

N, n ['ɛnne] <-> *f* N, n *n;* ~ **come Napoli** N wie Nordpol

n *abbr di* **numero** Nr.

N *abbr di* **nord** N

nabuk ['na:buk] <-> *m* Nabukleder *n;* **scarpe in** ~ Schuhe aus Nabukleder

nacchere ['nakkere] *fpl* Kastagnetten *fpl*

nacqui ['nakkui] *1. pers sing pass rem di* **nascere**

nafta ['nafta] *f* ❶ (*petrolio greggio*) Rohöl *n* ❷ (*per motori Diesel*) Dieselöl *n;* **naftalina** [nafta'li:na] *f* Naphthalin *n*

naia ['na:ia] *f* ❶ (ZOO) Kobra *f*, Brillenschlange *f* ❷ (MIL, *sl*) Barras *m sl*

naïf [na'if] <inv> *agg* naiv

nailon ['na:ilon] *m v.* **nylon**

nana *f v.* **nano**

nanismo [na'nizmo] *m* Zwergwuchs *m*

nanna ['nanna] *f* (*linguaggio infantile*) Heia *f;* **andare a** ~ in die Heia gehen; **fare la** ~ Heia machen; **mettere a** ~ ins Heiabett legen

nano, -a ['na:no] **I.** *agg* zwergenhaft, Zwerg(en)- **II.** *m, f* Zwerg(in) *m(f);* (*persona*) Liliputaner *m*

NAP [nap] *mpl acro di* **Nuclei Armati Proletari** *italienische Terroristenorganisation*

napalm ['napalm *o* na'palm] *m* Napalm *n;* **bomba al** ~ Napalmbombe *f*

napoletana [napole'ta:na] *f* neapolitanische Kaffeemaschine; **napoletani** [napole'ta:ni] *mpl* (GASTR) spaghettiartige Suppennudeln *fpl*

napoletano [napole'ta:no] *m* ❶ *sing* (*dialetto*) neapolitanischer Dialekt ❷ *pl* (GASTR) spaghettiartige Suppennudeln *fpl*

Napoletano <*sing*> *m* Umgebung *f* von Neapel

napoletano, -a I. *m, f* (*abitante*) Neapolitaner(in) *m(f)* **II.** *agg* neapolitanisch; **canzone -a** neapolitanisches Lied; **pizza alla -a** Pizza mit Tomaten, Mozzarella, Sardellen und Origano

Napoli ['na:poli] *f* Neapel *n* (*Hauptstadt Kampaniens*)

nappa ['nappa] *f* ❶ (*ornamento*) Quaste *f*, Troddel *f* ❷ (*pelle*) Nappa(leder) *n* ❸ (*fam: nasone*) dicke Nase, Gurke *f*

NAR [nar] *mpl acro di* **Nuclei Armati Rivoluzionari** *italienische Terroristenorganisation*

narcisismo [nartʃi'zizmo] *m* Narzissmus *m;* **narcisista** [nartʃi'zista] <-i *m*,

-e *f*> *mf* Narzisst(in) *m(f);* **narciso** [nar'tʃi:zo] *m* ❶ (BOT) Narzisse *f* ❷ (*fig*) Narziss *m;* **narciso, -a** *agg* selbstverliebt

narco ['narko] <narcos> *m* Drogendealer(in) *m(f);* **narcodollari** [narko'dɔllari] *mpl* Narkodollars *mpl*

narcosi [nar'kɔ:zi] <-> *f* Narkose *f*, Betäubung *f*

narcotest [narko'tɛst] <-> *m* (MED) Drogentest *m*

narcotico [nar'kɔ:tiko] <-ci> *m* Narkotikum *n*, Betäubungsmittel *n*

narcotico, -a <-ci, -che> *agg* betäubend, narkotisch

narcotizzare [narkotid'dza:re] *vt* narkotisieren, betäuben

narcotrafficante [narkotraffi'kante] *mf* Drogenhändler(in) *m(f);* **narcotraffico** [narko'traffiko] <-ci> *m* Drogenhandel *m*

nari ['na:ri] *fpl* (*poet*) Nasenlöcher *npl*, Nüstern *fpl*

narice [na'ri:tʃe] *f* (ANAT) Nasenloch *n;* (ZOO) Nüster *f*

narrare [nar'ra:re] **I.** *vt* erzählen **II.** *vi* ~ **di qu/qc** von jdm/etw erzählen

narratage [na'reitidʒ] <-> *f* (FILM) Erzählerperspektive eines involvierten Filmdarstellers

narrativa [narra'ti:va] *f* ❶ (LIT) erzählende Literatur ❷ (JUR) Darlegung *f* des Tatbestandes; **narratività** [narrativi'ta] <-> *f* Erzählstil *m;* **narrativo, -a** [narra'ti:vo] *agg* erzählend, Erzähl-; **narratore, -trice** [narra'to:re] *m, f* Erzähler(in) *m(f);* **narrazione** [narrat'tsio:ne] *f* Erzählung *f*

NAS *acro di* **Nucleo Antisofisticazioni Sanità** (**dei Carabinieri**) *Abteilung der italienischen Militärpolizei für Ernährungshygiene*

NASA ['na:za] *f* NASA *f*

nasale [na'sa:le] **I.** *agg* ❶ (ANAT) Nasen- ❷ (LING) nasal, Nasal- ❸ (*voce*) näselnd **II.** *f* (LING) Nasal(laut) *m;* **nasata** [na'sa:ta] *f* Nasenstüber *m*

nascente [naʃ'ʃɛnte] *agg* (*giorno*) anbrechend; (*astro, sole*) aufgehend

nascere ['naʃʃere] <nasco, nacqui, nato> *vi essere* ❶ (*persone*) geboren werden, zur Welt kommen; **non sono nato ieri** ich bin nicht von gestern ❷ (ZOO: *mammiferi*) geworfen werden ❸ (BOT) keimen, sprießen ❹ (*fiumi*) entspringen ❺ (ASTR: *sole*) aufgehen; (*giorno*) anbrechen ❻ (*fig: avere origine*) entstehen ❼ (*fig: venire alla mente*) einfallen, kommen; **mi nasce un sospetto** mir kommt ein Verdacht; **nascita** ['naʃʃi-ta] *f* ❶ (*gener*) Geburt *f;* **di ~** von Geburt (an) ❷ (ZOO: *di mammiferi*) Wurf *m* ❸ (BOT) Keimen *n* ❹ (*fig: del sole*) Aufgang *m;* (*del giorno*) Anbruch *m;* **nascituro, -a** [naʃʃi'tu:ro] **I.** *agg* ungeboren **II.** *m, f* ungeborenes Kind; **nasco** ['nasko] *1. pers sing pr di* **nascere**

nascondere [nas'kondere] <nascondo, nascosi, nascosto> **I.** *vt* ❶ (*celare*) verstecken ❷ (*sentimento*) verhehlen, verheimlichen; **~ qc a qu** jdm etw verheimlichen **II.** *vr* **-rsi** sich verstecken; **nascondiglio** [naskon'diʎʎo] <-gli> *m* Versteck *n;* **nascondino** [naskon'di:no] *m* **giocare a ~** Verstecken spielen

nascosi [nas'ko:si] *1. pers sing pass rem di* **nascondere**

nascosto, -a [nas'kosto] **I.** *pp di* **nascondere** **II.** *agg* ❶ (*celato*) versteckt, verborgen; (*luogo*) abgelegen; **rimanere ~** im Verborgenen bleiben ❷ (*fig*) heimlich; **di ~** heimlich

nasello [na'sɛllo] *m* Seehecht *m*

naso ['na:so] *m* Nase *f;* (ZOO) Schnauze *f;* **~ all'insù** Stupsnase *f;* **avere buon ~** einen guten Riecher haben *fam;* **ficcare il ~ negli affari altrui** sich einmischen; **non vedere più in là del proprio ~** nicht über die eigene Nasenspitze hinaussehen

nassa ['nassa] *f* Reuse *f*

nastro ['nastro] *m* Band *n;* **~ adesivo** Klebestreifen *m;* **~ biadesivo** Doppelklebeband *n;* **~ elastico** Gummiband *n;* **~ isolante** Isolierband *n;* **~ magnetico** Magnet(ton)band *n;* **~ sonoro** Tonband *n;* **~ trasportatore** Förderband *n*

nastroteca [nastro'tɛ:ka] <-che> *f* Phonothek *f*

nasturzio [nas'turtsio] <-i> *m* Kresse *f*

natale [na'ta:le] *agg* Geburts-, Heimat-

Natale [na'ta:le] *m* Weihnacht *f,* Weihnachten *n*

natalità [natali'ta] <-> *f* Geburtenziffer *f*

natalizio, -a [nata'littsio] <-i, -ie> *agg* ❶ (*relativo alla nascita*) Geburts- ❷ (*relativo al Natale*) Weihnachts-, weihnachtlich

natante [na'tante] **I.** *agg* schwimmend **II.** *m* Wasserfahrzeug *n;* **natatorio, -a** [nata'tɔ:rio] <-i, -ie> *agg* Schwimm-

natica ['na:tika] <-che> *f* Gesäß-, Hinterbacke *f*

nativo, -a [na'ti:vo] **I.** *agg* ❶ (*paese*) Geburts-, Heimat-; (*dialetto*) einheimisch, regional; **essere ~ di Firenze/Parigi** aus Florenz/Paris stammen ❷ (MIN) gediegen **II.** *m, f* Eingeborene(r) *f(m)*

N.A.T.O. ['na:to] *f* NATO *f,* Nato *f*

nato, -a ['na:to] **I.** *pp di* **nascere** **II.** *agg* geboren; **cieco/sordo ~** von Geburt an blind/taub; **un attore ~** (*fig*) der geborene Schauspieler

natura [na'tu:ra] *f* Natur *f;* (*indole*) Wesen *n,* Anlage *f;* **~ morta** Stillleben *n;* **contro ~** naturwidrig; **naturale** [natu'ra:le] **I.** *agg* natürlich; **a grandezza ~** in Lebensgröße; **scienze -i** Naturwissenschaften *fpl* **II.** *avv* gewiss, sicherlich; **naturalezza** [natura'lettsa] *f* Natürlichkeit *f;* **con ~** natürlich, ungezwungen

naturalismo [natura'lizmo] *m* Naturalismus *m;* **naturalista** [natura'lista] <-i *m,* -e *f*> **I.** *agg* Natur-; **medico ~** Heilpraktiker *m* **II.** *mf* ❶ (SCIENT) Naturforscher(in) *m(f)* ❷ (LIT) Naturalist(in) *m(f);* **naturalistico, -a** [natura'listiko] <-ci, -che> *agg* ❶ (SCIENT) naturwissenschaftlich ❷ (LIT) naturalistisch

naturalizzare [naturalid'dza:re] *vt* naturalisieren, einbürgern; **naturalizzazione** [naturaliddzat'tsio:ne] *f* Naturalisation *f,* Einbürgerung *f*

naturalmente [natural'mente] *avv* ❶ (*di, per natura*) von Natur (aus) ❷ (*fig*) selbstverständlich

naturismo [natu'rizmo] *m* Naturismus *m,* Freikörperkultur *f;* **naturista** [natu'rista] <-i *m,* -e *f*> *mf* Anhänger(in) *m(f)* des Naturismus

naufraga *f v.* **naufrago**

naufragare [naufra'ga:re] *vi essere o avere* (*a fig*) Schiffbruch erleiden; **naufragio** [nau'fra:dʒo] <-gi> *m* ❶ (NAUT) Schiffbruch *m* ❷ (*fig*) Scheitern *n,* Schiffbruch *m;* **naufrago, -a** ['na:ufrago] <-ghi, -ghe> *m, f* Schiffbrüchige(r) *f(m)*

nausea ['na:uzea] *f* ❶ (MED) Übelkeit *f* ❷ (*fig*) Ekel *m;* **nauseabondo, -a** [nauzea'bondo] *agg,* **nauseante** [nauze'ante] *agg* Ekel erregend, widerwärtig; **nauseare** [nauze'a:re] *vt* (an)ekeln

nautica ['na:utika] <-che> *f* Nautik *f,* Schifffahrtskunde *f;* **nautico, -a** ['na:utiko] <-ci, -che> *agg* (*di mare*) Schifffahrts-, See-; **sport ~** Wassersport *m*

navale [na'va:le] *agg* Schiff(s)-, Schifffahrts-; (*di mare*) See-

navalmeccanica [navalmek'ka:nika] *f* Schiffbau *m;* **navalmeccanico** [navalmek'ka:niko] <-ci> *m* Schiffbauarbeiter *m;* **navalmeccanico, -a** <-ci, -che> *agg* Schiffbau-

navata [na'va:ta] *f* (Kirchen)schiff *n;* **~ centrale** Mittelschiff *n;* **~ laterale** Seitenschiff *n*

nave ['na:ve] *f* Schiff *n;* ~ **a vapore** Dampfschiff *n;* ~ **a vela** Segelschiff *n;* ~ **da carico** Frachtschiff *n;* ~ **da guerra** Kriegsschiff *n;* ~ **cisterna** Tanker *m;* ~ **traghetto** Fähre *f;*
navetta [na'vetta] *f* ❶ (*spola*) (Weber)schiffchen *n* ❷ (*treno*) Pendelzug *m;* ~ **spaziale** Raumfähre *f;* **navicella** [navi'tʃella] *f* ❶ (*piccola nave*) Schiffchen *n* ❷ (*di dirigibile*) Gondel *f;* (*di aerostato*) Korb *m;* **navigabile** [navi'ga:bile] *agg* schiffbar, befahrbar; **navigabilità** [navigabili'ta] <-> *f* Schiffbarkeit *f;* **navigante** [navi'gante] I. *agg* ❶ (NAUT) Schiffs-; (*persone*) seefahrend ❷ (AERO) fliegend; **personale** ~ fliegendes Personal II. *mf* Seefahrer(in) *m(f);* **navigare** [navi'ga:re] *vi* ❶ (NAUT) (zur See) fahren; ~ **in cattive acque** (*fig*) sich in einer üblen Lage befinden ❷ (AERO) fliegen ❸ (INFORM: *Internet*) surfen; ~ **in Internet/in Rete** im Internet/Web surfen; **navigato, -a** [navi'ga:to] *agg* ❶ (*percorso da navi*) befahren ❷ (*fig: persona*) (welt)erfahren, lebenserfahren; **navigatore, -trice** [naviga'to:re] *m, f* Seefahrer(in) *m(f),* Schiffer(in) *m(f);* ~ **satellitare** (TEC) Navigationssystem *n;* **navigazione** [navigat'tsio:ne] *f* ❶ (NAUT) Schifffahrt *f* ❷ (AERO) Navigation *f;* **naviglio** [na'viʎʎo] <-gli> *m* Flotte *f,* Schiffe *npl;* ~ **mercantile** Handelsflotte *f;* ~ **da passeggeri** Passagierschiffe *npl*
navimodellismo [navimodel'lizmo] *m* Schiffsmodellbau *m;* **navimodellista** [navimodel'lista] <-i *m,* -e *f*> *mf* Schiffsmodellbauer(in) *m(f)*
navy ['neivi] I. <inv> *agg* dunkelblau; **un pullover color** ~ ein dunkelblauer Pullover II. <-> *f* (NAUT) Marine *f*
nazi ['na:tsi] I. <inv> *agg* Nazi- II. <-> *mf* Nazi *m*
nazionale [nattsio'na:le] I. *agg* (*di nazione*) National-, national; (*di paese*) Landes-, einheimisch; (*di Stato*) Staats-, staatlich II. *f* Nationalmannschaft *f;* ~ **di calcio** Fußballnationalmannschaft *f*
nazionalismo [nattsiona'lizmo] *m* Nationalismus *m;* **nazionalista** [nattsiona'lista] <-i *m,* -e *f*> *mf* Nationalist(in) *m(f);* **nazionalistico, -a** [nattsiona'listiko] <-ci, -che> *agg* nationalistisch
nazionalità [nattsionali'ta] <-> *f* Nationalität *f,* Staatsangehörigkeit *f;* **nazionalizzare** [nattsionaliddza:re] *vt* nationalisieren, verstaatlichen; **nazionalizzazione** [nattsionaliddzat'tsio:ne] *f* Nationalisierung *f,* Verstaatlichung *f*
nazionalsocialismo [nattsionalsotʃa'liz-mo] *m* Nationalsozialismus *m;* **nazionalsocialista** [nattsionalsotʃa'lista] <-i *m,* -e *f*> I. *agg* nationalsozialistisch II. *mf* Nationalsozialist(in) *m(f)*
nazione [nat'tsio:ne] *f* Nation *f;* (*Stato*) Staat *m;* **Nazioni Unite, NU** Vereinte Nationen *fpl,* UN *f*
naziskin ['na:tsiskin] <-> *mf* Neonazi *m*
nazismo [nat'tsizmo] *m* Nazismus *m;* **nazista** [nat'tsista] <-i *m,* -e *f*> I. *agg* nazistisch II. *mf* Nazi *m*
N.B., n.b. *abbr di* **nota bene** NB
N.d.A. *abbr di* **nota dell'autore** Anm. d. Verf.
N.d.D. *abbr di* **nota della direzione** Anmerkung der Geschäftsleitung
N.d.E. *abbr di* **nota dell'editore** Anm. d. Verl.
N.d.R. *abbr di* **nota della redazione** Anm. d. R.
'ndrangheta [n'draŋgeta] *f kalabresische Form der Mafia*
N.d.T. *abbr di* **nota del traduttore** Anm. d. Ü.
ne [ne] I. *pron* ❶ (*persona: di lui*) von ihm, über ihn, seiner; (*di lei*) von ihr, über sie, ihrer; (*di loro*) von ihnen, über sie, ihrer; ~ **parlano molto** man spricht viel von ihm [*o* ihr] [*o* ihnen] ❷ (*cosa*) damit, darüber, davon, daraus; ~ **parlano molto** man spricht viel davon; **non** ~ **vedo proprio la ragione** ich sehe wirklich keinen Grund dafür ❸ (*con valore partitivo*) davon, einige, welche; **dammene ancora** gib mir mehr davon; **quanti anni hai?** — ~ **ho 29** wie alt bist du? — ich bin 29 (Jahre alt); **hai dei giornali?** — ~ **sì,** ~ **ho** hast du Zeitungen? — ja, ich habe welche II. *avv* (*spesso non si traduce*) von hier [*o* da]; **andarsene** fort-, weggehen; **non te** ~ **andare** geh nicht fort!
né [ne] *cong* und nicht, auch nicht; ~ ... ~ ... weder ... noch ...; ~ **più** ~ **meno** nicht mehr und nicht weniger
NE *abbr di* **nordest** NO
neanche [ne'aŋke] *avv v.* **nemmeno**
nebbia ['nebbia] <-ie> *f* ❶ (METEO) Nebel *m* ❷ (*fig*) Nebel *m,* Trübung *f*
nebbiogeno [neb'bi:odʒeno] *m* Nebelwerfer *m*
nebbiogeno, -a *agg* Nebel erzeugend
nebbiolo [neb'bi:olo] *m* Nebbiolo *m* (*Rotwein aus Piemont*)
nebbiosità [nebbiosi:ta] <-> *f* ❶ (METEO) Nebligkeit *f* ❷ (*fig*) Verschwommenheit *f;* **nebbioso, -a** [neb'bio:so] *agg* ❶ (METEO) neb(e)lig ❷ (*fig*) unklar
nebulizzare [nebulid'dza:re] *vt* zerstäu-

N

ben, sprühen; **nebulizzatore** [nebuliddza'to:re] *m* Zerstäuber *m*, Sprühgerät *n;* **nebulizzazione** [nebuliddzat'tsio:ne] *f* Zerstäubung *f,* Sprühen *n;* **nebulosa** [nebu'lo:sa] *f* Nebelfleck *m,* Nebel *m*

nebulosità [nebulosi'ta] <-> *f* ❶ (METEO) Nebligkeit *f* ❷ (*fig*) Unklarheit *f,* Verworrenheit *f;* **nebuloso, -a** [nebu'lo:so] *agg* ❶ (METEO) neb(e)lig ❷ (*fig: sfumato*) unklar, nebelhaft

nécessaire [nesɛ'sɛr] <-> *m* Set *n; ~* **per le unghie** Manikürset *n*

necessariamente [netʃessaria'mente] *avv* notgedrungen

necessario [netʃes'sa:rio] *m* Nötige(s) *n,* Notwendige(s) *n*

necessario, -a <-i, -ie> *agg* nötig, notwendig

necessità [netʃessi'ta] <-> *f* Notwendigkeit *f;* (*bisogno, povertà*) Not *f;* **avere ~ di qc** etw notwendig brauchen; **essere nella ~ di fare qc** gezwungen sein, etw zu tun; **in caso di ~** im Notfall, im Bedarfsfall; **per ~** gezwungenermaßen; **necessitare** [netʃessi'ta:re] **I.** *vt* avere erfordern, erforderlich machen **II.** *vi essere* ❶ (*avere bisogno*) ~ **di qc** etw benötigen ❷ (*impersonale*) nötig sein; **necessitato, -a** [netʃessi'ta:to] *agg* genötigt, gezwungen

necrofila *f v.* **necrofilo**

necrofilia [nekrofi'li:a] <-ie> *f* Nekrophilie *f;* **necrofilo, -a** [ne'krɔ:filo] **I.** *agg* nekrophil **II.** *m, f* Nekrophile(r) *f(m)*

necroforo [ne'krɔ:foro] *m* Totengräber *m*

necrologio [nekro'lɔ:dʒo] <-gi> *m* Nachruf *m;* (*annunzio*) Todesanzeige *f*

necropoli [ne'krɔ:poli] <-> *f* ❶ (*città dei morti*) Nekropolis *f,* Totenstadt *f* ❷ (*cimitero*) Friedhof *m;* **necroscopia** [nekrosko'pi:a] <-ie> *f* Leichenschau *f,* Autopsie *f;* **necroscopico, -a** [nekros'kɔ:piko] <-ci, -che> *agg* Leichen-, Toten-; **esame ~** Leichenschau *f*

nefandezza [nefan'dettsa] *f* Ruchlosigkeit *f,* Frevelhaftigkeit *f;* **nefando, -a** [ne'fando] *agg* ruchlos, schändlich

nefasto, -a [ne'fasto] *agg* Unglücks-, unheilvoll

nefrosi [ne'frɔ:zi] <-> *f* Nephrose *f*

negare [ne'ga:re] *vt* ❶ (*contestare*) verneinen, abstreiten; **chi tutto nega, tutto confessa** (*prov*) wer sich verteidigt, klagt sich an ❷ (*rifiutare*) verweigern, versagen ❸ (*non riconoscere*) absprechen; **negativa** [nega'ti:va] *f* ❶ (*il negare*) Verneinung *f* ❷ (*rifiuto*) Verweigerung *f* ❸ (*risposta negativa*) Absage *f,* Nein *n* ❹ (FOTO) Negativ *n*

negatività [negativi'ta] <-> *f* Negativität *f*

negativo [nega'ti:vo] *m* (FOTO) Negativ *n*

negativo, -a *agg* ❶ (*non affermativo*) negativ, verneinend; (ADM) abschlägig; (*risposta*) ablehnend ❷ (*sfavorevole*) ungünstig, nachteilig

negato, -a [ne'ga:to] *agg* ❶ (*contestato*) verneint; (*rifiutato*) versagt ❷ (*fig: non portato*) **essere ~ per qc** für etw unbegabt sein; **negatore, -trice** [nega'to:re] **I.** *agg* verneinend, leugnend, verweigernd **II.** *m, f* Leugner(in) *m(f)*, Verweigerer *m,* Verweigerin *f*

negazione [negat'tsio:ne] *f* ❶ (*gener*) Verneinung *f;* (*contestazione*) Leugnung *f* ❷ (*rifiuto*) Verweigerung *f* ❸ (*contrario*) Gegenteil *n* ❹ (LING) Verneinung *f,* Negation *f;* **negazionismo** [negatsio'nizmo] *m* (HIST) Geschichtsverleugnung *f,* Verleugnung *f* des Holocaust

neghittosità [negittosi'ta] <-> *f* Nachlässigkeit *f;* (*pigrizia*) Trägheit *f;* **neghittoso, -a** [negit'to:so] *agg* nachlässig, gleichgültig; (*pigro*) träge

negletto, -a [neg'lɛtto] *agg* vernachlässigt

negli ['neʎʎi] *prp =* **in + gli** *v.* **in¹**

négligé [negli'ʒe] <-> *m* Negligee *n,* leichter Morgenmantel *m*

negligente [negli'dʒɛnte] **I.** *agg* nachlässig **II.** *mf* nachlässiger Mensch; **negligenza** [negli'dʒɛntsa] *f* Nachlässigkeit *f*

negoziabile [negot'tsia:bile] *agg* ❶ (COM) bankfähig ❷ (FIN: *titoli*) handelsfähig; (*cambiali*) übertragbar; **negoziale** [negot'tsia:le] *agg* rechtsgeschäftlich; **negoziante** [negot'tsiante] *mf* Kaufmann, -frau *m, f,* Händler(in) *m(f)*

negoziare [negot'tsia:re] **I.** *vt* ❶ (*contrattare*) aushandeln, verhandeln über +*acc* ❷ (FIN: *titoli*) handeln mit; (*cambiali*) begeben **II.** *vi* ~ **in qc** mit etw Handel treiben; **negoziato** [negot'tsia:to] *m* Verhandlung *f,* Unterhandlung *f;* **-i di pace** Friedensverhandlungen *fpl;* **essere in ~ con qu** mit jdm in Verhandlung stehen; **negoziatore, -trice** [negottsia'to:re] *m, f* Unterhändler(in) *m(f);* **negoziazione** [negottsiat'tsio:ne] *f* ❶ (*trattativa*) Verhandlung *f* ❷ (FIN: *di titoli, cambiali*) Handel *m*

negozio [ne'gɔttsio] <-i> *m* Geschäft *n,* Laden *m*

negra *f v.* **negro**

negriere, **negriero** [ne'griɛ:re, ne'griɛ:ro] *m* ❶ (HIST) Sklavenhändler *m* ❷ (*fig, pej*) Sklaventreiber *m*

negro, -a ['ne:gro] **I.** *agg* schwarz, farbig **II.** *m, f* Schwarze(r) *f(m),* Farbige(r) *f(m)*; **negroamericano, -a** [negroameri'ka:no] *agg* afroamerikanisch

negromante [negro'mante] *mf* Zauberer *m*, Zauberin *f*; **negromantico, -a** [negro'mantiko] <-ci, -che> *agg* Zauber-, Schwarzkünstler-; **negromanzia** [negroman'tsi:a] <-ie> *f* Zauberei *f*

nel, nell', nella, nelle, nello, nei [nel, 'nella, 'nelle, 'nello, 'ne:i] *prp* = **in + il, l', la, le, lo, i** *v.* **in**[1]

nembo ['nembo] *m* Sturmwolke *f*; **nembostrato** [nembos'tra:to] *m* Regenwolke *f*

nemico, -a [ne'mi:ko] <-ci, -che> **I.** *agg* ❶ *(ostile)* feindlich; **essere ~ di qu** jdm feindlich gesinnt sein; **farsi ~ qu** sich *dat* jdn zum Feind machen ❷ *(fig: avverso)* **essere ~ di qu/qc** jdm/etw abgeneigt sein **II.** *m, f* Feind(in) *m(f)*, Gegner(in) *m(f)*; **~ mortale** Todfeind *m*

nemmeno [nem'me:no] *avv* nicht einmal, auch nicht; **~ una settimana dopo** noch keine Woche später; **~ uno** kein einziger; **~ per idea** [*o* **per sogno**]! nicht (einmal) im Traum

nenia ['nɛ:nia] <-ie> *f* Trauergesang *m*; *(cantilena)* Kantilene *f*

neo ['nɛ:o] *m* ❶ *(ANAT)* Muttermal *n*, Leberfleck *m* ❷ *(di bellezza)* Schönheitspflästerchen *n*, Schönheitsfleck *m* ❸ *(fig: piccolo difetto)* Schönheitsfehler *m*

neo- [neo] *(in parole composte)* Neo-, neo-

neoacquisto [neoak'kuisto] *m* (SPORT) Neuzugang *m*

neoassunto, -a [neoas'sunto] **I.** *agg* neu angestellt **II.** *m, f* neue(r) Mitarbeiter(in) *m(f)*

neobarocco [neoba'rɔkko] *m* (ARCH) Neobarock *m*

neocentrismo [nɛotʃen'trizmo] *m* (POL) *politische Tendenz zur Wiederstärkung des Zentrums*

neoclassicismo [neoklassi'tʃizmo] *m* Klassizismus *m*

neocomunista [neokomu'nista] *mf* Neokommunist(in) *m(f)*

neocorporativismo [neokorporati'vizmo] *m* (POL) Neokorporativismus *m*

neodiplomato, -a [neodiplo'ma:to] *m, f* Schulabgänger(in) *m(f)* mit Abitur, Maturant(in) *m(f)* A

neoevoluzionismo [neoevolutsio'nizmo] *m* Neoevolutionismus *m*

neofascismo [neofaʃ'ʃizmo] *m* Neofaschismus *m*; **neofascista** [neofaʃ'ʃista] <-i *m*, -e *f*> **I.** *agg* neofaschistisch **II.** *mf* Neofaschist(in) *m(f)*

neofita [ne'ɔ:fita] <-i *m*, -e *f*> *mf* ❶ (REL) Neubekehrte(r) *f(m)*, Neugetaufte(r) *f(m)* ❷ *(fig)* Neuling *m*

neoformazione [neoformat'tsio:ne] *f* Neubildung *f*

neoindustriale [neoindus'tria:le] *agg* hoch industrialisiert; **la società ~** die hoch industrialisierte Gesellschaft

neointegralismo [neointegra'lizmo] *m* Schaffung *f* neuer Wertvorstellungen

neolaureato, -a [neolaure'a:to] *m, f* frisch diplomierte(r) Hochschulabsolvent(in) *m(f)*

neoliberismo [neolibe'rizmo] *m* (COM, FIN) Neoliberalismus *m*

neolitico [neo'li:tiko] *m* Neolithikum *n*, Jungsteinzeit *f*

neologismo [neolo'dʒizmo] *m* Neologismus *m*

neologizzare [neolodʒid'dza:re] *vi* *(creare neologismi)* Neologismen prägen, Wortneubildungen kreieren

neomarxista [neomark'sista] <-i *m*, -e *f*> **I.** *mf* (POL) Neomarxist(in) *m(f)* **II.** *agg* neomarxistisch; **correnti -e** neomarxistische Strömungen *fpl*

neon ['nɛ:on] <-> *m* Neon *n*; **illuminazione al ~** Neonbeleuchtung *f*

neonato, -a [neo'na:to] **I.** *agg* ❶ *(bambino)* neugeboren ❷ *(fig, scherz)* frischgebacken **II.** *m, f* Neugeborene(s) *n*

neonazismo [neonat'tsizmo] *m* Neonazismus *m*; **neonazista** [neonat'tsista] <-i *m*, -e *f*> **I.** *agg* neonazistisch **II.** *mf* Neonazist(in) *m(f)*

neopatentato, -a [neopaten'ta:to] *m, f* *Person, die gerade den Führerschein gemacht hat*; **neopentecostalismo** [neopentekosta'lizmo] *m* (REL) Pfingstbewegung *f*

neoplatonico, -a [neopla'tɔ:niko] *agg* neuplatonisch

neopositivismo [neopoziti'vizmo] *m* Neopositivismus *m*

neopromosso, -a [neopro'mɔsso] **I.** *agg* (SPORT) neu aufgestiegen; **la squadra -a in serie A** die neu in die 1. Liga aufgestiegene Mannschaft **II.** *m, f* (SPORT) Aufsteiger(in) *m(f)*

neorealismo [neorea'lizmo] *m* ❶ (PHILOS) Neorealismus *m* ❷ (LIT, FILM) Neoverismus *m*; **neotestamentario, -a** [neotestamen'ta:rio] *agg* neutestamentlich

neozelandese [neoddzelan'de:se] **I.** *agg* neuseeländisch **II.** *m, f* Neuseeländer(in) *m(f)*

neozoico [neod'dzɔ:iko] *m* Neozoikum *n*

nepitella [nepi'tɛlla] *f* Bergmelisse *f*, Berg-

N

minze *f*

nepotismo [nepo'tizmo] *m* Vetternwirt-schaft *f*

neppure [nep'pu:re] *avv v.* **nemmeno**

nequizia [ne'kuittsia] <-ie> *f* Bosheit *f,* Boshaftigkeit *f*

nerastro, -a [ne'rastro] *agg* schwärzlich

nerazzurro [nerad'dzurro] *m Spieler der Fußballmannschaft Inter Mailand*

nerazzurro, -a *agg* schwarzblau

nerbata [ner'ba:ta] *f* Peitschenhieb *m,* -schlag *m*

nerbo ['nɛrbo] *m* ❶ (*staffile*) Peitsche *f,* Ochsenziemer *m* ❷ (*fig*) Kern *m;* (*forza*) Kraft *f;* **nerboruto, -a** [nerbo'ru:to] *agg* sehnig; (*a fig*) kräftig, stark

neretto [ne'retto] *m* ❶ (*colore*) schwärz-liche Farbe ❷ (TYP) Halbfettdruck *m,* -schrift *f;* **in ~** halbfett

nerista [ne'rista] <-i *m,* -e *f*> *mf* Zeitungs-redakteur(in) *m(f)* der Cronaca nera (*Un-glücksmeldungen und Kriminalität*)

nero ['ne:ro] *m* Schwarz(e) *n,* Schwärze *f;* **~ di seppia** Sepia *f;* **~ su bianco** Schwarz auf Weiß

nero, -a *agg* (*colore, a fig*) schwarz; **crona-ca -a** Verbrechens- und Unfallmeldungen *fpl;* **vino ~** Rotwein *m;* **vedere tutto ~** (*immer*) schwarz sehen *fam;* **nerofumo, nero fumo** [nero'fu:mo] *m* Ruß *m;* **nerume** [ne'ru:me] *m* ❶ Schwärze *f,* Schwarz *n* ❷ (BOT) Blattfleckenkrankheit *f*

nervatura [nerva'tu:ra] *f* ❶ (BOT) Blattade-rung *f,* Rippen *fpl* ❷ (*elemento di soste-gno*) Rippe *f*

nervino, -a [ner'vi:no] *agg* Nerven-; (*me-dicamento*) Nerven stärkend

nervo ['nɛrvo] *m* ❶ (ANAT) Nerv *m;* **avere i -i a fior di pelle** (*fig*) überreizte Nerven haben, ein Nervenbündel sein; **avere i -i a pezzi** (*fig*) mit den Nerven herunter sein; **far venire i -i a qu** (*fig*) jdm auf die Ner-ven gehen ❷ (BOT) Blattader *f,* Rippe *f* ❸ (*fam: tendine*) Sehne *f* ❹ (*fig*) Kraft *f,* Stärke *f*

nervosismo [nervo'sizmo] *m* Nervosität *f,* Reizbarkeit *f;* **nervosità** [nervosi'ta] <-> *f* ❶ (*nervosismo*) Nervosität *f* ❷ (*fig: incisi-vità*) Prägnanz *f*

nervoso [ner'vo:so] *m* (*fam*) Nervosität *f;* **mi viene il ~** ich werde nervös; **far venire il ~ a qu** jdm auf die Nerven gehen *fam;* **nervoso, -a** *agg* ❶ (*relativo ai nervi*) Ner-ven- ❷ (*eccitabile*) nervös, reizbar

nesci ['nɛʃʃi] *m* (*tosc*) **fare il ~** sich dumm stellen

nespola ['nɛspola] *f* ❶ (BOT) Mispel *f* ❷ (*fam fig*) Schlag *m,* Hieb *m*

nespole ['nɛspole] *int* Donnerwetter!

nespolo ['nɛspolo] *m* Mispelbaum *m*

nesso ['nɛsso] *m* Zusammenhang *m;* (LING) Verbindung *f;* **senza ~** zusammen-hang(s)los; (*discorso*) unzusammenhän-gend

nessuno [nes'su:no] *m* Niemand *m;* **terra di ~** Niemandsland *n;* **figli di ~** Findelkin-der *npl*

nessuno, -a I. *agg* kein; (*in frasi interroga-tive*) irgendein; **in nessun caso** auf keinen Fall; **in nessun luogo** nirgends; **non ho -a voglia** ich habe keine Lust II. *pron indef* ❶ (*non uno*) niemand, keine(r, s); **non ho visto ~** ich habe niemanden gesehen ❷ (*qualcuno*) jemand; **nessun altro** kein anderer

netiquette <-> *m* (INFORM) Netiquette *f*

nettapenne [netta'penne] <-> *m* Tinten-wischer *m,* Federwischer *m*

nettapiedi [netta'piɛ:di] <-> *m* Fußmatte *f*

nettare¹ ['nɛttare] *m* Göttertrank *m,* Nek-tar *m*

nettare² [net'ta:re] *vt* reinigen, putzen

nettezza [net'tettsa] *f* Sauberkeit *f;* (*a fig*) Reinheit *f;* **~ urbana** (*pulizia stradale*) Straßenreinigung *f;* (*raccolta rifiuti*) Müll-abfuhr *f*

netto, -a ['netto] *agg* ❶ (*biancheria*) rein, sauber ❷ (*risposta, rifiuto*) klar, entschie-den; **tagliar ~** kurzen Prozess machen ❸ (COM) Netto-, Rein-; **stipendio ~** Netto-gehalt *n;* **al ~** netto

netturbino [nettur'bi:no] *m* Straßenkeh-rer *m*

network ['netwə:k] <- *o* networks> *m* (RADIO, TV) Network *n*

neurale [neu'ra:le] *agg* neural, Nerven-

neurite [neu'ri:te] *f v.* **nevrite**

neuro ['nɛuro] *f* (*fam* MED: *clinica neurolo-gica*) Neuro *f;* **venir ricoverato alla** [*o* **in**] **~** auf die Neuro eingeliefert werden

neurobiologia [neurobiolo'dʒi:a] *f* Neu-robiologie *f;* **neurobiologico, -a** [neuro-bio'lɔ:dʒiko] <-ci, -che> *agg* neurobiolo-gisch; **neurobiologo, -a** [neuro'biɔ:lo-go] <-gi, -ghe> *m, f* Neurobiologe, -biolo-gin *m, f*

neurochimica [neuro'ki:mika] *f* Neuro-chemie *f*

neurochirurgia [neurokirur'dʒi:a] *f* Neu-rochirurgie *f*

neurofarmacologia [neurofarmako-lo'dʒi:a] *f* (MED) Neuropharmakologie *f*

neurofisiologia [neurofiziolo'dʒi:a] *f* (MED) Neurophysiologie *f;* **neurofisiolo-go, -a** [neurofi'ziɔ:logo] <-gi, -ghe> *m, f* (MED) Neurophysiologe, -physiologin *m, f*

neurologa *f v.* **neurologo**
neurologia [neurolo'dʒi:a] *f* Neurologie *f*; **neurologico, -a** [neuro'lɔ:dʒiko] <-ci, -che> *agg* neurologisch, Nerven-; **neurologo, -a** [neu'rɔ:logo] <-gi, -ghe> *m, f* Neurologe *m*, -login *f*
neuropatologa *f v.* **neuropatologo**
neuropatologia [neuropatolo'dʒi:a] *f* Neuropathologie *f*; **neuropatologo, -a** [neuropa'tɔ:logo] <-gi, -ghe> *m, f* Neuropathologe *m*, -pathologin *f*, Nervenarzt *m*, -ärztin *f*
neuropsicologia [neuropsikolo'dʒi:a] *f* (PSYCH, MED) Neuropsychologie *f*
neuroscienze [neuroʃ'ʃɛntse] *fpl* neurologische Disziplinen *fpl*; **neurotomia** [neuroto'mi:a] <-ie> *f* Neurotomie *f*
neurotonico [neuro'tɔ:niko] *m* Neurotonikum *n*
neurotrasmettitore [neurotrazmetti'to:re] *m* (MED) Neurotransmitter *m*; **neurotrasmissione** [neurotrazmis'sio:ne] *f* (MED) Neurotransmission *f*, Übertragungen *fpl* im Nervensystem
neurovegetativo, -a [neuroved ͡ʒeta'ti:vo] *agg* neurovegetativ; **sistema ~** vegetatives Nervensystem
neutrale [neu'tra:le] I. *agg* neutral II. *mf* Neutrale(r) *f(m)*
neutralismo [neutra'lizmo] *m* Neutralismus *m*; **neutralista** [neutra'lista] <-i *m*, -e *f*> *mf* Neutralist(in) *m(f)*
neutralità [neutrali'ta] <-> *f* Neutralität *f*; **neutralizzare** [neutralid'dza:re] *vt* ❶ (CHEM) neutralisieren ❷ (POL) für neutral erklären ❸ *(fig)* unwirksam machen; **neutralizzazione** [neutraliddzat'tsio:ne] *f* ❶ (POL, CHEM) Neutralisation *f* ❷ *(fig)* Unwirksammachung *f*
neutro ['nɛ:utro] *m* ❶ (EL) Mittelleiter *m* ❷ (LING) Neutrum *n*, sächliches Geschlecht
neutro, -a *agg* ❶ (CHEM) neutral ❷ (EL) ungeladen, unelektrisch ❸ (POL) neutral, parteilos ❹ (LING) sächlich, neutrum
neutrone [neu'tro:ne] *m* (PHYS) Neutron *n*; **~ nucleare** Spaltneutron *n*
nevaio [ne'va:io] <-ai> *m* ❶ *(terreno)* Schneefeld *n* ❷ *(accumulo)* Schneewehe *f*
nevato [ne'va:to] *m* Firnfeld *n*, Firn *m*
nevato, -a *agg* ❶ *(coperto di neve)* schneeig; *(alberi, tetti)* Schnee bedeckt; *(strada, terra)* verschneit ❷ *(fig: colore)* schneeweiß
neve ['ne:ve] *f* ❶ (METEO) Schnee *m*; ~ **carbonica** Trockeneis *n*; ~ **farinosa** Pulverschnee *m*; ~ **fresca** Neuschnee *m*; **fiocco di ~** Schneeflocke *f*; **palla di ~** Schneeball *m*; **bianco come la ~** schneeweiß

❷ *(sl: cocaina)* Schnee *m*
nevicare [nevi'ka:re] *vi essere o avere* schneien; **nevicata** [nevi'ka:ta] *f* Schneefall *m*, Schneien *n*
nevischio [ne'viskio] <-schi> *m* Schneegestöber *n*
nevosità [nevosi'ta] <-> *f* Schneemenge *f*; **nevoso, -a** [ne'vo:so] *agg* ❶ *(terra, monte)* Schnee bedeckt ❷ *(stagione)* schneereich ❸ (METEO) Schnee-
nevralgia [nevral'dʒi:a] <-gie> *f* Neuralgie *f*; **nevralgico, -a** [ne'vraldʒiko] <-ci, -che> *agg* neuralgisch
nevrastenia [nevraste'ni:a] <-ie> *f* Neurasthenie *f*
nevrastenico [nevras'tɛ:niko] *m, f* Neurastheniker(in) *m(f)*; *(a fig)* nervöser Mensch
nevrastenico, -a <-ci, -che> *agg* neurasthenisch; *(a fig)* nervös
nevrite [ne'vri:te] *f* Nervenentzündung *f*, Neuritis *f*; **nevrosi** [ne'vrɔ:zi] <-> *f* Neurose *f*; **nevrotico, -a** [ne'vrɔ:tiko] <-ci, -che> I. *agg* neurotisch II. *m, f* Neurotiker(in) *m(f)*; **nevrotizzante** [nevrotid'dzante] *agg* Nerven aufreibend, nervtötend
nevrotizzare [nevrotid'dza:re] *vt* wahnsinnig machen, nerven
nevvero [nev've:ro] *avv* *(sett: fam)* nicht wahr
newbie ['nju:bi] <-> *m* (INFORM) Newbie *m*
new entry ['nju: 'entri] <- *o* new entries> *f* ❶ (RADIO) Newcomer *m* ❷ (COM) Neuerwerbung *f*
news ['nju:z] *fpl* ❶ *(ultime notizie)* News *fpl*, Neuigkeiten *fpl* ❷ (TV) Nachrichten *fpl*; **newsgroup** <-> *m* (INFORM) Newsgroup *f*
news group <-> *m* (INFORM: *gruppo di intrattenimento per lo scambio di informazioni via Internet)* Newsgroup *f*
newsletter ['nju:z'letə] <- *o* newsletters> *m* (FIN) Börsenschlagzeilen *fpl*, Börsennachrichten *fpl*
newsmagazine ['nju:zmæɡə'zi:n] <- *o* newsmagazines> *m* Kulturmagazin *n*
new wave ['nju: 'weiv] <- *o* new waves> *f* neue Welle, neuer Trend
nicchia ['nikkia] <-cchie> *f* ❶ (ARCH) Nische *f*; *(nella roccia)* (Fels)nische *f* ❷ *(ripostiglio)* Abstellraum *m*
nicchiare [nik'kia:re] *vi* unschlüssig sein, zögern
nicchio ['nikkio] <-cchi> *m* ❶ *(conchiglia)* Muschel *f*, Muschelschale *f* ❷ *(lucerna)* Öllampe *f* ❸ *(scherz: cappello)* Birett *n*
nicciano, -a [nit't ͡ʃa:no] *agg v.* **nietzschiano**

N

nichel ['ni:kel] *m* Nickel *n;* **nichelare** [nike'la:re] *vt* vernickeln; **nichelatura** [nikela'tu:ra] *f* Vernick(e)lung *f;* **nichelino** [nike'li:no] *m* (HIST) *kleine Nickelmünze im Wert von 20 Centesimi;* **nichelio** [ni'kɛ:lio] *m v.* **nichel**

nichilismo [niki'lizmo] *m* Nihilismus *m;* **nichilista** [niki'lista] <-i *m*, -e *f*> I. *agg* nihilistisch II. *mf* Nihilist(in) *m(f)*

nicotina [niko'ti:na] *f* Nikotin *n;* **senza ~** nikotinfrei; **cerotto alla ~** Nikotinpflaster *n;* **nicotinismo** [nikoti'nizmo] *m* Nikotinvergiftung *f;* **nicotinizzare** [nikotinid'dza:re] I. *vt* Nikotin zusetzen (*qc* etw *dat*) II. *vr* **-rsi** sich mit Nikotin voll pumpen

nicromo [ni'krɔ:mo] *m* Nickelchromstahl *m*

nictalope [nik'ta:lope] *agg* tagblind

nictalopia [niktalo'pi:a] <-ie> *f* Tagblindheit *f*

nidiace, nidiaceo (-a) [ni'dia:tʃe, ni'dia:tʃeo] I. *agg* nicht flügge; Nest- II. *m* Nestling *m*

nidiata [ni'dia:ta] *f* ❶ (ZOO) Brut *f* ❷ (*fig, scherz*) Kinderschar *f*

nidificare [nidifi'ka:re] *vi* nisten, ein Nest bauen

nido [ni'do] *m* ❶ (ZOO) Nest *n;* (*di rapaci*) Horst *m;* **a ~ d'ape** (*fig*) wabenartig, Waben- ❷ (*fig: casa*) Heim *n*, Nest *n;* (*covo*) Versteck *n*, Schlupfwinkel *m;* **~ d'infanzia** Kinderhort *m*

niellare [niel'la:re] *vt* niellieren; **niello** [ni'ɛllo] *m* ❶ (*arte*) Niellierkunst *f*, Niellierarbeit *f* ❷ (*materiale, oggetto*) Niello *n*

niente ['niɛnte] <*sing*> I. *pron indef* ❶ (*nessuna cosa*) nichts ❷ (*interrogativo*) etwas, nichts; **ti serve ~?** brauchst du etwas? ❸ (*poca cosa*) nichts von Belang, eine Kleinigkeit; **è una cosa da ~** es ist eine Kleinigkeit II. *m* ❶ (*nessuna cosa*) Nichts *n* ❷ (*poca cosa*) Kleinigkeit *f*, Nichtigkeit *f* III. *avv* nichts, keineswegs; **non è ~ male** er [*o* sie] [*o* es] ist nicht schlecht; **~ affatto** ganz und gar nicht, durchaus nicht; **nient'altro** nichts anderes; **~ di ~** absolut nichts, ganz und gar nicht; **per ~** (*affatto*) durchaus nicht; (*invano*) vergebens, umsonst; **~ paura!** nur keine Angst!; **nientedimeno, nientemeno** [nientedi'me:no, niente'me:no] I. *avv* sogar II. *int* Donnerwetter

nietzschiano, -a [nit'tʃa:no] I. *agg* Nietzsche- II. *m*, *f* Anhänger(in) *m(f)* Nietzsches

nightclub ['naitklʌb *o* 'naitkleb] *m* Nachtclub *m*

Nilo ['ni:lo] *m* Nil *m*

nimbo ['nimbo] *m* ❶ (*sfolgorio*) Lichtstrahl *m;* (*splendore*) Glanz *m* ❷ (*aureola*) Nimbus *m*, Heiligenschein *m*

ninfa ['ninfa] *f* (ZOO) Nymphe *f;* **ninfale** [nin'fa:le] I. *agg* nymphenhaft II. *m* ❶ (LIT) Nymphendichtung *f* ❷ (MUS) Regal *n*

ninfea [nin'fɛ:a] *f* Seerose *f*

ninfetta [nin'fetta] *f* (*a fig*) Nymphchen *n*

ninfomane [nin'fɔ:mane] I. *agg* nymphoman II. *f* Nymphomanin *f;* **ninfomania** [ninfoma'ni:a] *f* Nymphomanie *f*

ninja ['nindʒa] <-> *m* (SPORT) Ninja *m*

ninjatsu [nin'giatzu] <-> *m* (SPORT) Ninja-Kampfsport *m*

ninnananna [ninna'nanna] <ninnenanne> *f* Wiegenlied *n;* **ninnare** [nin'na:re] *vt* in den Schlaf wiegen; **ninnenanne** *pl di* **ninnananna**

ninnolo ['ninnolo] *m* ❶ (*gingillo*) (Kinder)spielzeug *n* ❷ (*soprammobile*) Nippfigur *f* ❸ (*fig: cosa di poca importanza*) Kleinigkeit *f*, Bagatelle *f*

nipote [ni'po:te] *mf* ❶ (*di zio*) Neffe *m*, Nichte *f* ❷ (*di nonno*) Enkel(in) *m(f)*, Enkelkind *n* ❸ *pl* (*discendenti*) Nachkommen *mpl*

nipplo ['nipplo] *m* Nippel *m*

nippomania [nippoma'ni:a] *f* Japan-Begeisterung *f*

nipponico, -a [nip'pɔ:niko] <-ci, -che> I. *agg* japanisch; **l'arte -a** die japanische Kunst; **studi -ci** japanische Landeskunde II. *m*, *f* Japaner(in) *m(f)*

nirvana [nir'va:na] *m* Nirwana *n*

nisseno, -a [nis'se:no] I. *m*, *f* (*abitante*) Einwohner(in) *m(f)* von Caltanissetta II. *agg* aus Caltanissetta

nitidezza [niti'dettsa] *f* ❶ (*nettezza, chiarezza*) Klarheit *f*, Reinheit *f* ❷ (FOTO) Schärfe *f;* **nitido, -a** ['ni:tido] *agg* ❶ (*netto, chiaro*) klar, rein ❷ (FOTO) scharf

nitrato [ni'tra:to] *m* Nitrat *n;* **nitrazione** [nitrat'tsio:ne] *f* Nitrierung *f*

nitrico, -a ['ni:triko] <-ci, -che> *agg* Salpeter-

nitrire [ni'tri:re] <nitrisco> *vi* wiehern

nitrito [ni'tri:to] *m* ❶ (ZOO) Gewieher *n*, Wiehern *n* ❷ (CHEM) Nitrit *n*

nitro ['ni:tro] *m* Salpeter *m;* **nitrocellulosa** [nitrotʃellu'lo:sa] *f* Nitrozellulose *f*, Zellulosenitrat *n;* **nitroglicerina** [nitroglitʃe'ri:na] *f* Nitroglyzerin *n*, Glyzerintrinitrat *n;* **nitroso, -a** [ni'tro:so] *agg* salpet(e)rig; **nitrurazione** [nitrurat'tsio:ne] *f* Nitrierhärtung *f;* **nitruro** [ni'tru:ro] *m* Nitrid *n*

nitticora [nit'ti:kora] *f* Nachtreiher *m*

nittitante [nitti'tante] *agg* **membrana ~**

Nickhaut *f*

nivale [ni'va:le] *agg* **❶** (*poet*) Schnee bedeckt, schneeig **❷** (GEOG) Schnee-; **zona ~** Schneegebiet *n;* **niveo, -a** ['ni:veo] *agg* (*poet*) schneeweiß

NN *abbr di* **nescio nomen** (*di padre ignoto*) N.N. (*Name unbekannt*)

no [nɔ] I. *avv* nein; (*in frasi negative*) nicht; **parti o ~?** fährst du ab oder nicht?; **lo farai, ~?** du wirst es tun, oder (nicht)?; **pare di ~** es scheint nicht so zu sein; **come ~!** und ob!, und wie!; **perché ~?** warum nicht?; **~ e poi ~** Nein, Nein und nochmal Nein; **dire di ~** Nein sagen; **rispondere di ~** Nein sagen, mit Nein antworten; **non dico di ~** da sage ich nicht Nein; (*ammettere*) das schon, das gebe ich zu II.<-> *m* **❶** (*risposta*) Nein *n* **❷** (*voto*) Nein *n,* Neinstimme *f*

NO *abbr di* **nordovest** NW

nobildonna [nobil'dɔnna] *f* Adlige *f,* Edelfrau *f*

nobile ['nɔ:bile] I. *agg* **❶** (*di nobiltà*) ad(e)lig, Adels- **❷** (*fig*) nobel, vornehm, edel; (*eccellente*) vortrefflich, erhaben **❸** (CHEM) edel, Edel- II. *mf* Adlige(r) *f(m);* **i -i** Adel *m* **❷**; **nobiliare** [nobi'lia:re] *agg* ad(e)lig, Adels-; **nobilitare** [nobili'ta:re] I. *vt* adeln II. *vr* **-rsi** sich erheben; **nobilitazione** [nobilitat'tsio:ne] *f* Adelung *f,* Erhebung *f* in den Adelsstand

nobiltà [nobil'ta] <-> *f* Adel *m;* (*a fig*) Vornehmheit *f*

nobiluomo [nobi'luɔ:mo] <nobiluomini> *m* Adlige(r) *m,* Edelmann *m*

nocca ['nɔkka] <-cche> *f* Knöchel *m*

nocchiere, nocchiero [nok'kiɛ:re, nok'kie:ro] *m* **❶** (NAUT, *poet*) Steuermann *m* **❷** (MIL) (Ober)bootsmann *m* **❸** (*fig*) Führer *m*

nocchio ['nɔkkio] <-cchi> *m* Knorren *m;* **nocchiuto, -a** [nok'kiu:to] *agg* knorrig

noccio ['nɔttʃo] *1. pers sing pr di* **nuocere**

nocciola¹ [not'tʃɔ:la] *f* Haselnuss *f*

nocciola² I. <inv> *agg* haselnussbraun II. <-> *m* Haselnussfarbe *f*

nocciolaia [nottʃo'la:ia] <-aie> *f* Tannenhäher *m;* **nocciolato** [nottʃo'la:to] *m* (Hasel)nussschokolade *f;* **nocciolina** [nottʃo'li:na] *f* Erdnuss *f*

nocciolo¹ ['nɔttʃolo] *m* **❶** (BOT) Kern *m,* Stein *m* **❷** (*fig*) Kern *m,* Hauptsache *f*

nocciolo² [not'tʃɔ:lo] *m* (BOT) Haselnuss *f,* Haselnussstrauch *m*

noce ['no:tʃe] I. *m* **❶** (*albero*) Walnussbaum *m;* (*legno*) Nussbaum *m,* Nussbaumholz *n* **❷** (*colore*) Nussbraun *n* II. *f* **❶** (BOT) (Wal)nuss *f;* **~ moscata** Muskat-

nuss *f* **❷** (ANAT) (Fuß)knöchel *m* **❸** (*misura*) nussgroße Menge **❹** (GASTR: *di vitello*) Nuss *f,* Nüsschen *n*

nocella [no'tʃɛlla] *f* **❶** (ANAT) (Hand)knöchel *m* **❷** (TEC: *nel compasso*) Spreizgelenk *n*

nocepesca [notʃe'pɛska] <nocipesche> *f* Nektarine *f*

noceto [no'tʃe:to] *m* Nussbaumgarten *m,* Nussbaumpflanzung *f;* **nocino** [no'tʃi:no] *m* Nusslikör *m*

nociuto [no'tʃu:to] *pp di* **nuocere**

nocività [notʃivi'ta] <-> *f* Schädlichkeit *f;* **nocivo, -a** [no'tʃi:vo] *agg* schädlich

no comment [nou 'kɔment] <-> *m* **la sua risposta fu un deciso ~** er [*o* sie] antwortete entschlossen: "Kein Kommentar!"

nocqui ['nɔkkui] *1. pers sing pass rem di* **nuocere**

NOCS *mpl acro di* **Nucleo Operativo Corpi Speciali** Sonderkommando der Polizei

nocumento [noku'mento] *m* (*poet*) Schaden *m,* Schädigung *f;* **essere di ~ a qu** jdm zum Schaden gereichen *geh*

nodale [no'da:le] *agg* **❶** (TEC, SCIENT) Knoten- **❷** (*fig*) zentral, wesentlich

nodo ['nɔ:do] *m* **❶** (*legamento, intreccio*) Knoten *m;* **~ linfatico** (ANAT) Lymphknoten *m;* **avere un ~ alla gola** (*fig*) einen Kloß im Hals haben; **fare il ~ alla cravatta** die Krawatte binden; **tutti i -i vengono al pettine** (*prov*) es ist nichts so fein gesponnen, es kommt doch ans Licht der Sonnen **❷** (*trama*) Handlung *f;* (*complicazione*) Verwicklung *f,* Schwierigkeit *f* **❸** (*vincolo*) Band *n,* Fessel *f;* (*impedimento*) Hindernis *n* **❹** (*punto centrale*) Kern *m,* Hauptsache *f* **❺** (MOT, FERR) Knotenpunkt *m;* **~ di collegamento** (TEL) Einwahlknoten *m* **❻** (MED) Knötchenbildung *f;* **nodosità** [nodosi'ta] <-> *f* **❶** (*gener*) Knotigkeit *f* **❷** (BOT) Knorrigkeit *f* **❸** (MED) Knötchenbildung *f;* **nodoso, -a** [no'do:so] *agg* knotig

nodulare [nodu'la:re] *agg* knötchenförmig; **nodulo** ['nɔ:dulo] *m* (BIOL, MED) Knötchen *n*

no frost [nou 'frɔst] I. <-> *m* Abtauautomatik *f* II. <inv> *agg* **congelatore ~** Tiefkühltruhe *f* mit Abtauautomatik

noi ['no:i] *pron pers 1. pers pl* **❶** (*soggetto*) wir **❷** (*oggetto*) uns; (*con preposizione*) uns

noia ['nɔ:ia] <-oie> *f* **❶** (*gener*) Lang(e)weile *f;* (*tedio*) Überdruss *m* **❷** (*molestia*) Störung *f,* Belästigung *f;* (*seccatura*) Unannehmlichkeit *f,* Schererei *f*

noialtri [no'ialtri] *pron pers 1. pers pl* wir,

N

wir unsererseits

noioso, -a [no'io:so] **I.** *agg* ❶ (*che procura noia*) langweilig ❷ (*che dà fastidio*) lästig **II.** *m, f* langweiliger Mensch, Langweiler(in) *m(f) fam*

noleggiare [noled'dʒa:re] *vt* ❶ (*dare a nolo*) vermieten, verleihen ❷ (*prendere a nolo*) mieten, leasen; (*navi, aerei*) chartern; **noleggiatore, -trice** [noleddʒa'to:re] *m, f* ❶ (*che dà a nolo*) Vermieter(in) *m(f)* ❷ (*che prende a nolo*) Mieter(in) *m(f)*; (*di navi, aerei*) Charterer *m*, Charterin *f*; **noleggio** [no'leddʒo] <-ggi> *m* ❶ (*affitto*) Miete *f*; (*di navi, aerei*) Chartern *n* ❷ (*prezzo*) Mietpreis *m*, Leihgebühr *f*; (*di navi, aerei*) Charterpreis *m* ❸ (*impresa*) Verleih *m*

nolente [no'lɛnte] *agg* (*poet*) widerwillig; **volente o ~** wohl oder übel, nolens volens *geh*

nolo ['nɔ:lo] *m* ❶ (*trasporto, carico*) Fracht *f* ❷ (*prezzo*) Mietpreis *m*; (*per navi, aerei*) Charterpreis *m*

nomade ['nɔ:made] **I.** *agg* nomadisch, Nomaden- **II.** *mf* Nomade *m*, Nomadin *f*; **nomadismo** [noma'dizmo] *m* Nomadentum *n*

nome ['no:me] *m* ❶ (*gener*) Name *m*; (*prenome*) Vorname *m*; **~ di battesimo** Vorname *m*, Taufname *m*; **farsi un ~** sich einen Namen machen; **a ~ di qu** in jds Namen; **di ~** (*chiamato*) namens; **conoscere qu di ~** jdn dem Namen nach kennen; **qual è il Suo nome?** wie ist Ihr Name? ❷ (*denominazione*) Bezeichnung *f*, Benennung *f*; **~ depositato** Schutzmarke *f* ❸ (LING) Nomen *n*, Hauptwort *n*; **~ astratto** Abstraktum *n*; **~ collettivo** Kollektivum *n*; **~ composto** Kompositum *n*, zusammengesetztes Hauptwort; **~ comune** Gattungsname *m*; **~ proprio** Eigenname *m*; **nomea** [no'mɛ:a] *f* Ruf *m*, Leumund *m*

nomenclatore [nomeŋkla'to:re] *m* Namenverzeichnis *n*, Sachregister *n*; **nomenclatura** [nomeŋkla'tu:ra] *f* Nomenklatur *f*

nomignolo [no'miɲɲolo] *m* Spitzname *m*

nomina ['nɔ:mina] *f* Ernennung *f*, Nominierung *f*; (*all'università*) Berufung *f*, Ruf *m*; **nominabile** [nomi'na:bile] *agg* nennbar, erwähnbar

nominale [nomi'na:le] *agg* ❶ (LING) nominal, Nominal- ❷ (*del nome*) namentlich, Namens- ❸ (*di nome*) nominell, (nur) dem Namen nach bestehend ❹ (COM) nominell, Nominal-; **nominalismo** [nomina'lizmo] *m* Nominalismus *m*; **nominalista** [nomina'lista] <-i *m*, -e *f*> *mf* Nomina-

list(in) *m(f)*

nominalistico, -a [nomina'listiko] <-ci, -che> *agg* nominalistisch

nominare [nomi'na:re] *vt* ❶ (*chiamare*) nennen; (*cose*) (be)nennen ❷ (*citare*) erwähnen, nennen; **mai sentito ~!** nie gehört! ❸ (*eleggere*) wählen; (*professore*) ernennen, berufen; (*commissione*) einsetzen, einberufen; (*avvocato*) bestellen; **nominatamente** [nominata'mente] *avv* namentlich; (*fig*) ausdrücklich, besonders

nomination [nɔmi'neiʃən] <-> *f* Nominierung *f*; **una ~ all'Oscar** eine Oscar-Nominierung; **ricevere una ~** für etw nominiert werden

nominativo [nomina'ti:vo] *m* ❶ (LING) Nominativ *m*, Werfall *m* ❷ (ADM) Name *m*

nominativo, -a *agg* namentlich, Namen(s)-

non [non] *avv* ❶ (*con verbi*) nicht ❷ (*con sostantivi determinati*) kein, nicht ❸ (*come prefisso*) nicht, Nicht-, non-, Non-; **~ fumatori** Nichtraucher *mpl*; **~ violenza** Gewaltlosigkeit *f* ❹ (*seguito da un'altra negazione, non si traduce*) **~ appena** sobald; **~ ... niente** nichts; **~ ... mai** nie(mals); **~ che** *v.* **nonché**

nona ['nɔ:na] *f* ❶ (HIST) Gebetsstunde *f* (zur 9. Tagesstunde), None *f* ❷ (MUS) None *f*

nonagenario, -a [nonadʒe'na:rio] <-i, -ie> **I.** *agg* neunzigjährig **II.** *m, f* Neunzigjährige(r) *f(m)*

non aggressione [non aggres'sio:ne] *f* (JUR) Nichtangriffspolitik *f*

non allineamento [non allinea'mento] *m* (JUR) Anti-Bündnispolitik *f*; **non allineato** [non alline'a:to] *m* blockfreier Staat; **non allineato, -a** *agg* eine Anti-Bündnispolitik betreibend

non belligerante [non bellidʒe'rante] **I.** *agg* (JUR) nicht Krieg führend **II.** *m* nicht im Kriegszustand befindlicher Staat; **non belligeranza** [non bellidʒe'rantsa] *f* (JUR) Nichterwägung *f* militärischer Konflikte

nonchalance [nɔ̃ʃa'lãs] <-> *f* Nonchalance *f*, Lässigkeit *f*; **muoversi con ~** sich nonchalant geben

nonché, non che [noŋ'ke] *cong* ❶ (*e inoltre*) sowie, und auch, außerdem ❷ (*e tanto meno*) geschweige denn

non collaborazione [non kollabora'tsio:ne] *f* Verweigerung *f* der Zusammenarbeit (mit den Arbeitgebern)

nonconformismo [nonkonfor'mizmo] *m* Nonkonformismus *m*; **nonconformista** [noŋkonfor'mista] <-i *m*, -e *f*> **I.** *agg* nonkonformistisch **II.** *mf* Nonkonformist(in) *m(f)*

non credente [non kre'dɛnte] *mf* (REL) Nichtgläubige(r) *f(m)*

noncurante [noŋku'rante] *agg* **essere ~ di qc** *etw* unbekümmert sein; **noncuranza** [noŋku'rantsa] *f* ❶ (*disinvoltura*) Unbekümmertheit *f*, Sorglosigkeit *f* ❷ (*inosservanza*) Nichtbeachtung *f*

non deambulante [non deambu'lante] **I.** *mf* Gehbehinderte(r) *f(m)* **II.** *agg* gehbehindert

nondimeno [nondi'meːno] *cong* (*nonostante*) nichtsdestoweniger; (*tuttavia*) trotzdem, dennoch

non docente [non do'tʃɛnte] **I.** *agg* nicht lehrend, ohne Lehrauftrag; **personale ~** das Schulpersonal ohne Lehrauftrag **II.** *mf* Schulbedienstete(r) *f(m)* ohne Lehrauftrag

none ['nɔːne] *fpl* Nonen *fpl*

non eleggibilità [non elɛddʒibili'ta] <-> *f* Nichtwählbarkeit *f*

nonetto [no'netto] *m* Nonett *n*

non garantito, -a [non garan'tiːto] **I.** *agg* nicht sozial abgesichert **II.** *m, f* nicht sozial abgesicherte Person

non gioco [non 'dʒɔːko] <-> *m* (SPORT) Mauern *n*, defensives Spiel

non interferenza [non interfe'rɛntsa] *f* Nichteinmischungspolitik *f*

non intervento [non inter'vɛnto] *m* (JUR, POL) Prinzip *n* der Nichteinmischung

nonio ['nɔːnio] <-ii> *m* Nonius *m*

non lettore, -trice [non let'toːre] *m, f* Nichtleser *m;* **non libro** [non 'liːbro] *m* Schundliteratur *f;* **non menzione** [non men'tsioːne] <-> *f* (JUR) Absehen von einer Eintragung ins Strafregister; **non metallo** [non me'tallo] *m* (MIN) Nichtmetall *n*

nonna ['nɔnna] *f* Großmutter *f;* (*fam a fig*) Oma *f*

nonni ['nɔnni] *mpl* Großeltern *pl;* (*antenati*) Vorfahren *mpl*

nonnismo [non'nizmo] <-sing-> *m* (MIL, *fam*) Schikanierung *f* von Rekruten seitens der Dienstältesten

nonno, -a ['nɔnno] *m, f* Großvater *m*, Großmutter *f;* (*fam*) Opa *m*, Oma *f*

nonnulla [non'nulla] <-> *m* **un ~** eine Kleinigkeit, nichts

nono ['nɔːno] *m* (*frazione*) Neuntel *n*, neunter Teil

nono, -a **I.** *agg* neunte(r, s) **II.** *m, f* Neunte(r, s) *mf/n; v. a.* **quinto**

nonostante [nonos'tante] **I.** *prp* trotz +*dat o gen* **II.** *cong* +*conj* auch wenn, obwohl; **ciò ~, pur ~** trotzdem

nonpertanto, non per tanto [non-

per'tanto] *cong* (*poet*) nichtsdestoweniger, trotzdem

non plus ultra [nɔn plus 'ultra] <-> *m* Nonplusultra *n*, Gipfel *m*

non professionale [non professio'naːle] *agg* ❶ (*amatoriale*) Amateur-, nicht professionell ❷ (*pej: senza serietà e competenza*) dilettantisch, dilettantenhaft

non profit [non 'profit] <-inv-> *agg* (JUR) wohltätig, karitativ

non proliferazione [non proliferat'tsioːne] *f* (JUR) Rüstungskontrolle *f;* **principio di ~** Nonproliferation *f*, Nichtweitergabe *f* von Atomwaffen; **trattato di ~** Kernwaffensperrvertrag *m;* **non ricordo** [non ri'kɔrdo] <-> *m* angebliche Gedächtnislücke; **non ritorno** [non ri'torno] <-> *m* kein Zurück *n*, ohne Wiederkehr *f*

nonsense ['nɔnsəns] <-> *m,* **nonsenso** [non'sɛnso] *m* Nonsens *m*, Unsinn *m*

non so che [non sɔ k'ke] <-> *m* **un** (**certo**) **~** ein gewisses Etwas

nonstop, non stop [nɔn stɔp] **I.** <-inv-> *agg* Nonstop-, durchgehend; **orario ~** durchgehende Öffnungszeiten *fpl;* **volo ~** Nonstop-Flug *m* **II.** <-> *f* (TV) Fernsehsendung *f* ohne Unterbrechungen

non tessuto [non tes'suːto] **I.** *m* Synthetik *n* **II.** *agg* synthetisch; **stoffa ~** synthetisches Gewebe

nontiscordardime, non-ti-scordardi-me [nontiskordardi'me] <-> *m* Vergissmeinnicht *n*

non udente [non u'dɛnte] **I.** *mf* (ADM, *form: sordo*) Gehörlose(r) *f(m);* **sottotitoli per i non udenti** Untertitel für Gehörlose **II.** *agg* gehörlos

non valore [non va'loːre] *m* ❶ (PHILOS) Wertfreiheit *f* ❷ (*fig: mancanza di valore*) Fehlen *n* von Werten

non vedente [non ve'dɛnte] **I.** *mf* (ADM, *form: cieco*) Blinde(r) *f(m)* **II.** *agg* blind

non violento, -a [non vio'lɛnto] **I.** *agg* gewaltfrei, friedlich **II.** *m, f* Befürworter(in) *m(f)* des Gewaltverzichts; **non voto** [non 'voːto] <-sing-> *m* Nichtwählen *n;* **un massiccio ~** eine hohe Nichtwählerquote

norcino, -a [nor'tʃiːno] *m, f* Einwohner(in) *m(f)* von Norcia

nord [nɔrd] *m* Nord(en) *m;* **Italia del ~** Norditalien *n*, Oberitalien *n;* **a ~ di …** nördlich von …; **verso ~** nordwärts; **Mare del Nord** Nordsee *f;* **Polo Nord** Nordpol *m*

nord- (*in parole composte*) Nord-, nord-; **nordest** [nɔr'dɛst] *m* Nordost(en) *m;* **di ~** nordöstlich, Nordost-

nordico, -a ['nɔrdiko] <-ci, -che> I. *agg* nordisch, Nord- II. *m, f* Nordländer(in) *m(f)*

nordismo [nor'dizmo] *m* Präferenz *f* norditalienischer Interessen; **nordista** [nor'dista] <-i *m*, -e *f*> I. *agg* nordstaatlich, Nordstaaten- II. *mf* Nordstaatler(in) *m(f)*

nordovest [nor'dɔːvest] *m* ❶ (GEOG) Nordwest(en) *m;* **di ~** nordwestlich, Nordwest- ❷ (*cappello*) Südwester *m*

Norimberga [norim'bɛrga] *f* Nürnberg *n*

norma ['nɔrma] *f* ❶ (*regola*) Norm *f,* Richtschnur *f;* **-e di circolazione** Verkehrsvorschriften *fpl;* **-e di navigazione** Schifffahrtsordnung *f;* **-e per l'uso** Gebrauchsanweisung *f;* **a ~ di** laut +*dat o gen,* gemäß +*dat o gen,* nach; **come di ~** wie üblich ❷ (*uso*) Regel *f* ❸ (*in statistica*) dichtester Wert

normale [nor'maːle] I. *agg* ❶ (*conforme alla norma*) normal, üblich ❷ (*regolare*) regelmäßig II. *f* Normale *f,* Senkrechte *f;* **normalità** [normali'ta] <-> *f* Normalität *f;* **rientrare nella ~** sich wieder normalisieren

normalizzare [normalid'dzaːre] I. *vt* ❶ (*rendere normale*) normalisieren, normal gestalten ❷ (*standardizzare*) normieren, vereinheitlichen II. *vr* **-rsi** sich normalisieren; **normalizzazione** [normaliddzat'tsioːne] *f* ❶ (*atto del normalizzare*) Normalisierung *f* ❷ (*standardizzazione*) Normierung *f,* Vereinheitlichung *f*

normalmente [normal'mente] *avv* normalerweise, gewöhnlich; (*conforme alla norma*) vorschriftsmäßig

normanno, -a [nor'manno] I. *agg* ❶ (GEOG) aus der Normandie ❷ (HIST) normannisch II. *m, f* ❶ (GEOG) Einwohner(in) *m(f)* der Normandie ❷ (HIST) Normanne *m,* Normannin *f*

normativo, -a [norma'tiːvo] *agg* normativ, maßgebend

normografo [nor'mɔːgrafo] *m* Schablone *f*

norvegese [norve'dʒeːse] I. *agg* norwegisch II. *mf* Norweger(in) *m(f);* **Norvegia** [nor'vɛːdʒa] *f* Norwegen *n*

no-show [nouʃou] <-> *m* Nichterscheinen *n*

no smoking [nou 'smoukiŋ] <-> *m* (*simbolo di divieto*) Rauchen verboten

nossignora [nossiɲ'ɲoːra] *int* nein, meine Dame; (*iron*) aber nein!; **nossignore** [nossiɲ'ɲoːre] *int* nein, mein Herr; (*iron*) aber nein!

nostalgia [nostal'dʒiːa] <-gie> *f* Nostalgie *f;* (*rimpianto*) Sehnsucht *f;* **avere la ~**

di qc nach etw Sehnsucht haben; **sentire ~ del proprio paese** Heimweh haben; **nostalgico, -a** [nos'taldʒiko] <-ci, -che> I. *agg* sehnsüchtig, sehnsuchtsvoll; (*della patria*) heimwehkrank II. *m, f* Reaktionär(in) *m(f)*

nostrano, -a [nos'traːno] *agg* einheimisch, hiesig

nostro, -a ['nɔstro] I. *agg* unser; **la -a speranza** unsere Hoffnung; **~ padre/zio** unser Vater/Onkel; **un ~ amico** ein Freund von uns II. *pron poss* **il ~, la -a** unsere(r, s)

nostromo [nos'trɔːmo] *m* Bootsmann *m,* Bootsmaat *m*

nota ['nɔːta] *f* ❶ (*contrassegno*) (Kenn)zeichen *n,* Merkmal *n* ❷ (*appunto*) Anmerkung *f,* Notiz *f;* **prendere ~ di qc** etw notieren ❸ (*osservazione*) Bemerkung *f;* **degno di ~** bemerkenswert ❹ (*commento*) Erläuterung *f;* **~ introduttiva** Einleitung *f;* **~ marginale** Randbemerkung *f* ❺ (*elenco*) Aufstellung *f,* Verzeichnis *n* ❻ (*conto*) Rechnung *f* ❼ (*comunicazione*) Mitteilung *f,* Schreiben *n* ❽ (MUS) Note *f;* **trovare la giusta ~** den richtigen Ton treffen ❾ (*fig: impronta*) Eigenart *f,* Note *f;* **nota bene** ['nɔːta 'bɛːne] <-> *m* Notabene *n,* Anmerkung *f*

notabile [no'taːbile] I. *agg* bemerkenswert, beachtlich; (*persona*) angesehen, bedeutend II. *mpl* Honoratioren *mpl,* Prominenz *f;* **notabilità** [notabili'ta] <-> *f* ❶ (*qualità*) Angesehensein *n* ❷ *pl* (*persone*) Honoratioren *mpl,* Prominenz *f*

notaio [no'taːio] <-ai> *m* Notar(in) *m(f)*

notare [no'taːre] *vt* ❶ (*prender nota*) aufzeichnen, vermerken ❷ (*contrassegnare*) kennzeichnen ❸ (*rilevare*) bemerken, hervorheben; **farsi ~** sich bemerkbar machen ❹ (*considerare*) beachten, in Betracht ziehen; **far ~ a qu qc** jdn auf etw *acc* aufmerksam machen

notaresco, -a [nota'resko] <-schi, -sche> *agg* (*pej*) Notar(s)-, eines Notars

notariato [nota'riaːto] *m* Notariat *n;* **notarile** [nota'riːle] *agg* notariell, Notariat(s)-; **notaro** [no'taːro] *m v.* **notaio**

notazione [notat'tsioːne] *f* ❶ (*segnatura*) Kennzeichnung *f,* Anmerkung *f* ❷ (MUS) Notenschrift *f,* Notation *f* ❸ (*fig: osservazione*) Beobachtung *f,* Bemerkung *f*

notebook ['noutbuk *o* not'buk] <- *o* notebooks> *m* (INFORM) Notebook *n*

notes ['nɔːtes] <-> *m* Notizblock *m*

notevole [no'teːvole] *agg* beträchtlich, bemerkenswert

notifica [no'tiːfika] <-che> *f* ❶ (ADM) Mitteilung *f,* Bekanntmachung *f* ❷ (JUR)

Zustellung *f;* **notificabile** [notifi'ka:bile] *agg* (ADM, *form*) zustellbar; **atto d'ufficio** ~ Amtshandlung zur Bekanntmachung; **notificare** [notifi'ka:re] *vt* ❶ (ADM) bekannt geben, mitteilen; (JUR: *sentenza*) zustellen ❷ (*dichiarare*) anmelden, anzeigen; **notificazione** [notifikat'tsio:ne] *f v.* **notifica**

notizia [no'tittsia] <-ie> *f* ❶ (*comunicato, novità*) Nachricht *f,* Meldung *f;* **dare** ~ **di qc** etw melden; **giunge** ~ **che ...** es wird gemeldet, dass ...; **-ie** Nachrichten *fpl;* **buone -ie** gute Neuigkeiten *fpl;* **-ie infondate** Falschmeldungen *fpl* ❷ (*informazione*) Auskunft *f,* Information *f;* **avere** ~ **di qc** von etw Kenntnis haben; **notiziale** [notit'tsia:le] *agg* ❶ (ADM, *form*) bekannt machend ❷ (JUR) verbreitend

notiziario [notit'tsia:rio] <-i> *m* (TV, RADIO) Nachrichten *fpl,* Nachrichtensendung *f*

noto, -a ['nɔ:to] *agg* bekannt; (*famoso*) berühmt; (*pej*) berüchtigt; **ben** ~ wohlbekannt

notoriamente [notoria'mente] *avv* bekanntlich, bekanntermaßen; **notorietà** [notorie'ta] <-> *f* Bekanntheit *f;* (*fama*) Berühmtheit *f;* (JUR) Offenkundigkeit *f;* (ADM) Aktenkundigkeit *f;* **notorio, -a** [no'tɔ:rio] <-i, -ie> *agg* (allgemein) bekannt; (JUR) offenkundig; (ADM) aktenkundig; **atto** ~ Zeugenurkunde *f*

nottambula *f v.* **nottambulo**

nottambulismo [nottambu'lizmo] *m* Nachtschwärmerei *f;* **nottambulo, -a** [not'tambulo] I. *agg* nachtschwärmerisch II. *m, f* Nachtschwärmer(in) *m(f)*

nottante [not'tante] *mf* Nachtschwester *f,* Krankenpfleger(in) *m(f)* im Nachtdienst

nottata [not'ta:ta] *f* Nacht *f;* **far** ~ die ganze Nacht durchmachen

notte ['nɔtte] *f* Nacht *f;* **nel cuore della** ~ mitten in der Nacht; ~ **bianca** [*o* **in bianco**] schlaflose Nacht; **di** ~ nachts, bei Nacht; **nottetempo** [notte'tɛmpo] *avv* nachts, bei Nacht

nottola ['nɔttola] *f* (ZOO: *pipistrello*) Abendsegler *m;* **nottolino** [notto'li:no] *m* ❶ (*saliscendi*) (Tür)klinke *f,* (Tür)schnalle *f* A ❷ (*di arresto*) Sperrklinke *f,* Sperrzahn *m*

nottolone [notto'lo:ne] *m* Ziegenmelker *m*

notturno [not'turno] *m* ❶ (*in liturgia*) (Nacht)mette *f* ❷ (*in pittura*) Nachtszene *f,* Nachtbild *n* ❸ (FOTO, FILM) Nachtaufnahme *f* ❹ (MUS) Nocturne *n o f*

notturno, -a *agg* nächtlich, Nacht-

novanta [no'vanta] I. *num* neunzig II. <-> *m* Neunzig *f;* **pezzo da** ~ Mafiaboss *m;* (*fig*) Respektsperson *f; v. a.*

cinquanta; novantenne [novan'tɛnne] I. *agg* neunzigjährig II. *mf* Neunzigjährige(r) *f(m);* **novantennio** [novan'tɛnnio] <-i> *m* Zeitraum *m* von neunzig Jahren

novantesimo [novan'tɛ:zimo] *m* Neunzigstel *n*

novantesimo, -a I. *agg* neunzigste(r, s) II. *m, f* Neunzigste(r, s) *mfn; v. a.* **quinto**

novantina [novan'ti:na] *f* **una** ~ (**di ...**) (etwa) neunzig (...); **essere sulla** ~ an [*o* um] die Neunzig sein

Novara *f* Novara *n* (*Stadt in Piemont*)

novarese [nova're:se] I. *mf* (*abitante*) Einwohner(in) *m(f)* von Novara II. *agg* aus Novara

Novarese <*sing*> *m* Provinz *f* Novara

novatore, -trice [nova'to:re] I. *m, f* Neuerer *m,* Neuerin *f* II. *agg* innovatorisch; **novazione** [novat'tsio:ne] *f* Novation *f,* Schuldenumschreibung *f*

nove ['nɔ:ve] I. *num* neun II. <-> *m* ❶ (*numero*) Neun *f* ❷ (*nelle date*) Neunte(r) *m* ❸ (*voto scolastico*) ≈ Sehr Gut *n,* Eins *f* III. *fpl* neun Uhr; *v. a.* **cinque; novecentesco, -a** [novetʃen'tesko] <-schi, -sche> *agg* das zwanzigste Jahrhundert betreffend; **novecentista** [novetʃen'tista] <-i *m,* -e *f*> *mf* Künstler(in) *m(f)* des 20. Jahrhunderts

novecento [nove'tʃɛnto] I. *num* neunhundert II. <-> *m* Neunhundert *f;* **il Novecento** das zwanzigste Jahrhundert; (*nell'arte italiana*) das Novecento

novella [no'vɛlla] *f* ❶ (LIT) Novelle *f* ❷ (*poet: notizia*) Nachricht *f,* Kunde *f;* **la buona** ~ die Frohe Botschaft

novellame [novel'la:me] *m* (*pesci*) junge Fische *mpl;* (*gener*) junge Tiere *npl*

novellare [novel'la:re] *vi* Novellen erzählen; **novellatore, -trice** [novella'to:re] *m, f* (Novellen)erzähler(in) *m(f)*

novellino, -a [novel'li:no] I. *agg* jung, neu; (*persone*) frischgebacken II. *m, f* Neuling *m*

novellista [novel'lista] <-i *m,* -e *f*> *mf* Novellenschreiber(in) *m(f),* Novellist(in) *m(f);* **novellistica** [novel'listika] *f* Novellistik *f,* Novellendichtung *f*

novello [no'vɛllo] *m* Trieb *m,* Schössling *m*

novello, -a *agg* neu, frisch; **-i sposi** Jungvermählte *mfpl*

novembre [no'vɛmbre] *m* November *m; v. a.* **aprile; novembrino, -a** [novem'bri:no] *agg* November-, novemberhaft

novemila [nove'mi:la] I. *num* neuntausend II. <-> *m* Neuntausend *f*

novena [no'vɛ:na] *f* Novene *f;* **novenario** [nove'na:rio] <-i> *m* Neunsilb(l)er *m*

novennale [noven'na:le] *agg* ❶ (*che dura nove anni*) neunjährig ❷ (*ricorrente ogni nove anni*) neunjährlich, Neunjahr(es)-; **novenne** [no'vɛnne] **I.** *agg* neunjährig **II.** *mf* Neunjährige(r) *f(m)*; **novennio** [no'vɛnnio] <-i> *m* Zeitraum *m* von neun Jahren

novilunio [novi'lu:nio] <-i> *m* Neumond *m*

novissimo, -a [no'vissimo] *agg* (*poet*) *superlativo di* **nuovo**

novità [novi'ta] <-> *f* ❶ (*qualità*) Neuheit *f*, Neuartigkeit *f*; (*cosa*) Neuheit *f* ❷ (*notizia*) Neuigkeit *f*, Nachricht *f* ❸ (*innovazione*) Neuerung *f*, Neuschöpfung *f*

novizia *f v.* **novizio**

noviziato [novit'tsia:to] *m* ❶ (REL: *stato, periodo*) Noviziat *n*; (*luogo*) Novizeninternat *n* ❷ (*tirocinio*) Einarbeitungszeit *f*; **novizio, -a** [no'vittsio] <-i, -ie> *m, f* ❶ (REL) Novize *m*, Novizin *f* ❷ (*fig: inesperto*) Anfänger(in) *m(f)*, Neuling *m*

nozione [not'tsio:ne] *f* ❶ (*conoscenza*) Kenntnis *f* ❷ (*concetto*) Begriff *m*; **nozionismo** [nottsio'nizmo] *m* oberflächliches Wissen; **nozionistico, -a** [nottsio'nisti-ko] <-ci, -che> *agg* oberflächlich

nozze ['nɔttse] *fpl* Hochzeit *f*; ~ **d'argento/di diamante/d'oro** silberne/diamantene/goldene Hochzeit; **andare a ~** (*fig*) sich freuen wie ein Schneekönig; **celebrare le ~** Hochzeit feiern; **festa di ~** Hochzeitsfeier *f*

ns. *abbr di* **nostro** unser

NT *abbr di* **Nuovo Testamento** N.T.

NU *abbr di* **Nazioni Unite** UN *fpl*

nuance [nɥã:s] <-> *f* Nuance *f*, Abstufung *f*

nube ['nu:be] *f* ❶ (SCIENT, *poet*) Wolke *f* ❷ (*fig*) Nebel *m*, Schleier *m*

nubifragio [nubi'fra:dʒo] <-gi> *m* Wolkenbruch *m*

nubile ['nu:bile] **I.** *agg* ledig, unverheiratet **II.** *f* Ledige *f*, ledige Frau, Junggesellin *f*

nuca ['nu:ka] <-che> *f* Nacken *m*, Genick *n*

nucleare [nukle'a:re] *agg* nuklear, Kern-; **armi -i** Atomwaffen *fpl*; **nuclearizzazione** [nuklɛariddzat'tsio:ne] *f* friedliche Nutzung von Kernenergie

nucleico, -a [nu'klɛːiko] <-ci, -che> *agg* **acido ~** Nukleinsäure *f*; **nucleina** [nukle'i:na] *f* Nuklein *n*; **nucleinico, -a** [nukle'i:niko] *agg v.* **nucleico**

nucleo ['nu:kleo] *m* ❶ (SCIENT) Kern *m* ❷ (*fig: reparto*) Gruppe *f*; **nucleonica** [nukle'o:nika] <sing> *f* (PHYS) Nukleotik *f*; **nuclide** [nu'kli:de] *m* Nuklid *n*

nudismo [nu'dizmo] *m* Nudismus *m*, Freikörperkultur *f*; **nudista** [nu'dista] <-i *m*, -e *f*> *mf* Nudist(in) *m(f)*

nudità [nudi'ta] <-> *f* Nacktheit *f*, Blöße *f*

nudo ['nu:do] *m* Akt *m*

nudo, -a *agg* nackt, bloß; (*terreno*) kahl; ~ **e crudo** nackt, bloß; **a occhio ~** mit bloßem Auge; **mettere a ~ qc** (*fig*) etw offen legen

nuke ['nju:k] <- *o* nukes> *f* ❶ (MIL: *il complesso delle armi nucleari*) Atomwaffenarsenal *n* ❷ (*fig: le centrali nucleari*) Atommeiler *mpl*, Atomkraftwerke *npl*

nulla ['nulla] **I.** <inv> *pron indef* nichts (von Belang); (*interrogativo*) etwas; **una cosa da ~** Kleinigkeit *f*, Nichtigkeit *f*; ~ **osta** *v.* **nullaosta II.** *avv* **non ... ~** nicht im Geringsten, ganz und gar nicht; **non fa ~** es macht nichts **III.** <-> *m* Nichts *n*, Kleinigkeit *f*

nulladimeno [nulladi'me:no] *cong v.* **nondimeno**

nullaggine [nul'laddʒine] *f* Nichtswürdige(s) *n*

nullaosta, nulla osta [nulla'ɔsta] <-> *m* (amtliche) Genehmigung *f*, Erlaubnis *f*

nullatenente [nullate'nɛnte] **I.** *agg* (ADM) mittellos, unbemittelt; (JUR) besitzlos **II.** *mf* (ADM) Mittellose(r) *f(m)*; (JUR) Besitzlose(r) *f(m)*; **nullatenenza** [nullate'nɛntsa] *f* (ADM) Mittellosigkeit *f*; (JUR) Besitzlosigkeit *f*

nullità [nulli'ta] <-> *f* ❶ (*qualità*) Nichtigkeit *f* ❷ (ADM) Ungültigkeit *f* ❸ (*persona*) Null *f fam*; **nullo, -a** ['nullo] *agg* ❶ (*non valido*) nichtig, ungültig ❷ (SPORT) unentschieden

number one ['nʌmbə wʌn] <-> *mf* Nummer *f* eins

nume ['nu:me] *m* Gottheit *f*, Numen *n*; ~ **tutelare** (*fig*) Beschützer *m*, Schutzherr *m*

numerabile [nume'ra:bile] *agg* nummerierbar, zählbar; **numerale** [nume'ra:le] **I.** *agg* Zahlen- **II.** *m* Zahlwort *n*

numerare [nume'ra:re] *vt* ❶ (*segnare con un numero*) nummerieren ❷ (*contare*) (auf)zählen; **numerario** [nume'ra:rio] <-i> *m* Kassenbestand *m*, Bargeld *n*

numeratore [numera'to:re] *m* ❶ (MAT) Zähler *m* ❷ (TEC) Nummerator *m*, Nummerierwerk *n*; **numerazione** [nume-rat'tsio:ne] *f* Nummerierung *f*

numerico, -a [nu'mɛːriko] <-ci, -che> *agg* zahlenmäßig, Zahlen-; (MAT, INFORM) numerisch

numero ['nu:mero] *m* ❶ (MAT) Zahl *f*, Ziffer *f* ❷ (*telefonico*) Nummer *f*; ~ **civico** Hausnummer *f*; ~ **di emergenza** Notrufnummer *f;* ~ **di gara** Startnummer *f;* ~ **verde** (TEL) *für den Anrufer kostenfreie Servicetelefonnummer;* **dare i -i** (*fam*) unverständliches Zeug reden, sich seltsam benehmen; **chiamare un** ~ (TEL) eine Nummer wählen; **sbagliare** ~ (TEL) sich verwählen, eine falsche Nummer wählen ❸(*quantità*) (An)zahl *f,* Menge *f;* **far** ~ (*a fig*) die Zahl voll machen; **un buon** ~ **di persone** eine große Anzahl von Personen; **in gran** ~ zahlreich, zahllos; ~ **chiuso** Numerus clausus *m* ❹(*di mezzi pubblici*) Linie *f* ❺(*esemplare di giornale*) Nummer *f,* Exemplar *n;* ~ **unico** Sonderausgabe *f;* ~ **zero** Nullnummer einer Zeitschrift ❻(*di spettacolo*) Nummer *f* ❼(*taglia, misura*) Größe *f* ❽(LING) Numerus *m,* Zahl *f*

numerosità [numerosi'ta] <-> *f* große Anzahl, Vielzahl *f;* **numeroso, -a** [nume'ro:so] *agg* zahlreich; (*famiglia, pubblico*) groß; **una famiglia -a** eine große Familie

numismatica [numiz'ma:tika] <-che> *f* Numismatik *f,* Münzkunde *f;* **numismatico, -a** [numiz'ma:tiko] <-ci, -che> I. *agg* numismatisch, Münzen- II. *m, f* Numismatiker(in) *m(f),* Münzenkenner(in) *m(f),* Münzensammler(in) *m(f)*

nunzio ['nuntsio] <-i> *m* (Apostolischer) Nuntius *m*

nuocere ['nuɔ:tʃere] <noccio *o* nuoccio, nocqui, nociuto> *vi* schaden

nuora ['nuɔ:ra] *f* Schwiegertochter *f*

nuorese [nuo're:se] I. *mf* (*abitante*) Einwohner(in) *m(f)* von Nuoro II. *agg* aus Nuoro

Nuorese <*sing*> *m* Umgebung *f* von Nuoro

Nuoro *f* Nuoro *n* (*Stadt in Sardinien*)

nuotare [nuo'ta:re] *vi* schwimmen; (*oggetti*) treiben; ~ **a farfalla** im Schmetterlingsstil schwimmen; ~ **a rana** Brust schwimmen; ~ **nell'abbondanza** (*fig*) im Überfluss leben; **nuotata** [nuo'ta:ta] *f* Schwimmen *n;* (*stile*) Schwimmstil *m;* **nuotatore, -trice** [nuota'to:re] *m, f* Schwimmer(in) *m(f);* **nuoto** [ɔ:to] *m* Schwimmen *n,* Schwimmsport *m;* **buttarsi a** ~ ins Wasser tauchen; **traversare a** ~ **un fiume** durch einen Fluss schwimmen

nuova ['nuɔ:va] *f* Neuigkeit *f,* Nachricht *f;* **nessuna** ~**, buona** ~ keine Nachricht, gute Nachricht

Nuova York ['nuɔ:va 'ɔrk] *f* New York *n*

Nuova Zelanda ['nuɔ:va ddze'landa] *f* Neuseeland *n*

nuovismo [nuo'vizmo] *m* blinder Fort-

schrittsglaube, unkritische Akzeptanz alles Neuen

nuovista [nuo'vista] <-i *m,* -e *f*> *mf* Fortschrittsgläubige(r) *f(m)*

nuovo ['nuɔ:vo] <*sing*> *m* Neue(s) *n,* Neuigkeit *f;* **che c'è di** ~? was gibt es Neues?

nuovo, -a <più nuovo, nuovissimo> *agg* neu; ~ **fiammante** [*o* di zecca] (funkel)nagelneu; **questa è proprio -a!** das ist wirklich unerhört!; **di** ~ von Neuem, nochmals

nurse [nə:s] <-> *f* Kinderfräulein *n*

nut [nʌt] <- *o* nuts> *m* (SPORT) Klemmschlaufe *f*

nutria ['nu:tria] <-ie> *f* Biberratte *f*

nutrice [nu'tri:tʃe] *f* Ernährerin *f;* (*balia*) Amme *f,* Nährmutter *f*

nutriciglia [nutri'tʃi:ʎʎa] I. <-> *m* Mascara *f* II. <inv> *agg* Mascara-

nutriente [nutri'ɛnte] *agg* (*sostanzioso*) nährend, nahrhaft; (*che nutrisce*) Nahrungs-, Nähr-; **nutrimento** [nutri'mento] *m* Nahrung *f*

nutrire [nu'tri:re] I. *vt* ❶(*alimentare*) nähren, ernähren ❷(*fig: mente*) fördern, pflegen; (*fiducia, odio*) hegen II. *vr* -**rsi** sich ernähren, essen; **nutritivo, -a** [nutri'ti:vo] *agg* (*cibo*) Nähr-, Nahrungs-; (*sostanzioso*) nahrhaft; **nutrito, -a** [nu'tri:to] *agg* ❶(*alimentato*) ernährt, genährt; **ben** ~ wohl ernährt; **mal** ~ unterernährt ❷(*fitto*) lebhaft, stürmisch; (*ampio*) ausgiebig; **nutritore** [nutri'to:re] *m* Futterkrippe *f;* **nutrizionale** [nutritsio'na:le] *agg* (MED) Ess-, Nähr-, Ernährungs-; **disturbi -i** Essstörungen *fpl;* **valori -i** Nährwerte *mpl;* **deficienze -i** Ernährungsmängel *mpl*

nutrizione [nutrit'tsio:ne] *f* ❶(*atto del nutrire*) Ernährung *f* ❷(*cibo*) Nahrung *f,* Essen *n;* **nutrizionista** [nutritsio'nista] <-i *m,* -e *f*> *mf* (SCIENT, MED) Ernährungswissenschaftler(in) *m(f)*

nutrizionistica [nutritsio'nistika] <*sing*> *f* Ernährungswissenschaft *f*

nuvola ['nu:vola] *f* Wolke *f;* **avere la testa tra le -e** (*fam*) in den Wolken schweben; **cadere** [*o* cascare] **dalle -e** (*fam*) aus allen Wolken fallen; **vivere nelle -e** (*fam*) im Wolkenkuckucksheim leben; **nuvolaglia** [nuvo'laʎʎa] <-glie> *f* Gewölk *n;* **nuvolo, -a** ['nu:volo] I. *agg* (*dial: poet*) wolkig, bewölkt II. *m* ❶(METEO) Bewölkung *f;* (*dial: poet*) Wolke *f* ❷(*fig: moltitudine*) Masse *f,* Haufen *m;* (*di zanzare, di gente*) Schwarm *m;* **nuvolone** [nuvo'lo:ne] *m* große Wolke

nuvolosità [nuvolosi'ta] <-> *f* Bewölkung *f*; **nuvoloso**, **-a** [nuvo'lo:so] *agg* wolkig, bedeckt

nuziale [nut'tsia:le] *agg* ehelich, Ehe-; (*festa, rito*) Hochzeits-; **anello ~** Trauring *m*;

nuzialità [nuttsiali'ta] <-> *f* Eheschließungsziffer *f*; **premio di ~** Heiratsprämie *f*

nylon® ['nailən] <-> *m* Nylon *n*

O o

O, o [ɔ] <-> *f* O, o *n;* ~ **come Otranto** O wie Otto

o [o] I.<davanti a vocale spesso *od*> *cong* ❶ (*oppure*) oder ❷ (*ossia, vale a dire*) oder auch, das heißt; ~ ... ~ entweder ... oder II. *int* o, oh, ach

O *abbr di* **ovest** W

oasi ['ɔːazi] <-> *f* Oase *f*

obbediente [obbe'diɛnte] *agg v.* **ubbidiente**

obbligare [obbli'gaːre] I. *vt* ❶ (*costringere*) zwingen; ~ **a letto** ans Bett fesseln ❷ (JUR: *vincolare*) verpflichten ❸ (*per riconoscenza*) (zu Dank) verpflichten II. *vr* **-rsi** ❶ (*per riconoscenza*) sich verpflichtet fühlen ❷ (JUR: *vincolarsi*) bürgen, haften ❸ (*impegnarsi*) sich verpflichten; **obbligato, -a** [obbli'gaːto] I. *agg* ❶ (*costretto*) gezwungen ❷ (JUR: *vincolato*) verpflichtet ❸ (*per riconoscenza*) (zu Dank) verpflichtet ❹ (*non variabile, inevitabile*) obligatorisch II. *m, f* (JUR) Schuldner(in) *m(f);* **obbligatorio, -a** [obbliga'tɔːrio] <-i, -ie> *agg* vorgeschrieben, obligatorisch; (*materia*) Pflicht-; (JUR) rechtsgültig, -verbindlich; **obbligazione** [obbligat'tsioːne] *f* ❶ (*obbligo*) Verpflichtung *f* ❷ (*impegno, debito*) Verbindlichkeit *f* ❸ (FIN) Obligation *f*, Wertpapier *n;* **-i dello Stato** Staatsanleihen *fpl;* **-i convertibili europee** Euro-Obligationen *fpl* ❹ (JUR) Schuldverschreibung *f;* **obbligo** ['ɔbbligo] <-ghi> *m* Pflicht *f;* **essere in ~ di fare qc** die Pflicht haben, etw zu tun; **d'** ~ vorgeschrieben, obligatorisch, Pflicht-; ~ **scolastico** Schulpflicht *f;* **sentirsi in** ~ sich verpflichtet fühlen

obb.mo *abbr di* **obbligatissimo** sehr ergebener ...

obbrobrio [ob'brɔːbrio] <-i> *m* Schande *f;* **obbrobrioso, -a** [obbro'brioːso] *agg* schändlich; (*molto brutto*) scheußlich

obelisco [obe'lisko] <-schi> *m* Obelisk *m*

oberato, -a [obe'raːto] *agg* ❶ (*di debiti*) überschuldet, übermäßig belastet ❷ (*fig: sovraccarico*) überladen, überhäuft

obesa *f v.* **obeso**

obesità [obezi'ta] <-> *f* Fettsucht *f;* **obeso, -a** [o'bɛːzo] I. *agg* fettleibig II. *m, f* fettleibige Person

obice ['ɔːbitʃe] *m* Haubitze *f*

obiettare [obiet'taːre] *vt* einwenden

obiettività [obiettivi'ta] <-> *f* Objektivität *f*

obiettivo [obiet'tiːvo] *m* ❶ (FOTO, PHYS) Objektiv *n* ❷ (MIL: *bersaglio*) Ziel(gebiet) *n*, Zielpunkt *m* ❸ (*scopo*) Ziel *n*, Zweck *m*

obiettivo, -a *agg* objektiv; (*giudizio*) sachlich; (*arbitro*) unvoreingenommen

obiettore, -trice [obiet'toːre] *m, f* Widerspruch Einlegende(r) *f(m);* ~ **di coscienza** Wehrdienstverweigerer *m;* **obiezione** [obiet'tsioːne] *f* Einwand *m,* Gegenargument *n;* ~ **di coscienza** Wehrdienstverweigerung *f*

obitorio [obi'tɔːrio] <-i> *m* Leichenschauhaus *n*

oblatività [oblativi'ta] <-> *f* (ADM, *form*) Selbstlosigkeit *f*

oblazione [oblat'tsioːne] *f* ❶ (*offerta*) Spende *f* ❷ (JUR) Strafabwendung durch Geldzahlung

obliare [obli'aːre] I. *vt* (*poet*) vergessen, aus dem Gedächtnis verlieren II. *vr* **-rsi** (*poet*) sich vergessen, sich versenken; **-rsi in qu** mit den Gedanken bei jdm sein

oblio [o'bliːo] <-ii> *m* (*poet*) Vergessenheit *f*

obliquità [oblikui'ta] <-> *f* Schräge *f,* Schiefe *f;* **obliquo, -a** [ob'liːkuo] *agg* ❶ (*sghembo*) schief, schräg; (*fig: sguardo*) schief (*fig: indiretto*) krumm *fam* ❸ (LING) abhängig

obliterare [oblite'raːre] *vt* entwerten; **obliteratrice** [oblitera'triːtʃe] *f* Entwerter *m;* **obliterazione** [obliterat'tsioːne] *f* Entwertung *f*

oblò [o'blɔ] <-> *m* Bullauge *n*

oblungo, -a [o'blungo] <-ghi, -ghe> *agg* länglich, mehr lang als breit

oboe ['ɔːboe] *m* Oboe *f;* **oboista** [obo'ista] <-i *m,* -e *f*> *mf* Oboist(in) *m(f)*

obolo ['ɔːbolo] *m* Obolus *m;* ~ **di San Pietro** Peterspfennig *m*

obsolescenza [obsoleʃ'ʃɛntsa] *f* Veralten *n*

obsoleto, -a [obso'lɛːto] *agg* veraltet, obsolet *geh*

OC *abbr di* **onde corte** KW (*Kurzwelle*)

oca ['ɔːka] <oche> *f* Gans *f;* **collo d'** ~ (TEC) Kurbelwelle *f;* (*di tubi*) Schwanenhals *m;* **pelle d'** ~ (*fig*) Gänsehaut *f;* **gioco dell'** ~ *ein* Würfelspiel; **ocaggine** [o'kaddʒine] *f* (*fam*) Dummheit *f,* Doofheit *f fam*

ocarina [oka'riːna] *f* Okarina *f*

occasionale [okkazio'naːle] *agg* Gelegenheits-, gelegentlich; (*per caso*) zufällig; **in-**

contro ~ Zufallsbekanntschaft *f;* **occasione** [okka'zio:ne] *f* ❶ (*opportunità*) Gelegenheit *f;* **cogliere l'~** die Gelegenheit nutzen; **perdere un'~** eine Gelegenheit verpassen ❷ (COM) Gelegenheitskauf *m,* Angebot *n;* **auto d'~** Gebrauchtwagen *m* ❸ (*circostanza*) Gelegenheit *f,* Anlass *m;* **all'~** gegebenenfalls; **con l'~** bei der Gelegenheit; **in ~ di ...** anlässlich +*gen;* **per l'~** aus diesem Anlass; **l'~ fa l'uomo ladro** (*prov*) Gelegenheit macht Diebe ❹ (*motivo*) Grund *m,* Anlass *m*

occaso [ok'ka:zo] *m* (*poet*) ❶ (*tramonto*) Sonnenuntergang *m* ❷ (*occidente*) Okzident *m obs,* Abend *m obs* ❸ (*fig: declino*) Untergang *m* ❹ (*fig: morte*) Heimgang *m geh*

occhi *pl di* **occhio**

occhiaccio [ok'kiattʃo] <-cci> *m* **far gli -cci a qu** jdn böse anblicken

occhiaia [ok'kia:ia] <-aie> *f* ❶ (*cavità del cranio*) Augenhöhle *f* ❷ *pl* (dunkle) Ränder *mpl,* (Augen)ringe *mpl*

occhialaio, -a [okkia'la:io] <-ai, -aie> *m, f* Brillenspezialist(in) *m(f);* **occhialeria** [okkiale'ri:a] <-ie> *f* Brillengeschäft *n;* **occhialetto** [okkia'letto] *m* Lorngnette *f,* Lorgnon *n;* **occhiali** [ok'kia:li] *mpl* Brille *f;* **~ da sole** Sonnenbrille *f;* **serpente dagli ~** Brillenschlange *f;* **occhialuto, -a** [okkia'lu:to] I. *agg* bebrillt II. *m, f* Brillenträger(in) *m(f)*

occhiata [ok'kia:ta] *f* (kurzer) Blick *m;* **dare un'~ a qc** einen (kurzen) Blick auf etw *acc* werfen; **dare un'~ al giornale** einen Blick in die Zeitung werfen; **dare un'~ ai bambini** ein Auge auf die Kinder haben; **lanciare un'~ a qu** jdm einen Blick zuwerfen

occhieggiare [okkied'dʒa:re] I. *vt* verstohlen schauen; (*a fig*) liebäugeln mit II. *vi* hervorschauen, zu sehen sein; (*luci*) (auf)leuchten, blinken

occhiello [ok'kiɛllo] *m* Knopfloch *n*

occhietto [ok'kietto] *m* ❶ (*occhio piccolo e vivace*) Äuglein *n;* **far l'~ a qu** jdm zuzwinkern ❷ (TYP) Schmutztitel *m*

occhio ['ɔkkio] <-chi> *m* ❶ (ANAT, BOT) Auge *n;* **uova all'~ di bue** Spiegeleier *npl;* **colpo d'~** (kurzer) Blick *m;* **avere gli occhi foderati di prosciutto** (*fam*) Tomaten auf den Augen haben; **costare** [*o* **valere**] **un ~ della testa** ein Vermögen kosten; **non credere ai propri occhi** seinen Augen nicht trauen; **dare all'** [*o* **nell'**] **~** ins Auge fallen; **essere tutt'occhi** seine Augen überall haben; **non levar gli occhi di dosso a qu** jdn nicht aus den Augen lassen; **mettere gli occhi addosso a qu** ein Auge auf jdn werfen; **non perdere d'~** nicht aus den Augen verlieren; **vedere di buon ~ qu** jdm wohl gesonnen sein; **a ~** schätzungsweise, ungefähr; **a ~ e croce** über den Daumen gepeilt *fam;* **a occhi chiusi** (*fig*) blindlings; **essere (come) un pugno in un ~** (*fig*) wie die Faust aufs Auge passen; **in un batter d'~** im Nu, in null Komma nichts *fam;* **~!** aufgepasst!, Augen auf!; **~ per ~, dente per dente** Auge um Auge, Zahn um Zahn; **~ non vede, cuore non duole** (*prov*) was ich nicht weiß, macht mich nicht heiß ❷ (*fig: accortezza*) Blick *m,* Auge *n;* **avere buon ~** ein Auge für etw haben ❸ (*foro*) Auge *n,* Loch *n* ❹ (TYP) Schriftbild *n;* **occhiolino** [okkio'li:no] *m* **fare l'~ a qu** jdm zuzwinkern; **fare l'~ a qc** mit etw liebäugeln

occidentale [ottʃiden'ta:le] I. *agg* West-, westlich; (*civiltà*) abendländisch II. *mf* Bewohner(in) *m(f)* der westlichen Welt; **occidente** [ottʃi'dɛnte] *m* Westen *m;* (*civiltà*) Abendland *n;* **a ~ di** westlich von

occipite [ot'tʃi:pite] *m* Hinterkopf *m*

occitanico, -a [ottʃi'ta:niko] <-ci, -che> *agg* okzitanisch

occludere [ok'klu:dere] <occludo, occlusi, occluso> *vt* verschließen; **occlusione** [okklu'zio:ne] *f* (MED, LING) Verschluss *m;* **occlusiva** [okklu'zi:va] *f* Verschlusslaut *m,* Okklusiv *m;* **occlusivo, -a** [okklu'zi:vo] *agg* verschließend

occluso [ok'klu:zo] *pp di* **occludere**; **occlusore** [okklu'so:re] I. *m* (OPT) Okklusiv *n* II. *agg* das Okklusiv betreffend

occorrente [okkor'rɛnte] I. *agg* erforderlich, notwendig II. *m* Notwendige(s) *n,* Nötige(s) *n;* **~ per scrivere** Schreibzeug *n;* **occorrenza** [okkor'rɛntsa] *f* ❶ (*necessità, bisogno*) Bedarf *m;* **all'~** bei Bedarf, im Bedarfsfall ❷ (*evenienza*) Bedarfsfall *m*

occorrere [ok'korrere] <irr> *vi* **essere** ❶ (*essere necessario*) erforderlich sein, benötigt werden ❷ (*impersonale*) nötig sein, müssen; **occorrono medicinali** es sind Medikamente erforderlich; **mi occorre del latte** ich brauche Milch; **occorre ... +*inf*** man muss ...; **non occorre ... +*inf*** man braucht nicht ..., es ist nicht nötig, dass ...

occultamento [okkulta'mento] *m* Verbergen *n,* Verstecken *n;* (*fig*) Unterdrückung *f*

occultare [okkul'ta:re] *vt* verbergen, verstecken; (*fig*) verheimlichen; (ASTR) verfinstern; **occultazione** [okkultat'tsio:ne] *f* Verbergen *n,* Verstecken *n;* (ASTR) Finsternis *f;* Eklipse *f*

occultismo [okkul'tizmo] *m* Okkultismus *m;* **occultista** [okkul'tista] <-i *m,* -e *f>* *mf* Okkultist(in) *m(f);* **occulto, -a** [ok'kulto] *agg* geheim, okkult; **scienze -e** Okkultismus *m*

occupabile [okku'pa:bile] *agg* besetzbar, einnehmbar; **occupante** [okku'pante] **I.** *agg* Besatzungs-, besetzend; **esercito ~** Besatzungsarmee *f,* -heer *n* **II.** *mf* ❶ (*veicolo*) Insasse *m,* Insassin *f* ❷ (*edificio*) Hausbesetzer(in) *m(f)*

occupare [okku'pa:re] **I.** *vt* ❶ (*luogo*) besetzen; (MIL) einnehmen ❷ (*appartamento*) beziehen ❸ (*carica*) inne haben, bekleiden ❹ (*spazio*) brauchen, wegnehmen **II.** *vr* **-rsi** ❶ (*interessarsi*) **-rsi di qc** sich mit etw beschäftigen ❷ (*prendersi cura*) **-rsi di qu** sich um jdn kümmern ❸ (*impiegarsi*) angestellt werden ❹ (*impicciarsi*) **-rsi di qu** sich in etw *acc* einmischen; **occupato, -a** [okku'pa:to] *agg* ❶ (*posto, telefono*) besetzt, belegt ❷ (*affaccendato*) beschäftigt ❸ (*impiegato*) angestellt, beschäftigt; **occupatore, -trice** [okkupa'to:re] *m, f* Besetzer(in) *m(f);* **occupazionale** [okkupattsio'na:le] *agg* Beschäftigungs-; **occupazione** [okkupat'tsio:ne] *f* ❶ (*presa di possesso*) Besetzung *f* ❷ (JUR) Aneignung *f* ❸ (*impiego*) Beschäftigung *f,* Anstellung *f* ❹ (*attività abituale*) Beschäftigung *f* ❺ (*complesso di lavoratori*) Beschäftigte(n) *mfpl;* **piena ~** Vollbeschäftigung *f*

oceanauta [otʃea'na:uta] <-i *m,* -e *f>* *mf* ❶ (SCIENT) Ozeanaut(in) *m(f),* Unterwasserforscher(in) *m(f)* ❷ (NAUT) Seefahrer(in) *m(f)*

oceanico, -a [otʃe'a:niko] <-ci, -che> *agg* ❶ (*dell'oceano*) ozeanisch ❷ (*fig: immenso*) unermesslich, unendlich; **oceano** [o'tʃɛːano] *m* ❶ (GEOG) Ozean *m* ❷ (*fig: immensità*) Meer *n;* **oceanografia** [otʃeanogra'fi:a] *f* Meereskunde *f,* Ozeanographie *f;* **oceanografico, -a** [otʃeano'gra:fiko] <-ci, -che> *agg* meereskundlich

ocelot [otʃe'lɔt] *m v.* **ozelot**

oche *pl di* **oca**

ocra¹ ['ɔːkra] <inv> *agg* ocker(farben)

ocra² *f* Ocker *m o n*

OCSE *f abbr di* **Organizzazione per la Collaborazione e lo Sviluppo Economico** OECD *f*

oculare [oku'la:re] *agg* Aug(en)-, okular *scient;* **testimone ~** Augenzeuge *m,* -zeugin *f*

oculatezza [okula'tettsa] *f* Umsicht *f,* Besonnenheit *f;* **oculato, -a** [oku'la:to] *agg* umsichtig, besonnen

oculista [oku'lista] <-i *m,* -e *f>* *mf* Augenarzt *m,* -ärztin *f;* **oculistica** [oku'listika] *f* Augenheilkunde *f;* **oculistico, -a** [oku'listiko] <-ci, -che> *agg* augenärztlich

od [od] *cong* = **o** *davanti a vocale*

ode ['ɔːde] *f* Ode *f*

odiare [o'dia:re] *vt* hassen

odierno, -a [o'diɛrno] *agg* heutig

odio ['ɔːdio] <-i> *m* Hass *m,* (heftige) Abneigung *f;* **avere in ~ qu** jdn hassen; **venire in ~ a qu** sich jds Hass zuziehen; **in ~ a** aus Abneigung gegen; **odiosità** [odiosi'ta] <-> *f* ❶ (*l'essere odioso*) Abscheulichkeit *f,* Verabscheuenswürdigkeit *f* ❷ (*l'incitare all'odio*) Gehässigkeit *f;* **odioso, -a** [o'dio:so] *agg* verhasst, hassenswert

odissea [odis'sɛːa] *f* Odyssee *f*

odo ['ɔːdo] *1. pers sing pr di* **udire**

odontalgia [odontal'dʒi:a] <-gie> *f* Zahnschmerz(en *pl*) *m*

odontalgico [odon'taldʒiko] <-ci> *m* (Zahn)schmerzmittel *n*

odontoiatra [odonto'ia:tra] <-i *m,* -e *f>* *mf* Zahnarzt *m,* -ärztin *f;* **odontoiatria** [odontoia'tri:a] <-ie> *f* Zahnmedizin *f,* Zahnheilkunde *f;* **odontoiatrico, -a** [odonto'ia:triko] <-ci, -che> *agg* zahnärztlich, zahnmedizinisch

odontotecnica [odonto'tɛknika] *f* Zahntechnik *f;* **odontotecnico, -a** [odonto'tɛkniko] <-ci, -che> **I.** *agg* zahntechnisch **II.** *m, f* Zahntechniker(in) *m(f)*

odorare [odo'ra:re] *vi* **~ di qc** nach etw riechen; **odorato** [odo'ra:to] *m* Geruch(ssinn) *m*

odore [o'do:re] *m* ❶ (*sensazione*) Geruch *m;* **sento ~ di ...** es riecht hier nach ... ❷ (*fig: concetto, fama*) (Ge)ruch *m geh* ❸ *pl* (GASTR) Gewürzkräuter *npl;* **odorino** [odo'ri:no] *m* Aroma *n,* (würziger) Duft *m;* **odoroso, -a** [odo'ro:so] *agg* duftend, wohlriechend

of course [ɔv 'kɔːs] *avv* sicher, selbstverständlich

offendere [of'fɛndere] <offendo, offesi, offeso> **I.** *vt* ❶ (*fig: persona*) beleidigen, kränken ❷ (*violare*) verletzen, verstoßen gegen ❸ (*danneggiare*) beschädigen; (*ferire*) verletzen **II.** *vr* **-rsi** ❶ (*risentirsi*) beleidigt sein ❷ (*ingiuriarsi*) sich (gegenseitig) beleidigen

offenditrice *f v.* **offensore**

offensiva [offen'si:va] *f* Offensive *f;* **offensivo, -a** [offen'si:vo] *agg* ❶ (*lesivo della dignità*) beleidigend, verletzend

offrire

offrire qualcosa	etwas anbieten
Posso aiutarLa?/Cosa desidera?	Kann ich Ihnen helfen?/Was darf es sein?
Desidera qualcosa?	Haben Sie irgendeinen Wunsch?
Cosa desideri?	Was hättest du denn gern?
Cosa ti va di mangiare/bere?	Was möchtest/magst du essen/trinken?
Che regalo ti piacerebbe per il tuo compleanno?	Was wünschst du dir zum Geburtstag?
Le posso offrire un bicchiere di vino?	Darf ich Ihnen ein Glas Wein anbieten?
Se desidera può usare il mio telefono.	Sie können gern mein Telefon benutzen.

accettare un'offerta	Angebote annehmen
Sì, grazie./Sì, volentieri.	Ja, bitte./Ja, gern.
Grazie, è gentile/carino da parte tua.	Danke, das ist nett/lieb von dir.
Sì, mi faresti un piacere.	Ja, das wäre nett.
Ma che gentile!	Oh, das ist aber nett!

rifiutare un'offerta	Angebote ablehnen
No, grazie.	Nein, danke!
Non lo posso accettare!	Das kann ich doch nicht annehmen!
Non è necessario!	Aber das ist doch nicht nötig!

❷ (MIL) offensiv, Angriffs- ❸ (*atto a ferire*) verletzend; **offensore**, **offenditrice** [offen'so:re, offendi'tri:tʃe] *m, f* ❶ (*chi offende*) Beleidiger(in) *m(f)* ❷ (MIL) Angreifer *m*

offerente [offe'rɛnte] *mf* Bieter(in) *m(f)*; **aggiudicare qc al migliore ~** etw dem Meistbietenden zuschlagen

offersi [offɛrsi] *1. pers sing pass rem di* **offrire**

offerta [offɛrta] *f* ❶ (*dono*) Gabe *f*; (*obolo*) Spende *f* ❷ (*proposta*) Angebot *n*; **~ di lavoro** Stellenangebot *n* ❸ (COM) Angebot *n*, Offerte *f*; **domanda e ~** Angebot und Nachfrage

offerto [offɛrto] *pp di* **offrire**

offertorio [offer'tɔ:rio] <-i> *m* Offertorium *n*

offesa [offe:sa] *f* ❶ (*fig*) Kränkung *f*, Beleidigung *f* ❷ (*danno materiale*) Schaden *m*; (*lesione fisica*) Verletzung *f* ❸ (*oltraggio, violazione*) Verletzung *f*, Verstoß *m*

offesi [offe:si] *1. pers sing pass rem di* **offendere**

offeso, -a [offe:so] **I.** *pp di* **offendere** **II.** *agg* beleidigt, gekränkt **III.** *m, f* Beleidigte(r) *f(m)*, Gekränkte(r) *f(m)*; **fare l'~** den Beleidigten spielen

officiante [offi'tʃante] **I.** *agg* zelebrierend

II. *m* Zelebrant *m*, Offiziant *m*; **officiare** [offi'tʃa:re] *vt, vi* zelebrieren

officina [offi'tʃi:na] *f* Werkstatt *f*

officinale [offitʃi'na:le] *agg* Arznei-

offline ['ɔ:f lain] <-inv> *agg* (INFORM) offline

off line ['ɔ:f lain] <-inv> *agg* (INFORM) offline

offrire [offri:re] <offro, offersi *o* offrii, offerto> **I.** *vt* ❶ (*mettere a disposizione*) anbieten ❷ (*regalare*) schenken ❸ (*fig: esporre, presentare*) bieten, zeigen ❹ (COM: *mettere in vendita*) anbieten, offerieren ❺ (*fam: pagare*) zahlen; (*dare*) geben; **oggi offre lui il pranzo** er zahlt heute das Mittagessen; **chi mi offre una sigaretta?** wer gibt mir eine Zigarette? **II.** *vr* **-rsi** sich anbieten

offset ['ɔ:fset] <-> *m* Offsetdruck *m*

offuscamento [offuska'mento] *m* Verdunk(e)lung *f*; **offuscare** [offus'ka:re] *vt* ❶ (*oscurare, ottenebrare*) verdunkeln, verfinstern ❷ (*fig*) trüben; (*meriti*) schmälern

ofidi [o'fi:di] *mpl* Schlangen *fpl*

oftalmico, -a [of'talmiko] <-ci, -che> *agg* Augen-; **oftalmologo, -a** [oftal'mɔ:logo] <-gi, -ghe> *m, f* Augenarzt *m*, -ärztin *f*

oggettistica [oddʒet'tistika] <-che> *f* Geschenk- und Haushaltsartikel *mpl*

oggettivare [oddʒetti'va:re] *vt* objektivieren; **oggettivazione** [oddʒetti-vat'tsio:ne] *f* Objektivierung *f;* **oggetti-vismo** [oddʒetti'vizmo] *m* Objektivis-mus *m;* **oggettività** [oddʒettivi'ta] <-> *f* Objektivität *f;* **giudicare con ~** objektiv ur-teilen; **oggettivo, -a** [oddʒet'ti:vo] *agg* ❶(PHILOS) objektiv ❷(*obiettivo*) objektiv, sachlich ❸(LING) Objekt-

oggetto [od'dʒetto] *m* ❶(*unità materiale*) Gegenstand *m,* Ding *n;* **-i preziosi** Wertge-genstände *mpl* ❷(*scopo, argomento*) Ge-genstand *m;* **~ del discorso** Gesprächsge-genstand *m;* **avere per ~** zum Gegenstand haben ❸(JUR) Gegenstand *m* ❹(PHILOS) Ob-jekt *n* ❺(LING: *complemento ~*) Akkusativ-objekt *n* ❻(ADM) Betreff *m;* **con riferi-mento a quanto indicato in ~ ...** (ADM) unter Bezugnahme auf die im Betreff ge-nannte Angelegenheit

oggettualità [oddʒettuali'ta] <-> *f* objek-tive Wirklichkeit [*o* Realität]

oggi ['ɔddʒi] **I.** *avv* heute; **~ stesso** heute noch; **a otto/quindici** heute in acht Ta-gen/zwei Wochen **II.** *m* Heute *n,* Gegen-wart *f;* **il giornale di ~** die Zeitung von heute; **al giorno d'~** heutzutage; **dall'~ al domani** von heute auf morgen; **oggidì, oggigiorno** [oddʒi'di, oddʒi'dʒorno] **I.** *avv* heutzutage **II.** *m* gegenwärtige Zeit *f,* Heute *n*

ogiva [o'dʒi:va] *f* ❶(ARCH) Spitzbogen *m* ❷(MIL: *di un missile, di un proiettile*) Spit-ze *f;* **~ nucleare** Atomsprengkopf *m;* **ogi-vale** [odʒi'va:le] *agg* ❶(ARCH) spitzbogig, Spitzbogen- ❷(*missili*) spitz zulaufend

OGM *acro di* **Organismi Geneticamente Modificati** genmanipulierte Organismen *pl*

ogni ['oɲɲi] <*inv, solo al sing*> *agg* jede(r, s); **uno ~ dieci** jeder Zehnte; **~ tre giorni** alle drei Tage; **~ tanto** hin und wieder, von Zeit zu Zeit; **~ momento** andauernd, die ganze Zeit; **ad ~ modo** jedenfalls; **con ~ mezzo** mit allen Mitteln; **con ~ riguardo** mit Hochachtung, mit höchster Achtung; **in ~ caso** in jedem Fall; **in ~ luogo** überall; **in ~ modo** auf jeden Fall, auf alle Fälle; **ogniqualvolta** [oɲɲikual'volta] *cong* (*poet*) jedes Mal wenn, sooft

Ognissanti [oɲɲis'santi] <-> *m* Allerheili-gen *n;* **ognora** [oɲ'ɲo:ra] *avv* (*poet*) alle-zeit *obs*

ognuno, -a [oɲ'ɲu:no] <*sing*> *pron indef* jedermann, (ein) jeder, (eine) jede, (ein) je-des

oh [ɔ *o o*] *int* o, oh

ohé [o'e] *int* (*fam*) he

ohi ['ɔ:i] *int* au, aua; **ohibò** [oi'bɔ] *int* pfui;

~, che schifo! pfui Teufel!; **ohimè** [oi'mɛ] *int* oje, weh mir *geh*

ohm [o:m] <-> *m* Ohm *n*

oibò *int v.* **ohibò**

OL *abbr di* **onde lunghe** LW (*Langwelle*)

olà [o'la] *int* heda

ola *f* (SPORT) La-Ola-Welle *f*

Olanda [o'landa] *f* Holland *n*

olandese[1] [olan'de:se] <*sing*> *m* (*lingua*) Holländisch *n,* Niederländisch *n;* **olandese**[2] **I.** *agg* holländisch, niederlän-disch; **zoccoli -i** Holzschuhe *mpl* **II.** *mf* Holländer(in) *m(f),* Niederländer(in) *m(f)*

old fashion ['ould 'fæʃən] <*sing*> *m* „Ol-die“-Mode *f*

old-time ['ould'taim] <*inv*> *agg* aus der guten alten Zeit

oleandro [ole'andro] *m* Oleander *m*

oleario, -a [ole'a:rio] <-i, -ie> *agg* ❶(*dell'olio*) Öl- ❷(*delle olive*) Oliven-; **oleato, -a** [ole'a:to] *agg* **carta -a** Ölpa-pier *n;* **oleico, -a** [o'lɛ:iko] <-ci, -che> *agg* **acido ~** Ölsäure *f*

oleificio [olei'fi:tʃo] <-ci> *m* Ölfabrik *f;* **oleochimica** [oleo'ki:mika] *f* (CHEM) Fettverseifungsindustrie *f*

oleodotto [oleo'dotto] *m* (Erd)ölleitung *f,* Pipeline *f;* **oleografia** [oleogra'fi:a] *f* ❶(TYP) Öl(farben)druck *m* ❷(*fig, pej*) Kitsch *m;* **oleografico, -a** [oleo'gra:fiko] *agg* ❶(TYP) den Ölfarbendruck betreffend ❷(*fig, pej*) kitschig; **oleosità** [oleosi'ta] <-> *f* ölige Beschaffenheit *f,* Öligkeit *f*

oleoso, -a [ole'o:so] *agg* ❶(*che contiene olio*) ölhaltig, ölig ❷(*simile all'olio*) ölig

olezzante [oled'dzante] *agg* (*poet*) wohl-riechend *geh;* **olezzare** [oled'dza:re] *vi* (*poet*) Wohlgeruch ausströmen *geh,* duf-ten; **olezzo** [o'leddzo] *m* (*poet*) Wohlge-ruch *m geh,* Duft *m*

olfattivo, -a [olfat'ti:vo] *agg* den Geruchs-sinn betreffend; **olfatto** [ol'fatto] *m* Ge-ruch(ssinn) *m*

oliare [o'lia:re] *vt* ölen; **oliatore** [olia'to:re] *m* ❶(TEC) Schmiernippel *m* ❷(*recipiente*) Ölkännchen *n*

oliera [o'liɛ:ra] *f* Menage *f*

oligarchia [oligar'ki:a] <-chie> *f* Oligar-chie *f*

oligopsonio [oligop'sio:no] <-i> *m* (COM, FIN) oligopsonische Marktform, Oligo-pson *n;* **oligopsonista** [oligopso'nista] <-i *m,* -e *f*> *mf* (COM, FIN) Einkäufer(in) *m(f)* in einer oligopsonistischen Marktsi-tuation; **oligopsonistico, -a** [oligo-pso'nistiko] <-ci, -che> *agg* oligopsonis-tisch

olimpiade [olim'pi:ade] *f* Olympiade *f;*

olimpico, -a [o'limpiko] <-ci, -che> *agg* olympisch, Olympia-; **olimpionico, -a** [olim'piɔːniko] <-ci, -che> I. *agg* **campione** ~ Olympionike *m* II. *m, f* Olympionike *m,* Olympionikin *f*

olimpo [o'limpo] *m* Olymp *m*

olio [ˈɔːlio] <-i> *m* Öl *n; ~* **abbronzante** Sonnenöl *n; ~* **combustibile** Heizöl *n; ~* **commestibile** Speiseöl *n; ~* **essenziale** ätherisches Öl; **~ di oliva** Olivenöl *n; ~* **di ricino** Rizinusöl *n; ~* **di semi** Keimöl *n;* **quadro ad ~** Ölbild *n,* Ölgemälde *n;* **andare liscio come l'~** glatt laufen; **estendersi a macchia d'~** sich zusehends ausbreiten; **sott'~** (GASTR) in Öl eingelegt

oliva¹ [o'liːva] *f* Olive *f*

oliva² <inv> *agg* oliv(grün)

olivastro [oli'vastro] *m* (BOT) Oleaster *m,* wilde Olive

olivastro, -a *agg* oliv, olivfarben

oliveto [oli've:to] *m* Olivenhain *m;* **olivicoltore, -trice** [olivikol'to:re] *m, f* Olivenbauer *m,* -bäu(e)rin *f;* **olivicoltura** [olivikol'tu:ra] *f* Olivenanbau *m;* **olivo** [o'liːvo] *m* ❶ (BOT) Olivenbaum *m,* Olive *f* ❷ (*simbolo di pace*) Ölzweig *m*

olla [ˈɔlla] *f* Tonvase *f,* Tontopf *m*

olmo [ˈolmo] *m* Ulme *f*

olocausto [olo'ka:usto] *m* ❶ (REL) Menschenopfer *n,* Brandopfer *n* ❷ (*fig*) Opfer *n* ❸ (HIST) Holocaust *m*

olografia [ologra'fiːa] *f* (OPT, FOTO) Holographie *f;* **olografico, -a** [olo'graːfiko] *agg* holographisch; **olografo, -a** [o'lɔːgrafo] *agg* holographisch, (ganz) eigenhändig; **ologramma** [olo'gramma] <-i> *m* (OPT, TEC) Hologramm *n*

olona [o'loːna] *f* Segeltuch *n*

oloturia [olo'tu:ria] <-ie> *f* Seegurke *f*

OLP [ɔlp] *m abbr di* **Organizzazione per la Liberazione della Palestina** PLO *f*

oltraggiare [oltrad'dʒa:re] *vt* (schwer) beleidigen, beschimpfen; **oltraggiatore, -trice** [oltraddʒa'to:re] *m, f* Beleidiger(in) *m(f);* **oltraggio** [ol'traddʒo] <-ggi> *m* (schwere) Beleidigung *f;* **~ a pubblico ufficiale** Beamtenbeleidigung *f;* **oltraggioso, -a** [oltrad'dʒo:so] *agg* beleidigend

oltralpe, oltr'alpe [ol'tralpe] I. *avv* jenseits der Alpen (*von Italien aus gesehen*) II. *m* Länder *n pl* jenseits der Alpen

oltramontano, -a [oltramon'ta:no] *agg* jenseits der Berge (*d. h. Alpen*); (*fig*) ausländisch

oltranza [ol'trantsa] *f* **a ~** bis zum Äußersten; **oltranzismo** [oltran'tsizmo] *m* Extremismus *m;* **oltranzista** [oltran'tsista] <-i *m,* -e *f*> *mf* Extremist(in) *m(f)*

oltre [ˈoltre] I. *avv* ❶ (*di tempo*) länger ❷ (*di luogo*) weiter; **andare ~** weitergehen; **andare troppo ~** (*fig*) zu weit gehen II. *prp* ❶ (*dall'altra parte di*) jenseits +*gen;* (*moto*) über +*acc* ❷ (*più di*) mehr als, über +*acc* ❸ (*in aggiunta, in più*) neben +*dat,* außer +*dat* ❹ (*eccetto*) ~ **a** außer +*dat*

oltrecortina [oltrekor'ti:na] I. <inv> *agg* (HIST) hinter dem Eisernen Vorhang (gelegen) II. *m* (HIST) Länder *npl* hinter dem Eisernen Vorhang

oltrefrontiera [oltrefron'tiɛːra] I. <inv> *agg* jenseits der Grenze II. *avv* ❶ (*stato in luogo*) jenseits der Grenze ❷ (*moto a luogo*) über die Grenze III. <*sing*> *m* **paesi d'~** Nachbarländer *npl*

oltremanica [oltre'ma:nika] I. <*sing*> *m* (GEOG: *spec. la Gran Bretagna*) Großbritannien *n* II. <inv> *agg* jenseits des Ärmelkanals III. *avv* ❶ (*stato in luogo*) jenseits des Ärmelkanals ❷ (*moto a luogo*) über den Ärmelkanal

oltremare [oltre'ma:re] I. *avv* (*stato*) in Übersee; (*moto*) nach Übersee II. <inv> *agg* **blu ~** ultramarin(blau) III. <*sing*> *m* **d'~** aus Übersee; **oltremarino, -a** [oltrema'ri:no] *agg* ❶ (*d'oltremare*) überseeisch, Übersee- ❷ (*colore*) ultramarin

oltremisura, oltre misura [oltremi'zu:ra] *avv* überaus, über die Maßen *geh*

oltremodo, oltre modo [oltre'mɔ:do] *avv* höchst, überaus

oltremondano, -a [oltremon'da:no] *agg* überirdisch

oltreoceano [oltre'tʃɛ:ano] I. *avv* (*stato*) in Übersee; (*moto*) nach Übersee II. <*sing*> *m* **d'~** aus Übersee

oltrepassare [oltrepas'sa:re] *vt* (*a fig*) überschreiten

oltretomba [oltre'tomba] <-> *m* Jenseits *n;* **voce d'~** Grabesstimme *f*

OM *abbr di* **onde medie** MW (*Mittelwelle*)

omaggiare [omad'dʒa:re] *vt* ❶ (*riverire*) die Hochachtung erweisen (*qu* jdm); **la omaggio!** meine Hochachtung! ❷ (*ossequiare*) bedenken (*qu con o di qc* jdn mit etw), huldigen

omaggio¹ [o'maddʒo] <-ggi> *m* ❶ (*offerta*) (Werbe)geschenk *n;* **libro in ~** Freiexemplar *n* ❷ (*fig: segno di rispetto*) Huldigung *f;* (*a un artista*) Hommage *f;* **rendere ~ a qu** jds gedenken, jdm huldigen ❸ *pl* (*ossequi*) Verehrung *f,* Hochachtung *f;* (*saluti*) Empfehlung(en *pl*) *f;* **Le porgo i miei -ggi** meine Empfehlung

omaggio² <inv> *agg* **confezione ~** Werbegeschenk *n*

ombelicale [ombeli'ka:le] *agg* Nabel-; **cordone** ~ Nabelschnur *f*; **ombelico** [ombe'li:ko] <-chi> *m* (Bauch)nabel *m*

ombra ['ombra] *f* ❶ (*gener*) Schatten *m*; **all'~ di** im Schatten von; **aver paura della propria** ~ sich vor seinem eigenen Schatten fürchten; **restare nell'~** (*fig*) im Dunkeln bleiben ❷ (*fig: parvenza*) Anschein *m*; **senz'~ di** dubbio zweifellos ❸ (*fig: protezione*) Schutz *m*; **all'~ di** unter dem Schutz von; **ombreggiare** [ombred'dʒa:re] *vt* (*in pittura*) schattieren; **ombreggiatura** [ombredd'ʒa'tu:ra] *f* (*in pittura*) Schattierung *f*

ombrella [om'brɛlla] *f* ❶ (BOT) Dolde *f* ❷ (ZOO) Schirm *m* (*der Qualle*)

ombrellaio, -a [ombrel'la:io] <-ai, -aie> *m, f* ❶ (*fabbricante*) Schirmmacher(in) *m(f)* ❷ (*venditore*) Schirmverkäufer(in) *m(f)*; **ombrellificio** [ombrelli'fi:tʃo] <-ci> *m* Schirmfabrik *f*; **ombrellino** [ombrel'li:no] *m* ❶ (*parasole per signora*) (kleiner) Sonnenschirm *m* ❷ (REL) (kleiner) Baldachin *m*

ombrello [om'brɛllo] *m* Schirm *m*; ~ **atomico** [*o* **nucleare**] (MIL) atomarer Schutzschild; ~ **pieghevole** Knirps *m*; **ombrellone** [ombrel'lo:ne] *m* (großer) Sonnenschirm *m*

ombretto [om'bretto] *m* Lidschatten *m*
ombrina [om'bri:na] *f* Umber *m*
ombrosità [ombrosi'ta] <-> *f* ❶ (*oscurità*) Dunkel *n* ❷ (*fig*) Verletzlichkeit *f*; **ombroso, -a** [om'bro:so] *agg* ❶ (*ricco d'ombra*) schattig ❷ (*che dà ombra*) Schatten spendend ❸ (*fig*) verletzlich; (*animale*) scheu

ombudsman ['ɔmbydsman] <-> *m* (JUR) Ombudsmann, -frau *m, f*
omega [o'mɛ:ga] <-> *m* Omega *n*
omelette [ɔm'lɛt] <-> *f* Omelett *n*
omelia [ome'li:a] <-ie> *f* ❶ (REL) Homilie *f* ❷ (*fig, scherz*) Predigt *f*

omeopatia [omeopa'ti:a] <-ie> *f* Homöopathie *f*; **omeopatico, -a** [omeo'pa:tiko] <-ci, -che> I. *agg* homöopathisch II. *m, f* Homöopath(in) *m(f)*

omerico, -a [o'mɛ:riko] <-ci, -che> *agg* homerisch

omero ['ɔ:mero *o* 'o:mero] *m* ❶ (ANAT) Oberarmknochen *m* ❷ (*poet: spalla*) Schulter *f*

omertà [omer'ta] <-> *f* Schweigepflicht *f*, Verschwiegenheit *f*

omettere [o'mettere] <irr> *vt* aus-, weglassen; (*non fare*) unterlassen

ometto [o'metto] *m* Männchen *n*; (*fig: bambino*) kleiner Mann; **omiciattolo**

[omi'tʃattolo] *m* (*pej*) kleiner Kerl *m*, Knirps *m*

omicida [omi'tʃi:da] <-i *m*, -e *f*> I. *agg* Mörder-, Mord-; **intenzione** ~ mörderische Absicht II. *mf* Mörder(in) *m(f)*; **omicidio** [omi'tʃi:dio] <-i> *m* Mord *m*; ~ **colposo** fahrlässige Tötung; ~ **doloso** Totschlag *m*; ~ **premeditato** heimtückischer Mord; ~ **su commissione** Auftragsmord *m*; ~ **volontario** vorsätzliche Tötung

omisi *1. pers sing pass rem di* **omettere**
omissibile [omis'si:bile] *agg* weglassbar; (*atto*) unterlassbar; **omissione** [omis'sio:ne] *f* ❶ (*tralasciamento*) Weg-, Auslassung *f* ❷ (*volontario mancato compimento*) Unterlassung *f*, Unterlassen *n*; ~ **di soccorso** unterlassene Hilfeleistung

omo ['ɔ:mo] *m* (*tosc: obs*) Mensch *m*; ~ **sapiens** Homo Sapiens *m*

omoerotico, -a [omoer'ɔ:tiko] *agg* (*omosessuale*) homoerotisch *geh*; **omoerotismo** [omoero'tizmo] *m* (*omosessualità*) Homoerotismus *m geh*; **omofobia** [omofo'bi:a] *f* Homophobie *f*

omofonia [omofo'ni:a] <-ie> *f* (MUS) Homophonie *f*

omofono [o'mɔ:fono] *m* (LING) Homophon *n*; **omofono, -a** *agg* (MUS, LING) homophon

omogeneità [omodʒenei'ta] <-> *f* Homogenität *f*, Gleichartigkeit *f*

omogeneizzare [omodʒeneid'dza:re] *vt* homogenisieren; **omogeneizzati** [omodʒeneid'dza:ti] *mpl* (Kinder)fertignahrung *f*; **omogeneizzato, -a** [omodʒeneid'dza:to] *agg* homogenisiert; **latte ~** H-Milch *f*; **omogeneizzazione** [omodʒeneiddzat'tsio:ne] *f* Homogenisierung *f*

omogeneo, -a [omo'dʒɛ:neo] *agg* homogen, gleich(artig)

omografia [omogra'fi:a] *f* Homographie *f*; **omografo** [o'mɔ:grafo] *m* (LING) Homograph *n*; **omografo, -a** *agg* (LING) homographisch

omologare [omolo'ga:re] *vt* genehmigen; (*autoveicoli*) zulassen; (*riconoscere*) anerkennen, bestätigen; **omologazione** [omologat'tsio:ne] *f* Genehmigung *f*; (*di automezzi*) Zulassung *f*; (*riconoscimento*) Anerkennung *f*, Bestätigung *f*

omologia [omolo'dʒi:a] <-gie> *f* Homologie *f*; **omologo, -a** [o'mɔ:logo] <-ghi, -ghe> *agg* homolog

omonima *f v.* **omonimo**
omonimia [omoni'mi:a] <-ie> *f* ❶ (*uguaglianza di nome*) Gleichnamigkeit *f* ❷ (LING) Homonymie *f*

omonimo [o'mɔ:nimo] *m* (LING) Homonym *n;* **omonimo, -a** I. *agg* ❶ (*d'ugual nome*) ❷ (LING) homonym II. *m, f* Namensvetter *m,* -schwester *f*

omosessuale [omosessu'a:le] I. *agg* homosexuell II. *mf* Homosexuelle(r) *f(m);* **omosessualità** [omosessuali'ta] *f* Homosexualität *f*

omuncolo [o'muŋkolo] *m* (*pej*) kleiner Kerl *m,* Knirps *m*

onagro ['ɔ:nagro *o* o'na:gro] *m* Onager *m,* Halbesel *m*

onanismo [ona'nizmo] *m* Onanie *f;* **onanista** [ona'nista] <-i *m,* -e *f*> *mf* Onanist(in) *m(f)*

oncia ['ontʃa] <-ce> *f* Unze *f;* **onciale** [on'tʃa:le] I. *agg* **scrittura ~** Unzialschrift *f* II. *f* Unzialschrift *f,* Unziale *f*

onda ['onda] *f* ❶ (*del mare*) Welle *f* ❷ (*fig*) Flut *f;* **essere sulla cresta dell'~** auf dem Gipfel des Erfolgs sein; **seguire l'~** mit dem Strom schwimmen ❸ (PHYS) **-e corte/lunghe/medie** Kurz-/Lang-/Mittelwelle *f;* **~ d'urto** (*a fig*) Schockwelle *f;* **mettere** [*o* **mandare**] **in ~** (TV, RADIO) ausstrahlen; **ondata** [on'da:ta] *f* Sturzwelle *f;* (*fig*) Welle *f;* **~ di caldo** Hitzewelle *f*

onde ['onde] I. *avv* ❶ (*da dove*) woher, von wo ❷ (*dalla qual cosa*) wovon, woraus II. *cong* +*conj* damit; **~ ... +***inf* um zu ... +*inf*

ondeggiamento [ondeddʒa'mento] *m* (*a fig*) Schwanken *n,* Schaukeln *n;* **ondeggiare** [onded'dʒa:re] *vi* (*a fig*) schwanken, schaukeln

ondina [on'di:na] *f* Undine *f*

ondoso, -a [on'do:so] *agg* (*mare*) bewegt; **moto ~** Wellengang *m*

ondulante [ondu'lante] *agg* ❶ (*moto*) schwankend, schaukelnd ❷ (*febbre*) undulierend; **ondulare** [ondu'la:re] *vt* ❶ (*capelli*) wellen, in Wellen legen ❷ (*lamiera*) wellen; **ondulato, -a** [ondu'la:to] *agg* (*capelli*) gewellt, wellig; (*terreno*) wellig; (*lamiera*) Well-; **ondulatorio, -a** [ondula'tɔ:rio] <-i, -ie> *agg* wellenförmig, wellenartig; (PHYS) Wellen-, undulatorisch; **ondulazione** [ondulat'tsio:ne] *f* ❶ (*disposizione a onde*) Welligkeit *f* ❷ (*oscillazione*) Wellenbewegung *f* ❸ (*acconciatura a onde*) Wellen *n*

one-man show [wʌnmæn 'ʃou] <- *o* one-man shows> *m* One-Man-Show *f,* Solonummer *f*

onerare [one'ra:re] *vt* belasten (*qu di qc* jdn mit etw), aufbürden (*qu di qc* jdm etw)

onere ['ɔ:nere] *m* Last *f,* Verpflichtung *f;* **~ fiscale** (JUR) Belastung *f;* **onerosità** [onerosi'ta] <-> *f* Belastung *f,* Last *f;*

oneroso, -a [one'ro:so] *agg* ❶ (JUR) entgeltlich ❷ (*fig: pesante*) belastend

onestà [ones'ta] <-> *f* ❶ (*rettitudine*) Ehrlichkeit *f,* Rechtschaffenheit *f* ❷ (*comportamento virtuoso*) Ehrbarkeit *f,* Ehrenhaftigkeit *f*

onesta *f v.* **onesto; onestamente** [onesta'mente] *avv* ❶ (*con onestà*) ehrlich, redlich ❷ (*in tutta sincerità*) ehrlicherweise

onesto, -a [o'nɛsto] I. *agg* ❶ (*retto*) ehrlich, redlich ❷ (*decoroso, lecito*) anständig, schicklich II. *m, f* ehrlicher Mensch

onice ['ɔ:nitʃe] *m* Onyx *m*

oniomania [onioma'ni:a] *f* (PSYCH) Verschwendungssucht *f,* Kaufsucht *f*

onirico, -a [o'ni:riko] <-ci, -che> *agg* Traum-, traumhaft; **oniromanzia** [oniroman'tsi:a] <-ie> *f* Traumdeutung *f*

online ['ɔ:n'lain] <inv> *agg* (INFORM) online; **servizio ~** Online-Dienst *m*

on line ['ɔ:n'lain] <inv> *agg* (INFORM: *in linea*) online; **servizio ~** Online-Dienst *m*

onni- [onni] (*in parole composte*) All(es)-, all(es)-

onnicomprensivo, -a [onnikompren'si:vo] *agg* gesamt, allumfassend

onnipotente [onnipo'tɛnte] *agg* allmächtig; **onnipotenza** [onnipo'tɛntsa] *f* Allmacht *f*

onnipresente [onnipre'zɛnte] *agg* allgegenwärtig; **onnipresenza** [onnipre'zɛntsa] *f* Allgegenwart *f*

onnisciente [onniʃ'ʃɛnte] *agg* allwissend; **onniscienza** [onniʃ'ʃɛntsa] *f* Allwissenheit *f*

onniveggente [onnived'dʒɛnte] *agg* allsehend; **onniveggenza** [onnived'dʒɛntsa] *f* Fähigkeit alles zu sehen

onnivoro [on'ni:voro] *m* Allesfresser *m;* **onnivoro, -a** *agg* allesfressend

onomastica [ono'mastika] <-che> *f* Namenkunde *f,* Onomastik *f*

onomastico [ono'mastiko] *m* ❶ (*festa*) Namenstag *m* ❷ (*lessico*) Namenverzeichnis *n*

onomastico, -a <-ci, -che> *agg* namenkundlich, Namen(s)-; **lessico ~** Namenverzeichnis *n*

onomatopea [onomato'pɛ:a] <-ee> *f* (LING) Lautmalerei *f,* Onomatopöie *f;* **onomatopeico, -a** [onomato'pɛ:iko] <-ci, -che> *agg* (LING) lautmalend, onomatopoetisch

onorabile [ono'ra:bile] *agg* ehrbar; **onorabilità** [onorabili'ta] <-> *f* Ehrbarkeit *f,* Ehrenhaftigkeit *f;* **onoranze** [ono'rantse] *fpl* Ehrenerweisungen *fpl,* Ehrungen *fpl*

onorare [ono'ra:re] *vt* ❶ (*rendere onore*)

ehren ❷ (*venerare, adorare*) verehren
onorario [ono'ra:rio] *m* Honorar *n*
onorario, -a <-i, -ie> *agg* Ehren-
onoratezza [onora'tettsa] *f* Ehrbarkeit *f,*
Honorigkeit *f geh*
onorato, -a [ono'ra:to] *agg* ❶ (*stimato*)
angesehen, geachtet ❷ (*onorevole*) ehrenwert; **l'-a società** die ehrenwerte Gesellschaft (*Mafia, Camorra e le altre simili as-
sociazioni*) ❸ (*in frasi di cortesia*) sehr
erfreut; **molto ~ di fare la Sua conoscenza** es ist mir eine Ehre, Ihre Bekanntschaft
zu machen
onore [o'no:re] *m* ❶ (*reputazione, gloria*)
Ehre *f;* **parola d'~** Ehrenwort *n;* **fare ~ a
qc** einer Sache *dat* Ehre antun; (*al pranzo*)
sich *dat* etw schmecken lassen; **farsi ~ in
qc** mit etw Ehre einlegen; **in ~ di** zu Ehren von ❷ (REL: *adorazione*) Verehrung *f*
❸ (*dignità, carica*) Würde *f;* **damigella
d'~** Brautjungfer *f;* **uomo d'~** Ehrenmann *m;* **ho l'~ di presentarLe …** ich habe die Ehre, Ihnen … vorzustellen ❹ (*decoro*) Ehrenhaftigkeit *f,* Anstand *m;* **Vostro
Onore** Euer Ehren; **onorevole**
[ono're:vole] **I.** *agg* ❶ (*degno di onore*) ehrenwert; (*comportamento*) löblich
❷ (*parlamentare*) Bezeichnung für die Abgeordneten des italienischen Parlaments;
l'~ deputato der Herr Abgeordnete **II.** *mf*
Abgeordnete(r) *f(m)* des italienischen Parlaments
onorificenza [onorifi'tʃɛntsa] *f* ❶ (*titolo*)
Ehrentitel *m,* Ehrenbezeichnung *f* ❷ (*decorazione*) Ehrenzeichen *n;* **onorifico,
-a** [ono'ri:fiko] <-ci, -che> *agg* Ehren-;
(*senza retribuzione*) ehrenamtlich
onta ['onta] *f* Schande *f*
ontano [on'ta:no] *m* Erle *f*
on the rocks [ɔn ðə 'rɔks] <inv> *agg* on
the rocks
ontologia [ontolo'dʒi:a] <-gie> *f* Ontolo-
gie *f;* **ontologico, -a** [onto'lɔ:dʒiko] *agg*
ontologisch
ONU ['ɔ:nu] *f acro di* **Organizzazione delle Nazioni Unite** UNO *f*
oosfera [oos'fɛ:ra] *f* Eizelle *f*
opacità [opatʃi'ta] <-> *f* ❶ (*mancanza di
lucentezza*) Undurchsichtigkeit *f;* (*di metallo*) Mattheit *f* ❷ (*fig*) Dumpfheit *f;*
opacizzare [opatʃid'dza:re] *vt* mattieren, undurchsichtig machen
opaco, -a [o'pa:ko] <-chi, -che> *agg*
❶ (*vetro*) trübe; (*lente*) lichtundurchlässig,
opak; (*marmo*) glanzlos, matt ❷ (*fig: mente, suono*) dumpf; (*sguardo*) glanzlos, matt
opale [o'pa:le] *m o f* Opal *m;* **opalescen-
te** [opaleʃ'ʃɛnte] *agg* opaleszent, opali-

sierend; **opalescenza** [opaleʃ'ʃɛntsa] *f*
Opaleszenz *f*
opalina [opa'li:na] *f* Opalglas *n;* **opalino,
-a** [opa'li:no] *agg* opalen, opalartig
op. cit. *abbr di* **opera citata** ebd. (*ebenda*)
open-end ['oupənend] <inv> *agg* Open-
End-, offen; **filatura ~** (TEC) Open-End-
Spinnen *n;* **fondo d'investimento ~** (FIN)
Open-End-Investmentfonds *m*
opera ['ɔ:pera] *f* ❶ (*azione*) Arbeit *f;* (*prodotto*) Werk *n;* **mettersi all'~** sich ans
Werk machen; **è ~ sua** (*a fig, iron*) das ist
sein [*o* ihr] Werk ❷ (LIT, KUNST) Werk *n;*
~ d'arte Kunstwerk *n;* **~ omnia** Gesamtwerk *n* ❸ (MUS) Oper *f;* **~ buffa** Opera buffa *f;* **~ lirica** Oper *f* ❹ (*teatro*) Oper *f,*
Opernhaus *n* ❺ (*ente assistenziale*)
(Hilfs)werk *n*
operabile [ope'ra:bile] *agg* operabel, operierbar
operaio, -a [ope'ra:io] <-ai, -aie> **I.** *agg*
Arbeiter-; **classe -a** Arbeiterklasse *f* **II.** *m, f*
Arbeiter(in) *m(f);* **~ qualificato** gelernter
Arbeiter; **~ specializzato** Facharbeiter *m*
operante [ope'rante] *agg* ❶ (*valido*) gültig
❷ (*attivo*) wirksam
operare [ope'ra:re] **I.** *vt* ❶ (*fare, realizzare*) bewirken, tun; (*miracoli*) vollbringen;
(*a fig*) wirken ❷ (MED) operieren **II.** *vr* **-rsi**
❶ (*realizzarsi*) geschehen, sich ereignen
❷ (MED) sich operieren lassen; **operativo,
-a** [opera'ti:vo] *agg* operativ, Operations-;
(*in grado di funzionare*) funktionsfähig
operato [ope'ra:to] *m* Werk *n,* Tat *f*
operato, -a *agg* ❶ (MED) operiert ❷ (*stoffa*)
gemustert
operatore, -trice [opera'to:re] *m, f*
❶ (*gener*) Arbeiter(in) *m(f);* **~ sociale** So-
zialarbeiter *m* ❷ (MED) Chirurg(in) *m(f)*
❸ (COM) Makler(in) *m(f),* Händler(in) *m(f);*
~ di borsa Börsenmakler *m;* **~ economico**
Wirtschaftsmakler *m* ❹ (INFORM) Opera-
tor(in) *m(f);* **operatorio, -a** [ope-
ra'tɔ:rio] <-i, -ie> *agg* (*intervento*) operativ; (*sala*) Operations-; **operatrice** *f v.*
operatore; **operazione** [ope-
rat'tsio:ne] *f* ❶ (MED, MIL, MAT) Operation *f*
❷ (*azione*) Aktion *f* ❸ (COM) Geschäft *n,*
Transaktion *f;* **~ finanziaria** Finanzge-
schäft *n*
opercolatrice [operkola'tri:tʃe] *f* (TEC,
MED) Kapselaufziehmaschine *f*
opercolo [o'pɛrkolo] *m* ❶ (BOT, ZOO) Deckel *m;* **~ delle branchie** Kiemendeckel *m*
❷ (*fig: rivestimento, coperchio*) Deckel *m,*
Überzug *m* ❸ (MED) Kapsel *f*
operetta [ope'retta] *f* Operette *f;* **operet-
tista** [operet'tista] <-i *m,* -e *f*> *mf* Ope-

O

esprimere un'opinione

esprimere punti di vista	**Meinungen, Ansichten äußern**
Trovo/Penso che abbia un buon carattere.	**Ich finde/denke,** er hat einen guten Charakter.
La trovo molto carina.	**Ich finde sie** sehr hübsch.
Secondo me è un artista molto dotato.	**Meiner Meinung nach** ist er ein sehr talentierter Künstler.
Dal mio punto di vista, non è necessario comprare una nuova stampante.	**Meiner Ansicht nach** brauchen wir keinen neuen Drucker kaufen.
La mia opinione al riguardo è la seguente: ...	**Ich habe dazu folgende Meinung: ...**
Beh, io direi che è una gran bella macchina.	**Also, ich würde sagen,** es ist ein sehr schönes Auto.

domandare l'opinione, chiedere un giudizio	**Meinungen erfragen, um Beurteilung bitten**
Qual è la Sua opinione al riguardo?	**Wie lautet Ihre Meinung dazu?**
Che ne pensa?	**Was meinen Sie dazu?**
Secondo Lei come dovremmo comportarci?	Wie sollten wir uns **Ihrer Meinung nach** verhalten?
Che te ne pare di quest'attrice?	**Was hältst du von** dieser Schauspielerin?
Trovi che questo colore mi stia bene?	**Findest du,** dass mir diese Farbe steht?
Pensi che posso uscire così? *(fam)*	**Denkst du,** so kann ich gehen? *(fam)*
Che ne pensi di questo programma?	**Was hältst du von** dieser Sendung?
Ti piace l'ultimo CD di ...?	**Gefällt dir** die letzte CD von ...?
Che te ne pare della mia borsa nuova?	**Wie findest** du meine neue Tasche?
Che ne dici del suo nuovo ragazzo?	**Was sagst du zu** ihrem neuen Freund?

O

rettenkomponist(in) *m(f)*; **operettistico, -a** [operet'tistiko] <-ci, -che> *agg* Operetten-

operistico, -a [ope'ristiko] <-ci, -che> *agg* Opern-

operosità [operosi'ta] <-> *f* Arbeitsamkeit *f,* Eifer *m;* **operoso, -a** [ope'ro:so] *agg* ❶ *(laborioso, attivo)* arbeitsam, fleißig ❷ *(poet: faticoso)* mühevoll, beschwerlich

opificio [opi'fi:tʃo] <-ci> *m* Fabrik *f,* Werk *n*

opimo, -a [o'pi:mo] *agg* ❶ *(poet: grasso)* fett ❷ *(abbondante)* reich, fett *geh* ❸ *(fertile)* fett, ertragreich

opinabile [opi'na:bile] *agg* denkbar; *(discutibile)* diskutierbar; **opinabilità** [opinabili'ta] <-> *f* Strittigkeit *f,* Diskutierbarkeit *f*

opinare [opi'na:re] *vt, vi* meinen, der Meinung sein

opinione [opi'nio:ne] *f* Meinung *f,* Ansicht *f;* **questione di -i** Ansichtssache *f;*

manifestare un'~ eine Meinung äußern; ~ **pubblica** öffentliche Meinung; **condividere l'~ di qu** jds Meinung teilen

opinionista [opinio'nista] <-i *m,* -e *f*> *mf* Kolumnist(in) *m(f)*

opinion leader [ə'pinjən 'li:də] <- *o* opinion leaders> *mf* maßgebende Persönlichkeit der öffentlichen Meinung; **opinion maker** [ə'pinjən 'meikə] <- *o* opinion makers> *mf* Meinungsbildner(in) *m(f)*

op là [op 'la] *int* hopp, hoppla

opossum [o'pɔssum] <-> *m* Opossum *n*

oppiare [op'pia:re] *vt* ❶ *(drogare)* ~ **qu** jdm Opium geben ❷ *(fig)* berauschen, betäuben

oppiato [op'pia:to] *m* Opiat *n*

oppiato, -a *agg* opiumhaltig, mit Opium vermischt

oppio ['ɔppio] <-i> *m* Opium *n;* **oppiomane** [op'piɔ:mane] **I.** *agg* opiumsüchtig **II.** *mf* Opiumsüchtige(r) *f(m)*

opponente [oppo'nɛnte] *mf* Gegner(in)

m(f), Opponent(in) *m(f);* **opponibile** [oppo'ni:bile] *agg* einwendbar

opporre [op'porre] <irr> I. *vt* ❶ (*addurre contro*) entgegenhalten, einwenden ❷ (*mettere contro*) entgegenstellen ❸ (*fig: ostacolare*) entgegensetzen, -stellen; ~ **resistenza** Widerstand leisten II. *vr* **-rsi a qu/qc** sich jdm/etw widersetzen; **mi oppongo!** (JUR) (ich erhebe) Einspruch!

opportunismo [opportu'nizmo] *m* Opportunismus *m;* **opportunista** [opportu'nista] <-i *m,* -e *f> mf* Opportunist(in) *m(f);* **opportunistico, -a** [opportu'nistiko] <-ci, -che> *agg* opportunistisch

opportunità [opportuni'ta] <-> *f* (günstige) Gelegenheit *f;* **opportuno, -a** [oppor'tu:no] *agg* zweckmäßig, passend; (*visita*) gelegen; **a tempo ~** bei passender Gelegenheit, zu gegebener Zeit

opposi *1. pers sing pass rem di* **opporre**

oppositivo, -a [oppozi'ti:vo] *agg* widersprechend

oppositore, -trice [oppozi'to:re] *m, f* Gegner(in) *m(f),* Opponent(in) *m(f);* **opposizione** [oppozit'tsio:ne] *f* ❶ (*resistenza*) Widerstand *m* ❷ (POL) Opposition *f;* **capo dell'~** Oppositionsführer *m* ❸ (JUR) Einspruch *m,* Widerspruch *m;* **fare ~** Einspruch erheben, Widerspruch einlegen ❹ (*contrapposizione*) Gegensatz *m*

opposto [op'posto] *m* Gegenteil *n;* **all'~** im Gegenteil

opposto, -a *agg* ❶ (*situato di fronte*) gegenüberliegend, entgegengesetzt ❷ (*contrario*) gegensätzlich, entgegengesetzt

oppressa *f v.* **oppresso**

oppressi [op'prɛssi] *1. pers sing pass rem di* **opprimere**

oppressione [oppres'sio:ne] *f* ❶ (*soprafazione*) Unterdrückung *f* ❷ (*fig*) Beklemmung *f,* beklemmendes Gefühl; **oppressivo, -a** [oppres'si:vo] *agg* ❶ (*caldo*) drückend ❷ (*regime*) repressiv, Zwangs-; **oppresso, -a** [op'prɛsso] I. *pp di* **opprimere** II. *agg* ❶ (*popolo*) unterdrückt ❷ (*respiro*) schwer, mühsam III. *m, f* Unterdrückte(r) *f(m);* **oppressore** [oppres'so:re] *m* Unterdrücker *m*

opprimente [oppri'mɛnte] *agg* (*caldo*) unerträglich; (*persona*) unausstehlich

opprimere [op'pri:mere] <opprimo, oppressi, oppresso> *vt* ❶ (*angariare*) unterdrücken ❷ (*gravare*) niederdrücken ❸ (*fig: affliggere*) bedrücken

oppugnabilità [oppuɲɲabili'ta] <-> *f* Anfechtbarkeit *f;* **oppugnare** [oppuɲ'na:re] *vt* anfechten, bekämpfen; **oppugnazione** [oppuɲɲat'tsio:ne] *f* An-fechtung *f,* Bekämpfung *f*

oppure [op'pu:re] *cong* ❶ (*o, o invece*) oder ❷ (*altrimenti*) sonst, andernfalls

optacon ['ɔptakon] <-> *m* (TEC) Optacon-Gerät *n*

optare [op'ta:re] *vi* ❶ (*scegliere*) ~ **per qc** sich für etw entscheiden ❷ (POL, FIN, JUR) optieren

optical art ['ɔptikəl 'a:t] <-> *f* (KUNST) Op-Art *f*

optimum ['ɔptimum] <-> *m* Optimum *n*

optional(s) ['ɔpʃənəl(s) *o* 'ɔpʃonal(s)] *mpl* Sonderausstattung *f*

optoelettronica [optoele'trɔːnika] <-che> *f* (TEC) Optronik *f;* **optoelettronico, -a** *agg* optronisch; **optometria** [optome'triːa] <-ie> *f* Optometrie *f*

opulento, -a [opu'lɛnto] *agg* üppig; (*stile*) überladen; **opulenza** [opu'lɛntsa] *f* Üppigkeit *f;* (*di stile*) Überladenheit *f*

opuscolo [o'puskolo] *m* Heft *n,* Prospekt *m*

opzionale [optsio'na:le] *agg* fakultativ, wahlfrei, optional; (JUR, POL) Options-; **opzione** [op'tsio:ne] *f* ❶ (*libera scelta*) Wahlfreiheit *f* ❷ (POL, FIN, JUR) Option *f*

ora¹ ['o:ra] I. *avv* ❶ (*adesso, presentemente*) jetzt, nun; (*per il momento*) jetzt, im Augenblick; **d'~ in avanti** [*o* **in poi**] von jetzt an, von nun an; **fin d'~** von diesem Augenblick an; **prima d'~** zuvor, vor diesem Augenblick ❷ (*poco fa*) (so)eben, gerade (jetzt); **or ~** soeben, gerade ❸ (*tra poco*) gleich ❹ (*in correlazioni*) ~ ... ~ ... einmal ..., einmal ...; bald ..., bald ...; jetzt ..., dann...; ~ **come ~** unter diesen Umständen, nun; **or bene** *v.* **orbene**, **fin ~** *v.* **finora** II. *cong* ❶ (*invece*) nun, aber ❷ (*dunque, allora*) da, dann, nun; ~ **che ...** nun, da ...

ora² *f* ❶ (*unità, spazio*) Stunde *f;* **a -e** stundenweise; **correre a cento all'~** mit hundert Stundenkilometern fahren; **tra mezz'~** in einer halben Stunde; **per -e e -e** stundenlang ❷ (*nelle indicazioni temporali*) Uhr *f;* ~ **civile** Normalzeit *f;* ~ **legale** [*o* **estiva**] Sommerzeit *f;* ~ **locale** Ortszeit *f;* **che ~ è?** — **è l'una** wie viel Uhr ist es? — es ist ein Uhr; **che -e sono?** — **sono le quattro** wie viel Uhr ist es? — es ist vier Uhr ❸ (*fig: momento*) Stunde *f,* Zeit *f;* **di buon'~** früh(morgens); **è ~ di partire** es ist Zeit abzureisen; **era ora!** es wurde aber auch Zeit!; **far le -e piccole** bis in die frühen Morgenstunden die Puppen aufbleiben; **non veder l'~ di ...** +*inf* es kaum erwarten können zu ... +*inf;* **di ~ in ~** von einem Augenblick zum anderen

oracolo [o'ra:kolo] *m* Orakel *n*

orafo, -a ['ɔ:rafo] *m, f* Goldschmied(in) *m(f)*

orale [o'ra:le] **I.** *agg* ❶ (*della bocca*) Mund-, oral; **da somministrare per via ~** (*di medicinale*) zum Einnehmen ❷ (*di voce*) mündlich **II.** *m* mündliche Prüfung

oramai [ora'ma:i] *avv v.* **ormai**

orango [o'raŋgo] <-ghi> *m,* **orang-utan** [oraŋgu'tan] <-> *m* Orang-Utan *m*

orare [o'ra:re] *vt, vi* (*poet: pregare*) beten; (*chiedere pregando*) bitten

orario [o'ra:rio] <-i> *m* ❶ (*gener*) Stunden *fpl*, Zeit *f*; **~ continuato** durchgehende Arbeitszeit; **~ elastico** [*o* **flessibile**] Gleitzeit; **~ d'apertura dei negozi** Ladenöffnungszeiten *fpl*; **~ di lavoro** Arbeitszeit *f*; **~ di sportello** Schalterstunden *fpl*; **~ delle visite** Besuchszeit *f*; **~ d'ufficio** Bürozeiten *fpl* ❷ (FERR) Fahrplan *m*; (*libro*) Kursbuch *n*; (AERO) Flugplan *m*; **in ~** pünktlich; (FERR) (fahr)planmäßig; (AERO) planmäßig ❸ (*delle lezioni*) Stundenplan *m*

orario, -a <-i, -ie> *agg* Stunden-, stündlich; (*di tempo*) Zeit-; **disco ~** Parkscheibe *f*; **fuso ~** Zeitzone *f*; **velocità -a** Stundengeschwindigkeit *f*

orata [o'ra:ta] *f* Goldbrasse *f*

oratore, -trice [ora'to:re] *m, f* Redner(in) *m(f)*

oratoria [ora'tɔ:ria] <-ie> *f* Redekunst *f*; **oratoriale** [orato'ria:le] *agg* oratorisch

oratorio [ora'tɔ:rio] *m* Oratorium *n*

oratorio, -a <-i, -ie> *agg* Rede-; **oratrice** *f v.* **oratore**; **orazione** [orat'tsio:ne] *f* ❶ (*preghiera*) Gebet *n* ❷ (*discorso*) Rede *f*

orba *f v.* **orbo**

orbare [or'ba:re] *vt* (*poet*) berauben (*qu di qc* jdn (*einer*) Sache +*gen*)

orbe ['ɔrbe] *m* (*poet*) ❶ (*cerchio*) Kreis *m*; **~ terracqueo** Erdkreis *m* ❷ (*sfera, globo*) Kugel *f* ❸ (*fig: mondo*) Welt *f*

orbene, or bene [or'bɛ:ne] *cong* also, nun

orbettino [orbet'ti:no] *m* Blindschleiche *f*

orbita ['ɔrbita] *f* ❶ (PHYS) Bahn *f* ❷ (ASTR) (Umlauf)bahn *f*, Orbit *m*, Orbitalbahn *f* ❸ (*fig: ambito*) (Einfluss)bereich *m*; (*limite*) Sphäre *f*, Rahmen *m*; **uscire dall'~ della legalità** den Bereich der Legalität verlassen ❹ (ANAT) Augenhöhle *f*; **con gli occhi fuori delle -e** mit weit aufgerissenen Augen; **orbitale** [orbi'ta:le] *agg* orbital, Umlauf-; **stazione ~** (Welt)raum-, Orbitalstation *f*; **velocità ~** Umlaufgeschwindigkeit *f*; **orbitante** [orbi'tante] *agg* ❶ (ASTR) umlaufend, auf der Umlaufbahn ❷ (*fig: che gravita attorno a qu*) im Dunst-

kreis von jdm; **orbitare** [orbi'ta:re] *vi* (*a fig*) kreisen; **~ intorno alla terra** die Erde umkreisen; **~ intorno a qu** (*fig*) in jds Dunstkreis sein

orbo, -a ['ɔrbo] **I.** *agg* blind **II.** *m, f* Blinde(r) *f(m)*

orca ['ɔrka] <-che> *f* (ZOO) Mörder-, Schwertwal *m*

orchestra [or'kɛstra] *f* Orchester *n*; **orchestrale** [orkes'tra:le] **I.** *agg* Orchester-, orchestral; **complesso ~** Orchester *n* **II.** *mf* Orchestermusiker(in) *m(f)*; **orchestrare** [orkes'tra:re] *vt* ❶ (MUS) orchestrieren ❷ (*fig: organizzare*) organisieren; **orchestrazione** [orkestrat'tsio:ne] *f* ❶ (MUS) Orchestration *f* ❷ (*fig: organizzazione*) Organisation *f*; **orchestrina** [orkes'tri:na] *f* (Musik)kapelle *f*

orchidea [orki'dɛ:a] *f* Orchidee *f*

orcio ['ortʃo] <-ci> *m* (amphorenförmiger) Tonkrug *m*

orco ['ɔrko] <-chi> *m* ❶ (*nella mitologia antica*) Orkus *m*, Hades *m* ❷ (*scherz: nelle fiabe*) Ungeheuer *n*, Scheusal *n*

orda ['ɔrda] *f* Horde *f*

ordigno [or'diɲɲo] *m* ❶ (*arnese*) Gerät *n*, Maschine *f*; **~ esplosivo** Sprengkörper *m* ❷ (*fig*) komplizierter Apparat ❸ (*fam: oggetto strano*) Apparat *m*, Ding *n*

ordinale [ordi'na:le] **I.** *agg* Ordinal-, Ordnungs- **II.** *m* Ordinal-, Ordnungszahl *f*

ordinamento [ordina'mento] *m* Ordnung *f*

ordinanza [ordi'nantsa] *f* ❶ (ADM) Verordnung *f*, Anordnung *f*, Erlass *m*; **d'~** vorschriftsmäßig ❷ (JUR) Verfügung *f* ❸ (MIL) Ordonnanz *f*; **ufficiale d'~** Ordonnanzoffizier *m*; **uniforme d'~** Dienstkleidung *f*, -uniform *f*

ordinare [ordi'na:re] **I.** *vt* ❶ (*mettere in ordine*) ordnen; (*stanza*) in Ordnung bringen, aufräumen ❷ (*comandare*) befehlen, anordnen ❸ (*prescrivere*) verordnen, verschreiben ❹ (COM: *commissionare*) ordern, bestellen, in Auftrag geben ❺ (*in locali pubblici*) bestellen ❻ (REL) ordinieren; **~ qu sacerdote** jdn zum Priester weihen **II.** *vr* **-rsi** sich aufstellen

ordinariato [ordina'ria:to] *m* Ordinariat *n*

ordinario [ordi'na:rio] <-i> *m* ❶ (*consuetudine, normalità*) Übliche(s) *n*, Normale(s) *n*; **fuori dell'~** außergewöhnlich, ungewöhnlich ❷ (*professore di ruolo*) Ordinarius *m*

ordinario, -a <-i, -ie> *agg* ❶ (*consueto*) üblich; (*normale*) normal; **tariffa -a** Normalpreis *m* ❷ (*regolare, di ruolo*) ordentlich ❸ (*scadente, volgare*) (ganz) gewöhn-

lich, ordinär
ordinata *f* **❶**(MAT) Ordinate *f* **❷**(NAUT)
Spant *n;* (AERO) Spant *n o m,* Rippe *f;* **dare
un'~ a qc** (*fam*) etw (schnell) in Ordnung
bringen
ordinativo [ordina'ti:vo] *m* (COM) Order *f*
ordinativo, -a *agg* Ordnungs-
ordinato, -a [ordi'na:to] *agg* **❶**(*in ordine*) geordnet, ordentlich **❷**(COM) geordert;
ordinatore, -trice [ordina'to:re] **I.** *agg*
Ordnungs-; **commissione -trice** Lenkungsausschuss *m* **II.** *m, f* Ordner(in)
m(f); **ordinazione** [ordinat'tsio:ne] *f*
❶(COM) Order *f,* Bestellung *f,* Auftrag *m*
❷(*in locali pubblici*) Bestellung *f* **❸**(REL)
Ordination *f*
ordine ['ordine] *m* **❶**(*sistemazione, struttura*) Ordnung *f;* **mettere ~** Ordnung
schaffen; **richiamare qu all'~** jdn zur Ordnung rufen; **in ~ sparso** in aufgelöster Formation; **con ~** geordnet; **per ~ di merito**
leistungsgerecht **❷**(*categoria*) Kategorie *f;*
(*professionale*) (Berufs)stand *m;* (*qualità,
natura*) Klasse *f,* Art *f;* **di prim'~** erstklassig; **di terz'~** drittklassig; **d'infimo ~** minderwertig; **d'~ generale** von allgemeiner
Bedeutung; **questioni d'~ pratico** Angelegenheiten *fpl* praktischer Art **❸**(*ceto, classe*) Stand *m,* Klasse *f* **❹**(*cavalleresco, religioso*) Orden *m;* **~ episcopale** Bischofswürde *f* **❺**(*comando*) Anordnung *f;* (MIL)
Befehl *m,* Order *f;* (ADM) Verfügung *f;* (*disposizione, direttiva*) Order *f,* Anweisung *f;*
~ del giorno Tagesordnung *f;* (MIL) Tages-
befehl *m;* **~ di comparizione** (JUR) Vorladung *f;* **parola d'~** Parole *f,* Kennwort *n;*
fino a nuovo ~ bis auf Weiteres; **ai vostri
-i** zu Ihren Diensten; **agli -i!** zu Befehl!
❻(COM) Order *f,* Auftrag *m;* **~ di consegna** Lieferauftrag *m;* **~ di pagamento** Zahlungsanweisung *f;* **per ~ di** auf Anordnung
von, im Auftrag von **❼**(THEAT) Reihe *f,*
Rang *m* **❽**(*successione, classifica*) Reihe
f, Platzierung *f;* **~ alfabetico** alphabetische Reihenfolge; **narrare per ~**
in chronologischer Reihenfolge berichten
❾(INFORM: *comando*) Befehl *m;* (*disposizione*) Sortierfolge *f*
ordire [or'di:re] <ordisco> *vt* **❶**(*abbozzare*) entwerfen, konzipieren **❷**(*fig: tramare*) anzetteln *fam,* anstiften; **ordito**
[or'di:to] *m* **❶**(TEC) Kette *f* **❷**(*fig: trama*)
(Handlungs)gerüst *n* **❸**(*fig: intreccio*)
Netz *n,* Gewebe *n;* **orditore, -trice** [or-
di'to:re] *m, f* **❶**(*operaio tessile*) Anknüp-
fer(in) *m(f),* Andreher(in) *m(f)* **❷**(*fig: chi
trama*) Anstifter(in) *m(f);* **orditura** [or-
di'tu:ra] *f* **❶**(TEC) Anknüpfen *n,* Andre-

hen *n* **❷**(*fig: trama di un'opera*) (Handlungs)gerüst *n* **❸**(*fig: macchinazione*) An-
zett(e)lung *f,* Anstiftung *f*
orecchia [o'rekkia] <-cchie> *f* Ohr *n; v. a.*
orecchio; **orecchiabile** [orek'kia:bile]
agg ins Ohr gehend, eingängig; **orecchi-
ante** [orek'kiante] **I.** *agg* **❶**(*a orecchio*)
nach dem Gehör **❷**(*fig*) oberflächlich, laienhaft **II.** *mf* **❶** nach dem Gehör singende
Person *f* **❷**(*fig*) Schwätzer(in) *m(f);*
orecchietta [orek'kietta] *f* **❶**(ANAT) Vorhof *m,* Vorkammer *f* **❷**(*mer*) Art von Pasta; **orecchino** [orek'ki:no] *m* Ohrring *m,*
Ohrclip *m*
orecchio [o'rekkio] <-cchi *m,* -cchie *f*> *m*
❶(ANAT) Ohr *n;* **entrare da un ~ e uscire
dall'altro** zum einen Ohr hinein- und zum
anderen wieder hinausgehen *fam;* **fare
-cchie da mercante** sich taub stellen;
mettere una pulce nell'~ a qu jdm einen
Floh ins Ohr setzen; **stare con l'~ teso** die
Ohren spitzen *fam;* **tirare le -cchie a qu**
jdm die Ohren lang ziehen *fam;* **essere
duro d'orecchi** (*a fig*) schwerhörig sein;
da questo ~ non ci sento (*fig*) auf diesem
Ohr bin ich taub *fam;* **aprir bene le
-cchie** ganz Ohr sein **❷**(*udito*) Ohren
npl, Gehör *n;* **essere debole d'~** schlechte Ohren haben; **avere molto ~** ein feines
Ohr (für die Musik) haben; **cantare a ~**
nach Gehör singen
orecchioni [orek'kio:ni] *mpl* (*fam*) Zie-
genpeter *m,* Mumps *m*
orecchiuto, -a [orek'kiu:to] *agg* **❶**(*che
ha grandi orecchie*) langohrig **❷**(*fig: ignorante*) eselig *fam*
orefice [o're:fitʃe] *mf* Goldschmied(in)
m(f); (*negoziante*) Juwelier(in) *m(f);* **oreficeria** [orefitʃe'ri:a] <-ie> *f* **❶**(*arte*)
Goldschmiedekunst *f* **❷**(*laboratorio*)
Goldschmiedewerkstatt *f;* (*negozio*) Juwelierladen *m,* -geschäft *n*
oretta [o'retta] *f* Stündchen *n*
orfano, -a ['ɔrfano] **I.** *agg* verwaist, Wai-
sen-; **essere ~ di madre** mutterlos sein
II. *m, f* Waisenkind *n,* Waise *f;* **orfanotrofio** [orfano'trɔ:fio] <-i> *m* Waisenhaus *n*
organetto [orga'netto] *m* **❶**(*organo meccanico mobile*) kleine Orgel **❷**(*fam: armonica a bocca*) Maulorgel *f*
organicità [organitʃi'ta] <-> *f* organische
Einheit, organischer Aufbau
organico [or'ga:niko] <-ci> *m* (ADM: *personale*) Personal *n,* Personalbestand *m;*
(MIL: *personale e mezzi*) Bestand *m*
organico, -a <-ci, -che> *agg* organisch; (*a*

fig) einheitlich

organigramma [organi'gramma] <-i> *m*
❶ (ADM) Organigramm *n* ❷ (INFORM) Ab-
laufdiagramm *n*

organino [orga'niːno] *m* Drehorgel *f*

organismo [orga'nizmo] *m* ❶ (*struttura
fisiologica*) Organismus *m* ❷ (*fig: ente*)
Organisation *f*

organista [orga'nista] <-i *m*, -e *f*> *mf* Or-
ganist(in) *m(f)*; **organistico, -a** [or-
ga'nistiko] <-ci, -che> *agg* Orgel-

organizzare [organid'dzaːre] I. *vt* organisieren; (*festa, spettacolo*) veranstalten
II. *vr* **-rsi** sich organisieren; **organizzata** *f v.* **organizzato**; **organizzativo, -a**
[organiddza'tiːvo] *agg* Organisations-, organisatorisch; **organizzato, -a** [organ-
id'dzaːto] I. *agg* organisiert II. *m, f* organisiertes Mitglied; **organizzatore, -trice**
[organiddza'toːre] I. *agg* Organisations-,
organisatorisch II. *m, f* Organisator(in)
m(f); (*di festa, spettacolo*) Veranstal-
ter(in) *m(f)*; **organizzazione** [organ-
iddzat'tsioːne] *f* ❶ (*l'organizzare*) Organisation *f*; (*di festa, spettacolo*) Veranstaltung *f* ❷ (*associazione*) Organisation *f*,
Verband *m*; ~ **segreta** Geheimorganisation *f*

organo ['ɔrgano] *m* ❶ (ANAT) Organ *n*
❷ (TEC) Teil *m* ❸ (MUS) Orgel *f* ❹ (ADM:
giornale) Organ *n*; ~ **di controllo** Kontrollgremium *n*; **organolettico, -a** [or-
gano'lɛttiko] <-ci, -che> *agg* (durch die
Sinne) wahrnehmbar

orgasmo [or'gazmo] *m* ❶ (*sessuale*) Orgasmus *m* ❷ (*agitazione*) Erregung *f*, Aufregung *f*

orgia ['ɔrdʒa] <-ge *o* -gie> *f* Orgie *f*; **orgi-
astico, -a** [or'dʒastiko] <-ci, -che> *agg*
orgiastisch

orgoglio [or'goʎʎo] <-gli> *m* Stolz *m*; **orgoglioso, -a** [orgoʎ'ʎoːso] *agg* stolz; **essere ~ di qu/qc** auf jdn/etw stolz sein

oricella [ori't͡ʃɛlla] *f* Lackmus *m o n*

orientabile [orien'taːbile] *agg* einstellbar,
ausrichtbar

orientale [orien'taːle] I. *agg* (*dell'est*) östlich, Ost-; (*civiltà*) orientalisch; **tappeto ~**
Orientteppich *m* II. *mf* Orientale *m*, Orien-
talin *f*; **orientalista** [orienta'lista] <-i *m*,
-e *f*> *mf* Orientalist(in) *m(f)*; **orientali-
stica** [orienta'listika] <-che> *f* Orientalis-
tik *f*; **orientalistico, -a** [orienta'listiko]
<-ci, -che> *agg* orientalistisch

orientamento [orienta'mento] *m* Orientierung *f*; (*a fig*) (Aus)richtung *f*; ~ **professionale** Berufsberatung *f*

orientare [orien'taːre] I. *vt* ❶ (*disporre*)

~ **qc a sud/nord/verso l'alto** etw nach
Süden/Norden/oben richten ❷ (*fig: avviare*) ~ **qu verso qc** jdn zu etw hinführen
II. *vr* **-rsi** ❶ (*orizzontarsi*) sich orientieren
❷ (*indirizzarsi*) **-rsi verso qc** sich etw zuwenden; **orientativo, -a** [orienta'tiːvo]
agg Orientierungs-, orientierend; **te lo dico a titolo ~** ich sage dir das nur zur Info;
orientazione [orientat'tsioːne] *f* Ausrichtung *f*

oriente [o'riɛnte] *m* ❶ (*est*) Osten *m* ❷ (*civiltà*) Orient *m*; **l'Estremo ~** der Ferne Osten; **il Medio ~** der Mittlere Osten; **il Vicino ~** der Nahe Osten

orifizio [ori'fittsio] <-i> *m* ❶ (*foro*) Öffnung *f* ❷ (ANAT) Öffnung *f*, Mund *m*

origami [ori'gami] <-> *m* (KUNST) Origami *n*; **origamista** [origa'mista] <-i *m*,
-e *f*> *mf* (KUNST) Origamispezialist(in) *m(f)*

origano [o'riːgano] *m* ❶ (*pianta*) Origa-
num *n*, wilder Majoran ❷ (*spezie*) Origano *m*, Oregano *m*

originale [oridʒi'naːle] I. *agg* ❶ (*non mo-
dificato*) Original-, original; (*delle origini*)
ursprünglich; (*proprio dell'autore*) echt;
peccato ~ Erbsünde *f* ❷ (*nuovo*) neuartig
❸ (*stravagante*) originell II. *m* ❶ (*opera di
mano dell'autore*) Original *n*; **fedele all'~**
originalgetreu ❷ (*esemplare di documento*) Original *n*, Urschrift *f* ❸ (*lingua originale*) Originalsprache *f* ❹ (*modello*) Original *n* III. *mf* Original *n*; **originalità** [ori-
dʒinali'ta] <-> *f* Originalität *f*

originare [oridʒi'naːre] *vt* hervorrufen, erzeugen

originario, -a [oridʒi'naːrio] <-i, -ie> *agg*
❶ (*proveniente da un luogo*) (ab)stam-
mend; (*persona*) gebürtig ❷ (*primitivo*) ursprünglich, Ur- ❸ (*che dà origine*) Ur-
sprungs-, Herkunfts-

origine [o'riːdʒine] *f* ❶ (*momento, fase
iniziale*) Ursprung *m*, Anfang *m*; **dare ~ a
qc** etw hervorrufen, etw verursachen; **in ~**
anfangs, am Anfang ❷ (*punto d'inizio*) Anfang *m*, Beginn *m* ❸ (*provenienza*) Herkunft *f*, Abstammung *f* ❹ *pl* Ursache *f*, Ursprung *m*

origliare [oriʎ'ʎaːre] *vi* lauschen, horchen

orina [o'riːna] *f* Urin *m*, Harn *m*; **orinale**
[ori'naːle] *m* Urinal *n*; (*vaso da notte*)
Nachttopf *m*; **orinare** [ori'naːre] I. *vi*
Harn lassen, urinieren II. *vt* ausscheiden;
orinatoio [orina'toːio] <-oi> *m* (*obs*) Pissoir *n*

oriolo [ori'ɔːlo] *m* (*tosc: orologio*) Uhr *f*

oristanese [orista'neːse] I. *mf* (*abitante*)
Einwohner(in) *m(f)* von Oristano II. *agg*
aus Oristano

Oristanese <*sing*> *m* Umgebung *f* von Oristano

Oristano [ori'sta:no] *f* Oristano *n* (*Stadt in Sardinien*)

oriundo, -a [o'riundo] *agg* gebürtig, stammend; **è ~ austriaco** er ist gebürtiger Österreicher

orizzontale [oriddzon'ta:le] **I.** *agg* waagerecht, horizontal **II.** *f* Horizontale *f,* Waagerechte *f*

orizzontamento [oriddzonta'mento] *m* Orientierung *f;* **orizzontarsi** [oriddzon'tarsi] *vr* sich orientieren

orizzonte [orid'dzonte] *m* (*a fig*) Horizont *m;* **giro d'~** Übersicht *f,* Überblick *m*

orlare [or'la:re] *vt* einfassen, umranden; (*nel cucito*) (ein)säumen; **orlatura** [orla'tu:ra] *f* ❶ (*messa a punto*) Einfassen *n;* (*di tessuto*) Säumen *n* ❷ (*orlo*) Rand *m;* (*di tessuto*) Saum *m;* **orlo** ['orlo] *m* ❶ (*margine*) Rand *m* ❷ (*di tessuto*) Saum *m* ❸ (*fig*) Rand *m;* **essere sull'~ della pazzia** am Rande des Wahnsinns sein, am Zusammenbruch sein

orma ['orma] *f* ❶ (*di persona*) Spur *f,* Fußstapfe *f* ❷ (*di animale*) Fährte *f* ❸ (*fig*) Spur *f;* **mettersi sulle -e** [*o* **calcare le -e**] **di qu** in jds Fußstapfen treten, jds Beispiel folgen

ormai [or'ma:i] *avv* ❶ (*ora*) nun, jetzt ❷ (*già*) schon, bereits

ormeggiare [ormed'dʒa:re] **I.** *vt* (NAUT) fest machen, vertäuen; (AERO) verankern **II.** *vi* **-rsi** fest machen; **ormeggio** [or'meddʒo] <-ggi> *m* ❶ (NAUT) Verankerung *f,* Vertäuung *f;* (AERO) Verankerung *f* ❷ (*luogo*) Ankerplatz *m* ❸ *pl* (Halte)leinen *fpl*

ormonale [ormo'na:le] *agg* hormonal, Hormon-; **ormone** [or'mo:ne] *m* Hormon *n*

ornamentale [ornamen'ta:le] *agg* Zier-, Ornament-, dekorativ; **piante -i** Zierpflanzen *fpl;* **ornamentazione** [ornamentat'tsio:ne] *f* Verzierung(en *pl*) *f;* **ornamento** [orna'mento] *m* (*decorazione*) Ornament *n,* Verzierung *f;* (*a fig*) Ausschmückung *f*

ornare [or'na:re] **I.** *vt* ❶ (*abbellire*) verzieren; (*casa, tavola*) (aus)schmücken ❷ (*fig: arricchire*) schmücken; (*discorso*) ausschmücken **II.** *vr* **-rsi** sich schmücken

ornato [or'na:to] *m* Ornamentik *f*

ornato, -a *agg* verziert, geschmückt

ornitologa *f v.* **ornitologo**

ornitologia [ornitolo'dʒi:a] <-gie> *f* Vogelkunde *f,* Ornithologie *f;* **ornitologico, -a** [ornito'lɔ:dʒiko] <-ci, -che> *agg* vogel-

kundlich, ornithologisch; **ornitologo, -a** [orni'tɔ:logo] <-gi, -ghe> *m, f* Vogelkundler(in) *m(f),* Ornithologe *m,* -login *f;* **ornitomanzia** [ornitoman'tsi:a] <-ie> *f* Vogelschau *f*

ornitorinco [ornito'riŋko] <-chi> *m* Schnabeltier *n*

oro ['ɔ:ro] *m* ❶ (*metallo, colore*) Gold *n;* **~ bianco/giallo/rosso** Weiß-/Gelb-/Rotgold *n;* **d'~** golden, aus Gold; **il secolo d'~** das goldene Zeitalter; **vale tant'~ quanto pesa** das ist nicht mit Gold aufzuwiegen, das ist Gold wert; **non è tutto ~ quel che luccica** (*prov*) es ist nicht alles Gold, was glänzt ❷ (*denaro*) Gold *n,* Geld *n;* **nemmeno per tutto l'~ del mondo** nicht um alles in der Welt; **nuotare nell'~** im Geld schwimmen ❸ *pl* (*oggetti d'~*) Goldstücke *npl,* Gold *n* ❹ *pl* (*di carte*) Karo *n*

orologeria [orolodʒe'ri:a] <-ie> *f* ❶ (*arte*) Uhrmacherhandwerk *n;* (*industria*) Uhrenindustrie *f* ❷ (*negozio*) Uhrengeschäft *n* ❸ (*dispositivo*) Zeitzünder *m;* **bomba a ~** Zeitbombe *f*

orologiaio, -a [orolod'dʒa:io] <-giai, -giaie> *m, f* ❶ (*fabbricante*) Uhrenfabrikant(in) *m(f)* ❷ (*riparatore*) Uhrmacher(in) *m(f)* ❸ (*venditore*) Uhrenhändler(in) *m(f);* **orologiero, -a** [orolod'dʒɛ:ro] *agg* Uhr(en)-

orologio [oro'lɔ:dʒo] <-gi> *m* Uhr *f;* **~ al quarzo** Quarzuhr *f;* **~ da polso** Armbanduhr *f;* **~ da tasca** Taschenuhr *f;* **caricare l'~** die Uhr aufziehen; **essere un ~** (*fig*) wie ein Uhrwerk funktionieren; **l'~ va avanti/indietro** die Uhr geht vor/nach

oroscopia [orosko'pi:a] *f* (ASTR) Schicksalsdeutung *f* anhand Horoskopen, Erstellung *f* von Horoskopen

oroscopo [o'rɔskopo] *m* ❶ (ASTR) Horoskop *n* ❷ (*pronostico, previsione*) Vorhersage *f*

orpello [or'pɛllo] *m* ❶ (*similoro*) Flittergold *n* ❷ (*fig: falsa apparenza*) Schein *m,* Blendwerk *n geh* ❸ *pl* (*pej: fronzoli*) Flitter *m*

orrendo, -a [or'rɛndo] *agg* schrecklich, fürchterlich

orribile [or'ri:bile] *agg* ❶ (*atroce*) schrecklich, furchtbar; (*delitto*) grausig ❷ (*fig: pessimo*) schrecklich, grässlich

orrido ['orrido] *m* Klamm *f*

orrido, -a *agg* schrecklich; (*aspetto*) furchteinflößend

orripilante [orripi'lante] *agg* haarsträubend

orrore [or'ro:re] *m* (*repulsione, spavento*) Entsetzen *n;* (*avversione*) Abscheu *m;* (*ter-*

rore) Schrecken *m;* **film dell'**~ Horror-film *m;* **gli -i della guerra** die Schrecken *mpl* des Krieges; **un sacro** ~ ein heiliger Schauer; **avere in** ~ **qc** einen Horror vor etw *dat* haben *fam*

orsa ['orsa] *f* ❶ (ZOO) Bärin *f* ❷ (ASTR) **l'Orsa maggiore/minore** der Große/Kleine Bär; **orsacchiotto** [orsak'kiɔtto] *m* Teddy-, Plüschbär *m;* ~ **di peluche** Plüschbär *m;* **orso** ['orso] *m* Bär *m;* ~ **bianco** [*o* **polare**] Eisbär *m;* ~ **bruno** Braunbär *m;* ~ **grigio** Grizzlybär *m;* ~ **lavatore** Waschbär *m*

orsù [or'su] *int* (*poet*) wohlauf *obs,* wohlan *obs*

ortaggio [or'taddʒo] <-ggi> *m* Gemüse *n*

ortensia [or'tɛnsia] <-ie> *f* Hortensie *f*

ortica [or'ti:ka] <-che> *f* Brennnessel *f;* **orticante** [orti'kante] *agg* brennend, Brenn-; **orticaria** [orti'ka:ria] <-ie> *f* Nesselsucht *f,* -fieber *n*

orticolo, -a [or'ti:kolo] *agg* Garten-, Gartenbau-; (*piante*) Gemüse-

orticoltore, -trice [ortikol'to:re] *m, f* Gärtner(in) *m(f);* **orticoltura** [ortikol'tu:ra] *f* Gartenbau *m*

Ortisei [orti'zɛːi] *f* Sankt Ulrich *n*

ortivo, -a [or'ti:vo] *agg* ❶ (*coltivato ad orto*) Garten- ❷ (ASTR) **punto** ~ Aufgangspunkt *m*

orto ['ɔrto] *m* (Gemüse-, Nutz)garten *m;* ~ **botanico** botanischer Garten

ortodontista [ortodon'tista] <-i *m,* -e *f> mf* (MED) Kieferorthopäde, -orthopädin *m, f*

ortodossa *f v.* **ortodosso**

ortodossia [ortodos'si:a] <-ie> *f* Orthodoxie *f;* **ortodosso, -a** [orto'dɔsso] **I.** *agg* orthodox **II.** *m, f* Angehörige(r) *f(m)* der griechisch-orthodoxen Kirche

ortoflorofrutticolo, -a *agg* (AGR, COM) den Blumen-, Obst- und Gemüsehandel betreffend; **ortoflorofrutticoltura** [ortofloro-frut'ti:kolo] *f* (AGR, COM) Anbau *m* und Vertrieb *m* von Blumen, Obst und Gemüse

ortofonico, -a [orto'fɔ:niko] <-ci, -che> *agg* klangtreu

ortofrenia [ortofre'ni:a] <-ie> *f* Lernbehindertenpädagogik *f;* **ortofrenico, -a** [orto'frɛːniko] <-ci, -che> *agg* **istituto** ~ Schule *f* für Lernbehinderte

ortofrutticolo, -a [ortofrut'ti:kolo] *agg* Obst- und Gemüse-; **ortofrutticoltura** [ortofruttikol'tu:ra] *f* Obst- und Gemüseanbau *m*

ortogonale [ortogo'na:le] *agg* rechtwink(e)lig

ortografia [ortogra'fi:a] *f* Rechtschreibung *f,* Orthographie *f;* **ortografico, -a**

[orto'gra:fiko] <-ci, -che> *agg* Rechtschreib-, orthographisch

ortolano, -a [orto'la:no] *m, f* ❶ (*coltivatore*) Gemüsegärtner(in) *m(f)* ❷ (*venditore*) Gemüsehändler(in) *m(f)*

ortomercato [ortomer'ka:to] *m* (AGR, COM) Obst- und Gemüsemarkt *m*

ortopedagogia [ortopedago'dʒi:a] *f* (MED) Sonderpädagogik *f,* Heilpädagogik *f;* **ortopedagogista** [ortopedago'dʒista] <-i *m,* -e *f> mf* (MED) Heilpädagoge, -pädagogin *m, f*

ortopedia [ortope'di:a] <-ie> *f* Orthopädie *f;* **ortopedico, -a** [orto'pɛːdiko] <-ci, -che> **I.** *agg* orthopädisch, Orthopädie- **II.** *m, f* Orthopäde *m,* -pädin *f*

ortovivaismo [ortoviva'izmo] *m* (AGR) Baumschulzucht *f*

orvieto [or'viɛːto *o* or'vie:to] *m* Orvieto *m* (*Weißwein aus Umbrien*)

orza ['ɔrtsa] *f* ❶ (*cavo*) Luvbrasse *f* ❷ (*lato*) Luv *f o n,* Luvseite *f*

orzaiolo [ordza'iɔ:lo] *m* (MED) Gerstenkorn *n*

orzare [or'tsa:re] *vi* luven

orzata [or'dza:ta] *f* (GASTR) ❶ (*bevanda*) Mandelmilch *f* ❷ (*sciroppo*) Mandelsirup *m*

orzo ['ɔrdzo] *m* Gerste *f;* ~ **perlato** Perlgraupen *fpl*

osanna [o'zanna] **I.** *int* hosanna **II.** <-> *m* Hosianna *n,* Hosiannaruf *m;* **osannare** [ozan'na:re] **I.** *vt* bejubeln **II.** *vi* Hosianna rufen; ~ **a qu** (*fig*) jdm zujubeln

osare [o'za:re] *vt* wagen; **non oso chiedere** ich wage nicht zu fragen

oscenità [oʃʃeni'ta] <-> *f* ❶ (*indecenza*) Obszönität *f,* Unanständigkeit *f* ❷ (*fam: opera bruttissima*) Widerlichkeit *f,* Gräuel *m;* **osceno, -a** [oʃ'ʃɛ:no] *agg* ❶ (*indecente*) obszön, unanständig ❷ (*fam: bruttissimo*) widerlich, ekelhaft

oscillare [oʃʃil'la:re] *vi* ❶ (*dondolare*) schaukeln; (PHYS) schwingen ❷ (*variare, tentennare*) schwanken; **oscillatore** [oʃ-ʃilla'to:re] *m* Oszillator *m;* **oscillatorio, -a** [oʃʃilla'tɔ:rio] <-i, -ie> *agg* schwingend; (PHYS) Schwingungs-, oszillatorisch; **oscillazione** [oʃʃillat'tsio:ne] *f* Schwankung *f;* (PHYS) Schwingung *f,* Oszillation *f;* (*a fig* FIN) Schwanken *n;* ~ **i di temperatura** Temperaturschwankungen *fpl;* **oscillografo** [oʃʃil'lɔ:grafo] *m* Oszillograph *m;* **oscillogramma** [oʃʃillo'gramma] <-i> *m* Oszillogramm *n*

oscuramento [oskura'mento] *m* ❶ (*eliminazione della luce*) Verdunk(e)lung *f,* Verfinsterung *f* ❷ (*fig: ottenebramento*)

Trübung *f;* (*della mente*) Umnachtung *f;*
oscurare [osku'ra:re] **I.** *vt* (*rendere oscuro*) verdunkeln, verfinstern **II.** *vr* **-rsi** ❶ (*diventare oscuro*) sich verfinstern ❷ (*fig: vista*) sich trüben; (*mente*) sich umnachten;
(*volto*) sich verfinstern

oscurità [oskuri'ta] <-> *f* ❶ (*assenza di luce*) Dunkelheit *f,* Finsternis *f* ❷ (*fig: ottenebramento*) Trübung *f;* (*di mente*) Umnachtung *f* ❸ (*fig: difficile intelligibilità*)
Undurchschaubarkeit *f,* Dunkel *n*

oscuro [os'ku:ro] *m* Dunkel *n,* Dunkelheit *f;* **essere all'~ di qc** von etw keine
Ahnung haben

oscuro, -a *agg* ❶ (*buio*) finster, dunkel; **camera -a** Dunkelkammer *f;* (HIST) Camera
obscura *f* ❷ (*fig*) dunkel; (*pensiero, volto*)
finster; (*pej*) obskur

osmosi [oz'mɔ:zi] <-> *f* Osmose *f*

ospedale [ospe'da:le] *m* Krankenhaus *n,*
Spital *n A; ~* **da campo** Feldlazarett *n;* **essere un ~ ambulante** (*fam*) an allen
Krankheiten der Welt leiden; **fare sei mesi d'~** sechs Monate im Krankenhaus liegen; **ospedaliero, -a** [ospeda'li:ero] *agg*
Krankenhaus-, Spitals- *A;* **cure -e** Kranken-
hausbehandlung *f;* **ospedalismo** [ospe-
da'lizmo] *m* (PSYCH) Krankenhaussyn-
drom *n;* **ospedalità** [ospedali'ta] <-> *f*
❶ (*complesso delle pratiche necessarie
per il ricovero in ospedale*) Einlieferung *f*
ins Krankenhaus ❷ (*degenza ospedaliera*)
Krankenhausaufenthalt *m,* Spitalsaufent-
halt *m A;* **ospedalizzare** [ospeda-
lid'dza:re] *vt* ins Krankenhaus einliefern

ospitale [ospi'ta:le] *agg* ❶ (*persona*) gastfreundlich ❷ (*luogo*) gastlich, einladend;
ospitalità [ospitali'ta] <-> *f* Gastfreundschaft *f*

ospitare [ospi'ta:re] *vt* ❶ (*dare ospitalità*)
zu Gast haben; (*accogliere*) beherbergen
❷ (SPORT) empfangen ❸ (*fig: custodire*) beherbergen; (*articolo, quadri*) aufnehmen
❹ (INFORM) hosten; **ospite** ['ɔspite] **I.** *mf*
❶ (*persona che ospita*) Gastgeber(in) *m(f)*
❷ (*persona ospitata*) Gast *m;* **l'~ è come
il pesce, dopo tre giorni puzza** (*prov*)
Besuch ist wie Fisch, nach drei Tagen stinkt
er **II.** *agg* Gast-

ospizio [os'pittsio] <-i> *m* Heim *n; ~* **per
orfani** Waisenhaus *n; ~* **per vecchi** Al-
ters-, Altenheim *n*

ossario [os'sa:rio] <-i> *m* Beinhaus *n,* Os-
sarium *n*

ossatura [ossa'tu:ra] *f* ❶ (ANAT) *insieme
delle ossa*) Skelett *n,* Knochengerüst *n;*
(*struttura*) Knochenbau *m* ❷ (*fig: struttura
portante*) Gerippe *n,* Skelett *n;* (*orditura*)

Gerüst *n*

osseo, -a ['ɔsseo] <-ei, -ee> *agg* Kno-
chen-, knöchern

ossequente [osse'kuɛnte] *agg* (*poet*) gehorsam, respektvoll (*a* gegenüber), ehrerbietig (*a* gegenüber); **ossequiare** [os-
se'kuia:re] *vt* (*poet*) hoch achten, Achtung
entgegenbringen (*qu* jdm)

ossequio [os'sɛkuio] <-qui> *m* (*poet*)
Hochachtung *f;* **gradisca i miei -qui** (*nelle
lettere*) hochachtungsvoll; **ossequiosità**
[ossekuiosi'ta] <-> *f* (*poet*) Ehrerbietig-
keit *f geh,* Ehrerbietung *f geh;* (*pej*) Unterwürfigkeit *f;* **ossequioso, -a** [os-
se'kuio:so] *agg* (*poet*) ehrerbietig *geh;*
(*pej*) unterwürfig

osservante [osser'vante] **I.** *agg* ❶ (*rispettoso*) **essere ~ di qc** etw befolgen ❷ (REL)
strenggläubig **II.** *mf* (REL) Strenggläubige(r)
f(m); **osservanza** [osser'vantsa] *f* Befolgung *f,* Beachtung *f;* (REL) Observanz *f*

osservare [osser'va:re] *vt* ❶ (*guardare
attentamente*) beobachten, betrachten
❷ (*mantenere*) beachten, befolgen ❸ (*rilevare*) bemerken, beobachten; **osservatore, -trice** [osserva'to:re] **I.** *agg* beobach-
tend, Beobachtungs- **II.** *m, f* Beobach-
ter(in) *m(f);* **osservatorio** [osser-
va'tɔ:rio] <-i> *m* Observatorium *n; ~* **astronomico** Sternwarte *f; ~* **meteorologico**
Wetterwarte *f*

osservatrice [osserva'tri:tʃe] *f v.* osservatore

osservazione [osservat'tsio:ne] *f* ❶ (*atto, studio*) Beobachtung *f;* **spirito di ~** Beobachtungsgabe *f;* **essere tenuto in ~** unter Beobachtung sein ❷ (*considerazione
critica*) Betrachtung *f,* Untersuchung *f*
❸ (*rimprovero*) Vorhaltung *f,* Tadel *m*
❹ (*obiezione*) Einwand *m*

ossessa *f v.* ossesso

ossessionante [ossessio'nante] *agg* bedrängend, quälend; **idea ~** fixe Idee,
Zwangsvorstellung *f;* **ossessionare** [os-
sessio'na:re] *vt* ❶ (*tormentare la coscienza*) bedrängen, quälen ❷ (*fig: infastidire*)
verfolgen, bedrängen; **ossessione** [os-
ses'sio:ne] *f* ❶ (*invasamento demoniaco*)
Besessenheit *f* ❷ (PSYCH) Zwangsvorstellung *f,* Obsession *f* ❸ (*preoccupazione an-
gosciosa*) Angstvorstellung *f,* Wahn *m;*
ossessivo, -a [osses'si:vo] *agg* quälend;
(PSYCH) Zwangs-, obsessiv; **ossesso, -a**
[os'sɛsso] **I.** *agg* besessen **II.** *m, f* Besesse-
ne(r) *f(m)*

ossia [os'si:a] *cong* oder (besser gesagt),
oder (auch)

ossiacido [ossi'a:tʃido] *m* Sauerstoffsäure *f*

ossibuchi *pl di* ossobuco

ossidabile [ossi'da:bile] *agg* oxydierbar;
ossidante [ossi'dante] I. *agg* oxydations-
fähig II. *m* Oxydationsmittel *n*; **ossidare**
[ossi'da:re] *vt*, *vr* -**rsi** oxydieren; **ossidazione** [ossidat'tsio:ne] *f* Oxydation *f*; **ossido** ['ɔssido] *m* Oxyd *n*, Oxid *n*; ~ **di
azoto** Stickoxid *n*; **ossidrico, -a**
[os'si:driko] <-ci, -che> *agg* **cannello** ~
Schweißbrenner *m*

ossificazione [ossifikat'tsio:ne] *f* Verknö-
cherung *f*, Ossifikation *f*

ossigenare [ossidʒe'na:re] *vt* (CHEM) mit
Sauerstoff anreichern; -**rsi i capelli** sich
dat die Haare blondieren; **ossigenato,
-a** [ossidʒe'na:to] *agg* ➊ (CHEM) sauerstoffhaltig, mit Sauerstoff angereichert; **acqua
-a** Wasserstoffsuperoxyd *n* ➋ (*capelli*) gebleicht, blondiert; **bionda -a** Wasserstoff-
blondine *f fam*; **ossigenatura** [ossidʒe-
na'tu:ra] *f* Blondierung *f*; **ossigenazio-
ne** [ossidʒenat'tsio:ne] *f* Sauerstoffzu-
fuhr *f*

ossigeno [os'si:dʒeno] *m* ➊ (CHEM) Sauerstoff *m* ➋ (*fig: sovvenzione*) Geldspritze *f
fam* ➌ (*fig: linfa rinnovatrice*) Frischzellen
fpl, frisches Blut

ossimoro [ossi'mɔ:ro] *m* (LIT) Oxymoron *n*
osso[1] ['ɔsso] <*pl*: -a *f*> *m* (ANAT) Knochen *m*; **avere le -a rotte** zerschlagen
sein; **ridursi pelle e -a** vom Fleisch fallen;
farsi le -a sich die Hörner abstoßen *fam*;
un ~ **duro** (*fig: difficoltà*) eine harte Nuss
fam; (*persona*) ein zäher Knochen *fam*
osso[2] *m* ➊ (*osso animale lavorato*) Bein *n*
➋ (*nocciolo*) Kern *m*, Stein *m*; **sputa l'**~!
(*fam scherz*) spuck es aus!

ossobuco [osso'bu:ko] <ossibuchi> *m*
mit Weißwein, Tomaten und anderen Zu-
taten geschmorte Kalbshaxe

ossuto, -a [os'su:to] *agg* knochig,
knöch(e)rig

ostacolare [ostako'la:re] *vt* behindern,
aufhalten; (*progetti*) hintertreiben
ostacolista [ostako'lista] <-i *m*, -e *f*> *mf*
(*atleta*) Hindernis-, Hürdenläufer(in) *m(f)*
ostacolo [os'ta:kolo] *m* Hindernis *n*; **corsa a -i** Hindernisrennen *n*; **essere d'~ alla
vista** eine Sichtbehinderung darstellen;
saltare un ~ (*a fig*) ein Hindernis überwinden

ostaggio [os'taddʒo] <-ggi> *m* Geisel *f*;
tenere qu in ~ jdn als Geisel festhalten
ostare [os'ta:re] *vi* (ADM) entgegenstehen,
im Wege stehen; **nulla osta all'accoglimento della domanda** der Genehmigung
des Antrags steht nichts entgegen; **ostati-
vo, -a** [osta'ti:vo] *agg* (JUR) **motivo** ~ Hinderungsgrund *m*

oste, -essa ['ɔste, os'tessa] *m*, *f*
(Gast)wirt(in) *m(f)*; **fare i conti senza l'**~
(*fig*) die Rechnung ohne den Wirt machen
osteggiare [osted'dʒa:re] *vt* bekämpfen
ostello [os'tɛllo] *m* Herberge *f*; ~ **della
gioventù** Jugendherberge *f*

ostensorio [osten'sɔ:rio] <-i> *m* Monstranz *f*

ostentare [osten'ta:re] *vt* zur Schau stellen, hervorkehren; **ostentato, -a** [os-
ten'ta:to] *agg* ostentativ, zur Schau gestellt;
ostentazione [ostentat'tsio:ne] *f* Zurschaustellung *f*

osteopatia [osteopa'ti:a] *f* Osteopathie *f*
osteria [oste'ri:a] <-ie> *f* Schenke *f*, (kleine) Gaststätte *f*

ostessa *f v.* oste
ostetrica [os'tɛ:trika] <-che> *f* ➊ (*infermiera*) Hebamme *f* ➋ (*donna medico*) Ge-
burtshelferin *f*; **ostetricia** [oste'tri:tʃa]
<-cie> *f* Geburtshilfe *f*; **ostetrico, -a**
[os'tɛ:triko] <-ci, -che> I. *agg* Entbin-
dungs-, Geburts- II. *m*, *f* (*medico*) Geburts-
helfer(in) *m(f)*

ostia ['ɔstia] <-ie> *f* ➊ (REL) Hostie *f* ➋ (*cialda*) Oblate *f*

ostico, -a ['ɔstiko] <-ci, -che> *agg* hart,
mühsam

ostile [os'ti:le] *agg* feindlich, feindselig;
acquisizione ~ (COM) feindliche Übernahme; **ostilità** [ostili'ta] <-> *f* Feindschaft *f*,
Feindseligkeit *f*

ostinarsi [osti'narsi] *vr* ~ **su qc** sich auf
etw *acc* versteifen; **ostinato, -a** [osti-
'na:to] I. *agg* hartnäckig, beharrlich
II. *m*, *f* Dickkopf *m*, Starrkopf *m*; **ostinazione** [ostinat'tsio:ne] *f* (*caparbietà*)
Dick-, Starrköpfigkeit *f*, Halsstarrigkeit *f*;
(*persistenza*) Hartnäckigkeit *f*, Beharrlichkeit *f*

ostracismo [ostra'tʃizmo] *m* Ostrazis-
mus *m*; (*fig*) Verbannung *f*

ostrica ['ɔstrika] <-che> *f* Auster *f*; **ostri-
coltore, -trice** [ostrikol'to:re] *m*, *f* Aus-
ternzüchter(in) *m(f)*; **ostricoltura** [ostri-
kol'tu:ra] *f* Austernzucht *f*

ostruire [ostru'i:re] <ostruisco> *vt* (*condotto*) verschließen, verstopfen; (*passaggio*) versperren; **ostruzione**
[ostrut'tsio:ne] *f* (*di condotto*) Verschluss *m*; (*di passaggio*, MIL) Sperre *f*,
Sperrung *f*

ostruzionismo [ostruttsio'nizmo] *m* Ob-
struktion *f*; (SPORT) Sperre *f*; **ostruzioni-
sta** [ostruttsio'nista] <-i *m*, -e *f*> *mf* Ob-
struktionist(in) *m(f)*; **ostruzionistico, -a**
[ostruttsio'nistiko] <-ci, -che> *agg* Ob-
struktions-

otite [o'ti:te] *f* Ohrenentzündung *f*, Otitis *f*

otoiatra [oto'ia:tra] <-i *m*, -e *f*> *mf* Ohrenarzt *m*, -ärztin *f*; **otoiatria** [otoia'tri:a] <-ie> *f* Ohrenheilkunde *f*

otorinolaringoiatra   [otorinolaringo'ia:tra] <-i *m*, -e *f*> *mf* Hals-Nasen-Ohren-Arzt *m*, -Ärztin *f*

otre ['o:tre] *m* Schlauch *m*; **essere pieno come un ~** zum Platzen voll sein; (*ubriaco*) zu bis oben hin sein *fam*

ottaedro [otta'ɛ:dro] *m* Achtflächner *m*, Oktaeder *m*

ottagonale [ottago'na:le] *agg* achteckig, oktagonal; **ottagono** [ot'ta:gono] *m* Achteck *n*, Oktagon *n*

ottano [ot'ta:no] *m* Oktan *n*; **numero di -i** Oktanzahl *f*

ottanta [ot'tanta] I. *num* achtzig II. <-> *m* Achtzig *f*; *v. a.* **cinquanta**; **ottantenne** [ottan'tɛnne] I. *agg* achtzigjährig II. *mf* Achtzigjährige(r) *f(m)*; **ottantennio** [ottan'tɛnnio] <-i> *m* Zeitraum *m* von achtzig Jahren

ottantesimo [ottan'tɛːzimo] *m* (*frazione*) Achtzigstel *n*

ottantesimo, **-a** I. *agg* achtzigste(r, s) II. *m*, *f* Achtzigste(r, s) *mfn*; *v. a.* **quinto**

ottantina [ottan'ti:na] *f* **una ~ (di ...)** (etwa) achtzig (...); **essere sull'~** an [*o* um] die Achtzig sein

ottativo [otta'ti:vo] *m* (LING) Optativ *m*

ottativo, **-a** *agg* (LING) optativ

ottava [ot'ta:va] *f* ❶ (REL) Oktav *f* ❷ (LIT, MUS) Oktave *f*

ottavino [otta'vi:no] *m* Pikkoloflöte *f*

ottavo [ot'ta:vo] *m* ❶ (*frazione*) Achtel *n* ❷ (*formato*) Oktav *n* ❸ (SPORT) **-i di finale** Achtelfinale *n*

ottavo, **-a** I. *agg* achte(r, s) II. *m*, *f* Achte(r, s) *mfn*; *v. a.* **quinto**

ottemperanza [ottempe'rantsa] *f* (ADM) Beachtung *f*, Befolgung *f*; **in ~ alle norme di legge** unter Beachtung der gesetzlichen Bestimmungen

ottemperare [ottempe'ra:re] *vi* (*poet*) Folge leisten, folgen

ottenebrare [ottene'bra:re] *vt* (*poet*) ❶ (*offuscare*) verfinstern, verdunkeln ❷ (*fig*) trüben

ottenere [otte'ne:re] <irr> *vt* ❶ (*conseguire*) erlangen, erzielen; (*vittoria*) erringen ❷ (*ricevere*) erhalten ❸ (*ricavare*) gewinnen, erhalten; **ottenibile** [otte'ni:bile] *agg* erhältlich; **ottenimento** [otteni'mento] *m* Erlangung *f*, Erringung *f*

ottenni *1. pers sing pass rem di* **ottenere**

ottentotto, **-a** [otten'ɔtto] *m*, *f* (*a fig pej*) Hottentotte *m*, -tottin *f*

ottenuto *pp di* **ottenere**

ottetto [ot'tetto] *m* Oktett *n*

ottica ['ɔttika] <-che> *f* Optik *f*; **ottico** ['ɔttiko] <-ci> *m* Optiker *m*; **ottico**, **-a** <-ci, -che> *agg* optisch; (*nervo*) Seh-; **lettore ~** (INFORM) Lesestift *m*

ottimale [otti'ma:le] *agg* optimal; **ottimalizzare** [ottimalid'dza:re] *vt* optimieren; **ottimalizzazione** [ottimaliddzat'tsio:ne] *f* Optimierung *f*

ottimamente [ottima'mente] *avv superlativo di* **bene**[1] hervorragend, ausgezeichnet

ottimare [otti'ma:re] *v.* **ottimizzare**

ottimismo [otti'mizmo] *m* Optimismus *m*; **ottimista** [otti'mista] <-i *m*, -e *f*> I. *agg* optimistisch II. *mf* Optimist(in) *m(f)*; **ottimistico**, **-a** [otti'mistiko] <-ci, -che> *agg* optimistisch

ottimizzare [ottimid'dza:re] *vt* optimieren, optimalisieren

ottimo ['ɔttimo] *m* höchster Wert, höchstes Maß; (*stato ideale*) Optimum *m*

ottimo, **-a** *agg superlativo di* **buono**, **-a** ❶ (*il più buono*) beste(r, s) ❷ (*molto buono*) sehr gut, ausgezeichnet

otto ['ɔtto] I. *num* acht; **dare gli ~ giorni** (mit acht Tagen Frist) kündigen; **oggi a ~** heute in acht Tagen II. <-> *m* ❶ (*numero*) Acht *f* ❷ (*nelle date*) Achte(r) *m* ❸ (*voto scolastico*) ≈ gut, zwei ❹ (SPORT: *nel pattinaggio*) Acht *f*, Achter *m*; (*nel canottaggio*) Achter *m* ❺ (*percorso a forma di otto*) ~ **volante** Achterbahn *f* III. *fpl* acht Uhr; *v. a.* **cinque**

ottobre [ot'to:bre] *m* Oktober *m*; *v. a.* **aprile**

ottocentesco, **-a** [ottotʃen'tesko] <-schi, -sche> *agg* das neunzehnte Jahrhundert betreffend; **ottocentista** [ottotʃen'tista] <-i *m*, -e *f*> *mf* ❶ (*artista*) Künstler(in) *m(f)* des Ottocento ❷ (SPORT) Achthundertmeterläufer(in) *m(f)*; **ottocento** [otto'tʃento] I. *num* achthundert II. <-> *m* ❶ (*numero*) Achthundert *f*; **l'Ottocento** das neunzehnte Jahrhundert; (*nell' arte italiana*) das Ottocento ❷ *pl* (SPORT) Achthundertmeterlauf *m*; **ottocifre** [otto'tʃi:fre] <-> *m* (TEC) Uhrmacheröse *f*

ottomana [otto'ma:na] *f* Ottomane *f*

ottomano, **-a** [otto'ma:no] I. *agg* ❶ (*poet*) osmanisch ❷ (*turco*) türkisch II. *m*, *f* ❶ (*poet*) Osmane *m*, Osmanin *f* ❷ (*turco*) Türke *m*, Türkin *f*

ottomila [otto'mi:la] I. *num* achttausend II. <-> *m* Achttausend *f*

ottone [ot'to:ne] *m* ❶ (*lega*) Messing *n* ❷ *pl* (MUS) Blechblasinstrumente *npl*

ottotipo [ot'tɔ:tipo] *m* Sehprobentafel *f*

ottuagenario, -a [ottuadʒe'na:rio] <-i, -ie> I. *agg* achtzigjährig II. *m, f* Achtzigjährige(r) *f(m)*

ottundere [ot'tundere] <ottundo, ottusi, ottuso> *vt* (*a fig*) abstumpfen; **ottundimento** [ottundi'mento] *m* (*a fig*) Abstumpfung *f*

ottuplo ['ɔttuplo] *m* Achtfache(s) *n*

otturare [ottu'ra:re] I. *vt* ❶ (MED: *dente*) füllen, plombieren ❷ (TEC: *falla*) (ver-, zu)stopfen; (*tubo*) abdichten II. *vr* **-rsi** verstopfen; **otturatore** [ottura'to:re] *m* ❶ (MIL) (Gewehr)schloss *n*, Verschluss *m* ❷ (FOTO) Verschluss *m*; **otturazione** [ottura'tsio:ne] *f* ❶ (*atto, effetto*) Abdichtung *f*; (*di un dente*) Plombieren *n* ❷ (*amalgama*) Füllung *f*, Plombe *f*

ottusi [ot'tu:zi] *1. pers sing pass rem di* **ottundere**

ottusità [ottuzi'ta] <-> *f* Stumpfsinnigkeit *f*; **ottuso, -a** [ot'tu:zo] I. *pp di* **ottundere** II. *agg* (MAT) stumpf; (*suono*) dumpf; (*fig*) stumpfsinnig

Ötztal ['œtsta:l] *f* Ötztal *n*

outdoor ['autdɔ:] <inv> *agg* (SPORT) Freiluft-; **torneo** ~ Freiluftturnier *n*

outing ['autiŋ] <-> *m* Outing *n*

outline ['autlain] <- *o* outlines> *m* Kurzzusammenfassung *f*

output ['autput] <-> *m* (INFORM) Output *m* *o n*, Ausgabe *f*

outsider [aut'saidə *o* aut'saider] <- *o* outsiders> *mf* Außenseiter(in) *m(f)*, Outsider *m*; **outstanding** [aut'stændiŋ] <inv> *agg* beachtlich, außergewöhnlich gut

ouverture [uvɛr'ty:r] <-> *f* Ouvertüre *f*

ovaia [o'va:ia] <-aie> *f*, **ovaio** [o'va:io] <*pl:* -aia *f*> *m* Eierstock *m*

ovaiolo, -a [ova'iɔ:lo] *agg* **gallina -a** Legehenne *f*

ovale [o'va:le] I. *agg* oval; **palla** ~ Rugby *n* II. *m* Oval *n;* **ovalizzare** [ovalid'dza:re] *vt* (TEC) oval machen

ovarico, -a [o'va:riko] <-ci, -che> *agg* ❶ (ANAT) Eierstock- ❷ (BOT) Fruchtknoten-; **ovario** [o'va:rio] <-i> *m* Fruchtknoten *m*

ovatta [o'vatta] *f* Watte *f;* **ovattare** [ovat'ta:re] *vt* ❶ (*imbottire di ovatta*) wattieren ❷ (*fig: rumore*) dämpfen

ovazione [ovat'tsio:ne] *f* Ovation *f*

ove ['o:ve] I. *avv* (*poet: stato*) wo; (*moto*) wohin II. *cong* +*conj* (*poet*) sofern, falls

overcoat ['ouvəkout] <- *o* overcoats> *m* langer Mantel

overdose ['ouvədous *o* over'dɔz(e)] <overdosi> *f* (*dose eccessiva*) Überdosis *f;* **overdrive** ['ouvə'draiv *o* over'draiv] <-> *m* Overdrive *m*

overnight ['ouvənait] <inv> *agg* (FIN) kurzfristig

oversize ['ouvə'saiz] <inv> *agg* extraweit

overtime ['ouvə'taim] <-> *m* (SPORT) Verlängerung *f*

ovest ['ɔ:vest] *m* Westen *m*

ovile [o'vi:le] *m* Schafstall *m;* **tornare all'** ~ (*fig*) in den Schoß der Familie zurückkehren

ovino [o'vi:no] *m* Schaf *n*

ovino, -a *agg* Schaf-

oviparo, -a [o'vi:paro] *agg* Eier legend

ovoide [o'vɔ:ide] *agg* eiförmig

ovolo ['ɔ:volo] *m* Kaiserling *m*

ovovia [ovo'vi:a] *f* Kabinenbahn *f*

ovulare [ovu'la:re] *agg* oval, eiförmig; **ovulazione** [ovulat'tsio:ne] *f* Eisprung *m*

ovulo ['ɔ:vulo] *m* ❶ (BOT) Samenanlage *f,* Ovulum *n scient* ❷ (BIOL) Eizelle *f*

ovunque [o'vuŋkue] *avv* ❶ (*dovunque stato*) wo (auch) immer; (*moto*) wohin (auch) immer ❷ (*dappertutto*) überall

ovvero [ov've:ro] *cong* oder (auch)

ovviare [ovvi'a:re] *vi* begegnen, entgegenwirken

ovvietà [ovvie'ta] <-> *f* Offensichtlichkeit *f;* **ovvio, -a** ['ɔvvio] <-i, -ie> *agg* ❶ (*naturale*) selbstverständlich ❷ (*evidente*) offensichtlich

ozelot [oddze'lɔt] *m* Ozelot *m*

oziare [ot'tsia:re] *vi* faulenzen; **ozio** ['ɔttsio] <-i> *m* ❶ (*abituale inoperosità*) Müßiggang *m;* **stare in** ~ müßig sein; **l'** ~ **è il padre dei vizi** (*prov*) Müßiggang ist aller Laster Anfang ❷ (*inattività temporanea*) Untätigkeit *f* ❸ (*tempo libero*) Muße *f,* Mußestunde *f* ❹ *pl* (*vita lussuosa*) luxuriöses Leben, Leben *n* im Überfluss; **oziosa** *f v.* **ozioso; oziosità** [ottsiosi'ta] <-> *f* Müßigkeit *f;* **ozioso, -a** [ot'tsio:so] I. *agg* ❶ (*fannullone*) faul ❷ (*inoperoso*) untätig ❸ (*futile*) überflüssig, müßig II. *m, f* Müßiggänger(in) *m(f)*

ozonizzare [oddzonid'dza:re] *vt* ozonisieren

ozono [od'dzɔ:no] *m* (CHEM) Ozon *n;* **buco nell'** ~ Ozonloch *n;* **ozonosfera** [oddzonos'fɛ:ra] *f* Ozonschicht *f,* -sphäre *f*

P p

P, p [pi] <-> *f* P, p *n;* **~ come Palermo** P wie Paula

p. *abbr di* **pagina** S.

PA *abbr di* **Pubblica Amministrazione** öffentliche Verwaltung

pacatezza [paka'tettsa] *f* (Gemüts)ruhe *f,* Gelassenheit *f;* **pacato, -a** [pa'ka:to] *agg* ruhig, gelassen

pacca ['pakka] <-cche> *f* (*fam*) Klaps *m*

pacchetto [pak'ketto] *m* ❶ (*piccolo pacco*) Päckchen *n*, kleines Paket; **un ~ di sigarette** eine Schachtel Zigaretten; **un ~ di proposte** (*fig*) ein Paket von Vorschlägen ❷ (*azionario*) Paket *n* ❸ (INFORM) Office-Paket *n*

pacchia ['pakkia] <-cchie> *f* (*fam: divertimento*) Vergnügen *n*, Spaß *m*

pacchianeria [pakkiane'ri:a] <-ie> *f* Geschmacklosigkeit *f,* Plumpheit *f*

pacchiano, -a [pak'kia:no] *agg* geschmacklos, plump

pacco ['pakko] <-cchi> *m* ❶ (*involto*) Paket *n;* **~ bomba** Paketbombe *f* ❷ (*fam: fregatura*) Betrug *m*, Mogelpackung *f;* **mi ha fatto il ~** er hat mich versetzt

paccottiglia [pakkot'tiʎʎa] <-glie> *f* Ramsch *m*, Ausschussware *f*

pace ['pa:tʃe] *f* ❶ (*assenza di guerra*) Frieden *m* ❷ (*accordo*) Friede *m*, Eintracht *f;* **fare ~ con qu** sich mit jdm versöhnen ❸ (*serenità*, REL) Seelenfriede *m*, innere Ruhe; (*tranquillità fisica*) Ruhe *f;* **godersi la propria ~** seine Ruhe genießen; **mettere** [*o* **mettersi**] **il cuore in ~** es gut sein lassen; **non trovar ~** keine Ruhe finden; **lasciare in ~** in Ruhe lassen; **starsene in** (**santa**) **~** in Ruhe sein

pacemaker ['peismeikə] <-> *m* (MED) Herzschrittmacher *m*

pachiderma [paki'dɛrma] <-i> *m* ❶ (ZOO) Dickhäuter *m* ❷ (*fig*) schwerfälliger Mensch

Pachistan [pakis'tan] *m* **il ~** Pakistan *n;* **pachistano, -a** [pakis'ta:no] I. *agg* pakistanisch II. *m, f* Pakistaner(in) *m(f)*, Pakistani *m*

paciere, -a [pa'tʃɛ:re] *m, f* Friedensstifter(in) *m(f)*

pacifica *f v.* **pacifico**

pacificare [patʃifi'ka:re] I. *vt* ❶ (*nemici*) versöhnen ❷ (*animi*) beruhigen, besänftigen II. *vr* **-rsi** sich versöhnen; **pacificatore, -trice** [patʃifika'to:re] I. *m, f* Frieden(s)stifter(in) *m(f)* II. *agg* Versöhnungs-,

versöhnlich; **pacificatorio, -a** [patʃifika'tɔ:rio] <-i, -ie> *agg* Friedens-; **intervento ~** Friedensmission *f;* **intento ~** Friedensabsicht *f;* **pacificazione** [patʃifikat'tsio:ne] *f* Versöhnung *f*, Befriedung *f;* **pacifico, -a** [pa'tʃi:fiko] <-ci, -che> *agg* ❶ (*uomo, indole*) friedliebend, friedlich ❷ (*vita*) friedlich, ruhig ❸ (*fig: chiaro*) klar, selbstverständlich ❹ (GEOG) **il** [*o* **l'Oceano**] **Pacifico** der Pazifische Ozean, der Pazifik

pacifismo [patʃi'fizmo] *m* Friedensbewegung *f;* **pacifista** [patʃi'fista] <-i *m*, -e *f*> I. *mf* Pazifist(in) *m(f)* II. *agg* pazifistisch

pacioccone, -a [patʃok'ko:ne] *m, f* (*fam*) gutmütiger, friedliebender Mensch

pacioso, -a [pa'tʃo:so] *agg* friedlich, umgänglich

pack [pæk] <-> *m* Packeis *n*

package ['pækidʒ] <- *o* packages> *m* ❶ (INFORM) Softwarepaket *n* ❷ (POL) Paket *n*

packaging ['pækidʒiŋ] <-> *m* (COM) Produktverpackung *f*

padano, -a [pa'da:no] *agg* Po-; **pianura -a** Poebene *f*

padella [pa'dɛlla] *f* ❶ (*utensile*) (Brat)pfanne *f,* Stielpfanne *f;* **~ antiaderente** beschichtete Pfanne; **cadere dalla ~ nella brace** (*fig*) vom Regen in die Traufe kommen ❷ (*per malati*) Bettpfanne *f*

padiglione [padiʎ'ʎo:ne] *m* ❶ (ARCH) Pavillon *m;* (*di fiera*) Halle *f* ❷ (*auricolare*) Hörmuschel *f*

Padova ['pa:dova] *f* Padua *n* (*Stadt in Venetien*)

Padovano <sing> *m* Umgebung *f* von Padua

padovano, -a [pado'va:no] I. *m, f* (*abitante*) Paduaner(in) *m(f)* II. *agg* Paduas, aus (von) Padua

padre ['pa:dre] *m* ❶ (*gener a fig*) Vater *m;* (*poet: progenitore*) (Stamm)vater *m;* **~ adottivo** Adoptivvater *m;* **~ putativo** Pflegevater *m;* **di ~ in figlio** von Generation zu Generation; **per via di ~** väterlicherseits; **tale il ~ tale il figlio** (*prov*) der Apfel fällt nicht weit vom Stamm ❷ (REL: *Dio*) (Gott)vater *m;* (*papa*) Papst *m;* (*titolo*) Pater *m;* **Dio, Padre Onnipotente** Gott, der allmächtige Vater ❸ *pl* (*antenati*) Vorfahren *mpl,* Ahnen *mpl;* **padreggiare** [padred'dʒa:re] *vi* seinem Vater nachschlagen [*o* ähnlich sein]

Padrenostro [padre'nɔstro] <-> *m* Vaterunser *n;* **padrenostro** [padre'nɔstro]

<-> *m* Vaterunser *n*, Paternoster *n;* **pa-dreterno** [padre'tɛrno] *m* (*fam*) ❶ (REL) Gottvater *m* ❷ (*fig*) hohes Tier *n fam*

padrinesco, -a [padri'nesko] <-chi, -che> *agg* nach Mafiaart, tyrannisch

padrino [pa'dri:no] *m* ❶ (REL: *di battesimo*) (Tauf)pate *m;* (*di cresima*) (Firm)pate *m* ❷ (*nei duelli*) Sekundant *m*

padrona *f v.* **padrone**

padronale [padro'na:le] *agg* ❶ (*del padrone*) herrschaftlich, Herren- ❷ (*di proprietà*) eigen ❸ (*imprenditoriale*) Unternehmer-, Arbeitgeber-

padronanza [padro'nantsa] *f* ❶ (*fig: conoscenza sicura*) Beherrschung *f* ❷ (*controllo*) Beherrschung *f*, Kontrolle *f*

padronato [padro'na:to] *m* Arbeitgeberschaft *f*, Unternehmertum *n*

padroncino, -a [padron'tʃi:no] *m*, *f* junger Herr, junge Herrin

padrone, -a [pa'dro:ne] *m*, *f* ❶ (*proprietario*) Eigentümer(in) *m(f)*, Besitzer(in) *m(f);* ~ **di casa** Hausherr(in) *m(f);* (*per gli inquilini*) Hausbesitzer(in) *m(f)* ❷ (*datore di lavoro*) Arbeitgeber(in) *m(f)* ❸ (*dominatore*) Herrscher(in) *m(f)*, Gebieter(in) *m(f);* **essere ~ di ...** +*inf* sich frei entscheiden können zu ... +*inf*, die Wahl haben zu ... +*inf* ❹ (*conoscitore*) Kenner(in) *m(f);* **padroneggiare** [padroned'dʒa:re] I. *vt* beherrschen II. *vr* -rsi sich beherrschen

paesaggio [pae'zaddʒo] <-ggi> *m* ❶ (GEOG) Landschaft *f;* ~ **alpino** Alpenlandschaft *f;* ~ **montano** Gebirgslandschaft *f* ❷ (*panorama*) Panorama *n*, Aussicht *f* ❸ (*pittura*) Landschaftsbild *n;* (FOTO) Landschaftsaufnahme *f;* **paesaggista** [paezad'dʒista] <-i m, -e f> *mf* Landschaftsmaler(in) *m(f);* **paesaggistica** [paezad'dʒistika] *f* (KUNST) Landschaftsmalerei *f;* **paesaggistico, -a** [paezad'dʒistiko] <-ci, -che> *agg* landschaftlich, Landschafts-

paesano, -a [pae'za:no] I. *agg* dörflich, Dorf-; (*rustico*) ländlich; **alla -a** nach Bauernart II. *m*, *f* (*abitante*) Dorfbewohner(in) *m(f)*

paese [pa'e:ze] *m* ❶ (*nazione, stato*) Land *n*, Staat *m;* ~ **emergente** Schwellenland *n;* ~ **esportatore di petrolio** Erdölexportland *n;* ~ **industrializzato** Industrieland *n;* ~ **in via di sviluppo** Entwicklungsland *n;* **il bel** ~ (*fig: l'Italia*) Italien *n;* **i Paesi Bassi** die Niederlande *pl;* **mandare qu a quel** ~ (*fam fig*) jdn dahin schicken, wo der Pfeffer wächst; ~ **che vai, usanze che trovi** (*prov*) andere Länder,

andere Sitten ❷ (*patria*) Vaterland *n*, Heimat *f* ❸ (*villaggio*) Dorf *n* ❹ (*regione*) Gegend *f*, Landschaft *f*

paffuto, -a [paf'fu:to] *agg* pausbackig, pausbäckig

pag. *abbr di* **pagina** S.

paga ['pa:ga] <-ghe> *f* (*retribuzione*) Lohn *m;* (*a iron*) Dank *m;* **giorno di ~** Zahltag *m;* **busta ~** Lohntüte *f;* **pagabile** [pa'ga:bile] *agg* (be)zahlbar; ~ **a rate** zahlbar in Raten [*o* nach]; ~ **a vista** zahlbar bei [*o* nach] Sicht; ~ **alla consegna** zahlbar bei Erhalt; ~ **alla presentazione** zahlbar bei Vorlage; ~ **alla scadenza** zahlbar bei Fälligkeit; ~ **in anticipo** im Voraus zahlbar; ~ **in contanti** bar zahlbar

pagaia [pa'ga:ia] <-aie> *f* Paddel *n*

pagamento [paga'mento] *m* (Be)zahlung *f;* ~ **anticipato** Vorauszahlung *f;* ~ **alla consegna** Zahlung *f* bei (Ab)lieferung; ~ **a mezzo assegno** Zahlung *f* per Scheck; ~ **a pronta cassa** Barzahlung *f;* ~ **a rate** Ratenzahlung *f;* ~ **contro consegna** Zahlung *f* gegen Nachnahme; ~ **supplementare** Zuzahlung *f;* **mancato ~** Nichtzahlung *f*

pagana *f v.* **pagano**

paganesimo [paga'ne:zimo] *m* Heidentum *n*

pagano, -a [pa'ga:no] I. *agg* heidnisch II. *m*, *f* Heide *m*, Heidin *f*

pagante [pa'gante] I. *agg* zahlend II. *mf* Zahlende(r) *f(m);* **reparto -i** Station *f* für Privatpatienten

pagare [pa'ga:re] *vt* ❶ (*gener*) (be)zahlen; (*stipendio*) auszahlen; (*versare*) (ein)zahlen; (*imposte, tasse*) (be)zahlen, entrichten; ~ **caro qc** (*a fig*) etw teuer bezahlen; **a ~ e morire c'è sempre tempo** (*prov*) mit dem Bezahlen und dem Sterben hat es keine Eile ❷ (*offrire*) spendieren, ausgeben *fam;* ~ **da bere a qu** jdm einen ausgeben ❸ (*ricompensare*) belohnen, bezahlen; ~ **qu** [*o* **con**] **qc** jdn mit etw belohnen ❹ (JUR) ab-, verbüßen; **farla ~ cara a qu** (*fam*) jdn für etw büßen lassen, sich an jdm rächen; **pagatore, -trice** [paga'to:re] I. *m*, *f* Zahler(in) *m(f)*, Zahlende(r) *f(m)* II. *agg* Zahl-, zahlend; **ufficiale ~** Zahlmeister *m*

pagella [pa'dʒɛlla] *f* (Schul)zeugnis *n*

paggio ['paddʒo] <-ggi> *m* Page *m*

pagherò [page'rɔ] <-> *m* Eigen-, Solawechsel *m*

paghetta [pa'getta] *f* ❶ *dim di* **paga** (*retribuzione scarsa*) Hungerlohn *m* ❷ (*fam: mancetta*) Taschengeld *n;* **ricevere la ~ settimanale** ein wöchentliches Taschengeld bekommen

pagina ['pa:dʒina] *f* Seite *f;* **prima ~** (*fig*) Titelseite *f;* **quarta ~** (*fig*) Anzeigenteil *m;* **terza ~** (*fig*) Feuilletonteil *m;* **Pagine gialle** Gelbe Seiten *fpl;* **voltar ~** umblättern; (*fig*) ein neues Kapitel anfangen; (*parlare d'altre cose*) das Thema wechseln; **mettere in ~** (TYP) umbrechen; **~ web** (INFORM) Webseite *f;* **paginatura** [padʒina'tu:ra] *f* Paginierung *f;* (*impaginazione*) Umbruch *m*

paglia ['paʎʎa] <-glie> *f* ❶(*materiale*) Stroh *n;* **fuoco di ~** (*fig*) Strohfeuer *n* ❷(*oggetto*) Strohware *f;* (*cappello*) Strohhut *m*

pagliaccetto [paʎʎat'tʃetto] *m* ❶(*per bambini*) Strampelhose *f* ❷(*per donna*) Body(stocking) *m*

pagliacciata [paʎʎat'tʃa:ta] *f* (*fam*) Narrenposse *f*, Hanswurstiade *f;* **pagliaccio** [paʎ'ʎattʃo] <-cci> *m* ❶(*di circo*) Clown *m*, Bajazzo *m* ❷(*fig: buffone*) Hanswurst *m*, Narr *m*

pagliaio [paʎ'ʎa:io] <-ai> *m* Strohhaufen *m;* **cercare un ago in un ~** (*fig*) eine Stecknadel im Heuhaufen suchen

pagliericcio [paʎʎe'rittʃo] <-cci> *m* Strohsack *m*

paglierino, -a [paʎʎe'ri:no] *agg* strohgelb

paglietta [paʎ'ʎetta] *f* ❶(*cappello*) Strohhut *m* ❷(*d'acciaio*) Stahlwolle *f*

pagliuzza [paʎ'ʎuttsa] *f* ❶(*fuscellino di paglia*) Strohhalm *m* ❷(*d'oro, d'argento*) Flitter *m*, Paillette *f*

pagnotta [paɲ'ɲɔtta] *f* Rundbrot *n*, Brotlaib *m*

pago, -a ['pa:go] <-ghi, -ghe> *agg* zufrieden, befriedigt

pagoda [pa'gɔ:da] *f* Pagode *f*

paguro [pa'gu:ro] *m* (Einsiedler)krebs *m*

paia *pl di* **paio²**

paillard [pa'ja:r] <-> *f* gegrilltes Kalbsschnitzel

paillette [pa'jɛt] <-> *f* Flitter *m*, Paillette *f*

paio¹ ['pa:io] *1. pers sing pr di* **parere¹**

paio² <*pl:* paia *f*> *m* (*coppia*) Paar *n;* **un ~ di** ein paar, einige; **un ~ di calzoni** eine Hose, ein Paar Hosen; **un ~ di forbici** eine Schere; **un ~ di occhiali** eine Brille

paiolo [pa'iɔ:lo] *m* (Koch)kessel *m*

Pakistan [pakis'tan] *m v.* **Pachistan; pakistano, -a** [pakis'ta:no] I. *agg v.* **pachistano** II. *m, f v.* **pachistano**

pala ['pa:la] *f* ❶(*attrezzo*) Schaufel *f*, Schippe *f* ❷(*d'altare*) Altartafel *f*, Altarbild *n*

paladino [pala'di:no] *m* (*cavaliere*) Paladin *m*

paladino, -a *m, f* (*difensore*) Verteidiger(in) *m(f);* (*di dottrina*) Verfechter(in) *m(f)*

palafitta [pala'fitta] *f* (HIST) Pfahlbau *m;* **palafitticolo, -a** [palafit'ti:kolo] I. *m, f* Pfahlbaubewohner(in) *m(f)* II. *agg* Pfahlbau-

palafreniere [palafre'niɛ:re] *m* Reitknecht *m*

palaghiaccio [pala'gia:ttʃo] <-> *m* (SPORT) Eissporthalle *f*

palanca [pa'laŋka] <-che> *f* ❶(*trave*) Balken *m*, Planke *f* ❷*pl* (*fam: soldi*) Moneten *fpl*

palandrana [palan'dra:na] *f* (*fam pej*) Kittel *m*, (weites) Hemd *n*

palasport [pala'spɔrt] <-> *m* (SPORT) Sportpalast *m*

palata [pa'la:ta] *f* ❶(*quantità*) Schaufel(voll) *f;* **guadagnar soldi a -e** (*fam fig*) Geld scheffeln ❷(*colpo di pala*) Hieb *m* mit der Schaufel

palatale [pala'ta:le] I. *agg* ❶(ANAT) Gaumen- ❷(LING) palatal II. *f* (LING) Palatal(laut) *m*, Gaumenlaut *m;* **palatalizzazione** [palataliddzat'tsio:ne] *f* Palatalisierung *f*

Palatinato [palati'na:to] *m* Pfalz *f;* **Renania-~** Rheinland-Pfalz *n*

palatino, -a [pala'ti:no] *agg* ❶(*del palazzo reale*) Palast-, Hof- ❷(*del Quirinale*) Quirinal- ❸(*del Palatino*) des Palatins

palato [pa'la:to] *m* ❶(ANAT) Gaumen *m* ❷(*fig: gusto*) Gaumen *m*, Geschmack *m;* **avere il ~ delicato** einen feinen Gaumen haben

palazzina [palat'tsi:na] *f* Mehrfamilienhaus *n*

palazzinaro [palattsi'na:ro] *m* (*pej*) Baulöwe *m*

palazzo [pa'lattso] *m* ❶(ARCH) Palast *m;* **~ reale** Königspalast *m;* (*del periodo barocco*) Schloss *n* ❷(*condominio*) Wohnhaus *n* ❸(POL) Regierungsgebäude *n;* **il ~ di giustizia** der Justizpalast; **Palazzo** politisches Machtzentrum; **Palazzo Madama** [pa'lattso ma'da:ma] *m* ❶(POL: *sede del Senato*) Sitz *m* des italienischen Senats ❷(POL: *il Senato stesso*) italienischer Senat; **la riunione a ~** die Sitzung im italienischen Senat

palazzotto [palat'tsotto] *m* kleiner Palast

palchettista [palket'tista] <-i *m*, -e *f*> *mf* Logeninhaber(in) *m(f)*, -abonnent(in) *m(f)*

palchetto [pal'ketto] *m* ❶(*ripiano*) Regalbrett *n* ❷(THEAT) Loge *f*

palchista [pal'kista] <-i *m*, -e *f*> *mf* ❶(THEAT) Inhaber(in) *m(f)* eines Logenplatzes ❷(*fig fam: persona che racconta frot-*

tole) Schauspieler(in) *m(f)*

palco ['palko] <-chi> *m* ❶ (THEAT) Loge *f* ❷ (*piano sopraelevato*) Tribüne *f*, Bühne *f*

palcoscenico [palkoʃʃɛ:niko] <-ci> *m* ❶ (THEAT) Bühne *f* ❷ (*fig: arte*) Bühne(nkunst) *f*

paleocene [paleo'tʃɛ:ne] *m* Paleozän *n*

paleocristiano, -a [paleokris'tia:no] *agg* frühchristlich, urchristlich

paleolitico [paleo'li:tiko] *m* Paläolithikum *n*, Altsteinzeit *f*

paleomarxismo [paleomark'sizmo] *m* Altmarxismus *m*, überholter Marxismus

paleontologa *f v.* **paleontologo**

paleontologia [paleontolo'dʒi:a] <-gie> *f* Paläontologie *f*; **paleontologico, -a** [paleonto'lɔ:dʒiko] <-ci, -che> *agg* paläontologisch; **paleontologo, -a** [paleon'tɔ:logo] <-gi, -ghe> *m, f* Paläontologe *m*, -login *f*

Palermitano <*sing*> *m* Umgebung *f* von Palermo

palermitano, -a I. *m, f* (*abitante*) Palermitaner(in) *m(f)* II. *agg* palermitanisch, aus Palermo

Palermo *f* Palermo *n* (*Hauptstadt Siziliens*)

palesare [pale'za:re] I. *vt* kundtun, kundgeben II. *vr* **-rsi** sich offenbaren; **palese** [pa'le:ze] *agg* offenkundig, deutlich

palestra [pa'lestra] *f* ❶ (SPORT: *locale*) Turnhalle *f*; (*esercizio*) Turnübung *f*, Gymnastik *f* ❷ (*fig*) Schule *f*, Schulung *f*

palestrato [pale'stra:to] *agg* durchtrainiert

paletot [pal'to] <-> *m* (Winter)mantel *m*

paletta [pa'letta] *f* ❶ (*piccola pala*) kleine Schaufel; (*per brace, carbone*) Kohlenschaufel *f* ❷ (*di carabinieri, vigili*) Kelle *f*; (*del capostazione*) Signalstab *m* ❸ (*per dolci*) Tortenheber *m*, Kuchenschaufel *f*

paletto [pa'letto] *m* ❶ (*chiavistello*) Riegel *m* ❷ (*da infiggere nel terreno*) Pflock *m*; (*da tenda*) Hering *m*; **~ dissuasore** Pfosten *m* (*um das Parken auf dem Bürgersteig zu verhindern*)

palinare [pali'na:re] *vt* abstecken

palingenesi [palin'dʒɛ:nezi] *f* ❶ (REL) Wiedergeburt *f* ❷ (*rinnovamento*) Erneuerung *f*

palio ['pa:lio] <-i> *m* ❶ (*drappo*) kostbar besticktes Tuch (*als Siegesprämie bei Pferderennen, die in einigen italienischen Städten veranstaltet werden*) ❷ (*gara*) Pferderennen *n*; **correre il ~** am Pferderennen teilnehmen; **il Palio di Siena** der Palio in Siena ❸ (*fig*) **essere/mettere in ~** als Preis ausgesetzt sein/aussetzen

palissandro [palis'sandro] *m* Palisander *m*, Palisanderholz *n*

palizzata [palit'tsa:ta] *f* Palisadenwand *f*, Palisaden *fpl*

palla ['palla] *f* ❶ (*gener*, SPORT) Ball *m*; (*sfera*) Kugel *f*; **pesce ~** Kugelfisch *m*; **~ di neve** Schneeball *m*; **~ di vetro** Glaskugel *f*; **~ da tennis** (SPORT) Tennisball *m*; **~ a volo** (SPORT) Volleyball *m*; **giocare a ~** Ball spielen; **prendere** [*o* **cogliere**] **la ~ al balzo** (*fig*) die Gelegenheit beim Schopf ergreifen; **essere una ~ al piede di qu** jdm ein Klotz am Bein sein ❷ (*proiettile*) Kugel *f* ❸ *pl* (*vulg: testicoli*) Eier *npl*; **che -e!** wie langweilig!; **averne le -e piene di qc** die Schnauze voll haben; **far girare le -e auf die Palme bringen; **non mi rompere le -e!** (*vulg*) du gehst mir auf die Eier!

pallabase [palla'ba:ze] *f* Baseball *m*

pallacanestro [pallaka'nɛstro] *f* Basketball *m*

palladio [pal'la:dio] *m* Palladium *n*

pallamano [palla'ma:no] *f* Handball *m*; **pallanotistico, -a** [pallano'tistiko] <-ci, -che> *agg* Wasserball-

pallanuoto [palla'nuɔ:to] *f* Wasserball *m*

pallavolo [palla'vo:lo] *f* Volleyball *m*

palle ['palle] *fpl v.* **palla**

palleggiamento [palleddʒa'mento] *m* (*a fig*) Hin- und Herspielen *n*, -passen *n*; **palleggiare** [palled'dʒa:re] *vi* sich im Ballfangen und -werfen üben; (*nella pallavolo*) den Ball in der Luft halten; **palleggio** [pal'leddʒo] <-ggi> *m* Jonglieren *n*, Zuwerfen *n* des Balles

palliativo [pallia'ti:vo] *m* ❶ (*fig: rimedio inefficace*) Trostpflaster *n*, Notbehelf *m* ❷ (MED) Linderungsmittel *n*

pallido, -a ['pallido] *agg* ❶ (*viso*) blass; (*colore*) blass, matt ❷ (*fig: debole*) schwach; (*idea*) blass; **non avere la più -a idea** keinen blassen Schimmel haben

pallina [pal'li:na] *f* Murmel *f*, Klicker *m*; **~ da ping pong** Tischtennisball *m*

pallino [pal'li:no] *m* ❶ (*del biliardo*) (weißer) Punktball *m*; (*delle bocce*) Malkugel *f*, Zielkugel *f* ❷ *pl* (*da caccia*) Schrot *m o n* ❸ (*fam fig: fissazione*) fixe Idee, Manie *f*; **avere il ~ della pulizia** (*fam*) einen Putzfimmel haben, ein Putzteufel sein

pallonata [pallo'na:ta] *f* Schuss *m* mit dem Ball

palloncino [pallon'tʃi:no] *m* ❶ (*giocattolo*) (Luft)ballon *m* ❷ (*fam: alcoltest*) **fare la prova del ~** ins Röhrchen blasen

pallone [pal'lo:ne] *m* ❶ (*grossa palla*) großer Ball *m*; (SPORT) Fußball *m*, Lederball *m*; **avere** [*o* **sentirsi**] **la testa come un ~**

(*fam*) einen dicken Kopf haben; **essere un ~ gonfiato** (*fam*) ein aufgeblasener Mensch sein, eingebildet sein ❷ (*aerostato*) Ballon *m*

pallonetto [pallo'netto] *m* (*calcio*) Heber *m;* (*tennis*) Lob *m*

pallore [pal'lo:re] *m* Blässe *f*

pallottola [pal'lɔttola] *f* ❶ (*proiettile*) Kugel *f,* Geschoss *n* ❷ (*di carta, di legno, vetro*) kleine Kugel, Kügelchen *n*

pallottoliere [pallotto'liɛ:re] *m* Rechenbrett *n*

palma ['palma] *f* ❶ (BOT) Palme *f;* (*ramo*) Palm(en)zweig *m; ~* **da cocco** Kokospalme *f;* **domenica delle Palme** Palmsonntag *m* ❷ (*della mano*) Handteller *m,* -fläche *f*

palmare [pal'ma:re] *m* (*computer*) Palmtop *m*

palmato, -a [pal'ma:to] *agg* ❶ (ZOO) Schwimm- ❷ (BOT) gefingert, handförmig

palmento [pal'mento] *m* Mühlstein *m,* Mühle *f;* **mangiare a quattro -i** wie ein Scheunendrescher essen *fam*

palmeto [pal'me:to] *m* Palmenhain *m,* -pflanzung *f*

palmipede [pal'mi:pede] I. *m* Schwimmvogel *m* II. *agg* **uccello ~** Schwimmvogel *m*

palmo ['palmo] *m* ❶ (*della mano*) Handteller *m,* -fläche *f;* **portare qu in ~ di mano** (*fig*) jdn auf Händen tragen; **restare con un ~ di naso** ein langes Gesicht machen ❷ (*unità di misura*) Spanne *f*

palm top ['pa:mtɔp] <-> *m* (*Taschencomputer*) Palmtop® *m*

palo ['pa:lo] *m* ❶ (*gener*) Pfahl *m;* (*del telegrafo*) Mast *m;* **fare il** [*o* **da**] **~** (*sl*) Schmiere stehen; **star dritto come un ~** wie ein Stock dastehen; **saltare di ~ in frasca** (*fig*) vom Hundertsten ins Tausendste kommen ❷ (SPORT: *calcio*) (Tor)pfosten *m*

palombaro [palom'ba:ro] *m* Froschmann *m*

palombo [pa'lombo] *m* Glatthai *m*

palpabile [pal'pa:bile] *agg* ❶ (*che si può palpare*) greifbar, fühlbar ❷ (*fig: evidente*) offensichtlich; (*prova*) handfest

palpare [pal'pa:re] *vt* betasten, befühlen; (MED) abtasten; **palpazione** [palpat'tsio:ne] *f* Untersuchung *f* (durch Abtasten), Palpation *f*

palpebra ['palpebra] *f* (Augen)lid *n*

palpitante [palpi'tante] *agg* (*a fig*) pulsierend, zuckend; **una notizia di ~ attualità** eine Nachricht von brennender Aktualität

palpitare [palpi'ta:re] *vi* (*sussultare*) zu-

cken; (*cuore*) schlagen, klopfen; **palpitazione** [palpitat'tsio:ne] *f* ❶ (MED) Herzklopfen *n;* **avere le -i** (*fam*) Herzklopfen haben ❷ (*fig: ansia*) Angst *f,* Erregung *f;* **palpito** ['palpito] *m* ❶ (*del cuore*) Herzschlag *m* ❷ (*fig*) Herzklopfen *n; ~* **d'amore** Liebesgefühle *npl*

paltò [pal'tɔ] <-> *m* (Winter)mantel *m*

paludamento [paluda'mento] *m* (*pej, iron*) geschmacklose, auffällige Kleidung *f*

paludarsi [palu'darsi] *vr* ❶ (*pej: conciarsi*) sich zurechtmachen, sich herausputzen ❷ (*avvolgersi*) sich einhüllen

palude [pa'lu:de] *f* Sumpf *m,* Moor *n;* **paludoso, -a** [palu'do:so] *agg* sumpfig, moorig

palustre [pa'lustre] *agg* Sumpf-, Moor-

pampa ['pampa] <pampas> *f* Pampa *f*

pamphlet [pã'flɛ] <-> *m* Pamphlet *n,* Streit-, Schmähschrift *f*

pampino ['pampino] *m* Blatt *n* der Weinrebe

panacea [pana'tʃɛ:a] <-ee> *f* Allheil-, Wundermittel *n*

panama ['pa:nama] <-> *m* ❶ (*cappello*) Panama(hut) *m* ❷ (*fibra*) Panama *m,* Gewebe *n* in Panamabindung

panare [pa'na:re] *vt* panieren

panario, -a [pa'na:rio] <-i, -ie> *agg* Brot-

panca ['paŋka] <-che> *f* (Sitz)bank *f*

pancarré [paŋkar're] <-> *m* Kastenbrot *n,* Toastbrot *n*

pancetta [pan'tʃetta] *f* ❶ (GASTR) durchwachsener Speck, Bauchspeck *m* ❷ (*fam: addome*) Bäuchlein *n;* **mettere su la ~** ein Bäuchlein ansetzen

panchetto [paŋ'ketto] *m* Schemel *m,* Hocker *m;* (*per piedi*) Fußbank *f*

panchina [paŋ'ki:na] *f* (Garten)bank *f;* **rimanere in** [*o* **far**] **~** (SPORT) auf der Reservebank sitzen

pancia ['pantʃa] <-ce> *f* ❶ (*fam: ventre*) Bauch *m;* **avere** (**il**) **mal di ~** Bauchweh haben; **metter su ~** (*fam*) einen Bauch ansetzen; **starsene a ~ all'aria** (*fam*) auf der faulen Haut liegen ❷ (*fig: di fiasco*) (Flaschen)bauch *m,* Ausbauchung *f;* **panciata** [pan'tʃa:ta] *f* Schlag *m* in den Bauch; (*con la pancia*) Stoß *m* mit dem Bauch; **panciera** [pan'tʃɛ:ra] *f* Bauch-, Leibbinde *f;* **panciolle** [pan'tʃɔlle] (*tosc: fam*) **starsene in ~** auf der faulen Haut liegen; **pancione** [pan'tʃo:ne] *m* (*fam*) ❶ (*grossa pancia*) dicker Bauch, Schmerbauch *m* ❷ (*persona*) Dickbauch *m;* **panciotto** [pan'tʃɔtto] *m* Weste *f;* **panciuto, -a** [pan'tʃu:to] *agg* (*persona*) dickbäuchig; (*vaso*) (dick)bauchig

pancotto [paŋ'kɔtto] *m* Brotsuppe *f*

pancreas ['paŋkreas] <-> *m* Bauchspeicheldrüse *f*

pancristiano, -a [paŋkris'tia:no] *agg* gesamtchristlich, ökumenisch

panda ['panda] <-> *m* Panda *m*, Katzenbär *m*

pandemia [pande'mi:a] *f* Pandemie *f*

pandemonio [pande'mɔ:nio] <-i> *m* Höllenspektakel *n*, -lärm *m*

pandolce [pan'doltʃe] *m* Hefegebäck aus Genua

pandoro [pan'dɔ:ro] *m* Hefegebäck aus Verona, das zu Weihnachten gegessen wird

pane ['pa:ne] *m* Brot *n;* ~ **bianco** Weißbrot *n;* ~ **integrale** Vollkornbrot *n;* ~ **nero** Schwarzbrot *n;* **Pan di Spagna** *eine Art Sandkuchen;* **tenere qu a ~ ed acqua** jdn bei Brot und Wasser halten; **dire ~ al ~ e vino al vino** (*fig*) die Dinge beim Namen nennen; **trovare ~ per i propri denti** (*fig*) eine harte Nuss zu knacken haben; **rendere pan per focaccia** (*fam*) Gleiches mit Gleichem vergelten; **levarsi il ~ di bocca per qu** (*fam*) sich für jdn jeden Bissen vom Munde absparen; **buono come il ~** herzensgut

panegirico [pane'dʒi:riko] <-ci> *m* ❶ (LIT) Panegyrikus *m* ❷ (*fig*) Verherrlichung *f*, Lobpreisung *f*; **panegirista** [pane'dʒi'rista] <-i *m*, -e *f*> *mf* Panegyriker(in) *m(f)*

panetteria [panette'ri:a] <-ie> *f* Bäckerei *f*, Bäckerladen *m*; **panettiere, -a** [panet'tiɛ:re] *m, f* Bäcker(in) *m(f)*

panettone [panet'to:ne] *m* Hefenapfkuchen aus Mailand, der zur Weihnachtszeit gegessen wird

panfilo ['panfilo] *m* Jacht *f*

panforte [pan'fɔrte] *m* Früchtebrot aus Siena

pangolino [paŋgo'li:no] *m* Schuppentier *n*

pangrattato, pan grattato [paŋgrat'ta:to] *m* Semmelbrösel *mpl,* Paniermehl *n*

panico [pa:niko] *m* Panik *f*; **essere preso dal ~** in Panik geraten

panico, -a <-ci, -che> *agg* panisch

paniera [pa'niɛ:ra] *f* (*per pane*) (Brot)korb *m;* (*per biancheria*) (Wäsche)korb *m*

paniere [pa'niɛ:re] *m* Korb *m;* **un ~ di frutta** ein Korb voll Obst; ~ **ISTAT** (COM) statistischer Warenkorb; **il ~ valutario** (FIN) der Währungskorb

panificare [panifi'ka:re] *vi* Brot backen; **panificatore, -trice** [panifika'to:re] *m, f*

(Brot)bäcker(in) *m(f)*; **panificazione** [panifikat'tsio:ne] *f* Brotbacken *n*, -herstellung *f*; **panificio** [pani'fi:tʃo] <-ci> *m* Bäckerei *f*, Brotfabrik *f*

panino [pa'ni:no] *m* Brötchen *n*

panna ['panna] *f* ❶ (GASTR) Sahne *f*, Rahm *m*, Obers *n A;* ~ **montata** Schlagsahne *f*, Schlag *m A* ❷ (MOT: *guasto*) (Auto)panne *f*

panne [pan] <-> *f* (MOT) (Auto)panne *f*; **essere** [*o* **rimanere**] **in** ~ eine Autopanne haben

panneggiamento [panneddʒa'mento] *m* Drapierung *f*; **panneggiare** [panne'dʒa:re] *vt* drapieren

panneggio [pan'neddʒo] <-ggi> *m* Draperie *f*, Faltenwurf *m*

pannello [pan'nɛllo] *m* ❶ (EL) Schaltbrett *n*, -tafel *f;* (INFORM) Bedienungsfeld *n;* ~ **isolante** Isolierplatte *f;* ~ **solare** Solarzelle *f* ❷ (*arte*) Paneel *n*

pannilani *pl di* **pannilano**

panno ['panno] *m* ❶ (*tessuto*) Stoff *m*, Tuch *n* ❷ *pl* (*biancheria*) Wäsche *f;* (*vestiti*) Kleider *npl;* **mettersi nei -i di qu** sich in jdn hineinversetzen; **non stare più nei propri -i** (*fam*) es nicht mehr aushalten können

pannocchia [pan'nɔkkia] <-cchie> *f* ❶ (BOT) Rispe *f* ❷ (GASTR) Maiskolben *m*

pannolino [panno'li:no] *m* ❶ (*per neonato*) Windel *f* ❷ (*assorbente*) (Damen)binde *f*

panorama [pano'ra:ma] <-i> *m* ❶ (*veduta*) Panorama *n*, Rundblick *m* ❷ (*fig: rassegna*) Überblick *m*, Übersicht *f;* **panoramica** [pano'ra:mika] <-che> *f* ❶ (*veduta*) Überblick *m*, Übersicht *f* ❷ (FOTO) Panoramaaufnahme *f;* (FILM) Panoramaschwenk *m* ❸ (*strada*) Panoramastraße *f;* **panoramico, -a** [pano'ra:miko] <-ci, -che> *agg* ❶ (*veduta*) Panorama-, Aussichts-; (*strada, percorso*) mit schöner Aussicht, Panorama- ❷ (*visione, rassegna*) Übersichts-, umfassend ❸ (FOTO) Panorama-; (FILM) Breitwand- ❹ (OPT) Richt-, Panorama-

panpepato [pampe'pa:to] *m* Pfeffer-, Lebkuchen *m*

pansé [pan'se] <-> *f* Ackerstiefmütterchen *n*

pantacollant [pantakol'lan] *mpl* Leggings *pl*

pantaloncini [pantalon'tʃi:ni] *mpl* kurze (Sommer)hosen *fpl,* Shorts *pl*

pantalone [panta'lo:ne] <inv> *agg* (*gonna*) Hosen-

pantaloni [panta'lo:ni] *mpl* Hose *f*, Hosen

fpl; **un paio di** ~ eine Hose; ~ **a cerniere** Zip-Away-Hose *f;* ~ **alla pescatora** Capri-hose *f*

pantano [pan'ta:no] *m* (*a fig*) Sumpf *m;* **pantanoso, -a** [panta'no:so] *agg* sumpf-fig, schlammig

panteismo [pante'izmo] *m* Pantheis-mus *m;* **panteistico, -a** [pante'istiko] <-ci, -che> *agg* pantheistisch

pantera [pan'tɛ:ra] *f* ❶ (ZOO) Panther *m* ❷ (*sl: della polizia*) schneller Funkstreifen-wagen

pantofola [pan'tɔ:fola] *f* Pantoffel *m,* Hausschuh *m,* Patschen *m A;* **pantofo-laio, -a** [pantofo'la:io] <-ai, -aie> *m, f* Hausschuhfabrikant(in) *m(f)*

pantografo [pan'tɔ:grafo] *m* ❶ (*per dis-egni*) Storchschnabel *m,* Pantograph *m* ❷ (EL) Stromabnehmer *m*

pantomima [panto'mi:ma] *f* Pantomime *f;* **pantomimico, -a** [panto'mi:miko] <-ci, -che> *agg* pantomimisch; **pantomimo** [panto'mi:mo] *m* Pantomime *m*

panzana [pan'tsa:na] *f* (*fam*) Flunkerei *f,* Ammenmärchen *n*

panzanella [pantsa'nɛlla] *f* Brotscheiben *mit Tomaten, Kräutern, Essig und Öl*

panzarotto, panzerotto [pantsa'rɔtto, pantse'rɔtto] *m mit Käse, Schinken u ä. gefüllte Teigtasche*

paonazzo, -a [pao'nattso] *agg* (dun-kel)violett

papa ['pa:pa] <-i> *m* Papst *m;* **ad ogni morte di** ~ (*fig*) alle Jubeljahre (einmal); **morto un** ~ **se ne fa un altro** (*prov*) nie-mand ist unersetzlich

papà [pa'pa] <-> *m* (*fam*) Papa *m,* Vati *m;* **figlio di** ~ (*pej*) verwöhnter Sohn reicher Eltern

papabile [pa'pa:bile] **I.** *agg* ❶ (REL) zum Papst wählbar ❷ (*favorito*) bevorzugt, in der engeren Wahl **II.** *m* Papstkandidat *m*

papaia [pa'pa:ia] <-aie> *f* Papaya *f*

papale [pa'pa:le] *agg* päpstlich, Papst-

papalina [papa'li:na] *f* Käppchen *n*

papalino [papa'li:no] *m* ❶ (*soldato*) päpstlicher Soldat *m* ❷ (*militante*) Papst-anhänger *m* ❸ (*clericale*) Klerikale(r) *m*

paparazzo [papa'rattso] *m* Skandalrepor-ter *m,* Paparazzo *m*

papato [pa'pa:to] *m* ❶ (*istituto storico*) Papsttum *n,* Papat *m o n* ❷ (*dignità papa-le*) Papstwürde *f* ❸ (*durata della carica*) Amtszeit *f* eines Papstes

papavero [pa'pa:vero] *m* (BOT) (Klatsch)mohn *m*

papera ['pa:pera] *f* ❶ (ZOO) (junge) Gans *f* ❷ (*fig: errore*) Versprecher *m;* **prendere**

una ~ sich versprechen ❸ (*fam pej: don-na stupida*) dumme Gans; **papero** ['pa:pro] *m* (junger) Gänserich *m*

papessa [pa'pessa] *f* Päpstin *f*

papilla [pa'pilla] *f* (ANAT) Papille *f,* Warze *f;* **-e gustative** Geschmackspapillen *fpl;* **pa-pillare** [papil'la:re] *agg* papillar, warzen-förmig

papillon [papi'jɔ̃] <-> *m* Fliege *f*

papiraceo, -a [papi'ra:tʃeo] <-cei, -cee> *agg* Papyrus-, papyrusartig

papiro [pa'pi:ro] *m* ❶ (BOT: *testo*) Papy-rus *m* ❷ (*scherz: lunga lettera*) Epistel *f*

papismo [pa'pizmo] *m* Papismus *m;* **pa-pista** [pa'pista] <-i *m,* -e *f*> *mf* Papist(in) *m(f)*

papocchio [pa'pɔkkio] <-cchi> *m* (*fam*) Betrügerei *f,* Gemauschel *n*

pappa ['pappa] *f* ❶ (*minestrina*) Brot-, Grießsuppe *f;* ~ **reale** Gelee *n* Royale; **tro-vare la** ~ **pronta** (*fam fig*) sich ins ge-machte Nest setzen ❷ (*pej*) Pampe *f fam,* Brei *m;* ~ **molle** (*fam fig*) Schlapp-schwanz *m* ❸ (*per bambini*) Brei *m*

pappafico [pappa'fi:ko] <-chi> *m* Vor-bramsegel *n;* **mollare i -chi** die Segel strei-chen; (*fig*) resignieren

pappagallo [pappa'gallo] *m* ❶ (ZOO) Pa-pagei *m* ❷ (*fig: uomo*) Papagallo *m* ❸ (MED) Uringlas *n,* Urinal *n* ❹ (TEC) Was-serpumpenzange *f*

pappagorgia [pappa'gɔrdʒa] <-ge> *f* Doppelkinn *n*

pappardella [pappar'dɛlla] <-> *f* ❶ *pl* (GASTR) *breite, gewellte Bandnudeln* ❷ (*fig: scritto*) langer Wisch *fam;* (*discorso*) lang-atmige Rede

pappare [pap'pa:re] **I.** *vt* (*fam*) ❶ (*man-giare*) hinunterschlingen ❷ (*fig: trarre pro-fitti*) einsacken *fam* **II.** *vr* **-rsi** (*divorar-si*) verschlingen; **pappata** [pap'pa:ta] *f* (*fam*) Mampfen *n,* Schlingen *n;* **pappa-toria** [pappa'tɔ:ria] <-ie> *f* ❶ (*il mangiare*) Schlingerei *f,* Fresserei *f vulg* ❷ (*fig: profitto*) Mauserei *f,* Einsacken *n*

pappina [pap'pi:na] *f* (*fam: per bambini*) Breichen *n*

pappone, -a [pap'po:ne] *m, f* (*fam*) Viel-fraß *m,* Fresssack *m*

paprica ['pa:prika] <-che> *f* Paprikage-würz *n*

pap-test [pap'test] *m* Abstrich *m*

par. *abbr di* **paragrafo** Par.

para ['pa:ra] *f* Paragummi *m o n*

parabancario [parabaŋ'ka:rio] *m* Bank-nebengeschäft *n*

parabancario, -a *agg* als Banknebenge-schäft; **leasing** ~ Leasing als Banknebenge-schäft

parabile [pa'ra:bile] *agg* (SPORT) haltbar

parabola [pa'ra:bola] *f* ➊ (LIT) Parabel *f;* (REL) Gleichnis *n* ➋ (MAT) Parabel *f* ➌ (*fig: declino*) allmählicher Niedergang, Abstieg *m*

parabolico, -a [para'bɔːliko] <-ci, -che> *agg* ➊ (MAT) Parabel- ➋ (TEL) Parabol-, Satelliten-; **antenna -a** Satellitenschüssel *f*, Parabolantenne *f*

parabordo [para'bordo] *m* Fender *m*

parabrace [para'braːtʃe] <-> *m* Glutfang *m*

parabrezza [para'breddza] <-> *m* Windschutzscheibe *f*

paracadutare [parakadu'taːre] *vt* mit dem Fallschirm abwerfen; **paracadute** [paraka'duːte] <-> *m* Fallschirm *m;* **paracadutismo** [parakadu'tizmo] *m* Fallschirmspringen *n*, Fallschirmsport *m;* **paracadutista** [parakadu'tista] <-i *m*, -e *f*> I. *mf* ➊ Fallschirmspringer(in) *m(f)* ➋ (MIL) Fallschirmjäger *m* II. *agg* Fallschirm-

paracalli [para'kalli] <-> *m* (MED) Hühneraugenring *m*

paracamino [paraka'miːno] *m* (TEC) Ofenschirm *m*

paracarro [para'karro] *m* Leitplanke *f;* **paracenere** [para'tʃeːnere] <-> *m* Aschfang *m;* **paracera** [para'tʃeːra] <-> *m* Kerzenhalter *m;* **paracielo** [para'tʃɛlo] <-> *m* (TEC) Schutzabdeckung *f*

paracolpi [para'kolpi] <-> *m* (*per porte e finestre*) Stoßfänger *m,* Puffer *m;* (*paraurti*) Stoßstange *f;* **paracomunista** [parakomu'nista] <-i *m*, -e *f*> I. *mf* (POL) Parakommunist(in) *m(f)* II. *agg* parakommunistisch; **persona ~** Parakommunist(in) *m(f);* **paracoppa** [para'kɔppa] *f* (MOT) (Öl)wannenschutzverkleidung *f*

paraculo [para'kuːlo] *m* (*vulg*) Analverkehr erhaltende(r) Schwule(r)

paradenti [para'dɛnti] <-> *m* (SPORT) Zahnschutz *m*

paradentoma [paraden'toːma] <-i> *m* (MED) Zahnfleischgeschwulst *f*

paradentosi [paraden'bːzi] <-> *f* (MED) Parodontose *f*

paradigma [para'digma] <-i> *m* Paradigma *n;* **paradigmatico, -a** [paradig'maːtiko] <-ci, -che> *agg* paradigmatisch

paradisiaco, -a [paradi'ziːako] <-ci, -che> *agg* ➊ (*del Paradiso*) paradiesisch, Paradies- ➋ (*fig*) himmlisch; **paradiso** [para'diːzo] *m* (*a fig*) Paradies *n;* **~ terrestre** (Garten) Eden *m;* **sentirsi in ~** sich

wie im (siebten) Himmel fühlen

paradontale [paradon'taːle] *agg* paradontal, Zahnbett-, Zahnfleisch-; **infezione ~** Zahnbettentzündung *f;* **paradontologia** [paradontolo'dʒiːa] *f* (MED) Paradontologie *f;* **paradontopatia** [paradontopa'tiːa] *f* (MED) Zahnbetterkrankung *f*, Paradontose *f*

paradossale [parados'saːle] *agg* paradox; **paradossalità** [paradosali'ta] <-> *f* Paradoxie *f;* **paradosso** [para'dɔsso] *m* Paradox(on) *n*

parafango [para'fango] <-ghi> *m* (*della macchina*) Kotflügel *m;* (*della motocicletta*) Schutzblech *n*

parafarmaceutico, -a [parafarma'tʃɛːutiko] <-ci, -che> *agg* nicht-medizinisch, Gesundheits-; **parafarmacia** [parafarma'tʃiːa] *f* (MED) *Herstellung und Vertrieb rezeptfreier Apothekenartikel;* **parafarmaco** [para'farmako] <-ci> *m* (MED) rezeptfreier Apothekenartikel, Gesundheitsartikel *m*

parafernale [parafer'naːle] *agg* (JUR) zusätzlich zur Mitgift eingebracht

paraffina [paraf'fiːna] *f* Paraffin *n*

parafiamma [para'fiamma] I. <-> *m* Feuer-, Flammenschutz *m* II. <inv> *agg* feuersicher, -fest

parafiscale [parafis'kaːle] *agg* (FIN) Sozialversicherungs-; **parafiscalità** [parafiskali'ta] <-> *f* (FIN) Sozialversicherungswesen *n*

paraflying ['pærə'flaiiŋ] <*sing*> *m* (SPORT) Paraflying *n*

parafrasare [parafra'zaːre] *vt* paraphrasieren, umschreiben; **parafrasi** [pa'raːfrazi] <-> *f* Umschreibung *f*, Paraphrase *f*

parafrastico, -a [para'frastiko] <-ci, -che> *agg* paraphrastisch; **spiegazione -a** Paraphrase *f*

parafulmine [para'fulmine] *m* Blitzableiter *m*

parafumo [para'fuːmo] *m* Rußfänger *m*

parafuoco [para'fwɔːko] <-> *m* Ofenschirm *m*

paraggi [pa'raddʒi] *mpl* (nähere) Umgebung *f*, Gegend *f*

paraggio [pa'raddʒo] <-ggi> *m* ➊ (NAUT) Küstenbereich *m*, Küstennähe *f* ➋ (*fig: luoghi circonvicini*) Umgebung *f* ➌ (*obs: confronto, parità*) Gleiche(s) *n* ➍ (*obs: origine nobilare*) Haus *n;* **un nobile d'alto ~** ein Adeliger aus gutem Hause

paragocce [para'gottʃe] I. <inv> *agg* Tropfenfänger- II. <-> *m* Tropfenfänger *m*

paragonabile [parago'naːbile] *agg* vergleichbar; **essere ~ a qc** mit etw vergleichbar sein

paragonare [parago'na:re] I. *vt* vergleichen II. *vr* **-rsi** sich vergleichen; **paragone** [para'go:ne] *m* ❶ (*confronto*) Vergleich *m*, Gegenüberstellung *f*; **a ~ di** im Vergleich zu; **essere senza ~** [*o* **non avere -i**] unvergleichlich sein; **termine del ~** [*o* **pietra di ~**] Vergleichsmoment *n* ❷ (*esempio, parallelo*) Beispiel *n* (zum Vergleich)

paragrafare [paragra'fa:re] *vt* in Paragraphen einteilen; **paragrafo** [pa'ra:grafo] *m* ❶ (*di libro, documento*) Abschnitt *m*, Paragraph *m* ❷ (*segno*) Paragraph *m*

paragrilletto [paragril'letto] *m* Abzugsbügel *m*

paraguai [para'gua:i] <-> *m* (*scherz*) Überzieher *m* (*um Löcher zu tarnen*)

paraletterario, -a [paralette'ra:rio] *agg* der [*o* von] Konsumliteratur; **generi -i** Genres der Massenliteratur

paraletteratura [paralettera'tu:ra] *f* (LIT) Konsumliteratur *f*, Massenliteratur *f*

paralisi [pa'ra:lizi] <-> *f* ❶ (MED) Lähmung *f*, Paralyse *f* *scient* ❷ (*fig*) Lahmlegung *f*; **paralitico, -a** [para'li:tiko] <-ci, -che> I. *agg* gelähmt; (*stato*) Lähmungs- II. *m, f* Gelähmte(r) *f(m)*, Paralytiker(in) *m(f)*; **paralizzare** [paralid'dza:re] *vt* ❶ (MED) lähmen ❷ (*fig*) lähmen, lahmlegen

parallasse [paral'lasse] *f* Parallaxe *f*

parallela [paral'lɛ:la] *f* ❶ (MAT) Parallele *f* ❷ *pl* (SPORT) Barren *m*

parallelepipedo [parallele'pi:pedo] *m* (MAT) Parallelepiped *n*, Quader *m*; **parallelismo** [paralle'lizmo] *m* ❶ (MAT) Parallelität *f* ❷ (*fig*) Parallelität *f geh*, Übereinstimmung *f*

parallelo [paral'lɛ:lo] *m* ❶ (GEOG) Breitenkreis *m* ❷ (MAT) Parallelprojektion *f*; **in ~** Parallel-

parallelo, -a *agg* Parallel-, parallel

parallelogramma [parallelo'gramma] <-i> *m*, **parallelogrammo** [parallelo'grammo] *m* Parallelogramm *n*

paralogismo [paralo'dʒizmo] *m* ❶ (PHILOS) Paralogismus *m* ❷ (*fig: deduzione arbitraria da premesse corrette*) Fehlschluss *m*; **paralogistico, -a** [paralo'dʒistiko] <-ci, -che> *agg* paralogistisch; **paralologia** [paralolo'dʒi:a] *f* (SCIENT) hydrografische und biologische Erforschung von Sumpfgebieten

paraluce [para'lu:tʃe] <-> *m* Sonnenblende *f*

paralume [para'lu:me] *m* Lampenschirm *m*

paramano [para'ma:no] *m* ❶ (*guardamano*) Schwertmanschette *f* ❷ (*in edilizia*) Klinker(stein) *m* ❸ (*risvolto della manica*) Manschette *f*

paramedico [para'mɛ:diko] <-ci> *m* (MED) medizinisches Hilfspersonal

paramedico, -a <-ci, -che> *agg* (MED) **personale ~** medizinisches Hilfspersonal

paramento [para'mento] *m* ❶ *pl* (REL) Paramente *npl* ❷ (ARCH) Wandfläche *f*, Maueroberfläche *f*

parametrazione [parametrat'tsio:ne] *f* (ADM, *form*) Einteilung *f* in Vergütungsklassen

parametrico, -a [para'mɛ:triko] <-ci, -che> *agg* Parameter-, parametrisch

parametrizzare [parametrid'dza:re] *vt* parametr(is)ieren, in Parametern ausdrücken; **parametrizzazione** [parametriddzat'tsio:ne] *f* (PHYS, MAT) Parametrisierung *f*

parametro [pa'ra:metro] *m* (*a fig*) Parameter *m*

paramilitare [paramili'ta:re] *agg* paramilitärisch

paramosche [para'moske] <-> *m* Fliegenglocke *f*

paramotore [paramo'to:re] *m* (AERO) Paraglider *m* mit Hilfsmotor

paranco [pa'raŋko] <-chi> *m* Flaschenzug *m*

paraneve [para'ne:ve] <-> *m* Schneezaun *m*

paranoia [para'nɔ:ia] <-oie> *f* Verfolgungswahn *m*, Paranoia *f*; **paranoico, -a** [para'nɔ:iko] <-ci, -che> I. *agg* paranoisch II. *m, f* Paranoiker(in) *m(f)*

paranormale [paranor'ma:le] *agg* paranormal, übersinnlich

paranza [pa'rantsa] *f* ❶ (*barca*) Fischerboot *n* (mit Lateinersegel) ❷ (*rete*) Schleppnetz *n*

paraocchi [para'ɔkki] <-> *m* (*a fig*) Scheuklappe *f*; **avere i ~** Scheuklappen tragen

paraorecchie [para'rekkie] <-> *m* ❶ (SPORT) Rugbyhelm *m* ❷ (*contro il freddo*) Ohrenschützer *mpl*

parapendio [parapen'di:o] <-> *m* ❶ (SPORT: *paracadute*) Paraglider *m*, Gleitschirm *m* ❷ (SPORT: *attività*) Gleitschirmfliegen *n*

parapetto [para'pɛtto] *m* ❶ (*riparo*) Geländer *n* ❷ (NAUT) Reling *f* ❸ (MIL) Brustwehr *f*

parapiglia [para'piʎʎa] <-> *m* (*fam*) Getümmel *n*

P

parapioggia [para'piɔddʒa] <-> *m* Regenschirm *m*

paraplegia [paraple'dʒi:a] <-gie> *f* doppelseitige Lähmung; (MED) Paraplegie *f*; (*agli arti inferiori*) Querschnittslähmung *f*; **paraplegico, -a** [para'plɛ:dʒiko] <-ci, -che> I. *agg* querschnitt(s)gelähmt II. *m, f* Querschnitt(s)gelähmte(r) *f(m)*

parapolitico, -a [parapo'litiko] <-ci, -che> *agg* politisch orientiert

parapsichico, -a [para'psi:kiko] <-ci, -che> *agg* parapsychisch, übersinnlich

parapsicologia [parapsikolo'dʒi:a] *f* Parapsychologie *f*; **parapsicologico, -a** [parapsiko'lɔ:dʒiko] <-ci, -che> *agg* parapsychologisch; **parapsicologo, -a** [parapsi'kɔ:logo] <-gi, -ghe> *m, f* (PSYCH) Parapsychologe, -psychologin *m, f*

parare [pa'ra:re] I. *vt* ❶ (*colpo*) abwehren, auffangen; (SPORT: *tiro*) parieren, abfangen ❷ (*ornare*) behängen, schmücken ❸ (*schermare*) ~ qc da qc etw vor etw *dat* schützen, etw gegen etw abschirmen II. *vi* hinauswollen (auf +*acc*); **dove vuoi andare a ~?** worauf willst du hinaus? III. *vr* **-rsi da qc** (*ripararsi*) sich vor etw schützen

parasailing ['pærə'sailiŋ] <-> *m* (SPORT) Parasailing *n*

parasalite [parasa'li:te] <-> *m* (TEC) Steigschutz *m* an Hochspannungsmasten

paraschegge [para'skeddʒe] <-> *m* (MIL) Granatsplitterschutz *m;* **scudo ~** Granatsplitterschirm *m*

parascientifico, -a [paraʃen'ti:fiko] <-ci, -che> *agg* pseudowissenschaftlich

parascintille [paraʃin'tille] <-> *m* (TEC) Funkenfänger *m*

parascolastico, -a [parasko'lastiko] <-ci, -che> *agg* unterrichtsbegleitend

parasiluri [parasi'lu:ri] <-> *m* (NAUT, MIL) Torpedoschutzschild *n*

paraski [para'ʃi] <-> *m* (SPORT) Paraski *m*

parasole [para'so:le] I. <-> *m* ❶ (*ombrello*) Sonnenschirm *m* ❷ (FOTO) Sonnenblende *f*, Gegenlichtblende *f* II. <inv> *agg* Sonnen(schutz)-

paraspalle [para'spalle] <-> *m* (SPORT) Schulterschoner *m*

paraspigolo [para'spi:golo] *m* (TEC) Kantenschutz *m*

paraspruzzi [paras'pruttsi] <-> *m* (MOT) Spritzschutz *m*

parassita [paras'si:ta] <-i *m*, -e *f*> I. *mf* ❶ (BIOL) Parasit *m* ❷ (*fig*) Schmarotzer(in) *m(f)* II. *agg* ❶ (BIOL) Schmarotzer-, parasitär ❷ (*fig*) schmarotzerhaft; **parassitario, -a** [parassi'ta:rio] <-i, -ie> *agg*

❶ (BIOL) parasitär ❷ (*fig*) schmarotzerhaft; **parassiticida** [parassiti'tʃi:da] <-i *m*, -e *f*> I. *agg* gegen Parasiten; **sostanza ~** Mittel *n* gegen Parasiten II. *m* Mittel *n* gegen Parasiten; **parassitico, -a** [paras'si:tiko] <-ci, -che> *agg* ❶ (BIOL) parasitisch, parasitär, Schmarotzer- ❷ (*fig*) schmarotzerisch, schmarotzerhaft; **parassitismo** [parassi'tizmo] *m* ❶ (BIOL) Parasitismus *m* ❷ (*fig*) Schmarotzertum *n*

parastatale [parasta'ta:le] I. *agg* halbstaatlich, mit staatlicher Beteiligung II. *mf* Angestellte(r) *f(m)* einer halbstaatlichen Einrichtung

parastato [para'sta:to] *m* Gesamtheit der halbstaatlichen Einrichtungen

parastinchi [para'stiŋki] <-> *m* (SPORT) Schienbeinschützer *mpl*

parata [pa'ra:ta] *f* ❶ (SPORT: *calcio*) Abwehr *f* (durch den Torhüter); (*scherma*) Parade *f*; (*boxe*) Parieren *n* ❷ (MIL) (Militär)parade *f* ❸ (*rassegna*) Vorführung *f* ❹ (*pompa*) Gala *f*, Prunk *m;* **abito da ~** Galauniform *f*; **carrozza da ~** Prunkwagen *m*

paratasca [para'taska] <-sche> *m* Patte *f*

paratassi [para'tassi] <-> *f* Parataxe *f*

paratesto [para'testo] *m* (LIT) textbegleitende Elemente *npl*

parati [pa'ra:ti] *mpl* **carta da ~** Tapete *f*

paratia [para'ti:a] <-ie> *f* (NAUT) Schott *n*, Scheidewand *f*

paratifo [para'ti:fo] *m* Paratyphus *m*

parato [pa'ra:to] *m* ❶ (*addobbo*) Vorhang *m* ❷ (*rivestimento*) Tapete *f*; **carta da -i** Tapete *f*

parauniversitario, -a [parauniversi'ta:rio] <-i, -ie> *agg* auf Universitätsebene, mit Universitäten vergleichbar

paraurti [para'urti] <-> *m* ❶ (MOT) Stoßstange *f* ❷ (FERR: *del binario*) Prellbock *m*; (*del vagone*) Puffer *m*

paravalanghe [parava'laŋge] I. <-> *m* Lawinenschutz *m*, Lawinenverbauung *f* II. <inv> *agg* Lawinenschutz-

paravento [para'vɛnto] <-> *m* ❶ (*suppellettile*) Paravent *m o n*, spanische Wand ❷ (*fig*) Deckmantel *m*

parboiled ['pa:bɔild] <inv> *agg* parboiled; **riso ~** Parboiled-Reis *m*

parca ['parka] <-che> *f* Parze *f*

parcella [par'tʃɛlla] *f* ❶ (*di terreno*) Parzelle *f* ❷ (*delle spese*) Honorarforderung *f*; **parcellare** [partʃel'la:re] *agg* partiell; (*terreno*) Parzellen-; **parcellazione** [partʃellat'tsio:ne] *f* Parzellierung *f*; **parcellizzare** [partʃellid'dza:re] *vt* ❶ (*lavoro*) in einzelne Arbeitsgänge zerstückeln

② (*terreni*) parzellieren; **parcellizzazione** [partʃelliddzat'tsio:ne] *f* **①** (*di lavoro*) fortgeschrittene Arbeitsteilung **②** (*di terreni*) Parzellierung *f*

parcheggiare [parked'dʒa:re] *vt* parken; **parcheggio** [par'keddʒo] <-ggi> *m* **①** (*posteggio*) Parkplatz *m;* ~ **a pagamento** gebührenpflichtiger Parkplatz; ~ **custodito** bewachter Parkplatz; **area di** ~ Parkzone *f;* (*a fig*) Abstellplatz *m;* **divieto di** ~ Parkverbot *n;* **è vietato il** ~ Parken verboten **②** (*manovra*) (Ein)parken *n*

parchimetro [par'ki:metro] *m* Parkuhr *f,* Parkometer *n o m*

parco ['parko] <-chi> *m* Park *m;* ~ **giochi** (Kinder)spielplatz *m;* ~ **vetture** [*o* **automobilistico**] Fahrzeugpark *m;* ~ **dei divertimenti** Vergnügungspark *m*

parco, -a <-chi, -che> *agg* **①** (*nel mangiare, bere*) sehr genügsam; (*nello spendere*) geizig **②** (*mensa, pasto*) karg

parcometro [par'kɔmetro] *m v.* **parchimetro**

par condicio [par kon'ditʃo] <-> *f* (DIR, POL) Gleichbehandlung *f,* gleiche Wettbewerbsbedingungen *fpl*

pardon [par'dɔ̃] *int* **①** (*scusi*) Pardon **②** (*con permesso*) Sie gestatten?

parecchio [pa'rekkio] *avv* ziemlich, ganz schön *fam;* **mi sono fermato** ~ ich bin ziemlich lange geblieben

parecchio, -a <-cchi, -cchie> **I.** *agg* (ziemlich) viel, mehr als genug; **-cchie volte** mehrmals; ~ **tempo** ziemlich lange; **c'è** ~ **vento** es ist ziemlich windig; **c'è ancora -a strada** es ist noch viel zu laufen **II.** *pron indef* ziemlich viel(e), etliche; **c'è ancora** ~ **da fare** es gibt noch viel zu tun; **-cchi di noi** viele von uns

pareggiamento [paredʒa'mento] *m* **①** (*equiparazione*) Gleichstellung *f* **②** (*di terreno*) Einebnung *f* **③** (*di bilancio*) Ausgleich *m;* (*di conti*) Begleichung *f;* **pareggiare** [paredʒ'dʒa:re] **I.** *vt* **①** (*terreno*) einebnen **②** (*bilanci*) ausgleichen; (*conti*) begleichen **③** (*uguagliare*) ~ **qu** (**in qc**) jdm (in etw *dat*) gleichkommen **④** (*equiparare*) gleichstellen **II.** *vi* ~ (**con qu**) (gegen jdn) unentschieden spielen; **pareggio** [pa'reddʒo] <-ggi> *m* **①** (COM) Ausgleich *m,* Deckung *f* **②** (SPORT) Unentschieden *n,* Ausgleich *m;* **chiudere in** ~ unentschieden ausgehen

parelio [pa'rɛ:lio] <-i> *m* Nebensonne *f,* Sonnenring *m*

parentado [paren'ta:do] *m* **①** (*insieme dei parenti*) Verwandtschaft *f* **②** (*fig: legame*) Verwandtschaft *f,* Verwandtsein *n*

parentale [paren'ta:le] *agg* (*vincolo*) verwandtschaftlich; (*autorità*) elterlich; (*malattia*) erblich, Erb-; **congedo** ~ Erziehungsurlaub *m*

parente [pa'rɛnte] *mf* **①** (*persona*) Verwandte(r) *f(m)* **②** (*fig: simile*) Ähnliche(s) *n,* Verwandte(s) *n;* **parentela** [paren'tɛ:la] *f* **①** (*insieme dei parenti*) Verwandtschaft *f,* Verwandte(n) *pl* **②** (*fig: legame*) Verwandtschaft *f;* **grado di** ~ Verwandtschaftsgrad *m* **③** (*fig: affinità*) Gleichartigkeit *f,* Affinität *f*

parentesi [pa'rɛntezi] <-> *f* **①** (*espressione*) Einschub *m,* Parenthese *f;* **fra** ~ (*fig*) nebenbei bemerkt **②** (*segno grafico*) Klammer *f;* ~ **tonda/quadra/graffa** runde/eckige/geschweifte Klammer **③** (*fig: intervallo*) Unterbrechung *f;* **parentetico, -a** [paren'tɛ:tiko] <-ci, -che> *agg* parenthetisch, eingeschoben

parere¹ [pa're:re] <paio, parvi, parso> *vi* essere **①** (*apparire*) scheinen, aussehen; **mi pare di averlo visto** mir scheint, dass ich ihn gesehen habe; **non mi par vero** das ist zu schön, um wahr zu sein **②** (*pensare*) meinen, glauben; **ti pare di aver ragione?** glaubst du, Recht zu haben?; **che te ne pare?** was hältst du davon?; **ma Le pare!** wo denken Sie hin! **③** (*fam: volere*) passen, belieben; **fai come ti pare** mache es, wie du meinst/denkst **④** (*assomigliare*) ~ **qu/qc** jdm/etw ähnlich sein **⑤** (*impersonale, sembrare*) scheinen, den Anschein haben; (*dare l'impressione*) so aussehen, als ob; **pare di sì/no** anscheinend schon/nicht; **pare impossibile** es scheint unmöglich (zu sein); **pare che tu non ci tenga** es scheint, dass du keinen Wert darauf legst; **a quanto pare** wie es scheint, sieht so aus

parere² *m* **①** (*opinione*) Meinung *f,* Ansicht *f;* **a mio** ~ meiner Meinung nach; **essere del** ~ **che ...** der Ansicht sein, dass ... **②** (*consiglio*) Rat(schlag) *m*

parete [pa're:te] *f* Wand *f;* **le -i domestiche** (*fig*) die eigenen vier Wände

pargolo ['pargolo] *m* (*poet: bambino*) Kind *n*

pari ['pa:ri] **I.** <inv> *agg* **①** (*uguale*) gleich; **essere** ~ **a qc** einer Sache *dat* entsprechen; **di** ~ **passo** im Gleichschritt; ~ ~ haargenau, wortwörtlich **②** (*allo stesso livello*) gleichrangig, gleichgestellt **③** (MAT: *numero*) gerade **④** (*sport, nei giochi*) unentschieden **⑤** (ANAT) paarig, paarweise vorhanden; **essere** ~ **con qu** mit jdm quitt sein **⑥** (*loc*) **alla** ~ Aupair-, au pair; **ragazza alla** ~ Aupairmädchen *n* **II.** <inv> *avv* gleich; **alla ~** gleich berechtigt, gleich gestellt **III.**<-> *mf* Gleichgestellte(r) *f(m)*, Ebenbürtige(r) *f(m)*; **trattare qu da ~ a ~** jdn als Seinesgleichen behandeln; **non aver ~** einzigartig sein; **senza ~** einzigartig, einmalig **IV.** <-> *m* Gleichheit *f*; **far ~** (SPORT) unentschieden spielen; **far ~ e dispari** auslosen

paria ['pa:ria] <-> *m* Paria *m*

parietale [parie'ta:le] **I.** *agg* ❶ (*graffito, pittura*) Wand- ❷ (ANAT) parietal **II.** *m* Scheitelbein *n*

parificare [parifi'ka:re] *vt* ❶ (JUR) (rechtlich) gleich stellen ❷ (ADM) (staatlich) anerkennen; **parificato, -a** [parifi'ka:to] *agg* rechtsgültig anerkannt, gleich gestellt; **parificazione** [parifikat'tsio:ne] *f* (staatliche) Anerkennung *f*, rechtliche Gleichstellung

Parigi [pa'ri:dʒi] *f* Paris *n*

pariglia [pa'riʎʎa] <-glie> *f* ❶ (*coppia di cavalli*) Gespann *n* ❷ (*nelle carte*) Zwilling *m* (beim Pokern); (*nei dadi*) Zweierpasch *m*

parigrado [pari'gra:do] <-> *mf* Ebenbürtige(r) *f(m)*, Gleichgestellte(r) *f(m)*

parimenti [pari'menti] *avv* (*poet*) gleichfalls, ebenfalls

parità [pari'ta] <-> *f* ❶ (*uguaglianza*) Gleichheit *f*; (*di diritti*) Gleichberechtigung *f*; **a ~ di condizioni** bei gleichen Bedingungen; **a ~ di diritti** bei Gleichberechtigung; **a ~ di voti** bei Stimmengleichheit ❷ (SPORT) Unentschieden *n*; **chiudere in ~** unentschieden ausgehen ❸ (COM) Parität *f*; **~ salariale** Lohngleichheit *f*; **paritario, -a** [pari'ta:rio] <-i, -ie> *agg* gleich, Gleich-; **paritetico, -a** [pari'tɛ:tiko] <-ci, -che> *agg* paritätisch

parka ['parka] <-> *m* Parka *m o f*

parlamentare [parlamen'ta:re] **I.** *agg* parlamentarisch, Parlaments- **II.** *mf* (POL) Parlamentarier(in) *m(f)*, Abgeordnete(r) *f(m)*

parlamentarismo [parlamenta'rizmo] *m* Parlamentarismus *m*

parlamento [parla'mento] *m* Parlament *n*; (*assemblea*) Parlamentssitzung *f*; **sedere in ~** einen Sitz im Parlament haben; **Parlamento europeo** Europäisches Parlament

parlante [par'lante] **I.** *agg* ❶ (*che parla*) sprechend ❷ (*fig: molto espressivo*) sprechend, ausdrucksvoll **II.** *mf* Sprecher(in) *m(f)*; **parlantina** [parlan'ti:na] *f* (*fam*) Redseligkeit *f*; (*lingua sciolta*) Zungenfertigkeit *f*; **avere una bella** [*o* **buona**] **~** ein flinkes [*o* flottes] Mundwerk haben

parlare¹ [par'la:re] **I.** *vi* ❶ (*gener*) sprechen; (*comunicare*) reden; **~ a caso** un-

überlegt daherreden; **~ a gesti** sich mit Zeichen verständigen; **~ a vanvera** ins Blaue hineinreden, dummes Zeug reden; **~ con le mani** mit den Händen sprechen; **~ tra i denti** in den Bart brummeln; **~ tra sé e sé** Selbstgespräche führen, mit sich selbst sprechen; **~ come un libro stampato** wie gedruckt reden; **far ~ di sé** von sich reden machen; **per non ~ di** ganz zu schweigen von ❷ (*conversare*) sprechen, sich unterhalten; **~ di qu/qc** über jdn/etw sprechen; **non se ne parli più** Schwamm drüber, darüber soll kein Wort mehr verloren werden ❸ (*rivolgere la parola*) **~ a qu** jdn ansprechen ❹ (*confessare*) ein Geständnis ablegen ❺ (*fig: ricordare*) **~ di qu/qc** an jdn/etw erinnern **II.** *vt* sprechen, reden; **~ tedesco/francese/inglese** deutsch/französisch/englisch sprechen **III.** *vr* **-rsi** miteinander reden

parlare² *m* ❶ (*modo di parlare*) Sprech-, Redeweise *f* ❷ (*parlata*) Gerede *n*

parlata [par'la:ta] *f* Sprech-, Redeweise *f*; **parlato, -a** [par'la:to] *agg* (*linguaggio, uso*) gesprochen, Sprach-; **parlatore, -trice** [parla'to:re] *m, f* guter Redner, gute Rednerin

parlatorio [parla'tɔ:rio] <-i> *m* Besuchszimmer *n*

parlatrice *f* v. **parlatore**

parlottare [parlot'ta:re] *vi* flüstern, tuscheln; **parlottio** [parlot'ti:o] <-ii> *m* Getuschel *n*, Geflüster *n*

Parma ['parma] *f* Parma *n* (*Stadt in Emilia Romagna*)

parmense [par'mɛnse] **I.** *mf* (*abitante*) Einwohner(in) *m(f)* von Parma **II.** *agg* aus Parma, Parmas

Parmense <*sing*> *m* Provinz *f* Parma

parmigiana [parmi'dʒa:na] *f* Gericht mit Parmesan und Tomatensoße; **~ di melanzane** Auberginenauflauf mit Mozzarella und Tomatensoße

parmigiano [parmi'dʒa:no] *m* Parmesankäse *m*

parmigiano, -a I. *m, f* (*abitante*) Einwohner(in) *m(f)* von Parma **II.** *agg* aus Parma

parodia [paro'di:a] <-ie> *f* Parodie *f*; **parodiare** [paro'dia:re] *vt* parodieren; **parodista** [paro'dista] <-i, -e> *mf* Parodist(in) *m(f)*; **parodistico, -a** [paro'distiko] <-ci, -che> *agg* parodistisch

parola [pa'rɔ:la] *f* ❶ (*gener*) Wort *n*; **~ d'ordine** Parole *f*, Losung *f*; **~ chiave** Schlüsselwort *n*; **-e (in)crociate** Kreuzworträtsel *n*; **giro di -e** Umschreibung *f*; **in una ~** kurz gesagt, mit einem Wort; **~ per ~** Wort für Wort; **nel vero senso della ~** im wahrsten Sinne des Wortes; **restare senza -e** keine Worte finden, sprachlos sein; **avere l'ultima ~** das letzte Wort haben; **cavare le -e di bocca a qu** jdm die Worte aus der Nase ziehen; **una ~ tira l'altra** ein Wort gibt das andere ❷ *pl* (*consiglio*) Worte *npl*, Rat(schlag) *m* ❸ *pl* (*chiacchiere, ciance*) Gerede *n;* Geschwätz *n* ❹ (*facoltà di parlare*) Sprache *f;* **avere la ~ facile** redegewandt sein ❺ (*il parlare*) Reden *n*, Sprechen *n;* **rivolgere la ~ a qu** jdn ansprechen ❻ (*modo di esprimersi*) Redeweise *f*, Art *f* zu sprechen ❼ (*diritto di parlare*) Wort *n*, Rederecht *n* ❽ (*promessa*) (Ehren)wort *n;* **~ d'onore** Ehrenwort *n;* **essere di ~, mantenere la ~** sein Wort halten; **credere a qu sulla ~** jdm aufs Wort glauben; **prendere** [*o* **pigliare**] **in ~** beim Wort nehmen; **parolaccia** [paro'lattʃa] <-cce> *f* unflätiges Wort, ordinärer Ausdruck, Fluchwort; **parolaio, -a** [paro'la:io] <-ai, -aie> I. *agg* schwatzhaft II. *m, f* Schwätzer(in) *m(f);* **paroliere, -a** [paro'liɛ:re] *m, f* Texter(in) *m(f),* Textdichter(in) *m(f);* **parolina** [paro'li:na] *f* Wörtchen *n;* **devo dirti una ~** (*confidenza*) ich muss dir was anvertrauen; (*rimprovero*) ich habe noch ein Wörtchen mit dir zu reden; **parolona** [paro'lo:na] *f,* **parolone** [paro'lo:ne] *m* langes Wort

parossismo [paros'sizmo] *m* Paroxysmus *m;* **parossistico, -a** [paros'sistiko] <-ci, -che> *agg* (MED) paroxysmal, anfallweise auftretend

parotite [paro'ti:te] *f* Mumps *m*, Parotitis *f*

parquet [par'kɛ] <-> *m* Parkett *n*

parricida [parri'tʃi:da] <-i *m,* -e *f*> *mf* Vatermörder(in) *m(f);* **parricidio** [parri'tʃi:dio] <-i> *m* Vatermord *m*

parrocchetto [parrok'ketto] *m* ❶ (ZOO) Sittich *m* ❷ (NAUT) Fockmastsegel *n*

parrocchia [par'rɔkkia] <-ie> *f* ❶ (*circoscrizione*) Pfarrei *f*, Pfarrbezirk *m* ❷ (*chiesa*) Pfarrkirche *f;* (*edificio*) Pfarrhaus *n;* (*ufficio*) Pfarramt *n* ❸ (*insieme dei fedeli*) Pfarrgemeinde *f*, Pfarre *f;* **parrocchiale** [parrok'kia:le] *agg* Pfarr-; **parrocchiano, -a** [parrok'kia:no] *m, f* Mitglied *n* einer Pfarrgemeinde, Pfarrkind *n;* **parroco** ['parroko] <-ci> *m* Pfarrer *m*

parrucca [par'rukka] <-cche> *f* Perücke *f;* **parrucchiere, -a** [parruk'kiɛ:re] *m, f* (Damen)friseur *m*, -friseuse *f*

parrucchino [parruk'ki:no] *m* (Herren)perücke *f*

parruccone, -a [parruk'ko:ne] *m, f* (*pej*) altmodischer Mensch *m*

parsimonia [parsi'mɔ:nia] *f* Sparsamkeit *f;*

parsimonioso, -a [parsimo'nio:so] *agg* sparsam, genügsam

parso ['parso] *pp di* **parere**[1]

partaccia [par'tattʃa] <-cce> *f* (*fam*) ❶ (*comportamento sleale*) schlechtes Benehmen ❷ (*colpo mancino*) böser Streich

parte[1] ['parte] *f* ❶ (*pezzo, settore*) Teil *n*, Einzelteil *n;* (ANAT) (Körper)teil *m;* **-i di ricambio** Ersatzteile *npl;* **-i intime** Intimzonen *fpl* ❷ (*porzione*) Teil *m*, Portion *f;* (*quota*) (An)teil *m;* **~ del discorso** Satzteil *m*, Satzglied *n;* **in ~** zum Teil, teilweise; **essere** [*o* **far**] **~ di qc** zu etw gehören, Bestandteil von etw sein; **prendere ~ a qc** an etw *dat* teilnehmen; **l'occhio vuole la sua ~** (*fig*) das Äußere darf nicht vernachlässigt werden ❸ (*luogo*) Gegend *f;* **da ogni ~** von überall(her); **in ogni ~** überall; **stare dalle -i di Fiesole** in der Gegend von Fiesole wohnen ❹ (*lato*) Seite *f;* (*direzione*) Richtung *f;* **da ~ di** von +*dat*, vonseiten +*gen*, seitens +*gen;* **da una ~ ... dall'altra** einerseits ... andererseits; **mettere da ~** (*metter via*) beiseitelegen, als erledigt betrachten; (*tralasciare*) beiseite lassen; **non sapere da che ~ voltarsi** (*fig*) weder ein noch aus wissen; **essere dalla ~ del torto** im Unrecht sein; **fatti da ~!** (*fam*) geh zur Seite!, geh weg!, hau ab! ❺ (*frazione*) Seite *f*, Partei *f;* (*partito*) Flügel *m*, Richtung *f;* (JUR) Partei *f;* **essere ~ in causa** (Prozess)partei sein; (*fig*) betroffen sein; **costituirsi ~ civile** Nebenklage erheben ❻ (THEAT) Rolle *f;* (*fig: ruolo*) Rolle *f*, Aufgabe *f;* (MUS) Part *m*, Partie *f* ❼ (*separato*) **a ~** getrennt, separat

parte[2] *avv* teils; **gli scolari furono ~ promossi e ~ bocciati** die Schüler wurden teils versetzt, teils sind sie durchgefallen

partecipante [partetʃi'pante] I. *mf* Teilnehmer(in) *m(f)* II. *agg* teilnehmend, Teilnehmer-

partecipare [partetʃi'pa:re] I. *vi* **~ a qc** an etw *dat* teilnehmen; (COM) an etw *dat* teilhaben; **~ al dolore/alla gioia di qu** jds Schmerz/Freude teilen II. *vt* (*durch Anzeige*) bekannt geben; **partecipazione** [partetʃi'pat'tsio:ne] *f* ❶ (*di matrimonio, morte*) Anzeige *f* ❷ (*intervento*) Teilnahme *f;* (*interessamento*) Mitwirkung *f* ❸ (*interessamento*) Anteilnahme *f* ❹ (COM, FIN, ADM) Beteiligung *f;* **~ agli utili** Gewinnbeteiligung *f;* **partecipe** [par'tɛ:tʃipe] *agg* **essere ~ di qc** an etw *dat* teilnehmen; (COM) an etw *dat* teilhaben; **essere ~ del dolore/della gioia di qu** jds Schmerz/Freude teilen

parteggiare [parted'dʒa:re] *vi* **~ per qu/ qc** für jdn/etw Partei nehmen

partenariato [partena'ria:to] *m* (*partnership*) Partnerschaft *f;* Zusammenarbeit *f*

partenogenesi [parteno'dʒɛ:nezi] <-> *f* Parthenogenese *f,* Jungfernzeugung *f*

partenopeo, -a [parteno'pɛ:o] *m, f* Neapolitaner(in) *m(f)*

partenza [par'tɛntsa] *f* ❶ (*il partire*) Abreise *f,* Aufbruch *m;* **punto di ~** (*a fig*) Ausgangspunkt *m;* **in ~** abreisend, abfahrend; (com) abgehend; **pronto per la ~** abfahr(t)bereit, startbereit ❷ (*di veicolo*) Abfahrt *f* ❸ (sport, inform) Start *m;* **~ a caldo** (inform) Warmstart *m;* **~ a freddo** (inform) Kaltstart *m*

parterre [par'tɛ:r] <-> *m* (theat) Parterre *n*

particella [parti'tʃella] *f* (ling, phys) Partikel *f*

participiale [partitʃi'pa:le] *agg* (ling) Partizipial-, partizipial; **participio** [parti'tʃi:pio] <-i> *m* (ling) Partizip *n,* Mittelwort *n*

particola [par'ti:kola] *f* Hostie *f,* Partikel *f*

particolare [partiko'la:re] I. *m* ❶ (*parte*) Detail *n,* Einzelheit *f;* **entrare** [*o* **scendere**] **in -i** ins Detail gehen; **fin nei minimi -i** bis ins Detail ❷ (*elemento costitutivo*) Bestandteil *m* II. *agg* ❶ (*specifico*) besondere(r, s), spezifisch; (*speciale*) Spezial-, Sonder- ❷ (*proprio*) eigene(r, s), besondere(r, s); (*personale*) persönlich, Privat- ❸ (*singolo*) einzeln, Einzel- ❹ (*caratteristico*) charakteristisch, eigentümlich, typisch ❺ (*fuori dal comune*) außergewöhnlich, außerordentlich; **particolareggiare** [partikolared'dʒa:re] *vt* ausführlich erzählen, eingehend schildern; **particolareggiato, -a** [partikolared'dʒa:to] *agg* ausführlich, detailliert; **particolarismo** [partikola'rizmo] *m* Partikularismus *m;* **particolarista** [partikola'rista] <-i *m,* -e *f*> *mf* (pol) Partikularist(in) *m(f);* **particolaristico, -a** [partikola'ristiko] <-ci, -che> *agg* partikularistisch; **particolarità** [partiklari'ta] <-> *f* ❶ (*caratteristica*) Besonderheit *f,* Eigenheit *f* ❷ (*dettaglio*) Einzelheit *f,* Detail *n*

particolarizzare [partikolarid'dza:re] *vt* detailliert schildern; **particolarizzazione** [partikolariddzat'tsio:ne] *f* Detailschilderung *f*

partigiana *f v.* **partigiano**

partigianeria [partidʒane'ri:a] <-ie> *f* Parteilichkeit *f;* **partigiano, -a** [parti'dʒa:no] I. *m, f* ❶ (pol, mil) Partisan(in) *m(f),* Widerstandskämpfer(in) *m(f)* ❷ (*sostenitore*) Parteigänger(in) *m(f),* Verfechter(in) *m(f)* II. *agg* ❶ (*guerra, lotta, resistenza*) Partisanen- ❷ (*giudizio*) parteiisch

❸ (*spirito, politica*) von Parteiengeist beseelt, faktiös

partire [par'ti:re] *vi essere* ❶ (*andarsene*) weggehen; (*in viaggio*) abreisen; (*con l'aereo*) abfliegen; (*con il treno, l'automobile*) abfahren; **~ per Napoli** nach Neapel abreisen; **~ per le vacanze** in die Ferien fahren; **~ in quarta** (*fam*) loslegen; **~ è un po' morire** (*prov*) Scheiden tut weh ❷ (*colpo*) losgehen; (*macchina*) anspringen; (sport) starten ❸ (*fig: avere inizio*) beginnen; **a ~ da** seit, von … an ❹ (*provenire*) **~ da qc** von etw ausgehen ❺ (*fam scherz: guastarsi*) kaputt gehen; (*impazzire*) durchdrehen; **Gianni è partito** Gianni hat durchgedreht

partita [par'ti:ta] *f* ❶ (sport) Spiel *n,* Wettkampf *m;* (*gioco*) Partie *f,* Spiel *n;* **fare una ~ a carte/scacchi** eine Runde Karten/Schach spielen; **andare alla ~** zum Fußballspiel/ins Stadion gehen; **dare ~ vinta a qu** jdm gegenüber nachgeben ❷ (com) Partie *f,* Posten *m;* **~ semplice/doppia** (com) einfache/doppelte Buchführung ❸ (*di caccia*) (Jagd)partie *f* ❹ (mus) Partita *f;* **partita di ritorno** [par'ti:ta di ri'torno] *f* (sport) Rückspiel *n*

partitico, -a [par'ti:tiko] <-ci, -che> *agg* Partei-, partei-

partitino [parti'ti:no] *m* (pol) Splitterpartei *f*

partitismo [parti'tizmo] *m* Parteienwirtschaft *f*

partitissima [parti'tissima] *f* wichtigstes oder spannendstes Spiel eines Spieltages oder Turniers

partitivo, -a [parti'ti:vo] *agg* partitiv

partito [par'ti:to] *m* ❶ (pol) Partei *f;* **prendere ~ per qu** für jdn Partei ergreifen ❷ (*risoluzione, decisione*) Entschluss *m,* Entscheidung *f;* **per ~ preso** aus Voreingenommenheit ❸ (*offerta di matrimonio*) Partie *f;* **partitocrazia** [partitokrat'tsi:a] *f* (pol: *pej*) Parteienherrschaft *f*

partitore [parti'to:re] *m* Teiler *m,* Trenner *m*

partitura [parti'tu:ra] *f* Partitur *f*

partizione [partit'tsio:ne] *f* (inform) Partition *f*

partner ['pa:tnə *o* 'partner] <-> *mf* Partner(in) *m(f);* **partnership** ['pa:tnəʃip *o* partner'ʃip] <-> *f* (Bündnis)partnerschaft *f*

parto ['parto] *m* ❶ (*il partorire*) Geburt *f,* Entbindung *f* ❷ (*la creatura partorita*) Neugeborene(s) *n* ❸ (*fig*) Schöpfung *f;* (*pej*) Ausgeburt *f;* **partoriente** [parto'riɛnte] *f* Gebärende *f,* Wöchnerin *f;*

partorire [parto'ri:re] <partorisco> *vt*

❶ (MED) gebären, zur Welt bringen ❷ (*fig: produrre*) hervorbringen, schaffen

part-time [paːtˈtaim *o* partˈtaim] **I.** <inv> *agg* Teilzeit- **II.** <-> *m* Teilzeitarbeit *f*

party [ˈpaːti *o* ˈparti] <-> *m* Party *f*

parure [paˈryːr] <-> *f* ❶ (*di biancheria*) (Wäsche)garnitur *f* ❷ (*di gioielli*) Set *n*, Garnitur *f*

parvenu [parvəˈny] <-> *mf* Emporkömmling *m*, Neureiche(r) *f(m)*

parvenza [parˈvɛntsa] *f* (An)schein *m*

parvi [ˈparvi] *1. pers sing pass rem di* **parere**[1]

parziale [parˈtsiaːle] *agg* ❶ (*non totale*) Teil-, partiell ❷ (*arbitro, giudizio*) parteiisch; **parzialità** [partsialiˈta] <-> *f* ❶ (*atteggiamento*) Parteilichkeit *f* ❷ (*aspetto parziale*) Teil(aspekt) *m*

parzializzabile [partsialidˈdzaːbile] *agg* (TEC) regelbar

parzializzato, -a [partsialiˈdzaːto] *agg* ❶ (*gener*) geteilt, aufgeteilt ❷ (TEC) Durchfluss geregelt

parzializzazione [partsiliddzatˈtsioːne] *f* (TEC) Durchflussregelung *f*

parziario, -a [parˈtsiaːrio] <-i, -ie> *agg* Teil-, Partial-

pascere [ˈpaʃʃere] <pasco, pascetti, pasciuto> *vt* (*poet*) abgrasen, abweiden; ~ **l'erba** grasen

pascià [paʃˈʃa] <-> *m* Pascha *m*; **stare** [*o* **vivere**] **come un** ~ wie Gott in Frankreich leben

pasciuto, -a [paʃˈʃuːto] *agg* wohlgenährt

pascolare [paskoˈlaːre] *vt, vi* weiden; **pascolo** [ˈpaskolo] *m* Weide *f*

pasoliniano, -a [pasoliˈniaːno] *agg* Pasoliniʼsche, Pasolinis

Pasqua [ˈpaskua] *f* (*cristianesimo*) Ostern *n*, Osterfest *n*; (*ebraismo*) Passah(fest) *n*; ~ **di resurrezione** Osterfest *n*; **essere contento come una** ~ sich wie ein Schneekönig freuen; **pasquale** [pasˈkuaːle] *agg* österlich, Oster-; **pasquetta** [pasˈkuetta] *f* Ostermontag *m*; **fare** ~ (am Ostermontag) einen Ausflug (ins Grüne) machen

pass [paːs] <-> *m* Kennkarte *f*; **esibire il** ~ die Kennkarte vorzeigen

passa [ˈpassa] **I.** <inv> *agg* getrocknet **II.** *avv* **e** ~ oder mehr

passabile [pasˈsaːbile] *agg* annehmbar, passabel

passaggio [pasˈsaddʒo] <-ggi> *m* ❶ (*il passar davanti*) Vorbeigehen *n*, Vorübergehen *n*; (*di truppe*) Vorbeimarschieren *n*, -marsch *m*; (*di veicoli*) Vorbeifahren *n*, -fahrt *f*; (*di aerei*) Vorbeifliegen *n*, -flug *m*

❷ (*il passare attraverso*) Durchgehen *n*; (*di persone*) Durchgehen *n*, -gang *m*; (*di veicoli*) Durchfahren *n*, -fahrt *f*; (*di aerei*) Durchfliegen *n*, -flug *m*; **essere di** ~ auf der Durchfahrt sein; **vietato il** ~ Durchgang verboten ❸ (*il passare oltre*) Hinübergehen *n*; (*di veicoli*) Durchfahrt *f*; ~ **a livello** Bahnübergang *m* ❹ (*movimento, traffico*) Verkehr *m* ❺ (*viaggio per nave, aereo*) (Schiffs-, Flug-)reise *f* ❻ (*ospitalità su un veicolo*) Mitfahrt *f*; **dare un** ~ **a qu** jdn (im Auto) mitnehmen; **offrire un** ~ **a qu** jdm eine Mitfahrgelegenheit anbieten ❼ (*strada*) Durchgang *m*, Weg *m*; (*in mare*) (enge) Durchfahrt *f*, Passage *f*; ~ **pedonale** Fußgängerüberweg *m*, Schutzweg *m* A ❽ (*fig: cambiamento*) Übergang *m*, Wechsel *m*; ~ **di proprietà** Eigentumsübertragung *f* ❾ (LIT: *brano*) Passage *f*, Stelle *f* ❿ (MUS) Passage *f*, Stück *n* ⓫ (*successione*) Übergang *m*, Aufeinanderfolge *f*; (PHYS) Übergang *m* ⓬ (SPORT) Pass *m*, Zuspiel(en) *n* (des Balles)

passamaneria [passamaneˈriːa] <-ie> *f* ❶ (*guarnizioni*) Posament *n*, Besatzartikel *m* ❷ (*negozio*) Kurzwarenhandlung *f*; **passamano** [passaˈmaːno] *m* ❶ (*nastrino*) Besatzborte *f* ❷ (*passaggio di cose*) Kette *f* (zum Weiterreichen von Gegenständen)

passamontagna [passamonˈtaɲɲa] <-> *m* Sturm-, Windhaube *f*; (*di giacca a vento*) Anorakkapuze *f*

passante [pasˈsante] **I.** *mf* Passant(in) *m(f)* **II.** *m* Lasche *f*, Schlaufe *f*

passaparola [passapaˈrɔːla] <-> *m* ❶ (MIL) Durchgeben *n* ❷ (*fig: gioco*) stille Post; **giocare a** ~ stille Post spielen

passaporto [passaˈpɔrto] *m* (Reise)pass *m*

passare [pasˈsaːre] **I.** *vi essere* ❶ (*attraversare*) ~ **per qc** durch etw gehen; (*veicoli*) durch etw fahren; ~ **per la mente/il capo** durch den Sinn/Kopf gehen; ~ **inosservato** (*fig*) unbemerkt bleiben; ~ **sopra a qc** (*fig*) über etw *acc* hinweggehen; **di qui non si passa** hier geht es nicht durch ❷ (*transitare*) vorübergehen, vorbeigehen; (*veicoli*) vorbeifahren; (*venire brevemente*) vorbeikommen; ~ **a prendere qu** (*fam*) jdn abholen kommen; **ti passo a salutare** ich komme auf einen Sprung bei dir vorbei *fam* ❸ (*entrare*) durch-, hereinkommen ❹ (*penetrare*) durchgehen, durchpassen ❺ (*trasferirsi*) umziehen, verziehen ❻ (*tramandarsi*) ~ **da qu a qu** von jdm auf jdn übergehen; ~ **alla storia** in die Geschichte eingehen ❼ (*trascorrere*) ver-, vorbeigehen ❽ (*cambiar stato*) ~ **da qc a**

qc von etw zu etw überwechseln; (*cambiare argomento*) von etw zu etw übergehen ➒ (*cessare*) vorbei-, vorübergehen; (*dolore*) vergehen; **~ di moda** aus der Mode kommen; **passo e chiudo** Ende der Durchsage ➓ (*essere accettabile*) durchgehen ⓫ (*scolaro*) versetzt werden, aufsteigen A; (*avanzare di grado*) aufsteigen, befördert werden; (*legge*) verabschiedet werden; **~ di ruolo** eine Planstelle bekommen ⓬ (*essere considerato*) **~ per bello** als schön gelten; **mi vuoi far ~ per stupido?** willst du mich für dumm verkaufen? *fam* ⓭ (*nei giochi*) passen; (*SPORT*) zuspielen, abgeben; **per questa volta passi** diesmal mag es (noch) durchgehen **II.** *vt avere* ➊ (*attraversare*) überschreiten, überqueren; (*con veicoli*) fahren über *+acc* ➋ (*sorpassare*) überholen; (*fig: superare*) überschreiten; **~ il segno** [*o* **la misura**] das Maß überschreiten; **ha passato i settanta** er [*o* sie] hat die Siebzig überschritten ➌ (*trafiggere*) durchbohren ➍ (*GASTR*) passieren ➎ (*porgere*) reichen, geben; (*assegnare*) zukommen lassen; (*ordinazione*) erteilen ➏ (*patire*) durchmachen, erleiden; **passarne di tutti i colori** allerhand durchmachen; **passarsela male** (*fam*) schlechte Zeiten durchmachen ➐ (*notizia*) weitergeben, weitersagen; (*voce*) verbreiten; (*SPORT: palla*) zuspielen ➑ (*tempo, vacanze*) verbringen ➒ (*perdonare, accettare*) durchgehen lassen; (*legge*) verabschieden; (*provvedimento*) billigen; **~ qc sotto silenzio** etw verschweigen ➓ (*superare: esame*) bestehen; (*pericolo*) überstehen; **passarla liscia** (*fam*) mit heiler Haut davonkommen ⓫ (*scorrere*) durchsehen, überfliegen ⓬ (*TEL*) verbinden (mit); **mi può passare la signora Maier, per favore?** können Sie mich bitte mit Frau Maier verbinden?; **passata** [pas'sa:ta] *f* ➊ (*scorsa*) Überfliegen *n* ➋ (*di straccio, cencio*) Darüberwischen *n*, -gehen *n*, -fahren *n* ➌ (*di selvaggina*) Wildwechsel *m* ➍ (*breve applicazione*) (rascher) Anstrich *m* ➎ (*GASTR*) Creme(suppe) *f* ➏ (*avvenimento di breve durata*) Episode *f*; (*fig*) Anflug *m*

passatello, -a [passa'tɛllo] *agg* (*scherz*) nicht mehr der Jüngste

passatempo [passa'tɛmpo] *m* Zeitvertreib *m*; **per ~** zum Zeitvertreib

passatistico, -a [passa'tistiko] [<-ci, -che>] *agg* traditionalistisch

passato [pas'sa:to] *m* ➊ (*di tempo*) Vergangenheit *f* ➋ (*LING*) **~ prossimo** Passato prossimo *n*; **~ remoto** Passato remoto *n* ➌ (*GASTR*) Püree *n*, Brei *m*

passato, -a *agg* ➊ (*trascorso*) vergangen, vorbei; (*settimana, anno*) vorige(r, s), letzte(r, s) ➋ (*GASTR*) passiert ➌ (*fig: anziano*) ältlich ➍ (*andato a male*) nicht mehr ganz frisch; (*guasto*) verdorben; (*frutta*) überreif

passatoia [passa'to:ia] [<-oie>] *f* ➊ (*tappeto*) Läufer *m* ➋ (*FERR*) Gleisübergang *m*

passatrice [passa'tri:tʃe] *f* (*TEC*) industrielle Passiermaschine

passatutto [passa'tutto] [<->] *m* Passiermaschine *f*

passaverdura, passaverdure [passaver'du:ra, passaver'du:re] [<->] *m* Passiermaschine *f*

passeggero, -a [passed'dʒɛːro] **I.** *agg* vorübergehend, vergänglich **II.** *m, f* Reisende(r) *f(m)*; (*NAUT, AERO*) Passagier(in) *m(f)*, Fahrgast *m*; **~ clandestino** blinder Passagier

passeggiare [passed'dʒa:re] *vi* spazieren (gehen); **passeggiata** [passed'dʒa:ta] *f* ➊ (*il passeggiare*) Spazierengehen *n* ➋ (*percorso*) Spaziergang *m*; (*con veicolo*) Spazierfahrt *f* ➌ (*strada*) Promenade *f*, Spazierweg *m* ➍ (*fig: cosa facile*) Kinderspiel *n*; **passeggiatrice** [passedd3a'tri:tʃe] *f* (*eufemismo*) Strichmädchen *n*; **passeggino** [passed'dʒi:no] *m* Kinderwagen *m*, Sportwagen *m*; **~ trekking** Buggy *m*; **passeggio** [pas'sedd3o] [<-ggi>] *m* ➊ (*atto*) Spaziergang *m*; **andare a ~** spazieren gehen; **portare a ~** spazieren führen, ausführen ➋ (*luogo*) Promenade *f*, Spazierweg *m*

passe-partout [paspar'tu] [<->] *m* ➊ (*chiave*) Hauptschlüssel *m*, Generalschlüssel *m* ➋ (*cornice*) Passepartout *n*

passera ['passera] *f* ➊ (*ZOO: femmina del passero*) Sperlingsweibchen *n*; (*pesce*) Flunder *f* ➋ (*vulg*) Möse *f*

passeraio [passe'ra:io] [<-ai>] *m* ➊ (*pigolio*) Gezwitscher *n* ➋ (*fig: cicaleccio*) Schnattern *n*

passerella [passe'rɛlla] *f* ➊ (*ponte*) Steg *m*, (kleine) Brücke *f* ➋ (*NAUT*) Bootssteg *m*, Laufgang *m*; (*AERO*) Gangway *f*, Laufgang *m*; (*FERR*) Gleisübergang *m*, Steg *m* ➌ (*THEAT*) (Bühnen)rampe *f* ➍ (*per indossatrici*) Laufsteg *m*

passero, -a ['passero] *m, f* Sperling *m*, Spatz *m*; **passerotto** [passe'rɔtto] *m* ➊ (*ZOO*) (junger) Sperling *m* ➋ (*fam fig*) Spätzchen *n*, Häschen *n*

passeur, passeuse [pa'sœr] [<- *o* passeurs>] *m, f* ➊ (*merce*) Schmuggler(in) *m(f)* ➋ (*persone*) Schlepper(in) *m(f)*

passi ['passi] [<->] *m* Passierschein *m*

passibile [pas'si:bile] *agg* **~ di** (*JUR*) strafbar mit; **prezzo ~ d'aumento** Preis, der sich erhöhen kann; **~ di miglioramenti** ausbaufähig

passiflora [passi'flɔːra] *f* Passionsblume *f*

passim ['passim] *avv* an verschiedenen Stellen

passino [pas'siːno] *m* (*fam*) Sieb *n*

Passio ['passio] <-> *m* Passion *f*, Leidensgeschichte *f* Christi

passionale [passio'naːle] *agg* leidenschaftlich; (JUR: *delitto*) Affekt-; **passionalità** [passionali'ta] <-> *f* Leidenschaftlichkeit *f*

passione [pas'sioːne] *f* ❶ (*sofferenza*) Schmerz *m*, Leid(en) *n*, Kummer *m* ❷ (*violento amore*) Leidenschaft *f*, leidenschaftliche Liebe ❸ (*grande interesse*) Leidenschaft *f*, Passion *f* ❹ (*persona*) (große) Liebe *f*, (große) Leidenschaft *f* ❺ (REL) Leiden *n*

passito, -a [pas'siːto] *m, f* Beerenauslese *f*

passivante [passi'vante] *agg* (GRAM) passivierend

passività [passivi'ta] <-> *f* ❶ (*estraneità*) Passivität *f*, Teilnahmslosigkeit *f* ❷ (COM) Passiva *pl*, Schulden *fpl*

passivo [pas'siːvo] *m* ❶ (LING) Passiv *n*, Leideform *f* ❷ (COM) Passiva *pl*; **chiudere in ~** mit Verlust abschließen

passivo, -a *agg* ❶ (*senza reazione*) passiv ❷ (LING) passiv(isch) ❸ (COM) passiv, Passiv-

passo ['passo] *m* ❶ (*movimento, spazio*) Schritt *m*; (*andatura*) Gangart *f*; (MIL) Gleichschritt *m*; **senza muovere un ~** ohne sich von der Stelle zu rühren; (*fig*) ohne einen Finger krumm zu machen; **a ~ d'uomo** im Schritttempo; **andare al ~** im Schritttempo fahren; **fare due** [*o* **quattro**] **-i** (*fig*) sich die Beine vertreten; **fare il ~ più lungo della gamba** (*fig*) sich überfordern; (*fare spese eccessive*) über seine Verhältnisse leben; **fare un ~ indietro** einen Rückzieher machen; **muovere i primi -i** (*a fig*) die ersten Schritte tun; **procedere di buon ~** gut vorankommen; **tornare sui propri -i** (denselben Weg) zurückgehen; (*fig*) von Vorne anfangen, sich das anders überlegen; **essere a pochi -i** wenige Schritte entfernt sein; **ad ogni ~** auf Schritt und Tritt; **~ ~** langsam; **un ~ dopo l'altro** Schritt für Schritt; **e via di questo ~** (*fam*) und so weiter und so fort ❷ (*impronta*) Fußstapfe *f*, (Fuß)spur *f* ❸ (TEC) Gewindegang *m* ❹ (MOT) Rad-, Achsstand *m* ❺ (FILM) Perforationsabstand *m* ❻ (LIT) (Text)stelle *f*, Passus *m* ❼ (MUS) Passage *f*, Stelle *f* ❽ (*fig: progresso*) Fortschritt *m* ❾ (*passaggio*) Durch-

gang *m*; (*con veicolo*) Durchfahrt *f*; **~ carrabile** [*o* **carraio**] Einfahrt *f*, Ausfahrt *f*; **aprirsi il ~ tra la folla** sich *dat* einen Weg durch die Menge bahnen ❿ (*valico*) Pass *m* ⓫ (*braccio di mare*) Meeresstraße *f*

password ['paːswəːd *o* 'pasword] <- *o* passwords> *f* (INFORM) Passwort *n*

pasta ['pasta] *f* ❶ (GASTR: *impasto*) Teig *m*; (*alimentare*) Nudeln *fpl*, Teigwaren *fpl*; (*dolce*) (Fein)gebäck *n*, Bäckerei *f* A; **~ frolla** Mürb(e)teig *m*; **~ sfoglia** Blätterteig *m* ❷ (*fig: indole*) Wesen *n*, Charakter *m*; **essere della stessa ~** aus dem gleichen Holz geschnitzt sein ❸ (*massa*) Masse *f*, Brei *m* ❹ (*polpa di frutti*) Fruchtfleisch *n*

pastafrolla [pasta'frɔlla] *f v.* pasta

pastasciutta [pastaʃ'ʃutta] *f* Nudelgericht *n*; **pastasciuttaio, -a** [pastaʃ-ʃut'taːio] <-ai, -aie> *m, f* (*fam scherz*) Nudelfan *m*

pasteggiare [pasted'dʒaːre] *vi* speisen

pastella [pas'tɛlla] *f* Teig *m* (*aus Mehl, Wasser, Hefe*)

pastello¹ [pas'tɛllo] *m* ❶ (*per dipingere*) Pastellfarbe *f*; (*matita*) Pastellstift *m* ❷ (*dipinto*) Pastell(bild) *n*

pastello² <inv> *agg* pastellfarben, pastell-; **tinta ~** Pastellfarbe *f*

pasticca [pas'tikka] <-cche> *f* Pastille *f*, Tablette *f*

pasticcere *m v.* pasticciere

pasticceria [pastittʃe'riːa] <-ie> *f* ❶ (*negozio*) Konditorei *f* ❷ (*assortimento*) (Fein)gebäck *n*, Bäckerei *f* A

pasticciare [pastit'tʃaːre] *vt* ❶ (*eseguire male*) hinhauen *fam* ❷ (*sporcare*) beklecksen, beschmieren

pasticciato, -a [pastit'tʃaːto] *agg* mit Tomaten, Fleischsoße und Käse überbacken

pasticciere, -a [pastit'tʃɛːre] *m, f* Konditor(in) *m(f)*, Feinbäcker(in) *m(f)*, Zuckerbäcker(in) *m(f)* A; **pasticcino** [pastit'tʃiːno] *m* Klein-, Feingebäck *n*, Bäckerei *f* A

pasticcio [pas'tittʃo] <-cci> *m* ❶ (GASTR) Pastete *f*; **~ di maccheroni** Makkaroniauflauf *m*, Pastitsio *n* ❷ (*fam fig: faccenda imbrogliata*) (schöne) Bescherung *f*, Schlamassel *m*; **mettersi nei -cci** (*fam*) sich in die Nesseln setzen ❸ (*fig: lavoro mal fatto*) Hudelei *f fam*, Pfuscherei *f* ❹ (MUS) Pasticcio *n*; **pasticcione, -a** [pastit'tʃoːne] **I.** *m, f* (*fam*) ❶ (*arruffone*) Pfuscher(in) *m(f)* ❷ (*confusionario*) Wirrkopf *m* **II.** *agg* (*fam*) Pfusch-

pastiche [pas'tiʃ] <-> *m* (LIT) Pastiche *n*; (MUS) Pasticcio *n*

pastiera [pas'tiɛːra] *f* neapolitanischer

Osterkuchen aus Mürbeteig, gefüllt mit Quark, Vanillecreme und kandierten Früchten

pastificare [pastifi'ka:re] vt (paste) herstellen

pastificio [pasti'fi:tʃo] <-ci> m Teigwarenfabrik f, Nudelfabrik f

pastiglia [pas'tiʎʎa] <-glie> f ❶(pasticca) Pastille f, Tablette f ❷(contro le zanzare) Mückenvertreibungsmittel n ❸(MOT: dei freni) Bremsbelag m; **pastigliatrice** [pastiʎʎa'tri:tʃe] f (TEC) Tablettenpresse f, Tablettierautomat m

pastina [pas'ti:na] f ❶(in brodo) Suppennudeln fpl ❷(pasticcino) Feingebäck n, kleines Gebäck

pasto ['pasto] m Essen n, Mahlzeit f; **vino da ~** Tisch-, Tafelwein m; **saltare il ~** eine Mahlzeit auslassen; **fare due -i al giorno** zwei Mahlzeiten am Tag zu sich nehmen

pastoia [pas'to:ia] <-oie> f ❶(fig: impedimento) Behinderung f, Fessel f ❷(fune) (Fuß)fessel f

pastone [pas'to:ne] m ❶(per animali) Kleinfutter n ❷(cibo troppo cotto) verkochtes Essen, Mampf m fam, Pampe f fam

pastora f v. **pastore**

pastorale [pasto'ra:le] I. agg ❶(LIT) Hirten-, Schäfer- ❷(REL) pastoral, Bischofs- II. f ❶(REL) Hirtenbrief m ❷(MUS) Pastorale f III. m Hirtenstab m, Pastorale n

pastore, -a [pas'to:re] m, f ❶(custode) Hirte, Hirtin m, f, Schäfer(in) m(f); **~ di pecore** Schafshirte m(f) ❷(cane) Schäferhund m, -hündin f ❸(fig: guida) (An)führer(in) m(f) ❹(REL) Seelsorger(in) m(f), Geistliche(r) f(m), Pfarrer m; (ministro) Pastor(in) m(f); **~ di anime** Seelsorger m;

pastorella [pasto'rɛlla] f ❶(pecoraia) Hirtenmädchen n, kleine Schäferin f ❷(MUS) Pastorella f ❸(LIT) Pastorelle f; **pastorizia** [pasto'rittsia] <-ie> f Viehzucht f; (di ovini) Schafzucht f

pastorizzare [pastorid'dza:re] vt pasteurisieren; **pastorizzazione** [pastoriddzat'tsio:ne] f Pasteurisation f, Pasteurisierung f

pastosità [pastosi'ta] <-> f ❶(di pasta) Teigigkeit f ❷(fig: di stile) Weichheit f; (di colore) Zartheit f; (di vino) Vollmundigkeit f; **pastoso, -a** [pas'to:so] agg ❶(molle ed elastico) teigig, knetbar ❷(fig: colore, stile, voce) weich, zart; (vino) vollmundig, samtig

pastrano [pas'tra:no] m dicker Mantel

pastrocchio [pas'trɔkkio] <-cchi> m (fam) Kuddelmuddel m o n

pastura [pas'tu:ra] f (Vieh)futter n

patacca [pa'takka] <-cche> f ❶(fam: distintivo) Plakette f, billiger Orden ❷(fam fig: macchia) (Fett-, Schmutz)fleck m; **pataccone** [patak'ko:ne] m (fam scherz: grosso orologio) Zwiebel f, Kartoffel f

patata [pa'ta:ta] f Kartoffel f, Erdapfel m A; **~ americana** [o dolce] Süßkartoffel f; **-e fritte** Pommes frites pl; **-e lesse** Salzkartoffeln fpl; **sacco di -e** (fam) Trampel m o n, Trampeltier n; **patatina** [pata'ti:na] f kleine Kartoffel; **-e fritte** Kartoffelchips mpl

patatrac [pata'trak] I. <-> m Einsturz m, Zusammenbruch m II. int krach, plumps

patella [pa'tɛlla] f Napfschnecke f

patema [pa'tɛ:ma] <-i> m Kummer m, seelischer Schmerz

patentato, -a [paten'ta:to] agg ❶(munito di patente) staatlich geprüft, zugelassen ❷(fam scherz) ausgemacht, Ober-

patente [pa'tɛnte] f ❶(ADM) Genehmigung f; (licenza) Lizenz f; **prendere la ~ di guida** den Führerschein machen; **~ a punti** Punkteführerschein m ❷(fig, scherz) Stempel m; **dare a qu la ~ di bugiardo** jdn zum Lügner abstempeln

patentino [paten'ti:no] m vorläufiger Führerschein

patereccio [pate'rettʃo] <-cci> m Nagelbettentzündung f

paternale [pater'na:le] f Strafpredigt f, Standpauke f fam

paternalismo [paterna'lizmo] m ❶(POL) Paternalismus m ❷(atteggiamento benevolo) väterliche Fürsorglichkeit/Fürsorge f; **paternalistico, -a** [paterna'listiko] <-ci, -che> agg ❶(POL) paternalistisch ❷(fig) gönnerhaft

paternità [paterni'ta] <-> f ❶(condizione di padre) Vaterschaft f ❷(ADM) Name(n) m des Vaters ❸(fig) Urheberschaft f

paterno, -a [pa'tɛrno] agg ❶(del padre) väterlich, Vater- ❷(da parte del padre) väterlicherseits

paternoster, pater noster [pater'nɔster] <-> m Vaterunser n, Paternoster n; **paternostro** [pater'nɔstro] <-> m Vaterunser n; (del rosario) Rosenkranzperle f; **sapere qc come il ~** etw aus dem Effeff können am

pateticità [patetitʃi'ta] <-> f Pathetik f; **patetico, -a** [pa'tɛ:tiko] <-ci, -che> agg pathetisch

pathos ['pa:tos] m Pathos n

patibolare [patibo'la:re] agg Galgen-; **patibolo** [pa'ti:bolo] m Schafott n; (forca) Galgen m

patimento [pati'mento] m Leiden n,

Schmerz *m*

patina ['pa:tina] *f* ❶ (*strato*) (dünne) Schicht *f*; (*su oggetti metallici*) Patina *f* ❷ (MED) (Zungen)belag *m*; **patinare** [pati'na:re] *vt* (*metallo*) patinieren; (*carta*) satinieren; **patinata** [pati'na:ta] *f* (TYP) Probedruck *m* auf Kunstdruckpapier; **patinatura** [patina'tu:ra] *f* (*di carta*) Satinage *f*, Satinieren *n*; (*di metallo*) Patinierung *f*

patino [pa'ti:no] *m* v. **pattino**

patire [pa'ti:re] <patisco> I. *vt* (*offesa, torto*) erleiden, ertragen; (*fame, sete*) leiden; (*freddo, caldo*) leiden unter +*dat* II. *vi* leiden; **patito, -a** [pa'ti:to] I. *agg* abgemagert; (*faccia*) eingefallen II. *m*, *f* (leidenschaftlicher) Fan *m*

patogeno, -a [pa'tɔ:dʒeno] *agg* krankheitserregend, pathogen

patologa *f* v. **patologo**

patologia [patolo'dʒi:a] <-gie> *f* Pathologie *f*; **patologico, -a** [pato'lɔ:dʒiko] <-ci, -che> *agg* ❶ (MED) pathologisch, krankhaft ❷ (*fig, scherz*) außergewöhnlich; **patologizzare** [patolodʒit'tsa:re] *vt* pathologisieren; **patologo, -a** [pa'tɔ:logo] <-gi, -ghe> *m*, *f* Pathologe *m*, -login *f*

patomorfosi [patomor'fɔ:si] <-> *f* (MED) Symptomveränderungen *fpl*

patos *m* v. **pathos**

patria ['pa:tria] <-ie> *f* ❶ (*nazione*) Vaterland *n*; (*città, paese*) Heimatstadt *f*, Geburtsort *m* ❷ (*luogo d'origine*) Heimat *f*; (*di cosa*) Herkunftsland *n*; **~ d'elezione** Wahlheimat *f*; **la madre ~** das Mutterland *n*

patriarca [patri'arka] <-chi> *m* (*capo*) Patriarch *m*, Oberhaupt *n*; (*capostipite*) Erz-, Stammvater *m*; **patriarcale** [patriar'ka:le] *agg* patriarchalisch, Patriarchen-; **patriarcato** [patriar'ka:to] *m* Patriarchat *n*

patrigno [pa'triɲɲo] *m* Stiefvater *m*

patrimoniale [patrimo'nia:le] I. *agg* Vermögens- II. *f* Vermögenssteuer *f*; **patrimonio** [patri'mɔ:nio] <-i> *m* ❶ (COM) Vermögen *n*, Kapital *n* ❷ (BIOL) Erbgut *n* ❸ (*fig: ricchezza*) Reichtum *m*, Schätze *mpl*

patrio, -a ['pa:trio] <-ii, -ie> *agg* (*obs*) ❶ (*del padre*) väterlich ❷ (*della patria*) vaterländisch, Vaterlands-, Heimat-; **-a potestà** (JUR) väterliche Gewalt; **ritornare ai -ii lidi** zu den heimatlichen Gestaden zurückkehren *geh*

patriota [patri'ɔ:ta] <-i *m*, -e *f*> *mf* Patriot(in) *m(f)*; **patriottardo, -a** [patriot'tardo] I. *agg* chauvinistisch, übertrieben patriotisch II. *m*, *f* fanatische(r) Patriot(in) *m(f)*, Chauvinist(in) *m(f)*; **patriottico, -a** [patri'ɔttiko] <-ci, -che> *agg* patriotisch; **patriottismo** [patriot'tizmo] *m* Patriotismus *m*

patrizia *f* v. **patrizio**

patriziato [patrit'tsia:to] *m* Patriziat *n*; **patrizio, -a** [pa'trittsio] <-i, -ie> I. *agg* patrizisch, Patrizier- II. *m*, *f* Patrizier(in) *m(f)*

patrocinare [patrotʃi'na:re] *vt* ❶ (JUR) (vor Gericht) verteidigen ❷ (*sostenere*) begünstigen, befürworten; (*iniziativa*) unterstützen; **patrocinatore, -trice** [patrotʃina'to:re] *m*, *f* ❶ (JUR) Rechtsbeistand *m*, Verteidiger(in) *m(f)* ❷ (*fig*) Verfechter(in) *m(f)*, Befürworter(in) *m(f)*; **patrocinio** [patro'tʃi:nio] <-i> *m* ❶ (JUR) Verteidigung *f*, Rechtsbeistand *m* ❷ (REL) Schutzherrschaft *f* eines Heiligen

patrona *f* v. **patrono**

patronato [patro'na:to] *m* ❶ (*istituzione assistenziale*) Fürsorgeeinrichtung *f*, Hilfswerk *n* ❷ (*protezione*) Schirmherrschaft *f*, Patronat *n*; **patronessa** [patro'nessa] *f* ❶ (*socia di patronato*) Förderin *f* [*o* Mitglied *n*] eines Hilfswerkes ❷ (*protettrice*) Schirmherrin *f*; **patrono, -a** [pa'trɔ:no] *m*, *f* ❶ (*protettore*) Schirmherr(in) *m(f)*; (REL) Schutzpatron(in) *m(f)* ❷ (*socio di patronato*) Förderer *m*, Förderin *f* eines Hilfswerkes

patta ['patta] *f* ❶ (*di tasca*) Patte *f* ❷ (*pareggio*) Patt *n*, Unentschieden *n*

patteggiare [patted'dʒa:re] I. *vt* aushandeln, verhandeln über +*acc* II. *vi* verhandeln, Verhandlungen führen

pattinaggio [patti'naddʒo] <-ggi> *m* (*a rotelle*) Rollschuhlaufen *n*; (*su ghiaccio*) Schlittschuhlaufen *n*; **~ in linea** Inlineskating *n*; **pattinare** [patti'na:re] *vi* ❶ (*a rotelle*) Rollschuh laufen; (*su ghiaccio*) Schlittschuh laufen; **~ inline** skaten, Inliner fahren ❷ (MOT: *scivolare*) schleudern, rutschen; **pattinatore, -trice** [pattina'to:re] *m*, *f* (*a rotelle*) Rollschuhläufer(in) *m(f)*; (*su ghiaccio*) Schlittschuhläufer(in) *m(f)*

pattino[1] ['pattino] *m* ❶ (*a rotelle*) Rollschuh *m*; (*da ghiaccio*) Schlittschuh *m*; **-i in linea** Inlineskater *mpl* ❷ (*di slitta, aereo*) Kufe *f* ❸ (TEC) (Gleit)schuh *m*

pattino[2] [pat'ti:no] *m* (*barca*) Tretboot *n*

patto ['patto] *m* ❶ (*accordo*) Vereinbarung *f*, Übereinkunft *f*; **venire** [*o* **scendere**] **a -i con qu** mit jdm übereinkommen ❷ (POL) Pakt *m*, Vertrag *m*; **Patto Atlantico** Atlantisches Bündnis, (Nord)atlantikpakt *m*; **~ di non aggressione** Nichtan-

esprimere paura/preoccupazione

esprimere paura	Angst, Befürchtungen ausdrücken
L'oscurità **mi fa paura./Ho paura del** buio.	Ich habe Angst/fürchte mich vor der Dunkelheit.
Temo che non venga.	Ich fürchte sie kommt nicht.
Ho una tale paura del dentista!	Ich habe solche Angst vorm Zahnarzt!
Ho un brutto presentimento (al riguardo).	Ich habe ein ungutes Gefühl (bei dieser Sache).
Ho una gran fifa/Me la faccio sotto per l'esame. (*fam*)	Ich habe Bammel/Schiss vor der Prüfung. (*fam*)
Mi aspetto il peggio.	Ich rechne mit dem Schlimmsten.

esprimere preoccupazione	Sorge ausdrücken
Sono preoccupata per te.	Ich mache mir Sorgen um dich.
Mi preoccupa il suo stato di salute.	Sein Gesundheitszustand **macht mir große Sorgen.**

griffspakt *m;* ~ **di stabilità e di crescita** (EU) Stabilitäts- und Wachstumspakt *m* ❸ (*condizione*) Bedingung *f;* **a** ~ **che ...** +*conj* unter der Bedingung, dass ...; **a nessun** ~ unter keiner Bedingung

pattuglia [pat'tuʎʎa] <-glie> *f* Patrouille *f,* Streife *f;* ~ **stradale** Verkehrsstreife *f;* ~ **di ricognizione** Spähtrupp *m;* **essere di** ~ auf Streife sein; **pattugliare** [pattuʎ'ʎa:re] I. *vi* patrouillieren II. *vt* absuchen

pattuire [pattu'i:re] <pattuisco> *vt* abmachen, vereinbaren

pattuito [pattu'i:to] *m* vereinbarte Summe

pattuito, -a *agg* ausgehandelt, vereinbart

pattume [pat'tu:me] *m* Müll *m,* Abfall *m;* **pattumiera** [pattu'miɛ:ra] *f* Müll-, Abfalleimer *m*

pauperismo [paupe'rizmo] *m* ❶ (*povertà*) Massenarmut *f,* Pauperismus *m* geh ❷ (REL) Armut *f,* Besitzlosigkeit *f*

pauperizzazione [pauperiddzat'tsio:ne] *f* zunehmende Verarmung [*o* Verelendung]

paura [pa'u:ra] *f* Angst *f,* Furcht *f;* **una** ~ **da morire** eine Sterbensangst; **una** ~ **del diavolo** eine Höllenangst; **avere** ~ **di qc/ qu** Angst vor etw/jdm haben; **aver** ~ **che ...** +*conj* befürchten, dass ..., Angst haben, dass ...; **per** ~ **che ...** +*conj* aus Angst, dass ...; **fare** ~ **a qu** jdm Angst machen; **mettere** ~ **a qu** jdm Angst einjagen; **da far** ~ schrecklich, zum Fürchten; **pauroso, -a** [pau'ro:so] *agg* ❶ (*spaventoso*) Angst erregend, Furcht erregend ❷ (*timoroso*) ängstlich, furchtsam ❸ (*fig: straordi-*

nario) unglaublich, sagenhaft

pausa ['pa:uza] *f* Pause *f,* (kurze) Unterbrechung *f;* (*sosta*) Stockung *f,* Stillstand *m;* ~ **caffè** Kaffeepause *f*

pavé [pa've] <-> *m* (Straßen)pflaster *n*

paventare [paven'ta:re] *vt* (*poet*) fürchten

pavesare [pave'za:re] *vt* beflaggen

pavese I. *mf* (*abitante*) Einwohner(in) *m(f)* von Pavia II. *agg* aus Pavia

Pavese <*sing*> *m* Umgebung *f* von Pavia

Pavia *f* Pavia *n* (*Stadt in der Lombardei*)

pavido, -a ['pa:vido] *agg* (*poet*) ängstlich, furchtsam

pavimentare [pavimen'ta:re] *vt* (*stanza*) (mit Fußboden) belegen; (*strada*) pflastern; **pavimentazione** [pavimentat'tsio:ne] *f* Pflaster *n,* Pflasterung *f*

pavimentista [pavimen'tista] <-i *m,* -e *f*> *mf* Fußbodenleger(in) *m(f),* Pflasterer *m*

pavimento [pavi'mento] *m* Fußboden *m,* Boden(belag) *m*

pavona [pa'vo:na] *f* Pfauenhenne *f*

pavone[1] [pa'vo:ne] *m* (ZOO) Pfau *m;* **fare il** ~ sich brüsten, sich aufplustern *fam*

pavone[2] <inv> *agg* (*colore*) pfauenblau, -grün

pavoneggiarsi [pavoned'dʒarsi] *vr* sich aufplustern *fam,* sich brüsten; **pavonessa** [pavo'nessa] *f v.* **pavona**

pay TV ['pei ti:'vi] <-> *f* Pay-TV *n* (*nur gegen Gebühr zu empfangendes Privatfernsehen*)

pazientare [pattsien'ta:re] *vi* Geduld haben, sich gedulden; **paziente** [pat'tsiɛnte] I. *agg* ❶ (*persona*) geduldig ❷ (*lavoro,*

ricerca) mühselig; (*con precisione*) sorgfältig **II.** *mf* Patient(in) *m(f)*; **pazienza** [pat'tsiɛntsa] *f* Geduld *f*; (*a precisione*) Sorgfalt *f*; ~! (*fam*) da kann man nichts machen!; **perdo** [*o* **mi scappa**| **la** ~ ich verliere die Geduld, mir reißt der Geduldsfaden
pazza *f v.* **pazzo**
pazzerello, -a [pattse'rɛllo] *agg* (*fam*) ein wenig verrückt; (*scherz: tempo*) launisch, launenhaft; **pazzerellone, -a** [pattserel'lo:ne] **I.** *m, f* (*fam*) lustiger Kauz **II.** *agg* (*fam*) närrisch, verrückt
pazzesco, -a [pat'tsesko] (<-schi, -sche> *agg* ❶ (*di, da pazzo*) verrückt ❷ (*fam*) unglaublich, wahnsinnig
pazzia [pat'tsi:a] <-ie> *f* ❶ (MED) Wahnsinn *m* ❷ (*azione stravagante*) Verrücktheit *f*, Torheit *f* ❸ (*fig: assurdità*) Unsinn *m;* **pazzo, -a** ['pattso] **I.** *agg* ❶ (MED) wahnsinnig, verrückt; (*insensato*) unsinnig, verrückt; **essere ~ da legare** vollkommen verrückt sein ❷ (*fig: stravagante*) verrückt, extravagant; (*tempo*) unbeständig; (*spese*) wahnsinnig; **essere innamorato ~ di qu** wahnsinnig in jdn verliebt sein; **andare ~ per qc** verrückt nach etw [*o* auf etw *acc*] sein; **darsi alla -a gioia** sich ins Vergnügen stürzen **II.** *m, f* ❶ (MED) Wahnsinnige(r) *f(m),* Irre(r) *f(m)* ❷ (*fig*) Verrückte(r) *f(m),* Narr *m,* Närrin *f*
p.c. *abbr di* **per conoscenza** z.K.
p/c *abbr di* **per conto** für
PC <-> *m abbr di* **personal computer** PC *m*
p.c.c. *abbr di* **per copia conforme** f.d.R.d.A.
PCI *m* (HIST) *abbr di* **Partito Comunista Italiano** *ehemalige kommunistische Partei Italiens*
PCUS *m abbr di* **Partito Comunista dell'Unione Sovietica** KPdSU *f*
PDCI *m abbr di* **Partito dei Comunisti Italiani** *kommunistische Partei Italiens*
PDS *m abbr di* **Partito Democratico della Sinistra** *sozialistisch-kommunistische Partei Italiens*
PdUP *m abbr di* **Partito d'Unità Proletaria per il Comunismo** *italienische Linkspartei*
pecca ['pɛkka] <-cche> *f* Fehler *m,* Makel *m;* **avere le proprie -cche** nicht fehlerlos sein, (seine) Macken haben *fam*
peccaminoso, -a [pekkami'no:so] *agg* (*pensiero, vita*) sündig, sündhaft; (*lettura, film*) Schund-
peccare [pek'ka:re] *vi* ❶ (REL) sündigen ❷ (*commettere errori*) Fehler begehen; ~ **di leggerezza** leichtsinnig sein; ~ **di**

presunzione überheblich sein; ~ **per** (**la**) **troppa bontà** zu gutmütig sein; **peccato** [pek'ka:to] *m* ❶ (REL) Sünde *f;* ~ **capitale** Hauptsünde *f;* ~ **mortale** Todsünde *f;* ~ **originale** Erbsünde *f* ❷ (*errore*) Fehltritt *m,* Fehler *m* ❸ (*fig: inopportunità*) Unangebrachtheit *f,* Sünde *f;* (*disappunto*) Jammer *m;* **che** ~! welch ein Jammer!, wie schade!; **è un** ~ **che ...** +*conj* es ist schade, dass ...; **peccatore, -trice** [pekka'to:re] **I.** *agg* sündig, sündhaft **II.** *m, f* Sünder(in) *m(f)*
pece ['pe:tʃe] *f* Pech *n;* **nero come la** ~ pechschwarz
pechinese [peki'ne:se] **I.** *agg* aus [*o* von] Peking; **cane** ~ Pekinese *m* **II.** *mf* ❶ (*abitante*) Einwohner(in) *m(f)* Pekings ❷ (ZOO) Pekinese *m*
Pechino [pe'ki:no] *f* Peking *n*
pecora ['pɛːkora] *f* ❶ (ZOO) Schaf *n;* ~ **nera** (*fig*) schwarzes Schaf ❷ (*fig, pej*) Duckmäuser *m,* Schwächling *m;* **pecoraggine** [peko'raddʒine] *f* Mitläufertum *n,* Duckmäuserei *f;* **pecoraio, -a** [peko'ra:io] <-ai, -aie> *m, f* Schäfer(in) *m(f),* Schafhirte *m,* -hirtin *f;* **pecorella** [peko'rɛlla] *f* ❶ (ZOO) Schäfchen *n,* Schäflein *n;* **la** ~ **smarrita** das verlorene Schaf ❷ (*fig: nuvoletta*) Schäfchenwolke *f*
pecorino [peko'ri:no] *m* Schaf(s)käse *m*
pecorino, -a *agg* Schafs-, vom Schaf
pecorone [peko'ro:ne] *m* (großer) Feigling *m*
pectina [pek'ti:na] *f* Pektin *n*
peculato [peku'la:to] *m* Unterschlagung *f* (im Amt), Veruntreuung *f* (im Amt)
peculiare [peku'lia:re] *agg* charakteristisch, eigentümlich; **peculiarità** [pekuliari'ta] <-> *f* Besonderheit *f,* Eigentümlichkeit *f*
peculio [pe'ku:lio] <-i> *m* (*fam scherz*) Spargroschen *m,* Sparpfennig *m*
pecuniario, -a [peku'nia:rio] <-i, -ie> *agg* Geld-
pedaggio [pe'daddʒo] <-ggi> *m* Maut *f,* Straßengebühr *f;* ~ **autostradale** Autobahngebühr *f;* **a** ~ maut-, gebührenpflichtig
pedagogia [pedago'dʒi:a] <-gie> *f* Pädagogik *f,* Erziehungswissenschaft *f;* **pedagogico, -a** [peda'gɔ:dʒiko] <-ci, -che> *agg* pädagogisch, Erziehungs-
pedalare [peda'la:re] *vi* in die Pedale treten; **pedalata** [peda'la:ta] *f* Pedaltritt *m,* Treten *n* in die Pedale
pedale [pe'da:le] *m* Pedal *n;* ~ **del freno** Bremspedal *n;* ~ **dell'acceleratore** Gaspedal *n;* **a** ~ Tret-, Pedal-; **pedaliera** [peda'liɛːra] *f* ❶ (*di bicicletta*) Fahrradpedale

npl **②** (MOT) Pedalerie f

pedalino [peda'li:no] m (dial) Socke f

pedalò [peda'lɔ] <-> m (SPORT, NAUT) Tretboot n; **fare un giro in ~** einen Ausflug im Tretboot machen

pedalone [peda'lo:ne] m v. **pedalò**

pedana [pe'da:na] f **①** (struttura) Fußbrett n **②** (SPORT) Sprungbrett n **③** (tappeto) Fußteppich m, Läufer m

pedante [pe'dante] **I.** agg pedantisch, kleinlich **II.** m, f Pedant(in) m(f), Klein(igkeits)krämer(in) m(f); **pedanteria** [pedante'ri:a] <-ie> f Pedanterie f, Kleinigkeitskrämerei f; **pedantesco, -a** [pedan'tesko] <-schi, -sche> agg pedantisch, schulmeisterlich

pedata [pe'da:ta] f **①** (calcio) Fußtritt m; **prendere qu a -e** jdn mit Fußtritten traktieren **②** (impronta) Fußabdruck m, Fußspur f

pedemontano, -a [pedemon'ta:no] agg am Fuße einer Bergkette liegend

pederasta [pede'rasta] <-i> m Päderast m

pedestre [pe'dɛstre] agg **①** (lavoro, discorso) gewöhnlich, gemein; (a fig) platt, trivial **②** (milizia) Fuß-

pediatra [pe'dia:tra] <-i m, -e f> mf Kinderarzt m, -ärztin f; **pediatria** [pedia'tri:a] <-ie> f Kinderheilkunde f, Pädiatrie f; **pediatrico, -a** [pe'dia:triko] <-ci, -che> agg Kinder-, pädiatrisch

pedicure [pedi'ku:re] <-> **I.** f Fußpflege f, Pediküre f **II.** mf Fußpfleger(in) m(f)

pediluvio [pedi'lu:vio] <-i> m Fußbad n; **fare un ~** ein Fußbad nehmen

pedina [pe'di:na] f **①** (da gioco) Spielstein m; (negli scacchi) Figur f **②** (fig: strumento) Werkzeug n, Marionette f

pedinare [pedi'na:re] vt bespitzeln, beschatten

pedissequo, -a [pe'dissekuo] agg sklavisch genau; (traduzione, imitazione) wortgetreu, wörtlich, Wort-für-Wort-

pedonale [pedo'na:le] agg Fußgänger-; **isola** [o **zona**] **~** Fußgängerzone f; **strisce -i** Zebrastreifen m, Schutzweg m A; **pedonalizzare** [pedonalid'dza:re] vt zur Fußgängerzone erklären; **pedonalizzazione** [pedonaliddzat'tsio:ne] f Verkehrsberuhigung f

pedone [pe'do:ne] m **①** (persona) Fußgänger m; **zona riservata ai -i** Fußgängerzone f **②** (negli scacchi) Bauer m

pedonizzazione [pedoniddzat'tsio:ne] f v. **pedonalizzazione**

pedopornografia [pɛdopornogra'fia] <-ie> f Kinderpornographie f

peduncolo [pe'duŋkolo] m **①** (BOT)

Stiel m, Stängel m **②** (ANAT) Fortsatz m

peeling ['pi:liŋ] <-> m (MED) Peeling n; **fare il ~** ein Peeling durchführen

peggio ['pɛddʒo] comparativo di **male**[1] **I.** avv schlechter, schlimmer; **andare di male in ~** immer schlimmer werden; **cambiare in ~** sich verschlechtern, sich zu seinem Nachteil verändern; **alla (meno) ~** schlecht und recht, hudelig fam; **tanto ~ per lui!** (fam) um so schlimmer für ihn! **II.**<inv> agg schlimmer, schlechter **III.** <-> m o f Schlimmste(s) n, Schlechteste(s) n; **aver la ~** den Kürzeren ziehen; **per il ~** im schlimmsten Fall; **peggioramento** [peddʒora'mento] m Verschlechterung f, Verschlimmerung f; **peggiorare** [peddʒo'ra:re] **I.** vt avere verschlechtern, schlechter machen **II.** vi essere sich verschlechtern, schlechter werden; (aggravare) sich verschlimmern

peggiorativo [peddʒora'ti:vo] m Pejorativum n, Deteriorativum n

peggiorativo, -a agg (LING) pejorativ, abwertend

peggiore [ped'dʒo:re] comparativo di **cattivo, -a I.** agg **①** (comparativo) schlechter, schlimmer; (meno capace) unfähiger; (più scadente) weniger wert; (meno opportuno) unpassender **②** (superlativo) schlechteste(r, s), schlimmste(r, s); **nel ~ dei casi** im schlimmsten Fall **II.** mf Schlimmste(r) f(m), Übelste(r) f(m)

pegno ['peɲɲo] m Pfand n; (a fig) Unterpfand n

pel <-> m (INFORM) Pixel n

pelame [pe'la:me] m Fell n

pelandrone, -a [pelan'dro:ne] m, f (fam) Drückeberger(in) m(f); (fannullone) Faulpelz m

pelapatate [pelapa'ta:te] <-> m Kartoffelschäler m

pelare [pe'la:re] **I.** vt **①** (patate, castagne) schälen, pellen **②** (pollo) rupfen; (selvaggina) häuten **③** (fig: viso) die Haut aufspringen lassen **④** (tagliare a zero) kahl scheren **II.** vr **-rsi ①** (perdere i capelli) das Haar verlieren; (animali) sich haaren **②** (spellarsi) sich häuten, sich schälen; **pelata** [pe'la:ta] f **①** (calvizie) Glatze f **②** (il pelare) Enthaaren f; (di pollo) Rupfen n; **ti hanno dato una bella ~!** (fam scherz) da haben sie dich ganz schön geschröpft fam; (dal parrucchiere) dich haben sie aber ordentlich geschoren fam

pelati [pe'la:ti] mpl (GASTR) geschälte Tomaten fpl

pelato [pe'la:to] m (calvo) Glatzkopf m fam

pelato, -a agg ❶ (testa) kahl, Glatz-
❷ (GASTR) geschält, gepellt
pelatrice [pela'tri:tʃe] f (TEC) Schälmaschi-
ne m
pelatura [pela'tu:ra] f Pellen n, Schälen n
pellaccia [pel'lattʃa] <-cce> f (fam: persona astuta) durchtriebener Mensch m;
(persona resistente) zähe Natur f
pellaio, -a [pel'la:io] <-ai, -aie> m, f
❶ (conciatore) Gerber(in) m(f) ❷ (venditore) Fellhändler(in) m(f), Fellverkäu-
fer(in) m(f)
pellame [pel'la:me] m ❶ (pelli conciate)
Leder n ❷ (pej) Haut f
pelle ['pɛlle] f ❶ (cute) Haut f; **avere la ~
dura** (fig) ein dickes Fell haben; **avere la ~
d'oca** (fig) eine Gänsehaut haben; **esser
(ridotto) ~ ed ossa** nur noch Haut und
Knochen sein; **non stare più nella ~** (fig)
es nicht mehr abwarten können ❷ (pellame) Leder n, (gegerbtes) Fell n; **~ di camoscio** Wildleder n; **~ di daino** Hirschle-
der n; **oggetti di** [o **in**] **~** Lederwaren fpl
❸ (fam fig: vita) Leben n, Haut f; **amici
per la ~** Busenfreunde mpl; **lasciarci** [o **rimetterci**] **la ~** sein Leben dabei einbüßen
[o verlieren]; **salvar la ~** mit heiler Haut
davonkommen ❹ (buccia) Schale f, Haut f
pellegrina f v. **pellegrino**
pellegrinaggio   [pellegri'naddʒo]
<-ggi> m Wallfahrt f, Pilgerfahrt f; **pelle-
grino, -a** [pelle'gri:no] m, f Pilger(in)
m(f), Wallfahrer(in) m(f)
pellerossa [pelle'rossa] <pellirosse> mf
Rothaut f
pellet ['pɛlit] <- o pellets> m (TEC) Pellets
npl, Kugelsinter m
pelletizzare [pelletid'dza:re] vt (TEC) pel-
letisieren
pelletteria [pellette'ri:a] <-ie> f ❶ (industria) Leder(waren)industrie f ❷ (assortimento) Lederwaren fpl ❸ (negozio) Lederwarengeschäft n; **pellettiere, -a** [pel-
let'tiɛːre] m, f ❶ (produttore) Lederwaren-
fabrikant(in) m(f) ❷ (venditore) Lederwa-
renhändler(in) m(f)
pellicano [pelli'ka:no] m Pelikan m
pellicceria [pellittʃe'ri:a] <-ie> f ❶ (lavorazione) Kürschnerei f ❷ (negozio)
Pelz(waren)geschäft n ❸ (assortimento)
Pelzwaren fpl, Pelze mpl; **pelliccia**
[pel'littʃa] <-cce> f Fell n; (indumento)
Pelz(mantel) m; **~ ecologica** Webpelz m;
pellicciaio, -a [pellit'tʃa:io] <-ciai,
-ciaie> m, f ❶ (negoziante) Pelzhänd-
ler(in) m(f) ❷ (confezionista) Kürsch-
ner(in) m(f) ❸ (conciatore) Gerber(in)
m(f)

pellicola [pel'li:kola] f ❶ (FOTO, FILM)
Film m ❷ (pelle sottile) dünne Haut, Häutchen n ❸ (strato sottile) Film m
pellirossa [pelli'rossa] mf v. **pellerossa**
pellirosse pl di **pellerossa, pellirossa**
pelo ['pɛːlo] m ❶ (di uomo) (Körper)haar n;
(di animale) (Tier)haar n; **per un ~, c'è
mancato un ~ che ...** +conj (fam fig) um
ein Haar ..., mit Mühe und Not; **non avere -i sulla lingua** (fig) kein Blatt vor den
Mund nehmen; **cercare il ~ nell'uovo**
(fig) ein Haar in der Suppe finden ❷ (pelame) Fell n; (pelliccia) Pelz m; **la volpe** [o **il
lupo**] **perde il ~, ma non il vizio** (prov)
die Katze lässt das Mausen nicht ❸ (BOT)
Härchen npl, Flaum m ❹ (fig: superficie)
Oberfläche f; **peloso, -a** [pe'lo:so] agg
behaart, haarig
peltro ['peltro] m Hartzinn n
peluche [pə'luʃ] <-> m Plüsch m
peluria [pe'lu:ria] <-ie> f Flaum m
pelvi ['pɛlvi] <-> f (ANAT) Becken n; **pelvico, -a** ['pɛlviko] <-ci, -che> agg Becken-
pena ['pe:na] f ❶ (punizione) Strafe f,
Bestrafung f; **~ capitale** [o **di morte**] Todesstrafe f; **~ pecuniaria** Geldstrafe f
❷ (sofferenza) Leid(en) n, Qual f, Kummer m; **-e d'amore** Liebeskummer m; **fare ~ a qu** jdm Leid tun; **soffrire le -e
dell'inferno** Höllenqualen erleiden ❸ (angoscia, pietà) Sorge f, Mitleid n; **essere**
[o **stare**] **in ~ per qu** in Sorge um jdn sein
❹ (fatica, stento) Anstrengung f; (disturbo) Mühe f; **a gran ~** mit Mühe und Not; **a
mala ~** mit knapper Not; **valere la ~** sich
lohnen, der Mühe wert sein
penale [pe'na:le] I. agg Straf-, strafrechtlich; **azione ~** strafbare Handlung; **causa ~**
Strafsache f; **il codice ~** das Strafgesetzbuch II. f Strafe f, Strafbestimmung f; **pe-
nalista** [pena'lista] <-i m, -e f> mf Straf-
rechtler(in) m(f); **penalità** [penali'ta]
<-> f ❶ (JUR) Strafe f; (sanzione) Konven-
tionalstrafe f, Vertragsstrafe f ❷ (SPORT)
Strafe f; **penalizzare** [penalid'dza:re] vt
mit einer Strafe belegen; **penalizzazione**
[penaliddzat'tsio:ne] f (SPORT) Strafe f
penalty ['pɛnəlti] <-> f Strafstoß m, Penalty m
penare [pe'na:re] vi leiden, (viel) durchmachen
pencolare [peŋko'la:re] vi ❶ (oscillare)
wanken, schwanken ❷ (fig: essere indeciso) schwanken, unentschieden sein
pen computer [pɛn kom'piuter] <-> m
(INFORM) Palmcomputer m
pendaglio [pen'daʎʎo] <-gli> m Anhängsel n, Anhänger m

pendant [pã'dã] <-> m Pendant n, Gegenstück n; **fare il** [o **da**] ~ **a qc** das Pendant zu etwas bilden

pendente [pen'dɛnte] I. agg ❶ (che pende) (herab)hängend; (inclinato) geneigt, schief; **la torre** ~ der schiefe Turm (von Pisa) ❷ (JUR) anhängig, schwebend ❸ (conto, causa) offen(stehend); **crediti -i** Außenstände mpl II. m Ohrgehänge n; **pendenza** [pen'dɛntsa] f ❶ (inclinazione) Gefälle n; (MAT) Neigung f ❷ (JUR) anhängiges Verfahren ❸ (COM) Schuld f, offene Rechnung ❹ (fig: questione non risolta) offene Frage

pendere ['pɛndere] vi ❶ (essere appeso) ~ **da qc** an etw dat hängen, von etw herabhängen ❷ (essere inclinato) schief stehen, sich neigen ❸ (fig: incombere) ~ **su qu** jdm bevorstehen ❹ (JUR) anhängig sein ❺ (fig: propendere) ~ **verso qc** zu etw neigen; ~ **dalla parte di qu** jdn vorziehen; **pendici** [pen'di:tʃi] fpl (Ab)hang m; **pendio** [pen'di:o] <-ii> m ❶ (pendenza) Gefälle n ❷ (luogo) (Ab)hang m

pendola ['pɛndola] f Pendeluhr f

pendolare[1] [pendo'la:re] vi pendeln

pendolare[2] I. agg ❶ (moto) Pendel-, pendelnd ❷ (fig: con fasi alterne) Wechsel-, schwankend II. mf Pendler(in) m(f)

pendolarismo [pendola'rizmo] m Pendelbewegung f, Pendeln n; **pendolarità** [pendolari'ta] <-> f v. **pendolarismo**

pendolino [pendo'li:no] m ❶ dim di **pendolo** (kleines) Pendel n ❷ (ZOO: uccello) Beutelmeise f ❸ (FERR) ital. Hochgeschwindigkeitszug mit Kurvenneigung

pendolo ['pɛndolo] m ❶ (PHYS: di orologio) Pendel n ❷ (filo a piombo) Senkblei n, Senklot n

pene ['pɛ:ne] m Penis m, (männliches) Glied n

penetrante [pene'trante] agg ❶ (odore) penetrant, scharf; (freddo, gelo) scharf, schneidend ❷ (fig) tiefgehend, gründlich; (sguardo) durchdringend; (osservazione) spitz; (dolore) heftig

penetrare [pene'tra:re] I. vi essere ~ **in qc** in etw acc eindringen II. vt avere ❶ (fig: capire) ergründen, eindringen in +acc ❷ (trapassare) durchdringen, durchbohren; **penetrazione** [penetrat'tsio:ne] f ❶ (avanzamento) Eindringen n, Penetration f ❷ (fig: di prodotto) Vordringen n, Verbreitung f; **quota di** ~ (COM) Eroberungsrate f ❸ (MIL) Einmarsch m, Einfallen n ❹ (fig: introduzione) Durchdringung f ❺ (fig: intuizione) Einfühlungsvermögen n; (con prontezza) Scharfsinn m

penicillina [penitʃil'li:na] f Penizillin n

peninsulare [peninsu'la:re] agg Halbinsel-, halbinselartig

penisola [pe'ni:zola] f Halbinsel f

penitente [peni'tɛnte] I. agg büßend, reuig II. mf Büßer(in) m(f); **penitenza** [peni'tɛntsa] f ❶ (pentimento) Reue f; (REL) Buße f ❷ (castigo) Buße f, Strafe f

penitenziario [peniten'tsia:rio] <-i> m Strafanstalt f, Gefängnis n

penitenziario, -a <-i, -ie> agg Gefängnis-, Straf-

penna ['penna] f ❶ (ZOO) Feder f; **mettere le -e** Federn bekommen; **mutare le -e** das Federkleid wechseln; **lasciarci** [o **rimetterci**] **le -e** (fig) Federn lassen (müssen), dabei sterben ❷ (per scrivere) (Schreib)feder f, Federhalter m; ~ **biro** [o **a sfera**] Kugelschreiber m; ~ **luminosa** (INFORM) Light-Pen m, Lichtgriffel m; ~ **ottica** (INFORM) Lesestift m; ~ **stilografica** Füllfederhalter m; **avere la** ~ **facile** eine gewandte Feder führen ❸ pl (GASTR) kurze, an Federkiele erinnernde Makkaroni; **pennacchio** [pen'nakkio] <-cchi> m ❶ (ornamento) Federbusch m, Panasch m ❷ (fig: di fumo) Rauchfahne f ❸ (ARCH) Pendentif n; **pennarello** [penna'rɛllo] m Filzstift m

pennellare [pennel'la:re] vi ❶ (col pennello) pinseln ❷ (fig: descrivere) skizzieren; **pennellata** [pennel'la:ta] f ❶ (di pennello) Pinselstrich m ❷ (fig: elemento descrittivo) Strich m, Zug m; **pennellessa** [pennel'lessa] f Maler-, Lackpinsel m; **pennellificio** [pennelli'fi:tʃo] <-ci> m Pinselfabrik f; **pennello** [pen'nɛllo] m Pinsel m; ~ **da barba** Rasierpinsel m; **a** ~ (fig) haargenau; **andare** [o **stare**] **a** ~ (vestito) wie angegossen sitzen

pennino [pen'ni:no] m (Schreib)feder f

pennone [pen'no:ne] m ❶ (NAUT) Segelstange f, (Mars)rahe f ❷ (di bandiera) Fahnenstange f

pennuto [pen'nu:to] m Vogel m; **-i** Federvieh n

pennuto, -a agg gefiedert

penombra [pe'nombra] f Halbschatten m, Halbdunkel n

penoso, -a [pe'no:so] agg ❶ (che dà pena) leidvoll, schmerzlich ❷ (faticoso) mühsam, beschwerlich ❸ (imbarazzante) peinlich, unangenehm

pensare [pen'sa:re] I. vt ❶ (gener) denken an +acc; **cosa stai pensando?** woran denkst du? ❷ (figurarsi) sich dat vorstellen, ausmalen ❸ (considerare) bedenken, erwägen ❹ (inventare) ausdenken, erfinden ❺ (progettare) planen; **una ne fa e**

cento ne pensa (*fam*) er hat immer Überraschungen auf Lager, er ist gut für Überraschungen **II.** *vi* ❶ (*riflettere*) denken; **~ su qc** über etw *acc* nachdenken; **dar da ~** zu denken geben; **e ~ che ...** und wenn man bedenkt, dass ...; **pensaci su!** denk darüber nach!; **pensa e ripensa** nach langer Überlegung ❷ (*ricordare*) **~ a qu/qc** an jdn/etw denken ❸ **~ a qc** (*badare*) auf etw achten; (*provvedere*) an etw *acc* denken; **pensa ai fatti tuoi** kümmere dich um deine Angelegenheiten ❹ (*giudicare*) **~ bene/male di qu** gut/schlecht über jdn denken ❺ (*credere*) meinen, glauben; **penso che ...** +*conj* ich glaube, dass ... ❻ (*avere in animo*) **pensare di fare qc** daran denken, etw zu tun; **pensata** [pen'saːta] *f* Einfall *m*, Idee *f*; **pensatoio** [pensa'toːio] <-oi> *m* (*fam scherz*) (stilles) Örtchen *n*; **pensatore, -trice** [pensa'toːre] *m, f* Denker(in) *m(f)*; **libero ~** Freidenker(in) *m(f)*

pensée [pãˈse] <-> *f* (bot) Stiefmütterchen *n*

pensierino [pensieˈriːno] *m* ❶ (*pensiero allettante*) verführerischer Gedanke; **fare un ~ su qc** mit etw liebäugeln; **farci un ~** etw in Erwägung ziehen ❷ (*fam: piccolo dono*) kleine Aufmerksamkeit ❸ (*composizione scolastica*) kurzer (Übungs)aufsatz

pensiero [penˈsiɛːro] *m* ❶ (*attività mentale*) Gedanke *m*; (*idea*) Idee *f*; **essere assorto nei propri -i** in Gedanken versunken sein; **essere sopra ~** vertieft sein ❷ (*opinione*) Meinung *f*, Ansicht *f* ❸ (*ansia*) Sorge *f*; **stare in ~ per qu/qc** in Sorge um jdn/wegen etw sein; **dar -i a qu** jdm Sorge(n) bereiten ❹ (*dottrina, teoria*) Lehre *f*, Denken *n* ❺ (*comportamento*) Haltung *f* ❻ (*fam: dono*) Aufmerksamkeit *f*; **pensieroso, -a** [pensieˈroːso] *agg* nachdenklich, besorgt

pensile [ˈpɛnsile] *agg* hängend, Hänge-; (*giardino*) Dach-

pensilina [pensiˈliːna] *f* (Bahnsteig)überdachung *f*; (*di stadio*) Wetterdach *n*, Schutzdach *n*

pensionabile [pensioˈnaːbile] *agg* pensionsberechtigt; **pensionamento** [pensionaˈmento] *m* Pensionierung *f*, Versetzung *f* in den Ruhestand; **~ anticipato** Frühpensionierung *f*

pensionante [pensioˈnante] *mf* Pensionsgast *m*

pensionare [pensioˈnaːre] *vt* pensionieren, in den Ruhestand versetzen

pensionato [pensioˈnaːto] *m* Pensionat *n*, Heim *n*

pensionato, -a I. *agg* pensioniert **II.** *m, f* Rentner(in) *m(f)*, Bezieher(in) *m(f)* einer Pension, Rentenempfänger(in) *m(f)*

pensione [penˈsioːne] *f* ❶ (*albergo, alloggio*) Pension *f*; **~ completa** Vollpension *f*; **mezza ~** Halbpension *f*; **essere** [*o* **stare**] **a ~ da** [*o* **presso**] **qu** bei jdm in Pension sein ❷ (*rendita*) Pension *f*, Rente *f*; **andare in ~** in Pension gehen; **~ integrativa** Privatrente *f*; **pensionistico, -a** [pensioˈnistiko] <-ci, -che> *agg* Renten-, Ruhestands-

pensosità [pensosiˈta] <-> *f* Nachdenklichkeit *f*; **pensoso, -a** [penˈsoːso] *agg* nachdenklich, gedankenverloren

pentagonale [pentagoˈnaːle] *agg* fünfeckig; **pentagono** [penˈtaːgono] *m* Fünfeck *n*; **il Pentagono** das Pentagon

pentagramma [pentaˈgramma] <-i> *m* Notenliniensystem *n*

pentathlon, pentatlon [ˈpɛntatlon] <-> *m* Fünfkampf *m*

pentavalente [pentavaˈlɛnte] *agg* fünfwertig

Pentecoste [penteˈkɔste] *f* Pfingsten *n*, Pfingstfest *n*

penthouse [pɛntˈhaus] <- *o* penthouses> *m* Penthouse *n*

pentimento [pentiˈmento] *m* Reue *f*; (*rimorso*) Gewissensbiss *m*; **pentirsi** [penˈtirsi] *vr* **~ di qc** etw bereuen

pentola [ˈpentola] *f* (Koch)topf *m*; **~ a pressione** Schnellkochtopf *m*, Dampfkochtopf *m*; **bollire in ~** (*fam fig*) ausgekocht werden; **pentolaccia** [pentoˈlatˌtʃa] <-cce> *f* ❶ (*pej*) hässlicher Topf ❷ (*gioco carnevalesco*) eine Art Topfschlagen; **pentolino** [pentoˈliːno] *m* Stielkochtopf *m*, Stielkasserolle *f*

penultimo, -a [peˈnultimo] **I.** *agg* vorletzte(r, s) **II.** *m, f* Vorletzte(r) *f(m)*

penuria [peˈnuːria] <-ie> *f* **la ~ di qc** der Mangel an etw *dat*

penzolare [pendzoˈlaːre] *vi* herabhängen, baumeln; **penzoloni** [pendzoˈloːni] *avv* (herab)hängend, baumelnd; **con la lingua ~** mit heraushängender Zunge; **con le orecchie ~** mit hängenden Ohren

peonia [peˈɔːnia] <-ie> *f* Pfingstrose *f*

pepare [peˈpaːre] *vt* pfeffern, mit Pfeffer würzen; **pepato, -a** [peˈpaːto] *agg* ❶ (*condito col pepe*) gepfeffert ❷ (*piccante*) pikant, würzig ❸ (*fig: pungente*) bissig

pepe¹ [ˈpeːpe] *m* Pfeffer *m*; **~ bianco/nero** weißer/schwarzer Pfeffer; **~ in grani** Pfefferkörner *npl*

pepe² <inv> *agg* (*fam fig: vivace*) sehr lebhaft

peperonata [pepero'na:ta] *f Gericht aus gedünsteten Paprikaschoten;* **peperoncino** [peperon'tʃi:no] *m* kleine Pfefferschote; **-i** Peperoni *pl;* **peperone** [pepe'ro:ne] *m* Paprika *m;* (*frutto*) Paprikaschote *f;* **diventare** [*o* **farsi**] **rosso come un ~** (*fig*) bis über die Ohren rot werden

pepita [pe'pi:ta] *f* Klumpen *m*

peppermint ['pepəmint] <-> *m* ❶ (*gener*) Pfefferminz ❷ (*caramella*) Pfefferminz(bonbon) *n*

pepsina [pep'si:na] *f* Pepsin *n*

per [per] **I.** *prp* ❶ (*scopo, fine*) für +*acc;* **~ iscritto** schriftlich; **~ esempio** zum Beispiel; **essere,** [*o* **stare**] **~ . . .** +*inf* dabei sein zu . . . +*inf* ❷ (*locale*) durch +*acc,* nach +*acc,* in +*acc;* (*su*) auf +*acc;* **passare ~ Firenze** durch Florenz fahren; **partire ~ Londra** nach London (ab)reisen; **~ terra** auf dem [*o* den] Boden ❸ (*temporale*) während +*gen,* . . . +*acc* hindurch, . . . +*acc* lang; **~ ora** im Augenblick; **~ tempo** rechtzeitig; **~ poco** fast, beinahe; **~ questa volta** (für) dieses Mal; **correre ~ 30 chilometri** 30 Kilometer (lang) laufen ❹ (*per mezzo*) mit +*dat,* durch +*acc;* **spedire ~ posta** mit der Post schicken ❺ (*causa*) wegen +*gen o dat,* infolge +*gen;* **~ caso** zufällig; **~ ciò** deshalb; **~ il fatto che ...** weil ...; **~ quale motivo?** aus welchem Grund? ❻ (MAT) mal; **tre ~ tre** drei mal drei; **dividere ~ sette** durch sieben teilen; **moltiplicare ~ sette** mit sieben multiplizieren; **il tre ~ cento** drei Prozent ❼ (*come*) zu +*dat,* als +*acc;* **prendere ~ moglie** zur Frau nehmen; **l'ho preso ~ un altro** ich habe ihn für einen anderen gehalten; **~ l'amor di Dio!** (*fam*) um Gottes willen!; **~ Bacco!** (*fam*) zum Donnerwetter! **II.** *cong* ❶ +*conj* (*concessivo*) so (auch) ❷ +*inf* (*finale, consecutivo*) um zu +*inf* ❸ +*inf* (*causale*) da, weil

pera ['pe:ra] *f* ❶ (*frutto di forma oblunga*) Birne *f* ❷ (*scherz: capo, testa*) Birne *f* ❸ (*sl: dose di eroina*) Schuss *m,* Druck *m;* **farsi una ~** sich einen Schuss setzen

peraltro [pe'raltro] *avv* übrigens, im Übrigen

perbacco [per'bakko] *int* (*fam*) (zum) Donnerwetter

perbene [per'bɛ:ne] **I.** <inv> *agg* anständig **II.** *avv* ordentlich, sorgfältig; **perbenismo** [perbe'nizmo] *m* (*pej*) kleinbürgerliche Moralvorstellung, Moralismus *m;* **perbenistico, -a** [perbe'nistiko] <-ci, -che> *agg* (*pej*) spießig, spießbürgerlich

percento [per'tʃɛnto] <-> *m* Prozent *n;*

percentuale [pertʃentu'a:le] **I.** *agg* prozentual, Prozent- **II.** *f* Prozentsatz *m;* **percentualizzare** [pertʃentualid'dza:re] *vt* **~ qc** den Prozentsatz einer Sache *gen* errechnen; **percentualizzazione** [pertʃentualiddzat'tsio:ne] *f* (MAT) Prozentuierung *f*

percepire [pertʃe'pi:re] <percepisco> *vt* ❶ (*ricevere*) bekommen, beziehen ❷ (*sentire*) wahrnehmen; **percettibile** [pertʃet'ti:bile] *agg* wahrnehmbar; **percezione** [pertʃet'tsio:ne] *f* ❶ (*facoltà*) Wahrnehmungsvermögen *n* ❷ (ADM) Beziehen *n,* Bezug *m*

perché [per'ke] **I.** *avv* weshalb, warum **II.** *cong* ❶ (*causale*) weil, da ❷ +*conj* (*finale*) damit ❸ +*conj* (*consecutivo*) als dass +*conj* **III.** <-> *m* ❶ (*motivo*) Warum *n,* Grund *m* ❷ (*interrogativo*) Frage *f* **IV.** *pron rel* (*fam*) ❶ (*per cui*) weshalb, weswegen ❷ (*perciò*) deshalb, deswegen

perciò [per'tʃɔ] *cong* deshalb, darum

percome [per'ko:me] <-> *m* (*fam*) Wie *n*

percorrenza [perkor'rɛntsa] *f* Strecke *f*

percorrere [per'korrere] <irr> *vt* durchqueren, durchstreifen; (*cammino*) zurücklegen

percorso [per'korso] *m* ❶ (*tragitto*) Überfahrt *f* ❷ (*viaggio*) Fahrt *f* ❸ (*distanza percorsa*) Strecke *f,* Weg *m* ❹ (INFORM) Pfad *m*

percorso, -a *agg* zurückgelegt

percossa [per'kɔssa] *f* Schlag *m,* Hieb *m;* **-e della sventura** Schicksalsschläge *mpl;*

percuotere [per'kuɔ:tere] <percuoto, percossi, percosso> *vt* schlagen, prügeln

percussione [perkus'sio:ne] *f* ❶ (*colpo*) Schlag *m,* Stoß *m;* **strumenti a ~** Schlag-, Perkussionsinstrumente *npl* ❷ (MED) Abklopfen *n,* Perkussion *f;* **percussore** [perkus'so:re] *m* Schlagbolzen *m*

perdei [per'de:i] *1. pers sing pass rem di* **perdere**

perdente [per'dɛnte] **I.** *agg* verlierend, unterliegend **II.** *mf* Verlierer(in) *m(f),* Unterlegene(r) *f(m)*

perdere ['pɛrdere] <perdo, persi *o* perdei *o* perdetti, perso *o* perduto> **I.** *vt* ❶ (*cessare di avere*) verlieren; (*smarrire*) verlegen; **~ la vita** ums Leben kommen; **~ la faccia/ragione/testa/pazienza** (*fig*) das Gesicht/den Verstand/den Kopf/die Geduld verlieren; **~ (il) colore** verblassen; **~ le staffe** (*fam*) die Nerven verlieren, ausrasten, einen Ausraster bekommen; **~ ogni speranza** jede Hoffnung aufgeben ❷ (*treno, coincidenza*) verpassen, versäumen; (*tempo*) vergeuden; (*occasione*) verpassen ❸ (*acqua*) auslaufen (lassen), verlieren; (*gas*) ausströmen (lassen); (*sangue*) verlieren ❹(*loc*) ~ **qu di vista** jdn aus den Augen verlieren; **fare qc a tempo perso** (*fam*) etw als Hobby betreiben, etw zum Zeitvertreib tun **II.** *vi* ❶(*colare*) undicht sein, lecken ❷(*avere la peggio*) verlieren, den Kürzeren ziehen; **chi perde ha sempre torto** (*prov*) der Verlierer ist immer im Unrecht ❸(*loc*) **vuoto a** ~ Einwegflasche *f*; **lasciar** ~ es sein lassen, es aufgeben; **perso per perso** (*fam*) da sowieso nichts zu verlieren ist **III.** *vr* **-rsi** ❶(*smarrirsi*) sich verirren; (*uscire dalla vista*) sich verlieren, sich verlaufen; (*svanire*) sich verflüchtigen ❷(*rovinarsi*) sich ruinieren ❸(NAUT) Schiffbruch erleiden ❹(*loc*) **-rsi d'animo** [*o* **di coraggio**] den Mut verlieren; **-rsi in chiacchiere** (unnötig) viele Worte machen; **-rsi in un bicchiere d'acqua** (*fig*) über einen Strohhalm stolpern; **-rsi dietro a qu** sich jdm völlig hingeben

perdiana [per'dia:na] *int* potztausend *fam*

perdifiato [perdi'fia:to] *avv* **a** ~ (*gridare*) lauthals, aus vollem Hals; (*correre*) bis zur Atemlosigkeit

perdigiorno [perdi'dʒorno] <-> *mf* Tagedieb *m*

perdinci [per'dintʃi] *int* (*fam*) mein Gott

perdindirindina [perdindirin'di:na] *int* (*scherz*) ach du lieber Gott, ach herrjemine

perdio, per Dio [per'di:o] *int* (*fam*) Herrgott nochmal

perdita ['pɛrdita] *f* ❶(*gener* PHYS, COM) Verlust *m*; (JUR) Verwirkung *f*; (MED) Abgang *m*; (TEC) Ausfall *m*; **essere in** ~ im Minus sein, Verluste verzeichnen ❷(*fuga*) Austreten *n*, Lecken *n*; (*luogo*) Leck *n* ❸(*spreco*) Vergeudung *f* ❹(*esaurimento*) Verschleiß *m*; **a** ~ **d'occhio** so weit das Auge reicht

perditempo [perdi'tɛmpo] <-> **I.** *m* (*fam*) Zeitverschwendung *f* **II.** *mf* (*fam*) Nichtstuer(in) *m(f)*, Taugenichts *m*

perdizione [perdit'tsio:ne] *f* ❶(*rovina*) Ruin *m*, Verderben *n* ❷(REL) Verdammnis *f*; **luogo di** ~ Lasterhöhle *f*

perdonare [perdo'na:re] **I.** *vt* ❶(REL) vergeben ❷(*scusare*) entschuldigen, verzeihen ❸(JUR: *pena*) erlassen **II.** *vi* verzeihen **III.** *vr* sich *dat* verzeihen; **perdono** [per'do:no] *m* ❶(REL) Vergebung *f* ❷(*scusa*) Verzeihung *f*; **chiedere ~ a qu** jdn um Entschuldigung bitten; **concedere il ~ a qu** jdm verzeihen; **rifiutare il ~ a qu** jdm nicht verzeihen ❸(JUR) Strafnachlass *m*

perdurare [perdu'ra:re] *vi* ❶(*permanere*) andauern, anhalten ❷(*persistere*) ~ **in qc** auf etw *dat* beharren, bei etw bleiben

perdutamente [perduta'mente] *avv* leidenschaftlich

perduto, -a [per'du:to] *agg* ❶(*smarrito, a fig*) verloren; **andare** ~ verloren gehen ❷(*corrotto*) verdorben, verkommen

peregrinare [peregri'na:re] *vi* (umher)ziehen; **peregrinazione** [peregrinat'tsio:ne] *f* Umherziehen *n*, Wanderung *f*

perenne [pe'rɛnne] *agg* ❶(*neve, gloria*) immerwährend, ewig ❷(BOT) mehrjährig, Dauer- ❸(*fig: continuo*) fortwährend, ständig; **perennità** [perenni'ta] <-> *f* unbegrenzte Dauer *f*, Ewigkeit *f*

perentorietà [perentorie'ta] <-> *f* ❶(*categoricità*) Entschiedenheit *f* ❷(JUR) Endgültigkeit *f*, peremptorischer Charakter *m*

perentorio, -a [peren'tɔ:rio] <-i, -ie> *agg* ❶(JUR) endgültig, aufhebend ❷(*tono, risposta*) entschieden, deutlich

perequare [pere'kua:re] *vt* (ADM) ausgleichen, gerecht aufteilen

perequazione [perekuat'tsio:ne] *f* (ADM) Ausgleich *m*, Ausgleichen *n*; ~ **degli oneri/stipendi** Lasten-/Gehaltsausgleich *m*

perestroika [peres'trɔika] <*sing*> *f* (POL) Perestroika *f*

peretta [pe'retta] *f* ❶(EL) Schnurschalter *m* ❷(MED) Klistier *n*, Klistierspritze *f*

perfettamente [perfetta'mente] *avv* ❶(*del tutto*) völlig, ganz und gar ❷(*benissimo*) ausgezeichnet, sehr gut; **perfettibile** [perfet'ti:bile] *agg* verbesserungsfähig

perfetto, -a [per'fɛtto] *agg* ❶(*irreprensibile*) perfekt; (*completo*) vollkommen ❷(*privo di difetti*) einwandfrei, tadellos

perfezionamento [perfettsiona'mento] *m* Vervollkommnung *f*, Perfektionierung *f*; **corso di** ~ Fortbildungskurs *m*; **perfezionare** [perfettsio'na:re] **I.** *vt* (*opera, contratto*) vervollkommnen, vollenden; (*metodo, macchina*) verbessern, perfektionieren **II.** *vr* **-rsi** ❶(*diventare perfetto*) sich vervollkommnen ❷**-rsi in qc** (*specializzarsi*) sich auf etw *acc* spezialisieren; (*frequentare corsi*) sich in etw *dat* fortbilden; **perfezione** [perfet'tsio:ne] *f* ❶(*compiutezza*) Vollkommenheit *f*, Perfektion *f*; **a** [*o* **alla**] ~ mit Perfektion, perfekt ❷(*eccellenza*) Vortrefflichkeit *f* ❸(*realizzazione totale*) Vollendung *f*; **perfezionismo** [perfettsio'nizmo] *m* Perfektionismus *m*; **perfezionista** [perfettsio'nista] <-i *m*, -e *f*> *mf* Perfektionist(in) *m(f)*

perfidia [per'fi:dia] <-ie> *f* ❶(*qualità*) Heimtücke *f*, Bösartigkeit *f* ❷(*azione*) Gemeinheit *f*; **perfido, -a** ['pɛrfido] *agg* heimtückisch, bösartig

perfino [per'fi:no] *avv* sogar

perforante [perfo'rante] *agg* durchbohrend, durchstechend; **appendicite ~** Blinddarmdurchbruch *m*

perforare [perfo'ra:re] *vt* durchbohren, durchlöchern; (*carta*) perforieren; (*scheda*) lochen; **perforato, -a** [perfo'ra:to] *agg* durchlöchert; (*carta*) perforiert; (*scheda*) Loch-; **nastro ~** Lochstreifen *m*; **scheda -a** Lochkarte *f*

perforatore [perfora'to:re] *m* Locher *m*; (TEC) Bohrer *m*, Bohrmaschine *f*

perforatrice [perfora'tri:tʃe] *f* ❶ (INFORM) Locher *m*, Stanze *f* ❷ (GEOL) Bohrhammer *m*

perforazione [perfora'tsio:ne] *f* Lochung *f*, Perforation *f*; (MED) Durchbruch *m*, Perforation *f*; (GEOL) Bohrung *f*

performance [pə'fɔ:məns *o* per'fɔrməns] <-> *f* Leistung *f*, Performance *f*

performante [perfor'mante] *agg* leistungsfähig, leistungsstark

performativo, -a [performa'ti:vo] *agg* (LING) performativ

pergamena [perga'mɛ:na] *f* Pergament *n*

pergola ['pɛrgola] *f* (Wein)laube *f*, Pergola *f*; **pergolato** [pergo'la:to] *m* Laube *f*; (*insieme di pergole*) Weinlauben *fpl*

pericardio [peri'kardio] <-i> *m* Herzbeutel *m*, Perikard(ium) *n*

pericolante [periko'lante] *agg* einsturzgefährdet; (*a fig*) (krisen)gefährdet

pericolo [pe'ri:kolo] *m* Gefahr *f*; **~ di morte** Lebensgefahr *f*; **essere in ~** in Gefahr sein; **essere fuori ~** außer Gefahr sein; **correre ~** Gefahr laufen; **c'è ~ che ... +conj** es besteht die Gefahr, dass ...; **non c'è ~** (*fam scherz*) keine Gefahr, das wird sicher nicht der Fall sein; **a proprio rischio e ~** auf eigene Gefahr; **pericolosità** [perikolosi'ta] <-> *f* Gefährlichkeit *f*; **pericoloso, -a** [periko'lo:so] *agg* gefährlich

periferia [perife'ri:a] <-ie> *f* ❶ (*di città*) Stadtrand *m*, Peripherie *f*; **quartiere di ~** Außenbezirk *m*; **abitare in ~** am Stadtrand wohnen ❷ (ANAT) periphere Körperzonen *fpl*

periferica [peri'fɛ:rika] <-che> *f* (INFORM) periphere Einheit, peripheres Gerät

periferico, -a [peri'fɛ:riko] <-ci, -che> *agg* ❶ (*di periferia*) peripher, Außen- ❷ (ANAT, INFORM) peripher ❸ (ADM) lokal ❹ (*fig: marginale*) nebensächlich, Rand-

perifrasi [pe'ri:frazi] <-> *f* Umschreibung *f*, Periphrase *f*

perigeo [peri'dʒɛ:o] *m* Erdnähe *f*, Perigäum *n*

perilunio [peri'lu:nio] <-i> *m* (ASTR) Mondnähe *f*, Perilun *n*

perimetrale [perime'tra:le] *agg* Außen-, äußere(r, s); **perimetro** [pe'ri:metro] *m* ❶ (MAT) Umfang *m* ❷ (*linea esterna*) Begrenzungslinie *f*

perinatalità [perinatali'ta] *f* (MED) perinataler Zeitraum

perineo [peri'nɛ:o] *m* (ANAT) Damm *m*

periodare [perio'da:re] I. *vi* Sätze bilden II. *m* Satzbau *m*

periodicista [periodi'tʃista] <-i *m*, -e *f*> *mf* Zeitschriftenredakteur(in) *m(f)*

periodicità [perioditʃi'ta] <-> *f* Periodizität *f*, regelmäßige Wiederkehr

periodico [pe'riɔ:diko] <-ci> *m* Zeitschrift *f*

periodico, -a <-ci, -che> *agg* ❶ (*ricorrente*) periodisch, regelmäßig wiederkehrend ❷ (MAT) periodisch

periodo [pe'ri:odo] *m* ❶ (*intervallo di tempo*) Periode *f*, Zeit *f*; (HIST) Zeit *f*, Zeitalter *n*; **~ di aspettativa** Wartezeit *f*; **~ di incubazione** Inkubationszeit *f*; **~ di prova** Probezeit *f*; **~ elettorale** Wahlperiode *f*; **andare a -i** (*fig*) launisch sein ❷ (LING) Satzgefüge *n* ❸ (MUS, MAT) Periode *f* ❹ (ASTR) Umlaufzeit *f* ❺ (GEOL) Periode *f*, Formation *f* ❻ (PHYS) Periode *f*, Schwingungsdauer *f*

peripezia [peripet'tsi:a] <-ie> *f* Schicksalsschläge *mpl*, Wechselfälle *mpl* (des Lebens)

periplo ['pɛ:riplo] *m* Umseg(e)lung *f*, Umschiffung *f*

perire [pe'ri:re] <perisco> *vi* essere (*poet*) umkommen; (*fig*) vergehen

periscopio [peris'kɔ:pio] <-i> *m* Periskop *n*

peristaltico, -a [peris'taltiko] <-ci, -che> *agg* peristaltisch

perito, -a [pe'ri:to] I. *m*, *f* ❶ (*esperto*) Sachverständige(r) *f(m)* ❷ (*titolo di studio*) Techniker(in) *m(f)* (mit Fachschulabschluss); **~ agrario/chimico/industriale** Absolvent *m* einer Fachoberschule für Landwirtschaft/Chemie/Industrie II. *agg* ❶ (*morto*) tot, umgekommen ❷ (*competente*) sachverständig, sachkundig

peritoneo [perito'nɛ:o] *m* Bauchfell *n*

peritonite [perito'ni:te] *f* Bauchfellentzündung *f*

perizia [pe'rittsia] <-ie> *f* ❶ (*abilità*) Gewandtheit *f*, Fertigkeit *f* ❷ (*giudizio, esame*) Gutachten *n*, Expertise *f*

perizoma [perid'dzɔ:ma] <-i> *m* Lendenschurz *m*

perla¹ ['pɛrla] *f* (*a fig*) Perle *f*; **~ coltivata**

permettere	
chiedere il permesso	**um Erlaubnis bitten**
Posso disturbarLa/interromperLa un momento?	**Darf ich Sie** kurz stören/unterbrechen?
Ha niente in contrario se apro la finestra?	**Hätten Sie etwas dagegen, wenn** ich das Fenster öffne?
Le da fastidio se fumo?	**Stört es Sie, wenn** ich rauche?
È d'accordo se prendo le vacanze a giugno?	**Sind Sie damit einverstanden, wenn** ich im Juni Urlaub nehme?
permettere, autorizzare	**erlauben**
Quando hai finito i compiti, **puoi** uscire a giocare.	Wenn du mit deinen Hausaufgaben fertig bist, **darfst du** raus spielen.
Può entrare./Entri pure, **prego!**	**Sie dürfen gern** hereinkommen.
In quest'area **è permesso** fumare.	In diesem Bereich **dürfen** Sie rauchen.
Se desidera può parcheggiare qui.	**Wenn Sie möchten,** können Sie hier parken.

Zuchtperle *f*

perla² <inv> *agg* perlfarben; **grigio ~** perlgrau

perlaceo, -a [per'la:tʃeo] <-ei, -ee> *agg* perlfarben

perlage [pɛr'laʒ] <- *o* perlages> *m* aufsteigende Perlen *fpl* im Sekt

perlaquale, per la quale [per la 'kua:le] **I.**<inv> *agg* (*fam*) anständig, vertrauenswürdig **II.** *avv* (*fam*) **non ~** nicht besonders (gut)

perlato, -a [per'la:to] *agg* perlfarben, perl-; (*riso*) perlig; **perlifero, -a** [per'li:fero] *agg* Perl(en)-; **perlina** [per'li:na] *f* kleine Perle; (*per collane*) (Glas)perle *f*

perlinguale [perliŋ'gua:le] *agg* perlingual, durch die Zunge

perlomeno, per lo meno [perlo'me:no] *avv* ❶ (*a dir poco*) mindestens ❷ (*almeno*) wenigstens

perlopiù, per lo più [perlo'piu] *avv* fast immer, meistens

perlustrare [perlus'tra:re] *vt* ab-, durchsuchen; **perlustrazione** [perlustrat'tsio:ne] *f* Durchsuchung *f*, Erkundung *f*

permagelo [perma'dʒɛ:l] *m* (GEOL) Permafrost *m*, Dauerfrostboden *m*

permalosa *f v.* **permaloso**

permalosità [permalosi'ta] <-> *f* Überempfindlichkeit *f*, Reizbarkeit *f*; **permaloso, -a** [perma'lo:so] **I.** *agg* überempfindlich, reizbar **II.** *m, f* überempfindlicher Mensch

permanente [perma'nɛnte] **I.** *agg* Dauer-, bleibend; (*fisso*) ständig **II.** *f* Dauerwelle *f*;

permanentemente [permanente'mente] *avv* dauerhaft; **risiedere ~ in un luogo** einen ständigen Wohnsitz haben; **permanenza** [perma'nɛntsa] *f* ❶ (*soggiorno*) Aufenthalt *m*; **buona ~!** angenehmen Aufenthalt! ❷ (*il perdurare*) Fortdauer *f*, Andauern *n*; **permanere** [perma'ne:re] <permango, permasi, permaso> *vi* essere bleiben

permanganato [permaŋga'na:to] *m* Permanganat *n*

permango [per'maŋgo] *1. pers sing pr di* **permanere**; **permasi** [per'ma:si *o* per'ma:zi] *1. pers sing pass rem di* **permanere**; **permaso** [per'ma:so] *pp di* **permanere**

permeabile [perme'a:bile] *agg* durchlässig; **permeabilità** [permeabili'ta] <-> *f* Durchlässigkeit *f*; **permeare** [perme'a:re] *vt* (*a fig*) durchdringen

permesso [per'messo] *m* ❶ (*autorizzazione*) Erlaubnis *f*; **~ di lavoro** Arbeitserlaubnis *f*; **~ di soggiorno** Aufenthaltsgenehmigung *f*; **~ di caccia** Jagdschein *m*; **~ di pesca** Angelschein *m*; **chiedere il ~ di fare qc** um die Erlaubnis fragen, etw zu tun; **con ~** Sie gestatten? ❷ (ADM) Beurlaubung *f*; (MIL) Urlaub *m*; **essere in ~** beurlaubt sein; **permettere** [per'mettere] <irr> **I.** *vt* erlauben, zulassen, gestatten; **~ a qu di fare qc** jdm erlauben, etw zu tun; **è permesso?** gestatten Sie?, darf ich? **II.** *vr* **-rsi** sich *dat* erlauben; **come si permette!** was fällt Ihnen ein?

permissivismo [permissi'vizmo] *m* Permissivität *f,* antiautoritäre Erziehung; **permissivista** [permissi'vista] <-i *m,* -e *f>* I. *mf* antiautoritärer [*o* permissiver] Mensch II. *agg* antiautoritär, permissiv; **permissività** [permissivi'ta] <-> *f* Permissivität *f;* **permissivo, -a** [permis'si:vo] *agg* freizügig, permissiv

permuta ['pɛrmuta] *f* Tausch *m,* Tauschgeschäft *n;* **permutare** [permu'ta:re] *vt* ein-, umtauschen; **permutazione** [permutat'tsio:ne] *f* Ein-, Umtausch *m*

pernice [per'ni:tʃe] *f* Rebhuhn *n;* **occhio di ~** (*fig*) Hühnerauge *n*

pernicioso, -a [perni'tʃo:so] *agg* schädlich, gefährlich

perno ['pɛrno] *m* ❶ (TEC) Bolzen *m,* Stift *m* ❷ (*fig: sostegno*) Stütze *f*

pernottamento [pernotta'mento] *m* Übernachtung *f,* Übernachten *n;* **pernottare** [pernot'ta:re] *vi* übernachten

pero ['pe:ro] *m* Birnbaum *m*

però [pe'rɔ] *cong* ❶ (*ma*) aber ❷ (*tuttavia*) dennoch

perone [pe'ro:ne] *m* (ANAT) Wadenbein *n*

perorare [pero'ra:re] *vt* befürworten, eintreten für; **perorazione** [perorat'tsio:ne] *f* (*poet*) Plädoyer *m*

perpendicolare [perpendiko'la:re] I. *agg* senkrecht, lotrecht II. *f* Senkrechte *f;* **perpendicolo** [perpen'di:kolo] *m* **a ~** senkrecht, lotrecht

perpetrare [perpe'tra:re] *vt* (*poet*) begehen, verüben

perpetua [per'pɛ:tua] *f* Haushälterin *f* eines Geistlichen

perpetuare [perpetu'a:re] I. *vt* (*nome, ricordo*) verewigen; (*stirpe*) erhalten II. *vr* **-rsi** sich verewigen; **perpetuità** [perpetui'ta] <-> *f* Fortbestand *m,* Beständigkeit *f;* **perpetuo, -a** [per'pɛ:tuo] *agg* ❶ (*eterno*) ewig, immerwährend ❷ (*continuo*) fortwährend, fortdauernd

perplessità [perplessi'ta] <-> *f* Unschlüssigkeit *f,* Ratlosigkeit *f;* **perplesso, -a** [per'plɛsso] *agg* unschlüssig, ratlos

perquisire [perkui'zi:re] <perquisisco> *vt* durchsuchen; **perquisizione** [perkuizit'tsio:ne] *f* Durchsuchung *f;* **mandato di ~** Durchsuchungsbefehl *m*

persecutore, -trice [perseku'to:re] I. *m, f* Verfolger(in) *m(f)* II. *agg* unterdrückend; **persecutorio, -a** [perseku'tɔ:rio] <-i, -ie> *agg* Verfolgungs-, Unterdrückungs-; **persecutrice** *f v.* **persecutore persecuzione** [persekut'tsio:ne] *f* ❶ (*vessazione*) Verfolgung *f;* **mania di ~** Verfolgungswahn *m* ❷ (*fig: molestia*)

Last *f,* Qual *f*

perseguibile [perse'gui:bile] *agg* strafbar

perseguimento [persegui'mento] *m* Verfolgung *f,* Verfolgen *n*

perseguire [perse'gui:re] *vt* verfolgen, anstreben

perseguitare [persegui'ta:re] *vt* ❶ (*sottoporre a persecuzione*) verfolgen ❷ (*fig: infastidire*) belästigen, quälen; **perseguitato, -a** [persegui'ta:to] I. *agg* verfolgt II. *m, f* Verfolgte(r) *f(m);* **i -i politici** die politisch Verfolgten *mpl*

perseguito *pp di* **perseguire**

perseveranza [perseve'rantsa] *f* Hartnäckigkeit *f,* Beharrlichkeit *f;* **perseverare** [perseve'ra:re] *vi* **~ in qc** auf etw *dat* beharren

persi ['pɛrsi] *1. pers sing pass rem di* **perdere**

Persia ['pɛrsia] *f* Persien *n*

persiana [per'sia:na] *f* (*imposta*) Fensterladen *m;* **~ avvolgibile** Rollladen *m*

persiano [per'sia:no] *m* ❶ (*lingua*) Persisch(e) *n* ❷ (*gatto*) Perser, Perserkatze *f,* Perserkater *m* ❸ (*pelliccia*) Persianer *m*

persiano, -a I. *agg* persisch, Perser- II. *m, f* Perser(in) *m(f)*

persico, -a ['pɛrsiko] <-ci, -che> *agg* ❶ (GEOG) persisch; **il Golfo Persico** der Persische Golf ❷ (ZOO) **pesce ~** Flussbarsch *m*

persino [per'si:no] *avv* sogar

persistente [persis'tɛnte] *agg* andauernd, anhaltend; (*continuo*) fortwährend; **persistenza** [persis'tɛntsa] *f* ❶ (*durata*) Anhalten *n* ❷ (*perseveranza*) Beharrlichkeit *f,* Ausdauer *f*

persistere [per'sistere] <persisto, persistetti *o* persistei, persistito> *vi* **~ in qc** auf etw *dat* beharren

perso ['pɛrso] *pp di* **perdere**

persona [per'so:na] *f* ❶ (*individuo,* JUR, LING) Person *f;* (*al plurale*) Leute *pl;* **~ fisica/giuridica** natürliche/juristische Person; **~ di famiglia** Familienangehörige(r) *f(m);* **~ di fiducia** Vertrauensperson *f* ❷ (*corpo*) Körper *m;* **di ~** persönlich; **in ~** (*personalmente*) (höchst)persönlich; (*fatta persona*) (in der Eigenschaft) als; **personaggio** [perso'naddʒo] <-ggi> *m* ❶ (*persona importante*) Persönlichkeit *f* ❷ (THEAT, LIT) Figur *f,* Gestalt *f* ❸ (*fig: tipo strano*) Figur *f fam,* Individuum *n*

personal computer ['pə:snəl kəm'pju:tə] <-> *m* (INFORM) Personalcomputer *m,* PC *m*

personale [perso'na:le] I. *agg* persönlich;

(LING) Personal- **II.** *m* ❶(*impiegati*) Personal *n;* ~ **di servizio** Dienstpersonal *n;* ~ **di volo** Flugpersonal *n;* ~ **qualificato** Fachpersonal *n*, Fachkräfte *fpl;* ~ **insegnante** Lehrkörper *m;* **reparto del** ~ Personalabteilung *f* ❷(*corpo*) Figur *f*, Gestalt *f*

personalismo [persona'lizmo] *m* (PHILOS) Personalismus *m;* **personalità** [personali'ta] <-> *f* Persönlichkeit *f;* ~ **giuridica** juristische Person; **personalizzare** [personalid'dza:re] *vt* persönlich gestalten; **personalizzato, -a** [personalid'dza:to] *agg* individuell, personalisiert; **arredamento** ~ individuelle Einrichtung; **personalizzazione** [personaliddzat'tsio:ne] *f* persönliche Gestaltung, Personalisierung *f;* **personalmente** [personal'mente] *avv* persönlich, selbst; **personificare** [personifi'ka:re] *vt* ❶(*rappresentare*) personifizieren ❷(*essere simbolo*) verkörpern; **personificazione** [personifikat'tsio:ne] *f* ❶(*rappresentazione*) Personifizierung *f*, Personifikation *f* ❷(*esempio*) anschauliches Beispiel

perspicace [perspi'ka:tʃe] *agg* ❶(*persona, ingegno*) scharfsinnig ❷(*politica, provvedimento*) umsichtig, weit blickend; **perspicacia** [perspi'ka:tʃa] <-cie> *f* Scharfsinn *m*, Weitblick *m*

persuadere [persua'de:re] <persuado, persuasi, persuaso> **I.** *vt* ❶(*convincere*) überzeugen; ~ **qu di qc** jdn von etw überzeugen; ~ **qu di fare qc** jdn überreden, etw zu tun ❷(*suscitare consenso*) Zustimmung auslösen bei; **ha un modo di fare che non mi persuade** er hat eine Art, die mir nicht gefällt **II.** *vr* **-rsi** ❶(*convincersi*) sich überzeugen ❷(*capacitarsi*) **-rsi di qc** sich mit etw abfinden

persuaditrice *f v.* **persuasore**

persuasi [persu'a:zi] *1. pers sing pass rem di* **persuadere**

persuasione [persua'zio:ne] *f* Überzeugung *f*, feste Meinung; **persuasivo, -a** [persua'zi:vo] *agg* überzeugend, Überzeugungs-

persuaso [persu'a:zo] *pp di* **persuadere**

persuasore, persuaditrice [persua'zo:re, persuadi'tri:tʃe] *m, f* Überzeugungs-, Überredungskünstler(in) *m(f)*

pertanto [per'tanto] *cong* deshalb, deswegen

pertica ['pɛrtika] <-che> *f* Stange *f*

pertinace [perti'na:tʃe] *agg* (*poet*) ❶(*ostinato*) hartnäckig, starrköpfig ❷(*costante*) beharrlich; **pertinacia** [perti'na:tʃa] <-cie> *f* (*poet*) Hartnäckigkeit *f*, Starrköpfigkeit *f*

pertinente [perti'nɛnte] *agg* zugehörig; **la risposta non è** ~ **al tema** die Antwort geht am Thema vorbei; **pertinenza** [perti'nɛntsa] *f* Zugehörigkeit *f;* (*competenza*) Zuständigkeit *f;* **essere di** ~ **di qu** in jds Zuständigkeit fallen

pertosse [per'tosse] *f* Keuchhusten *m*

pertugio [per'tu:dʒo] <-gi> *m* Spalt *m*, Loch *n*

perturbare [pertur'ba:re] **I.** *vt* verwirren, stören **II.** *vr* **-rsi** (METEO) sich verschlechtern; **perturbazione** [perturbat'tsio:ne] *f* ❶(METEO, ASTR) Störung *f* ❷(FIN, COM) Krise *f*

Perù [pe'ru] *m* **il** ~ Peru *n*

Perugia *f* Perugia *n* (*Hauptstadt der Region Umbrien*)

Perugino <*sing*> *m* ❶(GEOG) Provinz *f* Perugia ❷**il** ~ (*pittore*) umbrischer Maler des 15. Jahrhunderts

perugino, -a [peru'dʒi:no] **I.** *m, f* (*abitante*) Einwohner(in) *m(f)* von Perugia **II.** *agg* aus Perugia

peruviano, -a [peru'via:no] **I.** *agg* peruanisch **II.** *m, f* Peruaner(in) *m(f)*

pervadere [per'va:dere] <pervado, pervasi, pervaso> *vt* (*poet*) durchdringen; (*a fig*) erfüllen

pervasivo, -a [perva'si:no] *agg* ❶(*che tende a diffondersi ovunque*) durchdringend, penetrant ❷(*fig*) durchdringend

pervenire [perve'ni:re] <*irr*> *vi essere* ❶(*giungere*) ankommen; (ADM) eingehen; ~ **a destinazione** (ADM) dem Empfänger zugestellt werden; **far** ~ (ADM) zukommen lassen ❷(*raggiungere*) ~ **a qc** zu etw gelangen, etw erreichen

perversione [perver'sio:ne] *f* Perversion *f;* **perversità** [perversi'ta] <-> *f* Perversität *f;* (*anomalia*) Abartigkeit *f;* **perverso, -a** [per'vɛrso] *agg* niederträchtig, verdorben; **pervertimento** [perverti'mento] *m* Entartung *f*, Verkommenheit *f*, Pervertiertheit *f*

pervertire [perver'ti:re] **I.** *vt* verderben **II.** *vr* **-rsi** verkommen, entarten; **pervertito, -a** [perver'ti:to] **I.** *agg* pervers, entartet **II.** *m, f* Perverse(r) *f(m);* **pervertitore, -trice** [perverti'to:re] **I.** *agg* verderblich, verderbend **II.** *m, f* (Sitten)verderber(in) *m(f)*, Verführer(in) *m(f)*, Perverse(r) *f(m)*, perverse Person *f*

pervicace [pervi'ka:tʃe] *agg* (*poet*) hartnäckig, halsstarrig; **pervicacia** [pervi'ka:tʃa] <-cie> *f* (*poet*) Hartnäckigkeit *f*, Halsstarrigkeit *f*

pervinca[1] [per'viŋka] <-che> *f* Immergrün *n*

pervinca[2] I. <-> *m* Blauviolett *n* II. <inv>
agg blauviolett

p. es. *abbr di* per esempio z. B.

pesa ['pe:sa] *f* ❶ (*operazione*) (Ab)wie-
gen *n* ❷ (*luogo, apparecchiatura*) Waage *f;*
~ **per persone** Personenwaage *f*

pesalettere [pesa'lɛttere *o* pesa'lettere]
<-> *m* Briefwaage *f*

pesante [pe'sante] *agg* ❶ (*che pesa*)
schwer ❷ (MIL, TEC, SPORT) Schwer-, schwer-
❸ (METEO) drückend; (*fig: atmosfera*) bedrückend ❹ (*faticoso*) beschwerlich, mühsam ❺ (*molesto*) lästig, unangenehm
❻ (*stile, passo*) schwerfällig, plump
❼ (*sonno*) tief, fest ❽ (*a fig: gioco*) hart;
pesantezza [pesan'tettsa] *f* Schwere *f;*
(*di movimento, stile*) Schwerfälligkeit *f;*
~ **di stomaco** Völlegefühl *n;* ~ **di testa**
schwerer Kopf

pesare [pe'sa:re] I. *vt* ❶ (*persona, merce*)
(ab)wiegen ❷ (*fig: valutare*) abwägen; (*giudicare*) abschätzen, prüfen II. *vi* ❶ (*avere
un peso*) wiegen; (*essere pesante*) schwer
sein ❷ (*gravare*) ~ **su qc** etw belasten;
~ **sullo stomaco** schwer im Magen liegen
❸ (*fig: influire*) Gewicht haben, ins Gewicht fallen ❹ (*fig: incombere*) ~ **su qu/
qc** auf jdm/etw lasten III. *vr* **-rsi** sich wiegen

pesarese [pesa're:se] I. *mf* (*abitante*) Ein-
wohner(in) *m(f)* von Pesaro II. *agg* aus Pesaro

Pesarese <*sing*> *m* Provinz *f* Pesaro

Pesaro *f* Pesaro *n* (*Stadt in den Marken*)

pesata [pe'sa:ta] *f* ❶ (*atto*) (Ab)wiegen *n*
❷ (*quantità*) Gewogene(s) *n,* Gewicht *n;*
pesatura [pesa'tu:ra] *f* (Ab)wiegen *n*

pesca[1] ['pɛska] <-sche> *f* (*frutto*) Pfirsich *m;* ~ **noce** Nektarine *f*

pesca[2] ['peska] <-sche> *f* ❶ (*il pescare*)
Fischfang *m,* Fischerei *f;* ~ **subacquea** Un-
terwasserfischerei *f,* -jagd *f;* **canna da** ~
Angelrute *f* ❷ (*lotteria*) Glückstopf *m,* Lotterie *f*

pescaggio [pes'kaddʒo] <-ggi> *m* Tiefgang *m*

pescaia [pes'ka:ia] <-aie> *f* Fisch-
damm *m,* Schleuse *f*

Pescara *f* Pescara *n* (*Stadt in den Abruzzen*)

pescare [pes'ka:re] I. *vt* ❶ (*pesci*) fischen,
angeln; (*fig: annegato, relitto*) herausfi-
schen ❷ (*fig: trovare*) aufgabeln *fam*
❸ (*fig: prendere a caso*) herausgreifen, ziehen ❹ (*fig: sorprendere*) erwischen, ertappen; ~ **qu con le mani nel sacco** (*fam*)
jdn auf frischer Tat ertappen II. *vi* Tiefgang
haben

pescarese [peska're:se] I. *mf* (*abitante*)
Einwohner(in) *m(f)* von Pescara II. *agg* aus
Pescara

Pescarese <*sing*> *m* Provinz *f* Pescara

pescata [pes'ka:ta] *f* ❶ (*il pescare*) Angel-
partie *f* ❷ (*quantità*) (Fisch)fang *m;* **pescatore, -trice** [peska'to:re] I. *m, f* Fi-
scher(in) *m(f),* Angler(in) *m(f)* II. *agg* (ZOO)
martin ~ Eisvogel *m;* **rana -trice** Seeteufel *m*

pesce ['peʃʃe] *m* ❶ (ZOO) Fisch *m;*
~ **d'acqua dolce** Süßwasserfisch *m;* ~ **di
mare** Meeres-, Seefisch *m;* ~ **d'aprile**
(*fam*) Aprilscherz *m;* **non sapere che -i
prendere** [*o* pigliare] (*fam*) nicht wissen,
was man tun soll; **chi dorme non piglia -i**
(*prov*) man muss sich schon anstrengen,
wenn man zu etw kommen will, ein schla-
fender Fuchs fängt kein Huhn ❷ (TYP) Leiche *f* ❸ (ASTR) **Pesci** Fische *mpl;* **sono
(dei) Pesci** mein Sternzeichen ist Fische,
ich bin (ein) Fisch; **pescecane** [peʃ-
ʃe'ka:ne] <pescicani *o* pescecani> *m*
❶ (ZOO) Hai(fisch) *m* ❷ (*fig*) Hai *m*

peschereccio [peske'rettʃo] <-cci> *m* Fischerboot *n,* Fischkutter *m*

peschereccio, -a <-cci, -cce> *agg* Fi-
scher(ei)-; **pescheria** [peske'ri:a] <-ie> *f*
Fischhalle *f,* Fischmarkt *m*

pescheto [pes'ke:to] *m* Pfirsichgarten *m*

peschiera [pes'kiɛ:ra] *f* Fischteich *m*

pesciaiola [peʃʃa'iɔ:la] *f* (*pentola*)
Fisch(koch)topf *m*

pesciaiolo, -a [peʃʃa'iɔ:lo] *m, f* Fischver-
käufer(in) *m(f),* Fischhändler(in) *m(f)*

pescicani *pl di* pescecane

pesciera [peʃ'ʃɛ:ra] *f* Fisch(koch)topf *m*

pescivendolo, -a [peʃʃi've:ndolo] *m, f*
Fischverkäufer(in) *m(f),* Fischhändler(in)
m(f)

pesco ['pɛsko] <-schi> *m* Pfirsichbaum *m*

pescosità [peskosi'ta] <-> *f* Fischreich-
tum *m;* **pescoso, -a** [pes'ko:so] *agg*
fischreich

pesista [pe'sista] <-i *m,* -e *f*> *mf* Ge-
wichtheber(in) *m(f);* **pesistica** [pe'sisti-
ka] <-che> *f* Gewichtheben *n;* **pesisti-
co, -a** [pe'sistiko] <-ci, -che> *agg* Ge-
wichthebe(r)-

peso ['pe:so] *m* ❶ (*gener*) Gewicht *n;* (*oggetto*) Last *f;* (SPORT) Gewichtsklasse *f;*
~ **lordo/netto** Brutto-/Nettogewicht *n;*
~ **massimo/medio** (SPORT) Schwer-/Mit-
telgewicht *n;* **eccedenza di** ~ Übergewicht *n* ❷ (*fig: valore*) Gewicht *n,* Bedeutung *f* ❸ (*fig: disagio*) Belastung *f,* Last *f,*
Bürde *f;* **avere un** ~ **sullo stomaco** ein
Schweregefühl im Magen haben; **avere**

un ~ **sulla coscienza** etw auf dem Gewissen haben ④ (SPORT: *attrezzo*) Kugel *f;* **sollevamento** -i Gewichtheben *n*

pessimismo [pessi'mizmo] *m* Pessimismus *m;* **pessimista** [pessi'mista] <-i *m,* -e *f>* I. *mf* Pessimist(in) *m(f)* II. *agg* pessimistisch; **pessimistico, -a** [pessi'mistiko] <-ci, -che> *agg* pessimistisch

pessimo, -a ['pɛssimo] *agg superlativo di* **cattivo, -a** sehr schlecht, sehr böse, sehr übel; **di ~ gusto** geschmacklos

pestaggio [pes'taddʒo] <-ggi> *m* Prügelei *f,* Schlägerei *f*

pestare [pes'ta:re] *vt* ① (*battere*) klopfen; (*pepe, sale*) zerstoßen ② (*calpestare*) zertreten; (*uva*) (zer)stampfen; (*mozzicone*) austreten ③ (*fig: picchiare*) (ver)prügeln; **pestata** [pes'ta:ta] *f* ① (*frantumazione*) Zerstoßen *n,* Zerstampfen *n* ② (*fam: botte*) Schlägerei *f* ③ (*pestone*) Fußtritt *m*

peste[1] ['pɛste] *f* ① (MED) Pest *f* ② (*fig: persona*) Plage *f* ③ (*fig: rovina*) Übel *n,* Ruin *m;* **dire ~ e corna di qu** (*fam*) an jdm kein gutes Haar lassen

peste[2] ['peste] *fpl* ① (*orme*) Spuren *fpl,* Fußstapfen *fpl;* (*di animali*) Fährte *f* ② (*fig: guai*) Klemme *f,* Patsche *f*

pestello [pes'tɛllo] *m* Stößel *m*

pesticciare [pestit'tʃa:re] I. *vt* (*tosc*) zertreten, treten auf +*acc* II. *vi* (*tosc*) mit den Füßen stampfen

pestifero, -a [pes'ti:fero] *agg* (*fig: cattivo*) schlimm, ekelhaft; (*nauseabondo*) ekelhaft, abscheulich

pestilenza [pesti'lɛntsa] *f* ① (*fig: fetore*) Gestank *m;* (*rovina*) Verderbnis *f,* Übel *n* ② (MED) Pest *f;* **pestilenziale** [pestilen'tsia:le] *agg* (*fetente*) stinkend

pesto ['pesto] *m* Soße aus Öl, feingehacktem Basilikum, Knoblauch, Käse und Pinienkernen

pesto, -a *agg* ① (*pepe, aglio*) zerstoßen; (*ossa*) zerschlagen ② (*ammaccato*) blau; (*occhi*) mit Ringen unter den Augen ③ (*fig: buio*) stockdunkel

pestone [pes'to:ne] *m* (*fam*) Fußtritt *m*

petalo ['pɛːtalo] *m* Blumen-, Blütenblatt *n*

petardo [pe'tardo] *m* ① (*bombetta di carta*) Knallfrosch *m,* Knallerbse *f* ② (FERR) Knallkapsel *f*

petecchiale [petek'kia:le] *agg* Fleck-

petizione [petit'tsio:ne] *f* (JUR) Eingabe *f,* Petition *f;* **a ~ di** auf Ersuchen

peto ['peːto] *m* (*vulg*) Furz *m*

petrarchesco, -a [petrar'kesko] <-schi, -sche> *agg* des Petrarca, im Stil von Petrarca; **petrarchismo** [petrar'kizmo] *m* Petrarkismus *m;* **petrarchista** [pe-

trar'kista] <-i *m,* -e *f>* *mf* Petrarkist(in) *m(f);* (*a studioso*) Petrarcaforscher(in) *m(f)*

petro(l)chimica [petro(l)'ki:mika] <-che> *f* Petrochemie *f;* **petro(l)chimico, -a** [petro(l)ki:miko] <-ci, -che> *agg* petrochemisch

petro(l)dollari [petro(l)'dɔllari] *mpl* Petrodollars *mpl*

petroliera [petro'liɛːra] *f* (Öl)tanker *m;* **petroliere** [petro'liɛːre] *m* ① (*tecnico*) Erdölarbeiter *m,* -techniker *m* ② (*industriale*) Erdölindustrielle(r) *m;* **petroliero, -a** [petro'liɛːro] *agg* (Erd)öl-

petrolifero, -a [petro'li:fero] *agg* Erdöl-, erdölhaltig; **industria -a** Mineralölindustrie *f*

petrolio [pe'trɔːlio] *m* Erdöl *n;* (*illuminante*) Petroleum *n;* **~ grezzo** Rohöl *n;* **estrazione del ~** Erdölförderung *f*

pettegola *f v.* **pettegolo**

pettegolare [pettego'la:re] *vi* klatschen, tratschen *fam;* **pettegolezzo** [pettego'leddzo] *m* Klatsch *m,* Tratsch *m fam;* **pettegolio** [pettego'li:o] <-ii> *m* Klatscherei *f,* Geschwätz *n;* **pettegolo, -a** [pe'te:golo] I. *agg* klatschsüchtig, geschwätzig II. *m, f* Klatschbase *f,* Klatschmaul *n fam*

pettinare [petti'na:re] I. *vt* ① (*capelli*) kämmen; (*acconciare*) frisieren ② (*lino, canapa, lana*) hecheln, kämmeln II. *vr* -**rsi** sich kämmen; **pettinata** [petti'na:ta] *f* (*schnelles*) Kämmen *n;* **darsi una ~** sich (schnell) kämmen *fam*

pettinato [petti'na:to] *m* Kammgarn(gewebe) *n*

pettinato, -a [petti'na:to] *agg* ① (*persona*) gekämmt, frisiert ② (*filato, tessuto*) Kamm-

pettinatrice [pettina'tri:tʃe] *f* Friseuse *f;* **pettinatura** [pettina'tu:ra] *f* ① (*di capelli*) Frisur *f* ② (*di lana*) Hecheln *n,* Kämmen *n*

pettine ['pɛttine] *m* Kamm *m;* (*per tessitura*) Hechel *f*

petting ['pɛtiŋ] <-> *m* Petting *n*

pettino [pet'ti:no] *m* ① (*di grembiule*) Brustlatz *m* ② (*di camicia*) Hemdbrust *f* ③ (*di vestito femminile*) Miedereinsatz *m*

pettirosso [petti'rosso] <-i> *m* Rotkehlchen *n*

petto ['pɛtto] *m* ① (ANAT) Brust *f;* (*di donna*) Busen *m;* (*polmoni*) Lungen *fpl,* Brustorgane *npl;* (GASTR) Bruststück *n;* **~ della camicia** Hemdbrust *f;* **nota/voce di ~** Brustton *m*/Bruststimme *f;* **a un/doppio ~** ein-/zweireihig; **essere debole di ~** schwach auf der Brust sein ② (*fig: cuore*)

P

Herz *n;* **mettersi una mano sul ~** *(fig)* die Hand aufs Herz legen; **pettorale** [petto'ra:le] I. *agg* Brust- II. *m* Brustblatt *n,* -riemen *m;* **pettorina** [petto'ri:na] *f* (Brust)latz *m,* (Brust)einsatz *m;* **pettoruto, -a** [petto'ru:to] *agg* (*uomo*) breitschult(e)rig; (*donna*) vollbusig

petulante [petu'lante] *agg* ❶ (*arrogante*) anmaßend, überheblich ❷ (*insistente*) aufdringlich; **petulanza** [petu'lantsa] *f* Anmaßung *f,* Überheblichkeit *f*

petunia [pe'tu:nia] <-ie> *f* Petunie *f*

pezza ['pɛttsa] *f* ❶ (*di tessuto*) Ballen *m;* (*di lana*) Knäuel *m o n* ❷ (*toppa*) Flicken *m,* Fleck(en) *m;* **mettere una ~ a qc** *(fig)* etw wieder gutmachen ❸ (*cencio*) Lappen *m,* Tuch *n;* **trattare qu come una ~ da piedi** *(fam)* jdn wie (den letzten) Dreck behandeln

pezzato [pet'tsa:to] *m* Schecke *m*

pezzato, -a *agg* gescheckt, scheckig

pezzatura [pettsa'tu:ra] *f* (COM) (Stück)größe *f*

pezzente [pet'tsɛnte] *mf* (*straccione*) Bettler(in) *m(f);* (*fam pej*) Hungerleider(in) *m(f) fam*

pezzo ['pettso] *m* ❶ (*parte*) Stück *n;* (*parte di serie*) Teil *n;* **un ~ di dolce/pane** ein Stück Kuchen/Brot; **un uomo tutto d'un ~** ein ganzer Kerl; **andare in cento** [*o* **mille**] **-i** in tausend Stücke gehen; **cadere a** [*o* **in**] **-i** auseinander fallen; *(fig)* ganz verkommen; **ridurre in -i** zerstückeln; **essere un ~ di legno** *(fig)* wie aus Stein sein ❷ (*oggetto*) Stück *n,* Gegenstand *m;* **un ~ raro** ein seltenes Stück ❸ (TEC) (Bau)teil *n* ❹ (LIT, MUS: *brano*) Stück *n,* Stelle *f;* (*nel giornalismo*) Artikel *m* ❺ (*di abito*) Teil *n;* **un due -i** ein Bikini *m,* ein Zweiteiler *m* ❻ (*di scacchi*) (Spiel)stein *m,* Figur *f* ❼ (*tratto*) Stück *n,* Strecke *f* ❽ *(fig: tempo*) Weile *f,* Zeitlang *f;* **è un ~ che non ci vediamo** es ist eine Weile her, seit wir uns gesehen haben ❾ (*loc*) **un ~ grosso** ein hohes Tier *fam;* **un bel ~ di ragazza** ein gut aussehendes Mädchen

pezzuola [pet'tsuɔ:la] *f* Lappen *m;* (*fazzoletto*) Taschentuch *n*

PG *m abbr di* **Procuratore Generale** ≈ Generalstaatsanwalt

pH [pi'akka] <-> *m* pH-Wert *m*

phone banking [fon 'bɛnkinɡ] <-> *m* (FIN) Telebanking *n*

photo finish [foutə 'finiʃ] <-> *m* Zielfoto *n,* Zielfilm *m*

photoflood ['foutəflʌd] <- *o* photofloods> *m* (FOTO) Fotospaltlampe *f*

PI *abbr di* (**Ministero della**) **Pubblica**

Istruzione *italienisches Kultusministerium*

pia *f v.* pio

piaccametro [piak'ka:metro] *m* (CHEM) PH-Meter *m,* PH-Messgerät *n*

piaccio ['piattʃo] *1. pers sing pr di* **piacere[1]**

piacente [pia'tʃɛnte] *agg* gewinnend, einnehmend

Piacentino <*sing*> *m* Umgebung *f* von Piacenza

piacentino, -a [piatʃen'ti:no] I. *m, f* (*abitante*) Einwohner(in) *m(f)* von Piacenza II. *agg* aus Piacenza, piacentinisch

Piacenza *f* Piacenza *n* (*Stadt in Emilia-Romagna*)

piacere[1] [pia'tʃe:re] <piaccio, piacqui, piaciuto> *vi essere* gefallen, passen; (*cibi*) schmecken; **mi piace nuotare** ich schwimme gern; **mi piacerebbe rivederti** es würde mich freuen, dich wiederzusehen; **che ti piaccia o no** ob es dir gefällt oder nicht

piacere[2] *m* ❶ (*soddisfazione*) Gefallen *n;* **dare ~ a qu** jdm Freude machen; **provare ~ nella musica** Freude an der Musik haben ❷ (*divertimento*) Vergnügen *n,* Freude *f;* **gita di ~** Vergnügungsfahrt *f;* **viaggio di ~** Vergnügungsreise *f;* **canta che è un ~** er [*o* sie] singt, dass es eine Freude ist; **~!** angenehm!; **è un ~ conoscerLa** angenehm, Sie kennen zu lernen; **con ~** mit Vergnügen, gern ❸ (*onore*) Ehre *f* ❹ (*favore*) Gefallen *m;* **fare un ~ a qu** jdm einen Gefallen tun; **fammi il** (**santo**) **~ di ...** +*inf* (*fam*) tu mir den Gefallen und ..., sei so lieb und ...; **ma mi faccia il ~!** aber ich bitte Sie!; **per ~** bitte(schön) ❺ (*volontà*) Belieben *n;* **a ~** nach Wunsch, nach Belieben

piacevole [pia'tʃe:vole] *agg* angenehm, erfreulich; **piacevolezza** [piatʃevo'lettsa] *f* Annehmlichkeit *f,* Anmut *f*

piacimento [piatʃi'mento] *m* **a ~** nach Belieben

piaciuto [pia'tʃu:to] *pp di* **piacere[1]**

piacqui ['piakkui] *1. pers sing pass rem di* **piacere[1]**

piadina [pia'di:na] *f* (Teig)fladen *m*

piaga ['pia:ga] <-ghe> *f* ❶ (MED) Wunde *f,* Verletzung *f* ❷ (*fig: danno*) Übel *n,* Plage *f* ❸ (*fig: dolore*) Schmerz *m* ❹ (*fam: persona noiosa*) Quälgeist *m;* **piagare** [pia'ga:re] *vt* ❶ (*ferire*) verwunden ❷ (*fig*) verletzen, kränken

piagnisteo [piaɲɲis'tɛ:o] *m* Gejammer *n,* Geheule *n*

piagnone, -a [piaɲ'ɲo:ne] *m, f* (*fam:*

bambino) Heulpeter *m*, Heulsuse *f*

piagnucolare [pianɲuko'la:re] *vi* wimmern, heulen; **piagnucolio** [pianɲuko'li:o] <-ii> *m* Gewimmer *n*, Geplärre *n fam*; **piagnucolone, -a** [pianɲuko'lo:ne] *m, f* (*fam*) Heulpeter *m*, Heulsuse *f*; **piagnucoloso, -a** [pianɲuko'lo:so] *agg* weinerlich, klagend

pialla ['pialla] *f* Hobel *m*; **piallare** [pial'la:re] *vt* (ab)hobeln; **piallata** [pial'la:ta] *f* Hobelstrich *m*, Hobeln *n*; **piallatore, -trice** [pialla'to:re] I. *m, f* Hobler(in) *m(f)* II. *agg* Hobel-; **piallatrice** *f* Hobelmaschine *f*; **piallatura** [pialla'tu:ra] *f* (Ab)hobeln *n*

piana ['pia:na] *f* Ebene *f*

pianale [pia'na:le] *m* ❶ (MOT) Absatz *m* ❷ (FERR) Plattformwagen *m* ❸ (TEC) Plattform *f*

pianeggiante [pianed'dʒante] *agg* flach, eben; **pianeggiare** [pianed'dʒa:re] I. *vi* eben sein II. *vt* ebnen

pianella [pia'nɛlla] *f* ❶ (*pantofola*) Pantoffel *m* ❷ (*mattonella*) Fliese *f*, Kachel *f*

pianerottolo [piane'rɔttolo] *m* Treppenabsatz *m*

pianeta [pia'ne:ta] <-i> *m* (ASTR) Planet *m*

piangente [pian'dʒɛnte] *agg* ❶ (*voce, persona*) weinerlich, wehklagend ❷ (*salice*) Trauer-

piangere ['piandʒere] <piango, piansi, pianto> I. *vi* weinen; ~ **di gioia/dolore/rabbia** vor Freude/Schmerz/Wut weinen; ~ **sul latte versato** (*fam fig*) unnütze Tränen vergießen; **mi piange il cuore** mir blutet das Herz II. *vt* ❶ (*lacrime*) vergießen ❷ (*lamentare*) beklagen, beweinen ❸ (*rimpiangere*) ~ **qc** einer Sache *dat* nachtrauern

pianificabile [pianifi'ka:bile] *agg* planbar; **pianificabilità** [pianifikabilili'ta] <-> *f* Planbarkeit *f*

pianificare [pianifi'ka:re] *vt* planen; **pianificato, -a** [pianifi'ka:to] *agg* geplant, Plan-; **pianificatore, -trice** [pianifi-ka'to:re] *m, f* Planer(in) *m(f)*; **pianificazione** [pianifikat'tsio:ne] *f* Planung *f*; ~ **familiare** Familienplanung *f*

pianista [pia'nista] <-i *m*, -e *f*> *mf* Klavierspieler(in) *m(f)*; (*professionale*) Pianist(in) *m(f)*; **pianistico, -a** [pia'nistiko] <-ci, -che> *agg* pianistisch, Klavier-

piano¹ ['pia:no] *m* ❶ (*livello*) Stufe *f*, Ebene *f*, Niveau *n*; (MAT) Ebene *f*; (GEOL) Schicht *f*; **di primo ~** von Rang; **passare in secondo ~** (*fig*) in den Hintergrund treten ❷ (*superficie*) Fläche *f*; ~ **inclinato** schiefe Ebene ❸ (*di edificio*) Stockwerk *n*,

Stock *m*; **abitare al primo ~** im ersten Stock wohnen ❹ (*progetto*) Plan *m*, Projekt *n*; (COM, POL) Programm *n*; (*fig*) Vorhaben *n*, Absicht *f*; ~ **regolatore** (ADM) Bebauungsplan *m*; ~ **di attacco** Angriffsplan *m*; ~ **di battaglia** Schlachtplan *m* ❺ (AERO) Tragfläche *f* ❻ (FOTO, FILM) Perspektive *f*; **primo ~** Vordergrund *m*; **secondo ~** Hintergrund *m* ❼ (MUS) Klavier *n*

piano² *avv* ❶ (*adagio*) langsam, bedächtig; **pian(o) ~** allmählich; **chi va ~, va sano e va lontano** (*prov*) eile mit Weile ❷ (*a bassa voce*) leise

piano, -a *agg* eben, glatt

pianobar [piano'bar] <-> *m* Tanzlokal *n* mit Livemusik

pianoforte [piano'fɔrte] *m* Klavier *n*, Piano *n*; ~ **a coda** Flügel *m*

pianola [pia'nɔ:la] *f* Pianola *n*

pianoro [pia'nɔ:ro] *m* Hochebene *f*

pianoterra [piano'tɛrra] <-> *m* Erdgeschoss *n*, Parterre *n*

piansi ['piansi] *1. pers sing pass rem di* **piangere**

pianta ['pianta] *f* ❶ (BOT) Pflanze *f*, Gewächs *n* ❷ (ANAT: *del piede*) Sohle *f* ❸ (*disegno*) Plan *m*; (*carta topografica*) Karte *f*, Plan *m* ❹ (ADM: *ruolo*) Stellenplan *m*, Stellenverzeichnis *n* ❺ (*loc*) **inventare qc di sana ~** etw völlig aus der Luft greifen; **piantagione** [pianta'dʒo:ne] *f* Pflanzung *f*, Plantage *f*

piantagrane [pianta'gra:ne] <-> *mf* (*fam*) Pedant(in) *m(f)*, Haarspalter(in) *m(f)*

piantare [pian'ta:re] I. *vt* ❶ (AGR: *piante*) pflanzen, anbauen; (*terreno*) bepflanzen, bebauen ❷ (*conficcare*) (ein)schlagen, einrammen ❸ (*fig: lasciare*) verlassen, im Stich lassen; **piantala!** (*fam*) hör auf (damit)! II. *vr* **-rsi** ❶ (*fam: lasciarsi*) sich trennen, auseinander gehen ❷ (*accamparsi*) **-rsi in casa di qc** sich bei jdm einnisten; **piantato, -a** [pian'ta:to] *agg* ❶ (AGR: *terreno*) bepflanzt; (*piante*) gepflanzt ❷ (*fig: robusto*) stämmig, robust; (*immobile*) starr, angewurzelt; **piantatore, -trice** [pianta'to:re] *m, f* ❶ (AGR) Pflanzer(in) *m(f)* ❷ (*proprietario*) Plantagenbesitzer(in) *m(f)*; **piantatrice** *f* Pflanzmaschine *f*; **piantatura** [pianta'tu:ra] *f* ❶ (*operazione*) (An)pflanzen *n* ❷ (*stagione*) Pflanzzeit *f*

piantello [pian'tɛllo] *m* (TEC) Zwirnmaschine *f*, Zwirner *m*

pianterreno [pianter're:no] *m* Erdgeschoss *n*, Parterre *n*

pianto ['pianto] *m* Weinen *n*; (*lacrime*)

Tränen *fpl*

pianto, -a I. *pp di* **piangere** II. *agg* beweint, betrauert

piantonamento [piantona'mento] *m* Überwachen *n*, Bewachung *f*

piantonare [pianto'na:re] *vt* bewachen, überwachen; **piantone** [pian'to:ne] *m* ❶ (MIL) wachhabender Soldat, Wach(t)posten *m* ❷ (ADM) Wache *f*

pianura [pia'nu:ra] *f* Ebene *f*

pianurizzazione [pianuriddzat'tsio:ne] *f* (GEOL) Verflachung *f*

piastra ['piastra] *f* ❶ (*lastra*) Scheibe *f*, Platte *f* ❷ (TEC, EL) Platte *f* ❸ (*moneta*) Piaster *m*

piastrella [pias'trɛlla] *f* Kachel *f*, Fliese *f*; **piastrellaio, -a** [piastrel'la:io] <-ai, -aie> *m, f* Fliesenleger(in) *m(f)*; **piastrellare** [piastrel'la:re] *vt* kacheln, fliesen; **piastrellista** [piastrel'lista] <-i *m*, -e *f*> *mf* Fliesenleger(in) *m(f)*

piastrina [pias'tri:na] *f* ❶ (BIOL) Blutplättchen *n*, Thrombozyt *m* ❷ (MIL) Erkennungsmarke *f*, Plakette *f* ❸ (TEC) Zwischenlegscheibe *f*

piattaforma [piatta'forma] <piattaforme> *f* ❶ (*superficie*) Plattform *f*, Rampe *f* ❷ (GEOG) Tafel *f* ❸ (TEC) Scheibe *f* ❹ (FERR) Umlaufblech *n*, Drehscheibe *f* ❺ (*fig* POL) Basis *f*, Plattform *f*

piattello [piat'tɛllo] *m* (*bersaglio*) Tontaube *f*; **tiro al ~** Tontaubenschießen *n*

piattezza [piat'tettsa] *f* Plattheit *f*, Banalität *f*

piattina [piat'ti:na] *f* ❶ (EL) Flachkabel *n* ❷ (*profilato metallico*) Metallband *n*, Bandeisen *n* ❸ (*carrello*) Plattformkarren *m*

piattino [piat'ti:no] *m* Untertasse *f*

piatto ['piatto] *m* ❶ (*recipiente*) Teller *m*; **~ fondo/piano** tiefer/flacher Teller ❷ (GASTR: *vivanda*) Gericht *n*, Speise *f*; (*portata*) Gang *m*, Speisenfolge *f*; **un ~ di minestra/di spaghetti** ein Teller Suppe/Spaghetti; **primo ~** erster Gang; **~ del giorno** Tagesgericht *n* ❸ (TEC) Schale *f*, Scheibe *f* ❹ *pl* (MUS) Becken *npl*

piatto, -a *agg* ❶ (*piano*) flach, platt; (MAT: *angolo*) gestreckt ❷ (*fig*) seicht, platt

piattola ['piattola] *f* ❶ (ZOO) (Küchen)schabe *f* ❷ (*fam fig: persona noiosa*) Nervensäge *f*

piazza ['piattsa] *f* ❶ (*area*) Platz *m*; **fare ~ pulita** (*fig*) reinen Tisch machen ❷ (*mercato*) Marktplatz *m*; **scendere in ~** (*fig*) auf die Straße gehen, demonstrieren ❸ (COM, FIN) Markt *m* ❹ (MIL) Übungsgelände *n* ❺ (*posto*) Platz *m*; **letto ad una ~**

Einzelbett *n* ❻ (*fig: gente*) Menge *f*; **mettere in ~** (*fig*) an die große Glocke hängen

piazzaffari [piattsaf'fa:ri] *f* (*Borsa di Milano*) Mailänder Börse *f*

piazzaforte [piattsa'fɔrte] <piazzeforti> *f* ❶ (*roccaforte*) Festung *f* ❷ (*a fig*) Bollwerk *n*

piazzale [piat'tsa:le] *m* ❶ (*piazza*) (großer) Platz *m* ❷ (*area di servizio*) Servicestation *f* ❸ (FERR) Bahnanlage *f*

piazzamento [piattsa'mento] *m* (SPORT) Aufstellung *f*; (*in classifica*) Platzierung *f*; (MIL) Aufstellung *f*, Formierung *f*

piazzare [piat'tsa:re] I. *vt* ❶ (*collocare*) aufstellen ❷ (COM) absetzen, auf den Markt bringen ❸ (*fig: colpo*) platzieren II. *vr* **-rsi** ❶ (SPORT) sich platzieren ❷ (*fam: sistemarsi*) sich einrichten, sich breit machen *fam;* **piazzata** [piat'tsa:ta] *f* (*fam*) Szene *f*; **piazzato, -a** [piat'tsa:to] *agg* ❶ (SPORT) platziert ❷ (*fig: corpulento*) stämmig, korpulent ❸ (*fig: con solida posizione*) gut situiert, in gesicherter Position

piazzatore [piattsa'to:re] *m* (SPORT: *nel rugby*) Ballhalter(in) *m(f)*

piazzeforti *pl di* **piazzaforte**

piazzista [piat'tsista] <-i *m*, -e *f*> *mf* Handelsvertreter(in) *m(f)*

piazzola [piat'tsɔ:la] *f* ❶ Ausweichstelle *f*, Haltemöglichkeit *f*; **~ di servizio** Servicestation *f*; **~ di sosta** Rastplatz *m*; **~ di emergenza** Notparkplatz *m*

picaresco, -a [pika'resko] <-schi, -sche> *agg* pikaresk, Schelmen-; **romanzo ~** Schelmenroman *m*

picca ['pikka] <-cche> *f* ❶ (*puntiglio*) Trotz *m*, Groll *m* ❷ (*arma*) Pike *f* ❸ *pl* (*di carte da gioco*) Pik *n*; **prendersi un due di -cche** eine Abfuhr erhalten; **rispondere -cche a qu** (*fam*) jdm eine Abfuhr erteilen

piccante [pik'kante] *agg* ❶ (GASTR) scharf gewürzt, pikant ❷ (*fig: mordace*) bissig, boshaft

piccarsi [pik'karsi] *vr* sich *dat* einbilden

piccata [pik'ka:ta] *f* mit Zitrone zubereitetes Kalbsschnitzel

piccato, -a [pik'ka:to] *agg* beleidigt, gereizt, pikiert

picchettaggio [pikket'taddʒo] <-ggi> *m* Streikposten *m*; **picchettamento** [pikketta'mento] *m* Aufstellen *n* von Streikposten; **picchettare** [pikket'ta:re] *vt* ❶ (*fabbrica*) Streikposten beziehen vor +*dat* ❷ (*piantar paletti*) abstecken, Pflöcke aufstellen in [*o* auf] +*dat*

picchetto [pik'ketto] *m* ❶ (*paletto*) Pflock *m*, Pfahl *m* ❷ (MIL) Einsatzkommando *n* ❸ (*gruppo di scioperanti*) Streikposten *mpl*

picchiare [pik'kia:re] **I.** *vt* ❶ (*battere*) schlagen ❷ (*percuotere*) verprügeln, schlagen ❸ (*bussare*) klopfen, pochen; ~ **un colpo alla porta** an die Tür klopfen **II.** *vi* ❶ (*battere*) klopfen, pochen ❷ (AERO) im Sturzflug fliegen **III.** *vr* **-rsi** sich prügeln, sich schlagen

picchiata [pik'kia:ta] *f* ❶ (AERO) Sturzflug *m* ❷ (*colpo*) Schlag *m*

picchiatello, **-a** [pikkia'tɛllo] **I.** *agg* (*fam*) verrückt, überspannt **II.** *m, f* (*fam*) Sonderling *m;* **picchiato**, **-a** [pik'kia:to] **I.** *agg* (*fam*) wunderlich, sonderbar **II.** *m, f* (*fam*) Kauz *m*, seltsamer Vogel

picchiatore, **-trice** [pikkia'to:re] *m, f* Schläger(in) *m(f)*

picchiettare [pikkiet'ta:re] **I.** *vi* (*picchiare*) klopfen; (*pioggia*) trommeln, prasseln **II.** *vt* sprenkeln, (be)tupfen

picchiettato [pikkiet'ta:to] *m* Saltato *n*

picchiettatura [pikkietta'tu:ra] *f* Tüpfelung *f*, Sprenkelung *f*

picchiettio [pikkiet'ti:o] <-ii> *m* Klopfen *n;* (*della pioggia*) Prasseln *n*

picchio ['pikkio] <-cchi> *m* ❶ (ZOO) Specht *m* ❷ (*colpo*) Schlag *m*

piccina *f v.* **piccino**

piccineria [pittʃine'ri:a] <-ie> *f* Kleinlichkeit *f*

piccino, **-a** [pit'tʃi:no] **I.** *agg* ❶ (*piccolo*) klein, winzig ❷ (*fig: umile*) dürftig, bescheiden **II.** *m, f* ❶ (*bambino*) kleines Kind ❷ (*di animale*) Junge(s) *n*

picciolo [pit'tʃɔ:lo] *m* (Blatt)stängel *m,* (Blatt)stiel *m*

piccionaia [pittʃo'na:ia] <-aie> *f* ❶ (*luogo per piccioni*) Taubenschlag *m* ❷ (THEAT: *loggione*) Galerie *f*

piccioncino, **-a** [pittʃon'tʃi:no] *m, f* (*fam*) Turteltaube *f*, Verliebte(r) *f(m)*

piccione [pit'tʃo:ne] *m* Taube *f;* ~ **viaggiatore** Brieftaube *f;* **tiro al** ~ Tontaubenschießen *n;* **pigliare** [*o* **prendere**] **due -i con una fava** (*fig*) zwei Fliegen mit einer Klappe schlagen

picciotto [pit'tʃɔtto] *m* (*sicil*) ❶ (*giovanotto*) junger Mann *m*, junger Spund *m fam* ❷ (HIST) sizilianischer Freiheitskämpfer *m*

picco ['pikko] <-cchi> *m* (*vetta*) Bergspitze *f*, Gipfel *m;* **a** ~ senkrecht, steil

piccola *f v.* **piccolo**

piccolezza [pikko'lettsa] *f* ❶ (*dimensione*) Kleinheit *f* ❷ (*inezia*) Belanglosigkeit *f*, Lappalie *f* ❸ (*fig: grettezza*) Kleinlichkeit *f*

piccolo, **-a** ['pikkolo] <più piccolo *o* minore, piccolissimo *o* minimo> **I.** *agg* ❶ (*non grande*) klein; ~ **borghese** Klein-

bürger *m*, Spießer *m;* ~ **imprenditore** Kleinunternehmer *m;* **in** ~ verkleinert, in kleinem Maßstab ❷ (*insufficiente*) ungenügend, gering ❸ (*giovane*) jung, klein; **fin da** ~ von klein auf, von Kindheit an ❹ (*trascurabile*) belanglos, geringfügig; (*errore, obiezione*) unerheblich; (*somma*) unbeträchtlich ❺ (*fig: meschino*) kleinlich, pedantisch ❻ (*fig: umile*) bescheiden, zurückhaltend, genügsam; **farsi** ~ (*fig*) sich klein machen, sein Licht unter den Scheffel stellen **II.** *m, f* ❶ (*bambino*) Kind *n*, Kleine(r, s) *mf(n)* ❷ (ZOO) Junge(s) *n*, Jungtier *n* ❸ (*loc*) **nel mio** ~ in meinen bescheidenen Verhältnissen, in meinem bescheidenen Rahmen

piccone [pik'ko:ne] *m* (Spitz)hacke *f*

piccoso, **-a** [pik'ko:so] *agg* reizbar;

piccozza [pik'kɔttsa] *f* (Kreuz)hacke *f*, (Eis)pickel *m*

pick-up ['pikʌp] <-> *m* Tonabnehmer *m*

picnic [pik'nik] <-> *m* Picknick *n*

picosecondo [pikose'kondo] *m* (PHYS) Pikosekunde *f*

pidiesse [pidi'ɛsse] <-> *m* (POL: *Partito Democratico della Sinistra, PDS*) Sozialistische Partei Italiens

pidiessino, **-a** [pidies'si:no] **I.** *agg* sozialistisch, der PDS; **il leader** ~ der Parteichef der PDS **II.** *m, f* Parteimitglied *n* der PDS

pidocchieria [pidokkie'ri:a] <-ie> *f* Knaus(e)rigkeit *f*

pidocchio [pi'dɔkko] <-cchi> *m* ❶ (ZOO) Laus *f* ❷ (*fig*) Knauser *m fam*, Geizhals *m fam;* **pidocchioso**, **-a** [pidok'kiio:so] *agg* ❶ (*infestato dai pidocchi*) verlaust, von Läusen befallen ❷ (*fig*) geizig, knaus(e)rig *fam*

piè [piɛ] *m* (*poet*) Fuß *m;* **a** ~ (**di**) **pagina** in der Fußnote

pied-à-terre [pieta'tɛ:r] <-> *m* Zweitwohnung *f*

pied-de-poule [piet'pul] <-> *m* Hahnentrittmuster *n*

piede ['piɛːde] *m* ❶ (ANAT) Fuß *m;* **essere** [*o* **stare**] **in -i** (auf den Füßen) stehen; **essere a -i** zu Fuß sein; **non stare in -i** (*fig*) auf wackeligen Füßen stehen; **andare a -i** zu Fuß gehen; **restare a -i** zu Fuß gehen müssen; **essere tra i -i** (*fam*) im Weg sein; **levarsi** [*o* **togliersi**] **dai -i qu** (*fam*) sich *dat* jdn vom Hals(e) schaffen; **prender** ~ Fuß fassen; **tenere in -i** (*fig*) aufrecht erhalten; **mettere i -i in testa a qu** (*fig*) jdn in die Knie zwingen; **mettere in -i qc** (*fig*) etw auf die Beine stellen; **puntare i -i** auf seiner Meinung beharren; **avere tutti ai propri -i** alle zu seinen Füßen liegen haben; **fatto coi -i** (*fam*) schlecht gemacht; **ragionare** [*o* **parlare**] **coi -i** (*fam*) unsinniges Zeug (daher)reden; **a -i nudi** barfuß; **da capo a -i** von Kopf bis Fuß; **su due -i** (*fig*) stehenden Fußes, augenblicklich; **i -i piatti** (*sl*) die Bullen *mpl*, die Polypen *mpl* ❷ (*di mobile*) Bein *n*; (*di lampadario*) Fuß *m*; ~ **del tavolo** Tischbein *n* ❸ (*di monte*) Fuß *m*; **ai -i della montagna** am Fuß der Berge ❹ (LIT) Versfuß *m*, Versmaß *n* ❺ (*unità di misura*) Fuß *m*

piedestallo [piedes'tallo] *m v.* **piedistallo**
piedino [pi'di:no] *m* Pressenotiz *f*; **fare** (**il**) ~ fußeln
piedipiatti [piedi'piatti] <-> *m* (*sl*) Bulle *m*
piedistallo [piedis'tallo] *m* Sockel *m*, Postament *n*
piedritto [pie'dritto] *m* Widerlager *n*
piega ['piɛːga] <-ghe> *f* Falte *f*; **gonna a -ghe** Faltenrock *m*; **messa in** ~ Einlegen *n* der Haare; **non fare una** ~ (*fig*) haargenau stimmen
piegaciglia [piega'tʃiʎʎa] <-> *m* Wimpernzange *f*
piegaferro [piega'fɛrro] <-> *m* Eisenbieger *m*
piegamento [piega'mento] *m* ❶ (*fare una piega*) Falten *n*; (*piegatura*) Biegen *n* ❷ (SPORT) (Knie-/Rumpf)beuge *f*
piegare [pie'ga:re] I. *vt* ❶ (*curvare*) biegen; (*flettere*) krümmen; (*inclinare*) beugen, biegen; (*testa*) senken ❷ (*ripiegare*) (zusammen)falten, zusammenlegen; (*fronte*) runzeln ❸ (*fig*) zwingen, beugen II. *vi* ❶ (*voltare*) (ab)biegen ❷ (*pendere da una parte*) sich krümmen, sich neigen III. *vr* **-rsi** ❶ (*fig: arrendersi*) sich ergeben, aufgeben ❷ (*incurvarsi*) sich beugen; **-rsi sotto il peso degli anni** sich unter der Last der Jahre beugen; **piegata** [pie'ga:ta] *f* Falten *n*; **dare una** ~ **ai vestiti** die Kleider falten; **piegatrice** [piega'tri:tʃe] *f* Falzmaschine *f*; **piegatura** [piega'tu:ra] *f* Falten *n*, Biegen *n*
pieghettare [pieget'ta:re] *vt* plissieren, fälteln; **pieghettatura** [piegetta'tu:ra] *f* Fälteln *n*, Plissieren *n*
pieghevole [pie'ge:vole] *agg* ❶ (*metallo, ramo*) biegsam ❷ (*sedia, tavolo*) (zusammen)klappbar, Klapp-; (*porta*) Falt-; **pieghevolezza** [piegevo'lettsa] *f* Biegsamkeit *f*; (*fig*) Nachgiebigkeit *f*
Piemonte [pie'monte] *m* Piemont *m*
piemontese[1] <*sing*> *m* (*dialetto*) piemontesischer Dialekt
piemontese[2] I. *mf* (*abitante*) Piemontese *m*, Piemontesin *f* II. *agg* piemontesisch; **le colline -i** das piemontesische Bergland

piena ['piɛːna] *f* ❶ (*di corso d'acqua*) Hochwasser *n*; **essere in** ~ Hochwasser haben ❷ (*calca*) Gedränge *n*, Menge *f* ❸ (*fig: intensità*) Stärke *f*, Kraft *f*
pienezza [pie'nettsa] *f* ❶ (*intensità*) Fülle *f*, Stärke *f* ❷ (*fig: impeto*) Wucht *f*
pieno ['piɛːno] *m* ❶ (*materia, parte piena*) voller Teil *n* ❷ (*colmo*) Höhepunkt *m*, Blüte *f*; **nel** ~ **dell'estate/inverno** mitten im Sommer/im Winter; **nel** ~ **della notte** mitten in der Nacht ❸ (MOT) voller Tank; (*carico*) volle Ladung; **fare il** ~ voll tanken
pieno, -a *agg* ❶ (*colmo*) voll; ~ **zeppo** (*fam*) gerammelt voll ❷ (*massiccio*) massig, stark ❸ (*abbondante*) ~ **di** reich an +*dat* ❹ (*completo*) vollständig, vollkommen; **luna -a** Vollmond *m*; **in** ~ (*completamente*) vollständig, gänzlich; (*esattamente*) genau; **sbagliare in** ~ (sich) gründlich irren; **in** ~ **giorno** am helllichten Tag; **in** ~ **inverno** im tiefsten Winter ❺ (*fig: pervaso*) **essere** ~ **di qc** von etw erfüllt sein; **essere** ~ **di invidia/stupore** voller Neid/Erstaunen sein; **essere** ~ **di sé** von sich *dat* eingenommen sein; **pienone** [pie'no:ne] *m* (*fam*) Gedränge *n*, Gewühl *n*; **pienotto, -a** [pie'nɔtto] *agg* rundlich, voll
piercing ['pi:rsing] <-> *m* Piercing *n*
pietà [pie'ta] <-> *f* ❶ (*compassione*) Mitleid *n*, Erbarmen *n*; **avere** ~ **di qu** mit jdm Mitleid haben; **muovere qu a** ~ jds Mitleid erregen ❷ (REL) Andächtigkeit *f*, Frömmigkeit *f*, Pietät *f* ❸ (*amore*) Liebe *f*, Zuneigung *f* ❹ (*in arte*) Pietà *f*
pietanza [pie'tantsa] *f* Gericht *n*, Speise *f*
pietismo [pie'tizmo] *m* ❶ (REL) Pietismus *m* ❷ (*fig, pej*) Frömmelei *f*; **pietista** [pie'tista] <-i *m*, -e *f*> *mf* Pietist(in) *m(f)*; **pietistico, -a** [pie'tistiko] <-ci, -che> *agg* ❶ (REL) pietistisch ❷ (*fig, pej*) bigott, frömmlerisch
pietoso, -a [pie'to:so] *agg* ❶ (*caritatevole*) barmherzig, mildtätig ❷ (*compassionevole*) Mitleid erregend, erbarmungswürdig; (*persona, stato*) bemitleidenswert
pietra ['piɛːtra] *f* Stein *m*, Gestein *n*; **età della** ~ Steinzeit *f*; **porre la prima** ~ (*a fig*) den Grundstein legen; **scagliare la prima** ~ (*fig*) den ersten Stein werfen; **mettere una** ~ **sopra qc** (*fig*) Gras über etw *acc* wachsen lassen, mit etw abschließen; **avere un cuore di** ~ ein Herz aus Stein haben; **pietraia** [pie'tra:ia] <-aie> *f* (*ammasso*) Steinhaufen *m*; (*luogo*) steiniges Gelände; **pietrame** [pie'tra:me] *m* Gesteinsmasse *f*; (*ammasso*) Steinhaufen *m*
pietrificare [pietrifi'ka:re] I. *vt* verstei-

nern, zu Stein werden lassen; (*a fig*) erstar-ren lassen **II.** *vr* **-rsi** zu Stein werden; (*a fig*) erstarren; **pietrificazione** [pietrifi-kat'tsio:ne] *f* Versteinerung *f*, Petrifikation *f*
pietrina [pie'tri:na] *f* Feuerstein *m*
pietrisco [pie'trisko] <-schi> *m* Splitt *m*, Schotter *m*
pietroso, -a [pie'tro:so] *agg* ❶ (*di pietra*) steinern, aus Stein ❷ (*pieno di pietre*) stei-nig
pieve ['pjɛ:ve] *f* (Kirchen)gemeinde *f*, Pfar-re(i) *f*
pifferaio [piffe'ra:io] <-ai> *m* (umherzie-hender) Schalmeienspieler *m;* **piffero** ['piffero] *m* Pfeife *f*, Schalmei *f*; (*a fig*) Pfei-fenspieler *m*
pigiama [pi'dʒa:ma] <-i> *m* Pyjama *m*, Schlafanzug *m*
pigia pigia ['pi:dʒa 'pi:dʒa] <-> *m* (dich-tes) Gedränge *n*
pigiare [pi'dʒa:re] *vt* (*premere*) stoßen, drücken; (*spingere*) dränge(l)n; (*uva*) kel-tern; **pigiatura** [pidʒa'tu:ra] *f* Keltern *n*, Kelterung *f*
pigione [pi'dʒo:ne] *f* (ADM) Miete *f*
pigliare [piʎ'ʎa:re] *vt* (*fam*) ~ **qc** sich *dat* etw schnappen; **pigliarle** Prügel kriegen
piglio ['piʎʎo] *m* Fassen *n*, Ergreifen *n;* **dar di ~ a qc** etw schnell packen
pigmentazione [pigmentat'tsio:ne] *f* Pigmentierung *f;* **pigmento** [pig'men-to] *m* Pigment *n*
pigna ['piɲɲa] *f* Pinienzapfen *m;* **avere le -e in testa** (*fig*) Flausen im Kopf haben *fam*
pignatta [piɲ'natta] *f* (*fam*) (Koch)topf *m*
pignola *f v.* **pignolo**
pignoleria [piɲɲole'ri:a] <-ie> *f* Kleinlich-keit *f*
pignolesco, -a [piɲɲo'lesko] <-schi, -sche> *agg* pingelig, kleinlich; **pignolo, -a** **I.** *agg* kleinlich, pedantisch **II.** *m, f* Pedant(in) *m(f)*, Klein(igkeits)krämer(in) *m(f)*
pignone [piɲ'ɲo:ne] *m* Ritzel *n*, Triebrad *n*
pignorabile [piɲɲo'ra:bile] *agg* pfänd-bar; **pignorabilità** [piɲɲorabili'ta] <-> *f* Pfändbarkeit *f*
pignoramento [piɲɲora'mento] *m* Pfän-dung *f*, Pfänden *n;* **pignorare** [piɲɲo'ra:re] *vt* ❶ (JUR) pfänden ❷ (*al monte di pietà*) versetzen, verpfänden
pigolare [pigo'la:re] *vi* ❶ (*pulcino*) piep(s)en ❷ (*fig: lamentarsi*) jammern, greinen; **pigolio** [pigo'li:o] <-ii> *m* Piep(s)en *n*, Gepiep(s)e *n*
pigra *f v.* **pigro**
pigrizia [pi'grittsia] <-ie> *f* Faulheit *f*, Trägheit *f;* **pigro, -a** ['pi:gro] **I.** *agg* (*indo-*

lente) faul, träge **II.** *m, f* Faulenzer(in) *m(f);* **pigrone, -a** [pi'gro:ne] *m, f* (*fam*) Faulpelz *m*, Tachinierer *m* A
PIL [pil] *abbr di* **Prodotto Interno Lordo** BIP (*Bruttoinlandsprodukt*)
pila ['pi:la] *f* ❶ (EL) Batterie *f;* ~ **a combu-stibile** Brennstoffzelle *f* ❷ (*serie*) Reihe *f*, Stapel *m* ❸ (*fam: lampadina tascabile*) Ta-schenlampe *f* ❹ (*di ponte*) (Brücken)pfei-ler *m*
pilastro [pi'lastro] *m* ❶ (ARCH) (Wand)pfei-ler *m*, Pilaster *m* ❷ (*fig: sostegno*) Stütze *f*, Säule *f*; **essere il ~ della famiglia** die Stüt-ze der Familie sein
pilatesco, -a [pila'tesko] <-schi, -sche> *agg* ausweichend; **rispondere in maniera -a** ausweichende Antworten geben
pilatura [pila'tu:ra] *f* Schälung *f*, Schälen *n*
pile [pail] *m* Fleece *n*
pilifero, -a [pi'li:fero] *agg* behaart, Haar-
pillola ['pillola] *f* ❶ (MED) Pille *f*, Tablette *f;* (*anticoncezionale*) (Antibaby)pille *f;* **pren-dere una** [*o* **la**] ~ eine Tablette [*o* die Pille] (ein)nehmen; **la ~ del giorno dopo** die Pille danach ❷ (*fig: difficoltà*) Ärger *m*, Verdruss *m;* **indorare la ~** (*fig*) die bittere Pille versüßen; **una ~ amara** (*fig*) eine bit-tere Pille
pillolo ['pillolo] *m* ❶ (MED: *scherz: anticon-cezionale per l'uomo*) Pille *f* für den Mann ❷ (*tosc: pietra di fiume*) Flusskiesel *m*
pilone [pi'lo:ne] *m* ❶ (ARCH) Pylon *m*, (Stütz)pfeiler *m* ❷ (SPORT) Dränger *m*
piloro [pi'lɔ:ro] *m* Pförtner *m*, Pylorus *m*
pilota[1] [pi'lɔ:ta] <-i> *m* (TEC) ~ **automatico** Autopilot *m*
pilota[2] <-i *m*, -e *f*> *mf* ❶ (AERO) Pilot(in) *m(f);* (MOT) (Renn)fahrer(in) *m(f)* ❷ (NAUT) Lotse *m*, Lotsin *f*
pilota[3] <inv> *agg* ❶ (*guida*) Pilot-, Lotsen- ❷ (*sperimentale*) Modell-, Pilot-
pilotaggio [pilo'taddʒo] <-ggi> *m* ❶ (AE-RO) Steuerung *f;* **scuola di ~** Flugschule *f* ❷ (NAUT) Lotsen *n;* **pilotare** [pilo'ta:re] *vt* ❶ (*automobile*) fahren, steuern; (*nave*) lot-sen; (*aereo*) fliegen, führen ❷ (*fig: condur-re*) führen, begleiten
piluccare [piluk'ka:re] *vt* ❶ (*uva*) abbee-ren ❷ (*mangiare sbocconcellando*) knab-bern
pimento [pi'mento] *m* Piment *m o n*
pimpante [pim'pante] *agg* lebhaft, keck
pin [pin] <-> *m acro di* **personal identifi-cation number** PIN *f*
pina ['pi:na] *f v.* **pigna**
pinacoteca [pinako'tɛ:ka] <-che> *f* Pina-kothek *f*
pinco ['piɲko] <-chi> *m* Dummkopf *m*,

Trottel *m;* ~ **pallino** (*fam*) irgendwer, ein x-beliebiger

pineta [pi'ne:ta] *f* Pinienwald *m*

ping-pong [piŋ 'pɔŋg] <-> *m* Tischtennis *n,* Pingpong *n*

pingue ['piŋgue] *agg* **❶** (*grasso*) dick, fett **❷** (*fertile*) fruchtbar **❸** (*fig: abbondante*) reichlich, fruchtbar; **pinguedine** [piŋ'guɛ:dine] *f* **❶** (*adiposità*) Fettsucht *f* **❷** (*grassezza*) Fettleibigkeit *f*

pinguino [piŋ'gui:no] *m* Pinguin *m*

pinna ['pinna] *f* **❶** (ZOO) Flosse *f* **❷** (SPORT) (Schwimm)flosse *f* **❸** (NAUT) Boots-, Schlingerkiel *m*

pinnacolo [pin'na:kolo] *m* **❶** (ARCH) Fiale *f* **❷** (*fig: roccia*) Zinne *f*

pinneggiare [pinned'dʒa:re] *vi* mit Flossen [*o* Beinschlag] schwimmen

pino ['pi:no] *m* **❶** (BOT) Kiefer *f* **❷** (*legno*) Kiefernholz *n*

pinolo [pi'nɔ:lo] *m* Pinienkern *m*

pin-up girl ['pinʌp 'gəːl] <-> *f* Fotomodell *n*

pinza ['pintsa] *f* **❶** (TEC) Zange *f;* (MED) Pinzette *f* **❷** (ZOO, *fam*) Schere *f,* Zange *f;* **pinzare** [pin'tsa:re] *vt* stechen, beißen; **pinzatura** [pintsa'tu:ra] *f* Stich *m,* Biss *m;* **pinzetta** [pin'tsetta] *f* Pinzette *f*

pinzimonio [pintsi'mɔ:nio] <-i> *m* (*tosc*) Salatsoße aus Öl, Pfeffer u Salz

pio, -a ['pi:o] <pii, pie> *agg* **❶** (*devoto*) demütig, ergeben **❷** (*religioso*) gläubig, gottesfürchtig **❸** (*caritatevole*) barmherzig, wohltätig

pioggerella [piɔddʒe'rɛlla] *f* Niesel-, Sprühregen *m;* **pioggia** ['piɔddʒa] <-gge> *f* **❶** (METEO) Regen *m;* -gge acide saurer Regen; ~ fine/fitta/scrosciante leichter/heftiger/prasselnder Regen; ~ mista a neve Schneeregen *m;* stagione delle -gge Regenzeit *f* **❷** (*fig*) Regen *m,* Flut *f;* (*rimproveri*) Hagel *m*

piolo ['piɔ:lo] *m* **❶** (*legnetto*) Holzpflock *m;* (*della tenda*) Hering *m* **❷** (*di scala*) (Holz)sprosse *f*

piombare [piom'ba:re] I. *vi* essere **❶** (*cadere dall'alto*) herunterfallen, herunterstürzen **❷** (*fig: sprofondare*) fallen, versinken **❸** (*fig: disgrazie*) zustoßen, widerfahren II. *vt* avere **❶** (*fam: dente*) plombieren **❷** (*pacco*) versiegeln, verplomben; (*carro*) verbleien, plombieren; **piombatura** [piomba'tu:ra] *f* **❶** (*di dente*) Plombe *f,* Füllung *f* **❷** (*atto*) Füllen *n,* Plombieren *n* **❸** (*rivestimento di piombo*) Verbleiung *f*

piombifero, -a [piom'bi:fero] *agg* bleihaltig, Blei-

piombino [piom'bi:no] *m* **❶** (*proiettile*)

Geschoss *n,* Kugel *f* **❷** (*di lenza*) Angelblei *n,* Senker *m;* (*di rete*) Netzblei *n* **❸** (*di filo a piombo*) Senkblei *n;* (*scandaglio*) Lot *n*

piombo ['piombo] *m* **❶** (CHEM) Blei *n;* pesare come il ~ schwer wie Blei sein; andare coi piedi di ~ (*fig*) auf der Hut sein, vorsichtig sein; senza ~ bleifrei **❷** (*del filo a piombo*) Senkblei *n;* (*di lenza*) Angelblei *n,* Senker *m;* filo a ~ Lot *n,* Senkblei *n;* a ~ senkrecht **❸** (*sigillo*) Plombe *f* **❹** (*proiettile*) (Blei)kugel *f,* Projektil *n* **❺** *pl* Bleiplatten *fpl* **❻** (TYP) Drucktypen *mpl,* Lettern *fpl*

pioniere [pio'niɛ:re] *m* Pionier *m;* **pionierismo** [pionie'rizmo] *m* Pioniergeist *m;* **pionieristico, -a** [pionie'ristiko] <-ci, -che> *agg* wegbereitend, bahnbrechend

pio pio ['pi:o 'pi:o] I. <-> *m* Piep(s)en *n* II. *int* piep(s) piep(s)

pioppaia [piop'pa:ia] <-aie> *f* Pappelpflanzung *f;* **pioppeto** [piop'petto] *m* Pappelwald *m;* **pioppo** ['piɔppo] *m* Pappel *f*

piorrea [pior'rɛ:a] *f* (MED) Eiterfluss *m*

piota [pi'ɔ:ta] *f* Rasen-, Erdscholle *f*

piovano, -a [pio'va:no] *agg* Regen-; **piovasco** [pio'vasko] <-schi> *m* Regenschauer *m,* Platzregen *m*

piovere ['piɔ:vere] <piove, piovve, piovuto> *vi* essere *o* avere **❶** (METEO) regnen; (*penetrare acqua*) durch-, hereinregnen; ~ a catinelle wie aus Eimern schütten; ~ a dirotto gießen; ~ a scroscio in Strömen regnen; su questo non ci piove (*fam fig*) das ist so klar wie Kloßbrühe; piove sul bagnato (*in senso positivo*) wer hat dem wird gegeben; (*in senso negativo*) ein Unglück kommt selten allein **❷** (*fig*) hageln, regnen; (*rimproveri*) hageln **❸** (*fig: notizia*) eingehen; (*disgrazia*) hereinbrechen; **piovigginare** [pioviddʒi'na:re] *vi* essere *o* avere nieseln, tröpfeln; **piovigginoso, -a** [pioviddʒi'no:so] *agg* regnerisch; **pioviscolare** [piovisko'la:re] *vi* essere *o* avere nieseln; **piovosità** [piovosi'ta] <-> *f* Niederschlags-, Schauerneigung *f;* **piovoso, -a** [pio'vo:so] *agg* regnerisch, Regen-

piovra ['piɔ:vra] *f* **❶** (ZOO) Polyp *m* **❷** (*fig*) Blutsauger *m,* Schmarotzer *m*

piovuto [pio'vu:to] *pp di* piovere

piovve ['piɔvve] *3. pers sing pass rem di* piovere

pipa ['pi:pa] *f* Pfeife *f;* fumare la ~ Pfeife rauchen; **pipata** [pi'pa:ta] *f* **❶** (*quantità di tabacco*) Pfeife(voll) *f,* Pfeifenfüllung *f* **❷** (*tirata di fumo*) (Pfeifen)zug *m;* fare una ~ an der Pfeife ziehen

pipeline ['paiplain] <-> *m* Pipeline *f*, Erdölleitung *f*

pipetta [pi'petta] *f* Pipette *f*

pipì [pi'pi] <-> *f* (*fam*) Pipi *n;* **fare (la) ~** Pipi machen, pieseln

pipistrello [pipis'trɛllo] *m* **❶** (ZOO) Fledermaus *f* **❷** (*mantello*) Umhang *m*, Fledermauscape *n*

pipita [pi'pi:ta] *f* **❶** (ZOO) Pips *m* **❷** (ANAT) Nagelhaut *f*

piqué [pi'ke] <-> *m* Pikee *m o n*, Piqué *m o n*

pira ['pi:ra] *f* (*poet*) Scheiterhaufen *m*

piramidale [pirami'da:le] *agg* **❶** (ARCH) pyramidenförmig, Pyramiden- **❷** (*fig: madornale*) gewaltig, riesig **❸** (*organizzazione*) hierarchisch; **piramide** [pi'ra:mide] *f* Pyramide *f*

piranha [pi'rɛɲa] <-> *m* Piranha *m*

pirata <inv> *agg* Piraten-; **edizione** [*o* copia] **~** Raubkopie *f;* **emittente ~** Piratensender *m*

pirata, -tessa [pi'ra:ta, pira'tessa] <-i, -esse> *m, f* **❶** (*uomo di mare*) Pirat(in) *m(f)*, Seeräuber(in) *m(f);* **~ della strada** Unfallflüchtige(r) *f(m);* **~ dell'aria** Flugzeugentführer(in) *m(f)*, Luftpirat(in) *m(f)* **❷** (*fig*) Gauner(in) *m(f)*, Betrüger(in) *m(f)* **❸** (INFORM) **~ informatico** Hacker *m*

piratare [pira'ta:re] *vt* (INFORM) **~ qc** von etw Raubkopien anfertigen; **piratato, -a** [pira'ta:to] *agg* (INFORM) **software ~** Software-Raubkopie *f;* **pirateggiare** [pirated'dʒa:re] *vi* **❶** (*esercitare la pirateria*) Pirat sein **❷** (*fig: fare ruberie*) gaunern, betrügen

pirateria [pirate'ri:a] <-ie> *f* **❶** (*azione, mondo*) Piraterie *f;* **~ informatica** Software-Piraterie *f* **❷** (*fig*) Gaunerei *f*, Betrügerei *f;* **piratesco, -a** [pira'tesko] <-schi, -sche> *agg* seeräuberisch, Piraten-; **piratessa** *f v.* pirata

Pirenei [pire'nɛːi] *mpl* Pyrenäen *pl*

pirico, -a ['pi:riko] <-ci, -che> *agg* pyritisch, Pyrit-; **polvere -a** Schießpulver *n*

pirite [pi'ri:te] *f* Pyrit *m*, Schwefelkies *m;* **piritico, -a** [pi'ri:tiko] <-ci, -che> *agg* Pyrit-, pyrithaltig

piroetta [piro'etta] *f* Pirouette *f;* (*giravolta*) schnelle (Um)drehung; **piroettare** [piroet'ta:re] *vi* Pirouetten drehen

pirofila [pi'rɔ:fila] *f* **❶** (*materiale*) feuerfestes Material **❷** (*tegame*) feuerfeste Form; **pirofilo, -a** [pi'rɔ:filo] *agg* feuerfest, hitzebeständig

piroga [pi'rɔ:ga] <-ghe> *f* Einbaum *m*

piromane [pi'rɔ:mane] *mf* Pyromane *m*, Pyromanin *f;* **piromania** [piroma'ni:a] *f* Pyromanie *f*

pirometallurgia [pirometallur'dʒi:a] *f* (TEC) Pyrometallurgie *f*

piroscafo [pi'rɔskafo] *m* Dampfer *m*, Dampfschiff *n*

piroscissione [piroʃʃis'sio:ne] *f* Krackverfahren *n*

pirotecnica [piro'tɛknika] <-che> *f* Pyrotechnik *f*, Feuerwerkskunst *f*

pirotecnico [piro'tɛkniko] <-ci> *m* Rüstungsfabrik *f;* **pirotecnico, -a** <-ci, -che> I. *agg* pyrotechnisch II. *m, f* Feuerwerker(in) *m(f)*, Pyrotechniker(in) *m(f)*

Pisa *f* Pisa *n* (*Stadt in der Toskana*)

Pisano <*sing*> *m* Umgebung *f* von Pisa

pisano, -a [pi'sa:no] I. *m, f* (*abitante*) Pisaner(in) *m(f)* II. *agg* pisanisch

piscia ['piʃʃa] <-sce> *f* (*vulg*) Pisse *f;* **fare la ~** pissen, pinkeln; **pisciare** [piʃ'ʃa:re] *vi* (*vulg*) pissen; **pisciarsi addosso** [*o* sotto] (*fig*) sich in die Hosen machen *fam;* **pisciata** [piʃ'ʃa:ta] *f* (*vulg*) Pissen *n;* **fare una ~** (mal) pinkeln (gehen) *fam;* **pisciatoio** [piʃʃa'to:io] <-oi> *m* (*vulg*) Pissoir *n*, Pissbecken *n*

piscicoltore, -trice [piʃʃikol'to:re] *m, f* Fischzüchter(in) *m(f);* **piscicoltura** [piʃʃikol'tu:ra] *f* Fischzucht *f*

piscina [piʃ'ʃi:na] *f* **❶** (*vasca*) Schwimmbecken *n*, -bassin *n* **❷** (*stabilimento*) Schwimmbad *n*, Badeanstalt *f;* **~ coperta** Hallenbad *n;* **~ scoperta** Freibad *n*

piscio ['piʃʃo] <-sci> *m* (*vulg*) Pisse *f;* **piscione, -a** [piʃ'ʃo:ne] *m, f* (*vulg*) Pisser(in) *m(f)*

pisello[1] [pi'sɛllo] *m* **❶** (BOT, GASTR) Erbse *f;* **crema di -i** Erbsencremesuppe *f* **❷** (*fam: pene*) Zipfel *m*

pisello[2] <inv> *agg* erbsengrün

pisolare [pizo'la:re] *vi* (*fam*) dösen, ein Nickerchen machen

pisolino [pizo'li:no] *m* (*fam*) Nickerchen *n;* **fare** [*o* schiacciare] **un ~** dösen, ein Nickerchen machen

pisside ['pisside] *f* (REL) Hostienkelch *m*

pissi pissi ['pissi 'pissi] I. <-> *m* Wispern *n*, Zischeln *n* II. *int* psch(t), psch(t)

pista ['pista] *f* **❶** (*traccia*) Fährte *f*, Spur *f* **❷** (*da ballo*) Tanzfläche *f* **❸** (SPORT) Piste *f*, Bahn *f* **❹** (*di circo*) Manege *f* **❺** (AERO) Rollfeld *n;* **~ di atterraggio** Landebahn *f;* **~ di rullaggio** Rollbahn *f;* **~ di volo** Flugbahn *f* **❻** (*del registratore*) (Magnet)spur *f;* (FILM) Streifen *m*, Spur *f* **❼** (*via*) Weg *m*, Pfad *m;* **~ ciclabile** Rad(fahr)weg *m*

pistacchio[1] [pis'takkio] <-cchi> *m* Pistazie *f*

pistacchio[2] <inv> *agg* pistaziengrün

P

pistillo [pisˈtillo] *m* (Blüten)stempel *m*, Blütennarbe *f*

Pistoia *f* Pistoia *n* (*Stadt in der Toskana*)

pistoiese [pistoiˈeːse] I. *mf* (*abitante*) Einwohner(in) *m(f)* von Pistoia II. *agg* aus Pistoia, von Pistoia; **cittadino ~** Bürger von Pistoia

Pistoiese <*sing*> *m* Provinz *f* Pistoia

pistola [pisˈtɔːla] *f* Pistole *f*; **~ ad acqua** Wasserpistole *f*; **pistolero** [pistoˈlɛːro] *m* Pistolen-, Revolverheld *m*; **pistolettata** [pistoletˈtaːta] *f* Pistolenschuss *m*

pistone [pisˈtoːne] *m* ❶ (MOT) (Motor)kolben *m* ❷ (MUS) Ventil *n*, Piston *n*

pitagorico [pitaˈgɔːriko] *m* Pythagoreer *m*

pitagorico, -a <-ci, -che> *agg* pythagoreisch; **tavola -a** Einmaleins *n*

pitale [piˈtaːle] *m* (*fam*) Nachttopf *m*

pitoccare [pitokˈkaːre] *vi* betteln

pitoccheria [pitokkeˈriːa] <-ie> *f* Knaus(e)rigkeit *f*; **pitocco, -a** [piˈtɔkko] <-cchi, -cche> I. *m, f* Geizhals *m* II. *agg* geizig, knaus(e)rig

pitone [piˈtoːne] *m* Python *m*

pittima [ˈpittima] *f* Nervensäge *f*, Quälgeist *m*

pittografia [pittograˈfiːa] *f* Bilderschrift *f*, Piktografie *f*; **pittografico, -a** [pittoˈgraːfiko] <-ci, -che> *agg* Bilder-, piktographisch

pittogramma [pittoˈgramma] <-i> *m* Piktogramm *n*

pittore, -trice [pitˈtoːre] *m, f* ❶ (*artista*) Zeichner(in) *m(f)*, Maler(in) *m(f)* ❷ (*imbianchino*) Maler(in) *m(f)*, Anstreicher(in) *m(f)*; **pittoresco, -a** [pittoˈresko] <-schi, -sche> *agg* (*a fig*) pittoresk, malerisch; **pittorico, -a** [pitˈtɔːriko] <-ci, -che> *agg* ❶ (*di pittura*) Mal-, Zeichen- ❷ (*fig*) malerisch

pittrice *f v.* **pittore**

pittura [pitˈtuːra] *f* ❶ (*arte*) Malerei *f*, Zeichenkunst *f* ❷ (*dipinto*) Bild *n*, Gemälde *n*; **sembrare una ~** wie gemalt sein ❸ (*verniciatura*) Anstrich *m*; **pitturare** [pittuˈraːre] I. *vt* ❶ (*dipingere*) malen ❷ (*verniciare*) anstreichen II. *vr* **-rsi** (*fam*) sich schminken, sich anmalen

più [piu] *comparativo di* **molto, -a** I. *avv* ❶ (*maggiormente*) mehr; (*comparativo*) (noch) mehr; (*superlativo*) am meisten; **~ intelligente/bello** intelligenter/schöner; **è il ~ vecchio** er ist der Älteste, er ist am ältesten; **ha lasciato i bambini quando ~ avevano bisogno del padre** er hat die Kinder verlassen, als sie den Vater am meisten brauchten; **in ~** darüber hinaus; **mi ha dato un libro in ~** er [*o* sie] hat mir

ein Buch zuviel gegeben; **tanto ~** viel mehr; **niente** (**di**) **~** nichts mehr; **non ne posso ~** ich kann nicht mehr; **mai ~** nie(mals) mehr, nie wieder; **~ che mai** mehr denn je; **~ ... che ...** mehr ... als ..., eher ... als ...; **~ o meno** mehr oder weniger; **~ chi meno** der eine mehr, der andere weniger; **~ su** weiter oben; **tra non ~ di un mese** in nicht mehr als einem Monat; **chi ~ ha ~ vuole** (*prov*) wer viel hat, will noch mehr; **chi ~ ne ha ~ ne metta** und das ist (längst) noch nicht alles, und so weiter und so fort ❷ (*di temperatura*) plus, über Null; **~ tre** 3 Grad über Null ❸ (MAT) plus, und ❹ (*votazione scolastica*) plus ❺ (*oltre*) weiter; **per di ~** obendrein, darüber hinaus II. *prp* (und) außerdem (noch), plus III. <*inv*> *agg* mehr; (*parecchi*) einige, mehrere; **ci vuole ~ tempo** es braucht mehr Zeit; **~ persone vengono e meglio è** je mehr Leute kommen, um so besser ist es; **al ~ presto** so schnell wie möglich; **al ~ tardi** spätestens IV. <-> *m* ❶ (*massimo*) Höchste(s) *n*, Meiste(s) *n*; **al ~** höchstens; **a ~ non posso** (*fam*) mit voller Kraft, was das Zeug hält; **tutt'al ~** allerhöchstens, maximal; **per lo ~** um so mehr, als ❷ (*parte maggiore*) größter Teil, Großteil *m*; **le ~ delle volte** meistens, in den meisten Fällen ❸ *pl* (*la maggioranza*) Mehrzahl *f*, Mehrheit *f* ❹ (*cosa più importante*) Hauptsache *f*, Wichtigste(s) *n* ❺ (MAT) Plus(zeichen) *n* ❻ (*loc*) **parlare del ~ e del meno** über dieses und jenes reden

piuccheperfetto [piukkeperˈfetto] *m* Plusquamperfekt *n*, Vorvergangenheit *f*

piuma¹ [ˈpiuma] *f* ❶ (*penna*) (Flaum)feder *f*, Daune *f* ❷ (*ornamento*) (Schmuck)feder *f*

piuma² <*inv*> *agg* **peso ~** (SPORT) Federgewicht *n*; **piumaggio** [piuˈmaddʒo] <-ggi> *m* Federkleid *n*, Gefieder *n*; **piumato, -a** [piuˈmaːto] *agg* gefedert, Feder-

piumino [piuˈmiːno] *m* ❶ (ZOO) Flaumfeder *f*, Flaum *m* ❷ (*per la cipria*) Puderquaste *f* ❸ (*coperta*) Federbett *n* ❹ (*per spolverare*) Staubwedel *m* ❺ (*proiettile*) Schießbolzen *m*

piumone® [piuˈmoːne] *m* Steppdecke *f*, Daunenjacke *f*

piumoso, -a [piuˈmoːso] *agg* (*fig: soffice*) flaumig, weich

piuttosto [piutˈtɔsto] *avv* ❶ (*più volentieri*) eher, lieber; (*più facilmente*) leichter; **~ che ... +conj** *o* **inf, di ... +inf** eher, als dass ...; (*anziché*) (an)statt zu ... +*inf*, (an)statt dass ... ❷ (*alquanto*) ziemlich, relativ ❸ (*invece*) anstatt ❹ (*meglio*) besser, vielmehr

piva ['pi:va] *f* Dudelsack *m*

pivello, -a [pi'vɛllo] *m, f* (*fam*) Grünschnabel *m*

piviale [pi'via:le] *m* Chormantel *m*, Pluviale *n*

pixel ['piksəl] <-> *m* ❶ (INFORM) Pixel *n*, Bildelement *n* ❷ (FOTO) Bildpunkt *m*, Bildelement *n*

pizza ['pittsa] *f* ❶ (GASTR) Pizza *f;* ~ **al taglio** Pizza in Stücken ❷ (*persona o cosa noiosa*) Langweiler(in) *m(f)*, langweilige Sache; **che ~**! wie langweilig!; **pizzaiolo, -a** [pittsa'iɔːlo] *m, f* ❶ (*chi fa le pizze*) Pizzabäcker(in) *m(f)*; **alla -a** *mit Tomaten, Knoblauch und Petersilie* ❷ (*gestore di pizzeria*) Inhaber(in) *m(f)* einer Pizzeria

pizzardone [pittsar'do:ne] *m* (*dial*) Schutzmann *m*

pizzeria [pittse'ri:a] <-ie> *f* Pizzeria *f*, Pizzabäckerei *f*

pizzicagnolo, -a [pittsi'kaɲnolo] *m, f* Wurst- und Käsehändler(in) *m(f)*

pizzicare [pittsi'ka:re] **I.** *vt* ❶ (*stringere*) kneifen, zwicken ❷ (*pungere*) stechen ❸ (*stuzzicare*) stochern, bohren ❹ (*fig*) stechen; (*freddo*) beißen ❺ (MUS) zupfen **II.** *vi* ❶ (*prudere*) kitzeln, jucken; (*fam fig*) kribbeln, prickeln ❷ (*bruciare*) brennen, stechen

pizzicato [pittsi'ka:to] *m* Pizzikato *n*

pizzicato, -a *agg* gezupft, pizzikato; **strumenti a corde -e** Zupfinstrumente *npl*

pizzicheria [pittsike'ri:a] <-ie> *f* Wurst- u Käsegeschäft *n*

pizzico ['pittsiko] <-chi> *m* ❶ (*pizzicotto*) Kniff *m* ❷ (*di sale, di pepe*) Prise *f* ❸ (*puntura d'insetto*) (Insekten)stich *m*, -biss *m*

pizzicore [pittsi'ko:re] *m* ❶ (*prurito*) Jucken *n*, Kribbeln *n* ❷ (*fam fig*) Lust *f*, Laune *f*

pizzicottare [pittsikot'ta:re] *vt* (*fam*) kneifen, zwicken; **pizzicotto** [pittsi'kɔtto] *m* Kneifen *n*, Zwicken *n*

pizzo ['pittso] *m* ❶ (*merletto*) Spitze *f* ❷ (*barba*) Spitzbart *m* ❸ (*tangente*) Schutzgeld *n;* **pagare il ~** Schutzgeld zahlen

placare [pla'ka:re] **I.** *vt* ❶ (*fig*) besänftigen, beruhigen ❷ (*fame, sete*) stillen **II.** *vr* **-rsi** sich beruhigen; (*a fig*) sich legen

placca ['plakka] <-cche> *f* ❶ (*piastra*) Platte *f* ❷ (*targhetta*) Plakette *f*, Schildchen *n* ❸ (EL) Anode *f* ❹ (MED) Fleck *m;* ~ **batterica** [*o* **dentaria**] (bakterieller) Zahnbelag *m*, Plaque *f*

placcaggio [plak'kaddʒo] <-ggi> *m* Festhaltegriff *m*, Stoppgriff *m* (im Rugby)

placcare [plak'ka:re] *vt* plattieren; ~ **d'** [*o* **in**] **oro/argento** vergolden/versilbern; **placcatura** [plakka'tu:ra] *f* Plattierung *f*, Dublierung *f*

placchetta [plak'ketta] *f* ❶ (EL) Fangelektrode *f* ❷ (*bassorilievo*) Plakette *f* ❸ (TEC) (Schneid)plättchen *n*

placebo [pla'tʃɛ:bo] <-> *m* Placebo *n*

placenta [pla'tʃɛnta] *f* Plazenta *f*, Mutterkuchen *m*

placet ['pla:tʃet] <-> *m* Plazet *n*

placidità [platʃidi'ta] <-> *f* Ruhe *f*, Stille *f;* **placido, -a** [pla'tʃido] *agg* ruhig, still

placito ['pla:tʃito] *m* (HIST) Urteil *n*

plafond [pla'fɔ̃] <-> *m* ❶ (*soffitto*) (Zimmer)decke *f* ❷ (FIN, COM) Plafond *m*

plafoniera [plafo'niɛ:ra] *f* Deckenlampe *f*, -leuchte *f;* (FILM) Deckenstrahler *m*, -scheinwerfer *m*

plagiare [pla'dʒa:re] *vt* ❶ (LIT) plagieren ❷ (JUR) hörig machen, gefügig machen; **plagiario, -a** [pla'dʒa:rio] <-i, -ie> **I.** *agg* plagiatorisch **II.** *m, f* Plagiator(in) *m(f);* **plagio** ['pla:dʒo] <-gi> *m* ❶ (LIT) Plagiat *n* ❷ (JUR) Hörigmachen *n*

plaid [plɛd] <-> *m* Plaid *n o m*, Reisedecke *f*

planare [pla'na:re] *vi* gleiten; **planarità** [planari'ta] <-> *f* (TEC) Planheit *f;* **planata** [pla'na:ta] *f* Gleitflug *m;* **planato, -a** [pla'na:to] *agg* Gleit-; **volo ~** Gleitflug *m*

plancia ['plantʃa] <-ce> *f* ❶ (AUTO) Armaturenbrett *n;* ~ **portastrumenti** Instrumententafel *f* ❷ (NAUT: *ponte*) (Kommando)brücke *f;* (*passerella*) (Lauf)steg *m*

plancton ['plaŋkton] <-> *m* Plankton *n*

planetario [plane'ta:rio] <-i> *m* ❶ (ASTR) Planetarium *n* ❷ (MOT) Planetengetriebe *n*

planetario, -a <-i, -ie> *agg* planetar(isch), Planeten-

planetologia [planetolo'dʒi:a] *f* (ASTR) Planetologie *f;* **planetologo, -a** [plane'tɔ:logo] <-ghi, -ghe> *m, f* (ASTR) Planetologe, -login *m, f*

planimetria [planime'tri:a] <-ie> *f* ❶ (MAT) Planimetrie *f*, ebene Geometrie ❷ (*pianta*) Gebäudeplan *m* ❸ (*topografia*) Flächenmessung *f;* **planimetrico, -a** [plani'mɛ:triko] <-ci, -che> *agg* planimetrisch; **planimetro** [pla'ni:metro] *m* Planimeter *n*, Flächenmesser *m*

planisfero [planis'fɛ:ro] *m* Planisphäre *f*, Planiglobium *n;* ~ **celeste** Himmels-, Sternkarte *f*

plantare [plan'ta:re] *m* orthopädische (Schuh)einlage

plantigrado, -a [plan'ti:grado] **I.** *agg* Sohlen- **II.** *m, f* ❶ (ZOO) Sohlengänger *m*

❷ (*fam pej*) lahme Ente *f*

plasma ['plazma] <-i> *m* Plasma *n*

plasmabile [plaz'ma:bile] *agg* formbar, gestaltbar; **plasmare** [plaz'ma:re] *vt* ❶ (*materiale*) modellieren, formen ❷ (*fig*) formen, bilden

plastica [plastika] <-che> *f* ❶ (*materiale*) Plastik *n*, Kunststoff *m* ❷ (KUNST, MED) Plastik *f*; **plasticismo** [plasti'tʃizmo] *m* Plastizität *f*; **plasticità** [plastitʃi'ta] <-> *f* Plastizität *f*

plasticizzante [plastitʃid'dzante] **I.** *agg* (TEC) plastifizierend, Plastifizier- **II.** *m* (TEC: *sostanza ~*) Plastifiziermittel *n*

plastico ['plastiko] <-ci> *m* ❶ (ARCH) Modell *n* ❷ (*rappresentazione topografica*) Relief *n*

plastico, -a <-ci, -che> *agg* ❶ (*in plastica*) aus Plastik, Plastik- ❷ (*arte*) darstellend, bildend; (*in rilievo*) plastisch ❸ (TEC) dehnbar, modellierbar ❹ (MED) plastisch

plastificante [plastifi'kante] *m* Weichmacher *m*, Plastifikator *m*; **plastificare** [plastifi'ka:re] *vt* ❶ (*rendere plastico*) plasti(fi)zieren ❷ (*rivestire di plastica*) (mit Kunststoff) beschichten; **plastificazione** [plastifikat'tsio:ne] *f* Plastifizierung *f*; (*di plastica*) Beschichtung *f*

plastilina® [plasti'li:na] *f* Plastilin® *n*, Knetgummi *m* o *n*

plastimetro [plas'ti:metro] *m* (GEOL, TEC) Prüfgerät *n* für Bodendurchlässigkeit

platano ['pla:tano] *m* Platane *f*

platea [pla'tɛ:a] *f* ❶ (THEAT) Parkett *n* ❷ (TV: *pubblico*) Publikum *n*, Zuschauer *mpl*; **plateale** [plate'a:le] *agg* offensichtlich, eindeutig

plateau [pla'to] <-> *m* ❶ (GEOG) Plateau *n*, Tafel *f* ❷ (*cassetta*) Kasten *m*, Kästchen *n*

platinare [plati'na:re] *vt* platinieren; (*capelli*) platinblond färben; **platino** ['pla:tino] *m* Platin *n*

platonico [pla'tɔ:niko] <-ci> *m* Platoniker *m*

platonico, -a <-ci, -che> *agg* platonisch

plausibile [plau'zi:bile] *agg* (*spiegazione, ragione*) plausibel, einsehbar; (*prova*) stichhaltig; **plausibilità** [plauzibili'ta] <-> *f* Glaubwürdigkeit *f*, Plausibilität *f*

plauso ['pla:uzo] *m* Beifall *m*, (begeisterte) Zustimmung *f*

playback ['pleibæk] <-> *m* Play-back *n*

playboy ['pleibɔi] <- o playboys> *m* Playboy *m*; **playgirl** ['pleigə:l] o plɛi'gɛrl] <-> *f* (*donna piacente*) Playgirl *n*

playmaker ['pleimeikə] <-> *m* Spielführer(in) *m(f)*

playout ['pleiaut] <- o playouts> *m*

(SPORT) Spiele *npl* um den Klassenerhalt

plaza ['plaza] <- o plazas> *f* ❶ (*piazza*) Plaza *f*, Platz *m* ❷ (*l'arena dove ha luogo la corrida*) Stierkampfarena *f*

plazer [pla'tser] <plazers> *m* (LIT) Troubadourlyrik *f*

plebaglia [ple'baʎʎa] <-glie> *f* (*pej*) Pöbel *m*, Gesindel *n*; **plebe** ['plɛ:be] *f* ❶ (*pej*) Pöbel *m*, Mob *m* ❷ (HIST) Plebs *f*; **plebeo, -a** [ple'bɛ:o] *agg* ❶ (*pej*) pöbelhaft, gemein ❷ (HIST) plebejisch

plebiscitario, -a [plebiʃʃi'ta:rio] <-i, -ie> *agg* ❶ (POL) plebiszitär ❷ (*fig*) einstimmig, einhellig; **plebiscito** [plebiʃʃi:to] *m* ❶ (POL) Plebiszit *n*, Volksabstimmung *f* ❷ (*fig*) Einstimmigkeit *f*

Pleiadi ['plɛ:iadi] *fpl* Plejaden *pl*

plenario, -a [ple'na:rio] <-i, -ie> *agg* ❶ (*riunione*) Voll-, Plenar- ❷ (*totale*) vollkommen, vollständig; **indulgenza -a** (REL) vollständiger Ablass

plenilunare [plenilu'na:re] *agg* Vollmond-; **plenilunio** [pleni'lu:nio] <-i> *m* Vollmond *m*

plenipotenziario, -a [plenipoten'tsia:rio] <-i, -ie> **I.** *agg* bevollmächtigt **II.** *m, f* Bevollmächtigte(r) *f(m)*

plenum ['plɛ:num] <-> *m* Vollversammlung *f*, Plenum *n*

pleonasmo [pleo'nazmo] *m* Pleonasmus *m*; **pleonastico, -a** [pleo'nastiko] <-ci, -che> *agg* ❶ (LING, LIT) pleonastisch ❷ (*fig: superfluo*) überflüssig, unnötig

plesso ['plɛsso] *m* ❶ (ANAT) Plexus *m*; *~ solare* Sonnengeflecht *n*, Solarplexus *m* ❷ (*fig*) Geflecht *n*, Komplex *m*

pletora ['plɛ:tora] *f* ❶ (*fig: sovrabbondanza*) Überschuss *m*, Überfluss *m* ❷ (MED) Plethora *f*, Blutfülle *f*; **pletorico, -a** [ple'tɔ:riko] <-ci, -che> *agg* (*sovrabbondante*) überflüssig, übermäßig

plettro ['plɛttro] *m* Plektron *n*

pleura ['plɛ:ura] *f* Brustfell *n*, Rippenfell *n*; **pleurico, -a** ['plɛ:uriko] <-ci, -che> *agg* Brustfell-, Rippenfell-; **pleurite** [pleu'ri:te] *f* Brust-, Rippenfellentzündung *f*, Pleuritis *f*

PLI *m abbr di* **Partito Liberale Italiano** liberale Partei Italiens

plico ['pli:ko] <-chi> *m* Aktenbündel *n*; (*busta*) großer Umschlag; *~ postale* Postsendung *f*

plissé [pli'se] **I.** <inv> *agg* plissiert, Plissee- **II.** <-> *m* Plissee *n*; **plissettare** [plisset'ta:re] *vt* plissieren; **plissettatrice** [plissetta'tri:tʃe] *f* (TEC) Faltmaschine *f*, Plisseemaschine *f*; **plissettatura** [plisset-ta'tu:ra] *f* (TEC) Plissieren *n*

plot [plɔt] <-> *m* (FILM, TV, LIT) Plot *m*, Handlung *f*

plotone [plo'to:ne] *m* (MIL) Zug *m*, Abteilung *f*; ~ **d'esecuzione** Exekutionskommando *n*

plotter ['plɔtə] <- *o* plotters> *m* (INFORM) Plotter *m*, Kurvenzeichner *m*

plug-In [plʌg'ɪn] <-> *m* (INFORM) Plug-in *n*

plumbeo, -a ['plumbeo] <-ei, -ee> *agg* ➊ (*di piombo*) bleiern ➋ (*colore*) bleifarben

plurale [plu'ra:le] **I.** *agg* pluralisch, Mehrzahl- **II.** *m* Plural *m*, Mehrzahl *f*; **pluralismo** [plura'lizmo] *m* Pluralismus *m*; **pluralista** [plura'lista] <-i *m*, -e *f*> *mf* Pluralist(in) *m(f)*; **pluralistico, -a** [plura'listiko] <-ci, -che> *agg* pluralistisch; **pluralità** [plurali'ta] <-> *f* (*maggioranza*) Mehrheit *f*, Mehrzahl *f*

pluri- [pluri] (*in parole composte*) mehr(fach)-, viel-

pluriaggravato, -a [pluriaggra'va:to] *agg* (JUR) durch mehrere Umstände erschwert

pluriarticolato, -a [pluriartiko'la:to] *agg* Mehrgelenk-; **grù -a** Mehrgelenkkran *m*

pluriatomico, -a [pluria'tɔ:miko] <-ci, -che> *agg* (PHYS) mehratomig

pluricellulare [pluritʃellu'la:re] *agg* vielzellig; **organismo** ~ Vielzeller *m*

pluricentrico, -a [pluri'tʃɛntriko] <-ci, -che> *agg* polizentralistisch, dezentral

pluriclasse [pluri'klasse] **I.** *f* in mehrere Klassen aufgeteilter Grundschulunterricht **II.** *agg* Mehrklassen-; **scuola** ~ Zwergschule *f*

pluricoltura [plurikol'tu:ra] *f* (AGR) Polykultur *f*

pluridecorato, -a [plurideko'ra:to] **I.** *agg* mehrfach ausgezeichnet, mehrfach prämiert **II.** *m*, *f* mehrfach ausgezeichnete Person *f*

pluridimensionale [pluridimensio'na:le] *agg* mehrdimensional

pluridimensionalità [pluridimensiona-li'ta] <-> *f* Mehrdimensionalität *f*, Vielschichtigkeit *f*

pluridirezionale [pluridirettsio'na:le] *agg* in mehrere Richtungen; **indagini -i** Ermittlungen, die in mehrere Richtungen laufen

pluridisabilità [pluridizabili'ta] *f* Mehrfachbehinderung *f*

pluridisciplinare [pluridiʃʃipli'na:re] *agg* multidisziplinär; **una ricerca** ~ eine multidisziplinäre Studie

plurienne [plurien'na:le] *agg* mehrjährig

plurietnico, -a [pluri'ɛtniko] <-ci, -che> *agg* multiethnisch

plurifase [pluri'fa:ze] <inv> *agg* ➊ (*che si* svolge *in più fasi*) mehrphasig, in mehreren Phasen ➋ (TEC) Mehrphasen-; **corrente** ~ Mehrphasenstrom *m* ➌ (COM, FIN) Mehrphasen-

plurigemellare [pluridʒemel'la:re] *agg* (MED) Mehrlings-; **parto** ~ Mehrlingsgeburt *f*

plurigemino, -a [pluri'dʒe:mino] *agg* (MED) *v.* **plurigemellare**

plurilaterale [plurilate'ra:le] *agg* ➊ (*gener*) mehrseitig ➋ (POL: *nel linguaggio diplomatico*) multilateral; **plurilateralità** [plurilaterali'ta] <-> *f* multilateraler Charakter

plurilingue [pluri'lingue] <inv> *agg* mehrsprachig, plurilingue; **zona** ~ mehrsprachige Region; **testo** ~ mehrsprachig abgefasster Text; **plurilinguismo** [plurilin'guizmo] *m* (LING) Multilingu(al)ismus *m*, Mehrsprachigkeit *f*, Vielsprachigkeit *f*; **plurilinguistico, -a** [plurilin'guistiko] <-ci, -che> *agg* den Multilinguismus betreffend

plurimandatario, -a [plurimanda'ta:rio] **I.** *m*, *f* (COM) Verkaufsagent(in) *m(f)* mit mehreren Auftraggebern **II.** *agg* mit mehreren Auftraggebern

plurimiliardario, -a [plurimiliar'da:rio] **I.** *agg* milliardenschwer *fam* **II.** *m*, *f* Multimilliardär(in) *m(f)*; **plurimilionario, -a** [plurimilio'na:rio] **I.** *agg* millionenschwer *fam* **II.** *m*, *f* Multimillionär(in) *m(f)*

plurimillenario, -a [plurimille'na:rio] *agg* jahrtausendealt

plurimo, -a ['plu:rimo] *agg* ➊ (*parto*) mehrfach ➋ (*voto*) Mehr(stimmen)-

plurimotore [plurimo'to:re] **I.** *agg* mehrmotorig **II.** *m* Mehrmotorenflugzeug *n*; **plurinazionale** [plurinattsio'na:le] *agg* Mehrvölker-, mehrstaatlich

plurinominale [plurinomi'na:le] *agg* mehrstimmenwahlberechtigt

plurinquisito, -a [plurinkui'si:to] *agg* (JUR) mehrerer Vergehen verdächtig

pluriomicida [pluriomi'tʃi:da] *mf* Massenmörder(in) *m(f)*; **l'evaso è un** ~ der entlaufene Sträfling ist ein Massenmörder

pluripartitico, -a [pluripar'ti:tiko] <-ci, -che> *agg* Mehrparteien-; **pluripartitismo** [pluriparti'tizmo] *m* (POL) Mehrparteiensystem *n*

plurireddito [pluri'rɛddito] <inv> *agg* (FIN) mit mehreren Einkommen

plurisecolare [pluriseko'la:re] *agg* jahrhundertealt

plurisettimanale [plurisettima'na:le] *agg* mehrwöchentlich

plurisettoriale [plurisetto'ria:le] *agg* (COM) Sektoren übergreifend

plurisillabo, -a [pluri'sillabo] *agg* mehrsilbig; **pluristadio, -a** [pluris'ta:dio] <-i, -ie> *agg* Mehrstufen-
pluristilismo [pluristi'lizmo] *m* stilistische Vielfalt; **pluristilistico, -a** [pluristilistiko] <-ci, -che> *agg* stilistisch variierend; **plurititolato, -a** [pluritito'la:to] *agg* (SPORT) zahlreiche Titel innehabend; **è una squadra -a** die Mannschaft hat mehrere Titel errungen
pluriuso [pluri'u:zo] <inv> *agg* Mehrzweck-, Allzweck-
plurivalente [pluriva'lɛnte] *agg* ❶ *(gener)* vielseitig ❷ *(med)* polyvalent ❸ *(CHEM)* mehrwertig, mehrbindig
plurivalutario, -a [plurivalu'ta:rio] *agg* (FIN) in mehreren Währungen
plusvalenza [pluzva'lɛntsa] *f* Wertzuwachs *m*
plusvalore [pluzva'lo:re] *m* ❶ (COM) Wertzuwachs *m* ❷ (PHILOS) Mehrwert *m*
plutocrate [plu'tɔ:krate] *mf* Plutokrat(in) *m(f)*; **plutocratico, -a** [pluto'kra:tiko] <-ci, -che> *agg* plutokratisch; **plutocrazia** [plutokrat'tsi:a] <-ie> *f* Plutokratie *f*
plutonio [plu'tɔ:nio] *m* Plutonium *n*
pluviale [plu'via:le] *agg* Regen-
pluviometro [plu'viɔ:metro] *m* Niederschlagsmesser *m*, Pluviometer *n*
PM *m abbr di* **Pubblico Ministero** ≈ Staatsanwaltschaft
p.m. *abbr di* **pomeridiano** p.m.
pneumatico [pneu'ma:tiko] <-ci> *m* Reifen *m*
pneumatico, -a <-ci, -che> *agg* ❶ (TEC) pneumatisch, Luftdruck-; **martello ~** Presslufthammer *m* ❷ *(gonfiabile)* aufblasbar; **materasso ~** Luftmatratze *f*
po' [pɔ] *avv (fam)* ein wenig, ein bisschen; **un ~ di ...** etwas ..., ein wenig ...; **dimmi un ~!** sag mal!; **senti un ~!** hör' mal (her)!; *v. a.* **poco**
PO *m abbr di* **Potere Operaio** linke Arbeiterbewegung Italiens
poc'anzi [pok 'antsi] *avv (poet)* vor kurzem, eben erst
pochezza [pok'kettsa] *f* ❶ *(fig: meschinità)* Kleinlichkeit *f* ❷ *(scarsezza)* Knappheit *f*, Spärlichkeit *f* ❸ *(modestia)* Bescheidenheit *f*
pochino [po'ki:no] *m (fam)* **un ~** ein bisschen
pocketbook ['pɔkitbuk] <- o pocketbooks> *m* Taschenbuch *n*
pocket money ['pɔkit 'mʌni] <-> *m* Taschengeld *n*
poco¹ ['pɔ:ko] <meno, pochissimo> *avv* wenig, nicht sehr; *(breve tempo)* kurz,

nicht lange; *(con comparativo)* (nur) wenig, nicht viel; **mangia ~** er *[o* sie] isst wenig; **~ gentile** nicht sehr freundlich; **pesa ~ più di ...** er *[o* sie] wiegt etwas mehr als ...; **~ dopo/prima** kurz darauf/vorher; **~ fa** vor kurzem, eben; **fra ~** in Kürze, bald; **per ~** *(temporale)* kurz; *(a buon mercato)* billig, preiswert; *(quasi)* beinahe, fast; **da ~** *(di poca importanza)* unbedeutend, geringfügig; *(da poco tempo)* seit kurzem; **a ~ a ~** nach und nach, allmählich; **~ importa** das macht nichts; **~ male** auch gut, das macht nichts; **stare ~ bene** sich nicht (ganz) wohl fühlen
poco² <-chi> *m* Wenige(s) *n*, Geringe(s) *n*; **un ~** ein bisschen *n fam*; **un ~ di ...** ein wenig ...; **accontentarsi del ~** sich mit wenig zufrieden geben; **essere un ~ di buono** *(fam)* ein Nichtsnutz sein
poco, -a <-chi, -che> I. *agg* wenig, gering; *(debole)* schwach; *(piccolo)* gering, klein; *(breve)* wenig, kurz; *(cattivo)* wenig, schlecht; **è -a cosa** das ist eine Kleinigkeit II. *pron indef* ❶ *pl (persone)* wenige; *(cose)* wenig; **essere in -chi** wenige sein ❷ *(piccola quantità)* wenig, nicht viel; **c'è ~ da fare** *(fam)* da kann man nicht viel machen; **meglio ~ che niente** *(prov)* besser wenig als gar nichts
podagra [po'da:gra] *f* (Fuß)gicht *f*
podere [po'de:re] *m* (Land)gut *n*
poderoso, -a [pode'ro:so] *agg* ❶ *(muscoli, braccia)* kräftig, stark ❷ *(esercito)* mächtig ❸ *(fig)* groß, gewaltig
podestà [podes'ta] <-> *m* (HIST: *nel medioevo)* (mittelalterlicher) Stadtvogt *m*; *(nel periodo fascista)* Ortsvorsteher *m*
podio ['pɔ:dio] <-i> *m* Tribüne *f*, Podium *n*; (MUS) Dirigentenpult *n*
podismo [po'dizmo] *m* Gehen *n*, Gehsport *m*; **podista** [po'dista] <-i *m*, -e *f>* *mf* Geher(in) *m(f)*; **podistico, -a** [po'distiko] <-ci, -che> *agg* Geh-
poema [po'ɛ:ma] <-i> *m* ❶ (LIT) Dichtung *f*; **~ cavalleresco** Ritterepos *n*; **~ epico** Epos *n* ❷ *(fig: scritto prolisso)* Roman *m*; **poemetto** [poe'metto] *m* Kurzepos *n*
poesia [poe'zi:a] <-ie> *f* ❶ *(genere)* Dichtung *f*; *(a fig)* Poesie *f* ❷ *(singolo componimento)* Gedicht *n* ❸ *(complesso di opere)* Dichtung *f*, Gedichte *npl*
poeta, -tessa [po'ɛ:ta, poe'tessa] <-i, -esse> *m, f* ❶ (LIT) Dichter(in) *m(f)*, Poet(in) *m(f)* ❷ *(fam pej)* Schwärmer(in) *m(f)*, Träumer(in) *m(f)*; **poetare** [poe'ta:re] *vt, vi* dichten; **poetastro, -a** [poe'tastro] *m, f (pej)* Dichterling *m*;

poetessa *f v.* **poeta**

poetica [po'ɛ:tika] <-che> *f* Poetik *f;*
poeticità [poetitʃi'ta] <-> *f* Poeti-
sche(s) *n,* poetische Qualität; **poetico, -a**
[po'ɛ:tiko] <-ci, -che> *agg* poetisch, Dich-
tungs-; (*sentimentale*) schwärmerisch,
sentimental

poggiare [pod'dʒa:re] **I.** *vt* (*appoggiare*)
(an)lehnen; (*posare*) (hin)legen **II.** *vi*
❶ (ARCH) stehen, ruhen ❷ (*fig*) basieren,
(sich) gründen **III.** *vr* **-rsi** sich stützen, sich
(an)lehnen

poggiata [pod'dʒa:ta] *f* ❶ (SPORT:
nell'equitazione) Dressurstellung *f* auf den
Hinterbeinen ❷ (NAUT) Beidrehen *n* ❸ (*terreno sulla sommità di un poggio*) Terrasse *f*
auf einer Anhöhe

poggiatesta [poddʒa'tɛsta] <-> *m* Kopfstütze *f*

poggio ['pɔddʒo] <-ggi> *m* Anhöhe *f,* Hügel *m*

poggiolo [pod'dʒɔ:lo] *m* Balkon *m*

pogrom [pa'grɔm] <-> *m* Pogrom *n o m*

poh [phɔ] *int* pfui, bah

poi ['pɔ:i] *avv* ❶ (*dopo*) nachher ❷ (*quindi*)
dann, darauf ❸ (*più tardi*) später; **pensare
al ~** an später denken; **prima o ~** früher
oder später; **d'ora in ~** von nun an ❹ (*inoltre*) außerdem ❺ (*enfatico*) dann (noch);
no e ~ no (*fam*) nein und nochmals nein
❻ (*posposto, infine*) schließlich, endlich

poiché [poi'ke] *cong* da, weil

pois [pwa] <-> *m* Tupfen *m;* **a ~** getüpfelt,
getupft

poker ['poukər *o* poker] <-> *m* Po-
ker(spiel) *n;* **giocare a ~** pokern, Poker
spielen; **pokerista** [poke'rista] <-i *m,*
-e *f*> *mf* Pokerspieler(in) *m(f)*

polacca [po'lakka] *f* (*danza*) Polonäse *f*

polacco, -a [po'lakko] <-cchi, -cche>
I. *agg* polnisch **II.** *m, f* Pole, Polin *m, f*

polare [po'la:re] *agg* Polar-, polar; (*a fig*)
gegensätzlich; **polarità** [polari'ta] <-> *f*
❶ (PHYS) Polarität *f* ❷ (*fig*) Polarität *f,* Gegensätzlichkeit *f*

polarizzare [polarid'dza:re] *vt* ❶ (PHYS)
polarisieren ❷ (*fig*) anziehen; **polarizza-
zione** [polariddzat'tsio:ne] *f* ❶ (PHYS) Po-
larisation *f* ❷ (*fig: attrazione*) Anziehung *f*

polca ['pɔlka] <-che> *f* Polka *f*

polemica [po'lɛ:mika] <-che> *f* Polemik *f;*
(*controversia*) Auseinandersetzung *f,* Kontroverse *f;* **fare della ~** polemisieren; **po-
lemicità** [polemitʃi'ta] <-> *f* polemische
Haltung, Neigung *f* zur Polemik; **polemico, -a** [po'lɛ:miko] <-ci, -che> *agg*
❶ (*combattivo*) kämpferisch ❷ (*proprio
della polemica*) polemisch; **polemista**

[pole'mista] <-i *m,* -e *f*> *mf* ❶ (*autore*) Verfasser(in) *m(f)* von Streitschriften
❷ (*persona polemica*) Polemiker(in) *m(f);*
polemizzare [polemid'dza:re] *vi* **~ su
qc** gegen etw polemisieren

polenta [po'lɛnta] *f* Polenta *f*

polentone, -a [polen'to:ne] *m, f* ❶ (*fam:
persona lenta*) lahme Ente, Lahmarsch *m*
vulg ❷ (*pej*) Polentafresser(in) *m(f) vulg*
(*Schimpfname für Norditaliener*)

pole position ['poul pə'ziʃən] <*sing*> *f*
(SPORT: *nelle gare automobilistiche*) Pole
Position *f*

polesine [po'le:zine] *m* Flussinsel *f;* (*del
Po*) Podelta *n*

poli- [poli] (*in parole composte*) Mehr-,
Viel-

poliaccoppiato, -a [poliakkop'pia:to]
agg mit mehreren Materialien beschichtet,
mehrfach beschichtet

poliacrilico, -a [polia'kri:liko] <-ci,
-che> *agg* Polyacryl-; **fibre -che** Polyacryl-
fasern *fpl*

poliambulatorio [poliambula'tɔ:rio]
<-i> *m* (MED) Polyklinik *f*

poliammide [poliam'mi:de] *f* Polyamid *n;*
poliammidico, -a [poliam'mi:diko]
<-ci, -che> *agg* Polyamid-; **fibre -che** Po-
lyamidfasern *fpl*

poliandria [polian'dri:a] <-ie> *f* Vielmän-
nerei *f,* Polyandrie *f*

poliatomico, -a [polia'tɔ:miko] <-ci,
-che> *agg* (PHYS) mehratomig

policentrico, -a [poli'tʃɛntriko] <-ci,
-che> *agg* polyzentrisch; **policentrismo**
[politʃen'trizmo] *m* ❶ (*gener*) Dezentrali-
sation *f* ❷ (POL) Polyzentrismus *m*

policlinica [poli'kli:nika] <-che> *f* (MED)
Polyklinik *f*

policlinico [poli'kli:niko] <-ci> *m* Polikli-
nik *f*

policoltura [polikol'tu:ra] *f* (AGR) Polykultur *f;* **praticare la ~** in Polykultur bebauen

policromatico, -a [polikro'ma:tiko] <-ci,
-che> *agg* polychrom, vielfarbig; **policromia** [polikro'mi:a] <-ie> *f* Polychromie *f,*
Vielfarbigkeit *f;* **policromo, -a** [po'li:kro-
mo] *agg* vielfarbig, bunt

poliedricità [poliedritʃi'ta] <-> *f* ❶ (*fig*)
Vielseitigkeit *f* ❷ (MAT) Vielflächigkeit *f,* Po-
lyedrie *f;* **poliedrico, -a** [poli'ɛ:driko]
<-ci, -che> *agg* ❶ (*fig: ingegno, mente*)
vielseitig ❷ (MAT) vielflächig, polyedrisch;
poliedro [poli'ɛ:dro] *m* (MAT) Vielfläch-
ner *m,* Polyeder *n*

poliennale [polien'na:le] *agg* mehrjährig

poliestere¹ [poli'ɛstere] *m* Polyester *m*

poliestere² <inv> *agg* Polyester-, aus Poly-

ester
polietilene [polieti'lɛːne] *m* Polyäthylen *n*
polifase [poli'faːze] <inv> *agg* mehrphasig, Mehrphasen-
polifonia [polifo'niːa] <-ie> *f* (MUS) Polyphonie *f*, Mehrstimmigkeit *f*; **polifonico, -a** [poli'fɔːniko] <-ci, -che> *agg* (MUS) polyphon, mehrstimmig; **polifonismo** [polifo'nizmo] *m* (MUS) Polyphonie *f*; **polifonista** [polifo'nista] <-i *m*, -e *f*> *mf* (MUS) Polyphoniker(in) *m(f)*
polifunzionale [polifuntsio'naːle] *agg* Mehrzweck-
poligama *f v.* **poligamo**
poligamia [poliga'miːa] <-ie> *f* ❶ (*di persone*) Vielehe *f* ❷ (BOT, ZOO) Polygamie *f*; **poligamico, -a** [poli'gaːmiko] <-ci, -che> *agg* polygam; **poligamo, -a** [po'liːgamo] I. *agg* polygam II. *m, f* Polygamist(in) *m(f)*
poliglotta [poli'glɔtta] <-i *m*, -e *f*> I. *mf* Mehrsprachige(r) *f(m)* II. *agg* polyglott, mehrsprachig; **poliglottico, -a** [poli'glɔtiko] <-ci, -che> *agg* mehrsprachig, polyglott; **poliglottismo** [poliglo'tizmo] *m* (LING) Mehrsprachigkeit *f*
poligonale [poligo'naːle] *agg* (MAT) polygonal, vieleckig; **poligono** [po'liːgono] *m* ❶ (MAT) Vieleck *n*, Polygon *n* ❷ (MIL) Schießplatz *m*
poligrafia [poligra'fiːa] *f* Vervielfältigung *f*; (*copia*) Abzug *m*, Kopie *f*
poligrafico [poli'graːfiko] <-ci> *m* Druckerei *f*
poligrafico, -a <-ci, -che> *agg* ❶ (*copia*) vervielfältigt ❷ (*di poligrafia*) Vervielfältigungs- ❸ (*istituto*) graphisch; **poligrafo** [po'liːgrafo] *m* (*duplicatore*) Vervielfältigungsapparat *m*, Kopierer *m*
polimaterico, -a [polima'teriko] <-ci, -che> *agg* (KUNST) multimedial; **polimaterismo** [polimate'rizmo] *m* (KUNST) multimediale Kunst
polimeria [polime'riːa] <-ie> *f* Polymerie *f*; **polimerico, -a** [poli'mɛriko] <-ci, -che> *agg* polymer; **polimerizzare** [polimerid'dzaːre] *vt* polymerisieren; **polimerizzazione** [polimeriddzat'tsioːne] *f* Polymerisation *f*
polimero [po'liːmero] *m* Polymer *n*
polimero, -a *agg* ❶ (BIOL) vielteilig, mehrgliedrig ❷ (CHEM) polymer
polimorfismo [polimor'fizmo] *m* Polymorphismus *m*; **polimorfo, -a** [poli'mɔrfo] *agg* polymorph
polinomio [poli'nɔːmio] <-i> *m* Polynom *n*
polio ['pɔːlio] <-> *f* Kinderlähmung *f*, Po-

lio *f*; **poliomielite** [poliomie'liːte] *f* Kinderlähmung *f*
poliomielitico, -a [poliomie'liːtiko] <-ci, -che> I. *m, f* (MED) Polymeliekranke(r) *f(m)* II. *agg* (MED) an Polymelie erkrankt, durch Polymelie bedingt
polipo ['pɔːlipo] *m* ❶ (ZOO) Polyp *m*, Krake *m* ❷ (MED) Polyp *m*
poliscafo [poli'skaːfo] *m* (NAUT) Doppelrumpfboot *n*
polisemia [polise'miːa] <-ie> *f* Polysemie *f*
polisettoriale [polisetto'riaːle] *agg* Sektoren übergreifend
polish [pɔliʃ] <-> *m* Metallputzmittel *n*
polisillabo, -a [poli'sillabo] I. *agg* mehrsilbig II. *m* mehrsilbiges Wort
polisportiva [polispor'tiːva] *f* Sportverein *m*; **una ~ milanese** ein Mailänder Sportverein
polista [po'lista] <-i *m*, -e *f*> *mf* (SPORT) Polospieler(in) *m(f)*; **polistico, -a** [po'listiko] <-ci, -che> *agg* (SPORT) Polo-
polistirolo [polisti'rɔːlo] *m* Polystyrol *n*, Styropor® *n*
politecnico [poli'tɛkniko] <-ci> *m* Polytechnikum *n*
politecnico, -a <-ci, -che> *agg* polytechnisch
politeismo [polite'izmo] *m* Polytheismus *m*, Vielgötterei *f*; **politeista** [polite'ista] <-i *m*, -e *f*> I. *mf* Polytheist(in) *m(f)* II. *agg* polytheistisch; **politeistico, -a** [polite'istiko] <-ci, -che> *agg* polytheistisch
politica [po'litika] <-che> *f* Politik *f*; (*a fig*) Diplomatie *f*; **~ estera** Außenpolitik *f*; **~ interna** Innenpolitik *f*; **~ finanziaria** Finanzpolitik *f*; **~ salariale** Lohnpolitik *f*; **~ scolastica** Bildungspolitik *f*; **~ sociale** Sozialpolitik *f*; **~ dei prezzi** Preispolitik *f*; **~ dell'occupazione** Beschäftigungspolitik *f*; **~ del non intervento** Politik *f* der Nichteinmischung; **la ~ monetaria unica** (EU) die gemeinsame Währungspolitik
politically correct [pə'litikəli kə'rekt] <inv> *agg* politisch korrekt
politicante [politi'kante] *mf* (*pej*) Politisierer(in) *m(f)*; **politicastro, -a** [politi'kastro] *m, f* Politikaster *m*
politichese [politi'keːse] *m* (POL: *pej*) Politjargon *m*
politichino [politi'kiːno] *m* ❶ (*scherz: persona astuta che riesce con gentilezza a conseguire ciò che vuole*) Diplomat(in) *m(f)* ❷ (*rar, pej: politico maneggione*) intrigante(r) Politiker(in) *m(f)*
politicismo [politi'tʃizmo] *m* Politisie-

rung *f*; **politicità** [polititʃi'ta] <-> *f* (POL) politischer Charakter, Politikum *n*; **la ~ di uno sciopero** der Streik als Politikum; **politicizzare** [polititʃid'dza:re] *vt* politisieren; **politicizzazione** [polititʃid-dzat'tsio:ne] *f* Politisierung *f*

politico [po'li:tiko] <-ci> *m* ❶ (POL) Politiker *m* ❷ *(fig)* diplomatischer Mensch

politico, -a <-ci, -che> *agg* politisch; **economia -a** Volkswirtschaft *f*; **elezioni -che** Parlamentswahlen *f*; **scienze -che** Politikwissenschaft *fpl*; **politicone, -a** [politi'ko:ne] *m, f (fam)* Lavierer *m*, raffinierter Mensch

politologa *f v.* **politologo**

politologia [politolo'dʒi:a] <-gie> *f* Politologie *f*, Politikwissenschaft *f*; **politologo, -a** [poli'tɔ:logo] <-gi, -ghe> *m, f* Politologe *m*, -login *f*, Politikwissenschaftler(in) *m(f)*

politrasfuso, -a [politras'fu:so] **I.** *m, f* mehrfache(r) Transfusionspatient(in) *m(f)* **II.** *agg* **paziente ~** mehrfacher Transfusionspatient

polittico [po'littiko] <-ci> *m* Flügelaltar *m*, Polyptydion *n*

politura [poli'tu:ra] *f* Glätten *n*, Polieren *n*

polivalente [poliva'lɛnte] *agg* polyvalent, mehrwertig; **polivalenza** [poliva'lɛntsa] *f* Mehrwertigkeit *f*

polivinile [polivi'ni:le] *m* Polyvinyl *n*

polizia [polit'tsi:a] <-ie> *f* Polizei *f*; *(commissariato)* Polizeiwache *f*; **agente di ~** Polizeibeamte(r) *m*; **~ sanitaria** Gesundheitspolizei *f*; **~ stradale** Verkehrspolizei *f*; **~ tributaria** Steuerfahndungsdienst *m*; **~ urbana** städtische Polizei; **poliziesco, -a** [polit'tsiesko] <-schi, -sche> *agg* ❶ (ADM) polizeilich, Polizei- ❷ (LIT, FILM) Kriminal-

poliziotto [polit'tsiɔtto] <inv> *agg* **cane ~** Polizeihund *m*; **donna ~** Polizistin *f*

poliziotto, -a *m, f* ❶ (ADM) Polizist(in) *m(f)* ❷ *(fig, pej)* Spitzel *m*, Schnüffler(in) *m(f) fam*

polizza ['pɔ:littsa] *f* (COM) Police *f*, Polizze *f* *A*; **~ di assicurazione** Versicherungspolice *f*; **fare una ~** eine Versicherung abschließen

polla ['polla] *f* Quelle *f*

pollaio [pol'la:io] <-ai> *m* ❶ *(per polli)* Hühnerstall *m* ❷ *(fam fig: luogo sporco)* Schweinestall *m*, Saustall *m*

pollaiolo, -a [polla'iɔ:lo] *m, f* Geflügelhändler(in) *m(f)*; **pollame** [pol'la:me] *m* Geflügel *n*

pollastro, -a [pol'lastro] *m, f* ❶ (ZOO) junges Huhn *n*, junge Henne *f* ❷ *(fam fig)*

Einfaltspinsel *m*; **polleria** [polle'ri:a] <-ie> *f* Geflügelhandlung *f*

pollice ['pɔllitʃe] *m* ❶ (ANAT: *della mano)* Daumen *m*; **avere il ~ verde** *(fig)* eine grüne Hand haben ❷ *(unità di misura)* Zoll *m*; **non cedere di un ~** *(fig)* keinen Zoll(breit) zurückweichen

pollicoltura [pollikol'tu:ra] *f* Geflügel-, Hühnerzucht *f*

polline ['pɔlline] *m* Pollen *m*, Blütenstaub *m*

pollivendolo, -a [polli'vendolo] *m, f* Geflügelhändler(in) *m(f)*

pollo ['pollo] *m* ❶ (ZOO) Huhn *n*; (GASTR) Hähnchen *n*, Hendl *n A*; **andare a letto con i -i** mit den Hühnern zu Bett gehen; **conoscere i propri -i** *(fam)* seine Pappenheimer kennen; **fa ridere i -i** da lachen ja die Hühner! *fam* ❷ *(fig: individuo ingenuo)* dummes Huhn *fam*

pollone [pol'lo:ne] *m* Schössling *m*, Spross *m*

polluzione [pollut'tsio:ne] *f* ❶ (MED) Pollution *f* ❷ *(inquinamento)* Verschmutzung *f*, Verunreinigung *f*

polmonare [polmo'na:re] *agg* Lungen-; **polmone** [pol'mo:ne] *m* ❶ (ANAT) Lunge *f*; **gridare a pieni -i** aus voller Kehle schreien; **respirare a pieni -i** tief einatmen ❷ *(fig: stimolo)* Antrieb *m*, Motor *m* ❸ *(fig: di città)* (grüne) Lunge *f*, Grünzone *f*; **polmonite** [polmo'ni:te] *f* Lungenentzündung *f*

polo¹ ['pɔ:lo] *m* ❶ (GEOG) Pol *m*; **~ nord** Nordpol *m*; **~ sud** Südpol *m*; **da un ~ all'altro** *(fig)* überall auf der Welt ❷ *(fig)* **essere ai -i opposti** *(fig)* gegensätzliche Positionen vertreten ❸ (POL: *coalizione)* Koalition *f*; **Polo della libertà** (POL) Mitte-Rechts-Parteiengruppierung ❹ (SPORT) Polo *n*

polo² <-> *f* Polohemd *n*

polonaise [polo'nɛːz] <-> *f* Polonäse *f*

Polonia [po'lɔ:nia] *f* Polen *n*

polpa ['polpa] *f* *(di frutto)* (Frucht)fleisch *n*; *(di carne)* (mageres, knochenloses) Fleisch *n*

polpaccio [pol'pattʃo] <-cci> *m* Wade *f*; **polpacciuto, -a** [polpat'tʃu:to] *agg* *(fam)* mit dicken Waden

polpastrello [polpas'trɛllo] *m* *(della mano)* Fingerkuppe *f*; *(del piede)* Zehenkuppe *f*

polpetta [pol'petta] *f* (GASTR) Fleischklößchen *n*, Frikadelle *f*, faschiertes Laibchen *A*; **far -e di qu** [*o* ridurre qu in -e] *(scherz)* aus jdm Hackfleisch machen *fam*; **polpettone** [polpet'to:ne] *m* (GASTR)

P

Hackbraten *m*, falscher Hase

polpo ['polpo] *m* Krake *m*, Oktopus *m*

polposo, -a [pol'po:so] *agg* fleischig

polsino [pol'si:no] *m* Manschette *f*

polso ['polso] *m* ❶ (ANAT) Handgelenk *n* ❷ (*di manica*) Manschette *f* ❸ (*fig: energia*) Tatkraft *f*, Energie *f*; (COM) Finanzkraft *f*; (*ingegno*) Talent *n*, Geist *m*; **un uomo di ~** ein Mann der Tat ❹ (MED) Puls(schlag) *m*; **sentire** [*o* **tastare**] **il ~ a qu** jdm den Puls fühlen; (*fig*) jdm auf den Zahn fühlen

Poltergeist ['pɔltərgaist *o* 'polterrgaist] <-> *m* Poltergeist *m*

poltiglia [pol'tiʎʎa] <-glie> *f* ❶ (*miscuglio*) Brei *m*; **ridurre qu in ~** jdn zu Brei schlagen *fam* ❷ (*fango*) Schlamm *m*

poltrire [pol'tri:re] <poltrisco> *vi* ❶ (*starsene a letto*) sich im Bett rekeln ❷ (*fig*) faulenzen, auf der faulen Haut liegen *fam*, tachinieren *A*; **~ nell'ozio** müßig sein, dem Müßiggang frönen

poltrona [pol'tro:na] *f* ❶ (*mobile*) Sessel *m* ❷ (*fig: carica*) (bequemer) Posten *m*, (gute) Stellung *f* ❸ (THEAT) Parkettplatz *m*

poltronaggine [poltro'naddʒine] *f* Trägheit *f*, Faulheit *f*; **poltrone, -a** [pol'tro:ne] **I.** *m, f* Faulenzer(in) *m(f)*, Tachinierer *m A* **II.** *agg* faul, träge; **poltroneria** [poltrone'ri:a] <-ie> *f* Müßiggang *m*, Trägheit *f*

polvere ['polvere] *f* ❶ (*gener*) Staub *m*; **togliere la ~** Staub wischen; **ridurre qu in ~** (*fig*) jdn zur Schnecke machen *fam* ❷ (*sostanza*) Staub *m*, Pulver *n*; (MIL) (Schieß)pulver *n*; **~ di carbone/vetro/d'oro** Kohlen-/Glas-/Goldstaub *m*; **~ da sparo** Schießpulver *n*; **in ~** in Pulverform, Pulver-; **caffè in ~** Pulverkaffee *m* ❸ (REL) Staub *m*, Asche *f*; **polveriera** [polve'ri:ra] *f* ❶ (*magazzino*) Pulvermagazin *n*, Munitionsdepot *n* ❷ (*fig*) Pulverfass *n*; **polverificio** [polveri'fi:tʃo] <-ci> *m* Pulverfabrik *f*; **polverina** [polve'ri:na] *f* ❶ (MED) Pulver *n*; Pülverchen *n fam* ❷ (*sl: cocaina*) Koks *m*; **polverio** [polve'ri:o] <-ii> *m* Staubwolke *f*

polverizzare [polverid'dza:re] **I.** *vt* ❶ (*ridurre in polvere*) pulverisieren, zu Pulver zermahlen ❷ (*nebulizzare*) zerstäuben ❸ (*fig: suddividere*) zerstückeln; (*annientare*) vernichten, niedermachen; (*superare*) zunichte machen; (*record*) brechen ❹ (GASTR) bestreuen, bestäuben **II.** *vr* **-rsi** zu Staub werden

polverizzatore [polveriddza'to:re] *m* Zerstäuber *m*, Sprühgerät *n*; (MOT) Einspritzdüse *f*

polverizzatore, -trice *agg* Zerstäubungs-

polverizzazione [polveriddzat'tsio:ne] *f* Zerstäubung *f*, Pulverisierung *f*; (*fig*) Zerstückelung *f*

polverone [polve'ro:ne] *m* dichte Staubwolke *f*

polveroso, -a [polve'ro:so] *agg* staubig, staubbedeckt

pomata [po'ma:ta] *f* Salbe *f*, Creme *f*; (*per capelli*) Pomade *f*

pomello [po'mɛllo] *m* ❶ (*zigomo*) Jochbogen *m*, Zygoma *n* ❷ (*oggetto sferico*) Knauf *m*, Knopf *m*

pomeridiano, -a [pomeri'dia:no] *agg* nachmittäglich, Nachmittags-

pomeriggio [pome'riddʒo] <-ggi> *m* Nachmittag *m*; **di ~** nachmittags; **domani/oggi ~** morgen/heute Nachmittag; **nel primo/tardo ~** am frühen/späten Nachmittag; (**il**) **venerdì ~** (am) Freitagnachmittag

pomfo ['pɔnfo] *m* (MED) Blase *f*

pomice ['po:mitʃe] <-ci> *f* Bimsstein *m*; **pietra ~** Bimsstein *m*

pomiciare [pomi'tʃa:re] *vi* (*sl*) knutschen *fam*, schmusen *fam*; **pomicione, -a** [pomi'tʃo:ne] *m, f* (*sl*) Knutscher(in) *m(f) fam*

pomo ['po:mo] *m* ❶ (BOT) Apfelfrucht *f*; **~ d'Adamo** Adamsapfel *m* ❷ (*dial: mela*) Apfel *m* ❸ (*oggetto sferico*) Kugel *f*, Knauf *m*

pomodorata [pomodo'ra:ta] *f* (*fam*) Tomatenwurf *m*; **prendere qu a -e** (*fam*) jdn mit Tomaten bewerfen

pomodoro [pomo'dɔ:ro] *m* Tomate *f*, Paradeiser *m A*; **diventare rosso come un ~** rot wie eine Tomate werden

pompa ['pompa] *f* ❶ (TEC) Pumpe *f* ❷ (*fam*) Tank-, Zapfsäule *f* ❸ (*sfarzo*) Pomp *m*, Prunk *m*; **impresa di -e funebri** Bestattungsinstitut *n*; **mettersi in ~ magna** (*scherz*) sich in Schale werfen *fam*

pompaggio [pom'paddʒo] <-ggi> *m* Pumpen *n*; **pompare** [pom'pa:re] *vt* ❶ (*gener*) pumpen ❷ (*fam: gonfiare*) aufpumpen ❸ (*fam fig: esagerare*) aufbauschen

Pompei [pom'pɛi] *f* Pompeji *n*

pompelmo [pom'pɛlmo] *m* Pampelmuse *f*, Grapefruit *f*

pompiere [pom'piɛ:re] *m* Feuerwehrmann *m*

pompon [pɔ̃'pɔ̃] <-> *m* Pompon *m*, Quaste *f*

pomposità [pomposi'ta] <-> *f* Prunk *m*, Pracht *f*; **pomposo, -a** [pom'po:so] *agg* ❶ (*sfarzoso*) pompös, prunkvoll ❷ (MUS) feierlich

ponderabile [ponde'ra:bile] *agg* ❶ (*quantità*) messbar ❷ (*fig: decisione*) erwägenswert

ponderare [ponde'ra:re] *vt* er-, abwägen, in Erwägung ziehen; **ponderatezza** [pondera'tettsa] *f* Überlegtheit *f,* Besonnenheit *f;* **ponderato, -a** [ponde'ra:to] *agg* ❶ (*discorso, decisione*) (wohl, gut) überlegt ❷ (*persona*) überlegt, besonnen; **ponderazione** [ponderat'tsio:ne] *f* Erwägung *f,* Überlegung *f*

ponderoso, -a [ponde'ro:so] *agg* mühsam, aufwendig

ponente [po'nɛnte] *m* ❶ (GEOG) Westen *m* ❷ (*vento*) Westwind *m*

pongo ['poŋgo] *1. pers sing pr di* **porre**

ponte ['ponte] *m* ❶ (TEC, NAUT, SPORT) Brücke *f;* (*a fig*) Verbindung *f;* ~ **aereo** Luftbrücke *f;* ~ **levatoio** Zugbrücke *f;* ~ **radio** (Rund)funkverbindung *f;* ~ **sospeso** Hängebrücke *f;* ~ **di comando** Kommandobrücke *f;* **gettare un** ~ (*a fig*) eine Brücke schlagen ❷ (*nell'edilizia*) (Bau)gerüst *n* ❸ (MOT) Achse *f* ❹ (MED) (Zahn)brücke *f* ❺ (EL) Brücke *f,* Schaltdraht *m* ❻ (*loc*) **rompere** [*o* **tagliare**] **i -i** alle Brücken hinter sich *dat* abbrechen; **fare il** ~ ein langes Wochenende machen

pontefice [pon'te:fitʃe] <-ci> *m* ❶ (REL) Papst *m* ❷ (HIST) Pontifex *m*

ponticello [ponti'tʃɛllo] *m* Steg *m*

pontiere [pon'tiɛ:re] *m* Brückenbaupionier *m*

pontificale [pontifi'ka:le] I. *agg* päpstlich, Papst-, pontifikal II. *m* (*messa*) Pontifikalmesse *f;* (*libro*) Pontifikale *n;* **pontificare** [pontifi'ka:re] *vi* ❶ (REL) das Pontifikalamt zelebrieren ❷ (*fig*) (auf übertriebene Art) dozieren; **pontificato** [pontifi'ka:to] *m* (REL: *papato*) Papsttum *n,* Papstwürde *f;* (*carica*) Pontifikat *n;* **pontificio, -a** [ponti'fi:tʃo] <-ci, -cie> *agg* ❶ (REL) päpstlich, Papst- ❷ (HIST) **lo stato** ~ der Kirchenstaat

pontile [pon'ti:le] *m* Landungssteg *m,* Landungsbrücke *f*

pony ['pouni] <-> *m* Pony *n*

pony express ['pouni iks'pres] <-> *m* Schnellkurierservice *m*

ponzare [pon'tsa:re] I. *vi* (*tosc: fam*) sich *dat* den Kopf zerbrechen II. *vt* (*fam*) aushecken

pool [pu:l] <-*o* pools> *m* ❶ (FIN) Kartell *n* ❷ (*gruppo di persone*) Team *n* ❸ (*gruppo di giudici*) richterliche Untersuchungskommission; ~ **antimafia** Richter *mpl* gegen die Mafia; ~ **Mani Pulite** richterlicher Untersuchungsausschuss der 90er zur Aufklärung der Korruptionsskandale ❹ (BIOL) ge-

meinsames Erbgut ❺ (SPORT) Poolbilliard *n*

pop [pɔp] <inv> *agg* poppig; (*musica, cultura, moda*) Pop-; **pop art** ['pɔp a:t] <-> *f* Pop-Art *f*

pop-corn ['pɔp kɔːn] <-> *m* Popcorn *n*

pope ['pɔːpe] <-> *m* Pope *m*

popelin ['pɔːpelin] <-> *m* Popelin *m,* Popeline *m o f;* **popeline** [pɔpə'lin *o* pope'line] <-> *m o f* Popelin(e) *m*

pop jazz [pɔp 'dʒæz *o* pɔp 'dʒets] <-> *m* (MUS) Pop-Jazz *m;* **pop music** [pɔp 'mju:zik] <-> *f* (MUS) Pop *m,* Popmusik *f*

popò [po'pɔ] <-> I. *f* (*fam: feci*) Aa *n* II. *m* (*fam: sedere*) Po(po) *m,* Hintern *m*

popolamento [popola'mento] *m* ❶ (*di persone*) Besiedlung *f* ❷ (ZOO, BOT) Bestand *m*

popolano, -a [popo'la:no] I. *agg* ❶ (*del popolo*) volkstümlich, Volks- ❷ (*a sostegno del popolo*) zugunsten des Volkes, Volks- II. *m, f* Mann *m,* Frau *f* aus dem Volk

popolare[1] [popo'la:re] *agg* ❶ (*del popolo*) Volks-; **casa** ~ Siedlungshaus *n;* (*abitazione sociale*) Sozialwohnung *f* ❷ (*diffuso nel popolo*) Volks-, volkstümlich; **canzone** ~ Volkslied *n;* **musica** ~ Volksmusik *f* ❸ (*noto*) populär, beliebt ❹ (*divulgativo*) populär, allgemein verständlich

popolare[2] I. *vt* ❶ (*rendere abitato*) bevölkern, besiedeln ❷ (*abitare*) bewohnen ❸ (*riempire di gente*) bevölkern II. *vr* **-rsi** ❶ (*diventare popolato*) besiedelt werden ❷ (*affollarsi*) sich bevölkern

popolaresco, -a [popola'resko] <-schi, -sche> *agg* volkstümlich

popolarità [popolari'ta] <-> *f* Popularität *f,* Beliebtheit *f*

popolazione [popolat'tsio:ne] *f* ❶ (*quantità di persone*) Bevölkerung *f,* Population *f;* ~ **civile** Zivilbevölkerung *f;* **densità di** ~ Bevölkerungsdichte *f* ❷ (*di un territorio*) Einwohner *mpl* ❸ (*popolo*) Volk *n* ❹ (ZOO) Bewohner *mpl* ❺ (*raggruppamento*) Bevölkerungsgruppe *f*

popolazionismo [popolattsio'nizmo] *m* (POL) Bevölkerungszuwachs fördernde Politik *f*

popolazionista [popolattsio'nista] <-i *m,* -e *f*> *mf* (POL) Befürworter(in) *m(f)* des Bevölkerungswachstums

popolino [popo'li:no] *m* (*pej*) niederes Volk

popolo ['pɔːpolo] *m* ❶ (*di un paese*) Volk *n;* (*di una città, regione*) Bevölkerung *f* ❷ (*classe sociale*) Volk *n* ❸ (*moltitudine*) Volksmenge *f,* Volksmasse *f* ❹ (*sudditi*) Volk *n,* Untertanen *mpl;*

popoloso, -a [popo'lo:so] *agg* dicht bevölkert, dicht besiedelt

popone [po'po:ne] *m* (*tosc*) Melone *f*

poppa ['poppa] *f* ❶ (NAUT) Heck *n* ❷ (*fam: mammella*) Brust *f*

poppante [pop'pante] **I.** *agg* (*bambino*) an der Mutterbrust trinkend **II.** *mf* ❶ (*lattante*) Säugling *m* ❷ (*fam fig*) Grünschnabel *m*; **poppare** [pop'pa:re] *vt* saugen, (an der Mutterbrust) trinken; **poppata** [pop'pa:ta] *f* Milchmahlzeit *f*; **poppatoio** [poppa'to:io] <-oi> *m* Fläschchen *n*, Nuckelflasche *f fam*

pop star ['pɔp star] <- *o* pop stars> *f* (MUS) Popstar *m*

populismo [popu'lizmo] *m* Populismus *m*; **populistico, -a** [popu'listiko] <-ci, -che> *agg* populistisch

porcaio [por'ka:io] <-ai> *m* (*vulg*) Saustall *m*

porcata [por'ka:ta] *f* (*vulg*) Sauerei *f*

porcellana [portʃel'la:na] *f* Porzellan *n*

porcellanaceo, -a [portʃella'na:tʃeo] <-ei, -ee> *agg* porzellanen, aus Porzellan; **porcellanato, -a** [portʃella'na:to] *agg* Email-

porcellino [portʃel'li:no] *m* ❶ (ZOO) Ferkel *n*; ~ **d'India** Meerschweinchen *n* ❷ (*stufa*) tragbares (Elektro)öfchen ❸ (*fam fig: bambino sporco*) Schweinchen *n*, Ferkel *n*; **porcellone, -a** [portʃel'lo:ne] *m, f* (*fam*) Schweinehund *m vulg*, Schwein *n vulg*

porcheria [porke'ri:a] <-ie> *f* ❶ (*sporcizia*) Dreck *m*, Schmutz *m* ❷ (*pasto*) Schweinefraß *m fam*; (*bevanda*) Gesöff *n fam* ❸ (*fig: azione*) Schweinerei *f fam*; (*fam: cosa brutta*) scheußliche Sache; (*cosa sporca*) Schweinerei *f*, Schweinkram *m*

porchetta [por'ketta] *f* Spanferkel *n*

porcile [por'tʃi:le] *m* ❶ (*per maiali*) Schweinestall *m* ❷ (*fig, pej*) Schweinestall *m*, Saustall *m vulg*

porcino [por'tʃi:no] *m* Steinpilz *m*

porco, -a ['pɔrko] <-ci, -che> **I.** *m, f* ❶ (ZOO) Schwein *n*; **piede** [*o* **piè**] **di ~** (TEC) Brechstange *f*; **gettar le perle ai -ci** (*fig*) Perlen vor die Säue werfen ❷ (*fig, pej*) Schwein *n*, Sau *f vulg* **II.** *agg* ❶ (*pej: schifoso*) widerlich, ekelhaft ❷ (*vulg: in esclamazioni*) verdammt *fam*, beschissen, Sau-, Scheiß- *fam*; **-a miseria!** (*vulg*) verfluchte Schweinerei!; ~ **Giuda!** (*vulg*) zum Teufel nochmal!

porcospino [porkos'pi:no] *m* ❶ (ZOO) Stachelschwein *n* ❷ (*fig*) Kratzbürste *f*

Pordenone [porde'no:ne] *f* Pordenone *n* (*Stadt in Friaul*)

Pordenonese [pordeno'ne:se] **I.** *mf* (*abitante*) Einwohner(in) von Pordenone **II.** *agg* aus Pordenone

Pordenonese <*sing*> *m* Umgebung *f* von Pordenone

porfido ['pɔrfido] *m* Porphyr *m*

porgere ['pɔrdʒere] <*porgo, porsi, porto*> *vt* ❶ (*dare*) geben, reichen; ~ **la mano** die Hand geben; ~ **l'orecchio** ganz Ohr sein ❷ (*esporre*) darlegen, vortragen ❸ (*fig*) (an)bieten

poriferi [po'ri:feri] *mpl* Schwämme *mpl*

porno ['porno] **I.** <.> *m* Porno *m* **II.** <*inv*> *agg* Porno-, pornografisch; **film ~** Pornofilm *m*; **rivista ~** Pornozeitschrift *f*; **pornoattore, -trice** [pornoat'to:re] *m, f* (FILM) Pornodarsteller(in) *m(f)*; **pornocassetta** [pornokas'setta] *f* Pornovideo *n*; **pornodivo, -a** [porno'di:vo] *m, f* Pornostar *m*; **pornofilm** [porno'film] <.> *m* (FILM) Porno *m*, Pornostreifen *m*; **pornofumetto** [pornofu'metto] *m* pornografischer Comicstrip

pornografia [pornogra'fi:a] *f* Pornografie *f*; **pornografico, -a** [porno'gra:fiko] <-ci, -che> *agg* pornografisch

pornolocale [pornolo'ka:le] *m* Nachtclub *m* mit Peepshow; **pornorivista** [pornori'vista] *f* Pornozeitschrift *f*; **pornoshop** [pɔrno'ʃɔp] <.> *m* Sex-Shop *m*; **porno show** [pɔrno 'ʃou] <.> *m* Peepshow *f*; **pornosoft** ['pɔrnosoft] <*inv*> *agg* **film ~** Softporno *m*; **pornostampa** [porno'stampa] *f* pornografische Druckerzeugnisse *npl*; **pornostar** [porno'sta:] <.> *mf* (FILM) Pornostar *m*; **pornotelefono** [pɔrnote'lɛfono] *m* Sextelefon *n*; **pornovideo** [porno'vi:deo] <.> *m* Pornovideo *n*

poro ['pɔ:ro] *m* Pore *f*; ~ **sudorifero** Schweißpore *f*; **sprizzare veleno da tutti i -i** (*fig*) Gift und Galle spucken; **porosità** [porosi'ta] <.> *f* Porosität *f*; **poroso, -a** [po'ro:so] *agg* ❶ (*pelle*) (groß)porig ❷ (*roccia, legno*) porös

porpora ['porpora] *f* (*a fig*) Purpur *m*

porporato [porpo'ra:to] *m* Kardinal *m*

porporato, -a *agg* purpurgekleidet

porporina [porpo'ri:na] *f* ❶ (*colorante*) Purpurin *n* ❷ (*miscuglio di polveri*) Bronzefarbe *f*; **porporino, -a** [porpo'ri:no] *agg* purpurrot, purpurfarben

porre ['porre] <*pongo, posi, posto*> **I.** *vt* ❶ (*mettere*) stellen, legen, setzen ❷ (*fig: supporre*) annehmen; **poniamo che sia errato** nehmen wir an, dass es falsch ist ❸ (JUR) voraussetzen, annehmen ❹ (*loc*) ~ **una domanda a qu** jdm eine Frage stel-

P

len; ~ **fine** [o **termine**] **a qc** einer Sache *dat* ein Ende setzen **II.** *vr* **-rsi** (*mettersi*) sich setzen, sich stellen, sich legen; **-rsi in marcia** sich in Bewegung setzen; **-rsi in salvo** sich in Sicherheit bringen

porro ['pɔrro] *m* ❶(BOT) Lauch *m*, Porree *m* ❷(MED, *fam*) Warze *f*

porsi ['pɔrsi] *1. pers sing pass rem di* **porgere**

porta ['pɔrta] *f* ❶(*apertura*) Tür *f*; **a -e chiuse** (JUR) unter Ausschluss der Öffentlichkeit; **prendere la ~** (*fam*) fortgehen; **sfondare una ~ aperta** (*fig*) offene Türen einrennen; **mettere qu alla ~** jdn vor die Tür setzen; **indicare la ~ a qu** (*fig*) jdm die Tür weisen *geh*, jdn hinauswerfen; **chiudere la ~ in faccia a qu** jdm die Tür vor der Nase zuschlagen; **ha tutte le -e aperte** ihm [o ihr] stehen alle Türen offen ❷(*portone*) Tor *n*, Pforte *f* ❸(SPORT) Tor *n* ❹(NAUT) Luke *f*

portaaghi [porta'a:gi] <-> *m* Nadelbüchse *f*

portabagagli [portaba'gaʎʎi] <-> *m* ❶(*per veicoli*) (Dach)gepäckträger *m*; (*per bicicletta*) Gepäckständer *m* ❷(*facchino*) Gepäckträger *m*

portabandiera [portabandiɛ:ra] <-> *mf* ❶(*fig: esponente principale*) Anführer(in) *m(f)*, Hauptvertreter(in) *m(f)* ❷(MIL) Fahnenträger(in) *m(f)*

portabastoni [portabas'to:ni] <-> *m* (SPORT: *nel golf*) Caddie *m*

portabiancheria [portabjaŋke'ri:a] <-> *m* Wäscheständer *m*

portabiglietti [portabiʎ'ʎetti] <-> *m* Kreditkartenetui *n*

portabile [por'ta:bile] *agg* tragbar, bequem (zu tragen); **portabilità** [portabili'ta] <-> *f* ❶(*di abbigliamento*) Tragbarkeit *f* ❷(TEC) Anpassungsfähigkeit *f* ❸(*fig*) Vielseitigkeit *f*

portabiti [port'a:biti] **I.** <-> *m* Kleiderhalter *m* **II.** <inv> *agg* Kleider-

portabollo [pota'bollo] <-> *m* Sichthülle *f* für den Kfz-Steuerbeleg

portabombe [porta'bombe] **I.** <-> *m* (MIL, AERO) Bombenträger *m* **II.** <inv> *agg* Bomben-

portaborse [porta'borse] <-> *mf* (*pej*) Taschenträger(in) *m(f)*

portabottiglie [portabo'tiʎʎe] <-> *m* Flaschengestell *n*

portaburro [porta'burro] <-> *m* Butterdose *f*

portacaratteri [portaka'ratteri] <inv> *agg* (TEC) Typenrad-

portacarta [porta'karta] <-> *m* Toiletten-

papierhalter *m*

portacarte [porta'karte] <-> *m* Mappe *f*, Ordner *m*

portacassette [portakas'sette] <-> *m* Kassettenständer *m*

portacatino [portaka'ti:no] <- *o* -i> *m* Waschtisch *m*

portacenere [porta'tʃe:nere] <-> *m* Aschenbecher *m*

portaceste [porta'tʃeste] <-> *mf* (THEAT, *obs*) Kofferträger(in) *m(f)*

portachiatte [porta'kiatte] <-> *f* ❶(NAUT: *nave mercantile che traina chiatte*) Schutenschlepper *m*, Lastkahnschlepper *m* ❷(NAUT: *barcone a fondo piatto*) Schute *f*, Lastkahn *m*

portachiavi [porta'kia:vi] <-> *m* Schlüsselring *m*, -bund *m*

portacicche [porta'tʃikke] <-> *m* (*sl: giberna*) Patronentasche *f*

portacipria [porta'tʃi:pria] <-> *m* Puderdose *f*

portacolori [portako'lo:ri] <-> *mf* (SPORT: *nel ciclismo e nell'ippica*) Teamfahrer(in) *m(f)*, Jockey *m* eines Rennstalls

portacontainer [portakon'tɛiner] **I.** <- *o* portacontainers> *m o f* (MOT) Containerfahrzeug *n* **II.** <inv> *agg* Container-; **autocarro ~** Containerwagen *m*; **nave ~** Containerschiff *n*; **vagone ~** Containertragwagen *m*

portacontenitori [portakonteni'to:ri] <-> *m o f v.* **portacontainer**

portacqua [port'akkua] <-> *mf* ❶(*chi porta l'acqua*) Wasserfahrer(in) *m(f)* ❷(SPORT: *nel ciclismo*) Wasserträger(in) *m(f)* ❸(*fig: chi partecipa a un'impresa da una posizione subalterna*) dienstbarer Geist, Taschenträger *m*

portacravatte [portakra'vatte] <-> *m* Kravattenstange *f*

portadocumenti [potadoku'menti] <-> *m* Brieftasche *f*

portadolci [porta'doltʃi] <-> *m* Kuchenteller *m*, -platte *f*

portaelicotteri [portaeli'kɔtteri] **I.** <-> *f* (NAUT, MIL) Hubschrauberträger *m* **II.** <inv> *agg* Hubschrauber-; **nave ~** Hubschrauberträger *m*

portaerei [porta'ɛ:rei] <-> *f* Flugzeugträger *m*

portaferiti [portafe'ri:ti] <-> *m* (MIL) Militärsanitäter(in) *m(f)*

portafiaccole [porta'fiakkole] <-> *m* Fackelhalterung *f*

portafiammiferi [portafiam'mi:feri] **I.** <-> *m* Streichholzschachtel *f*, Zündholzschachtel *f* A **II.** <inv> *agg* Streichholz-,

P

Zündholz- *A*

portafiaschi [porta'fiaski] <-> *m* Tragege-
stell *n* für Korbflaschen

portafilo [porta'fi:lo] <-> *m* (TEC) Fäden-
spanner *m*

portafinestra [portafi'nɛstra] <portefine-
stre> *f* Balkontür *f*

portafiori [porta'fio:ri] **I.**<inv> *agg* Blu-
men- **II.**<-> *m* Blumenständer *m*

portafoglio [porta'fɔʎʎo] *m* ❶(*per denaro*) Geldtasche *f;* (*per carte*) Brieftasche *f*
❷(*per documenti*) Aktentasche *f* ❸(*fig*
POL) Portefeuille *n*, Geschäftsbereich *m*
❹(FIN) Wertpapierbestand *m;* ~ **estero** De-
visenbestand *m*

portaformaggio [portafor'maddʒo] <-i
o -> *m* Käseglocke *f*

portafortuna [portafor'tu:na] **I.**<inv>
agg Glücks- **II.**<-> *m* Glücksbringer *m*

portafoto [porta'fɔ:to] <-> *m*, **portafo-
tografie** [portafotogra'fi:e] <-> *m* (FOTO)
Fotomappe *f*

portafrutta [porta'frutta] <-> *m* Obsttel-
ler *m*, -schale *f*

portafusibili [portafu'zi:bili] <-> *m* (TEC)
Sicherungskasten *m*

portaghiaccio [porta'giattʃo] **I.**<-> *m*
Eiswürfelbereiter *m*, Eiswürfelschale *f*
II.<inv> *agg* Eis-, Eiswürfel-

portagioie, portagioielli [porta'dʒɔ:ie,
portadʒo'iɛlli] <-> *m* Schmuckkästchen *n*,
-schatulle *f*

portagomitoli [portago'mi:toli] <-> *m*
Knäuldose *f*

portaimmondizie [portaimmon'dittsie]
I.<-> *m* Abfalleimer *m*, Mülleimer *m*
II.<inv> *agg* Müll-, Abfall-

portaimpronta [portaim'pronta] <-> *m*
(MED) Abnahmegerät *n* für Gebissabdrücke

portaincenso [portain'tʃɛnso] <-> *m*
Weihrauchfass *n*

portalampade [porta'lampade] <-> *m*
❶(*elemento in cui si avvita la lampadina*)
Lampenfassung *f* ❷(*fig*) Tischlampe *f*

portalapis [porta'la:pis] <-> *m* ❶(*portamatita*) Bleistifthalter *m* ❷(*astuccio*) Fe-
dermappe *f*

portale [por'ta:le] *m* Portal *n;* ~ **Internet**
(INFORM) Internet-Portal *n*

portalettere [porta'lɛttere *o* porta'lette-
re] *mf* Briefträger(in) *m(f)*, Postbote *m*,
-botin *f*

portaliquori [portali'kuo:ri] <-> *m* Tablett *n* für Likörflasche und -gläser

portamalgama [porta'malgama] <-> *m*
(MED) Instrument *n* für Amalgamfüllungen

portamatita [portama'ti:ta] <-> *m* Bleistifthalter *m*

portamatite [portama'ti:te] <-> *m* Blei-
stiftmäppchen *n*, -etui *n*

portamento [porta'mento] *m* Haltung *f*

portamine [porta'mi:ne] <-> *m* Druck-
bleistift *m*

portamissili [porta'missili] <-> *m* Rake-
tenträger *m*

portamonete [portamo'ne:te] <-> *m*
Portmonee *n*, Geldbörse *f*

portampolle [portam'polle] <-> *m*
(GASTR: *oliera*) Öl-und Essigständer *m*

portante [por'tante] *agg* (*struttura, muro*)
tragend-; **piano** [*o* **superficie**] ~ Tragfläche *f*

portantina [portan'ti:na] *f* ❶(*per ammalati*) (Trag)bahre *f*, Trage *f* ❷(*sedia portatile*) Sänfte *f*, Tragsessel *m*

portantino, -a [portan'ti:no] *m*, *f* Kran-
kenträger(in) *m(f)*

portanza [por'tantsa] *f* ❶(*gener*) Tragfähigkeit *f* ❷(PHYS) Auftrieb *m*

portaobiettivi [portaobiet'ti:vi] <-> *m*
(OPT) Objektivträger *m*, Objektivhalter *m;*
~ **rotatorio** Objektivrevolver *m*

portaocchiali [portaok'kia:li] <-> *m* Brillenetui *n*

portaoggetti [portaod'dʒɛtti] **I.**<inv>
agg Objekt- **II.**<-> *m* Objektträger *m*

portaolio [porta'ɔ:lio] <-> *m* Ölständer *m*

portaombrelli [portaom'brɛlli] <-> *m*
Schirmständer *m*

portapacchi [porta'pakki] <-> *m* ❶(*di
veicolo*) Gepäckträger *m* ❷(*fattorino*) Pa-
ketzusteller *m*

portapenne [porta'penne] <-> *m* ❶
(*astuccio*) Federetui *n*, Federmäppchen *n*
❷(*asticciola*) Federhalter *m*

portapiatti [porta'piatti] **I.**<-> *m* ❶(*scolapiatti*) Geschirrständer *m* ❷(*vassoio*)
großes Tablett, Serviertablett *n* **II.**<inv>
agg **vassoio** ~ Serviertablett *n*

portapillole [porta'pillole] <-> *m* Pillen-
döschen *n*

portapipe [porta'pi:pe] <-> *m* Pfeifen-
ständer *m*

portaposate [portapo'sa:te] <-> *m* Besteckkasten *m*

portapranzi [porta'prandzi] <-> *m* Servierwagen *m*, Tablett *n*

portarazzi [porta'raddzi] <-> *m* (MIL) Ra-
ketenträger *m*

portare [por'ta:re] **I.** *vt* ❶(*trasportare*)
tragen; (*recare*) bringen; ~ **in dote** als Aussteuer mitbringen; ~ **in regalo** als Geschenk mitbringen; ~ **in tavola** auftischen,
auftragen; ~ **via** wegbringen; ~ **bene**
[*o* **fortuna**] **a qu** (*fig*) jdm Glück bringen;
~ **male** [*o* **sfortuna**] **a qu** (*fig*) jdm Un-

glück bringen ❷(*spostare*) verschieben, rücken; ~ **su/giù** hinauf-/hinuntertragen; ~ **dentro/fuori** hinein-/heraustragen ❸(*indossare*) tragen, anhaben ❹(*reggere, tenere*) halten, tragen ❺(*condurre*) führen; (*veicoli*) fahren, lenken; (*animali*) führen, treiben; ~ **a spasso qu** jdn spazieren führen ❻(*avere*) haben, tragen; ~ **gli occhiali** eine Brille tragen; ~ **un titolo** einen Titel führen ❼(*mostrare*) aufweisen, tragen; ~ **bene/male gli anni** für sein Alter gut/schlecht aussehen ❽(*indurre*) (hin)treiben, bringen ❾(*addurre*) (an)bringen, aufführen; (*prova*) erbringen; (*esempio*) anführen ❿(*produrre*) hervorbringen, mit sich *dat* bringen; (*causare*) verursachen ⓫(*sostenere*) unterstützen ⓬(*trasmettere*) überbringen, übertragen; (MAT) übertragen ⓭(*fig: amore*) empfinden; (*rancore*) hegen; (*rispetto*) entgegenbringen; (*pazienza*) aufbringen **II.** *vr* **-rsi** ❶(*recarsi*) sich begeben ❷(*stare di salute*) sich fühlen, sich befinden ❸(*comportarsi*) sich verhalten, sich führen ❹(*spostarsi*) rücken

portareliquie [portare'li:kuie] <-> *m* Reliquienschrein *m*

portarifiuti [portari'fiu:ti] **I.**<-> *m* Abfalleimer *m*, Mülleimer, m **II.**<inv> *agg* Müll-, Abfall-; **cestino** ~ Mülleimer *m*

portaritratti [portari'tratti] <-> *m* Bilderrahmen *m*

portariviste [portari'viste] <-> *m* Zeitungsständer *m*

portarocchetti [portarok'ketti] <-> *m* Spulenhalter *m*

portarossetto [portaros'setto] <-> *m* Lippenstiftetui *n*

portarotoli [porta'rɔ:toli] <-> *m* Papierrollenhalter *m*

portasapone [portasa'po:ne] <-> *m* Seifendose *f*, -schale *f*

portasci [portaʃ'ʃi] <-> *m* Skiträger *m*

portasciugamano [portaʃʃuga'ma:no] <-> *m* Handtuchhalter *m*

portascopino [portasko'pi:no] <-> *m* Klosettbürstenständer *m*

portasigarette [portasiga'rette] <-> *m* Zigarettenetui *n;* **portasigari** [porta'si:gari] <-> *m* Zigarrenetui *n*

portaspada [porta'spa:da] <-> *m* Schwertscheide *f*, Scheide *f*

portaspazzolini [portaspattso'li:ni] <-> *m* Zahnputzbecherhalter *m;* **portaspazzolino** [portaspattso'li:no] <-> *m* Zahnbürstenhülse *f*

portaspilli [portas'pilli] <-> *m* Nadelkissen *n*

portastecchini [portastek'ki:ni] <-> *m v.* **portastuzzicadenti**

portastuzzicadenti [portastuttsika'dɛnti] <-> *m* Zahnstochergefäß *n*

portata [por'ta:ta] *f* ❶(*di pranzo*) Gang *m* ❷(*capacità di carico*) Tragfähigkeit *f*, Ladefähigkeit *f* ❸(MIL) Reichweite *f*, Schussweite *f* ❹(*di fiume*) Wassermenge *f* ❺(*fig: importanza*) Tragweite *f*, Bedeutung *f*; (*autorità*) Einfluss *m*, Stellung *f*, Rang *m* ❻(*loc*) **alla** ~ **di** erreichbar für; (*prezzo*) erschwinglich für; **a** ~ **di mano** in Reichweite

portatessera [porta'tɛssera] <-> *m* Ausweishülle *f*

portatile [por'ta:tile] **I.** *agg* (*televisione*) tragbar; (*macchina da scrivere*) Reise-; (*radio*) Koffer- **II.** *m* (*computer*) Laptop *m*

portato, -a *agg* ❶(*abito, giacca*) getragen ❷(*fig: predisposto*) **essere** ~ **per qc** für etw begabt sein

portatore, -trice [porta'to:re] *m, f* ❶(*addetto al trasporto*) Träger(in) *m(f)* ❷(MED) (Über)träger(in) *m(f)* ❸(FIN) Überbringer(in) *m(f)* ❹(COM) *possessore*) Inhaber(in) *m(f)*; **titolo al** ~ Inhaberpapier *n*, -aktie *f*

portatovagliolo [portatovaʎ'ʎɔ:lo] *m* (*busta*) Serviettentasche *f*; (*anello*) Serviettenring *m*

portatrice *f v.* **portatore**

portattrezzi [portat'trettsi] <-> *m* Werkzeugkoffer *m*, Werkzeugkasten *m*

portauova, portauovo [porta'uɔ:va, porta'uɔ:vo] <-> *m* ❶(*piccolo contenitore*) Eierbecher *m* ❷(*scatola*) Eierschachtel *f*

portautensili [portauten'si:li] <-> *m* (TEC) Werkzeugspindel *f*

portavalori [portava'lo:ri] **I.**<inv> *agg* Geld-; **furgone** ~ Geldtransporter *m* **II.** <-> *mf* Geldtransporteur(in) *m(f)*

portavasi [porta'va:zi] <-> *m* Blumenständer *m*

portavivande [portavi'vande] <-> *m* (*carrello*) Speise-, Servierwagen *m;* (*cesta*) Speisebehälter *m*

portavoce [porta'vo:tʃe] <-> *mf* Sprecher(in) *m(f)*, Wortführer(in) *m(f)*; **essere il** ~ **di qu** jds Sprachrohr sein

porte-enfant ['pɔrt ã'fã] <-> *m* Babytragesitz *m*, -gestell *n*

portefinestre *pl di* **portafinestra**

portello [por'tɛllo] *m* ❶(*sportello*) (Schrank)flügel *m* ❷(NAUT) Luke *f*; (AERO) Klappe *f*; **portellone** [portel'lɔ:ne] *m* Heckklappe *f*

portento [por'tɛnto] *m* ❶(*avvenimento*)

Wunder *n*, außergewöhnliches Ereignis ❷ (*persona*) außergewöhnlicher Mensch, Genie *n*; **essere un ~ di memoria** ein unwahrscheinliches Gedächtnis haben

portentoso [porten'to:so] *m* Außergewöhnliche(s) *n*, Wunderbare(s) *n*

portentoso, -a *agg* (*eccezionale*) außergewöhnlich, sagenhaft *fam*

porticato [porti'ka:to] *m* Laubengang *m*, Arkaden *fpl*

porticato, -a *agg* Lauben-, Arkaden-; **portico** ['pɔrtiko] <-ci> *m* ❶ (ARCH) Lauben-, Bogengang *m* ❷ (*costruzione rurale*) (Geräte)schuppen *m*

portiera [por'tiɛ:ra] *f* Wagen-, Autotür *f*

portiere, -a [por'tiɛ:re] *m, f* ❶ (*portinaio*) Pförtner(in) *m(f)* ❷ (SPORT) Torwart *m*, Torfrau *f*

portinaio, -a [porti'na:io] <-i, -ie> *m, f* Portier *m*, Portiersfrau *f*, Pförtner(in) *m(f)*; **portineria** [portine'ri:a] <-ie> *f* Portier(s)loge *f*

porto[1] ['pɔrto] *pp di* **porgere**

porto[2] *m* ❶ (*d'armi*) Waffenschein *m* ❷ (*spesa di trasporto*) Porto *n*; **franco di ~** portofrei, gebührenfrei ❸ (NAUT) Hafen *m*; (*rifugio*) Zuflucht *f*; **~ di mare** Seehafen *m*; (*fig*) Rummelplatz *m*, Durcheinander *n* ❹ (*fig: punto d'arrivo*) Ziel *n*, Ende *n*; **giungere in ~** (*fig*) am Ziel ankommen; **condurre in ~ un affare** (*fig*) eine Angelegenheit abschließen, ein Geschäft unter Dach und Fach bringen

porto[3] <-> *m* (*vino*) Portwein *m*

Portogallo [porto'gallo] *m* **il ~** Portugal *n*; **portoghese** [porto'ge:se] **I.** *agg* portugiesisch **II.** *mf* ❶ (*abitante*) Portugiese *m*, Portugiesin *f* ❷ (*fig: chi entra senza pagare*) Zaungast *m*; **fare il ~** sich ohne Eintrittskarte hineinschmuggeln

portone [por'to:ne] *m* Portal *n*, Tor *n*; (*per veicoli*) Einfahrt *f*

portuale [portu'a:le] **I.** *agg* Hafen- **II.** *m* Hafenarbeiter *m*

porzione [por'tsio:ne] *f* (An)teil *m*; (*di cibo*) Portion *f*

posa ['pɔ:sa] *f* ❶ (*collocazione*) Aufstellung *f*, Anbringung *f* ❷ (FOTO) Belichtung *f*; (*ripresa*) Zeitaufnahme *f*; (*fotografia*) Bild *n*, Aufnahme *f* ❸ (*atteggiamento*) Pose *f*, Positur *f*; **mettersi in ~** sich in Positur setzen

posacenere [posa'tʃe:nere] <-> *m* Aschenbecher *m*

posare [po'sa:re] **I.** *vt* (*metter giù*) niederstellen, hinstellen, -legen, absetzen **II.** *vi* ❶ (*poggiare*) ruhen, liegen ❷ (*stare in posa*) posieren ❸ (*fig: fondarsi*) sich stützen,

beruhen **III.** *vr* **-rsi** sich niederlassen

posata [po'sa:ta] *f* Besteck *n*; **posateria** [posate'ri:a] <-ie> *f* Bestecksatz *m*

posatezza [posa'tettsa] *f* Bedächtigkeit *f*, Gesetztheit *f*; **posato, -a** [po'sa:to] *agg* bedächtig, gesetzt; (*equilibrato*) ausgeglichen

poscritto [pos'kritto] *m* Postskript(um) *n*, Nachschrift *f*

posdomani [pozdo'ma:ni] *avv* (*poet*) übermorgen

posi ['po:si] *1. pers sing pass rem di* **porre**

positiva [pozi'ti:va] *f* Positiv *n*

positivismo [pozi'tivismo] *m* (PHILOS) Positivismus *m*; **positivista** [pozi'tivista] <-i *m*, -e *f*> *mf* ❶ (PHILOS) Positivist(in) *m(f)* ❷ (*utilitarista*) Utilitarist(in) *m(f)*, Pragmatiker(in) *m(f)*; **positivistico, -a** [pozi'tivistiko] <-ci, -che> *agg* positivistisch

positività [pozitivi'ta] <-> *f* positiver Charakter

positivo [pozi'ti:vo] *m* ❶ (*ciò che è buono*) Positive(s) *n*; (*ciò che esiste*) Wirkliche(s) *n*, Konkrete(s) *n*; (*ciò che è sicuro*) Sichere(s) *n*, Gewisse(s) *n* ❷ (OPT, FOTO) Positiv *n* ❸ (LING) Positiv *m*, Grundstufe *f*

positivo, -a *agg* ❶ (MAT, FOTO, MED, EL, PHYS) positiv ❷ (LING) im Positiv ❸ (*affermativo*) positiv, bestätigend; (*favorevole*) günstig

posizionare [pozittsio'na:re] *vt* ❶ (*rilevare la posizione altrui*) anpeilen, orten ❷ (FIN, TEC) positionieren; **~ un prodotto** ein Produkt positionieren; **posizionatore** [pozittsiona'to:re] *m* (TEC) Positioniervorrichtung *f*

posizione [pozit'tsio:ne] *f* ❶ (GEOG, ASTR) Lage *f*, Position *f*; (MIL, TEC) Stellung *f*; (SPORT) Stellung *f*, Position *f*; (*ubicazione*) Lage *f*, Standort *m*; **luci di ~** Standlicht *n*, Positionslichter *npl* ❷ (*atteggiamento del corpo*) Haltung *f* ❸ (*collocazione*) Anordnung *f*, Aufstellung *f* ❹ (*fig: convinzione*) Standpunkt *m*, Überzeugung *f*; **prendere ~** Stellung beziehen

posologia [pozolo'dʒi:a] <-gie> *f* Dosierungsanweisung *f*

posporre [pos'porre] <irr> *vt* ❶ (*collocare dopo*) nach-, zurückstellen ❷ (*differire*) ver-, aufschieben; **posposizione** [pospozit'tsio:ne] *f* Nachstellung *f*; (*fig*) Verschiebung *f*

possedere [posse'de:re] <possiedo, possedetti *o* possedei, posseduto> *vt* besitzen, haben; (*a fig*) verfügen über +*acc*; **possedimento** [possedi'mento] *m* ❶ (*proprietà terriera*) Ländereien *fpl*, Besitztum *n* ❷ (POL) Hoheitsgebiet *n*;

posseditrice *f v.* **possessore**
posseduto *pp di* **possedere**
possente [pos'sɛnte] *agg* mächtig, groß
possessione [posses'sio:ne] *f* Besitz *m;*
possessivo, -a [posses'si:vo] *agg*
❶ (LING) **aggettivo** ~ besitzanzeigendes Adjektiv; **pronome** ~ Possessivpronomen *n*
❷ (*fig*) Besitz ergreifend
possesso [pos'sɛsso] *m* ❶ (*il possedere*)
Besitz *m;* **presa di** ~ Inbesitznahme *f;* **venire in** ~ **di qc** in den Besitz von etw gelangen ❷ (*padronanza*) Beherrschung *f;*
essere nel pieno ~ **delle proprie facoltà**
mentali im Vollbesitz seiner geistigen Kräfte sein ❸ *pl* (*proprietà terriera*) Ländereien *fpl;* (POL) Kolonialbesitz *m,* Hoheitsgebiet *n;* **possessore, posseditrice**
[posses'so:re, possedi'tri:tʃe] *m, f* Besitzer(in) *m(f),* Inhaber(in) *m(f);* **possessorio, -a** [posse'sɔ:rio] <-i, -ie> *agg* (JUR)
possessorisch, Besitz-; **azione -a** Besitzklage *f,* possessorische Klage
possibile [pos'si:bile] I. *agg* ❶ (*eventuale*)
möglich ❷ (*fattibile*) möglich, durchführbar; **con tutta la cura** ~ mit der größtmöglichen Sorgfalt; **al più presto** ~ so bald
wie möglich ❸ (*probabile*) wahrscheinlich
❹ (*pensabile*) möglich, denkbar ❺ (*con superlativi e comparativi*) möglichst II. *m*
Mögliche(s) *n;* **nei limiti del** ~ im Rahmen
des Möglichen; **possibilità** [possibili'ta]
<-> *f* Möglichkeit *f;* **possibilmente**
[possibil'mente] *avv* (*se possibile*) möglicherweise, wenn möglich
possidente [possi'dɛnte] *mf* Besitzer(in)
m(f); (*di immobili*) Grundbesitzer(in) *m(f)*
posso ['pɔsso] *1. pers sing pr di* **potere**[1]
posta ['pɔsta] *f* ❶ (*gener*) Post *f;* (*ufficio*)
Postamt *n;* ~ **aerea** Luftpost *f;* ~ **elettronica** (INFORM) elektronische Post; ~ **prioritaria** *schneller beförderte Post;* **spedire**
per ~ mit der Post schicken; **a giro di** ~
postwendend; **fermo** ~ postlagernd ❷ (*nei
giochi*) (Spiel)einsatz *m* ❸ (*di giornale*) Leserbriefrubrik *f*
postacelere [posta'tʃe:lere] *m* Eilpost *f*
postagiro [posta'dʒi:ro] *m* Postscheküberweisung *f*
postale [pos'ta:le] I. *agg* Post-; **cartolina** ~
Postkarte *f;* **casella** ~ Postfach *n* II. *m*
(NAUT) Postschiff *n;* (FERR) Postzug *m;* (AERO)
Postflugzeug *n;* **postalizzazione** [postaliddzat'tsio:ne] *f* Postzustellung *f*
Postamat® [posta'mat] <-> *m Geldautomat für Postgirokontoinhaber*
postarsi [pos'tarsi] *vr* sich auf die Lauer legen, sich postieren
postazione [postat'tsio:ne] *f* Stellung *f*

postbellico, -a [post'bɛlliko] <-ci, -che>
agg Nachkriegs-
postcomunismo [postkomu'nizmo] *m*
(POL) Postkommunismus *m;* **postcomunista** [postkomu'nista] <-i *m,* -e *f>* I. *mf*
Postkommunist(in) *m(f)* II. *agg* postkommunistisch
postcongressuale [postkoŋgressu'a:le]
agg nach dem Kongress, Kongress-; **documento** ~ Kongresspapier *n*
postdatare [postda'ta:re] *vt* vor(aus)datieren; **postdatazione** [postdatat'tsio:ne] *f* Vordatierung *f,* Vordatieren *n*
postdibattimentale   [postdibattimen'ta:le] *agg* nach der Debatte, im Anschluss an die Debatte; **fase** ~ Urteilsfindung *f;* **postdibattimento** [postdibatti'mento] *m* (JUR) Urteilsfindung *f*
posteggiare [posted'dʒa:re] *vt, vi* parken; **posteggiatore, -trice** [posteddʒa'to:re] *m, f* Parkwächter(in)
m(f); **posteggio** [pos'teddʒo] <-ggi> *m*
❶ (*luogo*) Parkplatz *m;* ~ **a pagamento**
gebührenpflichtiger Parkplatz ❷ (*operazione*) Parken *n;* **divieto di** ~ Parkverbot *n*
postelegrafico, -a [postele'gra:fiko]
<-ci, -che> I. *agg* Post- und Telegrafen-
II. *m, f* Post- und Telegrafenangestellte(r)
f(m); **postelegrafonico, -a** [postelegra'fɔ:niko] <-ci, -che> I. *agg* Post-, Telegrafen- und Telefon- II. *m, f* Post-, Telegrafen- und Telefonangestellte(r) *f(m)*
poster ['pɔster] <-> *m* Poster *n o m*
posteri ['pɔsteri] *mpl* Nachkommen *mpl*
posteriore [poste'rio:re] I. *agg* ❶ (*spazio*)
hintere(r, s), rückwärtig ❷ (*tempo*) später,
nachfolgend ❸ (*arto*) Hinter- II. *m* (*fam
scherz: sedere*) Hintern *m;* **posteriorità**
[posteriori'ta] <-> *f* Späterkommen *n,*
Spätersein *n*
posterità [posteri'ta] <-> *f* Nachwelt *f;*
(*discendenza*) Nachkommenschaft *f*
postfazione [postfat'tsio:ne] *f* Nachwort *n*
posticcio [pos'tittʃo] <-ci> *m* (*toupet*)
Toupet *n*
posticcio, -a <-cci, -cce> *agg* künstlich,
falsch
posticino [posti'tʃi:no] *m* (*fam*) (stilles)
Örtchen *n*
posticipare [postitʃi'pa:re] *vt* verschieben, aufschieben; (*seduta*) vertagen; **posticipato, -a** [postitʃi'pa:to] *agg o avv*
nachträglich; **posticipazione** [postitʃipat'tsio:ne] *f* Verschiebung *f,* Vertagung *f*
posticipo [pos'ti:tʃipo] *m* ❶ (*posticipazione*) Verschiebung *f,* Vertagung *f* ❷ (TV)
Fernsehaufzeichnung *f*

postiglione [posti'ʎːo:ne] *m* Postillion *m*

postilla [pos'tilla] *f* Anmerkung *f*, Randbemerkung *f*; (JUR) Nachtrag *m*; **postillare** [postil'la:re] *vt* mit Anmerkungen versehen

postindustriale [postindus'tria:le] *agg* postindustriell; **la società** ~ die postindustrielle Gesellschaft

postino, -a [pos'ti:no] *m, f* Briefträger(in) *m(f)*, Postbote *m*, -botin *f*

post-it® ['poustit] <-> *m* Haftzettel *m*

post-it ['poustit] <-> *m* Haftzettel *m*

postmilitare [postmili'ta:re] *agg* nach der Entlassung aus dem Wehrdienst

postmoderno, -a [postmo'dɛrno] *agg* postmodern

posto ['pɔsto] *m* ❶ (*luogo*) Platz *m*, Ort *m*, Stelle *f*; (*zona*) Gebiet *n*, Gegend *f*; (*sedile*) (Sitz)platz *m*; ~ **di blocco** (FERR) Blockstelle *f*; (ADM) Polizeisperre *f*; ~ **di guida** Fahrer-, Führersitz *m*; ~ **a sedere** Sitzplatz *m*; ~ **in piedi** Stehplatz *m*; **vicino di** ~ Sitznachbar *m*; **stare al proprio** ~ (*fig*) sich gut benehmen; **far** ~ **a qu** jdm Platz machen; **mandare qu in quel** ~ (*fam*) jdn zum Teufel jagen; **al** ~ **di qu** an jds Stelle; **sul** ~ am Ort und Stelle; **-i esauriti** ausverkauft ❷ (*posizione*) Rang *m*, Stellung *f*; (MIL) Posten *m*; ~ **di guardia** Wachposten *m*; ~ **di polizia** Polizeiwache *f*, -revier *n* ❸ (*impiego*) Stelle *f*, (An)stellung *f* ❹ (*locale*) Lokal *n* ❺ (*situazione*) Lage *f*, Stelle *f*; **essere a** ~ in Ordnung sein; **essere una persona a** ~ (*fig*) in Ordnung sein *fam*; **essere fuori** ~ unangebracht sein; **mettere a** ~ (*a fig*) in Ordnung bringen; **mettere la testa a** ~ **a qu** (*fig*) jdm den Kopf zurechtrücken *fam* ❻ (INFORM) Platz *m*, Station *f*

posto, -a I. *pp di* **porre** II. *agg* ❶ (*collocato*) aufgestellt ❷ (*supposto*) angenommen; ~ **che ...** +*conj* angenommen, dass ...; ~ **ciò ...** davon ausgehend ...

postoperatorio, -a [postopera'tɔ:rio] *agg* postoperativ

post-produzione [postprodut'tsio:ne] *f* (FILM, TV) Nachproduktion *f*

postribolo [pos'tri:bolo] *m* Bordell *n*, Freudenhaus *n*

postscriptum [post'skriptum] <-> *m* Postskriptum *n*

post-sessantottesco, -a [postsessan-tot'tesko] <-ci, -che> *agg* ❶ (*che viene dopo l'ideologia studentesca del Sessantotto*) nach der 68er Bewegung ❷ (*che si ispira a tali tendenze*) im Dunst der 68er Bewegung

post-sessantottino, -a [postsessan-tot'ti:no] *m, f* Anhänger(in) *m(f)* der 68er-Generation

postulare [postu'la:re] *vt* fordern, postulieren; **postulato** [postu'la:to] *m* Postulat *n*

postumo ['pɔstumo] *m* ❶ (MED) Nachwirkung *f* ❷ *pl* (*conseguenze*) Folgen *fpl*, Folgeerscheinungen *fpl*

postumo, -a *agg* postum; (*figlio*) nachgeboren

post-universitario, -a [postuniver-si'ta:rio] <-i, -ie> *agg* nach der Uni, im Anschluss an die Uni; **formazione -a** Weiterbildung *f* nach der Uni

potabile [po'ta:bile] *agg* Trink-, trinkbar

potare [po'ta:re] *vt* beschneiden, stutzen

potassa [po'tassa] *f* Pottasche *f*

potassio [po'tassio] *m* Kalium *n*

potei [po'te:i] *1. pers sing pass rem di* **potere**[1]

potente [po'tɛnte] *agg* ❶ (*stato, persona*) mächtig; (*di forza fisica*) stark, kräftig; (*efficace*) wirksam, stark ❷ (*fam: di grande effetto*) sehr wirkungsvoll ❸ (MED) potent, zeugungsfähig ❹ (TEC) leistungsfähig

Potentino <*sing*> *m* Umgebung *f* von Potenza

potentino, -a [poten'ti:no] I. *m, f* (*abitante*) Einwohner(in) *m(f)* von Potenza II. *agg* aus Potenza

potenza [po'tɛntsa] *f* ❶ (*potere, autorità*) Macht *f*, Gewalt *f*; (MIL) Stärke *f*, Schlagkraft *f*; (*forza fisica*) Kraft *f*, Stärke *f*; (PHYS) Kraft *f*, Leistung *f*; (TEC, EL, MOT) Leistung *f* ❷ (MED, MAT) Potenz *f*; **all'ennesima** ~ (MAT) zur n-ten Potenz; (*fig*) in höchster Potenz ❸ (*intensità*) Intensität *f*, Heftigkeit *f*; (*efficacia*) Wirksamkeit *f* ❹ (POL) Macht *f*; **le grandi -e** die Großmächte ❺ (*fig: capacità*) Kraft *f*, Vermögen *n*

Potenza *f* Potenza *n* (*Hauptstadt der Region Basilicata*)

potenziale [poten'tsia:le] I. *agg* potenziell; (PHILOS, LING) potenzial II. *m* (*fig* PHYS, EL) Potenzial *n*; (PHYS) Leistungsfähigkeit *f*;

potenzialità [potentsiali'ta] <-> *f* Möglichkeit *f*; (PHILOS) Potenzialität *f*

potenziamento [potentsia'mento] *m* Steigerung *f*, Ausbau *m*; (MIL: *di missili*) Nachrüstung *f*; **potenziare** [poten'tsia:re] *vt* verstärken, erweitern

potere[1] [po'te:re] <posso, potei, potuto> *vi* ❶ (*avere la possibilità*) können; (*riuscire*) vermögen, in der Lage sein; **si può fare** das lässt sich machen; **non si può** es geht nicht; **non ne posso più** ich kann nicht mehr ❷ (*avere il permesso*) dürfen, können; **si può?** ist es gestattet?, darf ich?

❸ (*dovere*) müssen, sollen ❹ (*essere probabile*) können, mögen; **può darsi** [*o* **essere**] **che ...** +*conj* es könnte sein, dass ... ❺ (*osare*) wagen, können ❻ (*avere influenza*) vermögen

potere[2] *m* ❶ (*possibilità*) Können *n*, Vermögen *n*; (*capacità*) Fähigkeit *f*; (*facoltà*) Möglichkeit *f*, Fähigkeit *f* ❷ (*virtù*) Kraft *f*, Macht *f* ❸ (*influenza*) Einfluss *m*, Macht *f* ❹ (POL: *possesso*) Macht *f*, Gewalt *f*; (*comando*) Macht *f*; **~ temporale** weltliche Macht; **pieni -i** Vollmacht *f*; **i -i dello stato** die Staatsgewalt; **essere al ~** an der Macht sein ❺ (JUR) Gewalt *f* ❻ (PHYS) Kraft *f* ❼ (COM) **~ d'acquisto** Kaufkraft *f* ❽ (MED) **~ nutritivo** Nährwert *m*

potestà [potes'ta] <-> *f* Befugnis *f*, Gewalt *f*; **patria ~** (JUR) elterliche Gewalt

pot-pourri ['po pu'ri] <-> *m* ❶ (GASTR) *Eintopf aus Gemüse und Fleisch* ❷ (*miscuglio*) Potpourri *n*, buntes Gemisch

potuto [po'tu:to] *pp di* **potere**

povera *f v.* **povero**

poveraccio, -a [pove'rattʃo] <-cci, -cce> *m, f* (*fam*) armer Teufel; **poverino, -a** [pove'ri:no] **I.** *agg* arm, elend **II.** *m, f* (*fam*) Ärmste(r) *f(m)*

povero, -a ['pɔ:vero] **I.** *agg* ❶ (*misero*) arm, elend; **~ in canna** bettelarm, arm wie eine Kirchenmaus; **un ~ diavolo** (*fam*) ein armer Teufel ❷ (*frugale*) einfach, genügsam; **in parole -e** (*fam*) in simplen Worten ❸ (*scarso*) spärlich, dürftig; (*disadorno*) schmucklos, einfach; (*vuoto*) leer, arm ❹ (*privo*) **~ di** arm an +*dat* ❺ (*infelice*) unglücklich, unglückselig ❻ (*defunto*) selig **II.** *m, f* Arme(r) *f(m)*; **povertà** [pover'ta] <-> *f* ❶ (*indigenza*) Armut *f*; **far voto di ~** das Armutsgelübde ablegen ❷ (*mancanza*) **la ~ di qc** die Armut an etw *dat*; **~ di risorse** Mittellosigkeit *f*

pozione [pot'tsio:ne] *f* ❶ (*filtro magico*) Zaubertrank *m* ❷ (MED) Heiltrank *m*, Saft *m*

pozza ['pottsa] *f* (*d'acqua*) Pfütze *f*; (*di sangue*) (Blut)lache *f*; **pozzanghera** [pot'tsaŋgera] *f* (Wasser)pfütze *f*

pozzetto [pot'tsetto] *m* ❶ (*nelle fognature*) Gully *m*, Abfluss *m* ❷ (NAUT) Plicht *f*, Cockpit *n*

pozzo ['pottso] *m* ❶ (*per estrarre acqua*) Brunnen *m* ❷ (MIN) Schacht *m*, Grube *f*; (*di petrolio*) Bohrloch *n*; (GEOL) Höhle *f*; (*~ nero*) Kloake *f*, Senkgrube *f* ❸ (*fig: grande quantità*) Unmenge *f*; **essere un ~ di scienza** ein Wunder an Gelehrsamkeit sein; **essere un ~ senza fondo** (*fig*) ein Fass ohne Boden sein; **avere un ~ di soldi** eine Unmenge Geld haben ❹ (NAUT)

Plicht *f*, Cockpit *n*

pozzolanicità [pottsolanitʃi'ta] <-> *f* (MIN) Eigenschaften *fpl* der Puzzolanerde, Kalkbindeeigenschaften *fpl*

pp. *abbr di* **pagine** Seiten

PPI *m abbr di* **Partito Popolare Italiano** *italienische Volkspartei*

PP.TT. *abbr di* (**Ministero delle**) **Poste e Telecomunicazioni** *italienisches Postministerium*

PRA *m abbr di* **Pubblico Registro Automobilistico** *zentrales Straßenverkehrregister Italiens*

Praga ['pra:ga] *f* Prag *n*

pragmatico, -a [prag'ma:tiko] <-ci, -che> *agg* pragmatisch; **pragmatismo** [pragma'tizmo] *m* Pragmatismus *m*; **pragmatista** [pragma'tista] <-i *m*, -e *f*> *mf* Pragmatiker(in) *m(f)*

pralina [pra'li:na] *f* Praline *f*; **pralinare** [prali'na:re] *vt* mit Schokolade oder Zuckerguss überziehen

prammatica [pram'ma:tika] *f* **di ~** obligat, üblich; (*prescritto*) vorgeschrieben; **prammatico, -a** [pram'ma:tiko] <-ci, -che> *agg* praktisch, pragmatisch

pranoterapeutico, -a [pranotera'pɛ:utiko] <-ci, -che> *agg* pranotherapeutisch; **pranoterapia** [pranotera'pi:a] *f* (MED) Pranotherapie *f*, Handauflegen *n*; **pranoterapico, -a** [pranote'ra:piko] <-ci, -che> *agg* pranotherapeutisch; **pranoterapista** [pranotera'pista] <-i *m*, -e *f*> *mf* Pranotherapeut(in) *m(f)*

pranzare [pran'dza:re] *vi* zu Mittag essen; **pranzo** ['prandzo] *m* (Mittag)essen *n*; **~ di gala** Galadiner *n*; **sala da ~** Esszimmer *n*; **all'ora di ~** zur Mittagszeit; **dopo ~** nach dem (Mittag)essen

prassi ['prassi] <-> *f* ❶ (*procedura corrente*) Gepflogenheit *f* ❷ (*pratica*) Praxis *f*

prataiolo [prata'iɔ:lo] *m* Wiesenchampignon *m*

prataiolo, -a *agg* Feld-, Wiesen-

prateria [prate'ri:a] <-ie> *f* Prärie *f*

pratica ['pra:tika] <-che> *f* ❶ (*attività*) Praxis *f*; (*pej*) Praktik *f*; **mettere in ~** in die Praxis umsetzen; **in ~** in der Praxis; **vale più la ~ che la grammatica** (*prov*) Probieren geht über Studieren ❷ (*esperienza*) Erfahrung *f*; **avere ~ di qc** mit etw Erfahrung haben ❸ (ADM) Vorgang *m*, Akte *f* ❹ *pl* (*atti*) Akten *fpl*, Dokumente *npl* ❺ (*usanza*) Brauch *m*, Sitte *f*; (REL) Handlung *f*; Übung *f* ❻ (*tirocinio*) Praktikum *n*

praticabile [prati'ka:bile] **I.** *agg* ❶ (*che si può praticare*) ausführbar, anwendbar ❷ (*terreno*) begehbar; (*strada*) befahrbar

II. *m* Praktikabel *n;* **praticabilità** [pratika‐bili'ta] <-> *f* ❶ (*l'essere praticabile*) Ausführbarkeit *f,* Anwendbarkeit *f* ❷ (*di terreno*) Begehbarkeit *f;* (*di strada*) Befahr‐barkeit *f*

praticamente [pratika'mente] *avv* ❶ (*in effetti*) im Grunde, praktisch ❷ (*in modo pratico*) praktisch

praticantato [pratikan'ta:to] *m* Prakti‐kum *n;* **praticante** [prati'kante] **I.** *agg* (REL) praktizierend **II.** *mf* ❶ (*chi fa un tiro‐cinio*) Praktikant(in) *m(f)* ❷ (REL) praktizie‐rende(r) Gläubige(r) *f(m);* **praticare** [prati'ka:re] **I.** *vt* ❶ (*mettere in pratica*) in die Praxis umsetzen, praktizieren ❷ (*fare*) ma‐chen, durchführen; (*esercitare*) ausüben, betreiben; (MED) praktizieren; (*seguire*) (aus)üben **II.** *vi* ~ **con qu** mit jdm verkeh‐ren; ~ **in un locale** in einem Lokal verkeh‐ren

praticità [pratit∫i'ta] <-> *f* ❶ (*comodità*) Bequemlichkeit *f* ❷ (*l'essere pratico*) Zweckmäßigkeit *f,* Handlichkeit *f;* ~ **di co‐mando** Bedienkomfort *m;* ~ **d'uso** Be‐dienungsfreundlichkeit *f;* **pratico, -a** ['pra:tiko] <-ci, -che> *agg* ❶ (*metodo, problema, consiglio*) praktisch ❷ (*caratte‐re, persona*) praktisch, geschickt; **essere ~ di qc** in etw *dat* erfahren sein; **non sono ~ del posto** ich kenne mich hier nicht aus ❸ (*macchina, utensile*) zweckmäßig, praktisch; (*comodo a usarsi*) handlich

prato ['pra:to] *m* Wiese *f;* (*di giardino, par‐co*) Rasen *m;* (AGR) Weide *f*

pratolina [prato'li:na] *f* Gänseblümchen *n*

pre- [pre] (*in parole composte*) Vor-, Prä‐

prealpino, -a [preal'pi:no] *agg* Voralpen-

preambolo [pre'ambolo] *m* ❶ (*discorso introduttivo*) Einleitungsrede *f,* Vorrede *f* ❷ (*fam: cerimonia*) Umschweife *pl,* Um‐ständlichkeit *f;* **senza tanti -i** (*fam*) ohne Umschweife

preanestetico, -a [preanes'tɛ:tiko] <-ci, -che> **I.** *agg* (MED) vor der Anästhesie **II.** *m* (MED) Präanästhetikum *n*

preannunziare, preannunciare [pre‐annun'tsia:re, preannun't∫a:re] *vt* voran‐kündigen, anzeigen; **preannunzio, pre‐annuncio** [prean'nuntsio, prean'nun‐t∫o] *m* Vorankündigung *f*

preapertura [preaper'tu:ra] *f* (POL) Son‐dierungsgespräche *npl*

preavvisare [preavvi'za:re] *vt* im Vo‐raus benachrichtigen; **preavviso** [pre‐av'vi:zo] *m* ❶ (*avviso preventivo*) Voran‐kündigung *f,* vorherige Benachrichtigung; (ADM) Voranmeldung *f* ❷ (JUR) Voranzeige *f*

❸ (*periodo*) Frist *f*

prebarba [pre'barba] **I.** <-> *m* Preshave‐lotion *f* **II.** <inv> *agg* Preshave-, Rasier-

prebellico, -a [pre'bɛlliko] <-ci, -che> *agg* Vorkriegs-

prebenda [pre'bɛnda] *f* ❶ (REL) Pfründe *f,* Präbende *f* ❷ (*pej*) unrechtmäßiger [*o* ille‐galer] Verdienst *m*

precampionato¹ [prekampio'na:to] <inv> *agg* Vorbereitungs-

precampionato² *m* (SPORT) Vorbereitungs‐spiel *n,* Freundschaftsspiel *n*

precaria *f v.* **precario**

precariato [preka'ria:to] *m* befristetes Ar‐beitsverhältnis; **precarietà** [prekarie'ta] <-> *f* ❶ (*provvisorietà*) Vorläufigkeit *f* ❷ (MED) Bedenklichkeit *f;* **precario, -a** [pre'ka:rio] <-i, -ie> **I.** *agg* ❶ (*provvisorio*) vorläufig, provisorisch; (ADM) zeitlich befris‐tet, auf Zeit; **personale ~** Zeitpersonal *n* ❷ (*insicuro*) unsicher ❸ (MED) prekär, be‐denklich; (COM) prekär, schwierig **II.** *m, f* Angestellte(r) *f(m)* mit Zeitvertrag

precauzionale [prekauttsio'na:le] *agg* vorbeugend, Vorsichts-; (MED) prophylak‐tisch; **precauzione** [prekaut'tsio:ne] *f* Vorsicht *f;* (*misura preventiva*) Vorsorge‐maßnahme *f,* Vorsichtsmaßnahme *f;* **pren‐dere le proprie -i** eigene Vorkehrungen treffen

precedei *1. pers sing pass rem di* **prece‐dere**

precedente [pret∫e'dɛnte] **I.** *agg* vorige(r, s), vorherige(r, s) **II.** *m* ❶ *pl* (JUR) Vorle‐ben *n;* **-i penali** Vorstrafen *fpl* ❷ (*atto*) Präzedenzfall *m;* **senza -i** beispiellos, nie da gewesen ❸ *pl* (*condotta*) Führung *f;* **precedenza** [pret∫e'dɛntsa] *f* ❶ (MOT) Vorfahrt *f* ❷ (*diritto di precedere*) Vor‐tritt *m,* Vor(tritts)recht *n* ❸ (*priorità*) Prio‐rität *f;* (*nelle cerimonie*) Vorrang *m*

precedere [pre't∫ɛ:dere] <precedo, pre‐cedetti *o* precedei, preceduto> *vt* ❶ (*an‐dare innanzi*) vorangehen, vorfahren ❷ (*essere anteriore*) vorausgehen, voraus sein ❸ (*fig: arrivare prima*) zuvorkommen, zuerst ankommen

precessione [pret∫es'sio:ne] *f* Präzession *f*

precetto [pre't∫ɛtto] *m* ❶ (*insegnamento*) Regel *f,* Vorschrift *f;* (REL) Gebot *n* ❷ (ADM: *ordine*) Befehl *m,* Bescheid *m* ❸ (MIL) Ein‐berufung *f;* **precettore, -trice** [pre‐t∫et'to:re] *m, f* Erzieher(in) *m(f),* Privatleh‐rer(in) *m(f)*

precipitante [pret∫ipi'tante] *m* Ausfäl‐lungs-, Präzipitationsmittel *n*

precipitare [pret∫ipi'ta:re] **I.** *vt* *avere* ❶ (*gettare*) hinab-, hinunterstürzen ❷ (*fig:*

affrettare) überstürzen, übereilen **II.** *vi essere* ❶ (*cadere*) (herab)stürzen ❷ (*fig*) sich überschlagen **III.** *vr* **-rsi** ❶ (*gettarsi*) sich (hinab)stürzen ❷ (*recarsi in fretta*) stürzen

precipitato, -a *agg* überstürzt, übereilt

precipitatore [pretʃipita'to:re] *m* (CHEM) Fällmittel *n*, Fällungsmittel *n*

precipitazione [pretʃipitat'tsio:ne] *f* ❶ (METEO) Niederschlag *m* ❷ (*fig: fretta*) Überstürzung *f*, Übereilung *f*

precipitevolissimevolmente [pretʃipitevolissimevol'mente] *avv* (*scherz*) Hals über Kopf; **precipitosamente** [pretʃipitosa'mente] *avv* ungestüm, überstürzt; **precipitoso, -a** [pretʃipi'to:so] *agg* (*fig*) voreilig, unüberlegt; (*fuga, corsa*) kopflos

precipizio [pretʃi'pittsio] <-i> *m* ❶ (*abisso*) Abgrund *m;* **correre a ~** (*fig*) laufen, als ob der Teufel hinter einem her sei ❷ (*fig*) Verderben *n*, Abgrund *m;* **essere sull'orlo del ~** (*fig*) am Rande des Abgrunds stehen

precipuo, -a [pre'tʃi:puo] *agg* hauptsächlich, Haupt-

precisamente [pretʃiza'mente] *avv* ❶ (*esattamente*) präzise, exakt ❷ (*come risposta*) jawohl, (ganz) genau; **precisare** [pretʃi'za:re] *vt* präzisieren, genauer bestimmen; (*esporre*) detailliert erläutern; **precisazione** [pretʃizat'tsio:ne] *f* Präzisierung *f*, Erläuterung *f*

precisino, -a [pretʃi'si:no] **I.** *agg* genau nehmend, pingelig **II.** *m, f* (*iron*) pingelig genaue Person; **Giovanni è un ~!** Giovanni nimmt es ganz genau!

precisione [pretʃi'zio:ne] *f* Präzision *f*, Genauigkeit *f*; **strumento di ~** Präzisionsgerät *n;* **esprimersi con ~** sich präzise ausdrücken; **lavorare con ~** mit Präzision arbeiten; **sapere qc con ~** etw genau wissen; **preciso, -a** [pre'tʃi:zo] **I.** *agg* ❶ (*esatto*) genau, exakt; **sono le 10 -e** es ist Punkt 10 (Uhr); **queste sono le sue -e parole** das sind genau seine [*o* ihre] Worte ❷ (*ordinato*) ordentlich, genau ❸ (*determinato*) bestimmt **II.** *avv* (*nelle risposte*) (ganz) genau, jawohl

precludere [pre'klu:dere] <precludo, preclusi, precluso> *vt* ❶ (*fuga, cammino, passaggio*) (ver)sperren ❷ (*fig: possibilità*) verbauen; **preclusione** [preklu'zio:ne] *f* Verhinderung *f*, Ausschließen *n*; (JUR) Ausschluss *m*

precluso [pre'klu:zo] *pp di* **precludere**

precoce [pre'kɔ:tʃe] *agg* ❶ (*bambino, ragazzo*) frühreif ❷ (*inverno, stagione*) vorzeitig, Früh- ❸ (BOT) Früh- ❹ (*morte,*

vecchiaia) allzu früh, vorzeitig; **precocemente** [prekotʃe'mente] *avv* verfrüht, (zu) früh; **precocità** [prekotʃi'ta] <-> *f* Frühzeitigkeit *f*

precognizione [prekoɲɲit'tsio:ne] *f* Voraussehen *n*, Präkognition *f*

preconcetto [prekon'tʃɛtto] *m* Vorurteil *n*, vorgefasste Meinung; **avere** [*o* **nutrire**] **dei -i nei confronti di qu** Vorurteile gegen jdn haben

preconcetto, -a *agg* vorgefasst

preconfezionamento [prekonfettsiona'mento] *m* Herstellung *f* von Fertigprodukten; **preconfezionare** [prekonfettsio'na:re] *vt* vorverpacken; **preconfezionato** [prekonfettsio'na:to] *m* Fertigprodukt *n;* **preconfezionato, -a** *agg* abgepackt; **prodotti alimentari -i** abgepackte Nahrungsmittel *npl*

preconizzare [prekonid'dza:re] *vt* voraussagen, weissagen

preconoscenza [prekonoʃʃentsa] *f* Voraussehen *n*, Weissagen *n*

preconscio, -a [pre'kɔnʃo] <-sci, -scie> **I.** *agg* vorbewusst **II.** *m* Vorbewusste(s) *n*

precorrere [pre'korrere] <irr> *vt* vorwegnehmen; **precorritore, -trice** [prekorri'to:re] **I.** *m, f* Vorläufer(in) *m(f)* **II.** *agg* der Zeit voraus, vorhergehend

precorsi *1. pers sing pass rem di* **precorrere**

precorso *pp di* **precorrere**

precostituire [prekostitu'i:re] <precostituisco> *vt* vorher bilden

precotto [pre'kɔtto] *m* Fertiggericht *n;* **precottura** [prekot'tu:ra] *f* industrielle Herstellung von vorgekochten Fertiggerichten

precursore, -corritrice [prekur'so:re] **I.** *agg* vorausgehend **II.** *m, f* Vorläufer(in) *m(f)*

preda ['prɛ:da] *f* Beute *f;* (*animale*) Fang *m;* (*a fig*) Opfer *n;* **uccello da ~** Raubvogel *m;* **essere** [*o* **cadere**] **in ~ a qu/qc** jdm zum Opfer fallen/Opfer von etw sein, von etw gepackt sein; **predare** [pre'da:re] *vt* ❶ (*denari, preziosi*) erbeuten, rauben ❷ (*persone*) berauben, ausrauben; (*luogo*) plündern, ausrauben; **predatore, -trice** [preda'to:re] **I.** *agg* Raub-, räuberisch **II.** *m, f* ❶ (ZOO) Raubtier *n;* (*uccello*) Raubvogel *m* ❷ (*predone*) Räuber(in) *m(f)*

predecessore, -i [predetʃes'so:re] *m, f* Vorgänger(in) *m(f);* **-i** Vorfahren *mpl*

predella [pre'dɛlla] *f* Podest *n;* (*dell'altare*) Altarsockel *m*

predellino [predel'li:no] *m* Trittbrett *n*

predestinare [predesti'na:re] *vt* vorherbestimmen, prädestinieren; **predestinazione** [predestinat'tsio:ne] *f* Prädestination *f*, Vorherbestimmung *f*

predeterminare [predetermi'na:re] *vt* (vorab) veranschlagen, ansetzen; **predeterminato, -a** [predetermi'na:to] *agg* veranschlagt, geplant

predetto, -a [pre'dɛtto] I. *pp di* predire II. *agg* oben genannt, erwähnt

predica ['prɛ:dika] <-che> *f* ❶ (REL) Predigt *f* ❷ (*fam fig*) Strafpredigt *f*, Standpauke *f*; **predicare** [predi'ka:re] *vt* ❶ (REL) predigen ❷ (*insegnare*) predigen, lehren; ~ **al deserto** ein Prediger in der Wüste sein; ~ **al vento** in den Wind reden

predicativo, -a [predika'ti:vo] *agg* (LING) prädikativ, Aussage-; **predicato** [predi'ka:to] *m* ❶ (LING) Prädikat *n*, Satzaussage *f* ❷ (*titolo*) Titel *m*, Prädikat *n* ❸ (ADM) Anwartschaft *f*

predicatore, -trice [predika'to:re] I. *m, f* ❶ (REL) Prediger(in) *m(f)* ❷ (*sostenitore*) Verfechter(in) *m(f)*, Prediger(in) *m(f)* II. *agg* Dominikaner-, Prediger-; **predicatorio, -a** [predika'tɔ:rio] <-i, -ie> *agg* predigend, Prediger-; **predicatrice** *f v.* **predicatore**; **predicazione** [predikat'tsio:ne] *f* Predigen *n*

predico [pre'di:co] *1. pers sing pr di* **predire**

predicozzo [predi'kɔttso] *m* (*fam scherz*) Strafpredigt *f*, Standpauke *f*

predigerito, -a [predidʒe'ri:to] *agg* vorverdaut

predilessi [predi'lɛssi] *1. pers sing pass rem di* **prediligere**

prediletto, -a [predi'lɛtto] I. *pp di* **prediligere** II. *agg* bevorzugt, Lieblings- III. *m, f* Liebling *m*

predilezione [predilet'tsio:ne] *f* ❶ (*preferenza*) Vorliebe *f* ❷ (*oggetto*) bevorzugter Gegenstand; **prediligere** [predi'li:dʒere] <prediligo, predilessi, prediletto> *vt* vorziehen, bevorzugen

predire [pre'di:re] <irr> *vt* vorhersagen, prophezeien

predisporre [predis'porre] <irr> I. *vt* ❶ (*preparare*) vorbereiten; ~ **qu/qc a qc** jdn/etw auf etw *acc* vorbereiten ❷ (MED) ~ **a qc** für etw anfällig machen ❸ (INFORM: *sistema*) einrichten II. *vr* **-rsi a qc** sich auf etw *acc* vorbereiten; **predisposizione** [predispozit'tsio:ne] *f* ❶ (*inclinazione*) Neigung *f*; **avere ~ alla musica** musisch veranlagt sein ❷ (MED) Anfälligkeit *f*, Prädisposition *f* ❸ (*preparazione*) Vorbereitung *f*

predisposto, -a [predis'posto] I. *pp di*

predisporre II. *agg* ❶ (*organizzato*) geplant ❷ (*compatibile*) geeignet, kompatibel ❸ (*incline, propenso*) veranlagt, neigend ❹ (MED) **essere ~ a qc** für etw prädisponiert sein

predissi *1. pers sing pass rem di* **predire**

predizione [predit'tsio:ne] *f* Vorhersage *f*, Vorausschau *f*

predominante [predomi'nante] *agg* vorherrschend; **predominare** [predomi'na:re] *vi* ❶ (*prevalere*) vorherrschen, überwiegen ❷ (*dominare*) **~ su qu** über jdn herrschen; **predominio** [predo'mi:nio] <-i> *m* Vorherrschaft *f*

predone [pre'do:ne] *m* Räuber *m*

preedipico, -a [pree'di:piko] <-ci, -che> *agg* (PSYCH) dem Ödipuskomplex vorangegangen

preesame [pree'za:me] *m* Vorprüfung *f*

preesistei *1. pers sing pass rem di* **preesistere**

preesistente [preezis'tɛnte] *agg* vorherig, Ausgangs-; **preesistenza** [preezis'tɛntsa] *f* Präexistenz *f*, vorheriges Bestehen *f*; **preesistere** [pree'zistere] <irr> *vi essere* vorher bestehen, präexistieren; **preesistito, -a** [preezis'ti:to] *agg* schon da gewesen; **una situazione -a** eine schon da gewesene Situation

prefabbricare [prefabbri'ka:re] *vt* ❶ (ARCH) vorfertigen ❷ (*fig*) sich *dat* zurechtlegen

prefabbricato [prefabbri'ka:to] *m* Fertig(bau)teil *n*

prefabbricato, -a *agg* Fertig(bau)-; **casa -a** Fertighaus *n*; **prefabbricazione** [prefabbrikat'tsio:ne] *f* Fertigbauweise *f*

prefazione [prefat'tsio:ne] *f* Vorwort *n*

preferenza [prefe'rɛntsa] *f* Vorzug *m*, Vorliebe *f*; **diritto di ~** Vorzugsrecht *n*; **dare** [*o* **accordare**] **la propria ~ a qc/qu** etw/jdn bevorzugen; **fare -e** Unterschiede machen; **non ho -e** das ist mir egal; **preferenziale** [preferen'tsia:le] *agg* Vorzugs-, Präferenz-; **corsia ~** Fahrspur *f* für öffentliche Verkehrsmittel; **trattamento ~** Vorzugsbehandlung *f*; **preferibile** [prefe'ri:bile] *agg* vorzuziehen(d), vorteilhafter; **preferibilità** [preferibili'ta] <-> *f* Vorzug *m*; **preferibilmente** [preferibil'mente] *avv* lieber, am liebsten

preferire [prefe'ri:re] <preferisco> *vt* vorziehen, bevorzugen; ~ **il nuoto allo sci** lieber schwimmen als Ski laufen; **preferito, -a** [prefe'ri:to] I. *agg* Lieblings- II. *m, f* Liebling *m*

prefestivo, -a [prefes'ti:vo] *agg* vor einem Feiertag

prefettizio, **-a** [prefet'tittsio] <-i, -ie> *agg* Präfektur-

prefetto [pre'fɛtto] *m* Präfekt *m*; **prefettura** [prefet'tu:ra] *f* Präfektur *f*

prefiggere [pre'fiddʒere] <prefiggo, prefissi, prefisso> **I.** *vt* im Voraus festsetzen **II.** *vr* **-rsi** sich *dat* vornehmen; **-rsi uno scopo** sich *dat* ein Ziel setzen

prefigurare [prefigu'ra:re] *vt* ① (*costituire l'anticipazione di*) (symbolisch) ankündigen, ein Vorbote sein (*qc* von etw) ② (*anticipare, precorrere*) vorwegnehmen, ein Vorläufer sein (*qc* von etw)

prefigurativo, **-a** [prefigura'ti:vo] *agg* (KUNST) noch nicht gegenständlich

prefigurato, **-a** [prefigu'ra:to] *agg* angekündigt, vorweggenommen

prefigurazione [prefigurat'tsio:ne] *f* Präfiguration *f*

prefinanziamento [prefinantsia'mento] *m* Vorfinanzierung *f*; **prefinanziare** [prefinan'tsia:re] *vt* (FIN) vorfinanzieren

prefissare [prefis'sa:re] **I.** *vt* vorveranschlagen, (im Voraus) festsetzen **II.** *vr* **-rsi** sich *dat* vornehmen; **-rsi una meta** sich *dat* ein Ziel setzen; **prefissato**, **-a** [prefis'sa:to] *agg* angesetzt, festgesetzt

prefissi [pre'fissi] *1. pers sing pass rem di* **prefiggere**

prefisso[1] [pre'fisso] *pp di* **prefiggere**

prefisso[2] *m* ① (LING) Präfix *n* ② (TEL) Vorwahl(nummer) *f*

preformatrice [preforma'tri:tʃe] *f* (TEC) Modellformmaschine *f*

pregare [pre'ga:re] *vt* ① (REL) beten zu ② (*chiedere*) bitten; **ti prego di farmi un favore** ich bitte dich um einen Gefallen; **farsi ~** sich bitten lassen ③ (*in frasi di cortesia*) bitten, ersuchen; **entri, La prego** treten Sie bitte ein

pregevole [pre'dʒe:vole] *agg* ① (*oggetto*) fein, erlesen; (*opera*) beachtenswert ② (*persona*) ehrwürdig, achtenswert

preghiera [pre'giɛ:ra] *f* ① (REL) Gebet *n* ② (*richiesta*) Bitte *f*

pregiarsi [pre'dʒarsi] *vr* (*poet*) sich geehrt fühlen, die Ehre haben; **pregiatissimo**, **-a** [pre'dʒa'tissimo] *agg* (*geh*) hochverehrt; (*nelle lettere*) verehrteste(r, s); **pregiato**, **-a** [pre'dʒa:to] *agg* (*vini, tessuti*) hochwertig, Qualitäts-; (*oggetto*) wertvoll; (*valuta*) hart; (*lettera*) geschätzt; **in risposta alla Vostra -a lettera del …** in Beantwortung Ihres geschätzten Schreibens vom …

pregio ['prɛ:dʒo] <-gi> *m* ① (*valore*) Wert *m* ② (*vantaggio*) Vorteil *m*, Vorzug *m* ③ (*stima*) Wert *m*, Wertschätzung *f*; **tene-re in ~** (hoch) schätzen; **farsi ~ di … +***inf* sich beehren, zu … +*inf*

pregiudicante [predʒudi'kante] *agg* kompromittierend, beeinträchtigend; **pregiudicare** [predʒudi'ka:re] *vt* ① (*compromettere*) beeinträchtigen ② (*danneggiare*) **~ qc** einer Sache *dat* schaden; **pregiudicato**, **-a** [predʒudi'ka:to] *m*, *f* Vorbestrafte(r) *f(m)*; **pregiudiziale** [predʒudit'tsia:le] (JUR) **I.** *agg* präjudiziell **II.** *f* Präjudiz *n*; **pregiudizievole** [predʒudit'tsie:vole] *agg* schädlich

pregiudizio [predʒu'dittsio] <-zi> *m* ① (*preconcetto*) Vorurteil *n*; **avere -i nei confronti di** [*o* **contro**] **qc/qu** gegen etw/jdn Vorurteile haben; **essere senza -i** unvoreingenommen sein ② (*danno*) Schaden *m*; **recare ~ a qu/qc** jdm/etw Schaden zufügen; **essere di ~ per la salute** gesundheitsschädlich sein

Preg.mo *abbr di* **pregiatissimo** verehrtester …

pregnante [preɲ'ɲante] *agg* bedeutungsvoll, prägnant; **pregnanza** [preɲ'ɲantsa] *f* Bedeutungsfülle *f*, Prägnanz *f*

pregno, **-a** ['preɲɲo] *agg* ① (ZOO) trächtig ② (*fam: donna*) schwanger

prego ['prɛ:go] *int* bitte; **~ ?** wie bitte?

pregustare [pregus'ta:re] *vt* (schon) im Voraus genießen, sich auf etw freuen

preinstallato, **-a** [preinstal'la:to] *agg* (TEC) vorinstalliert

preislamico, **-a** [preiz'la:miko] <-ci, -che> *agg* (HIST) vorislamisch

preistoria [preis'tɔ:ria] *f* ① (HIST) Vorgeschichte *f*, Prähistorie *f* ② (*fig: origine*) Ursprung *m*; **preistorico**, **-a** [preis'tɔ:riko] <-ci, -che> *agg* ① (HIST) prähistorisch, vorgeschichtlich ② (*fam scherz*) vorsintflutlich

preistruttoria [preistrut'tɔ:ria] *f* (JUR) Vorverhandlung *f*; **preistruttorio**, **-a** [preistrut'tɔ:rio] <-i, -ie> *agg* (JUR) vor der Hauptverhandlung, Vorverhandlungs-; **atti -i** Gerichtsakte *f* vor der Hauptverhandlung; **preistruzione** [preistrut'tsio:ne] *f* (JUR) Vorverhandlung *f*

prelatizio, **-a** [prela'tittsio] <-i, -ie> *agg* ① (REL) Prälaten- ② (JUR) Vorkaufs-, das Vorkaufsrecht betreffend; **prelato** [pre'la:to] *m* Prälat *m*

prelavaggio [prela'vaddʒo] <-ggi> *m* Vorwaschgang *m*

prelazione [prelat'tsio:ne] *f* Vorkauf *m*; **diritto di ~** Vorkaufsrecht *n*

prelevamento [preleva'mento] *m* Entnahme *f*, Abholung *f*; (FIN) Abhebung *f*, Behebung *f* A; **prelevare** [prele'va:re] *vt*

❶ (FIN) abheben, beheben *A* ❷ (*ritirare*) abholen, übernehmen ❸ (*arrestare*) festnehmen ❹ (*requisire*) beschlagnahmen ❺ (INFORM) abrufen

prelibato, -a [preli'ba:to] *agg* köstlich

prelievo [pre'liɛ:vo] *m* ❶ (MED) Entnahme *f* ❷ (FIN) Abhebung *f*

preliminare [prelimi'na:re] *agg* ❶ (*iniziale*) einleitend ❷ (*preparatorio*) Vorbereitungs-; **corso ~** Vorbereitungskurs *m;* **esame ~** Zwischen-, Vorprüfung *f;* **preliminari** [prelimi'na:ri] *mpl* Einleitung *f,* Präliminarien *pl;* (*della pace, di un trattato*) Vorverhandlung *f*

preludere [pre'lu:dere] <preludo, prelusi, preluso> *vi* **~ a qc** (*preannunciare*) auf etw *acc* hindeuten; (*fare un'introduzione*) auf etw *acc* hinführen

preludio [pre'lu:dio] <-i> *m* ❶ (MUS) Präludium *n* ❷ (*segno preliminare*) Vorzeichen *n* ❸ (*proemio*) Vorrede *f,* Einleitung *f* ❹ (*fig: premessa*) Auftakt *m*

prelusi [pre'lu:zi] *1. pers sing pass rem di* **preludere**

preluso [pre'lu:zo] *pp di* **preludere**

pré-maman [pre ma'mã] **I.** <-> *m* Umstandskleid *n* **II.** <inv> *agg* Umstands-

premarcato, -a [premar'ka:to] *agg* vorgedruckt

prematrimoniale [prematrimo'nia:le] *agg* vorehelich

prematuro, -a [prema'tu:ro] **I.** *agg* ❶ (*morte*) vorzeitig, früh ❷ (*parto, neonato*) Früh- ❸ (*fig: affrettato*) voreilig **II.** *m, f* Frühgeburt *f*

premeditare [premedi'ta:re] *vt* vorsätzlich begehen, planen; **premeditato, -a** [premedi'ta:to] *agg* vorsätzlich (begangen); **omicidio ~** (vorsätzlicher) Mord *m;* **premeditazione** [premedit'tsio:ne] *f* Vorsatz *m;* **con/senza ~** vorsätzlich/nicht vorsätzlich

premere ['prɛ:mere] **I.** *vt* ❶ (*comprimere*) drücken; (*calcare*) auf-, durchdrücken; **~ il freno/l'acceleratore** (auf) das Brems-/Gaspedal treten ❷ (*fig: gravare*) drücken, belasten; (*incalzare*) drängen **II.** *vi* ❶ (*esercitare una pressione*) **~ su qc** auf etw *acc* drücken; **~ su qu** (*fig*) auf jdn Druck ausüben ❷ (*fig: gravare*) **~ su qu** auf jdm lasten ❸ (*fig: stare a cuore*) am Herzen liegen ❹ (*fig: essere urgente*) drängen

premessa [pre'messa] *f* ❶ (*chiarimento preliminare*) Vorbemerkung *f;* (*nel libro*) Vorwort *n* ❷ (*condizione necessaria*) Voraussetzung *f;* (PHILOS) Prämisse *f;* **premettere** [pre'mettere] <irr> *vt* vorausschicken; **ciò premesso ...** dies vorausge-

schickt ..., unter diesen Umständen ...

premiale [pre'mia:le] *agg* ausgezeichnet

premiare [pre'mia:re] *vt* auszeichnen, prämieren; **premiazione** [premiat'tsio:ne] *f* Preisverleihung *f,* Prämierung *f;* **~ degli Oscar** Oscarverleihung *f*

premier ['prəmjə *o* 'prɛmjer] <-> *m* Premier *m,* Premierminister(in) *m(f)*

première [prə'mjɛr] <- *o* premières> *f* (FILM) Premiere *f*

premier ship ['prɛmier ʃip] <-> *f* Amt *n* des Regierungschefs

preminente [premi'nɛnte] *agg* vorrangig, Haupt-; **preminenza** [premi'nɛntsa] *f* Überlegenheit *f,* Vorrang *m*

premio¹ ['prɛ:mio] <-i> *m* ❶ (*vincita*) Gewinn *m,* Preis *m;* **Premio Nobel** Nobelpreis *m;* **Premio Oscar** (*vincitore*) Oscarpreisträger(in) *m(f);* **monte -i** (Gesamt)gewinnsumme *m* ❷ (*indennità*) Zulage *f,* Prämie *f;* **~ d'anzianità** Alterszulage *f* ❸ (FIN, SPORT) Prämie *f*

premio² <inv> *agg* Gewinn-, Preis-; **viaggio ~** Gewinnreise *f*

premisi *1. pers sing pass rem di* **premettere**

premonitore, -trice [premoni'to:re] *agg* warnend, Warn-; **premonizione** [premonit'tsio:ne] *f* Weissagung *f*

premunire [premu'ni:re] <premunisco> **I.** *vt* (*fig*) im Voraus sichern **II.** *vr* **-rsi contro qc** sich vor etw schützen; **premunizione** [premunit'tsio:ne] *f* Abwehr *f*

premura [pre'mu:ra] *f* ❶ (*fretta*) Eile *f,* Drängen *n* ❷ (*cura*) Sorgfalt *f* ❸ (*sollecitudine*) Aufmerksamkeit *f,* Zuvorkommenheit *f;* **premuroso, -a** [premu'ro:so] *agg* ❶ (*sollecito*) eifrig, beflissen ❷ (*pieno d'attenzioni*) bemüht, aufmerksam

prenatale [prena'ta:le] *agg* vorgeburtlich, pränatal *scient*

prenatalizio, -a [prenata'littsio] <-i, -ie> *agg* vorweihnachtlich, Vorweihnachts-

prendere ['prɛndere] <prendo, presi, preso> **I.** *vt* ❶ (*pigliare*) nehmen; (*afferrare*) (er)greifen, fassen; (*strada*) nehmen, einschlagen; (*odore, nome*) annehmen; (MIL) einnehmen; (*rilevare*) (über)nehmen; (*derivare*) übernehmen, annehmen; (*lezioni, tram*) nehmen; (*decisione*) treffen, fassen; (*coraggio*) fassen; (*aria*) schnappen, schöpfen; (*fuoco*) fangen; (*parola*) ergreifen; (*mangiare, bere*) (ein)nehmen; **~ appunti** (sich *dat*) Notizen machen; **~ forma** Form annehmen; **~ piede** Fuß fassen; **~ posizione/posto/atto** Stellung/Platz/Kenntnis nehmen; **~ sonno** einschlafen; **~ tempo** zögern, zaudern; **~ le misure**

Maß nehmen; ~ **le mosse** anlaufen, beginnen; ~ **il sole** sich sonnen; ~ **in affitto** mieten; ~ **in consegna** übernehmen, in Empfang nehmen; ~ **qu sul serio** jdn ernst nehmen; ~ **qu in braccio** jdn in den Arm nehmen; ~ **qu con le buone** (*fam*) es jdm im Guten sagen; ~ **qu con le cattive** (*fam*) jdm drohen ❷ (*portare con sé*) mitnehmen ❸ (*rubare*) (weg)nehmen, stehlen ❹ (*catturare*) fassen; (*arrestare*) festnehmen, verhaften ❺ (*uccidere*) erlegen, schießen; (*pesci*) fangen ❻ (*sorprendere*) erwischen, ertappen ❼ (*guadagnare*) bekommen, verdienen; (*buscarsi*) bekommen, einstecken; (*malattia*) bekommen, sich *dat* holen *fam* ❽ (*occupare*) brauchen, beanspruchen ❾ (*trattare*) behandeln, nehmen ❿ (*scambiare*) ~ **qu per qu** jdn mit jdm verwechseln, jdn für jdn halten **II.** *vi* ❶ (*piante*) Wurzel fassen ❷ (*fuoco*) brennen, zünden ❸ (*colla*) fest werden; (*cemento*) (ab)binden ❹ (*avviarsi*) ~ **per qc** auf etw *acc* zugehen ❺ (*cominciare*) ~ **a fare qc** anfangen, etw zu tun **III.** *vr* **-rsi** ❶ (*afferrarsi*) **-rsi a qc** sich an etw *dat* festhalten ❷ (*azzuffarsi*) sich verprügeln, sich schlagen; **prenderle** (*fam*) Prügel beziehen; **prenderne** (*fam*) den Frack voll kriegen ❸ (*assumersi*) übernehmen; **-rsi cura di qu** sich um jdn kümmern ❹ (*fare*) machen, nehmen; **-rsi un giorno di ferie** einen Tag frei nehmen; **-rsi una vacanza** Urlaub machen ❺ (*loc*) **prendersela** (*fam*) sich ärgern, sich aufregen; **prendersela con qu** (*fam*) auf jdn böse sein; **prendersela comoda** (*fam*) eine ruhige Kugel schieben; **prendersela a cuore** (*fam*) es sich *dat* zu Herzen nehmen

prendisole [prendi'soːle] <-> *m* Trägerkleid *n*

prenditore, -trice [prendi'toːre] *m, f* ❶ (FIN) Wechselnehmer *m*; (*di assegno*) Zahlungsempfänger(in) *m(f)* ❷ (SPORT) Fänger(in) *m(f)*

prenome [pre'noːme] *m* ❶ (*nome individuale*) Vorname *m* ❷ (HIST) Pränomen *n*

prenotare [preno'taːre] **I.** *vt* (vor)bestellen, reservieren; (*viaggio*) buchen **II.** *vr* **-rsi per qc** sich für etw *acc* anmelden; **prenotazione** [prenotat'tsioːne] *f* (Vor)bestellung *f*, Reservierung *f*; (*di viaggio*) Buchung *f*

prensile ['prɛnsile] *agg* Greif-; **coda ~** Greifschwanz *m*

preoccupante [preokku'pante] *agg* Besorgnis erregend

preoccupare [preokku'paːre] **I.** *vt* beunruhigen **II.** *vr* **-rsi** (**per qu/qc**) sich *dat*

(um jdn/etw) Sorgen machen; **preoccupazione** [preokkupat'tsioːne] *f* Sorge *f*

preolimpico, -a [preo'limpiko] <-ci, -che> *agg* (SPORT) vorolympisch

preordinamento [preordina'mento] *m* Vorherbestimmung *f*; **preordinare** [preordi'naːre] *vt* vorbereiten, bereit stellen; **preordinato, -a** [preordi'naːto] *agg* vorherbestimmt

prepagamento [prepaga'mento] *m* Voraus(be)zahlung *f*; **prepagato, -a** [prepa'gaːto] *agg* vor(aus)bezahlt

preparare [prepa'raːre] **I.** *vt* ❶ (*gener*) vorbereiten; (*apprestare*) herrichten, zurechtmachen; (*letto*) richten; (*pranzo*) zubereiten; (*tavola*) decken; (CHEM) präparieren ❷ (*elaborare*) vorbereiten, ausarbeiten ❸ (*fig: predisporre*) vorbereiten; (*tenere in serbo*) bringen, bereithalten **II.** *vr* **-rsi a qc** (*fare preparativi*) sich auf etw *acc* vorbereiten; **-rsi per andare a teatro** sich für den Theaterbesuch fertig machen; **preparativi** [prepara'tiːvi] *mpl* Vorbereitungen *fpl*

preparato [prepa'raːto] *m* Präparat *n*

preparato, -a *agg* vorbereitet; (*pronto*) bereit; **essere ~ a tutto** auf alles vorbereitet sein

preparatore, -trice [prepara'toːre] **I.** *m, f* Vorbereiter(in) *m(f)* **II.** *agg* vorbereitend; **preparatorio, -a** [prepara'tɔːrio] <-i, -ie> *agg* Vorbereitungs-, vorbereitend; **preparatrice** *f v.* **preparatore**; **preparazione** [preparat'tsioːne] *f* ❶ (*addestramento*) Vorbereitung *f*; **la ~ agli esami** die Prüfungsvorbereitung ❷ (*complesso di nozioni*) Wissen *n*, Bildung *f*; ~ **generale** Allgemeinwissen *n* ❸ (*di cibi*) Zubereitung *f*

preparucchiare [preparuk'kiaːre] *vt* auf die Schnelle machen

prepensionabile [prepensio'naːbile] *agg* zum Vorruhestand berechtigt

prepensionamento [prepensiona'mento] *m* Vorruhestand *m*, Frührente *f*

preponderante [preponde'rante] *agg* vorherrschend, überwiegend; **preponderanza** [preponde'rantsa] *f* Überwiegen *n*, Übermacht *f*

preporre [pre'porre] <irr> *vt* ❶ (*anteporre*) vor(an)setzen; (*mettere a capo*) an die Spitze stellen ❷ (*fig: preferire*) ~ **qu/qc a qu/qc** jdn/etw jdm/etw vorziehen

prepositivo, -a [prepozi'tiːvo] *agg* präpositional, Präpositions-

preposizione [prepozit'tsioːne] *f* Präposition *f*, Verhältniswort *n*

preposto *pp di* **preporre**

prepotente [prepo'tɛnte] **I.** *agg* ❶ (*persona*) arrogant, anmaßend ❷ (*fig*) dringend,

P

sehnlich **II.** *mf* arrogante Person; **prepo-tenza** [prepo'tɛntsa] *f* (*caratteristica*) Rücksichtslosigkeit *f;* (*atto*) Übergriff *m*

preprint ['pri:print] <- *o* preprints> *m* Vordruck *m*

preprocessuale [preprotʃssu'a:le] *agg* (JUR) vor der Gerichtsverhandlung

prepuzio [pre'puttsio] <-i> *m* Vorhaut *f*

prerogativa [preroga'ti:va] *f* ❶ (*caratteristica*) besondere Eigenschaft, besonderer Vorzug ❷ (*privilegio*) Vorrecht *n,* Privileg *n*

preromanticismo [preromanti'tʃizmo] *m* Vorromantik *f*

preruolo [pre'ru:ɔlo] <-> *m die Zeit vor der Übernahme ins Beamtenverhältnis*

presa ['pre:sa] *f* ❶ (*il prendere*) Griff *m,* Umklammerung *f;* ~ **di posizione** Stellungnahme *f;* ~ **di possesso** Inbesitznahme *f;* ~ **in consegna** Entgegennahme *f;* ~ **in considerazione** Berücksichtigung *f;* ~ **in giro** (*fam*) Veräppelung *f;* **essere alle -e con qc** sich mit etw herumschlagen ❷ (*effetto*) Halt *m;* (TEC) Greifen *n;* (*di cemento, colla*) Festwerden *n* ❸ (EL) Steckdose *f* ❹ (*di sale, pepe, tabacco*) Prise *f*

presagio [pre'za:dʒo] <-gi> *m* ❶ (*presentimento*) (Vor)ahnung *f* ❷ (*segno*) Vorzeichen *n;* **presagire** [preza'dʒi:re] <presagisco> *vt* (*presentire*) (voraus)ahnen; (*predire*) voraussagen; (*prevedere*) vorhersehen; **presago, -a** [pre'za:go] <-ghi, -ghe> *agg* (*poet*) vorausahnend

presalario [presa'la:rio] *m staatliches Stipendium für Studenten,* ≈ BAföG *n*

presbiopia [prezbio'pi:a] <-ie> *f* Weitsichtigkeit *f*

presbite ['prɛzbite] **I.** *agg* weitsichtig **II.** *mf* Weitsichtige(r) *f/m)*

presbiteriano, -a [prezbite'ria:no] **I.** *m, f* Presbyterianer(in) *m(f)* **II.** *agg* presbyterianisch

presbiterio [prezbi'tɛ:rio] <-i> *m* ❶ (ARCH) Chorraum *m* ❷ (REL) Presbyterium *n*

prescegliere [preʃʃeʎʎere] <irr> *vt* (aus)wählen

prescienza [preʃʃɛntsa *o* preʃʃi'ɛntsa] *f* Vor(her)wissen *n,* Vorauswissen *n,* Kenntnis *f* der Zukunft

presciistico, -a [preʃi'istiko] <-ci, -che> *agg* (SPORT) Ski-; **ginnastica -a** Skigymnastik *f*

prescindere [preʃʃindere] <irr> *vi* ~ **da qc** von etw absehen; **a ~ da, prescindendo da** abgesehen von

prescolare [presko'la:re] *agg* Vorschul-; **età** ~ Vorschulalter *n*

prescolastico, -a [presko'lastiko] <-ci,

-che> *agg* Vorschul-

prescrivere [pres'kri:vere] <irr> *vt* ❶ (JUR) verjähren lassen ❷ (*ordinare*) vorschreiben; (MED) verschreiben, verordnen; **prescrivibile** [preskri'vi:bile] *agg* (MED) verschreibbar

prescrizionale [preskrittsio'na:le] *agg* **termine** ~ Verjährungsfrist *f;* **prescrizione** [preskrit'tsio:ne] *f* ❶ (JUR) Verjährung *f* ❷ (MED) Verschreibung *f,* Verordnung *f* ❸ (*norma*) Vorschrift *f*

preselezione [preselet'tsio:ne] *f* ❶ (*selezione preliminare*) Vorauswahl *f* ❷ (SPORT) Vorentscheidung *f* ❸ (TEL) Vorwahl *f*

presentare [prezen'ta:re] **I.** *vt* ❶ (*documento, passaporto*) (vor)zeigen, vorlegen; (*persona*) vorstellen; (*candidato*) aufstellen; (*prodotti, macchine*) vorführen; (FILM) vorführen; (THEAT) aufführen ❷ (*saluti*) ausrichten, übermitteln; (*rispetti*) erweisen; (*scusa, reclamo*) vorbringen ❸ (*introdurre*) einführen in etw herumschlagen (ADM: *domanda*) stellen; (*richiesta*) einreichen ❺ (*fig*) aufweisen, haben; (*offrire*) (dar)bieten, anbieten; (*illustrare*) erläutern, beschreiben **II.** *vr* **-rsi** ❶ (*apparire*) erscheinen ❷ (*farsi conoscere*) sich vorstellen, sich bekannt machen ❸ (*offrirsi*) sich (an)bieten; (*capitare*) sich einstellen, eintreten; (*apparire*) sich erweisen; (*essere*) sich präsentieren; **presentatore, -trice** [prezenta'to:re] *m, f* ❶ (*chi presenta*) Präsentator(in) *m(f)* ❷ (TV, MUS, FILM) Ansager(in) *m(f),* Moderator(in) *m(f)* ❸ (JUR, ADM) Antragsteller(in) *m(f);* **presentazione** [prezentat'tsio:ne] *f* ❶ (ADM) Einreichung *f;* (*di documento*) Vorlage *f* ❷ (*di persona*) Vorstellung *f;* (*in pubblico*) Vorstellung *f,* Auftritt *m;* (*di candidati*) Aufstellung *f* ❸ (*raccomandazione*) Empfehlung *f;* **lettera di** ~ Empfehlungsschreiben *n* ❹ (*introduzione*) Einführung *f,* Präsentation *f;* (*di prodotti, merci, modelli*) Einführung *f,* Vorführung *f* ❺ (THEAT) Aufführung *f;* (FILM) Vorführung *f*

presente [pre'zɛnte] **I.** *agg* ❶ (*partecipante*) anwesend, gegenwärtig; **aver ~ qu/qc** (*fig*) sich an jdn/etw erinnern; **far ~ qc a qu** (*fig*) jdn auf etw *acc* hinweisen; **tener ~ qc** (*fig*) etw bedenken; **tener ~ qu** (*fig*) jdn berücksichtigen ❷ (*attuale*) jetzig, gegenwärtig; (*anno, mese, secolo*) diese(r, s); **il tempo ~** die heutige Zeit, die Gegenwart ❸ (LING) Präsens- ❹ (*questo*) vorliegend, diese(r, s) ❺ (*negli appelli*) hier, anwesend **II.** *mf* Anwesende(r) *f(m);* **-i esclusi** Anwesende ausgenommen **III.** *m* ❶ (*tempo*) Gegenwart *f;* **al** ~ derzeit, jetzt; **per il** ~ für den Moment, im Augenblick ❷ (LING) Präsens *n*, Gegenwart *f* ❸ (*dono*) Geschenk *n*, Präsent *n* **IV.** *f* (vorliegendes) Schreiben *n*; **con la ~ Le comunichiamo …** hiermit teilen wir Ihnen mit …

presentimento [presenti'mento] *m* Vorgefühl *n*, (Vor)ahnung *f*; **presentire** [presen'ti:re] *vt* (voraus)ahnen

presenza [pre'zɛntsa] *f* ❶ (*l'essere presente*) Anwesenheit *f*, Gegenwart *f*; (*esistenza*) Vorhandensein *n*; **fare atto di ~** anwesend sein, sich sehen lassen ❷ (*aspetto*) Aussehen *n*; **presenziare** [prezen'tsia:re] *vt*, *vi* ~ (**a**) **qc** einer Sache *dat* beiwohnen

presepio [pre'zɛ:pio] <-i> *m* Krippe *f*

preserale [prese'ra:le] *agg* Vorabend-

preservare [preser'va:re] *vt* ~ **qu/qc da qc** jdn/etw vor etw *dat* schützen

preservativo [preserva'ti:vo] *m* Präservativ *n*, Verhütungsmittel *n*

presi ['pre:si] *1. pers sing pass rem di* **prendere**

preside ['prɛ:side] *mf* (*di scuola*) Schulleiter(in) *m(f)*, Direktor(in) *m(f)*; (*di facoltà*) Dekan *m*

presidente, -essa [presi'dɛnte, presiden'tessa] *m, f* (*dirigente*) Vorsitzende(r) *f(m)*, Leiter(in) *m(f)*; (JUR, POL) Präsident(in) *m(f)*; ~ **della regione** Regionsvorsitzende(r) *f(m)*; ~ **della Repubblica** Staatspräsident(in) *m(f)*; ~ **del consiglio dei ministri** Ministerpräsident(in) *m(f)*; **presidenza** [presi'dɛntsa] *f* ❶ (*carica*) Präsidentschaft *f* ❷ (*sede*) Präsidium *n* ❸ (*personale*) Leitung *f* ❹ (*di scuola*) Schulleitung *f*; (*di facoltà*) Dekanat *n*; **presidenziale** [presiden'tsia:le] *agg* Präsidenten-, präsidial; **presidenzialismo** [presidentsia'lizmo] *m* (POL) Präsidenzialismus *m*

presidiare [presi'dia:re] *vt* ❶ (MIL) besetzen, unter Besatzung nehmen ❷ (*fig*) sichern; **presidio** [pre'si:dio] <-i> *m* ❶ (MIL) Garnison *f*, Besatzung *f* ❷ (*fig*) Sicherung *f*; **presidium** [pre'si:dium] <-> *m* Präsidium *n*

presiedere [presi'ɛ:dere] <presiedo, presiedei *o* presiedetti, presieduto> **I.** *vt* leiten **II.** *vi* ~ **a qc** die Leitung einer Sache *gen* haben

preso ['pre:so] *pp di* **prendere**

pressa ['prɛssa] *f* ❶ (TEC, TYP) Presse *f* ❷ (*fam: calca*) Gedränge *n*; **avere ~** (*fam dial*) es eilig haben

press agent ['preseidʒənt *o* 'presadʒənt] <- *o* **press agents**> *mf* Presseagent(in) *m(f)*

pressainsilatrice [pressainsila'tri:tʃe] *f* (AGR) Silopresse *f*

pressante [pres'sante] *agg* dringend

pressapasta [pressa'pasta] <-> *m* (TEC) Gautschpresse *f*

pressappoco, press'a poco [pressap'pɔ:ko] *avv* ungefähr, nahezu

pressare [pres'sa:re] *vt* ❶ (TEC) pressen ❷ (*fig: incalzare*) drängen

pressatrice [pressa'tri:tʃe] *f* (AGR) Druckwalze *f*; **pressatura** [pressa'tu:ra] *f* Pressen *n*

pressi ['prɛssi] *mpl* **nei -i di** in der Nähe von

pressibile [pres'si:bile] *agg* kompressibel; **pressibilità** [pressibili'ta] <-> *f* Kompressibilität *f*

pressing ['prɛssiŋ] <-> *m* (SPORT) Powerplay *n*

pressione [pres'sio:ne] *f* ❶ (*forza*) Druck *m*; ~ **atmosferica** Luftdruck *m*; ~ **di iniezione** Einspritzdruck *m*; **pentola a ~** Dampfkochtopf *m*, Schnellkochtopf *m*; **far ~ su qu** auf jdn Druck ausüben, jdn unter Druck setzen ❷ (COM) Last *f*; ~ **tributaria** Steuerlast *f* ❸ (*del sangue*) Blutdruck *m*; **avere la ~ alta/bassa** hohen/niedrigen Blutdruck haben

presso ['prɛsso] **I.** *avv* nahe, in der Nähe **II.** *prp* ❶ (*vicino a*) nahe an + *dat*, nahe bei + *dat*, in der Nähe + *gen*; (*moto*) zu + *dat*, in die Nähe + *gen* ❷ (*in casa di, fig*) bei + *dat*; (*moto*) zu + *dat* ❸ (*nelle lettere*) bei + *dat*

pressoché [presso'ke] *avv* fast, beinahe

pressocolata [pressoko'la:ta] *f* (TEC) Spritzguss *m*

pressofusione [pressofu'zio:ne] *f* (TEC) Spritzguss *m*; **pressofuso, -a** [presso'fu:zo] *agg* im Spritzgussverfahren gefertigt

pressostatico, -a [presso'sta:tiko] *agg* (TEC) Druckregel-; **valvola -a** Druckregelventil *n*; **pressostato** [presso'sta:to] *m* (TEC) Druckregler *m*

pressurizzare [pressurid'dza:re] *vt* unter Überdruck setzen; **pressurizzazione** [pressuriddzat'tsio:ne] *f* Überdruck *m*

prestabilire [prestabi'li:re] <prestabilisco> *vt* (vorher) festsetzen; **prestabilito, -a** [prestabi'li:to] *agg* (*prefissato*) vorgemerkt, geplant; **una data -a** ein vorgemerktes Datum

prestampare [prestam'pa:re] *vt* Probeexemplare drucken

prestampato [prestam'pa:to] *m* Vordruck *m*

prestampato, -a *agg* vorgedruckt

prestanome [presta'no:me] <-> *mf* Strohmann *m*

prestante [pres'tante] *agg* stattlich; **prestanza** [pres'tantsa] *f* Stattlichkeit *f*

prestare [pres'ta:re] I. *vt* ❶ (*dare in prestito*) (ver)leihen, ausleihen ❷ (*fig: aiuto, giuramento*) leisten; (*fede*) schenken; (*attenzione*) zollen, schenken; ~ **ascolto a qu/qc** jdm/etw Gehör schenken; ~ **orecchio a qu** jdm sein Ohr leihen II. *vr* **-rsi** ❶ (*adoperarsi*) sich zur Verfügung stellen ❷ (*essere adatto*) **-rsi a qc** sich für etw eignen; **prestatore, -trice** [presta'to:re] *m, f* Verleiher(in) *m(f)*; ~ **di lavoro** [*o* **d'opera**] Arbeitnehmer(in) *m(f)*

prestavoce [presta'vo:tʃe] <-> *mf* Synchronsprecher(in) *m(f)*

prestazione [prestat'tsio:ne] *f* Leistung *f*

presti(di)giatore, -trice [presti(di)dʒa'to:re] *m, f* Taschenspieler(in) *m(f)*, Illusionist(in) *m(f)*

prestigio [pres'ti:dʒo] <-gi> *m* ❶ (*fama*) Ansehen *n*, Prestige *n* ❷ (*illusione*) **giochi di** ~ Zaubertricks *mpl*; **prestigioso, -a** [presti'dʒo:so] *agg* Luxus-

prestito ['prɛstito] *m* ❶ (FIN) Darlehen *n*, Anleihe *f* ❷ (*il prestare*) Ausleihen *n*; **dare in** [*o* **a**] ~ **qc** etw (ver)leihen; **prendere in** [*o* **a**] ~ **qc** (sich *dat*) etw leihen

presto ['prɛsto] *avv* ❶ (*fra poco*) bald; **a** ~ bis gleich, bis bald ❷ (*in fretta*) schnell, rasch; **fare** ~ sich beeilen; **al più** ~ so schnell wie möglich; (*non prima*) frühestens ❸ (*facilmente*) leicht, schnell; **è** ~ **detto/fatto** das ist leicht gesagt/getan ❹ (*prima del tempo*) zu früh, verfrüht ❺ (*di buon'ora*) früh(zeitig) ❻ (MUS) presto

presumere [pre'zu:mere *o* pre'su:mere] <presumo, presunsi, presunto> *vt* ❶ (*supporre*) annehmen, vermuten ❷ (*pretendere*) sich *dat* anmaßen; **presumibile** [prezu'mi:bile *o* presu'mi:bile] *agg* wahrscheinlich

presunsi [pre'zunsi] *1. pers sing pass rem di* **presumere**

presuntivo, -a [prezun'ti:vo *o* presun'ti:vo] *agg* mutmaßlich; **bilancio** ~ Haushaltsplan *m*; **somma -a** veranschlagte Summe

presunto, -a [pre'zunto *o* pre'sunto] I. *pp di* **presumere** II. *agg* vermutlich; (JUR) mutmaßlich

presuntuoso, -a [prezuntu'o:so] *agg* anmaßend, eingebildet; **presunzione** [prezun'tsio:ne *o* presun'tsio:ne] *f* (*ambizione*) Überheblichkeit *f*, Anmaßung *f*

presupponenza [presuppo'nɛntsa] *f* Zumutung *f*

presupporre [presup'porre] <irr> *vt* ❶ (*immaginare*) vermuten, annehmen

❷ (*implicare*) voraussetzen; **presupposizione** [presuppozit'tsio:ne] *f* ❶ (*supposizione*) Annahme *f*, Vermutung *f* ❷ (*implicazione*) Voraussetzung *f*

presupposto [presup'posto] *m* Voraussetzung *f*

presupposto, -a I. *pp di* **presupporre** II. *agg* vorausgesetzt

prêt-à-porter ['prɛt a por'te] <-> *m* Konfektion *f*; (*abito*) Konfektionskleid *n*

prete ['prɛ:te] *m* Priester *m*; **scherzo da** ~ (*fam*) schlechter Witz

pretendente [preten'dɛnte] *mf* ❶ (*al trono*) Anwärter(in) *m(f)* ❷ (*corteggiatore*) Freier *m*

pretendere [pre'tɛndere] <irr> *vt* ❶ (*esigere*) verlangen, fordern ❷ (*presumere*) sich *dat* einbilden

pretensionatore [pretensiona'to:re] *m* (AUTO) Gurtstraffer *m*

pretenzioso, -a [preten'tsio:so] *agg* anspruchsvoll, prätenziös

preterintenzionale [preterintentsio'na:le] *agg* nicht vorsätzlich, unabsichtlich; **omicidio** ~ Totschlag *m*, Körperverletzung *f* mit Todesfolge; **preterintenzione** [preterintent'tsio:ne] *f* (JUR) Nichtvorsätzlichkeit *f*

pretermine [pre'tɛrmine] <inv> *agg* (MED) Früh-, verfrüht; **parto** ~ Frühgeburt *f*

pretesa [pre'te:sa] *f* ❶ (*esigenza*) Anspruch *m*; (*richiesta*) Forderung *f*; **una persona senza -e** ein anspruchsloser Mensch; **con la** ~ **di ...** mit dem Anspruch, zu ... ❷ (*presunzione*) Einbildung *f*, Anmaßung *f*

pretesi *1. pers sing pass rem di* **pretendere**

preteso *pp di* **pretendere**

pretesto [pre'tɛsto] *m* (*scusa*) Vorwand *m*; (*a occasione*) Gelegenheit *f*; **con il** ~ **di ...** unter dem Vorwand, zu ...

pretestuosità [pretestuosi'ta] <-> *f* Vorwandfunktion *f*; **pretestuoso, -a** [pretestu'ɔ:so] *agg* vorgeschoben

pretore [pre'to:re] *m* ❶ (JUR) Amtsrichter *m* ❷ (HIST) Prätor *m*

pretorio [pre'tɔ:rio] <-i> *m* Prätorium *n*

pretorio, -a <-i, -ie> *agg* ❶ (ADM) Gemeinde- ❷ (JUR) amtsrichterlich

pretto, -a ['prɛtto] *agg* ❶ (*vino*) rein ❷ (*fig*) echt, rein

pretura [pre'tu:ra] *f* ❶ (JUR) Amtsgericht *n* ❷ (HIST) Prätur *f*

prevalente [preva'lɛnte] *agg* überwiegend, vorwiegend; (*opinione*) vorherrschend

prevalentemente [prevalente'mente]

avv hauptsächlich; **prevalenza** [preva'lɛntsa] *f* ❶ (*maggioranza*) Mehrheit *f;* (*di cose*) Übergewicht *n* ❷ (TEC) Förderhöhe *f*

prevalere [preva'le:re] <irr> *vi essere o avere* ❶ (*imporsi*) überwiegen, vorherrschen ❷ (*vincere*) ~ **su qu** jdm überlegen sein

prevalgo *1. pers sing pr di* **prevalere**

prevaricare [prevari'ka:re] *vi* unehrenhaft handeln; (*abusare del potere*) seine Macht missbrauchen; **prevaricazione** [prevarikat'tsio:ne] *f* Macht-, Amtsmissbrauch *m,* Übergriff *m*

prevedere [preve'de:re] <irr> *vt* voraussehen, vorhersagen; **prevedibile** [preve'di:bile] *agg* voraus-, vorhersehbar

prevendita [pre'vendita] *f* Vorverkauf *m*

prevenire [preve'ni:re] <irr> *vt* ❶ (*precedere*) ~ **qu/qc** jdm/etw zuvorkommen ❷ (*anticipare*) vorwegnehmen ❸ (*prendere precauzioni*) ~ **qc** einer Sache *dat* vorbeugen ❹ (*influenzare*) voreinnehmen ❺ (*avvertire prima*) (vor)warnen

preventivare [preventi'va:re] *vt* veranschlagen

preventivista [preventi'vista] <-i *m*, -e *f*> *mf* (COM: *chi stende preventivi*) Experte, Expertin *m, f* für Kostenvoranschläge

preventivo [preven'ti:vo] *m* Kostenvoranschlag *m*

preventivo, -a *agg* Vorbeuge-, vorbeugend; (JUR) Untersuchungs-; (MED) vorbeugend; (COM) Vor-; **carcere ~** Untersuchungshaft *f*

prevenuto, -a [preve'nu:to] I. *pp di* **prevenire** II. *agg* **essere ~ contro qu/qc** gegenüber jdm/etw voreingenommen sein; **prevenzione** [preven'tsio:ne] *f* ❶ (*pregiudizio*) Voreingenommenheit *f*, Vorurteil *n;* **senza ~** unvoreingenommen ❷ (MED) Vorbeugung *f* ❸ (JUR) Verhütung *f;* ~ **degli incidenti** Unfallverhütung *f*

prevertice [pre'vɛrtitʃe] *m* (POL) Vorbereitungsgipfel *m*

previdente [previ'dɛnte] *agg* vorausschauend; (*prudente*) vorsorgend; **previdenza** [previ'dɛntsa] *f* ❶ (*assistenza*) Fürsorge *f;* ~ **per la vecchiaia** Altersvorsorge *f;* ~ **sociale** soziale Fürsorge; **cassa di ~** Versorgungskasse *f;* **ente di ~** Sozialversicherungsträger *m* ❷ (*l'essere previdente*) Voraussicht *f*, Weitblick *m;* **previdenziale** [previden'tsia:le] *agg* Versorgungs-, Fürsorge-

previdi *1. pers sing pass rem di* **prevedere**

previo, -a ['prɛ:vio] <-i, -ie> *agg* (ADM) nach vorherigem, nach vorheriger

previsionale [previzio'na:le] *agg* Vor-, Voranschlags-; **previsione** [previ'zio:ne] *f* ❶ (*pronostico*) Vorhersage *f*, Voraussicht *f;* (METEO) Vorhersage *f* ❷ (COM) Planung *f*

previsto *pp di* **prevedere**

preziosa *f. v.* **prezioso; preziosi** [pret'tsio:si] *mpl* Wertsachen *fpl*

preziosismo [prettsio'sizmo] *m* Erlesenheit *f*, Geziertheit *f;* **preziosità** [prettsiosi'ta] <-> *f* ❶ (*valore*) Kostbarkeit *f* ❷ (*eleganza*) Erlesenheit *f;* **prezioso, -a** [pret'tsio:so] I. *agg* ❶ (*oggetto, pietra, metallo, a fig*) wertvoll, kostbar ❷ (*fig: ricercato*) erlesen II. *m, f* (*fam*) **fare il ~** sich rar machen; **non fare tanto il ~!** nun hab dich doch nicht so!, stell dich nicht so an!

prezzare [pret'tsa:re] *vt* auszeichnen; **prezzario** [pret'tsa:rio] <-ie> *m* Preisliste *f;* **prezzato, -a** [pred'dza:to] *agg* ausgezeichnet; **prezzatrice** [preddza'tri:tʃe] *f* (TEC, COM) Auszeichnungsmaschine *f;* **prezzatura** [preddza'tu:ra] *f* (COM) Warenauszeichnung *f*

prezzemolo [pret'tse:molo] *m* Petersilie *f;* **essere come il ~** überall mitmischen *fam,* ein Tausendsassa sein

prezzo ['prɛttso] *m* Preis *m;* (*cartellino*) Preisschild *n;* ~ **di favore** Vorzugs-, Sonderpreis *m;* ~ **di listino** Listen-, Katalogpreis *m;* **a ~ di costo** zum Selbstkostenpreis; **a ~ di grossi** [*o* **grandi**] **sacrifici** unter großen Opfern; **a metà ~** zum halben Preis; **a qualunque ~** (*fig*) um jeden Preis, unbedingt; **pagare qc a caro ~** (*fig*) etw teuer bezahlen; **non avere ~** unbezahlbar sein; **tirare sul ~** den Preis drücken

prezzolare [prettso'la:re] *vt* anwerben, dingen, kaufen *fam*

PRI *m abbr di* **Partito Repubblicano Italiano** *republikanische Partei Italiens*

pricing ['praisiŋ] <-> *m* (COM, FIN) Preisbildung *f*, Preisfestsetzung *f*

prigione [pri'dʒo:ne] *f* ❶ (*carcere*) Gefängnis *n* ❷ (*fig: luogo buio*) Loch *n fam;* (*ambiente privo di libertà*) Gefängnis *n,* Käfig *m;* **prigionia** [pridʒo'ni:a] <-ie> *f* Gefangenschaft *f;* **prigioniero, -a** [pridʒo'niɛ:ro] I. *agg* ❶ (*carcerato*) gefangen ❷ (*fig*) ge-, befangen; **essere ~ dei pregiudizi** in Vorurteilen befangen sein II. *m, f* Gefangene(r) *f(m)*

prima¹ ['pri:ma] *avv* ❶ (*temporale*) vorher, (zu)erst; (*più presto, una volta*) früher; **come ~** (*so*) wie früher; **quanto ~** so bald wie möglich; **ne so quanto ~** (*fam*) jetzt bin ich so schlau wie vorher; ~ **di** vor; (*pi-*

uttosto) bevor; ~ **che** +*conj*, ~ **di** +*inf*bevor; ~ **o poi** früher oder später ➋ (*locale*) vor ➌ (*in primo luogo*) zuerst, zunächst; ~ **di tutto** vor allem; ~ **il dovere, poi il piacere** (zu)erst die Arbeit, dann das Vergnügen

prima² *f* ➊ (THEAT, FILM) Premiere *f*; ~ **TV** Fernsehpremiere *f* ➋ (MOT) erster Gang ➌ (*scuola*) erste Klasse ➍ (FERR, NAUT, AERO) erste Klasse ➎ (SPORT: *nella scherma*) Prim *f*

primario, -a [pri'ma:rio] <-i, -ie> **I.** *agg* ➊ (*scuola*) Grund-; (*era*) paläozoisch ➋ (*importanza, interesse*) vorrangig, Spitzen- ➌ (*settore*) Haupt-, Primär- **II.** *m, f* Chefarzt *m*, -ärztin *f*, Primar *m*, Primaria *f A*

primate [pri'ma:te] *m* Primas *m*

primati [pri'ma:ti] *mpl* Primaten *mpl*

primaticcio, -a [prima'tittʃo] <-cci, -cce> *agg* frühreif, Früh-

primatista [prima'tista] <-i *m*, -e *f*> *mf* Rekordhalter(in) *m(f)*, -inhaber(in) *m(f)*

primato [pri'ma:to] *m* ➊ (SPORT) Rekord *m* ➋ (*superiorità*) Spitzenstellung *f*, Primat *n o m*; ~ **tecnologico** Technologievorsprung *m*

primavera [prima'vɛ:ra] *f* ➊ (*stagione*) Frühling *m*, Frühjahr *n;* **in** ~ im Frühling ➋ (*fig: anno*) Lenz *m geh*, Jahr *n* ➌ (BOT) Schlüsselblume *f*; **primaverile** [primave'ri:le] *agg* frühlingshaft, Frühlings-

primeggiare [primed'dʒa:re] *vi* die erste Stelle einnehmen, führen

prime rate ['praim reit] <- *o* prime rates> *m* (FIN) Primerate *f*

primitiva *f v.* **primitivo**

primitivismo [primiti'vizmo] *m* Primitivismus *m*

primitivo, -a [primi'ti:vo] **I.** *agg* ➊ (*originario*) primitiv, urtümlich ➋ (*fig, pej*) primitiv; (*rozzo*) ungehobelt **II.** *m, f* ➊ (*di popolazione*) Ureinwohner(in) *m(f)*, Eingeborene(r) *f(m)* ➋ (*fig, pej*) primitiver Mensch, Primitivling *m fam*

primizia [pri'mittsia] <-ie> *f* ➊ (*frutta*) Frühobst *n;* (*verdura*) Frühgemüse *n* ➋ (*notizia*) Neuigkeit *f;* (*pubblicazione*) Neuerscheinung *f*

primo ['pri:mo] *m* ➊ (*primo giorno*) Erste(r) *m;* **il** ~ **dell'anno** der Neujahrstag; **il** ~ **di maggio** der Erste Mai ➋ *pl* die ersten Tage (*der Woche, des Monats, des Jahres*); **ai -i di maggio** in den ersten Maitagen, Anfang Mai; **sui -i del Novecento** am Anfang des 20. Jahrhunderts ➌ (GASTR) erster Gang; **per ~ prenderò il risotto** als ersten Gang nehme ich Risotto

primo, -a **I.** *agg* ➊ (*gener*) erste(r, s); (*ini-*

ziale) früh; (*prossimo*) nächste(r, s); (*più bravo*) beste(r, s), tüchtigste(r, s); **alla -a** beim ersten Mal; **Alessandro** ~ Alexander der Erste; **nelle -e ore del mattino** in den ersten Morgenstunden; **in** ~ **luogo** an erster Stelle; **in un** ~ **tempo** zunächst, zuerst; **sulle -e** am Anfang; **di** ~ **grado** ersten Grades; **di prim'ordine** erstklassig, von höchstem Rang; **di -a qualità** (COM) erste Wahl; (*fig*) erstklassig; **di -a mano** (*fig*) aus erster Hand; **a -a vista** auf den ersten Blick ➋ (*fig: importante*) hauptsächlich, Haupt-; (*elementare*) grundlegend, Grund-; ~ **piano** Vordergrund *m;* **-a donna** Primadonna *f;* **il** ~ **cittadino** (POL) der italienische Staatspräsident *m;* (ADM) der Bürgermeister *m* **II.** *m, f* (*di successione*) Erste(r) *f(m);* (*più bravo*) Beste(r) *f(m)*, Tüchtigste(r) *f(m);* **essere il** ~ **in graduatoria** der Erste in der Rangordnung sein; **per** ~ zuerst

primogenito, -a [primo'dʒɛ:nito] **I.** *m, f* Erstgeborene(r) *f(m)* **II.** *agg* erstgeboren

primonovecentesco, -a [primonove-tʃen'tesko] <-schi, -sche> *agg* Anfang des 20. Jahrhunderts; **gli anni -schi** zu Beginn des 20. Jahrhunderts

primordi [pri'mɔrdi] *mpl* (erste) Anfänge *mpl*

primordiale [primor'dia:le] *agg* ➊ (*dei primordi*) anfänglich, Anfangs-; (*primigenio*) ursprünglich, Ur-; **istinto** ~ Urinstinkt *m* ➋ (*fig: antiquato*) unterentwickelt, antiquiert

primula ['pri:mula] *f* Primel *f*

principale [printʃi'pa:le] **I.** *agg* ➊ (*più importante*) hauptsächlich, wichtigste(r, s) ➋ (*di maggior valore*) wertvollste(r, s), Haupt- ➌ (*di maggior autorità*) bedeutendste(r, s), führend ➍ (LING) Haupt- **II.** *mf* Chef(in) *m(f)*, Vorgesetzte(r) *f(m);* **principalmente** [printʃipal'mente] *avv* hauptsächlich, vor allem

principato [printʃi'pa:to] *m* ➊ (*stato*) Fürstentum *n* ➋ (*dignità, governo*) Herrschaft *f*

principe¹ ['printʃipe] *m* ➊ (*sovrano*) Herrscher *m*, Fürst *m* ➋ (*figlio di sovrano*) (Kron)prinz *m;* ~ **azzurro** Märchenprinz *m* ➌ (*fam fig*) König *m;* **fare una vita da** ~ fürstlich leben

principe² <inv> *agg* **edizione** ~ Erstausgabe *f;* **principesco, -a** [printʃi'pesko] <-schi, -sche> *agg* fürstlich, Fürsten-; **principessa** [printʃi'pessa] *f* Prinzessin *f*, Fürstin *f*

principiante [printʃi'piante] *mf* Anfänger(in) *m(f);* **principiare** [printʃi-

'pia:re] *vt o vi essere o avere* beginnen, anfangen; **è** [*o* **ha**] **principiato a nevicare** es hat zu schneien begonnen; **a ~ da ... ab ...**

principio [prin'tʃiːpio] <-i> *m* ❶ (*inizio*) Anfang *m*, Beginn *m*; (*di luogo*) Anfang *m*; **da** [*o* **in**] [*o* **al**] ~ am Anfang, zu Beginn; (**sin**) **dal** ~ von Anfang an ❷ (*origine*) Ursprung *m*, Anfang *m* ❸ (*concetto fondamentale*) Prinzip *n*, Grundsatz *m*; (*norma*) Regel *f*, Norm *f*; **questione di** ~ Grundsatzfrage *f*; **in linea di** ~, **per** ~ grundsätzlich, prinzipiell

printed ['printid] <inv> *agg* printed; ~ **in Italy** Printed in Italy

priore [pri'oːre] *m* ❶ (REL) Prior *m* ❷ (HIST) Zunftvorsteher *m*

priorità [priori'ta] <-> *f* Priorität *f*, Vorrang *m*; **prioritario, -a** [priori'taːrio] <-i, -ie> *agg* Vorzugs-, bevorzugt; (*impegno, scelta, interesse*) vorrangig

prisma ['prizma] <-i> *m* Prisma *n*; **prismatico, -a** [priz'maːtiko] <-ci, -che> *agg* Prisma-, prismatisch

privacy ['praivəsi *o* 'praivasi] <-> *f* Privatsphäre *f*

privare [pri'vaːre] **I.** *vt* ~ **qu di qc** jdn einer Sache berauben **II.** *vr* **-rsi di qc** auf etw *acc* verzichten

privata *f v.* **privato**

privatista [priva'tista] <-i *m*, -e *f*> *mf* (*studente*) Privatschüler(in) *m(f)*

privativa [priva'tiːva] *f* Monopol *n*; ~ **industriale** Patentschutz *m*

privatizzabile [privatid'dza:bile] *agg* (FIN) privatisierbar; **privatizzare** [privatid'dza:re] *vt* privatisieren; **privatizzazione** [privatiddzat'tsio:ne] *f* (FIN) Privatisierung *f*

privato [pri'vaːto] *m* Privatleben *n*, Privatsphäre *f*

privato, -a **I.** *agg* privat, Privat-; **in** ~ privat, persönlich **II.** *m*, *f* Privatperson *f*, Privatmann *m*

privazione [privat'tsio:ne] *f* ❶ (*rinuncia*) Entbehrung *f*, Verzicht *m* ❷ (JUR) Entzug *m*, Aberkennung *f*

privé [pri've:] <-> *m* abgetrennter Saal in einem Restaurant, Casino, etc.

privilegiare [privile'dʒaːre] *vt* privilegieren; (*a fig*) bevorzugen; **privilegiato, -a** [privile'dʒaːto] **I.** *agg* privilegiert **II.** *m*, *f* Privilegierte(r) *f(m)*; **privilegio** [privi'lɛːdʒo] <-gi> *m* ❶ (*onore*) Ehre *f*, Privileg *n*; **avere il** ~ **di ...** die Ehre haben, zu ... ❷ (*vantaggio*) Vorzug *m*, Privileg *n*

privo, -a ['priːvo] *agg* ~ **di** ohne, -los; **cadere** ~ **di sensi** bewusstlos zusammenbre-

chen

pro [prɔ] **I.** *prp* zugunsten +*gen*, für +*acc* **II.** <-> *m* Für *n*, Pro *n*; (*utilità*) Nutzen *m*; **a che** ~? wozu?, wofür?; **buon** ~ **gli faccia!** (*fam scherz*) wohl bekomm's!; **il** ~ **ed il contro** das Für und Wider, das Pro und Kontra

probabile [pro'ba:bile] *agg* wahrscheinlich; **probabilità** [probabili'ta] <-> *f* (*attendibilità*) Wahrscheinlichkeit *f*; (*possibilità*) Chance *f*, Möglichkeit *f*, Aussicht *f*; **avere una** ~ **su cento** die Chance von eins zu hundert haben; **con molta** [*o* **tutta**] [*o* **ogni**] ~ aller Wahrscheinlichkeit nach, sehr wahrscheinlich; **probabilmente** [probabil'mente] *avv* wahrscheinlich

probante [pro'bante] *agg* überzeugend, beweisend

probiotico [pro'biɔːtiko] <-ci, -che> *agg* probiotisch

probità [probi'ta] <-> *f* Redlichkeit *f*, Rechtschaffenheit *f*

problema [pro'blɛːma] <-i> *m* ❶ (*gener*) Problem *n*; (*difficoltà*) Schwierigkeit *f*; (MAT) Frage *f*, Aufgabe *f* ❷ (*fig: persona*) Problemfall *m*, Problem *n*; **problematica** [proble'ma:tika] <-che> *f* Problematik *f*; **problematicità** [problematitʃi'ta] <-> *f* Fraglichkeit *f*; **problematico, -a** [proble'ma:tiko] <-ci, -che> *agg* problematisch, schwierig; (*poco attendibile*) fraglich, zweifelhaft

problematizzare [problematid'dza:re] *vt* ❶ (*rendere problematico*) verkomplizieren ❷ (*analizzare criticamente*) problematisieren

probo, -a ['prɔːbo] *agg* (*poet*) redlich, rechtschaffen

proboscide [pro'bɔʃʃide] *f* Rüssel *m*

procacciare [prokat'tʃaːre] *vt* besorgen, beschaffen; (*fig*) verschaffen

procace [pro'kaːtʃe] *agg* (*poet*) provozierend, herausfordernd

procapite, pro capite [pro'ka:pite] *avv* pro Kopf, Pro-Kopf-

procedere [pro'tʃɛːdere] <procedo, procedei *o* procedetti, proceduto> *vi* ❶ *essere* (*avanzare*) vorangehen, voranschreiten ❷ *avere* (*fig: seguitare*) fortfahren, weitermachen ❸ *essere* (*seguire il proprio corso*) (voran)gehen, laufen ❹ *avere* (*dare inizio*) ~ **a qc** mit etw beginnen, etw vornehmen ❺ *avere* (JUR) ~ **contro qu** gerichtlich gegen jdn vorgehen; **procedimento** [protʃedi'mento] *m* Vorgang *m*; (JUR) Verfahren *n*

procedura [protʃe'duːra] *f* Prozedur *f*; (ADM) Vorgang *m*; (JUR) Verfahren *n*; ~ **buro-**

cratica Amtsvorgang *m;* ~ **di espulsione** Abschiebungsverfahren *n;* **procedurale** [protʃeduˈraːle] *agg* Verfahrens-
proceduto *pp di* **procedere**
processare [protʃesˈsaːre] *vt* vor Gericht stellen
processione [protʃesˈsioːne] *f* Prozession *f*
processo [proˈtʃɛsso] *m* ❶ (JUR) Verfahren *n,* Prozess *m;* ~ **civile/penale** Zivil-/Strafprozess *m* ❷ (*procedimento*) Verfahren *n* ❸ (*sviluppo*) Vorgang *m,* Prozess *m*
processore *m* (INFORM) Prozessor *m*
processuale [protʃessuˈaːle] *agg* Verfahrens-, Prozess-
procinto [proˈtʃinto] *m* in ~ **di ...** +*inf* im Begriff, zu ... +*inf*
procione [proˈtʃoːne] *m* Waschbär *m*
proclama [proˈklaːma] <-i> *m* Aufruf *m;* **proclamare** [proklaˈmaːre] *vt* proklamieren, erklären; ~ **lo sciopero generale** den Generalstreik ausrufen; **proclamazione** [proklamatˈtsioːne] *f* Ausrufung *f,* Proklamation *f*
procrastinare [prokrastiˈnaːre] *vt* (*poet*) aufschieben, hinausschieben
procreare [prokreˈaːre] *vt* zeugen; **procreatica** [prokreˈaːtika] <-che> *f* künstliche Befruchtung im Reagenzglas; **procreazione** [prokreatˈtsioːne] *f* Fortpflanzung *f,* Zeugung *f*
procura [proˈkuːra] *f* ❶ (JUR) Vollmacht *f;* (COM) Prokura *f;* **matrimonio per** ~ Ferntrauung *f* ❷ (*ufficio*) Staatsanwaltschaft *f*
procurare [prokuˈraːre] *vt* ❶ (*fare avere*) besorgen; (*a fig*) verschaffen ❷ (*causare*) verursachen, bereiten; **procuratore, -trice** [prokuraˈtoːre] *m, f* ❶ (JUR: *magistrato*) Staatsanwalt *m,* -anwältin *f;* (*laureato in legge*) Anwaltsanwärter(in) *m(f);* **Procuratore Generale** ≈ Generalstaatsanwalt *m;* ~ **della Repubblica** Staatsanwalt *m;* ~ **legale** Rechtsanwalt *m* ❷ (COM) Bevollmächtigte(r) *f(m),* Prokurist(in) *m(f)*
proda [ˈprɔːda] *f* Ufer *n*
prode [ˈprɔːde] **I.** *agg* (*poet*) kühn, tapfer **II.** *m* (*poet*) tapferer Recke, Held *m*
prodezza [proˈdettsa] *f* ❶ (*coraggio*) Kühnheit *f* ❷ (LIT, HIST) Heldentat *f*
prodiga *f v.* **prodigo**
prodigalità [prodigaliˈta] <-> *f* Großzügigkeit *f,* Freigebigkeit *f*
prodigarsi [prodiˈgarsi] *vr* ~ **per qu** sich für jdn aufopfern
prodigio[1] [proˈdiːdʒo] <-gi> *m* Wunder *n*
prodigio[2] <inv> *agg* Wunder-; **bambino/fanciullo** [*o* **ragazzo**] ~ Wunderkind *n/* Wunderknabe *m;* **prodigioso, -a** [pro-

diˈdʒoːso] *agg* wunderbar, Wunder-; (*memoria, cultura*) außerordentlich, phänomenal
prodigo, -a [ˈprɔːdigo] <-ghi, -ghe> *agg* ❶ (*pej: che dà senza misura*) verschwenderisch; **la parabola del figliol** ~ das Gleichnis vom verlorenen Sohn ❷ (*fig: generoso*) freigebig
proditorio, -a [prodiˈtɔːrio] <-i, -ie> *agg* verräterisch; **omicidio** ~ Meuchelmord *m*
prodotto[1] [proˈdotto] *pp di* **produrre**
prodotto[2] *m* ❶ (COM) Erzeugnis *n,* Produkt *n;* ~ **alimentare** Lebensmittel *n;* ~ **interno lordo** Bruttoinlandsprodukt *n;* ~ **nazionale** Volkseinkommen *n;* ~ **sociale lordo** Bruttosozialprodukt *n;* **-i di bellezza** Kosmetikartikel *mpl,* Kosmetika *npl* ❷ (*risultato*) Ergebnis *n* ❸ (*fig: della fantasia, del pensiero*) Produkt *n*
prodromo [ˈprɔːdromo] *m* ❶ (*segno precorrente*) Vorzeichen *n* ❷ (MED) Prodrom *n,* Frühsymptom *n* ❸ (ARCH) Pronaos *m*
producibile [produˈtʃiːbile] *agg* herstellbar, erzeugbar; **producibilità** [produtʃibiliˈta] <-> *f* Herstellbarkeit *f,* Erzeugbarkeit *f*
produco *1. pers sing pr di* **produrre**
product manager [ˈprɔdʌkt ˈmænidʒə] <- *o* product managers> *mf* (COM) Produktmanager(in) *m(f)*
produrre [proˈdurre] <produco, produssi, prodotto> **I.** *vt* ❶ (COM) erzeugen, produzieren; (AGR) erzeugen; (*fabbricare*) herstellen ❷ (*dare*) liefern, hervorbringen ❸ (*causare*) verursachen, hervorrufen; (*generare*) erzeugen ❹ (*presentare*) vorlegen; (*al pubblico*) vorstellen, vorführen ❺ (JUR: *prove, documento*) anführen; (*testimone*) vorführen **II.** *vr* **-rsi** ❶ (THEAT) auftreten ❷ (*formarsi*) sich bilden; **produttività** [produttiviˈta] <-> *f* ❶ (COM) Produktivität *f* ❷ (AGR) Ertragfähigkeit *f;* **produttivo, -a** [produtˈtiːvo] *agg* ❶ (COM) produktiv; (AGR) ergiebig, ertragreich ❷ (*di produzione*) Herstellungs-, Produktions- ❸ (*fig*) produktiv; **produttore, -trice** [produtˈtoːre] **I.** *m, f* ❶ (COM) Hersteller(in) *m(f),* Erzeuger(in) *m(f);* (AGR) Erzeuger *m* ❷ (FILM) Produzent(in) *m(f)* **II.** *agg* Herstellungs-, Produktions-; **casa -trice** Herstellerfirma *f;* **i paesi -i di cacao** die kakaoproduzierenden Länder; **produzione** [produtˈtsioːne] *f* ❶ (COM) Erzeugung *f,* Produktion *f;* (AGR) Erzeugung *f;* (*fabbricazione*) Herstellung *f;* (FILM) Produktion *f;* ~ **in serie** Serienherstellung *f,* -produktion *f;* ~ **a catena** Fließbandfertigung *f,* -produkti-

on *f;* ~ **integrata** Produktionsverbund *m;* **costo di** ~ Produktionskosten *pl* ❷ *(formazione)* Bildung *f* ❸ (LIT, MUS) Schaffen *n;* *(opera)* Werk *n* ❹ (ADM: *di documenti)* Vorlage *f* ❺ (JUR: *di prove)* Anführung *f;* *(di testimone)* Vorführung *f*

proemio [pro'ɛ:mio] <-i> *m* Einleitung *f,* Vorwort *n*

profana *f v.* **profano**

profanare [profa'na:re] *vt* entweihen; **profanazione** [profanat'tsio:ne] *f* Entweihung *f;* **profano** [pro'fa:no] *m* Weltliche(s) *n,* Profane(s) *n*

profano, -a *agg (mondano)* weltlich, profan; *(fig)* profan

proferire [profe'ri:re] <proferisco> *vt* ❶ *(parola, frase)* aussprechen ❷ *(giuramento, voto)* ablegen

professare [profes'sa:re] I. *vt* ❶ *(dichiarare)* bekunden, bezeigen ❷ *(manifestare)* sich bekennen zu II. *vr* **-rsi** sich erklären; **si professa mio amico** er sagt, er sei mein Freund

professionale [professio'na:le] *agg* beruflich, professionell; **professionalità** [professionali'ta] <-> *f* Professionalität *f;* **professionalizzare** [professionalid'dza:re] I. *vt* professionalisieren II. *vr* **-rsi** professionell werden; **professionalizzazione** [professionaliddzat'tsio:ne] *f* Professionalisierung *f*

professione [profes'sio:ne] *f* ❶ *(attività)* Beruf *m,* Gewerbe *n* ❷ *(dichiarazione)* Bekundung *f,* Bezeugung *f;* (REL: *di fede)* Bekenntnis *n;* *(dei voti)* Gelübde *n;* **professionismo** [professio'nizmo] *m* (SPORT) Berufs-, Profisport *m;* **professionista** [professio'nista] <-i *m,* -e *f*> *mf* (SPORT) Berufssportler(in) *m(f),* Profi *m fam;* **libero** ~ Freiberufler(in) *m(f);* **professionistico, -a** [professio'nistiko] <-ci, -che> *agg* Profi-, Berufs-

professorale [professo'ra:le] *agg* ❶ *(di, da professore)* professorenmäßig, Professor- ❷ *(fig, pej)* schulmeisterlich; **professorato** [professo'ra:to] *m* Professur *f,* Lehramt *n*

professore, -essa [profes'so:re, profes so'ressa] *m, f (insegnante)* Lehrer(in) *m(f);* *(di università)* Professor(in) *m(f);* ~ **incaricato** Lehrbeauftragte(r) *m;* ~ **straordinario/di ruolo** außerordentlicher/ordentlicher Professor

profeta, -tessa [pro'fɛ:ta, profe'tessa] <-i, -esse> *m, f* Prophet(in) *m(f);* **profetico, -a** [pro'fɛ:tiko] <-ci, -che> *agg* prophetisch; **profetizzare** [profetid'dza:re] *vt, vi* prophezeien, weissagen;

profezia [profet'tsi:a] <-ie> *f* Prophezeiung *f;* *(di astrologo)* Weissagung *f*

proficuo, -a [pro'fi:kuo] *agg* Gewinn bringend, nützlich

profilare [profi'la:re] I. *vt* ❶ *(delineare i contorni)* abzeichnen, umreißen ❷ *(orlare)* besetzen II. *vr* **-rsi** ❶ *(risaltare)* sich abheben, sich abzeichnen ❷ *(essere imminente)* sich abzeichnen

profilassi [profi'lassi] <-> *f* Prophylaxe *f,* Krankheitsverhütung *f*

profilato [profi'la:to] *m* Profil(eisen) *n*

profilato, -a *agg* ❶ *(ben delineato)* abgezeichnet, konturiert ❷ *(abito, gonna)* betresst; **profilatrice** [profila'tri:tʃe] *f* Profilmaschine *f*

profilattico [profi'lattiko] <-ci> *m* Präservativ *n,* Kondom *n o m*

profilattico, -a <-ci, -che> *agg* prophylaktisch, krankheitsverhütend

profilatura [profila'tu:ra] *f* Profilierung *f;* **profilo** [pro'fi:lo] *m* ❶ *(gener)* Profil *n* ❷ *(linea)* Umriss *m,* Kontur *f* ❸ *(fig)* Charakterisierung *f,* Kurzbeschreibung *f*

profiterole [prɔfi'trɔl] <-> *m Eclair mit Sahnefüllung und Schokoladensoße*

profittare [profit'ta:re] *vi* ~ **di qc** aus etw Nutzen ziehen; **profittatore, -trice** [profitta'to:re] *m, f* Nutznießer(in) *m(f)*

profittevole [profit'te:vole] *agg* Gewinn bringend, nützlich; **profitto** [pro'fitto] *m* ❶ *(vantaggio)* Profit *m,* Nutzen *m;* **trarre** ~ **da qc** aus etw Profit ziehen ❷ *(fig: progresso)* Fortschritt *m,* Erfolg *m* ❸ (COM) Profit *m,* Gewinn *m*

profondere [pro'fondere] <irr> I. *vt (lodi, complimenti)* austeilen, um sich werfen mit II. *vr* **-rsi in qc** sich in etw *dat* ergehen

profondità [profondi'ta] <-> *f* ❶ *(gener)* Tiefe *f* ❷ *(fig: intensità)* Stärke *f;* **profondo** [pro'fondo] *m* Tiefe *f;* **psicologia del** ~ Tiefenpsychologie *f*

profondo, -a *agg* ❶ *(gener)* tief ❷ *(fig: intenso)* tief; *(sentimento)* stark; *(non superficiale)* tiefgehend, gründlich

proforma, pro forma [pro'forma, prɔ 'forma] I. <inv> *avv o agg* pro forma II. <-> *m* Formalität *f*

profugo, -a ['prɔ:fugo] <-ghi, -ghe> I. *agg* (heimat)vertrieben, flüchtend II. *m, f* Flüchtling *m,* (Heimat)vertriebene(r) *f(m)*

profumare [profu'ma:re] I. *vt avere* (ein)parfümieren II. *vi essere* ~ **(di qc)** (nach etw) duften III. *vr* **-rsi** sich parfümieren; **profumatamente** [profuma ta'mente] *avv* teuer; **pagare qc** ~ für etw einen saftigen Preis zahlen *fam;* **profumeria** [profume'ri:a] <-ie> *f* ❶ *(nego-*

proibire	
proibire	**verbieten**
La smetta, per favore. (*form*)	**Bitte unterlassen Sie das.** (*form*)
Qui non può fumare.	**Hier dürfen Sie nicht** rauchen.
Le proibisco di parlarmi con questo tono!	**Ich verbitte mir** diesen Ton!
Questo non lo posso permettere.	**Das kann ich nicht zulassen.**
Non se ne parla proprio!	**Das kommt gar nicht in Frage!**
Giù le mani dalla mia moto! (*fam*)	**Lass die Finger von** meinem Motorrad! (*fam*)

zio) Parfümerie *f* ❷ (*fabbricazione*) Parfümherstellung *f*; **profumiere, -a** [profu'miɛːre] *m, f* ❶ (*fabbricante*) Parfümhersteller(in) *m(f)*, Parfümeur *m* ❷ (*rivenditore*) Parfümhändler(in) *m(f)*; **profumiero, -a** [profu'miɛːro] *agg* Parfüm-

profumo [pro'fuːmo] *m* ❶ (*fragranza*) Duft *m* ❷ (*essenza*) Parfüm *n*

profusi *1. pers sing pass rem di* **profondere**

profusione [profu'zjoːne] *f* **a** ~ im Überfluss

profuso *pp di* **profondere**

progenie [pro'dʒɛːnie] <-> *f* (*poet*) Geschlecht *n*

progenitore, -trice [prodʒeni'toːre] *m, f* ❶ (*capostipite*) Stammvater *m*, -mutter *f* ❷ *pl* (*antenati*) Vorfahren *mpl*

progesterone [prodʒeste'roːne] *m* Progesteron *n*

progettare [prodʒet'taːre] *vt* ❶ (*viaggio, spedizione*) planen ❷ (*ponte, diga*) planen, entwerfen; **progettazione** [prodʒettat'tsjoːne] *f* Planung *f*; **progettista** [prodʒet'tista] <-i *m*, -e *f*> *mf* ❶ Entwerfer(in) *m(f)* ❷ (*TEC*) Planer(in) *m(f)*, Konstrukteur(in) *m(f)*; **progettistica** [prodʒet'tistika] <-che> *f* Planung *f*; **progetto** [pro'dʒɛtto] *m* ❶ (*COM*) Projekt *n*; (*JUR, TEC*) Entwurf *m*; ~ **di legge** Gesetzentwurf *m*; ~ **di riforma** Reformvorhaben *n* ❷ (*proposito*) Plan *m* ❸ (*ideazione*) Planung *f*; **essere in** ~ in Planung sein, geplant sein

prognosi ['prɔɲɲozi] <-> *f* Prognose *f*

programma [pro'gramma] <-i> *m* ❶ (*gener* POL, LIT, COM, INFORM) Programm *n*; **avere in** ~ **qc** etw vorhaben; ~ **antivirus** (INFORM) Antivirenprogramm *n*; ~ **mail** (INFORM) Mailprogramm *n*; ~ **di** (**video**)**scrittura** (INFORM) Textverarbeitungsprogramm *n* ❷ (*elenco di spettacoli*) Programm *n*; (*singolo spettacolo*) Vorstellung *f*; (*opuscolo*) Programmheft *n*; **fuori** ~ nicht programmgemäß, außerplanmäßig

❸ (*di scuola*) (Lehr)stoff *m*; **programmare** [program'maːre] *vt* ❶ (FILM, THEAT, TV, RADIO) aufs Programm setzen, ins Programm nehmen ❷ (INFORM) programmieren ❸ (COM) planen; **programmatico, -a** [program'maːtiko] <-ci, -che> *agg* programmatisch; **programmatore, -trice** [programma'toːre] *m, f* ❶ (INFORM) Programmierer(in) *m(f)* ❷ (COM) Wirtschaftsplaner(in) *m(f)*; **programmazione** [programmat'tsjoːne] *f* ❶ (COM) (Wirtschafts)planung *f* ❷ (INFORM) Programmierung *f* ❸ (*di scuola*) Lehrplan *m*

progredire [progre'diːre] *vi* essere *o* avere ❶ (*avanzare*) fort-, voranschreiten ❷ (*far progressi*) Fortschritte machen, vorankommen; **progredito, -a** [progre'diːto] *agg* fortschrittlich, fortgeschritten

progressione [progres'sjoːne] *f* ❶ (MAT) Reihe *f* ❷ (*aumento*) Steigerung *f*, Zunahme *f*; **essere in** ~ ansteigen ❸ (MUS) Sequenz *f*

progressismo [progres'sizmo] *m* (POL) Progressismus *m*; **progressista** [progres'sista] <-i *m*, -e *f*> **I.** *mf* Fortschrittsgläubige(r) *f(m)*, Progressist(in) *m(f)* **II.** *agg* fortschrittlich, Fortschritts-; **progressistico, -a** [progres'sistiko] <-ci, -che> *agg* progressiv

progressività [progressivi'ta] <-> *f* stufenweise Erhöhung, Progressivität *f*; **progressivo, -a** [progres'siːvo] *agg* fortschreitend, progressiv; **imposta -a** Progressivsteuer *f*

progresso [pro'grɛsso] *m* (*perfezionamento*) Fortschritt *m*; (*sviluppo*) Weiter-, Fortentwicklung *f*; **far -i** Fortschritte machen, vorankommen

proibire [proi'biːre] <proibisco> *vt* verbieten, untersagen; **proibitivo, -a** [proi-bi'tiːvo] *agg* ❶ (*decreto, provvedimento*) verbietend, prohibitiv ❷ (*prezzi*) unerschwinglich; **proibizione** [proibit'tsjoː-

ne] *f* Verbot *n*, Verbieten *n;* **proibizionis-mo** [proibittsio'nizmo] *m* Prohibition *f*

proiettare [proiet'ta:re] **I.** *vt* ❶ (FILM, FOTO) vorführen; (*sullo schermo*) projizieren ❷ (*gettar fuori*) hinauswerfen, -schleudern ❸ (*fig*) ~ qc in qc etw auf [*o* in] etw *acc* projizieren **II.** *vr* **-rsi** (*riflettersi*) sich auswirken

proiettile [proiet'ti:le] *m* Geschoss *n*, Projektil *n*

proiettore [proiet'to:re] *m* ❶ (FILM, FOTO) Projektor *m* ❷ (MOT) Scheinwerfer *m;* **pro-iezione** [proiet'tsio:ne] *f* ❶ (FILM, FOTO) Vorführung *f;* (*sullo schermo*) Projektion *f* ❷ (MAT, GEOG) Projektion *f* ❸ (*lancio*) Werfen *n*

project manager ['prɔdʒekt 'mænidʒə] <- *o* project managers> *mf* Projektleiter(in) *m(f)*

prolasso [pro'lasso] *m* Prolaps *m*, Vorfall *m*

prole ['prɔ:le] *f* Kinder *npl*, Nachkommen *mpl*

proletaria *f v.* **proletario**

proletariato [proleta'ria:to] *m* Proletariat *n;* **proletario, -a** [prole'ta:rio] <-i, -ie> **I.** *agg* proletarisch **II.** *m*, *f* Proletarier(in) *m(f);* **proletarizzare** [proleta-rid'dza:re] **I.** *vt* proletarisieren **II.** *vr* **-rsi** zum Proletarier werden; **proletarizza-zione** [proletariddzat'tsio:ne] *f* Proletarisierung *f*

proliferare [prolife'ra:re] *vi* ❶ (BIOL) wuchern ❷ (*fig: moltiplicarsi*) wuchern, sich vermehren; **proliferazione** [prolife-rat'tsio:ne] *f* ❶ (BIOL) Wucherung *f* ❷ (*fig: espansione*) Vermehrung *f*, Ausbreitung *f*, Proliferation *f geh;* **prolifero, -a** [pro'li:fero] *agg* wuchernd

prolificare [prolifi'ka:re] *vi* ❶ (BIOL) sich fortpflanzen, sich vermehren; (BOT) keimen ❷ (*fig: espandersi*) sich ausbreiten; **proli-ficazione** [prolifikat'tsio:ne] *f* ❶ (BIOL) Fortpflanzung *f*, Vermehrung *f;* (BOT) Keimung *f* ❷ (*fig*) Ausbreitung *f*, Sichausbreiten *n;* **prolificità** [prolifitʃi'ta] <-> *f* ❶ (BIOL) Zeugungsfreudigkeit *f* ❷ (*fig: fecondità*) Fruchtbarkeit *f;* **prolifico, -a** [pro'li:fiko] <-ci, -che> *agg* ❶ (*fecondo*) zeugungsfreudig, fruchtbar ❷ (*fig*) schaffensfreudig, fruchtbar

prolissità [prolissi'ta] <-> *f* Weitschweifigkeit *f*, Langatmigkeit *f;* **prolisso, -a** [pro'lisso] *agg* langatmig, ausschweifend

prologo ['prɔ:logo] <-ghi> *m* Prolog *m;* (*personaggio, preambolo*) Einleitung *f*

prolunga [pro'luŋga] <-ghe> *f* ❶ (EL) Verlängerung *f*, Verlängerungskabel *n*, -schnur *f* ❷ (*estensione*) Verlängerung *f;* **prolungamento** [proluŋga'mento] *m* Verlängerung *f*

prolungare [proluŋ'ga:re] **I.** *vt* ❶ (*rendere più lungo*) verlängern ❷ (*fig*) in die Länge ziehen **II.** *vr* **-rsi** ❶ (*estendersi*) sich ausbreiten, sich verlängern; (*nello spazio*) sich verlängern, sich erstrecken; (*nel tempo*) sich hinziehen, sich in die Länge ziehen ❷ (*nel discorso*) ausschweifen, ausholen

promemoria [prome'mɔ:ria] <-> *m* (Akten)notiz *f*, Merkzettel *m*

promessa [pro'messa] *f* ❶ (*parola*) Versprechen *n;* **fare una ~** ein Versprechen geben; **-e** Versprechungen *fpl* ❷ (*fig: giovane*) Hoffnung *f;* **promesso, -a** [pro'messo] **I.** *pp di* **promettere II.** *agg* (*sposo*) versprochen; (*terra*) gelobt **III.** *m*, *f* Verlobte(r) *f(m)*

promettente [promet'tɛnte] *agg* viel versprechend

promettere [pro'mettere] <irr> **I.** *vt* ❶ (*impegnarsi*) versprechen ❷ (*fig: far intravedere*) aussehen nach **II.** *vr* **-rsi** sich versprechen; (*a Dio*) sich weihen

prominente [promi'nɛnte] *agg* vorspringend; **prominenza** [promi'nɛntsa] *f* Vorspringen *n*, Vorsprung *m*

promiscuità [promiskui'ta] <-> *f* Vermischung *f;* (*sessuale*) Promiskuität *f*

promiscuo [pro'miskuo] *m* Kombiwagen *m*

promiscuo, -a *agg* gemischt; (*classe, scuola*) Gemeinschafts-; (LING) beidgeschlechtig; (*sessualmente*) promisk

promisi *1. pers sing pass rem di* **promettere**

promontorio [promon'tɔ:rio] <-i> *m* Kap *n*

promossi *1. pers sing pass rem di* **promuovere**

promosso, -a [pro'mɔsso] **I.** *pp di* **promuovere II.** *agg* gefördert, versetzt **III.** *m, f* (in die nächste Klasse) versetzte(r) Schüler(in) *m(f)*

promotion [prə'mouʃən] <-> *f* Werbung *f*, Promotion *f*

promotore, -trice [promo'to:re] **I.** *m, f* Förderer *m*, Förd(r)erin *f;* (*iniziatore*) Initiator(in) *m(f)* **II.** *agg* Förderer-

promozionale [promot'tsio'na:le] *agg* Werbe-, Promotion-

promozione [promot'tsio:ne] *f* ❶ (*avanzamento*) Beförderung *f;* (*di alunno*) Versetzung *f;* (SPORT) (Tabellen)aufstieg *m* ❷ (COM) Werbung *f*, Promotion *f*

prompt *m* **~ dei comandi** (INFORM) Eingabeaufforderung *f*

promulgare [promul'ga:re] *vt* ❶ (JUR: *legge*) erlassen ❷ (*diffondere*) verbreiten, verkünden; **promulgazione** [promulgat'tsio:ne] *f* ❶ (JUR: *di legge*) Erlass *m* ❷ (*divulgazione*) Verbreitung *f,* Verkündung *f*

promuovere [pro'muɔ:vere] <irr> *vt* ❶ (*proporre*) anregen, fördern; (*iniziare*) initiieren; (*arti, cultura, ricerca*) fördern ❷ (*far avanzare*) befördern; (*alunno*) versetzen

pronipote [proni'po:te] *mf* ❶ (*dei nonni*) Urenkel(in) *m(f)*; (*degli zii*) Großneffe *m,* -nichte *f* ❷ *pl* Nachkommen *mpl*

pronome [pro'no:me] *m* Pronomen *n,* Fürwort *n;* **pronominale** [pronomi'na:le] *agg* pronominal, Pronominal-

pronosticare [pronosti'ka:re] *vt* voraussagen, prognostizieren; **pronostico** [pro'nɔstiko] <-ci> *m* Voraussage *f,* Prognose *f*

prontezza [pron'tettsa] *f* Promptheit *f,* Schnelligkeit *f*

pronto ['pronto] *int* (TEL) hallo!

pronto, -a *agg* ❶ (*preparato*) bereit, fertig; **essere ~ per partire** reisefertig sein ❷ (*disposto*) bereit; **essere ~ a fare qc** bereit sein etw zu tun; **essere ~ a tutto** zu allem bereit sein ❸ (*rapido*) schnell, rasch; (*cosa*) prompt, sofortig; **~ soccorso** Erste Hilfe; **auguri di -a guarigione** Glückwünsche zur baldigen Genesung ❹ (*facile*) leicht, schnell

prontuario [prontu'a:rio] <-i> *m* Handbuch *n*

pronuncia [pro'nuntʃa] <-ce> *f* ❶ (LING) Aussprache *f* ❷ (JUR) Urteilsspruch *m,* Entscheidung *f;* **pronunciare** [pronun'tʃa:re] I. *vt* (*parola, consonante*) aussprechen; (*giudizio, sentenza*) sprechen, verkünden; (*discorso*) halten II. *vr* -**rsi** ❶ (*esprimere giudizio*) sich aussprechen ❷ (JUR) urteilen

pronunciato [pronun'tʃa:to] *m* (JUR) Urteilsspruch *m;* **pronunciato, -a** *agg* ❶ (*naso, mento*) ausgeprägt ❷ (*fig*) ausgeprägt, ausgesprochen

pronunzia [pro'nuntsia] *f v.* **pronuncia**

proof-reading [pru:f 'ri:diŋ] *m* Korrekturlesen *n;* **fare il ~** Korrektur lesen

propaganda [propa'ganda] *f* Propaganda *f,* Werbung *f;* **~ dell'odio** Hasspropaganda *f;* **propagandare** [propagan'da:re] *vt* verbreiten, propagieren; **propagandista** [propagan'dista] <-i *m,* -e *f*> *mf* ❶ (*chi fa propaganda*) Propagandist(in) *m(f)* ❷ (COM) (Handels)vertre-

ter(in) *m(f);* **propagandistico, -a** [propagan'distiko] <-ci, -che> *agg* propagandistisch, Werbe-

propagare [propa'ga:re] I. *vt* (*fig: fede, dottrina*) verbreiten, propagieren II. *vr* -**rsi** ❶ (*diffondersi*) sich ausbreiten, sich ausdehnen ❷ (BIOL) sich fortpflanzen, sich vermehren; **propagatore, -trice** [propaga'to:re] *m, f* Verbreiter(in) *m(f)*, Verkünder(in) *m(f);* **propagazione** [propagat'tsio:ne] *f* ❶ (PHYS) Verbreitung *f;* (*della luce*) Fortpflanzung *f;* (*del calore, suono*) Ausbreitung *f* ❷ (*diffusione*) Ver-, Ausbreitung *f* ❸ (BIOL) Fortpflanzung *f,* Vermehrung *f*

propaggine [pro'paddʒine] *f* (*diramazione*) Verzweigung *f;* (*di un monte*) Ausläufer *m;* (*di una stirpe*) Nachkommen *mpl*

propalare [propa'la:re] *vt* verbreiten, ausplaudern

propano [pro'pa:no] *m* Propan(gas) *n*

propedeutica [prope'dɛːutika] <-che> *f* Propädeutik *f;* **propedeutico, -a** [prope'dɛːutiko] <-ci, -che> *agg* propädeutisch

propellente [propel'lɛnte] I. *agg* vorwärtstreibend, Treib- II. *m* Treibstoff *m*

propendere [pro'pɛndere] <propendo, propendei *o* propesi, propenso> *vi* **~ per qu/qc** zu jdm/etw neigen, für jdn/etw sein; **propensione** [propen'sio:ne] *f* ❶ (*l'essere propenso*) Neigung *f;* **avere la ~ a fare qc** geneigt sein, etw zu tun ❷ (*disposizione*) Anlage *f;* **avere ~ per la musica** musisch veranlagt sein; **propenso, -a** [pro'pɛnso] I. *pp di* **propendere** II. *agg* geneigt; **essere** [*o* **sentirsi**] **~ verso qu** jdm geneigt sein

propesi [pro'pe:si] *1. pers sing pass rem di* **propendere**

propilene [propi'lɛ:ne] *m* Propylen *n*

propinare [propi'na:re] *vt* ❶ (*somministrare*) (ein)geben, verabreichen ❷ (*fig, scherz*) auftischen, unterjubeln *fam*

propiziare [propit'tsia:re] *vt* günstig stimmen, geneigt machen; **propiziatore, -trice** [propittsia'to:re] I. *agg* günstig stimmend II. *m, f* Fürsprecher(in) *m(f);* **propiziatorio, -a** [propittsia'tɔ:rio] <-i, -ie> *agg* günstig stimmend, Versöhnungs-; **propiziatrice** *f v.* **propiziatore**

propizio, -a [pro'pittsio] <-i, -ie> *agg* günstig

proponente [propo'nɛnte] *mf* Antragsteller(in) *m(f)*

propongo *1. pers sing pr di* **proporre**

proponibile [propo'ni:bile] *agg* vorschlagbar

proporre	
proporre	**vorschlagen**
Ti va/andrebbe di andare a teatro?	**Wie wär's, wenn** wir heute mal ins Theater gehen würden?
Ti va una tazza di caffè?	**Wie wär's mit** einer Tasse Kaffee?
Che ne pensi se facciamo una piccola pausa?	**Was hältst du davon, wenn** wir mal eine Pause machen?
E che ne dici se sabato andassimo al mare?	**Wie wär's, wenn** wir am Samstag ans Meer fahren würden?
Perché qualche volta non vieni a cena da me?	**Warum** kommst du **nicht mal** zu mir zum Abendessen?
Propongo di aggiornare la seduta.	**Ich schlage vor,** wir vertagen die Sitzung.

proponimento [proponi'mento] *m* Vorsatz *m*

proporre [pro'porre] <irr> **I.** *vt* vorschlagen; (*tesi, problema*) vorbringen; (*questione, mozione, richiesta*) stellen **II.** *vr* **-rsi** sich *dat* vornehmen; **-rsi un fine** [*o* **una meta**] sich *dat* ein Ziel stecken

proporzionale [proportsio'naːle] *agg* ❶ (*della proporzione*) verhältnismäßig, proportional; **elezione** ~ Verhältniswahl *f* ❷ (MAT) proportional; **proporzionalità** [proportsionali'ta] <-> *f* ❶ (*relazione*) Verhältnismäßigkeit *f* ❷ (MAT) Proportionalität *f;* **proporzionare** [proportsio'naːre] *vt* anpassen, ins richtige Verhältnis setzen; **proporzionato, -a** [proportsio'naːto] *agg* ❶ (*adeguato*) entsprechend ❷ (*armonico*) proportioniert; (*corpo*) wohlproportioniert; **proporzione** [proport'tsioːne] *f* ❶ (MAT) Proportion *f,* Verhältnisgleichung *f* ❷ (*rapporto*) Verhältnis *n;* **in** ~ **a** im Verhältnis zu ❸ *pl* (*fig*) Ausmaße *npl;* **avere il senso delle -i** (*fig*) ein Gefühl für das rechte Maß haben

proposi *1. pers sing pass rem di* **proporre**

proposito [pro'pɔːzito] *m* ❶ (*proponimento*) Vorsatz *m,* Vorhaben *n;* (*progetto*) Plan *m;* **di** ~ (*apposta*) mit Absicht, absichtlich ❷ (*argomento*) Bezug *m;* **a** ~ **di** in Bezug auf, was … betrifft; **a** ~ übrigens, apropos; **arrivare** [*o* **venire**] **a** ~ gelegen kommen; **a questo** ~ hierzu, in dieser Hinsicht

proposizione [propozit'tsioːne] *f* Satz *m,* These *f*

proposta [pro'posta] *f* Vorschlag *m;* (ADM) Antrag *m;* ~ **di matrimonio** Heiratsantrag *m;* ~ **di legge** Gesetzesvorlage *f;* **fare** [*o* **avanzare**] **una** ~ einen Vorschlag machen [*o* vorbringen]; (ADM) einen Antrag stellen; **su** ~ **di qu** auf jds Vorschlag (hin)

proposto *pp di* **proporre**

propriamente [propria'mente] *avv* ❶ (*in senso proprio*) eigentlich ❷ (*in modo appropriato*) passend, richtig

proprietà [proprie'ta] <-> *f* ❶ (JUR) Eigentum *n,* Besitz *m;* **diritto di** ~ Eigentumsrecht *n* ❷ (*qualità*) Eigenschaft *f,* Beschaffenheit *f* ❸ (*precisione*) Richtigkeit *f;* **proprietario, -a** [proprie'taːrio] <-i, -ie> *m, f* Eigentümer(in) *m(f),* Besitzer(in) *m(f)*

proprio¹ ['prɔːprio] *avv* ❶ (*precisamente*) (ganz) genau ❷ (*davvero*) wirklich

proprio² <-i> *m* Eigene(s) *n;* **lavorare in** ~ selbständig arbeiten

proprio, -a <-i, -ie> *agg* ❶ (*suo*) eigen; (*di lui*) sein; (*di lei, loro*) ihr; **vino di produzione -a** Wein *m* aus eigener Herstellung; **con le -ie mani** eigenhändig ❷ (*tipico*) bestimmt, besondere(r, s); **vero e** ~ echt, wirklich ❸ (*adatto*) eigen, eigentlich

propugnare [propuɲ'ɲaːre] *vt* verfechten; **propugnatore, -trice** [propuɲɲa'toːre] *m, f* Verfechter(in) *m(f)*

propulsione [propul'sioːne] *f* ❶ (*fig:* *spinta*) Antrieb *m,* Aufschwung *m* ❷ (TEC) Antrieb *m;* **propulsivo, -a** [propul'siːvo] *agg* treibend, Schub-; **propulsore** [propul'soːre] *m* Triebwerk *n*

prora ['prɔːra] *f* Bug *m*

proroga ['prɔːroga] <-ghe> *f* Aufschub *m,* Verlängerung *f;* (*di termine*) Verschiebung *f;* (*di cambiale*) Prolongierung *f;* (*di pagamento*) Stundung *f;* **prorogabile** [proro'gaːbile] *agg* aufschiebbar, verlängerbar; **prorogare** [proro'gaːre] *vt* aufschieben, verlängern; (*pagamento*) stunden; (*termine*) verschieben

prorompente [prorom'pɛnte] *agg* ungestüm; (*gioia, forza*) unbändig; **prorompere** [pro'rompere] <irr> *vi* hervorbrechen; ~ **in lacrime** in Tränen ausbrechen

P

prosa ['prɔːza] *f* (LIT) Prosa *f;* (*componimento*) Prosatext *m;* **prosaico, -a** [pro'zaːiko] <-ci, -che> *agg* ❶ (*fig, pej*) nüchtern, prosaisch ❷ (LIT) prosaisch, Prosa-; **prosatore, -trice** [proza'toːre] *m, f* Prosaschriftsteller(in) *m(f)*

proscenio [proʃ'ʃɛːnio] <-i> *m* Proszenium *n,* Vorbühne *f*

prosciogliere [proʃ'ʃɔʎʎere] <irr> *vt* ❶ (*liberare*) befreien ❷ (JUR) freisprechen; **proscioglimento** [proʃʃoʎʎi'mento] *m* ❶ (*liberazione*) Befreiung *f,* Lossprechung *f* ❷ (JUR) Freisprechung *f,* Freispruch *m*

prosciolsi *1. pers sing pass rem di* **prosciogliere**

prosciolto *pp di* **prosciogliere**

prosciugamento [proʃʃuga'mento] *m* ❶ (*il prosciugare*) Trockenlegung *f* ❷ (*inaridimento*) Austrocknung *f;* **prosciugare** [proʃʃu'gaːre] I. *vt* (*terreno*) austrocknen; (*palude*) trocken legen II. *vr* **-rsi** trocken werden, austrocknen

prosciutto [proʃ'ʃutto] *m* Schinken *m*

proscrissi *1. pers sing pass rem di* **proscrivere**

proscritto, -a [pros'kritto] I. *pp di* **proscrivere** II. *agg* geächtet, verbannt III. *m, f* Verbannte(r) *f(m),* Geächtete(r) *f(m);* **proscrivere** [pros'kriːvere] <irr> *vt* ❶ (*esiliare*) verbannen, ächten ❷ (*fig*) verbieten, abschaffen; **proscrizione** [pro-skrit'tsioːne] *f* ❶ (HIST) Ächtung *f,* Proskription *f* ❷ (*esilio*) Verbannung *f* ❸ (*fig*) Abschaffung *f,* Verbot *n*

prosecco [pro'sekko] <-chi> *m* Prosecco *m*

prosecuzione [prosekut'tsioːne] *f* Fortsetzung *f,* Weiterführung *f*

proseguimento [prosegui'mento] *m* Fortsetzung *f,* Weiterführung *f;* **buon ~!** weiter so!, weiterhin alles Gute!; **proseguire** [prose'guiːre] I. *vt* fortsetzen, weiterführen II. *vi* weitermachen; **~ in qc** etw fortsetzen

proselito, -a [pro'zɛːlito] *m, f* Proselyt *m*

prosieguo [pro'siːeɡuo] *m* (ADM) Fortsetzung *f,* Folge *f;* **in ~ di tempo** in der Folgezeit

prosindaco, -a [pro'sindako] *m, f* stellvertretende(r) Bürgermeister(in) *m(f)*

prosodia [prozo'diːa] <-ie> *f* Prosodie *f*

prosopopea [prozopo'pɛːa] *f* Blasiertheit *f*

prosperare [prospe'raːre] *vi* gedeihen; **prosperità** [prosperi'ta] <-> *f* Wohlstand *m,* Gedeihen *n;* **prospero, -a** ['prɔspero] *agg* (*commercio*) blühend; (*paese*) wohlhabend, blühend; (*annata*)

glücklich; (*sorte*) günstig; **prosperoso, -a** [prospe'roːso] *agg* (*commercio, regione*) blühend, wohlhabend

prospettare [prospet'taːre] I. *vt* darstellen, darlegen II. *vr* **-rsi** sich darstellen

prospettico, -a [pros'pɛttiko] <-ci, -che> *agg* perspektivisch

prospettiva [prospet'tiːva] *f* ❶ (*tecnica*) Perspektive *f* ❷ (*vista*) Ausblick *m* ❸ (*fig*) Aussicht *f,* Perspektive *f* ❹ (*disegno*) perspektivische Zeichnung; **prospettivismo** [prospetti'vizmo] *m* (KUNST) perspektivische Kunst

prospetto [pros'pɛtto] *m* ❶ (*tabella*) Übersicht *f,* Aufstellung *f* ❷ (*veduta*) (Vorder)ansicht *f* ❸ (*facciata*) Vorderseite *f* ❹ (*disegno*) Tabelle *f,* Schaubild *n*

prospiciente [prospi'tʃɛnte] *agg* **~ qc** mit Blick auf etw *acc*

prossimamente [prossima'mente] *avv* (*fra breve*) in Kürze, demnächst; **~ su questo schermo** demnächst in diesem Kino

prossimità [prossimi'ta] <-> *f* Nähe *f;* **in ~ di** in der Nähe von

prossimo ['prɔssimo] *m* Nächste(r) *f(m)*

prossimo, -a *agg* ❶ (*vicino*) nächste(r, s); (*nel tempo*) kommend; **passato ~** (LING) Perfekt *n;* **trapassato ~** (LING) Plusquamperfekt *n;* **la -a volta** das nächste Mal; **ci vediamo venerdì ~** wir sehen uns nächsten Freitag ❷ (*parente*) nah(e) ❸ (*diretto*) unmittelbar, direkt

prostata ['prɔstata] *f* (ANAT) Prostata *f*

prosternarsi [proster'narsi] *vr* sich auf die Knie werfen

prostituire [prostitu'iːre] <prostituisco> I. *vt* prostituieren, verkaufen II. *vr* **-rsi** sich prostituieren, sich verkaufen; **prostituta** [prosti'tuːta] *f* Prostituierte *f;* **prostituto** [prosti'tuːto] *m* (*omosessuale che si prostituisce*) Strichjunge *m;* **prostituzione** [prostitut'tsioːne] *f* Prostitution *f*

prostrare [pros'traːre] I. *vt* ❶ (*fig: fiaccare*) schwächen, entkräften ❷ (*fig: umiliare*) erniedrigen, kränken II. *vr* **-rsi** ❶ (*gettarsi ai piedi*) sich auf die Knie werfen ❷ (*fig: umiliarsi*) kriechen, sich erniedrigen; **prostrazione** [prostrat'tsioːne] *f* ❶ (*depressione*) Niedergeschlagenheit *f* ❷ (*spossatezza*) Erschöpfung *f,* Ermattung *f*

protagonismo [protago'nizmo] *m* (*pej*) Geltungsdrang *m,* Profilsucht *f*

protagonista [protago'nista] <-i *m,* -e *f*> *mf* ❶ (FILM, THEAT) Hauptdarsteller(in) *m(f)* ❷ (LIT) Protagonist(in) *m(f)*

proteggere [pro'tɛddʒere] <proteggo,

protessi, protetto> *vt* (*difendere*) (be)schützen; (*soccorrere, garantire*) schützen

proteggi-slip [pro'tɛddʒizlip] <-> *m* Slipeinlage *f*

proteico, -a [pro'tɛːiko] <-ci, -che> *agg* eiweißhaltig, Eiweiß-

proteiforme [protei'forme] *agg* wandelbar, vielgestaltig

proteina [prote'iːna] *f* Protein *n*, Eiweiß *n*

protendere [pro'tɛndere] <irr> **I.** *vt* hin-, vor-, ausstrecken **II.** *vr* **-rsi** sich vorbeugen

protervia [pro'tɛrvia] <-ie> *f* Vermessenheit *f*; **protervo, -a** [pro'tɛrvo] *agg* (*poet*) vermessen

protesi[1] [pro'teːsi] *1. pers sing pass rem di* **protendere**

protesi[2] ['prɔːtezi] <-> *f* (MED, LING) Prothese *f*

proteso *pp di* **protendere**

protessi [pro'tɛssi] *1. pers sing pass rem di* **proteggere**

protesta [pro'tɛsta] *f* ❶ (*disapprovazione*) Protest *m*; **per ~** aus Protest ❷ (*dichiarazione*) Bezeugung *f*, Beteuerung *f*

protestante [protes'tante] **I.** *agg* protestantisch **II.** *mf* Protestant(in) *m(f)*; **protestantesimo** [protestan'teːzimo] *m* Protestantismus *m*

protestare [protes'taːre] **I.** *vt* ❶ (*sentimento*) bezeugen, beteuern ❷ (FIN: *cambiale*) zu Protest gehen lassen, protestieren; (COM: *merce*) beanstanden, reklamieren **II.** *vi* ~ (**contro qc**) (gegen etw) protestieren; **protestatario, -a** [protesta'taːrio] <-i, -ie> *agg* Protest-; **protesto** [pro'tɛsto] *m* Protest *m*

protettivo, -a [protet'tiːvo] *agg* schützend, Schutz-; **protetto, -a** [pro'tɛtto] **I.** *pp di* **proteggere II.** *m, f* Schützling *m*, Protégé *m* **III.** *agg* ❶ (*difeso*) Schutz-, geschützt ❷ (INFORM) **~ in scrittura** schreibgeschützt

protettorato [protetto'raːto] *m* ❶ (*tutela*) Protektorat *n*, Schutzherrschaft *f* ❷ (*territorio*) Schutzgebiet *n*, Protektorat *n*

protettore, -trice [protet'toːre] **I.** *m, f* ❶ (*chi protegge*) (Be)schützer(in) *m(f)* ❷ (*chi favorisce*) Förderer *m*, Förd(r)erin *f*; (*di una persona amata*) Gönner(in) *m(f)* ❸ (*patrono*) (Schutz)patron(in) *m(f)*, Schutzheilige(r) *f/m* ❹ (*sfruttatore di prostitute*) Zuhälter *m* **II.** *agg* (be)schützend, Schutz-; **santo ~** Schutzheilige(r) *m*; **società -trice degli animali** Tierschutzverein *m*, -verband *m*; **protezione** [protet'tsioːne] *f* ❶ Schutz *m* ❷ (*pej: favoreggiamento*) Protektion *f*, Begünstigung *f*

❸ (*pej: superiorità*) Gönnerhaftigkeit *f*

protezionismo [protettsio'nizmo] *m* Protektionismus *m*; **protezionista** [protettsio'nista] <-i *m*, -e *f*> **I.** *mf* Protektionist(in) *m(f)* **II.** *agg* protektionistisch; **protezionistico, -a** [protettsio'nistiko] <-ci, -che> *agg* protektionistisch

proto ['prɔːto] *m* Faktor *m*

protocollare [protokol'laːre] **I.** *vt* protokollieren, ins Protokollbuch eintragen **II.** *agg* protokollarisch, Protokoll-; **protocollo** [proto'kɔllo] *m* Protokoll *n*; **carta** (**formato**) ~ Kanzleipapier *n*; **mettere a ~** protokollieren, zu Protokoll nehmen

protomartire [proto'martire] *mf* erste(r) Märtyrer(in) *m(f)*

protone [pro'toːne] *m* Proton *n*

protoplasma [proto'plazma] *m* Protoplasma *n*

prototipo[1] [pro'tɔːtipo] *m* ❶ (TEC) Prototyp *m* ❷ (*scherz*) Muster(stück) *n*, Inbegriff *m* ❸ (*modello*) Urbild *n*

prototipo[2] *agg* früher, Ur-

protozoi [protod'dzɔːi] *mpl* Protozoen *npl*

protrarre [pro'trarre] <irr> **I.** *vt* hinausziehen, in die Länge ziehen; (*differire*) aufschieben **II.** *vr* **-rsi** sich hinausziehen, sich in die Länge ziehen; **protrazione** [protrat'tsioːne] *f* ❶ (*proroga*) Hinausschieben *n* ❷ (*prolungamento*) Verlängerung *f*, Aufschub *m*

protuberanza [protube'rantsa] *f* Auswuchs *m*, Vorsprung *m*; (*sul naso*) Höcker *m*

Prov. *abbr di* **provincia** ≈ Reg. Bez.

prova ['prɔːva] *f* ❶ (*esame*) Prüfung *f*; **~ orale/scritta** mündliche/schriftliche Prüfung ❷ (*esperimento*) Test *m*, Probe *f*; **mettere qu alla ~** jdn auf die Probe stellen ❸ (*dimostrazione*) Beweis *m*, Nachweis *m*; (*testimonianza*) Beweis *m*, Zeugnis *n*; **alla ~ dei fatti** anhand der Tatsachen; **fino a ~ contraria** bis zum Beweis des Gegenteils, bis zum Gegenbeweis ❹ (*esperienza*) Erfahrung *f* ❺ (JUR) Beweis *m* ❻ (*theat, mus*) Probe *f*; **~ generale** Generalprobe *f* ❼ (TYP: *di stampa*) (Korrektur)abzug *m*, (Korrektur)Fahne *f* ❽ (SPORT) Wettkampf *m*; **provabile** [pro'vaːbile] *agg* beweisbar, nachweisbar

provapile [prova'piːle] <-> *m* (TEC) Batterieprüfer *m*

provare [pro'vaːre] **I.** *vt* ❶ (*sperimentare*) probieren, versuchen; (TEC, SCIENT) testen; (*abito, scarpe*) anprobieren; **bisogna ~ per credere** man muss es selbst probieren, um es glauben zu können ❷ (*saggiare*) auf die Probe stellen, versuchen ❸ (*assaggia-*

re) probieren, kosten ❹ (*sentire*) empfinden, fühlen; (*dolore, simpatia, pietà*) haben ❺ (*cimentare*) prüfen ❻ (*dimostrare*) beweisen ❼ (MUS, THEAT, FILM) proben **II.** *vr* **-rsi** ❶ (*tentare*) versuchen, probieren; **-rsi a fare qc** versuchen, etw zu tun ❷ (*cimentarsi*) **-rsi in qc** sich in etw *dat* üben; **provato, -a** [pro'va:to] *agg* ❶ (*fedele*) treu ❷ (*dimostrato*) erwiesen; (*rimedio*) (alt)bewährt; (TEC) erprobt ❸ (*estenuato*) heimgesucht, geprüft; (*stanco*) erschöpft

provengo *1. pers sing pr di* **provenire**

provenienza [prove'niɛntsa] *f* Herkunft *f*; (*a fig*) Quelle *f*; **provenire** [prove'ni:re] <irr> *vi essere* ❶ (*arrivare*) ~ **da** (her)kommen aus [*o* von] ❷ (*fig: trarre origine*) ~ **da qc** aus [*o* von] etw stammen

provento [pro'vɛnto] *m* Ertrag *m*

provenuto *pp di* **provenire**

proverbiale [prover'bia:le] *agg* (*a fig*) sprichwörtlich; **proverbio** [pro'vɛrbio] <-i> *m* Sprichwort *n*

provetta [pro'vetta] *f* Reagenzglas *n;* **figlio in** ~ Retortenbaby *n*

provetto, -a [pro'vɛtto] *agg* erfahren

provider <- *o* providers> *m* (INFORM: *Internet*) Provider *m*

provincia [pro'vintʃa] <-cie *o* -ce> *f* ❶ (ADM) Provinz *f* ❷ (*territorio*) Land *n;* (*pej*) Provinz *f*; **provinciale** [provin'tʃa:le] *agg* ❶ (ADM) Provinzial-, Provinz-; **strada** ~ Landstraße *f* ❷ (*pej*) provinziell, kleinstädtisch; **provincialismo** [provintʃa'lizmo] *m* (*a pej*) Provinzialismus *m;* **provincialità** [provintʃali'ta] <-> *f* Provinzlertum *n*, Provinzialität *f*

provincializzare [provintʃalid'dza:re] **I.** *vt* (ADM) provinzialisieren, an die Provinz abtreten **II.** *vr* **-rsi** (*pej*) zum Provinzler [*o* zur Provinzlerin] werden; **provincializzazione** [provintʃaliddzat'tsio:ne] *f* ❶ (ADM) Provinzialisierung *f* ❷ (*pej*) Provinziellwerden *n*

provino [pro'vi:no] *m* ❶ (FILM) Probeaufnahme *f* ❷ (*campione*) Muster *n*, Probe *f* ❸ (TEC, CHEM) Reagenzglas *n*, Prüfglas *n*

provocante [provo'kante] *agg* herausfordernd, provozierend; (*sessualmente*) aufreizend

provocare [provo'ka:re] *vt* ❶ (*cagionare*) hervorrufen, verursachen ❷ (*eccitare*) reizen, provozieren; (*sessualmente*) aufreizen ❸ (*muovere*) reizen, bewegen; (*pej: spingere*) aufstacheln; **provocatore, -trice** [provoka'to:re] **I.** *agg* herausfordernd; **agente** ~ Agent provocateur *m*, Lockspitzel *m* **II.** *m, f* Provokateur(in) *m(f)*, Aufwiegler(in) *m(f)*; **provocatorio,**

-a [provoka'tɔ:rio] <-i, -ie> *agg* herausfordernd, provozierend, provokativ; **provocatrice** *f v.* **provocatore**; **provocazione** [provokat'tsio:ne] *f* Herausforderung *f*, Provokation *f*

provola ['prɔ:vola] *f* (*mer*) Provola *f* (*Käsesorte, vorwiegend aus Büffelmilch*); **provolone** [provo'lo:ne] *m* Provolone *m* (*birnenförmige Käsesorte, vorwiegend aus Kuhmilch*)

provvedere [provve'de:re] <irr> **I.** *vi* ~ **a qc** für etw sorgen **II.** *vt* ❶ (*fornire*) ~ **qu/ qc di qc** jdn/etw mit etw versehen ❷ (*procurarsi*) besorgen, beschaffen **III.** *vr* **-rsi di qc** sich *dat* etw besorgen; **provvedimento** [provvedi'mento] *m* Maßnahme *f*, Vorkehrung *f*

provveditorato [provvedito'ra:to] *m* Verwaltungsamt *n;* ~ **agli studi** (Ober)schulamt *n;* **provveditore, -trice** [provvedi'to:re] *m, f* Amtsleiter(in) *m(f)*

provvidenza [provvi'dɛntsa] *f* ❶ (REL) (göttliche) Vorsehung *f* ❷ (*fig*) Glück *n* ❸ *pl* (*provvedimento*) (Vorsorge-, Versorgungs)maßnahmen *fpl;* **provvidenziale** [provviden'tsia:le] *agg* ❶ (*opportuno*) willkommen, gelegen ❷ (*della divina provvidenza*) gottgewollt; **provvidenzialità** [provvidentsiali'ta] <-> *f* Willkommensein *n*, glückliche Fügung

provvidi *1. pers sing pass rem di* **provvedere**

provvido, -a ['prɔvvido] *agg* (*previdente*) vorsorglich; (*utile*) günstig; (*decisione*) weitsichtig

provvigione [provvi'dʒo:ne] *f* Provision *f*, Vermittlungsgebühr *f*

provvisorietà [provvizorie'ta] <-> *f* Vorläufigkeit *f*; **provvisorio, -a** [provvi'zɔ:rio] <-i, -ie> *agg* vorläufig, vorübergehend; (*governo, lavoro*) Übergangs-

provvista [prov'vista] *f* Vorrat *m*, Versorgung *f*; **fare** ~ **di qc** sich mit etw eindecken

provvisto, -a [prov'visto] **I.** *pp di* **provvedere II.** *agg* **essere** ~ **di qc** mit etw versehen sein

prozio, -a [prot'tsi:o] *m, f* Großonkel *m*, Großtante *f*

prua ['pru:a] *f* Bug *m*

prudente [pru'dɛnte] *agg* ❶ (*persona*) vorsichtig ❷ (*azione, comportamento*) umsichtig, überlegt; **prudenza** [pru'dɛntsa] *f* Vorsicht *f*, Umsicht *f*; **guidare con** ~ vorsichtig fahren; **la** ~ **non è mai troppa** (*prov*) Vorsicht ist die Mutter der Porzellankiste, sicher ist sicher; **prudenziale** [pruden'tsia:le] *agg* Vorsichts-; **misure -i**

Vorsichtsmaßnahmen *fpl*

prudere ['pru:dere] <*manca il pp*> *vi* ju-cken; **mi prude la schiena/il naso** mir [*o mich*] juckt der Rücken/die Nase

pruderie [pry'dri] <-> *f* Prüderie *f*

prugna ['pruɲɲa] *f* Pflaume *f*; **prugnola** ['pruɲɲola] *f* Schlehe *f*

prunaio [pru'na:io] <-ai> *m* Dornenge-strüpp *n*

pruno ['pru:no] *m* ➊ (BOT) Dornbusch *m* ➋ (*spina*) Dorn *m*

prurigine [pru'ri:dʒine] *f* Jucken *n*; **pruri-ginoso, -a** [pruridʒi'no:so] *agg* ➊ (MED) juckend ➋ (*fig*) aufreizend, (sexuell) erre-gend

prurito [pru'ri:to] *m* Jucken *n*, Juckreiz *m*

Prussia ['prussia] *f* Preußen *n*; **prussia-no, -a** [prus'sia:no] **I.** *agg* preußisch **II.** *m, f* Preuße *m*, Preußin *f*

prussico, -a ['prussiko] <-ci, -che> *agg* **acido** ~ Blausäure *f*

PS ➊ *abbr di* **Pubblica Sicurezza** *unbe-waffnete Sicherheitspolizei* ➋ *abbr di* **postscriptum** PS

psammoterapia [psammotera'pi:a] *f* (MED) Psammotherapie *f*; **psammotera-pico, -a** [psammote'ra:piko] <-ci, -che> *agg* psammotherapeutisch; **cura -a** Psam-motherapie *f*

PSd'A *abbr di* **Partito Sardo d'Azione** *Sardische Aktionspartei*

PSDI *m* (HIST) *abbr di* **Partito Socialista Democratico Italiano** *sozialdemokrati-sche Partei Italiens*

psefologia [psefolo'dʒi:a] *f* ➊ (POL: *ge-ner*) Wahlstatistik *f* ➋ (POL: *spostamenti degli elettori*) Wählerwanderungen *fpl*

pseudepigrafia [pseudepigra'fi:a] *f* (LIT) fälschliche Autorenzuordnung

pseudoanglicismo [pseudoaŋgli'tʃiz-mo] *m* (LING) Pseudoanglizismus *m*, engli-sches Lehnwort mit veränderter Bedeu-tung

pseudoanglismo [pseudoaŋ'glizmo] *m* Pseudoanglizismus *m*

pseudocultura [pseudokul'tu:ra] *f* Halb-bildung *f*

pseudoermafroditismo [pseudoerma-frodi'tizmo] *m* (BIOL) Scheinzwitter *m*

pseudofrancese [pseudofran'tʃe:se] *agg* (LING) pseudofranzösisch

pseudogravidanza [pseudogravi'dan-tsa] *f* (MED) Scheinschwangerschaft *f*

pseudoinglese [pseudoiŋ'gle:se] *agg* (LING) pseudoenglisch

pseudonimo [pseu'dɔ:nimo] *m* Pseudo-nym *n*, Deckname *m*

PSI *m* (HIST) *abbr di* **Partito Socialista Ita-**liano *sozialistische Partei Italiens*

psicanalisi [psika'na:lizi] *f* Psychoanaly-se *f*; **psicanalista** [psikana'lista] <-i *m*, -e *f*> *mf* Psychoanalytiker(in) *m(f)*; **psi-canalitico, -a** [psikana'li:tiko] <-ci, -che> *agg* psychoanalytisch; **psicanaliz-zare** [psikanalid'dza:re] *vt* psychoanaly-tisch behandeln, psychoanalysieren, eine Psychoanalyse vornehmen bei

psiche ['psi:ke] *f* Psyche *f*

psichedelico, -a [psike'dɛ:liko] <-ci, -che> *agg* psychedelisch

psichiatra [psi'kia:tra] <-i *m*, -e *f*> *mf* Psychiater(in) *m(f)*; **psichiatria** [psi-kia'tri:a] <-ie> *f* Psychiatrie *f*; **psichiatri-co, -a** [psi'kia:triko] <-ci, -che> *agg* psy-chiatrisch; **psichiatrizzare** [psikia-trid'dza:re] *vt* ➊ (*trattare con i metodi della psicoterapia*) einer Psychotherapie unterziehen ➋ (*problematizzare in termini psichiatrici*) psychiatrisch interpretie-ren; **psichiatrizzazione** [psikia-triddzat'tsio:ne] *f* (PSYCH) psychiatrische In-terpretation aller Abweichungen von der sozialen Norm

psichico, -a ['psi:kiko] <-ci, -che> *agg* psychisch

psicobiofisico, -a [psikobio'fi:ziko] <-ci, -che> *agg* psychobiologisch

psicodidattica [psikodi'dattika] <*sing*> *f* (PSYCH) psychologische Didaktik

psicodramma [psiko'dramma] *m* ➊ (PSYCH) Psychodrama *n* ➋ (*fig: situazio-ne di conflittualità esasperata*) Nerven-krieg *m*

psicofarmaco [psiko'farmako] *m* Psy-chopharmakon *n*; **psicofarmacologia** [psikofarmakolo'dʒi:a] *f* (MED, PSYCH) Psy-chopharmakologie *f*; **psicofarmacolo-gico, -a** [psikofarmako'lɔ:dʒiko] <-ci, -che> *agg* psychopharmakologisch

psicogeno, -a [psi'kɔ:dʒeno] *agg* psycho-gen, psychisch bedingt

psicografologia [psikografolo'dʒi:a] *f* Graphologie *f*; **psicografologo, -a** [psi-kogra'fɔ:logo] <-gi, -ghe> *m, f* Grafologe, -login *m, f*

psicogramma [psiko'gramma] <-i> *m* Psychogramm *n*

psicolabile [psiko'la:bile] *agg* psychisch labil

psicolinguistica [psikoliŋ'guistika] <*sing*> *f* (LING) Psycholinguistik *f*; **psico-linguistico, -a** [psikoliŋ'guistiko] <-ci, -che> *agg* psycholinguistisch; **disciplina -a** Psycholinguistik *f*

psicologa *f v.* **psicologo**

psicologia [psikolo'dʒi:a] <-gie> *f* Psychologie *f;* ~ **del profondo** Tiefenpsychologie *f;* **psicologico, -a** [psiko'lɔːdʒiko] <-ci, -che> *agg* ❶ (SCIENT) psychologisch ❷ (*dell'anima*) seelisch, psychisch; **psicologistico, -a** [psikolo'dʒistiko] *agg* psychologistisch

psicologo, -a [psi'kɔːlogo] <-gi, -ghe> *m, f* Psychologe *m,* -login *f*

psicometria [psikome'triːa] <-ie> *f* Psychometrie *f*

psicomotricista [psikomotri'tʃista] <-i *m,* -e *f*> *mf* (PSYCH) Therapeut(in) *m(f)* für Psychomotorik

psicopatico, -a [psiko'paːtiko] <-ci, -che> I. *agg* psychopathisch II. *m, f* Psychopath(in) *m(f);* **psicopatologia** [psikopatolo'dʒiːa] *f* Psychopathologie *f*

psicopatologico, -a [psikopato-'lɔːdʒiko] <-ci, -che> *agg* psychopathologisch

psicopedagogico, -a [psikopeda'gɔːdʒiko] <-ci, -che> *agg* (PSYCH) psychagogisch

psicosessualità [psikosessuali'ta] <-> *f* (PSYCH) Sexualpsychologie *f*

psicosi [psi'kɔːzi] <-> *f* Psychose *f;* ~ **collettiva** Massenpsychose *f;* ~ **degli esami** Prüfungsangst *f*

psicosociale [psikoso'tʃaːle] *agg* psychosozial

psicosociologia [psikosotʃolo'dʒiːa] <*sing*> *f* (SOC, PSYCH) Sozialpsychologie *f;* **psicosociologo, -a** [psikoso'tʃɔːlogo] <-gi, -ghe> *m, f* (SOC, PSYCH) Spezialist(in) *m(f)* der Sozialpsychologie

psicosomatico, -a [psikoso'maːtiko] <-ci, -che> *agg* psychosomatisch; **psicosomatizzare** [psikosomatid'dzaːre] *vt* psychische Konflikte somatisch werden lassen

psicoterapia [psikotera'piːa] *f* Psychotherapie *f;* **psicoterapico, -a** [psikote'raːpiko] <-ci, -che> *agg* psychotherapeutisch; **psicoterapista** [psikotera'pista] <-i *m,* -e *f*> *mf* Psychotherapeut(in) *m(f)*

psicotico, -a [psi'kɔːtiko] <-ci, -che> *agg* psychotisch

psoriasi [pso'riːazi] <-> *f* Schuppenflechte *f,* Psoriasis *f*

pss, pst [ps] *int* ❶ (*per imporre silenzio*) pst ❷ (*per imporre attenzione*) he, hallo, pst

PT *abbr di* **Poste e Telecomunicazioni** *italienisches Post- und Fernmeldewesen*

PTP *abbr di* **Posto Telefonico Pubblico** Münzfernsprecher, öffentliches Telefon

puah [puah] *int* pfui, igitt; ~ **che schifo!** pfui, wie ekelhaft!

pub [pʌb *o* pab] <- *o* pubs> *m* Pub *m,* Kneipe *f*

pubblicano [pubbli'kaːno] *m* (HIST) Zöllner *m*

pubblicare [pubbli'kaːre] *vt* veröffentlichen, herausgeben; **pubblicazione** [pubblikat'tsioːne] *f* ❶ (*il pubblicare*) Veröffentlichung *f,* Herausgabe *f* ❷ (*opera*) Veröffentlichung *f,* Publikation *f* ❸ *pl* (*di matrimonio*) Aufgebot *n;* **fare le -i** das Aufgebot bestellen; **pubblicista** [pubbli'tʃista] <-i *m,* -e *f*> *mf* ❶ (LIT) Publizist(in) *m(f)* ❷ (JUR) Staatsrechtler(in) *m(f);* **pubblicistica** [pubbl'tʃistika] <-che> *f* ❶ (*attività*) Publizistik *f* ❷ (JUR) Staatsrecht *n,* Staatsrechtslehre *f;* **pubblicistico, -a** [pubbl'tʃistiko] <-ci, -che> *agg* ❶ (LIT) publizistisch ❷ (JUR) des öffentlichen Rechts, staatsrechtlich

pubblicità [pubblitʃi'ta] <-> *f* ❶ (*propaganda*) Werbung *f,* Reklame *f* ❷ (*diffusione*) Verbreitung *f;* **pubblicitario, -a** [pubblitʃi'taːrio] <-i, -ie> I. *agg* Werbe- II. *m, f* Werbefachmann *m,* -frau *f;* **pubblicizzare** [pubblitʃid'dzaːre] *vt* bewerben, werben für

pubblico ['pubbliko] *m* Öffentlichkeit *f,* Allgemeinheit *f;* (*spettatori, lettori, ascoltatori*) Publikum *n*

pubblico, -a <-ci, -che> *agg* öffentlich; (*dello Stato*) Staats-, staatlich; (*della collettività*) (All)gemein-; ~ **funzionario** Beamte(r) *m;* **agente di -a sicurezza** Polizeibeamte(r) *m,* -beamtin *f;* **i servizi -ci** der Öffentliche Dienst; **-che relazioni** Publicrelations *pl,* Öffentlichkeitsarbeit *f*

pubblivoro, -a [pub'bliːvoro] *m, f* Werbespot-Fan *m*

pube ['puːbe] *m* Schambein *n*

puberale [pube'raːle] *agg* pubertär, Pubertäts-; **pubertà** [puber'ta] <-> *f* Pubertät *f*

public company ['pʌblik 'kʌmpəni] <- *o* public companies> *f* (FIN) Börsenaktiengesellschaft *f;* **public relations** ['pʌblik ri'leiʃənz *o* 'pablik re'leʃonz] *fpl* Publicrelations *pl*

publiredazionale [publiredattsio'naːle] I. *agg* die Schleichwerbung betreffend II. *m* Schleichwerbung *f* in Zeitschriften und Zeitungen

pudibondo, -a [pudi'bondo] *agg* (*poet*) schamhaft

pudicizia [pudi'tʃittsia] <-ie> *f* Schamhaftigkeit *f*

pudico, -a [pu'diːko] <-chi, -che> *agg* (*persona*) schamhaft; (*sguardo, bacio*) verschämt

pudore [pu'doːre] *m* ❶ (*vergogna*)

Scham *f* ❷ (*pudicizia*) Schamhaftigkeit *f*; (*discrezione*) Verschämtheit *f*; **puericultore, -trice** [puerikul'toːre] *m*, *f* Säuglingspfleger(in) *m(f)*; **puericultura** [puerikul'tuːra] *f* Säuglingspflege *f*

puerile [pue'riːle] *agg* ❶ (*età*) Kindes-, Kinder- ❷ (*pej*) kindisch, albern; **puerilità** [puerili'ta] <-> *f* (*a pej*) Albernheit *f*, Kinderei *f*

puerpera [pu'ɛrpera] *f* Wöchnerin *f*; **puerperale** [puerpe'raːle] *agg* (*febbre*) Kindbett-; **puerperio** [puer'pɛːrio] <-i> *m* Wochenbett *n*

pugilato [pudʒi'laːto] *m* Boxsport *m*, Boxen *n*; **pugile** ['puːdʒile] *m* Boxer *m*; **pugilistico, -a** [pudʒi'listiko] <-ci, -che> *agg* Box-

Puglia ['puʎʎa] *f* Apulien *n*

pugliese¹ [puʎ'ʎeːse] <*sing*> *m* (*dialetto*) apulischer Dialekt

pugliese² I. *mf* (*abitante*) Apulier(in) *m(f)* II. *agg* apulisch

pugnalare [puɲɲa'laːre] *vt* erdolchen, erstechen; **pugnalata** [puɲɲa'laːta] *f* Dolchstoß *m*; **pugnale** [puɲ'ɲaːle] *m* Dolch *m*

pugno ['puɲɲo] *m* ❶ (*mano chiusa*) Faust *f*; **avere qc in ~** (*fig*) sich *dat* einer Sache *gen* sicher sein, ..: etw im Griff haben; **mostrare il ~** [*o* **i -i**] mit der Faust drohen; **essere** (**come**) **un ~ in un occhio** (*fig*) wie die Faust aufs Auge passen ❷ (*colpo*) Faustschlag *m*; **fare a -i** sich prügeln; (*fig: colori*) sich beißen; **venire a -i** aneinandergeraten, mit den Fäusten aufeinander losgehen ❸ (*quantità*) Hand voll *f*

puh [phu] *int* pfui

pula ['puːla] *f* ❶ (*di cereali*) Spreu *f* ❷ (*sl: polizia*) Polente *f*, Bullen *mpl*

pulce ['pultʃe] *f* Floh *m*; **mercato delle -i** Flohmarkt *m*; **mettere una ~ nell'orecchio a qu** jdm einen Floh ins Ohr setzen; **pulciaio** [pul'tʃaːio] <-ciai> *m* ❶ (*zoo*) Flohnest *n* ❷ (*pej*) Schweinestall *m fam*

pulcinella [pultʃi'nɛlla] <-> *m* (*maschera*) Pulcinella *m*

pulcino [pul'tʃiːno] *m* (*zoo*) Küken *n*; **sembrare un ~ bagnato** dastehen wie ein begossener Pudel

pulcioso, -a [pul'tʃoːso] *agg* voller Flöhe

puledro, -a [pu'leːdro] *m*, *f* Fohlen *n*, Füllen *n*

puleggia [pu'leddʒa] <-gge> *f* Riemenscheibe *f*, Rollenzug *m*

pulire [pu'liːre] <*pulisco*> I. *vt* sauber machen; (*casa, scarpe*) putzen; (*strada*) reinigen II. *vr* **-rsi i denti** (sich *dat*) die Zähne putzen; **-rsi il naso** (sich *dat*) die Nase putzen; **-rsi la bocca** (sich *dat*) den Mund abwischen

puliscivetri [puliʃʃi've:tri] <-> I. *mf* (*pulivetri, lavavetri*) Autoscheibenputzer(in) *m(f)* II. *m* (*fam: tergicristallo*) Scheibenwischer *m*

pulita [pu'liːta] *f* (schnelle) Reinigung *f*

pulito [pu'liːto] *m* ❶ (*l'essere pulito*) Saubere(s) *n*, Reine(s) *n* ❷ (*bella copia*) Reinschrift *f*

pulito, -a *agg* ❶ (*cose, mani, viso, a fig*) sauber, rein ❷ (*persone*) sauber, gepflegt ❸ (*fig*) anständig; (*faccenda, affari*) sauber; (*coscienza*) rein; (*barzelletta*) anständig, stubenrein *fam* ❹ (*fam fig: senza denaro*) blank, abgebrannt; **pulitrice** [puli'triːtʃe] *f* ❶ (TEC) Poliermaschine *f* ❷ (AGR) Dreschmaschine *f*; **pulitura** [puli'tuːra] *f* Reinigung *f*, Säuberung *f*; ~ **a secco** Trockenreinigung *f*; **pulivetri** [puli've:tri] <-> *mf* v. **puliscivetri**; **pulizia** [pulit'tsiːa] <-ie> *f* (*azione*) Säuberung *f*, Reinigung *f*; **donna delle -ie** Putzfrau *f*; **fare le -ie** sauber machen, putzen; **fare ~** (*fig*) aufräumen, Ordnung schaffen; ~ **etnica** ethnische Säuberung

pullman ['pulman] <-> *m* (Reise)bus *m*

pullover [pul'lɔːver] <-> *m* Pullover *m*

pullulare [pullu'laːre] *vi* ❶ (*insetti, persone*) wimmeln ❷ (*fig*) sprießen

pulmino [pul'miːno] *m* Kleinbus *m*

pulmistico, -a [pul'mistiko] <-ci, -che> *agg* Bus-, mit dem Bus

pulpito ['pulpito] *m* Kanzel *f*; **montare** [*o* **salire**] **sul ~** (*fig*) (Moral)predigten halten, predigen; **senti da che ~ viene la predica!** (*fam*) ausgerechnet er [*o* sie] will eine Moralpredigt halten!

pulsante [pul'sante] I. *m* (Druck)taste *f*, Drücker *m*; ~ **del campanello** Klingelknopf *m* II. *agg* pulsierend

pulsare [pul'saːre] *vi* (*cuore*) klopfen, pochen; (*sangue, a fig*) pulsieren; **pulsazione** [pulsat'tsioːne] *f* Pulsschlag *m*

pulviscolo [pul'viskolo] *m* Staub *m*

puma ['puːma] <-> *m* Puma *m*

pummarola [pumma'rɔːla] *f* (*napol*) ❶ (*pomodoro*) Tomate *f*, Paradeiser *m* A ❷ (*salsa*) Tomatensoße *f*

punch [pʌntʃ] <-> *m* Punsch *m*

pungente [pun'dʒɛnte] *agg* ❶ (*freddo*) beißend ❷ (*spina, insetto*) stechend ❸ (*fig: risposta, critica*) bissig; (*desiderio*) brennend; (*pensiero, curiosità*) quälend

pungere ['pundʒere] <*pungo, punsi, punto*> *vt* ❶ (*spina, insetto*) stechen; (*ortica*) brennen; (*barba*) kratzen; (*freddo*) beißen ❷ (*fig: parole, offesa*) stechen, treffen; (*desiderio*) brennen; (*pensiero, curiosità*) quälen

pungiglione [pundʒiˈʎːoːne] *m* Stachel *m*

pungolare [puŋgoˈlaːre] *vt* ❶ (*buoi, muli*) antreiben ❷ (*fig: stimolare*) anspornen

pungolo [ˈpuŋgolo] *m* ❶ (*bastone*) Ochsenziemer *m* ❷ (*fig*) Stachel *m*

punibile [puˈniːbile] *agg* strafbar

punire [puˈniːre] <punisco> *vt* (be)strafen; **punitivo, -a** [puniˈtiːvo] *agg* Straf-, strafend; **punizione** [puniˈtsjoːne] *f* Strafe *f*, Bestrafung *f*; **per ~** zur Strafe; **tiro di ~** Strafstoß *m*

punk [pʌŋk] <-> *mf* Punk *m*, Punker(in) *m(f)*

punsi [ˈpunsi] *1. pers sing pass rem di* **pungere**

punta [ˈpunta] *f* ❶ (*estremità*) Spitze *f*; (GEOG: *cima*) Spitze *f*, Gipfel *m*; (*della costa*) Landzunge *f*; **ore di ~** Spitzenzeit *f*, Stoßzeiten *fpl*; **cappello a tre -e** Dreispitz *m*; **~ del naso** Nasenspitze *f*; **camminare in ~ di piedi** auf Zehenspitzen gehen; **fare la ~ ad una matita** einen Bleistift spitzen; **terminare a ~** spitz zulaufen; **prendere qu di ~** (*fig*) jdm entschieden widersprechen ❷ (*massima intensità*) Maximum *n*, Höchstmaß *n* ❸ (*quantità minima*) Kleinigkeit *f*; (GASTR) Idee *f*, Prise *f*; (*fig*) Hauch *m* ❹ (SPORT) Angriffsspieler *m*, Spitze *f*

puntale [punˈtaːle] *m* Zwinge *f*; (NAUT) Stütze *f*; (*dell'ombrello*) Spitze *f*

puntamento [puntaˈmento] *m* Zielen *n*, Zielortung *f*

puntare [punˈtaːre] **I.** *vt* ❶ (*appoggiare*) stemmen, stützen; **~ i piedi per terra** (*fig*) sich hartnäckig sträuben ❷ (*dirigere*) zielen, richten; **~ il dito verso qu** mit dem Finger auf jdn zeigen ❸ (*cane*) aufspüren ❹ (*scommettere*) setzen; **~ qc su qc** etw auf etw *acc* setzen; **~ sul cavallo perdente** (*fig*) auf das falsche Pferd setzen **II.** *vi* ❶ (*dirigersi*) **~ su** [*o* **a**] **qc** auf etw *acc* zuhalten ❷ (*fig*) **~ su qc** auf etw *acc* setzen, mit etw rechnen

puntasecca [puntaˈsekka] <puntesecche> *f* Kaltnadelradierung *f*

puntaspilli [puntasˈpilli] <-> *m* Nadelkissen *n*

puntata [punˈtaːta] *f* ❶ (*gita*) Abstecher *m* ❷ (*scommessa*) Einsatz *m* ❸ (MIL, SPORT) Vorstoß *m* ❹ (*colpo di punta*) Stoß *m* mit der Spitze ❺ (*fascicolo*) (Nach)lieferung *f*, Ergänzungslieferung *f* ❻ (TV, RADIO) Folge *f*, Fortsetzung *f*; **a -e** in Fortsetzungen, mehrteilig

puntatore [puntaˈtoːre] *m* (INFORM) Cursor *m*

puntatore, -trice [puntaˈtoːre] *m, f* ❶ (*scommettitore*) Wetter(in) *m(f)* ❷ (MIL) Richtschütze *m*, -schützin *f*

punteggiare [puntedˈdʒaːre] *vt* ❶ (*lamiera, linea*) lochen, punktieren ❷ (*fig*) **~ qc di qc** etw mit etw durchsetzen; **punteggiatura** [punteddʒaˈtuːra] *f* ❶ (LING) Interpunktion *f* ❷ (*macchiettatura*) Tüpfelung *f*

punteggio [punˈteddʒo] <-ggi> *m* Punktzahl *f*, Wertung *f*

puntellamento [puntellaˈmento] *m* (Ab)stützung *f*

puntellare [puntelˈlaːre] *vt* ❶ (*sostenere*) (ab)stützen ❷ (*fig: tesi*) untermauern; **puntellatura** [puntellaˈtuːra] *f* (Ab)stützung *f*; **puntello** [punˈtɛllo] *m* (*a fig*) Stütze *f*

punteria [punteˈriːa] <-ie> *f* ❶ (MOT) Stößel *m* ❷ (MIL) Richten *n*

punteruolo [punteˈrwɔːlo] *m* (*del calzolaio*) Ahle *f*; (*del meccanico*) Körner *m*

puntesecche *pl di* **puntasecca**

puntiforme [puntiˈforme] *agg* punktartig

puntiglio [punˈtiʎːo] <-gli> *m* Eigensinn *m*, Starrsinn *m*; **puntiglioso, -a** [puntiʎːoːso] *agg* verbohrt, eigensinnig

puntina [punˈtiːna] *f* ❶ (*da giradischi*) Nadel *f*, Saphirnadel *f* ❷ (*da disegno*) Reißzwecke *f* ❸ (*chiodino*) Stift *m*

puntinatore [puntinaˈtoːre] *m* (TEC) Lochstreifenstanzer *m*

puntinatura [puntinaˈtuːra] *f* (KUNST) Pointillismus *m*

puntinistico, -a [puntiˈnistiko] <-ci, -che> *agg* (KUNST) pointillistisch

puntino [punˈtiːno] *m* Pünktchen *n*; **-i di sospensione** Auslassungspunkte *mpl*; **mettere i -i sulle i** (*fig*) Klarheit in die Sache bringen; (*di persona*) ein Pedant sein

punto¹ [ˈpunto] *pp di* **pungere**

punto² *m* ❶ (*gener* MAT, MUS, PHYS, TYP, TEC) Punkt *m*; **~ esclamativo/interrogativo** Ausrufe-/Fragezeichen *n*; **-i di sospensione** Auslassungspunkte *mpl*; **~ e virgola** Strichpunkt *m*, Semikolon *n*; **due -i** Doppelpunkt *m*; **~ di fusione/ebollizione** Schmelz-/Siedepunkt *m*; **-i neri** Mitesser *mpl*; **i -i cardinali** die Himmelsrichtungen *fpl*; **messa a ~** (TEC) Einstellung *f*, Justierung *f*; **alle tre in ~** Punkt drei (Uhr); **~ e basta!** (*fam*) basta!, punktum! ❷ (*nel cucito*) Stich *m*; (*a maglia*) Masche *f*; **~ croce/erba** Kreuz-/Stielstich *m*; **dare un ~ a qc** etw schnell übernähen ❸ (MED: *metallo*) Klammer *f*; (*filo*) Faden *m*; (*operazione*)

Stich *m* ❹ (*argomento*) Frage *f*, Punkt *m*, Sache *f;* ~ **di vista** Stand-, Gesichtspunkt *m;* ~ **a favore** Pluspunkt *m;* **venire al** ~ zur Sache kommen; **questo è il** ~ das ist das Problem ❻ (*istante*) (Zeit)punkt *m*, Augenblick *m;* ~ **culminante** Höhepunkt *m;* **essere sul** ~ **di ...** im Begriff sein, zu ...; **in** ~ **di morte** in der Todesstunde, dem Tod nahe; **ad un certo** ~ dann auf einmal, unversehens; **fino a questo** ~ bis hierher; **di** ~ **in bianco** auf einmal, ganz plötzlich ❻ (*ricapitolazione*) Zusammenfassung *f*, Überblick *m;* **fare il** ~ (NAUT) die Position bestimmen; **fare il** ~ **su una questione** ein Problem rekapitulieren; **fare il** ~ **della situazione** eine Situation schildern, es auf den Punkt bringen ❼ (*luogo*) Punkt *m*, Stelle *f;* ~ **debole** wunder Punkt, Schwachstelle *f;* ~ **di assistenza** Servicestation *f;* ~ **di vendita** Verkaufsstelle *f*, -büro *n;* ~ **di ritrovo** Treffpunkt *m* ❽ (*voto*) Punkt *m*, Note *f*

puntone [pun'to:ne] *m* Strebe *f*

puntuale [puntu'a:le] *agg* pünktlich; (*esatto*) genau; **puntualità** [puntuali'ta] <-> *f* Pünktlichkeit *f;* (*esattezza*) Genauigkeit *f*

puntualizzare [puntualid'dza:re] *vt* präzisieren, umreißen; **puntualizzazione** [puntualiddzat'tsio:ne] *f* Präzisierung *f*

puntura [pun'tu:ra] *f* ❶ (MED) Punktion *f* ❷ (*fam*) Spritze *f*, Injektion *f* ❸ (*di ago, zanzara, spina*) Stich *m* ❹ (*dolore*) Stechen *n* ❺ (*fig*) Stich *m*

puntuto, -a [pun'tu:to] *agg* spitz

punzecchiamento [puntsekkia'mento] *m* Sticheln *n*, Stichelei *f*

punzecchiare [puntsek'kia:re] *vt* ❶ (*pungere*) stechen ❷ (*fig: provocare*) sticheln; **punzecchiatura** [puntsekkia'tu:ra] *f* ❶ (*puntura*) (leichter) Stich *m* ❷ (*fig*) Sticheln *n*, Stichelei *f*

punzonare [puntso'na:re] *vt* stanzen; **punzonatrice** [puntsona'tri:tʃe] *f* Stanzmaschine *f*, Stanze *f;* **punzonatura** [puntsona'tu:ra] *f* Stanzen *n;* **punzone** [pun'tso:ne] *m* Prägestempel *m*, Punze *f*

può ['puɔ] *3. pers sing pr di* **potere**[1]

puoi ['puɔ:i] *2. pers sing pr di* **potere**[1]

pupa ['pu:pa] *f* (*fam fig: ragazza*, ZOO) Puppe *f*

pupattola [pu'pattola] *f* (*fam: bambola*) Puppe *f;* (*fig, pej: donna*) Püppchen *n*

pupazzo [pu'pattso] *m* ❶ (*fantoccio*) Puppe *f* ❷ (*fig*) Hampelmann *m*

pupilla [pu'pilla] *f* ❶ (ANAT) Pupille *f* ❷ (*occhio*) Auge *n*, Augapfel *m* ❸ (*fig*) Augenstern *m*

pupillare [pupil'la:re] *agg* ❶ (ANAT) Pupil-

len- ❷ (JUR) Mündel-

pupillo, -a [pu'pillo] *m, f* ❶ (JUR) Mündel *n* ❷ (*fam*) Liebling *m*

pupinizzare [pupinid'dza:re] *vt* (TEC) mit Induktanzrollen [*o* Drosselwiderständen] versehen

pupo ['pu:po] *m* ❶ (*burattino*) sizilianische Marionette ❷ (*fam: bambino*) Bübchen *n*, Kindchen *n*

pur *v.* **pur(e)**

pura *f v.* **puro**

puramente [pura'mente] *avv* lediglich, bloß

purché [pur'ke] *cong+conj* wenn ... (nur)

purchessia [purkes'si:a] <inv> *agg* irgendein, beliebig

pure ['pu:r] **I.** *cong* ❶ (*anche se*) auch wenn, obwohl, wenn ... auch ❷ (*tuttavia*) doch, dennoch **II.** *avv* ❶ (*anche*) auch, ebenso ❷ (*proprio*) wirklich ❸ (*rafforzativo*) doch ❹ (*esortativo*) nur, ruhig; **faccia ~!** nur zu!, bitte sehr!

purè [pu'rɛ] <-> *m*, **purea** [pu'rɛ:a] *f* Püree *n*

purezza [pu'rettsa] *f* Reinheit *f;* (*regolarità*) Feinheit *f*, Korrektheit *f*

purga ['purga] <-ghe> *f* Abführmittel *n;* **purgante** [pur'gante] **I.** *m* Abführmittel *n* **II.** *agg* büßend, Fegefeuer-

purgare [pur'ga:re] **I.** *vt* ❶ (MED) ~ **qu** jdm ein Abführmittel geben ❷ (*pulire*) reinigen, ❸ (POL) säubern **II.** *vr* **-rsi** ❶ (MED) ein Abführmittel (ein)nehmen ❷ (*fig*) rein (gewaschen) werden, sich rein waschen; **purgativo, -a** [purga'ti:vo] *agg* Abführ-; **purgato, -a** [pur'ga:to] *agg* (LIT: *stile*) rein; (*edizione*) purgiert

purgatorio [purga'tɔ:rio] <-i> *m* Feg(e)feuer *n*

purificare [purifi'ka:re] **I.** *vt* ❶ (*depurare*) klären, reinigen ❷ (*fig*) läutern, rein waschen **II.** *vr* **-rsi** ❶ (*diventare puro*) rein werden ❷ (*fig*) geläutert werden; **purificatore, -trice** [purifika'to:re] **I.** *agg* rein waschend, reinigend **II.** *m, f* Reiniger(in) *m(f);* **purificazione** [purifikat'tsio:ne] *f* ❶ (*depurazione*) Reinigung *f*, Klärung *f* ❷ (*fig*) Reinwaschung *f*, Läuterung *f*

purismo [pu'rizmo] *m* Purismus *m;* **purista** [pu'rista] <-i *m*, -e *f*> *mf* Purist(in) *m(f);* **puristico, -a** [pu'ristiko] <-ci, -che> *agg* puristisch

purità [puri'ta] <-> *f* Reinheit *f*, Lauterkeit *f*

puritana *f v.* **puritano**

puritanesimo [purita'ne:zimo] *m* Puritanismus *m;* **puritano, -a** [puri'ta:no] **I.** *agg* puritanisch **II.** *m, f* Puritaner(in) *m(f)*

puro, -a ['pu:ro] *agg* ❶ (*vino, acqua, alcol, aria*) rein; (*animali*) reinrassig ❷ (*solo*) pur; **il ~ necessario** das Allernötigste ❸ (*fig*) rein; **per ~ caso** aus purem Zufall

purosangue [puro'saŋgue] **I.** <inv> *agg* ❶ (*cavallo*) vollblütig, reinrassig ❷ (*fig, scherz*) echt, Vollblut- **II.** <-> *mf* Vollblut(pferd) *n*

purpureo, -a [pur'pu:reo] *agg* purpurn, purpurfarben

purtroppo [pur'trɔppo] *avv* leider

purulento, -a [puru'lɛnto] *agg* eit(e)rig, eiternd; **purulenza** [puru'lɛntsa] *f* Eiterung *f*, Eiter *m*

pus [pus] *m* Eiter *m*

push up ['puʃʌp] <-> *m* Push-up-BH *m*

pusillanime [puzil'la:nime] **I.** *agg* duckmäuserisch **II.** *mf* Duckmäuser *m;* **pusillanimità** [puzillanimi'ta] <-> *f* Duckmäuserei *f*, Duckmäusertum *n*

pustola ['pustola] *f* Pustel *f;* **pustoloso, -a** [pusto'lo:so] *agg* pustulös

putacaso, puta caso [puta'ka:zo] *avv* etwa, zufällig; **~ che ... +***conj* gesetzt den Fall, dass ...

putativo, -a [puta'ti:vo] *agg* vermeintlich

putiferio [puti'fɛ:rio] <-i> *m* Geschrei *n*, Gezänk *n;* (*fig*) Durcheinander *n*

putredine [pu'trɛ:dine] *f* Fäulnis *f*

putrefare [putre'fa:re] <irr> **I.** *vi* essere faulen, verwesen **II.** *vr* -rsi faulen, verwesen; **putrefazione** [putrefat'tsio:ne] *f* ❶ (*decomposizione*) Verwesung *f*, Fäulnis *f* ❷ (*fig*) Zersetzung *f*, Verderbtheit *f*

putrefeci *1. pers sing pass rem di* **putrefare**

putrella [pu'trɛlla] *f* Eisenträger *m*

putrescente [putreʃ'ʃɛnte] *agg* faulend, verwesend; **putrescenza** [putreʃ'ʃɛntsa] *f* Verwesung *f*, Fäulnis *f*

putrido, -a ['pu:trido] *agg* ❶ (*marcio*) faul, verwest ❷ (*fig*) verderbt, zersetzt

putsch [putʃ] <-> *m* (POL, MIL) Putsch *m*

puttana [put'ta:na] *f* (*vulg*) Hure *f*, Nutte *f;* **puttanesco, -a** [putta'nesko] <-schi, -sche> *agg* (*vulg*) huren-, dirnenhaft; **spaghetti alla -a** *Spaghetti mit Tomatensoße, Sardellen, Kapern und schwarzen Oliven;* **puttaniere** [putta'niɛ:re] *m* (*vulg*) Hurenbock *m;* (*scherz: dongiovanni*) Schürzenjäger *m*

putto ['putto] *m* Putte *f*

puzza ['puttsa] *f* (*dial*) Gestank *m;* **avere la ~ sotto il naso** hochnäsig sein; **puzzare** [put'tsa:re] *vi* ❶ (*fare puzzo*) stinken, übel riechen; **~ di qc** nach etw stinken; **gli puzza il fiato** er riecht aus dem Mund, er hat Mundgeruch ❷ (*fig: essere sospetto*) stinken ❸ (*fam: non interessare*) pfeifen auf

puzzle ['pʌzəl *o* 'patsle] <-> *m* Puzzle *n*

puzzo ['puttso] *m* Gestank *m;* **puzzola** ['puttsola] *f* Iltis *m;* (*fig*) Stinktier *n*

puzzolente [puttso'lɛnte] *agg* stinkend; **puzzone, -a** [put'tso:ne] *m, f* (*dial, fam*) Stinker *m*, Stinktier *n;* (*fig*) Widerling *m*, Schwein *n*

P.za *abbr di* **Piazza** Pl.

Q q

Q, q [ku] <-> f Q, q n; ~ **come quarto** Q wie Quelle

q abbr di **quintale** dz (Doppelzentner, 100 kg)

QI abbr di **quoziente d'intelligenza** IQ m

qua [kua] **I.** avv ❶ (stato) da, hier; **di** ~ von hier (aus); **essere più di là che di** ~ (fig) mehr tot als lebendig sein ❷ (moto) hierher, her; **dà qua** her, her damit; **andare di** ~ **e di là** hin und her gehen; **per di** ~ hier durch, in dieser Richtung; **vieni** ~ komm her!; ~ **i soldi!** (fam) her mit dem Geld! fam, Geld her! ❸ (preceduto da questo) da, hier ❹ (temporale) **da quando in** ~? (fam) seit wann?; **da un anno in** ~ seit einem Jahr **II.** <-> m Quaken n **III.** int quak quak

quaderneria [kuaderne'ri:a] f Heftsortiment n, Auswahl f an Heften

quaderno [kua'dɛrno] m (Schreib-, Schul)heft n; (in bibliografia) Heft n, Nummer f; ~ **a quadretti/a righe** kariertes/lini(i)ertes Heft; ~ **formato A4** DIN-A4-Heft n

quadrangolare [kuadraŋgo'la:re] agg ❶ (MAT) viereckig ❷ (SPORT) Vier(er)-; **quadrangolo** [kua'draŋgolo] m Viereck n; **quadrangolo, -a** agg viereckig

quadrante [kua'drante] m ❶ (di orologio) Zifferblatt n; (di bussola) Kompassquadrant m ❷ (MAT) Quadrant m, Viertelkreis m

quadrare [kua'dra:re] **I.** vt avere (MAT) quadrieren, ins Quadrat erheben **II.** vi essere o avere ❶ (corrispondere) ~ **con qc** mit etw übereinstimmen ❷ (fam fig: piacere) passen, liegen ❸ (conti, calcoli) stimmen; **quadratico, -a** [kua'dra:tiko] <-ci, -che> agg quadratisch, Quadrat-

quadrato [kua'dra:to] m ❶ (MAT: quadrangolo) Quadrat n; (potenza) Quadrat n, zweite Potenz; **7 al** ~ 7 hoch zwei; **elevare un numero al** ~ eine Zahl quadrieren [o ins Quadrat erheben] ❷ (SPORT: pugilato) Ring m; **quadrato, -a** agg ❶ (forma) quadratisch, viereckig ❷ (fig: solido) stabil, kräftig; (equilibrato) ausgeglichen, ausgewogen ❸ (MAT) Quadrat-

quadratura [kuadra'tu:ra] f (MAT, ASTR) Quadratur f

quadrettare [kuadret'ta:re] vt karieren, kästeln; **quadrettatura** [kuadretta'tu:ra] f ❶ (suddivisione) Karieren n, Kästeln n ❷ (reticolato) Kästchenmuster n

quadretto [kua'dretto] m ❶ (piccolo quadro) kleines Bild, Skizze f ❷ (piccolo quadrato) Kästchen n; (di cioccolata) Stück n ❸ (fig: scena) nette [o lebhafte] Szene

quadricromia [kuadrikro'mi:a] <-ie> f Vierfarbendruck m

quadridimensionale [kuadridimensio'na:le] agg vierdimensional; **quadridimensionalità** [kuadridimensionali'ta] <-> f Vierdimensionalität f

quadriennale [kuadrien'na:le] **I.** agg ❶ (che dura quattro anni) vierjährig ❷ (che ricorre ogni quattro anni) vierjährlich **II.** f Quadriennale f; **quadriennalità** [kuadriennali'ta] <-> f vierjährige Dauer, vierjährliche Wiederkehr; **quadriennio** [kuadri'ennio] <-i> m Zeitraum m von vier Jahren, Quadriennium n

quadrifoglio [kuadri'fɔʎʎo] <-gli> m ❶ (BOT) vierblätt(e)riges Kleeblatt ❷ (di strada) **raccordo a** ~ Kleeblatt n

quadrigemino, -a [kuadri'dʒɛ:mino] agg Vierlings-

quadriglia [kua'driʎʎa] <-glie> f Quadrille f

quadrilatero [kuadri'la:tero] m ❶ (MAT) Viereck n ❷ (configurazione) viereckige Form; **quadrilatero, -a** agg viereckig, vierseitig, Vierseiten-

quadrilingue [kuadri'liŋgue] <inv> agg viersprachig; **la Svizzera** ~ die viersprachige Schweiz; **il documento** ~ ein Papier in vier Sprachen; **una persona** ~ jemand, der vier Sprachen spricht

quadrimestralità [kuadrimestrali'ta] <-> f viermonatiger Zeitraum; **quadrimestre** [kuadri'mɛstre] m ❶ (periodo) Zeitraum m von vier Monaten ❷ (di scuola) Hälfte f des Schuljahres (von viermonatiger Dauer)

quadrimotore [kuadrimo'to:re] m viermotoriges Flugzeug

quadripartire [kuadripar'ti:re] <quadripartisco> vt durch vier teilen, vierteln

quadripartito [kuadripar'ti:to] m Vierparteienregierung f; **quadripartito, -a** agg ❶ (POL) Vierparteien- ❷ (di quattro contraenti) Vierer-; **accordo** ~ Viererabkommen n; **patto** ~ Viermächtepakt m ❸ (diviso in quattro) viergeteilt

quadripartizione [kuadripartit'tsio:ne] f Teilung f in vier Teile, Vierteilung f

quadripolarità [kuadripolari'ta] f (TEC) Vierpoligkeit f

quadrisillabico, -a [kuadrisil'la:biko]
<-ci, -che> *agg* (*parola*) viersilbig
quadrisillabo, -a [kuadri'sillabo] **I.** *agg*
viersilbig **II.** *m* ❶ (*parola*) viersilbiges Wort
❷ (*verso*) viersilbiger Vers, Viersilb(l)er *m*
quadrista [kua'drista] <-i *m*, -e *f*> *mf*
(TEC) Kontrolleur(in) *m(f)* von Steuersyste-
men
quadrivio [kua'dri:vio] <-i> *m* (Straßen)kreuzung *f*
quadro ['kua:dro] *m* ❶ (*dipinto*) Bild *n*,
Gemälde *n* ❷ (*quadrato*) Viereck *n*; **a -i** kariert ❸ (*fig: descrizione*) Bild *n*, Beschreibung *f*; (*scena*) Szene *f*, Anblick *m*; **fare
un ~ della situazione** die Situation schildern ❹ (*fig: prospetto*) Tabelle *f*, Übersicht *f* ❺ (*fig: ambito*) Rahmen *m*; **nel ~
dei nuovi accordi** im Rahmen der neuen
Vereinbarungen ❻ (THEAT) Bild *n*; (FILM)
(Film)szene *f*, Einstellung *f*; (TV) (Fern-
seh)bild *n* ❼ (TEC) Tafel *f*, Brett *n* ❽ *pl* (POL,
MIL) Führung(sschicht) *f*, Kader *mpl*; (ADM)
Führungskräfte *fpl*; (SPORT) Kader *m*; **-i am-
ministrativi** leitende Angestellte *mpl*; **-i
direttivi** Führungskräfte *fpl* ❾ *pl* (*di carte
da gioco*) Karo *n*; **quadro, -a** *agg* ❶ (*quadrato*) quadratisch, (vier)eckig ❷ (MAT)
Quadrat-; **metro/centimetro ~** Quadratmeter *m o n*/-zentimeter *m o n*
quadrumvirato, quadrunvirato [kua-
drunvi'ra:to] *m* ❶ (POL) Vierergremium *n*
❷ (HIST) Quadrumvirat *n*; **quadrumviro,
quadrunviro** [kua'drunviro] *m* Mitglied *n* eines Vierergremiums
quadrupede [kua'dru:pede] **I.** *m* Vier-
füß(l)er *m* **II.** *agg* vierbeinig, vierfüßig
quadruplicare [kuadrupli'ka:re] **I.** *vt* avere ❶ (MAT) mit vier multiplizieren ❷ (*fig*)
vervierfachen **II.** *vi* essere um ein Vierfa-
ches ansteigen [*o* sich vermehren] **III.** *vr*
-rsi sich vervierfachen; **quadruplice**
[kua'dru:plitʃe] *agg* Vierfach-, vierfach
(ausgeführt); **quadruplo** ['kua:druplo] *m*
Vierfache(s) *n*; **quadruplo, -a** *agg* vierfach, viermal so groß
quaggiù [kuad'dʒu] *avv* ❶ (*qua in basso:
stato*) hier [*o* da] unten; (*moto*) hier herunter, hinunter ❷ (*sulla terra*) auf Erden, hie-
nieden *poet*; (*al sud*) hier unten (im Süden)
quaglia ['kuaʎʎa] <-glie> *f* Wachtel *f*
qual [kual] *v.* **quale**
qualche ['kualke] <inv, solo al sing> *agg*
❶ (*alcuni*) einige; **~ minuto/ora/mese**
einige Minuten/Stunden/Monate; **~ volta**
manchmal ❷ (*uno*) ein(e), irgendein(e);
in ~ modo irgendwie ❸ (*un certo*) ein(e)
gewisse(r, s); **~ cosa** *v.* **qualcosa**

qualcheduno [kualke'du:no] *pron indef v.*
qualcuno
qualcosa [kual'kɔ:sa] <inv> *pron indef* etwas; **~ di grande** etwas Großes; **~ come
50 euro** so ungefähr 50 Euro; **è già ~** das
ist doch (immerhin) schon etwas
qualcuno, -a [kual'ku:no] <solo al sing>
pron indef ❶ (*alcuni*) einige, welche *fam*
❷ (*uno: riferito a persone*) (irgend)je-
mand, (irgend)eine(r); (*riferito a cose*) ir-
gendeine(r, s) ❸ (*persona importante*) jemand (Besonderer)
quale ['kua:le] <*davanti a consonante
spesso* qual> **I.** *agg* ❶ (*interrogativo*) wel-
che(r, s), was für ein(e); **qual è il tuo libro
preferito?** welches ist dein Lieblingsbuch?
❷ (*esclamativo*) welch ein(e), was für
ein(e); **ma -i vacanze: sono pieno di lavoro!** von wegen Ferien: ich habe einen
Haufen Arbeit! ❸ (*come*) wie; **è tale ~ te
l'ho descritto** er ist so, wie ich ihn dir be-
schrieben habe **II.** *pron* ❶ (*interrogativo*)
welche(r, s) ❷ (*relativo*) der, die, das, wel-
che(r, s) *geh*; **il bambino del ~ t'ho ac-
cennato** das Kind, das ich dir gegenüber
(bereits) erwähnt habe ❸ (*come*) wie, wie
zum Beispiel; **erbe, -i la menta e l'ortica**
Kräuter, wie Minze und Brennnessel
III. *avv* als, wie; **in certo qual modo** gewissermaßen, irgendwie; **tale e ~ sua madre** (*fam*) ganz die Mutter; **non tanto per
la ~** (*fam: persona*) nicht ganz in Ordnung; (*lavoro*) nicht so wie es sein sollte,
nicht regulär
qualifica [kua'li:fika] <-che> *f* ❶ (*titolo*)
Titel *m*, Bezeichnung *f* ❷ (*doti professionali*) Qualifikation *f*, Eignung *f* ❸ (*giudizio*) Beurteilung *f*; **qualificante** [kuali-
fi'kante] *agg* ❶ (*che attribuisce una qualifica*) qualifizierend ❷ (*fig: saliente*) wichtig,
bemerkenswert; **qualificare** [kuali-
fi'ka:re] **I.** *vt* ❶ (*definire*) bezeichnen,
kennzeichnen; (*con giudizio*) beurteilen
❷ (*preparare*) qualifizieren, befähigen;
(*professionalmente*) aus-, weiterbilden
II. *vr* **-rsi** ❶ (*definirsi*) sich bezeichnen
(als) ❷ (*ottenere una qualifica*) sich qualifizieren (als), anerkannt werden (als)
❸ (SPORT) sich qualifizieren; **qualificati-
vo, -a** [kualifika'ti:vo] *agg* ❶ (LING) Eigen-
schafts-; **aggettivo ~** Eigenschaftswort *n*
❷ (*che serve a qualificare*) qualifizierend; **qualificato, -a** [kualifi'ka:to] *agg*
❶ (*operaio, tecnico*) gelernt, qualifiziert;
operaio ~ Facharbeiter *m* ❷ (*esperto*) erfahren, fähig; (*dotato*) geeignet, begabt
❸ (*fig: famiglia, persona*) vornehm, distinguiert; **qualificazione** [kualifi-

kat'tsio:ne] *f* ❶ (*qualifica*) Qualifikation *f,* Qualifizierung *f* ❷ (*titolo*) Titel *m*

qualità [kuali'ta] <-> *f* ❶ (*gener*) Qualität *f;* **prodotti di ~** Qualitätsware *f,* Qualitätserzeugnisse *npl;* **di ~** von Qualität; **di prima ~** erstklassig; **di ~ superiore** hochwertig ❷ (*dote*) Begabung *f,* Gabe *f* ❸ (*varietà*) Sorte *f,* Qualität *f;* **qualitativo, -a** [kualita'ti:vo] *agg* ❶ (*valutazione, differenza*) qualitativ, Qualitäts- ❷ (CHEM) qualitativ

qualora [kua'lo:ra] *cong* +*conj* falls, wenn

qualsiasi [kual'si:asi] <inv, solo al sing> *agg* jede(r, s), jede(r, s) beliebige(r, s), jegliche(r, s); **vieni un giorno ~** komm an irgendeinem Tag; **a ~ prezzo** um jeden Preis

qualunque [kua'luŋkue] <inv, solo al sing> *agg* ❶ (*ogni, ciascuno*) jede(r, s), jede(r, s) beliebige(r, s), jegliche(r, s); **a ~ costo** zu jedem Preis ❷ (*uno qualsiasi*) irgendein(e), ein(e) gewöhnliche(r, s); **in ~ modo** wie auch immer; **l'uomo ~** der Mann von der Straße; **è una persona ~** er [*o* sie] ist eine Person wie jede andere ❸ (*relativo*) welche(r, s) auch (immer), was auch (immer)

qualunquismo [kualuŋ'kuizmo] *m* „Jedermanns"-Bewegung *f;* **qualunquista** [kualuŋ'kuista] <-i *m,* -e *f*> *mf* unpolitischer Mensch; **qualunquistico, -a** [kualuŋ'kuistiko] <-ci, -che> *agg* (POL) der Qualunquisten, qualunquistisch

quando ['kuando] **I.** *avv* ❶ (*interrogativo*) wann; **per ~?** (für) wann?, bis wann?; **da ~?** seit wann?; **di ~?** von wann?, aus welcher Zeit?; **fino a ~?** bis wann?, wie lange noch? ❷ (*relativo*) als, wenn; **di ~ in ~** ab und zu, dann und wann **II.** *cong* ❶ (*temporale, col passato*) als; (*col presente ed il futuro*) wenn, sobald; **quand'ecco che ...** da, als plötzlich ... ❷ (*tutte le volte che*) wenn, jedes Mal [*o* immer] wenn ❸ (*mentre*) während, aber ❹ (*poiché*) da, wenn ❺ +*conj* (*condizionale*) wenn, falls ❻ (*esclamativo*) wenn; **~ si dice la fortuna!** wenn das kein Glück ist! **III.** *m* Wann *n*

quantificare [kuantifi'ka:re] *vt* bestimmen, quantifizieren *geh;* **quantificatore, -trice** [kuantifika'to:re] **I.** *agg* den Quantor betreffend **II.** *m* Quantor *m;* **quantificazione** [kuantifikat'tsio:ne] *f* Quantifikation *f,* Festlegung *f*

quantistico, -a [kuan'tistiko] <-ci, -che> *agg* Quanten-; **teoria/meccanica -a** Quantentheorie *f*/-mechanik *f*

quantità [kuanti'ta] <-> *f* ❶ (PHYS) Menge *f,* Quantität *f* ❷ (*gran numero*) (große)

Menge *f;* **in ~** in Hülle und Fülle; **quantitativo, -a** [kuantita'ti:vo] **I.** *agg* ❶ (*di quantità*) quantitativ, mengenmäßig ❷ (CHEM) quantitativ **II.** *m* Menge *f,* Anzahl *f*

quanto ['kuanto] **I.** *m* (PHYS) Quant *n;* **teoria dei -i** Quantentheorie *f* **II.** *avv* ❶ (*interrogativo*) wie viel; (*tempo*) wie lang(e); (*distanza*) wie weit ❷ (*esclamativo*) wie (sehr), so viel ❸ (*nella misura che*) so viel ... als, so viel ... dass; **per ~ io ne sappia** so viel ich weiß ❹ (*come*) wie; **tanto ... ~ ...** (genau)so [*o* ebenso] ... wie ...; (*sia ... sia ...*) als auch ..., ... so wie ...; **per ~** +*conj* wie (sehr) auch, so (sehr) auch; **~ mai** überaus, mehr denn je; **~ prima** so bald wie möglich; **quanto, -a II.** *agg* ❶ (*interrogativo*) wie viel; **~** (**tempo**) **dura lo spettacolo?** wie lange dauert die Vorstellung?; **-i anni hai?** wie alt bist du?; **-i ne abbiamo oggi?** der Wievielte ist heute? ❷ (*esclamativo*) wie viel, so viel ❸ (*nella quantità che*) so viel ... wie; **compra -e cartoline vuoi** kauf so viele Postkarten, wie du willst; **tutti -i** alle miteinander, allesamt ❹ (*quello che*) **da ~ ho capito** so viel ich verstanden habe **II.** *pron* ❶ (*interrogativo*) wie viel(e); **~ costa?, quant'è?** was [*o* wie viel] kostet das? ❷ (*relativo*) was ❸ *pl* (*coloro che*) (alle) die ❹ (*con partitivo*) etwas (von)

quantunque [kuan'tuŋkue] *cong* +*conj* wenn auch, obwohl

qua qua [kua k'kua] *v.* **qua**²

quaranta [kua'ranta] **I.** *num* vierzig **II.** <-> *m* Vierzig *f; v. a.* **cinquanta**

quarantena [kuaran'tɛ:na] *f* ❶ (MED) Quarantäne *f;* **fare la ~** unter Quarantäne stehen; **mettere in ~** (MED) unter Quarantäne stellen; (*fig: comunicazione*) sperren ❷ (*periodo*) vierzig Tage

quarantenne [kuaran'tɛnne] **I.** *agg* vierzigjährig **II.** *mf* Vierzigjährige(r) *f(m);* **quarantennio** [kuaran'tɛnnio] <-i> *m* Zeitraum *m* von vierzig Jahren, vierzig Jahre *npl*

quarantesimo [kuaran'tɛ:zimo] *m* (*frazione*) Vierzigstel *n,* vierzigster Teil; **quarantesimo, -a** *agg* vierzigste(r, s) **II.** *m, f* Vierzigste(r, s) *mfn;* **quarantina** [kuaran'ti:na] *f* **una ~** (**di ...**) (etwa) vierzig (...); **essere sulla ~** an [*o* um] die Vierzig sein

quarantotto [kuaran'bɔtto] **I.** *num* achtundvierzig **II.** <-> *m* ❶ (*numero*) Achtundvierzig *f* ❷ (*fam fig: confusione*) Durcheinander *n,* Wirrwarr *m;* **fare un ~** (*fam*) Krach schlagen

Q

quarantott'ore [kuarantɔt'to:re] <-> *f* Handköfferchen *n*

quaresima [kua're:zima] *f* Fastenzeit *f;* **quaresimale** [kuarezi'ma:le] *agg* Fasten-, Fastenzeit-

quarta ['kuarta] *f* ❶ (*classe*) vierte Klasse; (*alla scuola superiore*) vorletztes Schuljahr ❷ (MOT) vierter Gang; **partire in ~** (*fig*) loslegen *fam* ❸ (MUS) Quart(e) *f*

quartana [kuar'ta:na] *f* Viertagefieber *n*, Quartan(a) *f*

quartetto [kuar'tetto] *m* Quartett *n*

quartiere [kuar'tiɛ:re] *m* ❶ (*di città*) Viertel *n*, Stadtteil *m* ❷ (MIL) Quartier *n;* **~ generale** Hauptquartier *n*

quartierino [kuartie'ri:no] *m* ❶ *dim di* **quartiere** (Stadt)viertel *n* ❷ (*tosc: piccolo alloggio*) kleines Apartment

quartina [kuar'ti:na] *f* ❶ (LIT) Vierzeiler *m*, vierzeilige Strophe ❷ (MUS) Quartole *f*

quartino [kuar'ti:no] *m* ❶ (*fam: di vino*) Viertel *n*, Viertelliter *m* ❷ (*quarta parte*) Viertel *n*

quarto ['kuarto] *m* (*frazione, quantità*) Viertel *n*, vierter Teil; **~ d'ora** Viertelstunde *f;* **sono le tre e un ~** es ist Viertel nach drei (Uhr); **il ~ d'ora accademico** das akademische Viertel; **i -i di finale** das Viertelfinale *n;* **un ~ di vino** ein Viertel *n* Wein; **quarto, -a** I. *agg* vierte(r, s); **-a malattia** leichte Form von Scharlach II. *m, f* Vierte(r, s) *f(m, n);* v. a. **quinto**

quarzifero, -a [kuar'tsi:fero] *agg* quarzhaltig

quarzo ['kuartso] *m* Quarz *m*

quasi ['kua:zi] I. *avv* ❶ (*circa*) ungefähr, etwa ❷ (*pressoché*) fast, beinahe ❸ (*forse*) wohl ❹ (*come se fosse*) gleichsam, beinahe II. *cong* +*conj* ~ (**che**) als ob

quasi flagranza ['kua:zi fla'grantsa] <-> *f* (JUR) Verhaftung *f* in flagranti

quasi gol ['kua:zi gɔl] <-> *m* (SPORT) Beinahe-Tor *n*

quassù [kuas'su] *avv* ❶ (*qua in alto: stato*) hier [*o* da] oben; (*moto*) (hier)herauf, (hier)hinauf ❷ (*al nord*) hier oben (im Norden) ❸ (*in montagna*) hier oben (in den Bergen)

quaterna [kua'tɛrna] *f* (*nel lotto, nella tombola*) Quaterne *f*, Vierergewinn *m*

quaternario, -a [kuater'na:rio] <-i, -ie> *agg* ❶ (*verso*) viersilbig ❷ (GEOL) quartär

quatto, -a ['kuatto] *agg* ❶ (*chinato e basso*) geduckt, gebückt ❷ (*zitto zitto*) ganz still, sachte

quattordicenne [kuattordi'tʃɛnne] I. *agg* vierzehnjährig II. *mf* Vierzehnjährige(r) *f(m)*

quattordicesima [kuattordi'tʃezima] *f* (*retribuzione*) vierzehntes Monatsgehalt

quattordicesimo [kuattordi'tʃezimo] *m* (*frazione*) Vierzehntel *n*

quattordicesimo, -a I. *agg* vierzehnte(r, s) II. *m, f* Vierzehnte(r, s) *f(m, n);* v. a. **quinto; quattordici** [kuat'torditʃi] I. *num* vierzehn II. <-> *m* ❶ (*numero*) Vierzehn *f* ❷ (*nelle date*) Vierzehnte(r) *m* III. *fpl* vierzehn Uhr; v. a. **cinque**

quattrino [kuat'tri:no] *m* ❶ (*moneta spicciola*) Heller *m*, Pfennig *m* ❷ *pl* (*denari*) Geld *n;* **avere un sacco di -i** (*fam*) Geld wie Heu haben, schweinereich sein

quattrinoso, -a [kuattri'no:so] *agg* (*fam*) betucht; **una persona -a** eine betuchte Person

quattro ['kuattro] I. *num* vier II. *agg* (*fig: pochi*) ein paar, wenig; **gridare ai ~ venti** in alle Welt hinausposaunen; **spargere qc ai ~ venti** etw in alle Winde [*o* Himmelsrichtungen] verstreuen; **dirne ~ a qu** jdm die Meinung sagen; **parlare a quattr'occhi con qu** mit jdm unter vier Augen sprechen; **fare ~ chiacchiere** schwätzen; **fare ~ passi** einen kleinen Spaziergang machen; **fare ~ salti** das Tanzbein schwingen; **fare il diavolo a ~** einen Höllenlärm machen; **farsi in ~ per qu** sich für jdn krumm legen [*o* zerreißen] *fam;* **in ~ e quattr'otto** im Handumdrehen, im Nu III. <-> *m* ❶ (*numero*) Vier *f* ❷ (*nelle date*) Vierte(r) *m* ❸ (*voto scolastico*) ≈ mangelhaft, ungenügend ❹ (SPORT) Vierer *m* IV. *fpl* vier Uhr; v. a. **cinque**

quattrocchi, quattr'occhi [kuat'trɔkki] *avv* **a ~** unter vier Augen

quattrocentesco, -a [kuattrotʃen'tesko] <-schi, -sche> *agg* das fünfzehnte Jahrhundert betreffend; **quattrocentista** [kuattrotʃen'tista] <-i *m*, -e *f*> *mf* ❶ (*artista*) Künstler(in) *m(f)* des Quattrocento ❷ (SPORT) Vierhundertmeterläufer(in) *m(f);* (*nuotatore*) Vierhundertmeterschwimmer(in) *m(f);* **quattrocento** [kuattro'tʃɛnto] I. *num* vierhundert II. <-> *m* Vierhundert *f;* **il Quattrocento** das fünfzehnte Jahrhundert; (*nell'arte italiana*) das Quattrocento

quattroesettanta [kuattroeset'anta] <*sing*> *m* Segelbootsklasse für 2 Personen

quattromila [kuattro'mi:la] I. *num* viertausend II. <-> *m* Viertausend *f*

quello, -a ['kuello] I. <**quel, quell', quei, quegli**> *agg* ❶ (*persona, animale, cosa lontana*) jene(r, s), der, die, das (da) ❷ (*persona, animale, cosa già nota*) jene(r, s), der, die, das ❸ (*tale*) solche(r, s), derartige(r, s) **II.** *pron dim* ➊ (*persona, animale, cosa lontana*) jene(r, s), der, die, das (da) ➋ (*colui, ciò*) der, die, das; ~ **che** derjenige, der [*o* welcher]; **di ~ che ...** als ...; **tutto ~ che ...** (all) das, was ...; **per quel che ne so io** so viel ich (darüber) weiß ➌ (*uomo*) der (Mann); (*donna*) die (Frau); **una ~ di -e** (*pej*) eine von der Straße; **arriva ~ dei gelati** der Eisverkäufer kommt ➍ (*abitanti*) Einwohner *mpl,* Bewohner *mpl*

quverceto [kuer'tʃe:to] *m* Eichenwald *m*

quercia ['kuɛrtʃa] <-ce> *f* ➊ (BOT) Eiche *f,* Eichenbaum *m;* **forte** [*o* **saldo**] **come una ~** bärenstark, unerschütterlich [*o* unverwüstlich] wie eine Eiche ➋ (*legno*) Eiche *f,* Eichenholz *n* ➌ **la Quercia** (POL) *Symbol der links demokratischen Partei Italiens PDS*

Quercia ['kuertʃa] <*sing*> *f* (POL: *simbolo del PDS*) *italienische Sozialisten fpl* (PDS)

querela [kue'rɛ:la] *f* Klage *f;* **sporgere ~ contro qu** gegen jdn Klage erheben, jdn verklagen; **querelabile** [kuere'la:bile] *agg* (JUR) verklagbar; **querelante** [kuere'lante] *mf* Kläger(in) *m(f);* **querelare** [kuere'la:re] *vt* verklagen, Klage erheben gegen; **querelato, -a** [kuere'la:to] *m, f* Beklagte(r) *f(m),* Angeklagte(r) *f(m)*

quesito [kue'zi:to] *m* Frage *f,* Problem *n*

quest [kwest] <- *o* quests> *f* Ermittlung *f,* Untersuchung *f*

questionare [kuestio'na:re] *vi* ➊ (*discutere*) ~ **di qc** (über) etw *acc* diskutieren ➋ (*litigare*) ~ **con qu su qc** mit jdm über etw *acc* streiten

questionario [kuestio'na:rio] <-i> *m* Fragenkatalog *m;* (*foglio relativo*) Fragebogen *m*

questione [kues'tio:ne] *f* ➊ (*problema, disputa,* POL, SOC, HIST) Problem *n,* Frage *f;* **essere fuori ~** außer Frage stehen ➋ (*controversia*) Streitfrage *f* ➌ (*litigio*) Auseinandersetzung *f,* Streit *m* ➍ (*faccenda*) Angelegenheit *f,* Sache *f;* **la ~ meridionale** die süditalienische Frage; **~ d'onore** Ehrensache *f;* **è ~ di un minuto** es ist eine Sache von einer Minute; **è ~ di vita o di morte** es geht um Leben und Tod

questo, -a ['kuesto] **I.** *agg* ➊ (*persona, animale, cosa vicina*) diese(r, s), der, die, das (hier); **in ~ momento** soeben, in diesem Augenblick; **quest'oggi** heute; **uno di -i giorni** in den nächsten Tagen ➋ (*persona, animale, cosa nota*) diese(r, s), der, die, das ➌ (*simile*) derartige(r, s), solche(r, s), so ein(e) **II.** *pron dim* ➊ (*persona, animale, cosa vicina*) diese(r, s), dies, das (hier) ➋ (*ciò*) dies, das; ~ **mai** niemals; ~ **no/sì** das nicht/schon; **senti -a!** hör dir das an!; **in ~** darin; **per ~** deshalb, deswegen; **su ~** darüber; **con ~** damit, mit diesen Worten; **con tutto ~** nichtsdestoweniger, trotz alledem; **a ~ siamo arrivati!** (*fam*) soweit sind wir (also) gekommen!; **-a proprio non ci voleva!** (*fam*) das hat gerade noch gefehlt!; **a sì che è bella!** (*fam*) das ist ja allerhand! ➌ (*quanto segue*) dies, folgendes

questore [kues'to:re] *m* Polizeipräsident *m,* Polizeichef *m*

questua ['kuestua] *f* Almosensammeln *n;* (*in chiesa*) Kollekte *f;* **questura** [kues'tu:ra] *f* Amt *n* des Polizeipräsidenten; (*sede*) Polizeipräsidium *n,* Polizei *f;* **andare in ~** zur Polizei gehen; **questurino** [kuestu'ri:no] *m* (*fam*) Schutzmann *m,* Büttel *m,* Bulle

qui [kui] *avv* ➊ (*stato*) hier, da; **di ~ in avanti** (*spazio*) von hier an; (*tempo*) von jetzt an; ~ **dentro/fuori/sopra/sotto/vicino** hier drinnen/draußen/oben/unten/in der Nähe ➋ (*moto*) hierher, (da)her; **da ~** von hier aus; **di ~** von hier (aus); **per di ~** hier durch, hier (herum); **fin ~** (*locale*) bis hierhin; (*temporale*) bis jetzt; ~ **dentro/fuori/sopra/sotto/vicino** hier hinein/heraus/herauf/herunter/in die Nähe ➌ (*preceduto da questo*) hier, da

quiescenza [kuieʃ'ʃentsa] *f* Ruhestand *m,* Pension *f*

quietanza [kuie'tantsa] *f* Quittung *f,* Empfangsbestätigung *f;* **per ~** Betrag erhalten

quietanzatrice [kuietantsa'tri:tʃe] *f* (COM, TEC) Quittungsdrucker *m*

quietare [kuie'ta:re] **I.** *vt* beruhigen, dämpfen **II.** *vr* **-rsi** sich beruhigen, ruhig werden

quiete ['kuiɛ:te] *f* ➊ (*calma*) Ruhe *f;* (*pace dell'anima*) Seelenfrieden *m,* innere Ruhe ➋ (*silenzio*) Stille *f*

quietismo [kuie'tizmo] *m* Quietismus *m*

quieto, -a ['kuiɛ:to] *agg* ➊ (*mare, aria*) ruhig ➋ (*persona*) ruhig; (*fig*) friedfertig, friedliebend ➌ (*animale*) friedlich, zahm ➍ (*silenzioso*) still, geräuschlos

quindi ['kuindi] **I.** *avv* dann, darauf **II.** *cong* daher, also

quindicenne [kuindi'tʃɛnne] **I.** *agg* fünfzehnjährig **II.** *mf* Fünfzehnjährige(r) *f(m);* **quindicennio** [kuindi'tʃɛnnio] <-i> *m* Zeitraum *m* von fünfzehn Jahren

quindicesimo [kuindi'tʃɛ:zimo] *m* (*frazione*) Fünfzehntel *n;* **quindicesimo, -a** **I.** *agg* fünfzehnte(r, s) **II.** *m, f* Fünfzehnte(r, s) *mfn; v. a.* **quinto; quindici** ['kuinditʃi]

I. *num* fünfzehn; **fra ~ giorni** in vierzehn Tagen **II.** <-> *m* ❶ (*numero*) Fünfzehn *f* ❷ (*nelle date*) Fünfzehnte(r) *m* **III.** *fpl* fünfzehn Uhr; *v. a.* **cinque; quindicina** [kuindi'tʃi:na] *f* ❶ (*serie*) **una ~ (di …)** (etwa) fünfzehn (…) ❷ (*periodo*) zwei Wochen *fpl;* **la prima ~ di luglio** die erste Julihälfte; **quindicinale** [kuinditʃi'na:le] **I.** *agg* vierzehntägig, vierzehntäglich, Halbmonats- **II.** *m* Halbmonatszeitschrift *f*

quindicisillabo [kuinditʃil'la:bo] *m* (LIT) fünfzehnsilbiges Versmaß

quinquennale [kuiŋkuen'na:le] *agg* ❶ (*che dura 5 anni*) fünfjährig ❷ (*che ricorre ogni 5 anni*) fünfjährlich, Fünfjahr(es)-; **quinquennalità** [kuiŋkuennali'ta] <-> *f* ❶ (*durata di cinque anni*) fünfjähriger Zeitraum ❷ (*scadenza, periodicità quinquennale*) Fünfjahresfrist *f,* Fünfjahresrate *f;* **quinquennio** [kuin'kuɛnnio] <-i> *m* Zeitraum *m* von fünf Jahren

quinta ['kuinta] *f* ❶ (THEAT) Kulisse *f;* **stare dietro le -e** (*a fig*) hinter den Kulissen bleiben, im Hintergrund bleiben ❷ (*classe*) fünfte Klasse; (*alla scuola superiore*) letztes Schuljahr ❸ (MOT) fünfter Gang ❹ (MUS) Quint(e) *f; v. a.* **quinto**

quintale [kuin'ta:le] *m* Doppelzentner *m,* Zentner *m A*

quintessenza [kuintes'sɛntsa] *f* ❶ (*a fig*) Quintessenz *f* ❷ (*esempio*) Inbegriff *m,* Muster(bild) *n*

quintetto [kuin'tetto] *m* Quintett *n*

quinto ['kuinto] *m* (*frazione*) Fünftel *n;* **quattro -i** vier Fünftel *npl;* **quinto, -a** **I.** *agg* fünfte(r, s); **la -a volta** das fünfte Mal; **la -a parte di** ein Fünftel *gen;* **Alessandro V** Alexander der Fünfte **II.** *m, f* Fünfte(r, s) *mfn;* **arrivare ~** als Fünfter ankommen

quintuplicare [kuintupli'ka:re] **I.** *vt* verfünffachen, um ein Fünffaches erhöhen **II.** *vr* **-rsi** sich verfünffachen, um ein Fünffaches ansteigen; **quintuplo** ['kuintuplo] *m* Fünffache(s) *n;* **quintuplo, -a** *agg* fünffach, fünfmal so groß

qui pro quo ['kui prɔ 'kuɔ] <-> *m* Verwechslung *f,* Missverständnis *n*

Quirinale [kuiri'na:le] *m* ❶ (GEOG) Quirinal *m* ❷ (POL) Quirinal *m,* Sitz *m* des Staatspräsidenten

quisquilia [kuis'kui:lia] <-ie> *f* Belanglosigkeit *f,* Kinkerlitzchen *n fam*

quiz [kuidz] <-> *m* Quiz *n;* **quizshow** [kuidz'ʃou] <-> *m* (TV) Quizshow *f*

quizzarolo, -a [kuittsa'ro:lo] (TV) **I.** *agg* Quiz-; **trasmissione -a** Quizsendung *f;* **televisione -a** (*fig*) *mit Quizsendungen überfrachtetes Fernsehen* **II.** *m, f* ❶ (*conduttore*) Quizmaster *m* ❷ (*partecipante*) Quizteilnehmer(in) *m(f)*

quorum ['kuɔ:rum] *m* Quorum *n*

quota ['kuɔ:ta] *f* ❶ (*parte*) Anteil *m,* Quote *f;* (*statistica*) Quote *f,* Rate *f* ❷ (SPORT: *posizione*) Stelle *f,* Platz *m;* (*ippica*) Gewinnquote *f* ❸ (*cifra*) Betrag *m* ❹ (COM, FIN) Teilzahlung *f,* Rate *f;* (*ripartizione*) (Mitglieds)beitrag *m;* **~ d'ammortamento** Tilgungsrate *f,* Amortisationsquote *f;* **~ di partecipazione** Gesellschaftsanteil *m,* Kapitalanteil *m* ❺ (*altitudine*) Höhe *f;* (AERO) (Flug)höhe *f;* **prendere/perdere ~** an Höhe gewinnen/verlieren

quotare [kuo'ta:re] *vt* ❶ (FIN) quotieren; (*titoli, quota*) notieren ❷ (*fig: stimare*) schätzen; **quotato, -a** [kuo'ta:to] *agg* ❶ (*apprezzato*) angesehen, geschätzt ❷ (FIN) notiert, quotiert; **quotazione** [kuotat'tsio:ne] *f* ❶ (FIN) (Kurs)notierung *f,* Quotation *f* ❷ (*di persona*) Achtung *f,* Wertschätzung *f*

quotidiano [kuoti'dia:no] *m* ❶ (*giornale*) (Tages)zeitung *f* ❷ (*vita quotidiana*) Alltag *m;* **cultura del ~** Alltagskultur *f;* **quotidiano, -a** *agg* täglich, Tages-; (*solito*) alltäglich

quoziente [kuot'tsiɛnte] *m* ❶ (MAT) Quotient *m* ❷ (*in statistica*) Ziffer *f,* Rate *f*

qwerty ['kwɛrti] <inv> *agg* QWERTY; **tastiera ~** englischsprachige Standardtastatur(belegung)

qzerty ['ktsɛrti] <inv> *agg* QZERTY; **tastiera ~** italienische Standardtastatur(belegung)

R

R, r ['ɛrre] <-> *f* R, r *n;* ~ **come Roma** R wie Richard

R. ❶ *abbr di* **rapido** ≈ IC *m* ❷ *abbr di* **raccomandata** Einschr. ❸ *abbr di* **Réaumur** R

rabarbaro [ra'barbaro] *m* ❶ *(pianta)* Rhabarber *m* ❷ *(liquore)* Rhabarberlikör *m*

rabberciare [rabber'tʃaːre] *vt* flicken, ausbessern; *(fig)* zusammenstoppeln, zurechtschustern; **rabberciatura** [rabbertʃa'tuːra] *f* Ausbesserung *f*

rabbi ['rabbi] <-> *m* Rabbi *m*

rabbia ['rabbia] <-ie> *f* ❶ *(collera)* Wut *f,* Zorn *m;* **fare** ~ **a qu** jds Zorn erregen; **mi fa** ~ *(fam)* das ärgert mich; **che** ~**!** *(fam)* so ein Mist!; **sfogare la propria** ~ **su qu** seine Wut an jdm auslassen ❷ *(dispetto)* Verdruss *m,* Unmut *m* ❸ *(MED:* idrofobia*)* Tollwut *f* ❹ *(fig: impeto, furia)* Toben *n,* Wüten *n;* *(del vento)* Tosen *n;* **sfogare la propria** ~ **su qu** seine Wut an jdm auslassen

rabbico, -a ['rabbiko] <-ci, -che> *agg* Tollwut-

rabbino [rab'biːno] *m* Rabbiner *m*

rabbioso, -a [rab'bioːso] *agg* ❶ *(arrabbiato)* wütend, zornig ❷ *(fig: furioso)* wütend, tobend; *(vento)* tosend ❸ *(accanito)* verbissen, wütend ❹ *(MED)* tollwütig

rabbonire [rabbo'niːre] <rabbonisco> I. *vt* besänftigen, beruhigen II. *vr* **-rsi** sich besänftigen, sich beruhigen

rabbrividire [rabbrivi'diːre] <rabbrividisco> *vi essere* (er)schaudern; *(dal freddo)* schaudern, erschauern

rabbuffare [rabbuf'faːre] I. *vt* zerzausen II. *vr* **-rsi** sich zusammenbrauen; **rabbuffo** [rab'buffo] *m* Rüffel *m,* Verweis *m*

rabbuiare [rabbu'iaːre] *vi,* *vr* **-rsi** sich verdüstern, sich verfinstern

rabdomante [rabdo'mante] *mf* Wünschelrutengänger(in) *m(f);* **rabdomanzia** [rabdoman'tsiːa] <-ie> *f* Radiästhesie *f,* Wünschelrutengängerei *f*

racc. *abbr di* **raccomandata** Einschr.

raccapezzare [rakkapet'tsaːre] I. *vt* ❶ *(mettere insieme)* zusammenbringen, zusammenkratzen ❷ *(capire)* begreifen II. *vr* **-rsi** *(fam)* sich zurechtfinden, klar kommen; **con tutta questa confusione non mi raccapezzo più** aus all diesem Durcheinander werde ich nicht mehr schlau

raccapezzarsi [rakkapet'tsaːrsi] *vr* *(fam)*

sich zurechtfinden, klar kommen

raccapricciante [rakkaprit'tʃante] *agg* schauderhaft, entsetzlich; **raccapricciare** [rakkaprit'tʃaːre] I. *vi essere* erschaudern II. *vr* **-rsi** sich grausen; **raccapricciarsi** [rakkaprit'tʃaːrsi] *vr* sich grausen; **raccapriccio** [rakka'prittʃo] <-ci> *m* Schaudern *n,* Entsetzen *n*

raccattafieno [rakkatta'fiɛːno] <-> *m* Heurechen *m;* **raccattapalle** [rakkatta'palle] <-> *mf* Balljunge *m,* Ballmädchen *n*

raccattare [rakkat'taːre] *vt* ❶ *(raccogliere da terra)* auflesen, einsammeln ❷ *(mettere insieme)* sammeln, zusammentragen ❸ *(fam fig)* zusammenkratzen

racchetta [rak'ketta] *f* (SPORT: *da tennis*) Schläger *m,* Racket *n;* *(da sci)* Stock *m*

racchettone [rakket'tɔːne] *m* Beachballschläger *m*

racchio, -a ['rakkio] <-cchi, -cchie> I. *agg* *(fam)* hässlich, garstig II. *m, f* *(fam)* Missgeburt *f*

racchiudere [rak'kiuːdere] <irr> *vt* enthalten

raccoglibricciole [rakkoʎʎi'brit'tʃole] <-> *m* Tischbesen *m,* Krümelbesen *m*

raccogliere [rak'kɔʎʎere] <irr> I. *vt* ❶ *(da terra)* aufheben ❷ *(frutti)* ernten ❸ *(fig)* einheimsen, erlangen ❹ *(radunare)* sammeln II. *vr* **-rsi** ❶ *(riunirsi)* sich versammeln ❷ *(fig: volgere la mente)* sich sammeln; **raccoglimento** [rakkoʎʎi'mento] *m* Sammlung *f;* (REL) Andacht *f*

raccogliticcio, -a [rakkoʎʎi'tittʃo] <-cci, -cce> I. *agg* zusammengeklaubt; *(cultura, nozioni)* oberflächlich II. *m* buntes Allerlei *n,* Gemisch *n*

raccoglitore [rakkoʎʎi'toːre] *m* ❶ *(per documenti)* Sammelmappe *f,* Ordner *m* ❷ (TEC: *vaschetta*) Sammelbecken *n*

raccoglitrice *f* Erntemaschine *f*

raccolgo *1. pers sing pr di* **raccogliere**

raccolsi *1. pers sing pass rem di* **raccogliere**

raccolta [rak'kɔlta] *f* ❶ *(atto)* Sammeln *n;* ~ **differenziata** Abfalltrennung *f;* ~ **multimateriale** Wertstofftonne *f* ❷ *(collezione)* Sammlung *f* ❸ (AGR: *raccolto*) Ernte *f*

raccolto [rak'kɔlto] *m* Ernte *f;* **raccolto, -a** I. *pp di* **raccogliere** II. *agg* ❶ *(riunito)* vereint, zusammengebracht ❷ *(fig: pensoso)* versunken; *(concentrato)* gesammelt ❸ *(capelli)* geschlungen, geflochten

R

➍(*con le membra rannicchiate*) zusammengekauert

raccomandabile [rakkoman'da:bile] *agg* empfehlenswert

raccomandare [rakkoman'da:re] **I.** *vt* ➊(*affidare alle cure*) anvertrauen, ans Herz legen ➋(*segnalare*) empfehlen; (*intervenire per*) sich verwenden für, protegieren ➌(*consigliare*) empfehlen, anraten **II.** *vr* -**rsi** ➊(*implorare*) anflehen; **mi raccomando!** ich möchte doch sehr bitten!, denk daran! ➋(*affidarsi*) sich anvertrauen ➌(*essere raccomandato*) protegiert werden

raccomandata [rakkoman'da:ta] *f* (*lettera*) Einschreiben *n*, Einschreib(e)brief *m*

raccomandatario, -a [rakkomanda'ta:rio] <-i, -ie> *m, f* Empfänger(in) *m(f)* einer Empfehlung; **raccomandato, -a** [rakkoman'da:to] **I.** *agg* empfohlen; **lettera -a** Einschreib(e)brief *m* **II.** *m, f* Empfohlene(r) *f(m)*, Schützling *m;* **raccomandazione** [rakkomandat'tsio:ne] *f* Empfehlung *f*

raccomodare [rakkomo'da:re] *v.* **riaccomodare**

raccontare [rakkon'ta:re] *vt* ➊(*narrare*) erzählen; **raccontarne delle belle** [*o di cotte e di crude*] [*o di tutti i colori*] (*fam*) alles Mögliche erzählen; **a me non la racconti** (*fam*) das kannst du mir nicht weismachen ➋(*riferire*) berichten; **~ per filo e per segno** haarklein berichten, lang und breit erzählen; **racconto** [rak'kon-to] *m* ➊(*narrazione*) Erzählung *f*, Geschichte *f*; (*il raccontare*) Erzählen *n* ➋(LIT) Kurzgeschichte *f*

raccorciare [rakkor'tʃa:re] **I.** *vt* (ver)kürzen **II.** *vr* -**rsi** kürzer werden

raccordare [rakkor'da:re] *vt* anschließen, verbinden

raccorderia [rakkorde'ri:a] *f* (TEC) Rohrmuffen *fpl*, Rohrverbindungsstücke *npl*

raccordo [rak'kɔrdo] *m* ➊(*collegamento*) Anschluss *m*, Verbindung *f* ➋(FERR) Anschluss *m;* (*strada*) Zubringerstraße *f;* **~ ad anello** Ringstraße *f;* **~ autostradale** Autobahnkreuz *n,* Autobahnanschluss *m* ➌(TEC) Anschlussstück *n,* Nippel *m;* (MOT) Verbindungsstück *n*

raccostamento [rakkosta'mento] *m* Annäherung *f;* **raccostare** [rakkos'ta:re] **I.** *vt* ➊(*ravvicinare*) annähern, heranrücken ➋(*raffrontare*) gegenüberstellen, vergleichen **II.** *vr* -**rsi** sich annähern

raccozzare [rakkot'tsa:re] *vt* zusammenklauben, zusammenkratzen

rachide ['ra:kide] *f* (ANAT) Rückgrat *n,* Wir-

belsäule *f*

rachitico, -a [ra'ki:tiko] <-ci, -che> **I.** *agg* ➊(MED) rachitisch ➋(*fig*) kümmerlich **II.** *m, f* Rachitiker(in) *m(f);* **rachitismo** [raki'tizmo] *m* Rachitis *f*

racimolare [ratʃimo'la:re] *vt* ➊(*fig*) zusammenklauben, zusammenkratzen ➋(AGR) unreife, harte Weintrauben lesen

racket ['rækit *o* 'raket] <-> *m* Verbrechersyndikat *n*

rada ['ra:da] *f* Reede *f*

radar ['ra:dar] **I.**<-> *m* Radar *m o n* **II.**<inv> *agg* Radar-; **radarabile** [rada'ra:bile] *agg* mit Radar erfassbar [*o* ortbar]; **un aereo ~** ein mit Radarhilfe lokalisierbares Flugzeug; **radarista** [rada'rista] <-i *m,* -e *f*> *mf* Radartechniker(in) *m(f)*, Radarbeobachter(in) *m(f);* **radaristica** [rada'ristika] <*sing*> *f* (TEC) Radartechnik *f*

radarlocalizzazione [radarlokaliddzat'tsio:ne] *f* (TEC) Radarerfassung *f*

radarmeteorologia [radarmeteorolo'dʒi:a] *f* (TEC, METEO) Wetterradartechnik *f*

radarnavigazione [radarnavigat'tsio:ne] *f* (AERO, NAUT) Radarnavigation *f*

radarriflettente [radarriflet'tɛnte] *agg* (TEC) durch Radar erfassbar

radarsonda [radar'sonda] *f* (TEC) Radarsonde *f*

radartachimetro [radarta'ki:metro] *m* (TEC) Radar(kontroll)gerät *n,* Radarpistole *f;* **radartopografia** [radartopogra'fi:a] *f* (GEOG, TEC) Radarkartographie *f;* **radartopografico, -a** [radartopo'gra:fiko] *agg* radarkartographisch

raddensare [radden'sa:re] **I.** *vt* verdichten **II.** *vr* -**rsi** sich verdichten

raddobbare [raddob'ba:re] *vt* ausbessern; **raddobbo** [rad'dɔbbo] *m* Ausbesserung *f*

raddolcire [raddol'tʃi:re] <raddolcisco> **I.** *vt* ➊(*bevanda*) (ver)süßen ➋(*fig*) mildern **II.** *vr* -**rsi** milder werden

raddoppiamento [raddoppia'mento] *m* Verdopp(e)lung *f;* **raddoppiare** [raddop'pia:re] **I.** *vt* avere ➊(*duplicare*) verdoppeln ➋(*fig: accrescere*) verstärken, steigern **II.** *vi* essere (*crescere*) sich verdoppeln, zunehmen; **raddoppio** [ra'ddoppio] <-pi> *m* ➊(*raddoppiamento*) Verdopp(e)lung *f,* Verdoppeln *n* ➋(FERR) Umbau *m* auf Doppelspur

raddrizzamento [raddrittsa'mento] *m* ➊(*correzione*) Aufrichten *n,* Geraderücken *n* ➋(EL) Gleichrichtung *f;* **raddrizzare** [raddrit'tsa:re] **I.** *vt* ➊(*lama, chiodo, quadro*) gerade richten, zurechtbiegen ➋(*fig: correggere*) berichtigen, verbessern

❸(EL) gleichrichten **II.** *vr* **-rsi** sich aufrichten; **raddrizzatore** [raddrittsa'to:re] *m* Gleichrichter *m;* **raddrizzatrice** [raddrittsa'tri:tʃe] *f* ❶(TEC) Richtmaschine *f* ❷(RADIO, TV, EL) Gleichrichterröhre *f*

radente [ra'dɛnte] *agg* streifend, Streif-

radere ['ra:dere] ⟨rado, rasi, raso⟩ **I.** *vt* ❶(*col rasoio*) rasieren ❷(*abbattere*) abholzen, abhauen **II.** *vr* **-rsi** sich rasieren

radezza [ra'dettsa] *f* ❶(*di capelli, denti*) Spärlichkeit *f* ❷(*di visita*) Seltenheit *f*

radiale [ra'dia:le] *agg* (MAT, PHYS, ASTR) radial, Radial-; **pneumatico** ~ Gürtel-, Radialreifen *m*

radiante [ra'diante] *agg* (*splendente*) strahlend; (PHYS) Strahlungs-, Strahlen-; **terapia** ~ Strahlentherapie *f*

radiare [ra'dia:re] *vt* (ADM) streichen

radiatore [radia'to:re] *m* ❶(*termosifone*) Heizkörper *m*, Radiator *m* ❷(MOT) Kühler *m* ❸(PHYS) Strahler *m*

radiazione [radiat'tsio:ne] *f* (PHYS) Strahlung *f*

radica ['ra:dika] ⟨-che⟩ *f* Wurzelholz *n;* (*per pipe*) Bruyèreholz *n*

radicale [radi'ka:le] **I.** *agg* ❶(*fig*) radikal, tief greifend ❷(POL) radikal ❸(LING) Wurzel-, Stamm- ❹(BOT) Wurzel- **II.** *mf* Radikale(r) *f/m;* **radicaleggiare** [radikaled'dʒa:re] *vi* eine radikale Politik vertreten; **radicalismo** [radika'lizmo] *m* Radikalismus *m;* **radicalità** [radikali'ta] ⟨-⟩ *f* (*rigidezza, estrema durezza*) Radikalität *f;* **radicalizzare** [radikalid'dza:re] *vt* radikalisieren

radicando [radi'kando] *m* Radikand *m*

radicare [radi'ka:re] *vi, vr* **-rsi** sich einwurzeln, Wurzeln schlagen; **radicato, -a** [radi'ka:to] *agg* ❶(BOT) verwurzelt ❷(*fig*) verhaftet

radicchio [ra'dikkio] ⟨-cchi⟩ *m* Radicchio *m*

radice [ra'di:tʃe] *f* ❶(BOT, ANAT, MAT) Wurzel *f;* **mettere -i** (*fig*) Wurzeln schlagen ❷(LING) Wurzel *f*, Stamm *m* ❸(*fig: causa*) Wurzel *f*, Quelle *f;* **radicolare** [radiko'la:re] *agg* Wurzel-

radi e getta ['ra:di e 'dʒɛtta] **I.** ⟨-⟩ *m* Einwegrasierer *m* **II.** ⟨-inv⟩ *agg* Einmalrasier-

radio¹ ['ra:dio] **I.** ⟨-⟩ *f* ❶(TEC) Rundfunk *m*, Radio *n;* **trasmettere per** ~ im Radio übertragen; ~ **ricevente** Rundfunkempfänger *m;* ~ **trasmittente** Rundfunksender *m* ❷(*apparecchio*) Radio(gerät) *n;* **sentire** [*o* **ascoltare**] **la** ~ Radio hören **II.** ⟨-inv⟩ *agg* Radio-, (Rund)funk-; **contatto** ~ Funkkontakt *m;* **giornale** ~ Rundfunknachrichten *fpl;* **ponte** ~ Funkbrücke *f*

radio² *m* (CHEM) Radium *n*

radioabbonato,   -a [radioabbo'na:to] *m, f* Rundfunkteilnehmer(in) *m(f)*

radioamatore,   -trice [radioama'to:re] *m, f* Amateurfunker(in) *m(f);* **radioamatoriale** [radioamato'ria:le] *agg* Amateurfunk(er)-, für den Amateurfunk

radioascoltatore,   -trice [radioaskolta'to:re] *m, f* Rundfunkhörer(in) *m(f)*

radioassistenza [radioassis'tɛntsa] *f* Funknavigation *f*

radioattivare [radioatti'va:re] *vt* (CHEM) spalten; ~ **l'uranio** Uran spalten; **radioattivazione** [radioattivat'tsio:ne] *f* (CHEM) Kernspaltung *f*, Spaltung *f* in radioaktive Zerfallsprodukte; **radioattività** [radioattivi'ta] *f* Radioaktivität *f;* **radioattivo, -a** [radioat'ti:vo] *agg* radioaktiv; **rifiuti -i** Atommüll *m;* **scorie -e** radioaktive Abfälle *mpl*

radioaudizione [radioaudit'tsio:ne] *f* Rundfunkempfang *m*

radiobiologia [radiobiolo'dʒi:a] *f* Radio-, Strahlenbiologie *f*

radiocanalizzazione [radiokanaliddzat'tsio:ne] *f* (TEL) Frequenzteilung *f*

radiocentro [radio'tʃɛntro] *m* Rundfunksendeanlage *f*

radiocinema [radio'tʃi:nema] ⟨-⟩ *m* (TEL) Rundfunksendung *f* von Kinofilmen

radiocollegamento [radiokollega'mento] *m* Funkverbindung *f*, -kontakt *m*

radiocomandare [radiokoman'da:re] *vt* fern steuern

radiocomandato   [radiokoman'da:to] *agg* ferngesteuert; **radiocomando** [radioko'mando] *m* Fernsteuerung *f*

radiocomunicazione [radiokomunikat'tsio:ne] *f* Funkverkehr *m*

radiocontaminazione [radiokontaminat'tsio:ne] *f* (ECO) radioaktive Verseuchung

radioconversazione [radiokonversat'tsio:ne] *f* Rundfunkgespräch *n*

radiocronaca [radio'krɔ:naka] *f* Rundfunkreportage *f;* **radiocronista** [radiokro'nista] *mf* Rundfunkreporter(in) *m(f)*

radiodiffondere   [radiodiffondere] ⟨irr⟩ *vt* senden, im Rundfunk übertragen; **radiodiffusione** [radiodiffu'zio:ne] *f* Rundfunk *m*

radiodiffuso *pp di* **radiodiffondere**

radiodisturbo [radiodis'turbo] *m* Funkstörung *f*

radiodramma [radio'dramma] *m* Hörspiel *n;* **radiodrammaturgia** [radiodrammatur'dʒi:a] *f* Hörspiele *npl*

radioelettrico, -a [radioe'lɛttriko] <-ci, -che> *agg* Radio-, Funk-

radioestesista [radioeste'zista] <-i *m*, -e *f*> *mf* Wünschelrutengänger(in) *m(f)*

radiofonia [radiofo'ni:a] <-ie> *f* Radiophonie *f*; **radiofonico, -a** [radio'fɔ:niko] <-ci, -che> *agg* Rundfunk-, Funk-

radiogoniometro [radiogo'niɔ:metro] *m* Funkpeilgerät *n*

radiografia [radiogra'fi:a] *f* ❶ (*operazione, tecnica*) Radiographie *f* ❷ (*lastra*) Röntgenbild *n*, Röntgenogramm *n* ❸ (*fig*) Analyse *f*; **radiografico, -a** [radio'gra:fiko] <-ci, -che> *agg* Röntgen-, radiographisch

radiogramma [radio'gramma] <-i> *m* ❶ (*telegramma*) Funktelegramm *n* ❷ (*FOTO*) Radiogramm *n*; **radiogrammofono** [radiogram'mɔ:fono] *m* (*obs*) Musiktruhe *f*

radioinfetto, -a [radioin'fɛtto] *agg* (ECO) radioaktiv belastet; **zona -a** ein radioaktiv verseuchtes Gebiet

radiointervista [radiointer'vista] *f* Radiointerview *n*

radiolari [radio'la:ri] *mpl* Strahlentierchen *npl*, Radiolarien *pl*

radiolina [radio'li:na] *f* Transistorradio *n*

radiologa *f v.* **radiologo**

radiologia [radiolo'dʒi:a] <-gie> *f* Radiologie *f*; **radiologico, -a** [radio'lɔ:dʒiko] <-ci, -che> *agg* radiologisch; **radiologo, -a** [ra'diɔ:logo] <-gi, -ghe> *m*, *f* Radiologe *m*, -login *f*

radioluminescenza [adiolumineʃ'ʃɛntsa] *f* (TEC) Radiolumineszenz *f*

radiomessaggio [radiomes'saddʒo] <-ggi> *m* Funkmeldung *f*; **radiomicrofono** [radiomi'krɔ:fono] *m* (RADIO, TEL) Funkmikrophon *n*; **radiomobile** [radio'mɔ:bile] *f* ❶ (*automezzo*) Funkstreifenwagen *m* ❷ (TEL) Mobilfunk *m*

radionovella [radiono'vɛlla] *f* Hörspiel *n*

radiooperatore, -trice [radioopera'to:re] *m*, *f* (RADIO, TEL) Radiotechniker(in) *m(f)*

radiopilota [radiopi'lɔ:ta] <-i *m*, -e *f*> *m* Autopilot *m*

radioregistratore [radioredʒistra'to:re] *m* Radiorecorder *m*

radiorepetitore [radioripeti'to:re] *m* (RADIO, TEL) Relaisstation *f*

radioricevente [radioritʃe'vɛnte] **I.** *agg* Rundfunkempfangs- **II.** *f* Rundfunkempfänger *m*; **radioricevitore** [radioritʃevi'to:re] *m* Rundfunkempfänger *m*; **radioricezione** [radioritʃet'tsio:ne] *f* Rund-

funkempfang *m*

radiorilevamento [radiorileva'mento] *m* Funkpeilung *f*

radioripetitore [radioripeti'to:re] *m* (RADIO, TEL) Relaisstation *f*

radioscanner ['reidio'skænə] <- *o* -s> *f* (RADIO, TEL) Funkscanner *m*

radioscopia [radiosko'pi:a] <-ie> *f* Radioskopie *f*; **radioscopico, -a** [radios'kɔ:piko] <-ci, -che> *agg* radioskopisch

radioscrivente [radioskri'vɛnte] *f* (RADIO, TEL) Funkfernschreiber *m*

radiosegnale [radioseɲ'ɲa:le] *m* Sendezeichen *n*

radiosentiero [radiosen'tiɛ:ro] *m* (RADIO, TEL) Funkleitlinie *f*

radiosità [radiosi'ta] <-> *f* Leuchten *n*, Strahlen *n*; **radioso, -a** [ra'dio:so] *agg* leuchtend; (*bellezza, sorriso*) strahlend

radiostazione [radiostat'tsio:ne] *f* Rundfunkstation *f*

radiostereofonia [radiostereofo'ni:a] *f* (RADIO, TEL) digitale Rundfunkübertragung; **radiostereofonico, -a** [radiostereo'fɔ:niko] <-ci, -che> *agg* im Stereotonverfahren übertragen

radiosveglia [radioz've λλa] *f* Radiowecker *m*

radiotachimetro [radiota'ki:metro] *m* (TEC) Radar(kontroll)gerät *n*, Radarpistole *f*

radiotaxi, radiotassì [radio'taksi, radiotas'si] <-> *m* Funktaxi *n*

radiotecnica [radio'tɛknika] <-che> *f* Radio-, Funktechnik *f*; **radiotecnico, -a** [radio'tɛkniko] <-ci, -che> **I.** *agg* radio-, funktechnisch **II.** *m*, *f* Radiotechniker(in) *m(f)*, Rundfunkmechaniker(in) *m(f)*

radiotelefono [radiote'lɛ:fono] *m* Funksprechgerät *n*

radiotelegrafico, -a [radiotele'gra:fiko] <-ci, -che> *agg* Funk-; **radiotelegrafista** [radiotelegra'fista] <-i *m*, -e *f*> *mf* Funker(in) *m(f)*

radiotelegramma [radiotele'gramma] *m* Funktelegramm *n*

radiotelemetria [radioteleme'tri:a] *f* (TEL, RADIO) Funkfernmessen *n*

radiotelescopio [radioteles'kɔ:pio] *m* Radioteleskop *n*

radiotelevisione [radiotelevi'zio:ne] *f* Rundfunk- und Fernsehanstalt *f*; **radiotelevisivo, -a** [radiotelevi'zi:vo] *agg* Rundfunk- und Fernseh-

radioterapia [radiotera'pi:a] *f* Radio-, Strahlentherapie *f*

radiotossicità [radiotositʃi'ta] *f* (ECO) Radiotoxizität *f*

radiotrasmettere [radiotraz'mettere] <irr> vt senden, übertragen; **radiotrasmettitore** [radiotrazmetti'to:re] m Radiosender m

radiotrasmisi 1. pers sing pass rem di **radiotrasmettere**

radiotrasmissione [radiotrazmis'sio:ne] f Radiosendung f, -übertragung f; **radiotrasmittente** [radiotrazmit'tɛnte] I. agg Sende-, Funk- II. f Rundfunksender m

radioutente [radiou'tɛnte] mf Rundfunkteilnehmer(in) m(f)

rado, -a ['ra:do] agg spärlich; (capelli) licht; (nebbia, tela) dünn; **di ~** selten

radome ['reidoum] <- o radomes> m (TEL, AERO) Radom n, Antennenkuppel f

radunare [radu'na:re] I. vt ❶ (cose) ansammeln, zusammentragen ❷ (persone) versammeln II. vr -rsi sich versammeln; **radunata** [radu'na:ta] f Versammlung f, Zusammenkunft f; **raduno** [ra'du:no] m Versammlung f, Zusammenkunft f

radura [ra'du:ra] f Lichtung f

rafano ['ra:fano] m Rettich m; (crèn) Meerrettich m, Kren m A

raffa ['raffa] f **di riffa o di ~** (fam) so oder so, wohl oder übel

raffazzonamento [raffattsona'mento] m ❶ (operazione) Zusammenstückeln n ❷ (cosa) Stückwerk n

raffazzonare [raffattso'na:re] vt zusammenstoppeln, zurechtschustern

rafferma [raf'ferma] f freiwillige Verlängerung f des Wehrdienstes

raffermare [raffer'ma:re] vt ❶ (riconfermare) bestätigen ❷ (MIL) erneut (zum Wehrdienst) verpflichten; **raffermo, -a** [raf'fermo] agg (pane) altbacken

raffica ['raffika] <-che> f ❶ (METEO) Bö(e) f; **~ di vento** Windstoß m ❷ (di mitra) Garbe f ❸ (fig) Hagel m

raffigurare [raffigu'ra:re] I. vt ❶ (rappresentare) darstellen ❷ (simboleggiare) symbolisieren, verkörpern II. vr -rsi sich dat vorstellen

raffilare [raffi'la:re] vt (lama) wieder schärfen, neu schleifen; **raffilatura** [raffila'tu:ra] f Egalisierung f, Angleichung f

raffinamento [raffina'mento] m Verfeinerung f; **raffinare** [raffi'na:re] I. vt ❶ (olio, zucchero, sale) raffinieren; (oro) läutern ❷ (gusto, stile) verfeinern II. vr -rsi sich verfeinern, feiner werden

raffinata f v. **raffinato**

raffinatezza [raffina'tettsa] f Finesse f, Feinheit f; **raffinato, -a** [raffi'na:to] I. agg ❶ (olio, sale, zucchero) raffiniert ❷ (fig)

auserlesen, gepflegt II. m, f feiner Mensch

raffinazione [raffinat'tsio:ne] f Raffination f

raffineria [raffine'ri:a] <-ie> f Raffinerie f

rafforzamento [raffortsa'mento] m ❶ (invigorimento) Kräftigung f, Verstärkung f ❷ (fig) (Be)Stärkung f; (di carattere) Festigung f; **rafforzare** [raffor'tsa:re] I. vt ❶ (rinforzare) verstärken ❷ (fig) bekräftigen, (be)stärken; (carattere) festigen II. vr -rsi sich (ver)stärken

raffreddamento [raffredda'mento] m Erkalten n, Abkühlen n; **~ ad acqua/aria** Wasser-/Luftkühlung f; **raffreddare** [raffred'da:re] I. vt abkühlen (lassen), kalt werden lassen; (fig) abkühlen lassen II. vr -rsi ❶ (diventar freddo) abkühlen, kühler werden; (cibo) kalt werden ❷ (fam) sich erkälten; **raffreddato, -a** [raffred'da:to] agg erkältet; **raffreddore** [raffred'do:re] m Erkältung f

raffrontare [raffron'ta:re] vt gegenüberstellen, vergleichen; **raffronto** [raf'fronto] m Gegenüberstellung f, Vergleich m

rafting ['raftin] <-> m (SPORT) Rafting n, Wildwasserfahrt f im Schlauchboot

ragade ['ra:gade] f Schrunde f

raganella [raga'nɛlla] f ❶ (ZOO) Laubfrosch m ❷ (MUS) Rätsche f

ragazza [ra'gattsa] f Mädchen n, Jugendliche f, junge Frau; (fam: fidanzata) Freundin f; **~ copertina** Covergirl n; **è rimasta ~** sie ist unverheiratet geblieben; **ragazzata** [ragat'tsa:ta] f (fam) Lausbubenstreich m; **ragazzo** [ra'gattso] m Junge m, Bub m dial; (fam) Jugendliche(r) m, junger Mann; (fidanzato) Freund m; (garzone) Bursche m

raggelare [raddʒe'la:re] I. vi essere gefrieren, vereisen II. vt avere ❶ (rendere gelido) einfrieren, gefrieren lassen ❷ (fig) erstarren lassen III. vr -rsi gefrieren, einfrieren

raggiante [rad'dʒante] agg leuchtend; (a fig, PHYS) strahlend

raggiare [rad'dʒa:re] I. vi leuchten; (a fig, PHYS) strahlen II. vt ausstrahlen; **raggiato, -a** [rad'dʒa:to] agg strahlenförmig

raggiera [rad'dʒɛ:ra] f Strahlenkranz m

raggio ['raddʒo] <-ggi> m ❶ (del sole, delle stelle) Strahl m; (luce) Schein m, Schimmer m ❷ (fig: di speranza, fede) Strahl m, Schimmer m ❸ (PHYS) Strahl m; **-ggi alfa** Alphastrahlen mpl; **-ggi X** [o **Röntgen**] Röntgenstrahlen mpl; **andare a farsi i -ggi** sich durchleuchten lassen ❹ (MAT) Radius m ❺ (zona) Umkreis m; (ambito) Gebiet n, Kreis m; **~ d'azione**

Aktionsradius *m* ⑥ (*di ruota*) Speiche *f*

raggirare [raddʒi'raːre] *vt* einwickeln, hintergehen; **raggiro** [rad'dʒiːro] *m* Betrug *m*, Schwindel *m*

raggiungere [rad'dʒundʒere] <irr> *vt* erreichen; (*arrivare a riunirsi*) einholen; (*colpire*) treffen; **raggiungimento** [raddʒundʒi'mento] *m* Erreichen *n*

raggiunsi *1. pers sing pass rem di* **raggiungere**

raggiunto *pp di* **raggiungere**

raggiustare [raddʒus'taːre] **I.** *vt* ① (*scarpe, vestito*) ausbessern ② (*fig*) ausgleichen; (*lite*) beilegen; (*amici*) versöhnen **II.** *vr* **-rsi** sich versöhnen

raggomitolare [raggomito'laːre] **I.** *vt* auf-, zusammenwickeln **II.** *vr* **-rsi** sich zusammenkauern

raggranellare [raggranel'laːre] *vt* (*fam*) zusammenkratzen

raggrinzare, raggrinzire [raggrin'tsaːre, raggrin'tsiːre] **I.** *vt avere* ① (*pelle*) runzeln ② (*stoffa*) (zer)knittern **II.** *vi essere* ① (*pelle*) sich runzeln ② (*stoffa*) knittern **III.** *vr* **-rsi** ① (*pelle*) sich runzeln ② (*stoffa*) knittern

raggrumare [raggru'maːre] **I.** *vt* gerinnen lassen **II.** *vr* **-rsi** gerinnen

raggruppabilità [raggruppabili'ta] <-> *f* Möglichkeit *f* der Zusammenlegung; **raggruppamento** [raggruppa'mento] *m* Gruppierung *f*; **raggruppare** [raggrup'paːre] **I.** *vt* versammeln, gruppieren **II.** *vr* **-rsi** sich versammeln, sich gruppieren

ragguagliare [raggua'ʎaːre] *vt* ① (*paragonare*) vergleichen ② (*informare*) informieren, unterrichten; **ragguaglio** [rag'guaʎo] <-gli> *m* ① (*confronto*) Vergleich *m* ② (*informazione*) Information *f*

ragguardevole [raggguar'deːvole] *agg* ① (*persona*) angesehen ② (*somma*) beachtlich, ansehnlich

ragia ['raːdʒa] <-gie *o* -ge> *f* Harz *n*; **acqua** ~ Terpentin *n*

ragionamento [radʒona'mento] *m* Gedankengang *m*, Überlegung *f*; (*discorso*) Rede *f*; **ragionare** [radʒo'naːre] *vi* ① (*riflettere*) nachdenken, überlegen ② (*fam: discorrere*) ~ **di qc** über etw *acc* sprechen; **ragionato, -a** [radʒo'naːto] *agg* durchdacht, vernünftig; (*bibliografia, grammatica*) erläutert; **ragionatore, -trice** [radʒona'toːre] *m, f* Denker(in) *m(f)*

ragione [ra'dʒoːne] *f* ① (*facoltà*) Verstand *m*, Vernunft *f*; **perdere l'uso** [*o* **il lume**] **della** ~ den Verstand verlieren; **farsi una** ~ **di qc** sich mit etw abfinden, mit etw abschließen; **ridurre qu alla** ~ jdn zur Ver-

nunft bringen ② (*causa, motivo*) Grund *m*; **non sentir** ~ sich *dat* nichts sagen lassen; **per -i di famiglia** aus familiären Gründen; **per -i di forza maggiore** aufgrund höherer Gewalt; **a maggior** ~ um so mehr ③ (*diritto*) Recht *n*, Anspruch *m*; **avere** ~ Recht haben; **dare** ~ **a qu** jdm Recht geben ④ (*misura, rapporto*, MAT) Verhältnis *n* ⑤ (*loc*) **picchiare qu di santa** ~ (*fam*) jdn gehörig verprügeln; **a ragion veduta** nach gründlicher Überlegung; **in** ~ **di** im Verhältnis zu

ragioneria [radʒone'riːa] <-ie> *f* ① (*disciplina*) Buchhaltung *f*, Rechnungswesen *n*; **studiare** ~ die höhere Handelsschule besuchen ② (*ufficio*) Buchhaltung *f*, Rechnungsbüro *n*

ragionevole [radʒo'neːvole] *agg* vernünftig; **ragionevolezza** [radʒonevo'lettsa] *f* Vernunft *f*

ragioniere, -a [radʒo'niɛːre] *m, f* Buchhalter(in) *m(f)*

raglan [ra'glan] <inv> *agg* Raglan-

ragliare [raʎ'ʎaːre] *vi* ① (*asino*) schreien ② (*pej: cantar male*) kreischen, krächzen; **raglio** ['raʎʎo] <-gli> *m* ① (*dell'asino*) Schrei *m* ② (*pej: canto*) Gekrächze *n*, Gekreisch(e) *n*

ragnatela [raɲɲa'teːla] *f* ① (*di ragno*) Spinnennetz *n*, Spinn(ge)webe *f* ② (*fig: tessuto logoro*) abgewetzter Stoff; **ragno** ['raɲɲo] *m* Spinne *f*

ragù [ra'gu] <-> *m* ① (*sugo*) (Fleisch)soße *f* ② (*stufato*) Ragout *n*

Ragusa [ra'guːsa] *f* Ragusa *n* (*Stadt in Sizilien*)

Ragusano <*sing*> *m* Umgebung *f* von Ragusa

ragusano, -a [ragu'saːno] **I.** *m, f* (*abitante*) Ragusaner(in) *m(f)* **II.** *agg* ragusanisch

RAI ['raːi] *f acro di* **Radio Audizione Italiana** staatliche Rundfunkanstalt Italiens

raid [reid *o* raid] <-> *m* ① (*sport*) Rennen *n* ② (*mil*) Überraschungsangriff *m*

raider ['reidə] <-> *mf* (*fin*) Börsenspekulant(in) *m(f)*

RAI-TV ['raːi tiv'vu] *f abbr di* **Radio Televisione Italiana** italienische Rundfunk- und Fernsehanstalt

rallargare [rallar'gaːre] **I.** *vt* erweitern, verbreitern **II.** *vr* **-rsi** sich ausdehnen

rallegramenti [rallegra'menti] *mpl* Glückwünsche *mpl*; **rallegrare** [ralle'graːre] **I.** *vt* erheitern, erfreuen **II.** *vr* **-rsi** ① (*diventar allegro*) sich aufheitern ② (*congratularsi*) **-rsi con qu** jdm gratulieren; **mi rallegro!** (ich) gratuliere!

rallentamento [rallenta'mento] *m* ① (*il*

rallentare) Verlangsamung *f;* (*fig*) Nachlassen *n* ❷ (FILM) Zeitlupe *f;* **rallentare** [rallen'ta:re] **I.** *vt* ❶ (*passo, corsa*) verlangsamen ❷ (*vigilanza, visite*) verringern, einschränken **II.** *vi* ❶ (*diventare più lento*) langsamer werden ❷ (*fig: diventare meno intenso*) nachlassen; **rallentatore** [rallenta'to:re] *m* Zeitlupe *f;* **fare una cosa al ~** (*fig*) etw im Zeitlupentempo tun

rallistico, -a [ral'listiko] <-ci, -che> *agg* Rallye-; **prove -che** Rallye-Tests *mpl;* **rally** ['ræli] <-> *m* (SPORT) Rallye *f; ~* **di Montecarlo** die Rallye Montecarlo

RAM [ram] *m acro di* **Random Access Memory** (*memoria ad accesso casuale*) RAM *f,* RAM-Speicher *m*

ramaiolo [rama'i:lo] *m* Schöpflöffel *m,* -kelle *f*

ramanzina [raman'dzi:na] *f* (*fam*) Standpauke *f;* **fare una ~ a qu** jdm eine Standpauke halten

ramare [ra'ma:re] *vt* ❶ (TEC) verkupfern ❷ (AGR) mit Kupfervitriol spritzen

ramarro [ra'marro] *m* Smaragdeidechse *f*

ramato [ra'ma:to] *m* Kupfervitriol *n*

ramato, -a *agg* ❶ (*filo*) Kupfer-; **zolfo ~** Kupfervitriol *n* ❷ (*capelli, barba*) rotblond

ramazza [ra'mattsa] *f* Reisigbesen *m;* **essere di ~** (MIL) zum Stubendienst eingeteilt sein

rambismo [ram'bizmo] *m* Gewaltverherrlichung *f*

rambo ['rambo] <-> *m* ❶ (FILM) Rambo *m* ❷ (*fig: persona forte e violenta*) Bestie *f,* Kampfmaschine *f*

rame ['ra:me] *m* ❶ (CHEM) Kupfer *n* ❷ (*oggetto*) Kupfergefäß *n* ❸ (*incisione*) Kupferstich *m* ❹ (*colore*) **biondo ~** rotblond; **rosso ~** kupferrot

ramerino [rame'ri:no] *m* (*tosc: rosmarino*) Rosmarin *m*

ramificare [ramifi'ka:re] **I.** *vi* Zweige austreiben **II.** *vr* **-rsi** sich verzweigen, sich verästeln; **ramificazione** [ramifikat'tsio:ne] *f* ❶ (BOT) Verzweigung *f,* Verästelung *f* ❷ (*suddivisione*) Verzweigung *f,* Aufgliederung *f*

ramingo, -a [ra'miŋgo] <-ghi, -ghe> *agg* (*obs*) umherirrend, ziellos

ramino [ra'mi:no] *m* Rommé *n*

rammaricare [rammari'ka:re] **I.** *vt* betrüben **II.** *vr* **-rsi** ❶ (*dispiacersi*) betrübt sein ❷ (*lamentarsi*) sich beklagen; **rammarico** [ram'ma:riko] <-chi> *m* ❶ (*afflizione*) Kummer *m,* Gram *m* ❷ (*rincrescimento*) Bedauern *n* ❸ (*lamento*) Klage *f*

rammendare [rammen'da:re] *vt* ausbessern, flicken; **rammendatrice** [ram-

menda'tri:tʃe] *f* Kunststopferin *f;* **rammendatura** [rammenda'tu:ra] *f* ❶ (*rammendo*) geflickte Stelle *f* ❷ (*operazione*) Flicken *n;* **rammendo** [ram'mɛndo] *m* Flickarbeit *f*

rammentare [rammen'ta:re] **I.** *vt* ❶ (*richiamare alla mente*) ~ **qu/qc** sich an jdn/etw erinnern ❷ (*assomigliare*) ~ **qu** jdn an jdn erinnern ❸ (*far presente*) ~ **qc a qu** jdn an etw *acc* erinnern **II.** *vr* **-rsi di qu/qc** sich an jdn/etw erinnern

rammollimento [rammolli'mento] *m* Erweichung *f;* **rammollire** [rammol'li:re] <rammollisco> **I.** *vt* ❶ (*ammorbidire*) erweichen ❷ (*fam fig*) verweichlichen; (*instupidire*) verblöden **II.** *vr* **-rsi** ❶ (*diventar molle*) weich werden ❷ (*fam fig*) verweichlichen; (*instupidire*) verblöden; **rammollito, -a** [rammol'li:to] *m, f* Schwachkopf *m fam,* Trottel *m fam*

rammorbidire [rammorbi'di:re] <rammorbidisco> **I.** *vt* ❶ (*cera, cuoio*) erweichen, weich machen ❷ (*fig*) mildern **II.** *vr* **-rsi** ❶ (*diventare morbido*) weich werden ❷ (*fig*) sich mildern

ramo ['ra:mo] *m* ❶ (BOT) Zweig *m,* Ast *m* ❷ (*di fiume, lago*) Arm *m* ❸ (*diramazione*) Verzweigung *f,* Verästelung *f* ❹ (*di scienza, disciplina*) Zweig *m,* Gebiet *n* ❺ (*discendenza*) Linie *f,* Stamm *m*

ramolatore [ramola'to:re] *m* (TEC) Reinigungskraft *f* für Gussformen

ramoscello [ramoʃ'ʃello] *m* (kleiner) Zweig *m;* **portare un ~ d'olivo** (*fig*) Frieden stiften; **ramoso, -a** [ra'mo:so] *agg* verästelt, verzweigt

rampa ['rampa] *f* ❶ (*di scale*) Rampe *f,* Lauf *m* ❷ (AERO) Rampe *f* ❸ (*salita*) Steigung *f*

rampante [ram'pante] **I.** *agg* ❶ (*leone, grifo*) aufgerichtet ❷ (ARCH) aufsteigend **II.** *m* Lauf *m*

rampantismo [rampan'tizmo] *m* Karrierismus *m*

rampicante [rampi'kante] **I.** *agg* kletternd, Kletter- **II.** *m* Kletterpflanze *f*

rampichino [rampi'ki:no] <-> *m* (BOT) Kletterpflanze *f*

rampino [ram'pi:no] *m* ❶ (*ferro*) Haken *m* ❷ (NAUT) Draggen *m*

rampista [ram'pista] <-i *m,* -e *f*> *mf* (AERO) Fluglotse, -lotsin *m, f*

rampollo [ram'pollo] *m* ❶ (*scherz: figlio*) Sprössling *m* ❷ (*discendente*) Abkömmling *m*

rampone [ram'po:ne] *m* ❶ (*fiocina*) Harpune *f* ❷ (*ferro piegato*) Krampe *f* ❸ (*per scarpe*) Steigeisen *n*

rana ['ra:na] *f* Frosch *m;* ~ **pescatrice** Seeteufel *m;* **nuoto a** ~ Brustschwimmen *n*

rancidezza [rantʃi'dettsa] *f* Ranzigkeit *f*

rancido ['rantʃido] *m* (*sapore*) ranziger Geschmack; (*odore*) ranziger Geruch

rancido, -a *agg* ❶ (*olio, burro*) ranzig ❷ (*fig*) verstaubt, altmodisch; **rancidume** [rantʃi'du:me] *m* ❶ (*gusto*) ranziger Geschmack; (*odore*) ranziger Geruch ❷ (*cosa rancida*) ranziges Zeug ❸ (*fig*) Plunder *m,* Kram *m*

rancio ['rantʃo] <-ci> *m* (MIL) Verpflegung *f*

rancore [raŋ'ko:re] *m* Groll *m*

randagio, -a [ran'da:dʒo] <-gi, -ge *o* -gie> *agg* herrenlos, streunend

randellare [randel'la:re] *vt* verprügeln; **randellata** [randel'la:ta] *f* Knüppelschlag *m;* **randello** [ran'dɛllo] *m* Prügel *m,* Knüppel *m*

random ['rændəm] <inv> *agg* ❶ (SCIENT) zufällig ❷ (INFORM) **accesso** ~ Random(-Access) *m;* **randomizzare** [randomid'dza:re] *vt* (INFORM) randomisieren; **randomizzazione** [randomiddzat'tsio:ne] *f* (MAT: *in statistica*) Zufallsexperiment *n*

range ['reindʒ] <-o ranges> *m* (PHYS) Reichweite *f;* **ranger** ['reindʒə] <-> *m* Ranger *m*

ranghinatore [raŋgina'to:re] *m* (AGR) Heurechen *m;* **ranghinatura** [raŋgina'tu:ra] *f* (AGR) Heuernte *f* mittels Heurechen

rango ['raŋgo] <-ghi> *m* ❶ (*condizione sociale*) Rang *m,* Stand *m* ❷ (MIL) Reihe *f*

ranking [ræŋkiŋ] <-o rankings> *m* Rangordnung *f*

rannicchiarsi [rannik'kiarsi] *vr* ❶ (*raccogliersi*) sich zusammenkauern ❷ (*fig*) sich verkriechen

ranno ['ranno] *m* Lauge *f;* **perdere il** ~ **ed il sapone** (*fig*) Zeit und Mühe verschwenden

rannuvolamento [rannuvola'mento] *m* (METEO) Bewölkung *f;* **rannuvolarsi** [rannuvo'larsi] *vr* (METEO) sich bewölken

ranocchia [ra'nɔkkia] <-cchie> *f* Frosch *m;* **ranocchio** [ra'nɔkkio] <-cchi> *m* Frosch *m*

rantolare [ranto'la:re] *vi* ❶ (*emettere rantoli*) röcheln ❷ (*in agonia*) in den letzten Zügen liegen; **rantolio** [ranto'li:o] <-ii> *m* Röcheln *n,* Geröchel *n;* **rantolo** ['rantolo] *m* Röcheln *n*

ranuncolo [ra'nuŋkolo] *m* Ranunkel *f*

rap ['ræp] I. <-> *m* Rap *m* II. <inv> *agg* Rap-; **musica** ~ Rap *m*

rapa ['ra:pa] *f* Rübe *f;* **cavolo** ~ Kohlrabi *m;*

cima di ~ Rübengrün *n;* **testa di** ~ (*fig, scherz*) Dummkopf *m*

rapace [ra'pa:tʃe] I. *agg* ❶ (*uccello*) Raub- ❷ (*ladri, amministratori*) räuberisch ❸ (*sguardo*) gierig II. *m* Raubvogel *m;* **rapacità** [rapatʃi'ta] <-> *f* Raubgier *f*

rapallizzare [rapallid'dza:re] *vt* verbauen, verschandeln; **rapallizzazione** [rapalliddzat'tsio:ne] *f* Verbauung *f*

rapare [ra'pa:re] *vt* glatt scheren, abrasieren

raperonzolo [rape'rontsolo] *m* Rapunzel *f*

rapida ['ra:pida] *f* Stromschnelle *f*

rapidità [rapidi'ta] <-> *f* Geschwindigkeit *f,* Schnelligkeit *f*

rapido ['ra:pido] *m* Schnellzug *m*

rapido, -a *agg* schnell

rapimento [rapi'mento] *m* ❶ (*di persona*) Entführung *f* ❷ (*fig* REL) Verzückung *f*

rapina [ra'pi:na] *f* Raub *m,* Raubüberfall *m;* **rapinare** [rapi'na:re] *vt* ❶ (*cose*) rauben ❷ (*persone*) berauben; **rapinatore, -trice** [rapina'to:re] *m, f* Räuber(in) *m(f)*

rapire [ra'pi:re] <rapisco> *vt* ❶ (*persone*) entführen ❷ (*cose*) rauben ❸ (*fig: estasiare*) hinreißen; **rapitore, -trice** [rapi'to:re] *m, f* Entführer(in) *m(f)*

rappacificare [rappatʃifi'ka:re] I. *vt* versöhnen, aussöhnen II. *vr* **-rsi** sich versöhnen, sich aussöhnen; **rappacificazione** [rappatʃifikat'tsio:ne] *f* Versöhnung *f,* Aussöhnung *f*

rapper ['ræpə] <-o rappers> *mf* (MUS) Rapper(in) *m(f)*

rappezzare [rappet'tsa:re] *vt* ❶ (*vestito, scarpa*) flicken, ausbessern ❷ (*fig, pej*) zusammenstückeln; **rappezzatura** [rappettsa'tu:ra] *f* Flickwerk *n;* **rappezzo** [rap'pɛttso] *m* ❶ (*riparazione*) Flicken *n* ❷ (*parte riparata*) Flickstelle *f* ❸ (*fig*) (Not)behelf *m,* Provisorium *n*

rappista [rap'pista] <-i *m,* -e *f>* *mf* (MUS) Rapper(in) *m(f)*

rapportare [rappor'ta:re] I. *vt* ❶ (*confrontare*) vergleichen ❷ (*riprodurre*) übertragen II. *vr* **-rsi a qc** sich auf etw *acc* beziehen; **rapporto** [rap'pɔrto] *m* ❶ (*relazione*) Bericht *m,* Meldung *f* ❷ (MIL) Rapport *m* ❸ (*connessione, legame*) Beziehung *f,* Verhältnis *n;* ~ **qualità-prezzo** Preis-Leistungs-Verhältnis *n;* **-i commerciali** Geschäftsverbindungen *fpl;* **-i intimi** [*o* **sessuali**] intime Beziehungen *fpl;* ~ **di lavoro** Arbeitsverhältnis *n;* **essere in buoni -i con qu** zu jdm ein gutes Verhältnis haben; **in** ~ **a** in Bezug auf +*acc* ❹ (MAT) Verhältnis *n* ❺ (TEC) Übersetzung *f*

rapprendere [rap'prɛndere] <irr> I. *vt* gerinnen lassen **II.** *vr* **-rsi** gerinnen

rappresaglia [rappre'saʎʎa] <-glie> *f* Repressalie *f*, Strafmaßnahme *f*

rappresentante [rapprezen'tante] *mf* ❶ (*gener*) Vertreter(in) *m(f)*, Repräsentant(in) *m(f)*; ~ **di classe** Klassensprecher *m* ❷ (COM) Vertreter(in) *m(f)* ❸ (*fig*) Vertreter(in) *m(f)*, Exponent(in) *m(f)*; **rappresentanza** [rapprezen'tantsa] *f* ❶ (*potere riconosciuto*) Vertretung *f*, Repräsentation *f* ❷ (COM) Vertretung *f*, Niederlassung *f*

rappresentare [rapprezen'ta:re] *vt* ❶ (*raffigurare*) darstellen ❷ (*simboleggiare*) symbolisieren, verkörpern ❸ (THEAT: *dramma*) aufführen; (*ruolo*) spielen ❹ (*agire per conto di*) vertreten; **rappresentativo, -a** [rapprezenta'ti:vo] *agg* vertretend; (*a fig*) darstellend; (POL: *sistema*) repräsentativ; (JUR) stellvertretend; **rappresentazione** [rapprezentat'tsio:ne] *f* ❶ (*gener*) Darstellung *f* ❷ (THEAT) Aufführung *f*, Vorstellung *f*; **prima** ~ Erstaufführung *f*, Premiere *f*

rappresi *1. pers sing pass rem di* **rapprendere**

rappreso *pp di* **rapprendere**

rapsodia [rapso'di:a] <-ie> *f* Rhapsodie *f*; **rapsodo** [rap'sɔ:do] *m* Rhapsode *m*

raptus ['raptus] <-> *m* ❶ (MED, PSYCH) Wutanfall *m* ❷ (*fig*) Erleuchtung *f*

rarefare [rare'fa:re] <irr> **I.** *vt* verdünnen **II.** *vr* **-rsi** ❶ (*diventare rado*) dünn werden, schwinden ❷ (*fig*) selten werden; **rarefazione** [rarefat'tsio:ne] *f* ❶ (PHYS) Verdünnung *f* ❷ (*fig*) Verminderung *f*

rarefeci *1. pers sing pass rem di* **rarefare**

rarità [rari'ta] <-> *f* ❶ (*condizione*) Seltenheit *f* ❷ (*cosa*) Rarität *f*, Seltenheit *f*; **raro, -a** ['ra:ro] *agg* (*esemplare, animale*) selten, rar; **una bestia -a** (*fig*) ein seltenes Exemplar

rasaerba [rasa'ɛrba] <-> *m* (TEC) Rasentrimmer *m*

rasare [ra'sa:re] **I.** *vt* ❶ (*barba, capelli*) (ab)rasieren, scheren ❷ (*siepe, prato*) (kurz) schneiden, scheren **II.** *vr* **-rsi** sich rasieren

rasato [ra'sa:to] *m* Satin *m*

rasato, -a *agg* ❶ (*barba, persona*) rasiert ❷ (*tessuto*) satiniert

rasatura [rasa'tu:ra] *f* Rasur *f*

raschiamento [raskia'mento] *m* Abschaben *n*, Auskratzen *n*; (MED) Ausschabung *f*; **raschiare** [ras'kia:re] *vt* (ab)schaben, abkratzen; **-rsi la gola** sich räuspern; **raschiatura** [raskia'tu:ra] *f* Abschaben *n*, Auskratzen *n*; **raschietto** [ras'kietto] *m*

❶ (*per scrivania*) Radiermesser *n* ❷ (*per le scarpe*) Schaber *m*, Kratzer *m*; **raschino** [ras'ki:no] *m* Schaber *m*, Kratzer *m*; **raschio** ['raskio] <-schi> *m* Kratzen *n*

rasentare [razen'ta:re] *vt* ❶ (*sfiorare*) streifen ❷ (*fig: avvicinarsi molto a*) ~ **qc** einer Sache *dat* nahe kommen; ~ **il ridicolo** sich am Rande des Lächerlichen bewegen

rasente [ra'zɛnte] *prp* ~ (**a**) dicht an + *dat*; (*a fig*) hart an + *dat*

rasi ['ra:si] *1. pers sing pass rem di* **radere**

raso ['ra:so] *m* Atlas *m*, Satin *m*

raso, -a I. *pp di* **radere II.** *agg* ❶ (*volto, testa*) kahl, geschoren ❷ (*bicchiere*) randvoll; (*cucchiaio*) gestrichen voll; ~ **terra** *v.* **rasoterra**

rasoio [ra'so:io] <-oi> *m* Rasiermesser *n*; (*elettrico*) Rasierapparat *m*; **sul filo del** ~ (*fig*) auf des Messers Schneide

rasoterra [raso'tɛrra] <inv> *agg o avv* dicht über dem Boden

raspare [ras'pa:re] **I.** *vt* ❶ (*legno*) schaben, raspeln ❷ (*irritare*) reizen, kratzen; ~ **la gola** im Hals kratzen **II.** *vi* ❶ (*grattare*) kratzen, scharren ❷ (*raschiare*) kratzen

raspo ['raspo] *m* Traubenkamm *m*

rassegna [ras'seɲɲa] *f* ❶ (MIL) Parade *f*, Truppenschau *f*; **passare in** ~ (MIL) die Parade abnehmen ❷ (*esame accurato*) (Über)prüfung *f*, Analyse *f*, Untersuchung *f*; **passare in** ~ **qc** (*fig*) etw Revue passieren lassen; **fare la** ~ **di qc** etw überprüfen ❸ (*resoconto*) Übersicht *f*, Querschnitt *m*; ~ **degli spettacoli** Veranstaltungskalender *m* ❹ (*recensione*) Bericht *m* ❺ (*mostra*) Schau *f*, Ausstellung *f* ❻ (*enumerazione*) Aufzählung *f*

rassegnare [rasseɲ'ɲa:re] **I.** *vt* (*carica*) niederlegen, aufgeben; (*dimissioni*) einreichen; (*reclamo*) vorbringen **II.** *vr* **-rsi a qc** sich mit etw abfinden; **rassegnazione** [rasseɲɲat'tsio:ne] *f* Resignation *f*

rasserenamento [rasserena'mento] *m* Aufheiterung *f*; **rasserenare** [rassere'na:re] **I.** *vt* ❶ (*aria, cielo*) aufheitern ❷ (*fig*) aufheitern, aufhellen **II.** *vr* **-rsi** ❶ (METEO) sich aufheitern ❷ (*fig*) sich aufheitern, sich aufhellen

rassestamento [rassesta'mento] *m* Neuordnung *f*, Neuregelung *f*; **il** ~ **di una ditta** die Neuordnung einer Firma

rassettare [rasset'ta:re] **I.** *vt* ❶ (*stanza, casa*) aufräumen ❷ (*abiti*) ausbessern **II.** *vr* **-rsi** sich zurechtmachen

rassicurare [rassiku'ra:re] **I.** *vt* beruhigen, versichern **II.** *vr* **-rsi** sich beruhigen; **rassicurazione** [rassikurat'tsio:ne] *f* Beru-

R

higung *f*, Versicherung *f*

rassodamento [rassoda'mento] *m* Festigung *f*, Straffung *f*; **rassodare** [rasso'da:re] I. *vt* ❶ (*indurire*) festigen; (*muscoli, seno*) straffen; (*terreno*) befestigen ❷ (*fig*) stärken, festigen II. *vr* **-rsi** sich straffen; (*rafforzarsi*) sich stärken, sich festigen

rassomiglianza [rassomiʎʎantsa] *f* Ähnlichkeit *f*; **rassomigliare** [rassomiʎʎa:re] I. *vi* gleichen, ähnlich sein II. *vr* **-rsi** sich *dat* gleichen, sich *dat* ähneln

rastrellamento [rastrella'mento] *m* ❶ (AGR) Harken *n* ❷ (*fig*) Durchkämmen *n*; **rastrellare** [rastrel'la:re] *vt* ❶ (AGR) harken ❷ (*fig*) durchkämmen, absuchen; **rastrellata** [rastrel'la:ta] *f* ❶ (*operazione*) Harken *n* ❷ (*colpo*) Schlag *m* mit der Harke

rastrelliera [rastrel'lisːra] *f* ❶ (*per il fieno*) Futterraufe *f* ❷ (*per i piatti*) Abtropfkorb *m*

rastrello [ras'trɛllo] *m* Harke *f*

rata ['ra:ta] *f* Rate *f*; **pagare/comprare a -e** in Raten zahlen/kaufen

ratafià [rata'fia] <-> *m* Ratafia *m* (*Fruchtlikör*)

rateale [rate'a:le] *agg* Raten-, ratenweise; **ratealista** [ratea'lista] <-i *m*, -e *f*> *mf* (COM) Verkaufsagent(in) *m(f)* für Ratengeschäfte; **ratealizzazione** [ratealiddzat'tsio:ne] *f* (FIN) Rateneinteilung *f*, Ratenfestsetzung *f*

rateizzare [rateid'dza:re] *vt* in Raten aufteilen

rateo ['ra:teo] *m* Rechnungsabgrenzung *f*; (*rateizzazione*) Ratenzahlung *f*

ratifica [ra'ti:fika] <-che> *f* Bestätigung *f*; (JUR) Ratifizierung *f*, Ratifikation *f*; **ratificante** [ratifi'kante] *agg* ratifizierend; **ratificare** [ratifi'ka:re] *vt* bestätigen; (JUR) ratifizieren; **ratificazione** [ratifikat'tsio:ne] *f* Ratifizierung *f*, Ratifikation *f*

rating ['reitiŋ] <-> *m* ❶ (FIN) Prüfung *f* von Obligationen ❷ (TV, RADIO) Beliebtheitsskala *f* für Rundfunksendungen

Ratisbona [ratiz'bo:na] *f* Regensburg *n*

rattening ['rætəniŋ] <-> *m* Behinderung von Streikbrechern durch die Entwendung von Arbeitsmitteln

ratticida [ratti'tʃi:da] <-i *m*, -e *f*> I. *m* Rattengift *n* II. *agg* Rattengift-; **esca ~** Rattengiftköder *m*

rattizzare [rattid'dza:re] *vt* ❶ (*fuoco*) wieder anfachen ❷ (*fig: odio, ira, passione*) wieder aufleben lassen, neu entfachen

ratto ['ratto] *m* ❶ (ZOO) Ratte *f* ❷ (JUR) Raub *m*

rattoppare [rattop'pa:re] *vt* ❶ (*riparare*) flicken ❷ (*fig*) zusammenstoppeln; **rattoppatura** [rattoppa'tu:ra] *f*, **rattoppo** [rat'tɔppo] *m* ❶ (*riparazione*) Flicken *m* ❷ (*fig*) Notlösung *f*, (Not)behelf *m*, Provisorium *n*

rattrappimento [rattrappi'mento] *m* Verkrampfung *f*; **rattrappire** [rattrap'pi:re] <rattrappisco> I. *vt* verkrampfen II. *vr* **-rsi** sich verkrampfen

rattristare [rattris'ta:re] I. *vt* betrüben II. *vr* **-rsi** betrübt werden

raucedine [rau'tʃɛdine] *f* Heiserkeit *f*

rauco, -a ['ra:uko] <-chi, -che> *agg* ❶ (*voce*) heiser ❷ (*persona*) rau ❸ (MUS) dumpf

ravanare [rava'na:re] *vi* ❶ (*sett: frugare, rovistare*) wühlen, stöbern (*in* in +*dat*) ❷ (*fig*) streben, sich extrem engagieren

ravanello [rava'nɛllo] *m* Radieschen *n*

rave [reiv] I. <- *o* raves> *m* (*sl*) Rave *m o n*, Fete *f*, (Techno)party *f* II. <inv> *agg* Rave-; **raduno ~** Raveparty *f*

ravegnano, -a [raveɲ'ɲa:no] I. *m, f* Einwohner(in) *m(f)* von Ravenna II. *agg* aus Ravenna

Ravenna *f* Ravenna *n* (*Stadt in der Emilia-Romagna*)

ravennate [raven'na:te] I. *mf* (*abitante*) Einwohner(in) *m(f)* Ravennas II. *agg* aus Ravenna

Ravennate *m* Umgebung *f* von Ravenna

ravioli [ra'vjɔːli] *mpl* Ravioli *pl* (*Teigtaschen mit Fleisch-, Gemüse-, Frischkäsefüllung*)

ravvalorare [ravvalo'ra:re] *vt* bestärken, bekräftigen

ravvedersi [ravve'dersi] <irr> *vr* bereuen, sein Unrecht einsehen; **ravvedimento** [ravvedi'mento] *m* Reue *f*, Einsicht *f*

ravveduto *pp di* **ravvedersi**

ravviare [ravvi'a:re] I. *vt* aufräumen; (*matassa*) entwirren II. *vr* **-rsi** sich zurechtmachen, sich frisch machen; **ravviata** [ravvi'a:ta] *f* (*fam*) Zurechtmachen *n*, Ordnen *n*; **darsi una ~** (*fam*) sich ein wenig zurechtmachen

ravvicinamento [ravvitʃina'mento] *m* ❶ (*il ravvicinarsi*) Annäherung *f*, Näherkommen *n* ❷ (*fig: riconciliazione*) Versöhnung *f*; **ravvicinare** [ravvitʃi'na:re] I. *vt* ❶ (*avvicinare di più*) annähern, näher bringen ❷ (*fig: rappacificare*) versöhnen II. *vr* **-rsi** ❶ (*avvicinarsi*) sich annähern ❷ (*rappacificarsi*) sich versöhnen; **ravvicinato, -a** [ravvitʃi'na:to] *agg* nah(e), Nah-

ravvilupppare [ravvilup'pa:re] I. *vt* einwickeln II. *vr* **-rsi** sich einwickeln

ravvisare [ravvi'za:re] *vt* erkennen

ravvivare [ravvi'va:re] I. *vt* **❶** (*fuoco*) neu entfachen **❷** (*ricordi, speranze*) wieder aufleben lassen II. *vr* -**rsi** wieder aufleben

ravvoltolare [ravvolto'la:re] I. *vt* einwickeln II. *vr* -**rsi** sich einwickeln

raw materials [rɔ: məˈtiəriəls] *mpl* Rohstoffe *mpl*

raziocinante [rattsiotʃi'nante] *agg* vernünftig, vernunftbegabt; **raziocinio** [rattsio'tʃi:nio] <-i> *m* Vernunft *f*

razionale [rattsio'na:le] I. *agg* **❶** (*uomo*) rational, vernunftbegabt **❷** (*procedimento, metodo*) rational, vernünftig **❸** (*alimentazione, architettura*) rationell, zweckmäßig **❹** (MAT) rational II. *m* Rationale(s) *n*; **razionalismo** [rattsiona'lizmo] *m* Rationalismus *m*; **razionalista** [rattsiona'lista] <-i *m*, -e *f*> *mf* Rationalist(in) *m(f)*; **razionalistico, -a** [rattsiona'listiko] <-ci, -che> *agg* rationalistisch; **razionalità** [rattsionali'ta] <-> *f* **❶** (*facoltà*) Rationalität *f*, Vernünftigkeit *f* **❷** (*funzionalità*) Zweckmäßigkeit *f*; **razionalizzare** [rattsionalid'dza:re] *vt* rationalisieren; **razionalizzazione** [rattsionaliddzat'tsio:ne] *f* Rationalisierung *f*

razionamento [rattsiona'mento] *m* Rationierung *f*; **razionare** [rattsio'na:re] *vt* rationieren, begrenzen; **razione** [rat'tsio:ne] *f* Ration *f*; (*porzione*) Portion *f*; (*a fig*) Anteil *m*

razza[1] ['rattsa] *f* **❶** (*di uomini, animali*) Rasse *f*; **di ~ pura** reinrassig **❷** (*di piante*) Sorte *f* **❸** (*famiglia, stirpe*) Herkunft *f*, Abstammung *f* **❹** (*fig*) Klasse *f*; (*fam pej*) Art *f*, Sorte *f*; **che ~ di uomo sei!** was bist du nur für ein Mensch!

razza[2] ['raddza] *f* (ZOO) Rochen *m*

razzia [rat'tsi:a] <-ie> *f* **❶** (*scorreria*) Razzia *f* **❷** (*di animali*) Raub-, Beutezug *m*

razziale [rat'tsia:le] *agg* Rassen-; **conflitto ~** Rassenkonflikt *m*; **odio ~** Rassenhass *m*

razziare [rat'tsia:re] *vt* ausrauben

razzismo [rat'tsizmo] *m* Rassismus *m*; **razzista** [rat'tsista] <-i *m*, -e *f*> I. *mf* Rassist(in) *m(f)* II. *agg* rassistisch; **razzistico, -a** [rat'tsistiko] <-ci, -che> *agg* rassistisch

razzo ['raddzo] *m* **❶** (*fuoco artificiale*) Rakete *f*, Feuerwerkskörper *m* **❷** (*proiettile*) Rakete *f*

razzolare [rattso'la:re] *vi* scharren

RC *f abbr di* **Rifondazione Comunista** *italienische Neokommunisten*

RDT *f abbr di* **Repubblica Democratica Tedesca** (HIST) DDR *f*; **l'ex ~** die ehemalige DDR

re[1] [re] <-> *m* (*a fig*) König *m*; **vita da ~** königliches Leben; **~ di quadri** Karokönig *m*

re[2] [rɛ] <-> *m* (MUS) d, D *n*

rea *f v.* **reo**

reader ['ri:də] <- *o* readers> *m* (INFORM) Datenlesegerät *n*

reading ['ri:diŋ] <- *o* readings> *m* **❶** (LIT) Autorenlesung *f*, Dichterlesung *f* **❷** (LIT: *volume che raccoglie scritti di autori diversi*) Essaysammlung *f*

reagentario [readʒɛn'ta:rio] <-i> *m* **❶** (CHEM: *gamma di reagenti*) Reagenzien *npl* **❷** (CHEM: *mobile, scaffale per reagenti*) Reagenzienschrank *m*

reagente [rea'dʒɛnte] *m* Reagenz *n*

reagire [rea'dʒi:re] <reagisco> *vi* **~** (**a qc**) (auf etw *acc*) reagieren

reale [re'a:le] I. *agg* **❶** (*di, da re*) königlich, Königs- *m*; **aquila ~** Königsadler *m* **❷** (*oggetto, fatto*) real, wirklich; (*salario*) Real- **❸** (JUR) Real- **❹** (MAT) reell II. *m* Wirklichkeit *f*

real-estate man ['ri:əlis'teit mæn] <- *o* real-estate men> *m* (COM, FIN) Realitätenverwalter(in) *m(f)*, Realitätenagent(in) *m(f)*

reali *mpl* Königs-, Herrscherpaar *n*

realismo [rea'lizmo] *m* Realismus *m*

realista [rea'lista] <-i *m*, -e *f*> I. *mf* **❶** (*persona concreta*) Realist(in) *m(f)* **❷** (*nell'arte*) Realist(in) *m(f)* **❸** (POL) Royalist(in) *m(f)* II. *agg* **❶** (*nell'arte*) realistisch **❷** (POL) royalistisch; **realistico, -a** [rea'listiko] <-ci, -che> *agg* realistisch

realizzabile [realid'dza:bile] *agg* realisierbar; **realizzare** [realid'dza:re] I. *vt* **❶** (*speranza, progetto*) realisieren, verwirklichen **❷** (COM) realisieren **❸** (*fig: comprendere*) begreifen, realisieren *geh* II. *vr* -**rsi** sich verwirklichen, wahr werden; **realizzazione** [realiddzat'tsio:ne] *f* (*di progetto*) Realisierung *f*; (*di sogno*) Verwirklichung *f*

realizzo [rea'liddzo] *m* **❶** (COM) Zwangsverkauf *m* **❷** (FIN) Liquidation *f*

realmente [real'mente] *avv* tatsächlich, wirklich

realtà [real'ta] <-> *f* Realität *f*, Wirklichkeit *f*; **in ~** tatsächlich, in Wirklichkeit; **~ virtuale** (TEL, INFORM) virtuelle Realität

reame [re'a:me] *m* (*poet*) (König)reich *n*

Reatino <*sing*> *m* Umgebung *f* von Rieti

reatino, -a [rea'ti:no] I. *m, f* (*abitante*) Einwohner(in) *m(f)* von Rieti II. *agg* aus Rieti

reato [re'a:to] *m* Straftat *f*, Delikt *n*; **corpo**

del ~ Corpus delicti *n*, Beweisstück *n*; **il fatto non costituisce ~** die Tat ist nicht strafbar; **-i contro l'ambiente** Umweltkriminalität *f*

reattivo [reat'ti:vo] *m* Reagenz *n*

reattivo, -a *agg* ❶ Reaktions-, reagierend ❷ (CHEM) Reagenz- ❸ (EL) Reaktanz-

reattore [reat'to:re] *m* ❶ (AERO) Düsenflugzeug *n*; (*motore*) Düsentriebwerk *n* ❷ (PHYS) Reaktor *m*; **~ nucleare** Kernreaktor *m*

reazionario, -a [reattsio'na:rio] <-i, -ie> I. *agg* reaktionär II. *m, f* Reaktionär(in) *m(f)*; **reazione** [reat'tsio:ne] *f* Reaktion *f*; **le forze della ~** die reaktionären Kräfte *fpl*; **a ~** (AERO) Düsen-

reboante [rebo'ante] *agg* ❶ (*voce*) dröhnend ❷ (*fig, pej*) bombastisch, schwülstig

rebus ['rɛ:bus] <-> *m* ❶ (*gioco*) Rebus *m* o *n*, Bilderrätsel *n* ❷ (*fig: persona, cosa incomprensibile*) Rätsel *n*; **rebussistico, -a** [rebus'sistiko] <-ci, -che> *agg* ❶ (*gener*) Rätsel- ❷ (*scherz: enigmatico, indecifrabile*) rätselhaft

recalcitrare [rekaltʃi'tra:re] *v.* **ricalcitrare**

recapitare [rekapi'ta:re] *vt* zustellen, abliefern; **recapito** [re'ka:pito] *m* ❶ (*indirizzo*) Adresse *f* ❷ (*consegna*) Zustellung *f*

recare [re'ka:re] I. *vt* ❶ (*portare*) bringen ❷ (*avere su di sé*) tragen ❸ (*cagionare*) bewirken, verursachen; **~ disturbo a qu** jdn stören; **~ offesa a qu** jdn beleidigen II. *vr* **-rsi** sich begeben

recedere [re'tʃɛ:dere] <recedo, recedetti o recedei, receduto> *vi* ❶ (*tirarsi indietro*) zurückgehen, sich zurückziehen ❷ (JUR) zurücktreten ❸ (MED: *febbre, malattie*) zurückgehen

recensione [retʃen'sio:ne] *f* Rezension *f*, Besprechung *f*; **recensore, -a** [retʃen'so:re] *m, f* Rezensent(in) *m(f)*

recente [re'tʃɛnte] *agg* neu, jüngste(r, s); **di ~** neulich, kürzlich; **recentemente** [retʃente'mente] *avv* kürzlich, neulich; **recentissime** [retʃen'tissime] *fpl* neu(e)ste Nachrichten *fpl*, letzte Meldungen *fpl*

recepire [retʃe'pi:re] <recepisco> *vt* (*poet*) empfangen, aufnehmen

reception [ri'sepʃən] <- *o* receptions> *f* Rezeption *f*, Empfangsbüro *n*; **receptionist** [ri'sepʃənist] <- *o* receptionists> *mf* Rezeptionist(in) *m(f)*

recessione [retʃes'sio:ne] *f* (COM) Rezession *f*, Rückgang *m*; **recessività** [retʃessivi'ta] <-> *f* (BIOL) Rezessivität *f*; **recessivo, -a** [retʃes'si:vo] *agg* ❶ (BIOL) rezessiv ❷ (COM) rückläufig

recesso [re'tʃɛsso] *m* ❶ (*rifugio*) Schlupfwinkel *m* ❷ (*fig*) Abgrund *m*, geheimer Winkel *m* ❸ (JUR) Rücktritt *m* ❹ (MED) Rückgang *m*

recettività [retʃettivi'ta] *f v.* **ricettività**

recherche [r(ə)'ʃɛrʃ(ə)] <- *o* recherches> *f* Stöbern *n* in der Vergangenheit

recidere [re'tʃi:dere] <recido, recisi, reciso> I. *vt* (ab)schneiden II. *vr* **-rsi** aufspringen, rissig werden

recidivante [retʃidi'vante] *agg* wiederkehrend, rekurrent

recidivo, -a [retʃi'di:vo] I. *agg* rückfällig, Rückfall- II. *m, f* Rückfällige(r) *f(m)*; (JUR) Rückfall-, Wiederholungstäter(in) *m(f)*; (MED) rückfällige(r) Patient(in) *m(f)*

recingere [re'tʃindʒere] <irr> *vt* umschließen, umgeben

recintare [retʃin'ta:re] *vt* einfrieden, umzäunen

recinto[1] [re'tʃinto] *pp di* **recingere**

recinto[2] *m* ❶ (*spazio circoscritto*) Gebiet *n*; (*per animali*) Gehege *n*; (*per bambini*) Laufstall *m* ❷ (*ciò che recinge*) Zaun *m*, Umzäunung *f*; **recinzione** [retʃin'tsio:ne] *f* Einfriedung *f*, Umzäunung *f*

recipiente [retʃi'piɛnte] *m* Behälter *m*, Gefäß *n*

reciprocità [retʃiprotʃi'ta] <-> *f* Gegenseitigkeit *f*

reciproco [re'tʃi:proko] <-ci> *m* Kehrwert *m*

reciproco, -a <-ci, -che> *agg* gegenseitig; (MAT, LING) reziprok

recisi [re'tʃi:zi] *1. pers sing pass rem di* **recidere**

reciso, -a [re'tʃi:zo] I. *pp di* **recidere** II. *agg* ❶ (*tagliato*) abgeschnitten ❷ (*fig*) knapp; **fiori -i** Schnittblumen *fpl*

recita ['rɛ:tʃita] *f* Aufführung *f*

recital [retʃi'tal *o* 'rɛ:tʃital] <-> *m* Recital *n*

recitare [retʃi'ta:re] I. *vt* ❶ (*poesia*) rezitieren, vortragen; (*orazioni*) sprechen; (*lezione*) aufsagen ❷ (*declamare*) deklamieren ❸ (THEAT, FILM) spielen; **~ la commedia** (*fig*) eine Komödie aufführen II. *vi* ❶ (THEAT, FILM) spielen ❷ (*fig, pej*) deklamieren

recitativo [retʃita'ti:vo] *m* Rezitativ *n*

recitativo, -a *agg* rezitativisch, Rezitativ-

recitazione [retʃitat'tsio:ne] *f* ❶ (*interpretazione*) Rezitation *f*, Vortrag *m* ❷ (*disciplina*) Schauspielkunst *f*; **scuola di ~** Schauspielschule *f*

reclamare [rekla'ma:re] I. *vi* **~ contro** [*o* **per**] **qc** etw reklamieren, sich über etw *acc* beschweren II. *vt* geltend machen, for-

dern
réclame [re'klam] <-> f Reklame f, Werbung f; **fare ~ a qc/qu** für etw/jdn Werbung machen; **farsi ~** für sich werben; **reclamizzare** [reklamid'dza:re] vt werben, Reklame machen für; **reclamizzazione** [reklamiddzat'tsio:ne] f Werben n, Reklamemachen n

reclamo [re'kla:mo] m Reklamation f; (documento) Beschwerde f

reclinare [rekli'na:re] vt neigen

reclusa f v. **recluso**

reclusione [reklu'zio:ne] f Haft f; **recluso, -a** [re'klu:zo] I. agg eingeschlossen; (JUR) inhaftiert II. m, f Häftling m, Inhaftierte(r) f(m)

recluta ['rɛ:kluta] f ① (MIL) Rekrut m ② (fig) Neuling m; **reclutamento** [rekluta'mento] m Einberufung f; (a fig) Rekrutierung f; **reclutare** [reklu'ta:re] vt einberufen; (a fig) rekrutieren

recondito, -a [re'kɔndito] agg (poet) ① (luogo) abgelegen, entlegen ② (fig) verborgen, geheim

record ['rɛ:kord] I.<-> m ① (SPORT) Rekord m; **battere un ~** einen Rekord brechen ② (INFORM) Record m, Datensatz m II.<inv> agg Spitzen-, Rekord-; **incasso ~** Rekordeinnahme f

recriminare [rekrimi'na:re] vi sich beklagen; **recriminazione** [rekriminat'tsio:ne] f Klage f

recrudescenza [rekrudeʃʃɛntsa] f Verschlimmerung f

recto ['rɛkto] m Vorderseite f, Rekto n

recuperante [rekupe'rante] mf Gebrauchtwaffenhändler(in) m(f)

recuperare [rekupe'ra:re] v. **ricuperare**

recusare [reku'za:re] v. **ricusare**

redarguire [redargu'i:re] <redarguisco> vt tadeln, rügen

redarre [re'darre] <usato solo all'inf> v. **redigere**

redassi [re'dassi] 1. pers sing pass rem di **redigere**

redatto [re'datto] pp di **redigere**

redattore, -trice [redat'to:re] m, f ① (di giornale, casa editrice) Redakteur(in) m(f) ② (di atti, documenti) Verfasser(in) m(f); **redazionale** [redattsio'na:le] agg Redaktions-, redaktionell; **redazione** [redat'tsio:ne] f Redaktion f; **~ di un documento** Abfassung f eines Dokuments; **~ di verbale** Protokollierung f

redditiere, -a [redditi'e:re] m, f ① (FIN, ADM: chi gode di un reddito) Einkommensbezieher(in) m(f), Einkommensempfänger(in) m(f) ② (chi vive di rendita) Rentier m, Rentenbezieher(in) m(f)

redditività [redditivi'ta] <-> f Ertrag(s)fähigkeit f, Rentabilität f; **redditizio, -a** [reddi'tittsio] <-i, -ie> agg einträglich, rentabel

reddito ['rɛddito] m Einkommen n; (utile) Ertrag m, Gewinn m; **~ lordo/netto** Brutto-/Nettoeinkommen n; **imposta sul ~** Einkommensteuer f

redditometrico, -a [reddito'me:triko] agg einkommensbemessend, Einkommens-

redditometro [reddi'tɔ:metro] m (steuerliche) Schätztabelle f

redensi [re'dɛnsi] 1. pers sing pass rem di **redimere**

redento, -a [re'dɛnto] I. pp di **redimere** II. m, f Erlöste(r) f(m), Christ(in) m(f) III. agg erlöst

redentore [reden'to:re] m Erlöser m, Heiland m

redentore, -trice agg erlösend, befreiend

redenzione [reden'tsio:ne] f Erlösung f

redevance [rədə'vãs] <- o redevances> f Abgabe f, Gebühr f

redibitorio, -a [redibi'tɔ:rio] <-i, -ie> agg (JUR) Wandlungs-

redigere [re'di:dʒere] <redigo, redassi, redatto> vt ① (compilare, stendere) verfassen, abfassen ② (curare) redigieren, bearbeiten

redimere [re'di:mere] <redimo, redensi, redento> vt (poet) erlösen, befreien; **redimibile** [redi'mi:bile] agg ① (debito) kündbar, tilgbar ② (poet) erlösbar

redini ['rɛ:dini] fpl Zügel mpl

redivivo, -a [redi'vi:vo] agg auferstanden, wiedererstanden

reduce ['rɛ:dutʃe] I. agg heimgekehrt; **essere ~ da una malattia** eine Krankheit (gerade) überstanden haben II. mf Heimkehrer(in) m(f)

refe ['re:fe] m Zwirn m

referee [rɛfa'ri:] <-> m (SPORT) Referee m, Schiedsrichter m

referendarista [referenda'rista] <-i m, -e f> mf (POL) Befürworter(in) m(f) von Volksabstimmungen

referendum [refe'rɛndum] <-> m ① (JUR) Referendum n, Volksentscheid m ② (indagine) Umfrage f

referente [refe'rɛnte] I. agg berichterstattend; **riunione in sede ~** berichterstattende Versammlung II. mf (persona di riferimento) Ansprechpartner(in) m(f)

referenza [refe'rɛntsa] f Referenz f, Empfehlung f; **referenziato, -a** [referen'tsia:to] agg mit Referenzen (ausgestattet)

R

referto [re'fɛrto] *m* Befund *m*

refettorio [refet'tɔ:rio] <-i> *m* Refektorium *n*, Speisesaal *m;* **refezione** [refet'tsio:ne] *f* Speisung *f;* ~ **scolastica** Schulspeisung *f*

refill ['ri:fil *o* 'rɛfil] <-> *m* Patrone *f*

reflation [ri:fleiʃən] <-> *f* (COM, FIN) Reflation *f*

reflazione [reflat'tsio:ne] *f* (FIN, COM) Reflation *f;* **reflazionistico, -a** [reflattsio'nistiko] <-ci, -che> *agg* reflationistisch; **fase -a** Reflationsphase *f*

refluo, -a ['rɛ:fluo] *agg* zurückfließend; **acque -e** Abwässer *npl*

refolo ['rɛ:folo] *m* Bö(e) *f*

refrain [rə'frɛ̃] <-> *m* Refrain *m*

refrattarietà [refrattarie'ta] <-> *f* ❶ (*di materiale*) Hitzebeständigkeit *f*, Feuerfestigkeit *f* ❷ (*fig* MED) Unempfindlichkeit *f*, Immunität *f;* **refrattario, -a** [refrat'ta:rio] <-i, -ie> *agg* ❶ (*materiale*) hitzebeständig, feuerfest ❷ (*fig* MED) **essere ~** (**a qc**) (gegen etw) unempfindlich sein

refrigerante [refridʒe'rante] I. *agg* kühlend, Kühl- II. *m* ❶ (*apparecchio*) Kühlgerät *n* ❷ (*sostanza*) Kühlmittel *n*

refrigerare [refridʒe'ra:re] *vt* kühlen; **refrigeratore** [refridʒera'to:re] *m* ❶ (*fluido*) Kühlflüssigkeit *f* ❷ (*parte del frigorifero*) Kühlaggregat *n;* **refrigerazione** [refridʒerat'tsio:ne] *f* Kühlung *f;* **refrigerio** [refri'dʒɛ:rio] <-i> *m* ❶ (*sensazione di fresco*) Erfrischung *f* ❷ (*fig: sollievo*) Erleichterung *f*

refurtiva [refur'ti:va] *f* Beute *f*, Diebesgut *n*

refuso [re'fu:zo] *m* (TYP) Druckfehler *m*

regalare [rega'la:re] *vt* ❶ (*gener*) schenken ❷ (COM) verschenken, verschleudern

regale [re'ga:le] *agg* (*a fig*) königlich, fürstlich

regalia [rega'li:a] <-ie> *f* ❶ (*dono in denaro*) Geldgeschenk *n;* (*mancia*) Trinkgeld *n* ❷ *pl* (*prestazione in natura*) Tribut *m* in Naturalien ❸ (HIST) Hoheitsrecht *n*

regalità [regali'ta] <-> *f* ❶ (*carattere regale*) Königtum *n* ❷ (*l'essere splendido*) Noblesse *f*

regalo [re'ga:lo] *m* Geschenk *n*, Gabe *f;* **dare qc a qu in** ~ jdm etw schenken; ~ **di Natale** Weihnachtsgeschenk *n;* **fare un** ~ **a qu** jdm etw schenken

regata [re'ga:ta] *f* Regatta *f*

reggae ['rɛ(g)geɪ] <-> *m* (MUS) Reggae *m*

reggente [red'dʒɛnte] I. *mf* Regent(in) *m(f)* II. *f* (LING) Hauptsatz *m* III. *agg* ❶ (POL) Regenten-, Regentschafts- ❷ (LING) **proposizione** ~ Hauptsatz *m;* **reggenza** [red'dʒɛntsa] *f* ❶ (*carica*) Regentschaft *f*

❷ (*governo dei reggenti*) Regierung *f*, Herrschaft *f* ❸ (LING) Rektion *f*

reggere ['rɛddʒere] <reggo, ressi, retto> I. *vt* ❶ (*tenere*) halten; (*sostenere*) halten, tragen; (*tenere fermo*) fest halten ❷ (*resistere*) standhalten *dat* ❸ (*dirigere*) leiten, führen; (*governare*) regieren ❹ (LING) regieren, erfordern ❺ (*sopportare*) ertragen; ~ **il vino** trinkfest sein II. *vi* ❶ (*resistere*) standhalten ❷ (*durare*) anhalten; (*cibi*) haltbar sein III. *vr* -**rsi** ❶ (*sostenersi*) sich halten; -**rsi a galla** sich an der Oberfläche halten ❷ (*fig: controllarsi*) sich beherrschen ❸ (*governarsi*) sich regieren ❹ (*attaccarsi*) sich fest halten

reggetta [red'dʒetta] *f* (TEC) Eisenband *n*, Bandstahl *m;* **reggettatrice** [reddʒetta'tri:tʃe] *f* (TEC) Bandstahlwickler *m*

reggia ['rɛddʒa] <-gge> *f* ❶ (*di re*) Königshof *m*, -palast *m* ❷ (*fig*) Palast *m*

reggiano, -a [red'dʒa:no] I. *m, f* (*abitante*) Einwohner(in) *m(f)* von der Reggio Emilia II. *agg* aus Reggio Emilia

Reggiano *m* ❶ Umgebung *f* von der Reggio Emilia ❷ (*formaggio*) Parmesan(käse) *m*

reggiborsa [reddʒi'borsa] <-> *mf* (*pej*) Taschenträger(in) *m(f)*

reggicalze [reddʒi'kaltse] <-> *m* Strumpfhalter *m*

reggifreno [reddʒi'fre:no *o* reddʒi'frɛ:no] <-> *m* Zügel *m*

reggilibro, **reggilibri** [reddʒi'li:bro, reddʒi'li:bri] *m* Buchstütze *f*

reggimentale [reddʒimen'ta:le] *agg* Regiments-; **reggimento** [reddʒi'mento] *m* ❶ (MIL) Regiment *n* ❷ (*fig*) Heer *n*

reggino, -a [red'dʒi:no] I. *m, f* (*abitante*) Einwohner(in) *m(f)* von Reggio Calabria II. *agg* aus Reggio (Calabria)

Reggino *m* Umgebung *f* Reggio (Calabria)

Reggio Calabria *f* Reggio (Calabria) *n* (*Stadt in Kalabrien*)

Reggio Emilia *f* Reggio Emilia *n* (*Stadt in Emilia Romagna*)

reggipetto, **reggiseno** [reddʒi'pɛtto, reddʒi'se:no] *m* Büstenhalter *m;* ~ **a balconcino** Bügel-BH *m*

reggistanga [reddʒi'staŋga] <-> *f* Karrenriemen *m*

reggitesta [reddʒi'tɛsta] <-> *m* Nackenstütze *f*, Nackenkissen *n*

reggitore, **-trice** [reddʒi'to:re] I. *agg* (*poet*) leitend II. *m, f* (*poet*) Leiter(in) *m(f)*

regia [re'dʒi:a] <-gie> *f* (*a fig*) Regie *f*

regicida [redʒi'tʃi:da] <-i *m*, -e *f*> *mf* Königsmörder(in) *m(f);* **regicidio** [redʒi'tʃi:dio] <-i> *m* Königsmord *m*

R

regimazione [redʒimat'tsioːne] *f* ❶(TEC) Einfahren *n* ❷(*di un corso d'acqua*) Regulierung *f*, Begradigung *f*

regime [re'dʒiːme] *m* ❶(POL) Regime *n;* (*fascismo*) faschistisches Regime ❷(*dieta*) Diät *f;* **tenersi a ~** eine Diät machen ❸(*regola di vita*) Lebensweise *f,* -haltung *f* ❹(TEC, MOT) Drehzahl *f;* **andare a pieno ~** auf vollen Touren laufen

regina [re'dʒiːna] *f* ❶(*fig* POL, ZOO) Königin *f* ❷(*negli scacchi, nelle carte*) Dame *f*

reginetta [redʒi'netta] *f* Miss *f,* Schönheitskönigin *f*

regio, -a ['rɛːdʒo] <-gi, -gie> *agg* Königs-; (*a fig*) königlich

regionale [redʒo'naːle] *agg* regional; **regionalismo** [redʒona'lizmo] *m* Regionalismus *m;* **regionalizzare** [redʒonalid'dzaːre] *vt* (ADM) regionalisieren; **regionalizzazione** [redʒonaliddzat'tsioːne] *f* (ADM) Regionalisierung *f*

regione [re'dʒoːne] *f* Region *f*

regista [re'dʒista] <-i *m,* -e *f*> *mf* Regisseur(in) *m(f);* **aiuto ~** Regieassistent(in) *m(f)*

registrare [redʒis'traːre] *vt* ❶(ADM) registrieren, eintragen ❷(FIN) (ver)buchen ❸(*prendere nota*) aufzeichnen, eintragen ❹(*rilevare*) registrieren, verzeichnen ❺(*sentire*) wahrnehmen ❻(*con registratori*) aufnehmen, mitschneiden

registratore [redʒistra'toːre] *m* ❶(*apparecchio*) Aufnahmegerät *n;* (*magnetofono*) Tonbandgerät *n;* **~ di cassa** Registrierkasse *f* ❷(*cartella*) Ordner *m,* Registrator *m*

registratore, -trice I. *m, f* Registrator(in) *m(f)* II. *agg* (*barometro, apparecchio*) Schreib-; **registrazione** [redʒistrat'tsioːne] *f* ❶(*il registrare*) Registrierung *f,* Eintragung *f* ❷(FIN) (Ver)buchung *f* ❸(MUS, RADIO, TV: *operazione*) Aufnahme *f,* Mitschnitt *m;* **tecnica di ~** Aufnahmetechnik *f;* (*locale*) Aufnahmestudio *n*

registro [re'dʒistro] *m* ❶(*libro*) Register *n;* **~ di classe** Klassenbuch *n* ❷(TEC) Regler *m*

regnante [reɲ'ɲante] I. *agg* herrschend II. *mf* Herrscher(in) *m(f);* **regnare** [reɲ'ɲaːre] *vi* (*a fig* POL) herrschen

regno ['reɲɲo] *m* ❶(POL: *stato*) (Königreich *n;* (*autorità, durata*) Herrschaft *f* ❷(*fig*) Reich *n;* (*animale, vegetale*) Welt *f*

regola ['rɛːgola] *f* ❶(*principio, norma*) Regel *f;* **-e del gioco** Spielregeln *fpl;* **-e commerciali** Geschäftsregeln *pl;* **~ d'oro** Grundregel *f;* **di ~** in der Regel; **a ~ d'arte, con tutte le -e** nach allen Regeln der Kunst; **fare ~** die Regel sein; **per vostra norma e ~** zu eurer Orientierung; **servire di ~** eine Lehre sein ❷(*ordine*) Vorschrift *f;* **essere in ~** mit den Vorschriften übereinstimmen, in Ordnung sein; **mettere in ~** in Ordnung bringen ❸(*misura, modo*) Maß *n* ❹(REL) Ordensregeln *fpl* ❺*pl* (*mestruazioni*) (Monats)regel *f;* ❻(*loc*) **servire di ~** eine Lehre sein

regolabile [rego'laːbile] *agg* regulierbar, verstellbar

regolamentare[1] [regolamen'taːre] *agg* vorschriftsmäßig

regolamentare[2] *vt* reglementieren

regolamentazione [regolamentat'tsioːne] *f* Reglementierung *f;* **regolamento** [regola'mento] *m* ❶(*ordinare*) Ordnung *f,* Reglement *n;* (*norme*) Vorschriften *fpl,* Bestimmungen *fpl;* **~ scolastico** Schulordnung *f* ❷(*sistemazione*) Regulierung *f* ❸(COM) Abrechnung *f;* (*di debito*) Begleichung *f*

regolare[1] [rego'laːre] I. *vt* ❶(*ordinare*) regeln, ordnen ❷(*sistemare*) regulieren, in Ordnung bringen; (*debito*) begleichen ❸(TEC) einstellen; (*orologio*) stellen II. *vr* -**rsi** ❶(*di comportamento*) sich verhalten ❷(*controllarsi*) sich beherrschen

regolare[2] *agg* ❶(LING, MAT) regelmäßig ❷(*in regola*) regulär, vorschriftsmäßig; (*secondo le norme*) geregelt ❸(*proporzionato*) ebenmäßig; (*costante*) gleichmäßig ❹(*puntuale*) regelmäßig, pünktlich

regolarità [regolari'ta] <-> *f* Regelmäßigkeit *f*

regolarizzare [regolarid'dzaːre] *vt* gesetzlich regeln; **regolarizzazione** [regolariddzat'tsioːne] *f* gesetzliche Regelung *f*

regolata [rego'laːta] *f* (*schnelle*) Regelung *f;* **darsi una ~** (*fam*) sich zusammenreißen

regolatezza [regola'tettsa] *f* Regelmäßigkeit *f*

regolato, -a [rego'laːto] *agg* ❶(*ordinato da regola*) geregelt ❷(*moderato*) maßvoll

regolatore [regola'toːre] *m* Regulator *m,* Regler *m;* **~ cardiaco** (MED) Herzschrittmacher *m*

regolatore, -trice *agg* regelnd, regulierend; **piano ~** Bebauungsplan *m;* **regolazione** [regolat'tsioːne] *f* Regulierung *f,* Regelung *f*

regolo ['rɛːgolo] *m* Stab *m,* Latte *f;* (*righello*) Lineal *n;* **~ calcolatore** Rechenschieber *m*

regredire [regre'diːre] <regredisco, regredii, regredito *o* regresso> *vi essere* ❶(*tornare indietro*) zurückgehen, -weichen ❷(*fig*) zurückgehen, nachlassen;

R

regressione [regres'sio:ne] *f* Rückgang *m*; **regressivo, -a** [regres'si:vo] *agg* rückläufig; (*fig: idee*) rückschrittlich

regresso[1] [re'grɛsso] *pp di* **regredire**

regresso[2] *m* Rückgang *m*; (*a fig*) Rückschritt *m*

regular season ['regjulə 'si:zon] <- *o* regular seasons> *f* (SPORT) erste Runde

regulation ['regju'leiʃən] <-> *f* Betriebsordnung *f*, Geschäftsordnung *f*

reietto, -a [re'iɛtto] I. *agg* ausgestoßen, verstoßen II. *m, f* Ausgestoßene(r) *f(m)*

reificare [reifi'ka:re] *vt* verdinglichen; **reificazione** [reifikat'tsio:ne] *f* Verdinglichung *f*

reimpaginazione [reimpadʒinat'tsio:ne] *f* (TYP) Neuformatierung *f*

reimpiantare [reimpian'ta:re] *vt* (MED) wieder implantieren

reimpiegare [reimpie'ga:re] *vt* wieder verwenden; **reimpiego** [reim'piɛ:go] <-ghi> *m* Wiederverwendung *f*

reincaricare [reiŋkari'ka:re] *vt* wiederholt beauftragen

reincarnare [reiŋkar'na:re] *vt* ~ **qu** jdm wie aus dem Gesicht geschnitten sein, jds Ebenbild sein; **reincarnazione** [reiŋkarnat'tsio:ne] *f* Wiedergeburt *f*, Reinkarnation *f*

reingaggio [reiŋ'gaddʒo] *m* ❶(SPORT) Wiederverpflichtung *f* ❷(*somma*) Wiederverpflichtungssumme *f*

reinscrivere [rein'skri:vere] <irr> *vt* erneut einschreiben; **reinscrizione** [reinskrit'tsio:ne] *f* erneute Einschreibung

reinserimento [reinseri'mento] *m* Wiedereinführung *f*, -eingliederung *f*; **reinserire** [reinse'ri:re] <reinserisco> I. *vt* wieder einführen, eingliedern II. *vr* **-rsi** sich wieder eingliedern

reinstallare [reinstal'la:re] *vt* ~ **qu in qc** jdn in etw *acc* wieder einführen; **reinstallazione** [reinstal'lat'tsio:ne] *f* Wiedereingliederung *f*, Wiedereinführung *f*

reintegrabilità [reintegrabili'ta] <-> *f* Wiedereingliederungsfähigkeit *f*, Möglichkeit *f* der Wiedereingliederung

reintegrare [reinte'gra:re] I. *vt* reintegrieren, wieder integrieren; (*in una carica*) ~ wieder einsetzen II. *vr* **-rsi** sich wieder einfügen, sich reintegrieren; **reintegrazione** [reintegrat'tsio:ne] *f* Reintegration *f*, Wiedereingliederung *f*

reinvestimento [reinvesti'mento] *m* Neuanlage *f*, Reinvestition *f*; **reinvestire** [reinves'ti:re] *vt* neu anlegen, wieder investieren

reità [rei'ta] <-> *f* Schuldigkeit *f*

reiterare [reite'ra:re] *vt* (*poet*) wiederholen; **reiterazione** [reiterat'tsio:ne] *f* Wiederholung *f*

relais [re'lɛ] <-> *m* Relais *n*

relativa [rela'ti:va] *f* Relativsatz *m*

relativamente [relativa'mente] *avv* relativ, verhältnismäßig; ~ **a** hinsichtlich +*gen*, bezüglich +*gen*, in Bezug auf +*acc*

relativista [relati'vista] <-i *m*, -e *f*> *mf* Relativist(in) *m(f)*; **relativistico, -a** [relati'vistiko] <-ci, -che> *agg* relativistisch

relatività [relativi'ta] <-> *f* Relativität *f*; **relativizzare** [relativid'dza:re] *vt* relativieren; **relativo, -a** [rela'ti:vo] *agg* ❶(*pertinente*) dazugehörend ❷(PHILOS) relativ ❸(*limitato*) relativ ❹(LING) **pronome** ~ Relativpronomen *n*

relatore, -trice [rela'to:re] I. *agg* berichterstattend II. *m, f* ❶(*gener*) Referent(in) *m(f)*, Berichterstatter(in) *m(f)* ❷(*in ambito universitario*) Betreuer(in) *m(f)*

relax [re'laks] <-> *m* Entspannung *f*

relazione [relat'tsio:ne] *f* ❶(*esposizione*) Bericht *m*, Referat *n* ❷(*rapporto*) Beziehung *f*, Verhältnis *n*; **pubbliche -i** Öffentlichkeitsarbeit *f*, Publicrelations *pl*; **avere una ~ con qu** mit jdm ein Verhältnis haben; **essere in buone -i con qu** zu jdm ein gutes Verhältnis haben, zu jdm einen guten Draht haben; **in ~ a** im Verhältnis zu; **in ~ alla vostra richiesta del ...** (ADM) bezüglich Ihrer Anfrage vom ... ❸(*fig* MAT) Relation *f*

relè [re'lɛ] *m v.* **relais**

release [ri'li:s] <- *o* releases> *f* (INFORM) Verkaufslizenz *f*

relegare [rele'ga:re] *vt* ❶(*allontanare*) verbannen ❷(*fig: mettere in disparte*) beiseite stellen

reliability [rilaiə'biliti] <-> *f* (TEC, INFORM) Zuverlässigkeit *f*

religione [reli'dʒo:ne] *f* Religion *f*; ~ **di stato** Staatsreligion *f*; **l'ora di** ~ Religionsunterricht *m*

religiosa *f v.* **religioso**

religiosità [relidʒosi'ta] <-> *f* Religiosität *f*, Frömmigkeit *f*; **religioso, -a** [reli'dʒo:so] I. *agg* ❶(REL) religiös, Religions-; **matrimonio** ~ kirchliche Trauung ❷(*pio*) fromm, religiös ❸(*fig: devoto*) ehrfürchtig II. *m, f* Ordensbruder *m*, -schwester *f*

reliquia [re'li:kuia] <-quie> *f* Reliquie *f*; **reliquiario** [reli'kuia:rio] <-i> *m* Reliquienschrein *m*, Reliquiar *n*

relitto [re'litto] *m* (*a fig*) Wrack *n*

relocation manager [ri:lou'keiʃən 'mænidʒə] <- *o* relocation managers> *m* (COM, FIN) Verantwortliche(r) *f(m)* für die

Umschichtung von Ressourcen
rem [rɛm] <-> *m acro di* **röntgen equivalent man** (TEC) Rem *n*
remainder [ri'meində] <-> *m* ❶ (*libro*) Buch *n* zum Ramschpreis, Buch *n* im modernen Antiquariat ❷ (*libreria*) modernes Antiquariat
remake [ri:'meik] <- *o* -s> *m* (THEAT, FILM, TV) Remake *n*
remare [re'ma:re] *vi* rudern; **remata** [re'ma:ta] *f* ❶ (*il remare*) Rudern *n* ❷ (*colpo di remo*) Ruderschlag *m;* **rematore, -trice** [rema'to:re] *m, f* Ruderer *m*, Rud(r)erin *f*
remigante [remi'gante] **I.** *agg* Schwung- **II.** *fpl* Schwungfedern *fpl;* **remigare** [remi'ga:re] *vi* (mit den Flügeln) schwingen
reminiscenza [reminiʃˈʃɛntsa] *f* Reminiszenz *f geh*
remissione [remis'sio:ne] *f* ❶ (REL: *perdono*) Erlass *m* ❷ (JUR) Nachlass *m*, Erlass *m;* (*di querela*) Rücknahme *f* ❸ (*sottomissione*) Ergebenheit *f*
remissività [remissivi'ta] <-> *f* Gefügigkeit *f;* **remissivo, -a** [remis'si:vo] *agg* ❶ (*docile*) gefügig, nachgiebig ❷ (JUR) Erlass-
remo ['rɛ:mo] *m* Ruder *n*
remora ['rɛ:mora] *f* (*poet*) Einhalt *m*
remoto, -a [re'mɔ:to] *agg* ❶ (*tempo, causa*) (längst) vergangen, weit zurückliegend ❷ (*paese, località*) abgelegen, weit entfernt ❸ (LING) **passato** ~ Passato remoto *n*
remunerabilità [remunerabili'ta] <-> *f* Möglichkeit *f* der Zahlung eines Entgeltes, Möglichkeit *f* einer Entlohnung [*o* Vergütung]
remunerare [remune'ra:re] *v.* **rimunerare**
rena ['rɛ:na] *f* Sand *m*
renale [re'na:le] *agg* Nieren-
Renania [re'na:nia] *f* Rheinland *n;* ~ **Settentrionale-Vestfalia** Nordrhein-Westfalen *n;* ~ **-Palatino** Rheinland-Pfalz *n*
renano, -a [re'na:no] **I.** *agg* rheinisch, Rheinländer **II.** *m, f* Rheinländer(in) *m(f)*
renard [rə'nar] <-> *m* Fuchspelz *m*
rendere ['rɛndere] <rendo, resi, reso> **I.** *vt* ❶ (*restituire*) zurückgeben; (FIN) zurückerstatten; ~ **giustizia a qu** jdm gerecht werden; **a buon** ~ ich werde mich revanchieren ❷ (*fig*) erweisen; ~ **lode a qu** jdn loben; ~ **omaggio a qu** jdm huldigen ❸ (*fruttare*) einbringen, abwerfen; ~ **bene/male** viel/wenig einbringen; **un investimento che rende** eine rentable Investition ❹ (*far diventare*) machen; ~ **felice/triste qu** jdn glücklich/traurig machen

❺ (*tradurre*) wiedergeben, übertragen ❻ (*raffigurare*) wiedergeben, widerspiegeln **II.** *vr* **-rsi** sich machen; **-rsi utile/simpatico** sich nützlich/beliebt machen; **-rsi conto di qc** sich *dat* etw bewusst machen
rendez-vous [rãde'vu] <-> *m* Rendezvous *n*
rendiconto [rendi'konto] *m* ❶ (*resoconto*) (Rechenschafts)bericht *m* ❷ (COM) Rechnungslegung *f*
rendimento [rendi'mento] *m* ❶ (*funzionalità*) Leistung *f;* (*di persona*) Leistungsfähigkeit *f* ❷ (*reddito*) Ertrag *m*
rendita ['rɛndito] *f* Rendite *f;* **vivere di** ~ von den Zinsen leben
rene ['rɛ:ne] *m* Niere *f*
renetta [re'netta *o* re'nɛtta] *f* Renette *f*
reni ['re:ni] *fpl* Kreuz *n;* (*di animali*) Lenden *fpl*
renitente [reni'tɛnte] *agg* renitent *geh;* **essere** ~ **alla leva** den Wehrdienst verweigern; **renitenza** [reni'tɛntsa] *f* Widersetzung *f*, Renitenz *f geh;* ~ **alla leva** Wehrdienstverweigerung *f*
renna ['rɛnna] *f* Ren(tier) *n*
Reno ['rɛ:no] *m* Rhein *m;* **Basso/Alto** ~ Nieder-/Oberrhein *m*
renting ['rɛntiŋ] <-> *m* (COM, FIN) Rentenbasis *f*
rentrée [rã'tre] <-> *f* Come-back *n;* **fare la propria** ~ ein Come-back feiern
reo, -a ['rɛ:o] **I.** *agg* schuldig **II.** *m, f* Schuldige(r) *f(m),* Täter(in) *m(f)*
reografia [reogra'fi:a] *f* (MED) Rheographie *f;* **reogramma** [reo'gramma] <-i> *m* (MED) Rheogramm *n*
reostato [re'ɔ:stato] *m* Rheostat *m*
reparto [re'parto] *m* ❶ (*in azienda*) Abteilung *f;* ~ **vendite** Vertriebsabteilung *f,* Vertrieb *m* ❷ (MED) Station *f;* ~ **psichiatrico** psychiatrische Abteilung
repatriare [repa'tria:re] *vi* (*obs*) *v.* **rimpatriare**
repellente [repel'lɛnte] *agg* abstoßend
repentaglio [repen'taʎʎo] <-gli> *m* Risiko *n;* **mettere a** ~ aufs Spiel setzen, riskieren
repentino, -a [repen'ti:no] *agg* plötzlich, augenblicklich
reperibile [repe'ri:bile] *agg* auffindbar
reperimento [reperi'mento] *m* Auffinden *n;* **reperire** [repe'ri:re] <reperisco> *vt* auffinden
repertare [reper'ta:re] *vt* ❶ (ADM, JUR) ausfindig machen, ermitteln ❷ (MED) (als Befund) erstellen
reperto [re'pɛrto] *m* ❶ (*archeologico*) Fund *m* ❷ (*giudiziario*) Beweisstück *n*

R

❸ (MED) Befund *m*
repertorio [reper'tɔːˈrio] <-i> *m* ❶ (THEAT, MUS) Repertoire *n* ❷ (*fig*) Sammlung *f* ❸ (*elenco*) Verzeichnis *n*
replay [riːˈplei] <- *o* replays> *m* (TV, SPORT) Wiederholung *f* (in Zeitlupe)
replica ['rɛːplika] <-che> *f* ❶ (*risposta*) Entgegnung *f,* Erwiderung *f;* (*obiezione*) Widerspruch *m* ❷ (THEAT) Wiederaufführung *f* ❸ (TV, RADIO) Wiederholung(ssendung) *f* ❹ (*nell'arte*) Nachbildung *f,* Replik *f* ❺ (*ripetizione*) Wiederholung *f;* **replicare** [repliˈkaːre] *vt* ❶ (*ripetere*) wiederholen ❷ (THEAT) wiederaufführen ❸ (*rispondere*) erwidern, entgegnen; **ubbidire senza** ~ ohne Widerspruch gehorchen
report [riˈpɔːt] <-> *m* (ADM) Protokoll *n,* Bericht *m*
reportage [rapɔrˈtaʒ] <-> *m* Reportage *f*
reporter [reˈpɔrter] <-> *mf* Reporter(in) *m(f)*
reporting [riˈpɔːtiŋ] <-> *m* ❶ (*nel linguaggio giornalistico*) Berichterstattung *f* ❷ (ADM: *stesura di una relazione*) Protokollierung *f,* Protokollaufnahme *f*
repressi [reˈprɛssi] *1. pers sing pass rem di* **reprimere**
repressione [represˈsioːne] *f* ❶ (POL) Repression *f* ❷ (PSYCH) Unterdrückung *f;* **repressivo, -a** [represˈsiːvo] *agg* repressiv; **represso, -a** [reˈprɛsso] *agg* verhalten
reprimere [reˈpriːmere] <*reprimo,* repressi, represso> I. *vt* unterdrücken II. *vr* **-rsi** sich beherrschen
reprint ['riprint] <-> *m* Neudruck *m,* Reprint *m*
reprobo, -a ['rɛːprobo] *agg* schlecht; (*ribelle*) aufsässig; (REL) verdammt
reprocessing [riːˈprousɛsiŋ] <-> *m* (TEC) Wiederaufbereitung *f*
repubblica [reˈpubblika] <-che> *f* Republik *f;* **Repubblica Federale Tedesca** [*o* **di Germania**] Bundesrepublik *f* Deutschland; **Repubblica Ceca** Tschechische Republik
Repubblica Ceca [reˈpubblika ˈtʃɛːka] <*sing*> *f* Tschechische Republik; **repubblicano, -a** [repubbliˈkaːno] I. *agg* repubblikanisch II. *m, f* Republikaner(in) *m(f);* **repubblichino, -a** [repubbliˈkiːno] I. *agg* (*pej*) der Italienischen Sozialrepublik II. *m, f* (*pej*) Anhänger(in) *m(f)* der Italienischen Sozialrepublik
repulisti [repuˈlisti] *m* **fare** ~ (*fam scherz*) reinen Tisch machen
repulsione [repulˈsioːne] *f* ❶ (PHYS) Repulsion *f,* Abstoßung *f* ❷ (*ripulsione*) Abneigung *f*

reputare [repuˈtaːre] I. *vt* erachten für II. *vr* **-rsi** sich halten für; **reputazione** [reputatˈtsioːne] *f* Ruf *m*
requête [rəˈkɛt] <- *o* requêtes> *f* (JUR) Requete-Kommission *f*
requie ['rɛːkuie] <*sing*> *f* Ruhe *f*
requiem ['rɛːkuiem] <-> *m o f* Requiem *n;* **messa da** ~ Totenmesse *f,* Requiem *n*
requisire [rekuiˈziːre] <requisisco> *vt* requirieren, beschlagnahmen
requisito [rekuiˈziːto] *m* Voraussetzung *f,* Fähigkeit *f*
requisitoria [rekuiziˈtɔːria] <-ie> *f* (JUR) Plädoyer *n,* Anklagerede *f*
requisizione [rekuizitˈtsioːne] *f* Requisition *f,* Beschlagnahmung *f*
resa ['reːsa] *f* ❶ (MIL) Kapitulation *f,* Aufgabe *f* ❷ (*restituzione*) Abgabe *f,* Rückgabe *f* ❸ (*rendimento*) Leistung *f* ❹ (*loc*) ~ **dei conti** (*a fig*) Abrechnung *f*
rescindere [reʃˈʃindere] <irr> *vt* aufheben; ~ **un contratto** einen Vertrag auflösen; **rescissione** [reʃʃisˈsioːne] *f* Aufhebung *f,* Ungültigkeitserklärung *f*
rescisso *pp di* **rescindere**
research man [riˈsəːtʃ mæn] <- *o* research men> *m* Marktforscher *m*
resettare [resetˈtaːre] *vi* (INFORM) Reset vornehmen
resi ['reːsi] *1. pers sing pass rem di* **rendere**
Resia ['rɛːzia] *f* Reschen *n*
residence ['rɛzidəns] <-> *m* Apartmenthotel *n,* Wohnanlage *f*
residente [resiˈdɛnte] I. *agg* wohnhaft, ansässig II. *mf* Ansässige(r) *f(m),* Anwohner(in) *m(f);* **solo per -i** nur für Anwohner; **residenza** [resiˈdɛntsa] *f* ❶ (*sede*) Wohnsitz *m;* **luogo di** ~ Wohnort *m* ❷ (*di sovrani*) Residenz *f* ❸ (*diplomazia*) Sitz *m;* **residenziale** [residenˈtsiaːle] *agg* Wohn-; **residenzialità** [residentsialiˈta] <-> *f* ❶ (*possibilità di risiedere in una casa*) Bewohnbarkeit *f* ❷ (*possesso di una residenza*) Wohnhaftigkeit *f*
residualità [residualiˈta] <-> *f* Nebensächlichkeit *f*
residuo [reˈsiːduo] *m* ❶ (COM) Überschuss *m* ❷ (*rimanenza,* CHEM) Rest *m*
residuo, -a *agg* restlich, Rest-
resina ['rɛːzina] *f* Harz *n*
resinista [resiˈnista] <-i m, -e f> *mf* (TEC) Kunstharzverarbeiter(in) *m(f)*
resistei [resisˈteːi] *1. pers sing pass rem di* **resistere**
resistente [resisˈtɛnte] *agg* ~ (**a**) widerstandsfähig (gegen); (MED, PHYS) resistent (gegen); ~ **al calore** hitzebeständig; ~ **al**

fuoco feuerfest; ~ **alle intemperie** wetterfest; **resistenza** [resis'tɛntsa] f ❶ (*gener,* PHYS, MIL) Widerstand *m;* ~ **aerodinamica** Luftwiderstand *m;* **opporre** ~ Widerstand leisten f ❷ (*capacità*) Widerstandsfähigkeit f ❸ (*di materiale*) Haltbarkeit *f,* Resistenz *f;* (*di persona*) Ausdauer *f*

resistere [re'sistere] <resisto, resistei *o* resistetti, resistito> *vi* ❶ (*opporsi*) ~ **a qu/qc** gegen jdn/etw Widerstand leisten ❷ (*sopportare*) ~ **a qc** etw ertragen; **resisti!** halte durch! ❸ (*fig: trattenersi*) ~ **a qu/qc** jdm/etw widerstehen

resistivo, -a [resis'tiːvo] *agg* mit Widerstand behaftet, widerstandsfähig

reso ['reːso] *m* ❶ (ZOO: *scimmia*) Rhesusaffe *m* ❷ (*ciò che è stato restituito*) Rückgabe *f,* Erstattung *f*

reso, -a I. *pp di* **rendere** II. *agg* erstattet, zurückgegeben

resoconto [reso'konto] *m* (*relazione*) Bericht *m,* Zusammenfassung *f;* (*esposizione*) (Rechenschafts)bericht *m*

resort [ri'zɔːt] <-> *m* Touristenort *m*

respingente [respin'dʒɛnte] *m* Puffer *m*

respingere [res'pindʒere] <irr> *vt* ❶ (*nemico, aggressore*) zurückdrängen, abwehren ❷ (*regalo*) zurückweisen, nicht annehmen ❸ (*proposta*) ablehnen; (*accusa*) zurückweisen ❹ (*bocciare*) durchfallen lassen, nicht versetzen ❺ (SPORT) abwehren

respirare [respi'raːre] I. *vi* ❶ (BIOL) atmen; ~ **con la bocca** durch den Mund atmen; ~ **col naso** durch die Nase atmen; ~ **a pieni polmoni** tief durchatmen ❷ (*fig*) aufatmen II. *vt* (ein)atmen; **respiratore** [respiraˈtoːre] *m* ❶ (*per il sub*) Schnorchel *m* ❷ (MED) Sauerstoff-, Beatmungsgerät *n* ❸ (AERO) Sauerstoffmaske *f;* **respiratorio, -a** [respiraˈtɔːrio] <-i, -ie> *agg* Atem-, Atmungs-; **respirazione** [respiratˈtsioːne] *f* Atmung *f;* ~ **artificiale** künstliche Beatmung

respiro [res'piːro] *m* ❶ (*il respirare*) Atem *m;* **una cosa da togliere il** ~ eine atemberaubende Sache ❷ (*singolo atto*) Atemzug *m* ❸ (*sollievo*) Seufzer *m,* Atemzug *m;* **mandare un** ~ (**di sollievo**) (erleichtert) aufatmen, einen Seufzer der Erleichterung von sich geben ❹ (*riposo*) Atempause *f*

responsabile [respon'saːbile] I. *agg* verantwortlich; **essere** ~ **di qc** für etw verantwortlich sein II. *mf* Verantwortliche(r) *f(m);* **responsabilità** [responsabili'ta] <-> *f* ❶ (*consapevolezza*) Verantwortung *f* ❷ (JUR) Haftung *f;* **responsabilizzare** [responsabilidˈdzaːre] I. *vt* jdn verantwortlich machen II. *vr* **-rsi** (die) Verantwortung auf sich nehmen; **responsabilizzazione** [responsabiliddzatˈtsioːne] *f* Übertragung *f* von Verantwortung

responso [res'pɔnso] *m* ❶ (*di oracolo*) (Orakel)spruch *m* ❷ (*di giuria, commissione*) (Schieds)spruch *m*

ressa ['rɛssa] *f* Gedränge *n*

ressi ['rɛssi] *1. pers sing pass rem di* **reggere**

resta ['rɛsta] *f* ❶ (ZOO) Gräte *f* ❷ (MIL) Rüsthaken *m*

restante [res'tante] I. *agg* bleibend, übrig; **posta** ~ postlagernd II. *m* Rest *m*

restare [res'taːre] *vi essere* ❶ (*rimanere, continuare a stare*) bleiben; ~ **in piedi/seduto** stehen/sitzen bleiben; ~ **a pranzo** zum Essen bleiben; ~ **indietro** (*a fig*) zurückbleiben ❷ (*diventare*) werden; ~ **deluso** enttäuscht werden; ~ **orfano/vedovo** Waise/Witwer werden ❸ (*trovarsi*) sein; ~ **d'accordo su qc** sich *dat* über etw einig sein ❹ (*avanzare*) (übrig-, ver)bleiben ❺ (*essere situato*) stehen, liegen

restaurant [restɔ'rãː] <-> *m* Restaurant *n*

restaurare [restauˈraːre] *vt* ❶ (ARCH) restaurieren ❷ (*fig*) wieder herstellen; **restauratore, -trice** [restauraˈtoːre] *m, f* Restaurator(in) *m(f);* **restaurazione** [restauratˈtsioːne] *f* Restauration *f;* **restauro** [res'taːuro] *m* Restaurierung *f*

restio, -a [res'tiːo] <-ii, -ie> *agg* ❶ (*riluttante*) abgeneigt ❷ (*mulo, cavallo*) störrisch

restituire [restitu'iːre] <restituisco> *vt* ❶ (*oggetto*) zurückgeben; (FIN) zurückerstatten ❷ (*reintegrare*) wieder einsetzen ❸ (*contraccambiare*) erwidern; **restituzione** [restitutˈtsioːne] *f* Rückgabe *f,* (Rück)erstattung *f*

resto ['rɛsto] *m* Rest *m;* **dare il** ~ **a qu** jdm herausgeben; **del** ~ im Übrigen, übrigens

restringere [res'trindʒere] <irr> I. *vt* ❶ (*abito*) enger machen ❷ (*fig*) einschränken, begrenzen ❸ (*rendere stitico*) (ver)stopfen II. *vr* **-rsi** ❶ (*diventar stretto*) eng(er) werden; (*stoffa*) einlaufen ❷ (*persone*) zusammenrücken, sich zusammendrängen; **restringimento** [restrindʒiˈmento] *m* ❶ (*riduzione*) Schrumpfen *n* ❷ (MED) Stenose *f*

restrinsi *1. pers sing pass rem di* **restringere**

restrittivo, -a [restrit'tiːvo] *agg* einschränkend, restriktiv; **restrizione** [restritˈtsioːne] *f* Einschränkung *f,* Restriktion *f*

restyling [riːˈstailiŋ] <-> *m* Neugestal-

tung *f*, neues Design; (AUTO) Modellpflege, f
resurrezione [resurret'tsio:ne] *f v.* **risur-rezione**

resuscitare [resuʃʃi'ta:re] *v.* **risuscitare**

retaggio [re'taddʒo] <-ggi> *m* (*poet*)
❶ (*eredità*) Erbschaft *f*, Erbe *n* ❷ (*fig*) Vermächtnis *n*

retard [ri'ta:d] <inv> *agg* (MED) Retard-, langsam wirkend; **pastiglia** ~ Retard-Pille *f*

retata [re'ta:ta] *f* ❶ (*fig: di persone*) Razzia *f* ❷ (*di pesci, uccelli*) Fang *m* mit Netzen

rete ['re:te] *f* ❶ (*di filo*) Netz *n;* ~ **per i capelli** Haarnetz *n;* ~ **per la spesa** Einkaufsnetz *n;* **cadere nella** ~ **di qu** (*a fig*) jdm ins Netz gehen ❷ ~ **del letto** Sprung(feder)rahmen *m* ❸ (*di strada*) Netz *n;* ~ **ferroviaria/stradale** Eisenbahn-/Straßennetz *n* ❹ (INFORM) Netz *n;* ~ **locale** lokales Netzwerk; **essere in Rete** im Netz sein, online sein; **accesso alla** ~ Netzzugang *m* ❺ (COM) ~ **di distribuzione** Vertriebsnetz *n;* (*di gas, energia*) Verteilernetz *n* ❻ (POL) **La Rete** linksgerichtete politische Bewegung in Italien ❼ (TV) Sender *m*, Kanal *m*

reticella [reti'tʃɛlla] *f* (*per capelli*) Haarnetz *n*

reticente [reti'tʃɛnte] *agg* verschwiegen; **reticenza** [reti'tʃɛntsa] *f* Verschwiegenheit *f*, Zurückhaltung *f*

retico, -a ['rɛ:tiko] <-ci, -che> *agg* rätisch

reticolato [retiko'la:to] *m* ❶ (*intreccio*) Geflecht *n*, Netzwerk *n* ❷ (MIL) Drahtverhau *m* ❸ (GEOG) Netz *n*

reticolo [re'ti:kolo] *m* Netz *n*, Gitter *n*

retina ['rɛ:tina] *f* ❶ (ANAT) Netzhaut *f*, Retina *f scient* ❷ (*per capelli*) Haarnetz *n*

retinato, -a [reti'na:to] *agg* (TYP) Raster-; **immagine -a** Rasterbild *n*

retino [re'ti:no] *m* ❶ (*piccola rete*) kleines Netz ❷ (TYP) Raster *m*

retirement [ri'taiəmənt] <-> *m* Pensionierung *f*

retore ['rɛ:tore] *m* (*poet*) Rhetor *m;* **retorica** [re'tɔ:rika] <-che> *f* Rhetorik *f;* **retorico, -a** [re'tɔ:riko] <-ci, -che> *agg* (LIT) rhetorisch

retrattile [re'trattile] *agg* einziehbar

retribuire [retribu'i:re] <retribuisco> *vt* entlohnen; **retributivo, -a** [retribu'ti:vo] *agg* Vergütungs-, Entlohnungs-; **retribuzione** [retribut'tsio:ne] *f* Lohn *m*, Gehalt *n*

retrivo, -a [re'tri:vo] *agg* rückständig, rückschrittlich

retro¹ ['rɛ:tro] *avv* hinten; **vedi** ~ bitte wenden

retro² *m* Rückseite *f;* **sul** ~ auf der Rückseite

retro³ [re'tro] <inv> *agg* nostalgisch; (*retrospettivo*) retrospektiv; **rassegna** ~ Retrospektive *f geh*

retroattività [retroattivi'ta] *f* Rückwirkung *f;* **retroattivo, -a** [retroat'ti:vo] *agg* rückwirkend; **retroazione** *f* Rückwirkung *f*

retrobottega [retrobot'te:ga] <-> *m* Hinter-, Nebenraum *m* (in einem Laden)

retrocedere [retro'tʃɛ:dere] <retrocedo, retrocessi, retrocesso> **I.** *vi essere* ❶ (*indietreggiare*) zurückweichen, -gehen ❷ (*fig*) Abstand nehmen ❸ (SPORT) absteigen **II.** *vt avere* ❶ (SPORT) zurückstufen, absteigen lassen ❷ (MIL) degradieren; **retrocessione** [retrotʃes'sio:ne] *f* ❶ (SPORT) Zurückstufung *f* ❷ (MIL) Degradierung *f* ❸ (SPORT) Abstieg

retrocesso [retro'tʃɛsso] *pp di* **retrocedere**

retrocucina [retroku'tʃi:na] <-> *m o f* Raum *m* hinter der Küche, Kammer *f*

retrodatare [retroda'ta:re] *vt* (zu)rückdatieren; **retrodatazione** [retrodatat'tsio:ne] *f* (Zu)rückdatierung *f*

retrofit ['retrofit] <-> *m* (MOT) Retrofit-Katalysator *m*

retrogrado, -a [re'trɔ:grado] **I.** *agg* ❶ (*persone, idee*) rückständig ❷ (*moto, movimento*) rückläufig **II.** *m, f* Rückständige(r) *f(m)*

retroguardia [retro'guardia] *f* Nachhut *f*

retroilluminato, -a [retroillumi'na:to] *agg* hinterleuchtet; **retroilluminazione** [retroillumna'tsio:ne] *f* (TEC) Durchlichttechnik *f*

retromarcia [retro'martʃa] <-ce> *f* Rückwärtsgang *m;* **fare** ~ rückwärts fahren; (*fig*) einen Rückzieher machen; **mettere la** ~ den Rückwärtsgang einlegen

retroscena¹ [retroʃ'ʃe:na] <-> *m* ❶ *pl* (*fig*) Hintergründe *mpl* ❷ (*che avviene dietro la scena*) Vorgänge *mpl* hinter den Kulissen

retroscena² *f* Bühnenhintergrund *m*, Kulissen *fpl*

retrospettiva [retrospet'ti:va] *f* Retrospektive *f;* **retrospettivo, -a** [retrospet'ti:vo] *agg* retrospektiv, zurückschauend; **mostra -a** Retrospektive *f*

retrospezione [retrospet'tsio:ne] *f* Rückblick *m*

retrostante [retros'tante] *agg* dahinter liegend, Hinter-

retroterra [retro'tɛrra] <-> *m* ❶ (*territorio*) Hinterland *n* ❷ (*fig: background*) Hintergrund *m*

retrotreno [retro'trɛːno] *m* Hinterachse *f*

retrovia [retro'viːa] *f* Etappe *f*, Nachschubgebiet *n*

retrovisivo, -a [retrovi'ziːvo] *agg* Rück-

retrovisore [retrovi'zoːre] *m* Rückspiegel *m*

retta ['rɛtta] *f* ❶ (*di convitto, pensionato*) Pension *f;* ~ **di degenza** Pflegesatz *m* ❷ (MAT) Gerade *f* ❸ (*loc*) **dar ~ a qu** auf jdn hören

rettale [ret'taːle] *agg* rektal

rettangolare [rettaŋgo'laːre] *agg* rechteckig; (*triangolo*) rechtwinklig; **rettangolo** [ret'taŋgolo] I. *agg* rechteckig; (*triangolo*) rechtwinklig II. *m* ❶ (MAT) Rechteck *n* ❷ (SPORT) Feld *n;* ~ **di gioco** Spielfeld *n*

rettifica [ret'tiːfika] <-che> *f* ❶ (*correzione*) Richtigstellung *f*, Berichtigung *f* ❷ (TEC) Schliff *m*, Schleifen *n;* **rettificare** [rettifi'kaːre] *vt* ❶ (*fig: correggere*) berichtigen, richtigstellen ❷ (TEC) schleifen; **rettificatura** [rettifika'tuːra] *f* (TEC) Verbesserung *f* der Oberflächengüte; **rettificazione** [rettifikat'tsioːne] *f* ❶ (*modificazione*) Begradigung *f* ❷ (*fig*) Berichtigung *f*, Richtigstellung *f*

rettile ['rɛttile] *m* (*a fig, pej*) Reptil *n*

rettilineo [retti'liːneo] *m* gerade Strecke, Gerade *f*

rettilineo, -a *agg* ❶ (*strada, direzione*) g(e)radlinig ❷ (*fig*) redlich, g(e)radlinig

rettitudine [retti'tuːdine] *f* Redlichkeit *f*, Rechtschaffenheit *f*

retto, -a I. *pp di* **reggere** II. *agg* ❶ (MAT: *linea*) gerade; (*angolo*) recht ❷ (*diritto*) gerade ❸ (*onesto*) redlich, rechtschaffen

rettorato [retto'raːto] *m* Rektorat *n;* **rettore** [ret'toːre] <-trice> I. *m, f* Rektor(in) *m(f)* II. *agg* leitend

reuma ['rɛːuma] <-i> *m* Rheuma *n;* **reumatest** [reuma'tɛst] <-> *m* (MED) Blutuntersuchung *f* zur Diagnose von Gelenkrheumatismus; **reumatico, -a** [reu'maːtiko] <-ci, -che> *agg* rheumatisch; **reumatismo** [reuma'tizmo] *m* Rheumatismus *m;* **reumatizzarsi** [reumatid'dzarsi] *vr* an Rheumatismus erkranken; **reumatologico, -a** [reumato'lɔːdʒiko] <-ci, -che> *agg* Rheuma-, rheumatologisch; **clinica -a** Rheumaklinik *f*

revanche [rəvãʃ] <- *o* revanches> *f* (HIST) Revanchismus *m*

revanscismo [revan'ʃizmo] *m* Revanchismus *m*

reverendo [reve'rɛndo] *m* Hochwürden *m*

reverendo, -a *agg* hoch-, ehrwürdig

reverenziale [reveren'tsiaːle] *agg* ehrfürchtig

revers [rə'vɛr] <-> *m* Revers *n*

reversibile [rever'siːbile] *agg* ❶ (*moto, processo*) reversibel, umkehrbar ❷ (COM, JUR) reversibel, übertragbar; **reversibilità** [reversibili'ta] <-> *f* ❶ (*gener*) Reversibilität *f*, Umkehrbarkeit *f* ❷ (COM, JUR) Übertragbarkeit *f*

revisionare [revizio'naːre] *vt* einer Revision unterziehen; (TEC) überholen; (*conti*) (über)prüfen, durchsehen; **revisione** [revi'zioːne] *f* Revision *f*, (Über)prüfung *f;* (TEC) Überholung *f;* **revisionismo** [revizio'nizmo] *m* Revisionismus *m;* **revisore, -a** [revi'zoːre] *m, f* Revisor(in) *m(f);* (*di bozze*) Korrektor(in) *m(f)*

revival [ri'vaivəl] <-> *m* Revival *n*

reviviscente [reviviʃ'ʃɛnte] *agg* (*obs, poet*) wieder auflebend; (*fig*) wieder erwachend; **reviviscenza** [reviviʃ'ʃɛntsa] *f* ❶ (*poet*) Wiederauferstehung *f* ❷ (*fig*) Wiedererwachen *n*

revoca ['rɛːvoka] <-che> *f* Widerruf *m;* **revocabile** [revo'kaːbile] *agg* widerrufbar

revocare [revo'kaːre] *vt* widerrufen; **revocazione** [revokat'tsioːne] *f* Widerruf *m*

revolver [re'vɔlver] <-> *m* Revolver *m;* **revolverata** [revolve'raːta] *f* Revolverschuss *m*

rewriter [riː'raita] <- *o* rewriters> *m* (INFORM) Rewriter *m*

RFT *f abbr di* **Republica Federale Tedesca** BRD *f*

Rh *abbr di* **Rhesus** rh, Rh

rhodesiano, -a [rode'siaːno] I. *m, f* (*abitante*) Rhodesianer(in) *m(f)* II. *agg* rhodesianisch, aus Rhodesien (heute: Simbabwe)

rhum [rum] *m v.* **rum**

rhythm and blues ['riðəm ænd 'bluːz] <sing> *m* (MUS) Rhythm and Blues *m*

RI ❶ *abbr di* **Republica Italiana** italienische Republik ❷ *abbr di* **Rinnovamento Italiano** *eine der christdemokratischen Parteien Italiens*

ri- [ri] (*in parole composte*) zurück-; (*di nuovo*) wieder(-), von neuem

riabilitare [riabili'taːre] I. *vt* (*fig* MED, JUR) rehabilitieren II. *vr* **-rsi** sich rehabilitieren; **riabilitazione** [riabilitat'tsioːne] *f* (MED) Rehabilitation *f*

riaccendere [riat'tʃɛndere] <irr> I. *vt* wieder an-, entzünden II. *vr* **-rsi** ❶ (*tornare ad accendere*) sich wieder entzünden, wieder aufflammen ❷ (*fig*) wieder aufflammen, wieder aufleben

R

riaccomodare [riakkomo'da:re] **I.** *vt* wieder ausbessern **II.** *vr* **-rsi** sich wieder aussöhnen

riaccompagnare [riakkompaɲ'ɲa:re] *vt* zurückbegleiten

riaccorpamento [riakkorpa'mento] *m* Wiederzusammenkommen *n*, Wiederzusammenbringen *n*

riacquistare [riakkuis'ta:re] *vt* ❶ (*bene, gioiello*) zurückkaufen ❷ (*fig*) wieder erlangen, wieder gewinnen; **riacquisto** [riak'kuisto] *m* Wiedererlangung *f*

riaffacciare [riaffat'tʃa:re] **I.** *vt* wieder zeigen **II.** *vr* **-rsi** ❶ (*affacciarsi di nuovo*) wieder erscheinen ❷ (*fig: ripresentarsi*) wieder gegenwärtig sein

riaffittare [riaffit'ta:re] *vt* ❶ (*dare in affitto*) wieder vermieten, wieder verpachten ❷ (*prendere in affitto*) wieder mieten, wieder pachten

riaffogliamento [riaffoʎʎa'mento] *m* (FIN) Dividendenscheinerneuerung *f*; **riaffoglio** [riaf'fɔʎʎo] <-gli> *m* (FIN) *v.* **riaffogliamento**

riaggiustare [riaddʒus'ta:re] *vt* wieder in Ordnung bringen

riallaccio [rial'lattʃo] <-cci> *m* ❶ (TEL) Neuanschluss *m* ❷ (*fig: ripristino di un contatto*) Wiederaufnahme *f* einer persönlichen Beziehung

riallargare [riallar'ga:re] *v.* **rallargare**

riallungare [rialluŋ'ga:re] **I.** *vt* wieder verlängern **II.** *vr* **-rsi** wieder länger werden

rialzamento [rialtsa'mento] *m* ❶ (*di terreno*) Erhebung *f* ❷ (*dei prezzi*) (erneute) Erhöhung *f*

rialzare [rial'tsa:re] **I.** *vt avere* ❶ (*alzare di nuovo*) wieder aufrichten; (*testa*) wieder erheben ❷ (*alzare di più*) höher machen, erhöhen ❸ (*prezzi*) (wieder) erhöhen **II.** *vi essere* ❶ (*prezzi*) (wieder) steigen ❷ (*temperatura*) (wieder) ansteigen **III.** *vr* **-rsi** ❶ (*risollevarsi*) wieder aufstehen ❷ (*fig*) sich wieder erholen ❸ (*termometro*) wieder steigen; **rialzato, -a** [rial'tsa:to] *agg* erhöht

rialzista [rial'tsista] <-i *m*, -e *f*> *mf* Haussier *m*

rialzo [ri'altso] *m* ❶ (*aumento*) Erhöhung *f*, Steigerung *f*; **essere in** ~ steigen; (*fig*) (an) Boden gewinnen; **giocare al** ~ auf Hausse spekulieren ❷ (*di terreno*) Erhebung *f*

riammissione [riammis'sio:ne] *f* Wiederzulassung *f*

riandare [rian'da:re] <rivado, riandai, riandato> **I.** *vi essere* ❶ (*andare di nuovo*) wieder gehen ❷ (*fig*) zurückkehren **II.** *vt avere* wieder durchlaufen, sich *dat* wieder vergegenwärtigen

rianimare [riani'ma:re] **I.** *vt* ❶ (*restituire forze*) wieder beleben ❷ (*fig: restituire fiducia*) ermutigen **II.** *vr* **-rsi** ❶ (*riprendere forza*) wieder aufleben ❷ (*fig: riprender coraggio*) wieder Mut schöpfen ❸ (*fig: luogo*) sich beleben; **rianimatologia** [rianimatolo'dʒi:a] *f* (MED) Reanimationslehre *f*, Intensivmedizin *f*; **rianimatore, -trice** [rianima'to:re] *m, f* (MED) Notfallarzt, -ärztin *m, f*; **rianimatorio, -a** [rianima'tɔ:rio] <-i, -ie> *agg* (MED) Intensiv-, Wiederbelebungs-; **rianimazione** [rianimat'tsio:ne] *f* Wiederbelebung *f*; (MED) Reanimation *f*; **centro di** ~ Reanimationszentrum *n*; **reparto di** ~ Intensivstation *f*

riannessione [riannes'sio:ne] *f* Wiederanschluss *m*

riaperto *pp di* **riaprire**

riapertura [riaper'tu:ra] *f* Wiedereröffnung *f*; (*delle scuole*) Wiederbeginn *m*; **riaprire** [ria'pri:re] <irr> **I.** *vt* wieder öffnen; (*scuole*) wieder beginnen **II.** *vr* **-rsi** wieder eröffnet werden

riarmamento [riarma'mento] *m* ❶ (*di nave, fabbrica*) Ausbesserung *f*, Erneuerung *f* ❷ (MIL) Aufrüstung *f*; **riarmare** [riar'ma:re] **I.** *vt* ❶ (*con armi*) wieder bewaffnen; (MIL) aufrüsten ❷ (*nave, ponte*) ausbessern, erneuern **II.** *vr* **-rsi** sich wieder bewaffnen; (MIL) aufrüsten

riarmo [ri'armo] *m* Aufrüstung *f*; (*modernizzazione*) Nachrüstung *f*; **corsa al** ~ Rüstungswettlauf *m*

riarso, -a [ri'arso] *agg* ❶ (*terreno*) ausgedorrt ❷ (*gola*) ausgetrocknet

riassettare [riasset'ta:re] *v.* **rassettare**

riassetto [rias'sɛtto] *m* (*fig*) Neuregelung *f*

riassorbimento [riassorbi'mento] *m* ❶ (*nuovo assorbimento*) Wiederaufsaugen *n* ❷ (*fig*) Wiederaufnehmen *n*; **riassorbire** [riassor'bi:re] **I.** *vt* ❶ (*assorbire di nuovo*) wieder aufsaugen ❷ (*fig*) wieder aufnehmen **II.** *vr* **-rsi** wieder aufgesaugt werden

riassottigliare [riassottiʎ'ʎa:re] **I.** *vt* wieder anspitzen, nach oben verjüngen **II.** *vr* **-rsi** wieder abnehmen, wieder schlank werden

riassumere [rias'su:mere] <irr> *vt* ❶ (*operaio*) wieder einstellen ❷ (*carica, funzione*) wieder übernehmen ❸ (*sintetizzare*) nacherzählen, zusammenfassen; **riassuntivo, -a** [riassun'ti:vo] *agg* zusammenfassend

riassunto [rias'sunto] *m* Nacherzählung *f*, Zusammenfassung *f*

riassunto, -a I. *pp di* **riassumere II.** *agg*

wieder eingestellt

riassunzione [riassun'tsio:ne] _f_ Wiedereinstellung _f_

riattamento [riatta'mento] _m_ Wiederherstellung _f_

riattare [riat'ta:re] _vt_ wieder herstellen

riattivare [riatti'va:re] _vt_ reaktivieren, wieder beleben; **riattivazione** [riattivat'tsio:ne] _f_ Reaktivierung _f,_ Wiederbelebung _f_

riattizzare [riattit'tsa:re] _v._ **rattizzare**

riavere [ria've:re] <irr> I. _vt_ ❶ (_libri, soldi_) wieder bekommen ❷ (_vista_) wieder erlangen, zurückerlangen ❸ (_avere un'altra volta_) wieder haben II. _vr_ **-rsi** ❶ (_recuperare la salute, fig_ FIN) sich (wieder) erholen ❷ (_riprendere i sensi_) wieder zu sich _dat_ kommen

riavvicinamento [riavvitʃina'mento] _m_ ❶ (_il riavvicinare_) Wiederannäherung _f_ ❷ (_fig_) Aussöhnung _f;_ **riavvicinare** [riavvitʃi'na:re] I. _vt_ ❶ (_oggetti_) wieder annähern, wieder zusammenrücken ❷ (_fig_) aussöhnen II. _vr_ **-rsi** sich wieder annähern

riavvio <-ii> _m_ (INFORM) Warmstart _m_

riavvolgere [riav'vɔldʒere] <irr> _vt_ aufwickeln, wickeln; **riavvolgimento** [riavvoldʒi'mento] _m_ (FILM, MUS) Zurückspulen _n,_ Rücklauf _m;_ ~ **rapido** Schnellrücklauf

ribadire [riba'di:re] <ribadisco> _vt_ bekräftigen

ribaldo [ri'baldo] _m_ Schuft _m,_ Halunke _m_

ribalta [ri'balta] _f_ ❶ (THEAT) Rampe _f_ ❷ (_chiusura_) Klappe _f_ ❸ (_loc_) **venire** [_o_ **salire**] **alla ~** (_fig_) (groß) herauskommen

ribaltabile [ribal'ta:bile] I. _agg_ Klapp-, klappbar II. _m_ ❶ (_parte di autocarro_) kippbare Ladefläche ❷ (_autocarro_) Kipper _m_

ribaltamento [ribalta'mento] _m_ Umkippen _n;_ **ribaltare** [ribal'ta:re] I. _vt_ ❶ (_capovolgere_) umkippen ❷ (_fig_) verkehren; (_governo_) stürzen II. _vi essere_ umkippen; **ribaltatore** [ribalta'to:re] _m_ ❶ (TEC: _negli autocarri_) Kippschalter _m_ ❷ (TEC: _nell'acciaieria, cassone ribaltabile_) Kippkübel _m_

ribassare [ribas'sa:re] I. _vt avere_ herabsetzen, senken II. _vi essere_ sinken, fallen; **ribassista** [ribas'sista] <-i _m,_ -e _f_> _mf_ Baissier _m;_ **ribasso** [ri'basso] _m_ (Preis)senkung _f,_ -rückgang _m;_ (_alla borsa_) Baisse _f;_ **essere in ~** (_fig_) an Ansehen verlieren; **tendenza al ~** sinkende Tendenz; **giocare** [_o_ **speculare**] **al ~** auf Baisse spekulieren; **vendere a ~** zu Schleuderpreisen verkaufen

ribattere [ri'battere] _vt_ ❶ (_tappeto, mate-_

rasso) erneut klopfen ❷ (SPORT) zurückschlagen, wieder schießen ❸ (_fig: respingere_) zurückweisen; (_confutare_) widerlegen; (_replicare_) widersprechen

ribattezzare [ribatted'dza:re] _vt_ ❶ (REL) wieder taufen ❷ (_fig: dare un nuovo nome_) umtaufen, umbenennen

ribattino [ribat'ti:no] _m_ Niet _m,_ Niete _f_

ribattuta [ribat'tu:ta] _f_ ❶ (_colpo_) neuer Schlag ❷ (SPORT) Rückschlag _m,_ (Aufschlag)return _m_

ribellarsi [ribel'larsi] _vr_ ❶ (_sollevarsi_) **~ a qu/qc** sich gegen jdn/etw erheben ❷ (_non ubbidire_) sich widersetzen ❸ (_fig_) **~ a qc** sich gegen etw sträuben; **ribelle** [ri'bɛlle] I. _agg_ ❶ (_insorto_) rebellisch, aufständisch ❷ (_indocile_) widerspenstig, störrisch II. _mf_ Rebell(in) _m(f),_ Aufständische(r) _f(m);_ **ribellione** [ribel'lio:ne] _f_ Rebellion _f,_ Aufstand _m_

ribellismo [ribel'lizmo] _m_ rebellische Haltung; **ribellista** [ribel'lista] <-i _m,_ -e _f_> _agg_ rebellisch

ribes ['ri:bes] <-> _m_ Johannisbeere _f,_ Ribisel _f_ A

ribollimento [ribolli'mento] _m_ (_a fig_) Kochen _n,_ Aufwallen _n;_ **ribollire** [ribol'li:re] I. _vi_ ❶ (_bollire nuovamente_) wieder kochen ❷ (_fermentare_) gären ❸ (_fare bolle_) schäumen ❹ (_fig_) kochen, in Wallung geraten II. _vt_ erneut (auf)kochen

ribollita [ribol'li:ta] _f_ toskanisches Eintopfgericht aus Brot, Bohnen und Kohl

ribonucleico, -a [ribonu'klɛːiko] <-ci, -che> _agg_ Ribonuklein-; **acido ~** Ribonukleinsäure _f_

ribrezzo [ri'breddzo] _m_ Ekel _m,_ Abscheu _m;_ **fare ~** Abscheu erregen

ributtante [ribut'tante] _agg_ ekelhaft, abstoßend

ributtare [ribut'ta:re] I. _vt_ ❶ (_buttare di nuovo_) wieder werfen ❷ (_vomitare_) erbrechen II. _vi_ ❶ (_ripugnare_) abstoßen ❷ (_pianta_) austreiben, sprießen III. _vr_ **-rsi** sich wieder werfen; **-rsi giù** (_fig_) wieder den Mut verlieren

ricacciare [rikat'tʃa:re] I. _vt_ ❶ (MIL) zurückwerfen, -schlagen ❷ (_mandar via_) verjagen, vertreiben II. _vr_ **-rsi** wieder eindringen

ricadere [rika'de:re] <irr> _vi essere_ ❶ (_cadere di nuovo_) wieder fallen ❷ (_fig_) **~ in qc** wieder in etw _acc_ verfallen ❸ (_abiti_) fallen ❹ (_scendere a terra_) zurückfallen ❺ (_riversarsi_) sich ergießen; **ricaduta** [rika'du:ta] _f_ ❶ (MED) Rückfall _m_ ❷ (_il ricadere_) erneutes Fallen

ricaduto _pp di_ **ricadere**

ricalcare [rikal'ka:re] vt ❶ (tracce, cappello) wieder (ein)drücken; ~ **le orme di qu** (fig) jds Beispiel folgen ❷ (disegno) (durch)pausen ❸ (fig: seguire un modello) nachzeichnen, nachahmen

ricalcitrante [rikaltʃi'trante] agg störrisch, widerspenstig; **ricalcitrare** [rikaltʃi'tra:re] vi ❶ (zoo) ausschlagen ❷ (fig) sich auflehnen

ricamare [rika'ma:re] vt ❶ (tovaglia, fazzoletto) sticken ❷ (fig: curare) ausfeilen; (fam: racconto) ausschmücken; **ricamatrice** [rikama'tri:tʃe] f Stickerin f

ricambiare [rikam'bia:re] vt avere ❶ (auguri, cortesia, favore) erwidern ❷ (lenzuola) wechseln; (letti) neu beziehen ❸ (merce) umtauschen; **ricambio** [ri'kambio] <-i> m ❶ (di auguri, favore) Erwiderung f ❷ (sostituzione) Auswechs(e)lung f, Austausch m; (tec) Ersatz m, Ersatzteil n; **ruota di ~** Ersatzrad n ❸ (med) Stoffwechsel m

ricamo [ri'ka:mo] m ❶ (lavoro su tessuto) Stickerei f ❷ (operazione) Sticken n ❸ (fig: opera d'arte) Filigran n; (aggiunta arbitraria) Schnörkel m, Zierrat m

ricanalizzazione [rikanaliddzat'tsio:ne] f Neubau m eines Kanalsystems

ricandidare [rikandi'da:re] I. vt erneut für ein Amt vorschlagen, erneut als Kandidaten aufstellen; **~ qu come ministro** jdn erneut für den Ministerposten vorschlagen II. vr -rsi kandidieren; **-rsi per le amministrative** für die Kommunalwahlen kandidieren; **-rsi come presidente** für das Präsidentenamt kandidieren

ricandidarsi [rikandi'da:rsi] vr wieder kandidieren

ricapitalizzare [rikapitalid'dza:re] vt (fin, com) Kapital zuführen

ricapitalizzazione [rikapitaliddzat'tsio:ne] f (fin, com) Kapitalzuführung f

ricapitolare [rikapito'la:re] vt rekapitulieren, zusammenfassen; **ricapitolazione** [rikapitolat'tsio:ne] f Rekapitulation f, Zusammenfassung f

ricarica [ri'ka:rika] <-che> f Nachfüllen n, Nachladen n; **ricaricare** [rikari'ka:re] vt (fucile) nachladen; (batteria) neu aufladen; (orologio) aufziehen; (bombole, accendini) auffüllen, nachfüllen

ricattare [rikat'ta:re] vt erpressen; **ricattato, -a** [rikat'ta:to] agg erpresst; **mi sento ~** ich fühle mich erpresst; **ricattatore, -trice** [rikatta'to:re] m, f Erpresser(in) m(f); **ricattatorio, -a** [rikatta'tɔ:rio] <-i, -ie> agg erpresserisch, Erpresser-; **ricattatrice** f v. ricattatore; **ricatto** [ri'katto] m

Erpressung f

ricavare [rika'va:re] vt ❶ (estrarre) gewinnen ❷ (com) herausholen, gewinnen ❸ (ottenere) herausholen, herausbringen ❹ (fig: dedurre) ableiten, folgern; (insegnamento) ziehen; **non se ne ricava nulla** dabei kommt nichts heraus

ricavato [rika'va:to] m ❶ (com) Ertrag m ❷ (fig) Ergebnis n

ricavato, -a agg gewonnen, herausgeholt

ricavo [ri'ka:vo] m Erlös m, Gewinn m

ricca f v. ricco

ricchezza [rik'kettsa] f ❶ (condizione, beni) Reichtum m ❷ (com, fin) Vermögen n ❸ (di luogo) Schatz m, Kapital n ❹ (abbondanza) Reichtum m, Fülle f

ricciarello [rittʃa'rɛllo] m Mandelgebäck aus Siena

riccio ['rittʃo] <-cci> m ❶ (zoo) Igel m; **chiudersi come un ~** (fig) sich einigeln ❷ (di castagna) Kastanienschale f ❸ (di capelli) Locke f

riccio, -a <-cci, -cce> agg ❶ (capelli) kraus, lockig ❷ (insalata) kraus, gekräuselt

ricciolo [rit'tʃɔ:lo] m Locke f; **ricciuto, -a** [rit'tʃu:to] agg gelockt, lockig

ricco, -a ['rikko] <-cchi, -cche> I. agg ❶ (paese, persona, rendita) reich; **~ sfondato** steinreich fam ❷ (abbondante) reich, üppig; **essere ~ di qc** reich an etw dat sein ❸ (sfarzoso) prachtvoll, üppig II. m, f Reiche(r) f(m); **riccone, -a** [rik'ko:ne] m, f (fam) Krösus m

ricentrare [ritʃen'tra:re] vt erneut treffen; **~ il bersaglio** erneut ins Schwarze treffen

ricerca [ri'tʃerka] <-che> f ❶ (gener) Suche f, (Nach)forschung f; **andare alla ~ di qc/qu** sich auf die Suche nach etw/jdm begeben; **motore di ~** (inform: Internet) Suchmaschine f ❷ (scient) Forschung f; **centro di -che** Forschungszentrum n; **dottorato di ~** Promotion f ❸ (indagine) Untersuchung f, Ermittlung f; **~ di mercato** Marktanalyse f, Marktforschung f; **fare delle -che su qc/qu** Untersuchungen über etw/jdn anstellen ❹ (esercitazione didattica) Untersuchung f, Forschung f; **ricercare** [ritʃer'ka:re] vt ❶ (sperimentare) erforschen ❷ (indagare) forschen nach ❸ (fig: parole) wählen ❹ (cercare a più riprese) wieder suchen ❺ (cercare con cura) suchen

ricercata f v. ricercato

ricercatezza [ritʃerka'tettsa] f Gewähltheit f, Erlesenheit f; **ricercato, -a** [ritʃer'ka:to] I. agg ❶ (apprezzato) gesucht, begehrt ❷ (affettato) gekünstelt ❸ (maniere, modo) gewählt II. m, f Gesuchte(r) *f(m)*

ricercatore, **-trice** [ritʃerkaˈtoːre] *m, f* Forscher(in) *m(f)*

ricetrasmittente [ritʃetrazmitˈtɛnte] *f* Sende- und Empfangsgerät *n*

ricetta [riˈtʃetta] *f* Rezept *n*

ricettacolo [ritʃetˈtaːkolo] *m* ❶ (*luogo di raccolta*) Sammelstelle *f* ❷ (*pej: rifugio*) Schlupfwinkel *m;* ~ **di delinquenti** Verbrechernest *n*

ricettare [ritʃetˈtaːre] *vt* hehlen

ricettario [ritʃetˈtaːrio] <-i> *m* ❶ (MED) Rezeptblock *m* ❷ (*raccolta di ricette*) Rezeptsammlung *f*

ricettatore, **-trice** [ritʃettaˈtoːre] *m, f* Hehler(in) *m(f);* **ricettazione** [ritʃettatˈtsioːne] *f* Hehlerei *f*

ricettività [ritʃettiviˈta] <-> *f* ❶ (MED) Empfänglichkeit *f* ❷ (*l'essere ricettivo*) Aufnahmefähigkeit *f* ❸ (RADIO, TV) Empfangsmöglichkeit *f;* **ricettivo**, **-a** [ritʃetˈtiːvo] *agg* ❶ (*persona, mente*) aufnahmefähig ❷ (MED) empfänglich ❸ (RADIO) Empfangs-

ricevente [ritʃeˈvɛnte] I. *agg* Empfangs- II. *mf* Empfänger(in) *m(f)*

ricevere [riˈtʃeːvere] I. *vi* (*medico, professore*) Sprechstunde haben II. *vt* ❶ (*accettare, prendere*) bekommen, erhalten; ~ **in dono/prestito qc** etw geschenkt/geliehen bekommen ❷ (*fig: insulto, condanna*) entgegennehmen; (*sacramento*) empfangen ❸ (*accogliere*) empfangen, aufnehmen; (*ammettere alla propria presenza*) empfangen; (*medico, professore*) Sprechstunde haben für ❹ (RADIO, TEL) empfangen; **ricevimento** [ritʃeviˈmento] *m* Empfang *m*

ricevitore [ritʃeviˈtoːre] *m* ❶ (TEL) Hörer *m* ❷ (PHYS, EL) Empfänger *m,* Empfangsgerät *n*

ricevitore, **-trice** *m, f* Empfänger(in) *m(f);* **ricevitoria** [ritʃevitoˈriːa] <-ie> *f* Annahmestelle *f*

ricevitrice *f v.* **ricevitore**

ricevuta [ritʃeˈvuːta] *f* Empfangsbestätigung *f,* Quittung *f;* ~ **fiscale** Steuerbeleg *m;* ~ **di ritorno** Rückschein *m;* **raccomandata con ~ di ritorno** Einschreiben *n* mit Rückschein

ricezione [ritʃetˈtsioːne] *f* Empfang *m*

richiamare [rikiaˈmaːre] I. *vt* ❶ (*chiamare di nuovo*) wieder rufen; ~ **all'ordine** zur Ordnung rufen ❷ (*chiamare indietro*) zurückrufen ❸ (MIL) zurückziehen ❹ (*attrarre*) anlocken; ~ **l'attenzione di qu su qc** jds Aufmerksamkeit auf etw *acc* lenken ❺ (*riprendere*) rügen, tadeln ❻ (*rievocare*) erinnern an *+acc;* ~ **alla memoria** ins

Gedächtnis zurückrufen ❼ (INFORM: *programma*) aufrufen; (*dati*) abrufen II. *vr* **-rsi a qc** (*riferirsi*) sich auf etw *acc* berufen; **richiamo** [riˈkiaːmo] *m* ❶ (*invito al ritorno*) Zurückberufung *f* ❷ (*rimprovero*) Tadel *m* ❸ (*forza incoercibile*) Ruf *m* ❹ (*allettamento*) Verlockung *f* ❺ (*segno*) Verweis *m,* Verweisungszeichen *n* ❻ (MED: *vaccino*) Auffrischung *f* ❼ (TEL) Fernabfrage *f* ❽ (INFORM) Aufruf *m*

richiedente [rikieˈdɛnte] *mf* Antragsteller(in) *m(f)*

richiedere [riˈkiɛːdere] <irr> *vt* ❶ (*chiedere di nuovo*) wieder verlangen ❷ (ADM) beantragen ❸ (*esigere*) verlangen ❹ (*consiglio*) erbitten, bitten um; (*parere*) fragen nach ❺ (*chiedere in restituzione*) zurückverlangen ❻ (*necessitare*) erfordern; **richiesta** [riˈkiɛsta] *f* ❶ (*domanda*) Frage *f,* Anfrage *f* ❷ (ADM) Antrag *m,* Gesuch *n* ❸ (*esigenza*) Verlangen *n,* Anspruch *m;* **a ~ (di)** auf Wunsch (von); **dietro ~** auf Verlangen ❹ (INFORM) Anfrage *f;* **richiesto**, **-a** [riˈkiɛsto] I. *pp di* **richiedere** II. *agg* gefragt, begehrt

riciclabile [ritʃiˈklabile] *agg* recycelbar, wiederverwertbar; **riciclabilità** [ritʃiklabiliˈta] <-> *f* (ECO) Wiederverwertbarkeit *f*

riciclaggio [ritʃiˈkladdʒo] <-ggi> *m* Recycling *n;* **riciclare** [ritʃiˈklaːre] *vt* ❶ (TEC) wieder verwenden, wieder aufbereiten ❷ (*denaro*) wieder in Umlauf bringen; (*pej*) waschen *sl;* **riciclato**, **-a** [ritʃiˈklaːto] *agg* **carta -a** Umweltschutzpapier *n*

ricimatura [ritʃimaˈtuːra] *f* (AGR) Nachschneiden *n*

ricino [ˈriːtʃino] *m* Rizinus *m*

ricircolo [riˈtʃirkolo] *m* Wiederverwendung *f*

riclassificazione [riklassifikatˈtsioːne] *f* Neueinteilung *f,* Neubewertung *f;* **la ~ dei beni** die Neubewertung von Gütern

ricognitore [rikoɲɲiˈtoːre] *m* Aufklärer *m;* **ricognizione** [rikoɲɲitˈtsioːne] *f* Aufklärung *f,* Erkundung *f*

ricollegare [rikolleˈgaːre] I. *vt* ❶ (*collegare di nuovo*) wieder verbinden ❷ (*fig*) verbinden II. *vr* **-rsi** ❶ (*riferirsi*) **-rsi a qu/qc** sich auf jdn/etw beziehen ❷ (*collegarsi di nuovo*) **-rsi con qu/qc** sich wieder mit jdm/etw in Verbindung setzen ❸ (*essere connessi*) miteinander verbunden sein

ricolmare [rikolˈmaːre] *vt* ~ **qu/qc di qc** jdn/etw mit etw überhäufen; **ricolmo**, **-a** [riˈkolmo] *agg* (*a fig*) voll gefüllt, randvoll; **ho il cuore ~ di gioia** mein Herz strömt über vor Freude

R

ricominciare [rikomin'tʃaːre] **I.** *vt avere*
wieder anfangen **II.** *vi essere* wieder anfangen; **si ricomincia!** (*fam*) auf ein Neues!

ricomparsa [rikom'parsa] *f* Wiederer-
scheinen *n*

ricompattamento [rikompatta'men-
to] *m* erneute Annäherung

ricompattare [rikompat'taːre] *vt* (*gruppo*) wieder festigen

ricompensa [rikom'pɛnsa] *f* Lohn *m*,
Belohnung *f*; **ricompensare** [rikom-
pen'saːre] *vt* ❶ (*premiare*) belohnen
❷ (*retribuire*) entschädigen

ricomposizione [rikompozit'tsjoːne] *f*
Wiederzusammensetzung *f*

ricomprimere [rikom'priːmere] <ricom-
primo, ricompressi, ricompresso> *vt* erneut unterdrücken

riconcentrare [rikontʃen'traːre] **I.** *vt*
❶ (MIL) wieder zusammenziehen ❷ (*fig*)
konzentrieren (*su* auf +*acc*) **II.** *vr* **-rsi** sich
konzentrieren (*su* auf +*acc*)

riconciliare [rikontʃi'liaːre] **I.** *vt* ❶ (*persone*) wieder aussöhnen ❷ (*riacquistare*)
wieder erhalten **II.** *vr* **-rsi** sich wieder
aussöhnen; **riconciliazione** [rikontʃili-
at'tsjoːne] *f* (Wieder)versöhnung *f*, Aussöhnung *f*

ricondizionare [rikondittsjo'naːre] *vt*
wiederholt beinflussen

ricondotto *pp di* **ricondurre**

riconducibile [rikondu'tʃiːbile] *agg* ~ **a**
zurückführbar auf +*acc*

ricondurre [rikon'durre] <irr> *vt* ~ **qc a**
qc etw auf etw *acc* zurückführen; ~ **qu alla ragione** jdn wieder zur Vernunft bringen

riconferma [rikon'ferma] *f* Rückbestäti-
gung *f*; **riconfermare** [rikonfer'maːre] *vt*
(wieder) bestätigen

ricongiungere [rikon'dʒundʒere] <irr>
I. *vt* wieder vereinigen **II.** *vr* **-rsi a qu** sich
mit jdm wieder vereinigen

ricongratularsi [rikongratu'larsi] *vr* erneut gratulieren (*con qu per qc* jdm zu
etw)

riconobbi *1. pers sing pass rem di* **riconoscere**

riconoscente [rikonoʃʃɛnte] *agg* dankbar; **essere** ~ **a qu per qc** jdm für etw
dankbar sein; **riconoscenza** [riko-
noʃʃɛntsa] *f* Dankbarkeit *f*

riconoscere [riko'noʃʃere] <irr> *vt*
❶ (*ravvisare*) wieder erkennen; ~ **qu alla**
[*o* **dalla**] **voce** jdn an der Stimme erkennen; ~ **qu ad un chilometro di distanza**
(*fam*) jdn auf einen Kilometer Entfernung
erkennen ❷ (*distinguere*) unterscheiden

❸ (*ammettere*) einsehen, zugeben ❹ (JUR,
POL: *considerare legittimo*) anerkennen;
riconoscibile [rikonoʃʃiːbile] *agg* erkennbar; **riconoscibilità** [rikonoʃʃibi-
li'ta] <-> *f* Wiedererkennbarkeit *f*, Identität *f*; **riconoscimento** [rikonoʃʃi'men-
to] *m* ❶ (*constatazione*) (Wieder)erken-
nen *n*; **segno di** ~ Erkennungszeichen *n*;
documento [*o* **tessera**] **di** ~ Ausweis *m*,
Ausweispapier *n*; ~ **del viso** Gesichtserkennung *f* ❷ (JUR, POL: *accettazione*) Anerkennung *f* ❸ (*consenso*) Würdigung *f*, Anerkennung *f* ❹ (*compenso*) Lohn *m*, Anerkennung *f*; **riconosciuto** [rikonoʃʃuto]
I. *pp di* **riconoscere II.** *agg* anerkannt;
(*feste, titolo*) offiziell

riconquista [rikoŋ'kuista] *f* Wiedererobe-
rung *f*; **riconquistare** [rikoŋkuis'taːre] *vt*
❶ (*territorio*) wieder erobern ❷ (*fig: fiducia*) wieder erlangen

riconsacrazione [rikonsakrat'tsjoːne] *f*
Neuweihung *f*

riconsegna [rikon'seɲɲa] *f* Rückgabe *f*; **riconsegnare** [rikonseɲ'ɲaːre] *vt*
❶ (*consegnare di nuovo*) wieder übergeben ❷ (*restituire*) zurückgeben

riconsiderare [rikonside'raːre] *vt* nochmals durchdenken; **riconsiderazione**
[rikonsiderat'tsjoːne] *f* Überdenken *n*, erneute Betrachtung

riconsolidare [rikonsoli'daːre] **I.** *vt* wieder herstellen, konsolidieren; ~ **il governo**
die Regierung konsolidieren; ~ **la fiducia**
verso il popolo das Vertrauen des Volkes
wieder herstellen **II.** *vr* **-rsi in qc** sich in
etw *dat* bestärkt fühlen

ricontrattare [rikontrat'taːre] *vt* neu verhandeln [*o* aushandeln]

riconversione [rikonver'sjoːne] *f* Umstellung *f*; ~ **professionale** berufliche Umschulung

riconvertire [rikonver'tiːre] *vt* ❶ (*persone*) wieder bekehren ❷ (*impianti industriali*) umstellen

ricopersi *1. pers sing pass rem di* **ricoprire**

ricoperto *pp di* **ricoprire**

ricopertura [rikoper'tuːra] *f* Abdeckung *f*

ricopiare [riko'piaːre] *vt* ❶ (*copiare di
nuovo*) wieder kopieren ❷ (*trascrivere*)
abschreiben; ~ **in bella** ins Reine schreiben; **ricopiatura** [rikopia'tuːra] *f* Abschreiben *n*

ricoprire [riko'priːre] <irr> **I.** *vt* ❶ (*coprire
di nuovo*) wieder zudecken ❷ (*mobili, poltrone*) ab-, bedecken ❸ (*fig: colmare*)
~ **qu/qc di qc** jdn/etw mit etw überhäufen ❹ (ADM: *carica*) bekleiden **II.** *vr* **-rsi**

(*coprirsi di nuovo*) sich wieder bedecken
ricordare [rikor'da:re] **I.** *vt* ❶ (*serbare memoria*) ~ **qu/qc** jds/einer Sache gedenken ❷ (*richiamare alla memoria*) ~ **qu/qc** sich an jdn/etw erinnern ❸ (*far presente*) ~ **qc a qu** jdn an etw *acc* erinnern ❹ (*assomigliare*) ~ **qu** jdm ähneln ❺ (*menzionare*) erwähnen **II.** *vr* **-rsi di qu/qc** sich an jdn/etw erinnern; **me ne ricorderò** (*fam: minaccia*) das werd' ich mir merken!; **ricordino** [rikor'di:no] *m* (*souvenir*) Andenken *n*, Mitbringsel *n;* **ricordo** [ri'kɔrdo] *m* ❶ (*di persona, cosa, periodo*) Erinnerung *f;* **serbare un buon ~ di qu/qc** jdn/etw in guter Erinnerung behalten; **per ~** zur Erinnerung, als Andenken ❷ (*oggetto*) Andenken *n* ❸ (*traccia*) Überbleibsel *n*, Andenken *n;* (*vestigia*) Spur *f* ❹ (*memoria*) An(ge)denken *n*
ricorrente [rikor'rɛnte] **I.** *agg* ❶ (*gener*) (regelmäßig) wiederkehrend ❷ (JUR) Berufungs- **II.** *mf* Berufungskläger(in) *m(f);* **ricorrenza** [rikor'rɛntsa] *f* ❶ (*festività*) Gedenktag *m* ❷ (*ritorno*) Wiederkehr *f*
ricorrere [ri'korrere] <irr> **I.** *vi* essere ❶ (*tornare indietro*) zurücklaufen ❷ (*rivolgersi*) ~ **a qu** sich an jdn wenden ❸ (*servirsi*) ~ **a qc** zu etw greifen ❹ (*ripetersi*) sich jähren; (*celebrarsi*) sein ❺ (JUR) ~ (**in appello** [o **in cassazione**]) Berufung einlegen; ~ **alle vie legali** den Rechtsweg beschreiten **II.** *vt avere* wieder laufen
ricorsività [rikorsivi'ta] <-> *f* ❶ (*proprietà di ciò che è ricorsivo*) Rekurrenz *f* ❷ (LING) Rekursivität *f* ❸ (MAT) Rekursion *f*
ricorso [ri'korso] *m* ❶ (JUR) Berufung *f;* **fare ~ contro una sentenza** Berufung gegen ein Urteil einlegen ❷ (*il ricorrere*) Anwendung *f,* Gebrauch *m;* **fare ~ a qc** von etw Gebrauch machen; (*fig*) an etw *acc* appellieren; **fare ~ a qu** sich an jdn wenden ❸ (*reclamo*) Beschwerde *f*
ricossi *1. pers sing pass rem di* **ricuocere**
ricostituente [rikostitu'ɛnte] **I.** *agg* kräftigend, stärkend **II.** *m* Stärkungsmittel *n*
ricostituire [rikostitu'i:re] <ricostituisco> **I.** *vt* wieder gründen; (*governo*) neu bilden **II.** *vr* **-rsi** sich wieder bilden, wieder gegründet werden; **ricostituzione** [rikostitut'tsio:ne] *f* Wiederherstellung *f;* (*di partito, organizzazione*) Neugründung *f;* (*di governo*) Neubildung *f*
ricostruire [rikostru'i:re] <ricostruisco> *vt* ❶ (*casa, edificio*) wieder aufbauen ❷ (*economia, industria*) wieder erstellen ❸ (*fig*) wieder aufbauen ❹ (*fatti*) rekonstruieren; **ricostruttivo, -a** [rikostrut-'ti:vo] *agg* aufbauend, Aufbau-; **metodo ~**

Aufbaumethode *f;* **ricostruzione** [rikost-rut'tsio:ne] *f* ❶ (*gener*, POL) Wiederaufbau *m* ❷ (*fig*) Rekonstruktion *f*
ricotta [ri'kɔtta] *f* quarkähnlicher Frischkäse
ricotto *pp di* **ricuocere**
ricoverare [rikove'ra:re] **I.** *vt* einliefern **II.** *vr* **-rsi** ins Krankenhaus gehen; **ricoverato, -a** [rikove'ra:to] *m, f* (*di ospedale*) Krankenhauspatient(in) *m(f);* **ricovero** [ri'ko:vero] *m* ❶ (*istituto*) Heim *n;* (*per vecchi*) Altersheim *n* ❷ (*in ospedale*) Einlieferung *f;* ~ **d'urgenza** Notaufnahme *f* ❸ (*rifugio*) Unterschlupf *m*
ricreare [rikre'a:re] **I.** *vt* ❶ (*ristorare*) erfrischen ❷ (*divertire*) erfreuen, erheitern ❸ (*creare di nuovo*) neu gründen **II.** *vr* **-rsi** ❶ (*svagarsi*) sich erholen, ausspannen ❷ (*divertirsi*) sich vergnügen; **ricreativo, -a** [rikrea'ti:vo] *agg* erholsam, entspannend; **ricreazione** [rikreat'tsio:ne] *f* ❶ (*intervallo*) Pause *f* ❷ (*ristoro*) Erholung *f* ❸ (*distrazione*) Zeitvertreib *m,* Vergnügen *n*
ricrebbi *1. pers sing pass rem di* **ricrescere**
ricredersi [ri'kre:dersi] *vr* seine Meinung ändern, etw anderes glauben
ricrescere [ri'kreʃʃere] <ricresco, ricrebbi, ricresciuto> *vi* essere ❶ (*tornare a crescere*) wieder wachsen ❷ (*dial: aumentare di volume*) aufgehen
ricromatizzato, -a [rikromatid'dza:to] *agg* (FILM) original chromatiert
ricucire [riku'tʃi:re] *vt* ❶ (*strappo, buco*) vernähen ❷ (MED: *ferita*) (ver)nähen; **ricucitura** [rikutʃi'tu:ra] *f* Flicknaht *f*
ricuocere [ri'kuɔ:tʃere] <ricuocio, ricossi, ricotto> *vt* ❶ (*cibo*) aufkochen ❷ (*metallo*) glühen
ricuperare [rikupe'ra:re] *vt* ❶ (*riacquistare*) wiedererlangen, wiedererhalten; (*salute*) zurückgewinnen; (*tempo*) aufholen; (*vista, parola*) wiedererlangen ❷ (*naufraghi*) bergen ❸ (*minorato, ex-carcerato*) wieder eingliedern ❹ (SPORT: *partita*) nachholen ❺ (FIN) eintreiben; **ricupero** [ri'ku:pero] *m* ❶ (*riacquisto*) Wiedererlangung *f;* (*di tempo*) Aufholen *n* ❷ (*di nave*) Bergung *f* ❸ (*di minorato, ex-carcerato*) Wiedereingliederung *f* ❹ (FIN) Eintreiben *n* ❺ (*oggetto*) geborgener Gegenstand ❻ (SPORT) Nachholspiel *n*
ricurvo, -a [ri'kurvo] *agg* gebogen; (*dorso, vecchio*) gebeugt
ricusare [riku'za:re] **I.** *vt* (*poet*) verweigern; (*a persona*) ablehnen; ~ **di fare qc** ablehnen, etw zu tun **II.** *vr* **-rsi** (*poet*) sich

R

weigern; **-rsi di fare qc** sich weigern, etw zu tun

ridacchiare [ridak'kia:re] *vi* (hämisch) kichern

ridanciano, -a [ridan't∫a:no] *agg* lustig, vergnügt

ridare [ri'da:re] <irr> *vt* ❶ (*dare di nuovo*) wieder geben; **dagli e ridagli** (*fam*) nach langem Hin und Her ❷ (*restituire*) zurückgeben, wiedergeben

ridarella [rida'rɛlla] *f* (*fam*) Lachkrampf *m;* (*voglia di ridere*) Lachreiz *m*

ridato *pp di* **ridare**

ridda ['ridda] *f* ❶ (*fig*) Gewirr *n,* Durcheinander *n* ❷ (*ballo*) Reigen *m*

ridefinizione [ridefinit'tsio:ne] *f* ❶ (*gener*) Neudefinition *f* ❷ (FILM: *risoluzione*) neue [*o* bessere] Auflösung; **la ~ dell'immagine** die bessere Bildauflösung

ridente [ri'dɛnte] *agg* heiter

rider ['raida] <- *o* riders> *m* ❶ (SPORT: *nell'ippica, fantino*) Jockey *m* ❷ (SPORT: *corridore motociclistico*) Motorradrennfahrer(in) *m(f)*

ridere ['ri:dere] <rido, risi, riso> I. *vi* lachen; ~ **fino alle lacrime** Tränen lachen; **fare per ~** (*fam*) etw zum Spaß tun; **farsi ~ dietro** (*fam*) sich lächerlich machen; **è una cosa da far ~ i polli** (*fam*) da lachen ja die Hühner; **ma non farmi ~!** (*fam*) dass ich nicht lache!; **non c'è nulla da ~** das ist ernst, das ist nicht zum Lachen; **tutti ridono di lui** alle lachen über ihn; **chi ride il venerdì, piange la domenica** (*prov*) den Vogel, der am Morgen pfeift, frisst am Abend die Katze; **ride ben chi ride l'ultimo** (*prov*) wer zuletzt lacht, lacht am besten II. *vr* **-rsi di qc** (*burlarsi*) sich über etw *acc* lustig machen; (*infischiarsene*) auf etw *acc* pfeifen

rideterminare [ridetermi'na:re] *vt* neu bestimmen

ridetti *1. pers sing pass rem di* **ridare**

ridetto *pp di* **ridire**

ridico *1. pers sing pr di* **ridire**

ridicolaggine [ridiko'laddʒine] *f* Lächerlichkeit *f*

ridicolizzare [ridikolid'dzare] *vt* lächerlich machen

ridicolo [ri'di:kolo] *m* Lächerlichkeit *f,* Lächerliche(s) *n;* **cadere nel ~** sich lächerlich machen; **mettere** [*o* **porre**] **qu/qc in ~** jdn/etw lächerlich machen; **volgere una cosa al ~** etw ins Lächerliche ziehen

ridicolo, -a *agg* lächerlich

ridiedi *1. pers sing pass rem di* **ridare**

ridimensionamento [ridimensiona'mento] *m* ❶ (*di industria, azienda*)

Wiederanpassung *f,* Neuanpassung *f* ❷ (*di persona, situazione*) Neubeurteilung *f;* **ridimensionare** [ridimensio'na:re] I. *vt* wieder anpassen, neu anpassen II. *vr* **-rsi** sich wieder auf das rechte Maß beschränken

ridire [ri'di:re] <irr> *vt* ❶ (*dire di nuovo*) wieder sagen, wiederholen ❷ (*criticare*) einwenden, aussetzen

ridiscussione [ridiskus'sio:ne] *f* Neudiskussion *f,* Wiederaufnahme *f*

ridissi *1. pers sing pass rem di* **ridire**

ridissoluzione [ridissolut'tsio:ne] *f* (CHEM) Wiederauflösen *n* des Bodensatzes

ridistanziare [ridistan'tsia:re] *vt* sich erneut distanzieren (*qu/qc* von jdm/etw)

ridistribuzione [ridistribut'tsio:ne] *f* Neuverteilung *f*

ridiventare [ridiven'ta:re] *vi essere* wieder werden

ridomandare [ridoman'da:re] *vt* ❶ (*nome, le stesse cose*) erneut fragen ❷ (*domandare in restituzione*) zurück-, wiederverlangen

ridonare [rido'na:re] *vt* ❶ (*fiducia, libertà*) wiedergeben ❷ (*donare a sua volta*) zurückschenken

ridondante [ridon'dante] *agg* redundant; **ridondanza** [ridon'dantsa] *f* Redundanz *f*

ridosso [ri'dɔsso] *m* Schutzwall *m;* **a ~ di** (*fig*) unmittelbar hinter +*acc o dat*

ridotta [ri'dotta] *f* Schanze *f,* Redoute *f*

ridotto [ri'dotto] *m* ❶ (THEAT) Foyer *n* ❷ (*opera fortificata*) Schanze *f,* Redoute *f*

ridotto, -a I. *pp di* **ridurre** II. *agg* verkleinert, vermindert; (*prezzi*) herabgesetzt; **biglietto ~** ermäßigte Karte; **formato ~** Kleinformat *n;* **essere ~ in pezzi** [*o* **a brandelli**] ganz kaputt sein

riducente [ridu't∫ente] I. *agg* reduzierend II. *m* Reduktionsmittel *n;* **riducibile** [ridu't∫i:bile] *agg* reduzierbar

ridurre [ri'durre] <riduco, ridussi, ridotto> I. *vt* ❶ (*diminuire*) verringern; (*prezzi*) herabsetzen, senken; (*tasse*) senken ❷ (MAT) reduzieren; (*frazione*) kürzen ❸ (*nel disegno*) umskalieren ❹ (*costringere*) zwingen; **essere ridotto a fare qc** gezwungen sein, etw zu tun ❺ (*far diventare*) machen zu, werden lassen; **~ in polvere** zu Staub machen; **~ qu alla disperazione/ragione** jdn zur Verzweiflung/zur Vernunft bringen II. *vr* **-rsi** ❶ (*diventare*) werden, sich bringen ❷ (*restringersi*) abnehmen, zusammenschmelzen

riduttore [ridut'to:re] *m* (PHYS) **~ di corrente** Transformator *m;* **~ di pressione**

Druckminderer *m*

riduzione [ridut'tsio:ne] *f* ❶ (*diminuzione*) Senkung *f*, Herabsetzung *f* ❷ (*adattamento*) Bearbeitung *f* ❸ (MAT) Kürzung *f*, Kürzen *n* ❹ (*di disegno*) Umskalierung *f*

riecco [ri'ɛkko] *avv* (*fam*) da … wieder; **rieccoti qui!** da bist du ja wieder!

riecheggiare [rieked'dʒa:re] *vi essere* widerhallen, zurückschallen

riedito, -a [ri'ɛdito] *agg* wieder aufgelegt, neu aufgelegt

riedizione [riedit'tsio:ne] *f* ❶ (LIT) Neuauflage *f* ❷ (THEAT, FILM) Remake *n*

rieducare [riedu'ka:re] *vt* ❶ (*persone*) umerziehen, umschulen; (MED) rehabilitieren ❷ (*braccio, gamba*) wieder trainieren, wieder beweglich machen; **rieducazione** [riedukat'tsio:ne] *f* Umerziehen *n*, Umschulung *f*; (MED) Rehabilitation *f*; **istituto di ~ minorile** Erziehungsheim *n*

rielaborare [rielabo'ra:re] *vt* wieder ausarbeiten, nachbereiten; **rielaborazione** [rielaborat'tsio:ne] *f* Neubearbeitung *f*

rieleggere [rie'lɛddʒere] <irr> *vt* wieder wählen; **rielezione** [rielet'tsio:ne] *f* Wiederwahl *f*

riemergere [rie'mɛrdʒere] <irr> *vi essere* ❶ (*tornare alla superficie*) wieder auftauchen ❷ (*fig*) wieder auftreten

riempibottiglie [riempibot'ti:ʎʎe] <-> *f* (TEC) Flaschenabfüllmaschine *f*

riempimento [riempi'mento] *m* (Auf)füllen *n*, Füllung *f*; (*di modulo*) Ausfüllen *n*; **riempire** [riem'pi:re] I. *vt* ❶ (*bicchiere, sacco*) (auf)füllen ❷ (*modulo*) ausfüllen; (*foglio*) beschreiben ❸ (*fig*) erfüllen II. *vr* -**rsi** ❶ (*fam: mangiare troppo*) sich voll schlagen ❷ (*diventare pieno*) -**rsi di qc** sich mit etw füllen

riempitivo [riempi'ti:vo] *m* ❶ (*integrativo*) Füllsel *n*, Füllmittel *n*; (*parola*) Füllwort *n* ❷ (*fig*) Lückenbüßer *m*

riempitivo, -a *agg* füllend, Füll-; **riempitrice** [riempi'tri:tʃe] *f* (TEC) Abfüllmaschine *f*

rientrante [rien'trante] *agg* zurückspringend, zurücktretend; (*guance*) hohl; **rientranza** [rien'trantsa] *f* Vertiefung *f*, Einbuchtung *f*

rientrare [rien'tra:re] *vi essere* ❶ (*entrare di nuovo*) wieder hineingehen, zurückkehren; **~ in sé** (*fig*) wieder zu sich *dat* kommen; **~ in gioco** das Spiel wieder aufnehmen ❷ (*tornare*) zurückkommen, -kehren; (*a casa*) heimkommen ❸ (*restringersi*) einlaufen ❹ (*presentare concavità*) zurücktreten, zurückspringen ❺ (*essere compreso*) hineingehören, dazugehören; **~ nel-**

le spese auf seine Kosten kommen; **rientro** [ri'entro] *m* Rückkehr *f*; (*a casa*) Heimkehr *f*

riepilogare [riepilo'ga:re] *vt* zusammenfassen, rekapitulieren; **riepilogo** [rie'pi:logo] <-ghi> *m* Zusammenfassung *f*

riesame [rie'za:me] *m* erneute (Über)prüfung *f*

riescludere [ries'klu:dere] <riescludo, riesclusi, riescluso> *vt* erneut disqualifizieren

riesco *1. pers sing pr di* riuscire

riessere [ri'ɛssere] <irr> *vi essere* (*fam*) wieder sein; **dobbiamo ~ a casa prima delle sette** wir müssen vor sieben Uhr wieder zu Hause sein; **ci risiamo!** (*fig fam*) schon wieder!

riesumare [riezu'ma:re] *vt* exhumieren

Rieti *f* Rieti *n* (*Stadt in Latium*)

Rietino [rie'ti:no] *m* Provinz *f* Rieti

rietino, -a I. *m, f* (*abitante*) Einwohner(in) *m(f)* von Rieti II. *agg* aus Rieti

rievocare [rievo'ka:re] *vt* wieder wachrufen; **rievocativo, -a** [rievoka'ti:vo] *agg* Gedenk-, Erinnerungs-; **rievocazione** [rievokat'tsio:ne] *f* Wachrufen *n*

rifacimento [rifatʃi'mento] *m* Neuerstellung *f*; (*opera rifatta*) Neufassung *f*; **rifare** [ri'fa:re] <irr> I. *vt* ❶ (*esame, tentativo, compito*) wiederholen, neu machen ❷ (*stanza*) in Ordnung bringen, aufräumen; (*letto*) machen ❸ (*imitare*) nachmachen, imitieren ❹ (*compensare*) entschädigen ❺ (*compiere un'altra volta*) wiederholen, erneut tun II. *vr* -**rsi** ❶ (*diventare nuovamente*) wieder werden ❷ (*ristabilirsi*) sich wieder erholen; (MED) wieder gesund werden; (*tempo*) sich bessern, wieder schön werden ❸ -**rsi di qc** (*prendersi la rivincita*) sich für etw entschädigen; (*vendicarsi*) sich für etw rächen ❹ (*cominciare*) -**rsi da qc** bei etw beginnen, zu etw zurückgehen; -**rsi da zero** bei null anfangen ❺ (*loc*) -**rsi gli occhi/la bocca** sich an dem Anblick/Geschmack erfreuen; **rifarsela con qu** (*fam*) sich mit jdm anlegen; **mi sono rifatto** (*fam*) ich habe mich schadlos gehalten

riferimento [riferi'mento] *m* ❶ (*relazione*) Bezug *m*; **punto di ~** Bezugspunkt *m*; (*fig a*) Anhaltspunkt *m*; **fare ~ a** Bezug nehmen auf +*acc*; **in** [*o* **con**] **~ alla Vostra del …** (ADM) Bezug nehmend auf Ihr Schreiben vom … ❷ (*richiamo*) Verweis *m*, Hinweis *m*; **riferire** [rife'ri:re] <riferisco> I. *vt* ❶ (*riportare*) berichten, mitteilen ❷ (*ascrivere*) zuschreiben ❸ (*mettere in relazione*) **~ qc a qc** etw auf etw *acc* beziehen **II.** *vr* **-rsi a qc** (*fare riferimento*) auf etw *acc* Bezug nehmen; (*alludere*) auf etw *acc* anspielen **III.** *vi* ~ **su qc** etw vortragen, über etw *acc* Bericht erstatten

riffa ['riffa] *f* (*tosc*) Gewalt *f;* **di** ~ **o di raffa** (*fam*) so oder so, wohl oder übel; (*volere*) um jeden Preis

rifiatare [rifia'ta:re] *vt* ❶ (*riprender fiato*) wieder zu Atem kommen ❷ (*replicare*) erwidern ❸ (*fig*) aufatmen

rificolona [rifiko'lo:na] *f* Lampion *m,* Laterne *f*

rifilare [rifi'la:re] *vt* ❶ (*fam: affibbiare*) andrehen, verpassen; ~ **un ceffone a qu** (*fam*) jdm eine Ohrfeige verpassen ❷ (*orlo*) genau abschneiden

rifinanziare [rifinan'tsia:re] *vt* refinanzieren

rifinire [rifi'ni:re] *vt* ❶ (*terminare*) wieder beenden, vollenden ❷ (*perfezionare*) fein bearbeiten, überarbeiten; **rifinitezza** [rifini'tettsa] *f* Feinbearbeitung *f;* **rifinitura** [rifini'tu:ra] *f* ❶ (*perfezionamento*) Feinarbeit *f,* Vollendung *f* ❷ (*decorazione*) Verzierung *f,* Aufputz *m* A

rifiorimento [rifiori'mento] *m* Wiederaufblühen *n*

rifiorire [rifio'ri:re] <rifiorisco> *vi essere* ❶ (*tornare a fiorire*) wieder erblühen ❷ (*fig*) wieder aufblühen; **rifioritura** [rifiori'tu:ra] *f* ❶ (BOT) (Wieder)erblühen *n* ❷ (*ricomparsa*) Wiederauftreten *n*

rifischiare [rifis'kia:re] *vt* ❶ (*fischiare di nuovo*) wieder pfeifen ❷ (*fischiare in risposta*) zurückpfeifen ❸ (*fam: fare la spia*) verpfeifen

rifiutare [rifiu'ta:re] **I.** *vt* ❶ (*non accettare*) ablehnen, zurückweisen ❷ (*negare*) ~ **qc a qu** jdm etw verweigern; ~ **di fare qc** sich weigern, etw zu tun **II.** *vr* **-rsi di fare qc** sich weigern, etw zu tun; **rifiuto** [ri'fiu:to] *m* ❶ (*negazione del consenso*) Ablehnung *f,* Absage *f,* (Ver)weigerung *f* ❷ *pl* (*immondizie*) Abfall *m,* Müll *m;* **-i organici** (**compostabili**) Biomüll *m;* **-i nucleari** [*o* **radioattivi**] Atommüll *m,* radioaktiver Abfall; **-i tossici** Giftmüll *m* ❸ (*scarto*) Abfall *m,* Ausschuss *m* ❹ (*fig*) Abschaum *m*

riflessante [rifles'sante] *m* Glanzshampoo *n*

riflessi [ri'flɛssi] *1. pers sing pass rem di* **riflettere**

riflessione [rifles'sio:ne] *f* ❶ (*considerazione*) Überlegung *f* ❷ (PHYS) Reflexion *f;*

riflessivo, -a [rifles'si:vo] *agg* ❶ (*persona, mente*) nachdenklich; (*ponderato*) besonnen ❷ (LING) reflexiv, rückbezüglich

riflesso [ri'flɛsso] *m* ❶ (*efficacia*) Reflex *m* ❷ (*luce*) Widerschein *m;* (*rispecchiamento*) Spiegelung *f* ❸ (MED) Reflex *m*

riflesso, -a **I.** *pp di* **riflettere** **II.** *agg* ❶ (*raggio, luce, immagine*) reflektiert, widergespiegelt ❷ (*moto, atto*) Reflex-

riflessografia [riflessogra'fi:a] *f* (FOTO, TEC) Reflexkopierverfahren *n*

riflessologia [riflessolo'dʒi:a] *f* Reflexzonenmassage *f;* ~ **plantare** Fußreflexzonenmassage *f*

riflettere [ri'flɛttere] <irr> **I.** *vt* ❶ (PHYS) reflektieren ❷ (*rimandare*) zurückwerfen, widerspiegeln ❸ (*fig*) spiegeln, widerspiegeln **II.** *vi* ~ **su qc** über etw *acc* nachdenken **III.** *vr* **-rsi** ❶ (*specchiarsi*) sich (wider)spiegeln ❷ (*fig*) **-rsi su qc** (*ripercuotersi*) sich in etw *dat* widerspiegeln; (*influire*) sich auf etw *acc* auswirken; **riflettore** [riflet'to:re] *m* ❶ (EL) Scheinwerfer *m* ❷ (RADIO, OPT) Reflektor *m;* **rifletutto** [riflet'tu:to] *pp di* **riflettere**

rifluire [riflu'i:re] <rifluisco> *vi essere* ❶ (*tornare a scorrere*) wieder fließen ❷ (*fluire indietro*) zurückfließen, -strömen ❸ (*fig: tornare indietro*) zurückströmen; **riflusso** [ri'flusso] *m* ❶ (*flusso di ritorno*) Rückfluss *m* ❷ (*del mare*) Ebbe *f* ❸ (*fig: di persone*) Zurückströmen *n*

rifocillare [rifotʃil'la:re] **I.** *vt* stärken **II.** *vr* **-rsi** sich stärken

rifondatore, -trice [rifonda'to:re] **I.** *agg* (POL) neu gründend, wieder erstehen lassend **II.** *m, f* (POL) Neugründer(in) *m(f)*

rifondazione [rifondat'tsio:ne] *f* Neugründung *f;* **Rifondazione Comunista** (POL) *kommunistische Partei in Italien*

rifondere [ri'fondere] <irr> *vt* ❶ (*statua, metallo*) erneut schmelzen ❷ (*fig: danni, spese*) ersetzen, vergüten

riforestazione [riforestat'tsio:ne] *f* (ECO) Wiederaufforstung *f*

riforma [ri'forma] *f* ❶ (*gener*) Umgestaltung *f* ❷ (POL) Reform *f;* ~ **scolastica** Bildungsreform *f* ❸ (REL) Reformation *f* ❹ (MIL) Ausmusterung *f;* **riformabile** [rifor'ma:bile] *agg* reformierbar; **riformabilità** [riformabili'ta] <-> *f* ❶ (*possibilità di essere riformato*) Reformierbarkeit *f,* Reformfähigkeit *f,* Möglichkeit *f* der Reform ❷ (MIL: *possibilità di essere esonerato dal servizio militare*) Möglichkeit *f* der Ausmusterung; **riformare** [rifor'ma:re] **I.** *vt* ❶ (*formare di nuovo*) neu bilden, wieder bilden ❷ (*sottoporre a riforma*) umgestalten; (POL, REL) reformieren ❸ (MIL) ausmustern **II.** *vr* **-rsi** sich wieder bilden

riformato [rifor'ma:to] *m* (MIL) Untaugliche(r) *m*

riformato, -a I. *agg* reformiert II. *m, f* (REL) Reformierte(r) *f(m)*

riformatore, -trice [riforma'to:re] I. *agg* reformierend, Reformations- II. *m, f* Reformator(in) *m(f)*

riformatorio [riforma'tɔ:rio] <-i> *m* Erziehungsheim *n*

riformatrice *f v.* **riformatore**

riformismo [rifor'mizmo] *m* Reformismus *m;* **riformista** [rifor'mista] <-i *m,* -e *f>* I. *mf* Reformist(in) *m(f)* II. *agg* reformistisch, reformerisch; **riformistico, -a** [rifor'mistiko] <-ci, -che> *agg* reformistisch

rifornimento [riforni'mento] *m* ❶ (*operazione*) Versorgung *f;* **fare ~ di benzina** tanken ❷ *pl* (*viveri*) Vorräte *mpl* ❸ (MIL) Nachschub *m;* **rifornire** [rifor'ni:re] <rifornisco> I. *vt* ~ **qu/qc di qc** jdn/etw mit etw versorgen II. *vr* **-rsi di qc** sich mit etw versorgen

rifrangenza [rifran'dʒɛntsa] *f* Brechung *f*

rifrangere [ri'frandʒere] <irr> I. *vt* brechen II. *vr* **-rsi** ❶ (PHYS) sich brechen ❷ (*infrangersi*) sich brechen; (*rompere*) zerbrechen

rifrattività [rifrattivi'ta] <-> *f* (PHYS) Brechungseigenschaften *fpl*

rifrazione [rifrat'tsio:ne] *f* Brechung *f*, Refraktion *f*

rifreddo, -a [ri'freddo] I. *agg* kalt II. *m* kaltes Gericht *n*

rifriggere [ri'friddʒere] <irr> *vt* ❶ (GASTR) wieder braten ❷ (*fig fam*) aufwärmen

rifuggire [rifud'dʒi:re] *vi essere* ❶ (*fuggire di nuovo*) wieder flüchten ❷ (*evitare*) ~ **da qc** etw meiden

rifugiarsi [rifu'dʒarsi] *vr* (sich) flüchten; **rifugiato, -a** [rifu'dʒa:to] I. *agg* geflüchtet II. *m, f* Flüchtling *m;* **rifugio** [ri'fu:dʒo] <-gi> *m* ❶ (*riparo*) Zuflucht *f;* (*difesa*) Schutz *m;* ~ **alpino** Schutz-, Berghütte *f* ❷ (MIL) Bunker *m*, Luftschutzraum *m;* ~ **antiatomico** Atomschutzbunker *m* ❸ (*ambiente*) Zufluchtsort *m* ❹ (*fig*) Trost *m*, Rettung *f*

rifui *1. pers sing pass rem di* **riessere**

rifulgere [ri'fuldʒere] <rifulgo, rifulsi, rifulso> *vi* (*poet*) erstrahlen, leuchten; (*fig a*) glänzen

rifusione [rifu'zio:ne] *f* ❶ (*risarcimento*) Entschädigung *f*, Ausgleich *m;* (*di danni*) Ersatz *m* ❷ (*nuova fusione*) Umschmelzung *f*, Umarbeitung *f*

riga ['ri:ga] <-ghe> *f* ❶ (*linea*) Linie *f*, Strich *m;* (*di tessuto*) Streifen *m;* **carta/ quaderno a -ghe** lini(i)ertes Papier/Heft

❷ (*di scritto*) Zeile *f;* **leggere fra le -ghe** (*fig*) zwischen den Zeilen lesen ❸ (*di persone, cose*) Reihe *f;* **mettersi in ~** sich in Reih und Glied aufstellen; **rimettersi in ~** sich wieder fügen; **rompere le -ghe** (MIL, SPORT) die Reihen auflösen, wegtreten; **mettere in ~** (*fig*) jmd zurechweisen ❹ (*di capelli*) Scheitel *m* ❺ (*asticella*) Lineal *n* ❻ (INFORM) ~ **di comando** Befehlszeile *f;* ~ **di commento** Kommentarzeile *f*

rigaglie [ri'gaʎʎe] *fpl* Hühner- [*o* Gänse]klein *n*

rigagnolo [ri'gaɲɲolo] *m* Rinnsal *n*

rigare [ri'ga:re] I. *vt* lini(i)eren II. *vi* **rigar diritto** spuren *fam*

rigatoni [riga'to:ni] *mpl* Rigatoni *pl* (*kurze, dicke Röhrennudeln*)

rigattiere [rigat'tiɛ:re] *m* Altwarenhändler *m*

rigatura [riga'tu:ra] *f* ❶ (*di foglio, quaderno, pagina*) Lin(i)ierung *f* ❷ (*di fucile*) Drall *m*

rigenerare [ridʒene'ra:re] I. *vt* ❶ (*far ricrescere*) wieder hervorbringen ❷ (BIOL) regenerieren ❸ (*ricostituire*) wiederherstellen ❹ (TEC) wieder aufbereiten II. *vr* **-rsi** ❶ (BIOL) sich regenerieren ❷ (*fig*) zu neuem Leben erwachen; **rigenerativo, -a** [ridʒenera'ti:vo] *agg* regenerativ, Regenerations-; **rigenerato, -a** [ridʒene'ra:to] I. *agg* wieder aufbereitet II. *m* Regenerat *n;* **rigeneratore, -trice** [ridʒenera'to:re] I. *agg* wieder herstellend, erneuernd II. *m, f* Wiederhersteller(in) *m(f)*, Erneuerer *m*, Erneuerin *f;* **rigenerazione** [ridʒenerat'tsio:ne] *f* ❶ (BIOL) Regeneration *f* ❷ (REL) Wiedergeburt *f* ❸ (*fig*) Erneuerung *f* ❹ (TEC) Wiederaufbereitung *f*

rigettare [ridʒet'ta:re] I. *vt* ❶ (*gettare indietro*) zurückwerfen ❷ (*respingere*) ablehnen, verwerfen ❸ (BOT) sprießen ❹ (*fam: vomitare*) brechen ❺ (*gettare nuovamente*) wieder werfen II. *vr* **-rsi** ❶ (*gettarsi di nuovo*) sich wieder werfen ❷ (*fig*) wieder auftauchen; **rigetto** [ri'dʒɛtto] *m* ❶ (MED) Abstoßung *f* ❷ (*fig*) Ablehnung *f*

righello [ri'gɛllo] *m* Lineal *n;* **righettare** [riget'ta:re] *vt* Linien ziehen, linieren; **righettato, -a** [riget'ta:to] *agg* liniert, gestreift

rigidezza [ridʒi'dettsa] *f* ❶ (*rigore*) Härte *f;* (*del clima*) Rauheit *f* ❷ (*severità*) Strenge *f* ❸ (PHYS) Starrheit *f*, Festigkeit *f;* **rigidità** [ridʒidi'ta] <-> *f* ❶ (*del clima*) Rauheit *f* ❷ (*fig*) Starrheit *f;* (*severità*) Strenge *f*, Härte *f* ❸ (MED) Steifheit *f*, Starre *f;* **rigido, -a** [ri'dʒido] *agg* ❶ (*colletto, cappello, braccio*) steif ❷ (*clima*) rau; (*in-*

verno) streng ❸ (*fig: severo*) streng, hart
rigirare [ridʒi'raːre] I. *vt* ❶ (*girare più volte*) wieder wenden, wieder drehen ❷ (*percorrere*) durchstreifen, laufen durch ❸ (*assegno*) wieder indossieren ❹ (*fig*) (anders) handhaben; ~ **il discorso/una questione** der Rede/einer Frage eine andere Wendung geben; **saperla** ~ (*fam*) es deichseln können; **gira e rigira** (*fam*) wie man es auch dreht und wendet II. *vi* umherlaufen III. *vr* -**rsi** sich (wieder) umdrehen; (*nel letto*) sich wälzen

rigiro [ri'dʒiːro] *m* ❶ (*imbroglio*) Machenschaften *fpl;* (*di parole*) Umschweife *pl* ❷ (*giro ripetuto*) Drehung *f,* Wendung *f*

rigo ['riːgo] <-ghi> *m* (*riga*) Linie *f;* (*di scrittura*) Zeile *f;* (MUS) Notenlinie *f*

rigoglio [ri'goʎʎo] <-gli> *m* ❶ (BOT) Wuchern *n* ❷ (*fig*) Blüte *f;* **rigoglioso, -a** [rigoʎʎo:so] *agg* ❶ (BOT) wuchernd ❷ (*fig*) blühend, üppig

rigonfiamento [rigonfia'mento] *m* ❶ (*parte rigonfia*) Schwellung *f* ❷ (*il gonfiare*) erneutes Anschwellen; **rigonfiare** [rigon'fiaːre] I. *vt* aufpumpen II. *vi essere* aufgehen III. *vr* -**rsi** wieder anschwellen; **rigonfiatura** [rigonfia'tuːra] *f* ❶ (*rigonfiamento*) Wiederaufblasen *n,* Wiederaufpumpen *n* ❷ (*gonfiore*) Schwellung *f,* Blase *f*

rigonfio [ri'gonfio] *m* Schwellung *f*

rigonfio, -a <-i, -ie> *agg* ❶ (*occhio*) geschwollen; (*ginocchio*) angeschwollen ❷ (*fig*) aufgeblasen

rigore [ri'goːre] *m* ❶ (*rigidità*) Strenge *f,* Härte *f;* **a rigor di logica** logischerweise ❷ (*del clima*) Strenge *f,* Rauheit *f* ❸ (SPORT) Elfmeter *m;* **rigorismo** [rigo'rizmo] *m* Rigorismus *m;* **rigorista** [rigo'rista] <-i *m,* -e *f*> *mf* ❶ (*persona intransigente*) unerbittlicher Mensch, Rigorist(in) *m(f)* ❷ (SPORT) Elfmeterschütze *m,* -schützin *f*

rigorosità [rigorosi'ta] <-> *f* Rigorosität *f,* Unerbittlichkeit *f;* **rigoroso, -a** [rigo'ro:so] *agg* ❶ (*severo*) streng, hart; (*persona*) unerbittlich; (*norma*) rigoros ❷ (*preciso*) rigoros, genau

rigovernare [rigover'naːre] *vt* ❶ (*piatti*) spülen, abwaschen ❷ (*animali*) versorgen; **rigovernatura** [rigoverna'tuːra] *f* ❶ (*azione*) Spülen *n* ❷ (*acqua sporca*) Spülwasser *n*

riguadagnare [riguadaɲ'ɲare] *vt* ❶ (*ricuperare*) wiedergewinnen; (*tempo*) wieder auf-, einholen ❷ (*somma*) wieder verdienen

riguardante [riguar'dante] *agg* (*concernente*) angehend, betreffend; **riguardare**

[riguar'daːre] I. *vt* ❶ (*rivedere*) durchsehen, überprüfen ❷ (*concernere*) angehen, betreffen ❸ (*considerare*) betrachten ❹ (*guardare di nuovo*) wieder schauen ❺ (*guardare indietro*) zurückschauen II. *vr* -**rsi da qc** sich vor etw *dat* vorsehen; **riguardata** [riguar'da:ta] *f* Durchsicht *f;* **dare una ~ a qc** etw kurz durchsehen

riguardo [ri'guardo] *m* ❶ (*cura*) Rücksicht *f,* Aufmerksamkeit *f;* **avere ~ per la propria salute** sich schonen; **non avere alcun** ~ keinerlei Rücksicht nehmen ❷ (*rispetto*) Achtung *f;* **ospite di** ~ Ehrengast *m* ❸ (*relazione*) Bezug *m,* Zusammenhang *m;* **nei -i di, ~ a** in Bezug auf +*acc,* was … betrifft; **riguardoso, -a** [riguar'do:so] *agg* respektvoll, aufmerksam, rücksichtsvoll

rigurgitare [rigurdʒi'ta:re] I. *vi essere o avere* ❶ (*liquidi*) überquellen ❷ (*fig: persone*) wimmeln II. *vt avere* speien; **rigurgito** [ri'gurdʒito] *m* ❶ (*di fogna, fiume, canale*) Überquellen *n* ❷ (MED) Ausstoss *m* (aus dem Magen)

rilanciare [rilan'tʃaːre] *vt* ❶ (*palla, sasso*) zurückwerfen, wieder werfen ❷ (*fig*) wieder lancieren ❸ (COM: *offerta*) überbieten; **rilancio** [ri'lantʃo] <-i> *m* ❶ (*di pallone*) Rückwurf *m* ❷ (*fig*) Lancierung *f* ❸ (COM: *di offerta*) Überbieten *n;* ~ **economico** Wirtschaftsaufschwung *m*

rilasciamento [rilaʃʃa'mento] *m* Entspannung *f;* **rilasciare** [rilaʃ'ʃaːre] I. *vt* ❶ (ADM) ausstellen ❷ (*muscoli, nervi*) entspannen ❸ (*prigioniero*) freilassen II. *vr* -**rsi** ❶ (*lasciarsi di nuovo*) sich wieder trennen ❷ (*distendersi*) sich entspannen; **rilascio** [ri'laʃʃo] <-sci> *m* ❶ (ADM) Ausstellung *f* ❷ (*restituzione di libertà*) Frei-, Entlassung *f*

rilassamento [rilassa'mento] *m* ❶ (*di muscoli, nervi*) Entspannung *f* ❷ (*dei costumi*) Lockerung *f;* **rilassare** [rilas'saːre] I. *vt* ❶ (*muscoli, nervi*) entspannen ❷ (*disciplina, sorveglianza*) lockern II. *vr* -**rsi** ❶ (*distendersi*) sich entspannen ❷ (*scadere*) sich lockern; **rilassatezza** [rilassa'tettsa] *f* Lockerung *f*

rilegare [rile'gaːre] *vt* binden; **rilegatore, -trice** [rilega'to:re] *m, f* Buchbinder(in) *m(f);* **rilegatura** [rilega'tuːra] *f* ❶ (*operazione*) Binden *n* ❷ (*copertura*) Einband *m*

rileggere [ri'lɛddʒere] <irr> *vt* wieder lesen; (*rivedere*) durchlesen

rilento [ri'lɛnto] *avv* **a** ~ langsam

rilessi *1. pers sing pass rem di* **rileggere**

riletta [rilet'ta] *f* (*fam*) nochmaliges Überfliegen

riletto _pp di_ **rileggere**

rilevabile [rile'va:bile] _agg_ feststellbar

rilevamento [rileva'mento] _m_ ❶ (_determinazione sistematica_) Erhebung _f_ ❷ (_topografico_) Aufnahme _f_ ❸ (NAUT) Peilung _f_ ❹ (_di negozio_) Übernahme _f_ ❺ (_sostituzione_) Ablösung _f_ ❻ (INFORM: _di dati_) Abfrage _f_

rilevante [rile'vante] _agg_ relevant, bedeutend

rilevare [rile'va:re] I. _vt_ ❶ (_mettere in evidenza_) hervorheben ❷ (_apprendere_) entnehmen ❸ (_raccogliere_) erheben, feststellen ❹ (_azienda, negozio_) übernehmen ❺ (_sostituire_) ablösen ❻ (_andare a prendere_) abholen ❼ (_compiere rilevamento topografico_) aufnehmen, vermessen II. _vi_ vorstehen; **rilevato, -a** [rile'va:to] I. _agg_ erhaben, vorstehend II. _m_ ❶ (_rilievo del terreno_) Damm _m_ ❷ (_tratto di strada_) (Fahr)damm _m;_ **rilevazione** [rilevat'tsio:ne] _f_ Erhebung _f_

rilievo [ri'liɛ:vo] _m_ ❶ (GEOG) Relief _n_, Erhebung _f_ ❷ (_scultura_) Relief _n;_ **alto/basso ~** Hoch-/Basrelief _n_ ❸ (_fig: importanza_) Bedeutung _f;_ **mettere in ~ qc** etw hervorheben ❹ (_rilevamento_) Erhebung _f;_ (_topografico_) Vermessung _f_ ❺ (_osservazione_) Bemerkung _f,_ Anmerkung _f_

riloga [ri'lɔ:ga] <-ghe> _f_ Vorhangschiene _f_

rilottare [rilot'ta:re] _vi_ erneut kämpfen (_contro qu/qc_ gegen jdn/etw)

rilucente [rilu'tʃɛnte] _agg_ glänzend; **rilucere** [ri'lu:tʃere] <riluce, rilusse, _manca il pp_> _vi_ glänzen

riluttante [rilut'tante] _agg_ widerwillig, widerstrebend; **essere ~ a fare qc** etw ungern tun; **riluttanza** [rilut'tantsa] _f_ Abneigung _f,_ Widerwille _m_

riluttare [rilu'ta:re] _vi_ widerstreben; **~ a far qc** etw ungern tun

rima ['ri:ma] _f_ Reim _m;_ **~ accoppiata** Paarreim _m;_ **~ alternata** Kreuzreim _m;_ **~ baciata** verschränkter Reim; **rispondere per le -e** (_fig_) eine entsprechende Antwort geben

rimacina [ri'ma:tʃina] _f_ (TEC) Feinmahlen _n_

rimandabile [riman'da:bile] _agg_ aufschiebbar, verschiebbar; **rimandare** [riman'da:re] _vt_ ❶ (_mandare indietro_) zurückschicken ❷ (_mandare di nuovo_) wieder schicken ❸ (_restituire_) zurückgeben ❹ (SPORT) zurückgeben, -spielen ❺ (_trasferire_) (ver)schicken ❻ (_dimettere_) entlassen, wegschicken ❼ (_differire_) verschieben ❽ (_alunno_) nicht versetzen; (_candidato_) durchfallen lassen ❾ (_fare riferimento_) **~ a qc** auf etw _acc_ verweisen; **rimando** [ri'mando] _m_ ❶ (_riferimento, rinvio_) Ver-

weis _m_ ❷ (SPORT) Rückschuss _m,_ Zurückschlagen _n_

rimaneggiamento [rimaneddʒa'mento] _m_ Umarbeitung _f,_ Umstellung _f_

rimaneggiare [rimaned'dʒa:re] _vt_ ❶ (_lista, articolo_) umarbeiten, umstellen ❷ (_governo_) umbilden

rimanente [rima'nɛnte] I. _agg_ verbleibend, übrig II. _mf_ Verbleibende(r) _f(m);_ **i -i** die Übrigen III. _m_ Rest _m;_ **rimanenza** [rima'nɛntsa] _f_ Überschuss _m_

rimanere [rima'ne:re] <rimango, rimasi, rimasto> _vi essere_ ❶ (_restare, fermarsi, durare_) bleiben; **~ male/confuso** enttäuscht/verwirrt sein; **~ a bocca aperta** mit offenem Mund dastehen; **~ a corto di qc** mit etw knapp sein; **~ al verde** (_fam_) blank sein; **~ indietro** zurückbleiben; **rimanerci** (_fam_) dabei draufgehen ❷ (_essere situato_) liegen ❸ (_avanzare_) übrig bleiben; **non gli rimane altro** [_o_ **altro da fare**] **che accettare** es bleibt ihm nichts anderes übrig als zu akzeptieren ❹ (_convenire_) verbleiben

rimangiare [riman'dʒa:re] _vt_ ❶ (_mangiare di nuovo_) wieder essen ❷ (_fig_) zurücknehmen

rimango [ri'mango] _1. pers sing pr di_ **rimanere**

rimarcare [rimar'ka:re] _vt_ (ADM) bemerken, vermerken; **rimarchevole** [rimar'ke:vole] _agg_ bemerkenswert; **rimarco** [ri'marko] <-chi> _m_ Bemerkung _f,_ Vermerk _m_

rimare [rima:re] I. _vi_ sich reimen II. _vt_ dichten

rimarginabile [rimardʒi'na:bile] _agg_ ❶ (_di ferita_) heilbar, abheilend ❷ (_fig_) wieder gutzumachend

rimarginare [rimardʒi'na:re] I. _vt_ heilen II. _vr_ **-rsi** (ver)heilen

rimaritare [rimari'ta:re] I. _vt_ wieder heiraten II. _vr_ **-rsi** wieder heiraten

rimasi [ri'ma:si] _1. pers sing pass rem di_ **rimanere**

rimasterizzare [rimasterid'dza:re] _vt_ Masterkopie anfertigen; **rimasterizzazione** [rimasteriddzat'tsio:ne] _f_ (TEC) Anfertigung _f_ von Masterkopien

rimasticare [rimasti'ka:re] _vt_ ❶ (_masticare di nuovo_) wieder (durch)kauen ❷ (_fig: offesa_) zu knabbern haben an +_dat fam_

rimasticazione [rimastikat'tsio:ne] _f_ ❶ (ZOO: _ruminazione_) Wiederkäuen _n_ ❷ (_fig: riproposizione banale di cose risapute_) wiederholtes Durchkauen

rimasto [ri'masto] _pp di_ **rimanere**

rimasuglio [rima'suʎʎo] <-gli> _m_ (_pej_)

R

Überbleibsel *n*

rimatore, -trice [rima'to:re] *m, f* Dichter(in) *m(f)*, Poet(in) *m(f)*

rimbalzare [rimbal'tsa:re] *vi essere o avere* ❶ (*palla*) abprallen, zurückprallen ❷ (*fig: notizia*) sich schnell verbreiten

rimbalzello [rimbal'tsɛllo] *m* Steineschleudern über eine Wasserfläche

rimbalzino [rimbal'tsi:no] *m* Geschicklichkeitsspiel mit Münzen

rimbalzo [rim'baltso] *m* Rückprall *m;* **di ~** indirekt

rimbambimento [rimbambi'mento] *m* Verblödung *f*

rimbambire [rimbam'bi:re] <rimbambisco> **I.** *vi essere* verkalken; (*fig*) vertrotteln **II.** *vt* verblöden **III.** *vr* -**rsi** verkalken; (*fam*) vertrotteln, verblöden; **rimbambito, -a** [rimbam'bi:to] **I.** *agg* verblödet; (*vecchio*) senil, verkalkt **II.** *m, f* Kindskopf *m,* Trottel *m*

rimbeccare [rimbek'ka:re] **I.** *vt* erwidern, entgegnen **II.** *vr* -**rsi** einen Wortwechsel haben, sich Bissigkeiten sagen

rimbecillire [rimbetʃil'li:re] <rimbecillisco> **I.** *vi essere* verblöden **II.** *vt avere* ❶ (*rendere imbecille*) blöd machen ❷ (*istupidire*) verdummen **III.** *vr* -**rsi** verblöden, verdummen; **rimbecillito, -a** [rimbetʃil'li:to] **I.** *agg* verblödet **II.** *m, f* Blödian *m,* Dummkopf *m*

rimbellire [rimbel'li:re] <rimbellisco, rimbellisci> *fam* **I.** *vi essere* schöner werden **II.** *vr* -**rsi** sich verschönern

rimboccare [rimbok'ka:re] *vt* umschlagen; -**rsi le maniche** (*a fig*) die Ärmel hochkrempeln; **rimboccatura** [rimbokka'tu:ra] *f* ❶ (*di lenzuolo*) Umschlag *m* ❷ (*operazione*) Umschlagen *n*

rimbombante [rimbom'bante] *agg* ❶ (*voce*) dröhnend ❷ (*fig*) bombastisch; **rimbombare** [rimbom'ba:re] *vi essere o avere* dröhnen; **rimbombo** [rim'bombo] *m* Dröhnen *n*

rimborsabile [rimbor'sa:bile] *agg* rückzahlbar; **rimborsabilità** [rimborsabili'ta] <-> *f* Rückgaberecht *n,* Möglichkeit *f* der Rückzahlung; **rimborsare** [rimbor'sa:re] *vt* zurückzahlen, (rück)erstatten, refundieren *A;* **rimborso** [rim'borso] *m* Rückzahlung *f,* Erstattung *f*

rimboscamento [rimboska'mento] *m* Aufforstung *f;* **rimboscare** [rimbos'ka:re] *vt* aufforsten

rimboschimento [rimboski'mento] *m* Aufforstung *f;* **rimboschire** [rimbos'ki:re] <rimboschisco> **I.** *vt avere* aufforsten **II.** *vi essere* sich bewalden

rimbrottare [rimbrot'ta:re] *vt* vorwerfen; **rimbrotto** [rim'brɔtto] *m* Vorwurf *m*

rimbruttire [rimbrut'ti:re] <rimbruttisco> **I.** *vt* hässlich machen **II.** *vr* -**rsi** hässlich werden

rimediare [rime'dia:re] **I.** *vi* ~ **a qc** etw wieder gutmachen **II.** *vt* ❶ (*danno, guaio*) beheben, wieder gutmachen ❷ (*fam: procurare*) (sich etw) besorgen ❸ (*fam: aggiustare*) ausbessern; **rimedio** [ri'mɛ:dio] <-i> *m* ❶ (*provvedimento*) Abhilfe *f;* **mettere** [*o* **porre**] ~ **a qc** einer Sache *dat* abhelfen ❷ (MED) (Heil)mittel *n*

rimeditare [rimedi'ta:re] *vt* überdenken

rimembranza [rimem'brantsa] *f* (*poet*) Erinnerung *f,* Gedächtnis *n*

rimeritare [rimeri'ta:re] *vt* (*poet*) vergelten

rimescolamento [rimeskola'mento] *m* ❶ (*mescolamento*) Mischen *n* ❷ (*fig*) Aufruhr *m;* **rimescolare** [rimesko'la:re] **I.** *vt* ❶ (*mescolare*) (um)rühren; (*carte*) mischen ❷ (*mescolare di nuovo*) wieder mischen **II.** *vr* -**rsi** ❶ (*sangue*) in Wallung geraten, kochen ❷ (*mischiarsi*) sich mischen ❸ (*agitarsi*) in Aufruhr geraten; **rimescolata** [rimesko'la:ta] *f* (*fam*) Durchmischen *n;* **rimescolio** [rimesko'li:o] <-ii> *m* ❶ (*trambusto*) Aufruhr *m* ❷ (*fig*) Verwirrung *f*

rimessa [ri'messa] *f* ❶ (*locale*) Schuppen *m,* Remise *f;* (*per veicoli*) Garage *f* ❷ (THEAT) ~ **in scena** Wiederaufführung *f* ❸ (SPORT) Einwurf *m* ❹ (*immagazzinamento*) Einlagerung *f* ❺ (COM) Lieferung *f* ❻ (FIN) Überweisung *f*

rimesso, -a [ri'messo] **I.** *pp di* **rimettere** **II.** *agg* ❶ (*ristabilito*) wieder erholt ❷ (*peccato*) vergeben ❸ (*messo di nuovo*) wieder gestellt

rimestare [rimes'ta:re] *vt* ❶ (*salsa, minestra*) (wieder) um-, durchrühren ❷ (*fig: frugare*) durchwühlen; (*rimettere in discussione*) wieder aufrühren

rimettere [ri'mettere] <irr> **I.** *vt* ❶ (*mettere di nuovo*) wieder setzen; (*in piedi*) wieder (auf)stellen; (*disteso*) wieder (hin)legen; (*indossare*) wieder anziehen ❷ (*affidare*) anvertrauen, überlassen ❸ (*pena, colpa*) erlassen, vergeben ❹ (SPORT) zurückspielen ❺ (BOT) treiben ❻ (*differire*) verschieben ❼ (*merce, lettere*) senden ❽ (*assegno*) überweisen ❾ (*fam: vomitare*) brechen, auskotzen *vulg* ❿ (*loc*) **rimetterci** (*fam*) verlieren; **rimetterci la reputazione** (*fam*) seinen Ruf schädigen; **rimetterci la salute** (*fam*) seine Gesundheit ruinieren; **rimetterci di tasca pro-**

pria (*fam*) aus eigener Tasche draufzahlen **II.** *vr* **-rsi ❶** (*riprendersi*) sich wieder erholen **❷** (*tempo*) sich bessern **❸** (*ricominciare*) wieder beginnen; **-rsi a studiare/scrivere/leggere** wieder mit dem Lernen/Schreiben/Lesen beginnen

rimettitore, -trice [rimetti'to:re] *m, f* **❶** (ADM: *chi rimette*) Übermittler(in) *m(f)*, Aussteller(in) *m(f)* **❷** (TEC: *nell'industria tessile, addetto al rimettaggio*) Einfädler(in) *m(f)*, Facharbeiter(in) *m(f)* am Einzug

rimico, -a ['ri:miko] <-ci, -che> *agg* Vers-; **il sistema ~** das Versmaß

riminese [rimi'ne:se] **I.** *mf* (*abitante*) Einwohner(in) *m(f)* von Rimini **II.** *agg* aus Rimini; **la gente ~** die Leute aus Rimini

Riminese <*sing*> *m* Umgebung *f* von Rimini

Rimini *f* Rimini *n* (*Stadt in der Emilia Romagna*)

rimisi *1. pers sing pass rem di* **rimettere**

rimmel® ['rimmel] <-> *m* Wimperntusche *f*

rimodernamento [rimoderna'mento] *m* Modernisierung *f*; **rimodernare** [rimoder'na:re] *vt* modernisieren; **rimodernata** [rimoder'na:ta] *f* (*fam*) neuer Look

rimodulazione [rimodulat'tsio:ne] *f* Reorganisation *f*, Umgestaltung *f*

rimonta [ri'monta] *f* **❶** (*il rimontare*) Wiederbesteigung *f* **❷** (SPORT) Aufholen *n*; **rimontaggio** [rimon'taddʒo] <-ggi> *m* **❶** (MOT, TEC) Wiedereinbau *m* **❷** (TEC: *in enologia*) Umwälzen *n*; **rimontare** [rimon'ta:re] **I.** *vt avere* **❶** (*montare di nuovo*) wieder montieren, wieder zusammensetzen **❷** (*fiume*) (fluss)aufwärts gehen **❸** (SPORT) aufholen **II.** *vi essere* **❶** (*montare di nuovo*) wieder aufsteigen; (*in macchina, treno*) wieder einsteigen **❷** (*fig: risalire*) **~ a** zurückreichen bis

rimorchiare [rimor'kia:re] *vt* **❶** (*veicolo, nave*) (ab)schleppen **❷** (*fig fam: conquistare qu*) abschleppen

rimorchiatore [rimorkia'to:re] *m* **❶** (NAUT) Schlepper *m*, Schleppboot *n* **❷** (*vulg*) Aufreißer *m*

rimorchiatore, -trice *agg* Abschlepp-; **rimorchio** [ri'mɔrkio] <-chi> *m* **❶** (*veicolo*) Anhänger *m* **❷** (*trascinamento*) (Ab)schleppen *n*; **prendere a ~** abschleppen **❸** (NAUT) Schleppseil *n*, -tau *n*

rimordere [ri'mɔrdere] <irr> *vt* **❶** (*fig*) plagen, nagen an +*dat* **❷** (*mordere di nuovo*) wieder beißen; **rimorso** [ri'mɔrso] *m* Reue *f*; (*morso di coscienza*) Gewissensbiss *m*

rimostranza [rimos'trantsa] *f* Protest *m*,

Beschwerde *f*; **rimostrare** [rimos'tra:re] **I.** *vt* wieder zeigen **II.** *vi* protestieren

rimovibile [rimo'vi:bile] *agg* entfernbar, beweglich

rimozione [rimot'tsio:ne] *f* **❶** (*asportazione*) Beseitigung *f*; (*da carica, impiego*) Entfernung *f* **❷** (PSYCH) Verdrängung *f*

rimpaginazione [rimpadʒinat'tsio:ne] *f* (TYP) neue Seiteneinteilung

rimpallo [rim'pallo] *m* **❶** (*nel biliardo*) Zugball *m* **❷** (*nel calcio*) Zurückprallen *n*

rimpastare [rimpas'ta:re] *vt* **❶** (*sfoglia*) wieder kneten **❷** (*fig*) umgestalten; (*governo*) umbilden; **rimpasto** [rim'pasto] *m* **❶** (POL: *del governo*) Umbildung *f*; **~ governativo** Regierungsumbildung *f* **❷** (*nuovo impasto*) erneutes Kneten

rimpatriando, -a [rimpa'triando] *m, f* (ADM) Abzuschiebende(r) *f(m)*

rimpatriare [rimpa'tria:re] **I.** *vi essere* in die Heimat zurückkehren **II.** *vt avere* repatriieren, in die Heimat zurückschicken; **rimpatriata** [rimpa'tria:ta] *f* (*fam*) Wiedersehen *n*, Treffen *n*; **rimpatrio** [rim'pa:trio] <-ii> *m* Repatriierung *f*, Zurückschicken *n* in die Heimat

rimpetto [rim'pɛtto] *avv* **di ~ a** gegenüber +*dat*

rimpiangere [rim'piandʒere] <irr> *vt* **~ qu/qc** jdm/etw nachtrauern

rimpianto [rim'pianto] *m* Bedauern *n*

rimpianto, -a *agg* verstorben

rimpiattare [rimpiat'ta:re] **I.** *vt* verbergen, verstecken **II.** *vr* **-rsi** sich verbergen, sich verstecken; **rimpiattino** [rimpiat'ti:no] *m* Versteckspiel *n*

rimpiazzare [rimpiat'tsa:re] *vt* austauschen, ersetzen; (*fare le veci*) ersetzen; **rimpiazzo** [rim'piattso] *m* Austausch *m*, Ersatz *m*

rimpicciolire [rimpittʃo'li:re] <rimpiccciolisco> *vi essere* kleiner werden; **rimpiccolire** [rimpikko'li:re] <rimpiccolisco> **I.** *vt avere* verkleinern **II.** *vi essere* kleiner werden **III.** *vr* **-rsi** sich verkleinern

rimpinguamento [rimpiŋgua'mento] *m* Mast *f*

rimpinguare [rimpiŋ'gua:re] *vt* wieder bereichern, wieder anfüllen

rimpinzare [rimpin'tsa:re] (*fam*) **I.** *vt* voll stopfen **II.** *vr* **-rsi** sich voll stopfen

rimpolpare [rimpol'pa:re] *vt* **❶** (*rimettere in carne, salute*) wieder Fleisch ansetzen lassen **❷** (*fig*) ausschmücken, anreichern

rimpossessarsi [rimposses'sarsi] *vr* **~ di qc** etw wieder in Besitz nehmen

rimpoverire [rimpove'ri:re] <rimpoverisco> **I.** *vt avere* wieder arm werden lassen

R

rimproverare	
rimproverare	**zurechtweisen**
Il tuo comportamento **lascia molto a desiderare.**	Dein Verhalten **lässt einiges zu wünschen übrig.**
Non tollero che mi si parli con questo tono!	**Ich verbitte mir** diesen Ton!
Non ci provi!/Guai a Lei!	**Unterstehen Sie sich!**
Come si permette?	**Was erlauben Sie sich!**
Che Le viene in mente!	**Was fällt Ihnen ein!**

II. *vr* **-rsi** verarmen

rimprosciuttire [rimproʃʃut'tiːre] <rimprosciuttisco, rimprosciuttisci> *vi* (*fam*) fett werden, Fett ansetzen

rimproverare [rimprove'raːre] I. *vt* tadeln II. *vr* **-rsi** sich *dat* Vorwürfe machen; **-rsi** (**di**) **qc** sich *dat* etw vorwerfen; **rimprovero** [rim'prɔːvero] *m* Tadel *m,* Vorwurf *m*

rimpulizzire [rimpulid'dziːre] I. *vt* auf Hochglanz bringen, herausputzen II. *vr* **-rsi** sich herausputzen

rimugghiamento [rimuggia'mento] *m* ❶ (*atto di rimugghiare*) Brüllen *n* ❷ (*del vento, del mare*) Heulen *n,* Toben *n*

rimugghiare [rimug'giaːre] *vt* ❶ (*di mucca*) brüllen ❷ (*detto del vento, del mare*) heulen, toben

rimuginare [rimudʒi'naːre] *vt* überlegen, grübeln über +*acc*

rimunerare [rimune'raːre] *vt* belohnen; **rimuneratività** [rimunerativi'ta] <-> *f* Einträglichkeit *f;* **rimunerativo, -a** [rimunera'tiːvo] *agg* lohnend; **rimunerazione** [rimunerat'tsioːne] *f* Belohnung *f;* (*paga*) Vergütung *f,* Lohn *m*

rimuovere [ri'muɔːvere] <irr> *vt* ❶ (*togliere via*) wegräumen, fortschaffen ❷ (ADM: *destituire*) ~ **qu da qc** jdn aus etw entfernen ❸ (*muovere nuovamente*) wieder bewegen ❹ (PSYCH) verdrängen

rinascere [ri'naʃʃere] <irr> *vi essere* ❶ (*nascere di nuovo*) wieder geboren werden ❷ (BOT) wieder sprießen ❸ (*unghie, capelli*) nachwachsen ❹ (*fig*) wieder aufleben

rinascimentale [rinaʃʃimen'taːle] *agg* Renaissance-; **rinascimento** [rinaʃʃi'mento] *m* Renaissance *f*

rinascita [ri'naʃʃita] *f* ❶ (BOT) Wiederaufblühen *n* ❷ (*fig*) Wiederaufleben *n* ❸ (HIST) Renaissance *f*

rinato *pp di* **rinascere**

rincagnato, -a [rinkaɲ'ɲaːto] *agg* platt

rincalzare [rinkal'tsaːre] *vt* abstützen;

rincalzo [rin'kaltso] *m* Stütze *f,* Abstützung *f*

rincarare [rinka'raːre] I. *vt avere* verteuern, teurer machen; ~ **la dose** (*fig*) etw (noch) schlimmer machen II. *vi essere* sich verteuern, teurer werden; **rincaro** [rin'kaːro] *m* (Ver)teuerung *f;* ~ **della vita** Anstieg *m* der Lebenshaltungskosten

rincartare [rinkar'taːre] *vt* wieder einpacken

rincasare [rinka'saːre] *vi essere* heimkehren, nach Hause kommen

rinchiudere [rin'kiuːdere] <irr> I. *vt* einschließen; (*a fig*) (ein)sperren II. *vr* **-rsi** ❶ (*chiudersi dentro*) sich einschließen ❷ (*fig*) sich verschließen; **rinchiuso, -a** [rin'kiuːso] I. *agg* eingeschlossen, eingesperrt; (*aria*) abgestanden, verbraucht II. *m* Umzäunung *f*

rincitrullire [rintʃitrul'liːre] <rincitrullisco> *fam* I. *vt avere* dumm machen II. *vr* **-rsi** verdummen

rincoglionire [rinkoʎʎo'niːre] <rincoglionisco, rincoglionisci> *vr* (*vulg*) **-rsi** verblöden

rincoglionirsi [rinkoʎʎo'nirsi] <mi rincoglionisco> *vr* (*vulg*) verblöden

rincollare [rinkol'laːre] *vt* wieder ankleben

rincominciare [rinkomin'tʃaːre] *vi essere o avere* wieder anfangen

rincontrare [rinkon'traːre] *vt* ~ **qu** jdm wieder begegnen

rincorare [rinko'raːre] I. *vt* wieder ermutigen II. *vr* **-rsi** wieder Mut fassen

rincorbellire [rinkorbel'liːre] <rincorbellisco, rincorbellisci> *vi essere* (*vulg*) verblöden

rincorrere [rin'korrere] <irr> I. *vt* ~ **qu** jdm nachlaufen II. *vr* **-rsi** sich *dat* nachlaufen, sich fangen; **rincorsa** [rin'korsa] *f* Anlauf *m;* **prendere la** ~ Anlauf nehmen

rincrescere [rin'kreʃʃere] <irr> *vi essere* (*impersonale*) bedauern, Leid tun; **mi rincresce che ...** es tut mir Leid, dass ...;

rincrescimento [riŋkreʃʃi'mento] *m* Bedauern *n*

rincrudimento [riŋkrudi'mento] *m* Verschärfung *f;* **rincrudire** [riŋkru'di:re] <rincrudisco, rincrudisci> I. *vt* verschärfen II. *vi essere* sich verschärfen; *(freddo)* strenger werden III. *vr* **-rsi** sich verschärfen

rinculare [riŋku'la:re] *vi* zurückprallen; *(indietreggiare)* zurückweichen; **rinculo** [riŋ'ku:lo] *m* ❶ *(movimento all'indietro)* Zurückweichen *n* ❷ (MIL) Rückstoss *m*

rincuorare [riŋkuo'ra:re] *vt (poet) v.* **rincorare**

rincupire [riŋku'pi:re] <rincupisco, rincupisci> I. *vt avere* verdüstern II. *vr* **-rsi** sich verdüstern

rinegoziabile [rinegot'tsia:bile] *agg* neu verhandelbar; **rinegoziabilità** [rinegotsiabili'ta] <-> *f* Möglichkeit *f* neuer Verhandlungen

rinegoziare [rinegot'tsia:re] *vt* neu aushandeln; **rinegoziato, -a** [rinegot'tsia:to] *agg* neu verhandelt; **rinegoziazione** [rinegotsiat'tsio:ne] *f* Neuverhandlung *f*

rinfacciare [rinfat't ʃa:re] *vt* vorwerfen, vorhalten

rinfiancare [rinfiaŋ'ka:re] *vt* ❶ (ARCH) seitlich abstützen ❷ *(fig: ipotesi)* untermauern

rinfocolamento [rinfokola'mento] *m* Wiederanfachen *n*

rinfocolare [rinfoko'la:re] *vt* ❶ *(riattizzare)* wieder anfachen ❷ *(fig: rancore, odio)* wieder aufleben lassen

rinfoderare [rinfode'ra:re] *vt* ❶ *(spada)* wieder in die Scheide stecken ❷ *(artigli)* wieder einziehen ❸ *(fig: proposta)* unterlassen, zurückziehen

rinforzare [rinfor'tsa:re] I. *vt avere* ❶ *(edificio)* stützen, abstützen ❷ *(muscoli)* stärken, kräftigen ❸ *(suono)* verstärken ❹ *(fig: autorità, potere)* stärken II. *vi essere* sich verstärken III. *vr* **-rsi** kräftiger werden; **rinforzo** [rin'fɔrtso] *m* ❶ *(sostegno, fig* MIL*)* Verstärkung *f* ❷ *(appoggio)* Stütze *f*

rinfrancare [rinfraŋ'ka:re] I. *vt* (wieder) ermutigen II. *vr* **-rsi** neuen Mut fassen

rinfrescante [rinfres'kante] *agg* erfrischend

rinfrescare [rinfres'ka:re] I. *vt avere* ❶ *(rendere fresco)* abkühlen, abkühlen lassen ❷ *(dipinto, memoria)* auffrischen II. *vi essere* kühler werden, sich abkühlen III. *vr* **-rsi** sich erfrischen; **rinfrescata** [rinfres'ka:ta] *f* ❶ *(lavata)* Erfrischung *f;* **darsi una ~** sich frisch machen ❷ (METEO) Abkühlung *f*

rinfresco [rin'fresko] <-schi> *m* ❶ *(ricevimento)* Empfang *m* ❷ *pl (cibi e bevande)* Erfrischungen *fpl*

rinfusa [rin'fu:za] *f* **alla ~** durcheinander

ring [riŋg] <-> *m* ❶ (SPORT) (Box)ring *m* ❷ (COM) Ring *m*, Kartell *n*

ringalluzzire [riŋgallut'tsi:re] <ringalluzzisco> *fam* I. *vt* aufmuntern, aufbauen II. *vr* **-rsi** Oberwasser bekommen

ringhiare [riŋ'gia:re] *vi* knurren

ringhiera [riŋ'giɛ:ra] *f* Geländer *n*

ringhio [ˈriŋgio] <-ghi> *m* Knurren *n;* **ringhioso, -a** [riŋ'gio:so] *agg* knurrend

ringiovanimento [rindʒovani'mento] *m* Verjüngung *f;* **ringiovanire** [rindʒova'ni:re] <ringiovanisco> *vi essere* sich verjüngen, jünger werden

ringoiare [riŋgo'ia:re] *vt* ❶ *(ingoiare di nuovo)* wieder schlucken ❷ *(fig: risposta)* zurücknehmen; *(non dire)* herunterschlucken

ringrano [riŋ'gra:no] *m* ❶ (AGR) Getreideanbau *in zwei aufeinander folgenden Jahren ohne Brachphase* ❷ (TEC) Wiedereingreifen *n*, Wiederanlaufen *n*

ringraziamento [riŋgrattsia'mento] *m* Dank *m*, Danksagung *f;* **-i** Dank *m;* **lettera** [*o* **biglietto**] **di ~** Dankschreiben *n;* **ringraziare** [riŋgrat'tsia:re] *vt* **~ qu** jdm danken, sich bei jdm bedanken

rinite [ri'ni:te] *f* Nasenschleimhautentzündung *f*, Rhinitis *f*

rinnegamento [rinnega'mento] *m* Verleugnung *f*, Ablehnung *f;* **rinnegare** [rinne'ga:re] *vt* verleugnen; *(ideale)* abweichen von; *(figlio)* verstoßen

rinnegato, -a [rinne'ga:to] I. *agg* abtrünnig II. *m, f* Renegat *m*, Abtrünnige(r) *f(m)*

rinnovamento [rinnova'mento] *m* Erneuerung *f;* **rinnovare** [rinno'va:re] I. *vt* ❶ *(rendere nuovo)* erneuern; *(contratto, abbonamento)* verlängern ❷ *(domanda, petizione)* wiederholen II. *vr* **-rsi** sich wiederholen; **rinnovatore, -trice** [rinnova'to:re] I. *agg* erneuernd, Erneuerungs- II. *m, f* Erneuerer *m*, Erneuerin *f;* **rinnovazione** [rinnovat'tsio:ne] *f* Erneuerung *f*

rinnovellare [rinnovel'la:re] *vt (poet)* erneuern

rinnovo [rin'nɔ:vo] *m* Erneuerung *f;* (JUR: *di contratto)* Verlängerung *f*

rinoceronte [rinotʃe'ronte] *m* Nashorn *n*, Rhinozeros *n*

rinomanza [rino'mantsa] *f (poet)* Renommee *n geh*

rinomato, -a [rino'ma:to] *agg* berühmt, renommiert *geh*

rinoplastica [rino'plastika] <-che> *f*

ringraziare	
ringraziare	**sich bedanken**
Grazie!	Danke!
Mille grazie!	Tausend Dank!
Grazie, è molto gentile da parte tua!	Danke, das ist sehr lieb von dir!
Molte grazie per la lettera!	Vielen Dank für den Brief!
La ringrazio molto per il Suo aiuto!	Herzlichen Dank für Ihre Hilfe!
rispondere ai ringraziamenti	**auf Dank reagieren**
Prego!	Bitte!
È stato un piacere!	Es war mir ein Vergnügen!
Non c'è di che!	Gern geschehen!/Nichts zu danken!/ Keine Ursache!
Non c'è di che! Si figuri!	Aber bitte, das ist doch nicht der Rede wert!
esprimere gratitudine	**Dankend anerkennen**
Grazie molto, mi sei stato di grande aiuto.	Vielen Dank, du hast mir sehr geholfen.
Che faremmo senza di te!	Wo wären wir ohne dich!
Senza il tuo aiuto non ce l'avremmo fatta.	Ohne deine Hilfe hätten wir es nicht geschafft.

(MED) Rhinoplastik *f,* Nasenplastik *f*

rinorragia [rinorra'dʒiːa] *f* (MED) Rhinorrhagie *f,* heftiges Nasenbluten; **rinorragico, -a** [rinor'raːdʒiko] <-ci, -che> *agg* (MED) rhinorrhagisch, heftig aus der Nase blutend

rinsaldare [rinsal'daːre] **I.** *vt* festigen, konsolidieren **II.** *vr* **-rsi** sich bestärken, sich konsolidieren

rinsanguare [rinsaŋ'guaːre] **I.** *vt* ❶ (MED) wieder zu Kräften kommen lassen ❷ (*fig*) auffrischen, beleben **II.** *vr* **-rsi** wieder zu Kräften kommen

rinsanire [rinsa'niːre] <rinsanisco> *vi essere* gesunden

rinsavire [rinsa'viːre] <rinsavisco> *vi essere* wieder zu Verstand kommen

rinsecchire [rinsek'kiːre] <rinsecchisco> *vi essere* ❶ (*diventare magro*) abmagern ❷ (*diventare secco*) vertrocknen

rinserrare [rinser'raːre] **I.** *vt* wieder einsperren **II.** *vr* **-rsi** sich wieder einschließen

rintanarsi [rinta'narsi] *vr* ❶ (*animale*) sich (in einem Bau) verkriechen ❷ (*fig: persona*) sich verkriechen

rintasamento [rintasa'mento] *m* erneute Verstopfung

rintavolare [rintavo'laːre] *vt* wieder aufti-

schen, wieder zur Sprache bringen

rinterrare [rinter'raːre] *vt* (*pianta*) wieder eingraben, wieder einpflanzen

rintoccare [rintok'kaːre] *vi essere o avere* (*orologio*) schlagen; (*campana*) läuten; **rintocco** [rin'tokko] <-cchi> *m* (*di orologio*) Schlagen *n,* Schlag *m;* (*di campana*) (Glocken)schlag *m;* **al ~ della mezzanotte** Schlag Mitternacht

rintontimento [rintonti'mento] *m* ❶ (*forte stordimento*) Benommenheit *f* ❷ (*che rende tonti*) Benebelung *f*

rintoppare [rintop'paːre] *vt* (*fam*) **~ qu** jdm zufällig begegnen

rintorpidito, -a [rintorpi'diːto] *agg* stark benebelt, benommen

rintracciare [rintrat'tʃaːre] *vt* auffinden, aufspüren

rintronamento [rintrona'mento] *m* ❶ (*forte eco*) Dröhnen *n* ❷ (*stordimento*) Betäubung *f*

rintronare [rintro'naːre] **I.** *vi essere o avere* dröhnen **II.** *vt avere* betäuben

rintuzzare [rintut'tsaːre] *vt* zurückschlagen, -geben

rinuncia [ri'nuntʃa] <-ie> *f* ❶ (*il rinunciare*) Verzicht *m* ❷ (JUR) Verzichtserklärung *f* ❸ *pl* (*privazioni*) Entsagungen *fpl;*

rinunciabile [rinun'tʃa:bile] *agg* verzichtbar, entbehrlich; **rinunciare** [rinun-'tʃa:re] *vi* ~ **a qc** auf etw *acc* verzichten; ~ **ad ogni speranza** jede Hoffnung aufgeben; **ci rinuncio volentieri** (*fam iron*) darauf kann ich gern verzichten; **rinunciatario, -a** [rinuntʃia'ta:rio] <-i, -ie> I. *agg* verzichtend, Verzichts- II. *m, f* Verzichtende(r) *f(m)*

rinunzia [ri'nuntsia] <-ie> *f* ❶ (*il rinunziare*) Verzicht *m* (*a* auf +*acc*) ❷ (JUR) Verzichtserklärung *f* ❸ *pl* (*privazioni*) Entsagungen *fpl;* **rinunziare** [rinun'tsia:re] *vi* verzichten (*a* auf +*acc*); ~ **ad ogni speranza** jede Hoffnung aufgeben; ~ **al mondo** der Welt entsagen, sich abkapseln; **ci rinuncio volentieri** (*fam iron*) darauf kann ich gern verzichten; **rinunziatario, -a** [rinuntsia'ta:rio] <-i, -ie> I. *agg* verzichtend, Verzichts- II. *m, f* Verzichtende(r) *f(m)*

rinvasare [rinva'za:re] *vt* umtopfen; **rinvasatura** [rinvaza'tu:ra] *f* Umtopfen *n*

rinvenimento [rinveni'mento] *m* ❶ (*ritrovamento*) Auffinden *n,* Entdecken *n* ❷ (*ripresa dei sensi*) Wiederzusichkommen *n*

rinvenire [rinve'ni:re] <irr> I. *vt avere* ❶ (*oggetti*) wieder finden, entdecken ❷ (*cause di un fenomeno*) herausfinden II. *vi essere* (*ricuperare i sensi*) wieder zu sich *dat* kommen

rinverdire [rinver'di:re] <rinverdisco> *vt* ❶ (*far tornar verde*) wieder grün machen ❷ (*fig*) wieder beleben

rinvestire [rinves'ti:re] *v.* **reinvestire**

rinviare [rinvi'a:re] *vt* ❶ (*palla, luce*) zurückwerfen; (*risposta*) zurückschicken ❷ (*rimandare*) ~ **a qc** auf etw *acc* verweisen ❸ (*differire*) verschieben; (*seduta*) vertagen

rinvigorimento [rinvigori'mento] *m* Erstarkung *f;* **rinvigorire** [rinvigo'ri:re] <rinvigorisco> I. *vt avere* wieder stark machen; (*a fig*) kräftigen, stärken II. *vr* **-rsi** wieder erstarken, wieder stark werden

rinvilire [rinvi'li:re] <rinvilisco, rinvilisci> I. *vt avere* verbilligen, billiger machen II. *vi essere* billiger werden

rinvio [rin'vi:o] *m* ❶ (*ritorno*) Rücksendung *f,* Zurücksenden *n* ❷ (SPORT) Rückschuss *m,* Rückwurf *m* ❸ (*differimento*) Aufschub *m,* Verschiebung *f;* (*di seduta, udienza*) Vertagung *f* ❹ (*rimando*) Verweis *m*

rinviperire [rinvipe'ri:re] <rinviperisco, rinviperisci> I. *vi* verbittert [*o* aufgebracht] sein (*per qc* über etw *acc*) II. *vr* **-rsi** sich verbittert zeigen (*per qc* über etw *acc*)

rio ['ri:o] <rii> *m* (*poet*) Bach *m*
riò [ri'ɔ] *1. pers sing pr di* **riavere**

rioccupare [riokku'pa:re] I. *vt* wieder besetzen II. *vr* **-rsi** ❶ (*trovare un nuovo lavoro*) wieder eine Beschäftigung finden ❷ (*fig: interessarsi di nuovo*) **-rsi di qu/ qc** sich wieder um jdn/etw kümmern; **rioccupazione** [riokkupat'tsio:ne] *f* Wiederbesetzung *f*

rionale [rio'na:le] *agg* des Stadtviertels, Stadtviertel-; **rione** [ri'o:ne] *m* Stadtviertel *n*

riordinamento [riordina'mento] *m* Neuordnung *f;* **riordinare** [riordi'na:re] *vt* ❶ (*oggetti*) wieder ordnen; (*casa, stanza*) aufräumen ❷ (*dare un nuovo ordinamento*) neu ordnen, neu regeln; **riordino** [ri'ordino] *m* (ADM) Neuordnung *f*

riorganizzare [riorganid'dza:re] I. *vt* reorganisieren, umgestalten II. *vr* **-rsi** sich neu organisieren; **riorganizzazione** [riorganiddzat'tsio:ne] *f* Reorganisation *f,* Umgestaltung *f*

riottoso, -a [riot'to:so] *agg* ❶ (*poet: litigioso*) streitsüchtig ❷ (*indocile*) unfolgsam, widerspenstig

ripa ['ri:pa] *f* (*poet*) ❶ (*riva*) Ufer *n* ❷ (*luogo dirupato*) Abgrund *m*

ripagare [ripa'gare] *vt* ❶ (*pagare di nuovo*) wieder (be)zahlen; ~ **con la stessa moneta** jdm etw mit gleicher Münze heimzahlen ❷ ~ **qu di qc** (*ricompensare*) jdn für etw belohnen; (*indennizzare*) jdn für etw entschädigen

riparabile [ripa'ra:bile] *agg* behebbar, reparabel

riparametrare [riparame'tra:re] *vt* neu bemessen; **riparametrazione** [riparametrat'tsio:ne] *f* (ADM, *form*) Neubemessung *f;* **riparare** [ripa'ra:re] I. *vt* ❶ (*accomodare*) reparieren ❷ (*proteggere*) schützen ❸ (*torto, ingiustizia*) wieder gutmachen II. *vi* ❶ (*ovviare*) ~ **a qc** einer Sache *dat* abhelfen ❷ (*fam: provvedere*) ~ **a qc** für etw (vor)sorgen ❸ (*rifugiarsi*) (sich) flüchten III. *vr* **-rsi da qc** sich vor etw *dat* schützen; **-rsi in un portone** sich in einem Tor unterstellen

riparato, -a [ripa'ra:to] *agg* ❶ (*luogo*) geschützt ❷ (*tetto, vestito*) repariert, ausgebessert

riparatore, -trice [ripara'to:re] I. *agg* wieder gutmachend II. *m, f* Reparateur(in) *m(f);* **riparazione** [riparat'tsio:ne] *f* ❶ (*accomodatura*) Reparatur *f,* Ausbesserung *f* ❷ (*fig: di torto*) Wiedergutmachung *f;* (*risarcimento*) Entschädigung *f*

riparlare [ripar'la:re] I. *vi* wieder sprechen

R

II. *vr* **-rsi** sich wieder vertragen

riparo [ri'pa:ro] *m* ➊ (*protezione*) Schutz *m*, Unterschlupf *m* ➋ (*rimedio*) Abhilfe *f*; **porre** [*o* **mettere**] ~ **a qc** einer Sache *dat* abhelfen; **non c'è** ~ (*fam*) da ist nichts zu machen

ripartire [ripar'ti:re] <ripartisco> I. *vt* ➊ (*dividere*) (auf)teilen, einteilen ➋ (*distribuire*) verteilen; (*compiti, mansioni*) zuteilen II. *vi essere* wieder fortgehen, wieder abfahren; **la macchina non vuol** ~ das Auto springt nicht (wieder) an

ripartitore, -trice [riparti'to:re] I. *m, f* Briefsortierer(in) *m(f)* II. *m* Verteiler *m*

ripartizione [ripartit'tsio:ne] *f* ➊ (*divisione*) (Auf)teilung *f* ➋ (*distribuzione*) Verteilung *f*; (*di compiti, mansioni*) Zuteilung *f*

ripascimento [ripaʃʃi'mento] *m* (ECO) Sanierung *f*

ripassare [ripas'sa:re] I. *vi essere* wieder vorbeigehen; (*ritornare*) wieder zurückkommen; **ripassi domani** kommen Sie morgen noch einmal vorbei II. *vt avere* ➊ (*fiume, valico, Alpi*) wieder passieren, wieder überschreiten ➋ (*contorni di un disegno*) nachziehen, nachzeichnen ➌ (*fam: stirare*) auf-, überbügeln ➍ (*lezione*) wiederholen; **ripassata** [ripas'sa:ta] *f* ➊ (*ulteriore perfezionamento*) Überarbeitung *f*; **dare una** ~ **alla camicia** das Hemd aufbügeln ➋ (*fig: di lezione*) Wiederholung *f* ➌ (*fam: sgridata*) Anpfiff *m*

ripassatura [ripassa'tu:ra] *f* technische Überholung; **ripasso** [ri'passo] *m* Wiederholung *f*

ripatteggiare [ripatted'dʒa:re] I. *vi* neu verhandeln II. *vt* neu aushandeln (*qc con qu* etw mit jdm)

ripensamento [ripensa'mento] *m* Überdenken *n*, Überlegen *n*; **ripensare** [ripen'sa:re] *vi* ➊ (*riflettere*) ~ **a qc** etw überdenken ➋ (*cambiare parere*) es sich anders überlegen, seine Meinung ändern ➌ (*riandare con la memoria*) ~ **a qu/qc** an jdn/etw zurückdenken

ripercorrere [riper'korrere] <irr> *vt* ➊ (*itinerario, tragitto*) erneut gehen ➋ (*fig*) wieder durchgehen, überdenken

ripercuotere [riper'kuɔ:tere] <irr> I. *vt* ➊ (*percuotere di nuovo*) wieder schlagen ➋ (*riflettere*) zurückwerfen II. *vr* **-rsi** ➊ (*provocare urto*) zurückprallen ➋ (*essere riflesso*) zurückgeworfen werden; (*suono*) widerhallen ➌ (*fig*) **-rsi su qc** sich auf etw *acc* auswirken; **ripercussione** [riperkus'sio:ne] *f* ➊ (*fig*) Auswirkung *f* ➋ (PHYS) Reflexion *f* ➌ (*contraccolpo*) Rückstoß *m*, Rückprall *m*

riperdonare [riperdo'na:re] *vt* noch einmal verzeihen (*qc a qu* jdm etw)

ripescare [ripes'ka:re] *vt* ➊ (*ricuperare*) wieder (auf)fischen ➋ (*fig fam: ritrovare*) ausfindig machen

ripetente [ripe'tɛnte] I. *agg* wiederholend II. *mf* Sitzenbleiber(in) *m(f)*

ripetere [ri'pɛ:tere] I. *vt* wiederholen II. *vr* **-rsi** sich wiederholen; **ripetitivo, -a** [ripeti'ti:vo] *agg* Wiederholungs-; **ripetitore** [ripeti'to:re] *m* (RADIO, TV) Verstärker *m*, Relaisstation *f*

ripetitrice [ripeti'tri:tʃe] *f* (FOTO) Repetiermaschine *f*

ripetizione [ripetit'tsio:ne] *f* ➊ (*gener*) Wiederholung *f*; ~ (**automatica**) (TEL) Wahlwiederholung *f* ➋ (*lezione privata*) Nachhilfeunterricht *m*, -stunde *f*

ripettinare [ripetti'na:re] I. *vt* überkämmen, wieder kämmen II. *vr* **-rsi** sich überkämmen, sich wieder kämmen

ripetuto, -a [ripe'tu:to] *agg* wiederholt

ripianamento [ripiana'mento] *m* (FIN) Ausgleich *m*, Begleichung *f*; **il** ~ **del deficit** der Ausgleich des Defizits

ripiano [ri'pia:no] *m* ➊ (*palchetto*) (Regal)brett *n* ➋ (*zona piana*) Terrasse *f*, Ebene *f*

ripicca [ri'pikka] <-cche> *f* Gegenschlag *m*, Vergeltung *f*; **per** ~ aus Rache, zum Trotz

ripicchiare [ripik'kia:re] *vt* ➊ (*picchiare di nuovo*) wieder klopfen, wieder schlagen ➋ (*fig*) nachbohren; **picchia e ripicchia** (*fam*) durch ständige Bemühungen

ripicco [ri'pikko] *m v.* **ripicca**

ripidezza [ripi'dettsa] *f* Steilheit *f*; **ripidità** [ripidi'ta] <-> *f* ➊ (*ripidezza*) Steilheit *f*, Schroffheit *f* ➋ (NAUT: *in oceanografia*) Wellenverhältnis *n* von Höhe zur Länge; **ripido, -a** ['ri:pido] *agg* steil

ripiegamento [ripiega'mento] *m* Rückzug *m*; **ripiegare** [ripie'ga:re] I. *vt* ➊ (*foglio, tessuto*) zusammenfalten, -legen ➋ (*ginocchia*) beugen; (*ali*) anlegen ➌ (*piegare di nuovo*) wieder biegen II. *vi* ➊ (*fig: trovare ripiego*) ~ **su qc** auf etw *acc* ausweichen ➋ (MIL) zurückweichen III. *vr* **-rsi** ➊ (*incurvarsi*) sich biegen, sich krümmen ➋ (*fig*) sich zurückziehen

ripiego [ri'piɛ:go] <-ghi> *m* Ausweg *m*, Notlösung *f*; **soluzione di** ~ Verlegenheitslösung *f*

ripienatrice [ripiena'tri:tʃe] *f* (MIN, TEC) Füllmaschine *f*

ripienista [ripie'nista] <-i *m*, -e *f*> *mf* (MUS) Ripienist(in) *m(f)*

ripieno [ri'piɛ:no] *m* ➊ (GASTR) Farce *f*, Füllung *f* ❷ (*materiale*) Füllung *f*

ripieno, **-a** *agg* (voll)gefüllt, angefüllt; (GASTR) gefüllt; (*fig*) voll

ripigliare [ripiʎʎaːre] (*fam*) I. *vt* wieder nehmen; (*fiato*) wieder holen; (*discorso*) wieder beginnen; (*riaccettare*) wieder (an)nehmen II. *vi* sich erholen III. *vr* **-rsi** wieder zu sich *dat* kommen

ripilare [ripiˈlaːre] *vt* mit neuen Batterien versehen, neue Batterien einlegen

riplasmare [riplazˈmaːre] *vt* ❶ (*plasmare di nuovo*) wieder modellieren, wieder formen ❷ (*fig*) formen, bilden

ripopolamento [ripopolaˈmento] *m* Wiederbevölkerung *f*, Wiederbesiedlung *f*; **ripopolare** [ripopoˈlaːre] I. *vt* wieder bevölkern, wieder besiedeln; (*di animali*) wieder besetzen II. *vr* **-rsi** sich wieder bevölkern, sich wieder besiedeln; **ripopolazione** [ripopolatˈtsjoːne] *f* (BIOL) Wiederbevölkerung *f*, Wiederbesiedlung *f*

riporre [riˈporre] <irr> *vt* ❶ (*mettere via*) zurücklegen, wegtun ❷ (*porre di nuovo*) wieder legen, wieder setzen ❸ (*fig*) **~ fiducia/speranza in qu** sein Vertrauen/seine Hoffnung auf jdn setzen

riportare [riporˈtaːre] I. *vt* ❶ (*portare di nuovo*) wieder bringen ❷ (*portare indietro*) zurückbringen ❸ (*riferire*) wiedergeben, hinterbringen ❹ (*citare*) zitieren, wiedergeben ❺ (MAT) übertragen ❻ (*trasportare*) übertragen ❼ (*fig: vittoria*) erlangen, davontragen; (*danni*) davontragen, erleiden II. *vr* **-rsi** ❶ (*tornare indietro*) sich zurückbegeben ❷ (*richiamarsi*) **-rsi a qc** sich auf etw *acc* beziehen; **riporto** [riˈpɔrto] *m* ❶ (MAT) Übertrag *m* ❷ (*contabilità*) Übertrag *m*, Vortrag *m* ❸ (FIN) Report *m* ❹ (*parte di tessuto*) Besatz *m*

riposante [ripoˈsante] *agg* erholsam, entspannend

riposare [ripoˈsaːre] I. *vi* ❶ (*dormire*) ruhen; (*fermarsi*) ausruhen ❷ (*essere posato*) sich befinden; **~ in pace** in Frieden ruhen II. *vt* ❶ (*corpo, membra*) ausruhen (lassen); (*vista*) schonen ❷ (*posare di nuovo*) wieder legen [*o* stellen] [*o* setzen] III. *vr* **-rsi** ❶ (*dormire*) ruhen ❷ (*prendere ristoro*) sich ausruhen; **riposato**, **-a** [ripoˈsaːto] *agg* ❶ (*ritemprato*) ausgeruht ❷ (*calmo*) ruhig

riposi *1. pers sing pass rem di* **riporre**

riposino [ripoˈsiːno] *m* (*fam*) Nickerchen *n*

riposizionare [ripositsjoˈnaːre] *vt* an seinen Platz rücken, zurechtrücken; (*prodotto*) wieder positionieren

riposo [riˈpɔːso] *m* ❶ (*sospensione dell'at-*

tività) Ruhe *f*, Ruhepause *f*; **casa di ~** Altersheim *n*; **giornata di ~** Ruhetag *m*; **buon ~!** angenehme Ruhe!; **il paziente ha bisogno di ~ assoluto** der Patient braucht absolute Ruhe ❷ (SPORT, MIL) Ruhestellung *f* ❸ (ADM) Ruhestand *m*; **andare a ~** in den Ruhestand treten ❹ (AGR) Brachliegen *n*; **stare in ~** brachliegen

ripostiglio [riposˈtiʎʎo] <-gli> *m* Abstellraum *m*

riposto, **-a** [riˈposto] I. *pp di* **riporre** II. *agg* ❶ (*luogo*) abgelegen ❷ (*senso, pensiero*) verborgen

riprecipitare [ripretʃipiˈtaːre] I. *vt* haben erneut fallen lassen II. *vi essere* wieder herbeistürzen III. *vr* **-rsi** überstürzt eilen (*verso qu/qc* zu jdm/etw), zustürzen (*verso qu/qc* auf jdn/etw)

riprendere [riˈprɛndere] <irr> I. *vt* ❶ (*prendere di nuovo*) wieder nehmen; (*posto*) wieder einnehmen; **~ quota/velocità** wieder an Höhe/Geschwindigkeit gewinnen; **~ i sensi/le forze** (*fig*) wieder zu Bewusstsein/Kräften kommen ❷ (*prendere indietro*) zurücknehmen ❸ (*ricominciare*) wieder beginnen, wiederaufnehmen ❹ (*rimproverare*) schelten, tadeln ❺ (FILM, FOTO) aufnehmen II. *vi* (*ricominciare*) wieder anfangen; **ha ripreso a fumare** er [*o* sie] hat wieder angefangen zu rauchen III. *vr* **-rsi** ❶ (*ricuperare vigore*) sich erholen ❷ (*ravvedersi*) sich bessern; **ripresa** [riˈpreːsa] *f* ❶ (*inizio*) Wiederbeginn *m*, Wiederaufnahme *f* ❷ (COM) Wiederaufschwung *m* ❸ (*da malattia*) Erholung *f*, Besserung *f* ❹ (FILM, TV) Aufnahme *f*; **in ~ diretta** (TV) in Direktübertragung, live ❺ (MUS, THEAT, FIN) Reprise *f* ❻ (MOT) Beschleunigung *f* ❼ (SPORT) zweite Halbzeit; (*pugilato*) Runde *f* ❽ (*in sartoria*) Abnäher *m*

ripresentare [riprezenˈtaːre] I. *vt* wieder vorstellen II. *vr* **-rsi** sich wieder vorstellen

ripresi *1. pers sing pass rem di* **riprendere**

ripreso *pp di* **riprendere**

ripristinamento [ripristinaˈmento] *m* Wiederherstellung *f*

ripristinare [ripristiˈnaːre] *vt* (*poet*) ❶ (*ordine, consuetudine*) wiederherstellen, erneuern ❷ (*edificio, facciata*) restaurieren, wieder instand setzen ❸ (*traffico*) wieder in Gang bringen; **ripristino** [riˈpristino] *m* Wiederherstellung *f*, Instandsetzung *f*

riprodotto *pp di* **riprodurre**

riproducibile [riproduˈtʃiːbile] *agg* reproduzierbar; **riproducibilità** [riprodutʃibiliˈta] <-> *f* (TEC) Reproduzierbarkeit *f*

riprodurre [riproˈdurre] <irr> I. *vt* ❶ (*pro-*

durre di nuovo) reproduzieren ❷ (documento) vervielfältigen, kopieren ❸ (fig) wiedergeben; (rappresentare) darstellen **II.** vr **-rsi** ❶ (BIOL) sich fortpflanzen, sich vermehren ❷ (ripetersi) sich wiederholen; **riproduttivo, -a** [riprodut'ti:vo] agg ❶ (BIOL) Fortpflanzungs-, reproduktiv ❷ (TEC) nachbildend, reproduktiv

riproduttore [riprodut'to:re] m Tonabnehmer m

riproduttore, -trice I. agg Fortpflanzungs- **II.** m, f Zuchttier n

riproduttrice [riprodut'tri:tʃe] f (FOTO) Repetierkopiermaschine f

riproduzione [riprodut'tsio:ne] f ❶ (di disegno, quadro) Reproduktion f ❷ (BIOL) Fortpflanzung f ❸ (registrazione) Wiedergabe f

riprografia [riprogra'fi:a] f (FOTO, TEC) Reprographie f; **riprografico, -a** [ripro'gra:fiko] <-ci, -che> agg reprographisch; **tecnica -a** Reprotechnik f

ripromettere [ripro'mettere] <riprometto, ripromisi, ripromesso> **I.** vt wieder versprechen **II.** vr **-rsi** ❶ (sperare) sich etw versprechen von, sich etw erhoffen von ❷ (promettere a se stesso) sich etw vornehmen, sich etw versprechen von

ripromettersi [ripro'mettersi] <irr> vr sich etw vornehmen, sich etw versprechen von

riprova [ri'prɔ:va] f ❶ (MAT) Gegenprobe f ❷ (conferma) Beweis m, Bestätigung f

riprovare [ripro'va:re] **I.** vt ❶ (vestito, cappello) wieder (an)probieren ❷ (fig: sentimento) wieder fühlen, wieder empfinden **II.** vr **-rsi** wieder wagen **III.** vi wieder versuchen; **riprovatorio, -a** [riprova'tɔ:rio] <-i, -ie> agg tadelnd; **discorso ~** Tadel m; **riprovazione** [riprovat'tsio:ne] f Missbilligung f

ripubblicabile [ripubbli'ka:bile] agg für die Wiederveröffentlichung geeignet; **ripubblicare** [ripubbli'ka:re] vt wieder veröffentlichen

ripubblicazione [ripubblikat'tsio:ne] f Wiederveröffentlichung f, Neuauflage f

ripudiabilità [ripudiabili'ta] <-> f Möglichkeit f der Ablehnung [o Zurückweisung]; **~ di un'opera** Möglichkeit der Ablehnung eines Werkes

ripudiare [ripu'dia:re] vt ❶ (persone) verstoßen ❷ (scritto) verleugnen, zurückweisen ❸ (fede, idee) verleugnen; **ripudio** [ri'pu:dio] <-i> m Verstoßen n; (rifiuto) Verleugnung f

ripugnante [ripuɲ'ɲante] agg abstoßend, widerwärtig; **ripugnanza** [ripuɲ'ɲan-

tsa] f Abscheu m; (avversione) Abneigung f, Widerwille m; **ho ~ per la violenza** ich verabscheue Gewalt; **ripugnare** [ripuɲ'ɲa:re] vi **~ a qu** jdn abstoßen

ripulire [ripu'li:re] <ripulisco> vt ❶ (pulire di nuovo) wieder säubern ❷ (fig fam: persone) (total) ausnehmen; (appartamento) (total) leer räumen

ripulisti [ripu'listi] v. repulisti

ripulita [ripu'li:ta] f (a fig) Säuberung f; **dare una ~ alle scale** die Treppe rasch sauber machen; **ripulitura** [ripuli'tu:ra] f ❶ (operazione) Säuberung f ❷ (materiale) Kehricht m o n

ripulsa [ri'pulsa] f (poet) Abweisung f

ripulsione [ripul'sio:ne] f Abneigung f; **ripulsivo, -a** [ripul'si:vo] agg abstoßend

riquadrare [rikua'dra:re] **I.** vt viereckig machen; **~ la testa** [o **il cervello**] **a qu** jdm den Kopf zurechtrücken **II.** vi essere o avere ❶ (misurare) betragen ❷ (fig: soddisfare) passen

riquadro [ri'kua:dro] m ❶ (delimitazione quadrata) Rechteck n ❷ (ARCH) Kassette f

riqualificare [rikualifi'ka:re] **I.** vt wieder qualifizieren **II.** vr **-rsi** sich weiterbilden; **riqualificazione** [rikualifikat'tsio:ne] f Weiterbildung, Fortbildung f

RIS m acro di **reparto investigazioni scientifiche** Spurensicherung f

risacca [ri'sakka] <-cche> f Brandung f

risaccheggiare [risakked'dʒa:re] vt erneut plündern

risaia [ri'sa:ia] <-aie> f Reisfeld n

risalire [risa'li:re] <irr> **I.** vt avere wieder hinaufgehen; **~ la corrente** (fig) gegen den Strom schwimmen **II.** vi essere ❶ (salire di nuovo) wieder (auf)steigen, wieder hinaufgehen ❷ (rincarare) steigen ❸ (fig: essere avvenuto) zurückliegen; **~ a tre mesi fa** drei Monate zurückliegen; **risalita** [risa'li:ta] f Wiederaufstieg m; **impianti di ~** Seilbahnen und Skilifte

risaltare [risal'ta:re] vi essere o avere ❶ (spiccare) vorspringen ❷ (fig: eccellere) auffallen, hervorstechen ❸ (saltare di nuovo) wieder springen; **risalto** [ri'salto] m ❶ (sporgenza) Vorsprung m ❷ (evidenza) Hervorhebung f; **mettere** [o **porre**] **in ~ qc** etw hervorheben

risanabile [risa'na:bile] agg ❶ (guaribile) heilbar ❷ (fig) sanierfähig; **risanabilità** [risanabili'ta] <-> f Sanierfähigkeit f; **risanamento** [risana'mento] m ❶ (urbanistico, finanziario) Sanierung f ❷ (fig MED) Heilung f; **risanare** [risa'na:re] **I.** vt avere ❶ (COM, FIN, ARCH) sanieren ❷ (zona paludosa) meliorieren, trockenlegen ❸ (fig

MED) heilen **II.** *vi essere* wieder genesen;
risanatore, -trice [risana'to:re] **I.** *agg*
heilend **II.** *m, f* Heilende(r) *f(m)*
risanguinare [risaŋgui'na:re] *vi* wieder
bluten; **la ferita risanguina** die Wunde
fängt wieder an zu bluten
risapere [risa'pe:re] <risò, riseppi, risa-
puto> *vt* erfahren
risaputo, -a [risa'pu:to] *agg* (*noto*) bekannt
risarcibilità [risartʃibili'ta] <-> *f* Wieder-
gutmachungsmöglichkeit *f,* Ersatzforde-
rung *f;* **risarcimento** [risartʃi'men-
to] *m* ❶ (*compensazione*) Entschädigung *f*
❷ (*somma*) Entschädigung(ssumme) *f;* **richiesta di ~ danni** Schadenersatzforde-
rung *f;* **risarcire** [risar'tʃi:re] <risarcis-
co> *vt* (*persone*) entschädigen; (*danno*)
ersetzen; (*a fig: offesa*) wieder gutmachen;
risarcitorio, -a [risartʃi'tɔ:rio] <-i, -ie>
agg (JUR) Wiedergutmachungs-
risarella [risa'rɛlla] *f* (*fam*) Lachanfall *m;*
avere la ~ einen Lachkrampf haben; **risata** [ri'sa:ta] *f* Gelächter *n,* Lachen *n*
risbagliare [rizbaʎ'ʎa:re] **I.** *vt* wieder
falsch machen **II.** *vi* denselben Fehler wiederholen **III.** *vr* -**rsi** sich erneut vertun
riscaldamento [riskalda'mento] *m* ❶ (*atto, modo*) Erwärmung *f,* Heizen *n;* (*del
motore*) Warmlaufen *n; ~* **del pianeta** Erderwärmung *f* ❷ (*impianto, mezzo*) Heizung *f; ~* **a gas** Gasheizung *f; ~* **centrale** Zentralheizung *f;* **riscaldare** [riskal-
'da:re] **I.** *vt* ❶ erwärmen; (*minestra, caffè*)
aufwärmen; (*stanza, casa*) heizen ❷ (*fig*)
erhitzen **II.** *vi* ❶ (*aumentare di temperatura*) warm werden; (*stufa*) heizen ❷ (*fam:
minestra*) wärmen **III.** *vr* -**rsi** ❶ (*riprendere calore*) sich (auf)wärmen ❷ (*diventare
caldo*) warm werden, sich erwärmen
❸ (*fig: infervorarsi*) sich erhitzen, sich ereifern; **riscaldatore** [riskalda'to:re] *m*
Heizgerät *n*
riscaldo [ris'kaldo] *m* (*fam*) leichte Entzündung
riscattare [riskat'ta:re] **I.** *vt* ❶ (*persone*)
freikaufen; (POL) befreien ❷ (JUR: *rendita,
fondo*) einlösen, zurückkaufen ❸ (*fig: redimere*) erlösen, befreien **II.** *vr* -**rsi** sich befreien, sich lösen; **riscatto** [ris'katto] *m*
❶ (*liberazione a pagamento*) Loskaufen *n,*
Freikaufen *n;* (*prezzo*) Lösegeld *n* ❷ (JUR)
Rückkauf *m* ❸ (POL) Befreiung *f*
rischiaramento [riskiara'mento] *m*
❶ (*fig*) Aufhellen *n* ❷ (METEO) Aufklaren *n*
❸ (*di liquidi*) Klärung *f*
rischiarare [riskia'ra:re] **I.** *vt avere* ❶ (*rendere chiaro*) beleuchten, aufhellen ❷ (*fig:*

mente) schärfen; (*idee*) klären **II.** *vr* -**rsi**
❶ (METEO) aufklaren, sich aufhellen ❷ (*fig:
rasserenarsi*) sich aufhellen; **si rischiarò
in volto** seine [*o* ihre] Miene hellte sich auf
III. *vi essere* aufklaren
rischiare [ris'kia:re] **I.** *vt* riskieren, aufs
Spiel setzen **II.** *vi* ~ **di fare qc** riskieren,
etw zu tun; **rischio** ['riskio] <-schi> *m*
Risiko *n,* Wagnis *n;* (*pericolo*) Gefahr *f;*
correre un ~ ein Risiko eingehen; **mettere qc a ~** etw aufs Spiel setzen; **c'è il ~ di
... +***inf* es besteht (die) Gefahr, dass ...; **a
proprio ~ e pericolo** auf eigene Gefahr;
rischiosità [riskiosi'ta] <-> *f* Gefährlichkeit *f,* Gewagtheit *f;* **rischioso, -a**
[ris'kio:so] *agg* riskant, gewagt
risciacquare [riʃʃak'kua:re] *vt* abspülen,
nachspülen; (*bottiglie*) ausspülen; (*bocca*) (aus)spülen; **risciacquata** [riʃ-
ʃak'kua:ta] *f* ❶ (*risciacquatura veloce*)
kurzes Abspülen ❷ (*fig fam: sgridata*) Anpfiff *m;* **risciacquatura** [riʃʃakkua'tu:ra] *f*
❶ (*azione*) Spülen *n* ❷ (*acqua*) Spülwasser *n*
risciacquo [riʃ'ʃakkuo] *m* ❶ (*del bucato*)
(Aus)spülen *n* ❷ (MED: *la bocca*) (Aus)spü-
len *n;* (*medicinale*) Mundwasser *n* ❸ (*lavatrice, lavastoviglie*) Spülgang *m;* **riscia-
quabile** [riʃʃak'kua:bile] *agg* ausspülbar,
auswaschbar; **shampoo colorato ~** aus-
spülbares Färbeshampoo
risciò [riʃ'ʃɔ] <-> *m* Rikscha *f*
riscontare [riskon'ta:re] *vt* rediskontieren;
risconto [ris'konto] *m* Rediskontierung *f,*
Rückdiskont *m*
riscontrabile [riskon'tra:bile] *agg* feststellbar, vergleichbar
riscontrare [riskon'tra:re] **I.** *vt* ❶ (*confrontare*) vergleichen ❷ (*esaminare*) überprüfen ❸ (*rilevare*) herausfinden **II.** *vi essere* übereinstimmen; **riscontro** [ris'kon-
tro] *m* ❶ (*confronto*) Vergleich *m* ❷ (*verifica*) Überprüfung *f* ❸ (ADM: *risposta*) Antwort *f* ❹ (*fig: corrispondenza*) Entsprechung *f* ❺ (*fam: corrente d'aria*) Durchzug *m*
riscoperta [risko'pɛrta] *f* Wiederentde-
ckung *f*
riscossa [ris'kɔssa] *f* Rückeroberung *f*
riscossione [riskos'sio:ne] *f* Auszahlung *f*
riscotimento [riskoti'mento] *m* Wachrüt-
teln *n*
riscrivere [ris'kri:vere] <riscrivo, riscrissi,
riscritto> **I.** *vt* wieder schreiben, erneut
schreiben **II.** *vi* zurückschreiben
riscuotere [ris'kuɔ:tere] <irr> **I.** *vt* ❶ (*stipendio, paga*) kassieren, einnehmen, einheben A ❷ (*fig*) erzielen; (*ammirazione*)

ernten ❸(*scuotere di nuovo*) wieder rütteln **II.** *vr* **-rsi** ❶(*risvegliarsi*) aufgerüttelt werden ❷(*fig*) sich zusammennehmen ❸(*per paura, stupore*) zusammenfahren; **riscuotibilità** [riskuɔtibili'ta] <-> *f* Eintreibbarkeit *f*, Einziehbarkeit *f*

risentimento [risenti'mento] *m* ❶(*reazione di sdegno*) Ressentiment *n*, Groll *m* ❷(MED) Nachwirkung *f*

risentire [risen'tiːre] **I.** *vt* ❶(*sentire di nuovo*) wieder hören [*o* schmecken] [*o* riechen] [*o* fühlen] ❷(*ascoltare di nuovo*) wieder anhören ❸(*provare*) (noch) empfinden, (noch) verspüren **II.** *vi* ~ **di qc** (noch) an etw *dat* leiden **III.** *vr* **-rsi** ❶(*sentirsi di nuovo*) wieder voneinander hören; **a risentirci!** auf Wiederhören! ❷(*offendersi*) gekränkt sein

risentito, -a [risen'tiːto] *agg* gekränkt, beleidigt

riseppellimento [riseppelli'mento] *m* erneute Beerdigung

riserbare [riser'baːre] *vt* vorbehalten, bereithalten

riserbo [ri'sɛrbo] *m* Zurückhaltung *f*, Reserve *f*

riserva [ri'sɛrva] *f* ❶(*provvista*) Reserve *f*, Vorrat *m;* **fare ~ di qc** einen Vorrat von etw anlegen ❷(COM, MIL) Reserve *f* ❸(*di vino*) Jahrgang *m* ❹(SPORT) Reservespieler(in) *m(f)* ❺(*di caccia, pesca*) Revier *n* ❻(*limitazione*) Vorbehalt *m*, Einschränkung *f*; **senza -e** ohne Vorbehalt ❼(*giudizio negativo*) Zweifel *m*, Vorbehalt *m* ❽(TEC) Ersatz *m*; (MOT) Reserve *f*; **essere in ~** (MOT) auf Reserve fahren; **riservare** [riser'vaːre] **I.** *vt* ❶(*tenere in serbo*) aufbewahren, aufsparen ❷(*facoltà, diritto*) vorbehalten ❸(*tavolo, posto*) freihalten **II.** *vr* **-rsi di fare qc** sich *dat* vorbehalten etw zu tun

riservatezza [riserva'tettsa] *f* Zurückhaltung *f*; **riservato, -a** [riser'vaːto] *agg* ❶(*posto, palco*) reserviert ❷(*notizia, informazione*) vertraulich, geheim ❸(*persona, carattere*) zurückhaltend

risi ['riːsi] *1. pers sing pass rem di* **ridere**

risicare [rizi'kaːre] *vt* (*fam*) *v.* **rischiare, chi non risica non rosica** (*prov*) wer (nicht) wagt, der (nicht) gewinnt

risicoltura [risikol'tuːra] *f* Reis(an)bau *m*

risiedere [ri'siɛːdere] *vi* ❶(*aver sede*) ansässig sein ❷(*fig: consistere*) ~ **in qc** in etw *dat* bestehen

risiforme [risi'forme] *agg* reisförmig

risma ['rizma] *f* ❶(*di carta*) Ries *n* ❷(*fig, pej*) Bande *f*

riso¹ ['riːso] *pp di* **ridere**

riso² <*pl:* **-a** *f*> *m* (*il ridere*) Lachen *n*, Gelächter *n*

riso³ *m* (BOT) Reis *m*; **-i e bisi** Risi-Bisi *pl* (*Reis mit Erbsen, Butter und Parmesankäse*)

risolare [riso'laːre] *vt* neu besohlen; **risolatura** [risola'tuːra] *f* Neubesohlung *f*

risolsi [ri'sɔlsi] *1. pers sing pass rem di* **risolvere**

risolto [ri'sɔlto] *pp di* **risolvere**

risolubilità [risolubili'ta] *f* ❶(*risolvibilità*) Lösbarkeit *f*, Auflösbarkeit *f* ❷(*possibilità di essere sciolto*) Auflösbarkeit *f*

risolutezza [risolu'tettsa] *f* Entschlossenheit *f*

risolutivo, -a [risolu'tiːvo] *agg* aufhebend, (auf)lösend; (*decisivo*) entscheidend

risoluto, -a [riso'luːto] **I.** *pp di* **risolvere** **II.** *agg* resolut, resch *A*

risoluzione [risolut'tsioːne] *f* ❶(*decisione*) Beschluss *m*, Resolution *f* ❷(MAT: *soluzione*) Lösung *f*; (*spiegazione*) Erklärung *f*, (Auf)lösung *f* ❸(JUR: *di contratto*) Auflösung *f*

risolvere [ri'sɔlvere] <risolvo, risolsi, risolto *o* risoluto> **I.** *vt* ❶(*equazione, problema, indovinello*) lösen ❷(*dubbio*) zerstreuen ❸(JUR: *contratto*) auflösen ❹(*fam: riuscire a concludere*) zu Stande bringen ❺(CHEM: *composto*) auflösen, zerlegen **II.** *vr* **-rsi** ❶(*decidersi*) sich entschließen ❷(*fig: andare a finire*) **-rsi in qc** auf etw *acc* hinauslaufen; **-rsi bene/male** gut/ schlecht ausgehen

risonanza [riso'nantsa] *f* ❶(*fig: importanza*) Resonanz *f*, Zustimmung *f* ❷(PHYS) Resonanz *f*; **risonare** [riso'naːre] **I.** *vi* *essere o avere* ❶(*corpo percosso*) dröhnen, tönen ❷(*luogo chiuso*) hallen ❸(*suono*) wieder ertönen, wieder klingen ❹(*fig*) klingen ❺(PHYS) mitschwingen **II.** *vt avere* wieder spielen

risorgere [ri'sordʒere] <irr> *vi essere* ❶(REL) auferstehen ❷(*sole*) wieder aufgehen ❸(*fig: rinascere*) wieder auftreten, wieder auftauchen

risorgimento [risordʒi'mento] *m* Risorgimento *n*

risorsa [ri'sorsa] *f* ❶(*mezzo*) Reserve *f*, Ressource *f*; **-e finanziarie** Geldmittel *npl;* **-e naturali** Rohstoffe *mpl;* **-e umane** Personal *n* ❷(*espediente*) Mittel *n* ❸(*capacità*) Fähigkeit *f*

risorsi *1. pers sing pass rem di* **risorgere**

risorto *pp di* **risorgere**

risotto [ri'sɔtto] *m* Risotto *m*; **~ ai funghi** Pilzrisotto *m*; **~ alla marinara** Risotto *m* mit Meeresfrüchten

risparmiare [rispar'mia:re] I. *vt* **❶** (*mettere da parte*) sparen; (*non impiegare*) einsparen **❷** (*voce, occhi*) schonen **❸** (*fare a meno di*) sich *dat* sparen **❹** (*astenersi dall'infliggere*) verschonen II. *vr* **-rsi** sich schonen; **risparmiatore, -trice** [risparmia'to:re] *m, f* Sparer(in) *m(f)*; **risparmio** [ris'parmjo] <-i> *m* **❶** (*denaro*) Ersparnis *f*; **cassa di ~** Sparkasse *f*; **libretto di ~** Sparbuch *n* **❷** (*economia*) Ersparnis *f*, Einsparung *f*

risparmioso, -a [rispar'mjo:so] *agg* (*fam*) sparsam, energiesparend

rispecchiare [rispek'kia:re] I. *vt* **❶** (*riflettere*) widerspiegeln **❷** (*specchiare di nuovo*) wieder spiegeln II. *vr* **-rsi** **❶** (*rimirarsi*) sich wieder spiegeln **❷** (*specchiarsi*) sich widerspiegeln

rispedire [rispe'di:re] <rispedisco> *vt* **❶** (*spedire di nuovo*) wieder schicken **❷** (*spedire indietro*) zurückschicken

rispettabile [rispet'ta:bile] *agg* **❶** (*persone*) ehrenwert, respektabel; (*dabbene*) ehrbar **❷** (*età, naso*) beachtlich; (*patrimonio*) beachtlich, ansehnlich

rispettare [rispet'ta:re] *vt* **❶** (*persone*) respektieren, achten **❷** (*opinioni, diritti*) respektieren, anerkennen **❸** (*ordini*) befolgen; (*feste*) beachten; (*parola*) halten **❹** (*seguire*) nachvollziehen

rispettivamente [rispettiva'mente] *avv* beziehungsweise; **rispettivo, -a** [rispet'ti:vo] *agg* jeweilig

rispetto [ris'pɛtto] *m* **❶** (*stima, deferenza*) Respekt *m*, Achtung *f*; (*riverenza*) Ehrfurcht *f*; **avere ~ per qu/qc** Respekt vor jdm/etw haben; **con ~ parlando** mit Verlaub; **nel ~ reciproco** in gegenseitigem Respekt **❷** (*riguardo*) Rücksicht *f*; **~ a qu/qc** im Vergleich zu jdm/etw, in Bezug auf jdn/etw **❸** (*di legge, regolamento*) Befolgung *f*, Beachtung *f*; **rispettoso, -a** [rispet'to:so] *agg* **❶** (*persona*) respektvoll, ehrerbietig **❷** (*saluti*) hochachtungsvoll

risplendere [ris'plɛndere] *vi essere o avere* strahlen, leuchten

risolverare [rispolve'ra:re] *vt* **❶** (*spolverare di nuovo*) wieder abstauben **❷** (*fig*) (wieder) auffrischen

rispondente [rispon'dɛnte] *agg* entsprechend

rispondere [ris'pondere] <rispondo, risposi, risposto> I. *vi* **❶** (*gener*) antworten; **~ di sì/no** mit Ja/Nein antworten; **~ ad una domanda/lettera** auf eine Frage/einen Brief antworten, eine Frage/einen Brief beantworten; **~ al saluto di qu** jds Gruß erwidern; **~ a voce/per (i)scrit-** to mündlich/schriftlich antworten; **~ al telefono** sich am Telefon melden; **non risponde** (TEL) es meldet sich niemand **❷** (*replicare*) widersprechen **❸** (*delle proprie azioni*) verantwortlich sein (für); (*delle azioni altrui*) haften (für); (*in tribunale*) sich verantworten **❹** (*essere conforme*) entsprechen II. *vt* antworten, als Antwort geben; **risposta** [ris'posta] *f* **❶** (*gener*) Antwort *f*; **in ~ a** in Beantwortung +*gen*; **la ~ a una domanda** die Antwort auf eine Frage **❷** (*reazione*) **la ~ a qc** die Reaktion auf etw *acc* **❸** (TEC) Ansprechen *n*, Reagieren *n*; **rispostina** [rispos'ti:na] *f* **❶** *dim di* **risposta** **❷** (*risposta pungente*) spitze Antwort

risposto [ris'posto] *pp di* **rispondere**; **rispostuccia** [rispos'tuttʃa] <-cce> *f* **❶** *dim di* **risposta** **❷** (*risposta evasiva*) ausweichende Antwort

rissa ['rissa] *f* Rauferei *f*, Schlägerei *f*; **rissoso, -a** [ris'so:so] *agg* rauflustig, streitsüchtig

rist. *abbr di* **ristampa** Nachdr.

ristabilimento [ristabili'mento] *m* **❶** (*ripristino*) Wiederherstellung *f* **❷** (*della salute*) Erholung *f*; **ristabilire** [ristabi'li:re] <ristabilisco> I. *vt* wieder herstellen II. *vr* **-rsi** sich erholen

ristagnare [ristaɲ'ɲa:re] *vi* **❶** (*liquidi*) sich stauen **❷** (*fig*) stagnieren; **ristagno** [ris'taɲɲo] *m* **❶** (*di fiume, sangue*) Stauung *f* **❷** (*fig*) Stagnation *f*, Stagnieren *n*

ristampa [ris'tampa] *f* Nachdruck *m*, Neudruck *m*; **ristampare** [ristam'pa:re] *vt* nachdrucken, neu auflegen

ristato *pp di* **riessere**

ristorante[1] [risto'rante] *m* Restaurant *n*, (Speise)lokal *n*

ristorante[2] <inv> *agg* **vagone ~** (FERR) Speisewagen *m*

ristorare [risto'ra:re] I. *vt* stärken II. *vr* **-rsi** sich stärken; **ristoratore, -trice** [ristora'to:re] *agg* labend, erquickend; **ristoro** [ris'tɔ:ro] *m* Stärkung *f*, Erfrischung *f*

ristrettezza [ristret'tettsa] *f* **❶** (*di spazio*) Enge *f* **❷** (*di mezzi*) Einschränkung *f*; (*di tempo*) Knappheit *f* **❸** (*fig: di mente*) Beschränktheit *f*; **ristretto, -a** [ris'tretto] I. *pp di* **restringere** II. *agg* **❶** (*limitato*) knapp **❷** (*caffè*) stark **❸** (*fig: meschino*) beschränkt, kleinlich **❹** (*limitato*) **~ (a)** beschränkt (auf +*acc*)

ristrutturabile [ristruttu'ra:bile] *agg* erneuerbar; **ristrutturare** [ristruttu'ra:re] *vt* umstrukturieren; **ristrutturato, -a** [ristruttu'ra:to] *agg* erneuert, modernisiert; **ristrutturazione** [ristrutturat'tsjo:ne] *f*

Umstrukturierung f, Renovierung f

risucchiare [risuk'kia:re] vt ① (trascinare) aufsaugen ② (succhiare di nuovo) wieder saugen; **risucchio** [ri'sukkio] <-cchi> m Strudel m, Wirbel m

risultabile [risul'ta:bile] agg hervorgehend; **risultante** [risul'tante] I. agg resultierend, sich ergebend II. f ① (PHYS) Resultante f ② (fig: risultato) Ergebnis n, Resultat n

risultare [risul'ta:re] vi essere ① (derivare, essere accertato) ~ **da qc** sich aus etw ergeben, aus etw resultieren; **dal loro disaccordo risultò molta confusione** ihre Meinungsverschiedenheiten führten zu großer Verwirrung ② (emergere, riuscire) hervorgehen als, sich erweisen als ③ (dimostrarsi) sich herausstellen als, sich erweisen als; **risultato** [risul'ta:to] m Resultat n, Ergebnis n

risuolare [risuo'la:re] v. **risolare**

risuonare [risuo'na:re] v. **risonare**

risurrezione [risurret'tsio:ne] f ① (REL) Auferstehung f ② (fig) Wiederaufleben n

risurriscaldare [risurriskal'da:re] I. vt (motore) erneut warm laufen lassen; (fig: l'atmosfera) aufheizen II. vr **-rsi** sich wieder aufwärmen; **risurriscaldatore** [risurriskalda'to:re] m Zwischenerhitzer m

risuscitare [risuʃʃi'ta:re] I. vt ① (morti) auferwecken ② (fig) wieder aufleben lassen II. vi essere ① (REL) auferstehen ② (riprendersi) wieder aufleben

risvegliare [rizveʎ'ʎa:re] I. vt ① (svegliare) wieder (auf)wecken ② (fig: memoria, emozioni) wieder wachrufen; (popolo, pigri) aufrütteln; (appetito, emozioni) wieder wecken II. vr **-rsi** (a fig) wieder erwachen; **risveglio** [ris'veʎʎo] <-gli> m ① (dal sonno) Erwachen n, Aufwachen n ② (fig) Wiederaufleben n

risvolto [riz'vɔlto] m ① (di vestito) Aufschlag m, Revers m ② (fig: conseguenza) Kehrseite f

ritagliare [rita ʎ'ʎa:re] vt ausschneiden; (tagliare di nuovo) wieder schneiden; **ritaglio** [ri'taʎʎo] <-gli> m ① (di giornale) Ausschnitt m ② (di stoffa) Schnipsel m o n ③ (fig) Rest m, Abschnitt m

ritardabile [ritar'da:bile] agg verzögerbar, aufschiebbar, Aufschub-; **pagamento ~** Zahlung mit Aufschubmöglichkeit

ritardare [ritar'da:re] I. vi sich verspäten; (treno) Verspätung haben; (orologio) nachgehen II. vt ① (far tardare) verzögern ② (rallentare) verlangsamen ③ (impedire) aufhalten ④ (differire) aufschieben

ritardata [ritar'da:ta] f v. **ritardato**; **ritar-**

datario, -a [ritarda'ta:rio] <-i, -ie> m, f Nachzügler(in) m(f), Verspätete(r) f(m); **ritardato, -a** [ritar'da:to] I. agg ① (moto, scoppio) verspätet; **reazione a scoppio ~** (fig) Spätzündung f ② (persona) zurückgeblieben; lernbehindert II. m, f Zurückgebliebene(r) f(m)

ritardista [ritar'dista] <-i m, -e f> mf (SPORT) Fallschirmspringer(in) m(f), der (die) die Öffnung des Schirms verzögert

ritardo [ri'tardo] m ① (non puntualità) Verspätung f; (indugio) Verzögerung f; (rallentamento) Verlangsamung f; **essere in ~** sich verspäten, zu spät kommen; **arrivare [o giungere] in ~** sich verspätet haben, verspätet ankommen ② (MED, PSYCH) Zurückbleiben n ③ (di consegna, pagamento) Verzug m

ritassare [ritas'sa:re] vt doppelt besteuern, erneut besteuern; **ritassazione** [ritassat'tsio:ne] f neues Steuersystem, Steuerreform f

ritegno [ri'teɲɲo] m ① (riserbo) Zurückhaltung f, Reserve f; **senza ~** rücksichtslos ② (misura) Einschränkung f, Maß n

ritempestare [ritempes'ta:re] vt erneut löchern (a di mit)

ritemprare [ritem'pra:re] I. vt ① (fig: forze, spirito) wieder kräftigen ② (temprare di nuovo) wieder härten II. vr **-rsi** sich wieder kräftigen

ritenere [rite'ne:re] <irr> I. vt ① (considerare) halten für ② (COM, FIN) einbehalten ③ (MED) bei sich dat behalten ④ (lacrime) zurückhalten ⑤ (ricordare) behalten II. vr **-rsi** sich halten für

ritenitura [riteni'tu:ra] f Ausputzen n

ritensionare [ritensio'na:re] vt nachspannen

ritentività [ritentivi'ta] <-> f Erinnerungsvermögen n; **ritentivo, -a** agg **capacità -a** Erinnerungsvermögen n; **memoria -a** Gedächtnis n

ritenuta [rite'nu:ta] f ① (detrazione) Abzug m; **~ d'acconto** Vorsteuer f ② (di flusso) Zurückhalten n; **ritenzione** [riten'tsio:ne] f ① (MED) Verhaltung f, Retention f ② (JUR) Einbehaltung f

ritingere [ri'tindʒere] <irr> vt ① (tingere di nuovo) wieder färben ② (di un altro colore) umfärben

ritirare [riti'ra:re] I. vt ① (tirare di nuovo) wieder ziehen ② (tirare indietro) zurückziehen ③ (richiamare) zurückberufen ④ (farsi consegnare) abholen ⑤ (togliere dalla circolazione) einziehen ⑥ (fig: offesa, promessa) zurücknehmen II. vr **-rsi** ① (tirarsi indietro) zurückweichen ② (ap-

partarsi) sich zurückziehen ❸ (*abbandonare*) **-rsi da qc** etw aufgeben ❹ (*restringersi*) einlaufen ❺ (*scorrere via*) abfließen; **ritirata** [riti'ra:ta] *f* (MIL) Rückzug *m;* **~ strategica** (*a fig*) Rückzugsgefecht *n;* **battere in ~** (*a fig*) zum Rückzug blasen; **ritirato, -a** [riti'ra:to] *agg* zurückgezogen; **ritiro** [ri'ti:ro] *m* ❶ (*richiamo*) Abberufung *f* ❷ (*di truppe*) Rückzug *m* ❸ (FIN: *dalla circolazione*) Einzug *m* ❹ (*di pacco*) Abholen *n* ❺ (*di patente*) Entzug *m* ❻ (*rinuncia*) **il ~ da qc** der Rückzug aus etw ❼ (*in luogo appartato*) Zurückgezogenheit *f;* **~ spirituale** Einkehr *f*

ritmica ['ritmika] <-che> *f* Rhythmik *f;* **ritmico, -a** ['ritmiko] <-ci, -che> *agg* rhythmisch; **ritmo** ['ritmo] *m* Rhythmus *m;* **ritmomelodico, -a** [ritmome'lɔ:diko] <-ci, -che> *agg* melodisch-rhythmisch

rito ['ri:to] *m* ❶ (*cerimonia*) Ritus *m,* Ritual *n* ❷ (*usanza*) Brauch *m;* **di ~** üblich ❸ (JUR) Verfahrensweise *f*

ritoccare [ritok'ka:re] *vt* (*gener*) überarbeiten; (*disegno, labbra*) nachziehen; (*trucco*) auffrischen; **ritocco** [ri'tokko] <-cchi> *m* Korrektur *f,* Verbesserung *f;* (FOTO) Retusche *f*

ritorcere [ri'tɔrtʃere] <irr> I. *vt* ❶ (*fig: accusa, insinuazione*) zurückgeben, umkehren ❷ (*torcere in senso opposto*) verdrehen II. *vr* **-rsi** sich verdrehen, sich wenden

ritorcitoio [ritortʃi'to:io] <-oi> *m* Zwirnmaschine *f,* Zwirner *m;* **ritorcitrice** [ritortʃi'tri:tʃe] *f v.* **ritorcitoio; ritorcitura** [ritortʃi'tu:ra] *f* Zwirnung *f*

ritornare [ritor'na:re] *vi essere* ❶ (*venire di nuovo*) zurückkehren, zurückkommen; (*a casa*) heimkehren; **~ in sé** wieder zu sich *dat* kommen ❷ (*ricomparire*) wiederkehren ❸ (*ridiventare*) wieder werden

ritornello [ritor'nɛllo] *m* ❶ (LIT) Kehrreim *m;* (MUS) Refrain *m* ❷ (*fig*) (alte) Leier *f*

ritorno [ri'torno] *m* ❶ (*rientro*) Rück-, Heimkehr *f;* (*periodico*) Wiederkehr *f;* **biglietto di andata e ~** (Hin- und) Rückfahrkarte *f;* **essere di ~** zurück sein ❷ (*rinvio*) Rücksendung *f,* Rückgabe *f;* **vuoti di ~** Leergut *n;* **avere qc di ~** etw zurückbekommen

ritorsi *1. pers sing pass rem di* **ritorcere ritorsione** [ritor'sio:ne] *f* Entgegnung *f,* Retourkutsche *f;* **ritorsivo, -a** [ritor'si:vo] *agg* Gegen-, Vergeltungs-

ritorto, -a [ri'tɔrto] I. *pp di* **ritorcere** II. *agg* ❶ (*filo*) gezwirnt, gedreht ❷ (*ramo*) gekrümmt, krumm

ritossire [ritos'si:re] <ritossisco, ritossisci> *vi* wiederholt [*o* erneut] husten

ritradurre [ritra'durre] <ritraduco, ritradussi, ritradotto> *vt* ❶ (*tradurre di nuovo*) wieder übersetzen ❷ (*nella lingua originale*) rückübersetzen

ritrarre [ri'trarre] <irr> *vt* ❶ (*trarre indietro*) zurückziehen ❷ (*rappresentare*) wiedergeben; (*nell'arte*) abbilden, darstellen

ritrattamento [ritratta'mento] *m* (TEC) Wiederaufbereitung *f*

ritrattare [ritrat'ta:re] I. *vt* ❶ (*trattare di nuovo*) wieder darlegen, wieder behandeln ❷ (*disdire*) zurücknehmen, widerrufen II. *vr* **-rsi** alles zurücknehmen; **ritrattazione** [ritrattat'tsio:ne] *f* Widerruf *m*

ritrattista [ritrat'tista] <-i *m,* -e *f*> *mf* Porträtist(in) *m(f),* Porträtmaler(in) *m(f)*

ritratto¹ [ri'tratto] *pp di* **ritrarre**

ritratto² [ri'tratto] *m* ❶ (*riproduzione*) Porträt *n;* **farsi fare il ~** sich porträtieren lassen ❷ (*fig*) Bild *n,* Abbild *n*

ritrosia [ritro'si:a] <-ie> *f* ❶ (*riluttanza*) Widerspenstigkeit *f* ❷ (*timidezza*) Sprödigkeit *f;* **ritroso, -a** [ri'tro:so] *agg* ❶ (*scontroso*) spröd(e), zurückhaltend ❷ (*restio*) widerwillig, widerspenstig

ritrovamento [ritrova'mento] *m* ❶ (*risultato*) Wiederfinden *n* ❷ (*invenzione*) Erfindung *f;* (*scoperta*) Entdeckung *f;* **ritrovare** [ritro'va:re] I. *vt* ❶ (*persone, cose smarrite*) wieder finden ❷ (*fig: salute, pace*) wiedererlangen ❸ (*trovare di nuovo*) wieder antreffen II. *vr* **-rsi** ❶ (*incontrarsi di nuovo*) sich wieder treffen ❷ (*trovarsi per caso*) kommen, sich finden ❸ (*raccapezzarsi*) sich zurechtfinden ❹ (*fam: avere*) haben

ritrovato [ritro'va:to] *m* ❶ (*invenzione*) Erfindung *f* ❷ (*scoperta*) Entdeckung *f*

ritrovato, -a *agg* wieder gefunden

ritrovo [ri'trɔ:vo] *m* ❶ (*riunione*) Treffen *n* ❷ (*luogo*) Treffpunkt *m*

ritto, -a ['ritto] *agg* senkrecht, hochkant; (*persone*) aufrecht

rituale [ritu'a:le] I. *agg* ❶ (*conforme ai riti*) rituell ❷ (*fig: abituale*) üblich, gewöhnlich II. *m* Ritual *n;* **ritualizzare** [ritualid'dza:re] *vt* ritualisieren; **ritualizzazione** [ritualiddzat'tsio:ne] *f* Ritualisierung *f*

ritufi [ri'tu:fi] <-> *m* Over *n*

riunificazione [riunifikat'tsio:ne] *f* Wiedervereinigung *f;* **la ~ tedesca** die deutsche Wiedervereinigung

riunione [riu'nio:ne] *f* Versammlung *f,* Treffen *n;* **riunire** [riu'ni:re] <riunisco> I. *vt* ❶ (*unire elementi divisi*) wieder vereinen ❷ (*mettere insieme*) versammeln

R

❸(*riconciliare*) versöhnen ❹(*convocare*) einberufen II. *vr* **-rsi** ❶(*fare una riunione*) sich versammeln ❷(*tornare insieme*) sich wieder vereinen

riunitore, -trice [riuni'to:re] *m, f* ❶(*chi opera unificazione*) Wiedervereiniger *m,* Triebkraft *f* der Einheit ❷(*operaio nell'industria tessile*) Wickler *m;* **riunitrice** [riuni'tri:tʃe] *f* (TEC) Banddoppler *m,* Bandwickelmaschine *f*

riurlare [riur'la:re] *vi* wieder brüllen

riuscire [riuʃ'ʃi:re] <irr> *vi essere* ❶(*essere capace*) etw schaffen; (*raggiungere*) es fertigbringen, es schaffen; **non sono più riuscita ad andare in città** ich habe es nicht mehr geschafft, in die Stadt zu gehen; **sono riuscito a convincerlo** es ist mir gelungen, ihn zu überzeugen, ich konnte ihn überreden ❷(*avere esito*) gelingen; **l'esperimento non è riuscito** das Experiment ist nicht gelungen ❸(*risultare*) sich erweisen als ❹(*aver attitudine, fortuna, successo*) erfolgreich sein, Erfolg haben ❺(*dimostrarsi*) erscheinen ❻(*uscire di nuovo*) wieder hinausgehen ❼(*sboccare*) münden; **riuscita** [riuʃ'ʃi:ta] *f* (*esito*) Ausgang *m;* (*buon esito*) Gelingen *n;* (*di persona*) Erfolg *m;* **fare una buona/cattiva ~** Erfolg/Misserfolg haben

riutilizzare [riutilid'dza:re] *vt* wieder verwenden

riva ['ri:va] *f* Ufer *n*

rivale [ri'va:le] I. *agg* rivalisierend II. *mf* Rivale *m,* Rivalin *f,* Konkurrent(in) *m(f);* (*in amore*) Nebenbuhler(in) *m(f);* **rivaleggiare** [rivaled'dʒa:re] *vi* rivalisieren

rivalersi [riva'lersi] <mi rivalgo, mi rivalsi, rivalso> *vr* ❶(*prendere una rivincita*) sich Genugtuung verschaffen (*su* bei, *di* per), wegen ❷(*usufruire di nuovo*) wieder verwenden; **rivalità** [rivali'ta] <-> *f* Rivalität *f*

rivalorizzare [rivalorid'dza:re] *vt* aufwerten

rivalsa [ri'valsa] *f* ❶(*compensazione*) Genugtuung *f* ❷(COM) Revers *m,* Entlastungserklärung *f*

rivalutare [rivalu'ta:re] *vt* ❶(*fig* FIN) aufwerten ❷(*valutare di nuovo*) wieder schätzen; **rivalutazione** [rivalutat'tsio:ne] *f* Aufwertung *f*

rivangare [rivaŋ'ga:re] *vt* ❶(*fig: passato, storie*) wieder aufführen ❷(AGR) wieder umgraben

rivangatura [rivaŋga'tu:ra] *f* ❶(*ulteriore vangatura*) erneutes Umgraben ❷(*fig: rievocazione*) Wiederausgraben *n*

rivedere [rive'de:re] <irr> I. *vt* ❶(*gener*) wieder sehen ❷(*esaminare*) durchsehen;

(*revisionare*) nachprüfen ❸(*rileggere*) durchlesen II. *vr* **-rsi** sich wieder sehen; **ci rivedremo!** (*fig*) du wirst noch von mir hören!; **a rivederci!** auf Wiedersehen!

rivedibile [rive'di:bile] *agg* (MIL) zurückgestellt

rivelabilità [rivelabili'ta] <-> *f* Enthüllbarkeit *f;* **~ di un segreto** Enthüllbarkeit eines Geheimnisses; **rivelare** [rive'la:re] I. *vt* ❶(*notizia, nascondiglio*) offenbaren, verraten; (*segreto*) enthüllen ❷(*manifestare*) verraten, zeigen II. *vr* **-rsi** sich erweisen als

rivelatore [rivela'to:re] *m* ❶(TEC, RADIO) Detektor *m* ❷(FOTO) Entwickler *m*

rivelatore, -trice *agg* enthüllend; **rivelazione** [rivelat'tsio:ne] *f* ❶(*di notizie, segreti*) Enthüllung *f;* (REL) Offenbarung *f* ❷(*ciò che viene rivelato*) Offenbarung *f,* Entdeckung *f*

rivendibilità [rivendibili'ta] <-> *f* Wiederverkäuflichkeit *f*

rivendica [ri'vendika] <-che> *f* ❶(JUR) Forderung *f,* Einfordern *n,* Anspruch *m* ❷(*vendetta*) Vergeltung *f;* **rivendicare** [rivendi'ka:re] I. *vt* ❶(JUR) einklagen, geltend machen ❷(*lottare per*) fordern, beanspruchen II. *vr* **-rsi** sich wieder rächen; **rivendicazione** [rivendikat'tsio:ne] *f* Forderung *f;* (*di diritto*) Beanspruchung *f;* **rivendicazionismo** [rivendikattsio'nizmo] *m* Tendenz der Gewerkschaften, mit immer neuen Forderungen aufzuwarten

rivendita [ri'vendita] *f* ❶(COM) Wiederverkauf *m* ❷(*negozio*) Laden *m;* **rivenditore, -trice** [rivendi'to:re] *m, f* ❶(*venditore al minuto*) (Klein-, Einzel)händler(in) *m(f)* ❷(*di seconda mano*) Wiederverkäufer(in) *m(f)*

riverberare [riverbe'ra:re] *vt* (*luce*) widerspiegeln; (*suono*) zurückwerfen; **riverbero** [ri'verbero] *m* Widerschein *m*

riverente [rive'rɛnte] *agg* ehrfürchtig; **riverenza** [rive'rɛntsa] *f* ❶(*inchino*) Verneigung *f* ❷(*rispetto*) Ehrerbietung *f,* Hochachtung *f*

riverire [rive'ri:re] <riverisco> *vt* ❶(*rispettare*) verehren, achten ❷(*salutare*) **~ qu** sich jdm empfehlen; **La riverisco!** ich empfehle mich!

riverniciatura [rivernitʃa'tu:ra] *f* neue Lackierung, neuer Lackanstrich

riversare [river'sa:re] *vt* ❶(*versare di nuovo*) wieder (ein-, aus)gießen ❷(*fig*) **~ qc su qu** jdn mit etw überschütten

riverseggiare [riversed'dʒa:re] *vi* neue Verse verfassen

rivestimento [rivesti'mento] *m* ❶(*operazione*) Verkleiden *n,* Beziehen *n* ❷(*mate-*

riale) Verkleidung *f,* Bezug *m;* **rivestire** [rives'ti:re] **I.** *vt* ❶ (*ricoprire*) verkleiden, beziehen ❷ (*indossare*) wieder anziehen ❸ (*fig: carica*) bekleiden; (*importanza, grado*) einnehmen ❹ (*fornire di abiti nuovi*) einkleiden **II.** *vr* **-rsi** ❶ (*vestirsi di nuovo*) sich wieder anziehen ❷ (*mettersi*) sich wieder bedecken

rivestitore, -trice [rivesti'to:re] *m, f* Verschaler(in) *m(f)*

rivetto [ri'vetto] *m* Niet *m o n,* Niete *f*

rividi *1. pers sing pass rem di* **rivedere**

riviera [ri'viɛ:ra] *f* Küste *f;* **la Riviera ligure** die ligurische Küste; **rivierasco, -a** [rivie'rasko] <-schi, -sche> *agg* Küsten-

rivincere [ri'vintʃere] <rivinco, rivinsi, rivinto> *vt* ❶ (*vincere di nuovo*) wieder gewinnen ❷ (*vincere quanto perduto*) wiedergewinnen

rivincita [ri'vintʃita] *f* Revanche *f;* **prendersi la ~** sich revanchieren

rivirare [rivi'ra:re] *vi* (NAUT) erneut (die Segel) wenden

rivissi *1. pers sing pass rem di* **rivivere**

rivissuto *pp di* **rivivere**

rivista [ri'vista] *f* ❶ (*periodico*) Illustrierte *f* ❷ (*spettacolo*) Revue *f* ❸ (MIL) Revue *f,* Truppenschau *f* ❹ (*controllo*) Durchsicht *f,* Überprüfung *f*

rivisto *pp di* **rivedere**

rivitalizzare [rivitalid'dza:re] *vt* revitalisieren

rivivere [ri'vi:vere] <irr> **I.** *vi essere* ❶ (*tornare a vivere*) wieder lebendig werden ❷ (*fig*) wieder aufleben, zu neuem Leben erwachen **II.** *vt avere* wieder erleben

rivivificare [rivivifi'ka:re] *vt* beleben, in Schwung bringen

rivo ['ri:vo] *m* Bach *m,* Fluss *m*

rivolgere [ri'voldʒere] <irr> **I.** *vt* ❶ (*volgere verso una direzione*) wenden ❷ (*volgere ripetutamente*) wieder und wieder wenden ❸ (*volgere di nuovo*) wieder wenden, wieder drehen ❹ (*fig*) **~ l'attenzione a qu/qc** die Aufmerksamkeit auf jdn/etw richten; **~ la parola a qu** das Wort an jdn richten ❺ (*distogliere*) abwenden **II.** *vr* **-rsi** ❶ (*voltarsi indietro*) sich umdrehen ❷ (*indirizzare il discorso, cercare aiuto*) **-rsi a qu** sich an jdn wenden

rivolgimento [rivoldʒi'mento] *m* Umsturz *m,* Umbruch *m;* **rivolgitore, -trice** [rivoldʒi'to:re] **I.** *agg* Umbruch-, revolutionär **II.** *m, f* Revolutionär(in) *m(f)*

rivolo ['ri:volo] *m* Bach *m,* Rinnsal *n*

rivolsi [ri'volsi] *1. pers sing pass rem di* **rivolgere**

rivolta [ri'volta] *f* Revolte *f,* Aufstand *m*

rivoltante [rivol'tante] *agg* abstoßend

rivoltare [rivol'ta:re] **I.** *vt* ❶ (*voltare dalla parte opposta*) umdrehen, wenden ❷ (*voltare ripetutamente*) wieder und wieder drehen ❸ (*provocare disgusto*) abstoßen ❹ (*fig*) umstürzen **II.** *vr* **-rsi** ❶ (*ribellarsi*) **-rsi a qu/qc** sich gegen jdn/etw auflehnen ❷ (*volgersi indietro*) sich umdrehen

rivoltella [rivol'tɛlla] *f* Revolver *m;* **rivoltellata** [rivoltel'la:ta] *f* Revolverschuss *m*

rivolto *pp di* **rivolgere**

rivoltolare [rivolto'la:re] **I.** *vt* wieder wälzen **II.** *vr* **-rsi** sich wälzen

rivoltoso, -a [rivol'to:so] **I.** *agg* aufständisch, aufrührerisch **II.** *m, f* Aufständische(r) *f(m),* Aufrührer(in) *m(f)*

rivoluzionamento [rivoluttsiona'mento] *m* Revolutionierung *f,* Umbruch *m;* **rivoluzionare** [rivoluttsio'na:re] *vt* ❶ (*fig: vita, mente*) in Aufruhr versetzen, durcheinanderbringen ❷ (*ordine, società*) revolutionieren, umstürzen; **rivoluzionario, -a** [rivoluttsio'na:rio] <-i, -ie> **I.** *agg* revolutionär **II.** *m, f* Revolutionär(in) *m(f);* **rivoluzione** [rivolut'tsio:ne] *f* ❶ (POL) Revolution *f,* Umsturz *m;* **la Rivoluzione Francese** die Französische Revolution ❷ (SOC) Revolution *f,* Umwälzung *f;* **~ culturale** Kulturrevolution *f;* **~ industriale** industrielle Revolution ❸ (*fig fam*) Aufruhr *m*

rizzare [rit'tsa:re] **I.** *vt* ❶ (*tenda*) aufstellen, aufschlagen ❷ (*edificio*) errichten ❸ (*vele, bandiera*) hissen ❹ (*fig*) **~ gli orecchi** die Ohren spitzen; **~ la coda** [*o* **il pelo**| [*o* **la cresta**] hochmütig werden **II.** *vr* **-rsi** (*alzarsi in piedi*) sich aufrichten, aufstehen

RNA *m abbr di* **ribonucleic acid** (*acido ribonucleico*) RNA *f,* RNS *f* (*Ribonukleinsäure*)

road manager ['roud 'mænidʒə] <- *o* road managers> *mf* Konzertmanager(in) *m(f);* **road movie** ['roud 'mu:vi] <- *o* road movies> *m* Roadmovie *m*

roba ['rɔ:ba] *f* ❶ (*possesso*) Sachen *fpl,* Dinge *npl* ❷ (*vestiario*) Sachen *fpl* ❸ (*da vendere*) Ware *f;* **~ usata** Gebrauchtwaren *fpl;* **~ da mangiare** (*fam*) Esswaren *fpl* ❹ (*affare, faccenda*) Sache *f,* Angelegenheit *f;* **bella ~!** schöner Mist! ❺ (*stoffa*) Stoff *m,* Tuch *n* ❻ (*sl: droga*) Stoff *m sl*

robiola [ro'biɔ:la] *f* sahniger Frischkäse aus der Lombardei

robivecchi [robi'vɛkki] <-> *mf* Altwarenhändler(in) *m(f)*

roboante [robo'ante] *v.* **reboante**

robot ['rɔ:bot] <-> *m* Roboter *m;* **~ da cu-**

cina Küchenmaschine *f;* ~ **industriale** Industrieroboter *m*

robotica [ro'bɔːtika] <-che> *f* Robotertechnik *f,* Robotik *f;* **robotico, -a** [ro'bɔːtiko] <-ci, -che> *agg* Roboter-; **tecnologia -a** Robotertechnik *f,* Robotik *f;* **robotizzare** [robotid'dzaːre] *vt* robot(er)isieren, automatisieren; **robotizzazione** [robotiddzat'tsioːne] *f* Robot(er)isierung *f,* Vollautomatisierung *f*

robustezza [robus'tettsa] *f* Robustheit *f;* **robusto, -a** [ro'busto] *agg* **❶** (*persona, costituzione*) robust, kräftig **❷** (*cose*) stabil **❸** (*vino, voce*) kräftig

rocca ['rɔkka] <-cche> *f* (*fortezza*) Festung *f;* **roccaforte** [rokka'fɔrte] <roccheforti> *f* **❶** (*città fortificata*) Festung *f* **❷** (*fig*) Hochburg *f*

rocchetto [rok'ketto] *m* **❶** (*di filo*) Garnspule *f,* Garnrolle *f* **❷** (FOTO, TEC) Spule *f*

roccia ['rɔttʃa] <-cce> *f* **❶** (GEOL) Gestein *n* **❷** (*masso di pietra*) Fels *m,* Felsblock *m;* **rocciatore, -trice** [rottʃa'toːre] *m, f* Kletterer *m,* Klett(r)erin *f;* **roccioso, -a** [rot'tʃoːso] *agg* felsig

rock [rɔk] **I.** <-> *m* **❶** (*rock and roll*) Rock and Roll *m;* **ballare il** ~ Rock 'n Roll tanzen **❷** (*genere musicale*) Rockmusik *f;* **il** ~ **metropolitano** der Metropolitan-Rock; ~ **jazz** Rockjazz *m* **II.** <inv> *agg* Rock-; **cantante** ~ Rocksänger(in) *m(f);* **musica** ~ Rockmusik *f;* **rockeggiare** [roked'dʒaːre] *vi* rocken; **rockettaro, -a** [roket'taːro] *m, f* **❶** (*compositore rock*) Rockmusiker(in) *m(f)* **❷** (*pej: mediocre imitatore rock*) Möchtegern-Rockstar *m* **❸** (*appassionato del rock*) Rockfan *m*

rock-surf ['rɔksaːf] *m* (SPORT) Snowboarding *n,* Snowboarden *n*

roco, -a ['rɔːko] <-chi, -che> *agg* rau, heiser

rococò [roko'kɔ] **I.** <-> *m* Rokoko *n* **II.** <inv> *agg* Rokoko-

rodaggio [ro'daddʒo] <-ggi> *m* **❶** (TEC) Einlaufen *n;* (MOT) Einfahren *n;* (*periodo*) Einlauf-, Einfahrzeit *f;* **essere in** ~ eingefahren werden **❷** (*fig*) Eingewöhnung *f;* (*di impiegato*) Einarbeitung *f;* **periodo di** ~ Schonfrist *f;* (*di impiegato*) Einarbeitungszeit *f;* **rodare** [ro'daːre] *vt* (TEC) einlaufen lassen; (MOT) einfahren

rodenticida [rodenti'tʃiːda] <-i> *m* (CHEM) Rattengift *n*

rodere ['roːdere] <rodo, rosi, roso> *vt* **❶** (*rosicchiare*) nagen (an +*dat*) **❷** (*corrodere*) zerfressen **❸** (*fig*) fressen (an +*dat*)

rodesiano, -a *I. agg* (GEOG) rhodesisch **II.** *m, f* (GEOG) Rhodesier(in) *m(f)*

rodigino, -a [rodi'dʒiːno] **I.** *agg* aus Rovigo **II.** *m, f* (*abitante*) Einwohner(in) *m(f)* von Rovigo

roditore [rodi'toːre] *m* Nagetier *n,* Nager *m*

rododendro [rodo'dɛndro] *m* Rhododendron *m o n,* Almrausch *m A*

rogare [ro'gaːre] *vt* (JUR) aufsetzen

rogito ['rɔːdʒito] *m* notarielle Urkunde

rogna ['rɔɲɲa] *f* **❶** (MED) Krätze *f,* Räude *f* **❷** (*fig fam*) Plage *f*

rognone [roɲ'ɲoːne] *m* Niere *f*

rognoso, -a [roɲ'ɲoːso] *agg* **❶** (MED) krätzig, räudig **❷** (*fig*) lästig

rogo ['rɔːgo *o* 'roːgo] <-ghi> *m* **❶** (*pira*) Scheiterhaufen *m* **❷** (*incendio*) Feuer *n,* Brand *m*

role-playing ['roulplejŋ] <-> *m* Rollenspiel *n* (zur Verbesserung des Arbeitsklimas)

rolex® ['roːleks] <-> *m* Rolex *f*

roll-bar ['roul baː] <- *o* rollbars> *m* Überrollbügel *m*

roller ['roulə] <- *o* rollers> *m,* **Rollerblade®** <- *o* Rollerblades> *m* Rollerskater *m,* Inlineskater *m*

roll film ['roul film] <- *o* roll films> *m* Rollfilm *m*

roll-on, roll-off ['roulɔn 'roulɔf] <-> *m* Roll-on-roll-off-Schiff *n*

rollout ['roulaut] <- *o* rollouts> *m* (AERO) Flugzeugtaufe *f*

ROM [rɔm] **I.** <inv> *agg* (INFORM) ROM-; **memoria** ~ ROM-Speicher *m* **II.** <-> *f* (INFORM) ROM-Speicher *m*

Roma ['roːma] *f* Rom *n* (*Hauptstadt Italiens*)*; di* ~ römisch, Römer; **tutte le strade portano a** ~ (*prov*) alle Wege führen nach Rom; ~ **non fu fatta in un giorno** (*prov*) Rom wurde nicht an einem Tag erbaut

Romagna [ro'maɲɲa] *f* Romagna *f*

romagnolo [romaɲ'ɲoːlo] <sing> *m* (*dialetto*) Dialekt *m* der Romagna

romagnolo, -a I. *m, f* (*abitante*) Einwohner(in) *m(f)* der Romagna **II.** *agg* (aus) der Romagna

romana *f v.* **romano**

romancio, -a [ro'mantʃo] <-ci, -ce> **I.** *agg* romantsch [*o* rätoromanisch] **II.** *m* Romantsch(e) *n*

Romandia [roman'diːa] *f* Französische Schweiz; **romando, -a** [ro'mando] *agg* **Svizzera -a** Französische Schweiz

romanesco, -a [roma'nesko] <-schi, -sche> *agg* römisch

romani [ro'maːni] **I.** <sing> *m* Romani *mpl* **II.** <inv> *agg* die Romani betreffend; **lingua** ~ Romani *n,* Zigeunersprache *f*

Romania [roma'niːa] *f* Rumänien *n*
romanico [ro'maːniko] *m* Romanik *f*
romanico, -a <-ci, -che> *agg* romanisch
romanista [roma'nista] <-i *m*, -e *f*> *mf*
(*studioso*) Romanist(in) *m(f)*; **romanisti-ca** [roma'nistika] *f* Romanistik *f*
romanità [romani'ta] <-> *f* Römertum *n*
romano, -a [ro'maːno] **I.** *agg* römisch; **fa-re alla -a** getrennte Kasse machen **II.** *m, f* Römer(in) *m(f)*
romantica *f v.* **romantico**
romanticheggiare [romantiked'dʒaːre] *vi* ❶ (*adottare atteggiamenti tipici del Ro-manticismo*) romantisieren ❷ (*essere ec-cessivamente sentimentali*) ein Romanti-ker sein; **romanticheria** [romantike'riːa] <-ie> *f* (*pej*) Gefühlsduselei *f*
romanticismo [romanti't∫izmo] *m* Ro-mantik *f*; **romantico, -a** [ro'mantiko] <-ci, -che> **I.** *agg* romantisch **II.** *m, f* Ro-mantiker(in) *m(f)*
romanza [ro'mandza] *f* Romanze *f*
romanzare [roman'dzaːre] *vt* (*romanar-tig*) ausschmücken; **romanzato, -a** [ro-man'dzaːto] *agg* in Romanform
romanzesco, -a [roman'dzesko] <-schi, -sche> *agg* ❶ (*LIT*) Roman- ❷ (*cavalleres-co*) Ritter-, Helden- ❸ (*fig*) phantastisch, abenteuerlich
romanziere, -a [roman'dziɛːre] *m, f* Ro-mancier *m*, Romanschriftsteller(in) *m(f)*
romanz(i)ero [roman'z(i)eːro] *m* (*antolo-gia*) Romanzensammlung *f*
romanzo [ro'mandzo] *m* ❶ (*LIT*) Roman *m*; **~ d'appendice** Fortsetzungsroman *m* ❷ (*fig*) Märchen *n*; **sembrare** [*o* **parere**] **un ~** kaum zu glauben sein, unglaublich sein
romanzo, -a *agg* romanisch
rombare [rom'baːre] *vi* dröhnen, donnern
rombo ['rombo] *m* ❶ (*MAT*) Rhombus *m*, Raute *f* ❷ (*rumore*) Dröhnen *n*, Donnern *n* ❸ (*ZOO*) Scholle *f*, Plattfisch *m*
romeno [ro'mɛːno] *v.* **rumeno**
rompere ['rompere] <rompo, ruppi, rot-to> **I.** *vt* ❶ (*vetro*) brechen; (*vaso, basto-ne*) zerbrechen; (*catene, argini*) sprengen; (*timpano*) platzen lassen; **~ la faccia a qu** jdm das Gesicht zerschlagen; **~ le ossa a qu** jdm die Knochen brechen; **~ le scatole a qu** (*fam*) jdm auf den Geist gehen ❷ (*fig: folla, calca*) durchbrechen; (*silenzio, ami-cizia, incanto*) brechen; (*dieta*) aufhören mit; (*file, righe*) auflösen **II.** *vi* ❶ (*scoppia-re*) **~ in pianto** in Tränen ausbrechen ❷ (*troncare*) **~ con qu** mit jdm brechen, mit jdm Schluss machen ❸ (*fiume*) über die Ufer treten ❹ (*prov*) **chi rompe paga**

e i cocci sono suoi wer etwas kaputt-macht, der muss dafür zahlen, die Scher-ben gehören dann ihm **III.** *vr* **-rsi** (zer)bre-chen, kaputtgehen; **-rsi la testa** (*fig*) sich den Kopf zerbrechen; **-rsi un braccio/una gamba** sich einen Arm/ein Bein brechen
rompi ['rompi] **I.** <inv> *agg* (*fam*) nervtö-tend, auf die Nerven gehend **II.** <-> *mf* (*fam*) Nervensäge *f*; **essere un gran ~** ei-ne echte Nervensäge sein
rompiballe [rompi'balle] **I.** <-> *mf* (*vulg*) Nervensäge *f* **II.** <inv> *agg* (*vulg*) nervrau-bend, nervtötend; **ma che individuo ~!** was für eine Nervensäge!
rompicapo [rompi'kaːpo] *m* ❶ (*fastidio*) Kopfzerbrechen *n* ❷ (*indovinello*) Denk-aufgabe *f*, Rätsel *n* ❸ (*problema difficile*) kniffliges Problem
rompicazzo [rompi'kattso] <-> *mf* (*vulg*) *v.* **rompiballe**
rompicoglioni [rompikoʎ'ʎoːni] <-> *mf* (*vulg*) *v.* **rompiballe**
rompicollo [rompi'kɔllo] **I.** <-> *mf* ❶ (*persona*) Wagehals *m*, verwegener Mensch ❷ (*percorso*) halsbrecherische Strecke **II.** *avv* **a ~** Hals über Kopf; **correre a ~** Hals über Kopf wegrennen
rompifiamma [rompi'fiamma] <-> *m* Gasaustritt *m*; **fori ~** Gasaustrittslöcher *npl*
rompigetto [rompi'dʒetto] <-> *m* Strahl-rohr *n*
rompighiaccio [rompigi'attʃo] **I.** <-> *m* ❶ (*nave*) Eisbrecher *m* ❷ (*arnese*) Eispi-ckel *m* **II.** <inv> *agg* (*a fig*) das Eis bre-chend
rompimento [rompi'mento] *m* ❶ (*fig fam*) Nervensäge *f* ❷ (*rottura*) Zerbre-chen *n*, Kaputtmachen *n*
rompipalle [rompi'palle] <-> *mf* (*vulg*) *v.* **rompiballe**
rompiscatole [rompis'kaːtole] <-> *mf* (*fam*) Nervensäge *f*; **rompitasche** [rom-pi'taske] **I.** <-> *mf* (*fam*) Nervensäge *f* **II.** <inv> *agg* (*fam*) nervtötend
rompitimpani [rompi'timpani] <inv> *agg* das Trommelfell platzen lassend, unerträg-lich; **un rumore ~** ein unerträglicher Lärm
ronda ['ronda] *f* Streife *f*, Wache *f*; **fare la ~** auf Streife gehen
rondella [ron'dɛlla] *f* Unterlegscheibe *f*
rondine ['rondine] *f* Schwalbe *f*
rondò [ron'dɔ] <-> *m* ❶ (*MUS*) Rondo *n* ❷ (*LIT*) Ringelgedicht *n*, Rondeau *n*
rondone [ron'doːne] *m* Mauersegler *m*
ronfare [ron'faːre] *vi* ❶ (*russare*) schnar-chen ❷ (*gatto*) schnurren; **ronfata** [ron'faːta] *f* tiefer Schlaf
röntgen ['rœntgən] **I.** <inv> *agg* Röntgen-

II. <-> *m* Röntgen *n*

ronzare [ron'dza:re] *vi* ❶ (*insetti*) summen ❷ (*fig: idee, pensieri*) schwirren

ronzino [ron'dzi:no] *m* (*pej*) Gaul *m*, Klepper *m*

ronzio [ron'dzi:o] <-ii> *m* Summen *n*

rosa[1] ['rɔ:za] *f* (BOT: *pianta*) Rose *f*, Rosenstock *m*; (*fiore*) Rose *f*; ~ **dei venti** Windrose *f*; **fresco come una** ~ (*fig*) frisch wie der junge Morgen; **all'acqua di -e** (*fig*) oberflächlich; **se son -e, fioriranno** es wird sich schon zeigen, ob es etwas Gutes ist; **non c'è** ~ **senza spine** (*prov*) keine Rose ohne Dornen

rosa[2] **I.** <inv> *agg* ❶ (*colore*) rosa; **foglio** ~ vorläufige Fahrerlaubnis *f* ❷ (*fig*) **romanzo** ~ Liebesroman *m* **II.** <-> *m* Rosa *n*

rosaio [ro'za:io] <-ai> *m* Rosenstock *m*, -strauch *m*

rosario [ro'za:rio] <-i> *m* ❶ (REL) Rosenkranz *m* ❷ (*fig*) Kette *f*, Folge *f*

rosatello [roza'tɛllo] *m* Rosé(wein) *m*

rosato [ro'za:to] *m* Rosé(wein) *m*

rosato, -a *agg* ❶ (*colorito*) rosa(farben) ❷ (*miele*) Rosen- ❸ (*vino*) Rosé-

rosbif ['rɔsbif] <-> *m* Roastbeef *n*

roseo, -a ['rɔ:zeo] *agg* (*a fig*) rosig

rosetta [ro'zetta] *f* ❶ (*diamante*) Rosette *f* ❷ (TEC) Unterlegscheibe *f* ❸ (*pane*) Rosenbrötchen *n*

rosi ['ro:si] *1. pers sing pass rem di* **rodere**

rosicare [rosi'ka:re] *vt* (*rodere*) knabbern (an +*dat*), nagen (an +*dat*)

rosicchiare [rosik'kia:re] *vt* (*osso, mela*) knabbern (an +*dat*), nagen (an +*dat*)

rosmarino [rozma'ri:no] *m* Rosmarin *m*

roso ['ro:so] *pp di* **rodere**

rosolare [rozo'la:re] *vt* anbraten; **rosolata** [rozo'la:ta] *f* Anbraten *n*; **dare una** ~ **alla carne** das Fleisch anbraten

rosolia [rozo'li:a] <-ie> *f* Röteln *pl*

rosolio [ro'zɔ:lio] <-i> *m* Rosolio *m* (*süßer Likör mit geringem Alkoholgehalt*)

rosone [ro'zo:ne] *m* ❶ (*motivo ornamentale*) Rosette *f* ❷ (*vetrata*) Fensterrose *f*, Rosette *f*

rospo ['rɔspo] *m* Kröte *f*; **coda di** ~ Anglerfisch *m*; **mangiare** [*o* **ingoiare**] **un** ~ (*fig*) in den sauren Apfel beißen

rossa *f v.* **rosso**

rossastro, -a [ros'sastro] *agg* rötlich

rosseggiare [rossed'dʒa:re] *vi* rötlich schimmern

rossetto [ros'setto] *m* Lippenstift *m*

rossiccio, -a [ros'sittʃo] <-cci, -cce> *agg* rötlich

rosso ['rosso] *m* Rot *n*; ~ **d'uovo** Eigelb *n*; **passare col** ~ bei Rot über die Ampel gehen; ~ **di sera bel tempo si spera** (*prov*) Abendrot, Schönwetterbot'

rosso, -a I. *agg* rot; **vino** ~ Rotwein *m*; **il Mar Rosso** das Rote Meer **II.** *m, f* ❶ (*persona rossa di capelli*) Rothaarige(r) *f(m)* ❷ (*fam* POL) Rote(r) *f(m)*; **rossore** [ros'so:re] *m* Röte *f*

rosso-verde ['rosso'verde] *agg* (POL) rot(-)grün

rosticceria [rostittʃe'ri:a] <-ie> *f* Rotisserie *f*, Bratküche *f*; **rosticciere, -a** [rostit'tʃɛ:re] *m, f* Inhaber(in) *m(f)* einer Rotisserie

rostro ['rɔstro] *m* ❶ (*becco*) Schnabel *m* ❷ (NAUT) Rammsporn *m*

rota ['rɔ:ta] *f* Rota *f*

rotaia [ro'ta:ia] <-aie> *f* Schiene *f*, Gleis *n*; **uscire dalle -aie** (*a fig*) entgleisen

rotare [ro'ta:re] <ruoto, ruoti> **I.** *vi* ❶ (*girare*) (sich) drehen, rotieren ❷ (*volare*) kreisen, Kreise ziehen **II.** *vt* ❶ (*braccio, bastone*) kreisen lassen ❷ (AGR: *colture*) wechseln

rotativa [rota'ti:va] *f* Rotationsmaschine *f*, -presse *f*; **rotativo, -a** [rota'ti:vo] *agg* Rotations-; (AGR) Fruchtwechsel-

rotatoria [rota'tɔ:ria] *f* Kreisverkehr *m*; **rotatorio, -a** [rota'tɔ:rio] <-i, -ie> *agg* Dreh-; (*circolazione*) Kreis-

rotazione [rotat'tsio:ne] *f* ❶ (MAT) Rotation *f*; (ASTR) Umdrehung *f* ❷ (AGR) ~ **delle colture** Fruchtfolge *f*, Rotation *f* ❸ (*alternanza*) Wechsel *m*, Rotation *f*

roteare [rote'a:re] **I.** *vt* kreisen lassen; (*occhi*) rollen **II.** *vi* kreisen, Kreise ziehen

rotella [ro'tɛlla] *f* Rolle *f*; (*di orologio*) Rädchen *n*; **pattini a -e** Rollschuhe *mpl*; **gli manca una** [*o* **qualche**] ~ (*fam*) bei ihm ist eine Schraube locker

rotismo [ro'tizmo] *m* Räderwerk *n*, Getriebe *n*

rotocalco [roto'kalko] *m* Illustrierte *f*

rotolamento [rotola'mento] *m* Rollen *n*

rotolare [roto'la:re] **I.** *vt* rollen **II.** *vi essere* rollen **III.** *vr* **-rsi** sich rollen, sich wälzen

rotolo ['rɔ:tolo] *m* ❶ (*di carta igienica*) Rolle *f*; (*di stoffa*) Ballen *m* ❷ (*libro antico*) Schriftrolle *f* ❸ (*loc*) **andare a -i** (*fam fig*) den Bach runtergehen

rotonda [ro'tonda] *f* ❶ (ARCH) Rundbau *m*, Rotunde *f* ❷ (*traffico*) Kreisverkehr *m*

rotondeggiare [rotonded'dʒa:re] *vi* rund sein

rotondità [rotondi'ta] <-> *f* Rundheit *f*; (*di persone, membra*) Rundlichkeit *f*; **rotondo, -a** [ro'tondo] *agg* rund; (*fig a*) abgerundet

rotoplano [roto'pla:no] *m* (AERO) Rotorflugzeug *n,* Drehflügler *m*

rotore [ro'to:re] *m* Rotor *m*

rotoscope [routo'skoup] <- *o* rotosco- pes> *m* (FILM) Rotoskop *n*

rotta ['rotta] *f* ❶ (*fig*) Bruch *m;* **essere in ~ con qu** mit jdm gebrochen haben, mit jdm zerstritten sein ❷ (*sconfitta*) Niederlage *f* ❸ (NAUT, AERO) Kurs *m;* **cambiare ~** (*a fig*) den Kurs ändern; **fare ~ per** [*o* **verso**] **...** Kurs auf ... nehmen

rottamaggio [rotta'maddʒo] <-ggi> *m* Verschrottung *f;* **rottamaio** [rotta'ma:io] <-ai> *m* (*deposito*) Schrottplatz *m;* **rotta- mare** [rotta'ma:re] *vt* verschrotten; **rot- tamazione** [rottamat'tsio:ne] *f* Ver- schrottung *f;* **rottame** [rot'ta:me] *m* ❶ (*residuo*) Bruchstück *n;* (*di vetro*) Scherbe *f* ❷ (*ammasso inservibile*) Schrott(haufen) *m* ❸ (*fig fam: persona*) Wrack *n;* **rottamista** [rotta'mista] <-i *m,* -e *f*> *mf v.* **rottamaio**

rotto ['rotto] *m* (*fig fam*) **per il ~ della cuffia** um Haaresbreite

rotto, -a I. *pp di* **rompere** II. *agg* ❶ (*ridot- to in pezzi*) zerbrochen, kaputt ❷ (*scarpe, camicia*) verschlissen, kaputt ❸ (*ossa*) ge- brochen ❹ (*fig: voce*) erstickt ❺ (*interrot- to*) unterbrochen ❻ (*resistente*) **essere ~ a qc** gegen etw gefeit sein

rottura [rot'tu:ra] *f* ❶ (*di tubo, braccio, ar- gine*) Bruch *m* ❷ (*fig: di tregua*) Ab- bruch *m;* (*di fidanzamento*) (Auf)lösung *f;* (*col passato*) Bruch *m*

rotula ['rɔ:tula] *f* Kniescheibe *f*

rouge [ruʒ] *m* ❶ (*alla roulette*) Rouge *n,* Rot *n* ❷ (*cosmetico*) Rouge *n*

roulotte [ru'lɔt] <-> *f* Wohnwagen *m*

round [raund] <-> *m* (SPORT) Runde *f*

rousseauiano, -a [russo'jano] *agg* Rous- seau'sche

routine [ru'tin] <-> *f* Routine *f*

rovente [ro'vɛnte] *agg* glühend; (*a fig*) heiß

rover ['rouvə] <- *o* rovers> *m* ❶ (*giovane caposquadra boy-scout*) Leiter *m* ei- ner Pfadfindergruppe ❷ (*veicolo*) Rover (*Mondfahrzeug an Bord der Apollo 13, 1972*)

rovere ['ro:vere] I. *m o f* Stiel-, Sommerei- che *f* II. *m* Eichenholz *n*

rovesciamento [roveʃʃa'mento] *m* Um- kehrung *f,* Umsturz *m;* **rovesciare** [ro- veʃʃa:re] I. *vt* ❶ (*versare inavvertitamen- te*) verschütten, vergießen; **~ la colpa su qu** (*fig*) die Schuld auf jdn abwälzen ❷ (*voltare*) wenden ❸ (*far cadere*) um- werfen, -stoßen; (*fig* POL*: governo*) stürzen ❹ (*capovolgere*) umkehren ❺ (MIL) nieder-

schlagen II. *vr* **-rsi** ❶ (*capovolgersi*) sich umkehren ❷ (*gettarsi*) sich stürzen ❸ (*ca- dere*) sich fallen lassen ❹ (*riversarsi*) sich ergießen; **rovesciata** [roveʃʃa:ta] *f* Rück- zieher *m*

rovescio [ro'vɛʃʃo] <-sci> *m* ❶ (*lato op- posto*) Rückseite *f;* (*di stoffa*) linke Seite; **il ~ della medaglia** (*fig*) die Kehrseite der Medaille ❷ (*maglia*) linke Masche ❸ (SPORT) Rückhand(schlag *m*) *f* ❹ (*di pioggia, grandine*) Schauer *m* ❺ (*fig*) Rückschlag *m*

rovescio, -a <-sci, -sce> *agg* ❶ (*dalla parte opposta*) verkehrt, umgekehrt; **alla -a** verkehrt, umgekehrt; **conto alla -a** Countdown *m o n* ❷ (*supino*) rücklings

Rovigo *f* Rovigo *n* (*Stadt in Venetien*)

rovigotto, -a [rovi'ɡɔtto] I. *m, f* (*fam: abi- tante*) Einwohner(in) *m(f)* von Rovigo II. *agg* (*fam*) aus Rovigo

rovina [ro'vi:na] *f* ❶ (*disfacimento*) Ein- sturz *m* ❷ *pl* (*macerie*) Ruinen *fpl* ❸ (*fig*) Ruin *m,* Verderben *n;* **rovinare** [ro- vi'na:re] I. *vt* ❶ (*persone*) ruinieren, zu- grunde [*o* zu Grunde] richten ❷ (*salute*) ruinieren; (*raccolto*) verderben ❸ (*ponte, edificio*) einreißen II. *vi* ❶ (*cadere giù*) einstürzen ❷ (*precipitare*) herabstürzen III. *vr* **-rsi** sich ruinieren, sich zugrunde [*o* zu Grunde] richten

rovinografia [rovinogra'fi:a] <-ie> *f* Kata- strophengenre *n,* Katastrophenthematik *f* in Film und Literatur; **rovinografo, -a** [rovi'nɔ:grafo] *m, f* Autor(in) *m(f)* von Ka- tastrophenliteratur, Produzent(in) *m(f)* von Katastrophenfilmen; **rovinologia** [rovi- nolo'dʒi:a] <-ie> *f* Katastrophenfor- schung *f;* **rovinologo, -a** [rovi'nɔ:logo] <-gi, -ghe> *m, f* Katastrophenforscher(in) *m(f)*

rovinoso, -a [rovi'no:zo] *agg* heftig; **una caduta -a** ein schwerer Fall

rovistare [rovis'ta:re] *vt* durchsuchen, stö- bern in *+dat*

rovo ['ro:vo] *m* Brombeerstrauch *m,* Brom- beere *f*

rozzezza [rod'dzettsa] *f* Grobheit *f;* **roz- zo, -a** ['roddzo] *agg* ❶ (*persone, parole*) grob, ungehobelt ❷ (*lana, tela*) grob, rau

R.R. *abbr di* **ricevuta di ritorno** Rück- schein

Rrr *abbr di* **raccomandata con ricevuta di ritorno** Einschreiben gegen Rückschein

RSM *m abbr di* **Repubblica di San Mari- no** Republik *f* San Marino

ruba ['ru:ba] *f* **andare a ~** (*fam*) reißen- den Absatz finden, weggehen wie warme Semmeln

R

rubacuori [ruba'kuɔːri] I. <inv> *agg* betörend II. <-> *mf* Herzensbrecher(in) *m(f)*

rubamazzo [ruba'mattso] *m ein Kartenspiel*

rubare [ru'baːre] *vt* ❶ (*portafogli, gioielli*) rauben, stehlen; **a ~ poco si va in galera, a ~ tanto si fa carriera** (*prov*) die Kleinen hängt man, die Großen lässt man laufen ❷ (*fig: segreto*) entlocken; (*tempo, cuore*) stehlen; (*sonno*) rauben; **ruberia** [rube'riːa] <-ie> *f* Stehlen *n*

rubicondo, -a [rubi'kondo] *agg* hochrot

rubinetteria [rubinette'riːa] <-ie> *f* Armaturen *fpl;* **rubinetto** [rubi'netto] *m* Hahn *m*

rubino[1] [ru'biːno] *m* Rubin *m*

rubino[2] <inv> *agg* rubinrot

rubizzo, -a [ru'bittso *o* ru'biddzo] *agg* rüstig

rublo ['ruːblo] *m* Rubel *m*

rubrica [ru'briːka] <-che> *f* ❶ (*libretto*) Verzeichnis *n;* ~ **telefonica** Telefonbuch *n* ❷ (RADIO, TV) Rubrik *f* ❸ (*di giornale*) Spalte *f* ❹ (COM, FIN) Kontenrahmen *m*

rucola [ru'kola] *f* Rauke *f*

rude ['ruːde] *agg* rüde, grob

ruderi ['ruːderi] *mpl* ❶ (*resti di costruzione*) Ruinen *fpl* ❷ (*fig*) Überreste *mpl*

rudezza [ru'dettsa] *f* Rüdheit *f*, Grobheit *f*

rudimentale [rudimen'taːle] *agg* rudimentär; **rudimento** [rudi'mento] *m* ❶ *pl* (*principi elementari*) Grundlagen *fpl* ❷ (*abbozzo*) Rudiment *n*

ruffiana *f v.* **ruffiano**

ruffianata [ruffia'naːta] *f* (*fam*) Schweinerei *f*, Schiebung *f*

ruffianeggiare [ruffianed'dʒaːre] *vi* kuppeln; **ruffianeria** [ruffiane'riːa] <-ie> *f* Kuppelei *f;* **ruffiano, -a** [ruf'fiaːno] *m, f* ❶ (*fam: chi cerca di ingraziarsi*) Speichellecker(in) *m(f)* ❷ (*mezzano*) Kuppler(in) *m(f)*

ruga ['ruːga] <-ghe> *f* Falte *f*, Runzel *f*

rugbista [rug'bista] <-i *m*, -e *f*> *mf* Rugbyspieler(in) *m(f);* **rugby** ['rugbi] <-> *m* Rugby *n*

ruggine[1] ['ruddʒine] *f* ❶ (*sostanza*) Rost *m;* **fare la ~** rosten ❷ (*fig fam*) Zoff *m sl*, Knies *m dial*

ruggine[2] <inv> *agg* rostbraun, rostfarben; **rugginoso, -a** [ruddʒi'noːso] *agg* rostig

ruggire [rud'dʒiːre] <ruggisco> *vi* brüllen; (*mare, tempesta*) heulen; **ruggito** [rud'dʒiːto] *m* Brüllen *n;* (*del mare, vento*) Heulen *n*

rugiada [ru'dʒaːda] *f* Tau *m*

rugosità [rugosi'ta] <-> *f* Runz(e)ligkeit *f;* **rugoso, -a** [ru'goːso] *agg* runz(e)lig, faltig

rullaggio [rul'laddʒo] <-ggi> *m* **pista di ~** Rollfeld *n*

rullare [rul'laːre] I. *vi* ❶ (*tamburo*) dröhnen ❷ (AERO) rollen II. *vt* walzen; **rullata** [rul'laːta] *f* Abrollen *n*

rullatrice [rulla'triːtʃe] *f* (TEC) ❶ (*macchina che esegue la curvatura di profilati*) Profilfräser *m* ❷ (*macchina per la filettatura*) Gewindeschälmaschine *m*

rullino [rul'liːno] *m* Film *m*, Filmrolle *f*

rullio [rul'liːo] <-ii> *m* Dröhnen *n*

rullo ['rullo] *m* ❶ (*di tamburo*) Trommelwirbel *m* ❷ (*arnese cilindrico*) Rolle *f;* (TYP) Walze *f* ❸ *pl* (*sport*) Fahrradergometer *n*

rulottista [rulot'tista] <-i *m*, -e *f*> *mf* Wohnwagen-Camper *m;* **rulottopoli** [rulot'tɔpoli] <-> *f* Wohncontainer *mpl*

rum [rum] <-> *m* Rum *m*

rumeno, -a [ru'mɛːno] I. *agg* rumänisch II. *m, f* Rumäne *m*, Rumänin *f*

ruminanti [rumi'nanti] *mpl* Wiederkäuer *mpl;* **ruminare** [rumi'naːre] *vt* ❶ (ZOO) wiederkäuen ❷ (*fig: pensare*) (nach)grübeln über +*acc* ❸ (*masticare a lungo*) lange kauen

rumine ['ruːmine] *m* Pansen *m*

rumore [ru'moːre] *m* ❶ (*fenomeno acustico*) Geräusch *n;* (*strepito*) Lärm *m*, Krach *m;* **colonna dei -i** (FILM) Geräuschkulisse *f;* **difesa dal ~** Lärmbekämpfung *f;* **inquinamento da ~** Lärmbelästigung *f* ❷ (*fig*) Aufsehen *n;* **fare ~** (*fig*) Aufsehen erregen; **molto ~ per nulla** viel Lärm um nichts; **rumoreggiare** [rumored'dʒaːre] *vi* ❶ (*fare rumore*) lärmen; (*tuono*) dröhnen; (*mare*) brausen ❷ (*fig: persone*) murren; **rumorista** [rumo'rista] <-i *m*, -e *f*> *mf* Geräuschmacher(in) *m(f);* **rumoroso, -a** [rumo'roːso] *agg* laut

runa ['ruːna] *f* Rune *f*

ruolizzato, -a [ruolid'dzaːto] *agg* (ADM) verbeamtet; **ruolizzazione** [ruoliddzat'tsioːne] *f* (ADM) Übernahme *f*, Verbeamtung *f*

ruolo ['ruɔːlo] *m* ❶ (*funzione*) Rolle *f*, Funktion *f* ❷ (THEAT) Rolle *f* ❸ (ADM) Stellenplan *m;* **insegnanti di ~** festangestellte Lehrer *mpl;* **essere di ~** beamtet sein; **passare di ~** ins Beamtenverhältnis übernommen werden ❹ (COM) Plan *m*, Liste *f*

ruota ['ruɔːta] *f* ❶ (*gener, TEC, MOT*) Rad *n;* ~ **dentata** Zahnrad *n;* **a ~ libera** (*fig*) im Leerlauf; **essere l'ultima** [*o* **la quinta**] ~ **del carro** das fünfte Rad am Wagen sein; **a ~** Rad- ❷ (NAUT) Steven *m* ❸ (*del lotto*) Ziehungsstelle *f* ❹ (*oggetto circolare*)

Scheibe *f* ❺ (*di luna park*) Riesenrad *n*

ruotare [ruo'ta:re] I. *vi* ❶ (*girare*) (sich) drehen, rotieren ❷ (*volare*) kreisen, Kreise ziehen II. *vt* ❶ (*braccio, bastone*) kreisen lassen ❷ (AGR: *colture*) wechseln

rupe ['ru:pe] *f* Fels(en) *m*

rupestre [ru'pɛstre] *agg* felsig

ruppi ['ruppi] *1. pers sing pass rem di* **rompere**

rurale [ru'ra:le] *agg* ländlich, Land-

ruscello [ruʃʃɛllo] *m* Bach *m*

ruspa ['ruspa] *f* Bagger *m*

ruspante [rus'pante] *agg* scharrend; **pollo ~** Freilandhuhn *n;* **ruspare** [rus'pa:re] *vi* scharren, kratzen

ruspatore, -trice [ruspa'to:re] *m, f* Kastaniensammler(in) *m(f)*

ruspista [rus'pista] <-i *m*, -e *f*> *mf* Baggerführer(in) *m(f)*

russa *f v.* **russo**

russare [rus'sa:re] *vi* schnarchen

Russia ['russia] *f* Russland *n*

russificare [russifi'ka:re] *vt* russifizieren; **russificazione** [russifikat'tsio:ne] *f* Russifizierung *f*

russista [rus'sista] <-i *m*, -e *f*> *mf* Russist(in) *m(f);* **russistica** [rus'sistika] <-che> *f* Russistik *f*

russo, -a ['russo] I. *agg* russisch; **insalata -a** *Gemüsesalat mit Mayonnaise und Ei;*

montagne -e Achterbahn *f* II. *m, f* Russe *m*, Russin *f*

rusticano, -a [rusti'ka:no] *agg* ländlich, bäuerlich; **cavalleria -a** Bauernehre *f*

rusticità [rustitʃi'ta] <-> *f* Rustikalität *f*

rustico ['rustiko] <-ci> *m* ❶ (*edificio di campagna*) Landhaus *n* ❷ (ARCH) Rohbau *m*

rustico, -a <-ci, -che> *agg* ❶ (*campagnolo*) ländlich ❷ (*mobile*) rustikal ❸ (*persona*) bäurisch ❹ (*fig, pej*) roh, grob

ruta ['ru:ta] *f* Raute *f*

rutinario, -a [ruti'na:rio] <-i, -ie> *agg* Routine-, routinemäßig; **procedimento ~** Routineangelegenheit *f;* **rutiniero, -a** [ruti'niɛro] I. *agg* Routine-, routinemäßig II. *m, f* Routinier *m*

ruttare [rut'ta:re] *vi* rülpsen, aufstoßen; **ruttino** [rut'ti:no] *m* Bäuerchen *n;* **rutto** ['rutto] *m* Rülpser *m;* **fare un ~** rülpsen

ruttore [rut'to:re] *m* Schalter *m*

ruvidezza [ruvi'dettsa] *f* ❶ (*di scorza, pietra*) Rauheit *f* ❷ (*fig*) Rohheit *f*, Grobheit *f;* **ruvido, -a** ['ru:vido] *agg* ❶ (*mani, corteccia, stoffa*) rau ❷ (*fig*) roh, grob

ruzzo ['ruddzo] *m* (*fam*) Laune *f*, Grille *f*

ruzzolare [ruttso'la:re] I. *vi* purzeln, hinunterkugeln II. *vt* rollen; **ruzzolata** [ruttso'la:ta] *f* Purzelbaum *m;* **ruzzolone** [ruttso'lo:ne] *m* Sturz *m*, Fall *m;* **ruzzoloni** [ruttso'lo:ni] *avv* purzelnd

R

S s

S, s ['ɛsse] <-> *f* S, s *n;* ~ **come Savona** S wie Siegfried
S. ❶ *abbr di* **sud** S ❷ *abbr di* **santo** hl., St.
s *abbr di* **secondo** s
S *abbr di* **sud** S
s.a. *abbr di* **senza anno** o.J.
sabato ['sa:bato] *m* Samstag *m,* Sonnabend *m;* ~ **Santo** Karsamstag *m; v. a.* **domenica**
sabba ['sabba] <-> *m* Hexensabbat *m*
sabbia ['sabbia] <-ie> *f* Sand *m;* **costruire sulla** ~ *(fig)* auf Sand bauen; **(di) color** ~ sandfarben; **sabbiato, -a** [sab'bia:to] *agg* (TEC) sandgestrahlt; **sabbiatura** [sabbia'tu:ra] *f* ❶ (MED) Sandbad *n* ❷ (TEC) Sandstrahlen *n;* **sabbioso, -a** [sab'bio:so] *agg* sandig; *(riva)* Sand-; **pietra -a** Sandstein *m*
sabotaggio [sabo'taddʒo] <-ggi> *m* Sabotage *f;* **sabotare** [sabo'ta:re] *vt* sabotieren; **sabotatore, -trice** [sabota'to:re] *m, f* Saboteur(in) *m(f)*
S.acc. *abbr di* **Società in accomandita** KG *f*
sacca ['sakka] <-cche> *f* ❶ *(borsa)* (große) Tasche *f,* Reisetasche *f* ❷ (MED, ANAT) Beutel *m,* Sack *m*
saccaride [sak'ka:ride] *m* Kohle(n)hydrat *n*
saccarina [sakka'ri:na] *f* Saccharin *n*
saccarosio [sakka'rɔ:sio] <-i> *m* Saccharose *f*
saccata [sak'ka:ta] *f* Sack(voll) *m*
saccatura [sakka'tu:ra] *f* (METEO) Tiefdruckrinne *f*
saccente [sat'tʃɛnte] **I.** *agg* besserwisserisch; *(bambino)* altklug **II.** *mf* Besserwisser(in) *m(f);* **saccenteria** [sattʃente'ri:a] <-ie> *f* Besserwisserei *f*
saccheggiare [sakked'dʒa:re] *vt (città)* plündern; *(banca)* ausrauben; **saccheggiatore, -trice** [sakkeddʒa'to:re] **I.** *agg* Raub- **II.** *m, f* Räuber(in) *m(f),* Plünderer *m,* Plünderin *f;* **saccheggio** [sak'keddʒo] <-ggi> *m* Plünderung *f*
sacchetto [sak'ketto] *m* Tüte *f,* Beutel *m,* Sackerl *n* A
sacco ['sakko] <-cchi> *m* ❶ *(recipiente)* Sack *m;* ~ **a pelo** Schlafsack *m;* ~ **da montagna** Rucksack *m;* **colazione al** ~ Picknick *n;* **corsa nei -cchi** Sackhüpfen *n;* **cogliere** [*o* **pescare**] **qu con le mani nel** ~ *(fig)* jdn auf frischer Tat ertappen; **vuotare il** ~ *(fig)* auspacken ❷ *(fig fam)* Haufen *m;*

avere un ~ **di debiti** einen Haufen Schulden haben ❸ (ANAT, ZOO) Sack *m,* Beutel *m* ❹ *(tela)* Sackleinen *n*
saccoccia [sak'kɔttʃa] <-cce> *f (dial)* Tasche *f,* Beutel *m*
saccone [sak'ko:ne] *m* Strohsack *m*
saccopelista [sakkope'lista] <-i *m,* -e *f> mf* Rucksacktourist(in) *m(f)*
S.acc.p.a. *abbr di* **Società in accomandita per azioni** KGaA
sacerdotale [satʃerdo'ta:le] *agg* priesterlich, Priester-; **sacerdote, -essa** [satʃer'dɔ:te, satʃerdo'tessa] *m, f* Geistliche(r) *f(m);* **sacerdozio** [satʃer'dɔttsio] <-i> *m* ❶ (REL) Priestertum *n,* Priesterschaft *f* ❷ *(fig)* Mission *f*
sacrale [sa'kra:le] *agg* ❶ (REL) sakral, heilig ❷ (ANAT) Kreuzbein-
sacramentale [sakramen'ta:le] *agg* sakramental; **sacramentare** [sakramen'ta:re] *vt* (REL) die Sakramente austeilen; **sacramento** [sakra'mento] *m* Sakrament *n;* *(l'Eucarestia)* Abendmahl *n,* Eucharistie *f*
sacrario [sa'kra:rio] <-i> *m* ❶ *(di tempio)* Heiligtum *n* ❷ *(edificio)* Gedenkstätte *f*
sacrato [sa'kra:to] *v.* **sagrato**
sacrestano [sakres'ta:no] *v.* **sagrestano**; **sacrestia** [sakres'ti:a] *f v.* **sagrestia**
sacrificale [sakrifi'ka:le] *agg* Opfer-
sacrificare [sakrifi'ka:re] **I.** *vt* opfern **II.** *vr* **-rsi** ❶ *(offrirsi in sacrificio)* sich opfern, sich hingeben ❷ *(sopportare privazioni)* sich aufopfern; **sacrificato, -a** [sakrifi'ka:to] *agg* ❶ *(pieno di rinunce)* entbehrungsreich, voller Opfer; **in quella ditta è sacrificato** in dieser Firma kann er sich nicht entfalten ❷ *(non valorizzato)* **essere** ~ nicht zur Geltung kommen ❸ *(offerto in sacrificio)* geopfert
sacrificio [sakri'fi:tʃo] <-ci> *m,* **sacrifizio** [sakri'fittsio] <-i> *m* Opfer *n;* *(privazione)* Verzicht *m*
sacrilegio [sakri'lɛ:dʒo] <-gi> *m* ❶ *(profanazione)* Frevel *m,* Gotteslästerung *f,* Sakrileg *n* ❷ *(fig)* Schande *f,* Frevel *m;* **sacrilego, -a** [sa'kri:lego] <-ghi, -ghe> *agg* gotteslästerlich, frevlerisch
sacripante [sakri'pante] *m* Riesenkerl *m,* Hüne *m;* ~ **!** Teufel auch!
sacristia [sakris'ti:a] *f v.* **sagrestia**
sacro ['sa:kro] *m* Kreuzbein *n*
sacro, -a *agg* heilig; *(musica, persona)* geistlich; **la -a famiglia** die Heilige Familie;

le -e scritture die Heilige Schrift

sacrosanto, -a [sakro'santo] *agg* ❶ (REL) hochheilig ❷ (*inviolabile*) unverletzlich

sadico, -a ['sa:diko] <-ci, -che> **I.** *agg* sadistisch **II.** *m, f* (PSYCH) Sadist(in) *m(f);* **sadismo** [sa'dizmo] *m* Sadismus *m*

saetta [sa'etta] *f* ❶ Blitz *m;* **saettare** [saet'ta:re] *vt* ❶ (*sguardi, parole*) schleudern; (*palla*) schießen ❷ (*fulminare*) blitzen

safari [sa'fa:ri] <-> *m* Safari *f*

safe-sex ['seifseks] <-> *m* Safersex *m*

safety engineer ['seifti endʒi'niə] <- *o* safety engineers> *mf* Arbeitsschutzbeauftragte(r) *f(m)*

saga ['sa:ga] <-ghe> *f* Sage *f,* Saga *f*

sagace [sa'ga:tʃe] *agg* scharfsinnig, klug; **sagacia** [sa'ga:tʃa] <-ie> *f,* **sagacità** [sagatʃi'ta] <-> *f* Scharfsinn *m,* Klugheit *f*

saggezza [sad'dʒettsa] *f* Weisheit *f*

saggia *f v.* **saggio, -a**

saggiare [sad'dʒa:re] *vt* prüfen; ~ **qu** jdn auf die Probe stellen; **saggiatore, -trice** [saddʒa'to:re] *m, f* Prüfer(in) *m(f)*

saggina [sad'dʒi:na] *f* Hirse *f*

saggio ['saddʒo] <-gi> *m* ❶ (*prova*) Probe *f* ❷ (FIN: *tasso*) Satz *m* ❸ (*scritto*) Essay *m o n,* Abhandlung *f*

saggio, -a <-ggi, -gge> **I.** *agg* weise, klug **II.** *m, f* (*persona saggia*) Weise(r) *f(m),* Gelehrte(r) *f(m)*

saggista [sad'dʒista] <-i *m,* -e *f*> *mf* Essayist(in) *m(f);* **saggistica** [sad'dʒistika] <-che> *f* Essayistik *f;* **saggistico, -a** [sad'dʒistiko] <-ci, -che> *agg* essayistisch

sagittario [sadʒit'ta:rio] *m* ❶ (*arciere*) Bogenschütze *m* ❷ (ASTR) Schütze *m;* **sono** (**del** [*o* **un**]) **Sagittario** ich bin (ein) Schütze

sagoma ['sa:goma] *f* ❶ (*profilo*) Profil *n,* Silhouette *f* ❷ (*nel tiro a segno*) Zielscheibe *f* ❸ (*modello*) Form *f,* Schablone *f* ❹ (*fig fam*) komischer Kauz; **sagomare** [sago'ma:re] *vt* formen, modellieren

sagomato *m* Profil *n*

sagomato, -a [sago'ma:to] *agg* geformt; **sagomatura** [sagoma'tu:ra] *f* Formgebung *f*

sagra ['sa:gra] *f* ❶ (*festa popolare*) (Volks)fest *n* ❷ (REL) Kirchweih *f*

sagrato [sa'gra:to] *m* Kirchplatz *m*

sagrestano, -a [sagres'ta:no] *m, f* Küster *m,* Kirchendiener(in) *m(f);* **sagrestia** [sagres'ti:a] <-ie> *f* Sakristei *f*

saio ['sa:io] <sai> *m* Kutte *f*

sala ['sa:la] *f* Saal *m;* ~ **d'aspetto** Warteraum *m;* ~ **da ballo** Ballsaal *m;* ~ **da pranzo** Speisesaal *m*

salace [sa'la:tʃe] *agg* ❶ (*lascivo*) schlüpf-

rig, lasziv ❷ (*pungente*) bissig, scharf; **salacità** [salatʃi'ta] <-> *f* ❶ (*lascivia*) Schlüpfrigkeit *f,* Laszivität *f* ❷ (*aggressività*) Schärfe *f,* Bissigkeit *f*

salama [sa'la:ma] *f* Schweinswurst *f*

salamandra [sala'mandra] *f* Salamander *m*

salame [sa'la:me] *m* ❶ (GASTR) Wurst *f* ❷ (*fig fam*) Trottel *m*

salamelecco [salame'lɛkko] <-cchi> *m* Katzbuckel *m*

salamoia [sala'mo:ia] <-oie> *f* Salzlake *f*

salare [sa'la:re] *vt* salzen

salariale [sala'ria:le] *agg* Lohn-; **salarialista** [salaria'lista] <-i *m,* -e *f*> *mf* Lohnpolitik verfolgende(r) Gewerkschafter(in) *m(f)*

salariare [sala'ria:re] *vt* besolden, bezahlen; **salariato, -a** [sala'ria:to] *m, f* Lohnempfänger(in) *m(f);* **salario** [sa'la:rio] <-i> *m* Lohn *m,* Vergütung *f,* Salär *n A;* ~ **garantito** Mindestlohn *m;* ~ **da fame** Hungerlohn *m*

salassare [salas'sa:re] *vt* ❶ (MED) zur Ader lassen ❷ (*fig*) schröpfen; **salasso** [sa'lasso] *m* Aderlass *m*

salatino [sala'ti:no] *m* Salzstange *f;* (*biscotto*) Salzgebäck *n,* Bäckerei *f A*

salato, -a [sa'la:to] *agg* ❶ (*gener*) salzig; (*acqua*) Salz-; (GASTR) gesalzen; **troppo ~** versalzen ❷ (*fig: prezzo*) gesalzen, gepfeffert; **salatura** [sala'tu:ra] *f* Pökeln *n,* Einsalzen *n*

salciccia [sal'tʃittʃa] *f* (*fam*) *v.* **salsiccia**

salda ['salda] *f* Stärke *f,* Appretur *f*

saldare [sal'da:re] **I.** *vt* ❶ (*congiungere*) verbinden, zusammenfügen ❷ (TEC: *metalli*) löten; (*a fiamma*) schweißen ❸ (*conto, debito*) begleichen, bezahlen **II.** *vr* **-rsi** zuheilen, vernarben

saldatore [salda'to:re] *m* (TEC) Lötkolben *m*

saldatore, -trice *m, f* (*operaio*) Schweißer(in) *m(f)*

saldatrice [salda'tri:tʃe] *f* (EL) Schweißapparat *m;* **saldatura** [salda'tu:ra] *f* ❶ (*gener, a fig*) Verbindung *f,* Vereinigung *f* ❷ (TEC) Schweißen *n;* **punto di ~** Schweißstelle *f*

saldezza [sal'dettsa] *f* Festigkeit *f*

saldo ['saldo] *m* ❶ (*svendita*) Restposten *m,* Restbestand *m;* **-i di fine stagione** Schlussverkauf *m* ❷ (*di conto, fattura*) Bezahlung *f,* Saldo *m;* ~ **attivo** Guthaben *n;* ~ **passivo** Lastschrift *f*

saldo, -a *agg* (*a fig*) fest, stark

sale[1] ['sa:le] *m* ❶ (GASTR, CHEM) Salz *n;* ~ **comune** [*o* **da cucina**] Kochsalz *n;* ~ **iodato**

Jodsalz *n;* ~ **marino** Meersalz *n;* **un pizzi-co di** ~ eine Prise Salz; **-i da bagno** Badesalz *n;* **sotto** ~ (GASTR) in Salz eingelegt ❷ *(fig: senno)* Verstand *m,* Geist *m;* **avere poco** ~ **in zucca** *(fam)* wenig Grips im Kopf haben, leichtsinnig sein

sale² ['seil] <sales> *m* Absatz-, Verkaufs-; ~ **analysis** Absatzanalyse *f;* ~ **budget** Absatzbudget *n*

Salernitano <*sing*> *m* Provinz *f* Salerno

salernitano, -a [salerni'ta:no] **I.** *agg* aus Salerno, salernitanisch **II.** *m, f (abitante)* Bewohner(in) *m(f)* der Stadt Salerno

Salerno [sa'lɛrno] *f* Salerno *n (Stadt in Kampanien)*

sales engineer ['seilz endʒi'niə] <- *o* sales engineers> *m* Vertriebagent *m* für Technologiegüter; **salesman** ['seilzmæn] <- *o* salesmen> *m* (Handels)vertreter *m;* **sales manager** ['seilz 'mænidʒə] <- *o* sales managers> *mf* Vertriebsleiter(in) *m(f),* Verkaufsleiter(in) *m(f)*

salgemma [sal'dʒɛmma] *m* Steinsalz *n*

salgo ['salgo] *1. pers sing pr di* **salire**

salice ['sa:litʃe] *m* Weide *f;* ~ **piangente** Trauerweide *f*

salicilico, -a [sali'tʃi:liko] <-ci, -che> *agg* Salizyl-; **acido** ~ Salizylsäure *f*

salico, -a ['sa:liko] <-ci, -che> *agg* salisch

saliente [sa'liɛnte] *agg* ❶ *(che sale)* (auf)steigend ❷ *(fig: notevole)* bedeutend, wichtig

saliera [sa'liɛːra] *f* Salzstreuer *m*

salifero, -a [sa'li:fero] *agg* ❶ *(che contiene sale)* salzhaltig ❷ *(che produce sale)* salzerzeugend

salificare [salifi'ka:re] *vt* zu Salz machen

salii [sa'li:i] *1. pers sing pass rem di* **salire**

salina [sa'li:na] *f* ❶ *(impianto)* Saline *f,* Salzwerk *n* ❷ (MIN) Salzlager *n,* -grube *f*

salinità [salini'ta] <-> *f* Salzgehalt *m;* **salino, -a** [sa'li:no] *agg* salzhaltig, Salz-

salire [sa'li:re] <salgo, salii, salito> **I.** *vt avere* er-, besteigen; *(scale)* (hoch)steigen **II.** *vi essere* ❶ *(andare verso l'alto)* hoch-, hinaufsteigen ❷ *(montare)* (ein)steigen ❸ *(alzarsi)* (auf)steigen ❹ *(strada)* ansteigen

Salisburgo [saliz'burgo] *f* Salzburg *n*

saliscendi [saliʃ'ʃendi] <-> *m* ❶ *(chiusura)* Riegel *m* ❷ *(salite e discese)* Auf und Ab *n*

salita [sa'li:ta] *f* Aufstieg *m,* Aufgang *m;* *(strada)* Steigung *f;* **in** ~ bergauf

salito [sa'li:to] *pp di* **salire**

saliva [sa'li:va] *f* Speichel *m,* Spucke *f*

salivare¹ [sali'va:re] *agg* Speichel-

salivare² *vi* Speichel absondern; **saliva-**

zione [salivat'tsio:ne] *f* Speichelfluss *m*

salma ['salma] *f* Leiche *f,* Leichnam *m*

salmastro [sal'mastro] *m (odore)* Salzgeruch *m;* *(sapore)* Salzgeschmack *m*

salmastro, -a *agg* salzig, brackig; **acque -e** Brackwasser *n*

salmerie [salme'riːe] *fpl* Tross *m*

salmì [sal'mi] *m (scharfes)* Wildragout *n;* **lepre in** ~ Hasenpfeffer *m*

salmista [sal'mista] <-i *m,* -e *f>* *mf* Psalmist(in) *m(f),* Psalmensänger(in) *m(f)*

salmistrato, -a [salmis'tra:to] *agg* gepökelt, Pökel-

salmo ['salmo] *m* Psalm *m*

salmodia [salmo'di:a] <-ie> *f* Psalmodie *f;* **salmodiare** [salmo'dia:re] *vi* psalmodieren, Psalmen singen

salmonare [salmo'na:re] *vt* ~ **una trota** Forellen mit lachsfarbenem Fleisch züchten

salmonato, -a [salmo'na:to] *agg* Lachs-; **trota -a** Lachsforelle *f*

salmone [sal'mo:ne] *m* Lachs *m,* Salm *m*

salmonella [salmo'nɛlla] *f* Salmonelle *f;* **salmonellosi** [salmonel'lɔːzi] <-> *f* Salmonelleninfektion *f*

salnitro [sal'ni:tro] *m* Salpeter *m*

salone [sa'lo:ne] *m* ❶ *(gener)* Salon *m* ❷ *(mostra)* Ausstellung *f;* ~ **dell'automobile** Automobilausstellung *f* ❸ *(edificio)* Messe-, Ausstellungshalle *f*

salonista [salo'nista] <-i *m,* -e *f>* *mf* Autoverkäufer(in) *m(f)*

salopette [salɔ'pɛt] <- *o* salopettes> *f* Latzhose *f;* ~ *(imbottita)* **da sciatore** Skihose *f*

salottiero, -a [salot'tiɛːro] *agg* salonhaft, Salon-

salotto [sa'lɔtto] *m* ❶ *(stanza)* Wohnzimmer *n* ❷ *(mobilio)* Wohnzimmer(einrichtung *f) n* ❸ *(raduno)* Salon *m,* Kreis *m;* **discorsi da** ~ Geplauder *n*

salpare [sal'pa:re] **I.** *vi essere* in See stechen **II.** *vt avere* hieven

salsa ['salsa] *f* Soße *f,* Sauce *f;* ~ **di pomodoro** Tomatensauce *f*

salsedine [sal'sɛ:dine] *f* ❶ *(del mare)* Salzigkeit *f,* Salzgehalt *m* ❷ *(residuo)* Salzrückstände *mpl,* Salzkruste *f*

salsiccia [sal'sittʃa] <-cce> *f* Wurst *f;* **salsicciotto** [salsit'tʃɔtto] *m* dicke Wurst

salsiera [sal'siɛːra] *f* Sauciere *f,* Soßenschüssel *f*

salso, -a ['salso] **I.** *agg* salzig **II.** *m* Salzigkeit *f,* Salzgehalt *m*

salsoiodico, -a [salso'iɔːdiko] <-ci, -che> *agg* jodsalzhaltig, Jodsalz-

saltamartino [saltamar'ti:no] *m (fam)*

① (ZOO) Grille *f*, Heuschrecke *f* **②** (*fig: bambino*) Zappelphilipp *m*

saltare [sal'ta:re] **I.** *vi essere o avere* **①** (*gener*) springen; ~ **dalla finestra** aus dem Fenster springen; ~ **dal ponte** von der Brücke springen; ~ **al collo di qu** (*per abbracciarlo*) jdm um den Hals fallen; (*aggredire*) jdm an die Gurgel gehen; ~ **fuori** herausspringen; (*esprimere*) herausplatzen; (*ritrovare*) auftauchen; ~ **agli occhi** ins Auge springen; ~ **in testa** einfallen; ~ **di palo in frasca** vom Hundertsten ins Tausendste kommen **②** (*esplodere*) explodieren; ~ **in aria** (*fig*) in die Luft gehen **II.** *vt avere* **①** (*ostacolo*) überspringen; ~ **la corda** Seil springen **②** (GASTR) sautieren, kurz braten **③** (*fig*) überspringen, auslassen; ~ **il pasto** eine Mahlzeit ausfallen lassen; **saltatore, -trice** [salta'to:re] **I.** *agg* Spring-, springend **II.** *m, f* Springer(in) *m(f)*

saltellare [saltel'la:re] *vi* hüpfen; **saltello** [sal'tɛllo] *m* Hüpfer *m*; **saltelloni** [saltel'lo:ni] *avv* (a) ~ hüpfend; **salterellare** [salterel'la:re] *v.* **saltellare**

salterello [salte'rɛllo] *m* **①** (*danza*) Saltarello *m* **②** (MUS) Springer *m* **③** (*fuoco d'artificio*) Knallfrosch *m*

salterio [sal'tɛ:rio] <-i> *m* Psalter *m*

saltimbanco, -a [saltim'baŋko] <-chi, -che> *m, f* **①** (*acrobata*) Seiltänzer(in) *m(f)* **②** (*fig, pej*) Schwindler(in) *m(f)*, Scharlatan *m*

saltimbocca [saltim'bokka] <-> *m* kleines Kalbsschnitzel; ~ **alla romana** Kalbsrouladen mit Schinken und Salbei

salto ['salto] *m* **①** (*fig fam, a* SPORT) Sprung *m*; ~ **in alto** Hochsprung *m*; ~ **in lungo** Weitsprung *m*; ~ **con l'asta** Stabhochsprung *m*; ~ **mortale** Salto mortale *m*, Todessprung *m*; **fare i -i mortali** (*fig*) alles nur Mögliche tun; **fare quattro -i** (*fam*) das Tanzbein schwingen; **faccio un ~ in città/dalla mia amica** (*fam*) ich gehe kurz in die Stadt/zu meiner Freundin; **in un ~ vado e torno** (*fam*) ich bin sofort wieder zurück **②** (*omissione*) Überspringung *f*, Auslassung *f* **③** (MUS) Intervall *n* **④** (*dislivello*) Gefälle *n*

saltuarietà [saltuarie'ta] <-> *f* Unregelmäßigkeit *f*; **saltuario, -a** [saltu'a:rio] <-i, -ie> *agg* unregelmäßig

salubre [sa'lu:bre] *agg* gesund; **salubrità** [salubri'ta] <-> *f* Gesundheit *f*

salumaio, -a [salu'ma:io] <-ai, -aie> *m, f* (*fam*) Wursthändler(in) *m(f)*

salume [sa'lu:me] *m* Wurst *f*; **-i** Wurstwaren *fpl*; **salumeria** [salume'ri:a] <-ie> *f* Wurstwarenhandlung *f*; **salumiere, -a**

[salu'miɛ:re] *m, f* Wursthändler(in) *m(f)*; **salumificio** [salumi'fi:tʃo] <-ci> *m* Wurstgeschäft *n*, Wurstfabrik *f*

salutare[1] [salu'ta:re] *agg* heilsam

salutare[2] *vt* grüßen; (*accogliere*) begrüßen; **andare a ~ qu** jdn besuchen gehen; **salutami tua moglie** grüß' deine Frau von mir

salute [sa'lu:te] *f* Gesundheit *f*; **bere alla ~ di qu** auf jds Wohl trinken; ~**!** (*nei brindisi*) prost!, zum Wohl!; (*quando si starnutisce*) Gesundheit!; **alla tua/vostra ~!** auf dein/euer Wohl!

salutismo [salu'tizmo] *m* (übertriebenes) Gesundheitsbewusstsein *n*; **salutista** [salu'tista] <-i *m*, -e *f*> *mf* **①** (*chi si cura molto*) Gesundheitsapostel *m* fam **②** (*appartenente all'esercito della salvezza*) Mitglied *n* der Heilsarmee, Heilsarmist(in) *m(f)*

saluto [sa'lu:to] *m* Gruß *m*; **portare a qu i -i di qu** jdm von jdm Grüße ausrichten; **ricevere un ~ a qu** di qu gegrüßt werden; **rivolgere un ~ a qu** jdn grüßen; **in segno di ~** zum Gruß; **tanti cari -i** viele liebe Grüße; **affettuosi -i** herzliche Grüße; **cordiali -i** mit freundlichen Grüßen; **vogliate gradire i più distinti -i** mit vorzüglicher Hochachtung

salva ['salva] *f* (*a fig*) Salve *f*; **cartuccia a ~** Platzpatrone *f*; **una ~ di fischi** ein Pfeifkonzert *n*

salvabile [sal'va:bile] *agg* zu retten(d); **salvare il ~** retten was (noch) zu retten ist

salvacondotto [salvakon'dotto] *m* Geleit-, Schutzbrief *m*

salvadanaio [salvada'na:io] <-ai>, **salvadanaro** [salvada'na:ro] *m* Sparbüchse *f*, -dose *f*

salvagente [salva'dʒɛnte] **I.** <inv> *agg* Schwimm-; **giubbotto ~** Schwimmweste *f* **II.** <-> *m* **①** (*per nuotare*) Rettungsring *m* **②** (*isola pedonale*) Verkehrsinsel *f*

salvagocce [salva'gottʃe] <-> *m* Tropfschutz *m*

salvaguardare [salvaguar'da:re] **I.** *vt* (be)schützen; (*interessi*) wahren **II.** *vr* **-rsi da qc** sich vor etw *dat* hüten; **salvaguardia** [salva'guardia] *f* Schutz *m*

salvaladri [salva'la:dri] <inv> *agg* zugunsten von Straftätern (Verjährungsfristen verkürzend)

salvamotore [salvamo'to:re] <-> *m* (MOT) Motorschaltschutz *m*; **salvamuro** [salva'mu:ro] <- *o* -i> *m* Fußleiste *f*; **salvapantaloni** [salvapanta'lo:ni] <-> *m* (*battitacco*) Stoßborte *f*

salvapunte [salva'punte] <-> *m* Bleistift-

S

kappe *f*, Spitzenschoner *m*

salvare [sal'va:re] I. *vt* ❶ (*trarre da un pericolo*) retten; ~ **la vita a qu** jdm das Leben retten ❷ (*proteggere*) schützen ❸ (INFORM) speichern II. *vr* **-rsi** ❶ (*scampare alla morte*) sich retten ❷ (*trovare scampo*) sich (an einen Ort) retten, Zuflucht finden; **si salvi chi può**! rette sich, wer kann!

salvaschermo [salva'skermo] <-> *m* Bildschirmschoner *m*

salvaslip [salva'zlip] <-> *m* Slipeinlage *f*

salvatacco [salva'takko] *m* Absatzbeschlag *m*

salvataggio [salva'taddʒo] <-ggi> *m* ❶ (*gener*) Rettung *f;* **cintura di ~** Rettungsring *m;* **operazioni di ~** Rettungs-, Bergungsarbeiten *fpl* ❷ (INFORM) Datensicherung *f*

salvatore, -trice [salva'to:re] I. *m, f* Retter(in) *m(f);* **il Salvatore** der Heiland II. *agg* rettend; **salvazione** [salvat'tsio:ne] *f* Erlösung *f*

salve ['salve] I. *f v.* **salva** II. *int* grüß dich/euch!, hallo!, Servus! *A, südd*

salvezza [sal'vettsa] *f* Rettung *f*, Heil *n;* **ancora di ~** (*a fig*) Rettungsanker *m;* **la ~ eterna** das ewige Heil

salvia ['salvia] <-ie> *f* Salbei *m o f*

salvietta [sal'vietta] *f* Serviette *f; ~* **rinfrescante** Erfrischungstuch *n*

salvo¹ ['salvo] *msing* **in ~** in Sicherheit

salvo² I. *prp* außer +*dat*, ausgenommen +*acc*, abgesehen von +*dat* II. *cong* ~ **che** … +*conj* es sei denn (, dass) …, außer wenn …

salvo, -a *agg* gerettet; **avere -a la vita** mit dem Leben davonkommen

sambernardo [samber'nardo] <-i> *m* Bernhardiner *m; v. a.* **San Bernardo**

sambuca [sam'bu:ka] <-che> *f* Anislikör *m*

sambuco [sam'bu:ko] <-chi> *m* (schwarzer) Holunder *m*

sampietro [sam'piɛːtro] *m* Petersfisch *m*

san [san] *v.* **santo I.**

sana *f v.* **sano**

sanabile [sa'na:bile] *agg* ❶ (MED) heilbar ❷ (FIN) sanierbar

sanare [sa'na:re] I. *vt* ❶ (*ferita, ammalato*) heilen ❷ (*bilancio, piaga sociale*) sanieren; ~ **un debito** eine Schuld begleichen ❸ (JUR) heilen II. *vr* **-rsi** heilen

sanatoria [sana'tɔria] *f* (JUR) Gültigkeitserklärung *f*, nachträgliche Zustimmung; ~ **fiscale** Steuerindemnität *f*

sanatorio [sana'tɔːrio] <-i> *m* Sanatorium *n*

sanbabilino, -a [sanbabi'liːno] I. *agg* ❶ (*di Piazza S. Babila a Milano*) den Mailänder Platz San Babila betreffend ❷ (*di giovane milanese neofascista*) junge Mailänder Neofaschisten betreffend II. *m, f* (*neofascista*) Neofaschist(in) *m(f)* der Piazza San Babila

San Bernardo <- - *o* - -i> *m* Bernhardiner *m*

sancire [san'tʃiːre] <sancisco> *vt* ❶ (*patto, alleanza*) bestätigen, in Kraft setzen ❷ (JUR) sanktionieren

sandalo ['sandalo] *m* ❶ (*calzatura*) Sandale *f* ❷ (BOT) Sandelbaum *m*

sandolino [sando'liːno] *m* Paddelboot *n*

sandwich ['sændwitʃ] <-> *m* Sandwich *m o n*

San Gallo [san 'gallo] I. *m* (*cantone*) Sankt Gallen *n* II. *f* (*città*) Sankt Gallen *n*

sangiovese [sandʒo've:se] <-> *m* Sangiovese *m* (*Rotwein aus der Emilia-Romagna*)

San Gottardo [san got'tardo] <-> *m* Sankt Gotthard *m*

sangria [san'gri:a] <-> *f* Sangria *f*

sangue¹ ['sangue] *m* Blut *n;* **donatore di ~** Blutspender(in) *m(f);* **legami** [*o* **vincoli**] **di ~** Blutsbande *npl;* **un** (**cavallo**) **puro** ~ ein Vollblut *n;* ~ **freddo** (*fig*) Kaltblütigkeit *f;* **animale a ~ caldo/freddo** Warm-/Kaltblüter *m;* **a ~ caldo** im Affekt; **a ~ freddo** kaltblütig; **bistecca al ~** blutiges Steak; **avere la musica nel ~** Musik im Blut haben; **avere il ~ blu** (*scherz*) blaublütig sein, blaues Blut haben; **mi esce il ~ dal naso** ich habe Nasenbluten; **fra loro non c'è buon ~** sie sind nicht gut aufeinander zu sprechen; **il ~ non è acqua** (*prov*) Blut ist dicker als Wasser; **buon ~ non mente** (*prov*) der Apfel fällt nicht weit vom Stamm

sangue² <inv> *agg* blutrot

sanguemisto [sangue'misto] *m* Mischling *m*

sanguigna [san'guiɲɲa] *f* Rötel *m;* (*disegno*) Rötelzeichnung *f*

sanguigno, -a [san'guiɲɲo] *agg* ❶ (MED) blutig, Blut-; (*ricco di sangue*) blutreich; **pressione -a** Blutdruck *m* ❷ (*complessione, costituzione*) sanguinisch

sanguinaccio [sangui'nattʃo] <-cci> *m* (*insaccato*) Blutwurst *f*, Blunze(n) *f A*

sanguinare [sangui'na:re] *vi* bluten; **sanguinario, -a** [sangui'na:rio] <-i, -ie> *agg* blutrünstig; **sanguinolento, -a** [sanguino'lɛnto] *agg* bluttriefend; **sanguinoso, -a** [sangui'no:so] *agg* blutig

sanguisuga [sangui'su:ga] <-ghe> *f* ❶ (ZOO) Blutegel *m* ❷ (*fig, pej*) Blutsauger *m*

sanificazione [sanifikat'tsio:ne] *f* Sterili-

non sapere	
esprimere incertezza	**Nichtwissen ausdrücken**
Non so.	Weiß ich nicht.
Non lo so.	Das weiß ich nicht.
Mi si chiede troppo.	Da fragen sie mich zu viel./Da bin ich überfragt.
Non ne ho idea. (*fam*)	Keine Ahnung. (*fam*)
Non ne ho la più pallida idea. (*fam*)	Ich habe keinen blassen Schimmer. (*fam*)
Purtroppo non me ne intendo.	Ich kenne mich da leider nicht aus.
Come faccio a saperlo?	Woher soll ich das wissen?

sation *f,* Sterilisierung *f;* ~ **di un impianto** Herstellung der Betriebshygiene

sanità [sani'ta] <-> *f* ➊ (*gener*) Gesundheit *f* ➋ (ADM) Gesundheitswesen *n;* **sanitario, -a** [sani'ta:rio] <-i, -ie> *agg* (ADM) gesundheitlich, Gesundheits-; **ufficiale ~** Amtsarzt *m;* **sanitarista** [sanita'rista] <-i *m*, -e *f*> *mf* Hersteller(in) *m(f)* [*o* Verkäufer(in) *m(f)*] von Sanitätsartikeln

sanitizzante [sanitid'dzante] I. *agg* desinfizierend; **azione ~** Säuberungsaktion *f;* **prodotto ~** Desinfektionsmittel *n* II. *m* Desinfektionsmittel *n;* **sanitizzare** [sanitid'dza:re] *vt* sterilisieren, desinfizieren; **sanitizzazione** [sanitiddzat'tsio:ne] *f* Sterilisation *f*, Desinfizierung *f*

sano, -a ['sa:no] I. *agg* ➊ (MED) gesund; ~ **come un pesce** kerngesund ➋ (*intero*) heil, ganz; **di -a pianta** von Grund auf, vollkommen II. *m, f* Gesunde(r) *f(m)*

sanscrito ['sanskrito] *m* Sanskrit *n*

sansevieria [sanse'vie:ria] <-ie> *f* Bogenhanf *m*, Sansevieria *f*

sant' [sant] *v.* **santo** I.

santa *f v.* **santo**

santarellina, santerellina [santarel'li:na, santerel'li:na] *f* Scheinheilige *f;* **santerello** [sante'rεllo] *m* Scheinheilige(r) *m*

santificare [santifi'ka:re] I. *vt* heiligen, ehren; (*dichiarare santo*) heiligsprechen II. *vr* **-rsi** heilig werden; **santificazione** [santifikat'tsio:ne] *f* Heiligung *f*, Heiligsprechung *f*

santino [san'ti:no] *m* Heiligenbild *n*

santissimo [san'tissimo] *m* Hostie *f*

santissimo, -a *agg* allerheiligste(r, s)

santità [santi'ta] <-> *f* Heiligkeit *f*

santo, -a ['santo] I. *agg* heilig, rein; (*con nome proprio*) Sankt, der/die heilige; (*pio*) fromm, religiös; **acqua -a** Weihwasser *n;* **olio ~** Salböl *n;* (*ultima unzione*) Letzte Ölung; **la settimana -a** die Karwoche; **la**

terra -a das Heilige Land; **tutto il ~ giorno** (*fam*) den langen Tag lang; **fammi il ~ piacere ...** (*fam*) tu mir den einen Gefallen und ...; **Sant'Iddio!** (*fam*) ach du lieber Gott! II. *m, f* ➊ (REL) Heilige(r) *f(m);* (**tutti**) **i Santi** Allerheiligen *n;* **pazienza di un ~** Engelsgeduld *f;* **non ci sono** *o* **che tengano** es ist unvermeidlich; **scherza coi fanti e lascia stare i -i** (*prov*) mit ernsten Dingen spaßt man nicht ➋ (*immagine*) Heiligenbild *n* ➌ (*fam: patrono*) Schutzheilige(r) *f(m),* Schutzpatron(in) *m(f);* **deve avere qualche ~ dalla sua** er [*o* sie] muss einen (guten) Schutzengel haben

santolo, -a ['santolo] *m, f* (*dial*) Pate *m,* Patin *f*

santone, -a [san'to:ne] *m, f* ➊ (REL) (als heilig geltende) religiöse Persönlichkeit ➋ (*fig*) Guru *m*, Sektenführer(in) *m(f)*

santuario [santu'a:rio] <-i> *m* Heiligtum *n;* (*di tempio ebraico*) Allerheiligste(s) *n*

sanzionare [santsio'na:re] I. *vt* sanktionieren; (*confermare*) bestätigen II. *vi* Sanktionen auferlegen; **sanzionatore, -trice** [santsiona'to:re] I. *agg* Sanktionen ratifizierend [*o* verhängend] II. *m, f* Verhänger *f* einer Sanktion; **sanzione** [san'tsio:ne] *f* ➊ (*conferma*) Sanktion *f;* (JUR, ADM) Bestätigung *f;* (*a fig*) Billigung *f* ➋ (*punizione*) Sanktion *f*, Strafmaßnahme *f;* ~ **disciplinare** Disziplinarmaßnahme *f;* **-i penali** Strafrechtsmaßnahmen *fpl;* **sanzionismo** [santsio'nizmo] *m* Sanktionspolitik *f;* **sanzionista** [santsio'nista] <-i> I. *m* Befürworter(in) *m(f)* von Sanktionen II. *agg* Sanktionen befürwortend; **sanzionistico, -a** [santsio'nistiko] <-ci, -che> *agg* Sanktion-; **provvedimento ~** Sanktion *f*, Strafmaßnahme *f*

sapere¹ [sa'pe:re] <so, seppi, saputo> I. *vt* ➊ (*conoscere*) wissen, kennen; (*lin-*

gua) können, beherrschen; (*mestiere*) beherrschen, verstehen; **sa il fatto suo** er kennt sich aus; **saperla lunga** schlau sein; **un certo non so che** ein gewisses Etwas; **lo so** ich weiß; **non saprei** ich wüsste nicht; **non si sa mai** man kann nie wissen; **buono a sapersi** gut zu wissen; **averlo saputo!** hätte ich das gewusst! ❷ (*potere*) können; **saper fare qc** etw machen können; **so nuotare** ich kann schwimmen ❸ (*apprendere*) erfahren; **come hai fatto a saperlo?** wie hast du das herausgefunden? II. *vi* ❶ (*aver sapore*) ~ **di qc** etw schmecken; **non ~ di niente** nach nichts schmecken ❷ (*avere odore*) ~ **di qc** nach etw riechen ❸ (*pensare*) vermuten, ahnen; **mi sa che oggi non viene** ich glaube nicht, dass er [*o* sie] heute kommt

sapere[2] *m* Wissen *n;* **il saper vivere** Lebenskunst *f,* Savoir-vivre *n geh;* **il saper fare** Gewandtheit *f,* Savoir-faire *n geh*

sapiente [sa'pjɛnte] I. *agg* weise, klug II. *mf* Weise(r) *f(m),* Gelehrte(r) *f(m);* **sapientone, -a** [sapjen'to:ne] (*pej*) I. *agg* naseweis, neunmalklug II. *m, f* Besserwisser(in) *m(f);* **sapienza** [sa'pjɛntsa] *f* Weisheit *f*

saponario, -a [sapo'na:rio] <-i, -ie> *agg* Seifen-

saponata [sapo'na:ta] *f* (*acqua*) Seifenlauge *f;* (*schiuma*) Seifenschaum *m*

sapone [sa'po:ne] *m* Seife *f;* ~ **da barba** Rasierseife *f;* ~ **da bucato** Kernseife *f;* **bolla di** ~ (*a fig*) Seifenblase *f;* **saponeria** [sapone'ri:a] <-ie> *f* Seifenfabrik *f,* Seifensiederei *f;* **saponetta** [sapo'netta] *f* (feines) Seifenstück *n;* **saponiera** [sapo'njɛ:ra] *f* Seifenschale *f;* **saponiere, -a** [sapo'njɛ:re] *m, f* ❶ (*operaio*) Seifenarbeiter(in) *m(f)* ❷ (*fabbricante*) Seifenhersteller(in) *m(f),* Seifenfabrikant(in) *m(f);* **saponiero, -a** [sapo'njɛ:ro] *agg* Seifen-; **saponificabile** [saponifi'ka:bile] *agg* verseifbar, zum Verseifen geeignet; **saponificare** [saponifi'ka:re] *vt* verseifen; **saponificazione** [saponifikat'tsjo:ne] *f* Verseifung *f,* Seifenherstellung *f;* **saponificio** [saponi'fi:tʃo] <-ci> *m* Seifenfabrik *f*

sapore [sa'po:re] *m* Geschmack *m;* (*fig a*) Nachgeschmack *m;* **avere ~ di qc** nach etw schmecken; **senza ~** (*a fig*) fade; **saporito, -a** [sapo'ri:to] *agg* ❶ (GASTR) schmackhaft ❷ (*fig: gustoso*) genüsslich, genussvoll ❸ (*fig, scherz: conto, prezzo*) gesalzen, gepfeffert; **saporoso, -a** [sapo'ro:so] *agg* ❶ (GASTR) schmackhaft, wohlschmeckend ❷ (*fig*) pikant; (*stile*) brillant

saputa *f v.* **saputo**

saputello, -a [sapu'tɛllo] (*pej*) I. *agg* altklug II. *m, f* Besserwisser(in) *m(f)*

saputo, -a [sa'pu:to] I. *agg* bekannt II. *m, f* (*pej*) Besserwisser(in) *m(f)*

sarà [sa'ra] *3. pers sing futuro di* **essere**[1]

sarabanda [sara'banda] *f* ❶ (*fig*) Lärm *m,* Spektakel *n* ❷ (*danza*) Sarabande *f*

saracca [sa'rakka] <-cche> *f* ❶ (*sett: aringa*) Räucherhering *m,* Salzhering *m* ❷ (*sett: fig: botta*) Klaps *m* (auf den Hintern) ❸ (SPORT: *brutto tiro*) Fehlschlag *m,* verfehlter Schuss; **le -cche degli annunciatori televisivi** die Fauxpas der Fernsehansager

saraceno, -a [sara'tʃɛ:no] I. *agg* sarazenisch; **grano ~** Buchweizen *m* II. *m, f* Sarazene *m,* Sarazenin *f*

saracinesca [saratʃi'neska] <-sche> *f* Rollladen *m*

sarago ['sa:rago] <-ghi> *m* Brasse *f*

sarcasmo [sar'kazmo] *m* Sarkasmus *m;* **sarcastico, -a** [sar'kastiko] <-ci, -che> *agg* sarkastisch

sarchiare [sar'kja:re] *vt* jäten; **sarchiatore, -trice** [sarkja'to:re] *m, f* Jäter(in) *m(f);* **sarchiatura** [sarkja'tu:ra] *f* Jäten *n*

sarcofago [sar'kɔ:fago] <-gi *o* -ghi> *m* Sarkophag *m*

sarda ['sarda] *f* Sardine *f,* Sprotte *f*

Sardegna [sar'deɲɲa] *f* Sardinien *n*

sardella [sar'dɛlla] *f* (*fam*) Sardine *f*

sardina [sar'di:na] *f* Sardine *f;* **-e sott'olio** Ölsardinen *fpl*

sardo ['sardo] <*sing*> *m* Sardische *n*

sardo, -a I. *agg* sardisch; **dialetto ~** sardischer Dialekt; **popolazione -a** sardische Bevölkerung II. *m, f* Sarde *m,* Sardin *f*

sardonico, -a [sar'dɔ:niko] <-ci, -che> *agg* sardonisch, hämisch

sareste, saresti [sa'reste, sa'resti] *2. pers pl, 2. pers sing condizionale di* **essere**[1]

sarmento [sar'mento] *m* Ranke *f*

sarta *f v.* **sarto**

sartia ['sartia] <-ie> *f* Want *f*

sartiame [sar'tja:me] *m* Tauwerk *n*

sarto, -a ['sarto] *m, f* Schneider(in) *m(f);* **sartoria** [sarto'ri:a] <-ie> *f* Schneiderei *f;* (*tecnica*) Couture *f;* **sartorialità** [sartoriali'ta] <*sing*> *f* Schneiderkunst *f*

sassaia [sas'sa:ia] <-aie> *f* ❶ (*luogo*) Steinfeld *n* ❷ (*riparo*) Steindamm *m,* -wall *m;* **sassaiola** [sassa'iɔ:la] *f* Steinhagel *m*

sassarese [sassa're:se] I. *agg* aus Sassari II. *mf* (*abitante*) Einwohner(in) *m(f)* von Sassari

Sassarese <*sing*> *m* Provinz *f* Sassari

Sassari f Sassari n (*Stadt in Sardinien*)

sassata [sas'sa:ta] f Steinwurf m

sasso ['sasso] m Stein m; **restare di** ~ zu Stein erstarren; **duro come un** ~ steinhart

sassofonista [sassofo'nista] <-i m, -e f> mf Saxophonist(in) m(f); **sassofono** [sas'sɔ:fono] m Saxophon n

sassone ['sassone] I. agg sächsisch II. mf Sachse m, Sächsin f; **Sassonia** [sas'sɔ:nia] f Sachsen n; **Bassa** ~ Niedersachsen n

sassoso, -a [sas'so:so] agg steinig

Satana ['sa:tana] m Satan m; **satanasso** [sata'nasso] m (*fam*) Satan m, Teufel m; **satanico, -a** [sa'ta:niko] <-ci, -che> agg satanisch; (*fig a*) teuflisch; **satanismo** [sata'nizmo] m Satanismus m

satellitare [satelli'ta:re] agg Satelliten-; **satellitario, -a** [satelli'ta:rio] <-i, -ie> agg Satelliten-; **satellite** [sa'tɛllite] I. m ❶ (ASTR) Satellit m; ~ **meteorologico** Wettersatellit m; ~ **televisivo** Fernsehsatellit m; ~ **di comunicazione** Funksatellit m; **trasmissione via** ~ Satellitenübertragung f ❷ (*fig, pej*) Anhang m, Anhängsel n II. agg Satelliten-; **città** ~ Trabantenstadt f; **satellizzare** [satellid'dza:re] vt in die Abhängigkeit zwingen; ~ **uno stato limitrofo** ein Nachbarland zu einem Satellitenstaat machen

satin [sa'tɛ̃] <-> m Satin m

satinare [sati'na:re] vt satinieren

satira ['sa:tira] f Satire f; **satireggiare** [satired'dʒa:re] I. vt verspotten II. vi Satiren schreiben; **satiresco, -a** [sati'resko] <-schi, -sche> agg Satyr-; **satirico, -a** [sa'ti:riko] <-ci, -che> I. agg satirisch II. m, f Satiriker(in) m(f); **satirista** [sati'rista] <-i m, -e f> mf (*obs*) Satiriker(in) m(f)

satiro ['sa:tiro] m Satyr m

satollare [satol'la:re] I. vt voll stopfen II. vr -**rsi di qc** sich mit etw dat voll stopfen; **satollo, -a** [sa'tollo] agg satt, gesättigt

satrapismo [satra'pizmo] m Despotismus m

saturare [satu'ra:re] I. vt saturieren; (a *fig*) sättigen II. vr -**rsi** sich sättigen; **saturazione** [saturat'tsio:ne] f Saturierung f; (a *fig*) Sättigung f; ~ **del mercato** Marktsättigung f; **saturo, -a** ['sa:turo] agg gesättigt

sauce ['so:s] <- o sauces> f Soße f

saudita [sau'di:ta] <-i m, -e f> agg Saudi-, saudisch; **Arabia Saudita** Saudi-Arabien n

sauna ['sa:una] f Sauna f; **fare la** ~ in die Sauna gehen

sauri ['sa:uri] mpl Echsen fpl; (HIST) Saurier mpl

sauro ['sa:uro] m (*cavallo*) Fuchs m

sauro, -a agg gelbbraun

savana [sa'va:na] f Savanne f

savio ['sa:vio] m ❶ (*uomo sano di mente*) vernünftiger Mensch ❷ (*uomo sapiente*) Weise(r) m

savio, -a <-i, -ie> agg weise

savoiardo [savo'iardo] m (GASTR) Löffelbiskuit m

savoiardo, -a m, f (*persona*) Savoyer(in) m(f)

Savona [sa'vɔ:na] f Savona n (*Stadt in Ligurien*)

savonese [savo'ne:se] I. agg aus Savona II. mf (*abitante*) Einwohner(in) m(f) von Savona

Savonese <sing> m Provinz f Savona

saxofonista [saksofo'nista] mf v. **sassofonista**; **saxofono** [sa'ksɔ:fono] m v. **sassofono**

saziare [sat'tsia:re] I. vt ❶ (*fame*) sättigen ❷ (*fig*) befriedigen, stillen II. vr -**rsi** ❶ (*riempirsi*) satt werden; -**rsi di qc** sich an etw dat sättigen ❷ (*fig*) genug haben [o bekommen]; -**rsi di ...** +inf (*fig*) es müde werden zu ... +inf; **sazietà** [sattsie'ta] <-> f (a *fig*) Sättigung f; **a** ~ (*fig*) zur Genüge; **sazio, -a** ['sattsio] <-i, -ie> agg ❶ (*di cibo*) satt, gesättigt ❷ (*fig, pej*) satt, überdrüssig; **non esser mai** ~ (a *fig*) unersättlich sein

sbaciucchiare [zbatʃuk'kia:re] I. vt abküssen II. vr -**rsi** sich abküssen, knutschen *fam*

sbadata f v. **sbadato**

sbadataggine [zbada'taddʒine] f Zerstreutheit f, Unaufmerksamkeit f; **sbadato, -a** [zba'da:to] I. agg zerstreut, unaufmerksam II. m, f zerstreute Person

sbadigliare [zbadiʎ'ʎa:re] vi gähnen; **sbadiglio** [zba'diʎʎo] <-gli> m Gähnen n

sbafare [zba'fa:re] vt (*fam*) ❶ (*scroccare*) schnorren ❷ (*mangiare avidamente*) verdrücken; **sbafata** [zba'fa:ta] f (*fam pej*) Schnorrerei f; **sbafatore, -trice** [zbafa'to:re] m, f (*fam pej*) Schnorrer(in) m(f); **sbafo** ['zba:fo] m (*fam pej*) **vivere/mangiare a** ~ schnorren

sbagliare [zbaʎ'ʎa:re] I. vt ❶ (*colpo, mira*) verfehlen ❷ (*scambiare*) verwechseln; ~ **i calcoli** sich verrechnen; ~ **indirizzo** sich in der Adresse irren; ~ **strada** sich verfahren; ~ **treno** den falschen Zug nehmen II. vi, vr -**rsi** sich irren, einen Fehler machen; ~ **a leggere/scrivere** falsch lesen/schreiben; **sbagliando s'impara** (*prov*) aus Fehlern wird man klug; **sbagliato, -a**

[zbaʎʎa:to] *agg* falsch; **giudizio** ~ Fehlurteil *n;* **investimento** ~ Fehlinvestition *f;* **sbaglio** ['zbaʎʎo] <-gli> *m* ❶ (*errore*) Fehler *m* ❷ (*equivoco*) Missverständnis *n,* Irrtum *m;* **per** ~ aus Versehen

sbalestrare [zbales'tra:re] *vt* schleudern; **sbalestrato, -a** [zbales'tra:to] *agg* durcheinander, verwirrt

sballare [zbal'la:re] **I.** *vt* ❶ (*merce*) auspacken ❷ (*fam: esagerare*) übertreiben **II.** *vi* ❶ (*a carte*) (aus dem Kartenspiel) ausscheiden ❷ (*fam*) sich verhauen; **sballato, -a** [zbal'la:to] *agg* (*fam*) verrückt, aus der Luft gegriffen; **sballo** ['zballo] **I.** *m* (*sl*) Trip *m;* **che** ~ zum Ausflippen **II.** *agg* (*sl: fantastico*) **da** ~ echt geil

sballottamento [zballotta'mento] *m* Gerüttel *n,* Geschüttel *n;* **sballottare** [zballot'ta:re] *vt* rütteln, hin und her werfen

sbalordimento [zbalordi'mento] *m* Verblüffung *f;* **sbalordire** [zbalor'di:re] <sbalordisco> **I.** *vt* ❶ (*turbare*) verblüffen, aus der Fassung bringen ❷ (*stordire*) betäuben **II.** *vi* sprachlos sein; **sbalorditivo, -a** [zbalordi'ti:vo] *agg* verblüffend

sbalzare [zbal'tsa:re] **I.** *vt* avere schleudern, werfen **II.** *vi* essere ❶ (*cadere*) stürzen, fallen ❷ (*fare un balzo*) springen; **sbalzatore, -trice** [zbaltsa'to:re] *m, f* Treib-, Reliefarbeiter(in) *m(f);* **sbalzo** ['zbaltso] *m* ❶ (*spostamento*) Ruck *m,* Stoß *m* ❷ (*fig: oscillazione*) Schwankung *f* ❸ (*lavorazione*) Treibarbeit *f*

sbancare [zbaŋ'ka:re] **I.** *vt* (*banco*) sprengen; (*fig: persona*) ausnehmen, ruinieren **II.** *vr* -**rsi** sich ruinieren, sich verausgaben

sbandamento [zbanda'mento] *m* ❶ (MOT) Schleudern *n* ❷ (*fig*) Entgleisung *f;* **avere un momento di** ~ (*fig*) die Orientierung verlieren; **sbandare** [zban'da:re] *vi* ❶ (*auto*) schleudern, ins Schleudern geraten ❷ (*fig*) entgleisen, aus den Fugen geraten; **sbandato, -a** [zban'da:to] **I.** *agg* ❶ (*fig: gioventù*) orientierungslos, verloren ❷ (MIL) versprengt **II.** *m, f* orientierungslose(r) Jugendliche(r) *f(m)*

sbandellamento [zbandella'mento] *m* Abknipsen *n* der Metallbänder

sbandieramento [zbandiera'mento] *m* ❶ (*di bandiere*) Fahnenschwenken *n* ❷ (*fig*) Zurschaustellung *f;* **sbandierare** [zbandie'ra:re] *vt* ❶ (*bandiera, insegne*) schwenken ❷ (*fig*) zur Schau stellen; **e non andare a sbandierarlo a tutti!** häng das nicht an die große Glocke! *fam*

sbando ['zbando] *m* ❶ (*dispersione*) Auflösung *f,* Orientierungslosigkeit *f;* **allo** ~ orientierungslos ❷ (*crisi*) Krise *f,* Nieder

gang *m;* **essere allo** ~ vor dem Niedergang stehen

sbaraccare [zbarak'ka:re] *vt* (*fam*) ❶ (*togliere di mezzo*) abziehen ❷ (*trasferirsi*) sich verziehen, abziehen

sbaragliare [zbaraʎ'ʎa:re] *vt* (MIL) zerschlagen, niederwerfen; (SPORT, POL) niederringen, besiegen; **sbaraglio** [zba'raʎʎo] <-gli> *m* **gettarsi** [*o* **buttarsi**] [*o* **andare**] **allo** ~ alles auf eine Karte setzen; **mettere allo** ~ **qu** jdn einer (großen) Gefahr aussetzen

sbarazzare [zbarat'tsa:re] **I.** *vt* befreien **II.** *vr* -**rsi** sich entledigen, sich befreien (*di* von)

sbarazzarsi [zbarat'tsa:rsi] *vr* ~ **di qu/qc** sich jds/einer Sache entledigen

sbarazzino, -a [zbarat'tsi:no] **I.** *m, f* Schelm(in) *m(f)* **II.** *agg* schelmisch, spitzbübisch

sbarbare [zbar'ba:re] **I.** *vt* ❶ (*persone*) rasieren ❷ (*cipolle, cavolo*) ausreißen **II.** *vr* -**rsi** sich rasieren

sbarbatello [zbarba'tɛllo] *m* Grünschnabel *m*

sbarbicare [zbarbi'ka:re] *vt* ❶ (*pianta*) entwurzeln ❷ (*fig*) ausmerzen

sbarbino, -a [zbar'bi:no] *m, f* (*sett*) junger Spund

sbarcare [zbar'ka:re] **I.** *vt* avere ❶ (*passeggeri*) an Land bringen; (*merce*) löschen ❷ (*fam*) absetzen ❸ (*fig*) überstehen; ~ **il lunario** (*fig*) sich recht und schlecht über Wasser halten **II.** *vi* essere (NAUT) an Land gehen; (AERO) aussteigen; **sbarco** ['zbarko] <-chi> *m* ❶ (*atto*) Ausschiffung *f,* Landung *f;* (*di merci*) Ausladen *n* ❷ (*luogo*) Landeplatz *m*

sbarra ['zbarra] *f* ❶ (*della dogana*) Schranke *f* ❷ (SPORT) Reck *n* ❸ (*spranga*) Stange *f;* **essere dietro le -e** (*fig*) hinter Gittern sein ❹ (TYP) Schräg-, Querstrich *m*

sbarramento [zbarra'mento] *m* (Ab)sperrung *f;* **sbarrare** [zbar'ra:re] *vt* ❶ (*chiudere*) sperren; (*porta*) ab-, versperren; (*assegno*) sperren ❷ (*occhi*) aufreißen, aufsperren; **sbarrato, -a** [zbar'ra:to] *agg* ❶ (*bloccato*) gesperrt, versperrt; **assegno** ~ (FIN) Verrechnungsscheck *m* ❷ (*occhi*) aufgerissen

sbarretta [zbar'retta] *f* (kleiner) Schrägstrich *m,* Querstrich *m*

sbassare [zbas'sa:re] *vt* niedriger machen, absenken

sbastire [zbas'ti:re] <sbastisco, sbastis­ci> *vt* auftrennen

sbatacchiare [zbatak'kia:re] **I.** *vt* wiederholt schlagen **II.** *vi* immer wieder (zu)schla gen

sbattere ['zbattere] I. vt ❶ (panni, tappeti) ausschlagen, -klopfen ❷ (ali) schlagen mit ❸ (battere forte) (zu)schlagen; ~ **qc sul tavolo** etw auf den Tisch knallen ❹ (urtare) stoßen mit; **non sapere dove ~ la testa** (fig) keinen Ausweg mehr finden ❺ (GASTR) schlagen II. vi (porta) schlagen III. vr **sbattersene** (vulg) auf etw acc scheißen

sbattezzare [zbatted'dza:re] I. vt zum Abschwören bringen II. vr -**rsi** ❶ (REL) abschwören ❷ (scherz) alles tun, keine Mühe scheuen

sbattimento [zbatti'mento] m Schlagen n

sbattitore [zbatti'to:re] m Mixer m, Mixstab m

sbattiuova [zbatti'uɔ:va] <-> m Schneebesen m

sbattuta [zbat'tu:ta] f Schlag m, Schlagen n, Klopfen n

sbattuto, -a [zbat'tu:to] agg ❶ (GASTR) geschlagen ❷ (viso) abgespannt

sbavare [zba'va:re] vi ❶ (dalla bocca) sabbern fam ❷ (colore) verwischen; **sbavatura** [zbava'tu:ra] f ❶ (di colore) Verwischen n, Verschmieren n ❷ (di lumache) Schleimspur f ❸ (fig) Abschweifung f

sbeccare [zbek'ka:re] vt abschlagen, abstoßen

sbeffeggiare [zbeffed'dʒa:re] vt verspotten, verhöhnen

sbellicarsi [zbelli'karsi] vr ~ **dalle risa** sich totlachen fam

sbendare [zben'da:re] vt den Verband abnehmen von

sberla ['zbɛrla] f (fam) Ohrfeige f; **prendere a -e qu** jdn ohrfeigen

sberleffo [zber'lɛffo] m Fratze f

sbertucciare [zbertut'tʃa:re] vt ver-, zerknittern

sbevazzare [zbevat'tsa:re] vi (fam) saufen, sich besaufen

sbiadire [zbia'di:re] <sbiadisco> I. vi essere verblassen, ausbleichen II. vr -**rsi** blass werden; **sbiadito, -a** [zbia'di:to] agg ❶ (colore, tessuto) gebleicht, verblasst ❷ (fig) farblos, fad(e)

sbiancante [zbiaŋ'kante] I. agg bleichend II. m Bleichmittel n

sbiancare [zbiaŋ'ka:re] I. vt avere bleichen II. vr -**rsi** ❶ (diventare bianco) bleich werden, erbleichen ❷ (schiarirsi) heller werden

sbianchire [zbiaŋ'ki:re] <sbianchisco, sbianchisci> I. vt avere ❶ (sbiancare) bleichen ❷ (GASTR) blanchieren II. vi essere heller werden

sbicchierata [zbikkie'ra:ta] f Zechen n

sbieco ['zbiɛːko] m Querband n; **guardare qu di ~** jdn schief anschauen

sbieco, -a <-chi, -che> agg schräg, schief

sbiellare [zbiel'la:re] vi essere o avere ❶ (di automobilista) mit kaputten Pleuelstangen liegen bleiben ❷ (di motore a scoppio) aufgrund von gebrochenen Pleuelstangen nicht funktionieren; **il motore è sbiellato** die Pleuel des Motors sind defekt ❸ (fig) ausrasten, spinnen

sbigottimento [zbigotti'mento] m Bestürzung f; **sbigottire** [zbigot'ti:re] <sbigottisco> I. vt avere bestürzen II. vr -**rsi** (er)staunen

sbilanciamento [zbilantʃa'mento] m Ungleichgewicht n; **sbilanciare** [zbilan'tʃa:re] I. vt aus dem Gleichgewicht bringen; (economicamente) belasten II. vr -**rsi** zu weit gehen, sich übernehmen; **sbilancio** [zbi'lantʃo] m ❶ (squilibrio) Ungleichgewicht n ❷ (COM) Defizit n

sbilenco, -a [zbi'lɛŋko o zbi'leŋko] <-chi, -che> agg (a fig) krumm, schief

sbirciare [zbir'tʃa:re] vt (heimlich) betrachten, mustern; **sbirciata** [zbir'tʃa:ta] f schneller (verstohlener) Blick

sbirro ['zbirro] m (pej) Polizist m, Bulle m sl, Häscher m

sbizzarrirsi [zbiddzar'rirsi] <mi sbizzarrisco> vr sich austoben; ~ **a fare qc** etw nach Lust und Laune tun

sbloccamento [zblokka'mento] m Freigabe f

sbloccare [zblok'ka:re] vt ❶ (meccanismo) lösen; (circolazione, affitti) freigeben ❷ (fig) lösen, befreien; (situazione) entspannen; **sblocco** ['zblɔkko] <-cchi> m Freigabe f

sblusare [zblu'za:re] vt taillieren; ~ **la camicia** das Kleid in der Taille mit einem Gürtel zusammenhalten

sbobba ['zbɔbba] f (fam pej) Brühe f

sbobinamento [zbobina'tu:ra] m v. **sbobinatura**

sbobinare [zbobi'na:re] vt (fam) abspulen; **sbobinatura** [zbobina'tu:ra] f Abspulen n eines Tonbandes (zum Zweck des Abschreibens)

sboccare [zbok'ka:re] vi essere ❶ (fiume, strada) münden ❷ (arrivare) kommen, gelangen ❸ (fig) münden, enden

sboccataggine [zbokka'taddʒine] f Derbheit f, Unanständigkeit f; **sboccatezza** [zbokkat'tettsa] f (obs) Derbheit f, Unanständigkeit f; **sboccato, -a** [zbok'ka:to] agg unanständig (sprechend)

sbocciare [zbot'tʃa:re] vi essere (a fig)

S

aufblühen; **sboccio** ['zbɔttʃo] *m* Aufblühen *n*

sbocco ['zbokko] <-cchi> *m* ❶ (*di fiume, strada*) Mündung *f;* **strada senza ~** Sackgasse *f* ❷ (*fig*) Ausgang *m*

sbocconcellare [zbokkontʃel'la:re] *vt* (*fam*) knabbern

sbollentare [zbollen'ta:re] *vt* abbrühen, blanchieren

sbollire [zbol'li:re] <sbollisco *o* sbollo> *vi* *essere o avere* ❶ (GASTR) nicht mehr kochen, zu kochen aufhören ❷ (*fig*) aufhören, nachlassen; (*rabbia*) verrauchen

sbolognare [zboloɲ'na:re] *vt* (*fam*) ❶ (*rifilare*) andrehen ❷ (*fig: levarsi di torno*) loswerden

sboom [zbum] <-> *m* ❶ (*scherz*) Tendenzwende *f;* **lo ~ delle nascite** der Geburtenrückgang ❷ (COM) Flaute *f*

sbornia ['zbɔrnia] <-ie> *f* (*fam*) Rausch *m;* **sborniarsi** [zbor'niarsi] *vr* (*fam*) sich betrinken, sich besaufen *fam*

sborone [zbo'ro:ne] *m* (*sl*) Poser *m,* Angeber *m;* **fare lo ~** herumposen, angeben

sborra ['zborra] *m* (*vulg*) Sperma *n;* **sborrare** [zbor'ra:re] **I.** *vi* ❶ *avere* (*vulg*) (ab)spritzen ❷ *essere* (*uscire con impeto*) hervorquellen, hervorsprudeln **II.** *vt avere* von Wollflusen befreien

sborsare [zbor'sa:re] *vt* ausgeben, auslegen; **sborso** ['zborso] *m* Ausgabe *f,* Auslage *f*

sboscamento [zboska'mento] *m* Abholzung *f;* **sboscare** [zbos'ka:re] *vt* abholzen

sbottare [zbot'ta:re] *vi essere* (*fam*) ausbrechen; **~ a ridere/piangere** (*fam*) in Lachen/Tränen ausbrechen; **sbotto** ['zbɔtto] *m* (*fam*) Ausbruch *m;* **~ di risa** Lachanfall *m*

sbottonare [zbotto'na:re] **I.** *vt* aufknöpfen **II.** *vr* **-rsi con qu** (*fig fam*) sich jdm anvertrauen

sbozzare [zbot'tsa:re] *vt* entwerfen; (*marmo*) vorarbeiten; **sbozzo** ['zbɔttso] *m* Vorarbeit *f,* Entwurf *m*

sbracare [zbra'ka:re] (*fam*) **I.** *vt* die Hosen ausziehen **II.** *vr* **-rsi** sich die Hosen ausziehen; (*slacciarsi*) sich bequem machen; **-rsi dal ridere** (*fam*) sich totlachen

sbracato, -a [zbra'ka:to] *agg* (*fam*) ❶ (*vestito male*) schlampig ❷ (*riso*) ausgelassen

sbracciarsi [zbrat'tʃarsi] *vr* ❶ (*agitare le braccia*) die Arme schwenken ❷ (*portare abiti senza maniche*) ärmellos gehen; **sbracciato, -a** [zbrat'tʃa:to] *agg* ❶ (*vestito*) kurzärm(e)lig; (*senza maniche*) är-

mellos ❷ (*persona*) mit nackten Armen

sbrago ['zbrago] <-ghi> *m* ❶ (*sett: strappo*) Riss *m* (in der Hose) ❷ (*sl: sballo*) Wucht *f;* **un film che è uno ~!** der Film ist eine Wucht! ❸ (*fig: svogliatezza*) null Bock *m,* tote Hose; **uno ~ totale** absolut tote Hose

sbraitare [zbrai'ta:re] *vi* (*fam*) schreien, brüllen

sbranare [zbra'na:re] **I.** *vt* zerfleischen; (*a fig*) zerreißen **II.** *vr* **-rsi** sich zerfleischen

sbreccare [zbrek'ka:re] *vt* anschlagen

sbrecciare [zbret'tʃa:re] *vt* zerbrechen

sbrendolare [zbrendo'la:re] *vi* (*tosc*) in Fetzen hängen; **sbrendolo** ['zbrɛndolo *o* 'zbrendolo] *m* (*tosc*) Fetzen *m,* Lumpen *m;* **sbrendolone, -a** [zbrendo'lo:ne] *m, f* (*tosc*) Schlamper(in) *m(f)*

sbriciolare [zbritʃo'la:re] **I.** *vt* zerkrümeln, zerbröckeln **II.** *vr* **-rsi** zu Bröseln werden

sbrigare [zbri'ga:re] **I.** *vt* ❶ (*faccende*) erledigen, besorgen ❷ (*clienti*) abfertigen **II.** *vr* **-rsi** ❶ (*affrettarsi*) sich beeilen ❷ (*liberarsi*) **-rsi di** [*o* **da**] **qu/qc** sich jds/einer Sache entledigen; **sbrigarsela** (*fam*) mit etw fertig werden

sbrigativo, -a [zbriga'ti:vo] *agg* ❶ (*persona*) kurz entschlossen ❷ (*modi, sistemi*) zeitsparend ❸ (*pej*) oberflächlich

sbrigliare [zbriʎ'ʎa:re] *vt* **~ qc** einer Sache *dat* freien Lauf lassen; **sbrigliato, -a** [zbriʎ'ʎa:to] *agg* zügellos, ausschweifend

sbrinamento [zbrina'mento] *m* Abtauen *n*

sbrinare [zbri'na:re] *vt* abtauen; **sbrinatore** [zbrina'to:re] *m* ❶ (*per frigoriferi*) Abtauautomatik *f* ❷ (MOT) Defroster *m*

sbrindellare [zbrindel'la:re] **I.** *vt* zerfetzen **II.** *vi* in Fetzen hängen

sbrindellato, -a [zbrindel'la:to] *agg* zerfetzt; (*persona*) zerlumpt; **sbrindello** [zbrin'dɛllo] *m* (*fam*) Fetzen *m*

sbrindellone [zbrindel'lo:ne] (*fam*) *v.* **sbrendolone**

sbrinz [zbrints] <-> *m* Brienzer Käse *m*

sbrodolare [zbrodo'la:re] **I.** *vt* besudeln, bekleckern **II.** *vr* **-rsi** sich besudeln, sich bekleckern; **sbrodolone, -a** [zbrodo'lo:ne] *m, f* (*fam*) Schmierfink *m,* Kleckerfritze *m*

sbrogliare [zbroʎ'ʎa:re] **I.** *vt* ❶ (*matassa*) entwirren ❷ (*fig: questione*) lösen **II.** *vr* **-rsi** sich aus der Affäre ziehen; **sbrogliarsela** (*fam*) mit etw klarkommen

sbronza ['zbrontsa *o* 'zbrondza] *f* (*fam*) Rausch *m;* **sbronzarsi** [zbron'tsarsi *o* zbron'dzarsi] *vr* (*fam*) sich betrinken, sich besaufen *sl;* **sbronzo, -a** ['zbrontso *o*

'zbrondzo] *agg* (*fam*) betrunken, besoffen *sl*
sbruffonaggine [zbruffo'naddʒine] *f v.*
sbruffoneria
sbruffone, -a [zbruf'foːne] *m, f* (*fam pej*)
Angeber(in) *m(f);* **sbruffoneria** [zbruffo-
ne'riːa] <-ie> *f* Aufschneiderei *f*, Angeberei *f*
sbucare [zbu'kaːre] *vi essere* heraus-, hervorkommen; (*apparire*) auftauchen
sbucciapatate [zbuttʃapa'taːte] <-> *m*
Kartoffelschäler *m*
sbucciare [zbut'tʃaːre] **I.** *vt* ❶(*patate,*
castagne) schälen ❷(MED) aufschürfen
II. *vr* -**rsi** (*rettili*) sich häuten; **sbucciato-**
re [zbuttʃa'toːre] *m* Schäler *m;* **sbuccia-**
tura [zbuttʃa'tuːra] *f* ❶(*lo sbucciare*)
Schälen *n* ❷(*fam*) Kratzer *m;* **farsi una ~**
sich aufschürfen
sbucciatutto [zbuttʃa'tutto] <-> *m* Schäler *m*
sbudellare [zbudel'laːre] **I.** *vt* ❶(*pollo*)
ausnehmen ❷(*ferire al ventre*) ~ **qu** jdm
den Bauch aufschlitzen **II.** *vr* -**rsi dalle ri-**
sate (*fam*) sich den Bauch halten vor Lachen
sbuffante [zbuf'fante] *agg* ❶(*persona*)
schnaufend, schnaubend ❷(*abito*) bauschig
sbuffare [zbuf'faːre] *vi* (*persona*) schnaufen, schnauben; (*locomotiva*) schnaufen;
sbuffata [zbuf'faːta] *f* Schnauben *n,*
Schnaufen *n;* **sbuffo** ['zbuffo] *m* ❶(*lo*
sbuffare) Schnauben *n* ❷(*di vento*) Windstoß *m* ❸(*di fumo, vapore*) Wolke *f* ❹(*di*
vestiti) **maniche a ~** Puffärmel *mpl*
sbugiardare [zbudʒar'daːre] *vt* Lügen
strafen, einer Lüge überführen
sbullettare [zbullet'taːre] **I.** *vt* die Nägel
entfernen aus **II.** *vi* (ab)bröckeln
sbullonamento [zbullona'mento] *m v.*
sbullonatura; **sbullonare** [zbul-
lo'naːre] *vt* die Bolzen entfernen aus;
sbullonatura [zbullona'tuːra] *f* Abziehen *n* von Bolzen
sburocratizzare [zburokratid'dzaːre] *vt*
entbürokratisieren
sbuzzare [zbud'dzaːre] *vt* ❶(*pollo*) ausnehmen ❷(*ferire al ventre*) den Bauch
aufschlitzen (*qu* jdm)
scabbia ['skabbia] <-ie> *f* Krätze *f*
scabrezza [ska'brettsa] *f* Rauheit *f*
scabro, -a ['skaːbro] *agg* rau; **scabrosità**
[skabrosi'ta] <-> *f* ❶(*di superficie*) Rauheit *f* ❷(*fig*) Misslichkeit *f;* **scabroso, -a**
[ska'broːso] *agg* ❶(*strada*) uneben ❷(*fig:*
delicato) heikel
scacchiera [skak'kiɛːra] *f* Schachbrett *n*

scacchiere [skak'kiɛːre] *m* ❶(MIL) Kriegsschauplatz *m* ❷(POL) Schatzamt *n* ❸(*loc*)
a ~ schachbrettartig
scacchista [skak'kista] <-i *m,* -e *f>* *mf*
Schachspieler(in) *m(f);* **scacchistico, -a**
[skak'kistiko] <-ci, -che> *agg* Schach-
scacciacani [skattʃa'kaːni] **I.** <.> *m o f*
Schreckschusspistole *f* **II.** <inv> *agg*
Schreckschuss-
scacciacrisi [skattʃa'kriːzi] <inv> *agg* kri-
senüberwindend, aus der Krise führend
scacciaguai [skattʃa'guaːi] **I.** <inv> *agg*
Unheil abwendend; **talismano ~** Talisman *m* **II.** <.> *m* Amulett *n*
scacciapensieri [skattʃapen'siɛːri] <-> *m*
Maultrommel *f*
scacciare [skat'tʃaːre] *vt* vertreiben, verjagen
scaccino [skat'tʃiːno] *m* Kirchendiener *m,*
Küster *m*
scacco ['skakko] <-cchi> *m* ❶ *pl* (*gioco*)
Schach *n;* **giocare agli -cchi** Schach
spielen ❷(*singolo pezzo*) Schachfigur *f*
❸(*mossa*) Schach(zug *m*) *n* ❹(*fig*) Niederlage *f,* Schlappe *f* ❺(*quadratino*)
Schachfeld *n;* **a -cchi** kariert
scaccomatto, scacco matto [skak-
ko'matto] *m* Schachmatt *n;* **dare ~ a qu** (*a*
fig) jdn schachmatt setzen
scaddi ['skaddi] *1. pers sing pass rem di*
scadere
scadente [ska'dɛnte] *agg* schlecht; (*mer-*
ce, prodotto) minderwertig
scadenza [ska'dɛntsa] *f* ❶(*di abbona-*
mento, trattato) Verfall *m,* Ablauf *m*
❷(FIN) Fälligkeit *f* ❸(*periodo*) Frist *f;* **a**
breve/lunga ~ kurz-/langfristig ❹(*per un*
prodotto) Verfallsdatum *n*
scadenzare [skaden'tsaːre] *vt* eine
Frist festsetzen für, terminieren; **scaden-**
zario [skaden'tsaːrio] <-i> *m* Terminkalender *m*
scadere [ska'deːre] <scado, scaddi, sca-
duto> *vi essere* ❶(COM, ADM) verfallen, ablaufen ❷(*perdere valore*) sinken; **scadi-**
mento [skadi'mento] *m* Verfall *m,* Niedergang *m*
scafandro [ska'fandro] *m* Anzug *m;* (*di*
palombaro) Taucheranzug *m*
scaffalare [skaffa'laːre] *vt* ❶(*parete*) mit
Regalen versehen ❷(*libri*) in Regale einräumen; **scaffalatura** [skaffala'tuːra] *f*
Regalwand *f*
scaffale [skaf'faːle] *m* Regal *n*
scafista [ska'fista] <-i *m,* -e *f>* *mf* Schleu-
ser *m* (*der mit einem Motorboot illegale*
Einwanderer transportiert)
scafo ['skaːfo] *m* (Schiffs)rumpf *m*

S

scagionare [skadʒo'na:re] I. *vt* rechtfertigen II. *vr* **-rsi** sich rechtfertigen; **scagionatore, -trice** [skadʒona'to:re] I. *agg* entlastend II. *m, f* Entlastungszeuge, -zeugin *m, f*

scaglia ['skaʎʎa] <-glie> *f* ❶ (ZOO) Schuppe *f* ❷ (*scheggia*) Splitter *m*

scagliare [skaʎ'ʎa:re] I. *vt* werfen II. *vr* **-rsi** sich stürzen, sich werfen

scaglionamento [skaʎʎona'mento] *m* Staffelung *f*; **scaglionare** [skaʎʎo'na:re] *vt* staffeln; **scaglione** [skaʎ'ʎo:ne] *m* ❶ (*gruppo*) Staffel *f*; **a -i** gruppenweise ❷ (FIN) Staffelung *f*; ~ **d'imposta** Steuerklasse *f*

scaglioso, -a [skaʎ'ʎo:so] *agg* ❶ (*pelle*) schuppig ❷ (*pietra*) schuppenartig, blättrig

scagnozzo, -a [skaɲ'nɔttso] *m, f* Handlanger *m*

scala ['ska:la] *f* ❶ (ARCH) Treppe *f*, Steige *f* A; ~ **a chiocciola** Wendeltreppe *f*; ~ **di servizio** Hintertreppe *f*; ~ **mobile** Rolltreppe *f* ❷ (*dispositivo*) Leiter *f* ❸ (*fig* TEC, PHYS) Skala *f*; ~ **mobile** (*dei salari*) gleitende Lohnskala; ~ **Richter** Richterskala *f* ❹ (*in disegno, cartografia*) Maßstab *m*; **in ~ ridotta** in verkleinertem Maßstab; **su larga** ~ (*fig*) in großem Ausmaß, in großem Umfang ❺ (MUS) Tonleiter *f*; ~ **in do maggiore** C-Dur-Tonleiter *f*

scalandrone [skalan'dro:ne] *m* Steg *m*

scalare¹ [ska'la:re] *agg* ❶ (*disposto a scala*) treppenartig, stufenförmig ❷ (MAT) Skalen-, skalar

scalare² *vt* ❶ (*montagna*) be-, ersteigen; ~ **un muro** auf eine Mauer klettern [*o* kraxeln A] ❷ (COM) abziehen ❸ (*capelli*) stufig schneiden ❹ (*graduare*) abstufen ❺ (MOT) zurückschalten; **scalata** [ska'la:ta] *f* Be-, Ersteigung *f*; **scalatore, -trice** [skala'to:re] *m, f* ❶ (*alpinismo*) Bergsteiger(in) *m(f)* ❷ (*ciclismo*) Bergfahrer(in) *m(f)*

scalcagnato, -a [skalkaɲ'na:to] *agg* ❶ (*scarpe*) ausgetreten ❷ (*persona*) zerlumpt

scalciare [skal't∫a:re] *vi* austreten, ausschlagen

scalcinare [skalt∫i'na:re] *vt* abkratzen; **scalcinato, -a** [skalt∫i'na:to] *agg* ❶ (*muro, casa*) abgebröckelt, abgeblättert ❷ (*fig: vestito*) verschlissen; (*persona*) heruntergekommen

scalda(a)cqua [skal'dakkua (skalda'akkua)] <->, **scaldabagno** [skalda'baɲɲo] <-i *o* -> *m* Boiler *m*

scaldabanchi [skalda'baɲki] <-> *mf* (*pej*) Faulpelz *m*

scaldaletto [skalda'lɛtto] <-i> *m* Bett-

wärmer *m*; **scaldapiedi** [skalda'piɛ:di] <-> *m* Fußwärmer *m*

scaldare [skal'da:re] I. *vt* ❶ (*gener*) erwärmen, warm machen; (*acqua, minestra*) aufwärmen; (*stanza*) heizen; (*motore*) warm laufen lassen ❷ (*fig*) erwärmen II. *vr* **-rsi** ❶ (*diventare caldo*) sich erwärmen, warm werden ❷ (SPORT) sich aufwärmen ❸ (*fig: accalorarsi, irritarsi*) sich erhitzen; **scaldata** [skal'da:ta] *f* Erhitzung *f*; **dare una ~ all'arrosto** den Braten aufwärmen

scaldavivande [skaldavi'vande] <-> *m* Warmhalteplatte *f*

scaldino [skal'di:no] *m* Wärmer *m*

scaleo [ska'lɛ:o] *m* Trittleiter *f*

scaletta [ska'letta] *f* ❶ (*piccola scala*) kleine Treppe ❷ (*abbozzo*) Entwurf *m*, Exposé *n*

scalfire [skal'fi:re] <scalfisco> *vt* ritzen, schrammen; **scalfittura** [skalfit'tu:ra] *f* Schramme *f*

scalinata [skali'na:ta] *f* Freitreppe *f*; **scalino** [ska'li:no] *m* (*a fig*) Stufe *f*; (*di scala a pioli*) Sprosse *f*

scalmana [skal'ma:na] *f* ❶ (MED) Erkältung *f* ❷ (*fig, scherz*) Begeisterung *f*; **prendersi una ~ per qu** (*scherz*) Feuer und Flamme für jdn sein

scalmanarsi [skalma'narsi] *vr* ❶ (*affannarsi*) sich erhitzen ❷ (*fig*) sich Mühe geben, sich anstrengen; (*nel parlare*) sich ereifern

scalmanato, -a [skalma'na:to] I. *agg* erhitzt II. *m, f* Hitzkopf *m*

scalmiera [skal'miɛ:ra] *f*, **scalmo** ['skalmo] *m* Dolle *f*

scalo ['ska:lo] *m* ❶ (NAUT) Anlegestelle *f*, -platz *m* ❷ (FERR) Umsteigebahnhof *m*; ~ **merci** Güterbahnhof *m* ❸ (AERO) Zwischenlandeflughafen *m*; **volo senza ~** Nonstopflug *m*; **fare ~** zwischenlanden

scalogna [ska'loɲɲa] *f* (*fam*) Pech *n*; **scalognato, -a** [skaloɲ'na:to] (*fam*) I. *agg* vom Pech verfolgt II. *m, f* Pechvogel *m*, Unglücksrabe *m*

scalogno [ska'loɲɲo] *m* Schalotte *f*

scalone [ska'lo:ne] *m* Prunktreppe *f*; (*esterno*) Freitreppe *f*

scaloppa, scaloppina [ska'lɔppa, skalop'pi:na] *f* (in Butter gebratenes) Kalbsschnitzel *n*

scalpellare [skalpel'la:re] *vt* behauen, meißeln

scalpellino [skalpel'li:no] *m* Steinmetz *m*

scalpello [skal'pɛllo] *m* (*utensile*) Meißel *m*; (*per legno*) Stechbeitel *m*; (MED) Skalpell *n*

scalpicciare [skalpit't∫a:re] *vi* trampeln

scalpiccio [skalpit'tʃi:o] <-ccii> *m* (*strisciando i piedi*) Schlurfen *n*

scalpitare [skalpi'ta:re] *vi* ❶ (ZOO) stampfen, scharren ❷ (*fig, scherz*) ungeduldig sein; **scalpitio** [skalpi'ti:o] <-ii> *m* Gestampfe *n*

scalpo ['skalpo] *m* Skalp *m*

scalpore [skal'po:re] *m* Aufsehen *n,* Lärm *m*

scaltrezza [skal'trettsa] *f* Schläue *f,* Schlauheit *f;* **scaltrire** [skal'tri:re] <scaltrisco> I. *vt* schlau machen II. *vr* **-rsi** schlau werden; **scaltro, -a** ['skaltro] *agg* schlau, gewitzt

scalzacane, scalzacani [skaltsa'ka:ne, skaltsa'ka:ni] <-> *mf* (*fam*) Stümper(in) *m(f)*

scalzare [skal'tsa:re] *vt* ❶ (*dente*) die Wurzel freilegen ❷ (*fig*) verdrängen; **scalzo, -a** ['skaltso] *agg* barfuß; (*attributivo*) barfüßig; **a piedi -i** barfuß, mit nackten Füßen

scambiabilità [skambiabili'ta] <-> *f* (Aus)tauschbarkeit *f;* **scambiare** [skam'bia:re] I. *vt* ❶ (*confondere*) ~ **qu per qu** jdn mit jdm verwechseln; ~ **qc per qc** etw mit etw vertauschen ❷ (*fare uno scambio*) (aus)tauschen; ~ **qc con qc** etw gegen etw tauschen ❸ (*impressioni, opinioni*) austauschen; (*parole*) wechseln II. *vr* **-rsi** (aus)tauschen; (*anelli*) wechseln; **scambievole** [skam'bie:vole] *agg* gegen-, wechselseitig; **scambio** ['skambio] <-i> *m* ❶ (*di persona*) Verwechslung *f* ❷ (*di doni, cortesie, idee*) Austausch *m;* ~ **culturale** Kulturaustausch *m* ❸ (COM) Handel *m;* **-i commerciali** Handelsbeziehungen *fpl;* **libero** ~ Freihandel *m* ❹ (FERR) Weiche *f*

scambista [skam'bista] <-i *m,* -e *f*> *mf* ❶ (COM, FIN) Händler(in) *m(f)* ❷ (FERR) Weichensteller(in) *m(f)*

scamiciarsi [skami'tʃarsi] *vr* sich bis aufs Hemd ausziehen

scamiciato [skami'tʃa:to] *m* Kleiderrock *m*

scamiciato, -a *agg* in Hemdsärmeln

scamorza [ska'mɔrtsa] *f* ❶ (GASTR) *fester, hellgelber Frischkäse* ❷ (*fig, scherz*) Schwächling *m*

scamosciare [skamoʃ'ʃa:re] <scamoscio, scamosci> *vt* fettgerben

scamosciato, -a [skamoʃ'ʃa:to] *agg* Veloursleder-; **scamosciatura** [skamoʃʃa'tu:ra] *f* Fettgerbung *f*

scampagnata [skampaɲ'na:ta] *f* (*fam*) Ausflug *m,* Landpartie *f*

scampanare [skampa'na:re] *vi* ❶ (*campane*) läuten ❷ (*abiti*) glockenförmig fallen; **scampanata** [skampa'na:ta] *f* Geläut(e) *n,* (Glocken)läuten *n;* **scampanato, -a** [skampa'na:to] *agg* glockenförmig

scampanellare [skampanel'la:re] *vi* (lang und eindringlich) klingeln; **scampanellata** [skampanel'la:ta] *f* (heftiges) Klingeln *n;* **scampanellio** [skampanel'li:o] <-ii> *m* Klingeln *n,* Geklingel *n*

scampanio [skampa'ni:o] <-ii> *m* (Glocken)läuten *n*

scampare [skam'pa:re] I. *vi essere* entkommen, entrinnen II. *vt avere* retten; **scamparla** (*fam*) davonkommen

scampo ['skampo] *m* ❶ (*salvezza*) Rettung *f;* (*via d'uscita*) Ausweg *m;* **senza** ~ ausweglos ❷ (ZOO) Kaisergranat *m;* **-i** Scampi *pl*

scampolo ['skampolo] *m* (*di stoffa*) (Stoff)rest *m*

scanalare [skana'la:re] *vt* rillen, auskehlen; **scanalata** [skana'la:ta] *f* Zappen *n,* Zapping *n;* **scanalatura** [skanala'tu:ra] *f* Rille *f;* (*operazione*) Auskehlung *f*

scandagliare [skandaʎ'ʎa:re] *vt* ❶ (NAUT) ausloten ❷ (*fig*) ausloten, sondieren; **scandaglio** [skan'daʎʎo] <-gli> *m* ❶ (NAUT: *strumento*) Lot *n;* (*impiego*) (Aus)lotung *f* ❷ (*fig*) Ausloten *n,* Sondieren *n*

scandalismo [skanda'lizmo] *m* Skandalsucht *f*

scandalistico, -a [skanda'listiko] <-ci, -che> *agg* Skandal-

scandalizzare [skandalid'dza:re] I. *vt* empören II. *vr* **-rsi di qc** sich über etw *acc* empören

scandalo ['skandalo] *m* Skandal *m;* (*turbamento*) Ärgernis *n;* (*pubblicità*) Aufsehen *n;* **dare** ~ Ärgernis erregen; **scandaloso, -a** [skanda'lo:so] *agg* skandalös; **che fortuna -a!** (*scherz*) was für ein unverschämtes Glück!

Scandinavia [skandi'na:via] *f* Skandinavien *n;* **scandinavo, -a** [skandi'na:vo] I. *agg* skandinavisch II. *m, f* Skandinavier(in) *m(f)*

scandire [skan'di:re] <scandisco> *vt* ❶ (MUS: *tempo*) betonen ❷ (*fig: parole, nome*) deutlich aussprechen ❸ (INFORM) scannen, abtasten

scannare [skan'na:re] I. *vt* ❶ (*animale*) abstechen ❷ (*persona*) ~ **qu** jdm die Kehle durchschneiden ❸ (*fig: opprimere*) ausbluten, ruinieren ❹ (INFORM) scannen II. *vr* **-rsi** ❶ (*di persona*) sich überwerfen ❷ (*fig: darsi da fare*) sich zerreißen; **scannatoio** [skanna'to:io] <-oi> *m* ❶ (*del macello*)

S

Schlachthof *m* ❷ (*fig, pej*) Lasterhöhle *f*

scannello [skan'nɛllo] *m* Kugel *f*, Oberschale *f*

scanner ['skanner] <- *o* scanners> *m* Scanner *m;* ~ **a mano** Handscanner *m;* ~ **a rullo** Rollscanner *m;* ~ **piano** Flachbettscanner *m;* **scannerizzare** [skannerid'dza:re] *vt* (INFORM) scannen, abtasten; **scanning** ['skannin] <-> *m* Scannen *n;* **fare lo** ~ **di qc** etw scannen

scanno ['skanno] *m* (*geh*) Sitz *m*

scansafatiche [skansafa'ti:ke] <-> *mf* (*fam*) Drückeberger(in) *m(f)*

scansare [skan'sa:re] **I.** *vt* ❶ (*schivare*) ~ **qu/qc** jdm/etw ausweichen ❷ (*tavolo, mobile*) (weg)rücken ❸ (*evitare*) ~ **qu** jdn meiden, jdm aus dem Wege gehen; ~ **qc** etw (ver)meiden **II.** *vr* **-rsi** (weg)rücken, Platz machen

scansia [skan'si:a] <-ie> *f* Regal *n*

scansione [skan'sio:ne] *f* ❶ (LIT) Skansion *f* ❷ (TV) Abtastung *f*

scanso ['skanso] *m* **a** ~ **di qc** um etw zu vermeiden

scantinato [skanti'na:to] *m* Kellergeschoss *n*

scantonare [skanto'na:re] **I.** *vi* ❶ (*voltare all'angolo*) um die Ecke biegen ❷ (*fig*) ausweichen **II.** *vt* abrunden, abstumpfen

scanzonato, -a [skantso'na:to] *agg* unbekümmert, leichtfertig

scapaccione [skapat'tʃo:ne] *m* Schlag *m* (auf den Hinterkopf)

scapato, -a [ska'pa:to] **I.** *agg* leichtsinnig, unbedacht **II.** *m, f* (*fam*) leichtsinniger Mensch *m*

scapestrato, -a [skapes'tra:to] **I.** *agg* zügellos, liederlich **II.** *m, f* (*fam*) Lotterbube *m*, Faulenzer(in) *m(f)*

scapicollarsi [skapikol'larsi] *vr* (*fam*) sich (fast) überschlagen; (*fig a*) sich ein Bein ausreißen; **scapicollo** [skapi'kɔllo] *m* **a** ~ (*dial*) Hals über Kopf

scapigliare [skapiʎ'ʎa:re] **I.** *vt* zerzausen **II.** *vr* **-rsi** sich die Haare raufen

scapigliato, -a [skapiʎ'ʎa:to] *agg* ❶ (*arruffato*) zerzaust, zerrauft ❷ (*fig*) unziemlich, unschicklich; **scapigliatura** [skapiʎʎa'tu:ra] *f* ❶ (*pej*) Lotterleben *n* ❷ (LIT) *literarische Bewegung im späten 19. Jahrhundert*

scapitare [skapi'ta:re] *vi* ❶ (*rimetterci*) zuzahlen, einen Verlust machen ❷ (*fig*) verlieren

scapito ['ska:pito] *m* **a** ~ **di** zu Lasten [*o* zulasten] von; **vendere a** ~ mit Verlust verkaufen

scapola ['ska:pola] *f* Schulterblatt *n;* **sca-**

polare [skapo'la:re] *agg* (ANAT) Schulterblatt-

scapolo ['ska:polo] *m* Junggeselle *m*

scapolo, -a *agg* ledig, unverheiratet; **scapolone** [skapo'lo:ne] *m* (*fam*) Hagestolz *m*

scappamento [skappa'mento] *m* (MOT) Auspuff *m*

scappare [skap'pa:re] *vi essere* ❶ (*darsi alla fuga*) weg-, davonlaufen; (*di prigione*) ausbrechen; **di qui non si scappa** hier gibt es kein Entrinnen ❷ (*fig: sfuggire*) entgehen; **gli è scappato detto** es ist ihm rausgerutscht *fam;* **gli è scappato di mente** es ist ihm entfallen; **mi scappa la pazienza** mir reißt die Geduld ❸ (*fam*) dringend (machen) müssen; **mi scappa da ridere** ich muss lachen, ich kann mir das Lachen nicht verkneifen

scappata [skap'pa:ta] *f* ❶ (*breve visita*) Stippvisite *f*, Sprung *m fam* ❷ (*fig: uscita*) Bemerkung *f* ❸ (*fig: errore*) Torheit *f;* **scappatella** [skappa'tɛlla] *f* Seitensprung *m;* **scappatoia** [skappa'to:ia] <-oie> *f* Ausweg *m*

scappellare [skappel'la:re] **I.** *vt* den Hut abnehmen von **II.** *vr* **-rsi** den Hut ziehen; **scappellata** [skappel'la:ta] *f* Hutabnehmen *n*, Hutziehen *n*

scappellotto [skappel'lɔtto] *m* Klaps *m*

scappottare [skappot'ta:re] *vt* das Verdeck abnehmen von

scapsulamento [skapsula'mento] *m* Entfernen *n* der Kapsel

scarabattola [skara'battola] *f* (*fam pej*) Kram *m*

scarabeo [skara'bɛ:o] *m* ❶ (*insetto*) Käfer *m* ❷ (*gioiello*) Skarabäus *m*, Skarabäengemme *f* ❸ (*gioco*) Scrabble *m*

scarabocchiare [skarabok'kia:re] *vt* bekritzeln; **scarabocchio** [skara'bɔkkio] <-cchi> *m* ❶ (*parola*) Gekritzel *n* ❷ (*disegno*) Geschmiere *n*

scaracchiare [skarak'kia:re] *vi* (*vulg*) Rotze husten [*o* spucken]; **scaracchio** [ska'rakkio] <-cchi> *m* (*vulg*) Auswurf *m*

scarafaggio [skara'faddʒo] <-ggi> *m* (Küchen)schabe *f*

scaramanzia [skaraman'tsi:a] <-ie> *f* Beschwörung *f*

scaramazza [skara'mattsa] **I.** *f* unregelmäßige Perle *f* **II.** *agg* unregelmäßig

scaramuccia [skara'muttʃa] <-cce> *f* Geplänkel *n*, kleine Auseinandersetzung *f*

scaraventare [skaraven'ta:re] **I.** *vt* werfen, schleudern **II.** *vr* **-rsi** sich werfen, sich stürzen

scarburato, -a [skarbu'ra:to] *agg* mit falscher Vergasereinstellung

scarcassato, -a [skarkas'saːto] *agg* (*fam*) kaputt

scarcerare [skartʃe'raːre] *vt* freilassen, aus der Haft entlassen; **scarcerazione** [skartʃerat'tsioːne] *f* Freilassung *f*, Haftentlassung *f*

scardinare [skardi'naːre] *vt* ausheben, aus den Angeln heben

scarica ['skaːrika] <-che> *f* ❶ (MIL) Salve *f* ❷ (*di grandine, pugni*) Hagel *m* ❸ (EL) Entladung *f*

scaricabarili [skarikaba'riːli] <-> *m* **fare a ~** (*fig fam*) sich *dat* gegenseitig etw in die Schuhe schieben

scaricabile *agg* (INFORM) herunterladbar

scaricamento [skarika'mento] *m* Entladung *f*

scaricare [skari'kaːre] **I.** *vt* ❶ (*camion, macchina*) aus-, entladen ❷ (*merci*) ab-, ausladen ❸ (MIL) entladen; (*sparare*) abfeuern ❹ (*fig*) (ab)laden; **~ la propria collera su qu** seine Wut an jdm auslassen; **~ la colpa addosso a qu** jdm die Schuld zuschieben ❺ (INFORM) herunterladen ❻ (PHYS) entladen **II.** *vr* **-rsi** ❶ (*di un peso*) sich entlasten ❷ (*di tensione nervosa*) sich entspannen ❸ (*batteria, accumulatore*) leer laufen; (*orologio*) ablaufen

scaricatore [skarika'toːre] *m* Kipper *m*

scaricatore, -trice *m, f* Ab-, Auslader(in) *m(f)*; **~ di porto** Hafenarbeiter(in) *m(f)*

scarico ['skaːriko] *m* ❶ (*di merci, materiali*) Ab-, Auslanden *n*; **divieto di ~** Schuttabladen verboten ❷ (*di nave, vagone*) Ent-, Auslanden *n* ❸ (*rifiuti*) Müllhalde *f*, -kippe *f*; **-chi industriali** Industrieabwässer *npl* ❹ (*di acque, gas*) Abfluss *m*, Auslass *m* ❺ (COM) Ausgang *m* ❻ (TEC) Auslass *m*, Ablass *m*; (MOT) Auspuff *m* ❼ (*fig*) Entlastung *f*

scarico, -a <-chi, -che> *agg* ❶ (*carro*) leer, unbeladen ❷ (*batteria*) leer; (*orologio*) abgelaufen ❸ (*fig*) frei, unbelastet

scarlattina [skarlat'tiːna] *f* Scharlach *m*

scarlatto [skar'latto] *m* Scharlach(rot *n*) *m*

scarlatto, -a *agg* scharlachrot

scarmigliare [skarmiʎˈʎaːre] *vt* zerzausen, zerraufen

scarnificare [skarnifi'kaːre] *vt* vom Fleisch lösen

scarnire [skar'niːre] <scarnisco, scarnisci> *vt* vom Fleisch lösen

scarno, -a ['skarno] *agg* ❶ (*viso, mani*) abgezehrt, mager ❷ (*fig*) schlicht, schmucklos

scarola [ska'rɔːla] *f* wilder Lattich

scarpa ['skarpa] *f* ❶ (*calzatura*) Schuh *m*; **~ da ginnastica** Turnschuh *m*; **~ di cuoio**

Lederschuh *m*; **numero di -e** Schuhgröße *f*; **fare le -e a qu** (*fig*) jdm übel mitspielen ❷ (*fig fam: persona incapace*) Stümper(in) *m(f)*; **scarpaio, -a** [skar'paːio] <-ai, -aie> *m, f* Schuhverkäufer(in) *m(f)*, Schuhhändler(in) *m(f)*

scarpata [skar'paːta] *f* Böschung *f*

scarpiera [skar'piɛːra] *f* Schuhschrank *m*

scarpinare [skarpi'naːre] *vi* (*fam*) (lange) laufen, latschen; **scarpinata** [skarpi'naːta] *f* (*fam*) Fußmarsch *m*

scarpone [skar'poːne] *m* Stiefel *m*; **~ da sci** Skischuh *m*; **~ da montagna** Bergschuh *m*

scarrozzare [skarot'tsaːre] *vt, vi* (herum)kutschieren, -fahren; **scarrozzata** [skarot'tsaːta] *f* Spazierfahrt *f*

scarrucolare [skarruko'laːre] *vi* abrollen, abschnurren

scarseggiare [skarsed'dʒaːre] *vi* knapp sein; **~ di** mangeln an +*dat*

scarsella [skar'sɛlla] *f* (*dial*) (Geld)beutel *m*

scarsezza [skar'settsa] *f* Mangel *m*, Knappheit *f*; **per ~ di denaro/tempo** aus Geld-/Zeitmangel

scarsità [skarsi'ta] <-> *f* Mangel *m*; **scarso, -a** ['skarso] *agg* knapp, spärlich; **pesa due chili -i** er [*o* es] wiegt knapp zwei Kilo; **essere ~ in inglese** schwach in Englisch sein

scartabellare [skartabel'laːre] *vt* durchblättern; (*vocabolari*) wälzen *fam*

scartafaccio [skarta'fattʃo] <-cci> *m* Kladde *f*

scartamento [skarta'mento] *m* Spurweite *f*

scartare [skar'taːre] *vt* ❶ (*pacco*) auspacken ❷ (*fig*) verwerfen ❸ (*nelle carte*) ablegen ❹ (SPORT) ausspielen, umdribbeln

scartata [skar'taːta] *f* Seitensprung *m*

scartavetratura [skartavetra'tuːra] *f* Schmirgeln *n*, Schleifen *n*

scarto ['skarto] *m* ❶ (*eliminazione*) Aussonderung *f* ❷ (*fig*) Ramsch *m*, Abfall *m* ❸ (*nelle carte*) Ablegen *n*

scartocciare [skartot'tʃaːre] *vt* auspacken

scartoffia [skar'tɔffia] <-ie> *f* (*fam pej*) Wisch *m*, Schrieb *m*

scassaquindici [skassa'kuinditʃi] <-> *m* ein Fingerspiel

scassare [skas'saːre] **I.** *vt* ❶ (*forzare*) aufbrechen ❷ (*fam: rompere*) kaputtmachen **II.** *vr* **-rsi** (*fam*) kaputtgehen

scassinare [skassi'naːre] *vt* aufbrechen; **scassinatore, -trice** [skassina'toːre] *m, f* Einbrecher(in) *m(f)*

scasso ['skasso] *m* Einbruch *m*

S

scatafascio [skata'faʃʃo] *m* **a ~** (*fam*) drunter und drüber

scatarrare [skatar'ra:re] *vi* Schleim aushusten

scatenamento [skatena'mento] *m* Entfesselung *f;* **scatenante** [skate'nante] *agg* auslösend, Auslöse-; **scatenare** [skate'na:re] **I.** *vt* entfesseln **II.** *vr* **-rsi** losbrechen; (*tempesta*) aufkommen; (*rumore*) sich erheben, sich austoben

scatola ['ska:tola] *f* Schachtel *f,* Karton *m;* (*di carne, piselli*) Büchse *f,* Dose *f;* **~ cranica** Schädel *m;* **~ nera** (AERO) Flugdatenschreiber *m;* **rompere** [*o* **far girare**] **le -e a qu** (*fam*) jdm auf den Keks gehen; **vendere/comprare qc a ~ chiusa** (*fig*) die Katze im Sack verkaufen/kaufen; **in ~** Dosen-, Büchsen-; **scatolame** [skato'la:me] *m* Schachteln *fpl;* (GASTR) Konserven *fpl;* **scatolare** [skato'la:re] *agg* schachtelförmig, Schachtel-; **scatolato, -a** [skato'la:to] **I.** *agg* konserviert, in Dosen, Dosen-, Konserven- **II.** *m* Konserve *f;* **scatoletta** [skato'lɛtta] *f* (kleine) Dose *f;* **scatolificio** [skatoli'fi:tʃo] <-ci> *m* Büchsenfabrik *f*

scatologia [skatolo'dʒi:a] <-gie> *f* schmutzige Ausdrucksweise, Fäkalsprache *f*

scattante [skat'tante] *agg* schnell, flink

scattare [skat'ta:re] **I.** *vi essere o avere* ❶ (*congegni, molle*) (los)schnellen, losgehen; (*trappola*) zuschnappen ❷ (*persona*) springen, hochschnellen; **~ in piedi** aufspringen; **~ sull'attenti** strammstehen ❸ (MOT) beschleunigen ❹ (*fig: per l'ira*) hochfahren, an die Decke gehen *fam* ❺ (*fig: fare uno scatto*) einen Sprung machen, (stufenweise) steigen ❻ (SPORT) spurten **II.** *vt avere* knipsen *fam;* **scattista** [skat'tista] <-i *m,* -e *f*> *mf* Sprinter(in) *m(f);* **scatto** ['skatto] *m* ❶ (TEC) Schnellen *n,* Losgehen *n;* (*di trappola*) Zuschnappen *n;* **serratura a ~** Schnappschloss *n* ❷ (MIL) Abzug *m;* (FOTO) Auslöser *m* ❸ (*moto brusco*) Ruck *m* ❹ (SPORT) Spurt *m* ❺ (*fig: di ira*) Ausbruch *m,* Anfall *m;* **avere uno ~** aus der Haut fahren ❻ (*fig: aumento*) Anstieg *m,* Erhöhung *f;* **~ di anzianità** Lohn- *bzw.* Gehaltserhöhung *f* entsprechend dem Dienstalter ❼ (TEL) (Gebühren)einheit *f*

scaturire [skatu'ri:re] <scaturisco> *vi essere* ❶ (*liquidi*) herausprudeln, -laufen ❷ (*fig*) heraus-, hervorkommen

scavabuche [skava'bu:ke] <-> *m* (AGR) Ausheber *m,* hydraulischer Kraftheber; **scavafossi** [skava'fossi] <-> *f* (AGR) Aushebemaschine *f*

scavalcare [skaval'ka:re] *vt* ❶ (*ostacolo*) überklettern ❷ (*fig*) **~ qu** jdn überflügeln

scavare [ska'va:re] *vt* ❶ (*fosso*) graben; (*legno, pietra*) aushöhlen ❷ (*città, tesoro*) ausgraben ❸ (*fig*) nachforschen, -bohren

scavatore, -trice [skava'to:re] **I.** *agg* Bagger- **II.** *m, f* (*operaio*) Ausgräber(in) *m(f)*

scavatrice [skava'tri:tʃe] *f* (*macchina*) Bagger *m;* **scavatura** [skava'tu:ra] *f* ❶ (*del collo*) Ausschnitt *m* ❷ (AGR) Graben *m*

scavezzacollo [skavettsa'kɔllo] <-> *mf* Draufgänger(in) *m(f)*

scavo ['ska:vo] *m* ❶ (*lo scavare*) Grabung *f* ❷ (*luogo*) Grube *f;* (*nell'archeologia*) Ausgrabung *f* ❸ (*incavatura*) Ausschnitt *m* ❹ (MIN) Abbau *m*

scazzato, -a [skat'tsa:to] *agg* (*vulg*) gefrustet, frustriert

scazzottare [skattsot'ta:re] (*fam*) **I.** *vt* prügeln **II.** *vr* **-rsi** sich prügeln; **scazzottata, scazzottatura** [skattsot'ta:ta, skattsotta'tu:ra] *f* (*fam*) Prügelei *f,* Schlägerei *f*

sceccario [ʃek'ka:rio] <-i-> *m* Scheckheft *n*

scegliere ['ʃeʎʎere] <scelgo, scelsi, scelto> *vt* aussuchen, (aus)wählen; (*preferire*) vorziehen

sceicco [ʃe'ikko] <-cchi> *m* Scheich *m*

scekerare [ʃeke'ra:re] *vt* mixen

scelgo ['ʃelgo] *1. pers sing pr di* **scegliere**

scellerata *f v.* **scellerato**

scelleratezza [ʃellera'tettsa] *f* ❶ (*infamia*) Frevelhaftigkeit *f* ❷ (*azione*) Frevel *m,* Freveltat *f;* **scellerato, -a** [ʃelle'ra:to] **I.** *agg* frevelhaft, ruchlos **II.** *m, f* Missetäter(in) *m(f),* Frevler(in) *m(f)*

scellino [ʃel'li:no] *m* ❶ (*inglese*) Shilling *m* ❷ (*austriaco*) Schilling *m*

scelsi ['ʃelsi] *1. pers sing pass rem di* **scegliere**

scelta ['ʃelta] *f* (Aus)wahl *f;* **fare una buona/cattiva ~** eine gute/schlechte Wahl treffen; **a ~** zur Auswahl; **merce di prima/seconda ~** Ware *f* erster/zweiter Wahl; **scelto, -a** ['ʃelto] **I.** *pp di* **scegliere II.** *agg* ❶ (*di buona qualità*) ausgewählt, erlesen ❷ (*persona*) ausgezeichnet

scema *f v.* **scemo**

scemare [ʃe'ma:re] **I.** *vi essere* nachlassen, abnehmen **II.** *vt avere* vermindern, herabsetzen

scemata [ʃe'ma:ta] *f* (*fam*) Blödsinn *m;* **scemenza** [ʃe'mɛntsa] *f* Dummheit *f;* **scemo, -a** ['ʃe:mo] **I.** *agg* dumm, blöd *m* **II.** *m, f* Dummkopf *m,* Esel *m;* **~ del villaggio** Dorftrottel *m*

scempia *f v.* **scempio**

scempiaggine [ʃem'piaddʒine] *f* Dummheit *f,* Torheit *f*

scempio ['ʃempio] *m* ❶ (*violenza*) Qual *f*
❷ (*massacro*) Gemetzel *n*

scempio, -a <-i, -ie> I. *agg* ❶ (*cosa*) einfach ❷ (*persona*) dumm, blöd(e) II. *m, f*
Dummkopf *m*

scena ['ʃɛːna] *f* ❶ (*palcoscenico*) Bühne *f;*
calcare le -e auf der Bühne stehen; **entrare in ~** auftreten; (*fig*) auftauchen; **essere
di ~** auf der Bühne sein; (*fig*) im Rampenlicht stehen; **mettere in ~** aufführen, inszenieren ❷ (*parte dell'atto*) Szene *f,* Auftritt *m;* **colpo di ~** (*a fig*) Theatercoup *m*
❸ (*scenario*) Bühnenbild *n;* **cambiamento di ~** (*a fig*) Szenenwechsel *m* ❹ (*luogo*) Szene *f* ❺ (*della natura*) Anblick *m*
❻ (*fam: scenata*) Szene *f;* **fare -e** Theater
machen ❼ (*fig: attività, vita*) Szene *f,* Bühne *f;* **scomparire dalla ~ politica** von der
politischen Bühne abtreten ❽ (*loc*) **fare ~
muta** keine Antwort geben; **scenario**
[ʃe'naːrio] <-i> *m* ❶ (THEAT) Bühnenbild *n*
❷ (*paesaggio*) Szenerie *f* ❸ (FILM) Drehbuch *n;* **scenarista** [ʃena'rista] <-i *m,*
-e *f*> *mf* Drehbuchautor(in) *m(f);* **scenata** [ʃe'naːta] *f* Szene *f;* **fare una ~ a qu**
jdm eine Szene machen

scendere ['ʃendere] <scendo, scesi,
sceso> *vi essere* ❶ (*andare giù*) hinuntergehen, hinabsteigen; (*venire giù*) herunterkommen, -steigen; **~ a valle** zu Tal fahren,
bergab gehen; **~ a patti con qu** (*fig*) mit
jdm verhandeln ❷ (*smontare*) (ab)steigen,
aussteigen; **~ da cavallo** vom Pferd absteigen; **~ dal treno** aus dem Zug steigen
❸ (*essere in pendenza*) abfallen, sich neigen ❹ (*capelli*) fallen ❺ (*calare*) abnehmen; (*temperatura, prezzi*) fallen, sinken;
(*notte*) hereinbrechen; (*sole*) untergehen

scendiletto [ʃendi'lɛtto] <-> *m* Bettvorleger *m*

sceneggiare [ʃened'dʒaːre] *vt* inszenieren

sceneggiato [ʃened'dʒaːto] *m* Fernseh-
fassung *f;* (*a puntate*) Fernsehserie *f*

sceneggiato, -a *agg* für das Fernsehen be-
arbeitet, Fernseh-; **sceneggiatore, -tri-
ce** [ʃeneddʒa'toːre] *m, f* Drehbuchau-
tor(in) *m(f);* **sceneggiatura** [ʃe-
neddʒa'tuːra] *f* (TV, RADIO, FILM) Drehbuch *n;* (THEAT) Inszenierung *f*

scenetta [ʃe'netta] *f* Sketch *m*

scenico, -a [ʃ'ɛːniko] <-ci, -che> *agg* szenisch; (*di palcoscenico*) Bühnen-; **realizzazione -a** Inszenierung *f*

scenografa *f v.* **scenografo**

scenografia [ʃenogra'fiːa] *f* Bühnenge-

staltung *f,* Bühnenbild *n;* **scenografi-
co, -a** [ʃeno'graːfiko] <-ci, -che> *agg*
❶ (THEAT) Bühnenbild- ❷ (*fig, pej*) theatralisch; **scenografo, -a** [ʃe'nɔːgrafo] *m, f*
Bühnenbildner(in) *m(f)*

sceriffo [ʃe'riffo] *m* Sheriff *m*

scervellarsi [stʃervel'larsi] *vr* **~ su** [*o* **intorno a**] **qc** sich über etw *acc* den Kopf
zerbrechen; **scervellato, -a** [stʃer-
vel'laːto] I. *agg* verrückt, töricht II. *m, f*
Tor *m,* Verrückte(r) *f(m)*

scesa [ʃe:sa] *f* ❶ (*lo scendere*) Abstieg *m*
❷ (*strada*) Abhang *m,* abschüssige Straße *f,*
Lehne *f A*

scesi ['ʃe:si] *1. pers sing pass rem di* **scendere**

sceso ['ʃe:so] *pp di* **scendere**

scespiriano, -a [ʃespi'riːno] *agg* Shakespeare betreffend, von Shakespeare

scettica *f v.* **scettico**

scetticismo [ʃetti'tʃizmo] *m* Skepsis *f;*
scettico, -a ['ʃɛttiko] <-ci, -che> I. *agg*
skeptisch II. *m, f* Skeptiker(in) *m(f)*

scettro ['ʃɛttro] *m* Zepter *n*

scevro, -a ['ʃe:vro] *agg* (*poet*) frei (*di* von),
bar +*gen,* -frei, -los; **~ di pregiudizi** vorurteilsfrei

scheda ['skɛːda] *f* Zettel *m;* (ADM) Karteikarte *f;* **~ elettorale** Wahlschein *m,*
Stimmzettel *m;* **~ grafica** (INFORM) Grafikkarte *f;* **~ madre** (INFORM) Motherboard *n;*
~ magnetica Magnetkarte *f;* **~ perforata**
Lochkarte *f;* **~ telefonica** Telefonkarte *f;*
schedare [ske'daːre] *vt* (ADM) (ins Poli-
zeiregister) eintragen, abheften; **schedario** [ske'daːrio] <-i> *m* ❶ (*raccolta*) Kartei *f* ❷ (*mobile*) Karteischrank *m;* (*piccolo*) Karteikasten *m;* **schedarista** [ske-
da'rista] <-i *m,* -e *f*> *mf* Karteiführer(in)
m(f); **schedato, -a** [ske'daːto] *m, f* Vor-
bestrafte(r) *mf;* **schedatore, -trice** [ske-
da'toːre] *m, f* Karteiführer(in) *m(f);*
schedatura [skeda'tuːra] *f* Karteiführ-
ung *f,* Eintragung *f* in eine Kartei

schedina [ske'diːna] *f* Tippzettel *m,* Totoschein *m*

schedulare [skedu'laːre] *vt* (INFORM) programmieren; **schedulato, -a** [ske-
du'laːto] *agg* ❶ (*previsto*) angesetzt, termi-
niert ❷ (INFORM) programmiert

scheggia ['skeddʒa] <-gge> *f* Splitter *m;*
(*di legno*) Holzsplitter *m,* Schiefer *m A,*
südd; **scheggiare** [sked'dʒaːre] I. *vt* ab-
splittern II. *vr* **-rsi** (zer)splittern

scheitare [skei'taːre] *vi* Skateboard fahren;
imparare a ~ Skateboardfahren lernen

scheletrico, -a [ske'lɛːtriko] <-ci, -che>
agg ❶ (ANAT) Skelett- ❷ (*fig*) karg, knapp;

(*persona, corpo*) hager, dürr

scheletrire [skele'tri:re] <scheletrisco, scheletrisci> I. *vt* zum Skelett werden lassen II. *vr* **-rsi** zum Skelett werden; **scheletrito, -a** [skele'tri:to] *agg* ❶ (*persona*) mager, dürr ❷ (*albero*) verdorrt ❸ (*fig*) knapp, karg, dürr

scheletro ['skɛ:letro] *m* ❶ (ANAT) Skelett *n* ❷ (*di imbarcazione*) Gerippe *n*; (*di romanzo*) Gerüst *n*

schema ['skɛ:ma] <-i> *m* ❶ (*modello*) Schema *n* ❷ (JUR) Entwurf *m*; ~ **di legge** Gesetz(es)entwurf *m* ❸ (LIT) Entwurf *m*, Gerüst *n* ❹ (*fig*) Schema *n*, Muster *n*; **schematicità** [skematitʃi'ta] <-> *f* Schematismus *m*; **schematico, -a** [ske'ma:tiko] <-ci, -che> *agg* schematisch; **schematismo** [skema'tizmo] *m* Schematismus *m*; **schematizzare** [skematid'dza:re] *vt* schematisieren; **schematizzazione** [skematiddzat'tsio:ne] *f* Schematisierung *f*

scherma ['skerma] *f* Fechten *n*; **tirare di** ~ fechten

schermaglia [sker'maʎʎa] <-glie> *f* Wortgefecht *n*

schermare [sker'ma:re] *vt* abschirmen; **schermata** [sker'ma:ta] *f* Bildschirm *m*; **schermatura** [skerma'tu:ra] *f* Abschirmung *f*

schermidore, -a [skermi'do:re] *m, f v.* **schermitore**

schermire [sker'mi:re] <schermisco> I. *vt* schützen II. *vi* fechten III. *vr* **-rsi da qc** sich vor etw *dat* schützen; (*fig*) etw abwehren

schermistico, -a [sker'mistiko] <-ci, -che> *agg* Fecht-; **schermitore, -trice** [skermi'to:re] *m, f* Fechter(in) *m(f)*

schermo ['skermo] *m* ❶ (*riparo*) Schirm *m*, Schild *n* ❷ (FILM, FOTO) Leinwand *f*; **diva dello** ~ Filmdiva *f*; **grande** ~ Kino *n*; **piccolo** ~ Fernseher *m* ❸ (TV, INFORM) Bildschirm *m*; ~ **a cristalli liquidi** Flüssigkristallbildschirm *m*; ~ **a colori** Farbbildschirm *m*

schermografare [skermogra'fa:re] *vt* durchleuchten; **schermografia** [skermogra'fi:a] *f* Durchleuchtung *f*

schernire [sker'ni:re] <schernisco> *vt* verhöhnen; **schernitore, -trice** [skerni'to:re] *m, f* Spötter(in) *m(f)*; **scherno** ['skerno] *m* Spott *m*, Hohn *m*; **farsi** ~ **di qu/qc** jdn/etw verhöhnen

scherzare [sker'tsa:re] *vi* scherzen, spaßen; ~ **col fuoco** mit dem Feuer spielen; **c'è poco da** ~ da gibt's nichts zu lachen; **scherzo** ['skertso] *m* ❶ (*azione, parola*

scherzosa) Scherz *m*, Spaß *m*; ~ **da prete** (*fam*) schlechter Scherz; **stare allo** ~ Spaß vertragen (können); **per** ~ zum [*o* aus] Spaß; **neppure per** ~ auf gar keinen Fall; **senza -i** ohne Scherz, im Ernst; **-i a parte!** Spaß beiseite!; **lo** ~ **è bello quando dura poco** (*prov*) in der Kürze liegt die Würze ❷ (*sorpresa sgradevole*) Streich *m*; **fare uno** ~ **a qu** jdm einen Streich spielen ❸ (*fig: impresa facile*) Kinderspiel *n* ❹ (MUS) Scherzo *n*; **scherzoso, -a** [sker'tso:so] *agg* lustig, spaßig

schettinaggio [sketti'naddʒo] <-ggi> *m* Rollschuhlaufen *n*

schettinare [sketti'na:re] *vi* Rollschuh laufen; **schettino** ['skɛttino] *m* Rollschuh *m*

schiacciamento [skiattʃa'mento] *m* (Zer)quetschen *n*

schiaccianoci [skiattʃa'no:tʃi] <-> *m* Nussknacker *m*

schiacciante [skiat'tʃante] *agg* (er)drückend

schiacciapatate [skiattʃapa'ta:te] <-> *m* Kartoffelpresse *f*

schiacciare [skiat'tʃa:re] I. *vt* ❶ (*patate*) zerdrücken; (*dito*) quetschen; (*noci, mandorle*) knacken ❷ (SPORT) schmettern ❸ (TEC) drücken; (*pedale*) treten ❹ (*fig: rendere piatto*) plätten, platt machen ❺ (*fig: superare*) schlagen ❻ (*loc*) ~ **un pisolino** [*o* **sonnellino**] (*fam*) ein Nickerchen machen II. *vr* **-rsi** eine Delle bekommen

schiacciasassi [skiattʃa'sassi] <-> *m* Dampfwalze *f*

schiacciata [skiat'tʃa:ta] *f* ❶ (SPORT) Schmetterball *m* ❷ (GASTR) Fladenbrot *n*

schiacciato, -a [skiat'tʃa:to] *agg* ❶ (*naso*) platt ❷ (SPORT: *tiro*) Schmetter-

schiacciatura [skiattʃa'tu:ra] *f* (Zer-)quetschung *f*

schiaffare [skiaf'fa:re] *vt* (*fam*) schmeißen, werfen; **l'hanno schiaffato dentro** sie haben ihn eingesperrt

schiaffeggiare [skiaffed'dʒa:re] *vt* ohrfeigen; **schiaffo** ['skiaffo] *m* Ohrfeige *f*, Watsche *f A*; **prendere qu a -i** jdn ohrfeigen

schiamazzare [skiamat'tsa:re] *vi* ❶ (ZOO: *galline*) gackern; (*oche*) schnattern ❷ (*persone*) kreischen, lärmen; **schiamazzo** [skia'mattso] *m* ❶ (ZOO: *di galline*) Gegacker *n*; (*di oche*) Geschnatter *n* ❷ (*di persone*) Gekreische *n*, Lärm *m*

schiantare [skian'ta:re] I. *vt* *avere* ❶ (*rompere*) ab-, zerbrechen; (*piante*) ausreißen ❷ (*fig*) zerreißen II. *vi* *essere* (*fam*) platzen III. *vr* **-rsi** (zer)brechen, zerschellen

schianto ['skianto] *m* Krach *m*, Knall *m*; **di ~** schlagartig

schiappa ['skiappa] *f* (*fam pej*) Niete *f*

schiarimento [skiari'mento] *m* Aufhellung *f*; (*fig a*) Aufklärung *f*

schiarire [skia'ri:re] <schiarisco> **I.** *vt avere* aufhellen, hell(er) machen; **-rsi la voce** sich räuspern **II.** *vr* **-rsi** ❶ (METEO) sich aufhellen ❷ (*diventar chiaro*) hell(er) werden; **schiarita** [skia'ri:ta] *f* ❶ (METEO) Aufheiterung *f* ❷ (*fig*) Verbesserung *f*, Lichtblick *m*

schiattare [skiat'ta:re] *vi essere* (*fig fam*) platzen

schiava *f v.* **schiavo**

schiavismo [skia'vizmo] *m* Sklaverei *f*, Sklaventum *n*; **schiavitù** [skiavi'tu] <-> *f* ❶ (SOC) Sklaverei *f*, Versklavung *f* ❷ (*fig*) Knechtschaft *f*; **ridurre in ~** versklaven; **schiavo, -a** ['skia:vo] **I.** *agg* versklavt; **essere ~ del vizio** dem Laster ergeben sein; **essere ~ della droga** drogenabhängig sein **II.** *m, f* Sklave *m*, Sklavin *f*

schidione [ski'dio:ne] *f* Bratspieß *m*

schiena ['skiɛ:na] *f* Rücken *m*; **colpire alla ~ qu** (*a fig*) jdm in den Rücken fallen; **rompersi la ~** sich das Kreuz brechen; (*fig*) am Stock gehen *fam*; **schienale** [skie'na:le] *m* (Rücken)lehne *f*; **schienata** [skie'na:ta] *f* ❶ (*colpo*) Rückenstoß *m* ❷ (SPORT: *nella lotta*) Schulterniederlage *f*; (*nel pugilato*) K.-o.-Schlag *m*

schiera ['skiɛ:ra] *f* ❶ (*moltitudine*) Schar *f*, Menge *f*; **a -e** scharenweise ❷ (MIL) Truppe *f*, Heer *n* ❸ (*Wend*) **casa a ~** Reihenhaus *n*

schieramento [skiera'mento] *m* ❶ (MIL) Aufmarsch *m*, Formation *f* ❷ (SPORT) Aufstellung *f* ❸ (*fig*) Lager *n*

schierare [skie'ra:re] **I.** *vt* aufstellen **II.** *vr* **-rsi** ❶ (MIL) sich formieren, aufmarschieren ❷ (*fig*) **-rsi dalla parte di/contro qu** für/gegen jdn Partei nehmen, sich hinter/gegen jdn stellen

schiettezza [skiet'tettsa] *f* Offenheit *f*, Ehrlichkeit *f*; **schietto, -a** ['skiɛtto *o* 'skietto] *agg* ❶ (*puro*) rein, echt ❷ (*fig*) ehrlich, aufrichtig

schifare [ski'fa:re] **I.** *vt* (an)ekeln **II.** *vr* **-rsi di qc** sich vor etw *dat* ekeln; **schifezza** [ski'fettsa] *f* Widerlichkeit *f*

schifiltoso, -a [skifil'to:so] *agg* zimperlich, heikel *fam*

schifo ['ski:fo] *m* Ekel *m*; **i funghi mi fanno ~** ich ekle mich vor Pilzen; **la minestra è uno ~** die Suppe ist ekelhaft; **che ~!** wie ekelhaft!, igitt!; **schifoso, -a** [ski'fo:so] *agg* ekelhaft, widerlich; **hai avuto una for-**

tuna -a (*fam*) du hast unverschämtes Glück gehabt

schiniere [ski'niɛ:re] *m* Beinschiene *f*

schioccare [skiok'ka:re] *vt* (*frusta*) knallen mit; (*lingua*) schnalzen mit; (*dita*) schnippen mit; **schiocco** ['skiɔkko] <-cchi> *m* Knall *m*; **bacio con lo ~** Schmatz(er) *m fam*

schioppettata [skioppet'ta:ta] *f* Flinten-, Büchsenschuss *m*; **schioppo** ['skiɔppo] *m* Flinte *f*, Büchse *f*

schiribizzo [skiri'biddzo] *v.* **sghiribizzo**

schiudere ['skiu:dere] <irr> **I.** *vt* öffnen, aufmachen **II.** *vr* **-rsi** ❶ (*fiori*) sich öffnen, aufgehen ❷ (*fig*) sich (er)öffnen, sich auftun

schiuma ['skiu:ma] *f* Schaum *m*; **~ da barba** Rasierschaum *m*; **fare molta/poca ~** stark/wenig schäumen; **schiumaiola** [skiuma'iɔ:la] *f* Schaumlöffel *m*, -kelle *f*; **schiumare** [skiu'ma:re] **I.** *vt* abschäumen **II.** *vi* schäumen; **schiumarola** [skiuma'rɔ:la] *v.* **schiumaiola**

schiumogeno [skiu'mɔ:dʒeno] *m* Feuerlöscher *m*

schiumogeno, -a *agg* Schaum-, schaumerzeugend

schiumoso, -a [skiu'mo:so] *agg* (*sapone*) schaumig; (*latte*) schäumend

schiusa ['skiu:sa] *f* Ausschlüpfen *n*

schiusi ['skiu:si] *1. pers sing pass rem di* **schiudere**

schiuso ['skiu:so] *pp di* **schiudere**

schivare [ski'va:re] *vt* (ver)meiden; **~ un colpo** einem Schlag ausweichen

schivo, -a ['ski:vo] *agg* ❶ (*geh*) **essere ~ di qc** einer Sache *dat* abgeneigt sein ❷ (*ritroso*) spröde, widerspenstig

schizofrenia [skiddzofre'ni:a] <-ie> *f* Schizophrenie *f*; **schizofrenico, -a** [skiddzo'frɛ:niko] <-ci, -che> **I.** *agg* schizophren **II.** *m, f* Schizophrene(r) *f(m)*

schizoide [skid'dzɔ:ide] **I.** *agg* schizoid **II.** *mf* Schizoide(r) *f(m)*

schizzare [skit'tsa:re] **I.** *vt avere* ❶ (*liquidi*) (ver)spritzen ❷ (*sporcare*) bespritzen, beschmutzen ❸ (*disegnare*) skizzieren ❹ (*descrivere*) skizzieren, kurz beschreiben ❺ (*fig*) (aus-, ver)sprühen **II.** *vi essere* ❶ (*liquidi*) spritzen ❷ (*saltar fuori*) schießen; **gli occhi le schizzavano fuori dalle orbite** [*o* **dalla testa**] die Augen traten ihr aus den Höhlen [*o* aus dem Kopf] **III.** *vr* **-rsi** sich beschmutzen

schizzata [skit'tsa:ta] *f* Spritzer *m*; **schizzato, -a** [skit'tsa:to] *agg* ❶ (*sporcato*) besudelt ❷ (*delineato*) skizziert ❸ (*fig: persona*) überdreht

schizzinoso, **-a** [skittsi'no:so] *agg* zimperlich, heikel

schizzo ['skittso] *m* ❶ (*di fango, inchiostro*) Spritzer *m* ❷ (*abbozzo*) Skizze *f*

sci [ʃi] <-> *m* ❶ (SPORT: *attrezzo*) Ski *m;* (*attività*) Skifahren *n* ❷ (AERO) Ski *m,* Kufe *f*

scia ['ʃi:a] <scie> *f* ❶ (NAUT) Kielwasser *n* ❷ (*fig*) Spur *f;* (*di profumo*) Wolke *f;* **mettersi sulla ~ di qu** in jds Fußstapfen treten

scià [ʃa] <-> *m* Schah *m*

sciabola ['ʃa:bola] *f* Säbel *m;* **sciabolata** [ʃabo'la:ta] *f* Säbelhieb *m,* Säbelstoß *m*

sciabordare [ʃabor'da:re] **I.** *vi* schwappen **II.** *vt* (*liquidi nel recipiente*) schwenken; (*agitare*) rühren; (*panni*) ausspülen; **sciabordio** [ʃabor'di:o] <-ii> *m* Schwappen *n*

sciacallaggio [ʃakal'la:ddʒo] <-ggi> *m* ❶ (*furto*) Plünderei *f* ❷ (*fig: azione cinica*) Abstauberei *f,* zynisches Abzocken

sciacallesco, **-a** [ʃakal'lesko] <-schi, -sche> *agg* nach Art eines Aasgeiers

sciacallo [ʃa'kallo] *m* Schakal *m;* (*fig*) Aasgeier *m*

sciacchetrà [ʃakke'tra] *m* Sciacchetrà *m* (*Weißwein aus Ligurien*)

sciacquare [ʃak'kua:re] *vt* (*piatti, bicchieri*) abspülen; (*panni*) ausspülen; **-rsi la bocca** den Mund ausspülen; **-rsi le mani** die Hände abwaschen

sciacquata [ʃak'kua:ta] *f* Spülen *n;* **dare una ~ alla biancheria** die Wäsche ausspülen; **sciacquatura** [ʃakkua'tu:ra] *f* ❶ (*acqua*) Abwaschwasser *n;* **~ di piatti** (*fig, pej*) Spülwasser *n fam* ❷ (*pulizia*) (Aus)spülen *n*

sciacquio [ʃak'kui:o] <-ii> *m* Klatschen *n,* Schwappen *n*

sciacquo ['ʃakkuo] *m* (Mund)spülung *f;* **sciacquone** [ʃak'kuo:ne] *m* Wasserspülung *f;* **tirare lo ~** spülen

Sciaffusa [ʃaf'fu:za] *f* Schaffhausen *n*

sciaguattare [ʃagguat'ta:re] (*tosc*) **I.** *vt* ausspülen, -waschen **II.** *vi* schwappen

sciagura [ʃa'gu:ra] *f* Unglück *n;* **~ ecologica** Umweltkatastrophe *f*

sciagurata *f v.* **sciagurato**

sciagurataggine [ʃagura'taddʒine] *f* Schändlichkeit *f,* Gemeinheit *f;* **sciagurato, -a** [ʃagu'ra:to] **I.** *agg* ❶ (*persone*) unglücklich ❷ (*malvagio*) schändlich; **madre -a** Rabenmutter *f* **II.** *m, f* ❶ (*disgraziato*) Unglücksrabe *m* ❷ (*padre, madre*) Rabenvater *m,* -mutter *f*

scialacquare [ʃalak'kua:re] *vt* verschwenden; (*patrimonio*) verprassen; **scialacquatore**, **-trice** [ʃalakkua'to:re] **I.** *m, f* Verschwender(in) *m(f)* **II.** *agg* verschwenderisch; **scialacquone**, **-a** [ʃalak'kuo:ne] *m, f* (*fam*) Verschwender(in) *m(f)*

scialare [ʃa'la:re] *vi* prassen; **c'è poco da ~** damit kann man keine großen Sprünge machen *fam;* **come intelligenza non ha certo da ~** er [*o* sie] ist sicherlich keine Intelligenzbestie *fam*

scialbo, **-a** ['ʃalbo] *agg* (*a fig*) blass

sciallato, **-a** [ʃal'la:to] *agg* Schal-

scialle ['ʃalle] *m* Schultertuch *n*

scialo ['ʃa:lo] *m* Verschwendung *f,* Vergeudung *f;* **a ~** in Hülle und Fülle

scialuppa [ʃa'luppa] *f* Beiboot *n,* Schaluppe *f;* **~ di salvataggio** Rettungsboot *n*

sciamannato, **-a** [ʃaman'na:to] *agg* unordentlich, schlampig

sciamano [ʃa'ma:no] *m* Schamane *m*

sciamare [ʃa'ma:re] *vi essere o avere* ❶ (ZOO) (aus)schwärmen ❷ (*fig*) ausschwärmen

sciame ['ʃa:me] *m* ❶ (ZOO) Schwarm *m* ❷ (*fig*) Schwarm *m,* Schar *f*

sciampagna [ʃam'paɲɲa] <-> *f* (*fam*) Champagner *m;* **sciampagnotta** [ʃampaɲ'ɲɔtta] *f* Champagner-, Sektflasche *f*

sciampista [ʃam'pista] <-i *m,* -e *f>* *mf* Haarwäscher(in) *m(f)*

sciampo ['ʃampo] *m* (*fam*) Shampoo *n*

sciancare [ʃaŋ'ka:re] **I.** *vt* (lenden)lahm machen **II.** *vr* **-rsi** (lenden)lahm werden

sciancrato, **-a** [ʃaŋ'kra:to] *agg* tailliert

sciangai [ʃaŋ'ga:i] <-> *m* Mikado(spiel) *n*

sciantosa [ʃan'to:sa] *f* Variété-, Tingeltangelsängerin *f fam*

sciantung ['ʃantuŋ] <-> *m* Schantung-, Rohseide *f*

sciapo, **-a** ['ʃa:po] *agg* fade; (*fig a*) banal

sciarada [ʃa'ra:da] *f* Scharade *f*

sciare [ʃi'a:re] *vi* Ski laufen [*o* fahren]; (NAUT) Wasserski laufen

sciarpa ['ʃarpa] *f* Schal *m;* (*fascia*) Schärpe *f*

sciata [ʃi'a:ta] *f* (*fam*) Skilauf *m,* Skifahrt *f;* **fare una ~** Ski fahren

sciatica ['ʃa:tika] <-che> *f* Ischias *m;* **sciatico, -a** ['ʃa:tiko] <-ci, -che> *agg* Ischias-

sciatore, **-trice** [ʃia'to:re] *m, f* Skiläufer(in) *m(f),* -fahrer(in) *m(f)*

sciatteria [ʃatte'ri:a] <-ie> *f* Schlamperei *f;* **sciattezza** [ʃat'tettsa] *f* Schlampigkeit *f*

sciatto, **-a** ['ʃatto] *agg* schlampig; **sciattone, -a** [ʃat'to:ne] *m, f* (*fam*) Schlamper(in) *m(f)*

scibile ['ʃi:bile] *m* Wissen *n*

sciccheria [ʃikke'ri:a] <-ie> *f* (*fam*) Schick *m;* **sciccoso, -a** [ʃik'ko:so] *agg* (*fam*) schick

science fiction ['saiəns 'fikʃən] <-> *f* Sciencefiction *f*

scientifica [ʃen'ti:fika] <-che> *f* Erkennungsdienst *m*

scientificità [ʃentifitʃi'ta] <-> *f* Wissen-
schaftlichkeit *f*

scientifico [ʃen'ti:fiko] <-ci> *m* naturwis-
senschaftliches Gymnasium

scientifico, -a <-ci, -che> *agg* wissenschaftlich; (*liceo*) naturwissenschaftlich;
scientifismo [ʃenti'fizmo] *m* Szien-
ti(f)izismus *m;* **scientistico, -a** [ʃen'tisti-
ko] <-ci, -che> *agg* (PHILOS) szientistisch

scienza ['ʃɛntsa] *f* Wissenschaft *f;* (*sapere*)
Wissen *n;* ~ **dell'alimentazione** Ernährungswissenschaft *f;* ~ **dell'educazione**
Erziehungswissenschaft *f;* **-e amministrative** Verwaltungswissenschaft *f;* **-e economiche** Wirtschaftswissenschaft *f;* **-e naturali** Naturwissenschaft *f;* **scienziato, -a**
[ʃɛn'tsia:to] *m, f* (Natur)wissenschaftler(in)
m(f)

sciistico, -a [ʃi'istiko] <-ci, -che> *agg* Ski-
sciita [ʃi'i:ta] <-i *m*, -e *f*> *mf* Schiit(in)
m(f)

scilinguagnolo [ʃiliŋ'guaɲɲolo] *m* Zungenfertigkeit *f;* **avere lo ~ sciolto** (*fam*)
redselig sein

scimitarra [ʃimi'tarra] *f* Krummsäbel *m*

scimmia ['ʃimmia] <-ie> *f* Affe *m;* **brutto
come una ~** potthässlich; **scimmiesco,
-a** [ʃim'miesko] <-schi, -sche> *agg* Af-
fen-, affenartig; **scimmiottamento** [ʃim-
miotta'mento] *m* Nachäffen *n;* **scim-
miottare** [ʃimmiot'ta:re] *vt* nachäffen;
scimmiotto [ʃim'miɔtto] *m* Äffchen *n,*
kleiner Affe *m*

scimpanzé [ʃimpan'tse] <-> *m* Schimpanse *m*

scimunita *f v.* **scimunito**

scimunitaggine [ʃimuni'taddʒine] *f*
Dummheit *f,* Blödheit *f*

scimunito, -a [ʃimu'ni:to] I. *agg* dumm,
blöd(e) II. *m, f* Dummkopf *m*

scindere ['ʃindere] <scindo, scissi, scis-
so> I. *vt* ❶ (CHEM) spalten ❷ (*fig*) auf(spalten) II. *vr* **-rsi** sich spalten

scintilla [ʃin'tilla] *f* Funke *m;* **fare -e** (*a fig*)
Funken schlagen; **scintillare** [ʃintil'la:re]
vi ❶ (*fig*) funkeln, leuchten ❷ (PHYS) Funken sprühen; **scintillio** [ʃintil'li:o] <-ii> *m*
Funkeln *n,* Schimmern *n*

sciò [ʃɔ] *int* weg, fort

sciocca *f v.* **sciocco**

scioccante [ʃok'kante] *agg* schockierend;
scioccare [ʃok'ka:re] *vt* (*fam*) schockieren, schocken; **scioccato, -a** [ʃok'ka:to]

agg schockiert

sciocchezza [ʃok'kettsa] *f* ❶ (*scemenza*)
Dummheit *f* ❷ (*fig*) Kleinigkeit *f;* **sciocc-
co, -a** ['ʃɔkko] <-cchi, -cche> I. *agg*
dumm II. *m, f* Dummkopf *m*

sciogliere ['ʃɔʎʎere] <sciolgo, sciolsi,
sciolto> I. *vt* ❶ (*slegare*) lösen, losmachen; (*nodo*) lösen; (*vele*) setzen ❷ (*liberare*) befreien; (*cane*) loslassen, auslassen *A*
❸ (CHEM) lösen ❹ (*ghiaccio, nevi*) schmelzen (lassen) ❺ (*fig*) (auf)lösen; (*contratto*)
lösen; (*voto*) einlösen, erfüllen; (*seduta,
parlamento*) auflösen; (*dubbio*) aufklären;
(*problema*) lösen II. *vr* **-rsi** ❶ (*slegarsi*)
sich lösen ❷ (*fig*) **-rsi da qc** sich einer Sache *gen* entledigen; **-rsi in lacrime** in Tränen aufgelöst sein ❸ (*neve*) schmelzen

sciogli lingua [ʃoʎʎi'liŋgua] <-> *m* Zungenbrecher *m*

scioglimento [ʃoʎʎi'mento] *m* ❶ (*di nodo*) (Auf)lösen *n;* (*di vele*) Setzen *n* ❷ (POL:
del parlamento) Auflösung *f* ❸ (JUR: *di matrimonio*) Annullierung *f;* (*di contratto*)
Aufhebung *f* ❹ (REL: *di voto*) Einlösung *f*
❺ (*di nevi, ghiaccio*) Schmelze *f,* Schmelzen *n* ❻ (*fig: di problema*) Lösung *f*

sciolgo ['ʃɔlgo] *1. pers sing pr di* **sciolglie-
re**

sciolina [ʃio'li:na] *f* Skiwachs *n*

sciolsi ['ʃɔlsi] *1. pers sing pass rem di* **sciogliere**

scioltezza [ʃol'tettsa] *f* ❶ (*di movimenti*)
Gewandtheit *f,* Gelenkigkeit *f* ❷ (*di modi*)
Leichtigkeit *f,* Ungezwungenheit *f;* **sciolto, -a** ['ʃɔlto] I. *pp di* **sciogliere** II. *agg*
❶ (*slegato*) (auf)gelöst, lose ❷ (*fig*) frei,
lässig; (*disinvolto*) ungezwungen; **avere la
lingua -a** ein flinkes Mundwerk haben

scioperante [ʃope'rante] I. *agg* streikend
II. *mf* Streikende(r) *f(m);* **scioperare** [ʃo-
pe'ra:re] *vi* streiken

scioperata *f v.* **scioperato**

scioperataggine [ʃopera'taddʒine] *f*
(*pej*) Faulenzerei *f;* **scioperatezza** [ʃo-
pera'tettsa] *f* Faulheit *f,* Faulenzerei *f;*
scioperato, -a [ʃope'ra:to] I. *agg* faul,
arbeitsscheu II. *m, f* Faulpelz *m*

scioperistico, -a [ʃope'ristiko] <-ci,
-che> *agg* Streik-; **manifestazione -a**
Streikkundgebung *f;* **sciopero** ['ʃɔ:pe-
ro] *m* Streik *m;* ~ **bianco** Dienst *m* nach
Vorschrift; ~ **della fame** Hungerstreik *m;*
~ **a sorpresa** [*o* **spontaneo**] wilder Streik;
domani c'è lo ~ degli autobus morgen
streiken die Busfahrer; **fare ~** streiken

sciorinare [ʃori'na:re] *vt* (*a fig*) ausbreiten

sciovia [ʃio'vi:a] *f* Skilift *m*

sciovinismo [ʃovi'nizmo] *m* Chauvinis-

mus *m;* **sciovinista** [ʃovi'nista] <-i *m,*
-e *f>* *mf* Chauvinist(in) *m(f);* **sciovini-**
stico, **-a** [ʃovi'nistiko] <-ci, -che> *agg*
chauvinistisch

scipitezza [ʃipi'tettsa] *f* Fadheit *f,* Schal-
heit *f;* **scipito**, **-a** [ʃi'pi:to] *agg* ❶ (GASTR)
fade, schal ❷ (*fig*) fade, geistlos

scippare [ʃip'pa:re] *vt* ~ **qu** jdm die Tasche wegreißen; **scippatore**, **-trice** [ʃip-
pa'to:re] *m,* *f* (Hand)taschenräuber(in)
m(f); **scippo** ['ʃippo] *m* (Hand)taschen-
raub *m*

sciroccato, **-a** [ʃirok'ka:to] (*sl*) **I.** *agg* sonderlich **II.** *m, f* Sonderling *m*

scirocco [ʃi'rɔkko] <-cchi> *m* Schirokko *m*

sciroppare [ʃirop'pa:re] *vt* einmachen,
einkochen; **-rsi qc** (*fam*) etw über sich ergehen lassen

sciroppo [ʃi'rɔppo] *m* Sirup *m;* (MED)
Saft *m;* ~ **per la tosse** Hustensaft *m;* **sci-**
ropposità [ʃiropposi'ta] <-> *f* ❶ (*gusto*)
Sirupgeschmack *m* ❷ (*fig: leziosità*) Affektiertheit *f,* gekünsteltes Getue; **sciroppo-**
so, **-a** [ʃirop'po:so] *agg* ❶ (*vino, liquido*)
sirupartig ❷ (*fig*) schmalzig

scisma ['ʃizma] <-i> *m* ❶ (REL) Schisma *n*
❷ (POL, SOC) Spaltung *f;* **scismatico**, **-a**
[ʃiz'ma:tiko] <-ci, -che> *agg* schisma-
tisch **II.** *m, f* Schismatiker(in) *m(f)*

scissi ['ʃissi] *1. pers sing pass rem di* **scin-**
dere

scissione [ʃis'sio:ne] *f* Spaltung *f;* ~ **mo-**
netaria (FIN) Währungsspaltung *f;* ~ **nu-**
cleare (PHYS) Kernspaltung *f;* **scissionis-**
mo [ʃissio'nizmo] *m* Spaltungsbewegung *f*

scisso ['ʃisso] *pp di* **scindere; scissura**
[ʃis'su:ra] *f* ❶ (*fig*) Spaltung *f* ❷ (*fessura*)
Spalt *m*

scisto ['ʃisto] *m* Schiefer *m;* **scistoso**, **-a**
[ʃis'to:so] *agg* schieferartig, Schiefer-

sciupare [ʃu'pa:re] **I.** *vt* ❶ (*logorare*) abnutzen; (*abito*) verschleißen ❷ (*tempo, fa-*
tica) verschwenden, vergeuden ❸ (*appeti-*
to, vista, salute) verderben **II.** *vr* **-rsi** ❶ (*in-*
dumenti) verschleißen, sich abnutzen
❷ (*persone*) sich verbrauchen, sich kaputtmachen *fam;* **sciupio** [ʃu'pi:o] <-ii> *m,*
sciupo ['ʃu:po] *m* Verschwendung *f;*
sciupone, **-a** [ʃu'po:ne] *m, f* (*fam*) Ver-
schwender(in) *m(f)*

sciuscià [ʃuʃʃa] <-> *m* Schuhputzer *m*

scivolare [ʃivo'la:re] *vi essere* ❶ (*perdere*
l'equilibrio) (aus)rutschen ❷ (*scorrere*)
gleiten ❸ (*sfuggire*) gleiten, rutschen
❹ (AERO) abgleiten, abrutschen; **scivolata**
[ʃivo'la:ta] *f* ❶ (*scivolone*) (Aus)rutscher *m*
❷ (AERO) Abgleiten *n,* Abrutschen *n;* **sci-**
volo ['ʃi:volo] *m* Rutschbahn *f,* Rutsche *f;*

scivolone [ʃivo'lo:ne] *m* (Aus)rutscher *m;*
scivolosità [ʃivolosi'ta] <-> *f* Glätte *f,*
Rutschigkeit *f;* **scivoloso**, **-a** [ʃivo'lo:so]
agg ❶ (*terreno*) glatt, rutschig ❷ (*fig, pej*)
schleimig, aalglatt

sclerosante [sklero'sante] **I.** *agg* festi-
gend, stabilisierend; **iniezione** ~ Stabilisie-
rungsspritze *f;* **sostanza** ~ Stabilisator *m*
II. *m* Stabilisator *m;* **terapia a base di -i**
Therapie *f* auf Stabilisatorenbasis

sclerosi [skle'rɔ:zi] <-> *f* Sklerose *f;* ~ **mul-**
tipla multiple Sklerose; **sclerotico**, **-a**
[skle'rɔ:tiko] <-ci, -che> **I.** *agg* sklerotisch,
verkalkt **II.** *m, f* Sklerotiker *m;* **sclerotiz-**
zare [sklerotid'dza:re] **I.** *vt* ❶ (MED) Arterienverkalkung hervorrufen ❷ (*fig*) verhärten; ~ **una struttura amministrativa** einen Verwaltungsapparat erstarren lassen
II. *vr* **-rsi** ❶ (MED) an Arterienverkalkung
leiden ❷ (*fig*) erstarren, Flexibilität einbüßen; **sclerotizzato**, **-a** [sklerotid'dza:to]
agg ❶ (MED) verhärtet, verkalkt ❷ (*fig*) erstarrt

scocca ['skɔkka] <-cche> *f* Aufbau *m,* Karosserie *f*

scoccare [skok'kare] **I.** *vt avere* ❶ (*frec-*
cia) abschießen ❷ (*ore*) schlagen ❸ (*fig:*
bacio) zuwerfen **II.** *vi essere* ❶ (EL) aufleuchten; (*scintilla*) überspringen ❷ (*ore*)
schlagen

scocciare [skot'tʃa:re] (*fam*) **I.** *vt* nerven
II. *vr* **-rsi** die Lust verlieren; **scocciatore**,
-trice [skottʃa'to:re] *m, f* (*fam*) Störenfried *m,* Nervensäge *f;* **scocciatura**
[skottʃa'tu:ra] *f* (*fam*) Ärgernis *n,* Belästigung *f;* **che** ~! wie lästig!

scodare [sko'da:re] *vt* den Schwanz stutzen [*o* kupieren]

scodella [sko'dɛlla] *f* Schüssel *f;* **scodel-**
lare [skodel'la:re] *vt* einfüllen

scodinzolamento [skodintsola'men-
to] *m* ❶ (*di coda*) Schwanzwedeln *n* ❷ (*di*
veicolo) Ausbrechen *n*

scodinzolare [skodintso'la:re] *vi* (ZOO)
(mit dem Schwanz) wedeln; **scodinzolio**
[skodintso'li:o] <-ii> *m* Schwanzwedeln *n*

scodinzolo [sko'dintsolo] *m* (SPORT) Wedeln *n*

scogliera [skoʎ'ʎɛ:ra] *f* Klippe *f;* ~ **coralli-**
na Riff *n;* **scoglio** ['skɔʎʎo] <-gli> *m*
❶ (GEOG) Klippe *f* ❷ (*fig*) Klippe *f,* Hürde *f*

scoglionare [skoʎʎo'na:re] (*vulg*) **I.** *vt* an-
kotzen **II.** *vr* **-rsi** anöden; **mi sono sco-**
glionato delle tue storie deine Geschichten öden mich an; **scoglionato**, **-a**
[skoʎʎo'na:to] *agg* (*vulg*) sauer *fam;* **sco-**
glionatura [skoʎʎona'tu:ra] *f* (*vulg*)
Öde *f;* **che** ~! wie öde!; **scoglioso**, **-a**

[skoʎˈʎoːso] *agg* klippenreich, Klippen-

scoiamento [skoiaˈmento] *m* Häuten *n*, Abziehen *n*

scoiare [skoˈiaːre] *vt* häuten, abziehen

scoiattolo [skoˈiattolo] *m* Eichhörnchen *n*

scolabottiglie [skolabotˈtiʎʎe] <-> *m* Trockengestell *n* (für Flaschen)

scolafiaschi [skolaˈfiaski] <-> *mf* Säufer(in) *m(f)*

scolapasta [skolaˈpasta] <-> *m* (Nudel)sieb *n*, Seiher *m*

scolapiatti [skolaˈpiatti] <-> *m* Trockengestell *n* (für Teller)

scolaposate [skolapoˈsaːte] <-> *m* Besteckkorb *m*

scolara *f v.* **scolaro**

scolare[1] [skoˈlaːre] *agg* Schul-, schulpflichtig

scolare[2] I. *vt avere* ❶ (*bottiglie*) ausgießen, ausschütten; **scolarsi una bottiglia di vino** eine Flasche Wein hinuntergießen ❷ (GASTR) abgießen, abtropfen lassen II. *vi essere* abfließen, abtropfen

scolaresca [skolaˈreska] <-sche> *f* Schülerschaft *f*; **scolaretto, -a** [skolaˈretto] *m, f* (dummer) Schuljunge *m*, (kleines) Schulmädchen *n*; **scolarità** [skolariˈta] <-> *f* Schulbesuch *m*; **scolaro, -a** [skoˈlaːro] *m, f* Schüler(in) *m(f)*

scolastica [skoˈlastika] <-che> *f* Scholastik *f*

scolastico, -a [skoˈlastiko] <-ci, -che> *agg* ❶ (*anno, tasse, programma*) Schul- ❷ (*fig, pej*) schulmäßig

scolatura [skolaˈtuːra] *f* Abtropfen *n*, Abgießen *n*

scoliosi [skoˈlioːzi] <-> *f* Skoliose *f*

scollacciato, -a [skollatˈtʃaːto] *agg* ❶ (*abito*) ausgeschnitten, dekolletiert ❷ (*fig, pej*) anstößig

scollare [skolˈlaːre] I. *vt* (ab)lösen II. *vr* -**rsi** (*disgiungersi*) sich (ab)lösen

scollato, -a [skolˈlaːto] *agg* (*abito*) ausgeschnitten; **scarpa -a** Pumps *m*; **scollatura** [skollaˈtuːra] *f* ❶ (*di abito*) Ausschnitt *m* ❷ (*parte scoperta*) Dekolleté *n*, Ausschnitt *m* ❸ (*di parti incollate*) (Ab)lösung *f*

scollegarsi [skolleˈgarsi] *vr* (INFORM) ausloggen

scollo [ˈskɔllo] *m* Ausschnitt *m*

scolo [ˈskoːlo] *m* ❶ (*deflusso*) Ablauf *m*, Abfluss *m* ❷ (*condotto*) Abfluss *m* ❸ (*liquido*) Abwasser *n* ❹ (MED) Ausfluss *m*; (*vulg*) Tripper *m*

scolopendra [skoloˈpɛndra] *f* Tausendfüßler *m*

scolorare [skoloˈraːre] I. *vt avere* ausbleichen II. *vr* -**rsi** verbleichen; **scolorimento** [skoloriˈmento] *m* Entfärbung *f*; **scolorina®** [skoloˈriːna] *f* Tintenfleckentferner *m*; **scolorire** [skoloˈriːre] <scolorisco> *vt, vr* -**rsi** *v.* **scolorare**

scolpare [skolˈpaːre] I. *vt* entschuldigen II. *vr* -**rsi** sich entschuldigen

scolpire [skolˈpiːre] <scolpisco> *vt* ❶ (*marmo, statua*) behauen; (*legno*) schnitzen ❷ (*incidere*) einmeißeln, eingravieren ❸ (*fig*) einprägen

scolta [ˈskolta] *f* Wache *f*, Wachposten *m*

scombinare [skombiˈnaːre] *vt* durcheinanderbringen; **scombinato, -a** [skombiˈnaːto] I. *agg* durcheinander, verworren II. *m, f* (*fam*) Wirrkopf *m*

scombussolamento [skombussolaˈmento] *m* Verwirrung *f*; **~ di stomaco** Magenverstimmung *f*

scombussolare [skombussoˈlaːre] *vt* verwirren, durcheinanderbringen; **scombussolio** [skombusˈsoˈliːo] <-ii> *m* Durcheinander *n*, (völlige) Verwirrung *f*

scommessa [skomˈmessa] *f* Wette *f*; (*somma impegnata*) Einsatz *m*; **fare una ~** eine Wette abschließen; **scommettere** [skomˈmettere] <irr> *vt* **~ qc** um etw wetten; **scommettitore, -trice** [skommetˈtiˈtoːre] *m, f* Wetter(in) *m(f)*

scomodare [skomoˈdaːre] I. *vt* stören, bemühen II. *vr* -**rsi** sich bemühen

scomodità [skomodiˈta] *f* Unbequemlichkeit *f*

scomodo [ˈskɔːmodo] *m* Störung *f*, Belästigung *f*

scomodo, -a *agg* unbequem

scompaginare [skompadʒiˈnaːre] I. *vt* ❶ (TYP) auseinander nehmen ❷ (*fig*) durcheinanderbringen II. *vr* -**rsi** durcheinander geraten

scompagnare [skompaɲˈɲaːre] *vt* trennen, teilen; **scompagnato, -a** [skompaɲˈɲaːto] *agg* einzeln

scomparire [skompaˈriːre] <irr> *vi essere* ❶ (*sparire*) verschwinden ❷ (*fig*) nicht zur Geltung kommen; **scomparsa** [skomˈparsa] *f* ❶ (*sparizione*) Verschwinden *n* ❷ (MED) Abklingen *n* ❸ (*morte*) Hinscheiden *n geh*; **scomparso, -a** [skomˈparso] I. *agg* ❶ (*popolo, continente*) untergegangen ❷ (*irreperibile*) vermisst, abgängig *A* II. *m, f* Hingeschiedene(r) *f(m) geh*

scompartimento [skompartiˈmento] *m* ❶ (FERR) Abteil *n*; **~ fumatori/non fumatori** Raucher-/Nichtraucherabteil *n* ❷ (*di armadio*) Fach *n*; **scomparto** [skomˈparto] *m* Fach *n*

scompensare [skompen'sa:re] *vt* aus dem Gleichgewicht bringen, stören; **scompensato**, **-a** [skompen'sa:to] *agg* unausgewogen, unausgeglichen; (MED) kompensationsgestört; **scompenso** [skom'pɛnso] *m* ❶ (MED) Kompensationsstörung *f*, Dekompensation *f* ❷ (*mancanza di equilibrio*) Unausgewogenheit *f*, Unausgeglichenheit *f*

scompigliare [skompiʎ'ʎa:re] *vt* in Unordnung bringen; (*capelli*) zerzausen, zerraufen; **scompiglio** [skom'piʎʎo] <-gli> *m* Unordnung *f*

scompisciarsi [skompiʃ'ʃarsi] *vr* ~ **dalle risate** (*vulg*) sich kaputtlachen *fam*

scomplessare [skomples'sa:re] *vt* (*obs*) von Komplexen befreien

scomponibile [skompo'ni:bile] *agg* zerlegbar, auseinander nehmbar

scomporre [skom'porre] <irr> **I.** *vt* ❶ (*disgregare*) durcheinanderbringen; (*scaffali*) zerlegen ❷ (MAT) zerlegen ❸ (*lineamenti, volto*) entstellen **II.** *vr* **-rsi** aus der Fassung geraten; **scomposizione** [skompozit'tsio:ne] *f* Zerlegung *f*, Auseinandernehmen *n*

scompostezza [skompos'tettsa] *f* Ungehörigkeit *f*; **scomposto**, **-a** [skom'posto] **I.** *pp di* **scomporre II.** *agg* ❶ (*capelli*) zerzaust, durcheinander ❷ (*fig: sguaiato*) ungehörig

scomunica [sko'mu:nika] <-che> *f* Exkommunikation *f*, Kirchenbann *m*; **scomunicare** [skomuni'ka:re] *vt* (REL) exkommunizieren

sconcatenato, **-a** [skoŋkate'na:to] *agg* zusammenhang(s)los

sconcertante [skontʃer'tante] *agg* erschütternd; **sconcertare** [skontʃer'ta:re] *vt* ❶ (*creare disordine*) verwirren ❷ (*turbare*) erschüttern; **sconcerto** [skon'tʃɛrto] *m* ❶ (*preplessità*) Verblüffung *f* ❷ (*turbamento*) Erschütterung *f*

sconcezza [skon'tʃettsa] *f* Unanständigkeit *f*, Schweinerei *f fam*

sconcio ['skontʃo] <-ci> *m* Unanständigkeit *f*, Schweinerei *f fam*

sconcio, **-a** <-ci, -ce> *agg* schmutzig, unanständig

sconclusionato, **-a** [skonkluzio'na:to] *agg* unzusammenhängend

sconcordanza [skoŋkor'dantsa] *f* Nichtübereinstimmung *f*, Inkongruenz *f geh*

scondito, **-a** [skon'di:to] *agg* ungewürzt, fade

scondizionato, **-a** [skondittsio'na:to] *agg* (auf dem Postweg) beschädigt; **pacco ~** beschädigtes Paket

sconfessare [skonfes'sa:re] *vt* ❶ (*rinnegare*) verleugnen ❷ (*disapprovare*) missbilligen; **sconfessione** [skonfes'sio:ne] *f* Ableugnung *f*; (*disapprovazione*) Missbilligung *f*

sconficcare [skonfik'ka:re] *vt* herausziehen

sconfiggere [skon'fiddʒere] <sconfiggo, sconfissi, sconfitto> *vt* schlagen; (*a fig*) besiegen

sconfinare [skonfi'na:re] *vi* ❶ (*oltrepassare i confini*) eine [*o* die] Grenze überschreiten ❷ (*fig*) abkommen, abweichen, abschweifen; **sconfinato**, **-a** [skonfi'na:to] *agg* ❶ (*territorio*) grenzenlos ❷ (*fig*) unbegrenzt, unbeschränkt; (*a pej*) schrankenlos, uferlos

sconfinferare [skonfinʃe'ra:re] *vi* (*sl*) umhauen, vom Hocker reißen

sconfissi [skon'fissi] *1. pers sing pass rem di* **sconfiggere**

sconfitta [skon'fitta] *f* Niederlage *f*; ~ **elettorale** Wahlniederlage *f*; **infliggere una ~ a qu** jdm eine Niederlage zufügen; **subire una ~** eine Niederlage erleiden

sconfitto [skon'fitto] *pp di* **sconfiggere**

sconfortante [skonfor'tante] *agg* entmutigend; **sconfortare** [skonfor'ta:re] **I.** *vt* entmutigen **II.** *vr* **-rsi** verzagen; **sconforto** [skon'fɔrto] *m* Verzagtheit *f*, Kummer *m*

scongelamento [skondʒela'mento] *m* Auftauen *n*; **scongelare** [skondʒe'la:re] *vt* auftauen; **scongelato**, **-a** [skondʒe'la:to] *agg* ❶ (*alimento*) aufgetaut ❷ (FIN) freigegeben; **credito ~** freigegebener Kredit

scongiurare [skondʒu'ra:re] *vt* beschwören; (*pericolo*) abwenden; **scongiuro** [skon'dʒu:ro] *m* Beschwörung *f*; (*contro la iettatura*) Exorzismus *m*

sconnessione [skonnes'sio:ne] *f* Zusammenhang(s)losigkeit *f*; **sconnesso**, **-a** [skon'nɛsso] *agg* zusammenhang(s)los, konfus; **sconnessura** [skonnes'su:ra] *f* ❶ (*qualità*) Losesein *n* ❷ (*punto*) Fuge *f*, Spalt *m*

sconnettere [skon'nɛttere] <irr> *vi* wirr reden, faseln

sconosciuto, **-a** [skonoʃ'ʃu:to] **I.** *agg* unbekannt **II.** *m*, *f* Unbekannte(r) *f(m)*

sconquassare [skoŋkuas'sa:re] *vt* zerrütten, zerstören; **sconquasso** [skoŋ'kuasso] *m* Zusammenkrachen *n*

sconsacrare [skonsa'kra:re] *vt* entweihen

sconsideratezza [skonsidera'tettsa] *f* Unbedachtheit *f*, Gedankenlosigkeit *f*; **sconsiderato**, **-a** [skonside'ra:to] *agg* unbedacht, gedankenlos

sconsigliabile [skonsiʎˈʎaːbile] *agg* nicht ratsam; **sconsigliare** [skonsiʎˈʎaːre] *vt* ~ **qc a qu** jdm von etw abraten; ~ **di** ... +*inf* davon abraten zu ... +*inf*; **sconsigliato, -a** [skonsiʎˈʎaːto] **I.** *agg* unbesonnen **II.** *m, f* Unbesonnene(r) *f(m)*

sconsolante [skonsoˈlante] *agg* betrüblich

sconsolato, -a [skonsoˈlaːto] *agg* (*persona*) untröstlich; (*espressione*) trostlos

scontante [skonˈtante] **I.** *agg* Diskont- **II.** *m* Diskonthaus *n,* -bank *f*

scontare [skonˈtaːre] *vt* ❶ (COM, FIN) abziehen, abrechnen; (*cambiale*) diskontieren ❷ (JUR) verbüßen ❸ (*fig: pagare*) büßen (für), bezahlen (für); **scontato, -a** [skonˈtaːto] *agg* ❶ (*ridotto*) ermäßigt ❷ (JUR) verbüßt ❸ (*previsto*) voraussehbar, selbstverständlich

scontentare [skontenˈtaːre] *vt* nicht zufrieden stellen, unzufrieden lassen

scontentezza [skontenˈtettsa] *f* Unzufriedenheit *f*

scontento [skonˈtɛnto] *m* Unzufriedenheit *f*

scontento, -a *agg* unzufrieden

sconto [ˈskonto] *m* ❶ (COM) Nachlass *m,* Rabatt *m* ❷ (FIN, JUR) Diskont *m*

scontornare [skontorˈnaːre] *vt* (FOTO) hervorheben

scontrare [skonˈtraːre] **I.** *vt* treffen **II.** *vr* **-rsi** ❶ (MOT, FERR, AERO) zusammenstoßen ❷ (MIL) aufeinander treffen ❸ (*fig*) aufeinander stoßen

scontrino [skonˈtriːno] *m* Quittung *f,* Beleg *m;* ~ (**di cassa**) Kassenbon *m;* ~ **fiscale** Kassenbon *m*

scontro [ˈskontro] *m* ❶ (MOT, FERR, AERO) Zusammenstoß *m* ❷ (MIL) Zusammenstoß *m,* Gefecht *n* ❸ (SPORT) Begegnung *f* ❹ (*fig*) Zusammenstoß *m,* Streit *m*

scontrosa *f v.* **scontroso**

scontrosità [skontrosiˈta] <-> *f* Widerspenstigkeit *f;* **scontroso, -a** [skonˈtroːso] *agg* widerspenstig, störrisch

sconveniente [skonveˈniɛnte] *agg* ❶ (*contegno, parole, risposta*) unpassend, ungehörig ❷ (*prezzo*) unangemessen; **sconvenienza** [skonveˈniɛntsa] *f* ❶ (*indecenza*) Ungehörigkeit *f* ❷ (COM: *di prezzo*) Unangemessenheit *f*

sconvolgente [skonvolˈdʒɛnte] *agg* erschütternd

sconvolgere [skonˈvɔldʒere] <irr> *vt* erschüttern, durcheinanderbringen; **sconvolgimento** [skonvoldʒiˈmento] *m* Erschütterung *f,* Verwirrung *f*

sconvolsi *1. pers sing pass rem di* **sconvolgere**

sconvolto *pp di* **sconvolgere**; **sconvolto** [skonˈvolto] *m* (*fam*) Junkie *m*

scoop [ˈsku(ː)p] <- *o* scoops> *m* Scoop *m;* ~ **pubblicitario** Werbeknüller *m;* **scoopista** [skuˈpista] <-i *m,* -e *f*> *mf* Sensationsjournalist(in) *m(f);* ~ **d'assalto** sensationslüsterne(r) Reporter(in) *m(f)*

scoordinazione [skoordinatˈtsioːne] *f* Koordinationsmangel *m,* Mangel *m* an Koordination

scooter [ˈskuːtə *o* ˈskuter] <-> *m* Motorroller *m;* **scooterismo** [skuteˈrizmo] *m* ❶ (*produzione*) Herstellung *f* von Motorrollern ❷ (*passione*) Beliebtheit *f* der Motorroller, Begeisterung *f* für Motorroller; **scooterista** [skuteˈrista] <-i *m,* -e *f*> *mf* Fahrer(in) *m(f)* eines Motorrollers

scopa [ˈskoːpa] *f* Besen *m;* **scopare** [skoˈpaːre] *vt* ❶ (*pavimento*) kehren, fegen ❷ (*vulg*) ficken; **scopata** [skoˈpaːta] *f* ❶ (*spazzata*) Kehren *n,* Fegen *n* ❷ (*colpo di scopa*) Besenschlag *m* ❸ (*vulg*) Fick *m;* **farsi una** ~ ficken; **scopatina** [skopaˈtiːna] *f* (*vulg*) *v.* **sveltina**

scoperchiare [skoperˈkiaːre] *vt* ab-, aufdecken; (*pentola*) den Deckel abnehmen von

scoperta [skoˈpɛrta] *f* Entdeckung *f*

scoperto [skoˈpɛrto] *m* ❶ (*luogo aperto*) Freie(s) *n;* **dormire allo** ~ im Freien schlafen ❷ (COM, FIN) Überziehung *f;* **credito allo** ~ ungedeckter Kredit

scoperto, -a *agg* ❶ (*terrazzo, terreno*) unbedeckt, unbedacht ❷ (*braccia, capo*) unbedeckt, entblößt; **essere troppo** ~ zu leicht angezogen sein ❸ (COM, FIN) ungedeckt ❹ (*visibile*) offen ❺ (*fig*) offen, direkt; **a viso** ~, **a fronte** -**a** freimütig, unverblümt

scopiazzare [skopiatˈtsaːre] *vt* schlecht abschreiben, runterschmieren *fam;* **scopiazzatura** [skopiattsaˈtuːra] *f* schlechte Abschrift *f*

scopiera [skoˈpiɛːra] *f* Besenschrank *m*

scopino [skoˈpiːno] *m* Toiletten-, Klobürste *f*

scopo [ˈskɔːpo] *m* Zweck *m;* (*fine*) Ziel *n,* Absicht *f;* **a che** ~? wozu?; **raggiungere uno** ~ ein Ziel erreichen

scopone [skoˈpoːne] *m* ein Kartenspiel

scoppiare [skopˈpiaːre] *vi* essere ❶ (*guerra*) ausbrechen ❷ (*bomba*) hochgehen, explodieren; (*gomma*) platzen ❸ (*epidemia*) ausbrechen ❹ (*fig*) ausbrechen; (*per aver mangiato troppo*) platzen; ~ **a piangere/ridere** in Tränen/Gelächter ausbrechen;

S

~ **dal caldo** vor Hitze fast sterben ❺ (SPORT) zusammenbrechen, schlappmachen *fam*

scoppiettare [skoppiet'ta:re] *vi* knistern, prasseln; **scoppiettio** [skoppiet'ti:o] <-ii> *m* Geknister *n*, Knacken *n*

scoppio ['skɔppio] <-i> *m* ❶ (*di bomba, mina*) Explosion *f*, Platzen *n*; **a ~ ritardato** (*fig*) mit verzögerter Wirkung ❷ (*rumore*) Knall *m* ❸ (*fig*) Ausbruch *m* ❹ (MOT) **motore a ~** Verbrennungsmotor *m*

scoppola ['skɔppola] *f* (*dial*) Klaps *m*, Kopfnuss *f*

scoprimento [skopri'mento] *m* Enthüllung *f*

scoprire [sko'pri:re] <scopro, scoprii *o* scopersi, scoperto> I. *vt* ❶ (*togliere il coperchio*) auf-, abdecken ❷ (*arrivare a conoscere*) entdecken; ~ **l'America** (*fam*) etwas Altbekanntes neu entdecken ❸ (*fig: esporre*) darbieten; (*palesare*) enthüllen II. *vr* **-rsi** ❶ (*di indumenti*) sich entblößen; (*a letto*) sich aufdecken ❷ (*rivelarsi*) sich verraten; **scopritore, -trice** [skopri'to:re] *m, f* Entdecker(in) *m(f)*

scoraggiamento [skoraddʒa'mento] *m* Entmutigung *f*; **scoraggiante** [skorad'dʒante] *agg* entmutigend; **scoraggiare** [skorad'dʒa:re] I. *vt* entmutigen II. *vr* **-rsi** den Mut verlieren; **scoraggiato, -a** [skorad'dʒa:to] *agg* entmutigt, mutlos

scorbutico, -a [skor'bu:tiko] <-ci, -che> *agg* (*fig*) widerspenstig, störrisch, raß *A*; **scorbuto** [skor'bu:to] *m* Skorbut *m*

scorciamento [skortʃa'mento] *m* Ab-, Verkürzung *f*; **scorciare** [skor'tʃa:re] I. *vt* ❶ (*vestito*) kürzen ❷ (*nell'arte*) perspektivisch verkürzen II. *vr* **-rsi** kürzer werden

scorciatoia [skortʃa'to:ia] <-oie> *f* Abkürzung *f*

scorcio ['skortʃo] <-ci> *m* ❶ (*nell'arte*) (perspektivische) Verkürzung *f* ❷ (*vista*) Teilansicht *f* ❸ (*di tempo*) Zeitabschnitt *m*

scordare [skor'da:re] I. *vt* ❶ (*dimenticare*) vergessen ❷ (MUS) verstimmen II. *vr* **-rsi** ❶ (*dimenticarsi*) vergessen ❷ (MUS) sich verstimmen

scoreggia [sko'reddʒa] <-gge> *f* (*vulg*) Furz *m*; **scoreggiare** [sko'red'dʒa:re] *vi* (*vulg*) furzen

scorfano ['skɔrfano] *m* (ZOO) Drachenkopf *m*, Skorpionsfisch *m*

scorfano, -a *m, f* (*fam*) Missgeburt *f*

scorgere ['skɔrdʒere] <scorgo, scorsi, scorto> *vt* erblicken; (*accorgersi di qc/ qu*) etw/jdn bemerken, entdecken

scoria ['skɔːria] <-ie> *f* Schlacke *f*; (*fig*)

Abfall *m;* **-ie radioattive** Atommüll *m*

scornare [skor'nare] *vt* lächerlich machen; **scorno** ['skɔrno] *m* Schmach *f*, Schande *f*

scorpacciata [skorpat'tʃa:ta] *f* (*fam*) Fresserei *f*; **fare una ~ di ciliege** sich den Bauch voll Kirschen schlagen

scorpione [skor'pio:ne] *m* ❶ (ZOO) Skorpion *m* ❷ (ASTR) **Scorpione** Skorpion *m;* **sono** (**dello** [*o* **uno**]) **Scorpione** ich bin (ein) Skorpion

scorporamento [skorpora'mento] *m* (*obs*) Abzweigung *f*

scorrazzare [skorrat'tsa:re] I. *vi* herumlaufen, -rennen II. *vt* durchstreifen

scorrere ['skorrere] <irr> I. *vi essere* ❶ (*fiume*) fließen; (*lacrime*) laufen, rinnen ❷ (*tempo*) vergehen, verrinnen ❸ (*traffico*) fließen ❹ (*periodo, ragionamento, discorso*) laufen II. *vt avere* ❶ (*libro*) überfliegen ❷ (*territorio*) durchstreifen ❸ (INFORM) scrollen

scorreria [skorre'ri:a] <-ie> *f* Einfall *m*, Streifzug *m*

scorrettezza [skorret'tettsa] *f* ❶ (*errore*) Fehler *m*, Fehlerhaftigkeit *f* ❷ (*maleducazione*) Unkorrektheit *f*, Unschicklichkeit *f*; (*azione*) Fauxpas *m;* **scorretto, -a** [skor'rɛtto] *agg* ❶ (*compito, traduzione*) fehlerhaft ❷ (*gesto, contegno*) unkorrekt ❸ (SPORT) unfair, regelwidrig

scorrevole [skor're:vole] *agg* gleitend, verschiebbar; (*traffico, discorso*) flüssig; **porta ~** Schiebetür *f*

scorribanda [skorri'banda] *f* Streifzug *m*

scorrimento [skorri'mento] *m* ❶ (MOT) Verkehrsfluss *m;* **corsia di ~** rechte Fahrspur (auf der Autobahn); **strada di ~** Schnellstraße *f* ❷ (PHYS) Schlupf *m*

scorsa ['skorsa] *f* Durchsicht *f*

scorsi ['skorsi] *1. pers sing pass rem di* **scorgere, scorrere**

scorso, -a ['skorso] I. *pp di* **scorrere** II. *agg* vergangen, vorig; **l'anno ~** letztes Jahr; **ultimo ~** vergangenen Monats/Jahres

scorsoio, -a [skor'so:io] <-oi, -oie> *agg* laufend, gleitend; **nodo ~** Schlinge *f*

scorta ['skɔrta] *f* ❶ (*accompagnamento*) Begleitung *f*, Geleit *n* ❷ (MIL) Eskorte *f*, Geleit *n* ❸ (*provvista*) Vorrat *m*, Reserve *f*; **ruota di ~** Ersatz-, Reserverad *n;* **scortare** [skor'ta:re] *vt* geleiten, eskortieren

scortecciare [skortet'tʃa:re] I. *vt* (*albero*) entrinden, die Rinde entfernen von; (*muro*) abkratzen II. *vr* **-rsi** abbröckeln; (*albero*) die Rinde verlieren

scortese [skor'te:ze] *agg* unhöflich;

scortesia [skorte'zi:a] *f* Unhöflichkeit *f*
scorticare [skorti'ka:re] *vt* (*pelle*) ab-, aufschürfen; (*animale*) abziehen; **scorticatura** [skortika'tu:ra] *f* ❶ (*di animale*) Abziehen *n* ❷ (MED) Schürfwunde *f*
scorto ['skɔrto] *pp di* **scorgere**
scorza ['skɔrdza o 'skɔrtsa] *f* ❶ (*di albero*) Rinde *f* ❷ (*di frutto*) Schale *f* ❸ (*di serpente, pesce*) Haut *f*; **avere la ~ dura** (*fig*) ein dickes Fell haben
scorzonera [skordzo'ne:ra o skortso-'ne:ra] *f* Schwarzwurzel *f*
scosceso, -a [skoʃ'ʃe:so] *agg* steil
scosciata [skoʃ'ʃa:ta] *f* Spagat *m o n*
scossa ['skɔssa] *f* ❶ (EL) Schlag *m;* **prendere una ~** einen Schlag bekommen ❷ (*sbalzo*) Ruck *m*, Stoß *m;* **~ di terremoto** Erd(beben)stoß *m* ❸ (*fig*) Schlag *m*, Schock *m*
scossi ['skɔssi] *1. pers sing pass rem di* **scuotere, scuocere**
scosso, -a ['skɔsso] I. *pp di* **scuotere** II. *agg* erschüttert
scossone [skos'so:ne] *m* starker Ruck
scostante [skos'tante] *agg* abweisend, verschlossen
scostare [skos'ta:re] I. *vt* wegschieben, -rücken; (*tenda*) aufziehen II. *vr* **-rsi** wegrücken, zur Seite rücken
scostumatezza [skostuma'tettsa] *f* Unsittlichkeit *f*; (*maleducazione*) Ungezogenheit *f*
scostumato, -a [skostu'ma:to] *agg* sittenlos; (*maleducato*) ungezogen
scotch [skɔtʃ] <-> *m* (*whisky*) Scotch (Whisky) *m*
scotch® <-> *m* (*nastro autoadesivo*) Klebeband *n*
scotennamento [skotenna'mento] *m* ❶ (*di animali*) Abhäuten *n* ❷ (*in campo etnologico*) Skalpieren *n*
scotennare [skoten'na:re] *vt* ❶ (*lardo*) die Schwarte abschneiden von ❷ (*nemici*) skalpieren
scotimento [skoti'mento] *m* Schütteln *n*, Erschütterung *f*
scottante [skot'tante] *agg* ❶ (*che scotta*) brennend ❷ (*fig*) heikel; (*urgente*) drängend, brennend
scottare [skot'ta:re] I. *vt* ❶ (*fiamma, sole*) (ver)brennen; (*liquido bollente*) verbrühen ❷ (GASTR) aufkochen; (*arrosto*) anbraten ❸ (*fig*) verletzen, kränken II. *vi* heiß sein, brennen; **merce che scotta** (*fig*) heiße Ware III. *vr* **-rsi** ❶ (MED) sich verbrennen ❷ (*fig*) sich die Finger verbrennen; **scottata** [skot'ta:ta] *f* Aufkochen *n;* (*di arrosto*) Anbraten *n;* **scottatura** [skot-

ta'tu:ra] *f* ❶ (MED) Verbrennung *f*; (*di sole*) Sonnenbrand *m* ❷ (*fig*) Enttäuschung *f*
scotto ['skɔtto] *pp di* **scuocere**
scout ['skaut] I. <-> *mf* Pfadfinder(in) *m(f)* II. <inv> *agg* Pfadfinder-; **scoutismo** [skau'tizmo] *m* Pfadfinderbewegung *f*; **scoutistico, -a** [skau'tistiko] <-ci, -che> *agg* Pfadfinder-
scovare [sko'va:re] *vt* ❶ (*lepre, volpe*) aufspüren ❷ (*fig*) aufstöbern
scovolino [skovo'li:no] *m* (*per pipe*) Pfeifenputzer *m;* (*per bottiglie*) Flaschenbürste *f*
Scozia ['skɔttsia] *f* Schottland *n*
scozzare [skot'tsa:re] *vt* mischen; **scozzese** [skot'tse:se] I. *agg* schottisch; **gonna ~** Schottenrock *m*, Kilt *m* II. *mf* Schotte *m*, Schottin *f*
scrambler ['skræmblə] <- *o* scramblers> *m* Dekoder *m;* **scramblerista** [skramble'rista] <-i *m*, -e *f*> *mf* (SPORT) Motocrossfahrer(in) *m(f)*
screanzato, -a [skrean'tsa:to] *agg* ungezogen
screditare [skredi'ta:re] I. *vt* diskreditieren, in Misskredit bringen II. *vr* **-rsi** sich diskreditieren; **scredito** ['skre:dito] *m* Misskredit *m*, Verruf *m*
screening ['skri:niŋ] <- *o* screenings> *m* Screening *n*
screen saver <-> *m* (INFORM) Bildschirmschoner *m*
scremare [skre'ma:re] *vt* entrahmen; **scrematura** [skrema'tu:ra] *f* Entrahmung *f*
screpolare [skrepo'la:re] I. *vt* rissig machen II. *vr* **-rsi** rissig werden; **screpolatura** [skrepola'tu:ra] *f* Riss *m*, Sprung *m*
screziare [skret'tsia:re] *vt* sprenkeln
screzio ['skrɛttsio] <-i> *m* Meinungsverschiedenheit *f*
scriba ['skri:ba] <-i> *m* ❶ (REL) Schriftgelehrte(r) *m* ❷ (HIST) Schreiber *m*
scribacchiare [skribak'kia:re] *vt* (*pej*) kritzeln, schmieren; **scribacchino** [skribak'ki:no] *m* (*pej*) Schreiberling *m*
scricchiolamento [skrikkiola'mento] *m* Knirschen *n*, Knistern *n;* (*di legno*) Knarren *n*, Ächzen *n*
scricchiolare [skrikkio'la:re] *vi* knirschen; **scricchiolio** [skrikkio'li:o] <-ii> *m* Knirschen *n*
scricciolo ['skrittʃolo] *m* (*fig fam*) Knirps *m*, Zwerg *m*
scrigno ['skriɲɲo] *m* Schmuckkasten *m*
scriminatura [skrimina'tu:ra] *f* Scheitel *m*
scriptwriter ['skriptraitə] <- *o* scriptwriters> *mf* Drehbuchschreiber(in) *m(f)*

S

scrissi ['skrissi] *1. pers sing pass rem di* **scrivere**

scriteriato, -a [skrite'ria:to] *agg* unvernünftig

scritta ['skritta] *f* Aufschrift *f*

scritto ['skritto] *m* ❶ (*cosa scritta*) Schriftstück *n;* **per** [*o* **in**] ~ schriftlich ❷ (*lettera*) Schreiben *n*

scritto, -a I. *pp di* **scrivere** II. *agg* ❶ (*legge, esame*) schriftlich ❷ (*fig*) eingetragen, eingeschrieben; **scrittografico, -a** [skritto'gra:fiko] <-ci, -che> *agg* (*form*) handschriftlich; **scrittoio** [skrit'to:io] <-oi> *m* Schreibtisch *m;* **scrittore, -trice** [skrit'to:re] *m, f* Schriftsteller(in) *m(f)*

scrittura [skrit'tu:ra] *f* ❶ (*gener*, REL) Schrift *f;* **programma di** ~ (INFORM) Textverarbeitungsprogramm *n* ❷ (JUR) Schriftstück *n,* Dokument *n;* (*contratto*) Vertrag *m* ❸ (THEAT, FILM, MUS) Engagement *n*

scritturare [skrittu'ra:re] *vt* verpflichten, engagieren, aufnehmen *A*

scrivana *f v.* **scrivano**

scrivania [skriva'ni:a] <-ie> *f* ❶ (*tavolo per scrivere*) Schreibtisch *m* ❷ (INFORM: *desktop*) Benutzeroberfläche *f;* **scrivano, -a** [skri'va:no] *m, f* Schreiber(in) *m(f);* **scrivente** [skri'vɛnte] *mf* (ADM) Unterzeichnete(r) *f(m)*

scrivere ['skri:vere] <scrivo, scrissi, scritto> *vt* schreiben; ~ **a macchina** mit der Maschine schreiben; ~ **a mano** von Hand schreiben; ~ **alla lavagna** an die Tafel schreiben; **macchina da** ~ Schreibmaschine *f;* **come si scrive?** wie schreibt man das?

scroccare [skrok'ka:re] *vt* (*fam*) schnorren; **scroccatore, -trice** [skrokka'to:re] *m, f* (*fam*) Schnorrer(in) *m(f);* **scrocco** ['skrɔkko] *m* (*fam*) **a** ~ umsonst, für lau *dial;* **vivere/mangiare a** ~ schnorren; **scroccone, -a** [skrok'ko:ne] *m, f* (*fam*) Schnorrer(in) *m(f)*

scrofa ['skrɔ:fa] *f* Sau *f*

scrollamento [skrolla'mento] *m* Schütteln *n*

scrollare [skrol'la:re] I. *vt* schütteln; (*tovaglia*) ausschütteln; ~ **le spalle** die [*o* mit den] Schultern zucken II. *vi* (INFORM) scrollen, blättern III. *vr* **-rsi** (*fig*) sich aufraffen; **scrollata** [skrol'la:ta] *f* Schütteln *n*

scrolling ['scrouliŋ] <-> *m* (INFORM) Scrollen *n,* Scrolling *n*

scrollo [skrɔllo] *m* Schütteln *n*

scrosciare [skroʃ'ʃa:re] *vi essere o avere* tosen, brausen; (*pioggia*) prasseln; **scroscio** ['skrɔʃʃo] <-sci> *m* Tosen *n,* Getöse *n,* Brausen *n;* (*di pioggia*) Prasseln *n;* ~ **di applausi** Beifallssturm *m;* ~ **di risa** tosendes Gelächter

scrostare [skros'ta:re] I. *vt* abkratzen; (*ferita*) die Kruste entfernen von II. *vr* **-rsi** abblättern

scroto ['skrɔ:to] *m* Hodensack *m,* Skrotum *n*

scrupolo ['skru:polo] *m* Skrupel *m;* **senza -i** skrupellos; **scrupolosità** [skrupolo-si'ta] <-> *f* Gewissenhaftigkeit *f;* **scrupoloso, -a** [skrupo'lo:so] *agg* gewissenhaft

scrutare [skru'ta:re] *vt* erforschen, ergründen; **scrutatore, -trice** [skruta'to:re] I. *m, f* Stimmen(aus)zähler(in) *m(f)* II. *agg* prüfend, forschend

scrutinare [skruti'na:re] *vt* ❶ (JUR) auszählen ❷ (*nell'insegnamento*) benoten; **scrutinatore, -trice** [skrutina'to:re] *m, f* Stimmen(aus)zähler(in) *m(f);* **scrutinio** [skru'ti:nio] <-i> *m* ❶ (JUR) Abstimmung *f,* Wahlgang *m* ❷ (*a scuola*) Notenkonferenz *f*

scucire [sku'tʃi:re] I. *vt* ❶ (*orlo*) auftrennen ❷ (*fam scherz*) herausrücken II. *vr* **-rsi** aufgehen; **scucito, -a** [sku'tʃi:to] *agg* ❶ (*abito, scarpe*) aufgegangen ❷ (*fig*) zusammenhang(s)los; **scucitura** [skut-ʃi'tu:ra] *f* aufgetrennte Naht

scuderia [skude'ri:a] <-ie> *f* ❶ (ZOO) Reit-, Pferde-, Rennstall *m* ❷ (SPORT: *automobilismo*) Rennstall *m*

scudetto [sku'detto] *m* Meistertitel *m;* **vincere lo** ~ Meister werden

scudiero [sku'diɛ:ro] *m* Knappe *m*

scudo ['sku:do] *m* ❶ (MIL) Schild *m;* **lo** ~ **crociato** der Kreuzschild (*Parteiemblem der ehemaligen christdemokratischen Partei DC*) ❷ (*fig*) Schutz *m* ❸ (ZOO) (Panzer)schuppe *f* ❹ (*araldica*) Wappen *n* ❺ (*moneta*) Scudo *m;* ~ **europeo** ECU *m*

scuffia ['skuffia] <-ie> *f* ❶ (*fam*) Verliebtheit *f,* Verknalltsein *n* ❷ (NAUT) Kentern *n*

scugnizzo [skuɲ'ɲittso] *m* (neapolitanischer) Gassenjunge *m*

sculacciare [skulat'tʃa:re] *vt* versohlen *fam;* **sculacciata** [skulat'tʃa:ta] *f* Schläge *mpl* auf den Hintern; **sculaccione** [skulat'tʃo:ne] *m* Schlag *m* auf den Hintern

sculettare [skulet'ta:re] *vi* mit den Hüften wackeln *fam*

scultore, -trice [skul'to:re] *m, f* Bildhauer(in) *m(f);* **scultoreo, -a** [skul'tɔ:reo] *agg* (*arte*) Bildhauer-, plastisch; (*bellezza*) statuarisch, statuengleich; **scultorio, -a** [skul'tɔ:rio] <-i, -ie> *agg* ❶ (*arte, tecnica*) Bildhauer-, plastisch ❷ (*bellezza, atteggiamento*) statuarisch, statuengleich ❸ (*fig*) plastisch, prägnant, bildkräftig

scusarsi	
scusarsi	**sich entschuldigen**
Scusi/Scusate!	Entschuldigung!/Verzeihung!/Pardon!
Chiedo scusa!/Mi scusi!	Entschuldigen Sie bitte!
Chiedo scusa per il ritardo!/Scusate il ritardo!	Entschuldigen Sie bitte die Verspätung!
Mi dispiace, non era (questa la) mia intenzione.	Es tut mir Leid, so war es nicht gemeint.
Non l'ho fatto apposta.	Das habe ich nicht gewollt.
Mi devo davvero scusare per ciò.	Ich muss mich dafür wirklich entschuldigen.
accettare le scuse	**auf Entschuldigungen reagieren**
Non fa niente!	Macht nichts!
Non c'è problema!	Kein Problem!/Nichts passiert!
Non si preoccupi.	Machen Sie sich darüber keine Gedanken.
È tutto a posto! (*fam*)	Schon okay! (*fam*)

scultrice *f* v. **scultore**; **scultura** [skul'tu:ra] *f* ❶ (*arte, tecnica*) Bildhauerei *f* ❷ (*opera*) Skulptur *f*

scuocere ['skuɔ:tʃere] <scuocio, scossi, scotto> I. *vi* verkochen II. *vr* **-rsi** verkochen

scuoiamento [skuoia'mento] v. **scoiamento**

scuola ['skuɔ:la] *f* Schule *f;* ~ **elementare** Grundschule *f;* ~ **media** ≈ Realschule *f;* ~ **superiore** höhere Schule; ~ **materna** Kindergarten *m;* ~ **guida** Fahrschule *f;* ~ **religiosa** Religionsschule *f;* ~ **serale** Abendschule *f;* **apertura/chiusura delle** -e Beginn *m*/Ende *n* des Schuljahres; **fare** ~ Schule machen; **scuolabus** ['skuɔ:labus *o* skuola'bus] *m* Schulbus *m*

scuotere ['skuɔ:tere] <scuoto, scossi, scosso> I. *vt* ❶ (*agitare*) schütteln; (*spalle*) zucken ❷ (*fig*) erschüttern, aufrütteln II. *vr* **-rsi** sich aufraffen; **scuotimento** [skuoti'mento] v. **scotimento**

scure ['sku:re] *f* Axt *f*, Beil *n*

scuretto [sku'retto] *m* Fensterladen *m*

scurire [sku'ri:re] <scurisco> I. *vt* avere verdunkeln, dunkel machen II. *vr* **-rsi** dunkel werden, sich verdunkeln

scuro ['sku:ro] *m* ❶ (*scuretto*) (Fenster)blende *f*, -laden *m* ❷ (*oscurità*) Dunkel *n*, Finsternis *f* ❸ (*colore*) Dunkle(s) *n*

scuro, -a *agg* ❶ (*colore*) dunkel ❷ (*notte*) dunkel, finster ❸ (*fig: fosco*) finster, düster; (*non chiaro*) obskur, dunkel

scurrile [skur'ri:le] *agg* skurril; (*salace*) lasziv, schlüpfrig; **scurrilità** [skurili'ta] <-> *f* Schlüpfrigkeit *f*

scusa ['sku:za] *f* ❶ (*lo scusarsi*) Entschuldigung *f;* (*perdono*) Verzeihung *f;* **chiedere** [*o* **domandare**] ~ um Entschuldigung bitten ❷ (*pretesto*) Ausrede *f;* **avere sempre una ~ pronta** nie um eine Ausrede verlegen sein; **scusabile** [sku'za:bile] *agg* verzeihlich, entschuldbar; **scusante** [sku'zante] *f* Entschuldigung *f*, Rechtfertigung *f*

scusare [sku'za:re] I. *vt* entschuldigen; **scusi, che ore sono?** entschuldigen Sie, wie spät ist es?; **mi scusi** Verzeihung! II. *vr* **-rsi con qu di qc** sich bei jdm für etw entschuldigen

SCV *abbr di* **Stato della Città del Vaticano** Vatikanstaat

s.d. *abbr di* **senza data** o.D.

sdebitarsi [zdebi'tarsi] *vr* (*fig*) ~ **con qu di qc** sich bei jdm für etw revanchieren

sdegnare [zdeɲ'ɲa:re] I. *vt* ❶ (*rifiutare*) ablehnen ❷ (*provocare risentimento*) aufbringen, empören II. *vr* **-rsi** sich empören, sich entrüsten; **sdegno** ['zdeɲɲo] *m* Empörung *f;* **sdegnosità** [zdeɲɲosi'ta] <-> *f* Hochmut *m;* **sdegnoso, -a** [zdeɲ'ɲo:so] *agg* ❶ (*che prova sdegno*) hochmütig ❷ (*che mostra sdegno*) verächtlich

sdemanializzazione [sdemanializdzat'tsio:ne] *f* (ADM) Verstaatlichung *f* öffentlichen Eigentums

S

sdentare [zden'ta:re] I. *vt* ~ **una sega/ruota** die Zähne einer Säge/eines Rads abbrechen II. *vr* **-rsi** die Zähne verlieren; **sdentati** *mpl* (ZOO) Zahnarme(n) *mpl*, Edentaten *mpl*; **sdentato, -a** [zden'ta:to] *agg* zahnlos

SDI *abbr di* **Socialisti Democratici Italiani** *sozialdemokratische Partei Italiens*

sdilinquimento [zdiliŋkui'mento] *m* Schmachten *n*

sdilinquirsi [zdiliŋ'kuirsi] <mi sdilinquisco> *vr* schmachten

sdoganamento [zdogana'mento] *m* Verzollung *f*, Zollabfertigung *f*

sdoganare [zdoga'na:re] *vt* verzollen, abfertigen

sdolcinatezza [zdoltʃina'tettsa] *f* Süßlichkeit *f*

sdolcinato, -a [zdoltʃi'na:to] *agg* süßlich; **parole -e** Süßholzgeraspel *n scherz;* **sdolcinatura** [zdoltʃina'tu:ra] *f* Süßlichkeit *f*

sdoppiamento [zdoppia'mento] *m* Spaltung *f*, Trennung *f;* (*divisione*) Aufteilung *f;* **sdoppiare** [zdop'pia:re] I. *vt* spalten II. *vr* **-rsi** sich spalten

sdraia ['zdra:ia] <-aie> *f* (*fam*) Liegestuhl *m*

sdraiare [zdra'ia:re] I. *vt* (hin)legen; (*buttare a terra*) niederstrecken II. *vr* **-rsi** sich (hin)legen

sdraio¹ ['zdra:io] <-ai> *m* Liegen *n*, Ausgestrecktsein *n;* **sedia a ~** Liegestuhl *m*

sdraio² <-> *f* Liegestuhl *m*

sdrammatizzare [zdrammatid'dza:re] *vt* entschärfen; **sdrammatizzazione** [zdrammatiddzat'tsio:ne] *f* Herunterspielen *n;* ~ **di un problema** das Herunterspielen eines Problems

sdrogarsi [sdro'garsi] *vr* (*sl*) eine Entziehungskur machen, entziehen, clean werden

sdrucciolare [zdruttʃo'la:re] *vi essere* ausrutschen, ausgleiten; **sdrucciolevole** [zdruttʃo'le:vole] *agg* rutschig, glatt

sdrucciolo, -a ['zdruttʃolo] I. *agg* ❶ (LING) auf der drittletzten Silbe betont ❷ (LIT: *verso*) proparoxyton, auf ein Proparoxytonon endend II. *m* Steilhang *m*, abschüssiger Weg

sdrucciolone [zdruttʃo'lo:ne] *m* (Aus)rutscher *m;* **sdruccioloni** [zdruttʃo'lo:ni] *avv* rutschend; **sdruccioloso, -a** [zdruttʃo'lo:so] *agg* rutschig, glatt

sdrucire [zdru'tʃi:re] <sdrucisco o sdrucio, sdrucisci> *vt* auftrennen, zerreißen; **sdrucitura** [zdrutʃi'tu:ra] *f* ❶ (*strappo*) Riss *m* ❷ (*scucitura*) Auftrennung *f*

se¹ [se] I. *cong* ❶ (*condizionale*) wenn,

falls; ~ **mai** wenn je; ~ **non** wenn nicht; ~ **non altro** wenigstens, zumindest; ~ **che** nur dass, aber; ~ **ben ricordo** wenn ich mich recht entsinne; ~ **me l'avesse detto, avrei accettato** wenn er [*o* sie] es mir gesagt hätte, hätte ich angenommen ❷ (*dubitativa, interrogativa, indiretta*) ob; **come** ~ als ob; **come ~ non lo sapessi!** als ob ich das nicht wüsste! ❸ (*esclamativa, desiderativa*) wenn doch; ~ **solo l'avessi saputo!** wenn ich das doch nur gewusst hätte! II. *m* Wenn *n*

se² *pron* (*davanti a lo, la, li, le, ne*) *v.* **si¹**

SE *abbr di* **sudest** SO

sé [se] *pron rifl 3. pers* sich; **essere fuori di** ~ außer sich *dat* sein; **uscire di** ~ den Verstand verlieren; **fra** ~ allein, von selbst; **fra** ~ **e** ~ für sich (allein); **dentro di** ~ in seinem Inneren; ~ **stesso,** ~ **medesimo** sich selbst [*o* selber]; **un caso a** ~ ein Fall für sich; **va da** ~ **che …** es versteht sich (von selbst), dass …; **la cosa di per** ~ **ha poca importanza** die Sache an und für sich hat wenig Bedeutung; **è un uomo che si è fatto da** ~ er ist ein Selfmademan; **chi fa da** ~ **fa per tre** (*prov*) selbst ist der Mann

sebaceo, -a [se'ba:tʃeo] *agg* Talg-

sebbene [seb'bɛ:ne] *cong +conj* obwohl, wenn auch

SEBC *m abbr di* **Sistema europeo delle Banche centrali** ESZB *n* (*Europäisches System der Zentralbanken*)

sebo ['sɛ:bo] *m* Talg *m*

seborrea [sebor'rɛ:a] *f* Seborrhö(e) *f*

sec *abbr di* **secondo** s, Sek.

secante [se'kante] *f* ❶ (*retta*) Sekante *f* ❷ (*funzione*) Sekans *m*

secca ['sekka] <-cche> *f* ❶ (NAUT) Untiefe *f* ❷ (*fig*) Klemme *f*

seccante [sek'kante] *agg* lästig, unangenehm

seccare [sek'ka:re] I. *vt avere* ❶ (*aiuole*) trocknen, trockenlegen ❷ (GASTR) trocknen, dörren ❸ (*sorgente*) austrocknen ❹ (*fig fam: infastidire*) auf die Nerven gehen, sekkieren *A* II. *vr* **-rsi** ❶ (*diventare secco*) vertrocknen, verdorren ❷ (*fam: stancarsi*) **-rsi di fare qc** es satthaben, etw zu tun; **seccato, -a** [sek'ka:to] *agg* ❶ (*pianta, ramo*) verdorrt, vertrocknet ❷ (*fam*) genervt; **seccatore, -trice** [sekka'to:re] *m, f* (*fam*) Störenfried *m;* **seccatura** [sekka'tu:ra] *f* (*fam*) Störung *f*, Belästigung *f;* **secchezza** [sek'kettsa] *f* ❶ (*di aria, clima*) Trockenheit *f* ❷ (*di persona*) Magerkeit *f* ❸ (*fig*) Schroffheit *f;* (*di stile*) Nüchternheit *f*, Kargheit *f*

secchia ['sekkia] <-cchie> *f* Eimer *m*, Kübel *m;* **secchiello** [sek'kiɛllo] *m* Eimerchen *n*, kleiner Eimer; **secchio** ['sekkio] <-cchi> *m* Eimer *m*, Kübel *m*

secchione, -a [sek'kio:ne] *m, f* (*fam pej*) Streber(in) *m(f)*

secco ['sekko] *m* Trockenheit *f*, Trockne(s) *n;* **lavatura a ~** chemische Reinigung; **murare a ~** trocken mauern; **rimanere a ~** (*fig*) auf dem Trockenen sitzen

secco, -a <-cchi, -cche> *agg* ❶ (*terreno, clima*) trocken; (*sorgente*) ausgetrocknet ❷ (*frutta, funghi*) trocken, Trocken-; (*rami*) verdorrt ❸ (*vino*) trocken, herb; (*liquore*) hart ❹ (*persona, gambe*) dürr, mager ❺ (*fig*) trocken, knapp; (*risposta*) schroff ❻ (*loc*) **fare ~ qu** (*fam*) jdn umlegen; **restarci ~** (*fam*) dabei draufgehen

secentesco, -a [setʃen'tesko] <-schi, -sche> *agg* das siebzehnte Jahrhundert betreffend; **secentista** [setʃen'tista] <-i *m*, -e *f*> *mf* Künstler(in) *m(f)* des Seicento/des siebzehnten Jahrhunderts

secernere [se'tʃɛrnere] <secerno, secernei *o* secernetti, secreto> *vt* absondern, ausscheiden

secessione [setʃes'sio:ne] *f* Sezession *f;* **secessionismo** [setʃessio'nizmo] *m* Sezessionismus *m;* **secessionista** [setʃessio'nista] <-i *m*, -e *f*> *mf* Sezessionist(in) *m(f);* **secessionistico, -a** [setʃessio'nistiko] <-ci, -che> *agg* sezessionistisch; **corrente -a** sezessionistische Strömung

seco ['se:ko] *pron* (*poet*) mit sich, bei sich, zu sich

secolare [seko'la:re] *agg* ❶ (*che ha uno, più secoli*) jahrhundertealt ❷ (*laico, mondano*) weltlich, säkular

secolarizzare [sekolarid'dza:re] I. *vt* säkularisieren II. *vr* **-rsi** in die Weltgeistlichkeit eintreten; **secolarizzazione** [sekolariddzat'tsio:ne] *f* Säkularisierung *f*

secolo ['sɛ:kolo] *m* ❶ (*periodo*) Jahrhundert *n;* **il ~ dell'energia nucleare** das Atomzeitalter; **lo scandalo del ~** der Jahrhundertskandal ❷ (*fam*) Ewigkeit *f;* **è un ~ che ti aspetto** ich warte schon eine Ewigkeit auf dich

seconda [se'konda] *f* ❶ (*classe*) zweite Klasse, zweites Schuljahr ❷ (MOT) zweiter Gang ❸ (FERR, NAUT, AERO) zweite Klasse; **viaggiare in ~** zweiter Klasse reisen ❹ (MUS) Sekunde *f* ❺ (SPORT) Sekond *f* ❻ (*loc*) **a ~ di** (je) nach +*dat*, gemäß +*dat*; **a ~ dei casi** von Fall zu Fall

secondamento [sekonda'mento] *m* Unterstützung *f*

secondare [sekon'da:re] *vt* unterstützen

secondariamente [sekondaria'mente] *avv* zweitens; **secondario, -a** [sekon'da:rio] <-i, -ie> *agg* sekundär, Zweit-, Neben-; **proposizione -a** Nebensatz *m;* **scuola -a** Sekundarstufe *f*

secondino [sekon'di:no] *m* Gefängniswärter *m*

secondo[1] [se'kondo] *prp* gemäß +*dat*, nach +*dat*, je nach +*dat*; **~ l'uso** wie gewöhnlich, dem Brauch gemäß; **~ me/te** meiner/deiner Meinung nach; **~ che ... +*conj*** je nachdem, ob ...; **~ quanto mi hanno detto** soweit sie mir gesagt haben

secondo[2] *m* ❶ (GASTR) zweiter Gang, Hauptgang *m* ❷ (*unità di misura del tempo*) Sekunde *f*

secondo, -a I. *agg* zweite(r, s); **Giacomo Secondo** Jakob der Zweite; **abiti di -a mano** Kleider aus zweiter Hand; **~ fine** verborgene Absicht; **di ~ piano** (*fig*) zweitrangig II. *m, f* Zweite(r, s) *f(m, n)*

secondogenito, -a [sekondo'dʒɛ:nito] I. *agg* zweitgeboren II. *m, f* Zweitgeborene(r) *f(m)*

secrétaire [səkre'tɛr] <-> *m* Sekretär *m*

secreto[1] [se'krɛ:to] *m* Sekret *n*

secreto[2] *pp di* **secernere**

secrezione [sekret'tsio:ne] *f* Sekretion *f*, Ausscheidung *f*

securista [seku'rista] <-i *m*, -e *f*> *mf* Mitglied *n* der Securidade; **securitizzazione** [sekuritiddzat'tsio:ne] *f* (FIN) wertpapiermäßige Unterlegung

sedano ['sɛ:dano] *m* Sellerie *m o f*

sedare [se'da:re] *vt* ❶ (*tumulto*) beruhigen ❷ (*dolore*) stillen, lindern

sedativo [seda'ti:vo] *m* Beruhigungsmittel *n*, Sedativum *n*

sedativo, -a *agg* beruhigend, Beruhigungs-

sede ['sɛ:de] *f* ❶ (COM) Sitz *m*, Niederlassung *f* ❷ (ADM) Sitz *m*, Stelle *f*, Ort *m;* **in ~ di** bei +*dat*; **in separata ~** (*a fig*) beiseite

sedentarietà [sedentarie'ta] <-> *f* ❶ (*vita*) sitzende Lebensweise ❷ (*di tribù*) Sesshaftigkeit *f;* **sedentario, -a** [seden'ta:rio] <-i, -ie> *agg* ❶ (*lavoro, vita*) sitzend, im Sitzen ❷ (*tribù*) sesshaft ❸ (*persona*) bewegungsfaul

sedere[1] [se'de:re] <siedo, sedetti *o* sedei, seduto> I. *vi* essere sitzen; **mettersi a ~** sich hinsetzen; **stare a ~** sitzen; **~ a tavola** am Tisch sitzen II. *vr* **-rsi** sich setzen; **-rsi a tavola** sich an den Tisch setzen

sedere[2] *m* (ANAT) Gesäß *n*, Hintern *m fam;* **mi stai prendendo per il ~?** (*fam*) willst du mich verarschen? *vulg*

sedia ['sɛ:dia] <-ie> *f* Stuhl *m*, Sitz *m*, Sessel *m A; ~* **a sdraio** Liegestuhl *m; ~* **elettri-ca** elektrischer Stuhl

sedicenne [sedi'tʃɛnne] **I.** *agg* sechzehn-jährig **II.** *mf* Sechzehnjährige(r) *f(m)*

sedicente [sedi'tʃɛnte] *agg* vorgeblich, an-geblich

sedicesimo [sedi'tʃɛːzimo] *m* (*frazione*) Sechzehntel *n*, sechzehnter Teil

sedicesimo, -a I. *agg* sechzehnte(r, s) **II.** *m, f* Sechzehnte(r, s) *mfn; v. a.* **quin-to; sedici** ['seːditʃi] **I.** *num* sechzehn **II.** <-> *m* (*numero*) Sechzehn *f;* (*nelle da-te*) Sechzehnte(r) *m* **III.** *fpl* sechzehn Uhr; *v. a.* **cinque**

sedile [se'diːle] *m* Sitz *m;* (*di più posti*) Bank *f*

sedimentare [sedimen'taːre] *vi* essere o avere einen (Boden)satz bilden; **sedi-mentario, -a** [sedimen'taːrio] <-i, -ie> *agg* sedimentär, Sediment-, Ablagerungs-; **sedimentazione** [sedimentat'tsioːne] *f* ❶ (*di liquido*) Bodensatzbildung *f*, Ablage-rung *f* ❷ (GEOL) Sedimentation *f;* **sedi-mento** [sedi'mento] *m* ❶ (*deposito*) Ab-lagerung *f;* (*di liquidi*) (Boden)satz *m* ❷ (GEOL) Sediment *n*, Ablagerung *f*

sedizione [sedit'tsioːne] *f* Aufstand *m*, Er-hebung *f;* **sedizioso, -a** [sedit'tsioːso] *agg* aufständisch, aufrührerisch

sedotto [se'dotto] *pp di* **sedurre**

seducente [sedu'tʃɛnte] *agg* verführerisch

sedurre [se'durre] <seduco, sedussi, se-dotto> *vt* verführen; (*fig*) verlocken

seduta [se'duːta] *f* Sitzung *f; ~* **stante** (*a fig*) auf der Stelle

seduttivo, -a [sedut'tiːvo] *agg* verführe-risch, verführend

seduttore, -trice [sedut'toːre] **I.** *agg* ver-führerisch **II.** *m, f* Verführer(in) *m(f);* **se-duzione** [sedut'tsioːne] *f* Verführung; (*fig*) Verlockung *f*, Versuchung *f*

sega ['seːga] <-ghe> *f* ❶ (*utensile*) Säge *f; ~* **circolare** Kreissäge *f; ~* **da traforo** Laubsäge *f* ❷ (*vulg*) Wichsen *n;* **farsi una ~** sich *dat* einen runterholen

segala, segale ['seːgala, 'seːgale] *f* Rog-gen *m*

segaligno, -a [sega'liɲɲo] *agg* mager, ha-ger, dürr

segare [se'gaːre] *vt* ❶ (*tronco*) (ab)sägen ❷ (*vene, gola*) durchschneiden ❸ (*stringe-re*) (ein)schneiden in +*acc* ❹ (*sl*) durchras-seln lassen *fam;* **segatrice** [sega'triːtʃe] *f* Maschinensäge *f; ~* **a disco** Kreissäge *f; ~* **a nastro** Bandsäge *f;* **segatura** [se-ga'tuːra] *f* ❶ (*azione*) (Ab-, Zer)sägen *n* ❷ (*residuo*) Sägemehl *n*, Sägespäne *mpl*

seggio ['sɛddʒo] <-ggi> *m* (PARL) Sitz *m;*

~ **elettorale** (*luogo*) Wahllokal *n*, Wahl-sprengel *m A*

seggiola ['sɛddʒola] *f* Stuhl *m*

seggiolino [sɛddʒo'liːno] *m* (*per bambi-ni*) Kinder-, Hochstuhl *m;* (*sedia pieghevo-le*) Klappstuhl *m;* (AERO) Pilotensitz *m;* **seggiolone** [sɛddʒo'loːne] *m* Hoch-stuhl *m*

seggiovia [sɛddʒo'viːa] *f* Sessellift *m*

segheria [sege'riːa] <-ie> *f* Sägewerk *n*, Sägerei *f*

seghettato, -a [seget'taːto] *agg* gezahnt, gezackt; **coltello ~** Sägemesser *n*

seghetto [se'getto] *m* kleine Säge

segmento [seg'mento] *m* Abschnitt *m*, Segment *n*

segnachiavi [seɲɲa'kiaːvi] <-> *m* Schlüs-selkennschild *n*

segnalamento [seɲɲala'mento] *m* Si-gnale *npl*, Zeichen *npl*

segnalare [seɲɲa'laːre] **I.** *vt* anzeigen; (*annunciare*) melden; (*fig*) aufmerksam machen auf +*acc* **II.** *vr* **-rsi per qc** sich durch etw auszeichnen; **segnalatore, -trice** [seɲɲala'toːre] **I.** *m, f* Melder(in) *m(f)* **II.** *m* Meldegerät *n*, Signalge-ber *m;* **segnalazione** [seɲɲalat'tsioːne] *f* ❶ (OPT, FERR, MOT, AERO) Zeichen *npl*, Sig-nalsystem *n* ❷ (*trasmissione*) Meldung *f* ❸ (*fig*) Hinweis *m*

segnale [seɲ'ɲaːle] *m* Signal *n*, Zeichen *n; ~* **audio/video** (TV) Ton-/Bildsignal *n;* **segnaletica** [seɲɲa'lɛːtika] <-che> *f* Zeichen *npl*, Signalsystem *n; ~* **stradale** Verkehrszeichen *npl*

segnalibro [seɲɲa'liːbro] *m* Lesezeichen *n*

segnaposto [seɲɲa'posto] *m* Tischkarte *f*

segnaprezzo [seɲɲa'prɛttso] <- o -i> *m* Preisschild *n*

segnare [seɲ'ɲaːre] **I.** *vt* ❶ (*notare*) an-merken; (*errori*) anstreichen; (*prendere nota*) aufschreiben ❷ (*contrassegnare*) kennzeichnen, bezeichnen ❸ (COM: *prez-zo*) auszeichnen ❹ (SPORT: *gol, punto*) er-zielen ❺ (*indicare*) anzeigen, zeigen auf +*acc;* (*orologio, termometro*) anzeigen; (*fig*) bedeuten; *~* **qu a dito** (*fig*) mit Fin-gern auf jdn zeigen; *~* **il tempo** den Takt schlagen ❻ (*scalfire*) kratzen, zeichnen **II.** *vr* **-rsi** sich bekreuzigen; **segnasub** [seɲɲa'sub] **I.** <-> *m* Tauchersuchboje *f* **II.** <inv> *agg* Tauchersuch-; **galleggiante ~** Tauchersuchboje *f*

segnatempo [seɲɲa'tɛmpo] <-> *m* Zeit-nehmer *m;* **segnato, -a** [seɲ'ɲaːto] *agg* ❶ (*volto*) gezeichnet; (*deforme*) ent-stellt ❷ (*fig*) vorgezeichnet; **segnatura** [seɲɲa'tuːra] *f* ❶ (*il segnare*) Kennzeichnung *f,* Bezeichnung *f* ❷ (*di libro, typ*) Signatur *f* ❸ (SPORT) Punktzahl *f*

segno ['seɲɲo] *m* ❶ (*indizio, accenno*) Zeichen *n;* **-i caratteristici** besondere Kennzeichen; **~ della croce** Kreuzzeichen *n;* **-i dello zodiaco** Sternzeichen *npl;* **essere nato sotto il ~ del cancro** im Zeichen des Krebses geboren sein; **fare ~ di sì/no** eine zustimmende/ablehnende Geste machen; **fare ~ con la mano** ein Handzeichen geben; **fare ~ con la testa** ein Zeichen mit dem Kopf machen; **in ~ di** zum Zeichen *gen* ❷ (*fig* MED) Symptom *n* ❸ (*traccia*) Spur *f;* **lasciare il ~** Spuren hinterlassen ❹ (*bersaglio*) Ziel(scheibe *f*) *n;* **tiro a ~** Scheibenschießen *n;* **andare a ~** (*a fig*) treffen; **colpire nel ~** (*a fig*) ins Schwarze treffen ❺ (*di libro*) Lesezeichen *n*

sego ['se:go] <-ghi> *m* Talg *m*

segregare [segre'ga:re] I. *vt* absondern II. *vr* **-rsi** sich absondern; **segregazione** [segregat'tsio:ne] *f* Absonderung *f*

segreta [se'gre:ta] *f* ❶ (*di armatura*) Kopfschutz *m* (unter dem Helm) ❷ (*cella*) Verlies *n*

segretaria *f v.* **segretario**

segretariato [segreta'ria:to] *m* Sekretariat *n;* **segretario, -a** [segre'ta:rio] <-i, -ie> *m, f* Sekretär(in) *m(f);* **Segretario di Stato** Staatssekretär(in) *m(f);* **segreteria** [segrete'ri:a] <-ie> *f* Sekretariat *n,* Kanzlei *f;* **~ telefonica** (automatischer) Anrufbeantworter *m*

segretezza [segre'tettsa] *f* Heimlichkeit *f,* Vertraulichkeit *f*

segreto [se'gre:to] *m* ❶ (*gener*) Geheimnis *n;* **~ bancario** Bankgeheimnis *n;* **~ confessionale** Beichtgeheimnis *n;* **~ di stato** Staatsgeheimnis *n;* **fare qc in ~** etw heimlich machen; **custodire un ~** ein Geheimnis hüten; **svelare un ~** ein Geheimnis lüften ❷ (TEC) Geheimverschluss *m*

segreto, -a *agg* geheim, Geheim-, heimlich

seguace [se'gua:tʃe] *mf* Anhänger(in) *m(f)*

seguente [se'gwɛnte] *agg* folgend

segugio [se'gu:dʒo] <-gi> *m* Spürhund *m*

seguire [se'gui:re] I. *vt avere* ❶ (*andare dietro*) **~ qu/qc** jdm/etw folgen; (*per trovare*) jdn/etw verfolgen ❷ (*venire dopo*) folgen auf +*acc,* kommen nach ❸ (*fig*) verfolgen; (*prescrizioni, consiglio*) befolgen; **~ la moda** der Mode folgen; **il consiglio di qu** jds Rat befolgen ❹ (*corso*) verfolgen, teilnehmen an +*dat;* (*studi*) nachgehen II. *vi essere* ❶ (*venir dopo*) folgen, kommen nach ❷ (*continuare*) folgen, fortge-

setzt werden; **segue a pag. 33** Fortsetzung auf S. 33 ❸ (*derivare*) entstehen, folgen

seguitare [segui'ta:re] I. *vt avere* fortsetzen, weitermachen (mit) II. *vi essere o avere* fortfahren; **seguita a nevicare** es schneit weiter; **seguito** [se'guito] *m* ❶ (*scorta*) Gefolge *n* ❷ (*discepoli*) Nachwuchs *m,* Anhängerschaft *f* ❸ (*consenso*) Zustimmung *f,* Erfolg *m* ❹ (*continuazione*) Fortsetzung *f;* **dare ~ a qc** etw fortsetzen ❺ (*fig*) Nachspiel *n,* Folgen *fpl;* **in ~ a** [*o* **di**] infolge +*gen;* **in ~** in der Folgezeit, demnächst; **di ~** ohne Unterbrechung; **e così di ~** und so weiter

sei[1] ['sɛi] I. *num* sechs II. <-> *m* ❶ (*numero*) Sechs *f* ❷ (*nelle date*) Sechste(r) *m* ❸ (*voto scolastico*) ≈ ausreichend, vier III. *fpl* sechs Uhr; *v. a.* **cinque**

sei[2] 2. *pers sing pr di* **essere[1]**

seicentesco, -a [seitʃen'tesko] <-schi, -sche> *agg v.* **secentesco; seicento** [sei'tʃɛnto] I. *num* sechshundert II. <-> *m* Sechshundert *f;* **il Seicento** das siebzehnte Jahrhundert; (*nell'arte italiana*) das Seicento

seigiorni [sei'dʒorni] <-> *f* Sechstagerennen *n*

seimila [sei'mi:la] I. *num* sechstausend II. <-> *m* Sechstausend *f*

selce ['seltʃe] *f* Kiesel(stein) *m;* (*per pavimentazione*) Pflasterstein *m;* **selciare** [sel'tʃa:re] *vt* pflastern

selciato [sel'tʃa:to] *m* Pflaster *n,* Straßenpflaster(ung *f*) *n*

selciato, -a *agg* gepflastert

selenio [se'lɛ:nio] *m* Selen *n*

selenita [sele'ni:ta] <-i *m,* -e *f*> *mf* Mondbewohner(in) *m(f)*

selenite [sele'ni:te] *f* Gipsspat *m*

selenitico, -a [sele'ni:tiko] <-ci, -che> *agg* Mond-

selenologia [selenolo'dʒi:a] <-ie> *f* Selenologie *f;* **selenologico, -a** [seleno'lɔ:dʒiko] <-ci, -che> *agg* selenologisch; **selenologo, -a** [sele'nɔ:logo] <-gi, -ghe> *m, f* Selenologe, -login *m, f*

selettività [selettivi'ta] <-> *f* wählerische Art; **selettivo, -a** [selet'ti:vo] *agg* ❶ (*criteri, metodo*) selektiv, auswählend ❷ (*persona*) wählerisch, heikel *A*

selettore [selet'to:re] *m* (RADIO, TV) (Sender)wähler *m;* (TEL) (Leitungs)wähler *m*

selezionamento [selettsiona'mento] *m* Auswahl *f,* Auswahlverfahren *n;* **selezionare** [selettsiona'ra:re] *vt* auswählen; (*cernire*) sortieren; (*computer*) markieren; **selezionatore, -trice** [selettsio-

na'to:re] **I.** *agg* Auswahl-, Selektions-
II. *m, f* Auswähler(in) *m(f)*, Sortierer(in)
m(f)

selezionatrice *f* Lochkartensortierer *m*

selezione [selet'tsio:ne] *f* ❶ *(scelta)*
(Aus)wahl *f* ❷ (BIOL) Selektion *f*, Auslese *f*
❸ (TEL) Wählen *n* ❹ (INFORM) Sortierung *f*

self-area [sɛlf'ɛariə] <-> *m* Tankstelle *f*
mit automatischer Kraftstoffabgabe; **self-
control** [sɛlfkən'troul *o* 'sɛlf'cɔn'trɔl]
sing m Selbstbeherrschung *f*; **self-made
man** ['sɛlfmeid'mæn] <- *o* self-made
men> *m* Selfmademan *m*; **self-service**
['sɛlf'sə:vis] <-> *m* *(ristorante)* Selbstbedienungsrestaurant *n*; *(negozio)* Selbstbedienungsladen *m*

sella ['sɛlla] *f* Sattel *m*; **sellaio** [sel'la:io]
<-ai> *m* Sattler *m*; **sellare** [sel'la:re] *vt*
satteln; **sellino** [sel'li:no] *m* Sattel *m*;
~ **posteriore** Rück-, Soziussitz *m*

seltz [sɛlts] <-> *m* Selterswasser *n*

selva ['selva] *f* ❶ (BOT) Wald *m*; **la Selva
nera** der Schwarzwald ❷ *(fig)* Menge *f*,
Haufen *m*; *(di cose)* Dickicht *n*

selvaggia *f v.* **selvaggio**

selvaggina [selvad'dʒi:na] *f* Wild *n*, Wildbret *n*

selvaggio, -a [sel'vaddʒo] <-ggi, -gge>
I. *agg* wild **II.** *m, f* Wilde(r) *f(m)*

selvatichezza [selvati'kettsa] *f* Rohheit *f*

selvatico [sel'va:tiko] *m* ❶ *(odore)* Wild-
geruch *m*; *(sapore)* Wildgeschmack *m*
❷ *(luogo)* Wildnis *f*

selvatico, -a [sel'va:tiko] <-ci, -che> *agg* ❶ (BOT, ZOO)
wild ❷ *(fig, pej)* grob, ungesellig

selvicoltore [selvikol'to:re] *m* Forst-
wirt(in) *m(f)*; **selvicoltura** [selvi-
kol'tu:ra] *f* Forstwirtschaft *f*, Waldbau *m*

selz [sɛlts] *v.* **seltz**

semaforo [se'ma:foro] *m* Ampel *f*; (FERR)
Signal *n*; ~ **marittimo** Signalstation *f*;
~ **verde** *(fig)* grünes Licht

semantica [se'mantika] <-che> *f* Semantik *f*; **semantico, -a** [se'mantiko] <-ci,
-che> *agg* semantisch

sembiante [sem'biante] *m* *(obs)* Aussehen *n*; *(volto)* Antlitz *n* *geh*

sembianza [sem'biantsa] *f* ❶ *(somiglianza)* Ähnlichkeit *f*, Ebenbild *n* ❷ *pl (lineamenti)* Züge *mpl*

sembrare [sem'bra:re] *vi essere* ❶ *(parere)* scheinen; **sembra che ...** +*conj* es
scheint, dass ...; **sembra contento** er
scheint zufrieden (zu sein); **sembra non
ricordarsi dell'accaduto** er [*o* sie] scheint
sich an den Vorfall nicht zu erinnern ❷ *(ritenere)* erscheinen, glauben; **ti sembra di
aver ragione?** glaubst du, dass du Recht

hast?; **come ti sembra?** was hältst du davon? ❸ *(avere l'aspetto)* aussehen, ausschauen *A*

seme ['se:me] *m* ❶ (BOT) Same(n) *m*,
Keim *m*; (GASTR) Kern *m* ❷ *(fig)* Same *m*,
Saat *f*, Keim *m* ❸ *(delle carte)* Farbe *f*; **semente** [se'mɛnte] *f* Saat *f*, Saatgut *n*; **semenza** [se'mɛntsa] *f* ❶ (BOT) Saat *f*, Saatgut *n* ❷ *(fig poet)* Geschlecht *n* ❸ *(chiodo)* Tä(c)ks *m*, Tacks *m A*

semestrale [semes'tra:le] *agg* halbjähr-
lich; *(corso)* Semester-; **semestre** [se'mɛ-
stre] *m* Halbjahr *n*; *(all'università)* Semester *n*

semi- [semi] *(in parole composte)* Halb-,
halb-

semianalfabeta [semianalfa'bɛ:ta] <-i *m*,
-e *f*> **I.** *agg* halb analphabetisch **II.** *mf* hal-
be(r) Analphabet(in) *m(f)*; **semianalfa-
betismo** [semianalfabe'tizmo] *m* weit
gehender Analphabetismus

semiangli(ci)smo [semiaŋ'glizmo (se-
miaŋgli'tʃizmo)] *m* Anglizismus *m* mit italienischem Präfix

semiaperto, -a [semia'pɛrto] *agg* halb offen

semiasse [semi'asse] *m* ❶ (MAT) Hal-
bachse *f* ❷ (MOT) Antriebswelle *f*

semibarriera [semibar'riɛ:ra] *f* Bahnübergang *m* mit Halbschranke

semibiscroma [semibis'krɔ:ma] *f* Vier-
undsechzigstelnote *f*

semibreve [semi'brɛ:ve] *f* ganze Note,
Ganztaktnote *f*

semicerchio [semi'tʃerkio] *m* Halbkreis *m*; **disporsi a ~** sich im Halbkreis aufstellen

semichiuso, -a [semi'kiu:so] *agg* halb geschlossen

semicircolare [semitʃirko'la:re] *agg* halb
kreisförmig; **semicirconferenza** [semi-
tʃirkonfe'rɛntsa] *f* halbe Kreislinie

semicolto, -a [semi'kɔlto] **I.** *agg* halb gebildet **II.** *m, f* Halbgebildete(r) *f(m)*

semiconduttore [semikondu'to:re] *m*
(PHYS) Halbleiter *m*

semicoperto, -a [semiko'pɛrto] *agg* halb
bedeckt

semicroma [semi'krɔ:ma] *f* Sechzehntelnote *f*

semidetenuto, -a [semidete'nu:to] **I.** *agg*
Freigang im gelockerten Strafvollzug habend **II.** *m, f* Freigänger(in) *m(f)*; **semi-
detenzione** [semideten'tsio:ne] *f* (JUR)
gelockerter Strafvollzug mit Freigang

semidio, -dea [semi'di:o *o* se-
mid'di:o] *m, f* Halbgott *m*, -göttin *f*

semieretto, -a [semie'rɛtto] *agg* halb aufrecht

semifinale [semifiˈnaːle] *f* Semi-, Halbfinale *n*

semifrancese [semifranˈtʃeːse] *agg* aus französischem Wortstamm und italienischem Präfix zusammengesetzt; **semifrancesismo** [semifrantʃeˈzizmo] *m* französischer Wortstamm mit italienischem Präfix

semifreddo [semiˈfreddo] *m* Halbgefrorene(s) *n*

semigrasso, **-a** [semiˈgrasso] *agg* halb fett

semiinglese [semiinˈgleːse] *agg* aus Anglizismen und italienischen Präfixen zusammengesetzt

semilibero, **-a** [semiˈliːbero] *m, f* (JUR) Freigänger(in) *m(f);* **semilibertà** [semiliberˈta] <-> *f* (JUR) offener Strafvollzug

semiliquido, **-a** [semiˈliːkuido] *agg* dickflüssig, zähflüssig

semilunio [semiˈluːnio] <-i> *m* Halbmond *m*

semiminima [semiˈmiːnima] *f* Viertelnote *f*

semimpermeabilità [semiimpermeabiliˈta] <-> *f* Semipermeabilität *f,* Halbdurchlässigkeit *f*

semina [ˈseːmina] *f* (AGR) ❶ (*operazione*) Aussaat *f* ❷ (*periodo*) Saatzeit *f;* **seminale** [semiˈnaːle] *agg* Samen-, Keim-; **seminare** [semiˈnaːre] *vt* ❶ (AGR) (aus)säen ❷ (*fig: odio*) säen ❸ (SPORT) abschütteln, abhängen

seminario [semiˈnaːrio] <-i> *m* Seminar *n;* (REL) Priesterseminar *n*

seminato [semiˈnaːto] *m* (AGR) Saatfeld *n*

seminato, **-a** *agg* (*fig*) ~ **di** übersät mit; **seminatore**, **-trice** [seminaˈtoːre] *m, f* (AGR) Säer(in) *m(f),* Sämann *m;* **seminatrice** [seminaˈtriːtʃe] *f* Sämaschine *f;* **seminazione** [seminatˈtsioːne] *f* Saat *f*

seminfermità [seminfermiˈta] *f* halb kranker Zustand; ~ **mentale** verminderte Zurechnungsfähigkeit

seminterrato [seminterˈraːto] *m* Kellergeschoss *n,* Souterrain *m*

seminterrato, **-a** *agg* Keller-, Souterrain-

seminudo, **-a** [semiˈnuːdo] *agg* halb nackt

semiologia [semioloˈdʒiːa] <-gie> *f* Semiologie *f*

semioscurità [semioskuriˈta] <-> *f* Halbdunkel *n;* **semioscuro**, **-a** [semiosˈkuːro] *agg* halb dunkel, dämmrig

semiotica [seˈmiɔːtika] <-che> *f* Semiotik *f*

semipieno, **-a** [semiˈpiɛːno] *agg* halb voll

semipresidenzialismo [semipresidentsiaˈlizmo] *m* Präsidenzialismus *m* nach französischem Vorbild

semiprò [semiˈpro] <-> *mf v.* **semiprofessionista**

semiprofessionista [semiprofessioˈnista] <-i *m,* -e *f>* I. *mf* (SPORT) Halbprofi *m* II. *agg* (SPORT) Halbprofi-, semiprofessionell; **giocatore** ~ Halbprofi *m*

semiraffinato, **-a** [semiraffiˈnaːto] *agg* halb raffiniert; **zucchero** ~ halb raffinierter Zucker

semirigido [semiˈriːdʒido] *m* (*tessuto*) Steifleinen *n*

semirigido, **-a** *agg* (TEC) halb starr; **lenti a contatto -e** halb weiche Kontaktlinsen *fpl*

semirimorchio [semiriˈmɔrkio] *m* (TEC) Auflieger *m*

semisecco, **-a** [semiˈsekko] <-cchi, -cche> *agg* (*vino*) halbtrocken

semisfera [semisˈfɛːra] *f* Halbkugel *f,* Hemisphäre *f;* **semisferico**, **-a** [semisˈfɛːriko] <-ci, -che> *agg* halb kugelförmig

semisolido, **-a** [semiˈsɔːlido] *agg* halbfest, gallertartig

semita [seˈmiːta] <-i *m,* -e *f>* I. *mf* Semit(in) *m(f)* II. *agg* semitisch

semitappa [semiˈtappa] *f* halbe Etappe *f;* **semitico**, **-a** [seˈmiːtiko] <-ci, -che> *agg* semitisch

semitono [semiˈtɔːno] *m* Halbton *m*

semitrasparente [semitraspaˈrɛnte] *agg* durchscheinend, lichtdurchlässig; **semitrasparenza** [semitraspaˈrɛntsa] *f* Lichtdurchlässigkeit *f*

semiufficiale [semiuffiˈtʃaːle] *agg* halbamtlich

semivuoto, **-a** [semiˈvuɔːto] *agg* halb voll; **un bicchiere** ~ ein halb volles Glas

semmai [semˈmaːi] *cong* wenn je, falls je

semola [ˈseːmola] *f* ❶ (*farina*) Grieß *m* ❷ (*crusca*) Kleie *f;* **semolato**, **-a** [semoˈlaːto] *agg* fein(gekörnt); **semolino** [semoˈliːno] *m* ❶ (*farina*) Grieß(mehl *n*) *m* ❷ (*minestra*) Grießsuppe *f*

semovente [semoˈvɛnte] I. *agg* selbsttätig; **cannone** ~ mobile Kanone II. *m* mobile Artillerie

sempiterno, **-a** [sempiˈtɛrno] *agg* (*poet*) ewiglich

semplice [ˈsemplitʃe] *agg* ❶ (*gener*) einfach ❷ (*fig a*) schlicht, simpel; (*pej: ingenuo*) einfältig; **semplicemente** [semplitʃeˈmente] *avv* ❶ (*soltanto*) (einfach) nur, bloß ❷ (*in modo semplice*) einfach, schlicht; **semplicione**, **-a** [sempliˈtʃoːne] (*fam*) I. *agg* einfach, anspruchslos II. *m, f* einfacher Mensch

S

sempliciotto, -a [sempli'tʃɔtto] (*fam*)
I. *agg* einfältig II. *m, f* Einfaltspinsel *m*
semplicismo [sempli'tʃizmo] *m* Oberflächlichkeit *f;* **semplicistico, -a** [sem-
pli'tʃistiko] <-ci, -che> *agg* oberflächlich
semplicità [semplitʃi'ta] <-> *f* ❶ (*gener*) Einfachheit *f* ❷ (*fig*) Einfachheit *f,*
Schlichtheit *f,* Klarheit *f;* (*pej: ingenuità*)
Einfältigkeit *f*
semplificare [semplifi'ka:re] I. *vt* ❶ (*gener*) vereinfachen ❷ (MAT) kürzen II. *vr*
-rsi sich vereinfachen; **semplificativo,
-a** [semplifika'ti:vo] *agg* vereinfachend,
simplifizierend; **semplificazione** [sem-
plifikat'tsio:ne] *f* Vereinfachung *f*
sempre ['sɛmpre] *avv* ❶ (*in ogni tempo*)
immer, stets ❷ (*continuamente*) ständig,
die ganze Zeit; **da** ~ seit jeher, seit eh und
je; **una volta per** ~ ein für allemal ❸ (*ancora, tuttavia*) immer noch ❹ (*con comparativo*) immer ❺ (*ma*) aber nur, im-
mer(nur); ~ **che** +*conj* falls (nur), wenn
(nur)
sempreverde [sempre'verde] I. *agg* immergrün II. *m o f* Immergrün *n*
sempronio, -a [sem'prɔ:nio] <-i, -ie> *m, f*
(*fam*) irgendwer, Herr/Frau Soundso; **Tizio, Caio e Sempronio** Hinz und Kunz
fam
senape[1] ['sɛ:nape] *f* Senf *m*
senape[2] <inv> *agg* senffarben
senato [se'na:to] *m* Senat *m;* **senatore,
-trice** [sena'to:re] *m, f* Senator(in) *m(f);*
senatoriale [senato'ria:le] *agg* Senats-,
Senatoren-; **senatrice** *f v.* **senatore**
senescente [seneʃ'ʃɛnte] *agg* (*geh*)
alternd; **senescenza** [seneʃ'ʃɛntsa] *f*
(*geh*) Altern *n*
senese[1] <*sing*> *m* (*dialetto*) sienesischer
Dialekt
senese[2] [se'ne:se] I. *agg* sienesisch; **la
scuola ~ di pittura** die sienesische Kunst-
schule II. *mf* (*abitante*) Einwohner(in)
m(f) von Siena
Senese <*sing*> *m* Provinz *f* Siena
senicoltura [senikol'tu:ra] *f* Altenpflege *f*
senile [se'ni:le] *agg* Greisen-, Alters-; **senilità** [senili'ta] <-> *f* (Greisen)alter *n*
senior[1] ['sɛ:nior] <inv> *agg* ❶ (*più
vecchio*) senior; **il signor Giorgi ~** Herr
Giorgi senior ❷ (SPORT) Senioren-
senior[2] <seniores> *mf* Senior(in) *m(f)*
Senna ['sɛnna] *f* Seine *f*
senno ['sɛnno] *m* Verstand *m;* **uscire di ~,
perdere il ~** den Verstand verlieren
sennò [sen'nɔ] *avv* (*fam*) sonst
sennonché [sennoŋ'ke] *cong* aber, jedoch
seno ['se:no] *m* ❶ (*petto*) Brust *f,* Busen *m*

❷ (*ventre*) Leib *m,* Schoß *m* ❸ (*fig*) Inne-
re(s) *n;* (*cuore*) Herz *n;* (*anima*) Seele *f*
❹ (GEOG) Meerbusen *m* ❺ (MAT) Sinus *m*
senonché [senoŋ'ke] *v.* **sennonché**
sensale [sen'sa:le] *mf* Vermittler(in) *m(f)*
sensatezza [sensa'tettsa] *f* Vernunft *f,*
Vernünftigkeit *f;* **sensato, -a** [sen'sa:to]
agg vernünftig
sensazionale [sensattsio'na:le] *agg* sensationell, Aufsehen erregend; **sensazio-
nalista** [sensattiona'lista] <-i *m,* -e *f>*
I. *mf* Sensationshungrige(r) *f(m),* Sensati-
onslüsterne(r) *f(m)* II. *agg* Sensations-;
comportamento ~ Sensationshascherei *f;*
sensazione [sensat'tsio:ne] *f* ❶ (*tattile,
visiva*) Gefühl *n,* Empfindung *f* ❷ (*impressione*) Eindruck *m,* Gefühl *n* ❸ (*viva impressione*) Sensation *f,* Aufsehen *n;* **fare ~**
Aufsehen erregen
sensibile [sen'si:bile] *agg* ❶ (*fenomeni*)
(sinnlich) wahrnehmbar ❷ (*persona*) sensibel, feinfühlig ❸ (*a uno stimolo*) **essere ~
a qc** gegen etw empfindlich sein; (*fig*) für
etw empfänglich sein ❹ (*notevole*) spürbar, merklich ❺ (TEC) empfindlich; (FOTO)
(licht)empfindlich; **sensibilità** [sensibi-
li'ta] <-> *f* ❶ (*capacità di percepire*) Empfindungsvermögen *n,* Gefühl *n* ❷ (*emotiva*) Sensibilität *f,* Feingefühl *n* ❸ (TEC, MED)
Empfindlichkeit *f;* (FOTO) (Licht-)empfind-
lichkeit *f;* **sensibilizzare** [sensibi-
lid'dza:re] *vt* empfindlich machen; (*a fig*)
sensibilisieren
sensitiva *f v.* **sensitivo**
sensitività [sensitivi'ta] <-> *f* Empfindung *f,* Empfindungsvermögen *n;* **sensitivo, -a** [sensi'ti:vo] I. *agg* ❶ (*facoltà*) sinnlich, Sinnen-; (*organo*) Sinnes- ❷ (*sensibile, emotivo*) empfindlich, empfindsam
II. *m, f* Medium *n*
senso ['sɛnso] *m* ❶ (*facoltà*) Sinn *m* ❷ *pl*
(*coscienza*) Bewusstsein *n;* (*sensualità*)
Sinne *mpl* ❸ (*stato, sensazione*) Gefühl *n;*
buon ~, ~ comune gesunder Menschenverstand; **~ pratico** Sinn *m* fürs Praktische; **~ della misura** Gefühl *n* für das
rechte Maß; **fare ~** anekeln, ekelhaft sein
❹ (*significato*) Sinn *m;* **a ~** sinngemäß
❺ (*direzione*) Richtung *f;* **~ vietato** verbo-
tene Fahrtrichtung; **~ unico** Einbahnstraße *f;* **in ~ opposto** in Gegenrichtung, in
entgegengesetzter Richtung; **in ~ orario/
antiorario** im/gegen den Uhrzeigersinn;
nel ~ della lunghezza/larghezza der
Länge/Breite nach
sensore [sen'so:re] *m* Sensor *m;* **~ elettronico** elektronischer Sensor; **~ solare** Solar-
sensor *m;* **~ pioggia** Regensensor *m*

sensoriale [senso'ria:le] *agg* Sinnes-, Empfindungs-; **sensorio, -a** [sen'sɔ:rio] <-i, -ie> *agg* sensorisch, Sinnes-

sensorizzare [sensorid'dza:re] *vt* mit Sensoren versehen

sensuale [sensu'a:le] *agg* sinnlich; (*dei sensi*) Sinnes-, Sinnen-; **sensualità** [sensuali'ta] <-> *f* Sinnlichkeit *f*

sentenza [sen'tɛntsa] *f* ❶ (JUR) Urteil(sspruch *m*) *n*; ~ **di assoluzione** Freispruch *m*; ~ **di condanna** Verurteilung *f* ❷ (*massima*) (Aus)spruch *m*; **sputar -e** Sprüche klopfen *fam*; **sentenziare** [senten'tsia:re] *vt* ❶ (JUR) verhängen ❷ (*fig*) ein Urteil abgeben über +*acc*; **sentenzioso, -a** [senten'tsio:so] *agg* ❶ (*libro, stile*) sentenzenhaft ❷ (*persona*) schulmeisterlich

sentiero [sen'tiɛ:ro] *m* Pfad *m*, Weg *m*; ~ **didattico** Lehrpfad *m*

sentimentale [sentimen'ta:le] *agg* sentimental; **sentimentalismo** [sentimenta'lizmo] *m* (*pej*) Sentimentalität *f*, Gefühlsseligkeit *f*; **sentimentalità** [sentimentali'ta] <-> *f* Sentimentalität *f*

sentimento [senti'mento] *m* ❶ (*il sentire*) Gefühl *n* ❷ *pl* (*modo di pensare*) Gesinnung *f*

sentinella [senti'nɛlla] *f* Wache *f*; **fare la ~** (auf) Wache stehen, Wache schieben *fam*

sentire [sen'ti:re] **I.** *vt* ❶ (*con le orecchie*) hören; (*ascoltare*) sich *dat* anhören; ~ **qu** jdm zuhören; **farsi ~** sich *dat* Gehör verschaffen; **stare a ~** zuhören ❷ (*con il naso*) riechen ❸ (*col gusto*) schmecken; (*assaggiare*) probieren, kosten ❹ (*col tatto*) spüren, fühlen ❺ (*provare*) fühlen, empfinden; (*fame, sete*) haben; **sento caldo/ freddo** mir ist (es) warm/ich friere ❻ (*venire a sapere*) erfahren, hören ❼ (*accorgersi*) merken, spüren **II.** *vi* ❶ ~ **di qc** (*avere odore*) nach etw riechen; (*avere sapore*) nach etw schmecken ❷ (*udire*) hören (können) **III.** *vr* **-rsi** sich fühlen; (*essere disposto*) sich imstande [*o* im Stande] fühlen; **mi sento bene** ich fühle mich wohl; **mi sento male** mir ist schlecht; **-rsi svenire** sich einer Ohnmacht nahe fühlen; **non me la sento** (*fam*) ich habe keine Lust dazu; **sentito, -a** [sen'ti:to] *agg* ❶ (*sincero*) herzlich, aufrichtig ❷ (*loc*) **per ~ dire** vom Hörensagen; **sentore** [sen'to:re] *m* Ahnung *f*; **avere ~ di qc** von etw Wind bekommen *fam*

senza ['sɛntsa] **I.** *prp* ohne +*acc*, -los; ~ **di me/te/lui** ohne mich/dich/ihn; ~ **casa** obdachlos; ~ **dubbio** zweifellos; ~ **paragone** unvergleichlich, ohnegleichen; **senz'al-**

tro ohne weiteres, auf jeden Fall; **fare ~ qc/qu** ohne etw/jdn auskommen; **rimanere ~ qc** etw nicht mehr haben **II.** *cong* ohne zu +*inf*; ~ **dire niente** ohne etw zu sagen; ~ **che** +*conj* ohne dass; **senzadio** [sentsa'di:o] <-> *mf* Gottlose(r) *f(m)*; **senzapatria** [sentsa'pa:tria] <-> *mf* Staaten-, Heimatlose(r) *f(m)*; **senzatetto** [sentsa'tetto] <-> *mf* Obdachlose(r) *f(m)*, Sandler(in) *m(f)* A

separare [sepa'ra:re] **I.** *vt* trennen; (*tenere distinto*) unterscheiden **II.** *vr* **-rsi** sich trennen; **separatamente** [separata'mente] *avv* getrennt; (*uno alla volta*) einzeln; **separatismo** [separa'tizmo] *m* Separatismus *m*; **separatista** [separa'tista] <-i *m*, -e *f*> **I.** *mf* Separatist(in) *m(f)* **II.** *agg* separatistisch; **separatistico, -a** [separa'tistiko] <-ci, -che> *agg* separatistisch; **separato, -a** [sepa'ra:to] *agg* getrennt; **separatore, -trice** [separa'to:re] *agg* trennend, Trenn-; **separatorio, -a** [separa'tɔ:rio] <-i, -ie> *agg* Trenn-; **pannello/muro ~** Trennwand *f*; **separazione** [separat'tsio:ne] *f* Trennung *f*; (*distacco*) Abschied *m*, Auseinandergehen *n*; ~ **dei beni** Gütertrennung *f*

séparé [sepa're] *m* (Chambre) Séparée *n*

sepolcrale [sepol'kra:le] *agg* Grab-; (*fig: silenzio, voce*) Grabes-; **sepolcro** [se'polkro] *m* Grab *n*, Grabmal *n*

sepolto, -a [se'polto] **I.** *pp di* **seppellire** **II.** *agg* ❶ (*seppellito*) begraben, beerdigt ❷ (*fig*) versunken **III.** *m*, *f* Begrabene(r) *f(m)*; **sepoltura** [sepol'tu:ra] *f* ❶ (*sepolcro*) Begräbnisstätte *f* ❷ (*cerimonia*) Begräbnis *n*, Beerdigung *f*

seppellimento [seppelli'mento] *m* Begräbnis *n*, Beerdigung *f*; **seppellire** [seppel'li:re] <seppellisco, seppellii, seppellito *o* sepolto> **I.** *vt* ❶ (*morti*) begraben, beerdigen ❷ (*oggetti*) vergraben ❸ (*ricoprire*) verschütten, begraben ❹ (*fig*) begraben **II.** *vr* **-rsi** sich vergraben

seppi ['sɛppi] *1. pers sing pass rem di* **sapere**[1]

seppia[1] ['seppia] <-ie> *f* Tintenfisch *m*, Sepia *f*

seppia[2] <inv> *agg* sepiabraun

seppure, se pure [sep'pu:re] *cong* +*conj* auch [*o* selbst] wenn

sequela [se'kuɛ:la] *f* Folge *f*, (lange) Reihe *f*

sequenza [se'kuɛntsa] *f* ❶ (*serie*) (Ab-, Reihen)folge *f*, Reihe *f* ❷ (FILM) Sequenz *f*, Reihe *f*; **sequenzialità** [sekuentsiali'ta] <-> *f* Sequenz *f*, Folge *f*; **sequenziare** [sekuen'tsia:re] *vt* eine Sequenzanalyse der DNA durchführen bei, die Aminosäuresequenz der DNA bestimmen von

sequestrare [sekues'tra:re] *vt* ❶ (JUR) beschlagnahmen ❷ (*illegalmente*) entführen; **sequestratore, -trice** [sekuestra'to:re] *m, f* Entführer(in) *m(f)*, Geiselnehmer(in) *m(f);* **sequestro** [se'kuɛstro] *m* ❶ (JUR) Beschlagnahme *f;* **mettere sotto ~** beschlagnahmen, in Beschlag nehmen; **tenere sotto ~** unter [*o* in] Beschlag halten ❷ (*illegale*) Entführung *f;* **~ di persona** Freiheitsberaubung *f*

sera ['se:ra] *f* Abend *m;* **~ della vita** Lebensabend *m;* **buona ~!** guten Abend!; **di ~** abends; **domani/ieri ~** morgen/gestern Abend; **la ~ prima** am Abend vorher; **si fa ~** es wird Abend

seraficità [serafitʃi'ta] <-> *f* Engelhaftigkeit *f,* Seraphienhaftigkeit *f*

serafico, -a [se'ra:fiko] <-ci, -che> *agg* ❶ (*fig fam*) seelenruhig, friedvoll ❷ (REL) seraphisch, engelhaft

serafino [sera'fi:no] *m* Seraph(im) *m*

serale [se'ra:le] *agg* abendlich, Abend-; **scuola ~** Abendschule *f;* **turno ~** Spätschicht *f;* **serata** [se'ra:ta] *f* Abend *m;* (*festa*) Abendveranstaltung *f*

serbare [ser'ba:re] **I.** *vt* ❶ (*conservare*) (auf)bewahren, (auf)sparen ❷ (*fig: parola*) halten; (*segreto*) bewahren **II.** *vr* **-rsi** sich erhalten, bleiben

serbatoio [serba'to:io] <-oi> *m* Tank *m*

Serbia ['sɛrbia] *f* Serbien *n*

serbo ['sɛrbo] *m* **in ~** in Verwahrung, in Aufbewahrung

serbo, -a I. *agg* serbisch **II.** *m, f* (*abitante*) Serbe, Serbin *m, f*

serbocroato [serbokro'a:to] *m* Serbokroatisch(e) *n*

serbocroato, -a *agg* serbokroatisch

serenata [sere'na:ta] *f* Serenade *f;* (*canto*) Ständchen *n*

serendipità [serendipi'ta] <-> *f* Zufallsentdeckungen *fpl*

Serenissima [sere'nissima] *f* **la ~** die Republik Venedig

serenissimo, -a [sere'nissimo] *agg* (*geh, obs*) durchlauchtigste(r, s); **Altezza Serenissima** Durchlaucht *f*

serenità [sereni'ta] <-> *f* ❶ (*di persona*) Heiterkeit *f,* Ruhe *f* ❷ (*di giudizio*) Unparteilichkeit *f*

sereno [se're:no] *m* heiterer Himmel

sereno, -a *agg* ❶ (METEO) heiter, wolkenlos ❷ (*persona*) heiter, ruhig; (*vita*) unbeschwert

sergente [ser'dʒɛnte] *m* Sergeant *m,* Unteroffizier *m*

serial ['sɛrial] <-> *m* Fernsehserie *f*

serializzare [serialid'dza:re] *vt* als Sammelbestellung aufgeben

seriamente [seria'mente] *avv* ernsthaft, ernstlich

sericoltura [serikol'tu:ra] *f* Seidenraupenzucht *f*

serie ['sɛːrie] <-> *f* ❶ (*gener*) Reihe *f,* Serie *f;* **modello di ~** Serienmodell *n;* **modello fuori ~** Sondermodell *n;* **produzione in ~** Serienproduktion *f* ❷ (*raccolta*) Serie *f,* Satz *m* ❸ (SPORT) Klasse *f,* Liga *f;* **squadra di ~ A/B** Mannschaft *f* der 1./2. Liga

serietà [serie'ta] <-> *f* Ernst(haftigkeit *f*) *m;* (*gravità*) Ernst *m*

serigrafia [serigra'fi:a] *f* Siebdruck *m*

serio ['sɛːrio] *m* Ernst *m;* **sul ~** im Ernst, ernsthaft; **fare sul ~** (*fam*) keinen Spaß machen, es ernst meinen; **prendere qc/qu sul ~** etw/jdn ernst nehmen

serio, -a <-i, -ie> *agg* ernsthaft; (*grave*) ernst

sermone [ser'mo:ne] *m* ❶ (REL) Predigt *f* ❷ (*fig, pej*) Sermon *m,* langweiliges Geschwätz

serpaio [ser'pa:io] <-ai> *m* ❶ (*luogo*) Schlangengrund *m* ❷ (*cercatore*) Schlangenfänger *m*

serpe ['sɛrpe] *f* Schlange *f*

serpeggiante [serped'dʒante] *agg* gewunden; **serpeggiare** [serped'dʒa:re] *vi* ❶ (*strada, fiume*) sich schlängeln, sich winden ❷ (*fig*) sich einschleichen

serpente [ser'pɛnte] *m* ❶ (*a, fig, pej*) Schlange *f;* **~ a sonagli** Klapperschlange *f;* **~ dagli occhiali** Brillenschlange *f* ❷ (*pelle*) Schlangenleder *n*

serpentina [serpen'ti:na] *f* (*linea*) Schlangenlinie *f;* (*di strada*) Serpentine *f;* **serpentino, -a** [serpen'ti:no] **I.** *agg* Schlangen-, schlangenförmig, schlangenartig; **lingua -a** (*fig*) gespaltene Zunge **II.** *m* ❶ (MIN) Serpentin *m* ❷ (CHEM) (Heiz)schlange *f*

serra ['sɛrra] *f* ❶ (BOT, AGR) Treib-, Gewächshaus *n;* **effetto ~** Treibhauseffekt *m* ❷ (GEOG) Sierra *f*

serradadi [serra'da:di] <-> *m* Schraubenschlüssel *m*

serrafila [serra'fi:la] **I.** *mf* Hintermann *m* **II.** *f* Schlussschiff *n*

serrafilo [serra'fi:lo] *m* (Verbindungs-)klemme *f*

serraglio [ser'raʎʎo] <-gli> *m* ❶ (ZOO) Menagerie *f,* Tierschau *f* ❷ (*harem*) Serail *m,* Harem *m*

serramanico [serra'ma:niko] *m* **coltello a ~** Klappmesser *n*

serrame [ser'ra:me] *m* Verschluss *m,* Rie-

gel *m*
serramento [serra'mento] <-i *m o* -a *f>*
mf Fenster *npl* und Türen *fpl*
serranda [ser'randa] *f* Rollladen *m*
serrare [ser'ra:re] *vt* **❶** (*porta, baule*) (ab-,
ver)schließen; (*vele*) streichen **❷** (*occhi*)
schließen, zukneifen; (*pugni*) ballen; (*labbra*) zusammenpressen; **serra serra**
['sɛrra 'sɛrra] <-> *m* Gedränge *n*
serrata [ser'ra:ta] *f* Aussperrung *f*
serrate [ser'ra:te] *m* (SPORT) ~ **finale** Endspurt *m;* **serrato, -a** [ser'ra:to] *agg*
❶ (*maglia*) dicht; (*schiera*) dicht gedrängt
❷ (*fig*) kurz, knapp
serratura [serra'tu:ra] *f* Schloss *n;* ~ **di sicurezza** Sicherheitsschloss *n;* ~ **a scatto**
Schnappschloss *n*
serva ['sɛrva] *f* **❶** (*donna di servizio*) Bedienstete *f,* Dienstmädchen *n* **❷** (*fig, pej*)
Magd *f,* Dienerin *f;* (*fam pej: pettegola*)
Waschweib *n*
server ['sə:və *o* 'server] <- *o* servers> *m*
(INFORM) Server *m*
servibile [ser'vi:bile] *agg* **❶** (*cibi*) servier-
bar **❷** (*utilizzabile*) brauchbar, benutzbar
service ['sə:vis] <- *o* services> *m*
❶ (SPORT: *nel tennis*) Aufschlag *m;* (*nel
ping-pong*) Angabe *f* **❷** (*struttura privata*)
Serviceanbieter *m*
servigio [ser'vi:dʒo] <-gi> *m* (*geh*)
Dienst *m,* Wohltat *f*
servile [ser'vi:le] *agg* **❶** (*condizione, mestiere*) Sklaven-, Knechts- **❷** (*fig, pej*)
knechtisch, unterwürfig, servil; **servilismo** [servi'lizmo] *m* Unterwürfigkeit *f;*
servilità [servili'ta] <-> *f* Unterwürfigkeit *f,* Servilität *f*
servire [ser'vi:re] **I.** *vt avere* **❶** (*come domestico*) dienen bei, im Dienst sein bei;
~ **qu** (*re, dio*) jdm dienen; (*clienti*) jdn bedienen **❷** (MIL) ~ **la patria** dem Vaterland dienen **❸** (*cibi*) servieren, auftragen
❹ (SPORT) ~ **qu** jdm den Ball zuspielen **II.** *vi
essere o avere* **❶** (*essere utile*) nützen, dienen; (*aver bisogno*) brauchen; **mi serve
una sedia** (*fam*) ich brauche einen Stuhl
❷ (MIL) dienen **❸** (SPORT) angeben; (*tennis*)
aufschlagen **❹** (*a tavola*) servieren; (COM)
bedienen **III.** *vr* -**rsi** **❶** (*usare*) -**rsi di qc**
etw benutzen, sich einer Sache *gen* bedie-
nen **❷** (*a tavola*) sich bedienen **❸** (*essere
cliente*) einkaufen, Kunde sein **❹** (*pej*) -**rsi
di qu** jdn ausnützen; **servito** [ser'vi:to] *m*
(*tosc*) Geschirr *n,* Service *n;* **servitore**
[servi'to:re] *m* **❶** (*domestico*) Diener(in)
m(f), Bedienstete(r) *f(m)* **❷** (*fig*) Diener(in)
m(f); **servitù** [servi'tu] <-> *f* **❶** (*schiavitù*) Knechtschaft *f,* Sklaverei *f* **❷** (*persona-*

le di servizio) (Dienst)personal *n* **❸** (*fig*)
Zwang *m,* Druck *m*
servizievole [servit'tsie:vole] *agg* dienst-
bar, dienstfrig
servizio [ser'vittsio] <-i> *m* **❶** (*lavoro,*
ADM, MIL) Dienst *m;* **donna di** ~ Hausangestellte *f,* Bedienstete *f;* **porta di** ~ Liefer-
anteneingang *m;* **stazione di** ~ Tankstelle *f;*
~ **militare** Wehrdienst *m;* ~ **speciale** Son-
derbericht(erstattung *f*) *m;* **essere in** ~ im
Dienst sein; ~ **pubblico** öffentlicher
Dienst; **fuori** ~ (*di oggetti*) außer Betrieb;
(*di persone*) außer Dienst **❷** (*giornalismo,*
RADIO, TV) Bericht, Reportage *f;* ~ **televisivo**
Fernsehbericht *m* **❸** (*da tavola*) Service *n,*
Geschirr *n* **❹** (SPORT) Angabe *f;* (*tennis*)
Aufschlag *m* **❺** (COM) Dienstleistung *f;* (*assistenza clienti*) Service *m;* (*in negozio*)
Bedienung *f;* **area di** ~ Raststätte *f* **❻** *pl*
Bad(ezimmer) *n*
servo ['sɛrvo] *m* Knecht *m,* Diener *m*
servoassistenza [servoassis'tɛntsa] *f*
(MOT) Servounterstützung *f*
servoassistere [servoassis'te:re] *vt* mit
Servo-Systemen betätigen; **servoassisti-
to, -a** [servoassis'ti:to] *agg* servobetätigt
servocomando [servoko'mando] *m* Ser-
vosteuerung *f,* Servobedienung *f*
servocontrollo [servokon'trɔllo] *m* Ser-
vosteuerung *f,* Folgeregelung *f*
servofreno [servo'fre:no *o* servo'frɛ:no] *m*
Servobremse *f*
servoscala [sɛrvo'ska:la] <-> *m* Treppenlift *m*
servosistema [servosis'tɛ:ma] *m* (TEC)
Servosystem *n,* Folgeregelsystem *n*
servosterzo [servos'tɛrtso] *m* Servolenkung *f*
sesamo ['sɛ:zamo] *m* Sesam *m;* **apriti** ~!
Sesam öffne dich!
sessagenario, -a [sessadʒe'na:rio] <-i,
-ie> *geh* **I.** *agg* sechzigjährig **II.** *m, f* Sech-
zigjährige(r) *f(m)*
sessanta [ses'santa] **I.** *num* sechzig
II. <-> *m* Sechzig *f; v. a.* **cinquanta;**
sessantenario [sessante'na:rio] <-i> *m*
sechzigster Jahrestag *m,* Sechzigjahrfeier *f;*
sessantenne [sessan'tɛnne] **I.** *agg* sechzigjährig **II.** *mf* Sechzigjährige(r) *f(m);*
sessantennio [sessan'tɛnnio] <-i> *m*
Zeitraum *m* von sechzig Jahren; **sessantesimo** [sessan'tɛ:zimo] *m* (*frazione*)
Sechzigstel *n;* **sessantesimo, -a** **I.** *agg*
sechzigste(r, s) **II.** *m, f* Sechzigste(r, s)
mfn; v. a. **quinto; sessantina** [ses-
san'ti:na] *f* **una** ~ (**di** ...) (etwa) sechzig
(...); **essere sulla** ~ an [*o* um] die Sechzig sein; **sessantottesco, -a** [sessan-

tot'tesko] <-schi, -sche> *agg* 68-er; **movimento** ~ 68-er Bewegung

sessantottino, -a [sessantot'ti:no] I. *m, f* Mitglied *n* der 68-er Generation II. *agg* an die 68-er erinnernd; **sessantottismo** [sessantot'tizmo] *m* Zeitgeist *m* der 68-er Jahre; **sessantottista** [sessantot'tista] <-i *m*, -e *f*> I. *agg v.* **sessantottesco** II. *mf v.* **sessantottino**

sessione [ses'sio:ne] *f* Sitzung *f*; (INFORM) Sitzung *f*

sessismo [ses'sizmo] *m* Sexismus *m*; **sessista** [ses'sista] <-i *m*, -e *f*> I. *agg* sexistisch II. *mf* Sexist(in) *m(f)*

sesso ['sɛsso] *m* ❶ (BIOL) Geschlecht *n* ❷ (*sessualità*) Sex *m*; ~ **sicuro** Safer Sex *m*; **sessodipendente** [sessodipen'dɛnte] I. *agg* sexuell hörig II. *mf* sexuell Hörige(r) *f(m)*; **sessoturista** [sɛssotu'rista] <-i *m*, -e *f*> *mf* Sextourist(in) *m(f)*

sessuale [sessu'a:le] *agg* Geschlechts-, Sexual-; **sessualità** [sessuali'ta] <-> *f* Sexualität *f*; **sessuato, -a** [sessu'a:to] *agg* mit Geschlechtsorganen versehen

sessuofobia [sessuofo'bi:a] *f* (PSYCH) Geschlechtsangst *f*; **sessuofobico, -a** [sessuo'fɔ:biko] <-ci, -che> *agg* (PSYCH) sexualfeindlich; **sessuofobo, -a** [sessu'ɔ:fobo] I. *m, f* an Geschlechtsangst Leidende(r) *f(m)* II. *agg* sexualfeindlich

sessuologia [sessuolo'dʒi:a] <-gie> *f* Sexualforschung *f*, Sexualkunde *f*; **sessuologo, -a** [sessu'ɔ:logo] <-gi, -ghe> *m, f* Sex(u)ologe, -login *m, f*, Sexualforscher(in) *m(f)*; **sessuomane** [sesu'ɔ:mane] I. *agg* sexbesessen II. *m, f* Sexbesessene(r) *f(m)*; **sessuomania** [sessuoma'ni:a] *f* Sexbesessenheit *f*

sesta[1] ['sɛsta] *f* ❶ (MUS) Sext(e) *f* ❷ (REL) Sext *f*

sesta[2] *f v.* **sesto**

sestante [ses'tante] *m* Sextant *m*

sestetto [ses'tetto] *m* Sextett *n*

sestiere [ses'tiɛ:re] *m* (*a Venezia*) Stadtbezirk *m*, Stadtteil *m*

sestina [ses'ti:na] *f* ❶ (*poet*) Sestine *f* ❷ (MUS) Sextole *f*

sesto ['sɛsto] *m* ❶ (ARCH) (Bogen)wölbung *f*; **arco a tutto** ~ Rundbogen *m*; **arco a** ~ **acuto** Spitzbogen *m* ❷ (*ordine*) Ordnung *f* ❸ (*frazione*) Sechstel *n*

sesto, -a ['sɛsto] I. *agg* sechste(r, s) II. *m, f* Sechste(r, s) *mfn; v. a.* **quinto**

set [sɛt] <-> *m* ❶ (SPORT) Satz *m*, Set *m* ❷ (FILM) Filmbühne *f*, Drehort *m*; **essere sul** ~ drehen, bei den Dreharbeiten sein ❸ (*serie*) Set *n*, Satz *m*

seta ['se:ta] *f* Seide *f*; ~ **cruda/lavata** Roh-/Waschseide *f*; **morbido come la** ~ seidenweich

setacciare [setat'tʃa:re] *vt* (durch)sieben; (*fig*) (aus)sieben; **setaccio** [se'tattʃo] <-cci> *m* Sieb *n*

setaceo, -a [se'ta:tʃeo] *agg* seidenartig

sete ['se:te] *f* ❶ (*bisogno di bere*) Durst *m*; **avere** ~ Durst haben; **mi viene** ~ ich bekomme Durst ❷ (*fig*) Durst *m*, Gier *f*; ~ **di vendetta** Rachedurst *m*

seteria [sete'ri:a] <-ie> *f* ❶ (*setificio*) Seidenfabrik *f*; (*negozio*) Seidengeschäft *n* ❷ *pl* (*tessuti*) Seidenwaren *fpl*

setificio [seti'fi:tʃo] <-ci> *m* Seidenfabrik *f*

setola ['se:tola] *f* Borste *f*; **setoloso, -a** [seto'lo:so] *agg* borstig

set point ['sɛtpɔint] <- *o* set points> *m* (SPORT) Satzball *m*

setta ['sɛtta] *f* Sekte *f*

settanta [set'tanta] I. *num* siebzig II. <-> *m* Siebzig *f*; *v. a.* **cinquanta**; **settantenne** [settan'tɛnne] I. *agg* siebzigjährig II. *mf* Siebzigjährige(r) *f(m)*; **settantennio** [settan'tɛnnio] <-i> *m* Zeitraum *m* von siebzig Jahren

settantesimo [settan'tɛ:zimo] *m* Siebzigstel *n*

settantesimo, -a I. *agg* siebzigste(r, s) II. *m, f* Siebzigste(r, s) *mfn; v. a.* **quinto**; **settantina** [settan'ti:na] *f* **una** ~ (**di ...**) (etwa) siebzig (...); **essere sulla** ~ an [*o* um] die Siebzig sein

settare [set'ta:re] *vt* (INFORM) setzen

settario, -a [set'ta:rio] <-i, -ie> I. *agg* sektiererisch II. *m, f* Sektierer(in) *m(f)*

sette ['sɛtte] I. *num* sieben II. <-> *m* ❶ (*numero*) Sieben *f* ❷ (*nelle date*) Siebte(r) *m* ❸ (*voto scolastico*) ≈ befriedigend, drei ❹ (*fam*) Triangel *m*, Winkelriss *m* III. *fpl* sieben Uhr; *v. a.* **cinque**

settebello [sette'bɛllo] *m* ❶ (*nel gioco*) Karosieben *f* ❷ (FERR) Expresszug *m* Mailand-Rom

settecentesco, -a [settetʃen'tesko] <-schi, -sche> *agg* das achtzehnte Jahrhundert betreffend; **settecentista** [settetʃen'tista] <-i *m*, -e *f*> *mf* Künstler(in) *m(f)* des Settecento/des achtzehnten Jahrhunderts; **settecento** [sette'tʃɛnto] I. *num* siebenhundert II. <-> *m* Siebenhundert *f*; **il Settecento** das achtzehnte Jahrhundert; (*nell'arte italiana*) das Settecento

sette e mezzo ['sɛtte e 'mɛddzo] <-> *m* (*gioco a carte*) italienisches Kartenspiel

settembre [set'tɛmbre] *m* September *m*; *v. a.* **aprile**

S

settemila [sette'miːla] **I.** *num* siebentausend **II.**<-> *m* Siebentausend *f*

Settemonti [sette'monti] *mpl* Siebengebirge *n*

settennale [setten'naːle] *agg* ❶ (*che dura sette anni*) siebenjährig ❷ (*che ricorre ogni sette anni*) siebenjährlich, Siebenjahr(es)-; **settenne** [set'tɛnne] **I.** *agg* siebenjährig **II.** *mf* Siebenjährige(r) *f(m)*; **settennio** [set'tɛnnio] <-i> *m* Zeitraum *m* von sieben Jahren, sieben Jahre *npl*

settentrionale [settentrio'naːle] **I.** *agg* nördlich, Nord- **II.** *mf* ❶ (*del Nord*) Nordländer(in) *m(f)* ❷ (*dell'Italia del Nord*) Norditaliener(in) *m(f)*; **settentrionalismo** [settentriona'lizmo] *m* norditalienischer Ausdruck; **settentrione** [setten'trioːne] *m* Norden *m*; (*dell'Italia a*) Nord-, Oberitalien *n*; **sette ottavi** ['sɛtte ot'taːvi] <-> *m* (*completo femminile*) wadenlanger Mantel

setticemia [settitʃe'miːa] <-ie> *f* Blutvergiftung *f*

settico, -a ['sɛttiko] <-ci, -che> *agg* septisch

settima[1] ['sɛttima] *f* Septime *f*

settima[2] *f v.* **settimo**

settimana [setti'maːna] *f* Woche *f*; (*salario*) Wochenlohn *m*; ~ **corta** Fünftagewoche *f*; ~ **santa** Karwoche *f*; **fine** ~ Wochenende *n*; **settimanale** [settima'naːle] **I.** *agg* wöchentlich, Wochen- **II.** *m* Wochenzeitung *f*, -blatt *n*

settimanalizzazione [settimanaliddzat'tsioːne] *f Beigabe von illustrierten Sonderbeilagen in Tageszeitungen*

settimino, -a [setti'miːno] *m, f* Siebenmonatskind *n*

settimo ['sɛttimo] *m* Siebtel *n*

settimo, -a **I.** *agg* siebte(r, s) **II.** *m, f* Siebte(r, s) *f(m, n)*; *v. a.* **quinto**

setto ['sɛtto] *m* Scheidewand *f*; ~ **nasale** Nasenscheidewand *f*

settore [set'toːre] *m* ❶ (MAT) Abschnitt *m*, Sektor *m* ❷ (*zona, a fig*) Sektor *m*, Bereich *m* ❸ (MED, JUR, SCIENT) Prosektor *m*; **settoriale** [setto'riaːle] *agg* ❶ (COM) Bereichs-, Sektoren- ❷ (*fig*) Sonder-, abgesondert; **settorialismo** [settoria'lizmo] *m* Partikularismus *m*

settrice [set'triːtʃe] *f* Kreisbogen *m*

settuagenario, -a [settuadʒe'naːrio] <-i, -ie> **I.** *agg* siebzigjährig **II.** *m, f* Siebzigjährige(r) *f(m)*

settuplo ['sɛttuplo] *m* Siebenfache(s) *n*

settuplo, -a *agg* siebenfach

severità [severi'ta] <-> *f* Strenge *f*; (*fig: di situazione*) Ernst *m*; (*serietà*) Ernsthaftig-

keit *f*; **severo, -a** [se'vɛːro] *agg* streng; (*fig*) ernst, ernsthaft

sevizia [se'vittsia] <-ie> *f* Folter *f*, Misshandlung *f*; **seviziare** [sevit'tsiaːre] *vt* misshandeln; (*violentare*) vergewaltigen; **seviziatore, -trice** [sevittsia'toːre] *m, f* Quäler(in) *m(f)*, Peiniger(in) *m(f)*

sevo ['seːvo] *m* Talg *m*

sex shop [seks 'ʃɔp] <- *o* sex shops> *m* Sexshop *m*; **sex symbol** [seks 'simbəl] <- *o* sex symbols> *m* Sexidol *n*; **sexy** ['seksi] <inv> *agg* sexy

sezionale [settsio'naːle] *agg* Sektions-, Abteilungs-

sezionamento [settsiona'mento] *m* Aufteilung *f*, Zergliederung *f*; (*di cadavere*) Sezierung *f*, Sektion *f*; **sezionare** [settsio'naːre] *vt* ❶ (*dividere*) aufteilen, (zer)gliedern ❷ (MED) sezieren; **sezionatura** [settsiona'tuːra] *f* Aufteilung *f* in Sektoren bzw. Bereiche, Segmentierung *f*

sezione [set'tsioːne] *f* ❶ (*parte*) Abteilung *f*, Sektion *f* ❷ (JUR) Kammer *f* ❸ (MAT) Schnitt *m* ❹ (ADM) Bezirk *m* ❺ (MED) Sezierung *f*, Sektion *f* ❻ (*di libro*) Abschnitt *m* ❼ (*nel disegno tecnico*) Querschnitt *m*

sfaccendare [sfattʃen'daːre] *vi* (*fam*) schaffen, hantieren

sfaccendato, -a [sfattʃen'daːto] (*fam*) **I.** *agg* müßig, untätig **II.** *m, f* Faulenzer(in) *m(f)*, Nichtstuer(in) *m(f)*

sfaccettare [sfattʃet'taːre] *vt* facettieren; **sfaccettatura** [sfattʃetta'tuːra] *f* Facettierung *f*

sfacchinare [sfakki'naːre] *vi* sich abmühen, schuften *fam*; **sfacchinata** [sfakki'naːta] *f* Mühsal *f*, Schinderei *f*

sfacciata *f v.* **sfacciato**

sfacciataggine [sfattʃa'ta:dʒine] *f* Unverschämtheit *f*, Frechheit *f*; **sfacciato, -a** [sfat'tʃaːto] **I.** *agg* unverschämt, frech; (*colore*) grell, schreiend **II.** *m, f* unverschämte Person

sfaccio ['sfattʃo] *1. pers sing pr di* **sfare**

sfacelo [sfa'tʃɛːlo] *m* Verfall *m*, Zusammenbruch *m*

sfagiolare [sfadʒo'laːre] *vi essere* (*fam*) passen

sfaldare [sfal'daːre] **I.** *vt* in Schichten teilen [*o* spalten] **II.** *vr* **-rsi** ❶ (MIN) sich in Schichten teilen [*o* spalten] ❷ (*fig*) zerfallen, sich spalten

sfaldarsi [sfal'daːrsi] *vr* zerfallen; **sfaldatura** [sfalda'tuːra] *f* Schichtung *f*

sfalsare [sfal'saːre] *vt* verschieben, versetzen

sfamare [sfa'maːre] **I.** *vt* ernähren, sättigen **II.** *vr* **-rsi** seinen Hunger stillen

S

sfare ['sfaːre] <sfaccio *o* sfò, sfeci, sfatto> I. *vt* zerstören, auseinander nehmen II. *vr* -**rsi** zergehen, sich auflösen

sfarfallamento [sfarfalla'mento] *m* ❶ (FILM, TV, EL) Flimmern *n* ❷ (*fig*) Unstetigkeit *f*, Flatterhaftigkeit *f* ❸ (ZOO) Entpuppung *f* ❹ (TEC, MOT) Flattern *n*

sfarfallare [sfarfal'laːre] *vi* ❶ (FILM, TV, EL) flimmern ❷ (*fig*) unstet sein; **sfarfallio** [sfarfal'liːo] <-ii> *m* ❶ (FILM, TV, EL) Flimmern *n* ❷ (*sfarfallare continuo*) Umherflattern *n*; **sfarfallone, -a** [sfarfal'loːne] (*fam*) I. *agg* flatterhaft, oberflächlich II. *m, f* flatterhafter Mensch, oberflächliche Person III. *m* (*fam*) Bock *m*, (böser) Schnitzer *m*

sfarinare [sfari'naːre] I. *vt* mahlen, zu Mehl machen II. *vr* -**rsi** zu Mehl werden; (*fig*) zu Staub zerfallen

sfarzo ['sfartso] *m* Prunk *m*, Pomp *m*; **sfarzosità** [sfartsosi'ta] <-> *f* Prunk *m*; **sfarzoso, -a** [sfar'tsoːso] *agg* prunkvoll, pompös

sfasamento [sfaza'mento] *m* ❶ (*fig fam*) Verwirrung *f* ❷ (EL) Phasenverschiebung *f*; **sfasare** [sfa'zaːre] *vt* ❶ (*fig fam*) verwirren, durcheinanderbringen ❷ (EL) außer Phase bringen; **sfasatura** [sfaza'tuːra] *f* Phasenverschiebung *f*

sfasciacarrozze [sfaʃʃakar'rɔttse] <-> *m* Autoverwerter *m*

sfasciamento [sfaʃʃa'mento] *m* Zertrümmerung *f*

sfasciare [sfaʃ'ʃaːre] I. *vt* ❶ (*ferita*) den Verband abnehmen von ❷ (*bambino*) aus den Windeln wickeln ❸ (*distruggere*) zertrümmern, zerstören II. *vr* -**rsi** ❶ (*rompersi*) zerbrechen; (*nave*) zerschellen ❷ (*fig fam: persona*) auseinander gehen

sfasciatura [sfaʃʃa'tuːra] *f* Verbandabnahme *f*, -entfernung *f*

sfascio ['sfaʃʃo] *m* Zerstörung *f*, Verfall *m*; **essere allo ~** vor dem Zusammenbruch stehen

sfatare [sfa'taːre] *vt* entzaubern, zerstören

sfaticato, -a [sfati'kaːto] (*pej*) I. *agg* faul, arbeitsscheu II. *m, f* (*fam*) Faulpelz *m*

sfatto, -a ['sfatto] *agg* ❶ (*letto*) ungemacht ❷ (*frutta*) verfault ❸ (*fig*) heruntergekommen; (*corpo*) verwelkt

sfavillare [sfavil'laːre] *vi* funkeln, glitzern; (*fig a*) strahlen; **sfavillio** [sfavil'liːo] <-ii> *m* Funkeln *n*, Glitzern *n*

sfavore [sfa'voːre] *m* **a ~ di** jds zu ungunsten [*o* zu Ungunsten]; **a vostro ~** zu euren Ungunsten; **sfavorevole** [sfavo're:vole] *agg* ungünstig; **sfavorire** [sfavo'riːre] <sfavorisco> *vt* benachteiligen

sfebbrare [sfeb'braːre] *vi essere* fieberfrei werden

sfegatarsi [sfega'tarsi] *vr* (*fam*) sich *dat* ein Bein ausreißen; **sfegatato, -a** [sfega'taːto] I. *agg* fanatisch II. *m, f* (*fam*) Fanatiker(in) *m(f)*

sfera ['sfɛːra] *f* ❶ (*gener,* MAT) Kugel *f*; **penna a ~** Kugelschreiber *m*; **cuscinetto a -e** Kugellager *n* ❷ (*fig*) Bereich *m*, Sphäre *f*; **sfericità** [sferitʃi'ta] <-> *f* Kugelförmigkeit *f*, Kugelform *f*; **sferico, -a** ['sfɛːriko] <-ci, -che> *agg* kugelförmig, Kugel-

sferragliamento [sferraʎʎa'mento] *m* Klappern *n*

sferragliare [sferraʎ'ʎaːre] *vi* klappern

sferrare [sfer'raːre] *vt* ❶ (*fig: colpo*) versetzen ❷ (ZOO: *cavallo*) die Hufeisen abnehmen

sferruzzare [sferrut'tsaːre] *vi* stricken

sferza ['sfɛrtsa] *f* ❶ (*frusta*) Peitsche *f*, Gerte *f* ❷ (*fig*) Schlag *m*, Hieb *m*; **sferzare** [sfer'tsaːre] *vt* ❶ (*battere*) peitschen, schlagen ❷ (*fig*) geißeln; **sferzata** [sfer'tsaːta] *f* ❶ (*colpo*) Peitschenhieb *m* ❷ (*fig*) scharfe Kritik

sfiammare [sfiam'maːre] *vt* zum Abklingen bringen

sfiancare [sfiaŋ'kaːre] I. *vt* ❶ (*rompere*) seitlich aufreißen ❷ (*fig*) zermürben, aufreiben ❸ (*abito*) taillieren II. *vr* -**rsi** ❶ (*rompersi*) seitlich aufbrechen ❷ (*fig*) sich zermürben, sich aufreiben

sfiatamento [sfiata'mento] *m* Ausströmen *n*; **sfiatare** [sfia'taːre] I. *vi* ausströmen II. *vr* -**rsi** ❶ (MUS) den Klang verlieren ❷ (*fam*) außer Atem kommen; **sfiatatoio** [sfiata'toːio] <-oi> *m* Entlüftung(sventil *n*) *f*; **sfiato** ['sfiaːto] *m* Entlüftung(sventil *n*) *f*

sfibbiare [sfib'biaːre] *vt* auf-, losschnallen

sfibramento [sfibra'mento] *m* Aufreiben *n*, Zerrüttung *f*; **sfibrare** [sfi'braːre] *vt* aufreiben, zerrütten

sfida ['sfiːda] *f* Herausforderung *f*; (*fig*) Provokation *f*; **sfidante** [sfi'dante] I. *agg* herausfordernd II. *mf* Herausforderer *m*, -forderin *f*

sfidanzarsi [sfidan'tsarsi] *vr* (*fam*) sich trennen, auseinander gehen; **sfidanzato, -a** [sfidan'tsaːto] *agg* getrennt, auseinander gegangen

sfidare [sfi'daːre] *vt* (*provocare*) herausfordern; (*fig a*) provozieren; (*pericolo*) heraufbeschwören; **sfido io!** (*fam*) ganz meine Meinung!; **sfido, come no?** (*fam*) das will ich (wohl) meinen!

sfiducia [sfi'duːtʃa] *f* Misstrauen *n*; **voto di ~** Misstrauensvotum *n*

sfiduciare [sfidu'tʃaːre] <sfiducio, sfidu-

ci> I. *vt* entmutigen II. *vr* **-rsi** den Mut verlieren, verzagen

sfigato, -a [sfi'ga:to] (*vulg*) I. *agg* ❶ (*sfortunato*) kein Glück habend ❷ (*squallido*) trostlos II. *m, f* ❶ (*sfortunato*) Unglücksrabe *m* ❷ (*squallido*) Langweiler *m*

sfigurare [sfigu'ra:re] I. *vt* ❶ (*deturpare*) entstellen, verunstalten ❷ (*fig*) verzerren, entstellen II. *vi* eine schlechte Figur machen, sich blamieren

sfilacciare [sfilat'tʃa:re] *vt, vr* **-rsi** ausfransen

sfilare [sfi'la:re] I. *vt avere* ❶ (*ago*) ausfädeln; (*anello*) abziehen; (*arrosto*) vom Spieß nehmen ❷ (*tela*) ausfransen ❸ (*indumenti*) abstreifen, ausziehen II. *vi essere o avere* defilieren; (*a fig*) vorbeiziehen III. *vr* **-rsi** (*calze*) eine Laufmasche bekommen; (*maglia*) laufen; (*collana*) reißen

sfilata [sfi'la:ta] *f* (*di persone*) Defilee *n*, Vorbeimarsch *m;* **~ di moda** Mode(n)schau *f*

sfilatino [sfila'ti:no] *m* (*dial*) Stangenbrot *n*

sfilato [sfi'la:to] *m* Lochstickerei *f*

sfilettare [sfilet'ta:re] *vt* entgräten, filetieren; **~ gli sgombri** Makrelen entgräten

sfilza ['sfiltsa] *f* Reihe *f*

sfinare [sfi'na:re] *vt* (*fam*) verjüngen; **~ i fianchi** an den Hüften abspecken

sfinge ['sfindʒe] *f* Sphinx *f*

sfinimento [sfini'mento] *m* Erschöpfung *f;* **sfinire** [sfi'ni:re] <sfinisco> I. *vt* erschöpfen II. *vr* **-rsi** die Kräfte verlieren; **sfinitezza** [sfini'tettsa] *f* Erschöpfung *f*

sfiorare [sfio'ra:re] *vt* ❶ (*toccare*) streifen ❷ (*fig: tema*) streifen; (*successo*) fast erreichen

sfiorire [sfio'ri:re] <sfiorisco> *vi essere* (ver)welken, verblühen

sfioro ['sfio:ro] *m* Überlaufen *n*

sfitinzia [sfitin'tsi:a] <-ie> *f* (*sl*) Schnecke *f*, Torte *f*

sfittare [sfit'ta:re] I. *vt* unvermietet lassen II. *vr* **-rsi** unvermietet sein

sfittire [sfit'ti:re] <sfittisco, sfittisci> *vt* lichten; **sfitto, -a** ['sfitto] *agg* unvermietet, frei

sfizio ['sfittsio] <-i> *m* (*dial*) Lust *f*, Laune *f;* **sfizioso, -a** [sfit'tsio:so] *agg* ❶ (*appetitoso*) lecker ❷ (*stravagante*) ausgefallen

sfò ['sfɔ] *1. pers sing pr di* **sfare**

sfocare [sfo'ka:re] *vt* unscharf aufnehmen; **sfocato, -a** [sfo'ka:to] *agg* unscharf

sfociare [sfo'tʃa:re] *vi essere* ❶ (*fiume*) **~ in** münden in +*acc* ❷ (*fig: andare a finire*) **~ in qc** in etw *acc* münden, mit etw enden; **sfocio** ['sfo:tʃo] <-ci> *m* ❶ (*di*

conduttura) Mündung *f* ❷ (*fig*) Ausweg *m*, Ausgang *m;* **senza ~** (*fig*) ausweglos

sfoderabile [sfode'ra:bile] *agg* (*di divano, cuscino*) abziehbar; **sfoderare** [sfode'ra:re] *vt* ❶ (*spada*) (heraus)ziehen, aus der Scheide ziehen ❷ (*fig*) hervorholen ❸ (*giacca, poltrona*) das Futter heraustrennen; **sfoderato, -a** [sfode'ra:to] *agg* ungefüttert

sfogare [sfo'ga:re] I. *vt avere* abreagieren, herauslassen II. *vr* **-rsi** sich abreagieren; (*pej*) explodieren; **-rsi con qu** jdm sein Herz ausschütten; **-rsi su** [*o* **contro**] **qu** seine Wut an jdm auslassen

sfoggiare [sfod'dʒa:re] I. *vt* zur Schau stellen, prunken mit; (*pej*) angeben mit II. *vi* Prunk treiben; **sfoggio** ['sfɔddʒo] <-ggi> *m* Prunk *m*, Aufwand *m;* (*ostentazione*) Zurschaustellung *f*

sfoglia ['sfɔʎʎa] *f* Blatt *n*, Folie *f;* **pasta ~** Blätterteig *m;* **sfogliare** [sfoʎ'ʎa:re] *vt* ❶ (*libro*) durchblättern ❷ (*fiore*) entblättern

sfogliata [sfoʎ'ʎa:ta] *f* ❶ (GASTR) Blätterteiggebäck *n* ❷ (*lettura sommaria*) Durchblättern *n;* **dare una ~ al giornale** die Zeitung durchblättern

sfogliatella [sfoʎʎa'tɛlla] *f* süditalienisches Blätterteiggebäck

sfogo ['sfo:go] <-ghi> *m* ❶ (*fuoriuscita*) Auslass *m;* (*di liquidi*) Abfluss *m;* (*di gas*) Abzug *m* ❷ (*apertura*) Ausgang *m*, Öffnung *f* ❸ (*fam* MED) Ausschlag *m* ❹ (*fig*) Ausbruch *m;* **dare ~ ai propri sentimenti** seinen Gefühlen freien Lauf lassen

sfolgorare [sfolgo'ra:re] *vi* strahlen, leuchten; **sfolgorio** [sfolgo'ri:o] <-ii> *m* Strahlen *n*, Leuchten *n*

sfollagente [sfolla'dʒɛnte] <-> *m* Schlagstock *m*

sfollamento [sfolla'mento] *m* ❶ (*di paese, scuola*) Räumung *f;* (*per ragioni di sicurezza*) Evakuierung *f* ❷ (*di personale*) (Personal)abbau *m;* **sfollare** [sfol'la:re] *vt avere* räumen; (*per ragioni di sicurezza*) evakuieren

sfoltimento [sfolti'mento] *m* Ausdünnung *f*, Lichten *n;* **sfoltire** [sfol'ti:re] <sfoltisco> I. *vt* lichten, ausdünnen II. *vr* **-rsi** dünner werden

sfondamento [sfonda'mento] *m* (Durch)bruch *m;* **sfondare** [sfon'da:re] I. *vt* ❶ (*porta, cassa*) einschlagen, aufbrechen ❷ (MIL) durchbrechen II. *vi* sich durchsetzen III. *vr* **-rsi** verschleißen, kaputtgehen *fam*

sfondato [sfon'da:to] *m* Hintergrundgemälde *n*

sfondato, **-a** *agg* kaputt; (*botte*) mit durchbrochenem Boden; (*scarpe*) abgelaufen; **ricco ~** (*fam*) steinreich

sfondo ['sfondo] *m* Hintergrund *m*

sfondone [sfon'do:ne] *m* grober Fehler *m*

sforbiciare [sforbi'tʃa:re] *vt* zerschnipseln; **sforbiciata** [sforbi'tʃa:ta] *f* Scherenschnitt *m*

sforbiciatura [sforbitʃa'tu:ra] *f* Scherenschnitt *m*

sformare [sfor'ma:re] **I.** *vt* ❶ (*scarpe*) aus der Form bringen, verformen ❷ (GASTR) aus der Form nehmen **II.** *vr* **-rsi** die Form verlieren

sformato [sfor'ma:to] *m* Auflauf *m*

sfornare [sfor'na:re] *vt* ❶ (GASTR) aus dem Ofen nehmen ❷ (*fig*) herausbringen

sfornire [sfor'ni:re] <sfornisco, sfornisci> *vt* wegnehmen (*qu di qc* jdm etw)

sfornito, **-a** [sfor'ni:to] *agg* ohne, nicht ausgerüstet mit

sfortuna [sfor'tu:na] *f* Unglück *n*, Pech *n*; **sfortunato**, **-a** [sfortu'na:to] *agg* unglücklich; **essere ~ al gioco** Pech im Spiel haben

sforzare [sfor'tsa:re] **I.** *vt* ❶ (*porta, cassetto, serratura*) (gewaltsam) aufbrechen ❷ (TEC) überbeanspruchen, überstrapazieren ❸ (*cavalli, vista*) überanstrengen ❹ (*persona*) zwingen, nötigen **II.** *vr* **-rsi** sich anstrengen; **sforzato, -a** [sfor'tsa:to] *agg* gezwungen, gekünstelt; (*interpretazione*) an den Haaren herbeigezogen; **sforzo** ['sfɔrtso] *m* Anstrengung *f*, Mühe *f*; (TEC) Beanspruchung *f*; **senza ~** ohne Mühe, mühelos; **fare uno ~** sich anstrengen; **non fare -i!** (*fam*) streng' dich nicht an!; **bello ~!** (*iron*) tolle Leistung!

sfottere ['sfottere] *vt* (*fam*) auf den Arm nehmen, vergackeiern

sfotticchiare [sfottik'kia:re] *vt* (*fam*) necken

sfracellare [sfratʃel'la:re] **I.** *vt* zerschmettern, zertrümmern **II.** *vr* **-rsi** zerschellen; **sfracello** [sfra'tʃɛllo] *m* (*fam: distruzione*) Zerschellen *n*, Unglück *n*

sfrangiare [sfran'dʒa:re] *vt* ausfransen; **sfrangiatura** [sfrandʒa'tu:ra] *f* Fransenrand *m*, Fransen *fpl*

sfratarsi [sfra'tarsi] *vr* aus dem Orden austreten

sfrattare [sfrat'ta:re] **I.** *vt* **~ qu** jdm kündigen **II.** *vi* aus-, wegziehen; **sfratto** ['sfratto] *m* Kündigung *f*; **ordine di ~** Räumungsbefehl *m*

sfrecciare [sfret'tʃa:re] *vi essere* schnellen, sausen

sfregamento [sfrega'mento] *m* ❶ (*movi-* mento) Reiben *n* ❷ (MED) Massage *f*; **sfregare** [sfre'ga:re] *vt* reiben; (*pavimento*) schrubben; (*muro*) streifen

sfregiare [sfre'dʒa:re] *vt* (*dipinto*) mit Schnitten [*o* Kratzern] beschädigen; (*avversario*) im Gesicht verletzen; **sfregio** ['sfre:dʒo] <-gi> *m* ❶ (*di persona*) Schmiss *m*, Narbe *f* ❷ (*di cosa*) Schramme *f*, Kratzer *m* ❸ (*fig*) Schmach *f*, (tiefe) Beleidigung *f*

sfrenare [sfre'na:re] **I.** *vt* freien Lauf lassen **II.** *vr* **-rsi** sich gehen lassen, sich austoben; **sfrenatezza** [sfrena'tettsa] *f* Hemmungslosigkeit *f*

sfrenato, **-a** [sfre'na:to] *agg* hemmungslos, zügellos; (*corsa*) ungebremst

sfrigolare [sfrigo'la:re] *vi* brutzeln

sfritto, **-a** ['sfritto] *agg* schon einmal benutzt, gebraucht

sfrondare [sfron'da:re] *vt* ❶ (*albero*) entlauben, entblättern ❷ (*fig*) raffen, straffen; **sfrondatura** [sfronda'tu:ra] *f* Entlaubung *f*

sfrontatezza [sfronta'tettsa] *f* Unverschämtheit *f*; **sfrontato, -a** [sfron'ta:to] *agg* unverschämt, frech

sfruttamento [sfrutta'mento] *m* Ausnutzung *f*; (AGR, MIN) Ausbeutung *f*; **sfruttare** [sfrut'ta:re] *vt* ❶ (*fig: utilizzare*) ausnutzen; (*operai*) ausbeuten; (*abusare*) missbrauchen ❷ (AGR, MIN) ausbeuten; (*spazio*) ausnutzen; **sfruttatore, -trice** [sfrutta'to:re] **I.** *m, f* Ausbeuter(in) *m(f)* **II.** *agg* ausbeuterisch

sfuggente [sfud'dʒɛnte] *agg* fliehend; **sfuggevole** [sfud'dʒe:vole] *agg* flüchtig

sfuggire [sfud'dʒi:re] *vi essere* ❶ (*eludere*) entkommen, entwischen; (*alla morte, a un pericolo*) entrinnen ❷ (*cadere*) fallen ❸ (*essere dimenticato*) entfallen ❹ (*passare inosservato*) entgehen ❺ (*essere detto*) herausrutschen *fam*

sfuggita [sfud'dʒi:ta] *f* **di ~** flüchtig

sfumare [sfu'ma:re] **I.** *vt* avere abtönen, schattieren; (*capelli*) tönen **II.** *vi essere* ❶ (*dissolversi*) verrauchen, sich auflösen ❷ (*fig*) zunichte werden, sich in nichts auflösen ❸ (*di colore*) sich abtönen

sfumato [sfu'ma:to] *m* Schattierung *f*

sfumato, **-a** *agg* schattiert, abgetönt; **sfumatura** [sfuma'tu:ra] *f* ❶ (*gradazione*) Abtönung *f*; (*tonalità*) Nuance *f*, Farbton *m* ❷ (*nell'arte*) Schattierung *f* ❸ (*di capelli*) Tönung *f* ❹ (*fig*) Schatten *m*, Hauch *m*

sfuocare [sfuo'ka:re] *v.* **sfocare**

sfuocatura [sfuoka'tu:ra] *f* Unschärfe *f*

sfuriata [sfu'ria:ta] *f* (*fam*) Wutausbruch *m*

sfusato, **-a** [sfu'sa:to] *agg* (*fam*) unter Jetlag leidend

sfuso, -a ['sfu:zo] *agg* ❶ (*burro*) zerlassen, flüssig ❷ (COM) lose, unverpackt

sg. *abbr di* **seguente** f. (*folgend*)

sgabellarsela [zgabel'larsela] *vr* (*fam*) sich drücken

sgabello [zga'bɛllo] *m* Schemel *m*, Hocker *m*, Stockerl *n A*

sgabuzzino [zgabud'dzi:no] *m* Besenkammer *f*, Abstellraum *m*

sgambato, -a [zgam'ba:to] *agg* mit hohem Beinausschnitt

sgambettare [zgambet'ta:re] **I.** *vi* (mit den Beinen) strampeln **II.** *vt* ~ **qu** jdm ein Bein stellen; **sgambetto** [zgam'betto] *m* Beinstellen *n;* **fare lo** ~ **a qu** (*a fig*) jdm ein Bein stellen

sganasciare [zganaʃʃa:re] **I.** *vt* die Kinnlade ausrenken (*qu* jdm) **II.** *vr* **-rsi** sich die Kinnlade ausrenken; **-rsi dalle risate** (*fam*) sich krumm- [*o* kaputt]lachen

sganasciarsi [zganaʃʃa:rsi] *vr* ~ **dalle risa** (*fam*) sich krummlachen

sganascione, sganassone [zganaʃʃo:ne, zganas'so:ne] *m* (*dial: fam*) Ohrfeige *f*

sganciare [zgan'tʃa:re] **I.** *vt* ❶ (*veicoli*) abhängen, -kuppeln ❷ (*bombe*) abwerfen; (*siluri*) abfeuern ❸ (*fig fam*) herausrücken **II.** *vr* **-rsi** ❶ (*staccarsi*) losgehen, sich (vom Haken) lösen ❷ (MIL) sich zurückziehen, sich absetzen ❸ (*fig fam*) sich freimachen, sich absetzen; **sgancio** ['zgantʃo] <-i> *m* (*di missile*) Abwurf *m*

sgangherare [zgaŋge'ra:re] **I.** *vt* ❶ (*porta*) aus den Angeln heben ❷ (*tavolo, baule*) aus den Fugen brechen **II.** *vr* **-rsi** (*fam*) kaputtgehen

sgarbataggine, sgarbatezza [zgarba'taddʒine, zgarba'tettsa] *f* Unhöflichkeit *f*, Unfreundlichkeit *f*

sgarbato, -a [zgar'ba:to] *agg* unhöflich, grob; **sgarberia** [zgarbe'ri:a] <-ie> *f* Unhöflichkeit *f;* **sgarbo** ['zgarbo] *m* Unhöflichkeit *f*, Grobheit *f*

sgargiante [zgar'dʒante] *agg* schreiend

sgarrare [zgar'ra:re] *vi* ungenau sein, Fehler machen; **sgarro** ['zgarro] *m* Ungenauigkeit *f*, Nachlässigkeit *f*

sga(s)sare [zga(s)'sa:re] **I.** *vt* (*togliere gas*) entgasen, Gas entweichen lassen **II.** *vr* **-rsi** (*fam*) sich verausgaben

sgassare [zgas'sa:re] *vt v.* **sga(s)sare**

sgattaiolare [zgattaio'la:re] *vi* essere davonschleichen

sgelare [zdʒe'la:re] **I.** *vt* avere ❶ (*scongelare*) auftauen ❷ (*fig*) auflockern **II.** *vr* **-rsi** ❶ (*scongelarsi*) auftauen, tauen ❷ (*fig*)

sich auflockern; **sgelo** ['zdʒɛ:lo] *m* Auftauen *n*

sghembo, -a ['zgembo] *agg* (*storto*) krumm, schief; (*obliquo*) schräg

sgherro ['zgɛrro] *m* ❶ (*pej*) Scherge *m*, Büttel *m* ❷ (HIST) Scherge *m*, Häscher *m*

sghettizzazione [zgettiddzat'tsio:ne] *f* Ausbruch *m* (aus gesellschaftlicher Ausgrenzung)

sghiacciamento [zgiattʃa'mento] *m* Enteisung *f;* **sistema di** ~ (AERO) Enteiser *m*, Entfroster *m;* **sghiacciare** [zgiat'tʃa:re] *v.* **sgelare**

sghignazzare [zgiɲɲat'tsa:re] *vi* (*fam*) höhnisch lachen; **sghignazzata** [zgiɲɲat'tsa:ta] *f* (*fam*) höhnisches Gelächter

sghimbescio, -a [zgim'bɛʃʃo] <-sci, -sce> *agg* **a** [*o* **di**] ~ schräg, schief

sghiribizzo [zgiri'biddzo] *m* (*fam*) Laune *f*, verrückte Idee

sgobbare [zgob'ba:re] *vi* (*fam*) schuften; ~ **sui libri** büffeln, pauken; **sgobbata** [zgob'ba:ta] *f* (*fam*) Schufterei *f;* **sgobbone, -a** [zgob'bo:ne] *m, f* (*fam*) Büffler(in) *m(f)*

sgocciolare [zgottʃo'la:re] **I.** *vi* essere *o* avere ❶ (*liquidi*) tropfen, tröpfeln ❷ (*recipienti*) (ab)tropfen **II.** *vt* avere ❶ (*liquidi*) tropfen lassen ❷ (*recipienti*) abtropfen lassen; (*vuotare*) bis auf den letzten Tropfen (leeren); **sgocciolatoio** [zgottʃola'to:io] <-oi> *m* ❶ (*scolapiatti*) Abtropfgestell *n* ❷ (*recipiente*) Abtropfschale *f;* **sgocciolo** ['zgottʃolo] *m* essere agli **-i** zu Ende gehen

sgolarsi [zgo'larsi] *vr* sich heiser schreien

sgomb(e)rare [zgom'bra:re (zgombe'ra:re)] *vt* räumen; (*tavolo*) abräumen; (*paese, città*) evakuieren; (*fig*) befreien; **sgomb(e)ro** ['zgombro ('zgombero)] *m* Räumung *f;* (*trasloco*) Umzug *m;* **mezzo di** ~ Räumfahrzeug *n;* **squadra di** ~ Räumkommando *n*

sgombraneve [zgombra'ne:ve] <-> *m* Schneeräumer *m*, Schneepflug *m;* **sgombrare** *v.* **sgomberare**

sgombro ['zgombro] *m* (ZOO) Makrele *f*

sgombro, -a *agg* frei, leer

sgomentare [zgomen'ta:re] **I.** *vt* bestürzen, erschüttern **II.** *vr* **-rsi di qc** über etw *acc* bestürzt sein

sgomento [zgo'mento] *m* Bestürzung *f*, Erschütterung *f*

sgomento, -a *agg* bestürzt, erschüttert

sgominare [zgomi'na:re] *vt* zersprengen, in die Flucht schlagen

sgomitolare [zgomito'la:re] **I.** *vt* abwickeln **II.** *vr* **-rsi** sich abwickeln

sgommare [zgom'ma:re] *vi* mit quietschenden Reifen anfahren; **sgommata** [zgom'ma:ta] *f* Start *m* mit quietschenden Reifen; **fare una** ~ mit quietschenden Reifen anfahren; **sgommato, -a** [zgom'ma:to] *agg* ❶ (*busta*) ungummiert ❷ (*automobile*) ohne Reifen, reifenlos

sgonfiamento [zgonfia'mento] *m* ❶ (TEC) (Luft)entleerung *f* ❷ (MED) Abschwellen *n;* **sgonfiare** [zgon'fia:re] **I.** *vt* ❶ (*pneumatico, pallone*) die Luft ablassen aus ❷ (MED) abschwellen lassen ❸ (*fig*) dämpfen **II.** *vr* **-rsi** ❶ (*ruota, pallone*) die Luft verlieren ❷ (MED) abschwellen; **sgonfiato, -a** [zgon'fia:to] *agg* ❶ (*pallone, ruota*) ohne Luft ❷ (MED) abgeschwollen; **sgonfio, -a** ['zgonfio] <-i, -ie> *agg* ❶ (*pallone, ruota*) ohne Luft, leer ❷ (MED) abgeschwollen

sgorbio ['zgɔrbio] <-i> *m* ❶ (*parola*) Gekritzel *n;* (*disegno*) Geschmiere *n* ❷ (*macchia*) (Tinten)klecks *m* ❸ (*fig, pej*) Vogelscheuche *f*

sgorgare [zgor'ga:re] *vi essere* sprudeln, quellen

sgozzamento [zgottsa'mento] *m* Schlachten *n;* **sgozzare** [zgot'tsa:re] *vt* schlachten

sgradevole [zgra'de:vole] *agg* unangenehm

sgradito, -a [zgra'di:to] *agg* unwillkommen, unerwünscht

sgraffignare [zgraffiɲ'ɲa:re] *vt* (*fam*) klauen, zocken

sgraffio ['zgraffio] *m* (*fam*) Kratzer *m*

sgrammaticare [zgrammati'ka:re] *vi* grammatische Fehler *mpl* machen

sgrammaticato, -a [zgrammati'ka:to] *agg* voller grammatischer Fehler; **sgrammaticatura** [zgrammatika'tu:ra] *f* grammatischer Fehler *m*

sgranamento [zgrana'mento] *m* ❶ (*disinnesto*) Auskuppeln *n;* ~ **della marcia** Auskuppeln *n* ❷ (*frantumazione*) Zerfall *m* ❸ (*obs: togliere i semi*) Enthülsen *n*

sgranare [zgra'na:re] *vt* ❶ (*piselli, fave*) enthülsen, aushülsen ❷ (*fig: occhi*) aufreißen; (*rosario*) herunterbeten

sgranchire [zgraɲ'ki:re] <sgranchisco> *vt* lockern; **-rsi le gambe** sich *dat* die Beine vertreten

sgranocchiare [zgranok'kia:re] *vt* (*fam*) knabbern

sgrassaggio [zgras'saddʒo] <-ggi> *m* Entfetten *n*

sgrassare [zgras'sa:re] *vt* (*brodo*) entfetten; (*vestito*) Fettflecken entfernen von

[*o aus*]; **sgrassatore** [zgrassa'to:re] *m* (*detersivo*) fettlösendes Reinigungsmittel; **sgrassatura** [sgrassa'tu:ra] *f* Entfettung *f,* Entfetten *n*

sgravare [zgra'va:re] **I.** *vt* entlasten **II.** *vr* **-rsi** sich entlasten **III.** *vi* (*fam*) ein Kind bekommen; **sgravio** ['zgra:vio] <-i> *m* Entlastung *f,* Erleichterung *f;* ~ **fiscale** Steuererleichterung *f*

sgraziato, -a [zgrat'tsia:to] *agg* ungraziös, ohne Grazie; (*corpo*) plump; (*senza garbo*) unfreundlich

sgretolamento [zgretola'mento] *m* Abbröckeln *n;* **sgretolare** [zgreto'la:re] *vt* **-rsi** abbröckeln, zerbröckeln

sgridare [zgri'da:re] *vt* ausschimpfen; **sgridata** [zgri'da:ta] *f* Schelte *f*

sgrondare [zgron'da:re] **I.** *vt* abtropfen lassen **II.** *vi* abtropfen

sgrossare [zgros'sa:re] **I.** *vt* ❶ (*marmo*) zuhauen, grob behauen [*o bearbeiten*] ❷ (LIT) entwerfen ❸ (*fig*) anlernen **II.** *vr* **-rsi** sich verfeinern; **sgrossatura** [zgrossa'tu:ra] *f* erste [*o grobe*] Bearbeitung; (LIT) Entwurf *m*

sguaiata *f v.* sguaiato

sguaiataggine [zguaia'taddʒine] *f* Unmanierlichkeit *f,* Ungehörigkeit *f*

sguaiato, -a [zgua'ia:to] *agg* unmanierlich, ordinär

sguainare [zguai'na:re] *vt* ziehen, aus der Scheide ziehen

sgualcire [zgual'tʃi:re] <sgualcisco> *vt* zerknautschen

sgualdrina [zgual'dri:na] *f* Dirne *f*

sguardo ['zguardo] *m* Blick *m;* **alzare/ abbassare lo** ~ den Blick heben/senken; **dare uno** ~ **a qc** einen Blick auf [*o in*] etw *acc* werfen, sich etw *dat* anschauen; **non degnare qu/qc di uno** ~ jdn/etw keines Blickes würdigen; **fissare lo** ~ **su qc/qu** seinen Blick auf jdn/etw richten

sguarnito, -a [zguar'ni:to] *agg* schmucklos, unverziert

sguattero, -a ['zguattero] *m, f* Küchenjunge *m,* -mädchen *n*

sguazzare [zguat'tsa:re] *vi* ❶ (*nell'acqua*) planschen, plätschern ❷ (*fig: nella ricchezza*) schwimmen; (*nel fango*) wühlen ❸ (*fam*) sich wohl fühlen

sguinzagliare [zguintsaʎ'ʎa:re] *vt* ❶ (*cani*) von der Leine (los)lassen ❷ (*fig*) hetzen

sgusciare [zguʃ'ʃa:re] **I.** *vt avere* (*uova*) schälen; (*fagioli*) enthülsen **II.** *vi essere* ❶ (*sfuggire*) entgleiten, entschlüpfen ❷ (*fig*) entwischen, entkommen

shakeraggio [ʃeke'raddʒo] <-ggi> *m* ❶ (*shaker*) Shaken *n* ❷ (*fig*) Mix *m,*

Mischung *f* (*di* aus)

shampoo [ʃæm'pu: *o* 'ʃampo] <-> *m* Shampoo *n*, Schampon *n*

share ['ʃɛə] <-> *m* ❶ (TV) Einschaltquote *f* ❷ (FIN) Börsenaktie *f*

shareware <-> *m* (INFORM) Shareware *f*

shirt [ʃəːt] <- *o* shirts> *f* Hemd *n*, Shirt *n*

shoccare [ʃok'kaːre] *v.* scioccare; **shoccato, -a** [ʃok'kaːto] *agg v.* scioccato; **shoccato** (**shockato**), **-a** [ʃok'kaːto] *agg v.* scioccato

shock [ʃɔk] <-> *m* Schock *m;* **shockato, -a** *agg v.* scioccato

shopper ['ʃɔpə] <-> *m* Tragetasche *f*

shopping ['ʃɔpiŋ] <-> *m* Shopping *n*, Einkaufen *n;* **andare a fare** ~ einkaufen gehen; **shopping center** ['ʃɔpiŋ 'sentə] <-> *m* Shoppingcenter *n*

short [ʃɔːt] <-> *m* (Werbe)spot *m*

shorts [ʃɔːts] *mpl* Shorts *pl*

show [ʃou] <-> *m* Show *f;* **show business** ['ʃou biznis] <-> *m* Showbusiness *n;* **showgirl** ['ʃougəːl] <- *o* showgirls> *f* Showgirl *n;* **showman** ['ʃoumən] <-> *m* Showmaster *m;* **showroom** ['ʃouruːm] <- *o* showrooms> *m* Ausstellung *f;* ~ **internazionale** internationale Ausstellung

shuttle [ʃʌtl] <- *o* shuttles> *m* Shuttle *m;* **space** ~ Spaceshuttle *m*

si¹ [si] *pron pers 3. pers m e f sing e pl* ❶ (*riflessivo, complemento oggetto*) sich; ~ **veste con eleganza** er [*o* sie] kleidet sich elegant ❷ (*riflessivo, complemento di termine*) sich; ~ **lava i capelli** er [*o* sie] wäscht sich *dat* die Haare ❸ (*intensivo*) sich; **guardarsi un film** sich *dat* einen Film ansehen ❹ (*reciproco*) sich (gegenseitig), einander; ~ **sono separati** sie haben sich getrennt; **vogliono conoscersi meglio** sie wollen einander besser kennen lernen ❺ (*impersonale*) man; **cercasi segretaria** Sekretärin gesucht; ~ **apre alle …** um … wird geöffnet; **non** ~ **sa mai** man kann nie wissen; ~ **sa!** das ist bekannt! ❻ (*passivante*) **non** ~ **accettano assegni** es werden keine Schecks angenommen

si² <-> *m* (MUS) h, H *n*

sì [si] I. *avv* ja; (*davvero*) doch, wohl; (*poet*) so, derart; **rispondere di** ~ mit Ja antworten, ja sagen; **credo di** ~ ich glaube, ja; **e** ~ **che** und doch; **un giorno** ~ **ed uno no** jeden zweiten Tag, alle zwei Tage; ~ **e no** ja und nein, mehr oder weniger II. <-> *m* ❶ (*risposta*) Ja *n* ❷ (*voto*) Ja(stimme *f*) *n*

sia¹ ['siːa] *cong +conj* ~ **… o** ob … oder; ~ **… che** sowohl, als auch; ~ **che gli piaccia,** ~ **che non gli piaccia** ob es ihm gefällt oder nicht

sia² *1., 2. e 3. pers sing conj pr di* **essere¹**

SIAE *f abbr di* **Società Italiana Autori ed Editori** Verband italienischer Autoren und Verleger

siamese [sia'meːse] I. *agg* siamesisch; **gatto** ~ Siamkatze *f;* **fratelli -i** siamesische Zwillinge *mpl* II. *mf* ❶ (*abitante*) Siamese *m*, Siamesin *f* ❷ (ZOO) Siamkatze *f*

Siberia [si'bɛːria] *f* Sibirien *n;* **siberiano, -a** [sibe'riaːno] I. *agg* sibirisch II. *m*, *f* Sibirier(in) *m(f)*

sibilante [sibi'lante] I. *agg* Zisch- II. *f* Zischlaut *m*, Sibilant *m;* **sibilare** [sibi'laːre] *vi* zischen

sibilla [si'billa] *f* ❶ (*nella mitologia*) Sibylle *f* ❷ (*fig, scherz*) Wahrsagerin *f;* **sibillino, -a** [sibil'liːno] *agg* sibyllinisch; (*fig*) geheimnisvoll

sibilo ['siːbilo] *m* Zischen *n*, Pfeifen *n*

sicario, -a [si'kaːrio] <-i, -ie> *m*, *f* gedungene(r) Mörder(in) *m(f)*

sicché [sik'ke] *cong* ❶ (*così che, perciò*) so dass ❷ (*ebbene*) also

siccità [sittʃi'ta] <-> *f* Trockenheit *f*, Dürre *f*

siccome [sik'koːme] I. *cong* da, weil II. *avv* (*poet*) wie, so … wie

Sicilia [si'tʃiːlia] *f* Sizilien *n*

siciliano [sitʃi'liaːno] <*sing*> *m* (*dialetto*) Sizilianisch(e) *n*, sizilianischer Dialekt

siciliano, -a I. *agg* sizilianisch; **scuola -a** (LIT) die Sizilianische Dichterschule; **cassata alla -a** sizilianische Cassata II. *m*, *f* Sizilianer(in) *m(f)*

sicomoro [siko'mɔːro] *m* Maulbeerfeigenbaum *m*, Sykomore *f*

sicumera [siku'mɛːra] *f* Dünkel *m*

sicura [si'kuːra] *f* Sicherung *f;* **mettere la** ~ **a qc** etw sichern; **togliere la** ~ **a qc** etw entsichern

sicurezza [siku'rettsa] *f* Sicherheit *f;* (*certezza*) Gewiss-, Bestimmtheit *f;* **Pubblica Sicurezza** unbewaffnete Sicherheitspolizei; ~ **stradale** Verkehrssicherheit *f;* **di** ~ Sicherheits-; **cintura di** ~ Sicherheitsgurt *m;* **uscita di** ~ Notausgang *m*

sicuro [si'kuːro] I. *m* ❶ (*luogo*) Sicherheit *f;* **mettere al** ~ in Sicherheit bringen; (*fig*) sicherstellen ❷ (*certo*) Gewissheit *f;* **andare sul** ~ auf Nummer Sicher [*o* sicher] gehen II. *avv* sicher, gewiss; **di** ~ sicher(lich), mit Sicherheit

sicuro, -a *agg* ❶ (*luogo, posto*) sicher ❷ (*mano, passo*) sicher, fest ❸ (*certo*) sicher, gewiss; **essere** ~ **di sé** selbstsicher sein ❹ (*persona*) zuverlässig, vertrauenswürdig

SID *m abbr di* **Servizio Informazioni Dife-**

sa *v. a.* SISMI

side ['said] <- *o* sides> *m* Seite *f;* ~ **A, B** Seite A, B

siderale [side'ra:le] *agg,* **sidereo, -a** [si'dɛːreo] *agg* ❶ (ASTR) Stern(en)- ❷ (*fig*) unermesslich; **freddo** ~ Eiseskälte *f*

siderurgia [siderur'dʒi:a] <-gie> *f* Stahlindustrie *f*

siderurgico [side'rurdʒiko] <-ci> *m* Stahlarbeiter(in) *m(f)*

siderurgico, -a <-ci, -che> *agg* Stahl-

sidro ['si:dro] *m* Apfelwein *m*

Siena *f* Siena *n* (*Stadt in der Toskana*)

siepe ['siɛːpe] *f* ❶ (BOT) Hecke *f* ❷ (*fig*) Barriere *f,* Wall *m*

siero ['siɛːro] *m* ❶ (*del latte*) Molke *f* ❷ (MED) Serum *n*

sieroconversione [sierokonver'sio:ne] *f* virale Metamorphose

sieronegatività [sieronegativi'ta] <-> *f* (MED: *AIDS*) HIV-negativer Befund; **sieronegativo, -a** [sieronega'ti:vo] **I.** *agg* (MED: *AIDS*) HIV-negativ **II.** *m, f* nicht HIV-infizierte Person

sieropositività [sieropositivi'ta] <-> *f* (MED: *AIDS*) HIV-Infektion *f;* **sieropositivo, -a** [sieroposi'ti:vo] **I.** *agg* (MED: *AIDS*) HIV-positiv **II.** *m, f* HIV-Infizierte(r) *f(m)*

sieroproteina [sieroprote'i:na] *f* Serumprotein *n*

siesta ['siɛsta] *f* Mittagsruhe *f,* Siesta *f;* (*sonno*) Mittagsschläfchen *n*

siete ['siɛːte] 2. *pers pl pr di* **essere**[1]

SIFAR *m abbr di* **Servizio Informazioni Forze Armate** (*1949-1966*) *v. a.* SISMI

siffatto, -a [siffatto] *agg* (*obs*) derartig

sifilide [si'fi:lide] *f* Syphilis *f;* **sifilitico, -a** [sifi'li:tiko] <-ci, -che> **I.** *agg* syphilitisch **II.** *m, f* Syphiliskranke(r) *f(m)*

sifone [si'fo:ne] *m* Siphon *m*

Sig. *abbr di* **signore** Herr

sigaraio, -a [siga'ra:io] <-ai, -aie> *m, f* ❶ (*operaio*) in der Tabakindustrie Beschäftigte(r) *f(m)* ❷ (*venditore*) Tabakhändler(in) *m(f)*

sigaretta [siga'retta] *f* Zigarette *f;* ~ **con filtro** Filterzigarette *f;* ~ **senza filtro** Zigarette *f* ohne Filter; **farsi una** ~ sich eine Zigarette drehen

sigaro ['si:garo] *m* Zigarre *f*

Sigg. *abbr di* **signori** (Damen und) Herren, Herr und Frau

sigillante [sidʒil'lante] *m* Dichtungsmasse *f;* **sigillare** [sidʒil'la:re] *vt* versiegeln; **sigillatura** [sidʒilla'tu:ra] *f* Versiegelung *f;* ~ **delle cavità** Hohlraumversiegelung *f;* **sigillo** [si'dʒillo] *m* Siegel *n*

sigla ['si:gla] *f* Abkürzung *f,* Sigel *n,* Si-

gle *f;* (MUS, TV, RADIO) Erkennungszeichen *n;* ~ **musicale** Erkennungsmelodie *f;* **siglare** [si'gla:re] *vt* unterzeichnen; **siglario** [si'gla:rio] <-i> *m* Abkürzungsverzeichnis *n;* **siglatura** [sigla'tu:ra] *f* Unterzeichnung *f,* Paraphierung *f*

Sig.na *abbr di* **signorina** Frl.

significante [siɲɲifi'kante] *agg* bedeutend; (*occhiata*) bedeutungsvoll

significare [siɲɲifi'ka:re] *vt* bedeuten; **significativo, -a** [siɲɲifika'ti:vo] *agg* bedeutungsvoll, viel sagend; **significato** [siɲɲifi'ka:to] *m* Bedeutung *f*

signora [siɲ'ɲo:ra] *f* ❶ (*gener*) Frau *f,* Dame *f geh;* (*appellativo*) Frau *f;* **fare la** ~ die große Dame spielen; **gentile** ~ **Ferrucci** sehr geehrte Frau Ferrucci; **signori e -e** meine Damen und Herren; **buongiorno,** ~**!** guten Tag, Frau X! ❷ (*moglie*) Frau *f,* Gattin *f geh* ❸ (*padrona di casa*) Hausherrin *f*

signore [siɲ'ɲo:re] *m* ❶ (*gener*) Herr *m;* **il signor dottore/avvocato** der Herr Doktor/Rechtsanwalt; **il signor Ferrucci** Herr Ferrucci; **i -i Ferrucci** Herr und Frau Ferrucci; **egregio signor Ferrucci** (*nelle lettere*) sehr geehrter Herr Ferrucci; **-i e signore** meine Damen und Herren; **buongiorno, signor Bottin!** guten Tag, Herr Bottin! ❷ (*padrone di casa*) Hausherr *m;* **signoreggiare** [siɲɲored'dʒa:re] **I.** *vt* (*poet*) beherrschen **II.** *vi* herrschen (*su* über +*acc*); **signoria** [siɲɲo'ri:a] <-ie> *f* ❶ (HIST) Signoria *f,* (Stadt)herrschaft *f* ❷ (*poet*) Durchlaucht *f,* Hochwohlgeboren *mf*

signorile [siɲɲo'ri:le] *agg* herrschaftlich, vornehm; **signorilità** [siɲɲorili'ta] <-> *f* Vornehmheit *f*

signorina [siɲɲo'ri:na] *f* ❶ (*donna nubile, appellativo*) Fräulein *n* ❷ (*donna giovane*) junge Frau, junges Mädchen; **la** ~ **Fioretti** Fräulein Fioretti; **buongiorno,** ~**!** guten Tag, Fräulein X!; ~**!** Fräulein!

signorino [siɲɲo'ri:no] *m* junger Herr

signornò [siɲɲor'nɔ] *avv* nein (, mein Herr)

signorone, -a [siɲɲo'ro:ne] *m, f* (*fam*) reicher Herr *m,* reiche Dame *f*

signorotto [siɲɲo'rɔtto] *m* Gutsherr *m*

signorsì [siɲɲor'si] *avv* jawohl (, mein Herr)

Sig.ra *abbr di* **signora** Fr.

silenziare [silen'tsia:re] *vt* (schall)dämpfen

silenziatore [silentsia'to:re] *m* Schalldämpfer *m*

silenzio [si'lɛntsio] <-i> *m* ❶ (*mancanza*

di suoni) Ruhe *f,* Stille *f;* (*tacere*) Schweigen *n;* **fare ~** still sein; **passare qc sotto ~** etw stillschweigend übergehen, etw tot schweigen; **la parola è d'argento, il ~ è d'oro** (*prov*) Reden ist Silber, Schweigen ist Gold ❷ (*fig*) Ruhe *f* ❸ (*mancanza di notizie*) Schweigen *n;* **~ stampa** Pressesperre *f;* **silenzioso, -a** [silen'tsio:so] *agg* ❶ (*persona*) still, ruhig ❷ (*senza ruomore*) ruhig, leise ❸ (*che non fa rumore*) leise

silfide ['silfide] *f* Sylphe *f,* Sylphide *f*

silfo ['silfo] *m* Sylph *m*

silhouette [si'lwɛt] <-> *f* Silhouette *f*

silicato [sili'ka:to] *m* ❶ (MIN) Kieselgestein *n* ❷ (CHEM) Silikat *n;* **silice** ['si:litʃe] *f* Kiesel *m;* **silicico, -a** [si'li:tʃiko] <-ci, -che> *agg* Kiesel-

silicio [si'li:tʃo] *m* Silizium *n*

siliconato, -a [siliko'na:to] *agg* Silikon-, mit Silikon behandelt; **seno ~** Silikonbusen *m;* **silicone** [sili'ko:ne] *m* Silikon *n;* **siliconico, -a** [sili'kɔ:niko] <-ci, -che> *agg* Silikon-, silikonisch; **gomma -a** Silikon *n*

silicosi [sili'kɔ:zi] <-> *f* Silikose *f*

sillaba ['sillaba] *f* Silbe *f;* **parola di tre -e** dreisilbiges Wort; **sillabare** [silla'ba:re] *vt* (*dividire in sillabe*) in Silben teilen; (*fare lo spelling*) buchstabieren; **sillabario** [silla'ba:rio] <-i> *m* Fibel *f;* **sillabico, -a** [sil'la:biko] <-ci, -che> *agg* silbisch, Silben-; (MUS) syllabisch; **metodo ~** Ganzheitsmethode *f*

silo ['si:lo] <-i *o* silos> *m* Silo *m o n*

silo- [silo] *v.* **xilo-**

siluramento [silura'mento] *m* (*a fig*) Torpedierung *f;* **silurante** [silu'rante] I. *agg* Torpedo- II. *f* Torpedoboot *n;* **silurare** [silu'ra:re] *vt* ❶ (MIL) torpedieren ❷ (*fig*) ausbooten, absägen *fam;* **silurata** [silu'ra:ta] *f* Torpedoangriff *m,* Torpedierung *f;* **fare una ~ a qu** (*fig*) jdn absägen, jdn ausbooten

siluro [si'lu:ro] *m* Torpedo *m*

silver plate ['silvə pleit] <-> *m* Silberauflage *f,* Versilberung *f;* **servizio/vassoio in ~** versilbertes Service/Tablett

silvestre [sil'vɛstre] *agg* Wald-

silvicolo, -a [sil'vi:kolo] *agg* Wald-, Forst-

silvicoltore [silvikol'to:re] *v.* **selvicoltore**

simbiosi [simbi'ɔ:zi] <-> *f* Symbiose *f;* **simbiotico, -a** [simbi'ɔ:tiko] <-ci, -che> *agg* symbiotisch

simboleggiare [simboled'dʒa:re] *vt* symbolisieren; **simbolica** [sim'bɔ:lika] <-che> *f* Symbolik *f;* **simbolicità** [simbolitʃi'ta] <-> *f* Symbolkraft *f,* Symbolwert *m*

simbolico, -a [sim'bɔ:liko] <-ci, -che> *agg* symbolisch; **simbolismo** [simbo'lizmo] *m* ❶ (*arte*) Symbolismus *m* ❷ (*complesso di simboli*) Symbolik *f;* **simbolista** [simbo'lista] <-i *m,* -e *f*> I. *mf* Symbolist(in) *m(f)* II. *agg* symbolistisch; **simbolizzare** [simbolid'dza:re] *vt* symbolisieren, versinnbildlichen

simbolo ['simbolo] *m* ❶ (*figura*) Symbol *n,* Sinnbild *n* ❷ (SCIENT) Symbol *n,* Zeichen *n;* **simbologia** [sombolo'dʒi:a] <-ie> *f* Symbolik *f*

similare [simi'la:re] *agg* gleichartig, ähnlich; **simile** ['si:mile] I. *agg* ❶ (*analogo*) ähnlich; **essere ~ a qu/qc** jdm/etw ähnlich sein ❷ (*tale*) solch, so(lch) ein II. *mf* Nächste(r) *f(m),* Mitmensch *m;* **e -i** und dergleichen

similitudine [simili'tu:dine] *f* (*paragone*) Gleichnis *n,* Vergleich *m*

similoro [simi'lɔ:ro] *m* Talmi *n,* Scheingold *n*

similpelle [simil'pɛlle] *f* Kunstleder *n,* Skai® *n*

simmetria [simme'tri:a] <-ie> *f* Symmetrie *f;* **simmetrico, -a** [sim'mɛ:triko] <-ci, -che> *agg* symmetrisch; **simmetrizzare** [simmetrid'dza:re] *vt* symmetrisch machen

simonia [simo'ni:a] <-ie> *f* Simonie *f,* Ämterkauf *m*

simpatia [simpa'ti:a] <-ie> *f* Sympathie *f;* **avere ~ per qu/qc** jdn/etw sympathisch finden; **prendere qu in ~** jdn lieb gewinnen; **simpatico, -a** [sim'pa:tiko] <-ci, -che> I. *agg* sympathisch II. *m, f* sympathischer Mensch; **simpaticone, -a** [simpati'ko:ne] *m, f* (*fam*) netter Kerl

simpatizzante [simpatid'dzante] I. *agg* sympathisierend II. *mf* Sympathisant(in) *m(f);* **simpatizzare** [sim'dza:re] *vi* ❶ (*entrare in simpatia*) **~ con qu** sich mit jdm verstehen ❷ (*di ideologia*) **~ per qc** mit etw sympathisieren

simplex ['simpleks] <-> *m* Einzelanschluss *m*

simposio [sim'pɔ:zio] <-i> *m* Symposium *n*

simulacro [simu'la:kro] *m* ❶ (*statua*) Standbild *n,* Statue *f,* Bildnis *n* ❷ (*fig*) Trugbild *n,* Scheinbild *n*

simulare [simu'la:re] *vt* vortäuschen, vorheucheln; (*malattia,* TEC) simulieren; **simulatore** [simula'to:re] *m* (TEC) Simulator *m;* **simulazione** [simulat'tsio:ne] *f* Täuschung *f,* Heuchelei *f*

simultaneità [simultanei'ta] <-> *f* Gleichzeitigkeit *f;* **simultaneo, -a** [simul'ta:neo] *agg* gleichzeitig, simultan; **tra-duzione -a** Simultanübersetzung *f*

sinagoga [sina'gɔːga] <-ghe> *f* Synagoge *f*

sinapsi [si'napsi] <-> *f* Synapse *f*

sinceramente [sintʃera'meːnte] *avv* ehrlich; ~ **non so cosa pensare** ehrlich gesagt, ich weiß nicht, was ich davon halten soll

sincerarsi [sintʃe'rarsi] *vr* sich vergewissern

sincerità [sintʃeri'ta] <-> *f* Aufrichtigkeit *f,* Ehrlichkeit *f;* **con tutta ~** in aller Offenheit; **sincero, -a** [sin'tʃɛːro] *agg* aufrichtig, ehrlich

sinché [sin'ke] *cong* (solange) bis

sincopare [siŋko'paːre] *vt* synkopieren

sincopato, -a [siŋko'paːto] *agg* synkopenreich; **sincope** ['siŋkope] *f* Synkope *f*

sincronia [siŋkro'niːa] <-ie> *f* Gleichzeitigkeit *f;* **sincronicità** [siŋkronitʃi'ta] <-> *f* Synchronizität *f,* Gleichzeitigkeit *f;* **sincronico, -a** [siŋ'krɔːniko] <-ci, -che> *agg* gleichzeitig, synchron; **sincronismo** [siŋkro'nizmo] *m* ❶ (*contemporaneità*) Gleichzeitigkeit *f,* Synchronismus *m* ❷ (PHYS) Synchronismus *m,* Gleichlauf *m* ❸ (FILM, TV) Synchronismus *m*

sincronizzare [siŋkronid'dzaːre] *vt* synchronisieren; **sincronizzatore** [siŋkroniddza'toːre] *m* ❶ (TEC, EL) Synchronisierer *m* ❷ (MOT) Synchronring *m;* **sincronizzazione** [siŋkroniddzat'tsioːne] *f* Synchronisierung *f,* Synchronisation *f;* **sincrono, -a** ['siŋkrono] *agg* synchron

sindaca *f v.* **sindaco**

sindacabile [sinda'kaːbile] *agg* überprüfbar, kontrollierbar

sindacale [sinda'kaːle] *agg* ❶ (*del sindacato*) Gewerkschafts-, gewerkschaftlich ❷ (*del sindaco*) Bürgermeister-

sindacalismo [sindaka'lizmo] *m* Gewerkschaftsbewegung *f;* **sindacalista** [sindaka'lista] <-i *m,* -e *f>* *mf* Gewerkschafter(in) *m(f);* **sindacalistico, -a** [sindaka'listiko] <-ci, -che> *agg* gewerkschaftlich

sindacalizzare [sindakalid'dzaːre] *vt* gewerkschaftlich organisieren; **sindacalizzazione** [sindakaliddzat'tsioːne] *f* gewerkschaftliche Organisation

sindacare [sinda'kaːre] *vt* ❶ (ADM) überprüfen, kontrollieren ❷ (*fig*) bekritteln, bemängeln

sindacato [sinda'kaːto] *m* ❶ (POL) Verband *m;* (*di lavoratori*) Gewerkschaft *f;* ~ **dei datori di lavoro** Arbeitgeberverband *m* ❷ (COM) Kartell *n*

sindaco ['sindako] <-ci> *m* ❶ (ADM) Bürgermeister(in) *m(f)* ❷ (COM) Syndikus *m*

sindone ['sindone] *f* Leichentuch *n*

sindrome ['sindrome] *f* Syndrom *n;* ~ **da astinenza** Entzugserscheinungen *fpl;* ~ **di Down** Down-Syndrom *n;* ~ **da immunodeficienza acquisita** Immunschwächekrankheit *f,* AIDS *n;* ~ **da iperattività** Zappelphilippsyndrom *n*

sinedrio [si'nɛːdrio] <-i> *m* ❶ (HIST: *presso i greci*) Synedrion *n;* (*presso gli ebrei*) Hoher Rat *m* ❷ (*fig, scherz*) Versammlung *f*

sinergia [siner'dʒːa] *f* Synergie *f*

sinfonia [sinfo'niːa] <-ie> *f* ❶ (MUS) Symphonie *f,* Sinfonie *f* ❷ (*fig, scherz*) Leier *f,* Lied *n;* **sinfonico, -a** [sin'fɔːniko] <-ci, -che> *agg* symphonisch, sinfonisch

singhiozzare [siŋgiot'tsaːre] *vi* ❶ (*piangere*) schluchzen ❷ (*avere il singhiozzo*) (den) Schluckauf haben; **singhiozzo** [siŋ'giottso] *m* ❶ (MED) Schluckauf *m* ❷ (*pianto*) Schluchzer *m;* **a ~** stotternd, ruckweise

single [siŋgl] <-> *mf* Single *m*

singola *f v.* **singolo**

singolare [siŋgo'laːre] **I.** *agg* (*straordinario*) einzigartig, einmalig; (*insolito*) selten, ungewöhnlich **II.** *m* ❶ (LING) Singular *m,* Einzahl *f* ❷ (SPORT) Einzel *n;* **singolarità** [siŋlari'ta] <-> *f* Einzigartigkeit *f,* Einmaligkeit *f*

singolo ['siŋgolo] *m* ❶ (SPORT: *tennis*) Einzel *n;* (*canottaggio*) Einer *m* ❷ (TEL) Einzelanschluss *m*

singolo, -a **I.** *agg* einzeln, Einzel- **II.** *m, f* Einzelne(r) *f(m)*

singulto [siŋ'gulto] *v.* **singhiozzo**

sinistra [si'nistra] *f* ❶ (POL) Linke *f;* **partito di ~** Linkspartei *f* ❷ (*mano*) Linke *f,* linke Hand ❸ (*parte*) Linke *f,* linke Seite; **girare** [*o* **voltare**] **a ~** links abbiegen; **tenere la ~** links fahren; **alla mia ~** zu meiner Linken, links von mir

sinistrare [sinis'traːre] *vt* schädigen, treffen, schlagen

sinistrato, -a [sinis'traːto] **I.** *agg* getroffen, geschädigt; **zona -a** Katastrophengebiet *n* **II.** *m, f* Geschädigte(r) *f(m),* Opfer *n*

sinistrese [sinis'treːse] *m* politischer Jargon der Linken

sinistro [si'nistro] *m* ❶ (*infortunio*) Schaden *m,* Unglück *n,* Unfall *m,* Havarie *f* A ❷ (*piede*) linker Fuß; (*mano, pugno*) Linke *f;* **colpire di ~** mit links schlagen; (*col piede*) mit links schießen

sinistro, -a *agg* ❶ (*che è a sinistra*) linke(r, s) ❷ (*fig*) unheilvoll, düster

sinistroide [sinis'trɔːide] **I.** *agg* linksgerichtet **II.** *mf* Linke(r) *f(m)*

sinistrorso, -a [sinis'trɔrso] *agg* ❶ (*scrittura*) linksläufig ❷ (PHYS, CHEM) linksdrehend

sino ['si:no] *prp* ~ **a** bis (zu [*o* nach])

sinodico, -a [si'nɔːdiko] <-ci, -che> *agg* synodisch; **sinodo** ['si:nodo] *m* Synode *f*

sinologa *f v.* **sinologo**

sinologia [sinolo'dʒi:a] <-gie> *f* Sinologie *f;* **sinologo, -a** [si'nɔːlogo] <-gi *o* -ghi, -ghe> *m, f* Sinologe *m, -*login *f*

sinonimia [sinoni'mi:a] <-ie> *f* Synonymie *f;* **sinonimo** [si'nɔːnimo] *m* Synonym *n;* **dizionario dei -i** Synonymwörterbuch *n*

sinora [si'no:ra] *v.* **finora**

sinossi [si'nɔssi] <-> *f* Synopse *f*

sinottico, -a [si'nɔttiko] *agg* Übersichts-

sinovia [si'nɔːvia] <-ie> *f* Gelenkflüssigkeit *f*

sintagma [sin'tagma] <-i> *m* Syntagma *n*

sintantoché [sintanto'ke] *v.* **finché**

sintassi [sin'tassi] <-> *f* Syntax *f;* **sintattico, -a** [sin'tattiko] <-ci, -che> *agg* syntaktisch

sintesi ['sintezi] <-> *f* ❶ (PHILOS, BIOL, CHEM, MED) Synthese *f* ❷ (*riassunto*) Zusammenfassung *f;* **in** ~ zusammenfassend, kurz; **sinteticamente** [sintetika'mente] *avv* ❶ (*in sintesi*) zusammenfassend, kurz ❷ (CHEM) synthetisch

sinteticità [sintetitʃi'ta] <-> *f* ❶ (*l'essere sintetico*) Knappheit *f*, Kürze *f* ❷ (*l'essere artificiale*) Künstlichkeit *f;* **sintetico, -a** [sin'tɛːtiko] <-ci, -che> *agg* ❶ (*schematico*) knapp, schematisch ❷ (*artificiale*) synthetisch, künstlich

sintetizzare [sintetid'dza:re] *vt* ❶ (*riassumere*) zusammenfassen ❷ (CHEM) synthetisieren

sintetizzatore [sintetiddza'to:re] *m* (MUS) Synthesizer *m*

sintetizzazione [sintetiddzat'tsio:ne] *f* ❶ (*riduzione all'essenziale*) Zusammenfassung *f* ❷ (*mus*) synthetische Klangerzeugung *f*

sintoamplificatore [sintoamplifika'to:re] *m* (MUS) Receiver *m*, Tuner-Amplifier *m;* **sintogramma** [sinto'gramma] <-i> *m* (RADIO) (Szintillations)feldstärkeanzeiger *m*

sintomaticità [sintomatitʃi'ta] <-> *f* Symptomatik *f;* **sintomatico, -a** [sinto'ma:tiko] <-ci, -che> *agg* ❶ (*fortemente significativo*) symptomatisch ❷ (MED) **comportamento** ~ symptomatisches Verhalten; **terapia -a** symptomatische Therapie; **sintomatologia** [sintomatolo'dʒi:a]

<-ie> *f* (MED) Symptomatologie *f*

sintomo ['sintomo] *m* Symptom *n,* Anzeichen *n*

sintonia [sinto'ni:a] <-ie> *f* ❶ (*perfetto accordo*) Syntonie *f*, Einklang *m,* Harmonie *f;* **essere in** ~ **con** in (perfektem) Einklang stehen mit ❷ (PHYS) Synchronismus *m;* **sintonizzare** [sintonid'dza:re] *vt* ❶ (RADIO) einstellen, abstimmen ❷ (*fig*) in Einklang bringen; **sintonizzatore** [sintoniddza'to:re] *m* Empfangsgerät *n,* Receiver *m;* **sintonizzazione** [sintoniddzat'tsio:ne] *f* Einstellung *f*, Abstimmung *f*

sinuosità [sinuosi'ta] <-> *f* Gewundenheit *f;* **sinuoso, -a** [sinu'o:so] *agg* gewunden

sinusite [sinu'zi:te] *f* Nebenhöhlenentzündung *f*

sinusoidale [sinuzoi'da:le] *agg* sinusförmig; **sinusoide** [sinu'zɔːide] **I.** *agg* sinusförmig, Sinus- **II.** *f* Sinuskurve *f*

sionismo [sio'nizmo] *m* Zionismus *m;* **sionista** [sio'nista] <-i *m*, -e *f*> *mf* Zionist(in) *m(f);* **sionistico, -a** [sio'nistiko] <-ci, -che> *agg* zionistisch

sior [sior] *m* (*dial*) Herr *m*

SIP [sip] *f acro di* **Società Italiana per l'Esercizio Telefonico** *italienische Telefongesellschaft*

sipario [si'pa:rio] <-i> *m* Vorhang *m*

Siracusa [sira'ku:za] *f* Syrakus *n* (*Stadt in Sizilien*)

Siracusano <*sing*> *m* Umgebung *f* von Syrakus

siracusano, -a [siraku'sa:no] **I.** *agg* aus Syrakus stammend, syrakusisch **II.** *m, f* (*abitante*) Bewohner(in) *m(f)* von Syrakus, Syrakuser(in) *m(f)*

sirena [si'rɛːna] *f* Sirene *f*

Siria ['si:ria] *f* Syrien *n;* **siriano, -a** [si'ria:no] **I.** *agg* syrisch **II.** *m, f* Syrer(in) *m(f)*

siringa [si'riŋga] <-ghe> *f* ❶ (MED) Spritze *f;* ~ **monouso** Einwegspritze *f* ❷ (GASTR) Spritztülle *f* ❸ (MUS) Pan- *f*, Hirtenflöte *f*

siringare [siriŋ'ga:re] *vt* kathetern

sirte ['sirte] *f* Syrte *f*

sisal ['si:zal] <-> *f* Sisal(hanf) *m*

sisma ['sizma] <-i> *m* Erdbeben *n*

SISMI ['sizmi] *m acro di* **Servizio per l'Informazione e la Sicurezza Militare** *militärischer Abschirmdienst Italiens*

sismicità [sizmitʃi'ta] <-> *f* Seismizität *f;* **sismico, -a** ['sizmiko] <-ci, -che> *agg* seismisch; **zona -a** Erdbebengebiet *n;* **sismo** ['sizmo] *m* Erdbeben *n*

S

sismografia [sizmogra'fi:a] *f* Seismographie *f;* **sismografico, -a** [sizmo'gra:fiko] <-ci, -che> *agg* seismographisch; **registrazione -a** Seismogramm *n;* **sismografo** [siz'mɔ:grafo] *m* Seismograph *m,* Erdbebenmesser *m;* **sismogramma** [sizmo'gramma] <-i> *m* Seismogramm *n;* **sismologa** *f v.* **sismologo**

sismologia [sizmolo'dʒi:a] <-gie> *f* Seismologie *f,* Erdbebenkunde *f;* **sismologo, -a** [siz'mɔ:logo] <-gi, -ghe> *m, f* Seismologe *m,* -login *f*

sissignore [sissiɲ'ɲo:re] *int* jawohl (, mein Herr)

sistema [sis'tɛ:ma] <-i> *m* ❶ (*insieme di elementi strutturali*) System *n;* ~ **antibloccaggio** (AUTO) Antiblockiersystem *n,* ABS *n;* ~ **antisbandamento** (AUTO) Elektronisches Stabilitätsprogramm, ESP *n;* ~ **immunitario** Immunsystem *n;* ~ **nervoso** Nervensystem *n;* ~ **solare** Sonnensystem *n;* **Sistema monetario europeo** Europäisches Währungssystem; **Sistema europeo delle Banche centrali** Europäisches System der Zentralbanken ❷ (INFORM) System *n;* ~ **operativo** Betriebssystem *n;* ~ **di** [*o* per] **l'elaborazione dei dati** Datenverarbeitungssystem *n;* ~ **di navigazione satellitare** Satellitennavigationssystem *n* ❸ (*fig*) Art und Weise *f;* (*modo di comportarsi*) Benehmen *n,* Verhalten *n;* ~ **di vita** Lebensweise *f*

sistemare [siste'ma:re] **I.** *vt* ❶ (*mettere a posto*) ordnen, in Ordnung bringen ❷ (*faccenda*) erledigen, regeln; (*lite*) beilegen ❸ (*procurare un lavoro, alloggio*) unterbringen ❹ (*fam*) zurechtweisen **II.** *vr* **-rsi** ❶ (*ordinare, mettere in assetto*) in Ordnung kommen ❷ (*trovare lavoro, alloggio*) unterkommen ❸ (*sposarsi*) unter die Haube kommen *fam*

sistematica [siste'ma:tika] <-che> *f* Systematik *f*

sistematicamente [sistematika'mente] *avv* ❶ (*secondo un piano organico*) systematisch ❷ (*regolarmente*) regelmäßig ❸ (*assiduamente*) ständig, regelmäßig; **sistematicità** [sistematitʃi'ta] <-> *f* Regelmäßigkeit *f;* **sistematico, -a** [siste-'ma:tiko] <-ci, -che> **I.** *agg* ❶ (*classificazione, ordine*) systematisch ❷ (*fig: opposizione*) prinzipiell, grundsätzlich **II.** *m, f* Systematiker(in) *m(f)*

sistematizzare [sistematid'dza:re] *vt* systematisch (an)ordnen, systematisieren; **sistematizzatore, -trice** [sistematiddza'to:re] *m, f* Systematisierer(in) *m(f)*

sistemazione [sistemat'tsio:ne] *f* ❶ (*di cose*) (An)ordnung *f;* (*posto*) Platz *m* ❷ (*impiego*) Stelle *f,* Anstellung *f* ❸ (*di lite*) Beilegung *f;* (*di faccenda*) Erledigung *f* ❹ (COM) (guter) Absatz *m* ❺ (*alloggio*) Unterbringung *f,* Unterkunft *f*

sistemica [sis'tɛ:mika] *f v.* **sistemistica**

sistemista [siste'mista] <-i *m,* -e *f>* *mf* ❶ (*giocatore*) Systemspieler(in) *m(f)* ❷ (INFORM) Systemanalytiker(in) *m(f);* **sistemistica** [siste'mistika] *f* Systemik *f,* Systemlehre *f*

sistola ['sistola] *f* (Spritz)schlauch *m*

sistole ['sistole] *f* Systole *f*

sitcom ['sitkɔm] <-> *f* (TV) Sitcom *f*

sitibondo, -a [siti'bondo] *agg* (*poet*) durstig; ~ **di vendetta** rachedurstig

sito ['sito] *m* ❶ (*poet: luogo*) Stätte *f,* Ort *m* ❷ (INFORM) Internetseite *f;* ~ **Internet** Internetseite *f,* Internetadresse *f;* ~ **Web** Webseite *f*

situare [situ'a:re] *vt* setzen, stellen; **situato, -a** [situ'a:to] *agg* gelegen

situazione [situat'tsio:ne] *f* Lage *f,* Situation *f;* ~ **di emergenza** Ausnahmesituation *f*

size ['saiz] <-> *f* Größe *f*

skateboard ['skeitbɔ:d *o* 'skeitbɔrd] <-> *m* Skateboard *n,* Rollbrett *n*

skater ['skeitə] <-> *mf* Skater(in) *m(f),* Skateboardfahrer(in) *m(f),* Inlineskater(in) *m(f);* **skating** ['skeitiŋ *o* 'skeiting] <-> *m* ❶ (SPORT: *su ghiaccio*) Eislaufen *n;* (*a rotelle*) Rollschuhlaufen *n* ❷ (TEC) Skating *n*

skibob ['ski:bɔb] <-> *m* Skibob *m,* Lenkschlitten *m*

skidoo ['skidu:] <-> *m* (*moto da neve*) Skidoo *m,* Schneemobil *n,* Motorschlitten *m*

skipass [ski'pas] <-> *m* Skipass *m*

ski roll ['ski: roul] <-> *m* Rollski *m,* Asphaltski *m;* **ski stopper** ['ski: 'stɔpə] <-> *m* Skibremse *f*

skunk [skʌŋk] <-> *m* Skunk *m*

skybed ['skaibed] <-> *m* (AERO) Liegesitz *m*

skysurfing [skai'səfiŋ] <*sing*> *m* (SPORT) Skysurfing *n*

s.l. *abbr di* **senza luogo** s.l.

slabbrare [zlab'bra:re] **I.** *vt* ausleiern **II.** *vr* **-rsi** die Form verlieren, ausleiern; **slabbratura** [zlabbra'tu:ra] *f* Randbeschädigung *f*

slacciare [zlat'tʃa:re] **I.** *vt* lösen, aufmachen; (*sbottonare*) aufknöpfen **II.** *vr* **-rsi** sich lösen, aufgehen

slalom ['zla:lom] <-> *m* Slalom *m;* ~ **gigante** Riesenslalom *m;* **slalomista** [zlalo'mista] <-i *m,* -e *f>* *mf* Slalomläufer(in) *m(f)*

slanciarsi [zlan'tʃarsi] *vr* ~ **contro** [*o* **su**] **qu** sich auf jdn werfen

slanciato, -a [zlan'tʃa:to] *agg* schlank

slancio ['zlantʃo] <-ci> *m* ❶ (*balzo*) Schwung *m;* (*rincorsa*) Anlauf *m;* **prendere lo ~** Anlauf nehmen ❷ (*fig*) Schwung *m,* Elan *m;* **in uno ~ di entusiasmo** in einem Anflug von Begeisterung

slapstick ['slæpstik] <-> *m* (THEAT) Slapstick *m*

slargare [zlar'ga:re] **I.** *vt* weiter machen, erweitern **II.** *vr* **-rsi** weiter werden, sich erweitern

slargo ['zlargo] <-ghi> *m* Verbreiterung *f*

slash ['zlæʃ] <-> *m* (INFORM) Slash *m*

slattamento [zlatta'mento] *m* Abstillen *n;* **slattare** [zlat'ta:re] *vt* abstillen

slava *f v.* **slavo**

slavato, -a [zla'va:to] *agg* ausgewaschen, verwaschen

slavina [zla'vi:na] *f* Lawine *f*

slavismo [zla'vizmo] *m* ❶ (LING) Slawismus *m* ❷ (POL) Panslawismus *m;* **slavistica** [zla'vistika] <-che> *f* Slawistik *f;* **slavo, -a** ['zla:vo] **I.** *agg* slawisch **II.** *m, f* Slawe *m,* Slawin *f;* **slavofilia** [zlavofi'li:a] *f* Slawophilie *f;* **slavofobia** [zlavofo'bi:a] *f* Slawophobie *f;* **slavofono, -a** [zla'vɔ:fono] **I.** *m, f* slawisch sprechende Person **II.** *agg* slawisch sprechend

sleale [zle'a:le] *agg* unehrlich; **slealtà** [zleal'ta] <-> *f* Unlauterkeit *f,* Unehrlichkeit *f*

sled dog ['sled dɔg] <-> *m* Schlittenhunderennen *n*

sleeping car ['sli:piŋ ka: *o* 'zliping 'car] <-> *m* Schlafwagen *m*

slegare [zle'ga:re] **I.** *vt* lösen; (*cane*) losbinden **II.** *vr* **-rsi** aufgehen, sich lösen; **slegato, -a** [zle'ga:to] *agg* ❶ (*pacco*) aufgebunden, los; (*libro*) ungebunden ❷ (*fig*) zusammenhang(s)los

Slesia ['zlɛ:zia] *f* Schlesien *n*

Slesvig-Holstein ['zlezvig 'hɔlʃtain] *m* Schleswig-Holstein *n*

slineamento [zlinea'mento] *m* (FERR) Verwerfung *f*

slip [zlip] <-> *m* Slip *m*

slitta ['zlitta] *f* Schlitten *m*

slittamento [zlitta'mento] *m* ❶ (*di ruote*) Rutschen *n* ❷ (*fig*) Abkommen *n* ❸ (COM, FIN) Abfallen *n,* Nachgeben *n;* **slittare** [zlit'ta:re] *vi* essere *o* avere ❶ (*ruote*) rutschen, durchdrehen ❷ (*persone, animali*) rutschen, gleiten ❸ (COM, FIN) abfallen, nachgeben ❹ (*fig*) abweichen, abkommen

slittino [zlit'ti:no] *m* Rodelschlitten *m*

s.l.m. *abbr di* **sul livello del mare** ü.d.M. (*über dem Meeresspiegel*)

s.l.n.d. *abbr di* **senza luogo né data** s.

l. n. d.

slogan ['zlɔ:gan] <-> *m* Slogan *m*

sloganismo [zloga'nizmo] *m* Reduzierung *f* auf Schlagwörter, Plakativismus *m;* **sloganistica** [zloga'nistika] <-che> *f* Produktion *f* von Slogans

slogare [zlo'ga:re] *vt* aus-, verrenken; **slogatura** [zloga'tu:ra] *f* Verrenkung *f*

sloggiare [zlod'dʒa:re] **I.** *vt* vertreiben; (*di casa*) ausquartieren, weisen aus **II.** *vi* ❶ (*abbandonare*) aus-, wegziehen ❷ (*fam*) abhauen

slot [slɔt *o* 'zlot] <-> *m* (AERO, INFORM) Slot *m;* **slot-machine** ['slɔt mə'ʃi:n *o* 'zlɔt ma'ʃin] <-> *f* Spielautomat *m*

Slovacchia [zlovak'kia] *f* Slowakei *f;* **slovacco, -a** [zlo'vakko] <-cchi, -cche> **I.** *agg* slowakisch **II.** *m, f* Slowake *m,* Slowakin *f*

Slovenia [zlo'vɛ:nia] *f* Slowenien *n;* **sloveno, -a** [zlo'vɛ:no] **I.** *agg* slowenisch **II.** *m, f* Slowene *m,* Slowenin *f*

slow [slou *o* zlo] <-> *m* Slowfox *m;* **slow-food** ['zloufu:d] *m* Slow food *n*

slugflazione [zlugflat'tsio:ne] *f* (FIN) Slugflation *f*

slumare [zlu'ma:re] *vt* (*sl: osservare*) beobachten

slumberette [slʌmbe'rɛt] <-> *m* (AERO) Liegesitz *m*

slurp [zlurp] *int* (*fam: rumore di chi mangia*) schmatz!; (*rumore di chi beve*) gluck!

slurpata [zlur'pa:ta] *f* (*fam: assaggio*) Kostprobe *f,* Ablecken *n*

smaccato, -a [zmak'ka:to] *agg* übermäßig, übertrieben; (*dolce*) widerlich süß

smacchiare [zmak'kia:re] *vt* die Flecken entfernen aus; **smacchiatore, -trice** [zmakkia'to:re] *m, f* Fleckentferner *m*

smacco ['zmakko] <-cchi> *m* Schlappe *f* *fam,* Niederlage *f*

smack [zmak] *int* (*fam*) schmatz!

smagliante [zmaʎ'ʎante] *agg* glänzend, strahlend

smagliare [zmaʎ'ʎa:re] **I.** *vt* (*calze*) Laufmaschen machen in +*acc;* (*maglia*) aufziehen **II.** *vr* **-rsi** ❶ (*calze*) Laufmaschen bekommen; (*maglia*) ein Loch bekommen ❷ (*pelle*) Dehnungsstreifen bekommen; **smagliatura** [zmaʎʎa'tu:ra] *f* ❶ (*di calze*) Laufmasche *f* ❷ (MED) Dehnungsstreifen *m;* (*di gravidanza*) Schwangerschaftsstreifen *m*

smagnetizzare [zmaɲɲetid'dza:re] *vt* entmagnetisieren; **smagnetizzazione** [zmaɲɲetiddzat'tsio:ne] *f* Entmagnetisierung *f*

smagrire [zma'gri:re] <smagrisco> **I.** *vt*

S

avere mager machen, abmagern lassen II. *vr* **-rsi** abnehmen

smaliziare [zmalit'tsia:re] I. *vt* gewitzt(er) machen II. *vr* **-rsi** gewitzt(er) werden; **smaliziato, -a** [zmalit'tsia:to] *agg* gerissen, verschlagen

smalizzire *v.* **smaliziare**

smaltare [zmal'ta:re] *vt* emaillieren; (*ceramica*) glasieren; (*unghie*) lackieren

smaltimento [zmalti'mento] *m* Entsorgung *f*, Beseitigung *f*; **smaltire** [zmal'ti:re] <smaltisco> *vt* ❶ (*cibo*) verdauen, verwerten ❷ (*indigestione*) überwinden; (*rabbia*) verrauchen lassen; (*sbornia*) ausschlafen ❸ (COM: *merce*) ausverkaufen ❹ (*acque*) ableiten; (*rifiuti*) beseitigen ❺ (*lavoro*) erledigen

smalto ['zmalto] *m* ❶ (*per decorare*) Email *n;* (*per ceramica*) Glasur *f* ❷ (*per unghie*) Nagellack *m* ❸ (*dei denti*) Zahnschmelz *m*

smammare [zmam'ma:re] *vi* (*fam*) abhauen

smanceria [zmantʃe'ri:a] <-ie> *f* (*pej*) Getue *n fam*

smanettare [zmanet'ta:re] *vi* (MOT, *sl*) voll aufdrehen, Gas geben; ~ **al computer** ein Computer-Freak sein

smania ['zma:nia] *f* ❶ (*agitazione*) Aufregung *f*, Unruhe *f* ❷ (*fig*) Sucht *f*, Wahn *m;* **smaniare** [zma'nia:re] *vi* ❶ (*agitarsi*) sich aufregen, rasen ❷ (*fig: desiderare fortemente*) ~ **di fare qc** darauf brennen, etw zu tun

smanicato, -a [zmani'ka:to] *agg* ärmellos

smanierato, -a [zmanie'ra:to] *agg* unhöflich, unmanierlich

smanioso, -a [zma'nio:so] *agg* ❶ (*agitato*) außer sich *dat* ❷ (*desideroso*) **essere** ~ **di qc** sich nach etw sehnen; **essere** ~ **di fare qc** darauf brennen, etw zu tun

smantellamento [zmantella'mento] *m* (*mura*) Abriss *m*, Abbruch *m;* (*fabbrica*) Abbau *m;* ~ **sociale** (*fig*) Abbau der Sozialleistungen

smantellare [zmantel'la:re] *vt* ❶ (*mura*) abreißen; (*fabbrica*) demontieren ❷ (NAUT) abwracken ❸ (*fig*) demolieren

smargiassa *f v.* **smargiasso**

smargiassata [zmardʒas'sa:ta] *f* Prahlerei *f*

smargiasso, -a [zmar'dʒasso] *m, f* Prahler(in) *m(f)*, Angeber(in) *m(f)*

smarmittato, -a [zmarmit'ta:to] *agg* (*senza marmitta*) ohne Katalysator

smarrimento [zmarri'mento] *m* ❶ (*di oggetto*) Verlust *m* ❷ (*fig*) Verwirrung *f*; **smarrire** [zmar'ri:re] <smarrisco> I. *vt*

verlegen, verlieren II. *vr* **-rsi** ❶ (*perdersi*) sich verlaufen ❷ (*fig*) in Verwirrung geraten; (*d'animo*) verzagen

smarronare [zmarro'na:re] *vi* (*fam*) danebenhauen; **smarronata** [zmarro'na:ta] *f* (*fam*) Schnitzer *m*

smart set [sma:t set] <-> *m* Highsociety *f*, elegante Welt

smascellarsi [zmaʃʃel'larsi] *vr* ~ **dalle risa** (*fam*) sich kaputtlachen

smascheramento [zmaskera'mento] *m* Demaskierung *f*, Enthüllung *f*; **smascherare** [zmaske'ra:re] I. *vt* ❶ (*fig*) aufdecken, enthüllen ❷ (*togliere la maschera*) demaskieren II. *vr* **-rsi** ❶ (*fig*) die Maske fallen lassen ❷ (*togliersi la maschera*) die Maske ablegen; **smascheratore, -trice** [zmaskera'to:re] I. *agg* entlarvend, enthüllend II. *m, f* (*fig*) Entlarver(in) *m(f)*, Aufdecker(in) *m(f)*

smash [smæʃ *o* zmɛʃ] <-> *m* Schmetterball *m*

smaterializzare [zmaterialid'dza:re] I. *vt* entmaterialisieren II. *vr* **-rsi** sich entmaterialisieren

smazzare [zmat'tsa:re] *vt* ❶ (*distribuire le carte da gioco*) geben, austeilen ❷ (*fig: gestire*) regeln, beherrschen, lenken

smazzata [zmat'tsa:ta] *f* Runde *f*

SME *m abbr di* **Sistema Monetario Europeo** EWS *n* (*Europäisches Währungssystem*)

smembramento [zmembra'mento] *m* ❶ (*divisione*) Aufteilung *f*, Zerteilung *f* ❷ (*fig*) Zerstückelung *f*; **smembrare** [zmem'bra:re] *vt* zerstückeln

smemorata *f v.* **smemorato**

smemoratezza [zmemora'tettsa] *f* Vergesslichkeit *f*; **smemorato, -a** [zmemo'ra:to] I. *agg* vergesslich II. *m, f* vergesslicher Mensch

smentire [zmen'ti:re] <smentisco> I. *vt* ❶ (*notizia, fatti*) dementieren ❷ (JUR) widerrufen ❸ (*buon nome, fama*) handeln gegen II. *vr* **-rsi** sich *dat* widersprechen; **non si smentisce mai** er [*o* sie] bleibt sich *dat* selbst treu; **smentita** [zmen'ti:ta] *f* Gegendarstellung *f*, Dementi *n;* (JUR) Widerruf *m*

smeraldino, -a [zmeral'di:no] *agg* (*poet*) smaragdgrün

smeraldo[1] [zme'raldo] *m* Smaragd *m*

smeraldo[2] <inv> *agg* smaragdgrün

smerciare [zmer'tʃa:re] *vt* verkaufen, absetzen; **smercio** ['zmɛrtʃo] <-ci> *m* Verkauf *m*, Absatz *m*

smerdare [zmer'da:re] I. *vt* (*vulg*) verscheißen II. *vr* **-rsi** (*vulg*) sich verscheißen

smerigliare [zmeriˈʎʎaːre] *vt* (ab)schmirgeln; **smerigliato, -a** [zmeriˈʎʎaːto] *agg* ❶ (*carta*) Schmirgel- ❷ (*vetro*) geschmirgelt; **smeriglio** [zmeˈriʎʎo] <-gli> *m* Schmirgel *m*

smerlare [zmerˈlaːre] *vt* festonieren; **smerlo** [ˈzmɛrlo] *m* Feston *n*

smettere [ˈzmettere] <irr> I. *vt* ❶ (*vestito*) ablegen ❷ (*lavoro, studi*) aufgeben; (*interrompere*) abbrechen; **smettila!** (*fam*) hör auf damit! II. *vi* aufhören; ~ **di fare qc** mit etw aufhören, aufhören etw zu tun

smezzare [zmedˈdzaːre] *vt* ❶ (*dividere a metà*) halbieren ❷ (*consumare fino a metà*) halb aufbrauchen

smidollato, -a [zmidolˈlaːto] I. *agg* ❶ (*osso, canna*) marklos ❷ (*fig, pej*) schlaff, schlapp II. *m, f* Schlappschwanz *m fam*

smielato, -a [zmieˈlaːto] *agg* leer, entleert, ohne Honig; **smielatore** [zmielaˈtoːre] *m* Honigschleuder *f*

smilitarizzare [zmilitaridˈdzaːre] *vt* entmilitarisieren; **smilitarizzazione** [zmilitariddzatˈtsioːne] *f* Entmilitarisierung *f*

smilzo, -a [ˈzmiltso] *agg* ❶ (*persona*) schmächtig ❷ (*trama, tema*) mager, dürftig

sminare [zmiˈnaːre] *vt* entminen

sminuire [zminuˈiːre] <sminuisco> *vt* verringern, mindern; (*persona*) gering schätzen

sminuzzamento [zminuttsaˈmento] *m* Zerbröckeln *n;* **sminuzzare** [zminutˈtsaːre] I. *vt* zerbröckeln; (*a fig*) zerstückeln II. *vr* **-rsi** zerbröckeln; **sminuzzatore** [zminuddzaˈtoːre] *m* Universalmixer *m*

smiscelamento [zmiʃʃelaˈmento] *m* Aufspaltung *f* (in einzelne Komponenten); **smiscelare** [zmiʃʃeˈlaːre] *vt* (in einzelne Komponenten) aufspalten

smisi [ˈzmizi] *1. pers sing pass rem di* **smettere**

smistare [zmisˈtaːre] *vt* ❶ (*corrispondenza, merci*) sortieren ❷ (*MIL*) einteilen ❸ (*FERR*) verschieben, rangieren ❹ (*SPORT*) übergeben, abgeben

smisurato, -a [zmizuˈraːto] *agg* maßlos, grenzenlos

smithiano, -a [zmitiˈaːno] *agg* (*di A. Smith*) auf A. Smith zurückgehend

smitizzare [zmitidˈdzaːre] *vt* nüchtern betrachten; **smitizzazione** [zmitiddzatˈtsioːne] *f* nüchterne Betrachtung, Entmythisierung *f*

smobilitare [zmobiliˈtaːre] *vt* demobilisieren; (*truppe*) abziehen; **smobilitazione** [zmobilitatˈtsioːne] *f* Demobilisierung *f;* (*truppe*) Abzug *m*

smobilizzare [zmobilidˈdzaːre] *vt* (FIN) flüssig machen

smobilizzo [zmobiˈliddzo] *m* Mobilisierung *f*

smoccolare [zmokkoˈlaːre] I. *vi* (*fam*) fluchen II. *vt* den Docht stutzen; **smoccolatoio** [zmokkolaˈtoːio] <-oi> *m* Dochtschere *f*

smodato, -a [zmoˈdaːto] *agg* maßlos, unmäßig

smoderatezza [zmoderaˈtettsa] *f* Maßlosigkeit *f,* Unmäßigkeit *f;* **smoderato, -a** [zmodeˈraːto] *agg* maßlos, unmäßig; **essere ~ nel mangiare/bere** unmäßig essen/trinken

smog [zmɔg] <-> *m* Smog *m;* **cappa di ~** Dunstglocke *f;* **allarme ~** Smogalarm *m*

smoking [ˈzmɔːkiŋ] <-> *m* Smoking *m*

smonetare [zmoneˈtaːre] *vt* (FIN) aus dem Verkehr ziehen, demonetisieren; **smonetizzare** [zmonetidˈdzaːre] *vt* aus dem Verkehr ziehen, demonetisieren

smontabile [zmonˈtaːbile] *agg* demontierbar, zerlegbar; **smontabilità** [zmontabiliˈta] <-> *f* Zerlegbarkeit *f,* Demontierbarkeit *f*

smontaggio [zmonˈtaddʒo] <-ggi> *m* Demontage *f,* Zerlegung *f;* **smontare** [zmonˈtaːre] I. *vt* **avere** ❶ (*scomporre*) zerlegen, auseinander nehmen; (TEC) demontieren ❷ (*fig*) entmutigen, demoralisieren II. *vi* **essere o avere** ❶ (*scendere*) hinabsteigen; (*da treno*) aussteigen; (*da cavallo*) absteigen ❷ (*di turno, lavoro*) Feierabend machen ❸ (GASTR) wieder flüssig werden III. *vr* **-rsi** den Mut verlieren

smorfia [ˈzmɔrfia] <-ie> *f* ❶ (*contrazione*) Grimasse *f,* Fratze *f;* **fare le -ie** Fratzen schneiden ❷ (*fig*) Naserümpfen *n;* (*atteggiamento lezioso*) Getue *n fam,* Theater *n;* **smorfioso, -a** [zmorˈfioːso] I. *agg* zimperlich II. *m, f* Zimperliese *f*

smorto, -a [ˈzmɔrto] *agg* blass; (*fig*) farblos

smorzamento [zmortsaˈmento] *m* ❶ Abschwächung *f,* Dämpfung *f;* **smorzare** [zmorˈtsaːre] *vt* ❶ (*rumori, colori*) dämpfen ❷ (*dial: luce*) dämpfen; (*fuoco*) löschen ❸ (*fig*) stillen; **smorzata** [zmorˈtsaːta] *f* Stoppball *m;* **smorzatore** [zmortsaˈtoːre] *m* Dämpfer *m*

smossi *1. pers sing pass rem di* **smuovere**

smosso *pp di* **smuovere**

smottamento [zmottaˈmento] *m* Erdrutsch *m;* **smottare** [zmotˈtaːre] *vi essere* abrutschen

SMS [ˈɛsɛemmeˈɛsse] <-> *m abbr di* **Short Message System** (TEL: *sistema per invio di brevi messaggi*) SMS *n;* (*messaggio*)

SMS *f;* ~ **con immagini** Bild-SMS *f*

smunto, -a ['zmunto] *agg* abgezehrt

smuovere ['zmuɔ:vere] <irr> **I.** *vt* ❶ (*spostare*) ver-, wegrücken ❷ (*fig*) abbringen; (*dall'inerzia*) aufrütteln; (*commuovere*) rühren **II.** *vr* **-rsi** ❶ (*spostarsi*) sich wegbewegen, sich rühren ❷ (*fig*) sich rühren, sich in Bewegung setzen

smussare [zmus'sa:re] **I.** *vt* ❶ (*spigolo, stipite*) abstumpfen, abrunden ❷ (*fig*) mildern **II.** *vr* **-rsi** abstumpfen

snack [snæk *o* znɛk] <-> *m* Snack *m,* Zwischenmahlzeit *f*

snaturare [znatu'ra:re] *vt* entarten lassen, entstellen; **snaturato, -a** [znatu'ra:to] **I.** *agg* entartet, unmenschlich; (*madre, padre*) Raben- **II.** *m, f* Unmensch *m*

snazionalizzare [znattsionalid'dza:re] *vt* ❶ (COM) reprivatisieren ❷ (POL) entnationalisieren; **snazionalizzazione** [znattsionaliddzad'dsio:ne] *f* ❶ (COM) Reprivatisierung *f* ❷ (POL) Entnationalisierung *f*

sneaker ['sni:kə] <-> *f* Basketballschuh *m*

snebbiamento [znebbia'mento] *m* ❶ (*diradamento di un banco di nebbia*) Lichten *n* einer Nebelbank ❷ (*fig: chiarimento*) Klärung *f;* ~ **della mente** Ernüchterung *f;* **snebbiare** [zneb'bia:re] *vt* ❶ (METEO) vom Nebel befreien ❷ (*fig*) aufklären, erhellen

snellezza [znel'lettsa] *f* ❶ (*di persona*) Schlankheit *f* ❷ (*fig*) Eleganz *f;* **snellire** [znel'li:re] <snellisco> **I.** *vt* ❶ (*rendere snello*) schlank(er) machen ❷ (*fig*) beschleunigen, vereinfachen **II.** *vr* **-rsi** schlank(er) werden; **snello, -a** ['znɛllo] *agg* ❶ (*persona, figura*) schlank ❷ (*fig*) leicht, behände; (*stile*) flüssig

snervante [zner'vante] *agg* entnervend; **snervare** [zner'va:re] **I.** *vt* entnerven **II.** *vr* **-rsi** entnervt sein

snidare [zni'da:re] *vt* ❶ (*lepre, volpe*) aus dem Bau [*o* Nest] treiben, aufstöbern ❷ (*fig*) ausheben

sniffare [znif'fa:re] *vt* (*sl*) sniffen; (*cocaina*) koksen; **sniffata** [znif'fa:ta] *f* Sniff *m;* **fare una** ~ sniffen

snob [znɔb] **I.** <inv> *agg* versnobt **II.** <-> *mf* Snob *m;* **snobbare** [znob'ba:re] *vt* verachten, herabblicken auf +*acc;* **snobismo** [zno'bizmo] *m* Snobismus *m*

snocciolamento [znottʃola'mento] *m* Entkernung *f,* Entsteinung *f;* **snocciolaolive** [znottʃolao'li:ve] <-> *m* Oliventkerner *m;* **snocciolare** [znottʃo'la:re] *vt* ❶ (*ciliege, albicocche*) entkernen ❷ (*fig*) reihenweise von sich geben; (*orazioni*) herunterleiern; **snocciolatore** [znottʃo-

la'to:re] *m* Entkerner *m,* Entsteiner *m*

snodabile [zno'da:bile] *agg* gelenkig; (TEC) Gelenk-; **snodare** [zno'da:re] **I.** *vt* ❶ (*fune, corda*) lösen, ent-, aufknoten; (*giunture*) lockern; (*fig: lingua*) lösen ❷ (*rendere mobile*) gelenkig machen ❸ (TEC) mit Gelenken versehen **II.** *vr* **-rsi** ❶ (*fiume, strada*) sich schlängeln ❷ (*articolarsi*) sich krümmen; **snodo** ['znɔ:do] *m* (TEC) Gelenk *n*

snowboard ['snou bɔ:d] <-> *m* Snowboard *n;* **snowbo**|a|**rdista** [snoubor'dista] <-i *m,* -e *f*> *mf* Snowboarder(in) *m(f)*

snudare [znu'da:re] *vt* ❶ (*spada*) (aus der Scheide) ziehen ❷ (*poet*) entblößen

so [sɔ] *1. pers sing pr di* **sapere¹**

SO *abbr di* **sudovest** SW

soap opera [soup 'ɔpərə] <-> *f* Soap(opera) *f,* Seifenoper *f*

soave¹ [so'a:ve] *agg* lieblich, süß

soave² <-> *m* Soave *m* (*trockener Weißwein aus Venetien*); **soavità** [soavi'ta] <-> *f* Lieblichkeit *f,* Süße *f*

sobbalzare [sobbal'tsa:re] *vi* ❶ (*veicoli*) stoßen, rucken ❷ (*persone*) aufspringen, auffahren; **sobbalzo** [sob'baltso] *m* Stoß *m,* Ruck *m*

sobbarcare [sobbar'ka:re] **I.** *vt* belasten (*qu a qc* jdn mit etw), aufbürden (*qu a qc* jdm etw) **II.** *vr* **-rsi** sich aufbürden (*a qc* etw), sich belasten (*a* mit)

sobbarcarsi [sobbar'ka:rsi] *vr* ~ **a qc** sich *dat* etw aufbürden

sobborgo [sob'borgo] <-ghi> *m* Vorort *m,* Vorstadt *f*

sobillare [sobil'la:re] *vt* aufstacheln, aufhussen *A;* **sobillatore, -trice** [sobilla'to:re] *m, f* Aufwiegler(in) *m(f),* Unruhestifter(in) *m(f)*

sobrietà [sobrie'ta] <-> *f* Maß *n,* Mäßigkeit *f;* (*a fig*) Nüchternheit *f;* **sobrio, -a** ['sɔ:brio] <-i, -ie> *agg* ❶ (*persona*) maßvoll, genügsam ❷ (*fig*) einfach, schlicht ❸ (*lucido*) nüchtern

soc. *abbr di* **società** Ges.

socchiudere [sok'kiu:dere] <irr> *vt* (*porta, finestra*) anlehnen; (*occhi*) blinzeln

soccombere [sok'kombere] <soccombo, soccombei *o* soccombetti, soccombuto> *vi essere* unterliegen, erliegen

soccorrere [sok'korrere] <irr> *vt* ~ **qu** jdm Hilfe leisten; **soccorritore, -trice** [sokkorri'to:re] *m, f* Helfer(in) *m(f),* Rettungskraft *f*

soccorso [sok'korso] *m* Hilfe *f;* **-i** Hilfsmittel *npl;* (MIL) Hilfstruppen *fpl;* **il pronto** ~ die erste Hilfe; ~ **marittimo** Seenotrettungsdienst *m;* ~ **stradale** Pannendienst *m;*

cassetta di pronto ~ Verband(s)kasten *m;* **chiamata di** ~ Notruf *m;* **colonnina di** ~ (Not)rufsäule *f;* **piano di** ~ Rettungsplan *m;* **correre in** ~ **di qu** jdm zu Hilfe eilen; **omissione di** ~ (JUR) unterlassene Hilfeleistung

socia *f v.* **socio**

socialdemocratico, -a [sotʃaldemoˈkraːtiko] <-ci, -che> I. *agg* sozialdemokratisch II. *m, f* Sozialdemokrat(in) *m(f);* **socialdemocrazia** [sotʃaldemokratˈtsiːa] *f* Sozialdemokratie *f*

sociale [soˈtʃaːle] *agg* ❶ (*di società*) gesellschaftlich, Gesellschafts-; **vita** ~ Gesellschaftsleben *n;* **ragione** ~ Firmenname *m* ❷ (*che vive in società*) gesellig

socialismo [sotʃaˈlizmo] *m* Sozialismus *m;* **socialista** [sotʃaˈlista] <-i *m,* -e *f>* I. *mf* Sozialist(in) *m(f)* II. *agg* sozialistisch

socialità [sotʃaliˈta] <-> *f* ❶ (*tendenza*) Geselligkeit *f,* Gemeinschaftssinn *m* ❷ (*convivenza*) gesellschaftliches Zusammenleben

socializzare [sotʃalidˈdzaːre] I. *vt* (COM) vergesellschaften, sozialisieren II. *vi* Kontakte knüpfen; **non riesce a** ~ **con i colleghi** er schafft es nicht mit seinen Kollegen in Kontakt zu kommen; **socializzazione** [sotʃaliddzatˈtsioːne] *f* Sozialisierung *f;* (COM) Vergesellschaftung *f*

società [soˈtʃeta] <-> *f* ❶ (SOC, COM) Gesellschaft *f;* ~ **affiliata** Tochtergesellschaft *f;* ~ **in compartecipazione** Gemeinschaftsunternehmen *n;* ~ **dei consumi** Konsumgesellschaft *f;* ~ **industriale** Industriegesellschaft *f;* **alta** ~ High Society *f;* ~ **per azioni** [*o* **anonima**] Aktiengesellschaft *f;* ~ **a responsabilità limitata** Gesellschaft *f* mit beschränkter Haftung; ~ **in accomandita semplice** Kommanditgesellschaft *f;* ~ **finanziaria** Holding *f;* ~ **distributrice di film** Filmverleih *m;* ~ (**di fornitura**) **di lavoro temporaneo** Zeitarbeitfirma *f;* **giochi di** ~ Gesellschaftsspiele *npl;* **in** ~ gemeinsam ❷ (*associazione*) Verein *m;* ~ **sportiva** Sportverein *m*

socievole [soˈtʃeːvole] *agg* gesellig

socio, -a [ˈsɔːtʃo] <-ci, -cie> *m, f* ❶ (*membro*) Mitglied *n* ❷ (COM) Gesellschafter(in) *m(f),* Teilhaber(in) *m(f)*

socioanalisi [sotʃoaˈnaːlizi] <-> *f* Sozialanalyse *f,* Gesellschaftsanalyse *f*

sociobiologia [sotʃobioloˈdʒiːa] *f* Soziobiologie *f*

socioculturale [sotʃokultuˈraːle] *agg* soziokulturell

sociodramma [sotʃoˈdramma] *m* Rollenspiel *n*

socioeconomico, -a [sotʃoekoˈnɔːmiko] <-ci, -che> *agg* sozioökonomisch

sociogenesi [sotʃoˈdʒɛːnezi] *f* Soziogenese *f;* **sociogenetico, -a** [sotʃodʒeˈnɛːtiko] *agg* soziogenetisch

sociogeografia [sotʃodʒeograˈfiːa] *f* Sozialgeographie *f*

sociogramma [sotʃoˈgramma] <-i> *m* Soziogramm *n*

socioinformatica [sotʃoinforˈmaːtika] *f* Sozialinformatik *f*

sociolinguistica [sotʃolinˈgwistika] *f* Soziolinguistik *f;* **sociolinguistico, -a** [sotʃolinˈgwistiko] <-ci, -che> *agg* soziolinguistisch

sociologa *f v.* **sociologo**

sociologia [sotʃoloˈdʒiːa] <-gie> *f* Soziologie *f;* **sociologico, -a** [sotʃoˈlɔːdʒiko] <-ci, -che> *agg* soziologisch; **sociologo, -a** [soˈtʃɔːlogo] <-gi, -ghe> *m, f* Soziologe, -login *m, f*

sociopatia [sotʃopaˈtiːa] *f* Soziopathie *f*

sociopolitico, -a [sotʃopoˈliːtiko] <-ci, -che> *agg* sozialpolitisch, gesellschaftspolitisch

sociosanitario, -a [sotʃosaniˈtaːrio] *agg* das Gesundheitswesen betreffend; **struttura -a** Einrichtung *f* des Gesundheitswesens

soda [ˈsɔːda] *f* ❶ (CHEM) Soda *n o f;* **bicarbonato di** ~ Natron *n* ❷ (*acqua*) Soda(wasser) *n*

sodalizio [sodaˈlittsio] <-i> *m* (*poet*) Gesellschaft *f,* Vereinigung *f*

soddisfaccio [soddisˈfattʃo] *1. pers sing pr di* **soddisfare**

soddisfacente [soddisfaˈtʃɛnte] *agg* befriedigend; **soddisfare** [soddisˈfaːre] <irr> I. *vt* zufrieden stellen; (*bisogni*) befriedigen; (*curiosità*) stillen; (*clienti, pubblico*) zufrieden stellen II. *vi* ~ **a qc** einer Sache *dat* genügen; **soddisfatto, -a** [soddisˈfatto] *agg* (*contento*) zufrieden; **soddisfazione** [soddisfatˈtsioːne] *f* ❶ (*piacere*) Befriedigung *f;* (*contentezza*) Zufriedenheit *f;* **le piccole -i della vita quotidiana** die kleinen Freuden *fpl* des (täglichen) Lebens; **con mia grande** ~ zu meiner großen Freude; **non c'è** ~ es macht keinen Spaß ❷ (*compensazione*) Genugtuung *f* ❸ (*riparazione*) Wiedergutmachung *f*

soddisfeci *1. pers sing pass rem di* **soddisfare**; **soddisfo** [soddisˈfɔ] *1. pers sing pr di* **soddisfare**

sodio [ˈsɔːdio] *m* Natrium *n*

sodo [ˈsɔːdo] I. *avv* ❶ (*con forza*) hart, fest ❷ (*alacremente*) tüchtig, fest ❸ (*profondamente*) **dormire** ~ tief schlafen II. *m* **venire al** ~ (*fam*) zur Sache kommen

S

sodo, -a *agg* ❶ (*carni*) fest, hart ❷ (*muscoli*) stark, kräftig ❸ (*uova*) hart (gekocht) ❹ (*fig*) fest, solide; (*argomento*) stark; **prenderle -e** (*fam*) feste Prügel bekommen

sodomia [sodo'miːa] <-ie> *f* Sodomie *f*

sofà [so'fa] <-> *m* Sofa *n*

sofferente [soffe'rɛnte] *agg* leidend; (MED) krank; **sofferenza** [soffe'rɛntsa] *f* Leiden *n*, Qual *f*

soffermare [soffer'maːre] **I.** *vt* anhalten, aufhalten; ~ **lo sguardo su qc** den Blick auf etw *dat* ruhen lassen **II.** *vr* **-rsi** ❶ (*sostare*) stehen bleiben, sich aufhalten ❷ (*fig*) **-rsi su qc** sich bei [*o* mit] etw aufhalten

soffersi [soffɛrsi] *1. pers sing pass rem di* **soffrire**

sofferto, -a [soffɛrto] **I.** *pp di* **soffrire** **II.** *agg* empfindungsreich

soffiare [soffiaːre] **I.** *vi* ❶ (*aria, fumo*) blasen ❷ (METEO) wehen, blasen ❸ (*sbuffare*) schnaufen, schnauben **II.** *vt* ❶ (*aria, fumo*) blasen, pusten *fam;* (*vetro*) blasen; **-rsi il naso** sich die Nase schnäuzen ❷ (*fig fam*) wegschnappen; (*pedina*) schlagen ❸ (*fam: segreto*) zuflüstern; (*fare la spia*) singen

soffiata [soffiaːta] *f* (*fam*) Tipp *m*

soffice ['sɔffitʃe] *agg* weich; (*tessuto*) flauschig

soffietto [soffietto] *m* ❶ (*mantice*) (kleiner) Blasebalg *m* ❷ (TEC) Faltwulst *m;* **porta a ~** Falttür *f*

soffio ['soffio] <-i> *m* ❶ (*il soffiare*) Blasen *n* ❷ (*d'aria, vento*) Hauch *m*, Zug *m;* **spegnere una candela con un ~** eine Kerze ausblasen; **in un ~** im Nu, augenblicklich; **c'è mancato un ~** (*fig*) es fehlte nicht viel ❸ (*rumore*, MED) Geräusch *n*

soffione [soffioːne] *m* ❶ (GEOL) Soffione *f* ❷ (BOT) Pusteblume *f fam*

soffitta [soffitta] *f* Dachboden *m*, Speicher *m*

soffitto [soffitto] *m* (Zimmer)decke *f*

soffocamento [soffoka'mento] *m* Erstickung *f*, Ersticken *n;* **soffocante** [soffo'kante] *agg* ❶ (*aria*) stickig ❷ (*fig*) bedrückend

soffocare [soffo'kaːre] **I.** *vt avere* ❶ (*a fig*) ersticken; ~ **qu con un cuscino** jdn mit einem Kissen ersticken ❷ (*fig*) unterdrücken; ~ **la libertà di qu** jds Freiheit unterdrücken; ~ **i propri sentimenti** seine Gefühle unterdrücken **II.** *vi essere* ersticken; **un caldo che soffoca** eine drückende Hitze; **mi sento ~** ich habe das Gefühl zu ersticken; **soffocazione** [soffokat'tsioːne] *f* ❶ (*a fig*) Erstickung *f* ❷ (*fig*)

Unterdrückung *f*

soffriggere [soffriddʒere] <irr> *vt* anbraten, anrösten

soffrire [soffriːre] <soffro, soffrii *o* soffersi, sofferto> **I.** *vt* ❶ (*patire*) leiden, erleiden; (MED) leiden an +*dat;* ~ **il caldo/freddo** unter Hitze/Kälte leiden; ~ **la fame** Hunger leiden ❷ (*sopportare*) (er)leiden, ertragen; (*persone*) ausstehen, leiden **II.** *vi* ❶ (MED) ~ **di** leiden an +*dat;* ~ **di mal di testa** häufig Kopfschmerzen haben ❷ (*patire*) leiden

soffritto¹ [soffritto] *pp di* **soffriggere**

soffritto² [soffritto] *m* Gemisch aus Zwiebeln, Kräutern und manchmal auch Speck, gehackt und angebraten

soffuso, -a [soffuːzo] *agg* (*luce*) gedämpft

sofistica *f v.* **sofistico**

sofisticare [sofisti'kaːre] **I.** *vt* (ver)fälschen; (*vino*) verschneiden, panschen **II.** *vi* nörgeln; **sofisticatezza** [sofistikat'tettsa] *f* Pedanterie *f*, Spitzfindigkeit *f*, Affektiertheit *f;* **sofisticato, -a** [sofisti'kaːto] *agg* ❶ (*merce*) gefälscht; (*vino*) gepanscht, verschnitten ❷ (*persona*) anspruchsvoll ❸ (*linguaggio*) gekünstelt, hochgestochen ❹ (*impianto*) Hochleistungs-, hochentwickelt; **sofisticatore, -trice** [sofistika'toːre] *m, f* Fälscher(in) *m(f);* (*di vino*) Panscher(in) *m(f);* **sofisticazione** [sofistikat'tsioːne] *f* (Ver)fälschung *f;* (*di vino*) Panschen *n*, Verschneiden *n*

sofistico, -a [so'fistiko] <-ci, -che> **I.** *agg* ❶ (*pej*) pedantisch ❷ (PHILOS) sophistisch **II.** *m, f* (*pej*) Pedant(in) *m(f)*

soft [sɔft] <inv> *agg* (*atmosfera*) behaglich; (*luce*) gedämpft; (*musica*) leise; **softcore** ['sɔftkɔː] <inv> *agg* Softcore-; **soft drink** ['sɔft driŋk] <-> *m* Softdrink *m*

software ['sɔftwɛa] <-> *m* (INFORM) Software *f;* ~ (**a scopo**) **didattico** Lernprogramm *n;* **softwarista** [sɔftwe'rista] <-i *m*, -e *f*> *mf* Softwarespezialist(in) *m(f)*

soggettista [soddʒet'tista] <-i *m* -e *f*> *mf* Drehbuchautor(in) *m(f)*

soggettiva [soddʒet'tiːva] *f* (FILM) Subjektive *f;* **ripresa in ~** Subjektiveinstellung *f*, Subjektive *f;* **soggettività** [soddʒettivi'ta] <-> *f* Subjektivität *f;* **soggettivo, -a** [soddʒet'tiːvo] *agg* ❶ (*opinione, impressione*) subjektiv ❷ (LING) Subjekt(s)-

soggetto [sod'dʒetto] *m* ❶ (*tema*) Thema *n*, Gegenstand *m;* (MUS) Thema *n* ❷ (LING, PHILOS) Subjekt *n* ❸ (MED) Person *f*, Patient *m* ❹ (*fam: persona, tipo*) Typ *m*, Subjekt *n*

soggetto, -a *agg* ❶ (POL) unterworfen ❷ (*esposto*) **essere ~ a qc** einer Sache *dat* ausgesetzt sein; **~ a imposta** steuerpflichtig ❸ (MED) **essere ~ a qc** für etw anfällig sein

soggezione [soddʒet'tsio:ne] *f* ❶ (*timidezza*) Scheu *f*, Befangenheit *f* ❷ (*dipendenza*) Abhängigkeit *f*, Unterworfensein *n*

sogghignare [soggiɲ'ɲa:re] *vi* grinsen; **sogghigno** [sog'giɲɲo] *m* Grinsen *n*

soggiacere [soddʒa'tʃe:re] <irr> *vi* **essere o avere ~ a qc** einer Sache *dat* unterliegen

soggiogare [soddʒo'ga:re] *vt* unterjochen, unterwerfen

soggiornare [soddʒor'na:re] *vi* sich aufhalten, verweilen; **soggiorno** [sod'dʒorno] *m* ❶ (*permanenza*) Aufenthalt *m*; (*luogo*) Aufenthaltsort *m*; **località di ~** Ferienort *m*; **permesso di ~** Aufenthaltserlaubnis *f* ❷ (*stanza*) Wohnzimmer *n*

soggiungere [sod'dʒundʒere] <irr> *vt* hinzufügen

soglia ['sɔʎʎa] <-glie> *f* Schwelle *f*

soglio *1. pers sing pr di* **solere**

sogliola ['sɔʎʎola] *f* Seezunge *f*

sognante [soɲ'ɲante] *agg* träumerisch, verträumt; **sognare** [soɲ'ɲa:re] **I.** *vt* ❶ (*vedere in sogno*) träumen; **ho sognato il nonno** ich habe von Großvater geträumt ❷ (*fig: desiderare*) träumen von, erträumen **II.** *vr* **-rsi** ❶ (*vedere in sogno*) träumen ❷ (*fig*) träumen, sich *dat* einbilden; **te lo sogni che venga!** (*fam*) davon träumst du nur, dass er [*o* sie] kommt!; **sognatore, -trice** [soɲɲa'to:re] *m, f* Träumer(in) *m(f)*

sogno ['soɲɲo] *m* (*a fig*) Traum *m*; **fare un ~** träumen, einen Traum haben; **~ ad occhi aperti** Tagtraum *m*; **nemmeno** [*o* **neppure**] [*o* **neanche**] **per ~** (*fam*) auch nicht [*o* nicht einmal] im Traum

soia ['sɔ:ia] <soie> *f* Sojabohne *f*

soirée [swa're] <-> *f* Soiree *f*, Galaabend *m*

sol [sɔl] <-> *m* (MUS) g, G *n*

sola *f v.* **solo**

solaio [so'la:io] <-ai> *m* Dachboden *m*

solare [so'la:re] *agg* ❶ (*gener*) Sonnen-; **crema ~** Sonnencreme *f*; **eclissi ~** Sonnenfinsternis *f*; **filtro ~** Sonnenschutzfilter *m*; **olio ~** Sonnenöl *n*; **sistema ~** Sonnensystem *n* ❷ (EL) Sonnen-, Solar-; **orologio ~** Sonnenuhr *f* ❸ (*fig*) strahlend; (*evidente*) sonnenklar

solario [so'la:rio] <-i> *m* Solarium *n*

solarismo [sola'rizmo] *m* Bewegung zur Förderung der Sonnenenergie

solarium [so'la:rium] <-> *m* Solarium *n*

solcare [sol'ka:re] *vt* ❶ (*fig*) durchpflügen, durchziehen ❷ (AGR) durchpflügen, durchfurchen; **solco** ['solko] <-chi> *m* ❶ (AGR)

Furche *f* ❷ (*incavatura*) Spur *f*; (*di disco*) Rille *f* ❸ (*grinza*) Runzel *f*, Furche *f*, Falte *f* ❹ (NAUT) Kielwasser *n*

soldatessa [solda'tessa] *f v.* **soldato**

soldatino [solda'ti:no] *m* Spielsoldat *m*; **~ di piombo** Zinnsoldat *m*

soldato, -essa [sol'da:to] *m, f* Soldat(in) *m(f)*; **andare** (**a fare il**) **~** Soldat werden; **fare il ~** Soldat sein

soldo ['sɔldo] *m* ❶ *pl* Geld *n*; **fare -i a palate** Geld scheffeln ❷ (*fig*) Pfennig *m*, Heller *m*; **non valere un ~** (**bucato**) keinen Pfennig wert sein; **da pochi** [*o* **quattro**] **-i** (*fig fam*) nichts wert; **è roba da pochi -i** das Zeug ist nichts wert ❸ (MIL) Sold *m*

sole ['so:le] *m* Sonne *f*; **c'è il ~** die Sonne scheint; **colpo di ~** Sonnenstich *m*; **occhiali da ~** Sonnenbrille *f*; **prendere il ~** sich sonnen; **sdraiarsi al ~** sich in die Sonne legen; **stare al ~** in der Sonne liegen; **in pieno ~** in der prallen Sonne; **chiaro come il ~** sonnenklar; **dove entra il ~ non entra il dottore** (*prov*) die Sonne hält gesund; **soleggiare** [soled'dʒa:re] *vt* in die Sonne legen, der Sonne aussetzen; **soleggiato, -a** [soled'dʒa:to] *agg* sonnig, sonnenbeschienen

solei [so'le:i] *1. pers sing pass rem di* **solere**

solenne [so'lɛnne] *agg* ❶ (*gener*) feierlich, festlich ❷ (*fam: persona*) Erz-; (*schiaffo*) saftig, gehörig; **solennità** [solenni'ta] <-> *f* ❶ (*qualità*) Feierlichkeit *f*, Festlichkeit *f* ❷ (*ricorrenza*) Feier-, Festtag *m*; **solennizzare** [solennid'dza:re] *vt* feiern, begehen

solere [so'le:re] <soglio, solei, solito> *vi* **essere ~ fare qc** pflegen etw zu tun; **suole fare una passeggiata ogni sera** er [*o* sie] pflegt jeden Abend einen Spaziergang zu machen

solerte [so'lɛrte] *agg* eifrig, fleißig; **solerzia** [so'lɛrtsia] <-ie> *f* Eifer *m*, Fleiß *m*

soletta [so'letta] *f* Einlegesohle *f*

Soletta [so'letta] **I.** *m* (*cantone*) Solothurn *n* **II.** *f* (*città*) Solothurn *n*

solfa ['sɔlfa] *f* (*fam*) Leier *f*; **è sempre la solita ~!** es ist immer das alte Lied!; **che ~!** wie langweilig!

solfara [sol'fa:ra] *f* Schwefelgrube *f*

solfatara [solfa'ta:ra] *f* Solfatara *f*

solfato [sol'fa:to] *m* Sulfat *n*

solfeggio [sol'feddʒo] <-i> *m* (MUS) Solfeggio *n*

solfidrico, -a [sol'fi:driko] <-ci, -che> *agg* **acido ~** Schwefelwasserstoff *m*

solfito [sol'fi:to] *m* Sulfit *n*

solforare [solfo'ra:re] *vt* ❶ (AGR) schwe-

S

feln ❷ (CHEM) schwefeln, sulfurieren; **solforico, -a** [sol'fɔːriko] <-ci, -che> *agg* Schwefel-, schwefelhaltig, schwefelsauer; **acido ~** Schwefelsäure *f;* **solforoso, -a** [solfo'roːso] *agg* schwef(e)lig, Schwefel-

solfuro [sol'fuːro] *m* Sulfat *n*

solidale [soli'daːle] *agg* solidarisch; **solidarietà** [solidarie'ta] <-> *f* Solidarität *f;* **solidarizzare** [solidarid'dzaːre] *vi* sich solidarisieren

solidificare [solidifi'kaːre] **I.** *vt* fest machen **II.** *vr* **-rsi** fest werden, erstarren; **solidificazione** [solidifikat'tsioːne] *f* Festwerden *n*, Erstarren *n*

solidità [solidi'ta] <-> *f* ❶ (*di costruzione*) Festigkeit *f* ❷ (FIN) Solidität *f* ❸ (*di persona*) Zuverlässigkeit *f;* (*di argomento*) Fundiertheit *f;* (*di ragionamento*) Stichhaltigkeit *f*

solido ['sɔːlido] *m* ❶ (PHYS) Feststoff *m*, fester Stoff ❷ (MAT) Festkörper *m*

solido, -a *agg* ❶ (PHYS) fest ❷ (*costruzione*) solide, stabil ❸ (MAT) dreidimensional ❹ (*fig*) solide, stark; (*argomento*) handfest; (*persona, ditta*) zuverlässig

soliloquio [soli'lɔːkuio] <-qui> *m* Selbstgespräch *n*

solista [so'lista] <-i *m*, -e *f*> **I.** *mf* Solist(in) *m(f)* **II.** *agg* Solo-, Einzel-

solitario [soli'taːrio] <-i> *m* ❶ (*gioco*) Patience *f;* **fare un ~** eine Patience legen ❷ (*brillante*) Solitär *m*

solitario, -a <-i, -ie> *agg* ❶ (*luogo, via*) einsam ❷ (*persona*) einzeln, Einzel- ❸ (*animale*) nicht im Rudel lebend; **verme ~** Bandwurm *m*

solito ['sɔːlito] *m* Gewöhnliche(s) *n*, Übliche(s) *n; (consuetudine*) Gewohnheit *f;* **di ~** gewöhnlich, normalerweise; **come al ~** wie gewohnt, wie immer

solito, -a I. *pp di* **solere II.** *agg* gewohnt, üblich; **essere ~ (di) fare qc** gewohnt sein etw zu tun; **siamo alle -e** (*fam*) schon wieder das Gleiche

solitudine [soli'tuːdine] *f* Einsamkeit *f*

sollazzare [sollat'tsaːre] **I.** *vt* amüsieren **II.** *vr* **-rsi** sich amüsieren; **sollazzo** [sol'lattso] *m* Amüsement *n*, Vergnügen *n*

sollecitare [solletʃi'taːre] *vt* ❶ (*cose*) drängen auf +*acc;* (*persone*) drängen, urgieren *A* ❷ (*promozioni*) ersuchen um, bitten um; (*posto*) sich bewerben um ❸ (*stimolare*) anregen; (*fantasia, cavallo*) anspornen ❹ (*passo*) beschleunigen ❺ (TEC) belasten, beanspruchen; **sollecitazione** [solletʃitat'tsioːne] *f* ❶ (*il sollecitare*) Mahnung *f*, Drängen *n* ❷ (*stimolazione*) Anregung *f*, Ansporn *m* ❸ (PHYS, TEC) Belas-

tung *f*, Beanspruchung *f*

sollecito [sol'leːtʃito] *m* (ADM) Aufforderung *f*, Mahnung *f*

sollecito, -a *agg* ❶ (*risposta*) prompt, schnell ❷ (*persona*) eifrig, flott *fam;* **sollecitudine** [solletʃi'tuːdine] *f* ❶ (*impegno*) Eifer *m* ❷ (*rapidità*) Eile *f*, Promptheit *f*

solleone [solle'oːne] *m* ❶ (*gran caldo*) Sommerhitze *f* ❷ (*periodo*) Hundstage *mpl*

solleticare [solleti'kaːre] *vt* ❶ (*vellicare*) kitzeln ❷ (*fig*) kitzeln, reizen; (*appetito*) anregen; **solletico** [sol'leːtiko] <-chi> *m* ❶ (*sensazione*) Kitzeln *n*, Kitzel *m;* **fare il ~ a qu** jdn kitzeln; **soffrire il ~** kitzlig sein ❷ (*fig*) Kitzel *m*, Reizung *f*

sollevamento [solleva'mento] *m* (An)hebung *f*, (An)heben *n;* (*da terra*) Aufheben *n;* **impianto di ~** Hebevorrichtung *f;* **~ pesi** Gewichtheben *n;* **sollevare** [solleva:re] **I.** *vt* ❶ (*peso*) (an)heben; (*da terra*) aufheben ❷ (*testa*) (er)heben; (*occhi*) erheben ❸ (*fig*) heben; (*moralmente*) aufrichten ❹ (*fig: far insorgere*) aufwiegeln ❺ (*fig: questione, protesta*) erheben **II.** *vr* **-rsi** ❶ (*levarsi*) sich erheben, sich aufrichten ❷ (*fig: ribellarsi*) sich erheben, sich empören ❸ (*fig: riprendersi*) sich erholen; **sollevato, -a** [solle'vaːto] *agg* (*fig*) erholt, erleichtert; **sollevatore, -trice** [solleva'toːre] **I.** *m, f* Heber(in) *m(f);* **~ di pesi** Gewichtheber(in) *m(f)* **II.** *agg* Hebe-; **ponte ~** Hebebühne *f;* **sollevazione** [solleva't'tsioːne] *f* Aufstand *m;* (*fig*) Protest *m*

sollievo [sol'liɛːvo] *m* Erleichterung *f;* (*conforto*) Trost *m*

solluchero [sol'lukkero] *m* **andare in ~** sich riesig freuen, vor Wonne vergehen

solo ['soːlo] **I.** *avv* (*solamente*) nur, allein; **non ~ ..., ma anche ...** nicht nur ..., sondern auch ... **II.** *cong* (*ma*) nur, bloß; **~ che** +*conj* nur dass, wenn nur

solo, -a I. *agg* ❶ (*senza compagnia*) allein; **uno che s'è fatto da ~** ein Selfmademan *m;* **parlare da ~** mit sich *dat* selbst sprechen; **vivere (da) ~** allein leben, allein stehend sein; **meglio -i che male accompagnati** (*prov*) besser allein als in schlechter Gesellschaft; **sentirsi -i** sich einsam fühlen ❷ (*unico*) einzig ❸ (*semplice*) bloß, alleinig **II.** *m, f* Einzige(r) *f(m)*

solstizio [sols'tittsio] <-i> *m* Sonnenwende *f*

soltanto [sol'tanto] *avv* (*solo*) nur, bloß; **non ~ ..., ma ...** nicht nur ..., sondern auch ...

solubile [so'luːbile] *agg* ❶ (*caffè*, CHEM)

sollievo	
esprimere sollievo	**Erleichterung ausdrücken**
Grazie a Dio/Per fortuna oggi non piove!	**Gott sei Dank/Zum Glück** regnet es heute nicht!
Come sono contenta che sia andata così!	**Bin ich froh,** dass es so gekommen ist!
Che bello che tutto sia passato!	**Wie schön, dass jetzt alles vorbei ist!**
Meno male! Ora mi sento proprio sollevata!	**Jetzt fühle ich mich aber erleichtert!**
Mi sono tolto un peso dallo stomaco!	**Mir fällt ein Stein vom Herzen!**
Che sollievo!	**Das ist aber eine Erleichterung!**
Finalmente!	**Endlich!**

löslich ❷ (*fig: problema, questione*) lösbar; **solubilità** [solubili'ta] <-> *f* ❶ (CHEM) Löslichkeit *f* ❷ (*fig*) Lösbarkeit *f*
soluzione [solut'tsio:ne] *f* ❶ (*di problema, conflitto*, MAT, CHEM) Lösung *f* ❷ (COM) Zahlung *f*
solvente [sol'vɛnte] I. *agg* ❶ (CHEM) lösend, Lösungs- ❷ (FIN) zahlungsfähig, solvent II. *m* Lösungsmittel *n*; **solvenza** [sol'vɛntsa] *f* Zahlungsfähigkeit *f*, Solvenz *f*
solvibile [sol'vi:bile] *agg* ❶ (*persona*) zahlungsfähig ❷ (*debito*) zahlbar; **solvibilità** [solvibili'ta] <-> *f* ❶ (*di persona*) Zahlungsfähigkeit *f*; (*di debito*) Zahlbarkeit *f*
soma ['sɔ:ma] *f* (*carico*) Last *f*; **bestia** [*o* **animale**] **da ~** Lasttier *n*
somaro, -a [so'ma:ro] *m, f* ❶ (ZOO) Lasttier *n*, Esel(in) *m(f)* ❷ (*fam pej*) Esel *m*
somatico, -a [so'ma:tiko] <-ci, -che> *agg* somatisch, Körper-; **somatopsichico, -a** [somato'psi:kiko] <-ci, -che> *agg* psychosomatisch
somigliante [somiʎʎante] *agg* ähnlich, ähnelnd; **somiglianza** [somiʎʎantsa] *f* Ähnlichkeit *f*; **somigliare** [somiʎʎa:re] I. *vi* gleichen, ähneln; **~ a qu** jdm gleichen II. *vr* **-rsi** sich *dat* ähnlich sehen, sich *dat* gleichen
somma ['somma] *f* ❶ (MAT) Summe *f*; **fare la ~** zusammenzählen; **tirare le -e** (*fig*) das Fazit ziehen, die Bilanz ziehen ❷ (FIN) Summe *f*, Betrag *m* ❸ (*quantità complessiva*) Summe *f*, Gesamtheit *f* ❹ (*fig: conclusione*) Zusammenfassung *f*, Resümee *n*; **sommare** [som'ma:re] *vt* ❶ (MAT) zusammenzählen, addieren ❷ (*aggiungere*) hinzurechnen, -zählen; **tutto sommato** alles in allem
sommario [som'ma:rio] <-i> *m* ❶ (*riassunto*) Zusammenfassung *f*, Inhaltsangabe *f* ❷ (*compendio*) Abriss *m*
sommario, -a <-i, -ie> *agg* ❶ (*resoconto,*

racconto) summarisch, zusammengefasst ❷ (JUR: *procedimento, processo*) Schnell- ❸ (*superficiale*) oberflächlich
sommergere [som'mɛrdʒere] <irr> I. *vt* ❶ (*acque*) überschwemmen, überfluten ❷ (*fig*) überschwemmen, überhäufen ❸ (*far affondare*) versenken II. *vr* **-rsi** untergehen
sommergibile [sommer'dʒi:bile] I. *m* Unterseeboot *n* II. *agg* tauchfähig
sommersi [som'mɛrsi] *1. pers sing pass rem di* **sommergere**
sommerso, -a [som'mɛrso] I. *pp di* **sommergere** II. *agg* **economia -a** Schattenwirtschaft *f*
sommesso, -a [som'messo] *agg* leise, verhalten
somministrare [somminis'tra:re] *vt* ❶ (*medicine*) verabreichen ❷ (*sacramenti*) erteilen, spenden ❸ (*aiuti, viveri*) gewähren; **somministrazione** [somministrat'tsio:ne] *f* ❶ (*di medicine*) Verabreichung *f* ❷ (*di sacramenti*) Erteilung *f*, Spenden *n* ❸ (*di aiuti, viveri*) Gewährung *f*
sommità [sommi'ta] <-> *f* (*a fig*) Gipfel *m*, Spitze *f*
sommo ['sommo] *m* (*poet*) Gipfel *m*, Spitze *f*
sommo, -a I. *superlativo di* **alto, -a** II. *superlativo di* **grande** III. *agg* ❶ (*più alto*) höchste(r, s); (*più grande*) größte(r, s) ❷ (*molto alto*) sehr hoch; (*molto grande*) sehr groß ❸ (*fig: massimo*) äußerste(r, s), höchste(r, s)
sommossa [som'mɔssa] *f* Aufstand *m*, Aufruhr *m*
sommozzatore [sommottsa'to:re] *m* Froschmann *m*
sonagliera [sonaʎʎɛ:ra] *f* Schellenhalsband *n*; **sonaglio** [so'naʎʎo] <-gli> *m* Schelle *f*; **serpente a -gli** Klapperschlange *f*
sonare [so'na:re] I. *vt* avere ❶ (MUS) spie-

len ❷ (*orologio, campana*) schlagen; (*campanello*) läuten ❸ (*fam*) verhauen ❹ (*fig fam: imbrogliare*) hereinlegen; ~ **il clacson** hupen; **sonarla a qu** (*fam*) jdm den Marsch blasen; **sembrare tutto sonato** (*fam*) ganz verrückt scheinen; **sono le sette sonate** es ist geschlagene sieben (Uhr); **ha trent'anni sonati** er [*o* sie] hat die Dreißig längst überschritten **II.** *vi essere o avere* ❶ (*campana*) läuten; (*telefono, sveglia*) klingeln; **sta sonando il campanello** es klingelt ❷ (*MUS*) spielen, musizieren ❸ (*parole, frasi*) klingen ❹ (*orologio*) schlagen, läuten; **sonata** [so'na:ta] *f* ❶ (*MUS*) Sonate *f* ❷ (*fam*) Schwindel *m*, Betrug *m* ❸ (*il suonare*) Geklingel *n*, Geläut(e) *n*; Spielen *n*; **sonatore, -trice** [sona'to:re] *m, f* Spieler(in) *m(f)*; **e buonanotte -i!** Ende der Vorstellung!

sonda ['sonda] *f* Sonde *f*; ~ **spaziale** Raumsonde *f*

sondaggio [son'dadd3o] <-ggi> *m* ❶ (*indagine*) Umfrage *f*; ~ **d'opinione** Meinungsumfrage *f* ❷ (*con sonda*) Sondierung *f* ❸ (*esplorazione*) Erforschung *f*, Sondierung *f*; **sondare** [son'da:re] *vt* (*a fig* MED) sondieren

sondriese [son'drie:se] **I.** *agg* aus Sondrio stammend **II.** *mf* (*abitante*) Bewohner(in) *m(f)* Sondrios

Sondrio *f* Sondrio *n* (*Stadt in der Lombardei*)

soneria [sone'ri:a] <-ie> *f* Klingelton *m*

sonetto [so'netto] *m* Sonett *n*

song [sɔŋ] <-> *f* Song *m*, Lied *n*

sonnacchioso, -a [sonnak'kio:so] *agg* (*fam*) schläfrig; (*occhi*) verschlafen

sonnambula *f v.* **sonnambulo**

sonnambulismo [sonnambu'lizmo] *m* Schlafwandeln *n*; **sonnambulo, -a** [son'nambulo] *m, f* Schlafwandler(in) *m(f)*; **essere** ~ schlafwandeln

sonnecchiare [sonnek'kia:re] *vi* (*fam*) schlummern

sonnellino [sonnel'li:no] *m* Schläfchen *n*, Nickerchen *n fam*; **fare** [*o farsi*] **un** ~ ein Schläfchen machen

sonnifero [son'ni:fero] *m* Schlafmittel *n*

sonno ['sonno] *m* Schlaf *m*; **mancanza di** ~ Schlafmangel *m*; **avere** ~ müde sein; **prendere** ~ einschlafen; **cascare dal** ~ vor Müdigkeit umfallen; **morire di** ~ todmüde sein; **sonnolento, -a** [sonno'lɛnto] *agg* verschlafen; (*persona*) schläfrig; **sonnolenza** [sonno'lɛntsa] *f* Schläfrigkeit *f*

sono ['so:no] *1. pers sing pr di* **essere**[1]

sonografo [so'nɔ:grafo] *m* Sonograph *m*;

sonogramma [sono'gramma] <-i> *m* Sonogramm *n*

sonorità [sonori'ta] <-> *f* ❶ (*PHYS*) Klangfülle *f* ❷ (*fig*) Wohlklang *m geh* ❸ (*LING*) Stimmhaftigkeit *f*

sonorizzare [sonorid'dza:re] *vt* (*FILM*) vertonen; **sonorizzazione** [sonoriddzat'tsio:ne] *f* (*FILM*) Vertonung *f*

sonoro [so'nɔ:ro] *m* Tonfilm *m*

sonoro, -a *agg* ❶ (*PHYS*) Schall-, schallend; **onde -e** Schallwellen *fpl* ❷ (*voce*) klangvoll, wohlklingend ❸ (*fig*) schallend, dröhnend ❹ (*LING*) stimmhaft ❺ (*FILM*) Ton-; **colonna -a** Soundtrack *m*; **cinema** ~ Tonfilm *m*

sontuosità [sontuosi'ta] <-> *f* Prunk *m*, Pracht *f*; **sontuoso, -a** [sontu'o:so] *agg* prunkvoll, prächtig

sopire [so'pi:re] <sopisco> *vt* beruhigen, besänftigen

sopore [so'po:re] *m* Schlummer *m*, Halbschlaf *m*; **soporifero, -a** [sopo'ri:fero] *agg* einschläfernd

soppalco [sop'palko] <-chi> *m* Dachboden *m*

sopperire [soppe'ri:re] <sopperisco> *vi* ~ **a qc** etw bewältigen, mit etw zurechtkommen; ~ **alle spese** die Kosten bestreiten

soppesare [soppe'sa:re] *vt* ❶ (*fig*) abwägen ❷ (*oggetto*) wägen, das Gewicht abschätzen

soppiantare [soppian'ta:re] *vt* verdrängen

soppiatto [sop'piatto] *agg* **di** ~ heimlich, versteckt

sopportare [soppor'ta:re] *vt* ❶ (*resistere*) aushalten, ertragen ❷ (*subire*) auf sich nehmen, erleiden; (*tollerare*) dulden, ertragen ❸ (*persona*) leiden (können) ❹ (*peso*) tragen, aushalten ❺ (*spesa*) tragen; **sopportazione** [sopportat'tsio:ne] *f* Duldung *f*, Ertragen *n*; (*pazienza*) Geduld *f*

soppressata [soppres'sa:ta] *f* Schweinskopfsülze *f*

soppressi [sop'prɛssi] *1. pers sing pass rem di* **sopprimere**

soppressione [soppres'sio:ne] *f* ❶ (*abolizione*) Abschaffung *f*, Aufhebung *f* ❷ (*uccisione*) Beseitigung *f*; **sopprimere** [sop'pri:mere] <irr> *vt* ❶ (*legge*) abschaffen, aufheben ❷ (*persona*) beseitigen

sopra ['so:pra] **I.** *prp* ❶ (*con contatto: stato*) auf +*dat*; (*moto*) auf +*acc* ❷ (*senza contatto: stato*) über +*dat*; (*moto*) über +*acc* ❸ (*oltre*) über +*dat*, oberhalb +*gen*; ~ **ogni cosa** über alles ❹ (*dopo*) über +*dat*, nach +*dat* ❺ (*addosso*) auf +*acc*

❻(*intorno a, più di*) über +*acc* **II.** *avv* oben; (*oltre*) über, darüber; **berci** ~ darauf trinken; **dormirci** ~ darüber schlafen; **passarci** ~ darüber hinwegkommen; **al di** ~ **di** oberhalb von; **vedi** ~ siehe oben; **di cui** ~ (ADM) oben genannt; **come** (**detto**) ~ wie oben (gesagt) **III.**<inv> *agg* obere(r, s) **IV.** <-> *m* Oberteil *m o n*

sopra- [sopra] (*in parole composte*) Über-, über-

soprabito [so'pra:bito] *m* Überzieher *m*

sopraccalza [soprak'kaltsa] *f* Überstrumpf *m*, Überziehstrumpf *m,* (dicker) Wollstrumpf *m*

sopraccarta [soprak'karta] *f* ❶(*carta che ricopre un'altra*) Deckblatt *n* ❷(*indirizzo*) Anschrift *f,* Adresse *f*

sopraccennato, -a [soprattʃen'na:to] *agg* oben genannt

sopracciglio [soprat'tʃiʎʎo]   <*pl*: -glia *f*> *m* (Augen)braue *f*

sopraccitato, -a [soprattʃi'ta:to] *agg* oben genannt

sopraccoperta¹ [soprakko'pɛrta] *f* ❶(*di letto*) Über-, Tagesdecke *f* ❷(*di libro*) Schutzumschlag *m* ❸(NAUT) Deck *n*

sopraccoperta² *avv* auf [*o* an] Deck

sopraddetto, -a [soprad'detto] *agg* oben gesagt, oben genannt

sopr(a)edificare [sopr(a)edifi'ka:re] *vt* aufstocken; **sopraedificazione** [sopraedifikat'tsio:ne] *f* Aufstockung *f*

sopraelencato, -a [sopraelen'ka:to] *agg* oben aufgeführt, oben angeführt

sopr(a)elevamento [sopr(a)eleva'men-to] *m* Aufstockung *f,* Erhöhung *f,* Überhöhung   *f;*   **sopr(a)elevare** [sopr(a)ele'va:re] *vt* (*strada*) überhöhen; (*edificio*) erhöhen; **sopr(a)elevata** [sopr(a)ele'va:ta] *f* (*strada*) Hochstraße *f;* (*ferrovia*) Hochbahn *f;* **sopr(a)elevato, -a** [sopr(a)ele'va:to] *agg* aufgestockt, erhöht; **strada -a** Hochstraße *f;* **ferrovia -a** Hochbahn *f;* **sopr(a)elevazione** [sopraelevat'tsio:ne] *f* ❶(*di edificio*) Aufstockung *f* ❷(FERR) Überhöhung *f* ❸(*di argini*) Erhöhung *f,* Überhöhung *f*

sopr(a)esposto, -a [sopr(a)es'pɔsto] *agg* oben erklärt

sopraffare [sopraf'fa:re] <irr> *vt* (*persone*) überwältigen; (*deboli*) unterdrücken; **sopraffattore, -trice** [sopraffat'to:re] **I.** *m, f* Unterdrücker(in) *m(f),* Überwältiger(in) *m(f)* **II.** *agg* überwältigend, unterdrückend; **sopraffazione** [sopraffat'tsio:ne] *f* Überwältigung *f,* Unterdrückung *f*

sopraffeci *1. pers sing pass rem di* **sopraf-**

fare

sopraffinestra [sopraffi'nɛstra] *f* Oberlicht *n*, Kippfenster *n*

sopraffino, -a [sopraf'fi:no] *agg* ❶(GASTR: *piselli*) extrafein ❷(*cosa, pranzo*) exzellent, raffiniert ❸(*fig*) ausgezeichnet, bärig *A* ❹(*iron: furfante*) raffiniert

sopraffò [sopraf'fɔ] *1. pers sing pr di* **sopraffare**

sopraffondo [sopraf'fondo] *m* Passepartout *n*

sopraggitto [soprad'dʒitto] *m* Übernaht *f*

sopraggiungere [soprad'dʒundʒere] <irr> *vi essere* ❶(*arrivare*) überraschend auftauchen ❷(*accadere*) überraschend passieren

sopraggiunta [soprad'dʒunta] *f* **per** ~ noch dazu, obendrein

sopraindicato, -a [sopraindi'ka:to] *agg* oben angeführt

soprainsieme [soprain'siɛ:me] *m* (MAT) Grundmenge *f*

sopra(l)luogo [sopra(l)'luɔ:go] <-ghi> *m* Lokal-, Ortstermin *m*

soprammanica [sopram'ma:nika] <-che> *f* Ärmelschoner *m,* Ärmelschützer *m*

soprammattone [soprammat'to:ne] *m* gemauerte Innenwand

sopram(m)enzionato,   -a [sopram(m)entsio'na:to] *agg* oben erwähnt, oben genannt

soprammobile [sopram'mɔ:bile] *m* Nippesfigur *f,* Nippsachen *fpl*

sopra(m)modo [sopra(m)'mɔ:do] *avv* überaus, äußerst

sopra(m)mondo [sopra(m)'mondo] *m* Jenseits *n*

soprana [so'pra:na] *f* (langes) Überkleid *n,* Überwurf *m*

soprannarrato, -a [soprannar'ra:to] *agg* (weiter) oben erzählt

soprannaturale [soprannatu'ra:le] **I.** *agg* übernatürlich, übersinnlich **II.** *m* Übernatürliche(s) *n*

soprannaturalismo [soprannatura'lizmo] *m* Supranaturalismus *m,* Supernaturalismus *m,* Lehre *f* vom Übersinnlichen [*o* Überirdischen]; **soprannaturalità** [soprannaturali'ta] *f* Übersinnlichkeit *f,* Übernatürlichkeit *f*

sopra(n)nazionale [sopra(n)nattsio-'na:le] *agg* übernational, überstaatlich; **sopran(n)azionalità** [sopranattsionali'ta] *f* Überstaatlichkeit *f,* Supranationalität *f*

soprannome [sopran'no:me] *m* Spitz-, Beiname *m;* **soprannominare** [soprannomi'na:re] *vt* ~ **qu** jdm einen Spitznamen geben; **soprannominato, -a** [soprannomi'na:t] *agg* genannt, mit dem Beinamen

sopra(n)notato, -a [sopra(n)no'ta:to] *agg* oben genannt, oben erwähnt

soprannumerario, -a [soprannume'ra:rio] *agg* überzählig, überschüssig; **soprannumero** [sopran'nu:mero] *m* **in** ~ überzählig, überschüssig

soprano[1] [so'pra:no] <inv> *agg* Sopran- **soprano**[2] *m* Sopran *m*, Sopranist(in) *m(f)*; ~ **leggero** Koloratursopran *m;* ~ **drammatico/lirico** dramatischer/lyrischer Sopran; **mezzo** ~ Mezzosopran *m*

soprapassaggio [soprapas'saddʒo] *m* Überführung *f;* ~ **pedonale** Fußgängerüberführung *f*

soprappensiero, sopra pensiero [soprappen'siɛːro] *avv* in Gedanken, gedankenverloren

soprappiù [soprap'piu] <-> *m* ❶ (*ciò che è in più*) Extra *n* ❷ (*aggiunta*) Dreingabe *f*, Zugabe *f*; **di** [*o* **per**] ~ obendrein, noch dazu; **in** [*o* **per**] ~ überzählig, überschüssig

soprapporta [soprap'porta] *f* Oberlicht *n*, Sopraporte *f*

soprapprezzo [soprap'prɛttso] *m* Aufpreis *m*, Aufschlag *m*

soprap(p)rofitto [soprap(p)ro'fitto] *m* (FIN) Gewinnzuschlag *m*, Mehrgewinn *m*

soprassalto [sopras'salto] *m* Auffahren *n*, plötzlicher Satz; **di** ~ plötzlich, mit einem plötzlichen Satz

soprassata [sopras'sa:ta] *v.* **soppressata**

soprassedere [soprasse'de:re] <irr> *vi* ~ **a qc** etw aufschieben

soprassicurazione [soprassikurat'tsio:ne] *f* Überversicherung *f*

soprattassa [soprat'tassa] *f* Steuerzuschlag *m;* **soprattassare** [soprattas'sa:re] *vt* mit einem Steuerzuschlag belegen

soprattutto [soprat'tutto] *avv* vor allem, vor allen Dingen

sopra(v)valutare [sopra(v)valu'ta:re] *vt* überbewerten; **sopra(v)valutazione** [sopra(v)valutat'tsio:ne] *f* Überbewertung *f*

sopravvenire [sopravve'ni:re] <irr> *vi essere* ❶ (*sopraggiungere*) auftauchen, plötzlich erscheinen ❷ (*accadere*) plötzlich passieren

sopravvento [soprav'vɛnto] *m* Übermacht *f*, Übergewicht *n*; (*fig*) Oberhand *f*

sopravvissi *1. pers sing pass rem di* **sopravvivere**

sopravvissuto, -a [sopravvis'su:to] I. *pp di* **sopravvivere** II. *agg* überlebend III. *m, f* Überlebende(r) *f(m);* **sopravvivenza** [sopravvi'vɛntsa] *f* Überleben *n;* **istinto di** ~ Selbsterhaltungstrieb *m*

sopravvivere [soprav'vi:vere] <irr> *vi essere* ❶ (*a persone, a disgrazia*) ~ **a qu/qc** jdn/etw überleben ❷ (*fig*) ~ **in qc** in etw *dat* weiterleben

soprintendente [soprinten'dɛnte] *mf* Oberaufseher(in) *m(f);* (*statale*) Oberintendant(in) *m(f);* ~ **alle Belle Arti** Landeskonservator(in) *m(f);* **soprintendenza** [soprinten'dɛntsa] *f* Oberaufsicht *f;* (*statale*) Oberintendantur *f;* **soprintendere** [soprin'tɛndere] <irr> *vi* ~ **a qc** bei etw [*o* über etw *acc*] die Oberaufsicht führen

sopruso [so'pru:zo] *m* Übergriff *m*, Gewaltakt *m*

soqquadro [sok'kua:dro] *m* **mettere a** ~ durcheinanderbringen

sor [sor] *m* (*fam: signor*) Herr *m*

sora ['so:ra] *f* (*fam: signora*) Frau *f*

sorbettiera [sorbet'tiɛ:ra] *f* Sorbettiere *f;* **sorbetto** [sor'betto] *m* Sorbet(t) *m o n*

sorbire [sor'bi:re] <sorbisco> *vt* ❶ (*bibita*) schlürfen ❷ (*fig*) aushalten, ertragen

sorcio ['sortʃo] <-ci> *m* (*fam*) Maus *f*

sorda *f v.* **sordo**

sordidezza [sordi'dettsa] *f* (*pej*) ❶ (*sporcizia*) Schmutzigkeit *f*, Schmierigkeit *f* ❷ (*fig: avarizia*) Knauserigkeit *f*, Geiz *m*

sordido, -a ['sɔrdido *o* 'sordido] *agg* (*pej*) ❶ (*sporco*) schmutzig, dreckig ❷ (*fig: avaro*) knaus(e)rig, geizig

sordina [sor'di:na] *f* Dämpfer *m;* (*strumento*) Sordine *f;* **in** ~ gedämpft, leise; (*fig*) heimlich

sordità [sordi'ta] <-> *f* ❶ (MED: *totale*) Taubheit *f;* (*parziale*) Schwerhörigkeit *f* ❷ (*fig*) Taubheit *f*, Desinteresse *n;* **sordo, -a** ['sordo] I. *agg* ❶ (MED: *totalmente*) taub; (*parzialmente*) schwerhörig; **essere** ~ **da un orecchio** auf einem Ohr taub sein; ~ **come una campana** stocktaub ❷ (*fig: privo di interesse*) taub, gleichgültig ❸ (LING) stimmlos II. *m, f* Taube(r) *f(m);* **fare il** ~ sich taub stellen; **parlare** [*o* **cantare**] **ai -i** (*fig*) tauben Ohren predigen; **non c'è peggior** ~ **di chi non vuol sentire** (*prov*) tauben Ohren ist nicht gut predigen; **sordocieco, -a** [sordo'tʃɛko] <-chi, -che> I. *agg* taubblind II. *m, f* Taubblinde(r) *f(m)*

sordomuta *f v.* **sordomuto**

sordomutismo [sordomu'tizmo] *m* Taubstummheit *f;* **sordomuto, -a** [sordo'mu:to] I. *agg* taubstumm II. *m, f* Taubstumme(r) *f(m)*

sorella [so'rɛlla] *f* Schwester *f;* **sorella-stra** [sorel'lastra] *f* Halb-, Stiefschwester *f*
sorgente [sor'dʒɛnte] *f (a fig)* Quelle *f*
sorgere ['sordʒere] <sorgo, sorsi, sorto> *vi essere* ❶ *(sole)* aufgehen ❷ *(monte, castello)* sich erheben, emporragen ❸ *(sollevarsi, a fig)* sich erheben ❹ *(acque)* entspringen ❺ *(fig: manifestarsi)* aufkommen, auftreten; **sorgivo, -a** [sor'dʒiːvo] *agg* Quell(en)-
soriano [so'riaːno] *m* Tigerkatze *f*
soriano, -a *agg* getigert, Tiger-
sormontare [sormon'taːre] *vt* ❶ *(difficoltà)* überwinden ❷ *(acqua)* übersteigen
sornione, -a [sor'nioːne] *agg* scheinheilig, gleichgültig
sorpassare [sorpas'saːre] *vt* ❶ *(MOT)* überholen; *(velocità)* überschreiten ❷ *(in altezza)* überragen ❸ *(fig: oltrepassare)* überschreiten ❹ *(fig: sopravanzare)* übertreffen; **sorpassato, -a** [sorpas'saːto] *agg (a fig)* überholt, überkommen; **sorpasso** [sor'passo] *m* Überholen *n,* Überholvorgang *m;* **fare un** ~ überholen; **divieto di** ~ Überholverbot *n;* **corsia di** ~ Überholspur *f*
sorprendente [sorpren'dɛnte] *agg* überraschend; **sorprendere** [sor'prɛndere] <irr> I. *vt* ❶ *(cogliere)* überraschen, ertappen ❷ *(fig)* überraschen, erstaunen II. *vr* **-rsi di qc** sich über etw *acc* wundern; **non mi sorprendo più di nulla** mich wundert nichts mehr; **sorpresa** [sor'preːsa] *f* Überraschung *f;* *(meraviglia)* Verwunderung *f;* *(stupore)* Erstaunen *n;* **di** ~ überraschend; **con mia grande** ~ zu meinem großen Erstaunen; **fare una** ~ **a qu** jdn überraschen
sorreggere [sor'rɛddʒere] <irr> *vt* ❶ *(persona)* stützen ❷ *(fig)* aufrecht (er)halten, stützen ❸ *(costruzione)* (ab)stützen
Sorrento [sor'rɛnto] *f* Sorrent *n (Stadt in Kampanien)*
sorressi *1. pers sing pass rem di* **sorreggere**
sorretto *pp di* **sorreggere**
sorridente [sorri'dɛnte] *agg* lächelnd; **è sempre** ~ er [*o* sie] ist immer guter Laune; **sorridere** [sor'riːdere] <irr> *vi* ❶ *(gener)* lächeln; ~ **a qu** jdm zulächeln ❷ *(fig)* zulächeln, hold sein; **sorriso** [sor'riːso] *m* Lächeln *n*
sorsata [sor'saːta] *f* Schluck *m*
sorseggiare [sorsed'dʒaːre] *vt* schlürfen, in kleinen Schlucken trinken
sorsi ['sorsi] *1. pers sing pass rem di* **sorgere**
sorso ['sorso] *m* Schluck *m*

sort [sɔːt] <-> *m* (INFORM) Sortierprogramm *n,* Sortierfunktion *f*
sorta ['sɔrta] *f* Sorte *f,* Art *f;* **d'ogni** ~ aller Art, alle möglichen …
sorte ['sɔrte] *f* Schicksal *n,* Los *n;* **tirare/estrarre a** ~ losen/ein Los ziehen
sorteggiare [sorted'dʒaːre] *vt* auslosen; *(premi)* verlosen; **sorteggio** [sor'teddʒo] <-ggi> *m* Auslosung *f;* *(di premi)* Verlosung *f*
sortilegio [sorti'lɛːdʒo] <-gi> *m* Zauber *m,* Zauberei *f*
sortire [sor'tiːre] <sortisco> *vt* erzielen, bewirken; **sortita** [sor'tiːta] *f* ❶ (MIL) Ausfall *m* ❷ *(fig)* Bemerkung *f,* Bonmot *n*
sorto ['sorto] *pp di* **sorgere**
sorvegliante [sorveʎ'ʎante] *mf* Aufseher(in) *m(f),* Wächter(in) *m(f);* **sorveglianza** [sorveʎ'ʎantsa] *f* Aufsicht *f,* Be-, Überwachung *f;* **sorvegliare** [sorveʎ'ʎaːre] *vt* be-, überwachen, beaufsichtigen; *(vigilare)* aufpassen auf +*acc*
sorvolare [sorvo'laːre] *vt* ❶ (AERO) überfliegen, hinwegfliegen über +*acc* ❷ *(fig)* übergehen II. *vi* ~ **su qc** *(fig)* über etw *acc* hinweggehen
S.O.S. ['ɛsseo'ɛsse] <-> *m* SOS *n;* **lanciare un** ~ *(a fig)* einen Hilferuf aussenden
sosia ['sɔːzia] <-> *mf* Doppelgänger(in) *m(f)*
sospendere [sos'pɛndere] <irr> *vt* ❶ *(appendere)* aufhängen ❷ *(fig: cessare)* aufheben, einstellen; *(interrompere)* unterbrechen ❸ *(funzionario)* suspendieren; *(alunno)* (von der Schule) verweisen; ~ **da una carica** eines Amt(e)s entheben; **sospensione** [sospen'sioːne] *f* ❶ *(il sospendere)* Aufhängen *n* ❷ (CHEM) Suspension *f* ❸ (MOT) Federung *f,* Radaufhängung *f* ❹ *(fig)* Einstellung *f,* Aufhebung *f;* *(interruzione)* Unterbrechung *f* ❺ *(da ufficio, dalle lezioni)* Suspendierung *f* ❻ (LING) **puntini di** ~ Auslassungspunkte *mpl*
sospesi [sos'peːsi] *1. pers sing pass rem di* **sospendere**
sospeso, -a [sos'peːso] I. *pp di* **sospendere** II. *agg* ❶ *(sollevato)* hängend, schwebend ❷ *(interrotto)* unterbrochen, eingestellt; **col fiato** ~ mit angehaltenem Atem ❸ *(fig: incerto, indeciso)* ungewiss, unbestimmt; **tenere qu in** ~ jdn im Ungewissen lassen ❹ *(fig: ansioso)* besorgt
sospetta *f v.* **sospetto**
sospettare [sospet'taːre] I. *vt* ❶ *(ritenere responsabile)* verdächtigen ❷ *(immaginare)* vermuten, argwöhnen II. *vi* ❶ *(diffidare)* ~ **di qu** jdn verdächtigen ❷ *(avere sospetti)* annehmen, vermuten

S

sospetto [sos'pɛtto] *m* ❶(*dubbio*) Verdacht *m*, Argwohn *m*; **destare** ~ Verdacht erregen; ~ **iniziale** Anfangsverdacht *m* ❷(*cosa sospetta*) Verdächtige(s) *n*

sospetto, -a *agg* verdächtig; **sospettoso, -a** [sospet'to:so] *agg* argwöhnisch, misstrauisch

sospingere [sos'pindʒere] <irr> *vt* ❶(*spingere*) treiben ❷(*fig*) (an)treiben; **sospinto, -a** [sos'pinto] *agg* **a ogni piè** ~ auf Schritt und Tritt

sospirare [sospi'ra:re] **I.** *vi* seufzen **II.** *vt* ❶(*desiderare*) ersehnen, herbeisehnen ❷(*aspettare*) ungeduldig erwarten, herbeisehnen; **sospiro** [sos'pi:ro] *m* Seufzer *m*; **fare** [*o* **tirare**] **un** ~ seufzen; **Ponte dei Sospiri** Seufzerbrücke *f* (*in Venedig*)

sosta ['sɔsta] *f* ❶(*fermata*) Halt *m*, Anhalten *n*; ~ **limitata** beschränkte Parkdauer; **divieto di** ~ Halten verboten; **parcheggiare in** ~ **vietata** im Halteverbot parken ❷(*riposo*) Pause *f*; **fare una** ~ **a Perugia** in Perugia Station machen

sostantivare [sostanti'va:re] *vt* substantivieren

sostantivo [sostan'ti:vo] *m* Substantiv *n*, Hauptwort *n*

sostanza [sos'tantsa] *f* ❶(*materia*) Substanz *f*, Stoff *m*; ~ **medicinale** Arznei-, Heilmittel *n*; ~ **nociva** Schadstoff *m* ❷*pl* (*patrimonio*) Vermögen *n*, Besitz *m* ❸(*parte essenziale*) Wesentliche(s) *n*; **in** ~ im Wesentlichen ❹(*di cibo*) Gehalt *m*, Nährwert *m*; **sostanziale** [sostan'tsia:le] *agg* wesentlich, substanziell; **sostanziosità** [sostantsiosi'ta] <-> *f* Nährwert *m*; **sostanzioso, -a** [sostan'tsio:so] *agg* ❶(*cibo*) nahrhaft, gehaltvoll ❷(*fig*) gehaltvoll, inhaltsreich

sostare [sos'ta:re] *vi* ❶(*fermarsi*) halten, anhalten ❷(*fare una pausa*) pausieren, eine Pause machen

sostegno [sos'teɲɲo] *m* ❶(*supporto*) Stütze *f* ❷(*fig*) Unterstützung *f*; (*persona*) Stütze *f*

sostenere [soste'ne:re] <irr> **I.** *vt* ❶(*reggere*) stützen, halten ❷(*sopportare*) ertragen, aushalten ❸(*fig: persona, candidatura, legge*) unterstützen; (*tesi, idea*) vertreten; (*conversazione*) bestreiten; (*esame*) ablegen ❹(*affermare*) behaupten ❺(FIN: *spese*) tragen **II.** *vr* **-rsi** ❶(*reggersi*) sich stützen, sich aufstützen; (*tenersi ritto*) sich aufrecht halten ❷(*fig*) sich stärken, sich bei Kräften halten; **sostenibile** [soste-'ni:bile] *agg* vertretbar, haltbar; **sostenitore, -trice** [sosteni'to:re] **I.** *agg* fördernd **II.** *m, f* Vertreter(in) *m(f)*, Verfechter(in) *m(f)*

sostentamento [sostenta'mento] *m* Unterhalt *m*; **sostentare** [sosten'ta:re] **I.** *vt* unterhalten, ernähren **II.** *vr* **-rsi** sich erhalten

sostenuta *f v.* **sostenuto**

sostenutezza [sostenu'tettsa] *f* Zurückhaltung *f*; **sostenuto, -a** [soste'nu:to] **I.** *agg* ❶(*contegno, atteggiamento*) zurückhaltend, kühl; **fare il** ~ **con qu** jdm gegenüber abweisend sein ❷(COM: *prezzi*) stabil, fest **II.** *m, f* zurückhaltender Mensch

sostituire [sostitu'i:re] <sostituisco> **I.** *vt* ❶(*cambiare*) austauschen, auswechseln ❷(*rimpiazzare*) ersetzen ❸(*prendere il posto*) vertreten **II.** *vr* **-rsi a qu** an jds Stelle treten; **-rsi a qc** etw ersetzen; **sostituta** *f v.* **sostituto**; **sostitutivo, -a** [sostitu'ti:vo] *agg* Ersatz-, Ergänzungs-; **sostituto, -a** [sosti'tu:to] *m, f* Stellvertreter(in) *m(f)*; ~ **procuratore** (JUR) Staatsanwalt *m*; **sostituzione** [sostitut'tsio:ne] *f* Auswechs(e)lung *f*, Ersatz *m*; **in** ~ **di** (*cosa*) zum Ersatz für; (*persona*) an jds Stelle; ~ **fiduciaria** (EU) Bargeldumstellung *f*

sostrato [sos'tra:to] *m* ❶(GEOL, LING) Substrat *n* ❷(*fig*) Nährboden *m*

sottabito [sot'ta:bito] *m* Unterkleid *n*

sottaceti [sotta'tʃe:ti] *mpl* Mixedpickles *pl*

sottaceto, sott'aceto [sotta'tʃe:to] <inv> *agg o avv* in Essig; **cetriolini** ~ saure Gurken *fpl*

sottana [sot'ta:na] *f* ❶(*sottogonna*) Unterrock *m*; (*gonna*) Rock *m* ❷(REL) Soutane *f* ❸(*fig*) Rockzipfel *m*, Schürze *f*; **stare sempre attaccato alla** ~ **della mamma** ständig am Rockzipfel der Mutter hängen

sottecchi [sot'tekki] *avv* **di** ~ verstohlen

sotterfugio [sotter'fu:dʒo] <-gi> *m* Ausflucht *f*, Vorwand *m*; **di** ~ heimlich

sotterramento [sotterra'mento] *m* Vergraben *n*

sotterranea [sotter'ra:nea] *f* Untergrundbahn *f*, U-Bahn *f*

sotterraneo [sotter'ra:neo] *m* Keller-, Untergeschoss *n*

sotterraneo, -a *agg* unterirdisch; **ferrovia -a** Untergrundbahn *f*

sotterrare [sotter'ra:re] *vt* ❶(*tesoro, semente*) vergraben ❷(*morto*) begraben, beerdigen

sottigliezza [sottiʎ'ʎettsa] *f* ❶(*di spessore*) Dünne *f*, Dünnheit *f* ❷(*fig*) Feinheit *f*, Subtilität *f*; (*acutezza*) Schärfe *f* ❸*pl* (*pedanteria*) Spitzfindigkeiten *fpl*, Haarspaltereien *fpl*; **sottile** [sot'ti:le] **I.** *agg* ❶(*filo, strato, aria*) dünn ❷(*figura, gambe*) schlank, dünn ❸ (*fig: sofistico*) subtil; (*fino, leggero*) fein, dünn; (*mente*) feinsinnig; (*mente, vista*) scharf; (*disputa, argomentazione*) spitzfindig **II.** *m* **non andare per il** ~ nicht zimperlich sein

sottiletta [sotti'letta] *f* Scheiblette® *f*

sottilizzare [sottilid'dza:re] *vi* Haarspalterei betreiben, spitzfindig sein

sottinsù, sott'in su [sottin'su] *avv* **di** ~ von unten nach oben, von unten herauf

sottintendere [sottin'tɛndere] <irr> *vt* ❶ (*capire*) mit darunter verstehen; (*dare per scontato*) stillschweigend annehmen; **è sottinteso** das versteht sich von selbst; **lasciare** ~ durchblicken lassen ❷ (*comportare*) mit sich *dat* bringen, gleichzeitig bedeuten

sottinteso [sottin'te:so] *m* Hintergedanke *m*

sottinteso, -a *agg* ❶ (LING) (unausgedrückt) miteingeschlossen, elliptisch ❷ (*riferimento*) miteinbegriffen; (*fig*) zwischen den Zeilen

sotto ['sotto] **I.** *prp* ❶ (*stato*) unter +*dat*; **essere nato** ~ **il segno del cancro** im [*o* unter dem] Zeichen des Krebses geboren sein; ~ **questo aspetto** unter diesem Aspekt; ~ **la pioggia** im Regen; ~ **il monte** am Fuße des Berges ❷ (*moto*) unter +*acc* ❸ (*dietro: stato*) hinter +*dat;* (*moto*) hinter +*acc* ❹ (*in cambio di*) gegen +*acc*, für +*acc* ❺ (*verso*) gegen +*acc*, um +*acc* ❻ (*condizione*) unter +*dat*, in +*dat;* **caffè** ~ **vuoto** vakuumverpackter Kaffee; **essere** ~ **esami** im Examen stehen; **stare** ~ **a qu** jdm unterstehen; **tenere** ~ **qu** jdn unterdrücken; **sott'aceto/olio** in Essig/Öl; ~ **giuramento** unter Eid ❼ (*più in basso di*) unterhalb +*gen* **II.** *avv* ❶ (*stato*) unten; **le stanze di** ~ die unteren Zimmer *npl;* **qui c'è** ~ **qc** (*fig*) da steckt etwas dahinter ❷ (*moto*) nach unten, hinunter; **farsi** ~ (*fig*) sich heranmachen, sich anschleichen; **mettere** ~ überfahren; **mettersi** ~ (*fig fam*) sich daranmachen ❸ (*addosso*) darunter, unterhalb ❹ (*più giù, oltre*) weiter unten; **vedi** ~ siehe unten; ~ ~ unterschwellig, insgeheim; (*fig*) eigentlich **III.** <inv> *agg* untere(r, s), weiter unten **IV.** <-> *m* Unterteil *n o m*

sotto- [sotto] (*in parole composte*) Unter-, unter-

sottoalimentare [sottoalimen'ta:re] *vt* unzureichend ernähren, unterversorgen; **sottoalimentazione** [sottoalimentat'tsio:ne] *f* Unterernährung *f*

sottoassicurazione [sottoassikurat'tsio:ne] *f* Unterversicherung *f*

sottobanco [sotto'baŋko] *avv* unter der Hand

sottobicchiere [sottobik'kiɛ:re] *m* Untersetzer *m*

sottobosco [sotto'bɔsko] <-schi> *m* ❶ (BOT) Unterholz *n* ❷ (*fig*) Unter-, Halbwelt *f*

sottobottiglia [sottobot'tiʎʎa] <-glie *o* -> *m* Flaschenuntersetzer *m*

sottobraccio [sotto'brattʃo] *avv* Arm in Arm, untergehakt

sottocchio [sot'tɔkkio] *avv* im Auge

sottoccupato, -a [sottokku'pa:to] **I.** *agg* unterbeschäftigt **II.** *m, f* Unterbeschäftigte(r) *f(m);* **sottoccupazione** [sottokkupat'tsio:ne] *f* Unterbeschäftigung *f*

sottochiave [sotto'kia:ve] *avv* unter Verschluss

sottocipria [sotto'tʃi:pria] <-> *m o f* Make-up-Unterlage *f*, Grundierungscreme *f*

sottocoperta[1] [sottoko'pɛrta] *f* Unterdeck *n*

sottocoperta[2] *avv* unter Deck

sottocosto [sotto'kɔsto] **I.** *avv* unter Preis **II.** <inv> *agg* unter Preis (angeboten)

sottocultura [sottokul'tu:ra] *f* Subkultur *f*

sottocutaneo, -a [sottoku'ta:neo] *agg* subkutan; **sottocute** [sotto'ku:te] *f* Unterhaut *f*, Subkutis *f*

sottodimensionato, -a [sottodimentsio'na:to] *agg* unterdimensioniert, zu klein, unterbesetzt; **ufficio** ~ unterbesetztes Büro

sottoelencato, -a [sottoelen'ka:to] *agg* nachstehend [*o* unten] aufgeführt

sottoesporre [sottoes'porre] <irr> *vt* unterbelichten

sottofinale [sottofi'na:le] *m* (THEAT) Vorschlussszene *f*

sottofinestra [sottofi'nɛstra] <-> *m* Fensternische *f*, Bereich *m* unter dem Fenster

sottofondo [sotto'fondo] *m* ❶ (MUS, FILM, TV) Hintergrund *m,* Background *m* ❷ (*strato inferiore*) Untergrund *m*

sottogamba [sotto'gamba] *avv* **prendere qc** ~ etw auf die leichte Schulter nehmen

sottogonna [sotto'gonna] *f* Unterrock *m*

sottogoverno [sottogo'vɛrno] *m* Vetternwirtschaft *f*

sottogruppo [sotto'gruppo] *m* Untergruppe *f*

sottolineare [sottoline'a:re] *vt* unterstreichen; (*fig a*) hervorheben; **sottolineatura** [sottolinea'tu:ra] *f* Unterstreichung *f*

sott'olio, sottolio [sot'tɔ:lio] **I.** *avv* in Öl **II.** <inv> *agg* in Öl (eingelegt)

sottomano [sotto'ma:no] *avv* ❶ (*a porta-*

ta *di mano*) zur Hand, griffbereit ② (*fig*) unter der Hand, heimlich

sottomarca [sotto'marka] *f* Billigmarke *f*

sottomarino [sottoma'ri:no] *m* Unterseeboot *n*, U-Boot *n*

sottomarino, -a *agg* unterseeisch, Untersee-

sottomesso, -a [sotto'messo] *agg* ① (*persona*) unterwürfig, gefügig ② (*popolo*) unterworfen, unterjocht; **sottomettere** [sotto'mettere] <irr> **I.** *vt* unterwerfen, unterjochen **II.** *vr* **-rsi** sich unterwerfen; **sottomissione** [sottomis'sio:ne] *f* Unterwerfung *f*

sottomultiplo [sotto'multiplo] *m* (MAT) Teiler *m*

sottomultiplo, -a *agg* teilbar

sottopassaggio [sottopas'saddʒo] <-ggi> *m* Unterführung *f*

sottopelle [sotto'pɛlle] **I.** <inv> *agg* Unterhaut-, subkutan **II.** *avv* heimlich, innerlich; **emozione** ~ tief empfundenes Gefühl

sottopentola [sotto'pentola] <-> *m* Topfuntersetzer *m*

sottopiatto [sotto'piatto] *m* Platzteller *m*

sottoporre [sotto'porre] <irr> **I.** *vt* ① (*presentare*) unterbreiten, vorlegen ② (*costringere*) unterziehen, unterwerfen ③ (MED: *ad un'operazione*) unterziehen **II.** *vr* **-rsi** sich unterziehen, sich unterwerfen

sottoposto, -a [sotto'pɔsto] **I.** *pp di* **sottoporre II.** *agg* untergeben **III.** *m, f* Untergebene(r) *f(m)*

sottopotenziato, -a [sottopoten'tsia:to] *agg* unterentwickelt

sottopotere [sottopo'te:re] *m* Ämterpatronage *f*, Günstlingswirtschaft *f*, Klientelismus *m*

sottoprodotto [sottopro'dotto] *m* Nebenprodukt *n*; **sottoprogramma** [sottopro'gramma] *m* (INFORM) Unterprogramm *n*

sottoproletariato [sottoproleta'ria:to] *m* Subproletariat *n*

sottordine [sot'tordine] *m* Unterordnung *f*; **in** ~ untergeordnet, abhängig; (*a fig*) zweitrangig; **sottoscala** [sottos'ka:la] <-> *m* (Abstell)raum *m* unter der Treppe

sottoscritto, -a [sottos'kritto] **I.** *agg* unterzeichnet, unterschrieben **II.** *m, f* (ADM) Unterzeichnete(r) *f(m)*; **sottoscrittore, -trice** [sottoskrit'to:re] *m, f* Unterzeichner(in) *m(f)*; **sottoscrivere** [sottos'kri:vere] <irr> *vt* unterschreiben, unterzeichnen; (*azioni*) zeichnen; **sottoscrizione** [sottoskrit'tsio:ne] *f* ① (ADM)

Unterzeichnung *f*; (*di azioni*) Zeichnung *f* ② (*raccolta di adesioni*) Unterschriftensammlung *f*, -liste *f*

sottosegretario, -a [sottosegre'ta:rio] *m, f* Untersekretär(in) *m(f)*; **sottosistema** [sottosis'tɛ:ma] *m* (INFORM) Subsystem *n*

sottosopra [sotto'so:pra] *avv* durcheinander, drunter und drüber *fam*

sottospecie [sottos'pɛ:tʃe] *f* ① (BOT, ZOO) Unterart *f* ② (*fig, pej*) Art *f*, Sorte *f*

sottostare [sottos'ta:re] <irr> *vi essere* ① (*essere dipendente*) unterstehen, unterliegen ② (*affrontare*) sich unterziehen

sottosterzante [sottoster'tsante] *agg* untersteuernd; **sottosterzare** [sottoster'tsa:re] *vi* untersteuern; **sottosterzata** [sottoster'tsa:ta] *f* Untersteuern *n*, Untersteuerung *f*

sottostetti *1. pers sing pass rem di* **sottostare**

sottostima [sottos'ti:ma] *f* zu niedrige Bewertung; **sottostimare** [sottosti'ma:re] *vt* zu niedrig bewerten; **sottostimato, -a** [sottosti'ma:to] *agg* unterschätzt

sottostò [sottos'tɔ] *1. pers sing pr di* **sottostare**

sottosuolo [sotto'suɔ:lo] *m* ① (AGR) Untergrund *m*, Unterboden *m* ② (ARCH) Unter-, Kellergeschoss *n*, Souterrain *n*

sottosviluppato, -a [sottozvilup'pa:to] *agg* unterentwickelt; **paese** ~ Entwicklungsland *n*; **sottosviluppo** [sottozvi'luppo] *m* Unterentwicklung *f*

sottotenente [sottote'nɛnte] *m* Unterleutnant *m*

sottoterra [sotto'tɛrra] *avv* (*stato*) unterirdisch, unter der Erde; (*moto*) unter die Erde

sottotesto [sotto'tɛsto] *m* Subtext *m*

sottotetto [sotto'tetto] *m* Dachboden *m*, Dachgeschoss *n*

sottotitolare [sottotito'la:re] *vt* untertiteln; **sottotitolato, -a** [sottotito'la:to] *agg* untertitelt, mit Untertiteln; **film ~ per non udenti** Film mit Untertiteln für Gehörlose; **sottotitolazione** [sottotito-lat'tsio:ne] *f* Untertitelung *f*; **sottotitolo** [sotto'ti:tolo] *m* Untertitel *m*

sottotono [sotto'tɔ:no] **I.** *avv* ① (*con tono di voce basso*) leise ② (*fig: al di sotto della normale forma*) unterdurchschnittlich ③ (*fig: in modo dimesso*) bescheiden, schlicht, einfach; **vestirsi** ~ sich schlicht kleiden **II.** *agg* bescheiden, einfach

sottoutilizzare [sottoutilid'dza:re] *vt* nicht auslasten, unterfordern sottovalutare [sottovalu'ta:re] vt unterbewerten, unterschätzen

sottovaso [sotto'va:zo] m Übertopf m; (piatto) Auffangschale f

sottovento [sotto'vɛnto] avv im Wind

sottoveste [sotto'vɛste] f Unterkleid n, -rock m

sottovoce [sotto'vo:tʃe] avv leise, halb laut

sottovuoto [sotto'vuɔ:to] <inv> agg Vakuum-, vakuum-; caffè ~ spinto vakuumverpackter Kaffee

sottraendo [sottra'ɛndo] m Subtrahend m

sottrarre [sot'trarre] <irr> I. vt ❶(MAT) subtrahieren, abziehen ❷(denari) unterschlagen; (documento) entziehen ❸(allontanare) entziehen II. vr -rsi a qu/qc sich jdm/etw entziehen; sottrazione [sottrat'tsio:ne] f ❶(MAT) Subtraktion f, Abziehen n ❷(di denari) Unterschlagung f; (di documento) Entziehung f

sottufficiale [sottuffi'tʃa:le] m Unteroffizier m

sound ['saund] <-> m Sound m, Klang m; soundtrack ['sauntræk] <-> f (FILM) Soundtrack m, Tonspur f

souvenir [suv'ni:r] <-> m Souvenir n, Reisemitbringsel n

sovente [so'vɛnte] avv (poet) oftmals

soverchiare [sover'kia:re] vt (poet) überwältigen, unterdrücken; soverchieria [soverkie'ri:a] <-ie> f Übergriff m, Gewaltakt m

soviet [so'viɛt] <-> m Sowjet m; sovietico, -a [so'viɛ:tiko] <-ci, -che> I. agg sowjetisch, Sowjet-; l'Unione Sovietica die Sowjetunion II. m, f Sowjetbürger(in) m(f), -russe m, -russin f

sovra- [sovra] v. a. sopra-

sovrabbondante [sovrabbon'dante] agg übermäßig; sovrabbondanza [sovrabbon'dantsa] f Übermaß n, Überfluss m; sovrabbondare [sovrabbon'da:re] vi überreichlich vorhanden sein

sovraccaricare [sovrakkari'ka:re] vt ~ qc (di qc) etw (mit etw) überladen; ~ qu di qc (fig) jdn mit etw überlasten

sovraccarico [sovrak'ka:riko] <-chi> m ❶(carico eccessivo) Überlast f ❷(fig) Überlastung f

sovraccarico, -a <-chi, -che> agg ❶(autobus, treno) überladen ❷(fig) überlastet

sovracritico, -a [sovra'kri:tiko] <-ci, -che> agg im kritischen [o roten] Bereich

sovradimensionato, -a [sovradimensio'na:to] agg überdimensioniert; un ufficio ~ ein überbesetztes Büro

sovraesporre [sovraes'porre] <irr> vt

(FOTO) überbelichten

sovraffaticarsi [sovraffati'karsi] vr sich überanstrengen, übermüden

sovraffollato, -a [sovraffol'la:to] agg überfüllt; sovralimentazione [sovralimentat'tsio:ne] f Aufladung f

sovrana f v. sovrano

sovranità [sovrani'ta] <-> f ❶(JUR) Souveränität f ❷(fig) Überlegenheit f; sovrano, -a [so'vra:no] I. m, f Souverän(in) m(f), Herrscher(in) m(f) II. agg ❶(POL) souverän ❷(di sovrano) Herrscher-, herrschaftlich ❸(fig) größte(r, s), höchste(r, s)

sovraoccupazione [sovraokkupat'sio:ne] f Überbeschäftigung f

sovrappongo 1. pers sing pr di sovrapporre

sovrappopolamento [sovrappopola'mento] m Überbevölkerung f, Übervölkerung f; sovrappopolare [sovrappopo'la:re] vt überbevölkern; sovrappopolato, -a [sovrappopo'la:to] agg überbevölkert

sovrapporre [sovrap'porre] <irr> I. vt übereinander stapeln, -legen, -setzen II. vr -rsi einander überlagern, übereinander liegen; sovrapposizione [sovrapposit'tsio:ne] f ❶(di due cose) Übereinanderlagerung f ❷(fig) Überordnung f

sovrapprezzo [sovrap'prɛttso] m Aufpreis m

sovrapproduzione [sovrapprodut'tsio:ne] f Überproduktion f

sovrap(p)rofitto [sovrap(p)ro'fitto] m (FIN) Gewinnzuschlag m

sovrastampato, -a [sovrastam'pa:to] agg (francobolli) überdruckt, mit Aufdruck

sovrastare [sovras'ta:re] vt avere ❶(dominare) beherrschen ❷(fig) bedrohen

sovrasterzante [sovraster'tsante] agg übersteuernd; sovrasterzare [sovraster'tsa:re] vt übersteuern; sovrasterzata [sovraster'tsa:ta] f Übersteuern n, Übersteuerung f

sovrastruttura [sovrastrut'tu:ra] f (ARCH) Überbau m, Aufbau m

sovresporre [sovres'porre] v. sovraesporre

sovrimposizione [sovrimposit'tsio:ne] f (FIN) Zusatzbesteuerung f

sovrumano, -a [sovru'ma:no] agg übermenschlich

sovvenzionare [sovventsio'na:re] vt subventionieren; sovvenzione [sovven'tsio:ne] f Subvention f

sovversivo, -a [sovver'si:vo] I. agg subversiv, umstürzlerisch II. m, f Subversive(r) f(m), subversives Element

S

sovvertimento [sovverti'mento] *m* Umsturz *m;* **sovvertire** [sovver'ti:re] *vt* (*ordinamenti, leggi*) umstürzen, zerrütten; **sovvertitore, -trice** [sovverti'to:re] *m, f* Umstürzler(in) *m(f)*

sozzeria [sottse'ri:a] <-ie> *f* (*dial: fam*) Schweinerei *f,* Sauerei *f*

sozzo, -a ['sottso] *agg* (*fam*) dreckig, schmierig; **sozzume** [sot'tsu:me] *m* (*fam*) Dreck *m*

S.p.A. *abbr di* **Società per Azioni** AG *f*

spaccalegna [spakka'leɲɲa] <-> *mf* Holzfäller(in) *m(f);* **spaccapietre** [spakka'piɛ:tre] <-> *mf* Steinhauer(in) *m(f)*

spaccare [spak'ka:re] **I.** *vt* (*rompere*) spalten, entzweischlagen; (*far saltare*) sprengen; **~ la legna** Holz hacken; **~ la faccia a qu** (*fam*) jdm die Fresse polieren; **un orologio che spacca il minuto** eine Uhr, die auf die Minute genau geht; **~ un capello in quattro** Haarspalterei betreiben; **o la va o la spacca** (*fam*) alles oder nichts **II.** *vr* **-rsi** zerbrechen; **spaccata** [spak'ka:ta] *f* (SPORT) Spagat *n o m*

spaccato [spak'ka:to] *m* (Quer)schnitt *m,* Aufriss *m*

spaccato, -a *agg* ❶ (*oggetto*) zerbrochen; (*labbro*) gespalten ❷ (*fig*) ausgesprochen, ausgemacht; **è il ritratto ~ di suo nonno** er ist seinem Großvater (wie) aus dem Gesicht geschnitten; **spaccatura** [spakka'tu:ra] *f* ❶ (*fenditura*) Riss *m,* Spalt *m,* Sprung *m* ❷ (*fig*) Spaltung *f*

spacchettare [spakket'ta:re] *vt* auspacken

spacciare [spat'tʃa:re] **I.** *vt* ❶ (*valuta falsa*) in Umlauf bringen, verbreiten ❷ (COM) vertreiben ❸ (*dare per*) **~ per** ausgeben als ❹ (*fam: dichiarare inguaribile*) abschreiben; **essere spacciato** geliefert sein ❺ (*sl*) dealen **II.** *vr* **-rsi per qu** sich für jdn ausgeben; **spacciatore, -trice** [spattʃa-'to:re] *m, f* (*di moneta falsa*) Verbreiter(in) *m(f),* Vertreiber(in) *m(f);* (*di droga*) Dealer(in) *m(f) sl,* Händler(in) *m(f);* **rete di -i** Rauschgiftring *m;* **spaccio** ['spattʃo] <-cci> *m* ❶ (COM) Verbreitung *f,* Vertrieb *m,* Verkauf *m* ❷ (*negozio*) Laden *m,* Geschäft *n*

spacco ['spakko] <-cchi> *m* ❶ (*rottura*) Sprung *m,* Riss *m* ❷ (*di indumento*) Schlitz *m*

spaccona *f v.* **spaccone; spacconaggine** [spakkonad'dʒi:ne] *f* Eitelkeit *f,* Prahlsucht *f*

spacconata [spakko'na:ta] *f* (*fam*) Angeberei *f,* Prahlerei *f;* **spaccone, -a**

[spak'ko:ne] *m, f* (*fam*) Angeber(in) *m(f),* Prahler(in) *m(f)*

spada ['spa:da] *f* ❶ (*gener*) Schwert *n;* **pesce ~** Schwertfisch *m;* **a ~ tratta** mit gezücktem Schwert ❷ (SPORT) Degen *m* ❸ *pl* (*di carte da gioco*) italienische Spielkartenfarbe; **spadaccino** [spadat'tʃi:no] *m* Haudegen *m;* **spadino** [spa'di:no] *m* Kurzschwert *n;* **spadista** [spa'dista] <-i *m,* -e *f*> *mf* Degenfechter(in) *m(f);* **spadone** [spa'do:ne] *m* großes Schwert *n*

spadroneggiare [spadroned'dʒa:re] *vi* (*pej*) sich als Herr aufspielen

spaesato, -a [spae'za:to] *agg* fremd, unbehaglich

spaghettata [spaget'ta:ta] *f* (*fam*) Spag(h)ettiessen *n;* **spaghetteria** [spagette'ri:a] *f* Nudelrestaurant *n,* Spag(h)ettirestaurant *n;* **spaghetti** [spa'getti] *mpl* (GASTR) Spag(h)etti *pl;* **~ aglio e olio** Spag(h)etti *pl* mit Knoblauch und Olivenöl; **~ alla chittarra** Spag(h)etti *pl* in eckiger Form; **spaghettini** [spaget'ti:ni] *mpl* Spag(h)ettini *pl* (*dünne Spag(h)etti*)

spaginare [spadʒi'na:re] *vt* neu umbrechen

spagliare [spaʎ'ʎa:re] **I.** *vt* das Stroh entfernen von [*o* aus] **II.** *vr* **-rsi** das Stroh verlieren

Spagna ['spaɲɲa] *f* Spanien *n*

spagnola [spaɲ'ɲɔ:la] *f* spanische Grippe; **spagnolesco, -a** [spaɲɲo'lesko] <-schi, -sche> *agg* ❶ (*di Spagna*) typisch spanisch ❷ (*fig, pej*) theatralisch, pathetisch

spagnoletta [spaɲɲo'letta] *f* Garnröllchen *n*

spagnolismo [spaɲɲo'lizmo] *m* ❶ (LING) Hispanismus *m* ❷ (*fig*) Prunksucht *f*

spagnolo, -a [spaɲ'ɲɔ:lo] **I.** *agg* spanisch **II.** *m, f* Spanier(in) *m(f)*

spago ['spa:go] <-ghi> *m* ❶ (*per legare*) Schnur *f,* Spagat *m* A ❷ (*fig*) Leine *f;* **dare ~ a qu** jdm freie Hand lassen ❸ (*fam: paura*) Bammel *m*

spaiare [spa'ia:re] *vt* trennen, entzweien; **spaiato, -a** [spa'ia:to] *agg* getrennt, unpaarig

spalancare [spalaŋ'ka:re] **I.** *vt* ❶ (*porta, finestra*) aufreißen, aufsperren ❷ (*fig: occhi, bocca*) aufreißen; (*braccia*) ausbreiten; (*gambe*) spreizen **II.** *vr* **-rsi** weit aufgehen

spalare [spa'la:re] *vt* schippen, schaufeln

spalla ['spalla] *f* ❶ (ANAT) Schulter *f;* **alzare le -e, stringersi nelle -e** (*a fig*) die Achseln zucken; **avere le -e larghe** breite Schultern haben; (*fig*) einen breiten Buckel haben; **avere la famiglia sulle -e** *(fig)* die Familie am Hals haben *fam;* **avere 80 anni sulle -e** *(fig)* 80 Jahre auf dem Buckel haben *fam;* **volgere le -e a qu** *(a fig)* jdm den Rücken kehren; **vivere alle -e di qu** auf jds Kosten leben; **ridere alle -e di qu** jdn heimlich auslachen; **con le -e al muro** *(fig)* mit dem Rücken zur Wand ❷ (ARCH) Widerlager *n* ❸ (TYP) Schulterhöhe *f* ❹ (THEAT) Partner(in) *m(f)*, Stichwortgeber(in) *m(f);* **spallata** [spal'la:ta] *f* ❶ *(urto)* Schulterstoß *m* ❷ *(alzata di spalle)* Schulter-, Achselzucken *n*

spalleggiare [spalled'dʒa:re] I. *vt* ❶ *(sostenere)* unterstützen ❷ (MIL) schultern II. *vr* **-rsi** sich (gegenseitig) (unter)stützen

spalletta [spal'letta] *f* ❶ *(di ponte)* (Brücken)geländer *n* ❷ *(di fiume)* Damm *m*

spalliera [spal'liɛ:ra] *f* ❶ *(di sedia, poltrona)* Rückenlehne *f* ❷ *(di letto)* Kopfteil *n;* Fußteil *n*

spallina [spal'li:na] *f* ❶ *(di indumento)* Träger *m;* *(imbottita)* Schulterpolster *n* ❷ (MIL) Epaulette *f*

spallucce [spal'luttʃe] *fpl* **fare ~** *(fam)* mit den Schultern zucken

spalmare [spal'ma:re] *vt* *(burro)* streichen; *(pane)* bestreichen

spalti ['spalti] *mpl* *(di stadio)* Ränge *mpl*

spalto ['spalto] *m* ❶ *pl* *(di stadio)* Ränge *mpl* ❷ *(di castello, fortezza)* Wall *m*, Mauer *f*

spampanare [spampa'na:re] I. *vt* entlauben, entblättern II. *vr* **-rsi** die Blätter verlieren

spanciare [span'tʃa:re] I. *vi* *(nel tuffarsi)* einen Bauchklatscher machen *fam* II. *vr* **-rsi dalle risate** *(fam)* sich den Bauch halten vor Lachen; **spanciata** [span'tʃa:ta] *f* ❶ *(colpo)* Bauchklatscher *m fam*, Bauchschlag *m* ❷ *(fam)* Fresserei *f;* **farsi una ~** sich *dat* den Bauch voll schlagen

spandere ['spandere] *(spandei, spandei o spansi o spandetti, spanto>* I. *vt* ❶ *(liquidi)* verschütten; *(fig: lacrime)* vergießen ❷ *(distendere)* verteilen, ausbreiten ❸ *(fig: notizia)* verbreiten ❹ *(fam: sperperare)* verprassen, verschwenden; **spendere e ~** das Geld mit vollen Händen ausgeben II. *vr* **-rsi** sich ausbreiten

spandighiaia [spandi'gia:ia] *f* Splittstreuer *m*, Kiesstreuer *m*

spanna ['spanna] *f (fig)* Handbreit *f;* **essere alto una ~** *(scherz)* ein Dreikäsehoch sein

spansi ['spansi] *1. pers sing pass rem di* **spandere**

spanto ['spanto] *pp di* **spandere**

spaparacchiarsi [spaparak'kiarsi] *vr* *(dial, fam)* sich ausstrecken, sich rekeln; **spaparanzato, -a** [spaparan'tsa:to] *agg* *(dial, fam)* ausgestreckt, sich rekelnd

spappolare [spappo'la:re] I. *vt* zerquetschen, zu Brei machen II. *vr* **-rsi** zerquetscht werden

sparafiocchi [spara'fiɔkki] <inv> *agg* (Kunst)schnee erzeugend; **cannone ~** Schneekanone *f*

sparagnino, -a [sparaɲ'ɲi:no] I. *agg* *(fam)* knaus(e)rig II. *m, f (fam)* Geizkragen *m*

sparare [spa'ra:re] I. *vt* ❶ (MIL) schießen; *(colpo)* abfeuern, abgeben ❷ *(fig: fandonie)* auftischen, vom Stapel lassen *fam;* **spararle (grosse)** *(fam)* (faustdicke) Lügen auftischen II. *vi* ❶ (MIL) schießen, feuern ❷ (TV) blenden, reflektieren III. *vr* **-rsi** sich erschießen; **-rsi un colpo alla testa** sich *dat* eine Kugel durch den Kopf jagen

sparato [spa'ra:to] *m* (gestärkte) Hemdbrust *f*

sparato, -a *agg* *(a gran velocità)* blitzschnell, wie geschossen; **partire tutto ~** abzischen *fam;* **sparatore, -trice** [spara'to:re] *m, f* Schütze *m*, Schützin *f;* **sparatoria** [spara'tɔ:ria] <-ie> *f* Schusswechsel *m;* **sparatrice** *f v.* **sparatore**

spareggio [spa'reddʒo] <-ggi> *m* (SPORT) Entscheidungsspiel *n*, -kampf *m*

spargere ['spardʒere] <spargo, sparsi, sparso> I. *vt* ❶ *(semi, fiori)* (aus-, ver)streuen ❷ *(luce, calore)* ausstrahlen ❸ *(liquidi)* verschütten; *(lacrime, sangue)* vergießen ❹ *(notizia)* verbreiten II. *vr* **-rsi** ❶ *(persone, animali)* sich zerstreuen, sich verstreuen ❷ *(notizie, dicerie)* sich verbreiten

spargifiamma [spardʒi'fiamma] <-> *m* *(per fornelli a gas)* Herdgitter *n*, Flammenverteiler *m*

spargimento [spardʒi'mento] *m* ❶ *(di liquidi)* Verschütten *n;* *(di lacrime, sangue)* Vergießen *n* ❷ *(di notizia)* Verbreitung *f*

spargitalco [spardʒi'talko] <-> *m* Puderstreuer *m*, Talkumstreuer *m*

sparire [spa'ri:re] <sparisco> *vi essere* verschwinden; **sparizione** [spa-rit'tsio:ne] *f* Verschwinden *n*

sparlare [spar'la:re] *vi* ❶ *(pej)* **~ di qu** von jdm schlecht sprechen ❷ *(farneticare)* dumm daherreden

sparo ['spa:ro] *m* ❶ *(colpo)* Schuss *m* ❷ *(rumore)* Knall *m*

sparpagliamento [sparpaʎʎa'mento] *m*

S

Ver-, Zerstreuung *f;* **sparpagliare** [spar-paʎˈʎaːre] **I.** *vt* zer-, verstreuen **II.** *vr* **-rsi** sich zer-, verstreuen

sparsi [ˈsparsi] *1. pers sing pass rem di* **spargere**

sparso, -a [ˈsparso] **I.** *pp di* **spargere** **II.** *agg* zerstreut, verstreut; (*sciolto*) lose; (*cosparso*) bestreut, übersät; **in ordine ~** (MIL) verstreut

spartano, -a [sparˈtaːno] *agg* (*a fig*) spartanisch

spartiacque [spartiˈakkue] <-> *m* Wasserscheide *f*

spartineve [spartiˈneːve] <-> *m* Räumfahrzeug *n,* Schneepflug *m*

spartire [sparˈtiːre] <spartisco> *vt* (auf-, ver)teilen; **non avere niente da ~ con qu** (*fig*) mit jdm nichts gemein haben

spartito [sparˈtiːto] *m* Partitur *f;* (*riduzione per piano*) Klavierauszug *m*

spartitraffico [spartiˈtraffiko] **I.** <-> *m* Leitplanke *f* **II.** <inv> *agg* **banchina ~** Verkehrsinsel *f;* **linea ~** Mittellinie *f*

spartivalanghe [spartivaˈlaŋge] <-> *m* Lawinenverbauung *f*

spartizione [spartitˈtsioːne] *f* (Auf-, Ver)teilung *f*

sparuto, -a [spaˈruːto] *agg* ❶ (*viso, aspetto*) eingefallen, schmächtig ❷ (*fig*) mager, winzig, spärlich

sparviere, **sparviero** [sparˈviɛːre, sparˈviɛːro] *m* Sperber *m*

spasimante [spaziˈmante] *mf* (*scherz*) Verehrer(in) *m(f)*

spasimare [spaziˈmaːre] *vi* (*a fig*) schmachten; **spasimo** [ˈspaːzimo] *m* ❶ (MED) Krampf *m* ❷ (*fig*) Qual *f*

spasmo [ˈspazmo] *m* Krampf *m;* **spasmodico, -a** [spazˈmɔːdiko] <-ci, -che> *agg* ❶ (MED) krampfhaft ❷ (*fig*) qualvoll, quälend

spassarsi [spasˈsarsi] *vr* (*fam*) sich amüsieren, sich vergnügen; **spassarsela con qu** mit jdm flirten

spassionato, -a [spassioˈnaːto] *agg* unvoreingenommen

spasso [ˈspasso] *m* ❶ (*divertimento*) Vergnügen *n,* Spaß *m* ❷ (*persona*) Spaßvogel *m,* Witzbold *m* ❸ (*passeggiata*) Spaziergang *m;* **andare a ~** spazieren gehen; **mandare a ~** (*fig*) auf die Straße setzen; **spassoso, -a** [spasˈsoːso] *agg* spaßig, lustig, amüsant

spastico, -a [ˈspastiko] <-ci, -che> **I.** *agg* spastisch **II.** *m, f* Spastiker(in) *m(f),* spastisch Gelähmte(r) *f(m)*

spato [ˈspaːto] *m* Spat *m*

spatola [ˈspaːtola] *f* ❶ (*arnese*) Spachtel *m*

o f; (MED) Spatel *m o f* ❷ (ZOO) Löffelreiher *m*

spauracchio [spauˈrakkio] <-cchi> *m* (*a fig fam*) Vogelscheuche *f;* (*timore*) Schreckbild *n*

spaurire [spauˈriːre] <spaurisco> **I.** *vt* erschrecken, ängstigen **II.** *vr* **-rsi** (sich) erschrecken, sich ängstigen

spavalderia [spavaldeˈriːa] <-ie> *f* Dreistigkeit *f,* Frechheit *f;* **spavaldo, -a** [spaˈvaldo] *agg* dreist, frech

spaventapasseri [spaventaˈpasseri] <-> *m* (*a fig fam*) Vogelscheuche *f*

spaventare [spavenˈtaːre] **I.** *vt* erschrecken **II.** *vr* **-rsi** (sich) erschrecken; **spavento** [spaˈvɛnto] *m* ❶ (*paura*) Schrecken *m,* Schreck *m* ❷ (*fig fam*) Scheusal *n,* Schreckgespenst *n;* **fare ~ a qu** jdn erschrecken; **spaventoso, -a** [spavenˈtoːso] *agg* schrecklich, furchtbar, entsetzlich

spaziale [spatˈtsiaːle] *agg* ❶ (*dello spazio*) Raum-, räumlich ❷ (*cosmico*) Raum-; **armi -i** Weltraumwaffen *fpl;* **navicella ~** Raumschiff *n*

spaziare [spatˈtsiaːre] **I.** *vi* ❶ (*vista, uccelli*) umherschweifen, -streifen ❷ (*fig*) (umher)schweifen, die Gedanken schweifen lassen **II.** *vt* (TYP) sperren, gesperrt drucken

spazientirsi [spattsienˈtirsi] <mi spazientisco> *vr* die Geduld verlieren

spazio [ˈspattsio] <-i> *m* ❶ (*gener* SCIENT, PHILOS, MAT) Raum *m* ❷ (*cosmo*) (Welt)raum *m,* (Welt)all *n* ❸ (*posto*) Raum *m,* Platz *m;* **~ pubblicità** Werbefläche *f* ❹ (*distanza*) Zwischenraum *m,* Abstand *m* ❺ (*di tempo*) (Zeit)spanne *f,* Zeitraum *m;* **spaziosità** [spattsiosiˈta] <-> *f* Geräumigkeit *f;* **spazioso, -a** [spatˈtsioːso] *agg* geräumig

spazzacamino [spattsakaˈmiːno] *m* Schornstein-, Kaminfeger *m,* Rauchfangkehrer *m* A

spazzaneve [spattsaˈneːve] <-> *m* Schneepflug *m*

spazzare [spatˈtsaːre] *vt* ❶ (*strada, stanza*) kehren, fegen ❷ (*fam: pranzo*) verdrücken, verputzen; **spazzatrice** [spattsaˈtriːtʃe] *f* Kehrmaschine *f;* **spazzatura** [spattsaˈtuːra] *f* Müll *m,* Abfall *m,* Kehricht *m o n;* **spazzino** [spatˈtsiːno] *m* Straßenkehrer *m*

spazzola [ˈspattsola] *f* ❶ (*arnese*) Bürste *f;* **avere i capelli a ~** einen Bürstenschnitt haben ❷ (MOT) Wischerblatt *n;* **spazzolare** [spattsoˈlaːre] *vt* (ab-, aus)bürsten, ausbürsten; **spazzolata** [spattsoˈlaːta] *f* kurzes Bürsten; **darsi una ~ ai capelli** sich schnell die Haare (durch)bürsten; **spazzolino** [spattso'li:no] *m* (kleine) Bürste *f;* ~ **da denti** (**elettrico**) (elektrische) Zahnbürste; ~ **per unghie** Nagelbürste *f;* **spazzolone** [spattso'lo:ne] *m* Schrubber *m*

speaker ['spi:kə *o* 'spi:ker] <-> *m* (TV, RADIO) Sprecher(in) *m(f)*, Ansager(in) *m(f)*

specchiarsi [spek'kiarsi] *vr* ❶ (*guardarsi allo specchio*) sich im Spiegel betrachten ❷ (*riflettersi*) sich spiegeln; **specchiera** [spek'kiɛ:ra] *f* (großer) Wandspiegel *m;* (*tavolino*) Spiegeltisch *m,* Spiegelkommode *f;* **specchietto** [spek'kietto] *m* ❶ (*piccolo specchio*) kleiner Spiegel, Handspiegel *m* ❷ (AUTO) ~ **retrovisore** Rückspiegel *m* ❸ (*prospetto riassuntivo*) Übersicht *f;* **specchio** ['spɛkkio] <-cchi> *m* ❶ (*gener*) Spiegel *m;* **guardarsi allo** ~ sich im Spiegel betrachten ❷ (*fig*) Spiegel *m,* Spiegelbild *n* ❸ (*prospetto*) Übersicht *f;* (SPORT) Tabelle *f*

special ['spɛ:tʃal] <-> *m* Special *n,* Sondersendung *f*

speciale [spe'tʃa:le] *agg* besondere(r, s), speziell; **treno** ~ Sonderzug *m;* **inviato** ~ Sonderbeauftragte(r) *m;* **questo formaggio è davvero** ~ dieser Käse ist wirklich etwas Besonderes; **specialista** [spetʃa'lista] <-i *m,* -e *f*> *mf* ❶ (MED) Facharzt *m,* -ärztin *f,* Spezialist(in) *m(f)* ❷ (*persona specializzata*) Fachmann *m,* -frau *f,* Spezialist(in) *m(f);* **specialistico, -a** [spetʃa'listiko] <-ci, -che> *agg* ❶ (MED) Facharzt-, fachärztlich ❷ (*di specialista*) fachmännisch; **specialità** [spetʃali'ta] <-> *f* ❶ (*cibo, prodotto*) Spezialität *f* ❷ (*settore di competenza*) Spezial-, Fachgebiet *n*

specializzando,   -a   [spetʃalid'dzando] *m, f* Student(in) *m(f),* der (die) sich auf ein Teilgebiet spezialisiert

specializzare [spetʃalid'dza:re] **I.** *vt* spezialisieren **II.** *vr* **-rsi** sich auf etw *acc* spezialisieren; **specializzato, -a** [spetʃalid'dza:to] *agg* spezialisiert, Fach-; **specializzazione**   [spetʃaliddzat'tsio:ne]   *f* Spezialisierung *f,* Fachrichtung *f;* **specialmente** [spetʃal'mente] *avv* besonders, speziell

specie ['spɛ:tʃe] **I.** <-> *f* ❶ (BIOL) Art *f,* Spezies *f* ❷ (*sorta, tipo*) Art *f,* Sorte *f;* **una ~ di** eine Art (von); **d'ogni** ~ aller Art **II.** *avv* besonders, insbesondere, speziell

specifica [spe'tʃi:fika] <-che> *f* Spezifikation *f,* Aufstellung *f;* **specificare** [spetʃifi'ka:re] *vt* spezifizieren, genauer darstellen;   **specificazione**   [spetʃifikat'tsio:ne] *f* Spezifikation *f,* Aufstellung *f;*

complemento di ~ Zugehörigkeitsangabe *f;* **specifico, -a** [spe'tʃi:fiko] <-ci, -che> *agg* ❶ (*particolare*) besondere(r, s), speziell ❷ (PHYS, MED) spezifisch

speck ['spɛk] <-> *m* (geräucherter) Schinkenspeck *m*

speculare[1] [speku'la:re] *vi* ❶ (FIN, COM) spekulieren ❷ (*fig: sfruttare*) ~ **su qc** etw ausnutzen

speculare[2] *agg* (*di specchio*) Spiegel-

speculativo, -a [spekula'ti:vo] *agg* spekulativ; **speculatore, -trice** [spekula'to:re] *m, f* Spekulant(in) *m(f);* **speculazione** [spekulat'tsio:ne] *f* Spekulation *f*

spedalità [spedali'ta] <-> *f* Krankenhauswesen *n*

spedire [spe'di:re] <spedisco> *vt* schicken, senden

spedito, -a [spe'di:to] *agg* schnell, rasch

speditore,   -trice   [spedi'to:re]   *m,   f* (Ver)sender(in) *m(f);* **spedizione** [spedit'tsio:ne] *f* ❶ (*di pacco, merce*) (Ver)sendung *f;* **spese di** ~ Versandkosten *pl* ❷ (*operazione*) Versand *m,* (Ver)sendung *f* ❸ (SCIENT) Expedition *f* ❹ (MIL) Feldzug *m;* **spedizioniere** [spedittsio'niɛ:re] *m* Spediteur *m*

speedway ['spi:dwei] <-> *m* Speedway *m*

spegnere   ['spɛɲɲere   *o*   'speɲɲere] <spengo, spensi, spento> **I.** *vt* ❶ (*fuoco*) löschen; (*sigaretta*) ausmachen; (*fiamma*) ausblasen; (*luce*) ausmachen, ausschalten; (*radio, motore, apparecchio*) ab-, ausschalten ❷ (*fig*) schwächen, dämpfen; (*sete*) löschen **II.** *vr* **-rsi** ❶ (*fuoco*) verlöschen, ausgehen; (*sigaretta, luce*) ausgehen; (*motore, apparecchio*) ausgehen, stehen bleiben ❷ (*fig*) erlöschen ❸ (*fig: morire*) entschlafen *geh*

spegnifiamma [speɲɲi'fiamma] <-> *m* (MIL) Mündungsfeuerdämpfer *m*

spelacchiare   [spelak'kia:re]   **I.** *vt* (aus)rupfen **II.** *vr* **-rsi** Haare verlieren, haaren;   **spelacchiato,   -a**   [spelak'kia:to] *agg* ❶ (*pelliccia, animale*) gerupft ❷ (*persona*) glatzköpfig, kahl

spelare [spe'la:re] *vt, vr* **-rsi** *v.* **spelacchiare**

speleologa *f v.* **speleologo**

speleologia [speleolo'dʒi:a] <-gie> *f* Höhlenforschung *f,* Späläologie *f;* **speleologo, -a** [spele'ɔ:logo] <-gi, -ghe> *m, f* Höhlenforscher(in) *m(f)*

speleozoologia   [speleodzoolo'dʒi:a] <-gie> *f* Spaläozoologie *f;* **speleozoologico, -a** [speleodzoo'lɔ:dʒiko] <-ci, -che> *agg* spaläozoologisch; **speleozoologo, -a** [speleodzoɔ:logo] <-gi,

S

-ghe> *m, f* Speläozoologe, -zoologin *m, f*
spellare [spel'la:re] **I.** *vt* **❶** ~ **un animale**
einem Tier das Fell abziehen **❷** (*fam*) ~ **qu**
jdm das Fell über die Ohren ziehen **II.** *vr*
-rsi **❶** (*di pelle, serpenti*) sich häuten
❷ (MED) sich aufschürfen; **-rsi le ginocchia**
sich *dat* die Knie aufschürfen; **spellatura**
[spella'tu:ra] *f* **❶** (*di coniglio*) (Fell)abzie-
hen *n;* (*di serpenti*) Häutung *f* **❷** (MED)
(Haut)abschürfung *f,* Schürfwunde *f*
spelonca [spe'loŋka] <-che> *f* **❶** (*grotta*)
Höhle *f* **❷** (*fig, pej*) Spelunke *f,* Höhle *f*
spelta ['spɛlta] *f* Spelt *m,* Spelz *m*
spendaccione, -a [spendat'tʃo:ne] *m, f*
(*pej*) Verschwender(in) *m(f)*
spendere ['spɛndere] <spendo, spesi,
speso> *vt* **❶** (*soldi*) ausgeben; ~ **molto in
vestiti** viel Geld für Kleider ausgeben; ~ **e
spandere** (*fam*) das Geld mit vollen Händen ausgeben **❷** (*fig: impiegare*) aufwen-
den, einsetzen, verwenden; (*sacrificare*)
opfern; **spendereccio, -a** [spende'ret-
tʃo] <-cci, -cce> *agg* **❶** (*persona*) freigebig, großzügig, spendabel **❷** (*vita*) kostspielig, aufwendig
spendibilità [spendibili'ta] *f* Nutzbarkeit *f*
spengere ['spɛndʒere *o* 'spendʒere] *v.*
spegnere
spengo ['spɛŋgo *o* 'spengo] *1. pers sing
pr di* **spegnere**
spennacchiare, spennare [spen-
nak'kia:re, spen'na:re] **I.** *vt* **❶** (*animale*)
rupfen; ~ **una gallina** einem Huhn die Federn ausrupfen **❷** (*fig fam*) ausnehmen,
abzocken; ~ **qu al gioco** jdm im Spiel ausnehmen **II.** *vr* **-rsi** Federn verlieren
spennellare [spennel'la:re] *vt* bepinseln;
(MED) einpinseln; **spennellata** [spen-
nel'la:ta] *f* Be-, Einpinseln *n;* **spennella-
tura** [spennella'tu:ra] *f* Einpinseln *n*
spensi ['spɛnsi *o* 'spensi] *1. pers sing pass
rem di* **spegnere**
spensieratezza [spensiera'tettsa] *f* Sorglosigkeit *f,* Unbekümmertheit *f;* **spensierato, -a** [spensie'ra:to] *agg* unbekümmert, unbesorgt
spento, -a ['spɛnto *o* 'spento] **I.** *pp di*
spegnere II. *agg* **❶** (*fuoco*) erloschen, ver-
löscht; (*sigaretta*) abgebrannt **❷** (*fig*) matt,
gedämpft
spenzolare [spendzo'la:re] **I.** *vt* hängen
lassen **II.** *vr* **-rsi** sich baumeln lassen
sperabile [spe'ra:bile] *agg* zu (er)hoffen(d)
speranza [spe'rantsa] *f* Hoffnung *f;* **un filo** [*o* **un barlume**] **di** ~ ein Funken *m*
Hoffnung, ein Hoffnungsschimmer *m;* **avere riposto tutte le -e in qu** alle seine Hoffnungen auf jdn gesetzt haben; **senza** ~

hoffnungslos; **speranzoso, -a** [spe-
ran'tso:so] *agg* hoffnungsvoll
sperare [spe'ra:re] **I.** *vt* erhoffen, hoffen
auf +*acc;* ~ **di** +*inf* hoffen zu +*inf;* ~ **in**
hoffen auf +*acc;* ~ **che** +*conj* hoffen, dass;
spero di sì/no ich hoffe ja/nein; **speriamo** (**bene**)! hoffen wir es! **II.** *vi* ~ **in qu/
qc** auf jdn/etw hoffen
sperdersi ['spɛrdersi] <mi sperdo, mi
spersi, sperso> *vr* sich verirren
sperduto, -a [sper'du:to] *agg* abgelegen;
(*persona*) verloren, verlassen
sperequato, -a [spere'kua:to] *agg*
ungleich; **sperequazione** [spereku-
at'tsio:ne] *f* Ungleichheit *f*
spergiura *f v.* **spergiuro**
spergiurare [sperdʒu'ra:re] *vi* einen
Meineid leisten; **giurare e** ~ (*fam*) hoch
und heilig schwören
spergiuro [sper'dʒu:ro] *m* Meineid *m*
spergiuro, -a **I.** *agg* meineidig; (*che manca ai giuramenti fatti*) eidbrüchig **II.** *m, f*
Meineidige(r) *f(m);* (*che manca ai giuramenti fatti*) Eidbrüchige(r) *f(m)*
spericolato, -a [speriko'la:to] *agg* leichtsinnig, waghalsig
sperimentabilità [sperimentabili'ta]
<-> *f* Experimentierbarkeit *f,* Experimen-
tierfähigkeit *f;* **sperimentale** [speri-
men'ta:le] *agg* experimentell, Experimen-
tal-; **centro** ~ Versuchszentrum *n;* **speri-
mentalista** [sperimenta'lista] <-i *m,*
-e *f*> **I.** *mf* Vertreter(in) *m(f)* der experi-
mentellen Richtung (in Wissenschaft,
Kunst und Literatur) **II.** *agg* experimentell;
sperimentalistico, -a [sperimenta'listi-
ko] <-ci, -che> *agg* experimentell
sperimentare [sperimen'ta:re] *vt* **❶** (*gener*) versuchen, ausprobieren **❷** (TEC) testen **❸** (*fig*) auf die Probe stellen, testen
fam; **sperimentatore, -trice** [speri-
menta'to:re] *m, f* Experimentator(in)
m(f), Experimentierer(in) *m(f);* **sperimentazione** [sperimentat'tsio:ne] *f* Experimentieren *n,* Erprobung *f*
sperma ['spɛrma] <-i> *m* Sperma *n;*
spermatico, -a [sper'ma:tiko] <-ci,
-che> *agg* Sperma-; **spermatozoo**
[spermatod'dzɔ:o] <-oi> *m* Spermato-
zoon *n*
spermicida¹ [spermi'tʃi:da] <-i *m,* -e *f*>
agg spermizid
spermicida² <-i> *m* Spermizid *n*
spernacchiare [spernak'kia:re] **I.** *vi* he-
rumulken **II.** *vt* verulken, vergackeiern
speronare [spero'na:re] *vt* rammen
speronato, -a [spero'na:to] *agg* **❶** (ZOO)
mit Sporen versehen **❷** (ARCH) verstrebt

sperone [spe'ro:ne] *m* Sporn *m*

sperperare [sperpe'ra:re] *vt* verschwenden; **sperpero** ['spɛrpero] *m* Verschwendung *f*

spersonalizzare [spersonalid'dza:re] *vt* ❶ (*appartamento, stanza*) unpersönlich gestalten ❷ (*questione, discussione*) entpersonalisieren

sperticato, -a [sperti'ka:to] *agg* übertrieben

spesa ['spe:sa] *f* ❶ (*somma*) Ausgabe *fpl*, Kosten *pl;* **non badare a -e** keine Kosten scheuen; **imparare qc a proprie -e** (*fig*) etw am eigenen Leib erfahren; **a -e di qu** auf jds Kosten ❷ (*compera*) (Ein)kauf *m;* (*fam: del cibo quotidiano*) Einkäufe *mpl;* **borsa della ~** Einkaufstasche *f;* **fare la ~** einkaufen ❸ *pl* (COM) Kosten *pl*, Spesen *pl;* **-e d'esercizio** [*o* **di gestione**] Betriebskosten *pl;* **meno/più le -e** minus/plus Spesen

spesare [spe'sa:re] *vt ~* **qu** jdm den Unterhalt zahlen; **spesato, -a** [spe'sa:to] *agg* auf Kosten (*da* von)

spesi ['spe:si] *1. pers sing pass rem di* **spendere**

speso ['spe:so] *pp di* **spendere**

spesso ['spesso] *avv* oft, häufig

spesso, -a *agg* ❶ (*grosso*) dick ❷ (*fitto*) dicht ❸ (*frequente*) häufig; **-e volte** oft(mals); **spessore** [spes'so:re] *m* Dicke *f*, Stärke *f*

Spett. *abbr di* **spettabile** verehrte(r, s), geschätzte(r, s); **~ Ditta ...** Sehr geehrte Damen und Herren, ...; (**alle**) **~ Ditta ...** An Firma ...

spettabile [spet'ta:bile] *agg* (*nelle lettere*) sehr geehrte(r)

spettacolare [spettako'la:re] *agg* spektakulär, Aufsehen erregend; **spettacolarizzare** [spettakolarid'dza:re] *vt ~* **qc** aus etw ein Medienspektakel machen; **spettacolo** [spet'ta:kolo] *m* ❶ (THEAT) Schauspiel *n;* (*rappresentazione, FILM*) Vorstellung *f* ❷ (*vista*) Anblick *m*, Schauspiel *n;* **spettacoloso, -a** [spettako'lo:so] *agg* spektakulär, Aufsehen erregend; (*fig*) großartig

spettanza [spet'tantsa] *f* ❶ (*competenza*) Kompetenz *f*, Zuständigkeit *f* ❷ (*somma*) Gebühr *f*

spettare [spet'ta:re] *vi essere* ❶ (*essere pertinente*) zukommen, zufallen ❷ (*competere di diritto*) zustehen; **non spetta a me giudicare** es steht mir nicht zu, zu urteilen

spettatore, -trice [spetta'to:re] *m, f* ❶ (THEAT, FILM) Zuschauer(in) *m(f)* ❷ (*chi è presente*) (Augen)zeuge *m*, -zeugin *f*

spettegolare [spettego'la:re] *vi* (*pej*) klatschen, tratschen

spettinare [spetti'na:re] **I.** *vt* zerzausen **II.** *vr* **-rsi** sich zerzausen

spettrale [spet'tra:le] *agg* ❶ (PHYS) Spektral- ❷ (*fig*) gespenstisch; **spettro** ['spɛttro] *m* ❶ (*fantasma*) Gespenst *n* ❷ (*fig: persona*) (Schreck)gespenst *n* ❸ (PHYS, ASTR) Spektrum *n*

spezie ['spɛttsie] *fpl* Gewürze *npl*

spezzare [spet'tsa:re] **I.** *vt* ❶ (*rompere*) brechen, zerbrechen ❷ (*fig*) brechen, (unter)teilen; (*periodo*) (unter)gliedern **II.** *vr* **-rsi** brechen, zerbrechen; **la corda troppo tesa si spezza** (*prov*) man soll den Bogen nicht überspannen

spezzatino [spettsa'ti:no] *m* Frikassee *n*

spezzato [spet'tsa:to] *m* Kombination *f*

spezzato, -a *agg* ❶ (*braccio, gamba*) gebrochen ❷ (*fig*) unterteilt, untergliedert; (*interrotto*) unterbrochen

spezzettamento [spettsetta'mento] *m* Zersplitterung *f;* **spezzettare** [spettset'ta:re] *vt* in kleine Stücke teilen; (*eredità*) zersplittern; (*pane*) zerbröckeln; **~ il discorso** abgehackt reden

Spezzino <*sing*> *m* Provinz *f* La Spezia

spezzino, -a [spet'tsi:no] **I.** *agg* aus La Spezia stammend **II.** *m, f* (*abitante*) Bewohner(in) *m(f)* von La Spezia

spezzone [spet'tso:ne] *m* ❶ (FILM) (unbelichteter) Filmstreifen *m* ❷ (MIL) kleine zylindrische Bombe

spia ['spi:a] <**-ie**> *f* ❶ (*persona*) Spion(in) *m(f);* (*confidente della polizia*) Spitzel *m;* **fare la ~** spionieren ❷ (TEC) Kontrollleuchte *f*, **-lampe** *f*, Warnlampe *f* ❸ (*fessura di porta*) (Tür)spion *m*, Guckloch *n* ❹ (THEAT) Vorhangguckloch *n*

spiaccicare [spiattʃi'ka:re] (*fam*) **I.** *vt* zerquetschen **II.** *vr* **-rsi** zerquetscht werden

spiacente [spia'tʃɛnte] *agg* betrübt, traurig; **sono ~** es tut mir Leid

spiacere [spia'tʃe:re] <*irr*> *vi essere* Leid tun; **mi spiace dover rifiutare** es tut mir Leid ablehnen zu müssen; **spiacevole** [spia'tʃe:vole] *agg* unerfreulich, unangenehm

spiaggia ['spiaddʒa] <**-gge**> *f* Strand *m;* **andare in ~** zum [*o* an den] Strand gehen

spianamento [spiana'mento] *m* (Ein)ebnung *f;* **spianare** [spia'na:re] *vt* ❶ (*terreno, strada*) eben machen, (ein)ebnen ❷ (*fucile*) anlegen ❸ (*pasta*) ausrollen ❹ (*abito*) (glatt)bügeln ❺ (*demolire*) abreißen; **spianata** [spia'na:ta] *f* Ebene *f*

spiano ['spia:no] *m* **a tutto ~** mit voller Kraft

spiantare [spian'ta:re] **I.** *vt* **❶** (*albero, palo*) ausreißen **❷** (*fig*) ruinieren, zugrunde [*o* zu Grunde] richten **II.** *vr* **-rsi** sich ruinieren, sich zugrunde [*o* zu Grunde] richten; **spiantato, -a** [spian'ta:to] (*pej*) **I.** *agg* ohne einen Pfennig, nichts besitzend **II.** *m, f* Habenichts *m*

spiare [spi'a:re] *vt* **❶** (MIL) ausspionieren, ausspähen; (*persona*) bespitzeln **❷** (*fatti, segreti*) ausspionieren; (*ascoltare di nascosto*) belauschen; **spiata** [spi'a:ta] *f* Anzeige *f*

spiattellare [spiattel'la:re] *vt* (*fam*) petzen, ausplaudern

spiazzo ['spiattso] *m* offener Platz

spiccare [spik'ka:re] **I.** *vt* **❶** (JUR: *mandato di cattura*) erlassen; (*fattura, assegno*) ausstellen **❷** (*salto, balzo*) machen; **~ un salto** [*o* balzo] aufspringen; **~ il volo** auffliegen **II.** *vi* hervorstechen; **spiccato, -a** [spik'ka:to] *agg* deutlich, klar; (*notevole*) ausgeprägt, merklich

spicchio ['spikkio] <-cchi> *m* (*di agrumi*) Spalte *f*, Stück *n*; (*di aglio*) Zehe *f*

spicci *mpl* (*fam*) Kleingeld *n*

spicciare [spit't∫a:re] **I.** *vt* **❶** (*faccenda*) schnell erledigen **❷** (*cliente, avventore*) abfertigen **II.** *vr* **-rsi** (*fam*) sich sputen, schnell machen; **spicciativo, -a** [spitt∫a'ti:vo] *agg* **❶** (*persona*) kurz angebunden **❷** (*metodi*) schnell, rasch; (*lavoro*) rasch erledigt

spiccicare [spittʃi'ka:re] **I.** *vt* ablösen; **non ~ parola** kein Wort hervorbringen, keinen Ton von sich geben **II.** *vr* **-rsi** (*fam*) sich trennen

spiccicato, -a [spittʃi'ka:to] *agg* (*dial: fam*) genau gleich, ganz (und gar); **è la madre -a** sie ist ganz die Mutter

spiccio, -a ['spitt∫o] <-cci, -cce> *agg* schnell, rasch; **andare per le -cce** es kurz machen, direkt zur Sache kommen; **spicciolare** [spittʃo'la:re] *vt* (in Kleingeld) wechseln, klein machen *fam;* **spicciolato, -a** [spittʃo'la:to] *agg* **alla -a** einzeln

spiccioli ['spitt∫oli] *mpl* Kleingeld *n*

spicciolo, -a ['spitt∫olo] *agg* (COM) Klein-, klein; **moneta -a** Kleingeld *n*

spicco ['spikko] <-cchi> *m* **fare ~** auffallen, sich abheben

spider ['spaider] <-> *m o f* Kabrio *n*

spidocchiare [spidok'kia:re] **I.** *vt* (ent)lausen **II.** *vr* **-rsi** sich (ent)lausen

spiedino [spie'di:no] *m* Spießchen *n;* **spiedo** ['spiɛ:do] *m* **❶** (GASTR) Spieß *m;* **arrosto allo ~** Spießbraten *m* **❷** (MIL) Speer *m,* Spieß *m*

spiegamento [spiega'mento] *m* Auf-

marsch *m*, Aufgebot *n; ~* **di forze** Truppenaufgebot *n*

spiegare [spie'ga:re] **I.** *vt* **❶** (*far capire*) erklären, erläutern **❷** (*tovaglia*) ausbreiten; (*carta geografica*) auseinander falten; (*vele*) setzen; (*ali*) ausbreiten; **~ il volo** mit ausgebreiteten Flügeln fliegen **❸** (MIL: *truppe*) aufstellen **❹** (*fig: voce*) entfalten **II.** *vr* **-rsi** **❶** (*chiarirsi*) sich klar ausdrücken; **mi sono spiegato?** habe ich mich klar ausgedrückt? **❷** (*aprirsi*) sich ausbreiten; **spiegazione** [spiegat'tsio:ne] *f* Erklärung *f,* Erläuterung *f;* (*giustificazione*) Rechtfertigung *f;* (*chiarimento*) Aufklärung *f;* **avere una ~ con qu** eine Aussprache mit jdm haben

spiegazzare [spiegat'tsa:re] *vt* zerknittern, zerknüllen

spietato, -a [spie'ta:to] *agg* erbarmungslos

spietratura [spietra'tu:ra] *f* (AGR) *das Entfernen von Steinen von landwirtschaftlichem Boden*

spifferare [spiffe'ra:re] *vt* (*fam*) ausplaudern; **spiffero** ['spiffero] *m* (*fam*) Zug(luft *f*) *m*

spiga ['spi:ga] <-ghe> *f* Ähre *f;* **spigato, -a** [spi'ga:to] *agg* Fischgrat-, Fischgräten-

spighetta [spi'getta] *f* **❶** (*nastrino*) Schrägband *n* **❷** (BOT) kleine Ähre *f*

spigliatezza [spiλʎa'tettsa] *f* Unbefangenheit *f;* **spigliato, -a** [spiλ'ʎa:to] *agg* unbefangen

spignattare [spiɲɲa'ta:re] *vi* (*fam*) am Herd stehen

spigo ['spi:go] <-ghi> *m* Lavendel *m*

spigola ['spi:gola] *f* Seebarsch *m*

spigolare [spigo'la:re] *vt* **❶** (AGR) stoppeln, einsammeln **❷** (*fig*) sammeln, zusammentragen; **spigolatore, -trice** [spigola'to:re] *m, f* **❶** (AGR) Ährenleser(in) *m(f)* **❷** (*fig*) Sammler(in) *m(f);* **spigolatura** [spigola'tu:ra] *f* **❶** (AGR) Ährenlese *f* **❷** *pl* (*fig*) Nachlese *f,* Anekdoten *fpl*

spigolo ['spi:golo] *m* **❶** (*angolo*) Kante *f* **❷** *pl* (*fig*) Schroffheit *f,* Ecken und Kanten *fpl;* **spigoloso, -a** [spigo'lo:so] *agg* **❶** (*pieno di spigoli*) kantig, eckig **❷** (*fig*) schroff, kantig

spilla ['spilla] *f* Brosche *f,* (Ansteck)nadel *f;* **~ di sicurezza** Sicherheitsnadel *f; ~* **da cravatta** Krawattennadel *f;* **spillare** [spil'la:re] **I.** *vt* avere **❶** (*botte*) anstecken, anzapfen **❷** (*fig*) **~ soldi a qu** jdm Geld abknöpfen **❸** (*loc*) **~ le carte** die Karten langsam aufdecken **II.** *vi* essere *o* avere tropfen, tröpfeln

spillo ['spillo] *m* **❶** (*gener*) (Steck)nadel *f;*

a ~ nadelförmig, Nadel-; **tacchi a ~** Pfennigabsätze *mpl* ❷ (*spilla*) (Ansteck)nadel *f* ❸ (*per botti*) Zapflochbohrer *m;* (*foro*) Zapfloch *n;* **spillone** [spil'lo:ne] *m* Hutnadel *f*

spilluzzicare [spilluttsi'ka:re] *vt* (*fam*) knabbern

spilorceria [spilortʃe'ri:a] <-ie> *f* Knaus(e)rigkeit *f*, Geiz *m;* **spilorcio, -a** [spi'lortʃo] <-ci, -ce> I. *agg* knaus(e)rig, geizig II. *m, f* Geizkragen *m fam*, Geizhals *m fam*

spilungone, -a [spiluŋ'go:ne] *m, f* (*fam*) Bohnenstange *f*, lange Latte

spina ['spi:na] *f* ❶ (BOT) Dorn *m*, Stachel *m* ❷ (ZOO) Stachel *m;* (*di pesce*) Gräte *f* ❸ (ANAT) ~ **dorsale** Rückgrat *n*, Wirbelsäule *f* ❹ (EL) Stecker *m;* ~ **multipla** Mehrfachstecker *m* ❺ (TEC: *della botte*) Zapfloch *n;* **birra alla ~** Fassbier *n*, Bier *n* vom Fass ❻ (*fig*) **stare** [*o* **essere**] **sulle -e** (wie) auf (glühenden) Kohlen sitzen; **staccare la ~** abschalten

spinacio [spi'na:tʃo] <-ci> *m* (BOT) Spinat *m;* **-ci** (GASTR) Spinat *m*

spinale [spi'na:le] *agg* Rückgrat-, Rücken-

spinato, -a [spi'na:to] *agg* ❶ (*con spine*) dornig, stach(e)lig, Stachel-; **filo ~** Stacheldraht *m* ❷ (*stoffa*) mit Fischgratmuster, Fischgrat-

spinellato, -a [spinel'la:to] (*sl*) I. *m, f* Haschraucher(in) *m(f)* II. *agg* bekifft

spinello [spi'nɛllo] *m* (*sl*) Joint *m*

spinetta [spi'netta] *f* Spinett *n*

spingere ['spindʒere] <spingo, spinsi, spinto> I. *vt* ❶ (*spostare*) schieben; (*con forza*) stoßen ❷ (*premere*) drücken ❸ (*fig: indurre*) ~ **qu a qc** jdn zu etw treiben; (*pej*) jdn zu etw verleiten ❹ (*fare ressa*) schubsen, drängeln II. *vr* **-rsi** ❶ (*inoltrarsi*) vordringen ❷ (*fig*) sich vordrängen

spingistoffa [spindʒi'stɔffa] <inv> *agg* Stoffschiebe-,; **macchina ~** Transporteur *m*

spino ['spi:no] *m* Dornbusch *m*, Dornenpflanze *f;* (*prugno selvatico*) Schlehdorn *m*

spino, -a *agg* ❶ (BOT) Stachel-, Dorn-; **uva -a** Stachelbeere *f* ❷ (ZOO) Stachel-, stach(e)lig; **porco ~** Stachelschwein *n;*

spinoso, -a [spi'no:so] *agg* ❶ (BOT) dornig, stach(e)lig ❷ (*fig*) dornig, dornenreich

spinotto [spi'nɔtto] *m* Bolzen *m*

spinsi ['spinsi] *1. pers sing pass rem di* **spingere**

spinta ['spinta] *f* ❶ (*urto*) Stoß *m* ❷ (*fig*) Anstoß *m*, Antrieb *m;* (*appoggio*) Beziehungen *fpl*, Begünstigung *f* ❸ (PHYS) Schub *m*, Antrieb *m* ❹ (SPORT) Anschub *m;*

spintarella [spinta'rɛlla] *f* (*fig fam: raccomandazione*) Empfehlung *f;* **dare una ~ a qu** jdn empfehlen

spinterogeno [spinte'rɔːdʒeno] *m* Zündverteiler *m*

spinto, -a ['spinto] I. *pp di* **spingere** II. *agg* gewagt, anstößig

spintonamento [spintona'mento] *m* Geschubse *n*, Gedränge *n;* **spintone** [spin'to:ne] *m* (heftiger) Stoß *m;* (SPORT) Rempler *m*

spintore [spin'to:re] *m* (NAUT) Schubschlepper *m*

spiona *f v.* **spione**

spionaggio [spio'naddʒo] <-ggi> *m* Spionage *f;* ~ **telefonico** Abhören *n*, Lauschangriff *m*

spioncino [spion'tʃi:no] *m* (Tür)spion *m*, Guckloch *n*

spione, -a [spi'o:ne] *m, f* (*pej*) Schnüffler(in) *m(f)*, Denunziant(in) *m(f)*; **spionistico, -a** [spio'nistiko] <-ci, -che> *agg* Spionage-

spiovente [spio'vɛnte] I. *agg* ❶ (*rami, chiome*) herabhängend, (her)abfallend ❷ (SPORT: *tiro*) hoch II. *m* ❶ (*del tetto*) (schräge) Dachfläche *f* ❷ (SPORT) hoher Schuss

spiovere ['spiɔ:vere] <irr> *vi essere o avere* aufhören zu regnen

spira ['spi:ra] *f* ❶ (*di serpente, spirale*) Windung *f* ❷ (EL) Schleife *f*

spiraglio [spi'raʎʎo] <-gli> *m* ❶ (*di porta, finestra*) Spalt *m*, Ritz *m* ❷ (*luce*) Lichtstrahl *m* ❸ (*fig*) Schimmer *m*, Anzeichen *n*

spirale [spi'ra:le] *f* Spirale *f*

spirare [spi'ra:re] I. *vi avere* ❶ (*vento*) wehen, blasen ❷ *essere* (*morire*) verscheiden, seinen Geist aufgeben II. *vt avere* ausstrahlen, verbreiten

spiritato, -a [spiri'ta:to] I. *agg* aufgeregt, aufgewühlt; (*invasato*) besessen II. *m, f* Besessene(r) *f(m)*

spiritico, -a [spi'ri:tiko] <-ci, -che> *agg* spiritistisch; **spiritismo** [spiri'tizmo] *m* Spiritismus *m;* **spiritista** [spiri'tista] <-i *m*, -e *f*> *mf* Spiritist(in) *m(f);* **spiritistico, -a** [spiri'tistiko] <-ci, -che> *agg* spiritistisch

spirito [spi'ri:to] *m* ❶ (REL) **lo Spirito Santo** der Heilige Geist ❷ (*senso dell'umorismo*) Humor *m;* ~ **di patate** (*fam*) schlechter Witz; **una battuta di ~** ein Bonmot *n;* **fare dello ~** humorvoll sein ❸ (*fantasma*) Geist *m;* **nel castello ci sono gli -i** im Schloss spukt es ❹ (*qualità*) ~ **di carità/ giustizia** Wohltätigkeits-/Gerechtigkeitssinn *m;* ~ **di osservazione** Beobachtungsgabe *f* ❺ (*sostanza alcolica*) Spiritus *m;*

fornellino a ~ Spirituskocher *m;* **ciliegie sotto** ~ (*fam*) beschwipste Kirschen *fpl* ⓺(*anima*) Seele *f;* ~ **affine** Seelenverwandte(r) *f(m)*

spiritosa *f v.* **spiritoso**

spiritosaggine [spirito'saddʒine] *f* Witzelei *f;* **spiritoso, -a** [spiri'to:so] **I.** *agg* geistreich, witzig **II.** *m, f* Witzbold *m*

spirituale [spiritu'a:le] *agg* ⓵(*dello spirito*) geistig, Geistes- ⓶(*persona*) vergeistigt; **spiritualità** [spirituali'ta] <-> *f* ⓵(*sensibilità*) geistige Tiefe *f* ⓷(REL) Geistlichkeit *f,* Religiosität *f* ⓷(*natura spirituale*) Vergeistigung *f,* Innerlichkeit *f;* **spiritualizzare** [spiritualid'dza:re] **I.** *vt* ⓵(*amore*) vergeistigen ⓶(*persona*) idealisieren **II.** *vr* **-rsi** sich vergeistigen; **spiritualizzazione** [spiritualiddzat'tsio:ne] *f* Vergeistigung *f*

spizzico ['spittsiko] <-chi> *m* **a** ~ [*o* **-chi**] nach und nach, peu à peu

splatter ['splætə] <-> *m* Horrorstreifen *m,* Horror-Comic *m*

splendere ['splɛndere] *vi* ⓵(*sole*) strahlen; (*stelle*) funkeln ⓶(*fig*) strahlen, glänzen; **splendido, -a** ['splɛndido] **I.** *agg* ⓵(*sole*) strahlend, glänzend; (*stelle*) funkelnd ⓶(*festa*) prächtig, glänzend ⓷(*persona*) wunderbar; (*fig*) bewundernswert **II.** *int* toll, prima, bärig *A*

splendore [splen'do:re] *m* ⓵(*di sole*) Strahlen *n,* Glanz *m;* (*di stelle*) Funkeln *n* ⓶(*di persona*) Glanz *m,* Pracht *f* ⓷(*di festa*) Glanz *m,* Pracht *f,* Herrlichkeit *f* ⓸(*ricchezza*) Kostbarkeit *f*

splitting ['splitiŋ] <-> *m* (FIN) Splitting *n*

spocchia ['spɔkkia] <-cchie> *f* Hochmut *m,* Dünkel *m*

spodestare [spodes'ta:re] *vt* entmachten, absetzen; (*re*) entthronen

spoetizzare [spoetid'dza:re] *vt* ernüchtern, enttäuschen

spoglia ['spɔʎʎa] <-glie> *f* ⓵(*vestito*) Gewand *n* ⓶(ZOO) Balg *m*

spogliare [spoʎ'ʎa:re] **I.** *vt* ⓵(*svestire*) ausziehen, entkleiden ⓶(*fig*) berauben, entkleiden ⓷(*posta*) sortieren **II.** *vr* **-rsi** ⓵(*svestirsi*) sich ausziehen ⓶(*fig: privarsi*) **-rsi di qc** etw weggeben; **-rsi dei pregiudizi** Vorurteile ablegen; **spogliarellista** [spoʎʎarel'lista] <-i *m,* -e *f>* *mf* Stripteasetänzer(in) *m(f);* **spogliarello** [spoʎʎa'rɛllo] *m* Striptease *m;* **fare lo** ~ strippen; **spogliatoio** [spoʎʎa'to:io] <-oi> *m* Umkleideraum *m,* -kabine *f*

spoglio ['spɔʎʎo] *m* Auswertung *f,* Sichtung *f,* Durchsicht *f*

spoglio, -a <-gli, -glie> *agg* ⓵(*albero, ter-*

reno) kahl, nackt ⓶(*fig*) ~ **di** -los, -frei, ohne; ~ **di pregiudizi** vorurteilsfrei, -los

spoiler ['spɔilə] <-> *m* Spoiler *m*

spola ['spɔ:la] *f* Spule *f;* **fare la** ~ (*fig*) pendeln, hin- und herlaufen; **spoletta** [spo'letta] *f* ⓵(*rocchetto*) kleine Spule ⓶(*di bomba*) Zünder *m*

spolmonarsi [spolmo'narsi] *vr* sich heiser reden [*o* singen] [*o* schreien]

spolpare [spol'pa:re] *vt* ⓵(*osso*) vom Fleisch lösen ⓶(*fig*) ausnehmen, aussaugen

spolverare [spolve'ra:re] **I.** *vt* ⓵(*mobile, vestito*) abstauben ⓶(GASTR) bestreuen, bestäuben ⓷(*fig fam: mangiare tutto*) verputzen, verschlingen **II.** *vi* Staub wischen, abstauben; **spolverata** [spolve'ra:ta] *f* ⓵(*pulizia sommaria*) Abstauben *n,* (kurzes) Staubwischen *n* ⓶(GASTR) Bestreuen *n,* Bestäuben *n;* **spolveratura** [spolvera'tu:ra] *f* ⓵(*operazione*) Staubwischen *n* ⓶(*fig*) oberflächliche Kenntnis *f*

spolverino [spolve'ri:no] *m* Staubmantel *m*

spolverizzare [spolverid'dza:re] *vt* ⓵(GASTR) bestreuen, bestäuben ⓶(*ridurre in polvere*) zerstäuben

spompare [spom'pa:re] **I.** *vt* (*fig fam*) auslaugen **II.** *vr* **-rsi** sich auslaugen; **spompato, -a** [spom'pa:to] *agg* ausgepumpt, ausgepowert

sponda ['sponda] *f* ⓵(*di fiume*) Ufer *n* ⓶(*di letto*) (Bett)kante *f,* Rand *m* ⓷(*di biliardo*) Bande *f*

sponsali [spon'sa:li] *mpl* (*poet*) Hochzeit *f*

sponsor ['spɔnsor] <-> *m* Sponsor *m;* **sponsorizzare** [sponsorid'dza:re] *vt* sponsern; **sponsorizzazione** [sponsoriddzat'tsio:ne] *f* Sponsoring *n*

spontaneità [spontanei'ta] <-> *f* Spontaneität *f;* **spontaneo, -a** [spon'ta:neo] *agg* ⓵(*persona*) spontan; (*stile*) natürlich ⓶(*adesione, offerta*) spontan, freiwillig ⓷(*vegetazione*) wild

spopolamento [spopola'mento] *m* Entvölkerung *f;* ~ **delle campagne** Landflucht *f;* **spopolare** [spopo'la:re] **I.** *vt* entvölkern **II.** *vi* (*fam*) Furore machen **III.** *vr* **-rsi** sich entvölkern, sich leeren

spora ['spɔ:ra] *f* Spore *f*

sporadicità [sporaditʃi'ta] <-> *f* Seltenheit *f;* **sporadico, -a** [spo'ra:diko] <-ci, -che> *agg* sporadisch, gelegentlich

sporcaccione, -a [sporkat'tʃo:ne] (*pej*) **I.** *agg* (*fig*) schmierig, dreckig **II.** *m, f* (*fig*) Schmierfink *m,* Schmutzfink *m,* Schwein *n*

sporcare [spor'ka:re] **I.** *vt* ⓵(*vestito, tovaglia*) beschmutzen, schmutzig machen

② (*fig*) besudeln, beflecken **II.** *vr* **-rsi ❶** (*insudiciarsi*) sich beschmutzen **②** (*fig*) sich *dat* die Hände schmutzig machen; **sporcizia** [spor'tʃittsia] <-ie> *f* **❶** (*mancanza di pulizia*) Schmutzigkeit *f* **②** (*fig*) Schweinerei *f*

sporco ['spɔrko] *m* Schmutz *m*, Dreck *m*

sporco, -a <-chi, -che> *agg* **❶** (*viso, mani*) schmutzig, dreckig; **avere la coscienza -a** ein schlechtes Gewissen haben; **avere la fedina penale -a** vorbestraft sein **②** (MED: *lingua*) belegt

sporgenza [spor'dʒɛntsa] *f* Vorsprung *m;*

sporgere ['spɔrdʒere] <irr> **I.** *vt* avere vorstrecken; (*dalla finestra*) hinausstrecken; ~ **querela** Klage erheben **II.** *vi* essere hinaus-, hervorragen **III.** *vr* **-rsi** (*in fuori*) sich hinauslehnen; (*in avanti*) sich vorbeugen; **è pericoloso -rsi dal finestrino!** nicht hinauslehnen!

sport [spɔrt] <-> *m* Sport *m;* (*fig a*) Spaß *m;* ~ **a squadre** Mannschaftssport *m;* ~ **di combattimento** Kampfsport *m;* ~ **estremi** Extremsportarten *fpl;* **fare dello** ~ Sport treiben; **per** ~ zum Spaß

sporta ['spɔrta] *f* **❶** (*borsa*) (große) Tasche *f*, Tragetasche *f;* ~ **della spesa** Einkaufstasche *f* **②** (*quantità*) Tasche(voll) *f*

sportellista [sportel'lista] <-i *m,* -e *f*> *mf* Schalterbeamte(r) *m,* -beamtin *f*

sportello [spor'tɛllo] *m* **❶** (*di treno, macchina, armadio*) Tür *f* **②** (*di ufficio, banca*) Schalter *m;* ~ **automatico** (FIN) Geldautomat *m*

sportivo, -a [spor'ti:vo] **I.** *agg* **❶** (*spettacolo, campo*) Sport- **②** (*persona, vestito*) sportlich **II.** *m, f* Sportler(in) *m(f)*

sposa ['spɔːza] *f* Braut *f;* (*moglie*) junge (Ehe)frau *f;* **promessa** ~ Verlobte *f;* **abito** [*o* **vestito**] **da** ~ Brautkleid *n;* **dare in** ~ zur Frau geben; **sposalizio** [spoza'littsio] <-i> *m* Hochzeit *f;* **sposare** [spo'zaːre] **I.** *vt* **❶** (*prendere per moglie o marito*) heiraten **②** (*unire in matrimonio*) trauen, vermählen **❸** (*dare in moglie o marito*) verheiraten **❹** (*fig*) sich jdm mit Leib und Seele widmen, sich jdm/etw verschreiben **II.** *vr* **-rsi con qu** jdn heiraten; **-rsi in chiesa/in comune** sich kirchlich/standesamtlich trauen lassen; **sposo** ['spɔːzo] *m* Bräutigam *m;* (*marito*) junger (Ehe)mann *m;* **-i** Brautleute *pl*

spossante [spos'sante] *agg* erschöpfend, entkräftend, ermüdend

spossare [spos'saːre] *vt* erschöpfen, entkräften; **spossatezza** [spossa'tettsa] *f* Erschöpfung *f*, Entkräftung *f;* **spossato, -a** [spos'saːto] *agg* erschöpft, entkräftet, zerschlagen

spossessare [spposses'saːre] *vt* berauben

spostamento [sposta'mento] *m* Verschiebung *f;* (*d'aria*) Bewegung *f;* **spostare** [spos'taːre] **I.** *vt* **❶** (*mobile*) verschieben, verrücken **②** (*data*) verschieben **II.** *vr* **-rsi** (weg)rücken; (*di città*) wegziehen; (*cosa*) sich (weg)bewegen; **spostato, -a** [spos'taːto] **I.** *agg* verhaltensgestört **II.** *m, f* Verhaltensgestörte(r) *f(m)*

spot [spɔt] <-> *m* **❶** (TV, RADIO) Spot *m;* ~ **pubblicitario** Werbespot *m* **②** (*riflettore*) Spot *m*, Spotlight *n*

S.P.Q.R. *abbr di* **Senatus Populusque Romanus** *Abkürzung zur Bezeichnung der Stadt Rom bzw. des Römischen Reichs*

spranga ['spraŋga] <-ghe> *f* Stange *f;* (*lucchetto*) Riegel *m;* **sprangare** [spraŋ'gaːre] *vt* verriegeln

spray ['spraːi] **I.** <-> *m* Spray *n o m* **II.** <inv> *agg* Spray-, Sprüh-; **bombola** ~ Sprühdose *f;* **lacca** ~ Sprühlack *m*

sprazzo ['sprattso] *m* **❶** (*spruzzo*) Spritzer *m;* (*di luce, sole*) Strahl *m* **②** (*fig*) Blitz *m*, Funke *m*

sprecare [spre'kaːre] **I.** *vt* verschwenden, vergeuden **II.** *vr* **-rsi** (*dial iron*) sich überanstrengen, sich übernehmen **②** (*perdersi*) **-rsi in qc** für etw seine Kräfte vergeuden; **sprecato** [spre'kaːto] *agg* vergeudet, verschwendet; **fatica -a** (*fig*) verlorene Liebesmüh; **è tempo** ~ das ist die reinste Zeitverschwendung; **essere** ~ **per qc** zu schade für etw sein

spreco ['sprɛːko] <-chi> *m* Verschwendung *f*, Vergeudung *f;* **a** ~ umsonst; **sprecone, -a** [spre'koːne] (*fam*) **I.** *agg* verschwenderisch **II.** *m, f* Verschwender(in) *m(f)*

spregevole [spre'dʒeːvole] *agg* **❶** (*persona, cosa*) verachtenswert **②** (*gesto*) verächtlich

spregiativo [spredʒa'tiːvo] *m* (LING) Pejorativ(um) *n*, Pejorativform *f*

spregiativo, -a *agg* verächtlich, abwertend; (LING) pejorativ; **spregio** ['sprɛːdʒo] <-gi> *m* Verachtung *f*

spregiudicatezza [spredʒudika'tettsa] *f* Skrupellosigkeit *f;* **spregiudicato, -a** [spredʒudi'kaːto] *agg* skrupellos

spremere ['sprɛːmere] *vt* **❶** (*limone, arancia*) auspressen **②** (*fig*) ausquetschen *fam;* **-rsi le meningi** sich *dat* den Kopf zerbrechen

spremiaglio [spremi'aʎʎo] <-> *m* Knoblauchpresse *f*

spremiagrumi [spremia'gruːmi] <-> *m,* **spremilimoni** [spremili'moːni] <-> *m*

Zitruspresse *f*

spremitura [spremi'tu:ra] *f* (Aus)pressen *n*

spremuta [spre'mu:ta] *f* (frisch gepresster) Fruchtsaft *m*

spretarsi [spre'tarsi] *vr* aus dem Priesterstand austreten

sprezzante [spret'tsante] *agg* verächtlich, geringschätzig; (*atteggiamento*) hochmütig; **sprezzo** ['sprɛttso] *m* ❶ (*disprezzo*) Verachtung *f* ❷ (*noncuranza*) Missachtung *f*, Nichtbeachtung *f*

sprigionare [spridʒo'na:re] **I.** *vt* ausströmen, hervorbringen **II.** *vr* **-rsi** ausströmen, hervorkommen

sprimacciare [sprimat'tʃa:re] *vt* aufschütteln, glatt schütteln

sprinkler ['spriŋklə] <-> *m* (TEC) Sprinkler *m*, Sprinkleranlage *f*

sprint [sprint] <-> *m* ❶ (SPORT) Sprint *m*, Spurt *m;* ~ **finale** (*a fig*) Endspurt *m* ❷ (*fig*) Schwung *m*

sprizzare [sprit'tsa:re] **I.** *vt avere* ❶ (*fig*) sprühen, ausstrahlen; ~ **gioia da tutti i pori** außer sich *dat* sein vor Freude; ~ **salute da tutti i pori** vor Gesundheit strotzen; ~ **rabbia da tutti i pori** vor Wut schäumen ❷ (*sangue*) ausspritzen **II.** *vi essere* ❶ (*liquido*) (aus)spritzen ❷ (*fig: gioia*) sprühen; **sprizzo** ['sprittso] *m* Spritzer *m*

sprofondamento [sprofonda'mento] *m* ❶ (*di terreno*) Nachgeben *n*, (Ab)sinken *n;* (*di casa*) Einsturz *m* ❷ (*l'affondare*) Ver-, Einsinken *n;* **sprofondare** [sprofon'da:re] **I.** *vi essere* ❶ (*pavimento, terreno*) nachgeben, absinken; (*casa, tetto*) einstürzen ❷ (*affondare*) versinken, einsinken ❸ (*fig*) versinken **II.** *vr* **-rsi** ❶ (*lasciarsi andare*) sich fallen lassen ❷ (*fig*) sich vertiefen, sich versenken

sproloquio [spro'lɔ:kuio] <-qui> *m* Salbaderei *f*

spronare [spro'na:re] *vt* ❶ (*cavallo*) die Sporen geben ❷ (*fig*) anspornen; **sprone** ['spro:ne] *m* ❶ (ZOO) Sporn *m* ❷ (*fig*) Ansporn *m*

sproporzionato, -a [sproportsio'na:to] *agg* ❶ (*braccia, persona*) unproportioniert ❷ (*prezzo, reazione*) unangemessen; **sproporzione** [spropor'tsio:ne] *f* Unverhältnismäßigkeit *f*, Unangemessenheit *f*

spropositato, -a [spropozi'ta:to] *agg* riesig; (*eccessivo*) übertrieben; **sproposito** [spro'pɔ:zito] *m* ❶ (*errore*) grober Fehler ❷ (*sciocchezza*) Dummheit *f*, Fehler *m*

sprovvedutezza [sprovvedu'tettsa] *f* Ahnungslosigkeit *f*

sprovveduto, -a [sprovve'du:to] *agg* ❶ (*sfornito*) ~ **di** nicht versehen mit, ohne ❷ (*pej*) unbegabt

sprovvisto, -a [sprov'visto] *agg* ~ **di** nicht versehen mit, ohne, -los; **alla -a** überraschend, unversehens; **prendere alla -a** überrumpeln, überraschen

spruzzabiancheria [spruttsabiaŋke'ri:a] <-> *m* Wäschesprenger *m*

spruzzare [sprut'tsa:re] *vt* (be)spritzen, (be)sprühen; **spruzzata** [sprut'tsa:ta] *f* ❶ (GASTR) Spritzer *m*, Schuss *m* ❷ (*pioggia leggera*) Sprühregen *m* ❸ (*lo spruzzare*) Spritzer *m*, Spritzen *n;* **spruzzatore** [spruttsa'to:re] *m* Zerstäuber *m;* (MOT) (Kraftstoff)düse *f*

spruzzo ['spruttso] *m* ❶ (*d'acqua, fango*) Spritzer *m* ❷ (METEO) Schauer *m* ❸ (TEC) Spritzen *n* ❹ (GASTR) Spritzer *m*, Schuss *m*

spudoratezza [spudora'tettsa] *f* Unverschämtheit *f*, Schamlosigkeit *f*; **spudorato, -a** [spudo'ra:to] *agg* unverschämt, schamlos

spugna ['spuɲɲa] *f* ❶ (*gener*) Schwamm *m;* **gettare la** ~ (*fig* SPORT) das Handtuch werfen; **bere come una** ~ saufen wie ein Loch *fam* ❷ (*tessuto*) Frottee *n o m;* **spugnetta** [spuɲ'ɲetta] *f* Schwämmchen *n;* **spugnoso, -a** [spuɲ'ɲo:so] *agg* schwammartig, porös

spulciare [spul'tʃa:re] **I.** *vt* ❶ (*cane, gatto*) flöhen, entflohen ❷ (*fig*) durchforsten **II.** *vr* **-rsi** sich flöhen

spuma ['spu:ma] *f* ❶ (*schiuma*) Schaum *m* ❷ (*bibita*) Limonade *f*; **spumante** [spu'mante] **I.** *agg* Schaum- **II.** *m* Schaumwein *m*, Sekt *m;* **spumantizzazione** [spumantiddzat'tsio:ne] *f* Sektgärung *f*; **spumare** [spu'ma:re] *vi* schäumen; (*vino*) moussieren; **spumeggiante** [spumed'dʒante] *agg* ❶ (*birra*) schäumend; (*vino*) moussierend ❷ (*fig*) sprühend, brillant; **spumeggiare** [spumed'dʒa:re] *vi* schäumen; (*vino*) moussieren; **spumone** [spu'mo:ne] *m* Schaumgefrorene(s) *n;* **spumoso, -a** [spu'mo:so] *agg* ❶ (*birra*) schäumend; (*vino*) moussierend ❷ (*fig* GASTR) schaumig, locker

spuntare [spun'ta:re] **I.** *vt avere* ❶ (*penna, lapis*) die Spitze abbrechen von; (*smussare*) stumpf machen, abstumpfen ❷ (*capelli, baffi*) stutzen ❸ (*fig*) meistern, überwinden; **spuntarla** (*fam*) es schaffen, sich durchsetzen ❹ (*depennare*) abhaken, durchchecken **II.** *vi essere* ❶ (*venir fuori*) hervorkommen, zutage [*o* zu Tage] kommen; (*fiori*) sprießen; (*sole*) aufgehen; (*giorno*) anbrechen ❷ (*apparire*) auftreten, erscheinen; **da dove spunti?** wo kommst du denn her? **III.** *vr* **-rsi** ❶ (*penna, lapis*) abbrechen, die Spitze verlieren; (*smussarsi*) stumpf werden ❷ (*fig: rabbia*) verrauchen

spuntinare [spunti'na:re] *vt* (FOTO) (ein Negativ) retuschieren

spuntino [spun'ti:no] *m* Imbiss *m*, Jause *f* A

spunto ['spunto] *m* ❶ (*occasione*) Anstoß *m*, Anregung *f* ❷ (THEAT) Stichwort *n*

spuntone [spun'to:ne] *m* ❶ (*sporgenza di roccia*) Felsnase *f*, Felsvorsprung *m* ❷ (*punta*) Spitze *f*

spunzone [spun'tso:ne] *m* ❶ (*colpo col gomito*) Stoß *m* mit dem Ellbogen; (*con la mano*) Faustschlag *m* ❷ (*grossa spina*) großer Stachel *m*

spurgare [spur'ga:re] *vt* ❶ (*fogna, canale*) reinigen, ausspülen ❷ (MED) aushusten, auswerfen; **spurgo** ['spurgo] <-ghi> *m* ❶ (*operazione*) Säuberung *f*, Ausspülung *f* ❷ (*materiale*) Auswurf *m*, Schleim *m*

spurio, -a ['spu:rio] <-i, -ie> *agg* ❶ (*figlio*) unehelich ❷ (LIT) unecht, nicht authentisch ❸ (ANAT) falsch

sputacchiare [sputak'kia:re] **I.** *vi* spucken **II.** *vt* bespucken; **sputacchiera** [sputak'kiɛ:ra] *f* Spucknapf *m*; **sputacchio** [spu'takkio] <-cchi> *m* Schleim *m*

sputare [spu'ta:re] **I.** *vt* spucken, speien; (*vulcano*) ausstoßen, -werfen; **~ sangue** (*fig*) sich abmühen; sich völlig verausgaben; **~ sentenze** (*fig*) Sprüche klopfen *fam*; **~ veleno** (*fig*) Gift und Galle spucken; **sputa l'osso!** (*fam fig*) rück aus! **II.** *vi* spucken, speien; **~ su qc** (*fam fig*) auf etw *acc* pfeifen; **sputasentenze** [sputasen'tɛntse] <-> *mf* Sprücheklopfer(in) *m(f) fam*, Klugscheißer(in) *m(f) fam*; **sputo** ['spu:to] *m* Spucke *f*, Speichel *m*; (*escreto*) Schleim *m*, Auswurf *m*

sputtanare [sputta'na:re] (*vulg*) **I.** *vt* durchhecheln, in die Pfanne hauen *fam* **II.** *vr* **-rsi** unten durch sein *fam*

spy thriller ['spai 'θrilə] <-> *m* Agententhriller *m*, Spionagethriller *m*

squadra ['skua:dra] *f* ❶ (*da disegno*) Winkel *m*, (Winkel)dreieck *n* ❷ (*complesso di persone*) Gruppe *f*; (SPORT) Mannschaft *f*, Team *n*; **essere fuori ~** (*a fig*) aus dem Lot sein ❸ (MIL) Trupp *m*, Kommando *n* ❹ (ADM) Kommando *n*, Polizeieinheit *f*; (*turno*) Schicht *f*; **~ mobile** Überfallkommando *n* ❺ (NAUT, AERO) Geschwader *n*

squadrare [skua'dra:re] *vt* ❶ (*foglio da disegno*) viereckig zuschneiden ❷ (*fig*) mustern, beäugen

squadriglia [skua'driʎʎa] <-glie> *f* Geschwader *n*

squadrone [skua'dro:ne] *m* Schwadron *f*

squagliare [skuaʎ'ʎa:re] **I.** *vt* schmelzen, auflösen **II.** *vr* **-rsi** schmelzen; **squagliarsela** (*fig fam*) sich davonmachen

squalifica [skua'li:fika] <-che> *f* Disqualifizierung *f*; **squalificare** [skualifi'ka:re] **I.** *vt* disqualifizieren **II.** *vr* **-rsi** sich disqualifizieren

squallido, -a ['skuallido] *agg* trist, trostlos; (*luogo*) öde

squallore [skual'lo:re] *m* Trostlosigkeit *f*; (*di luogo*) Öde *f*; (*miseria*) Elend *n*

squalo ['skua:lo] *m* Hai(fisch) *m*

squama ['skua:ma] *f* Schuppe *f*; **squamare** [skua'ma:re] **I.** *vt* (ab)schuppen **II.** *vr* **-rsi** sich (ab)schuppen; **squamoso, -a** [skua'mo:so] *agg* schuppig

squarciagola [skuartʃa'go:la] *avv* **a ~** aus vollem Halse, aus voller Kehle

squarciare [skuar'tʃa:re] **I.** *vt* zerreißen, zerfetzen; **il sole squarcia le nuvole** die Sonne durchbricht die Wolken **II.** *vr* **-rsi** aufbrechen, aufgehen; **squarcio** ['skuartʃo] <-ci> *m* (*lacerazione*) Riss *m*; (*ferita*) klaffende Wunde

squartare [skuar'ta:re] *vt* zerlegen, zerteilen; (*in quarti*) vierteilen; **squartatore, -trice** [skuarta'to:re] *m*, *f* Schlachter(in) *m(f)*

squash [skwɔʃ] <-> *m* Squash *n*

squassare [skuas'sa:re] *vt* rütteln, schütteln

squattrinato, -a [skuattri'na:to] (*fam*) **I.** *agg* abgebrannt, pleite **II.** *m*, *f* Habenichts *m*

squilibrare [skuili'bra:re] *vt* aus dem Gleichgewicht bringen; **squilibrato, -a** [skuili'bra:to] **I.** *agg* ❶ (*alimentazione*) unausgewogen ❷ (MED) verstört, geistesgestört **II.** *m*, *f* verstörte Person; **squilibrio** [skui'li:brio] <-i> *m* ❶ (MED) Verwirrung *f*; **~ mentale/psichico** geistige/seelische Verwirrung ❷ (COM) Unausgeglichenheit *f*

squilla ['skuilla] *f* Klingel *f*, Schelle *f*; (*delle vacche*) (Kuh)glocke *f*

squillante [skuil'lante] *agg* ❶ (*voce*) schrill ❷ (*colore*) schreiend, grell

squillare [skuil'la:re] *vi* essere o avere (*trombe*) schmettern; (*telefono, campanello*) klingeln

squillo¹ ['skuillo] *m* (*di tromba*) Schmettern *n*; (*di telefono, campanello*) Klingeln *n*

squillo² <inv> *agg* **ragazza ~** Callgirl *n*

squinci ['skuintʃi] *avv* (*fam*) affektiert, geziert; **parlare in quinci e ~** geziert sprechen

squindi ['skuindi] *avv* (*fam*) affektiert, geziert, gestelzt; **senza tanti squinci e ~** ohne Umschweife

squinternato, -a [skuinter'na:to] **I.** *agg* ❶ (*persona*) verrückt ❷ (*libro*) zerfleddert, zerrissen **II.** *m, f* Verrückte(r) *f(m)*

squisitamente [skuizita'mente] *avv* ❶ (*prettamente*) ausgesprochen, typisch ❷ (*prelibatamente*) köstlich, vorzüglich ❸ (*fig: in modo squisito*) wunderbar

squisitezza [skuizi'tettsa] *f* Erlesenheit *f*; (*di cibo*) Köstlichkeit *f*; **squisito, -a** [skui'zi:to] *agg* exquisit, erlesen; (*cibo*) köstlich

squittire [skuit'ti:re] <squittisco> *vi* pfeifen, quieken

sradicare [zradi'ka:re] *vt* ❶ (*albero*) entwurzeln ❷ (*fig: vizio*) ausmerzen

sragionare [zradʒo'na:re] *vi* unlogisch denken; (*parlando*) dummes Zeug reden

sregolatezza [zregola'tettsa] *f* ❶ (*di vita, costumi*) Regellosigkeit *f* ❷ (*comportamento*) Unmäßigkeit *f*, Ausschweifung *f*; **sregolato, -a** [zrego'la:to] *agg* ❶ (*senza regola*) regellos, ungeregelt ❷ (*smodato*) maßlos ❸ (*dissoluto*) ausschweifend, liederlich

S.r.l. *abbr di* **Società a responsabilità limitata** GmbH *f*

srotolare [zroto'la:re] *vt* ent-, ausrollen

S.S. *abbr di* **Strada Statale** ≈ B (*Bundesstraße*)

ss. *abbr di* **seguenti** ff.

stabbio ['stabbio] <-i> *m* Stall *m*

stabile ['sta:bile] **I.** *agg* ❶ (METEO) beständig, gleich bleibend ❷ (THEAT) ständig; (*compagnia*) fest engagiert ❸ (COM: *beni*) unbeweglich; (*prezzi*) stabil ❹ (*fig*) fest, stabil; (*impiego*) fest; (*resistente*) widerstandsfähig **II.** *m* ❶ (ARCH) Gebäude *n* ❷ (THEAT) ständiges Theater ❸ *pl* (COM) Immobilien *fpl*

stabilimento [stabili'mento] *m* ❶ (*edificio*) Gebäude *n*, Bau *m*; **~ ospedaliero** Krankenanstalt *f* ❷ (*per industria*) Fabrikgebäude *n*; (*impianto*) Anlage *f*, Werk *n*

stabilire [stabi'li:re] <stabilisco> **I.** *vt* ❶ (*decretare*) festsetzen, festlegen ❷ (*decidere*) beschließen, entscheiden ❸ (*dimora*) aufschlagen, nehmen **II.** *vr* **-rsi** sich niederlassen

stabilità [stabili'ta] <-> *f* ❶ (*di edificio*) Festigkeit *f*; (FIN) Stabilität *f* ❷ (*resistenza*) Widerstandsfähigkeit *f*; **stabilito, -a** [stabi'li:to] *agg* festgesetzt; **~ dalla legge** gesetzlich vorgeschrieben; **entro il termine ~** termingerecht; **stabilizzare** [stabilid'dza:re] **I.** *vt* stabilisieren, festigen **II.** *vr*

-rsi sich stabilisieren, sich festigen; (*tempo*) beständig werden

stabilizzatore [stabiliddza'to:re] *m* Stabilisator *m*

stabilizzatore, -trice *agg* stabilisierend, Stabilisierungs-; **stabilizzazione** [stabiliddzat'tsio:ne] *f* Stabilisierung *f*; **la ~ dei cambi** (*Unione monetaria europea*) die Stabilisierung der Wechselkurse

staccare [stak'ka:re] **I.** *vt* ❶ (*francobollo, etichetta*) (ab-, los)lösen ❷ (*tirar giù*) abnehmen, -ziehen ❸ (*cavalli, buoi*) ausspannen ❹ (FERR: *vagone*) abhängen ❺ (*assegno, ricevuta*) ausstellen ❻ (SPORT) abhängen ❼ (*parole, sillabe*) einzeln aussprechen, skandieren **II.** *vi* ❶ (*risaltare*) **~ su qc** sich von etw abheben ❷ (*fam: cessare il lavoro*) Feierabend machen **III.** *vr* **-rsi** ❶ (*da muro, parete*) sich trennen, sich lösen ❷ (*bottone*) abspringen, abgehen ❸ (*fig*) sich trennen, sich lösen

staccato [stak'ka:to] *m* (MUS) Staccato *n*

staccato, -a *agg* lose, getrennt

staccionata [stattʃo'na:ta] *f* Latten-, Bretterzaun *m*

stacco ['stakko] <-cchi> *m* ❶ (*intervallo*) Unterbrechung *f*, Zäsur *f* ❷ (SPORT) Sprung *m*, Absprung *m* ❸ (*fig*) Kontrast *m*, Bruch *m*

stadera [sta'dɛ:ra] *f* Laufgewichtswaage *f*; **~ a ponte** Brückenwaage *f*

stadio ['sta:dio] <-i> *m* ❶ (SPORT) Stadion *n* ❷ (*fig*) Stadium *n*, Phase *f* ❸ (TEC, EL) Stufe *f*

staff ['staff] <-> *m* Stab *m*; (TV, FILM) (Film)team *n*

staffa ['staffa] *f* ❶ (*di sella*, ANAT) Steigbügel *m*; **perdere le -e** (*fig*) aus der Fassung geraten; **tenere il piede in due -e** (*fig*) zwei Eisen im Feuer haben ❷ (TEC) Spanneisen *n* ❸ (ARCH) Klammer *f*, Bügel *m*

staffetta [staf'fetta] *f* ❶ (SPORT) Staffel *f*, Staffellauf *m* ❷ (*persona*) Kurier *m*, Bote *m*

stafilococco [staffilo'kɔkko] <-cchi> *m* Staphylokokkus *m*

stage [sta:ʒ] <-> *m* Studien-, Ausbildungsaufenthalt *m*

stagflazione [stagflat'tsio:ne] *f* Stagflation *f*

stagionale [stadʒo'na:le] **I.** *agg* jahreszeitlich, saisonal **II.** *mf* Saisonarbeiter(in) *m(f)*; **stagionalizzato, -a** [stadʒonalid'dza:to] *agg* saisonbedingt, saisonabhängig, saisonal

stagionare [stadʒo'na:re] **I.** *vt* (ab)lagern **II.** *vr* **-rsi** lagern, reifen; **stagionato, -a** [stadʒo'na:to] *agg* ❶ (GASTR) reif, gereift ❷ (*legname*) abgelagert ❸ (*fig, scherz*) reifer, in reiferen Jahren

stagione [sta'dʒo:ne] *f* Jahreszeit *f*; (*periodo*) Zeit *f*, Periode *f*; (THEAT) Spielzeit *f*; (*turistica, lirica, concertistica*) Saison *f*; **alta/bassa ~** Hoch-/Vor- [*o* Nach]saison *f*; **mezza ~** Übergangszeit *f*; **le quattro -i** die vier Jahreszeiten *fpl*; **~ degli amori** (ZOO) Brunftzeit *f*; **~ delle piogge** Regenzeit *f*; **saldi di fine ~** Schlussverkauf *m*

stagliarsi [staʎ'ʎarsi] *vr* sich abheben, sich abzeichnen

stagnaio, -a [staɲ'ɲa:io] <-ai, -aie> *m, f* Zinnhandwerker(in) *m(f)*

stagnante [staɲ'ɲante] *agg* ❶ (*acqua, aria*) stehend ❷ (COM) stagnierend

stagnare [staɲ'ɲa:re] *vi* ❶ (*acqua*) stehen ❷ (*sangue*) zum Stillstand kommen ❸ (COM) stagnieren; **stagnatura** [staɲɲa'tu:ra] *f* Verzinnung *f*

stagnazione [staɲɲat'tsio:ne] *f* Stagnation *f*

stagnino [staɲ'ɲi:no] (*dial*) *v.* **stagnaio**

stagno ['staɲɲo] *m* ❶ (CHEM) Zinn *n* ❷ (*d'acqua*) Teich *m*, Weiher *m*

stagno, -a *agg* (wasser)dicht; **compartimenti -i** (*a fig*) abgegrenzte Bereiche *mpl*

stagnola [staɲ'ɲɔ:la] *f* Stanniol(papier) *n*

staio¹ ['sta:io] <*pl:* -aia *f*> *m* (*unità di misura*) Scheffel *m*

staio² <-ai> *m* (*recipiente*) Scheffel *m*

stalagmite [stalag'mi:te] *f* Stalagmit *m*

stalattite [stalat'ti:te] *f* Stalaktit *m*

stalinismo [stali'nizmo] *m* Stalinismus *m*; **stalinista** [stali'nista] <-i *m*, -e *f*> *mf* Stalinist(in) *m(f)*

stalla ['stalla] *f* Stall *m*; (*fig*) Schweinestall *m fam*; **stalliere** [stal'liɛːre] *m* Stall-, Pferdeknecht *m*

stallo ['stallo] *m* ❶ (*seggio*) Sitz *m*, Stuhl *m* ❷ (*negli scacchi*) Patt *n*

stallone [stal'lo:ne] *m* Zuchthengst *m*

stamane, stamani [sta'ma:ne, sta'ma:ni] *avv*, **stamattina** [stamat'ti:na] *avv* heute Morgen

stambecco [stam'bekko] <-cchi> *m* Steinbock *m*

stamberga [stam'bɛrga] <-ghe> *f* elende Hütte

stambugio [stam'bu:dʒo] <-gi> *m* dunkles Loch *n*

stame ['sta:me] *m* ❶ (*di lana*) Wollgarn *n* ❷ (*filo*) Faden *m* ❸ (BOT) Staubblatt *n*

stampa¹ ['stampa] *f* ❶ (TYP) Druck *m*; (*tecnica*) Buchdruck *m*; **errore di ~** Druckfehler *m*; **essere fuori ~** vergriffen sein ❷ (*giornalismo*) Presse *f*; **libertà di ~** Pressefreiheit *f* ❸ (*riproduzione*) Druck *m*; (*incisione*) Stich *m* ❹ (FOTO) Abzug *m*

stampa² <inv> *agg* Presse-; **comunicato ~** Presseerklärung *f*; **conferenza ~** Pressekonferenz *f*

stampaggio [stam'paddʒo] <-ggi> *m* Pressen *n*, Stanzen *n*

stampante [stam'pante] *f* (INFORM) Drucker *m*; **~ ad aghi** Nadeldrucker *m*; **~ a getto d'inchiostro** Tintenstrahldrucker *m*; **~ laser** Laserdrucker *m*

stampare [stam'pa:re] **I.** *vt* ❶ (*libro, giornale*) drucken; (*file da computer*) ausdrucken ❷ (*tessuto*) bedrucken ❸ (FOTO) abziehen ❹ (*monete*) prägen ❺ (*fig*) aufdrücken, drücken ❻ (TEC) pressen, formpressen **II.** *vr* **-rsi** sich einprägen; **stampatello** [stampa'tɛllo] *m* Druckbuchstabe *m*; **scrivere in ~** in Druckschrift schreiben

stampato [stam'pa:to] *m* ❶ (*opuscolo*) Broschüre *f*, Heft *n*; **-i** Briefdrucksache *f* ❷ (*modulo*) Formular *n*

stampato, -a *agg* ❶ (*foglio*) gedruckt ❷ (*tessuto*) bedruckt ❸ (*fig*) eingeprägt

stampatore, -trice [stampa'to:re] *m, f* Drucker(in) *m(f)*

stampatrice [stampa'tri:tʃe] *f* (FILM) Filmkopiermaschine *f*

stampella [stam'pɛlla] *f* ❶ (*gruccia*) Krücke *f* ❷ (*per abiti*) (Kleider)bügel *m*

stamperia [stampe'ri:a] <-ie> *f* Druckerwerkstatt *f*

stampiglia [stam'piʎʎa] <-glie> *f* Stempel *m*

stampigliare [stampiʎ'ʎa:re] *vt* (ab)stempeln

stampigliatura [stampiʎʎa'tu:ra] *f* (Ab-)stempeln *n*

stampo ['stampo] *m* ❶ (GASTR: *per torte, budini*) Form *f* ❷ (TEC) Gussform *f* ❸ (*fig*) Schlag *m*, Art *f*

stanare [sta'na:re] *vt* (*a fig*) aufstöbern

stanca ['staŋka] <-che> *f* Hochwasser *n*, höchster Pegelstand

stancare [staŋ'ka:re] **I.** *vt* ❶ (*rendere stanco*) ermüden, müde machen ❷ (MIL, SPORT: *avversario*) schwächen, zermürben ❸ (*infastidire*) stören; (*cose, discorso*) ermüden **II.** *vr* **-rsi** ❶ (*affaticarsi*) ermüden, müde werden ❷ (*stufarsi*) **-rsi di qc** etw leid werden, etw satthaben; **-rsi di qu** jdn satthaben; **stanchezza** [staŋ'kettsa] *f* Müdigkeit *f*; **stanco, -a** ['staŋko] <-chi, -che> *agg* ❶ (*affaticato*) müde, ermüdet; **~ morto** (*fam*) todmüde, hundemüde ❷ (*stufo*) satt, leid; **essere ~ di vivere** lebensmüde sein ❸ (COM: *mercato*) gesättigt, übersättigt ❹ (AGR) erschöpft, ausgelaugt

stand [stænd *o* stend] <-> *m* ❶ (*di fiera*) Stand *m* ❷ (SPORT) (Zuschauer)tribüne *f*

❸ (*per tiro a volo*) Schießstand *m*

STANDA® ['standa] *f italienische Kaufhauskette*

stand-alone [stændə'loun] <-> *m* (IN-
FORM) Stand-alone-Gerät *n*

standard ['stændəd *o* 'standard] **I.** <-> *m*
Standard *m;* ~ **di vita** Lebensstandard *m*
II. <inv> *agg* Standard-; **standardizzabi-
le** [standardid'dza:bile] *agg* standardi-
sierbar; **standardizzare** [standard-
id'dza:re] *vt* **❶**(COM) standardisieren
❷(*fig*) vereinheitlichen; **standardizzazione** [standardiddzat'tsio:ne] *f* Standardisierung *f*

standby ['stændbai *o* 'stendbai] <-> *m*
(INFORM, AERO, FIN) Stand-by *n*

standing ['stændiŋ *o* 'stending] *m* (FIN)
Bonität *f,* Ruf *m*

standista [stan'dista] <-i *m,* -e *f>*
mf **❶**(*organizzatore*) Aussteller(in) *m(f)*
❷(*impiegato*) Standbetreuer(in) *m(f)*

stanga ['staŋga] <-ghe> *f* **❶**(*legno*) Lat-
te *f* **❷**(*di stalla*) Trenngitter *n* **❸**(*di carro*)
Deichsel *f* **❹**(*fig fam: persona alta*) lange
Latte

stangare [staŋ'ga:re] *vt* **❶**(*fig fam: alunno*) maßregeln; (*popolazione*) auspressen
❷(*colpire*) mit einer Latte schlagen;
stangata [staŋ'ga:ta] *f* (*fig*) (schwerer)
Schlag *m;* **stanghetta** [staŋ'getta] *f*
❶(*degli occhiali*) Bügel *m* **❷**(MUS) Taktstrich *m*

stanotte [sta'nɔtte] *avv* heute Nacht

stante ['stante] **I.** *agg* stehend; **a sé** ~
selbst(st)ändig, separat; **seduta** ~ auf der
Stelle, sofort **II.** *prp* wegen +*dat o gen,* aufgrund [*o* auf Grund] +*gen*

stantio, -a [stan'ti:o] <-ii, -ie> *agg* **❶**(*pane*) alt; (*burro*) ranzig **❷**(*fig*) überholt

stantuffo [stan'tuffo] *m* Kolben *m*

stanza ['stantsa] *f* Zimmer *n,* Raum *m;*
~ **da letto** Schlafzimmer *n;* ~ **da pranzo**
Esszimmer *n*

stanzialità [stantsiali'ta] <-> *f* Ortstreue *f,*
Ortsgebundenheit *f,* Standorttreue *f*

stanziamento [stantsia'mento] *m* (*somma*) Summe *f;* **stanziare** [stan'tsia:re]
I. *vt* bereitstellen **II.** *vr* **-rsi** sich niederlassen, sich festsetzen

stanzino [stan'tsi:no] *m* Kammer *f,* Abstellraum *m*

stappare [stap'pa:re] *vt* entkorken

star [sta:] <-> *f* Star *m*

stare [sta:re] <sto, stetti, stato> *vi essere*
❶(*essere*) sein; (*in un luogo*) sich befinden, sich aufhalten; (*in piedi*) stehen; (*restare*) bleiben; ~ **fermo** still stehen; ~ **seduto** sitzen; ~ **in piedi** stehen; **le cose**
stanno così die Dinge stehen so; **sta tranquillo** bleib ruhig; ~ **a cuore** am Herzen
liegen; ~ **a dieta** auf Diät gesetzt sein, Diät
halten **❷**(*abitare*) wohnen; ~ **dai genitori**
bei den Eltern wohnen **❸**(*di salute*) gehen; **come stai?** wie geht es dir?; **sto be-
ne/male/così così** mir geht es gut/
schlecht/so lala **❹**(*toccare*) ~ **a qu fare**
qc an jdm liegen, etw zu tun; **sta a te decidere** es liegt an dir zu entscheiden
❺(MAT) ~ **a** sich verhalten zu **❻**(*attenersi*)
~ **a qc** sich an etw *acc* halten **❼**(*colore,
indumento*) stehen; **questi pantaloni ti
stanno bene/male** diese Hose steht dir
gut/schlecht **❽**(*resistere*) es aushalten;
~ **allo scherzo** (einen) Spaß verstehen
(können); **non può** ~ **senza fumare** er
[*o* sie] kann es ohne zu rauchen; **non posso** ~ **senza di te** ich kann ohne dich nicht
leben **❾**(*entrarci*) hineinpassen, hineingehen; **starci** passen, Platz haben **❿**(*con gerundio*) **sto leggendo** ich lese gerade; **stavo guardando la TV** ich war dabei fernzu-
sehen **⓫**(*con infinitivo*) **stiamo a vedere
cosa succede** warten wir erst einmal ab
was geschieht; ~ **a sentire** zuhören; (*ob-
bedire*) gehorchen; ~ **per fare qc** im Begriff sein etw zu tun **⓬**(*loc*) **lasciar** ~
(sein) lassen; **ti sta bene!** (*fam*) das geschieht dir recht!; **starci** (*fig fam: essere
d'accordo*) einverstanden sein, mitmachen

starlet ['sta:lit] <-> *f* Starlet *n*

starna ['starna] *f* Rebhuhn *n*

starnazzare [starnat'tsa:re] *vi* **❶**(ZOO)
mit den Flügeln Staub aufwirbeln **❷**(*fig,
scherz*) lärmen, Krach machen

starnutare, starnutire [starnu'ta:re,
starnu'ti:re] <starnutisco> *vi* niesen;
starnuto [star'nu:to] *m* Niesen *n;* **fare
uno** ~ niesen

starring ['sta:iŋ] <inv> *agg* starring, in der
Hauptrolle zeigend

star system ['sta: sistəm] <-> *m* (FILM)
Starmacher *mpl,* Starpropagierer *mpl*

starter ['starter] <-> *m* **❶**(MOT) Anlasser *m*
❷(SPORT) Starter *m*

stasamento [stasa'mento *o* staza'men-
to] *m* Reinigung *f,* Entleerung *f,* Öffnung *f;*
stasare [sta'sa:re *o* sta'za:re] *vt* reinigen,
frei machen; **stasatore** [stasa'to:re *o* staza'to:re] *m* Rohrreiniger *m;* **stasatura**
[stasa'tu:ra *o* staza'tu:ra] *f* Reinigung *f,*
Entleerung *f,* Öffnung *f*

stasera [sta'se:ra] *avv* heute Abend

stasi ['sta:zi] <-> *f* **❶**(MED) Stauung *f,* Sta-
se *f* **❷**(FIN) Stillstand *m,* Stockung *f*

statale [sta'ta:le] **I.** *agg* staatlich, Staats-;
impiegato ~ (Staats)beamte(r) *m* **II.** *mf*

(Staats)beamte(r) *m,* -beamtin *f* **III.***f*
❶ (*strada*) Staatsstraße *f* **❷** *pl* staatliche
Schulen *fpl;* **statali** *fpl* staatliche Schulen
fpl; **statalismo** [stata'lizmo] *m* Etatismus *m;* **statalista** [stata'lista] <-i *m,*
-e *f>* *mf* Etatist(in) *m(f),* Befürworter(in)
m(f) des Etatismus
statalizzare [statalid'dza:re] *vt* verstaatlichen; **statalizzazione** [stata-
liddzat'tsio:ne] *f* Verstaatlichung *f*
statica ['sta:tika] <-che> *f* Statik *f*
staticità [statitʃi'ta] <-> *f* **❶** (ARCH) stati-
scher Charakter *m* **❷** (*fig*) Unbeweglichkeit *f,*
Starrheit *f;* **statico, -a** ['sta:tiko] <-ci,
-che> *agg* statisch; (*fig a*) unbeweglich,
starr
statino [sta'ti:no] *m* Schein *m,* Beleg-
schein *m*
station wagon ['steiʃn 'wægən *o* 'steʃon
'vɛgon] <-> *f* (MOT) Kombi(wagen) *m,* Station Wagon *m*
statista [sta'tista] <-i *m,* -e *f>* *mf* Politi-
ker(in) *m(f),* Staatsmann *m*
statistica [sta'tistika] <-che> *f* Statistik *f;*
-che degli infortuni Unfallstatistik *f;* **statistico, -a** [sta'tistiko] <-ci, -che> **I.** *agg*
statistisch **II.** *m, f* Statistiker(in) *m(f)*
stativo [sta'ti:vo] *m* Stativ *n*
stato¹ ['sta:to] *pp di* **essere¹, stare**
stato² *m* **❶** (POL) Staat *m;* **affare di ~** (*fig*)
Staatsaffäre *f;* **esami di ~** Staatsexamen *n;*
capo dello ~ Staatschef *m;* **gli Stati Uniti
d'America** die Vereinigten Staaten von
Amerika; **gli Stati del Benelux** die Beneluxstaaten **❷** (ADM: *ceto*) Stand *m;* (*fig*)
Status *m,* (gesellschaftliche) Stellung *f;* **~ civile** [*o* **di famiglia**] Familien-, Personenstand *m;* **~ coniugale** [*o* **maritale**] Ehe-
stand *m;* **~ giuridico** Rechtsstand *m;* **~ patrimoniale** Vermögensstand *m;* **essere
in ~ d'accusa/arresto** (JUR) unter Ankla-
ge/Arrest stehen **❸** (PHYS, CHEM, MED) Zustand *m* **❹** (*condizione, a fig*) Zustand *m,*
Lage *f;* **~ d'animo** Gemütslage *f;* **~ d'assedio** Belagerungszustand *m;* **~ d'emergenza** Ausnahmezustand *m* **❺** (MIL) **~ maggiore** Stab *m* **❻** (LING) Zustand *m;* **verbi di ~**
Zustandsverben *npl;* **complemento di ~
in luogo** Ortsangabe *f*
statoreattore [statoreat'to:re] *m* (AERO)
Staustrahltriebwerk *n*
statua ['sta:tua] *f* Statue *f,* Standbild *n;* **immobile come una ~** wie ein Ölgötze *fam;*
statuario, -a [statu'a:rio] <-i, -ie> *agg*
statuarisch; (*fig*) erhaben, vollkommen
statunitense [statuni'tɛnse] **I.** *agg* nord-
amerikanisch **II.** *mf* Nordamerikaner(in)
m(f), US-Bürger(in) *m(f)*

statura [sta'tu:ra] *f* **❶** (*altezza*) Größe *f,*
Statur *f* **❷** (*fig*) Format *n*
status ['sta:tus] <-> *m* Status *m;* **status
symbol** ['steitəs 'simbl *o* 'status 'simbol]
<-> *m* Statussymbol *n*
statutario, -a [statu'ta:rio] <-i, -ie> *agg*
❶ (JUR) satzungsmäßig **❷** (POL) verfassungsmäßig, statutarisch; **statuto** [sta'tu:to] *m*
❶ (JUR, COM) Statut *n,* Satzung *f;* **~ societa-
rio** Gesellschaftsvertrag *m* **❷** (POL, HIST) Statut *n,* Verfassung *f*
stavolta [sta'vɔlta] *avv* (*fam*) diesmal, dieses Mal
stazionamento [stattsiona'mento] *m*
Parken *n;* **freno di ~** Handbremse *f,* Fest-
stellbremse *f;* **stazionare** [stattsio'na:re]
vi **❶** (MOT) parken **❷** (*sostare*) sich aufhalten, stehen bleiben
stazionario, -a [stattsio'na:rio] <-i, -ie>
agg unverändert, gleich bleibend
stazione [stat'tsio:ne] *f* **❶** (FERR) Bahnhof *m* **❷** (MOT) Tankstelle *f* **❸** (RADIO) Station *f* **❹** (ADM) Dienststelle *f;* (*di polizia*) Wache *f* **❺** (MIL) Wache *f* **❻** (*fermata*) Haltestelle *f,* Station *f*
stazza ['stattsa] *f* Tonnage *f;* **stazzare**
[stat'tsa:re] *vt* **❶** (*misurare*) vermessen
❷ (*avere una stazza*) eine Tonnage haben
von
stazzo ['stattso] *m* (*fam*) Tollpatsch *m*
st. civ. *abbr di* **stato civile** Zivilstand, Personenstand
stearico, -a [ste'a:riko] <-ci, -che> *agg*
Stearin-
stearina [stea'ri:na] *f* Stearin *n*
stecca ['stekka] <-cche> *f* **❶** (*di ombrello, ventaglio*) Stab *m,* Stange *f* **❷** (MED)
Schiene *f* **❸** (*di sigarette*) Stange *f* **❹** (MUS)
falscher Ton
steccare [stek'ka:re] **I.** *vt* **❶** (MED) schienen **❷** (GASTR) spicken **❸** (*giardino*) ein-,
umzäunen **II.** *vi* **❶** (MUS) falschspielen **❷** (*al
biliardo*) schlecht stoßen
steccato [stek'ka:to] *m* (Latten)zaun *m*
stecchetto [stek'ketto] *m* **a ~** knapp; **tenere qu a ~** jdn kurz halten
stecchino [stek'ki:no] *m* Zahnstocher *m*
stecchire [stek'ki:re] <stecchisco> *vt* (*sl*)
kaltmachen, umlegen; **stecchito, -a**
[stek'ki:to] *agg* **❶** (*rami, pianta*) verdörrt
❷ (*fig*) bass erstaunt, verblüfft; **morto ~**
auf der Stelle tot
stecco ['stekko] <-cchi> *m* **❶** (*ramoscello*) dürrer Zweig; **essere** (**magro come**)
uno ~ (*fam*) ein Strich in der Landschaft
sein **❷** (*pezzetto di legno*) Stäbchen *n,*
Stöckchen *n*
stele ['stɛ:le] <- *o rar* -i> *f* Stele *f;* **~ funera-**

S

ria Grabstele *f*
stella ['stella] *f* ❶ (*fig* ASTR) Stern *m;* ~ **cadente** Sternschnuppe *f;* (*meteora*) Meteor *m;* ~ **filante** (*di carta*) Luftschlange *f;* **essere nato sotto una buona/cattiva** ~ unter einem guten/schlechten Stern geboren sein; **portare qu alle -e** (*fig*) jdn anhimmeln; **vedere le -e** (*fig*) Sterne sehen; **i prezzi sono saliti alle -e** die Preise sind astronomisch gestiegen; **dalle -e alle stalle** (*fig*) aus der Höhe in die Tiefe, vom Ruhm zum Ruin ❷ (FILM) Star *m;* ~ **del cinema** Filmstar *m* ❸ (BOT) ~ **alpina** Edelweiß *n;* ~ **di Natale** Weihnachtsstern *m* ❹ (ZOO) ~ **di mare** Seestern *m;* **stellare** [stel'la:re] *agg* Stern(en)-, Stellar-; **stellato, -a** [stel'la:to] *agg* (ASTR) Stern(en)-; (*cielo*) sternenbedeckt; **stelletta** [stel'letta] *f* ❶ *pl* (MIL) Sterne *mpl* ❷ (*asterisco*) Sternchen *n;* **stellina** [stel'li:na] *f* ❶ (*piccola stella*) Sternchen *n* ❷ (GASTR) Sternchen(nudel *f*) *n*
stellite [stel'li:te] *f* (MIN) Stellit *n*
stelo ['stɛːlo] *m* Stiel *m*, Stängel *m;* **lampada a** ~ Stehlampe *f*
stemma ['stɛmma] <-i> *m* Wappen *n*, Wappenbild *n*
stemperare [stempe'ra:re] *vt* verdünnen, in Wasser lösen
stempiarsi [stem'piarsi] *vr* Geheimratsecken bekommen *fam*
stendardo [sten'dardo] *m* Standarte *f*, Banner *n*
stendere [stɛndere] <irr> I. *vt* ❶ (*braccia, gambe, mano*) ausstrecken ❷ (*biancheria*) aufhängen ❸ (*pasta*) ausrollen ❹ (*burro*) (ver)streichen; (*colori*) auftragen ❺ (*persona*) hinlegen; (*con pugno, pallottola*) niederstrecken ❻ (ADM) niederschreiben, verfassen; (*verbale*) führen ❼ (*tappeto, tovaglia*) ausbreiten II. *vr* **-rsi** ❶ (*allungarsi*) sich (aus)strecken ❷ (*fig: estendersi*) sich erstrecken
stendibiancheria [stendibiaŋke'ri:a] <-> *m* Wäscheständer *n*
stenditoio [stendi'to:io] <-oi> *m* ❶ (*locale*) Trockenraum *m* ❷ (*attrezzo*) Wäscheständer *m*
stenodattilografa *f v.* **stenodattilografo**
stenodattilografia [stenodattilogra'fi:a] *f* Stenotypieren *n;* **stenodattilografico, -a** [stenodattilo'gra:fik] <-ci, -che> *agg* stenotypistisch; **test** ~ Test *m* im Stenotypieren; **stenodattilografo, -a** [stenodatti'lɔ:grafo] *m, f* Stenotypist(in) *m(f)*
stenografa *f v.* **stenografo**
stenografare [stenogra'fa:re] *vt* stenogra-

fieren; **stenografia** [stenogra'fi:a] *f* Stenografie *f*, Kurzschrift *f;* **stenografico, -a** [steno'gra:fiko] <-ci, -che> *agg* stenografisch; **stenografo, -a** [ste'nɔ:grafo] *m, f* Stenograf(in) *m(f);* **stenogramma** [steno'gramma] <-i> *m,* **stenoscritto** [steno'skritto] *m* Stenogramm *n*
stentare [sten'ta:re] I. *vi* ❶ (*faticare*) Mühe haben, sich abmühen; ~ **a leggere/scrivere/parlare** mit Mühe lesen/schreiben/sprechen (können) ❷ (*vivere male*) sich mühsam durchschlagen, entbehrungsreich leben II. *vt* mühsam verdienen; **stentato, -a** [sten'ta:to] *agg* ❶ (*lavoro*) mühsam; (*vita*) mühselig ❷ (*discorso, tema*) mühsam, gequält ❸ (*pianta*) kümmerlich
stenterello [stente'rɛllo] *m* ❶ (*maschera*) Stenterello *m* ❷ (*fig fam*) hagerer [*o* dürrer] Mensch
stento ['stɛnto] *m* ❶ (*fatica*) Mühe *f*, Anstrengung *f* ❷ *pl* (*disagio*) Entbehrungen *fpl*, Elend *n*
stentoreo, -a [sten'tɔ:reo] *agg* (*poet*) klangvoll, voll(tönend)
steppa ['steppa] *f* ❶ (GEOG) Steppe *f* ❷ (*fig, pej sl*) Unterwelt *f*, Milieu *n;* **stepposo, -a** [step'po:so] *agg* Steppen-
sterco ['stɛrko] <-chi> *m* Kot *m*, Mist *m*
stereo ['stɛ:reo] I. <-> *m* (*fam*) Stereogerät *m;* (*impianto*) Stereoanlage *f* II. <inv> *agg* Stereo-; **stereofonia** [stereofo'ni:a] <-ie> *f* Stereophonie *f;* **stereofonico, -a** [stereo'fɔ:niko] <-ci, -che> *agg* Stereo-, stereophon
stereolitografia [stereolitogra'fi:a] *f* Stereolitografie *f;* **stereolitografo, -a** [stereoli'tɔ:grafo] *m, f* Stereolitograf(in) *m(f)*
stereotipato, -a [stereoti'pa:to] *agg* ❶ (*fig*) stereotyp ❷ (TYP) stereotypisch, Stereotyp-; **stereotipia** [stereoti'pi:a] *f* (TYP) Stereotypie *f*
sterile ['stɛ:rile] *agg* ❶ (*infecondo*) steril; (BOT, AGR) unfruchtbar ❷ (MED) steril; **sterilità** [sterili'ta] <-> *f* ❶ (BOT, AGR) Unfruchtbarkeit *f* ❷ (MED) Sterilität *f*
sterilizzare [sterilid'dza:re] *vt* sterilisieren; **sterilizzazione** [steriliddzat'tsio:ne] *f* Sterilisierung *f*, Sterilisation *f*
sterlina [ster'li:na] *f* Pfund *n* (Sterling)
sterminare [stermi'na:re] *vt* vernichten; (*popolazioni*) ausrotten; **sterminato, -a** [stermi'na:to] *agg* endlos, unendlich; **sterminatore, -trice** [stermina'to:re] I. *agg* vernichtend, Vernichtungs-; **angelo** ~ Würgeengel *m* II. *m, f* Vernichter(in) *m(f);* **sterminio** [ster'mi:nio] <-i> *m* ❶ (*distru-*

zione) Vernichtung *f*, Ausrottung *f*; **campi di** ~ Vernichtungslager *npl* ❷ (*fig fam*) Unzahl *f*, Unmenge *f*

sterno ['stɛrno] *m* Brustbein *n*

sternutire [sternu'tiːre] *v.* **starnutare**

sterpaglia [ster'paʎʎa] *f* Gestrüpp *n*

sterpo ['sterpo *o* 'sterpo] *m* (ausgedörrter) Dornbusch *m*

sterrare [ster'raːre] *vt* ausheben; **sterratore** [sterra'toːre] *m* Erdarbeiter *m*

sterzare [ster'tsaːre] *vt* lenken, steuern; **sterzata** [ster'tsaːta] *f* Lenken *n*, Lenkmanöver *n;* **sterzo** ['stɛrtso] *m* Lenkung *f*

stesi *1. pers sing pass rem di* **stendere**

steso *pp di* **stendere**

stessi ['stessi] *1. e 2. pers sing conj imp di* **stare**

stesso ['stesso] **I.** *avv* **lo** ~ trotzdem, sowieso **II.** *m* dasselbe; **fa** [*o* **è**] **lo** ~ es ist (ganz) gleich

stesso, -a I. *agg* ❶ (*medesimo*) **lo** ~, **la -a** der-, die-, dasselbe; (*uguale*) der [*o* die] [*o* das] Gleiche ❷ (*in persona*) selbst, selber; **lo farò io** ~ ich werde es selber machen ❸ (*proprio*) eben, gerade, genau; **ci vado oggi** ~ ich gehe noch heute hin; **in quel momento** ~ genau in diesem Moment ❹ (*anche*) sogar, selbst **II.** *pron* **lo** ~, **la -a** der-, die-, dasselbe; (*uguale*) der [*o* die] [*o* das] Gleiche

steste ['steste] *2. pers pl pass rem di* **stare**

stesti ['stesti] *2. pers sing pass rem di* **stare**

stesura [ste'suːra] *f* ❶ (ADM) Niederschrift *f;* (*di contratto*) Aufsetzen *n* ❷ (LIT) Fassung *f*

stetoscopio [stetos'kɔːpio] <-i> *m* Stethoskop *n*

stetti ['stetti] *1. pers sing pass rem di* **stare**

steward ['stjuːəd *o* 'stjuard] <-> *m* Steward *m*

stia *1., 2. e 3. pers sing conj pr di* **stare**

stick [stick] <-> *m* Stift *m;* **rossetto in** ~ Lippenstift *m*

sticker ['stikə] <-> *m* Aufkleber *m*, Pickerl *n* A

stigma ['stigma] <-i> *m* Stigma *n*

stigmate ['stigmate] *fpl* (REL) Wundmale *npl* (Christi); **stigmatizzare** [stigmatid'dzaːre] *vt* brandmarken

stilare [sti'laːre] *vt* aufsetzen, abfassen

stile ['stiːle] *m* Stil *m;* ~ **libero** Freistil *m;* ~ **di vita** Lifestyle *m;* **avere dello** ~ Stil haben; **in grande** ~ in großem Stil; **con** ~ stilvoll

stilè [sti'lɛ] <inv> *agg* gestylt

stiletto [sti'letto] *m* Stilett *n*

stilista [sti'lista] <-i *m*, -e *f*> *mf* (*de-*

signer) Designer(in) *m(f)*, Stylist(in) *m(f)*

stilistica [sti'listika] <-che> *f* Stilistik *f;* **stilistico, -a** [sti'listiko] <-ci, -che> *agg* stilistisch

stilizzare [stilid'dzaːre] *vt* stilisieren; **stilizzazione** [stiliddzat'tsioːne] *f* Stilisierung *f*

stillare [stil'laːre] **I.** *vi* essere tropfen, tröpfeln **II.** *vt* avere absondern, abgeben

stilliberista [stillibe'rista] <-i *m*, -e *f*> *mf* Freistilschwimmer(in) *m(f)*

stillicidio [stilli'tʃiːdio] <-i> *m* ständige Wiederholung

stilo ['stiːlo] *m* ❶ (*pugnale*) Stilett *n*, Dolch *m* ❷ (*della stadera*) (Waage)balken *m* ❸ (BOT) Griffel *m* ❹ (HIST: *per scrivere, cancellare*) Griffel *m* ❺ (ZOO) Stachel *m*

stilografica [stilo'graːfika] <-che> *f* Füllfederhalter *m*, Füller *m*, Füllfeder *f* A, CH, *südd;* **stilografico, -a** [stilo'graːfiko] <-ci, -che> *agg* Füllfeder-, Füller-

stima ['stiːma] *f* ❶ (*apprezzamento*) Achtung *f*, Wertschätzung *f;* **avere** ~ **di qu** vor jdm Achtung haben ❷ (COM) Schätzung *f*, Abschätzung *f;* **fare la** ~ **di qc** etw schätzen; **stimabile** [sti'maːbile] *agg* ❶ (*persona*) achtbar ❷ (COM) schätzbar, abschätzbar; **stimare** [sti'maːre] *vt* ❶ (COM) schätzen, abschätzen ❷ (*persona*) schätzen, achten ❸ (*giudicare*) halten für, einschätzen (als); **stimatore, -trice** [stima'toːre] *m, f* Schätzer(in) *m(f)*

stimmate ['stimmate] *v.* **stigmate**

stimolante [stimo'lante] **I.** *agg* anregend, stimulierend **II.** *m* Stimulans *n;* **stimolare** [stimo'laːre] *vt* stimulieren; (*incitare*) anspornen; (*appetito*) anregen; **stimolazione** [stimolat'tsioːne] *f* Stimulierung *f*, Anregung *f;* **stimolo** ['stiːmolo] *m* ❶ (*impulso*) Anreiz *m*, Ansporn *m* ❷ (*di passioni*) Stachel *m*

stinco ['stiŋko] <-chi> *m* Schienbein *n*, Haxe *f*

stingere ['stindʒere] <irr> **I.** *vt* entfärben **II.** *vr* **-rsi** verblassen

stipare [sti'paːre] **I.** *vt* drängen, zusammendrängen **II.** *vr* **-rsi** sich (zusammen)drängen

stipendiare [stipen'diaːre] *vt* ~ **qu** jdm ein Gehalt bezahlen; **stipendiato, -a** [stipen'diaːto] **I.** *agg* entlohnt, besoldet **II.** *m, f* Lohn-, Gehaltsempfänger(in) *m(f);* **stipendio** [sti'pɛndio] <-i> *m* Lohn *m*, Gehalt *n;* ~ **netto/lordo** Netto-/Bruttogehalt *n;* **aumento di** ~ Gehaltserhöhung *f*

stipite ['stiːpite] *m* (Tür)pfosten *m*

stipula ['stiːpula] *f* (Vertrags)abschluss *m;* **stipulare** [stipu'laːre] *vt* vereinbaren;

S

(*contratto*) abschließen; **stipulazione** [stipulat'tsio:ne] *f* Vereinbarung *f;* (*di contratto*) Abschluss *m*

stiracalzoni [stirakal'tso:ni] <-> *m* Hosenbügler *m*

stiracchiare [stirak'kia:re] (*fam*) **I.** *vt* ❶ (*fig*) knausern mit, sparen an + *dat;* ~ **la vita** ein kärgliches Leben fristen ❷ (LIT) verzerren, verdrehen, entstellen **II.** *vi* feilschen (*su* um), handeln (*su* um)

stiracchiarsi [stirak'kia:rsi] *vr* (*fam*) sich recken, sich dehnen

stiraggio [sti'ra:ddʒo] <-ggi> *m* Ziehen *n*, Strecken *n*

stiramento [stira'mento] *m* Zerrung *f*

stirapantaloni [stirapanta'lo:ni] <-> *m* Hosenpresse *f;* **stirare** [sti'ra:re] **I.** *vt* ❶ (*distendere*) strecken, dehnen ❷ (*col ferro caldo*) bügeln **II.** *vr* **-rsi** (*fam*) sich recken, sich ausstrecken

stiratore, -trice [stira'to:re] *m, f* Bügler(in) *m(f)*

stiratrice [stira'tri:tʃe] *f* (TEC) Bügelmaschine *f;* **stiratura** [stira'tu:ra] *f* Bügeln *n;* **stireria** [stire'ri:a] <-ie> *f* Bügelanstalt *f*

Stiria ['sti:ria] *f* Steiermark *f*

stiro ['sti:ro] *m* Bügeln *n;* **asse da** ~ Bügelbrett *n;* **ferro da** ~ Bügeleisen *n;* **tavolo da** ~ Bügeltisch *m*

stirpe ['stirpe] *f* ❶ (*complesso d'individui*) Stamm *m* ❷ (*di famiglia*) Geschlecht *n*, Haus *n*

stitica *f v.* **stitico**

stitichezza [stiti'kettsa] *f* Verstopfung *f*, Darmträgheit *f;* **stitico, -a** ['sti:tiko] <-ci, -che> **I.** *agg* zu Verstopfung neigend **II.** *m, f* an Verstopfung Leidende(r) *f(m)*

stiva ['sti:va] *f* Laderaum *m*

stivale [sti'va:le] *m* Stiefel *m;* **stivaletto** [stiva'letto] *m* Stiefelette *f*, Halbstiefel *m;* **stivalone** [stiva'lo:ne] *m* Schaftstiefel *m*

stivare [sti'va:re] *vt* (ver)stauen

stizza ['stittsa] *f* Ärger *m;* **stizzire** [stit'tsi:re] <stizzisco> **I.** *vt* ärgern **II.** *vr* **-rsi** sich ärgern; **stizzoso, -a** [stit'tso:so] *agg* ❶ (*persona*) reizbar ❷ (*cosa*) ärgerlich

sto [stɔ] *1. pers sing pr di* **stare**

stoccafisso [stokka'fisso] *m* Stockfisch *m*

stoccaggio [stok'kaddʒo] <-ggi> *m* Lagerung *f*

Stoccarda [stok'karda] *f* Stuttgart *n*

stoccata [stok'ka:ta] *f* ❶ (SPORT: *scherma*) Hieb *m;* (*calcio*) Torschuss *m* ❷ (*fig: allusione*) Anspielung *f*, Seitenhieb *m*, Stich *m* ❸ (*fam*) **dare una** ~ **a qu** jdm Geld abknöpfen

stocchista [stok'kista] <-i *m*, -e *f*> *mf* Verkäufer(in) *m(f)* [*o* Aufkäufer(in) *m(f)*]

von Lagerbeständen

Stoccolma [stok'kolma] *f* Stockholm *n*

stock [stɔk] <-> *m* Warenbestand *m*, Lager *n*

stockbroker [stɔk'broukə] <-> *mf* (FIN) Stockbroker *m*, Börsenmakler(in) *m(f)*, Wertpapiermakler(in) *m(f)*

stock-car ['stɔkka:] <-> *m* Stock-Car *m*

stockista *mf v.* **stocchista**

stoffa ['stɔffa] *f* ❶ (*tessuto*) Stoff *m*, Gewebe *n* ❷ (*fig fam*) Zeug *n*, Talent *n;* **avere della** ~ (*fam*) Talent haben ❸ (*sl*) Stoff *m*

stoica *f v.* **stoico**

stoicismo [stoi'tʃizmo] *m* (PHILOS) Stoizismus *m;* **stoico, -a** ['stɔːiko] <-ci, -che> *m, f* (PHILOS) Stoiker(in) *m(f)*

stoino [sto'i:no] *m* Fußmatte *f*

stola ['stɔːla] *f* Stola *f*

stolido, -a ['stɔːlido] **I.** *agg* dumm, blöd(e) **II.** *m, f* Dummkopf *m*, Blödian *m*

stolta *f v.* **stolto**

stoltezza [stol'tettsa] *f* Dummheit *f*, Blödheit *f;* **stolto, -a** ['stolto] **I.** *agg* dumm, blöd(e) **II.** *m, f* Dummkopf *m*, Blödian *m*

stomacare [stoma'ka:re] **I.** *vt* ~ **qu** jdm den Magen umdrehen **II.** *vr* **-rsi di qc** sich vor etw *dat* ekeln; **stomachevole** [stoma'ke:vole] *agg* ekelhaft, widerlich

stomaco ['stɔːmako] <-chi *o* -ci> *m* Magen *m;* **avere qc sullo** ~ etw schwer im Magen liegen haben; **dare di** ~ sich übergeben, (sich) erbrechen; **rivoltare lo** ~ **a qu** jdm den Magen umdrehen; **riempirsi lo** ~ (*fam*) sich *dat* den Bauch voll schlagen

stonare [sto'na:re] **I.** *vt* (MUS) falschspielen [*o* singen] **II.** *vi* (*fig*) ~ **con qc** zu etw nicht passen; (*colori*) sich mit etw beißen; **stonato, -a** [sto'na:to] *agg* (MUS: *strumento*) verstimmt; (*persona*) falschspielend [*o* singend]; **stonatura** [stona'tu:ra] *f* (MUS) Falschspiel *n*, Verspielen *n;* (*il cantare*) Falschsingen *n*

stop [stɔp] <-> *m* ❶ (*segnaletica*) Stoppschild *n* ❷ (MOT) Bremslicht *n* ❸ (TEL) Stopp *n*

stoppa ['stoppa] *f* Werg *n;* **capelli di** ~ strohige Haare *npl*

stoppare [stop'pa:re] *vt* ❶ (*arrestare*) anhalten; (SPORT) stoppen ❷ (*otturare*) stopfen, verstopfen

stoppata [stop'pa:ta] *f* Stoppen *n*

stoppia ['stoppia] <-ie> *f* Stoppel *f*

stoppino [stop'pi:no] *m* (*di candela*) Docht *m;* (*miccia*) Zündschnur *f*

stopposo, -a [stop'po:so] *agg* strohig

storage ['stɔːridʒ] <-> *m* (INFORM) Speicherung *f*, Speichern *n*

storcere ['stɔrtʃere] <irr> I. vt ① (*chiave, chiodo*) verbiegen, krümmen ② (*bocca*) verziehen; (*naso*) rümpfen; (*piede, gamba, braccio*) verrenken ③ (*fig: senso, significato*) entstellen II. vr **-rsi** sich krümmen

stordimento [stordi'mento] m Verwirrung f; **stordire** [stor'diːre] <stordisco> I. vt betäuben II. vr **-rsi** sich ablenken; **stordito, -a** [stor'diːto] agg ① (*tramortito*) betäubt, benommen ② (*fig*) durcheinander, verwirrt

store planner ['stɔ: 'plænə] <-> mf Ladenplaner(in) m(f), Ladenbauer(in) m(f)

storia ['stɔːria] <-ie> f Geschichte f; **~ naturale** Naturkunde f; **~ antica/medievale/moderna** Alte/Mittlere/Neue Geschichte; **passare alla ~** in die Geschichte eingehen; **è sempre la solita ~** (*fam*) es ist immer dasselbe; **sono tutte -ie!** (*fam*) das sind alles Märchen!; **quante -ie!** (*fam*) so ein Unsinn!, so ein Theater!; **non fare tante -ie!** (*fam*) mach' (dir) doch nicht so viel Umstände!; **non fare -ie!** (*fam*) mach' keine Geschichten!

storica f v. **storico**

storicizzare [storitʃid'dzaːre] vt historisieren; **storico, -a** ['stɔːriko] <-ci, -che> I. agg ① (HIST) historisch, geschichtlich; **centro ~** Altstadt f ② (*memorabile*) denkwürdig, historisch II. m, f Historiker(in) m(f)

storiella [sto'riɛlla] f (*fam*) kleine Geschichte, Histörchen n scherz

storiografa f v. **storiografo**

storiografia [storiogra'fiːa] f Geschichtsschreibung f; **storiografo, -a** [sto'riɔːgrafo] m, f Geschichtsschreiber(in) m(f)

storione [sto'rioːne] m Stör m

stormire [stor'miːre] <stormisco> vi rascheln, rauschen

stormo ['stormo] m (ZOO) Schwarm m, Schar f

stornare [stor'naːre] vt ① (COM) stornieren ② (*pericolo*) abwenden, ablenken ③ (*fig*) **~ qu da qc** (*distrarre*) jdn von etw ablenken; (*dissuadere*) jdn von etw abbringen

storno ['storno] m ① (ZOO) Star m ② (COM) Storno m o n, Umbuchung f

storpia f v. **storpio**

storpiare [stor'piaːre] I. vt verkrüppeln; (*persona*) zum Krüppel machen; **~ le parole** radebrechen II. vr **-rsi** zum Krüppel werden; **storpiatura** [storpia'tuːra] f ① (*fig*) Radebrechen n ② (MED) Verkrüpp(e)lung f; **storpio, -a** ['stɔrpio] <-i, -ie> I. agg verkrüppelt II. m, f Krüppel m

storsi *1. pers sing pass rem di* **storcere**

storta ['stɔrta] f ① (*gener*) Krümmung f, Biegung f ② (*fam: distorsione*) Verstauchung f

storto, -a ['stɔrto] I. pp di **storcere** II. agg ① (*gambe*) krumm ② (*righe*) schief, schräg ③ (*fig*) verdreht, absurd; **stortura** [stor'tuːra] f (*fig*) Krummheit f, Schiefheit f

stoviglie [sto'viʎʎe] fpl Geschirr n; **lavare le ~** (das Geschirr) spülen

strabene [stra'bɛːne] avv ausgezeichnet, sehr gut

strabenedire [strabene'diːre] <strabenedisco, strabenedissi o strabenedii, strabenedetto> vt (*fam*) vieltausendmal segnen; **che Dio ti strabenedica!** möge Gott dich vieltausendmal segnen

strabere [stra'beːre] <strabevo, strabevvi, strabevuto> vi exzessiv trinken

strabico, -a ['straːbiko] <-ci, -che> I. agg schielend; **essere ~** schielen II. m, f Schielende(r) f(m)

strabiliante [strabi'liante] agg verblüffend, erstaunlich; **una prova ~** eine erstaunliche Leistung; **strabiliare** [strabi'liaːre] vt verblüffen; **strabiliato, -a** [strabi'liaːto] agg verblüfft, erstaunt; **rimanere ~** höchst erstaunt sein

strabismo [stra'bizmo] m Schielen n, Strabismus m

straboccare [strabok'kaːre] vi essere o avere überlaufen, überfließen, überströmen

strabocchevole [strabokke'voːle] agg riesig, übermäßig

strabuzzare [strabud'dzaːre] vt verdrehen

stracarico, -a [stra'kaːriko] <-ci, -che> agg (*fam*) überfüllt, überladen

stracchino [strak'kiːno] m Stracchino m (*Weichkäse aus der Lombardei*)

stracciare [strat'tʃaːre] I. vt ① (*lettera, vestito*) zerreißen, zerfetzen ② (*fam* SPORT) schlagen II. vr **-rsi** (zer)reißen, zerfetzen

stracciatella [strattʃa'tɛlla] f ① (*brodo*) Fleischbrühe mit Eiereinlauf ② (*gelato*) Vanilleeis mit Schokoladestückchen

straccio ['strattʃo] <-cci> m ① (*cencio*) Lappen m, Lumpen m; **~ per i pavimenti** Aufnehmer m, Aufwischlappen m; **sentirsi uno ~** (*fig*) sich ganz kaputt fühlen ② pl (*fam pej*) Klamotten fpl; **non avere uno ~ di vestito** (*fam*) nichts zum Anziehen haben

straccio, -a <-cci, -cce> agg Lumpen-, Alt-; **carta -a** Altpapier n; **straccione, -a** [strat'tʃoːne] m, f zerlumpter Mensch; **straccivendolo, -a** [strattʃi'vendolo] m, f Lumpensammler(in) m(f), -händ-

S

ler(in) *m(f)*

stracco, -a ['strakko] <-cchi, -cche> *agg* (*dial: fam*) kaputt, erledigt

stracittadino, -a [stratʃitta'di:no] *agg* hyperurban

stracollarsi [strakol'larsi] *vr* sich verstauchen, sich verrenken; **stracollatura** [strakolla'tu:ra] *f* Verstauchung *f,* Verrenkung *f*

stracontento, -a [strakon'tɛnto] *agg* überaus zufrieden, heilfroh

stracotto [stra'kɔtto] *m* Schmorbraten *m*

stracotto, -a *agg* (zu) lange gekocht, verkocht; **stracuocere** [stra'kuɔ:tʃere] <irr> *vt* (zu) lange kochen, verkochen lassen

strada ['stra:da] *f* Straße *f;* (*cammino*) Weg *m;* ~ **ferrata** Schienenweg *m,* Schienenstrecke *f;* ~ **traversa** Querstraße *f;* ~ **a senso unico** Einbahnstraße *f;* ~ **senza uscita** Sackgasse *f;* **codice della** ~ Straßenverkehrsordnung *f;* **donna di** ~ (*pej*) Hure *f,* Strichmädchen *n;* **vittima della** ~ Verkehrsopfer *n;* **andare per la propria** ~ seine eigenen Wege gehen; **farsi** ~ Karriere machen, sich vorwärtskämpfen; **mettere** [*o* **buttare**] **qu in mezzo alla** [*o* **sulla**] ~ jdn auf die Straße setzen; **essere su una cattiva** ~ auf eine schlechte Bahn geraten sein; **tagliare la** ~ **a qu** jdm den Weg abschneiden; ~ **facendo** unterwegs; **non c'è molta** ~ es ist nicht weit; **il paese è a molti chilometri di** ~ der Ort liegt viele Kilometer von hier entfernt; **tutte le -e portano a Roma** (*prov*) alle Wege führen nach Rom; **stradale** [stra'da:le] **I.** *agg* Straßen-, Verkehrs-; **carta** ~ Straßenkarte *f;* **incidente** ~ Verkehrsunfall *m;* **lavori -i** Straßenarbeiten *fpl* **II.** *f* Verkehrspolizei *f;* **stradario** [stra'da:rio] <-i> *m* Straßenverzeichnis *n;* **stradino** [stra'di:no] *m* Straßenarbeiter *m*

stradivario [stradi'va:rio] <-i> *m* Stradivari(geige) *f;* **stradone** [stra'do:ne] *m* Allee *f*

strafaccio [stra'fattʃo] *1. pers sing pr di* **strafare**

strafalcione [strafal'tʃo:ne] *m* (*errore*) großer Fehler, Schnitzer *m fam*

strafare [stra'fa:re] <irr> *vt* übertreiben

strafatto, -a [stra'fatto] *agg* ❶ (*frutta*) überreif ❷ (*sl: drogato*) high, breit

strafeci *1. pers sing pass rem di* **strafare**

strafò [stra'fɔ] *1. pers sing pr di* **strafare**

straforo [stra'fo:ro] *m* **di** ~ (*di nascosto*) heimlich; (*di sfuggita*) flüchtig

strafottei [strafot'te:i] *1. pers sing pass rem di* **strafottere**

strafottente [strafot'tɛnte] *agg* unverschämt, unverfroren; **strafottenza** [strafot'tɛntsa] *f* Unverschämtheit *f,* Unverfrorenheit *f*

strafottere [stra'fottere] <irr> (*vulg*) **I.** *vt* bescheißen **II.** *vi* **a** ~ haufenweise **III.** *vr* **strafottersene** sich einen Dreck darum scheren

strage ['stra:dʒe] *f* ❶ (*uccisione*) Massaker *n,* Blutbad *n* ❷ (*fig fam*) Haufen *m*

stragonfio, -a [stra'gonfio] <-i, -ie> *agg* aufgebläht

stragrande [stra'grande] *agg* (*fam*) riesengroß; **la** ~ **maggioranza** die überwältigende Mehrheit

stralciare [stral'tʃa:re] *vt* (*eliminare*) entfernen; (*passo*) herausnehmen, streichen; **stralcio** ['straltʃo] <-ci> *m* ❶ (*eliminazione*) Entfernung *f,* Streichung *f* ❷ (COM) Liquidation *f* ❸ (*brano scelto*) Auszug *m,* Abschnitt *m*

stralunare [stralu'na:re] *vt* verdrehen; **stralunato, -a** [stralu'na:to] *agg* ❶ (*occhi*) verdreht ❷ (*persona*) aufgelöst

stramaledetto, -a [stramale'dɛtto] *agg* verdammt, verwünscht; **stramaledire** [stramale'di:re] <irr> *vt* in Grund und Boden verfluchen

stramaturo, -a [strama'tu:ro] *agg* überreif, vollreif

stramazzare [stramat'tsa:re] *vi essere* hinfallen, hinschlagen; **stramazzone** [stramat'tso:ne] *m* schwerer Sturz; **dare uno** ~ schwer stürzen

stramberia [strambe'ri:a] <-ie> *f* Sonderbarkeit *f,* Merkwürdigkeit *f;* **strambo, -a** ['strambo] *agg* sonderbar, komisch

strame ['stra:me] *m* Streu *f*

strameritare [strameri'ta:re] *vt* sich redlich verdienen; **te lo sei strameritato!** das hast du dir mehr als verdient!

strampalatezza [strampalat'tettsa] *f* Sonderbarkeit *f,* Skurrilität *f,* Merkwürdigkeit *f;* **dire delle -e** sonderbares Zeug daherreden

strampalato, -a [strampa'la:to] *agg* verrückt; **strampaleria** [strampale'ri:a] <-ie> *f* Verrücktheit *f*

stranezza [stra'nettsa] *f* Seltsamkeit *f*

strangolamento [straŋgola'mento] *m* Erdrosseln *n,* Erwürgen *n*

strangolapreti [straŋgola'prɛːti] *mpl* (GASTR) *kleine Gnocchi aus Mehl*

strangolare [straŋgo'la:re] *vt* erdrosseln, erwürgen; **strangolatore, -trice** [straŋgola'to:re] *m, f* Würger(in) *m(f)*

straniamento [strania'mento] *m* (LING, PSYCH) Entfremdung *f,* Verfremdung *f;*

tecnica dello ~ Verfremdungstechnik *f;* **straniare** [stra'nia:re] I. *vt* entfremden II. *vr* **-rsi** sich entfremden, fremd werden (*da qu* jdm)

straniero, -a [stra'niɛːro] I. *agg* fremd, ausländisch; **lingua -a** Fremdsprache *f* II. *m, f* Ausländer(in) *m(f),* Fremde(r) *f(m);* **università per -i** Ausländeruniversität *f*

stranito, -a [stra'niːto] *agg* verworren, durcheinander

strano, -a ['straːno] *agg* seltsam, merkwürdig

straordinario [straordi'naːrio] <-ri> *m* Überstunden *fpl;* **fare gli -i** Überstunden machen

straordinario, -a <-ri, -rie> *agg* außerordentlich, außertourlich *A;* **treno ~** Sonderzug *m;* **lavoro ~** Überstunden *fpl*

strapaesano, -a [strapae'saːno] I. *agg* die Heimatliteratur betreffend II. *m, f* Verfasser(in) *m(f)* von Heimatliteratur

strapagare [strapa'gaːre] *vt* über(be)zahlen

straparlare [strapar'laːre] *vi* irrereden

strapazzamento [strapattsa'mento] *m* Rücksichtslosigkeit *f;* **strapazzare** [strapat'tsaːre] I. *vt* ① (*persone*) misshandeln ② (*cose*) strapazieren II. *vr* **-rsi** sich strapazieren, sich abrackern; **strapazzata** [strapat'tsaːta] *f* ① (*faticata*) Strapaze *f* ② (*sgridata*) (schwerer) Verweis *m,* Anpfiff *m fam;* **strapazzato, -a** [strapat'tsaːto] *agg* **uova -e** Rühreier *npl;* **strapazzo** [stra'pattso] *m* Strapaze *f;* **da ~** (*pej: cosa*) minderwertig, Wegwerf-; (*autore*) schlecht, nicht ernstzunehmen(d); **strapazzone, -a** [strapat'tso:ne] I. *agg* rücksichtslos II. *m, f* rücksichtslose Person

strapazzoso, -a [strapat'tso:so] *agg* strapaziös

straperdere [stra'pɛrdere] <straperdo, strapersi, straperso> *vi* sehr viel (Geld) verlieren

strapieno, -a [stra'piɛːno] *agg* (*fam*) überfüllt, rappelvoll

strapiombante [strapiom'bante] *agg* (über)hängend; **strapiombare** [strapiom'baːre] *vi* überhängen, überragen

strapiombo [stra'piombo] *m* Überhang *m;* **a ~** überhängend, überragend

strapotente [strapo'tɛnte] *agg* sehr mächtig, übermächtig; **strapotenza** [strapo'tɛntsa] *f* (sehr) große Macht; **la ~ americana** die amerikanische Übermacht

strapotere [strapo'teːre] *m* zu große Macht, Übermacht *f*

strappabile [strap'paːbile] *agg* zerreißbar

strappacuore [strappa'kuɔːre] <inv> *agg* herzzerreißend

strappalacrime [strappa'laːkrime] <inv> *agg* rührselig, auf die Tränendrüsen drückend

strappare [strap'paːre] I. *vt* ① (*ramo, fiore*) abreißen, ausreißen; (*pagina*) herausreißen; (*carta*) zerreißen ② (MED: *dente*) ziehen ③ (*fig: cuore*) zerreißen; (*promessa*) abringen; (*confessione*) entreißen II. *vr* **-rsi** (zer)reißen, kaputtgehen *fam;* **strappata** [strap'paːta] *f* ① (*strappo*) Reißen *n,* Ruck *m* ② (*fam: passaggio*) Mitfahrgelegenheit *f;* **dare una ~ a qu** jdn mitnehmen; **strappatrice** [strappa'triːtʃe] *f* (TEC) Reißwolf *m,* Reißmaschine *f;* **strappatura** [strappa'tuːra] *f* (TEC) Reißen *n,* Riss *m;* **strappo** ['strappo] *m* ① (MED: *lacerazione*) Riss *m* ② (*fig: infrazione*) Verstoß *m;* (*eccezione*) Ausnahme *f;* **fare uno ~ alla regola** eine Ausnahme machen ③ (*fam: passaggio*) Mitfahrgelegenheit *f;* **dare uno ~ a qu** jdn mitnehmen

strapuntino [strapun'tiːno] *m* Klappsitz *m*

straricco, -a [stra'rikko] <-cchi, -cche> *agg* (*fam*) steinreich

straripare [strari'paːre] *vi* essere *o* avere über das [*o* die] Ufer treten

Strasburgo [straz'burgo] *f* Straßburg *n*

strascicare [straʃʃi'kaːre] I. *vt* ① (*gambe, piedi*) nachziehen ② (*vestito, coperta*) (nach)schleifen ③ (*malattia, lavoro*) verschleppen II. *vi* auf dem Boden schleifen III. *vr* **-rsi** sich vorwärtsschleppen, sich hinziehen; **strascichio** [straʃʃi'kiːo] <-ii> *m* Schleifen *n;* **strascico** ['straʃʃiko] <-chi> *m* ① (*di abito*) Schleppe *f* ② (*seguito*) Folge *f,* Nachwirkung *f;* **strascicone, -a** [straʃʃi'ko:ne] *m, f* Schleifer(in) *m(f);* **strasciconi** [straʃʃi'ko:ni] *avv* schleppend, schlurfend; **camminare a ~** einen schleppenden Gang haben; **strascinamento** [straʃʃina'mento] *m* Schleppen *n,* Nachziehen *n*

strascinare [straʃʃi'naːre] *vt* (nach)schleppen; **strascinio** [straʃʃi'niːo] <-ii> *m* Schleifen *n,* Schleppen *n*

strass [stras] <-> *m* Strass *m*

stratagemma [strata'dʒɛmma] <-i> *m* List *f,* Trick *m*

strategia [strate'dʒiːa] <-gie> *f* Strategie *f;* **strategico, -a** [stra'tɛːdʒiko] <-ci, -che> *agg* strategisch

stratificare [stratifi'kaːre] I. *vt* schichten, in Schichten anordnen; (GEOL) stratifizieren II. *vr* **-rsi** sich schichten; **stratificazione** [stratifikat'tsioːne] *f* Schichtung *f;* (GEOL) Stratifikation *f*

S

stratiforme [strati'forme] *agg* schichtförmig, in Schichten

strato ['stra:to] *m* ❶ (*gener fig* GEOL, BIOL) Schicht *f;* **a -i** in Schichten, schichtweise ❷ (METEO) Schichtwolke *f,* Stratus(wolke *f*) *m*

stratocrazia [stratokra'tsi:a] *f* Militärherrschaft *f,* Militärdiktatur *f*

stratofortezza [stratofor'tettsa] *f* (MIL) Stratosphärenfighter *m*

stratoliner [strætə'lainə] <-> *m* (AERO) Stratosphärenjet *m*

stratosfera [stratos'fɛːra] *f* Stratosphäre *f;* **stratosferico, -a** [stratos'fɛːriko] <-ci, -che> *agg* ❶ (METEO) stratosphärisch, Stratosphären- ❷ (*fig*) astronomisch

strattonare [stratto'na:re] *vt* einen Stoß versetzen (*qu* jdm); (SPORT) fest halten, behindern; **strattonata** [stratto'na:ta] *f* Stoß *m;* **dare una ~** einen Stoß versetzen

strattone [strat'to:ne] *m* Ruck *m*

stravaccarsi [stravak'karsi] *vr* (*fam*) sich hinlümmeln, sich hinfläzen; **stravaccato, -a** [stravak'ka:to] *agg* hingelümmelt, hingeflegelt

stravagante [strava'gante] **I.** *agg* extravagant, exzentrisch **II.** *mf* Exzentriker(in) *m(f);* **stravaganza** [strava'gantsa] *f* Extravaganz *f*

stravecchio, -a [stra'vɛkkio] <-cchi, -cchie> *agg* uralt; (GASTR) gut abgelagert; (*vino*) alt

stravedere [strave'de:re] <irr> *vi* **~ per qu** jdn blind lieben

stravincere [stra'vintʃere] <irr> *vt* restlos besiegen

stravisto *pp di* **stravedere**

straviziare [stravit'tsia:re] *vt* furchtbar verwöhnen

stravizio [stra'vittsio] *m* Laster *n,* Ausschweifung *f*

stravolgere [stra'vɔldʒere] <irr> *vt* ❶ (*fig: persone*) (stark) verwirren, (völlig) durcheinanderbringen; (*fatti*) verdrehen ❷ (*volto*) verzerren, entstellen; **stravolgimento** [stravoldʒi'mento] *m* Verdrehung *f;* **uno ~ della situazione** eine Umkehrung der Situation; **stravolto, -a** [stra'vɔlto] *agg* verdreht, umgekehrt

straziante [strat'tsiante] *agg* entsetzlich, schrecklich; (*grida*) herzzerreißend

straziare [strat'tsia:re] *vt* ❶ (*maltrattare*) quälen, misshandeln ❷ (*fig: affliggere*) peinigen, quälen; **strazio** ['strattsio] <-i> *m* Qual *f,* Pein *f;* **che ~!** (*fam*) wie nervend!

streaking ['stri:kiŋ] <-> *m* Streaking *n,* Flitzen *n*

strega ['stre:ga] <-ghe> *f* Hexe *f;* **cac-**cia alle **-ghe** Hexenjagd *f;* **stregare** [stre'ga:re] *vt* (*a fig*) verhexen; **stregone** [stre'go:ne] *m* ❶ (*mago*) Magier *m,* Hexenmeister *m* ❷ (*presso i popoli primitivi*) Medizinmann *m;* **stregoneria** [stregone'ri:a] <-ie> *f* Hexerei *f,* Magie *f*

stregua ['stre:gua] *f* **alla ~ di** gleich wie, nach dem gleichen Maßstab wie

stremare [stre'ma:re] *vt* (völlig) erschöpfen; **stremo** ['strɛːmo] *m* Ende *n,* Äußerste(s) *n;* **essere allo ~ delle (proprie) forze** am Rand seiner Kraft sein

strenna ['strɛnna] *f* Geschenk *n*

strenuo, -a ['strɛːnuo] *agg* ❶ (*difesa*) tapfer ❷ (*lavoratore*) unermüdlich, wacker

strepitare [strepi'ta:re] *vi* ❶ (*parlare forte*) schreien, brüllen ❷ (*produrre rumori*) Krach machen; **strepitio** [strepi'ti:o] <-ii> *m,* **strepito** ['strɛːpito] *m* Lärm *m,* Krach *m;* **strepitoso, -a** [strepi'to:so] *agg* ❶ (*rumoroso*) lärmend, dröhnend; (*applausi*) tosend ❷ (*fig: successo*) glänzend, großartig

stress [stres] <-> *m* Stress *m;* **essere sotto ~** im Stress sein; **stressante** [stres'sante] *agg* stressig; **stressare** [stres'sa:re] *vt* stressen; **stressato, -a** [stres'sa:to] *agg* gestresst

stretch [stretʃ] <inv> *agg* Stretch-; **pantaloni ~** Stretchhosen *fpl*

stretching ['stretʃiŋ] <-> *m* (SPORT) Stretching *n,* Dehnen *n*

stretta ['stretta] *f* ❶ (*pressione*) Druck *m;* **~ di mano** Händedruck *m* ❷ (*fig: turbamento*) Beklemmung *f* ❸ (*situazione difficile*) Klemme *f;* **essere alle -e** in der Klemme sitzen; **mettere qu alle -e** jdn in die Enge treiben

strettezza [stret'tettsa] *f* ❶ (*dimensione scarsa*) Enge *f* ❷ *pl* (*povertà*) Armut *f*

stretto ['stretto] *m* Meerenge *f*

stretto, -a I. *pp di* **stringere** II. *agg* ❶ (*tavolo, strada*) schmal ❷ (*vestito*) eng, knapp ❸ (*serrato*) eng, fest ❹ (*parenti*) nah(e); (*amico*) eng ❺ (*osservanza, disciplina*) streng, strikt; **strettoia** [stret'to:ia] <-oie> *f* ❶ (*di strada*) Engstelle *f* ❷ (*fig*) Klemme *f*

striare [stri'a:re] *vt* streifen

striato, -a [stri'a:to] *agg* gestreift; **striatura** [stria'tu:ra] *f* Streifung *f*

stricnina [strik'ni:na] *f* Strychnin *n*

stridente [stri'dɛnte] *agg* beißend, schreiend; (*contrasto*) krass; (*colori*) grell

stridere ['stri:dere] <strido, stridei *o* stridetti, *rar* striduto> *vi* ❶ (ZOO) kreischen; (*cicale*) zirpen ❷ (*persona*) kreischen ❸ (*porta, freni*) quietschen; (*fiamma*) knistern; (*oggetto caldo nell'acqua*) zischen; (*vento*) heulen ❹ (*fig: essere in contrasto*) ~ **con qc** sich mit etw nicht vertragen; **quei colori stridono fra loro** die Farben beißen sich; **stridio** [stri'di:o] <-ii> *m* Kreischen *n*, Quietschen *n*

strido ['stri:do] <-a *f* o -i *m*> *m* (spitzer) Schrei *m*, Kreischen *n;* **stridore** [stri'do:re] *m* Quietschen *n*, Kreischen *n;* **stridulo, -a** ['stri:dulo] *agg* schrill, kreischend; (*cicale*) zirpend

striglia ['striʎʎa] <-glie> *f* Striegel *m;* **strigliare** [striʎ'ʎa:re] *vt* striegeln; **strigliata** [striʎ'ʎa:ta] *f* ❶ (*fig*) Schelte *f*, (harte) Kritik *f* ❷ (*passata di striglia*) Striegeln *n*

strillare [stril'la:re] **I.** *vi* schreien, brüllen **II.** *vt* ❶ (*parlare forte*) schreien, brüllen ❷ (*fam*) ausschimpfen; **strillata** [stril'la:ta] *f* Geschrei *n;* **strillo** ['strillo] *m* Schrei *m;* **strillone, -a** [stril'lo:ne] *m, f* Zeitungsverkäufer(in) *m(f)*

striminzito, -a [strimin'tsi:to] *agg* ❶ (*vestito*) knapp (geschnitten) ❷ (*persona*) dürr, mager

strimpellare [strimpel'la:re] *vt* (*fam*) klimpern auf + *dat*

strinata [stri'na:ta] *f* Absengung *f*, Versengung *f*

stringa ['stringa] <-ghe> *f* ❶ (*delle scarpe*) Schnürsenkel *m* ❷ (INFORM) String *m*, Zeichenfolge *f*

stringare [strin'ga:re] *vt* kurz fassen, knapp halten; **stringato, -a** [strin'ga:to] *agg* kurz, knapp

stringere ['strindʒere] <stringo, strinsi, stretto> **I.** *vt* ❶ (*serrare*) (zu)drücken, schließen; (*tenere stretto*) fest halten, fest an sich drücken; ~ **la mano a qu** jdm die Hand drücken; ~ **qu fra le braccia** jdn in die Arme schließen ❷ (*tenaglie, due cose*) zusammendrücken; (*vite*) anziehen ❸ (*denti*) zusammenbeißen; (*labbra*) zusammenkneifen, -pressen; (*pugni*) ballen ❹ (*alleanza, amicizia*) schließen ❺ (MOT: *curva*) (an)schneiden ❻ (*vestito*) enger machen ❼ (*fig: riassumere*) straffen, kurz fassen; **stringi stringi** letzten Endes, schließlich **II.** *vr* **-rsi** ❶ (*avvicinarsi*) sich (zusammen)drängen ❷ (*fig*) sich zusammenziehen; **-rsi nelle spalle** die Schultern zucken

stripper ['strippə] <-> *mf* Stripper(in) *m(f)*

stripping ['strippin] <-> *m* (FIN) Stripping *n*

striptease [strip'ti:z] <-> *m* Striptease *m* o *n*

striscia ['striʃʃa] <-sce> *f* ❶ (*di stoffa, carta etc*) Streifen *m;* **a -sce** gestreift ❷ *pl*

-sce (**pedonali**) Zebrastreifen *m*

strisciante [striʃ'ʃante] *agg* ❶ (ZOO) kriechend, Kriech- ❷ (*fig, pej*) kriecherisch ❸ (*inflazione*) schleichend

strisciare [striʃ'ʃa:re] **I.** *vi* ❶ (ZOO) kriechen; (*serpente*) sich schlängeln ❷ (*passare rasente*) streifen, schleifen **II.** *vt* ❶ (*piedi*) schleifen (lassen) ❷ (*sfiorare*) streifen **III.** *vr* **-rsi** ❶ (*sfregarsi*) **-rsi a** [o **contro**] **qc** sich an etw *dat* reiben ❷ (*fig*) **-rsi a qu** jdn umschmeicheln; **strisciata** [striʃ'ʃa:ta] *f* ❶ (*lo strisciare*) Streifen *n*, Schleifen *n;* ❷ (ZOO) Kriechen *n* ❸ (*segno*) Streifen *m*, Schleifspur *f;* **striscio** ['striʃʃo] <-sci> *m* ❶ (MED) Abstrich *m* ❷ (*loc*) **colpire di ~** streifen

striscione [striʃ'ʃo:ne] *m* Spruchband *n*, Reklameband *n*

stritolamento [stritola'mento] *m* Zermalmung *f*

stritolare [strito'la:re] *vt* ❶ (*sassi*) zermalmen ❷ (*fig*) zunichte machen

strizza¹ ['strittsa] *f* (*fam: paura*) Schiss *m*

strizza² <-> *m* (*scherz: psicanalista*) Seelenklempner(in) *m(f)*

strizzacervelli [strittsatʃer'vɛlli] <-> *mf* (*scherz: psicanalista*) Seelenklempner(in) *m(f)*

strizzare [strit'tsa:re] *vt* (*panni*) auswringen; (*limone*) (aus)pressen; ~ **l'occhio a qu** jdm zuzwinkern

strofa ['strɔ:fa] <-> *f* Strophe *f*

strofinaccio [strofi'nattʃo] <-cci> *m* Wisch-, Putztuch *n*

strofinare [strofi'na:re] **I.** *vt* (*tavolo, argenteria*) abreiben, polieren; (*pavimento*) scheuern; **-rsi gli occhi/le mani** sich die Augen/Hände reiben **II.** *vr* **-rsi** (*vorbei*)streifen, entlangstreichen

strombazzare [strombat'tsa:re] **I.** *vt* ausposaunen, herausschreien **II.** *vi* (mehrmals) hupen

stroncare [stron'ka:re] *vt* ❶ (*ramo*) abreißen, abbrechen ❷ (*fig: interrompere*) unterbinden, unterdrücken ❸ (*fig: criticando*) verreißen; **stroncatura** [stronka'tu:ra] *f* Verriss *m*

stronza *f v.* **stronzo**

stronzata [stron'tsa:ta] *f* (*vulg*) Scheiß *m* *fig*, Mist *m* *fig* *fam*

stronzio ['strontsio] *m* Strontium *n*

stronzo ['strontso] *m* (*escremento*) Scheiße *f*

stronzo, -a *m, f* (*vulg*) Arschloch *n*

stropicciare [stropit'tʃa:re] *vt* ❶ (*mano, braccio*) reiben ❷ (*vestito*) zerknautschen, zerknittern

strozzamento   [strottsa'mento]   *m*

S

➊ (MED) Einklemmen *n* ➋ (*uccisione*) Erwürgen *n*, Erdrosseln *n*

strozzare [strot'tsa:re] I. *vt* ➊ (*uccidere*) erwürgen, erdrosseln ➋ (*tubo, condotto*) ab-, einklemmen II. *vr* **-rsi** keine Luft mehr bekommen; (*morire*) erwürgt werden

strozzascotte [strottsas'kɔtte] <-> *m* (NAUT) Schotklammer *f*

strozzato, -a [strot'tsa:to] *agg* ➊ (MED) eingeklemmt ➋ (*grido*) unterdrückt

strozzatura [strottsa'tu:ra] *f* ➊ (*di tubo*) Ab-, Einklemmen *n* ➋ (*di valle*) Verengung *f*, Engpass *m*; **strozzina** *f v.* **strozzino**; **strozzinaggio** [strottsi'naddʒo] <-ggi> *m* Wucher *m*; **strozzino, -a** [strot'tsi:no] *m, f* Wucherer *m*, Wucherin *f*, Halsabschneider(in) *m(f)*

struccante [struk'kante] *m* Abschminkcreme *f*, Abschminklotion *f*; **struccare** [struk'ka:re] I. *vt* abschminken II. *vr* **-rsi** sich abschminken

strudel ['stru:del] <-> *m* (GASTR) Strudel *m*

struggere ['struddʒere] <struggo, strussi, strutto> I. *vt* (*fig*) verzehren, auszehren II. *vr* **-rsi di** [*o* **per**] **qc** (*fig*) vor etw *dat* vergehen; **-rsi d'amore per qu** sich in Liebe zu jdm verzehren; **struggimento** [struddʒi'mento] *m* Verzehren *n*, Vergehen *n*

strumentale [strumen'ta:le] *agg* instrumental, Instrumental-

strumentalizzare [strumentalid'dza:re] *vt* zum Mittel machen

strumentare [strumen'ta:re] *vt* instrumentieren; **strumentazione** [strumentat'tsio:ne] *f* ➊ (MUS) Instrumentierung *f* ➋ (TEC) Instrumentenausrüstung *f*; **strumentista** [strumen'tista] <-i *m*, -e *f*> *mf* Instrumentalist(in) *m(f)*

strumento [stru'mento] *m* ➊ (MUS) Instrument *n*; **-i a corda** Saiteninstrumente *npl*; **-i a fiato** Blasinstrumente *npl*; **-i a percussione** Schlaginstrumente *npl* ➋ (TEC) Instrument *n*, Gerät *n*; (*arnese*) Werkzeug *n*; **-i di precisione** Präzisionsinstrumente *npl* ➌ (*fig: mezzo*) Mittel *n*, Werkzeug *n* ➍ (JUR) Urkunde *f*

strusciare [struʃ'ʃa:re] I. *vt* reiben II. *vr* **-rsi** sich reiben

strussi ['strussi] *1. pers sing pass rem di* **struggere**

strutto¹ ['strutto] *pp di* **struggere**

strutto² *m* (Schweine)schmalz *n*

struttura [strut'tu:ra] *f* ➊ (*gener*) Struktur *f*, Aufbau *m* ➋ (ARCH) **~ portante** Traggerüst *n* ➌ <*gener al pl*> Einrichtung *f*; **-e private** soziale Einrichtungen; **-e pubbliche** öffentliche Einrichtungen; **struttura-**

-le [struttu'ra:le] *agg* strukturell, Struktur-; **strutturare** [struttu'ra:re] *vt* strukturieren

struzzo ['struttso] *m* Strauß *m*; **fare la politica dello ~** (eine) Vogel-Strauß-Politik betreiben

stuccare [stuk'ka:re] *vt* kitten, spachteln; **stucchevole** [stuk'ke:vole] *agg* ➊ (*cibo*) füllend, stopfend ➋ (*fig: nauseante*) widerlich; (*noioso*) langweilig

stucco ['stukko] <-cchi> *m* ➊ (*malta*) Kitt *m* ➋ (*ornamento*) Stuck *m*; **rimanere di ~** (*fig*) verblüfft dastehen, wie vom Donner gerührt sein

studente, -essa [stu'dɛnte, studen'tessa] *m, f* Lernende(r) *f(m)*; (*di scuola*) Schüler(in) *m(f)*; (*~ universitario*) Student(in) *m(f)*; **studentesco, -a** [studen'tesko] <-schi, -sche> *agg* studentisch, Studenten-; **studentessa** *f v.* **studente**

studiacchiare [studiak'kia:re] *vt* (*fam*) herumstudieren

studiare [stu'dia:re] *vt* ➊ (*per imparare qc*) lernen; (*all'università*) studieren; **~ al liceo/all'università** aufs Gymnasium gehen/(an der Universität) studieren ➋ (*esaminare*) studieren; (*indagare*) untersuchen; (*osservare*) beobachten ➌ (*fam*) austüfteln ➍ (*parole, mosse*) einstudieren II. *vr* **-rsi** sich beobachten; **studio** ['stu:dio] <-i> *m* ➊ (*lo studiare*) Lernen *n*; **borsa di ~** Stipendium *n*; **provveditorato agli -i** Schulamt *n*; **provveditore agli -i** Schulrat *m* ➋ <*gener al pl*> (*all'università*) Studium *n* ➌ (*saggio*) Studie *f* ➍ (*progetto*) Plan *m*, Planung *f*, Projekt *n* ➎ (*stanza*) Arbeitszimmer *n*; (*di professionista*) Praxis *f*, Büro *n*; (*di artista*) Atelier *n*; **~ legale** Anwaltspraxis *f*, -kanzlei *f* ➏ (FILM, TV, RADIO) Studio *n*; **studios** [stju:dious] *mpl* (FILM) Studios *npl*, Filmstudios *npl*; **studioso, -a** [stu'dio:so] I. *agg* fleißig II. *m, f* Wissenschaftler(in) *m(f)*, Forscher(in) *m(f)*

stufa ['stu:fa] *f* Ofen *m*

stufare [stu'fa:re] I. *vt* ➊ (GASTR) schmoren ➋ (*fig fam*) langweilen, anöden II. *vr* **-rsi di qu/qc** (*fam*) jdn/etw leid werden; **stufato** [stu'fa:to] *m* Schmorbraten *m*

stufo, -a ['stu:fo] *agg* (*fam*) **essere ~ di qu/qc** jdn/etw satthaben

Stuka ['ʃtu:ka] <-> *m* (MIL) Stuka *m*, Sturzkampfflugzeug *n*

stunt car ['stʌnt ka:] <-> *m* (FILM) Stuntauto *n*; **stuntman** ['stʌntmən] <-> *m* Stuntman *m*

stuoia ['stuɔ:ia] <-oie> *f* Matte *f*, Geflecht *n*

stuolo ['stuɔ:lo] *m* Schar *f*, Menge *f*

stupefacente [stupefa'tʃɛnte] **I.** agg ❶ (sorprendente) erstaunlich, verblüffend ❷ (MED) Drogen-, Rausch-; **abuso di sostanze -i** Drogenmissbrauch m **II.** m Rauschgift n, Rauschmittel n

stupefare [stupe'fa:re] <irr> vt erstaunen, verblüffen

stupendo, -a [stu'pɛndo] agg phantastisch, wunderbar

stupida f v. **stupido**

stupidaggine [stupi'daddʒine] f Dummheit f; **stupidità** [stupidi'ta] <-> f Dummheit f; **stupido, -a** ['stu:pido] **I.** agg dumm, blöd(e) **II.** m, f Dummkopf m

stupire [stu'pi:re] <stupisco> **I.** vt avere (ver)wundern, erstaunen **II.** vr **-rsi** sich wundern, staunen; **stupore** [stu'po:re] m Staunen n

stupratore [stupra'to:re] m Vergewaltiger m; **stupro** ['stu:pro] m Vergewaltigung f

sturare [stu'ra:re] **I.** vt ❶ (bottiglia) entkorken ❷ (lavandino) frei machen, die Verstopfung beseitigen in +dat **II.** vr **-rsi** frei werden

stuzzicadenti [stuttsika'dɛnti] <-> m Zahnstocher m

stuzzicare [stuttsi'ka:re] vt ❶ (molestare) reizen, ärgern ❷ (stimolare) reizen; (appetito) anregen

styling ['stailiŋ] <-> m Styling n; **stylist** ['stailist] <-> mf Stylist(in) m(f)

su [su] <sul, sullo, sull', sulla, sui, sugli, sulle> **I.** prp ❶ (con contatto: stato) auf +dat; (moto) auf +acc; **sul lago/mare** am See/Meer; **Parigi è sulla Senna** Paris liegt an der Seine ❷ (senza contatto: stato) über +dat; (moto) über +acc; **commettere errori ~ errori** (fig) Fehler über Fehler machen; **giurare ~ qc/qu** (fig) auf etw/ jdn schwören ❸ (di mezzi di trasporto: stato) in +dat; (moto) in +acc ❹ (contro, verso) auf +acc ❺ (complemento d'argomento) über +acc ❻ (complemento di modo) auf +acc, nach +dat; ~ **misura** nach Maß, Maß-; ~ **ordinazione** auf Bestellung; **sull'esempio di** nach dem Beispiel von ❼ (circa) um +acc, etwa, ungefähr; (di tempo) gegen +acc; **sul momento ho reagito male** im Moment habe ich falsch reagiert; **un uomo sulla sessantina** ein Mann um die Sechzig ❽ (di, fra) von +dat, unter +dat; **sette volte ~ dieci** sieben von zehn Mal **II.** aw (in alto) oben; (verso l'alto) nach oben, hinauf, aufwärts; **andare ~ e giù** auf und ab gehen; **non andare né ~ né giù** (a fig) schwer im Magen liegen; ~ **per giù** mehr oder weniger, unge-

fähr; **pensarci ~** (fam) darüber nachdenken; **metter ~ casa** einen eigenen Hausstand gründen; **dai 100 euro in ~** von 100 Euro aufwärts; ~ **le mani!** Hände hoch!; ~ **con la vita!** Kopf hoch! **III.** int los, auf; ~ **ragazzi, muoviamoci!** auf Jungs, lasst uns gehen!; ~ ~ auf, auf!

suadente [sua'dɛnte] agg verlockend, schmeichelnd

sub [sub] <-> mf Taucher(in) m(f); **fare il ~** tauchen

sub- [sub] (in parole composte) Sub-, sub-

subacqueo, -a [sub'akkueo] **I.** agg Unterwasser-, Tauch- **II.** m, f Taucher(in) m(f); **subaereo** [suba'ɛːreo] agg überirdisch

subaffittare [subaffit'ta:re] vt untervermieten; **subaffitto** [subaf'fitto] m Untermiete f; **subaffittuario, -a** [subaffittu'a:rio] <-ri, -rie> m, f Untermieter(in) m(f); **subagenzia** [subadʒen'tsi:a] f ❶ (COM) Zweigniederlassung f, Filiale f, Unteragentur f, Untervertretung f ❷ (JUR) Untervertretungsvertrag m, Geschäftsbesorgungsvertrag m

subalpino, -a [subal'pi:no] agg subalpin

subalterno, -a [subal'tɛrno] **I.** agg subaltern, untergeordnet **II.** m, f (dipendente) Untergeordnete(r) f(m), Subalterne(r) f(m); **subappaltante** [subappal'tante] **I.** agg (Aufträge) weitervergebend [o weitervermittelnd] **II.** mf (Aufträge) weitervergebende Person [o Firma]

subappaltatore, -trice [subappalta'to:re] m, f Subunternehmer(in) m(f); **subappalto** [subap'palto] m Unterpacht f, Untervergabe f, Weitervergabe f

subatlantico, -a [suba'tlantiko] <-ci, -che> agg (GEOG) subatlantisch; **subatomico, -a** [suba'tɔ:miko] <-ci, -che> agg Elementar-

subbuglio [sub'buʎʎo] <-gli> m Aufruhr m, Aufregung f

subconscio [sub'konʃo] m Unterbewusstsein n

subconscio, -a <-sci, -sce o -scie> agg unterbewusst

subcontraente [subkontra'ɛnte] (JUR) **I.** mf Nebenvertragsnehmer(in) m(f), Nebenvertragsunterzeichner(in) m(f) **II.** agg Nebenvertrags-, einen Nebenvertrag betreffend

subcontratto [subkon'tratto] m Nebenvertrag m, Untervertrag m; **subcosciente** [subkoʃ'ʃɛnte] m Unterbewusstsein n

subdolo, -a ['subdolo] agg heimtückisch, hinterlistig

subentrare [suben'tra:re] vi essere ❶ (succedere) folgen, nachfolgen ❷ (sosti-

tuire) ~ **a qu** jdn vertreten

subire [su'bi:re] <subisco> *vt* ❶ (*ingiuria, danni*) erleiden; (*conseguenza*) tragen ❷ (*sottoporsi a*) ~ **un'operazione** sich einer Operation unterziehen

subissare [subis'sa:re] *vt* ~ **qu di qc** (*fig*) jdn mit etw überhäufen

subitaneo, -a [subi'ta:neo] *agg* plötzlich, jäh

subito ['su:bito] *avv* ❶ (*immediatamente*) sofort, unmittelbar ❷ (*in un attimo*) sofort, gleich

sublimare [subli'ma:re] **I.** *vt* sublimieren **II.** *vi* sublimieren; **sublimazione** [sublimat'tsio:ne] *f* Sublimation *f*, Sublimierung *f*

sublime [sub'li:me] **I.** *agg* sublim, erhaben **II.** *m* Erhabene(s) *n*, Sublime(s) *n*

sublocazione [sublokat'tsio:ne] *f* Untervermietung *f*, Untermiete *f*

subnormale [subnor'ma:le] **I.** *agg* zurückgeblieben **II.** *mf* Zurückgebliebene(r) *f(m)*; **subnormalità** [subnormali'ta] <-> *f* Unterentwicklung *f*, Zurückgebliebenheit *f*

subodorare [subodo'ra:re] *vt* wittern, ahnen

suborbitale [suborbi'ta:le] *agg* suborbital

subordinare [subordi'na:re] *vt* ~ **qc a qc** etw einer Sache *dat* unterordnen; (*far dipendere da*) etw von etw abhängig machen

subordinata [subordi'na:ta] *f* Nebensatz *m*

subordinato, -a [subordi'na:to] **I.** *agg* ❶ (*secondario*) untergeordnet; ~ **a** abhängig von ❷ (LING) **proposizione -a** Nebensatz *m* **II.** *m, f* Abhängige(r) *f(m)*, Untergeordnete(r) *f(m)*; **subordinazione** [subordinat'tsio:ne] *f* Abhängigkeit *f*, Unterordnung *f*

subplot ['sʌbplɔt] <-> *m* Nebenhandlung *f*

subroutine ['sʌbru'tin] <-> *f* (INFORM) Subroutine *f*, Unterprogramm *n*

subsistema [subsis'tɛ:ma] <-i> *m* Subsystem *n*

substrato [sub'stra:to] (*rar*) *v.* **sostrato**

subtotale [subto'ta:le] **I.** *m* (COM) Teilsumme *f*, Zwischensumme *f* **II.** *agg* (MED) subtotal; **intervento** ~ subtotaler Eingriff

subtropicale [subtropi'ka:le] *agg* subtropisch; **suburbano, -a** [subur'ba:no] *agg* Vorstadt-, Vorort-

succedaneo [suttʃe'da:neo] *m* Ersatz *m*

succedaneo, -a *agg* Ersatz-

succedere [sut'tʃɛ:dere] <succedo, successi *o* succedetti, successo> **I.** *vi essere* ❶ (*prendere il posto di*) ~ **a qu** jdm (nach)folgen, auf jdn folgen ❷ (*venir dopo*)

~ **a qc** auf etw *acc* folgen ❸ (*avvenire*) geschehen, passieren; **cosa ti succede?** was ist mit dir los?; **sono cose che succedono** so etwas passiert (eben) **II.** *vr* **-rsi** folgen, aufeinander folgen

succeditrice *f v.* **successore**

successi [sut'tʃɛssi] *1. pers sing pass rem di* **succedere**

successione [suttʃes'sio:ne] *f* ❶ (JUR) (Nach)folge *f*; **diritti di** ~ Nachfolgerechte *npl* ❷ (*serie*) Folge *f*, Abfolge *f*; ~ **al trono** Thronfolge *f*; **successivo, -a** [suttʃes'si:vo] *agg* (nach)folgend, Folge-

successo¹ [stu'tʃɛsso] *pp di* **succedere**

successo² *m* Erfolg *m*; (*accoglienza favorevole*) Anklang *m*; **un film di** ~ ein erfolgreicher Film

successore, succeditrice [suttʃes'so:re, suttʃedi'tri:tʃe] *m, f* Nachfolger(in) *m(f)*

succhiare [suk'kia:re] *vt* (*latte*) saugen; (*caramella, dito*) lutschen; **-rsi il dito** (am) Daumen lutschen

succhiello [suk'kiɛllo] *m* Nagelbohrer *m*

succhieruola [sukkieru'ɔ:la] *f* Saugkorb *m*

succhio ['sukkio] <-cchi> *m* Lutschen *n*, Saugen *n*

succhiotto [suk'kiɔtto] *m* ❶ (*per bambini*) Schnuller *m* ❷ (*fam: traccia di bacio*) Knutschfleck *m*

succinto, -a [sut'tʃinto] *agg* ❶ (*vestito*) knapp; (*scollato*) weit ausgeschnitten ❷ (*persona*) leicht bekleidet ❸ (*resoconto*) kurz, bündig

succo ['sukko] <-cchi> *m* ❶ (*di frutta*) Saft *m* ❷ (ANAT) Saft *m*, Sekret *n*, Flüssigkeit *f* ❸ (*fig*) Kern *m*, Gehalt *m*; **succoso, -a** [suk'ko:so] *agg* ❶ (*frutta*) saftig ❷ (*fig*) gehaltvoll

succube ['sukkube] **I.** *agg* **essere ~ di qu** jdm unterworfen sein **II.** *m, f* Hörige(r) *f(m)*

succulento, -a [sukku'lɛnto] *agg* köstlich

succursale [sukkur'sa:le] *f* Filiale *f*, Zweigstelle *f*

sud [sud] <-> *m* Süden *m;* **Mare del Sud** Südsee *f;* **Polo Sud** Südpol *m;* **a** ~ **di** südlich von

Sudafrica [su'da:frika] *m* Südafrika *n*

sudare [su'da:re] **I.** *vi* schwitzen **II.** *vt* ❶ (*trasudare*) (aus)schwitzen; ~ **sangue** (*fig*) Blut schwitzen ❷ (*fig: pane*) im Schweiße seines Angesichts verdienen; **sudario** [su'da:rio] <-i> *m* ❶ (REL) Schweißtuch *n* ❷ (HIST: *per morti*) Leichentuch *n;* **sudata** [su'da:ta] *f* ❶ (*il sudare*) Schwitzen *n* ❷ (*fatica*) Anstrengung *f*, Mühe *f;* **sudaticcio, -a** [suda'tittʃo] <-cci, -cce> *agg* schweißnass, verschwitzt; **sudato, -a** [su'da:to] *agg* ❶ (*gener*) verschwitzt, nassgeschwitzt; ~ **fradicio** schweißtriefend ❷ (*fig*) im Schweiße seines Angesichts verdient

suddetto, -a [sud'detto] *agg* oben erwähnt [*o* genannt], besagt

suddita *f v.* **suddito**

sudditanza [suddi'tantsa] *f* Untertänigkeit *f*, Abhängigkeit *f*; **suddito, -a** ['suddito] *m, f* Untertan(in) *m(f)*

suddividere [suddi'vi:dere] <*irr*> *vt* unterteilen; **suddivisione** [suddivi'zio:ne] *f* Unterteilung *f*

sudest [su'dɛst] *m* Südosten *m*

sudiceria [suditʃe'ri:a] <-ie> *f* Dreckigkeit *f*, Schmutzigkeit *f*; (*fig*) Schweinerei *f*

sudicio ['su:ditʃo] *m* Dreck *m*

sudicio, -a <-ci, -ce *o* -cie> *agg* ❶ (*mani, vestito, luogo*) schmutzig, dreckig ❷ (*fig, pej*) schmutzig, unanständig; **sudicione, -a** [sudi'tʃo:ne] *m, f* Schmutzfink *m*, Dreckspatz *m fam;* **sudiciume** [sudi'tʃu:me] *m* (*a fig*) Schweinerei *f*

sudista [su'dista] <-i *m*, -e *f*> *mf* (HIST) Südstaatler(in) *m(f)*, Konföderalist(in) *m(f)*

sudoccidentale [sudottʃiden'ta:le] *agg* südwestlich, Südwest-; **l'Europa ~** Südwesteuropa *n*

sudorazione [sudorat'tsio:ne] *f* Schwitzen *n;* **sudore** [su'do:re] *m* Schweiß *m;* **essere in un bagno di ~** in Schweiß gebadet sein; **guadagnarsi il pane col ~ della fronte** sich sein Brot im Schweiße seines Angesichts verdienen

sudorientale [sudorien'ta:le] *agg* südöstlich, Südost-; **la Germania ~** Südostdeutschland *n*

sudovest [su'dɔ:vest] *m* Südwesten *m*

suesposto, -a [sues'posto] *agg* (*form*) oben angeführt, oben dargelegt

Suevia [su'ɛ:via] *f* Schwaben *n*

sufficiente [suffi'tʃɛnte] **I.** *agg* ❶ (*che basta*) genügend, ausreichend ❷ (*fig, pej*) süffisant, überheblich **II.** *m* Notwendige(s) *n*, Auskommen *n;* **sufficientemente** [suffitʃente'mente] *avv* genug, genügend; **sufficienza** [suffi'tʃɛntsa] *f* ❶ (*l'essere sufficiente*) Hinlänglichkeit *f*, Genüge *f;* **a ~** zur Genüge ❷ (*votazione*) Ausreichend *n;* **prendere la ~** ein Ausreichend bekommen ❸ (*fig, pej*) Süffisanz *f*, Überheblichkeit *f*

suffisso [suf'fisso] *m* Suffix *n*

suffragetta [suffra'dʒetta] *f* (*scherz*) Emanze *f*

suffragio [suf'fra:dʒo] <-gi> *m* ❶ (JUR) Wahlrecht *n*, Stimmrecht *n* ❷ (REL) Fürbit-

te *f*

suffragista [suffra'dʒista] <-i *m*, -e *f*> *mf* Frauenrechtler(in) *m(f)*

suffumigio [suffu'mi:dʒo] <-gi> *m* Inhalation *f*

suggellare [suddʒel'la:re] *vt* (*fig*) besiegeln

suggerimento [suddʒeri'mento] *m* Rat(schlag) *m*, Empfehlung *f*; **suggerire** [suddʒe'ri:re] <suggerisco> *vt* ❶ (*risposta*) einflüstern, suggerieren ❷ (THEAT) soufflieren ❸ (*a scuola*) vorsagen ❹ (*consigliare*) raten, empfehlen; **suggeritore, -trice** [suddʒeri'to:re] *m, f* Souffleur *m*, Souffleuse *f*

suggestionare [suddʒestio'na:re] **I.** *vt* beeinflussen **II.** *vr* **-rsi** sich beeinflussen lassen; **suggestione** [suddʒes'tio:ne] *f* ❶ (PSYCH) Suggestion *f* ❷ (*fig*) (tiefer) Eindruck *m*, Faszination *f*; **suggestivo, -a** [suddʒes'ti:vo] *agg* ❶ (*fig*) beeindruckend, faszinierend ❷ (*domanda*) Suggestiv-

sughero ['su:gero] *m* ❶ (BOT) Korkeiche *f* ❷ (*oggetto, materiale*) Kork *m* ❸ (*tappo*) Korken *m*

sugli ['suʎʎi] *prp* = **su** + **gli** *v.* **su**

sugna ['suɲɲa] *f* Schweinefett *n*

sugo ['su:go] <-ghi> *m* ❶ (*succo*) Saft *m* ❷ (*salsa*) Sauce *f*, Soße *f;* **~ di pomodoro** Tomatensoße *f* ❸ (*fig*) Gehalt *m*, Substanz *f;* **sugosità** [sugosi'ta] <-> *f* Saftigkeit *f;* **sugoso, -a** [su'go:so] *agg* saftig

sui ['su:i] *prp* = **su** + **i** *v.* **su**

suicida [sui'tʃi:da] <-i *m*, -e *f*> **I.** *mf* Selbstmörder(in) *m(f)* **II.** *agg* selbstmörderisch, Selbstmörder-; **suicidarsi** [suitʃi'darsi] *vr* Selbstmord begehen, sich *dat* das Leben nehmen; **suicidio** [sui'tʃi:dio] <-i> *m* Selbstmord *m*

suinicoltura [suinikol'tu:ra] *f* (ZOO) Schweinezucht *f*

suino [su'i:no] *m* Schwein *n*

suino, -a *agg* Schweine-

suite [svit] <-> *f* Suite *f*

sul [sul] *prp* = **su** + **il** *v.* **su**

sulfamidico, -a [sulfa'mi:diko] <-ci, -che> **I.** *agg* Sulfonamid- **II.** *m* Sulfonamid *n*

sulfureo, -a [sul'fu:reo] *agg* Schwefel-, schwef(e)lig

sull', sulla, sulle, sullo [sul, 'sulla, 'sulle, 'sullo] *prp* = **su** + **l', la, le, lo** *v.* **su**

sultana *f v.* **sultano**

sultanina [sulta'ni:na] *f* Sultanine *f*

sultano, -a [sul'ta:no] *m, f* Sultan(in) *m(f)*

sumerologia [sumerolo'dʒi:a] *f* Sumerologie *f;* **sumerologo, -a** [sume'rɔ:logo] <-gi, -ghe> *m, f* Sumerologe, -login *m, f*

S

SUNIA [su'niːa] *m acro di* **Sindacato Unitario Nazionale Inquilini e Assegnatari** *italienischer Mieterbund*

sunto ['sunto] *m* Abriss *m,* Zusammenfassung *f*

suo ['suːo] <suoi> *m* **il ~** das Seine [*o* Ihre]; **il Suo** (*forma di cortesia*) das Ihre

suo, -a <suoi, sue> I. *agg* **①** (*di lui*) sein; (*di lei*) ihr; **la -a voce** seine [*o* ihre] Stimme; **~ padre/zio** sein [*o* ihr] Vater/Onkel; **un ~ amico** ein Freund von ihm [*o* ihr]; **sono parole sue** das sind seine [*o* ihre] Worte; **ne ha fatta una delle sue** er [*o* sie] hat schon wieder etwas angestellt; **essere dalla -a** auf seiner [*o* ihrer] Seite stehen; **dire la -a** seine eigene Meinung sagen; **stare sulle sue** verschlossen sein **②** (*forma di cortesia: Suo*) Ihr; **in seguito alla Sua pregiata del ...** in Beantwortung Ihres freundlichen Schreibens vom ... II. *pron* **il ~, la -a** (*di lui*) seiner, seine, sein(e)s; (*di lei*) ihrer, ihre, ihr(e)s; (*forma di cortesia: Suo*) Ihre(r, s); **i suoi** seine [*o* ihre] Eltern; **i Suoi** (*forma di cortesia*) Ihre Eltern

suocero, -a ['suːotʃero] *m, f* Schwiegervater *m,* -mutter *f;* **i** Schwiegereltern *pl*

suoi ['suːoi] *v.* **suo**

suola ['suːola] *f* Sohle *f*

suolare [suo'laːre] *v.* **solare; suolificio** [suoli'fiːtʃo] <-ci> *m* Schuhsohlenfabrik *f*

suolo ['suːlo] *m* Grund *m,* Boden *m,* Erde *f*

suonare [suo'naːre] I. *vt avere* **①** (MUS) spielen **②** (*orologio, campana*) schlagen; (*campanello*) läuten; **~ il clacson** hupen **③** (*fam: picchiare*) verhauen II. *vi essere o avere* **①** (*campana*) läuten; (*telefono, sveglia*) klingeln; **sta sonando il campanello** es klingelt **②** (MUS) spielen, musizieren **③** (*parole, frasi*) klingen **④** (*orologio*) schlagen, läuten; **suonato, -a** *agg* (*fam*) **essere ~** einen Knall haben; **suonatore, -trice** [sona'toːre] *m, f* Spieler(in) *m(f);* **e buonanotte -i!** Ende der Vorstellung!

suoneria [sone'riːa] <-ie> *f* Klingelton *m*

suono ['suːɔno] *m* **①** (*generell*) Ton *m,* Klang *m* **②** (PHYS) Schall *m* **③** (LING) Laut *m*

suora ['suːɔra] *f* Schwester *f,* Nonne *f*

super ['suːper] I. <inv> *agg* toll, ausgezeichnet, bärig *A;* **benzina ~** Superbenzin *n* II. <-> *mf* (*il/la migliore*) der/die Beste

superabile [supe'raːbile] *agg* überwindbar, besiegbar; **superabilità** [superabili'ta] <-> *f* Überwindbarkeit *f,* Besiegbarkeit *f*

superaccessoriato, -a [superattʃesso'riaːto] *agg* mit allen Extras; **auto -a** Auto *n* mit allen Extras

superaffollato, -a [superaffol'laːto] *agg* überfüllt

superalcolico [superal'kɔːliko] <-ci> *m* Spirituose *f,* hochprozentiges Getränk

superalcolico, -a <-ci, -che> *agg* hochprozentig; **bevanda -a** hochprozentiges Getränk

superalimentazione [superalimentat'tsioːne] *f* Überernährung *f;* **superallenamento** [superallena'mento] *m* Übertraining *n,* übertriebenes Training

superamento [supera'mento] *m* Überwindung *f,* Überwinden *n*

superare [supe'raːre] *vt* **①** (*per dimensioni, qualità, quantità*) übertreffen; (*di numero*) übersteigen; **~ qu in qc** jdn an etw *dat* übertreffen **②** (MOT: *sorpassare*) überholen **③** (*fig: età, velocità*) überschreiten; (*prova, esame*) bestehen; (*malattia, pericolo*) überstehen; (*difficoltà, ostacolo, crisi*) überwinden; **superato, -a** [supe'raːto] *agg* überholt

superattico [super'attiko] <-ci> *m* Penthouse *n,* elegante Dachwohnung

superattivo, -a [superat'tiːvo] *agg* sehr aktiv

superbia [su'pɛrbia] <-ie> *f* Hochmut *m,* Überheblichkeit *f;* **superbo, -a** [su'pɛrbo] *agg* **①** (*pej*) hochmütig, überheblich **②** (*orgoglioso*) **essere ~ di qu/qc** auf jdn/etw stolz sein **③** (*fig: grandioso*) großartig

superbollo [super'bollo] *m* Sondersteuer *f* für Dieselfahrzeuge

Super Bowl ['sjuːpə boul] <-> *m* (SPORT) Super Bowl *m*

superburocrate [superbu'rɔːkrate] *mf* Spitzenbeamte(r), -beamtin *m, f,* Spitzenbürokrat(in) *m(f)*

supercalcolatore [superkalkola'toːre] *m* (INFORM) Hochleistungsrechner *m*

supercarburante [superkarbu'rante] *m* Superbenzin *n,* Super *n*

supercarcere [super'kartʃere] *m* (*sl*) Hochsicherheitstrakt *m*

supercemento [supertʃe'mento] *m* schnellbindender Zement

supercentrifuga [supertʃen'triːfuga] *f* Ultrazentrifuge *f*

superclasse [super'klasse] *f* (ZOO) übergeordnete Klasse

superclorazione [superklorat'tsioːne] *f* Überchlorung *f,* Hochchlorung *f*

supercolosso [superko'lɔsso] *m* (FILM) Kolossalfilm *m*

supercomputer [superkom'pjuter] *m* Hochleistungsrechner *m*

superconduttività [superkonduttivi'ta] *f*

Supraleitfähigkeit *f*

superconduttivo, -a [superkondut'ti:vo] *agg* supraleitfähig, Supraleiter-; **superconduttore** [superkondut'to:re] *m* Supraleiter *m;* **superconduzione** [superkondut'tsio:ne] *f* Supraleitung *f*

superdecorato, -a [superdeko'ra:to] **I.** *agg* hoch dekoriert **II.** *m, f* hoch dekorierte Person; **superdonna** [super'dɔnna] *f* (*iron*) Superfrau *f*

superdotato, -a [superdo'ta:to] *agg* reich dotiert

Superenalotto [superena'lɔtto] <-> *m* (*concorso a premi*) *besondere Form einer staatlichen Lotterie*

superfamiglia [superfa'miʎʎa] *f* (BIOL) Großfamilie *f*

superficiale [superfi'tʃa:le] **I.** *agg* oberflächlich; (*strato*) Oberflächen- **II.** *mf* oberflächlicher *Mensch*; **superficialità** [superfitʃali'ta] <-> *f* Oberflächlichkeit *f*

superficie [super'fi:tʃe] <-ci> *f* Oberfläche *f;* (MAT) Fläche *f;* (*di acqua*) Spiegel *m;* **alla** ~ an der Oberfläche; **in** ~ (*fig*) oberflächlich; **superficie-aria** [super'fi:tʃe 'a:ria] <inv> *agg* (MIL) Boden-Luft-; **missile** ~ Boden-Luft-Rakete *f;* **superficie-superficie** [super'fi:tʃe super'fi:tʃe] <inv> *agg* (MIL) Boden-Boden-; **missile** ~ Boden-Boden-Rakete *f*

superfinitura [superfini'tu:ra] *f* Feinschliff *m*, Feinbearbeitung *f*, Feinschlichten *n*, Superfinish *n*

superfluidità [superfluidi'ta] <-> *f* Suprafluidität *f*, Superfluidität *f;* **superfluido, -a** [super'flu:ido] *agg* supraflüssig, superflüssig

superfluità [superflui'ta] <-> *f* Überflüssigkeit *f*, Überflüssiges *n;* **fare a meno delle** ~ ohne Überflüssiges auskommen

superfluo [su'pɛrfluo] *m* Überfluss *m*
superfluo, -a *agg* überflüssig

supergalassia [superga'lassia] *f* (ASTR) Milchstraßensystem *n*, System *n* von Galaxien

super-io [supe'ri:o] <-> *m* Über-Ich *n*

superiora [supe'rio:ra] *f* Oberin *f;* **madre** ~ (Schwester) Oberin *f*

superiore [supe'rio:re] **I.** *comparativo di* **alto, -a II.** *agg* ❶ (*di posizione*, ANAT) obere(r, s), Ober- ❷ (*maggiore*) höher, größer; ~ **alla media** überdurchschnittlich ❸ (*più alto*, BOT, ZOO) höher; **scuola media** ~ höhere Schule ❹ (*migliore*) besser **III.** *m* ❶ (*capo*) Vorgesetzte(r) *m* ❷ (REL) Superior *m;* **superiorità** [superiori'ta] <-> *f* Überlegenheit *f*

superlativo [superla'ti:vo] *m* (LING) Super-

lativ *m*

superlativo, -a *agg* ❶ (*gener*) höchste(r, s) ❷ (*fig*) großartig ❸ (LING) **grado** ~ Superlativ *m*

superlavoro [superla'vo:ro] *m* übermäßige Arbeit

superlega [super'le:ga] *f* Superlegierung *f*, Höchstleistungslegierung *f*

superleggero [superled'dʒɛ:ro] *m* (SPORT) Superleichtgewicht *n*

superleggero, -a *agg* superleicht, Superleichtgewichts-; **categoria -a** Superleichtgewicht *n*

supermarket ['sju:pəma:kit] <-> *m* Supermarkt *m*

supermassimo [super'massimo] *m* (SPORT) Superschwergewicht *n*

supermassimo, -a *agg* superschwer, Superschwergewichts-; **pesi -i** Superschwergewicht *n*

supermercato [supermer'ka:to] *m* Supermarkt *m*

superminimo [super'minimo] *m* Zuschlag *m* zum Mindestlohn

supermulta [super'multa] *f* hohes Bußgeld

supernazionale [supernattsio'na:le] *agg* übernational, überstaatlich, supranational; **potere** ~ überstaatliche Macht; **supernazionalità** [supernattsionali'ta] *f* Überstaatlichkeit *f*, Supranationalität *f*

supernova [super'nɔ:va] *f* (ASTR) Supernova *f*

superordine [super'ordine] *m* (ZOO) Unterklasse *f*

superottista [superot'tista] <-i *m*, -e *f*> *mf* (FILM) Super-8-Filmemacher(in) *m(f)*

superperito [superpe'ri:to] *m* Hauptgutachter(in) *m(f);* **superperizia** [superpe'rittsi] *f* Hauptgutachten *n*

superpiuma [super'piu:ma] <inv> *agg* (SPORT) Superfedergewichts-; **pesi** ~ Superfedergewicht *n*

superplasticità [superplastitʃi'ta] <-> *f* Superplastizität *f*

superpotenza [superpo'tɛntsa] *f* Supermacht *f*

superpotere [superpo'te:re] *m* übermenschliche Kraft [*o* Fähigkeit]

superprefetto [superpre'fɛtto] *m* Superpräfekt *m*

superprocura [superpro'ku:ra] *f* nationale Anti-Mafia-Behörde; **superprocuratore** [superprokura'to:re] *m* Leiter der nationalen Anti-Mafia-Behörde

superprofitto [superpro'fitto] *m* Mehrgewinn *m*, Übergewinn *m*

supersfida [super'sfi:da] *f* Spitzenduell *n*

S

supersonico, -a [super'sɔ:niko] <-ci, -che> *agg* Überschall-
superstar ['sju:pəsta:] I. <-> *mf* Superstar *m* II. <inv> *agg* Superstar-, Star-
superstite [su'pɛrstite] I. *agg* ❶ (*persona*) überlebend ❷ (*cosa*) übrig (geblieben), restlich II. *m, f* Überlebende(r) *f(m)*
superstizione [superstit'tsio:ne] *f* Aberglaube *m*
superstiziosità [superstittsiosi'ta] <-> *f* Abergläubigkeit *f*, Aberglaube *m;* **superstizioso, -a** [superstit'tsio:so] I. *agg* abergläubisch II. *m, f* abergläubischer Mensch
superstrada [super'stra:da] *f* Schnellstraße *f*
supertassa [super'tassa] *f* Mehrgebühr *f*, Zusatzsteuer *f*
superteste [super'tɛste] *mf* Hauptzeuge, -zeugin *m, f;* **supertestimone** [supertesti'mɔ:ne] *mf* Hauptzeuge, -zeugin *m, f*
superumano, -a [superu'ma:no] *agg* übermenschlich
superuomo [supe'ruɔ:mo] <-uomini> *m* ❶ (*iron*) Supermann *m* ❷ (PHILOS) Übermensch *m*
supervalutare [supervalu'ta:re] *vt* zu hoch schätzen, überschätzen; **supervalutazione** [supervalutat'tsio:ne] *f* Überschätzung *f;* ~ **dell'usato** zu hohe Schätzung von Gebrauchtwagen
supervisionare [supervisio'na:re] *vt* beaufsichtigen, die Oberaufsicht führen; **supervisione** [supervi'zio:ne] *f* Oberaufsicht *f;* (FILM) (künstlerische) Leitung *f;* **supervisore, -a** [supervi'zo:re] *m, f* künstlerische(r) Leiter(in) *m(f)*
supino, -a [su'pi:no] *agg* auf dem Rücken, rücklings
suppellettile [suppel'lɛttile] *f* ❶ (*arredamento*) Einrichtungsgegenstand *m;* **-i di casa** Hausrat *m* ❷ (*in archeologia*) Gegenstand *m*, Gerät *n*
suppergiù [supper'dʒu] *avv* (*fam*) mehr oder weniger, ungefähr
suppl. *abbr di* **supplemento** Suppl. (*Ergänzungsband*)
supplementare [supplemen'ta:re] *agg* zusätzlich; (*numero, rivista*) Supplement-, Ergänzungs-; (MAT) Supplement-; **tempi -i** (SPORT) Verlängerung *f;* **supplemento** [supple'mento] *m* ❶ (*a libro, vocabolario*) Supplement *n*, Ergänzungsband *m;* (*giornale*) Beilage *f* ❷ (FERR) Zuschlag *m;* ~ **rapido** Schnellzugzuschlag *m*
supplente [sup'plɛnte] I. *agg* (stell)vertretend II. *mf* (Stell)vertreter(in) *m(f);* **supplenza** [sup'plɛntsa] *f* Vertretung *f*
suppletivo, -a [supple'ti:vo] *agg* zusätzlich, ergänzend; (LING) suppletiv
supplì [sup'pli] <-> *m* Reiskrokette *f*
supplica ['supplika] <-che> *f* ❶ (*invocazione*) Flehen *n*, Bitten *n* ❷ (ADM) Bittschrift *f;* **supplicante** [suppli'kante] I. *agg* flehend II. *mf* Bittsteller(in) *m(f);* **supplicare** [suppli'ka:re] *vt* anflehen; **supplichevole** [suppli'ke:vole] *agg* flehend, flehentlich
supplire [sup'pli:re] <supplisco> I. *vt* vertreten II. *vi* ~ (**con qc**) **a qc** etw (mit [*o* durch] etw) ausgleichen
supplizio [sup'plittsio] <-i> *m* ❶ (*fig*) Qual *f*, Tortur *f* ❷ (*pena*) Hinrichtung *f*
supporre [sup'porre] <irr> *vt* vermuten, annehmen
supporto [sup'pɔrto] *m* ❶ (*di strumento, dipinto*) Gestell *n*, Träger *m;* (*per sostenersi*) Halter *m;* (TEC) Lager *n* ❷ (*fig*) Stütze *f* ❸ (INFORM) Datenträger *m*
supposi *1. pers sing pass rem di* **supporre**
supposizione [suppozit'tsio:ne] *f* Annahme *f*, Vermutung *f*
supposta [sup'posta] *f* Zäpfchen *n*, Suppositorium *n*
supposto *pp di* **supporre**
suppurare [suppu'ra:re] *vi* eitern
supremazia [supremat'tsi:a] <-ie> *f* Ober-, Vorherrschaft *f*
supremo, -a [su'prɛ:mo] *agg superlativo di* **alto, -a** oberste(r, s), höchste(r, s); (*fig a*) größte(r, s)
surfactante, surfattante [surfat'tante, surfak'tante] (CHEM) I. *agg* oberflächenaktiv, spannungsaktiv II. *m* Tensid *n*, oberflächenaktive Substanz
surf boat, surfboat ['sə:f bout] <-> *m* (NAUT) Brandungsboot *n;* **surfing** ['sə:fiŋ *o* 'sərfiŋ] <-> *m* Surfen *n*, Surfing *n;* **tavola da ~** Surfbrett *n;* **praticare il ~** surfen; **surfista** [sur'fista] <-i *m*, -e *f*> *mf* Surfer(in) *m(f)*
surgelamento [surdʒela'mento] *m* Tiefkühlung *f*, Tiefgefrieren *n;* **surgelare** [surdʒe'la:re] *vt* einfrieren, tiefkühlen
surgelato [surdʒe'la:to] *m* Tiefgefrorene(s) *n*, Tiefkühlkost *f;* **banco dei -i** Tiefkühltheke *f*
surgelato, -a *agg* tiefgekühlt, tiefgefroren; **pesce ~** tiefgefrorener Fisch; **surgelazione** [surdʒelat'tsio:ne] *f* Tiefkühlung *f*, Tiefgefrieren *n*
surplus [syr'ply] <-> *m* Überschuss *m*, Überangebot *n*
surreale [surre'a:le] *agg* surreal; **surrealismo** [surrea'lizmo] *m* Surrealismus *m;* **surrealista** [surrea'lista] <-i *m*, -e *f*> *mf* Surrealist(in) *m(f);* **surrealistico, -a**

[surrea'listiko] <-ci, -che> *agg* surrealistisch

surrenale [surre'na:le] *agg* Nebennieren-; **ghiandola ~** Nebenniere *f*

surriscaldare [surriskal'da:re] I. *vt* überhitzen II. *vr* **-rsi** sich überhitzen

surrogato [surro'ga:to] *m* Ersatz *m,* Surrogat *n*

survival [sə'vaivəl] <-> *m* Überlebenstraining *n,* Survivaltraining *n;* **survivalismo** [surviva'lizmo] *m* Überlebenstraining *n;* **survivalista** [surviva'lista] <-i *m,* -e *f>* *mf* Teilnehmer(in) *m(f)* eines Überlebenstrainings; **survivalistico, -a** [surviva'listiko] <-ci, -che> *agg* survival-

suscettibile [suʃʃet'ti:bile] *agg* ❶ *(capace)* **~ di** zugänglich für, fähig zu ❷ *(sensibile)* empfindlich, reizbar; **suscettibilità** [suʃʃettibili'ta] <-> *f* Reizbarkeit *f,* Empfindlichkeit *f*

suscitare [suʃʃi'ta:re] *vt* auslösen, hervorrufen; **~ la pietà** Mitleid hervorrufen

susina [su'si:na *o* su'zi:na] *f* Pflaume *f,* Zwetsch(g)e *f;* **susino** [su'si:no *o* su'zi:no] *m* Pflaumenbaum *m*

suspense [sə'spens] *m o f* Spannung *f*

susseguire [susse'gui:re] <irr> I. *vt* **~ qu/qc** jdm/etw (nach)folgen, auf jdn/etw folgen II. *vr* **-rsi** aufeinander folgen

sussidiario [sussi'dia:rio] <-i> *m* Lehr- und Arbeitsbuch *n* (für die Grundschule); **sussidiario, -a** <-i, -ie> *agg* Hilfs-

sussidio [sus'si:dio] <-i> *m* ❶ *(in denaro)* Unterstützung *f,* (Bei)hilfe *f;* **~ di disoccupazione** Arbeitslosenunterstützung *f* ❷ *(aiuto)* Hilfsmittel *n*

sussiego [sus'siɛ:go] <-ghi> *m* Würde *f,* Haltung *f*

sussistei [sussis'te:i] *1. pers sing pass rem di* **sussistere**

sussistenza [susis'tɛntsa] *f* (Lebens)unterhalt *m,* Auskommen *n*

sussistere [sus'sistere] <sussisto, sussistei *o* sussistetti, sussistito> *vi essere* bestehen, vorliegen

sussultare [sussul'ta:re] *vi* ❶ *(persona)* auffahren, zusammenfahren ❷ *(cosa)* vibrieren, erbeben; **sussulto** [sus'sulto] *m* Auffahren *n*

sussurrare [sussur'ra:re] I. *vt* flüstern, zuflüstern; *(dicerie)* hinter vorgehaltener Hand sagen II. *vi* **~ contro qu** über jdn munkeln; **sussurrato, -a** [sussur'ra:to] *agg* geflüstert, geraunt; **parole -e** geflüsterte Worte *npl;* **sussurro** [sus'surro] *m* Flüstern *n*

sutura [su'tu:ra] *f* Naht *f*

suvvia [suv'vi:a] *int (fam)* komm, Kopf hoch

svagare [zva'ga:re] I. *vt* ablenken II. *vr* **-rsi** sich ablenken, sich zerstreuen; **svago** ['zva:go] *m* Ablenkung *f,* Zerstreuung *f*

svaligiare [zvali'dʒa:re] *vt* ausrauben; **svaligiatore, -trice** [zvalidʒa'to:re] *m, f* Räuber(in) *m(f),* Dieb(in) *m(f)*

svalutare [zvalu'ta:re] I. *vt* abwerten, entwerten II. *vr* **-rsi** an Wert verlieren; **svalutazione** [zvalutat'tsio:ne] *f* Ab-, Entwertung *f*

svampito, -a [zvam'pi:to] *agg (fam: futile)* flatterhaft; *(astratto)* geistesabwesend

svanire [zva'ni:re] <svanisco> *vi essere* verschwinden; *(progetto)* sich in Luft auflösen; **svanito, -a** [zva'ni:to] *agg* ❶ *(scomparso)* verschwunden ❷ *(aroma, gradazione alcolica)* verflogen ❸ *(fig, pej)* verblödet; *(per vecchiaia)* verkalkt

svantaggiato, -a [zvantad'dʒa:to] *agg* benachteiligt; **essere ~ rispetto a qu** jdm gegenüber benachteiligt sein; **svantaggio** [zvan'taddʒo] <-ggi> *m* ❶ *(condizione)* Nachteil *m;* **essere in ~ rispetto a qu** jdm gegenüber im Nachteil sein ❷ *(SPORT)* Rückstand *m;* **svantaggioso, -a** [zvantad'dʒo:so] *agg* nachteilig, ungünstig

svaporare [zvapo'ra:re] *vi essere* verfliegen

svariato, -a [zva'ria:to] *agg* verschieden

svarione [zva'rio:ne] *m (fam)* (dicker) Fehler *m,* Bock *m*

svasare [zva'za:re] *vt* ❶ *(BOT)* umtopfen ❷ *(gonna)* ausstellen, nach unten weiter machen

svastica ['zvastika] <-che> *f* Hakenkreuz *n*

svecchiamento [zvekkia'mento] *m* Modernisierung *f;* **svecchiare** [zvek'kia:re] *vt* modernisieren; *(guardaroba)* aufpolieren

svecciatore [zvettʃa'to:re] *m (AGR)* Sortierzylinder *m,* Zylindertrieur *m*

svedese [zve'de:se] I. *agg* schwedisch II. *mf* Schwede *m,* Schwedin *f* III. *m (fiammifero)* Streichholz *n*

sveglia[1] ['zveʎʎa] *f* ❶ *(lo svegliare)* Wecken *n* ❷ *(segnale)* Weckruf *m,* Wecksignal *n;* **~ telefonica** Telefonweckdienst *m* ❸ *(orologio)* Wecker *m*

sveglia[2] *int (fam)* aufstehen; **~, che è tardi!** aufstehen, es ist schon spät!

svegliare [zveʎʎa:re] I. *vt* ❶ *(dal sonno)* wecken ❷ *(fig: animare)* aufmuntern, aufrütteln; *(suscitare)* (er)wecken, wachrufen II. *vr* **-rsi** ❶ *(dal sonno, a fig)* aufwachen, wach werden ❷ *(fig: manifestarsi)* **-rsi a qu** in jdm erwachen; **sveglio, -a**

['zveʎʎo] <-gli, -glie> *agg* ❶ (*non addor-mentato*) wach ❷ (*fig*) aufgeweckt

svelare [zve'la:re] *vt* enthüllen, offen legen; (*segreto*) lüften

svellere ['zvɛllere] <svello *o* svelgo, svelsi, svelto> *vt* (*poet*) ❶ (*pianta*) ausreißen ❷ (*fig: vizio, ricordo etc*) ausmerzen

sveltezza [zvel'tettsa] *f* ❶ (*rapidità*) Schnelligkeit *f*, Flinkheit *f* ❷ (*fig*) Aufgewecktheit *f* ❸ (*di linee, forma*) Straffheit *f*, Schlankheit *f*

sveltina [zvel'ti:na] *f* (*vulg*) Quickie *m*

sveltire [zvel'ti:re] <sveltisco> I. *vt* beschleunigen II. *vr* -**rsi** flotter werden

svelto ['zvɛlto] *avv* schnell, rasch

svelto, -a *agg* ❶ (*rapido*) schnell, flink ❷ (*fig*) aufgeweckt, rege ❸ (*forma, figura*) schlank, straff

svenare [zve'na:re] I. *vt* ~ **qu** jdm die Adern aufschneiden II. *vr* -**rsi** sich *dat* die Adern aufschneiden

svendere ['zvendere] *vt* ausverkaufen; **svendita** ['zvendita] *f* Ausverkauf *m;* -**e di fine stagione** Schlussverkauf *m*

svenevole [zve'ne:vole] *agg* süßlich, affektiert

svenimento [zveni'mento] *m* Ohnmacht *f;* **svenire** [zve'ni:re] <irr> *vi essere* in Ohnmacht fallen

sventagliare [zventaʎ'ʎa:re] I. *vt* wedeln (mit), schwingen II. *vr* -**rsi** sich *dat* (Luft) zufächeln

sventare [zven'ta:re] *vt* vereiteln

sventata *f v.* **sventato**

sventatezza [zventa'tettsa] *f* ❶ (*distra-zione*) Kopflosigkeit *f*, Zerstreutheit *f* ❷ (*imprudenza*) Leichtsinn *m;* **sventato, -a** [zven'ta:to] I. *agg* kopflos, leichtsinnig II. *m, f* (*fam pej*) kopflose Person

sventola ['zvɛntola] *f* ❶ (*fam: schiaffone*) Ohrfeige *f* ❷ (*loc*) **orecchie a** ~ abstehende Ohren *npl*, Segelohren *npl scherz*

sventolare [zvento'la:re] I. *vt* schwingen, schwenken II. *vi* flattern, wehen III. *vr* -**rsi** sich *dat* Luft zufächeln; **sventolio** [zvento'li:o] <-ii> *m* Wehen *n*, Flattern *n*

sventramento [zventra'mento] *m* ❶ (*di pollo*) Ausnehmen *n* ❷ (*fig*) Abriss *m*, Niederreißen *n;* **sventrare** [zven'tra:re] *vt* ❶ (*pollo, pesce*) ausnehmen ❷ (*uccidere*) ~ **qu** jdm den Bauch aufschlitzen ❸ (*fig*) niederreißen, abreißen

sventura [zven'tu:ra] *f* Unglück *n;* **compagno di** ~ Leidensgefährte *m;* **sventurato, -a** [zventu'ra:to] I. *agg* unglücklich II. *m, f* Unglückliche(r) *f(m)*

svenuto *pp di* **svenire**

sverginare [zverdʒi'na:re] *vt* entjungfern

svergognare [zvergoɲ'ɲa:re] *vt* bloßstellen, blamieren; **svergognato, -a** [zvergoɲ'ɲa:to] I. *agg* schamlos II. *m, f* Schamlose(r) *f(m)*, schamlose Person

svernare [zver'na:re] *vi* überwintern

svestire [zves'ti:re] I. *vt* ausziehen II. *vr* -**rsi** sich ausziehen

svettare [zvet'ta:re] *vi* empor-, aufragen

Svevia ['zvɛ:via] *f* Schwaben *n;* **svevo, -a** ['zvɛ:vo] I. *agg* ❶ (HIST) (hohen)staufisch ❷ (*della Svevia*) schwäbisch II. *m, f* ❶ (HIST) (Hohen)staufer(in) *m(f)* ❷ (*della Svevia*) Schwabe *m*, Schwäbin *f*

Svezia ['zvɛttsia] *f* Schweden *n*

svezzamento [zvettsa'mento] *m* Entwöhnung *f;* **svezzare** [zvet'tsa:re] *vt* entwöhnen; (*bambino*) abstillen; -**rsi qc** sich *dat* etw abgewöhnen

sviare [zvi'a:re] I. *vt* ❶ (*fig: traviare*) verführen, ablenken ❷ (*colpo, tiro*) ablenken, ableiten; ~ **il discorso** dem Gespräch eine andere Richtung geben II. *vr* -**rsi** ❶ (*fig*) vom rechten Weg abkommen ❷ (*allonta-narsi*) (vom Weg) abkommen

svicolare [zviko'la:re] *vi essere o avere* um die Ecke biegen

svignarsela [zviɲ'ɲarsela] *vi essere* (*fam*) abhauen, sich aus dem Staub machen

svigorire [zvigo'ri:re] <svigorisco> I. *vt* entkräften, schwächen II. *vr* -**rsi** die Kräfte verlieren, schwach werden

svilimento [zvili'mento] *m* Erniedrigung *f*, Herabsetzung *f;* **svilire** [zvi'li:re] <svilisco> *vt* (*fig*) erniedrigen, herabsetzen

sviluppare [zvilup'pa:re] I. *vt* ❶ (*far cres-cere*) entwickeln, aufbauen ❷ (PHYS) erzeugen ❸ (FOTO) entwickeln ❹ (MAT) abwickeln ❺ (*fig: concetto*) entwickeln II. *vr* -**rsi** sich entwickeln; **sviluppo** [zvi'lup-po] *m* Entwicklung *f;* (MAT) Abwicklung *f;* **centro di** ~ Entwicklungszentrum *n;* **fondi per lo** ~ Fördergelder *pl;* **paese in via di** ~ Entwicklungsland *n;* ~ **sostenibile** nachhaltige Entwicklung

svincolare [zviŋko'la:re] I. *vt* ❶ (*liberare*) befreien ❷ (COM) auslösen II. *vr* -**rsi** sich befreien, sich (los)lösen; **svincolo** ['zviŋkolo] *m* ❶ (COM) Freigabe *f*, Auslösung *f* ❷ (MOT: *entrata*) (Autobahn)auffahrt *f;* (*uscita*) (Autobahn)ausfahrt *f*

sviolinare [zvioli'na:re] *vt* (*fam*) ~ **qu** jdm schöntun, sich bei jdm einschmeicheln; **sviolinata** [zvioli'na:ta] *f* (*fam*) Schmeichelei *f*, Lobhudelei *f*

svisare [zvi'za:re] *vt* entstellen

sviscerare [zviʃʃe'ra:re] I. *vt* eingehend behandeln II. *vr* -**rsi per qu** für jdn schwärmen; **sviscerato, -a** [zviʃʃe'ra:to] *agg* heftig, leidenschaftlich; (*lodi*) übertrieben

svista ['zvista] *f* Versehen *n*

svitacoperchi [zvitako'pɛrki] <-> *m* Deckelöffner *m*

svitare [zvi'taːre] *vt* los-, abschrauben; (*vite*) lösen

svitato, -a [zvi'taːto] (*fam*) **I.** *agg* überdreht, verrückt **II.** *m, f* überdrehte Person *f*

Svitto ['zvitto] **I.** *m* (*cantone*) Schwyz *n* **II.** *f* (*città*) Schwyz *n*

Svizzera ['zvittsera] *f* (**la**) ~ die Schweiz; **svizzero, -a** ['zvittsero] **I.** *agg* schweizerisch, Schweizer **II.** *m, f* Schweizer(in) *m(f)*

svogliatezza [zvoʎʎa'tettsa] *f* Lustlosigkeit *f*;**svogliato, -a** [zvoʎ'ʎaːto] *agg* lustlos, träge

svolazzare [zvolat'tsaːre] *vi* ❶ (*uccelli*) herumflattern, herumfliegen; (*insetti*) herumschwirren ❷ (*fig*) umherschweifen ❸ (*al vento*) flattern; **svolazzo** [zvo'lattso] *m* (*a fig*) Schnörkel *m*

svolgere ['zvɔldʒere] <irr> **I.** *vt* ❶ (*gomitolo*) abwickeln; (*pacco, regalo*) auswickeln, auspacken ❷ (*fig: idea, tema*) ausbreiten, entfalten; (*programma, piano*) abwickeln; (*lavoro*) verrichten; ~ **un'attività/una professione** einer Tätigkeit/einem Beruf nachgehen **II.** *vr* -**rsi** ❶ (*accade-*

re) sich ereignen, sich zutragen ❷ (THEAT, LIT) spielen, sich abspielen; **svolgimento** [zvoldʒi'mento] *m* ❶ (*di tema, tesi*) Ausarbeitung *f*, Behandlung *f*, Darstellung *f* ❷ (*fig*) Abwicklung *f*, Entfaltung *f*, Entwicklung *f*

svolsi *1. pers sing pass rem di* **svolgere**

svolta ['zvɔlta] *f* ❶ (*azione*) Abbiegen *n*; **divieto di ~ a destra/sinistra** Rechts-/Linksabbiegen verboten ❷ (*curva*) Kurve *f* ❸ (*fig*) Wende *f*;**svoltare** [zvol'taːre] **I.** *vi* abbiegen **II.** *vt* auspacken

svolto *pp di* **svolgere**

svuotamento [zvuota'mento] *m* Entleerung *f*;**svuotare** [zvuo'taːre] *vt* ❶ (*vuotare*) leeren, ausheben *A* ❷ (*fig: privare di*) ~ **qc di senso** [*o* **significato**] etw seines Sinnes entleeren

swatch® [swɔtʃ] <-> *m* Swatch® *f*

switch [switʃ] *m* (INFORM) Schalter *m*

synfuel ['sinfjuəl] <-> *m* synthetischer Treibstoff, Synfuel *n*

syngas ['singæs] <-> *m* Synthesegas *n*

synth ['sinθ] <-> *m* (MUS) Synthi(e) *m*

system administrator ['sistim əd'ministreitə] <-> *mf* Systemadministrator(in) *m(f)*; **system analyst** ['sistim 'ænilist] <-> *mf* (INFORM) Systemanalytiker(in) *m(f)*; **system engineer** ['sistim endʒi'niə] <-> *mf* (INFORM) Systemingenieur(in) *m(f)*

S

T t

T, t [ti] <-> *f* T, t *n;* **ferro a ~** T-Eisen *n;* **~ come Torino** T wie Theodor

t *abbr di* **tonnellata** t

tab. *abbr di* **tabella** Tab.

tabaccaio, -a [tabak'ka:io] <-ccai, -ccaie> *m, f* Tabakwarenverkäufer(in) *m(f),* Trafikant(in) *m(f) A;* **tabaccheria** [tabakke'ri:a] <-ie> *f* Tabakladen *m,* Tabaktrafik *f A,* Trafik *f A;* **tabacchiera** [tabak'kiɛ:ra] *f* Schnupftabak(s)dose *f*

tabacco¹ [ta'bakko] <-cchi> *m* Tabak *m;* **~ da fiuto** [*o* **da naso**] Schnupftabak *m*

tabacco² <inv> *agg* tabak(braun), tabakfarben

tabagismo [taba'dʒizmo] *m* Nikotinvergiftung *f;* **tabagista** [taba'dʒizta] <-i *m,* -e *f*> *mf* an Nikotinvergiftung Erkrankte(r) *f(m)*

tabe ['ta:be] *f* Schwindsucht *f;* **~ dorsale** Rückenmark(s)tuberkulose *f*

tabella [ta'bɛlla] *f* ❶ (*tavoletta*) (Merk)täfelchen *n* ❷ (*prospetto*) Tabelle *f,* Aufstellung *f;* (*di fasi lavorative*) Dienstplan *m;* **~ di marcia** [*o* **oraria**] Zeitplan *m;* **~ dei prezzi** Preisliste *f*

tabellone [tabel'lo:ne] *m* Anschlagtafel *f;* (*prospetto*) Schautafel *f;* (*di orari, punteggi*) Zielbrett *n*

tabernacolo [taber'na:kolo] *m* Tabernakel *n o m*

tabloide [ta'blɔ:ide] *m* Tablette *f*

tabù [ta'bu] I.<inv> *agg* tabu II.<-> *m* Tabu *n;* **parola ~** Tabuwort *n*

tabulato [tabu'lato] *m* Ausdruck *m;* **tabulatore** [tabula'to:re] *m* Tabulator *m*

TAC *f o m acro di* **Tomografia Assiale Computerizzata** CT *f* (*Computertomographie*)

tacca ['takka] <-cche> *f* ❶ (*incisione*) Kerbe *f* ❷ (*di lama*) Scharte *f* ❸ (*statura*) Statur *f,* Größe *f* ❹ (*fig: difetto*) Makel *m,* Fehler *m*

taccagna *f v.* **taccagno**

taccagneria [takkaɲɲe'ri:a] <-ie> *f* Knauserei *f;* **taccagno, -a** [tak'kaɲɲo] I. *agg* geizig, knauserig *fam* II. *m, f* Geizhals *m fam*

tacchettio [takket'ti:o] <-ii> *m* (*di tacchi*) Geklapper *n*

tacchetto [tak'ketto] *m* dünner Absatz; (SPORT) Stollen *m*

tacchina [tak'ki:na] *f* Truthenne *f,* Pute *f*

tacchino, -a [tak'ki:no] *m, f* Truthahn *m,* Truthenne *f,* Pute(r) *f(m),* Indian *m A;* **pet-**

to di ~ Putenbrust *f*

taccia ['tattʃa] <-cce> *f* ❶ (*cattiva fama*) schlechter Ruf, Verruf *m* ❷ (*accusa*) Anklage *f,* Beschuldigung *f*

tacciare [tat'tʃa:re] *vt* beschuldigen, bezichtigen; **~ qu di tradimento** jdn des Verrats beschuldigen

taccio ['tattʃo] *1. pers sing pr di* **tacere**

tacco ['takko] <-cchi> *m* (Schuh)absatz *m;* **~ alto/basso** hoher/flacher Absatz; **battere i -cchi** strammstehen

taccuino [takku'i:no] *m* (*per appunti*) Notizbuch *n;* (*per abbozzi*) Skizzenbuch *n*

tacere [ta'tʃe:re] <taccio, tacqui, taciuto> I. *vt* verschweigen, nicht sagen II. *vi* schweigen; **~ di qc** über etw *acc* schweigen; **~ su qc** zu etw schweigen; **mettere a ~ qc** etw vertuschen; **chi tace acconsente** (*prov*) wer schweigt, stimmt zu

tachicardia [takikar'di:a] <-ie> *f* Herzjagen *n,* Tachykardie *f*

tachimetro [ta'ki:metro] *m* Tachometer *m o n;* **~ analogico** Analogtachometer *m o n*

tacitare [tatʃi'ta:re] *vt* befriedigen, zufrieden stellen; (FIN) abfinden

tacito, -a ['ta:tʃito] *agg* ❶ (*silenzioso*) leise, still; (*persone*) schweigsam, schweigend ❷ (*sottinteso*) stillschweigend

taciturno, -a [tatʃi'turno] *agg* schweigsam, wortkarg

taciuto [ta'tʃu:to] *pp di* **tacere**

tacqui ['takkui] *1. pers sing pass rem di* **tacere**

tafanario [tafa'na:rio] <-i> *m* (*scherz*) Allerwerteste(r) *m*

tafano [ta'fa:no] *m* Bremse *f*

tafferuglio [taffe'ruʎʎo] <-gli> *m* Krawall *m,* Tumult *m*

taffettà [taffet'ta] <-> *m* Taft *m*

taglia [taʎʎa] <-glie> *f* ❶ (*corporatura*) Gestalt *f* ❷ (*di abito*) Größe *f;* **~ unica** Einheitsgröße *f* ❸ (*ricompensa*) Kopfgeld *n;* (*riscatto*) Lösegeld *n* ❹ (*tributo esoso*) Schutzgebühr *f*

tagliabile [taʎʎa:bile] *agg* ❶ (*che può essere tagliato*) schneidbar ❷ (*sottoponibile a taglia*) steuerpflichtig, abgabenpflichtig

tagliabordi [taʎʎa'bordi] <-> *m* Rasenrandstecher *m*

tagliaborse [taʎʎa'borse] <-> *mf* Taschendieb(in) *m(f)*

tagliaboschi [taʎʎa'bɔski] <-> *m* Holzfäller *m,* Holzhacker *m A, südd;* **tagliacalli** [taʎʎa'kalli] <-> *m* Pediküremesser *n,*

tacere	
esortare a tacere	**zum Schweigen auffordern/ um Ruhe bitten**
Adesso faccia silenzio!	**Jetzt seien Sie doch mal ruhig!**
Pss!/Pst! Ps! (*fam*)	**Pst!** (*fam*)
Chiudi il becco! (*fam*)	**Halt's Maul!/Schnauze!** (*derb*)
Ora sta' zitto!	**Jetzt sei mal still!**
Ora stammi a sentire!	**Jetzt hör mir mal zu!**
Fate parlare anche me!	**Ich möchte auch noch etwas sagen!**
Silenzio!	**Ruhe!**
(*ad un pubblico*): **Silenzio, per favore!**	(*an ein Publikum*): **Ich bitte um Ruhe!**

Hornhautmesser *n*

tagliacarte [taʎʎa'karte] <-> *m* Brieföffner *m;* **tagliacedole** [taʎʎa'tʃɛːdole] <-> *m* Couponabschneider *m;* **tagliacque** [taʎʎakkue] <-> *m* Eisbrecher *m*

tagliacuce [taʎʎa'kutʃe] <-> *f* Säumer *m*

tagliaferro [taʎʎa'fɛrro] <-> *m* Stahlmeißel *m;* **tagliafieno** [taʎʎa'fiɛːno] <-> *m* (AGR) Häckselmesser *n*

tagliafuoco [taʎʎa'fuɔːko] **I.** <inv> *agg* Feuer-, Brand-; **porta** ~ Brandmauer *f* **II.** <-> *m* Feuerschutz *m,* Feuerschutzschneise *f;* **tagliafuori** [taʎʎa'fuɔːri] <-> *m* (SPORT) Schneiden-zum-Korb *n*

taglialegna [taʎʎa'leɲɲa] <-> *m* Holzhacker *m,* Holzfäller *m;* **tagliamare** [taʎʎa'maːre] <-> *m* Vordersteven *m,* Bug *m*

tagliando [taʎˈʎando] *m* Abschnitt *m,* Coupon *m*

tagliapasta [taʎʎa'pasta] <-> *m* Teigrädchen *n*

tagliapatate [taʎʎapa'taːte] <-> *m* Pommes-frites-Schneider *m;* **tagliapietre** [taʎʎa'piɛːtre] <-> *mf* Steinmetz(in) *m(f);* **tagliapoggio** [taʎʎa'pɔddʒo] <-> *m* (AGR) Häufelpflug *m*

tagliare [taʎˈʎaːre] **I.** *vt* ❶ (*gener*) (ab)schneiden; (*legno*) hacken; (*albero*) fällen, schlägern *A;* (*stoffa*) zuschneiden; (*erba*) mähen ❷ (MED: *ascesso*) aufschneiden; (*braccio, gamba*) abnehmen, amputieren ❸ (*in parti*) auf-, zer-, durchschneiden; ~ **in due** halbieren; ~ **in quattro** vierteln ❹ (*vino*) verschneiden ❺ (*carte*) abheben ❻ (*film, scena*) kürzen ❼ (*spese*) kürzen ❽ (*strada*) abschneiden ❾ (*computer*) ausschneiden ❿ (*loc*) ~ **la corda** (*fig*) Reißaus nehmen, sich aus dem Staub machen *fam;* ~ **i ponti** (*fig*) alle Brücken (hinter sich *dat*) abbrechen; ~ **la testa al toro**

(*fig*) (nach langer Überlegung) einen Entschluss fassen; ~ **il traguardo** (SPORT) durchs Ziel gehen **II.** *vi* schneiden; **tagliar corto** es kurz machen

tagliasfoglia [taʎʎa'sfɔʎʎa] <-> *m* Teigrädchen *n*

tagliasigari [taʎʎa'siːgari] <-> *m* Zigarrenabschneider *m;* **tagliastracci** [taʎʎa'strattʃi] <-> *m* Hadernschneid(e)-maschine *f;* **tagliatartufi** [taʎʎatar'tuːfi] <-> *m* Trüffelhobel *m*

tagliatelle [taʎʎa'tɛlle] *fpl* Bandnudeln *fpl*

tagliato, -a [taʎˈʎaːto] *agg* ❶ (*gener*) geschnitten; (*modello*) zugeschnitten ❷ (*fig*) **essere** ~ **per qc** für etw geeignet sein; **essere** ~ **per le lingue** sprachlich begabt sein; **tagliatore, -trice** [taʎʎa'toːre] *m, f* Zuschneider(in) *m(f);* **tagliatura** [taʎʎa-'tuːra] *f* ❶ (*atto*) (Ab-, Ver-, Zu)schneiden *n* ❷ (*punto*) Schnittstelle *f*

tagliaunghie [taʎʎa'uɲgie] <-> *m* Nagelknipser *m*

tagliauova [taʎʎa'uɔːva] <-> *m* Eierschneider *m;* **tagliavento** [taʎʎa'vɛnto] <-> *m* ❶ (NAUT) Besansegel *n* ❷ (MIL) Kappe *f*

tagliazolle [taʎʎa'dzɔlle *o* taʎʎa'tsɔlle] <-> *m* Schollenbrecher *m*

taglieggiare [taʎʎed'dʒaːre] *vt* ~ **qu** jdm Kontributionen auferlegen

tagliente [taʎˈʎɛnte] **I.** *agg* ❶ (*affilato*) scharf ❷ (*fig: mordace*) bissig, beißend; (*lingua*) spitz; (*critica*) scharf **II.** *m* Schneide *f*

tagliere [taʎˈʎɛːre] *m* Hackbrett *n*

taglierina [taʎʎe'riːna] *f* Schneidemaschine *f*

taglierini [taʎʎe'riːni] *mpl* Suppennudeln *fpl*

taglio ['taʎʎo] <-gli> *m* ❶ (*gener*) Schnitt *m;* (*di alberi*) Fällen *n;* (*di legna*)

Hacken *n*; (*di stoffa*) Zuschnitt *m*; ~ **cesareo** Kaiserschnitt *m*; **arma a doppio ~** (*fig*) zweischneidiges Schwert; **colpire la palla di ~** den Ball (an)schneiden; **diamoci un ~!** (*fig*) lasst uns ein Ende damit machen!, Schluss damit! ❷ (*della lama*) Schneide *f* ❸ (MED) Amputation *f* ❹ (*di vini*) Verschnitt *m* ❺ (*fig: di spese, film, scena*) Kürzung *f*; **tagliola** [taʎˈʎɔːla] *f* Fangeisen *n*; **tagliolini** [taʎʎoˈliːni] *mpl v.* **taglierini**; **tagliuzzare** [taʎʎutˈtsaːre] *vt* zerschneiden, zerschnippeln *fam*

tailleur [taˈjœːr] <-> *m* Kostüm *n*; ~ **pantalone** Hosenanzug *m*

takeaway [ˈteikəwei] <-> *m* ❶ (*negozio*) Takeaway *n* ❷ (*servizio*) **la pizzeria ha il ~** in der Pizzeria gibt es auch Pizzas zum Mitnehmen

tal [tal] *v.* **tale**

talaltro, -a [taˈlaltro] *pron* ein(e) andere(r, s)

talamo [ˈtaːlamo] *m* ❶ (*poet: camera*) Brautgemach *n geh*; (*letto*) Hochzeitsbett *n*; **condurre al ~** (*poet*) zum Traualtar führen; **macchiare il ~** (*poet*) Ehebruch begehen ❷ (BOT) Blütenboden *m* ❸ (ANAT) Thalamus *m*

talare [taˈlaːre] **I.** *agg* **veste ~** Talar *m* **II.** *f* Talar *m*

talari [taˈlaːri] *mpl* Flügelschuhe *mpl*

talché [talˈke] *cong* (*poet*) so [*o* dermaßen] ..., dass

talco [ˈtalko] <-chi> *m* Talkum *n*; ~ **borato** Talkumpuder *m*

tale [ˈtaːle] <*davanti a consonante spesso* tal> **I.** *agg* ❶ (*di questa specie*) solch, ein(e) derartige(r, s) ❷ (*così grande*) so groß ❸ (*questo*) diese(r, s); **la tal persona** diese Person; **a tal punto** an diesem Punkt; **in tal caso** in diesem Fall ❹ (*indefinito*) gewisse(r, s); **un ~ signore** ein gewisser Herr **II.** *pron* ❶ (*persona già menzionata*) derjenige, diejenige, dasjenige; **quel ~** der Betreffende, jener ❷ (*indefinito*) einer, eine, jemand; **un ~ vuol parlarti** jemand möchte dich sprechen ❸ *pl* einige, manche ❹ ~ (**e**) **quale** genauso wie

talea [taˈlɛːa] *f* Steckling *m*

talento [taˈlɛnto] *m* Begabung *f*, Talent *n*; **un giovane di ~** ein begabter Junge; **avere del ~** Talent haben

talismano [talizˈmaːno] *m* Talisman *m*

talkman [ˈtɔlkmæn] <-> *mf* (TV, RADIO) Talkmaster *m*, Leiter(in) *m(f)* einer Talkshow

talk show [ˈtɔlk ʃou] <-> *m* (TV) Talkshow *f*

tallero [ˈtallero] *m* Taler *m*

tallonare [talloˈnaːre] *vt* ~ **qu** jdm auf den

Fersen sein; ~ **il pallone** den Ball mit der Ferse zurückstoßen

talloncino [tallonˈtʃiːno] *m* Abschnitt *m*, Quittung(sschein *m*) *f*

tallone [talˈloːne] *m* Ferse *f*; ~ **d'Achille** Achillesferse *f*

talmente [talˈmente] *avv* so, dermaßen

talora [taˈloːra] *avv* manchmal, bisweilen

talpa [ˈtalpa] *f* ❶ (ZOO) Maulwurf *m* ❷ (*fig*) Schwachkopf *m*

taluno, -a [taˈluːno] <*pl*> **I.** *agg* einige, manche **II.** *pron* manche(r, s), eine(r, s); ~ ... **talaltro** einer ... ein anderer

talvolta [talˈvɔlta] *avv* manchmal, bisweilen

tamarindo [tamaˈrindo] *m* ❶ (BOT) Tamarinde *f* ❷ (*bibita*) Tamarindengetränk *n*

tamburato [tambuˈraːto] *m* Furnier *n*

tamburato, -a *agg* furniert

tambureggiamento [tamburedˈdʒaˈmento] *m* ❶ (MUS, SPORT) Trommeln *n* ❷ (MIL) Trommelfeuer *n*; **tambureggiare** [tamburedˈdʒaːre] *vi* ❶ (MUS) trommeln ❷ (MIL: *artiglieria*) (ein) Trommelfeuer veranstalten

tamburellare [tamburelˈlaːre] *vi* das Tamburin schlagen; ~ **con le dita** mit den Fingern trommeln; **tamburello** [tambuˈrɛllo] *m* ❶ (MUS) Tamburin *n* ❷ (*gioco*) Trommelballspiel *n*; **tamburino** [tambuˈriːno] *m* ❶ (MUS) Trommler *m* ❷ (*sl: sui giornali*) Veranstaltungskalender *m*, -übersicht *f*; **tamburo** [tamˈbuːro] *m* ❶ (*strumento*) Trommel *f* ❷ (*sonatore*) Trommler *m* ❸ (ARCH) Tambour *m* ❹ (AUTO) ~ **del freno** Bremstrommel *f*

Tamigi [taˈmiːdʒi] *m* Themse *f*

tamponamento [tamponaˈmento] *m* ❶ (*di veicoli*) Auffahrunfall *m*; ~ **a catena** Massenkarambolage *f* ❷ (MED: *di ferita*) Tamponade *f*; **tamponare** [tampoˈnaːre] *vt* ❶ (MOT) auffahren auf +*acc* ❷ (MED) tamponieren; **tamponatore** [tamponaˈtoːre] *m* Verursacher(in) *m(f)* eines Auffahrunfalls

tampone [tamˈpoːne] *m* ❶ (*per timbri*) Stempelkissen *n* ❷ (*di carta assorbente*) Löscher *m*, Löschrolle *f* ❸ (MED) Tampon *m*

tam-tam, tamtam [tamˈtam] <-> *m* Tamtam *n*

tana [ˈtaːna] *f* ❶ (*di animali*) Höhle *f*, Bau *m* ❷ (*fig: nascondiglio*) Schlupfwinkel *m* ❸ (*fig, pej: stamberga*) Loch *n*

tandem [ˈtandem] <-> *m* Tandem *n*; **lavorare in ~** (*fig*) im Gespann zusammenarbeiten

tanfo [ˈtanfo] *m* Modergeruch *m*

tangente [tanˈdʒɛnte] **I.** *agg* tangierend;

(MAT) tangential, Tangens- **II.** *f* ❶ (MAT) Tangente *f* ❷ (*quota*) Anteil *m* ❸ (*fig, pej*) Schmiergeld *n;* **tangentocrazia** [tandʒentokra'tsi:a] *f* Schmiergeldrepublik *f;* **tangentopoli** [tandʒen'tɔ:poli] <-> *f* Schmiergeldzahlungen *fpl;* **lo scandalo di** ~ der Schmiergeldskandal

tangenza [tan'dʒɛntsa] *f* ❶ (MAT) Tangentialpunkt *m* ❷ (AERO) Scheitelpunkt *m;* **tangenziale** [tandʒen'tsia:le] **I.** *agg* tangential-, Tangens- **II.** *f* (*strada*) Umgehungsstraße *f*

tanghero ['taŋgero] *m* Tölpel *m,* Rüpel *m*

tangibile [tan'dʒi:bile] *agg* fühlbar; (*fig*) greifbar

tango ['taŋgo] <-ghi> *m* Tango *m*

tanica ['ta:nika] <-che> *f* Kanister *m*

tannico ['tanniko] <-ci, -che> *agg* tanninhaltig; **acido** ~ Gerbsäure *f*

tannino [tan'ni:no] *m* Gerbsäure *f,* Tannin *n*

tantino [tan'ti:no] *avv* **un** ~ ein bisschen, etwas

tanto ['tanto] *avv* ❶ (*molto*) sehr; (*con verbo*) viel; **ti ringrazio** ~ ich danke dir vielmals ❷ (*assai*) so (sehr); ~ **e poi** ~ sehr viel; **né** ~ **né quanto** nicht im Geringsten, ganz und gar nicht ❸ (*così*) so (viel); **fu** ~ **sciocco da crederlo** er war so dumm es zu glauben ❹ (*altrettanto*) so viel; ~ ... **quanto** ... so viel ... wie ... ❺ (*temporale*) **da** ~ seit langem; **di** ~ **in** ~ von Zeit zu Zeit; **ogni** ~ ab und zu; **una volta** ~ (für) das eine Mal ❻ (*loc*) ~ **meno** um so weniger; ~ **meglio** um so besser; ~ **per cambiare** zur Abwechslung; ~ **per far qc** nur um etw zu tun; ~ **è lo stesso** es kommt auf dasselbe heraus; ~ **vale che tu rimanga** es ist besser, wenn du bleibst

tanto, -a I. *agg* ❶ (*così molto*) so viel, so sehr; (*fig*) so groß, so weit; ~ ... **che** ... +*indicativo,* ~ ... **da** ... +*inf* (so)viel ..., dass ...; (*in senso astratto*) so (groß) ..., dass ... ❷ (*in numero così grande*) so viel; **-e volte** so oft ❸ (*molto*) viel; **-i saluti** viele Grüße; **-e grazie** vielen Dank ❹ (*in funzione correlativa*) (genau)so viel, (genau)so sehr; ~ ... **quanto** ... genauso viel ... wie, so ... wie ... ❺ (*loc*) **con** ~ **d'occhi** (*fig*) mit (so) großen Augen **II.** *pron* ❶ (*così molto*) so viel; **quel** ~ **che basta** so viel, dass es reicht ❷ (*molto*) viel ❸ *pl* (*molte persone*) viele

tape monitor ['teip 'mɔnitə] <-> *m* Kontrollaufnahmetaste *f*

tap-in ['tæpin] <-> *m* (SPORT) Korbleger *m*

tapino, -a [ta'pi:no] **I.** *agg* elend, armselig **II.** *m, f* Arme(r) *f(m),* Elende(r) *f(m)*

tapiro [ta'pi:ro] *m* Tapir *m*

tapis roulant [ta'pi ru'lã] <-> *m* Laufband *n*

tappa ['tappa] *f* ❶ (*sosta*) Rast *f,* Station *f* ❷ (*percorso*) Etappe *f,* Station *f;* (SPORT) Etappe *f;* **a -e** etappenweise; **bruciare le -e** (*fig*) sich gewaltig ins Zeug legen

tappabuchi [tappa'bu:ki] <-> *m* Lückenbüßer *m*

tappare [tap'pa:re] *vt* zu-, verstopfen; (*bottiglie*) verkorken; (*finestre*) abdichten; ~ **la bocca a qu** (*fig*) jdm den Mund stopfen *fam;* ~ **un buco** (*fig*) ein Loch stopfen *fam;* **-rsi il naso** sich *dat* die Nase zuhalten; **-rsi le orecchie** (*fig*) die Ohren verschließen

tapparella [tappa'rɛlla] *f* Rollladen *m;* **tapparellista** [tapparel'lista] <-i *m,* -e *f*> *mf* Rollladenhersteller(in) *m(f)*

tappetino [tappe'ti:no] *m* (INFORM) Mousepad *n*

tappeto [tap'pe:to] *m* ❶ (*per pavimenti*) Teppich *m;* ~ **erboso** Rasen(teppich) *m;* ~ **persiano** Perser(teppich) *m;* **a** ~ (*fig*) flächendeckend ❷ (*per tavoli*) (Tisch)decke *f;* ~ **verde** Spieltisch *m* ❸ (SPORT) Matte *f;* (*per pugilato*) Bretter *npl*

tappezzare [tappet'tsa:re] *vt* ❶ (*pareti*) tapezieren; (*con tappeti*) verkleiden; (*con legno*) täfeln ❷ (*mobili*) beziehen; **tappezzeria** [tappettse'ri:a] <-ie> *f* ❶ (*per pareti*) Tapeten *fpl* ❷ (*in legno*) Täfelung *f* ❸ (*di mobili, auto*) Polsterung *f* ❹ (*tecnica*) Tapezierkunst *f;* **tappezziere, -a** [tappet'tsiɛ:re] *m, f* Polsterer *m,* Polst(r)erin *f*

tappo ['tappo] *m* ❶ (*turacciolo*) Pfropfen *m,* Stöpsel *m;* (*di sughero*) Korken *m;* ~ **a corona** Kronkorken *m;* ~ **a vite** Schraubverschluss *m* ❷ (*scherz: persona piccola*) Stöpsel *m fam*

TAR [tar] *m acro di* **Tribunale Amministrativo Regionale** *italienisches regionales Verwaltungsgericht;* **fare ricorso al** ~ das regionale Verwaltungsgericht anrufen

tara ['ta:ra] *f* ❶ (*peso*) Tara *f,* Verpackungsgewicht *n* ❷ (*malattia*) Gebrechen *n* ❸ (*difetto*) Fehler *m;* ~ **ereditaria** erbliche Belastung

tarantella [taran'tɛlla] *f* Tarantella *f*

Tarantino <*sing*> *m* Umgebung *f* von Tarent

tarantino, -a [taran'ti:no] **I.** *agg* tarentinisch **II.** *m, f* (*abitante*) Tarentiner(in) *m(f),* Tarenter(in) *m(f)*

Taranto [ta'ranto] *f* Tarent *n* (*Stadt in Apulien*)

tarantola [ta'rantola] *f* Tarantel *f*

tarare [ta'ra:re] *vt* ❶ (*detrarre la tara*) die Tara abziehen von ❷ (*strumento*) eichen

tarato, -a [ta'ra:to] *agg* ❶ (*per malattia*) gebrechlich ❷ (*moralmente*) gebrochen ❸ (*strumento*) geeicht

taratura [tara'tu:ra] *f* Eichung *f*

tarchiato, -a [tar'kia:to] *agg* untersetzt

tardare [tar'da:re] I. *vi* ❶ (*arrivare in ritardo*) sich verspäten ❷ (*indugiare*) ~ **a rispondere** mit der Antwort zögern; ~ **a venire** mit Verspätung kommen ❸ (*nel pagamento*) säumig sein II. *vt* verzögern; **tardi** ['tardi] *avv* ❶ (*a ora avanzata*) spät; **più** ~ später; **a più** ~! bis später!; **sul** ~ gegen Abend; **ieri sera ho fatto** ~ gestern Abend ist es spät geworden ❷ (*in ritardo*) verspätet, zu spät; **far** ~ sich verspäten; **chi** ~ **arriva male alloggia** (*prov*) wer nicht kommt zur rechten Zeit, der muss nehmen, was übrig bleibt; **tardigrado, -a** [tar'di:grado] I. *agg* träge II. *m, f* Faulpelz *m;* **tardivo, -a** [tar'di:vo] *agg* ❶ (*pianta*) Spät-, spätreif ❷ (*scusa, rimedio*) verspätet, zu spät ❸ (*fig: persona*) (geistig) zurückgeblieben; **tardo, -a** ['tardo] *agg* ❶ (*nel tempo*) spät ❷ (*lento*) langsam; (*pej*) träge; **tardona** [tar'do:na] *f* (*scherz*) Möchtegern-Teenager *m fam*

targa ['targa] <-ghe> *f* Schild *n*, Plakette *f;* (MOT) Nummernschild *n;* **targare** [tar'ga:re] *vt* mit einem Nummernschild versehen, ein Nummernschild anbringen an +*dat;* **la vettura targata AT 405 FR** das Fahrzeug mit dem Kennzeichen AT 405 FR

target ['ta:git *o* 'target] <-> *m* (COM) Zielgruppe *f*

targhetta [tar'getta] *f* Typenschild *n*

tariffa [ta'riffa] *f* Tarif *m;* ~ **ordinaria** Normalpreis *m;* ~ **ridotta** Billigtarif *f;* ~ **telefonica** Telefongebühr *f*

tariffario [tarif'fa:rio] <-i> *m* Gebührenverzeichnis *n*, Preisliste *f*

tariffario, -a <-i, -ie> *agg* Tarif-, tariflich

tarlare [tar'la:re] I. *vt* (*legno*) wurmstichig machen; (*tessuti*) zerfressen II. *vi* -**rsi** (*legno*) wurmstichig werden; (*tessuti*) von Motten zerfressen werden; **tarlatura** [tarla'tu:ra] *f* ❶ (*del legno*) Wurmfraß *m;* (*dei tessuti*) Mottenfraß *m* ❷ (*polvere di legno*) Holz-, Wurmmehl *n;* **tarlo** ['tarlo] *m* ❶ (ZOO) Holzwurm *m* ❷ (*fig*) Nagen *n*, Stich *m*

tarma ['tarma] *f* Motte *f;* **tarmare** [tar'ma:re] I. *vt* zerfressen II. *vr* -**rsi** von Motten zerfressen werden

taroccare [tarok'ka:re] *vi* ❶ (*fam*) zanken ❷ (*sl: falsificare*) fälschen

tarpare [tar'pa:re] *vt* ❶ (*ali*) stutzen ❷ (*fig*) beschneiden

tarsia [tar'si:a] <-ie> *f* Intarsien-, Einlegearbeit *f*

tartagliamento [tartaʎʎa'mento] *m* Stottern *n*

tartagliare [tartaʎ'ʎa:re] I. *vt* stammeln II. *vi* stottern; **tartaglione, -a** [tartaʎ'ʎo:ne] *m, f* Stotterer *m*, Stotterin *f*

tartara *f v.* **tartaro**

tartarico [tar'ta:riko] <-ci, -che> *agg* Weinstein-; **acido** ~ Wein(stein)säure *f*

tartaro ['tartaro] *m* Kalkstein *m;* (*delle botti*) Weinstein *m;* (*dei denti*) Zahnstein *m*

tartaro, -a I. *agg* tatarisch; **salsa -a** Sauce Tartare *f* II. *m, f* Tatar(in) *m(f)*

tartaruga [tarta'ru:ga] <-ghe> *f* ❶ (ZOO) Schildkröte *f;* **camminare come una** ~ im Schneckentempo gehen ❷ (*materiale*) Schildpatt *n*

tartassare [tartas'sa:re] *vt* schikanieren, piesacken *fam;* (*strumento*) malträtieren; (*all'esame*) schikanieren

tartina [tar'ti:na] *f* Butterbrot *n*, belegte Schnitte

tartufo [tar'tu:fo] *m* Trüffel *f*

tasca ['taska] <-sche> *f* ❶ (*nei vestiti*) Tasche *f;* **conoscere qc come le proprie -sche** etw wie seine Westentasche kennen; **fare i conti in** ~ **a qu** in jds Tasche wirtschaften; **starsene con le mani in** ~ (*fig*) die Hände in den Schoß legen; **ne ho piene le -sche** (*fam*) ich habe die Nase voll (davon); **non me ne viene nulla in** ~ für mich fällt davon nichts ab ❷ (ANAT) Beutel *m*, Sack *m;* **tascabile** [task'ka:bile] I. *agg* Taschen-; **computer** ~ Taschencomputer *m* II. *m* Taschenbuch *n;* **tascapane** [taskka'pa:ne] <-> *m* Wandertasche *f;* (MIL) Brotbeutel *m;* **taschino** [task'ki:no] *m* (Westen)tasche *f*

tassa ['tassa] *f* Abgabe *f;* (*tariffa*) Gebühr *f;* (*imposta*) Steuer *f;* ~ **di circolazione** Kraftfahrzeugsteuer *f;* ~ **sul consumo** Verbrauchssteuer *f;* ~ **di soggiorno** Kurtaxe *f;* -**e scolastiche** Schulgeld *n;* **esente da -e** steuer-, gebührenfrei; **soggetto a -e** steuer-, gebührenpflichtig; **tassabile** [tas'sa:bile] *agg* steuerpflichtig, steuerbar

tassametro [tas'sa:metro] *m* Taxameter *m o n*, Fahrpreisanzeiger *m;* ~ **di parcheggio** Parkuhr *f*

tassare [tas'sa:re] *vt* ❶ (*redditi*) besteuern ❷ (*lettere*) mit einer Nachgebühr belegen

tassativo, -a [tassa'ti:vo] *agg* bindend, endgültig

tassazione [tassat'tsio:ne] *f* Besteuerung *f*

tassellatrice [tassella'tri:tʃe] *f* Dübelbohrmaschine *f*

tassello [tas'sɛllo] *m* ❶ (*blocchetto*) Einsatzstück *n* ❷ (*fig*) Mosaikstein *m*

tassì [tas'si] <-> *m* Taxi *n;* ~ **aereo** Lufttaxi *n;* **tassista** [tas'sista] <-i *m*, -e *f*> *mf* Taxifahrer(in) *m(f)*

tasso ['tasso] *m* ❶ (COM, FIN) Satz *m*, Rate *f;* ~ **di mortalità/natalità** Sterblichkeits-/Geburtenrate *f;* ~ **d'interesse/di sconto** Zins-/Diskontsatz *m;* ~ **d'inflazione** Inflationsrate *f;* -**i di conversione** Umrechnungskurse *mpl* ❷ (ZOO) Dachs *m* ❸ (BOT) Eibe *f*, Taxus *m*

tastare [tas'ta:re] *vt* (ab-, be)tasten, (be)fühlen; ~ **il polso** den Puls fühlen; (*fig*) auf den Zahn fühlen; ~ **il terreno** (*fig*) die Lage peilen

tastavino [tasta'vi:no] <-> *m* Probierschale *f* für Wein

tastiera [tas'tiɛ:ra] *f* ❶ (TEC, INFORM) Tastatur *f;* **telefono a** ~ Tastentelefon *n* ❷ (MUS: *di pianoforte*) Tastatur *f;* (*di chitarra*) Griffbrett *n;* **tastierino** *m* ~ **numerico** (*computer*) Ziffernblock *m;* **tastierino numerico** *m* (*parte della tastiera di un computer*) Ziffernblock *m*

tasto ['tasto] *m* ❶ (*il tastare*) Tasten *n* ❷ (TEC) Taste *f* ❸ (MUS: *di pianoforte*) Taste *f;* (*di chitarra*) Griffbrett *n* ❹ (*prelievo*) Probeentnahme *f;* **tastoni** [tas'to:ni] *avv* tastend, tappend; **procedere a** ~ (*fig*) im Dunkeln tappen

tattica ['tattika] <-che> *f* Taktik *f;* **tattico, -a** ['tattiko] <-ci, -che> *agg* taktisch

tattile [tat'ti:le] *agg* Tast-

tatto ['tatto] *m* ❶ (*senso*) Tastsinn *m* ❷ (*fig*) Takt *m*, Fingerspitzengefühl *n;* **mancanza di** ~ Taktlosigkeit *f*

tatuaggio [tatu'addʒo] <-ggi> *m* Tätowierung *f;* **tatuare** [tatu'a:re] *vt* tätowieren

taumaturgo, -a [tauma'turgo] <-ghi *o* -gi, -ghe> *m*, *f* Wundertäter(in) *m(f)*

Tauno [ta'uno] *m* Taunus *m*

Tauri ['ta:uri] *mpl* Tauern *pl*

taurino, -a [tau'ri:no] *agg* Stier-; **forza** -**a** Bärenkraft *f;* **tauromachia** [tauroma'ki:a] <-chie> *f* Stierkampf *m*

tautologia [tautolo'dʒi:a] <-gie> *f* Tautologie *f*

taverna [ta'vɛrna] *f* Taverne *f*, Schenke *f;* **taverniere, -a** [taver'niɛ:re] *m*, *f* ❶ (*oste*) (Schank)wirt(in) *m(f)* ❷ (*frequentatore*) Zecher(in) *m(f)*, Zechbruder *m fam*

tavola ['ta:vola] *f* ❶ (*mobile*) Tisch *m;* ~ **allungabile** Ausziehtisch *m;* ~ **calda** Imbissstube *f;* ~ **fredda** kalte Küche; **mettere a** ~ auftischen; **mettere le carte in** ~ (*fig*) die Karten auf den Tisch legen; **portare in** ~ auftragen; **il pranzo è in** ~ das Mittagessen steht auf dem Tisch ❷ (*asse*) Brett *n;* (*lastra*) Tafel *f;* (*piastra*) Platte *f;* ~ **da surf** [*o* **a vela**] Surfbrett *n* ❸ (*pittura*) Bild *n*, Gemälde *n;* (*illustrazione*) (Bild)tafel *f* ❹ (*tabella*) Tabelle *f*, Übersicht *f;* ~ **numerica** Zahlentabelle *f;* **tavolaccio** [tavo'lattʃo] <-cci> *m* Pritsche *f;* **tavolata** [tavo'la:ta] *f* Tafelrunde *f*, Tischgesellschaft *f;* **tavolato** [tavo'la:to] *m* ❶ (*assito*) Holzboden *m;* (*parete*) Bretterwand *f* ❷ (GEOG) Tafelberg *m*, Hochebene *f;* **tavoletta** [tavo'letta] *f* ❶ (*gener*) Täfelchen *n;* (*assicella*) Brettchen *n;* **una** ~ **di cioccolata** eine Tafel Schokolade ❷ (*dipinto*) Bildchen *n* ❸ (*fam*) **andare a** ~ das Gaspedal durchtreten; **tavoliere** [tavo'liɛ:re] *m* (*da gioco*) Spieltisch *m;* (*del biliardo*) Billardtisch *m;* **tavolino** [tavo'li:no] *m* Tischchen *n;* **lavoro di** ~ (*fig*) Schreibtischarbeit *f;* **a** ~ (*fig*) am grünen Tisch, vom grünen Tisch aus; **tavolo** ['ta:volo] *m* Tisch *m;* ~ **da disegno** Reißbrett *n;* ~ **da stiro** Bügelbrett *n;* ~ **delle trattative** Verhandlungstisch *m;* ~ **portacomputer** Computertisch *m*

tavolozza [tavo'lɔttsa] *f* Palette *f*

taxi ['taksi] <-> *m* Taxi *n*

tazza ['tattsa] *f* Tasse *f*, Schale *f A, südd,* Häferl *n A fam;* **una** ~ **da caffè** eine Kaffeetasse; **una** ~ **di caffè** eine Tasse Kaffee

tbc, TBC *m abbr di* **tubercolosi** (MED) Tbc

TCI *m abbr di* **Touring Club Italiano** *italienischer Touring Club*

te [te] *pron pers 2.pers sing* ❶ (*oggetto*) dich; (*con preposizione*) dich, dir, deiner ❷ (*soggetto in forme comparative ed esclamative*) du ❸ (*complemento di termine davanti a lo, la, li, le, ne*) dir; (*complemento oggetto davanti a lo, la, li, le, ne*) dich

te' [tɛ] *int* (*dial*) da, nimm

tè [tɛ] <-> *m* Tee *m;* **bustina di** ~ Teebeutel *m;* **biscotti da** ~ Teegebäck *n*

tea ['tɛ:a] *agg* **rosa** ~ Teerose *f*

team [ti:m] <-> *m* Team *n;* **team leader** [ti:m 'li:də] <-> *mf* Teamchef(in) *m(f);* **team manager** [ti:m 'mænidʒə] <-> *mf* (SPORT) Mannschaftsführer(in) *m(f);* **team teaching** [ti:m 'ti:tʃiŋ] <-> *m* Teamteaching *n*

teatino, -a [tea'ti:no] **I.** *agg* ❶ (*di Chieti*) chietisch, chietinisch ❷ (*dell'ordine dei monaci*) Theatiner-; **padre** ~ Theatinermönch *m* **II.** *m*, *f* (*abitante*) Chietiner(in) *m(f)*

teatrale [tea'tra:le] *agg* ❶ (*di, da teatro*) Theater- ❷ (*fig*) theatralisch; **teatralità**

[teatrali'ta] <-> f Theatralik f; **teatraliz-zare** [teatralid'dza:re] vt theatralisieren
teatro [te'a:tro] m Theater n; (fig) Schauplatz m; ~ **all'aperto** Freilufttheater n; ~ **di posa** Filmstudio n; ~ **di prosa** Schauspielhaus n; ~ **lirico** Opernhaus n; **teatro-tenda** [te'a:tro 'tɛnda] m Zelttheater n
teca ['tɛ:ka] <-che> f Reliquiar n
tecnica ['tɛknika] <-che> f Technik f; ~ **delle comunicazioni** Kommunikationstechnik f; **tecnicistico, -a** [tekni'tʃistiko] <-ci, -che> agg technizistisch
tecnico ['tɛkniko] <-ci> m Techniker(in) m(f); ~ **del suono** Tontechniker m
tecnico, -a <-ci, -che> agg technisch; **linguaggio** ~ Fachsprache f; **termine** ~ Fachausdruck m; (assistente) **tecnico sanitario** medizinisch-technischer Assistent
tecnocrate [tek'nɔ:krate] mf Technokrat(in) m(f), Techniker(in) m(f); **tecno-cratico, -a** [tekno'kra:tiko] <-ci, -che> agg technokratisch; **tecnocrazia** [tekno-kra'tsi:a] <-ie> f Technokratie f
tecnofibra [tekno'fi:bra] f Synthetikfaser f
tecnohouse [teknɔ'haus] f (MUS) Techno n
tecnologia [teknolo'dʒi:a] <-gie> f Technologie f; **alta** ~ High Tech n; **-gie dolci** sanfte Technologien; **tecnologico, -a** [tekno'lɔ:dʒiko] agg technologisch; **tecnologizzare** [teknolodʒid'dza:re] vt technologisieren
teco ['te:ko] pron (poet) mit dir
tedescheggiare [tedesked'dʒa:re] vi deutschtümeln
tedeschizzare [tedeskid'dza:re] vt eindeutschen
tedesco [te'desko] <sing> m Deutsch(e) n; **come si dice in ~?** was heißt das auf Deutsch?; **parla ~?** sprechen Sie Deutsch?
tedesco, -a <-schi, -sche> I. agg deutsch; **la Repubblica Federale Tedesca** die Bundesrepublik Deutschland II. m, f Deutsche(r) f(m); **è ~** er ist Deutscher
tediare [te'dia:re] vt (annoiare) langweilen; (seccare) belästigen; **tedio** ['tɛ:dio] <-i> m ❶ (noia) Langeweile f ❷ (fastidio) Lästigkeit f; **tedioso, -a** [te'dio:so] agg ❶ (noioso) langweilig ❷ (fastidioso) lästig
teenager [ti:n'eidʒə] <-> mf Teenager m
tegame [te'ga:me] m (Brat)pfanne f
teglia ['teʎʎa] <-glie> f Auflaufform f
tegola ['te:gola] f (Dach)ziegel m; ~ **in testa** (fig) Schlag m ins Gesicht
tegumento [tegu'mento] m Hülle f
teiera [te'iɛ:ra] f Teekanne f
teina [te'i:na] f Thein n
teismo [te'izmo] m Theismus m

tela ['te:la] f ❶ (tessuto) Leinwand f; ~ **di canapa** Hanfleinen n; ~ **di cotone** Baumwolleinen n, Kattun m; ~ **di lino** Leinen n; ~ **di ragno** Spinnengewebe n ❷ (dipinto) (Leinwand)gemälde n ❸ (fig: trama) Intrige f; **ordire una** ~ Ränke schmieden geh, Intrigen spinnen
telaio [te'la:io] <-ai> m ❶ (per tessitura) Webstuhl m ❷ (fig) Gerüst n, Gestell n; (di finestra) Rahmen m; (di auto) Fahrgestell n
telaista [tela'ista] <-i m, -e f> mf (MOT) Arbeiter(in) m(f) bei der Herstellung von Fahrgestellen; **telaistico, -a** [tela'istiko] <-ci, -che> agg Fahrgestell-
tele ['tɛ:le] <-> I. f (fam) Fernsehen n II. m Tele(objektiv) n
teleabbonato, -a [teleabbo'na:to] m, f Fernsehteilnehmer(in) m(f); **teleallarme** [teleal'larme] m Fernalarm m; **telearma** [tele'arma] f Fernlenkwaffe f
teleasta [tele'asta] f (TV) Teleshopping n
teleaudioconferenza [teleaudiokonfe'rɛntsa] f Audiokonferenz f, Videokonferenz f
teleaudiovisivo [teleaudiovi'zi:vo] m Teleaudiovision f
teleaudiovisivo, -a agg teleaudiovisuell
telebanking [tele'bɛnking] <-> m (TEL) Telebanking n
teleborsa [tele'borsa] f Telebörse f
telecamera [tele'ka:mera] f Fernsehkamera f; **telecinecamera** [teletʃine'ka:mera] f Telefilmkamera f
Telecom [telekom] f Telekom f; ~ **Italia** italienische Telefongesellschaft
telecomandare [telekoman'da:re] vt fernsteuern; **telecomando** [teleko'mando] m Fernsteuerung f, Fernbedienung f
Telecom Italia [telekom i'ta:lia] f italienische Telefongesellschaft
telecomporre [telekom'porre] <irr> vt (TYP) fernsetzen
telecomunicare [telekomuni'ka:re] vt telekommunizieren
telecomunicazione [telekomunikat'tsio:ne] f Fernmeldetechnik f, Fernmeldewesen n
teleconferenza [telekonfe'rɛntsa] f Telekonferenz f
telecontrollare [telekontrol'la:re] vt fernsteuern, fernbetätigen; **telecontrollo** [telekon'trɔllo] m Fernsteuerung f, Fernlenkung f, Fernbedienung f
telecopia [tele'kɔ:pia] f Telekopie f, Fernkopie f; **telecopiare** [teleko'pia:re] vt telekopieren, fernkopieren; **telecopiatrice** [telekopia'tri:tʃe] f Telefaxgerät n, Fernkopierer m; **telecopiatura** [teleko-

pia'tuːra] *f* Telefaxsystem *n*, Telekopieren *n*

telecrazia [telekra'tsiːa] *f* (TV) Telekratie *f*

telecronaca [tele'krɔːnaka] *f* Fernsehreportage *f*, Fernsehbericht *m;* **telecronista** [telekro'nista] *mf* Fernsehreporter(in) *m(f)*

telediffusione [telediffu'zioːne] *f* Fernsehübertragung *f*

teledistribuzione [teledistribut'tsioːne] *f* Kabelrundfunk *m*, Kabelfernsehen *n*

teleelaborazione [teleelaborat'tsioːne] *f* Datenfernübertragung *f*, Teleprocessing *n*

telefax ['teːlefaks] <-> *m* Telefax *n*

teleferica [tele'fɛːrika] <-che> *f* Schwebebahn *f*

telefilm [tele'film] *m* Fernsehfilm *m*

telefonare [telefo'naːre] I. *vt* (telefonisch) durchgeben II. *vi* ~ **a qu** mit jdm telefonieren, jdn anrufen; **telefonata** [telefo'naːta] *f* (Telefon)anruf *m*, Telefongespräch *n;* ~ **interurbana** Ferngespräch *n;* ~ **urbana** Ortsgespräch *n;* ~ **in teleselezione** Selbstwählferngespräch *n;* **fare una** ~ **a qu** jdn anrufen; **telefonia** [telefo'niːa] *f* ~ **fissa** Festnetz *n;* ~ **mobile** Mobilfunk *m;* ~ **via Internet** Internettelefonie *f;* **telefonico, -a** [tele'fɔːniko] <-ci, -che> *agg* telefonisch, Telefon-; **scheda -a** Telefon(magnet)karte *f*, Chipkarte *f;* **cabina** ~ Telefonzelle *f;* **elenco** ~ Telefonbuch *n;* **telefonino** [telefo'niːno] *m* Handy *n;* **telefonista** [telefo'nista] <-i *m*, -e *f*> *mf* Telefonist(in) *m(f);* (*operaio*) Fernmeldetechniker(in) *m(f);* **telefono** [te'lɛːfono] *m* Telefon *n*, Fernsprecher *m;* ~ **amico** Telefonseelsorge *f;* ~ **azzurro** Sorgentelefon *n* (des Kinderschutzbundes); ~ **cellulare** Mobiltelefon *n;* ~ **a tastiera** Tastentelefon *n;* ~ **a scheda magnetica** Kartentelefon *n;* **bolletta del** ~ Telefonrechnung *f;* ~ **senza filo** schnurloses Telefon; **dare un colpo di** ~ **a qu** (*fam*) jdn kurz anrufen

telefoto [tele'fɔːto] *f* ❶ (*sistema*) Bildfunk *m* ❷ (*fotografia*) Funkbild *n*

telegenico, -a [tele'dʒɛːniko] <-ci, -che> *agg* telegen

telegiornale [teledʒor'naːle] *m* Tagesschau *f*, Fernsehnachrichten *fpl*

telegrafare [telegra'faːre] *vt, vi* telegrafieren; **telegrafia** [telegra'fiːa] *f* Telegrafie *f;* **telegrafico, -a** [tele'graːfiko] <-ci, -che> *agg* telegrafisch; **stile** ~ Telegrammstil *m;* **telegrafo** [te'lɛːgrafo] *m* ❶ (*apparecchio*) Telegraf *m;* ~ **morse** Morsegerät *n* ❷ (*ufficio*) Telegrafenamt *n;* **telegramma** [tele'gramma] <-i> *m* Telegramm *n*

teleguida [tele'guiːda] *f* Fernsteuerung *f*, Fernlenkung *f;* **teleguidare** [teleguiˈdaːre] *vt* fernsteuern, fernlenken

teleinformatica [teleinfor'maːtika] *f* Teleinformatik *f*

telelavorare [telelavo'raːre] *vi* (INFORM) Telearbeit ausüben; **telelavoratore, -trice** [telelavora'toːre] *m, f* (INFORM) Telearbeiter(in) *m(f);* **telelavoro** [telela'voːro] *m* (INFORM) Telearbeit *f*, Bildschirmarbeit *f*

telelibera [tele'liːbera] *f* privater Fernsehsender

telematica [tele'maːtika] <-che> *f* Telematik *f;* **telematico, -a** [tele'maːtiko] <-ci, -che> *agg* telematisch; **giornale** ~ (INFORM) elektronische Zeitung; **telematizzazione** [telematiddzat'tsioːne] *f* Umstellen *n* auf telematischen Betrieb

telemedicina [telemedi'tʃiːna] *f* Tele-, Fernmedizin *f*

telemessaggio [telemes'saddʒo] <-ggi> *m* Fernsehansprache *f*

telemetro [te'lɛːmetro] *m* Entfernungsmesser *m*

telenews [tɛli'njuːz] *fpl* Fernsehnachrichten *fpl*

telenovela [teleno'vɛla] *f* Seifenoper *f*, Telenovela *f*

teleobiettivo [teleobiet'tiːvo] *m* Teleobjektiv *n*

teleoperativo, -a [teleopera'tiːvo] *agg* teleoperativ

teleordering [te'leɔrdering] <-> *m* (INFORM) Online-Handel *m*

telepass® [tele'pas] *m elektronisches Zahlungssystem, bei dem Autobahngebühren direkt vom Konto abgebucht werden*

telepatia [telepa'tiːa] <-ie> *f* Telepathie *f;* **telepatico, -a** [tele'paːtiko] <-ci, -che> *agg* telepathisch

telepilotaggio [telepilo'taddʒo] *m* Flugzeugfernsteuerung *f*

telepilotare [telepilo'taːre] *vt* fernsteuern, fernlenken

teleprocessing [tɛli'prousesiŋ] <-> *m* Datenfernverarbeitung *f;* **teleprogramma** [telepro'gramma] *m* Fernsehprogramm *n;* **telepromozione** [telepromot'tsioːne] *f* (PUBL) Telefonmarketing *n*, -werbung *f*

telequiz [tele'kuits] *m* Fernsehquiz *n*

teleradiotrasmettere [teleradiotraz'mettere] <-irr> *vt* (gleichzeitig) durch Funk und Fernsehen übertragen

teleregolare [telerego'laːre] *vt* fernbedienen, fernsteuern

teleria [tele'riːa] <-ie> *f* ❶ (*assortimento*)

Weiß-, Leinenwaren *fpl* ❷ *pl* (*negozio*) Weißwarengeschäft *n*

teleripetitore [teleripeti'to:re] *m* Fernverstärker *m*

teleriscaldamento [teleriskalda'mento] *m* Fernheizung *f*

teleromanzo [telero'mandzo] *m* Romanverfilmung *f;* **teleschermo** [teles'kermo *o* teles'kɛrmo] *m* Bildschirm *m*

telescopico, -a [teles'kɔːpiko] <-ci, -che> *agg* teleskopisch, Teleskop-; **telescopio** [teles'kɔ:pio] <-i> *m* Fernrohr *n,* Teleskop *n*

telescrivente [teleskri'vɛnte] **I.** *agg* fernschriftlich **II.** *f* Fernschreiber *m*

teleselezione [teleselet'tsio:ne] *f* Selbstwählferndienst *m,* Durchwählverbindung *f*

telespettatore, -trice [telespetta'to:re] *m, f* Fernsehzuschauer(in) *m(f)*

teletex [tele'tɛks] <-> *m* Teletex *n,* Bürofernschreiben *n*

teletext [tele'tɛkst] <-> *m* Videotext *m,* Bildschirmzeitung *f*

teletrasmettere [teletraz'mettere] <irr> *vt* im Fernsehen übertragen; **teletrasmissione** [teletrazmis'sio:ne] *f* Fernsehübertragung *f;* **teletrasmittente** [teletrazmit'tɛnte] *f* Fernsehsender *m*

teleutente [teleu'tɛnte] *mf* Fernsehteilnehmer(in) *m(f)*

televendita [tele'vendita] *f* Fernsehverkauf *m;* **televenditore, -trice** [televendi'to:re] *m, f* Verkäufer(in) *m(f),* der (die) über das Fernsehen verkauft

televideo [tele'vi:deo] <-> *m* Videotext *m,* Bildschirmzeitung *f*

televisione [televi'zio:ne] *f* ❶ (*sistema*) Fernsehen *n;* ~ **via cavo** Kabelfernsehen *n* ❷ (*fam: televisore*) Fernseher *m,* Fernsehen *n fam;* ~ **a colori** Farbfernsehen *n;* **televisivo, -a** [televi'zi:vo] *agg* Fernseh-; **televisore** [televi'zo:re] *m* Fernsehgerät *n,* Fernseher *m;* ~ **al plasma** Plasmafernseher *m*

telex ['tɛːleks] <-> *m* Telex *n,* Fernschreiben *n*

telferaggio [telfe'raddʒo] <-ggi> *m* Seilschwebebahn *f*

tellurico, -a [tel'lu:riko] <-ci, -che> *agg* tellurisch

telo ['tɛ:lo] *m* (Stoff)bahn *f;* ~ **da tenda** Zeltbahn *f*

telone [te'lo:ne] *m* ❶ (*copertone*) Plane *f;* ~ **di salvataggio** Sprungtuch *n* ❷ (*schermo*) Leinwand *f* ❸ (*sipario*) Vorhang *m*

tema ['tɛ:ma] <-i> *m* ❶ (*argomento*) Thema *n;* **andare fuori** ~ das Thema verfehlen ❷ (*componimento scolastico*) Aufsatz *m*

❸ (LING) Stamm *m;* **tematica** [te'ma:tika] <-che> *f* Thematik *f;* **tematico, -a** [te'ma:tiko] <-ci, -che> *agg* ❶ (LING) Stamm- ❷ (MUS) thematisch

temeraria *f v.* **temerario**

temerarietà [temerarie'ta] <-> *f* Tollkühnheit *f,* Verwegenheit *f;* **temerario, -a** [teme'ra:rio] <-i, -ie> **I.** *agg* tollkühn **II.** *m, f* Verwegene(r) *f(m)*

temere [te'me:re] **I.** *vt* ❶ (*avere timore*) fürchten, Angst haben vor +*dat;* (*fig a*) befürchten ❷ (*fig: freddo*) scheuen, nicht vertragen können **II.** *vi* ❶ (*essere preoccupato*) ~ **per qu/qc** sich um jdn/etw sorgen; **non** ~! keine Angst! ❷ (*nutrire dubbi*) ~ **di qu/qc** an jdm/etw zweifeln

temerità [temeri'ta] <-> *f* Tollkühnheit *f*

temibile [te'mi:bile] *agg* zu fürchten(d)

tempario [tem'pario] *m* Arbeitszeitliste *m*

temperalapis, temperamatite [tempera'la:pis, temperama'ti:te] <-> *m* Bleistiftspitzer *m*

temperamento [tempera'mento] *m* (*indole*) Temperament *n*

temperante [tempe'rante] *agg* mäßig, enthaltsam; **temperanza** [tempe'rantsa] *f* Mäßigkeit *f,* Enthaltsamkeit *f*

temperare [tempe'ra:re] *vt* ❶ (*mitigare*) mäßigen, mildern; (*passione*) zügeln ❷ (*metallo*) härten; (*matita*) spitzen; **temperato, -a** [tempe'ra:to] *agg* gemäßigt, maßvoll

temperatura [tempera'tu:ra] *f* Temperatur *f;* ~ **in aumento** steigende Temperatur; ~ **in diminuzione** fallende Temperatur; ~ **di ebollizione** Siedepunkt *m;* **sbalzo di** ~ Temperaturschwankung *f*

temperie [tem'pɛ:rie] *f* ❶ (METEO) Witterung *f* ❷ (*fig*) Atmosphäre *f*

temperino [tempe'ri:no] *m* ❶ (*per matite*) Spitzer *m* ❷ (*coltello*) Taschenmesser *n*

tempesta [tem'pɛsta] *f* Unwetter *n,* Sturm *m;* **c'è aria di** ~ (*fig*) hier ist dicke Luft *fam*

tempestare [tempes'ta:re] **I.** *vt* bearbeiten, traktieren **II.** *vi* (*impersonale*) stürmen; **tempestato, -a** [tempes'ta:to] *agg* übersät, dicht besetzt

tempestina [tempes'ti:na] *f* (GASTR) kleine Suppennudeln

tempestività [tempestivi'ta] <-> *f* Rechtzeitigkeit *f;* **tempestivo, -a** [tempes'ti:vo] *agg* prompt

tempestoso, -a [tempes'to:so] *agg* (*a fig*) stürmisch; (*cielo*) sturmbewegt; (*vita*) bewegt

tempia ['tɛmpia] <-ie> *f* Schläfe *f*

tempio ['tɛmpio] <-i *o* templi> *m* Tempel *m*

tempismo [tem'pizmo] *m* Timing *n*

templi ['tɛmpli] *pl di* **tempio**

tempo ['tɛmpo] *m* ❶ (*gener*) Zeit *f;* ~ **legale** Sommerzeit *f;* ~ **libero** Freizeit *f;* ~ **reale** Echtzeit *f;* **ammazzare il** ~ die Zeit totschlagen; **dar ~ al** ~ sich *dat* Zeit lassen; **fare il buono e il cattivo** ~ (*fig*) den Ton angeben; **ai miei -i** zu meiner Zeit; **a ~ pieno** Vollzeit-; **in** ~ rechtzeitig; **in un primo** ~ anfangs; **per** ~ zeitig, früh; **un** ~ früher, einst; **con i -i che corrono** heutzutage; **quanto ~?** wie lange?; **il ~ è denaro** [*o* **moneta**] (*prov*) Zeit ist Geld; **chi ha ~ non aspetti ~** (*prov*) was du heute kannst besorgen, das verschiebe nicht auf morgen ❷ (METEO) Wetter *n;* **previsioni del** ~ Wettervorhersage *f;* ~ **da cani** [*o* **da lupi**] Hundewetter *n fam* ❸ (LING) Tempus *n,* Zeit(form) *f* ❹ (MUS) Tempo *n;* **andare a** ~ im Takt bleiben; **andare fuori** ~ aus dem Takt kommen; **a ~ di valzer** im Walzertakt ❺ (*di motore*) Takt *m* ❻ (SPORT) Halbzeit *f,* Spielhälfte *f;* **-i supplementari** (SPORT) Spielverlängerung *f* ❼ (*di spettacolo*) Teil *m*

temporale [tempo'ra:le] **I.** *agg* ❶ (*gener*) zeitlich; (REL, POL) weltlich; **il potere** ~ der Kirchenstaat ❷ (LING) Temporal- ❸ (ANAT) Schläfen- **II.** *m* (METEO) Gewitter *n;* **temporalesco, -a** [tempora'lesko] <-schi, -sche> *agg* Gewitter-, gewittrig

temporalistico, -a [tempora'listiko] <-ci, -che> *agg* das weltliche Machtstreben der katholischen Kirche betreffend

temporaneo, -a [tempo'ra:neo] *agg* vorübergehend, zeitweilig

temporeggiare [tempored'dʒa:re] *vi* zögern, abwarten; **temporizzatore** [temporiddza'to:re] *m* Zeitgeber *m*

tempra ['tɛmpra] *f* ❶ (*gener,* TEC) Härten *n,* Härtung *f;* (*durezza*) Härte *f;* (*di lama*) Schärfe *f* ❷ (*fig*) Schlag *m,* Art *f;* **temprare** [tem'pra:re] *vt* ❶ (TEC) härten; **acciaio temprato** Edelstahl *m* ❷ (*fig*) abhärten, stählen *geh*

TEN *abbr di* **treno Trans Euro Notte** TEN

tenace [te'na:tʃe] *agg* ❶ (*sodo*) zäh; (*duro*) fest ❷ (*fig*) hartnäckig, zäh; **tenacia** [te'na:tʃa] <-cie> *f* Zähigkeit *f;* **tenacità** [tenatʃi'ta] <-> *f* ❶ (*solidità*) Festigkeit *f;* (*di lana*) Reißfestigkeit *f* ❷ (*fig*) Zähigkeit *f*

tenaglia [te'naʎʎa] *f* ❶ (TEC) Zange *f;* **un paio di -e** eine Zange ❷ (*fam* ZOO) Scheren *fpl*

tenda ['tɛnda] *f* ❶ (*telo*) Vorhang *m;* (*di negozio*) Markise *f* ❷ (*da campeggio*) Zelt *n* ❸ ~ **a ossigeno** Sauerstoffzelt *n*

tendenza [ten'dɛntsa] *f* Neigung *f,* Tendenz *f;* **tendenziale** [tenden'tsia:le] *agg* tendenziell; **tendenziosità** [tendentsiosi'ta] <-> *f* Parteilichkeit *f;* **tendenzioso, -a** [tenden'tsio:so] *agg* tendenziös

tendere ['tɛndere] <tendo, tesi, teso> **I.** *vt* ❶ (*tirare*) spannen; (*distendere*) aufspannen; (*muscoli*) anspannen; (*reti*) auslegen; ~ **un tranello** (*fig*) eine Falle stellen ❷ (*mano*) reichen, hinstrecken; (*braccio*) (aus)strecken; ~ **l'orecchio** die Ohren spitzen **II.** *vi* ❶ (*aspirare*) ~ **a qc** nach etw streben ❷ (*fig*) ~ **a qc** zu etw neigen; (*colori*) in etw *acc* übergehen, in Richtung ... gehen

tendina [ten'di:na] *f* (*per finestre*) Gardine *f,* Vorhang *m*

tendine ['tɛndine] *m* Sehne *f;* **tendinite** [tendi'ni:te] *f* Sehnenentzündung *f*

tendiscarpe [tendis'karpe] <-> *m* Schuhspanner *m*

tenditore [tendi'to:re] *m* Spannvorrichtung *f*

tendone [ten'do:ne] *m* Plane *f;* (*di circo*) Zirkuszelt *n*

tendopoli [ten'dɔ:poli] <-> *f* Zeltstadt *f*

tenebre ['tɛːnebre] *fpl* Finsternis *f;* (*fig a*) Nacht *f,* Dunkel *n;* **vivere nelle ~ del Medioevo** (*fig*) im tiefsten Mittelalter leben; **tenebroso, -a** [tene'bro:so] *agg* finster, dunkel

tenente [te'nɛnte] *m* Oberleutnant *m*

tenere [te'ne:re] <tengo, tenni, tenuto> **I.** *vt* ❶ (*avere in mano*) halten; (*non lasciar fuggire*) behalten ❷ (*mantenere*) einhalten; ~ **la finestra aperta** das Fenster offen lassen; ~ **il posto per qu** für jdn den Platz freihalten; ~ **la lingua a freno** die Zunge im Zaume halten; ~ **al fresco** (*cibi*) kühl aufbewahren; (*fig fam: in galera*) hinter schwedischen Gardinen halten; **-rsi amico qu** jds Freundschaft bewahren; ~ **qc da conto** etw aufbewahren ❸ (*contenere*) enthalten ❹ (*discorso*) halten; (*conferenza*) (ab)halten ❺ (*fig: contegno*) haben, an sich *dat* haben ❻ (*fig: occupare*) einnehmen; (*dominare*) beherrschen ❼ (*loc*) ~ **conto di qc** etw berücksichtigen; ~ **compagnia** Gesellschaft leisten; ~ **duro** (*fam*) hart bleiben; ~ **d'occhio qu** jdn im Auge behalten; ~ **la destra/sinistra** sich rechts/links halten; **l'auto tiene bene la strada** das Auto hat eine gute Straßenlage **II.** *vi* halten; ~ **a qc** auf etw *acc* Wert legen; ~ **per un partito** zu einer Partei halten; **tengo a ... +***inf* es liegt mir daran zu ... +*inf* **III.** *vr* **-rsi** ❶ (*reggersi, considerarsi*) sich halten; **-rsi in piedi** sich auf den

Beinen halten ❷ (*trattenersi*) sich enthalten; -**rsi dal ridere** sich *dat* das Lachen verbeißen

tenerezza [tene'rettsa] *f* ❶ (*l'essere tenero*) Zartheit *f*, Weichheit *f* ❷ (*fig*) Zärtlichkeit *f*

tenero ['tɛːnero] *m* ❶ (*parte tenera*) Zarte(s) *n*, Weiche(s) *n* ❷ (*fig*) zärtliches Gefühl, Zuneigung *f*

tenero, -a *agg* zart, weich; (*fig*) zärtlich; (*età*) zart

tengo ['tɛŋgo] *1. pers sing pr di* **tenere**

tenia ['tɛːnia] <-ie> *f* Bandwurm *m*

tenni ['tenni] *1. pers sing pass rem di* **tenere**

tennis ['tɛnnis] <-> *m* Tennis *n*; ~ **da tavolo** Tischtennis *n*; **tennista** [ten'nista] <-i *m*, -e *f*> *mf* Tennisspieler(in) *m(f)*; **tennistico, -a** [ten'nistiko] <-ci, -che> *agg* Tennis-

tenor ['tɛnor] <-> *m* (MUS) Tenor *m*

tenore [te'noːre] I. *agg* Tenor-; **sax** ~ Tenorsaxophon *n* II. *m* ❶ (MUS) Tenor *m* ❷ (*quantità*) Gehalt *m* ❸ (*modo*) Haltung *f*; (*espressione*) Ausdrucksweise *f*; (*tono*) Tenor *m*; (*contenuto*) Wortlaut *m*; ~ **di vita** Lebensstandard *m*

tenoron ['tɛːnoron] <-> *m* (MUS) Tenorfagott *n*

tensione [ten'sioːne] *f* ❶ (EL) Spannung *f*; **alta/bassa** ~ Hoch-/Niederspannung *f* ❷ (*fig*) Erregung *f*, (An)spannung *f*

tentabile [ten'taːbile] *agg* zu versuchen(d); (*fig*) den Versuch wert; **tentare il** ~ nichts unversucht lassen

tentacolo [ten'taːkolo] *m* ❶ (ZOO) Fühler *m*; (*di polipo*) Fangarm *m* ❷ *pl* (*fig*) Fänge *mpl*

tentare [ten'taːre] *vt* ❶ (*provare*) versuchen; (*sperimentare*) (aus)probieren ❷ (*fig: indurre*) in Versuchung führen; (*mettere alla prova*) auf die Probe stellen; **tentativo** [tenta'tiːvo] *m* Versuch *m*; **tentatore, -trice** [tenta'toːre] I. *agg* verführerisch II. *m*, *f* Verführer(in) *m(f)*; **tentazione** [tentat'tsioːne] *f* Versuchung *f*; **indurre in** ~ in Versuchung führen

tentenna [ten'tenna] <-> *mf* (*scherz*) Zaud(e)rer *m*, Zaud(r)erin *f*

tentennamento [tentenna'mento] *m* (*a fig*) Schwanken *n*; **tentennare** [tenten'naːre] I. *vt* (*capo*) schütteln II. *vi* ❶ (*vacillare*) wackeln, schwanken ❷ (*fig*) schwanken, zögern; **tentennio** [tenten'niːo] <-ii> *m* Wackeln *n*; (*fig*) Schwanken *n*

tentone, tentoni [ten'toːne, ten'toːni] *avv* tastend(erweise); (*fig a*) blindlings; **cam-**

minare (a) ~ sich vorwärts tasten

tenue ['tɛːnue] *agg* ❶ (*sottile*) dünn, fein ❷ (*fig: speranza*) schwach; (*voce*) dünn; (*colore*) zart, matt; (*luce*) schwach, matt; **tenuità** [tenui'ta] <-> *f* Feinheit *f*, Zartheit *f*

tenuta [te'nuːta] *f* ❶ (*il tenere*) Halten *n*; (TEC) Führung *f*; ~ **di strada** (MOT) Straßenlage *f* ❷ (*di recipiente*) Undurchlässigkeit *f*; **a** ~ **d'acqua** wasserdicht; **a** ~ **stagna** vollkommen undurchlässig, dicht ❸ (*capacità*) Fassungsvermögen *n* ❹ (*possedimento agricolo*) Landgut *n* ❺ (*abito*) (Dienst)anzug *m*; (*uniforme*) Uniform *f*; (SPORT) Trikot *n*, Dress *m*; ~ **di fatica** Schutzanzug *m* ❻ (SPORT: *resistenza*) Ausdauer *f*; (*nel pugilato*) Klammern *n*

tenutario, -a [tenu'taːrio] <-i, -ie> *m*, *f* ❶ (*di casino*) Bordellbesitzer(in) *m(f)* ❷ (*di bisca*) Spielhöllenbesitzer(in) *m(f)*

tenuto, -a [te'nuːto] I. *pp di* **tenere** II. *agg* **essere** ~ **a fare qc** verpflichtet sein, etw zu tun

teocrazia [teokrat'tsiːa] <-ie> *f* Theokratie *f*

teodolite [teodo'liːte] *m* Theodolit *m*

teologa *f v.* **teologo**

teologale [teolo'gaːle] *agg* Theologie-, theologisch

teologia [teolo'dʒiːa] <-gie> *f* Theologie *f*; **teologico, -a** [teo'lɔːdʒiko] <-ci, -che> *agg* theologisch; **teologo, -a** [te'ɔːlogo] <-ghi, -ghe> *m*, *f* Theologe, -login *m*, *f*

teorema [teo'rɛːma] <-i> *m* Lehrsatz *m*, Theorem *n*

teoretico, -a [teo'rɛːtiko] <-ci, -che> *agg* theoretisch; **teoria** [teo'riːa] <-ie> *f* (*ipotesi*) Theorie *f*; (*dottrina*) Lehre *f*; **in** ~ theoretisch; **teorico, -a** [te'ɔːriko] <-ci, -che> I. *agg* theoretisch II. *m*, *f* Theoretiker(in) *m(f)*; **teorizzare** [teorid'dzaːre] *vi* theoretisieren

teosofia [teozo'fiːa] <-ie> *f* Theosophie *f* **tepore** [te'poːre] *m* milde Wärme, Lauheit *f*

teppa ['teppa] *f* Unterwelt *f*; **teppaglia** [tep'paʎʎa] <-glie> *f* (*pej*) Verbrecherpack *n*; **teppismo** [tep'pizmo] *m* Verbrechertum *n*; **teppista** [tep'pista] <-i *m*, -e *f*> *mf* Gangster *m*

Teramano <*sing*> *m* Umgebung *f* von Teramo

teramano, -a [tera'maːno] I. *agg* teramanisch II. *m*, *f* (*abitante*) Teramaner(in) *m(f)*

Teramo *f* Teramo *n* (*Stadt in den Abruzzen*)

terapeuta [tera'pɛːuta] <-i *m*, -e *f*> *mf* Therapeut(in) *m(f)*; **terapeutica** [tera'pε:utika] <-che> *f* Therapeutik *f;* **terapeutico, -a** [tera'pε:utiko] <-ci, -che> *agg* therapeutisch; **terapia** [tera'pi:a] <-ie> *f* Therapie *f;* **~ del dolore** Schmerztherapie *f;* **~ d'urto** Stoßtherapie *f;* **terapista** [tera'pista] <-i *m*, -e *f*> *mf* Heilkundige(r) *f(m)*

tergere ['tɛrdʒere] <tergo, tersi, terso> *vt* (*poet*) (ab)trocknen, -wischen

tergicristallo [terdʒikris'tallo] *m* (MOT) Scheibenwischer *m*

tergilavalunotto [terdʒilavalu'nɔtto] *m* (MOT) Heckscheibenwischanlage *f*

tergilunotto [terdʒilu'nɔtto] *m* (MOT) Heckscheibenwischer *m*

tergiversare [terdʒiver'sa:re] *vi* Ausflüchte machen

tergo ['tɛrgo] <-ghi> *m* (*di foglio, moneta*) Rückseite *f;* **a ~** hinten; (*nei rinvii*) auf der Rückseite; **vedi a ~** siehe Rückseite

termale [ter'ma:le] *agg* Thermal-; **stazione ~** Kurort *m;* **termalista** [terma'lista] <-i *m*, -e *f*> *agg* Thermal-; **terme** ['tɛrme] *fpl* Thermalbad *n;* (HIST) Thermen *fpl*

termico, -a ['tɛrmiko] <-ci, -che> *agg* thermisch, Wärme-; **energia -a** Wärme(energie) *f;* **variazioni -che** Temperaturschwankungen *fpl*

terminal ['tə:minəl *o* 'tɛrminal] <-> *m* (Air)terminal *m o n*

terminale [termi'na:le] **I.** *agg* End-, Grenz-; **pietra ~** Grenzstein *m;* **stazione ~** Endstation *f* **II.** *m* ❶ (*estremità*) Ende *n;* (TEC) Anschluss(stück *n*) *m* ❷ (INFORM) Terminal *n* ❸ (AERO) Terminal *m o n*

terminare [termi'na:re] **I.** *vt avere* beenden, abschließen; (*lavoro*) fertig stellen **II.** *vi essere* zu Ende gehen, aufhören; **terminazione** [terminat'sio:ne] *f* ❶ (*conclusione*) Abschluss *m* ❷ (*punto terminale*) Endpunkt *m* ❸ (LING) Endung *f*

termine ['tɛrmine] *m* ❶ (*limite*) Grenze *f* ❷ (*confine*) Grenzlinie *f*, Grenzstein *m* ❸ (*di tempo*) Termin *m*, Frist *f;* **a breve ~** kurzfristig ❹ (*fine*) Ende *n*, Schluss *m;* **aver ~** enden; **condurre a ~** zu Ende führen; **volgere al ~** dem Ende zugehen ❺ (*vocabolo*) Terminus *m,* (Fach)ausdruck *m*, Begriff *m;* **~ tecnico** Fachausdruck *m* ❻ (MAT) Glied *n*, Term *m;* **ridurre ai minimi -i** auf ein Minimum reduzieren

terminologia [terminolo'dʒi:a] <-gie> *f* Terminologie *f*

termitaio [termi'ta:io] <-ai> *m* Termitenhügel *m*

termite ['tɛrmite] *f* Termite *f*

termoaderente [termoade'rɛnte] *agg* heißhaftfähig

termoadesivo, -a [termoade'zi:vo] *agg* heißklebfähig

termoconvertitore [termokonverti'to:re] *m* Wärmekonverter *m*

termodistruttore [termodistrut'to:re] *m* Müllverbrennungsanlage *f*

termoelastico, -a [termoe'lastiko] <-ci, -che> *agg* wärmeelastisch

termoelettrico, -a [termoe'lɛttriko] *agg* thermoelektrisch; **centrale -a** Wärmekraftwerk *n*

termoelettronico, -a [termoelet'trɔ:niko] *agg* thermoelektronisch; **tubo ~** Elektronenröhre *f*

termofisica [termo'fi:zika] *f* (PHYS) Thermophysik *f*

termoforo [ter'mɔ:foro] *m* Heizkissen *n*

termoisolante [termoizo'lante] **I.** *agg* wärmeisolierend **II.** *m* Wärmeisolator *m*

termometro [ter'mɔ:metro] *m* Thermometer *n*

termonucleare [termonukle'a:re] *agg* thermonuklear

termoreattore [termoreat'to:re] *m* Wärmereaktor *m*

termoresistente [termorezi'stɛnte] *agg* hitzebeständig

termos ['tɛrmos] <-> *m* Thermosflasche® *f*

termosaldatura [termosalda'tu:ra] *f* Warmschweißung *f*

termosifone [termosi'fo:ne] *m* ❶ (*radiatore*) Heizkörper *m*, Radiator *m* ❷ (*impianto*) Zentralheizung *f*

termostabile [termo'sta:bile] *agg* thermostabil, wärmebeständig; **termostabilizzare** [termostabilid'dza:re] *vt* (CHEM, TEC) thermostabilisieren, wärmestabilisieren; **termostabilizzato, -a** [termostabilid'dza:to] *agg* wärmestabil; **termostabilizzazione** [termostabiliddzat'sio:ne] *f* (CHEM, TEC) Wärmestabilisierung *f;* **termostatico, -a** [termos'ta:tiko] <-ci, -che> *agg* thermostatisch

termostato [ter'mɔ:stato] *m* Thermostat *m*

termotecnico, -a [termo'tɛkniko] <-ci, -che> *agg* wärmetechnisch

termovalorizzatore [termovaloriddzat'to:re] *f* Müllverbrennungsanlage *f* (*mit Energiegewinnung*)

termovalorizzazione [termovaloriddzat'tsio:ne] *f* thermische Abfallbehandlung

termoventilazione [termoventilat'tsio:ne] *f* Warmluftheizung *f*

terms of trade ['tɜːms ɔf 'treid] *mpl* Terms of Trade *pl*, Austauschverhältnis *n* im Außenhandel

terna ['tɛrna] *f* Dreierreihe *f*, Dreieranzahl *f*

Ternano *<sing>* *m* Umgebung *f* von Terni

ternano, -a [ter'nano] **I.** *agg* ternanisch **II.** *m, f* (*abitante*) Ternaner(in) *m(f)*

ternario, -a [ter'na:rio] *<-i, -ie>* *agg* **❶** (*di tre elementi*) dreifach, Drei(er)- **❷** (*verso*) dreisilbig **❸** (CHEM) ternär

Terni ['tɛrni] *f* Terni *n* (*Stadt in Umbrien*)

terno ['tɛrno] *m* Terne *f*; **fare** ~ eine Dreierkombination haben; ~ **al lotto** Hauptgewinn *m* im Lotto; (*fig*) Glücksstreffer *m*

terotecnologia [teroteknolo'dʒi:a] *f* Terotechnologie *f*; **terotecnologico, -a** [terotekno'lɔ:dʒiko] *<-ci, -che>* *agg* terotechnologisch; **terotecnologo, -a** [terotek'nɔ:logo] *<-gi, -ghe>* *m, f* Terotechnologe, -technologin *m, f*

terra ['tɛrra] *f* **❶** (*pianeta*) Erde *f*; **gli abitanti della** ~ die Erdenbürger *mpl* **❷** (*suolo*) Erde *f*, (Erd)boden *m*; **-e emerse** Land *n* der Kontinente und der Inseln; **andare per** ~ zu Boden gehen, fallen; **avere una gomma a** ~ einen Platten haben *fam*; **essere a** ~ (*fig*) am Boden zerstört sein; **mettere qu a** ~ (*fig*) jdn zugrunde [*o* zu Grunde] richten; **sentirsi mancare la** ~ **sotto i piedi** den Boden unter den Füßen verlieren; **raso** ~ haarscharf über dem Boden **❸** (*campagna*) Land *n*; (*tenuta*) Ländereien *fpl*, Landbesitz *m*; ~ **di nessuno** Niemandsland *n* **❹** (EL) Erde *f*, Erdung *f*; **mettere a** ~ erden

terra-aria ['tɛrra 'a:ria] *<inv>* *agg* Luft-Boden-

terracotta [terra'kɔtta] *<terrecotte>* *f* **❶** (*materiale*) Ton(erde *f*) *m* **❷** (*manufatto*) Terrakotta *f*

terracqueo [ter'rakkueo] *v.* **terraqueo**

terraferma [terra'ferma] *<-> f* Festland *n*

terraglia [ter'raʎʎa] *<-glie> f* Steingut *n*

terrapieno [terra'piɛ:no] *m* Erdwall *m*, -damm *m*

terraqueo, -a [ter'ra:kueo] *agg* **globo** ~ Erdkugel *f*

terrazza [ter'rattsa] *f* Terrasse *f*; **terrazzino** [terrat'tsi:no] *m* Balkon *m*; **terrazzo** [ter'rattso] *m* **❶** (*terrazza*) Terrasse *f* **❷** (*balcone*) Balkon *m*

terrecotte *pl di* **terracotta**

terremotato, -a [terremo'ta:to] **I.** *agg* erdbebengeschädigt **II.** *m, f* Erdbebenopfer *n*; **terremoto** [terre'mɔ:to] *m* **❶** (*vibrazione della terra*) Erdbeben *n* **❷** (*fig*) Umsturz *m* **❸** (*fig, scherz: persona*) Quecksilber *n*, Wildfang *m*

terreno [ter're:no] *m* **❶** (*gener*) Land *n*, Gelände *n* **❷** (AGR) Boden *m*, Land *n* **❸** (*fondo*) Grundstück *n*; ~ **fabbricabile**

Bauland *n*, Baugrundstück *n* **❹** (*suolo*) Boden *m*, Erde *f*; **guadagnare/perdere** ~ (*fig*) (an) Boden gewinnen/verlieren; **sentirsi mancare il** ~ **sotto i piedi** den Boden unter den Füßen verlieren **❺** (SPORT) (Spiel)feld *n* **❻** (MIL) Gelände *n* **❼** (*piano*) Erdgeschoss *n* **❽** (*fig*) Gebiet *n*, Terrain *n*

terreno, -a [ter're:no] *agg* irdisch, weltlich; **pian** ~ Erdgeschoss *n*

terreo, -a ['tɛrreo] *agg* erdfarben

terrestre [ter'rɛstre] **I.** *agg* **❶** (*relativo alla terra*) Erd-; (*guerra, animale*) Land- **❷** (*fig* REL) irdisch, weltlich **II.** *mf* Erd(en)bewohner(in) *m(f)*

terribile [ter'ri:bile] *agg* schrecklich, entsetzlich

terriccio [ter'rittʃo] *<-cci> m* Gartenerde *f*

terriero, -a [ter'riɛ:ro] *agg* Land-, Grund-

terrificante [terrifi'kante] *agg* schreckenerregend

terrificare [terrifi'ka:re] *vt* erschrecken

terrina [ter'ri:na] *f* Schüssel *f*, Terrine *f*

territoriale [territo'ria:le] *agg* territorial, Gebiets-; **acque -i** Hoheitsgewässer *npl*; **confini -i** Landesgrenzen *fpl*; **territorio** [terri'tɔ:rio] *<-i> m* Gebiet *n*, Territorium *n*; ~ **nazionale** [*o* **dello Stato**] Hoheitsgebiet *n*

terrò [ter'rɔ] *1. pers sing futuro di* **tenere**

terrone, -a [ter'ro:ne] *m, f* (*pej*) Schimpfwort der Norditaliener für die Süditaliener

terrore [ter'ro:re] *m* Angst *f*, Schrecken *m*; **incutere** ~ **a qu** jdm (einen) Schrecken einjagen

terrorismo [terro'rizmo] *m* Terrorismus *m*; **mondo del** ~ Terrorszene *f*; **protezione contro il** ~ Terrorschutz *m*; ~ **di destra** [*o* **nero**] Rechtsterrorismus *m*; ~ **di sinistra** [*o* **rosso**] Linksterrorismus *m*; **terrorista** [terro'rista] *<-i m, -e f> mf* Terrorist(in) *m(f)*; **terroristico, -a** [terro'risti:ko] *<-ci, -che> agg* (*persone, attentati*) terroristisch; (*regime*) Terror-

terrorizzare [terrorid'dza:re] *vt* terrorisieren; (*spaventare*) in Schrecken versetzen, einschüchtern

terroso, -a [ter'ro:so] *agg* erdig, Erd-

tersi ['tɛrsi] *1. pers sing pass rem di* **tergere**

terso, -a ['tɛrso] **I.** *pp di* **tergere** **II.** *agg* rein, klar

terza ['tɛrtsa] *f* **❶** (*classe*) dritte Klasse **❷** (MOT) dritter Gang **❸** (MUS) Terz *f* **❹** (MAT) dritte Potenz

terzetto [ter'tsetto] *m* **❶** (MUS) Terzett *n* **❷** (*di persone*) Trio *n*

terziario [ter'tsia:rio] *m* **❶** (GEOL) Tertiär *n* **❷** (COM) Dienstleistungsbereich *m*

terziario, -a <-i, -ie> I. *agg* tertiär II. *m, f* Terziar(in) *m(f)*

terziarizzazione [tertsiariddzat'tsio:ne] *f* Tertiarisierung *f*, Ausweitung *f* des Dienstleistungssektors

terzina [ter'tsi:na] *f* **❶**(LIT) Terzine *f* **❷**(MUS) Triole *f*

terzino [ter'tsi:no] *m* Verteidiger *m*

terzo ['tɛrtso] *m* **❶**(*frazione*) Drittel *n* **❷** *pl* (*fig: altri*) Dritte *pl;* **per conto -i** auf fremde Rechnung

terzo, -a I. *agg* dritte(r, s); **il ~ mondo** die Dritte Welt; **il ~ sesso** das dritte Geschlecht; **-a età** drittes Lebensalter, letzter Lebensabschnitt; **-a pagina** (*di giornale*) Feuilletonseite *f;* **di terz'ordine** drittklassig II. *m, f* (*terza persona*) Dritte(r, s) *mfn; v. a.* **quinto**

terzogenito, -a [tertso'dʒɛ:nito] I. *agg* drittgeboren II. *m, f* Drittgeborene(r) *f(m)*

terzomondismo [tertsomon'dizmo] *m* **❶**(*complesso dei problemi del terzo mondo*) Dritte-Welt-Problematik *f* **❷**(*linea politica favorevole allo sviluppo dei paesi del terzo mondo*) *eine die Dritte-Welt-Länder unterstützende Politik*

terzultimo, -a [ter'tsultimo] I. *agg* drittletzte(r, s) II. *m, f* Drittletzte(r) *f(m)*

tesa ['te:sa] *f* Krempe *f*

teschio ['tɛskio] <-schi> *m* Schädel *m;* (*dei cadaveri*) Totenkopf *m*

tesi[1] ['tɛ:zi] <-> *f* **❶**(*proposizione*) These *f*, Lehrsatz *m;* **sostenere/confutare una ~** eine These verfechten/widerlegen **❷**(*di laurea*) Magisterarbeit *f*, Diplomarbeit *f;* (*di dottorato*) Doktorarbeit *f*

tesi[2] ['te:si] *1. pers sing pass rem di* **tendere**

tesina [te'zi:na] *f* Seminararbeit *f*, Referat *n*

teso, -a ['te:so] I. *pp di* **tendere** II. *agg* **❶**(*corda, muscoli*) gespannt **❷**(*fig*) (an)gespannt

tesoriere, -a [tezo'riɛ:re] *m, f* **❶**(*custode*) Schatzmeister(in) *m(f)* **❷**(*di un ente*) Kassenverwalter(in) *m(f)*, Kassierer(in) *m(f);* **tesoro** [te'zɔ:ro] *m* **❶**(*a fig*) Schatz *m;* **fare ~ di qc** (*fig*) sich *dat* etw zunutze [*o* zu Nutze] machen **❷**(*di una banca*) Tresor *m*

tessera ['tɛssera] *f* **❶**(*documento*) Ausweis *m*, Mitgliedskarte *f;* (*d'identità*) (Personal)ausweis *m;* (*di partito*) Parteibuch *n;* **~ d'abbonamento** Dauerkarte *f;* **~ magnetica** Magnetkarte *f* **❷**(*del mosaico*) Mosaikstein *m;* (*del domino*) Dominostein *m;* **tesserare** [tesse'ra:re] *vt* **~ qu** jdm Mitgliedskarten ausstellen; (*per razionamento*) jdm Bezugsscheine ausstellen;

tesserato, -a [tesse'ra:to] *m, f* eingetragenes Mitglied

tessere ['tɛssere] *vt* **❶**(*nel telaio*) weben; (*stuoia*) knüpfen, flechten **❷**(*fig: inganni*) spinnen

tesserino [tesse'ri:no] *m* Ausweis *m*, (Mitglieds)karte *f;* **~ magnetico** Magnetkarte *f;* **~ sanitario** Versichertenkarte *f*, Versicherungskarte *f;* **~ universitario** Studentenausweis *m*

tessile ['tɛssile] I. *agg* Textil-, textil II. *mf* Textilarbeiter(in) *m(f)* III. *mpl* Textilien *pl;* **tessitore, -trice** [tessi'to:re] *m, f* Weber(in) *m(f);* **tessitura** [tessi'tu:ra] *f* (*di stoffa*) Weben *n;* (*di stuoia*) Knüpfen *n*, Flechten *n;* **tessuto** [tes'su:to] *m* **❶**(*stoffa*) Gewebe *n*, Stoff *m* **❷**(*fig*) Netz *n* **❸**(BIOL, ANAT) Gewebe *n* **❹** *pl* Textilien *pl*

test [tɛst] <-> *m* Test *m;* **~ dell' Aids** Aidstest *m;* **~ di gravidanza** Schwangerschaftstest *m*

testa ['tɛsta] *f* **❶**(*a fig* ANAT) Kopf *m;* **~ calda** Hitzkopf *m;* **~ dura** Dickkopf *m;* **~ di cavolo** [*o* **di rapa**] (*fam*) Schafskopf *m;* **colpo di ~** Kurzschlusshandlung *f;* **mal di ~** Kopfschmerzen *mpl;* **andar fuori di ~** (*fam*) durchdrehen; **fuori di ~** (*fam*) abgedreht; **avere la ~ tra le nuvole** in den Wolken schweben; **dare alla ~** zu Kopf steigen; **fare ~ e croce** Kopf oder Zahl entscheiden lassen; **fare di ~ propria** seinen Kopf durchsetzen; **mettersi in ~ qc** sich *dat* etw in den Kopf setzen; **perdere la ~ per qu/qc** wegen jdm/etw den Kopf verlieren; **scommettere la ~** um seinen Kopf wetten; **a ~** pro Kopf; **non sapere dove battere la ~** weder aus noch ein wissen **❷**(BOT: *di piante*) Zwiebel *f;* (*di fungo*) Kopf *m;* (*d'aglio*) Knolle *f* **❸**(*fig: ingegno*) Kopf *m*, Geist *m*

testabile [tes'ta:bile] *agg* worüber testamentarisch verfügt werden kann; **quota ~** Anteil im Testament, über den frei verfügt werden kann

testacoda [testa'ko:da] <-> *m* Drehung *f* um die eigene Achse; **fare un ~** sich um die eigene Achse drehen

testamentario, -a [testamen'ta:rio] <-i, -ie> *agg* Testaments-, testamentarisch; **testamento** [testa'mento] *m* Testament *n;* (*fig: spirituale*) Vermächtnis *n*

testarda *f v.* **testardo**

testardaggine [testar'daddʒine] *f* Dickköpfigkeit *f;* **testardo, -a** [tes'tardo] I. *agg* dickköpfig II. *m, f* Dickkopf *m*

testare [tes'ta:re] *vi* testen; (JUR) testieren

testata [tes'ta:ta] *f* **❶**(*colpo*) Kopfstoß *m* **❷**(*di letto*) Kopfteil *m*, Kopfende *n* **❸**(*di* *motore*) (Zylinder)kopf *m* ❹ (*di giornale*) (Zeitungs)kopf *m*

testatore, -trice [testa'to:re] *m, f* Erblasser(in) *m(f)*

teste ['tɛste] *mf* Zeuge *m*, Zeugin *f*

testé [tes'te] *avv* (*poet*) soeben

testicolare [testiko'la:re] *agg* Hoden-; **testicolo** [tes'ti:kolo] *m* Hoden *m*

testiera [tes'tiɛ:ra] *f* ❶ (*di cavallo*) Zaumzeug *n* ❷ (*di letto*) Kopfende *n;* (*di poltrona*) Kopflehne *f*

testimone [testi'mɔ:ne] *mf* ❶ (*persona*) Zeuge *m*, Zeugin *f; ~* **di nozze** Trauzeuge *m*, -zeugin *f; ~* **oculare** Augenzeuge *m;* **Testimone di Geova** (REL) Zeuge *m* Jehovas ❷ (*fig: prova*) Beweis *m*, Zeugnis *n* ❸ (SPORT) Staffelstab *m;* **testimoniale** [testimo'nia:le] **I.** *agg* Zeugen- **II.** *m* Zeugen *mpl;* **testimonianza** [testimo'niantsa] *f* ❶ (JUR) Zeugenaussage *f* ❷ (*prova*) Beweis *m*, Zeugnis *n;* **rendere ~ di qc** Zeugnis von etw ablegen; **testimoniare** [testimo'nia:re] **I.** *vt* bezeugen; *~* **il falso** falsch aussagen **II.** *vi ~* **di qc** von etw zeugen; **testimonio** [testi'mɔ:nio] <-i> *m v.* **testimone**

testina [tes'ti:na] *f* Köpfchen *n;* (TEC, GASTR) Kopf *m; ~* **di registrazione** Tonkopf *m*

testista [tes'tista] <-i *m*, -e *f>* *mf* Tester(in) *m(f)*

testo ['tɛsto] *m* ❶ (*scritto*) Text *m;* **comprensione del ~** Textverständnis *n* ❷ (*libro*) Werk *n*, Buch *n;* **libri di ~** Lehrbücher *npl*

testolina [testo'li:na] *f* Luftikus *m*

testone [tes'to:ne] *m* ❶ (ANAT) großer Kopf *m* ❷ (*fig fam: persona testarda*) Dickkopf *m;* (*persona stupida*) Schafskopf *m* ❸ (*sl: un milione di lire*) 500 Euro

testuale [testu'a:le] *agg* ❶ (*del testo*) Text- ❷ (*fig*) wörtlich; **disse queste -i parole** er sagte wortwörtlich Folgendes

testuggine [tes'tuddʒine] *f* Schildkröte *f*

tetano ['tɛ:tano] *m* Wundstarrkrampf *m*, Tetanus *m*

tetraedro [tetra'ɛ:dro] *m* Tetraeder *n*

tetraggine [te'traddʒine] *f* ❶ Düsternis *f*, Düsterkeit *f* ❷ (*fig*) Trübsinnigkeit *f*

tetragono, -a [te'tra:gono] *agg* ❶ (MAT) viereckig ❷ (*fig*) standhaft, fest, unbeugsam

tetrapak® [tetra'pak] <-> *m* Tetra Pak® *n*

tetro, -a ['tɛ:tro] *agg* düster, finster

tetta ['tetta] *f* (*fam*) Busen *m*

tettarella [tetta'rɛlla] *f* Sauger *m;* (*per calmare*) Schnuller *m*

tetto ['tetto] *m* ❶ (ARCH) Dach *n* ❷ (*di vettura*) Verdeck *n*, Dach *n; ~* **scorrevole**

Schiebedach *n* ❸ (GEOL) Felsvorsprung *m* ❹ (*fig: casa*) Haus *n*, Heim *n; ~* **domestico** häuslicher Herd; **senza ~** obdachlos; **tettoia** [tet'to:ia] <-oie> *f* Überdachung *f;* (*pensilina*) Schutzdach *n;* (*su porte*) Vordach *n*

tettonica [tet'tɔ:nika] <-che> *f* Tektonik *f;* **tettonico, -a** [tet'tɔ:niko] <-ci, -che> *agg* tektonisch

teutonico, -a [teu'tɔ:niko] <-ci, -che> *agg* teutonisch

Tevere ['te:vere] *m* Tiber *m*

TG <-> *m abbr di* **Telegiornale** Fernsehnachrichten *fpl;* **il ~ della sera** die Abendnachrichten

the [tɛ] *m* Tee *m*

thermos ['tɛrmos] <-> *m* Thermosflasche® *f*

thrilling ['θriliŋ *o* 'trilliŋ(g)] **I.** <inv> *agg* nervenkitzelnd **II.** <-> *m* Thriller *m*

ti [ti] **I.** *pron pers* 2. *pers sing* ❶ (*complemento di termine*) dir ❷ (*complemento oggetto*) dich **II.** *pron rifl* 2. *pers sing* dich

tiara ['tia:ra] *f* Tiara *f*

tibia ['ti:bia] <-ie> *f* Schienbein *n*

tic [tik] <-> *m* Tick *m*

ticchettare [tikket'ta:re] *vi* ticken; (*macchina da scrivere*) klappern; **ticchettio** [tikket'ti:o] <-ii> *m* Ticken *n;* (*della macchina da scrivere*) Klappern *n*

ticchio ['tikkio] <-cchi> *m* ❶ (*capriccio*) Anwandlung *f*, Laune *f* ❷ (*macchiolina*) Fleck *m*

Ticino [ti'tʃi:no] *m* (*cantone*) Tessin *n;* (*fiume*) Tessin *m*

ticket ['tikit *o* 'tiket] <-> *m* ❶ (*scontrino di abbonamento*) Bon *m*, Gutschein *m;* (SPORT) Wettschein *m* ❷ (MED) Selbstbeteiligung *f* (an den Krankheitskosten)

tiene, tieni ['tiɛ:ne, 'tiɛ:ni] *3. e 2. pers sing pr di* **tenere**

tiepido, -a ['tiɛ:pido] *agg* ❶ (*poco caldo*) lau(warm), mild ❷ (*fig*) kühl

tifare [ti'fa:re] *vi* (*fam*) *~* **per qu** für jdn schwärmen, von jdm Fan sein

tifo ['ti:fo] *m* ❶ (MED) Typhus *m* ❷ (*fig*) Sportbegeisterung *f;* **fare il ~ per qu** begeisterter Anhänger von jdm sein; **tifoide** [ti'fɔ:ide] *agg* typhusartig, Typhus-

tifone [ti'fo:ne] *m* Taifun *m*

tifoso, -a [ti'fo:so] **I.** *agg* ❶ (MED) typhusartig, Typhus- ❷ (*fig*) sportbegeistert; (*pej*) fanatisch **II.** *m, f* ❶ (MED) Typhuskranke(r) *f(m)* ❷ (*fig*) Sportbegeisterte(r) *f(m)*, Fan *m; ~* **di calcio** Fußballfan *m*, -anhänger *m*

ti(g)gi [ti(d)'dʒi] <-> *m* (*telegiornale*) Fernsehnachrichten *fpl*, Tagesschau *f;* **il ~ delle otto** die Acht-Uhr-Nachrichten *fpl;*

~ **regionale** regionale Fernsehnachrichten *fpl*

tight ['tait] <-> *m* Cut(away) *m*

tiglio ['tiʎʎo] <-gli> *m* Linde *f*

tiglioso, -a [tiʎʎo:so] *agg* fas(e)rig, zäh

tigna ['tiɲɲa] *f* ❶ (MED) Grind *m* ❷ (*fig*) Ärgernis *n*

tignola [tiɲ'nɔːla] *f* Motte *f*

tignosa [tiɲ'no:sa] *f* Knollenblätterpilz *m*

tignoso, -a [tiɲ'no:so] *agg* ❶ (MED) grindig ❷ (*fig fam*) knaus(e)rig, knickerig

tigrato, -a [ti'gra:to] *agg* getigert; **tigratura** [tigra'tu:ra] *f* Tigermuster *n*

tigre ['ti:gre] *f* Tiger *m;* **tigrotto** [ti'grɔtto] *m* Tigerjunge(s) *n*

tilde ['tilde] <-> *m o f* Tilde *f*

tilt [tilt] <-> *m* **andare in ~** (*macchina, orologio*) kaputt gehen, nicht mehr funktionieren; (*telefono*) außer Betrieb sein; (*traffico*) zusammenbrechen; (*persona*) ausrasten; (*per stanchezza*) schlappmachen; **essere in ~** einen Blackout haben

TIM *f abbr di* **Telecom Italia Mobile** *für den Mobilfunk zuständige Sektion der Telecom Italia*

timballo [tim'ballo] *m* Pastete *f,* Auflauf *m;* ~ **di riso** Reistimbale *f*

timbrare [tim'bra:re] *vt* (ab)stempeln; **~ il cartellino** stechen; **timbratura** [timbra'tu:ra] *f* (Ab)stempeln *n*

timbrico, -a ['timbriko] <-ci, -che> *agg* Klang-, klanglich

timbrificio [timbri'fi:tʃo] <-ci> *m* Stempelfabrik *f;* **timbro** [timbro] *m* ❶ (*marchio*) Stempel *m* ❷ (*di suono*) Klangfarbe *f,* Timbre *n*

time lock ['taim lɔk] <-> *m* Zeitschloss *n*

time out ['taim aut] <-> *m* (SPORT) Auszeit *f,* Spielunterbrechung *f*

timer ['taimə *o* 'taimer] <-> *m* Schaltuhr *f*

time-sharing ['taim 'ʃɛariŋ] <-> *m* Timesharing *n*

timidezza [timi'dettsa] *f* Schüchternheit *f;* **timido, -a** [ti'mi:do] *agg* schüchtern

timing ['taimiŋ] <-> *m* Timing *n*

timo ['ti:mo] *m* Thymian *m*

timone [ti'mo:ne] *m* ❶ (NAUT, AERO) Ruder *n,* Steuer *n* ❷ (*di carro*) Deichsel *f;* **timoniere, -a** [timo'niɛ:re] *m, f* Steuermann *m,* Rudergänger(in) *m(f)*

timorato, -a [timo'ra:to] *agg* gewissenhaft; ~ **di Dio** gottesfürchtig

timore [ti'mo:re] *m* ❶ (*paura*) Furcht *f,* Angst *f* ❷ (*preoccupazione*) Befürchtung *f* ❸ (*soggezione*) Ehrfurcht *f,* Respekt *m;* ~ **di Dio** Gottesfurcht *f;* **timoroso, -a** [timo'ro:so] *agg* furchtsam, ängstlich

timpanista [timpa'nista] <-i *m,* -e *f*> *mf*

Paukenschläger(in) *m(f);* **timpano** ['timpano] *m* ❶ (MUS) Pauke *f* ❷ (ANAT) Paukenhöhle *f,* Tympanum *n;* **esser duro di -i** (*fam*) schwerhörig sein; **rompere i -i a qu** (*fam*) jdm das Trommelfell platzen lassen ❸ (ARCH) Tympanon *n*

tinca ['tiŋka] <-che> *f* Schleie *f*

tinello [ti'nɛllo] *m* Essraum *m*

tingere ['tindʒere] <tingo, tinsi, tinto> I. *vt* färben II. *vr* **-rsi** ❶ (*colorarsi*) sich färben ❷ (*con cosmetici*) sich schminken ❸ (*fig: sentimenti*) **-rsi di qc** sich mit etw mischen

tinnire [tin'ni:re] <tinnisco, tinnisci> *vi* (*poet*) klingen

tino ['ti:no] *m* Bottich *m;* **tinozza** [ti'nɔttsa] *f* Kübel *m;* (*per il bucato*) Zuber *m;* (*da bagno*) Wanne *f*

tinsi ['tinsi] *1. pers sing pass rem di* **tingere**

tinta ['tinta] *f* Farbe *f;* **in ~ unita** einfarbig; **dare una mano di ~ a qc** etw überstreichen; **vedere tutto a -e fosche** (*fig*) alles in den schwärzesten Farben sehen; **tintarella** [tinta'rɛlla] *f* Sonnenbräune *f;* **prendere la ~** sich sonnen

tinteggiare [tinted'dʒa:re] *vt* anstreichen; **tinteggiatura** [tinteddʒa'tu:ra] *f* Anstrich *m*

tintinnare [tintin'na:re] *vi* klingeln; **tintinnio** [tintin'ni:o] <-ii> *m* Geklingel *n*

tinto ['tinto] *pp di* **tingere**

tintore, -a [tin'to:re] *m, f* Färber(in) *m(f);* **tintoria** [tinto'ri:a] <-ie> *f* Färberei *f;* (*per pulitura abiti*) Reinigung *f;* **tintura** [tin'tu:ra] *f* ❶ (*azione*) Färben *n* ❷ (*risultato*) Färbung *f* ❸ (*prodotto*) Färbemittel *n;* (CHEM) Tinktur *f*

tipicità [tipitʃi'ta] <-> *f* Eigentümlichkeit *f*

tipico, -a ['ti:piko] <-ci, -che> *agg* typisch, charakteristisch

tipizzare [tipid'dza:re] *vt* typisieren

tipo ['ti:po] *m* ❶ (*carattere*) Typ *m,* Typus *m;* (*qualità*) Art *f,* Sorte *f;* **sul tipo di** ähnlich +*dat;* **merce di tutti i -i** Waren *fpl* aller Art ❷ (*persona*) Typ *m fam,* Type *f fam;* **un ~ ti vuole parlare** da ist ein Typ, der dich sprechen möchte *fam*

tipocomposizione [tipokompozit'tsio:ne] *f* (TYP) Schriftsatz *m,* Satz *m*

tipografa *f v.* **tipografo**

tipografia [tipogra'fi:a] *f* ❶ (*arte*) Buchdruck *m,* Typographie *f* ❷ (*procedimento*) Buchdruck *m* ❸ (*laboratorio*) (Buch)druckerei *f;* **tipografico, -a** [tipo'gra:fiko] <-ci, -che> *agg* Druck-, typographisch; **tipografo, -a** [ti'pɔːgrafo] *m, f* Buchdrucker(in) *m(f)*

tipologia [tipolo'dʒiːa] <-gie> f Typologie f

TIR [tir] <-> m LKW m, Brummi m fam

tiraggio [ti'raddʒo] <-ggi> m Luftzufuhr f

tiralinee [tira'liːnee] <-> m Reißfeder f

tiramisù [tirami'su] <-> m Tiramisu n (aus Mascarpone und in Kaffee getränkten Biskuits hergestellte Süßspeise)

tiranna f v. **tiranno**

tiranneggiare [tiranned'dʒaːre] **I.** vt tyrannisieren **II.** vi Gewaltherrschaft ausüben; **tirannia** [tiran'niːa] <-ie> f ❶ (POL) Tyrannei f, Gewaltherrschaft f ❷ (fig) Druck m, Zwang m; **tirannicida** [tiranni'tʃiːda] <-i m, -e f> mf Tyrannenmörder(in) m(f); **tirannicidio** [tiranni'tʃiːdio] <-i> m Tyrannenmord m; **tirannico, -a** [ti'ranniko] <-ci, -che> agg tyrannisch, Tyrannen-; **tirannide** [ti'rannide] f Tyrannei f; **tiranno, -a** [ti'ranno] m, f Tyrann(in) m(f)

tirante [ti'rante] m (NAUT) Läufer m; **~ d'acqua** Tiefgang m

tiranteria [tirante'riːa] <-ie> f (MOT) Gestänge n

tirapiedi [tira'pjɛːdi] <-> m ❶ (HIST) Henkersknecht m ❷ (fig fam) Handlanger m, Helfershelfer m

tirapugni [tira'puɲɲi] <-> m Schlagring m

tirare [ti'raːre] **I.** vt ❶ (carro) ziehen; (cassetto) herausziehen, aufziehen; (tenda) zuziehen; **~ qu per i capelli** jdn an den Haaren ziehen; **~ su** hochziehen; **~ su le maniche** die Ärmel hochkrempeln; **~ su i figli** (fam) die Kinder aufziehen; **-rsi su** (fig) sich aufrichten; **-rsi indietro** (fig) sich zurückziehen; **una parola tira l'altra** ein Wort gibt das andere ❷ (fune) spannen; **~ qc per le lunghe** etw in die Länge ziehen ❸ (dente, linea) ziehen ❹ (lanciare) werfen ❺ (sparare) schießen; (colpo) abfeuern ❻ (SPORT: ciclismo) schleppen ❼ (calci) versetzen ❽ (TYP) drucken; (bozze) abziehen ❾ (loc) **~ il fiato** atmen, aufatmen; **~ a lucido** auf Glanz bringen; **~ le somme** summieren; (fig) das Fazit ziehen **II.** vi ❶ (gener) ziehen; **~ a sorte** auslosen ❷ (vento) wehen, blasen ❸ (abito) spannen, eng sitzen ❹ (camino) ziehen ❺ (sparare) schießen ❻ (loc) **~ sul prezzo** (um den Preis) handeln, feilschen; **~ avanti** (fam) sich durchschlagen; **~ dritto** (seinen Weg) weitergehen; **tirata** [ti'raːta] f ❶ (il tirare) Ziehen n; (a fig) Zug m; **dare una ~ d'orecchi a qu** jdm die Ohren lang ziehen ❷ (di pipa) Zug m ❸ (fig: discorso) Tirade f

tiratardi [tira'tardi] <-> mf (fam) Faulenzer(in) m(f), Faulpelz m; **sei un ~!** (fam)

du Faulpelz!

tirato, -a [ti'raːto] agg ❶ (corda, filo) gespannt ❷ (fig: avaro) geizig ❸ (fig: sorriso) gezwungen; (volto) abgespannt; **tiratore, -trice** [tira'toːre] m, f ❶ (lanciatore) Werfer(in) m(f) ❷ (con armi da fuoco) Schütze m, Schützin f; **~ scelto** Scharfschütze m ❸ (SPORT) Torschütze m, -schützin f; **tiratura** [tira'tuːra] f ❶ (TYP) Abzug m ❷ (numero di copie) Auflage f

tirchia f v. **tirchio**

tirchieria [tirkie'riːa] <-ie> f (fam) Knauserei f; **tirchio, -a** ['tirkio] <-chi, -chie> fam **I.** agg knaus(e)rig **II.** m, f Geizhals m, Pfennigfuchser m

tiremmolla [tirem'mɔlla] m Hin und Her n; **fare a ~** schwanken, sich nicht entscheiden können

tiretto [ti'retto] m Schubfach n

tiritera [tiri'tɛːra] f (fam) ❶ (filastrocca) Litanei f ❷ (discorso) Geschwätz n

tiro ['tiːro] m ❶ (il tirare) Ziehen n; (lo sparare) Schießen n; (il lanciare) Werfen n; **~ alla fune** Tauziehen n; **~ con l'arco** Bogenschießen n; **~ al piattello** Tontaubenschießen n ❷ (sparo) Schuss m; (lancio) Wurf m; **essere a un ~ di schioppo** (fig) einen Steinwurf entfernt sein ❸ (fig) Versuch m ❹ (attacco di cavalli) Gespann n ❺ (azione cattiva) Streich m; **fare** [o **giocare**] **un brutto ~ a qu** jdm einen bösen Streich spielen

tirocinante [tirotʃi'nante] **I.** agg Lehrlings-; (del tirocinio) Lehr- **II.** mf Lehrling m; **tirocinio** [tiro'tʃiːnio] <-i> m (formazione professionale) Lehre f, Lehrzeit f; (stage) Praktikum n

tiroide [ti'rɔːide] f Schilddrüse f

tirolese [tiro'leːse] **I.** agg tirolisch, Tiroler-; **canto alla ~** Jodeln n **II.** mf Tiroler(in) m(f); **Tirolo** [ti'rɔːlo] m Tirol n

tisana [ti'zaːna] f Aufguss m, Tee m

tisi ['tiːzi] <-> f Tuberkulose f; **tisico, -a** ['tiːziko] <-ci, -che> **I.** agg schwindsüchtig **II.** m, f Schwindsüchtige(r) f(m)

titanico, -a [ti'taːniko] <-ci, -che> agg gigantisch

titanio [ti'taːnio] m (CHEM) Titan n

titano [ti'taːno] m Titan m

titillamento [titilla'mento] m Kitzeln n; **titillare** [titil'laːre] vt kitzeln

titolare [tito'laːre] agg ❶ (gener) berechtigt ❷ (REL) Titular-

titolarità [titolari'ta] <-> f Inhaberschaft f

titolato, -a [tito'laːto] **I.** agg ❶ (nobile) ad(e)lig ❷ (CHEM) titriert **II.** m, f Ad(e)lige(r) f(m); **titolazione** [titolat'tsioːne] f ❶ (di lega, fibra tessile) Titration f ❷ (di

opere, articoli) Betitelung *f*
titolo ['tiːtolo] *m* ❶(*nome*) Titel *m; (intestazione*) Überschrift *f;* **-i di prima pagina**
Schlagzeilen *fpl* ❷(JUR: *nei testi*) Absatz *m*
❸(COM, FIN) Wertpapier *n; ~* **azionario** Aktie *f;* **a ~ di prestito** leihweise; **a ~ gratuito** kostenlos; **portafoglio -i** Wertpapierbestand *m* ❹(*appellativo*) Name *m*, Bezeichnung *f*, Titel *m; (epiteto offensivo*)
Schimpfwort *n;* **a ~ personale** im eigenen
Namen ❺(*grado*) Grad *m*, Titel *m* ❻(*merito*) Verdienst *n*
titubante [titu'bante] *agg* unschlüssig, unentschlossen; **titubanza** [titu'bantsa] *f*
Unschlüssigkeit *f;* **titubare** [titu'baːre] *vi*
zögern
tizia *f v.* **tizio**
tiziano [tit'tsiːno] *agg* <inv> tizianrot
tizio, -a ['tittsio] <-zi, -zie> *m, f* (irgend)je-
mand, irgendwer; **un ~ qualunque** irgendjemand; **Tizio, Caio e Sempronio**
Hinz und Kunz *fam*
tizzone [tit'tsoːne] *m* brennendes Holz-
stück
to' [tɔ] *int* (*meraviglia*) nanu, sieh (einer)
an; **~! eccoti i soldi!** (*fam*) da! hier hast
du das Geld!
toast ['toust *o* 'tɔst] <-> *m* Toast *m*
toboga [to'bɔːga] <-> *m* ❶(*slitta*) Tobog-
gan *m* ❷(*scivolo*) Rutschbahn *f*
toccabile [tok'kaːbile] *agg* berührbar; (*fig*)
greifbar
toccante [tok'kante] *agg* rührend, ergreifend
toccare [tok'kaːre] I. *vt* avere ❶(*sentire
con la mano*) berühren, anfassen; **~ con
mano** (*fig*) mit Händen greifen ❷(*fig*) berühren; (*cibo*) anrühren ❸(*tasto*) drücken
❹(*giungere*) erreichen; **~ terra** landen;
~ la sessantina an die Sechzig sein ❺(*argomento*) streifen ❻(NAUT: *porto*) anlaufen ❼(*commuovere*) rühren, ergreifen
❽(*riguardare*) betreffen, angehen; **la cosa
mi tocca da vicino** das geht mich direkt
an II. *vi* essere ❶(*accadere*) zustoßen, widerfahren ❷(*essere obbligato*) obliegen
geh; **mi tocca ... +***inf* ich muss ... +*inf*
❸(*spettare*) zustehen; **tocca a me/te** ich
bin/du bist an der Reihe; **a chi tocca tocca** wer dran ist, ist dran
toccasana [tokka'saːna] <-> *m* (*a fig*) Allheilmittel *n*
toccata [tok'kaːta] *f* ❶(*il toccare*) Berührung *f* ❷(MUS) Tokkata *f;* **toccatina** [tok-
ka'tiːna] *f* leise Berührung
toccato, -a [tok'kaːto] *agg* ❶(SPORT) getroffen ❷(*fig: andato a segno*) getroffen
❸(*fam*) **è un po'~** er tickt nicht ganz rich-

tig
tocco ['tokko] <-cchi> *m* ❶(*pressione*)
Berührung *f*, leichter Druck ❷(*fig: di artista*) (Künstler)hand *f; (di pittore*) Pinsel-
führung *f;* (MUS) Anschlag *m* ❸(*di campane*) Läuten *n*, Glockenschlag *m; (di orologi*) Schlagen *n*, Schlag *m*
tocco, -a ['tokko] <-cchi, -cche> *agg*
(*fam*) plemplem; **è ~ nel cervello** er hat
einen Dachschaden
toeletta [toe'lɛtta] *f* (*operazione*) Toilette *f*
toga ['tɔːga] <-ghe> *f* ❶(HIST) Toga *f*
❷(JUR) Talar *m*, Robe *f;* **togato, -a**
[to'gaːto] *agg* ❶(HIST) mit der Toga bekleidet; (JUR) mit dem Talar bekleidet ❷(*fig*)
feierlich
togliere ['tɔʎʎere] <tolgo, tolsi, tolto>
I. *vt* ❶(*rimuovere*) abnehmen, wegnehmen; (*dente*) ziehen; (*vestito*) ausziehen;
(*cappello*) abnehmen; **~ di mezzo qu** jdn
aus dem Weg schaffen; **-rsi la vita** sich das
Leben nehmen; **ciò non toglie che ...
+***conj* das schließt nicht aus, dass ...
❷(*fig: non concedere più*) (weg)nehmen;
(*parola*) entziehen ❸(*fig: divieto, seduta*)
aufheben ❹(*fig: liberare*) befreien II. *vr*
-rsi weggehen, sich entfernen
toiletries ['tɔilitriz] *fpl* Toilettenartikel
mpl; **linea di ~** Kosmetiklinie *f*
toilette [twa'lɛt] <-> *f v.* **toletta**
tolda ['tɔlda] *f* Deck *n*
toletta [to'letta] *f* ❶(*abito, acconciatura,
stanza, operazione*) Toilette *f* ❷(*mobile*)
Toilettentisch *m*, Frisierkommode *f*
tolgo ['tɔlgo] *1. pers sing pr di* **togliere**
tollerabile [tolle'raːbile] *agg* erträglich;
tollerabilità [tollerabili'ta] <-> *f* Erträg-
lichkeit *f;* (MED) Verträglichkeit *f*
tollerante [tolle'rante] *agg* tolerant; **tolleranza** [tolle'rantsa] *f* ❶(*indulgenza*) Toleranz *f;* (*comprensione*) Nachsicht *f*, Verständnis *n* ❷(*sopportazione*) Aushalten *n*,
Verträglichkeit *f;* **casa di ~** Bordell *n* ❸(*dilazione*) Toleranz *f*, zulässige Verzögerung;
(*scarto*) Toleranz *f*, zulässige Abweichung;
tollerare [tolle'raːre] *vt* ❶(*poter subire*)
vertragen ❷(*sopportare*) ertragen, dulden
❸(*ammettere*) tolerieren, dulden
tolsi ['tɔlsi] *1. pers sing pass rem di* **togliere**
tolto[1] ['tɔlto] *pp di* **togliere**
tolto[2] *avv* abgesehen von +*dat*, ausgenommen +*acc*
tomaia [to'maːia] <-aie> *f* Oberleder *n*
tomba ['tomba] *f* Grab *n;* **silenzio di ~**
Grabesstille *f;* **essere una ~** (*fig*) schweigen wie ein Grab; **essere con un piede
nella ~** (*fig*) mit einem Fuß im Grabe ste-

hen; **tombale** [tom'ba:le] *agg* Grab(es)-; **tombarolo** [tomba'rɔːlo] *m* (*sl*) Grabräuber *m*

tombino [tom'bi:no] *m* Kanalschacht *m*

tombola ['tombola] *f* Zahlenlotto *n*

tombolare [tombo'la:re] *vi* essere (*fam*) purzeln

tombolo ['tombolo] *m* ❶ (*lavorazione*) Klöppelkissen *n* ❷ (*fam: persona grassoccia*) Tonne *f*

tomo ['tɔːmo] *m* ❶ (*volume*) Band *m* ❷ (*fig fam: persona bizzarra*) Nummer *f*, Marke *f*

tomografia [tomogra'fi:a] *f* Tomographie *f*; ~ **assiale computerizzata** Computertomographie *f*; **tomografo** [to'mɔgrafo] *m* Tomograph *m*

tonaca ['tɔːnaka] <-che> *f* (*di frati*) Kutte *f*; (*di preti*) Talar *m*; (*di monache*) Ordenskleid *n*, Schwesterntracht *f*

tonale [to'na:le] *agg* ❶ (MUS) tonal ❷ (*in pittura*) Ton-; **tonalità** [tonali'ta] <-> *f* ❶ (MUS) Tonalität *f* ❷ (*di colore*) (Farb)ton *m*

tonare [to'na:re] I. *vi* avere ❶ (METEO) donnern ❷ (*fig*) wettern II. *vi* essere o avere (*impersonale*) donnern

tondeggiante [tonded'dʒante] *agg* rundlich

tondino [ton'di:no] *m* runder Gegenstand; (*di ferro*) Rundeisen *n*; (*negli ippodromi*) Führring *m*

tondo ['tondo] *m* Scheibe *f*, Kreis *m*; **girare in** ~ (sich) im Kreise drehen

tondo, -a *agg* rund, Rund-; **dire chiaro e** ~ rundheraus sagen

toner [tɔ:ner] <-> *m* Toner *m*

tonfete ['tonfete] *int* plumps

tonfo ['tonfo] *m* dumpfer Schlag, Plumps *m* fam; **fare un** ~ plumpsen fam

tonica ['tɔːnika] <-che> *f* Grundton *m*, Tonika *f*

tonico ['tɔːniko] <-ci> *m* Stärkungsmittel *n*; (*per la pelle*) Gesichtswasser *n*

tonico, -a <-ci, -che> *agg* kräftigend, anregend; (LING) betont; **acqua -a** Tonic(wasser) *n*; **tonificare** [tonifi'ka:re] *vt* ❶ (*irrobustire*) kräftigen, stärken ❷ (*rinvigorire*) beleben, anregen

tonnato, -a [ton'na:to] *agg* **vitello** ~ Kalbfleisch in T(h)unfischsoße; **salsa -a** T(h)unfischsoße *f*

tonnellaggio [tonnel'laddʒo] <-ggi> *m* Tonnage *f*

tonnellata [tonnel'la:ta] *f* Tonne *f*; ~ **di stazza lorda** Bruttoregistertonne *f*

tonno ['tonno] *m* T(h)unfisch *m*

tono ['tɔːno] *m* ❶ (*gener*, MUS, PHYS) Ton *m*

❷ (*modo*) Art *f*, Weise *f*; **darsi un** ~ (*fig*) Haltung annehmen ❸ (MED) Tonus *m* ❹ (*di colore*) (Farb)ton *m* ❺ (*fig: modello*) Vorbild *n* ❻ (*loc*) **rispondere a** ~ die passende Antwort geben

tonsilla [ton'silla] *f* (ANAT) Mandel *f*; **tonsillectomia** [tonsillekto'mi:a] <-ie> *f* Mandeloperation *f*; **tonsillite** [tonsil'li:te] *f* Mandelentzündung *f*

tonsura [ton'su:ra] *f* Tonsur *f*

tonto, -a ['tonto] *agg* einfältig, blöde

top [tɔp] <-> *m* ❶ (*indumento*) Top *n* ❷ (*vertice*) Spitze *f*

topaia [to'pa:ia] <-aie> *f* Mäusenest *n*

topazio [to'pattsio] <-i> *m* Topas *m*

topic ['tɔpik] <-> *m* (LING: *tema*) Topik *n*

topica ['tɔːpika] <-che> *f* ❶ (*fam: gaffe*) Fauxpas *m*, Schnitzer *m*; **fare una** ~ ins Fettnäpfchen treten ❷ (*in retorica*) Topik *f*

topicida [topi'tʃi:da] <-i> *m* Mäusegift *n*

topicida <-i *m*, -e *f*> *agg* mäusevernichtend

topless ['tɔplis] <-> *m* Oben-ohne-Badeanzug *m*

top model [tɔp 'mɔdl] <-> *f* Topmodel *n*

topo ['tɔːpo] *m* Maus *f*; ~ **di biblioteca** (*fig*) Bücherwurm *m*; **fare la fine del** ~ (*fig*) in die Falle gehen

topografia [topogra'fi:a] *f* Topographie *f*; **topografico, -a** [topo'gra:fiko] <-ci, -che> *agg* topographisch

topolino [topo'li:no] *m* Mäuschen *n*; **Topolino** Mickymaus *f*

toponimo [to'pɔ:nimo] *m* Ortsname *m*

toporagno [topo'raɲɲo] *m* Spitzmaus *f*

toppa ['tɔppa] *f* ❶ (*serratura*) Schloss *n* ❷ (*rappezzo*) Flicken *m*, Aufnäher *m*

torace [to'ra:tʃe] *m* Brustkorb *m*; **toracico, -a** [to'ra:tʃiko] <-ci, -che> *agg* Brust-

torba ['torba] *f* Torf *m*

torbidezza [torbi'dettsa] *f* Trübung *f*; **torbidi** *mpl* Unruhen *fpl*, Wirren *pl*; **torbido, -a** ['torbido] *agg* trübe; (*fig*) finster, dunkel

torbiera [tor'biɛ:ra] *f* Torfmoor *n*

torcere ['tɔrtʃere] <torco, torsi, torto> I. *vt* ❶ (*avvolgere*) (ver)drehen; (*piegare*) (um)drehen, krümmen; (*ferro*) biegen ❷ (*biancheria*) auswringen ❸ (*bocca*) verziehen; (*collo*) umdrehen II. *vr* **-rsi** sich winden, sich krümmen

torchiare [tor'kia:re] *vt* ❶ (*spremere*) pressen ❷ (*fig*) auspressen; **torchio** ['tɔrkio] <-chi> *m* Presse *f*; **tenere qu sotto il** ~ (*fig*) jdn durch die Mangel drehen fam

torcia ['tɔrtʃa] <-ce> *f* Fackel *f*, Taschenlampe *f*

torcicollo [tortʃi'kɔllo] *m* steifer Hals; **ave-**

re il ~ einen steifen Hals haben

tordo ['tordo] *m* Drossel *f*

torello [to'rɛllo] *m* Jungstier *m*

torero [to'rɛːro] *m* Stierkämpfer *m,* Torero *m*

torinese¹ [tori'neːse] **I.** *agg* turiner, turinisch **II.** *mf* (*abitante*) Turiner(in) *m(f)*

torinese² <*sing*> *m* (*dialetto*) Turinerdialekt *m*

Torinese <*sing*> *m* Umgebung *f* von Turin

torinista [tori'nista] <-i *m*, -e *f*> **I.** *mf* Fan *m* von Juventus Turin **II.** *agg* (SPORT) Juventus-Turin-begeistert

Torino [to'riːno] *f* Turin *n* (*Hauptstadt Piemonts*)

torlo ['torlo] *v.* **tuorlo**

torma ['torma] *f* Schar *f*

tormalina [torma'liːna] *f* Turmalin *m*

tormenta [tor'menta] *f* Schneesturm *m*

tormentare [tormen'taːre] **I.** *vt* (*dolore, rimorso*) quälen; (*fastidio*) plagen, belästigen **II.** *vr* **-rsi** sich quälen, sich plagen; **tormento** [tor'mento] *m* Qual *f,* Schmerz *m;* (*fig*) Plage *f,* Belästigung *f;* **tormentone** [tormen'toːne] <-i> *m* ❶ (*canzone*) Ohrwurm *m* ❷ (*ciò que è molesto*) Quälerei *f* ❸ (*pubblicità*) Werbeslogan *m;* **tormentoso, -a** [tormen'toːso] *agg* quälend

tornaconto [torna'konto] *m* (*vantaggio*) Vorteil *m;* (*utile*) Gewinn *m*

tornado [tor'naːdo] <-> *m* Wirbelsturm *m,* Tornado *m*

tornante [tor'nante] *m* Kehre *f,* Haarnadelkurve *f*

tornare [tor'naːre] **I.** *vi essere* ❶ (*ritornare*) zurückkommen, -kehren; ~ **sull'argomento** auf das Argument zurückkommen ❷ (*venire di nuovo*) noch einmal kommen, wiederkommen; (*andare di nuovo*) noch einmal gehen, wieder gehen; ~ **alla mente** wieder in den Sinn kommen; ~ **di moda** wieder in Mode kommen; ~ **a fare qc** etw noch einmal tun; ~ **in sé** wieder zu sich *dat* kommen ❸ (*ridiventare*) wieder werden ❹ (*essere esatto, giusto*) stimmen, richtig sein; **il conto torna** die Rechnung geht auf ❺ (*essere*) sein; **torna utile** das ist ganz nützlich **II.** *vt avere* zurückgeben, zurückbringen

tornasole [torna'soːle] <-> *m* Lackmus *n* o *m*

tornata [tor'naːta] *f* Sitzung *f,* Tagung *f*

torneare [torne'aːre] *vi* an einem Turnier teilnehmen

tornella [tor'nɛlla] *f,* **tornello** [tor'nɛllo] *m* Drehkreuz *n*

torneo [tor'nɛːo] *m* Turnier *n*

tornio ['tornio] <-i> *m* Drehbank *f*

tornire [tor'niːre] <tornisco> *vt* ❶ (TEC) drechseln, drehen ❷ (*fig*) (aus)feilen; **tornitore, -trice** [torni'toːre] *m, f* Drechsler(in) *m(f),* Dreher(in) *m(f)*

torno ['torno] *m* **levarsi di ~** von hier verschwinden

toro ['tɔːro] *m* ❶ (ZOO) Stier *m;* **prendere il ~ per le corna** (*fig*) den Stier bei den Hörnern packen ❷ (ASTR) **Toro** Stier *m;* **sono (del** [*o* **un**]) **Toro** ich bin (ein) Stier

torpedine [tor'pɛːdine] *f* ❶ (ZOO) Zitterrochen *m* ❷ (MIL) Seemine *f*

torpediniera [torpedi'niɛːra] *f* Torpedoboot *n*

torpedone [torpe'doːne] *m* Reiseomnibus *m*

torpidezza [torpi'dettsa] *f* Unlust *f*

torpido, -a ['tɔrpido] *agg* schlaff, benommen; (*pigro*) träge

torpore [tor'poːre] *m* Schlaffheit *f,* Benommenheit *f;* (*fig*) Trägheit *f*

torrazzo [tor'rattso] *m* (großer) Glockenturm *m*

torre ['tɔrre] *f* Turm *m;* ~ **di controllo** Kontrollturm *m;* ~ **di lancio** Startrampe *f*

torrefare [torre'faːre] <irr> *vt* rösten, brennen; **torrefazione** [torrefat'tsioːne] *f* ❶ (*azione*) Rösten *n,* Brennen *n* ❷ (*locale*) Rösterei *f*

torreggiare [torred'dʒaːre] *vi* emporragen

torrente [tor'rɛnte] *m* Wildbach *m;* (*a fig*) Sturzbach *m;* **a -i** in Strömen; **letto del ~** Bachbett *n;* **torrenziale** [torren'tsiaːle] *agg* strömend; **pioggia ~** Wolkenbruch *m*

torrido, -a ['tɔrrido] *agg* glühend; (*clima*) heiß

torrione [tor'rioːne] *m* Wachtturm *m*

torrone [tor'roːne] *m* Nougat mit Mandeln, Honig und kandierten Früchten

torsi ['tɔrsi] *1. pers sing pass rem di* **torcere**

torsione [tor'sioːne] *f* Verdrehung *f,* Torsion *f;* (*in ginnastica*) Drehung *f;* (*di filati*) Zwirnen *n*

torso ['torso] *m* ❶ (*nell'arte*) Torso *m* ❷ (ANAT) Rumpf *m* ❸ (BOT: *di cavolo*) Strunk *m;* (*di frutti*) Kerngehäuse *n;* (*di granoturco*) (Mais)kolben *m*

torsolo ['torsolo] *m* (*di mela*) Kerngehäuse *n;* (*di cavolo*) Strunk *m*

torta ['tɔrta] *f* Torte *f,* Kuchen *m*

tortelli [tor'telli] *mpl* ~ **cremaschi** mit Kürbis, Amaretti und Parmesan gefüllte Nudeln; **tortellinatrice** [tortellina'triːtʃe] *f* Maschine zur Herstellung von Tortellini; **tortellini** [tortel'liːni] *mpl* Tortellini *pl* (*ringförmige, mit Fleisch gefüllte Nudeln*); **tortelloni** [tortel'loːni] *mpl* Tortelloni *pl* (*größere, mit Ricotta und Gemüse gefüllte Nudeln*)

tortiera [tor'tiɛːra] *f* Torten-, Kuchenform *f*

tortiglione [tortiʎʎoːne] *m* ❶ (*forma*) Spiralform *f* ❷ *pl kurze spiralförmige Suppennudeln;* **baffi a ~** gezwirbelter Schnurrbart

torto[1] ['tɔrto] *pp di* **torcere**

torto[2] *m* Unrecht *n;* **avere ~** Unrecht haben; **non avere tutti i -i** nicht ganz Unrecht haben; **dar ~ a qu** jdm Unrecht geben; **far ~ a qu** jdm ein Unrecht antun; (*fig*) jds nicht würdig sein; **a ~** zu Unrecht

tortora ['tortora] *f* Turteltaube *f;* **grigio ~** taubengrau *n*

tortuosità [tortuosi'ta] <-> *f* Gewundenheit *f,* Krümmung *f;* (*fig*) krummer Weg *fam;* **tortuoso, -a** [tortu'oːso] *agg* gewunden; (*fig*) verschlungen

tortura [tor'tuːra] *f* (*a fig*) Folter *f;* (*molestia*) Plage *f;* (*fig*) Qual *f,* Tortur *f;* **torturare** [tortu'raːre] **I.** *vt* foltern; (*fig*) quälen, martern; **-rsi il cervello** sich *dat* das Gehirn zermartern **II.** *vr* **-rsi** sich quälen

torvo, -a ['torvo] *agg* finster, scheel

tosacani [toza'kaːni] <-> *mf* Hundescherer *m;* (*scherz: barbiere non bravo*) Bartscherer *m*

tosaerba [toza'ɛrba] <-> *m o f* Rasenmäher *m,* Rasenmähmaschine *f*

tosamento [toza'mento] *m* Scheren *n,* Schneiden *n;* **tosare** [to'zaːre] *vt* ❶ (*pecore*) scheren ❷ (*scherz: capelli*) scheren ❸ (*siepi*) stutzen, schneiden; **tosasiepi** [toza'siɛːpi] <-> *m* Heckenschere *f;* **tosatore, -trice** [toza'toːre] *m, f* Scherer(in) *m(f);* **tosatura** [tosa'tuːra] *f* ❶ (*operazione*) Scheren *n* ❷ (*lana*) Schur-, Scherwolle *f*

Toscana [tos'kaːna] *f* Toskana *f;* **toscano, -a** [tos'kaːno] **I.** *agg* toskanisch **II.** *m, f* (*abitante*) Toskaner(in) *m(f)*

tosone [to'zoːne] *m* Vlies *n*

tosse ['tosse] *f* Husten *m;* **~ canina** [*o* **asinina**] Keuchhusten *m;* **tossicchiare** [tossik'kiaːre] *vi* hüsteln

tossicità [tossitʃi'ta] <-> *f* Giftigkeit *f*

tossico ['tɔssiko] <-ci> *m* Gift *n*

tossico, -a <-ci, -che> **I.** *agg* giftig, toxisch **II.** *m, f* (*sl*) Junkie *m*

tossicodipendente [tossikodipen'dɛnte] *mf* Drogenabhängige(r) *f(m);* **tossicodipendenza** [tossikodipen'dɛntsa] *f* Drogenabhängigkeit *f*

tossicologa [...] *f v.* **tossicologo**

tossicologia [tossikolo'dʒiːa] <-gie> *f* Toxikologie *f;* **tossicologo, -a** [tossi'kɔːlogo] <-gi, -ghe> *m, f* Toxikologe *m,* -login *f*

tossicomane [tossi'kɔːmane] **I.** *agg* drogen-, rauschgiftsüchtig **II.** *mf* Drogen-, Rauschgiftsüchtige(r) *f(m);* **tossicomania** [tossikoma'niːa] *f* Drogen-, Rauschgiftsucht *f*

tossina [tos'siːna] *f* Giftstoff *m,* Toxin *n*

tossire [tos'siːre] <tossisco> *vi* husten

tostacaffè [tostakafˈfɛ] <-> *m* Kaffeeröstmaschine *f;* **tostapane** [tosta'paːne] <-> *m* Toaster *m*

tostare [tos'taːre] *vt* rösten; (*pane a*) toasten; **tostatura** [tosta'tuːra] *f* Rösten *n;* (*del pane a*) Toasten *n*

tosto, -a ['tɔsto] *agg* hart; **faccia -a** Frechheit *f,* Unverschämtheit *f*

tot [tɔt] (*fam*) **I.** <inv> *agg* soundso viel **II.** <-> *m* (bestimmte) (An)zahl *f;* (*somma*) (bestimmte) Summe *f*

totale [to'taːle] **I.** *agg* Gesamt-, total **II.** *m* Gesamtsumme *f,* -betrag *m;* **totalità** [totali'ta] <-> *f* Gesamtheit *f,* Vollständigkeit *f;* **totalitario, -a** [totali'taːrio] <-i, -ie> *agg* ❶ (*della totalità*) allgemein, ganzheitlich ❷ (POL) totalitär; **totalitarismo** [totalita'rizmo] *m* Totalitarismus *m*

totalizzare [totalid'dzaːre] *vt* insgesamt erzielen; **totalizzatore** [totaliddza'toːre] *m* Totalisator *m*

totano ['tɔːtano] *m* Tintenfisch *m*

totem ['tɔːtɛm] *m* Totem *n*

totip [to'tip] *m acro di* **totalizzatore ippico** *italienisches Pferdelotto*

totocalcio [toto'kaltʃo] *m acro di* **totalizzatore calcistico** *italienisches Fußballtoto*

touch screen <-> *m* (INFORM) Touch Screen *m*

toupet [tu'pɛ] <-> *m* Toupet *n*

tour de force ['tur də 'fɔrs] <-> *m* Gewaltaktion *f,* Tour de force *f*

tour leader [tuə 'liːdə] <-> *mf* Reisebegleiter(in) *m(f)*

tournée [tur'ne] <-> *f* Tournee *f*

tour operator ['tuə ɔpe'reitə] <-> *mf* Reiseveranstalter(in) *m(f)*

tovaglia [to'vaʎʎa] <-glie> *f* Tischtuch *n,* Tischdecke *f;* **tovagliato** [tovaʎ'ʎaːto] *m* Tischwäsche *f;* **tovagliolo** [tovaʎ'ʎɔːlo] *m* Serviette *f;* **~ di carta** Papierserviette *f*

tozzo ['tɔttso] *m* (*di pane*) Stück *n* (trockenes) Brot; **dar via qc per un ~ di pane** (*fam*) etw für ein Butterbrot verkaufen

tozzo, -a *agg* untersetzt, stämmig; (*cosa*) plump; (*edificio*) kompakt

tr. *abbr di* **tratta** Tratte *f,* gezogener Wechsel

tra [tra] *prp* ❶ (*fra*) zwischen +*dat;* (*in mezzo a due persone o cose, stato*) zwischen +*dat;* (*moto*) zwischen +*acc;* (*in* *mezzo a più persone o cose, a fig*) unter +*dat;* (*moto*) unter +*acc;* ~ **di noi** unter uns; ~ **sé e sé** in seinem Inneren ❷ (*attraverso luogo*) nach +*dat* ❸ (*partitivo*) von +*dat,* unter +*dat;* ~ **l'altro** unter anderem ❹ (*approssimativo*) alles in allem; ~ **vitto e alloggio ho speso quasi tutto** für Kost und Wohnung habe ich fast alles ausgegeben ❺ (*di tempo*) in +*dat,* innerhalb +*gen;* ~ **breve** in Kürze

traballamento [traballa'mento] *m* Schwanken *n;* **traballare** [trabal'la:re] *vi* schwanken, taumeln; (*a fig*) wackeln

trabeazione [trabeat'tsio:ne] *f* Gebälk *n*

trabiccolo [tra'bikkolo] *m* (*scherz: auto scassata*) Schrottlaube *f fam*

traboccare [trabok'ka:re] *vi* ❶ *essere* (*liquido*) überlaufen, überfließen ❷ *avere* (*recipiente*) überlaufen

trabocchetto [trabok'ketto] *m* ❶ (*congegno*) Falltür *f* ❷ (*fig*) Falle *f;* **domanda ~** Fangfrage *f;* **tendere un ~ a qu** jdm eine Falle stellen

trabocco [tra'bokko] <-cchi> *m* Überlaufen *n,* Überfließen *n;* ~ **di sangue** Blutsturz *m*

tracagnotto, -a [trakaɲ'ɲɔtto] *agg* untersetzt

tracannare [trakan'na:re] *vt* hinunterstürzen, -gießen

traccia ['trattʃa] <-cce> *f* ❶ (*impronta*) Spur *f;* (*segno*) Zeichen *n;* (*di selvaggina*) Fährte *f;* **essere sulle -cce di qu** jdm auf der Spur sein; **non lasciar ~ di sé** spurlos verschwinden; **far perdere le proprie -cce** seine Spuren verwischen ❷ (*fig: ricordo*) Spur *f* ❸ (*scia*) Kielwasser *n* ❹ (*abbozzo*) Entwurf *m,* Skizze *f;* **tracciamento** [trattʃa'mento] *m* Abstecken *n;* (*di strade, ferrovie*) Trassieren *n;* (*in meccanica*) Anreißen *n;* (*di pista per sci*) Spuren *n*

tracciante [trat'tʃante] *agg* **proiettile ~** Leuchtspurgeschoss *n*

tracciare [trat'tʃa:re] *vt* ❶ (*disegnare*) zeichnen, entwerfen ❷ (*strade, ferrovie*) trassieren ❸ (*fig: descrivere*) umreißen

tracciato [trat'tʃa:to] *m* ❶ (*disegno*) Grafik *f* ❷ (*di strada*) Trasse *f* ❸ (INFORM) ~ **dell'archivio** Verzeichnisstruktur *f;* **tracciatore** [trattʃa'to:re] *m* (INFORM: *di grafici*) Plotter *m*

trachea [tra'kɛːa] <-chee> *f* Luftröhre *f;* **tracheotomia** [trakeoto'mi:a] <-ie> *f* Luftröhrenschnitt *m*

trackball ['trækbɔl] <-> *f* (INFORM) Trackball *m;* **trackpad** ['trakpɛd] <-> *m* (INFORM) Trackpad *n*

tracolla [tra'kɔlla] *f* Schultergurt *m,* -rie-

men *m;* **a ~** umgehängt

tracollare [trakol'la:re] *vi essere* (um)kippen; (*bilancia*) sinken

tracollo [tra'kɔllo] *m* ❶ (*fig*) Zusammenbruch *m* ❷ (*di ditta*) Pleite *f*

tracotante [trako'tante] *agg* anmaßend, überheblich; **tracotanza** [trako'tantsa] *f* Anmaßung *f,* Überheblichkeit *f*

trad. *abbr di* **traduzione** Übers.

trader ['treidə] *m* (FIN: *operatore finanziario*) Händler *m*

tradimento [tradi'mento] *m* Verrat *m;* (*di un coniuge*) Untreue *f;* **alto ~** Hochverrat *m;* **a ~** hinterrücks

trading ['treidiŋ] <-> *m* (FIN) Trading *n*

tradire [tra'di:re] <tradisco> I. *vt* ❶ (*venir meno alla fede*) verraten ❷ (*coniuge*) betrügen ❸ (*fig: mancare, ingannare*) **se la memoria non mi tradisce** wenn mich mein Gedächtnis nicht täuscht ❹ (*speranze*) enttäuschen II. *vr* **-rsi** sich verraten; **traditore, -trice** [tradi'to:re] I. *m, f* Verräter(in) *m(f)* II. *agg* verräterisch

tradizionale [tradittsio'na:le] *agg* traditionell, herkömmlich; (*costumi*) überliefert; **tradizionalismo** [tradittsiona'lizmo] *m* Traditionalismus *m;* **tradizionalista** [tradittsiona'lista] <-i *m,* -e *f*> *mf* Traditionalist(in) *m(f)*

tradizione [tradit'tsio:ne] *f* ❶ (*gener*) Überlieferung *f,* Tradition *f* ❷ (*consuetudine*) Brauch *m*

tradotta [tra'dotta] *f* Militärzug *m*

tradotto [tra'dotto] *pp di* **tradurre**

traducibile [tradu'tʃi:bile] *agg* übersetzbar; (*fig: azione*) umsetzbar; (*sentimento*) ausdrückbar; **difficilmente ~ in parole** schwer in Worte zu fassen; **tradurre** [tra'durre] <traduco, tradussi, tradotto> *vt* ❶ (*testi*) übersetzen, übertragen; ~ **dall'italiano in tedesco** aus dem Italienischen ins Deutsche übersetzen ❷ (*detenuti*) überführen ❸ (*fig: azioni*) umsetzen; (*sentimenti*) ausdrücken; ~ **in parole povere** in einfache Worte kleiden; **traduttivo, -a** [tradut'ti:vo] *agg* übersetzerisch; **metodo ~** übersetzerische Methode; **traduttologia** [traduttolo'dʒi:a] *f* Übersetzungswissenschaft *f;* **traduttore, -trice** [tradut'to:re] *m, f* Übersetzer(in) *m(f),* Dolmetscher(in) *m(f);* ~ **elettronico** Sprachcomputer *m;* **traduzione** [tradut'tsio:ne] *f* ❶ (*di scritto, discorso*) Übersetzung *f;* ~ **simultanea** Simultanübersetzung *f* ❷ (*di detenuti*) Überführung *f*

traente [tra'ɛnte] *m* Aussteller *m,* Trassant *m*

trafelato, -a [trafe'la:to] *agg* atemlos, außer Atem

trafficante [traffi'kante] *mf* ➊ (COM) Händler(in) *m(f)* ➋ (*pej*) Schieber(in) *m(f)*

trafficare [traffi'ka:re] **I.** *vi* ➊ (COM) ~ **in qc** mit etw handeln ➋ (*pej*) schieben **II.** *vt* (*pej*) verschachern, schieben mit; **traffichino, -a** [traffi'ki:no] *m, f* (*fam*) Geschäftemacher(in) *m(f);* **traffico** ['traffiko] <-ci> *m* ➊ (COM) Handel *m;* ~ **di stupefacenti** Drogenhandel *m* ➋ (*delle strade*) Verkehr *m;* ~ **aereo** Luftverkehr *m;* ~ **stradale** Straßenverkehr *m;* ~ **di transito** Transitverkehr *m;* **trafficone, -a** [traffi'ko:ne] *m, f* Geschäftemacher(in) *m(f)*

trafiggere [tra'fiddʒere] <trafiggo, trafissi, trafitto> *vt* durchbohren

trafila [tra'fi:la] *f* Reihe *f* von Hürden

trafilare [trafi'la:re] *vt* ziehen

trafiletto [trafi'letto] *m* Kurzartikel *m*

trafissi [tra'fissi] *1. pers sing pass rem di* **trafiggere**

trafitta [tra'fitta] *f* Stichwunde *f*

trafitto [tra'fitto] *pp di* **trafiggere**

traforare [trafo'ra:re] *vt* ein Loch machen in +*acc,* durchbohren, durchstechen; (*terreno*) aufgraben; (*con intaglio*) einschneiden; **traforo** [tra'fo:ro] *m* (*atto, effetto*) (Durch)bohrung *f;* (*intaglio*) Einschnitt *m,* Durchstich *m;* **seghetta** [*o* **sega**] **da** ~ Laubsäge *f* ➋ (*galleria*) Tunnel *m*

trafugamento [trafuga'mento] *m* Entwendung *f;* **trafugare** [trafu'ga:re] *vt* entwenden

tragedia [tra'dʒɛ:dia] <-ie> *f* ➊ (THEAT) Tragödie *f,* Trauerspiel *n* ➋ (*fig: scenata*) Theater *n fam*

traggo ['traggo] *1. pers sing pr di* **trarre**

traghettare [traget'ta:re] *vt* ➊ (*cose, persone*) übersetzen ➋ (*fiume*) überqueren; **traghettatore** [tragetta'to:re] *m* Fährmann *m;* **traghetto** [tra'getto] *m* (*imbarcazione*) Fähre *f,* Fährschiff *n;* ~ **spaziale** Raumfähre *f*

tragica *f v.* **tragico**

tragicità [tradʒitʃi'ta] <-> *f* Tragik *f*

tragico ['tra:dʒiko] *m* Tragik *f,* Tragische(s) *n*

tragico, -a <-ci, -che> *agg* tragisch; (THEAT) Tragödien-

tragicomico, -a [tradʒi'kɔ:miko] <-ci, -che> *agg* tragikomisch; **tragicommedia** [tradʒikom'mɛ:dia] *f* Tragikomödie *f*

tragitto [tra'dʒitto] *m* (Weg)strecke *f,* Fahrt *f*

traguardare [traguar'da:re] *vt* anvisieren; (*di sottecchi*) verstohlen anschauen

traguardo [tra'guardo] *m* ➊ (*a fig*) Ziel *n;* tagliare il ~ durchs Ziel gehen ➋ (*di arma*) Visier *n*

traiettoria [traiet'tɔ:ria] <-ie> *f* Flugbahn *f*

trailer ['treilə] <-> *m* (FILM) Trailer *m,* Vorschau *f*

trainare [trai'na:re] *vt* schleppen, ziehen

training ['treiniŋ] <-> *m* (*allenamento*) Training *n;* ~ **autogeno** autogenes Training; ~ **on the job** Einarbeitung *f*

traino ['tra:ino] *m* ➊ (*il trainare*) Schleppen *n,* Ziehen *n* ➋ (*carico*) Ladung *f,* Fuhre *f* ➌ (*carro*) Schlitten *m,* Fuhre *f*

trait d'union ['trɛ dy'njɔ̃] <-> *m* (TYP) Bindestrich *m*

tralasciabile [tralaʃ'ʃa:bile] *agg* auslassbar; **particolare** ~ unbedeutendes Detail, nicht erwähnenswerte Einzelheit; **tralasciare** [tralaʃ'ʃa:re] *vt* versäumen, unterlassen

tralcio ['traltʃo] <-ci> *m* Trieb *m,* Schössling *m*

tralicciatura [tralittʃa'tu:ra] *f* Gitterwerk *n*

traliccio [tra'littʃo] <-cci> *m* (*struttura*) Gerüst *n,* Gitter *n*

tralice [tra'li:tʃe] *avv* **in** [*o* **di**] ~ schräg, schief

tralignamento [traliɲɲa'mento] *m* Entartung *f;* **tralignare** [traliɲ'ɲa:re] *vi* entarten, degenerieren

tralucere [tra'lu:tʃere] <traluco *mancano i tempi composti*> *vi* (hin)durchscheinen

tram [tram] <-> *m* Straßenbahn *f,* Tram *f*

trama [tra:ma] *f* ➊ (*di tessuto*) Schussfaden *m* ➋ (*di un'opera*) Handlung *f* ➌ (*pej: macchinazione*) Intrige *f*

tramandare [traman'da:re] *vt* überliefern

tramare [tra'ma:re] *vt* anzetteln, im Schilde führen

trambusto [tram'busto] *m* Getümmel *n,* Durcheinander *n*

tramestare [trames'ta:re] *vi* das Unterste zuoberst kehren

tramestio [trames'ti:o] <-ii> *m* Durcheinander *n*

tramezzabile [tramed'dza:bile] *agg* durch eine Zwischenwand teilbar; **tramezzare** [tramed'dza:re] *vt* ➊ (*interporre*) dazwischenlegen, einschieben; (*fig a*) einlegen ➋ (*con tramezzo*) durch eine Zwischenwand trennen; **tramezzatura** [tramed'dza:tu:ra] *f* Teilung *f* durch eine oder mehrere Zwischenwände

tramezzino [tramed'dzi:no] *m* Sandwich *m o n*

tramezzo [tra'mɛddzo] *m* Zwischenwand *f*

tramite¹ ['tra:mite] *m* Vermittler(in) *m(f);* (*via*) Verbindung *f*

tranquillizzare

tranquillizzare	beruhigen
Stai/Stia tranquillo!	Ganz ruhig (bleiben)!
Calmati!/Si calmi!	Beruhige dich!/Beruhigen Sie sich!
Stai calmo, non succederà nulla.	Ganz ruhig, es wird nichts passieren.
Niente paura!	Keine Angst!
Non ti preoccupare.	Mach dir keine Sorgen.
Non si preoccupi, ci penso io.	Seien Sie ganz unbesorgt, ich werde mich schon darum kümmern.
Non ti preoccupare così tanto, ce la faremo!	Mach dir nicht so viele Gedanken, wir kriegen es schon wieder hin.
Vedrai che sistemeremo anche questa!	Wir werden das Kind schon schaukeln. (*fam*)
Andrà bene.	Es wird schon werden.
Non è poi tanto grave.	Alles halb so schlimm.

tramite[2] *prp* durch +*acc,* mittels +*gen*

tramoggia [tra'mɔddʒa] <-gge> *f* Trichter *m*

tramontana [tramon'ta:na] *f* Nordwind *m;* **a ~** nach Norden; **perdere la ~** (*fig, scherz*) den Kopf verlieren

tramontare [tramon'ta:re] *vi essere* ❶ (ASTR) untergehen ❷ (*fig*) schwinden, vergehen; **tramonto** [tra'monto] *m* ❶ (ASTR) (Sonnen)untergang *m* ❷ (*fig*) Abend *m geh*

tramortimento [tramorti'mento] *m* Besinnungslosigkeit *f*

tramortire [tramor'ti:re] <tramortisco> I. *vi essere* die Besinnung verlieren, ohnmächtig werden II. *vt avere* betäuben, bewusstlos machen

trampolino [trampo'li:no] *m* (*per tuffi*) Sprungbrett *n;* (*per sci*) Sprungschanze *f*

trampolo ['trampolo] *m* Stelze *f*

tramutare [tramu'ta:re] I. *vt* verwandeln, verändern II. *vr* **-rsi** sich verwandeln

tramvai [tram'va:i] <-> *m v.* **tram**

trancia ['trantʃa] <-ce> *f* ❶ (*tranciatrice*) Schneidemaschine *f* ❷ (*fetta*) Scheibe *f,* Schnitte *f;* **tranciare** [tran'tʃa:re] *vt* (GASTR) tranchieren; (TEC) schneiden; **tranciatrice** [trantʃa'tri:tʃe] *f* Schneidemaschine *f*

tranello [tra'nɛllo] *m* Falle *f;* **domanda a ~** Fangfrage *f*

trangugiare [traŋgu'dʒa:re] *vt* verschlingen, verschlucken

tranne ['tranne] *prp* außer +*dat,* abgesehen von +*dat*

tranquillante [traŋkuil'lante] *m* Beruhigungsmittel *n;* **tranquillare** [traŋ-

kuil'la:re] *vt* (*poet*) besänftigen; **tranquillità** [traŋkuilli'ta] <-> *f* Ruhe *f,* Stille *f;* **tranquillizzare** [traŋkuillid'dza:re] *vt* beruhigen

tranquillo, -a [traŋ'kuillo] *agg* ❶ (*calmo*) ruhig, still ❷ (*sicuro*) ruhig, unbesorgt; **stia ~!** seien Sie unbesorgt!

trans- [trans] *v. a.* **tras-**

transalpino, -a [transal'pi:no] *agg* transalpin(isch), jenseits der Alpen (*von Rom aus gesehen*)

transamazzonico, -a [transamad'dzɔ:-niko] *agg* transamazonisch

transare [tran'sa:re] *vt* (JUR) (durch Vergleich) beilegen; **~ una lite** einen Streit beilegen

transatlantico [transat'lantiko] <-ci> *m* Überseedampfer *m*

transatlantico, -a <-ci, -che> *agg* transatlantisch, Übersee-

transatto [tran'satto] *pp di* **transigere**

transazione [transat'tsio:ne] *f* ❶ (JUR) Vergleich *m* ❷ (COM) Transaktion *f*

transbrasiliano, -a [transbrazi'lia:no] *agg* transbrasilianisch

transcodifica [transko'di:fika] <-che> *f* (INFORM) Kodeumsetzung *f,* Umkodierung *f;* **transcodificare** [transkodifi'ka:re] *vt* (INFORM) transkodieren, umkodieren; **transcodificatore** [transkodifika'to:-re] *m* Kodeumsetzer *m,* Kodekonvertierer *m;* **transcodificazione** [transkodifi-kat'tsio:ne] *f* (INFORM) Kodeumsetzung *f,* Umkodierung *f*

transcontainer ['trænzkən'teinə] <-> *m* Transcontainer *m,* Großcontainer *m*

transcontinentale [transkontinen'ta:le]

agg transkontinental

transculturazione [transkulturat'tsio:-ne] *f Übergangsprozess von einer Kultur zu einer anderen*

transdermico, -a [trans'dɛrmiko] <-ci, -che> *agg* transdermal; **terapia -a** transdermale Therapie

transelevatore [transeleva'to:re] *m* Transelevator *m*

transenna [tran'sɛnna] *f* Sperre *f*, Schranke *f*; **transennare** [tranzen'na:re] *vt* absperren

transessuale [transessu'a:le] **I.** *agg* transsexuell **II.** *mf* Transsexuelle(r) *f(m)*; **transessualismo** [transsessua'lizmo] *m* Transsexualismus *m*; **transessualità** [transsessuali'ta] *f* Transsexualität *f*

transetto [tran'sɛtto] *m* Querschiff *n*

transeunte [transe'unte] *agg (poet)* vergänglich

transgenetico [transdʒe'nɛtiko] <-ci, -che> *agg* genetisch verändert

transgenico [trans'dʒɛniko] <-ci, -che> *agg* genetisch verändert; **cibo ~** Genfood *n*

transiberiano, -a [transibe'ria:no] *agg* transsibirisch

transigere [tran'si:dʒere] <transigo, transigei *o* transigetti, transatto> **I.** *vt* (durch Vergleich) beilegen **II.** *vi* nachgeben; *(JUR)* sich vergleichen

transistor(e) [tran'sistor, (transis'to:re)] <-> *m* Transistor *m*

transitabile [transi'ta:bile] *agg (a piedi)* begehbar; *(passo)* passierbar; *(strada)* befahrbar

transitare [transi'ta:re] *vt essere (con veicolo)* befahren; *(a piedi)* begehen; *(passo)* passieren; *(attraversare)* durchqueren; **transitario** [transi'ta:rio] <-i> *m* Transithändler *m*

transitivo, -a [transi'ti:vo] *agg* transitiv

transito ['transito] *m* Durchfahrt *f*, Durchgang *m*, Passage *f*; **divieto di ~** Durchfahrt(s)verbot *n*; **stazione di ~** Durchgangsbahnhof *m*; **in ~** auf der Durchfahrt

transitorio, -a [transi'tɔ:rio] <-i, -ie> *agg* vorübergehend, Übergangs-; **transizione** [transit'tsio:ne] *f* Übergang *m*; **la fase di ~ dalla Lira all'Euro** die Übergangsphase von der Lira zum Euro

translunare [translu'na:re] *agg* translunar, translunarisch

transnazionalismo [transnattsiona'lizmo] *m* Transnationalismus *m*

transoceanico, -a [transotʃe'a:niko] <-ci, -che> *agg* transozeanisch, Übersee-

transpadano, -a [transpa'da:no] *agg* jenseits des Po liegend *(von Rom aus gese-*

hen)

transporter [træns'pɔ:tə] <-> *m* Transporter *m*

transrazziale [transrat'tsia:le] *agg* rassenübergreifend

tran tran, trantran [tran 'tran] <-> *m* Trott *m*; **il solito ~ quotidiano** der übliche Alltagstrott

tranvai [tran'va:i] <-> *m v.* **tram**

tranvia [tran'vi:a] *f* Straßenbahn *f*; **tranviario, -a** [tran'via:rio] *agg* Straßenbahn-; **tranviere, -a** [tran'viɛ:re] *m, f* Straßenbahner(in) *m(f)*

trapanare [trapa'na:re] *vt* (durch)bohren; **trapanazione** [trapanat'tsio:ne] *f* Aufbohrung *f*, Trepanation *f*

trapanese [trapa'ne:se] **I.** *agg* trapanesisch **II.** *mf (abitante)* Trapaneser(in) *m(f)*

Trapanese <*sing*> *m* Umgebung *f* von Trapani

Trapani *f* Trapani *n (Stadt in Sizilien)*

trapano ['tra:pano] *m* ❶ (TEC) Bohrer *m* ❷ (MED) Trepan *m*

trapassare [trapas'sa:re] **I.** *vt* durchdringen, durchbohren; *(a fig)* überschreiten **II.** *vi essere (attraversare)* (hin)durchgehen; *(fig)* durchdringen; **trapassato** [trapas'sa:to] *m* (LING) **~ prossimo** Vorvergangenheit *f*; **~ remoto** Plusquamperfekt *n*; **trapasso** [tra'passo] *m* Übertragung *f*, Übergang *m*

trapelare [trape'la:re] *vi essere* durchsickern

trapelo [tra'pe:lo] *m* Vorspannpferd *n*, Zugtier *n*

trapezio [tra'pɛttsio] <-i> *m* Trapez *n*; **trapezista** [trapet'tsista] <-i *m*, -e *f*> *mf* Trapezkünstler(in) *m(f)*; **trapezoidale** [trapettsoi'da:le] *agg* trapezförmig, Trapez-; **cinghia ~** Keilriemen *m*

trapiantare [trapian'ta:re] **I.** *vt* ❶ (AGR, BOT) um-, verpflanzen ❷ (MED) transplantieren **II.** *vr* **-rsi** übersiedeln; **trapianto** [tra'pianto] *m* ❶ (AGR, BOT) Um-, Verpflanzung *f* ❷ (MED) Transplantation *f*; **~ renale/cardiaco** Nieren-/Herztransplantation *f*; **trapiantologico, -a** [trapianto'lɔ:dʒiko] *agg* transplantationsmedizinisch

trappa ['trappa] *f* Trappistenkloster *n*; **trappista** [trap'pista] <-i> *m* Trappist *m*

trappola ['trappola] *f* ❶ (a fig) Falle *f*; **~ per topi** Mausefalle *f*; **cadere nella ~** *(fig)* in die Falle gehen; **tendere una ~ a qu** *(fig)* jdm eine Falle stellen ❷ *(fam: arnese mal funzionante)* Klapperkiste *f*; **trappolone, -a** [trappo'lo:ne] *m, f* Schwindler(in) *m(f)*

trapunta [tra'punta] *f* Steppdecke *f;* **trapuntare** [trapun'taːre] *vt* ❶ (*impuntire*) steppen ❷ (*ricamare*) sticken; **trapunto, -a** [tra'punto] **I.** *agg* ❶ (*ricamato*) bestickt; (*impuntito*) gesteppt ❷ (*fig*) übersät (*di* mit) **II.** *m* Stick-, Steppnaht *f*

trarre ['trarre] <traggo, trassi, tratto> **I.** *vt* ❶ (*ricavare*) (heraus)ziehen; (*cambiale*) ziehen, ausstellen ❷ (*portare*) bringen; (*condurre*) führen; (*sospiro*) ausstoßen; **~ in inganno** täuschen; **~ in salvo** in Sicherheit bringen, retten ❸ (*derivare*) entnehmen; **~ origine da** ausgehen von **II.** *vr* **-rsi** sich befreien

tras- [tras] *v. a.* **trans-**

trasalimento [trasali'mento] *m* Zusammenfahren *n,* Erschrecken *n;* **trasalire** [trasa'liːre] <trasalisco> *vi essere o avere* zusammenfahren

trasandato, -a [trazan'daːto] *agg* ungepflegt, nachlässig

trasbordare [trazbor'daːre] **I.** *vt* ❶ (*merci*) umladen ❷ (*persone*) umsteigen lassen; (NAUT) auf ein anderes Schiff bringen **II.** *vi* umsteigen; (NAUT) das Schiff wechseln; **trasbordo** [traz'bordo] *m* ❶ (*di merci*) Umladung *f* ❷ (*di persone*) Umsteigen *n;* (NAUT) Schiffwechsel *m*

trascendentale [traʃʃeden'taːle] *agg* transzendental; (*fig*) außergewöhnlich; **trascendente** [traʃʃen'dɛnte] *agg* transzendent; **trascendenza** [traʃʃen'dɛntsa] *f* Transzendenz *f*

trascendere [traʃ'ʃendere] <irr> **I.** *vt* übersteigen **II.** *vi* über das normale Maß hinausgehen

trascinare [traʃʃi'naːre] **I.** *vt* (mit)schleifen, (mit)schleppen; (*fig*) mitreißen **II.** *vr* **-rsi** ❶ (*persone*) sich schleppen ❷ (*faccende*) sich hinziehen

trascorrere [tras'korrere] <irr> **I.** *vt avere* verbringen **II.** *vi essere* vergehen

trascorso [tras'korso] *m* Fehler *m*

trascrivere [tras'kriːvere] <irr> *vt* umschreiben; (*copiare*) abschreiben; (*su registro*) eintragen; (LING, MUS) transkribieren; **trascrizione** [traskrit'tsioːne] *f* Umschreibung *f;* (*copiatura*) Abschrift *f;* (*su registro*) Eintragung *f;* (LING, MUS) Transkription *f;* **~ fonetica** phonetische Umschrift

trascurabile [trasku'raːbile] *agg* unbedeutend, unerheblich

trascurare [trasku'raːre] **I.** *vt* ❶ (*non curare*) vernachlässigen ❷ (*tralasciare*) versäumen, unterlassen ❸ (*omettere*) übersehen, vergessen **II.** *vr* **-rsi** sich vernachlässigen; **trascuratezza** [traskura'tettsa] *f* Nachlässigkeit *f*

trasduttore [trasdut'toːre] *m* (TEC) (Mess)wandler *m,* Übertrager *m;* **~ acustico** Schallwandler *m*

trasecolare [traseko'laːre] *vi essere o avere* verblüfft sein

trasferibile [trasfe'riːbile] *agg* übertragbar

trasferimento [trasferi'mento] *m* ❶ (*di persone*) Versetzung *f,* Versetzen *n;* (*di cose*) Verlegen *n* ❷ (*trasloco*) Verlegung *f,* Umzug *m;* (*trasporto*) Überführung *f* ❸ (FIN) Transfer *m* ❹ (JUR: *di diritto*) Übertragung *f;* **trasferire** [trasfe'riːre] <trasferisco> **I.** *vt* ❶ (*persone*) versetzen; (*cose*) verlegen ❷ (JUR: *diritto*) übertragen ❸ (*valuta*) transferieren ❹ (INFORM) übertragen **II.** *vr* **-rsi** umziehen, übersiedeln

trasferta [tras'fɛrta] *f* ❶ (ADM) Dienstreise *f* ❷ (SPORT) Auswärtsspiel *n;* **giocare in ~** auswärts spielen

trasfigurare [trasfigu'raːre] *vt* ❶ (*cambiare*) verändern, verwandeln ❷ (*fig*) verdrehen; **trasfigurazione** [trasfigurat'tsioːne] *f* Veränderung *f*

trasfondere [tras'fondere] <trasfondo, trasfusi, trasfuso> *vt* ❶ (*sangue*) übertragen ❷ (*fig: paura*) einflößen

trasformabile [trasfor'maːbile] *agg* verwandelbar; **autovettura ~** Kabriolett *n*

trasformare [trasfor'maːre] **I.** *vt* verwandeln, verändern; (*prodotto*) (weiter)verarbeiten; (EL) umspannen **II.** *vr* **-rsi** sich verwandeln; **trasformatore** [trasforma'toːre] *m* Transformator *m;* **trasformazione** [trasformat'tsioːne] *f* Verwandlung *f,* Umwandlung *f;* (EL) Umspannung *f;* (PHYS, SCIENT) Transformation *f;* **trasformista** [trasfor'mista] <-i *m,* -e *f*> *mf* ❶ (*attore*) Verwandlungskünstler(in) *m(f)* ❷ (POL) Transformist(in) *m(f)*

trasfusione [trasfu'zioːne] *f* Blutübertragung *f,* Transfusion *f*

trasgredire [trazgre'diːre] <trasgredisco> **I.** *vt* übertreten **II.** *vi* zuwiderhandeln; **trasgreditrice** [trazgredi'triːtʃe] *f v.* **trasgressore**; **trasgressione** [trazgres'sioːne] *f* Übertretung *f,* Zuwiderhandlung *f;* **trasgressore, -greditrice** [trazgres'soːre, trazgredi'triːtʃe] *m, f* Rechtsbrecher(in) *m(f)*

traslato [traz'laːto] *m* bildlicher Ausdruck

traslato, -a *agg* bildlich, übertragen; **traslazione** [trazlat'tsioːne] *f* ❶ (JUR) Übertragung *f* ❷ (PHYS, GEOL) Translation *f*

traslocare [trazlo'kaːre] **I.** *vt* versetzen; (*sede*) verlegen; (*mobilia*) befördern **II.** *vi* umziehen; **trasloco** [traz'lɔːko] <-chi> *m* Umzug *m,* Übersiedlung *f*

traslucido, -a [traz'luːtʃido] *agg* durchscheinend, durchsichtig

T

trasmesso *pp di* **trasmettere**

trasmettere [traz'mɛttere] <irr> **I.** *vt* ❶ (*diritto, malattia*) übertragen; (*di eredità*) vererben ❷ (*notizia*) übermitteln; (*ordine*) weitergeben; (*lettera*) senden, schicken ❸ (RADIO, TV) senden, übertragen ❹ (INFORM) übertragen **II.** *vr* **-rsi** ❶ (*di eredità*) sich vererben ❷ (MED) sich übertragen; **trasmettitore** [trazmetti'to:re] *m* Sender *m,* Sendestation *f*

trasmigrare [trazmi'gra:re] *vi essere o avere* auswandern

trasmigrazione [trazmigrat'tsio:ne] *f* Auswanderung *f*

trasmisi *1. pers sing pass rem di* **trasmettere**

trasmissibile [trazmis'si:bile] *agg* übertragbar; (*di eredità*) vererblich; **trasmissione** [trazmis'sio:ne] *f* ❶ (*gener*) Übertragung *f* ❷ (TEC) Kraftübertragung *f,* Übersetzung *f* ❸ (INFORM) ~ **dati** Datenübertragung *f*

trasmittente [trazmit'tɛnte] *f* ❶ (*stazione*) Sendestation *f,* Sender *m* ❷ (*apparecchio*) Sendegerät *n*

trasmodare [trazmo'da:re] *vi* übertreiben

trasognare [trasoɲ'ɲa:re] *vi* mit offenen Augen träumen; **trasognatezza** [trasoɲɲa'tettsa] *f* Verträumtheit *f;* **essere in uno stato di** ~ traumverloren sein

trasognato, -a [trasoɲ'ɲa:to] *agg* verträumt, traumverloren

traspaio [tras'pa:io] *1. pers sing pr di* **trasparire**

trasparente [traspa'rɛnte] *agg* durchsichtig, transparent; (*fig*) leicht zu durchschauen(d); **trasparenza** [traspa'rɛntsa] *f* Durchsichtigkeit *f,* Transparenz *f*

trasparire [traspa'ri:re] <traspaio *o* trasparisco, trasparii *o* trasparsi, trasparso *o* trasparito> *vi essere* durchscheinen; (*fig*) ersichtlich werden; **lasciar** ~ durchblicken lassen

traspirare [traspi'ra:re] *vi essere* schwitzen, transpirieren; (*fig*) durchsickern; **traspirazione** [traspirat'tsio:ne] *f* Schwitzen *n,* Transpiration *f*

trasporre [tras'porre] <irr> *vt* umstellen, umsetzen; (MUS) transponieren

trasportabile [traspor'ta:bile] *agg* transportabel; (*persone*) transportfähig

trasportare [traspor'ta:re] *vt* ❶ (*portare da un luogo a un altro*) (fort)tragen, fortschaffen; (*feriti, malati*) wegbringen; (*morti*) überführen; (*viaggiatori*) befördern; (*merci*) transportieren; (*per nave*) verschiffen ❷ (COM) übertragen ❸ (MUS) transponieren ❹ (*fig: emozione*) versetzen; **lasciar-**

si ~ (*fig*) sich mitreißen lassen; (*pej*) sich überwältigen lassen; **trasportatore** [trasporta'to:re] *m* ❶ (*azienda*) Transportunternehmen *n;* (*operaio*) Transportunternehmer(in) *m(f)* ❷ (TEC) Förderwerk *n;* ~ **a nastro** Förderband *n;* **trasporto** [tras'pɔrto] *m* ❶ (*con veicolo*) Beförderung *f,* Transport *m;* **mezzi di** ~ Transportmittel *npl;* **rete di** ~ Transportnetz *n;* ~ **passeggeri** Personenbeförderung *f;* **-i pubblici** öffentliches Verkehrswesen ❷ (*fig: impeto*) Inbrunst *f*

trasposi *1. pers sing pass rem di* **trasporre**

trasposizione [traspozit'tsio:ne] *f* Umstellung *f,* Umsetzung *f*

trasposto *pp di* **trasporre**

trassato, -a [tras'sa:to] **I.** *agg* trassiert **II.** *m* Trassat *m*

trassi ['trassi] *1. pers sing pass rem di* **trarre**

trastullare [trastul'la:re] **I.** *vt* unterhalten **II.** *vr* **-rsi** ❶ (*divertirsi*) sich *dat* die Zeit vertreiben, sich unterhalten ❷ (*perdere tempo*) (herum)trödeln; **trastullo** [tras'tullo] *m* Zeitvertreib *m;* (*fig: della sorte*) Spielball *m*

trasudare [trasu'da:re] **I.** *vi essere* schwitzen **II.** *vt avere* ausschwitzen; (MED) absondern

trasversale [trazver'sa:le] **I.** *agg* quer, Quer-; (*in geometria*) transversal; **via** ~ Querstraße *f* **II.** *f* Transversale *f*

trasversalismo [trazversa'lizmo] *m* (POL) *Neigung zur Bildung parteiübergreifender Gruppierungen*

trasvolare [trazvo'la:re] **I.** *vt avere* überfliegen **II.** *vi essere o avere* ~ **su** hinweggehen über +*acc;* ~ **da un argomento all'altro** von einem Argument zum anderen springen; **trasvolata** [trazvo'la:ta] *f* Überflug *m,* Überfliegen *n*

tratta ['tratta] *f* ❶ (COM: *cambiale*) (gezogener) Wechsel *m,* Tratte *f* ❷ (*di persone*) (Menschen)handel *m*

trattabile [trat'ta:bile] *agg* (*malattia*) behandelbar; (*retribuzione*) verhandelbar; (*fig: persona*) umgänglich; **due mila euro -i** Verhandlungsbasis zweitausend Euro

trattamento [tratta'mento] *m* ❶ (*gener,* MED) Behandlung *f* ❷ (*retribuzione*) Vergütung *f,* Salär *n A;* ~ **di fine rapporto** (JUR) Abfindung *f* ❸ (*servizio*) Bedienung *f,* Bewirtung *f* ❹ (INFORM) Verarbeitung *f,* Bearbeitung *f;* ~ **automatico delle informazioni** automatische Informationsverarbeitung; **trattare** [trat'ta:re] **I.** *vt* ❶ (*gener,* MED) behandeln ❷ (*affari, accordi*) verhandeln über +*acc* ❸ (*materiali*) bearbeiten ❹ (*clientela*) bedienen, bewirten ❺ (COM: *articoli*) führen **II.** *vi* ❶ (*avere per argomento*) ~ **di** qc von etw handeln ❷ (*avere a che fare*) ~ **con** qu mit jdm zu tun haben **III.** *vr* **-rsi di** qc sich um etw handeln, um etw gehen; **di che cosa si tratta?** worum handelt es sich?

trattario [trat'ta:rio] <-i> *m* Bezogene(r) *m*, Trassat *m*

trattativa [tratta'ti:va] *f* Verhandlung *f*; **essere in -e** in Verhandlung(en) stehen; **-e per la pace/sul disarmo** Friedens-/Abrüstungsverhandlungen *fpl*; **avviare/rompere le -e** die Verhandlungen aufnehmen/abbrechen

trattato [trat'ta:to] *m* ❶ (*opera*) Abhandlung *f*, Traktat *m o n* ❷ (POL: *accordo*) Abkommen *n*, (Staats)vertrag *m*; ~ **comunitario** EU-Vertrag *m*; **Trattato di Maastricht** Vertrag von Maastricht

trattato, -a [trat'ta:to] *agg* (künstlich) behandelt; **frutta non trattata** unbehandeltes Obst

trattazione [trattat'tsio:ne] *f* ❶ (*di un argomento*) Behandlung *f* ❷ (*scritto*) Abhandlung *f*

tratteggiare [tratted'dʒa:re] *vt* stricheln, schraffieren; (*a fig*) skizzieren; **tratteggio** [trat'teddʒo] <-ggi> *m* Schraffierung *f*

trattenere [tratte'ne:re] <irr> **I.** *vt* ❶ (*persone*) zurückhalten, aufhalten; **non ti voglio** ~ ich will dich nicht aufhalten ❷ (*cose*) zurückbehalten; (*un importo*) einbehalten, abziehen ❸ (*riso, pianto*) unterdrücken; (*fiato*) anhalten **II.** *vr* **-rsi** ❶ (*astenersi*) sich zurückhalten, sich beherrschen ❷ (*soffermarsi*) sich aufhalten, bleiben

trattenimento [tratteni'mento] *m* Gesellschaftsabend *m*, unterhaltende Veranstaltung

trattenuta [tratte'nu:ta] *f* Einbehalt *m*, Abzug *m*

trattino [trat'ti:no] *m* kleiner Strich; (*nel disegno*) Schraffierstrich *m*; (TYP) Gedankenstrich *m*

tratto ['tratto] **I.** *pp di* **trarre II.** *m* ❶ (*linea*) Strich *m* ❷ (*parte*) Stück *n*, Teil *m o n* ❸ (*di tempo*) Spanne *f*; **rimase un ~ a pensare** er [*o* sie] dachte einen Moment nach; **a -i** von Zeit zu Zeit; **tutto ad un ~** auf einmal ❹ (*distanza*) Strecke *f* ❺ *pl* (*lineamenti*) (Gesichts)züge *mpl*; (*caratteristiche*) Merkmale *npl*, Wesenszüge *mpl*

trattore [trat'to:re] *m* Traktor *m*

trattoria [tratto'ri:a] <-ie> *f* Gastwirtschaft *f*

trattorista [tratto'rista] <-i *m*, -e *f*> *mf*

Traktorfahrer(in) *m(f)*; **trattoristico, -a** [tratto'ristiko] <-ci, -che> *agg* traktoristisch, Traktoristen-

trattrice *f v.* **trattore**

tratturo [trat'tu:ro] *m* Trift *f*

trauma ['tra:uma] <-i> *m* Trauma *n*; **traumatico, -a** [trau'ma:tiko] <-ci, -che> *agg* traumatisch; **traumatizzare** [traumatid'dza:re] *vt* ein Trauma verursachen bei, traumatisieren; (*fig*) erschüttern

travagliare [travaʎ'ʎa:re] *vt* quälen, plagen; **travaglio** [tra'vaʎʎo] <-gli> *m* (*angoscia*) Sorge *f*; (*dolore*) Qual *f*; (MED) Beschwerden *fpl*, Schmerzen *mpl*; ~ (**di parto**) (Geburts)wehen *fpl*

travasare [trava'za:re] *vt* umfüllen, umtopfen; **travaso** [tra'va:zo] *m* Umfüllen *n*; (MED) Erguss *m*

travatura [trava'tu:ra] *f* Gebälk *n*; **trave** ['tra:ve] *f* Balken *m*; (*struttura portante*) Träger *m*

travedere [trave'de:re] <travedo, travidi, travisto *o* traveduto> *vi* sich irren; ~ **per l'odio** blind sein vor Hass

traveggole [tra'veggole] *fpl* **avere le ~** (*fam*) sich täuschen, sich vertun

traversa [tra'vɛrsa] *f* (TEC, ARCH) Querträger *m*, Traverse *f*; (*di binari*) Schwelle *f*; (*via*) Querstraße *f*

traversare [traver'sa:re] *vt* (*strada*) überqueren; (*fiume, paese*) durchqueren; **traversata** [traver'sa:ta] *f* Überquerung *f*; (*di fiume, paese*) Durchquerung *f*; (NAUT) Überfahrt *f*; (AERO) Überflug *m*, Überfliegen *n*; (*a nuoto*) Durchschwimmen *n*

traversia [traver'si:a] <-ie> *f* (*vento*) (Seiten)wind *m*

traversie [traver'si:e] *f pl* (*fig*) Widrigkeiten *fpl*

traversina [traver'si:na] *f* (Eisenbahn)schwelle *f*

traverso [tra'vɛrso] *m* Querseite *f*; **di ~** quer; (*obliquamente*) schief; **la bevanda gli è andata di** [*o* **a**] [*o* **per**] ~ er hat sich an dem Getränk verschluckt; **guardare di ~ qu** jdn schief ansehen; **mettersi di ~** sich quer stellen

traverso, -a *agg* quer, Quer-; **vie -e** (*fig*) Schleichwege *mpl*

traversone [traver'so:ne] *m* ❶ (*trave*) (großer) Querträger *m* ❷ (SPORT: *nella scherma*) Seitenhieb *m*; (*nel calcio*) Flanke *f*

travertino [traver'ti:no] *m* Travertin *m*

travestimento [travesti'mento] *m* Verkleidung *f*; (*fig*) Verwandlung *f*; **travestire** [traves'ti:re] **I.** *vt* ~ **da** verkleiden als; (*fig*) verwandeln in +*acc* **II.** *vr* **-rsi da** sich verkleiden als; (*fig*) sich verwandeln in +*acc;* **travestito** [traves'ti:to] *m* Transvestit *m*

travet [tra'vɛt] <-> *m* (*dial*) kleiner Angestellte(r) *m*

traviamento [travia'mento] *m* Irreleitung *f;* **traviare** [travi'a:re] I. *vt* vom rechten Weg abbringen, verführen II. *vr* **-rsi** auf Abwege geraten

travisamento [traviza'mento] *m* Verdrehung *f,* Entstellung *f;* **travisare** [travi'za:re] *vt* verdrehen, entstellen

travolgente [travol'dʒɛnte] *agg* unwiderstehlich, mitreißend

travolgere [tra'vɔldʒere] <irr> *vt* ❶ (*trascinare via*) fortreißen; (*con veicolo*) überfahren ❷ (*fig*) mitreißen, hinreißen

trazione [trat'tsio:ne] *f* ❶ (*gener*) Zug *m,* Ziehen *n* ❷ (TEC) Antrieb *m;* **~ anteriore** Vorderradantrieb *m;* **~ posteriore** Hinterradantrieb *m;* **~ integrale** Allradantrieb *m* ❸ (MED) Traktion *f*

tre [tre] I. *num* drei; **chi fa da sé, fa per ~** (*prov*) selbst ist der Mann II. <-> *m* ❶ (*numero*) Drei *f* ❷ (*nelle date*) Dritte(r) *m* ❸ (*voto scolastico*) ≈ mangelhaft, ungenügend III. *fpl* drei Uhr; *v. a.* **cinque**

trealberi [tre'alberi] <-> *m* Dreimaster *m*

treatment ['tri:tmənt] <-> *m* (FILM) Treatment *n*

trebbia ['trebbia] <-ie> *f* ❶ (*trebbiatrice*) Dreschmaschine *f* ❷ (*trebbiatura*) Dreschen *n;* **trebbiare** [treb'bia:re] *vt* dreschen; **trebbiatore, -trice** [trebbia'to:re] I. *m, f* Drescher(in) *m(f)* II. *f* Dreschmaschine *f;* **trebbiatrice** [trebbia'tritʃe] *f* Dreschmaschine *f;* **trebbiatura** [trebbia'tu:ra] *f* ❶ (*operazione*) Dreschen *n* ❷ (*periodo*) Dreschzeit *f*

trebisonda [trebi'zonda] *f* **perdere la ~** den Kopf verlieren

treccia ['trettʃa] <-cce> *f* Zopf *m*

trecentesco, -a [tretʃen'tesko] <-schi, -sche> *agg* das vierzehnte Jahrhundert betreffend; **trecentista** [tretʃen'tista] <-i *m,* -e *f*> *mf* Künstler(in) *m(f)* des Trecento/ des vierzehnten Jahrhunderts; **trecento** [tre'tʃɛnto] I. *num* dreihundert II. *m* Dreihundert *f;* **il Trecento** das vierzehnte Jahrhundert; (*nell'arte italiana*) das Trecento

tredicenne [tredi'tʃɛnne] I. *agg* dreizehnjährig II. *mf* Dreizehnjährige(r) *f(m)*

tredicesima [tredi'tʃɛzima] *f* (*retribuzione*) dreizehntes Monatsgehalt

tredicesimo [tredi'tʃɛzimo] *m* (*frazione*) Dreizehntel *n*

tredicesimo, -a I. *agg* dreizehnte(r, s) II. *m, f* Dreizehnte(r, s) *mfn; v. a.* **quin-**

to; **tredici** ['tre:ditʃi] I. *num* dreizehn II. <-> *m* ❶ (*numero*) Dreizehn *f;* **fare un ~ al totocalcio** einen Hauptgewinn im Fußballtoto erzielen ❷ (*nelle date*) Dreizehnte(r) *m* III. *fpl* dreizehn Uhr; *v. a.* **cinque**

trefolo ['tre:folo] *m* Litze *f*

tregenda [tre'dʒɛnda] *f* Hexensabbat *m;* **una notte da ~** (*fig*) eine Nacht, in der die Hölle los ist

tregua ['tre:gua] *f* ❶ (MIL) Waffenstillstand *m* ❷ (*fig*) (Atem)pause *f*

trekker ['trɛkə] <-> *mf* (*escursionista*) Teilnehmer(in) *m(f)* an einem Trekking

trekking ['trɛkiŋ] <-> *m* Trekking *n;* **fare ~** trekken

tremare [tre'ma:re] *vi* beben; (*fiamma*) flackern; (*persona, voce*) zittern; **~ di freddo/per la rabbia** vor Kälte/Wut zittern; **~ per qu** (*fig*) um jdn bangen; **tremarella** [trema'rɛlla] *f* (*fam*) Tatterich *m;* (*paura*) Bammel *m;* **avere la ~** zittern; **tremebondo, -a** [treme'bondo] *agg* (*poet*) bebend

tremendo, -a [tre'mɛndo] *agg* furchtbar, entsetzlich

trementina [tremen'ti:na] *f* Terpentin *n*

tremila [tre'mi:la] I. *num* dreitausend II. <-> *m* Dreitausend *f*

tremito ['trɛ:mito] *m* Zittern *n;* **~ di febbre** Fieberkrampf *m*

tremolare [tremo'la:re] *vi* zittern, beben; (*luce, aria*) flimmern; (*fiamma*) flackern

tremolio [tremo'li:o] <-ii> *m* Zittern *n*

tremolo ['trɛ:molo] *m* Tremolo *n*

tremore [tre'mo:re] *m* ❶ (MED) Muskelzittern *n,* Tremor *m* ❷ (*fig*) Erregung *f;* (*paura*) Angst *f*

tremulo, -a ['trɛ:mulo] *agg* zitternd, bebend

trend [trend] I. <-> *m* Trend *m* II. <inv> *agg* Trend-; **parola ~** Modewort *n;* **trendsetter** [trɛnd'sɛtter] <-> *mf* Trendsetter *m*

trenette [tre'nette] *fpl* dünne, flache Nudelsorte

treno ['trɛ:no] *m* Zug *m;* **~ ad alta velocità** Hochgeschwindigkeitszug *m;* **~ diretto** Eilzug *m;* **~ espresso** Express *m;* **~ interregionale** Interregio *m;* **~ locale** Nahverkehrszug *m;* **~ rapido** Schnellzug *m;* **~ regionale** Regionalzug *m;* **~ merci** Güterzug *m;* **~ viaggiatori** Personenzug *m;* **prendere il ~** den Zug nehmen; **perdere il ~** den Zug verpassen; **il ~ per Venezia** der Zug nach Venedig

trenta ['trenta] I. *num* dreißig II. <-> *m* ❶ (*numero*) Dreißig *f* ❷ (*nelle date*) Dreißigste(r) *m; v. a.* **cinquanta; trentennale**

[trenten'na:le] **I.** *agg* ❶ (*che dura 30 anni*) dreißig Jahre dauernd ❷ (*che ricorre ogni 30 anni*) alle dreißig Jahre **II.** *m* dreißigster Jahrestag; **trentenne** [tren'tɛnne] **I.** *agg* dreißigjährig **II.** *mf* Dreißigjährige(r) *f(m);* **trentennio** [tren'tɛnnio] <-i> *m* Zeitraum *m* von dreißig Jahren

trentesimo [tren'tɛ:zimo] *m* Dreißigstel *n*

trentesimo, -a I. *agg* dreißigste(r, s) **II.** *m, f* Dreißigste(r, s) *mfn; v. a.* **quinto; trentina** [tren'ti:na] *f* **una ~** (**di ...**) (etwa) dreißig (...); **essere sulla ~** an [*o* um] die Dreißig sein

trentino [tren'ti:no] <*sing*> *m* Tridentinisch(e) *n*

Trentino <*sing*> *m* ❶ (*territorio intorno a Trento*) Umgebung *f* von Trient ❷ (*regione*) Trentino *n*, Südtirol *n; ~-***Alto Adige** Trentino-Südtirol *n*

trentino, -a I. *agg* ❶ (*di Trento*) tridentinisch ❷ (*della regione*) zur Region Trentino-Südtirol gehörend **II.** *m, f* ❶ (*di Trento*) Tridentiner(in) *m(f)* ❷ (*della regione*) Bewohner(in) *m(f)* der Region Trentino-Südtirol

Trento ['trɛnto] *f* Trient *n* (*Hauptstadt von Trentino-Südtirol*)

trepidante [trepi'dante] *agg* sorgenvoll

trepidare [trepi'da:re] *vi* **~ per qu** sich um jdn sorgen; **trepidazione** [trepidat'tsio:ne] *f* Sorge *f;* **trepido, -a** ['trɛ:pido] *agg* (*poet*) bebend, angstvoll

treppiede, treppiedi [trep'piɛ:de, trep'piɛ:di] <-> *m* Dreifuß *m;* (foto) Stativ *n*

trequarti [tre'kuarti] <-> *m* (*abito*) dreiviertellanger Mantel; (*giacca*) dreiviertellange Jacke

tresca ['treska] <-sche> *f* Verhältnis *n*, Techtelmechtel *n;* **trescare** [tres'ka:re] *vi* ❶ (*in amore*) ein Techtelmechtel haben ❷ (*in intrighi*) Ränke schmieden

trescone [tres'ko:ne] *m* alter Bauerntanz

trespolo ['trespolo] *m* ❶ (*gener*) Gestell *n* ❷ (*fig, scherz*) Klapperkasten *m*

tressette [tres'sɛtte] <-> *m* italienisches Kartenspiel

Trevigiano <*sing*> *m* Umgebung *f* von Treviso

trevigiano, -a [trevi'dʒa:no] **I.** *agg* trevisanisch; **radicchio ~** Trevisaner Radicchio **II.** *m, f* (*abitante*) Trevisaner(in) *m(f)*

Treviri ['trɛ:viri] *f* Trier *n*

trevisana [trevi'sa:na] *f* Trevisaner Radicchio

Treviso *f* Treviso *n* (*Stadt in Venetien*)

triade ['tri:ade] *f* Dreiheit *f*, Triade *f;* (mus) Dreiklang *m*

trial ['traiəl] <-> *m* (sport) Trial *n;* **trialista** [tria'lista] <-i *m*, -e *f*> *mf* (sport) Teilnehmer(in) *m(f)* an einem Trial

triangolare [triaŋgo'la:re] *agg* dreieckig, Dreieck-; **triangolazione** [triaŋgolat'tsio:ne] *f* ❶ (tec, fin) Triangulation *f* ❷ (sport) Pass-Spiel zwischen drei Spielern

triangolo [tri'aŋgolo] *m* ❶ (*gener, mat*) Dreieck *n; ~* **d'emergenza** Warndreieck *n; ~* **industriale** Industrie-Dreieck *n* (*zwischen Mailand, Turin und Genua*) ❷ (*fig*) Dreiecksverhältnis *n*

triatleta [tria'tlɛ:ta] <-i *m*, -e *f*> *mf* Triathlet(in) *m(f)*, Dreikämpfer(in) *m(f)*

tribale [tri'ba:le] *agg* Stammes-, Stamm-

tribolare [tribo'la:re] **I.** *vt* quälen **II.** *vi* leiden; **tribolato, -a** [tribo'la:to] *agg* leidvoll, gequält; **tribolazione** [tribolat'tsio:ne] *f* Leid *n*, Qual *f*

tribordo [tri'bordo] *m* Steuerbord *n*

tribù [tri'bu] <-> *f* (Volks)stamm *m;* (*scherz: famiglia numerosa*) Sippe *f*

tribuna [tri'bu:na] *f* (Redner)tribüne *f;* (*negli stadi*) (Zuschauer)tribüne *f*

tribunale [tribu'na:le] *m* Gericht *n; ~* **arbitrale** Schiedsgericht *n; ~* **internazionale/supremo** internationaler/oberster Gerichtshof; **presentarsi in ~** vor Gericht erscheinen

tribuno [tri'bu:no] *m* Tribun *m*

tributare [tribu'ta:re] *vt* zollen; **tributaria** [tribu'ta:ria] <-ie *f*> *f* Steuerfahndung *f;* **tributario, -a** [tribu'ta:rio] <-i, -ie> *agg* ❶ (*di tributo*) Steuer-, steuerlich; **riforma -a** Steuerreform *f* ❷ (*fiume*) zufließend, Neben-; **tributaristico, -a** [tributa'ristiko] <-ci, -che> *agg* steuerrechtlich; **tributo** [tri'bu:to] *m* ❶ (fin) Steuer *f*, Abgabe *f* ❷ (*fig*) Tribut *m*

tricheco [tri'kɛ:ko] <-chi> *m* Walross *n*

trichina [tri'ki:na] *f* Trichine *f*

triciclo [tri'tʃi:klo] *m* Dreirad *n*

tricipite [tri'tʃi:pite] *agg* dreiköpfig

tricologia [trikolo'dʒi:a] <-ie> *f* (med) Lehre *f* vom Haar, Trichologie *f;* **tricologico, -a** [triko'lɔ:dʒiko] <-ci, -che> *agg* Haar-; **tricologo, -a** [tri'kɔ:logo] <-gi, -ghe> *m, f* Haarspezialist(in) *m(f)*, Trichologe, -login *m, f*

tricolore [triko'lo:re] **I.** *agg* dreifarbig **II.** *m* Trikolore *f*

tricorno [tri'korno] *m* Dreispitz *m*

tricromia [trikro'mi:a] <-ie> *f* Dreifarbendruck *m*

tric trac [trik 'trak] <-> *m* Tricktrack *n*, Backgammon *n*

tridente [tri'dɛnte] *m* Dreizack *m*

tridimensionale [tridimensio'na:le] *agg* dreidimensional

trielina [trie'li:na] *f* Trichloräthylen *n*

triennale [trien'na:le] **I.** *agg* ❶ (*che dura tre anni*) dreijährig ❷ (*che ricorre ogni tre anni*) dreijährlich, Dreijahr(es)- **II.** *f* Triennale *f;* **triennio** [tri'ɛnnio] <-i> *m* Zeitraum *m* von drei Jahren

Trieste [tri'ɛste] *f* Triest *n* (*Hauptstadt Friauls*)

Triestino <*sing*> *m* Umgebung *f* von Triest

triestino [tries'ti:no] <*sing*> *m* (*dialetto*) Triester Dialekt *m*

triestino, -a I. *agg* Triester **II.** *m, f* (*abitante*) Triester(in) *m(f)*

trifase [tri'fa:ze] *agg* dreiphasig

trifoglio [tri'fɔʎʎo] *m* Klee *m*

trifolato, -a [trifo'la:to] *agg in feine Scheiben geschnitten, mit Öl, Knoblauch und Petersilie*

trifora ['tri:fora] *f* dreibogiges Fenster

trigemino [tri'dʒɛ:mino] *m* (ANAT) Drillingsnerv *m*, Trigeminus *m*

trigemino, -a *agg* Drillings-

triglia ['triʎʎa] <-glie> *f* Meerbarbe *f*

trigonometria [trigonome'tri:a] <-ie> *f* Trigonometrie *f*

trilaterale [trilate'ra:le] *agg* dreiseitig

trilingue [tri'liŋgue] <-> *agg* dreisprachig

trilione [tri'lio:ne] *m* (*mille miliardi*) Billion *f*

trillare [tril'la:re] *vi* trillern; **trillo** ['trillo] *m* Triller *m;* (*del campanello*) Klingeln *n*

trilobato, -a [trilo'ba:to] *agg* ❶ (*foglia*) dreilappig ❷ (*arco*) Dreipass-

trilocale [trilo'ka:le] **I.** *m* Dreizimmerwohnung *f;* **affittasi** ~ Dreizimmerwohnung zu vermieten **II.** *agg* Dreizimmer-

trilogia [trilo'dʒi:a] <-gie> *f* Trilogie *f*

trim. *abbr di* **trimestre, trimestrale** Trimester(-)

trimestrale [trimes'tra:le] *agg* ❶ (*che dura tre mesi*) vierteljährig ❷ (*ogni tre mesi*) vierteljährlich, Vierteljahr(es)-; **trimestralista** [trimestra'lista] <-i *m*, -e *f*> *mf* Teilnehmer(in) *m(f)* an einem Trimester; **trimestre** [tri'mɛstre] *m* Vierteljahr *n*, Trimester *n*

trimotore [trimo'to:re] **I.** *agg* dreimotorig **II.** *m* dreimotoriges Flugzeug

trina ['tri:na] *f* Spitze *f*

trincare [triŋ'ka:re] *vt* (*fam*) bechern

trincea [trin'tʃɛ:a] <-cee> *f* ❶ (MIL) Schützengraben *m* ❷ (*per strade*) Einschnitt *m*

trincerare [trintʃe'ra:re] **I.** *vt* verschanzen **II.** *vr* **-rsi** sich verschanzen; **-rsi nel silenzio** (*fig*) sich in Schweigen hüllen

trincetto [trin'tʃetto] *m* Schustermesser *n*

trinchetto [triŋ'ketto] *m* Fockmast *m*

trinciaforaggi [trintʃafo'raddʒi] <-> *m* (AGR) Feldhäcksler *m*

trinciante [trin'tʃante] *m* Tranchiermesser *n;* **trinciapaglia** [trintʃa'paʎʎa] <-> *m* (AGR) Strohhäcksler *m*

trinciapolli [trintʃa'polli] <-> *m,* **trinciapollo** [trintʃa'pollo] *m* Geflügelschere *f*

trinciare [trin'tʃa:re] *vt* zerkleinern, zerlegen; (GASTR) tranchieren

trinciato [trin'tʃa:to] *m* Schnitttabak *m*

trinciato, -a *agg* zerkleinert, zerlegt; **trinciatoio** [trintʃa'to:io] <-oi> *m* (AGR) Häckselmaschine *f*

trinciatore [trintʃa'to:re] *m* ❶ (*addetto alla trinciatura del tabacco*) Arbeiter(in) *m(f)* bei der Herstellung von Schnitttabak ❷ (*poet: scalco*) Truchsess *m;* **trinciatrice** [trintʃa'tri:tʃe] *f* Schneidemaschine *f*

trinciatuberi [trintʃa'tu:beri] <-> *m* (AGR) Knollenschneidemaschine *f*

trinciatura [trintʃa'tu:ra] *f* ❶ (*operazione*) Zerkleinerung *f*, Zerlegung *f* ❷ (*frammenti*) Schnittgut *n*

trinità [trini'ta] <-> *f* ❶ (*gener*) Dreiheit *f* ❷ (REL) Dreieinigkeit *f*

trino ['tri:no] *agg* dreifaltig; **Dio uno e ~** dreieiniger Gott

trio ['tri:o] <-ii> *m* Trio *n*

trionfale [trion'fa:le] *agg* triumphal, Triumph-; **trionfante** [trion'fante] *agg* triumphierend; **trionfare** [trion'fa:re] *vi* triumphieren; (*fig a*) siegen; **trionfatore** [trionfa'to:re] *m* Triumphator *m;* **trionfo** [tri'onfo] *m* Triumph *m*

trip [trip] <-> *m* (Rauschgift)trip *m*

tripartire [tripar'ti:re] <tripartisco> *vt* dreiteilen

tripartitico, -a [tripar'ti:tiko] <-ci, -che> *agg* Dreiparteien-

tripartito [tripar'ti:to] *m* Dreiparteienregierung *f*

tripartito, -a *agg* dreiteilig, Dreier-; **governo** ~ Dreiparteienregierung *f*

tripartizione [tripartit'tsio:ne] *f* Dreiteilung *f*

tripletta [tri'pletta] *f* ❶ (*fucile*) Drilling *m* ❷ (*in gioco, gara*) Dreierserie *f*

triplicare [tripli'ka:re] *vt* verdreifachen; **triplice** ['tri:plitʃe] *agg* dreifach

triplo ['tri:plo] *m* Dreifache(s) *n*

triplo, -a *agg* dreimal so viel, dreifach

tripode ['tri:pode] *m* Dreifuß *m*

trippa ['trippa] *f* ❶ (GASTR) Kutteln *fpl*, Kuttel *f A, südd* ❷ (*fam scherz: pancia*) Ranzen *m*

tripudiare [tripu'dia:re] *vi* jubeln

tripudio [tri'pu:dio] <-i> *m* Jubel *m*

esprimere tristezza/delusione

esprimere tristezza	Traurigkeit ausdrücken
Mi intristisce il fatto che non ci capiamo.	Es macht mich traurig, dass wir uns nicht verstehen.
È un (gran) peccato che si lasci andare così.	Es ist sehr schade, dass er sich so gehen lässt.
Questa storia mi deprime.	Diese Geschichte deprimiert mich.

esprimere delusione	Enttäuschung ausdrücken
Sono (molto) delusa dal suo comportamento.	Sein Verhalten hat mich (sehr) enttäuscht.
Questo, da te, non me lo sarei aspettato!	Das hätte ich nicht von dir erwartet!
Mi aspettavo qualcos'altro.	Ich hätte etwas anderes erwartet.
Che delusione! Fa venir da piangere!	So eine Enttäuschung! Es ist zum Weinen/Heulen!
Che peccato! Mi sarebbe piaciuto tantissimo!	Schade! Es hätte mir so sehr gefallen!
Mi ero fatto delle speranze …	Und ich hatte mir Hoffnungen gemacht …
È un peccato che (lui) non venga.	Es ist schade, dass er nicht kommt.
Non ha neanche chiamato per dire che non sarebbe venuto!	Er hat nicht einmal angerufen, um zu sagen, dass er nicht kommt!

triregno [tri'reɲɲo] *m* Tiara *f*

trisavolo, -a [tri'za:volo] *m, f* Ururgroßvater *m,* -mutter *f*

trisillabo, -a [tri'sillabo] **I.** *agg* dreisilbig **II.** *m* dreisilbiges Wort *n;* (LIT: *verso*) Dreisilb(l)er *m*

triste ['triste] *agg* traurig; (*fatto*) betrüblich; **tristezza** [tris'tettsa] *f* Traurigkeit *f*

tristo, -a ['tristo] *agg* ❶ (*cattivo*) böse, schlecht ❷ (*misero*) dürftig, kläglich, kümmerlich

tritabile [tri'ta:bile] *agg* zerkleinerbar, zerstoßbar

tritacarne [trita'karne] <-> *m* Fleischwolf *m;* **tritaimballaggi** [tritaimbal'laddʒi] <-> *m* Verpackungszerkleinerer *m;* **tritaossa** [trita'ɔssa] <-> *m* Knochensäge *f;* **tritapanelli** [tritapa'nɛlli] <-> *m* (AGR) Ölkuchenpresse *f*

tritaprezzemolo [tritapret'tse:molo] <-> *m* Petersilienhacker *m*

tritare [tri'ta:re] *vt* zerkleinern; (*pestare*) zerstoßen; (*carne*) hacken

tritarifiuti [tritari'fiu:ti] <-> *m* Müllzerkleinerer *m*

tritato [tri'ta:to] *m* Hackfleisch *n,* Gehackte(s) *n,* Hack *n,* Faschierte *n A*

tritatura [trita'tu:ra] *f* Zerkleinerung *f*

tritatutto [trita'tutto] <-> *m* Universalmixer *m;* **trito, -a** ['tri:to] *agg* (*tritato*) zerkleinert; (*pestato*) zerstoßen; (*carne*) gehackt, Hack-; ~ **e ritrito** (*fig*) abgedroschen

tritolo [tri'tɔ:lo] *m* (CHEM) Trinitrotoluol *n,* Trotyl *n*

tritone [tri'to:ne] *m* Schwanzlurch *m*

trittico ['trittiko] <-ci> *m* ❶ (ARCH) Triptychon *n* ❷ (LIT) Trilogie *f*

trittongo [trit'tɔŋgo] <-ghi> *m* Dreilaut *m,* Triphthong *m*

tritume [tri'tu:me] *m* Krümel *mpl,* Gebrösel *n*

triturare [tritu'ra:re] *vt* zerkleinern, zermahlen

triumvirato, triunvirato [triunvi'ra:to] *m* Triumvirat *n;* **triumviro, triunviro** [tri'unviro] *m* Triumvir *m*

trivalente [triva'lɛnte] *agg* dreiwertig, trivalent

trivella [tri'vɛlla] *f* (großer) Bohrer *m;* **trivellare** [trivel'la:re] *vt* (auf)bohren; **trivellazione** [trivellat'tsio:ne] *f* Bohrung *f;* **torre di** ~ Bohrturm *m*

triviale [tri'via:le] *agg* vulgär, unflätig; **trivialità** [triviali'ta] <-> *f* Vulgarität *f*

trivio ['tri:vio] <-i> *m* ❶ Kreuzung *f* dreier Straßen ❷ (HIST) Trivium *n;* **da** ~ (*fig*) ordinär; (*gesti*) zweideutig

trofeo [tro'fɛːo] *m* Trophäe *f;* (*monumento*) Siegessäule *f;* (SPORT) Siegespreis *m*

troglodita [troglo'diːta] <-i *m*, -e *f>* *mf* Höhlenmensch *m*

trogolo ['trɔːgolo] *m* Trog *m*

troia ['trɔːia] <-ie> *f* ❶ (ZOO) Sau *f* ❷ (*vulg fig: puttana*) Hure *f,* Nutte *f*

tromba ['tromba] *f* ❶ (MUS) Trompete *f;* a ~ trompeten-, trichterförmig ❷ (*in acustica*) (Schall)trichter *m* ❸ (*di auto*) Hupe *f* ❹ (METEO) ~ **marina/d'aria** Wasser-/Windhose *f* ❺ (*passaggio*) ~ **delle scale** Treppenhaus *n,* Stiegenhaus *n A, südd;*

trombare [trom'baːre] *vt* ❶ (*bocciare*) durchfallen lassen ❷ (*vulg*) ficken; **trombettiere** [trombet'tiɛːre] *m* (MIL) Trompeter *m;* **trombettista** [trombet'tista] <-i *m*, -e *f>* *mf* Trompeter(in) *m(f)*

trombone [trom'boːne] *m* ❶ (MUS) Posaune *f* ❷ (*fig, pej*) Angeber(in) *m(f),* Aufschneider(in) *m(f);* **trombonista** [trombo'nista] <-i *m*, -e *f>* *mf* Posaunist(in) *m(f)*

trombosi [trom'boːzi] <-> *f* Thrombose *f*

troncamento [troŋka'mento] *m* Abschneiden *n,* Abschlagen *n;* (*di discorso*) Abbrechen *n;* **troncare** [troŋ'kaːre] *vt* ❶ (*tagliare*) abschneiden, abschlagen ❷ (*fig: interrompere*) abbrechen

tronchesina [troŋke'ziːna] *f* Nagelknipser *m*

tronco ['troŋko] <-chi> *m* ❶ (BOT) Stamm *m* ❷ (ARCH) Schaft *m* ❸ (ANAT) Rumpf *m* ❹ (*tratta*) Abschnitt *m,* Strecke *f* ❺ (MAT) Stumpf *m*

tronco, -a <-chi, -che> *agg* ❶ (*tagliato*) abgeschnitten; (*albero*) auf einen Stumpf verkürzt; **sentirsi le gambe -che** (*fig*) sich (wie) zerschlagen fühlen ❷ (*fig*) abgebrochen; **licenziamento in ~** fristlose Entlassung; **in ~** abgebrochen ❸ (LING) endbetont

troncone [tron'koːne] *m* Stumpf *m*

troneggiare [troned'dʒaːre] *vi* thronen

tronfio, -a ['tronfio] <-i, -ie> *agg* aufgeblasen, überheblich; (*parole*) geschwollen

trono ['trɔːno] *m* Thron *m;* **successione al ~** Thronfolge *f*

tropical ['trɔpikəl] <-> *m* (*bevanda ai frutti tropicali*) Saft *m* aus tropischen Früchten

tropicale [tropi'kaːle] *agg* tropisch, Tropen-; **tropico** ['trɔːpiko] <-ci> *m* ❶ (ASTR) Wendekreis *m* ❷ *pl* (GEOG) Tropen *pl*

troppo ['trɔppo] I. *m* Zuviel *n,* Überflüssige(s) *n;* **il ~ stroppia** (*prov*) allzu viel ist ungesund II. *avv* zu viel, zu sehr; **ho mangiato ~** ich habe zu viel gegessen; **non ~** nicht sehr, nicht besonders; **di ~** zu viel;

(*pej*) überflüssig

troppo, -a I. *agg* zu viel; **fa ~ freddo** es ist zu kalt II. *pron* zu viel; **questo è ~** (*fig*) das geht zu weit; **troppopieno** [troppo'piɛːno] <-> *m* ❶ (*di serbatoi, vasche*) Überlauf *m* ❷ (FIN) Überfülle *f*

trota ['trɔːta] *f* Forelle *f*

trottare [trot'taːre] *vi* traben; **far ~ qu** jdn auf Trab bringen; **trottatore** [trotta'toːre] *m* Traber *m;* **trotterellare** [trotterel'laːre] *vi* (*cavalli*) im leichten Trab laufen; (*persone*) trippeln; **trotto** ['trɔtto] *m* Trab *m;* **far andare di ~ qu** (*fig*) jdn auf Trab bringen

trottola ['trɔttola] *f* Kreisel *m*

trottolino, -a [trotto'liːno] *m, f* (*scherz*) Wirbelwind *m*

troupe [trup] <-> *f* (*di artisti*) Schauspielertruppe *f;* ~ **televisiva** Fernsehteam *n*

trovadore [trova'doːre] *v.* **trovatore**

trovadorico, -a [trova'dɔːriko] <-ci, -che> *agg* Troubadour(en)-

trovare [tro'vaːre] I. *vt* finden, wieder finden; (*vedere, riconoscere*) vorfinden; (*sorprendere*) erwischen, ertappen; ~ **qu simpatico** jdn sympathisch finden; ~ **qc da ridire** etw auszusetzen haben; **andare a ~ qu** jdn besuchen II. *vr* **-rsi** ❶ (*essere*) sich befinden ❷ (*sentirsi*) sich fühlen; **-rsi bene con qu** mit jdm gut auskommen; **-rsi d'accordo** einig sein ❸ (*presentarsi*) sich einfinden ❹ (*incontrarsi*) sich treffen

trovarobe [trova'rɔːbe] <-> *mf* Requisiteur(in) *m(f)*

trovata [tro'vaːta] *f* Geistesblitz *m,* Einfall *m;* ~ **pubblicitaria** Werbegag *m*

trovatello, -a [trova'tɛllo] *m, f* Findelkind *n*

trovatore [trova'toːre] *m* Troubadour *m*

truccare [truk'kaːre] I. *vt* ❶ (*travestire*) verkleiden ❷ (*con cosmetici*) schminken ❸ (*fig*) (ver)fälschen; (*carte*) zinken; (*partita*) manipulieren; (*motore*) frisieren II. *vr* **-rsi** ❶ (*travestirsi*) sich verkleiden, sich maskieren ❷ (*con cosmetici*) sich schminken; **truccatore, -trice** [trukka'toːre] *m, f* Maskenbildner(in) *m(f);* **truccatura** [trukka'tuːra] *f* Maskierung *f;* (*con cosmetici*) Schminken *n;* (*di attore*) Maske *f;* **trucco** ['trukko] <-cchi> *m* ❶ (*maquillage*) Make-up *n,* Schminke *f* ❷ (*fig*) Schwindel *m;* (*artificio*) Trick *m* ❸ (FILM) Trickaufnahme *f*

truce ['truːtʃe] *agg* finster, drohend

trucidare [trutʃi'daːre] *vt* abschlachten

truciolo ['truːtʃolo] *m* Span *m*

truculento, -a [truku'lɛnto] *agg* blutrünstig

truffa ['truffa] *f* Betrug *m;* **truffaldino, -a** [truffal'di:no] **I.** *agg* betrügerisch **II.** *m, f* Schwindler(in) *m(f),* Betrüger(in) *m(f);* **truffare** [truffa:re] *vt* betrügen, prellen; **truffatore, -trice** [truffa'to:re] *m, f* Betrüger(in) *m(f)*

truppa ['truppa] *f* Truppe *f;* **-e d'occupazione** Besatzungstruppen *fpl*

trust [trʌst] <-> *m* Trust *m;* ~ **dei cervelli** Brain-Trust *m*

T-shirt, tee-shirt ['ti:ʃə:t] <-> *f* T-Shirt *n*

tu [tu] *pron pers 2. pers sing* du; **dare del ~ a qu** jdn duzen; jdn mit Du anreden; **parlare a ~ per ~** ganz im Vertrauen sprechen; **trovarsi a ~ per ~** sich *dat* plötzlich Auge in Auge gegenüberstehen

tuba ['tu:ba] *f* ❶ (MUS) Tuba *f* ❷ (*cappello*) Zylinder *m* ❸ (ANAT) Tube *f;* ~ **uditiva** Gehörgang *m;* ~ **uterina** Eileiter *m*

tubare [tu'ba:re] *vi* gurren; (*fig*) turteln

tubatura [tuba'tu:ra] *f,* **tubazione** [tubat'tsio:ne] *f* (Rohr)leitungen *fpl,* Leitungsnetz *n*

tubercolare [tuberko'la:re] *agg* tuberkular, Tuberkel-; **tubercolo** [tu'bɛrkolo] *m* Tuberkel *m;* **tubercolosa** *f v.* **tubercoloso;** **tubercolosario** [tuberkolo'sa:rio] <-i> *m* Lungensanatorium *n;* **tubercolosi** [tuberko'lo:zi] <-> *f* Tuberkulose *f;* **tubercoloso, -a** [tuberko'lo:so] **I.** *agg* tuberkulös **II.** *m, f* Tuberkulosekranke(r) *f(m)*

tubero ['tu:bero] *m* Knolle *f*

tubetto [tu'betto] *m* ❶ (*del dentifricio*) Tube *f* ❷ (*di aspirina*) Röhrchen *n*

Tubinga [tu'biŋga] *f* Tübingen *n*

tubista [tu'bista] <-i *m,* -e *f>* *mf* Rohrleger(in) *m(f),* Installateur(in) *m(f)*

tubo ['tu:bo] *m* Rohr *n,* Röhre *f;* (EL, ANAT) Röhre *f;* (TEC) Rohr *n;* (~ *flessibile*) Schlauch *m;* ~ **dell'olio** Ölleitung *f;* ~ **di scappamento** Auspuffrohr *n;* ~ **digerente** Verdauungstrakt *m;* **tubolare** [tubo'la:re] **I.** *agg* röhrenförmig, Röhren- **II.** *m* Schlauchreifen *m*

tuffare [tuffa:re] **I.** *vt* eintauchen, tauchen **II.** *vr* **-rsi** ❶ (*immergersi*) (unter)tauchen ❷ (*fig: lanciarsi*) sich stürzen; (*dedicarsi*) sich vertiefen, sich versenken; **tuffista** [tuffista] <-i *m,* -e *f>* *mf* Kunstspringer(in) *m(f);* **tuffo** ['tuffo] *m* ❶ (*il tuffare*) (Ein)tauchen *n* ❷ (*salto*) Kopfsprung *m,* Sprung *m* (ins Wasser); (*nel calcio*) Hechtsprung *m* ❸ (*fig: emozione*) Herzklopfen *n*

tufo ['tu:fo] *m* Tuff(stein) *m*

tugurio [tu'gu:rio] <-i> *m* (elende) Hütte *f*

tulipano [tuli'pa:no] *m* Tulpe *f*

tulle ['tulle] *m* Tüll *m*

tumefare [tume'fa:re] <tumefaccio, tu-

mefeci, tumefatto> **I.** *vt* anschwellen lassen **II.** *vr* **-rsi** (an)schwellen

tumefazione [tumefat'tsio:ne] *f* Schwellung *f*

tumido, -a ['tu:mido] *agg* geschwollen; (*labbra*) fleischig

tumorale [tumo'ra:le] *agg* Tumor-; **tumore** [tu'mo:re] *m* Geschwulst *f,* Tumor *m*

tumulare [tumu'la:re] *vt* beisetzen; **tumulazione** [tumulat'tsio:ne] *f* Beisetzung *f;* **tumulo** ['tu:mulo] *m* ❶ (GEOG) Erdhügel *m* ❷ (*in archeologia*) Tumulus *m,* Hügelgrab *n*

tumulto [tu'multo] *m* Tumult *m,* Unruhe *f;* (*fig a*) Aufruhr *m;* **tumultuare** [tumultu'a:re] *vi* lärmen, einen Aufruhr erregen; **tumultuoso, -a** [tumultu'o:so] *agg* stürmisch, ungestüm; (*folla*) erregt

tunica ['tu:nika] <-che> *f* Tunika *f*

tunnel ['tunnel] <-> *m* Tunnel *m*

tuo ['tu:o] <tuoi> *m* **il** ~ das Deine

tuo, -a <tuoi, tue> **I.** *agg* dein; **la -a voce/anima** deine Stimme/Seele; ~ **padre/zio** dein Vater/Onkel; **un** ~ **amico** ein Freund von dir **II.** *pron* **il** ~, **la -a** deiner, deine, dein(e)s; **i tuoi** deine Eltern; **ti tieni sempre sulle -e** du bleibst auch immer bei deiner Haltung

tuonare [tuo'na:re] **I.** *vi avere* ❶ (METEO) donnern ❷ (*fig*) wettern **II.** *vi essere o avere* (*impersonale*) donnern

tuono ['tuo:no] *m* (*a fig*) Donner *m*

tuorlo ['tuorlo] *m* (Ei)dotter *m o n,* Eigelb *n*

tu(p)pè [tu'pɛ (tup'pɛ)] <-> *m v.* **toupet**

tuppertù, tu per tu [tuper'tu] *avv* von Angesicht zu Angesicht; **essere a** ~ **con qu** mit jdm auf Du und Du stehen

turabottiglie [turabot'tiʎʎe] <-> *m* Verkorkmaschine *f*

turacciolo [tu'rattʃolo] *m* Pfropfen *m;* (*di sughero*) Korken *m*

turapori [tura'pɔ:ri] <-> *m* Porenfüller *m*

turare [tu'ra:re] *vt* ver-, zustopfen; (*bottiglia*) zustöpseln; (*con sughero*) zu-, verkorken; (*falla*) abdichten; (*naso, orecchi*) zuhalten

turba ['turba] *f* ❶ (*di persone*) Menge *f;* (*pej a*) Meute *f fam* ❷ (MED) Störung *f;* **turbamento** [turba'mento] *m* ❶ (*rivolgimento*) Störung *f* ❷ (*ansia*) Unruhe *f,* Verwirrung *f*

turbante [tur'bante] *m* Turban *m*

turbare [tur'ba:re] **I.** *vt* ❶ (*disturbare*) stören ❷ (*l'acqua*) trüben; (*piani*) durchkreuzen ❸ (*fig: sconvolgere*) bewegen, beunruhigen **II.** *vr* **-rsi** sich beunruhigen, in Erregung geraten; **turbativa** [turba'ti:va] *f* (JUR) Störung *f;* **turbatore, -trice** [turba'to:re] *m, f* Störenfried *m,* Störer(in) *m(f)*

turbina [tur'bi:na] *f* Turbine *f*

turbinare [turbi'na:re] *vi (a fig)* wirbeln; **turbine** ['turbine] *m* Wirbelwind *m; (a fig)* Wirbel *m;* **turbinoso, -a** [turbi'no:so] *agg* ❶ *(vorticoso)* Wirbel-, wirb(e)lig ❷ *(fig)* aufwühlend

turbo ['turbo] **I.**<-> *m* Turbo *m,* Turbomotor *m* **II.**<inv> *agg* Turbo-; **motore ~** Turbomotor *m,* turbinengetriebener Motor

turbocisterna [turbotʃis'tɛrna] *f* Turbinentanker *m,* Turbinentankschiff *n*

turbocompresso, -a [turbokom'prɛsso] *agg* Turbo-; **motore ~** Turbomotor *m,* turbinengetriebener Motor; **turbocompressore** [turbokompres'so:re] *m* Turbokompressor *m,* Turbolader *m*

turbodiesel [turbo'di:zəl] **I.**<-> *m* Turbodiesel *m* **II.**<inv> *agg* Turbodiesel-; **una macchina ~** ein Auto mit Turbodieselmotor

turboelica [turbo'ɛ:lika] **I.**<-che> *f* Turbo-Prop-Triebwerk *n* **II.**<-> *m* Turbo-Prop-Flugzeug *n*

turbogas [turbo'gas] <-> *m* Turbogas *n*

turbogetto [turbo'dʒɛtto] *m* ❶ *(motore)* Strahltriebwerk *n* ❷ *(aereo)* Düsenflugzeug *n,* Jet *m fam*

turboirroratrice [turboirrora'tri:tʃe] *f* (AGR) Turbospritzgerät *n*

turbolento, -a [turbo'lɛnto] *agg* turbulent; *(a fig)* stürmisch; **turbolenza** [turbo'lɛntsa] *f* ❶ (METEO, CHEM) Turbulenz *f* ❷ *(fig)* Unruhe *f,* Aufruhr *m*

turbomotore [turbomo'to:re] *m* Turbomotor *m,* Turbinenmotor *m*

turbonave [turbo'na:ve] *f* Turbinenschiff *n*

turboperforatrice [turboperfora'tri:tʃe] *f* Turbobohrmaschine *f*

turbopompa [turbo'pompa] *f* Turbinenpumpe *f,* Kreiselpumpe *f*

turborazzo [turbo'raddzo] *m* Turbinenrakete *f*

turboreattore [turboreat'to:re] *m v.* **turbogetto**

turbosonda [turbo'sonda] *f* Turbinensonde *f*

turbotrapano [turbo'tra:pano] *m* Turbobohrmaschine *f*

turbotreno [turbo'trɛ:no] *m* Turbozug *m*

turca *f v.* **turco**

turchese [tur'ke:se] **I.** *f* (MIN) Türkis *m* **II.** *m (colore)* Türkis *n*

Turchia [tur'ki:a] *f* **(la) ~** die Türkei

turchinetto [turki'netto] *m* Waschblau *n*

turchino, -a [tur'ki:no] *agg* tiefblau

turco ['turko] <*sing*> *m* Türkisch(e) *n;*

parlare ~ *(fig)* Chinesisch reden

turco, -a <-chi, -che> **I.** *agg* türkisch, Türken-; **sedere alla -a** im Schneidersitz sitzen **II.** *m, f* Türke *m,* Türkin *f;* **bestemmiare come un ~** wie ein Landsknecht fluchen; **fumare come un ~** rauchen wie ein Schlot

turgido, -a ['turdʒido] *agg* prall; *(seno)* drall; (MED) (an)geschwollen

Turgovia [tur'gɔ:vja] *f* Thurgau *m*

Turingia [tu'rindʒa] *f* Thüringen *n*

turismatica [turiz'ma:tika] <-che> *f* Tourismusinformationstechnologie *f;* **turismatico, -a** [turiz'ma:tiko] <-ci, -che> *agg* tourismus-informationstechnologisch

turismo [tu'rizmo] *m* Tourismus *m,* Fremdenverkehr *m; ~* **di massa** Massentourismus *m;* **turista** [tu'rista] <-i *m,* -e *f*> *mf* Tourist(in) *m(f);* **turisticizzare** [turisti-tʃid'dza:re] *vt* touristisch erschließen; **turisticizzazione** [turistitʃiddzat-'tsio:ne] *f* touristische Erschließung; **turistico, -a** [tu'ristiko] <-ci, -che> *agg* touristisch, Touristen-; *(assegno, ufficio, agenzia, movimento)* Reise-

turlupinare [turlupi'na:re] *vt* hintergehen; **turlupinatore, -trice** [turlupi-na'to:re] *m, f* Schwindler(in) *m(f);* **turlupinatura** [turlupina'tu:ra] *f* Schwindel *m*

turnare [tur'na:re] *vi* in Schichten arbeiten

turnazione [turnat'tsio:ne] *f* Schichtwechsel *m;* **turnista** [tur'nista] <-i *m,* -e *f*> *mf* Schichtarbeiter(in) *m(f);* **turno** ['turno] *m* Reihenfolge *f,* Turnus *m; (di lavoro)* Schicht *f; ~* **di notte** Nachtschicht *f;* **medico di ~** Bereitschaftsarzt *m,* diensthabender Arzt; **aspettare il proprio ~** warten, bis man an der Reihe ist; **essere di ~** Dienst haben; **fare a ~** sich abwechseln; **a ~** abwechselnd; *(lavorare)* schichtweise

turnover ['tə:nouvə] <-> *m* ❶ *(di personale)* Personalwechsel *m* ❷ (COM) Umsatz *m*

turpe ['turpe] *agg* unanständig, schamlos; **turpiloquio** [turpi'lɔkuio] <-qui> *m* obszöne Ausdrucksweise

turpitudine [turpi'tu:dine] *f* Unanständigkeit *f,* Schamlosigkeit *f*

turrito, -a [tur'ri:to] *agg* mit Türmen versehen, turmreich

TUT *m abbr di* **Tariffa Urbana a Tempo** Zeiteinheit für Ortsgespräche

tuta ['tu:ta] *f* Arbeitsanzug *m,* Overall *m; ~* **mimetica** Tarnanzug *m; ~* **spaziale** Raumanzug *m;* **-e bianche** *(fig)* Globalisierungsgegner *mpl*

tutela [tu'tɛ:la] *f* ❶ *(difesa)* Schutz *m; (a fig)* Wahrung *f; ~* **del consumatore** Ver-

braucherschutz *m;* ~ **dell'ambiente** Umweltschutz *m* ❷ (JUR) Vormundschaft *f*
tutelare¹ [tute'la:re] *agg* ❶ *(che protegge, difende)* schützend, Schutz- ❷ (JUR) vormundschaftlich, Vormundschafts-
tutelare² I. *vt* schützen; *(a fig)* wahren; ~ **i propri interessi** seine Interessen vertreten II. *vr* -**rsi** sich schützen
tutor ['tju:tə] <-> *m* Tutor *m;* **tutore, -trice** [tu'to:re] *m, f* ❶ *(protettore, difensore)* Schützer(in) *m(f)* ❷ (JUR) Vormund *m;* **tutorio, -a** [tu'tɔ:rio] <-i, -ie> *agg* Vormundschafts-, Aufsichts-; **tutrice** *f v.* tutore
tuttavia [tutta'vi:a] *cong* dennoch, jedoch
tutto ['tutto] *m* Ganze(s) *n;* **rischiare** [*o* **tentare**] **(il)** ~ **per (il)** ~ alles aufs Spiel setzen
tutto, -a I. *agg* ganz, all; ~ **il denaro** das ganze Geld, all das Geld; -**e le donne** alle Frauen; -**a la mia famiglia** meine ganze Familie; -**a la notte** die ganze Nacht; -**e le sere** jeden Abend; -**i e due** (alle) beide; **a -a velocità** mit voller Geschwindigkeit; **tutt'altro** ganz im Gegenteil, überhaupt nicht II. *pron* alle(s); -**i risero** alle lachten, alles lachte III. *avv* ganz, ganz und gar; **era**

-**a nuda** sie war ganz nackt; **del** ~ völlig, gänzlich; **in** ~ insgesamt, in allem; **tutt'al più** höchstens; *(nel peggiore dei casi)* schlimmstenfalls
tuttofare [tutto'fa:re] I. <inv> *agg* Allround-, für alles; **donna** ~ Haushaltshilfe *f;* **una segretaria** ~ ein Mädchen *n* für alles *fam* II. <-> *mf* *(domestica)* Haushaltshilfe *f*, Mädchen *n* für alles *fam*
tuttologia [tuttolo'dʒi:a] <-ie> *f* *(scherz: onniscienza)* Allwissenheit *f;* **tuttologo, -a** [tut'tɔ:logo] <-gi, -ghe> *m, f* *(scherz: chi crede di saper tutto)* Alleswisser *m*
tuttoponte [tutto'ponte] <inv> *agg* (NAUT) **nave** ~ Flugzeugträger *m*
tuttora [tut'to:ra] *avv* noch (immer)
tuttotondo, tutto tondo [tutto'tondo] <-> *m* Vollplastik *f*
tutù [tu'tu] <-> *m* Ballettröckchen *n*
TV [tiv'vu] <-> *f* *abbr di* **televisione** TV *n;* ~ **spazzatura** TV-Schrott *m*
tweed [twi:d] <-> *m* Tweed *m;* **giacca in** ~ Tweedjackett *n*
twin-set ['twin'sɛt] <-> *m* Twinset *n*
tycoon [tai'ku:n] <-> *m* Magnat *m;* **un** ~ **del petrolio** ein Ölmagnat
tzigano [tsi'ga:no] *v.* zigano

U u

U, u [u] <-> *f* U, u *n;* **~ come Udine** U wie
Ulrich; **ferro a U** U-Eisen *n;* **inversione a
U** 180-Grad-Wende *f*

ubbia [ub'bi:a] <-ie> *f* ❶ (*poet: preconcetto*) Vorurteil *n* ❷ (*fisima*) Spleen *m,* fixe Idee *f* ❸ (*sospetto infondato*) unbe-
gründeter Verdacht *m*

ubbidiente [ubbi'diɛnte] *agg* ❶ (*chi ubbi-
disce*) gehorsam, folgsam ❷ (*docile*) gefügig; **ubbidienza** [ubbi'diɛntsa] *f* ❶ (*l'essere ubbidiente*) Gehorsam *m;* (*di bambini, animali*) Folgsamkeit *f* ❷ (*sottomissione*) Ergebenheit *f,* Untertänigkeit *f*

ubbidire [ubbi'di:re] <ubbidisco> *vi*
❶ (*ai genitori, al padrone*) folgsam sein,
gehorsam sein; **~ a qu** jdm gehorchen ❷ (*a
un ordine*) **~ a qc** etw befolgen

ubertoso, -a [uber'to:so] *agg* (*poet*)
fruchtbar, ertragreich

ubicato, -a [ubi'ka:to] *agg* gelegen; **ubi-
catore, -trice** [ubika'to:re] *m, f* Stand-
ortprojektant(in) *m(f)*

ubicazione [ubikat'tsio:ne] *f* ❶ (*posizione topografica*) Lage *f* ❷ (*luogo*) Standort *m*

ubiquità [ubikui'ta] <-> *f* Allgegenwart *f*

ubriaca *f v.* **ubriaco**

ubriacare [ubria'ka:re] **I.** *vt* ❶ (*inebriare*)
betrunken machen ❷ (*fig: stordire*) betäuben, benommen machen **II.** *vr* **-rsi** sich
betrinken; **ubriacatura** [ubriaka'tu:ra] *f*
(*sbornia, a fig*) Rausch *m;* **ubriachezza**
[ubria'kettsa] *f* ❶ (*stato di alterazione*)
(Be)trunkenheit *f* ❷ (*vizio*) Trunksucht *f;*
ubriaco, -a [ubri'a:ko] <-chi, -che>
I. *agg* ❶ (*ebbro*) betrunken; **~ fradicio**
(*fam*) stockbetrunken, sternhagelvoll
❷ (*fig: esaltato*) trunken, berauscht ❸ (*fig:
stordito*) betäubt, benommen; **~ di stanchezza** zum Umfallen müde **II.** *m, f*
Betrunkene(r) *f(m);* **ubriacone, -a**
[ubria'ko:ne] *m, f* Säufer(in) *m(f),* Trunkenbold *m*

uccellagione [uttʃella'dʒo:ne] *f* ❶ (*caccia*) Vogelfang *m* ❷ (*uccellame*) (beim Vogelfang gemachte) Beute *f;* **uccellame**
[uttʃel'la:me] *m* erbeutete Vögel *mpl*

uccellare [uttʃel'la:re] *vi* auf Vogelfang gehen

uccellatore, -trice [uttʃella'to:re] *m, f*
Vogelfänger(in) *m(f),* -steller(in) *m(f);* **uccelliera** [uttʃel'liɛ:ra] *f* Vogelhaus *n,* Voliere *f*

uccello [ut'tʃɛllo] *m* ❶ (zoo) Vogel *m;* **essere uccel di bosco** (*fig*) vogelfrei sein;
fare l'~ del malaugurio (*fig*) den Teufel
an die Wand malen ❷ (*vulg: pene*)
Schwanz *m*

uccidere [ut'tʃi:dere] <uccido, uccisi, uc-
ciso> **I.** *vt* ❶ (*ammazzare*) töten, umbringen; (*affrettare la morte*) ins Grab bringen;
(*debilitare*) (fast) umbringen *fam* ❷ (*fig:
eliminare*) ausrotten, vernichten **II.** *vr* **-rsi**
❶ (*suicidarsi*) sich umbringen, Selbstmord
begehen ❷ (*vicendevolmente*) sich umbringen ❸ (*perdere la vita*) ums Leben
kommen, umkommen

ucciditrice [uttʃidi'tri:tʃe] *f* Mörderin *f,*
Totschlägerin *f*

uccisi [ut'tʃi:zi] *1. pers sing pass rem di* **uccidere**

uccisione [uttʃi'zio:ne] *f* Tötung *f*

ucciso [ut'tʃi:zo] *pp di* **uccidere**

uccisore [uttʃi'zo:re] *m* Mörder *m,* Tot-
schläger *m*

UDI ['u:di] *m acro di* **Unione Donne Ita-
liane** *italienische Frauenbewegung*

udibile [u'di:bile] *agg* hörbar, vernehmbar;
udibilità [udibili'ta] <-> *f* Hörbarkeit *f,*
Vernehmbarkeit *f;* **distanza di ~** Hörweite *f;* **soglia di ~** Hörschwelle *f*

udienza [u'diɛntsa] *f* ❶ (*ascolto*) Gehör *n;*
dare ~ Gehör schenken ❷ (*colloquio*) Audienz *f,* Empfang *m;* **chiedere un'~** um eine Audienz bitten; **concedere un'~** eine
Audienz gewähren ❸ (JUR) (Gerichts)ver-
handlung *f*

Udine *f* Udine *n* (*Stadt in Friaul*)

udinese [udi'ne:se] **I.** *agg* Udineser **II.** *mf*
(*abitante*) Udineser(in) *m(f)*

Udinese <*sing*> *m* Umgebung *f* von Udine

udire [u'di:re] <odo, udii, udito> *vt*
❶ (*sentire, comprendere*) hören, vernehmen ❷ (*esaudire*) erhören; **udito**
[u'di:to] *m* Gehör *n,* Gehörsinn *m;* **udito-
fono** [udi'tɔ:fono] *m* Hörgerät *n,* Hörap-
parat *m;* **uditore, -trice** [udi'to:re] *m, f*
Zuhörer(in) *m(f),* Hörer(in) *m(f);* (*all'università*) (Gast)hörer(in) *m(f);* (JUR) Referen-
dar(in) *m(f);* **~ giudiziario** Gerichtsrefe-
rendar *m;* **~ di Rota** Richter *m* an der Rota,
Auditor *m;* **uditorio** [udi'tɔ:rio] <-i> *m*
(Zu)hörerschaft *f;* **uditrice** *f v.* **uditore**

UDR *f abbr di* **Unione Democratica per
la Repubblica** *demokratische Partei Italiens*

UE *f abbr di* **Unione Europea** EU *f*

UEM *f abbr di* **Unione economica e mo-**

netaria europea EWWU *f* (*Europäische Wirtschafts- und Währungsunion*)

ufficiale [uffi'tʃaːle] **I.** *agg* offiziell; (ADM) amtlich **II.** *m* ❶ (ADM) Beamte(r) *m*, Beamtin *f*, Amtsperson *f*; ~ **di stato civile** Standesbeamte(r) *m*, -beamtin *f*; ~ **giudiziario** Gerichtsbeamte(r) *m*; **pubblico** ~ Amtsperson *f* ❷ (MIL) Offizier *m*

ufficialità [uffitʃali'ta] <-> *f* ❶ (ADM) Amtlichkeit *f*, offizieller Charakter ❷ (MIL) Offizierskorps *n*

ufficializzare [uffitʃalid'dzaːre] *vt* öffentlich machen, offiziell bekannt geben

ufficio [uf'fiːtʃo] <-ci> *m* ❶ (*posto di lavoro*) Büro *n*; (*settore*) Abteilung *f*; ~ **contabilità** Buchführung(sstelle) *f*; ~ **informazioni** Informationsbüro *n*; ~ **personale** Personalabteilung *f*; ~ **vendite** Verkaufsabteilung *f*; ~ **viaggi** Reisebüro *n* ❷ (ADM: *organo*) Amt *n*; ~ **postale** Postamt *n*; ~ **di collocamento** Arbeitsamt *n*; **provvedimento d'**~ amtliche Maßnahme ❸ (JUR: *funzioni, doveri*) (Amts)pflicht *f*

ufficioso, -a [uffi'tʃoːso] *agg* halbamtlich, inoffiziell

U.F.O. ['uːfo] <-> *m* Ufo *n*, UFO *n*

ufo ['uːfo] *avv* **a** ~ umsonst; (*pej*) auf Kosten anderer; **vivere a** ~ zu Lasten [*o* zulasten] anderer leben

ufologia [ufolo'dʒiːa] <-ie> *f* Ufologie *f*; **ufologico, -a** [ufo'lɔːdʒiko] <-ci, -che> *agg* ufologisch; **ufologo, -a** [u'fɔːlogo] <-gi, -ghe> *m, f* Ufologe, -login *m, f*

ugello [u'dʒɛllo] *m* Düse *f*

uggia ['uddʒa] <-ugge> *f* (*noia*) Langeweile *f*; (*molestia*) Lästigkeit *f*

uggiolare [uddʒo'laːre] *vi* winseln, jaulen

uggioso, -a [ud'dʒoːso] *agg* langweilig

ugola ['uːgola] *f* ❶ (ANAT) (Gaumen)zäpfchen *n* ❷ (*fig*) Kehle *f*; **avere un'**~ **d'oro** Gold in der Kehle haben

uguaglianza [uguaʎ'ʎantsa] *f* ❶ (*identità, l'essere uguale*) Gleichheit *f*; (*di diritti*) Gleichstellung *f*; (MAT) Äquivalenz *f* ❷ (*uniformità*) Gleichförmigkeit *f*, Gleichmäßigkeit *f*; **uguagliare** [uguaʎ'ʎaːre] **I.** *vt* ❶ (*rendere uguale*) gleichmachen, angleichen; (*fig*) gleichstellen ❷ (*rendere uniforme, regolare*) gleichförmig machen; (*siepe*) in gleicher Höhe abschneiden ❸ (*fig: essere pari*) ~ **qu in qc** jdm an etw *dat* gleichkommen ❹ (SPORT) erreichen, erzielen **II.** *vr* **-rsi** sich *dat* gleich sein

uguale[1] [u'guaːle] **I.** *agg* ❶ (*identico*) gleich; **di** ~ **colore** gleichfarbig ❷ (*che rimane uguale*) gleich bleibend, gleichmäßig; **essere sempre** ~ **a se stesso** sich *dat* selbst treu bleiben ❸ (MAT) gleich(wer-

tig), äquivalent ❹ (*uniforme*) gleichförmig **II.** *mf* Gleichgestellte(r) *f(m)*, Ebenbürtige(r) *f(m)*

uguale[2] *avv* (*fam*) gleich; (*indifferente*) gleich, egal; **che tu vada o rimanga per me è** ~ es ist mir egal, ob du gehst oder bleibst

ugualizzante [ugualid'dzante] *m* Unifärbemittel *n*; **ugualizzare** [ugualid'dzaːre] *vt* gleichmäßig einfärben

ugualmente [ugual'mente] *avv* ❶ (*parimenti*) gleich, gleichermaßen ❷ (*tuttavia*) dennoch

uh [u] *int* ❶ (*dolore*) au ❷ (*fastidio*) uff ❸ (*meraviglia*) uh, oh

uhi ['uːi] *int* ❶ (*dolore*) au(a) ❷ (*rammarico*) oh

uhm [m] *int* hm

UIL [uil] *f acro di* **Unione Italiana del Lavoro** *italienischer Gewerkschaftsbund*

ulcera ['ultʃera] *f* Geschwür *n fam*, Magengeschwür *n*; **ulcerare** [ultʃe'raːre] **I.** *vt* ein Geschwür erzeugen in +*dat* **II.** *vr* **-rsi** geschwürig werden, ulzerieren; **ulcerativo, -a** [ultʃera'tiːvo] *agg* geschwürbildend, Geschwür-; **ulcerazione** [ultʃerat'tsioːne] *f* Geschwürbildung *f*; **ulceroso, -a** [ultʃe'roːso] **I.** *agg* geschwürig, ulzerös **II.** *m, f* an einem Geschwür Erkrankte(r) *f(m)*

uliva [u'liːva] *f v.* **oliva**[1]

ulivista [uli'vista] <-i *m*, -e *f*> *mf* (POL) Anhänger(in) *m(f)* des Parteienbündnisses Ulivo

ulivo [u'liːvo] *m v.* **olivo**

Ulivo [u'liːvo] *m* (POL) *Mitte-Links-Parteienbündnis*

Ulma ['ulma] *f* Ulm *n*

ulna ['ulna] *f* Elle *f*

ulteriore [ulte'rioːre] *agg* weitere(r, s), zusätzlich

ultima ['ultima] *f* (*fam: novità*) Neueste *n*; **vuoi sapere l'**~**?** weißt du schon das Neueste?; **ti racconto l'**~ ich erzähle dir das Neueste; **ultimabile** [ulti'maːbile] *agg* beendbar; **ultimare** [ulti'maːre] *vt* beenden, abschließen

ultimativo, -a [ultima'tiːvo] *agg* ultimativ; **ultimatum** [ulti'maːtum] <-> *m* Ultimatum *n*

ultimazione [ultimat'tsioːne] *f* Beendigung *f*, Abschluss *m*

ultimissima [ulti'missima] *f* ❶ (*giornale*) neueste Ausgabe ❷ *pl* (*notizie*) letzte Nachrichten *fpl*

ultimo, -a ['ultimo] **I.** *agg* ❶ (*finale*) letzte(r, s); (*recente*) neueste(r, s); (*molto lontano*) fernste(r, s); (*origini*) erste(r, s); **l'**~

grido della moda der letzte (Mode)schrei; **all'~ momento** im letzten Moment ❷ *(fig: di minima importanza)* geringste(r, s), letzte(r, s); **lo studio è la sua -a preoccupazione** das Studium ist seine geringste Sorge ❸ *(decisivo)* letzte(r, s), entscheidend; **dire l'-a parola** das letzte Wort haben ❹ *(massimo)* höchste(r, s) **II.** *m, f* ❶ *(della serie)* Letzte(r, s) *mfn;* **l'~ del mese** der Letzte des Monats; **all'~** zuletzt, am Ende; **da ~** als letztes, zu guter Letzt; **fino all'~** bis zuletzt; **in ~** am Ende, zu guter Letzt; **rimanere in ~** *(fam)* hinten sein, Letzte(r, s) sein; **per ~** zuletzt, als Letzte(r, s); **gli -i saranno i primi** die Letzten werden die Ersten sein ❷ *(il peggiore)* Schlechteste(r, s) *mfn*

ultimogenito, -a [ultimo'dʒɛːnito] **I.** *agg* letztgeboren, jüngste(r, s) **II.** *m, f* Letztgeborene(r) *f(m),* Jüngste(r) *f(m)*

ultra¹ ['ultra] <- *o* -s> *mf* ❶ (POL) Ultra *mf* ❷ (SPORT) Hooligan *m*

ultra² <inv> *agg* ultra-, Ultra-

ultracentenario, -a [ultratʃente'naːrio] *agg* mehr als hundertjährig

ultracentrifuga [ultratʃen'triːfuga] *f* Ultrazentrifuge *f;* **ultracentrifugare** [ultratʃentrifu'gaːre] *vt* ultrazentrifugieren; **ultracentrifugazione** [ultratʃentrifugat'tsioːne] *f* Ultrazentrifugierung *f*

ultracompatto, -a [ultrakom'patto] *agg* ultradicht

ultracorto, -a [ultra'korto] *agg* Ultrakurz-; **onde -e** Ultrakurzwelle(n *pl*) *f*

ultradestra [ultra'dɛstra] *f* (POL) außerparlamentarische Rechte

ultrafiltrante [ultrafil'trante] *agg* (CHEM) ultrafiltrierend

ultraleggero [ultraled'dʒɛːro] *m* *(deltaplano a motore)* Flugdrachen *m* mit Motorantrieb

ultraleggero, -a *agg* *(estremamente leggero)* ultraleicht

ultramicrofotografia [ultramikrofotogra'fiːa] *f* Ultramikrofotografie *f*

ultramicroscopia [ultramikrosko'piːa] *f* (PHYS) Ultramikroskopie *f;* **ultramicroscopico, -a** [ultramikros'kɔːpiko] <-ci, -che> *agg* ultramikroskopisch; **ultramicroscopio** [ultramikros'kɔːpio] *m* Ultramikroskop *n*

ultramoderno, -a [ultramo'dɛrno] *agg* hypermodern, supermodern

ultramondano, -a [ultramon'daːno] *agg* jenseitig, ultramundan

ultramontano, -a [ultramon'taːno] **I.** *agg* *(oltremontano)* jenseits der Berge **II.** *m, f* *(seguace dell'ultramontanismo)* Ultramon-

tane(r) *f(m)*

ultraortodosso, -a [ultraorto'dɔsso] **I.** *agg* ultra-orthodox **II.** *m, f* Ultra-Orthodoxe(r) *f(m)*

ultrapastorizzazione [ultrapastoreddzat'tsioːne] *f* Ultrapasteurisierung *f*

ultrapiatto, -a [ultra'piatto] *agg* ultraflach; **schermo ~** ultraflacher Bildschirm

ultrapotente [ultrapo'tɛnte] *agg* (TEC) leistungsstark

ultrarapido, -a [ultra'raːpido] *agg* sehr schnell; (FILM, FOTO) hochempfindlich

ultraridotto, -a [ultrari'dotto] *agg* stark verkleinert; **formato ~** stark verkleinertes Format

ultrasensibile [ultrasen'siːbile] *agg* hochempfindlich; **termometro ~** hochempfindliches Thermometer

ultrasinistra [ultrasi'nistra] *f* (POL) außerparlamentarische Linke

ultrasonico, -a [ultra'sɔːniko] <-ci, -che> *agg* ❶ (PHYS) Ultraschall- ❷ *(supersonico)* Überschall-

ultrasonografia [ultrasonogra'fiːa] <-ie> *f* (MED) Ultraschalldiagnostik *f;* **ultrasonoro, -a** [ultraso'nɔːro] *agg* Ultraschall-; **onde -e** Ultraschallwellen *fpl*

ultrasottile [ultrasot'tiːle] *agg* ultradünn; **assorbente ~** ultradünne Monatsbinde

ultrastrutturale [ultrastruttu'raːle] *agg* die ultramikroskopischen Strukturen betreffend; **ultrastrutturistica** [ultrastrutturu'ristika] <-che> *f* Lehre *f* von den ultramikroskopischen Strukturen

ultrasuono [ultra'suɔːno] *m* Ultraschall *m*

ultraterreno, -a [ultrater're:no] *agg* überirdisch

ultrattività [ultrattivi'ta] <-> *f* Nachwirkung *f* (eines alten Gesetzes)

ultravioletto, -a [ultravio'letto] *agg* ultraviolett

ululare [ulu'laːre] *vi* heulen; **ululato, ululo** [ulu'laːto, 'uːlulo] *m* Geheul *n;* (a fig) Heulen *n*

umanamente [umana'mente] *avv* ❶ *(dell'uomo)* menschlich; **è ~ impossibile** das ist menschenunmöglich ❷ *(fig: con umanità)* menschenwürdig, human

umanesimo [uma'neːzimo] *m* Humanismus *m;* **umanista** [uma'nista] <-i *m,* -e *f>* *mf* Humanist(in) *m(f);* **umanistico, -a** [uma'nistiko] <-ci, -che> *agg* ❶ (HIST) humanistisch ❷ (SCIENT) geisteswissenschaftlich

umanità [umani'ta] <-> *f* ❶ *(natura umana)* menschliche Natur, Menschsein *n* ❷ *(sentimento)* Menschlichkeit *f,* Humanität *f* ❸ *(genere umano)* Menschheit *f,*

Menschengeschlecht *n poet;* **umanitario, -a** [umani'ta:rio] <-i, -ie> *agg* menschenfreundlich, humanitär; **aiuti -i** Hilfsgüter *npl*

umanizzare [umanid'dza:re] *vt* ❶(*rendere più umano*) humanisieren, menschlicher machen ❷(*rendere più civile*) zivilisieren; **umanizzazione** [umaniddzat'tsio:ne] *f* Vermenschlichung *f,* Humanisierung *f*

umano [u'ma:no] *m* Menschliche(s) *n,* Humane(s) *n*

umano, -a *agg* ❶(*dell'uomo*) menschlich, Menschen- ❷(*fig*) human, menschlich

umanoide [uma'noide] *agg* humanoid

umazione [umat'tsio:ne] *f* (*poet*) Bestattung *f,* Beisetzung *f*

Umbria ['umbria] *f* Umbrien *n*

umbro ['umbro] <*sing*> *m* (*dialetto*) Umbrisch(e) *n*

umbro, -a I. *agg* umbrisch; **scuola -a** umbrische Malerschule II. *m, f* Umbrer(in) *m(f);* **gli Umbri** *alte Bevölkerung Mittelitaliens*

UME *f abbr di* **Unione Monetaria Europea** EWU *f* (*Europäische Währungsunion*)

umettare [umet'ta:re] *vt* befeuchten

umidiccio, -a [umi'dittʃo] <-cci, -cce> *agg* (ein wenig) feucht, eher feucht als trocken

umidificare [umidifi'ka:re] *vt* feucht machen; (*aria*) befeuchten, mit Feuchtigkeit anreichern; **umidificatore** [umidifika'to:re] *m* (Luft)befeuchter *m;* **umidità** [umidi'ta] <-> *f* Feuchtigkeit *f;* (*bagnato*) Nässe *f*

umido ['u:mido] *m* ❶(*umidità*) Feuchtigkeit *f* ❷(*GASTR*) Geschmorte(s) *n;* **cuocere in ~** schmoren; **coniglio in ~** geschmortes Kaninchen

umido, -a *agg* feucht; (*bagnato*) nass

umificazione [umifikat'tsio:ne] *f* Humusbildung *f*

umile ['u:mile] *agg* ❶(*mite*) sanftmütig; (*modesto*) bescheiden ❷(*sottomesso*) ehrerbietig, demütig ❸(*di modesto grado sociale*) niedrig, ärmlich ❹(*dimesso*) bescheiden, einfach

umiliare [umi'lia:re] I. *vt* ❶(*avvilire*) demütigen, erniedrigen ❷(*reprimere*) dämpfen, unterdrücken II. *vr* **-rsi** ❶(*avvilirsi*) sich demütigen, sich erniedrigen ❷(*fare atto di sottomissione*) sich auf die Knie werfen; (*fig*) sich beugen; **umiliatore, -trice** [umilia'to:re] I. *agg* demütigend, erniedrigend II. *m, f* Demütiger(in) *m(f);* **umiliazione** [umiliat'tsio:ne] *f* Demütigung *f,*

Erniedrigung *f*

umiltà [umil'ta] <-> *f* ❶(*modestia*) Demut *f,* Bescheidenheit *f* ❷(*deferenza*) Ergebenheit *f* ❸(*modesta condizione sociale*) Ärmlichkeit *f*

umore [u'mo:re] *m* ❶(BIOL) Körperflüssigkeit *f;* (BOT) (Pflanzen)saft *m* ❷(*indole*) Charakter *m,* Art *f* ❸(*disposizione d'animo*) Laune *f,* (Gemüts)stimmung *f;* **essere di buon ~** guter Laune sein; **essere di ~ nero** schlechter Laune sein

umoresca [umo'reska] <-sche> *f* Humoreske *f*

umorismo [umo'rizmo] *m* Humor *m;* **non avere il senso dell'~** keinen (Sinn für) Humor haben; **umorista** [umo'rista] <-i *m,* -e *f*> I. *agg* humoristisch II. *mf* Humorist(in) *m(f);* **umoristico, -a** [umo'ristiko] <-ci, -che> *agg* humoristisch

umorosità [umorosi'ta] <-> *f* Feuchte *f*

un' [un] *art indet f davanti a vocale* ein *m,* eine *f,* ein *n; v.* **un, una**

un, una [un, 'u:na] *art indet m, f* ein *m,* eine *f,* ein *n*

una¹ ['u:na] *art indet v.* **un, uno**

una² *f* ❶(*di tempo*) eins, ein Uhr; **è l'~** es ist eins ❷(*in frasi enclitiche*) etwas; **ve ne racconto ~** ich kann euch was erzählen; **non me ne va bene ~** mir gelingt auch gar nichts

unanime [u'na:nime] *agg* einstimmig, einhellig; **unanimismo** [unani'mizmo] *m* (LIT) Unanimismus *m;* **unanimistico, -a** [unani'mistiko] <-ci, -che> *agg* einstimmig, einhellig, einmütig; **unanimità** [unanimi'ta] <-> *f* Einmütigkeit *f,* Einstimmigkeit *f;* **all'~** einstimmig

una tantum ['u:na 'tantum] I.<inv> *agg* einmalig II.<-> *f* einmalige Sonderzahlung; (*imposta*) einmalige Sondersteuer

uncinare [untʃi'na:re] *vt* mit einem Haken fassen; **uncinato, -a** [untʃi'na:to] *agg* hakenförmig; (*con uncini*) mit Haken versehen; **croce -a** Hakenkreuz *n*

uncinetto [untʃi'netto] *m* Häkelnadel *f*

uncino [un'tʃi:no] *m* Haken *m*

undecimo, -a [un'dɛ:tʃimo] *agg* (*poet*) elfte(r, s)

underground ['ʌndə'graund] *o* ander'graund] I.<inv> *agg* Undergroundll.<-> *m* Underground *m*

understatement ['ʌndə'steitmənt] *o* ander'steitment] <-> *m* (bewusste) Untertreibung *f,* Understatement *n*

underwear ['ʌndə'wɛə] <-> *m* Unterwäsche *f*

undicenne [undi'tʃɛnne] I. *agg* elfjährig II. *mf* Elfjährige(r) *f(m)*

undicesimo [undi'tʃɛːzimo] *m* (*frazione*)
Elftel *n;* **undicesimo, -a** **I.** *agg* elfte(r, s)
II. *m, f* Elfte(r, s) *mfn; v. a.* **quinto;** **undici**
['unditʃi] **I.** *num* elf **II.**<-> *m* ❶ (*numero*)
Elf *f* ❷ (*nelle date*) Elfte(r) *m* ❸ (SPORT)
Elf *f,* (Fußball)mannschaft *f* **III.** *fpl* elf
Uhr; *v. a.* **cinque**
UNESCO [u'nɛsko] *m* UNESCO *f*
ungere ['undʒere] <ungo, unsi, unto>
I. *vt* ❶ (*con grasso*) einfetten; (TEC)
schmieren, ölen; (*con creme*) eincremen,
einreiben; (*con pomate*) einsalben
❷ (*sporcare*) fettig machen ❸ (REL) salben
❹ (*fig fam*) ~ **qu** (*corrompere*) jdn schmieren; (*adulare*) jdm schmeicheln **II.** *vr* **-rsi**
❶ (*mettersi dell'unto*) sich einfetten, sich
einölen ❷ (*sporcarsi d'unto*) sich fettig machen, sich mit Fett beschmieren
ungherese [uŋge're:se] **I.** *agg* ungarisch **II.** *mf* Ungar(in) *m(f);* **Ungheria**
[uŋge'ri:a] *f* Ungarn *n*
unghia ['uŋgia] <-ghie> *f* ❶ (ANAT) Nagel *m* ❷ (ZOO: *di uccello, gatto*) Kralle *f,*
Klaue *f;* (*di cavallo*) Huf *m;* **metter** [*o* **tirar**]
fuori le -ghie (*fig*) die Krallen zeigen
❸ (*di attrezzi*) abgeschrägte Spitze, Kerbe *f*
❹ (*fig: minima grandezza, distanza*) Fingerbreit *m;* **unghiata** [uŋ'gia:ta] *f* Kratzer *m,* Kratzwunde *f;* **unghiolo**
[uŋ'giɔːlo] *m* Kralle *f*
ungueale [uŋgue'aːle] *agg* Nagel-
unguento [uŋ'guɛnto] *m* Creme *f;* (MED)
Salbe *f*
unica ['uːnika] *f* **l'unica** die einzige Lösung
unicamerale [unikame'raːle] *agg* Einkam-
mer-; **unicameralismo** [unikamera'liz-
mo] *m* (POL) Einkammersystem *n*
UNICEF ['uːnitʃef] *m* UNICEF *f*
unicellulare [unitʃellu'laːre] **I.** *agg* einzellig **II.** *m* Einzeller *m*
unicità [unitʃi'ta] <-> *f* Einmaligkeit *f*
unico, -a ['uːniko] <-ci, -che> **I.** *agg* ❶ (*il
solo esistente*) einzig; (*che avviene una
volta sola*) einmalig; **figlio** ~ Einzelkind *n;*
numero ~ (*di giornale, rivista*) Sondernummer *f* ❷ (*ineguagliabile*) einzigartig,
einmalig; ~ **nel suo genere** einzigartig
II. *m, f* Einzige(r, s) *mfn;* **unicum** ['uːni-
kum] <unica> *m* Unikat *n,* Unikum *n*
unidimensionale [unidimensio'naːle]
agg eindimensional
unidirezionale [unidirettsio'naːle] *agg*
(EL, TEL) (nur) in einer Richtung verlaufend;
corrente (**elettrica**) ~ Gleichstrom *m;*
unidirezionalità [unidirettsionali'ta]
<-> *f* einseitige Gerichtetheit
unidose [uni'dɔːze] <inv> *agg* Ein-Dosis-;
confezione ~ Ein-Dosis-Verpackung *f*

unifamiliare [unifami'liaːre] *agg* Einfamili-
en-
unificare [unifi'kaːre] *vt* ❶ (*ridurre a unità*) (ver)einigen ❷ (*ridurre a tipo unico*)
vereinheitlichen; (*standardizzare*) normieren, normen; **unificatore, -trice** [unifi-
ka'toːre] **I.** *agg* (ver)einigend **II.** *m, f* Eini-
ger(in) *m(f);* **unificazione** [unifi-
kat'tsioːne] *f* ❶ (*atto dell'unificare*)
(Ver)einigung *f* ❷ (*standardizzazione*) Vereinheitlichung *f,* Normierung *f*
uniformare [unifor'maːre] **I.** *vt* ❶ (*unificare*) gleichmachen, gleichförmig gestalten
❷ (*adeguare*) ~ **qc a qc** etw an etw *acc* anpassen **II.** *vr* **-rsi a qc** sich an etw *acc* anpassen, sich nach etw richten
uniforme [uni'forme] **I.** *agg* ❶ (*uguale*)
gleichförmig, gleichmäßig; (*piano*) eben
❷ (*fig: monotono*) einförmig, eintönig **II.** *f*
Uniform *f*
uniformità [uniformi'ta] <-> *f* ❶ (*l'essere
uniforme*) Gleichförmigkeit *f,* Gleichmäßigkeit *f* ❷ (*accordo*) Einstimmigkeit *f,*
Übereinstimmung *f*
unigenito [uni'dʒɛːnito] <inv> *agg* (*Cristo*) eingeboren
unilaterale [unilate'raːle] *agg* ❶ (JUR, POL)
einseitig, unilateral ❷ (*fig, pej*) einseitig,
parteiisch
unimandatario, -a [unimanda'taːrio]
<-i, -ie> **I.** *m, f* Alleinvertreter(in) *m(f)*
II. *agg* Alleinvertreter-
uninominale [uninomi'naːle] *agg* Ein-
mann-; **votazioni con sistema** ~ Wahlen
fpl nach dem Mehrheitswahlsystem
unione [u'nioːne] *f* ❶ (*connessione*) Verbindung *f,* Vereinigung *f* ❷ (*fig: concordia*)
Eintracht *f,* Einigkeit *f;* **l'~ fa la forza**
(*prov*) Einigkeit macht stark ❸ (POL)
Bund *m,* Vereinigung *f;* **Unione delle Repubbliche Socialiste Sovietiche** Union *f* der Sozialistischen Sowjetrepubliken;
Unione europea Europäische Union;
Unione monetaria Währungsunion *f;*
**Unione economica e monetaria euro-
pea** Europäische Wirtschafts- und Währungsunion
unipolare [unipo'laːre] *agg* einpolig
unire [u'niːre] <unisco> **I.** *vt* ❶ (*congiungere, collegare*) verbinden, zusammenfü-
gen ❷ (*accostare*) zusammenstellen, ·le-
gen ❸ (*allegare*) beilegen, beifügen ❹ (*persone*) verein(ig)en, verbinden **II.** *vr* **-rsi**
❶ (*legarsi*) sich verbinden; **-rsi in matrimonio** eine Ehe eingehen ❷ (*associarsi*)
sich zusammenschließen, sich verbünden
❸ (*accompagnarsi*) **-rsi a qu** sich jdm anschließen

unisessualità [unisessuali'ta] <-> f (BIOL) Eingeschlechtlichkeit f

unisex ['u:niseks o uni'sɛks] <inv> agg Unisex-, nicht geschlechtsspezifisch

unisono [u'ni:sono] agg ❶ (MUS) unison(o) ❷ (fig) übereinstimmend ❸ (loc) all'~ (MUS) unisono, im Einklang; (fig) übereinstimmend, im Einklang

unità [uni'ta] <-> f ❶ (gener) Einheit f; ~ **monetaria** Währungseinheit f; **grande ~** (MIL) Truppenverband m ❷ (di misura) Maßeinheit f, Maß n; ~ **di misura di peso/tempo** Gewichts-/Zeiteinheit f ❸ (INFORM) Laufwerk n; ~ **centrale** Zentraleinheit f ❹ (concordia) Übereinstimmung f

unitaria f v. unitario

unitarietà [unitarie'ta] <-> f Einheitlichkeit f

unitario, -a [uni'ta:rio] <-i, -ie> I. agg einheitlich, Einheits-; **prezzo ~** Einheitspreis m; (per singolo pezzo) Stückpreis m II. m, f ❶ (POL) Unionist(in) m(f) ❷ (REL) Unitarier(in) m(f); **unitarismo** [unita'rizmo] m Unitarismus m

unitizzazione [unitiddzat'tsio:ne] f Vereinheitlichung f

unito, -a [u'ni:to] agg ❶ (congiunto, collegato) zusammengefügt, verbunden; **una famiglia molto -a** eine Familie mit großem Zusammenhalt ❷ (a fig) verein(ig)t; (allegato) beigefügt, beigelegt; (POL) geeint, vereint fig; **Stati Uniti d'America** Vereinigte Staaten mpl von Amerika ❸ (concorde) einig, einträchtig ❹ (uniforme) einheitlich, gleichförmig; **in tinta -a** einfarbig

universale [univer'sa:le] I. agg ❶ (dell'universo) Welt-; **diluvio ~** Sintflut f; **storia ~** Weltgeschichte f ❷ (totale) Universal-, gesamte(r, s); **erede ~** Universalerbe m ❸ (generale) allgemein; **concetto ~** allgemeingültiger Begriff; **suffragio ~** allgemeines Wahlrecht ❹ (TEC) Universal-, universell II. m ❶ (generale) Allgemeine(s) n ❷ pl Allgemeinbegriffe mpl; **universalismo** [universa'lizmo] m Universalismus m

universalità [universali'ta] <-> f Gesamtheit f, Allgemeinheit f

università [universi'ta] <-> f Universität f, Hochschule f; ~ **popolare** Volkshochschule f; **universitario, -a** [universi'ta:rio] <-i, -ie> agg Universitäts-, Hochschul-

universo [uni'vɛrso] m ❶ (ASTR) Universum n, Weltall n ❷ (fig) Welt f

univocità [univotʃi'ta] <-> f Eindeutigkeit f; **univoco, -a** [u'ni:voko] <-ci, -che> agg eindeutig

uno ['u:no] I. num eins II. <-> m ❶ (numero) Eins f ❷ (voto scolastico) ≈ mangelhaft, ungenügend; v. a. **cinque**

uno, una I. art indet m davanti a s impura, gn, pn, ps, x, z; f davanti a consonante ein m, eine f, ein n II. pron einer m, eine f, ein(e)s n; (persona) jemand; (impersonale) einer, man; (con negazione) keiner m, keine f, kein(e)s n; **a ~ a ~** einzeln; ~ **e mezzo** eineinhalb, anderthalb; **non ~** keiner; ~ **solo** einer allein, ein Einziger; ~ **per volta** jeweils einer, einer nach dem anderen; **si aiutano l'un l'altro** sie helfen einander

unsi ['unsi] 1. pers sing pass rem di **ungere**

unticcio, -a [un'tittʃo] <-cci, -cce> I. agg ein wenig fettig, schmierig II. m fettige [o schmierige] Substanz f

unto ['unto] m Fett n

unto, -a I. pp di **ungere** II. agg fettig, schmierig; **untume** [un'tu:me] m Fett n, fettiger Schmutz m; **untuosità** [untuosi'ta] <-> f ❶ (qualità) Fettigkeit f; (materia) Fett n ❷ (fig, pej) Schmierigkeit f, Schleimigkeit f; **untuoso, -a** [untu'o:so] agg ❶ (unto) fettig, schmierig ❷ (fig, pej) schmierig, schleimig

unzione [un'tsio:ne] f ❶ (con unguenti, pomate) Einreiben n, Eincremen n ❷ (REL) Salbung f, Ölung f ❸ (fig, pej) Scheinheiligkeit f

unzippare [ʌndzip'pa:re] vt (INFORM) entzippen

uomo ['uɔ:mo] <uomini> m ❶ (essere umano) Mensch m ❷ (di sesso maschile) Mann m; ~ **d'affari** Geschäftsmann m; ~ **di mondo** Weltmann m; ~ **d'onore** Ehrenmann m; l'~ **della strada** der Mann auf [o von] der Straße; **abito da ~** Herrenanzug m; **per soli uomini** nur für Herren

uopo ['uɔ:po] m (poet) Bedarf m, Notwendigkeit f; **essere d'~** zweckdienlich sein; (necessario) notwendig sein; **all'~** bei Bedarf, wenn nötig

uosa ['uɔ:za] f Gamasche f

uovo ['uɔ:vo] <pl: -a f> m Ei n; **bianco d'~** Eiweiß n; **rosso d'~** Eigelb n; **pasta all'~** Eiernudeln fpl; ~ **à la coque** weich gekochtes Ei; ~ **all'occhio di bue** Spiegelei n; ~ **al tegame** Setzei n; ~ **sodo** hart gekochtes Ei; **-a affogate** verlorene Eier npl; **-a strapazzate** Rührei n; ~ **da tè** Teeei n; **testa d'~** (fig: intellettuale) Eierkopf m; **essere pieno come un ~** voll bis zum Rand sein; **è meglio l'~ oggi che la gallina domani** (prov) besser ein Spatz in der Hand als eine Taube auf dem Dach

uperizzare [uperid'dza:re] vt uperisieren; **uperizzatore** [uperiddza'to:re] agg

Uperisations-; **uperizzazione** [uperiddzat'tsio:ne] *f* Uperisation *f,* Ultrapasteurisation *f*

upgradabile [upgra'da:bile] *agg* (INFORM) ausbaufähig, erweiterbar; **upgradare** [upgra'da:re] *vt* (INFORM) ausbauen, erweitern; **upgrade** ['ʌpgreid] *m* (INFORM) Programmerweiterung *f*

UPIM® ['upim] <-> *f acro di* **Unico Prezzo Italiano di Milano** *italienische Kaufhauskette*

uploadare [ʌplou'da:re] *vt* (INFORM) hochladen, uploaden

uppercut ['ʌpəkʌt] <-> *m* Aufwärtshaken *m,* Uppercut *m*

up-to-date ['ʌp tə 'deit] <inv> *agg* up to date

upupa ['u:pupa] *f* Wiedehopf *m*

upwelling ['ʌpweliŋ] <-> *m* Hervorquellen *n*

uragano [ura'ga:no] *m* ❶ (*ciclone*) Hurrikan *m;* (*tempesta*) (Wirbel)sturm *m* ❷ (*fig*) Sturm *m*

Urali [u'ra:li] *mpl* Ural *m*

urango [u'raŋgo] <-ghi> *m* Orang-Utan *m*

uranifero, -a [ura'ni:fero] *agg* uranhaltig; **uraninite** [urani'ni:te] *f* Uranpecherz *n,* Pechblende *f*

uranio [u'ra:nio] *m* Uran *n*

urbanesimo [urba'ne:zimo] *m* Verstädterung *f;* **urbanista** [urba'nista] <-i *m,* -e *f*> *mf* Städteplaner(in) *m(f),* Städtebauer(in) *m(f);* **urbanistica** [urba'nistika] <-che> *f* Städtebau *m,* Städteplanung *f;* **urbanistico, -a** [urba'nistiko] <-ci, -che> *agg* städtebaulich, Städtebau-

urbanità [urbani'ta] <-> *f* Kultiviertheit *f;* (*cortesia*) Höflichkeit *f*

urbanizzare [urbanid'dza:re] *vt* städtebaulich erschließen, urbanisieren; **urbanizzazione** [urbaniddzat'tsio:ne] *f* Verstädterung *f,* Urbanisierung *f*

urbano, -a [ur'ba:no] *agg* ❶ (*della città*) städtisch, Stadt-; **nettezza ~** (*städtische*) Müllabfuhr und Straßenreinigung; **rete -a** städtisches Telefonnetz; **vigile ~** (Stadt)polizist *m* ❷ (*fig*) kultiviert, gebildet; (*cortese*) höflich

urbe ['urbe] *f* (*poet*) Stadt *f;* **l'Urbe** die Ewige Stadt

urea [u'rɛ:a *o* 'u:rea] *f* Harnstoff *m;* **uremia** [ure'mi:a] <-ie> *f* Harnvergiftung *f,* Urämie *f;* **uretere** [ure'tɛ:re] *m* Harnleiter *m;* **uretra** [u're:tra] *f* Harnröhre *f*

urgente [ur'dʒɛnte] *agg* dringend, dringlich; (*lettera, pacco*) Eil-; **urgenza** [ur'dʒɛntsa] *f* Dringlichkeit *f,* dringende Notwendigkeit *f;* (*rapidità*) Eile *f;* **ricovera-**

re qu d'~ jdn als Notfall einliefern; **in caso d'~** im Notfall; **non c'è ~** es ist nicht dringend, es hat keine Eile

urgere ['urdʒere] <urgo *mancano il pass rem, il pp ed i tempi composti*> I. *vt* drängen, bedrängen II. *vi* dringend (nötig) sein, drängen; **urgono riforme** Reformen sind dringend nötig

Uri ['u:ri] *m* Uri *n*

urico, -a ['u:riko] <-ci, -che> *agg* Harn-; **acido ~** Harnsäure *f*

urina [u'ri:na] *f v.* **orina**

urinare [uri'na:re] *v.* **orinare**

urlare [ur'la:re] I. *vi* ❶ (*lupi*) heulen; (*cani*) jaulen; (*leoni*) brüllen ❷ (*sirena, vento*) heulen ❸ (*uomo*) schreien, brüllen; (*di dolore*) aufschreien II. *vt* ❶ (*dire a voce alta*) (heraus)schreien, brüllen ❷ (*cantare a voce alta*) lauthals singen; **urlato, -a** *agg* schreiend, heulend, brüllend; **giornalismo ~** Sensationsjournalismus *m;* **urlatore, -trice** [urla'to:re] I. *agg* Brüll- II. *m, f* Schreier(in) *m(f),* Schreihals *m;* **urlio** [ur'li:o] <-ii> *m* Geschrei *n,* Gebrüll *n*

urlo[1] ['urlo] <*pl:* -a *f*> *m* ❶ (*grido umano*) Schrei *m,* Geschrei *n* ❷ (*fig: di vento, sirene*) Heulen *n;* (*fragore*) Toben *n,* Getöse *n*

urlo[2] *m* ❶ (*di animale*) Schrei *m;* (*di lupi*) Heulen *n;* (*di cani*) Jaulen *n;* (*di leone*) Brüllen *n*

urna ['urna] *f* Urne *f;* **~ cineraria** (Aschen)urne *f;* **~ elettorale** Wahlurne *f;* **responso delle -e** Wahlergebnis *n;* **andare alle -e** wählen (gehen)

uro ['u:ro] *m* Ur *m,* Auerochse *m*

urogallo [uro'gallo] *m* Auerhahn *m*

urogenitale [urodʒeni'ta:le] *agg* urogenital

urologa *f v.* **urologo**

urologia [urolo'dʒi:a] <-gie> *f* Urologie *f;* **urologo, -a** [u'rɔ:logo] <-gi, -ghe> *m, f* Urologe *m,* -login *f*

uropigio [uro'pi:dʒo] <-gi> *m* Fettdrüse *f*

urrà [ur'ra] I. *int* hurra; **hip hip hip ~!** hipp, hipp, hurra! II. *m* Hurra *n,* Hurraruf *m*

URSS [urs] *f abbr di* **Unione delle Repubbliche Socialiste Sovietiche** (HIST) UdSSR *f*

urtante [ur'tante] *agg* anstößig

urtare [ur'ta:re] I. *vt* ❶ (*investire*) (an)stoßen; (*veicoli*) anfahren, streifen ❷ (*fig*) ärgern, reizen; **il chiasso mi urta i nervi** der Lärm geht mir auf die Nerven II. *vi* ❶ (*sbattere contro*) **~ contro qc** gegen etw prallen; **~ in qc** auf etw *acc* stoßen ❷ (*fig: incappare*) **~ contro** [*o* **in**] **qc** auf etw *acc* stoßen III. *vr* **-rsi** ❶ (*scontrarsi*) aufeinander stoßen; (*veicoli*) zusammenstoßen ❷ (*fig: irritarsi*) sich ärgern, sich aufregen

urtica [ur'tiːka] *v.* **ortica**

urto ['urto] *m* ❶ (*colpo, spinta*) Stoß *m*, Schlag *m;* **resistente agli -i** stoßfest ❷ (*scontro, collisione*) Zusammenstoß *m*, Aufprall *m* ❸ (MIL: *scontro, cozzo*) Zusammenstoß *m*, Gefecht *n* ❹ (*fig*) Gegensatz *m*, Widerspruch *m*, Aufeinanderprallen *n*

u.s. *abbr di* **ultimo scorso** vergangenen Monats

U.S.A. ['uːza] *mpl* USA *mpl*

usabile [u'zaːbile] *agg* benutzbar, verwendbar

usa e getta ['uza e 'dʒetta] <inv> *agg* Einweg-, Einmal-; **lenti a contatto ~** Wegwerflinsen *fpl;* **siringhe ~** Einwegspritzen *fpl*

usanza [u'zantsa] *f* ❶ (*consuetudine*) Brauch *m*, Sitte *f* ❷ (*maniera, costume*) Brauch *m*, Art *f;* (*abitudine*) Gewohnheit *f;* (*moda*) Mode *f*

usare [u'zaːre] **I.** *vt avere* ❶ (*adoperare*) verwenden, gebrauchen; (*vestiti*) tragen; **~ un diritto** von einem Recht Gebrauch machen ❷ (*agire con*) üben, walten lassen; **~ attenzione** Acht geben; **~ l'inganno** listig handeln ❸ (*esercitare*) ausüben, anwenden **II.** *vi* ❶ *avere* (*usufruire*) **~ di qc** von etw Gebrauch machen ❷ *avere* (*avere l'abitudine*) **~ fare qc** etw zu tun pflegen *geh* ❸ *avere* (*essere di moda*) in Mode sein, modern sein ❹ *essere* (*impersonale*) Brauch sein, üblich sein; **in questo paese usa così** in diesem Land ist das so Brauch

usato [u'zaːto] *m* ❶ (*modo solito, consueto*) Gewohnte(s) *n* ❷ (*non più nuovo*) Gebrauchte(s) *n;* **mercato dell'~** Gebrauchtwarenmarkt *m;* **negozio dell'~** Secondhandladen *m;* **usato, -a** *agg* ❶ (*non nuovo*) gebraucht, benutzt; (COM) aus zweiter Hand; (*vestiti*) getragen; **automobili -e** Gebrauchtwagen *mpl* ❷ (*solito*) gewohnt

uscente [uʃʃɛnte] *agg* auslaufend, zu Ende gehend; (ADM: *persona*) aus dem Amt scheidend

usciere, -a [uʃʃɛːre] *m, f* Amtsdiener(in) *m(f)*, Amtsgehilfe *m*, -gehilfin *f*

uscii [uʃʃiːi] *I. pers sing pass rem di* **uscire**

uscio ['uʃʃo] <usci> *m* Tür *f*, Tor *n*

uscire [uʃʃiːre] <esco, uscii, uscito> *vi essere* ❶ (*andare fuori*) hinausgehen; (*venire fuori*) herauskommen; (*con veicolo*) hinaus-, herausfahren; (*dal letto*) aufstehen; (*dal veicolo*) aussteigen; **~ per la** [o o dalla] **porta centrale** durch den Haupteingang hinausgehen ❷ (*lasciare un luogo*) ausgehen; (*con veicolo*) ausfahren; (NAUT) auslaufen ❸ (*oggetti, sostanze*) heraustreten, herauskommen; (*liquidi*) auslaufen; (*gas*) ausströmen ❹ (*essere pubblicato*) erscheinen, herauskommen ❺ (*fig: esclamare, sbottare*) **~ a dire qc** mit etw herausplatzen; **uscirsene con una simpatica battuta** eine nette, witzige Bemerkung machen ❻ (*essere sorteggiato*) gezogen werden, drankommen *fam* ❼ (*fig: cessare di essere in una condizione, situazione*) herauskommen, entkommen; (*dal carcere, dall'ospedale*) entlassen werden; (*da un partito*) austreten; **~ indenne dall'incidente** bei einem Unfall heil davonkommen ❽ (LING) **~ in** enden auf +*dat*, auslauten in +*acc* ❾ (*fig: avere origine*) (ab)stammen ❿ (INFORM) beenden; (**comando**) **esci** (*computer*) Beenden *n* ⓫ (*loc*) **~ di mano** entgleiten; **~ di mente** entfallen; **~ di strada** vom Wege abkommen; **~ dagli occhi** (*fig*) zu den Ohren herauskommen; **~ dai gangheri** (*fig*) die Fassung verlieren; **~ di bocca** entschlüpfen

uscita [uʃʃiːta] *f* ❶ (*movimento*) Hinausgehen *n;* (*avvicinamento*) Herauskommen *n;* (*di veicoli*) Heraus-, Hinausfahren *n;* (*da veicolo*) Aussteigen *n;* (NAUT) Auslaufen *n;* (THEAT) Abgang *m* ❷ (*di liquidi*) Auslaufen *n;* (*di gas*) Ausströmen *n* ❸ (*apertura*) Ausgang *m;* (*fig: via di scampo*) Ausweg *m;* **strada senza ~** Sackgasse *f;* **~ di sicurezza** Notausgang *m;* **senza via d'~** (*fig*) aussichtslos ❹ (*di pubblicazioni*) Erscheinen *n* ❺ (LING: *terminazione*) Endung *f*, Auslaut *m* ❻ (*battuta, sbotto*) witzige Bemerkung *f* ❼ (FIN: *spesa, passivo*) Ausgabe *f* ❽ (COM: *esportazione*) Ausfuhr *f* ❾ (*periodo di libertà*) Ausgang *m* ❿ (INFORM) Ausgabe *f*

uscito [uʃʃiːto] *pp di* **uscire**

usignolo [uziɲ'nɔːlo] *m* Nachtigall *f*

usitato, -a [uzi'taːto] *agg* (*poet*) üblich, gebräuchlich

uso ['uːzo] *m* ❶ (*l'adoperare*) Gebrauch *m*, Benutzung *f;* (*della lingua*) Gebrauch *m;* **lingua d'~** Alltagssprache *f;* **istruzioni per l'~** Gebrauchsanweisung *f;* **fuori ~** außer Gebrauch ❷ (*destinazione*) Gebrauch *m*, Verwendung(szweck *m*) *f;* **ad ~ di qu** zu jds Gebrauch ❸ (*impiego*) Anwendung *f*, Benutzung *f;* (*uso*) Nutzung *f;* **foto ~ tessera** Foto *n* im Passformat; **per ~ esterno** (MED) zur äußeren Anwendung; **per più -i** Mehrzweck-;

con ~ di cucina mit Küchenbenutzung ④ (JUR) Nießbrauch *m*, Nutznießung *f* ⑤ (*esercizio*) (ständiger) Gebrauch *m*, Praxis *f*, Übung *f* ⑥ (*consuetudine, usanza*) Gepflogenheit *f*, Sitte *f*, Brauch *m*; **-i e costumi** Sitten *fpl* und Gebräuche *mpl* ⑦ (*moda*) Mode *f*

ussaro, ussero ['ussaro, 'ussero] *m* Husar *m*

USSL *f abbr di* **Unità Socio-Sanitaria Locale** örtliches Gesundheitsamt

usta ['usta] *f* Witterung *f*, Spur *f*

ustionare [ustio'na:re] I. *vt* verbrennen II. *vr* **-rsi** sich verbrennen; **ustione** [us'tio:ne] *f* Verbrennung *f*; **ustorio, -a** [us'tɔ:rio] <-i, -ie> *agg* Brenn-

usuale [uzu'a:le] *agg* ① (*consueto*) üblich, gebräuchlich ② (*ordinario, scadente*) gewöhnlich, alltäglich

usufruire [uzufru'i:re] <usufruisco> *vi* ① (JUR) nutznießen, nießnutzen ② (*giovarsi di*) **~ di qc** sich *dat* etw zunutze [*o* zu Nutze] machen; **usufrutto** [uzu'frutto] *m* Nutznießung *f*, Nießbrauch *m*; **usufruttuario, -a** [uzufruttu'a:rio] <-i, -ie> I. *agg* nutznießend II. *m, f* Nutznießer(in) *m(f)*, Nießbraucher(in) *m(f)*

usura [u'zu:ra] *f* ① (*strozzinaggio*) Wucher *m*; **a ~** zu Wucherzinsen ② (TEC) Abnutzung *f*, Verschleiß *m*

usurabilità [uzurabili'ta] <-> *f* Abnutzungsgrad *m*, Verschleißgrad *m*; **usuraio, -a** [uzu'ra:io] <-ai, -aie> *m, f* ① (*strozzino*) Wucherer *m*, Wucherin *f* ② (*avido e avaro*) Geizhals *m*

usurare [uzu'ra:re] I. *vt* abnutzen, verschleißen II. *vi* abgenutzt werden

usurario, -a [uzu'ra:rio] <-i, -ie> *agg* Wucher-

usurpare [uzur'pa:re] *vt* (*prendere*) an sich reißen; (*titolo*) sich *dat* unrechtmäßig zulegen; **usurpatore, -trice** [uzurpa'to:re] I. *agg* usurpatorisch II. *m, f* Usurpator(in) *m(f)*; **usurpazione** [uzurpat'tsio:ne] *f* widerrechtliche Aneignung, Usurpation *f*

utensile [uten'si:le] I. *agg* Werkzeug- II. *m* Werkzeug *n*; **~ da cucina** Küchengeräte *npl*; **utensileria** [utensile'ri:a] <-ie> *f* ① (*complesso di utensili*) Geräte *npl*, Werkzeug *n* ② (*reparto di officina*) Werkzeugschlosserei *f*

utente [u'tɛnte] *mf* Benutzer(in) *m(f)*, Verbraucher(in) *m(f)*; (*di vocabolario*) Benutzer(in) *m(f)*; **~ del telefono/della TV/della strada** Fernsprech-/Fernseh-/Verkehrsteilnehmer(in) *m(f)*; **~ finale** Endverbraucher *m*; **utenza** [u'tɛntsa] *f* ① (*frui-*

zione) Benutzung *f*; (*del gas*) Abnahme *f*; (RADIO, TV, TEL) Teilnahme *f* ② (*utenti*) Benutzerkreis *m*, Verbraucher *mpl*; (RADIO, TV, TEL) Teilnehmer *mpl*; (INFORM) Anwender *mpl*

uterino, -a [ute'ri:no] *agg* Gebärmutter-, Uterus-; **fratelli -i** (Halb)geschwister *pl* mütterlicherseits; **utero** ['u:tero] *m* Gebärmutter *f*, Uterus *m*

utile ['u:tile] I. *agg* ① (*che serve al bisogno*) nützlich; **rendersi ~** sich nützlich machen ② (*utilizzabile*) (be-)nutzbar, brauchbar; (*stanza*) bewohnbar ③ (TEC) Nutz- ④ (*vantaggioso*) nützlich, vorteilhaft ⑤ (*in formule di cortesia*) behilflich; **se posso essere ~ in qc ...** wenn ich irgendwie behilflich sein kann ... II. *m* ① (*ciò che serve*) Nützliche(s) *n*; **unire l'~ al dilettevole** das Nützliche mit dem Angenehmen verbinden ② (*vantaggio*) Vorteil *m* ③ (FIN) Profit *m*, Ertrag *m*; **~ lordo/netto** Brutto-/Nettogewinn *m*; **partecipazione agli -i dell'azienda** betriebliche Gewinnbeteiligung; **utilità** [utili'ta] <-> *f* ① (*funzionalità*) Nützlichkeit *f*, Brauchbarkeit *f* ② (*vantaggio*) Vorteil *m*, Nutzen *m*

utilitaria [utili'ta:ria] *f* Kleinwagen *m*

utilitario, -a [utili'ta:rio] <-i, -ie> I. *agg* Nützlichkeits-, Gebrauchs- II. *m, f* Utilitarist(in) *m(f)*

utilitarismo [utilita'rizmo] *m* Utilitarismus *m*; **utilitarista** [utilita'rista] <-i *m*, -e *f>* *mf* eigennütziger Mensch; **utilitaristico, -a** [utilita'ristiko] <-ci, -che> *agg* (*pej*) eigennützig

utilizzabile [utilid'dza:bile] *agg* benutzbar, brauchbar; **utilizzare** [utilid'dza:re] *vt* verwenden, benutzen; (*sfruttare*) verwerten, nutzen; **utilizzazione** [utiliddzat'tsio:ne] *f* Verwendung *f*, Gebrauch *m*; (*sfruttamento*) Verwertung *f*, Nutzung *f*; **utilizzo** [uti'liddzo] *m* Inanspruchnahme *f*, Nutzung *f*

utopia [uto'pi:a] <-ie> *f* Utopie *f*; **utopico, -a** [u'tɔ:piko] <-ci, -che> *agg* utopisch; **utopista** [uto'pista] <-i *m*, -e *f>* *mf* Utopist(in) *m(f)*; **utopisticamente** [utopistika'mente] *avv* utopistisch

uva ['u:va] *f* (Wein)trauben *fpl*; **~ bianca/nera** weiße/blaue Trauben *fpl*; **~ passa** Rosinen *fpl*; **~ spina** Stachelbeere *f*; **~ da tavola** Tafeltrauben *fpl*; **festa dell'~** Winzerfest *n*; **uvaceo, -a** [u'va:tʃeo] *agg* traubenartig, traubenförmig, Trauben-; **uvetta** [u'vetta] *f* Rosine *f*

uvina [u'vi:na] *f* ① *dim di* **uva** kleine Trauben *fpl*, Träubchen *fpl* ② (BOT: *fitolacca*) Kermesbeere *f*, Scharlachbeere *f*

uvulare [uvu'la:re] *agg* ❶ (MED) (Gaumen)zäpfchen- ❷ (LING) uvular
uxoricida [uksori'tʃi:da] <-i *m*, -e *f*> I. *agg* gattenmörderisch II. *mf* Gattenmör-

der(in) *m(f);* **uxoricidio** [uksori'tʃi:dio] <-i> *m* Gattenmord *m*
uzzolo ['uddzolo] *m* (*tosc*) Lust *f*

V

V, v [vu] <-> *f* V, v *n;* ~ **come Venezia** V wie Viktor; ~ **doppia** W, w *n;* **scollo a** ~ V-Ausschnitt *m;* **fatto a** ~ v-förmig

V. ❶ *abbr di* **verso** Vers ❷ *abbr di* **Via** Str. ❸ *abbr di* **vedi** s.

V *abbr di* **volt** V

va [va] *3. pers sing pr di* **andare**[1]

vacante [va'kante] *agg* frei

vacanza [va'kantsa] *f* ❶ *(ferie)* Ferien *pl,* Urlaub *m;* **-e estive** Sommerferien *pl;* **-e natalizie** Weihnachtsferien *pl; -e pasquali* Osterferien *pl;* **un mese di** ~ ein Monat Urlaub; **andare in** ~ in Urlaub fahren; **essere in** ~ Urlaub haben; **far** ~ Urlaub machen; **prendersi una** ~ Urlaub nehmen; **domani è** ~ morgen ist (schul)frei ❷ *(di sede, carica)* Vakanz *f*

vacanziere, -a [vakan'tsiɛːre] *m, f* Urlauber(in) *m(f);* **la folla dei -i** die Menge von Urlaubern; **vacanziero, -a** [vakan'tsiɛːro] *agg* Urlaubs-

vacca ['vakka] <-cche> *f* ❶ (zoo) Kuh *f* ❷ *(pej vulg)* Nutte *f,* Hure *f;* **vaccaio** [vak'kaːio] <-ccai>, **vaccaro** [vak'kaːro] *m* Kuhhirt(e) *m;* **vacchetta** [vak'ketta] *f* Rindsleder *n;* **vaccina** [vat'tʃiːna] *f* ❶ (zoo) Kuh *f* ❷ *(carne)* Rindfleisch *n* ❸ *(sterco)* Kuhmist *m*

vaccinare [vattʃi'naːre] *vt* impfen; **essere vaccinato contro qc** *(fig)* gegen etw geimpft sein; **vaccinazione** [vattʃinat'tsioːne] *f* Impfung *f;* ~ **obbligatoria/preventiva** Pflicht-/Schutzimpfung *f;* ~ **antitetanica** Tetanusschutzimpfung *f;* ~ **di richiamo** Wiederholungsimpfung *f;* **farsi la** ~ sich impfen lassen; **vaccinico, -a** [vat'tʃiːniko] <-ci, -che> *agg* Impf-; **vaccino** [vat'tʃiːno] *m* Impfstoff *m;* **vaccinoprofilassi** [vattʃinoprofi'lassi] *f* Schutzimpfung *f*

vacillamento [vatʃilla'mento] *m* Schwanken *n*

vacillare [vatʃil'laːre] *vi (persona)* schwanken; *(fiamma)* flackern

vacuità [vakui'ta] <-> *f* Leere *f;* **vacuo, -a** ['vaːkuo] *agg (fig)* leer; *(persona)* hohl; **vacuometro** [vaku'ɔːmetro] *m* Vakuummeter *n*

vada ['vaːda] *v.* **andare**

vademecum [vade'mɛːkum] <-> *m* Leitfaden *m*

vado ['vaːdo] *1. pers sing pr di* **andare**[1]

va e vieni ['va e v'viɛːni] <-> *m* Kommen und Gehen *n*

vaffa ['vaffa] *int,* **vaffanculo** [vaffanꞌkuːlo] *int (vulg)* leck mich am Arsch

vagabonda *f v.* **vagabondo**

vagabondaggine [vagabon'daddʒine] *f* Vagabundenleben *n*

vagabondaggio [vagabon'daddʒo] <-ggi> *m* ❶ *(di vagabondo)* Landstreicherei *f* ❷ *(il girovagare)* Herumziehen *n;* **vagabondare** [vagabon'daːre] *vi* ❶ *(fare il vagabondo)* vagabundieren ❷ *(girovagare)* umherziehen, streifen ❸ *(fig)* umherschweifen; **vagabondo, -a** [vaga'bondo] I. *agg* umherziehend, Vagabunden-; *(nuvola)* ziehend II. *m, f* ❶ *(persona senza fissa dimora)* Vagabund(in) *m(f)* ❷ *(pej)* Landstreicher(in) *m(f),* Herumtreiber(in) *m(f)*

vagare [va'gaːre] *vi* umherziehen, streifen; *(senza meta)* umherirren; **andar vagando per il mondo** in der Welt herumziehen; ~ **con la mente/fantasia** den Gedanken/der Fantasie freien Lauf lassen

vagheggiare [vaged'dʒaːre] *vt* herbeisehnen, herbeiwünschen; ~ **la gloria** sich *dat* Ruhm erträumen

vaghezza [va'gettsa] *f* Ungenauigkeit *f,* Verschwommenheit *f;* **accennare qc con** ~ etw vage andeuten

vagina [va'dʒiːna] *f* Scheide *f,* Vagina *f;* **vaginale** [vadʒi'naːle] *agg* Scheiden-, Vaginal-

vagire [va'dʒiːre] <vagisco> *vi* wimmern; **vagito** [va'dʒiːto] *m* ❶ *(lamento)* Wimmern *n* ❷ *(fig)* Anfang *m*

vaglia ['vaʎʎa] <-> *m* Anweisung *f;* ~ **bancario/postale** Bank-/Postanweisung *f*

vagliare [vaʎ'ʎaːre] *vt* ❶ *(proposta)* abwägen, prüfen ❷ *(grano, sabbia, ghiaia)* sieben; **vagliatura** [vaʎʎa'tuːra] *f* ❶ *(operazione)* Sichten *n,* Prüfen *n* ❷ *(materiale residuo)* Abfall *m;* *(di grano)* Spreu *f;* **vaglio** ['vaʎʎo] <-gli> *m* ❶ *(fig)* Abwägung *f,* Prüfung *f* ❷ (TEC) Sieb *n*

vago, -a <-ghi, -ghe> *agg* vag(e), schwach, dunkel; **nervo** ~ Vagus *m*

vagolare [vago'laːre] *vi* streifen *(per durch),* umherziehen

vagoncino [vagon'tʃiːno] *m* ❶ *(carrello)* kleiner Wagen, Lore *f* ❷ *(di teleferica)* Kippkasten *m*

vagone [va'goːne] *m* Wagen *m,* Waggon *m;* ~ **letto** Schlafwagen *m;* ~ **ristorante** Speisewagen *m*

vai ['vaːi] *2. pers sing pr di* **andare**[1]

vainiglia [vai'niʎʎa] *v.* **vaniglia**

vaiolo [va'iɔːlo] *m* Pocken *pl;* **vaioloso, -a** [vaio'loːso] **I.** *agg* Pocken- **II.** *m, f* Pockenkranke(r) *f(m)*

val. *abbr di* **valuta** Währung

valanga [va'laŋga] <-ghe> *f* ❶ (*di neve*) Lawine *f* ❷ (*fig*) Berg *m,* Haufen *m fam;* **a ~** wuchtig, massig

valchiria [val'kiːria] <-ie> *f* Walküre *f*

Val d'Aosta [valda'ɔsta] *f* Aostatal *n*

valdese [val'deːse] **I.** *mf* Waldenser(in) *m(f)* **II.** *agg* waldensisch

valdostano, -a [valdos'taːno] **I.** *agg* Aostatal-, aus dem Aostatal; **fonduta alla -a** Käsefondue nach Art des Aostatals **II.** *m, f* (*abitante*) Bewohner(in) *m(f)* des Aostatals

valente [va'lɛnte] *agg* tüchtig, patent

valentinite [valenti'niːte] *f* (MIN) Valentinit *m*

valentuomo [valen'tuɔːmo] *m* tüchtiger Mann *m*

valenza [va'lɛntsa] *f* Valenz *f*

valere [va'leːre] <valgo, valsi, valso> **I.** *vi, vt* essere *o* avere ❶ (*avere autorità*) gelten; **farsi ~** sich Geltung verschaffen ❷ (*essere capace*) können, fähig sein; **come pianista vale poco** als Pianist taugt er [*o* sie] nicht viel; **gli farò vedere io quello che valgo!** ich werde ihm (schon) zeigen, was ich kann! ❸ (*avere efficacia*) nützen; **le mie preghiere non sono valse (a niente)** meine Bitten haben nichts genützt ❹ (*essere valido*) gültig sein, gelten; **per quanto vale il biglietto?** wie lange gilt die Karte? ❺ (*avere valore*) wert sein; **~ la pena** sich lohnen; **non ~ un fico (secco)** [*o* una cicca] (*fam*) keinen Pfifferling wert sein ❻ (*essere uguale*) gleich sein; **vale a dire** das heißt, beziehungsweise; **tanto vale che non ...** +*conj,* **tanto vale non ...** +*inf* dann braucht man gar nicht erst (zu) ... +*inf;* **uno vale l'altro** es ist eins wie das andere, das bleibt sich gleich ❼ (COM) kosten; (FIN) wert sein, stehen auf +*dat;* **quanto vale questa collana?** wie viel ist diese Halskette wert? **II.** *vt* avere (*procurare*) einbringen, eintragen **III.** *vr* **-rsi di qc** sich *dat* etw zunutze [*o* zu Nutze] machen; **-rsi di qu** sich jds bedienen

valeriana [vale'riaːna] *f* Baldrian *m*

valevole [va'leːvole] *agg* gültig

valgo ['valgo] *1. pers sing pr di* **valere**

valicabile [vali'kaːbile] *agg* passierbar; **valicare** [vali'kaːre] *vt* übersteigen, passieren; **valico** ['vaːliko] <-chi> *m* (Berg)pass *m;* **~ di frontiera** Grenzüber-

gang *m*

validare [vali'daːre] *vt* **~ qc** die Wirksamkeit einer Sache *gen* nachweisen; **validatrice** [valida'triːtʃe] *f* Gültigkeitserklärung *f*

validità [validi'ta] <-> *f* ❶ (ADM) Gültigkeit *f;* (*efficacia*) Wirksamkeit *f;* (JUR) Rechtskraft *f* ❷ (*di argomento*) Stichhaltigkeit *f;* (*di ragione*) Triftigkeit *f;* **valido, -a** ['vaːlido] *agg* ❶ (*uomo*) tüchtig; (*forte*) kräftig ❷ (*efficace*) wirksam; (*ragione*) triftig; (JUR) rechtskräftig ❸ (*opera, scrittore*) groß, bedeutend

valigeria [validʒe'riːa] <-ie> *f* ❶ (*assortimento*) Lederwaren *fpl* ❷ (*negozio*) Lederwarengeschäft *n* ❸ (*fabbrica*) Lederwarenfabrik *f*

valigia [va'liːdʒa] <-gie *o* -ge> *f* Koffer *m;* **fare/disfare le -gie** (die Koffer) packen/auspacken; **fare le -gie** (*fig*) sich davonmachen

vallata [val'laːta] *f* Tal(ebene *f*) *n*

valle ['valle] *f* Tal *n;* **a ~** fluss-, stromabwärts; (*in basso, giù*) abwärts; **scendere a ~** ins Tal hinabsteigen

Valle d'Aosta [valleda'ɔsta] *f v.* **Val d'Aosta**

Vallese [val'leːse] *m* Wallis *n*

valletta [val'letta] *f* Assistentin *f* (*bei Fernsehsendungen*)*;* **valletto** [val'letto] *m* ❶ (HIST) Page *m,* Knappe *m* ❷ (TV) Assistent *m*

valligiano, -a [valli'dʒaːno] *m, f* Talbewohner(in) *m(f)*

vallivo, -a [val'liːvo] *agg* Flusstal-; (*fauna, pesca*) Brackwasser-

vallo ['vallo] *m* Wall *m*

vallone [val'loːne] **I.** *m* (*valle*) Schlucht *f* **II.** *mf* (GEOG) Wallone *m,* Wallonin *f* **III.** *agg* (GEOG) wallonisch

valore [va'loːre] *m* ❶ (*fig* COM, FIN, MAT, PHYS, MUS) Wert *m;* **~ nominale** Nominal-, Nennwert *m;* **~ di scambio** Tauschwert *m;* (*di denaro*) Kurswert *m;* **~ d'acquisto** Kaufwert *m* ❷ (*validità*) Gültigkeit *f* ❸ *pl* (*oggetti preziosi*) Wertsachen *fpl,* Wertgegenstände *mpl;* (FIN) Wertpapiere *npl;* **-i bollati** Wertmarken *fpl;* **Borsa -i** Wertpapierbörse *f;* **carte -i** Wertpapiere *npl* ❹ (*capacità*) Fähigkeit *f,* Tüchtigkeit *f;* (*persona*) Kapazität *f;* **un uomo/medico di ~** ein tüchtiger Mann/Arzt ❺ (*coraggio*) Mut *m,* Tapferkeit *f* ❻ (*fig*) Wert *m,* Bedeutung *f;* **valorizzare** [valorid'dza:re] *vt* ❶ (*stanza*) verschönern ❷ (*persona*) aufwerten ❸ (*immobile*) im Wert steigern; (*zona*) erschließen; **valorizzazione** [valoriddzat'tsio:ne] *f* ❶ (*di stanza*) Verschönerung f ❷(di persona) Aufwertung f ❸(di immobile) Wertsteigerung f; (di zona) Erschließung f; **valoroso, -a** [valo'ro:so] agg ❶(coraggioso) tapfer, mutig ❷(abile) tüchtig, fähig

valpolicella [valpoli'tʃɛlla] <-> m Valpolicella m (trockener Rotwein aus Venetien)

valsi ['valsi] 1. pers sing pass rem di **valere**

valso ['valso] pp di **valere**

valuta [va'lu:ta] f Währung f; ~ **estera** ausländische Währung; ~ **nazionale** Landeswährung f; ~ **in contanti** Bargeld n

valutare [valu'ta:re] vt ❶(COM) schätzen ❷(fig) abwägen; (JUR) würdigen; ~ **troppo/poco qu** jdn zu hoch/zu gering schätzen

valutario, -a [valu'ta:rio] <-i, -ie> agg Währungs-

valutativo, -a [valuta'ti:vo] agg Schätz-

valutazione [valutat'tsio:ne] f ❶(COM) Schätzung f ❷(fig) Bewertung f

valva ['valva] f ❶(ZOO) Muschelschale f ❷(BOT) Klappe f, Schließhäutchen n

valvola ['valvola] f ❶(TEC) Ventil n; ~ **di sicurezza** Sicherheitsventil n; ~ **a farfalla** Drosselklappe f ❷(EL) Sicherung f; (di televisione) Röhre f ❸(ANAT) Klappe f

valzer ['valtser] <-> m Walzer m

vamp [vamp] <-> f Vamp m

vampa ['vampa] f (del sole) Glut f; (del fuoco) Flamme f; **vampata** [vam'pa:ta] f ❶(di calore) Hitze(welle) f ❷(fiamma) Stichflamme f ❸(fig) Glut f

vampireggiare [vampired'dʒa:re] vi (scherz) den Vamp spielen

vampiro [vam'pi:ro] m ❶(ZOO: spettro) Vampir m ❷(fig, pej) Blutsauger m

van [væn o van] <-> m Lieferwagen m

vanadio [va'na:dio] m Vanadium n, Vanadin n

vanagloria [vana'glɔ:ria] f Geltungssucht f; **vanagloriarsi** [vanaglo'riarsi] vr sich rühmen, prahlen; **vanaglorioso, -a** [vanaglo'rio:so] agg geltungssüchtig

vandalico, -a [van'da:liko] <-ci, -che> agg ❶(HIST) wandalisch ❷(fig) zerstörungswütig; **vandalismo** [vanda'lizmo] m Zerstörungswut f, Wandalismus m; **vandalo** ['vandalo] m Wandale m

vaneggiamento [vaneddʒa'mento] m Fantasieren n; **vaneggiare** [vaned'dʒa:re] vi fantasieren

vanesio, -a [va'nɛ:zio] <-i, -ie> agg aufgeblasen, eitel

vanga ['vaŋga] <-ghe> f Spaten m; **vangare** [vaŋ'ga:re] vt umgraben, umstechen; **vangata** [vaŋ'ga:ta] f ❶(operazione) Umgraben n, Umstechen n ❷(colpo) Spatenstich m; **vangatore, -trice** [vaŋga'to:re] m, f Feldarbeiter(in) m(f); **vangatrice** [vaŋga'tri:tʃe] f Umstechmaschine f; **vangatura** [vaŋga'tu:ra] f Umstechen n, Umgraben n

Vangelo [van'dʒɛ:lo] m (a fig: vangelo) Evangelium n

vanificare [vanifi'ka:re] vt vereiteln

vaniglia [va'niʎʎa] <-glie> f Vanille f; **vanigliato, -a** [vaniʎ'ʎa:to] agg Vanille-; **vaniglino** [vaniʎ'ʎi:no] agg Vanillin-; **vanillina** [vanil'li:na] f Vanillin n

vaniloquio [vani'lɔkuio] <-qui> m (pej) Blabla n fam, leeres Gerede

vanità [vani'ta] <-> f ❶(di persona) Eitelkeit f, Selbstgefälligkeit f ❷(di sforzo, fatica) Erfolglosigkeit f ❸(di cosa) Vergänglichkeit f; **avere la ~ di ...** +inf die Stirn haben zu ... +inf; **vanitoso, -a** [vani'to:so] agg eitel, selbstgefällig

vanno ['vanno] 3. pers pl pr di **andare¹**

vano ['va:no] m ❶(stanza) Raum m, Zimmer n ❷(di porta, finestra) Öffnung f ❸(scomparto) Fach n; ~ **portaoggetti** Ablagefach n; ~ **isotermico** Isolierfach n

vano, -a agg ❶(privo di contenuti) leer; (persona) hohl; (speranza) eitel geh, trügerisch ❷(tentativo) erfolglos, ergebnislos; (inutile) unnütz

vantaggio [van'taddʒo] <-ggi> m ❶(utilità, privilegio) Vorteil m; **a mio/tuo/suo ~** zu meinem/deinem/seinem [o ihrem] Vorteil ❷(SPORT) Vorsprung m; (nel tennis) Vorteil m; **avere un notevole ~ su qu** jdm gegenüber einen beachtlichen Vorteil haben ❸(profitto) Nutzen m, Gewinn m; **vantaggioso, -a** [vantad'dʒo:so] agg (condizione, offerta) vorteilhaft, günstig; (posizione) stark

vantare [van'ta:re] I. vt ❶(persona, meriti) loben, rühmen ❷(diritto) beanspruchen II. vr -**rsi di qc** sich einer Sache gen rühmen; **vanteria** [vante'ri:a] <-ie> f Angeberei f, Prahlerei f; **vanto** ['vanto] m ❶(il vantare) Prahlen n, Angeben n ❷(motivo d'orgoglio) Vorzug m

vanvera ['vanvera] avv **a ~** aufs Geratewohl; (pej) unüberlegt

vapore [va'po:re] m ❶(gener CHEM, PHYS) Dampf m; ~ **acqueo** Wasserdampf m; **cuocere al ~** dünsten ❷(NAUT) Dampfer m; **vaporetto** [vapo'retto] m kleines Motorschiff; **vaporiera** [vapo'riɛ:ra] f Dampflokomotive f; **vaporizzare** [vaporid'dza:re] I. vt ❶(liquido) verdampfen; (acqua) verdunsten; (nebulizzare) zerstäuben ❷(stoffa) eindampfen; (nella cosmesi) vaporisieren II. vi essere verdampfen; **vaporizzatore** [vaporiddza'to:re] *m* Verdampfer *m;* (*umidificatore*) Verdunster *m;* (*nebulizzatore*) Zerstäuber *m;* **vaporizzazione** [vaporiddzat'tsio:ne] *f* Verdampfung *f,* Verdunstung *f;* **vaporosità** [vaporosi'ta] <-> *f* Luftigkeit *f,* Duftigkeit *f;* **vaporoso, -a** [vapo'ro:so] *agg* ❶ (*velo, abito, capelli*) luftig, duftig; (*tinta*) duftig ❷ (*fig*) verschwommen, unklar

varare [va'ra:re] *vt* ❶ (JUR: *legge*) verabschieden ❷ (NAUT) vom Stapel lassen

varcare [var'ka:re] *vt* überschreiten; **varco** ['varko] <-chi> *m* Durchgang *m,* Weg *m;* **aspettare qu al ~** jdm auflauern

varec(c)hina [vare'ki:na (varek'ki:na)] *f* Bleichmittel *n*

Varese *f* Varese *n* (*Stadt in der Lombardei*)

varesino, -a [vare'si:no] I. *agg* varesisch II. *m, f* (*abitante*) Vareser(in) *m(f)*

variabile [va'ria:bile] I. *agg* ❶ (*tempo*) veränderlich, unbeständig ❷ (*prezzi*) schwankend ❸ (*umore*) wechselnd, wechselhaft II. *f* (MAT) Variable *f;* **variabilità** [variabili'ta] <-> *f* ❶ (*di tempo*) Veränderlichkeit *f,* Unbeständigkeit *f* ❷ (COM) Schwankung *f* ❸ (*di umore*) Wechselhaftigkeit *f*

variante [va'riante] I. *f* Variante *f* II. *agg* abweichend

variare [va'ria:re] I. *vt avere* (ab-, ver)ändern; (*cambiare*) wechseln, variieren II. *vi essere* sich (ver)ändern; (*tempo*) wechseln, variieren; (COM) schwanken

variato, -a [va'ria:to] *agg* abwechslungsreich; **variatore** [varia'to:re] *m* Regler *m;* **~ di velocità** stufenloses Getriebe; **variazione** [variat'tsio:ne] *f* ❶ (*modificazione*) (Ver-, Ab)änderung *f;* (*di colori, toni*) Wechsel *m;* (*di temperatura,* COM) Schwankung *f;* **~ d'itinerario** Kursänderung *f* ❷ (MUS) Variation *f*

varice [va'ri:tʃe] *f* Krampfader *f*

varicella [vari'tʃɛlla] *f* Wind-, Wasserpocken *pl*

varicoso, -a [vari'ko:so] *agg* krampfad(e)rig, Krampfader-; **vena -a** Krampfader *f*

variegato, -a [varie'ga:to] *agg* gefleckt, marmoriert; (*foglie, fiori*) geflammt, panaschiert; **variegatura** [variega'tu:ra] *f* Gefflecktheit *f,* Marmorierung *f*

varietà [varie'ta] <-> I. *f* ❶ (*diversità, pluralità*) Vielfalt *f* ❷ (*differenza*) Verschiedenartigkeit *f* ❸ (*tipo*) Sorte *f,* Art *f;* **tutte le ~ di ...** alle Arten von ... ❹ (ZOO, BOT) Art *f,* Varietät *f* II. *m* (THEAT) Varietee *n*

variété [varje'te] <-> *m* Varietee *n*

varifocale [varifo'ka:le] *agg* (OPT) mit re-

gelbarer Fokaldistanz; **obiettivo ~** (*zoom*) Zoomobjektiv *n*

vario, -a ['va:rio] <-i, -ie> I. *agg* ❶ (*non uniforme*) verschieden, unterschiedlich; (*non monotono*) abwechslungsreich; (*molteplice*) verschiedenartig; **-ie ed eventuali** (ADM) Verschiedene(s) *n,* Sonstige(s) *n* ❷ (METEO) unbeständig, wechselhaft ❸ *pl* (*parecchi*) einige, mehrere; **negozio di generi -i** Gemischtwarenhandlung *f* ❹ (*umore*) wechselhaft II. *pron pl* (*molti*) einige

variometro [va'riɔ:metro] *m* Variometer *n*

variopinto, -a [vario'pinto] *agg* bunt

varo ['va:ro] *m* ❶ (NAUT) Stapellauf *m* ❷ (JUR: *di legge*) Verabschiedung *f*

varrò [var'rɔ] *1. pers sing futuro di* **valere**

Varsavia [var'sa:via] *f* Warschau *n*

vasaio, -a [va'za:io] <-ai, -aie> *m, f* Töpfer(in) *m(f)*

vasale [va'za:le] *agg* Gefäß-

vasca ['vaska] <-sche> *f* ❶ (*gener*) Wanne *f,* Becken *n;* **~ da bagno** Badewanne *f;* **~ per i pesci** Fischbecken *n* ❷ (SPORT) Bahn *f*

vascello [vaʃʃɛllo] *m* (Linien)schiff *n*

vascolare [vasko'la:re] *agg* (BIOL, ANAT) Gefäß-

vascolarizzato, -a [vaskolarid'dza:to] *agg* mit Blutgefäßen versehen; **tessuto ~** Gefäßgewebe *n*

vasectomia [vazekto'mi:a] <-ie> *f* (MED) Vasektomie *f,* Vasorektion *f;* **vasectomizzare** [vazektomid'dza:re] *vt* (MED) einer Vasektomie unterziehen; **vasectomizzato** [vazektomid'dza:to] (MED) I. *m* Patient *m,* der sich einer Vasektomie unterzogen hat II. *agg* Vasektomie-

vaselina [vaze'li:na] *f* Vaseline *f,* Vaselin *n*

vasellame [vazel'la:me] *m* Geschirr *n*

vasellina [vazel'li:na] *f v.* **vaselina**

vasistas [vasis'ta:s] <-> *m* Klappfenster *n,* Oberlicht *n*

vaso ['va:zo] *m* ❶ (*gener*) Gefäß *n,* Topf *m;* (*di marmellata*) Glas *n;* (*decorativo*) Vase *f;* **~ da fiori** Blumentopf *m;* **~ da notte** Nachttopf *m* ❷ (PHYS, TEC) Röhre *f* ❸ (*fam: del gabinetto*) Klobecken *n,* -schüssel *f* ❹ (ANAT) Gefäß *n*

vasocostrittore, -trice [vazokostrit'to:re] *agg* (MED) gefäßverengend

vasodilatatore, -trice [vazodilata'to:re] *agg* (MED) gefäßerweiternd

vassallaggio [vassal'laddʒo] <-ggi> *m* ❶ (HIST) Vasallentum *n* ❷ (*fig*) Abhängigkeit *f,* Hörigkeit *f;* **vassallo, -a** [vas'sallo] I. *agg* vasallisch, Vasallen- II. *m* ❶ (HIST) Vasall *m,* Lehnsmann *m* ❷ (*fig, pej*) Handlanger *m*

vassoio [vas'so:io] <-oi> *m* Tablett *n*

vastità [vasti'ta] <-> *f* ❶ (*ampiezza*) Weite *f* ❷ (*fig*) Weitläufigkeit *f*, Breite *f*;

vasto, -a ['vasto] *agg* ❶ (*ampio*) weit; **di -e proporzioni** umfangreich, von großem Ausmaß ❷ (*fig*) umfassend, umfangreich; (*pubblico*) breit; (*orizzonte*) weit; **un uomo di -a cultura** ein Mensch mit umfassender Bildung; **di -a portata** weitreichend, von großer Tragweite; **su -a scala** in großem Rahmen

vate ['va:te] *m* (*poet*) Dichter *m*

vaticano, -a [vati'ka:no] I. *agg* vatikanisch, Vatikan- II. *m* **Vaticano** Vatikan *m;* **la Città del Vaticano** die Vatikanstadt

vaticinare [vatitʃi'na:re] *vt* (*poet*) wahrsagen, weissagen; **vaticinio** [vati'tʃi:nio] <-i> *m* (*poet*) Wahrsagung *f*

vattelapesca [vattela'peska] *int* (*fam*) weiß der Kuckuck

Vaud [vo] *m* Waadt *n*

V.(d.)F. *abbr di* **Vigili del Fuoco** Feuerwehr

ve [ve] *pron* (*davanti a lo, la, li, le, ne*) *v.* **vi**

V.E. *abbr di* **Vostra Eccellenza** Eure Exzellenz

ve' [ve] *int* ❶ (*bada*) ja ❷ (*per rafforzare*) gelt *dial*, nicht (wahr) ❸ (*vedi*) ei, schau; **~, che bello!** ei, wie schön!

VE *abbr di* **Vostra Eccellenza** Eure Exzellenz

vecchia *f v.* **vecchio**

vecchiaia [vek'kia:ia] <-aie> *f* ❶ (*periodo*) Alter *n* ❷ (*persone anziane*) Alter *n*, Alte(n) *pl;* **vecchiardo, -a** [vek'kiardo] *m, f* (*pej*) Alte(r) *f(m);* **vecchietto, -a** [vek'kietto] *m, f* Alterchen *n*, altes Mütterchen; **vecchiezza** [vek'kiettsa] *f* Alter *n*

vecchio ['vɛkkio] *m* Alte(s) *n*

vecchio, -a <-cchi, -cchie> I. *agg* ❶ (*gener*) alt; **la città -a** die Altstadt; **una -a abitudine/storia** eine alte Gewohnheit/Geschichte; **è più -a di lui di tre anni** sie ist drei Jahre älter als er ❷ (*usato*) alt, gebraucht; **commercio di libri -cchi** (Bücher)antiquariat *n;* **commercio di ferri -cchi** Alteisenhandel *m* ❸ (*fig*) alt; (*esperto*) erfahren; (*di vecchia data*) langjährig; **essere -cchi amici** alte Freunde sein; **essere ~ del mestiere** berufserfahren sein II. *m, f* Alte(r) *f(m)*, alter Mann, alte Frau; **ricovero per -cchi** Altenheim *n; ~* **mio!** (*scherz*) mein Alter!; **vecchiume** [vek'kiu:me] *m* (*pej*) altes Zeug, alter Kram

veccia ['vettʃa] <-cce> *f* Futterwicke *f*

vece ['ve:tʃe] *f* (ADM, *poet*) Stelle *f*, Statt *f*;

fare le -i di qu jdn vertreten; **in ~ mia/ tua/sua, in mia/sua/tua ~** an meiner/ deiner/seiner [*o* ihrer] Stelle; **il padre o chi ne fa le -i** (ADM) der Erziehungsberechtigte

vedente [ve'dɛnte] *mf* Sehende(r) *f(m)*

vedere[1] [ve'de:re] <vedo, vidi, visto *o* veduto> I. *vt* ❶ (*gener*) sehen, schauen *A, südd;* (*guardare*) ansehen, anschauen *A, CH, südd;* (*museo*) besichtigen; **~ qc coi propri occhi** etw mit eigenen Augen sehen; **~ nero** (*fig*) schwarz sehen; **far ~** sehen lassen, zeigen; **farsi ~** sich sehen lassen; **voglio vederci chiaro in questa faccenda** ich will in dieser Sache klarsehen; **non vedo come sia possibile** ich weiß nicht, wie das möglich sein soll; **vedi sopra** [*o* **sotto**] siehe oben [*o* unten]; **vedi retro** bitte wenden; **questo è ancora da ~** (*fam*) das wird sich noch zeigen, das muss sich erst rausstellen; **perché, vedi, io le voglio bene** (*fam*) ich hab' sie gern, verstehst du?; **a mio modo di ~** meines Erachtens, (so) wie ich das sehe; **vuoi ~ che se ne è andato** (*fam*) er wird wohl schon gegangen sein; **vieni a ~!** sieh mal, guck mal!; **vediamo un po'** (*fam*) sehen wir mal; **vedi tu** (*fam*) mach du mal; **vedremo!** (*fam*) wir werden (ja) sehen!; **te la** [*o* **lo**] **faccio ~ io** (*fam*) ich werd's dir zeigen!, du kannst was erleben!; **cose mai viste** Unglaubliches ❷ (*fig*) aushalten können; **stare a ~** abwarten; **non vederci più dalla fame/dalla sete** es vor Hunger/Durst nicht mehr aushalten können; **non poter ~ qu** jdn nicht leiden können; **non vedo l'ora** [*o* **il momento**] **di ...** +*inf* ich kann es nicht erwarten zu ... +*inf* ❸ (*esaminare*) durchsehen, prüfen; **farsi ~ dal medico** sich vom Arzt untersuchen lassen ❹ (*tentare*) versuchen II. *vr* **-rsi** ❶ (*vedere se stessi, trovarsi*) sich sehen; **-rsi perduto** keinen Ausweg (mehr) sehen ❷ (*incontrarsi*) sich sehen, sich treffen; **chi s'è visto, s'è visto** (*fam*) und damit Schluss

vedere[2] *m* Sehen *n*, Betrachtung *f*

vedetta [ve'detta] *f* ❶ (MIL: *luogo*) Wachtturm *m*, Ausguck *m;* (*sentinella*) Posten *m*, Wache *f;* **essere/stare di ~** Wache/Ausschau halten ❷ (NAUT) kleines Kriegsschiff

vedette [va'dɛt] <-> *f* Star *m*, (Film)diva *f*

vedova ['ve:dova] I. *f* Witwe *f* II. *agg* verwitwet

vedovanza [vedo'vantsa] *f* Witwenschaft *f;* **vedovile** [vedo'vi:le] *agg* Witwen-; **vedovo, -a** ['ve:dovo] I. *m, f* Witwer *m*, Witwe *f* II. *agg* verwitwet; **Angelina Sacchi -a Bencini** Angelina Sacchi,

verwitwete Bencini

veduta [ve'duːta] *f* ❶(*panorama*) Aussicht *f*, Ansicht *f;* ~ **aerea** Luftansicht *f* ❷(*fig*) Sicht *f*, Ansicht *f* ❸(ARCH) Ansicht *f*, Darstellung *f*

veduto [ve'duːto] *pp di* **vedere**

veemente [vee'mɛnte] *agg* ungestüm; **veemenza** [vee'mɛntsa] *f* Heftigkeit *f*, Wucht *f;* **con** ~ ungestüm, heftig

vegan ['vɛgan] <-> *mf* (*vegetariano*) Veganer(in) *m(f)*

vegetale [vedʒe'taːle] I. *agg* ❶(BOT) pflanzlich, Pflanzen- ❷(GASTR) vegetarisch, Pflanzen-; **alimentazione** ~ vegetarische Ernährung; **olio** ~ Pflanzenöl *n* II. *m* Pflanze *f*, Gewächs *n*

vegetaliano, -a [vedʒeta'liaːno] I. *m, f* Veganer(in) *m(f)* II. *agg* vegan; **cucina -a** vegane Küche; **vegetalismo** [vedʒeta'lizmo] *m* Veganismus *m*

vegetare [vedʒe'taːre] *vi* ❶(BOT) wachsen ❷(*fig*) (dahin)vegetieren

vegetarianismo [vedʒetaria'nizmo] *m* Vegetarismus *m*

vegetariano, -a [vedʒeta'riaːno] I. *agg* vegetarisch II. *m, f* Vegetarier(in) *m(f)*

vegetarismo *m v.* **vegetarianismo**

vegetativo, -a [vedʒeta'tiːvo] *agg* vegetativ; **sistema nervoso** ~ vegetatives Nervensystem

vegetazione [vedʒetat'tsioːne] *f* Vegetation *f*

vegeto, -a ['vɛːdʒeto] *agg* ❶(*persona*) kräftig, rüstig ❷(BOT) üppig

veggente [ved'dʒɛnte] *mf* (Hell)seher(in) *m(f)*, Wahrsager(in) *m(f)*

veglia ['veʎʎa] <-glie> *f* (*stato di chi è desto*) Wachen *n;* (*sorveglianza*) Wache *f*

vegliardo, -a [veʎ'ʎardo] *m, f* in Ehren ergrauter Mensch *geh*

vegliare [veʎ'ʎaːre] I. *vt* (*malato, morto*) wachen bei II. *vi* wach sein; (*stare vigile*) wachen

veglione [veʎ'ʎoːne] *m* großer (Masken)ball *m;* ~ **di fine d'anno** Silvesterball *m;* ~ **di carnevale** großer Faschingsball

veicolare [veiko'laːre] *agg* (MOT) Fahrzeug-

veicolo [ve'iːkolo] *m* ❶(TEC) Fahrzeug *n;* ~ **elettrico** Elektrofahrzeug *n;* ~ **ferroviario/stradale** Schienen-/Straßenfahrzeug *n* ❷(MED) Überträger *m* ❸(*fig: mezzo*) Vehikel *n*, Mittel *n*

vela ['veːla] *f* ❶(NAUT) Segel *n;* ~ **maestra** Großsegel *n*, Breitfock *f;* **barca a** ~ Segelboot *n;* **andare a** ~ segeln; **andare a gonfie -e** mit vollen Segeln fahren; (*fig*) sehr gut vorankommen; **spiegare le -e** in See

stechen; (*fig*) die Zelte abbrechen; **ammainare le -e** die Segel streichen; (*fig*) es gut sein lassen ❷(SPORT) Segeln *n*, Segelsport *m;* **velaccino** [velat'tʃiːno] *m* Vorbramsegel *n;* **velaccio** [ve'lattʃo] <-cci> *m* Großbramsegel *n;* **velame** [ve'laːme] *m* Segelwerk *n*

velare [ve'laːre] I. *vt* ❶(*capo, viso*) verhüllen, verdecken; (*luce*) dämpfen, abdecken ❷(*lacrime*) trüben ❸(*colore, suono*) dämpfen ❹(*fig: offuscare*) trüben; (*nascondere*) verbergen, verschleiern II. *vr* **-rsi** ❶(*con velo*) sich verschleiern ❷(*offuscarsi*) sich trüben; **velario** [ve'laːrio] <-i> *m* Vorhang *m;* **velato, -a** [ve'laːto] *agg* ❶(*donna*) verschleiert ❷(*luce, suono*) gedämpft; (*sguardo*) verschleiert ❸(*molto trasparente*) hauchdünn ❹(*fig: nascosto*) indirekt, versteckt

velatura [vela'tuːra] *f* (NAUT) Segelwerk *n*

veleggiare [veled'dʒaːre] *vi* ❶(NAUT) segeln ❷(AERO) segelfliegen; **veleggiatore** [veleddʒa'toːre] *m* ❶(NAUT) Segelschiff *n* ❷(AERO) Segelflugzeug *n*

velenifero, -a [vele'niːfero] *agg* Gift-

veleno [ve'leːno] *m* Gift *n;* **amaro come il** ~ gallenbitter; **avere il** ~ **in corpo** von Hass erfüllt sein; **sputar** ~ Gift und Galle spucken; **velenosità** [velenosi'ta] <-> *f* Giftigkeit *f;* **velenoso, -a** [vele'noːso] *agg* (*a fig*) giftig; **avere una lingua -a** eine spitze Zunge haben

veletta [ve'letta] *f* Hutschleier *m*

velico, -a ['vɛːliko] <-ci, -che> *agg* Segel-; **sport** ~ Segelsport *m*

veliero [ve'liːro] *m* Segler *m*, Segelschiff *n*

velina [ve'liːna] I. *f* ❶(*foglio*) Durchschlagpapier *n* ❷(*copia*) Durchschlag *m* ❸(TV) junge Assistentin (*bei Fernsehsendungen*) II. *agg* Durchschlag-; **velinare** [veli'naːre] *vt* ❶(*diffondere una notizia*) bekannt geben ❷(TYP) mit Seidenpapier beziehen; **velinatore** [velina'toːre] *m* Verteiler *m;* (TYP) Durchschlagprobe *f;* **velinista** *m v.* **velinatore**

velismo [ve'lizmo] *m* Segeln *n*, Segelsport *m;* **velista** [ve'lista] <-i *m*, -e *f*> *mf* Segler(in) *m(f)*, Segelsportler(in) *m(f)*

velivolo [ve'liːvolo] *m* Flugzeug *n*

velleità [vellei'ta] <-> *f* Bestrebung *f*, Wunschvorstellung *f;* **velleitario, -a** [vellei'taːrio] <-i, -ie> *agg* unrealistisch, hochfliegend; **velleitarismo** [velleita'rizmo] *m* Anmaßung *f*, Selbstüberschätzung *f*

vello ['vɛllo] *m* Pelz *m*

vellutare [vellu'taːre] *vt* samtig machen; **vellutato, -a** [vellu'taːto] *agg* ❶(*petalo, pesca*) samtig, samten; **avere la pelle -a**

eine Haut wie Samt haben ❷ (*fig: colore, voce*) samtig, weich; **vellutino** [vellu'ti:no] *m* ❶ (*stoffa*) leichter Samt ❷ (*nastrino*) Samtband *n;* **velluto** [vel'lu:to] *m* Samt *m;* ~ **a coste** Kordsamt *m*

velo ['ve:lo] *m* ❶ (*gener*) Schleier *m;* ~ **da sposa** [*o* **nuziale**] Brautschleier *m* ❷ (*fig*) Schleier *m;* (*strato*) Schicht *f,* Überzug *m;* **zucchero a** ~ Puderzucker *m,* Staubzucker *m* A ❸ (*fig: apparenza*) Deckmantel *m,* Schleier *m;* **nei suoi occhi c'era un** ~ **di tristezza** in seinen [*o* ihren] Augen war ein Hauch von Traurigkeit ❹ (BOT) Häutchen *n,* Haut *f* ❺ (ANAT) Häutchen *n* ❻ (SPORT) Täuschung(smanöver *n*) *f*

veloce [ve'lo:tʃe] *agg* schnell

velocimetria [velotʃime'tri:a] <-ie> *f* Velozimetrie *f,* Geschwindigkeitsmessung *f*

velocipede [velo'tʃi:pede] *m* ❶ (SPORT) Hochrad *n* ❷ (*scherz: bicicletta*) Drahtesel *m fam;* **velocipedistico, -a** [velotʃipe'distiko] <-ci, -che> *agg* Radsport-

velocista [velo'tʃista] <-i *m,* -e *f>* *mf* Sprinter(in) *m(f);* **velocità** [velotʃi'ta] <-> *f* Geschwindigkeit *f,* Schnelligkeit *f;* ~ **massima** Höchstgeschwindigkeit *f;* ~ **ridotta** verringerte Geschwindigkeit; ~ **della luce** Lichtgeschwindigkeit *f;* ~ **del suono** Schallgeschwindigkeit *f;* **cambio di** ~ Gangschaltung *f;* **eccesso di** ~ Geschwindigkeitsüberschreitung *f;* **aumentare/diminuire la** ~ die Geschwindigkeit erhöhen/drosseln; **a tutta** ~ mit voller Geschwindigkeit; **treno ad alta** ~ Hochgeschwindigkeitszug *m*

velodromo [ve'lɔ:dromo] *m* Radrennbahn *f,* Radrennhalle *f*

velours [vǝ'lur] <-> *m* Velours *m*

vena ['ve:na] *f* ❶ (ANAT) Vene *f,* Ader *f;* ~ **cava** Hohlvene *f;* ~ **porta** Pfortader *f;* **tagliarsi le -e** sich *dat* die Pulsadern aufschneiden ❷ (GEOG, MIN) Ader *f* ❸ (*di legno, marmo*) Maserung *f,* Ader *f* ❹ (*fig*) Stimmung *f,* Laune *f;* (*poetica, musicale*) Ader *f;* **la sua** ~ **poetica** seine dichterische Ader; **essere in** ~ **di fare qc** zu etw aufgelegt sein, in der Stimmung sein etw zu tun; **oggi sono in** ~ heute bin ich in Stimmung

venale [ve'na:le] *agg* ❶ (COM: *merce*) verkäuflich; (*prezzo, valore*) Verkaufs- ❷ (*fig, pej*) käuflich; (*persona*) bestechlich; **venalità** [venali'ta] <-> *f* Bestechlichkeit *f*

venare [ve'na:re] *vt* masern, ädern

venato, -a [ve'na:to] *agg* ❶ (*legno*) gemasert; (*marmo*) geädert ❷ (*fig*) ~ **di** durchzogen von

venatorio, -a [vena'tɔ:rio] <-i, -ie> *agg* Jagd-; **stagione -a** Jagdzeit *f*

venatura [vena'tu:ra] *f* ❶ (*di marmo, foglio*) Äderung *f;* (*di legno*) Maserung *f* ❷ (*fig*) Anklang *m,* Hauch *m*

vendemmia [ven'demmia] <-ie> *f* Weinlese *f,* -ernte *f;* **fare la** ~ Weinlese halten, Wein ernten; **vendemmiabile** [vendem'mia:bile] *agg* erntereif; **vendemmiare** [vendem'mia:re] I. *vi* Weinlese halten, Wein ernten II. *vt* lesen, ernten; **vendemmiatore, -trice** [vendemmia'to:re] *m, f* Winzer(in) *m(f),* Weinhauer(in) *m(f)* A; **vendemmiatrice** [vendemmia'tri:tʃe] *f* (AGR) Weinlesemaschine *f*

vendere ['vendere] I. *vt* (*a fig*) verkaufen; ~ **all'asta** versteigern; ~ **cara la propria pelle** [*o* **vita**] (*fig*) seine Haut teuer verkaufen; **saper** ~ **la propria merce** (*fig*) sich gut verkaufen können; **averne da** ~ davon in Hülle und Fülle haben; **articoli che si vendono bene** gutgehende Artikel *mpl;* **te la vendo come l'ho comprata** ich habe es auch nur (als Gerücht) gehört; ~ **sottobanco** schwarz verkaufen; ~ **a prezzo di costo** zum Selbstkostenpreis verkaufen II. *vr* **-rsi** (*pej*) sich verkaufen; (*donna*) sich prostituieren

vendetta [ven'detta] *f* Rache *f;* **fare** ~ **di ...** Rache üben für ...; **gridare** ~ zum Himmel schreien

vendeuse [vä'dø:z] <-> *f* Verkäuferin *f*

vendibile [ven'di:bile] *agg* verkäuflich, absetzbar

vendicare [vendi'ka:re] I. *vt* rächen II. *vr* **-rsi di qc** sich für etw rächen; **-rsi su qu** sich an jdm rächen; **vendicativo, -a** [vendika'ti:vo] *agg* rachsüchtig; **vendicatore, -trice** [vendika'to:re] *m, f* Rächer(in) *m(f)*

vendifumo [vendi'fu:mo] <-> *mf* (*fam pej*) Hochstapler(in) *m(f)*

vendita ['vendita] *f* ❶ (COM) Verkauf *m;* (*smercio*) Absatz *m;* ~ **di fine stagione** Schlussverkauf *m;* ~ **fallimentare** Liquidationsverkauf *m;* **punto di** ~ Verkaufsstelle *f;* **reparto -e** Verkaufsabteilung *f;* **addetto alle -e** Sachbearbeiter *m* im Verkauf; **essere in** ~ im Handel sein, erhältlich sein; ~ **all'ingrosso/al minuto** Groß-/Einzelhandel *m* ❷ (*bottega*) Geschäft *n,* Laden *m;* **venditore, -trice** [vendi'to:re] *m, f* Verkäufer(in) *m(f);* ~ **ambulante** Straßenverkäufer *m*

venduto, -a [ven'du:to] *agg* ❶ (COM) verkauft ❷ (*fig, pej: persona*) bestochen, gekauft

veneficio [vene'fi:tʃo] <-ci> *m* Giftmord *m*

venefico, -a [ve'nɛ:fiko] <-ci, -che> *agg* ❶ (*sostanza, aria*) giftig ❷ (*fig*) böswillig

venerabile [vene'ra:bile] *agg* ehrwürdig, verehrungswürdig; **venerabilità** [venerabili'ta] <-> *f* Ehrwürdigkeit *f*, Verehrungswürdigkeit *f*; **venerando, -a** [vene'rando] *agg* ehrwürdig; **arrivare alla -a età di 90 anni** das ehrwürdige Alter von 90 Jahren erreichen

venerare [vene'ra:re] *vt* verehren; **venerazione** [venerat'tsio:ne] *f* Verehrung *f*; **degno di ~** verehrungswürdig

venerdì [vener'di] <-> *m* Freitag *m*; **Venerdì Santo** Karfreitag *m*; **gli manca qualche ~** (*scherz*) bei ihm ist eine Schraube locker *fam*; *v. a.* **domenica**

venere ['vɛ:nere] *f* (*dea*, ASTR) Venus *f*; **piaceri di ~** Liebesfreuden *fpl geh*; **pare una ~** sie ist schön wie die Venus

venereo, -a [ve'nɛ:reo] *agg* geschlechtlich, venerisch; **malattie -e** Geschlechtskrankheiten *fpl*

veneto ['vɛ:neto] <*sing*> *m* (*dialetto*) Venetisch(e) *n*

Veneto *m* Venetien *n*

veneto, -a I. *agg* ① (*relativo alla regione Veneto*) venetisch; **dialetto ~** venetischer Dialekt ② (*relativo a Venezia*) venezianisch; **la Repubblica -a** die Venetianische Republik **II.** *m, f* Veneter(in) *m(f)*

Venezia [ve'nɛttsia] *f* ① (*città*) Venedig *n* (*Hauptstadt Venetiens*) ② (*regione*) **~-Giulia** Julisch-Venetien *n*; **Venezia Giulia** [ve'nɛttsia 'dʒu:lia] *f* Julisch-Venetien *n*

veneziana [venet'tsia:na] *f* (*tenda*) Jalousie *f*

veneziano [venet'tsia:no] <*sing*> *m* (*dialetto*) Venezianisch(e) *n*; **veneziano, -a I.** *agg* venezianisch; **fegato alla -a** Leber *f* auf venezianische Art **II.** *m, f* (*abitante*) Venezianer(in) *m(f)*

vengo ['vɛŋgo] *1. pers sing pr di* **venire**

venia ['vɛ:nia] <-ie> *f* (*poet*) Vergebung *f*; **chiedere ~** (*scherz*) kniefällig um Gnade bitten

veniale [ve'nia:le] *agg* verzeihlich; **peccato ~** lässliche Sünde

venire [ve'ni:re] <vengo, venni, venuto> **I.** *vi essere* ① (*gener*) kommen; **andare e ~** kommen und gehen; **~ a trovare qu** jdn besuchen (kommen); **~ incontro a qu** jdm entgegenkommen; **~ avanti** vortreten, näher treten; (*entrare*) eintreten; **~ dentro** hereinkommen; **~ dietro** hinterherkommen; **~ dopo** nachkommen; **~ fuori** (*sbucare*) herauskommen, hervorkommen; **~ giù** herunterkommen; **~ su** (*montare*) heraufkommen; (*fam: crescere*) wachsen, gedeihen; **~ via** (*fam: staccarsi*) abgehen;

(*scomparire*) wegkommen, verschwinden; **far ~** (*mandare a chiamare*) kommen lassen, holen; (*causare*) verursachen ② (*giungere*) (an)kommen; **~ a costare** kommen auf +*acc*, kosten; **~ a sapere** erfahren; **~ a conoscenza di qc** von etw Kenntnis bekommen; **~ alla luce** [*o* **al mondo**] (*bambino*) auf die Welt kommen; (*fig*) ans (Tages)licht kommen; **~ al sodo** [*o* **dunque**] zur Sache kommen; **~ a noia** langweilig werden; **~ in possesso di qc** in den Besitz einer Sache gen kommen ③ (*sopraggiungere, manifestarsi*) **viene fuori con certe idee!** der [*o* die] kommt auf Einfälle!; **non mi viene** (*fam*) mir fällt's nicht ein, ich komme nicht drauf; **mi è venuta un'idea** mir ist eine Idee gekommen; **mi viene da vomitare** ich muss mich übergeben; **mi viene in mente qc** mir fällt etw ein; **mi sta venendo il raffreddore** ich bekomme einen Schnupfen; **a ~** künftig, kommende(r, s), nächste(r, s); **ora viene il bello** nun [*o* jetzt] kommt das Schönste ④ (MAT) herauskommen; ⑤ (*numeri estratti*) kommen, fallen; ⑥ (*provenire*) **~ da** kommen aus; **viene da Firenze** (*è di Firenze*) er [*o* sie] ist aus Florenz; (*arriva da Firenze*) er [*o* sie] kommt aus Florenz (an) ⑦ (*riuscire*) (heraus)kommen, ausfallen; **viene bene in fotografia** er [*o* sie] ist fotogen; **com'è venuto il lavoro?** wie ist die Arbeit geworden?; **come viene, viene** wie's kommt, so kommt's ⑧ (*costare*) **quanto viene?** was macht das?; **viene 50 euro** es kostet 50 Euro **II.** *vr* **venirsene** (*camminare*) daherkommen, herankommen; (*fam*) herauskommen

venoso, -a [ve'no:so] *agg* venös, Venen-; **pressione -a** Blutdruck *m*

ventaglio [ven'taʎʎo] <-gli> *m* Fächer *m*; **a ~** fächerartig

ventata [ven'ta:ta] *f* ① (METEO) Windstoß *m* ② (*fig*) Welle *f*

ventennale [venten'na:le] **I.** *agg* ① (*che dura 20 anni*) zwanzigjährig ② (*che ricorre ogni 20 anni*) Zwanzigjahr- **II.** *m* zwanzigster Jahrestag; **ventenne** [ven'tɛnne] **I.** *agg* zwanzigjährig **II.** *mf* Zwanzigjährige(r) *f(m)*; **ventennio** [ven'tɛnnio] <-i> *m* Zeitraum *m* von zwanzig Jahren

ventesimo [ven'tɛ:zimo] *m* Zwanzigstel *n*; **ventesimo, -a** *agg* zwanzigste(r, s); *v. a.* **quinto**

venti ['venti] **I.** *num* zwanzig **II.** <-> *m* ① (*numero*) Zwanzig *f* ② (*nelle date*) Zwanzigste(r) *m* **III.** *fpl* zwanzig Uhr; *v. a.* **cinquanta**

ventilare [venti'la:re] *vt* ① (*stanza, casa*)

lüften ❷ (AGR) worfeln ❸ (*fig: idea, progetto*) vorschlagen, zur Diskussion stellen; **ventilato, -a** [venti'la:to] *agg* luftig; **ventilatore** [ventila'to:re] *m* Ventilator *m;* **ventilazione** [ventilat'tsio:ne] *f* ❶ (*il ventilare*) Ventilation *f*, Lüftung *f* ❷ (*movimento dell'aria*) Ventilation *f*, Luftbewegung *f*

ventilconvettore [ventilkonvet'to:re] *m* Ventilkonvektor *m*

ventina [ven'ti:na] *f* una ~ (di ...) (etwa) zwanzig (...); **essere sulla** ~ an [*o* um] die Zwanzig sein; **ventino** [ven'ti:no] *m alte Münze im Wert von zwanzig Centesimi*

ventiquattr'ore, ventiquattrore [ventikuat'tro:re] *f* ❶ (*valigia*) kleiner Reisekoffer ❷ (SPORT) Vierundzwanzigstundenrennen *n* ❸ *pl* (*periodo*) vierundzwanzig Stunden *fpl;* ~ **su ventiquattro** rund um die Uhr

ventitré [venti'tre] I. *num* dreiundzwanzig II. <-> *m* ❶ (*numero*) Dreiundzwanzig *f* ❷ (*nelle date*) Dreiundzwanzigste(r) *m* III. *fpl* dreiundzwanzig Uhr; *v. a.* **cinque**

vento ['vɛnto] *m* Wind *m;* **giacca a** ~ Windjacke *f*, Anorak *m;* **mulino a** ~ Windmühle *f;* **parlare al** ~ (*fig*) in den Wind reden; **spargere qc ai quattro -i** (*fig*) etw in alle Winde verstreuen; **tira** ~ es zieht

ventola ['vɛntola] *f* ❶ (*per il fuoco*) (Feuer)wedel *m* ❷ (*del ventilatore*) Flügelrad *n*

ventosa [ven'to:sa] *f* ❶ (MED) Schröpfkopf *m* ❷ (ZOO) Saugnapf *m*

ventosità [ventosi'ta] <-> *f* ❶ (*di luogo*) Windigkeit *f* ❷ (*flatulenza*) Blähung *f*

ventoso, -a [ven'to:so] *agg* windig

ventotto [ven'tɔtto] I. *num* achtundzwanzig II. <-> *m* ❶ (*numero*) Achtundzwanzig *f* ❷ (*nelle date*) Achtundzwanzigste(r) *m; v. a.* **cinque**

ventrale [ven'tra:le] *agg* Bauch-; **ventre** ['vɛntre] *m* ❶ (ANAT) Bauch *m*, Unterleib *m* ❷ (*fig*) Leib *m*, Innere(s) *n;* **ventresca** [ven'treska] <-sche> *f* (*di tonno*) Bauchfleisch *n* vom Thunfisch; (*tosc*) durchwachsener Schweinebauch *m*

ventricolare [ventriko'la:re] *agg* Herzkammer-, ventrikulär; **ventricolo** [ven'tri:kolo] *m* Kammer *f*, Ventrikel *m;* ~ **cardiaco** Herzkammer *f*

ventriera [ven'triɛ:ra] *f* Bauchbinde *f*

ventriglio [ven'triʎʎo] <-gli> *m* Muskelmagen *m*

ventriloqua *f v.* **ventriloquo**

ventriloquio [ventri'lɔ:kuio] <-qui> *m* Bauchreden *n;* **ventriloquo, -a** [ven'tri:lokuo] *m, f* Bauchredner(in) *m(f)*

ventunenne [ventu'nɛnne] I. *agg* einund-

zwanzigjährig II. *mf* Einundzwanzigjährige(r) *f(m);* **ventunesimo, -a** [ventu'nɛ:zimo] I. *agg* einundzwanzigste(r, s) II. *m, f* Einundzwanzigste(r, s) *mfn; v. a.* **quinto; ventuno** [ven'tu:no] I. *num* einundzwanzig II. <-> *m* ❶ (*numero*) Einundzwanzig *f* ❷ (*nelle date*) Einundzwanzigste(r) *m* III. *fpl* einundzwanzig Uhr; *v. a.* **cinque**

ventura [ven'tu:ra] *f* (*sorte*) Schicksal *n*, Los *n;* (*buona fortuna*) Glück *n;* **alla** ~ aufs Geratewohl, auf gut Glück; **compagnie di** ~ Landsknechtscharen *fpl*

venture capital ['ventʃə 'kæpitəl] <-> *m* (FIN) Risikokapital *n*, Spekulationskapital *n*, Venture Kapital *n*

venturo, -a [ven'tu:ro] *agg* nächste(r, s), kommende(r, s); **ci vediamo la settimana -a** wir sehen uns nächste Woche

venusiano, -a [venu'zia:no] I. *agg* Venus- II. *m, f* Venusbewohner(in) *m(f)*

venustà [venus'ta] <-> *f* (*poet*) Liebreiz *m*, Anmut *f;* **venusto, -a** [ve'nusto] *agg* (*poet*) ❶ (*donna*) liebreizend, anmutig ❷ (*stile*) erhaben

venuta [ve'nu:ta] *f* (*arrivo*) Kommen *n*, Ankunft *f*

venuto, -a [ve'nu:to] I. *pp di* **venire** II. *agg* (an)gekommen III. *m, f* Angekommene(r) *f(m)*, Ankömmling *m;* **nuovo** ~ Neuankömmling *m;* **il primo** ~ der Erste, der erste Beste; **non essere il primo** ~ (*fig*) nicht irgendwer sein

vera ['ve:ra] *f* (*fede*) Ehe-, Trauring *m*

verace [ve'ra:tʃe] *agg* (*poet*) wahrhaftig; (*persona*) wahrhaft

veramente [vera'mente] *avv* wirklich, tatsächlich; **io, ~, non ci andrei** ich würde allerdings nicht hingehen

veranda [ve'randa] *f* Veranda *f*

verbale [ver'ba:le] I. *agg* ❶ (*orale*) mündlich, verbal; (*esame*) mündlich ❷ (LING) verbal, Verbal- II. *m* (ADM) Protokoll *n*, Niederschrift *f;* **mettere qc a** ~ etw protokollieren; **verbalismo** [verba'lizmo] *m* leere Worte *npl*, Schwafelei *f*

verbalizzare [verbalid'dza:re] *vt* (ADM) protokollieren, niederschreiben; **verbalizzazione** [verbaliddzat'tsio:ne] *f* (ADM) Protokollierung *f*, Niederschrift *f*

verbena [ver'bɛ:na] *f* Eisenkraut *n*, Verbene *f*

verbo ['vɛrbo] *m* Verb *n*, Zeitwort *n;* **il** ~ **divino** das Wort Gottes

verbosità [verbosi'ta] <-> *f* Redseligkeit *f;* (*di oratore, discorso*) Weitschweifigkeit *f*, Langatmigkeit *f;* **verboso, -a** [ver'bo:so] *agg* redselig; (*oratore, discorso*) weitschweifig, langatmig

vercellese [vertʃel'leːse] **I.** *agg* aus Vercelli **II.** *mf* (*abitante*) Einwohner(in) *m(f)* aus Vercelli

Vercellese <*sing*> *m* Umgebung *f* von Vercelli

Vercelli *f* Vercelli *n* (*Stadt in Piemont*)

verdastro, -a [ver'dastro] *agg* (*pej*) schmutzig grün, grünlich; **verdazzurro, -a** [verdad'dzurro] *agg* blaugrün

verde ['verde] **I.** *agg* grün; (*fig a*) jung, unreif; ~ **chiaro** hellgrün; ~ **scuro** dunkelgrün; ~ **oliva** olivgrün; ~ **pisello** erbsengrün; **numero** ~ 0130-Nummer *f*; **zona** ~ Grünanlage *f*; **l'età** ~, **gli anni** -**i** die jungen Jahre *npl* **II.** *m* ❶ (*colore*) Grün *n*; **essere** [*o* **ridursi**] **al** ~ (*fam fig*) blank sein; **passare col** ~ bei Grün über die Ampel gehen ❷ (*zona, parte verde*) Grün *n*, Grüne(s) *n*; **una zona ricca di** ~ eine Gegend mit viel Grün; **non c'è un filo di** ~ es gibt kein bisschen Natur **III.** *mf* (*POL*) Grüne(r) *f(m)*; **il partito dei** -**i** die grüne Partei; **verdeggiante** [verded'dʒante] *agg* grün(end); **verdeggiare** [verded'dʒaːre] *vi* grünen

verdemare [verde'maːre] <*inv*> *agg* meergrün

verderame [verde'raːme] <-> *m* Grünspan *m*

verdetto [ver'detto] *m* ❶ (*JUR*) Urteilsspruch *m*; ~ **di assoluzione** Freispruch *m*; ~ **di condanna** Verurteilung *f* ❷ (*di gara, concorso*) Entscheidung *f* ❸ (*fig*) Urteil *n*

verdicchio [ver'dikkio] <-cchi> *m* Verdicchio *m* (*trockener Weißwein aus den Marken*)

verdiccio, -a [ver'dittʃo] <-cci, -cce> *agg* grünlich, grüngelb

verdognolo, -a [ver'doɲɲolo] *agg* grünlich; **verdolino, -a** [verdo'liːno] *agg* zartgrün; **verdone** [ver'doːne] **I.** *agg* knallgrün, giftgrün **II.** *m* ❶ (*colore*) Knallgrün *n*, Giftgrün *n* ❷ (*ZOO*) Blauhai *m*

verdura [ver'duːra] *f* Gemüse *n*

verecondia [vere'kondia] <-ie> *f* (*poet*) Schamhaftigkeit *f*; **verecondo, -a** [vere'kondo] *agg* (*poet*) schamhaft

verga ['verga] <-ghe> *f* ❶ (*d'oro*) Barren *m* ❷ (*bacchetta*) Gerte *f*, Rute *f*; (*del rabdomante*) Wünschelrute *f* ❸ (*rotaia*) Schiene *f*, Gleis *n* ❹ (*fam: pene*) Pimmel *m*, Schwanz *m vulg*

vergare [ver'gaːre] *vt* ❶ (*tessuto*) rippen; (*carta*) lin(i)ieren ❷ (*lettera*) (mit der Hand) schreiben; **vergatina** [verga'tiːna] *f* feines Durchschlagpapier *n*; **vergatino** [verga'tiːno] *m* feingerippter

Stoff *m*; **vergato, -a** [ver'gaːto] *agg* gerippt; (*carta*) lin(i)iert; **vergatura** [verga'tuːra] *f* Rippung *f*; (*di carta*) Lin(i)ierung *f*

verginale [verdʒi'naːle] *agg* (*a fig*) jungfräulich; **vergine** ['verdʒine] **I.** *f* ❶ (*donna, fanciulla*) Jungfrau *f* ❷ (*REL*) **Vergine** Jungfrau *f* (Maria) ❸ (*ASTR*) **Vergine** Jungfrau *f*; **sono della** [*o* **una**] **Vergine** ich bin Jungfrau **II.** *agg* unberührt, jungfräulich; (*fig a*) rein, pur; **foresta** ~ Urwald *m*; **olio** ~ **d'oliva** reines Olivenöl; **pura lana** ~ reine Schurwolle; **vergineo** [ver'dʒiːneo] *agg v.* virgineo; **verginità** [verdʒini'ta] <-> *f* ❶ (*di ragazza*) Jungfräulichkeit *f* ❷ (*fig*) Unberührtheit *f*, Keuschheit *f*

vergogna [ver'goɲɲa] *f* ❶ (*pudore*) Scham *f*; **avere** ~ **di qu/qc** sich vor jdm/ etw schämen; **senza** ~ schamlos ❷ (*disonore*) Schande *f*; **essere la** ~ **della famiglia** der Schandfleck der Familie sein; **che** ~ ! welche Schande!, so eine Schande! ❸ (*timidezza*) Hemmungen *fpl* ❹ *pl* (*fam*) Schamteile *npl*; **vergognarsi** [vergoɲ'narsi] *vr* sich schämen, sich genieren; ~ **come un ladro** sich in Grund und Boden schämen; **vergognati!** (*fam*) schäm dich!; **vergognoso, -a** [vergoɲ'noːso] *agg* ❶ (*persona*) schamhaft, verschämt; (*timido*) schüchtern ❷ (*pej: azione*) schändlich

veridicità [veriditʃi'ta] <-> *f* Wahrheitstreue, -liebe *f*; **veridico, -a** [ve'riːdiko] <-ci, -che> *agg* wahrheitsgetreu, glaubwürdig

verifica [ve'riːfika] <-che> *f* (*Nach-, Über*)prüfung *f*, Kontrolle *f*; ~ **contabile** Rechnungsprüfung *f*; ~ **dei passaporti** Passkontrolle *f*; **verificabile** [verifi'kaːbile] *agg* (*nach-, über*)prüfbar, feststellbar; **verificabilità** [verifikabili'ta] <-> *f* (*Nach-, Über*)prüfbarkeit *f*, Feststellbarkeit *f*

verificare [verifi'kaːre] **I.** *vt* (*nach-, über*)prüfen, kontrollieren **II.** *vr* -**rsi** ❶ (*accadere*) sich ereignen, vorfallen ❷ (*avverarsi*) eintreten; **verificatore, -trice** [verifika'toːre] *m, f* Prüfer(in) *m(f)*, Kontrolleur(in) *m(f)*; **verificatrice** [verifika'triːtʃe] *f* Lochkartenprüfer *m*, -leser *m*; **verificazione** [verifikat'tsioːne] *f* Überprüfung *f*

verismo [ve'rizmo] *m* ❶ (*LIT*) Verismus *m* ❷ (*fig: realismo*) Realismus *m*; **verista** [ve'rista] <-i *m*, -e *f*> **I.** *mf* Verist(in) *m(f)* **II.** *agg* veristisch; **veristico, -a** [ve'risti-ko] <-ci, -che> *agg* ❶ (*LIT*) veristisch ❷ (*scena, atteggiamento*) wahrheitsgetreu

verità [veri'ta] <-> *f* ❶ (*gener*) Wahrheit *f*;

verificare

verificare	rückfragen
Con questo intendi dire che...?	Meinst du damit, dass ...?
Questo significa che...?	Soll das heißen, dass ...?
Hai detto giovedì?	Hast du am Donnerstag gesagt?
Ho capito bene che...?	Habe ich Sie richtig verstanden, dass ...?
Riesci a seguirmi?	Kannst du mir folgen?
Hai capito?	Verstanden?
Tutto chiaro? (*fam*)/È chiaro?	Alles klar? (*fam*)/Ist das klar?
Capisci cosa intendo?	Verstehst du, was ich meine?
Sai cosa voglio dire?	Weißt du, was ich damit meine?
Non so se mi sono spiegato.	Ich weiß nicht, ob ich mich verständlich machen konnte.

la pura e semplice ~ die reine Wahrheit; **giuro di dire la ~, tutta la ~, nient'altro che la ~** (JUR) ich schwöre die Wahrheit zu sagen, nichts hinzuzufügen und nichts zu verschweigen; **in ~** in Wahrheit ❷ (REL) Offenbarung *f*; **veritiero, -a** [veri'tiɛːro] *agg* ❶ (*persona*) aufrichtig ❷ (*notizia*) wahrheitsgetreu, richtig

verme ['vɛrme] *m* ❶ (ZOO, MED) Wurm *m*; **~ solitario** Bandwurm *m*; **essere nudo come un ~** splitternackt sein ❷ (*fig*) Würmchen *n*, Wurm *m*

vermicelli [vermi'tʃɛlli] *mpl* Vermicelli *pl* (*etwas dünnere Spaghetti*)

vermicolare [vermiko'laːre] *agg* ❶ (*forma*) wurmförmig, -artig ❷ (ANAT) Wurm-; **appendice ~** Wurmfortsatz *m*; **vermiforme** [vermi'forme] *agg* wurmförmig, -artig

vermifugo [ver'miːfugo] <-ghi> *m* Wurmmittel *n*

vermifugo, -a <-ghi, -ghe> *agg* wurmtötend

vermiglio [ver'miʎʎo] <-gli> *m* leuchtendes Rot

vermiglio, -a <-gli, -glie> *agg* leuchtendrot

verminoso, -a [vermi'noːso] *agg* voller Würmer, wurmstichig

vermouth, vermut ['vɛrmut] <-> *m* Wermut *m*

vernaccia [ver'nattʃa] <-cce> *f* Vernaccia *m* (*bernsteinfarbener Wein aus verschiedenen Regionen Italiens*)

vernacolo, -a [ver'naːkolo] I. *agg* mundartlich II. *m* Mundart *f*; **parlare in ~** Mundart sprechen

vernice [ver'niːtʃe] *f* ❶ (*smalto, tinta*) Lack *m*; **dare una mano di ~ a qc** etw lackieren; **~ fresca!** frisch gestrichen!

❷ (*pelle*) Lackleder *n*; **scarpe di ~ marrone** braune Lackschuhe *mpl*; **verniciare** [verni'tʃaːre] *vt* lackieren, streichen; **~ a smalto** emaillieren; **~ a spruzzo** (lack)spritzen

verniciatore [vernitʃa'toːre] *m* (TEC) Spritzpistole *f*

verniciatore, -trice *m, f* Lackierer(in) *m(f)*; **verniciatura** [vernitʃa'tuːra] *f* ❶ (*operazione*) Lackieren *n*, (An)streichen *n* ❷ (*strato*) Lackierung *f*, Lack *m*

vernissage [vɛrni'saːʒ] <-> *m* Vernissage *f*

vero ['veːro] *m* ❶ (*verità*) Wahrheit *f*, Wahre(s) *n*; **a dire il ~** um die Wahrheit zu sagen, offen gestanden ❷ (*in arte*) Natur *f*; **disegnare/dipingere dal ~** nach der Natur zeichnen/malen

vero, -a *agg* ❶ (*gener*) wahr; (*giusto, esatto*) richtig; **tant'è ~ che ...** so (sehr), dass ...; **niente di più ~!** das kann man wohl sagen!, ganz richtig!; **se è ~?** ob das stimmt?; **non è ~?** ist es nicht so?, stimmt's nicht?; **fosse ~!** wenn's nur wahr wäre!, schön wär's!; **tu non c'eri, ~?** du warst nicht da, richtig?; **lo sai, non è ~?** du weißt es, nicht wahr? ❷ (*genuino*) echt ❸ (*persona*) aufrichtig; (*affetto*) tief; **lo ama di ~ amore** sie liebt ihn wirklich ❹ (*effettivo, reale*) wirklich, eigentlich; **è incredibile, ma ~** es ist nicht zu glauben, aber wahr; **com'è ~ (che c'è) Dio** so wahr mir Gott helfe; **~ e proprio** regelrecht, ausgesprochen

Verona *f* Verona *n* (*Stadt in Venetien*); **l'arena di ~** die Arena von Verona

veronese [vero'neːse] I. *agg* veronesisch II. *mf* (*abitante*) Veroneser(in) *m(f)*; **il Veronese** (*pittore del '500*) der Veronese

Veronese <*sing*> *m* Umgebung *f* von Ve-

rona
veronica [ve'rɔ:nika] <-che> *f* **❶**(REL)
Schweißtuch *n* der Veronika **❷**(*nelle corri-
de*) Veronica *f*
verosimiglianza [verosimiʎˈʎantsa] *f*
Wahrscheinlichkeit *f;* **verosimile** [ve-
ro'si:mile] *agg* wahrscheinlich
verricello [veri'tʃɛllo] *m* Winde *f*
verro ['vɛrro] *m* Eber *m*
verrò [ver'rɔ] *1. pers sing futuro di* **venire**
verruca [ver'ru:ka] <-che> *f* Warze *f;*
verrucoso, -a [verru'ko:so] *agg* warzig
vers. *abbr di* **versamento** Einz.
versaccio [ver'sattʃo] <-cci> *m* (*pej*)
Fratze *f;* **fare i -cci** Fratzen schneiden
versamento [versa'mento] *m* **❶**(COM)
Einzahlung *f* **❷**(FIN) Einlage *f* **❸**(MED) Erguss *m*
versante [ver'sante] *m* Hang *m*
versare [ver'sa:re] **I.** *vt* **❶**(*liquido*)
(ein)gießen; ~ **da bere** einschenken **❷**(*rovesciare*) verschütten, vergießen **❸**(*sangue, lacrime*) vergießen **❹**(*somma*) ein-
zahlen, erlegen *A;* (COM: *caparra*) erbringen; (*anticipo*) leisten **II.** *vi* **❶**(*perdere*)
lecken, leck sein **❷**(*trovarsi*) sich befinden, sein **III.** *vr* **-rsi** **❶**(*spargersi*) sich zerstreuen **❷**(*fiume*) fließen, münden
versatile [ver'sa:tile] *agg* vielseitig, flexibel; **versatilità** [versatili'ta] <-> *f* Vielseitigkeit *f,* Flexibilität *f*
versato, -a [ver'sa:to] *agg* versiert, begabt
verseggiare [versed'dʒa:re] *vt, vi* dichten; **verseggiatore, -trice** [ver-
seddʒa'to:re] *m, f* (*pej*) mittelmäßige(r)
Dichter(in) *m(f),* Gelegenheitsdichter(in)
m(f)
versetto [ver'setto] *m* (REL) Vers *m*
versificare [versifi'ka:re] *vt, vi* dichten;
versificatore, -trice [versifika'to:re] *m,f*
Dichter(in) *m(f);* **versificazione** [versifi-
kat'tsio:ne] *f* Verskunst *f*
versione [ver'sio:ne] *f* **❶**(*traduzione*)
Übersetzung *f* **❷**(*narrazione*) Darstellung *f,* Version *f* **❸**(FILM, LIT) Version *f,* Fassung *f;* (TEC) Ausführung *f*
verso¹ ['vɛrso] *prp* **❶**(*direzione*) in Richtung *gen,* in Richtung auf +*acc,* nach +*dat;*
andavo ~ la stazione ich ging in Richtung
Bahnhof; **veniva ~ di noi** er [*o* sie] kam auf
uns zu **❷**(*tempo*) gegen+*acc,* ~ **sera** gegen Abend **❸**(*dalle parti di*) an +*dat,* bei
+*dat;* **abita ~ la periferia** er [*o* sie] wohnt
am Stadtrand **❹**(*di età*) auf +*acc* (… zu);
si avvia ~ la settantina er [*o* sie] geht auf
die Siebzig zu **❺**(*nei confronti di*) zu
+*dat,* auf +*acc,* gegen +*acc,* mit +*dat;* **si
sente attratto ~ di lei** er fühlt sich zu ihr

hingezogen; **il suo comportamento ~ di
me** sein [*o* ihr] Verhalten mir gegenüber
❻(COM) gegen +*acc*
verso² *m* **❶**(LIT) Vers *m;* **comporre -i** (Verse) dichten **❷**(ZOO) Schrei *m,* Ruf *m* **❸**(*di
persona*) Ruf *m* **❹**(*di pelo, stoffa*)
Strich *m,* Richtung *f* **❺**(*movenza caratteristica*) Eigenart *f* **❻**(*metodo*) Möglichkeit *f,* Weg *m* **❼**(*parte, direzione*) Richtung *f;* **prendere qu per il suo ~** jdn zu
nehmen wissen; **prendere qu per il ~
sbagliato** jdn nicht zu nehmen wissen; **bisogna prendere le cose per il loro ~**
man muss die Dinge nehmen, wie sie sind;
per un ~ o per un altro irgendwie, auf die
eine oder die andere Art **❽**(*di foglio, medaglia, moneta*) Rückseite *f*
vertebra ['vɛrtebra] *f* Wirbel *m;* **vertebrale** [verte'bra:le] *agg* Wirbel-; **colonna ~** Wirbelsäule *f;* **vertebrati** [ver-
te'bra:ti] *mpl* Wirbeltiere *npl*
vertebrato [verte'bra:to] *m* Wirbeltier *n*
vertebrato, -a *agg* Wirbel-
vertenza [ver'tɛntsa] *f* Streit *m,* Streitfall *m;* ~ **sindacale** Tarifkonflikt *m*
vertenziale [verten'tsia:le] *agg* einen
Rechtsstreit betreffend; **vertenzialità**
[vertentsiali'ta] <-> *f* Rechtsstreitigkeiten
fpl
vertere ['vɛrtere] <*mancano il pp e le forme composte*> *vi* laufen, im Gange sein;
~ **su** betreffen; ~ **intorno a** sich handeln
um
verticale [verti'ka:le] **I.** *agg* senkrecht, Ver-
tikal-; **trust/cartello ~** Vertikalkonzern
m/-kartell *n;* **pianoforte ~** Giraffenkla-
vier *n* **II.** *f* **❶**(MAT) Vertikale *f,* Senkrechte *f*
❷(SPORT) Handstand *m;* (*con la testa poggiata al suolo*) Kopfstand *m;* **verticalità**
[vertikali'ta] <-> *f* senkrechte Stellung
[*o* Lage] *f*
vertice ['vɛrtitʃe] *m* (*gener, fig*) Spitze *f,*
Höhepunkt *m;* (*di montagna*) Spitze *f;*
(POL) Gipfel *m;* (MAT) Scheitel(punkt) *m;* (*di
piramide*) Spitze *f;* ~ **aziendale** Topmanagement *n;* **conferenza/incontro al ~**
Gipfelkonferenz *f/*-treffen *n*
verticismo [verti'tʃizmo] *m* Machtkon-
zentration *f* an der Spitze; **verticista**
[verti'tʃista] <-i *m,* -e *f*> **I.** *mf* Anhän-
ger(in) *m(f)* eines machtkonzentrierten
Führungsstils **II.** *agg* führungsbetont; **ver-
ticistico, -a** [verti'tʃistiko] <-ci, -che>
agg Führungs-, Spitzen-
vertigine [ver'ti:dʒine] *f* Schwindel(gefühl *n*) *m;* **ho le -i** mir ist schwindlig; **vertiginoso, -a** [vertidʒi'no:so] *agg* **❶**(*che
causa vertigine, fig*) Schwindel erregend,

schwindelnd ❷ (MED) Schwindel-

verve [vɛrv] <-> f Schwung m, Elan m

verza ['verdza] f Wirsing m; **verzotto** [ver'dzɔtto] **I.** agg Wirsing-; **cavolo** ~ Wirsing(kohl) m **II.** m Wirsing(kohl) m

verzura [ver'dzu:ra] f (poet) Grün n, Natur f

vescica [veʃʃi:ka] <-che> f (ANAT) Blase f

vescicante, vescicatorio [veʃʃi'kante, veʃʃika'tɔ:rjo] <-i, -ie> **I.** agg blasenziehend **II.** m blasenziehendes Mittel n, Vesikans n

vescovado [vesko'va:do] m ❶ (ufficio) Bischofswürde f, Episkopat n ❷ (edificio) Bischofssitz m, bischöfliche Residenz; **vescovile** [vesko'vi:le] agg bischöflich, Bischofs-; **vescovo** ['veskovo] m Bischof m

vespa ['vɛspa] f (ZOO) Wespe f; **vitino di** ~ (fig) Wespentaille f

Vespa® ['vɛspa] f Vespa® f, Motorroller m

vespaio [ves'pa:io] <-ai> m (fig ZOO) Wespennest n; **suscitare un** ~ (fig) in ein Wespennest stechen

vespasiano [vespa'zja:no] m öffentliche Bedürfnisanstalt f, Pissoir n

vespertino, -a [vesper'ti:no] agg (poet) abendlich, Abend-; **stella -a** Abendstern m

vespro ['vɛspro] m ❶ (REL) Abendandacht f, Vesper f ❷ (poet) Abend(stunde f) m

vessare [ves'sa:re] vt schinden, schikanieren; **vessatore, -trice** [vessa'to:re] m, f Unterdrücker(in) m(f), Schinder(in) m(f); **vessatorio, -a** [vessa'tɔ:rjo] <-i, -ie> agg Unterdrückungs-; **vessatrice** f v. vessatore; **vessazione** [vessat'tsjo:ne] f Unterdrückung f; (atto) Schikane f; **-i burocratiche** Behördenschikane f

vessel ['vɛsəl] <-> m Gefäß n, Behälter m; (NAUT) Wasserflugzeug n, Luftschiff n; (REL) biblisches Gefäß

vessillifero, -a [vessil'li:fero] m, f ❶ (fig) Träger(in) m(f) ❷ (HIST) Fahnenträger m

vessillo [ves'sillo] m (a fig) Fahne f, Banner m

vestaglia [ves'taʎʎa] <-glie> f Hausrock m; **vestaglietta** [vestaʎ'ʎetta] f leichtes Haus-, Sommerkleid

vestale [ves'ta:le] f Vestalin f

veste ['vɛste] f ❶ (gener) Kleidung f; (da donna) Kleid n; (abito solenne, ampio) Gewand n; ~ **da camera** (da donna) Morgenrock m; (da uomo) Hausrock m; **in ~ di** als, in der Eigenschaft von ❷ (TYP) Aufmachung f eines Buches

Vestfalia [vest'fa:lia] f Westfalen n

vestiario [ves'tja:rjo] <-i> m ❶ (gener) Kleidung f, Garderobe f; **un capo di** ~ Kleidungsstück n ❷ (THEAT) Kostüm n; **vestia-**

rista [vestia'rista] <-i m, -e f> mf Kostümbildner(in) m(f)

vestibolo [ves'ti:bolo] m Vorhalle f, Vestibül n

vestigio [ves'ti:dʒo] <pl: -gi m, -gia f> m ❶ (fig) Überrest m ❷ (traccia) (Fuß)spur f, -abdruck m

vestire¹ [ves'ti:re] **I.** vt ❶ (persone) anziehen ❷ (abito: portare indosso) anhaben, tragen; (mettersi indosso) anziehen; (livrea, saio) anlegen ❸ (ricoprire) ~ **qc di qc** etw mit etw überziehen **II.** vi sich kleiden; ~ **di nero** sich in Schwarz kleiden; ~ **a lutto** Trauer(kleidung) tragen; ~ **alla moda** sich modisch kleiden **III.** vr **-rsi** ❶ (mettersi le vesti) sich anziehen ❷ (indossare) sich kleiden; **come ti vesti oggi?** was ziehst du heute an?; **-rsi di bianco/seta** Weiß/Seide tragen

vestire² m Kleidung f

vestito [ves'ti:to] m Kleidung f, Bekleidung f; ~ **da donna** Damenkleid n; ~ **da uomo** Herrenanzug m; **cambiare** ~ sich umziehen; **vestizione** [vestit'tsjo:ne] f ❶ (REL) Einkleidung f ❷ (HIST) Bekleidung f

Vesuvio [ve'zu:vjo] m Vesuv m

veterano [vete'ra:no] m (MIL) Veteran m

veterano, -a **I.** agg (alt)bewährt **II.** m, f ❶ (fig) (Alt)meister(in) m(f) ❷ (SPORT) Veteran(in) m(f)

veterinaria [veteri'na:ria] <-ie> f Tier-, Veterinärmedizin f; **veterinario, -a** [veteri'na:rjo] <-i, -ie> **I.** agg tierärztlich; **clinica -a** Tierklinik f; **medico** ~ Tierarzt m, -ärztin f **II.** m, f Tierarzt m, -ärztin f, Veterinär(in) m(f)

veterocattolicesimo [veterokatto-li'tʃe:zimo] m starres Festhalten an den Dogmen des Katholizismus; **veterocomunismo** [veterokomu'nizmo] m starres Festhalten an den Dogmen des Kommunismus; **veterocomunista** [veterokomu'nista] mf dogmatische(r) Vertreter(in) m(f) des Kommunismus; **veteroleninismo** [veteroleni'nizmo] m starres Festhalten an den Dogmen des Leninismus

veto ['vɛ:to] <-> m Veto n, Einspruch m; **porre** [o **opporre**] **il** ~ Widerspruch einlegen

vetraio, -a [ve'tra:io] <-ai, -aie> m, f Glasarbeiter(in) m(f); (per finestre) Glaser(in) m(f); (artigiano) Glasbläser m; **vetrario, -a** [ve'tra:rjo] <-i, -ie> agg Glas-; **vetrata** [ve'tra:ta] f ❶ (ampia finestra) Glasfenster n; (porta) Glastür f ❷ (di chiesa) Kirchenfenster n; **vetrato, -a** [ve'tra:to] agg Glas-, gläsern; **carta -a** Glaspapier n; **vetreria** [vetre'ri:a] <-ie> f

❶ (*fabbrica*) Glasfabrik *f;* -hütte *f* ❷ (*oggetti*) Glas(waren *fpl*) *n;* **vetrificare** [vetrifi'ka:re] I. *vt avere* verglasen II. *vr* **-rsi** zu Glas werden; **vetrificazione** [vetrifikat'tsio:ne] *f* Verglasung *f*

vetrina [ve'tri:na] *f* ❶ (*di negozio*) Schaufenster *n,* Auslage *f A, südd;* **mettersi in ~** (*fig*) sich zur Schau stellen ❷ (*mobile*) Vitrine *f,* Glasschrank *m*

vetrinare [vetri'na:re] *vt* glasieren; **vetrinatura** [vetrina'tu:ra] *f* Glasieren *n,* Glasur *f;* **vetrinista** [vetri'nista] <-i *m,* -e *f>* *mf* Schaufensterdekorateur(in) *m(f);* **vetrinistica** [vetri'nistika] <-che> *f* Schaufensterdekoration *f*

vetrino [ve'tri:no] *m* Objektträger *m,* -glas *n*

vetriolo [vetri'ɔ:lo] *m* Sulfat *n,* Vitriol *n*

vetro ['ve:tro] *m* Glas *n;* (*di finestra*) (Fenster)scheibe *f;* **~ infrangibile** bruchfestes Glas; **essere di ~** (*fig*) empfindlich sein; **fibra di ~** Glasfaser *f;* **lastra di ~** Glasscheibe *f,* -platte *f*

vetrocamera [vetro'ka:mera] *f* Doppelverglasung *f;* **vetroceramica** [vetrotʃe'ra:mika] <-che> *f* Glaskeramik *f*

vetroresina [vetro'rɛ:zina] *f* Fiberglas *n* **vetroso, -a** [ve'tro:so] *agg* glasartig, Glas-

vetta ['vetta] *f* (*a fig*) Gipfel *m;* **in ~** auf dem Gipfel

vettore [vet'to:re] *m* ❶ (*razzo ~*) Trägerrakete *f* ❷ (PHYS, MAT) Vektor *m* ❸ (JUR) Frachtführer *m*

vettore, -trice *agg* ❶ (PHYS, MAT) Vektor- ❷ (*razzo*) Träger-; **vettoriale** [vetto'ria:le] *agg* Vektor(en)-, vektoriell

vettovagliamento [vettovaʎʎa'mento] *m* Lebensmittelversorgung *f,* Verpflegung *f;* **vettovagliare** [vettovaʎ'ʎa:re] *vt* verpflegen; **vettovaglie** [vetto'vaʎʎe] *fpl* Proviant *m*

vettura [vet'tu:ra] *f* ❶ (MOT) Wagen *m,* Fahrzeug *n;* **~ compatta** Kompaktwagen *m* ❷ (FERR) (Eisenbahn)wagen *m,* Waggon *m;* **~ ristorante** Speisewagen *m;* **~ tranviaria** Straßenbahnwagen *m;* **vetturale** [vettu'ra:le] *mf* Kutscher(in) *m(f),* Fuhrmann *m*

vetturino [vettu'ri:no] *m* Kutscher *m*

vetustà [vetus'ta] <-> *f* (*poet*) hohes Alter, Greisenalter *n;* **vetusto, -a** [ve'tusto] *agg* (*poet*) (sehr) alt

vezzeggiamento [vettseddʒa'mento] *m* Verhätschelung *f;* **vezzeggiare** [vettsed'dʒa:re] *vt* verhätscheln

vezzeggiativo [vettseddʒa'ti:vo] *m* Kosewort *n,* Kosename *m;* (LING) Koseform *f*

vezzeggiativo, -a *agg* zärtlich; (*parola*) Kose-

vezzo ['vettso] *m* ❶ (*modo abituale*) Angewohnheit *f* ❷ *pl* (*leggiadria*) Reize *mpl* ❸ *pl* (*smancerie*) Getue *n fam;* **vezzosità** [vettsosi'ta] <-> *f* Liebreiz *m,* Anmut *f;* **vezzoso, -a** [vet'tso:so] *agg* ❶ (*grazioso*) reizend, anmutig ❷ (*lezioso*) geziert, affektiert

VF *abbr di* **Vigili del Fuoco** Feuerwehr

vi [vi] I. *pron pers* ❶ 2. *pers pl* euch ❷ (*complemento di termine, forma di cortesia: Vi*) Ihnen; (*complemento oggetto: Vi*) Sie II. *pron rifl* ❶ 2. *pers pl* euch ❷ (*forma di cortesia: Vi*) sich III. *pron dim* daran IV. *avv* ❶ (*qui*) hier; (*moto*) her ❷ (*lì*) dort; (*moto*) hin ❸ (*per questo luogo*) hier vorbei

via[1] ['vi:a] <vie> *f* ❶ (*gener*) Weg *m;* (*strada*) Straße *f,* Gasse *f A;* **~ comunale/provinciale/nazionale** Gemeinde-/Provinz-/Nationalstraße *f;* **~ lattea** (ASTR) Milchstraße *f;* **dare ~ libera a qu** jdm den Weg freimachen; (*fig*) jdm freie Hand lassen; **~ in salita** Aufstieg *m;* **sulla ~ di casa** auf dem Nachhauseweg; **abitare in ~ Trento** in der via Trento wohnen ❷ (ANAT) Weg *m;* **vie urinarie/respiratorie** Harn-/Atemwege *mpl;* **per ~ orale/rettale** oral-/rektal ❸ (JUR) Weg *m;* **adire le vie legali** den Rechtsweg beschreiten ❹ (*fig: maniera*) Weg *m,* Möglichkeit *f;* (*mezzo*) Mittel *n;* (*procedimento*) Vorgehen *n;* **~ d'uscita** Ausweg *m;* **vie di comunicazione** Kommunikationsmittel *npl;* **vie di trasporto** Transportmittel *npl;* **in ~ eccezionale** ausnahmsweise; **in ~ confidenziale** vertraulich; **in ~ privata** privat; **per ~ aerea** auf dem Luftweg; (*lettere*) per Luftpost; **per ~ diplomatica** auf diplomatischem Weg(e); **per vie traverse** auf Umwegen; **per ~ di** wegen, durch; **essere in ~ di guarigione** auf dem Wege der Besserung sein; **non vedo altra ~** ich sehe keine andere Möglichkeit

via[2] I. *avv* weg, weg-; **andare ~** weggehen; **buttare ~** wegwerfen; **correre ~** weglaufen; **mandare ~** wegschicken; **venir ~** (*macchia*) weggehen, herausgehen; (*bottone*) abgehen; **essere ~** (*fam*) sein; **e così ~, e ~ dicendo** und so weiter; **~ ~ che ...** (wie so) nach und nach ...; **va'~!** (*fam*) geh weg!, hau ab! II. *int* ❶ (SPORT) los; **pronti, attenti, ~!** Achtung, fertig, los! ❷ (*incoraggiamento*) komm, los; **~, facciamolo!** auf (geht's), packen wir's an! ❸ (*per cacciare*) weg; **~ di lì!** weg da! III. *prp* über +*acc,* via +*acc,* per +*acc* IV. *m* Startzeichen *n*

viabile [vi'aːbile] *agg* befahrbar; **viabilista** [viabi'lista] <-i, -e> *agg* Straßen-, Verkehrs-; **viabilistico, -a** [viabi'listiko] <-ci, -che> *agg* Straßen-, Verkehrs-; **viabilità** [viabili'ta] <-> *f* ❶ (*transito*) Befahrbarkeit *f* ❷ (*rete stradale*) Straßennetz *n*

Viacard® [via'kard] <-> *f Magnetkarte zum Bezahlen der Autobahngebühren*

Via Crucis [vi:a 'kru:tʃis] <Vie Crucis> *f* ❶ (REL) Kreuzweg *m* ❷ (*fig*) Leidensweg *m*

viadotto [via'dotto] *m* Viadukt *m*, Überführung *f*

viaggiare [viad'dʒaːre] I. *vi* reisen; (*mezzo, linea*) fahren; ~ **in automobile/aeroplano/treno** mit dem Auto/Flugzeug/Zug reisen; **uno che ha viaggiato molto** ein weit gereister Mann; **viaggia per conto della ditta ...** er [*o* sie] reist für die Firma ...; **il treno viaggia con 3 ore di ritardo** der Zug hat 3 Stunden Verspätung II. *vt* bereisen; **ho viaggiato mezzo mondo** ich habe die halbe Welt bereist; **viaggiatore, -trice** [viaddʒa'toːre] I. *agg* Reise-; **commesso ~** Reisender *m*; **piccione ~** Brieftaube *f* II. *m*, *f* Fahrgast *m*, Reisende(r) *f(m)*; **viaggio** [vi'addʒo] <-ggi> *m* ❶ (*gener*) Reise *f*, Fahrt *f*; ~ **aereo** Flugreise *f*; ~ **all-inclusive** All-inclusive-Urlaub *m*; ~ **di nozze** Hochzeitsreise *f*; ~ **di piacere** Vergnügungsreise *f*; ~ **interplanetario** [*o* **spaziale**] Raumfahrt *f*; ~ **tutto incluso** All-inclusive-Reise *f*; **essere in** ~ auf Reisen sein, unterwegs sein; **mettersi in** ~ sich auf den Weg machen; **buon** ~! gute Reise! ❷ (*fam*) Gang *m*; (*con veicolo*) Fahrt *f*; ~ **di andata e ritorno** Hin- und Rückfahrt *f* ❸ (*sl: dei drogati*) Trip *m*

viagra® ['viagra] <-> *m* (MED) Viagra®

viale [vi'aːle] *m* Allee *f*, Parkweg *m*

viandante [vian'dante] *mf* (*poet*) Wanderer *m*, Wand(e)rerin *f*

viario, -a [vi'aːrio] <-i, -ie> *agg* Straßen-; **rete -a** Straßennetz *n*

viatico [vi'aːtiko] <-ci> *m* Sterbesakramente *npl*

viavai [via'vaːi] <-> *m* Kommen und Gehen *n*, Hin und Her *n*

vibrafono [vi'braːfono] *m* Vibrafon *n*

vibrante [vi'braːnte] *agg* kräftig

vibrare [vi'braːre] I. *vt* ❶ (*colpo, coltellata*) versetzen ❷ (*poet: freccia*) abschießen II. *vi* ❶ (PHYS) schwingen, vibrieren ❷ (*fig*) zittern, (er)beben; **vibratile** [vi'braːtile] *agg* flimmernd, Flimmer-; **ciglia -i** Flimmerhaare *npl*; **vibrato** [vi'braːto] *m* (MUS) Vibrato *n*

vibratore [vibra'toːre] *m* Vibrator *m*

vibratore, -trice *agg* Schwing-; **cuscinetto ~** Massagekissen *n*; **vibratorio, -a** [vibra'tɔːrio] <-i, -ie> *agg* Schwing-, Vibrations-; **vibratura** [vibra'tuːra] *f* Rütteln *n*, Einrüttlung *f*; **vibrazionale** [vibrattsio-'naːle] *agg* (PHYS) Schwingungs-; **vibrazione** [vibrat'tsioːne] *f* (PHYS) Vibration *f*, Schwingung *f*

vibrocoltivatore [vibrokoltiva'toːre] *m* (AGR) Egge *f* mit vibrierenden Tellern; **vibrocostipatore** [vibrokostipa'toːre] *m* Rüttelverdichter *m*, Rüttelstampfer *m*, Vibrationsstampfer *m*; **vibrofinitrice** [vibrofini'triːtʃe] *f* Rüttel(bohlen)fertiger *m*, Vibrationsfertiger *m*; **vibroformatrice** [vibroforma'triːtʃe] *f* Rüttelformmaschine *f*; **vibromassaggiatore** [vibromassaddʒa'toːre] *m* Vibrationsgerät *n*, Massagestab *m*; **vibromassaggio** [vibromas'saddʒo] *m* Vibrationsmassage *f*, Vibromassage *f*; **vibrometria** [vibrome'triːa] <-ie> *f* (PHYS) Schwingungsmessung *m*; **vibrometro** [vibro'mɛːtro] *m* (PHYS) Schwingungsmessgerät *n*; **vibroscopia** [vibrosko'piːa] <-ie> *f* (PHYS) Vibrografie *f*; **vibroscopio** [vibro'skɔːpi] <-i> *m* (PHYS) Erschütterungsschreiber *m*, Vibrograf *m*; **vibroterapia** [vibrotera'piːa] *f* Vibrationsmassagetherapie *f*

vicariato [vika'riːato] *m* Vikariat *n*; **vicario, -a** [vi'kaːrio] <-i> *m* Vikar *m*

vice ['viːtʃe] <-> *mf* Stellvertreter(in) *m(f)*, Vize *m fam*

vice- [vitʃe] (*in parole composte*) Vize-, stellvertretend

vicenda [vi'tʃɛnda] *f* ❶ (*caso*) Ereignis *n*, (Wechsel)fall *m*; **a ~** abwechselnd, gegenseitig ❷ (*successione*) Folge *f*; **vicendevole** [vitʃen'deːvole] *agg* gegenseitig

Vicentino <*sing*> *m* Umgebung *f* von Vicenza

vicentino, -a [vitʃen'tiːno] I. *agg* aus Vicenza; **villa -a** (KUNST) vizentinische Villa II. *m*, *f* (*abitante*) Einwohner(in) *m(f)* von Vicenza

Vicenza [vi'tʃɛntsa] *f* Vicenza *f* (*Stadt in Venetien*)

vicesegreteria [vitʃesegrete'riːa] *f* Amt *n* des Staatssekretärs, Amtsperiode *f* des Staatssekretärs

viceversa [vitʃe'vɛrsa] I. *avv* umgekehrt II. *cong* (*fam: e invece*) aber (dann)

vichinga [vi'kiŋga] *f* (*scherz*) Walküre *f*

vichingo, -a [vi'kiŋgo] <-ghi, -ghe> I. *agg* wikingisch, Wikinger- II. *m*, *f* (HIST) Wikinger(in) *m(f)*

vicina *f v.* **vicino**

vicinanza [vitʃi'nantsa] *f* ❶ (*gener, fig*)

Nähe *f* ❷ *pl* (*dintorni*) Nähe *f,* Umgebung *f*; **vicinato** [vitʃi'na:to] *m* ❶ (*persone*) Nachbarschaft *f* ❷ (*rapporti*) nachbarschaftliche Beziehungen *fpl*

vicino [vi'tʃi:no] *avv* ❶ (*a poca distanza*) nah(e), in der Nähe; ~ **a** neben +*dat*, bei +*dat*, an +*dat*, in der Nähe von +*dat*; **stare** ~ ~ ganz nah(e) sein; **essere** ~ **alla morte** dem Tod nahe sein; **vieni più** ~ komm näher; **ci sei andato** ~ (*fig*) du warst nah(e) daran ❷ (*da poca distanza*) aus der Nähe; (*fig*) näher, genauer; **conoscere qu da** ~ jdn näher kennen; **esaminare qc da** ~ etw näher prüfen; **guardare qc da** ~ etw aus der Nähe betrachten

vicino, -a I. *agg* ❶ (*gener*) nahe (liegend), nächste(r, s); (*popolo, persone*) benachbart, Nachbar-; **un parente** ~ ein naher Verwandter; **la stazione di rifornimento più -a** die nächste Tankstelle ❷ (*di tempo*) nah(e), bevorstehend; **gli esami sono -i** die Prüfungen stehen bevor; **la fine è ormai -a** das Ende ist abzusehen; **è ~ ai sessant'anni** er geht auf die Sechzig zu; **essere ~ a fare qc** nah(e) daran sein etw zu tun ❸ (*fig*) nahe, nahe stehend; (*somigliante*) ähnlich; **un colore più** ~ **al rosso che al giallo** eine Farbe, die eher rot als gelb ist; **sentirsi ~ a qu** (*fig*) sich jdm nahe fühlen II. *m, f* Nachbar(in) *m(f)*; ~ **di tavola** Tischnachbar *m*

vicissitudini [vitʃissi'tu:dini] *fpl* Wechselfälle *mpl*

vico ['vi:ko] <-chi> *m* (*dial: vicolo*) Gasse *f*

vicolo ['vi:kolo] *m* (*strada*) Gasse *f*; ~ **cieco** (*a fig*) Sackgasse *f*

videata [vide'a:ta] *f* Bildschirmansicht *f*, Bildschirminhalt *m*; ~ **di dettaglio** Detailbild *n*

video ['vi:deo] I. <-> *m* Video *n* II. <*inv*> *agg* Video-, video-; **segnale** ~ Video-Signal *n*

video- [video] (*in parole composte*) Video-

videoamatore, -trice [videoama'to:re] *m, f* Amateurfilmer(in) *m(f)*, Hobbyfilmer(in) *m(f)*; **videoamatoriale** [videoamato'ria:le] *agg* (FILM) Amateur-; **ripresa** ~ Amateurfilm *m*

videobar [video'ba:r] *m* öffentliches Lokal *mit Videovorführung*

videocamera [video'ka:mera] *f* Videokamera *f*

videocassetta [videokas'setta] *f* Videokassette *f*

videocitofono [videotʃi'ɔ:fono] *m* Videosprechanlage *f*

videoclip [video'klip] <-> *m* Videoclip *m*

videoconferenza [videokonfe'rɛntsa] *f*

Videokonferenz *f*

videocontrollo [videokon'trɔllo] *m* Fernsehüberwachung *f*

videodipendente [videodipen'dɛnte] I. *agg* fernsehabhängig, fernsehsüchtig II. *mf* Fernsehabhängige(r) *f(m)*; **videodipendenza** [videodipen'dɛntsa] *f* Fernsehabhängigkeit *f*

videodisco [video'disko] *m* Bildplatte *f*

videofonino [videofo'ni:no] *m* Videohandy *n*

videofono [video'fɔ:no] *m* Bildtelefon *n*

videogame ['vidiou geim *o* 'video 'geim] <- *o* videogames> *m* Videospiel *n*

videogioco [video'dʒɔ:ko] *m* Video-, Telespiel *n*

videografia [videogra'fi:a] *f* Videographie *f*; ~ **cinematografica** Videographie *f* des Kinos; **videografico, -a** [video'gra:fiko] <-ci, -che> *agg* videographisch; **videoimpaginatore** [videoimpadʒina'to:re] *m* Videoterminal *n* für Seitenadressierung; **videoimpaginazione** [videoimpadʒinat'tsio:ne] *f* Bildschirm-Seitenwechsel *m*

videoinformazione [videoinformat'tsio:ne] *f* Bildschirmtextsystem *n*

videolento [video'lɛnto] *m* Zeitlupe *f*

videoleso, -a [video'le:zo] (MED) I. *agg* sehgeschädigt II. *m, f* Sehgeschädigte(r) *f(m)*

videolettore [videolet'to:re] *m* Videokassettenrekorder *m*, Videoplattengerät *n*

videolibro [video'li:bro] *m* Textaufzeichnung *f* auf Videoplatte

videomagnetico, -a [videomaɲ'nɛ:tiko] <-ci, -che> *agg* Magnetbandaufzeichnungs-, Video-; **videomaker** ['vidiou'meikə] <- *o* videomakers> *m* Produzent(in) *m(f)* von Videoclips und Werbespots

videomessaggio [videomes'saddʒo] *m* Videobotschaft *f*

videomusica [video'mu:zika] *f* Videomusik *f*

videonastro [video'nastro] *m* Videokassette *f*, Videotape *n*

videopirateria [videopirate'ria] *f* Video-Piraterie *f*

videopolitica [videopo'litika] *f* (TV) fernsehunterstützte Politik

videoproiettore [videoproiet'to:re] *m* Fernsehprojektor *m*

videoproiezione [videoproiet'tsio:ne] *f* Abspielen *n* von Videokassetten

videoregistrare [videoredʒis'tra:re] *vt* auf Video aufnehmen; **videoregistratore** [videoredʒistra'to:re] *m* Videorecorder m; **videoregistrazione** [videoredʒi-strat'tsio:ne] f Videoaufzeichnung f, Bild-aufzeichnung f

videoriparatore, -trice [videoripa-ra'to:re] m, f Fernsehtechniker(in) m(f)

videoripresa [videori'pre:sa] f Video-film m, Video n

videoriproduttore, -trice [videoripro-dut'to:re] m, f Bildplattenspieler m

videoriproduzione [videoripro-dut'tsio:ne] f Videoaufzeichnung f; **vi-deorock** ['vidiou'rɔk] <sing> m auf Groß-leinwand übertragenes Rockkonzert

videoscrittura [videoskrit'tu:ra] f (IN-FORM) Textverarbeitung f; **sistema di ~** Textverarbeitungssystem n

videosegnale [videoseɲ'ɲa:le] m Video-signal(gemisch) n

videosistema [videosis'tɛ:ma] m ❶ (re-gistrazione) Videosystem n ❷ (INFORM) Bildschirmsystem n; **~ di scrittura** Bild-schirmtextsystem n

videotabellone [videotabel'lo:ne] m (elektronische) Anzeigetafel f; **~ pubblici-tario** elektronische Reklametafel

videotape ['vidiouteip o 'videoteip] <- o videotapes> m ❶ (nastro magnetico) Vi-deotape n ❷ (videoregistrazione) Video-aufzeichnung f

videoteca [video'tɛ:ka] <-che> f Video-thek f

Videotel® [video'tɛl] <-> m Bildschirm-text m

videotelefonia [videotelefo'ni:a] f Bild-fernsprechen n, Videotelephonie f; **video-telefonico, -a** [videotele'fɔ:niko] agg Bildtelefon-, Bildfernsprech-; **sistema ~** Bildfernsprechsystem n; **videotelefono** [videote'lɛ:fono] m (TEL) Bildtelefon n

videoterminale [videotermi'na:le] m (Daten)sichtgerät n

Videotex® [video'tɛks] <-> m Bildschirm-text m; Videotext m; **videotext** [vi-deo'tekst] <-> m Videotext m

videotrasmettere [videotraz'mettere] <irr> vt (in Bildern) übertragen; **video-trasmissione** [videotrazmis'sio:ne] f (TV) Bildübertragung f

vidi ['vi:di] 1. pers sing pass rem di **vede-re**[1]

vidimare [vidi'ma:re] vt (ADM) mit einem Sichtvermerk versehen; **vidimazione** [vi-dimat'tsio:ne] f (ADM) Sichtvermerk m

viene, vieni ['viɛ:ne, 'viɛ:ni] 3. e 2. pers sing pr di **venire**

Vienna ['viɛnna] f Wien n

viepiù [vie'piu] avv (poet: sempre più) im-mer [o noch] mehr, mehr und mehr

vietare [vie'ta:re] vt verbieten; **~ a qu di fare qc** jdm verbieten etw zu tun; **nulla vieta che io parta** meiner Abreise steht nichts im Wege; (è) **vietato fumare** Rau-chen verboten; (è) **vietato sporgersi dai finestrini** Hinauslehnen verboten; **vietato l'ingresso** Eintritt verboten; **sosta vietata** Parken verboten

Vietnam [viet'nam] m il **~** Vietnam n; **vi-etnamita** [vietna'mi:ta] <-i m, -e f> I. agg vietnamesisch II. mf Vietnamese m, Vietnamesin f

vieto, -a ['viɛ:to] agg (pej) abgedroschen; **-i luoghi comuni** abgedroschene Redensar-ten

vig. abbr di **vigente** glt. (geltend)

vigente [vi'dʒɛnte] agg (JUR) geltend; **in ba-se alle -i leggi** nach den geltenden Geset-zen; **vigenza** [vi'dʒɛntsa] f Gültigkeit f

vigere ['vi:dʒere] <usato solo nelle terze persone sing e pl> vi gelten, in Kraft sein

vigilante [vidʒi'lante] agg wachsam; **vigi-lantes** [vidʒi'lantes] mpl (ADM) Privatbe-wacher mpl; **vigilanza** [vidʒi'lantsa] f Überwachung f; **~ speciale** Sonderüber-wachung f

vigilare [vidʒi'la:re] I. vt überwachen II. vi wachen; **~ sull'ordine pubblico** über die öffentliche Ordnung wachen; **vigilato, -a** [vidʒi'la:to] I. agg (JUR) beaufsichtigt; **liber-tà -a** Polizeiaufsicht f II. m, f (JUR) unter Polizeiaufsicht Stehende(r) f(m); **vigilato-re, -trice** [vidʒila'to:re] m, f Aufseher(in) m(f); **-trice scolastica** Schulaufseherin f; **vigile** ['vi:dʒile] I. agg wachsam, wachend II. mf Verkehrspolizist m, Schutzmann m, Wachmann m A; **~ urbano** (Stadt)poli-zist m; **-i del fuoco** Feuerwehr f; **vigiles-sa** [vidʒi'lessa] f Politesse f

vigilia [vi'dʒi:lia] <-ie> f ❶ (giorno prima) Vortag m, Vorabend m; **~ di Natale** Heilig-abend m ❷ (digiuno) **giorno di ~** Fasten-tag m; **fare ~** fasten

vigliacca [viʎ'ʎakka] f v. **vigliacco**

vigliaccata [viʎʎak'ka:ta] f (fam pej) Ge-meinheit f

vigliaccheria [viʎʎakke'ri:a] <-ie> f (pej) Feigheit f; (cattiveria) Gemeinheit f; **viglia-cco, -a** [viʎ'ʎakko] <-cchi, -cche> I. agg (pej) feige; (cattivo) gemein, nieder-trächtig II. m, f (pej) Feigling m; (cattivo) Schuft m

vigna ['viɲɲa] f Weinberg m, Weingar-ten m; **vignaiolo, -a** [viɲɲa'iɔ:lo] m, f Weinbauer m, Winzer(in) m(f); **vigneto** [viɲ'ɲe:to] m Weinberg m

vignetta [viɲ'ɲetta] f Karikatur f, Witz-zeichnung f; **vignettista** [viɲɲet'tista]

<-i *m*, -e *f> mf* Karikaturist(in) *m(f)*, Witzzeichner(in) *m(f);* **vignettistica** [viɲɲet'tistika] <-che> *f* Karikaturensammlung *f*

vigogna [vi'goɲɲa] *f* Vigogne *f*

vigore [vi'goːre] *m* Kraft *f;* **riprendere ~** wieder zu Kräften kommen; **essere nel pieno ~ delle proprie forze** im Vollbesitz seiner Kräfte sein; **entrare/essere in ~** in Kraft treten/sein; **vigoria** [vigo'riːa] <-ie> *f (obs)* Kraft *f;* **vigorosità** [vigorosi'ta] <-> *f* Kraft *f,* Stärke *f;* **vigoroso, -a** [vigo'roːso] *agg* kräftig, kraftvoll

vile ['viːle] **I.** *agg* ❶ *(persona, azione)* gemein, niederträchtig; *(codardo)* feige ❷ *(fig)* niedrig, nieder **II.** *mf* gemeiner Mensch; *(codardo)* Feigling *m*

vilipendere <vilipendo, vilipesi, vilipeso> *vt* verhöhnen, beschimpfen; **vilipendio** [vili'pɛndio] <-i> *m* (JUR) Verunglimpfung *f*

vilipesi [vili'peːsi] *1. pers sing pass rem di* **vilipendere**

vilipeso [vili'peːso] *pp di* **vilipendere**

villa ['villa] *f* Landhaus *n*

Villaco [vil'laːko] *f* Villach *n*

villaggio [vil'laddʒo] <-ggi> *m* Dorf *n;* **~ residenziale** Wohnsiedlung *f;* **~ turistico** Feriendorf *n*

villana *f v.* **villano**

villanata [villa'naːta] *f (fam)* Flegelei *f;* **villania** [villa'niːa] <-ie> *f* Flegelei *f,* Frechheit *f;* **villano, -a** [vil'laːno] *(pej)* **I.** *agg* ungehobelt, rüpelhaft **II.** *m, f* Rüpel *m,* Grobian *m;* **villanzone, -a** [villan'tsoːne] *m, f (pej)* Flegel *m*

villeggiante [villed'dʒante] *mf* Feriengast *m,* Urlauber(in) *m(f);* **villeggiare** [villed'dʒaːre] *vi* Urlaub machen; **villeggiatura** [villeddʒa'tuːra] *f* (Sommer)urlaub *m,* -ferien *pl; (luogo)* Sommerfrische *f*

villetta [vil'letta] *f* ❶ *(diminutivo di villa)* kleine Villa ❷ *(casa)* Haus *n* mit Garten; **~ unifamiliare/bifamiliare** Ein-/Zweifamilienhaus *n;* **~ a schiera** Reihenhaus *n*

villino [vil'liːno] *m* kleine Villa

villo ['villo] *m* (ANAT) Zotte *f;* **villosità** [villosi'ta] <-> *f* Behaartheit *f*

villoso, -a [vil'loːso] *agg* ❶ *(peloso)* behaart, haarig ❷ (ANAT, BOT) zottig

viltà [vil'ta] <-> *f* Gemeinheit *f; (codardia)* Feigheit *f*

viluppo [vi'luppo] *m* ❶ *(di capelli, cavi)* Wirrwarr *m* ❷ *(fig)* Wust *m*

vimine ['viːmine] *m* Weidengerte *f;* **cesto di -i** Weidenkorb *m;* **mobili di -i** Korbmöbel *npl*

vinaccia [vi'nattʃa] <-cce> *f* Trester *m*

vinaio, -a [vi'naːio] <-ai, -aie> *m, f* Weinhändler(in) *m(f)*

vinario, -a [vi'naːrio] <-i, -ie> *agg* Weinvincere ['vintʃere] <vinco, vinsi, vinto> **I.** *vt* ❶ *(guerra, gara, elezioni)* gewinnen; *(nemico)* besiegen ❷ *(fig: difficoltà, ostacolo)* überwinden, meistern; *(passione)* bezwingen; **~ qu in bellezza** jdn an Schönheit übertreffen; **vincerla** *(fam)* es schaffen, sich durchsetzen **II.** *vi* siegen, gewinnen; (SPORT) gewinnen; **~ per tre a uno** drei zu eins gewinnen; **sicuro di ~** siegessicher **III.** *vr* **-rsi** sich überwinden; **vincibile** [vin'tʃiːbile] *agg* besiegbar

vincita ['vintʃita] *f* ❶ *(vittoria)* Sieg *m* ❷ (COM) Gewinn *m; (al lotto)* Treffer *m;* **vincitore, -trice** [vintʃi'toːre] **I.** *agg* siegreich, Sieger- **II.** *m, f* Gewinner(in) *m(f);* (MIL, SPORT) Sieger(in) *m(f)*

vincolante [viŋko'lante] *agg* bindend, verbindlich

vincolare [viŋko'laːre] *vt* ❶ *(fig)* binden ❷ (COM, FIN: *somma)* fest anlegen, festlegen ❸ *(essere d'impaccio)* einengen; **vincolativo, -a** [viŋkola'tiːvo] *agg* bindend; **vincolato, -a** [viŋko'laːto] *agg* (COM, FIN) fest angelegt, Fest-; **deposito ~** Festgeld *n;* **conto ~** Sperrkonto *n;* **vincolistico, -a** [viŋko'listiko] <-ci, -che> *agg* (JUR, COM) zwangsmäßig, Zwangs-

vincolo ['viŋkolo] *m* ❶ *(fig)* Band *n;* **~ d'amore/di sangue** Liebes-/Blutsbande *npl* ❷ (JUR, TEC) Bindung *f*

vinello [vi'nɛllo] *m* leichter Wein

vinicolo, -a [vi'niːkolo] *agg* weinbaulich, Wein-

vinificare [vinifi'kaːre] *vt* zu Wein machen; **vinificazione** [vinifikat'tsioːne] *f* Weinherstellung *f*

vinilpelle® [vinil'pɛlle] *f* Kunstlederart

vino ['viːno] *m* Wein *m;* **~ bianco** Weißwein *m;* **~ brûlé** Glühwein *m;* **~ rosato** Rosé(wein) *m;* **~ rosso** [*o* **nero**] Rotwein *m;* **~ nuovo/vecchio** neuer/alter Wein; **~ secco** trockener Wein; **~ da pesce/arrosto** Wein *m* zum Fisch/zum Braten; **vinoso, -a** [vi'noːso] *agg* weinartig, Wein-

vinsanto, vin santo [vin'santo] *m* Vinsanto *m (weißer Süßwein)*

vinsi ['vinsi] *1. pers sing pass rem di* **vincere**

vinto, -a ['vinto] **I.** *pp di* **vincere** *agg* **II.** *agg (battaglia)* gewonnen; *(nemico)* besiegt; **darsi per ~** *(a fig)* sich geschlagen geben; **averla -a** *(fam)* leichtes Spiel haben; **darla -a a qu** *(fam)* jdm nachgeben

viola¹ [vi'ɔːla] *f* ❶ (BOT) Veilchen *n;* **~ del**

pensiero Stiefmütterchen *n* ❷ (MUS) Bratsche *f*, Viola *f*; **~ da gamba** Gambe *f*, Viola *f* da gamba

viola² I. <inv> *agg* violett, veilchenblau II. <-> *m* Violett *n*, Veilchenblau *n*

violacciocca [viola'tʃɔkka] <-cche> *f* Levkoje *f*

violaceo, -a [vio'la:tʃeo] *agg* violett, veilchenblau

violare [vio'la:re] *vt* ❶ (*legge*) verletzen, verstoßen gegen; (*promessa, fedeltà*) brechen ❷ (*territorio*) verletzen; (*chiesa*) entweihen; (*tomba*) schänden ❸ (*donna*) vergewaltigen; **violazione** [violat'tsio:ne] *f* ❶ (*di legge*) Verletzung *f*, Übertretung *f*; (*di promessa*) Bruch *m*, Nichteinhaltung *f*; (*di fedeltà*) Bruch *m* ❷ (*di chiesa*) Entweihung *f*; (*di tomba*) Schändung *f*

violentare [violen'ta:re] *vt* (*a fig*) vergewaltigen

violento, -a [vio'lɛnto] I. *agg* ❶ (*persona*) gewalttätig ❷ (*fig: tempesta, sommossa*) heftig, schwer; (*passione*) ungestüm ❸ (*pej: rapina, morte*) gewaltsam II. *m, f* gewalttätiger Mensch; **violenza** [vio'lɛntsa] *f* ❶ (*brutalità*) Gewalt *f*; (*azione*) Gewalttätigkeit *f*; **~ carnale** Notzucht *f*; **far ~ ad una donna** einer Frau Gewalt antun; **ricorrere alla ~** Gewalt anwenden ❷ (*fig: di tempesta*) Gewalt *f*, Heftigkeit *f*; (*di passione*) Ungestüm *n*, Heftigkeit *f*

violetto [vio'letto] *m* Violett *n*

violetto, -a *agg* violett

violinista [violi'nista] <-i *m*, -e *f*> *mf* Geiger(in) *m(f)*, Violinist(in) *m(f)*; **violinistico, -a** [violi'nistiko] <-ci, -che> *agg* Geigen-, Violin-; **violino** [vio'li:no] *m* Geige *f*, Violine *f*

violista [vio'lista] <-i *m*, -e *f*> *mf* Bratschen-, Violaspieler(in) *m(f)*

violoncellista [violontʃel'lista] <-i *m*, -e *f*> *mf* Cellist(in) *m(f)*; **violoncello** [violon'tʃɛllo] *m* Cello *n*, Violoncello *n*

viottola [vi'ɔttola] *f*, **viottolo** [vi'ɔttolo] *m* Pfad *m*, Weg *m*

vip [vip] I. <-> *mf* VIP *m*, Prominente(r) *f(m)*; **un ~ della moda** ein Prominenter aus der Welt der Mode II. <inv> *agg* VIP-

V.I.P. [vip] <-> *mf* VIP *f o m*, V.I.P. *f o m*

vipera [vi:pera] *f* ❶ (ZOO) Viper *f*, Otter *f* ❷ (*fig, pej: persona*) (Gift)schlange *f*

viraggio [vi'raddʒo] <-ggi> *m* Abdrehen *n*

virago [vi'ra:go] <viragini> *f* Mannweib *n*

virale [vi'ra:le] *agg* Virus-, viral

virare [vi'ra:re] I. *vt* wenden II. *vi* abdrehen; **virata** [vi'ra:ta] *f* Abdrehen *n*

virgineo, -a [vir'dʒi:neo] *agg* (*poet*) jungfräulich

virginia [vir'dʒi:nia] I. <-> *m* ❶ (*tabacco*) Virginiatabak *m* ❷ (*sigaro*) Virginia *f* II. <-> *f* (*sigaretta*) Virginia(zigarette) *f* III. <inv> *agg* (*tabacco*) Virginia-

virgola ['virgola] *f* Komma *n*, Beistrich *m* A; **punto e ~** Strichpunkt *m*; **virgolette** [virgo'lette] *fpl* Anführungszeichen *npl*, Gänsefüßchen *npl fam*; **aprire/chiudere le ~** Anführungszeichen unten/oben

virgulto [vir'gulto] *m* ❶ (BOT) Schössling *m* ❷ (*fig poet*) Spross *m*, Sprössling *m*

virile [vi'ri:le] *agg* ❶ (*maschile*) männlich, viril ❷ (*fig: forte, animoso*) mannhaft; (*saggezza, età, forza*) männlich, Mannes-; **virilismo** [viri'lizmo] *m* Virilismus *m*; **virilità** [virili'ta] <-> *f* ❶ (BIOL) Virilität *f* ❷ (*fig*) Männlichkeit *f*; (*coraggio*) Mannhaftigkeit *f*; **virilizzare** [virilid'dza:re] *vt* **-rsi** vermännlichen

virologa *f v.* **virologo**

virologia [virolo'dʒi:a] <-gie> *f* Virologie *f*; **virologo, -a** [vi'rɔ:logo] <-gi, -ghe> *m, f* Virologe *m*, -login *f*

virtù [vir'tu] <-> *f* ❶ (*disposizione morale*) Tugend *f* ❷ (*fig*) Tapferkeit *f*, Mut *m*; (*potere, qualità*) Kraft *f*, Wirkung *f*; **in ~ di** kraft +*gen*

virtuale [virtu'a:le] *agg* ❶ (*ipotetico*) potentiell, möglich ❷ (INFORM) virtuell; **negozio ~** Online-Shop *m*; **spazio ~** virtueller Raum

virtuosa *f v.* **virtuoso**

virtuosismo [virtuo'sizmo] *m* ❶ (*di artista*) Virtuosität *f*, Können *n* ❷ (*pej*) Beifallheischerei *f*; **virtuoso, -a** [virtu'o:so] I. *agg* tugendhaft II. *m, f* ❶ (*artista*) Meister(in) *m(f)*; (MUS) Virtuose *m*, Virtuosin *f* ❷ (*chi ha virtù*) tugendhafter Mensch

virulento, -a [viru'lɛnto] *agg* (MED) virulent, ansteckend; (*velenoso*) giftig; **virulenza** [viru'lɛntsa] *f* (MED) Ansteckungsfähigkeit *f*, Virulenz *f*; (*di veleno*) Giftigkeit *f*

virus ['vi:rus] <-> *m* Virus *m o n*

visagismo [viza'dʒizmo] *m* (*obs*) Gesichtskosmetik *f*

visagista [viza'dʒista] <-i *m*, -e *f*> *mf* Visagist(in) *m(f)*

vis à vis [viza'vi] *avv* gegenüber, vis-à-vis

viscerale [viʃʃe'ra:le] *agg* ❶ (ANAT) Eingeweide- ❷ (*fig*) innig, hingebungsvoll; **odio ~** abgrundtiefer Hass; **visceralità** [viʃʃerali'ta] <-> *f* ❶ (*delle viscere*) Charakteristik *f* der Eingeweide ❷ (*fig*) Innigkeit *f*, Leidenschaftlichkeit *f*; **la ~ di un'antipatia** (*fig*) leidenschaftliche Abneigung

viscere¹ ['viʃʃere] *m* (ANAT) inneres Organ

viscere² *fpl* ❶ (ZOO) Eingeweide *npl* ❷ (*fig*) Innere(s) *n*

vischio ['viskio] <-schi> *m* Mistel *f*

vischioso, -a [vis'kio:so] *agg* (*colloso*) klebrig; (*liquido*) zähflüssig, viskos

viscidità [viʃʃidi'ta] <-> *f* ❶ (*scivolosità*) Glitschigkeit *f*, Schlüpfrigkeit *f* ❷ (*fig, pej: di persona*) schleimige Art; **viscido, -a** ['viʃʃido] *agg* ❶ (*lumaca*) glitschig; (*anguilla*) glatt ❷ (*fondo stradale*) glatt, rutschig ❸ (*sostanza*) klebrig ❹ (*fig, pej: persona*) schleimig, schmierig

visconte, -essa [vis'konte, viskon'tessa] *m, f* Vicomte *m*, Vicomtesse *f*

viscosa [vis'ko:sa] *f* Viskose *f*

viscosità [viskosi'ta] <-> *f* Zähflüssigkeit *f*, Viskosität *f*; **viscoso, -a** [vis'ko:so] *agg* zähflüssig, viskos

visibile [vi'zi:bile] *agg* (*oggetto*) sichtbar; (*spettacolo, mostra*) anschaubar

visibilio [vizi'bi:lio] <-i> *m* (*fam*) Unmenge *f*, Masse *f*; **andare in ~** (*fig*) ganz begeistert sein, in Entzücken geraten

visibilità [vizibili'ta] <-> *f* Sicht *f*

visiera [vi'ziɛ:ra] *f* ❶ (*dell'elmo*) Visier *n* ❷ (*di berretto*) Schirm *m*

visionare [vizio'na:re] *vt* (*film*) vorführen

visionario, -a [vizio'na:rio] <-i, -ie> I. *agg* ❶ (PSYCH) Trugbild-, halluzinatorisch ❷ (REL) Erscheinungs-, visionär ❸ (*fig*) traumtänzerisch II. *m, f* ❶ (PSYCH) Halluzinant(in) *m(f)* ❷ (REL) Seher(in) *m(f)* ❸ (*fig*) Traumtänzer(in) *m(f)*, Phantast *m*

visione [vi'zio:ne] *f* ❶ (*atto, capacità del vedere*) Sehen *n* ❷ (*apparizione*) Vision *f*, Erscheinung *f* ❸ (FILM) Vorführung *f*; **prima ~** (FILM) Ur-, Erstaufführung *f* ❹ (PSYCH) Trugbild *n*, Halluzination *f* ❺ (*percezione*) Anschauung *f*, Auffassung *f* ❻ (*esame*) Einsicht *f*; **prendere ~ di qc** in etw *acc* Einsicht nehmen ❼ (*scena*) Anblick *m*

visir [vi'zir] <-> *m* Wesir *m*

visita ['vi:zita] *f* ❶ (*gener*) Besuch *m*; **andare in ~ da qu** bei jdm einen Besuch machen; **fare una ~ a qu** jdn besuchen, jdm einen Besuch abstatten; **biglietto da ~** Visitenkarte *f* ❷ (*di città, museo*) Besichtigung *f* ❸ (MED) Untersuchung *f* ❹ (MIL, *sl*) Musterung *f* ❺ (COM) Prüfung *f*, Revision *f*; **~ doganale** zollamtliche Prüfung *f*; **~ fiscale** Steuerprüfung *f*; **visitare** [vizi'ta:re] *vt* ❶ (*gener*) besuchen ❷ (*città, museo*) besichtigen ❸ (MED) untersuchen; **visitatore, -trice** [vizita'to:re] *m, f* Besucher(in) *m(f)*; **visitazione** [vizitat'tsio:ne] *f* Mariä Heimsuchung *f*

visiting professor ['vizitiŋ prə'fesə] <-o visiting professors> *m* Gastdozent(in) *m(f)*

visivo, -a [vi'zi:vo] *agg* visuell, Blick-; **cam-** po ~ Blickfeld *n*; **memoria -a** visuelles Erinnerungsvermögen

viso ['vi:zo] *m* Gesicht *n*; **far buon ~ a cattiva sorte** [*o* **cattivo gioco**] gute Miene zum bösen Spiel machen

visone [vi'zo:ne] *m* Nerz *m*

visore [vi'zo:re] *m* Diabetrachter *m*

vispo, -a ['vispo] *agg* aufgeweckt, lebhaft

vissi ['vissi] *1. pers sing pass rem di* **vivere**[1]

vissuto, -a [vis'su:to] I. *pp di* **vivere**[1] II. *agg* erfahren, reif

vista ['vista] *f* ❶ (*facoltà*) Sicht *f*, Augenlicht *n*; **a ~ d'occhio** soweit das Auge reicht; **a prima ~** auf den ersten Blick; **avere una ~ buona/debole** gute/schlechte Augen haben; **ha la ~ corta** er [*o* sie] ist kurzsichtig; **perdere la ~** blind werden, erblinden *geh*; **conoscere qu di ~** jdn vom Sehen kennen; **impedire la ~** die Sicht versperren; **perdere di ~** aus den Augen verlieren; **in ~ di** in Hinblick auf +*acc*; **dal mio punto di ~** (*fig*) aus meiner Sicht; **fin dove si spinge** [*o* **arriva**] **la ~** so weit das Auge reicht; **un personaggio molto in ~** (*fig*) eine Persönlichkeit im Blickfeld der Öffentlichkeit ❷ (*spettacolo*) (Aus)sicht *f*, (Aus)blick *m*; **una camera con ~ sul mare** ein Zimmer mit Blick aufs Meer ❸ (COM) Sicht *f*; **a ~** bei Sicht; **tratta a ~** Sichtwechsel *m*

vistare [vis'ta:re] *vt* mit einem Sichtvermerk versehen

visto ['visto] *m* (ADM) Sichtvermerk *m*; (*permesso*) Visum *n*

visto, -a I. *pp di* **vedere**[1] II. *agg* gesehen; **essere ben/mal ~** gern/ungern gesehen sein; **mai ~** einmalig, unglaublich; **-i i risultati** auf Grund [*o* aufgrund] der Ergebnisse; **~ che ...** da ..., auf Grund [*o* aufgrund] dessen, dass ...

Vistola ['vistola] *f* Weichsel *f*

vistoso, -a [vis'to:so] *agg* ❶ (*sgargiante*) auffällig ❷ (*fig: ingente*) ansehnlich, beachtlich

visual ['vizjuəl] <-o visuals> *m* ❶ (*messaggio visivo di una pubblicità*) visuelle Werbebotschaft ❷ (*inserto illustrato*) Bildbeilage *f*

visuale [vizu'a:le] I. *agg* Sicht-, visuell; (*angolo*) Gesichts-, Blick- II. *f* (*veduta*) (Aus)sicht *f*, (Aus)blick *m*; **visualità** [vizuali'ta] <-> *f* Visualität *f*, Ansicht *f*

visualizer [viʒwa'laizə] <-o visualizers> *mf* Visualizer *m*

visualizzabile [vizualid'dza:bile] *agg* darstellbar; **visualizzare** [vizualid'dza:re] *vt* sichtbar machen, visuell darstellen; (**co-**

mando) **visualizza** (*computer*) Ansicht *f;*
visualizzatore [vizualiddza'to:re] *m* (IN-
FORM) Datensichtgerät *n;* ~ **alfanumerico/**
grafico Datensichtgerät *n* mit alphanume-
rischer/grafischer Anzeige; **visualizza-**
zione [vizualiddzat'tsio:ne] *f* ❶ (*opera-*
zione di rendere visibile qc) Visualisie-
rung *f* ❷ (*computer*) Ansicht *f,* Vorschau *f*
Visurgi [vi'zurdʒi] *m* Weser *f*
vita ['vi:ta] *f* ❶ (BIOL) Leben *n;* ~ **animale**
Tierwelt *f;* ~ **sensitiva** Sinneswelt *f;* ~ **ve-**
getale Pflanzenwelt *f;* **l'altra** ~ das Jenseits; **la** ~ **di campagna/città** das Land-/
Stadtleben; **il costo della** ~ die Lebenshaltungskosten; **ragazza** [*o* **donna**] **di** ~
Strichmädchen *n* *fam;* **ragazzi di** ~ Jugendliche *pl* auf der schiefen Bahn; **una**
questione di ~ **o di morte** eine Frage von
Leben oder Tod; **avere una doppia** ~ ein
Doppelleben führen; **essere in** ~ am Leben sein; **essere in fin di** ~ im Sterben liegen; **fare la bella** ~ sich ein schönes Leben
machen; **non dare segno di** ~ kein Lebenszeichen (mehr) von sich *dat* geben;
guadagnarsi la ~ sich *dat* seinen Lebensunterhalt verdienen; **rendere la** ~ **diffici-**
le a qu jdm das Leben schwer machen; **to-**
gliersi la ~ sich *dat* das Leben nehmen; **a** ~
auf Lebenszeit; (JUR) lebenslänglich; ~ **natu-**
ral durante zeitlebens; **fra la** ~ **e la mor-**
te zwischen Leben und Tod; **finché c'è** ~,
c'è speranza (*prov*) solange es Leben gibt,
gibt es Hoffnung ❷ (LIT) Biografie *f,* Lebens-
geschichte *f* ❸ (ANAT) Taille *f;* **un vestito**
stretto in ~ ein engtailliertes Kleid
vitale [vi'ta:le] *agg* lebenswichtig, Lebens-;
linfa ~ (*fig*) Lebenselixier *n,* Energiequelle *f;* **spazio** ~ Lebensraum *m;* **vitalità** [vi-
tali'ta] <-> *f* ❶ (*di persona*) Lebenskraft *f,*
Vitalität *f* ❷ (*fig* MED) Lebensfähigkeit *f*
vitalizio [vita'littsjo] <-i> *m* Rente *f* auf Lebenszeit
vitalizio, -a <-i, -ie> *agg* lebenslänglich,
auf Lebenszeit
vitamina [vita'mi:na] *f* Vitamin *n;* **vitami-**
nico, -a [vita'mi:niko] <-ci, -che> *agg*
Vitamin-; **carenza -a** Vitaminmangel *m;*
vitaminizzare [vitaminid'dza:re] *vt* mit
Vitaminen anreichern, vitaminisieren; **vi-**
taminizzato, -a [vitaminid'dza:to] *agg*
❶ (*alimento*) vitaminisiert, vitaminiert
❷ (*fig*) kräftig, gut genährt; **un ragazzo-**
ne ~ ein kräftiger Bursche; **vitaminizza-**
zione [vitaminiddzat'tsio:ne] *f* Vitami-
nierung *f,* Vitaminisierung *f*
vite ['vi:te] *f* ❶ (BOT) Weinstock *m,* Weinrebe *f* ❷ (TEC, AERO, SPORT) Schraube *f;* **a** ~
schraubenförmig; **dare un giro di** ~ (*fig*)

die Schraube fester anziehen
vitello [vi'tɛllo] *m* ❶ (ZOO) Kalb *n* ❷ (GASTR)
Kalbfleisch *n* ❸ (*pelle*) Kalbsleder *n*
❹ (BIOL) Deutoplasma *n;* **vitellone** [vi-
tel'lo:ne] *m* ❶ (ZOO) Jungochse *m* ❷ (*fig,*
pej) Nichtsnutz *m,* Müßiggänger *m*
viterbese I. *agg* aus Viterbo **II.** *mf* (*abitan-*
te) Einwohner(in) *m(f)* von Viterbo
Viterbese <*sing*> *m* Umgebung *f* von Viterbo
Viterbo *f* Viterbo *n* (*Stadt in Latium*)
viticcio [vi'tittʃo] <-cci> *m* ❶ (BOT) Ran-
ke(npflanze) *f* ❷ (*motivo ornamentale*)
Rankenornament *n,* -werk *n*
viticolo, -a [vi'ti:kolo] *agg* Weinbau-; **vi-**
ticoltore, viticultore, -trice [viti-
kol'to:re, vitikul'to:re] *m, f* Weinbauer *m,*
Winzer(in) *m(f);* **viticoltura, viticultura**
[vitikol'tu:ra, vitikul'tu:ra] *f* Weinbau *m*
vitigno [vi'tiɲɲo] *m* Weinstock *m,* Weinrebe *f*
vitivinicolo, -a [vitivi'ni:kolo] *agg* den
Weinbau und die Weinerzeugung betreffend
vitreo ['vi:treo] *m* Glaskörper *m*
vitreo, -a *agg* ❶ (*di vetro*) gläsern, Glas-;
(*trasparente*) durchsichtig ❷ (*simile al ve-*
tro) glasartig, glasig; (*fig: occhi, sguardo*)
starr, glasig
vittima ['vittima] *f* Opfer *n;* **le -e del ter-**
remoto/dell'incidente die Erdbeben-/
Unfallopfer *npl;* **restare** ~ **di un inciden-**
te einem Unfall zum Opfer fallen; **pove-**
ra ~! (*scherz*) ach, du Arme(r)!; **vittimis-**
mo [vitti'mizmo] *m* Neigung *f* zum
Selbstmitleid; **vittimistico, -a** [vitti'misti-
ko] <-ci, -che> *agg* sich selbst bemitlei-
dend, zum Selbstmitleid neigend; **vitti-**
mizzare [vittimid'dza:re] *vt* ❶ (*umiliare*)
erniedrigen, zu Opfern machen ❷ (*repri-*
mere) unterdrücken; **vittimizzazione**
[vittimiddzat'tsio:ne] *f* Erniedrigung *f,*
Unterdrückung *f*
vitto ['vitto] *m* Kost *f,* Verpflegung *f;* ~ **e al-**
loggio Kost und Logis
vittoria [vit'tɔ:rja] <-ie> *f* Sieg *m;* **riporta-**
re la ~ **sul nemico** den Sieg über den
Feind davontragen
vittorioso, -a [vitto'rjo:so] *agg* siegreich,
Sieger-
vituperabile [vitupe'ra:bile] *agg* tadelnswert
vituperare [vitupe'ra:re] *vt* beschimpfen,
verunglimpfen; **vituperio** [vitu'pɛ:rjo]
<-i> *m* ❶ (*ingiuria*) Beschimpfung *f,*
schwere Beleidigung ❷ (*disonore*) Schande *f,* Schandfleck *m*
viuzza [vi'uttsa] *f* Gasse *f,* Gässchen *n*

viva ['vi:va] *int* es lebe, hoch lebe; ~ **gli sposi!** hoch lebe das Brautpaar!; ~ **il re!** es lebe der König!

vivacchiare [vivak'kia:re] *vi* (*fam*) recht und schlecht leben; **si vivacchia** man lebt, man schlägt sich durch

vivace [vi'va:tʃe] *agg* (*persona, colore, conversazione*) lebhaft, resch A; (MUS) vivace, lebhaft; **vivacità** [vivatʃi'ta] <-> *f* Lebhaftigkeit *f*, Lebendigkeit *f*; **con** ~ lebhaft; **vivacizzare** [vivatʃid'dza:re] *vt* beleben

vivaio [vi'va:io] <-ai> *m* ❶ (AGR) Baumschule *f*, Gärtnerei *f* ❷ (*di pesci*) Fischteich *m* ❸ (*fig*) Pflegestätte *f*; **vivaismo** [viva'izmo] *m* ❶ (*allevamento di piante*) industrieller Gartenbau ❷ (*allevamento di pesci*) Fischzucht *f*

vivanda [vi'vanda] *f* Speise *f*

viva voce ['vi:va 'vo:tʃe] <-> *m* Freisprechanlage *f*; **parlare/essere in** ~ über eine Freisprechanlage sprechen

vivente [vi'vente] I. *agg* lebend, Lebe-; **gli esseri -i** die Lebewesen *npl* II. *m* Lebende(r) *f(m)*

vivere[1] ['vi:vere] <vivo, vissi, vissuto> I. *vi essere* ❶ (*gener*) leben; ~ **all'estero** im Ausland leben; ~ **in campagna/città** auf dem Land/in der Stadt leben; ~ **del proprio lavoro** von seiner Arbeit leben; ~ **fino a tarda età** ein hohes Alter erreichen; **vivi e lascia ~!** leben und leben lassen; **chi vivrà, vedrà** (*prov*) abwarten und Tee trinken *fam* ❷ (*fig*) (weiter)leben II. *vt avere* leben, verleben; (*passare*) erleben; (*sentire*) fühlen

vivere[2] *m* Leben *n*

viveri ['vi:veri] *mpl* Lebensmittel *npl*

viveur [vi'vœːr] <-> *m* Lebemann *m*

vivezza [vi'vettsa] *f* Lebendigkeit *f*, Lebhaftigkeit *f*

vivibile [vi'vi:bile] *agg* menschenwürdig, menschengerecht; **un ambiente** ~ eine menschenwürdige Umgebung; **una città** ~ eine Stadt, die hohe Lebensqualität bietet; **vivibilità** [vivibili'ta] <-> *f* Lebensqualität *f*

vivido, -a ['vi:vido] *agg* (*a fig*) lebhaft; (*colore a*) leuchtend; (*luce*) hell

vivificare [vivifi'ka:re] *vt* ❶ (*rendere vivo*) beleben ❷ (*fig*) erfrischen, beleben; **vivificazione** [vivifikat'tsio:ne] *f* Belebung *f*

viviparo, -a [vi'vi:paro] *agg* lebendgebärend

vivisezione [viviset'tsio:ne] *f* (ZOO) Vivisektion *f*

vivo ['vi:vo] *m* ❶ *pl* (*persone*) Lebende(n), Lebendige(n) *pl* ❷ (*carne viva, a fig*) rohes

Fleisch; **colpire** [*o* **toccare**] **nel** ~ an der empfindlichen Stelle treffen; **entrare nel** ~ **della questione** zum (eigentlichen) Kern der Frage kommen ❸ (RADIO, TV) **trasmissione dal** ~ Live-Übertragung *f*, Live-Sendung *f*; **dal** ~ live

vivo, -a *agg* ❶ (*vivente*) lebend, lebendig; (*lingua*) lebend; **o** ~ **o morto** tot oder lebendig; **più morto che** ~ mehr tot als lebendig; **farsi** ~ sich melden, ein Lebenszeichen geben; **a -a voce** mündlich ❷ (*fig: vivace*) lebendig, lebhaft; (*sentimenti*) stark, lebhaft; (*compassione*) tief; (*interesse, desiderio*) lebhaft; **cuocere a fuoco** ~ auf großer Flamme kochen ❸ (*luce*) grell; (*carne*) roh; (*acqua*) fließend; (*calce*) ungelöscht ❹ (*nelle lettere*) **porgiamo i più -i ringraziamenti** wir verbleiben mit dem herzlichsten Dank; **vivissimi auguri** (aller)herzlichste Glückwünsche

viziare [vit'tsia:re] *vt* ❶ (*persone*) verwöhnen, verziehen ❷ (JUR) ungültig machen; **viziato, -a** [vit'tsia:to] *agg* ❶ (*persona*) verwöhnt, verzogen ❷ (JUR) fehlerhaft, ungültig

vizio ['vittsio] <-i> *m* ❶ (*pej*) Laster *n*, schlechte Angewohnheit; **il lupo perde il pelo, ma non il** ~ (*prov*) die Katze lässt das Mausen nicht; **l'ozio è il padre dei -zi** (*prov*) Müßiggang ist aller Laster Anfang ❷ (ANAT) Fehler *m*; (JUR) Fehler *m*; (TEC) Mangel *m*; ~ **cardiaco** Herzklappenfehler *m*; **viziosa** *f* v. **vizioso; viziosità** [vittsiosi'ta] <-> *f* Fehlerhaftigkeit *f*, Unzulänglichkeit *f*; **vizioso, -a** [vit'tsio:so] I. *agg* ❶ (*persone, atti*) lasterhaft ❷ (*errato*) fehlerhaft, Fehl-; **circolo** ~ Teufelskreis *m* II. *m, f* lasterhafter Mensch

vizzo, -a ['vittso] *agg* welk

V.le *abbr di* **Viale** Allee *f*

vocabolario [vokabo'la:rio] <-i> *m* ❶ (*dizionario*) Wörterbuch *n* ❷ (*lessico*) Wortschatz *m*, Sprache *f*; ~ **essenziale** Grundwortschatz *m*; **vocabolo** [vo'ka:bolo] *m* Wort *n*, Vokabel *f*

vocale [vo'ka:le] I. *agg* ❶ (ANAT) Stimm-, Sprach-; **corde -i** Stimmbänder *npl* ❷ (MUS) vokal, Vokal- II. *f* (LING) Vokal *m*, Selbstlaut *m*; **vocalico, -a** [vo'ka:liko] <-ci, -che> *agg* vokalisch; **vocalist** ['voukəlist *o* 'vɔkalist] <- *o* vocalists> *mf* Sänger(in) *m(f)*, Vokalist *m*; **la** ~ **di un gruppo rock** die Sängerin einer Rockband; **vocalizzare** [vokalid'dza:re] *vt, vi* vokalisieren; **vocalizzazione** [vokaliddzat'tsio:ne] *f* Vokalisation *f*

vocativo [voka'ti:vo] *m* Vokativ *m*

vocativo, -a *agg* Vokativ-, Anrede-

vocazionale [vokattsio'na:le] *agg* aus Berufung; **vocazione** [vokat'tsio:ne] *f* ❶ (REL) Berufung *f* ❷ (*fig*) Veranlagung *f*, Begabung *f*; **avere una ~ per qc** für etw eine Begabung haben

voce ['vo:tʃe] *f* ❶ (*gener*, MUS) Stimme *f*; (*fig*) Klang *m*; **di petto/testa** Brust-/Kopfstimme *f*; **ad alta ~** laut; **a bassa ~** leise; **a gran ~** mit lauter Stimme; **a** (**viva**) **~** mündlich; **a quattro -i** vierstimmig; **parlare sotto ~** flüstern, leise sprechen; **avere ~ in capitolo** mitzureden haben; **dare ~ ai propri sentimenti** seinen Gefühlen Ausdruck verleihen; **essere giù di ~** (*fam*) nicht (gut) bei Stimme sein; **fare la ~ grossa** ein Machtwort sprechen ❷ (*forma grammaticale*) Form *f* ❸ (LING: *lemma*) Stichwort *n*; (*parola*) Wort *n*, Ausdruck *m* ❹ (*su lista, bilancio*) Position *f*, Posten *m* ❺ (*fig*) Gerücht *n*, Gerede *n*; **corre ~ che ...** es geht das Gerücht, dass ...; **-i di corridoio** Hörensagen *n*

vociare¹ [vo'tʃa:re] *vi* (*fam*) krakeelen, herumschreien

vociare² <-> *m* Geschrei *n*

vociferare [votʃife'ra:re] *vt* munkeln

vocio [vo'tʃi:o] <-cii> *m* Geschwätz *n*

vodka ['vɔdka] <-> *f* Wodka *m*

voga ['vo:ga] <-ghe> *f* ❶ (*moda, usanza*) Mode *f*; **essere in ~** in Mode sein; (*persona*) beliebt sein ❷ (NAUT) Rudern *n*

vogare [vo'ga:re] *vi* rudern; **vogata** [vo'ga:ta] *f* Ruderschlag *m*, Rudern *n*

vogatore [voga'to:re] *m* Ruderkasten *m*

vogatore, -trice *m, f* Ruderer *m*, Rud(r)erin *f*

voglia ['vɔʎʎa] <-glie> *f* ❶ (*desiderio*) Lust *f*; (*desiderio sessuale*) Begierde *f*, Lust *f*; (*durante la gravidanza*) Heißhunger *m*; **~ di vivere** Lebensfreude *f*; **avere** (**una gran**) **~ di fare qc** (große) Lust haben etw zu tun; **avere una ~ matta di ...** (*fam*) verrückt sein nach ...; **fare qc contro ~** etw (nur) widerwillig tun ❷ (*fam: macchia della pelle*) Muttermal *n*

voglio ['vɔʎʎo] *1. pers sing pr di* **volere¹**

voglioso, -a [voʎ'ʎo:so] *agg* gierig, lüstern; **è sempre ~ di tutto** er will immer alles haben

voi ['vo:i] *pron pers* ❶ *2. pers pl* (*soggetto*) ihr; (*oggetto*) euch; (*con preposizione*) euch, eurer ❷ (*forma di cortesia: Voi*) Sie; (*oggetto*) Ihnen; (*con preposizione*) Sie, Ihnen, Ihrer

voialtri [vo'ialtri] *pron* ihr, ihr eurerseits

volacchiare [volak'kia:re] *vi* ❶ (*svolazzare*) flattern ❷ (*volare a stento*) flattern, kaum fliegen können

volano [vo'la:no] *m* ❶ (SPORT) Federball *m* ❷ (TEC) Schwungrad *n*

volant [vɔ'lã] <-> *m* Rüsche *f*, Volant *m*

volante [vo'lante] **I.** *agg* (*che vola*) fliegend, Flug-; **un foglio ~** ein loses Blatt **II.** *f* (*polizia*) Überfallkommando *n*, mobiles Einsatzkommando **III.** *m* (MOT) Steuer(rad) *n*, Lenkrad *n*; **un asso del ~** ein Meisterfahrer; **sport del ~** Autorennsport *m*

volantinaggio [volanti'naddʒo] <-ggi> *m* Flugblattverteilen *n*; **volantinare** [volanti'na:re] **I.** *vi* eine Flugblattaktion durchführen **II.** *vt* (mit Flugblättern) propagieren; **volantino** [volan'ti:no] *m* ❶ (*manifestino*) Flugblatt *n*, Flugzettel *m A* ❷ (TEC) Handrad *n*

volare [vo'la:re] *vi* essere *o* avere ❶ (*nell'aria*) fliegen; **il vento gli fece ~ via il cappello** der Wind wehte ihm den Hut davon ❷ (*fig: veicolo*) sausen, flitzen; (*persona*) eilen, rasen; (*tempo*) verfliegen, im Nu vergehen; **volano pugni** es fliegen die Fäuste; **volano schiaffi** es hagelt Ohrfeigen; **volata** [vo'la:ta] *f* ❶ (*volo*) Flug *m* ❷ (*fam: corsa veloce*) schnelle Fahrt ❸ (SPORT) (End)spurt *m*

volatile [vo'la:tile] **I.** *agg* ❶ (CHEM) flüchtig ❷ (ZOO) fliegend, Flug- **II.** *m* Vogel *m*; **volatilità** [volatili'ta] <-> *f* Flüchtigkeit *f*; **volatilizzare** [volatilid'dza:re] **I.** *vt* avere verflüchtigen **II.** *vi* essere sich verflüchtigen **III.** *vr* **-rsi** ❶ (CHEM) sich verflüchtigen ❷ (*fam*) sich in Luft auflösen; **volatilizzazione** [volatiliddzat'tsio:ne] *f* Verflüchtigung *f*

vol-au-vent [vɔlo'vã] <-> *m* ≈ (Königin)pastete *f*

volente [vo'lɛnte] *agg* **~ o nolente** wohl oder übel, nolens volens *geh*

volenteroso, -a [volente'ro:so] *agg* (bereit)willig; **volentieri** [volen'tiɛ:ri] *avv* gern(e)

volere¹ [vo'le:re] <voglio, volli, voluto> **I.** *vt* ❶ (*gener*) wollen; **la lavatrice non vuol funzionare** (*fam*) die Waschmaschine streikt ❷ (*desiderare*) wünschen; (*gradire*) mögen; **come/quando vuoi** wie/wann du willst; **vorrei tre metri di stoffa blu** ich möchte drei Meter blauen Stoff; **vorrebbe che tu venissi** er [o sie] möchte, dass du kommst ❸ (*pretendere*) wollen, verlangen; **ma che vuoi da me?** was willst du denn von mir?; **c'è un signore che ti vuole** da ist ein Herr für dich; da ist ein Herr, der dich sprechen will; **questo verbo vuole il congiuntivo** dieses Verb verlangt den Konjunktiv; **ti vogliono al te-**

lefono du wirst am Telefon verlangt; **chi troppo vuole nulla stringe** (*prov*) allzu viel ist ungesund ❹ (*chiedere un prezzo*) haben wollen, verlangen; **quanto vuole per** [*o di*] **…?** wie viel verlangen Sie für …? ❺ (*richiedere*) brauchen, fordern; (*avere bisogno*) brauchen; **ci vuole/ci vogliono …** es ist/sind … nötig, man braucht …; **qui ci vorrebbe un elettricista** hier wäre ein Elektriker nötig; **ci vuole un bel coraggio** (*fam*) es gehört ganz schön Mut dazu; **non ci vuol niente** (*fig*) das ist doch keine Kunst; **ci vuol altro!** dazu bedarf es mehr!; **quanto ci vuole per andare a Monaco?** wie lange braucht man bis [*o nach*] München? ❻ (*loc*) **~ dire** bedeuten; **~ bene a qu** jdn gern haben; **~ male a qu** jdn nicht mögen; **ti voglio bene** ich hab dich gern, ich mag dich; **farsi ~ bene** sich lieb Kind machen; **non volermene!** (*fam*) sei mir (deshalb) nicht böse II. *vr* **-rsi bene** sich gern haben, sich lieben

volere² *m* ❶ (*volontà*) Wille *m*, Wollen *n* ❷ *pl* Wünsche *mpl*, Vorstellungen *fpl*

Volga ['vɔlga] *m o f* Wolga *f*

volgare [vol'ga:re] I. *agg* ❶ (LING) vulgär, Volks-; **latino ~** Vulgärlatein *n* ❷ (*pej*) vulgär, ordinär; (*triviale*) gewöhnlich II. *mf* vulgärer Mensch; **non fare il ~!** sei nicht so vulgär! III. *m* Vulgärsprache *f*; **volgarità** [volgari'ta] <-> *f* Vulgarität *f*; **volgarizzare** [volgarid'dza:re] *vt* ❶ (*rendere accessibile*) popularisieren, allgemeinverständlich darstellen ❷ (LIT) in die Vulgärsprache übertragen; **volgarmente** [volgar'mente] *avv* ❶ (*pej*) vulgär, gewöhnlich ❷ (*comunemente*) gewöhnlich

volgata [vol'ga:ta] *f v.* **vulgata**

volgere¹ ['vɔldʒere] <volgo, volsi, volto> I. *vt* ❶ (*dirigere*) wenden, richten; **~ gli occhi al cielo** den Blick zum Himmel richten ❷ (*voltare*) ab-, zukehren; **~ le spalle a qu** jdm den Rücken (zu)kehren; **~ il viso verso qu** jdm das Gesicht zuwenden ❸ (*fig: mutare*) **~ qc in qc** etw in etw *acc* verwandeln; **~ le cose in burla** die Dinge ins Lächerliche ziehen II. *vi* ❶ (*strada*) **~ a destra/sinistra** nach rechts/links abbiegen ❷ (*persone*) sich abwenden, sich abkehren ❸ (*avvicinarsi*) sich nähern; **~ al termine** sich dem Ende zuneigen ❹ (*evolversi*) **il tempo volge al brutto** das Wetter wird schlecht; **~ al peggio/meglio** sich zum schlechteren/besseren wenden ❺ (*colore*) **~ al giallo/verde** ins Gelbliche/Grünliche spielen ❻ (*mirare*) abzielen; **~ a qc** auf etw abzielen III. *vr* **-rsi** sich

wenden, sich drehen; **-rsi verso qu** sich jdm zuwenden; **-rsi a destra/sinistra** sich nach rechts/links drehen; **il tempo si volge al brutto** das Wetter wird schlecht

volgere² *m* Verlauf *m*, Lauf *m*; **con il ~ degli anni** im Laufe der Jahre

volgo ['volgo] <-ghi> *m* ❶ (*popolo*) Volk *n*, Volksmassen *fpl* ❷ (*pej*) Pöbel *m*, Masse *f*

voliera [vo'liɛ:ra] *f* Vogelhaus *n*, Voliere *f*

volli ['vɔlli] *1. pers sing pass rem di* **volere¹**

volo ['vo:lo] *m* Flug *m*; (*atto*) Fliegen *n*; (*caduta*) Fall *m*; **~ spaziale** Raumflug *m*; **~ senza scalo** Direkt-, Nonstopflug *m*; **assistente di ~** Kopilot, Steward *m*; **palla a ~** Volleyball *n*; **colpire la palla al ~** den Ball aus der Luft nehmen; **al ~** im Nu, sofort, auf die Schnelle; **alzarsi in ~** auf-, hochfliegen; (AERO) abheben; **prendere il ~** wegfliegen; (*fig*) die Flucht ergreifen; **spiccare il ~** (*uccelli*) auf-, hochfliegen; **fare un ~** (*fig fam*) hinunterfallen, hinunterfliegen

volontà [volon'ta] <-> *f* Wille *m*; **forza di ~** Willenskraft *f*; **le ultime ~** der Letzte Wille; **scrivere le ultime ~** das Testament aufsetzen; **avere una ~ di ferro** einen eisernen Willen haben; **essere di buona ~** guten Willens sein; **a ~** nach Belieben, nach Wunsch; **contro la propria ~** wider Willen; **privo di ~** willenlos

volontaria *f v.* **volontario**

volontariamente [volonta'ria'mente] *avv* freiwillig, aus freien Stücken

volontariato [volonta'ria:to] *m* ❶ (*prestazione di lavoro*) Volontariat *n* ❷ (MIL) freiwilliger Wehrdienst; **volontario, -a** [volon'ta:rio] <-i, -ie> I. *agg* freiwillig; (ANAT) willkürlich II. *m, f* Volontär(in) *m(f)*; (MIL) Freiwillige(r) *f(m)*; **volontarismo** [volonta'rizmo] *m* Voluntarismus *m*

volpacchiotto [volpak'kiotto] *m* (*fig*) schlauer Fuchs; **volpe** ['volpe] *f* ❶ (ZOO) Fuchs *m*; **~ rossa/argentata** Rot-/Silberfuchs *m* ❷ (*pelliccia*) Fuchs(pelz) *m* ❸ (*fig*) Fuchs *m*

volpino [vol'pi:no] *m* Spitz *m*

volpino, -a *agg* Fuchs-; **cane ~** Spitz *m*; **volpone** [vol'po:ne] *m* (*fig*) Fuchs *m*, Schlitzohr *n*

volsi ['vɔlsi] *1. pers sing pass rem di* **volgere¹**

volt [vɔlt] <-> *m* Volt *n*

volta ['vɔlta] *f* ❶ (*momento, circostanza*) Mal *n*; (*turno*) Reihe *f*, Mal *n*; **una ~** einmal; (*in un tempo passato*) einmal, einst; **una ~ sola** einmal, ein einziges Mal; **una (buona) ~** (*fam*) endlich (ein)mal; **una ~ tanto** ab und zu, gelegentlich; **una ~ per**

tutte ein für allemal; **una ~ o l'altra** irgendwann, früher oder später; **un'altra ~** ein andermal; **ancora una ~** noch einmal; **molte -e** recht oft, öfter; **poche -e** selten; **certe -e, delle -e** manchmal; (*spesso*) oft; **tutte le -e che ...** jedes Mal wenn ..., sooft ...; **tutto in una ~** alles auf einmal, alles zusammen; **ogni cosa a sua ~** alles zu seiner Zeit, eines nach dem anderen; **un po' alla ~** nach und nach; **uno per ~** jeweils einer; **a -e** manchmal, ab und zu; **a mia ~** meinerseits, was mich angeht; **c'era una ~** es war einmal; **che sia la prima e l'ultima ~** (ich hoffe) das ist das erste und das letzte Mal; **tre -e tre fa nove** drei mal drei ist neun; **una ~ per uno non fa male a nessuno** (*prov*) jeder soll einmal an die Reihe kommen ❷ (*giro*) Drehung *f*; (*svolta*) Biegung *f*; **dar di ~ il cervello** (*fam*) durchdrehen, überschnappen ❸ (ARCH) Gewölbe *n*; **~ a crociera** Kreuzgewölbe *n*; **a ~** gewölbt ❹ (ASTR) Gewölbe *n*, Firmament *n* ❺ (ANAT) Wölbung *f*

voltafaccia [volta'fattʃa] <-> *m* (*a fig*) Kehrtwendung *f*

voltagabbana [voltagab'ba:na] <-> *mf* **è un(a) ~** er [*o* sie] hängt sein [*o* ihr] Mäntelchen nach dem Wind

voltaggio [vol'taddʒo] <-ggi> *m* Spannung *f*

voltaico, -a [vol'ta:iko] <-ci, -che> *agg* Voltasche(r, s); **arco ~** Lichtbogen *m*; **elemento ~** Voltaelement *n*; **pila -a** Voltasche Säule; **voltametro** [vol'ta:metro] *m* Voltameter *n*

voltare [vol'ta:re] I. *vt* ❶ (*occhi, viso*) wenden, drehen; (*pagina, foglio*) umblättern, wenden; (*frittata*) wenden; **~ pagina** umblättern; (*fig*) ein neues Kapitel anfangen; **~ le spalle a qu** jdm den Rücken (zu)kehren ❷ (*angolo*) biegen um II. *vi* abbiegen III. *vr* **-rsi** sich (um)drehen, sich wenden; **-rsi e rivoltarsi nel letto** sich im Bett hin- und herwälzen; **non sapere da quale parte -rsi** (*fig*) nicht mehr ein noch aus wissen

voltastomaco [voltas'tɔ:mako] <-chi> *m* Übelkeit *f*; **ho il ~** mir ist übel; **mi dà il ~** (*fig*) das dreht mir den Magen um

voltavite [volta'vi:te] <- *o* -i> *m* (*obs*) Schraubendreher *m*

volteggiare [volted'dʒa:re] *vi* ❶ (*volare*) kreisen ❷ (SPORT) voltigieren

volterrianesimo [volterria'ne:zimo] *m* Philosophie *f* Voltaires

voltiano, -a [vol'tia:no] *agg* voltaisch, Volta-; **le scoperte -e** die Entdeckungen *fpl* Voltas; **museo ~** Voltamuseum *n*

voltmetrico, -a [volt'mɛ:triko] <-ci, -che> *agg* (PHYS) mit dem Voltmeter, Spannungs-; **misurazione -a** Spannungsmessung *f*

volto ['volto] *m* ❶ (*poet*) Antlitz *n* ❷ (*fig*) Gesicht *n*, Anblick *m*; **ha rivelato il suo vero ~** er [*o* sie] hat sein [*o* ihr] wahres Gesicht gezeigt

volto, -a ['vɔlto] I. *pp di* **volgere**[1] II. *agg* gewendet, (um)gedreht

voltolare [volto'la:re] I. *vt* rollen, wälzen II. *vr* **-rsi** sich wälzen

voltura [vol'tu:ra] *f* Ummeldung *f*

volubile [vo'lu:bile] *agg* unbeständig, flatterhaft; **volubilità** [volubili'ta] <-> *f* Unbeständigkeit *f*, Flatterhaftigkeit *f*

volume [vo'lu:me] *m* ❶ (MAT) Rauminhalt *m*, Volumen *n* ❷ (*fig* COM) Umfang *m* ❸ (*libro*) Band *m*, Buch *n* ❹ (RADIO, TV) Lautstärke *f*; **abbassare/alzare il ~ di qc** etw leiser/lauter stellen; **a tutto ~** in voller Lautstärke ❺ (*mole*) Ausmaß *n*, Umfang *m* ❻ (INFORM) Speichereinheit *f*; **volumetrico, -a** [volu'mɛ:triko] <-ci, -che> *agg* ❶ (MAT) Rauminhalts-, volumetrisch ❷ (CHEM) Maß-

voluminosità [voluminosi'ta] <-> *f* (beachtlicher) Umfang *m*, Größe *f*; **voluminoso, -a** [volumi'no:so] *agg* (*oggetto*) umfangreich, voluminös; (*persone*) groß und dick, voluminös

voluta [vo'lu:ta] *f* ❶ (ARCH) Volute *f* ❷ (*spira*) Windung *f*

voluto, -a [vo'lu:to] I. *pp di* **volere**[1] II. *agg* ❶ (*desiderato*) gewollt, beabsichtigt ❷ (*fig*) gekünstelt, gewollt

voluttà [volut'ta] <-> *f* ❶ (*sessuale*) Sinnlichkeit *f*, Wollust *f* ❷ (*godimento*) Genuss *m*; **voluttuario, -a** [voluttu'a:rio] <-i, -ie> *agg* Luxus-, Genuss-; **voluttuosità** [voluttuosi'ta] <-> *f* Sinnlichkeit *f*; **voluttuoso, -a** [voluttu'o:so] *agg* sinnlich

vomere ['vɔ:mere] *m* (AGR) Pflugschar *f*

vomitare [vomi'ta:re] I. *vt* (er)brechen, (aus)brechen; **~ ingiurie/bestemmie** Beschimpfungen/Flüche ausstoßen II. *vi* (sich) erbrechen, sich übergeben; **mi viene da ~** ich muss brechen, mir wird übel; **da far ~** zum Kotzen *vulg*; **vomito** ['vɔ:mito] *m* (Er)brechen *n*; **far venire il ~ a qu** (*a fig*) jdm die Galle hochkommen lassen; **mi viene il ~** ich muss brechen, mir wird übel

vongola ['voŋgola] *f* Venusmuschel *f*

vorace [vo'ra:tʃe] *agg* gefräßig; **voracità** [vorat'ʃi'ta] <-> *f* Gefräßigkeit *f*

voragine [vo'ra:dʒine] *f* Erdloch *n*,

V

Schlund *m*
Vorarlberg ['foːrʔarlbɛrk] *m* Vorarlberg *n*
vorrò [vor'rɔ] *1. pers sing futuro di* **volere**[1]
vortice ['vɔrtitʃe] *m* Wirbel *m*, Strudel *m;*
  vorticoso, -a [vorti'koːso] *agg* (*fiume*,
  acque) voller (Wasser)strudel
vostro ['vɔstro] *m* **il ~** das Eure; **il Vostro**
  (*forma di cortesia*) das Ihre
vostro, -a I. *agg* euer; (*forma di cortesia:*
  Vostro) Ihr; **la -a speranza** eure Hoffnung;
  ~ padre/zio euer Vater/Onkel; **un ~ ami-**
  co ein Freund von euch; **ho ricevuto la**
  Vostra del 21 c.m. ich habe Ihr Schreiben
  vom 21.d. M. erhalten; **Vostra Eccel-**
  lenza/Santità Eure Exzellenz/Heiligkeit
  II. *pron* **il ~, la -a** eure(r, s); (*forma di cor-*
  tesia: Vostro) Ihre(r, s)
votante [vo'tante] *mf* Wahlberechtigte(r)
  f(m), Wähler(in) *m(f)*
votare [vo'taːre] **I.** *vt* ❶ (JUR) beschließen,
  abstimmen über + *acc* ❷ (REL) weihen **II.** *vi*
  stimmen, wählen; (*mettere ai voti*) abstimmen; **~ per/contro qc/qu** für/gegen
  etw/jdn stimmen **III.** *vr* **-rsi** (REL) sich weihen, sich hingeben; **votazione** [vo-
  tat'tsioːne] *f* ❶ (JUR) Abstimmung *f;* (*dare il*
  voto) Stimmabgabe *f;* (*elezione*) Wahl *f;*
  ~ per alzata di mano Abstimmung *f*
  durch Handaufheben; **~ a scrutinio se-**
  greto geheime Abstimmung; **passare alle**
  -i zur Abstimmung schreiten ❷ (*nell'inse-*
  gnamento) Benotung *f,* Zensuren *fpl;*
  (*voto*) Note *f*
votivo, -a [vo'tiːvo] *agg* Votiv-, Weih-; **is-**
  crizione -a Votivtafel *f*
voto ['voːto] *m* ❶ (REL) Gelübde *n,* Gelöbnis *n;* (*oggetto*) Weihgabe *f;* **fare un ~** ein
  Gelübde ablegen; **pronunciare i -i** das
  Ordensgelübde ablegen ❷ (JUR) Votum *n,*
  Stimme *f;* **diritto di ~** Wahlrecht *n;* **~ di fi-**
  ducia Vertrauensvotum *n;* **~ di sfiducia**
  Misstrauensvotum *n;* **a unanimità di ~**
  einstimmig; **mettere ai -i** zur Abstimmung
  bringen ❸ (*nell'insegnamento*) Note *f,*
  Zensur *f;* **essere promosso a pieni -i** die
  Höchstpunktzahl erreichen, die beste Note
  bekommen ❹ *pl* Wille *m,* Wunsch *m*
voxel ['vɔksəl] <- *o* voxels> *m* (INFORM) Voxel *n*
voyeur [vwa'jœːr] <-> *m* Voyeur *m;* **voy-**
  eurismo [vwaje'rizmo] *m* Voyeurismus *m*
v.r. *abbr di* **vedi retro** b.w. (*bitte wenden*)
v.s. ❶ *abbr di* **vedi sopra** s.o. (*siehe oben*)
  ❷ *abbr di* **vedi sotto** s.u. (*siehe unten*)

V.S. *abbr di* **Vostra Santità** Eure Heiligkeit
vs., Vs. *abbr di* **vostro** ihr(e), Ihr(e)
VT *abbr di* **Vecchio Testamento** A.T.
VU *abbr di* **Vigile Urbano** (*Verkehrs*)*poli-*
  zist
vu cumprà [vukum'pra] <-> *mf* (*pej*) flie-
  gende(r) Händler(in) *m(f)*
vulcaniano, -a [vulka'niaːno] *agg* Erupti-
  ons-; **fase -a** (GEOL) Eruption(sphase) *f;* **vul-**
  canico, -a [vul'kaːniko] <-ci, -che> *agg*
  ❶ (GEOL) vulkanisch, Vulkan-; **eruzione -a**
  Vulkanausbruch *m* ❷ (*fig: cervello, perso-*
  na) sprühend; **vulcanismo** [vulka'niz-
  mo] *m* Vulkanismus *m*
vulcanite [vulka'niːte] *f* Vulkanit *m*
vulcanizzare [vulkanid'dzaːre] *vt* vulkanisieren; **vulcanizzazione** [vulka-
  niddzat'tsioːne] *f* Vulkanisierung *f,* Vulka-
  nisation *f*
vulcano [vul'kaːno] *m* ❶ (GEOL) Vulkan *m;*
  essere seduto su un ~ (*fig*) wie auf einem Pulverfass sitzen ❷ (*fig: persona*) Vulkan *m,* Naturereignis *n;* **vulcanologia**
  [vulkanolo'dʒiːa] <-gie> *f* Vulkanologie *f*
vulgata [vul'gaːta] *f* Vulgata *f*
vulnerabile [vulne'raːbile] *agg* verwundbar, verletzbar; **lato ~** empfindliche Stelle,
  wunder Punkt; **vulnerabilità** [vulnerabi-
  li'ta] <-> *f* Verletzbarkeit *f,* Verwundbar-
  keit *f*
vulnus ['vulnus] <vulnera> *m* (JUR) Rechtsbruch *m*
vulva ['vulva] *f* Schamlippen *fpl,* Vulva *f*
vuoi, vuole ['vuɔi, 'vuɔːle] *2. e 3. pers sing*
  pr di **volere**[1]
vuotare [vuo'taːre] **I.** *vt* (ent-, aus-)leeren,
  leer machen **II.** *vr* **-rsi** sich leeren
vuoto ['vuɔːto] *m* ❶ (PHYS) Vakuum *n;* **sot-**
  to ~ spinto vakuumverpackt ❷ (*spazio*)
  Leere *f,* Hohlraum *m;* **~ d'aria** Luftloch *n;*
  cadere nel ~ ins Leere fallen ❸ (*recipien-*
  te) Leergut *n,* Pfandflasche *f;* **~ a perdere**
  Wegwerf-, Einwegflasche *f;* **restituzione**
  dei -i Leergutrückgabe *f* ❹ (*fig*) Loch *n,*
  Leere *f;* **colmare un ~** ein Loch füllen;
  parlare a ~ ins Leere hineinreden ❺ **a ~**
  (FIN) ungedeckt; (TEC, MOT) im Leerlauf
vuoto, -a *agg* leer; **a stomaco ~** mit leerem
  Magen, auf leeren Magen; **arrivare a ma-**
  ni -e mit leeren Händen (an)kommen; **ave-**
  re il cervello ~ ein Hohlkopf sein *fam*
Vurtemberga [vurtem'bɛrga] *f* Württemberg *n*
vv *abbr di* **versi** Verse

W

W, w [vu d'doppia] <-> *f* W, w *n;* ~ **come Washington** W wie Wilhelm

W *abbr di* **watt** W

wafer ['va:fer] <-> *m* Waffel *f*

wage ceiling [weidʒ 'si:liŋ] <- *o* wage ceilings> *m* tarifliche Obergrenze *f;* **wage floor** ['weidʒ flɔ:] <- *o* wage floors> *m* tarifliche Untergrenze *f;* **wage freeze** ['weidʒ fri:z] <- *o* wage freezes> *m* Null-runde *f*

wagon-lit [vagɔ̃'li] <-> *m* Schlafwagen *m;* **wagon-restaurant** [vagɔ̃rɛstɔ'rã] <-> *m* Speisewagen *m*

walkie-cup ['wɔ:kikʌp] <- *o* walkie-cups> *f* Einwegbecher *m* mit Deckel

walkie-talkie ['wɔ:ki'tɔ:ki] <-> *m* Walkie-Talkie *n*

walking ['wolkiŋ] <-> *m* (SPORT) Gehen *n*

walkman ['wɔ:kmən] <- *o* walkmen> *m* Walkman *m*

war game ['wɔ: geim] <- *o* war games> *m* ❶ (MIL) Kriegsspiel *n*, Planspiel *n* ❷ (*gioco, videogioco*) Kriegs-Video-spiel *n*

wash-and-wear ['wɔʃən(d)'wɛə] <inv> *agg* pflegeleicht

water-closet ['wɔ:tə'klɔzit] <-> *m* Wasserklosett *n*

waterproof ['wɔ:təpru:f] <inv> *agg* wasserdicht

watt [vat] <-> *m* Watt *n;* **wattora** [vat'to:ra] <-> *f* Wattstunde *f*

way of life ['wei ov 'laif] <- *o* ways of life> *f* Way of Life *m*

wc <-> *m* WC *n*

website <-> *m* (INFORM) Web-Site *f*

weekend ['wi:kɛnd *o* wi:'kɛnd] <-> *m* Wochenende *n;* ~ **di benessere** Wellness-wochenende *n*, Wohlfühlwochenende *n;* **weekendista** [wiken'dista] <-i *m*, -e *f*>

mf Wochenendurlauber(in) *m(f)*

welcome ['welkəm] *int* Willkommen!

welfare state ['wɛlfɛə 'steit] <sing> *m* Wohlfahrtsstaat *m*

western ['westən *o* 'wɛstern] I. <inv> *agg* Western- II. <-> *m* Western *m;* ~ **all'italia-na** Italo-Western *m*

whisky ['wiski] <-> *m* Whisky *m*

whisky-à-gogo ['wiski a go'go] <-> *m* Diskothek *f*, Tanzkeller *m*

window dressing ['windou 'dresiŋ] <-> *m* Schaufensterdekoration *f*

windsurf ['windsə:f] <-> *m* Windsurfen *n*, -surfing *n;* (*tavola*) Surfbrett *n;* **windsur-fer** ['windsə:fə] <- *o* windsurfers> *mf* (SPORT) Windsurfer(in) *m(f);* **windsurfing** ['windsə:fiŋ] <-> *m* (SPORT) Windsurfen *n;* **windsurfista** [windsər'fista] <-i *m*, -e *f*> *mf* (SPORT) Windsurfer(in) *m(f)*

woofer ['wu:fə] *m* (*altoparlante per i toni bassi*) Bassbox *f*

word processing [wə:d 'prousesiŋ] <-> *m* (INFORM) Textverarbeitung *f;* **word processor** [wə:d 'prousesə] <-> *m* (INFORM) Textverarbeitungsprogramm *n*

work song ['wə:k sɔŋ] <work songs> *m* (MUS) Worksong *m*

workstation ['wə:k'steiʃən] <- *o* worksta-tions> *f* (INFORM) Workstation *f*

World Wide Web <-> *m* (INFORM) World Wide Web *n*

wrestling ['rɛsliŋ] <sing> *m* (SPORT) Wrest-ling *n*

würstel ['vyrstəl] <-> *m* Würstchen *n*, Würstel *n dial*

WWF [vu'vuɛffe] *m abbr di* **Worldwide Fund for Nature** (*Fondo Mondiale per la Natura*) WWF *m*

WWW [vu:vu'vu] *m abbr di* **World Wide Web** WWW *n*

X_x

X, x [iks] I. <-> *f* X, x *n;* ~ **come xilofono** X wie Xanthippe; **gambe a** ~ X-Beine *npl* II. *agg* **il signor** ~ der Herr X; **l'ora/il giorno** ~ die Stunde/der Tag X; **raggi** ~ Röntgenstrahlen *mpl,* X-Strahlen *mpl*

xeno ['ksɛːno] *m* Xenon *n*

xenobiotico, -a [kseno'biotiko] <-ci, -che> *agg* (MED) xenobiotisch; **sostanza -a** Xenobiotikum *n*

xenodollaro [kseno'dɔllaro] *m* (FIN) Dollar *m* als Fremdwährung

xenoecologia [ksenoekolo'dʒiːa] *f* ökologische Raumforschung; **xenoecologo, -a** [ksenoe'kɔːlogo] <-gi, -ghe> *m, f* Weltraumökologe, -ökologin *m, f*

xenofilia [ksenofi'liːa] <-ie> *f* ❶ (*esterofilia*) Xenophilie *f* ❷ (ZOO) Xenophilie *f;* **xenofilo, -a** [kse'nɔːfilo] I. *agg* ❶ (*esterofilo*) xenophil ❷ (ZOO) xenophil II. *m, f* Xenophile(r) *f(m)*

xenofoba *f v.* **xenofobo**

xenofobia [ksenofo'biːa] *f* Fremdenhass *m,* Ausländerfeindlichkeit *f;* **xenofobico, -a** [kseno'fɔːbiko] <-ci, -che> *agg* ausländerfeindlich, xenophob; **xenofobo, -a** [kse'nɔːfobo] I. *agg* fremden-, ausländerfeindlich II. *m, f* Fremdenhasser(in) *m(f),* Ausländerfeind(in) *m(f)*

xenotrapianto [ksenotra'pianto] *m* (MED)

Xenotransplantation *f,* Heterotransplantation *f*

xenovaluta [ksenova'luːta] *f* (FIN) Fremdwährung *f*

xerocopia [ksero'kɔːpia] *f* Xerokopie *f;* **xerocopiare** [kseroko'piaːre] *vt* xerokopieren; **xerocopiatrice** [kserokopia'triːtʃe] *f* Xerokopierer *m*

xerofito, -a [kse'rɔːfito] I. *agg* an trockene Standorte angepasst II. *m, f* Xerophyt *m*

xerografia [kserogra'fiːa] *f* Xerographie *f;* **xerografico, -a** [ksero'graːfiko] <-ci, -che> *agg* xerographisch

xilofago, -a [ksi'lɔːfago] <-gi, -ghe> I. *agg* holzfressend II. *m* Holzfresser *m*

xilofonista [ksilofo'nista] <-i *m,* -e *f*> *mf* Xylophonspieler(in) *m(f);* **xilofono** [ksi'lɔːfono] *m* Xylophon *n*

xilografia [ksilogra'fiːa] *f* ❶ (*arte*) Holzschneidekunst *f,* Xylographie *f* ❷ (*copia*) Holzschnitt *m*

xografia [ksogra'fiːa] <-ie> *f* (FOTO) Xographie *f;* **xografico, -a** [kso'graːfiko] <-ci, -che> *agg* (FOTO) xographisch

x-rated [eks'reitid] <inv> *agg* indiziert, auf dem Index stehend; **film** ~ indizierter Film

X-ray ['ɛksrei] <- *o* X-rays> *m* ❶ (MED) Röntgenuntersuchung *f* ❷ (*raggi X*) Röntgenstrahlen *mpl,* X-Strahlen *mpl*

Y_y

Y, y ['ipsilon] <-> *f* Y, y *n;* ~ **come yacht** Y wie Ypsilon

yacht [jɔt] <-> *m* Jacht *f,* Yacht *f*

yachting ['jɔtiŋ] <-> *m* Jachtsport *m;* (*a vela*) Segelsport *m;* **yachtsman** ['jɔtsmən] <-> *m* Jachtfahrer *m,* -besitzer *m*

yak [jæk *o* jak] <-> *m* Jak *m,* Yak *m*

yes-man ['jɛsmən] <- *o* yes-men> *m* Jasager(in) *m(f),* Person *f,* die zu allem Ja und Amen sagt

yeti ['iɛːti] *m* Yeti *m*

yoga ['jɔːga] I. <-> *m* Yoga *m o n* II. <inv> *agg* Yoga-

yogurt ['iɔːgurt] <-> *m v.* **iogurt; yogurtiera** [iogur'tieːra] *f* Jog(h)urtbereiter *m*

yo-yo ['joujou] <-> *m* Jo-Jo *n*

ypsilon ['ipsilon] <-> *f o m v.* **ipsilon**

yucca ['iukka] <-cche> *f* Yucca *f,* Palmlilie *f*

yuppie ['jʌpi] I. <- *o* yuppies> *mf* Yuppie *m* II. <inv> *agg* Yuppie-; **look** ~ Yuppie-Look *m;* **yuppismo** [iu'pizmo] *m* Karrierebewusstsein *n,* Streben *n* nach sozialem Aufstieg; **yuppista** [iu'pista] *agg* Yuppie-, yuppiehaft

Z

Z, z ['dzɛːta] <-> f Z, z n; **~ come Zara** Z wie Zacharias; **dall'a alla ~** von A bis Z

zabaione [dzaba'ioːne] m Zabaione f (*Schaumcreme aus Ei, Zucker und Marsala*)

zacchera ['tsakkera] f Schmutzspritzer m

zaffata [tsaf'faːta] f übelriechende Dunstwolke

zafferano [dzaffe'raːno] m ❶(BOT) Safran m ❷(*colore*) Safran(gelb) n

zaffiro [dzaf'fiːro] m ❶(MIN) Saphir m ❷(*colore*) Saphirblau n

Zagabria [dza'gaːbria] f Zagreb n

zagara ['dzaːgara] f Blüte f der Zitrusgewächse

zaino ['dzaːino] m Rucksack m; (MIL) Tornister m

zampa ['tsampa] f ❶(ZOO: *gamba*) Bein n, Lauf m; (*piede*) Fuß m; (*di cani, gatti*) Pfote f; (*di fiere*) Pranke f, Tatze f; **-e di gallina** (*fig: intorno agli occhi*) Krähenfüße mpl fam; (*scrittura illeggibile*) Gekrakel n, Gekritzel n ❷(*fig pej: gamba dell'uomo*) Hachse f fam; (*mano*) Pfote f fam; **a quattro -e** auf allen vieren; **giù le -e!** Pfoten weg! ❸(GASTR) Hachse f, Haxe f südd ❹(*di mobili*) Fuß m; (*di tavolino, sedia*) Bein n; **zampata** [tsam'paːta] f Pfoten-, Prankenhieb m

zampettare [tsampet'taːre] vi (*fam*) (herum)trippeln

zampetto [tsam'petto] m (GASTR) Hachse f, Haxe f südd

zampillare [tsampil'laːre] vi essere o avere herausspritzen, -schießen; **zampillio** [tsampil'liːo] <-ii> m (andauerndes) Herausspritzen n; **zampillo** [tsam'pillo] m Strahl m

zampino [tsam'piːno] m kleine Pfote, Pfötchen n; **mettere** [o **ficcare** fam] **lo ~ in qc** seine Hand bei etw im Spiel haben

zampirone [dzampi'roːne] m Räucher-, Insektenvertilgungsspirale f

zampogna [tsam'poɲɲa] f Sackpfeife f

zampone [tsam'poːne] m Pranke f; **~ di Modena** gefüllter Schweinsfuß

zana ['tsaːna o 'dzaːna] f ❶(*cesta*) Spankorb m ❷(*culla*) (korbförmige) Wiege f

zangola ['tsaŋgola o 'dzaŋgola] f (*per fare il burro*) Butterfass n; (*per baccalà, ceci*) Holzgefäß n, Holzfass n

zanna ['tsanna] f ❶(ZOO) Stoßzahn m, Hauer m ❷pl (*pej, scherz*) Hauer mpl

zanzara [dzan'dzaːra] f (ZOO) (Stech)mücke f, Gelse f A; **zanzaricida** [dzandzari'tʃiːda] <-i m, -e f> m Mittel n gegen Mücken, Insektenspray n; **zanzariera** [dzandza'rieːra] f Mücken-, Moskitonetz n

zanzarifugo [dzandza'riːfugo] <-ghi> m Mückenabwehrmittel n

zappa ['tsappa] f Hacke f; **darsi la ~ sui piedi** (*fig*) sich dat ins eigene Fleisch schneiden; **zappare** [tsap'paːre] vt (AGR) hacken; **zappata** [tsap'paːta] f Hieb m mit der Hacke; **zappaterra** [tsappa'tɛrra] <-> mf ❶(*contadino*) Feldarbeiter(in) m(f) ❷(*fig, pej*) Bauer m, Tölpel m

zappatore [tsappa'toːre] m (MIL: *Pionier*) Sappeur m

zappatore, -trice m, f (AGR) Feldarbeiter(in) m(f)

zappatrice [tsappa'triːtʃe] f (AGR) Hackmaschine f

zappatura [tsappa'tuːra] f (Um)hacken n

zappetta [tsap'petta] f ❶(AGR) kleine Hacke, Kombihacke f ❷(TEC: *chiodo*) Zwecke f

zapping ['zæpiŋ] <-> m Zappen n; **fare lo ~** zappen

zar [tsar] <-> m, **zarina** [tsa'riːna] f Zar(in) m(f); **zarista** [tsa'rista] <-i m, -e f> I. mf Zarist(in) m(f), Anhänger(in) m(f) des Zaren II. agg zaristisch

zattera ['tsattera o 'dzattera] f Floß n

zatterone [dzatte'roːne o tsatte'roːne] m ❶(*grossa zattera*) Schnake f ❷(*edilizia*) Schwellrost m ❸(*calzatura estiva*) Schuh m mit Keilabsatz

zavorra [dza'vɔrra] f ❶(NAUT, AERO) Ballast m ❷(*fig, pej: cosa*) unnützes Zeug, Ballast m; (*persona*) Nichtsnutz m; **zavorrare** [dzavor'raːre] vt mit Ballast versehen

zazzera ['tsattsera] f ❶(*pej, scherz*) (Löwen)mähne f ❷(*capigliatura*) Langhaarschnitt m, schulterlanges Haar; **zazzeruto, -a** [tsattse'ruːto] agg (*pej, scherz*) langhaarig

zebra ['dzɛːbra] f ❶(ZOO) Zebra n ❷pl (*fam*) Zebrastreifen m; **zebrato, -a** [dze'braːto] agg (schwarz und weiß) gestreift; **zebratura** [dzebra'tuːra] f Zebramuster n

zebù [dze'bu] <-> m Zebu m o n

zecca ['tsekka] <-cche> f ❶(*officina di conio*) Münzstätte f, Münze f; **nuovo di ~** (*fig*) nagelneu ❷(ZOO) Zecke f, Zeck m A, südd

zecchino [tsek'kiːno] m Zechine f; **oro ~**

reinstes Gold, Dukatengold n

zefiro ['dzɛːfiro] m (poet) Zephir m

zelante [dze'lante] agg eifrig, dienstbeflissen; **zelo** ['dzɛːlo] m Eifer m

zen [dzɛn] I. <-> m Zen n II. <inv> agg Zen-

zenit ['dzɛːnit] <-> m Zenit m

zenzero ['dzendzero] m Ingwer m

zeppa ['tseppa] f Keil m

zeppelin ['tsɛpəliːn] <-> m Zeppelin m

zeppo, -a ['tseppo] agg (fam) ~ **di** voll gestopft mit; (fig) voll von, voller; **essere pieno ~** (fam) proppenvoll sein

zerbino [dzer'biːno] m Fußabtreter m, Fußmatte f

zerbinotto [dzerbi'nɔtto] m Geck m

zero ['dzɛːro] I. <-> m ❶ (gener, MAT) Null f; (fig PHYS) Nullpunkt m; **essere uno ~** (fig) eine Null sein fam; **essere ridotto a ~** (fam) völlig abgebrannt sein; **sparare a ~** das Magazin leer schießen; (fig) blind in die Menge schießen; **sparare a ~ contro qu** (fig) jdn hart angreifen; **~ virgola otto** null Komma acht; **3 gradi sotto ~** 3 Grad unter Null ❷ (voto scolastico) ≈ ungenügend, sechs ❸ (di capelli) Kahlschnitt m; **rapare a ~** kahl scheren II. num null; **l'ora ~** null Uhr, Mitternacht f; (fig) die Stunde Null

zeta ['dzɛːta] <-> f v. **Z, z**

zeugma ['dzɛːugma] <-i> m Zeugma n

zia ['tsiːa] <zie> f Tante f

zibaldone [dzibal'doːne] m ❶ (LIT) Notizen-, Aphorismensammlung f ❷ (pej) Sammelsurium n, Mischmasch m

zibellino [dzibel'liːno] m Zobel m

zibetto [dzi'betto] m ❶ (ZOO) Zibetkatze f ❷ (sostanza) Zibet m

zibibbo [dzi'bibbo] m muskatellerartige Weintraubensorte

zigano, -a [tsi'gaːno] I. m, f Zigeuner(in) m(f) II. agg Zigeuner-

zigomo ['dziːgoma] m Jochbogen m, Wangenbein n

zigrinare [dzigri'naːre] vt ❶ (pelle) chagrinieren, narben ❷ (moneta) rändeln; **zigrinato, -a** [dzigri'naːto] agg ❶ (ruvido) aufgeraut, gekörnt ❷ (tratteggiato) gerändelt; **zigrinatura** [dzigrina'tuːra] f ❶ (di cuoio) Narbung f ❷ (nella coniatura, nella meccanica) Rändelung f

zigzag, zig-zag [dzig'dzag] <-> m Zickzack m, Zickzacklinie f; **zigzagante** [dzigdza'gante] agg im Zickzack (verlaufend); (fig) komplex, schwankend; **analisi ~** komplex verlaufende Analyse; **zigzagare** [dzigdza'gaːre] vi im Zickzack gehen

zimbello [tsim'bɛllo o dzim'bɛllo] m ❶ (fig) Zielscheibe f des Spottes ❷ (ZOO: uccello) Lockvogel m

zincare [tsiŋ'kaːre o dziŋ'kaːre] vt verzinken; **zincatura** [tsiŋka'tuːra o dziŋka'tuːra] f ❶ (operazione) Verzinken n ❷ (rivestimento) Verzinkung f, Zinkschicht f

zinco ['tsiŋko o 'dziŋko] m Zink n

zingara f v. **zingaro**

zingaresco, -a [tsiŋga'resko o dziŋga'resk] <-schi, -sche> agg Zigeuner-; **zingaro, -a** ['tsiŋgaro o 'dziŋgaro] m, f Zigeuner(in) m(f)

zinzino [tsin'tsiːno o dzin'dziːno] m Bisschen n; (GASTR) Prise f

zio ['tsiːo] <zii> m ❶ (uomo) Onkel m ❷ pl (zio e zia) Onkel und Tante

zip [dzip] <-> m Reißverschluss m, Zippverschluss m A

zippare [dzip'paːre] vt (INFORM) zippen; **zippato, -a** [dzip'paːto] agg gezippt; **file ~** Zip-Datei f

zircone [dzir'koːne] m Zirkon m

zirlare [dzir'laːre o tsir'laːre] vi singen, pfeifen; **zirlo** ['dzirlo o 'tsirlo] m Singen n, Pfeifen n

zite ['tsiːte] fpl dicke Makkaronisorte

zitellaggio [tsitel'laddʒo o dzitel'laddʒo] <-ggi> m Altjungfernstand m obs; **zitellesco, -a** [tsitel'lesko o dzitel'lesko] <-schi, -sche> agg (scherz o pej) altjüngferlich; **modo ~** altjüngferliche Art

zit(t)ella [tsi'tɛlla o dzi'tɛlla (dzit'tɛlla)] f ❶ (donna nubile) ledige Frau ❷ (pej) alte Jungfer; **zit(t)ellone** [tsi(t)tel'loːne o dzi(t)tel'loːne] m (scherz) (eingefleischter) Junggeselle m

zittire [tsit'tiːre] <zittisco> I. vi zischen II. vt auspfeifen, auszischen

zitto, -a ['tsitto] I. agg still, ruhig; **sta' ~!** (fam) sei still!; **~ ~** (fam) mucksmäuschenstill II. int ruhig, Ruhe

zizzania [dzid'dzaːnia] <-ie> f ❶ (fig) Zwietracht f, Unfrieden m ❷ (BOT) Taumellolch m

zoccolare [tsokko'laːre] vi (fam) (mit Holzpantinen) klappern

zoccolo ['tsɔkkolo] m ❶ (calzatura) (Holz)pantine f, Holzschuh m ❷ (ZOO) Huf m ❸ (ARCH) (Wand)sockel m ❹ (di colonna, monumento) Fuß m ❺ (GEOG) (Kontinental)sockel m

zodiacale [dzodia'kaːle] agg Tierkreis-; **zodiaco** [dzo'diːako] <-ci> m Tierkreis m; **i segni dello ~** die Tierkreiszeichen npl

zolfanello [tsolfa'nɛllo] m Zünd-, Streichholz *n*

zolfatara [tsolfa'ta:ra] *f v.* **solfatara**

zolfo ['tsolfo] *m* Schwefel *m*

zolla ['dzɔlla *o* 'tsɔlla] *f* (Erd)scholle *f;* **zolletta** [dzol'letta *o* tsol'letta] *f* Würfel-
chen *n,* Stückchen *n;* **zucchero in -e** Würfelzucker *m*

zombie ['zɔmbi] <-> *m* Zombi *m;* **credere
negli ~** an Zombies glauben; **sembrare
uno ~** (*fig*) ein Zombi sein

zompare [tsom'pa:re] *vi essere* (*dial: saltare*) hüpfen, springen

zona ['dzɔ:na] *f* ❶(*striscia*) Streifen *m,*
Gürtel *m* ❷(*regione*) Gebiet *n,* Zone *f;* (GE-
OG) Region *f,* Gegend *f;* (*climatica*) Zone *f;*
~ collinare Hügelland *n;* **~ desertica**
Wüstengegend *f;* **~ di montagna** Bergregi-
on *f;* **~ di libero scambio** Freihandelszone *f;* **~ sismica** Erdbebengebiet *n* ❸(ADM:
rione) Stadtbezirk *m,* Stadtviertel *n;* **~ blu**
[*o* disco] blaue Zone; **~ industriale** Industriegebiet *n;* **~ pedonale** Fußgängerzone *f;*
~ residenziale Wohngebiet *n,* Wohnbe-
zirk *m;* **~ verde** Grünanlagen *fpl;* **~ vietata**
Sperrgebiet *n* ❹(SPORT) (Spiel)bereich *m*
❺(TEL: *nastro ricevente*) Papierstreifen *m*
❻(RADIO) Bereich *m;* **~ d'ascolto** Hörbe-
reich *m*

zonista [dzo'nista] <-i *m,* -e *f>* I. *agg*
(SPORT) raumdeckend; **tattica ~** Raumde-
ckung *f* II. *mf* (SPORT) Raumdecker(in) *m(f)*

zonizzare [dzonid'dza:re] *vt* in Zonen
aufteilen; **zonizzazione** [dzo-
niddzat'tsio:ne] *f* Aufteilung *f* in Zonen

zonzo ['dzondzo] (*fam*) **andare a ~** bummeln gehen

zoo ['dzɔ:o] <-> *m* Zoo *m;* **zoocida**
[dzoo'tʃi:da] <-i *m,* -e *f>* I. *agg* Parasiten-,
parasitentötend; **prodotto ~** Mittel *n* gegen Parasiten II. *m* Mittel *n* gegen Parasiten

zoofilo, -a [dzo'ɔ:filo] I. *agg* tierliebend;
società -a Tierschutzverein *m* II. *m, f* Tier-
liebhaber(in) *m(f),* Tierfreund(in) *m(f)*

zoologa *f v.* **zoologo**

zoologia [dzoolo'dʒi:a] <-gie> *f* Zoologie *f,* Tierkunde *f;* **zoologico, -a**
[dzoolo'lɔ:dʒiko] <-ci, -che> *agg* zoologisch; **zoologo, -a** [dzo'ɔ:logo] <-gi,
-ghe> *m, f* Zoologe, -login *m, f*

zoom [zu:m] <-> *m* Zoom(objektiv) *n*

zooparassita [dzooparas'si:ta] *m* Parasit *m*

zootecnia [dzootek'ni:a] <-ie> *f* Vieh-,
Tierzucht *f;* **zootecnico, -a** [dzoo'tɛkni-
ko] <-ci, -che> I. *agg* Vieh-, Viehzucht-
II. *m, f* Viehzüchter(in) *m(f)*

zoppa *f v.* **zoppo**

zoppicante [tsoppi'kante] *agg* hinkend,
lahmend; (*verso, periodo*) holperig

zoppicare [tsoppi'ka:re] *vi* ❶(*persona*)
hinken, humpeln; (*animale*) lahmen, hinken ❷(*mobile, tavolino*) wackeln ❸(*fig
fam: persona*) schwach sein; (*periodo, verso*) holperig sein, hinken; (*ragionamento*)
hinken, nicht stimmen; **zoppo, -a** ['tsɔp-
po] I. *m, f* Hinkende(r) *f(m),* Lahme(r) *f(m)*
II. *agg* ❶(*persona, piede*) hinkend, lahm;
è ~ dalla gamba destra er hinkt auf [*o* mit]
dem rechten Bein ❷(*fig*) nicht stimmig,
hinkend

zotica *f v.* **zotico**

zoticaggine, zotichezza [dzoti'kaddʒi-
ne, dzoti'kettsa] *f* Grobheit *f,* Plumpheit *f*

zotico, -a ['dzɔ:tiko] <-ci, -che> I. *agg*
grob, plump II. *m, f* Grobian *m,* Flegel *m*

zuavo, -a [dzu'a:vo] I. *agg* Zuaven-; **pantaloni alla -a** (Knie)bundhosen *fpl,* Knic-
kerbocker *pl* II. *m, f* Zuave *m*

zucca ['tsukka] <-cche> *f* ❶(BOT) Kürbis *m* ❷(*fam scherz*) Rübe *f,* Birne *f;*
~ pelata (*fam*) Glatzkopf *m;* **zuccata**
[tsuk'ka:ta] *f* (*fam*) Stoß *m* mit dem Kopf

zuccherare [tsukke'ra:re] *vt* zuckern, süßen; **zuccherato, -a** [tsukke'ra:to] *agg*
❶(*caffè, tè*) gezuckert, gesüßt ❷(*fig*)
süßlich, zuckersüß; **zuccheriera** [tsuk-
ke'riɛ:ra] *f* Zuckerdose *f;* **zuccheriero, -a**
[tsukke'riɛ:ro] *agg* Zucker-; **zuccherificio** [tsukkeri'fi:tʃo] <-ci> *m* Zuckerfabrik *f*

zuccherino [tsukke'ri:no] *m* ❶(*pezzetto
di zucchero*) Zuckerstück *n,* Zuckerl *n* A,
südd; (*dolcino*) Bonbon *m o n* ❷(*fig*)
Trostpflaster *n*

zuccherino, -a *agg* zuckerhaltig, Zucker-;
(*dolce*) (zucker)süß

zucchero ['tsukkero] *m* Zucker *m;* **~ filato**
Zuckerwatte *f;* **~ vanigliato** Vanillezucker *m;* **~ di barbabietola** Rübenzucker *m;* **~ di canna** Rohrzucker *m;* **~ in
polvere** Puderzucker *m;* **~ in zollette**
Würfelzucker *m;* **~ dolce come lo ~** (*a
fig*) zuckersüß; **zuccheroso, -a** [tsuk-
ke'ro:so] *agg* ❶(*frutta*) zuckersüß ❷(*fig:
parole*) süßlich, (honig)süß

zucchina [tsuk'ki:na] *f,* **zucchino** [tsuk-
'ki:no] *m* Zucchino *m;* **-e** (GASTR) Zucchini
mpl

zuccona *f v.* **zuccone**

zucconaggine [tsukko'naddʒine] *f* Be-
griffsstutzigkeit *f*

zuccone [tsuk'ko:ne] *m* (*testa grossa*) dicker Kopf

zuccone, -a *m, f* (*fam fig*) Hohlkopf *m;*
(*testardo*) Dickkopf *m*

zuccotto [tsuk'kɔtto] *m* *Halbkugel aus*

Halbgefrorenem, gefüllt mit Sahne, kandierten Früchten und Schokoladenstückchen

zuffa ['tsuffa] *f* Rauferei *f*

zufolare [tsufo'la:re] **I.** *vi* auf der Hirtenflöte blasen **II.** *vt* pfeifen

zufolo ['tsu:folo] *m* Hirtenflöte *f*

zumare [dzu'ma:re] **I.** *vi* (FILM, TV) zoomen; ~ **su un particolare** ein Detail zoomen **II.** *vt* (FILM, TV, FOTO) heranzoomen; **zumata** [dzu'ma:ta] *f* (FILM, TV) Zoomen *n*

zuppa ['tsuppa] *f* ❶ (GASTR) Suppe *f*; ~ **di pesce** Fischsuppe *f*; ~ **di verdura** Gemüsesuppe *f*; ~ **inglese** *Süßspeise aus ver*schiedenen Cremeschichten und mit Likör getränkten Biskuitböden; **se non è ~ è pan bagnato** (*prov*) es ist gehupft wie gesprungen ❷ (*fig*) Mischmasch *m fam*

zuppetta [tsup'peta] *f* Süppchen *n;* **fare** (**la**) ~ **nel caffè** Kekse in Kaffee eintunken

zuppiera [tsup'piɛ:ra] *f* Suppenschüssel *f*

zuppo, -a ['tsuppo] *agg* (*fam*) klatschnass

Zurigo [dzu'ri:go] *m* (*cantone*) Zürich *n;* (*città*) Zürich *n*

zuzzerellone, -a [dzuddzerel'lo:ne] *m, f,* **zuzzurullone, -a** [dzuddzurul'lo:ne] *m, f* (*fam*) Kindskopf *m*

Z

A

A, a [aː] <-, -(s)> *n* ❶ (*Buchstabe*) A, a *f;* **A wie Anton** A come Ancona; **das ~ und O einer Sache** il nocciolo [*o* succo] di una cosa; **von A bis Z** dall'a alla zeta; **von A bis Z erfunden** inventato di sana pianta; **wer A sagt, muss auch B sagen** (*prov*) quando si è in ballo, bisogna ballare ❷ (MUS) la *m*

a *abk v* **Ar** a

à [aː] *prp* +*acc* da, per; **10 Stück ~ zwei Euro** 10 pezzi da [*o* per] due euro

A ❶ *abk v* **Ampere** A ❷ *abk v* **Autobahn** A ❸ *abk v* **Austria** A

AA ❶ *abk v* **Auswärtiges Amt** *Aff. Est.* ❷ *abk v* **Anonyme Alkoholiker** alcolisti *mpl* anonimi

Aa [aˈʔa] <-> *kein Pl n* (*Kindersprache*) cacca *f;* **~ machen** fare la cacca

Aachen [ˈaːxən] *n* Aquisgrana *f*

Aal [aːl] <-(e)s, -e> *m* anguilla *f*

aalglatt *adj* (*fig pej*) viscido, infido

a.a.O *abk v* **am angegebenen Ort** loc.cit.

Aargau [ˈaːɐ̯gau̯] *m* Argovia *f*

Aas [aːs] <-es, -e> *n* ❶ (*Tierleiche*) carogna *f* ❷ (*fam pej*) carogna *f;* **es war kein ~ da!** (*fam*) non c'era anima viva!;

Aasgeier *m* ❶ (ZOO) avvoltoio *m* ❷ (*fam pej*) avvoltoio *m*

ab [ap] **I.** *prp* +*dat* ❶ (*räumlich*) da; (COM) franco; **~ Lager** magazzino franco ❷ (*zeitlich*) (a partire) da, da … in poi; **~ (dem) ersten April** dal primo aprile; **Jugendliche ~ 16 (Jahren)** ragazzi dai 16 anni in poi; **von jetzt ~** d'ora in poi **II.** *adv* ❶ (*weg*) **~ ins Bett!** avanti, a letto!; **gleich hinter der Kreuzung links ~** gira a sinistra subito dopo l'incrocio; **Köln ~ 7.15** partenza da Colonia alle 7.15; **weit ~ von …** assai lontano da … ❷ (*fam: abgetrennt*) staccato ❸ (*herunter, hinunter*) giù, abbasso; **Hut ~!** (*fig*) tanto di cappello! ❹ (*Wend*) **~ und zu** [*o* **an**] ogni tanto, di quando in quando

ab|ändern *vt* modificare, cambiare

Abänderung <-, -en> *f* modifica *f,* cambiamento *m;* (*Umarbeitung*) rimaneggiamento *m;* (*von Gesetz*) emendamento *m*

ab|arbeiten **I.** *vt* (*Schuld*) estinguere, ammortizzare lavorando **II.** *vr* **sich ~** ammazzarsi di lavoro

Abart <-, -en> *f* (A BIOL) varietà *f,* sottospecie *f*

abartig *adj* anormale

Abb. *abk v* **Abbildung** ill.

Abbau <-(e)s> *kein Pl m* ❶ (MIN) estrazione *f* ❷ (*Auseinandernehmen*) smontaggio *m* ❸ (*von Preisen, Gehältern, Personal*) riduzione *f,* diminuzione *f* ❹ (*von Maßnahme, Einrichtung*) soppressione *f* ❺ (CHEM) decomposizione *f,* degradazione *f*

abbaubar *adj* degradabile; **biologisch ~** biodegradabile

ab|bauen **I.** *vt* ❶ (*Maschine, Zelt, Gerüst, Stand*) smontare ❷ (MIN) estrarre, sfruttare ❸ (*Bestände, Lohn*) ridurre, diminuire ❹ (*Personal*) licenziare ❺ (*Maßnahme*) sopprimere, abolire ❻ (*Vorurteile*) eliminare ❼ (BIOL, CHEM) decomporre, degradare; **biologisch ~** biodegradare **II.** *vi* venir meno ai propri compiti

Abbauprodukt *n* (CHEM) prodotto *m* di decomposizione

ab|beißen <*irr*> *vt* staccare con un morso; **sich** *dat* **lieber die Zunge ~ als …** +*inf* (*fam*) tagliarsi la lingua piuttosto che … +*inf*

ab|beizen *vt* togliere con solventi

ab|bekommen <*irr*> *vt* ❶ (*erhalten*) ricevere; (*Schlag*) prendere; **etw ~** subire un danno ❷ (*losbekommen*) riuscire a togliere

ab|berufen <*irr*> *vt* **jdn (von etw) ~** richiamare qu (da qc)

ab|bestellen <*ohne ge->* *vt* (*Zimmer*) disdire; (*Zeitung*) annullare l'abbonamento a; (COM) annullare l'ordinazione di; **jdn ~** dire a qu di non venire

ab|bezahlen <*ohne ge->* *vt* ❶ (*ganz*) finire di pagare, estinguere ❷ (*in Raten*) pagare a rate

ab|biegen <*irr*> **I.** *vi sein* svoltare, deviare; (*Straße*) diramarsi; **nach rechts/links ~** svoltare a destra/sinistra **II.** *vt haben* (*biegen*) piegare

Abbiegespur *f* corsia *f* di canalizzazione del traffico (*prima di un incrocio*); **Abbiegung** <-, -en> *f* ❶ (*das Abbiegen*) deviazione *f* ❷ (*einer Straße*) diramazione *f,* bivio *m*

Abbild <-(e)s, -er> *n* ❶ (*Nachbildung*) copia *f* ❷ (*Ebenbild*) immagine *f*

ab|bilden *vt* (*Personen*) ritrarre; (*Dinge*) rappresentare

Abbildung <-, -en> *f* illustrazione *f,* rappresentazione *f;* **mit ~en** illustrato

ab|binden <*irr*> **I.** *vt* ❶ (*losbinden*) slegare ❷ (MED: *Arm*) legare; (*Arterie*) comprimere ❸ (GASTR) legare **II.** *vi* (*Beton*) far presa

Abbitte f scusa f; (öffentliche) pubblica ammenda f; ~ **leisten** [o **tun**] porgere le proprie scuse

ab|blasen <irr> vt ❶ (Staub) soffiar via ❷ (Jagd) suonare la fine di ❸ (fig fam: absagen) sospendere, annullare, revocare

ab|blättern vi sein sfaldarsi

ab|blenden I. vt (FOTO) diaframmare II. vi ❶ (AUTO) abbassare i fari abbaglianti ❷ (FILM) chiudere in dissolvenza

Abblendlicht <-(e)s> kein Pl n (AUTO) (fari mpl) anabbaglianti mpl

ab|blitzen vi sein jdn ~ **lassen** (fam) far scappare qu

ab|blocken vt bloccare, parare, fermare; (Angriff) respingere; (Vorhaben) bloccare

ab|brechen <irr> I. vt haben ❶ (Zweig, Stiel) rompere, spezzare ❷ (Gebäude) demolire; (Zelt) smontare; **das Lager/die Zelte** ~ (a fig MIL) levare le tende ❸ (fig: Verhandlungen, Beziehungen) rompere; (Tätigkeit) interrompere; (Streik) sospendere; **die Beziehungen zu jdm** ~ troncare i rapporti con qu ❹ (INFORM) annullare II. vi ❶ sein (Ast, Messer, Spitze) rompersi ❷ haben (fig: aufhören) interrompersi

ab|bremsen vi, vt frenare

ab|brennen <irr> I. vt haben incendiare, bruciare; (Haus) dar fuoco a; (absengen) abbruciacchiare; (Feuerwerk) accendere II. vi sein bruciare; (Haus) essere ridotto in cenere; (Kerze) consumarsi

ab|bringen <irr> vt jdn (von etw) ~ distogliere qu (da qc); **jdn von seiner Meinung** ~ far cambiare idea a qu; **jdn vom rechten Weg** ~ sviare qu dalla retta via

ab|bröckeln vi sein scrostarsi

Abbruch <-(e)s, -brüche> m ❶ sing (von Lager, Zelt) smontaggio m; (von Gebäude) demolizione f ❷ (fig: von Beziehungen, Verhandlungen) rottura f; (von Wettkampf) sospensione f; **einer Sache** dat ~ **tun** recar danno a qc, nuocere a qc; **abbruchreif** adj da demolire, da abbattere

ab|buchen vt (FIN) defalcare, detrarre; **einen Betrag vom Konto** ~ addebitare un importo sul conto

Abbuchung <-, -en> f (FIN) detrazione f, defalco m; **Abbuchungsauftrag** m (FIN) delega f di pagamento, ordine m di storno

ab|bürsten vt ❶ (Mantel) spazzolare; **den Staub** ~ togliere la polvere ❷ (fig fam) rimproverare

ab|büßen vt ❶ (Strafe) scontare ❷ (REL) espiare

Abc [a(:)be(:)'tse:] <-, -> n alfabeto m, abbiccì m; **nach dem** ~ **ordnen** mettere in ordine alfabetico

ab|checken vt verificare, controllare

ABC-Schütze <-n, -n> m scolaro m principiante

ABC-Waffen fpl armi fpl atomiche, biologiche e chimiche

ab|danken vi (König) abdicare; (Minister) dimettersi

Abdankung <-, -en> f ❶ (von König) abdicazione f; (von Minister) dimissioni fpl ❷ (CH: Trauerfeier) funerale m, esequie fpl

ab|decken vt ❶ (freilegen) levare la coperta da, scoprire; (Tisch) sparecchiare; (Haus) scoperchiare ❷ (ab-, ver-, zudecken) coprire ❸ (FIN) estinguere

Abdeckstift <-es, -e> m (MODE) correttore m

Abdeckung <-, -en> f copertura f

ab|dichten vt turare; (mit Dichtung) applicare una guarnizione a; (Tür, Fenster) turare gli spifferi di; (wasserdicht machen) rendere stagno

Abdichtung <-, -en> f ❶ (Vorgang) render m stagno ❷ (~sstelle) guarnizione f

ab|drehen I. vt haben ❶ (Wasser, Gas) chiudere; (Licht, Radio) spegnere ❷ (entfernen) staccare ❸ (Film) finire di girare II. vi haben o sein (NAUT, AERO) cambiare rotta, virare

ab|driften vi sein deviare; (NAUT) andare alla deriva; (abtreiben) dirottare; **nach rechts** ~ deviare a destra; **in den Suff** ~ (fam) darsi all'alcol

Abdruck¹ <-(e)s, -drücke> m (Finger~) impronta f digitale; (Gips~, Wachs~) copia f, calco m

Abdruck² <-(e)s, -drucke> m (das Abdrucken) stampa f, pubblicazione f; (Gedrucktes) copia f

ab|drucken vt pubblicare, stampare

ab|drücken I. vi (schießen) sparare II. vt ❶ (Gewehr) scaricare ❷ (nachbilden) fare un calco di ❸ (Ader) comprimere III. vr **sich** (**in etw** dat) ~ (sich abzeichnen) imprimersi (in qc); **die Spur hatte sich im Erdboden abgedrückt** l'orma si era impressa nel terreno

ab|dunkeln vt oscurare

ab|ebben vi sein ❶ (Flut) decrescere ❷ (fig) diminuire, placarsi

abend^{ALT} adv s. Abend

Abend ['a:bənt] <-s, -e> m sera f; (a Veranstaltung) serata f; **eines ~s** una sera; **am ~, des ~s** di [o la] sera; **jeden ~** ogni sera; **am ~ vorher** la sera prima; **am folgenden** ~ la sera dopo; **gestern/morgen** ~ ieri/domani sera; **bis heute** ~! a questa sera!, a stasera!; **zu ~ essen** cenare;

es wird ~ si fa sera; **gegen** ~ verso sera, all'imbrunire; **guten** ~**!** buona sera!; **der Heilige** ~ la vigilia di Natale; **ein literarischer/musikalischer** ~ una serata letteraria/musicale; **Abendanzug** *m* abito *m* da sera; **Abendblatt** *n* giornale *m* della sera; **Abendbrot** *n* cena *f;* **Abenddämmerung** *f* crepuscolo *m;* **Abendessen** *n* cena *f;* **abendfüllend** *adj* che occupa l'intera serata; **Abendgesellschaft** *f* serata *f;* (*mit Tanz*) serata *f* danzante; **Abendgottesdienst** *m* funzione *f* serale; **Abendgymnasium** *n* liceo *m* serale; **Abendkasse** *f* (THEAT) cassa *f,* botteghino *m;* **Abendkleid** *n* abito *m* da sera; **Abendkurs** *m* corso *m* serale; **Abendland** *n* **das** ~ l'Occidente *m;* **abendländisch** ['a:bəntlɛndɪʃ] *adj* occidentale; **abendlich** *adj* vespertino; **zu** ~**er Stunde** nelle ore vespertine; **Abendmahl** <-(e)s> *kein Pl n* (REL) Eucaristia *f,* comunione *f;* **Abendrot** *n* crepuscolo *m*

abends ['a:bənts] *adv* di [*o* la] sera

Abendschule *f* scuola *f* serale; **Abendsonne** *f* sole *m* al tramonto; **Abendstern** *m* (ASTR) Venere *f;* **Abendstunden** *fpl* ore *fpl* serali; **Abendverkauf** *m* (CH) orario *m* prolungato dei negozi (una sera alla settimana); **Abendvorstellung** *f* (THEAT) rappresentazione *f* serale; (FILM) spettacolo *m* serale

Abenteuer ['a:bəntɔɪɐ] <-s, -> *n* avventura *f;* **Abenteuerferien** *pl* vacanze *fpl* avventurose

Abenteuergeist *m* spirito *m* d'avventura **abenteuerlich** *adj* ❶ (*gefährlich*) avventuroso ❷ (*seltsam, bizarr*) strano, bizzarro **Abenteuerlust** *f* gusto *m* dell'avventura; **abenteuerlustig** *adj* avventuroso; **Abenteuerroman** *m* romanzo *m* d'avventure; **Abenteuerspielplatz** *m* parco *m* giochi

Abenteurer(in) ['a:bəntɔɪrɐ] <-s, -; -, -nen> *m(f)* avventuriero, -a *m, f*

aber ['a:bɐ] I. *konj* ❶ (*Gegensatz*) ma, invece ❷ (*Einschränkung*) però, tuttavia ❸ (*Verstärkung*) ma; ~ **nein/sicher!** ma no/certo!; **nun ist** ~ **Schluss!** adesso (proprio) basta! II. *adv* ~ **und** ~**mals** ripetutamente; **tausend und** ~ **tausend, Tausende und** ~ **Tausende** migliaia e migliaia

Aber <-s, - *o fam* -s> *n* ma *m;* **nach vielen Wenn und** ~ dopo molti se e ma; **da gibt's kein** ~**!** non c'è ma che tenga!

Aberglaube <-ns> *kein Pl m* superstizione *f*

abergläubisch ['a:bɐɡlɔɪbɪʃ] *adj* superstizioso

ab|erkennen <irr> *vt* (**jdm**) **etw** ~ non riconoscere qc (a qu); (JUR) privare (qu) di qc

Aberkennung <-, -en> *f* disconoscimento *m;* (JUR) privazione *f*

abermals ['a:bɐma:ls] *adv* di nuovo, un'altra volta

ab|ernten *vt* mietere, raccogliere

abertausend <inv> *adj* (*geh*) migliaia di; **Abertausende** *pl* (*geh*) migliaia *fpl* (*von* di), una moltitudine (*von* di)

aberwitzig *adj* folle, pazzo

Abessinien [abɛˈsiːniən] *n* Abissinia *f,* Etiopia *f;* **Abessinier(in)** <-s, -; -, -nen> *m(f)* abissino, -a *m, f,* etiope *mf*

abessinisch *adj* abissino

ab|fahren <irr> I. *vi sein* ❶ (*wegfahren*) partire; (*Schiff*) salpare ❷ (*Skiläufer*) scendere II. *vt haben* ❶ (*Last*) portare via ❷ (*abtrennen*) troncare ❸ (*Strecke*) percorrere ❹ (*Reifen*) consumare

Abfahrt <-, -en> *f* ❶ (*Abreise*) partenza *f* ❷ (*Ski*~) discesa *f;* (*Piste*) pista *f* di discesa ❸ (*Autobahn*~) uscita *f;* **Abfahrtslauf** *m* (SPORT) discesa *f;* **Abfahrtsstrecke** *f* (SPORT) pista *f* di discesa; **Abfahrt(s)zeit** *f* (orario *m* di) partenza *f*

Abfall <-(e)s, -fälle> *m* ❶ (*Reste*) residuo *m;* (*Küchen*~) immondizia *f;* **radioaktive Abfälle** scorie *fpl* radioattive ❷ *sing* (*Glaubens*~) apostasia *f,* rinnegamento *m;* (*Partei*~) defezione *f,* abbandono *m* ❸ *sing* (*Abnahme*) calo *m,* diminuzione *f* ❹ *sing* (*Neigung*) pendenza *f,* pendio *m;* **Abfallaufbereitung** *f* trattamento *m* dei rifiuti; **Abfallbehälter** <-s, -> *m* pattumiera *f;* **Abfallbeseitigung** *f* eliminazione *f* dei rifiuti; **Abfalleimer** *m* secchio *m* della spazzatura, pattumiera *f*

ab|fallen <irr> *vi sein* ❶ (*herunterfallen*) cadere; **von etw** ~ staccarsi da qc ❷ (*abnehmen*) calare, diminuire; (SPORT) crollare ❸ (*Gelände*) digradare; (*Straße*) scendere ❹ (*von Partei*) abbandonare; (*von Glauben*) rinnegare ❺ (*übrig bleiben*) avanzare ❻ (*schlechter sein*) **gegen jdn/etw** ~ essere inferiore a qu/qc ❼ (AERO) perdere quota; **abfallend** *adj* in declivio, in pendenza

Abfallhaufen *m* mucchio *m* di rifiuti

abfällig *adj* (*Urteil, Kritik*) sfavorevole; (*Bemerkung*) sprezzante

Abfallprodukt *n* prodotto *m* di scarto, sottoprodotto *m;* **Abfallsortierung** <-, -en> *f* smistamento *m* dei rifiuti; **Abfallstoffe** *mpl* rifiuti *mpl,* residui *mpl;*

Abfalltrennung *f* raccolta *f* differenziata; **Abfallvermeidung** <-, -en> *f* l'evitare *m* di produrre rifiuti; **Abfallverwertung** *f* riciclaggio *m* dei rifiuti; **Abfallwirtschaft** *kein Pl f* rimozione *f* dei rifiuti, riciclaggio *m*

ab|fangen <irr> *vt* ❶ (*Brief, Agenten*) intercettare; (*Funkspruch*) captare ❷ (*Stoß*) attutire; (*Schlag*) parare ❸ (*unter Kontrolle bringen*) riprendere sotto controllo ❹ (SPORT: *Ball*) intercettare

Abfangjäger *m* (MIL) caccia *m* intercettatore

ab|färben *vi* stingere; **auf etw** *acc* ~ lasciare il colore su qc; **auf jdn** ~ (*fig*) influenzare qu

ab|fassen *vt* redigere, stendere

ab|fertigen *vt* ❶ (*Briefe, Pakete*) spedire ❷ (*zollamtlich*) ispezionare ❸ (*Kunden*) servire ❹ (*fam: unfreundlich behandeln*) scaricare

Abfertigung <-, -en> *f* ❶ (*Versand*) spedizione *f* ❷ (*zollamtlich*) visita *f* ❸ (*A: Abfindung*) indennizzo *m*, liquidazione *f*; **Abfertigungshalle** *f* (AERO) aerostazione *f*, terminale *m* passeggeri; **Abfertigungsschalter** *m* (AERO) accettazione *f*

ab|feuern *vt* (*Waffe*) scaricare; (*Schuss*) sparare

ab|finden <irr> **I.** *vt* compensare, indennizzare **II.** *vr* **sich mit jdm/etw** ~ rassegnarsi a qu/qc

Abfindung <-, -en> *f* indennizzo *m*, liquidazione *f*; **Abfindungssumme** *f* somma *f* pagata a titolo di tacitazione

ab|flachen **I.** *vi sein* ❶ (*flacher werden*) digradare dolcemente ❷ (*Unterhaltung*) appiattirsi **II.** *vt haben* spianare, appianare **III.** *vr* **sich** ~ digradare (dolcemente)

ab|flauen ['apflauən] *vi sein* ❶ (*Wind*) calmarsi ❷ (*fig: Interesse, Begeisterung*) diminuire; (FIN: *Geschäfte*) ristagnare

ab|fließen <irr> *vi sein* scorrere fuori; (*a Geld*) defluire

Abflug <-(e)s, -flüge> *m* (AERO) decollo *m;* **abflugbereit** *adj* (AERO) pronto per il decollo; **Abflughalle** *f* (AERO) sala *f* d'imbarco; **Abflugzeit** *f* (AERO) orario *m* di decollo [*o* della partenza]

Abfluss^RR <-es, -flüsse> *m*, **Abfluß**^ALT <-flusses, -flüsse> *m* ❶ (*Vorgang*) deflusso *m;* (*Öffnung*) scarico *m*, scolo *m* ❷ (*fig: von Kapital*) fuga *f;* **Abflussrinne**^RR *f* canale *m* di scarico; **Abflussrohr**^RR *n* tubo *m* di scarico

Abfolge <-, -n> *f* serie *f;* (*Takt*) ritmo *m*

Abfrage <-, -n> *f* (INFORM: *von Daten*) rilevamento *m* (dati)

ab|fragen *vt* **jdn etw** ~ interrogare qu su qc

Abfuhr <-, -en> *f* ❶ (*Abtransport*) sgombero *m*, rimozione *f* ❷ (*fig*) repulsione *f;* **jdm eine** ~ **erteilen** opporre un rifiuto a qu

ab|führen **I.** *vt* ❶ (*Gefangene*) condurre via ❷ (*Gelder, Steuern*) pagare; **etw** (**an jdn**) ~ versare qc (a qu) ❸ (*fig*) sviare; **vom Thema** ~ deviare dall'argomento **II.** *vi* (MED) purgare

Abführmittel *n* purgante *m*, lassativo *m*

ab|füllen *vt* travasare; (*in Flaschen*) imbottigliare

Abfüllung <-, -en> *f* (*von Flüssigkeit*) travaso *m;* (*in Flaschen*) imbottigliamento *m*

Abgabe <-, -n> *f* ❶ (*Ablieferung*) consegna *f* ❷ (*Verkauf*) vendita *f* ❸ *meist Pl* (*Steuern*) tasse *fpl*, imposte *fpl* ❹ (SPORT) passaggio *m* ❺ (*Ausströmen, Ausstrahlen*) emissione *f*, emanazione *f;* **abgabenfrei** *adj* esente da tasse [*o* imposte]; **abgabenpflichtig** *adj* tassabile, imponibile; **Abgabetermin** *m* termine *m* di consegna, scadenza *f*

Abgang <-(e)s, -gänge> *m* ❶ (*Abfahrt*) partenza *f* ❷ (*Absendung*) invio *m* ❸ (*fig: von Stellung, Arbeit*) ritiro *m*, abbandono *m* ❹ (THEAT) uscita *f* ❺ (MED) espulsione *f;* (*Fehlgeburt*) aborto *m* ❻ (*Absatz*) smercio *m* ❼ (COM: *Verlust*) calo *m*

Abgänger(in) <-s, -; -, -nen> *m(f)* (*form*) chi lascia la scuola

abgängig *adj* (A: *vermisst, verschollen*) scomparso, disperso

Abgangszeugnis *n* certificato *m* finale

Abgas <-es, -e> *n* gas *m* di scarico; **abgasarm** *adj* (AUTO) limitatamente inquinante, a scarico ridotto di gas inquinanti; **Abgasgrenzwert** *m* limite *m* di tolleranza dei gas di scarico; **Abgaskatalysator** *m* marmitta *f* catalitica, catalizzatore *m;* **Abgassonderuntersuchung** *f* analisi *f* dei gas di scarico

abgearbeitet *adj* spossato, esaurito

ab|geben <irr> **I.** *vt* ❶ (*Brief, Schriftstück*) consegnare ❷ (*Erklärung*) rilasciare; (*Urteil*) esprimere; (*Stimme*) dare ❸ (*Amt*) dimettersi da ❹ (*Gepäck*) depositare ❺ (*darstellen*) rappresentare ❻ (SPORT) passare ❼ (*Schuss*) sparare ❽ (PHYS: *Wärme*) emanare; (*Strahlungsenergie*) dare **II.** *vr* **sich mit jdm/etw** ~ occuparsi di qu/qc; **mit diesen Leuten geben wir uns nicht ab** non vogliamo avere a che fare con questa gente

abgebrannt *adj* (*fig fam*) al verde

abgebrüht *adj* (*fig fam*) smaliziato

abgedroschen *adj* (*fam*) vuoto, banale;

~e Redensart luogo comune

abgefahren *adj* (*sl: cool, schräg*) pazzesco, bestiale

abgefedert *adj* (AUTO: *stoßgedämpft*) ammortizzato

abgefeimt ['apgəfaɪmt] *adj* furbo, matricolato

abgefuckt ['apgəfakt] *adj* (*vulg*) sudicio, sozzo, lercio, squallido

abgefüllt *adj* (*fig fam: betrunken, besoffen*) ubriaco

abgegriffen *adj* logoro; (*fig*) trito e ritrito

abgehackt *adj* (*Sprechweise*) stentato

abgehangen *pp von* **abhängen**

abgehärmt ['apgəhɛrmt] *adj* macilento, emaciato

abgehärtet *adj* resistente; **gegen Kälte ~** resistente al freddo

ab|gehen <irr> *vi sein* ❶ (*abfahren, a Post*) partire; (*Schiff*) salpare; **nach Neapel ~** partire [*o* salpare] per Napoli ❷ (*aus Amt, Schule*) ritirarsi; (*abbrechen*) abbandonare; **von der Schule ~** ritirarsi dalla scuola ❸ (*Knopf*) staccarsi ❹ (*Schauspieler*) uscire (di scena) ❺ (*Ware*) vendersi, smerciarsi; **reißend ~** (COM) andar a ruba ❻ (*abzweigen*) diramarsi ❼ (*Wend*) **er geht mir sehr ab** mi manca molto

abgehoben *pp von* **abheben**

abgekämpft *adj* esausto, spossato, esaurito

abgekartet ['apgəkartət] *adj* **ein ~es Spiel** una cosa concertata; **eine ~e Sache** una cosa combinata

abgeklärt ['apgəkleːɐt] *adj* posato; (*weise*) saggio

abgelagert *adj* (*Wein*) invecchiato; (*Holz, Käse*) stagionato

abgelaufen *adj* scaduto

abgelegen *adj* isolato, fuori mano

abgemacht *adj* concordato, convenuto; **~!** d'accordo!, intesi!

abgeneigt *adj* sfavorevole, contrario; **einer Sache** *dat* **~ sein** essere contrario a qc; **jdm ~ sein** avere in antipatia qu

abgenutzt *adj* logoro, consumato

Abgeordnete ['apgəʔɔrdnətə] <ein -r, -n, -n> *mf* delegato, -a *m, f*; (POL) deputato, -a *m, f*; **Abgeordnetenhaus** *n* (PARL) camera *f* dei deputati; **Abgeordnetensitz** *m* seggio *m* al parlamento

abgerissen *adj* ❶ (*Kleidung*) stracciato ❷ (*fig: zusammenhanglos*) sconnesso

abgerundet *adj* ❶ (*rund gemacht*) arrotondato ❷ (*fig: Werk*) compiuto; (*Stil*) armonioso

Abgesandte <ein -r, -n, -n> *mf* inviato, -a *m, f*

abgeschieden ['apgəʃiːdən] *adj* (*geh: entlegen*) fuori mano, isolato; (*einsam*) solitario; **Abgeschiedenheit** <-> *kein Pl f* isolamento *m*, solitudine *f*

abgeschlafft ['apgəʃlaft] *adj* (*fam*) spompato

abgeschlagen *adj* ❶ (SPORT) battuto ❷ (*Firma, Partei*) sconfitto, vinto ❸ (*dial: erschöpft*) sfinito, spossato ❹ (*Geschirr*) crepato, incrinato

abgeschlossen *adj* ❶ (*zugeschlossen*) chiuso a chiave ❷ (*getrennt*) separato, indipendente ❸ (*fig: vollendet*) terminato, concluso, compiuto

abgeschmackt ['apgəʃmakt] *adj* (*fade*) insipido; (*geistlos*) insulso; (*albern*) sciocco

abgesehen *adv* **~ von** a prescindere da, eccetto; **davon ~** a parte questo; **von einigen Ausnahmen ~** tranne qualche eccezione; **es auf jdn/etw ~ haben** prendere di mira qu/qc

abgespannt *adj* spossato, esaurito; **Abgespanntheit** <-> *kein Pl f* spossatezza *f*

abgestanden ['apgəʃtandən] *adj* guasto; (*Luft*) viziato; (*Bier*) svanito

abgestorben ['apgəʃtɔrbən] *adj* ❶ (*Glieder*) intorpidito ❷ (*Pflanze*) inaridito

abgestumpft *adj* ottuso; **gegen etw ~ sein** essere insensibile a qc

abgetakelt ['apgəta:kəlt] *adj* (*pej fam*) sciupato, consunto, logoro, sfiorito; (*Kleider*) sciupato, logoro; (*Frau*) sfiorita, sciupata

abgetragen *adj* logoro, consunto

ab|gewinnen <irr> *vt* ❶ (*Geld*) vincere; **jdm etw ~** vincere qc a qu ❷ (*abringen*) strappare; **jdm ein Lächeln ~** strappare un sorriso a qu ❸ (*Achtung, Vertrauen*) guadagnarsi; **einer Sache** *dat* **Geschmack ~** provar gusto in qc

ab|gewöhnen <ohne ge-> *vt* **jdm etw ~** disabituare qu a qc, far perdere a qu l'abitudine [*o* il vizio] di qc; **sich** *dat* **das Rauchen ~** levarsi il vizio di fumare

abgezehrt *adj* (*Gesicht*) emaciato; (*Körper*) macilento, scarno

Abglanz <-es> *kein Pl m* riflesso *m*; (*a fig*) ombra *f*

Abgott <-(e)s, -götter> *m* idolo *m*

abgöttisch ['apgœtɪʃ] *adv* **jdn ~ lieben** venerare qu, idolatrare qu

ab|grasen *vt* ❶ (*abweiden*) brucare l'erba di, pascolare ❷ (*fig*) sfruttare

ab|grenzen *vt* ❶ (*begrenzen*) delimitare ❷ (*fig*) determinare, definire

Abgrenzung <-, -en> *f* ❶ (*Begrenzung*)

delimitazione *f* ❷ (*fig*) determinazione *f*, definizione *f*

Abgrund <-(e)s, -gründe> *m* abisso *m*, precipizio *m*

abgrundhässlich^{RR} *adj* (*fam*) brutto come la fame

abgründig *adj* (*geh*) ❶ (*rätselhaft*) misterioso, enigmatico, inspiegabile ❷ (*unermesslich*) smisurato, profondo

abgrundtief *adj* profondo, smisurato

ab|gucken *vt* ❶ (*Trick*) (*jdm*) **etw** ~ apprendere qc (da qu) ❷ (*Schüler: abschreiben*) (**von jdm**) **etw** ~ copiare qc (da qu)

Abguss^{RR} <-es, -güsse> *m*, **Abguß**^{ALT} <-gusses, -güsse> *m* ❶ (*Gießvorgang, -resultat*) getto *m* ❷ (*Kunst*) calco *m*

ab|hacken *vt* troncare, tagliare

ab|haken *vt* ❶ (*loshaken*) sganciare ❷ (*markieren*) segnare, marcare; (*in einer Liste*) spuntare; (*fig: als erledigt ansehen*) considerare una faccenda sbrigata

ab|halten <irr> *vt* ❶ (*fern halten*) **jdn** (**von etw**) ~ tenere lontano qu (da qc) ❷ (*hindern*) impedire; **jdn von der Arbeit** ~ distogliere qu dal lavoro; **jdn davon** ~, **etw zu tun** impedire a qu di fare qc; **lassen Sie sich nicht** ~! non si lasci distrarre! ❸ (*Versammlung*) tenere; (*Unterricht*) fare; (*Gottesdienst*) celebrare ❹ (*Kind*) far fare i bisogni a

ab|handeln *vt* ❶ (*abkaufen*) (*jdm*) **etw** ~ ottenere qc (da qu) trattando (sul prezzo) ❷ (*vom Preis*) **jdm zehn Euro** ~ ottenere una riduzione di dieci euro ❸ (*fig: schriftlich*) trattare

abhanden [apˈhandən] *adv* ~ **kommen** andare smarrito [*o* perduto]

Abhandlung <-, -en> *f* trattato *m*, dissertazione *f*; **eine** ~ **über etw** *acc* **schreiben** scrivere una dissertazione su qc

Abhang <-(e)s, -hänge> *m* pendio *m*

ab|hängen¹ <irr> *vi* (*durch jdn, etw bestimmt sein*) (**von jdm/etw**) ~ dipendere (da qu/qc); **es hängt davon ab, ob das Wetter schön ist** dipende se il tempo è bello o meno

ab|hängen² <irr> *vi* (*sl: herumhängen*) passare il tempo

ab|hängen³ *vt* ❶ (*herunternehmen*) staccare ❷ (FERR, MOT) sganciare ❸ (*fig* SPORT) distaccare

abhängig *adj* dipendente; **etw** ~ **machen von** subordinare qc a; **von jdm/etw** ~ **sein** dipendere da qu/qc; **Abhängigkeit** <-> *kein Pl* *f* dipendenza *f*; **gegenseitige** ~ interdipendenza *f*; **Abhängigkeitsverhältnis** *n* rapporto *m* di dipendenza

ab|härten *vt* **jdn** (**gegen etw**) ~ rendere resistente qu (a qc)

Abhärtung <-> *kein Pl* *f* irrobustimento *m*

ab|hauen <irr> *vi sein* (*fam: verschwinden*) andarsene, tagliare la corda

ab|heben <irr> **I.** *vt* ❶ (*herunternehmen*) togliere, levare; (*Hörer*) staccare; (*Spielkarten*) alzare; (*Maschen*) diminuire ❷ (FIN: *Geld*) prelevare **II.** *vi* (AERO) decollare **III.** *vr* **sich** (**von jdm/etw**) ~ distinguersi (da qu/qc)

ab|heften *vt* mettere in un classificatore

ab|heilen *vi* guarire, rimarginare; (*Wunde*) cicatrizzare

ab|helfen <irr> *vi* rimediare; **einem Missstand** ~ rimediare a un inconveniente; **dem kann abgeholfen werden** per questo c'è rimedio

ab|hetzen **I.** *vt* stancare, affaticare **II.** *vr* **sich** ~ affannarsi, affaticarsi

Abhilfe <-> *kein Pl* *f* rimedio *m*, riparo *m*; ~ **in etw** *dat* **schaffen** trovar rimedio a qc

ab|hobeln *vt* ❶ (*glätten*) piallare ❷ (*weghobeln*) asportare piallando

ab|holen *vt* (*Person*) andare a prendere; (*Gegenstand*) ritirare

Abholmarkt *m* (magazzino *m*) cash and carry *m*

Abholung <-, -en> *f* (COM) ritiro *m*; **zahlbar bei** ~ pagabile al ritiro

ab|holzen *vt* disboscare

Abholzung <-, -en> *f* ❶ (*Bäume*) taglio *m* di un bosco ❷ (*Waldgebiet*) disboscamento *m*

Abhöraffäre *f* scandalo *m* di spionaggio telefonico; **Abhöranlage** *f* dispositivo *m* di intercettazione telefonica

ab|horchen *vt* ❶ (MED) auscultare ❷ (TEL, RADIO) intercettare

ab|hören *vt* ❶ (*aufsagen lassen*) far dire ❷ (TEL, RADIO) intercettare ❸ (*CD, Aufnahme*) ascoltare ❹ (MED) auscultare

abhörsicher *adj* non intercettabile

Abi [ˈabi] <-s, -s> *n* (*fam*) *abk v* **Abitur**

Abitur [abiˈtuːɐ̯] <-s, -e> *n* maturità *f*; (*Prüfung*) esame *m* di maturità; **Abiturient(in)** [abiturˈi̯ɛnt] <-en, -en; -, -nen> *m(f)* ❶ (*vor, im Abitur*) maturando, -a *m, f* ❷ (*nach Abitur*) maturato, -a *m, f*; **Abiturzeugnis** *n* diploma *m* di maturità

Abk. *abk v* **Abkürzung** abbr.

ab|kanzeln *vt* (*fam*) rimproverare, dare una lavata di capo a

ab|kapseln **I.** *vt* incapsulare **II.** *vr* **sich** (**von jdm/etw**) ~ isolarsi (da qu/qc)

ab|kaufen *vt* ❶ (*von jdm kaufen*) (*jdm*) **etw** ~ acquistare qc (da qu) ❷ (*fam: glauben*) **diese Geschichte kaufe ich dir**

nicht ab! questa storia non me la dai a bere!

ab|kehren I. vt (*abwenden*) volgere altrove II. vr **sich von etw ~** scostarsi da qc

ab|kippen vt ❶(*fallen lassen*) rovesciare ❷(*abladen*) scaricare; (*Müll*) scaricare

ab|klappern vt (*fam*) percorrere; **alle Läden** (**nach jdm/etw**) **~** fare tutti i negozi (in cerca di qu/qc); **die Gegend** (**nach jdm/etw**) **~** perlustrare la zona (alla ricerca di qu/qc)

ab|klären vt chiarire

Abklärung f chiarimento m

Abklatsch <-(e)s, -e> m (*pej*) imitazione f

ab|klemmen vt ❶(TEC) stringere, staccare ❷(MED: *Ader*) suturare

ab|klingen <irr> vi sein ❶(*Lärm*) smorzarsi ❷(*fig: Erregung*) diminuire; (*Fieber*) calare; (*Schmerz*) calmarsi

ab|klopfen vt ❶(*durch Klopfen entfernen*) battere (per togliere qc) ❷(MED) percuotere

ab|knallen vt (*fam pej*) far fuori

ab|knicken I. vt haben spezzare II. vi sein curvare

abknöpfen vt ❶(*Kleidung*) sbottonare ❷(*fig fam: Geld*) (**jdm**) **etw ~** spillare qc (a qu)

ab|knutschen vt (*fam*) sbaciucchiare

ab|kochen vt (*Wasser*) far bollire; (*Fleisch, Kartoffeln*) lessare

ab|kommandieren <ohne ge-> vt distaccare

ab|kommen <irr> vi sein ❶(*abweichen*) deviare; **vom Weg ~** allontanarsi dalla strada; **vom Thema ~** deviare dall'argomento ❷(*loskommen*) **von etw ~** liberarsi da qc

Abkommen <-s, -> n accordo m; (POL) convenzione f, patto m; **ein ~ über etw** *acc* **treffen** stipulare un patto [*o* una convenzione] su qc

abkömmlich ['apkœmlɪç] *adj* disponibile, libero

Abkömmling ['apkœmlɪŋ] <-s, -e> m discendente mf

ab|koppeln vt staccare, sganciare; (*Hunde*) sguinzagliare

ab|kratzen I. vt haben (*entfernen*) togliere grattando II. vi sein (*vulg*) tirare le cuoia

ab|kriegen vt (*fam*) s. **abbekommen**

ab|kühlen I. vt far raffreddare II. vr **sich ~** raffreddarsi; (*Wetter*) rinfrescare; (*Mensch: sich erfrischen*) rinfrescarsi

Abkühlung <-, -en> f raffreddamento m; (METEO) abbassamento m della temperatura

ab|kupfern vt (*fam: abschreiben*) copiare

di nascosto; (*nachahmen*) imitare, contraffare

ab|kürzen vt ❶(*kürzer machen*) accorciare ❷(*Weg*) accorciare ❸(*Wort*) abbreviare

Abkürzung <-, -en> f ❶(*Verkürzung*) accorciamento m ❷(*Weg*) scorciatoia f ❸(*Wort*) abbreviazione f; **Abkürzungsverzeichnis** n elenco m delle abbreviazioni

ab|laden <irr> vt scaricare

Ablage <-, -n> f ❶(*von Akten*) archiviazione f ❷(*Ort*) deposito m, magazzino m; (*Akten~*) archivio m ❸(CH: *Zweigstelle*) filiale f

ab|lagern I. vi sein (*Holz, Käse, Tabak*) stagionare; (*Wein*) invecchiare II. vt haben depositare III. vi **sich ~** depositarsi

Ablagerung <-, -en> f ❶(GEOL) sedimentazione f ❷(*Abgelagertes*) deposito m ❸(*Deponieren*) scarico m ❹(*Lagerung*) stagionatura f, invecchiamento m

Ablass^RR <-es, Ablässe> m, **Ablaß**^ALT ['aplas] <-lasses, Ablässe> m (REL) indulgenza f

ab|lassen <irr> I. vt ❶(*Flüssigkeit*) far defluire; (*Gas*) scaricare ❷(*Fass, Teich*) (s)vuotare ❸(*abgeben*) cedere; (*verkaufen*) vendere ❹(COM) scontare II. vi **von etw ~** desistere da qc; **von jdm ~** lasciare in pace qu

Ablassventil^RR n (TEC) valvola f di scarico

Ablauf <-(e)s, -läufe> m ❶ *sing* (*das Ablaufen*) deflusso m ❷(*Ausguss*) scarico m ❸(*von Vorgang*) (de)corso m ❹ *sing* (*von Frist, Vertrag*) scadenza f, termine m; **nach ~ der Frist** alla scadenza ❺ *sing* (SPORT) partenza f

ab|laufen <irr> I. vi sein ❶(*abfließen*) defluire, scorrere ❷(*sich entleeren*) svuotarsi ❸(*Vorgang, a Tonband*) svolgersi; (*Film*) venir proiettato ❹(*Frist, Vertrag, Visum*) scadere ❺(SPORT) partire II. vt haben ❶(*Schuhe, Sohlen*) consumare ❷(*Strecke*) percorrere

Ablaut <-(e)s, -e> m (GRAM) apofonia f, alternanza f vocalica

Ableben <-s> *kein Pl* n (*geh*) morte f, trapasso m

ab|lecken vt leccare (via)

ab|legen I. vt ❶(*Gegenstand*) deporre; (*ausziehen: Kleider*) levarsi, togliersi; (*nicht mehr tragen: Kleidung*) smettere ❷(*Gewohnheit*) togliersi; (*Fehler*) correggere ❸(*Brief, Akten*) classificare ❹(*Karten im Spiel*) scartare ❺(*Probe, Prüfung*) sostenere, fare; (*Geständnis*) fare ❻(*Zeugnis, Eid*) prestare; **Rechenschaft über**

etw *acc* ~ rendere conto di qc **II.** *vi* levarsi, togliersi

Ableger <-s, -> *m* (BOT) propaggine *f*

ab∥lehnen *vt* rifiutare; (*Einladung, Wahl*) declinare; (*Antrag*) respingere; **jdn** ~ respingere qu; **ablehnend** *adj* contrario, sfavorevole; (*Antwort*) negativo; **sich jdm/etw gegenüber** ~ **verhalten** mostrarsi sfavorevole a qu/qc

Ablehnung <-, -en> *f* rifiuto *m;* (*von Antrag*) rigetto *m*

ab∥leisten *vt* (*Wehrdienst*) prestare, compiere

ab∥leiten *vt* ❶ (*Wasserlauf, Blitz*) deviare ❷ (LING, MAT) derivare ❸ (*folgern*) dedurre, trarre

Ableitung <-, -en> *f* ❶ (*Vorgang*) deviazione *f* ❷ (*Folgerung*) deduzione *f* ❸ (LING, TEC) derivazione *f;* (MAT) derivata *f*

ab∥lenken *vt* ❶ (*zerstreuen*) **jdn** (**von etw**) ~ distrarre qu (da qc) ❷ (*Gedanken, Aufmerksamkeit*) distogliere; (*Verdacht*) allontanare ❸ (*Wasser, Ball*) deviare

Ablenkung <-, -en> *f* ❶ (*Lenkung in andere Richtung*) deviazione *f* ❷ (*Zerstreuung*) distrazione *f,* svago *m;* **Ablenkungsmanöver** *n* manovra *f* diversiva

ab∥lesen <irr> *vt* ❶ (*Rede*) **etw** (**vom Blatt**) ~ leggere qc (dal foglio) ❷ (*Zähler*) leggere, rilevare ❸ (*erschließen*) dedurre; **jdm etw von den Augen** ~ leggere qc negli occhi di qu

ab∥leugnen *vt* ❶ (*Schuld*) negare ❷ (*Glauben*) rinnegare

ab∥lichten *vt* ❶ (*fotokopieren*) fotocopiare ❷ (*fotografieren*) fotografare

ab∥liefern *vt* consegnare

Ablieferung *f* consegna *f*

ablösbar *adj* ❶ (*abtrennbar*) staccabile, separabile ❷ (FIN) ammortizzabile; (*Rente, Versicherung*) riscattabile; (*Anleihe*) rimborsabile

Ablöse <-, -en> *f* ❶ (*A, CH:* SPORT) riscatto *m* ❷ (*A: Miete*) cauzione *f*

ab∥lösen I. *vt* ❶ (*entfernen*) **etw** (**von etw**) ~ staccare qc (da qc) ❷ (*bei Arbeit*) dare il cambio a; (*im Amt*) sostituire ❸ (FIN) ammortizzare; (*Rente, Versicherung*) riscattare **II.** *vr* **sich** ~ (*Farbe*) staccarsi; (*Haut*) squamarsi

Ablösesumme *f* (SPORT) riscatto *m*

Ablösung <-, -en> *f* ❶ (*das Loslösen*) stacco *m* ❷ (*bei Tätigkeit*) cambio *m;* (MIL) rilevamento *m;* (*im Amt*) sostituzione *f* ❸ (FIN) riscatto *m*

ab∥luchsen ['aplʊksən] *vt* (*fam: Geld*) estorcere; (*Geheimnis*) carpire

Ablution <-, -en> *f* (REL, GEOL) abluzione *f*

ABM [aːbeːˈʔɛm] <-, -s> *f abk v* **Arbeitsbeschaffungsmaßnahme** *piano per l'occupazione*

ab∥machen *vt* ❶ (*wegmachen*) togliere, staccare ❷ (*vereinbaren*) concordare; (JUR) stipulare; **abgemacht!** d'accordo!; **das musst du mit dir selbst** ~! ti devi arrangiare da solo!; **das war nicht abgemacht** questo non è stato convenuto; **das sollen sie unter sich** ~! la devono risolvere tra di loro!

Abmachung <-, -en> *f* accordo *m;* (JUR) stipulazione *f*

ab∥magern *vi sein* dimagrire

Abmagerungskur *f* cura *f* dimagrante

ab∥malen *vt* dipingere da un modello, riprodurre

Abmarsch <-(e)s, -märsche> *m* (MIL) marcia *f,* partenza *f;* ~! In marcia!

ab∥melden I. *vt* ❶ (*von der Schule*) ritirare ❷ (*Zeitung, Telefon*) disdire **II.** *vr* **sich** ~ ❶ (*allg,* MIL) congedarsi ❷ (*polizeilich*) notificare il cambiamento di residenza;

Abmeldung <-, -en> *f* disdetta *f;* (*einer Zeitung*) disdetta *f* di abbonamento ad un giornale; (*von der Schule*) ritiro *m* dalla scuola; (*beim Einwohnermeldeamt*) cambiamento *m* di residenza

ab∥messen <irr> *vt* misurare

Abmessung <-, -en> *f* misura *f,* dimensione *f*

ab∥mildern *vt* mitigare, attenuare, raddolcire

ab∥montieren <ohne ge-> *vt* smontare

ABM-Stelle *f* (ADM) *impiego ottenuto grazie al piano per l'occupazione*

ab∥mühen *vr* **sich** (**mit jdm/etw**) ~ darsi pena (con qu/qc)

ab∥murksen *vt* (*fam*) **jdn** ~ far fuori qu, uccidere

ab∥nabeln I. *vt* tagliare il cordone ombelicale a **II.** *vr* **sich** ~ (*fig*) staccarsi

ab∥nagen *vt* rosicchiare

Abnäher <-s, -> *m* pince *f*

Abnahme ['apnaːmə] <-, -n> *f* ❶ (*Wegnahme*) asportazione *f,* rimozione *f;* (MED) amputazione *f* ❷ (*Verringerung*) diminuzione *f,* calo *m* ❸ (COM) acquisto *m;* ~ **finden** trovare smercio ❹ (*Prüfung*) collaudo *m*

ab∥nehmen <irr> **I.** *vi* ❶ (*kleiner werden*) diminuire; (*kürzer werden, a Tage*) accorciarsi; (*schwächer werden*) indebolirsi; (*Mond*) decrescere; **bei** ~ **dem Mond** in fase di luna calante; (*an Gewicht*) dimagrire **II.** *vt* ❶ (*Bild, Hörer*) staccare; (*Wäsche*) levare; (*Hut, Brille, Verband*) togliere ❷ (MED) amputare, asportare

Abneigung ausdrücken

Antipathie ausdrücken	esprimere antipatia
Ich mag ihn **nicht (besonders).**	**Non mi piace (particolarmente).**
Ich finde diesen Typ **unmöglich.**	**Trovo** questo tipo **insopportabile.**
Das ist ein (richtiges) Arschloch. (*vulg*)	**È (proprio) uno stronzo!** (*vulg*)
Ich kann ihn **nicht leiden/ausstehen/riechen.** (*fam*)	**Non lo sopporto/reggo.** (*fam*)
Diese Frau **geht mir auf den Geist/Wecker/Keks.** (*fam*)	Questa donna **mi fa venire il nervoso/mi da sui nervi/mi fa imbestialire.** (*fam*)

Langeweile ausdrücken	esprimere noia
Wie langweilig!/So etwas von langweilig!	**Che noia!/Che palle!** (*sl*)
Ich schlaf gleich ein! (*fam*)/**Das ist ja zum Einschlafen!**	**Mi fa dormire!/Tra un po' mi addormento! Fa veramente addormentare!** (*fam*)
Diese Disco **ist total öde.**	Questa discoteca **è (di) una noia mortale.**
Wie lange soll das denn noch dauern?	**Ma quanto (tempo) dura ancora?**

Abscheu ausdrücken	esprimere ribrezzo
Igitt!	**Puàh!/Che schifo!**
Das **ist geradezu widerlich!**	**È proprio ripugnante!**
Das **ist (ja) ekelhaft!**	**Fa schifo!/Fa vomitare!**
Das **ekelt mich an.**	**Mi fa vomitare.**
Ich finde das zum Kotzen. (*vulg*)	**È da vomito! È uno schifo! Mi fa vomitare.**

❸ (*rauben*) rubare; (*durch List*) sottrarre ❹ (*prüfen*) controllare; (*Neubau, Maschine*) collaudare ❺ (*abkaufen*) acquistare ❻ (*Gewicht*) dimagrire ❼ (MIL) **die Parade ~** passare in rivista le truppe ❽ (*Wend*) **jdm ein Versprechen ~** far promettere qc a qu; **jdm eine Besorgung ~** sbrigare una commissione per qu; **jdm eine Sorge ~** togliere una preoccupazione a qu

Abnehmer <-s, -> *m* acquirente *mf*, compratore, -trice *m, f*

Abneigung <-, -en> *f* avversione *f*, antipatia *f*; **eine ~ gegen jdn/etw haben** avere un'avversione per qu/qc

abnorm [ap'nɔrm] *adj* (*geh*) anormale, abnorme; **abnormal** ['apnɔrmal] *adj* (*bes. A, CH*) anormale; **Abnormität** [apnɔrmi'tɛːt] <-, *rar* -en> *f* anormalità *f*; (A MED) anomalia *f*

ab|nutzen, abnützen I. *vt* consumare, logorare; **abgenutzt** (*Kleidung*) sciupato II. *vr* **sich ~** consumarsi, logorarsi

Abnutzung <-, -en> *f*, **Abnützung** <-,

-en> *f* (*bes. südd, A*) logorio *m*, usura *f*

Abo ['abo] <-s, -s> *n* (*fam*) *abk v* **Abonnement**

Abonnement [abɔnə'mã: *o* CH abɔnə'mɛnt] <-s, -s *o* CH -e> *n* abbonamento *m*; **ein ~ auf etw acc haben** essere abbonato a qc; **das ~ erneuern** riabbonarsi; **das ~ auf etw acc kündigen** disdire l'abbonamento a qc

Abonnent(in) [abɔ'nɛnt] <-en, -en; -, -nen> *m(f)* abbonato, -a *m, f*

abonnieren [abɔ'niːrən] <ohne ge-> I. *vt* abbonarsi a, fare un abbonamento a II. *vi* **auf etw acc abonniert sein** essere abbonato a qc

ab|ordnen *vt* delegare; (PARL) deputare

Abordnung <-, -en> *f* delegazione *f*, deputazione *f*

Abort [a'bɔrt] <-s, -e> *m* ❶ (MED) aborto *m* ❷ (*WC*) gabinetto *m*, ritirata *f*; **abortieren** *vi* (MED) abortire, avere un aborto

ab|packen *vt* impacchettare; (*in Behälter*) confezionare

ab|perlen *vi sein* imperlarsi

ab|pfeifen <irr> vt (SPORT) **das Spiel ~** fischiare la fine del gioco

Abpfiff <-(e)s, -e> m (SPORT) fischio m finale

abplagen vr **sich ~** affaticarsi

Abprall <-(e)s, -e> m rimbalzo m; **ab|prallen** vi sein ❶ (Ball) (**von etw** [o **an etw** dat]) ~ rimbalzare (contro qc) ❷ (fig: Vorwürfe) rimanere senza effetto

ab|putzen vt pulire

ab|quälen vr **sich ~** affaticarsi; (fig) tormentarsi

ab|rackern vr **sich ~** (fam) sfacchinare

ab|rahmen vt scremare

ab|raten <irr> vi **jdm von etw ~** sconsigliare qc a qu, dissuadere qu da qc

Abraum <-(e)s> kein Pl m ❶ (MIN) strato m di copertura ❷ (Schutt) detriti mpl

ab|räumen vt ❶ (Sachen) sgombrare ❷ (Tisch) sparecchiare

Abräumer ['aprɔɪmɐ] <-s, -> m (fam: großer Erfolg) successone m; **der Film war ein echter ~ auf der Berlinale** il film ha fatto man bassa di premi alla Berlinale

ab|reagieren <ohne ge-> I. vt sfogare; **seine Wut an jdm ~** scaricare la propria rabbia su qu II. vr **sich (an jdm/etw) ~** scaricarsi (su qu/qc)

ab|rechnen I. vi chiudere il conto; **mit jdm ~** fare i conti con qu; **darf ich ~?** posso fare il conto? II. vt (abziehen) detrarre, dedurre

Abrechnung <-, -en> f ❶ (Rechnungsabschluss) liquidazione f ❷ (Bilanz) conto m; **etw in ~ stellen** mettere in conto qc ❸ (fig: Vergeltung) resa f dei conti ❹ (Abzug) deduzione f, detrazione f, defalco m; **nach ~ von ...** dedotto ..., defalcato ...

Abrede <-> kein Pl f contestazione f; **etw in ~ stellen** contestare qc

ab|regen vr **sich ~** (fam) calmarsi, quietarsi

ab|reiben <irr> vt ❶ (beseitigen) sfregare ❷ (säubern) pulire strofinando ❸ (trocknen) frizionare

Abreibung <-, -en> f ❶ (MED) frizione f ❷ (fam: Prügel) bastonate fpl

Abreise <-, -n> f partenza f; **bei meiner ~ nach ...** alla mia partenza per ...

ab|reisen vi sein partire (in viaggio)

ab|reißen <irr> I. vi sein ❶ (Knopf, Faden) staccarsi, strapparsi ❷ (Verbindung, Kontakt) interrompersi II. vt haben ❶ (Plakat, Blatt) staccare, strappare ❷ (Gebäude) abbattere

Abreißkalender m calendario m a fogli staccabili

ab|richten vt addestrare

ab|riegeln vt (Tür) chiudere con chiavistello; (Straße, Viertel) sbarrare

ab|ringen <irr> vt **sich** dat **ein Lächeln ~** sforzarsi di sorridere

Abriss[RR] <-es, -e> m, **Abriß**[ALT] <-risses, -risse> m ❶ (Abbruch) demolizione f ❷ (Skizze) schizzo m, abbozzo m ❸ (kurze Darstellung) compendio m

ab|rücken I. vi sein ❶ (wegrücken) (**von jdm/etw**) ~ scostarsi (da qu/qc); (a fig) allontanarsi (da qu/qc); **von einer Meinung ~** cambiare opinione ❷ (MIL) ritirarsi II. vt haben scostare

Abruf <-(e)s, -e> m ❶ (Abberufung) richiamo m ❷ (COM) ordine m di consegna; **auf ~ bereit sein** essere a disposizione per consegna dilazionata (su richiesta); **etw auf ~ kaufen** acquistare qc a consegna dilazionata; **abrufbar** adj (INFORM) disponibile in registro, registrato; **abrufbereit** adj a disposizione

ab|rufen <irr> vt ❶ (INFORM) richiamare ❷ (von Konto) prelevare ❸ (COM: Ware) chiedere la consegna di

ab|runden vt ❶ (Ecke) smussare ❷ (Summe) arrotondare ❸ (vervollkommnen) completare; (Stil) perfezionare

abrupt [ap'rʊpt] adj improvviso, repentino

ab|rüsten vi disarmare

Abrüstung <-> kein Pl f disarmo m; **Abrüstungsgespräche** npl trattative fpl per il disarmo; **Abrüstungskonferenz** f conferenza f per il (o sul) disarmo; **Abrüstungsverhandlungen** fpl negoziati mpl per il disarmo

ab|rutschen vi sein scivolare giù (o via)

Abruzzen [a'brʊtsən] pl Abruzzo msing, Abruzzi mpl

Abs. abk v **Absender** mitt.

ABS [a:be:'ɛs] <-> n (AUTO) abk v **Antiblockiersystem** ABS m

ab|sacken vi sein (Boden, Fundament) abbassarsi; (Schiff) affondare; (Flugzeug) perdere quota; (Blutdruck, Schüler) calare

Absage ['apza:gə] <-, -n> f ❶ (Antwort) risposta f negativa ❷ (Ablehnung) rifiuto m; **jdm eine ~ erteilen** opporre un rifiuto a qu

ab|sagen I. vi **jdm ~** scusarsi di non poter venire presso qu II. vt disdire

ab|sägen vt ❶ (Baum, Ast) segare ❷ (fig fam: Beamten, Trainer) liquidare, silurare

ab|sahnen I. vt ❶ (Milch) scremare ❷ (fam: Geld) far man bassa di II. vi (fam) far man bassa

Absatz <-es, -sätze> m ❶ (TYP) paragrafo m; (JUR) capoverso m; **neuer ~** (beim Diktat) a capo ❷ (Treppen~) pianerottolo *m* ❸(*Schuh~*) tacco *m* ❹(COM: *Verkauf*) smercio *m*, vendita *f;* **~ finden** trovare collocamento, vendersi; **reißenden ~ finden** andare a ruba; **Absatzflaute** *f* (COM) ristagno *m* nelle vendite; **Absatzgebiet** *n* (COM) zona *f* di smercio, mercato *m;* **Absatzmarkt** *m* (COM) mercato *m*, sbocco *m;* **Absatzschwierigkeiten** *fpl* difficoltà *fpl* di smercio; **Absatzsteigerung** *f* incremento *m* delle vendite

ab|saugen *vt* ❶(*Flüssigkeit, Gas*) aspirare ❷(*Teppich*) pulire con l'aspirapolvere, passare l'aspirapolvere su

ab|schaffen *vt* (*aufheben*) abolire, sopprimere; (*Gesetz*) abrogare, annullare; (*Dinge*) rinunciare a, eliminare

Abschaffung <-, -en> *f* abolizione *f,* soppressione *f;* (JUR) abrogazione *f;* (*von Dingen*) eliminazione *f*

ab|schälen I. *vt* (*Apfel*) sbucciare; (*Rinde*) scortecciare II. *vr* **sich ~** (*Haut*) squamarsi

ab|schalten I. *vt* ❶(EL) disinserire ❷(*Radio, Motor*) spegnere II. *vi* (*fam*) distrarsi

ab|schätzen *vt* stimare; (*berechnend*) valutare

abschätzig *adv* **von jdm ~ sprechen** parlare con disprezzo di qu

ab|schauen (*fam*) I. *vi* (**bei jdm**) **~** copiare (da qu) II. *vt* **etw** (**von jdm**) **~** copiare qc (da qu)

Abschaum <-(e)s> *kein Pl m* (*pej*) feccia *f*

ab|scheiden <irr> *vt* eliminare, espellere; (MED) secernere

Abscheu <-(e)s, -> *m* ribrezzo *m;* (*Abneigung*) ripugnanza *f,* ripulsione *f;* **~ erregen** fare ribrezzo, destare orrore; **~ vor etw** *dat* **haben** detestare [*o* aborrire] qc

ab|scheuern I. *vt* ❶(*Schmutz*) togliere sfregando ❷(*Fußboden, Tisch*) pulire strofinando ❸(*Kleidung*) consumare, logorare II. *vr* **sich ~** consumarsi, logorarsi

abscheulich [apˈʃɔɪlɪç] *adj* orribile, ripugnante; (*Verbrechen*) atroce; (*Mensch*) detestabile

ab|schicken *vt* spedire, inviare

Abschiebehaft <-> *kein Pl f s.* **Abschiebungshaft**

ab|schieben <irr> *vt* ❶(*wegschieben*) **etw** (**von etw**) **~** scostare qc (da qc) ❷(*fig*) allontanare; **die Schuld auf jdn ~** far ricadere la colpa su qu ❸(*Flüchtlinge, Ausländer*) espellere

Abschiebung <-, -en> *f* espulsione *f;* **Abschiebungshaft** *f* pena *f* detentiva espulsoria (*che ha lo scopo di allontanare il detenuto dal paese*)*;* **Abschiebungsverfahren** *n* procedura *f* di espulsione

Abschied [ˈapʃiːt] <-(e)s, -e> *m* ❶(*Abreise*) partenza *f* ❷(*Trennung*) addio *m*, separazione *f;* **von jdm ~ nehmen** congedarsi da qu ❸(MIL) congedo *m* ❹(*Ausscheiden aus dem Amt*) licenziamento *m;* (*freiwillig*) dimissioni *fpl;* **Abschiedsbrief** *m* (*fam*) lettera *f* d'addio; **Abschiedsfeier** *f* festa *f* d'addio; **Abschiedskuss**^(RR) *m* bacio *m* d'addio; **Abschiedsszene** *f* scena *f* d'addio

ab|schießen <irr> *vt* ❶(*Schuss*) sparare ❷(*Pfeil*) scoccare; (*Geschoss*) tirare; (*Gewehr*) scaricare ❸(*Rakete*) lanciare ❹(*Flugzeug, Vogel*) abbattere ❺(*fig fam*) silurare

ab|schinden <irr> *vr* **sich ~** (*fam: schwer arbeiten*) sfacchinare

Abschirmdienst <-(e)s, -e> *m* servizio *m* di controspionaggio; **Militärischer ~** controspionaggio militare

ab|schirmen *vt* **jdn** (**von jdm/etw**) **~** schermare qu (da qu/qc)

Abschirmung <-, -en> *f* ❶(*einer Gefahr*) protezione *f* ❷(*des Lichtes*) schermatura *f*

ab|schlachten *vt* (*Tiere*) macellare; (*fig*) massacrare

Abschlag <-(e)s, -schläge> *m* ❶(*Anzahlung*) acconto *m* ❷(*Preisrückgang*) ribasso *m;* (*Preisnachlass*) sconto *m* ❸(*Rate*) rata *f;* **auf ~ zahlen** pagare a rate

ab|schlagen <irr> *vt* ❶(*abhauen*) staccare ❷(*fig*) **jdm etw ~** rifiutare qc a qu

abschlägig [ˈapʃlɛːgɪç] *adj* (*form*) negativo

Abschlagszahlung *f* ❶(*Ratenzahlung*) pagamento *m* rateale ❷(*Vorauszahlung*) acconto *m*

ab|schleifen <irr> *vt* ❶(*entfernen*) togliere molando ❷(*glätten*) molare, levigare

Abschleppdienst *m* (MOT) autosoccorso *m*

ab|schleppen *vt* ❶(MOT, NAUT) rimorchiare ❷(*scherz sl: Menschen*) rimorchiare, trascinare

Abschleppseil *n* (MOT) cavo *m* da rimorchio; **Abschleppwagen** *m* (MOT) carro *m* attrezzi

ab|schließen <irr> I. *vt* ❶(*zuschließen*) chiudere a chiave; **luftdicht ~** chiudere ermeticamente ❷(*fig: beenden*) terminare, finire; (*erledigen*) regolare ❸(*Geschäft, Vertrag, Rede, Brief, Studium*) concludere; (*Versicherung*) stipulare; (*Wette*) fare II. *vi* ❶(*enden*) chiudere, finire ❷(*beenden*) **mit jdm/etw ~** farla finita con qu/qc; **abschließend** I. *adj* conclusivo II. *adv* per concludere, in conclusione

AbschlussRR <-es, -schlüsse> *m*,
AbschlußALT <-sses, -schlüsse> *m*
❶ (*Ende*) fine *f*, termine *m*, conclusione *f*;
zum ~ a conclusione; **zum ~ bringen** portare a termine **❷** (*Geschäfts~*, *Vertrags~*)
conclusione *f* **❸** (COM: *Bilanz*) chiusura *f*
AbschlussarbeitRR *f* (*in Schule*) tesina *f*
AbschlusserklärungRR *f* (POL) dichiarazione *f* finale; **Abschlussprüfung**RR *f*
❶ (*in Schule*) esame *m* finale [*o* di licenza]
❷ (COM) revisione *f* del bilancio di
chiusura; **Abschlusszeugnis**RR *n*
diploma *m* (di licenza)
ab|schmecken *vt* **❶** (*probieren*) assaggiare **❷** (GASTR: *würzen*) **etw (mit etw) ~**
condire qc (con qc)
ab|schmettern *vt* (*fam*) rifiutare, respingere
ab|schminken I. *vt* togliere il trucco II. *vr*
sich ~ togliersi il trucco; **sich** *dat* **etw ~**
(*sl*) togliersi qc di testa
ab|schmirgeln *vt* (*Fußboden*) smerigliare
ab|schnallen I. *vt* (*Schlittschuhe*) slacciare; (*Ski*) togliere II. *vi* (*fam*) restar di
stucco
ab|schneiden <irr> I. *vt* **❶** (*schneiden*)
tagliare **❷** (*fig: Wort*) troncare; **jdm den
Weg ~** sbarrare la strada a qu II. *vi*
schlecht/gut ~ avere un cattivo/buon
risultato
Abschnitt <-(e)s, -e> *m* **❶** (*Teilstück*)
(ri)taglio *m* **❷** (TYP) passaggio *m*, capitolo *m*
❸ (*Kontroll~*) tagliando *m* di controllo;
(FIN) cedola *f* **❹** (*Zeit~*) epoca *f*; (*Lebens~*)
periodo *m* **❺** (MAT) segmento *m* **❻** (*Bau~*)
tronco *m*
ab|schöpfen *vt* togliere, levare; **das Fett
(von der Soße) ~** sgrassare la salsa; **den
Rahm (von der Milch) ~** scremare il latte
ab|schotten ['apʃɔtən] *vr* **sich ~ (von jdm/
etw) ~** isolarsi (da qu/qc)
ab|schrauben *vt* svitare
ab|schrecken *vt* **❶** (*zurückschrecken lassen*) intimorire, intimidire; (*abbringen*)
distogliere; (*entmutigen*) scoraggiare; **jdn
von etw ~** distogliere qu da qc; **sich
durch nichts ~ lassen** non lasciarsi scoraggiare da nulla **❷** (GASTR) raffreddare in
acqua; **abschreckend** *adj* scoraggiante;
(*Abscheu erregend*) repellente; **ein ~es
Beispiel** un esempio intimidatorio
Abschreckung <-, -en> *f* intimidazione *f*;
nukleare/atomare ~ strategia *f* d'intimidazione nucleare/atomica; **Abschreckungsmittel** <-s, -> *n* mezzo *m* intimidatorio
ab|schreiben <irr> *vt* **❶** (*Text, a vom Mitschüler*) **etw (von jdm) ~** copiare qc (da

qu) **❷** (*neu schreiben*) ricopiare **❸** (COM:
streichen) dedurre, defalcare, detrarre;
(*den Wert herabsetzen von*) deprezzare,
ammortare **❹** (*fig: nicht mehr rechnen
mit*) considerare perduto
Abschreibung <-, -en> *f* (COM) deduzione *f*; (*Wertminderung*) deprezzamento *m*, ammortamento *m*; **abschreibungsfähig** *adj* (COM) ammortizzabile,
estinguibile
Abschrift <-, -en> *f* copia *f*
ab|schuften *vr* **sich ~** (*fam*) sfacchinare;
sich für jdn ~ sacrificarsi/lavorare duramente per qu
Abschürfung <-, -en> *f* escoriazione *f*
AbschussRR <-es, -schüsse> *m*,
AbschußALT <-schusses, -schüsse> *m*
❶ (*Abfeuern*) sparo *m* **❷** (*von Rakete, Torpedo*) lancio *m* **❸** (MIL: *von Flugzeug*)
abbattimento *m*; **Abschussbasis**RR *f*
(MIL) base *f* di lancio
abschüssig ['apʃʏsɪç] *adj* erto, ripido
AbschussrampeRR *f* rampa *f* di lancio
ab|schütteln *vt* **❶** (*Obst*) far cadere scuotendo **❷** (*fig*) **jdn ~** (*lästige Person*) sbarazzarsi di qu; **etw ~** (*Sorgen, Ärger*) liberarsi da qc; **die Müdigkeit ~** scuotersi di
dosso la stanchezza; **die Gedanken ~**
scacciare i pensieri
ab|schwächen I. *vt* attenuare, mitigare;
(*Stoß, Geräusch, Farbe*) smorzare II. *vr*
sich ~ attenuarsi, diminuire
ab|schwatzen *vt* (*fam*) ottenere con
le chiacchiere, imbrogliare, abbindolare;
(*Geld, Geheimnis*) carpire, estorcere
ab|schweifen *vi sein* divagare; **von
einem Thema ~** divagare da un tema
ab|schwellen <irr> *vi sein* **❶** (*Geschwulst*) decongestionarsi, sgonfiarsi
❷ (*Lärm*) calare, diminuire
ab|schwören <irr> *vi* rinnegare; **dem
Glauben ~** rinnegare [*o* abiurare] il credo;
dem Alkohol ~ rinunciare all'alcol
Abschwung <-(e)s, -schwünge> *m*
❶ (SPORT) salto *m* **❷** (WIRTSCH) recessione *f*
ab|segnen *vt* (*fam*) benedire, approvare
absehbar *adj* prevedibile; **in ~er Zeit** in
un prossimo futuro
ab|sehen <irr> I. *vi* (*verzichten*) rinunciare a; (*nicht berücksichtigen*) non tenere
conto di; **von etw ~** prescindere da qc;
abgesehen von ... salvo ..., a prescindere
da ... II. *vt* **❶** (*lernen*) imparare osservando
❷ (*voraussehen*) prevedere; **es ist noch
kein Ende abzusehen** non si vede ancora
la fine **❸** (*anmerken*) leggere, intuire; **jdm
etw an den Augen ~** leggere qc negli
occhi di qu **❹** (*Wend*) **es auf jdn/etw**

abgesehen haben prendere di mira qu/qc

ab|seilen *vr* sich ~ ❶ (SPORT) calarsi con la corda ❷ (*fam: verschwinden*) tagliare la corda, sparire

abseits ['apzaɪts] I. *prp* +*gen* lontano da II. *adv* in disparte; (*entfernt*) lontano; (SPORT) (in) fuori gioco; ~ **von etw** lontano da qc

Abseits <-> *kein Pl n* (SPORT) fuorigioco *m*

ab|senden <irr> *vt* inviare, spedire, mandare

Absender <-s, -> *m* (*Brief*) mittente *m;* (COM) speditore *m*

ab|senken I. *vt* ❶ (*Grundwasser*) abbassare, declinare ❷ (*Weinstock*) propagginare, margottare II. *vr* sich ~ essere in declivio, digradare, declinare

Absenz [ap'zɛnts] <-, -en> *f* mancanza *f,* assenza *f;* **bei** ~ in mancanza di

ab|servieren *vt* ❶ (*Geschirr, Tisch*) sparecchiare ❷ (*fam: entlassen*) dare il benservito a; (*fam*) far fuori

absetzbar *adj* ❶ (FIN) deducibile ❷ (COM) facilmente piazzabile [*o* smerciabile]

ab|setzen I. *vt* ❶ (*Hut, Brille*) metter giù ❷ (*Koffer*) appoggiare per terra ❸ (*Beamte*) dimettere; (*Minister, Monarchen*) deporre ❹ (*Therapie, Medikamente*) interrompere ❺ (*von Tagesordnung, Haushaltsplan*) eliminare; (*von Spielplan*) togliere dal programma; **etw von etw** ~ togliere qc da qc ❻ (*aussteigen lassen*) far scendere ❼ (COM: *verkaufen*) vendere, smerciare ❽ (FIN) detrarre, defalcare; **die Kosten von der Steuer** ~ detrarre i costi dalle tasse II. *vr* sich ~ ❶ (*Staub*) depositarsi ❷ (MIL: *Truppen*) ritirarsi ❸ (*fam: sich davonmachen*) svignarsela

Absetzung <-, -en> *f* destituzione *f,* interruzione *f*

ab|sichern I. *vt* etw (**gegen etw**) ~ rendere sicuro qc (contro qc) II. *vr* sich (**gegen etw**) ~ assicurarsi (da qc); (*vertraglich*) cautelarsi (contro qc)

Absicht <-, -en> *f* intenzione *f;* (*Ziel*) scopo *m,* fine *m;* **in der ~ zu** +*inf* con l'intenzione di +*inf,* a fine di +*inf;* **mit ~** intenzionalmente, di proposito; **das war nicht meine ~** non l'ho fatto apposta; **in böser ~** malintenzionatamente; **absichtlich** *adj* intenzionale; (*vorsätzlich*) premeditato; **das hast du ~ getan** l'hai fatto apposta; **Absichtserklärung** <-, -en> *f* (JUR) dichiarazione *f* di intenti

ab|sinken <irr> *vi sein* ❶ (*Schiff*) affondare; (*Wasserspiegel*) abbassarsi ❷ (*schwächer werden*) diminuire; (*Temperatur*)

abbassarsi, scendere

ab|sitzen <irr> I. *vt* haben (*fam: Strafe*) scontare; (*Stunden*) trascorrere II. *vi sein* ❶ (*vom Pferd*) scendere [*o* smontare] da cavallo ❷ (*CH: sich setzen*) sedersi

absolut [apzo'luːt] I. *adj* assoluto II. *adv* assolutamente

Absolution [apzolu'tsi̯oːn] <-, -en> *f* (REL) assoluzione *f;* **jdm die ~ erteilen** assolvere qu

Absolutismus [apzolu'tɪsmʊs] <-> *kein Pl m* assolutismo *m*

absolutistisch *adj* assolutista

Absolvent(in) [apzɔl'vɛnt] <-en, -en; -, -nen> *m(f)* (*vor dem Examen*) esaminando, -a *m, f;* (*nach dem Examen*) diplomato, -a *m, f*

absolvieren [apzɔl'viːrən] <ohne ge-> *vt* (*Schule*) finire; (*Studien*) compiere; (*Pensum*) sbrigare; (*Examen*) superare

Absolvierung <-> *kein Pl f* ❶ (*Schule, Studium*) conclusione *f;* (*Prüfung*) superamento *m;* (*Ableisten*) compimento *m* ❷ (REL) assoluzione *f*

absonderlich [ap'zɔndɐlɪç] *adj* strano

ab|sondern I. *vt* ❶ (*isolieren*) etw (**von etw**) ~ isolare qc (da qc), separare qc (da qc) ❷ (BIOL, MED) secernere II. *vr* sich (**von jdm**) ~ segregarsi (da qu)

Absonderung ['apzɔndərʊŋ] <-, -en> *f* ❶ (*von Menschen*) isolamento *m,* segregazione *f* ❷ (BIOL, MED) secrezione *f*

absorbieren [apzɔr'biːrən] <ohne ge-> *vt* assorbire

Absorption [apzɔrp'tsi̯oːn] <-> *kein Pl f* assorbimento *m*

ab|spalten I. *vt* ❶ (*trennen*) etw (**von etw**) ~ staccare qc (da qc) ❷ (*fig*) separare ❸ (CHEM) dissociare II. *vr* sich (**von etw**) ~ (di)staccarsi (da qc)

Abspann <-[e]s, -e> *m* (FILM, TV) titoli *mpl* di coda

ab|specken ['apʃpɛkən] *vi* (*fam*) dimagrire, calare

ab|speichern *vt* (INFORM) salvare, memorizzare; **auf etw** *dat* ~ salvare su qc

ab|speisen *vt* saziare; **jdn mit leeren Versprechungen** ~ (*fam*) liquidare qu con promesse vane; **sich mit etw ~ lassen** accontentarsi di qc

abspenstig ['apʃpɛnstɪç] *adj* ~ **machen** estraniare, alienare, allontanare

ab|sperren *vt* ❶ (*A, südd: Tür, Zimmer*) chiudere a chiave ❷ (*Straße*) sbarrare; (*Verkehr*) bloccare

Absperrhahn *m* (TEC) rubinetto *m* di chiusura

Absperrung <-, -en> *f* ❶ (*das Absper-*

A

Absicht ausdrücken	
nach Absicht fragen	**domandare le intenzioni**

Was bezwecken Sie damit?

A cosa mira?

Was hat das alles für einen Zweck?

Che senso ha tutto ciò?

Was wollen Sie damit behaupten/ sagen?

Che intende dire con questo?

Worauf wollen Sie hinaus?

Dove vuole arrivare con questo?

Absicht ausdrücken	**esprimere l'intenzione**

Ich **werde** nächste Woche meine Haare schneiden lassen.

La settimana prossima **mi taglierò** i capelli.

Ich habe für nächstes Jahr eine Reise nach Italien **vor/geplant.**

Ho progettato/in programma un viaggio in Italia per l'anno prossimo.

Ich **beabsichtige**, eine Klage gegen die Firma zu erheben.

Ho intenzione di fare causa alla ditta.

Ich habe mir in den Kopf gesetzt, den Pilotenschein zu machen.

Mi sono messo in testa di prendere il brevetto di pilota. (*fam*)

Es geht mir darum, dass ihr euch alle wohl fühlt.

Mi interessa che tutti voi stiate bene.

Absichtslosigkeit ausdrücken	**esprimere la non intenzione**

Das liegt mir fern.

Lunge da me./Non è nelle mie intenzioni.

Ich habe nicht die Absicht, dir irgendwelche Vorschriften zu machen.

Non ho intenzione di darti nessun tipo di ordine.

Das war nicht von mir beabsichtigt.

Non l'ho fatto apposta.

Es ging mir nicht darum, wer nun Recht hat.

Non mi interessava chi avesse ragione.

Ich habe es nicht auf Ihr Geld abgesehen.

Non miravo al Suo denaro.

---

ren) bloccaggio *m*, chiusura *f*; (*von Straßen*) blocco *m* ❷ (*Gitter*) barriera *f*, ostacolo *m*; (*Sperre*) sbarramento *m*

ab|spielen I. *vt* ❶ (*CD, Schallplatte, Band*) (far) ascoltare, mettere (su) *fam* ❷ (*vom Blatt*) suonare a vista ❸ (SPORT) passare **II.** *vr* **sich ~** svolgersi

Absprache <-, -n> *f* accordo *m*, intesa *f*

ab|sprechen <irr> **I.** *vt* ❶ (*verabreden*) **etw (mit jdm) ~** accordarsi (con qu) su qc, concordare qc (con qu) ❷ (*aberkennen*) (**jdm**) **etw ~** disconoscere [*o* contestare] qc (a qu) **II.** *vr* **sich (mit jdm) ~** accordarsi (con qu)

ab|springen <irr> *vi sein* ❶ (SPORT) saltare ❷ (*mit Fallschirm*) lanciarsi con il paracadute ❸ (*Lack, Knopf*) staccarsi ❹ (*abprallen*) rimbalzare

Absprung <-(e)s, -sprünge> *m* salto *m*, slancio *m*; (*mit Fallschirm*) lancio *m* con il

paracadute

ab|spülen *vt* sciacquare; (*Geschirr*) rigovernare, lavare

ab|spulen *vt* ❶ (*abwickeln*) svolgere; (*Knäuel*) dipanare ❷ (*fam: vorspielen*) recitare; **das Programm ~** recitare come da copione ❸ (*fam: dahersagen*) parlare a vanvera

ab|stammen *vi sein* (**von jdm**) **~** discendere (da qu)

Abstammung <-> *kein Pl f* discendenza *f*, origine *f*; **Abstammungslehre** *f* teoria *f* sull'origine della specie

Abstand <-(e)s, -stände> *m* ❶ (*räumlich, fig*) distanza *f*; **~ halten** mantenere la distanza; **mit ~** di gran lunga ❷ (*zeitlich*) intervallo *m*; **in regelmäßigen Abständen** a intervalli regolari ❸ (*fig: Unterschied*) differenza *f* ❹ (*fig: innerer ~*) distacco *m*; **von etw ~ nehmen** (*fig*) desi-

stere da qc
ab|statten ['apʃtatən] *vt* (*geh*) **jdm einen Besuch** ~ fare visita a qu
ab|stauben *vt* ❶ (*Möbel*) spolverare ❷ (*fig fam: sich aneignen*) grattare
Abstauber ['apʃtaʊbɐ] <-s, -> *m* (*fig fam*) scroccone *m*
ab|stechen <irr> I. *vt* ❶ (*Rasen*) tagliare (via); (*Torf*) scavare ❷ (*Schlachttier*) scannare II. *vi* (*sich abheben*) (**von jdm**) ~ contrastare (con qu)
Abstecher <-s, -> *m* scappata *f*
ab|stecken *vt* ❶ (*abgrenzen*) delimitare; (*mit Pfählen, Pflöcken*) segnare (con pali, pioli) ❷ (*Kleid*) appuntare
ab|stehen <irr> *vi* sporgere, essere sporgente; ~ **de Ohren** orecchie a sventola
Absteige <-, -n> *f* ❶ (*fam: Stundenhotel*) albergo *m* a ore ❷ (*pej: schlechtes Hotel*) stamberga *f*
ab|steigen <irr> *vi sein* ❶ (*heruntersteigen*) scendere; **vom Fahrrad/Pferd** ~ scendere dalla bicicletta/da cavallo ❷ (*übernachten*) **in einer Pension** ~ pernottare in una pensione ❸ (*SPORT*) retrocedere
Absteiger <-, -> *m* (*SPORT*) squadra *f* retrocessa
ab|stellen *vt* ❶ (*hinstellen*) deporre, posare; (*Fahrzeug*) parcheggiare ❷ (*abschalten*) fermare, arrestare; (*Wasser, Gas*) chiudere; (*Radio, Motor*) spegnere ❸ (*fig: unterbinden*) eliminare, sopprimere
Abstellfläche *f* ripiano *m*
Abstellgleis *n* binario *m* morto; **Abstellraum** *m* ripostiglio *m*
ab|stempeln *vt* ❶ (*mit Stempel versehen*) timbrare ❷ (*fig: bezeichnen*) bollare
ab|sterben <irr> *vi sein* ❶ (*Pflanzen*) morire, deperire ❷ (*MED: Glieder*) intorpidirsi
Abstieg ['apʃtiːk] <-(e)s, -e> *m* ❶ (*Abwärtssteigen*) discesa *f* ❷ (*fig: Niedergang*) decadenza *f*, declino *m* ❸ (*SPORT*) retrocessione *f*
ab|stillen *vt* svezzare
ab|stimmen I. *vi* **über etw** *acc* ~ votare qc; **über etw** *acc* ~ **lassen** mettere qc ai voti II. *vt* ❶ (*MUS*) accordare ❷ (*RADIO*) sintonizzare ❸ (*aufeinander* ~) armonizzare; (*anpassen*) adattare; **etw auf jdn** [*o* **jdn auf etw** *acc*] ~ armonizzare qc con qu [*o* qu con qc]; **etw mit jdm** ~ concordare qc con qu; **den Teppich auf die Vorhänge** ~ intonare il tappeto alle tende
Abstimmung <-, -en> *f* ❶ (*bei Wahl*) votazione *f*; (*geheime* ~) scrutinio *m*; **in öffentlicher/geheimer** ~ a scrutinio

pubblico/segreto ❷ (*fig*) adattamento *m*, armonizzazione *f*; (*MUS*) accordatura *f*; (*von Farben*) intonazione *f*; **Abstimmungsergebnis** *n* risultato *m* della votazione
abstinent [apsti'nɛnt] *adj* astinente
Abstinenz [apsti'nɛnts] <-> *kein Pl f* astinenza *f*
Abstinenzler(in) <-s, -; -, -nen> *m(f)* (*pej*) astemio, -a *m, f*
ab|stoppen *vi, vt* (*SPORT*) cronometrare
Abstoß <-es, -stöße> *m* ❶ (*SPORT*) calcio *m* di rinvio ❷ (*Stoß*) pedata *f*
ab|stoßen <irr> I. *vt* ❶ (*wegstoßen*) scostare ❷ (*beschädigen*) rompere, danneggiare ❸ (*Fußball*) rinviare ❹ (*COM*) smerciare ❺ (*fig: anwidern*) ripugnare, disgustare II. *vi* (*NAUT*) salpare, allontanarsi dalla riva III. *vr sich* ~ respingersi; **abstoßend** *adj* repellente, ripugnante
abstrahieren [apstra'hiːrən] <ohne ge-> *vi, vt* (*geh*) (**aus etw**) ~ astrarre (da qc)
ab|strahlen *vt* ❶ (*ausstrahlen*) irradiare, irraggiare; (*übertragen*) trasmettere ❷ (*mit Sand*) sabbiare, granare
abstrakt [ap'strakt] *adj* astratto
Abstraktion <-, -en> *f* astrazione *f*; **Abstraktionsvermögen** <-s> *kein Pl n* capacità *f* di astrazione
ab|streifen *vt* ❶ (*Kleidung*) togliere, sfilare ❷ (*Gelände*) perlustrare ❸ (*fig: Vorurteile*) abbandonare
ab|streiten <irr> *vt* negare
Abstrich <-(e)s, -e> *m* ❶ (*Abzug*) riduzione *f*, taglio *m*; **erhebliche** ~ **e an etw** *dat* **machen** fare notevoli tagli a qc; **man muss im Leben oft** ~ **e machen** (*fig*) nella vita si devono spesso fare delle rinunce ❷ (*MED*) striscio *m*
abstrus [ap'struːs] *adj* astruso, oscuro
ab|stufen *vt* ❶ (*Gelände*) terrazzare ❷ (*Farben*) sfumare ❸ (*fig: Gehälter*) classificare
Abstufung <-, -en> *f* ❶ (*Hang*) terrazzamento *m* ❷ (*von Farben*) sfumatura *f* ❸ (*fig: von Gehältern*) classificazione *f*
ab|stumpfen I. *vi sein* (*fig*) diventare insensibile II. *vt haben* ❶ (*Schneide*) smussare ❷ (*fig: gefühllos machen*) rendere insensibile
Absturz <-es, -stürze> *m* ❶ (*Sturz*) caduta *f* ❷ (*INFORM*) crash *m*
ab|stürzen *vi sein* ❶ (*stürzen*) precipitare, cadere ❷ (*INFORM*) avere un crash
Absturzursache *f* causa *f* del crollo
ab|stützen *vt* puntellare
ab|suchen *vt* (*Menschen, Tier*) esaminare; (*Gelände*) perlustrare; **ich habe das ganze Haus nach der Brille abgesucht**

ho cercato gli occhiali in tutta la casa

absurd [apˈzʊrt] *adj* assurdo

Absurdität [apzʊrdiˈtɛːt] <-, -en> *f* assurdità *f*

Abszess^{RR} [apsˈtsɛs] <-es, -e> *m,* **Abszeß**^{ALT} <-szesses, -szesse> *m* (MED) ascesso *m*

Abszisse [apsˈtsɪsə] <-, -n> *f* (MAT) ascissa *f*

Abt [apt, *pl:* ɛptə] <-(e)s, Äbte> *m* abate *m*

Abt. *abk v* **Abteilung** sez.

abltanzen *vi* (*sl: ausgiebig tanzen*) ballare alla grande

abltasten *vt* frugare; (MED) palpare

Abtauautomatik *f* no frost *m*

abltauen I. *vt haben* ❶(*Kühlschrank*) sbrinare ❷(*Eis*) far sciogliere II. *vi sein* ❶(*Kühlschrank*) sbrinarsi; (*See*) disgelare, disgelarsi ❷(*Eis*) sciogliersi

Äbte *pl von* **Abt**

Abtei [apˈtaɪ] <-, -en> *f* abbazia *f*

Abteil [apˈtaɪl *o* ˈaptaɪl] <-(e)s, -e> *n* scompartimento *m*

ablteilen *vt* ❶(*aufteilen*) (sud)dividere ❷(*durch Zwischenwände*) separare

Abteilung [apˈtaɪlʊŋ] <-, -en> *f* reparto *m;* (ADM) dipartimento *m,* divisione *f;* **Abteilungsleiter(in)** *m(f)* (COM) caporeparto *mf;* (ADM) caposezione *mf,* capodivisione *mf*

abltippen *vt* (*fam*) battere a macchina

Äbtissin [ɛpˈtɪsɪn] <-, -nen> *f* badessa *f*

abltörnen *vi* (*sl*) far passare la voglia a qc *fam*

abltöten *vt* (*Bakterien*) uccidere, annientare; (*Nerv*) devitalizzare; (*Gefühl*) reprimere, soffocare

abltragen <irr> *vt* ❶(*Schutt*) spalare; (*Gelände*) spianare ❷(*Bauwerk*) demolire ❸(*geh: Speisen*) levare ❹(*geh: Schuld*) estinguere ❺(*Kleidung*) logorare

abträglich [ˈaptrɛːklɪç] *adj* (*geh: nachteilig*) svantaggioso; (*schädlich*) nocivo; **etw ist jdm/etw ~** qc è svantaggioso [*o* nocivo] per qu/qc

Abtransport <-(e)s, -e> *m* ❶(*von Material*) sgombero *m,* rimozione *f* ❷(*von Gefangenen, Truppen*) trasporto *m*

abltransportieren <ohne ge-> *vt* ❶(*Material*) sgomberare, rimuovere ❷(*Gefangene, Truppen*) trasportare

abltreiben <irr> I. *vt haben* ❶(NAUT, AERO) far deviare ❷(MED) abortire II. *vi sein* ❶(NAUT, AERO) andare alla deriva ❷(MED) abortire

Abtreibung <-, -en> *f* aborto *m* (procurato); **Abtreibungsbefürworter(in)** *m(f)* abortista *mf;* **Abtreibungsgegner(in)** *m(f)* antiabortista *mf;* **Abtrei-**

bungsparagraph *m* articolo *m* di legge sull'aborto; **Abtreibungspille** *f* pillola *f* abortiva

abltrennen *vt* ❶(*loslösen*) staccare ❷(*trennen*) separare ❸(*Angenähtes*) scucire

abltreten <irr> I. *vt haben* ❶(*überlassen*) (jdm) etw ~ cedere qc (a qu) ❷(*abnutzen*) consumare ❸(*Schuhe*) pulire II. *vi sein* ❶(*von Amt*) dimettersi ❷(THEAT) uscire di scena

Abtreter <-s, -> *m* zerbino *m,* puliscipiedi *m*

Abtretung <-, -en> *f* cessione *f*

abltrocknen *vt* asciugare

abltropfen *vi sein* sgocciolare

abltrotzen *vt* (*Recht, Erlaubnis*) ottenere con la tenacia, estorcere

abtrünnig [ˈaptrʏnɪç] *adj* infedele, ribelle; (REL, POL) rinnegato

abltun <irr> *vt* ❶(*fam: ablegen*) togliersi, levarsi ❷(*beiseite schieben*) sbarazzarsi di, liquidare; **etw mit einer Handbewegung ~** non interessarsi di qc; **damit ist es nicht abgetan** non è detta l'ultima parola

abltupfen *vt* detergere

ablturnen [ˈaptœrnən] *vt jdn ~* (*sl*) disgustare qu

ablurteilen *vt* (JUR) processare, giudicare

ablverlangen *vt jdm etw ~* chiedere qc a qu, esigere qc da qu

ablwägen [ˈapvɛːgən] <irr> *vt* ponderare, soppesare; **zwei Dinge gegeneinander ~** confrontare due cose fra loro

ablwählen *vt* ❶(*Politiker*) destituire, non rieleggere ❷(*Schule: Fach*) scartare, sostituire

ablwälzen *vt* scaricare, addossare; **die Arbeit auf jdn ~** scaricare il lavoro a qu; **die Schuld auf jdn ~** addossare la colpa a qu

ablwandeln *vt* variare

ablwandern *vi sein* emigrare

Abwandlung <-, -en> *f* variazione *f,* mutamento *m*

Abwärme <-> *kein Pl f* (TEC) calore *m* perduto

Abwart [ˈapvart] <-(e)s, -e> *m* (*CH: Hausmeister*) portiere *m*

ablwarten *vt, vi* attendere, aspettare; **das bleibt noch abzuwarten** questo resta ancora da vedere

Abwärtin [ˈapvɛrtɪn] <-, -nen> *f* (*CH: Hausmeisterin*) portiera *f*

abwärts [ˈapvɛrts] *adv* giù, in giù, verso il basso

abwärtslgehen *vi* **~ fahren/gehen** scendere; **mit ihm geht's ~** va di male in peg-

gio; **Abwärtstrend** *m* trend *m* negativo
Abwasch[1] ['apvaʃ] *<-(e)s> kein Pl m*
(*Geschirr*) stoviglie *fpl* sporche; (*Handlung*) rigovernatura *f*
Abwasch[2] *<-, -en> f* (*A: Spülbecken*)
acquaio *m*
abwaschbar *adj* lavabile
ab|waschen *<irr>* I. *vt* ❶ (*mit Wasser reinigen*) lavare; (*Geschirr*) rigovernare, lavare ❷ (*Schmutz*) lavare via II. *vi* (*Geschirr ~*) lavare i piatti
Abwaschschüssel *f* bacinella *f* per lavare le stoviglie; **Abwaschwasser** *n* (acqua *f* di) rigovernatura *f*
Abwasser *<-s, -wässer> n* acqua *f* di scarico [*o* di scolo]; **Abwasseraufbereitung** *f* trattamento *m* delle acque di scarico; **Abwasserentsorgung** *f* scarico *m* delle acque residue; **Abwasserkanal** *m* canale *m* di scarico, fognatura *f*; **Abwasserreinigung** *f* depurazione *f* delle acque di scarico
ab|wechseln I. *vi* alternare, variare II. *vr* **sich ~** alternarsi; **sich bei etw ~** (*sich ablösen*) darsi il cambio in qc; **abwechselnd** I. *adj* alternativo II. *adv* alternativamente, a turno; **~ reden** alternarsi nel discorso
Abwechslung *<-, -en> f* ❶ (*Wechsel*) cambiamento *m;* **zur ~** per cambiare un po' ❷ (*Mannigfaltigkeit*) varietà *f;* **~ in etw** *acc* **bringen** variare qc, rendere più variato qc; **in diesem Dorf gibt es wenig ~** in questo paese la vita è monotona; **abwechslungsreich** *adj* (s)variato, vario
Abwege ['apve:gə] *mpl* **auf ~ geraten** mettersi sulla cattiva strada, sviarsi
abwegig ['apve:gɪç] *adj* errato
Abwehr ['apve:ɐ] *<-> kein Pl f* ❶ (*allg, MIL, SPORT*) difesa *f* ❷ (*Widerstand*) resistenza *f* ❸ (*Ablehnung*) rifiuto *m* ❹ (*Spionage~*) controspionaggio *m*
ab|wehren *vt* ❶ (*Schlag, Stoß*) parare; (*Angriff*) respingere ❷ (*Gefahr*) stornare ❸ (*Besucher*) allontanare; (*Fliegen*) scacciare
Abwehrkräfte *<-> fpl* (*MED*) sistema *m* immunitario; **Abwehrmechanismus** *m* meccanismo *m* di difesa; **Abwehrspieler(in)** *m(f)* (*SPORT*) difensore *m;* **Abwehrstoff** *m* (*MED*) anticorpo *m*
ab|weichen *<irr> vi sein* ❶ (*a fig NAUT, AERO*) deviare; **vom Kurs ~** deviare dalla rotta; **vom Thema ~** (*fig*) allontanarsi dall'argomento ❷ **voneinander ~** essere differente l'uno dall'altro; **abweichend** *adj* divergente, differente, anomalo, irrego-

lare; **~e Meinungen** opinioni divergenti
Abweichung *<-, -en> f* ❶ (*a fig NAUT, AERO*) deviazione *f;* (*vom Thema*) allontanamento *m* ❷ (*Unregelmäßigkeit*) irregolarità *f*
ab|weisen *<irr> vt* ❶ (*zurückweisen*) rifiutare; (*JUR*) respingere ❷ (*Gesuch, Forderungen*) rigettare ❸ (*Bewerber*) non ammettere; (*Besucher*) non ricevere; **abweisend** *adj* brusco, poco affabile
abwendbar *adj* evitabile
ab|wenden *<irr>* I. *vt* ❶ (*Gesicht*) volgere altrove ❷ (*Blick, Gedanken*) **etw** (**von etw**) **~** distogliere qc (da qc) ❸ (*Unheil*) evitare, impedire II. *vr* **sich** (**von etw**) **~** allontanarsi (da qc)
ab|werben *<irr> vt* sottrarre (*specialmente lavoratori a ditte*) con proposte allettanti
ab|werfen *<irr> vt* ❶ (*Reiter*) disarcionare ❷ (*Bomben, Flugblätter*) lanciare, gettare; **mit dem Fallschirm ~** paracadutare ❸ (*Spielkarten*) scartare ❹ (*Blätter, Nadeln*) perdere ❺ (*COM*) fruttare, rendere
ab|werten *vt* ❶ (*FIN*) svalutare ❷ (*fig*) deprezzare; **abwertend** *adj* disprezzabile, spregevole
Abwertung *<-, -en> f* ❶ (*FIN*) svalutazione *f* ❷ (*fig*) deprezzamento *m*
abwesend ['apve:zənt] *adj* ❶ (*nicht anwesend*) assente ❷ (*fig: geistes~*) distratto, assorto nei pensieri; **Abwesende** *<ein -r, -n, -n> mf* assente *mf*
Abwesenheit *<-, rar -en> f* ❶ (*körperlich*) assenza *f* ❷ (*fig: geistig*) distrazione *f*
ab|wickeln *vt* ❶ (*Wolle, Garn*) dipanare; (*Verband*) sfasciare ❷ (*fig: durchführen*) effettuare; (*Prozess*) condurre; (*Geschäft*) sbrigare
Abwicklung *<-, -en> f* esecuzione *f,* disbrigo *m*
ab|wiegen *<irr> vt* pesare
ab|wimmeln *vt* (*fam*) **jdn ~** tenere alla larga qu, levarsi dai piedi qu; **etw ~** liberarsi di qc, sbarazzarsi di qc; **sich ~ lassen** non insistere
ab|winken *vi* fare cenno di no
ab|wirtschaften I. *vi* andare in rovina, fare bancarotta, fallire; **die Firma hat längst abgewirtschaftet** l'azienda è da tempo fallita; **die Partei hat bei den Wählern abgewirtschaftet** il partito ha perso consensi tra gli elettori II. *vt* mandare [*o* lasciar andare] in rovina
ab|wischen *vt* ❶ (*reinigen*) pulire; **den Staub von etw ~** spolverare qc ❷ (*entfernen*) togliere; **etw** (**von etw**) **~** togliere qc (da qc); **sich** *dat* **die Stirn/die Tränen ~**

asciugarsi la fronte/le lacrime

Abwurf <-(e)s, -würfe> *m* ❶ (AERO) lancio *m* ❷ (SPORT) rinvio *m*, rimando *m*

ab|würgen *vt* **den Motor ~** bloccare il motore; **ein Gespräch ~** stroncare una conversazione

ab|zahlen *vt* pagare a rate

ab|zählen *vt* contare; **an den Fingern ~** contare sulle dita; **das kannst du dir doch an fünf Fingern ~** (*fam*) ci potresti arrivare anche da solo

Abzahlung <-, -en> *f* ❶ (*Tilgung*) saldo *m* ❷ (*Ratenzahlung*) pagamento *m* rateale; **etw auf ~ kaufen** comprare qc a rate

Abzähl|vers *m* conta *f*

Abzeichen <-s, -> *n* distintivo *m*, insegna *f*

ab|zeichnen I. *vt* ❶ (*abmalen*) ritrarre, disegnare; (*kopieren*) copiare; **etw** (**von jdm/etw**) **~** copiare qc (da qu/qc) ❷ (*signieren*) firmare **II.** *vr* **sich ~** ❶ (*sich abheben*) spiccare ❷ (*erkennbar werden*) delinearsi

Abziehbild *n* decalcomania *f*

ab|ziehen <irr> **I.** *vt haben* ❶ (*wegziehen*) togliere, levare; **das Bett ~** cambiare la biancheria del letto ❷ (*ziehend entfernen*) tirare fuori; **den Schlüssel ~** togliere la chiave dalla serratura; **einen Ring vom Finger ~** sfilare un anello dal dito ❸ (*von der Schale befreien*) sbucciare ❹ (*abrechnen*) detrarre; **20 von 100 ~** sottrarre 20 da 100 ❺ (MIL) **die Truppen von einem Ort ~** ritirare le truppe da un luogo ❻ (FOTO, TYP) tirare, stampare ❼ (*Tier*) scuoiare ❽ (*Messer*) affilare **II.** *vi sein* ❶ (*Rauch*) uscire, fuoriuscire; (*Gewitter*) allontanarsi ❷ (*Truppen*) ripiegare ❸ (*fam: weggehen*) andarsene

ab|zielen *vi* **auf etw** *acc* **~** mirare a qc

ab|zocken *vt* (*sl: im Spiel*) imbrogliare, truffare

Abzug <-(e)s, -züge> *m* ❶ *sing* (MIL) ritiro *m* ❷ *sing* (*von Rauch, Gas*) uscita *f* ❸ (COM) deduzione *f*, detrazione *f*; **nach ~ der Kosten** detratte le spese ❹ *pl* (*Abgaben*) trattenute *fpl*; **die Abzüge vom Lohn** le trattenute sullo stipendio ❺ (FOTO) copia *f*; (TYP) bozza *f* ❻ (*~ svorrichtung*) sfiato *m,* sfiatatoio *m* ❼ (*Gewehr~*) grilletto *m*

abzüglich ['aptsy:klɪç] *prp* +*gen* detratto; **~ der Kosten** detratte le spese

abzugsfähig *adj* deducibile, detraibile; **Abzugsfähigkeit** *f* (*steuerliche ~*) deducibilità *f* fiscale

Abzugshaube *f* cappa *f*

ab|zweigen I. *vi sein* diramarsi, biforcarsi **II.** *vt haben* (*fig fam*) mettere da parte

[*o via*]

Abzweigung <-, -en> *f* diramazione *f*

Accessoires [aksεso'a:ɐ] *npl* accessori *mpl*

Acetat [atse'ta:t] <-s, -e> *n* (CHEM) acetato *m*

Aceton [atse'to:n] <-s> *kein Pl n* (CHEM) acetone *m*

Acetylen [atsety'le:n] <-s> *kein Pl n* (CHEM) acetilene *m*

ach [ax] *int* ❶ (*Klage*) ahimè ❷ (*Erstaunen, Bedauern*) oh, ah; **~, Sie sind das!** ah, è Lei!; **~ nein!** (*Ablehnung*) ah no!; (*Erstaunen*) ma no!, veramente!; **~ so!** ah ecco, (ora) capisco!; **~ was!, ~ wo!** ma no!, macché

Achat [a'xa:t] <-(e)s, -e> *m* (MIN) agata *f*

Achillesferse [a'xɪlɛsfɛrzə] <-, -n> *f* tallone *m* d'Achille

Achsbruch *s.* **Achsenbruch**

Achse ['aksə] <-, -n> *f* asse *m;* **sich um die eigene ~ drehen** fare un giro completo; **auf ~ sein** (*fam*) essere in giro

Achsel ['aksəl] <-, -n> *f* ❶ (*Schulter*) spalla *f;* **die** [*o* **mit den**] **~n zucken** alzare le spalle ❷ (*~ höhle*) ascella *f;* **Achselhöhle** *f* (ANAT) ascella *f;* **Achselzucken** <-s> *kein Pl n* alzata *f* di spalle

Achs(en)bruch *m* rottura *f* dell'asse

Achsenmächte ['aksənmɛçtə] *fpl* (HIST) potenze *fpl* dell'Asse

Achslager *n* (TEC) cuscinetto *m* portante; **Achslast** <-, -en> *f* (TEC) carico *m* assiale

acht [axt] *num* otto; **die ersten/letzten/nächsten ~** i primi/gli ultimi/i prossimi otto; **zu ~en** [*o* **~**] in otto; **mit ~** (**Jahren**) a otto anni; **sie ist ~** (**Jahre**) ha otto anni; **es ist ~ Uhr** sono le otto; **fünf** (**Minuten**) **vor/nach ~** (**Uhr**) cinque (minuti) alle/dopo le otto, le otto meno cinque/e cinque; **~ Uhr ~** le otto e otto; **halb ~** le sette e mezzo; **um/gegen ~** alle/verso le otto; **alle ~ Tage** ogni settimana; **heute/Montag in ~ Tagen** oggi/lunedì a otto; **vor/nach/in ~ Tagen** otto giorni fa/dopo otto giorni/fra otto giorni [*o* una settimana fa/dopo otto giorni/fra una settimana]; (**es steht**) **~ zu fünf** (**8:5**) (la partita [*o* il gioco]) sta otto a cinque

Acht¹ [axt] <-, -en> *f* (*Zahl*) otto *m*

Acht² <-> *kein Pl f* ❶ (*Aufmerksamkeit*) attenzione *f*, cura *f;* **auf jdn/etw ~ geben** badare a qu/qc; **gib ~, dass du nicht fällst!** fa attenzione a non cadere!; **außer ~ lassen** non prendere in considerazione; **sich vor jdm/etw in ~ nehmen** stare in guardia da qu/qc ❷ (HIST: *Bann*) bando *m*

achtbändig *adj* di [*o* a] otto volumi

achtbar *adj* rispettabile, degno di rispetto; **Achtbarkeit** <-> *kein Pl f* rispettabilità *f*

achte(r, s) *adj* ottavo, -a; (*bei Datumsangaben*) otto; **heute ist der Achte** oggi è l'otto; **am ~n Januar** l'otto gennaio; **jeder ~** ogni ottavo; **jeden ~ Tag** ogni otto giorni, ogni settimana; **im ~n Stock** all'ottavo piano

Achte <ein -r, -n, -n> *mf* ottavo, -a *m, f*; **am ~n (des Monats)** l'otto del mese; **Heinrich der ~** Enrico ottavo; **~r werden** classificarsi ottavo

Achteck *n* ottagono *m;* **achteckig** *adj* ottagonale

achteinhalb *num* otto e mezzo

achtel ['axtəl] <inv> *adj* ottavo *m* di; **drei ~ Liter** tre ottavi di litro

Achtel ['axtəl] <-s, -> *n* ottavo *m,* ottava parte *f;* **Achtelfinale** *n* ottavo *m* di finale; **Achtelliter** *m* ottavo *m* di litro

achteln *vt* ❶ (*in acht Teile teilen*) dividere in otto ❷ (*durch Acht teilen*) dividere per otto

Achtelnote *f* (MUS) croma *f*

achten ['axtən] I. *vi* **auf jdn/etw ~** badare a qu/qc; **darauf ~, dass ...** badare che +*conj* II. *vt* ❶ (*schätzen*) stimare ❷ (*respektieren*) rispettare ❸ (*be~*) tener conto di

ächten ['ɛçtən] *vt* ❶ (HIST) bandire, proscrivere ❷ (*fig: ausstoßen*) esiliare, mettere al bando

achtens ['axtəns] *adv* (in) ottavo (luogo)

achter *s.* **achte(r, s)**

Achter <-s, -> *m* (SPORT) imbarcazione *f* da otto rematori; **Achterbahn** *f* montagne *fpl* russe, otto *m* volante; **Achterdeck** <-(e)s, -s> *n* (NAUT) cassero *m,* ponte *m* di poppa; **achterlei** ['axtə'laɪ] <inv> *adj* (*attributiv*) di otto specie [*o* tipi]

Achterlei *f* otto cose *fpl*

achtfach I. *adj* ottuplo, ottuplice; **in ~er Ausfertigung** in ottuplice copia II. *adv* otto volte tanto; **Achtfache** <ein -s, -n> *kein Pl n* ottuplo *m;* **das ~** otto volte tanto; **um das ~ steigern** ottuplicare

Achtfüß(l)er *m* ottopode *m*

achtlgebenᴬᴸᵀ *vi s.* **Acht²**

achtgeschossig *adj* di [*o* a] otto piani

achthundert ['axt'hʊndət] *num* ottocento

achthundertste(r, s) *adj* ottocentesimo, -a

achtjährig ['axtjɛːrɪç] *adj* ❶ (*acht Jahre alt*) di otto anni ❷ (*acht Jahre dauernd*) durevole otto anni; **Achtjährige** <ein -r, -n, -n> *mf* bambino, -a *m, f* di otto anni

achtjährlich *adj* ogni otto anni

Achtkampf *m* gara *f* a otto

achtkantig *adj* ottagonale; **jdn ~ hinaus-**

werfen [*o* **rausschmeißen**] (*fam*) buttar fuori qu senza tanti complimenti

achtlos I. *adj* (*unaufmerksam*) sbadato; (*gleichgültig*) indifferente II. *adv* senza fare attenzione; **Achtlosigkeit** <-> *kein Pl f* (*Unaufmerksamkeit*) sbadataggine *f;* (*Gleichgültigkeit*) indifferenza *f*

achtmal *adv* otto volte; **~ so viel(e)** otto volte tanto; **~ täglich** otto volte al giorno; **ich war schon ~ in Madrid** sono già stato otto volte a Madrid; **achtmalig** *adj* di otto volte, ripetuto [*o* che avviene] otto volte; **nach ~er Wiederholung konnte er öffnen** all'ottava volta poté aprire; **achtmonatig** *adj* di otto mesi

Achtpfünder *m* tutto ciò che pesa quattro chili; (*Neugeborenes*) neonato *m* di quattro chili

achtsam *adj* (*geh*) ❶ (*aufmerksam*) attento ❷ (*sorgfältig*) accurato, preciso; **Achtsamkeit** <-> *kein Pl f* attenzione *f,* accuratezza *f*

achtsilbig *adj* di otto sillabe; **achtspännig** *adj* a otto cavalli; **achtstellig** *adj* di otto cifre; **achtstöckig** *adj* di [*o* a] otto piani; **Achtstundentag** [axt'ʃtʊndənta:k] *m* giornata *f* (lavorativa) di otto ore; **achtstündig** *adj* di otto ore; **achttägig** ['axttɛːgɪç] *adj* di otto giorni

achttausend ['axt'tauzənt] *num* ottomila; **Achttausender** <-s, -> *m* ottomila *m*

achtteilig *adj* (*Ausgabe, Serie, Sendung*) in otto parti; (*Service*) di otto pezzi

Achtuhrzug *m* treno *m* delle otto

Achtundsechziger(in) <-s, -; -, -nen> *m(f)* sessantottino *m* (*appartenente al movimento di contestazione giovanile del 1968*)

Achtung ['axtʊŋ] <-> *kein Pl f* ❶ (*Hochschätzung*) stima *f;* (*Respekt*) rispetto *m;* **vor jdm/etw ~ haben** avere rispetto di qu/qc; **sich** *dat* **~ verschaffen** farsi rispettare; **jdm seine ~ entgegenbringen** dimostrare la propria stima a qu; **alle ~!** bravo!, congratulazioni! ❷ (*Aufmerksamkeit*) **~!** attenzione!; (MIL) attenti!; **~, fertig, los!** pronti, attenti, via!; **~ Stufe!** attenzione al gradino!

Ächtung ['ɛçtʊŋ] <-, -en> *f* bando *m,* proscrizione *f*

achtzehn *num* diciotto; **~ Uhr** le diciotto *fpl;* **achtzehnte(r, s)** *adj* diciottesimo, -a; (*bei Datumsangaben*) diciotto; *s. a.* **achte(r,s)**

achtzig ['axtsɪç] *num* ottanta; **mit ~ (km/h) fahren** andare a ottanta all'ora; **mit ~ (Jahren)** a ottant'anni; **er ist über ~** ha più di ottant'anni; **im Jahre ~ (vor/nach**

Christi Geburt) nell'ottanta (prima/dopo Cristo); **in den ~er Jahren** negli anni ottanta; **etwa ~** una ottantina (di); **etwa ~ sein** essere sugli ottanta; **auf ~ sein/kommen** (*fam*) essere imbufalito [*o* fuori dai gangheri]/imbufalirsi, andar fuori dai gangheri; **Achtziger(in)** <-s, -; -, -nen> *m(f)* ottantenne *mf*, ottuagenario, -a *m*, *f*; **achtzigjährig** *adj* ottantenne, ottuagenario; **Achtzigjährige** <ein -r, -n, -n> *mf* ottantenne *mf*; **achtzigste(r, s)** *adj* ottantesimo, -a; *s. a.* **achte(r, s)**; **Achtzigstel** <-s, -> *n* ottantesimo *m*

ächzen ['ɛçtsən] *vi* ❶ (*Mensch*) gemere; **vor Schmerzen** (*dat*) **~** gemere dal dolore ❷ (*fig*) scricchiolare

Acker ['akɐ, *pl:* 'ɛkɐ] <-s, Äcker> *m* campo *m* (coltivato); **Ackerbau** *m* agricoltura *f*; **~ treiben** coltivare la terra; **Ackerland** *n* terreno *m* arabile

ackern *vi* (*fam*) sgobbare

Acryl [a'kry:l] <-s> *kein Pl n* (CHEM) acrile *m*

Action ['ækʃən] <-> *kein Pl f* azione *f*; **Actionfilm** *m* film *m* d'azione

a. D. [a:'de:] *abk v* **außer Dienst** fuori servizio

A. D. *abk v* **Anno Domini** AD

ad absurdum [at ap'zʊrdʊm] *adv* **etw ~ führen** dimostrare l'assurdità di qc

ADAC [a:de:ʔa:'tse:] <-(s)> *kein Pl m abk v* **Allgemeiner Deutscher Automobil-Club** ACI

Adam ['a:dam] *m* (*männlicher Vorname*) Adamo; **der alte ~** la debolezza umana; **seit ~s Zeiten** dall'eternità; **bei ~ und Eva anfangen** cominciare dagli inizi

Adamsapfel *m* pomo *m* d'Adamo; **Adamskostüm** *n* (*fam scherz*) costume *m* adamitico

Adaptation [adapta'tsjo:n] <-, -en> *f* (A FILM, LIT) adattamento *m*

Adapter [a'daptɐ] <-s, -> *m* (INFORM) adattatore *m*

adaptieren *vt* ❶ (*anpassen*) adattare, adeguare ❷ (*A: herrichten*) sistemare; **Adaption** <-, -en> *f s.* **Adaptation**

adäquat [adɛ'kva:t] *adj* adeguato

addieren [a'di:rən] <ohne ge-> *vt* addizionare, sommare

Addition [adi'tsjo:n] <-, -en> *f* addizione *f*, somma *f*

ade [a'de:] *int* addio

Adel ['a:dəl] <-s> *kein Pl m* nobiltà *f*; (*Familie*) famiglia *f* nobile; (*Titel*) titolo *m* nobiliare; **von ~ sein** essere di famiglia nobile; **~ verpflichtet** noblesse oblige

ad(e)lig *adj* nobile; **Ad(e)lige** <ein -r, -n, -n> *mf* nobile *mf*

adeln *vt* nobilitare

Adelstitel <-s, -> *m* titolo *m* nobiliare

Ader ['a:dɐ] <-, -n> *f* ❶ (*Blutgefäß*) vena *f* ❷ (*Veranlagung*) vena *f*; **eine poetische ~ haben** avere una vena poetica ❸ (*in Holz, Gestein*) venatura *f*; (BOT) nervatura *f*

Aderlass[RR] ['a:dɐlas] <-es, Aderlässe> *m*, **Aderlaß**[ALT] <-lasses, -lässe> *m* (MED) salasso *m*

ADFC <-> *m abk v* **Allgemeiner Deutscher Fahrrad-Club** associazione generale tedesca dei ciclisti

Adhäsionsverschluss[RR] [athɛ'zjo:nsfɛɐʃlʊs] *m* chiusura *f* con sistema adesivo

ad hoc [at hɔk] ad hoc, appositamente

adieu [a'djø:] *int* addio; **jdm ~ sagen** dire addio a qu

Adjektiv ['atjɛkti:f] <-s, -e> *n* aggettivo *m*; **adjektivisch** [atjɛk'ti:vɪʃ] *adj* aggettivale

Adjutant [atju'tant] <-en, -en> *m* (MIL) aiutante *m*

Adler ['a:dlɐ] <-s, -> *m* aquila *f*; **Adlerauge** *n* (*fig*) sguardo *m* acuto, occhio *m* di lince; **Adlerhorst** *m* nido *m* d'aquila; **Adlernase** *f* naso *m* aquilino

adlig *adj s.* **ad(e)lig**

Administration [atmɪnɪstra'tsjo:n] <-, -en> *f* ❶ (*Verwaltung*) amministrazione *f*; **die Reagan-~** il governo Reagan ❷ (*CH: einer Firma*) gestione *f*

administrativ [atmɪnɪstra'ti:f] *adj* amministrativo, gestionale

Administrativunersuchung *f* indagine *f* amministrativa

Admiral [atmi'ra:l] <-s, -e *o* -räle> *m* ammiraglio *m*

Admiralität [atmirali'tɛ:t] <-, -en> *f* ammiragliato *m*

ADN [a:de:'ʔɛn] *abk v* **Allgemeiner Deutscher Nachrichtendienst** agenzia di stampa della ex RDT

adoptieren [adɔp'ti:rən] <ohne ge-> *vt* adottare

Adoption [adɔp'tsjo:n] <-, -en> *f* adozione *f*

Adoptiv- [adɔp'ti:f] (*in Zusammensetzungen*) adottivo; **Adoptiveltern** *pl* genitori *mpl* adottivi; **Adoptivkind** *n* figlio, -a *m*, *f* adottivo, -a, bambino, -a *m*, *f* adottato, -a

Adr. *abk v* **Adresse** ind.

Adrenalin [adrena'li:n] <-s> *kein Pl n* (MED) adrenalina *f*; **Adrenalinspiegel** *m* (MED) contenuto *m* di adrenalina; **Adrenalinstoß** *m* (MED) scarica *f* di adrenalina

Adressat(in) [adrɛ'sa:t] <-en, -en; -, -nen> *m(f)* destinatario, -a *m*, *f*

Adressbuch[RR] *n*, **Adreßbuch**[ALT] *n* (*privat*) agenda *f* degli indirizzi; (*Verzeichnis*)

guida *f* generale della città

Adresse [a'drɛsə] <-, -n> *f* ❶ (*Anschrift*) indirizzo *m;* **an die falsche ~ geraten** (*fam*) rivolgersi alla persona sbagliata ❷ (INFORM: *Nummer einer Speicherzelle*) indirizzo *m*

adressieren [adrɛ'siːrən] <ohne ge-> *vt* indirizzare;　**Adressiermaschine**　*f* macchina *f* stampaindirizzi

adrett [a'drɛt] *adj* ordinato, carino

Adria ['aːdria] *f* (*mare m*) Adriatico *m*

adriatisch [adri'aːtɪʃ] *adj* adriatico; **Adriatisches Meer** (*mare m*) Adriatico *m*

ADS [aːdeː'ɛs] *n s.* **Aufmerksamkeitsdefizitsymdrom** ADS *m*

ADSL [aːdeː'ɛs'ɛl] *abk v* **Asymmetric Digital Subscriber Line** ADSL

Adsorption <-, -en> *f* (CHEM, PHYS) adsorbimento *m*

A-Dur <-> *kein Pl n* (MUS) la *m* maggiore

Advent [at'vɛnt] <-(e)s, -e> *m* Avvento *m;* **Adventskalender**　*m*　calendario　*m* dell'Avvento; **Adventskranz** *m* corona *f* dell'Avvento; **Adventszeit** *f* tempo *m* d'Avvento

Adverb [at'vɛrp] <-s, Adverbien> *n* avverbio *m*

adverbial [atvɛr'bjaːl] *adj* avverbiale

Advokat [atvo'kaːt] <-en, -en> *m* (*bes. CH*) avvocato *m*

Advokaturbureau <-s, -s> *n* (*CH*) studio *m* legale

Aerobic [ɛə'rɔbɪk] <-> *kein Pl n* aerobica *f*

Aerodynamik [aerody'naːmɪk] *f* (PHYS) aerodinamica *f*

Aerosol [aero'sɔl] <-s, -e> *n* (MED) aerosol *m*

Affäre [a'fɛːrə] <-, -n> *f* ❶ (*Angelegenheit*) faccenda *f;* **sich aus der ~ ziehen** tirarsi d'impiccio ❷ (*Liebschaft*) relazione *f* amorosa

Affe ['afə] <-n, -n> *m* ❶ (ZOO) scimmia *f* ❷ (*fam pej*) damerino *m;* **du alter ~!** (*fam pej*) vecchia bertuccia!; **du eingebildeter ~!** (*fam pej*) pallone gonfiato!; **einen ~n** (**sitzen**) **haben** (*fig sl*) essere sbronzo *fam*

Affekt [a'fɛkt] <-(e)s, -e> *m* eccitazione *f;* **im ~ handeln** (JUR) compiere un delitto passionale; **Affekthandlung** <-, -en> *f* (JUR, PSYCH) azione *f* commessa in stato di eccitazione

affektiert [afɛk'tiːɐt] *adj* affettato

Affenbrotbaum *m* (BOT) baobab *m*

affengeil *adj* (*fam*) figo, da sballo, galattico; **Affenliebe** *f* amore *m* esagerato; **Affenschande** *f* **das ist eine ~!** (*fam*) è una vergogna!; **Affentempo** *n* (*fam*) **in** [*o* **mit**] **einem ~ a tutta birra; Affenzahn** *m* (*sl*) *s.* **Affentempo**

affig *adj* (*fam: eitel*) vanitoso; (*affektiert*) affettato

Äffin ['ɛfɪn] <-, -nen> *f* (ZOO) scimmia *f; s. a.* **Affe**

Affinität [afini'tɛːt] <-, -en> *f* ❶ (*Neigung*) affinità *f*, attrazione *f* ❷ (CHEM: *von Atomen*) affinità *f*

Affrikata <-, -ten> *f* (LING) affricata *f*

Affront　[a'frõː]　<-s,　-s>　*m*　(*geh*) affronto *m*, offesa *f* (*gegen* nei confronti di/verso)

Afghane [af'gaːnə] <-n, -n> *m*, **Afghanin** [af'gaːnɪn] <-, -nen> *f* ❶ (*Mensch*) afgano, -a *m, f* ❷ (ZOO: *Hund*) levriero *m* afgano

afghanisch *adj* afgano

Afghanistan [af'gaːnɪstaːn] *n* Afganistan *m;* **in ~** nell'Afganistan

Afrika ['aːfrika] *n* Africa *f*

Afrikaans [afri'kaːns] <-> *kein Pl n* (*Sprache*) afrikaans *m*

Afrikaner(in) [afri'kaːnɐ] <-s, -; -, -nen> *m(f)* africano, -a *m, f*

afrikanisch *adj* africano

Afroamerikaner(in)[RR] ['aːfroʔameriˈkaːnɐ] <-s, -; -, -nen> *m(f)* afroamericano, -a *m, f;* **afroamerikanisch**[RR] *adj* afroamericano

Afro-Look[ALT], **Afrolook**[RR] ['a(ː)froluk] *m* acconciatura *f* afro

After ['aftɐ] <-s, -> *m* (ANAT) ano *m*

Afterhour [aːftɛ'auə] <-, -s> *f* (*Party nach dem Ende einer Party*) afterhour *m*

Aftershave [aːftɛ'ʃɛif] <-(s), -s> *n*, **Aftershave-Lotion** <-, -s> *f*, **Aftershavelotion**[RR] <-, -s> *f* after shave *m*, lozione *f* dopobarba

Aftershowparty [aːftɛ'ʃoːpaˌɐ̯ti] *f* (*Party nach dem Ende einer Show*) aftershow party *m*

AG [aː'geː] <-, -s> *f* ❶ *abk v* **Aktiengesellschaft** S.p.A. ❷ *abk v* **Arbeitsgemeinschaft, Arbeitsgruppe** gruppo *m* di lavoro, team *m*

Ägäis [ɛ'gɛːɪs] *f* Egeo *m*

Agave [a'gaːvə] <-, -n> *f* agave *f*

Agenda [a'gɛnda] <-, -den> *f* ❶ (*Terminkalender, Taschenkalender*) agenda *f* ❷ (POL: *Tagesordnung*) ordine *m* del giorno; **die ~ 2010** (*Programm der deutschen Bundesregierung*) l'Agenda 2010 *f*

Agent(in) [a'gɛnt] <-en, -en; -, -nen> *m(f)* ❶ (POL) agente *mf* segreto, -a ❷ (COM) agente *mf*, rappresentante *mf*

Agentur [agɛn'tuːɐ̯] <-, -en> *f* agenzia *f;* **Agenturbericht** *m* notizia *f* d'agenzia

Agglomerat [aglome'ra:t] <-(e)s, -e> *n* (GEOL) agglomerato *m*

Agglomeration [aglomera'tsi̯o:n] <-, -en> *f* ❶ (*geh: Anhäufung*) accumulo *m* ❷ (*CH: Ballungsraum*) agglomerato *m*

Aggregat [agre'ga:t] <-(e)s, -e> *n* aggregato *m*

Aggression [agrɛ'si̯o:n] <-, -en> *f* aggressione *f*

aggressiv [agrɛ'si:f] *adj* aggressivo

Aggressivität [agrɛsivi'tɛ:t] <-, -en> *f* aggressività *f*

Aggressor [a'grɛso:ɐ] <-s, -en> *m* (JUR, POL) aggressore *m*, assalitore *m*

agieren [a'gi:rən] <ohne ge-> *vi* ❶ (*handeln*) agire ❷ (THEAT) sostenere la parte di

agil [a'gi:l] *adj* agile, svelto; (*geschickt*) abile, capace

Agitation [agita'tsi̯o:n] <-, -en> *f* (POL) agitazione *f*

Agitator(in) [agi'ta:to:ɐ] <-s, -en; -, -nen> *m(f)* (POL) agitatore, -trice *m, f*

agitatorisch [agita'to:rɪʃ] *adj* sovversivo, sedizioso

Agnostiker(in) <-s, -; -, -nen> *m(f)* agnostico, -a *m, f*; **Agnostizismus** <-> *kein Pl m* (PHILOS) agnosticismo *m*

Agonie [ago'ni:] <-, -n> *f* agonia *f*

Agrarfonds [a'gra:ɐfõ:] *m* fondo *m* agricolo; **Agrarmarkt** *m* mercato *m* agricolo; **Agrarminister(in)** *m(f)* ministro *m* dell'agricoltura; **Agrarpolitik** *f* politica *f* agraria; **Agrarreform** *f* riforma *f* agraria; **Agrarstaat** *m* paese *m* agricolo; **Agrarwirtschaft** <-> *kein Pl f* economia *f* agraria [*o* rurale]

Ägypten [ɛ'gyptən] *n* Egitto *m;* **in** ~ in Egitto

Ägypter(in) <-s, -; -, -nen> *m(f)* egiziano, -a *m, f*

ägyptisch *adj* egiziano

Ägyptologie <-> *kein Pl f* egittologia *f*

ah [a:] *int* ah

Ah *abk v* **Amperestunde** Ah

äh [ɛ:] *int* ❶ (*Ausruf des Ekels*) puà, puh ❷ (*bei Sprechpausen*) ehm

aha [a'ha(:)] *int* ah, ecco!

Aha-Erlebnis *n* (PSYCH) illuminazione *f*

ahd. *abk v* **althochdeutsch** antico alto-tedesco

Ahle ['a:lə] <-, -n> *f* (TEC) lesina *f*

Ahn [a:n] <-s *o* -en, -en> *m* antenato, -a *m, f,* avo, -a *m, f*

ahnden ['a:ndən] *vt* ❶ (*bestrafen*) punire ❷ (*rächen*) vendicare

Ahne ['a:nə] <-, -n> *f* antenato, -a *m, f,* avo, -a *m, f*

ähneln ['ɛ:nəln] *vi* **jdm** ~ assomigliare a qu

ahnen ['a:nən] *vt* ❶ (*Vorgefühl haben*) presentire; **etw** ~ avere il presentimento di qc; **das konnte ich nicht** ~ non potevo prevederlo ❷ (*vermuten*) immaginare, sospettare; **der Himbeergeschmack war nur zu** ~ il sapore di lampone bisognava immaginarselo; **nichts ahnend** non sospettando (di) niente

Ahnen *mpl* antenati *mpl,* avi *mpl;* **Ahnenforschung** <-> *kein Pl f* genealogia *f;* **Ahnentafel** *f* tavola *f* genealogica

ähnlich ['ɛ:nlɪç] *adj* ❶ (*teilweise übereinstimmend*) simile, analogo; ~ **wie ...** simile a ... ❷ (*gleichartig*) similare, affine ❸ (*ähnelnd*) somigliante; **jdm** ~ **sehen** assomigliare a qu; **das sieht dir** ~**!** (*fam*) questa è una delle tue!; **Ähnlichkeit** <-, -en> *f* (ras)somiglianza *f;* **mit jdm** ~ **haben** somigliare a qu

Ahnung <-, -en> *f* ❶ (*Vorgefühl*) presentimento *m* ❷ (*Vorstellung*) idea *f;* (**ich habe**) **keine** ~**!** non ne ho idea!; **keine** (**blasse**) [*o* **nicht die geringste**] ~ **haben** (*fam*) non avere la minima [*o* più pallida] idea; **hast du** (**aber**) **eine** ~**!** (*fam iron*) se sapessi!; **ahnungslos I.** *adj* ignaro **II.** *adv* senza rendersene conto; **Ahnungslosigkeit** <-> *kein Pl f* essere *m* ignaro, inconsapevolezza *f*

ahoi [a'hɔi] *int* (NAUT) olà

Ahorn ['a:hɔrn] <-s, -e> *m* (BOT) acero *m*

Ähre ['ɛ:rə] <-, -n> *f* spiga *f*

Aids [ɛidz] <-> *kein Pl n* (MED) *abk v* **Acquired Immune Deficiency Syndrome** AIDS *f o m;* **Aidshilfe** *f* ❶ (MED) aiuto *m* alla lotta contro l'AIDS ❷ (*Organisation*) assistenza *f* ai malati di AIDS; **aidsinfiziert** *adj* (MED) affetto da AIDS; **Aidstest** *m* test *m* dell'AIDS; **Aidsübertragung** *f* trasmissione *f* dell'AIDS; **Aidsvirus** *n* virus *m* dell'AIDS

Airbag ['ɛ:ɐbɛk] <-s, -s> *m* (MOT) airbag *m*

Airbrush ['ɛ:ɐbraʃ] <-s> *kein Pl n* aerografo *m*

Airbus ['ɛ:ɐbʊs] *m* airbus *m*, aerobus *m*

Airconditioner ['ɛ:ɐkɔndiʃənɐ] *m* climatizzatore *m*

Akademie [akade'mi:] <-, -n> *f* accademia *f*

Akademiker(in) [aka'de:mikɐ] <-s, -; -, -nen> *m(f)* laureato, -a *m, f*

akademisch *adj* accademico

Akazie [a'ka:tsi̯ə] <-, -n> *f* (BOT) acacia *f*

akklimatisieren [aklimati'zi:rən] <ohne ge-> *vr* **sich** ~ acclimatarsi

Akklimatisierung <-> *kein Pl f* acclimatazione *f*

Akkord [a'kɔrt] <-(e)s, -e> *m* ❶ (MUS)

accordo *m* ❷ (*~ arbeit*) cottimo *m;* **im ~ arbeiten** lavorare a cottimo; **Akkordarbeit** *f* lavoro *m* a cottimo; **Akkordarbeiter(in)** *m(f)* cottimista *mf*

Akkordeon [a'kɔrdeɔn] <-s, -s> *n* fisarmonica *f*

akkreditieren [akredi'tiːrən] <ohne ge-> *vt* accreditare

Akkreditiv <-s, -e> *n* (WIRTSCH) lettera *f* di credito

Akku ['aku] <-s, -s> *m,* **Akkumulator** [akumu'laːtoːɐ̯] <-s, -en> *m* ❶ (TEC: *Stromspeicher*) accumulatore *m* ❷ (IN-FORM: *Speicherzelle*) accumulatore *m*

akkurat [aku'raːt] *adj* accurato, preciso

Akkusativ ['akuzatiːf] <-s, -e> *m* (LING) accusativo *m;* **Akkusativobjekt** *n* (LING) complemento *m* oggetto

Akne ['aːknə] <-, -n> *f* (MED) acne *f*

Akribie [akri'biː] <-> *kein Pl f* acribia *f;* **etw mit ~ tun** fare qc con diligente precisione; **akribisch** [a'kriːbɪʃ] *adj* (*geh*) minuzioso

Akrobat(in) [akro'baːt] <-en, -en; -, -nen> *m(f)* acrobata *mf;* **Akrobatik** [akro'baːtɪk] <-> *kein Pl f* acrobatica *f;* **Akrobatin** *f s.* **Akrobat; akrobatisch** *adj* acrobatico

Akronym [akro'nyːm] <-s, -e> *n* (LING) acronimo *m,* sigla *f*

Akt [akt] <-(e)s, -e> *m* ❶ (*Handlung*) atto *m,* azione *f;* (*Zeremonie*) cerimonia *f* ❷ (THEAT) atto *m;* (*im Zirkus*) numero *m* ❸ (JUR) atto *m* ❹ (*Geschlechts~*) coito *m* ❺ (KUNST) nudo *m*

Akte ['aktə] <-, -n> *f* atto *m,* documento *m;* **zu den ~n legen** mettere agli atti; (*a fig*) archiviare; **Einheitliche Europäische ~** (EU) Atto europeo unitario; **Akteneinsicht** <-, -en> *f* (JUR) ispezione *f* dei documenti, visione *f* degli atti; **Aktenkoffer** *m* ❶ (*Tasche*) borsa *f* portadocumenti ❷ (IN-FORM: *Eigenschaft von Windows 95*) cartella *f* sincronia file; **aktenkundig** *adj* (*Person*) conosciuto dalla polizia; (*Fall*) registrato dalla polizia; **Aktennotiz** *f* promemoria *m;* **Aktenordner** *m* classificatore *m;* **Aktenschrank** *m* armadio *m* per le pratiche, archivio *m;* **Aktentasche** *f* cartella *f;* **Aktenvermerk** *m* annotazione *f;* **Aktenvernichter** <-s, -> *m* distruggi-documenti *m;* **Aktenzeichen** *n* numero *m* di protocollo

Aktfoto *n* fotografia *f* di un nudo

Aktie ['aktsi̯ə] <-, -n> *f* azione *f;* **Aktienbanken** *fpl* banche *fpl* per azioni; **Aktienfonds** *m* capitale *m* [*o* fondo *m*] azionario; **Aktiengesellschaft** *f* società *f*

per azioni [*o* anonima]; **Aktienindex** *m* indice *m* di Borsa [*o* azionario]; **Aktienkapital** *n* capitale *m* azionario; **Aktienkurs** *m* quotazione *f* azionaria; **Aktienmarkt** *m* mercato *m* azionario; **Aktienmehrheit** <-, -en> *f* maggioranza *f* azionaria

Aktienoption *f* (FIN) stock option *f;* **Aktienpaket** <-(e)s, -e> *n* pacchetto *m* azionario; **Aktienumtausch** *m* cambio *m* di azioni

Aktion [ak'tsi̯oːn] <-, -en> *f* ❶ (*Handlung,* MIL) azione *f;* **in ~ treten** entrare in azione ❷ (*Werbe~*) campagna *f* ❸ (*bes. CH: Sonderangebot*) offerta *f* speciale

Aktionär(in) [aktsi̯o'nɛːɐ̯] <-s, -e; -, -nen> *m(f)* azionista *mf*

Aktionismus <-> *kein Pl m* attivismo *m*

Aktionspreis *m* prezzo *m* promozionale

Aktionsradius *m* raggio *m* d'azione

aktiv [ak'tiːf *o* 'aktiːf] *adj* ❶ (*tätig*) attivo ❷ (*wirksam*) efficace

Aktiv ['aktiːf] <-s> *kein Pl n* (LING) attivo *m*

Aktiva [ak'tiːva] *pl* (FIN) attivo *m*

aktivieren [akti'viːrən] <ohne ge-> *vt* ❶ (*allg,* CHEM) attivare ❷ (POL) mobilitare ❸ (COM) portare in attivo

Aktivierung <-, -en> *f* attivazione *f*

Aktivismus <-> *m* attivismo *m*

Aktivist(in) <-en, -en; -, -nen> *m(f)* militante *mf*

Aktivität [aktivi'tɛːt] <-, -en> *f* attività *f*

Aktmalerei *f* (KUNST) pittura *f* di nudi

aktualisieren <ohne ge-> *vt* (*allg,* INFORM) aggiornare

Aktualisierung <-, -en> *f* aggiornamento *m*

Aktualität [aktu̯ali'tɛːt] <-> *kein Pl f* attualità *f*

Aktuar [aktu̯'aːɐ̯] <-s, -e> *m* (*CH: Schriftführer eines Vereins*) segretario *m* di una società

aktuell [ak'tu̯ɛl] *adj* attuale; (*Buch*) d'attualità

Akupressur [akuprɛ'suːɐ̯] <-, -en> *f* (MED) agopressione *f*

Akupunktur [akupʊŋk'tuːɐ̯] <-, -en> *f* (MED) agopuntura *f*

Akustik [a'kʊstɪk] <-> *kein Pl f* acustica *f;* **akustisch** *adj* acustico

akut [a'kuːt] *adj* ❶ (MED) acuto ❷ (*fig: Problem, Frage*) scottante

AKW [aːkaːˈveː] <-(s), -s> *n abk v* **Atomkraftwerk** centrale *f* atomica

Akzent [ak'tsɛnt] <-(e)s, -e> *m* accento *m;* **den ~ auf etw** *acc* **legen** mettere l'accento su qc; **akzentfrei** *adj* senza accento

akzeptabel [aktsɛp'taːbəl] *adj* accettabile

Akzeptanz [aktsɛp'tants] <-> *kein Pl f* disponibilità *f*

akzeptieren [aktsɛp'tiːrən] <ohne ge-> *vt* accettare

Al (CHEM) *abk v* **Aluminium** Al

Alabaster [ala'bastɐ] <-s, -> *m* alabastro *m*

Alarm [a'larm] <-(e)s, -e> *m* allarme *m;* **blinder** [*o* **falscher**] ~ falso allarme; ~ **schlagen** dare l'allarme; **Alarmanlage** *f* impianto *m* d'allarme; **Alarmbereitschaft** *f* **in** ~ **sein** essere in stato d'allarme

alarmieren [alar'miːrən] <ohne ge-> *vt* (*a fig*) allarmare, dare l'allarme a; **alarmierend** *adj* allarmante

Alarmsignal *n* segnale *m* d'allarme; **Alarmzustand** *m* stato *m* d'allarme

Alaska [a'laska] *n* Alaska *f*

Alaun [a'laʊn] <-(e)s, -e> *m* (CHEM) allume *m*

Albaner(in) [al'baːnɐ] <-s, -; -, -nen> *m(f)* albanese *mf*

Albanien [al'baːniən] *n* Albania *f*

albanisch *adj* albanese

Albatros ['albatrɔs] <-, -se> *m* albatro *m*

Albdruck[RR] ['albdrʊk, *pl:* 'albdrʏkə] <-(e)s, Albdrücke> *m* incubo *m*

Alben *pl von* **Album**

albern ['albɐn] I. *adj* sciocco; ~es Zeug sciocchezze *fpl;* **sich** ~ **benehmen** fare lo sciocco II. *vi* fare sciocchezze; **Albernheit** <-, -en> *f* sciocchezza *f*

Albino [al'biːno] <-s, -s> *m* albino *m*

Albtraum[RR] ['albtraʊm] *m* incubo *m*

Album ['albʊm, *pl:* 'albən] <-s, Alben> *n* album *m*

Alchemie [alçe'miː] <-> *kein Pl f,* **Alchimie** [alçi'miː] <-> *kein Pl f* alchimia *f*

Alchimist(in) [alçi'mɪst] <-en, -en; -, -nen> *m(f)* alchimista *mf*

Alcomat® ['alkomat] *m* alcoltest *m*

Alcopop ['alkopɔp] *m* (*alkoholhaltiges Limonadenmischgetränk*) alcopop *m*

Alemanne [alə'manə] <-n, -n> *m,* **Alemannin** [alə'manɪn] <-, -nen> *f* alemanno, -a *m, f*

alemannisch *adj* alemannico

Alge ['algə] <-, -n> *f* (BOT) alga *f*

Algebra ['algəbra] <-> *kein Pl f* (MAT) algebra *f;* **algebraisch** [alge'braːɪʃ] *adj* algebrico

Algenpest <-> *kein Pl f* invasione *f* d'alghe

Algerien [al'geːriən] *n* Algeria *f*

Algerier(in) [al'geːriɐ] <-s, -; -, -nen> *m(f)* algerino, -a *m, f*

algerisch *adj* algerino

Algier ['alʒiːɐ] *n* Algeri *f*

ALGOL <-(s)> *kein Pl n* (INFORM, MAT) *akr v* **algorithmic language** linguaggio algoritmico

algorithmisch *adj* (MAT) algoritmico; **Algorithmus** [algo'rɪtmʊs] <-, Algorithmen> *m* (MAT, INFORM) algoritmo *m*

alias ['aːlias] *adv* alias

Alibi ['aːlibi] <-s, -s> *n* alibi *m*

Alimente [ali'mɛntə] *pl* alimenti *mpl*

alkalisch [al'kaːlɪʃ] *adj* (CHEM) alcalino

Alkohol ['alkohoːl *o* alko'hoːl] <-s, -e> *m* alcol *m;* **alkoholarm** *adj* poco alcolico; **Alkoholeinfluss**[RR] *m* **unter** ~ sotto l'effetto dell'alcol; **alkoholfrei** *adj* analcolico; **Alkoholgehalt** *m* gradazione *f* alcolica, alcolicità *f;* **Alkoholgenuss**[RR] <-es> *kein Pl m* consumo *m* di bevande alcoliche [*o* di alcol]; **übermäßiger** ~ **schadet der Gesundheit** il consumo eccessivo di alcol danneggia la salute; **alkoholhaltig** *adj* alcolico

Alkoholika [alko'hoːlika] *pl* alcolici *mpl*

Alkoholiker(in) [alko'hoːlikɐ] <-s, -; -, -nen> *m(f)* alcolizzato, -a *m, f*

alkoholisch *adj* alcolico; ~e Getränke bevande *fpl* alcoliche, alcolici *mpl*

alkoholisiert *adj* alcolizzato; **in** ~em **Zustand** sotto effetto dell'alcol

Alkoholismus <-> *kein Pl m* alcolismo *m*

Alkoholmissbrauch[RR] <-(e)s> *kein Pl m* abuso *m* di bevande alcoliche; **Alkoholspiegel** *m* tasso *m* alcolico (nel sangue); **Alkoholsünder(in)** <-s, -; -, -nen> *m(f)* (*fam*) chi beve eccesivamente prima di mettersi al volante; **Alkoholtest** *m* alcoltest *m;* **Alkoholverbot** *n* proibizionismo *m;* **Alkoholvergiftung** *f* (*akute*) intossicazione *f* da alcol; (*chronische*) etilismo *m*

all [al] *pron indef* tutto; ~ **die Mühe** con tutta questa fatica; **nach** ~ **dem Geschehenen** dopo tutto quello che è successo; *s. a.* **alle(r, s)**

All [al] <-s> *kein Pl n* universo *m,* cosmo *m*

Allah ['ala] <-s> *kein Pl m* (REL) Allah *m*

alle ['alə] I. *adv* (*fam*) finito II. *pron indef s.* **alle(r, s)**

alle(r, s) ['alə, -lɐ, -ləs] *pron indef pl* tutti, -e *m, f,* entrambi, -e *m, f;* ~ **zwei Wochen** ogni quindici giorni; ~ **beide** entrambi; ~ **fünf/zehn** tutti e cinque/dieci; **das** ~s tutto questo; ~s **in Allem** tutto sommato; **in** ~r **Ruhe** con comodo; **mit** ~r **Deutlichkeit** con tutta chiarezza; **nicht um** ~s **in der Welt** per nulla al mondo; **vor** ~m soprattutto; **er ist mein Ein und Alles** è tutto per me; **wer war** ~s **da?** chi c'era?;

~s Gute! buona fortuna!; **da hört doch ~s auf!** questo è troppo!, è il colmo!
Allee [a'le:] <-, -n> *f* viale *m* (alberato)
Allegorie [alego'ri:, *pl:* alego'ri:ən] <-, -n> *f* (LIT) allegoria *f;* **allegorisch** *adj* (LIT) allegorico
allein [a'laɪn] I. <inv> *adj* solo; (*ohne Hilfe, selbst*) da solo; (*einsam*) solitario; **~ erziehend** monogenitoriale; **~ stehend** (*Haus*) isolato; (*ohne Familie*) solo; (*unverheiratet, Mann*) celibe; (*unverheiratet, Frau*) nubile; **ganz ~** solo soletto *fam;* **etw ~ tun** fare qc da solo; **von ~** da solo II. *adv* (*nur*) solo, solamente, unicamente; **~ der Gedanke** il solo pensiero; **nicht ~ ..., sondern auch ...** non solo ..., ma anche ... III. *konj* (*geh: jedoch*) però, ma; **alleine** [a'laɪnə] *adj* (*fam*) *s.* **allein**
Alleinerbe *m,* **Alleinerbin** *f* erede *mf* universale; **Alleinerziehende** <ein -r, -n, -n> *mf* padre *m* solo, madre *f* sola; **Alleingang** *m* (SPORT) prestazione *f* individuale; **im ~** da solo, senza aiuto; **Alleinherrschaft** *f* potere *m* assoluto, assolutismo *m;* **Alleinherrscher(in)** <-s, -; -, -nen> *m(f)* sovrano *m* assoluto
alleinig *adj* solo, unico
Alleinsein *n* solitudine *f;* **alleinstehend** *adj* (*Haus*) isolato; (*ohne Familie*) solo; (*unverheiratet, Mann*) celibe; (*unverheiratet, Frau*) nubile
alleinstehend^ALT *s.* **allein** I.; **Alleinstehende** <ein -r, -n, -n> *mf* single *mf,* persona *f* che vive da sola; **Alleinunterhalter(in)** *m(f)* showman *m,* showgirl *f;* (*fig*) istrione, -a *m, f;* **Alleinvertretung** *f* (rappresentanza *f*) esclusiva *f*
allemal ['alə'ma:l] *adv* ❶ (*jedesmal*) tutte le volte; **ein für ~** una volta per tutte ❷ (*fam: gewiss*) senz'altro, certo
allenfalls *adv* ❶ (*höchstens*) tutt'al più ❷ (*gegebenenfalls*) semmai, eventualmente
aller *s.* **alle(r, s)**
aller- (*in Zusammensetzungen mit Superlativ zur Verstärkung*) (il, la) più ...; **allerbeste(r, s)** ['alɐ'bɛstə, -tɐ, -təs] *adj* (il/la) migliore di tutti/tutte
allerdings ['alɐ'dɪŋs] *adv* ❶ (*einschränkend*) ma, però, tuttavia ❷ (*bekräftigend*) ma certo, certamente
allererste(r, s) ['alɐ'ʔɛrstə, -tɐ, -təs] I. *adj* (il) primo/(la) prima di tutti/tutte, (il/la) primissimo/primissima II. *adv* **zu allererst** per primo
Allergie [alɐr'gi:] <-, -n> *f* (MED) allergia *f;* **eine ~ gegen etw haben** avere un'allergia a qc; **Allergietest** *m* esame *m* allergo-

logico
Allergiker(in) [a'lɛrgikɐ] <-s, -; -, -nen> *m(f)* allergico, -a *m, f*
allergisch *adj* **~ (gegen etw) sein** essere allergico (a qc)
Allergologe [alɛrgo'lo:gə] <-n, -n> *m,* **Allergologin** [alɛrgo'lo:gin] <-s, -nen> *f* allergologo, -a *m, f*
allerhand ['alɐ'hant] <inv> *adj* (*fam*) ❶ (*viel*) molto, tanto; **das ist ja ~!** questo è un po' troppo! ❷ (*allerlei*) di tutti i tipi
Allerheiligen ['alɐ'haɪlɪgən] <-> *kein Pl n* (REL) Ognissanti *m*
allerlei ['alɐ'laɪ] <inv> *adj* di ogni genere [*o* specie], diverso; **ich habe ~ gesehen** ho visto molte cose; **Allerlei** <-s, -s> *n* miscuglio *m;* **Leipziger ~** (GASTR) verdura *f* mista
allerletzte(r, s) ['alɐ'lɛtstə, -tɐ, -təs] *adj* ultimo, -a di tutti, ultimissimo, -a
allerliebst ['alɐ'li:pst] *adj* ❶ (*liebst*) (il/la) più caro, -a, carissimo, -a ❷ (*reizend*) graziosissimo, -a; **am ~en** più di ogni altra cosa; **allerliebste(r, s)** ['alɐ'li:pstə, -tɐ, -təs] *adj* (il/la) più caro, -a, carissimo, -a; **am ~en** più di ogni altra cosa; **allermeiste(r, s)** ['alɐ'maɪstə, -tɐ, -təs] *adj* (la) maggior parte di; **allerneueste(r, s)** ['alɐ'nɔɪəstə, -tɐ, -təs] *adj* ultimo, -a (il/la) più recente; **die ~ Mode** l'ultima moda; **wissen Sie schon das Allerneueste?** la sa l'ultima?
Allerseelen ['alɐ'ze:lən] <-> *kein Pl n* (REL) giorno *m* dei morti
allerseits ['alɐ'zaɪts] *adv* ❶ (*an alle*) a tutti (quanti) ❷ (*von allen*) da ogni parte; **allerwenigste(r, s)** ['alɐ've:nɪçstə, -tɐ, -təs *o* 'alɐ've:nɪkstə, -tɐ, -təs] *adj* minimo, -a, (il) meno di tutto; **das wissen die ~n** lo sanno i meno; **Allerwerteste** ['alɐ've:rtəstə] <ein -r, -n, -n> *m* (*fam scherz*) didietro *m*
alles *s.* **alle(r, s)**
allesamt ['alə'zamt] *pron indef* tutti quanti
Allesfresser ['aləsfrɛsɐ] <-s, -> *m* (ZOO) onnivoro *m;* **Alleskleber** <-s, -> *m* attaccatutto *m*
allfällig (CH) I. *adj* eventuale II. *adv* eventualmente; **Allfälliges** (CH, A: *letzter Punkt der Tagesordnung, Verschiedenes*) varie ed eventuali
allg. *abk v* **allgemein** generale, generalmente
Allgäu ['algɔɪ] *n* (GEOG) Algovia *f*
allgegenwärtig ['alge:gənvɛrtɪç] *adj* onnipresente, ubiquo
allgemein ['algə'maɪn] I. *adj* (*alle betreffend*) generale, universale; (*gemeinsam*)

comune; (*nicht speziell*) generale; **im Allgemeinen** generalmente, in generale **II.** *adv* generalmente, comunemente; (*überall*) dappertutto; ~ **üblich/zugänglich/verbreitet** generalmente in uso/accessibile a tutti/comunemente diffuso; ~ **verständlich** comprensibile a tutti; (**ganz**) ~ **gesprochen** generalmente parlando; **Allgemeinbildung** *f* cultura *f* generale; **Allgemeinheit** <-> *kein Pl f* comunità *f*; **im Interesse der** ~ nell'interesse della comunità; **der** ~ **zugänglich** accessibile al pubblico

Allgemeininteresse *n* interesse *m* generale; **Allgemeinmedizin** <-> *kein Pl f* medicina *f* generale

Allgemeinplatz *m* luogo *m* comune; **allgemeinverständlich**ALT *s.* **allgemein II.**; **Allgemeinwissen** <-s> *kein Pl n* cultura *f* generale; **Allgemeinwohl** <-(e)s> *kein Pl n* bene *m* comune; **Allgemeinzustand** *m* stato *m* generale

Allheilmittel [al'haɪlmɪtəl] *n* toccasana *m*

Allianz [a'liˌants] <-, -en> *f* alleanza *f*

Alligator [ali'gaːtoːɐ̯] <-s, -en> *m* alligatore *m*

Alliierte [ali'iːɐ̯tə] <ein -r, -n, -n> *mf* alleato, -a *m*, *f*; **die ~ n** le forze alleate

All-inclusive-Reise [ɔːlɪn'kluːsɪvraɪzə] *f* (*Reise, bei der alle Kosten im Pauschalpreis schon enthalten sind*) viaggio *m* tutto incluso; **All-inclusive-Urlaub** [ɔːlɪn'kluːsɪf-] *m* vacanza *f* all-inclusive

Alliteration [alitera'tsjoːn] <-, -en> *f* (LIT) allitterazione *f*

alljährlich ['al'jɛːɐ̯lɪç] **I.** *adj* annuale **II.** *adv* tutti gli anni

Allmacht <-> *kein Pl f* onnipotenza *f*

allmächtig [al'mɛçtɪç] *adj* onnipotente

allmählich [al'mɛːlɪç] **I.** *adj* graduale **II.** *adv* a poco a poco

Allradantrieb ['alraːtʔantriːp] *m* (AUTO) trazione *f* integrale

Allroundkünstler(in) ['ɔːlʼraʊndkʏnstlɐ] *m(f)* artista *mf* polivalente; **Allroundtalent** *n* talento *m* versatile

allseitig ['alzaɪtɪç] *adj* (*allgemein*) generale, universale; (*von allen Seiten*) sotto tutti gli aspetti

allseits *adv* da tutti, universalmente; **er ist ~ beliebt** è amato da tutti

Alltag ['altaːk] <-(e)s> *kein Pl m* vita *f* di tutti i giorni, vita *f* quotidiana; **der graue ~** il tran tran della vita quotidiana

alltäglich [al'tɛːklɪç] *adj* ❶ (*gewöhnlich*) comune, ordinario; **nicht ~** fuori dal comune ❷ (*jeden Tag*) di ogni giorno, quotidiano

alltags ['altaːks] *adv* nei giorni di lavoro [*o* feriali]

Alltags- (*in Zusammensetzungen*) d'ogni giorno

Alltagskultur *f* cultura *f* del quotidiano

Alltagsnormalität *f* normalità *f* quotidiana

Alltagsstress RR *f* stress *m* quotidiano

Allüren [a'lyːrən] *pl* modo *m* di comportarsi, portamento *m*; ~ **haben** avere allure, distinguersi

allwissend ['al'vɪsənt] *adj* onnisciente

allzu ['altsu] *adv* troppo, eccessivamente; ~ **sehr** troppo, eccessivamente; ~ **viel** troppo; ~ **viel ist ungesund** (*prov*) il troppo stroppia; **allzusehr**ALT *s.* **allzu**; **allzuviel**ALT *s.* **allzu**

Allzweck- (*in Zusammensetzungen*) multiuso, pluriuso

Alm [alm] <-, -en> *f* pascolo *m* montano

Almanach ['almanax] <-s, -e> *m* almanacco *m*

Alm(en)rausch <-(e)s> *kein Pl m* (A: BOT: *Alpenrose*) rododendro *m*, rosa *f* alpina

Almosen ['almoːzən] <-s, -> *n* elemosina *f*

Alpaka [al'paka] <-s, -s> *n* alpaca *m*

Alpdruck ['alpdrʊk, *pl:* 'alpdrʏkə] <-(e)s, Alpdrücke> *m* incubo *m*

Alpen ['alpən] *pl* Alpi *fpl*; **Alpenglühen** <-s, -> *n* rosseggiare *m* delle vette alpine

alpenländisch *adj* alpino; **Alpenpass**RR *m* passo *m* alpino; **Alpenrose** *f* (BOT) rododendro *m*; **Alpenstraße** *f* strada *f* alpina; **Alpentransitverkehr** <-s, -e> *m* (AUTO) traffico *m* di transito alpino; **Alpenveilchen** *n* (BOT) ciclamino *m*; **Alpenvorland** <-(e)s> *kein Pl n* altopiano *m* ai piedi del versante settentrionale delle Alpi

Alphabet [alfa'beːt] <-(e)s, -e> *n* alfabeto *m*

alphabetisch **I.** *adj* alfabetico **II.** *adv* ~ **geordnet** in ordine alfabetico

alphanumerisch [alfanu'meːrɪʃ] *adj* (INFORM) alfanumerico

Alphorn ['alphɔrn] *n* corno *m* alpino

alpin [al'piːn] *adj* alpino

Alpinismus [alpi'nɪsmʊs] <-> *kein Pl m* (SPORT) alpinismo *m*

Alpinist(in) [alpi'nɪst] <-en, -en; -, -nen> *m(f)* (SPORT) alpinista *mf*

Alptraum ['alptraʊm] *m* incubo *m*

Alraune [al'raʊnə] <-, -n> *f* mandragola *f*

als [als] *konj* ❶ (*Eigenschaft*) come, da; ~ **Kind** da bambino; ~ **Geschenk** in regalo; **50 Euro** ~ **Belohnung erhalten** ricevere 50 Euro quale compenso ❷ (*Vergleich*) di, che; **mein Bruder ist größer ~**

ich mio fratello è più alto di me; **mehr breit ~ lang** più largo che lungo; **ich mag Kirschen lieber ~ Äpfel** preferisco le ciliegie alle mele ❸ (*gleichzeitig*) quando; (*vorzeitig*) dopo che, dopo +*inf*; **erst ~ ...** non prima di +*inf*, non prima che +*conj*; **eines Tages, ~ ...** un giorno che ... ❹ (*modal*) **~ ob** come se +*conj*; **so tun, ~ ob man ...** fingere di ... +*inf*, far finta di +*inf*; **zu stolz, ~ dass ...** troppo orgoglioso per +*inf*; **umso mehr, ~ ...** tanto più che ...; **du hast nichts ~ Dummheiten im Kopf** in testa non hai che sciocchezze; **alles andere ~ hübsch** tutt'altro che carino

alsdann [als'dan] *adv* poi

also ['alzo] *konj* ❶ (*folglich*) quindi, dunque, perciò ❷ (*als Füllwort*) allora, dunque; **~ gut** va bene; **~, so was!** questa poi!; **na ~!** vedi!

Alsterwasser ['alstevasə] <-s, -> *n* (GASTR) alsterwasser *f* (*bevanda a base di birra e limonata*)

alt [alt] <**älter, älteste**> *adj* ❶ (*nicht jung*) vecchio; (*bejahrt*) anziano; **wie ~ sind Sie?** quanti anni ha?; **20 Jahre ~ werden/sein** compiere/avere vent'anni; **er ist so ~ wie ich** ha la mia età; **mein älterer Bruder** il mio fratello maggiore; **zwei Jahre älter sein als ...** avere due anni più di ...; **für wie ~ halten Sie mich?** quanti anni mi dà?; **gleich ~ sein** essere coetaneo; **zu ~ sein, um zu** +*inf* non avere più l'età per ...; **ein älterer Herr** un signore anziano; **~ werden** invecchiare, diventare vecchio; **~ machen** invecchiare ❷ (*schon lange bestehend*) di lunga data ❸ (*nicht modern*) antico; **die ~en Römer** gli antichi romani ❹ (*vorherig*) di prima, precedente, ex ❺ (*ehemalig*) di una volta; **er ist immer noch der Alte** non è cambiato, è sempre il solito; **alles beim Alten lassen** lasciare tutto immutato, non cambiare nulla; **~ aussehen** (*fam*) fare la figura dello stupido

Alt [alt] <-s, -e> *m* (MUS) contralto *m*

Altar [al'ta:ɐ] <-(e)s, Altäre> *m* altare *m*

Altauto *n* auto *f* usata

altbacken ['altbakən] *adj* raffermo

Altbau <-(e)s, -ten> *m* vecchia costruzione *f*; **Altbausanierung** *f* restauro *m* delle vecchie costruzioni; **Altbauwohnung** *f* appartamento *m* sito in un edificio vecchio

altbekannt ['altbə'kant] *adj* risaputo; **das ist doch ~!** ma è arcinoto!; **altbewährt** ['altbə'vɛːɐt] *adj* provato [*o* sperimentato] da tempo

Altbier *n* birra *f* scura; **Altbundeskanz-**

ler(in) *m(f)* (POL) ex cancelliere *m* federale

Alte <**ein -r, -n, -n**> *mf* vecchio, -a *m, f*

alteingesessen ['alt?aɪŋgəzɛsən] *adj* residente da molto tempo

Alteisen *n* ferri *mpl* vecchi, rottami *mpl* di ferro

Altenpflege <-> *kein Pl f* assistenza *f* agli anziani; **Alten(pflege)heim** *n* casa *f* per anziani, ospizio *m* per vecchi, ricovero *m*; **Altentagesstätte** <-, -n> *f* ospizio *m* diurno per anziani, ricovero *m*

Alter ['altə] <-s, -> *n* età *f*; (*hohes ~*) vecchiaia *f*; **im ~ von ...** all'età di ...; **im besten ~** nel fiore degli anni; **er ist in meinem ~** è della mia età, ha la mia età; **man sieht ihm sein ~ nicht an** porta bene i suoi anni *fam*

altern *vi sein* invecchiare

alternativ [altɛrna'tiːf] *adj* alternativo

Alternativ- (*in Zusammensetzungen*) alternativo

Alternative¹ [altɛrna'tiːvə] <-, -n> *f* alternativa *f*

Alternative² <**ein -r, -n, -n**> *mf* (*sl*) praticante *mf* di modelli di vita alternativi

Altersarmut *f* povertà *f* degli anziani; **Altersasyl** *n* (*CH*) *s.* **Altersheim; altersbedingt** *adj* determinato [*o* condizionato] dall'età

Altersbeschränkung *f* limite *m* di età; **Alterserscheinung** *f* manifestazione *f* di vecchiaia; **Altersgenosse** *m*, **Altersgenossin** *f* coetaneo, -a *m, f*; **Altersgrenze** *f* limite *m* d'età; **flexible ~** età *f* di pensionamento flessibile; **Altersheim** <-(e)s, -e> *n* ospizio *m*; **Alterskurzsichtigkeit** <-, -en> *f* (MED) miopia *f* da vecchiaia; **Altersrente** *f* pensione *f* (di) vecchiaia; **altersschwach** *adj* ❶ (*Person*) debole, fragile ❷ (*Gegenstand*) decrepito, logoro; **Altersschwäche** *f* decrepitezza *f*; **an ~ sterben** morire di vecchiaia; **Altersteilzeit** *f* riduzione del numero di ore di lavoro (*e relativa riduzione del salario*) *in vista del prepensionamento a partire dal 55° anno di età;* **Altersunterschied** *m* differenza *f* d'età [*o* di anni]; **Altersversicherung** *f* assicurazione *f* (per la) vecchiaia; **Altersversorgung** *f* assistenza *f* agli anziani, pensione *f* di vecchiaia; **Altersvorsorge** *f* previdenza *f* per la vecchiaia

Altertum ['altətuːm] <-s> *kein Pl n* antichità *f*, mondo *m* antico

Altertümer ['altəty:mɐ] *npl* antichità *fpl*

altertümlich ['altəty:mlɪç] *adj* ❶ (*antik*) antico, vecchio ❷ (*veraltet*) antiquato

Alterung <-> *kein Pl f* invecchiamento *m*

Altflöte <-, -n> *f* (MUS) flauto *m* (dolce) contralto

Altglas <-(e)s> *kein Pl n* vetro *m* usato; **Altglascontainer** *m* contenitore *m* per (la raccolta del) vetro

altgriechisch *adj* greco antico, ellenico; **Altgriechisch** *n* (LING) greco *m* antico

althergebracht *adj* tradizionale

Althochdeutsch *n* (LING) antico alto tedesco *m; s. a.* **Deutsch**; **althochdeutsch** ['altho:xdɔɪtʃ] *adj* antico alto tedesco

Altkleidersammlung *f* raccolta *f* di abiti usati

altklug *adj* saputello

Altlasten *fpl* (deposizione *f* di) rifiuti *mpl* inquinanti

ältlich ['ɛltlɪç] *adj* vecchiotto *fam*

Altmetall *n* metallo *m* vecchio

altmodisch *adj* fuori moda

Altöl <-(e)s, -e> *n* oli *mpl* usati [*o* combusti]

Altpapier *n* carta *f* vecchia [*o* riciclabile]; **Altpapiersammlung** <-, -en> *f* raccolta *f* della carta straccia

Altphilologe *m*, **Altphilologin** *f* filologo, -a *m*, *f* di lingue classiche

Altrocker *m* vecchia rockstar *f*

Altruist(in) <-en, -en> *m(f)* altruista *mf;* **altruistisch** [altru'ɪstɪʃ] *adj* (*geh*) altruistico

altsprachlich *adj* di [*o* delle] lingue classiche

Altstadt *f* città *f* vecchia, centro *m* storico; **Altstadtsanierung** *f* risanamento *m* della città vecchia

Altstimme <-, -n> *f* (voce *f* di) contralto *m*

Altstoff <-(e)s, -e> *m* materiale *m* vecchio [*o* usato]

Altwarenhändler(in) *m(f)* rigattiere, -a *m*, *f*

Altweiberfastnacht *f* giovedì *grasso;* **Altweibersommer** [alt'vaɪbɛzɔmɐ] *m* estate *f* di San Martino

Alu ['a:lu] <-(s)> *kein Pl n* (CHEM, TEC) *abk v* **Aluminium** alluminio *m;* **Alufolie** <-, -n> *f* foglio *m* d'alluminio

Aluminium [alu'mi:nɪʊm] <-s> *kein Pl n* (CHEM) alluminio *m;* **Aluminiumfolie** <-, -n> *f* foglio *m* d'alluminio

Alzheimer ['altshaɪmɐ] <-> *kein Pl n* (*fam*) morbo *m* di Alzheimer; **Alzheimerkrankheit**[RR] <-> *kein Pl f* morbo *m* di Alzheimer

a. M. *abk v* **am Main** sul Meno

am [am] = **an dem**, **~ Abend** di sera; **~ Himmel** in cielo; **~ Lager** in magazzino; **~ Leben** in vita; **~ 1. Januar** il primo gen-

naio; **~ 11. Mai 2009** l'undici maggio 2009; **das ist ~ besten** è la cosa migliore; *s.* **an**

Amalgam [amal'ga:m] <-s, -e> *n* (CHEM) amalgama *f*

Amateur(in) [ama'tø:ɐ] <-s, -e; -, -nen> *m(f)* dilettante *mf;* (*Liebhaber*) amatore, -trice *m*, *f;* **amateurhaft** *adj* amatoriale, dilettantesco; **das ist ~ gemacht!** (*fam*) è un pasticcio/fatto con i piedi!; **Amateursport** *m* sport *m* amatoriale

Amateurverein *m* club *m* amatoriale

Amateurvideo *n* video *m* amatoriale

Amazonas [ama'tso:nas] *m* rio *m* delle Amazzoni

Amazone [ama'tso:nə] <-, -n> *f* amazzone *f*

Ambition [ambi'tsi̯o:n] <-, -en> *f* ambizione *f*

ambitioniert *adj* (*ehrgeizig*) ambizioso

ambivalent [ambiva'lɛnt] *adj* ambivalente

Ambivalenz [ambiva'lɛnts] <-, -en> *f* (PSYCH) schizofrenia *f*

Amboss[RR] ['ambɔs] <-es, -e> *m*, **Amboß**[ALT] <-bosses, -bosse> *m* incudine *f*

ambulant [ambu'lant] *adj* ambulante; (MED) ambulatoriale; **jdn ~ behandeln** curare qn in ambulatorio

Ambulanz [ambu'lants] <-, -en> *f* **①** (*Station*) ambulatorio *m* **②** (*Krankenwagen*) (auto)ambulanza *f*

Ameise ['a:maɪzə] <-, -n> *f* (ZOO) formica *f;* **Ameisenbär** *m* (ZOO) formichiere *m;* **Ameisenhaufen** *m* formicaio *m;* **Ameisensäure** <-> *kein Pl f* (CHEM) acido *m* formico; **Ameisenstaat** *m* società *f* delle formiche

amen ['a:mɛn] *int* amen, così sia; **zu allem ja und ~ sagen** (*fam*) acconsentire a tutto; **Amen** <-s, -> *n* amen *m;* **das ist so sicher wie das ~ in der Kirche** è sicuro come due più due fa quattro

Amerika [a'me:rika] <-s> *kein Pl n* America *f;* **die Vereinigten Staaten von ~** gli Stati Uniti d'America

Amerikaner(in) [ameri'ka:nɐ] <-s, -; -, -nen> *m(f)* americano, -a *m*, *f*

amerikanisch *adj* americano; (*in Bezug auf USA*) statunitense

amerikanisieren *vt* americanizzare; **Amerikanismus** [amerika'nɪsmʊs, *pl:* amerika'nɪsmən] <-, Amerikanismen> *m* americanismo *m*

Amethyst [ame'tʏst] <-(e)s, -e> *m* ametista *f*

Ami ['ami] <-s, -s> *m* (*fam*) americano *m*

Aminosäure [a'mi:nozɔɪrə] <-, -n> *f*

(CHEM) amminoacido *m*

Ammann <-s, Ammänner> *m* (*CH*)
❶ (*Vorsitzender einer Verwaltungsbehörde*) presidente *m* di un'autorità amministrativa ❷ (*Bürgermeister*) sindaco *m*

Amme ['amǝ] <-, -n> *f* balia *f*; **Ammenmärchen** *n* fandonia *f*

Ammoniak [amo'nI̯ak *o* 'amonI̯ak *o A*
a'moːnI̯ak] <-s> *kein Pl n* (CHEM) ammoniaca *f*

Amnesie [amne'ziː, *pl:* amne'ziːǝn] <-,
-n> *f* (MED) amnesia *f*

Amnestie [amnɛs'tiː] <-, -n> *f* amnistia *f*;
amnestieren [amnɛs'tiːrǝn] <ohne
ge-> *vt* amnistiare

Amöbe [a'møːbǝ] <-, -n> *f* (ZOO) ameba *f*

Amok ['aːmɔk *o* a'mɔk] <-s> *kein Pl m*,
Amoklaufen <-s> *kein Pl n* furia *f*
[*o* ossessione *f*] omicida; **Amokläufer(in)**
m(f) folle *mf* omicida; **Amokschütze**
<-n, -n> *m*, **Amokschützin** <-, -nen> *f*
persona *f* armata in preda a furore omicida

a-Moll <-> *kein Pl n* (MUS) la *m* minore

amoralisch ['amora:lI̯ʃ] *adj* amorale

Amortisation [amɔrtiza'tsI̯oːn] <-, -en> *f*
(FIN, JUR) ammortamento *m*, ammortizza-
mento *m*; **amortisieren** [amɔrti'ziːrǝn]
<ohne ge-> **I.** *vt* ammortare, ammortiz-
zare **II.** *vr* **sich** ~ ammortizzarsi

Ampel ['ampǝl] <-, -n> *f* ❶ (*Verkehrs~*)
semaforo *m* ❷ (*Hängelampe*) lampada *f*
sospesa ❸ (*Blumen~*) vaso *m* da fiori
sospeso; **Ampelkoalition** *f* (POL) coalizio-
ne-tricolore tra socialdemocratici, liberali
e i Verdi i cui simboli ripropongono i colori
del semaforo

Ampere [am'peːʀ] <-(s), -> *n*
(TEC) ampère *m*; **Amperemeter**
[ampeːʀa'meːtǝ] <-s, -> *n* (TEC) amperometro *m*; **Amperestunde** <-, -n> *f*
amperora *m*

Amphetamin [amfeta'miːn] <-s, -e> *n*
anfetamina *f*

Amphibie [am'fiːbiǝ] <-, -n> *f* (ZOO) anfibio *m*; **Amphibienfahrzeug** *n* (veicolo *m*) anfibio *m*; **amphibisch** *adj* anfibio

Amphitheater <-s, -> *n* anfiteatro *m*

Amplitude [ampli'tuːdǝ] <-, -n> *f* (MAT,
PHYS) ampiezza *f*

Ampulle [am'pʊlǝ] <-, -n> *f* ❶ (MED) fiala *f*
❷ (KUNST) ampolla *f*

Amputation [amputa'tsI̯oːn] <-, -en> *f*
(MED) amputazione *f*

amputieren [ampu'tiːrǝn] <ohne ge-> *vt*
(MED) amputare

Amsel ['amzǝl] <-, -n> *f* merlo *m*

Amsterdam [amstɛ'dam] *n* Amsterdam *f*

Amt [amt, *pl:* 'ɛmtǝ] <-(e)s, Ämter> *n*
❶ (*Stellung*) carica *f*; (*a ~ spflicht*) ufficio *m*; **im** ~ in carica; **sein** ~ **niederlegen**
dare le dimissioni ❷ (*Aufgabe*) funzione *f*,
mansione *f*, compito *m* ❸ (*Behörde*) ufficio *m*, ente *m*; **das Auswärtige** ~ il ministero degli (affari) esteri; **von** ~**s wegen**
d'ufficio ❹ (TEL) centralino *m*

Ämterhäufung <-, -en> *f* (ADM)
cumulo *m* di funzioni [*o* cariche]

amtieren [am'tiːrǝn] <ohne ge-> *vi* essere
in carica; **als Bürgermeister** ~ adempiere
la funzione di sindaco; (*vorübergehend*)
fungere da sindaco; **amtierend** *adj* in
carica

amtlich *adj* ufficiale; **das Fahrzeug mit
dem ~en Kennzeichen ES-HM 3676** la
vettura con la targa ES-HM 3676

Amtsantritt *m* entrata *f* in carica; **Amtsarzt** *m*, **Amtsärztin** *f* ufficiale *m* sanitario; **Amtsdeutsch** <-(s)> *kein Pl n* (*pej*)
burocratese *m* tedesco; **Amtsenthebung** *f* destituzione *f*; (*vorläufig*) sospensione *f*; **Amtsentsetzung** <-, -en> *f*
(*CH*) *s.* **Amtsenthebung**; **Amtsfüh-
rung** *f* amministrazione *f*, gestione *f*;
Amtsgeheimnis *n* segreto *m* d'ufficio,
vincolo *m* professionale; **Amtsgericht** *n*
tribunale *m* di prima istanza; (*a Gebäude*)
pretura *f*; **Amtsgeschäfte** *npl* funzioni *fpl*, mansioni *fpl*; **Amtshandlung** *f*
atto *m* ufficiale; **Amtsmissbrauch**^RR
<-(e)s> *kein Pl m* (JUR) abuso *m* d'ufficio;
amtsmüde *adj* (POL) non disposto a proseguire il proprio incarico; **Amtsnieder-
legung** *f* dimissioni *fpl*; **Amtsrichter(in)**
m(f) giudice *mf* di prima istanza, (donna *f*)
pretore *m*; **Amtsschimmel** *m* (*scherz*)
pignoleria *f* burocratica; **Amtssprache** *f*
lingua *f* ufficiale [*o* burocratica]; **Amts-
weg** *m* **den** ~ **einhalten** seguire l'iter
burocratico; **auf dem** ~ per via burocratica; **Amtszeit** *f* periodo *m* di carica

Amulett [amu'lɛt] <-(e)s, -e> *n* amuleto *m*,
talismano *m*

amüsant [amy'zant] *adj* divertente;
(*Gesellschafter, Abend*) piacevole

amüsieren [amy'ziːrǝn] <ohne ge-> **I.** *vt*
divertire **II.** *vr* **sich** ~ ❶ (*sich vergnügen*)
divertirsi; **sich köstlich** ~ divertirsi un
mondo *fam* ❷ (*sich lustig machen*) **sich**
(**über jdn/etw**) ~ farsi beffe [*o* burlarsi] (di
qu/qc)

an [an] **I.** *prp* + *acc o dat* ❶ (*räumlich*) a, in,
per, su; **am Feuer** vicino al fuoco; **am
Tisch sitzen** sedere a tavola; ~ **einer
Stelle** in un punto; ~ **der Straße** sul bordo
della strada; ~ **die See fahren** andare al

mare; **etw ~ die Wand stellen/werfen** mettere/gettare qc contro la parete; **Frankfurt liegt am Main** Francoforte si trova sul Meno ❷ *(zeitlich)* a, di, in; **am 1. Oktober** il primo ottobre; **am Samstag** sabato; **~ Ostern** a Pasqua; **ein Brief ~ jdn** una lettera per [*o* indirizzata a] qu; **der Gedanke ~ die Kinder** il pensiero dei bambini; **~ Krücken gehen** camminare con le grucce; **~s Telefon gehen** rispondere al telefono; **~ etw** *dat* **leiden/sterben** soffrire/morire di qc; **jdn ~ die Hand nehmen** prendere qu per (la) mano; **sich ~ jdn wenden** rivolgersi a qu; **das Schönste ~ der Sache ist ...** il più bello (della cosa) è ...; **viele Grüße ~ deine Frau** tanti saluti a tua moglie; **~ (und für) sich** in fondo **II.** *adv* ❶ *(ungefähr)* **~ die 100** circa cento ❷ *(beginnend)* **von jetzt ~** d'ora in poi; **von morgen ~** a partire da domani; **von Anfang ~** fin dall'inizio ❸ *(Fahrplan)* **~ Stuttgart** arrivo a Stoccarda ❹ **~ sein** *(fam: Licht, Heizung)* essere acceso; *(Motor, Gerät)* essere acceso [*o* in funzione]

Anabolikum <-s, Anabolika> *n* (MED, CHEM) anabolizzante *m*

Anachronismus [anakro'nɪsmʊs, *pl:* anakro'nɪsmən] <-, Anachronismen> *m* *(geh)* anacronismo *m;* **anachronistisch** *adj (geh)* anacronistico

anaerob [anʔae'ro:p] *adj* (BIOL) anaerobico

anal [a'na:l] *adj* (MED, PSYCH) anale

analog [ana'lo:k] *adj* **(zu etw) ~ sein** essere analogo (a qc)

Analogie [analo'gi:] <-, -n> *f* analogia *f;* **in ~ zu** in analogia con

Analogrechner *m* (INFORM) calcolatore *m* analogico

Analogtachometer *m* (MOT) tachimetro *m* analogico

Analphabet(in) [anʔalfa'be:t *o* 'anʔalfabe:t] <-en, -en; -, -nen> *m(f)* analfabeta *mf;* **Analphabetentum** <-s> *kein Pl m* analfabetismo *m;* **Analphabetin** *f s.* **Analphabet; Analphabetismus** <-> *kein Pl m* analfabetismo *m*

Analyse [ana'ly:zə] <-, -n> *f* analisi *f*

analysieren [analy'zi:rən] <ohne ge-> *vt* analizzare

analytisch [ana'ly:tɪʃ] *adj* analitico

Ananas ['ananas] <-, - *o* -se> *f* ananas *m*

Anarchie [anar'çi:] <-, -n> *f* anarchia *f*

Anarchist(in) [anar'çɪst] <-en, -en; -, -nen> *m(f)* anarchico, -a *m, f*

anarchistisch *adj* anarchico

Anästhesie [anɛste'zi:] <-, -n> *f* (MED) anestesia *f*

Anästhesist(in) [anɛste'zɪst] <-en, -en; -, -nen> *m(f)* (MED) anestesista *mf*

Anatolien [ana'to:liən] <-s> *n* Anatolia *f*

Anatom <-en, -en> *m,* **Anatomin** *f* (MED) anatomista *mf*

Anatomie [anato'mi:] <-, -n> *f* anatomia *f*

anatomisch [ana'to:mɪʃ] *adj* anatomico

an|baggern ['anbagɐn] *vt (sl)* **jdn ~** rimorchiare qu, abbordare qu

an|bahnen I. *vt* avviare **II.** *vr* **sich ~** profilarsi

an|bändeln ['anbɛndəln] *vi (fam)* **(mit jdm) ~** *(kokettieren)* tentare degli approcci (con qu); *(Streit suchen)* attaccar briga (con qu)

Anbau¹ <-(e)s, -ten> *m (Gebäude)* fabbricato *m* aggiunto; *(Flügel)* ala *f* aggiunta di un edificio

Anbau² <-(e)s> *kein Pl m* (AGR) coltivazione *f,* coltura *f*

an|bauen *vt* ❶ (ARCH: *hinzubauen)* aggiungere; **einen Seitenflügel an das Hauptgebäude ~** aggiungere un'ala laterale all'edificio principale ❷ (AGR: *Getreide)* coltivare; *(Pflanzen)* piantare

anbaufähig *adj* adatto alla coltivazione

Anbaufläche *f* terreno *m* coltivabile; **Anbaugebiet** *n* area *f* [*o* regione *f*] coltivabile; **Anbaumöbel** *npl* mobili *mpl* componibili

anbei [an'baɪ] *adv* (ADM: *im Brief)* qui accluso, in allegato

an|beißen <irr> **I.** *vi* ❶ *(Fisch)* abboccare ❷ *(fam: Person)* accettare **II.** *vt* dare un morso a; **zum Anbeißen sein** [*o* **aussehen**] essere un bel bocconcino

an|belangen ['anbəlaŋən] <ohne ge-> *vt* concernere; **was mich anbelangt** per quanto mi concerne, quanto a me

an|bellen *vt* **jdn/etw ~** abbaiare a qu/qc

an|beraumen ['anbərаʊmən] <ohne ge-> *vt (form)* fissare, stabilire; *(Sitzung)* convocare

an|beten *vt* adorare

Anbeter(in) <-s, -; -, -nen> *m(f)* ❶ (REL) adoratore, -trice *m, f* ❷ *(Liebhaber)* ammiratore, -trice *m, f,* corteggiatore, -trice *m, f*

Anbetracht ['anbətraxt] *m* **in ~** *gen* in considerazione di, tenuto conto di; **in ~ dessen, dass ...** visto che ...

Anbetung <-> *kein Pl f* (REL) adorazione *f*

an|biedern ['anbi:dɐn] *vr* **sich bei jdm ~** *(pej)* fare il ruffiano con qu

an|bieten <irr> **I.** *vt* ❶ offrire ❷ *(vorschlagen)* proporre; **Waren zum Kauf ~** mettere merci in vendita **II.** *vr* **sich ~** offrirsi

Anbieter <-s, -> *m* (COM) offerente *mf;* *(Ausschreibung)* banditore *m,* promo-

anbieten	
nach Wünschen fragen, etwas anbieten	**chiedere a qualcuno se desidera qualcosa, offrire qualcosa**
Kann ich Ihnen helfen?/Was darf's sein?	**Posso aiutarLa?/Cosa desidera?**
Was hättest du denn gern?	**Cosa desideri?**
Was möchtest/magst du essen/trinken?	**Cosa preferisci** mangiare/bere?
Was wünschst du dir zum Geburtstag?	**Cosa/Che regalo ti piacerebbe per** il tuo compleanno?
Wie wär's mit einer Tasse Kaffee? (*fam*)	**Che ne dici di** un caffè?/**Ti va** un caffè?
Darf ich Ihnen ein Glas Wein **anbieten?**	**Le posso offrire** un bicchiere di vino?
Sie können gern mein Telefon benutzen.	**Se desidera può** usare il mio telefono.
ein Angebot annehmen	**accettare un'offerta**
Ja, bitte./Ja, gern.	**Sì, grazie./Sì, volentieri.**
Danke, das ist nett/lieb von dir.	**Grazie, è gentile/carino da parte tua./ Grazie, sei molto gentile.**
Ja, das wäre nett.	**Sì, mi faresti un piacere.**
Oh, das ist aber nett!	**Ma che gentile!**
ein Angebot ablehnen	**rifiutare un'offerta**
Nein, danke!	**No, grazie!**
Aber das ist doch nicht nötig!	**(Ma) non è necessario!**
Das kann ich doch nicht annehmen!	**Non lo posso accettare!**

tore *m*

an|binden <irr> *vt* legare, attaccare; (*Boot*) ormeggiare; **etw an etw ~** *acc* legare qc a qc; **kurz angebunden sein** (*fig*) essere brusco e laconico

Anblick <-(e)s, -e> *m* ❶ *sing* (*Anblicken*) vista *f*; **beim ersten ~** a prima vista ❷ (*Bild*) spettacolo *m*

an|blicken *vt* guardare

an|braten <irr> *vt* (GASTR) rosolare

an|brechen <irr> **I.** *vi sein* (*beginnen*) cominciare; (*Tag*) spuntare; (*a Nacht*) farsi **II.** *vt haben* (*Packung*) cominciare (ad usare); (*Vorräte*) intaccare

an|brennen <irr> **I.** *vi sein* (*Speisen*) attaccarsi; **angebrannt riechen/schmecken** sapere di bruciaticcio **II.** *vt haben* (*anzünden*) accendere

an|bringen <irr> *vt* ❶ (*befestigen*) fissare, attaccare; (TEC) montare, installare ❷ (*Verbesserung*) apportare; (*Beschwerde*) presentare; (*Kenntnisse*) dare prova di ❸ (*fam: herbeibringen*) portare

Anbruch <-(e)s, -brüche> *m* inizio *m*, principio *m*; **bei ~ der Dunkelheit** verso sera, all'imbrunire; **bei ~ der Nacht** sul fare della notte; **bei ~ des Tages** allo spuntar del giorno

an|brüllen *vt* aggredire verbalmente, vociare contro

ANC <-> *m abk v* **Afrikanischer Nationalkongress**^{RR} ANC *m*

Anchovis [an'ʃoːvɪs] <-, -> *f* acciuga *f*

Andacht ['andaxt] <-, -en> *f* ❶ (*innere Haltung*) raccoglimento *m*, devozione *f* ❷ (*Gottesdienst*) funzione *f*

andächtig ['andɛçtɪç] *adj* ❶ (REL) devoto, pio ❷ (*fig: ergriffen*) raccolto; (*feierlich*) solenne

Andalusien [anda'luːzi̯ən] *n* Andalusia *f*

Andalusier(in) <-s, -; -, -nen> *m(f)* andaluso, -a *m, f*

andalusisch *adj* andaluso

an|dauern *vi* continuare, perdurare; (*Wetter*) mantenersi; (*hartnäckig*) persistere; **andauernd I.** *adj* continuo, persistente **II.** *adv* di continuo

Anden ['andən] *pl* Ande *fpl*

Andenken <-s, -> *n* ❶ *sing* (*Erinnerung*) ricordo *m*, memoria *f*; **zum ~ an** +*acc* in memoria di ❷ (*Souvenir*) ricordino *m*, souvenir *m*

andenken <denkt an, dachte an, angedacht> *vt* introdurre, avviare (una discussione)

andere *s.* **andere(r, s)**

andere(r, s) ['andərə, -rə, -rəs] **I.** *adj* ❶ (*verschieden*) diverso, -a, altro, -a; ~**r Meinung sein** essere di un altro parere; **mit ~n Worten** con altre parole; **von ~r Seite** da altri; **ein ums ~ Mal** una volta su due ❷ (*folgend, nachgestellt*) seguente, dopo; **am ~n Tag** il giorno dopo **II.** *pron indef* altro; **alles Andere** tutto il resto; **alles ~ als ...** tutt'altro che ...; **der eine ..., der ~e ...** l'uno ..., l'altro ...; **einer nach dem ~n** uno dopo l'altro; (*abwechselnd*) a vicenda; **unter ~m** tra l'altro; **zum ~n** d'altra parte; **und vieles ~ mehr** e molte altre cose; **das ist etw ganz ~s** è tutta un'altra cosa; **es verging ein Monat nach dem ~n** passarono mesi e mesi

anderenfalls *adv* in caso contrario, altrimenti

and(e)rerseits ['and(ə)rɐ'zaɪts] *adv* d'altra parte, d'altronde; **einerseits ..., ~ ...** da una parte ..., dall'altra ...

anderes *s.* **andere(r, s)**

ändern ['ɛndɐn] **I.** *vt* cambiare; (*wechseln*) mutare; (*ver-~*) alterare; (*ab-~*) modificare; (*Kleidung*) apportare modifiche a; **seine Meinung ~** cambiare idea [*o* opinione]; **daran ist nichts zu ~** quel che è fatto è fatto, non c'è più nulla da fare; **den Kurs ~** (NAUT, AERO) cambiare rotta **II.** *vr* **sich ~** cambiare, mutare

andernfalls *adv s.* **anderenfalls**

anders ['andɐs] *adv* ❶ (*auf andere Weise*) in altro modo, altrimenti; (*unterschiedlich*) diversamente; **~ ausgedrückt** in altre parole; **~ denkend** che la pensa in modo diverso; **es sich** *dat* **~ überlegen** cambiare idea, ricredersi; **ich kann nicht ~, ich muss lachen** non posso fare a meno di ridere ❷ (*sonst*) altro; **irgendwo/nirgendwo ~** in qualche altro/in nessun altro posto; **jemand ~** qualcun altro; **wer ~ (als er)**? chi altro (se non lui)?; **andersartig** *adj* diverso, differente; **Andersdenkende** <ein -r, -n, -n> *mf* (REL, POL) dissidente *mf*

Andersdenkendeᴬᴸᵀ <ein -r, -n, -n> *mf s.* **Denkende**; **andersgläubig** *adj* di altra confessione

andersgläubigᴬᴸᵀ *s.* **anders 1.**; **andersherum** *adv* dall'altra parte

anderslautendᴬᴸᵀ *s.* **anders 1.**

anderswie ['andɐs'viː] *adv* in qualche altro modo; **anderswo** ['andɐs'voː] *adv* in altro luogo, altrove

anderthalb ['andɐt'halp] *num* uno e mezzo; ~ **Jahre** un anno e mezzo

Änderung <-, -en> *f* cambiamento *m*, mutamento *m*; (*Ab-*) modifica *f*; (PARL) emendamento *m*

anderweitig ['andɐvaɪtɪç] **I.** *adj* altro, ulteriore **II.** *adv* in altro modo, altrimenti; (*anderswo*) altrove

an|deuten *vt* ❶ (*zu verstehen geben*) lasciare intendere, far capire ❷ (*Plan, Idee*) accennare

Andeutung <-, -en> *f* ❶ (*Hinweis*) (ac)cenno *m*; (*Anspielung*) allusione *f*; **eine ~ über etw** *acc* un accenno [*o* un'allusione] a qc ❷ (*Anzeichen*) accenno *m*; **andeutungsweise** *adv* per accenni, per allusioni; (*indirekt*) indirettamente

andiskutieren *vt* intavolare (una discussione), iniziare (a discutere)

an|docken *vi* agganciare

Andorra [an'dɔra] *n* Andorra *f*

Andorraner(in) <-s, -; -, -nen> *m(f)* andorrano, -a *m, f*

andorranisch *adj* andorrano

Andrang <-(e)s> *kein Pl m* ❶ (*Gedränge*) ressa *f* ❷ (*Zustrom*) affluenza *f*

an|drehen *vt* ❶ (*Licht, Radio*) accendere; (*Gas*) aprire ❷ (*Schraube*) stringere ❸ (*Wend*) **jdm etw ~** (*fam*) rifilare qc a qu

andrerseits ['andrɐ'zaɪts] *s.* **and(e)rerseits**

androgyn [andro'gyːn] *adj* (BIOL) androgino, ermafrodito

an|drohen *vt* **jdm etw ~** minacciare qu di qc

an|eignen *vr* **sich** *dat* **etw ~** appropriarsi di qc, impossessarsi di qc; (*widerrechtlich*) usurpare qc; (*Kenntnisse*) acquisire qc; (*Sprache*) impadronirsi di qc

aneinander [an?aɪ'nandɐ] *adv* l'uno all'altro; (*räumlich*) l'uno accanto all'altro; **sich ~ gewöhnen** abituarsi l'uno all'altro; **~ reihen** mettere in fila, allineare; **sich ~ reihen** allinearsi; **~ stoßen** (*zusammenstoßen*) scontrarsi

aneinandergrenzen confinare; **aneinander|reihen** *s.* **aneinander**

aneinander|stoßen *s.* **aneinander**

Anekdote [anɛk'doːtə] <-, -n> *f* aneddoto *m*

an|ekeln *vt* disgustare, nauseare

Anemone [ane'moːnə] <-, -n> *f* (BOT) anemone *m*

anerkannt ['an?ɛkant] *adj* apprezzato, riconosciuto

an|erkennen <irr> *vt* ❶ (*allg*, JUR, POL) riconoscere; (JUR) legittimare; (FIN) accettare ❷ (*würdigen*) apprezzare; **anerkennend**

adj di lode, di approvazione; **anerkennenswert** *adj* lodevole, apprezzabile

Anerkennung <-, -en> *f* ❶ (*allg*, JUR, POL) riconoscimento *m;* (JUR) legittimazione *f;* (FIN) accettazione *f* ❷ (*Billigung, Zustimmung*) approvazione *f;* ~ **finden** essere apprezzato

an|fachen ['anfaxən] *vt* (*a fig*) attizzare

an|fahren <irr> I. *vt haben* ❶ (*her~*) trasportare ❷ (*anstoßen, Fahrzeug*) urtare contro; (*Fußgänger*) investire ❸ (*ansteuern*) viaggiare verso ❹ (*fig: zurechtweisen*) sgridare II. *vi sein* (*losfahren*) partire; (*Fahrzeug*) mettersi in moto

Anfahrt <-, -en> *f* (~ *szeit*, ~ *sstrecke*) tragitto *m*

Anfall <-(e)s, -fälle> *m* (MED) attacco *m;* (*fig*) accesso *m;* (*epileptischer* ~) crisi *f* epilettica

an|fallen <irr> I. *vt haben* aggredire, attentare a II. *vi sein* derivare, risultare

anfällig ['anfɛlɪç] *adj* **für Erkältungen ~ sein** prendersi facilmente un raffreddore; **Anfälligkeit** <-> *kein Pl f* (MED) predisposizione *f*, inclinazione *f*

Anfang ['anfaŋ, *pl:* 'anfɛŋə] <-(e)s, Anfänge> *m* principio *m,* inizio *m;* **am** [*o* **im**] [*o* **zu**] ~ all'inizio, al principio; ~ **Mai** ai primi di maggio; **von** ~ **an** fin dal principio; **von** ~ **bis Ende** dal principio alla fine; **mit etw den** ~ **machen** (in)cominciare con qc; **aller** ~ **ist schwer** (*prov*) tutto sta nel cominciare

an|fangen <irr> I. *vi* (in)cominciare; **das fängt ja gut an!** cominciamo bene!; **fang nicht wieder davon an!** (*fam*) cambia disco! II. *vt* ❶ (*beginnen*) (in)cominciare, iniziare; **Streit mit jdm** ~ attaccare briga con qu; **mit nichts angefangen haben** aver cominciato dal nulla ❷ (*fam: tun*) fare; **mit etw nichts anzufangen wissen** non saper che fare di qc

Anfänger(in) ['anfɛŋɐ] <-s, -; -, -nen> *m(f)* principiante *mf;* **Anfängerkurs** <-es, -e> *m* corso *m* per principianti

anfänglich ['anfɛŋlɪç] I. *adj* iniziale II. *adv* dapprima, da principio

anfangs ['anfaŋs] *adv* all'inizio, al principio; **Anfangsbuchstabe** *m* (lettera *f*) iniziale *f;* **großer/kleiner** ~ maiuscola *f/* minuscola *f*

Anfangsgeschwindigkeit *f* velocità *f* iniziale; **Anfangsschwierigkeit** <-, -en> *f* difficoltà *f* iniziale; **Anfangsstadium** *n* fase *f* iniziale, primo stadio *m;* **Anfangsverdacht** *m* sospetto *m* iniziale

an|fassen I. *vt* ❶ (*berühren*) toccare ❷ (*in Angriff nehmen*) affrontare; **etw falsch** ~

fare qc alla rovescia ❸ (*behandeln*) trattare II. *vi* (*mithelfen*) dare una mano

an|fauchen *vt* ❶ (*Katze*) soffiare contro ❷ (*zurechtweisen*) rimproverare; **jdn** ~ sgridare/dare una lavata di capo a qu

anfechtbar ['anfɛçtbaːɐ] *adj* contestabile, impugnabile

an|fechten <irr> *vt* (*Richtigkeit*) contestare; (*Meinung*) confutare; (JUR) impugnare

Anfechtung <-, -en> *f* ❶ (JUR) contestazione *f*, impugnazione *f* ❷ (*poet*) tentazione *f*

an|fertigen *vt* fare; (*Waren*) fabbricare; (*Anzug*) confezionare; (*Schriftstück*) stendere

Anfertigung <-, -en> *f* esecuzione *f;* (*von Waren*) fabbricazione *f;* (*von Kleidung*) confezione *f;* (*von Schriftstück*) stesura *f*

an|feuchten *vt* inumidire, umettare

an|feuern *vt* ❶ (*anzünden*) accendere ❷ (*fig: antreiben*) incitare

an|flehen *vt* implorare, supplicare

an|fliegen <irr> I. *vi sein* avvicinarsi (volando) II. *vt haben* ❶ (*Ort*) volare verso, puntare su ❷ (*landen auf, in*) atterrare su; **Rom wird von der Lufthansa angeflogen** Roma è servita dalla Lufthansa

Anflug <-(e)s, -flüge> *m* ❶ (AERO) avvicinamento *m,* arrivo *m* ❷ (*fig: Hauch*) ombra *f*, traccia *f;* **ein** ~ **von etw** una traccia di qc; **Anflugschneise** *f* (AERO) corridoio *m* di volo

an|fordern *vt* richiedere, esigere

Anforderung <-, -en> *f* ❶ (*Bestellung*) richiesta *f*, ordinazione *f* ❷ (*Anspruch*) esigenza *f;* **hohe ~en an jdn stellen** pretendere molto da qu

Anfrage <-, -n> *f* domanda *f*, richiesta *f;* (PARL) interpellanza *f*

an|fragen *vi* **bei jdm nach etw** ~ informarsi presso qu di qc

an|freunden *vr* **sich** ~ ❶ (*Freundschaft schließen*) **sich mit jdm** ~ diventare amico di qu ❷ (*fig: sich gewöhnen*) **sich mit etw** ~ abituarsi a qc

an|fühlen *vr* **sich hart/weich** ~ essere duro/morbido al tatto

Anfuhr ['anfuːɐ, *pl:* 'anfuːrən] <-, -en> *f* trasporto *m* di grandi quantità

an|führen *vt* ❶ (*führen*) guidare, condurre; (MIL) comandare ❷ (*fig: zitieren*) citare ❸ (*Grund*) addurre; (*Beispiel*) dare ❹ (*fam: täuschen*) burlare, beffare

Anführer(in) <-s, -; -, -nen> *m(f)* capo *m,* guida *f;* (*pej*) caporione, -a *m, f*

Anführungsstriche *mpl* virgolette *fpl;* **Anführungszeichen** *npl* virgolette *fpl;*

~ **oben/unten** aperte/chiuse le virgolette; **an|füllen** *vt* etw (mit etw) ~ riempire qc (di qc)

Angabe <-, -n> *f* ❶ (*Hinweis*) indicazione *f*; (*Auskunft*) informazione *f*; (*Behauptung*) affermazione *f*; **nähere ~n zu ...** dettagli particolari su ...; **nach seinen ~n** a detta di lui ❷ (SPORT) battuta *f* ❸ (*A: Anzahlung*) acconto *m* ❹ *sing* (*fam: Prahlerei*) vanteria *f*

an|geben <irr> **I.** *vt* ❶ (*Preis*) indicare; (*Namen*) dare; (*Wert, Einkommen*) dichiarare; (*Gründe*) addurre; (*bestimmen: Tempo, Kurs*) fissare, stabilire ❷ (*anzeigen*) denunciare ❸ (SPORT: *Ball*) battere **II.** *vi* (*fam: prahlen*) vantarsi, darsi delle arie

Angeber(in) <-s, -; -, -nen> *m(f)* (*fam*) spaccone, -a *m, f*, millantatore, -trice *m, f*; **Angeberei** [ange:bə'raɪ] <-, -en> *f* (*fam*) ❶ (*Worte*) vanteria *f*, millanteria *f* ❷ (*Taten*) spacconata *f*; **Angeberin** *f* s. **Angeber**; **angeberisch** *adj* (*fam*) millantatore, fanfarone, smargiasso; (*aufschneiderisch*) da spaccone

angeblich ['ange:plɪç] **I.** *adj* ❶ (*vorgeblich*) preteso ❷ (*vermeintlich*) presunto **II.** *adv* secondo quel che si dice

angeboren *adj* innato; (*Fehler, Krankheit*) congenito

Angebot <-(e)s, -e> *n* offerta *f*; ~ **und Nachfrage** (WIRTSCH) la domanda e l'offerta

angebracht ['angəbraxt] *adj* opportuno, conveniente

angedacht *adj* ipotizzato

angegossen ['angəgɔsən] *adj* **wie ~ sitzen** [*o* **passen**] (*fam*) stare a pennello

angeheitert ['angəhaɪtɐt] *adj* brillo, alticcio

an|gehen <irr> **I.** *vt* haben ❶ (*betreffen*) riguardare, concernere; **was mich angeht** quanto a me; **das geht mich nichts an** non è affar mio ❷ (*anpacken: Problem*) affrontare ❸ (*angreifen*) assalire, attaccare **II.** *vi* sein ❶ (*fam: beginnen*) (in)cominciare ❷ (*fam: Feuer, Licht*) accendersi ❸ (*bekämpfen*) **gegen etw ~** lottare contro qc ❹ (*erträglich sein*) essere sopportabile; (*leidlich sein*) essere passabile; **angehend** *adj* principiante, esordiente

an|gehören <ohne ge-> *vi* **einer Sache** *dat* ~ appartenere a qc, far parte di qc

Angehörige <ein -r, -n, -n> *mf* ❶ (*Verwandte*) parente *mf*, congiunto, -a *m, f* ❷ (*Mitglied*) appartenente *mf*, membro *m*

Angeklagte <ein -r, -n, -n> *mf* accusato, -a *m, f*, imputato, -a *m, f*

Angel ['aŋəl] <-, -n> *f* ❶ (~ *rute*) canna *f*

da pesca; (*Haken*) amo *m* ❷ (*Tür~, Fenster~*) cardine *m*; **etw aus den ~n heben wollen** (*fig*) voler scardinare qc, voler cambiare radicalmente qc

angelegen *adj* **sich** *dat* **etw ~ sein lassen** prendersi a cuore qc

Angelegenheit <-, -en> *f* affare *m*, faccenda *f*; **das ist meine ~** questo è affare mio

angelernt *adj* ~ **er Arbeiter** operaio qualificato

Angelhaken *m* amo *m*

angeln ['aŋəln] *vi, vt* pescare con l'amo; ~ **gehen** andare a pesca; **sich** *dat* **einen Mann ~** (*fam*) accalappiare un marito; **Angeln** <-> *kein Pl n* pesca *f* con l'amo

Angelobung <-, -en> *f* (*A: Vereidigung*) giuramento *m*; (*auf ein Amt*) promessa *f* solenne

Angelrute *f* canna *f* da pesca

Angelsachse ['aŋəlzaksə] <-n, -n> *m*, **Angelsächsin** <-, -nen> *f* anglosassone *mf*

angelsächsisch *adj* anglosassone

Angelschein *m* licenza *f* di pesca; **Angelschnur** *f* lenza *f*

angemessen *adj* adeguato, conveniente

angenehm ['angəne:m] *adj* gradito, piacevole; (*Mensch*) simpatico; ~ **e Reise!** buon viaggio!; **sehr ~!** molto lieto!

angenommen ['angənɔmən] **I.** *adj* ❶ (*hypothetisch*) supposto, ipotetico ❷ (*Name*) falso; (*Kind*) adottato **II.** *konj* ~, **dass ...** supposto che +*conj*

angepasst[RR] ['angəpast] *adj*, **angepaßt**[ALT] *adj* (*Person*) conformistico

angeregt ['angəre:kt] *adj* animato, vivace; **sich ~ unterhalten** conversare animatamente

angesehen *adj* stimato, rispettabile

Angesicht <-es, -er *o A* -e> *n* (*geh*) volto *m*; **von ~ zu ~** faccia a faccia

angesichts *prp* +*gen* considerato, in considerazione di

angespannt ['angəʃpant] *adj* ❶ (*Lage*) critico, preoccupante ❷ (*Muskeln*) teso, tirato ❸ (*intensiv*) intenso, assiduo

angestammt ['angəʃtamt] *adj* ereditario, ricevuto in eredità

Angestellte ['angəʃtɛltə] <ein -r, -n, -n> *mf* impiegato, -a *m, f*; **die ~n** il personale; **leitender ~r** dirigente *m*

angestrengt ['angəʃtrɛŋt] *adv* intensamente, assiduamente

angetan *adj* **von jdm/etw ~ sein** essere infatuato di qu/qc

angetrunken *adj* brillo, alticcio

angewandt ['angəvant] *adj* applicato; ~ **e**

Psychologie psicologia applicata

angewiesen ['angəvi:zən] *adj* **auf jdn/ etw ~ sein** dipendere da qu/qc

an|gewöhnen <ohne ge-> *vr* **sich** *dat* **~ zu** +*inf* abituarsi a +*inf*, prendere l'abitudine di +*inf*

Angewohnheit <-, -en> *f* abitudine *f*

angewurzelt *adj* **wie ~ stehen bleiben** stare inchiodato, restare di stucco

an|giften *vt* (*fam*) rivolgere parole velenose a

Angina [aŋ'gi:na] <-, Anginen> *f* (MED) angina *f*

Angioplastik [angɪo'plastɪk] *f* (MED) angioplastica *f*

an|gleichen <irr> I. *vt* (*anpassen*) **etw (an etw** *acc*) **~** adattare qc (a qc) II. *vr* **sich ~** adattarsi

Angler(in) ['aŋlɐ] <-s, -; -, -nen> *m(f)* pescatore, -trice *m, f* (con la lenza)

an|gliedern *vt* annettere, aggregare

anglikanisch [aŋgli'ka:nɪʃ] *adj* anglicano

Anglist(in) [aŋ'glɪst] <-en, -en; -, -nen> *m(f)* (LING) anglista *mf*

Anglistik [aŋ'glɪstɪk] <-> *kein Pl f* (LING) anglistica *f;* **Anglistin** *f s.* **Anglist**

Anglizismus [aŋgli'tsɪsmʊs, *pl:* aŋgli'tsɪsmən] <-, Anglizismen> *m* (LING) anglicismo *m*

Angorawolle [aŋ'go:ravɔlə] <-, -n> *f* lana *f* d'angora

an|grabschen *vt* (*pej fam*) **jdn/etw ~** dare una toccatina a qc/qu

angreifbar *adj* attaccabile, criticabile; **seine Thesen sind alle leicht ~** le sue affermazioni si possono sempre attaccare facilmente

an|greifen <irr> *vt* ❶ (*allg, fig* SPORT) attaccare, assalire ❷ (*schwächen*) indebolire; (*ermüden*) affaticare ❸ (*Reserven, Vorrat*) intaccare ❹ (*Problem*) affrontare ❺ (CHEM) corrodere

Angreifer(in) <-s, -; -, -nen> *m(f)* assalitore, -trice *m, f,* aggressore *m,* aggreditrice *f;* (SPORT) attaccante *mf*

an|grenzen *vi* confinare; (*Zimmer*) essere attiguo; **an etw** *acc* **~** confinare con qc; **angrenzend** *adj* (*bes. Grundstück*) contiguo; (*Gebiet*) limitrofo; **an etw** *acc* **~ sein** essere adiacente a qc

Angriff <-(e)s, -e> *m* (*allg, fig* SPORT) attacco *m;* (POL) aggressione *f;* (MIL) assalto *m,* carica *f;* **etw in ~ nehmen** (*fig*) porre mano a qc; **Angriffskrieg** *m* (MIL) guerra *f* offensiva; **angriffslustig** *adj* aggressivo; **Angriffsspieler** *m* (SPORT) attaccante *mf;* (*Volleyball*) schiacciatore, -trice *m, f;* **Angriffsziel** *n* obiettivo *m*

dell'attacco

Angst [aŋst, *pl:* 'ɛŋstə] <-, Ängste> *f* paura *f,* timore *m;* (*Sorge*) ansia *f;* **vor jdm/etw ~ haben** avere paura di qu/qc; **um jdn/etw ~ haben** essere in ansia per qu/qc; **jdm ~ machen** fare [*o* mettere] paura a qu; **keine ~!** non aver paura!;

Angsthase *m* (*fam scherz*) fifone, -a *m, f*

ängstigen ['ɛŋstɪgən] I. *vt* spaventare II. *vr* **sich ~** ❶ (*Angst haben*) **sich vor jdm/etw ~** aver paura di qu/qc ❷ (*sich sorgen*) **sich um jdn/etw ~** stare in pensiero per qu/qc

ängstlich ['ɛŋstlɪç] *adj* ❶ (*furchtsam*) timoroso, pauroso ❷ (*besorgt*) ansioso ❸ (*schüchtern*) timido; **Ängstlichkeit** <-> *kein Pl f* paura *f,* timore *m*

Angstschweiß *m* sudore *m* freddo; **angstvoll** *adj* angoscioso, pauroso

an|gucken *vt* (*fam*) guardare, osservare

an|gurten *vr* **sich ~** mettersi [*o* allacciarsi] la cintura di sicurezza

an|haben <irr> *vt* ❶ (*Kleidungsstück*) portare addosso, indossare ❷ (*Schaden zufügen*) **jdm etw/nichts ~ können** poter/ non poter danneggiare qu/qc

an|haften *vi* ❶ (*kleben*) aderire (*an* +*dat* a), essere attaccato (*an* +*dat* a) ❷ (*fig: eigen sein*) essere inerente (*jdm/etw* a qu/qc)

an|halten <irr> I. *vi* ❶ (*stehen bleiben*) fermarsi, arrestarsi ❷ (*andauern*) continuare, (per)durare II. *vt* ❶ (*stoppen*) fermare, arrestare; (*Atem*) trattenere; **halt die Luft an!** (*fam*) stai zitto! ❷ (*ermahnen*) **jdn zu etw ~** esortare qu a (fare) qc; **anhaltend** *adj* continuo, incessante, durevole

Anhalter(in) <-s, -; -, -nen> *m(f)* autostoppista *mf;* **per ~ fahren** fare l'autostop

Anhaltspunkt *m* punto *m* di riferimento, indicazione *f*

anhand [an'hant] *prp* +*gen* in base a

Anhang <-(e)s, -hänge> *m* ❶ (*zu Buch*) appendice *f;* (*zu Vertrag*) allegato *m* ❷ (*Familie*) famiglia *f,* parentado *m;* **ohne ~** senza congiunti

an|hängen *vt* ❶ (*an etw hängen*) **etw (an etw** *acc*) **~** appendere qc (a qc) ❷ (AUTO, FERR) agganciare; **einen Wagen (an den Zug) ~** agganciare un vagone (al treno) ❸ (*hinzufügen*) aggiungere; **an die Tagung fünf Tage Urlaub ~** far seguire al convegno cinque giorni di vacanza ❹ (*fam*) **jdm etw ~** (*fam: Schuld*) addossare qc a qu; (*Diebstahl, Betrug*) incolpare qu di qc

Anhänger <-s, -> *m* ❶ (*Schmuck*) pen-

Angst/Sorge ausdrücken

Angst, Befürchtungen ausdrücken	esprimere paura
Ich habe da ein ungutes Gefühl.	**Ho un brutto presentimento.**
Mir schwant nichts Gutes. (*fam*)	**Non mi aspetto nulla di buono.** (*fam*)
Ich rechne mit dem Schlimmsten.	**Mi aspetto il peggio.**
Diese Menschenmengen **machen mir Angst.**	Queste folle/masse di gente **mi angosciano./creano angoscia.**
Diese Rücksichtslosigkeit **beängstigt mich.**	Questa mancanza di riguardo **mi fa paura.**
Ich habe Angst, dass du dich verletzen könntest.	**Ho paura che** tu ti possa fare male.
Ich habe Angst vorm Zahnarzt.	**Ho una tale paura** del dentista!
Ich habe Bammel/Schiss vor der Prüfung. (*fam*)	**Ho una gran fifa/Me la faccio sotto per** l'esame. (*fam*)

Sorge ausdrücken	esprimere preoccupazione
Sein Gesundheitszustand **macht mir große Sorgen.**	**Mi preoccupa** il suo stato di salute.
Ich mache mir Sorgen um dich.	**Sono preoccupato per** te.
Die steigenden Arbeitslosenzahlen **beunruhigen mich.**	Il crescente tasso di disoccupazione **mi preoccupa.**

dente *m,* ciondolo *m* ❷ (MOT) rimorchio *m*

Anhänger(in) <-s, -; -, -nen> *m(f)* aderente *mf,* sostenitore, -trice *m, f;* (*von Lehre*) discepolo, -a *m, f*

Anhängerkupplung *f* (MOT) gancio *m* di traino

Anhängerschaft <-, -en> *f* aderenti *mpl,* seguaci *mpl,* sostenitori *mpl*

anhängig *adj* (JUR) pendente, in sospeso

anhänglich ['anhɛŋlɪç] *adj* attaccato, affezionato; **Anhänglichkeit** <-> *kein Pl f* attaccamento *m,* affetto *m,* fedeltà *f*

anIhäufen I. *vt* ammucchiare, accumulare II. *vr* **sich ~** accumularsi

Anhäufung <-, -en> *f* accumulo *m,* ammassamento *m*

anIheben <irr> *vt* ❶ (*hochheben*) sollevare ❷ (*erhöhen*) rialzare

Anhebung <-, -en> *f* (*Gehalt, Preis*) aumento *m,* incremento *m;* (*Mindestalter*) innalzamento *m*

anIheften *vt* ❶ (*befestigen*) attaccare (*an* +*acc o dat* a), fissare (*an* +*acc o dat* a) ❷ (*beim Nähen*) appuntare (*an* +*acc o dat* a)

anheim^{RR} [an'haɪm] *adv* (*geh*) **einem Verbrechen ~ fallen** esser vittima di un delitto; **jdm etw ~ stellen** rimettere qc a qu; **das stelle ich Ihnen ~** mi rimetto al Suo giudizio

anheimIfallen^{ALT} *s.* anheim

anheimIstellen^{ALT} *s.* anheim

anIheizen *vt* **die Stimmung ~** (*fig fam*) riscaldare l'atmosfera

anIheuern *vt* (NAUT) ingaggiare

Anhieb ['anhi:p] *kein Pl m* **auf ~** di primo acchito, subito

anIhimmeln ['anhɪməln] *vt* (*fam*) **jdn ~** ammirare perdutamente qu, pendere dalle labbra di qu

anhin *adv* (*CH*) prossimo; **am 1. Oktober ~** il prossimo 1. ottobre; **bis ~** finora

Anhöhe <-, -n> *f* altura *f,* collina *f*

anIhören I. *vt* ❶ (*zuhören*) ascoltare ❷ (*anmerken*) sentire (dalla voce) II. *vr* **sich gut/schlecht ~** suonare bene/male; **das hört sich (so) an, als ob sie gestritten hätten** si direbbe che abbiano litigato

Anhörung <-, -en> *f* (PARL) hearing *m*

Anilin [ani'li:n] <-s> *kein Pl n* (CHEM) anilina *f*

animalisch [ani'ma:lɪʃ] *adj* animalesco, istintivo

Animateur(in) [anima'tø:ɐ] <-s, -e; -, -nen> *m(f)* animatore, -trice *m, f*

Animation [anima'tsjo:n] <-, -en> *f* ❶ (*Tourismus*) animazione *f* ❷ (FILM) cartone *m* animato

Animierdame *f* entraineuse *f*

animieren [ani'mi:rən] <ohne ge-> *vt* **jdn (zu etw) ~** incitare qu (a qc)

Anis [a'ni:s *o A* 'a:nɪs] <-es, -e> *m* anice *m;*

Anislikör *m* liquore *m* all'anice, anisetta *f*

Ankauf <-(e)s, -käufe> *m* acquisto *m*

an|kaufen *vt* acquistare, comperare

ankehrig ['aŋkeːrɪç] *adj* (*CH*) abile

Anker ['aŋkɐ] <-s, -> *m* (NAUT) ancora *f;* **den ~ auswerfen/lichten** gettare/levare l'ancora

ankern *vi* ❶ (*vor Anker gehen*) ancorarsi ❷ (*vor Anker liegen*) essere ancorato

an|ketten *vt* incatenare

Anklage <-, -n> *f* accusa *f;* **~ gegen jdn erheben** muovere un'accusa contro qu; **Anklagebank** <-, -bänke> *f* banco *m* degli accusati

an|klagen *vt* jdn (**wegen etw**) ~ accusare qu (di qc)

Ankläger(in) <-s, -; -, -nen> *m(f)* accusatore, -trice *m, f;* **öffentlicher ~** Pubblico Ministero *m*

Anklageschrift *f* atto *m* d'accusa; **Anklagevertreter(in)** *m(f)* rappresentante *mf* dell'accusa

Anklang <-(e)s, -klänge> *m* ❶ (*Ähnlichkeit*) reminiscenza *f;* **der ~ an etw** *acc* la reminiscenza di qc ❷ (*Zustimmung, Beifall*) approvazione *f,* consenso *m;* **bei jdm ~ finden** incontrare il favore di qu

an|kleben *vt* etw (**an etw** *acc o dat*) ~ attaccare qc (su qc); **Ankleben verboten!** vietata l'affissione!

Ankleidekabine *f* spogliatoio *m*

an|kleiden (*geh*) **I.** *vt* vestire **II.** *vr* **sich ~** vestirsi

an|klicken *vt* cliccare

an|klopfen *vi* bussare

an|knabbern *vt* rosicchiare

an|knüpfen I. *vt* (*fig*) **Beziehungen zu jdm ~** stringere rapporti con qu **II.** *vi* **an etw** *acc* ~ (*fig*) riallacciarsi a qc

an|kommen <irr> *vi sein* ❶ (*eintreffen*) giungere, arrivare ❷ (*fig: Anklang finden*) incontrare favore; (*Erfolg haben*) avere successo ❸ (*fig: sich durchsetzen*) **gegen jdn/etw ~** tener testa a qu/qc ❹ (*abhängen*) **auf etw** *acc* ~ dipendere da qc; **es kommt darauf an** dipende; **es darauf ~ lassen** affidarsi al caso ❺ (*wichtig sein*) **darauf ~, dass ...** essere importante che ... +*conj;* **worauf es ankommt, ist, dass ...** quello che importa è che ... +*conj*

Ankömmling ['aŋkœmlɪŋ] <-s, -e> *m* nuovo, -a arrivato, -a *m, f*

an|kreiden *vt* jdm etw ~ addebitare qc a qu

an|kreuzen *vt* segnare con una crocetta

an|kündigen I. *vt* annunciare, render noto **II.** *vr* **sich ~** annunciarsi, manifestarsi

Ankündigung <-, -en> *f* annuncio *m,* avviso *m*

Ankunft ['ankʊnft] <-> *kein Pl f* arrivo *m;* **bei der ~** all'arrivo; **Ankunftshalle** *f* sala *f* di arrivo

an|kurbeln *vt* ❶ (MOT) avviare, mettere in moto ❷ (*fig: Produktion*) incrementare

Ankurbelung <-, -en> *f* (*fig*) rilancio *m*

Anl. *abk v* **Anlage(n)** all.

an|lächeln *vt* jdn ~ sorridere a qu

an|lachen *vt* guardare ridendo; **sich** *dat* **jdn ~** (*fam*) abbordare qu

Anlage <-, -n> *f* ❶ (*Bau*) costruzione *f;* (*Park*) parco *m,* giardini *mpl* ❷ (*Einrichtung*) impianto *m,* installazione *f* ❸ (*Veranlagung*) disposizione *f;* (*Begabung*) attitudine *f,* talento *m;* (MED) predisposizione *f;* **eine ~ zu etw** un'attitudine a [*o* un talento per] qc ❹ (FIN) investimento *m* ❺ (*in Schreiben*) allegato *m;* **als ~** qui [*o* in] accluso, in allegato

Anlageberater(in) *m(f)* consulente *mf* per gli investimenti, esperto *m* finanziario; **Anlagekapital** *n* capitale *m* d'investimento; **Anlagevermögen** *n* (FIN) capitale *m* d'investimento

Anlass[RR] ['anlas, *pl:* 'anlɛsə] <-es, Anlässe> *m,* **Anlaß**[ALT] <-lasses, -lässe> *m* ❶ (*Ursache*) causa *f;* (*Grund*) ragione *f;* (*Beweggrund*) motivo *m;* **~ geben zu** dar luogo [*o* origine] a ❷ (*Gelegenheit*) occasione *f;* **aus ~ +**gen in occasione di ❸ (*CH*) manifestazione *f*

an|lassen <irr> *vt* ❶ (TEC, MOT) mettere in moto, avviare ❷ (*Licht, Radio*) lasciare acceso ❸ (*fam: Kleidung*) tener addosso

Anlasser <-s, -> *m* (MOT) starter *m*

anlässlich[RR] ['anlɛslɪç] *prp* +gen, **anläßlich**[ALT] *prp* +gen in occasione di

Anlauf <-(e)s, -läufe> *m* ❶ (SPORT) rincorsa *f,* slancio *m;* **~ nehmen** prendere la rincorsa ❷ (*fig: Versuch*) tentativo *m;* (*Ansatz*) inizio *m*

an|laufen <irr> **I.** *vi sein* ❶ (*herbeilaufen*) accorrere ❷ (SPORT) prendere la rincorsa ❸ (*fig: beginnen*) incominciare, iniziare ❹ (MOT) mettersi in moto ❺ (*beschlagen*) appannarsi; **blau/rot ~** diventare livido/rosso **II.** *vt haben* (NAUT) fare scalo a, toccare

Anlaufphase <-, -n> *f* (TEC) fase *f* di avviamento, riscaldamento *m;* **Anlaufschwierigkeiten** *pl* difficoltà *pl* iniziali; **Anlaufstelle** *f* (ADM) ente *m* di assistenza e beneficenza

Anlaut <-(e)s, -e> *m* (LING) (suono *m*) iniziale *f*

an|läuten *vi* (*CH*) **jdm ~** telefonare a qu

an|legen I. *vt* ❶ (*Lineal, Maßstab*) met-

tere, applicare; (*Leiter*) appoggiare; (*Spielkarte*) mettere in tavola, aggiungere
❷ (*geh: anziehen: Schmuck*) mettere;
(*Kleidung*) indossare ❸ (*Garten, Fabrik*)
impiantare; (*Leitung*) installare; (*Weg*)
tracciare; (*Kanal*) scavare; (*Sammlung,
Kartei*) costituire; (*Akte*) aprire ❹ (*investieren*) investire; (*ausgeben*) spendere
❺ (*Gewehr*) puntare ❻ (*absehen*) **es
darauf ~ zu** +*inf* aver di mira ... **II.** *vi*
(NAUT) (**an etw** *dat*) ~ approdare (a qc)
III. *vr* **sich mit jdm ~** attaccare briga con
qu
Anlegeplatz *m* (NAUT) approdo *m*
Anleger(in) <-s, -; -, -nen> *m(f)* (FIN)
investitore, -trice *m, f;* **Anlegerschutz** *m*
tutela *f* degli investori
Anlegestelle *f* approdo *m*
an|lehnen I. *vt* ❶ (*Gegenstand*) **etw** (**an
etw** *acc*) ~ appoggiare qc (a qc) ❷ (*Tür,
Fenster*) accostare, socchiudere **II.** *vr* **sich**
(**an etw** *acc*) ~ appoggiarsi (a qc); **sich an
jdn ~** (*fig*) prendere a modello qu
Anlehnung <-> *kein Pl f* appoggiarsi *m;*
in ~ an etw *acc*/**jdn** in base a qc/qu, in
riferimento a qc/qu
anleiern *vt* (*fam*) iniziare, avviare
Anleihe <-, -n> *f* ❶ (FIN) prestito *m;*
(*gewährte*) credito *m* ❷ (*fig*) plagio *m*
an|leiten *vt* ❶ (*unterweisen*) istruire
❷ (*anhalten*) **jdn** (**zu etw**) ~ educare qu (a
qc)
Anleitung <-, -en> *f* ❶ (*Leitung*) guida *f;*
unter ~ von sotto la guida di ❷ (*Unterweisung*) istruzione *f*
an|lernen *vt* istruire, addestrare
an|liegen <irr> *vi* ❶ (*fam: anstehen*)
essere in programma ❷ (*Kleidungsstück*)
aderire; **an etw** *dat* ~ aderire a qc; **eng ~**
essere attillato
Anliegen <-s, -> *n* (*Wunsch*) desiderio *m;*
(*Bitte*) preghiera *f,* richiesta *f*
anliegend *adj* ❶ (*angrenzend*) confinante, attiguo ❷ (*Kleidungsstück*) aderente ❸ (*beigefügt*) accluso, allegato
Anlieger <-s, -> *m* vicino, -a *m, f,* confinante *mf*
an|locken *vt* attirare
an|lügen <irr> *vt* **jdn ~** mentire a qu
Anm. *abk v* **Anmerkung** nota *f*
Anmache <-> *kein Pl f* (*sl: Flirt*)
abbordo *m,* avvicinamento *m* (per abbordare)
an|machen *vt* ❶ (*fam: einschalten*) accen-
dere ❷ (*Salat*) condire; (*Mörtel, Gips*)
impastare ❸ (*fam: ansprechen*) abbordare;
mach mich nicht an! lasciami in pace!
❹ (*fam: erregen*) scaldare, invogliare

an|malen *vt* dipingere
an|maßen ['anma:sən] *vr* **sich** *dat* **etw ~**
arrogarsi qc, permettersi qc; **anmaßend**
adj presuntuoso; (*unverschämt*) arrogante
Anmaßung <-, -en> *f* ❶ (*widerrechtliche*) usurpazione *f* ❷ (*Hochmut*) presunzione *f;* (*Unverschämtheit*) arroganza *f,*
insolenza *f*
Anmeldeformular *n* modulo *m* di notifica [*o* di iscrizione]; **Anmeldegebühr** *f*
tassa *f* di registrazione [*o* di iscrizione]
an|melden I. *vt* ❶ (*ankündigen*) annun-
ciare; **Konkurs ~** dichiarare fallimento
❷ (*Radio, Auto, Patent*) far registrare
❸ (*bei Schule, Kurs*) iscrivere ❹ (*geltend
machen*) far valere **II.** *vr* **sich ~** ❶ (*sich
ankündigen*) annunciarsi ❷ (*bei Schule,
Kurs*) iscriversi ❸ (ADM) notificare; **sich
polizeilich ~** notificare la propria residenza
anmeldepflichtig *adj* soggetto a denuncia, da notificare
Anmeldung <-, -en> *f* ❶ (*Ankündigung*)
annuncio *m* ❷ (*an der Schule, Uni*) iscrizione *f* ❸ (ADM) notifica *f* ❹ (*fam: ~ szim-
mer*) ufficio *m* di ricezione
an|merken *vt* ❶ (*schriftlich*) annotare
❷ (*mündlich*) osservare ❸ (*spüren*) **jdm
etw ~** leggere qc in faccia a qu; **sich** *dat*
nichts ~ lassen non far vedere [*o* capire]
nulla
Anmerkung <-, -en> *f* ❶ (*schriftlich*)
annotazione *f,* nota *f* ❷ (*mündlich*) osservazione *f*
Anmoderation *f* introduzione *f*
Anmut ['anmu:t] <-> *kein Pl f* (*geh*) grazia *f*
an|muten *vi, vt* (*geh*) fare impressione (a),
parere (a); **das mutet mich wie im Märchen an** mi sembra una favola
anmutig *adj* grazioso
an|nähen *vt* **etw** (**an etw** *acc o dat*) ~
attaccare (cucendo) qc a qc
an|nähern I. *vt* avvicinare **II.** *vr* **sich ~**
avvicinarsi; **annähernd I.** *adj* approssimativo **II.** *adv* approssimativamente, press'a
poco
Annäherung <-, -en> *f* avvicinamento *m;*
~ an etw *acc* avvicinamento a qc; **Annäherungsversuch** *m* tentativo *m* di avvicinamento, approccio *m*
Annahme ['anna:mə] <-, -n> *f* ❶ (*das
Annehmen*) accettazione *f;* (*Gesetzes~*)
approvazione *f;* (*von Kind, Namen, Lehre*)
adozione *f* ❷ (*Vermutung*) supposizione *f,*
ipotesi *f;* **in der ~, dass ...** supponendo
che +*conj;* **Annahmeschluss**[RR] *m*
chiusura *f* delle accettazioni; (*Wettbe-*

werb) termine *m* di iscrizione

Annalen [a'naːlən] *pl* annali *mpl*; **in die ~ eingehen** entrare negli annali, passare alla storia

annehmbar *adj* ❶(*akzeptabel*) accettabile; (*Preis, Bedingung*) conveniente; (*Erklärung*) plausibile ❷(*leidlich*) passabile

an|nehmen <irr> **I.** *vt* ❶(*Angebot, Einladung, Entschuldigung, Geschenk, Auftrag*) accettare; (*Gesetzentwurf*) approvare; (*Kind, Namen, Lehre*) adottare; (*Antrag*) accogliere; (*Rat*) seguire; (*Religion*) abbracciare; (*Farbe, Haltung*) prendere; (*Gewohnheit*) contrarre ❷(*vermuten*) supporre, presumere **II.** *vr* **sich jds ~** prendersi cura di qu; **sich einer Sache ~** interessarsi di qc

Annehmlichkeit <-, -en> *f* agio *m*, comodità *f*

annektieren [anɛk'tiːrən] <ohne ge-> *vt* annettere; **Annektierung** <-, -en> *f* annessione *f*

Annexion [anɛ'ksjoːn] <-, -en> *f* annessione *f*

anno *adv*, **Anno** *adv* nell'anno, anno; **es war Winter, ~ 1941, als ...** era d'inverno, nel 1941, quando ...; **~ dazumal** una volta

Annonce [a'nõːsə] <-, -n> *f* annuncio *m*, inserzione *f*

annoncieren [anõ'siːrən] <ohne ge-> **I.** *vi* mettere un annuncio (sul giornale) **II.** *vt* (*ankündigen: Veröffentlichung, Heirat*) annunciare, pubblicare

annullieren [anʊ'liːrən] <ohne ge-> *vt* annullare; **Annullierung** <-, -en> *f* annullamento *m*

Anode [a'noːdə] <-, -n> *f* (PHYS) anodo *m*

an|öden ['anˈʔøːdən] *vt* (*fam*) annoiare

anomal ['anomaːl *o* ano'maːl] *adj* anomalo

Anomalie [anoma'liː] <-, -n> *f* anomalia *f*

anonym [ano'nyːm] *adj* anonimo

Anonymität [anonymi'tɛːt] <-> *kein Pl* *f* anonimato *m*

Anorak ['anorak] <-s, -s> *m* giacca *f* a vento

an|ordnen *vt* ❶(*ordnen*) ordinare, disporre ❷(*befehlen*) ordinare, disporre

Anordnung <-, -en> *f* ❶(*Ordnung*) ordine *m*, disposizione *f* ❷(*Befehl*) ordine *m*, disposizione *f*; **auf ~ von ...** per ordine di ...

anorganisch ['anˈɔrgaːnɪʃ] *adj* inorganico

anormal ['anˈɔrmaːl] *adj* anormale, anomalo

an|packen *vt* ❶(*anfassen*) afferrare;

kannst du mal mit ~? (*fam*) puoi dare una mano? ❷(*Arbeit, Problem*) affrontare

an|passen **I.** *vt* etw (einer Sache *dat*) ~ adattare qc (a qc) **II.** *vr* **sich (an jdn/etw) ~** adattarsi [*o* conformarsi] (a qu/qc)

Anpassung <-, -en> *f* adattamento *m*; (*a fig*) adeguamento *m*; **anpassungsfähig** *adj* adattabile; **Anpassungsvermögen** *n* adattabilità *f*

an|peilen *vt* ❶(RADIO) reperire, rilevare ❷(NAUT) puntare verso

an|pfeifen <irr> **I.** *vt* ❶(SPORT) fischiare l'inizio di ❷(*fam: zurechtweisen*) sgridare **II.** *vi* (SPORT) fischiare l'inizio

Anpfiff <-(e)s, -e> *m* ❶(SPORT) fischio *m* d'inizio ❷(*fam: Rüge*) rabbuffo *m*, sgridata *f*

an|pflanzen *vt* piantare

an|pöbeln *vt* (*fam*) apostrofare volgarmente

an|prangern ['anpraŋən] *vt* condannare apertamente

an|preisen <irr> *vt* **jdm etw ~** lodare qu per qc, decantare qc a qu

Anprobe <-, -n> *f* prova *f*

an|probieren <ohne ge-> *vt* provare

an|pumpen *vt* (*fig fam*) **jdn um 50 Euro ~** farsi prestare 50 euro da qu

an|quatschen *vt* (*fam*) avvicinarsi ed attaccare discorso a

Anrainer <-s, -> *m* ❶(*Grundnachbar*) proprietario *m* di un terreno confinante ❷(*A: Anlieger*) residente *mf* (in zona), vicino, -a *m, f*; **Anrainerstaat** <-(e)s, -en> *m* nazione *f* confinante; (*vom Fluss getrennt*) stato *m* limitrofo

an|rechnen *vt* ❶(*berechnen*) mettere in conto, conteggiare ❷(*gutschreiben*) accreditare ❸(*abziehen*) detrarre ❹(*fig: werten*) ascrivere; **jdm etw hoch ~** stimare molto qu per qc

Anrecht <-(e)s, -e> *n* diritto *m*; **ein ~ auf etw** *acc* **haben** avere diritto su qc

Anrede <-, -n> *f* titolo *m*; „**Signora**" **ist die italienische ~ für eine Frau** "Signora" è l'appellativo italiano per una donna

an|reden *vt* rivolgere la parola a, rivolgersi a; **jdn mit „du"/„Sie" ~** dare del "tu"/ "Lei" a qu

an|regen *vt* ❶(BIOL) stimolare; (*Fantasie*) eccitare ❷(*veranlassen*) indurre; **jdn zu etw ~** indurre qu a (fare) qc ❸(*vorschlagen*) proporre; *s. a.* **angeregt**; **anregend** *adj* (*fig* MED, BIOL) stimolante; (*Buch*) interessante

Anregung <-, -en> *f* ❶*sing* (BIOL) stimolazione *f* ❷(*Anstoß*) impulso *m*, stimolo *m*; (*Vorschlag*) proposta *f*; **auf ~ von** su iniziativa di

an**l**reichern ['anraɪçən] *vt* etw (mit etw) ~ arricchire qc (di qc); **Anreicherung** <-, -en> *f* (A CHEM) arricchimento *m*

Anreise <-, -n> *f* ❶ (*Hinfahrt, Fahrt*) viaggio *m* di andata ❷ (*Ankunft*) arrivo *m;* an**l**reisen *vi sein* arrivare, giungere; **aus Berlin** ~ arrivare da Berlino; **mit dem Zug** ~ arrivare con il treno

an**l**reißen <reißt an, riss an, angerissen> *vt* ❶ (*Stoff, Papier*) strappare ❷ (*fam: zu verbrauchen beginnen*) iniziare a consumare ❸ (*Problem*) impostare ❹ (MOT) accendere, mettere in moto

Anreiz <-es, -e> *m* impulso *m,* stimolo *m;* an**l**rempeln ['anrɛmpəln] *vt* (*fam*) urtare **Anrichte** ['anrɪçtə] <-, -n> *f* credenza *f*

an**l**richten *vt* ❶ (*Speise*) preparare; (*Platte*) guarnire; (*Salat*) condire ❷ (*auftragen*) servire ❸ (*fig: verursachen*) causare; **da hast du aber etwas Schönes angerichtet!** l'hai combinata bella! *fam*

anrüchig ['anrʏçɪç] *adj* equivoco

Anruf <-(e)s, -e> *m* chiamata *f;* (TEL) telefonata *f;* **Anrufbeantworter** <-s, -> *m* segreteria *f* telefonica

an**l**rufen <irr> *vt* ❶ (*laut anreden*) chiamare ❷ (TEL) **jdn** ~ telefonare a qu ❸ (*Gott*) invocare; (*um Gnade, Hilfe*) implorare ❹ (*Gericht*) appellarsi a; **Anrufer(in)** <-s, -; -, -nen> *m(f)* chi telefona

an**l**rühren *vt* ❶ (*berühren, a fig*) toccare ❷ (*Farbe*) mescolare; (*Mörtel, Beton*) impastare; (GASTR) rimestare

ans [ans] = **an das** *s.* **an**

Ansage ['anza:gə] <-, -n> *f* annuncio *m*

an**l**sagen *vt* annunciare; **seinen Besuch [o sich]** ~ annunciare la propria visita; **jdm den Kampf** ~ dichiarare guerra a qu **Ansager(in)** <-s, -; -, -nen> *m(f)* (RADIO, TV) annunciatore, -trice *m, f*

an**l**sammeln I. *vt* accumulare, ammassare II. *vr* **sich** ~ ❶ (*sich anhäufen*) accumularsi ❷ (*sich versammeln*) adunarsi, raccogliersi, assembrarsi

Ansammlung <-, -en> *f* accumulo *m,* ammasso *m;* (*von Menschen*) assembramento *m,* folla *f*

ansässig ['anzɛsɪç] *adj* domiciliato, residente

Ansatz <-(e)s, -sätze> *m* ❶ (TEC: *Verlängerungsstück*) prolunga *f,* aggiunta *f* ❷ (GEOL: *Schicht*) deposito *m* ❸ (*Anzeichen*) inizio *m,* accenno *m;* **Ansatzpunkt** *m* punto *m* di partenza

an**l**schaffen I. *vt* ❶ (*kaufen*) acquistare ❷ (*südd, A: befehlen*) ordinare II. *vi* (*fam: Prostituierte*) ~ (**gehen**) battere (il marcia-piede)

Anschaffung <-, -en> *f* acquisto *m;* **Anschaffungskosten** *pl* costi *mpl* d'acquisto

an**l**schalten *vt* accendere

an**l**schauen *vt* (*bes. südd, A, CH*) guardare

an**l**schaulich *adj* chiaro, evidente; (*lebendig*) vivo; **Anschaulichkeit** <-> *kein Pl f* chiarezza *f,* evidenza *f*

Anschauung <-, -en> *f* (*Überzeugung*) idea *f;* (*Meinung*) opinione *f;* (*Auffassung*) concezione *f;* **aus eigener** ~ per propria esperienza; **Anschauungsmaterial** *n* materiale *m* illustrativo

Anschein <-(e)s> *kein Pl m* apparenza *f;* **dem** ~ **nach** a quanto pare; **es hat den** ~, **als ob ...** sembra che +*conj*

anscheinend *adv* evidentemente, a quanto pare

an**l**schicken *vr* **sich** ~ (*geh*) accingersi; **sich** ~ **etw zu tun** accingersi a fare qc

an**l**schieben <irr> *vt* spingere

an**l**schießen <irr> *vt* ferire d'arma da fuoco

Anschissᴿᴿ <-es, -e> *m,* **Anschiß**ᴬᴸᵀ <-sses, -sse> *m* (*fam*) rimprovero *m,* lavata *f* di capo; **einen** ~ **bekommen** ricevere una lavata di capo, essere rimproverato

Anschlag <-(e)s, -schläge> *m* ❶ (*Plakat*) manifesto *m,* affisso *m* ❷ (*Attentat*) attentato *m* ❸ (*bei Schreibmaschine*) battuta *f;* (*bei Klavier*) tocco *m* ❹ (COM) preventivo *m*

an**l**schlagen <irr> *vt* ❶ (*Bekanntmachung*) affiggere ❷ (*Klavier, Saite*) toccare; (*fig: Ton*) assumere ❸ (*Fass*) spillare ❹ (*beschädigen*) rompere II. *vi* ❶ (*Hund*) abbaiare ❷ (MED: *wirken*) (**bei jdm**) ~ fare effetto (su qu)

an**l**schleichen <irr> *vr* **sich** (**an jdn/etw**) ~ avvicinarsi di soppiatto (a qu/qc)

an**l**schließen <irr> I. *vt* ❶ (TEC) allacciare, collegare ❷ (*anketten*) incatenare II. *vr* **sich** ~ associarsi; **sich einer Partei** ~ aderire ad un partito III. *vi* **an etw** *acc* ~ far seguito a qc; **anschließend** *adj* successivo; (*räumlich*) adiacente

Anschlussᴿᴿ <-es, -schlüsse> *m,* **Anschluß**ᴬᴸᵀ <-schlusses, -schlüsse> *m* ❶ (*Wasser, Gas, Telefon*) allacciamento *m;* (TEC) collegamento *m* ❷ (TEL: *Verbindung*) collegamento *m* ❸ (FERR) coincidenza *f* ❹ (*fig* POL) annessione *f;* ~ **suchen** cercare di far conoscenza; **im** ~ **an** +*acc* in seguito a; **Anschlussflug**ᴿᴿ *m* (volo *m* di) coincidenza *f;* **Anschlusszug**ᴿᴿ *m* (treno *m* di) coincidenza *f*

an|schmiegen ['anʃmiːgən] *vr* **sich** (an jdn/etw) ~ stringersi (a qu/qc); (*Kleid*) aderire (a qu/qc); **anschmiegsam** *adj* affettuoso

an|schnallen I. *vt* allacciare, affibbiare II. *vr* **sich** ~ (MOT, AERO) allacciarsi la cintura (di sicurezza)

Anschnallpflicht <-> *kein Pl f* obbligo *m* di allacciarsi le cinture di sicurezza

an|schnauzen *vt* (*fam*) fare un rimbrotto a, rimbrottare

an|schneiden <irr> *vt* ❶ (*Brot, Braten*) incominciare a tagliare ❷ (*Frage*) intavolare; (*Thema*) toccare ❸ (*Kurve*) tagliare

Anschnitt <-(e)s, -e> *m* prima fetta *f* (di carne o di pane)

Anschovis [anˈʃoːvɪs] <-, -> *f* acciuga *f*

an|schrauben *vt* avvitare

an|schreiben <irr> *vt* ❶ (*schreiben*) scrivere; **an die Tafel** ~ scrivere alla lavagna ❷ (*auf Kredit*) mettere in conto ❸ (ADM: *Brief*) **jdn** ~ scrivere a qu

an|schreien <irr> *vt* apostrofare, rimproverare gridando

Anschrift <-, -en> *f* indirizzo *m*

an|schuldigen ['anʃʊldɪgən] *vt* accusare (*wegen* di), incolpare (*wegen* di), imputare (*wegen* di); **jdn des Diebstahls** [*o* **wegen eines Diebstahls**] ~ accusare qu di furto; **Anschuldigung** <-, -en> *f* accusa *f*, imputazione *f*

anschwärzen *vt* (*fam pej*) calunniare; **jdn** (**bei jdm**) ~ screditare qu (presso qu), diffamare qu (agli occhi di qu)

anschweigen <schweigt an, schwieg an, angeschwiegen> *vt* non rivolgersi la parola, non parlarsi; **sie schweigen sich schon seit 2 Wochen an** non si rivolgono la parola già da due settimane

an|schwellen <irr> *vi sein* ❶ (MED) gonfiarsi ❷ (*Lärm*) crescere ❸ (*Fluss*) ingrossare

an|schwemmen *vt* (*Holz*) fluitare; (*Erdboden*) depositare

anschwindeln *vt* (*fam*) abbindolare, ingannare; **jdn** ~ imbrogliare qu

an|sehen <irr> *vt* ❶ (*anblicken*) guardare; (*lange*) contemplare; (*besichtigen*) visitare; **etw nicht mehr mit** ~ **können** non poter più tollerare qc; **sieh mal** (**einer**) **an!** (*fam*) ma guarda un po'! ❷ (*halten für*) considerare; (*beurteilen*) giudicare ❸ (*anmerken*) **man sieht es ihm an, dass ...** gli si legge in faccia che ...

Ansehen <-s> *kein Pl n* ❶ (*Achtung*) considerazione *f*, stima *f*; (*Ruf*) reputazione *f*, credito *m* ❷ (*Anschein*) apparenza *f*

ansehnlich *adj* ❶ (*gut aussehend*) di

bell'aspetto; (*stattlich*) prestante ❷ (*bedeutend*) considerevole

an|sein *s.* **an** II.4.

an|setzen I. *vt* ❶ (*an Mund*) accostare (alle labbra); (*Flöte*) imboccare ❷ (*anfügen*) **etw** (**an etw** *acc o dat*) ~ aggiungere qc (a qc) ❸ (*veranschlagen*) preventivare; (*vorausberechnen*) calcolare; (*festsetzen*) fissare, stabilire ❹ (*vorbereiten: Bowle*) preparare ❺ (*bilden*) **Fett** ~ ingrassare; **Rost** ~ arrugginire; **Schimmel** ~ ammuffire ❻ (*einsetzen*) **jdn auf etw** *acc* ~ far intervenire qu per qc II. *vi* ❶ (*beginnen*) apprestarsi, accingersi; **zur Landung** ~ apprestarsi all'atterraggio ❷ (*anbrennen*) attaccarsi

Ansicht <-, -en> *f* ❶ (*Meinung*) opinione *f*, parere *m;* **meiner** ~ **nach** a mio avviso, secondo me; **der** ~ **sein, dass ...** essere dell'avviso che +*conj* ❷ (*Blick, Anblick*) veduta *f* ❸ (*Betrachtung, Prüfung*) esame *m;* **zur** ~ (COM) in visione ❹ (*Computer*) (comando *m*) visualizza, visualizzazione *f*; **Ansichtskarte** *f* cartolina *f;* **Ansichtssache** *f* **das ist** ~ qui siamo nel campo dell'opinabile; **Ansichtssendung** *f* invio *m* per visione

an|siedeln ['anziːdəln] *vr* **sich** ~ insediarsi; (*sich niederlassen*) stabilirsi, domiciliarsi

Ansied(e)lung <-, -en> *f* insediamento *m;* (*Stelle*) colonia *f*

ansonst, **ansonsten** [anˈzɔnst(ən)] I. *adv* (*fam*) ❶ (*im Übrigen, sonst*) per il [*o* quanto al] resto ❷ (*im anderen Falle*) altrimenti II. *konj* (A, CH: *andernfalls*) altrimenti, in caso contrario; **ich habe** ~ **nichts zu tun** altrimenti non ho niente da fare; **sei endlich still,** ~ **hole ich deine Mutter** stai zitto una buona volta, altrimenti chiamo tua madre

an|spannen *vt* ❶ (*Zugtier*) attaccare ❷ (*straffer spannen*) tendere ❸ (*Muskeln*) tendere

Anspannung <-, -en> *f* (*Einsatz*) impiego *m;* (*Anstrengung*) sforzo *m*

Anspiel <-(e)s, -e> *n* (SPORT) inizio *m* del gioco

an|spielen I. *vi* (*hinweisen*) **auf etw** *acc* ~ alludere a qc II. *vt* (SPORT) **jdn** ~ passare la palla a qu

Anspielung <-, -en> *f* allusione *f;* **eine** ~ **auf etw** *acc* **machen** fare un'allusione a qc

an|spitzen *vt* (*Bleistift*) fare la punta a

Ansporn ['anʃpɔrn] <-(e)s> *kein Pl m* stimolo *m,* incitamento *m*

an|spornen *vt* stimolare, incitare

Ansprache <-, -n> *f* discorso *m*, allocuzione *f*

ansprechbar *adj* abbordabile

an|sprechen <irr> I. *vt* ❶ (*reden mit*) **jdn ~** rivolgere la parola a qu; **jdn auf etw** *acc* **~** interrogare qu su qc ❷ (*erwähnen*) trattare, affrontare ❸ (*gefallen*) piacere; **das spricht mich überhaupt nicht an** a me non piace proprio II. *vi* (*reagieren*) **auf etw** *acc* **~** reagire [*o* rispondere] a qc; **ansprechend** *adj* piacevole, gradevole; (*Äußeres*) attraente

Ansprechpartner(in) <-s, -; -, -nen> *m(f)* interlocutore, -trice *m, f* competente

an|springen <irr> I. *vi sein* ❶ (*her~*) arrivare saltando ❷ (MOT) mettersi in moto II. *vt haben* saltare addosso a

Anspruch <-(e)s, -sprüche> *m* ❶ (*Anrecht*) diritto *m*; **~ auf etw** *acc* **erheben** rivendicare un diritto su qc ❷ (*Forderung*) pretesa *f*, esigenza *f*; (JUR) rivendicazione *f*; **jdn in ~ nehmen** ricorrere a qu; **etw in ~ nehmen** servirsi di qc; **sehr in ~ genommen sein** essere molto occupato; **hohe Ansprüche stellen** avere grandi pretese; **anspruchslos** *adj* senza pretese, modesto; **Anspruchslosigkeit** <-> *kein Pl f* modestia *f*, semplicità *f*; **anspruchsvoll** *adj* esigente, pretenzioso

an|spucken *vt* sputare addosso a

an|spülen *vt* (*an den Strand spülen*) sciabordare; (*an das Ufer spülen*) portare a riva

an|stacheln ['anʃtaxəln] *vt* spronare, stimolare

Anstalt ['anʃtalt] <-, -en> *f* istituto *m*; (*Internat*) internato *m*; (*Heil~*) sanatorio *m*; (*Irren~*) manicomio *m*

Anstalten *fpl* (*Vorbereitungen*) preparativi *mpl*, disposizioni *fpl*; **~ machen** [*o* **treffen**] **zu** +*inf* accingersi a +*inf*, prepararsi a +*inf*

Anstand ['anʃtant] <-(e)s> *kein Pl m* (*gutes Benehmen*) educazione *f*, creanza *f*; (*Schicklichkeit*) decenza *f*, decoro *m*

anständig ['anʃtɛndɪç] I. *adj* ❶ (*schicklich*) decente ❷ (*ehrbar*) onesto ❸ (*fam: zufriedenstellend*) sufficiente, discreto; (*beträchtlich*) considerevole; **sie wird ~ bezahlt** la pagano bene; **eine ~e Tracht Prügel** (*fam*) un bel fracco di legnate II. *adv* decentemente, come conviene

Anständigkeit <-> *kein Pl f* ❶ (*Schicklichkeit*) decenza *f*, decoro *m* ❷ (*Ehrlichkeit*) onestà *f*, correttezza *f*

Anstandsbesuch *m* visita *f* di cortesia; **anstandshalber** *adv* per la forma, per il decoro; **anstandslos** *adv* senza esitazione, senza far storie *fam*

an|starren *vt* guardare fisso, fissare

anstatt [an'ʃtat] I. *prp* +*gen* invece di, al posto di II. *konj* **~ zu** +*inf*, **~ dass ...** invece di +*inf*

an|stechen <irr> *vt* pungere; (*Fass*) spillare

an|stecken I. *vt* ❶ (*feststecken*) fermare (con spilli); (*Brosche, Abzeichen*) appuntare; (*Ring*) infilare ❷ (*anzünden*) accendere; (*in Brand stecken*) appiccare il fuoco a ❸ (*a fig* MED) contagiare II. *vr* **sich** (**bei jdm**) **~** contagiarsi (da qu) III. *vi* (*a fig*) essere contagioso; **ansteckend** *adj* contagioso

Anstecknadel *f* spillo *m*

Ansteckung <-, -en> *f* contagio *m*, infezione *f*; **Ansteckungsgefahr** *f* pericolo *m* di contagio

an|stehen <irr> *vi* ❶ (*Schlange stehen*) fare la coda ❷ (JUR: *festgesetzt sein*) essere stabilito

an|steigen <irr> *vi sein* ❶ (*Straße, Wasser, Temperatur*) salire ❷ (*fig: zunehmen*) aumentare, crescere

anstelle [an'ʃtɛlə] *prp* +*gen* in luogo di, in vece di

an|stellen I. *vt* ❶ (*einschalten: Maschine*) avviare, mettere in moto; (*Radio*) accendere ❷ (*beschäftigen*) impiegare ❸ (*anlehnen*) mettere; **etw an etw** *acc* **~** appoggiare qc a qc ❹ (*fam: zustande bringen*) fare; **wie hast du das angestellt?** come hai fatto? ❺ (*fam: Unsinn*) combinare; **was hast du da wieder angestellt?** che hai combinato di nuovo? II. *vr* **sich ~** ❶ (*Schlange stehen*) fare la coda ❷ (*fam: sich verhalten*) comportarsi; **sich geschickt/ungeschickt ~** mostrarsi abile/inetto; **stell dich doch nicht so an!** (*fam*) non fare tante storie!

Anstellung <-, -en> *f* impiego *m*, posto *m*

an|steuern *vt* **etw ~** (NAUT) fare rotta [*o* dirigersi] verso qc; (*Ziel*) puntare verso qc

Anstich <-(e)s, -e> *m* ❶ (*von Fass*) spillatura *f* ❷ (*Bier*) birra *f* fresca

Anstieg ['anʃtiːk] <-(e)s, -e> *m* ❶ (*Aufstieg, Steigung*) salita *f*, ascesa *f* ❷ (*fig: Erhöhung, Zunahme*) aumento *m*

an|stiften *vt* ❶ (*anzetteln*) ordire, tramare ❷ (*verleiten*) spingere; **jdn zu etw ~** istigare qu a (fare) qc

Anstifter(in) <-s, -; -, -nen> *m(f)* istigatore, -trice *m, f*, sobillatore, -trice *m, f*

Anstiftung <-, -en> *f* istigazione *f*, sobillazione *f*

an|stimmen *vt* (*Lied*) intonare

Anstoß <-es, -stöße> *m* ❶ (SPORT) calcio *m* d'inizio ❷ (*fig: Antrieb*) impulso *m*, spinta *f* ❸ (*Ärgernis*) scandalo *m*; **~ erre-**

gen dare scandalo; **an etw** *dat* **~ nehmen** scandalizzarsi di qc

an|stoßen <irr> I. *vi* ❶ *sein* (*prallen*) **mit etw an etw** *acc* **~** urtare con qc contro qc ❷ *haben* (SPORT) dare il calcio d'inizio ❸ *haben* (*mit Gläsern*) (**auf jdn/etw**) **~** brindare (a qu/qc) II. *vt* urtare; (*in Bewegung setzen*) mettere in movimento

Anstößer ['anʃtøːsɐ] <-s, -> *m* (*CH*) *s.* **Anrainer, Anlieger**

anstößig ['anʃtøːsɪç] *adj* indecente, scandaloso; **Anstößigkeit** <-, -en> *f* indecenza *f*

an|strahlen *vt* ❶ (*beleuchten*) illuminare ❷ (*strahlend anblicken*) guardare con occhi raggianti

anstreben *vt* perseguire, aspirare a

an|streichen <irr> *vt* ❶ (*mit Farbe*) pitturare, verniciare ❷ (*kennzeichnen*) segnare **Anstreicher(in)** <-s, -; -, -nen> *m(f)* imbianchino, -a *m, f*

an|strengen ['anʃtrɛŋən] I. *vt* ❶ (*ermüden*) affaticare; (*Augen*) stancare ❷ (*Geist, Verstand*) sforzare ❸ (JUR: *Verfahren*) intentare II. *vr* **sich ~** sforzarsi, applicarsi; **anstrengend** *adj* faticoso

Anstrengung <-, -en> *f* ❶ (*Bemühung*) sforzo *m*, fatica *f* ❷ (*Strapaze*) strapazzo *m*

Anstrich <-(e)s, -e> *m* ❶ (*Farbschicht*) tinta *f*; (*Überzug*) mano *f* ❷ (*Anschein*) apparenza *f*, aria *f*

Ansturm <-(e)s, -stürme> *m* ressa *f*; (*von Kunden*) affluenza *f*

an|stürmen *vi sein* assalire; **gegen etw ~** scagliarsi contro qc

Ansuchen <-s, -> *n* richiesta *f*

Antagonist(in) [antago'nɪst] <-en, -en; -, -nen> *m(f)* antagonista *mf*

Antarktis [ant'ʔarktɪs] *f* Antartide *f*

antarktisch *adj* antartico

an|tasten *vt* ❶ (*Vorräte, Geld*) intaccare ❷ (*Ehre, Würde*) ferire; (*Rechte*) ledere, violare

Anteil <-(e)s, -e> *m* ❶ (*Teil*) parte *f*, quota *f* ❷ (COM) partecipazione *f* ❸ (*Interesse*) interesse *m*; **an etw** *dat* **~ nehmen** prender parte a qc; (*Mitgefühl haben*) partecipare a qc

anteilig *adj* proporzionale; **anteilmäßig** *adv* proporzionalmente

Anteilnahme ['antaɪlnaːmə] <-> *kein Pl f* partecipazione *f*; **seine ~ an etw** *dat* **aussprechen** esprimere la propria partecipazione a qc

Anteilschein <-(e)s, -e> *m* (COM) titolo *m* di partecipazione, effetto *m* di partecipazione

Antenne [an'tɛnə] <-, -n> *f* antenna *f*

Anthologie [antolo'giː, *pl:* antolo'giːən] <-, -n> *f* antologia *f*

Anthrazit [antra'tsiːt] <-s, -e> *m* antracite *f*

Anthropologe [antropo'loːgə] <-n, -n> *m* antropologo *m*; **Anthropologie** [antropolo'giː] <-> *kein Pl f* antropologia *f*; **Anthropologin** [antropo'loːgɪn] <-, -nen> *f* antropologa *f*; **anthropologisch** [antropo'loːgɪʃ] *adj* antropologico

Anthroposophie [antropozo'fiː] <-> *kein Pl f* antroposofia *f*

Antiagingcreme [anti'eɪdʒɪŋ-] *f* (*Hautcreme gegen die Folgen des Alterns*) crema *f* antietà

Antialkoholiker(in) [anti'ʔalkoʔhoːlike] *m(f)* antialcolista *mf*; **antialkoholisch** *adj* antialcolico

antiautoritär ['antiʔaʊtoritɛːɐ] *adj* antiautoritario

Antibabypille [anti'beːbɪpɪlə] *f* pillola *f* anticoncezionale

antibakteriell *adj* igienizzante

Antibiotikum [antibiˈʔoːtikʊm] <-s, Antibiotika> *n* antibiotico *m*

Antiblockiersystem <-s, -e> *n* (AUTO) sistema *m* (frenante) antibloccaggio

Antidepressivum [antideprɛ'siːvʊm] <-s, Antidepressiva> *n* (MED) antidepressivo *m*

Antifaltencreme *f* crema *f* antirughe

Antifaschismus [antifa'ʃɪsmʊs *o* 'antifaʃɪsmʊs] <-> *kein Pl m* antifascismo *m*; **Antifaschist(in)** <-en, -en; -, -nen> *m(f)* antifascista *mf*; **antifaschistisch** *adj* antifascista

Antihistaminikum <-s, -histaminika> *n* (MED) antistaminico *m*

antik [an'tiːk] *adj* antico

Antike <-, -n> *f* antichità *f*

antiklerikal [antikleri'kaːl *o* 'antiklerikaːl] *adj* anticlericale

Antiklopfmittel [anti'klɔpfmɪtəl] <-s, -> *n* (TEC) antidetonante *m*

Antikörper ['antikœrpɐ] <-s, -> *m* (MED) anticorpo *m*

Antikriegskundgebung *f* manifestazione *f* contro la guerra

Antillen [an'tɪlən] *pl* Antille *fpl*

Antilope [anti'loːpə] <-, -n> *f* antilope *f*

antimilitaristisch *adj* antimilitaristico

Antimon [anti'moːn] <-s> *kein Pl n* (CHEM) antimonio *m*

Antipathie [antipa'tiː, *pl:* antipa'tiːən] <-, -n> *f* antipatia *f* (*gegen jdn/etw* per qu/qc)

Antipode [anti'poːdə] <-n, -n> *m* (A GEOG) antipode *m*; **antipodisch** *adj* antipodico

Antiqua [an'ti:kva] <-> *kein Pl f* caratteri *mpl* romani

Antiquar(in) [anti'kva:ɐ, *pl:* anti'kva:rə] <-s, -e; -, -nen> *m(f)* antiquario, -a *m, f;* **Antiquariat** [antikvari'a:t] <-(e)s, -e> *n* ❶ (*Handel*) antiquariato *m* ❷ (*Buchladen*) libreria *f* d'antiquariato; **Antiquarin** *f s.* **Antiquar;** **antiquarisch** [anti'kva:rɪʃ] *adj* d'occasione, di seconda mano

antiquiert *adj* (*pej*) antiquato

Antiquität [antikvi'tɛ:t] <-, -en> *f* antichità *f*, oggetto *m* antico; **Antiquitäten-händler(in)** *m(f)* antiquario, -a *m, f*

Antiraucherkampagne *f* campagna *f* antifumo

Antisemit(in) <-en, -en; -, -nen> *m(f)* antisemita *mf;* **antisemitisch** *adj* antisemitico, antisemita; **Antisemitismus** [antizemi'tɪsmʊs] <-> *kein Pl m* antisemitismo *m*

antiseptisch [anti'zɛptɪʃ] *adj* antisettico

antistatisch [anti'ʃta:tɪʃ] *adj* antistatico

Anti-Terror-Kampf <-es, -Kämpfe> *m* lotta *f* al terrorismo

Antitranspirant [antitranspi'rant] <-s, -e *o* -s> *n* antitraspirante *m*

Antivirenprogramm *n* (INFORM) programma *m* antivirus

antizyklisch [anti'tsy:klɪʃ] *adj* aciclico, anticiclico

Antlitz ['antlɪts] <-es, -e> *n* (*poet*) volto *m*

Antrag ['antra:k, *pl:* 'antrɛ:gə] <-(e)s, Anträge> *m* ❶ (*Gesuch*) domanda *f*, istanza *f* ❷ (*~ sformular*) modulo *m* (di domanda) ❸ (PARL: *Entwurf*) mozione *f* ❹ (*Gesetzes~*) proposta *f* di legge ❺ (*Heirats~*) proposta *f* (di matrimonio); **Antragsformular** *n* modulo *m* di domanda; **Antragsteller(in)** ['antra:kʃtɛlɐ] <-s, -; -, -nen> *m(f)* richiedente *mf*

antrainiert *adj* ❶ (*Muskeln, Fitness*) sviluppato ❷ (*Verhalten*) acquisito

an|treffen <irr> *vt* trovare

an|treiben <irr> **I.** *vt haben* ❶ (*vorwärtstreiben*) incitare ❷ (*fig: veranlassen*) indurre; **jdn zu etw ~** indurre qu a (fare) qc; **jdn zur Eile ~** far fretta a qu ❸ (*in Bewegung setzen*) mettere in moto, azionare ❹ (*anschwemmen*) portare a riva **II.** *vi sein* arrivare galleggiando

an|treten <irr> **I.** *vt haben* (*Amt*) assumere; (*Strafe*) cominciare a scontare; (*Erbschaft*) adire; **eine Reise ~** mettersi in viaggio **II.** *vi sein* ❶ (MIL) mettersi in fila ❷ (*erscheinen*) presentarsi

Antrieb [an'tri:p] <-(e)s, -e> *m* ❶ (TEC) forza *f* motrice; (MOT, NAUT, AERO) propulsione *f* ❷ (*fig*) impulso *m;* (*Beweggrund*)

movente *m;* **aus eigenem ~** di propria iniziativa [*o* volontà]; **Antriebskraft** *f* (TEC) forza *f* motrice; (*fig*) forza *f* di volontà; **Antriebswelle** *f* (MOT) albero *m* di trasmissione

Antritt <-(e)s> *kein Pl m* ❶ (*Beginn: Reise~*) inizio *m* ❷ (*Amts~, Regierungs~*) assunzione *f;* **Antrittsbesuch** *m* visita *f* di presentazione; **Antrittsrede** *f* discorso *m* inaugurale

an|tun <irr> **I.** *vt* (*zufügen*) **jdm etw ~** fare qc a qu; **sich** *dat* **etw ~** suicidarsi, uccidersi **II.** *vi* (*bezaubern*) incantare; **es jdm ~** affascinare qu

an|turnen ['antœrnən] *vt* (*fam*) mandare in estasi, mandare su di giri; **diese Musik turnt mich an** questa musica mi manda su di giri (in estasi)

Antwerpen [ant'vɛrpən] *n* Anversa *f*

Antwort ['antvɔrt] <-, -en> *f* risposta *f;* **als ~ auf etw** *acc* in risposta a qc; **um ~ wird gebeten** si prega di rispondere

antworten *vi* **auf etw** *acc* ~ rispondere [*o* dare una risposta] a qc

Antwortkarte *f* cartolina *f* (postale) con risposta prepagata; **Antwortschein** *m* **internationaler ~** ricevuta *f* di ritorno internazionale; **Antwortschreiben** *n* lettera *f* di risposta [*o* di riscontro]

an|vertrauen <ohne ge-> **I.** *vt* ❶ (*übergeben*) **jdm etw ~** affidare qc a qu ❷ (*im Vertrauen mitteilen*) confidare; **jdm ein Geheimnis ~** confidare un segreto a qu **II.** *vr* **sich jdm ~** confidarsi con qu

an|wachsen <irr> *vi sein* ❶ (*Pflanze*) mettere radici, attecchire ❷ (*festwachsen*) attaccarsi ❸ (*fig: zunehmen*) aumentare, crescere

Anwalt ['anvalt, *pl:* 'anvɛltə] <-(e)s, Anwälte> *m*, **Anwältin** ['anvɛltɪn] <-, -nen> *f* ❶ (*Rechts~*) avvocato, -essa *m, f;* (*Staats~*) procuratore, -trice *m, f* ❷ (*fig: Fürsprecher*) difensore, difenditrice *m, f;* **Anwaltsbüro** *n* studio *m* legale; **Anwaltschaft** <-, -en> *f* (JUR) ❶ (*Vertretung eines Klienten*) difesa *f* ❷ (*Gesamtheit der Anwälte*) avvocatura *f;* **Anwaltskosten** *pl* spese *fpl* legali; **Anwaltspraxis** <-, -praxen> *f* (JUR) studio *m* legale

Anwandlung <-, -en> *f* accesso *m;* (*Laune*) capriccio *m*

anwärmen *vt* intiepidire

Anwärter(in) <-s, -; -, -nen> *m(f)* candidato, -a *m, f*, aspirante *mf;* **~ auf etw** *acc* **sein** essere candidato a qc

Anwartschaft <-, -en> *f* candidatura *f;* **die ~ auf etw** *acc* **erwerben** avanzare la candidatura a qc

an|weisen <irr> *vt* ❶ (*zuweisen*) assegnare ❷ (*anleiten*) avviare, dirigere; (*belehren*) istruire ❸ (*befehlen*) ordinare, comandare ❹ (FIN) (**jdm**) **etw** ~ dare ordine di pagare qc (a qu)

Anweisung <-, -en> *f* ❶ (*Anordnung*) disposizione *f*; **auf** ~ **von** su ordine di; **auf ärztliche** ~ su [*o* dietro] prescrizione medica ❷ (*Bank~*) ordine *m* di pagamento, assegno *m* bancario; (*Post~*) vaglia *m* ❸ (*Anleitung*) istruzione *f*, guida *f* ❹ (*Zuweisung*) assegnazione *f*

anwendbar *adj* applicabile; **auf etw** *acc* ~ **sein** essere applicabile a qc; **Anwendbarkeit** <-, -en> *f* applicabilità *f*

an|wenden <irr> *vt* ❶ (*verwenden*) utilizzare, adoperare, usare; (*a Gewalt*) impiegare ❷ (*Gesetz, Prinzip*) applicare; **ein Gesetz auf etw** *acc* ~ applicare una legge a qc

Anwender(in) <-s, -; -, -nen> *m(f)* applicatore, -trice *m, f*; **Anwenderprogramm** *n* (INFORM) applicazione *f*

Anwendung <-, -en> *f* ❶ (*Verwendung*) utilizzazione *f*, uso *m*, impiego *m* ❷ (*von Bestimmung, Gesetz, Grundsätzen*) applicazione *f*; **zur** ~ **bei** [*o* **in**] **etw** *dat* **kommen** trovare applicazione in qc ❸ (INFORM) applicazione *f*; **Anwendungsbereich** *m* campo *m* di applicazione

an|werben <irr> *vt* (*Arbeitskräfte*) ingaggiare, reclutare; (*Mitglieder, Soldaten*) reclutare

Anwerbung <-, -en> *f* (*von Arbeitskräften*) assunzione *f*, ingaggio *m*; (*von Mitgliedern*) reclutamento *m*; (*von Soldaten*) arruolamento *m*, reclutamento *m*

Anwesen ['anve:zən] <-s, -> *n* podere *m*, tenuta *f*

anwesend ['anve:zənt] *adj* presente; **Anwesende** *pl* presenti *mpl*; (**sehr**) **verehrte** ~! signore e signori!

Anwesenheit <-> *kein Pl f* presenza *f*; **in** ~ **von** alla presenza di; **Anwesenheitsliste** *f* elenco *m* dei presenti

an|widern ['anvi:dən] *vt* disgustare, ripugnare

Anwohner(in) <-s, -; -, -nen> *m(f)* residente *mf*

Anzahl <-> *kein Pl f* numero *m*, quantità *f*

an|zahlen *vt* (*Betrag*) dare un acconto per

Anzahlung <-, -en> *f* acconto *m*

an|zapfen *vt* ❶ (*Fass*) spillare ❷ (TEL) inserirsi abusivamente su

Anzeichen <-s, -> *n* segno *m*, indizio *m*

Anzeige <-, -n> *f* ❶ (JUR) denuncia *f*; ~ **gegen jdn erstatten** denunciare qu ❷ (*Zeitungs~*) inserzione *f*, annuncio *m*;

(*Familien~*) partecipazione *f* ❸ (TEC) indicazione *f*; (*Instrument*) indicatore *m* ❹ (INFORM) visualizzazione *f*

an|zeigen *vt* ❶ (JUR) denunciare ❷ (*ankündigen, a in Zeitung*) annunciare; (*Familienereignis*) partecipare ❸ (*Temperatur, Verbrauch, Geschwindigkeit*) indicare ❹ (INFORM) visualizzare

Anzeigenannahme *f* ufficio *m* annunci pubblicitari; **Anzeigenblatt** *n* giornale *m* (degli) annunci; **Anzeigenkampagne** <-, -n> *f* (PUBL, WIRTSCH) campagna *f* pubblicitaria (per mezzo di annunci); **Anzeigenteil** *m* parte *f* pubblicitaria

an|zetteln *vt* ordire

an|ziehen <irr> **I.** *vt* ❶ (*Kleidung*) mettere; (*bekleiden*) vestire ❷ (*spannen*) tirare; (*Seile*) tendere; (*Schraube, Bremse*) serrare ❸ (*fig* PHYS) attirare **II.** *vr* **sich** ~ vestirsi **III.** *vi* (COM, FIN) salire; **anziehend** *adj* attraente, seducente, avvincente

Anziehung <-, -en> *f* attrazione *f*; **Anziehungskraft** *f* ❶ (PHYS) forza *f* d'attrazione ❷ (*fig*) attrazione *f*, attrattiva *f*

Anzug <-(e)s, -züge> *m* ❶ (*Kleidung*) vestito *m*, abito *m*, completo *m* ❷ *sing* **im** ~ **sein** essere in procinto di; **ein Gewitter ist im** ~ si sta avvicinando un temporale

anzüglich ['antsy:klɪç] *adj* equivoco, indecente; (*Bemerkung*) allusivo; **Anzüglichkeit** <-, -en> *f* allusione *f* equivoca [*o* pungente], insinuazione *f*

an|zünden *vt* accendere; (*in Brand stecken*) dar fuoco a, incendiare

an|zweifeln *vt* mettere in dubbio, dubitare di

AOK [a:ʔo:'ka:] <-, -s> *f abk v* **Allgemeine Ortskrankenkasse** ASL

Aostatal [a'ɔstata:l] *n* Val *f* d'Aosta

apart [a'part] *adj* attraente

Apartheid [a'pa:ɐ̯thaɪt] <-> *kein Pl f* apartheid *f*

Apathie [apa'ti:] <-, -n> *f* apatia *f*

apathisch [a'pa:tɪʃ] *adj* apatico

Apennin [apɛ'ni:n] *m* Appennino *m*; **die** ~**en** gli Appennini

aper ['a:pɐ] *adj* (*südd, CH, A: schneefrei*) senza neve, libero dalla neve

Aperitif [aperi'ti:f] <-s, -s *o* -e> *m* aperitivo *m*

Apfel ['apfəl, *pl*: 'ɛpfəl] <-s, Äpfel> *m* mela *f*; **in den sauren** ~ **beißen** dover inghiottire una pillola amara; **der** ~ **fällt nicht weit vom Stamm** (*prov*) quale il padre, tale il figlio; **Apfelbaum** *m* melo *m*; **Apfelkuchen** *m* torta *f* di mele; **Apfelmus** *n* mousse *m* di mele; **Apfelsaft** *m* succo *m* di mele

Apfelsine [apfəlˈziːnə] <-, -n> f arancia f
Apfelstrudel m strudel m di mele; **Apfel-
tasche** <-, -n> f saccottino m alle mele;
Apfelwein m sidro m
Aphorismus [afoˈrɪsmʊs, pl: afoˈrɪsmən]
<-, Aphorismen> m aforisma m
aphrodisierend adj afrodisiaco
Apnoe-Tauchen n (SPORT: Tauchen ohne
Atemgerät) apnea f subacquea
APO, Apo [ˈaːpo] f akr v **außerparlamentarische Opposition** opposizione f extraparlamentare
apodiktisch (geh) I. adj apodittico II. adv
apoditticamente
Apokalypse [apokaˈlʏpsə] <-> kein Pl f
apocalisse f
Apostel [aˈpɔstəl] <-s, -> m apostolo m;
Apostelgeschichte f (REL) Atti m pl
degli apostoli
Apostroph [apoˈstroːf] <-s, -e> m (LING)
apostrofo m
apostrophieren [apostroˈfiːrən] <ohne
ge-> vt ❶ (GRAM) apostrofare ❷ (bezeichnen) qualificare (als come)
Apotheke [apoˈteːkə] <-, -n> f farmacia f;
apothekenpflichtig adj in vendita solo
in farmacia
Apotheker(in) <-s, -; -, -nen> m(f) farmacista mf
App. abk v **Appartement** appart.
Apparat [apaˈraːt] <-(e)s, -e> m ❶ (allg,
TEL, FOTO) apparecchio m, macchina f;
am ~! (TEL) sono io!; **bleiben Sie am ~!**
rimanga in linea! ❷ (Ausrüstung, LING,
ANAT) apparato m
Apparatur [apaˈraˈtuːɐ] <-, -en> f apparecchiatura f
Appartement [apartəˈmãː] <-s, -s> n
appartamento m, alloggio m
Appell [aˈpɛl] <-s, -e> m appello m;
einen ~ an jdn/etw richten fare appello
a qu/qc
Appellation [apɛlaˈtsjoːn] <-, -en> f (CH:
JUR: Berufung) appello m, ricorso m; **~ einlegen** presentare ricorso; **in die ~ gehen**
andare in appello; **Appellationsgericht**
[apɛlaˈtsjoːnsɡərɪçt] <-(e)s, -e> n (JUR)
corte f d'appello
appellieren [apɛˈliːrən] <ohne ge-> vi
(geh) **an jdn/etw ~** appellarsi a qu/qc
Appenzell [apənˈtsɛl] o [ˈapəntsɛl] n
(Stadt) Appenzell f; (Kanton) Appenzello m
Appetit [apeˈtiːt] <-(e)s> kein Pl m appetito m; **auf etw** acc **~ haben** avere appetito di qc; **guten ~!** buon appetito!; **jdm
den ~ verderben** far perdere l'appetito a
qu; **appetitanregend** adj che stuzzica
l'appetito; **appetithemmend** adj (MED)

anoressante; **appetitlich** adj appetitoso;
appetitlos adj senza appetito; **Appetitlosigkeit** <-> kein Pl f inappetenza f;
Appetitzügler <-s, -> m anoressizzante m
applaudieren [aplaʊˈdiːrən] <ohne ge->
vi (**jdm**) **~** applaudire (qu)
Applaus [aˈplaʊs] <-es> kein Pl m
applauso m
Après-Ski [aprɛˈʃiː] <-> kein Pl n
doposcì m
Aprikose [apriˈkoːzə] <-, -n> f albicocca f
April [aˈprɪl] <-(s), -e> m aprile m; **im
(Monat) ~** in [o nel mese di] aprile; **heute
ist der erste ~** oggi è il primo aprile; **am
dritten ~** il tre aprile; **Anfang/Mitte/
Ende ~** ai primi di/a metà/alla fine di
aprile; **Stuttgart, den 10. ~ 2009** Stoccarda, il 10 aprile 2009; **der ~ hat 30
Tage** aprile ha trenta giorni; **jdn in den ~
schicken** fare un pesce d'aprile a qu;
Aprilscherz m pesce m d'aprile; **April-
wetter** n tempo m instabile
a priori [aː priˈoːri] adv (geh) a priori
apropos [aproˈpoː] adv a proposito di …
Apsis [ˈapsɪs] <-, Apsiden> f (ARCH)
abside f
Apulien [aˈpuːliən] n Puglia f
Aquädukt [akvɛˈdʊkt] <-(e)s, -e> m o n
acquedotto m
Aquamarin [akvamaˈriːn] <-s, -e> m
acquamarina f
Aquaplaning [akvaˈplaːnɪŋ] <-s> kein
Pl n acquaplaning m
Aquarell [akvaˈrɛl] <-s, -e> n acquerello m
Aquarium [aˈkvaːriʊm] <-s, Aquarien> n
acquario m
Äquator [ɛˈkvaːtoːɐ] <-s> kein Pl m equa-
tore m; **äquatorial** [ɛkvatoriˈaːl] adj
equatoriale; **Äquatortaufe** f battesimo m
dell'equatore
Aquavit [akvaˈviːt] <-s, -e> m acquavite f
äquivalent [ɛkvivaˈlɛnt] adj equivalente
Äquivalenz <-, -en> f equivalenza f
Ar [aːɐ] <-s, -e o bei Maßangaben: -> n o m
ara f
Ära [ˈɛːra] <-, rar Ären> f era f
Araber(in) [ˈarabɐ] <-s, -; -, -nen> m(f)
arabo, -a m, f
Arabien [aˈraːbiən] n Arabia f
arabisch adj arabo
Ärar <-s, -e> m (A: Staatseigentum)
bene m dello Stato [o demaniale]
Arbeit [ˈarbaɪt] <-, -en> f ❶ (a ~ sstelle u
~ serzeugnis) lavoro m; **an die ~ gehen**
mettersi al lavoro; **bei der ~ sein** star lavorando; **etw in ~ geben** dare qc in
lavorazione ❷ (Beschäftigung) impiego m

❸ (*Mühe*) fatica *f;* (*Anstrengung*) sforzo *m;* **keine ~ scheuen** non risparmiar fatica ❹ (*Werk*) opera *f* ❺ (*Klassen~*) tema *m,* compito *m;* (*Prüfungs~*) prova *f* d'esame **arbeiten** I. *vi* ❶ (*tätig sein*) lavorare; **die ~de Bevölkerung** la popolazione attiva ❷ (*beschäftigt sein*) essere occupato; **bei jdm ~** essere impiegato presso qu ❸ (*Maschine*) essere in moto, funzionare; (*Organ*) funzionare ❹ (*Holz*) incurvarsi, imbarcarsi; (*Kapital*) fruttare II. *vt* (*herstellen*) fare

Arbeiter(in) <-s, -; -, -nen> *m(f)* ❶ (*allg*) lavoratore, -trice *m, f* ❷ (*Fabrik~, Standesangehöriger*) operaio, -a *m, f;* **gelernter/ ungelernter ~** operaio qualificato/non qualificato; **Arbeiterbewegung** *f* movimento *m* operaio

Arbeiterbezirk *m* quartiere *m* operaio; **Arbeitergewerkschaft** *f* sindacato *m* operaio; **Arbeiterin** *f s.* **Arbeiter; Arbeiterpartei** *f* partito *m* operaio; **Arbeiterschaft** <-, -en> *f* lavoratori *mpl;* (*Belegschaft*) personale *m* dipendente; (*Arbeiterstand*) classe *f* operaia; **Arbeiterviertel** *n* quartiere *m* operaio

Arbeitgeber(in) *m(f)* datore, -trice *m, f* di lavoro; **Arbeitgeberanteil** *m* contributo *m* del datore di lavoro; **Arbeitgeberverband** *m* sindacato *m* padronale **Arbeitnehmer(in)** <-s, -; -, -nen> *m(f)* lavoratore, -trice *m, f;* **Arbeitnehmeranteil** *m* contributo *m* dei lavoratori **Arbeitnehmerrecht** *n* (POL) diritto *m* dei lavoratori

arbeitsam *adj* laborioso, operoso **Arbeitsamt** *n* ufficio *m* del lavoro [*o* di collocamento]; **Arbeitsaufwand** *m* quantità *f* di lavoro; **das erfordert einen hohen ~** richiede molto lavoro; **Arbeitsausfall** <-(e)s, -fälle> *m* sospensione *f* (temporanea) del lavoro; **Arbeitsbedingungen** *fpl* condizioni *fpl* di lavoro; **Arbeitsbeschaffungsmaßnahme** <-, -n> *f* piano *m* per l'occupazione; **Arbeitsbiene** *f* ape *f* operaia; **Arbeitseifer** *m* laboriosità *f;* **Arbeitseinteilung** *f* ripartizione *f* del lavoro; **Arbeitserlaubnis** *f* permesso *m* di lavoro; **Arbeitserleichterung** <-, -en> *f* agevolazione *f* di lavoro; **Arbeitsessen** <-s, -> *n* (*nachmittags*) colazione *f* di lavoro, pranzo *m* di lavoro; (*abends*) cena *f* di lavoro; **arbeitsfähig** *adj* atto [*o* abile] al lavoro; **Arbeitsfähigkeit** *f* idoneità *f* [*o* abilità *f*] al lavoro; **Arbeitsfriede(n)** *m* pace *f* sociale; **Arbeitsgang** *m* fase *f* di lavoro; **Arbeitsgemeinschaft** *f*

gruppo *m* di lavoro, team *m;* (*an Schule, Uni*) gruppo *m* di studio; **Arbeitsgericht** *n* tribunale *m* del lavoro; **Arbeitsgesetzgebung** <-> *kein Pl f* diritto *m* del lavoro; **arbeitsintensiv** *adj* impegnativo, laborioso; **Arbeitskleidung** *f* vestito *m* [*o* tuta *f*] da lavoro; **Arbeitsklima** *n* ambiente *m* di lavoro; **Arbeitskollege** *m,* **Arbeitskollegin** *f* collega *mf* (di lavoro); **Arbeitskraft** *f* ❶ (*von Mensch*) capacità *f* lavorativa; (*von Maschine*) potenza *f* ❷ (*Arbeiter*) lavoratore, -trice *m, f,* manodopera *f;* **Arbeitskreis** *m s.* **Arbeitsgemeinschaft; Arbeitslager** *n* campo *m* di lavoro; **Arbeitsleistung** *f* capacità *f* di lavoro; (*a geleistete Arbeit*) rendimento *m;* **arbeitslos** *adj* senza lavoro, disoccupato; **Arbeitslose** <ein -r, -n, -n> *mf* disoccupato, -a *m, f;* **Arbeitslosengeld** *n* indennità *f* [*o* sussidio *m*] di disoccupazione; **Arbeitslosenhilfe** *f* assistenza *f* (economica) ai disoccupati; **Arbeitslosenquote** *f* tasso *m* di disoccupazione; **Arbeitslosenunterstützung** *f* indennità *f* [*o* sussidio *m*] di disoccupazione; **Arbeitslosenversicherung** *f* assicurazione *f* contro la disoccupazione; **Arbeitslosenziffer** *f* numero *m* di disoccupati; **Arbeitslosigkeit** <-> *kein Pl f* disoccupazione *f;* **Arbeitsmarkt** *m* mercato *m* del lavoro; **Arbeitsminister(in)** *m(f)* ministro *m* del lavoro; **Arbeitsniederlegung** *f* sospensione *f* del lavoro; **Arbeitsoberfläche** *f* (INFORM) desktop *m;* **Arbeitsordnung** *f* regolamento *m* del lavoro; **Arbeitspapier** <-s, -e> *n* ❶ (*Thesenpapier*) appunti *mpl* di lavoro ❷ (*Diskussionsgrundlage*) testo *m* base di discussione ❸ *pl:* (*von Arbeitnehmern*) libretto *m* di lavoro; **Arbeitsplatz** *m* ❶ (*räumlich*) posto *m* di lavoro ❷ (*Stelle*) posto *m,* impiego *m;* **Arbeitsrecht** *n* diritto *m* del lavoro; **arbeitsscheu** *adj* restio a lavorare; **Arbeitsschutz** <-es> *kein Pl m* tutela *f* del lavoro; **Arbeitsspeicher** *m* (INFORM) RAM *f,* memoria *f* ad accesso casuale; **Arbeitssprache** <-, -n> *f* lingua *f* di lavoro; **in dieser Konferenz ist die ~ Französisch** in questa conferenza si parla francese; **Arbeitssuche** <-> *kein Pl f* ricerca *f* di lavoro; **Arbeitstag** *m* giornata *f* lavorativa; **Arbeitsteilung** *f* divisione *f* del lavoro; **Arbeitsuche** *f s.* **Arbeitssuche; Arbeitsuchende** <ein -r, -n, -n> *mf* persona *f* in cerca di lavoro; **arbeitsunfähig** *adj* inabile al lavoro; **Arbeitsunfähigkeit** *f* ina-

Ärger/Unzufriedenheit ausdrücken	
Ärger ausdrücken	**esprimere irritazione**
Das ist (ja) unerhört!	È inaudito!
Eine Unverschämtheit ist das!/So eine Frechheit!	È una vergogna!/È uno schifo!
Das ist doch wohl die Höhe!	Questo è (proprio) il colmo!
Das darf doch wohl nicht wahr sein!	Non può (certo) essere vero!/ Non ci credo!/Non è possibile!
Das nervt! (*fam*)	Che stress!/Che rottura! (*fam*)
Das ist ja nicht mehr zum Aushalten! (*fam*)	È insopportabile!/Non se ne può più!
Unzufriedenheit ausdrücken	**esprimere scontento**
Das entspricht nicht meinen Erwartungen.	Questo non corrisponde alle mie aspettative.
Ich hätte erwartet, dass Sie sich nun mehr Mühe geben.	Mi sarei aspettato che ora si desse più da fare.
So hatten wir es nicht vereinbart.	Non era così che ci eravamo accordati./ Non erano questi i nostri accordi.

bilità *f* al lavoro; **Arbeitsunfall** *m* infortunio *m* sul lavoro; **Arbeitsverhältnis** *n* (JUR) rapporto *m* di lavoro; **in einem festen ~ stehen** avere un impiego fisso; **Arbeitsvertrag** *m* contratto *m* di lavoro; **Arbeitsweise** *f* ❶ (*von Person*) modo *m* di lavorare ❷ (TEC) funzionamento *m;* **Arbeitszeit** *f* ❶ orario *m* di lavoro ❷ (*Arbeitsstunden*) ore *fpl* lavorative; **Arbeitszeitverkürzung** *f* riduzione *f* dell'orario lavorativo [*o* dell'orario di lavoro]; **Arbeitszeugnis** *n* attestato *m* di lavoro, certificato *m* di lavoro; **Arbeitszimmer** *n* studio *m*
archaisch [arˈça:ɪʃ] *adj* arcaico; **Archaismus** [arçaˈɪsmʊs, *pl:* arçaˈɪsmən] <-, Archaismen> *m* arcaismo *m*
Archäologe [arçɛoˈlo:gə] <-n, -n> *m* archeologo *m*
Archäologie [arçɛoloˈgi:] <-> *kein Pl f* archeologia *f;* **Archäologin** [arçɛoˈlo:gɪn] <-, -nen> *f* archeologa *f*
archäologisch [arçɛoˈlo:gɪʃ] *adj* archeologico
Arche [ˈarçə] <-, -n> *f* ~ (**Noah**) arca *f* (di Noè)
Archetyp [arçaˈty:p] <-s, -en> *m* archetipo *m;* **archetypisch** *adj* archetipico
Archipel [arçiˈpe:l] <-s, -e> *m* (GEOG) arcipelago *m*
Architekt(in) [arçiˈtɛkt] <-en, -en; -, -nen> *m(f)* architetto *m*
architektonisch [arçitɛkˈto:nɪʃ] *adj* archi-

tettonico
Architektur [arçitɛkˈtu:ɐ̯] <-, -en> *f* architettura *f*
Archiv [arˈçi:f] <-s, -e> *n* archivio *m*
Archivar(in) [arçiˈva:ɐ̯] <-s, -e; -, -nen> *m(f)* archivista *mf*
ARD [a:ʔɛrˈde:] <-> *kein Pl f abk v* **Arbeitsgemeinschaft der öffentlich-rechtlichen Rundfunkanstalten der Bundesrepublik Deutschland** *radiotelevisione pubblica tedesca*
Areal [areˈa:l] <-s, -e> *n* area *f*
Ären *pl von* **Ära**
Arena [aˈre:na, *pl:* aˈre:nən] <-, Arenen> *f* arena *f*
arg [ark] I.<ärger, ärgste> *adj* ❶ (*schlimm*) grave; (*böse*) cattivo; **mein ärgster Feind** il mio peggior nemico; **im Argen liegen** trovarsi in cattive condizioni ❷ (*stark*) grande II.<ärger, am ärgsten> *adv* molto, gravemente; **es zu ~ treiben** esagerare
Argentinien [argɛnˈti:niən] *n* Argentina *f*
Argentinier(in) <-s, -; -, -nen> *m(f)* argentino, -a *m, f*
argentinisch *adj* argentino
Ärger [ˈɛrgɐ] <-s> *kein Pl m* ❶ (*Verdruss*) dispiacere *m;* (*Unwillen*) irritazione *f;* (*Zorn*) rabbia *f* ❷ (*Unannehmlichkeiten*) noie *fpl*, contrarietà *fpl*
ärgerlich *adj* ❶ (*Mensch*) irritato; **auf** [*o* **über**] **jdn/etw ~ sein** essere arrabbiato con qu/per qc ❷ (*Sache*) spiacevole,

increscioso; **wie ~!** che seccatura!

ärgern ['ɛrgɐn] **I.** *vt* irritare, far arrabbiare **II.** *vr* **sich ~** irritarsi; **sich über jdn/etw ~** arrabbiarsi con qu/per qc

Ärgernis <-ses, -se> *n* ❶ (*Ärger*) dispiacere *m,* contrarietà *f* ❷ *sing* (*Anstoß*) scandalo *m;* **Erregung öffentlichen ~ses** oltraggio al pudore

Arglist ['arklɪst] <-> *kein Pl f* (*geh*) malignità *f,* perfidia *f;* **arglistig** *adj* maligno, perfido; **arglos** *adj* ❶ (*harmlos*) privo di malizia ❷ (*vertrauensselig*) ingenuo

Argument [argu'mɛnt] <-(e)s, -e> *n* argomento *m;* **Argumentation** [argumɛnta'tsi̯o:n] <-, -en> *f* argomentazione *f;* **argumentativ** *adj* argomentativo

argumentieren [argumɛn'ti:rən] <ohne ge-> *vi* argomentare, ragionare

Argwohn ['arkvo:n] <-(e)s> *kein Pl m* (*geh*) sospetto *m;* (*Misstrauen*) diffidenza *f;* **argwöhnen** ['arkvø:nən] *vt* sospettare; **argwöhnisch** *adj* sospettoso, diffidente

a. Rh. *abk v* **am Rhein** sul Reno

Arie ['a:ri̯ə] <-, -n> *f* (MUS) aria *f*

Arier(in) ['a:ri̯ɐ] <-s, -; -, -nen> *m(f)* ariano, -a *m, f*

arisch ['a:rɪʃ] *adj* ariano

Aristokrat(in) [arɪsto'kra:t] <-en, -en; -, -nen> *m(f)* aristocratico, -a *m, f;* **Aristokratie** [arɪstokra'ti:] <-, -n> *f* aristocrazia *f;* **Aristokratin** *f s.* **Aristokrat; aristokratisch** *adj* aristocratico

Arithmetik [arɪt'me:tɪk] <-> *kein Pl f* aritmetica *f*

arithmetisch *adj* aritmetico

Arkade [ar'ka:də] <-, -n> *f* ❶ (ARCH) arcata *f* ❷ *pl* (*Bogengang*) portico *m*

Arktis ['arktɪs] <-> *kein Pl f* (GEOG) Artide *f*

arktisch *adj* artico

arm [arm] <ärmer, ärmste> *adj* ❶ (*bedürftig*) povero ❷ (*Boden, Sprache*) **~** (**an etw** *dat*) **sein** essere povero (di qc) ❸ (*fig: bedauernswert*) misero, povero; **ich Ärmster!** povero me!; **~er Teufel!** (*fam*) povero diavolo!, poveraccio!

Arm [arm] <-(e)s, -e> *m* ❶ (*Körperteil*) braccio *m;* **~ in ~** a braccetto; **jdn in die ~e nehmen** abbracciare qu; **jdn auf den ~ nehmen** prendere in braccio qu; (*fig*) prendere in giro qu; **jdn mit offenen ~en aufnehmen** accogliere qu a braccia aperte; **jdm unter die ~e greifen** (*fig*) aiutare qu; **die Beine unter die ~e nehmen** (*fig fam*) darsela a gambe ❷ (*eines Flusses*) ramo *m* ❸ (TEC) braccio *m*

Armatur [arma'tu:ɐ, *pl:* arma'tu:rən] <-, -en> *f* ❶ (TEC: *Ausrüstung*) armatura *f* ❷ *meist pl* (*sanitär*) rubinetteria *f* ❸ *pl*

(*Schaltinstrument*) indicatore *m;* **Armaturen** [arma'tu:rən] *fpl* ❶ (*sanitär*) rubinetteria *f* ❷ (*Schaltinstrument*) indicatori *mpl;* **Armaturenbrett** *n* (MOT) cruscotto *m*

Armband <-(e)s, -bänder> *n* braccialetto *m;* **Armbanduhr** *f* orologio *m* da polso; **Armbinde** *f* ❶ (*Abzeichen*) bracciale *m* ❷ (MED) benda *f* [*o* fascia *f*] al braccio; **Armbrust** <-, -e *o* -brüste> *f* balestra *f*

Armee [ar'me:] <-, -n> *f* esercito *m,* armata *f*

Ärmel ['ɛrməl] <-s, -> *m* manica *f;* **etw aus dem ~ schütteln** (*fig fam*) fare qc con la più grande facilità; **Ärmelaufschlag** *m* risvolto *m* della manica

Ärmelkanal *m* (canale *m* della) Manica *f*

Armenien [ar'me:ni̯ən] *n* Armenia *f*

Armenier(in) [ar'me:ni̯ɐ] <-s, -; -, -nen> *m(f)* armeno, -a *m, f*

armenisch *adj* armeno

Armenviertel *n* quartiere *m* dei poveri

Armlehne *f* bracciuolo *m;* **Armleuchter** *m* ❶ (*Kerzenleuchter*) candelabro *m* ❷ (*sl pej: Dummkopf*) cretino, -a *m, f fam*

ärmlich ['ɛrmlɪç] *adj* povero; (*schäbig*) misero; (*dürftig*) scadente; **Ärmlichkeit** <-> *kein Pl f* povertà *f,* miseria *f*

Armreif *m* braccialetto *m*

armselig ['armse:lɪç] *adj* ❶ *s.* **ärmlich** ❷ (*unbedeutend*) insignificante

Armut ['armu:t] <-> *kein Pl f* povertà *f,* miseria *f;* **Armutsgrenze** *f* livello *m* di sussistenza; **Armutszeugnis** *n* sich *dat* **ein ~ ausstellen** (*fig*) dimostrare la propria incapacità

Aroma [a'ro:ma] <-s, Aromen *o* Aromas> *n* aroma *m;* **Aromastoff** *m* sostanza *f* aromatica; **Aromatherapie** *f* aromaterapia *f*

aromatisch [aro'ma:tɪʃ] *adj* aromatico

Arrak ['arak] <-s, -e *o* -s> *m* (GASTR) arak *m*

arrangieren [arã'ʒi:rən] **I.** *vt* (*Fest, Treffen*) organizzare **II.** *vr* **sich ~** accordarsi

Arrest [a'rɛst] <-(e)s, -e> *m* ❶ (JUR) sequestro *m* ❷ (MIL) arresti *mpl*

Arrivierte(r) <-n, -n> *f(m)* (*beruflich erfolgreiche Person*) arrivato

arrogant [aro'gant] *adj* arrogante

Arroganz <-> *kein Pl f* arroganza *f*

Arsch [arʃ, *pl:* 'ɛrʃə] <-(e)s, Ärsche> *m* (*vulg*) culo *m;* **das geht mir am ~ vorbei** me ne sbatto; **leck' mich am ~!** vaffanculo; **Arschkriecher(in)** *m(f)* (*vulg*) leccaculo *mf;* **Arschloch** *n* (*vulg*) buco *m* del culo; **du ~!** (*vulg*) faccia da culo!

Arsen [ar'ze:n] <-s> *kein Pl n* arsenico *m*

Arsenal [arze'na:l] <-s, -e> *n* arsenale *m*
Arsenik [ar'ze:nɪk] <-s> *kein Pl n* (triossido *m* di) arsenico *m*
Art [a:ɐt] <-, -en> *f* ❶ (*Methode*) modo *m*, maniera *f;* **auf diese ~** in questa maniera, così; **Steak nach ~ des Hauses** bistecca — specialità della casa ❷ *sing* (*Wesen*) natura *f,* carattere *m; das ist sonst nicht* **ihre ~** non è nel suo carattere ❸ (*Sorte*) sorta *f;* (ZOO, BOT) specie *f*
Art. *abk v* **Artikel** art.
Artenreichtum <-s> *kein Pl m* ricchezza *f* di specie; **Artenschutz** *m* protezione *f* della specie; **Artenvielfalt** *f* varietà *f* della specie
Arterie [ar'te:riə] <-, -n> *f* arteria *f;* **Arterienverkalkung** *f* (MED) arteriosclerosi *f*
Arteriosklerose <-, -n> *f* (MED) arteriosclerosi *f*
artfremd *adj* estraneo alla specie
Artgenosse <-n, -n> *m,* **Artgenossin** <-, -nen> *f* individuo *m* congenere
artgerecht *adj* consono [*o* adeguato] alla specie
Arthritis [ar'tri:tɪs] <-, Arthritiden> *f* (MED) artrite *f*
Arthrose [ar'tro:zə] <-, -n> *f* (MED) artrosi *f*
artig ['artɪç] *adj* ubbidiente, buono; **sei schön ~!** fai il bravo!
Artikel [ar'ti:kəl *o* ar'tɪkəl] <-s, -> *m* articolo *m*
Artikulation [artikula'tsjo:n] <-, -en> *f* articolazione *f;* **artikulieren** [artiku'li:rən] <ohne ge-> *vt* articolare
Artillerie [artɪlə'ri:] <-, -n> *f* artiglieria *f;* **Artillerist** [artɪlə'rɪst] <-en, -en> *m* artigliere *m*
Artischocke [arti'ʃɔkə] <-, -n> *f* carciofo *m;* **Artischockenböden** *mpl* fondi *mpl* di carciofi
Artist(in) [ar'tɪst] <-en, -en; -, -nen> *m(f)* artista *mf* (di circo o di varietà)
artistisch *adj* artistico
Arznei [a:ɐts'naɪ *o* arts'naɪ] <-, -en> *f* farmaco *m,* medicina *f,* medicamento *m;* **Arzneimittel** *n s.* **Arznei; Arzneimittelabhängigkeit** *f* farmacodipendenza *f;* **Arzneimittelforschung** <-> *kein Pl f* ricerca *f* farmaceutica; **Arzneimittelgesetz** <-es, -e> *n* (JUR) norma *f* sul servizio farmaceutico; **Arzneimittelmissbrauch**[RR] *m* abuso *m* di medicinali; **Arzneimittelvergiftung** *f* intossicazione *f* da medicinali
Arzt [artst, *pl:* 'ɛːɐtstə] <-es, Ärzte> *m* medico *m,* dottore *m;* **praktischer ~** medico generico
Ärztegebühren *fpl* onorario *m* del medico

Ärztekammer *f* Ordine *m* dei medici; **Ärztemuster** *n* campione *m* medico; **Ärzteschaft** <-> *kein Pl f* corpo *m* dei medici
Arzthelfer(in) <-s, -; -, -nen> *m(f)* assistente *mf* medico, -a
Ärztin ['ɛːɐtstɪn *o* 'ɛrtstɪn] <-, -nen> *f* dottoressa *f; s. a.* **Arzt**
Arztkosten *pl* spese *fpl* mediche
ärztlich ['ɛːɐtstlɪç *o* 'ɛrtstlɪç] *adj* medico; **in ~er Behandlung sein** essere in cura da un medico
Arztpraxis *f* studio *m* medico
As[ALT] <-ses, -se> *n s.* **Ass**
As, as [as] <-, -> *n* (MUS) la *m* bemolle
A-Saft *m* (*fam: Apfelsaft*) succo *m* di mela
Asbest [as'bɛst] <-(e)s, -e> *m* (MIN) amianto *m,* asbesto *m*
asbesthaltig *adj* contenente amianto
Asche ['aʃə] <-, *rar* -n> *f* cenere *f;* **Aschenbahn** *f* (SPORT) pista *f* di carbonella; **Aschenbecher** *m* portacenere *m*
Aschenbrödel ['aʃənbrø:dəl] <-s, -> *n,* **Aschenputtel** ['aʃənpʊtəl] <-s, -> *n* Cenerentola *f*
Aschermittwoch [aʃe'mɪtvɔx] *m* (REL) (mercoledì *m* delle) Ceneri *fpl*
aschfahl, aschgrau ['aʃfa:l, 'aʃgraʊ] *adj* grigio cenere
ASCII-Code ['askiko:t] <-s, -s> *m* (INFORM) codice *m* ASCII
äsen ['ɛ:zən] *vi* mangiare
Aserbaidschan [azɐbaɪ'dʒa:n] <-s> *n* Azerbaigian *m*
asexuell ['aseksuɛl] *adj* asessuato
Asi *m* (*sl: Asozialer*) asociale *mf*
Asiat(in) [a'zia:t] <-en, -en; -, -nen> *m(f)* asiatico, -a *m, f*
asiatisch *adj* asiatico
Asien ['a:ziən] *n* Asia *f*
Askese [as'ke:zə] <-> *kein Pl f* ascesi *f;* **Asket(in)** [as'ke:t] <-en, -en; -, -nen> *m(f)* asceta *mf;* **asketisch** *adj* ascetico
Askorbinsäure [askɔr'bi:nzɔɪrə] <-> *kein Pl f* (CHEM) acido *m* ascorbico
asozial ['azotsia:l *o* azo'tsia:l] *adj* asociale
Aspekt [as'pɛkt] <-(e)s, -e> *m* aspetto *m;* **unter diesem ~** sotto questo aspetto
Asphalt [as'falt] <-(e)s, -e> *m* asfalto *m,* bitume *m;* **Asphaltdecke** *f* manto *m* di asfalto
asphaltieren [asfal'ti:rən] <ohne ge-> *vt* asfaltare
Aspik [as'pi:k *o* 'aspɪk] <-s, -e> *m* (GASTR) aspic *m*
Aspirin® [aspi'ri:n] <-s> *kein Pl n* aspirina® *f*

Ass^{RR} [as] <-es, -e> *n* asso *m*

aß [aːs] *1. u 3. pers sing imp von* **essen**

Assel ['asəl] <-, -n> *f* (ZOO) asello *m*

Assessment Center *n* assessment center *m*

Assessor(in) [a'sɛso:ɐ, *pl:* asɛ'so:rən] <-s, -en; -, -nen> *m(f)* (JUR) funzionario *m* di stato

Assimilation [asimila'tsjo:n] <-, -en> *f* assimilazione *f*; **assimilieren** [asimi'li:rən] <ohne ge-> I. *vt* (BIOL) assimilare II. *vr* **sich ~** assimilarsi (*an + acc* a)

Assistent(in) [asɪs'tɛnt] <-en, -en; -, -nen> *m(f)* assistente *mf*

Assistenzarzt *m*, **Assistenzärztin** *f* assistente *mf* medico, -a; **Assistenzärztin** *f* assistente *mf* medico, -a

assistieren [asɪs'ti:rən] <ohne ge-> *vi* **jdm** (**bei etw**) **~** assistere qu (in qc)

Assoziation [asotsia'tsjo:n] <-, -en> *f* associazione *f*

Ast [ast, *pl:* 'ɛstə] <-(e)s, Äste> *m* ❶ (*eines Baumes, a fig: einer Arterie, eines Nervs*) ramo *m* ❷ (*im Holz*) nodo *m*

AStA [*pl:* 'astən] <-(s), Asten> *abk v* **Allgemeiner Studentenausschuss**^{RR} *comitato generale studentesco*

Aster ['astɐ] <-, -n> *f* astro *m*

Astgabel <-, -n> *f* forcella *f*

Ästhet(in) [ɛs'te:t] <-en, -en; -, -nen> *m(f)* esteta *mf*

Ästhetik [ɛs'te:tɪk] <-, -en> *f* estetica *f*; **Ästhetin** *f s.* **Ästhet**; **ästhetisch** *adj* estetico

Asthma ['astma] <-s> *kein Pl n* (MED) asma *f*

Asthmatiker(in) [ast'ma:tikɐ] <-s, -; -, -nen> *m(f)* asmatico, -a *m, f*

asthmatisch *adj* asmatico

Astloch *n* buco *m* di un nocchio [*o* nodo]

astrein *adj* (*fig fam: prima*) perfetto

Astrologe [astro'lo:gə] <-n, -n> *m* astrologo *m*

Astrologie [astrolo'gi:] <-> *kein Pl f* astrologia *f*; **Astrologin** [astro'lo:gɪn] <-, -nen> *f* astrologa *f*; **astrologisch** [astro'lo:gɪʃ] *adj* astrologico

Astronaut(in) [astro'naʊt] <-en, -en; -, -nen> *m(f)* astronauta *mf*

Astronom(in) [astro'no:m] <-en, -en; -, -nen> *m(f)* astronomo, -a *m, f*

Astronomie [astrono'mi:] <-> *kein Pl f* astronomia *f*; **Astronomin** *f s.* **Astronom**; **astronomisch** *adj* astronomico

Astrophysik [astrofy'zi:k] <-> *kein Pl f* astrofisica *f*; **Astrophysiker(in)** [astro'fy:zikɐ] <-s, -; -, -nen> *m(f)* (PHYS) astrofisico, -a *m, f*

ASU *f abk v* **Abgassonderuntersuchung** controllo *m* dei gas di scarico

Asyl [a'zy:l] <-s, -e> *n* asilo *m*

Asylant(in) <-en, -en; -, -nen> *m(f)* persona *f* che chiede asilo (politico)

Asylantrag *m* richiesta *f* di asilo politico

Asylbewerber(in) *m(f)* persona *f* che chiede asilo (politico); **Asylbewerberwohnheim** *n* residenza *f* per rifugiati politici

Asylrecht *n* diritto *m* d'asilo

Asymmetrie [azʏme'tri:] *f* asimmetria *f*

asymmetrisch ['azʏme:trɪʃ] *adj* asimmetrico

asynchron ['azʏnkro:n] *adj* asincrono

Aszendent [astsɛn'dɛnt] <-en, -en> *m* (ASTR) ascendente *m*

A. T. *abk v* **Altes Testament** AT

Atelier [ate'lje: *o* atə'lje:] <-s, -s> *n* studio *m*, atelier *m*

Atem ['a:təm] <-s> *kein Pl m* fiato *m*; (*Atmung*) respirazione *f*; (*Atemzug*) respiro *m*; **außer ~** senza fiato; **den ~ anhalten** trattenere il respiro; **jdn in ~ halten** tenere (in) sospeso qu; (**tief**) **~ holen** prendere fiato; **nach ~ ringen** ansimare; **atemberaubend** *adj* che mozza il fiato; **Atembeschwerden** *fpl* difficoltà *fpl* di respiro; **Atemgeräusch** *n* (MED) mormorio *m* vescicolare; **atemlos** *adj* ❶ (*keuchend*) ansante, trafelato ❷ (*schnell*) vertiginoso; **~e Stille** silenzio di morte; **Atemnot** *f* difficoltà *f* di respiro, affanno *m*; **Atempause** *f* pausa *f*; **Atemschutzgerät** <-(e)s, -e> *n* maschera *f* antismog [*o* antipolvere]; **Atemstillstand** *kein Pl m* arresto *m* respiratorio; **Atemwege** *mpl* vie *fpl* respiratorie; **Atemzug** *m* respiro *m*; **in einem ~** (*fig*) nello stesso momento

Atheismus [ate'ɪsmʊs] <-> *kein Pl m* ateismo *m*

Atheist(in) [ate'ɪst] <-en, -en; -, -nen> *m(f)* ateo, -a *m, f*

atheistisch *adj* ateo

Athen [a'te:n] *n* Atene *f*

Äther ['ɛ:tɐ] <-s, -> *m* etere *m*

ätherisch [ɛ'te:rɪʃ] *adj* etereo; **~e Öle** oli essenziali

Äthiopien [ɛti'o:piən] *n* Etiopia *f*

Äthiopier(in) [ɛti'o:piɐ] <-s, -; -, -nen> *m(f)* etiope *mf*

äthiopisch *adj* etiopico

Athlet(in) [at'le:t] <-en, -en; -, -nen> *m(f)* atleta *mf*

athletisch *adj* atletico

Atlanten *pl von* **Atlas**

Atlantik [at'lantɪk] *m* (oceano *m*) Atlantico *m*

atlantisch *adj* atlantico; **der Atlantische Ozean** l'oceano Atlantico

Atlas ['atlas, *pl:* at'lantən] <-(ses), Atlanten> *m* atlante *m*

atmen ['a:tmən] *vi* respirare

Atmosphäre [atmo'sfɛːrə] <-, -n> *f* ❶ (*fig* ASTR, PHYS) atmosfera *f* ❷ (*fig: Umwelt*) ambiente *m*

atmosphärisch *adj* atmosferico

Atmung <-> *kein Pl f* respirazione *f*; **atmungsaktiv** *adj* traspirabile

Ätna ['ɛːtna] *m* Etna *m*

Atoll [a'tɔl] <-s, -e> *n* atollo *m*

Atom [a'to:m] <-s, -e> *n* atomo *m*

Atom- (*in Zusammensetzungen*) atomico, nucleare

Atomangriff *m* attacco *m* nucleare

atomar [ato'ma:ɐ] *adj* atomico, nucleare; **~es Wettrüsten** corsa agli armamenti nucleari

Atomausstieg <-s> *kein Pl m* abbandono *m* dell'energia atomica; **Atombombe** *f* bomba *f* atomica; **Atombunker** *m* rifugio *m* antiatomico; **Atomenergie** *f* energia *f* atomica [*o* nucleare]; **Atomexplosion** *f* esplosione *f* atomica; **Atomforschung** *f* ricerca *f* nucleare; **Atomforschungszentrum** *n* centro *m* (di) studi nucleari; **Atomgegner(in)** *m(f)* antinucleare *mf;* **Atomgewicht** *n* peso *m* atomico; **Atomindustrie** *f* (WIRTSCH) industria *f* nucleare [*o* atomica]

atomisieren [atomi'zi:rən] <ohne ge-> *vt* atomizzare

Atomkern *m* nucleo *m* atomico

Atomkraft <-> *kein Pl f* energia *f* nucleare [*o* atomica]; **Atomkraftbefürworter(in)** *m(f)* filonucleare *mf;* **Atomkraftwerk** *n* centrale *f* atomica [*o* nucleare]

Atomkrieg *m* guerra *f* atomica

Atommacht *f* potenza *f* atomica

Atommeiler *m* pila *f* atomica

Atommüll *m* scorie *fpl* radioattive, rifiuti *mpl* nucleari; **Atommüllendlager** *n* deposito *m* di scorie radioattive; **Atommülllagerung**^RR *f* stoccaggio *m* di rifiuti radioattivi; **Atomphysik** <-> *kein Pl f* fisica *f* nucleare; **Atompilz** *m* fungo *m* atomico; **Atomreaktor** *m* reattore *m* nucleare; **Atomschmuggel** <-s> *kein Pl m* contrabbando *m* di materiali radioattivi; **Atomsperrvertrag** <-(e)s> *kein Pl m* (POL) trattato *m* di non proliferazione nucleare; **Atomsprengkopf** *m* testata *f* nucleare; **Atomtest** *m* test *m* nucleare; **Atomteststopp** *m* (POL) blocco *m* dei test nucleari; **Atomversuch** <-(e)s,

-e> *m s.* **Atomtest**; **Atomwaffe** *f* arma *f* nucleare; **atomwaffenfrei** *adj* denuclearizzato; **Atomwaffensperrvertrag** *kein Pl m* (POL) trattato *m* di non proliferazione nucleare; **Atomzahl** *f* numero *m* atomico; **Atomzeitalter** *n* era *f* atomica

ätsch [ɛːtʃ] *int* (*fam*) ben ti sta

Attacke [a'takə] <-, -n> *f* ❶ (*Angriff*) attacco *m*, aggressione *f* ❷ (MED) attacco *m*, accesso *m*

Attentat ['atənta:t] <-(e)s, -e> *n* attentato *m;* **ein ~ auf jdn begehen** fare un attentato contro qu

Attentäter(in) [atəntɛ:tɐ] <-s, -; -, -nen> *m(f)* attentatore, -trice *m, f*

Attest [a'tɛst] <-(e)s, -e> *n* certificato *m*, attestato *m*

Attraktion [atrak'tsi̯o:n] <-, -en> *f* attrazione *f*

attraktiv [atrak'ti:f] *adj* attraente, seducente

Attraktivität [atraktivi'tɛ:t] <-> *kein Pl f* attrattiva *f*

Attrappe [a'trapə] <-, -n> *f* imitazione *f*

Attribut [atri'bu:t] <-(e)s, -e> *n* attributo *m*

attributiv [atribu'ti:f *o* 'atributi:f] *adj* attributivo

atü [a'ty:] *abk v* **Atmosphärenüberdruck** superpressione *f* atmosferica

atypisch ['aty:pɪʃ *o* a'ty:pɪʃ] *adj* atipico

ätzen ['ɛtsən] *vt* ❶ (CHEM) corrodere ❷ (MED) cauterizzare; **ätzend** *adj* ❶ (CHEM) corrosivo ❷ (*fig sl: abscheulich*) orrendo; **der Typ ist ~!** quel tipo è una lagna!; **echt ~!** che seccatura!

au [au] *int* ahi

Au <-, en> *f* (*südd, A: Aue*) prato *m*

aua ['aua] *int* ai, aia

Aubergine [obɛr'ʒi:nə] <-, -n> *f* melanzana *f*

auch [aux] **I.** *konj* (*unbetont*) anche, pure; **ohne ~ nur zu fragen** senza neppur domandare; **wie dem ~ sei** comunque sia; **wo er ~ sein mag** dovunque sia; **wenn er ~ reich ist** sebbene sia ricco; **so reich du ~ sein magst** per quanto tu sia ricco; **stimmt das ~ wirklich?** è proprio vero?; **und wenn ~!** che importa! **II.** *adv* (*betont*) persino; **ich ~** anch'io; **ich ~ nicht** neanch'io; **ich kenne ihn ~ nicht** non lo conosco nemmeno io; **nicht nur ..., sondern ~ ...** non solo ..., ma anche ...; **~ das noch!** ci mancava anche questa!; **~ gut!** e va bene!

Audienz [au'di̯ɛnts] <-, -en> *f* udienza *f*

Audiokassette *f* audiocassetta *f*

audiovisuell [audi̯ovi'zy̆ɛl] *adj* audiovisivo

Auditorium [aʊdiˈtoːriʊm, *pl*: aʊdiˈtoːriən] <-s, Auditorien> *n* ❶ (*Hörsaal*) auditorio *m* ❷ (*Zubehörschaft*) uditorio *m*

Aue [ˈaʊə] <-, -en> *f* (*poet*) prato *m* lungo un fiume

Auerhahn *m* (ZOO) gallo *m* cedrone; **Auerochse** *m* (ZOO) uro *m*

auf [aʊf] I. *prp* +*acc o dat* ❶ (*örtlich*) a, in, per, sopra, su; ~ **dem Boden** per terra; ~ **den Boden fallen** cadere a [*o* per] terra; ~ **dem Bahnhof/der Post** alla stazione/posta; ~ **dem Land** in campagna; ~ **der Straße/dem Zimmer** in strada/in camera; ~ **der ganzen Welt** in tutto il mondo ❷ (*zeitlich*) a, di, per; ~ **einmal** d'un tratto, improvvisamente; ~ **die Minute** (*genau*) puntuale al minuto; **es geht ~ vier Uhr** (**zu**) sono quasi le quattro; ~ **einen Sonntag fallen** cadere di domenica ❸ (*Art und Weise*) in, di, per; ~ **diese Weise** in questo modo; ~ **Deutsch/Italienisch** in tedesco/italiano ❹ (*sonstiges*) a, di, in, su; **bis ~ ihn** tranne lui; ~ **Wiedersehen!** arrivederci!; ~ **eine Tasse Kaffee hereinkommen** venire a prendere una tazza di caffè; ~ **Anfrage/Befehl** su domanda/per ordine; ~ **Besuch/der Flucht/der Reise** in visita/fuga/viaggio; ~ **jeden Fall** in ogni caso; **etw ~ dem Klavier spielen** suonare qc al pianoforte; ~ **sechs Jungen kommt ein Mädchen** c'è una ragazza ogni sei ragazzi II. *adv* ❶ (*hinauf*) su; ~ **und ab** su e giù; **sich ~ und davon machen** (*fam*) tagliare la corda ❷ (*fam: offen*) aperto; ~ **haben** avere aperto; (*Geschäft*) essere aperto ❸ (*fam: nicht im Bett*) alzato; ~ **sein** essere alzato ❹ (*vorwärts*) ~! avanti!, in viaggio! ❺ (*fam: auf dem Kopf*) sul capo, in testa; **einen Hut ~ haben** avere un cappello in testa ❻ (*fam: Schularbeiten*) **etw ~ haben** dover fare qc III. *konj* ~ **dass ...** affinché +*conj*, perché +*conj*

auf|arbeiten *vt* ❶ (*erledigen*) sbrigare ❷ (*erneuern*) rinnovare

auf|atmen *vi* mandare un sospiro di sollievo

auf|bahren *vt* comporre nella bara

Aufbau <-(e)s, -ten> *m* ❶ *sing* (*Tätigkeit*) costruzione *f*; (TEC) montaggio *m* ❷ *sing* (*fig: Schaffung*) organizzazione *f* ❸ *sing* (*Gefüge, Struktur*) struttura *f*; (CHEM, BIOL) composizione *f* ❹ (*aufgebautes Teil*) sovrastruttura *f*

auf|bauen I. *vt* ❶ (*bauen*) costruire; (*errichten*) erigere; (TEC) montare; (*aufstel-*

len) disporre ❷ (*fig: schaffen*) creare, organizzare ❸ (*strukturieren, gliedern*) strutturare ❹ (*fig*) fondare; **eine Theorie auf etw** *dat* ~ fondare [*o* basare] una teoria su qc II. *vi* **auf etw** *dat* ~ fondarsi [*o* basarsi] su qc III. *vr* **sich** ~ ❶ (CHEM) comporsi ❷ (*fam: sich aufstellen*) **sich vor jdm/etw** ~ piantarsi davanti a qu/qc

auf|bäumen *vr* **sich** ~ ❶ (*Pferd*) impennarsi ❷ (*fig*) **sich** (**gegen jdn/etw**) ~ ribellarsi (a qu/qc)

auf|bauschen *vt* (*a fig*) gonfiare

Aufbaustudium <-s> *kein Pl n* (UNIV: *auf vorangegangenes Studium*) corso *m* postuniversitario; (*auf eine Ausbildung*) corso *m* di perfezionamento [*o* di formazione professionale]

auf|begehren <ohne ge-> *vi* (**gegen jdn/etw**) ~ insorgere (contro qu/qc)

auf|behalten <irr> *vt* (*fam*) **den Hut** ~ tenere il cappello in testa

auf|bereiten <ohne ge-> *vt* ❶ (*Erze, Kohle*) preparare, trattare; (*a Trinkwasser*) depurare ❷ (*Statistiken*) elaborare

Aufbereitung <-, -en> *f* ❶ (*von Erzen, Kohle*) preparazione *f*, trattamento *m*; (*a von Trinkwasser*) depurazione *f* ❷ (*von Statistiken*) elaborazione *f*; **Aufbereitungsanlage** <-, -n> *f* (TEC) impianto *m* di trattamento

auf|bessern *vt* (*Gehalt, Rente*) aumentare

auf|bewahren <ohne ge-> *vt* conservare, custodire; (*lagern*) immagazzinare

Aufbewahrung <-> *kein Pl f* ❶ (*das Aufbewahren*) conservazione *f*; (*Verwahrung*) custodia *f* ❷ (~ *sort*) deposito *m*

auf|bieten <irr> *vt* (*einsetzen*) mobilitare; (*Kraft, Eifer, Einfluss*) impiegare

auf|binden <irr> *vt* ❶ (*losmachen*) slegare; (*Schleife*) sciogliere ❷ (*hochbinden*) annodare; **jdm etw** [*o* **einen Bären**] ~ (*fam*) dare ad intendere a qu lucciole per lanterne

auf|blähen *vt* gonfiare

aufblasbar *adj* gonfiabile

auf|blasen <irr> I. *vt* gonfiare II. *vr* **sich** ~ (*fig fam: sich wichtig tun*) gonfiarsi, pavoneggiarsi

auf|bleiben <irr> *vi sein* (*fam*) ❶ (*nicht zu Bett gehen*) rimanere alzato ❷ (*offen bleiben*) rimanere aperto

auf|blenden *vi* ❶ (MOT) accendere gli abbaglianti ❷ (FILM) aprire in dissolvenza

auf|blicken *vi* ❶ (*hochschauen*) levare gli occhi, sollevare lo sguardo ❷ (*fig*) **zu jdm** ~ ammirare qu

auf|blitzen *vi* ❶ *haben* (*Licht*) balenare ❷ *sein* (*fig: Gedanke, Erinnerung*) balenare

auf|blühen *vi sein* ❶ (*Blume*) sbocciare ❷ (*fig: Handel*) fiorire; (*Mensch*) diventar bello

auf|bocken *vt* (TEC) sollevare con il cric

auf|brauchen *vt* consumare, esaurire

auf|brausen *vi sein* (*wütend werden*) andare in bestia [*o* in collera]

auf|brechen <irr> **I.** *vi sein* ❶ (*aufreißen*) screpolarsi; (*Wunde*) aprirsi; (*Knospe*) sbocciare ❷ (*weggehen*) mettersi in cammino; **zu einer Reise** ~ mettersi in viaggio; **nach Prag** ~ partire per Praga **II.** *vt haben* forzare, scassinare

auf|brezeln *vr* **sich** ~ (*sl*) mettersi in tiro

auf|bringen <irr> *vt* ❶ (*Geld*) procurare; (*Mut*) trovare; (*Verständnis*) mostrare ❷ (*Gerüchte*) mettere in giro, diffondere; (*Mode*) introdurre, lanciare ❸ (*in Wut bringen*) irritare ❹ (*fam: mit Mühe öffnen*) riuscire ad aprire

Aufbruch <-(e)s> *kein Pl m* (*Abreise*) partenza *f*; **Aufbruchsstimmung** <-> *kein Pl f* (*vor dem Aufbrechen*) stato d'animo prima della partenza, nervosismo *m*; (*vor einer Erneuerung*) agitazione *f*, eccitazione *f*

auf|brühen *vt* (*Tee, Kaffee*) fare

auf|brummen *vt* **jdm etw** ~ (*fam*) appioppare qc a qu

auf|bürden *vt* **jdm etw** ~ (*geh*) caricare [*o* addossare] qc a qu

auf|decken I. *vt* ❶ (*Bett*) disfare ❷ (*Tischtuch*) stendere ❸ (*Karten*) scoprire ❹ (*enthüllen*) rivelare, svelare **II.** *vi* (*Tisch decken*) apparecchiare

auf|donnern *vr* **sich** ~ (*fam*) mettersi in ghingheri

auf|drängen I. *vt* **jdm etw** ~ imporre qc a qu **II.** *vr* **sich** (**jdm**) ~ essere invadente (con qu); (*a fig: Gedanke, Erinnerung*) imporsi (a qu)

auf|drehen I. *vt* ❶ (*Wasserhahn, Verschluss*) aprire; (*Schraube*) allentare ❷ (*Haar*) mettere in piega ❸ (*Uhr: aufziehen*) caricare ❹ (*A: einschalten*) accendere **II.** *vi* ❶ (*fam: Gas geben*) accelerare, aumentare la velocità ❷ (*fam: in Stimmung kommen*) andare su di giri

aufdringlich *adj* importuno, invadente; **Aufdringlichkeit** <-, -en> *f* invadenza *f*

Aufdruck <-(e)s, -e> *m* dicitura *f*; (*Firmen~*) intestazione *f*

auf|drücken *vt* ❶ (*Stempel, Siegel*) **etw** (**auf etw** *acc*) ~ imprimere qc (su qc) ❷ (*öffnen*) aprire premendo

aufeinander [aʊfaɪˈnandɐ] *adv* ❶ (*räumlich*) l'uno sopra l'altro ❷ (*zeitlich*) l'uno dopo l'altro

aufeinander|folgen *vi* succedersi, susseguirsi

aufeinander|legen *vt* sovrapporre

aufeinander|prallen *vi* scontrarsi

Aufenthalt [ˈaʊfʔɛnthalt] <-(e)s, -e> *m* ❶ (*Zeit*) soggiorno *m*, permanenza *f* ❷ (*bei Flug, Zugfahrt*) fermata *f*; **wir haben 5 Minuten** ~ ci fermiamo 5 minuti ❸ (*Wohnort*) residenza *f*; **Aufenthalter** <-s, -> *m* (*CH*) ❶ (*Schweizer, der nur vorübergehend in einer Gemeinde seinen Wohnsitz hat*) cittadino svizzero che risiede per lungo tempo in un comune diverso da quello in cui ha la residenza ❷ (*Ausländer mit befristeter Aufenthaltsbewilligung*) cittadino straniero in possesso di un permesso di soggiorno limitato; **Aufenthaltserlaubnis** *f*, **Aufenthaltsgenehmigung** *f* permesso *m* di soggiorno; **Aufenthaltsort** *m* luogo *m* di soggiorno; **Aufenthaltsraum** *m* soggiorno *m*

auf|erlegen <ohne ge-> *vt* **jdm etw** ~ (*Verpflichtung*) imporre qc a qu; (*Strafe*) infliggere qc a qu

auf|erstehen <irr> *vi sein* (REL) risorgere, resuscitare

Auferstehung <-, -en> *f* (REL) resurrezione *f*

auf|essen <irr> *vt* **alles** ~ mangiare tutto; **die Suppe** ~ mangiare tutta la minestra

auf|fahren <irr> **I.** *vi sein* ❶ (*kollidieren*) urtare; **auf etw** *acc* ~ urtare contro qc; **auf ein Auto** ~ tamponare una macchina ❷ (*dicht* ~) tallonare ❸ (*hochschrecken*) sobbalzare; (*aus Schlaf*) svegliarsi di soprassalto **II.** *vt haben* ❶ (MIL: *Geschütze*) mettere in postazione ❷ (*fam: Getränke, Speisen*) portare in tavola

Auffahrt <-, -en> *f* ❶ (*Aufstieg*) ascesa *f*, salita *f* ❷ (~ *sstraße*) rampa *f* d'accesso; (*Autobahn~*) raccordo *m* (autostradale) ❸ (*CH: Himmelfahrt*) Ascensione *f*

Auffahrunfall *m* tamponamento *m*

auf|fallen <irr> *vi sein* ❶ (*ins Auge fallen*) dare nell'occhio ❷ (*hervorstechen*) farsi notare, essere vistoso; **das ist mir noch nicht aufgefallen** non me ne sono ancora accorto; **auffallend** *adj* (*auffällig*) vistoso, appariscente; (*beeindruckend*) impressionante; (*sonderbar*) bizzarro

auffällig *adj* ❶ (*Farbe, Kleidung*) vistoso ❷ (*Benehmen*) sorprendente; (*sozial* ~) con problemi comportamentali

auf|fangen <irr> *vt* ❶ (*Ball*) prendere al volo, afferrare ❷ (*Flüssigkeit*) raccogliere ❸ (*Schlag*) parare; (*Erschütterung*) smor-

auffordern/verlangen	
jemanden auffordern	**esortare qualcuno**
Kannst du grade mal kommen?	**Puoi** venire **un momento?**
Besuch mich **doch mal.**	Vienimi a trovare **un giorno/una volta.**
Denk dran, mich heute Abend anzurufen.	**Ricordati** di telefonarmi stasera.
Ich muss Sie bitten, den Raum zu verlassen. (*form*)	**La devo pregare** di lasciare la stanza. (*form*)
zu gemeinsamem Handeln auffordern	**esortare ad un'azione comune**
Auf geht's! (*fam*)	**Andiamo!**
An die Arbeit!/Fangen wir mit der Arbeit **an!**	**Al lavoro!/Mettiamoci** al lavoro!
Lasst uns mal in Ruhe darüber reden.	**Parliamone con calma.**
Wollen wir jetzt nicht endlich mal damit anfangen?	**Vogliamo** cominciare **una buona volta?**
verlangen	**esigere**
Ich will/bestehe darauf, dass du gehst.	**Voglio/Insisto/Ci tengo che** tu vada.
Ich verlange eine Erklärung von Ihnen.	**Esigo una spiegazione da** Lei.
Das ist das Mindeste, was man verlangen kann.	**È il minimo che si possa pretendere.**

zare, attutire ❹ (*aufschnappen, hören*) percepire

auf|fassen *vt* ❶ (*deuten*) interpretare ❷ (*begreifen*) comprendere, afferrare

Auffassung <-, -en> *f* opinione *f*, parere *m*; **Auffassungsgabe** *f* (facoltà *f* di) comprensione *f*, intelligenza *f*

auf|finden <findet auf, fand auf, aufgefunden> *vt* (riuscire a) trovare

auf|flackern *vi sein* ❶ (*Feuer*) avvampare ❷ (*Unruhen*) divampare

auf|fliegen <*irr*> *vi sein* ❶ (*Vogel*) levarsi in volo ❷ (*Tür*) spalancarsi all'improvviso ❸ (*fig fam: scheitern*) sciogliersi, fallire; (*entdeckt werden*) essere scoperto

auf|fordern *vt* ❶ (*bitten*) pregare; **jdn zum Bleiben/Gehen ~** pregare qu di restare/andare ❷ (*ermahnen*) esortare; **jdn ~ etw zu tun** esortare qu a fare qc ❸ (*zum Tanz bitten*) **jdn ~** invitare a ballare qu

Aufforderung <-, -en> *f* ❶ (*Bitte*) preghiera *f*, invito *m*; (*Ermahnung*) esortazione *f* ❷ (*Befehl*) intimazione *f*, ingiunzione *f*

auf|forsten ['aʊffɔrstən] *vt* rimboscare

Aufforstung <-, -en> *f* rimboschimento *m*

auf|fressen <*irr*> *vt* **alles ~** mangiare [*o* divorare] tutto

auf|frischen I. *vt haben* ❶ (*erneuern*) rinnovare ❷ (*Farben, Erinnerungen*) ravvivare ❸ (*Kenntnisse*) rinfrescare; (*Vorräte*) completare **II.** *vi sein o haben* (*Wind*) rinfrescare

Auffrischungsimpfung *f* (MED) richiamo *m*

auf|führen I. *vt* ❶ (THEAT) rappresentare, mettere in scena; (MUS) eseguire ❷ (*anführen*) citare, addurre; (*Beispiel*) portare; (*nennen*) produrre; (*aufzählen*) enumerare **II.** *vr* **sich ~** comportarsi

Aufführung <-, -en> *f* (THEAT) rappresentazione *f*; (MUS) esecuzione *f*

auf|füllen *vt* ❶ (*Gefäß*) **etw (mit etw) ~** riempire qc (di qc) ❷ (*Flüssigkeit*) rabboccare

Aufgabe <-, -n> *f* ❶ (*Pflicht*) dovere *m*; (*Auftrag*) incarico *m*, incombenza *f*; (*Tätigkeit*) funzione *f* ❷ (*Schul~, schriftlich*) compito *m*; (*mündlich*) lezione *f*; (MAT) problema *m* ❸ (*Verzicht, Beendigung*, SPORT) abbandono *m*; (*Amts~, Besitz~*) rinuncia *f*; (*Geschäfts~*) cessazione *f*, liquidazione *f* ❹ (*Gepäck~, Post~*) consegna *f*

auf|gabeln *vt* (*fam*) scovare, pescare

Aufgabenbereich *m* sfera *f* di competenza; **Aufgabenverteilung** <-, -en> *f* divisione *f* dei compiti

Aufgang <-(e)s, -gänge> *m* ❶ (ASTR) sorgere *m*, levata *f* ❷ (*Treppen~*) scala *f* ❸ (*Aufstieg*) salita *f*

auf|geben <irr> **I.** *vt* ❶ (*Postsendung, Telegramm*) spedire; (*Brief*) impostare; (*Inserat*) pubblicare; (*a Bestellung*) fare; (*Gepäck*) consegnare ❷ (*Schulaufgabe*) assegnare; (*Rätsel*) proporre ❸ (*verzichten auf*) rinunciare a; (*a Hoffnung*) abbandonare; (*Amt, Stelle*) dimettersi da; (*Geschäft*) chiudere **II.** *vi* rinunciare; (SPORT) darsi per vinto

Aufgebot <-(e)s, -e> *n* ❶ (*Polizei~*) spiegamento *m;* **ein gewaltiges ~ an etw** *dat* un grande spiegamento di qc ❷ (*zur Eheschließung*) pubblicazioni *fpl* di matrimonio

aufgebracht *adj* adirato; **über etw** *acc* **~ sein** essere adirato per qc

aufgedonnert *adj* (*pej*) agghindato, acconciato vistosamente

aufgedreht *adj* (*fam*) **~ sein** essere su di giri

aufgedunsen *adj* gonfio, congestionato

auf|gehen <irr> *vi sein* ❶ (ASTR) sorgere, levarsi ❷ (*Tür, Fenster*) aprirsi ❸ (*Vorhang*) alzarsi ❹ (*Teig*) lievitare ❺ (BOT: *Samen*) germinare; (*Knospe*) germogliare; (*Blume*) sbocciare ❻ (MED: *Geschwür*) aprirsi ❼ (*Haar, Knoten*) sciogliersi ❽ (*Naht*) sdrucirsi, scucirsi ❾ (MAT) essere divisibile ❿ (*Knopf*) sbottonarsi ⓫ (*Wend*) **in der Arbeit ~** essere tutto dedito al lavoro; **in Flammen ~** andare in fiamme

aufgeklärt *adj* ❶ (HIST, PHILOS) illuminato ❷ (*sexualkundlich*) che ha avuto un'educazione sessuale

aufgekratzt *adj* (*fam*) euforico

Aufgeld <-(e)s, -er> *n* supplemento *m*, sovrapprezzo *m*

aufgelegt *adj* **gut/schlecht ~ sein** essere di buon/cattivo umore

aufgeregt *adj* eccitato, agitato; **Aufgeregtheit** <-> *kein Pl f* eccitazione *f*, agitazione *f*

aufgeschlossen *adj* (*empfänglich*) ricettivo; (*zugänglich*) accessibile, aperto; **~ für etw sein** essere sensibile a qc

aufgeschmissen *adj* (*fam*) spacciato

aufgesprungen *adj* (*Hände, Lippen*) screpolato

aufgeweckt *adj* sveglio

auf|gießen <irr> *vt* **Kaffee/Tee ~** fare un caffè/tè

auf|gliedern *vt* (sud)dividere (*in* + *acc* in); (*in Klassen*) classificare; **Aufgliederung** <-, -en> *f* (sud)divisione *f*; (*Klassifizierung*) classificazione *f*

auf|greifen <irr> *vt* ❶ (*festnehmen*) acciuffare, catturare ❷ (*Thema, Gedanken*) raccogliere; (*wieder aufnehmen*) riprendere

aufgrund [aʊfˈgrʊnt] *prp* + *gen* in base a, a causa di

Aufguss^{RR} <-es, -güsse> *m*, **Aufguß**^{ALT} <-gusses, -güsse> *m* infusione *f*, infuso *m*

auf|haben *vt* (*fam*) ❶ (*Fenster, Schirm, Hemd*) avere aperto; (*Geschäft*) essere aperto ❷ (*Hut, Mütze*) avere in testa ❸ (*Hausaufgaben haben*) dover fare, avere da fare; **über die Ferien haben die Kinder nichts auf** per le vacanze i bambini non hanno compiti per casa

auf|halsen [ˈaʊfhalzən] *vt* (*fam*) **jdm etw ~** accollare qc a qu; **sich** *dat* **etw ~** accollarsi qc

auf|halten <irr> **I.** *vt* ❶ (*anhalten*) fermare, arrestare; (*fig: Entwicklung*) frenare; (*Katastrophe*) impedire ❷ (*offen halten*) tenere aperto ❸ (*stören*) disturbare **II.** *vr* **sich ~** ❶ (*sich befinden*) trovarsi, soggiornare ❷ (*fig: verweilen*) **sich bei etw ~** soffermarsi su qc

auf|hängen *vt* ❶ (*hängen*) appendere; **das Bild an einem Nagel ~** appendere il quadro a un chiodo; **etw an der Decke ~** sospendere qc al soffitto; **die Wäsche ~** stendere la biancheria ❷ (*fam: erhängen*) impiccare

Aufhänger <-s, -> *m* ❶ (*an Kleidung*) laccetto *m* ❷ (*fig*) appiglio *m*

auf|heben <irr> *vt* ❶ (*vom Boden*) raccogliere, raccattare; (*hochheben*) alzare ❷ (*aufbewahren*) conservare, serbare; **bei jdm gut aufgehoben sein** essere in buone mani presso qu ❸ (*abbrechen, beenden*) porre fine a; (*Sitzung*) levare, togliere ❹ (*abschaffen*) abolire, sopprimere; (*ungültig machen*) revocare; (*Urteil*) annullare; (*Gesetz*) abrogare

Aufheben <-s> *kein Pl n* (geh) **viel ~(s) um** [*o* **von**] **etw machen** dare grande importanza a qc

Aufhebung <-, -en> *f* ❶ (*Beendigung*) porre *m* termine ❷ (*Abschaffung*) abolizione *f*, soppressione *f* ❸ (*Außerkraftsetzen*) revoca *f*; (*von Urteil*) annullamento *m;* (*von Gesetz*) abrogazione *f*

auf|heitern **I.** *vt* allietare, rasserenare **II.** *vr* **sich ~** rasserenarsi

Aufheiterung <-, -en> *f* rasserenamento *m*

auf|hellen **I.** *vt* ❶ (*heller machen*) schiarire ❷ (*klären*) chiarire **II.** *vr* **sich ~** ❶ (METEO: *Himmel*) schiarirsi ❷ (*Gesicht*) illuminarsi

auf|hetzen vt jdn (**gegen jdn/etw**) ~ istigare qu (contro qu/qc)

aufheulen vi (Sirene) fischiare; (Motor) rombare; **vor Wut/Schmerz** ~ urlare dalla rabbia/dal dolore

auf|holen I. vt recuperare II. vi (SPORT) riguadagnare terreno

auf|horchen vi jdn ~ **lassen** attirare l'attenzione di qu

auf|hören vi smettere, finire; ~ **etw zu tun** finire di fare qc; **mit etw** ~ finire qc; **es hat aufgehört zu regnen** ha smesso di piovere; **da hört doch alles auf!** (fam) questo è troppo!; **hör auf damit!** smettila!; **hör auf zu weinen!** smetta di piangere!

aufhussen vt (A: aufwiegeln) sobillare

auf|kaufen vt incettare, accaparrare

auf|keimen vi sein (fig) nascere, sorgere

aufklappbar adj apribile; (nach oben) alzabile; (Verdeck) decappottabile;
auf|klappen vt (Messer, Buch) aprire; (Verdeck) decappottare

auf|klären I. vt ❶ (Missverständnis) chiarire; (Geheimnis, Verbrechen) fare luce su ❷ (erklären) jdn (**über etw** acc) ~ informare qu (su qc); **jdn** ~ (sexuell) dare un'educazione sessuale a qu; **bist du schon aufgeklärt?** ti ha detto niente la mamma? scherz ❸ (MIL, AERO) passare in ricognizione II. vr sich ~ ❶ (Irrtum, Geheimnis) chiarirsi; (fig: Gesicht) schiarirsi ❷ (METEO) rasserenarsi

auf|klaren ['aʊfklaːrən] vi (METEO) schiarirsi, rasserenarsi

Aufklärer <-s, -> m (MIL) ricognitore m

Aufklärung <-, -en> f ❶ (Klärung) schiarimento m, spiegazione f ❷ (Unterrichtung) informazione f ❸ sing (sexuelle ~) educazione f sessuale ❹ sing (HIST) illuminismo m ❺ (MIL) esplorazione f, ricognizione f

aufklärungsbedürftig adj (Fall, Sachverhalt) che necessita spiegazioni

Aufklärungsdrang m bisogno m di chiarire; **Aufklärungsflugzeug** n (MIL) aereo m da ricognizione, ricognitore m; **Aufklärungskampagne** f campagna f informativa

aufklauben vt (A: aufsammeln) raccogliere

auf|kleben vt etw (**auf etw** acc) ~ incollare qc (su qc)

Aufkleber <-s, -> m (auto)adesivo m

auf|knöpfen vt sbottonare

auf|kochen I. vi sein cominciare a bollire II. vt haben ❶ (kurz kochen lassen) far bollire, portare all'ebollizione ❷ (nochmals kochen) ricuocere

auf|kommen <irr> vi sein ❶ (Gewitter, Wind) levarsi ❷ (Zweifel) sorgere; **keinen Zweifel** ~ **lassen** dileguare ogni dubbio ❸ (Mode werden) diventar di moda ❹ (haften) **für etw** ~ rispondere di qc ❺ (zahlen) pagare; **für jdn** ~ **müssen** avere qu a carico

Aufkommen <-s, -> n ❶ (METEO) formazione f, costituzione f ❷ (von Schadstoffen) propagazione f; (von Verkehr) formazione f

aufkreischen vi lanciare un urlo; (fig: Bremse, Maschine) stridere (improvvisamente)

auf|krempeln vt rimboccare

auf|kreuzen vi sein (fam) comparire (all'improvviso), spuntare

aufkünden ['aʊfkʏndən] vt (geh: Vertrag) sciogliere, rescindere; (Freundschaft) rompere; (Gehorsam) rifiutare ubbidienza, disubbidire

aufkündigen vt (Vertrag) sciogliere, rescindere; (Freundschaft) rompere; (Gehorsam) rifiutare ubbidienza, disubbidire

Aufl. abk v **Auflage** tiratura f

auf|lachen vi laut ~ scoppiare in una risata

auf|laden <irr> vt ❶ (Last) caricare ❷ (fig: aufbürden) addossare, accollare ❸ (Batterie) caricare; **wieder aufladbar sein** essere ricaricabile

Auflage <-, -en> f ❶ (Buch~) edizione f; (~nhöhe) tiratura f ❷ (Bedingung) condizione f ❸ (amtlich) ordine m, incarico m; **Auflagenhöhe** f tiratura f

auf|lassen <irr> vt ❶ (fam: offen lassen) lasciar aperto ❷ (fam: aufbehalten) tenere in testa ❸ (südd, A: schließen, stilllegen) chiudere, mettere a riposo

auf|lauern vi jdm ~ fare la posta a qu

Auflauf <-(e)s, -läufe> m ❶ (Menschen~) affollamento m ❷ (GASTR) sformato m

auf|laufen <irr> vi sein (NAUT) **auf etw** acc o dat ~ incagliarsi su qc

Auflaufform f (GASTR) stampo m [o pirofila f] per sformati

auf|leben vi sein rivivere; **wieder** ~ (fig) rinascere; (Gespräch) rianimarsi; **Erinnerungen wieder** ~ **lassen** far rivivere i ricordi; **in letzter Zeit ist er richtig aufgelebt** negli ultimi tempi si è proprio ripreso

auflecken vt leccare

auf|legen vt ❶ (Tischdecke, Gedeck, Platte) mettere; (Telefonhörer) riattaccare; (Pflaster) applicare ❷ (Buch) stampare ❸ (FIN: Wertpapiere) emettere

auf|lehnen vr sich (**gegen jdn/etw**) ~ ribellarsi (contro qu/a qc)

auf|lesen <irr> *vt* raccogliere

auf|leuchten *vi haben o sein* accendersi; (*a fig*) brillare

auf|listen ['aʊflɪstən] *vt* listare; **Auflistung** <-, -en> *f* elenco *m*; (*Liste*) lista *f*

auf|lockern *vt* ❶ (*Boden*) smuovere ❷ (*Muskeln*) sciogliere ❸ (*fig: Unterricht, Vortrag*) alleggerire ❹ (*fig: entspannen*) rilassare

auf|lösen I. *vt* ❶ (*a in Flüssigkeit*) sciogliere ❷ (*Versammlung, Ehe, Parlament, Rätsel*) sciogliere; (*Beziehungen*) troncare; (*Geschäft*) liquidare; (*Vertrag*) rescindere; (*Konto*) chiudere; **sich in Wohlgefallen ~** svanire, andare in fumo ❸ (*zerlegen*) scomporre; (PHYS) disintegrare ❹ (*Wend*) **in Tränen aufgelöst sein** sciogliersi in lacrime II. *vr* **sich ~** sciogliersi; (*a Nebel,* CHEM) dissolversi

Auflösung <-, -en> *f* ❶ (*von Ehe, Parlament, Versammlung*) scioglimento *m*; (*von Beziehungen*) rottura *f*; (*von Geschäft*) liquidazione *f*; (*von Vertrag*) rescissione *f*; (*von Konto*) chiusura *f* ❷ (MAT, CHEM) soluzione *f*; (MUS) risoluzione *f*; (TV: *Bild~*) definizione *f* ❸ (*von Rätsel*) soluzione *f* ❹ (*Computer*) risoluzione *f*; **Auflösungszeichen** *n* (MUS) bequadro *m*

auf|machen I. *vt* (*fam*) ❶ (*öffnen, eröffnen*) aprire ❷ (*Knoten, Haar*) sciogliere; (*Flasche*) stappare; (*Verschnürtes*) slacciare II. *vr* **sich ~** (*aufbrechen*) avviarsi, mettersi in cammino

Aufmacher <-s, -> *m* (PUBL) testata *f*, notizia *f* di prima pagina; (*Thema*) tema *m* principale

Aufmachung <-, -en> *f* ❶ (*von Person*) acconciamento *m* ❷ (*Gestaltung*) presentazione *f*

Aufmarsch <-(e)s, -märsche> *m* (MIL) schieramento *m*; (*Parade*) sfilata *f*, parata *f*;

auf|marschieren <ohne ge-> *vi sein* (MIL) schierarsi; (*zum Gefecht*) spiegarsi; (*bei Parade*) sfilare; **~ lassen** far comparire

auf|merken *vi* prestare attenzione; (*aufhorchen*) tendere l'orecchio

aufmerksam *adj* ❶ (*konzentriert*) attento; **jdn auf etw** *acc* **~ machen** richiamare l'attenzione di qu su qc, far notare qc a qu ❷ (*zuvorkommend*) premuroso, gentile; **Aufmerksamkeit** <-, -en> *f* ❶ *sing* (*Aufmerksamsein*) attenzione *f* ❷ *sing* (*Höflichkeit*) cortesia *f*, premura *f* ❸ (*kleines Geschenk*) regalino *m*, pensierino *m*

aufmotzen *vt* (*fam*) agghindare, infiocchettare

auf|muntern *vt* ❶ (*aufheitern*) rallegrare, sollevare ❷ (*ermutigen*) incoraggiare, esor-

tare; **Aufmunterung** <-, -en> *f* incoraggiamento *m*, esortazione *f*

aufmüpfig *adj* (*fam*) disubbidiente, indocile

Aufnäher <-s, -> *m* toppa *f*

Aufnahme <-, -n> *f* ❶ (*Empfang*) accoglienza *f*; (*in Krankenhaus*) ricovero *m* ❷ (*Zulassung*) ammissione *f*; (*Eingliederung*) integrazione *f*; (*in Liste, Programm*) inserimento *m*; (*Einbeziehung*) inclusione *f* ❸ (*Beginn*) inizio *m*; (*von Verhandlungen*) apertura *f*; (*von Beziehungen*) allacciamento *m* ❹ (*~ zimmer*) sala *f* d'accettazione ❺ (*von Protokoll*) stesura *f*, redazione *f* ❻ (FILM) ripresa *f*; (FOTO) fotografia *f*; **Achtung, ~!** ciac, si gira! ❼ (RADIO) incisione *f*; **aufnahmefähig** *adj* ricettivo; **Aufnahmegebühr** *f* tassa *f* d'iscrizione; **Aufnahmelager** *n* centro *m* di accoglienza; **Aufnahmeprüfung** *f* esame *m* d'ammissione; **Aufnahmestudio** *n* studio *m* di registrazione

Aufnahmetechnik *f* tecnica *f* di registrazione

Aufnahmsprüfung *f* (A) *s.* **Aufnahmeprüfung**

auf|nehmen <irr> *vt* ❶ (*hochnehmen*) alzare, sollevare ❷ (*empfangen*) accogliere; (*unterbringen*) ospitare; (*einreihen*) includere; (*in Schule, Verein*) ammettere; (*Klausel*) inserire; (*A: Hilfskraft*) assumere ❸ (*aufsaugen*) assorbire; (*Eindrücke*) ricevere ❹ (*beginnen*) iniziare; (*wieder ~*) riprendere; (*Verhandlungen*) avviare; (*Beziehungen*) stabilire, allacciare ❺ (FIN: *Darlehen*) contrarre; (*Hypothek, Schulden*) accendere ❻ (*Protokoll*) stendere, redigere ❼ (FILM) riprendere, girare; (FOTO) fotografare ❽ (RADIO) incidere ❾ (*Wend*) **es mit jdm ~ können** poter competere con qu

auf|opfern *vr* **sich (für jdn/etw) ~** sacrificarsi (per qu/qc)

auf|päppeln ['aʊfpɛpəln] *vt* (*fam*) rinforzare, ricostituire

auf|passen *vi* ❶ (*aufmerksam sein*) stare attento; (*Acht geben*) far attenzione; **auf etw** *acc* **~** fare attenzione a qc; **aufgepasst!** attenzione! ❷ (*beaufsichtigen*) **auf jdn ~** badare a qu

Aufpasser(in) <-s, -; -, -nen> *m(f)* sorvegliante *mf*

auf|peitschen *vt* ❶ (*Meer*) sollevare, agitare ❷ (*erregen*) eccitare; (*Kaffee*) stimolare

auf|peppen ['aʊfpɛpən] *vt* (*fam*) ravvivare

auf|pflanzen *vt* ❶ (*Fahne*) piantare

❷(*Gewehr*) inastare; **sich vor jdm ~** (*fam*) piantarsi davanti a qu

auf|platzen *vi sein* (*Naht*) scucirsi; (*Wunde*) aprirsi

aufplustern ['aʊfpluːstən] **I.** *vt* (*Gefieder*) rizzare (le penne) **II.** *vr* **sich ~** (*Vogel*) gonfiarsi; (*pej: Mensch*) gonfiarsi, pavoneggiarsi

aufprägen *vt* imprimere, stampare

Aufprall <-(e)s, -e> *m* ❶(*von Ball*) rimbalzo *m* ❷(*Stoß*) urto *m*

auf|prallen *vi sein* ❶(*Ball*) rimbalzare ❷(*dagegenprallen*) (**auf etw** *acc*) ~ urtare (contro qc)

Aufpreis <-es, -e> *m* sovrapprezzo *m;* **gegen ~ von** con un supplemento di

auf|pumpen *vt* gonfiare

auf|putschen *vt* eccitare, aizzare

Aufputschmittel *n* eccitante *m,* stimolante *m*

Aufputz <-es, -e> *m* (*A: Verzierung*) decorazione *f,* ornamento *m*

auf|raffen *vr* **sich** (**zu etw**) ~ farsi coraggio (per qc)

auf|räumen **I.** *vi* fare ordine; **mit etw ~** far piazza pulita di qc, farla finita con qc **II.** *vt* (ri)mettere in ordine; (*Zimmer a*) fare, rassettare; (*wegräumen*) mettere via

Aufräumungsarbeiten *fpl* lavori *mpl* di sgombero

aufrecht ['aʊfrɛçt] *adj* ❶(*gerade aufgerichtet*) d(i)ritto, eretto ❷(*fig: rechtschaffen*) retto, probo

aufrecht|erhalten <irr> *vt* (*Kontakt*) mantenere; (*Behauptung*) sostenere; **Aufrechterhaltung** <-> *kein Pl f* mantenimento *m,* sostenimento *m*

auf|regen **I.** *vt* eccitare, agitare; (*beunruhigen*) turbare, allarmare; (*ärgern*) irritare **II.** *vr* **sich ~** agitarsi; **sich über etw** *acc* ~ agitarsi per qc; (*sich empören*) indignarsi per qc; **sich über jdn ~** arrabbiarsi con qu; **ich habe mich über ihn aufgeregt** mi ha fatto venire i nervi; **aufregend** *adj* eccitante, emozionante

Aufregung <-, -en> *f* ❶(*Erregung*) eccitazione *f* ❷(*Verwirrung*) confusione *f*

aufreibend *adj* snervante, estenuante

aufreihen **I.** *vt* (*Dinge*) mettere in fila **II.** *vr* **sich ~** (*Personen*) mettersi in fila

auf|reißen <irr> **I.** *vt haben* ❶(*zerreißen*) lacerare, strappare ❷(*Fenster, Türen, Augen*) spalancare ❸(*Straßenpflaster*) disfare ❹(*sl: anmachen*) **jdn ~** rimorchiare qu **II.** *vi sein* (*Naht*) scucirsi; (*Wunde*) aprirsi

aufreizend *adj* eccitante, provocante

auf|richten **I.** *vt* ❶(*in die Höhe richten*)

sollevare, (ri)alzare ❷(*moralisch*) confortare, rinfrancare **II.** *vr* **sich ~** alzarsi

aufrichtig *adj* sincero; **Aufrichtigkeit** <-> *kein Pl f* sincerità *f*

Aufriss^RR <-es, -e> *m,* **Aufriß**^ALT <-risses, -risse> *m* (TEC, ARCH) prospetto *m*

auf|rollen *vt* ❶(*zusammenrollen*) arrotolare ❷(*auseinander rollen*) spiegare, srotolare ❸(*fig: Frage, Problem*) sollevare; (*Prozess*) rifare

auf|rücken *vi sein* ❶(*Platz machen*) serrare le file ❷(*befördert werden*) essere promosso

Aufruf <-(e)s, -e> *m* ❶(*das Aufrufen*) chiamata *f* ❷(*Appell*) appello *m,* invito *m;* **einen ~ an die Bevölkerung erlassen** fare appello alla popolazione ❸(INFORM) apertura *f,* richiamo *m*

auf|rufen <irr> *vt* ❶(*durch Namensrufung*) chiamare ❷(*öffentlich auffordern*) **jdn ~ etw zu tun** invitare [*o* esortare] qu a fare qc ❸(JUR: *Zeugen*) citare a deporre ❹(INFORM: *Programm*) aprire, richiamare

Aufruhr ['aʊfruːɐ̯] <-(e)s> *kein Pl m* ❶(*Auflehnung*) rivolta *f* ❷(*Erregung*) tumulto *m,* agitazione *f*

auf|rühren *vt* ❶(*durch Rühren nach oben bringen*) rimestare, rimescolare ❷(*Gefühle, Leidenschaften*) risvegliare; (*alte Geschichten*) rivangare, rimestare ❸(*aufwühlen, aufwiegeln*) sollevare; **Aufrührer(in)** ['aʊfryːɐ̯] <-s, -; -, -nen> *m(f)* rivoltoso, -a *m, f,* ribelle *mf;* **aufrührerisch** *adj* ❶(*Ideen*) sovversivo ❷(*Volksmenge*) ribelle

auf|runden *vt* arrotondare; **eine Summe auf hundert ~** arrotondare una somma a cento

auf|rüsten *vi, vt* riarmare

Aufrüstung <-, -en> *f* riarmo *m*

auf|rütteln *vt* **jdn** (**aus etw**) ~ scuotere qu (da qc)

aufs [aʊfs] (*fam*) = **auf das** *s.* **auf**

auf|sagen *vt* recitare

auf|sammeln *vt* raccogliere

aufsässig ['aʊfzɛsɪç] *adj* rivoltoso, sedizioso; (*bes. Kind*) ostinato, caparbio

Aufsatz <-es, -sätze> *m* ❶(*Schul~*) componimento *m,* tema *m;* (*Abhandlung*) saggio *m;* **einen ~ über etw** *acc* **schreiben** scrivere un tema [*o* saggio] su qc ❷(*an Möbeln*) alzata *f*

auf|saugen *vt* assorbire

auf|schauen *vi* (*bes. südd, A, CH*) *s.* **aufblicken**

auf|schaukeln *vr* (*fam*) **sich ~** acuirsi

auf|scheuchen *vt* spaventare

aufscheuern *vt* **sich** *dat* **die Haut ~**

pelarsi; **sich** *dat* **das Knie** ~ sbucciarsi il ginocchio

auf|schieben <irr> *vt* (*verschieben*) rimandare, aggiornare

Aufschlag <-(e)s, -schläge> *m* ❶ (*Aufprall*) urto *m,* colpo *m* ❷ (SPORT) battuta *f,* servizio *m* ❸ (*Preis~*) aumento *m* ❹ (*an Kleidung*) risvolto *m*

auf|schlagen <irr> **I.** *vi* ❶ *sein* (*beim Fall*) battere (cadendo); **auf etw** *acc o dat* ~ urtare contro qc ❷ *haben* (*Preise*) aumentare ❸ *haben* (SPORT) battere, servire **II.** *vt* *haben* ❶ (*Nuss, Ei*) spaccare; (*a Eis*) rompere ❷ (*Buch, Augen*) aprire ❸ (*Zelt*) montare; (*Lager*) impiantare ❹ (*Ärmel*) rimboccare; (*Kragen*) alzare ❺ (*verletzen*) ferirsi (sbattendo contro qc); **sich** *dat* **das Knie** ~ scorticarsi il ginocchio

auf|schließen <irr> *vt* (*öffnen*) aprire (con la chiave)

auf|schlitzen *vt* tagliare, squarciare; **jdm den Bauch** ~ sbudellare qu

AufschlussRR <-es, -schlüsse> *m,* **Aufschluß**ALT <-schlusses, -schlüsse> *m* chiarimento *m;* **jdm über etw** *acc* ~ **geben** spiegare qc a qu

auf|schlüsseln *vt* suddividere; (*Kosten*) spartire

aufschlussreichRR *adj* istruttivo, informativo

auf|schnappen *vt* (*fig fam*) cogliere

auf|schneiden <irr> **I.** *vt* ❶ (*öffnen*) tagliare; (MED) incidere ❷ (*in Scheiben*) affettare **II.** *vi* (*fam pej: prahlen*) fare lo spaccone

Aufschneider(in) <-s, -; -, -nen> *m(f)* (*fam pej*) spaccone, -a *m, f;* **Aufschneiderei** <-, -en> *f* vanteria *f,* bluff *m,* millanteria *f*

Aufschnitt <-(e)s> *kein Pl m* affettato *m*

auf|schnüren *vt* (*Schuhe, Korsett*) slacciare; (*Paket*) slegare

auf|schrauben *vt* ❶ (*öffnen*) aprire svitando ❷ (*befestigen*) avvitare

auf|schrecken[1] <schreckt *o* schrickt auf, schreckte *o* schrak auf, aufgeschreckt> *vi sein* sobbalzare; **aus dem Schlaf** ~ svegliarsi di soprassalto

auf|schrecken[2] *vt* far sobbalzare

Aufschrei <-(e)s, -e> *m* grido *m* (improvviso)

auf|schreiben <irr> *vt* scrivere, mettere per iscritto; (*notieren*) prendere nota di; **jdn** ~ (MOT) prendere le generalità di qu

auf|schreien <irr> *vi* gridare, lanciare un urlo

Aufschrift <-, -en> *f* scritta *f,* iscrizione *f*

Aufschub <-(e)s, -schübe> *m* ❶ (*Ver-*

schieben) rinvio *m;* (*Fristverlängerung*) proroga *f,* dilazione *f* ❷ (*Verzögerung*) ritardo *m,* indugio *m*

auf|schütten *vt* ❶ (*schütten*) **etw** (**auf etw** *acc*) ~ gettare qc (su qc); (*Flüssigkeit*) versare qc (su qc) ❷ (*anhäufen*) ammassare; (*Damm*) alzare

auf|schwatzen *vt* **jdm etw** ~ indurre qu ad accettare qc; (*verkaufen*) indurre qu a comprare qc

auf|schwingen <schwingt auf, schwang auf, aufgeschwungen> *vr* **sich** ~ ❶ (*Vogel*) alzarsi [*o* levarsi] in volo ❷ (SPORT) slanciarsi in alto ❸ (*fig: Fantasie*) prendere il volo; **sich zu etw** ~ (*fig*) decidersi a fare qc

Aufschwung <-(e)s, -schwünge> *m* ❶ (*fig*) miglioramento *m;* (*Fortschritt*) progresso *m;* (COM) ripresa *f,* boom *m;* **das gibt mir wieder neuen** ~ ciò mi dà nuovo vigore ❷ (SPORT) volata *f*

auf|sehen <irr> *s.* **aufblicken**

Aufsehen <-s> *kein Pl n* sensazione *f;* (*bes. Lärm, Entrüstung*) scalpore *m;* ~ **erregend** sensazionale; **aufsehenerregend** *adj* sensazionale

Aufseher(in) <-s, -; -, -nen> *m(f)* sorvegliante *mf;* (*Gefängnis~*) guardiano, -a *m, f;* (*Museums~*) custode *mf*

auf|seinALT *s.* **auf II.3.**

auf|setzen **I.** *vt* ❶ (*Brille, Hut*) mettere ❷ (*auf den Herd stellen*) mettere su ❸ (*Miene*) assumere ❹ (*abfassen*) scrivere; (JUR) redigere, stendere **II.** *vi* (AERO) atterrare

Aufsicht <-> *kein Pl f* controllo *m,* sorveglianza *f;* (*polizeiliche* ~) vigilanza *f;* **über etw** *acc* ~ **führen** soprintendere a qc, avere la sorveglianza su qc; **unter** ~ sotto controllo; **Aufsichtsbehörde** <-, -n> *f* ispettorato *m;* **Aufsichtsrat** *m* consiglio *m* d'amministrazione; **Aufsichtsratsvorsitzende** *mf* presidente *mf* del consiglio d'amministrazione

auf|sitzen <irr> *vi sein* ❶ (*auf Pferd*) montare a cavallo; (*auf Fahrzeug*) montare ❷ (*fig fam: hereinfallen*) **jdm** ~ lasciarsi abbindolare da qu

auf|spalten **I.** *vt* dividere (*in* + *acc* in), scindere (*in* + *acc* in) **II.** *vr* **sich** ~ dividersi (*in* + *acc* in), scindersi (*in* + *acc* in)

Aufspaltung <-, -en> *f* spaccatura *f;* (*Partei, Verein*) scioglimento *m,* scissione *f;* (*Atom, Zelle*) fissione *f;* (CHEM) scissione *f*

auf|spannen *vt* ❶ (*spannen*) **etw** (**auf etw** *acc*) ~ tendere qc (su qc) ❷ (*Schirm*) aprire

auf|sparen *vt* serbare, riservare

auf|sperren *vt* ❶ (*fam: aufreißen*) spalancare; **Mund und Nase ~** rimanere a bocca aperta ❷ (*A, südd: aufschließen*) aprire (con la chiave)

auf|spielen *vr* **sich ~** (*fam*) darsi delle arie; **sich als Held ~** atteggiarsi a eroe

auf|spießen *vt* infilzare; (*durchbohren*) trafiggere; (*mit der Gabel*) inforcare; (*auf Hörner*) incornare

auf|springen <irr> *vi sein* ❶ (*hochspringen*) balzare in piedi, alzarsi di scatto; (*Ball*) rimbalzare ❷ (*springen*) **auf etw** *acc* **~** saltare su qc ❸ (*sich öffnen: Tür*) aprirsi di scatto; (*Knospen*) sbocciare; (*Haut*) screpolarsi

auf|spritzen *vt* **sich die Lippen ~ lassen** rifarsi le labbra

auf|spüren *vt* rintracciare; (*Wild*) braccare

auf|stacheln *vt* ❶ (*aufwiegeln*) aizzare ❷ (*anspornen*) **jdn** (**zum Widerstand**) **~** incitare qu (alla resistenza)

Aufstand <-(e)s, -stände> *m* sommossa *f*, insurrezione *f*

aufständisch ['aʊfʃtɛndɪʃ] *adj* ribelle, sovversivo; **Aufständische** ['aʊfʃtɛndɪʃə] <ein -r, -n, -n> *mf* ribelle *mf*, insorto, -a *m, f*

auf|stapeln *vt* accatastare, ammucchiare

auf|stauen I. *vt* (*Wasser*) accumulare II. *vr* **sich ~** ammassarsi; (*Blut*) ristagnare; (*fig: Wut*) accumularsi

auf|stechen <sticht auf, stach auf, aufgestochen> *vt* ❶ (*durch Einstich öffnen*) aprire pungendo; (MED) incidere ❷ (*fig: Fehler*) notare

auf|stecken *vt* ❶ (*mit Stecknadeln befestigen*) appuntare; (*Gardinen*) mettere; (*Haar*) raccogliere ❷ (*fig fam: aufgeben*) rinunciare a ❸ (*fig: Miene*) assumere

auf|stehen <irr> *vi* ❶ *sein* (*sich erheben, das Bett verlassen*) alzarsi ❷ *haben* (*offen sein*) essere aperto

auf|steigen <irr> *vi sein* ❶ (*auf Pferd*) montare in sella; (*auf Fahrzeug*) salire ❷ (*Ballon*) alzarsi; (*Flugzeug*) alzarsi in volo, prendere quota; (*Nebel, Rauch*) levarsi, alzarsi ❸ (*Gefühl*) nascere; (*Erinnerungen*) affiorare; **in mir stieg der Verdacht auf, dass ...** mi venne il sospetto che +*conj* ❹ (*beruflich*) far carriera, avanzare; (SPORT) passare di categoria; **zum Abteilungsleiter ~** diventare caporeparto ❺ (*A: Schule: versetzt werden*) essere promosso

Aufsteiger <-s, -> *m* ❶ (*fam: sozialer ~*) arrampicatore, -trice *m, f* sociale ❷ (SPORT) squadra *f* promossa

auf|stellen I. *vt* ❶ (*anordnen, zusammenstellen*) disporre, collocare, mettere; (*Pos-*

ten) appostare ❷ (*Mannschaft*) formare; (*Liste, Rechnung*) compilare; (*Programm*) formulare ❸ (*Kandidat*) presentare; **sich als Kandidat ~ lassen** porre la propria candidatura ❹ (*aufbauen, errichten*) erigere, costruire; (*Bett*) montare; (*Maschine*) installare; (*Leiter*) alzare; (*Falle*) tendere ❺ (*Rekord*) stabilire ❻ (*wieder ~*) rialzare ❼ (*Partei, Firma, Land*) mobilitare II. *vr* **sich ~** mettersi; (MIL) schierarsi; **sich im Halbkreis ~** disporsi a mezzo cerchio

Aufstellung <-, -en> *f* ❶ (*Errichtung*) erezione *f*, innalzamento *m* ❷ (*Anordnung*) disposizione *f*, collocazione *f*; (*in Reihen*) schieramento *m;* (SPORT) formazione *f* ❸ (*von Kandidaten*) presentazione *f* ❹ (*von Liste, Rechnung*) compilazione *f*; (*von Programm*) formulazione *f* ❺ (*Liste*) lista *f*

Aufstieg ['aʊfʃtiːk] <-(e)s, -e> *m* ❶ (*Weg*) salita *f*; (*auf Berg*) ascensione *f* ❷ (*fig: Fortschritt*) ascesa *f*; (*beruflich, SPORT*) promozione *f*; **der ~ in die Bundesliga** la promozione in serie A; **Aufstiegsmöglichkeit** *f* possibilità *f* di avanzamento [*o* di far carriera]; **Aufstiegsspiel** *n* (SPORT) incontro *m* per la promozione

auf|stöbern *vt* scovare

auf|stocken ['aʊfʃtɔkən] *vt* ❶ (ARCH) rialzare (*um* di) ❷ (FIN) aumentare

aufstöhnen *vi* gemere, emettere un gemito

auf|stoßen <irr> I. *vt haben* ❶ (*öffnen*) aprire con una spinta ❷ (*verletzen*) escoriare II. *vi* ❶ *sein* (*auftreffen*) **auf etw** *acc* **~** battere contro qc ❷ *haben* (*rülpsen*) ruttare

Aufstrich <-(e)s, -e> *m* quello che si spalma sul pane; **was möchtest du als ~?** che cosa vuoi sul pane?

auf|stützen I. *vt* **etw** (**auf etw** *acc o dat*) **~** appoggiare qc (su qc) II. *vr* **sich** (**auf etw** *acc o dat*) **~** appoggiarsi (su qc), mobilitare

auf|stylen *vt* (*fam*) **etw/jdn ~** (*modisch aufpeppen*) mettere in tiro

auf|suchen *vt* andare a trovare; (*Arzt*) consultare

Auftakt <-(e)s, -e> *m* ❶ (*fig: Beginn*) inizio *m*, preludio *m;* **der ~ zu etw** l'inizio di qc ❷ (MUS) anacrusi *f*

auf|tanken (MOT, AERO) I. *vi* fare il pieno II. *vt* rifornire di carburante

auf|tauchen *vi sein* ❶ (*emportauchen*) emergere, venir a galla; (*U-Boot*) riemergere ❷ (*sichtbar werden*) apparire; (*unerwartet*) saltare fuori; **wieder ~** ricomparire ❸ (*fig: Erinnerungen, Probleme*) affiorare

auf|tauen I. *vt haben* disgelare; (*Tiefkühl-kost*) scongelare II. *vi sein* sciogliersi; (*fig*) aprirsi

auf|teilen *vt* **❶**(*einteilen*) (sud)dividere, spartire **❷**(*verteilen*) distribuire

Aufteilung <-, -en> *f* **❶**(*Verteilung*) divisione *f* **❷**(*Einteilung*) ripartizione *f*, suddivisione *f*

auf|tischen *vt* **❶**(*Speisen, Getränke*) mettere in tavola **❷**(*fig fam: Lügen*) scodellare

Auftrag ['aʊftraːk, *pl:* 'aʊftrɛːgə] <-(e)s, Aufträge> *m* **❶**(*Anweisung*) ordine *m;* (*Aufgabe*) incarico *m;* (*a Verpflichtung*) compito *m;* **im ~ von ...** per incarico di ..., incaricato da ... **❷**(COM: *Bestellung*) ordinazione *f*, commissione *f;* **bei jdm etw in ~ geben** ordinare [*o* commissionare] qc presso qu

auf|tragen <irr> *vt* **❶**(*geh: Speisen*) portare in tavola, servire **❷**(*Farbe, Salbe, Schminke*) applicare; **dick ~** (*fam*) caricare le tinte **❸**(*beauftragen*) **jdm etw ~** incaricare qu di qc

Auftraggeber(in) <-s, -; -, -nen> *m(f)* (COM) committente *mf;* (JUR) mandante *mf;*

Auftragnehmer(in) <-s, -; -, -nen> *m(f)* (JUR) mandatario, -a *m, f*

Auftragsbestätigung *f* (COM) conferma *f* d'ordine; **Auftragseingang** <-(e)s, -gänge> *m* (WIRTSCH) entrata *f* dell'ordine; **Auftragslage** *f* (COM) volume *m* degli ordini

Auftragsmord *m* omicidio *m* su commissione

auf|treiben <irr> *vt* (*fam: finden*) pescare; (*beschaffen*) procacciarsi; (*Geld*) procurarsi

auf|trennen *vt* disfare, scucire

auf|treten <irr> I. *vi sein* **❶**(*erscheinen*) presentarsi; **als Zeuge ~** comparire come testimone **❷**(THEAT: *Bühne betreten*) entrare in scena; **als Hamlet ~** recitare nella parte di Amleto **❸**(*sich benehmen*) comportarsi; **sicher ~** avere un atteggiamento sicuro **❹**(*fig: Krankheit*) comparire; (*Schwierigkeit, Zweifel*) sorgere **❺**(*mit Fuß*) poggiare (il piede) a terra, camminare II. *vt haben* (*Tür*) aprire con una pedata; **Auftreten** <-s> *kein Pl n* **❶**(*Benehmen*) condotta *f*, contegno *m* **❷**(*Vorkommen*) presenza *f;* (*von Krankheit*) manifestarsi *m*

Auftrieb <-(e)s, -e> *m* **❶**(PHYS) spinta *f* aereostatica; (AERO) forza *f* ascensionale, portanza *f* **❷**(*fig: Schwung*) impulso *m*, slancio *m*

Auftritt <-(e)s, -e> *m* (THEAT: *Erscheinen*) entrata *f* in scena; (*Szene*) scena *f*

auf|trumpfen *vi* imporsi

auf|tun <irr> I. *vt* (*fam: entdecken*) trovare, pescare II. *vr* **sich ~** (*geh: sich öffnen*) aprirsi

auf|türmen I. *vt* accatastare II. *vr* **sich ~** accumularsi, accavallarsi

auf|wachen *vi sein* svegliarsi; **aus einem Traum ~** svegliarsi da un sogno

auf|wachsen <irr> *vi sein* crescere

auf|wallen ['aʊfvalən] *vi sein* ribollire

Aufwand ['aʊfvant] <-(e)s> *kein Pl m* **❶**(*Kosten*) spesa *f* **❷**(*Einsatz*) dispendio *m;* **ein großer ~ an Energie** un grande dispendio di energia **❸**(*Luxus, Pomp*) lusso *m*, pompa *f*

aufwändig[RR] *adj* (*kostspielig*) dispendioso; (*üppig*) rigoglioso

Aufwandsentschädigung *f* indennità *f* (per spese)

auf|wärmen I. *vt* **❶**(*warm machen*) riscaldare **❷**(*fam pej: alte Geschichten*) rivangare II. *vr* **sich ~** riscaldarsi; (SPORT) riscaldare i muscoli

aufwärts ['aʊfvɛrts] *adv* verso l'alto, in alto; (*a fig*) in su; **von fünf Personen ~** dalle 5 persone in su

Aufwärtsentwicklung *f* sviluppo *m* positivo; **Aufwärtstrend** *m* trend *m* positivo

Aufwasch ['aʊfvaʃ] <-(e)s> *kein Pl m* stoviglie *fpl* [*o* piatti *mpl*] da lavare; **in einem ~** (*fig*) in una volta

auf|wecken *vt* svegliare

auf|weichen ['aʊfvaɪçən] *vt* ammollare

auf|weisen <irr> *vt* presentare

auf|wenden <irr> *vt* impiegare; (*Geld*) spendere; (*Sorgfalt*) usare

aufwendig *adj s.* **aufwändig**

Aufwendung <-, -en> *f* **❶**(*Aufbietung*) impiego *m* **❷** *pl* (*Ausgaben*) spese *fpl*

auf|werfen <irr> *vt* **❶**(*Damm*) rialzare, costruire **❷**(*Tür, Fenster*) spalancare **❸**(*fig: Frage*) sollevare, avanzare

auf|werten *vt* (FIN) rivalutare

Aufwertung <-, -en> *f* rivalutazione *f*

auf|wickeln *vt* **❶**(*zusammenrollen*) avvolgere, arrotolare **❷**(*auf Wickler aufdrehen*) **jdm die Haare ~** mettere i bigodini a qu

auf|wiegeln ['aʊfviːgəln] *vt* sobillare; **jdn zu etw ~** istigare qu a (fare) qc

auf|wiegen <irr> *vt* compensare, controbilanciare

Aufwiegler(in) <-s, -; -, -nen> *m(f)* (*pej*) sobillatore, -trice *m, f*, provocatore, -trice *m, f*

Aufwind <-(e)s, -e> *m* corrente *f* ascensionale

auf|wirbeln *vt haben* sollevare in vortice; **(viel) Staub ~** (*fig*) suscitare scalpore

auf|wischen *vt* pulire (con lo strofinaccio)

auf|wühlen *vt* ❶ (*Erde*) scavare; (*See*) agitare ❷ (*fig*) scuotere

auf|zählen *vt* enumerare

Aufzahlung <-, -en> *f* (*A, südd: Mehrpreis*) sovrapprezzo *m*

Aufzählung <-, -en> *f* enumerazione *f*

auf|zäumen ['aʊftsɔɪmən] *vt* mettere la briglia a

auf|zehren *vt* consumare, esaurire

auf|zeichnen *vt* ❶ (*aufschreiben*) annotare, segnare; (*Plan, Weg*) disegnare ❷ (RADIO, TV) registrare

Aufzeichnung <-, -en> *f* ❶ (*Notiz*) annotazione *f* ❷ (RADIO, TV) registrazione *f*; (*keine Live-Sendung*) trasmissione *f* differita

aufzeigen *vt* (*geh: darlegen*) mostrare; (*klar machen*) dimostrare

auf|ziehen <irr> I. *vt haben* ❶ (*nach oben ziehen*) tirare su, alzare, sollevare ❷ (*öffnen*) aprire (tirando) ❸ (*großziehen*) allevare ❹ (*Uhr*) caricare; (*Perlen*) infilare; (*Foto*) montare ❺ (*fam: veranstalten*) organizzare, allestire ❻ (*fam: hänseln*) prendere in giro II. *vi sein* ❶ (*Wolken*) alzarsi; (*Gewitter*) avvicinarsi ❷ (MIL) montare

Aufzucht <-> *kein Pl f* ❶ (*von Tieren*) allevamento *m* ❷ (*von Pflanzen*) coltura *f*

Aufzug <-(e)s, -züge> *m* ❶ (*Fahrstuhl*) ascensore *m* ❷ (*Aufmarsch*) corteo *m* ❸ (THEAT) atto *m* ❹ (*pej: Kleidung*) modo *m* di vestire

auf|zwingen <irr> *vt* **jdm etw ~** imporre qc a qu

Augapfel <-s, -äpfel> *m* (ANAT) bulbo *m* oculare; **etw wie seinen ~ hüten** custodire qc come la pupilla dei propri occhi

Auge ['aʊgə] <-s, -n> *n* ❶ (ANAT) occhio *m*; **blaue/graue ~n haben** avere gli occhi azzurri/grigi; **gute/schlechte ~n haben** avere occhi buoni/deboli; **mit bloßem ~** a occhio nudo; **unter vier ~n** a quattr'occhi; **so weit das ~ reicht** a perdita d'occhio; **ins ~ gehen** (*fam*) andare a finir male; **mit einem blauen ~ davonkommen** (*fam*) cavarsela a buon mercato; **große ~n machen** (*fam*) fare tanto d'occhi, sgranare gli occhi; **jdm schöne ~n machen** (*fam*) fare l'occhio languido a qu; **jdm die ~n öffnen** aprire gli occhi a qu; **ein ~ zudrücken** chiudere un occhio; **jdm etw vor ~n führen** far vedere qc a qu, dimostrare qc a qu; **etw im ~ haben** (*fig*) mirare a qc; **jdn nicht aus den ~n lassen** non perdere qu di vista; **einer Gefahr ins ~ sehen** affrontare un pericolo; **etw mit anderen ~n**

sehen vedere qc con tutt'altri occhi; **in die ~n springen** (*fig*) dare nell'occhio, saltare all'occhio; **jdn aus den ~n verlieren** perdere di vista qu ❷ (*Punkt bei Spielen*) punto *m* ❸ (BOT) gemma *f*

Augenarzt *m*, **Augenärztin** *f* oculista *mf*

Augenaufschlag *m* battito *m* di ciglia

Augen(aus)wischerei [aʊgən(ʔaʊs)vɪʃəraɪ] <-, -en> *f* (*fam*) bidonata *f*

Augenbank <-, -en> *f* banca *f* degli occhi

Augenblick <-es, -e> *m* momento *m*, istante *m*, attimo *m*; **er müsste jeden ~ kommen** dovrebbe arrivare da un momento all'altro; **augenblicklich I.** *adj* ❶ (*derzeitig*) attuale ❷ (*sofortig*) istantaneo, immediato ❸ (*plötzlich*) improvviso ❹ (*vorübergehend*) momentaneo **II.** *adv* ❶ (*gegenwärtig*) al [*o* per il] momento ❷ (*sofort*) subito

Augenbraue *f* sopracciglio *m*; **Augenbrauenstift** *m* matita *f* per sopracciglia; **Augenentzündung** <-, -en> *f* infiammazione *f* degli occhi; (MED) oftalmia *f*

augenfällig ['aʊgənfɛlɪç] *adj* evidente, palese; (*auffällig*) vistoso

Augenfarbe *f* colore *m* degli occhi; **Augenflimmern** <-s> *kein Pl n* (MED) fibrillazione *f* oculare; **Augengläser** *npl* (*A: Brille*) occhiali *mpl*; **Augenheilkunde** ['aʊgənhaɪlkʊndə] <-> *kein Pl f* (MED) oftalmologia *f*; **Augenhöhe** *f* **in ~** all'altezza degli occhi; **Augenhöhle** *f* cavità *f* oculare, orbita *f*; **Augenklappe** *f* benda *f* per gli occhi; **Augenklinik** *f* clinica *f* oftalmica; **Augenlicht** *n* (*geh*) vista *f*; **Augenlid** *n* palpebra *f*; **Augenmaß** *n* misura *f* ad occhio; (*fig*) senso *m* delle proporzioni; **ein gutes ~ haben** avere buon occhio; **nach ~** ad occhio; **Augenmerk** <-(e)s> *kein Pl n* **sein ~ auf etw** *acc* **richten** rivolgere l'attenzione a [*o* su] qc; **Augenschein** <-(e)s> *kein Pl m* apparenza *f*; **etw in ~ nehmen** esaminare qc attentamente; (JUR) fare il sopralluogo; **augenscheinlich I.** *adj* manifesto, ovvio, evidente **II.** *adv* ovviamente; **Augentropfen** *mpl* collirio *m*, gocce *fpl* per gli occhi; **Augenweide** <-> *kein Pl f* delizia *f* degli occhi; **Augenwinkel** *m* coda *f* dell'occhio; **jdn aus den ~n betrachten** guardare qu con la coda dell'occhio; **Augenwischerei** <-, -en> *f* bidonata *f*; **Augenzeuge** *m* testimone *m* oculare; **Augenzeugenbericht** *m* testimonianza *f* oculare; **Augenzeugin** *f* testimone *f* oculare; **Augenzwinkern** <-s> *kein Pl n* occhiolino *m*

Augsburg ['aʊksbʊrk] *n* Augusta *f*

August [aʊ'gʊst] <-(e)s *o* -, -e> *m* agosto *m; s. a.* **April**; **Augustfeier** *f* (*CH*) *festa nazionale svizzera*

Auktion [aʊk'tsi̯oːn] <-, -en> *f* asta *f* pubblica, incanto *m*

Auktionator [aʊktsi̯o'naːtoːɐ̯] <-s, -en> *m* banditore *m* dell' asta

Auktionshaus *n* centro *m* aste

Aula ['aʊla, *pl:* 'aʊlən] <-, Aulen> *f* aula *f* magna

Au-pair-Mädchen *n*, **Aupairmädchen**^RR [o'pɛːɛmɛːtçən] *n* ragazza *f* alla pari

Aura ['aʊra] <-> *kein Pl f* (*geh*) aura *f*

aus [aʊs] **I.** *prp +dat* ❶ (*räumlich*) da; ~ **einer Tasse trinken** bere da una tazza; **vom Fenster** ~ dalla finestra ❷ (*zeitlich*) di; ~ **dem 18. Jahrhundert** del settecento ❸ (*Beschaffenheit*) di; ~ **Eisen/Holz** di ferro/legno ❹ (*Abstammung*) da, di; **ich bin** ~ **Venedig** sono di Venezia; **ich komme** ~ **Deutschland/Italien** vengo dalla Germania/dall'Italia ❺ (*Ursache*) per; ~ **Angst vor** +*dat* per paura di; ~ **Erfahrung/Überzeugung/Versehen** per esperienza/convinzione/sbaglio; ~ **diesem Grunde** per questo motivo ❻ (*Wend*) ~ **dem Gebrauch** fuori uso; ~ **der Mode** fuori moda; **was ist** ~ **ihm geworden?** che ne è stato di lui? **II.** *adv* ❶ (*fam: zu Ende*) ~ **sein** essere finito; **zwischen uns ist es** ~ **sein** fra noi è finita ❷ (*gelöscht: Feuer, Licht*) ~ **sein** essere spento ❸ (*fam: ~ gegangen*) ~ **sein** essere uscito ❹ (*SPORT*) ~ **sein** essere fuori (campo) ❺ (*Wend*) **auf etw** *acc* ~ **sein** mirare a qc; **von Haus** ~ originalmente; **von hier** ~ da qui; **von mir** ~ per conto mio, per me

Aus <-> *kein Pl n* (*SPORT*) fuori campo *m*

aus|arbeiten *vt* elaborare; (*Vertrag*) redigere; **Ausarbeitung** <-, -en> *f* elaborazione *f;* (*von Vertrag*) redazione *f*

aus|arten *vi sein* (**in etw** *acc*) ~ degenerare (in qc)

aus|atmen **I.** *vt* espirare **II.** *vi* spirare

Ausbau <-(e)s> *kein Pl m* ❶ (*ARCH: Erweiterung*) ampliamento *m;* (*Umbau*) trasformazione *f* ❷ (*TEC*) smontaggio *m* ❸ (*fig: Erweiterung*) potenziamento *m;* (*Entwicklung*) sviluppo *m*

aus|bauen *vt* ❶ (*ARCH: erweitern*) ampliare; (*umbauen*) trasformare; **das Dachgeschoss zu einer Wohnung** ~ trasformare la mansarda in un appartamento ❷ (*TEC*) smontare ❸ (*fig: erweitern*) potenziare, estendere; (*entwickeln*) sviluppare

ausbaufähig *adj* ampliabile

aus|bedingen <bedingt aus, bedang aus, ausbedungen> *vt* **sich** *dat* **etw** ~ porre qc come condizione; **sich** *dat* **das Recht** ~ **zu** +*inf* riservarsi il diritto di +*inf*

aus|beißen <beißt aus, biss aus, ausgebissen> *vt* **sich** *dat* **einen Zahn** ~ rompersi un dente mordendo; **daran kannst du dir die Zähne** ~ (*fig fam*) è un vero rompicapo

aus|bessern *vt* riparare, accomodare; (*flicken*) rattoppare; (*stopfen*) rammendare

aus|beulen *vt* ❶ (*Kleidungstücke*) sformare ❷ (*TEC*) spianare

Ausbeute <-, *rar* -en> *f* rendimento *m;* **die** ~ **an Kohle** il rendimento in carbone

aus|beuten *vt* sfruttare; **Ausbeuter(in)** <-s, -; -, -nen> *m(f)* sfruttatore, -trice *m, f;* **Ausbeutung** <-> *kein Pl f* sfruttamento *m*

aus|bezahlen <ohne ge-> *vt* ❶ (*Geld*) pagare ❷ (*Menschen*) tacitare

aus|bilden *vt* ❶ (*Lehrling,* MIL) addestrare; (*beruflich*) formare, istruire; **jdn in einem Fach** ~ istruire qu in una materia **II.** *vr* **sich** ~ formarsi; (*sich entwickeln*) svilupparsi

Ausbilder(in) <-s, -; -, -nen> *m(f)*, **Ausbildner(in)** <-s, -; -, -nen> *m(f)* (*CH, A:* MIL) istruttore, -trice *m, f*

Ausbildung <-, -en> *f* ❶ (*von Lehrling,* MIL) addestramento *m;* (*beruflich*) formazione *f* professionale; (*Schul~*) istruzione *f* ❷ (*Lehrzeit*) tirocinio *m;* **Ausbildungsbeihilfe** *f* sussidio *m* per la formazione professionale; **Ausbildungsplatz** *m* posto *m* di apprendistato; **Ausbildungsplatzabgabe** *f* tassa prevista in Germania per le aziende che non assumono un determinato numero di giovani a scopo di formazione

aus|bitten <bittet aus, bat aus, ausgebeten> *vt* **sich** *dat* **etw** ~ esigere qc; **das bitte ich mir aus** questo io esigo

aus|blasen <irr> *vt* spegnere (soffiando); (*Ei*) vuotare (soffiando)

aus|bleiben <irr> *vi sein* ❶ (*nicht eintreten*) non verificarsi, mancare ❷ (*fern bleiben*) non venire; **lange** ~ rimanere fuori a lungo; (*überfällig sein*) ritardare

ausblenden **I.** *vt* (*Musik*) abbassare; (*Ton*) togliere (lentamente il volume); (FILM: *Szene*) chiudere in dissolvenza; **es wird ausgeblendet** la luce si spegne lentamente **II.** *vr* **sich** ~ (TV, RADIO) sospendere le trasmissioni, cedere la linea; **der Bayrische Rundfunk blendete sich aus der Sendung aus** la Bayrische Rundfunk sospese le trasmissioni

Ausblick <-(e)s, -e> m ❶(*Aussicht*) panorama *m;* **der ~ auf etw** *acc* la vista su qc ❷(*fig: Vorausschau*) previsione *f*

aus|bohren *vt* trivellare, trapanare; (*herausbohren*) levare con la trivella [*o* il trapano]

ausbomben *vt* bombardare

ausbooten ['aʊsboːtən] *vt* (*fam: aus einer Stellung*) silurare; (*aus einer Position*) soppiantare; **einen Arbeitskollegen ~** soppiantare un collega

aus|borgen *vt s.* **borgen**

aus|brechen <irr> I. *vi sein* ❶(*fliehen*) **aus dem Gefängnis ~** evadere di [*o* dalla] prigione; **aus dem Käfig ~** scappare dalla gabbia ❷(*Feuer, Krieg, Krankheit*) scoppiare; (*Vulkan*) erompere; **in Gelächter/ Tränen ~** scoppiare a ridere/in lacrime II. *vt haben* ❶(*Steine*) cavare ❷(*Nahrung*) vomitare

Ausbrecher(in) <-s, -; -, -nen> m(f) (*fam*) evaso, -a m, f

aus|breiten I. *vt* (*Decke*) stendere; (*Flügel, Waren*) spiegare; (*Arme*) allargare II. *vr* **sich ~** ❶(*Geruch, Rauch*) espandersi; (*Feuer*) propagarsi; (*Krankheit, Unsitte, Nachricht*) diffondersi; (*sich erstrecken*) estendersi ❷(*über Thema*) **sich über etw** *acc ~* dilungarsi su qc

Ausbreitung <-> *kein Pl f* propagazione *f*

aus|brennen <brennt aus, brannte aus, ausgebrannt> I. *vi sein* ❶(*zu Ende brennen*) finire di bruciare; (*a Vulkan*) spegnersi ❷(*ganz verbrennen*) bruciare completamente, essere distrutto dal fuoco; **das Feuer ~ lassen** lasciare che il fuoco si spenga da sé II. *vt haben* ❶(*MED*) cauterizzare ❷(*Sonne*) bruciare

Ausbruch <-es, -brüche> m ❶(*Flucht*) evasione *f* ❷(*fig: Krankheits~*) insorgenza *f,* comparsa *f;* (*Kriegs~*) scoppio *m;* (*Gefühls~*) sfogo *m,* impeto *m;* (*Fieber~, Zornes~*) accesso *m;* (*Freuden~*) trasporto *m;* (*Vulkan~*) eruzione *f*

aus|brüten *vt* ❶(*Eier*) covare ❷(*fig fam*) macchinare, tramare

aus|büchsen *vi* (*hum fam*) filarsela

aus|bügeln *vt* (*fam*) stirare (togliendo le pieghe)

Ausbund <-es> *kein Pl m* **ein ~ an** [*o* **von**] **Bosheit** un abisso di malvagità; **ein ~ an** [*o* **von**] **Tugend** un modello di virtù

aus|bürgern ['aʊsbʏrgɐn] *vt* privare della cittadinanza; (*ausweisen*) espellere

Ausbürgerung <-, -en> *f* privazione *f* della cittadinanza; (*Ausweisung*) espulsione *f*

aus|bürsten *vt* ❶(*Anzug, Kleid*) spazzolare ❷(*Staub*) togliere con la spazzola

aus|chillen ['aʊstʃɪlən] *vi* (*sl: sich ausruhen*) riposarsi

Auschwitzlüge ['aʊʃvɪtslyːgə] <-> *kein Pl f* diniego del genocidio nazista

Ausdauer <-> *kein Pl f* costanza *f,* tenacia *f;* **ausdauernd** *adj* perseverante, costante; (*zäh*) tenace

aus|dehnen I. *vt* ❶(*vergrößern*) estendere; (PHYS) dilatare; (*verlängern*) allungare; (*zeitlich*) prolungare ❷(*fig: einbeziehen*) **etw (auf etw** *acc*) **~** estendere qc (su qc) II. *vr* **sich ~** (*sich vergrößern*) estendersi; (PHYS) dilatarsi; (*sich verlängern*) allungarsi; (*zeitlich*) prolungarsi

Ausdehnung <-, -en> *f* ❶(*Vorgang*) distensione *f;* (*Vergrößerung*) ampliamento *m,* espansione *f;* (PHYS) dilatazione *f;* (*zeitlich*) prolungamento *m* ❷(*räumliche Erstreckung*) estensione *f*

aus|denken <irr> *vt* **sich** *dat* **etw ~** (*sich vorstellen*) immaginarsi qc; (*erfinden*) escogitare qc, inventare qc

aus|drehen *vt* (*Licht*) spegnere; (*Gas*) chiudere

Ausdruck¹ <-(e)s, -drücke> m ❶(*Wort*) parola *f,* termine *m,* voce *f;* **das ist gar kein ~!** (*fam*) non ci sono parole per esprimere questo! ❷(*Gesichts~*) espressione *f* ❸ *sing* (*Zeichen, Bekundung*) espressione *f;* **zum ~ bringen** esprimere, manifestare

Ausdruck² <-(e)s, -e> m (INFORM: *Computer~*) tabulato *m,* elaborato *m*

aus|drucken *vt* (TYP, INFORM) stampare

aus|drücken I. *vt* ❶(*Zitrone, Schwamm, Saft*) spremere ❷(*Zigarette*) spegnere (premendo) ❸(*zum Ausdruck bringen*) esprimere, manifestare; **anders ausgedrückt** in altre parole II. *vr* **sich ~** (*sich äußern*) esprimersi; **ausdrücklich** ['aʊsdrʏklɪç *o* aʊs'drʏklɪç] *adj* espresso, esplicito

Ausdruckskraft *f* espressività *f;* **ausdruckslos** I. *adj* inespressivo II. *adv* senza espressione; **Ausdrucksvermögen** <-s> *kein Pl n* capacità *f* espressiva, espressività *f*

ausdrucksvoll I. *adj* espressivo II. *adv* con espressione; **Ausdrucksweise** *f* modo *m* di esprimersi [*o* di parlare]; (*Stil*) stile *m,* linguaggio *m*

auseinander [aʊsʔar'nandɐ] *adv* (*entfernt*) lontani [*o* discosti] l'uno dall'altro; (*getrennt*) separatamente, a parte; **etw ~ schreiben** scrivere staccato qc; **wir sind 10 Jahre ~** tra di noi c'è una differenza

d'età di dieci anni

auseinander|brechen *vt* ❶ (*kaputtgehen*) rompersi, spezzarsi, disfarsi ❷ (*kaputtmachen*) rompere, spezzare

auseinander|bringen *vt* riuscire a separare [*o* staccare] l'uno dall'altro; (*Freunde*) separare

auseinander|fallen *vi* disfarsi, cadere in pezzi

auseinander|gehen *vi* ❶ (*sich trennen*) separarsi, lasciarsi ❷ (*sich verzweigen: Weg*) dividersi, biforcarsi ❸ (*Meinungen*) divergere, differire; (*aus den Fugen gehen*) rompersi ❹ (*fam: dick werden*) ingrassare

auseinander|halten^{ALT} *vt* distinguere

auseinander|nehmen^{ALT} *vt* disfare, scomporre; (TEC) smontare

auseinander|setzen^{ALT} *vt* **jdm etw ~ setzen** spiegare qc a qu; **sich mit etw ~ setzen** occuparsi di qc; **sich mit jdm ~ setzen** avere una discussione con qu

Auseinandersetzung <-, -en> *f* discussione *f;* (*Streit*) contrasto *m,* diverbio *m;* (*Kampfhandlung*) conflitto *m*

auserkoren ['aʊsɛɛkoːrən] *adj* (*geh*) eletto, prescelto

auserlesen *adj* (*geh*) scelto, eletto; (*Speise*) prelibato

auserwählt *adj* (*geh*) (pre)scelto; (REL) eletto

ausfahrbar ['aʊsfaːebaːe] *adj* (TEC) estraibile

aus|fahren <irr> **I.** *vi sein* (*spazieren fahren*) uscire a passeggio **II.** *vt haben* ❶ (*spazieren fahren*) condurre [*o* portare] a passeggio, portare fuori ❷ (*Waren*) distribuire ❸ (AERO: *Fahrgestell*) far uscire

Ausfahrt <-, -en> *f* uscita *f;* **~ freihalten!** lasciare libera l'uscita!

Ausfall <-es, -fälle> *m* ❶ (*Verlust*) perdita *f;* (*Einbuße*) mancanza *f;* (*Haar~*) caduta *f;* (TEC, MOT) guasto *m,* avaria *f* ❷ (*Nichtstattfinden*) sospensione *f* ❸ (MIL) sortita *f*

aus|fallen <irr> *vi sein* ❶ (*Haare, Zähne*) cadere ❷ (TEC, MOT) arrestarsi, fermarsi ❸ (*Veranstaltung*) non aver luogo, cadere; (*a Zug*) essere soppresso; **heute fällt die Schule aus** oggi non c'è scuola ❹ (*fehlen*) mancare, essere assente ❺ (*ein Ergebnis zeigen*) andare, riuscire; **wie ist die Prüfung ausgefallen?** com'è andato l'esame?

ausfallend, ausfällig *adj* offensivo, ingiurioso

Ausfallstraße *f* strada *f* d'uscita

aus|feilen *vt* (*fig*) perfezionare

aus|fertigen *vt* (ADM: *Pass, Quittung*) rilasciare; (*Vertrag*) redigere, stendere

Ausfertigung <-, -en> *f* ❶ (*von Vertrag*) redazione *f,* stesura *f;* (*von Pass*) rilascio *m* ❷ (*Exemplar*) esemplare *m;* (*Abschrift*) copia *f;* **in doppelter ~** in due copie, in duplice copia

ausfindig *adj* **~ machen** trovare, scoprire

aus|flippen ['aʊsflɪpən] *vi sein* (*sl*) ❶ (*durch Drogen*) essere fuori, sballare ❷ (*durchdrehen*) perdere i nervi; (*vor Freude*) toccare il cielo con un dito

Ausflucht ['aʊsflʊxt, *pl:* 'aʊsflʏçtə] <-, -flüchte> *f* scusa *f,* pretesto *m*

Ausflug <-(e)s, -flüge> *m* gita *f,* escursione *f*

Ausflügler(in) ['aʊsflyːklɐ] <-s, -; -, -nen> *m(f)* escursionista *mf,* gitante *mf*

Ausfluss^{RR} <-es, -flüsse> *m,* **Ausfluß**^{ALT} <-sses, -flüsse> *m* ❶ (*das Ausfließen*) efflusso *m,* scolo *m* ❷ (~ *stelle, Abfluss*) scarico *m* ❸ (MED) secrezione *f*

aus|forschen *vt* (A: *form: ausfindig machen*) trovare, identificare

aus|fragen *vt* **jdn über etw** *acc* **~** cercare di sapere qc da qu

aus|fransen *vi sein* sfilacciare, sfilacciarsi

aus|fressen <irr> *vt* (*fam: anstellen*) combinare

Ausfuhr <-, -en> *f* esportazione *f;* **Ausfuhrartikel** *m* articolo *m* di esportazione

ausführbar *adj* ❶ (*durchführbar*) fattibile, attuabile, realizzabile ❷ (COM) esportabile

Ausfuhrbeschränkung *f* limitazione *f* [*o* restrizione *f*] all'esportazione; **Ausfuhrbestimmungen** *fpl* disposizioni *fpl* per l'esportazione

aus|führen *vt* ❶ (*spazieren führen*) portare fuori; (*Hund*) portare a passeggio ❷ (COM) **etw nach Italien ~** esportare qc in Italia ❸ (*durchführen*) effettuare, attuare; (*Auftrag, Bestellung*) eseguire; (*Plan*) realizzare ❹ (*darlegen*) esporre, svolgere; (*erläutern*) spiegare

Ausführen <-s, -> *n* (*Computer*) (comando *m*) esegui

Ausfuhrerklärung *f* dichiarazione *f* doganale per l'esportazione; **Ausfuhrgenehmigung** *f* permesso *m* [*o* licenza *f*] di esportazione; **Ausfuhrhafen** *m* porto *m* d'esportazione; **Ausfuhrhandel** *m* commercio *m* d'esportazione; **Ausfuhrland** *n* paese *m* esportatore

ausführlich ['aʊsfyːɐlɪç *o* aʊs'fyːɐlɪç] **I.** *adj* dettagliato **II.** *adv* dettagliatamente; **Ausführlichkeit** <-> *kein Pl f* **in aller ~** molto dettagliatamente

Ausführung <-, -en> *f* ❶ (*Durchführung*) effettuazione *f;* (*von Auftrag*) esecuzione *f;* (*von Plänen*) realizzazione *f* ❷ (*Fertigstel-*

lung) compimento *m* ❸(*Anfertigung*) confezione *f* ❹(*Typ*) modello *m*, tipo *m* ❺(*Darlegung*) esposizione *fpl*, argomentazioni *fpl*; **Ausführungsbestimmungen** *fpl* norme *f pl* [*o* disposizioni *fpl*] esecutive

Ausfuhrverbot *n* divieto *m* d'esportazione; **Ausfuhrzoll** *m* dazio *m* d'esportazione

aus|**füllen** *vt* ❶(*Loch, Graben, a fig*) riempire, colmare; **etw mit etw ~** riempire qc di qc; **eine Lücke ~** colmare una lacuna ❷(*Posten, Stellung*) occupare, ricoprire ❸(*Formular*) compilare, riempire ❹(*befriedigen*) soddisfare

Ausgabe <-, -n> *f* ❶ *sing* (*Verteilung*) distribuzione *f*; (*Aushändigung*) consegna *f*; (*von Banknoten, Briefmarken*) emissione *f*; (*Fahrkarten~*) vendita *f* ❷ *pl* (*Geld~*) spese *fpl* ❸(*von Zeitschrift, Buch, Fernsehsendung*) edizione *f* ❹(INFORM) uscita *f*, output *m*; **Ausgabegerät** <-(e)s, -e> *n* (INFORM) unità *f* d'uscita

Ausgang <-(e)s, -gänge> *m* ❶(*Weg nach draußen*) uscita *f* ❷(*Ende*) fine *f*, termine *m* ❸(*Ergebnis*) esito *m*, risultato *m* ❹(*freier Tag*) giorno *m* libero; **~ haben** avere libera uscita; **Ausgangsbasis** *f* base *f* di partenza; **Ausgangspunkt** *m* punto *m* di partenza; **Ausgangssperre** *f* coprifuoco *m*; **Ausgangssprache** *f* lingua *f* di partenza [*o* da cui si traduce]; **Ausgangsstellung** *f* posizione *f* iniziale

aus|**geben** <irr> **I.** *vt* ❶(*verteilen*) distribuire; (*aushändigen*) consegnare; **einen ~** (*fam*) pagare da bere, offrire un bicchiere ❷(INFORM: *ausdrucken*) stampare ❸(*Geld*) spendere **II.** *vr* **sich für** [*o* **als**] **jdn/etw ~** farsi passare per qu/qc

ausgebucht *adj* completo

ausgebufft *adj* (*fam*) scaltro

Ausgeburt <-, -en> *f* (*geh pej*) aborto *m*, obbrobrio *m*

ausgedehnt *adj* esteso, vasto, ampio; (*zeitlich*) lungo

ausgedient *adj* (*Gegenstand*) fuori uso; (*Kleidungsstück*) smesso

ausgefallen *adj* stravagante, strano

ausgefranst *adj* sfilacciato

ausgeglichen *adj* ❶(*seelisch*) equilibrato ❷(*Bilanz*) pareggiato; **Ausgeglichenheit** <-> *kein Pl f* equilibrio *m*; (*seelisch*) posatezza *f*

aus|**gehen** <irr> *vi sein* ❶(*weggehen*) uscire; (*spazieren gehen*) andare a passeggio ❷(*Haare*) cadere ❸(*Feuer*) spegnersi ❹(*Vorrat*) esaurirsi; (*Geld*) venire a mancare; (*Kräfte*) venir meno; **mir geht die Geduld aus** perdo la pazienza ❺(*enden*)

finire, concludersi; **leer ~** rimanere a mani vuote [*o* a bocca asciutta] ❻(*seinen Ursprung nehmen*) partire, basarsi; **von etw ~** partire da qc; (*herrühren*) prendere le mosse da qc; **von falschen Voraussetzungen ~** partire da presupposti sbagliati

ausgehungert *adj* affamato

ausgeklügelt *adj* ingegnoso, ben congegnato

ausgekocht *adj* (*fam pej*) scaltro, furbo

ausgelassen *adj* allegro; (*wild*) scatenato; **Ausgelassenheit** <-> *kein Pl f* allegria *f*, sfrenatezza *f*

ausgemacht *adj* ❶(*abgemacht*) convenuto, pattuito ❷(*fam: vollkommen*) perfetto

ausgemergelt ['aʊsgəmɛrgəlt] *adj* indebolito; (*Boden*) impoverito

ausgenommen **I.** *prp* +*acc* eccetto, tranne; **Anwesende ~** esclusi i presenti **II.** *konj* **~, dass …** a meno che +*conj*

ausgepowert [aʊsgə'paʊɐt] *adj* (*fam*) sfinito, esaurito, spossato

ausgeprägt *adj* spiccato, marcato

ausgerechnet ['aʊsgə(')rɛçnət] *adv* (*fam*) proprio

ausgeruht *adj* (ben) riposato

ausgerüstet *adj* attrezzato (*mit* con), equipaggiato (*mit* con)

ausgeschlossen *adj* escluso

ausgeschnitten *adj* (*Kleid*) scollato

ausgesprochen **I.** *adj* spiccato, particolare **II.** *adv* particolarmente

ausgestorben *adj* ❶(*Tierart*) estinto ❷(*fig: menschenleer*) deserto

ausgesucht ['aʊsgəzu:xt] *adj* (*Ware, Gesellschaft*) scelto; (*Worte*) ricercato

ausgetreten *adj* (*Weg*) battuto; (*Stufe*) consumato; (*Schuhe*) scalcagnato, sformato

ausgewachsen *adj* adulto, sviluppato; **ein ~er Blödsinn** (*fam*) una stupidaggine bell'e buona

ausgewogen *adj* equilibrato, armonioso; **Ausgewogenheit** <-> *kein Pl f* equilibrio *m*, armonia *f*

ausgezeichnet ['aʊsgə(')tsaɪçnət] *adj* eccellente, ottimo; (*köstlich*) squisito

ausgiebig ['aʊsgi:bɪç] *adj* abbondante, copioso; (*ausgedehnt*) lungo

aus|**gießen** <irr> *vt* ❶(*Flüssigkeit*) versare ❷(*Gefäß*) vuotare

Ausgleich <-(e)s, *rar* -e> *m* ❶(*von Gegensätzlichkeiten*) appianamento *m*, accomodamento *m*; **zum ~ für** in compenso di ❷(JUR) aggiustamento *m* ❸(*Steuer~, Lohn~*) conguaglio *m* ❹(*Entschädigung*) risarcimento *m*, indennizzo *m*

❺ *sing* (SPORT) pareggio *m*
aus|gleichen <irr> I. *vt* **❶** (*Unterschiede*) livellare, appianare; (*Konto*) pareggiare **❷** (*im Gleichgewicht halten*) equilibrare, bilanciare **❸** (*wettmachen*) compensare **❹** (COM) saldare II. *vi* **❶** (SPORT) pareggiare **❷** (*vermitteln*) accomodare, comporre III. *vr* sich ~ equilibrarsi, bilanciarsi; **ausgleichend** *adj* accomodante
Ausgleichskasse <-, -n> *f* (*CH*: ADM) cassa *f* mutua; **Ausgleichssport** *m* sport *m* per tenersi in esercizio; **Ausgleichstor** *n*, **Ausgleichstreffer** *m* rete *f* del pareggio
aus|graben <irr> *vt* dissotterrare; (*a archäologisch*) disseppelire; (*Loch*) scavare; (*fig*) esumare
Ausgrabung <-, -en> *f* **❶** (*das Ausgraben*) scavo *m* **❷** (*Fundstätte, Fund*) reperto *m*, resto *m*
aus|grenzen *vt* escludere
Ausguck ['aʊsɡʊk] <-(e)s, -e> *m* **❶** (*Stelle*) posto *m* di osservazione **❷** (NAUT) coffa *f*
Ausguss^RR <-es, -e> *m*, **Ausguß**^ALT <-sses, -sse> *m* **❶** (*Becken*) acquaio *m* **❷** (*Abfluss*) scarico *m*
aus|haben <irr> (*fam*) I. *vt* **❶** (*Kleidung, Schuhe*) essersi tolto [*o* levato] **❷** (*Buch*) aver finito II. *vi* (*bes. Schule, Unterricht*) aver finito; **wann habt ihr heute aus?** a che ora uscite?
aus|halten <irr> I. *vt* **❶** (*ertragen*) sopportare; **ich halte es nicht mehr aus** non ne posso più **❷** (*standhalten*) reggere **❸** (*unterhalten*) mantenere II. *vi* resistere
aus|handeln *vt* negoziare
aus|händigen ['aʊshɛndɪɡən] *vt* **jdm etw ~** consegnare qc a qu; **Aushändigung** <-> *kein Pl f* consegna *f* a mano
Aushang <-(e)s, -hänge> *m* avviso *m*, comunicato *m*
aus|hängen I. *vt* **❶** (*Bekanntmachung*) esporre **❷** (*Tür, Fenster*) scardinare II. <irr> *vi* essere affisso
Aushängeschild *n* insegna *f*; **als ~ dienen** (*fig*) servire da richiamo
aus|harren ['aʊsharən] *vi* perseverare (*in* +*dat* in); (*an einem Ort*) resistere
aus|heben <irr> *vt* **❶** (*Graben*) scavare **❷** (*Tür*) scardinare **❸** (*Vögel aus Nest, Verbrecher*) snidare **❹** (*Truppen*) arruolare, reclutare **❺** (*A: Briefkasten*) svuotare; **Aushebung** <-, -en> *f* **❶** (*Baugrube, Graben*) fossa *f* **❷** (*CH*: MIL: *Musterung, Einberufung zum Militär*) chiamata *f* alle armi; **zur ~ antreten** presentarsi alla chiamata alle armi

aus|heilen *vi sein* guarire (completamente)
aus|helfen <irr> *vi* **❶** (*helfen*) **jdm ~** aiutare qu; **er hat mir mit zehn Euro ausgeholfen** mi ha prestato dieci euro **❷** (*einspringen*) supplire; **einem Kollegen ~** sostituire un collega
Aushilfe <-, -en> *f* aiuto *m*
Aushilfskellner *m* aiuto cameriere *m*; **Aushilfskraft** *f* supplente *mf*; **aushilfsweise** *adv* per supplire
aus|höhlen *vt* **❶** (*hohl machen*) scavare, incavare **❷** (*fig*) minare
aus|holen *vi* (*mit dem Arm*) sollevare [*o* alzare] il braccio (per colpire); **weit ~** (*fig*) cominciare da lontano, pigliarla larga
aus|horchen *vt* **jdn** (**über etw** *acc*) ~ cercare di sapere (qc) da qu
aus|hungern *vt* affamare, far patire la fame
aus|kennen <irr> *vr* **sich ~** (*an einem Ort*) conoscere bene un posto, essere pratico di un luogo; (*fig: auf einem Gebiet*) intendersi; **sich mit** [*o* **in**] **etw** *dat* (**gut**) ~ essere esperto di qc
aus|klammern *vt* escludere, non prendere in considerazione
Ausklang <-(e)s, -klänge> *m* (*geh: Ende*) fine *f*, conclusione *f*
ausklappbar *adj* pieghevole, ribaltabile
aus|kleiden *vt* (*Fläche, Raum*) ricoprire; **etw mit etw ~** ricoprire [*o* rivestire] qc di qc
aus|klingen <irr> *vi sein* **❶** (*Ton*) smorzarsi, spegnersi **❷** (*fig: Fest, Tag*) concludersi, finire
aus|klopfen *vt* **❶** (*Kleider, Teppiche*) battere, spolverare **❷** (*Pfeife*) pulire, svuotare
aus|kneifen <kneift aus, kniff aus, ausgekniffen> *vi sein* (*fam*) tagliare la corda, svignarsela
ausknöpfbar *adj* staccabile
aus|kochen *vt* **❶** (GASTR) far bollire **❷** (*steril machen*) sterilizzare
aus|kommen <irr> *vi sein* **mit jdm ~** andare d'accordo con qu; **mit seinem Geld ~** avere abbastanza soldi; **ohne etw nicht ~ können** non potere fare a meno di qc; **wir kommen mit den Vorräten nicht aus** le provviste non ci bastano; **Auskommen** <-s> *kein Pl n* **sein ~ haben** aver quanto basta per vivere; **sein gutes ~ haben** essere in condizioni agiate
aus|kosten *vt* (*geh*) godere, assaporare
aus|kratzen *vt* grattare via; (MED) raschiare; **jdm die Augen ~** (*fam*) cavare gli occhi a qu
aus|kühlen I. *vi sein* (*abkühlen*) gelare; (*Unterkühlung erleiden*) assiderare II. *vt* raffreddare, gelare

aus|kundschaften *vt* (*Gebiet*, MIL) esplorare; (*Geheimnis*) indagare su

Auskunft ['aʊskʊnft, *pl*: 'aʊskynftə] <-, Auskünfte> *f* ❶ (*Information*) informazione *f*; ~ über etw *acc* erteilen dare informazioni su qc; nähere ~ erteilt/ erteilen ... per maggiori informazioni rivolgersi a ... ❷ (~*sstelle*) ufficio *m* informazioni; (TEL) servizio *m* informazioni; **Auskunftspflicht** *f* obbligo *m* d'informazione; **Auskunftsschalter** <-s, -> *m* sportello *m* informazioni

aus|lachen *vt* deridere

aus|laden <irr> *vt* ❶ (*Fracht, Fahrzeug*) scaricare; (*Passagiere*) sbarcare ❷ (*Gast*) ritirare [*o* disdire] l'invito a

ausladend *adj* ❶ (ARCH) aggettante; (*a Kinn*) sporgente ❷ (*Handbewegung*) ampio

Auslage <-, -n> *f* ❶ (*Waren*) merce *f* esposta ❷ (*Schaufenster*) vetrina *f* ❸ *pl* (*Unkosten*) spese *fpl*

auslagern *vt* mettere in salvo, porre al sicuro

Ausland <-(e)s> *kein Pl n* estero *m*; ins/ im ~ all'estero

Ausländer(in) ['aʊslɛndɐ] <-s, -; -, -nen> *m(f)* straniero, -a *m, f*

Ausländeramt *n* Ufficio *m* Immigrati; **ausländerfeindlich** *adj* xenofobo; **Ausländerfeindlichkeit** <-> *kein Pl f* xenofobia *f*

Ausländerin *f s.* Ausländer; **Ausländerwahlrecht** *n* (POL) diritto *m* di voto agli stranieri

ausländisch *adj* straniero; (*bes. Waren, Zeitungen*) estero, proveniente dall'estero

Auslandsaufenthalt *m* soggiorno *m* all'estero; **Auslandsbeziehungen** *fpl* relazioni *fpl* [*o* rapporti *mpl*] con l'estero; **Auslandserzeugnis** *n* prodotto *m* estero; **Auslandsgespräch** *n* (TEL) telefonata *f* internazionale; **Auslandskorrespondent(in)** *m(f)* corrispondente *mf* dall'estero; **Auslandskrankenschein** *m* modulo *m* di cassa malattia per l'estero; **Auslandsverschuldung** <-, -en> *f* debito *m* estero; eine hohe/niedrige ~ un debito estero alto/basso; **Auslandsvertretung** *f* rappresentanza *f* all'estero

aus|lassen <irr> **I.** *vt* ❶ (*südd, A: freilassen*) liberare ❷ (*südd, A: in Ruhe lassen*) lasciare in pace ❸ (*weglassen*) omettere, tralasciare ❹ (*Butter, Fett*) sciogliere, struggere ❺ (*Kleidung*) ~ allargare, allungare ❻ (*abreagieren*) etw an jdm ~ sfogare qc su qu ❼ (*fam: nicht einschalten*) lasciare spento **II.** *vr* sich über etw *acc* ~ (*fam*)

pronunciarsi su qc, esprimersi su qc

Auslassung <-, -en> *f* ❶ (*Weggelassenes*) omissione *f*, eliminazione *f* ❷ *pl* (*pej: Äußerungen*) osservazioni *fpl*; **Auslassungspunkte** *mpl* (LING) puntini *mpl* di sospensione; **Auslassungszeichen** *n* (LING) apostrofo *m*

auslasten *vt* ❶ (*Maschine*) sfruttare (a pieno) ❷ (*Person*) caricare

Auslauf <-es, -läufe> *m* ❶ (*Ausfließen*) efflusso *m* ❷ (*Bewegungsfreiheit*) spazio *m* per muoversi

aus|laufen <irr> *vi sein* ❶ (*Flüssigkeit*) scolare, fuoriuscire; (*Farben*) spargersi, dilatarsi ❷ (*Behälter*) svuotarsi ❸ (NAUT) uscire dal porto ❹ (*enden*) terminare, finire; (*Vertrag*) scadere; (*Produktion*) esaurirsi

Ausläufer <-s> *kein Pl m* ❶ (*von Gebirge*) contraforte *m* ❷ (METEO) diramazione *f*

Auslaut <-(e)s, -e> *m* (LING) finale *f*

aus|leben *vr* sich ~ sfogarsi

aus|leeren *vt* (*Flüssigkeit*) versare; (*Behälter*) vuotare

aus|legen *vt* ❶ (*Waren*) esporre; (*Köder*) collocare ❷ (*auskleiden*) etw (mit etw) ~ rivestire qc (di qc); den Fußboden mit Fliesen ~ piastrellare il pavimento ❸ (*Geld*) sborsare, anticipare ❹ (*deuten*) interpretare; (*erklären*) spiegare

Ausleger <-s> *kein Pl m* ❶ (TEC: *von Kran*) braccio *m* ❷ (NAUT: *von Boot*) fuoriscalmo *m*

Auslegung <-, -en> *f* interpretazione *f*

Ausleihe <-, -n> *f* ❶ (*Tätigkeit*) prestito *m* ❷ (*Raum*) servizio *m* prestito

aus|leihen <irr> *vt* ❶ (*verleihen*) (jdm) etw ~ (im)prestare [*o* dare in prestito] qc (a qu) ❷ (*entleihen*) etw (bei/von jdm) ~ prendere in prestito qc (da qu)

aus|lernen *vi* (*Lehrling*) finire il tirocinio; man lernt nie aus (*prov*) non si finisce mai di imparare

Auslese <-, -n> *f* ❶ (*Auswahl*) scelta *f*; (BIOL) selezione *f* ❷ (*Wein*) vino *m* scelto

aus|lesen <irr> *vt* ❶ (*aussondern*) selezionare, assortire; (*auswählen*) scegliere ❷ (*zu Ende lesen*) finire (di leggere)

ausleuchten *vt* illuminare

aus|liefern *vt* ❶ (*Ware*) consegnare ❷ (*Verbrecher*) consegnare nelle mani della giustizia; (*Asylanten*) estradare; jdm/ etw ausgeliefert sein essere in balia di qu/qc

Auslieferung <-, -en> *f* ❶ (*von Waren*) consegna *f*, distribuzione *f* ❷ (JUR) estradizione *f*; **Auslieferungsantrag** <-(e)s, -träge> *m* (POL, JUR) domanda *f* di estradizione; **Auslieferungsverfahren** *n* (POL, JUR) procedura *f* di estradizione

aus|liegen <irr> *vi* ❶ (*Waren*) essere esposto ❷ (*zur Einsichtnahme*) essere a disposizione (da consultare)

aus|loggen ['aʊslɔgən] *vi* (INFORM) scollegarsi

aus|löschen *vt* ❶ (*Feuer, Licht*) spegnere; (*Leben, Schulden*) estinguere ❷ (*Schrift*) cancellare

aus|losen *vt* estrarre [*o* tirare] a sorte, sorteggiare

aus|lösen *vt* ❶ (*hervorrufen*) suscitare, destare ❷ (*verursachen*) causare, provocare ❸ (*Knochen*) togliere

Auslöser <-s> *kein Pl m* ❶ (FOTO) (dispositivo *m* di) scatto *m* ❷ (*fig*) causa *f*

Auslosung <-, -en> *f* sorteggio *m*, estrazione *f*

ausloten ['aʊsloːtən] *vt* ❶ (NAUT: *Fahrwasser*) scandagliare ❷ (TEC: *die Senkrechte bestimmen*) piombinare ❸ (*fig*) **die Situation** ~ scandagliare la situazione

aus|machen *vt* ❶ (*fam: Feuer, Licht, Radio*) spegnere ❷ (*verabreden*) convenire, pattuire; (*vereinbaren*) stabilire, fissare ❸ (*sichten*) avvistare, scorgere ❹ (*betragen*) ammontare a; (*einen Teil bilden*) formare, costituire; (*a zum Inhalt haben*) rappresentare ❺ (*stören*) spiacere; **würde es Ihnen etw ~, wenn ...?** Le spiacerebbe, se +*conj*?; **es macht (gar) nichts aus, wenn ...** non fa niente se ... ❻ (*CH: wahrnehmen*) riconoscere

aus|malen I. *vt* (*mit Farbe*) colorare **II.** *vr* **sich** *dat* **etw** ~ immaginarsi qc, raffigurarsi qc

Ausmaß <-es, -e> *n* ❶ (*von Gegenstand*) misura *f*, dimensione *f*; (*von Fläche*) area *f*, estensione *f* ❷ (*fig*) dimensione *f*, proporzione *f*; **in großem** ~ in grande misura [*o* stile]

aus|merzen *vt* ❶ (*Unkraut*) estirpare, sradicare; (*Ungeziefer*) sterminare ❷ (*Fehler*) eliminare, estirpare

aus|messen <irr> *vt* misurare, prendere le misure di

aus|misten *vt* ❶ (*Stall*) rimuovere il letame da ❷ (*fam: Schrank, Zimmer*) mettere ordine in

aus|mustern *vt* ❶ (*aussortieren*) scartare ❷ (MIL) riformare

Ausnahme ['aʊsnaːmə] <-, -n> *f* eccezione *f*; **eine** ~ **machen** fare un'eccezione; **mit ~ von** ad eccezione di, eccetto; **ohne** ~ senza eccezione; **Ausnahmefall** *m* caso *m* eccezionale; **Ausnahmeregelung** <-, -en> *f* provvedimento *m* ecce-

zionale; **Ausnahmesituation** *f* situazione *f* di emergenza; **Ausnahmezustand** *m* stato *m* d'emergenza; **ausnahmslos** *adj o adv* senza eccezione; **ausnahmsweise** *adv* in via eccezionale, eccezionalmente

aus|nehmen <irr> **I.** *vt* ❶ (*Eier, junge Vögel*) snidare ❷ (*Wild, Fisch*) sventrare; (*Geflügel*) svuotare ❸ (*fam: schröpfen*) pelare ❹ (*ausschließen*) escludere **II.** *vr* **sich** ~ **wie** sembrare; **sich gut/schlecht** ~ presentarsi bene/sfigurare

ausnüchtern *vi* smaltire una sbornia *fam*

aus|nutzen *vt*, **aus|nützen** *vt* (*südd, A, CH*) ❶ (*Gelegenheit, Situation*) approfittare di ❷ (*Stellung, Notlage*) trarre vantaggio da

aus|packen I. *vt* (*Eingepacktes*) aprire; (*Koffer*) disfare **II.** *vi* (*fig fam: alles sagen*) spifferare tutto, spiattellare tutto; (*seine Meinung sagen*) vuotare il sacco

auspeitschen *vt* frustare, flagellare

aus|pfeifen <irr> *vt* fischiare

aus|plaudern *vt* spifferare

aus|plündern *vt* (*Person*) depredare, derubare; (*Land, Häuser*) saccheggiare; (*Bank, Geschäft*) svaligiare

aus|posaunen <ohne ge-> *vt* (*fig fam*) strombazzare, gridare ai quattro venti

aus|pressen *vt* (*Früchte, Saft*) spremere

aus|probieren <ohne ge-> *vt* (*versuchen*) provare, tentare; (*erproben*) sperimentare

Auspuff <-(e)s, -e> *m* (TEC, MOT) scappamento *m*; **Auspuffgase** *npl* (MOT) gas *m* di scappamento; **Auspuffrohr** *n* (MOT) tubo *m* di scappamento

aus|pumpen *vt* (*Wasser*) pompare; (*entleeren*) vuotare con la pompa; **jdm den Magen** ~ (MED) fare la lavanda gastrica a qu

aus|quartieren <ohne ge-> *vt* sloggiare

aus|quetschen *vt* ❶ (*Frucht*) spremere ❷ (*fig fam: ausfragen*) torchiare

aus|radieren <ohne ge-> *vt* ❶ (*Geschriebenes, a fig*) cancellare ❷ (*fig: völlig zerstören*) radere al suolo

aus|rangieren <ohne ge-> *vt* (*fam*) eliminare, scartare

aus|rasten *vi sein* (*fam*) perdere le staffe

aus|rauben *s.* **aus|plündern**

aus|räuchern *vt* ❶ (*Raum*) disinfestare col fumo ❷ (*Menschen, Tiere*) cacciare col fumo

aus|raufen *vt* **sich** *dat* **die Haare** ~ strapparsi i capelli

aus|räumen *vt* ❶ (*Dinge*) rimuovere; **etw aus einem Schrank** ~ togliere qc dall'armadio ❷ (*Schrank, Zimmer*) vuotare

❸ (*fig: Bedenken, Verdacht*) eliminare
aus|rechnen *vt* calcolare; **das kannst du dir leicht ~** (*fig*) te lo puoi ben immaginare
Ausrede <-, -n> *f* **❶** (*Entschuldigung*) scusa *f;* **faule ~** (*fam*) misera scusa **❷** (*Vorwand*) pretesto *m*
aus|reden **I.** *vt* **jdm etw ~** sconsigliare qc a qu, dissuadere qu dal fare qc **II.** *vi* finire di parlare; **lass mich ~!** non interrompermi!
aus|reichen *vi* bastare, essere sufficiente; **ausreichend** *adj* **❶** (*genug*) sufficiente **❷** (*Schulnote*) sei
aus|reifen *vi sein* (*Früchte, Wein*) maturare (completamente)
Ausreise <-, -n> *f* **❶** (*Grenzübertritt*) passaggio *m* di confine **❷** (*Verlassen des Landes*) espatrio *m;* **Ausreiseerlaubnis** *f,* **Ausreisegenehmigung** *f* permesso *m* d'espatrio
ausreisen *vi sein* espatriare, andare all'estero
Ausreisevisum *n* visto *m* d'uscita
aus|reißen <irr> **I.** *vt haben* (*Haare, Unkraut*) strappare; (*mit Wurzeln*) sradicare; (*Zähne*) cavare, estrarre **II.** *vi sein* **❶** (*sich abtrennen*) staccarsi; (*einreißen*) strapparsi **❷** (*fam: weglaufen*) scappare
Ausreißer(in) <-s, -; -, -nen> *m(f)* scappato, -a *m, f* di casa
aus|reiten <irr> *vi sein* uscire a cavallo
aus|renken *vt* slogare, lussare; **sich** *dat* **den Arm ~** slogarsi il braccio
aus|richten **I.** *vt* **❶** (*in eine Reihe stellen*) allineare **❷** (*übermitteln*) portare; **kann ich etw ~?** posso riferire qc?; **richten Sie ihm einen Gruß von mir aus** lo saluti da parte mia **❸** (*veranstalten*) allestire **❹** (*erreichen*) raggiungere; (*zuwege bringen*) concludere, riuscire a fare; (**bei jdm**) **etw ~** ottenere qc (da qu) **II.** *vr* **sich ~** (*fig* MIL) allinearsi, schierarsi
Ausrichtung <-, -en> *f* **❶** (*Orientierung*) orientamento *m* **❷** (INFORM) allineamento *m*
Ausritt <-(e)s, -e> *m* passeggiata *f* a cavallo
aus|rollen *vt* srotolare; (*Teig*) spianare
aus|rotten *vt* **❶** (*Pflanze*) estirpare, sradicare; (*Ungeziefer*) sterminare **❷** (*fig: vernichten*) sterminare, distruggere
Ausrottung <-> *kein Pl f* **❶** (*von Pflanze*) estirpazione *f* **❷** (*fig: Vernichtung*) sterminio *m,* eliminazione *f*
aus|rücken **I.** *vt haben* (TEC) disinserire, disinnestare **II.** *vi sein* **❶** (MIL) mettersi in marcia, partire **❷** (*Feuerwehr, Polizei*) entrare in azione **❸** (*fam: weglaufen*) scappare

Ausruf <-(e)s, -e> *m* grido *m,* esclamazione *f*
aus|rufen <irr> *vt* **❶** (*bekannt geben*) annunciare **❷** (*Waren, Zeitungen*) offrire ad alta voce **❸** (*proklamieren*) proclamare
Ausrufer <-s> *kein Pl m* (*amtlich*) banditore *m;* (*Verkäufer*) strillone *m*
Ausruf(e)zeichen <-s, -> *n* (A, CH) punto *m* esclamativo; **Ausrufungszeichen** *s.* **Ausrufezeichen**; **Ausrufzeichen** *n* (A, CH) punto *m* esclamativo
aus|ruhen **I.** *vt* riposare **II.** *vr* **sich** (**von etw**) **~** riposarsi (da qc); (*ausspannen*) rilassarsi (da qc)
aus|rüsten *vt* **jdn** (**mit etw**) **~** equipaggiare qu (con qc); (*fig*) munire qu (di qc)
Ausrüstung <-, -en> *f* **❶** (*Vorgang*) equipaggiamento *m* **❷** (NAUT, MIL) armamento *m*
aus|rutschen *vi sein* sdrucciolare, scivolare
Ausrutscher <-s, -> *m* (*fam: Faux-Pas*) gaffe *f*
Aussaat <-, -en> *f* **❶** (*Aussäen*) semina *f* **❷** (*Saatgut*) semente *f*
aus|säen *vt* seminare
Aussage <-, -n> *f* **❶** (*Behauptung*) dichiarazione *f,* affermazione *f;* **nach jds ~** a detta di qu **❷** (JUR) deposizione *f;* **eine falsche ~ machen** deporre il falso; **die ~ verweigern** rifiutare la deposizione; **~ gegen ~** la parola di uno contro quella di un altro **❸** (*fig: von Kunstwerk*) messaggio *m;* **Aussagekraft** *f* forza *f* espressiva; **aussagekräftig** *adj* rivelatore, espressivo
aus|sagen **I.** *vt* **❶** (*ausdrücken*) dire; (*Meinung*) dichiarare, affermare; **etw über jdn/etw ~** affermare qc su qu/qc **❷** (*Kunstwerk*) dire **II.** *vi* (JUR) deporre, testimoniare; **für/gegen jdn ~** deporre per/contro qu
Aussagesatz *m* (GRAM) proposizione *f* enunciativa
Aussatz <-es> *kein Pl m* (MED) lebbra *f*
aussätzig ['aʊszɛtsɪç] *adj* lebbroso; **Aussätzige** <ein -r, -, -n> *mf* lebbroso, -a *m, f*
aus|saugen *vt* **❶** (*Saft, Wunde*) succhiare **❷** (*fig: ausbeuten*) dissanguare
aus|schaffen *vt* (CH: *form: des Landes verweisen*) bandire
aus|schalten *vt* **❶** (*Licht, Radio*) spegnere; (*Strom*) interrompere; (MOT) disinserire **❷** (*fig: ausschließen*) escludere; (*Gegner, Fehlerquelle*) eliminare
Ausschank ['aʊsʃaŋk, *pl:* 'aʊsʃɛŋkə] <-(e)s, Ausschänke> *m* **❶** (*Ausschenken*) mescita *f* **❷** (*Schanktisch*) banco *m*

di mescita

Ausschau <-, -en> f **nach jdm/etw ~ halten** cercare qu/qc con gli occhi

aus|schauen vi ❶ (*Ausschau halten*) **nach jdm/etw ~** cercare qu/qc con gli occhi ❷ (*südd, A*) s. **aussehen**

aus|scheiden <irr> I. vi sein ❶ (*aus Verein, Amt*) ritirarsi; (*aus Firma*) lasciare; **aus einer Partei ~** ritirarsi da un partito ❷ (SPORT) essere eliminato ❸ (*nicht in Betracht kommen*) essere fuori discussione; (*Bewerber*) non essere preso in considerazione II. vt haben ❶ (BIOL: *Körper*) espellere; (*Drüsen*) secernere ❷ (*aussondern*) eliminare

Ausscheidung <-, -en> f ❶ sing (*Aussondern*) eliminazione f; (BIOL) escrezione f ❷ (SPORT: *das Ausscheiden*) eliminazione f; (*~ skampf*) gara f eliminatoria ❸ pl (BIOL) escrementi mpl; **Ausscheidungskampf** m gara f eliminatoria; **Ausscheidungsspiel** n partita f eliminatoria

aus|schenken vt ❶ (*im Lokal*) vendere ❷ (*ausgießen*) versare

aus|scheren vi sein uscire dalla colonna

ausschildern vt munire di segnali (stradali)

aus|schimpfen vt sgridare

aus|schlachten vt ❶ (*Tier*) sventrare ❷ (*Auto, Maschine*) rottamare ❸ (fig fam: *ausnutzen*) sfruttare

aus|schlafen <irr> I. vi, vr sich ~ dormire abbastanza, fare una bella dormita II. vt **seinen Rausch ~** smaltire la sbornia

Ausschlag <-(e)s, -schläge> m ❶ (MED: *Haut~*) eruzione f (cutanea) ❷ (*von Waage*) tracollo m; (*von Pendel*) oscillazione f; (*von Kompass*) deviazione f; **einer Sache** dat **den ~ geben** essere decisivo per qc

aus|schlagen <irr> I. vi ❶ haben (*Pferd*) tirare calci ❷ haben o sein (*Waage*) tracollare; (*Zeiger*) deviare; (*Pendel*) oscillare ❸ haben o sein (BOT) germogliare, spuntare II. vt haben ❶ (*Zahn, Auge*) cavare ❷ (*auskleiden*) **etw mit Stoff ~** rivestire qc di stoffa, foderare qc ❸ (fig: *ablehnen*) respingere, rifiutare

ausschlaggebend adj decisivo, determinante

aus|schließen <irr> vt ❶ (*aussperren*) chiudere [o lasciar] fuori ❷ (*nicht teilhaben lassen*) **jdn/etw** (**aus etw**) **~** escludere qu/qc (da qc); (*ausstoßen*) scacciare qu/qc (da qc) ❸ (*ausnehmen*) escludere; (*Irrtum, Missverständnis*) evitare

ausschließlich I. adj esclusivo II. adv (*nur*) esclusivamente, soltanto, solamente

III. prp +gen escluso

aus|schlüpfen vi sein (*aus Ei*) sgusciare, uscire dall'uovo

Ausschluss^RR <-es, -schlüsse> m, **Ausschluß**^ALT <-sses, -schlüsse> m esclusione f; (*Partei~*) espulsione f; **unter ~ der Öffentlichkeit** a porte chiuse

Ausschlusskriterium^RR f criterio m di esclusione

Ausschlussprinzip^RR n principio m di esclusione

aus|schmücken vt ❶ (*dekorieren*) ornare ❷ (fig: *Erzählung*) infiorare, abbellire; **Ausschmückung** <-, -en> f ❶ (*das Ausschmücken, Dekoration*) decorazione f, addobbo m, ornamento m ❷ (fig: *von Erzählung*) abbellimento m

aus|schneiden <irr> vt ❶ (*her~*) tagliare fuori; (*durch Her~ herstellen*) ritagliare ❷ (BOT: *Bäume*) potare, sfoltire ❸ (*Computer*) tagliare

Ausschnitt <-(e)s, -e> m ❶ (*Teil*) frammento m, squarcio m; (*Film~*) sequenza f; (*Gemälde~*) dettaglio m; (*Zeitungs~*) ritaglio m ❷ (*Kleider~*) scollatura f

aus|schöpfen vt ❶ (*Wasser*) cavar fuori, attingere ❷ (*Gefäß*) vuotare ❸ (fig: *Thema*) esaurire; (*Möglichkeiten*) sfruttare

aus|schreiben <irr> vt ❶ (*Wort, Zahl*) scrivere in (tutte) lettere; (*Namen*) scrivere per intero ❷ (*Rechnung, Wechsel*) emettere ❸ (*Stelle, Amt*) mettere a concorso; (*Wahlen*) indire; (*Wettbewerb*) bandire

Ausschreibung <-, -en> f (*von Wettbewerb*) bando m; (*von Stelle*) concorso m; (*von Bauvorhaben*) appalto m

Ausschreitung ['aʊsʃraɪtʊŋ] <-, -en> f atto m di violenza; **es kam zu ~en** si giunse a eccessi di violenza

Ausschuss^RR <-es, -schüsse> m, **Ausschuß**^ALT <-schusses, -schüsse> m ❶ (*Kommission*) commissione f; (*Komitee*) comitato m ❷ (*Europäische Union*) **~ der Regionen** Comitato delle regioni ❸ sing (*minderwertige Ware*) merce f di scarto; **Ausschussmitglied**^RR n membro m di una commissione; **Ausschussware**^RR f merce f di scarto

aus|schütteln vt scuotere, sbattere

aus|schütten vt ❶ (*Flüssigkeit*) versare; (*verschütten*) rovesciare; **jdm sein Herz ~** (fig) aprire il cuore a qu, sfogarsi con qu ❷ (*Gefäß*) vuotare ❸ (*Dividende*) distribuire, pagare

Ausschüttung <-, -en> f (FIN) distribuzione f

ausschweifend adj ❶ (*Fantasie*) sfrenato ❷ (*sittenlos*) licenzioso, dissoluto

Ausschweifung <-, -en> f ❶ (*Maßlosigkeit*) sregolatezza f ❷ (*Sittenlosigkeit*) dissolutezza f

ausschwenkbar *adj* girevole

aus|sehen <irr> *vi* apparire; (*scheinen*) sembrare; **wie jd/etw ~** avere l'aspetto di [*o* sembrare] qu/qc; **so ~, als ob …** avere l'aria di …; **+inf; wie jd ~** (*ähnlich sein*) (ras)somigliare a qu; **gesund ~** aver l'aspetto sano; **sie sieht gut aus** è una bella donna; **vergnügt ~** aver l'aria allegra; **er sieht jünger aus, als er ist** pare più giovane di quello che è; **es sieht ganz danach aus, als ob …** pare proprio che +*conj;* **es sieht nach Regen aus** pare che voglia piovere; **es sieht nicht gut für ihn aus** le cose non gli vanno bene; **so siehst du aus!** (*fam iron*) ti piacerebbe!; **wie siehst du denn aus?** (*fam*) come ti sei conciato?

Aussehen <-s> *kein Pl n* ❶ (*äußere Erscheinung*) aspetto m ❷ (*Anschein*) apparenza f

aussehend^RR *adj* **gut ~** di bell'aspetto, bello

aus|sein^ALT *s.* **aus** II.1., II.2., II.3., II.4., II.5.

außen ['aʊsən] *adv* (di) fuori, all'esterno; **nach ~** (**hin**) all'infuori, verso l'esterno; **von ~** dal di fuori, dall'esterno

Außenaufnahme <-, -n> f (FILM, FOTO) esterni *mpl;* **~n machen** girare gli esterni; **Außenbezirk** m quartiere m di periferia, sobborgo m; **Außenbordmotor** m fuoribordo m

Außendarstellung f immagine f esteriore

aus|senden <irr> *vt* ❶ (*Boten, Kundschafter*) inviare ❷ (RADIO) trasmettere

Außendienst m servizio m esterno; **Außendienstmitarbeiter(in)** m(f) collaboratore, -trice m, f esterno

Aussendung <-, -en> f ❶ (*das Aussenden*) invio m ❷ (A: *form: Rundschreiben*) circolare f

Außenhafen m avamporto m

Außenhandel m commercio m estero; **Außenhandelsbilanz** f (FIN, WIRTSCH) bilancia f commerciale

Außenlift m ascensore m esterno

Außenminister(in) m(f) ministro m degli esteri; (*der USA*) segretario m di stato; (*von Großbritannien*) segretario m degli esteri inglese; **Außenministerium** n ministero m degli esteri; **Außenpolitik** f politica f estera; **außenpolitisch** *adj* di politica estera; **~e Lage** situazione internazionale; **Außenquartier** n (*CH: Außenbezirk*) quartiere m periferico; **Außen-**

seite f lato m esterno; (*von Haus, a fig*) facciata f; **Außenseiter(in)** <-s, -; -, -nen> m(f) outsider m; **Außenspiegel** m (MOT) specchietto m [*o* retrovisore m] esterno; **Außenstände** *pl* crediti *mpl;* **Außenstehende** <ein -r, -n, -n> mf estraneo, -a m, f; **Außenstelle** f succursale f, filiale f; **Außenstürmer(in)** m(f) (SPORT: *Fußball*) ala f; **Außentemperatur** f temperatura f esterna; **Außenwelt** f mondo m esterno; **Außenwinkel** m (MAT) angolo m esterno; **Außenwirtschaft** <-> *kein Pl f* commercio m estero

außer ['aʊsɐ] I. *prp* +*dat o rar gen* ❶ (*ausgenommen*) all'infuori di, eccetto, tranne ❷ (*neben*) oltre; (*zusätzlich zu*) in aggiunta a ❸ (*örtlich*) fuori; **~ Haus** fuori casa; **~ Landes** all'estero ❹ (*Wend*) **~ sich** *dat* **vor Freude sein** essere fuori di sé dalla gioia; **~ sich** *dat* **vor Zorn sein** essere fuori dai gangheri; **~ Betrieb, ~ Dienst** fuori servizio II. *konj* **~ wenn …** a meno che (non) +*conj;* **~ dass …** salvo [*o* tranne] che +*conj*

außerberuflich *adj* al di fuori della professione

außerdem ['aʊsɐdeːm *o* aʊsɐ'deːm] *adv* oltre a ciò, inoltre, in più

außerdienstlich *adj o adv* fuori servizio

äußere *s.* **äußere(r, s)**

Äußere ['ɔɪsərə] <ein -s, -n> *kein Pl n* aspetto m esteriore, apparenza f

äußere(r, s) *adj* ❶ (*von, nach draußen*) esteriore ❷ (*außen befindlich, von außen kommend*) esterno ❸ (*auswärtig*) estero

außerehelich *adj* (*Geschlechtsverkehr*) extraconiugale; (*Kind*) illegittimo, naturale

außereuropäisch *adj* extraeuropeo; **außergerichtlich** *adj* (JUR) extragiudiziale; **außergewöhnlich** ['aʊsɐgə'vøːnlɪç] *adj* insolito, eccezionale, straordinario

außerhalb ['aʊsɐhalp] I. *adv* (*draußen*) fuori; **~ wohnen** abitare fuori città II. *prp* +*gen* (al di) fuori di

außerirdisch *adj* extraterrestre

äußerlich ['ɔɪsɐlɪç] *adj* ❶ (*außen*) esteriore; **nur ~ anwenden** (*Aufschrift auf Medikamenten*) per uso esterno; **rein ~ betrachtet** considerato solo esteriormente ❷ (*scheinbar*) apparente ❸ (*oberflächlich*) superficiale; **Äußerlichkeit** <-, -en> f esteriorità f

äußern ['ɔɪsɐn] I. *vt* (*aussprechen*) esprimere, esternare II. *vr* **sich ~** ❶ (*sich zeigen*) manifestarsi ❷ (*seine Meinung sagen*) **sich** (**über jdn/etw**) **~** esprimersi [*o* pronunciarsi] (su qu/qc)

außerordentlich ['ausɐ'ʔɔrdəntlɪç] **I.** *adj* straordinario; (*herausragend*) eccezionale **II.** *adv* (*sehr*) molto, oltremodo

außerorts *adv* (*A, CH*) fuori

außerparlamentarisch *adj* extraparlamentare; **außerplanmäßig** *adj* fuori programma; (*Professor*) fuori organico

äußerst ['ɔɪsɐst] *adv* estremamente, molto

außerstande [ausɐ'ʃtandə o 'ausɐʃtandə] *adv* ~ **sein** etw zu tun non essere in grado di fare qc

äußerste *s.* **äußerste(r, s)**

Äußerste <ein -s, -n> *kein Pl n* estremo *m;* **aufs ~ gefasst sein** aspettarsi il peggio; **bis zum ~n gehen** andare fino all'estremo

äußerste(r, s) *adj Superlativ von* **äußere** ❶ (*weit entfernt*) estremo; **am ~n Ende** all'estremità ❷ (*größtmöglich*) massimo

außertariflich *adj* ~ **bezahlt werden** essere pagato non conformemente alle tariffe

außertourlich ['ausetu:ɐlɪç] *adj* (*A: zusätzlich*) straordinario, supplementare

Äußerung <-, -en> *f* ❶ (*Ausspruch*) dichiarazione *f,* asserzione *f;* (*Bemerkung*) osservazione *f,* commento *m* ❷ (*Zeichen*) espressione *f,* manifestazione *f*

außeruniversitär *adj* (*Forschung, Weiterbildung*) extrauniversitario

aus|setzen I. *vi* ❶ (*stocken*) arrestarsi, fermarsi; (MOT) perdere colpi ❷ (*unterbrechen*) **mit etw ~** cessare [*o* smettere] qc; (*zeitweise*) sospendere qc **II.** *vt* ❶ (*Kind*) esporre, abbandonare; (*Boot*) calare ❷ (*preisgeben*) esporre, abbandonare ❸ (*Belohnung*) istituire; (*Erbe*) destinare; **auf seinen Kopf sind 5.000 Euro ausgesetzt** sulla sua testa pende una taglia di 5.000 euro ❹ (JUR: *Strafe*) sospendere; **eine Strafe zur Bewährung ~** sospendere condizionalmente la pena ❺ (*bemängeln*) **etw an jdm ~** criticare qu per qc; **Aussetzen** <-s> *kein Pl n* interruzione *f,* cessazione *f;* (A JUR) sospensione *f*

Aussetzer <-s, -> *m* (TECH, *fam*) guasto

Aussetzung <-, -en> *f* ❶ (*von Kind*) esposizione *f,* abbandono *m;* (*von Boot*) calare *m* in mare ❷ (*von Preis*) istituzione *f;* (*von Summe, Erbe*) assegnazione *f* ❸ (JUR: *von Urteil*) differimento *m*

Aussicht <-, -en> *f* ❶ (*Blick*) vista *f,* veduta *f;* **die ~ auf etw** *acc* **haben** avere la vista su qc ❷ (*Fernsicht*) panorama *m* ❸ (*fig: Zukunftsmöglichkeit*) prospettiva *f;* (*Chance*) probabilità *f;* (*Hoffnung*) speranza *f;* **etw in ~ haben** avere in vista qc, aspettarsi qc; **gute ~en haben** avere buone probabilità; **~ auf Erfolg haben** avere probabilità di successo; **jdm etw in ~ stellen** fare sperare qc a qu

aussichtslos *adj* (*hoffnungslos*) senza speranza; (*Lage*) disperato; (*ohne Zukunftsmöglichkeit*) senza prospettive; **Aussichtslosigkeit** <-> *kein Pl f* (*von Lage*) condizione *f* disperata; (*ohne Möglichkeiten*) mancanza *f* di prospettive; (*Vergeblichkeit*) inutilità *f*

Aussichtspunkt *m* belvedere *m;* **aussichtsreich** *adj* promettente, che promette bene; **Aussichtsturm** *m* torre *f* panoramica, belvedere *m*

aussiedeln *vt* evacuare

Aussiedler(in) <-s, -; -, -nen> *m(f)* evacuato, -a *m, f;* **Aussiedlung** <-, -en> *f* evacuazione *f*

aus|söhnen ['auszø:nən] **I.** *vr* **sich mit jdm ~** riconciliarsi con qu **II.** *vt* **jdn mit jdm ~** conciliare [*o* pacificare] qu con qu

Aussöhnung <-, -en> *f* riconciliazione *f*

aussondern *vt* scartare, selezionare

aussorgen *vi* **damit habe ich ausgesorgt** così facendo mi sono tutelato

aus|sortieren <ohne ge-> *vt* ❶ (*ausscheiden*) scartare ❷ (*auswählen*) selezionare, scegliere

aus|spannen I. *vt* ❶ (*Netz*) (di)stendere ❷ (*Pferd*) staccare ❸ (*fig fam: wegnehmen*) **jdm die Freundin ~** soffiare la ragazza a qu **II.** *vi* (*ausruhen*) concedersi un po' di riposo; (*sich entspannen*) rilassarsi

aus|sperren I. *vt* ❶ (*ausschließen*) chiudere fuori ❷ (*Arbeiter*) effettuare la serrata di **II.** *vr* **sich ~** (*aus der Wohnung*) chiudersi fuori

Aussperrung <-, -en> *f* serrata *f*

aus|spielen I. *vt* ❶ (*Karte*) giocare ❷ (*Pokal*) mettere in palio ❸ (SPORT: *besiegen*) superare ❹ (*Erfahrung, Wissen*) far valere ❺ (*aufwiegeln*) **jdn gegen jdn ~** servirsi di qu contro qu **II.** *vi* (*im Kartenspiel*) avere la mano; **wer spielt aus?** a chi tocca ?

aus|spionieren <ohne ge-> *vt* ❶ (*Pläne, Versteck*) venir a sapere (spiando) ❷ (*Person*) spiare

Aussprache <-, -n> *f* ❶ (LING) pronuncia *f;* (*Tonfall*) accento *m* ❷ (*klärendes Gespräch*) spiegazione *f,* discussione *f*

aus|sprechen <irr> **I.** *vt* ❶ (*zum Ausdruck bringen*) esprimere; (*äußern*) manifestare ❷ (*lautlich wiedergeben, a Urteil*) pronunciare; (*artikulieren*) articolare **II.** *vi* (*zu Ende sprechen*) finire di parlare **III.** *vr* **sich ~** ❶ (*seine Meinung sagen*) esprimersi; **sich über etw** *acc* **~** esprimere un giudizio su qc; **sich für/gegen jdn/**

etw ~ dichiararsi a favore di/contro qu/qc ❷ (*sein Herz ausschütten*) aprire il cuore, sfogarsi; **sich mit jdm ~** chiarire una divergenza (d'opinioni) con qu, spiegarsi

Ausspruch <-(e)s, -sprüche> *m* ❶ (*Sinnspruch*) detto *m*, massima *f* ❷ (*Bemerkung*) osservazione *f*

aus|spucken *vt* ❶ (*spuckend von sich geben*) sputare ❷ (*fig fam: Produkte, Geld*) sfornare, buttare fuori

aus|spülen *vt* sciacquare, risciacquare

aus|staffieren <ohne ge-> *vt* ❶ (*ausstatten*) fornire; **jdn mit etw ~** munire qu di qc ❷ (*herausputzen*) azzimare

Ausstand <-(e)s, *rar* -stände> *m* ❶ (*Streik*) sciopero *m;* **in den ~ treten** scendere in sciopero ❷ (*südd, A: Ausscheiden*) ritiro *m;* **seinen ~ geben** festeggiare il congedo dal posto di lavoro

ausständig *adj* (*südd, A: ausstehend*) mancante, arretrato; **der ~e Betrag muss innerhalb einer Woche bezahlt werden** la somma dovuta deve essere pagata entro una settimana

aus|stanzen *vt* (TEC) punzonare

aus|statten ['aʊsʃtatən] *vt* ❶ jdn/etw (**mit etw**) **~** (*versehen*) fornire qu/qc (di qc); (*ausrüsten*) attrezzare qu/qc (con qc) ❷ (*einrichten*) arredare

Ausstattung <-, -en> *f* ❶ (*Ausrüstung*) equipaggiamento *m;* (*mit Geräten, Werkzeugen*) dotazione *f* ❷ (*Einrichtung*) arredamento *m* ❸ (*von Buch*) veste *f* tipografica

aus|stechen <irr> *vt* ❶ (*Graben*) scavare; (*Rasen, Torf, Teig*) tagliare ❷ (*fig: übertreffen*) superare; (*verdrängen*) soppiantare; **Ausstechform** *f* (GASTR) forma *f* per tagliare la pasta

aus|stehen <irr> I. *vt* (*ertragen*) sopportare, soffrire; **jdn nicht ~ können** non poter sopportare [*o* soffrire] qu II. *vi* (*fehlen*) mancare; **diese Rechnung steht noch aus** questa fattura non è ancora pagata

aus|steigen <irr> *vi sein* ❶ (*aus Fahrzeug*) (**aus dem Bus/Zug**) **~** scendere (dall'autobus/dal treno) ❷ (*fam*) (**aus etw**) **~** uscire (da qc)

Aussteiger(in) <-s, -; -, -nen> *m(f)* dropout *mf*

aus|stellen *vt* ❶ (*Waren, Kunstwerke*) esporre ❷ (*ausschalten*) disinnestare, fermare ❸ (*Pass, Zeugnis, Quittung*) rilasciare; (*Rechnung, Scheck*) emettere; (*Rezept*) fare; (*Urkunde*) stendere, redigere

Aussteller(in) <-s, -; -, -nen> *m(f)* ❶ (*auf*

Messe, Ausstellung) espositore, -trice *m, f* ❷ (*von Scheck, Wechsel*) emittente *mf,* traente *mf;* (*von Urkunde*) estensore *m*

Ausstellerzahl *f* numero *m* degli espositori

Ausstellung <-, -en> *f* ❶ (*von Waren, Kunstwerken*) esposizione *f,* mostra *f* ❷ (*von Schriftstück*) stesura *f;* (*von Pass*) rilascio *m;* (*von Scheck, Wechsel*) emissione *f;* **Ausstellungsdatum** <-s, -daten> *n* ❶ (*einer Veranstaltung*) data *f* (d'inizio) dell'esposizione ❷ (*von Schriftstücken*) data *f* di rilascio ❸ (*von Schecks*) data *f* di emissione; **Ausstellungshalle** *f* sala *f* d'esposizione; **Ausstellungsstand** *m* stand *m;* **Ausstellungsstück** *n* oggetto *m* di esposizione

aus|sterben <irr> *vi sein* (*Art, Familie*) estinguersi; (*Beruf*) scomparire

Aussteuer <-, -n> *f* corredo *m,* dote *f*

Ausstieg <-(e)s, -e> *m* ❶ (*das Heraussteigen*) uscita *f* ❷ (*Ausgang*) uscita *f* ❸ (*fam: aus Kernenergie*) ritiro *m;* (*aus Gesellschaft, Geschäft*) uscita *f*

aus|stopfen *vt* (*Tiere*) impagliare, imbalsamare; (*Kissen*) imbottire, riempire

Ausstoß <-es, -stöße> *m* ❶ (*in der Wirtschaft*) produzione *f* (*an +dat* di) ❷ (TEC) getto *m*

aus|stoßen <irr> *vt* ❶ (*Rauch, Gas*) emettere; (*Vulkan*) eruttare ❷ (*Seufzer*) cacciare; (*Fluch*) prorompere; (*Drohung*) proferire; (*Schrei*) emettere ❸ (*herstellen*) produrre, mandar fuori ❹ (*ausschließen*) espellere

aus|strahlen *vt* ❶ (*Wärme, Licht*) irradiare ❷ (RADIO, TV) trasmettere, mettere in onda ❸ (*fig*) emanare, irradiare, diffondere

Ausstrahlung <-, -en> *f* ❶ (RADIO, TV) trasmissione *f,* messa *f* in onda, diffusione *f* ❷ (*fig: eines Menschen*) carisma *m*

aus|strecken I. *vt* (*Arm, Bein*) (di)stendere, allungare; (*Hand*) stendere; (*Fühler*) tendere, allungare; **etw** (**nach etw**) **~** stendere qc (verso qc) II. *vr* **sich ~** sdraiarsi, (di)stendersi

aus|streichen <irr> *vt* (*Geschriebenes*) cancellare

aus|streuen *vt* spargere; (*Gerüchte*) diffondere

aus|strömen I. *vi sein* ❶ (*Wasser*) sgorgare; (*Gas*) fuoriuscire; (*Duft, Dampf*) esalare ❷ (*fig*) emanare II. *vt haben* ❶ (*Wärme*) emettere, emanare; (*Licht*) diffondere ❷ (*fig*) emanare

aus|suchen *vt* scegliere

Austausch <-(e)s> *kein Pl m* scambio *m;* (TEC) sostituzione *f;* **austauschbar** *adj*

intercambiabile
aus|tauschen *vt* ❶ *(ersetzen)* **etw** **(durch etw)** ~ sostituire qc (con qc) ❷ *(tauschen)* **etw** **(gegen etw)** ~ scambiare qc (per qc); **Austauschmotor** *m* (MOT) motore *m* di ricambio; **Austauschschüler(in)** *m(f)* allievo, -a *m, f* di uno scambio
aus|teilen *vt* distribuire
Auster ['auste] <-, -n> *f* ostrica *f;* **Austernbank** *f* banco *m* d'ostriche; **Austernpilz** <-es, -e> *m* gelone *m;* **Austernzucht** *f* ostricoltura *f*
aus|toben *vr* **sich** ~ sfogarsi
aus|tragen <irr> *vt* ❶ *(Brot, Milch)* portare nelle case; *(Briefe)* recapitare; *(Zeitungen)* distribuire ❷ (SPORT) disputare; *(Streit)* decidere ❸ *(Wend)* **ein Kind** ~ portare a compimento una gravidanza
Austragung <-, -en> *f* ❶ *(Verteilung)* distribuzione *f,* recapito *m* ❷ (SPORT) realizzazione *f;* **Austragungsort** *m* luogo *m* di disputa
Australien [aus'traːliən] *n* Australia *f*
Australier(in) [aus'traːliɐ] <-s, -; -, -nen> *m(f)* australiano, -a *m, f*
australisch [aus'traːlɪʃ] *adj* australiano
aus|treiben <irr> **I.** *vt* ❶ *(Kühe)* condurre al pascolo ❷ *(exorzieren)* esorcizzare, scacciare ❸ *(fig: abgewöhnen)* togliere il vizio di; **ich werde dir deine Frechheit schon ~!** ti farò passare la tua insolenza! **II.** *vi (Pflanzen)* germogliare
aus|treten <irr> **I.** *vi sein* ❶ *(aus Gemeinschaft)* **aus etw** ~ uscire *[o* ritirarsi] da qc, lasciare qc; **aus der Kirche** ~ staccarsi dalla chiesa ❷ *(fam: zur Toilette gehen)* andare in bagno *[o* al gabinetto] ❸ *(Blut)* sgorgare; *(Gas)* fuoriuscire **II.** *vt haben* ❶ *(Feuer, Zigarette)* spegnere con i piedi ❷ *(Schuhe)* allargare (camminando); *(Treppe)* consumare (a furia di camminarvi sopra); *(Pfad)* battere
austricksen ['austrɪksən] *vt (fam)* fregare
aus|trinken <irr> *vi, vt* (finire di) bere
Austritt <-(e)s, -e> *m* ❶ *(das Ausscheiden)* ritiro *m;* **der** ~ **aus etw** il ritiro da qc ❷ *(von Gas)* fuoruscita *f,* fuga *f; (von Blut)* travaso *m*
Austrittserklärung *f* dimissioni *fpl*
aus|trocknen **I.** *vt haben* (dis)seccare, asciugare **II.** *vi sein* asciugarsi, (dis)seccarsi
aus|tüfteln *vt (fam)* escogitare
aus|üben *vt* ❶ *(Beruf, Kunst, Handwerk)* esercitare ❷ *(Macht, Einfluss)* esercitare; *(Wirkung)* avere
Ausübung <-> *kein Pl f* esercizio *m,* pratica *f;* **in** ~ **seines Dienstes** nell'adempi-

mento del proprio ufficio
aus|ufern *vi (Gewässer)* straripare; *(Diskussion)* sviare (il discorso)
Ausverkauf <-(e)s, -verkäufe> *m* (COM) liquidazione *f,* svendita *f;* **aus|verkaufen** <ohne ge-> *vt* liquidare; **ausverkauft** *adj* esaurito; **vor ~em Hause spielen** (THEAT) fare il pienone
Auswahl <-, -en> *f* ❶ *sing (Wahl)* scelta *f;* (SPORT) selezione *f;* **zur** ~ **stehen** essere a scelta ❷ *(Warenangebot)* assortimento *m;* **eine große** ~ **an etw** *dat* **anbieten** offrire un grande assortimento di qc
aus|wählen *vt* scegliere; **etw unter mehreren Sachen** *dat* ~ scegliere qc fra diverse cose
Auswahlmenü *n* (INFORM) menu *m;* **Auswahlverfahren** *n* processo *m* di selezione
aus|walzen *vt* ❶ *(walzen)* laminare ❷ *(fig: weitschweifig erörtern)* diffondersi troppo su, dilungarsi su
Auswanderer(in) <-s, -; -, -nen> *m(f)* emigrante *mf;* **aus|wandern** *vi sein* **(nach Frankreich)** ~ emigrare (in Francia); **Auswanderung** <-, -en> *f* emigrazione *f*
auswärtig ['ausvɛrtɪç] *adj* ❶ *(nicht am, vom Ort)* non locale ❷ *(von auswärts)* da fuori; **das Auswärtige Amt** il ministero degli (affari) esteri
auswärts ['ausvɛrts] *adv* ❶ *(nicht zu Hause)* fuori (casa) ❷ *(nicht am Ort)* in (un) altro luogo; **von** ~ da fuori ❸ *(nach außen)* in fuori, verso l'esterno; **Auswärtsspiel** *n* (SPORT) partita *f [o* incontro *m]* in trasferta
aus|waschen <irr> *vt* ❶ *(Kleidung, Wunde)* lavare; *(ausspülen)* sciacquare ❷ (GEOL) dilavare; *(Gestein)* erodere ❸ *(Farben)* schiarire
auswechselbar *adj* intercambiabile
aus|wechseln *vt* **etw (gegen etw)** ~ cambiare qc (con qc); *(a ersetzen)* sostituire qc (con qc)
Auswechselspieler(in) *m(f)* riserva *f*
Auswechs(e)lung <-, -en> *f* (ri)cambio *m; (Ersatz)* sostituzione *f*
Ausweg <-(e)s, -e> *m* via *f* d'uscita *[o* di scampo], espediente *m*
ausweglos *adj* senza via d'uscita; *(Lage)* disperato; **Ausweglosigkeit** <-> *kein Pl f* mancanza *f* di via d'uscita; **die ~, in der ich mich befinde** il vicolo cieco in cui mi trovo
aus|weichen <irr> *vi sein* **jdm/etw** ~ schivare *[o* evitare] qu/qc; *(einem Hinder-*

nis ~) evitare un ostacolo; **einer Frage** ~ eludere una domanda; **nach rechts** ~ piegare a destra; **eine** ~ **de Antwort** una risposta evasiva; **auf etw anderes** ~ ripiegare su un'altra cosa

Ausweichmanöver *n* ❶(MOT) manovra *f* di scansamento ❷(*fig*) manovra *f* diversiva; **Ausweichmöglichkeit** *f* ❶(MOT) possibilità *f* di scansamento ❷(*Alternative*) alternativa *f*

ausǀweinen *vr* sich ~ sfogarsi piangendo; **sich** *dat* **die Augen** ~ piangere a calde lacrime; **sich bei jdm** ~ sfogarsi piangendo con qu

Ausweis ['aʊsvaɪs] <-es, -e> *m* documento *m*; (*Personal~*) carta *f* d'identità

ausǀweisen <irr> I. *vt* ❶(*hin~*) cacciare; **jdn aus einem Land** ~ espellere [*o* esiliare] qu da un paese ❷(*identifizieren*) identificare II. *vr* sich ~ legittimarsi

Ausweiskontrolle *f* controllo *m* passaporti [*o* documenti]; **Ausweispapiere** *npl* documenti *mpl* di legittimazione

Ausweisung <-, -en> *f* espulsione *f*

ausǀweiten I. *vt* ❶(*ausdehnen*) allargare ❷(*fig: erweitern*) estendere; (*Produktion*) aumentare II. *vr* sich ~ ❶(*weiter werden*) allargarsi ❷(*fig*) svilupparsi; **sich zu etw** ~ trasformarsi in qc

Ausweitung <-, -en> *f* espansione *f* (*auf* +*acc* su), dilatazione *f*

auswendig *adj* ~ **können/lernen** sapere/imparare a memoria

ausǀwerfen <irr> *vt* ❶(*Angel, Netz*) gettare; (*Anker*) calare ❷(*Schleim*) espettorare, sputare; (*Lava*) eruttare ❸(*Prämien*) assegnare ❹(*produzieren*) sfornare, buttare fuori

ausǀwerten *vt* ❶(*Angaben*) analizzare, interpretare ❷(*verwerten*) utilizzare; (COM) sfruttare

Auswertung <-, -en> *f* ❶(*Bewertung*) analisi *f*, interpretazione *f* ❷(*Verwertung*) utilizzazione *f*; (COM) sfruttamento *m*

ausǀwickeln *vt* svolgere

ausǀwirken *vr* sich (**auf etw** *acc*) ~ ripercuotersi (su qc)

Auswirkung <-, -en> *f* conseguenza *f*, effetto *m*, ripercussione *f*

ausǀwischen *vt* ❶(*säubern*) pulire ❷(*Schrift, Zeichnung*) cancellare; **jdm eins** ~ (*fam*) giocare un brutto tiro a qu

ausǀwringen <irr> *vt* strizzare, torcere

Auswuchs <-es, Auswüchse> *m* ❶(*Wucherung*) escrescenza *f* ❷*pl* (*fig*) aberrazioni *mpl*, eccessi *mpl*

auswuchten *vt* (TEC) equilibrare

Auswurf <-(e)s, -würfe> *m* ❶ *sing* (*von*

Lava) eruzione *f* ❷(MED) sputo *m*

ausǀzahlen I. *vt* ❶(*Geld*) pagare ❷(*Arbeiter*) liquidare II. *vr* sich ~ valere la pena

ausǀzählen *vt* ❶(*Stimmen*) fare lo spoglio di ❷(SPORT: *Boxer*) dichiarare fuori combattimento

Auszahlung <-, -en> *f* pagamento *m*

Auszählung <-, -en> *f* conteggio *m*, computo *m*

ausǀzeichnen I. *vt* ❶(*Waren*) contrassegnare, marcare ❷(*ehren*) onorare; **jdn mit einem Preis** ~ conferire un premio a qu ❸(TYP) porre in evidenza II. *vr* sich (**durch etw**) ~ eccellere (in qc), distinguersi (per qc)

Auszeichnung <-, -en> *f* ❶(*von Waren*) contrassegno *m* ❷(*Ehrung*) distinzione *f*, onorificenza *f*; (MIL) decorazione *f*; **die Prüfung mit** ~ **bestehen** passare gli esami con lode

Auszeit <-, -en> *f* (SPORT) sospensione *f*, time out *m*

ausziehbar *adj* allungabile

ausǀziehen <irr> I. *vt haben* ❶(CHEM, MED) estrarre; (*Haare*) strappare ❷(*Tisch*) allungare ❸(*Kleider*) togliersi, levarsi II. *vi sein* partire; **aus einer Wohnung** ~ lasciare un appartamento III. *vr* sich ~ spogliarsi, svestirsi

Ausziehtisch *m* tavola *f* allungabile

Auszubildende <-ein -r, -n, -n> *mf* tirocinante *mf*, apprendista *mf*

Auszug <-(e)s, -züge> *m* ❶(CHEM, BOT) estratto *m* ❷(*Konto~*) estratto *m* ❸(*Buch~*) passo *m* ❹(MUS) brano *m* ❺(*Abriss*) sommario *m*; (*Zusammenfassung*) riassunto *m* ❻(*aus Wohnung*) trasloco *m*, sgombero *m* ❻(*Ausmarsch*) partenza *f*; (REL) esodo *m* ❼(*CH: Altenteil*) pensione *f*, vitalizio *m*; **auszugsweise** *adv* in forma riassuntiva

ausǀzupfen *vt* strappare

autark [aʊ'tark] *adj* autarchico

Autarkie [aʊtar'kiː] <-, -n> *f* autarchia *f*

authentisch [aʊ'tɛntɪʃ] *adj* autentico

Authentizität [aʊtɛntitsi'tɛːt] <-> *kein Pl f* autenticità *f*

Autismus [aʊ'tɪsmʊs] <-> *kein Pl m* (MED) autismo *m*

autistisch *adj* autistico

Auto ['aʊto] <-s, -s> *n* auto *f*, macchina *f*; **ein** ~ **fahren** guidare una macchina; **mit dem** ~ **fahren** andare in macchina

Autoantenne *f* antenna *f* per auto; **Autoatlas** *m* atlante *m* stradale (per automobilisti)

Autobahn *f* autostrada *f*; **Autobahnanschluss**[RR] raccordo *m* autostradale;

Autobahnauffahrt *f* raccordo *m* di entrata (autostradale); **Autobahnausfahrt** *f* uscita *f* autostradale; **Autobahnbrücke** *f* ponte *m* sull'autostrada; **Autobahndreieck** *n* svincolo *m* autostradale; **Autobahngebühr** *f* pedaggio *m* (autostradale); **Autobahnkreuz** *n* crocevia *m* autostradale; **Autobahnraststätte** *f* autogrill® *m*, area *f* di servizio; **Autobahnzubringer** *m* raccordo *m* autostradale

Autobatterie <-, -n> *f* batteria *f* di avviamento

Autobiografie^RR [aʊtobiogra'fiː] *f* autobiografia *f*; **autobiografisch**^RR *adj* autobiografico

Autobiographie *f* *s.* **Autobiografie**; **autobiographisch** *adj* *s.* **autobiografisch**

Autobombe *f* (*sl*) autobomba *f*

Autobus ['aʊtobʊs] *m* (*in der Stadt*) autobus *m*; (*zwischen Städten*) corriera *f*, pullman *m*; **Autobusbahnhof** *m* terminal *m* per autobus, capolinea *m* degli autobus

Autodidakt(in) [aʊtodi'dakt] <-en, -en; -, -nen> *m(f)* autodidatta *mf*

autodidaktisch *adj* autodidattico

Autofähre *f* ferry-boat *m*, nave *f* traghetto

Autofahrer(in) *m(f)* automobilista *mf*, autista *mf*; **Autofahrt** *f* viaggio *m* in automobile

Autofokus [aʊto'foːkʊs] <-, -se> *m* (FOTO) autofocus *m*

autofrei *adj* (*Innenstadt*) chiuso al traffico; (*Tag*) *giornata di divieto di circolazione per autoveicoli*

Autofriedhof *m* cimitero *m* delle automobili

autogen [aʊto'geːn] *adj* ❶ (TEC) autogeno ❷ (MED) ~es **Training** training autogeno

Autogramm [aʊto'gram] <-s, -e> *n* autografo *m*; **Autogrammjäger(in)** *m(f)* (*fam*) cacciatore, -trice *m*, *f* d'autografi

Autohändler(in) *m(f)* concessionario *m* di automobili

Autoimmunreaktion *f* reazione *f* autoimmune

Autokarte *f* carta *f* automobilistica

Autokino *n* drive-in *m*, cineparco *m*

Autokratie [aʊtokra'tiː] <-, -n> *f* autocrazia *f*

autokratisch *adj* autocratico

Autolenker(in) <-s, -; -, -nen> *m(f)* (*CH*) *s.* **Autofahrer**

Automarder *m* (*sl*) ladro *m* d'automobili

Automat [aʊto'maːt] <-en, -en> *m* apparecchio *m* automatico; (*Waren~*) distributore *m* automatico; (*Spiel~*) slotmachine *f*; (*Musik~*) juke-box *m*

Automatik [aʊto'maːtɪk] <-, -en> *f* automatismo *m*; (MOT) cambio *m* automatico; **Automatikgetriebe** <-s, -> *n* (AUTO) cambio *m* automatico; **Automatikgurt** *m* (MOT) cintura *f* di sicurezza automatica

Automation [aʊtoma'tsjoːn] <-> *kein Pl f* automazione *f*

automatisch [aʊto'maːtɪʃ] *adj* automatico

automatisieren [aʊtomati'ziːrən] <ohne ge-> *vt* automatizzare

Automatisierung <-, -en> *f* automazione *f*

Automechaniker(in) *m(f)* *s.* **Autoschlosser**

Automobil [aʊtomo'biːl] <-s, -e> *n* automobile *f*

Automobilausstellung *f* salone *m* dell'automobile; **Automobilbau** *m* costruzione *f* di automobili

Automobilhersteller *m* casa *f* automobilistica; **Automobilindustrie** *f* industria *f* automobilistica

Automobilist(in) <-s, -en; -, -nen> *m(f)* (*CH*) *s.* **Autofahrer**

autonom [aʊto'noːm] *adj* autonomo

Autonome <ein -r, -n, -n> *mf* autonomo, -a *m*, *f*

Autonomie [aʊtono'miː] <-> *kein Pl f* autonomia *f*

Autonummer *f* numero *m* di targa

Autopilot <-en, -en> *m* (TEC) pilota *m* automatico, autopilota *m*

Autopsie <-, -n> *f* (MED) autopsia *f*

Autor(in) ['aʊtoːɐ] <-s, -en; -, -nen> *m(f)* autore, -trice *m*, *f*

Autoradio *n* autoradio *f*; **Autoreifen** *m* pneumatico *m*; **Autoreisezug** *m* treno *m* "auto al seguito"; **Autorennen** *n* corsa *f* [*o* gara *f*] automobilistica; **Autoreparaturwerkstatt** *f* autofficina *f*

Autorin *f* *s.* **Autor**

autorisieren [aʊtori'ziːrən] <ohne ge-> *vt* **jdn zu etw** ~ autorizzare qu a (fare) qc

autoritär [aʊtori'tɛːɐ] *adj* autoritario

Autoritarismus <-> *m* (POL) autoritarismo

Autorität [aʊtori'tɛːt] <-, -en> *f* autorità *f*

Autoschalter *m* sportello *m* (*di una banca*) a cui il cliente accede in automobile; **Autoschlange** *f* coda *f* di automobili; **Autoschlosser(in)** *m(f)* meccanico *m* d'automobili; **Autoschlüssel** *m* chiave *f* della macchina; **Autoscooter** <-s, -> *m* (*auf Jahrmärkten*) autoscontro *m*; **Autostop(p)** *m* autostop *m*; **Autostrich** *m* (*sl*) viale *m* delle puttane; **Autostunde**

<-, -n> *f* ora *f* di macchina; **die Stadt liegt eine ~ von hier entfernt** la città è a un'ora di macchina da qui

Autosuggestion [autozʊgɛs'tị̯o:n] *f* autosuggestione *f;* **autosuggestiv** *adj* (*Methode, Techniken*) autosuggestivo

Autotelefon *n* autotelefono *m;* **Autounfall** *m* incidente *m* automobilistico; **Autoverleih** *m* noleggio *m* di autovetture; **Autovermietung** *f* autonoleggio *m;* **Autozubehör** *n* accessorio *m* (per automobili)

autsch [autʃ] *int* ai

avancieren [avã'si:rən] <ohne ge-> *vi sein* (**zu etw**) ~ avanzare (a qc)

Avantgarde [avã'gardə] <-, -n> *f* avanguardia *f*

Avantgardist(in) [avãgar'dɪst] <-en, -en; -, -nen> *m(f)* (KUNST, LIT) avanguardista *mf;* **avantgardistisch** [avãgar'dɪstɪʃ] *adj* avanguardista, d'avanguardia

Aversion [avɛr'zi̯o:n] <-, -en> *f* avversione *f;* **eine ~ gegen jdn/etw haben** avere un'avversione per qu/qc

Avocado [avo'ka:do] <-, -s> *f* avocado *m*

Axiom [aksi'o:m] <-s, -e> *n* assioma *m*

Axt [akst, *pl:* 'ɛkstə] <-, Äxte> *f* ascia *f,* scure *f*

AZ, Az. *abk v* **Aktenzeichen** sigla, numero di protocollo

Azalee [atsa'le:ə] <-, -n> *f,* **Azalie** [a'tsa:li̯ə] <-, -n> *f* azalea *f*

Azeton [atse'to:n] <-> *kein Pl n* (CHEM) acetone *m*

Azoren [a'tso:rən] *pl* Azzorre *fpl*

Azteke [ats'te:kə] <-n, -n> *m,* **Aztekin** [ats'te:kɪn] <-, -nen> *f* azteco, -a *m, f*

Azubi [a'tsu:bi *o* 'a(:)tsubi] <-s, -s> *m* (*fam*) *akr v* **Auszubildende(r)** apprendista *mf,* tirocinante *mf*

azurblau [a'tsu:ɐblau] *adj* azzurro, celeste

Bb

B, b [be:] <-, -(s)> *n* ❶ (*Buchstabe*) B, b *f;* **B wie Berta** B come Bologna ❷ (MUS) si *m* bemolle

B *abk v* **Bundesstraße** S.S., strada statale

Babel ['ba:bəl] <-s, -> *n* Babele *f*

Baby ['be:bi] <-s, -s> *n* bebè *m*, neonato, -a *m, f;* **Babyausstattung** *f* corredino *m*, biancheria *f* per neonato; **Babyboom** <-s, -s> *m* boom *m* delle nascite; **Babyfon** [be:bi'fo:n] <-s, -e> *n* baby care *m*, *dispositivo per il monitoraggio del sonno del bambino*

Babylon ['ba:bylɔn] *n* Babilonia *f*

babylonisch [baby'lo:nɪʃ] *adj* babilonese

Babynahrung *f* alimenti *mpl* per lattanti; **Babyphon** [be:bi'fo:n] <-s, -e> *n* baby care *m*, *dispositivo per il monitoraggio del sonno del bambino;* **babysitten** ['be:bɪzɪtən] *vi* curare i bambini; **bei jdm ~** fare da baby-sitter a qu; **Babysitter(in)** <-s, -; -, -nen> *m(f)* baby-sitter *mf;* **Babyspeck** *m* (*fam*) ciccia *f;* **Babystrich** *m* (*fam*) prostituzione *f* minorile; **Babywäsche** *f* corredino *m*, biancheria *f* per neonato

Babyzelle *f* mezza torcia *f*

Bach [bax, *pl:* 'bɛçə] <-(e)s, Bäche> *m* ruscello *m*, torrente *m*

Bachforelle *f* trota *f* di torrente

Bächlein ['bɛçlaɪn] <-s, -> *n* ruscelletto *m;* **ein ~ machen** (*Kindersprache*) far la pipì

Bachstelze *f* (ZOO) cutrettola *f*

Backblech *n* teglia *f* da forno

Backbord *n* (NAUT, AERO) babordo *m*

Backe ['bakə] <-, -n> *f* (*Wange*) guancia *f;* (*Gesäß~*) natica *f*

backen ['bakən] <bäckt *o* backt, backte *o* obs buk, gebacken> *vt* (*im Ofen*) cuocere (in forno); (*in der Pfanne*) friggere

Backenbart *m* favoriti *mpl*, fedine *fpl;* **Backenhörnchen** *n* (ZOO) tamia *m* striato; **Backenknochen** *m* zigomo *m;* **Backentasche** *f* (ANAT) borsa *f* mascellare; **Backenzahn** *m* molare *m*

Bäcker(in) ['bɛkə] <-s, -; -, -nen> *m(f)* fornaio, -a *m, f,* panettiere, -a *m, f*

Bäckerei [bɛkə'raɪ] <-, -en> *f* ❶ (*Bäckerladen*) panetteria *f,* panificio *m* ❷ *meist Pl* (*A: Gebäck*) dolci *mpl,* paste *fpl*

Bäckermeister(in) *m(f)* maestro fornaio *m,* fornaia capo *f;* **Bäcker(s)frau** *f* moglie *f* del fornaio [*o* del panettiere]

Backfisch *m* (GASTR) pesce *m* fritto; **Backform** *f* stampo *m* per dolci

Background ['bɛkgraʊnt] <-s, -s> *m* background *m*

Backobst *n* frutta *f* secca; **Backofen** *m* forno *m;* **Backpfeife** *f* (*dial*) schiaffo *m*, ceffone *m;* **Backpflaume** *f* prugna *f* secca; **Backpulver** *n* lievito *m;* **Backrohr** *n* (*A: Backofen*) forno *m;* **Backröhre** *f* forno *m;* **Backstein** *m* mattone *m*, laterizio *m;* **Backstube** *f* forno *m*

backt, bäckt [bakt, bɛkt] *3. pers sing pr von* **backen**

backte ['baktə] *1. u 3. pers sing imp von* **backen**

Backup [bɛk'ʔap] <-s, -s> *n* (INFORM) backup *m*

Backwaren *fpl* pane *m* e pasticceria *f;* (*süße ~*) dolci *mpl;* **Backwerk** *n* pasticceria *f*

Bad [ba:t, *pl:* 'bɛːdə] <-(e)s, Bäder> *n* ❶ (*das Baden*) bagno *m;* **ein ~ nehmen** fare il bagno ❷ (*~ewanne*) vasca *f;* (*~ezimmer*) bagno *m* ❸ (*Schwimm~*) piscina *f* ❹ (*~eort*) stazione *f* termale; (*See~*) stazione *f* balneare ❺ (CHEM) bagno *m*

Badeanstalt *f* stabilimento *m* balneare, piscina *f;* **Badeanzug** *m* costume *m* da bagno; **Badegast** *m* ❶ (*im Kurort*) ospite *mf* di una stazione termale ❷ (*im Schwimmbad*) bagnante *mf;* **Badehose** *f* calzoncini *mpl* da bagno; **Badekappe** *f* cuffia *f* da bagno

Badelatschen *m* (*fam*) ciabatte (da mare) *pl fam;* **Bademantel** *m* accappatoio *m;* **Bademeister(in)** *m(f)* bagnino, -a *m, f;* **Bademütze** *s.* **Badekappe**

baden ['ba:dən] **I.** *vt* fare il bagno a **II.** *vi* farsi il bagno; (*im Freien*) bagnarsi, fare il bagno; **~ gehen** (*fig fam*) andare a monte, naufragare; **Baden** ['ba:dən] <-s> *kein Pl* *n* bagnarsi *m*, bagno *m*

Baden-Württemberg *n* Baden-Württemberg *m*

Badeofen *m* scaldabagno *m*

Badeort *m* località *f* balneare; **Badeschuhe** *mpl* scarpe *fpl* da bagno; **Badestrand** *m* spiaggia *f;* **Badetuch** *n* asciugamano *m* da bagno; **Badewanne** *f* vasca *f* da bagno; **Badewasser** *n* acqua *f* del bagno; **Badezeug** *n* equipaggiamento *m* da bagno; **Badezimmer** *n* bagno *m*, stanza *f* da bagno; **Badezusatz** *m* bagnoschiuma *m*

Badminton ['bɛtmɪntən] <-> *kein Pl n* (SPORT) badminton *m*

baff [baf] *adj* (*fam*) ~ **sein** rimanere di stucco

Bafög ['baːføːk] <-(s)>, **BAFöG** *n akr v* **Bundesausbildungsförderungsgesetz** *legge federale per il sostegno dell'istruzione scolastica ed universitaria;* ~ **bekommen** (*fam*) *ricevere il presalario*

Bagatelle [baga'tɛlə] <-, -n> *f* bagatella *f,* inezia *f*

bagatellisieren [bagatɛli'ziːrən] <ohne ge-> *vt* minimizzare

Bagatellschaden *m* danno *m* lieve

Bagatellunfall *m* incidente di piccola entità

Bagger ['bagɐ] <-s, -> *m* escavatore *m,* escavatrice *f;* (*Schwimm~*) draga *f*

baggern *vi* scavare; (*mit Schwimmbagger*) dragare

Baggersee *m* laghetto *m* di cava

Baguette [ba'gɛt] <-s, -s> *n* baguette *f*

Bahamas [ba'haːmas] *pl* **die** ~ le Bahamas

Bahn [baːn] <-, -en> *f* ❶ (*Weg, a fig*) via *f,* strada *f;* (*Fahr~*) carreggiata *f;* (SPORT) pista *f;* (*eines einzelnen Wettkämpfers*) corsia *f;* **freie** ~ **haben** avere via libera ❷ (*Eisen~*) treno *m,* ferrovia *f;* (*Verkehrsnetz, Strecke*) linea *f;* **mit der** ~ **fahren** viaggiare in treno ❸ (ASTR) orbita *f;* (PHYS) percorso *m;* (*Elektronen~*) orbita *f;* (*Flug~*) traiettoria *f* ❹ (*Stoff~*) telo *m;* (*Tapeten~*) lista *f;* **Bahnanlagen** *fpl* impianti *mpl* ferroviari; **Bahnarbeiter(in)** *m(f)* operaio, -a *m, f* delle ferrovie; **Bahnbeamte** <ein -r, -n, -n> *m,* **Bahnbeamtin** *f* impiegato, -a *m, f* delle ferrovie, ferroviere, -a *m, f;* **bahnbrechend** *adj* rivoluzionario; **Bahnbrecher(in)** <-s, -; -, -nen> *m(f)* pioniere, -a *m, f,* precursore, -corritrice *m, f,* iniziatore, -trice *m, f;* **Bahnbus** *m* autobus *m* della ferrovia; **Bahndamm** *m* argine *m* della ferrovia

bahnen ['baːnən] *vt* (*Weg, a fig*) aprire, spianare; **sich** *dat* **einen Weg durch etw** ~ aprirsi un varco attraverso qc

Bahnfahrt *f* viaggio *m* in treno; **Bahngleis** *n* binario *m*

Bahnhof *m* stazione *f;* **Bahnhofsbuchhandlung** *f* libreria *f* della stazione; **Bahnhofshalle** *f* hall *f* della stazione; **Bahnhofsmission** *f* organizzazione *f* assistenziale operante nelle stazioni; **Bahnhofsvorstand** *m* (*CH, A: Bahnhofsvorsteher*) capostazione *mf;* **Bahnhofsvorsteher(in)** *m(f)* capostazione *mf;* **Bahnhofswirtschaft** *f* ristorante *m* della stazione; (*einfache*) buvette *f*

bahnlagernd *adv* fermo [*o* giacente] in stazione

Bahnlinie *f* linea *f* ferroviaria; **Bahnpolizei** *f* polizia *f* ferroviaria; **Bahnschranke** *f* barriera *f* (di passaggio a livello); **Bahnsteig** ['baːnʃtaɪk] <-(e)s, -e> *m* marciapiede *m;* **Bahnsteigkarte** *f* biglietto *m* di ingresso ai binari; **Bahnstrecke** *f* percorso *m* ferroviario; **Bahntransport** *m* trasporto *m* per ferrovia; **Bahnübergang** *m* passaggio *m* a livello; **Bahnunterführung** *f* sottopassaggio *m;* **Bahnverbindung** *f* collegamento *m* ferroviario; **Bahnwärter(in)** *m(f)* cantoniere, -a *m, f,* casellante *mf*

Bahre ['baːrə] <-, -n> *f* barella *f,* lettiga *f;* (*Toten~*) bara *f*

Bai [baɪ] <-, -en> *f* (*Bucht*) baia *f,* golfo *m;* (*kleine*) insenatura *f*

Baiser [bɛ'zeː] <-s, -s> *n* meringa *f*

Baisse ['bɛːsə] <-, -n> *f* (FIN) ribasso *m;* **Baissespekulant(in)** *m(f)* ribassista *mf*

Bajonett [bajo'nɛt] <-(e)s, -e> *n* baionetta *f*

Bake ['baːkə] <-, -n> *f* (NAUT) meda *f,* biffa *f;* (AERO) aerofaro *m;* (*Verkehrsbake*) pannello *m* distanziometrico

Bakelit® [bakə'liːt *o* bakə'lɪt] <-s> *kein Pl n* bachelite *f*

Bakkarat ['bakara(t) *o* baka'ra] <-s> *kein Pl n* (*Kartenspiel*) baccarà *m*

Bakterie [bak'teːriə] <-, -n> *f* batterio *m,* microbo *m*

bakteriell [bakte'riɛl] *adj* batterico

Bakterienkultur *f* coltura *f* batterica

Bakteriologe [bakteri̯o'loːgə] <-n, -n> *m* batteriologo *m;* **Bakteriologie** <-> *kein Pl f* batteriologia *f;* **Bakteriologin** [bakteri̯o'loːgɪn] <-, -nen> *f* batteriologa *f;* **bakteriologisch** [bakteri̯o'loːgɪʃ] *adj* batteriologico

Balalaika [bala'laɪka, *pl:* bala'laɪkas *o* bala'laɪkən] <-, -s *o* Balalaiken> *f* (MUS) balalaica *f*

Balance [ba'lãːsə] <-, -n> *f* equilibrio *m;* **Balanceakt** *m* (*a fig*) gioco *m* di equilibrio

balancieren [balã'siːrən] <ohne ge-> **I.** *vi* *sein* stare in equilibrio **II.** *vt haben* bilanciare, equilibrare; (*Ball*) far stare in equilibrio

bald [balt] *adv* ❶ (*in Kürze*) presto; **so** ~ **wie möglich** il più presto possibile; ~ **darauf** poco dopo ❷ (*fam: beinahe*) quasi; **ich wäre** ~ **hingefallen** ci è mancato poco che cadessi ❸ (*einmal*) ~ **...,** ~ **... ora ..., ora ...;** ~ **da,** ~ **dort** talvolta qui, talvolta là, un po' dovunque

Baldachin ['baldaxiːn *o* balda'xiːn] <-s,

-e> *m* baldacchino *m*

Bälde ['bɛldə] *f* **in ~** fra poco

baldig ['baldɪç] *adj* prossimo

baldigst, baldmöglichst ['baldɪkst, 'balt'møːklɪçst] *adv* il più presto possibile

Baldrian ['baldriaːn] **<-s, -e>** *m* valeriana *f*; **Baldriantropfen** *mpl* gocce *fpl* di valeriana

Balearen [baleˈaːrən] *pl* Baleari *fpl*

Balg¹ [balk, *pl:* 'bɛlgə] **<-(e)s, Bälge>** *m* ❶ (*Tierhaut*) pelle *f* ❷ (*Blase~, Orgel~*) mantice *m*

Balg² [balk, *pl:* 'bɛlgə] **<-(e)s, Bälger>** *m o n* (*pej fam: Kind*) marmocchio *m*, monello *m*

balgen ['balgən] *vr* **sich ~** accapigliarsi, azzuffarsi

Balgerei [balgəˈraɪ] **<-, -en>** *f* zuffa *f*

Balkan ['balkaːn] *m* **der ~** i Balcani *mpl*; **auf dem ~** nei Balcani; **Balkanhalbinsel** *f* penisola *f* balcanica; **Balkanländer** *npl* stati *mpl* balcanici; **Balkanstaaten** *mpl* stati *mpl* balcanici

Balken ['balkən] **<-s, ->** *m* trave *f*, traversa *f*; (*von Waage*) giogo *m* (della bilancia); (SPORT) ostacolo *m*; **Balkendecke** *f* soffitto *m* a travi; **Balkendiagramm** *n* (INFORM) istogramma *m*

Balkon [balˈkɔŋ] **<-s, -s o -e>** *m* ❶ (ARCH) balcone *m*, terrazzo *m* ❷ (THEAT, FILM) balconata *f*, galleria *f*; **Balkontür** *f* porta *f* finestra

Ball [bal, *pl:* 'bɛlə] *m* ❶ (*zum Spielen*) palla *f*; (*großer, Fuß~*) pallone *m*; **~ spielen** giocare a palla; **am ~ bleiben** (*fig fam*) perseverare, non mollare ❷ (*Tanz*) ballo *m*

Ballade [baˈlaːdə] **<-, -n>** *f* ballata *f*

Ballast [baˈlast *o* 'balast] **<-(e)s, rar -e>** *m* zavorra *f*; **~ abwerfen** (*a fig*) gettare la zavorra; **Ballaststoffe** *mpl* (MED) sostanze *fpl* non assimilabili

ballen ['balən] **I.** *vt* (*Faust*) serrare **II.** *vr* **sich ~** ammassarsi, accumularsi; (*Wolken*) addensarsi

Ballen ['balən] **<-s, ->** *m* ❶ (COM) balla *f*; **in ~ (ver)packen** imballare ❷ (ANAT: *Hand~, Fuß~*) eminenza *f*

Ballerina [baləˈriːna] **<-, Ballerinen>** *f* ballerina *f*, danzatrice *f*

ballern ['balən] *vi* (*fam: schießen*) sparare, tirare

Ballett [baˈlɛt] **<-(e)s, -e>** *n* balletto *m*; **Balletttänzer(in)**ᴬᴸᵀ *m(f)* s. **Balletttänzer**; **Ballettkorps** *m* corpo *m* di ballo; **Ballettmeister(in)** *m(f)* direttore, -trice *m, f* del corpo di ballo; **Ballettmusik** *f* musica *f* da balletto; **Ballettröck-**

chen [baˈlɛtrœkçən] **<-s, ->** *n* tutù *m*; **Ballettschuhe** *mpl* scarpette *fpl* da ballo; **Balletttänzer(in)**ᴿᴿ *m(f)* ballerino, -a *m, f*; **Balletttruppe** *f* s. **Ballettkorps**

Ballistik [baˈlɪstɪk] **<->** *kein Pl* balistica *f*; **ballistisch** [baˈlɪstɪʃ] *adj* balistico

Balljunge *m* raccattapalle *m*

Ballkleid *n* abito *m* da ballo

Ballon [baˈlɔŋ] **<-s, -s o -e>** *m* ❶ (*Luftfahrzeug*) pallone *m* aerostatico, aerostato *m* ❷ (*Luft~*) pallone *m* ❸ (*~flasche*) damigiana *f*

Ballsaal *m* sala *f* da ballo

Ballspiel *n* gioco *m* a palla

Ballung [baˈlʊŋ] **<-, -en>** *f* agglomerato *m*; **Ballungsgebiet** *n* agglomerato *m* urbano; **Ballungszentrum** *n* città *f* ad alta concentrazione urbana ed industriale

Ballwechsel *m* (*bes. Tennis*) cambio *m* delle palle

Balsaholz *n* (BOT) balsa *f*

Balsam ['balzaːm] **<-s, -e>** *m* (*a fig*) balsamo *m*

Balte ['baltə] **<-n, -n>** *m* abitante *m* dei paesi baltici; **Baltikum** ['baltikʊm] **<-s>** *n* paesi *mpl* baltici; **Baltin** ['baltɪn] **<-, -nen>** *f* abitante *f* dei paesi baltici; **baltisch** *adj* baltico

Balustrade [balʊsˈtraːdə] **<-, -n>** *f* balaustra *f*

Balz [balts] **<-, -en>** *f* (ZOO) stagione *f* degli accoppiamenti

balzen ['baltsən] *vi* essere in amore

Balzzeit *f* (ZOO) stagione *f* degli accoppiamenti

Bambus ['bambʊs] **<- o -ses, -se>** *m* bambù *m*; **Bambusrohr** *n* canna *f* di bambù; **Bambussprossen** *fpl* germogli *mpl* di bambù

Bammel ['baməl] **<-s>** *kein Pl m* (*fam*) fifa *f*, strizza *f*

bamstig *adj* ❶ (A: *holzig*) legnoso ❷ (A: *aufgedunsen*) gonfio

banal [baˈnaːl] *adj* banale

banalisieren [banaliˈsiːrən] *vt* (*geh*) banalizzare

Banalität [banaliˈtɛːt] **<-, -en>** *f* banalità *f*

Banane [baˈnaːnə] **<-, -n>** *f* banana *f*; **Bananenpflanzung** *f* piantagione *f* di banane; **Bananenrepublik** *f* (*pej*) repubblica *f* delle banane; **Bananenschale** *f* buccia *f* di banana; **Bananenstaude** *f* banano *m*; **Bananenstecker** *m* (TEC) spina *f* a banana

Banause [baˈnaʊzə] **<-n, -n>** *m* persona *f* gretta e limitata, borghesuccio, -a *m, f*

band [bant] *1. u 3. pers sing imp von* **binden**

Band[1] [bant, *pl:* 'bɛndə] <-(e)s, Bänder> *n*
❶ (*aus Stoff*) nastro *m;* (*Eisen~*) cerchio *m*
❷ (*Fließ~*) catena *f* di montaggio; **am laufenden ~** a catena; (*fig fam*) ininterrottamente ❸ (*Ton~*) nastro *m* (magnetico);
auf ~ aufnehmen incidere su nastro (magnetico) ❹ (RADIO: *Bereich*) banda *f* ❺ (ANAT:
Gelenk~) legamento *m* articolare, tendine *m*

Band[2] [bant, *pl:* 'bandə] <-(e)s, -e> *n* (*fig:
innere Bindung*) legame *m*, vincolo *m*

Band[3] [bant, *pl:* 'bɛndə] <-(e)s, Bänder> *m*
(*Buch~*) volume *m*, tomo *m; **das spricht
Bände** (*fig*) questo dice tutto

Band[4] [bɛnt] <-, -s> *f* (*Musikgruppe*)
band *f*

Bandage [ban'daːʒə] <-, -n> *f* bendaggio *m*, fasciatura *f*

bandagieren [banda'ʒiːrən] <ohne
ge-> *vt* bendare, fasciare

Bandaufnahme *f* registrazione *f* su
nastro; **Bandbreite** *f* ❶ (RADIO) larghezza *f* di banda ❷ (*fig: von Meinungen*)
gamma *f* ❸ (FIN) margine *m* di fluttuazione

Bande ['bandə] <-, -n> *f* ❶ (*fam: Gruppe,
Schar*) banda *f;* (*Verbrecher~*) banda *f*,
masnada *f fam* ❷ (SPORT: *von Stadion*) margine *m;* (*von Eisbahn*) barriera *f;* (*beim Billard*) sponda *f*, mattonella *f*

Bandenführer(in) *m(f)* capobanda *mf*

Banderole [bandə'roːlə] <-, -n> *f* banderuola *f;* (*Zigarren~*) fascetta *f* fiscale

Bänderriss[RR] *m* (MED) strappo *m* ai legamenti; **Bänderzerrung** *f* (MED) distorsione *f* ai legamenti

bändigen ['bɛndɪɡən] *vt* (*zähmen*)
domare, addomesticare; (*fig: Menschen*)
frenare; (*Leidenschaft*) contenere, dominare

Bandit [ban'diːt] <-en, -en> *m* bandito *m*,
brigante *m;* (*Räuber*) rapinatore *m; **einar-
miger ~** (*Spielautomat*) one-armed bandit *m* (flipper)

Bandmaß *n* metro *m* a nastro

Bandnudel *f* tagliatella *f*, fettuccina *f*

Bandsäge *f* sega *f* a nastro

Bandscheibe *f* (ANAT) disco *m* intervertebrale; **Bandscheibenschaden** *m* (MED)
danno *m* al disco intervertebrale; **Bandscheibenvorfall** *m* (MED) ernia *f* al
disco (intervertebrale)

Bandwurm *m* verme *m* solitario, tenia *f*

bang(e) ['baŋ(ə)] <banger *o* bänger,
bangste *o* bängste> *adj* timoroso;
(*besorgt*) ansioso; **in ~er Erwartung** in
ansiosa attesa; **davor ist mir nicht ~e** di
ciò non ho paura; **mir ist (angst und) ~(e)
vor jdm/etw** ho una gran paura di qu/qc

Bange ['baŋə] <-> *kein Pl f* (*Angst*)
paura *f;* **jdm ~ machen** far paura a qu;
keine ~! niente paura!

bangen ['baŋən] *vi* (*geh*) ❶ (*Angst
haben*) **vor jdm/etw ~** aver paura di qu/
qc, temere qu/qc; **mir bangt davor** tremo
al solo pensiero ❷ (*sich sorgen*) **um jdn/
etw ~** trepidare per qu/qc

Bangigkeit <-> *kein Pl f* angoscia *f*, paura *f;*
(*Sorge*) apprensione *f*

Banjo ['banjo *o* 'bɛndʒo] <-s, -s> *n* (MUS)
banjo *m*

Bank[1] [baŋk, *pl:* 'bɛŋkə] <-, Bänke> *f*
❶ (*Sitz~*) panchina *f;* (*Schul~, Kirchen~,
im Parlament, Anklage~*) banco *m;* **durch
die ~** tutti, nessuno eccettuato; **etw auf
die lange ~ schieben** rimandare qc alle
calende greche ❷ (*Werk~*) banco *m* di
lavoro; (*Dreh~*) tornio *m* ❸ (*Nebel~, Wol-
ken~, Sand~, Austern~*) banco *m*

Bank[2] [baŋk] <-, -en> *f* (FIN) banca *f;*
(*Spiel~*) casinò *m*, casa *f* da gioco

-bank *f* (*in Zusammensetzungen,* MED)
banca *f*

Bankangestellte <ein -r, -n, -n> *mf*
impiegato, -a *m, f* di banca; **Bankanwei-
sung** *f* assegno *m* bancario; **Bankauszug** *m* estratto *m* bancario; **Bankauto-
mat** *m* bancomat *m;* **Bankbeamte** *m*,
Bankbeamtin *f* impiegato, -a *m, f* di
banca; **Bankdirektor(in)** *m(f)* direttore,
-trice *m, f* di banca; **Bankeinlage** *f* deposito *m* in banca

Banker ['bɛŋkɐ] <-s, -> *m* (FIN) banchiere *m*

Bankett [ban'kɛt] <-(e)s, -e> *n* banchetto *m*

Bankette [ban'kɛtə] <-, -n> *f* (*an der
Autobahn*) banchina *f*

Bankfach *n* ❶ (*Beruf*) ramo *m* bancario
❷ (*Schließfach*) cassetta *f* di sicurezza

Bankgeheimnis *n* segreto *m* bancario;
Bankgeschäft *n* ❶ (*Bankwesen*) sistema *m* bancario ❷ (*Vorgang*) operazione *f* bancaria; **Bankguthaben** *n* credito *m* bancario

Bankhalter(in) *m(f)* (*Spiel~*) banchiere,
-a *m, f*, chi tiene il banco

Bankier [baŋ'kjeː] <-s, -s> *m* banchiere *m*, finanziere *m*

Bankkauffrau *f*, **Bankkaufmann** *m*
impiegato, -a *m, f* di banca, bancario,
-a *m, f;* **Bankkonto** *n* conto *m* di banca;
Bankleitzahl *f* coordinate *fpl* bancarie;
Banknote *f* banconota *f*

Bankomat [baŋko'maːt] <-s, -en> *m*
bancomat *m*, sportello *m* automatico

Bankraub *m* rapina *f* a una

banca; **Bankräuber(in)** *m(f)* rapinatore, -trice *m*, *f* di (una) banca

bankrott [baŋ'krɔt] *adj* fallito; **Bankrott** [baŋk'rɔt] <-(e)s, -e> *m* bancarotta *f*, fallimento *m*; **~ machen** (*a fig*) fare fallimento; **Bankrotterklärung** *f* (COM) dichiarazione *f* di fallimento; (*fig*) fallimento *m*

Bankrotteur(in) [baŋkrɔ'tø:ɐ, *pl*: baŋkrɔ'tø:rə] <-s, -e; -, -nen> *m(f)* bancarottiere, -a *m*, *f*

Bankschalter *m* sportello *m* di banca; **Bankschließfach** *n* cassetta *f* di sicurezza; **Banküberfall** *m* rapina *f* a una banca; **Banküberweisung** *f* bonifico *m* bancario; **Bankverbindung** *f* coordinate *fpl* bancarie; **Bankverkehr** *m* operazioni *fpl* bancarie; **Bankwesen** <-s> *kein Pl n* (FIN) settore *m* bancario

Bann [ban] <-(e)s, -e> *m* ❶ (HIST) bando *m*, esilio *m*; (REL) scomunica *f* ❷ (*fig geh: Zauber*) incantesimo *m*, fascino *m*; **den ~ brechen** (*fig*) rompere l'incantesimo; **jdn in seinen ~ ziehen** (*fig*) attrarre qu a sé

bannen ['banən] *vt* ❶ (*Geister*, *Teufel*) scacciare, esorcizzare; (*fig: Gefahr*) allontanare ❷ (*geh: fesseln*) immobilizzare, inchiodare; (**wie**) **gebannt auf etw** *acc* **starren** guardare fisso qc

Banner ['banɐ] <-s, -> *n* ❶ (*Fahne*) stendardo *m*, vessillo *m*; (*a fig*) bandiera *f* ❷ (INFORM) banner *m*

Bannkreis *m* sfera *f* di influenza

Bantamgewicht *n* (SPORT) peso *m* gallo

Baptist(in) [bap'tɪst] <-en, -en; -, -nen> *m(f)* (REL) battista *mf*

bar [ba:ɐ] *adj* ❶ (FIN) contante, in contanti; **etw** (**in**) **~ bezahlen** pagare qc in contanti; **etw für ~e Münze nehmen** prendere qc per oro colato ❷ (*geh: rein*) puro; **~er Unsinn** pure sciocchezze

Bar [ba:ɐ] <-, -s> *f* (*Theke*) bar *m*, banco *m*; (*Nachtlokal*) night(-club) *m*

Bär(in) [bɛ:ɐ] <-en, -en; -, -nen> *m(f)* orso, -a *m*, *f*; **der Große/Kleine ~** (ASTR) l'Orsa maggiore/minore; **jdm einen ~en aufbinden** (*fig fam*) darla ad intendere a qu

Barabfindung *f* indennità *f* in contanti

Baracke [ba'rakə] <-, -n> *f* baracca *f*

Barbar(in) [bar'ba:ɐ] <-en, -en; -, -nen> *m(f)* barbaro, -a *m*, *f*

Barbarei [barba'raɪ] <-, -en> *f* barbarie *f*

Barbarin *f s.* **Barbar**

barbarisch *adj* barbaro

bärbeißig ['bɛ:ɐbaɪsɪç] *adj* burbero, scontroso, brontolone; **~er Mensch** orso *m*

Barbestand *m* fondo *m* cassa

Barbiturat [barbitu'ra:t] <-s, -e> *n* barbiturico *m*

Bardame *f* barmaid *f*

Bärendienst *m* **jdm/etw** *dat* **einen ~ erweisen** rendere un cattivo servizio a qu; **Bärenhaut** *f* **auf der ~ liegen** (*fam*) fare una vita da poltrone; **Bärenhunger** *m* (*fam*) fame *f* da lupo; **Bärenkräfte** *fpl* forza *f* da leone; **Bärennatur** *f* **eine ~ haben** avere un fisico di ferro

Barett [ba'rɛt] <-(e)s, -e *o rar* -s> *n* (*Richter*, *Professor*) berretta *f*; tocco *m*

barfuß ['ba:ɐfu:s] *adj* a piedi nudi

barg [bark] *1. u 3. pers sing imp von* **bergen**

Bargeld *n* denaro *m* contante; **bargeldlos** *adj* con assegno; **~er Zahlungsverkehr** pagamenti *mpl* a mezzo assegno; **Bargeldumstellung** *f* (EU) sostituzione *f* fiduciaria

Bargeschäft *n* operazione *f* in contanti

Barhocker *m* sgabello *m* di bar

bärig ['bɛ:rɪç] *adj* (*A, bes. Tirol: fam: toll*) fantastico, fenomenale

Bärin *f s.* **Bär**

Bariton ['ba:ritɔn] <-s, -e> *m* baritono *m*

Barium ['ba:riʊm] <-s> *kein Pl n* (CHEM) bario *m*

Barkasse [bar'kasə] <-, -n> *f* barcaccia *f*

Barkauf *m* acquisto *m* in contanti

Barke ['barkə] <-, -n> *f* barca *f*

Barkeeper ['ba:ɐki:pɐ] <-s, -> *m*, **Barmann** *m* barman *m*, barista *m*

barmherzig [barm'hɛrtsɪç] *adj* misericordioso, caritatevole; **~er Gott!** misericordia!, santo Iddio!; **Barmherzigkeit** <-> *kein Pl f* misericordia *f*

barock [ba'rɔk] *adj* barocco; **Barock** <-s> *kein Pl n o m* barocco *m*; **Barockmusik** <-> *kein Pl f* musica *f* barocca

Barometer [baro'me:tɐ] <-s, -> *n* barometro *m*; **Barometerstand** *m* livello *m* [*o* stato *m*] barometrico

Baron(in) [ba'ro:n] <-s, -e; -, -nen> *m(f)* barone, -essa *m*, *f*; **Baronesse** [baro'nɛsə] <-, -n> *f*, **Baronin** *f s.* **Baron**

Barren ['barən] <-s, -> *m* ❶ (*Metall~*) lingotto *m*, barra *f* ❷ (SPORT) parallele *fpl*; **Barrengold** *n* oro *m* in lingotti

Barriere [ba'ri̯e:rə] <-, -n> *f* barriera *f*

Barrikade [bari'ka:də] <-, -n> *f* barricata *f*; **auf die ~n gehen** (*fig*) insorgere, protestare

barsch [barʃ] *adj* (*Mensch*, *Antwort*, *Umgangston*) sgarbato; (*Ablehnung*, *Befehl*) brusco

Barsch [ba:ɐʃ] <-(e)s, -e> *m* (ZOO) pesce *m*

persico

Barschaft <-, -en> f denaro m contante [o in contanti] [o liquido]

Barscheck m assegno m ordinario

barst [barst] *1.u 3.pers sing imp von* **bersten**

Bart [baːɐ̯t, *pl:* 'bɛɐ̯tə] <-(e)s, Bärte> m ❶ (*von Mensch, Tier*) barba f; **sich** *dat* **einen ~ wachsen lassen** farsi crescere la barba; **in den ~ brummen** (*fam*) borbottare fra i denti; **jdm um den ~ gehen** adulare qu, lusingare qu ❷ (*Schlüssel~*) ingegno m; **Bartflechte** f ❶ (BOT) barba f di bosco ❷ (MED) erpete m tonsurante; **Barthaar** n pelo m della barba

bärtig ['bɛːɐ̯tɪç] *adj* barbuto

Bartwisch <-s, -e> m (*A: Handbesen*) scopetta f

Bartwuchs m crescita f della barba

Barzahlung f pagamento m in contanti

Basalt [ba'zalt] <-(e)s, -e> m basalto m

Basar [ba'zaːɐ̯] <-s, -e> m bazar m

Base ['baːzə] <-, -n> f ❶ (*südd: Cousine*) cugina f; (*CH: Tante*) zia f ❷ (CHEM, MAT) base f

Baseball ['beːsbɔːl] <-s> *kein Pl* m baseball m

Basel ['baːzəl] n Basilea f

Basen *pl von* **Base, Basis**

basieren [ba'ziːrən] <ohne ge-> *vi* **auf etw** *dat* ~ basarsi su qc

Basilika [ba'ziːlika, *pl:* ba'ziːlikən] <-, Basiliken> f basilica f

Basilikum [ba'ziːlikʊm] <-s> *kein Pl* n basilico m

Basis ['baːzɪs, *pl:* 'baːzən] <-, Basen> f ❶ (ARCH, TEC) base f, zoccolo m ❷ (*a fig* MAT) base f ❸ (POL, MIL) base f

basisch ['baːzɪʃ] *adj* (CHEM) basico

Basisdemokratie <-, -n> f (POL) democrazia f diretta; **Basisgruppe** f (POL) gruppo m di base; **Basiswissen** n cognizioni *fpl* di base

Baske ['baskə] <-n, -n> m basco m; **Baskenland** n paesi *mpl* baschi; **Baskenmütze** f basco m

Basketball m basket m, pallacanestro f

Baskin ['baskɪn] <-, -nen> f basca f; **baskisch** ['baskɪʃ] *adj* basco

Basrelief ['barɛljɛf] <-s, -s> n (KUNST) bassorilievo m

Bass^{RR} [bas] <Basses, Bässe> m, **Baß**^{ALT} <Basses, Bässe> m (MUS) ❶ (*Stimme, Sänger*) basso m ❷ (*Instrument*) contrabbasso m

bass^{RR} [bas] *adv* (*obs scherz*) ~ **erstaunt sein** essere sbalordito

baß^{ALT} *adv s.* **bass**

Bassin [ba'sɛ̃ː] <-s, -s> n ❶ (GEOL, GEOG) bacino m ❷ (*Schwimmbecken*) piscina f

Bassist(in) [ba'sɪst] <-en, -en; -, -nen> m(f) (MUS) ❶ (*Spieler*) contrabbassista mf ❷ (*Sänger*) basso m

Bassschlüssel^{RR} m (MUS) chiave f di basso

Bast [bast] <-(e)s, -e> m rafia f

basta ['basta] *int* basta; **und damit ~!** e non una parola di più!

Bastard ['bastart] <-(e)s, -e> m bastardo, -a m, f; (BIOL) ibrido m

Bastei [bas'tai] <-, -en> f bastione m

Bastelei [bastə'lai] <-, -en> f, **Basteln** <-s> *kein Pl* n lavoretti *mpl* manuali fatti per passatempo

basteln ['bastəln] I. *vi* fare lavori manuali per passatempo II. *vt* fare

Bastion [bas'tjoːn] <-, -en> f (MIL) bastione m

Bastler(in) ['bastlɐ] <-s, -; -, -nen> m(f) chi fa lavoretti manuali per passatempo

bat [baːt] *1.u 3.pers sing imp von* **bitten**

BAT [beːʔaːˈteː] *abk v* **Bundesangestelltentarif** tariffe fisse del pubblico impiego

Bataillon [batal'joːn] <-, -e> n (MIL) battaglione m

Batik ['baːtɪk] <-, -en> f batik m

batiken *vt* fare batik, tingere con la tecnica batik

Batist [ba'tɪst] <-(e)s, -e> m batista f

Batterie [batə'riː] <-, -n> f (TEC) batteria f, pila f; (MOT) batteria f (per accensione); **batteriebetrieben** *adj* alimentato a batteria; **Batterieempfänger** m, **Batterieregerät** n ricevitore m a pila [o batteria]; **Batterieladegerät** <-(e)s, -e> n alimentatore m (per batterie), caricabatteria m

Bau¹ [bau] <-(e)s> *kein Pl* m ❶ (*Tätigkeit*) costruzione f, edificazione f; **im ~** (**befindlich**) in corso di costruzione ❷ (*Gefüge, Gliederung*) architettura f, struttura f ❸ (*Körper~*) corporatura f ❹ (*fam: Baustelle*) cantiere m; **auf dem ~ arbeiten** lavorare in cantiere

Bau² <-(e)s, -ten> m (*Gebäude*) edificio m, costruzione f

Bau³ <-(e)s, -e> m (ZOO) tana f

Bauabschnitt m lotto m dei lavori; **Bauamt** n genio m civile; **Bauarbeiten** *fpl* lavori *mpl* edili; (**Achtung**) ~! attenzione, lavori in corso!; **Bauarbeiter(in)** m(f) lavoratore, -trice m, f edile, muratore, -trice m, f; **Bauart** f ❶ sistema m [o tipo m] di costruzione ❷ (TEC) costruzione f; **Baubaracke** f baracca f di cantiere; **Bauboom** m (WIRTSCH) boom m edilizio

Bauch [baux, *pl:* 'bɔɪçə] <-(e)s, Bäuche> *m* ❶(ANAT) ventre *m,* pancia *f;* **einen ~ haben** avere la pancia; **einen ~ bekommen** metter su pancia; **sich** *dat* **den ~ vollschlagen** *(fam)* mangiare a quattro palmenti ❷*(von Gefäß, Instrument)* pancia *f* ❸*(Schiffs~)* scafo *m;* **Bauchbinde** *f* ❶*(Leibbinde)* panciera *f,* fascia *f* elastica ❷*(für Frack)* fascia *f* di seta ❸*(fam: von Zigarre)* fascetta *f;* **Bauchentscheidung** *f* decisione *f* d'istinto; **Bauchfell** *n* (ANAT) peritoneo *m;* **Bauchfellentzündung** *f* (MED) peritonite *f;* **bauchfrei** *adj inv* *(~ es Top)* top scoperto sulla pancia; **Bauchhöhle** *f* (MED) cavità *f* addominale

bauchig ['baʊxɪç] *adj* panciuto, convesso
Bauchladen *m* *(fam)* cassetta *f* da venditore ambulante; **Bauchlandung** *f* (AERO) atterraggio *m* senza carrello; *(im Schwimmbad)* panciata *f* *fam;* **Bauchmuskeln** *mpl* (ANAT) muscoli *mpl* addominali; **Bauchnabel** *m* (ANAT) ombelico *m;* **Bauchredner(in)** *m(f)* ventriloquo, -a *m, f;* **Bauchschmerzen** *mpl* dolori *mpl* di stomaco; **Bauchspeck** *m* (GASTR) pancetta *f* magra; **Bauchspeicheldrüse** *f* (ANAT) pancreas *m;* **Bauchtanz** *m* danza *f* del ventre; **Bauchtänzerin** *f* danzatrice *f* del ventre; **Bauchweh** *n* mal *m* di pancia

Baud [baʊt *o* boːt] <-(s), -> *n* (INFORM) baud *m*
Baudenkmal *n* **geschütztes ~** monumento *m* protetto
bauen ['baʊən] **I.** *vt* ❶*(er~)* costruire; *(errichten)* erigere; *(Nest)* fare ❷*(fam: Unfall)* avere **II.** *vi* **auf jdn ~** *(fig: vertrauen)* contare su qu, fare affidamento su qu
Bauer¹ ['baʊe] <-n *o rar* -s, -n> *m* ❶*(Landmann)* contadino *m;* *(Landwirt)* agricoltore *m,* coltivatore *m* diretto ❷*(fig pej)* villano *m* ❸*(Schach)* pedone *m* ❹*(Spielkarte)* fante *m*
Bauer² <-s, -> *n o m* *(Käfig)* gabbia *f* (per uccelli)
Bäuerin ['bɔɪərɪn] <-, -nen> *f* contadina *f*
bäuerisch *adj s.* **bäurisch**
bäuerlich ['bɔɪelɪç] *adj* contadinesco, campagnolo; *(ländlich)* rurale
Bauernbrot *n* pane *m* casareccio; **Bauernfängerei** [baʊefɛŋə'raɪ] <-> *kein Pl f* *(fam)* gabbamento *m;* **Bauernfrühstück** *n* colazione *a base di patate arrostite, uova strapazzate e pancetta;* **Bauernhaus** *n,* **Bauernhof** *m* podere *m,* fattoria *f;* **Bauernkriege** *mpl* (HIST) guerre *fpl* dei contadini; **Bauernmöbel**

npl mobili *mpl* rustici; **Bauernregel** *f* almanacco *m* campestre; **Bauernschaft** <-, *rar* -en-> *f* popolazione *f* rurale; **bauernschlau** *adj* scaltro, malizioso; **Bauernschläue** <-> *kein Pl f* furbizia *f,* scaltrezza *f;* **Bauernverband** *m* associazione *f* degli agricoltori; **Bauersfrau** *f* contadina *f;* **Bauersleute** *pl* contadini *mpl*

baufällig *adj* cadente, pericolante; **Baufälligkeit** *f* essere *m* pericolante; **Baufirma** *f* ditta *f* appaltatrice; **Bauführer(in)** *m(f)* assistente *mf* edile, capocantiere *m;* **Baugelände** *n* terreno *m* fabbricabile; **Baugenehmigung** *f* licenza *f* edilizia; **Baugerüst** *n* impalcatura *f,* armatura *f;* **Baugesellschaft** *f* società *f* immobiliare; **Baugewerbe** *n* edilizia *f;* **Baugrube** *f* scavo *m* (di fondazione); **Baugrundstück** *n* terreno *m* fabbricabile; **Bauhandwerker(in)** *m(f)* operaio, -a *m, f* edile; **Bauherr(in)** *m(f)* committente *mf* della costruzione, appaltatore *m;* **Bauholz** *n* legname *m* da costruzione; **Bauindustrie** <-> *kein Pl f* settore *m* edile, industria *f* edile; **Bauingenieur(in)** *m(f)* ingegnere *m* civile; **Baujahr** *n* anno *m* di costruzione; *(von Auto)* anno *m* di fabbricazione; **Baukasten** *m* scatola *f* delle costruzioni; **Baukastensystem** *n* sistema *m* modulare; **nach dem ~** secondo il sistema modulare; **Bauklotz** *m* cubetto *m* del gioco delle costruzioni; **Bauklötze staunen** *(fam)* rimanere di stucco; **Baukonzern** *m* gruppo *m* edile; **Baukosten** *pl* spese *fpl* di [o costo *m* della] costruzione; **Baukostenzuschuss**[RR] *m* sussidio *m* di costruzione, contributo *m* per le spese di costruzione; **Baukunst** *f* architettura *f;* **Bauland** *n* terreno *m* fabbricabile; **Baulärm** *kein Pl m* rumore *m* di un cantiere; **Bauleiter(in)** *m(f)* direttore, -trice *m, f* dei lavori (di costruzione); **Bauleitung** *f* direzione *f* dei lavori; **baulich** *adj* architettonico, costruttivo; **Baulöwe** *m* *(fam)* speculatore *m* edilizio; **Baulücke** *f* area *f* di ricostruzione

Baum [baʊm, *pl:* 'bɔɪmə] <-(e)s, Bäume> *m* albero *m;* **ich könnte Bäume ausreißen** mi sento un leone
Baumarkt *m* negozio *m* per il fai da te; **Baumaterial** *n* materiale *m* da costruzione
Baumbestand *m* patrimonio *m* forestale; **baumbestanden** *adj* alberato
Baumeister(in) *m(f)* architetto *m,* costruttore, -trice *m, f* edile
baumeln ['baʊməln] *vi* penzolare, ciondo-

lare
bäumen [ˈbɔɪmən] *vr* **sich ~** inalberarsi, impennarsi
Baumgrenze *f* limite *m* della vegetazione arborea; **Baumgruppe** *f* boschetto *m;* **Baumkrone** *f* chioma *f* dell'albero; **baumlang** *adj* **ein ~er Kerl** (*fam*) un tipo molto alto, un giovanotto lungo come una pertica; **baumlos** *adj* senza alberi; **Baumnuss**[RR] *f* (*CH:* BOT: *Walnuss*) noce *f;* **Baumrinde** *f* corteccia *f* d'albero; **Baumschule** *f* vivaio *m* di piante arboree; **Baumstamm** *m* tronco *m* (d'albero), fusto *m;* **Baumsterben** <-s> *kein Pl n* moria *f* (di piante); **Baumstumpf** *m* ceppo *m*
Baumwolle *f* cotone *m;* **baumwollen** *adj* di cotone; **Baumwollernte** *f* raccolta *f* del cotone; **Baumwollpflanzung** *f* piantagione *f* di cotone; **Baumwollspinnerei** *f* ❶ (*Vorgang*) filatura *f* del cotone ❷ (*Fabrik*) cotonificio *m;* **Baumwollstaude** *f* pianta *f* del cotone; **Baumwollstoff** *m* tessuto *m* di cotone
Bauordnung <-, -en> *f* (ADM) regolamento *m* edilizio; **Bauplan** *m* progetto *m* di costruzione; **Bauplatz** *m* terreno *m* fabbricabile; (*nach Beginn der Arbeiten*) cantiere *m* edile; **Baupolizei** *f* genio *m* civile; **Baureihe** <-, -n> *f* gamma *f*
bäurisch [ˈbɔɪrɪʃ] *adj* (*pej*) rozzo, zotico, villano
Bauruine *f* (*fam*) costruzione *f* abbandonata
Bausch [baʊʃ] <-(e)s, -e *o* Bäusche> *m* (*Watte~*) batuffolo *m;* **in ~ und Bogen** in blocco
Bauschäden *mpl* difetti *mpl* [*o* vizi *mpl*] di costruzione
bauschen [ˈbaʊʃən] **I.** *vt* gonfiare **II.** *vr* **sich ~** gonfiarsi
bauschig *adj* gonfio, a sbuffo
Bauschutt *m* calcinacci *mpl*
Bauspardarlehen [ˈbaʊʃpaːˌedaːˌeleːən] <-s, -> *n* (FIN) mutuo *m* fondiario
bausparen *vi* risparmiare sulla base di un contratto immobiliare; **Bausparer(in)** *m(f)* chi ha stipulato un contratto di risparmio immobiliare; **Bausparkasse** *f* cassa *f* di risparmio per la costruzione edilizia; **Bausparvertrag** *m* contratto *m* di risparmio immobiliare
Baustein *m* ❶ (ARCH) pietra *f* da costruzione ❷ (*fig*) elemento *m* costitutivo ❸ (INFORM) **elektronischer ~** componente elettronico, chip *m;* **Baustelle** *f* cantiere *m;* **~!** lavori in corso!; **Betreten der ~ verboten!** vietato l'ingresso ai non addetti ai

lavori; **Baustil** *m* stile *m* architettonico; **Baustoff** *m* materiale *m* da costruzione; **Baustopp** *m* blocco *m* dell'edilizia; **Bausubstanz** *f* struttura *f* muraria; **Bauteil** <-s, -e> *n* (*Teil zum Bauen*) pezzo *m* prefabbricato; (*Teil einer Maschine*) componente *m* per macchine
Bauten *pl von* **Bau²; Bautrupp** *m* squadra *f* di operai edili; **Bauunternehmer(in)** *m(f)* imprenditore, -trice *m, f* edile; **Bauverbot** *n* divieto *m* di costruzione; **Bauvorhaben** *n* progetto *m* di costruzione; **Bauweise** *f* sistema *m* costruttivo; **Bauwerk** *n* edificio *m*, costruzione *f;* **Bauwirtschaft** <-> *kein Pl f* edilizia *f;* **die Krise der ~** la crisi dell'edilizia
Bauxit [baʊˈksiːt] <-s, -e> *m* bauxite *f*
Bauzaun *m* palizzata *f* di un cantiere edile
Bayer(in) [ˈbaɪɐ] <-n, -n; -, -nen> *m(f)* bavarese *mf*
bay(e)risch [ˈbaɪ(ə)rɪʃ] *adj* bavarese; **der Bay(e)rische Wald** la Selva Bavarese
Bayern [ˈbaɪɐn] *n* Baviera *f*
Bayreuth [baɪˈrɔɪt] *n* Bayreuth *f*
bayrisch *s.* **bay(e)risch**
Bazillus [baˈtsɪlʊs] <-, Bazillen> *m* bacillo *m*
Bd. *abk v* **Band** vol.
BDA [beːdeːˈʔaː] *abk v* **Bund Deutscher Architekten** associazione degli architetti tedeschi
Bde. *abk v* **Bände** voll.
BDI [beːdeːˈʔiː] *m abk v* **Bundesverband der Deutschen Industrie** confederazione dell'industria tedesca
BDÜ [beːdeːˈʔyː] *m abk v* **Bundesverband der Dolmetscher und Übersetzer** associazione degli interpreti e traduttori tedeschi
BE *abk v* **Broteinheit** unità di misura idrati di carbonio (*nelle diete*)
beabsichtigen [bəˈʔapsɪçtɪgən] <ohne ge-> *vt* avere (l')intenzione; **ich beabsichtige zu verreisen** ho intenzione di partire; **das hatte ich nicht beabsichtigt** non l'ho fatto apposta; **beabsichtigt** *adj* intenzionale; **die ~e Wirkung** l'effetto voluto
beachten <ohne ge-> *vt* ❶ (*bemerken*) fare attenzione a, considerare ❷ (*berücksichtigen*) tener conto di, considerare ❸ (*einen Rat befolgen*) seguire, ascoltare; (*Regel, Vorschrift*) osservare, rispettare; **etw nicht ~** ignorare qc, non osservare qc; **beachtenswert** *adj* notevole, degno di nota
beachtlich *adj* apprezzabile, considere-

vole

Beachtung <-> *kein Pl f* ❶ (*Aufmerksamkeit*) attenzione *f*; **jdm/etw ~ schenken** prestare attenzione a qu/qc ❷ (*Berücksichtigung*) considerazione *f* ❸ (*von Regel, Vorschrift*) osservanza *f*

Beamte [bə'ʔamtə] <-n -r, -n, -n> *m* funzionario *m*, impiegato *m* statale; **Beamtenapparat** *m* apparato *m* amministrativo; **Beamtenbeleidigung** <-, -en> *f* oltraggio *m* a pubblico ufficiale, vilipendio *m*; **Beamtenbestechung** *f* corruzione *f* di pubblico ufficiale; **Beamtenlaufbahn** *f* carriera *f* del pubblico impiego; **Beamtentum** <-s> *kein Pl n* ❶ (*Vertreter, Stand*) funzionari *mpl* ❷ (*Eigenschaft*) mentalità *f* dei funzionari; (*Beamtetsein*) carica *f* di funzionario; **Beamtenverhältnis** *n* **im ~ sein** essere di ruolo; **ins ~ übernommen werden** diventare di ruolo

beamtet *adj* impiegato

Beamtin [bə'ʔamtɪn] <-, -nen> *f* funzionaria *f*, impiegata *m* statale

beängstigen [bə'ʔɛŋstɪgən] <ohne ge-> *vt* (*geh*) impaurire, mettere paura a; **beängstigend** *adj* inquietante, allarmante

beanspruchen [bə'ʔanʃpruxən] <ohne ge-> *vt* ❶ (*fordern: Recht*) rivendicare, reclamare; (*Unterstützung*) pretendere; (*Gebiet*) rivendicare ❷ (*erfordern: Zeit, Geld*) richiedere; (*Platz*) occupare; (*Kraft, Aufmerksamkeit*) esigere ❸ (*ausnutzen: Einrichtungen*) sfruttare; (*Gastfreundschaft, Geduld, Hilfe*) approfittare di ❹ (*strapazieren: Material, Stoff, Maschine*) usare; (*Menschen*) strapazzare; (*Nerven*) logorare; **sein Beruf beansprucht ihn ganz** la sua professione lo assorbe completamente

Beanspruchung <-, *rar* -en> *f* ❶ (*Forderung*) rivendicazione *f* ❷ (*Ausnutzung*) sfruttamento *m* ❸ (*Belastung, Abnutzung*) uso *m*; (*von Menschen*) sfruttamento *m*; (*beruflich*) strapazzo *m*; (*nervlich*) logoramento *m*

beanstanden <ohne ge-> *vt* criticare, biasimare

Beanstandung <-, -en> *f* reclamo *m*, critica *f*; **ohne ~** senza obiezioni

beantragen <ohne ge-> *vt* chiedere; (*JUR*) proporre

beantworten [bə'ʔantvɔrtən] <ohne ge-> *vt* rispondere a

Beantwortung <-, -en> *f* risposta *f*; **in ~ Ihres Schreibens vom ...** in risposta alla Sua (lettera) del ...

bearbeiten <ohne ge-> *vt* ❶ (*arbeiten an*) lavorare a, trattare; (*ausarbeiten*) elaborare; (*gestalten*) formare; (*redigieren*) redigere; (*überarbeiten*) rielaborare, rimaneggiare, rifare; (THEAT, FILM, RADIO, TV) adattare; **eine Komposition für Orchester ~** adattare una composizione per orchestra ❷ (TEC) lavorare, foggiare ❸ (AGR) coltivare ❹ (*sich befassen mit*) occuparsi di; (*Fall*) trattare; (*Akte, Antrag*) evadere, (di)sbrigare; (*Bestellung*) sbrigare ❺ (*fig fam: zu überreden suchen*) cercare di convincere, lavorarsi

Bearbeiten <-s, -> *n* (*Computer*) (comando *m*) modifica

Bearbeiter(in) <-s, -; -, -nen> *m(f)* rielaboratore, -trice *m, f*

Bearbeitung <-, -en> *f* ❶ (*Arbeit an*) lavorazione *f*; (*Redigieren*) redazione *f*; (*Überarbeiten*) revisione *f*; (THEAT, FILM, RADIO, TV: *Vorgang*) adattamento *m*; (*bearbeitete Fassung*) nuova versione *f* ❷ (TEC) lavorazione *f* ❸ (AGR) coltivazione *f* ❹ (*von Fall, Akte, Antrag, Bestellung*) disbrigo *m*, evasione *f*; **in ~** in preparazione; **Bearbeitungsgebühr** *f* tassa *f* di cancelleria

Beat [biːt] <-(s)> *kein Pl m* musica *f* beat; **Beatband** *f* complesso *m* beat

beatmen <ohne ge-> *vt* (*künstlich*) praticare la respirazione artificiale a

Beatmung <-, -en> *f* **künstliche ~** respirazione *f* artificiale

beaufsichtigen [bə'ʔaufzɪçtɪgən] <ohne ge-> *vt* sorvegliare, controllare, ispezionare

Beaufsichtigung <-, -en> *f* sorveglianza *f*, ispezione *f*, controllo *m*

beauftragen <ohne ge-> *vt* **jdn (mit etw) ~** (*Auftrag erteilen*) incaricare qu (di qc); (*anweisen*) delegare (qc) a qu

Beauftragte <ein -r, -n, -n> *mf* incaricato, -a *m, f* (d'affari), mandatario, -a *m, f*, delegato, -a *m, f*

Beautysalon ['bjuːti-] *m* salone *m* di bellezza, centro *m* estetico

bebauen <ohne ge-> *vt* ❶ (ARCH) costruire su ❷ (*Acker*) coltivare; **bebaut** *adj* edificato

Bebauung <-, -en> *f* urbanizzazione *f*; **Bebauungsplan** *m* piano *m* regolatore

beben ['beːbən] *vi* tremare, fremere; **Beben** ['beːbən] <-s, -> *n* terremoto *m*; **bebend** ['beːbənt] *adj* tremante, fremente

bebildern <ohne ge-> *vt* illustrare

Bechamelsauce *f* besciamella *f*

Becher ['bɛçɐ] <-s, -> *m* tazza *f*; (*Glas~, Plastik~*) bicchiere *m*; (*Joghurt~*) vasetto *m*

bechern ['bɛçən] *vi* (*scherz fam*) trincare
becircen [bə'tsɪrtsən] <ohne ge-> *vt* (*fam*) ammaliare; (*umgarnen*) irretire
Becken ['bɛkən] <-s, -> *n* ❶ (*flaches Gefäß*) catino *m* ❷ (*Bassin, a Hafen~*, GEOG) bacino *m* ❸ (*Schwimm~*) piscina *f* ❹ (*Wasch~*) lavandino *m* ❺ (*Brunnen~*) vasca *f* ❻ (ANAT) bacino *m* ❼ (MUS) piatti *mpl;* **Beckenknochen** *m* (ANAT) osso *m* pelvico
Becquerel [bɛkə'rɛl] <-s> *kein Pl n* (PHYS) becquerel *m*
bedacht [bə'daxt] *adj* **auf etw** *acc* ~ **sein** mirare a qc
Bedacht <-(e)s> *kein Pl m* (*geh*) **mit** ~ con circospezione, a ragion veduta; (*mit Absicht*) deliberatamente, di proposito
bedächtig [bə'dɛçtɪç] **I.** *adj* (*besonnen*) riflessivo; (*gesetzt*) posato; (*vorsichtig*) prudente **II.** *adv* con cautela; **Bedächtig-keit** <-> *kein Pl f* avvedutezza *f,* circospe-zione *f,* prudenza *f*
bedanken <ohne ge-> *vr* **sich bei jdm für etw** ~ ringraziare qu di [*o* per] qc
bedarf [bə'darf] *1. u 3. pers sing pr von* **bedürfen**
Bedarf [bə'darf] <-(e)s> *kein Pl m* (*Bedürf-nis*) fabbisogno *m;* **bei** ~ in caso di biso-gno, se occorre; **nach** ~ a seconda del fab-bisogno; ~ **haben an** +*dat* avere bisogno di; **den** ~ **decken** coprire il fabbisogno; **Gegenstände des täglichen/gehobe-nen** ~**s** articoli d'uso corrente/di lusso; **Bedarfsartikel** *m* articolo *m* di prima necessità; **Bedarfsfall** *m* **im** ~ in caso di bisogno; **Bedarfsgüter** *npl* beni *mpl* di consumo; **Bedarfshaltestelle** *f* fer-mata *f* facoltativa
bedauerlich [bə'dauəlɪç] *adj* spiace-vole, deplorevole; **bedauerlicherweise** [bə'dauəlɪçə'vaɪzə] *adv* purtroppo
bedauern [bə'dauən] <ohne ge-> *vt* ❶ (*Sache*) dispiacersi per; (*beklagen*) deplorare; (*ich*) **bedauere** spiacente!; **ich bedau(e)re** (**es**), **dass sie nicht gekom-men ist** mi rincresce che non sia venuta ❷ (*Menschen*) compiangere, compatire; **Bedauern** <-s> *kein Pl n* dispiacere *m;* **zu meinem** (**großen**) ~ con mio (grande) dispiacere; **bedauernswert** *adj* (*Mensch*) che desta compassione; (*Lage*) spiacevole, pietoso; (*Zustand*) deplorevole, pietoso
bedecken <ohne ge-> *vt* **etw** (**mit etw**) ~ coprire qc (di qc)
bedeckt *adj* (*Himmel*) coperto
Bedeckung <-, -en> *f* (A: *form: finan-zielle Deckung*) copertura *f* finanziaria

bedenken <irr, ohne ge-> *vt* ❶ (*erwägen*) pensare a, riflettere su ❷ (*beachten*) tener conto di; **zu** ~ **geben** far considerare; **wenn man bedenkt, dass ...** e dire che ...
Bedenken <-s, -> *n* ❶ *sing* (*Erwägung*) riflessione *f,* considerazione *f* ❷ *meist Pl* (*Zweifel*) dubbi *mpl,* scrupoli *mpl;* **ohne** ~ senza esitazione; **gegen etw** ~ **äußern** avanzare delle riserve su qc; **bedenken-los** *adv* (*ohne weiteres*) senza esitazione; (*skrupellos*) senza scrupoli; **bedenkens-wert** *adj* da riconsiderare
bedenklich *adj* (*Besorgnis erregend*) inquietante; (*ernst*) serio, grave
Bedenkzeit *f* tempo *m* per riflettere; **jdm drei Tage** ~ **geben** dare a qu tre giorni per riflettere
bedeuten <ohne ge-> *vt* ❶ (*besagen*) sig-nificare, voler dire; **das hat nichts zu** ~ questo non significa niente; **jdm etwas** ~ (*wert sein*) significare qc per qu ❷ (*wichtig sein*) etw ~ essere importante; **bedeu-tend I.** *adj* ❶ (*wichtig*) importante; (*her-vorragend*) eminente, illustre ❷ (*beacht-lich, beträchtlich*) notevole, ragguardevole **II.** *adv* considerevolmente, sensibilmente
bedeutsam *adj* significativo, rivelatore
Bedeutung <-, -en> *f* ❶ (*Sinn*) signifi-cato *m,* senso *m;* (*von Wort*) accezione *f* ❷ *sing* (*Wichtigkeit*) importanza *f;* (*Trag-weite*) portata *f;* ~ **für etw haben** impor-tare per qc; **von** ~ **sein** avere importanza; **einer Sache** *dat* ~ **beimessen** attribuire importanza a qc; **bedeutungslos** *adj* insignificante; **Bedeutungslosigkeit** <-> *kein Pl f* irrilevanza *f;* **Bedeutungs-umfang** *m* (LING) estensione *f* del signifi-cato, area *f* semantica; **bedeutungsvoll** *adj* significativo; **Bedeutungswandel** *m* (LING) mutamento *m* semantico
bedienen <ohne ge-> **I.** *vt* ❶ (*Men-schen, a bei Tisch*) servire; (TEC: *Apparat, Maschine*) manovrare; **ich bin bedient!** (*iron*) sono servito! ❷ (*beim Kartenspiel*) rispondere a **II.** *vr* **sich** (**einer Sache** *gen*) ~ (*geh*) servirsi (di qc); ~ **Sie sich!** prenda pure!
bedienerfreundlich *adj* facile da usare
Bedienstete [bə'di:nstətə] <ein -r, -n, -n> *mf* impiegato, -a *m, f*
Bedienung <-, -en> *f* ❶ *sing* (*Tätigkeit*) servizio *m;* (TEC) manovra *f,* maneggio *m* ❷ (*Personal*) servitù *f,* personale *m* di ser-vizio; (*Kellnerin*) cameriera *f;* (A: *Putzfrau*) donna *f* delle pulizie; **Bedienungsanlei-tung** *f* istruzioni *fpl* per l'uso; **Bedie-nungsfehler** *m* uso *m* scorretto,

manovra f errata; **Bedienungshebel** m (TEC) leva f di comando; **Bedienungshinweise** mpl istruzioni mpl per l'uso; **Bedienungsvorschrift** f istruzioni fpl per l'uso

bedingen [bəˈdɪŋən] <ohne ge-> vt ❶ (voraussetzen) presupporre ❷ (verursachen) causare, determinare; **bedingt durch** dovuto a; **bedingt I.** adj ❶ condizionato; (beschränkt) limitato ❷ (A: JUR: mit Bewährung) condizionale **II.** adv con riserva; (zum Teil) in parte; ~ **gültig** valido (solo) in parte

Bedingung <-, -en> f ❶ (Voraussetzung) condizione f; **etw zur ~ machen** porre qc come condizione; **unter der ~, dass ...** a condizione di +inf, a condizione che +conj ❷ (Erfordernis) esigenza f ❸ pl (Verhältnisse) condizioni fpl, circostanze fpl; **unter diesen ~en** a queste condizioni; **bedingungslos** adj incondizionato; (Gehorsam) assoluto

bedrängen <ohne ge-> vt ❶ (Gegner) incalzare ❷ (belästigen) assillare

Bedrängnis <-, -se> f (geh) situazione f penosa; (Notlage) difficoltà fpl; **in äußerster ~ sein** non avere via di scampo; **in ~ geraten** trovarsi in difficoltà

bedrohen <ohne ge-> vt minacciare

bedrohlich adj minaccioso

Bedrohung <-, -en> f minaccia f

bedrucken <ohne ge-> vt stampare

bedrücken <ohne ge-> vt opprimere; **bedrückend** adj opprimente, soffocante; **bedrückt** adj oppresso, abbattuto; **Bedrücktheit** <-> kein Pl f oppressione f, abbattimento m

Beduine [beduˈiːnə] <-n, -n> m, **Beduinin** [beduˈiːnɪn] <-, -nen> f beduino, -a m, f

bedürfen <irr, ohne ge-> vi **einer Sache** gen ~ aver bisogno di qc; (erfordern) richiedere qc; **das bedarf einer Erklärung** questo esige una spiegazione

Bedürfnis <-ses, -se> n bisogno m; **Bedürfnisanstalt** f öffentliche ~ gabinetto m pubblico; **bedürfnislos** adj senza particolari bisogni; (bescheiden) modesto; **Bedürfnislosigkeit** <-> kein Pl f sobrietà f

bedürftig adj (Mensch) indigente, bisognoso; **Bedürftigkeit** <-> kein Pl f indigenza f

Beefsteak n bistecca f

beehren <ohne ge-> **I.** vt (geh) onorare **II.** vr **sich ~** (etw zu tun) avere l'onore (di fare qc)

beeidigen [bəˈʔaɪdɪɡən] <ohne ge-> vt (form) far giurare; **gerichtlich beeidigt** giurato

beeilen <ohne ge-> vr **sich ~** (etw zu tun) affrettarsi (a fare qc)

Beeilung <-> kein Pl f (fam) **los, ~!** su, dai, in fretta!

beeindrucken <ohne ge-> vt impressionare; **beeindruckend** adj impressionante

beeinflussbarRR adj, **beeinflußbar**ALT adj influenzabile

beeinflussen [bəˈʔaɪnflʊsən] <ohne ge-> vt influenzare, influire su

Beeinflussung <-, -en> f influenza f

beeinträchtigen [bəˈʔaɪntrɛçtɪɡən] <ohne ge-> vt pregiudicare, nuocere a

Beeinträchtigung <-, -en> f pregiudizio m, danno m

beenden <ohne ge-> vt ❶ (zu Ende bringen) terminare, finire ❷ (vollenden) compiere, completare, ultimare

Beenden <-s, -> n (Computer) (comando m) esci

Beendigung <-> kein Pl f (das Beenden) finire m; (Fertigstellung) ultimazione f, completamento m; (Ende) fine f

beengen [bəˈʔɛŋən] <ohne ge-> vt (Kleidung) stringere; (Raum) limitare; (fig: Menschen) opprimere; ~**de Kleidung** vestiti mpl stretti; **beengt leben** vivere in uno spazio ristretto

Beengtheit <-> kein Pl f (räumlich) ristrettezza f; (fig) oppressione f

beerben <ohne ge-> vt **jdn ~** ereditare da qu, essere l'erede di qu

beerdigen [bəˈʔeːɐdɪɡən] <ohne ge-> vt seppellire

Beerdigung <-, -en> f seppellimento m, sepoltura f; (feierliche Handlung) funerali mpl; **Beerdigungsinstitut** n (impresa f di) pompe fpl funebri

Beere [ˈbeːrə] <-, -n> f bacca f; (Wein~) acino m (dell'uva); **Beerenauslese** f (Wein) vino m pregiato; **Beerenfrucht** <-, -früchte> f bacca f

Beet [beːt] <-(e)s, -e> n aiuola f; (Rabatte) bordura f (di aiuola)

Beete <-, -n> f **Rote ~** barbabietola f rossa

befähigen [bəˈfɛːɪɡən] <ohne ge-> vt **jdn** (zu etw) ~ abilitare qu (a qc); **befähigt** adj ~ (zu etw) **sein** essere capace di (fare qc), essere qualificato (per qc)

Befähigung <-, -en> f (Eignung, Begabung) attitudine f, capacità f; (Qualifikation) qualifica f, idoneità f

befahl [bəˈfaːl] 1. u 3. pers sing imp von **befehlen**

befahrbar adj (Straße) praticabile, carrozzabile

befahren¹ <irr, ohne ge-> vt percorrere;
(NAUT) navigare in

befahren² adj (*Straße*) battuto, percorso

Befall <-(e)s> kein Pl m (*durch Parasiten*)
infestazione f

befallen <irr, ohne ge-> vt ❶ (*Ungeziefer*)
infestare ❷ (*Krankheit*) colpire ❸ (*Furcht*)
cogliere

befand [bɛ'fant] 1. u 3. pers sing imp von
befinden

befangen adj ❶ (*schüchtern*) imbarazzato, intimidito ❷ (*voreingenommen*) prevenuto; **Befangenheit** <-> kein Pl f
❶ (*Verlegenheit*) imbarazzo m, timidezza f
❷ (*Voreingenommenheit*) prevenzione f

befassen <ohne ge-> vr sich ~ ❶ (*sich
beschäftigen*) **sich mit jdm/etw** ~ occuparsi di qu/qc ❷ (*handeln von*) **sich mit
etw** ~ trattare di qc

befehden <ohne ge-> vr sich [o einan-
der] ~ combattersi

Befehl [bɛ'fe:l] <-(e)s, -e> m ordine m; (*a
Computer*) comando m; **auf** ~ per ordine;
einen ~ **ausführen** eseguire un ordine;
ausdrücklicher [o strikter] ~ ordine formale, ingiunzione f; **einen** ~ **erteilen** impartire un ordine

befehlen <befiehlt, befahl, befohlen>
I. vt ordinare; **jdm etw** ~ ordinare qc a qu;
jdm ~ **etw zu tun** dare (l')ordine a qu di
fare qc **II.** vi (*über jdn/etw*) ~ avere il
comando (di qu/qc); **wie Sie** ~! come
vuole!; **befehlerisch** adj imperioso;
befehligen <ohne ge-> vt comandare

Befehlsform f imperativo m; **befehlsge-
mäß** adv conforme agli ordini; **Befehlsgewalt** f comando m; **Befehlshaber**
[bɛ'fe:lsha:bɐ] <-s, -> m comandante m;
Befehlston m tono m di comando;
Befehlsverweigerung f rifiuto m di
obbedienza; **Befehlszeile** f (INFORM) riga f
di comando

befestigen [bɛ'fɛstɪɡən] <ohne ge-> vt
❶ (*festmachen*) **etw** (**an etw** dat) ~ fissare qc (a qc) ❷ (MIL) fortificare

Befestigung <-, -en> f ❶ (*Festmachen*)
fissaggio m; (TEC) serraggio m ❷ (MIL) fortificazione f; **Befestigungsanlage** f fortificazione f

befeuchten <ohne ge-> vt inumidire,
umettare

befeuern <ohne ge-> vt ❶ (AERO, NAUT)
munire di segnali luminosi ❷ (*fig: anspornen*) stimolare, incitare; **Befeuerung** <-,
-en> f (*Flugplatz~*) luci fpl di pista

befiehlt [bɛ'fi:lt] 3. pers sing pr von **befehlen**

befiel [bɛ'fi:l] 1. u 3. pers sing imp von
befallen

befinden <irr, ohne ge-> **I.** vr sich ~ trovarsi, essere **II.** vi (*entscheiden*) giudicare;
über jdn/etw ~ giudicare qu/qc; **über
etw** acc ~ decidere qc **III.** vt (geh: erachten) giudicare

Befinden <-s> kein Pl n ❶ (*Gesundheitszustand*) (stato m di) salute f ❷ (geh: Meinung) parere m

befindlich [bɛ'fɪntlɪç] adj **im Bau** ~ in
costruzione

beflaggen <ohne ge-> vt pavesare;
Beflaggung <-, -en> f imbandiera-
mento m

beflecken <ohne ge-> vt ❶ (*beschmutzen*) **etw** (**mit etw**) ~ macchiare qc (di qc)
❷ (fig geh: Ruf, Ehre) contaminare, insudiciare

befleißigen [bɛ'flaɪsɪɡən] <ohne ge-> vr
sich ~ applicarsi (gen a), prendersi l'impegno (gen di)

befliegen <befliegt, beflog, beflogen> vt
eine Flugstrecke ~ servire una linea aerea

beflissen [bɛ'flɪsən] adj zelante, diligente;
Beflissenheit <-> kein Pl f zelo m, solerzia f, assiduità f

beflügeln <ohne ge-> vt (fig geh) mettere
le ali a; (*Schritte*) accelerare

befohlen [bɛ'fo:lən] pp von **befehlen**

befolgen <ohne ge-> vt (*Rat*) seguire;
(*Anweisung*) osservare, eseguire

Befolgung <-> kein Pl f osservanza f; **die** ~
des Gesetzes l'osservanza della legge

befördern <ohne ge-> vt ❶ (*transportieren*) trasportare; (*Post, Waren, Gepäck*)
spedire ❷ (*im Rang, beruflich*) promuovere; **zum Direktor befördert werden**
essere promosso direttore

Beförderung <-, -en> f ❶ (*Transport*)
trasporto m; (*von Post, Waren, Gepäck*)
spedizione f ❷ (*in Rang, beruflich*) promozione f, avanzamento m; **die** ~ **zum
Direktor** la promozione a direttore;
Beförderungsart f modo m di trasporto, tipo m di spedizione; **Beförde-
rungsbedingungen** fpl condizioni fpl
di trasporto; **Beförderungsmittel** n
mezzo m di trasporto

befrachten <ohne ge-> vt (*Wagen*) caricare; (NAUT, AERO) noleggiare

befragen <ohne ge-> vt ❶ (*Menschen*)
interrogare; (*Zeugen* a) sentire; (*Wörterbuch*) consultare ❷ (*um Rat fragen*) consultare

Befrager(in) <-s, -; -, -nen> m(f) ❶ (*Erhebung*) intervistatore, -trice m, f ❷ (JUR)
inquisitore, -trice m, f; (*Verhörender*) inter-

rogante *mf*

Befragung <-, -en> *f* **❶** (*von Menschen*) interrogazione *f;* (*von Zeugen a*) interrogatorio *m* **❷** (*Umfrage*) sondaggio *m,* inchiesta *f*

befreien <ohne ge-> **I.** *vt* **❶** (*frei machen*) liberare; (*Sklaven*) affrancare; (*Gefangene*) scarcerare, rilasciare; (*aus Abhängigkeit*) emancipare; (*aus Gefahr, Zwangslage*) salvare; **jdn aus etw ~** salvare qu da qc **❷** (*erlassen*) dispensare; **jdn von etw ~** dispensare qu da qc; (*freistellen*) esentare qu da qc **❸** (*von Schmerzen, Sorgen*) liberare, sollevare; (*von Last*) liberare, sgravare; **ein ~des Lachen** una risata liberatoria **II.** *vr* **sich** (**von jdm/etw**) **~** liberarsi (di qu/qc)

Befreier(in) <-s, -; -, -nen> *m(f)* liberatore, -trice *m, f*

Befreiung <-, -en> *f* **❶** (*von Menschen, a fig*) liberazione *f;* (*von Gefangenen*) scarcerazione *f,* rilascio *m;* (*aus der Abhängigkeit*) emancipazione *f* **❷** **die ~ von etw** (*Erlassen*) la dispensa da qc; (*Freistellung*) l'esenzione da qc; (MIL) l'esonero da qc **❸** (*von Schmerzen, Sorgen*) sollievo *m;* (*von einer Last*) sgravio *m;* (*Erleichterung*) sollievo *m;* **Befreiungskampf** *m* lotta *f* di liberazione; **Befreiungstheologie** <-, -n> *f* teologia *f* della liberazione

befremden [bə'frɛmdən] <ohne ge-> *vt* stupire, sconcertare; **Befremden** <-s> *kein Pl n* stupore *m;* **befremdend, befremdlich** *adj* sorprendente, strano; **Befremdung** <-> *kein Pl f* stupore *m,* sorpresa *f*

befreunden [bə'frɔɪndən] <ohne ge-> *vr* **sich** (**mit jdm**) **~** fare amicizia (con qu); **befreundet** *adj* (*Familien, Länder*) amico; **ein ~es Land** un paese amico; **ich bin mit ihm ~** sono suo amico

befriedigen [bə'fri:dɪgən] <ohne ge-> **I.** *vt* soddisfare **II.** *vr* **sich** (**selbst**) **~** masturbarsi; **befriedigend** *adj* **❶** (*zufriedenstellend*) soddisfacente **❷** (*Schulnote*) sette; **befriedigt** *adj* soddisfatto; **~ lächeln** sorridere soddisfatto

Befriedigung <-> *kein Pl f* soddisfazione *f*

befristen <ohne ge-> *vt* fissare un termine per; **befristet** *adj* a scadenza fissa, a termine; **kurz ~** a breve termine

Befristung <-, -en> *f* limitazione *f*

befruchten <ohne ge-> *vt* fecondare

Befruchtung <-, -en> *f* fecondazione *f;* **künstliche ~** fecondazione *f* artificiale

Befugnis [bə'fu:knɪs] <-, -se> *f* (*Recht*) diritto *m,* facoltà *f;* (*Zuständigkeit*) competenza *f;* **seine ~se überschreiten** abusare

dei propri poteri

befugt [bə'fu:kt] *adj* (**zu etw**) **~ sein** essere autorizzato (a fare qc)

befühlen <ohne ge-> *vt* palpare, tastare

befuhr *1. u 3. pers sing imp von* **befahren**

befummeln <ohne ge-> *vt* (*fam*) toccare (con le mani)

Befund <-(e)s, -e> *m* (MED) diagnosi *f,* referto *m;* **ohne ~** risultato negativo

befunden [bə'fʊndən] *pp von* **befinden**

befürchten <ohne ge-> *vt* temere; **es ist** [*o* **steht**] **zu ~, dass ...** c'è da temere che +*conj*

Befürchtung <-, -en> *f* timore *m,* paura *f;* **die ~ haben, dass ...** temere che +*conj*

befürworten [bə'fy:ɛvɔrtən] <ohne ge-> *vt* (*empfehlen*) consigliare, raccomandare; (*gut finden*) approvare, essere favorevole a

Befürworter(in) <-s, -; -, -nen> *m(f)* sostenitore, -trice *m, f,* fautore, -trice *m, f;* **Befürwortung** <-, -en> *f* appoggio *m;* (*Empfehlung*) raccomandazione *f*

begab *1. u 3. pers sing imp von* **begeben**

begabt [bə'ga:pt] *adj* (**für etw**) **~ sein** essere dotato (per qc); **Begabtenförderung** *f* sostegno *m* degli allievi dotati

Begabung [bə'ga:bʊŋ] <-, -en> *f* talento *m*

begaffen <ohne ge-> *vt* (*pej fam*) fissare insistentemente

begangen [bə'gaŋən] *pp von* **begehen**

begann [bə'gan] *1. u 3. pers sing imp von* **beginnen**

begatten <ohne ge-> *vr* **sich ~** (ZOO) accoppiarsi

Begattung <-, -en> *f* accoppiamento *m*

begeben <irr, ohne ge-> *vr* **sich ~** (*geh*) **❶** (*gehen, fahren*) recarsi, andare; **sich nach Sizilien/Palermo ~** recarsi in Sicilia/a Palermo; **sich in Gefahr ~** incorrere in un pericolo; **sich zur Ruhe ~** andare a letto; **sich in ärztliche Behandlung ~** mettersi in trattamento medico **❷** (*sich ereignen*) accadere

Begebenheit <-, -en> *f* avvenimento *m,* evento *m*

begegnen [bə'ge:gnən] <ohne ge-> **I.** *vi* **sein ❶** (*treffen*) **jdm/etw ~** incontrare qu/qc **❷** (*fig: entgegentreten*) prevenire; **einer Sache** *dat* **~** prevenire qc; **einer Gefahr ~** affrontare un pericolo **❸** (*widerfahren*) capitare; **so etw ist mir noch nicht begegnet** una cosa così non mi è mai capitata **II.** *vr* **sein sich** [*o* **einander**] **~** incontrarsi

Begegnung <-, -en> *f* incontro *m*

begehbar *adj* (*Weg*) percorribile (a piedi)

begehen <irr, ohne ge-> *vt* **❶** (*Weg*) percorrere **❷** (*Fehler, Verbrechen*) commettere; **Selbstmord ~** suicidarsi **❸** (*geh: feiern*) celebrare; **feierlich ~** (*Tag*) commemorare

begehren [bə'ge:rən] <ohne ge-> *vt* (*geh*) desiderare, bramare; **Begehren** <-s, *rar* -> *n* (*geh*) desiderio *m;* **begehrenswert** *adj* desiderabile; **begehrlich** *adj* (*geh: heftig wünschend*) bramoso, avido; **begehrt** *adj* richiesto

begeistern [bə'gaɪstɐn] <ohne ge-> **I.** *vt* **jdn** (**für etw**) **~** entusiasmare qu (per qc) **II.** *vr* **sich** (**für etw**) **~** entusiasmarsi (per qc); **begeisternd** *adj* entusiasmante; **begeistert** *adj* (*Mensch*) entusiasta, appassionato; (*Brief, Bericht*) entusiasta

Begeisterung <-> *kein Pl* fentusiasmo *m;* **~ für** [*o* **über**] **etw** *acc* **haben** avere entusiasmo per qc; **etw mit ~ tun** fare qc con entusiasmo; **ein Sturm der ~** un entusiasmo frenetico; **begeisterungsfähig** *adj* capace di entusiasmarsi

begibt *3. pers sing pr von* **begeben**

Begierde [bə'gi:ɐdə] <-, -n> *f* (*Wunsch, sexuell*) desiderio *m,* voglia *f;* (*Verlangen*) brama *f,* sete *f;* **~ nach Macht** sete di potere

begierig *adj* (*Blicke, Mensch*) voglioso, desideroso; (*lüstern*) concupiscente; (*Leser, Zuhörer*) avido, zelante; (*gespannt*) curioso

begießen <irr, ohne ge-> *vt* **❶** (*mit Flüssigkeit*) annaffiare; (*Braten*) pillottare **❷** (*fam: feiern*) festeggiare con una bevuta

beging *1. u 3. pers sing imp von* **begehen**

Beginn [bə'gɪn] <-(e)s> *kein Pl* m inizio *m,* principio *m;* **zu ~** all'inizio

beginnen <beginnt, begann, begonnen> **I.** *vi* cominciare (a), iniziare (a); **es beginnt zu regnen** comincia a piovere **II.** *vt* cominciare, iniziare

beglaubigen [bə'glaubɪgən] <ohne ge-> *vt* **❶** (*Dokument*) autenticare; (*Unterschrift*) vidimare **❷** (*Diplomaten*) **einen Botschafter bei einem benachbarten Land ~** accreditare un ambasciatore in un paese vicino

Beglaubigung <-, -en> *f* **❶** (*eines Dokuments*) autenticazione *f;* (*einer Unterschrift*) vidimazione *f* **❷** (*von Diplomaten*) accreditamento *m;* **Beglaubigungsschreiben** *n* (*von Diplomaten*) credenziali *fpl*

begleichen <irr, ohne ge-> *vt* (*geh*) regolare, saldare

Begleichung <-, -en> *f* pagamento *m,* saldo *m*

Begleitbrief *m* lettera *f* d'accompagnamento

begleiten <ohne ge-> *vt* (*allg,* MUS) accompagnare

Begleiter(in) <-s, -; -, -nen> *m(f)* (*allg,* MUS) accompagnatore, -trice *m, f;* **ständiger ~** (*Freund*) accompagnatore fisso

Begleiterscheinung *f* fenomeno *m* concomitante; **Begleitflugzeug** *n* velivolo *m* di scorta; **Begleitmusik** *f* musica *f* d'accompagnamento; **Begleitperson** *f* accompagnatore, -trice *m, f;* **Begleitschein** *m* bolletta *f* di accompagnamento [*o* cauzione *f* doganale]; **Begleitschreiben** *n s.* **Begleitbrief**; **Begleitumstände** *mpl* (JUR) circostanze *fpl* concomitanti

Begleitung <-, -en> *f* **❶** (*allg,* MUS) accompagnamento *m;* **in ~** *gen* in compagnia di, accompagnato da **❷** (*Gefolge*) compagnia *f,* scorta *f,* seguito *m*

beglücken <ohne ge-> *vt* (*geh*) rendere felice; **beglückend** *adj* che rende felice; **beglückt** *adj* felice

beglückwünschen <ohne ge-> *vt* **jdn** (**zu etw**) **~** felicitarsi con qu (per qc)

begnadet [bə'gna:dət] *adj* dotato

begnadigen [bə'gna:dɪgən] <ohne ge-> *vt* graziare, amnistiare

Begnadigung <-, -en> *f* grazia *f;* (*Straferlass*) condono *m;* **Begnadigungsgesuch** *n* domanda *f* di grazia

begnügen [bə'gny:gən] <ohne ge-> *vr* **sich** (**mit etw**) **~** (ac)contentarsi (di qc)

Begonie [be'go:niə] <-, -n> *f* (BOT) begonia *f*

begonnen [bə'gɔnən] *pp von* **beginnen**

begossᴿᴿ *1. u 3. pers sing imp von* **begießen**

begossen [bə'gɔsən] *pp von* **begießen**

begraben <irr, ohne ge-> *vt* **❶** (*beerdigen*) seppellire, sotterrare; **dort möchte ich nicht ~ sein** non ci starei neanche da morto *fam* **❷** (*fig: Hoffnung*) abbandonare, perdere; (*Streit*) dimenticare **❸** (*verschütten*) seppellire

Begräbnis [bə'grɛ:pnɪs] <-ses, -se> *n* sepoltura *f;* (*~ feier*) funerale *m*

begradigen [bə'gra:dɪgən] <ohne ge-> *vt* (*Fluss, Straße*) rettificare

begreifen <irr, ohne ge-> *vt, vi* comprendere, afferrare; **~, dass ...** (*einsehen*) realizzare che ...; **schwer ~** essere duro di comprendonio; **das ist nicht/kaum zu ~** non è/è appena comprensibile; **begreiflich** *adj* comprensibile, intelligibile; **jdm etw ~ machen** far capire qc a qu; **das ist ~** questo si capisce; **begreiflicherweise**

[bəˈɡraɪflɪçəˈvaɪzə] *adv* naturalmente, ovviamente

begrenzen <ohne ge-> *vt* ❶ (*Gebiet*) limitare, tracciare i confini di ❷ (*einschränken*) limitare; **begrenzt** *adj* limitato

Begrenzung <-, -en> *f* ❶ (*Grenzziehung*) demarcazione *f* ❷ (*Einschränkung*) limitazione *f;* (*Geschwindigkeits~*) limite *m* ❸ (*Grenze*) confine *m*, delimitazione *f*

Begriff <-(e)s, -e> *m* ❶ (*Ausdruck*) concetto *m* ❷ (*Vorstellung*) idea *f,* immagine *f;* **sich** *dat* **einen** (**falschen**) ~ **von etw machen** farsi un'idea (sbagliata) di qc; **sich** *dat* **keinen ~ von etw machen** non avere la minima idea di qc; **schwer von ~ sein** (*fam*) essere duro di comprendonio; **ist dir das ein ~?** questo ti dice niente? ❸ (*Wend*) **im ~ zu** +*inf* in procinto di +*inf*, sul punto di +*inf*

begriff *1. u 3. pers sing imp von* **begreifen**

begriffen I. *pp von* **begreifen II.** *adj* **im Entstehen ~** in fase di sviluppo; **mitten in den Vorbereitungen ~** nel bel mezzo dei preparativi; **in einem Irrtum ~ sein** stare per sbagliare

begriffsstutzig *adj* duro di comprendonio

begrub *1. u 3. pers sing imp von* **begraben**

begründen <ohne ge-> *vt* ❶ (*gründen*) fondare, creare; **wohl begründet** (*geh*) ben fondato ❷ (*den Grund angeben für*) motivare; **damit ~, dass ...** (*bes. Anspruch*) giustificare dicendo che ...

Begründer(in) <-s, -; -, -nen> *m(f)* fondatore, -trice *m, f,* promotore, -trice *m, f*

begründet *adj* motivato; (*bewiesen*) fondato; (*berechtigt*) giustificato

Begründung <-, -en> *f* ❶ (*Gründung*) fondazione *f* ❷ (*Erklärung*) spiegazione *f,* giustificazione *f;* **mit der ~, dass ...** adducendo come motivo che ...

begrünen <ohne ge-> *vt* creare spazi verdi in

Begrünung <-, -en> *f* rinverdimento *m*

begrüßen <ohne ge-> *vt* ❶ (*Gast*) salutare ❷ (*gutheißen*) approvare, accogliere con (molto) favore; **begrüßenswert** *adj* auspicato

Begrüßung <-, -en> *f* saluto *m*

begünstigen [bəˈɡʏnstɪɡən] <ohne ge-> *vt* ❶ (*gut sein für*) favorire, privilegiare ❷ (*fördern*) promuovere; (*unterstützen*) appoggiare ❸ (JUR: *Verbrechen*) favoreggiare

Begünstigung <-, -en> *f* ❶ (*Bevorteilung*) favorire *m*, privilegiare *m* ❷ (JUR) favoreggiamento *m*

begutachten <ohne ge-> *vt* fare una perizia di

Begutachtung <-, -en> *f* perizia *f*

begütert [bəˈɡyːtɐt] *adj* benestante, abbiente

behaart [bəˈhaːɐt] *adj* peloso; **dicht** [*o* **stark**] ~ villoso

Behaarung <-, -en> *f* peluria *f;* (*Tiere*) pelo *m*

behäbig [bəˈhɛːbɪç] *adj* ❶ (*beleibt*) corpulento; (*schwerfällig*) lento, flemmatico ❷ (*CH: wohlhabend*) benestante ❸ (*CH: stattlich*) considerevole, notevole

behaftet [bəˈhaftət] *adj* (**mit etw**) ~ **sein** essere affetto (da qc)

behagen [bəˈhaːɡən] <ohne ge-> *vi* garbare; **Behagen** <-s> *kein Pl n* gusto *m*, piacere *m*

behaglich [bəˈhaːklɪç] *adj* (*Zuhause*) confortevole, accogliente; (*Wärme*) piacevole, gradito; (*Leben, Möbel*) comodo; **sich ~ fühlen** sentirsi a proprio agio; **Behaglichkeit** <-> *kein Pl f* comodità *f;* (*Gemütlichkeit*) atmosfera *f* accogliente, ambiente *m* confortevole

behalf *1. u 3. pers sing imp von* **behelfen**

behalten <irr, ohne ge-> *vt* ❶ (*nicht weggeben*) tenere; (*nicht wegwerfen*) conservare; (*Stellung, Namen, Nationalität*) mantenere; **etw für sich ~** (*nicht weitersagen*) tenere qc per sé ❷ (*Wert, Farbe*) conservare; (*Ruhe*) mantenere; **die Nerven ~** tenere a freno i nervi ❸ (*im Gedächtnis*) tenere a mente

Behälter [bəˈhɛltɐ] <-s, -> *m* contenitore *m;* (*für Flüssigkeiten*) recipiente *m;* (*Container*) container *m*

behämmert [bəˈhɛmɐt] *adj* (*fam*) idiota, scemo

behandeln <ohne ge-> *vt* ❶ (*Menschen, Thema, Material*) trattare; **jdn schlecht ~** maltrattare qu; **jdn von oben herab ~** trattare qu dall'alto in basso ❷ (*Kranken, Wunde*) curare ❸ (*handhaben*) maneggiare

Behandlung <-, -en> *f* ❶ (*von Mensch, Thema, Material*) trattamento *m* ❷ (MED) cura *f* medica, terapia *f* ❸ (*Handhabung*) maneggio *m*, uso *m;* **Behandlungsfehler** *m* cura *f* errata; **Behandlungsmethode** *f* (MED) metodo *m* terapeutico

behängen <ohne ge-> *vt* (*Wand*) tappezzare; (*drapieren*) drappeggiare

beharren [bəˈharən] <ohne ge-> *vi* **auf** [*o* **in**] **etw** *dat* ~ persistere in qc; **auf** [*o* **bei**] **einer Meinung ~** insistere in un'opinione; **er beharrt darauf, dass ...** si ostina a +*inf*

beharrlich *adj* (*Mensch*) perseverante, costante; (*Fragen, Arbeiten*) insistente, tenace; (*Liebe, Glauben*) tenace, ostinato;

Beharrlichkeit <-> *kein Pl f* perseveranza *f,* costanza *f*

behauen <behaut, behaute, behauen> *vt* (*Steine*) sgrossare; (*Holz a*) digrossare

behaupten [bə'hauptən] <ohne ge-> **I.** *vt* ❶ (*die Behauptung aufstellen*) affermare; **etw steif und fest** ~ affermare ostinatamente qc ❷ (*erfolgreich verteidigen*) mantenere, conservare; (*Markt*) sostenere; (*Recht*) difendere **II.** *vr* **sich** ~ affermarsi; (*Preis, Kurs*) rimanere stabile

Behauptung <-, -en> *f* affermazione *f,* asserzione *f;* **die** ~ **aufstellen, dass ...** affermare che +*conj*

Behausung [bə'hauzʊŋ] <-, -en> *f* abitazione *f,* dimora *f;* **ärmliche** ~ tugurio *m*

beheben <irr, ohne ge-> *vt* ❶ (*beseitigen*) eliminare; (*Missstand a*) togliere; (*Schaden*) riparare ❷ (*A: vom Konto*) prelevare

beheimatet [bə'haima:tət] *adj* originario; **in einem Ort** ~ **sein** essere originario di un luogo

beheizbar *adj* **das Wohnzimmer ist nicht** ~ in salotto non c'è il riscaldamento

beheizen <ohne ge-> *vt* riscaldare

Behelf [bə'hɛlf] <-(e)s, -e> *m* espediente *m,* ripiego *m*

behelfen <irr, ohne ge-> *vr* **sich** ~ arrangiarsi; **sich mit einer Decke** ~ arrangiarsi con una coperta; **sich ohne etw** ~ fare a meno di qc

Behelfs- (*in Zusammensetzungen*) provvisorio, di fortuna; **behelfsmäßig** *adj* provvisorio, improvvisato

behelligen [bə'hɛlɪɡən] <ohne ge-> *vt* molestare

beherbergen [bə'hɛrbɛrɡən] <ohne ge-> *vt* alloggiare

beherrschen <ohne ge-> **I.** *vt* ❶ (POL) dominare, regnare su ❷ (*fig: großen Einfluß haben*) esercitare un forte ascendente su ❸ (*in der Gewalt haben*) dominare, controllare ❹ (*Kunst, Sprache*) padroneggiare, possedere **II.** *vr* **sich** ~ dominarsi, controllarsi; **beherrschend** *adj* dominante; **beherrscht** *adj* controllato; **Beherrschtheit** <-> *kein Pl f* dominio *m* di sé stesso, autocontrollo *m*

Beherrschung <-> *kein Pl f* ❶ (*Selbst~*) autocontrollo *m;* **die** ~ **verlieren** perdere il controllo di sé stesso ❷ (*Können, Wissen*) padronanza *f;* **die** ~ **des Triebes** la padronanza dell'istinto

beherzigen [bə'hɛrtsɪɡən] <ohne ge-> *vt* prendere a cuore; (*Rat*) seguire

beherzt [bə'hɛrtst] *adj* coraggioso, ardito; **Beherztheit** <-> *kein Pl f* coraggio *m,*

audacia *f*

behielt *1. u 3. pers sing imp von* **behalten**

behilflich [bə'hɪlflɪç] *adj* **jdm (bei etw)** ~ **sein** aiutare qu (in qc)

behilft *3. pers sing pr von* **behelfen**

behindern <ohne ge-> *vt* ostacolare; (*Sportler*) trattenere; (*Verkehr*) intralciare, bloccare; (*Sicht*) impedire, ostacolare

behindert *adj* **geistig/körperlich** ~ minorato mentalmente/fisicamente

Behinderte <ein -r, -n, -n> *mf* handicappato, -a *m, f,* minorato, -a *m, f,* invalido, -a *m, f;* **Behindertenausweis** *m* tessera *f* di invalidità; **behindertengerecht** *adj* (*Bauweise*) a misura di disabile; (*Verkehrsmittel*) accessibile agli handiccapati; **Behindertenwerkstatt** <-, -stätten> *f* officina *f* di lavoro per handiccapati

Behinderung <-, -en> *f* ❶ (*Erschwerung*) impedimento *m;* (*von Sportler*) trattenimento *m;* (*von Verkehr*) intralcio *m,* congestionamento *m* ❷ (*körperliche* ~, *geistige* ~) handicap *m*

behob *1. u 3. pers sing imp von* **beheben**; **behoben** [bə'ho:bən] *pp von* **beheben**

beholfen [bə'ɔlfən] *pp von* **behelfen**

Behörde [bə'hø:ɛdə] <-, -n> *f* autorità *f,* amministrazione *f;* **die** ~**n** le forze *fpl* pubbliche

Behördenangabe *f meist pl* indicazione *f* delle autorità; **Behördenschikane** *f* vessazioni *pl* burocratiche

Behördensprecher(in) *m(f)* portavoce *m* dell'autorità

behördlich [bə'hø:ɛtlɪç] *adj* ufficiale, amministrativo; **mit** ~**er Genehmigung,** ~ **genehmigt** con il consenso ufficiale

behüten <ohne ge-> *vt* ❶ (*bewachen*) custodire, sorvegliare ❷ (*beschützen*) **jdn (vor etw** *dat*) ~ proteggere qu (da qc); **Gott behüte!** Dio ci scampi; **behütet** *adj* ~ **aufwachsen** crescere nella bambagia

behutsam [bə'hu:tza:m] **I.** *adj* cauto, circospetto **II.** *adv* con cautela; **Behutsamkeit** <-> *kein Pl f* precauzione *f,* prudenza *f*

bei [bai] *prp* +*dat* ❶ (*räumlich*) presso, vicino a; ~ **Paris** nei pressi di Parigi; **die Schlacht** ~ **Marathon** la battaglia di Maratona; ~**m Ofen** vicino alla stufa; ~**m Bäcker** dal panettiere; ~ **Dante** in Dante; ~ **jdm (in der Wohnung)** presso qu; **etw** ~ **sich** *dat* **haben** avere qc con sé; **ich dachte** ~ **mir** pensavo fra me e me ❷ (*zeitlich*) a, durante; **er ist** ~ **einem Unfall ums Leben gekommen** è morto in un incidente; ~ **meiner Ankunft** al mio arrivo; ~ **meinem Besuch** durante la mia visita; ~**m Lesen** leggendo; ~**m Mittages-**

B

sen a pranzo; ~ **Tag/Nacht** di giorno/ notte ❸ (*in Hinblick auf*) in considerazione di, tenendo conto di ❹ (*trotz*) malgrado, nonostante, a dispetto di; ~ **aller Vorsicht** malgrado tutte le precauzioni; ~ **m besten Willen** con tutta la buona volontà ❺ (*mit*) ~ **gutem/schlechtem Wetter** col bel/ brutto tempo ❻ (*kausal*) ~ **deiner Erkältung** raffreddato come sei

bei|behalten <irr, ohne ge-> *vt* mantenere, conservare

bei|bringen <irr> *vt* ❶ (*Unterlagen*) fornire, presentare; (*Zeugen*) produrre ❷ (*zufügen*) (**jdm**) **etw** ~ infliggere qc (a qu) ❸ (*lehren*) insegnare; **einem Freund etw** ~ insegnare qc ad un amico; **sich selber etw** ~ imparare qc da solo

Beichte ['baɪçtə] <-, -n> *f* confessione *f*
beichten I. *vt* confessare II. *vi* confessarsi
Beichtgeheimnis *n* segreto *m* confessionale; **Beichtstuhl** *m* confessionale *m*; **Beichtvater** *m* confessore *m*

beide ['baɪdə] *adj o pron indef* tutti e due, entrambi; **die ~n** i due; **alle** ~ tutt'e due; **wir** ~ noi due; **meine ~n Brüder** i miei due fratelli; **einer/eins von ~n** o l'uno o l'altro, uno dei due; **keiner von ~n** nessuno dei due, né l'uno né l'altro; **beidemal** *adv* tutt'e due le volte; **beiderlei** ['baɪdə'laɪ] <inv> *adj* di entrambe le specie; ~ **Geschlechts** di ambo i sessi, dell'uno e dell'altro sesso; **beiderseitig** ['baɪdəzaɪtɪç] *adj* (*von beiden Seiten*) entrambe le parti; (*bes. Vertrag*) bilaterale; (*gegenseitig*) reciproco, vicendevole; **beiderseits** ['baɪdəzaɪts] *adv* da ambedue le parti; (*gegenseitig*) reciprocamente

bei|drehen *vi* (NAUT) virare
beidseitig ['baɪtzaɪtɪç] *adj* entrambi i lati; (MED) bilaterale; **zur ~en Zufriedenheit** per la felicità di entrambe le parti
beidseits *adv* (CH) s. **beiderseits**
beieinander [baɪʔaɪ'nandə] *adv* (*zusammen*) insieme; (*nebeneinander*) l'uno vicino all'altro

Beifahrer(in) <-s, -; -, -nen> *m(f)* (*im Auto*) passeggero, -a *m, f* (accanto al conducente); (*in LKW, bei Autorennen, Rallye*) secondo, -a autista *m, f;* (*auf Motorrad*) compagno, -a *m, f;* **Beifahrerairbag** *m* (AUTO) airbag *m* passeggero; **Beifahrersitz** *m* (*in Auto*) sedile *m* del passeggero anteriore; (*auf Motorrad*) motocarrozzetta *f,* side-car *m*

Beifall <-(e)s> *kein Pl m* ❶ (*durch Klatschen*) applauso *m,* applausi *mpl;* (*durch Zurufe*) acclamazione *f;* ~ **klatschen** [*o* **spenden**] applaudire ❷ (*Zustimmung*)

approvazione *f,* consenso *m;* **jds** ~ **finden** avere il consenso di qu
beifällig ['baɪfɛlɪç] *adj* favorevole, di approvazione; ~ **nicken** fare un cenno d'approvazione col capo
bei|fügen *vt* aggiungere; (*Unterlagen*) allegare
Beigabe <-, -n> *f* ❶ (*zum Hauptgericht*) contorno *m* ❷ (COM) premio *m*
beige [be:ʃ *o* 'bɛ:ʒə *o* 'be:ʒə] <inv> *adj* beige
bei|geben <irr> I. *vi klein* ~ cedere, darsi per vinto II. *vt* aggiungere, allegare
Beigeschmack <-(e)s> *kein Pl m* retrogusto *m*
Beiheft <-(e)s, -e> *n* supplemento *m*
Beihilfe <-, -n> *f* ❶ (*finanzielle Unterstützung*) sussidio *m* ❷ *sing* (JUR) concorso *m,* complicità *f;* ~ **zum Mord** concorso in omicidio
bei|kommen <irr> *vi sein* **einer Sache** *dat* ~ vincere qc; **den Schwierigkeiten** ~ vincere le difficoltà
Beil [baɪl] <-(e)s, -e> *n* scure *f*
Beilage <-, -n> *f* ❶ (*zur Zeitung, Zeitschrift*) supplemento *m* ❷ (GASTR) contorno *m* ❸ (*A: Anlage*) allegato *m*
beiläufig ['baɪlɔɪfɪç] I. *adj* (*Bemerkung*) detto per inciso, casuale II. *adv* incidentalmente, per inciso
bei|legen *vt* ❶ (*beifügen*) accludere, allegare ❷ (*zuschreiben, beimessen*) attribuire ❸ (*Streit*) comporre; **gütlich** [*o* **friedlich**] ~ risolvere amichevolmente
beileibe [baɪ'laɪbə] *adv* ~ **nicht!** niente affatto!
Beileid <-(e)s> *kein Pl n* condoglianze *fpl;* **jdm sein** ~ **aussprechen** fare le proprie condoglianze a qu; **mein herzliches ~!** (*a iron*) (le mie più sincere) condoglianze!; **Beileidsbesuch** *m* visita *f* di condoglianze; **von ~en bitten wir abzusehen** si prega di astenersi dalle visite di condoglianze; **Beileidsbrief** *m,* **Beileidsschreiben** *n* lettera *f* di condoglianze
bei|liegen <irr> *vi* **einer Sache** *dat* ~ essere accluso a qc; **beiliegend** *adj* allegato
beim [baɪm] = **bei dem** *s.* **bei**
bei|mengen *s.* **beimischen**
bei|messen <irr> *vt* attribuire, ascrivere
bei|mischen *vt* **etw** (**einer Sache** *dat*) ~ mescolare qc (a qc); **Beimischung** <-, -en> *f* aggiunta *f,* mescolanza *f*
Bein [baɪn] <-(e)s, -e> *n* ❶ (*von Mensch, Tisch, Stuhl*) gamba *f;* (*von Tier*) zampa *f;* **jdm wieder auf die ~e helfen** aiutare qu ad alzarsi; **jdm ein** ~ **stellen** (*a fig*) fare lo

sgambetto a qu; **sich** *dat* **die ~e vertreten** sgranchirsi le gambe; **sich** *dat* **die ~e in den Leib stehen** aspettare a lungo in piedi; **die ~e in die Hand nehmen** (*fam*) darsela a gambe; **wieder auf den ~en sein** (*fig*) essersi ristabilito; **etw auf die ~e stellen** (*fig*) mettere in piedi qc; **jdm ~e machen** (*fam*) far filare qu; **mit einem ~ im Grabe stehen** (*fig*) avere [*o* stare con] un piede nella fossa; **auf eigenen ~en stehen** (*fig*) essere indipendente; **mit beiden ~en auf der Erde stehen** (*fig*) stare coi piedi per terra ❷ (*Knochensubstanz*) osso *m*

beinahe ['baɪna:ə *o* baɪ'na:ə] *adv* quasi; **ich wäre ~ gefallen** è mancato poco che cadessi

Beiname *m* soprannome *m*

Beinbruch *m* frattura *f* della gamba; **das ist doch kein ~!** (*fig fam*) non è poi la fine del mondo!; **Hals- und ~!** (*fam*) in bocca al lupo!

beinern ['baɪnɐn] *adj* osseo

beinhalten [bə'ʔɪnhaltən] <ohne ge-> *vt* contenere, comprendere

beinhart *adj* (*A, südd*) ❶ (*sehr hart*) durissimo ❷ (*hart, unnachgiebig*) duro, difficile ❸ (*Mensch*) insensibile

Beinhaus *n* ossario *m*

Beinprothese *f* protesi *f* della gamba

Beipackzettel *m* foglio *m* delle istruzioni

bei|pflichten *vi* **jdm ~** essere d'accordo con qu; **einem Vorschlag ~** acconsentire a una proposta

Beirat ['baɪraːt] <-(e)s, Beiräte> *m* comitato *m* consultivo

Beiried <-(e)s, -e> *n* (*A:* GASTR) lombata *f* di manzo

beirren [bə'ʔɪrən] <ohne ge-> *vt* mettere in imbarazzo, confondere

beisammen [baɪ'zamən] *adv* ❶ (*zusammen*) insieme ❷ (*in guter Verfassung*), **beisammen|haben** <hat beisammen, hatte beisammen, beisammengehabt> *vt* aver raccolto; **seine Gedanken nicht ~** essere distratto; **seinen Verstand** [*o* **seine Sinne**] **~** essere perfettamente in sé; (**sie**) **nicht alle ~** (*fam: verrückt sein*) non avere tutte le rotelle a posto [*o* tutti i venerdì]; **beisammen|sein** *vi* ❶ (*körperlich*) star bene fisicamente ❷ (*geistig*) star bene spiritualmente; **Beisammensein** *n* riunione *f*

Beischlaf <-(e)s> *kein Pl m* (*geh*) coito *m*

Beisein *n* **im ~ von** in presenza di

beiseite [baɪ'zaɪtə] *adv* da parte, in disparte; **Spaß ~!** bando agli scherzi!

beiseitelegen *vt* mettere da parte

beiseiteschaffen *vt* ❶ mettere in disparte, far sparire ❷ (*ermorden*) sopprimere

beiseitetreten *vi* mettersi in disparte

Beisel <-s, -n> *n* (*A, südd: Kneipe*) locale *m*

bei|setzen *vt* (*geh*) seppellire

Beisetzung <-, -en> *f* (*geh*) sepoltura *f*

Beisitzer(in) <-s, -; -, -nen> *m(f)* ❶ (JUR) assessore *m* ❷ (*in Ausschuss*) membro *m* di una commissione; (*bei Prüfung*) assistente *mf*

Beispiel <-s, -e> *n* esempio *m;* **zum ~** per esempio; **mit gutem ~ vorangehen** dare il buon esempio; **sich** *dat* **an jdm ein ~ nehmen** prendere esempio da qu; **beispielhaft** *adj* esemplare; **beispiellos** *adj* senza pari, senza precedenti; (*unvergleichlich*) incomparabile, inaudito; **beispielsweise** *adv* per esempio

beißen ['baɪsən] <beißt, biss, gebissen> **I.** *vi* ❶ (*mit Zähnen*) mordere; **in etw** *acc* **~** dare un morso a qc; **sich** *dat* **auf die Zunge ~** mordersi la lingua ❷ (*brennen*) bruciare; **der Rauch beißt in den Augen** il fumo brucia gli occhi **II.** *vt* morsicare; (*kauen*) masticare; **nichts zu ~ haben** (*fig fam*) non avere niente da mettere sotto i denti **III.** *vr* **sich ~** (*fam: Farben*) stonare, stridere; **beißend** *adj* ❶ (*Geruch*) mordente, pungente ❷ (*fig: Hohn, Spott*) mordace, pungente

Beißzange *f* tenaglie *fpl*

Beistand <-(e)s, -stände> *m* ❶ *sing* (*geh: Hilfe*) aiuto *m*, assistenza *f*; **jdm ~ leisten** soccorrere qu ❷ (JUR) patrocinatore, -trice *m, f*; (*Rechts~*) consulente *mf* legale; **Beistandspakt** *m* patto *m* di mutua assistenza

bei|stehen <irr> *vi* **jdm ~** assistere qu

bei|steuern *vt* **etw (zu etw) ~** contribuire (a qc) con qc

bei|stimmen *vi* **jdm ~** acconsentire a qu

Beistrich <-(e)s, -e> *m* (*A: Komma*) virgola *f*

Beitrag ['baɪtra:k] <-(e)s, Beiträge> *m* ❶ (*Anteil*) contributo *m;* **einen ~ zu etw leisten** contribuire a qc ❷ (*Mitglieds~*) quota *f*, contributo *m* ❸ (*Aufsatz, Artikel*) articolo *m*

bei|tragen <irr> *vi, vt* **etw (zu etw) ~** contribuire (a qc) con qc

beitragsfrei *adj* esente (da imposte); **beitragspflichtig** *adj* contribuente; **Beitragssatz** *m* (FIN) aliquota *f* contributiva

bei|treten <irr> *vi sein* **einer Sache** *dat* **~** aderire a qc

Beitritt <-(e)s, -e> *m* adesione *f*, entrata *f;* **seinen ~ zu etw erklären** comunicare la propria adesione a qc

Beitrittserklärung *f* dichiarazione *f* di adesione; **Beitrittsgesuch** *n* domanda *f* di adesione; **Beitrittskandidat** *m* (POL) paese candidato all'adesione, Stato *m*

Beiwagen <-s, -> *m* side-car *m*

bei|wohnen *vi* (*geh*) **einer Sache** *dat* ~ assistere a qc

Beiz [baɪts] <-, -en> *f* (*A, CH, südd*) osteria *f*

Beize ['baɪtsə] <-, -n> *f* ❶ (CHEM) mordente *m;* (TEC: *für Metall*) decapaggio *m;* (*Holz~*) verniciatura *f;* (*zum Gerben*) concia *f* ❷ (GASTR) salsa *f* marinata

beizeiten [baɪ'tsaɪtən] *adv* ❶ (*früh*) presto, di buon'ora ❷ (*rechtzeitig*) a tempo (debito), tempestivamente

beizen ['baɪtsən] *vt* ❶ (CHEM) corrodere; (TEC: *Metall*) decapare; (*Gerberei*) conciare; (*Holz*) verniciare ❷ (GASTR) marinare

bei|ziehen <irr> *vt* (*südd, A, CH: hinzuziehen*) convocare

bejahen [bə'jaːən] <ohne ge-> *vt* rispondere affermativamente a; **bejahend** *adj* affermativo

bejahrt [bə'jaːɐt] *adj* (*geh*) avanzato negli anni, attempato

Bejahung <-, -en> *f* affermazione *f;* (*Antwort*) risposta *f* affermativa

bejammern <ohne ge-> *vt* compiangere

bejubeln <ohne ge-> *vt* accogliere con giubilo

bekam *1. u 3. pers sing imp von* **bekommen**

bekämpfen <ohne ge-> *vt* combattere, lottare contro

Bekämpfung <-> *kein Pl f* lotta *f;* **die ~ gegen etw** la lotta contro qc

bekannt [bə'kant] *adj* ❶ (*Person*) noto, conosciuto; (*Sache*) notorio, pubblicamente noto; **wohl ~** (*geh*) ben noto; (*vertraut*) familiare; **~ geben** comunicare, annunciare; **~ machen** pubblicare, rendere noto; **jdn mit jdm ~ machen** presentare qu a qu; **mit jdm ~ sein/werden** conoscere qu/fare la conoscenza di qu; **~ werden** (*Person*) farsi un nome; (*Neuigkeit*) essere reso noto; (*Geheimnis*) trapelare; **etw als ~ voraussetzen** dare qc per scontato; **das ist mir nicht ~** non lo so, non mi risulta; **allgemein ~ sein** (*Sache*) essere risaputo ❷ (*berühmt*) famoso

Bekannte <ein -r, -n, -n> *mf* conoscente *mf*

bekannte *1. u 3. pers sing imp von* **bekennen**

Bekanntenkreis *m* cerchia *f* di conoscenze, conoscenti *mpl*

bekanntermaßen *adv* notoriamente

Bekanntgabe *f* comunicazione *f,* notificazione *f*

bekannt|gebenALT *vt s.* **bekannt 1.**

Bekanntheit <-> *kein Pl f* conoscenza *f;* (*Berühmtheit*) notorietà *f,* fama *f;* **Bekanntheitsgrad** <-(e)s, -e> *m* grado *m* di fama [*o* notorietà]; **einen hohen/niedrigen ~ haben** avere un alto/basso grado di fama/notorietà

bekanntlich *adv* com'è noto

bekannt|machenALT *vt s.* **bekannt 1.**; **Bekanntmachung** <-, -en> *f* comunicato *m,* avviso *m,* pubblicazione *f*

Bekanntschaft <-, -en> *f* ❶ (*Kennen*) conoscenza *f;* **jds ~ machen** fare la conoscenza di qu; **mit etw ~ machen** (*a iron*) venire a conoscenza di qc di spiacevole ❷ (*Personenkreis*) conoscenti *mpl*

bekannt|werdenALT *vi s.* **bekannt II.2.**

bekehren <ohne ge-> *vt* **jdn** (**zu etw**) **~** (REL) convertire qu (a qc); (*fig*) convincere qu (a fare qc)

Bekehrung <-, -en> *f* (*a fig*) conversione *f;* **die ~ zu einer Religion** la conversione a una religione

bekennen <irr, ohne ge-> **I.** *vt* (*gestehen*) confessare; (*zugeben*) ammettere **II.** *vr* **sich zu etw ~** professare qc; **sich schuldig ~** riconoscersi colpevole

Bekennerbrief *m* lettera *f* di rivendicazione

Bekenntnis [bə'kɛntnɪs] <-ses, -se> *n* ❶ confessione *f* ❷ (*Schuld~*) ammissione *f* (di una colpa)

beklagen <ohne ge-> **I.** *vt* rammaricarsi di, deplorare **II.** *vr* **sich bei jdm über etw** *acc* **~** lamentarsi con qu di qc

beklagenswert *adj* (*Mensch*) commiserevole; (*Los, Zustand*) deplorevole

Beklagte [bə'klaːktə] <ein -r, -n, -n> *mf* (JUR) imputato, -a *m, f*

beklauen <ohne ge-> *vt* (*fam*) **jdn ~** derubare qu

bekleben <ohne ge-> *vt* **etw mit Papier ~** incollare della carta su qc

bekleckern <ohne ge-> *vt* (*fam*) macchiare, sporcare

bekleiden <ohne ge-> *vt* ❶ (*mit Kleidung*) vestire ❷ (*geh: ein Amt*) ricoprire, occupare

Bekleidung <-, -en> *f* abbigliamento *m;* **Bekleidungsindustrie** *f* industria *f* dell'abbigliamento; **Bekleidungsstück** *n* capo *m* di vestiario, indumento *m*

beklemmen <ohne ge-> *vt* opprimere, angosciare; **beklemmend** *adj* opprimente, angosciante; **Beklemmung** <-, -en> *f* oppressione *f,* angoscia *f*

beklommen [bə'klɔmən] *adj* oppresso, angosciato; **Beklommenheit** <-> *kein Pl* s. **Beklemmung**

bekloppt [bə'klɔpt] *adj* (*sl*) picchiato, toccato

beknackt *adj* (*fam*) scemo, idiota

beknien <ohne ge-> *vt* (*fam*) supplicare

bekochen <ohne ge-> *vt* (*fam*) far da mangiare a

bekommen <irr> **I.** *vt* haben ❶ (*erhalten*) ricevere; (*durch Bemühung*) ottenere; **was ~ Sie?** che cosa desidera?; **was ~ Sie (dafür)?** quanto Le devo?; **etw zu essen ~** ricevere qc da mangiare; **ich habe es geschenkt ~** l'ho avuto in regalo; **Schläge ~** essere picchiato ❷ (*finden: Mann, Stellung*) trovare ❸ (*erreichen: Zug, Bus*) riuscire a prendere ❹ (*Krankheit*) contrarre; **einen Schnupfen ~** prender(si) un raffreddore; **er bekommt Fieber** gli viene la febbre ❺ (*Wend*) **Zähne ~** mettere i denti; **graue Haare ~** diventar grigio di capelli; **ein Kind ~** essere incinta; **wir werden Regen ~** verrà la pioggia **II.** *vi* ❶ sein jdm ~ far bene a qu; **das bekommt mir gut** questo mi fa bene; **das bekommt mir nicht** questo non mi giova ❷ haben ~ essere servito?; è già servito?; **wohl bekomm's!** salute!, buon pro'!

bekömmlich [bə'kœmlɪç] *adj* (*Speise*) sano, digeribile; (*Klima*) sano; **Bekömmlichkeit** <-> *kein Pl* *f* digeribilità *f*

beköstigen [bə'kœstɪgən] <ohne ge-> *vt* dare il vitto a; **Beköstigung** <-> *kein Pl* *f* vitto *m,* mantenimento *m*

bekräftigen <ohne ge-> *vt* confermare **Bekräftigung** <-> *kein Pl* *f* conferma *f,* convalida *f*

bekreuzigen <ohne ge-> *vr* **sich ~** farsi il segno della croce

bekriegen <ohne ge-> *vt* fare la guerra a

bekritteln [bə'krɪtəln] <ohne ge-> *vt* (*pej*) criticare, trovare da ridire su

bekritzeln <ohne ge-> *vt* scarabocchiare

bekümmern <ohne ge-> *vt* (*besorgt machen*) preoccupare, inquietare; (*traurig machen*) rattristare; **bekümmert** *adj* (*besorgt*) preoccupato; (*traurig*) triste, afflitto

bekunden [bə'kʊndən] <ohne ge-> *vt* ❶ (*geh: zeigen*) manifestare, dimostrare ❷ (*bezeugen*) dichiarare, deporre

belächeln <ohne ge-> *vt* deridere, ridere di

beladen <irr> *vt* **etw (mit etw) ~** caricare qc (di qc); **schwer ~ sein** essere sovraccaricato

Belag [bə'la:k, *pl:* bə'lɛːgə] <-(e)s,

Beläge> *m* ❶ (*Schicht*) strato *m;* (*Straßen~*) rivestimento *m;* (*Zahn~, Zungen~*) patina *f* ❷ (GASTR: *auf Brot*) companatico *m;* (*auf Torte*) farcitura *f,* guarnizione *f* ❸ (MOT: *Brems~*) guarnizione *f*

Belagerer [bə'la:gərə] <-s, -> *m* assediante *m*

belagern [bə'la:gən] <ohne ge-> *vt* (MIL) assediare

Belagerung <-, -en> *f* (MIL) assedio *m;* **Belagerungszustand** *m* (MIL) stato *m* d'assedio

belämmert[RR] [bə'lɛmət] *adj* (*fam*) ❶ (*verlegen*) impacciato; (*eingeschüchtert*) intimidito ❷ (*scheußlich*) orribile; (*abstoßend*) ripugnante

Belang [bə'laŋ] <-(e)s, -e> *m* ❶ *sing* (*Bedeutung*) importanza *f;* **von ~** importante; **ohne ~** senza importanza ❷ *pl* (*Angelegenheiten*) interessi *mpl*

belangen <ohne ge-> *vt* **gerichtlich ~** (JUR) citare in giudizio

belanglos *adj* senza importanza, irrilevante; **Belanglosigkeit** <-, -en> *f* banalità *f;* (*belanglose Sache*) cosa *f* di poca importanza

belassen <irr> *vt* lasciare; **es dabei ~** lasciar perdere

belastbar *adj* ❶ (*Brücke, Fahrzeug*) che ha una portata di; **eine bis zu zehn Tonnen ~ e Brücke** un ponte con una portata massima di dieci tonnellate ❷ (*Mensch*) resistente; **die Umwelt ist nicht weiter ~** non si possono più aggravare le condizioni dell'ambiente; **Belastbarkeit** <-> *kein Pl* *f* ❶ (*von Brücke, Fahrzeug*) portata *f* ❷ (*von Mensch*) capacità *f* lavorativa; (*nervlich*) resistenza *f* nervosa; (*körperlich*) resistenza *f* fisica ❸ (*von Umwelt*) limite *m* d'inquinamento

belasten <ohne ge-> **I.** *vt* ❶ (*mit Gewicht*) **etw (mit etw) ~** caricare qc (di qc) ❷ (*bedrücken*) opprimere; (*nervlich*) logorare ❸ (*Umwelt*) inquinare ❹ (JUR: *Angeklagten*) accusare, incriminare; **~ des Material** prove *fpl* a carico ❺ (FIN: *Konto*) gravare, addebitare; (*mit Hypothek*) ipotecare **II.** *vr* **sich ~** ❶ (*Mensch*) caricarsi; (*nervlich*) logorarsi; **damit will ich mich nicht ~** (*nichts zu tun haben*) non voglio averci a che fare; (*nichts wissen*) non ne voglio sapere ❷ (JUR) accusarsi, incriminarsi; **belastend** *adj* **~es Material** (JUR) prove *fpl* a carico; **belastet** *adj* **er ist erblich ~** ha una tara ereditaria; **mit einer Hypothek ~** gravato di un'ipoteca, ipotecato

belästigen [bə'lɛstɪgən] <ohne ge-> *vt*

❶ *(bedrängen)* importunare, molestare ❷ *(stören)* disturbare; **Belästigung** <-, -en> *f* molestia *f*; disturbo *m*; **sexuelle ~** molestie sessuali

Belastung [bə'lastʊŋ] <-, -en> *f* ❶ *(von Menschen)* carico *m*; *(nervlich, körperlich)* logorio *m*; *(durch Verantwortung)* peso *m* ❷ *(von Kreislauf, Organ)* carico *m* ❸ *(von Umwelt)* inquinamento *m* ❹ (JUR) incriminazione *f* ❺ (FIN: *von Konto*) addebito *m*; *(mit Hypothek)* onere *m*; **Belastungs-EKG** <-s, -s> *n* (MED) ECG *m* sotto sforzo; **Belastungsgrenze** *f* limite *m* di carico; **Belastungsmaterial** *n* (JUR) prove *fpl* a carico; **Belastungsprobe** *f* prova *f* di carico; **Belastungszeuge** *m*, **Belastungszeugin** *f* (JUR) testimone *mf* a carico

belaubt [bə'laʊpt] *adj* frondoso; **dicht ~** folto

belauern <ohne ge-> *vt* spiare

belaufen <irr> *vr* **sich ~ auf** +*acc* ammontare a

belauschen <ohne ge-> *vt* origliare, ascoltare di nascosto

beleben <ohne ge-> **I.** *vt* animare, stimolare; *(fig)* ravvivare; **wieder ~** *(Person)* rianimare; *(Kunst)* far rinascere **II.** *vr* **sich ~** *(a fig)* (ri)animarsi; **belebend** *adj* vivificante, stimolante

belebt *adj* animato, movimentato; **Belebtheit** <-> *kein Pl f (von Straße, Platz)* animazione *f*, movimento *m*

Belebung <-, -> *kein Pl f* animazione *f*; (COM) ripresa *f*

Beleg [bə'le:k] <-(e)s, -e> *m* ❶ *(Quittung)* ricevuta *f*, quietanza *f* ❷ *(Beweis)* prova *f*; **belegbar** *adj* documentabile

belegen <ohne ge-> *vt* ❶ *(verkleiden, überziehen)* rivestire; **etw mit etw ~** rivestire qc di qc; **ein Brötchen mit Schinken ~** imbottire un panino di prosciutto ❷ *(Platz)* riservare, occupare; **einen Kurs ~** iscriversi a un corso ❸ *(beweisen)* dimostrare, documentare ❹ (SPORT) **den zweiten Platz ~** piazzarsi secondo

Belegexemplar *n* (copia *f*) originale *m*

Belegschaft <-, -en> *f* personale *m* (dipendente), maestranze *fpl*

belegt *adj* ❶ *(Platz)* riservato, occupato; *(Hotel)* (al) completo; (TEL) occupato ❷ *(Stimme)* velato; *(Zunge)* patinoso ❸ *(Brot)* imbottito

belehren <ohne ge-> *vt* ❶ *(unterweisen)* istruire ❷ *(aufklären)* **jdn über etw** *acc* **~** informare qu di qc

Belehrung <-, -en> *f* ❶ *(Instruktion)* istruzione *f* ❷ (JUR) ammonimento *m*

❸ *(pej: Zurechtweisung)* rimprovero *m*

beleibt [bə'laɪpt] *adj (geh)* corpulento; **Beleibtheit** <-> *kein Pl f (geh)* corpulenza *f*, pinguedine *f*

beleidigen [bə'laɪdɪgən] <ohne ge-> *vt* offendere, insultare; **beleidigend** *adj* offensivo; **beleidigt** *adj* offeso; **gleich** [*o* **leicht**] **~ sein** offendersi per niente

Beleidigung <-, -en> *f* offesa *f*, insulto *m*

beleihen <irr> *vt (Geldgeber)* prestare su; *(Geldnehmer)* fare un prestito su, dare in pegno

belemmert^{ALT} *adj s.* **belämmert**

belesen *adj* erudito, colto; **Belesenheit** <-> *kein Pl f* erudizione *f*, cultura *f*

beleuchten <ohne ge-> *vt* ❶ *(mit Licht)* illuminare ❷ *(fig: Thema, Problem)* illustrare

Beleuchter(in) <-s, -; -, -nen> *m(f)* (FILM, THEAT) tecnico , -a *m*, *f* delle luci, illuminotecnico, -a *m*, *f*

Beleuchtung <-, -en> *f* illuminazione *f*; **Beleuchtungskörper** *m* lampada *f*; **Beleuchtungstechnik** <-, -en> *f* tecnica *f* di illuminazione, illuminotecnica *f*

Belgien ['bɛlɡiən] *n* Belgio *m*; **in ~** nel Belgio

Belgier(in) ['bɛlɡiɐ] <-s, -; -, -nen> *m(f)* belga *mf*

belgisch *adj* belga

Belgrad ['bɛlɡraːt] *n* Belgrado *f*

belichten <ohne ge-> *vt* (FOTO) esporre (alla luce)

Belichtung <-, -en> *f* (FOTO) esposizione *f*; **Belichtungsmesser** *m* (FOTO) esposimetro *m*; **Belichtungszeit** *f* (FOTO) tempo *m* di posa

belieben <ohne ge-> *vi (geh)* degnarsi; **~ etw zu tun** accondiscendere a fare qc; **wie es Ihnen beliebt** come Lei vuole, con Suo comodo; **Belieben** <-s> *kein Pl n* piacimento *m*, gradimento *m*; **nach ~** a piacere, a volontà

beliebig I. *adj* qualsiasi; *(wahlfrei)* facoltativo; **jeder ~e** chiunque sia; **zu jeder ~en Zeit** a qualsiasi ora **II.** *adv* a piacere, a volontà; **~ oft** quante volte si vuole

beliebt *adj (Person)* benvoluto, amato; *(Sache)* richiesto, preferito; **sich bei jdm ~ machen** farsi benvolere da qu; **Beliebtheit** <-> *kein Pl f* popolarità *f*; **sich großer ~ erfreuen** godere di una grande popolarità

belief *1. u 3. pers sing imp von* **belaufen**

beliefern <ohne ge-> *vt* **jdn (mit etw) ~** fornire (qc) a qu

belieh *1. u 3. pers sing imp von* **beleihen**

beliehen *pp von* **beleihen**

belieẞ *1. u 3. pers sing imp von* **belassen**

bellen ['bɛlən] *vi* abbaiare

Belletristik [bɛlɛ'trɪstɪk] <-> *kein Pl f* (LIT) bellettristica *f;* **belletristisch** *adj* (LIT) di genere narrativo

belohnen <ohne ge-> *vt* jdn **(für etw) ~** ricompensare qu (per qc)

Belohnung <-, -en> *f* ricompensa *f;* **eine ~ aussetzen** offrire una ricompensa; **zur ~ für** in ricompensa per

Belüftung <-, -en> *f* aerazione *f,* ventilazione *f;* **Belüftungsanlage** *f* impianto *m* di aerazione [*o* ventilazione]

belügen <irr> *vt* mentire a

belustigen [bə'lʊstɪgən] <ohne ge-> **I.** *vt* divertire **II.** *vr* **sich (über jdn/etw) ~** (*geh*) beffarsi (di qu/qc); **belustigt** *adj* divertito (*über + acc* di); **Belustigung** <-, -en> *f* divertimento *m*

bemächtigen [bə'mɛçtɪgən] <ohne ge-> *vr* (*geh*) **sich einer Sache** *gen* ~ impossessarsi di qc; **sich jds ~** (*fangen*) catturare qu; (*fig: Schlaf, Gedanke*) impadronirsi di qu

bemalen <ohne ge-> *vt* dipingere; **Bemalung** <-, -en> *f* pittura *f,* dipinto *m;* (*Graffiti*) pittura *f;* (*Kriegs~*) pittura *f* del corpo (in occasione di guerra)

bemängeln [bə'mɛŋəln] <ohne ge-> *vt* **etw (an** [*o* **bei] jdm)** ~ criticare qc (in qu)

bemannt [bə'mant] *adj* (*Raumschiff*) dotato di equipaggio

bemänteln [bə'mɛntəln] <ohne ge-> *vt* ammantare, mascherare, nascondere

bemerkbar *adj* percettibile; **sich ~ machen** farsi notare

bemerken <ohne ge-> *vt* ❶ (*wahrnehmen*) notare, accorgersi di ❷ (*äußern*) dire; (*erwähnen*) menzionare, segnalare; **bemerkenswert** *adj* notevole, degno di nota

Bemerkung <-, -en> *f* osservazione *f*

bemessen <irr> *vt* misurare, calcolare; **meine Zeit ist knapp ~** ho i minuti contati; **Bemessungsgrundlage** *f* (COM) base *f* imponibile

bemitleiden [bə'mɪtlaɪdən] <ohne ge-> *vt* compatire, compiangere; **bemitleidenswert** *adj* compassionevole

bemoost [bə'mo:st] *adj* coperto di muschio

bemühen [bə'my:ən] <ohne ge-> **I.** *vr* **sich (um etw) ~** impegnarsi (per qc); **sich ~ etw zu tun** sforzarsi di fare qc; **~ Sie sich nicht!** non s'incomodi! **II.** *vt* (*geh*) incomodare, disturbare; **bemüht** *adj* (**darum**) **~ sein etw zu tun** cercare di fare qc, adoperarsi per qc

Bemühung <-, -en> *f* sforzo *m,* premura *f;* **ärztliche ~en** assistenza *f* medica

bemüßigt [bə'my:sɪçt] *adj* **sich ~ fühlen etw zu tun** (*geh*) sentirsi costretto [*o* obbligato] a fare qc

bemuttern [bə'mʊtən] <ohne ge-> *vt* coccolare *fam*

benachbart [bə'naxba:ɐt] *adj* vicino (di casa); (*Land*) confinante; (*Gebiet*) limitrofo

benachrichtigen [bə'na:xrɪçtɪgən] <ohne ge-> *vt* jdn **(von etw)** ~ informare qu (di qc)

Benachrichtigung <-, -en> *f* informazione *f,* avviso *m;* **ohne vorherige ~** senza preavviso

benachteiligen [bə'na:xtaɪlɪgən] <ohne ge-> *vt* svantaggiare, danneggiare; **benachteiligt** *adj* svantaggiato, danneggiato; **Benachteiligung** <-, -en> *f* svantaggio *m,* pregiudizio *m*

benebeln <ohne ge-> *vt* (*Menschen, Sinne*) annebbiare

benebelt *adj* (*fam*) brillo

Benediktiner(in) [benedɪk'ti:nɐ] <-s, -; -, -nen> *m(f)* benedettino, -a *m, f*

Benefizkonzert [bene'fi:tskɔn'tsɛrt] *n* concerto *m* di beneficenza; **Benefizspiel** *n* (SPORT) partita *f* amichevole di beneficenza; **Benefizvorstellung** *f* spettacolo *m* di beneficenza

benehmen <irr> *vr* **sich ~** comportarsi; **sich wie ein Idiot ~** comportarsi come un idiota; **sich höflich gegen jdn/jdm gegenüber ~** essere gentile con qu; **sich ~ können** sapersi comportare, conoscere le buone maniere; **Benehmen** <-s> *kein Pl n* comportamento *m,* condotta *f;* (*Manieren*) buone maniere *fpl;* **er hat kein ~** è maleducato

beneiden [bə'naɪdən] <ohne ge-> *vt* invidiare; **jdn um etw ~** invidiare qu per qc; **er beneidet dich um dein Glück** ti invidia la tua felicità; **beneidenswert** *adj* invidiabile

Benelux [bene'lʊks *o* 'be:nelʊks] *f* paesi *mpl* del Benelux; **Beneluxstaaten** *mpl* paesi *mpl* del Benelux

benennen <irr> *vt* ❶ (*Menschen, Dinge*) denominare, dare un nome a; (*Straße, Platz*) intitolare ❷ (*vorschlagen*) proporre; **jdn als Zeuge ~** proporre qu come testimone

Benennung <-, -en> *f* denominazione *f*

benetzen <ohne ge-> *vt* (*geh*) umettare

Bengel ['bɛŋəl] <-s, - *o* -s> *m* (*fam*) monello *m,* birba *f*

benommen [bə'nɔmən] *adj* stordito, intontito; **Benommenheit** <-> *kein Pl f* stordimento *m*, intontimento *m*

benoten <ohne ge-> *vt* dare un voto a

benötigen [bəˈnøːtɪɡən] <ohne ge-> *vt* aver bisogno di, necessitare di; **benötigt** *adj* necessario, occorrente

Benotung <-, -en> *f* (*Benoten*) valutazione *f*; (*Noten*) voto *m*

benutzen, benützen <ohne ge-> *vt* ① (*verwenden*) utilizzare, usare; (*Gebrauch machen von*) servirsi di; (*Weg, Fahrzeug*) prendere ② (*ausnutzen*) approfittare di; **die Gelegenheit ~** approfittare dell'occasione

Benutzer(in) <-s, -; -, -nen> *m(f)* utente *mf*; **benutzerfreundlich** *adj* facile da usare; **Benutzerfreundlichkeit** <-> *kein Pl f* facilità *f* d'uso; **Benutzerhandbuch** *n* manuale *m* per l'utente

Benutzerkonto *n* (INFORM) account *m*; **Benutzername** *m* (INFORM) nome *m* utente; **Benutzeroberfläche** *f* (INFORM) scrivania *f*, desktop *m*; **Benutzerprofil** <-s, -e> *n* (INFORM: *benutzerspezifische Betriebssystemeinstellung*) profilo *m* di utente, user profile *m*

Benutzung <-, -en> *f* utilizzazione *f*, uso *m*; **Benutzungsgebühr** *f* tassa *f* per l'uso; (*Straßen~*) pedaggio *m*

Benzin [bɛnˈtsiːn] <-s, -e> *n* benzina *f*; **bleifreies ~** benzina *f* verde

Benzindirekteinspritzung *f* (MOT) iniezione *f* diretta della benzina; **Benzinfeuerzeug** *n* accendino *m* a benzina; **Benzingutschein** *m* buono *m* per la benzina; **Benzinkanister** *m* tanica *f* di riserva; **Benzinmotor** *m* motore *m* a benzina; **Benzinpumpe** *f* pompa *f* della benzina; **Benzinstand** *m* livello *m* della benzina; **Benzintank** *m* serbatoio *m* della benzina; **Benzinuhr** *f* indicatore *m* di livello (del carburante); **Benzinverbrauch** *m* consumo *m* di benzina

Benzol [bɛnˈtsoːl] <-s, -e> *n* benzolo *m*

beobachten [bəˈʔoːbaxtən] <ohne ge-> *vt* ① (*betrachten*) osservare; (*genau*) scrutare ② (*überwachen*) sorvegliare ③ (*bemerken*) notare

Beobachter(in) <-s, -; -, -nen> *m(f)* osservatore, -trice *m, f*

Beobachtung <-, -en> *f* osservazione *f*; (*polizeilich*) sorveglianza *f*; (*Feststellung*) constatazione *f*; **unter ~** (MED) sotto osservazione; **unter ~ stehen** essere sorvegliato; **Beobachtungsgabe** *f* spirito *m* d'osservazione; **Beobachtungsstation** *f* ① (METEO) osservatorio *m* meteorologico ② (MED) reparto *m* d'osservazione

beordern <ohne ge-> *vt* **jdn** (**zu jdm/**

einem Ort) **~** comandare a qu di recarsi (da qu/in un luogo); **jdn nach Rom ~** comandare qu a Roma; **jdn zu sich** *dat* **~** mandare a chiamare qu

bepacken <ohne ge-> *vt* **jdn/etw** (**mit etw**) **~** caricare qu/qc (di qc)

bepflanzen <ohne ge-> *vt* piantare; **ein Beet mit etw ~** piantare un'aiuola a qc

Bepflanzung <-, -en> *f* piantagione *f*

bepinseln <ohne ge-> *vt* (A GASTR, MED) spennellare; (*fam: vollschreiben*) imbrattare

bequem [bəˈkveːm] *adj* ① (*Möbel*) comodo; **machen Sie es sich ~!** si accomodi! ② (*pej: Person*) pigro

bequemen <ohne ge-> *vr* **sich ~** (**etw zu tun**) degnarsi (di fare qc)

Bequemlichkeit <-, -en> *f* ① (*Komfort*) comodità *f*, comfort *m* ② *sing* (*Trägheit*) pigrizia *f*, indolenza *f*

beraten <irr, ohne ge-> **I.** *vt* ① (*Rat geben*) consigliare; **jdn gut/schlecht ~** dare buoni/cattivi consigli a qu ② (*besprechen*) discutere, consigliarsi su **II.** *vi*, *vr* **sich** (**über etw** *acc*) **~** discutere (su qc); **beratend** *adj* consultivo; (*Arzt*) consulente

Berater(in) <-s, -; -, -nen> *m(f)* consigliere, -a *m, f*

beratschlagen [bəˈraːtʃlaːɡən] <ohne ge-> *s.* **beraten**

Beratung <-, -en> *f* discussione *f*, deliberazione *f*; (JUR, MED) consultazione *f*; **ärztliche ~** consulto *m* medico

beratungsresistent *adj* insensibile ai consigli; **Beratungsstelle** *f* ufficio *m* di consulenza; (MED) consultorio *m*

berauben <ohne ge-> *vt* derubare; **jdn eines Rechtes ~** (*fig*) privare qu di un diritto

berauschen <ohne ge-> (*geh*) **I.** *vt* ubriacare, inebriare; (*fig*) entusiasmare, appassionare **II.** *vr* **sich ~** (*a fig*) ubriacarsi, inebriarsi; **sich am Wein ~** ubriacarsi di vino; **berauschend** *adj* (*a fig*) inebriante; **nicht** (**gerade**) **~** (*fam iron*) non proprio sconvolgente; **berauscht** *adj* ubriaco, ebbro

Berber [ˈbɛrbɐ] <-s, -> *m* (*Teppich*) tappeto *m* berbero

Berber(in) <-s, -; -, -nen> *m(f)* ① (*Volk*) berbero, -a *m, f* ② (*fam: Nichtsesshafte*) vagabondo, -a *m, f*

berechenbar [bəˈrɛçənbaːɐ̯] *adj* (*Kosten*) calcolabile; (*Verhalten*) prevedibile

berechnen <ohne ge-> *vt* ① (*Wert, Kosten, Größe, Umfang*) calcolare ② (*anrechnen*) **jdm etw ~** mettere in conto qc a

qu ❸(*vorsehen, kalkulieren*) calcolare;
berechnend *adj* (*pej*) calcolatore
Berechnung <-, -en> *f* ❶(*von Wert, Kosten, Umfang*) calcolo *m* ❷(*pej: Eigeninteresse*) calcolo *m;* **aus ~ handeln** agire per calcolo; **Berechnungsgrundlage** *f* (WIRTSCH) base *f* di calcolo
berechtigen [bə'rɛçtɪgən] <ohne ge-> *vt* autorizzare, dare il diritto a; **berechtigt** *adj* legittimo, giustificato; **~ sein zu** essere autorizzato a; **berechtigterweise** [bə'rɛçtɪçtə'vaɪzə] *adv* legittimamente
Berechtigung <-, -en> *f* ❶(*Befugnis*) autorizzazione *f;* (*Recht*) diritto *m;* **die ~ zu etw erwerben** ottenere l'autorizzazione a qc ❷(*Rechtmäßigkeit*) fondatezza *f*
bereden <ohne ge-> I. *vt* ❶(*besprechen*) parlare di ❷(*überreden*) persuadere II. *vr* **sich** (**mit jdm über etw** *acc*) **~** conferire (con qu su qc)
beredsam [bə're:tza:m] *adj* (*geh: redegewandt*) eloquente; **du bist ja heute sehr ~** (*fam iron*) oggi sei proprio un gran parlatore; **Beredsamkeit** <-> *kein Pl f* eloquenza *f*
beredt [bə're:t] *adj* (*Person*) eloquente
Bereich [bə'raɪç] <-(e)s, -e> *m o rar n* ❶(*Gebiet*) regione *f,* zona *f;* **im ~ des Möglichen liegen** rientrare nell'ambito delle possibilità ❷(*Sachgebiet*) campo *m,* ramo *m* ❸(*Aufgaben~*) ambito *m,* sfera *f*
bereichern [bə'raɪçɐn] <ohne ge-> I. *vt* (*vergrößern*) aumentare, accrescere II. *vr* **sich ~** arricchirsi; **sich um etw ~** arricchirsi di qc; **sich an jdm ~** arricchirsi a spese di qu
Bereicherung <-, -en> *f* (*a fig*) arricchimento *m*
bereifen <ohne ge-> *vt* (MOT) munire di pneumatici
Bereifung <-, -en> *f* (MOT) pneumatici *mpl*
bereinigen <ohne ge-> *vt* (*Angelegenheit*) sistemare; (*Missverständnis*) chiarire; **Bereinigung** <-, -en> *f* ❶(WIRTSCH) pulizia *f,* sistemazione *f* ❷(ADM: *Steuer*) pareggiamento *m*
bereisen <ohne ge-> *vt* **ein Land ~** viaggiare in un paese
bereit [bə'raɪt] *adj* ❶(*fertig*) **zu etw ~ sein** essere pronto a qc ❷(*gewillt*) disposto; **sich ~ erklären etw zu tun** dichiararsi disposto a fare qc
bereiten <ohne ge-> *vt* ❶(*vor-, zubereiten*) preparare ❷(*verursachen*) causare, procurare; **jdm Kummer ~** affliggere qu; **einer Sache** *dat* **ein Ende ~** porre fine a qc

bereit|halten <irr> *vt* tener pronto; **bereit|legen** *vt* preparare; **bereit|liegen** <irr> *vi* essere a disposizione; **bereit|machen** *vt* preparare
bereits [bə'raɪts] *adv* già
Bereitschaft <-> *kein Pl f* disposizione *f,* disponibilità *f;* **~ haben** (MIL) essere di picchetto; **in ~** in allarme; **Bereitschaftsarzt** *m* medico *m* di turno
Bereitschaftsbemühung *f* sforzo *m* di cooperazione; **Bereitschaftsdienst** *m* (MIL) servizio *m* di picchetto; **ärztlicher ~** turno *m* medico; **Bereitschaftspolizei** *f* polizia *f* di pronto intervento
bereit|stehen <irr> *vi* (**zu etw**) **~** essere pronto (a qc); **für jdn ~** (*verfügbar sein*) essere disponibile per qu; **bereit|stellen** *vt* (**jdm**) **etw ~** mettere qc a disposizione (di qu); **bereitwillig** I. *adj* pronto, premuroso II. *adv* premurosamente; **Bereitwilligkeit** <-> *kein Pl f* premura *f,* prontezza *f*
bereuen [bə'rɔɪən] <ohne ge-> *vt* pentirsi di
Berg [bɛrk] <-(e)s, -e> *m* ❶(*Erhebung*) monte *m;* **in die ~e fahren** andare in montagna; **~e versetzen** (s)muovere le montagne; **goldene ~e versprechen** promettere mari e monti; **mit etw nicht hinter dem ~e halten** non far mistero di qc; **über dem ~ sein** (*fig*) aver superato il peggio, essere a cavallo; **er ist über alle ~e** (*fam*) è già lontano un miglio ❷(*Menge*) montagna *f,* massa *f*
bergab [bɛrk'ʔap] *adv* in discesa; **~ gehen** (*Geschäft*) essere [*o* andare] alla deriva; **es geht mit ihm ~** (*geschäftlich*) i suoi affari vanno male; (*gesundheitlich*) la sua salute peggiora
Bergamt *n* ufficio *m* minerario, amministrazione *f* delle miniere; **Bergarbeiter** *m* minatore *m*
bergauf [bɛrk'ʔaʊf] *adv* in salita; **es geht mit ihm ~** (*geschäftlich*) i suoi affari vanno bene; (*gesundheitlich*) è in via di guarigione
Bergbahn *f* funicolare *f;* **Bergbau** *m* industria *f* mineraria; **Bergbesteigung** *f* ascensione *f;* **Bergbewohner**(**in**) *m(f)* montanaro, -a *m, f;* **Bergdorf** *n* villaggio *m* di montagna
bergen ['bɛrgən] <birgt, barg, geborgen> *vt* ❶(*retten*) recuperare, salvare ❷(*fig: enthalten*) contenere, racchiudere
Bergfried [bɛrkfri:t, *pl:* bɛrkfri:də] <-(e)s, -e> *m* (ARCH, HIST) battifredo *m,* torre *f* (della rocca), torrione *m;* **Bergführer**(**in**) *m(f)* guida *f* alpina; **Berggeist** *m* spi-

B

rito *m* [*o* genio *m*] della montagna; **Berggipfel** *m* cima *f;* **Berghütte** *f* rifugio *m* **bergig** *adj* montagnoso, montuoso **Bergkamm** *m* cresta *f* di una montagna; **Bergkette** *f* catena *f* di montagne; **Bergkristall** *m* cristallo *m* di rocca; **Bergkuppe** *f* cima *f* arrotondata; **Bergland** *n* paese *m* montagnoso; **Bergmann** <-(e)s, -leute *o rar* -männer> *s.* **Bergarbeiter; Bergmassiv** <-s, -e> *n* massiccio *m* montuoso; **Bergpredigt** <-> *kein Pl f* sermone *m* della montagna; **Bergrecht** *n* codice *m* minerario; **Bergrücken** *m* dorso *m* (di montagna); **Bergrutsch** *m* frana *f;* **Bergschuh** *m* scarpone *m* da montagna; **Bergstation** *f* stazione *f* a monte; **Bergsteigen** <-s> *kein Pl n* alpinismo *m;* **Bergsteiger(in)** *m(f)* alpinista *mf;* **Bergsturz** <-es, -stürze *o* -e> *m* (GEOL) frana *f,* smottamento *m;* **Bergtour** *f* escursione *f* in montagna; **Berg-und-Tal-Bahn** [bɛrkʊntˈtaːlbaːn] *f* montagne *fpl* russe, ottovolante *m*

Bergung [ˈbɛrgʊŋ] <-, -en> *f* salvataggio *m,* recupero *m;* **Bergungsarbeiten** *fpl* opera *f* di recupero, operazioni *fpl* di salvataggio; **Bergungsmannschaft** *f* squadra *f* di soccorso

Bergwacht [ˈbɛrkvaxt] <-, -en> *f* servizio *m* di soccorso alpino; **Bergwand** *f* parete *f* (di montagna); **Bergwanderung** *f* escursione *f* in montagna; **Bergwerk** *n* miniera *f*

Bericht [bəˈrɪçt] <-(e)s, -e> *m* rapporto *m;* (*längerer*) relazione *f;* (TV, RADIO) cronaca *f;* ~ **über etw** *acc* **erstatten** stendere un rapporto su qc

berichten <ohne ge-> **I.** *vt* riferire; (*erzählen*) raccontare; **jdm** (**über etw** *acc*) ~ informare qu (su qc) **II.** *vi* **von etw** [*o* **über etw** *acc*] ~ raccontare [*o* riferire] qc

Berichterstatter(in) [bəˈrɪçtʔɛɐʃtatɐ] <-s, -; -, -nen> *m(f)* corrispondente *mf;* (*von Zeitung*) inviato, -a *m, f,* reporter *m,* cronista *mf;* **Berichterstattung** *f* rapporto *m,* relazione *f;* (*in Zeitung*) corrispondenza *f;* (RADIO) radiocronaca *f*

berichtigen [bəˈrɪçtɪgən] <ohne ge-> *vt* correggere, rettificare

Berichtigung <-, -en> *f* correzione *f,* rettifica *f*

beriechen <beriecht, beroch, berochen> *vt* annusare

berief *1. u 3. pers sing imp von* **berufen**

berieseln <ohne ge-> *vt* irrigare; **jdn mit Werbung** (*fig*) inondare qu di pubblicità

Berieselung <-> *kein Pl f* irrigazione *f;* **Berieselungsanlage** *f* impianto *m* d'irrigazione

beringen <ohne ge-> *vt* marcare con un anellino

beritten [bəˈrɪtən] *adj* a cavallo

Berlin [bɛrˈliːn] *n* Berlino *f*

Berliner(in) *m(f)* berlinese *mf*

berlinerisch *adj* berlinese; **berlinern** <ohne ge-> *vi* (*fam*) parlare in dialetto berlinese

Bermudadreieck <-(e)s> *n* triangolo *m* delle Bermuda

Bermudainseln, **Bermudas** [bɛrˈmuːdaɪnzəl, bɛrˈmuːdas] *pl* Bermuda *fpl;* **auf den** ~ alle Bermuda

Bermudas [bɛrˈmuːdas] *pl* ➊ (*Inselgruppe*) Bermuda *fpl;* **auf den** ~ alle Bermuda ➋ (*Kleidung*) bermuda *mpl*

Bermudas, **Bermudashorts** [bɛrˈmuːdas, bɛrˈmuːdaʃɔːts *o* bɛrˈmuːdaʃɔrts] *pl* (*Kleidung*) bermuda *mpl*

Bern [bɛrn] *n* (*Stadt*) Berna *f;* (*Kanton*) Berna *m*

Bernhardiner [bɛrnharˈdiːnɐ] <-s, -> *m* (cane *m* di) San Bernardo, sanbernardo *m*

Bernstein *m* ambra *f* (gialla)

beroch *1. u 3. pers sing imp von* **beriechen**

berochen [bəˈrɔxən] *pp von* **beriechen**

Berserker [bɛrˈzɛrkɐ *o* ˈbɛrzɛrkɐ] <-s, -> *m* **wie ein** ~ **arbeiten/zuschlagen/toben** lavorare/picchiare/sfuriare come un ossesso

bersten [ˈbɛrstən] <birst, barst, geborsten> *vi sein* spaccarsi; (*zerplatzen*) scoppiare; **zum Bersten voll** strapieno, pieno come un uovo; **vor Zorn** ~ scoppiare dalla rabbia

berüchtigt [bəˈrʏçtɪçt] *adj* famigerato

berückend *adj* affascinante; **nicht gerade** ~ non proprio entusiasmante

berücksichtigen [bəˈrʏkzɪçtɪgən] <ohne ge-> *vt* considerare, prendere in considerazione; **wenn man berücksichtigt, dass …** se si tiene presente che …

Berücksichtigung <-> *kein Pl f* considerazione *f;* **unter** ~ **von** in considerazione di, tenendo conto di; **ohne** ~ **von** senza riguardo per

Beruf [bəˈruːf] <-(e)s, -e> *m* professione *f,* mestiere *m;* **von** ~ di professione

berufen[1] <irr, ohne ge-> **I.** *vt* (*ernennen*) **jdn zu etw** ~ nominare qu qc **II.** *vr* **sich** ~ **auf** +*acc* richiamarsi a, appellarsi a

berufen[2] *adj* competente; **aus** ~ **em Munde** da fonte autorevole; **sich zu etw** ~ **fühlen** sentire la vocazione per qc

beruhigen

beruhigen	tranquillizzare
Nur keine Panik!	**Niente paura!**
Keine Angst, das werden wir **schon** hinkriegen!	**Niente paura** ce la faremo!
Alles halb so schlimm!	**Non è poi tanto/così grave!**
Es wird schon werden!	**Vedrai che andrà bene!**
Ganz ruhig bleiben!	**Mantenete la calma!/Calma e sangue freddo!**
Machen Sie sich keine Sorgen!	**Non si preoccupi!**
Abwarten und Tee trinken. (*fam*)	**Chi vivrà vedrà./Non resta che aspettare.**

beruflich *adj* professionale; **er ist ~ viel unterwegs** è molto in giro per lavoro
Berufsarmee <-, -n> *f* (MIL) esercito *m* professionale; **Berufsausbildung** *f* formazione *f* professionale; **Berufsaussichten** *fpl* prospettive *fpl* professionali; **berufsbedingt** *adj* condizionato dal lavoro, professionale; **Berufsberater(in)** *m(f)* orientatore, -trice *m, f* professionale; **Berufsberatung** *f* orientamento *m* professionale; **Berufsbezeichnung** *f* denominazione *f* della professione; **Berufsbild** *n* profilo *m* professionale; **Berufsboxer** *m* pugile *m* professionista; **Berufserfahrung** *f* esperienza *f* professionale; **Berufsfeuerwehr** *f* vigili *mpl* del fuoco (professionisti); **Berufsgeheimnis** *n* segreto *m* professionale; **Berufsgruppe** *f* categoria *f* professionale; **Berufsheer** *n* esercito *m* professionale; **Berufskleidung** *f* tenuta *f* da lavoro; **Berufskrankheit** *f* malattia *f* professionale; **Berufsleben** *n* vita *f* professionale; **im ~ stehen** esercitare una professione; **Berufsoffizier** *m* ufficiale *m* di carriera; **Berufsrisiko** *n* rischio *m* professionale; **Berufsschule** *f* scuola *f* d'avviamento professionale; **Berufsschüler(in)** <-s, -; -, -nen> *m(f)* studente, -essa *m, f* della scuola professionale; **Berufsschullehrer(in)** <-s, -; -, -nen> *m(f)* professore, -essa *m, f* della scuola professionale; **Berufssoldat** *m* soldato *m* di carriera; **Berufssportler(in)** *m(f)* (SPORT) professionista *mf;* **berufstätig** *adj* che esercita una professione; **~e Bevölkerung** popolazione attiva; **~ sein** esercitare una professione; **Berufstätige** <ein -r, -n, -n> *mf* lavoratore, -trice *m, f;* **berufsunfähig** *adj* inabile al lavoro; **Berufsunfähigkeit** *f* inabilità *f* al lavoro; **Berufsverbot** *n* divieto *m* di esercitare una professione; **Berufsverkehr** *m* traffico *m* (delle ore) di punta; **Berufswahl** *f* scelta *f* della professione; **Berufswechsel** *m* cambio *m* di lavoro; **Berufszweig** *m* ramo *m* professionale
Berufung [bəˈruːfʊŋ] <-, -en> *f* **①** (*innere*) vocazione *f* **②** (*Ernennung*) nomina *f,* designazione *f* **③** (JUR) appello *m,* ricorso *m;* **~ einlegen, in die ~ gehen** (JUR) interporre ricorso, ricorrere in appello **④** (*das Sichberufen*) **unter ~ auf** +*acc* in riferimento a; **Berufungsfrist** <-, -en> *f* (JUR) termine *m* d'appello; **Berufungsgericht** *n* (JUR) corte *f* d'appello; **Berufungsrichter(in)** <-s, -; -, -nen> *m(f)* (JUR) giudice *m* a latere; **Berufungsweg** *m* **auf dem ~** (JUR) in appello
beruhen <ohne ge-> *vi* **~ auf** +*dat* fondarsi su, basarsi su; **auf einem Irrtum ~** nascere da un errore; **die Sache auf sich ~ lassen** lasciare la cosa com'è; **das beruht auf Gegenseitigkeit** è reciproco
beruhigen [bəˈruːɪgən] <ohne ge-> **I.** *vt* calmare; (*Gemüter, Zorn, Naturgewalten*) placare; (*weinendes Kind, besorgten Menschen*) tranquillizzare, rassicurare **II.** *vr* **sich ~** calmarsi, tranquillizzarsi; (*Sturm*) placarsi; (*Lage*) normalizzarsi; **nun beruhige dich doch!** calmati una buona volta!; **beruhigend** *adj* (*Wissen*) rassicurante; (*Mittel, Wirkung*) calmante, sedativo; (*Worte*) rassicurante
Beruhigung <-> *kein Pl f* (*von Gemütern, Zorn, Sturm*) placamento *m;* (*von besorgtem Menschen*) conforto *m;* (*von Nerven*) rilassamento *m;* (*von Lärm, Verkehr*) acquietamento *m;* **zu Ihrer ~ kann ich Ihnen sagen ...** per tranquillizzarLa posso dirLe ...; **Beruhigungsmittel** *n* tranquillante *m,* sedativo *m*

Beruhigungsspritze <-, -n> f (MED) inie-zione f sedativa

berühmt [bə'ry:mt] adj celebre, famoso; **das ist nicht gerade ~** (iron) non è un gran che; **berühmt-berüch-tigt** [bə'ry:mtbə'rʏçtɪçt] adj malfamato; **Berühmtheit** <-, -en> f celebrità f; **~ erlangen** diventar celebre

berühren <ohne ge-> vt ❶ (anfassen) toccare; (streifen) sfiorare ❷ (kurz erwäh-nen) accennare a, menzionare ❸ (bewe-gen) commuovere

Berührung <-, -en> f toccare m, con-tatto m; **mit etw in ~ kommen** entrare in relazione con qc; **Berührungsangst** f (PSYCH) pselafobia f; **Berührungspunkt** m punto m di contatto

bes. abk v **besonders** spec.

besagen <ohne ge-> vt (bedeuten) voler dire, significare; **das hat nichts zu ~** non vuol dire nulla; **besagt** adj sopramenzio-nato, suddetto

besammeln <ohne ge-> (CH) I. vt (ver-sammeln) raggruppare, radunare II. vr **sich ~** raggrupparsi, radunarsi

Besammlung <-, -en> f (CH: Versamm-lung, Treffen, Zusammenkommen) rag-gruppamento m, raduno m; **~ der Teil-nehmer am Start** il raduno dei parteci-panti alla partenza

besänftigen [bə'zɛnftɪgən] <ohne ge-> vt calmare, placare

Besänftigung <-> kein Pl f calmare m

Besatz <-es, -sätze> m (Kleidung) guar-nizione f

Besatzer(in) <-s, -; -, -nen> m(f) (pej) occupante mf, invasore m

Besatzung <-, -en> f ❶ (MIL: Garnison) guarnigione f; (Truppen) truppe fpl d'oc-cupazione ❷ (NAUT, AERO) equipaggio m; **Besatzungsarmee** f, **Besatzungs-heer** n esercito m d'occupazione; **Besat-zungsmacht** f (MIL) potenza f occu-pante; **Besatzungszone** f (MIL) zona f d'occupazione

besaufen <irr, ohne ge-> vr **sich ~** (fam) ubriacarsi

Besäufnis [bə'zɔɪfnɪs] <-ses, -se> n (fam) gozzoviglia f

beschädigen <ohne ge-> vt danneg-giare, deteriorare

Beschädigung <-, -en> f ❶ (Vorgang) danneggiamento m ❷ (Stelle) danno m

beschaffen I. <ohne ge-> vt procurare II. adj **gut/schlecht ~** in buone/cattive condizioni; **so ~, dass ...** tale da +inf, tale che +conj; **Beschaffenheit** <-> kein Pl f (Zustand) stato m, qualità f; (Art) natura f;

carattere m; (Zusammensetzung) composi-zione f

Beschaffung <-> kein Pl f acquisto m; **Beschaffungskriminalität** <-> kein Pl f (JUR) criminalità f nel traffico di stupefa-centi

beschäftigen [bə'ʃɛftɪgən] <ohne ge-> I. vt ❶ (einstellen) impiegare ❷ (mit Auf-gabe) **jdn (mit etw) ~** occupare qu (con qc); (fig: geistig) impegnare qu (con qc) II. vr **sich (mit jdm/etw) ~** occuparsi (di qu/qc); **beschäftigt** adj ❶ (befasst) occupato; **mit etw ~ sein** essere impe-gnato in qc; **viel ~** molto occupato ❷ (an-gestellt) impiegato

Beschäftigung <-, -en> f ❶ (Tätigkeit) occupazione f, attività f ❷ (Arbeit) lavoro m; (Anstellung) impiego m; **Beschäftigungspolitik** <-> kein Pl f politica f occupazionale; **Beschäfti-gungsprogramm** n programma m occu-pazionale; **Beschäftigungstherapie** f (MED) ergoterapia f; (fig) terapia f occupa-zionale

beschämen <ohne ge-> vt svergognare, umiliare; **beschämend** adj umiliante; **beschämt** adj vergognoso, umiliato

beschatten <ohne ge-> vt pedinare

Beschattung <-, -en> f (ADM, MIL) sorve-glianza f, pedinamento m

beschauen <ohne ge-> vt ❶ (ansehen) guardare, contemplare ❷ (prüfen) ispezio-nare, esaminare, controllare; **Beschau-er(in)** <-s, -; -, -nen> m(f) ❶ (Betrachter) spettatore, -trice m, f ❷ (Prüfer) ispettore, -trice m, f

beschaulich adj contemplativo; (ruhig) pacifico; **Beschaulichkeit** <-> kein Pl f tranquillità f

Bescheid [bə'ʃaɪt] <-(e)s, -e> m (Aus-kunft) informazione f; (Mitteilung) avviso m; (Antwort) risposta f; **jdm ~ geben** avvisare qu, informare qu; **jdm gehörig** [o **tüchtig**] **~ sagen** (fam) dire il fatto suo a qu, dirne quattro a qu; **über etw** acc **~ wissen** essere informato di qc; **nun wissen Sie ~!** ora lo sa!; **abschlägi-ger ~** risposta negativa

bescheiden[1] [bə'ʃaɪdən] adj modesto; (anspruchslos) semplice; (gering) piccolo; (mäßig) moderato

bescheiden[2] <irr, ohne ge-> I. vt (form: benachrichtigen) informare; **abschlägig beschieden werden** ricevere un rifiuto II. vr **sich (mit etw) ~** (geh) accontentarsi (di qc)

Bescheidenheit <-> kein Pl f modestia f, umiltà f

bescheinen <irr> *vt* illuminare; **von der Sonne beschienen** soleggiato

bescheinigen [bə'ʃaɪnɪɡən] <ohne ge-> *vt* attestare, certificare; **den Empfang eines Briefes ~** accusare ricevuta di una lettera

Bescheinigung <-, -en> *f* ❶ (*Vorgang*) attestazione *f* ❷ (*Schriftstück*) attestato *m*, certificato *m*

bescheißen <irr, ohne ge-> *vt* (*vulg*) fregare, fottere

beschenken <ohne ge-> *vt* fare un regalo a

bescheren [bə'ʃeːrən] <ohne ge-> *vt* **jdn ~** fare il regalo di Natale a qu; **jdm eine Überraschung ~** fare una (bella) sorpresa a qu

Bescherung <-, -en> *f* distribuzione *f* dei regali di Natale; **das ist ja eine schöne ~!** (*iron fam*) che bel regalo!

bescheuert [bə'ʃɔɪɐt] *adj* (*sl*) tonto *fam*, sciocco *fam*

beschichten <ohne ge-> *vt* **etw (mit etw) ~** rivestire qc (di qc)

Beschichtung <-, -en> *f* (TEC) rivestimento *m*

beschießen <irr, ohne ge-> *vt* far fuoco contro, tirare su; (*mit MG*) mitragliare; (*mit schweren Waffen*) cannoneggiare; (PHYS: *mit Neutronen*) bombardare

beschildern <ohne ge-> *vt* dotare di segnaletica

Beschilderung <-, -en> *f* (AUTO) segnaletica *f* (stradale)

beschimpfen <ohne ge-> *vt* insultare

Beschimpfung <-, -en> *f* insulto *m*

Beschiss^{RR} [bə'ʃɪs] <-es> *kein Pl m*, **Beschiß**^{ALT} <-schisses> *kein Pl m* (*vulg*) **das ist alles ~** (*Betrug*) questa è una fottitura; **beschissen** [bə'ʃɪsən] *adj* (*vulg*) che fa schifo, di merda

Beschlag <-(e)s, -schläge> *m* ❶ (*Metallstück*) borchia *f*, guarnizione *f* ❷ (*Hufeisen*) ferratura *f* ❸ (*Feuchtigkeit*) appannamento *m* ❹ (*Wend*) **etw mit ~ belegen** prendere in possesso qc; **jdn in ~ nehmen** requisire qu

beschlagen¹ <irr, ohne ge-> I. *vt haben* ❶ (*Möbel, Tür*) guarnire ❷ (*Pferd*) ferrare II. *vi sein* (*Glas*) appannarsi

beschlagen² *adj* (*fam*) versato, ferrato; **in seinem Fach sehr ~ sein** essere esperto in materia; **auf seinem Gebiet ~ sein** essere molto preparato nel proprio campo; **Beschlagenheit** <-> *kein Pl f* essere *m* versato [*o* esperto] in qc

beschlagnahmen <ohne ge-> *vt* ❶ (JUR) confiscare, sequestrare ❷ (*fig fam*) tenere occupato; **Beschlagnahmung** <-, -en> *f* (JUR, ADM) confisca *f*, sequestro *m*

beschleunigen [bə'ʃlɔɪnɪɡən] <ohne ge-> *vt, vi* accelerare; **seine Schritte ~** accelerare il passo; **beschleunigt** *adj* accelerato; (*Puls*) rapido

Beschleunigung <-, -en> *f* accelerazione *f*

beschließen <irr, ohne ge-> *vt* ❶ (*beenden*) terminare, concludere; (*Reihe*) chiudere ❷ (*entscheiden*) decidere, deliberare; (*übereinstimmen*) convenire; (JUR) decretare

Beschluss^{RR} <-es, -schlüsse> *m*, **Beschluß**^{ALT} <-schlusses, -schlüsse> *m* (*Entscheid*) decisione *f*, conclusione *f*; (JUR) decisione *f*, decreto *m*; **einen ~ fassen** prendere una decisione; **beschlussfähig**^{RR} *adj* atto a deliberare, in numero legale; **beschlussunfähig**^{RR} *adj* non atto a deliberare

beschmieren <ohne ge-> *vt* imbrattare

beschmutzen <ohne ge-> *vt* insudiciare, sporcare

beschneiden <irr, ohne ge-> *vt* ❶ (*zurechtschneiden*) tagliare; (*Baum*) potare, diramare ❷ (REL) circoncidere ❸ (*fig: schmälern*) restringere, ridurre

Beschneidung <-, -en> *f* ❶ (REL) circoncisione *f* ❷ (*fig: Einschränkung*) restrizione *f*, riduzione *f*

Beschneiungsanlage *f* cannone *m* spараneve

beschnüffeln <ohne ge-> *vt* annusare, fiutare; (*fig fam: kennen lernen*) imparare a conoscere

beschnuppern <ohne ge-> *s.* **beschnüffeln**

beschönigen [bə'ʃøːnɪɡən] <ohne ge-> *vt* mascherare, far apparire migliore; **Beschönigung** <-, -en> *f* mascheramento *m*, scusa *f*

beschossen [bə'ʃɔsən] *pp von* **beschießen**

beschränken [bə'ʃrɛŋkən] <ohne ge-> I. *vt* **etw (auf etw** *acc*) ~ limitare qc (a qc) II. *vr* **sich ~** limitarsi; **sich auf das Notwendigste ~** limitarsi allo stretto necessario

beschrankt [bə'ʃraŋkt] *adj* con sbarre

beschränkt *adj* ❶ (*eingeschränkt*) limitato, ristretto; **~e Haftung** responsabilità limitata; **in ~en Verhältnissen leben** vivere in ristrettezze ❷ (*Geist*) ottuso; **Beschränktheit** <-> *kein Pl f* (*geringer Umfang*) (ri)strettezza *f*, limitatezza *f*; (*Knappheit*) scarsità *f*, insufficienza *f*; (*geistig*) ristrettezza *f* di vedute, mediocrità *f* di spirito

Beschränkung <-, -en> f limitazione f, restrizione f

beschreiben <irr, ohne ge-> vt ❶ (*Papier*) scrivere su ❷ (*schildern*) descrivere, dipingere

Beschreibung <-, -en> f descrizione f, illustrazione f

beschreiten <irr, ohne ge-> vt (*geh*) **den Rechtsweg ~** adire le vie legali; **neue Wege ~** battere nuove strade

Beschrieb [bəˈʃriːp] <-s, -e> m (*CH*) descrizione f

beschriften [bəˈʃrɪftən] <ohne ge-> vt mettere una scritta [*o* iscrizione] su; (*etikettieren*) etichettare

Beschriftung <-, -en> f scritta f, iscrizione f, etichetta f

beschuldigen [bəˈʃʊldɪɡən] <ohne ge-> vt incolpare, accusare; **jdn einer Sache** *gen* ~ incolpare qu di qc, accusare qu di qc

Beschuldigung <-, -en> f imputazione f, accusa f; **eine ~ gegen jdn erheben** muovere un'imputazione contro qu

beschummeln <ohne ge-> (*fam*) **I.** vt infinocchiare **II.** vi barare

Beschuss[RR] <-es, -schüsse> m, **Beschuß**[ALT] <-schusses, -schüsse> m ❶ (MIL) fuoco m, tiro m; **jdn unter ~ nehmen** (*fig*) prendere di mira qu; **unter ~ geraten** (*fig*) capitare sotto tiro ❷ (PHYS) bombardamento m

beschützen <ohne ge-> vt **jdn/etw** (**vor jdm/etw**) ~ proteggere qu/qc (da qu/qc)

Beschützer(in) <-s, -; -, -nen> m(f) protettore, -trice m, f

beschwatzen <ohne ge-> vt ❶ (*einreden auf*) cercare di convincere; (*überreden*) indurre (*zu* a) ❷ (*bereden*) chiacchierare, fare pettegolezzi su

Beschwerde [bəˈʃveːɐ̯də] <-, -n> f ❶ (*Klage*) lamentela f, reclamo m; (JUR) ricorso m; **~ einlegen** inoltrare reclamo ❷ pl (*körperliche*) disturbi mpl, malanni mpl

beschweren [bəˈʃveːrən] <ohne ge-> **I.** vt mettere un peso su **II.** vr **sich** (**bei jdm über etw** *acc*) ~ lamentarsi (di qc con qu), reclamare (qc presso qu)

beschwerlich adj (*lästig*) penoso; (*ermüdend*) faticoso, gravoso

beschwichtigen [bəˈʃvɪçtɪɡən] <ohne ge-> vt calmare, placare

beschwindeln <ohne ge-> vt (*fam: belügen*) dire bugie a; (*betrügen*) truffare

beschwingt [bəˈʃvɪŋt] adj allegro, gaio; (*Gang*) leggero

beschwipst [bəˈʃvɪpst] adj (*fam*) brillo, alticcio

beschwören <irr, ohne ge-> vt ❶ (JUR) giurare ❷ (*Geister*) esorcizzare; (*Schlangen*) incantare ❸ (*anflehen*) supplicare, implorare

besehen <irr, ohne ge-> vt guardare, esaminare

beseitigen [bəˈzaɪtɪɡən] <ohne ge-> vt ❶ (*wegschaffen*) rimuovere; (*entfernen*) allontanare; (*Flecken*) togliere; (*Fehler*) eliminare; (*Streitigkeiten*) comporre, risolvere; (*Zweifel*) dissipare; (*Schwierigkeiten*) appianare ❷ (*fam: töten*) liquidare, far fuori

Beseitigung <-> kein Pl f ❶ (*das Entfernen*) rimozione f; (*Behebung*) eliminazione f; (*von Schwierigkeiten*) appianamento m ❷ (*Tötung*) uccisione f

Besen [ˈbeːzən] <-s, -> m scopa f; **ich fresse einen ~, wenn …** (*fam*) che mi venga un accidente se …; **Besenschrank** m portascope m; **Besenstiel** m manico m di scopa

besessen [bəˈzɛsən] adj (**von etw**) ~ **sein** essere ossessionato (da qc); **wie ~** come indemoniato, come un forsennato; **Besessene** <ein -r, -n, -n> mf ossesso, -a m, f; **wie ein ~r arbeiten** lavorare come un dannato; **Besessenheit** <-> kein Pl f ossessione f

besetzen <ohne ge-> vt ❶ (*mit Besatz*) **etw** (**mit etw**) ~ guarnire qc (di qc) ❷ (*Platz*, MIL) occupare ❸ (*Stelle, Amt, Posten*) affidare; (*Rolle*) assegnare; **die Stelle mit einem Spezialisten** ~ assegnare il posto a uno specialista; **besetzt** adj occupato; (*Fahrzeug*) completo; **Besetztzeichen** n (TEL) segnale m di occupato

Besetzung <-, -en> f ❶ sing (*von Stelle*) affidare m; (*von Rolle*) assegnazione f ❷ (THEAT: *Schauspieler*) interpreti mpl; (SPORT: *Mannschaft*) formazione f ❸ (MIL) occupazione f

besichtigen [bəˈzɪçtɪɡən] <ohne ge-> vt visitare

Besichtigung <-, -en> f ❶ (*von Sehenswürdigkeit*) visita f ❷ (*Prüfung*) esame m, controllo m; **Besichtigungszeiten** fpl orario m di visita

besiedeln [bəˈziːdəln] <ohne ge-> vt colonizzare; (*bevölkern*) popolare; **besiedelt** adj **dicht/dünn ~ sein** essere densamente/scarsamente popolato

Besied(e)lung <-, -en> f colonizzazione f, popolamento m

besiegeln <ohne ge-> vt suggellare; **sein**

Schicksal ist besiegelt il suo destino è segnato

besiegen <ohne ge-> *vt* vincere, sconfiggere; (*fig*) superare, dominare

besingen <besingt, besang, besungen> *vt* ❶ (*fig: rühmen*) (de)cantare, celebrare ❷ (*Schallplatte, CD*) incidere una canzone su; (*Band*) registrare una canzone su

besinnen <irr, ohne ge-> *vr* **sich ~** ❶ (*überlegen*) riflettere; **ohne sich (lange) zu ~** senza pensarci tanto, senza esitare; **sich anders ~** cambiare idea, ricredersi ❷ (*sich erinnern*) **sich (auf etw** *acc*) **~** ricordarsi (di qc)

besinnlich *adj* (*Mensch*) pensoso, meditativo; (*Abend*) intimo, raccolto

Besinnung <-> *kein Pl f* ❶ (*Bewusstsein*) conoscenza *f*, sensi *mpl*; **die ~ verlieren** perdere i sensi; (*fig*) perdere la testa ❷ (*das Sichbesinnen*) riflettere *m*; **die ~ auf alte Werte** il riflettere su vecchi valori; **jdn zur ~ bringen** ricondurre qu alla ragione; **besinnungslos** *adj* privo di sensi, svenuto; **Besinnungslosigkeit** <-> *kein Pl f* (MED) deliquio *m*, svenimento *m*

Besitz <-es> *kein Pl m* possesso *m*; (*Eigentum*) proprietà *f*; (*Vermögen*) patrimonio *m*; (*Güter*) beni *mpl*; (*Waffen~*) detenzione *f*; **von etw ~ ergreifen** prendere possesso di qc; **Besitzanspruch** *m* (JUR) diritto *m* sulla proprietà

besitzanzeigend *adj* ~**es Fürwort** pronome possessivo

besitzen <irr, ohne ge-> *vt* possedere, essere in possesso di; (*innehaben, haben*) avere

Besitzer(in) <-s, -; -, -nen> *m(f)* possessore, -ditrice *m, f*; (*Eigentümer*) proprietario, -a *m, f*; (JUR) detentore, -trice *m, f*; (*Inhaber*) portatore, -trice *m, f*

besitzergreifend *adv* possessivo; **Besitzergreifung** *f* presa *f* di possesso

Besitzerin *f s.* **Besitzer**

besitzlos *adj* nullatenente

Besitztum <-s, -tümer> *n* (*Grundbesitz*) proprietà *f* terriera, fondo *m*; (*Eigentum*) proprietà *f*; **Besitzung** <-, -en> *f* (*Landgut*) proprietà *f* terriera, fondo *m*; (*Kolonie*) colonia *f*, possedimenti *mpl* coloniali; **überseeische ~en** territori *mpl* d'oltremare

besoffen [bəˈzɔfən] *adj* (*fam*) sbronzo; **total ~** ubriaco fradicio

besohlen [bəˈzoːlən] <ohne ge-> *vt* ris(u)olare

besolden [bəˈzɔldən] <ohne ge-> *vt* stipendiare, retribuire; (MIL) pagare il soldo a

Besoldung <-, -en> *f* retribuzione *f*; (MIL) soldo *m*

besondere(r, s) [bəˈzɔndərə, -rɐ, -rəs] *adj* ❶ (*speziell*) speciale, particolare; **im Besonderen** in particolare; **nichts Besonderes** niente di speciale ❷ (*gesondert*) separato, -a ❸ (*eigentümlich*) singolare ❹ (*ungewöhnlich*) eccezionale, straordinario

Besonderheit <-, -en> *f* specialità *f*, particolarità *f*; (*einzelne*) caratteristica *f*, singolarità *f*; (*Ungewöhnlichkeit*) eccezionalità *f*

besonders [bəˈzɔndɐs] *adv* ❶ (*insbesondere*) specialmente, particolarmente; (*hauptsächlich*) soprattutto ❷ (*außerordentlich*) eccezionalmente, straordinariamente; **nicht ~ (gut)** non tanto bene

besonnen [bəˈzɔnən] *adj* riflessivo; (*vernünftig*) ragionevole; (*vorsichtig*) prudente; (*umsichtig*) avveduto, accorto; **Besonnenheit** <-> *kein Pl f* avvedutezza *f*, accortezza *f*

besorgen <ohne ge-> *vt* ❶ (*beschaffen*) procurare, procacciare; (*einkaufen*) comprare ❷ (*erledigen*) sbrigare, eseguire, fare; **den Haushalt ~** occuparsi della casa

Besorgnis [bəˈzɔrknɪs] <-, -se> *f* inquietudine *f*, preoccupazione *f*; **~ erregend** inquietante, preoccupante; **besorgniserregend** *adj* inquietante, preoccupante

besorgt [bəˈzɔrkt] *adj* (**um jdn/etw**) **~ sein** essere preoccupato (per qu/qc); **Besorgtheit** <-> *kein Pl f* inquietudine *f*, apprensione *f*, preoccupazione *f*

Besorgung <-, -en> *f* ❶ *sing* (*Erledigung*) disbrigo *m* ❷ (*Einkauf*) acquisto *m*; **~en machen** fare la spesa

bespannen <ohne ge-> *vt* rivestire; (*Tennisschläger, Geige*) incordare; **etw mit Stoff ~** intelare qc

Bespannung <-, -en> *f* ❶ *sing* (*mit Stoff*) rivestire *m*; (*mit Saiten*) incordatura *f*; (*mit Pferden*) attaccare *m* (i cavalli) ❷ (*Material*) rivestimento *m*, copertura *f*; (*Saiten*) corde *fpl*; (*Fäden*) fili *mpl*

bespielen <ohne ge-> *vt* ❶ (*aufnehmen*) **ein Tonband mit etw ~** registrare qc su un nastro ❷ (SPORT: *Platz*) giocare in

bespitzeln <ohne ge-> *vt* spiare

besprechen <irr, ohne ge-> **I.** *vt* ❶ (*sprechen über*) parlare di; **wie besprochen** come d'accordo ❷ (*rezensieren*) recensire ❸ (*Tonband*) incidere **II.** *vr* **sich (mit jdm) ~** consultarsi (con qu)

Besprechung <-, -en> *f* ❶ (*Unterredung*) colloquio *m*; (*Konferenz*) conferenza *f* ❷ (*Rezension*) critica *f*, recensione *f;* **Besprechungsexemplar** *n* copia *f* per recensione; **Besprechungszimmer** *n* sala *f* conferenze, sala *f* di riunione

bespritzen <ohne ge-> *vt (nass machen)* bagnare; **jdn mit etw ~** bagnare qu con qc; *(schmutzig machen)* imbrattare qu di qc; **jdn mit Farbe/Blut ~** macchiare qu di colore/sangue

besprühen <ohne ge-> *vt (mit Insektenmittel)* irrorare; *(mit Farbe, Wasser)* spruzzare

besser ['bɛsɐ] *Komparativ von* **gut** **I.** *adj* migliore; **jdn eines Bess(e)ren belehren** (far) aprire gli occhi a qu; **Besseres zu tun haben** aver qc di meglio da fare; **~ werden** migliorare, migliorarsi; **es ist ~, du kommst sofort** è meglio che tu venga subito **II.** *adv* meglio; **immer ~** sempre meglio, di bene in meglio; **umso ~** tanto meglio; **~ gesagt** per meglio dire; **~ gehen** stare meglio; **~ gestellt** agiato, benestante; **jdn ~ stellen** aumentare il salario di qu; **sich ~ stellen** migliorarsi (nel lavoro); **etw ~ können** saper fare meglio qc; **alles ~ wissen** sapere sempre tutto, saperla lunga; **tu das ~ nicht!** è meglio che tu non lo faccia

besser|gehen^{ALT} *vi s.* **besser II.**
bessergestellt *adj* agiato, benestante
bessergestellt^{ALT} *adj s.* **besser II.**
bessern **I.** *vt (sittlich)* emendare **II.** *vr* **sich ~** migliorarsi; *(bes. sittlich)* emendarsi, correggersi; *(Gesundheit)* ristabilirsi; *(Wetter)* migliorare
besser|stellen^{ALT} *vt s.* **besser II.**
Besserung <-, -en> *f* miglioramento *m;* *(gesundheitlich)* guarigione *f,* ristabilimento *m;* **auf dem Wege der ~ sein** essere in via di guarigione, stare meglio; **gute ~!** pronta guarigione!
Besserverdienende <ein -r, -n, -n> *mf* percettore *mf* di reddito elevato
Besserwisser <-s, -> *m* saccente *mf*
bestach *1. u 3. pers sing imp von* **bestechen**
bestahl *1. u 3. pers sing imp von* **bestehlen**
Bestand [bə'ʃtant] <-(e)s, Bestände> *m* ❶ *sing (Bestehen)* esistenza *f;* *(Fortdauer)* continuità *f,* durata *f;* **~ haben** aver durata ❷ *(Vorrat)* giacenza *f,* riserva *f;* *(Kassen~)* fondo *m* cassa; *(Tier~, Forst~)* patrimonio *m*
bestand *1. u 3. pers sing imp von* **bestehen**
bestanden [bə'ʃtandən] *adj (Prüfung)* superato

beständig *adj* ❶ *(dauerhaft)* durevole; (TEC) resistente; *(Farbe)* indelebile ❷ *(andauernd)* continuo, persistente ❸ *(Wetter)* stabile; **Beständigkeit** <-> *kein Pl f* ❶ *(Dauerhaftigkeit)* durevolezza *f;* (TEC) resistenza *f* ❷ *(Dauer)* continuità *f,* persistenza *f* ❸ *(von Wetter)* stabilità *f*
Bestandsaufnahme *f* inventario *m*
Bestandteil *m (Element)* elemento *m;* *(Bauteil, Einzelteil)* parte *f;* (CHEM) componente *m;* **sich in seine ~e auflösen** cadere in pezzi; **etw in seine ~e zerlegen** smontare qc, scomporre qc
bestärken <ohne ge-> *vt* **jdn in etw** *dat* **~** rafforzare qu in qc
bestätigen [bə'ʃtɛːtɪgən] <ohne ge-> **I.** *vt* ❶ *(Worte, Verdacht, Urteil)* confermare ❷ *(bescheinigen)* attestare, certificare ❸ *(anerkennen)* riconoscere ❹ (COM: *Brief)* accusare ricevuta di; *(Auftrag)* confermare **II.** *vr* **sich ~** risultare vero
Bestätigung <-, -en> *f* ❶ *(von Verdacht, Urteil)* conferma *f* ❷ *(Bescheinigung)* attestazione *f;* *(Dokument)* certificato *m* ❸ *(Anerkennung)* riconoscimento *m* ❹ (COM) accusare *m* ricevuta; *(von Auftrag)* conferma *f*
bestatten [bə'ʃtatən] <ohne ge-> *vt (geh)* inumare, seppellire
Bestattung <-, -en> *f (geh)* inumazione *f,* sepoltura *f;* *(Feier)* funerale *m,* esequie *fpl*
bestäuben [bə'ʃtɔɪbən] <ohne ge-> *vt* ❶ (BOT) impollinare ❷ *(bestreuen)* **etw** **(mit etw) ~** cospargere qc (di qc)
Bestäubung <-, *rar* -en> *f* (BOT) impollinazione *f*
bestaunen <ohne ge-> *vt* guardare con stupore
beste(**r, s**) ['bɛstə, -tɐ, -təs] *adj Superlativ von* **gut I.** *adj* migliore, ottimo, -a; **der/die Beste** il/la migliore; **das Beste** il meglio; **der/die/das erste Beste** il/la primo/-a che capita; **meine ~ Freundin** la mia miglior amica; **etw zum Besten geben** raccontare qc; **sein Bestes tun** [*o* **geben**] fare del proprio meglio; **es wäre das Beste, jetzt zu gehen** la cosa migliore sarebbe andarsene adesso; **ich will nur dein Bestes** voglio solo il tuo bene; **wollen wir das Beste hoffen!** speriamo bene!; **~n Dank!** (*a iron*) tante grazie! **II.** *adv* **am ~n** meglio; **es ist am ~n, wenn ich gehe, am ~n gehe ich** è meglio che me ne vada; **so ist es am ~n** è la cosa migliore
bestechen <irr, ohne ge-> *vt* ❶ *(mit Geld)* corrompere; *(Zeugen)* comprare ❷ *(fig: beeindrucken)* sedurre, affascinare

bestechend *adj* (*fig*) seducente, affascinante

bestechlich *adj* corruttibile, venale; **Bestechlichkeit** <-> *kein Pl f* corruttibilità *f*, venalità *f*

Bestechung <-, -en> *f* corruzione *f*; (JUR: *von Zeugen*) subornazione *f*; **Bestechungsgeld** <-(e)s, -er> *n* tangente *f*, bustarella *f*

Besteck [bə'ʃtɛk] <-(e)s, -e *o fam* -s> *n* ❶ (*Ess~*) posate *fpl* ❷ (MED) ferri *mpl* chirurgici ❸ (NAUT) posizione *f*; **Besteckkasten** *m* portaposate *m*

bestehen <irr, ohne ge-> I. *vi* ❶ (*existieren*) esistere, essere, esserci; **~ bleiben** continuare a esistere, perdurare ❷ (*sich zusammensetzen*) **aus etw ~** essere costituito da qc; **der Unterschied besteht darin, dass ...** la differenza consiste nel fatto che ... ❸ (*beharren*) **auf etw** *dat* **~** insistere su qc, ostinarsi in qc II. *vt* (*Prüfung*) passare, superare; (*Kampf, Probe*) sostenere; **Bestehen** <-s> *kein Pl n* ❶ (*Fort~*) esistenza *f*; **seit ~ der Welt** dalla creazione del mondo ❷ (*Beharren*) insistenza *f*; **das ~ auf etw** *dat* l'insistenza su qc

bestehen|bleibenᴬᴸᵀ *s.* **bestehen** I.1.

bestehend *adj* esistente; (*gegenwärtig*) attuale; (*Gesetz*) vigente, in vigore

bestehlen <irr, ohne ge-> *vt* **jdn (um etw) ~** derubare qu (di qc)

besteigen <irr, ohne ge-> *vt* salire su; (*Berg*) scalare; **ein Pferd ~** montare a cavallo

Besteigung <-, -en> *f* (*Berg~*) ascensione *f*

bestellen <ohne ge-> *vt* ❶ (*Essen, Waren*) ordinare; (*reservieren lassen*) prenotare; (*kommen lassen*) far venire; **ich stand da wie bestellt und nicht abgeholt** (*fam*) me ne stavo là imbambolato ❷ (*Grüße*) trasmettere; **ich soll Ihnen ~, dass ...** mi hanno pregato di dirLe che ...; **bestell ihm (von mir), dass ...** riferiscigli che ... ❸ (*ernennen*) nominare ❹ (AGR: *Land*) coltivare, lavorare ❺ (*Wend*) **es ist schlecht um sie bestellt** le cose vanno male per lei

Besteller(in) <-s, -; -, -nen> *m(f)* committente *mf*

Bestellkarte *f* modulo *m* di ordinazione; **Bestellnummer** *f* numero *m* di ordinazione; **Bestellschein** *m* bolletta *f* d'ordinazione

Bestellung <-, -en> *f* ❶ (*Auftrag*) ordinazione *f*, ordine *m*; (*Sendung*) consegna *f*; **eine ~ aufgeben** fare un'ordinazione

❷ (*Ernennung*) nomina *f*

bestenfalls *adv* nel migliore dei casi; (*höchstens*) tutt'al più, al massimo

bestens ['bɛstəns] *adv* ottimamente

besteuern <ohne ge-> *vt* (WIRTSCH) tassare

Besteuerung <-, -en> *f* (WIRTSCH) tassazione *f*

Bestform <-> *kein Pl f* ottima forma *f*

bestialisch [bɛs'tʲaːlɪʃ] *adj* bestiale

besticht *3. pers sing pr von* **bestechen**

besticken <ohne ge-> *vt* guarnire di ricami

Bestie ['bɛstʲə] <-, -n> *f* bestia *f* feroce; (*fig: Mensch*) bruto *m*

bestieg *1. u 3. pers sing imp von* **besteigen**

bestiehlt *3. pers sing pr von* **bestehlen**

bestimmen <ohne ge-> I. *vt* ❶ (*festsetzen*) decidere, fissare; (*Preis, Zahl*) determinare, stabilire ❷ (*genau festlegen*) precisare; (*Begriff*) definire; (*Pflanze*) classificare ❸ (*Landschaft*) caratterizzare; (*Entwicklung, Stil*) influenzare, caratterizzare ❹ (*ernennen*) nominare, designare ❺ (*zudenken*) destinare; (*zuweisen*) assegnare; **das Geld für jdn ~** destinare il denaro a qu II. *vi* ❶ (*verfügen*) **über jdn/etw ~** disporre di qu/qc ❷ (*entscheiden*) **über etw** *acc* **~** decidere di qc; **bestimmend** *adj* determinante, decisivo

bestimmt I. *adj* ❶ (*festgelegt*) stabilito; (*a Zeitpunkt, Preis*) fissato ❷ (LING: *Artikel*) determinativo ❸ (*entschieden*) deciso, risoluto; (*a Ton*) categorico II. *adv* (*sicherlich*) certamente, di certo, senz'altro; **ich werde es ganz ~ tun** lo farò di sicuro; **Bestimmtheit** <-> *kein Pl f* ❶ (*Sicherheit*) certezza *f* ❷ (*Entschiedenheit*) fermezza *f*

Bestimmung <-, -en> *f* ❶ (*Vorschrift*) disposizione *f*, norma *f* ❷ (*Verwendungszweck*) scopo *m*, fine *m* ❸ (*Schicksal*) destino *m*, sorte *f* ❹ (LING) complemento *m* ❺ *sing* (*Bestimmen*) stabilire *m*; (*Festlegen*) fissare *m*; (*Begriffs~*) definizione *f*; (*von Pflanzen*) classificazione *f*; **Bestimmungsbahnhof** *m* stazione *f* di destinazione; **Bestimmungsland** <-(e)s, -länder> *n* (*form*) paese *m* di destinazione; **Bestimmungsort** *m* (luogo *m* di) destinazione *f*

Bestleistung *f* (SPORT) prestazione *f* migliore, primato *m*; **bestmöglich** ['bɛst'møːklɪç] I. *adj* il (la) miglior possibile II. *adv* nel migliore dei modi

Best.-Nr. *abk v* **Bestellnummer** numero *m* di ordinazione

bestochen [bəˈʃtɔxən] *pp von* **bestechen**

bestohlen [bəˈʃtoːlən] *pp von* **bestehlen**

bestrafen <ohne ge-> *vt* punire

Bestrafung <-, -en> *f* punizione *f*

bestrahlen <ohne ge-> *vt* illuminare; (MED) curare con i raggi

Bestrahlung <-, -en> *f* illuminazione *f*; (MED) radioterapia *f*

Bestreben <-s> *kein Pl n* sforzo *m*, aspirazione *f*

bestrebt *adj* ~ **sein etw zu tun** cercare [*o* sforzarsi] di fare qc; **Bestrebung** <-, -en> *f meist pl* tentativo *m*, sforzo *m*

bestreichen <irr, ohne ge-> *vt* spalmare; **mit Butter** ~ spalmare di burro, imburrare

bestreiken <ohne ge-> *vt* scioperare

bestreiten <irr, ohne ge-> *vt* ❶ (*abstreiten*) negare, smentire ❷ (*finanzieren*) sostenere, provvedere a

bestreuen <ohne ge-> *vt* **etw** (**mit etw**) ~ cospargere qc (di qc)

Bestseller [ˈbɛstzɛlɐ] <-s, -> *m* bestseller *m*; **Bestsellerautor** *m* bestsellerista *mf*

bestürmen <ohne ge-> *vt* ❶ (*angreifen*) assalire ❷ (*bedrängen*) assediare, tempestare; **jdn mit Fragen** ~ tempestare qu di domande

bestürzen [bəˈʃtyrtsən] <ohne ge-> *vt* costernare, sbigottire; **bestürzend** *adj* sconcertante, stupefacente; **bestürzt** [bəˈʃtyrtst] *adj* costernato, sgomento

Bestürzung <-> *kein Pl f* costernazione *f*, sgomento *m*

Bestzeit *f* (SPORT) tempo *m* migliore

Besuch [bəˈzuːx] <-(e)s, -e> *m* ❶ (*das Besuchen*) visita *f*; (*regelmäßiger*) frequenza *f*; **jdm einen** ~ **abstatten** fare una visita a qu; **auf** [*o* **zu**] ~ in visita ❷ *sing* (*Gast*) ospite *mf*

besuchen <ohne ge-> *vt* fare visita a, andare a trovare; (MED) visitare; (*Schule*) frequentare; (*Veranstaltung*) assistere a; **gut besucht** molto frequentato

Besucher(**in**) <-s, -; -, -nen> *m(f)* visitatore, -trice *m, f*; (*Gast*) ospite *mf*; (THEAT, FILM) spettatore, -trice *m, f*; **Besucherzahl** <-, -en> *f* numero *m* di visitatori; **Besuchserlaubnis** <-, -se> *f* permesso *m* di visita; **eine** ~ **bekommen** ottenere un permesso di visita; **Besuchszeit** *f* orario *m* delle visite

besucht *adj* **gut** ~ **sein** essere molto frequentato

besudeln [bəˈzuːdəln] <ohne ge-> *vt* imbrattare, insudiciare

besungen *pp von* **besingen**

Betablocker [ˈbeːtablɔkɐ] <-s, -> *m*

(MED) betabloccante *m*

betagt [bəˈtaːkt] *adj* (*geh*) attempato, anziano

betasten <ohne ge-> *vt* tastare; (MED) palpare

betätigen [bəˈtɛːtɪgən] <ohne ge-> **I.** *vt* azionare **II.** *vr* **sich** ~ (*tätig sein*) svolgere un'attività; **sich politisch** ~ essere attivo in politica

Betätigung <-, -en> *f* ❶ *sing* (TEC) comando *m*, azionamento *m* ❷ (*Beschäftigung*) attività *f*, occupazione *f*; **Betätigungsfeld** *n* campo *m* d'attività

betäuben [bəˈtɔɪbən] <ohne ge-> *vt* ❶ (*Schmerz, Gefühl*) attenuare, attutire; (MED) anestetizzare, narcotizzare; (*Gewissen*) far tacere ❷ (*durch Lärm*) assordare, stordire; **betäubend** *adj* (*Lärm*) assordante; (*fig: Duft*) inebriante

Betäubung <-, -en> *f* ❶ (MED) anestesia *f*, narcosi *f*; **örtliche** ~ anestesia locale ❷ (*Benommenheit*) stordimento *m*; **Betäubungsmittel** *n* narcotico *m*, anestetico *m*

Bete [ˈbeːtə] <-, -n> *f* **rote** ~ *s.* **Beete**

beteiligen [bəˈtaɪlɪgən] <ohne ge-> **I.** *vt* **jdn an etw** *dat* ~ far partecipare qu a qc; **jdn am Gewinn** ~ far compartecipare qu agli utili **II.** *vr* **sich** (**an etw** *acc*) ~ partecipare (a qc); (*mitarbeiten*) collaborare (a qc); **beteiligt** *adj* (COM) interessato; **an einem Unfall** ~ **sein** essere implicato in un incidente; **Beteiligte** <ein -r, -n, -n> *mf* partecipante *mf*; (*Teilhaber*) interessato, -a *m, f*; (*Vertragspartei*) parte *f* contraente; (*an Verbrechen*) complice *mf*

Beteiligung <-, -en> *f* ❶ (*das Teilnehmen*) partecipazione *f*; (*Mitwirkung*) collaborazione *f*, cooperazione *f*; (*an Verbrechen*) complicità *f*; **die** ~ **an etw** *dat* la partecipazione a qc ❷ (COM) interessenza *f*; **die** ~ **am Gewinn** l'interessenza agli utili

beten [ˈbeːtən] **I.** *vi* pregare **II.** *vt* dire, recitare

beteuern [bəˈtɔɪɐn] <ohne ge-> *vt* (*Unschuld*) affermare; (*Liebe*) dichiarare; **Beteuerung** <-, -en> *f* (*von Unschuld*) affermazione *f*; (*von Liebe*) dichiarazione *f*; (*von Aussage*) conferma *f*

Bethlehem [ˈbeːtlehɛm] *n* Betlemme *f*

betiteln <ohne ge-> *vt* (*Werk*) intitolare, dare un titolo a; (*Person*) chiamare, dare del ... a

Beton [beˈtɔŋ *o* beˈtõ: *o A nur* beˈtoːn] <-s, *Sorten:* -s *o* -e> *m* calcestruzzo *m*

betonen [bəˈtoːnən] <ohne ge-> *vt* ❶ (*Akzent setzen*) accentare, porre l'accento su ❷ (*hervorheben*) accentuare, mettere in rilievo; (*sagen*) insistere su

betonieren [beto'niːrən] <ohne ge-> *vt* betonare

Betonieren <-s> *kein Pl n* betonaggio *m*

Betonklotz *m* (*pej*) ecomostro *m;* **Betonmischer** <-s, -> *m* betoniera *f;* **Betonmischmaschine** *f* betoniera *f,* impastatrice *f* per calcestruzzo

betont [bə'toːnt] *adj* marcato, accentuato

Betonung <-, -en> *f* ❶ (*von Wort*) accentazione *f;* (*Akzent*) accento *m* ❷ (*Hervorhebung, Gewicht*) rilievo *m,* risalto *m;* (*Beteuerung*) enfasi *f*

betören [bə'tøːrən] <ohne ge-> *vt* (*geh: bezaubern*) incantare, affascinare; (*verführen*) sedurre; **betörend** *adj* incantevole, seducente

betr., Betr. *abk v* **betreffend, Betreff** ogg.

Betracht [bə'traxt] <-(e)s> *kein Pl m* **etw in ~ ziehen** prendere in considerazione qc, tener conto di qc; **etw außer ~ lassen** non tener conto di qc; **in ~ kommen** essere in questione

betrachten <ohne ge-> *vt* ❶ (*ansehen*) osservare, contemplare; (*genau*) studiare; (*prüfen*) esaminare; **genau betrachtet** guardando bene, considerando i particolari ❷ (*halten für*) ritenere, considerare; **jdn als einen Freund ~** considerare qu (come) un amico

Betrachter(in) <-s, -; -, -nen> *m(f)* osservatore, -trice *m, f,* spettatore, -trice *m, f*

beträchtlich [bə'trɛçtlıç] *adj* considerevole, notevole

Betrachtung <-, -en> *f* ❶ *sing* (*Ansehen*) contemplazione *f,* osservazione *f;* (*Prüfen*) esame *m;* **bei näherer ~** a un esame più attento ❷ (*Überlegung*) considerazione *f,* riflessione *f;* **~en anstellen** riflettere; **Betrachtungsweise** *f* ottica *f,* prospettiva *f*

Betrag [bə'traːk, *pl:* bə'trɛːgə] <-(e)s, Beträge> *m* importo *m,* somma *f;* **~ erhalten** per quietanza

betragen <irr, ohne ge-> I. *vi* (*sich belaufen auf*) essere di, ammontare a II. *vr* **sich ~** (*sich benehmen*) comportarsi; **Betragen** <-s> *kein Pl n* comportamento *m;* (*Schule*) condotta *f*

betrauen <ohne ge-> *vt* **jdn** (**mit etw**) **~** affidare (qc) a qu, incaricare qu (di qc)

betrauern <ohne ge-> *vt* piangere

Betreff [bə'trɛf] <-(e)s, -e> *m* oggetto *m*

betreffen <irr, ohne ge-> *vt* concernere, riguardare; **was das betrifft** in quanto a ciò; **was mich betrifft** per quanto mi concerne; **das betrifft mich nicht** ciò non mi riguarda; **betreffend** *adj* in questione; **~ Ihren Brief vom ...** in riferimento alla

Sua (lettera) del ...; **betreffs** *prp* +*gen* riguardo a

betreiben <irr, ohne ge-> *vt* (*Beruf, Gewerbe, Handwerk*) esercitare; (*Geschäft*) condurre; (*Politik*) fare; (*Studien*) proseguire; **Betreiben** *n* **auf jds ~** per iniziativa di qu

Betreiber(in) <-s, -; -, -nen> *m(f)* esercente *mf;* (*Firma, Träger*) gestore *m*

Betreibung <-, -en> *f* (*CH:* JUR: *Eintreibung, Zwangsvollstreckung*) riscossione *f,* esazione *f*

betreten I. <irr, ohne ge-> *vt* (*Haus, Raum*) entrare [*o* mettere piede] in; (*Rasen*) calpestare; **Betreten verboten!** vietata l'entrata! II. *adj* (*verlegen*) imbarazzato, confuso

betreuen [bə'trɔiən] <ohne ge-> *vt* curare, aver cura di; (*beaufsichtigen*) sorvegliare, controllare; (*leiten*) occuparsi di

Betreuer(in) <-s, -; -, -nen> *m(f)* (*von Kindern, Gruppen*) accompagnatore, -trice *m, f;* (*von Alten, Kranken*) assistente *mf;* (*von Sportlern*) allenatore, -trice *m, f*

Betreuung <-> *kein Pl f* assistenza *f*

Betrieb [bə'triːp] <-(e)s, -e> *m* ❶ (*Firma*) azienda *f,* impresa *f;* (*Fabrik*) fabbrica *f;* (*Handwerks~*) impresa *f;* **landwirtschaftlicher ~** azienda agricola ❷ *sing* (*Tätigkeit*) attività *f;* (*von Maschine*) funzionamento *m,* esercizio *m;* **den ~ einstellen** sospendere l'attività; **etw in ~ nehmen** assumere l'esercizio di qc; **in ~ sein** essere in funzione; **außer ~ setzen** mettere fuori esercizio ❸ *sing* (*fam: Treiben*) movimento *m;* (*Verkehr*) traffico *m*

betrieblich *adj* aziendale

betriebsam *adj* attivo; **Betriebsamkeit** <-> *kein Pl f* attività *f,* operosità *f*

Betriebsangehörige *mf* dipendente *mf* d'azienda; **Betriebsanleitung** *f* istruzioni *fpl* per l'uso; **Betriebsarzt** *m,* **Betriebsärztin** *f* medico *m* aziendale; **Betriebsausflug** *m* gita *f* aziendale

betriebsbereit *adj* pronto ad entrare in funzione; **betriebsblind** *adj* (*pej*) che non vede i difetti nel proprio ambito professionale; **betriebseigen** *adj* (di proprietà) dell'azienda

Betriebsferien *pl* ferie *fpl* annuali, chiusura *f* annuale; **Betriebsführung** *f* gestione *f* aziendale; **Betriebsgeheimnis** *n* segreto *m* aziendale; **betriebsintern** *adj o adv* all'interno dell'azienda; **Betriebskapital** *n* capitale *m* d'esercizio, patrimonio *m* dell'azienda; **Betriebsklima** *n* ambiente *m* di lavoro; **Betriebskosten** *pl* spese *fpl* d'esercizio

Betriebsleiter(in) *m(f)* direttore, -trice *m, f* dell'azienda; **Betriebsleitung** *f* gestione *f* aziendale; **Betriebsnudel** *f* (*scherz fam*) anima *f* della compagnia; **Betriebsprüfung** *f* (WIRTSCH) revisione *f* della contabilità aziendale

Betriebsrat *m* (*Organ*) consiglio *m* di fabbrica; **Betriebsrat** *m,* **Betriebsrätin** *f* (*Mitglied*) consigliere, -a *m, f* di fabbrica; **Betriebsratsmitglied** *n* consigliere, -a *m, f* di fabbrica, membro *m* della commissione interna; **Betriebsratsvorsitzende** *mf* presidente *mf* del consiglio di fabbrica

Betriebsschließung *f* (WIRTSCH) chiusura *f* dell'azienda

Betriebssicherheit <-> *kein Pl f* (TEC) sicurezza *f* (di funzionamento)

Betriebssystem *n* (INFORM) sistema *m* operativo

Betriebsunfall *m* infortunio *m* sul lavoro; **Betriebsverfassungsgesetz** *n* legge *f* sull'ordinamento aziendale; **Betriebsversammlung** *f* riunione *f* aziendale

Betriebswirt(in) *m(f)* diplomato, -a *m, f* in economia aziendale; **Betriebswirtschaft** *f* economia *f* aziendale; **betriebswirtschaftlich** *adj* di economia aziendale; **Betriebswirtschaftslehre** *f* economia *f* aziendale

betrinken <irr, ohne ge-> *vr* **sich** ~ ubriacarsi

betritt *3. pers sing pr von* **betreten**

betroffen [bə'trɔfən] *adj* (*Schweigen*) confuso, sbigottito; (*Blick*) turbato; **von etw** ~ **sein** essere colpito da qc

Betroffene <ein -r, -n, -n> *mf* vittima *f*

Betroffenheit <-> *kein Pl f* sbigottimento *m,* turbamento *m*

betrüben <ohne ge-> *vt* rattristare, affliggere; **betrüblich** [bə'try:plɪç] *adj* triste; **betrübt** *adj* triste, afflitto; **tief** ~ affranto

Betrug [bə'tru:k, *pl:* bə'try:gə] <-(e)s, *CH* Betrüge> *m* inganno *m,* imbroglio *m;* (*Täuschung*) frode *f;* (*im Spiel*) barare *m;* (JUR) dolo *m*

betrügen [bə'try:gən] <irr, ohne ge-> *vt* ingannare; (*Ehepartner*) tradire; (*geschäftlich*) truffare; (*im Spiel*) barare; **jdn um etw** ~ frodare qc a qu; **sich selbst** ~ ingannare sé stesso

Betrüger(in) <-s, -; -, -nen> *m(f)* (*geschäftlich*) imbroglione, -a *m, f,* impostore, -a *m, f;* (*im Spiel*) baro, -a *m, f;* (*Hochstapler*) truffatore, -trice *m, f*

Betrügerei <-, -en> *f* imbroglio *m,* inganno *m*

betrügerisch *adj* fraudolento

betrunken [bə'trʊŋkən] *adj* ubriaco; **völlig** ~ ubriaco fradicio *fam;* **in** ~ **em Zustand** in stato di ebbrezza; **Betrunkene** <ein -r, -n, -n> *mf* ubriaco, -a *m, f*

Bett [bɛt] <-(e)s, -en> *n* ❶ (*Möbelstück*) letto *m; das* ~ **machen** fare il letto; **im** ~ **liegen** essere a letto; **zu** [*o* **ins**] ~ **gehen** andare a letto, coricarsi; **zu** ~ **bringen** mettere a letto; **das** ~ **hüten, ans** ~ **gefesselt sein** stare a letto (per malattia), essere costretto a letto; **mit jdm ins** ~ **gehen** (*fig*) andare a letto con qu ❷ (*Feder~*) piumino *m* ❸ (*Fluss~*) letto *m,* alveo *m;* **Bettbank** <-, -bänke> *f* (*A*) *s.* **Bettcouch;** **Bettbezug** *m* biancheria *f* da letto, lenzuola *fpl;* **Bettcouch** *f* divano-letto *m;* **Bettdecke** *f* coperta *f* da letto

Bettel ['bɛtəl] <-s> *kein Pl m* (*fam: Plunder*) cianfrusaglie *fpl,* ciarpame *m,* robaccia *f;* **den ganzen** ~ **hinwerfen** (*fam*) piantare baracca e burattini, mandare tutto a quel paese

bettelarm ['bɛtəl'?arm] *adj* povero in canna

Bettelei [bɛtə'laɪ] <-, *rar* -en> *f* accattonaggio *m*

Bettelmönch *m* frate *m* mendicante

betteln *vi* chiedere l'elemosina; **um etw** ~ mendicare qc

Bettelorden *m* ordine *m* dei frati questuanti

Bettelstab *m* **jdn an den** ~ **bringen** gettare [*o* ridurre] qu sul lastrico

betten *vt* (*geh*) mettere (a letto); (*Verletzten*) adagiare; (*Kopf*) appoggiare

Bettfedern *fpl* piume *fpl* da piumino/cuscino; **Bettflasche** *f* borsa *f* dell'acqua calda; **Bettgestell** *n* lettiera *f;* **Betthimmel** *m* baldacchino *m;* **Betthupferl** ['bɛthʊpfɛl] <-s, -> *n* (*dial*) dolcetto *m* della buona notte; **bettlägerig** ['bɛtlɛːgərɪç] *adj* allettato, degente; **Bettlägerigkeit** <-> *kein Pl f* stare a letto per malattia; **Bettlaken** *n* lenzuolo *m;* **Bettlektüre** *f* lettura *f* leggera, *prima di addormentarsi*

Bettler(in) ['bɛtlə] <-s, -; -, -nen> *m(f)* mendicante *mf*

Bettnässen <-s> *kein Pl n* (MED) enuresi *f* notturna; **Bettnässer(in)** <-s, -; -, -nen> *m(f)* affetto, -a da enuresi; **Bettpfanne** *f* padella *f* per malati; **bettreif** *adj* (*fam*) stanco morto; **Bettruhe** *f* riposo *m* a letto; **Bettschwere** <-> *kein Pl f* (*fam*) **die nötige** ~ **haben/bekommen** essersi conciliato/conciliarsi lo stato di sonnolenza; **Betttuch**^RR *n* lenzuolo *m;* **Bettvorlage** *f,* **Bettvorleger** <-s, -> *m* scendiletto *m;* **Bettwanze** *f* cimice *f* dei letti; **Bettwäsche** *f* biancheria *f* da letto, lenzuola *fpl;* **Bettzeug** *n* lenzuola *fpl* e coperte *fpl*

betucht [bə'tu:xt] *adj* (*fam*) agiato, abbiente

betulich [bə'tu:lɪç] *adj* (*umständlich*) premuroso

betupfen <ohne ge-> *vt* tamponare leggermente

beugen ['bɔɪgən] **I.** *vt* ❶ (*Arm*) piegare, flettere; (*krümmen*) curvare; **von Kummer gebeugt** piegato dal dolore ❷ (*Stolz, Recht*) piegare ❸ (LING: *Hauptwort*) declinare; (*Zeitwort*) coniugare **II.** *vr* **sich ~** ❶ (*nach vorne, nach unten*) piegarsi, curvarsi; **sich vor jdm/etw ~** chinarsi davanti a qu/qc; **sich aus dem Fenster ~** sporgersi dalla finestra ❷ (*sich unterwerfen*) **sich jdm/etw ~** sottomettersi a qu/qc

Beugung <-, -en> *f* ❶ (*von Arm*) piegamento *m,* flessione *f;* (*Krümmung*) incurvamento *m* ❷ (LING) flessione *f*

Beule ['bɔɪlə] <-, -n> *f* ❶ (*Schwellung*) gonfiore *m,* rigonfiamento *m* ❷ (*Delle*) ammaccatura *f*

beunruhigen [bə'ʔʊnruːɪgən] <ohne ge-> **I.** *vt* inquietare **II.** *vr* **sich** (*über* [*o* wegen] etw *acc*) **~** inquietarsi per qc; **beunruhigend** *adj* inquietante

Beunruhigung <-, -en> *f* inquietudine *f*

beurkunden <ohne ge-> *vt* registrare

beurlauben <ohne ge-> *vt* ❶ (*Urlaub geben*) mandare in congedo ❷ (*Beamten*) sospendere (temporaneamente)

beurteilen <ohne ge-> *vt* giudicare; (*abschätzen*) stimare, valutare

Beurteilung <-, -en> *f* giudizio *m,* valutazione *f*

Beuschel <-s, -n> *n* (A: *Lungenhaschee*) macinato *m* di lombo

Beute ['bɔɪtə] <-> *kein Pl f* ❶ (*Fang*) cattura *f,* preda *f;* (*von Raubtieren*) preda *f;* (*Kriegs~, Diebes~*) bottino *m;* **reiche ~** ricca preda; **~ machen** far bottino ❷ (*geh: Opfer*) vittima *f*

beutegierig *adj* avido di preda

Beutel ['bɔɪtəl] <-s, -> *m* ❶ (*Tasche*) borsa *f,* sacchetto *m;* (*Geld~*) borsellino *m;* (*Tee~*) bustina del tè *f* ❷ (ZOO) marsupio *m;* **Beutelratte** *f* (ZOO) opossum *m* virginiano; **Beuteltier** <-(e)s, -e> *n* (ZOO) marsupiale *m*

bevölkern [bə'fœlkən] <ohne ge-> *vt* popolare; **dicht/dünn bevölkert sein** essere densamente/scarsamente popolato; **bevölkert** *adj* popolato; **dicht** [*o* stark] **~ sein** essere densamente popolato; **dünn**

[*o* schwach] **~ sein** essere scarsamente popolato

Bevölkerung <-, *rar* -en> *f* popolazione *f;* **eingesessene ~** indigeni *mpl;* **Bevölkerungsdichte** *f* densità *f* di popolazione; **Bevölkerungsentwicklung** *f* sviluppo *m* demografico; **Bevölkerungsexplosion** *f* esplosione *f* demografica; **Bevölkerungszahl** *f* numero *m* degli abitanti; **Bevölkerungszunahme** *f* incremento *m* demografico

bevollmächtigen [bə'fɔlmɛçtɪgən] <ohne ge-> *vt* autorizzare; **jdn** (**zu etw**) **~** delegare (qc) a qu; **bevollmächtigt** *adj* autorizzato (*zu* a); **Bevollmächtigte** <-ein -r, -n, -n> *mf* mandatario, -a *m, f;* (COM) procuratore, -trice *m, f*

Bevollmächtigung <-, -en> *f* autorizzazione *f*

bevor [bə'fo:ɐ̯] *konj* prima che +*conj,* prima di +*inf;* **~ ich nicht weiß, warum ...** finché non so perché ...

bevormunden [bə'fo:ɐ̯mʊndən] <ohne ge-> *vt* mettere sotto tutela; **Bevormundung** <-, -en> *f* tutela *f*

bevorrechtigt [bə'fo:ɐ̯rɛçtɪçt] *adj* privilegiato

bevor|stehen <irr> *vi* essere imminente; **ihm steht eine Überraschung bevor** lo attende una sorpresa; **bevorstehend** *adj* imminente, prossimo

bevorzugen [bə'fo:ɐ̯tsuːgən] <ohne ge-> *vt* preferire, prediligere; (*begünstigen*) favorire; **Bevorzugung** <-, -en> *f* preferenza *f;* (*Begünstigung*) favoritismo *m*

bewachen <ohne ge-> *vt* sorvegliare, custodire

bewachsen [bə'vaksən] *adj* (**mit etw**) **~ sein** essere ricoperto (di qc)

Bewachung <-, -en> *f* custodia *f,* sorveglianza *f;* **unter ~** guardato a vista

bewaffnen [bə'vafnən] <ohne ge-> *vt* **jdn** (**mit etw**) **~** armare qu (di qc); **bewaffnet** *adj* armato; (*Überfall*) a mano armata; **Bewaffnung** <-, -en> *f* ❶ *sing* (*Vorgang*) armamento *m* ❷ (*Waffen*) armi *fpl*

bewahren [bə'va:rən] <ohne ge-> *vt* ❶ (*schützen*) **jdn** (**vor jdm/etw**) **~** proteggere qu (da qu/qc); (**Gott**) **bewahre!** Dio ce ne guardi!, Dio ci scampi e liberi! ❷ (*erhalten*) conservare, mantenere; **etw in guter Erinnerung ~** avere un buon ricordo di qc

bewähren [bə'vɛ:rən] <ohne ge-> *vr* **sich ~** dare buona prova [*o* buoni risultati]; **sich nicht ~** non resistere alla prova

bewahrheiten [bə'va:ɐ̯haɪtən] <ohne

ge-> *vr* **sich ~** risultare vero, avverarsi

bewährt [bə'vɛːɐt] *adj* ❶ (*Mittel, Methode*) sperimentato, provato ❷ (*Mitarbeiter*) esperto

Bewährung <-, -en> *f* prova *f;* (JUR) (sospensione *f*) condizionale *f;* **Bewährungsfrist** *f* (JUR) periodo *m* di prova condizionale della pena; **Bewährungshelfer(in)** *m(f)* persona *f* che assume la tutela di un condannato durante la sospensione della pena; **Bewährungsprobe** <-, -n> *f* prova *f;* **jdn auf ~ stellen** mettere qu alla prova

bewaldet [bə'valdət] *adj* boscoso, coperto di boschi

Bewaldung <-, -en> *f* rimboschimento *m*

bewältigen [bə'vɛltɪɡən] <ohne ge-> *vt* (*Arbeit*) venire a capo di, portare a compimento; (*Schwierigkeit*) superare

bewandert [bə'vandət] *adj* **in etw** *dat* **~ sein** essere esperto di qc

Bewandtnis [bə'vantnɪs] <-, -se> *f* **damit hat es folgende ~** la cosa sta così

bewarb *1. u 3. pers sing imp von* **bewerben**

bewarf *1. u 3. pers sing imp von* **bewerfen**

bewässern [bə'vɛsɐn] <ohne ge-> *vt* irrigare

Bewässerung <-, -en> *f* (AGR) irrigazione *f;* **Bewässerungsanlage** *f* (AGR) impianto *m* d'irrigazione

bewegen[1] [bə've:ɡən] <ohne ge-> **I.** *vt* ❶ (*regen, fort~*) muovere, smuovere ❷ (*in Gang bringen*) azionare, mettere in moto ❸ (*fig: rühren*) commuovere, toccare **II.** *vr* **sich ~** muoversi; (*sich fort~*) far moto, camminare, spostarsi; (*Preise*) aggirarsi; **sich frei ~ können** avere libertà di movimento; **sich nicht von der Stelle ~** non muoversi, restare sul posto; **in den Verhandlungen bewegt sich nichts** le trattative stagnano

bewegen[2] <bewegt, bewog, bewogen> *vt* (*veranlassen*) indurre; **jdn zu etw ~** spingere qu a (fare) qc

Beweggrund *m* motivo *m,* movente *m*

beweglich [bə've:klɪç] *adj* ❶ (*Sache*) mobile, movibile; **~e Habe** (JUR) beni *mpl* mobili ❷ (*Mensch: gelenkig, flexibel*) flessibile, agile; (*geistig*) vivo, vivace; **Beweglichkeit** <-> *kein Pl f* ❶ (*von Gegenstand*) mobilità *f* ❷ (*Gelenkigkeit*) agilità *f,* flessibilità *f;* (*geistig*) vivacità *f*

bewegt [bə've:kt] *adj* ❶ (*Wasser, See*) mosso, agitato; (*Zeit, Vergangenheit, Leben*) movimentato, agitato ❷ (*gerührt*) commosso

Bewegung <-, -en> *f* ❶ (*Regung, Fort~*, POL.) movimento *m;* **in ~** in movimento; **etw in ~ setzen** mettere in moto qc; **bei der geringsten ~** al minimo gesto; **keine ~!** fermo! nessun movimento! ❷ (*Ergriffenheit*) emozione *f,* commozione *f;* **Bewegungsfreiheit** *f* libertà *f* di movimento; (*fig*) libertà *f* di azione; **bewegungslos** *adj* immobile, immoto; **Bewegungsmelder** <-s, -> *m* indicatore *m* di movimento; **bewegungsunfähig** *adj* non deambulante

beweihräuchern [bə'vaɪrɔɪçən] <ohne ge-> *vt* (*a fig*) incensare; **sich selbst ~** autoincensarsi

beweinen <ohne ge-> *vt* piangere, lamentare

Beweis [bə'vaɪs] <-es, -e> *m* prova *f;* (MAT, PHILOS) dimostrazione *f;* **den ~ erbringen** [*o* **liefern**] addurre [*o* fornire] la prova; **etw unter ~ stellen** dare prova di qc; **als** [*o* **zum**] **~ für** a prova di; **Beweisaufnahme** *f* (JUR) assunzione *f* delle prove; **beweisbar** *adj* provabile, dimostrabile

beweisen <irr, ohne ge-> *vt* provare; (*zeigen*) mostrare, manifestare

Beweisführung *f* (JUR) argomentazione *f;* **Beweiskraft** <-> *kein Pl f* (JUR) forza *f* probante; **beweiskräftig** *adj* probativo; **Beweislast** <-> *kein Pl f* (JUR) onere *m* della prova; **Beweismaterial** *n* materiale *m* probante

bewenden <ohne ge-> *vt* **es bei etw ~ lassen** (ac)contentarsi di qc

bewerben <irr, ohne ge-> *vr* **sich ~** far domanda, concorrere; **sich um eine Stelle bewerben** far domanda per un posto di lavoro

Bewerber(in) <-s, -; -, -nen> *m(f)* aspirante *mf;* (*um eine Stelle*) concorrente *mf;* **Bewerbertraining** *n* corso *m* su come candidarsi per un lavoro

Bewerbung <-, -en> *f* aspirazione *f;* (*um Stelle*) concorso *m;* (*~sschreiben*) domanda *f* d'impiego; **Bewerbungsbogen** <-s, -bögen> *m* modulo *m* per domanda di lavoro; **Bewerbungsunterlagen** *fpl* documenti *mpl* allegati alla domanda di concorso

bewerfen <irr, ohne ge-> *vt* coprire; **jdn mit Steinen ~** gettare sassi contro qu

bewerkstelligen [bə'vɛrkʃtɛlɪɡən] <ohne ge-> *vt* effettuare, realizzare

bewerten <ohne ge-> *vt* valutare, stimare; (*Schule*) dare un voto a; (SPORT) classificare; **zu hoch/niedrig ~** sopravvalutare/sottovalutare

Bewertung <-, -en> *f* valutazione *f;*

(*Schule*) voto *m;* (SPORT) graduatoria *f;* **Bewertungskriterien** *npl* (WIRTSCH) criterio *m* [*o* parametro *m*] di valutazione; **Bewertungsmaßstab** *m* criterio *m* di valutazione

bewies *1. u 3. pers sing imp von* **beweisen**

bewiesen *pp von* **beweisen**

bewilligen [bə'vɪlɪgən] <ohne ge-> *vt* (*a Kredit*) accordare, concedere; (*Antrag*) accogliere, accettare; (ADM, PARL) approvare

Bewilligung <-, -en> *f* concessione *f;* (*von Antrag*) accettazione *f;* (ADM, PARL) approvazione *f*

bewirken <ohne ge-> *vt* ❶ (*verursachen*) causare, provocare ❷ (*erreichen*) raggiungere, ottenere

bewirten [bə'vɪrtən] <ohne ge-> *vt* jdn (**mit etw**) ~ offrire (qc) a qu; **jdn fürstlich** ~ trattare qu come un principe

bewirtschaften <ohne ge-> *vt* ❶ (AGR) coltivare ❷ (*Betrieb*) amministrare; (*Gaststätte*) gestire ❸ (*kontrollieren*) regolamentare; (*rationieren*) contingentare, razionare

Bewirtschaftung <-, -en> *f* (AGR: *Anbau*) coltivazione *f*

Bewirtung <-> *kein Pl f* (*das Bewirten*) servizio *m,* servire *m;* (*in Hotel, Gaststätte*) consumazione *f;* (*Essen und Getränke*) mangiare *m* e bere *m*

bewog [bə'vo:k] *1. u 3. pers sing imp von* **bewegen**[2]

bewogen [bə'vo:gən] *pp von* **bewegen**[2]

bewohnbar *adj* abitabile

bewohnen <ohne ge-> *vt* abitare in

Bewohner(in) <-s, -; -, -nen> *m(f)* abitante *mf;* (*von Haus*) inquilino, -a *m, f*

bewölken [bə'vœlkən] <ohne ge-> *vr* **sich** ~ (*a fig*) (r)annuvolarsi; **bewölkt** *adj* nuvoloso, rannuvolato

Bewölkung <-> *kein Pl f* nuvolosità *f*

beworben *pp von* **bewerben**

beworfen *pp von* **bewerfen**

Bewunderer(in) <-s, -; -, -nen> *m(f)* ammiratore, -trice *m, f*

bewundern <ohne ge-> *vt* ammirare; **bewundernswert** *adj* ammirevole

Bewunderung <-> *kein Pl f* ammirazione *f*

bewusst[RR] [bə'vʊst] *adj,* **bewußt**[ALT] I. *adj* ❶ (*wissend*) cosciente, consapevole; **jdm etw ~ machen** rendere cosciente qu di qc; **sich** *dat* **etw ~ machen** rendersi consapevole di qc; **sich** *dat* **einer Sache** *gen* ~ **sein** aver coscienza di qc; **sich** *dat* **keiner Schuld ~ sein** non sentirsi colpevole; **es wurde mir plötzlich ~, dass ...** improvvisamente mi resi conto che ...

❷ (*besagt*) in questione; **am ~en Tag** quel certo giorno ❸ (*absichtlich*) intenzionale, voluto II. *adv* ❶ (*überlegt*) consapevolmente, coscientemente ❷ (*absichtlich*) di proposito, apposta

bewusstlos[RR] *adj* privo di sensi, svenuto; ~ **werden** perdere i sensi, svenire; **Bewusstlose**[RR] <ein -r, -n, -n> *mf* persona *f* svenuta [*o* che ha perso i sensi]; **Bewusstlosigkeit**[RR] <-> *kein Pl f* svenimento *m,* perdita *f* dei sensi

bewußtmachen[ALT] *vt s.* **bewusst** I.1.; **Bewusstsein**[RR] <-s, -e> *n* ❶ (*Wissen*) consapevolezza *f,* coscienza *f;* **es kam mir zu(m)** ~ me ne resi conto ❷ (PSYCH, MED) coscienza *f;* **bei vollem** ~ in piena coscienza; **das ~ verlieren** perdere la conoscenza, svenire; **wieder zu ~ kommen** riprendere i sensi, tornare in sé

bewusstseinserweiternd[RR] *adj* che estende [*o* amplia] i confini della coscienza; **Bewusstseinsspaltung**[RR] *f* sdoppiamento *m* della personalità; (MED) schizofrenia *f*

Bez. ❶ *abk v* **Bezirk** distretto *m* ❷ *abk v* **Bezeichnung** denominazione *f*

bezahlbar *adj* pagabile

bezahlen <ohne ge-> *vt* pagare; (*Rechnung, Schuld*) regolare, saldare; (*entlohnen*) rimunerare, retribuire; **bar** ~ pagare in contanti; **gut bezahlt** ben pagato; **teuer** ~ (*a fig*) pagare caro; **sich bezahlt machen** valere la pena, convenire; **bitte ~!** il conto, per favore!

Bezahlung <-, *rar* -en> *f* ❶ (*Bezahlen*) pagamento *m;* (*von Rechnung*) saldo *m,* liquidazione *f;* **gegen** ~ dietro pagamento ❷ (*Lohn*) rimunerazione *f,* retribuzione *f*

bezaubern <ohne ge-> *vt* incantare, affascinare; **bezaubernd** *adj* affascinante, incantevole

bezeichnen <ohne ge-> *vt* ❶ (*kennzeichnen*) (contras)segnare; (*mit Zeichen a*) marcare ❷ (*benennen*) denominare, designare ❸ (*nennen*) definire ❹ (*angeben*) indicare, descrivere; **bezeichnend** *adj* caratteristico, tipico; **bezeichnenderweise** *adv* significativamente

Bezeichnung <-, -en> *f* (*Ausdruck*) denominazione *f,* nome *m*

bezeugen [bə'tsɔɪgən] <ohne ge-> *vt* testimoniare

bezichtigen [bə'tsɪçtɪgən] <ohne ge-> *vt* jdn einer Sache *gen* ~ accusare qu di qc, incriminare qu per qc

beziehbar *adj* (*Wohnung*) abitabile

beziehen <irr, ohne ge-> I. *vt* ❶ (*überziehen*) ricoprire; **etw** (**mit etw**) ~ ricoprire qc (di qc); **das Bett frisch ~** cambiare la biancheria del letto ❷ (*Wohnung, Haus*) andare ad abitare in ❸ (*bekommen*) percepire, riscuotere; (*Ware*) acquistare; (*Zeitung*) essere abbonato a ❹ (*in Beziehung setzen*) **etw auf jdn/etw ~** riferire qc a qu/qc **II.** *vr* **sich** ❶ (*Himmel*) coprirsi, rannuvolarsi ❷ (*sich berufen*) **sich auf etw** *acc* ~ riferirsi a qc; (*betreffen*) concernere qc

Beziehcr(in) <-s, -; -, -nen> *m(f)* (*von Ware*) acquirente *mf*; (*von Zeitung*) abbonato, -a *m, f*

Beziehung <-, -en> *f* ❶ *meist pl* (*Verbindungen*) relazioni *fpl*; **mit jdm (diplomatische) ~en unterhalten** intrattenere relazioni (diplomatiche) con qu; **freundschaftliche/geschäftliche ~en** rapporti di amicizia/d'affari; (**gute**) **~en haben** avere appoggi influenti; **seine ~en spielen lassen** servirsi delle proprie conoscenze ❷ (*Zusammenhang*) rapporto *m*, relazione *f*; (*Verhältnis*) relazione *f*; (*Liebes~*) relazione *f* (amorosa); **eine ~ zwischen … und …** una relazione tra … e …; **in ~ setzen zu** mettere in relazione con; **ich habe keine ~ zur modernen Kunst** l'arte moderna non mi dice niente ❸ (*Hinsicht*) riguardo *m*, aspetto *m*; **in dieser ~** a questo proposito; **in gewisser/jeder ~** sotto un certo/ogni aspetto; **Beziehungskiste** <-, -n> *f* (*fam*) relazione *f*, l'insieme degli aspetti di un rapporto a due; **beziehungslos** *adj* incoerente, senza connessione

Beziehungsproblem *n meist pl* problemi *pl* di coppia; **beziehungsweise** *konj* ❶ (*im anderen Fall*) rispettivamente ❷ (*besser gesagt*) o meglio

beziffern [bə'tsɪfɐn] <ohne ge-> **I.** *vt* (*schätzen*) valutare, stimare **II.** *vr* **sich** (**auf etw** *acc*) ~ ammontare (a qc)

Bezirk [bə'tsɪrk] <-(e)s, -e> *m* ❶ (*Gebiet*) zona *f*, regione *f* ❷ (*Verwaltungs~*) distretto *m*, circoscrizione *f*; (*Stadt~*) quartiere *m*, rione *m*; **Bezirksgericht** *n* (*A, CH: Amtsgericht*) tribunale *m* distrettuale; **Bezirksschule** *f* (*CH*) scuola *f* media inferiore (*nei cantoni Aargau e Solothurn*); **Bezirksspital** *n* (*CH*) ospedale *m* distrettuale

bezog *1. u 3. pers sing imp von* **beziehen**
bezogen *pp von* **beziehen**
bezugᴬᴸᵀ *s.* **Bezug 4.**

Bezug [bə'tsu:k] <-(e)s, Bezüge> *m* ❶ (*Überzug*) rivestimento *m*; (*Hülle*) fodera *f*; (*Kissen~*) federa *f*; (*Bett~*) coperta *f* ❷ *sing* (*Kauf*) acquisto *m*; (*von Zeitung*) abbonamento *m* ❸ *pl* (*Einkommen*) entrate *fpl*; (*Gehalt*) stipendio *m*; (*Lohn*) salario *m* ❹ (*Zusammenhang*) rapporto *m*; **auf etw** *acc* ~ **nehmen** riferirsi a qc; **in ~ auf** +*acc* riguardo a, in riferimento a, quanto a

Bezüger [bə'tsy:gɐ] <-s, -> *m* (*CH*) ❶ (*Beziehcr*) beneficiario *m* ❷ (*Abonnent*) abbonato *m*

bezüglich [bə'tsy:klɪç] **I.** *adj* ~ **auf etw** *acc* concernente qc **II.** *prp* +*gen* per quanto riguarda, in quanto a

Bezugnahme [bə'tsu:kna:mə] <-, -n> *f* **unter ~ auf** +*acc* in riferimento a, in relazione a

Bezugsbedingungen *fpl* (*von Zeitung*) condizioni *fpl* di abbonamento; (*von Waren*) condizioni *fpl* d'acquisto; **Bezugsperson** *f* persona *f* di riferimento; **Bezugspreis** *m* prezzo *m* d'acquisto; **Bezugspunkt** <-(e)s, -e> *m* punto *m* di riferimento; **Bezugsschein** <-(e)s, -e> *m* buono *m* d'acquisto, tessera *f* annonaria

bezuschussen *vt* sovvenzionare
bezwecken [bə'tsvɛkən] <ohne ge-> *vt* mirare a, tendere a
bezweifeln <ohne ge-> *vt* dubitare di, mettere in dubbio

bezwingen <irr, ohne ge-> *vt* (*besiegen*) vincere; (*unterwerfen*) sottomettere; (*Gefühl, Leidenschaft*) dominare, domare; **Bezwinger(in)** *m(f)* (ADM) vincitore, -trice *m, f*

BfA [be:ʔɛf'ʔa:] *f* (ADM) *abk v* **Bundesversicherungsanstalt für Angestellte** istituto assicurativo federale per impiegati

BGB [be:ge:'be:] <-(s)> *kein Pl n abk v* **Bürgerliches Gesetzbuch** *C.C.*

BGH [be:ge:'ha:] <-s> *kein Pl m abk v* **Bundesgerichtshof** *C.C.*

BGS [be:ge:'ʔɛs] <-> *kein Pl m abk v* **Bundesgrenzschutz** polizia *f* federale di frontiera

BH [be:'ha:] <-(s), -(s)> *m abk v* **Büstenhalter** (*fam*) reggiseno *m*

Bhf. *abk v* **Bahnhof** stazione *f*

bi [bi:] *adj* (*fam*) bisex

Biathlon ['bi:atlɔn] <-s, -s> *n* (SPORT) biat(h)lon *m*

bibbern ['bɪbɐn] *vi* (*fam*) tremare

Bibel ['bi:bəl] <-, -n> *f* **die ~** la Bibbia; **bibelfest** *adj* ferrato in materia di Bibbia; **Bibelspruch** *m* detto *m* biblico

Biber ['bi:bɐ] <-s, -> *m* (ZOO) castoro *m*; (*Pelz*) pelliccia *f* di castoro

Bibliografieᴿᴿ [bibliogra'fi:] <-, -n> *f* bibliografia *f*

bibliografischᴿᴿ [biblio'gra:fɪʃ] *adj*

bibliografico

Bibliographie <-, -n> *f s.* **Bibliografie**

bibliographisch *adj s.* **bibliografisch**

bibliophil [biblio'fiːl] *adj* bibliofilo, -a *m, f*

Bibliothek [biblio'teːk] <-, -en> *f* biblioteca *f*

Bibliothekar(in) [bibliote'kaːɐ̯] <-s, -e; -, -nen> *m(f)* bibliotecario, -a *m, f*

biblisch ['biːblɪʃ] *adj* biblico; **die Biblische Geschichte** la storia sacra

Bidet [bi'deː] <-s, -s> *n* bidè *m*

bieder ['biːdɐ] *adj* (*pej*) conservativo; **Biederkeit** <-> *kein Pl* *f* ❶ (*Rechtschaffenheit*) onestà *f*, probità *f*, bravura *f* ❷ (*pej*) convenzionalità *f*, conservatorismo *m;* **Biedermann** *m* (*pej*) borghesuccio *m;* **Biedermeier** ['biːdɐmaɪɐ] <-s> *kein Pl* *n* (*Stil*) biedermeier *m*

biegen ['biːɡən] <biegt, bog, gebogen> **I.** *vt haben* piegare; (*krümmen*) (in)curvare; (TEC) centinare **II.** *vi sein* (s)voltare, girare; **um die Ecke ~** girare l'angolo; **auf Biegen oder Brechen** (*fam*) ad ogni costo **III.** *vr* **sich ~** piegarsi, curvarsi; **sich ~ vor Lachen** (*fam*) sbellicarsi dalle risate

biegsam *adj* flessibile, pieghevole

Biegung <-, -en> *f* (*Krümmung*) piegamento *m;* (*Kurve*) curva *f*

Biel [biːl] *n* (GEOG) Bienne *f*

Biene ['biːnə] <-, -n> *f* ape *f*

Bienenhaus *n* alveare *m;* **Bienenhonig** *m* miele *m* d'api; **Bienenkönigin** *f* ape *f* regina; **Bienenkorb** *m* arnia *f;* **hier geht es zu wie in einem ~** qui è come essere in un vespaio; **Bienenschwarm** *m* sciame *m* d'api; **Bienenstich** *m* ❶ (*von Biene*) puntura *f* d'ape ❷ (GASTR: *Gebäck*) pasta lievitata con ripieno di crema e ricoperta da uno strato di mandorle finemente tritate; **Bienenstock** *m* alveare *m;* **Bienenvolk** *n* sciame *m* d'api; **Bienenwabe** *f* favo *m* d'api; **Bienenwachs** *n* cera *f* d'api; **Bienenzucht** *f* apicoltura *f;* **Bienenzüchter(in)** *m(f)* apicoltore, -trice *m, f*

Bier [biːɐ̯] <-(e)s, -e *o bei Mengenangabe:* -> *n* birra *f;* **helles/dunkles ~** birra chiara/scura; **das ist nicht mein ~!** (*fam*) non è affar mio!; **Bierbauch** *m* pancione *m;* **Bierbrauer(in)** *m(f)* birraio, -a *m, f;* **Bierbrauerei** *f* birrificio *m,* fabbrica *f* di birra; **Bierdeckel** *m* sottobicchiere *m;* **Bierdose** *f* lattina *f* di birra; **bierernst** *adj* (*fam*) troppo serio; **Bierfass**^RR *n* botte *f* di birra; **Bierfilz** *m* sottobicchiere *m;* **Bierflasche** *f* bottiglia *f* di birra; **Biergarten** *m* birreria *f* all'aperto; **Bierglas** *n* bicchiere *m* da birra; **Bier-**

hefe *f* lievito *m* di birra; **Bierkasten** *m* cassa *f* di birra; **Bierkeller** *m* (*Lager*) cantina *f* per la birra; (*Lokal*) birreria *f;* **Bierkrug** *m* boccale *m* da birra; **Bierwurst** *f* (GASTR) salsiccia affumicata; **Bierzelt** *n* tendone dove si vende e si beve birra

Biest [biːst] <-(e)s, -er> *n* ❶ (*Tier*) bestia(ccia *f*) *f* ❷ (*Mensch, pej*) carogna *f*

biestig *adj* bestiale

bieten ['biːtən] <bietet, bot, geboten> **I.** *vt* ❶ (*an~*) (*jdm*) **etw ~** offrire qc (a qu); (*Gelegenheit*) presentare qc (a qu), offrire qc (a qu); **diese Stelle hat nichts zu ~** questo posto non ha niente da offrire ❷ (*geben*) (*jdm*) **etw ~** dare qc (a qu) ❸ (*zeigen: Anblick*) presentare, offrire; (*darbieten*) presentare, dare **II.** *vi* (*bei Versteigerung*) fare un'offerta; **2.000 Euro auf das Bild ~** fare un'offerta di 2.000 euro per il quadro; **wer bietet mehr?** chi offre di più? **III.** *vr* **sich ~** (*bes. Gelegenheit*) offrirsi, presentarsi; **sich** *dat* **etw ~ lassen** tollerare qc, sopportare qc; **sich** *dat* **alles ~ lassen** incassare tutto; **das lasse ich mir nicht ~** questo non lo accetto

Bigamie [biga'miː] <-, -n> *f* bigamia *f*

Bigamist(in) [biga'mɪst] <-en, -en; -, -nen> *m(f)* bigamo, -a *m, f;* **bigamistisch** *adj* bigamo

bigott [bi'ɡɔt] *adj* bigotto; **Bigotterie** [biɡɔtə'riː, *pl:* biɡɔtə'riːən] <-, -n> *f* bigottismo *m*

Bikini [bi'kiːni] <-s, -s> *m* bikini *m,* due pezzi *m*

Bilanz [bi'lants] <-, -en> *f* (*a fig*) bilancio *m;* **die ~ aufstellen** fare il bilancio; **die ~ ziehen** (*a fig*) fare il bilancio; **Bilanzkosmetik** <-, -en> *f* (WIRTSCH) aggiustamento *m* del bilancio; **Bilanzprüfer(in)** <-s, -; -, -nen> *m(f)* (WIRTSCH) revisore *m* dei conti

bilateral ['biː(ː)lateraːl] *adj* bilaterale

Bild [bɪlt] <-(e)s, -er> *n* ❶ (*Gemälde*) quadro *m,* dipinto *m;* (*Abbildung*) illustrazione *f;* (*auf Spielkarten*) figura *f;* (*Spiegel~*) immagine *f;* **ein ~ des Jammers bieten** offrire una scena desolante ❷ (TV) immagine *f;* (FOTO) fotografia *f* ❸ (THEAT) quadro *m* ❹ (*Sinn~*) simbolo *m;* (*Redefigur*) metafora *f* ❺ (*Vorstellung*) idea *f;* **sich** *dat* **ein ~ von etw machen** farsi un'idea di qc; **du machst dir kein ~ davon** non puoi immaginarlo; **über etw** *acc* **im ~e sein** essere informato su [*o* di] qc; **Bildband** <-(e)s, -bände> *m* volume *m* illustrato; **Bildbearbeitung** <-, -en> *f* (INFORM) elaborazione *f* immagini; **Bildbeilage** *f* supplemento *m* illustrato; **Bildbericht** *m* servizio *m* fotografico, fotocronaca *f;* **Bilddatei** *f* (INFORM) file *m* immagine

bilden ['bɪldən] I. *vt* ❶ (*formen*) formare; (*modellieren*) modellare; **die ~en Künste** le arti figurative ❷ (*schaffen*) creare; (*zusammenstellen*) costituire, comporre; **eine Regierung ~** costituire [*o* formare] un governo ❸ (*Menschen*) educare, istruire; (*Geist, Verstand*) formare ❹ (*darstellen, sein*) costituire, essere II. *vr* **sich ~** ❶ (*entstehen*) formarsi, svilupparsi ❷ (*Mensch*) farsi una cultura; (*lernen*) istruirsi; **bildend** *adj* ❶ (*gestaltend*) formativo; **die ~en Künste** le arti figurative ❷ (*belehrend, erzieherisch*) istruttivo, educativo

Bilderausstellung *f* mostra *f* fotografica; **Bilderbogen** *m* foglio *m* illustrato; **Bilderbuch** *n* libro *m* illustrato; **Bilderbuchkarriere** *f* carriera *f* esemplare; **Bildergalerie** *f* pinacoteca *f;* **Bilderrahmen** *m* cornice *f;* **Bilderrätsel** *n* rebus *m;* **Bilderschrift** *f* scrittura *f* pittografica, pittografia *f;* **Bildersturm** *m* (HIST) iconoclastia *f*

Bildfläche *f* piano *m* (dell'immagine); (FILM) schermo *m;* **auf der ~ erscheinen** (*fig fam*) apparire in scena; **von der ~ verschwinden** (*fig fam*) scomparire dalla scena; **Bildfolge** *f* (TV) sequenza *f* di immagini; **bildhaft** *adj* metaforico; **Bildhauer(in)** <-s, -; -, -nen> *m(f)* scultore, -trice *m, f;* **Bildhauerei** ['bɪlthaʊəraɪ] <-> *kein Pl f* scultura *f;* **Bildhauerin** *f s.* **Bildhauer**

bildhübsch ['bɪlthʏpʃ] *adj* bellissimo

Bildlaufleiste <-, -n> *f* (INFORM) barra *f* di scorrimento

bildlich I. *adj* figurato, metaforico; **~er Ausdruck** metafora *f;* **~e Darstellung** figurazione *f* II. *adv* in senso figurato

Bildmischer(in) <-s, -; -, -nen> *m(f)* tecnico, -a *m, f* del missaggio

Bildnis ['bɪltnɪs] <-ses, -se> *n* (*geh*) ritratto *m*

Bildplatte *f* (TEC, TV) videodisco *m;* **Bildplattenspieler** *m* (TEC, TV) riproduttore *m* di videodischi; **Bildpunkt** <-(e)s, -e> *m* (*Optik*) pixel *m;* **Bildqualität** *f* (TV) qualità *f* dell'immagine; **Bildreportage** *f* servizio *m* fotografico, fotocronaca *f;* **Bildröhre** *f* (TV) tubo *m* catodico; **Bildschärfe** *f* (TV, OPT) nitidezza *f* dell'immagine

Bildschirm *m* (TV, INFORM) schermo *m;* **Bildschirmarbeit** *f* lavoro *m* al terminale; **Bildschirmarbeitsplatz** <-es,

-plätze> *m* posto *m* di lavoro al terminale; **Bildschirmgerät** *n* (INFORM) visualizzatore *m;* **Bildschirmschoner** <-s, -> *m* (INFORM) screen saver *m*, salvaschermo *m;* **Bildschirmtext** *m* Videotel® *m*, Videotex® *m*

bildschön ['bɪltʃøːn] *adj* bellissimo

Bild-SMS *f* SMS *m* con immagini

Bildstock *m* (*A, südd*) nicchia *f* all'aperto; **Bildstörung** *f* (TV) interferenza *f;* **Bildtelefon** *n* (TEL) videotelefono *m*

Bildung ['bɪldʊŋ] <-, -en> *f* ❶ (*Schaffung*) creazione *f;* (*Gründung*) fondazione *f;* (*Gestaltung*) formazione *f* ❷ (*Erziehung*) educazione *f;* (*Allgemeinwissen*) cultura *f* generale; (*Wissen*) istruzione *f,* conoscenze *fpl; ohne ~* incolto

Bildungsabschluss[RR] *m* titolo *m* d'istruzione; **Bildungsangebot** <-(e)s, -e> *n* offerta *f* di corsi (di cultura e formazione); **Bildungsbürger(in)** <-s, -; -, -nen> *m(f)* persona *f* istruita; **Bildungsgut** *n* bagaglio *m* culturale; **Bildungshunger** *m* sete *f* di cultura; **Bildungslücke** *f* lacuna *f* culturale; **Bildungsniveau** <-s, -s> *n* grado *m* [*o* livello *m*] di istruzione; **Bildungspolitik** <-> *kein Pl f* politica *f* scolastica; **Bildungsreform** *f* (POL) riforma *f* scolastica; **Bildungsroman** *m* (LIT) romanzo *m* di formazione; **bildungssprachlich** *adj* linguistico-formativo; **Bildungsurlaub** *m* vacanze *fpl* culturali; **Bildungsweg** *m* corso *m* di studi; **der zweite ~** la via di formazione per adulti, le scuole superiori serali; **Bildungswesen** *n* istruzione *f*

Bildunterschrift *f* didascalia *f;* **Bildverarbeitung** *f* (INFORM) eidomatica *f;* **Bildwiederholfrequenz** <-, -en> *f* (INFORM) frequenza *f* di refresh; **Bildwörterbuch** *n* dizionario *m* illustrato; **Bildzuschrift** *f* lettera *f* con foto

bilingual ['biːlɪŋgua:l *o* bilɪn'gua:l] *adj* bilingue

Billard ['bɪljart] <-s, -e *o A* -s> *n* biliardo *m; ~* **spielen** giocare a biliardo; **Billardkugel** *f* biglia *f;* **Billardtisch** *m* (tavolo *m* da) biliardo *m*

Billeteur [bɪljɛ'tøːɐ *o A* bijɛ'tøːɐ] <-s, -e> *m* ❶ (*CH: Schaffner*) controllore *m* ❷ (*A: Platzanweiser*) maschera *f*

Billett [bɪl'jɛt] <-(e)s, -s> *n* ❶ (*A: Glückwunschkarte*) bigliettino *m* d'auguri ❷ (*CH: Fahr-, Eintrittskarte*) biglietto *m*

Billiarde [bɪl'jardə] <-, -n> *f* quadrilione *m*

billig ['bɪlɪç] *adj* ❶ (*preiswert*) conveniente, a buon mercato; **~er werden**

diminuire di prezzo ❷ (*pej: minderwertig*) scadente; (*Ausrede, Trost*) magro ❸ (*gerecht*) giusto

Billiganbieter *m* discount *m*

billigen ['bɪlɪɡən] *vt* approvare

Billigflug *m* volo *m* economico; **Billigfluglinie** *f* compagnia *f* low-cost; **Billigjob** *m* lavoro che non supera una retribuzione mensile di 400 euro; **Billiglohnland** <-(e)s, -länder> *n* paese *m* a basso costo di lavoro [*o* a bassa retribuzione lavorativa]; **Billigtarif** *m* tariffa *f* ridotta

Billigung <-> *kein Pl f* approvazione *f*, accettazione *f*

Billigwaren *fpl* prodotti *mpl* dozzinali

Billion [bɪ'ljo:n] <-, -en> *f* trillione *m*

Bimetall ['bi:metal] *n* bimetallo *m*

bimmeln *vi* (*fam*) suonare, squillare

Bimsstein ['bɪmsʃtaɪn] *m* pietra *f* pomice

bin [bɪn] *1. pers sing pr von* **sein**[1]

binär [bi'nɛːɐ̯] *adj* binario

Binde ['bɪndə] <-, -n> *f* ❶ (MED) benda *f* ❷ (*Monats~*) assorbente *m* (igienico) ❸ (*Arm~*) fascia *f*, bracciale *m*; (*Augen~*) benda *f* ❹ (*Wend*) **sich** *dat* **einen hinter die ~ gießen** (*fam*) bere un bicchierino

Bindegewebe *n* (MED) tessuto *m* connettivo; **Bindegewebsmassage** *f* massaggio *m* del tessuto connettivo

Bindeglied *n* (*fig*) anello *m* di collegamento

Bindehaut *f* (MED) congiuntiva *f*; **Bindehautentzündung** *f* (MED) congiuntivite *f*

Bindemittel *n* agglutinante *m*

binden <bindet, band, gebunden> **I.** *vt* ❶ (*zusammen~*) legare; (*Blumen*) fare un mazzo di; (*Buch*) rilegare ❷ (*befestigen*) **etw an etw** *acc*) ~ attaccare qc (a qc); **die Krawatte** ~ fare il nodo alla cravatta ❸ (*fesseln*) legare, incatenare; **mir sind die Hände gebunden** (*fig*) ho le mani legate ❹ (GASTR) far legare ❺ (CHEM) legare ❻ (*verpflichten*) **jdn an jdn/etw** ~ vincolare qu a qu/qc; **eine ~de Zusage** una promessa vincolante **II.** *vr* **sich an jdn** ~ legarsi a qu

bindend *adj* (*fig*) impegnativo, vincolante; **~ sein** far legge [*o* testo]

Bindestrich *m* (LING) lineetta *f*; **Bindewort** <-(e)s, -wörter> *n* (LING) congiunzione *f*

Bindfaden *m* spago *m*; **es regnet Bindfäden** (*fam*) piove a catinelle

Bindung <-, -en> *f* ❶ (*Beziehung*) legame *m*; **die ~ an die Heimat** il legame con la patria ❷ (*Verpflichtung*) impegno *m*; **die ~ an etw** +*acc* l'impegno di qc ❸ (*Ski~*) attacchi *mpl* ❹ (CHEM) legame *m*

binnen ['bɪnən] *prp* +*dat o geh gen* entro, fra, nello spazio di; **~ kurzem** fra poco; **~ 48 Stunden** entro 48 ore

Binnenfischerei *f* pesca *f* d'acqua dolce; **Binnengewässer** *n* acque *fpl* continentali; **Binnenhafen** *m* porto *m* interno; **Binnenhandel** *m* commercio *m* interno; **Binnenland** <-(e)s, -länder> *n* interno *m* (di un paese); **Binnenmarkt** *m* mercato *m* interno; **Europäischer** ~ mercato unico europeo; **Binnenmeer** *n* mare *m* interno; **Binnenschifffahrt**[RR] *f* navigazione *f* interna; **Binnensee** *m* lago *m* interno

binokular [binoku'la:ɐ̯] *adj* binoculare

Binse ['bɪnzə] <-, -n> *f* giunco *m*; **in die ~n gehen** (*fig fam*) andare a monte [*o* rotoli]

Binsenwahrheit *f* verità *f* ovvia [*o* evidente [*o* lapalissiana]]; **Binsenweisheit** <-, -en> *f* ovvietà *f*, verità *f* lapalissiana

Bio- [bi:o] (*in Zusammensetzungen*) bio-; (*biologisch gedüngt*) biologico

Biochemie [bioçe'mi:] *f* biochimica *f*; **Biochemiker(in)** <-s, -; -, -nen> *m(f)* (CHEM) biochimico, -a *m, f*; **biochemisch** *adj* (CHEM) biochimico

biodynamisch [biody'na:mɪʃ] *adj* biodinamico

Bioethik *f* bioetica *f*

Biogas ['bioga:s] <-es, -e> *n* biogas *m*

biogenetisch [bioge'ne:tɪʃ] *adj* biogenetico

Biograf(in)[RR] [bio'gra:f] <-en, -en; -, -nen> *m(f)* biografo, -a *m, f*; **Biografie**[RR] [biografi:] <-, -n> *f* biografia *f*; **Biografin**[RR] <-, -nen> *f s.* **Biograf**; **biografisch**[RR] [bio'gra:fɪʃ] *adj* biografico

Biograph(in) <-en, -en; -, -nen> *m(f) s.* **Biograf**; **Biographie** <-, -n> *f s.* **Biografie**; **Biographin** <-, -nen> *f s.* **Biograf**; **biographisch** [bio'gra:fɪʃ] *adj s.* **biografisch**

Biokost ['bioko:st] <-> *kein Pl f* alimentazione *f* a base di prodotti biologici

Bioladen *m* (*sl*) negozio *m* di prodotti naturali

Biolandwirtschaft *f* bioagricoltura *f*

Biologe [bio'lo:gə] <-n, -n> *m* biologo *m*; **Biologie** [biolo'gi:] <-> *kein Pl f* biologia *f*; **Biologin** <-, -nen> *f* biologa *f*; **biologisch** [bio'lo:gɪʃ] *adj* biologico

Biomasse ['bi:omasə] *f* (BIOL) biomassa *f*

Biomechanik [biome'ça:nɪk] *kein Pl f* biomeccanica *f*

biometrisch [bio'me:trɪʃ] *adj* **~e Daten** dati biometrici

Biomüll ['biomʏl] <-s> *kein Pl m* rifiuti

mpl organici

Bionik [bi'o:nik] <-> *kein Pl f* bionica *f*

Biophysik [biofy'zi:k] *f* biofisica *f*

Biopsie [biɔ'psi:, *pl:* biɔ'psi:ən] <-, -n> *f* (MED) biopsia *f*

Biorhythmus ['bi:ɔrvtmʊs] *m* bioritmo *m*

Biosphäre [bio'sfɛ:rə] *f* biosfera *f*

Biotechnik [bio'tɛçnɪk] *f* biotecnica *f*

Biotonne ['biotɔnə] *f* bidone *m* per rifiuti organici

Biotop [bio'to:p] <-s, -e> *n* (BIOL) biotopo *m*

Biowaffen *fpl* (MIL) armi biologiche *fpl*

BIP [be:ʔi:'pe:] <-> *n* (WIRTSCH) *abk v* **Bruttoinlandsprodukt** PIL *m*

birgt [bɪrkt] *3. pers sing pr von* **bergen**

Birke ['bɪrkə] <-, -n> *f* betulla *f;* **Birkenwald** *m* bosco *m* di betulle

Birkhahn *m* fagiano *m* di montagna; **Birkhuhn** *n* fagiano *m* di monte

Birnbaum *m* pero *m*

Birne ['bɪrnə] <-, -n> *f* ❶ (*Frucht*) pera *f* ❷ (*Glüh~*) lampadina *f* ❸ (*fam: Kopf*) zucca *f;* **birnenförmig** ['bɪrnənfœrmɪç] *adj* a forma di pera

birst [bɪrst] *2. u 3. pers sing pr von* **bersten**

bis [bɪs] **I.** *prp o adv* ❶ (*zeitlich, räumlich*) fino a, sino a; **von 5 ~ 6** dalle 5 alle 6; **von früh ~ spät** dalla mattina alla sera; **~ bald!/gleich!** a presto!/dopo!; **~ heute** fino a oggi; **~ (spät) in die Nacht (hinein)** fino a notte inoltrata; **von Anfang ~ Ende** dal principio alla fine; **~ jetzt** finora; **~ jetzt noch nicht** non ancora; **~ dahin** [*o* **dorthin**] fin qui, fin là; **~ ins Kleinste** fin nei minimi particolari; **~ zu** fino a ❷ (*außer*) **~ auf** tranne, eccetto, salvo ❸ (*Zahlenangabe*) da ... a ..., ... o ...; **es waren zwei- ~ dreihundert Personen anwesend** erano presenti dalle duecento alle trecento persone **II.** *konj* finché, fino al momento in cui, fino a che

Bisam ['bi:zam] <-s, -e *o* -s> *m* ❶ (*Riechstoff*) muschio *m* ❷ (*Fell*) pelliccia *f* di topo muschiato; **Bisamratte** *f* topo *m* muschiato

Bischof ['bɪʃɔf, *pl:* 'bɪʃøːfə] <-s, Bischöfe> *m* vescovo *m;* **bischöflich** ['bɪʃœflɪç] *adj* vescovile; **Bischofsamt** *n* episcopato *m*, vescovado *m;* **Bischofskonferenz** *f* Conferenza *f* Episcopale; **Bischofsmütze** *f* (REL) mitra *f;* **Bischofssitz** *m* sede *f* vescovile, vescovado *m;* **Bischofsstab** *m* pastorale *m*

bisexuell [bizɛ'ksuɛl *o* 'bi:zɛksuɛl] *adj* bisessuale

bisher [bɪs'he:ɐ̯] *adv* finora; **~ noch nicht**

non ancora; **bisherig** *adj* finora; **der ~e Minister** il ministro in carica finora

Biskaya [bɪs'ka:ja] *f* **die ~** la Biscaglia; **der Golf von ~** il golfo di Biscaglia

Biskuit [bɪs'kvi:t] <-(e)s, -s *o* -e> *n o m* biscotto *m*

bislang [bɪs'laŋ] *s.* **bisher**

Bismarckhering ['bɪsmarkhe:rɪŋ] *m* (GASTR) aringa *f* alla Bismarck

Bison ['bi:zɔn] <-s, -s> *m* bisonte *m*

biss[RR], **biß**[ALT] [bɪs] *1. u 3. pers sing imp von* **beißen**

Biß[ALT] <-sses, -sse> *m s.* **Biss**

biß[ALT] *s.* **biss**

Biss[RR] [bɪs] <-es, -e> *m* ❶ (*Tätigkeit*) morso *m* ❷ (*Ergebnis*) morsicatura *f*, morso *m*

biss[RR] [bɪs] *1. u 3. pers sing imp von* **beißen**

Biss[RR], **Biß**[ALT] [bɪs] <-es, -e> *m* ❶ (*das Zubeißen*) morso *m* ❷ (*Bisswunde*) morsicatura *f*, morso *m*

bisschen[RR], **bißchen**[ALT] ['bɪsçən] **I.** <inv> *adj* **ein ~ ...** un poco [*o* po'] di ...; **das ~ ...** quel po' di ...; **ein klein(es) ~ ...** un pochettino di ... *fam;* **ein ganz kleines ~ ...** un pochino di ...; **kein ~ ...** nemmeno un po' di ... **II.** *adv* **ein ~** un po'; **kein ~** nemmeno un po'

Bissen ['bɪsən] <-s, -> *m* boccone *m*

bissig *adj* ❶ (*Hund*) che morde ❷ (*Bemerkung*) mordace, pungente; **Bissigkeit** <-, -en> *f* (*fig: Bemerkung*) causticità *f*, mordacità *f*

Bisswunde[RR] *f* morsicatura *f*, morso *m*

bist [bɪst] *2. pers sing pr von* **sein**[1]

Bistum ['bɪstu:m, *pl:* 'bɪsty:mə] <-s, Bistümer> *n* episcopato *m*, (*Diözese*) diocesi *f*

bisweilen [bɪs'vaɪlən] *adv* talvolta, a volte

Bit [bɪt] <-(s), -(s)> *n* (INFORM) bit *m*

bitte ['bɪtə] *int* per favore, per piacere; (*als Antwort auf danke*) prego; **~ nehmen Sie Platz** prego, si accomodi; **~ (, bedienen Sie sich)!** prego (, si serva)!; **(wie) ~?** come (ha detto)?; **~ (, Sie wünschen)?** prego (, desidera)?; **~ schön!** prego!; **zahlen ~!** il conto, per favore!; **ja ~!** sì, prego!; (*auf Frage, Verlangen*) dica, prego; **na ~!** ecco!

Bitte <-, -n> *f* (*Wunsch*) preghiera *f;* (*Aufforderung, Anliegen*) domanda *f*, richiesta *f;* **dringende** [*o* **flehentliche**] **~** supplica *f;* **jdm eine ~ abschlagen** respingere una domanda a qu; **auf jds ~ (hin)** su richiesta di qu; **ich habe eine ~ an Sie** vorrei chiederLe un favore

bitten <bittet, bat, gebeten> *vi, vt* ❶ (*Wunsch äußern*) **jdn ~, etw zu tun**

bitten

bitten	pregare qualcuno
Kannst/Könntest du bitte mal den Müll runterbringen?	**Puoi/Potresti** portar giù la spazzatura, **per favore?**
Bitte sei so gut und bring mir meine Jacke.	**Sii gentile** e portami la giacca.
Wärst du so nett und würdest mir die Zeitung mitbringen?	**Saresti tanto gentile da** portarmi il giornale?
Würden Sie bitte so freundlich sein und ihr Gepäck etwas zur Seite rücken?	**Sarebbe così cortese da** spostare la sua valigia un po' più in là?
Darf ich Sie bitten, Ihre Musik etwas leiser zu stellen?	**Potrebbe** abbassare un po' il volume della musica, **per favore?**

um Hilfe bitten	chiedere aiuto
Kannst du mir einen Gefallen tun?	**Mi puoi fare un favore?**
Darf/Dürfte ich Sie um einen Gefallen bitten?	**Posso/Potrei chiederLe un favore?**
Könntest du mir bitte helfen?	**Potresti aiutarmi, per favore?**
Könnten Sie mir bitte behilflich sein?	**Potrebbe aiutarmi, per favore?**
Ich wäre Ihnen dankbar, wenn Sie mir dabei helfen könnten.	**Le sarei molto grata/o se** mi potesse aiutare.

pregare qu di fare qc ❷(*fragen*) **jdn um etw ~** chiedere qc a qu; **jdn dringend** [*o* **inständig**] **um etw ~** implorare qu per avere qc; **jdn um einen Gefallen ~** chiedere un favore a qu; **sich lange ~ lassen** farsi pregare a lungo; **ich lasse ~ nicht** fate passare; **ich bitte (Sie) darum** La prego; **ich bitte um Verzeihung** La prego di scusarmi, scusi; **darf ich ~?** (*zum Tanz*) posso invitarLa a questo ballo?; **darf ich (Sie) um das Salz ~?** per favore, mi passa il sale?; **wenn ich ~ darf** per favore
bitter *adj* ❶(*Geschmack*) amaro; **~ schmecken** avere un sapore amaro ❷(*schmerzlich*) amaro ❸(*Hohn, Spott*) crudele ❹(*verbittert*) amaro, amareggiato ❺(*Kälte, Frost*) pungente; (*Not*) duro; (*Leid, Unrecht*) amaro; **es ist ~ kalt** fa un freddo terribile; **etw ~ nötig haben** avere assolutamente bisogno di qc; **bis zum ~en Ende** fino alla fine; **bitterböse** ['bɪtɐ'bø:zə] *adj* molto adirato
Bittere <ein -r, -n, -n> *m* (*Likör*) amaro *m;* **bitterernst** ['bɪtɐ'ʔɛrnst] *adj* molto serio; **Bitterkeit** <-> *kein Pl f* ❶(*Geschmack*) sapore *m* amaro ❷(*von Mensch, Worten*) amarezza *f;* **bitterlich** *adv* amaramente; **~ weinen** piangere amaramente; **bittersüß** *adj* dolceamaro
Bittschrift *f* petizione *f*
Bittsteller(in) <-s, -; -, -nen> *m(f)* postu-

lante *mf,* richiedente *mf*
Bitumen [bi'tu:mən, *pl:* bi'tu:mina] <-s, - *o* Bitumina> *n* bitume *m*
Biwak ['bi:vak] <-s, -s *o* -e> *n* bivacco *m;* **biwakieren** [biva'ki:rən] <ohne ge-> *vi* bivaccare
bizarr [bi'tsar] *adj* bizzarro, stravagante
Bizeps ['bi:tsɛps] <-es, -e> *m* bicipite *m*
BKA [be:ka:'ʔa:] <-> *kein Pl n abk v* **Bundeskriminalamt** *polizia criminale* (*federale*)
Blabla [bla'bla:] <-s> *kein Pl n* (*fam*) blablà *m*
Blackout [blɛk'ʔaʊt *o* 'blɛk'ʔaʊt] <-(s), -s> *n o m,* **Black-out**[RR] <-(s), -s> *n o m* ❶(MED: *Gedächtnislücke*) blackout *m,* vuoto *m* di memoria; **ein ~ haben** avere un blackout ❷(*Stromausfall*) blackout *m*
blähen ['blɛ:ən] I. *vi* (MED) provocare flatulenza II. *vt* gonfiare III. *vr* **sich ~** (*a fig*) gonfiarsi
Blähung <-, -en> *f* (MED) flatulenza *f*
blamabel [bla'ma:bəl] *adj* umiliante, vergognoso
Blamage [bla'ma:ʒə] <-, -n> *f* mortificazione *f,* vergogna *f*
blamieren [bla'mi:rən] <ohne ge-> I. *vt* far fare una brutta figura a, rendere ridicolo II. *vr* **sich ~** fare una figuraccia
blanchieren [blã'ʃi:rən] <ohne ge-> *vt* (GASTR) sbollentare

blank [blaŋk] *adj* ❶(*glänzend*) lucido; (*glatt*) liscio ❷(*bloß, nackt*) nudo; **~ sein** (*fig fam*) essere al verde ❸(*rein: Hohn, Neid*) puro; **~er Unsinn** una scemenza bell'e buona

blanko ['blaŋko] <inv> *adj* in bianco, allo scoperto; **Blankoscheck** *m* assegno *m* in bianco; **Blankovollmacht** *f* procura *f* in bianco

Blase ['bla:zə] <-, -n> *f* ❶(*Luft~*) bolla *f* ❷(MED: *Haut~*) vescica *f* ❸(ANAT: *Harn~*) vescica *f*

Blasebalg <-(e)s, -bälge> *m* soffietto *m*, mantice *m*

blasen ['bla:zən] <bläst, blies, geblasen> **I.** *vt* ❶(*a Glas*) soffiare ❷(MUS: *Blasinstrument*) suonare **II.** *vi* (*Mensch*) **auf** [*o* in] **etw** *acc* **~** soffiare su [*o* in] qc; **in etw** *acc* **~** (*Musiker*) suonare qc; **zum Rückzug ~** suonare la ritirata; **es bläst** (*windet*) tira vento

Blasenentzündung *f* (MED) cistite *f*; **Blasenschwäche** *f* (MED) incontinenza *f*; **Blasenstein** *m* (MED) calcolo *m* alla vescica; **Blasentee** *m* (MED) tisana *f* (per disturbi alla vescica)

Bläser(in) ['blɛ:zɐ] <-s, -; -, -nen> *m(f)* (MUS) suonatore, -trice *m, f* (di strumento a fiato)

blasiert [bla'zi:ɐt] *adj* altezzoso, borioso

Blasinstrument *n* strumento *m* a fiato; **Blaskapelle** *f* orchestra *f* di strumenti a fiato; **Blasmusik** <-> *kein Pl f* musica *f* per strumenti a fiato; **Blasorchester** *n* orchestra *f* di strumenti a fiato

Blasphemie [blasfe'mi:] <-, -n> *f* bestemmia *f*; **blasphemisch** [blas'fe:mɪʃ] *adj* blasfemo

Blasrohr *n* cerbottana *f*

blass^{RR} [blas] *adj*, **blaß**^{ALT} [blas] <blasser *o* rar blässer, blasseste *o* rar blässeste> *adj* pallido; **~ werden** impallidire; **vor Neid ~ werden** essere verde d'invidia; **keine blasse Ahnung** [*o* keinen blassen Schimmer] **von etw haben** (*fam*) non avere la più pallida idea di qc

Blässe ['blɛsə] <-> *kein Pl f* pallore *m*

Blässhuhn^{RR} ['blɛshu:n] *n*, **Bläßhuhn**^{ALT} *n* (ZOO) fòlaga *f*

bläst [blɛːst] *2. u 3.pers sing pr von* **blasen**

Blatt [blat, *pl:* 'blɛtɐ] <-(e)s, Blätter> *n* ❶(BOT) foglia *f*; **kein ~ vor den Mund nehmen** (*fig*) non avere peli sulla lingua ❷(*Papier*) foglio *m*; (*Seite*) pagina *f*; **ein unbeschriebenes ~ sein** (*fig*) essere un'incognita; **das steht auf einem anderen ~** è un'altra faccenda, è un altro paio di maniche; **vom ~ singen/spielen** cantare/sonare a prima vista ❸(*Zeitung*) giornale *m* ❹(TEC: *Säge~*) lama *f* ❺(*Ruder~, Propeller~*) pala *f* ❻(*Kartenspiel*) carta *f*; **ein gutes ~ haben** avere una buona combinazione di carte; **das ~ hat sich gewendet** (*fig fam*) la situazione è cambiata

blättern ['blɛtɐn] *vi* sfogliare; **in einem Buch ~** sfogliare un libro

Blätterteig *m* pasta *f* sfoglia

Blattgold *n* oro *m* in foglie; **Blattgrün** *n* (BOT) clorofilla *f*; **Blattlaus** *f* (ZOO) pidocchio *m* delle piante; **Blattpflanze** *f* (BOT) pianta *f* da fogliame; **Blattsalat** *m* (GASTR) lattuga *f*; **Blattspinat** <-(e)s> *kein Pl m* (GASTR) spinaci *mpl* (in foglie); **Blattwerk** *n* (BOT) fogliame *m*

blau [blaʊ] *adj* ❶(*Farbe*) blu, azzurro; (*himmelblau*) celeste; **~es Auge** occhio livido; **~er Fleck** livido *m*; **sein ~es Wunder erleben** (*fam*) avere una brutta sorpresa; **~er Brief** (*fam*) lettera *f* di licenziamento; **Forelle ~** (GASTR) trota lessa ❷(*fam: betrunken*) sbronzo

Blau <-(s), - *o fam* -s> *n* blu *m;* **die Farbe ~** il colore blu [*o* azzurro]; **in ~ gekleidet** vestito di blu [*o* di azzurro]; *s. a.* **Blaue**

blauäugig ['blaʊʔɔɪgɪç] *adj* dagli occhi azzurri [*o* blu]; (*fig: naiv*) ingenuo, credulone

Blaubeere *f* mirtillo *m*

blaublütig ['blaʊbly:tɪç] *adj* (*adlig*) di sangue blu

Blaue <-n> *kein Pl n* blu *m*, azzurro *m;* **das ~ vom Himmel versprechen** (*fam*) promettere mari e monti; **ins ~ hinein reden** (*fam*) parlare a vanvera; **eine Fahrt ins ~** (*fam*) una gita senza meta

Bläue ['blɔɪə] <-> *kein Pl f* (*geh*) azzurro *m*, (colore *m*) blu *m*

Blaufelchen ['blaʊfɛlçən] <-s, -> *m* (ZOO) coregone *m*

Blaufuchs *m* (ZOO) volpe *f* azzurra

blaugrau *adj* grigio-azzurro; **blaugrün** *adj* verd(e)azzurro

Blauhelm *m* (UNO-*Soldat*) casco *m* blu

blaukariert *adj* a quadretti blu [*o* azzurri]

Blaukraut <-(e)s> *kein Pl n* (A, *südd: Rotkohl*) cavolo *m* rosso

bläulich ['blɔɪlɪç] *adj* bluastro, azzurrognolo

Blaulicht *n* luce *f* lampeggiante

blau|machen *vi* (*fam: Schule*) marinare la scuola; (*Arbeit*) non andare a lavorare

Blaumann *m* (*fam: Arbeitsanzug*) tuta *f* blu

Blaumeise *f* (ZOO) cinciallegra *f*

Blaupause <-, -n> f cianotipo m, copia f cianografica

Blausäure f (CHEM) acido m cianidrico

Blaustift m matita f blu [o copiativa]

Blaustrumpf m (fig pej) bas-bleu f

Blauwal m (ZOO) balena f azzurra

Blazer ['bleːzɐ] <-s, -> m blazer m

Blech [blɛç] <-(e)s, -e> n ❶ (Material) latta f; (Weiß~) lamiera f stagnata, latta f bianca; (von Auto) lamiera f ❷ (Kuchen~) piastra f ❸ sing (fig fam: Quatsch) sciocchezze fpl, stupidaggini fpl; **Blechblasinstrument** n ottoni mpl; **Blechbüchse** f, **Blechdose** f barattolo m di latta

blechen vt, vi (fam) sborsare

blechern adj ❶ (aus Blech) di latta, di lamiera ❷ (Klang, Stimme) stridulo; (hohl) opaco

Blechinstrument n s. **Blechblasinstrument**; **Blechkanister** m bidone m, tanica f; **Blechlawine** f (scherz fam) fila f interminabile (di automezzi); **Blechmusik** f musica f per ottoni; (pej) musica f stonata; **Blechnapf** m gamella f; **Blechschaden** m danni mpl alla carrozzeria; **Blechschere** f cesoia f per lamiera, forbici fpl da lattoniere; **Blechtrommel** f tamburo m di latta

blecken ['blɛkən] vt **die Zähne ~** digrignare i denti

Blei [blaɪ] <-(e)s, -e> n (CHEM) piombo m; **das liegt wie ~ im Magen** è un mattone sullo stomaco

Bleibe ['blaɪbə] <-, -n> f alloggio m, dimora f

bleiben ['blaɪbən] <bleibt, blieb, geblieben> vi sein ❶ (nicht weggehen) restare, rimanere; **~ Sie am Apparat!** resti in linea!; **hängen ~** (fam: an einem Ort) fermarsi, arenarsi; (Verdacht) gravare; (im Gedächtnis) rimanere impresso; (fam: sitzen ~) essere bocciato; **an etw** dat **hängen ~** (sich verhaken) impigliarsi in qc; **wo bleibt mein Kaffee?** e il mio caffè?; **wo ist mein Hut geblieben?** dov'è andato a finire il mio cappello?; **das bleibt unter uns!** rimane tra di noi! ❷ (nicht ändern) restare, rimanere; **gleich ~** rimanere inalterato; **sich** dat **gleich ~** rimanere tale e quale; **das bleibt sich gleich** è lo stesso, è uguale; **gleich ~d** invariabile, immutato, costante; **er bleibt bei seiner Meinung** persiste nella sua opinione; **es bleibt dabei!** siamo intesi!; **es bleibt alles beim Alten** tutto resta come prima; **wenn das Wetter so bleibt** se il tempo si mantiene così; **liegen ~** (nicht aufstehen) rimanere disteso; (im Bett) restare a letto; (unerledigt bleiben) rimanere incompiuto; (nicht verkauft werden) rimanere invenduto; (Auto) rimanere per strada, bloccarsi; **offen ~** (Tür, Fenster) rimanere aperto; (Frage) rimanere indeciso; **sitzen ~** rimanere seduto; **stehen ~** fermarsi, arrestarsi; **wo sind wir stehen geblieben?** dove siamo rimasti?; **stecken ~** (nicht weitergehen) rimanere bloccato; (nicht herauskommen: Kugel, Messer) rimaner conficcato; (MOT) rimanere in panna; (Verhandlungen) arenarsi, incagliarsi; **im Schlamm stecken ~** impantanarsi nel fango; **im Hals stecken ~** rimanere in gola ❸ (übrig ~) avanzare; **es bleibt mir nichts weiter zu tun, als …** non resta altro da fare che …; **das bleibt abzuwarten** stiamo a vedere

bleibend adj durevole, duraturo, permanente; **~er Wert** valore durevole

bleiben‖lassen[ALT] vt s. **lassen²** 3.

bleich [blaɪç] adj pallido; **~ werden** impallidire

bleichen vt imbiancare; (Haare) ossigenare

Bleichgesicht n (scherz) viso m pallido; **Bleichmittel** n candeggiante m; **Bleichsucht** f clorosi f, anemia f

bleiern adj (a fig) di piombo

bleifrei adj (Benzin) senza piombo; **Bleigießen** <-s> kein Pl n tradizione di Capodanno di fondere il piombo per indovinare il futuro; **bleihaltig** ['blaɪhaltɪç] adj piombifero; **Bleikristall** n cristallo m al piombo; **Bleimantel** m (TEC) involucro m di piombo; **bleischwer** ['blaɪʃveːɐ] adj pesante come il piombo; **Bleistift** m matita f, lapis m; **Bleistiftspitzer** m temperamatite m, temperalapis m; **Bleivergiftung** f (MED) saturnismo m; **Bleiweiß** n (CHEM) biacca f (di piombo)

Blende ['blɛndə] <-, -n> f ❶ (Lichtschirm) schermo m, paralume m ❷ (FOTO) diaframma m

blenden ['blɛndən] vt ❶ (blind machen) accecare; (vorübergehend durch Licht) abbagliare ❷ (fig: betören) affascinare; (täuschen) abbagliare; **blendend** adj ❶ (strahlend) abbagliante ❷ (ausgezeichnet) formidabile, eccezionale; **du siehst ~ aus** stai magnificamente bene

blendfrei adj (TEC) anabbagliante

Blendung <-, -en> f abbagliamento m, abbaglio m

Blendwerk n apparenza f vana, illusione f, miraggio m

Blesse ['blɛsə] <-, -n> f (Tiere) macchia f bianca

Blick [blɪk] <-(e)s, -e> m ❶ (Blicken,

Ausdruck) sguardo *m; (kurzer, rascher)* colpo *m* d'occhio; *(verstohlener, liebevoller)* occhiata *f;* **auf den ersten ~** a prima vista, alla prima occhiata; **einen ~ werfen auf** +*acc* dare un'occhiata a; **jdn keines ~es würdigen** non degnare qu nemmeno di uno sguardo; **seine ~e schweifen lassen** lasciare scorrere l'occhio; **jdm einen vernichtenden ~ zuwerfen** fulminare qu con lo sguardo; **böser ~** malocchio *m* ❷ *sing (Aus~)* vista *f,* veduta *f;* **mit ~ auf** +*acc* con vista su

blicken *vi* **auf jdn** [*o* **nach jdm**] ~ guardare qu; **sich ~ lassen** farsi vedere; **tief ~ lassen** far capire tante cose

Blickfang *m* attrazione *f,* richiamo *m;* **Blickfeld** *n* campo *m* visivo; **Blickkontakt** *m* contatto *m* visivo; **Blickpunkt** *m (Gesichtspunkt)* punto *m* di vista; **im ~ stehen** *(fig)* essere al centro dell'attenzione; **Blickwinkel** *m (fig)* angolatura *f*

blieb [bliːp] *1. u 3. pers sing imp von* **bleiben**

blies [bliːs] *1. u 3. pers sing imp von* **blasen**

blind [blɪnt] *adj* ❶ *(nicht sehend)* cieco; **für etw ~ sein** *(fig)* non voler vedere qc; **~er Gehorsam** ubbidienza cieca; **~ werden** perdere la vista; **nicht ~ sein** *(fig)* non essere cieco ❷ *(glanzlos)* appannato ❸ *(Alarm)* falso ❹ *(Passagier)* clandestino

Blinddarm *m* (ANAT) intestino *m* cieco; *(fam: Wurmfortsatz)* appendice *f;* **Blinddarmentzündung** *f* (MED) appendicite *f;* **Blinddarmoperation** <-, -en> *f* (MED) appendicectomia *f*

Blinddate ['blaɪnt 'deːt] <-, -s> *n* appuntamento *m* al buio

Blind Date [blaɪnt dɛɪt] <-s, -s> *n* blind date *m;* **ein ~ haben** avere un'appuntamento con una persona sconosciuta

Blinde <ein -r, -n, -n> *mf* cieco, -a *m, f*

Blindekuh *f* **~ spielen** giocare a mosca-cieca

Blindenhund *m* cane *m* (guida) per ciechi; **Blindenschrift** *f* scrittura *f* Braille

Blindflug *m* (AERO) volo *m* cieco; **Blindgänger** <-s, -> *m* (MIL) proiettile *m* inesploso; **blindgeboren** *adj attr.* cieco dalla nascita, nato cieco; **Blindheit** <-> *kein Pl* *(a fig)* cecità; **mit ~ geschlagen** *(fig)* accecato; **blindlings** ['blɪntlɪŋs] *adv* alla cieca, ciecamente, a occhi chiusi; *(aufs Geratewohl)* a caso; **Blindschleiche** ['blɪntʃlaɪçə] <-, -n> *f* (ZOO) orbettino *m*

blinken ['blɪŋkən] *vi* ❶ *(funkeln)* luccicare, scintillare ❷ *(Blinkzeichen geben)* fare segnali ottici; *(Auto)* mettere la freccia, lampeggiare

Blinker <-s, -> *m (Gerät)* segnalatore *m* luminoso; (MOT) lampeggiatore *m*

Blinklicht *n* luce *f* intermittente; **Blinkzeichen** *n* segnale *m* ottico ad intermittenza

blinzeln ['blɪntsəln] *vi* socchiudere gli occhi; *(schelmisch, verliebt)* ammiccare

Blitz [blɪts] <-es, -e> *m* ❶ *(Blitzen)* lampeggiare *m; (~ strahl)* lampo *m;* **ein ~ aus heiterem Himmel** un fulmine a ciel sereno; **wie der ~** *(fam)* come un fulmine; **wie vom ~ getroffen** folgorato, fulminato ❷ (FOTO) flash *m;* **Blitzableiter** *m (a fig)* parafulmine *m;* **Blitzaktion** *f* azione *f* lampo; **blitzartig** *adj* fulmineo

blitzblank ['blɪts'blaŋk] *adj* pulito, lustro (come uno specchio)

blitzen *vi (funkeln)* luccicare; *(Augen)* brillare; **es blitzt** lampeggia

Blitzgerät *n* (FOTO) flash *m;* **Blitzkrieg** *m* guerra *f* lampo; **Blitzlicht** *n* (FOTO) flash *m;* **Blitzlichtgerät** *n* (lampada *f* al) flash *m;* **blitzsauber** ['blɪts'zaʊbɐ] *adj (fam)* pulitissimo; **Blitzschlag** *m* colpo *m* di fulmine; **blitzschnell** ['blɪts'ʃnɛl] *adj* fulmineo; **Blitzwürfel** *m* (FOTO) cuboflash *m*

Block[1] [blɔk, *pl:* 'blœka] <-(e)s, Blöcke> *m (Stein~)* blocco *m*

Block[2] <-(e)s, -s *o* Blöcke> *m* ❶ *(Notiz-, Brief-, Zeichen~)* blocco *m* ❷ *(Häuser~)* isolato *m* ❸ (POL) blocco *m*

Blockade [blɔ'kaːdə] <-, -n> *f* blocco *m*

Blockbildung *f* (POL) formazione *f* di blocchi

Blockbuchstabe <-n, -n> *m* lettera *f* in stampatello

blocken *vi, vt* bloccare; (SPORT) respingere

Blockflöte *f* (MUS) flauto *m* dolce

blockfrei *adj* (POL) non allineato; **die Blockfreien** i non allineati; **Blockfreiheit** *f* (POL) non allineamento *m*

Blockhaus *n* casa *f* in legno

blockieren [blɔ'kiːrən] <ohne ge-> **I.** *vt* bloccare; *(sperren,* FIN*)* sbarrare **II.** *vi (Bremsen, Rad)* bloccare

Blockschrift *f* (scrittura *f* in) stampatello *m*

blöd(e) ['bløːt ('bløːdə)] *adj* ❶ *(dumm)* imbecille, scemo; *(albern)* sciocco ❷ *(schwachsinnig)* deficiente ❸ *(CH: schüchtern)* timido ❹ *(fam: dumm, ärgerlich)* spiacevole, fastidioso

blödeln *vi* dire sciocchezze

blöderweise ['bløːdə'vaɪzə] *adj* stupidamente

Blödheit <-, -en> *f* sciocchezza *f;* **Blödmann** *m* sciocco, -a *m, f; (Schimpfwort)* scemo, -a *m, f;* **Blödsinn** *m* (*fam:* *Unsinn*) sciocchezza *f,* idiozia *f;* **so ein ~!** che idiozia!; **blödsinnig** *adj* ❶ (*schwach-* *sinnig*) imbecille, idiota ❷ (*dumm*) stu- pido, sciocco

blöken ['blø:kən] *vi* (*Schaf*) belare; (*Rind*) muggire

blond [blɔnt] *adj* biondo

blondieren [blɔn'di:rən] <ohne ge-> *vt* ossigenare

Blondine [blɔn'di:nə] <-, -n> *f* bionda *f,* biondina *f*

bloß [blo:s] I. *adj* ❶ (*nackt, unbedeckt*) nudo; **mit ~en Füßen** a piedi nudi, scalzo ❷ (*rein, nichts als*) puro, solo; **mit ~em Auge** ad occhio nudo; **der ~e Anblick** la semplice vista; **der ~e Gedanke** già solo il pensiero II. *adv* (*fam*) ❶ (*nur*) solamente, semplicemente; **wo bleibst du ~?** ma dove sei?; **wie machst du das ~?** ma come riesci a fare ciò? ❷ (*als Verstärkung*) proprio, mai; **~ jetzt nicht!** proprio adesso no!

Blöße ['blø:sə] <-, -n> *f* ❶ (*geh: Nackt-* *heit*) nudità *f* ❷ (*fig: Schwäche, Fehler*) punto *m* debole; **sich** *dat* **eine ~ geben** mostrare il proprio lato debole

bloßlegen *vt* mettere a nudo, scoprire; (*fig*) rendere palese, rivelare; **bloßstel-** **len** *vt* far fare una brutta figura a, compro- mettere

blubbern ['blʊbən] *vi* (*fam*) farfugliare

Bluejeans ['blu:dʒi:ns] *pl* blue-jeans *mpl*

Blues [blu:s] <-, -> *m* (MUS) blues *m*

Bluff [blʊf *o* blaf *o* blœf] <-s, -s> *m* bluff *m*

bluffen ['blʊfən *o* 'blafən *o* 'blœfən] *vi* bluffare

blühen ['bly:ən] *vi* ❶ (*Pflanzen*) fiorire ❷ (*Geschäft*) prosperare ❸ (*fam: widerfah-* *ren*) succedere; **wer weiß, was uns noch** **blüht!** chissà che cosa ci aspetta!; **blü-** **hend** *adj* ❶ (*Pflanze*) fiorito, in fiore ❷ (*fig: florierend*) florido, prosperoso; (*Schönheit*) splendente; (*Fantasie*) fer- vido; **wie das ~e Leben aussehen** avere un aspetto florido; **im ~en Alter** nel fiore degli anni

Blühet ['bly:ət] <-, -> *m* (*CH*) fioritura *f*

Blume ['blu:mə] <-, -n> *f* ❶ (BOT) fiore *m;* **durch die ~** indirettamente, con allusioni; **danke für die ~n!** (*fig iron*) grazie (per la critica)! ❷ (*Bierschaum*) schiuma *f* ❸ (*des* *Weines*) bouquet *m;* **Blumenbeet** *n* aiuola *f* di fiori; **Blumengeschäft** *n* negozio *m* di fiori, fioraio *m;* **Blumen-** **kasten** *m* fioriera *f;* **Blumenkohl** *m* cavolfiore *m*

Blumenkorso ['blu:mənkɔrzo] <-s, -s> *m* sfilata *f* di carri fioriti, festa *f* dei fiori; **Blumenladen** *m s.* **Blumenge-** **schäft; Blumenmädchen** *n* fioraia *f;* **Blumensprache** *f* linguaggio *m* dei fiori; **Blumenständer** *m* portafiori *m,* giardi- niera *f;* **Blumenstock** *m* pianta *f* in vaso; **Blumenstrauß** *m* mazzo *m* di fiori; (*gro-* *ßer*) fascio *m* di fiori; **Blumentopf** *m* vaso *m* da fiori; **Blumenvase** *f* vaso *m* da fiori; (*kleine*) portafiori *m;* **Blumenzwie-** **bel** *f* bulbo *m*

blumig ['blu:mɪç] *adj* ❶ (*Wein*) profumato ❷ (*Parfüm*) di fiori ❸ (*Stil, Sprache*) fio- rito, ornato

Blunze(n) <-, -n> *f* (*A: Blutwurst*) sangui- naccio *m;* **das ist mir Blunzen** (*fam: das* *ist mir egal*) non m'importa

Bluse ['blu:zə] <-, -n> *f* camicetta *f,* blusa *f*

Blut [blu:t] <-(e)s> *kein Pl n* sangue *m;* **blaues ~ haben** avere il sangue blu, essere di sangue blu; **~ spenden** donare il san- gue; **~ vergießen** spargere sangue; **ruhig ~ bewahren** conservare la calma; **bis aufs ~** a sangue, a morte; **jdn bis aufs ~ aussau-** **gen** spogliare qu d'ogni avere; **das liegt** **mir im ~** ce l'ho nel sangue; **~ geleckt** **haben** (*fig fam*) provarci gusto; **böses ~** **machen** suscitare malcontento; **~ und** **Wasser schwitzen** (*fig*) sudare sangue, avere una paura matta; **Blutalkohol** *m* tasso *m* alcolico; **Blutandrang** *m* conge- stione *f;* **blutarm** *adj* (MED) anemico; **Blutarmut** *f* (MED) anemia *f;* **Blutbad** *n* bagno *m* di sangue, massacro *m;* **Blut-** **bahn** *f* (ANAT) sistema *m* circolatorio, cir- colo *m* sanguigno; **Blutbank** <-, -en> *f* (MED) banca *f* del sangue; **Blutbild** *n* (MED) quadro *m* ematologico; **rotes/weißes ~** globuli *mpl* rossi/bianchi; **blutbildend** *adj* (MED) emopoietico; **Blutbuche** *f* fag- gio *m* rosso [*o* sanguigno]; **Blutdruck** <-(e)s> *kein Pl m* pressione *f* sanguigna, tensione *f* arteriosa; **hoher ~** ipertensione *f;* **niedriger ~** ipotensione *f;* **Blutdruckan-** **stieg** *m* aumento *m* della pressione san- guigna; **Blutdruckmesser** <-s, -> *m* (MED) sfigmomanometro *m*

Blüte ['bly:tə] <-, -n> *f* ❶ (BOT) fiore *m* ❷ *sing* (*das Blühen*) fioritura *f;* **in** (**voller**) **~** in fiore, in piena fioritura ❸ *sing* (*fig:* *Höhepunkt*) periodo *m* aureo ❹ (*fam: fal-* *scher Geldschein*) banconota *f* falsa

Blutegel ['blu:tʔe:gəl] <-s, -> *m* sangui- suga *f*

bluten *vi* sanguinare; **aus etw ~** perdere sangue da qc; **meine Nase blutet** mi esce sangue dal naso; **mir blutet das Herz** mi

B

sanguina il cuore

Blütenblatt *n* (BOT) petalo *m;* **Blüten-pflanze** *f* (BOT) pianta *f* a fiore; **Blütenstaub** *m* (BOT) polline *m*

Blutentnahme *f* (MED) prelievo *m* di sangue

blütenweiß *adj* bianchissimo

Bluter <-s, -> *m* (MED) emofiliaco, -a *m, f;* **Bluterguss**^RR ['blu:t?ɛrgʊs] *m* (MED) travaso *m* di sangue, ematoma *m*

Bluterkrankheit *f* (MED) emofilia *f*

Blütezeit *f* (periodo *m* di) fioritura *f;* (*fig*) periodo *m* aureo, apogeo *m*

Blutfleck *m* macchia *f* di sangue; **Blutgefäß** *n* (ANAT) vaso *m* sanguigno; **Blutgerinnsel** *n* (MED) coagulo *m*, trombo *m;* **Blutgerinnung** <-> *kein Pl f* (MED) coagulazione *f* del sangue; **Blutgruppe** *f* (MED) gruppo *m* sanguigno; **Bluthochdruck** <-(e)s> *kein Pl m* (MED) ipertensione *f;* **Bluthund** *m* (ZOO) bracco *m*

blutig *adj* ❶ (*blutbefleckt*) insanguinato, macchiato di sangue ❷ (*Kampf*) sanguinoso ❸ (*verstärkend*) **~er Anfänger** (*fam*) semplice principiante

blutjung ['blu:t'jʊŋ] *adj* giovanissimo

Blutkonserve *f* (MED) ❶ (*Blut*) sangue *m* conservato (per trasfusioni) ❷ (*~ nflasche*) flacone *m* della banca del sangue; **Blutkörperchen** ['blu:tkœrpəçən] <-s, -> *n* (MED) globulo *m* (del sangue); **Blutkrebs** *m* (MED) leucemia *f;* **Blutkreislauf** *m* (MED) circolo *m* sanguigno; **Blutlache** *f* pozza *f* di sangue; **blutleer** *adj* esangue, dissanguato; **Blutniederdruck** <-(e)s> *kein Pl m* (MED) ipotensione *f;* **Blutorange** *f* arancia *f* sanguigna; **Blutplasma** *n* (MED) plasma *m* (sanguigno); **Blutplättchen** ['blu:tplɛtçən] <-s, -> *npl* (MED) piastrine *fpl;* **Blutprobe** *f* (MED) prelievo *m* del sangue; **Blutrache** *f* vendetta *f* di sangue; **blutreinigend** *adj* depurativo del sangue; **blutrot** ['blu:t'ro:t] *adj* rosso sanguigno; **blutrünstig** ['blu:t-rʏnstɪç] *adj* sanguinario; **Blutsauger** <-s, -> *m* (*fig*) sfruttatore *m*, sanguisuga *f;* **Blutsbruder** *m* amico *m* per la pelle, *persona legata da patto di sangue;* **Blutschande** *f* incesto *m;* **Blutsenkung** *f* (MED) sedimentazione *f* sanguigna; **Blutserum** *n* siero *m* sanguigno; **Blutspende** *f* (MED) donazione *f* di sangue; **Blutspender(in)** *m(f)* donatore, -trice *m, f* di sangue; **Blutspur** *f* traccia *f* di sangue; **blutstillend** *adj* emostatico

Blutstropfen *m* (MED) goccia *f* di sangue; **blutsverwandt** *adj* consanguineo; **Blutsverwandte** *mf* consanguineo,

-a *m, f;* **Blutsverwandtschaft** *f* consanguineità *f*

Bluttat *f* (*geh: Mord*) assassinio *m,* omicidio *m;* **Bluttransfusion** *f* (MED) trasfusione *f* (di sangue); **blutüberströmt** ['blu:t?y:bɛ(')ʃtrø:mt] *adj* intriso di sangue; **Blutübertragung** *f* (MED) trasfusione *f* di sangue

Blutung <-, -en> *f* emorragia *f;* (*Monats~*) mestruazione *f*

blutunterlaufen *adj* ecchimotico; **Blutuntersuchung** *f* (MED) analisi *f* del sangue; **Blutvergießen** <-s> *kein Pl n* (*geh*) spargimento *m* di sangue; **Blutvergiftung** *f* (MED) avvelenamento *m* del sangue, setticemia *f;* **Blutverlust** <-(e)s> *kein Pl m* (MED) perdita *f* di sangue; **Blutwurst** *f* (GASTR) sanguinaccio *m;* **Blutzucker** <-s> *kein Pl m* (MED) glicemia *f;* **Blutzuckerspiegel** *m* (MED) glicemia *f*

BLZ *abk v* **Bankleitzahl** CAB

BMX-Rad [be:?ɛm'?ɪksra:t] *n* (bicicletta *f*) BMX *f*

BND [be:?ɛn'de:] <-(s)> *kein Pl m abk v* **Bundesnachrichtendienst** organo federale competente per i servizi segreti

Bö [bø:] <-, -en> *f* raffica *f* di vento, folata *f*

Boa ['bo:a] <-, -s> *f* boa *m*

Bob [bɔp] <-s, -s> *m* (SPORT) bob *m*

Boccia <-, -> *n o f* (gioco *m* delle) bocce *fpl;* **~ spielen** giocare a bocce

Bock [bɔk, *pl:* 'bœkə] <-(e)s, Böcke> *m* ❶ (*Ziegen~*) caprone *m;* (*Schafs~*) montone *m;* (*Reh~*) capriolo *m* (maschio); **einen ~ schießen** (*fig fam*) pigliare un granchio, prendere una cantonata ❷ (*fam: Mensch*) tipo *m;* **er ist ein sturer ~** è testardo come un mulo ❸ (*fam: Lust*) voglia *f;* **keinen ~ haben etw zu tun** (*fam*) non aver (nessuna) voglia di fare qc ❹ (TEC: *Gestell*) cavalletto *m;* (*a Säge~*) supporto *m* ❺ (SPORT: *Turngerät*) cavallina *f* ❻ (*Kutsch~*) cassetta *f;* **Bockbier** *n* birra forte bavarese

bocken *vi* ❶ (*Esel*) piantarsi; (*Pferd*) impennarsi ❷ (*fig fam: bockig sein*) fare il mulo

bockig *adj* testardo, cocciuto

Bockleiter *f* scala *f* doppia [*o* a libro]

Bockshorn *n* (*fam*) **jdn ins ~ jagen** intimidire qu

Bockspringen <-s> *kein Pl n* (SPORT) salto *m* della cavallina; **Bocksprung** *m* (SPORT) salto *m* della cavallina, capriola *f;* **Bocksprünge vollführen** fare capriole

Bockwurst *f* (GASTR) salsiccia *f* di carne (*riscaldata in acqua bollente*)

Boden ['bo:dən, *pl:* 'bø:dən] <-s,

Böden> m ❶ (*Erd~*) suolo *m;* (*a Fläche*) terreno *m;* **auf französischem ~** sul territorio francese; **zu ~ fallen** cadere a terra; (**an**) **~ gewinnen/verlieren** guadagnare/perdere terreno; **festen ~ unter den Füßen haben** (*fig*) avere una posizione solida; **den ~ unter den Füßen verlieren** sentirsi mancare il terreno sotto i piedi ❷ (*Acker~*) terreno *m* coltivabile ❸ (*Grund und ~*) possesso *m* terriero, terreni *mpl* ❹ (*Meeres~*, *von Gefäß*) fondo *m;* **mit doppeltem ~** a doppio fondo ❺ (*Fuß~*) pavimento *m* ❻ (*Dach~*) soffitta *f,* granaio *m;* (*Heu~*) fienile *m* ❼ (*fig: Grundlage*) base *f;* **sich auf den ~ der Tatsachen stellen** attenersi ai fatti

Bodenbelag *m* pavimento *m;* **Bodenbelastung** *f* sfruttamento *m* del suolo; **Bodenerhebung** *f* elevazione *f* del terreno; **Bodenerosion** *f* (ECO) erosione *f* del suolo; **Bodenertrag** *m* reddito *m* fondiario; **Bodenfeuchtigkeit** *f* umidità *f* del terreno; **Bodenfrost** <-(e)s> *kein Pl m* gelo *m;* **Bodenhaftung** *f* (AUTO) aderenza *f* al terreno; **Bodenkammer** *f* mansarda *f;* **bodenlos** *adj* (*fig fam: unerhört*) inaudito; **~e Frechheit** grande insolenza; **Bodennebel** *m* nebbia *f* bassa; **Bodenpersonal** *n* (AERO) personale *m* a terra; **Bodenreform** *f* riforma *f* agraria; **Bodensatz** *m* ❶ (CHEM) residuo *m,* sedimento *m* ❷ (*in Fass*) fondiglio *m;* (*von Wein, Bier*) deposito *m,* feccia *f;* **Bodenschätze** *mpl* ricchezze *fpl* del sottosuolo, risorse *fpl* minerarie

Bodensee *m* lago *m* di Costanza
bodenständig *adj* autoctono
Bodenstation *f* (*radio, Raumfahrt*) stazione *f* di terra; **Bodenstreitkräfte** *fpl* forze armate *fpl* di terra; **Bodenturnen** *n* (SPORT) ginnastica *f* a terra

Body ['bɔdi] <-s, -s> *m* (*Kleidungsstück*) body *m;* **Bodybuilding** ['bɔdɪbɪldɪŋ] <-s> *kein Pl n* culturismo *m,* body building *m;* **Bodyguard** ['bɔdigɑːd] <-s, -s> *m* guardia *f* del corpo

bog [boːk] *1. u 3. pers sing imp von* **biegen**
Bogen ['boːgən, *pl:* 'bøːgən] <-s, - *o südd, A* Bögen> *m* ❶ (*Kurve*) curva *f;* (*Biegung*) curvatura *f;* **einen** (**großen**) **~ um jdn machen** girare al largo da qu, evitare qu; **den ~ raushaben/rauskriegen** (*fam*) saperci fare; **jdn in hohem ~ hinauswerfen** (*fam*) buttar fuori qu ❷ (SPORT) arco *m;* **den ~ überspannen** (*fig*) tirare troppo la corda, esagerare ❸ (ARCH, MAT) arco *m* ❹ (MUS) archetto *m* ❺ (*Blatt Papier*) foglio *m;* **bogenförmig**

['boːgənfœrmɪç] *adj* ad arco, a volta; **Bogengang** *m* (ARCH) arcata *f,* portico *m;* **Bogenlampe** *f* lampada *f* ad arco; **Bogenschießen** <-s> *kein Pl n* (SPORT) tiro *m* con l'arco; **Bogenschütze** *m,* **Bogenschützin** *f* (SPORT) tiratore, -trice *m, f;* d'arco

Bohle ['boːlə] <-, -n> *f* pancone *m,* tavolone *m*

Böhmen ['bøːmən] *n* Boemia *f*
böhmisch *adj* boemo; **das sind ~e Dörfer für mich** (*fam*) questo per me è turco
Bohne ['boːnə] <-, -n> *f* ❶ (BOT) fagiolo *m;* **grüne ~n** fagiolini *mpl;* **nicht die ~!** (*fig fam*) niente affatto! ❷ (*Kaffee~*) chicco *m;* **Bohnenkaffee** *m* caffè *m* in chicchi; **Bohnenkraut** *n* (BOT) santoreggia *f;* **Bohnensalat** *m* insalata *f* di fagiolini; **Bohnenstange** *f* bastoncino *m* di sostegno per piante di fagioli; (*fig fam*) spilungone, -a *m, f;* **Bohnenstroh** *n* **dumm wie ~** (*fam*) senza sale in zucca; **Bohnensuppe** *f* minestra *f* di fagioli

Bohnerbesen *m* spazzolone *m* per lucidare i pavimenti; **Bohnermaschine** *f* lucidatrice *f;* **bohnern** *vt* lustrare con la cera; **Bohnerwachs** *n* cera *f* per pavimenti

bohren ['boːrən] I. *vi* ❶ (*a beim Zahnarzt*) **an** [*o* **in**] **etw** *dat* **~** trapanare qc; (*nach Erdöl*) trivellare qc; **mit dem Finger in der Nase ~** mettersi le dita nel naso ❷ (*fam fig: drängen*) insistere ❸ (*quälen*) **in jdm ~** tormentare qu II. *vt* ❶ (*Material*) perforare, trapanare ❷ (*Brunnen, Tunnel*) scavare; **ein Loch in die Wand ~** fare un foro nella parete, forare la parete ❸ (*hinein~*) far penetrare; **bohrend** *adj* (*Schmerz*) acuto, pungente; (*Fragen*) indagatore; (*Blick*) penetrante; (*Reue, Zweifel*) tormentoso, che rode; **~en Hunger haben** avere i morsi della fame

Bohrer <-s, -> *m* (*Gerät*) trapano *m;* (*für Ölbohrung*) trivella *f*

Bohrinsel *f* piattaforma *f* per trivellazioni; **Bohrloch** *n* foro *m* (di trivellazione); **Bohrmaschine** *f* trapano *m* meccanico, perforatrice *f;* **Bohrprobe** *f* (TEC) carota *f,* carotaggio *m;* **Bohrturm** *m* torre *f* di trivellazione

Bohrung <-, -en> *f* ❶ (*das Bohren*) trapanazione *f,* perforazione *f;* (*Erdöl~*) trivellazione *f* ❷ (*Bohrloch*) foro *m* (di trivellazione)

böig ['bøːɪç] *adj* a raffiche
Boiler ['bɔɪlɐ] <-s, -> *m* scaldaacqua *m,* bollitore *m,* boiler *m*
Boje ['boːjə] <-, -n> *f* (NAUT) boa *f,* gavi-

tello *m*

Bolero <-s, -s> *m* ❶ (*Tanz*) bolero *m*
❷ (*Jäckchen*) bolero *m*

Bolivianer(in) [boli'vi̯a:nɐ] <-s, -; -, -nen> *m(f)* boliviano, -a *m, f*

bolivianisch [boli'vi̯a:nɪʃ] *adj* boliviano

Bolivien [bo'li:vi̯ən] *n* Bolivia *f*

Böller ['bœlɐ] <-s, -> *m* (*fam*) fuoco *m* d'artificio

Bollwerk ['bɔlvɛrk] *n* ❶ (NAUT) molo *m*
❷ (*fig: Festung*) baluardo *m*

Bolschewismus [bɔlʃe'vɪsmʊs] <-> *kein Pl m* bolscevismo *m*

Bolschewist(in) [bɔlʃe'vɪst] <-en, -en; -, -nen> *m(f)* bolscevico, -a *m, f*

bolschewistisch *adj* bolscevico

Bolzen ['bɔltsən] <-s, -> *m* (TEC) bullone *m;* (*mit Gewinde*) vite *f*

Bombardement [bɔmbardə'mã:] <-s, -s> *n* bombardamento *m*

bombardieren [bɔmbar'di:rən] <ohne ge-> *vt* ❶ (MIL) bombardare ❷ (*fam: überhäufen*) **jdn/etw** (**mit etw**) ~ bombardare qu/qc (di qu/qc)

Bombardierung <-, -en> *f* bombardamento *m*

bombastisch [bɔm'bastɪʃ] *adj* (*pej: Stil*) ampolloso; (*überladen*) sovraccarico

Bombe ['bɔmbə] <-, -n> *f* bomba *f;* ~**n über etw** *dat* **abwerfen** sganciare bombe su qc; **die ~ zum Platzen bringen** (*fig*) dar fuoco alle polveri; **die ~ ist geplatzt** (*fig*) è scoppiata la bomba; **Bombenangriff** *m* (MIL) bombardamento *m,* incursione *f* aerea; **Bombenanschlag** *m* (MIL) attentato *m* dinamitardo; **Bombenattentat** *n* attentato *m* dinamitardo; **Bombenerfolg** *m* (*fam*) successo *m,* successo *m* clamoroso; **Bombengeschäft** *n* (*fam*) ~**e machen** fare affari d'oro

Bombenmaterial *n* materiale *m* dinamitardo; **bombensicher** ['bɔmbən'zɪçɐ] *adj* ❶ (TEC) a prova di bomba ❷ (*fig fam*) certissimo; **Bombenstimmung** ['bɔmbən'ʃtimʊŋ] <-> *kein Pl f* (*fam*) stupenda atmosfera *f,* atmosfera *f* da sballo; **Bombenteppich** *m* (MIL) bombardamento *m* a tappeto; **Bombenterror** *m* attentati *pl* dinamitardi terroristici; **Bombentrichter** *m* cratere *m* scavato da una bomba

Bomber <-s, -> *m* (MIL) aereo *m* da bombardamento, bombardiere *m*

bombig *adj* (*fam*) fantastico

Bon [bɔŋ *o* bõ:] <-s, -s> *m* ❶ (*Gutschein*) buono *m* ❷ (*Kassenzettel*) scontrino *m*

Bonbon [bɔŋ'bɔŋ *o* bõ'bõ:] <-s, -s> *m o n* caramella *f*

BonboniereRR <-, -n> *f,* **Bonbonniere** [bɔŋbɔ'nie:rə *o* bõbɔ'nie:re] <-, -n> *f* bomboniera *f*

Boni *pl von* **Bonus**

Bonität [boni'tɛ:t] <-, -en> *f* (FIN) solidità *f* finanziaria, solvibilità *f*

Bonmot [bõ'mo:] <-s, -s> *n* (*geh*) bon mot *m,* battuta *f* spiritosa, arguzia *f*

Bonn [bɔn] *n* Bonn *f*

Bonner <inv> *adj* (*attr*) di Bonn

Bonner(in) <-s, -; -, -nen> *m(f)* abitante *mf* di Bonn

Bonsai ['bɔnzaɪ] <-, -s> *m* bonsai *m*

Bonus ['bo:nʊs] <- *o* -ses, - *o* -se *o* Boni> *m* ❶ (COM) premio *m* ❷ (*Versicherungs~*) bonus *m* assicurativo ❸ (*für Studienplatz*) condizioni *fpl* preferenziali di accesso al posto di studio

Bonze ['bɔntsə] <-n, -n> *m* (*pej*) bonzo *m,* alto papavero *m*

Booklet ['buklet] <-s, -s> *n* opuscolo *m*

Boom [bu:m] <-s, -s> *m* boom *m*

boomen ['bu:mən] *vi* (*fam: Geschäft*) essere in rapida crescita, prosperare; (*Literatur, Mode*) avere grande successo

Boot [bo:t] <-(e)s, -e> *n* barca *f,* imbarcazione *f;* ~ **fahren** andare in barca; **wir sitzen alle im gleichen ~** (*fig*) siamo tutti nella stessa barca; **Bootsfahrt** *f* gita *f* in barca; **Bootsmann** <-(e)s, -leute> *m* battelliere *m;* (*Deckoffizier*) ufficiale *m* di coperta

Bor [bo:ɐ̯] <-s> *kein Pl n* (CHEM) boro *m*

Bord[1] [bɔrt] <-(e)s, -e> *n* ❶ (*Bücherbrett*) mensola *f* ❷ (CH: *Rand, Böschung*) scarpata *f*

Bord[2] <-(e)s, *rar* -e> *m* (NAUT: *Schiffsrand*) bordo *m;* **an** ~ a bordo; **an** ~ **gehen** salire a bordo; **über** ~ **gehen** cadere in mare; **von** ~ **gehen** sbarcare, scendere a terra; **etw über** ~ **werfen** gettare in mare qc; (*fig*) rinunciare a qc

Bordcomputer <-s, -> *m* computer *m* di bordo

Bordell [bɔr'dɛl] <-s, -e> *n* bordello *m,* casa *f* chiusa

Bordfunker(in) *m(f)* radiotelegrafista *mf* di bordo; **Bordinstrumente** *npl* strumenti *mpl* di bordo; **Bordkarte** *f* (AERO) carta *f* d'imbarco; **Bordmechaniker(in)** *m(f)* motorista *mf* di bordo; **Bordpersonal** *n* (NAUT, AERO) equipaggio *m;* **Bordstein** *m* (pietra *f* del) cordone *m;* **Bordwaffen** *fpl* armi *fpl* di bordo

Borg [bɔrk] <-(e)s> *kein Pl m* **auf** ~ a credito

borgen ['bɔrgən] *vt* ❶ (*verleihen*) **jdm etw** ~ prestare qc a qu ❷ (*entleihen*) **etw**

von jdm ~ farsi prestare qc da qu
Borke ['bɔrkə] <-, -n> f (nordd)
❶ (Baum) corteccia f ❷ (Wunde) crosta f;
Borkenkäfer m (ZOO) bostrico m
borniert [bɔr'niːɐ̯t] adj (pej) limitato,
ottuso
borromäisch [bɔro'mɛɪʃ] adj die **~en**
Inseln le isole borromee
Borsalbe f unguento m all'acido borico
Börse ['bœrzə] <-, -n> f ❶ (FIN) borsa f
❷ (Geldbeutel) borsellino m, portamonete m; **Börsenbericht** m (FIN) bollettino m di borsa; **Börsengang** m (FIN:
eines Unternehmens) ingresso m in borsa;
Börsenkrach m (FIN) crollo m di borsa;
Börsenkurs m (FIN) corso m di borsa;
Börsenmakler(in) m(f) (FIN) agente mf
di borsa; **Börsenspekulant(in)** m(f)
(FIN) borsista mf; **Börsenzulassung** <-,
-en> f ammissione f alla quotazione di
borsa
Börsianer(in) [bœr'ziaːnɐ] <-s, -; -,
-nen> m(f) (fam) speculatore, -trice m, f
di borsa
Borste ['bɔrstə] <-, -n> f setola f; **Bors-
tentier** n maiale m
borstig adj ❶ (Tier, Haut) setoloso, irsuto
❷ (fig: Person) ispido, scontroso
Borte ['bɔrtə] <-, -n> f passamano m, gallone m
Borwasser n acqua f borica
bösartig ['bøːsʔaːɐ̯tɪç] adj ❶ (Mensch,
Bemerkung) cattivo, malvagio ❷ (MED)
maligno; **Bösartigkeit** <-, -en> f ❶ (von
Mensch, Bemerkung) cattiveria f, malvagità f ❷ (MED) carattere m maligno
Böschung ['bœʃʊŋ] <-, -en> f (Straßen~)
scarpata f; (Fluss~) argine m
böse ['bøːzə] adj ❶ (Mensch, Bemerkung,
Tat) cattivo, maligno, malvagio; (unartig)
maleducato; **jdn ~ ansehen** guardare qu
di traverso; **es war nicht ~ gemeint** non
avevo alcuna cattiva intenzione ❷ (ärgerlich) arrabbiato, irritato; **auf jdn** [o **mit
jdm**] ~ **sein** essere arrabbiato con qu, avercela con qu fam; ~ **werden** arrabbiarsi,
montare in collera ❸ (schlimm) grave,
serio, brutto; (Krankheit) pericoloso;
~ **Angelegenheit** brutta faccenda; ~ **Folgen** conseguenze spiacevoli; **es sieht ~
aus** (fig) va male
Böse[1] <ein -r, -n, -n> mf cattivo, -a m, f,
malvagio, -a m, f
Böse[2] <ein -s, -n> kein Pl n male m; **jdm
etw ~s antun** far del male a qu; **sich** dat
bei etw nichts ~s denken non pensar
male di qc; **~s ahnen** avere brutti presen-
timenti; **~s im Schilde führen** tramare

del male
Bösewicht <-(e)s, -er o -e> m ❶ (Schuft)
malvagio m ❷ (fam scherz: Schlingel) briccone m
boshaft ['boːshaft] adj cattivo, maligno
Bosheit ['boːshaɪt] <-, -en> f malignità f;
(a Handlung) malvagità f, cattiveria f
Bosniake(in) [bɔs'niaːkə] <-s, -; -, -nen>
m(f) bosniaco, -a m, f
Bosnien Herzegowina ['bɔsniən hɛr-
tse'goːvina] n Bosnia Erzegovina f
Bosnier(in) ['bɔsniɐ] <-s, -; -, -nen> m(f)
bosniaco, -a m, f
bosnisch ['bɔsnɪʃ] adj bosniaco
Bosporus ['bɔsporʊs] m Bosforo m
Boss[RR] [bɔs] <-es, -e> m, **Boß**[ALT]
<-sses, -sse> m (fam) capo m
böswillig I. adj malevolo, malintenzionato;
(JUR) intenzionale; **in ~ er Absicht** (JUR) con
intenzioni delittuose **II.** adv con malevolenza, in malafede; (JUR) intenzionalmente;
Böswilligkeit <-, -en> f malevolenza f,
malizia f
bot [boːt] 1. u 3. pers sing imp von **bieten**
Botanik [bo'taːnɪk] <-> kein Pl f botanica f
Botaniker(in) <-s, -; -, -nen> m(f) botanico, -a m, f
botanisch adj botanico
botanisieren [botani'ziːrən] <ohne ge->
vi erborizzare
Bote ['boːtə] <-n, -n> m messaggero m;
(~ njunge) fattorino m; (Dienstmann)
facchino m; **durch ~n** per corriere;
Botengang m commissione f; **Botin**
['boːtɪn] <-, -nen> f messaggera f
Botox ['boːtɔks] <-> n botulino m;
Botoxbehandlung f (Behandlung mit
Botox-Spritzen gegen Falten) trattamento m botulinico
Botschaft ['boːtʃaft] <-, -en> f ❶ (Nachricht) messaggio m ❷ (POL) ambasciata f
Botschafter(in) <-s, -; -, -nen> m(f)
ambasciatore, -trice m, f
Böttcher ['bœtçɐ] <-s, -> m bottaio m
Bottich ['bɔtɪç] <-(e)s, -e> m tino m,
tinozza f, mastello m
Bouillon [bʊl'jɔŋ o bʊl'jõ] <-, -s> f
brodo m, consommé m; **Bouillonwür-
fel** m dado m (di estratto) di carne
Boulevard [bʊlə'vaːɐ̯] <-(s), -s> m
viale m; **Boulevard-Magazin** n (TV)
rotocalco m scandalistico; **Boulevard-
presse** f stampa f scandalistica; **Boule-
vardzeitung** f giornale m scandalistico
Bourgeoisie [bʊrʒoa'ziː] <-, -n> f (geh)
borghesia f
Boutique [bu'tiːk] <-, -n> f boutique f
Bovist ['boːvɪst o bo'vɪst] <-s, -e> m (BOT)

vescia *f*

Bowle ['boːlə] <-, -n> *f* punce *m*, punch *m*

Bowling ['boːlɪŋ *o* 'bɔʊlɪŋ] <-s> *kein Pl n* bowling *m*

Box [bɔks] <-, -en> *f* ❶(*Pferde~, Wagen~*) box *m* ❷(MUS: *Lautsprecher~*) cassa *f* (acustica)

boxen ['bɔksən] **I.** *vi* boxare, fare del pugilato **II.** *vt* dare dei pugni a **III.** *vr* **sich ~** fare a pugni; **Boxen** <-s> *kein Pl n* (SPORT) pugilato *m*, boxe *f*

Boxenstopp^RR *m* (*Formel 1*) sosta *f* ai box

Boxer <-s, -> *m* ❶(*Faustschlag*) pugno *m* ❷(*Hund*) boxer *m*

Boxer(in) <-s, -; -, -nen> *m(f)* (*Sportler*) boxeur *m*, pugile *mf*; **Boxershorts** *pl*, **Boxer-Shorts** *pl* boxer *mpl*

Boxhandschuh *m* guanto *m* da pugilato, guantone *m*; **Boxkampf** *m* incontro *m* di pugilato; **Boxsport** *m* pugilato *m*, boxe *f*

Boygroup ['bɔɪgruːp] <-, -s> *f* boy-group *m*

Boykott [bɔɪ'kɔt] <-(e)s, -s *o* -e> *m* boicottaggio *m*

boykottieren [bɔɪkɔ'tiːrən] <ohne ge-> *vt* boicottare

Bozen ['boːtsən] *n* Bolzano *f*

Bq *abk v* **Becquerel** (PHYS) bq

BR [beː'ʔɛr] <-(s)> *kein Pl m abk v* **Bayerischer Rundfunk** *rete radiotelevisiva regionale tedesca con sede a Monaco*

brabbeln ['brabəln] *vt* (*fam*) borbottare

brach [braːx] *1. u 3. pers sing imp von* **brechen**

Brachialgewalt [braˈxi̯aːlɡəvalt] *f* forza *f* bruta

Brachland <-(e)s> *kein Pl n* (AGR) maggese *m*

brachliegen <irr> *vi* ❶(AGR: *Feld*) stare a maggese ❷(*fig*) rimanere improduttivo

brachte ['braxtə] *1. u 3. pers sing imp von* **bringen**

brackig ['brakɪç] *adj* salmastro

Brackwasser ['brakvasə] *n* acqua *f* salmastra

Brainstorming ['brɛɪnstɔːmɪŋ] <-s> *kein Pl n* brain storming *m*

Branche ['brãːʃə] <-, -n> *f* ❶(COM) ramo *m*, branca *f* ❷(*Fach*) campo *m*; **Branchenkenntnis** *f* cognizioni *fpl* del ramo; **Branchenverzeichnis** *n* elenco *m* (telefonico) per categorie

Brand [brant, *pl:* 'brɛndə] <-(e)s, Brände> *m* ❶(*Feuer*) fuoco *m*; (*Feuersbrunst*) incendio *m*; **in ~ geraten** prendere fuoco, infiammarsi; **etw in ~ setzen** [*o* **stecken**] incendiare qc ❷*sing* (MED)

cancrena *f* ❸*sing* (*fam*) gran sete *f*, arsura *f*; **brandaktuell** *adj* attualissimo, di scottante attualità; **Brandanschlag** *m* attentato *m* incendiario; **Brandblase** *f* (MED) vescica *f* ustoria; **Brandbombe** *f* bomba *f* incendiaria; **brandeilig** ['brantʔaɪlɪç] *adj* (*fam*) bruciante; **es ~ haben** avere una gran fretta

branden ['brandən] *vi* (*geh: Wellen*) infrangersi; (*tosen*) scrosciare; **gegen etw ~** infrangersi contro qc

Brandenburg ['brandənbʊrk] <-s> *n* Brandeburgo *f*

Brandherd *m* focolaio *m* (d'incendio)

brandig *adj* ❶(AGR, BOT: *Getreide, Bäume*) ingolpato ❷(MED) cancrenoso

Brandlegung <-, -en> *f* (A: *Brandstiftung*) incendio *m* colposo [*o* doloso]; **Brandmal** <-(e)s, -e *o rar* -mäler> *n* (*geh*) segno *m* di bruciatura; (*bei Tier*) marchio *m* a fuoco; (*fig*) marchio *m* d'infamia; **brandmarken** *vt* bollare; **Brandmauer** *f* ❶(*zwischen zwei Häusern*) muro *m* spartifuoco ❷(*Rückwand eines Kamins*) frontone *m*; **brandneu** ['brantˈnɔɪ] *adj* (*fam*) nuovo di zecca; **Brandsalbe** *f* pomata *f* per le scottature; **Brandsatz** *m* bomba *f* incendiaria; **Brandschaden** *m* danno *m* provocato da incendio; **brandschatzen** *vt* (HIST: *plündern*) mettere a ferro e fuoco, saccheggiare; **Brandsohle** *f* (TEC: *von Schuh*) tramezza *f*; **Brandstelle** *f* luogo *m* dell'incendio; **Brandstifter(in)** *m(f)* incendiario, -a *m*, *f*; **Brandstiftung** *f* incendio *m* colposo [*o* doloso]

Brandung <-, -en> *f* frangente *m*, risacca *f*

Brandwache *f* ❶(*Überwachung der Brandstelle nach den Löscharbeiten*) controllo *m* della zona incendiata ❷(*CH: Berufsfeuerwehr*) corpo *m* dei vigili del fuoco

Brandwunde *f* piaga *f* da scottatura

Brandy ['brɛndi] <-, -s> *m* brandy *m*

Brandzeichen *n* marchio *m* a fuoco

brannte ['brantə] *1. u 3. pers sing imp von* **brennen**

Branntwein ['brantvaɪn] *m* acquavite *f*

Brasilianer(in) [brazi'li̯aːnɐ] <-s, -; -, -nen> *m(f)* brasiliano, -a *m*, *f*

brasilianisch [brazi'li̯aːnɪʃ] *adj* brasiliano

Brasilien [bra'ziːli̯ən] *n* Brasile *m*; **in ~** nel Brasile

Brasse ['brasə] <-, -n> *f* (ZOO) scardola *f*

brät [brɛːt] *3. pers sing pr von* **braten**

Bratapfel *m* (GASTR) mela *f* al forno

braten ['braːtən] <brät, briet, gebraten> *vt* (*Fleisch*) arrostire; (*in der Pfanne*) friggere; (*im Ofen*) far cuocere; (*auf dem Rost*) fare ai ferri

Braten <-s, -> *m* (*Fleisch*) arrosto *m;* **Bratensaft** *m* sugo *m* dell'arrosto; **Bratensoße** *f* salsa *f* per arrosti; **Bratenwender** <-s, -> *m* girarrosto *m*

Brathähnchen *n* pollo *m* arrosto; **Brathendl** *n* (*A, südd: Brathähnchen*) pollo *m* arrosto; **Brathering** *m* aringa *f* fritta; **Brathuhn** *n* pollo *m* arrosto; **Bratkartoffeln** *fpl* patate *fpl* arrosto [*o* al forno]; **Bratpfanne** *f* padella *f;* **Bratrost** *m* griglia *f,* gratella *f*

Bratsche ['braːtʃə] <-, -n> *f* (MUS) viola *f*

Bratspieß *m* spiedo *m;* **Bratwurst** *f* salsiccia *f* arrostita; (*roh*) salsiccia *f* da arrostire

Brauch [braʊx, *pl:* 'brɔɪçə] <-(e)s, Bräuche> *m* uso *m,* usanza *f*

brauchbar *adj* ❶ (*benutzbar: Gerät, Material*) utilizzabile, usabile; (*Plan*) utilizzabile; (*nützlich: Material, Gegenstand*) utile ❷ (*tauglich: Schüler, Mitarbeiter*) bravo, abile; (*Idee*) ragionevole

brauchen ['braʊxən] *vt* ❶ (*nötig haben*) aver bisogno di, occorrere; (*benötigen: Zeit, Platz*) aver bisogno di; **ich brauche Geld** mi occorrono soldi; **lange ~, um zu** +*inf* metterci molto per +*inf;* **zwei Stunden ~, um zu** +*inf* impiegare due ore per +*inf* ❷ (*gebrauchen*) impiegare, usare, adoperare; **kannst du die Sachen ~?** ti possono servire queste cose? ❸ (*müssen*) dovere; **Sie ~ es nur zu sagen** deve solo dirlo; **man braucht nur (zu) läuten** basta suonare

Brauchtum <-s, *rar* -tümer> *n* usanze *fpl,* usi *mpl* e costumi *mpl*

Braue ['braʊə] <-, -n> *f* sopracciglio *m*

brauen ['braʊən] *vt* (*Bier*) fabbricare; (*fam: Getränk*) preparare

Brauer(in) <-s, -; -, -nen> *m(f)* birraio, -a *m, f*

Brauerei [braʊə'raɪ] <-, -en> *f,* **Brauerin** *f s.* **Brauer**; **Brauhaus** *n* fabbrica *f* di birra, birrificio *m*

braun [braʊn] *adj* bruno, marrone; (*Haar*) scuro; (*Augen*) marrone, scuro; (*kastanien~*) castano; (*Pferd*) baio; (*~ gebrannt*) abbronzato; **~ werden** abbronzare, abbronzarsi; *s. a.* **blau**

Braunbär *m* orso *m* bruno

Bräune ['brɔɪnə] <-> *kein Pl f* abbronzatura *f*

bräunen I. *vt* ❶ (*Haut*) abbronzare ❷ (GASTR) rosolare II. *vr* **sich ~** (*sich sonnen*) abbronzarsi

braungebrannt *adj* abbronzato

Braunkohle <-> *kein Pl f* lignite *f*

bräunlich *adj* brunastro

Brause ['braʊzə] <-, -n> *f* ❶ (*Dusche*) doccia *f* ❷ (*Getränk*) gassosa *f;* **Brausekopf** *m* (*fig obs: Hitzkopf*) testa *f* calda

brausen ['braʊzən] I. *vi* ❶ *haben* (*Wasser, Beifall*) scrosciare; (*Wind*) muggire; (*Meer*) mugghiare ❷ *sein* (*Fahrzeug*) sfrecciare, correre II. *vr* **sich ~** fare la doccia; **brausend** *adj* fragoroso, scrosciante

Brausepulver *n* polverina *f* effervescente

Braut [braʊt, *pl:* 'brɔɪtə] <-, Bräute> *f* fidanzata *f;* (*am Hochzeitstag*) sposa *f*

Bräutigam ['brɔɪtɪgam] <-s, -e> *m* fidanzato *m;* (*am Hochzeitstag*) sposo *m*

Brautjungfer *f* damigella *f* d'onore della sposa; **Brautkleid** *n* abito *m* da sposa [*o* nuziale]; **Brautpaar** *n* (coppia *f* di) sposi *mpl;* **Brautschleier** *m* velo *m* da sposa [*o* nuziale]

brav [braːf] *adj* ❶ (*artig*) bravo, buono ❷ (*Kleidung*) sobrio, modesto

bravo ['braːvo] *int* bravo

Bravoruf *m* bravo *m*

Bravour [bra'vuːɐ] <-> *kein Pl f* ❶ (*Tapferkeit*) valore *m* ❷ (*Brillanz*) bravura *f,* brillantezza *f;* **etw mit ~ bestehen** sostenere qc brillantemente

bravourös [bravu'røːs] *adj* coraggioso, valoroso

bravurös[RR] *adj s.* **bravourös**

BRD [beːʔɛr'deː] <-> *kein Pl f abk v* **Bundesrepublik Deutschland** RFT *f*

Breakdance <-(s)> *kein Pl m* break dance *f*

Brechbohnen *fpl* fagiolini *mpl;* **Brechdurchfall** *m* (MED) colerina *f;* **Brecheisen** *n* piede *m* di porco

brechen ['brɛçən] <bricht, brach, gebrochen> I. *vt haben* ❶ (*entzwei~*) spezzare, rompere; (*in Stücke ~*) frantumare; **jdm das Herz ~** spezzare il cuore a qu ❷ (*Steine*) cavare ❸ (*Blumen, Obst*) cogliere ❹ (MED: *Knochen*) fratturare; **jdm dat den Arm/das Bein ~** rompersi il braccio/la gamba ❺ (*von sich geben*) vomitare ❻ (OPT) rifrangere ❼ (*fig: Frieden, Eid, Gesetz*) violare; (*Vertrag*) rompere; (*Gelübde*) infrangere; (*Versprechen, sein Wort*) non mantenere; (*Widerstand*) vincere; (*Rekord*) battere; **den Streik ~** fare il crumiro II. *vi* ❶ *sein* (*zer~*) rompersi, spezzarsi; **mir bricht das Herz** mi si spezza il cuore; **zum Brechen** [*o* **~d] voll sein** essere pieno come un uovo ❷ *haben* (*sich erbrechen*) vomitare, rigettare ❸ *haben* (*fig*) **mit jdm ~** rompere con qu III. *vr* **sich an etw** *dat* **~** (*Wellen*) infrangersi contro qc; (*Licht*) rifrangersi contro qc

Brecher <-s, -> *m* frangente *m*, ondata *f*

Brechmittel *n* (MED) emetico *m;* **Brechreiz** *m* conato *m* di vomito, nausea *f;* **Brechstange** *f* piede *m* di porco

Brechung <-, -en> *f* ❶ (MED) frattura *f* ❷ (PHYS) rifrazione *f*

Bredouille [bre'dʊljə] <-> *kein Pl f* impiccio *m*, pasticcio *m;* **in die ~ kommen** finire in un pasticcio; **in der ~ sein** essere in un impiccio

Bregenz ['breːgɛnts] *n* Bregenz *f*

Brei [braɪ] <-(e)s, -e> *m* (*für Kinder*) pappa *f;* (*Kartoffel~*) purè *m*, purea *f;* (*bes. von Obst*) passato *m;* **um den** (**heißen**) **~ herumreden** (*fam*) non venire al dunque; **jdn zu ~ schlagen** (*fig fam*) fare polpette di qu, ridurre qu in poltiglia; **breiig** *adj* denso, pastoso

Breisgau ['braɪsgaʊ] *m* Brisgovia *f*

breit [braɪt] *adj* largo; (*weit, ausgedehnt*) ampio, vasto; (*Publikum*) vasto, grande; (*Angebot, Interessen*) grande; (*Lachen*) sguaiato; **die ~e Masse** la gran(de) massa; **einen ~en Rücken haben** (*fig*) sopportare parecchio; **~er machen** allargare; **~er werden** allargarsi; **sich ~ machen** (*fam: viel Platz beanspruchen*) occupare molto posto; (*sich häuslich niederlassen*) installarsi

Breitbandverbindung *f* (COMP) connessione *f* a banda larga; **breitbeinig** *adv* a gambe large

Breite <-, -n> *f* ❶ (*bei Maßangaben*) larghezza *f;* (*Weite, Ausdehnung*) ampiezza *f*, vastezza *f;* (*Breitseite*) fianco *m;* (*Stoff~*) altezza *f;* **etw in aller ~ erklären** spiegare qc dettagliatamente; **in die ~ gehen** ingrassare ❷ (GEOG, ASTR) latitudine *f;* **nördliche ~** latitudine nord

breiten *vt* (*aus~*) (di)stendere (*über* +*acc* su)

Breitengrad *m* (GEOG) grado *m* di latitudine; **Breitensport** <-(e)s> *kein Pl m* (SPORT) sport *m* diffuso

breit|machen^{ALT} *vr* **sich ~** *s.* **breit**

breitrandig *adj* con orlo largo

breit|schlagen <irr> *vt* (*fam*) **sich ~ lassen** lasciarsi convincere

breitschult(e)rig *adj* dalle spalle larghe

Breitseite *f* ❶ (NAUT) fianco *m* di nave; (*Schuss*) bordata *f* ❷ (*von Tisch, Haus*) fianco *m*

breit|treten <irr> *vt* (*fig*) **etw ~** diffondersi su qc

Breitwand *f* (FILM) schermo *m* panoramico [*o* gigante]; **Breitwandfilm** *m* film *m* in cinemascope

Bremen ['breːmən] *n* Brema *f*

Bremsbelag *m* (MOT) pastiglie *fpl* dei freni

Bremse ['brɛmzə] <-, -n> *f* ❶ (TEC, MOT) freno *m;* **auf die ~ treten** premere il freno ❷ (ZOO: *Insekt*) tafano *m*

bremsen ['brɛmzən] *vi*, *vt* (*a fig*) frenare; **er ist nicht zu ~** (*fam*) non si riesce a fermarlo

Bremsflüssigkeit *f* (AUTO) liquido *m* per freni; **Bremshebel** *m* (MOT) leva *f* del freno; **Bremsklotz** *m* ceppo *m* del freno; **Bremslicht** *n* luce *f* di arresto, stop *m;* **Bremspedal** *n* pedale *m* del freno; **Bremsspur** *f* traccia *f* della frenata; **Bremsung** <-, -en> *f* frenata *f;* **Bremsvorrichtung** *f* dispositivo *m* di frenaggio; **Bremsweg** *m* spazio *m* di frenata

brennbar *adj* combustibile; (*entzündlich*) infiammabile

Brennelement *n* elemento *m* combustibile

brennen ['brɛnən] <brennt, brannte, gebrannt> **I.** *vi* ❶ (*Feuer, Material, Haus*) bruciare, ardere; (*Licht, Ofen*) essere acceso; **es brennt!** al fuoco!; **wo brennt's?** (*fig fam*) cos'è successo?; **das Streichholz brennt nicht** [*o* will nicht ~] il fiammifero non si accende; **darauf ~ zu etw tun** ardere dal desiderio di fare qc ❷ (*Haut, Wunde, Augen, Kehle, Füße*) bruciare ❸ (*heiß sein*) scottare **II.** *vt* bruciare; (*Porzellan, Kalk, Ziegel, Ton*) cuocere; (*Kaffee*) torrefare, tostare; (*Branntwein*) distillare; (INFORM) masterizzare; **brennend** *adj* ❶ (*Haus*) in fiamme; (*Feuer, Holz*) ardente, che brucia; (*Zigarette, Licht*) acceso ❷ (*Wunde, Auge, Fuß, Kehle*) che brucia; (*Schmerz*) cocente ❸ (*fig: Durst*) terribile; (*Hass*) che consuma; (*Interesse*) vivo; **jdn ~ interessieren** interessare qu terribilmente

Brenner¹ ['brɛnɐ] <-s> *kein Pl m* (GEOG) Brennero *m*

Brenner² <-s, -> *m* (*Gerät*) bruciatore *m;* (*Gas~*) becco *m* a gas

Brennerei [brɛnə'raɪ] <-, -en> *f* (*Schnaps~*) distilleria *f*

Brennessel^{ALT} *f s.* **Brennnessel**

Brennglas *n* (OPT) lente *f* convergente; **Brennholz** *n* legna *f* da ardere; **Brennmaterial** *n* combustibile *m*

Brennnessel^{RR} *f* ortica *f*

Brennpunkt *m* ❶ (OPT, MAT) fuoco *m* ❷ (*fig: Mittelpunkt*) centro *m;* **im ~ des Interesses stehen** stare al centro dell'interesse; **Brennspiritus** *m* spirito *m* per combustione; **Brennstab** *m* (PHYS) barra *f* combustibile; **Brennstoff** *m* combusti-

Briefe schreiben	
Anrede in Briefen	**intestazione nelle lettere**
Liebe/r ...,	Cara/Caro...,
Hallo, ...!/Hi, ...! (*fam*)	Ciao! (*fam*)/Salve! (*fam*)
Liebe Frau/Lieber Herr ...,	Gentile Signora/Gentile Signor ...
Sehr geehrte/r Frau/Herr ... (*form*)	Gentile Sig.ra/Egregio Sig ... (*form*)
Sehr geehrte Damen und Herren, ...	Egregi Signori ... (*form*)
Schlussformeln in Briefen	**formule di commiato nelle lettere**
Tschüss! (*fam*)/Ciao! (*fam*)	Ciao! (*fam*)
Alles Gute! (*fam*)	Ti auguro ogni bene!/Auguri! (*fam*)
Herzliche/Liebe Grüße (*fam*)	Affettuosi/Cari saluti
Viele Grüße	Tanti saluti
Mit (den) besten Grüßen	Con i migliori saluti
Mit freundlichen Grüßen (*form*)	Cordiali saluti/Cordialmente (*form*)

bile *m;* (MOT, AERO) carburante *m;* **Brennweite** *f* (PHYS, FOTO) distanza *f* focale

brenzlig ['brɛntslɪç] *adj* (*fam: bedenklich*) sospetto, preoccupante

Bresche ['brɛʃə] <-, -n> *f* breccia *f;* **eine ~ schlagen** aprire una breccia; **in die ~ springen** (*fig*) intervenire

Breslau ['brɛslaʊ] *n* Breslavia *f*

Bretagne [bre'tanjə *o* brə'tanjə] *f* Bretagna *f*

Bretone [bre'to:nə] <-n, -n> *m,* **Bretonin** [bre'to:nɪn] <-, -nen> *f* bretone *mf*

bretonisch [bre'to:nɪʃ] *adj* bretone

Brett [brɛt] <-(e)s, -er> *n* ❶ (*Holz~*) asse *m,* tavola *f;* (*Regal~*) mensola *f;* (*Bücher~*) (ri)piano *m;* **schwarzes ~** bacheca *f;* **ein ~ vor dem Kopf haben** non veder più in là del proprio naso ❷ *pl* (SPORT: *Ski*) sci *mpl;* (*Boxring~*) ring *m* ❸ *pl* (THEAT: *Bühne*) palcoscenico *m,* scena *f* ❹ (*Schach~*) scacchiera *f;* (*Dame~*) damiera *f;* **Bretterzaun** *m* steccato *m,* staccionata *f;* **Brettspiel** *n* gioco *m* da tavola

Brevier [bre'vi:ɐ] <-s, -e> *n* breviario *m*

Brezel ['bre:tsəl] <-, -n> *f* (GASTR) brezel *m*

bricht [brɪçt] 3. *pers sing pr von* **brechen**

Bridge [brɪtʃ] <-> *kein Pl n* bridge *m*

Brief [bri:f] <-(e)s, -e> *m* lettera *f;* (REL) epistola *f;* **blauer ~** lettera di licenziamento; **offener ~** lettera aperta; **jdm ~ und Siegel auf etw** *acc* **geben** dare tutte le assicurazioni a qu su qc; **Briefablage** <-, -n> *f* raccoglitore *m* per lettere; **Briefbeschwerer** <-s, -> *m* fermacarte *m;* **Briefblock** <-(e)s, -s> *m* blocco *m* di

carta da lettere; **Briefbogen** *m* foglio *m* di carta da lettere; **Briefbombe** *f* lettera *f* esplosiva, bomba *f* carta; **Briefdrucksache** *f* lettera *f* inviata come stampe; **Brieffreund(in)** *m(f)* amico, -a *m, f* di penna; **Brieffreundschaft** *f* amicizia *f* epistolare; **Briefgeheimnis** <-ses> *kein Pl n* segreto *m* epistolare

Briefing ['bri:fɪŋ] <-s, -s> *n* ❶ (MIL) briefing *m* ❷ (*Informationsgespräch*) briefing *m*

Briefkarte *f* cartoncino *m* (con busta); **Briefkasten** *m* (*der Post*) cassetta *f* postale, buca *f* delle lettere *fam;* (*Haus~*) cassetta *f* della posta; **in den ~ stecken** [*o* **werfen**] imbucare; **elektronischer ~** mail box *m;* **Briefkastenfirma** *f* società *f* di comodo; **Briefkopf** *m* intestazione *f* della lettera

brieflich *adj* per lettera

Briefmarke *f* francobollo *m;* **Briefmarkenalbum** *n* album *m* filatelico; **Briefmarkenautomat** *m* distributore *m* automatico di francobolli; **Briefmarkensammler(in)** *m(f)* filatelista *mf;* **Briefmarkensammlung** *f* collezione *f* di francobolli; **Brieföffner** *m* tagliacarte *m;* **Briefpapier** *n* carta *f* da lettere; **Briefporto** *n* affrancatura *f;* **Briefschreiber(in)** *m(f)* persona *f* che scrive lettere; **ein eifriger ~** un fervido corrispondente; **Brieftasche** *f* portafoglio *m;* **Brieftaube** *f* piccione *m* viaggiatore; **Briefträger(in)** *m(f)* postino, -a *m, f,* portalettere *mf;* **Briefumschlag** *m* busta *f* (da lettera); **Briefwaage** *f* bilancia *f* per corrispondenza; **Briefwahl** f votazione f per corrispondenza; **Briefwechsel** m corrispondenza f epistolare, carteggio m; **mit jdm in ~ stehen** essere in corrispondenza con qu

briet [briːt] *1. u 3. pers sing imp von* **braten**

Brigade [briˈgaːdə] <-, -n> f (MIL) brigata f; **Brigadegeneral** m generale m di brigata

Brikett [briˈkɛt] <-s, -s o rar -e> n bricchetta f, mattonella f di carbone

brillant [brɪlˈjant] adj brillante, splendido

Brillant <-en, -en> m brillante m; **Brillantring** m anello m con brillante

Brille [ˈbrɪlə] <-, -n> f ❶ (OPT) (paio m di) occhiali mpl; **alles durch eine rosa/ schwarze ~ sehen** vedere tutto rosa, essere ottimista/pessimista ❷ (*Klosett~*) sedile m; **Brillenetui** n astuccio m per occhiali; **Brillengestell** n montatura f degli occhiali; **Brillenglas** n lente f (da occhiali); **Brillenschlange** f ❶ (ZOO) serpente m dagli occhiali, naia f ❷ (fig fam: *Brillenträgerin*) donna f occhialuta; **Brillenträger(in)** m(f) persona f con gli occhiali; **~ sein** portare gli occhiali

bringen [ˈbrɪŋən] <bringt, brachte, gebracht> vt ❶ (*transportieren, befördern*) (tras)portare; (*herbei~, mit~*) portare; (*holen*) andare a prendere; (*begleiten*) accompagnare; (*im Auto fahren*) portare; **jdm Blumen ~** portare i fiori a qu; **Glück ~** portare fortuna; **wir ~ Nachrichten** abbiamo notizie; **jdn jdm nahe ~** avvicinare qu a qu; **etw zum Stehen ~** fermare qc; **jdn auf eine Idee ~** far venire un'idea a qu; **in Gang ~** mettere in moto, avviare; **in Sicherheit ~** mettere al sicuro; **etw an sich ~** impadronirsi di qc; **etw hinter sich ~** portare a termine qc; **mit sich** dat **~** (*zur Folge haben*) avere come conseguenza, comportare ❷ (*ein~: Geld, Gewinn*) rendere, fruttare; (*Ärger, Sorgen, Freude, Vorteile*) causare, portare; **das bringt nichts** (fam) non serve a niente ❸ (*Opfer*) portare, fare ❹ (*fam: veröffentlichen*) pubblicare; (*senden*) trasmettere; **was ~ die Zeitungen darüber?** cosa ne dicono i giornali? ❺ (*wegnehmen*) **jdn um etw ~** far perdere qc a qu; (*berauben*) derubare qu di qc; **jdn um den Verstand ~** far perdere il senno a qu ❻ (*erreichen*) **es dahin** [o so weit] **~, dass ...** arrivare a ..., far sì che ...; **es weit ~, es (noch) zu etwas ~** far molta strada, indurre; **jdn zum Lachen/Weinen ~** far ridere/piangere qu; **jdn dazu ~ etw zu tun** indurre qu a fare qc

Bringschuld f (FIN) debito pagabile al domicilio del creditore

brisant [briˈzant] adj di scottante attualità, esplosivo

Brisanz [briˈzants] <-> kein Pl f (a fig) esplosività f, forza f esplosiva

Brise [ˈbriːzə] <-, -n> f brezza f

Britannien [briˈtanjən] n (HIST) Britannia f

Brite [ˈbrɪtə o ˈbriːtə] <-n, -n> m, **Britin** [ˈbrɪtɪn] <-, -nen> f britanno, -a m, f

britisch adj britannico; **die Britischen Inseln** le isole Britanniche

Brixen [ˈbrɪksən] n Bressanone f

bröckelig adj friabile

bröckeln [ˈbrœkəln] vi sein sbriciolarsi, sgretolarsi

Brocken [ˈbrɔkən] <-s, -> m (a fig) briciolo m; (*Stückchen*) pezzo m, frammento m; **harter ~** (fig fam) osso m duro; **ein paar ~ Latein** qualche parola di latino; **brockenweise** adv a pezzettini, a bocconi; (fig) in maniera frammentaria

brodeln [ˈbroːdəln] vi ❶ (*Wasser, a fig*) ribollire ❷ (A: fam: *trödeln*) baloccarsi

Brokat [broˈkaːt] <-(e)s, -e> m broccato m

Broker(in) [ˈbroːkɐ] <-s, -; -, -nen> m(f) (FIN) broker m, mediatore, -trice m, f

Brokkoli [ˈbrɔkoli] pl broccolo m

Brom [broːm] <-s> kein Pl n (CHEM) bromo m

Brombeere [ˈbrɔmbeːrə] f mora f; **Brombeerstrauch** m rovo m

bronchial [brɔnçiˈaːl] adj bronchiale; **Bronchialkatarrh** [brɔnçiˈaːlkatar] m bronchite f

Bronchie [ˈbrɔnçiə] <-, -n> f (ANAT) bronco m

Bronchitis [brɔnˈçiːtɪs] <-, Bronchitiden> f (MED) bronchite f

Bronchoskopie [brɔnçɔskoˈpiː, pl: brɔnçɔskoˈpiːən] <-, -n> f (MED) broncoscopia f

Bronze [ˈbrõːsə] <-, -n> f bronzo m; **Bronzemedaille** f medaglia f di bronzo; **bronzen** adj di bronzo, bronzeo; **Bronzezeit** f età f del bronzo

Brosche [ˈbrɔʃə] <-, -n> f fermaglio m, spilla f

broschiert [brɔˈʃiːɐt] adj in brossura

Broschüre [brɔˈʃyːrə] <-, -n> f opuscolo m, depliant m

Brösel [ˈbrøːzəl] <-s, -> m briciola f

Brot [broːt] <-(e)s, -e> n pane m; **ein Laib ~** un pane, una pagnotta; **eine Scheibe ~** una fetta di pane; **sein ~ verdienen** guadagnarsi il pane; **Brotbeutel** m tascapane m

Brötchen [ˈbrøːtçən] <-s, -> n panino m; **belegtes ~** panino m imbottito, sandwich *m;* **Brötchengeber(in)** <-s, -; -, -nen> *m(f)* (*fam*) padrone, -a *m, f*

Broteinheit *f* unità di misura dei carboidrati (*nelle diete*)*;* **Brotkorb** *m* cestino *m* del pane; **Brotkrume** *f,* **Brotkrümel** *m* mollica *f;* **Brotkruste** *f* crosta *f* del pane; **brotlos** *adj* ~e **Kunst** arte che non dà da vivere; **jdn ~ machen** gettare qu sul lastrico; **Brotmaschine** *f* affettatrice *f* per pane; **Brotmesser** *n* coltello *m* per il pane; **Brotrinde** *s.* **Brotkruste**; **Brotröster** <-s, -> *m* (*Gerät*) tostapane *m;* **Brotschneidemaschine** *f* affettatrice *f* per pane; **Brotsuppe** *f* (GASTR) pancotto *m*

Browser <-s, -> *m* (INFORM) browser *m*

BRT *abk v* **Bruttoregistertonne** TSL

Bruch [brʊx, *pl:* 'bryçə] <-(e)s, Brüche> *m* ❶ (*Brechen, a fig*) rottura *f;* **zu ~ gehen** rompersi, andare in pezzi; **in die Brüche gehen** (*fig*) fallire, andare in fumo ❷ (*Zerbrochenes*) frantumi *mpl* ❸ (*Bruchstelle*) frattura *f* ❹ (*Falte*) piega *f* ❺ (MED: *Knochen*~) frattura *f;* (*Eingeweide*~) ernia *f;* **sich** *dat* **einen ~ heben** farsi venire un'ernia alzando un peso ❻ (MAT) frazione *f* ❼ (*Spaltung, Zerwürfnis*) scissione *f;* **Bruchbude** *f* (*fam*) catapecchia *f;* **bruchfest** *adj* infrangibile

brüchig ['brʏçɪç] *adj* ❶ (*zerbrechlich*) fragile; (*bröckelig*) friabile, sfaldabile ❷ (*Stimme*) stridulo ❸ (*fig*) fatiscente

Bruchlandung *f* atterraggio *m* di fortuna; **Bruchrechnen** *n* (MAT) calcolo *m* con numeri frazionari; **Bruchstrich** *m* (MAT) segno *m* di frazione; **Bruchstück** *n* frammento *m;* **bruchstückhaft** *adv* a frammenti, frammentariamente; **Bruchteil** *m* frazione *f;* **Bruchzahl** *f* (MAT) frazione *f*

Brücke ['brʏkə] <-, -n> *f* ❶ (ARCH, SPORT, TEC, MED) ponte *m;* (NAUT) passerella *f;* **eine ~ schlagen** (*a fig*) gettare un ponte; **alle ~n hinter sich** *dat* **abbrechen** tagliare tutti i ponti col mondo ❷ (*Teppich*) passatoia *f;* **Brückenbau** <-(e)s, -ten> *m* costruzione *f* di ponti; **Brückengeländer** *n* parapetto *m* del ponte; **Brückenkopf** *m* (MIL) testa *f* di ponte; **Brückenpfeiler** *m* pilastro *m* di un ponte

Bruder ['bruːdɐ, *pl:* 'bryːdɐ] <-s, Brüder> *m* ❶ (*allg, Mitmensch, Freund*) fratello *m;* (REL: *Ordensbruder*) frate(llo) *m;* **unter Brüdern** tra amici ❷ (*fam pej*) soggetto *m,* tipo *m*

Brüderchen ['bryːdɐçən] <-s, -> *n,* **Brüderlein** ['bryːdɐlaɪn] <-s, -> *n* fratellino *m*

brüderlich *adj* fraterno; **Brüderlichkeit** <-> *kein Pl f* fraternità *f,* fratellanza *f*

Brudermord *m* fratricidio *m;* **Brudermörder(in)** *m(f)* fratricida *mf*

Bruderschaft <-, -en> *f* confraternita *f,* congregazione *f*

Brüderschaft <-> *kein Pl f* fraternità *f,* fratellanza *f;* **mit jdm ~ trinken** proporre il "tu" a qu (bevendo un bicchierino)

Brühe ['bryːə] <-, -n> *f* ❶ (*Fleisch*~) brodo *m* (ristretto di carne), consommé *m* ❷ (*pej: Schmutzwasser*) acque *fpl* luride; (*Getränk*) brodaglia *f*

brühen *vt* (GASTR) sbollentare, immergere nell'acqua bollente

brühwarm ['bryː'varm] *adj* (*fam*) **etw ~ erzählen** scodellare una notizia calda calda

Brühwürfel *m* dado *m* per [*o* da] brodo

brüllen ['brʏlən] *vi* (*Rind*) muggire; (*Löwe*) ruggire; (*Mensch*) urlare; (*weinen*) piangere forte

Brummbär *m* (*fam*) brontolone *m,* orso *m*

brummeln *vi* mormorare, borbottare

brummen ['brʊmən] **I.** *vi* ❶ (*Bär, Mensch*) brontolare; (*Insekt, Flugzeug*) ronzare; (MOT) rombare; **mir brummt der Schädel** la testa mi ronza ❷ (*fam: in Gefängnis*) stare al fresco **II.** *vt* borbottare, mormorare

Brummer <-s, -> *m* (*fam*) ❶ (*Fliege*) moscone *m* ❷ (*LKW*) Tir *m*

brummig *adj* brontolone, che borbotta

Brummschädel *m* (*fam*) **einen ~ haben** avere la testa stordita

Brunch ['brantʃ] <-(e)s, -(e)s *o* -(e)> *m* brunch *m,* colazione *f* della tarda mattinata; **brunchen** *vi* fare colazione nella tarda mattinata

Bruneck [bru'nɛk] *n* Brunico *f*

brünett [bry'nɛt] *adj* bruno, moro

Brunft [brʊnft, *pl:* 'brʏntə] <-, Brünfte> *f* *s.* **Brunst**

Brunnen ['brʊnən] <-s, -> *m* (*Spring*~) fontana *f;* (*Zieh*~) pozzo *m;* (*Heilquelle*) (sorgente *f* di) acque *fpl* minerali

Brunst [brʊnst, *pl:* 'brʏnstə] <-, Brünste> *f* calore *m,* fregola *f*

brünstig ['brʏnstɪç] *adj* (ZOO) in calore, in fregola

brüsk [brʏsk] *adj* brusco, sgarbato

brüskieren [brʏs'kiːrən] <ohne ge-> *vt* trattare male, bistrattare

Brüssel ['brʏsəl] *n* Bruxelles *f*

Brüss(e)ler[RR] ['brʏs(ə)lɐ] <inv> *adj attr* di Bruxelles; **~ Spitzen** pizzi di Bruxelles

Brust [brʊst, *pl:* 'brʏstə] <-, Brüste> *f* ❶ *sing* (*Körperteil*) petto *m;* (~*korb,* ~*kasten*) torace *m;* (*fig: Herz, Seele*) cuore *m,* petto *m;* **jdn an die ~ drücken** stringere qu al petto; **aus voller** ~ a squarciagola; **sich in die** ~ **werfen** (*fig*) andare petto-ruto, darsi delle arie ❷(*Busen*) seno *m;* **einem Kind die** ~ **geben** dare il seno a un bambino ❸ *sing* (GASTR) petto *m;* **Brustbein** *n* (ANAT) sterno *m;* **Brustbeutel** *m* borsellino *m* appeso al collo

brüsten ['brʏstən] *vr* **sich** ~ darsi delle arie; **sich mit etw** ~ vantarsi di qc

Brustfell *n* (ANAT) pleura *f;* **Brustfellentzündung** *f* (MED) pleurite *f;* **Brustkasten** *m* (ANAT, *fam*) gabbia *f* toracica, torace *m;* **Brustkorb** *m* (ANAT) gabbia *f* toracica, torace *m;* **Brustkrebs** *m* (MED) carcinoma *m* mammario, cancro *m* al seno *fam;* **Brustmuskel** *m* (ANAT) muscolo *m* pettorale; **Brust-OP** ['brʊstʔoːˈpeː] <-, -s> *f* operazione *f* al seno

Brustoperation <-, -en> *f* (MED) mastectomia *f;* **Brustschwimmen** *n* (SPORT) (nuoto *m* a) rana *f;* **Brusttasche** *f* (*äußere*) taschino *m* (sul petto); (*innere*) taschino *m* interno; **Brustton** *m* (MUS) nota *f* di petto; **im** ~ **der Überzeugung** con la massima convinzione; **Brusttoupet** *n* (*Haarteil für Männerbrust*) toupet *da mettere sul petto;* **Brustumfang** *m* (circonferenza *f* di) petto *m*

Brüstung ['brʏstʊŋ] <-, -en> *f* parapetto *m,* balaustra *f*

Brustvergrößerung *f* aumento *m* del seno; **Brustwarze** *f* (ANAT) capezzolo *m;* **Brustweite** *f* (circonferenza *f* di) petto *m*

Brut [bruːt] <-, -en> *f* ❶(*das Brüten*) cova(tura) *f,* incubazione *f* ❷(*Eier, Vogeljunge*) covata *f,* nidiata *f;* (*Fisch~*) avannotti *mpl* ❸ *sing* (*fig pej: Gesindel*) gentaglia *f*

brutal [bru'taːl] *adj* brutale

Brutalität [brutali'tɛːt] <-, -en> *f* brutalità *f*

Brutapparat *m* incubatrice *f*

brüten ['bryːtən] I. *vi* ❶(*Vögel*) covare ❷(*Sonne*) bruciare ❸(*nachgrübeln*) **über etw** *dat* ~ meditare su qc II. *vt* (*Rache, Verrat*) covare, meditare

Brüter <-s, -> *m* (PHYS) **schneller** ~ reattore *m* autofertilizzante

Bruthitze *f* (*fam*) calore *m* soffocante; **Brutkasten** *m* incubatrice *f;* **Brutstätte** *f* luogo *m* di cova; (*fig*) covo *m,* nido *m*

brutto ['brʊto] *adv* lordo; **Bruttoeinkommen** *n* reddito *m* lordo; **Bruttogehalt** <-(e)s, -hälter> *n* stipendio *m* lordo; **Bruttogewicht** *n* peso *m* lordo; **Bruttoinlandsprodukt** *n* (WIRTSCH) prodotto *m* interno lordo; **Bruttopreis** *m* prezzo *m*

lordo; **Bruttoregistertonne** *f* tonnellata *f* di stazza lorda; **Bruttosozialprodukt** *n* (WIRTSCH) Prodotto *m* Nazionale Lordo

Brutzeit *f* (periodo *m* di) incubazione *f*

brutzeln ['brʊtsəln] *vi, vt* (GASTR) friggere, soffriggere

BSE [beːʔɛsˈʔeː] *abk v* **Bovine Spongiforme Encephalopathie** (**Rinderwahnsinn**) BSE *f* (*sindrome della mucca pazza*)

BSP [beːʔɛsˈpeː] <-> *n* (WIRTSCH) *abk v* **Bruttosozialprodukt** PNL *m*

Btx [beːteːˈʔɪks] *abk v* **Bildschirmtext** Videotel® *m*

Bub [buːp] <-en, -en> *m* (*südd, A, CH*) ragazzo *m,* ragazzetto *m*

Bubikopf ['buːbikɔpf] *m* (*Frisur*) caschetto *m*

Buch [buːx, *pl:* 'byːçə] <-(e)s, Bücher> *n* ❶(*Druckwerk*) libro *m;* **das** ~ **der Bücher** la Bibbia, la Sacra scrittura; **reden wie ein** ~ (*fam*) parlare come un libro stampato; **das ist mir ein** ~ **mit sieben Siegeln** questo per me è arabo; **wie es im** ~ **steht** come si deve ❷ *meist pl* (COM) registro *m,* libro *m* contabile; **die Bücher führen** tenere la contabilità; **über etw** *acc* ~ **führen** registrare qc; **zu** ~ **e schlagen** avere il proprio peso ❸(*Dreh~*) copione *m;* **Buchbesprechung** *f* recensione *f* (di un libro); **Buchbinder(in)** <-s, -; -, -nen> *m(f)* (ri)legatore, -trice *m, f* di libri; **Buchbinderei** [buːxbɪndəˈraɪ] <-, -en> *f* ❶(*Werkstatt*) legatoria *f* ❷(*Gewerbe*) rilegatura *f;* **Buchbinderin** *f s.* **Buchbinder**; **Buchclub** *m* club *m* del libro; **Buchdruck** <-(e)s> *kein Pl m* stampa *f* di libri; **Buchdrucker(in)** *m(f)* stampatore, -trice *m, f,* tipografo, -a *m, f;* **Buchdruckerei** ['buːxdrʊkəˈraɪ] *f* tipografia *f,* stamperia *f;* **Buchdruckerin** *f s.* **Buchdrucker**

Buche ['buːxə] <-, -n> *f* faggio *m*

Buchecker ['buːxʔɛkə] <-, -n> *f* faggiola *f*

buchen ['buːxən] *vt* ❶(COM: *Betrag auf Konto*) registrare, contabilizzare; **einen Erfolg für sich** ~ (**können**) (*fig*) registrare un successo personale ❷(*Platz, Zimmer, Flug*) prenotare, riservare

Buchenholz *n* (legno *m* di) faggio *m*

Bücherbrett *n* mensola *f* per libri; **Bücherbus** *m* bibliobus *m*

Bücherei [byːçəˈraɪ] <-, -en> *f* biblioteca *f*

Bücherfreund *m* bibliofilo *m;* **Büchernarr** *m* (*fam*) topo *m* di biblioteca; **Bücherregal** *n* scaffale *m;* **Bücherschrank** *m* libreria *f;* **Bücherstütze** *f* reggilibri *m;* **Bücherwand** *f* biblioteca *f*

a muro; **Bücherweisheit** f cultura f libresca; **Bücherwurm** m (scherz) topo m di biblioteca

Buchfink m fringuello m

Buchführung f (COM) contabilità f; **einfache/doppelte ~** contabilità a partita semplice/doppia; **Buchhalter(in)** m(f) (COM) contabile mf, ragioniere, -a m, f; **buchhalterisch** adj (COM) contabile; **Buchhaltung** s. **Buchführung**; **Buchhandel** m commercio m librario; **Buchhändler(in)** m(f) libraio, -a m, f; **Buchhandlung** f libreria f; **Buchhülle** f copertina f per libri; **Buchmacher** m (bei Pferderennen) allibratore m; **Buchmalerei** f miniatura f (di codici); **Buchmesse** f fiera f del libro; **Buchprüfer(in)** m(f) (COM) revisore m contabile; **Buchprüfung** f (COM) revisione f contabile, verifica f dei libri contabili; **Buchrücken** m costola f

Buchsbaum ['bʊksbaʊm] m (BOT) bosso m

Buchse ['bʊksə] <-, -n> f (TEC) manicotto m

Büchse ['bʏksə] <-, -n> f ❶(Behälter) barattolo m, vaso m; (Dose) lattina f; (Sammel~) bossolo m ❷(Jagdgewehr) fucile m, schioppo m; **Büchsenfleisch** n carne f in scatola; **Büchsenmilch** f latte m condensato; **Büchsenöffner** m apriscatole m

Buchstabe ['bu:xʃta:bə] <-ns o rar -n, -n> m lettera f, carattere m; **großer/kleiner ~** lettera maiuscola/minuscola; **nach dem ~n des Gesetzes** secondo la lettera della legge; **buchstabengetreu** adj letterale

buchstabieren [bu:xʃta'bi:rən] <ohne ge-> vt compitare, sillabare

buchstäblich ['bu:xʃtɛ:plɪç] I. adj letterale II. adv (fig: geradezu) letteralmente, alla lettera

Buchstütze f reggilibri m

Bucht [bʊxt] <-, -en> f baia f; (kleine) insenatura f

Buchtel ['bʊxtəl] <-, -n> f meist Pl (A) dolce di pasta lievitata farcito di marmellata o altro

Buchung <-, -en> f ❶(COM: Eintrag) registrazione f ❷(Reservierung) prenotazione f

Buchweizen m grano m saraceno

Buckel ['bʊkəl] <-s, -> m ❶(fam: Rücken) groppa f; **rutsch mir den ~ runter!** (fam) non mi rompere le scatole!; **seine siebzig Jahre auf dem ~ haben** (fam) avere settant'anni sulla groppa ❷(MED: Höcker) gobba f, gibbosità f;

einen ~ haben essere gobbo; **buck(e)lig** adj (Fläche) gibboso; (Mensch) gobbo; **Buck(e)lige** <ein -r, -n, -n> mf gobbo, -a m, f

buckeln vi (fam) ❶(Katze) inarcare il dorso ❷(pej) **vor jdm ~** leccare i piedi a qu

bücken ['bʏkən] vr **sich (nach etw) ~** chinarsi (per raccogliere qc)

bucklig s. **buck(e)lig**

Bückling ['bʏklɪŋ] <-s, -e> m ❶(GASTR) aringa f affumicata ❷(scherz: Verbeugung) inchino m

buddeln ['bʊdəln] vi (fam: wühlen) scavare, frugare

Buddha ['bʊda] <-s, -s> m Budda m

Buddhismus [bʊ'dɪsmʊs] <-> kein Pl m buddismo m

Buddhist(in) [bʊ'dɪst] <-en, -en; -, -nen> m(f) buddista mf

buddhistisch adj buddista

Bude [bu:də] <-, -n> f ❶(Verkaufs-, Markt~) bancarella f; (Zeitungs~) chiosco m ❷(fam: Zimmer) stanza f, camera f; **jdm auf die ~ rücken** (fam) piombare in casa di qu

Budget [by'dʒe: o by'dʒe:] <-s, -s> n (POL, COM) bilancio m, budget m

Büfett [by'fe:] <-(e)s, -s o -e> n ❶(Anrichte) credenza f, buffet m; **kaltes ~** buffet freddo ❷(Schanktisch) banco m ❸(CH: Bahnhofsrestaurant) ristorante m della stazione

Büffel ['bʏfəl] <-s, -> m bufalo m

büffeln (fam) I. vi sgobbare II. vt sgobbare su, studiare

Buffet [bʏ'fe:] <-s, -s> n s. **Büfett**

Bug¹ [bu:k] <-(e)s, Büge> m (Schulterteil) spalla f

Bug² <-(e)s, -e> m (NAUT) prua f

Bug³ [bak] <-s, -s> m (INFORM) bug m, baco m

Bügel ['by:gəl] <-s, -> m ❶(Kleider~) appendino m ❷(von Handtasche) manico m ❸(Brillen~) stanghetta f ❹(von Gewehr) ponticello m ❺(am Skilift) staffa f ❻(Steig~) staffa f ❼(Stromabnehmer) presa f ad archetto

Bügel-BH m reggiseno m a balconcino

Bügelbild n immagine f da stampare su una maglietta; **Bügelbrett** n asse m da stiro; **Bügeleisen** n ferro m da stiro; **Bügelfalte** f piega f dei calzoni; **bügelfrei** adj che non si stira; **Bügelmaschine** f stiratrice f

bügeln ['by:gəln] vi, vt stirare; **glatt ~** stirare (accuratamente)

Buggy ['bagi] <-s, -s> m passeggino m

trekking

bugsieren [bʊˈksiːrən] <ohne ge-> vt (fam: umständlich befördern) **jdn aus dem Zimmer ~** congedare qu; **jdn in einen Posten ~** sistemare qu in un posto

buh [buː] int bu

buhen [ˈbuːən] vi (fam) rumoreggiare in segno di disapprovazione

buhlen [ˈbuːlən] vi (geh pej) **um etw ~** cercare di ottenere qc

Buhmann m (fam) baubau m

Bühne [ˈbyːnə] <-, -n> f ❶ (THEAT) scena f; **auf die ~ bringen** portare in scena; **über die ~ gehen** (fam) svolgersi, aver luogo ❷ (Theater) teatro m ❸ (Gerüst) palco m, tribuna f ❹ (Hebe~) ponte m sollevatore; **Bühnenbearbeitung** f adattamento m teatrale, riduzione f scenica; **Bühnenbild** n scenografia f, scenario m; **Bühnenbildner(in)** [ˈbyːnənbɪltnɐ] <-s, -; -, -nen> m(f) scenografo, -a m, f; **bühnenreif** adj pronto per la scena; **dein Auftritt war wirklich ~** (iron) la tua comparsa è stata plateale

Buhruf m borbottio m [o rumorìo m] di disapprovazione

buk [buːk] (obs) 1. u 3. pers sing imp von **backen**

Bukarest [ˈbuːkarɛst] n Bucarest f

Bukett [buˈkɛt] <-(e)s, -e o -s> n ❶ (geh: Blumenstrauß) bouquet m ❷ (von Wein) bouquet m

Bulette [buˈlɛtə] <-, -n> f (ostd) polpetta f di carne; **ran an die ~n!** (fig fam) forza!

Bulgare [bʊlˈgaːrə] <-n, -n> m bulgaro m; **Bulgarien** [bʊlˈgaːriˑən] n Bulgaria f; **Bulgarin** [bʊlˈgaːrɪn] <-, -nen> f bulgara f; **bulgarisch** [bʊlˈgaːrɪʃ] adj bulgaro

Bulimie [buliˈmiː] <-> kein Pl f (MED) bulimia f

Bullauge [ˈbʊlʔaʊɡə] n (NAUT, AERO) oblò m

Bulldogge [ˈbʊldɔɡə] f bulldog m

Bulldozer [ˈbʊldoːzɐ] <-s, -> m (TEC) bulldozer m

Bulle [ˈbʊlə] <-n, -n> m ❶ (Stier) toro m; (männliches Tier) maschio m ❷ (fig fam: starker Mann) toro m, omaccione m ❸ (fam pej: Polizist) poliziotto m, piedipiatti m sl; **Bullenhitze** [ˈbʊlənˈhɪtsə] f (fam) caldo m infernale

Bulletin [bʏlˈtɛː] <-s, -s> n bollettino m

bullig adj (fam) ❶ (gedrungen) massiccio ❷ (Hitze) soffocante

Bumerang [ˈbuːməraŋ o ˈbʊməraŋ] <-s, -e o -s> m (a fig) bumerang m; **Bumerangeffekt** <-(e)s, -e> m effetto m boomerang

Bummel [ˈbʊməl] <-s, -> m (fam) passeggiata f, giro m; **einen ~ machen** fare un giro per i negozi

Bummelant(in) [bʊməˈlant] <-en, -en; -, -nen> m(f) (Trödler) gingillone, -a m, f; (Faulenzer) fannullone, -a m, f, scioperato, -a m, f; **Bummelei** [bʊməˈlaɪ] <-> kein Pl f (Getrödel) gingillarsi m; (Langsamkeit) lentezza f, flemma f; (Nachlässigkeit) trascuratezza f; **bummelig** adj (langsam) lento; (nachlässig) trascurato; **bummeln** vi (fam) ❶ sein (umherschlendern) bighellonare, gironzolare ❷ haben (trödeln) gingillarsi; (faulenzen) oziare

Bummelstreik m sciopero m a singhiozzo; **Bummelzug** m (fam) treno m locale

bums [bʊms] int patatrac

bumsen [ˈbʊmzən] I. vi ❶ sein (fam: prallen) **gegen etw ~** cozzare contro qc ❷ haben (fam) **als er fiel, bumste es fürchterlich** quando cadde si udì un tonfo terribile; **es hat gebumst** (Autounfall) c'è stato un tamponamento ❸ haben (sl: Geschlechtsverkehr haben) chiavare vulg II. vt (sl) **jdn ~** chiavare qu vulg

Bund¹ [bʊnt, pl: ˈbʏndə] <-(e)s, Bünde> m ❶ (Freundschafts~) legame m, vincolo m; (Vereinigung, Bündnis) unione f, alleanza f; (Schutzbündnis) lega f; (Staaten~) confederazione f; (zu einem bestimmten Zweck) coalizione f; **einen ~ mit jdm schließen** stringere un'alleanza con qu; **mit jdm im ~ sein** essere alleato con qu ❷ (POL: Bundesstaat) governo m federale ❸ (fam: ~eswehr) esercito m ❹ (an Kleid, Hose) cintura f

Bund² [bʊnt] <-(e)s, -e> n ❶ (Stroh~, Heu~, Gemüse~) fascio m ❷ (Garn~) matassa f ❸ (Holz~) fastello m

Bündchen [ˈbʏntçən] <-s, -> n (Arm~) polsino m; (Hals~) collo m; (unterer Pulloverrand) bordo m

Bündel [ˈbʏndəl] <-s, -> n ❶ (Heu~, Stroh~) fardello m; (Reisig~) fascina f ❷ (Packen) fagotto m; (von Banknoten) rotolo m; (Akten~) incartamento m, dossier m; **sein ~ schnüren** (fam) far fagotto, andarsene

bündeln vt ❶ (Zeitungen) legare; (Garben, Stroh) affastellare; (Karotten, Radieschen) fare mazzetti di ❷ (Strahlen) proiettare

Bundes- [ˈbʊndəs] (in Zusammensetzungen) federale

Bundesagentur f agenzia f federale

Bundesamt n (ADM) ufficio m federale

Bundesangestelltentarif m retribuzione federale nel pubblico impiego

Bundesanleihe *f* prestito *m* federale obbligazionario

Bundesausbildungsförderungsgesetz *n* legge *federale per il sostegno dell'istruzione scolastica ed universitaria*

Bundesbahn *f* ferrovie *fpl* dello Stato

Bundesbank <-> *kein Pl f* banca *f* federale

Bundesbehörde *f* (ADM) autorità *f* federale

Bundesbürger(in) *m(f)* cittadino, -a *m, f* federale

bundesdeutsch *adj* tedesco federale, della Repubblica Federale Tedesca

Bundesebene *f* **auf** ~ a livello nazionale

Bundesforschungsinstitut *n* istituto *m* di ricerca federale

Bundesgebiet <-(e)s> *kein Pl n* territorio *m* federale

Bundesgericht *n* (*CH:* JUR: *oberster Gerichtshof der Schweiz*) Corte *f* di Cassazione; **Bundesgerichtshof** *m* corte *m* di cassazione federale

Bundesgesetzblatt *n* (ADM, JUR) gazzetta *f* ufficiale (federale)

Bundesgrenzschutz *m* guardia *f* statale di confine

Bundeshaus <-es> *kein Pl n* (PARL) ❶ (*BRD: Gebäude des Deutschen Bundestags*) palazzo *m* federale, sede *f* del governo centrale ❷ (*CH: Parlaments- und zentrales Verwaltungsgebäude der Schweiz, Sitz des Bundesrates*) palazzo *m* del governo federale svizzero

Bundesheer *n* (*A*) forze *fpl* armate

Bundesinnenminister(in) [bʊndəs-'ɪnənmɪnɪstɐ] *m(f)* (ADM) ministro *m* degli interni

Bundeskanzler *m* (BRD, A) cancelliere *m* federale; (*CH*) cancelliere *m* della Confederazione elvetica; **Bundeskanzleramt** *n* cancelleria *f* federale

Bundeskartellamt *n* ufficio *m* federale dei cartelli

Bundeskriminalamt <-(e)s> *kein Pl n* (ADM) polizia *f* criminale federale

Bundesland *n* (BRD) Land *m;* (A) provincia *f*

Bundesliga *f* (*BRD:* SPORT) serie A

Bundesminister(in) *m(f)* (BRD, A) ministro *m;* **Bundesministerium** *n* (ADM) ministero *m* federale

Bundesnachrichtendienst *m* organo *federale addetto ai servizi segreti*

Bundespost *f* **die** (**Deutsche**) ~ *le poste federali*

Bundespräsident(in) *m(f)* (BRD, A) presidente *m* della Repubblica federale; (*CH*) presidente *m* della Confederazione

Bundesrat <-es> *kein Pl m* (POL) ❶ (*BRD, A: Verfassungsorgan bestehend aus Vertretern der Bundesländer*) Consiglio *m* federale (*formato dai rappresentanti regionali*) ❷ (*CH: zentrale Regierung der Schweiz*) Consiglio *m* federale, Sette *mpl* ❸ (*CH, A: Mitglied des Bundesrates*) ministro *m* del Consiglio federale, consigliere *m* federale

Bundesregierung *f* governo *m* federale

Bundesrepublik *f* repubblica *f* federale; **die ~ Deutschland** la Repubblica Federale Tedesca

Bundesschatzbrief *m* buono *m* del tesoro

Bundesstaat *m* (*Gesamtheit*) confederazione *f* (di stati); (*einzelner*) Stato *m* federale

Bundesstraße *f* strada *f* federale

Bundestag *m* (BRD) camera *f* bassa [o dei deputati], Bundestag *m*, parlamento *m;* **Bundestagsfraktion** <-, -en> *f* (ADM, POL) gruppo *m* parlamentare della camera dei deputati [o del Bundestag]; **Bundestagsmitglied** <-(e)s, -er> *n* (ADM) membro *m* della camera dei deputati [o del Bundestag]; **Bundestagspräsident(in)** <-en, -en; -, -nen> *m(f)* presidente *m* della camera dei deputati [o del Bundestag]; **Bundestagswahl** *f* elezioni *fpl* per la camera dei deputati [o per il Bundestag]

Bundestrainer *m* (*BRD:* SPORT) commissario *m* della nazionale di calcio tedesca

Bundesverfassungsgericht *n* (BRD) corte *f* costituzionale federale

Bundeswahlgesetz *n* legge *f* elettorale federale

Bundeswehr ['bʊndəsveːɐ̯] <-> *kein Pl f* (BRD) forze *fpl* armate federali

bundesweit *adj* a livello nazionale, su tutto il territorio federale

Bundfaltenhose *f* pantaloni *mpl* con le pinces; **Bundhose** *f* pantaloni *mpl* alla zuava

bündig ['byndɪç] I. *adj* ❶ (*kurz*) conciso, stringato ❷ (*überzeugend*) convincente, concludente II. *adv* concisamente, in poche parole

Bündnis ['byntnɪs] <-ses, -se> *n* alleanza *f*

Bündnispartner *m* (POL) alleato *m*

Bundweite *f* (*von Hose*) vita *f*

Bungalow ['bʊŋgalo] <-s, -s> *m* bungalow *m*

Bungee-Springen ['bɑndʒiʃprɪŋən] <-s> *kein Pl n* bungee-jumping *m*

Bunker ['bʊŋkɐ] <-s, -> *m* (MIL) bunker *m*, casamatta *f*; (*Luftschutz~*) rifugio *m*

Bunsenbrenner ['bʊnzənbrɛnɐ] <-s, -> *m* (TEC) becco *m* Bunsen

bunt [bʊnt] **I.** *adj* ❶ (*mehrfarbig*) vario-pinto, multicolore; (*farbig*) colorato, a colori ❷ (*fig: verschiedenartig, gemischt*) (s)variato, mischiato; ~**er Abend** serata di varietà; ~**es Programm** programma vario ❸ (*verworren*) confuso; **in** ~**er Reihen-folge** in successione disordinata, in disor-dine; **das wird mir zu** ~! questo è troppo! **II.** *adv* (~ *durcheinander*) alla rinfusa; **es zu** ~ **treiben** eccedere la misura, trascen-dere; **Buntheit** <-> *kein Pl f* varietà *f* di colori, policromia *f;* (*Buntscheckigkeit*) screziatura *f,* pezzatura *f;* **Buntmetall** *n* metallo *m* non ferroso; **Buntsandstein** *m* (GEOL) arenaria *f* variegata; **Buntspecht** *m* picchio *m* rosso; **Buntstift** *m* matita *f* colorata; **Buntwäsche** *f* biancheria *f* colorata

Bürde ['bʏrdə] <-, -n> *f* (*geh*) carico *m;* (*a fig*) peso *m*

Bure ['bu:rə] <-n, -n> *m* boero *m; s. a.* **Burin**

Bureau [by'ro:] <-s, -s> *n* (*CH*) studio *m*

Burenwurst <-, -e> *f* (*A: Bockwurst*) sal-siccia *f* di carne magra riscaldata in acqua bollente

Burg [bʊrk] <-, -en> *f* rocca(forte) *f,* ca-stello *m*

Bürge ['bʏrgə] <-n, -n> *m* garante *m,* mal-levadore *m;* (FIN) fideiussore *m*

bürgen *vi* garantire per [*o* farsi garante di] qu/qc; **für einen Wechsel** ~ avallare una cambiale

Burgenland ['bʊrgənlant] *n* Burgen-land *m*

Bürger(in) ['bʏrgɐ] <-s, -; -, -nen> *m(f)* (*Staats~, Städter*) cittadino, -a *m, f;* (HIST, POL: *einer Stadt*) borghese *mf;* **Bürgerini-tiative** *f* (POL) iniziativa *f* popolare; **Bür-gerkrieg** *m* guerra *f* civile; **bürgerlich** *adj* (JUR) civile; (HIST, SOC) borghese; (*pej*) da piccolo borghese; **Bürgerliches Gesetz-buch** codice civile; **Aberkennung** [*o* **Ver-lust**] **der** ~**en Rechte** privazione dei diritti civili; **Bürgermeister(in)** *m(f)* sin-daco *m;* (*BRD*) borgomastro *m;* **Regieren-der** ~ (*von Berlin*) borgomastro in carica; **bürgernah** *adj* vicino alle richieste dei cittadini; **Bürgernähe** <-> *kein Pl f* dis-ponibilità *f* verso le esigenze dei cittadini; **Bürgerrecht** *n* diritto *m* di cittadinanza; **Bürgerrechtler(in)** ['bʏrgɐrɛçtlɐ] <-s, -; -, -nen> *m(f)* militante *mf* nel movimento dei diritti dell'uomo; **Bürgerrechtsbe-wegung** *f* movimento *m* per la difesa dei diritti civili; **Bürgerrechtsge-**

-such *n* (*CH:* JUR: *Einbürgerungsgesuch*) domanda *f* di cittadinanza, naturalizza-zione *f*

Bürgerrechtsgruppe *f* gruppo *m* per i diritti civili; **Bürgerschaft** <-, *rar* -en> *f* cittadinanza *f,* cittadini *mpl;* **Bürgersteig** ['bʏrgɐʃtaik] <-(e)s, -e> *m* marciapiede *m;* **Bürgertum** <-s> *kein Pl n* borghesia *f*

Bürgin ['bʏrgɪn] <-, -nen> *f* garante *f,* mallevadrice *f*

Bürgschaft ['bʏrkʃaft] <-, -en> *f* garan-zia *f;* (FIN) fideiussione *f;* ~ **leisten für** pre-stare garanzia per; **gegen** ~ dietro cauzione

Burgund [bʊr'gʊnt] <-s> *n* Borgogna *f*

burgundisch [bʊr'gʊndɪʃ] *adj* borgo-gnone; (HIST) burgundo

Burin ['bu:rɪn] <-, -nen> *f* boera *f; s. a.* **Bure**

burlesk [bʊr'lɛsk] *adj* burlesco

Büro [by'ro:] <-s, -s> *n* ufficio *m;* (*Geschäftsstelle*) agenzia *f;* **Büroange-stellte** *mf* impiegato, -a *m, f* d'ufficio; **Büroarbeit** *f* lavoro *m* d'ufficio; **Büro-automation** <-> *kein Pl f* (INFORM) auto-matizzazione *f* del lavoro d'ufficio; **Büro-bedarf** *m* materiale *m* per ufficio; **Büro-haus** *n* palazzo *m* per uffici; **Büroklam-mer** *f* graffetta *f*

Bürokrat(in) [byro'kra:t] <-en, -en; -, -nen> *m(f)* (*pej*) burocrate *m*

Bürokratenmoloch *m* (*pej*) macchina *f* burocratica

Bürokratie [byrokra'ti:] <-> *kein Pl f* buro-crazia *f*

Bürokratin <-, -nen> *f s.* **Bürokrat**

bürokratisch [byro'kra:tɪʃ] *adj* burocra-tico

Büromaschine *f* macchina *f* per ufficio; **Bürostunden** *fpl* orario *m* d'ufficio

Bürschchen ['bʏrʃçən] <-s, -> *n* ragaz-zino *m;* (*kleiner Schelm*) monello *m;* **fre-ches** ~ bricconcello *m* impertinente

Bursche ['bʊrʃə] <-n, -n> *m* ❶ (*Knabe, Junge*) ragazzo *m;* (*junger Mann*) gio-vane *m* ❷ (*Lauf~*) fattorino *m,* galoppino *m* ❸ (*fam pej: Kerl*) tipo *m*

Burschenschaft <-, -en> *f* (*Studenten-verbindung*) corporazione *f* studentesca, associazione *f* goliardica

burschikos [bʊrʃi'ko:s] *adj* ❶ (*jungen-haft: Benehmen*) da maschiaccio ❷ (*unbe-kümmert, lässig*) trascurato, noncurante

Bürste ['bʏrstə] <-, -n> *f* spazzola *f*

bürsten *vt* spazzolare

Bürzel ['bʏrtsəl] <-s, -> *m* (ZOO) codrione *m;* (A GASTR) bocconcino *m* prelibato

Bus [bʊs] <-ses, -se> *m* (auto)bus *m;*
Busbahnhof *m* stazione *f* autolinee
Busch [bʊʃ, *pl:* 'bʏʃə] <-es, Büsche> *m*
❶ (*Strauch*) arbusto *m;* (*Gebüsch*) cespuglio *m;* **mit etw hinter dem ~ halten**
(*fam*) tenere nascosto qc; **sich in die
Büsche schlagen** (*fam*) sparire dalla circolazione; **auf den ~ klopfen** (*fig fam*)
tastare [*o* sondare] il terreno ❷ (*in den
Tropen*) savana *f* ❸ (*Feder~*) ciuffo *m;*
(*Haar~*) ciocca *f;* **Buschbohne** *f*
fagiolo *m* nano
Büschel ['bʏʃəl] <-s, -> *n* (*Gras~*)
ciuffo *m;* (*Haar~*) ciuffo *m,* ciocca *f;* (*Heu~*)
fascio *m;* **büschelweise** *adv* a ciuffi, in
fascio
Buschenschänke^{RR}, **Buschenschen-
ke**^{ALT} <-, -n> *f* (*A*) *taverna riconoscibile
grazie a una frasca fuori esposta*
buschig *adj* (*Gegend, Augenbrauen*)
cespuglioso; (*dicht gewachsen: Haare,
Schwanz*) folto
Buschmann <-(e)s, -männer *o* -leute> *m*
boscimano *m;* **Buschmesser** *n* coltello *m* da boscaglia, machete *m;* **Busch-
windröschen** ['bʊʃvɪntrøːsçən] <-s,
-> *n* anemone *m*
Busen ['buːzən] <-s, -> *m* seno *m,*
petto *m;* **Busenfreund(in)** *m(f)* amico,
-a *m, f* del cuore; **Busenwunder** *n* maxi
tettona *f*
Bushaltestelle *f* fermata *f* d'autobus
Business Class^{RR} ['bɪznɪs klaːs] <->
kein Pl f (*AERO*) business class *f*
Buslinie *f* linea *f* d'autobus
Bussard ['bʊsart] <-s, -e> *m* (*ZOO*)
poiana *f*
Buße ['buːsə] <-, -n> *f* ❶ *sing* (*REL*) penitenza *f;* **~ tun** far penitenza ❷ (*JUR: Geld~*)
ammenda *f,* multa *f*
büßen ['byːsən] *vt* ❶ (*REL: von einer
Schuld frei werden*) espiare ❷ (*bezahlen*)
pagare; **das sollst du mir ~!** me la pagherai! ❸ (*CH: JUR: mit einer Geldstrafe belegen*) multare
Büßer(in) <-s, -; -, -nen> *m(f)* (*REL*) penitente *mf*
Busserl <-s, -(n)> *n* (*südd, A: fam*)

bacio *m*

Bußgeld *n* multa *f,* contravvenzione *f;*
Bußgeldbescheid *m* notifica *f* di con-
travvenzione
Bussi ['bʊsi] <-, -> *n* (*A: fam: Küsschen*)
bacetto *m*
Buß- und Bettag *m* giorno *m* di peni-
tenza e di preghiera
Büste ['bʏstə] <-, -n> *f* ❶ (*Brust*) petto *m,*
seno *m* ❷ (*Kunst*) busto *m;* **Büstenhalter** *m* reggiseno *m,* reggipetto *m*
Bustier <-s, -s> *n* bustino *m*
Butangas [bu'taːngaːs] <-es> *kein Pl n*
butano *m*
Butt [bʊt] <-(e)s, -e> *m* (*ZOO*) rombo *m*
Bütte ['bʏtə] <-, -n> *f* mastello *m,*
tinozza *f;* **Büttenpapier** *n* carta *f* a mano
Butter ['bʊtɐ] <-> *kein Pl f* burro *m;* **mit ~
bestreichen** imburrare; **es ist alles in ~**
(*fig fam*) tutto è a posto; **Butterberg** *m*
(*fam*) montagna *f* di burro; **Butter-
blume** *f* ranuncolo *m;* **Butterbrot** *n*
pane *m* imburrato; **für ein ~** (*fig fam*) per
un tozzo di pane; **Butterbrotpapier** *n*
carta *f* oleata; **Butterdose** *f* burriera *f;*
Butterfass^{RR} *n* zangola *f;* **Butter-
keks** *m* biscotto *m* al burro; **Butterkrem**
['bʊtɐkreːm] <-, -s> *f* crema *f* al burro;
Buttermilch *f* latte *f* fermentato
buttern **I.** *vt* (*Brot, Gericht*) imburrare;
Geld in etw *acc* **~** (*fam*) investire soldi in
qc **II.** *vi* fare il burro
Butterschmalz *n* burro *m* fuso (e raffreddato); **butterweich** ['bʊtɐ'vaɪç] *adj*
molle come il burro
Button [bʌtn] <-s, -s> *m* distintivo *m*
Butzenscheibe ['bʊtsənʃaɪbə] *f* vetro *m*
a tondi
b. w. *abk v* **bitte wenden** v. r.
BWL [beːveːʔɛl] *abk v* **Betriebswirtschaftslehre** economia *f* aziendale
Bypass-Operation *f* (*MED*) intervento *m*
di bypass
Byte [baɪt] <-s, -s> *n* (*INFORM*) byte *m*
byzantinisch [bytsan'tiːnɪʃ] *adj* bizantino
Byzanz [by'tsants] *n* Bisanzio *f*
bzgl. *abk v* **bezüglich** per quanto riguarda,
in quanto a
bzw. *abk v* **beziehungsweise** risp.

C c

C, c [tse:] <-, -(s)> *n* ❶ (*Buchstabe*) C, c *f*;
C wie Cäsar C come Como ❷ (MUS) do *m*
C *abk v* **Celsius** C

ca. *abk v* **circa** c

Ca (CHEM) *abk v* **Kalzium** Ca

Cabaret [kabaˈreː] <-s, -s> *n s.* **Kabarett**

Cabrio [ˈkaːbrio] <-s, -s> *n* cabriolet *f*

Cabriolet [kabrioˈleː] <-s, -s> *n* cabriolet *f*

Cache(speicher) <-s, -> *m* (INFORM) (memoria *f*) cache *f*

CAD [kat] <-s> *n abk v* **Computer Aided Design** CAD *f*

Cadmium [ˈkatmiʊm] <-s> *kein Pl n* (CHEM) cadmio *m*

Café [kaˈfeː] <-s, -s> *n* caffè *m*, bar *m*

Café complet [kafekõˈpleː] <-s, -s> *n* (CH) caffè con latte, panini, burro e marmellata

Cafeteria [kafetaˈriːa] <-, -s> *f* self-service *m*, tavola *f* calda

cal *abk v* **Kalorie** cal

Calcium [ˈkaltsiʊm] <-s> *kein Pl n* (CHEM) *s.* **Kalzium**

Callanetics *pl* circuit training *m*

Callboy [ˈkɔːlbɔɪ] <-s, -s> *m* ragazzo *m* squillo

Callcenter [ˈkoːlsɛntɐ] <-s, -> *n* call center *m*

Callgirl [ˈkɔːlɡœːl] <-s, -s> *n* ragazza *f* squillo, callgirl *f*; **Callgirlring** *m* giro *m* di ragazze squillo

Camcorder [ˈkɛmkɔrdɐ] <-s, -> *m* camcorder *m*

Camembert [ˈkaməmbeːɐ] <-s, -s> *m* camembert *m*

Camion [ˈkamjõː] <-s, -s> *m* (CH) camion *m*

Camionneur [kamjɔnøːɐ̯] <-s, -e> *m* (CH) spedizioniere *m*

Camp [kɛmp] <-s, -s> *n* campo *m*, accampamento *m*

campen [ˈkɛmpən] *vi* campeggiare

Camper(in) <-s, -; -, -nen> *m(f)* campeggiatore, -trice *m, f*

Camping [ˈkɛmpɪŋ] <-s> *kein Pl n* camping *m*, campeggio *m*; **Campingausrüstung** *f* equipaggiamento *m* da camping; **Campingbus** *m* camper *m*; **Campingplatz** *m* campeggio *m*, camping *m*

Campus [ˈkampʊs] <-, -> *m* (UNIV) campus *m*

canceln [ˈkɛnsəln] *vt* annullare

cand. *abk v* **candidatus** laureando; **~ med./phil.** laureando in medicina/filosofia

Cannabis [ˈkanabɪs] <-> *kein Pl m* (BOT) canapa *f* indiana; (*sl: Haschisch*) hashish *m*

Cape [keːp] <-s, -s> *n* mantella *f*

Caprihose [ˈkaːprihoːzə] *f* pantaloni *mpl* alla pescatora

Caquelon <-s, -s> *n* (CH: *feuerfeste Pfanne aus Ton*) padella di terracotta resistente al fuoco

Car [kaːɐ̯] <-s, -s> *m* (CH: *Reisebus*) corriera *f*, pullmann *m*

Caravan [ˈkaravan] <-s, -s> *m* roulotte *f*

Cargo-Hose [ˈkargo ˈhoːzə] *f* pantaloni *mpl* con tasconi laterali

Carsharing <-s> *kein Pl n* progetto che prevede l'uso di un autoveicolo da parte di più persone

Cartoon [kaɐ̯ˈtuːn] <-s, -s> *m* ❶ (*Karikatur*) vignetta *f* umoristica ❷ (*Bildgeschichte*) fumetto *m*; **Cartoonist(in)** <-en, -en; -, -nen> *m(f)* caricaturista *mf*, vignettista *mf*

Cash-flow^ALT <-s> *kein Pl m*, **Cashflow^RR** [ˈkɛʃfloʊ] <-s> *kein Pl m* (WIRTSCH) flusso *m* di cassa, cash flow *m*

Casino [kaˈziːno] <-s, -s> *n* casinò *m*

Cäsium [ˈtsɛːziʊm] <-s> *kein Pl n* (CHEM) cesio *m*

casten [ˈkaːstən] *vt* prendere in un cast

Casting [ˈkaːstiŋ] *n* casting *m*; **Castingshow** [ˈkaːstiŋʃoː] *f* casting show *m*

Catering [ˈkeɪtəriŋ] <-(s)> *kein Pl n* catering *m*

Cayennepfeffer [kaˈjɛnˈpfɛfɐ] *m* pepe *m* di Caienna

CB-Funker(in) [tseːˈbeːfʊnkɐ] *m(f)* radioamatore, -trice *m, f*

cbm *abk v* **Kubikmeter** mc

ccm *abk v* **Kubikzentimeter** cc

CD [tseːˈdeː] <-, -s> *f abk v* **Compact Disk** CD *m*; **CD-Brenner** *m* masterizzatore *m*; **CD-I** <-, -s> *f* (INFORM: *interaktive CD*) CD *m* interattivo; **CD-Player** [tseːˈdeːpleɪɐ] <-s, -> *m* lettore *m* CD; **CD-ROM** [tseːˈdeːrɔm] <-, -s> *f* (INFORM) CD-ROM *m*; **CD-ROM-Brenner** <-s, -> *m* (INFORM) masterizzatore *m* CD-ROM; **CD-ROM-Laufwerk** *n* (INFORM) lettore *m* CD-ROM

CDU [tseːdeːˈʔuː] <-> *kein Pl f abk v* **Christlich-Demokratische Union** partito democristiano tedesco

C-Dur <-> *kein Pl n* (MUS) do *m* maggiore

Celli *pl von* **Cello**

Cellist(in) [tʃɛ'lɪst] <-en, -en; -, -nen> *m(f)* violoncellista *mf*

Cello ['tʃɛlo, *pl:* 'tʃɛli] <-s, -s *o* Celli> *n* violoncello *m*

Cellophan® [tsɛlo'faːn] <-s> *kein Pl n* cellofan *m*

Celsius ['tsɛlzjʊs] *n* Celsius *m,* grado *m* centigrado; **die Temperatur beträgt 20 Grad ~** la temperatura è di 20 gradi Celsius

Cembalo ['tʃɛmbalo, *pl:* 'tʃɛmbali] <-s, -s *o* Cembali> *n* (clavi)cembalo *m*

Cent [sɛnt] <-(s), -(s)> *m* (*Währungseinheit*) centesimo *m;* **50 ~** 50 centesimi

Ces, ces [tsɛs] <-, -> *n* (MUS) do *m* bemolle

Ceylon ['tsaɪlɔn] *n* Ceylon *f*

cf. *abk v* **confer** cfr.

CH *abk v* **Confoederatio Helvetica** CH

Chalet [ʃa'le: *o* ʃa'lɛ] <-s, -s> *n* (*CH*) ➊ (*Almhütte*) baita *f* ➋ (*Landhaus*) chalet *m*

Chamäleon [ka'mɛːleɔn] <-s, -s> *n* camaleonte *m*

Champagner [ʃam'panjɐ] <-s, -> *m* champagne *m*

Champignon ['ʃampɪnjɔn] <-s, -s> *m* champignon *m;* (*Wiesen~*) fungo *m* prataiolo

Champion ['tʃɛmpiən *o* ʃä'piõ:] <-s, -s> *m* (SPORT) campione, -essa *m, f*

Chance ['ʃäːs(ə)] <-, -n> *f* ➊ (*Gelegenheit*) occasione *f* (favorevole), chance *f;* **jdm eine ~ geben** dare una possibilità a qu ➋ (*Aussicht*) prospettiva *f,* possibilità *f;* **gute ~n haben** avere buone probabilità (di riuscita), avere delle chance; **Chancengleichheit** *f* uguaglianza *f* di prospettive, parità *f* di condizioni; **chancenlos** *adj* (*ohne Aussichten*) senza prospettive; (*ohne Möglichkeiten*) senza possibilità

Chanson [ʃäsõ:] <-s, -s> *n* canzone *f*

Chaos ['kaːɔs] <-> *kein Pl n* caos *m*

Chaot(in) [ka'oːt] <-en, -en; -, -nen> *m(f)* ➊ (*fam: Wirrkopf*) confusionario, -a *m, f,* persona *f* caotica ➋ (POL) anarchico, -a *m, f,* radicale *mf*

chaotisch [ka'oːtɪʃ] *adj* caotico

Charakter [ka'raktɐ, *pl:* ka'rak'teːrə] <-s, -e> *m* carattere *m;* (*Wesen*) natura *f;* **er ist ein Mann von ~** è un uomo di carattere; **keinen ~ haben** non avere carattere; **die Unterredung hatte vertraulichen ~** fu un colloquio a carattere riservato; **Charaktereigenschaft** *f* qualità *f* morale; **charakterfest** *adj* di carattere fermo

charakterisieren [karakteri'ziːrən] <ohne ge-> *vt* caratterizzare; **Charakterisierung** <-, -en> *f* caratterizzazione *f;*

Charakteristik [karakte'rɪstɪk] <-, -en> *f* descrizione *f* (degli aspetti caratteristici); (*von Person*) profilo *m,* ritratto *m;* **Charakteristikum** [karakte'rɪstɪkʊm] <-s, Charakteristika> *n* (*geh*) caratteristica *f,* tratto *m* caratteristico; **charakteristisch** [karakte'rɪstɪʃ] *adj* **für jdn/ etw ~ sein** essere caratteristico di qu/qc

charakterlich *adj* caratteriale; **er hat einige ~e Schwächen** ha alcune debolezze caratteriali

charakterlos *adj* senza carattere; **Charakterlosigkeit** <-, -en> *f* mancanza *f* di carattere; **Charakterschauspieler(in)** *m(f)* caratterista *mf;* **Charakterschwäche** <-, -n> *f* debolezza *f* di carattere; **Charakterstärke** <-, -n> *f* forza *f* di carattere; **Charakterstudie** *f* studio *m* del carattere; **Charakterzug** *m* tratto *m* del carattere

Chargébrief ['ʃarʒəbriːf] *m* (*CH*) lettera *f* raccomandata

Charisma ['ça:rɪsma] <-s, -ta *o* Charismen> *n* carisma *m*

charismatisch *adj* carismatico

charmant [ʃar'mant] *adj* affascinante

Charme [ʃarm] <-s> *kein Pl m* fascino *m,* charme *m;* **seinen ganzen ~ spielen lassen** adoperare tutto il proprio fascino

Charmeur [ʃar'møːɐ, *pl:* ʃar'møːrə] <-s, -e> *m* seduttore *m,* uomo *m* affascinante

Charta ['karta] <-, -s> *f* carta *f* costituzionale; **die ~ der Vereinten Nationen** la Carta delle Nazioni Unite

Charterflug ['tʃartɐfluːk] *m* volo *m* charter; **Charterfluggesellschaft** <-, -en> *f* società *f* di voli charter; **Charterflugzeug** *n,* **Chartermaschine** *f* charter *m*

chartern ['tʃartɐn] *vt* noleggiare, prendere a noleggio

Charts *m o npl* (*Hitliste*) hit-parade *f*

Chassis [ʃa'si:] <-, -> *n* telaio *m,* chassis *m*

Chat <-s> *kein Pl m* chat *m;* **Chatlag** ['tʃɛtlæg] <-s, -s> *m* (INFORM) chatlag *m;* **Chatroom** ['tʃætruːm] <-s, -s> *m* (INFORM) chat *f*

chatten *vi* (*fam*) **mit jdm ~** chattare con qc

Chauffeur [ʃɔ'føːɐ] <-s, -e> *m* autista *m* (personale)

Chauvi ['ʃo:vi] <-s, -s> *m* (*fam*) maschilista *m*

Chauvinismus [ʃovi'nɪsmʊs] <-> *kein Pl m* (*pej*) ➊ (*Nationalismus*) sciovinismo *m* ➋ (*männlicher ~*) fallocrazia *f*

Chauvinist(in) [ʃovi'nɪst] <-en, -en; -, -nen> *m(f)* (*pej*) ➊ (*Nationalist*) sciovinista *mf* ➋ (*männlicher ~*) fallocrate *m*

C

chauvinistisch *adj* (*pej*) **①** (*nationalistisch*) sciovinistico **②** (*frauenfeindlich*) fallocratico

checken ['tʃɛkən] *vt* **①** (*überprüfen*) controllare **②** (*sl: verstehen*) capire

Checkliste *f* (AERO) lista *f* di controllo

Chef(in) ['ʃɛf] <-s, -s; -, -nen> *m(f)* padrone, -a *m, f,* principale *mf;* (*Vorgesetzte*) capo *m;* **Chefarzt** *m,* **Chefärztin** *f* primario *m;* **Chefetage** *f* piano *m* della direzione, piano *m* nobile; **Chefin** *f* **①** *s.* **Chef ②** (*fam: Frau des Chefs*) moglie *f* del principale; **Chefingenieur(in)** <-s, -e; -, -nen> *m(f)* (TEC) ingegnere *m* capo; **Chefkoch** *m,* **Chefköchin** *f* capocuoco, -a *m, f,* chef *m;* **Chefredakteur(in)** *m(f)* caporedattore, -trice *m, f;* **Chefsache** <-, -n> *f* (*fam*) **diese Angelegenheit ist ~** è affare del capo; **Chefsekretär(in)** *m(f)* segretario, -a *m, f* del principale, primo, -a segretario, -a *m, f;* **Chefunterhändler(in)** <-s, -; -, -nen> *m(f)* agente *mf* [*o* mediatore, -trice *m, f*] capo

Chemie [çe'mi:] <-> *kein Pl f* chimica *f;* **Chemiefaser** *f* fibra *f* sintetica; **Chemiekonzern** *m* gruppo *m* chimico; **Chemiewaffe** <-, -n> *f* arma *f* chimica

Chemikalie [çemi'ka:liə] <-, -n> *f* prodotto *m* chimico

Chemiker(in) ['çe:mike] <-s, -; -, -nen> *m(f)* chimico, -a *m, f*

Cheminée ['ʃmɪne] <-s, -s> *n* (*CH*) camino *m*

chemisch ['çe:mɪʃ] *adj* chimico; **~e Reinigung** pulitura *f* [*o* lavaggio *m*] a secco

chemotherapeutisch [çemotera'pɔɪtɪʃ] *adj* chemioterapico; **Chemotherapie** *f* (MED) chemioterapia *f*

chic [ʃɪk] *s.* **schick**

Chicorée [ʃiko're: *o* 'ʃɪkore] <-s> *m o f* cicoria *f*

Chiffon ['ʃɪfõ] <-s, -s *o A* -e> *m* chiffon *m*

Chiffre ['ʃɪfrə] <-, -n> *f* cifra *f;* (*Anzeige~*) numero *m*

chiffrieren [ʃɪ'fri:rən] <ohne ge-> *vt* cifrare, tradurre in cifra

Chiffriermaschine *f* crittografo *m;* **Chiffrierschlüssel** *m* cifrario *m,* chiave *f;* **Chiffrierverfahren** *n* metodo *m* di cifratura

Chile ['tʃi:le *o* 'çi:le] *n* Cile *m;* **in ~** nel Cile

Chilene [tʃi'le:nə *o* çi'le:nə] <-n, -n> *m,* **Chilenin** [tʃi'le:nɪn *o* çi'le:nɪn] <-, -nen> *f* cileno, -a *m, f*

chilenisch [tʃi'le:nɪʃ *o* çi'le:nɪʃ] *adj* cileno

Chili ['tʃi:li] <-s> *kein Pl m* (GASTR: *Pfefferschote*) chili *m,* peperoncino *m*

Chimäre <-, -n> *f* (A BIOL) chimera *f*

China ['çi:na] *n* Cina *f*

Chinakohl <-(e)s> *kein Pl m* cavolo *m* verza

Chinese [çi'ne:zə] <-n, -n> *m,* **Chinesin** [çi'ne:zɪn] <-, -nen> *f* cinese *mf*

chinesisch [çi'ne:zɪʃ] *adj* cinese

Chinesisch *n* cinese *m;* **das ist für mich ~!** questo per me è arabo; *s. a.* **Deutsch**

Chinin [çi'ni:n] <-s> *kein Pl n* chinino *m*

Chip [tʃɪp] <-s, -s> *m* **①** (*Spielmarke*) gettone *m* **②** *meist pl* (*Kartoffel~ s*) patatine *fpl* (fritte) **③** (TEC, INFORM) chip *m;* **Chipkarte** <-, -n> *f* (INFORM) piastrina *f* chip

Chiropraktiker(in) [çiro'praktike] <-s, -; -, -nen> *m(f)* chiropratico, -a *m, f,* chiroterapeuta *mf*

Chirurg(in) [çi'rʊrk] <-en, -en; -, -nen> *m(f)* chirurgo, -a *m, f*

Chirurgie [çirʊr'gi:] <-, -n> *f* chirurgia *f*

Chirurgin *f s.* **Chirurg**

chirurgisch *adj* chirurgico

Chlor [klo:ɐ̯] <-s> *kein Pl n* (CHEM) cloro *m*

chloren ['klo:rən] *vt* clorare

Chlorgas <-es> *kein Pl n* (CHEM) gas *m* cloridrico

chlorhaltig ['klo:ɐhaltɪç] *adj* contenente cloro

Chlorid [klo'ri:t, *pl:* klo'ri:də] <-(e)s, -e> *n* cloruro *m*

Chloroform [kloro'fɔrm] <-s> *kein Pl n* (CHEM) cloroformio *m;* **chloroformieren** [klorofɔr'mi:rən] <ohne ge-> *vt* cloroformizzare

Chlorophyll [kloro'fʏl] <-s> *kein Pl n* (BOT) clorofilla *f*

Chlorwasserstoff *m* (CHEM) acido *m* cloridrico

Choke [tʃo:k] <-s, -s> *m* (MOT) valvola *f* dell'aria, starter *m*

Cholera ['ko:lera] <-> *kein Pl f* (MED) colera *m;* **Choleraepidemie** *f* epidemia *f* di colera

Choleriker(in) [ko'le:rike] <-s, -; -, -nen> *m(f)* collerico, -a *m, f*

cholerisch [ko'le:rɪʃ] *adj* (MED) collerico; (*fig*) irascibile

Cholesterin [çɔlɛste'ri:n] <-s> *kein Pl n* (MED) colesterina *f,* colesterolo *m;* **Cholesterinspiegel** <-s, -> *m* (MED) tasso *m* di colesterolo

Chor [ko:ɐ̯, *pl:* 'kø:rə] <-(e)s, Chöre> *m* coro *m;* **im ~** in coro; **im ~ sprechen** far coro

Choral [ko'ra:l, *pl:* ko'rɛ:lə] <-s, Chöräle> *m* corale *m*

Choreograf(in)[RR] [koreo'gra:f] <-en,

-en; -, -nen> *m(f)* coreografo, -a *m, f*

Choreografie[RR] [koreograˈfiː] <-, -n> *f* coreografia *f*

Choreografin[RR] *f s.* **Choreograf**

choreografisch[RR] *adj* coreografico

Choreograph(in) <-en, -en; -, -nen> *m(f) s.* **Choreograf**

Choreographie <-, -n> *f s.* **Choreographie**

Choreographin *f s.* **Choreograf**

choreographisch *adj s.* **choreografisch**

Chorleiter(in) *m(f)* direttore, -trice *m, f* di coro; **Chorsänger(in)** *m(f)* corista *mf*

Chr. *abk v* **Christus** C

Christ(in) [ˈkrɪst] <-en, -en; -, -nen> *m(f)* cristiano, -a *m, f*

Christbaum *m* albero *m* di Natale

Christdemokrat(in) *m(f)* democristiano, -a *m, f;* **christdemokratisch** *adj* democristiano

Christenheit <-> *kein Pl f* cristianità *f,* cristiani *mpl;* **Christentum** <-s> *kein Pl n* cristianesimo *m*

Christi *gen von* **Christus, vor ~ Geburt** avanti Cristo

Christianisierung [krɪstjaniˈziːrʊŋ] <-, -en> *f* cristianizzazione *f*

Christin *f s.* **Christ**

Christkind *n* Gesù Bambino *m;* **Christkindlmarkt** *m* (*A, südd: Weihnachtsmarkt*) mercatino *m* di Natale; **christlich** *adj* cristiano, religioso; **Christmesse** *f,* **Christmette** *f* messa *f* di mezzanotte; **Christnacht** *f* notte *f* santa [*o* di Natale]; **Christrose** *f* rosa *f* di Natale; **Christstollen** *m* dolce *m* di Natale

Christus [ˈkrɪstʊs, ˈkrɪsti, ˈkrɪsto, ˈkrɪstʊm] <*gen* Christi, *dat* - *o geh* Christo, *acc* - *o geh* Christum> *kein Pl m* Cristo *m;* **vor/nach Christi Geburt** avanti/dopo Cristo

Chrom [kroːm] <-s> *kein Pl n* (CHEM) cromo *m*

Chromosom [kromoˈzoːm] <-s, -en> *n* (BIOL) cromosoma *m;* **Chromosomensatz** <-es, -sätze> *m* (BIOL) corredo *m* cromosomico

Chromstahl *m* acciaio *m* cromato

Chronik [ˈkroːnɪk] <-, -en> *f* cronaca *f*

chronisch *adj* cronico

Chronist(in) [kroˈnɪst] <-en, -en; -, -nen> *m(f)* cronista *mf*

Chronologie [kronoloˈgiː] <-, -n> *f* cronologia *f*

chronologisch [kronoˈloːgɪʃ] *adj* cronologico

Chrysantheme [kryzanˈteːmə] <-, -n> *f* crisantemo *m*

Chur [kuːɐ̯] *n* (GEOG) Coira *f*

circa [ˈtsɪrka] *adv* circa, press'a poco

Cis, cis [tsɪs] <-, -> *n* (MUS) do *m* diesis

Citro <-s, -s> *n* (*CH: Zitronenlimonade*) limonata *f* (gassata)

City [ˈsɪti] <-, -s *o* Cities> *f* city *f;* **Citytarif** *m* (TEL) tariffa *f* urbana

cl *abk v* **Zentiliter** cl

Cl (CHEM) *abk v* **Chlor** Cl

Clan <-s, -s> *m* clan *m*

clean [kliːn] *adj* (*sl: nicht mehr drogenabhängig*) disintossicato, ex tossico; **~ werden** disintossicarsi

Clearing <-s, -s> *n* (WIRTSCH) clearing *m*

clever [ˈklɛvɐ] *adj* (*fam*) furbo

Clinch [klɪntʃ] <-(e)s> *kein Pl m* (*fam*) **mit jdm im ~ liegen** essere ai ferri corti con qu

Clip [klɪp] <-s, -s> *m* ❶ (*Schmuck*) clip *f* ❷ (*Video~*) videoclip *m*

CLIP-Funktion [ˈklɪpfʊŋktsi̯oːn] *f* (TEL) CLIP *m*

Clique [ˈklɪkə] <-, -n> *f* cricca *f,* combriccola *f*

CLIR-Funktion [ˈklɪrfʊŋktsi̯oːn] *f* (TEL) CLIR *m*

Clou [kluː] <-s, -s> *m* (*fam*) punto *m* culminante, clou *m*

Clown [klaʊn] <-s, -s> *m* clown *m,* pagliaccio *m*

Club [klʊp] <-s, -s> *m* club *m,* circolo *m*

cm *abk v* **Zentimeter** cm

c-Moll <-> *kein Pl n* (MUS) do *m* minore

Co *abk v* **Kompanie** C.ia

Coach [koʊtʃ] <-(s), -s> *m* allenatore, -trice *m, f*

Cockerspaniel [ˈkɔkɛʃpaːni̯əl] <-s, -s> *m* cocker *m*

Cockpit [ˈkɔkpɪt] <-s, -s> *n* (AERO) cabina *f* di pilotaggio; (MOT) abitacolo *m;* (NAUT) pozzetto *m* di comando

Cocktail [ˈkɔkteɪl] <-s, -s> *m* cocktail *m;* **Cocktailkleid** *n* abito *m* da cocktail; **Cocktailparty** *f* cocktail(-party) *m*

Code [ˈkoːt] <-s, -s> *m* codice *m*

Codex [ˈkoːdɛks] <-es, -e> *m* ❶ (JUR) codice *m* ❷ (*alte Handschriften*) codice *m*

codieren [koˈdiːrən] *vt* cifrare

Cognac® [ˈkɔnak] <-s, -s> *m* cognac *m*

Coiffeur [ko̯aˈføːɐ̯] <-s, -e> *m,* **Coiffeuse** [ko̯aˈføːzə] <-, -en> *f* (*CH*) parrucchiere, -a *m, f*

Collage [kɔˈlaːʒə] <-, -n> *f* collage *m*

Collagen [kolaˈgeːn] <-s, -e> *n* collagene *m*

College <-(s), -s> *n* (*Schule,* UNIV) college *m*

Colorfilm [ˈkoːloːɐ̯fɪlm] *s.* **Farbfilm**

Colt® [kɔlt] <-s, -s> *m* revolver *m*

Comeback <-(s), -s> *n,* **Come-back**[RR]

[kam'bɛk] <-(s), -s> *n* rentrée *f;* **ein ~ erleben** ritornare alla ribalta

COMECON, Comecon ['kɔmekɔn] <-> *kein Pl mn* COMECON *m*

Comic ['kɔmɪk] <-s, -s> *m* fumetto *m,* comic *m*

Comicfigur *f* figura *f* dei fumetti; **Comicheft** *n* giornaletto *m* a fumetti, fumetto *m*

Coming-out [kamɪŋ'aʊt] <-(s), -s> *n* coming out *m*

Compact Disc <-, -s> *f,* **Compactdisc**RR [kɔm'paktdɪsk] <-, -s> *f* compact disc *m*

Compiler [kɔm'paɪlɐ] <-s, -> *m* (INFORM) compilatore *m*

Computer [kɔm'pjuːtɐ] <-s, -> *m* computer *m;* **Computeranalyse** *f* analisi *f* di computer; **Computeranimation** *f* computer animation *f;* **computeranimiert** *adj* ~**er Film** film realizzato mediante computer animation; **Computerbranche** *f* campo *m* informatico; **Computerfreak** <-s, -s> *m* (*fam*) mostro *m* [*o* cervellone *m*] del computer; **computergesteuert** *adj* computerizzato; **computergestützt** *adj* basato su computer; **Computerhersteller** *m* produttore *m* di computer

computerisieren *vt* computerizzare; **Computerisierung** [kɔmpjuːteɪ'ziːrung] <-, -en> *f* informatizzazione *f*

Computerkriminalität <-> *kein Pl f* criminalità *f* informatica; **computerlesbar** *adj* leggibile elettronicamente; **Computerlinguistik** <-> *kein Pl f* linguistica *f* computazionale; **Computermesse** *f* fiera *f* del computer; **Computerschädling** *m* virus *m;* **Computersimulation** *f* simulazione *f* al computer; **Computerspezialist(in)** *m(f)* informatico *m;* **Computerspiel** *n* videogioco *m,* gioco *m* elettronico; **Computertisch** *m* mobile *m* portacomputer; **Computertomographie** *f* tomografia *f* assiale computerizzata; **computerunterstützt** *adj* assistito dal computer; **Computervirus** *m* virus *m* (informatico)

Conférencier [kõferã'sjeː] <-s, -s> *m* presentatore *m,* annunciatore *m*

Confiserie <-, -n> *f* (*CH*) ❶ (*Geschäft*) pasticceria *f* ❷ (*Konfekt*) dolci *mpl*

Connections <*nur pl*> *f* relazioni *fpl;* **er hat aber gute ~** ha buoni rapporti/ conosce persone influenti; **sie hat durch ~ das Examen bestanden** ha passato l'esame perché aveva raccomandazioni

Consulting [kɔn'saltɪŋ] <-s> *kein Pl n* (WIRTSCH) consulting *m*

Container [kɔn'teːnɐ] <-s, -> *m* container *m,* contenitore *m;* **Containerbahnhof** *m* stazione *f* smistamento container; **Containerschiff** *n* nave *f* porta-container; **Containerterminal** <-s, -s> *mn* scalo *m* container, terminal *m* del container; **Containerverkehr** <-s> *kein Pl m* traffico *m* [*o* trasporto *m*] di container

Contergan® [kɔntɐr'gaːn] <-s> *kein Pl n* Contergan® *m;* **Contergankind** *n* (*fam*) bambino *m* focomelico

Cookie ['kʊkɪ] <-s, -s> *n* (INFORM) cookie *m*

cool [kuːl] *adj* (*fam*) ❶ (*nicht nervös*) tranquillo, calmo ❷ (*toll*) figo

Copilot(in) ['koːpiloːt] <-en, -en; -, -nen> *m(f)* copilota *mf*

Coprozessor *m* (INFORM) coprocessore *m*

Copyright ['kɔpiraɪt] <-s, -s> *n* copyright *m*

Cord [kɔrt] <-(e)s, -e *o* -s> *m* cord *m*

Cordon bleu [kɔrdõ'bløː] <-, Cordons bleus> *n* (GASTR) cordon bleu *m*

Corner ['kɔːnɐ] <-s, -> *m* (*A: Eckball*) calcio *m* d'angolo

Cornflakes ['kɔːnfleɪks] *pl* fiocchi *mpl* di granturco

Cornichon [kɔrni'ʃõ] <-s, -s> *n* cetriolino *m*

Corpus delicti ['kɔrpʊs de'lɪkti, *pl:* 'kɔrpora de'lɪkti] <-, Corpora delicti> *n* corpo *m* del delitto

Cortison [kɔrti'zoːn] <-s> *kein Pl n* (MED) cortisone *m*

Couch [kaʊtʃ] <-, -s *o* -en> *f* divano *m*

Countdown <-(s), -s> *m o n,* **Countdown**RR ['kaʊnt'daʊn] <-(s), -s> *m o n* conto *m* alla rovescia, count down *m*

Coup [kuː] <-s, -s> *m* colpo *m;* **einen ~ landen** fare un colpo

Coupé [ku'peː] <-s, -s> *n* ❶ (AUTO) coupé *f* ❷ (*A: Zugabteil*) scompartimento *m* (di treno)

Coupon [ku'põ] <-s, -s> *m* ❶ (*Zettel*) tagliando *m,* buono *m* ❷ (FIN) cedola *f* ❸ (*Stoffabschnitt*) campione *m*

couragiert [kura'ʒiːɐt] *adj* coraggioso

Cousin [ku'zɛ̃] <-s, -s> *m* cugino *m*

Cousine [ku'ziːnə] <-, -n> *f* cugina *f*

Cover ['kavɐ] *n* copertina *f;* **Covergirl** ['kavɐgœːl] <-s, -s> *n* ragazza-copertina *f*

Cowboy ['kaʊbɔɪ] <-s, -s> *m* cowboy *m*

CPU *f abk v* **Central Processing Unit** CPU (*unità centrale di elaborazione*)

Crack [krɛk] <-s, -s> *m* ❶ (*Sportler*) crack *m,* fuori classe *m* ❷ (*Rauschgift*) crack *m*

Cracker ['krɛkɐ] <-s, -(s)> *m meist pl* cracker *m*

Crashkurs ['krɛʃkʊrs] *m* corso *m* superintensivo; **Crashtest** ['krɛʃtɛst] *m* (AUTO) crash test *m*

Creme [kre:m] <-, -s *o CH, A* -n> *f* crema *f;* **die ~** (*fig: das Beste*) il fior fiore

Crème [krɛːm] <-, -s> *f* crema *f;* **~ fraîche** panna da cucina; **die ~ de la ~** (*geh*) la crème, l'élite; **Cremedusche** *f* docciacrema *m;* **cremefarben** *adj* color crema; **Cremetorte** *f* torta *f* alla crema

cremig ['kre:mɪç] *adj* cremoso

Crêpe[1] <-, -s> *f s.* **Krepp**[1]

Crêpe[2] <-s, -> *m* (*Stoff*) crêpe *m;* **~ de Chine** crêpe de Chine

Crew [kru:] <-, -s> *f* (NAUT, AERO) equipaggio *m*

Croissant [kroa'sɔ̃:] <-s, -s> *n* croissant *m*, cornetto *m*

Cromargan® [kromar'ga:n] <-s> *kein Pl n* acciaio *m* inossidabile

Croupier [kru'pje:] <-s, -s> *m* croupier *m*

Crux [krʊks] <-> *kein Pl f* **das ist die ~ an der Sache** questo è il punto dolente; **es ist eine ~ mit ihm** è una vera croce

C-Schlüssel <-s, -> *m* (MUS) chiave *f* di do

CSU [tse:ʔɛs'ʔuː] <-> *kein Pl f abk v* **Christlich-Soziale Union** *partito Cristiano-Sociale tedesco*

c. t. [tse:'te:] *abk v* **cum tempore** quarto d'ora accademico

CTG *abk v* **Computertomographie** TAC *f*

Cunnilingus [kʊni'lɪŋɡʊs, *pl:* kʊni'lɪŋgi] <-, Cunnilingi> *m* cunnilinctus *m*

Cup [kap] <-s, -s> *m* (SPORT: *Pokal*) coppa *f*

Curry ['kœri] <-s, -s> *m o n* curry *m;* **Currywurst** *f* salsiccia *f* con salsa al curry

Cursor ['kœːzɐ] <-s, -s> *m* (INFORM) cursore *m*

Cut(away) ['kœt(əve) *o* 'kat(əve)] <-s, -s> *m* tight *m*

cutten ['katən] *vt* (FILM, RADIO, TV) tagliare

Cutter(in) ['katɐ] <-s, -; -, -nen> *m(f)* (FILM, RADIO, TV) montatore, -trice *m, f*

CVJM [tse:faʊjɔt'ʔɛm] <-(s)> *kein Pl abk v* **Christlicher Verein Junger Männer** *Associazione cristiana dei giovani*

Cyber- (*in Zusammensetzungen*) cyber-; **Cybercafé** <-s, -> *f* cybercafé *m;* **Cyberkriminelle** <ein -r, -n, -n> *mf* pirata *m* web; **Cybersex** *m* cybersesso *m;* **Cyberspace** ['saɪbɛspɛɪs] <-> *kein Pl m* cyberspazio *m;* **Cyberzeitalter** *n* era *f* del cyber

D d

D, d [de:] <-, -(s)> n ❶ (*Buchstabe*) D, d *f*; **D wie Dora** D come Domodossola ❷ (MUS) re *m*

D *abk v* **Deutschland** D

da [da:] **I.** *adv* ❶ (*räumlich, dort*) lì, là; (*hier*) qui, qua; ~ **draußen** là fuori; ~ **drüben** di là, da quella parte; ~ **hinaus** fuori di lì; ~ **oben** lassù; ~ **unten** laggiù; **das Buch** ~ quel libro lì [*o* là]; ~**,** **wo** laddove; ~ **bin ich!** eccomi qua!; ~ **ist er** eccolo; ~ **ist/sind** c'è/ci sono; ~ (**hast du**) qua (prendi); **wer ist ~?** chi c'è? ❷ (*zeitlich, damals*) allora, a quel tempo; (*dann*) allora; **von ~ an** fin da allora, da allora in poi; ~ **sagte er plötzlich, dass …** allora improvvisamente disse che …; ~ **fing sie doch tatsächlich an zu weinen!** in quel momento cominiciò davvero a piangere! ❸ (*fam: in diesem Fall, dieser Lage*) allora, in quel (questo) caso; **was gibt's denn ~ zu lachen?** cosa c'è da ridere in questo caso?; ~ **kann man nichts machen** in questo caso non c'è niente da fare; ~ **fragst du noch?** e domandi ancora? ❹ (*also*) allora, dunque ❺ (*vorhanden*) presente; ~ **sein** (*anwesend sein*) essere presente, esserci; (*vorhanden sein*) essere disponibile, esserci; **es ist niemand ~** non c'è nessuno; **ich bin gleich wieder ~** torno subito; **ist jemand ~ gewesen?** è venuto qualcuno?; **ist noch Kaffee ~?** c'è ancora caffè?; **das ist noch nicht ~ gewesen!** non si è mai vista una cosa simile! ❻ (*zur Verfügung*) **für jdn ~ sein** essere a disposizione di qu; **er ist immer für mich ~** (quando ho bisogno) lui c'è sempre **II.** *konj* ❶ (*weil*) poiché, perché, giacché, siccome ❷ (*geh: als*) allorché; ~ **dem so ist …** stando così le cose …

d. Ä. *abk v* **der Ältere** il vecchio

DAAD [de:?a:?a:'de:] <-(s)> *kein Pl m abk v* **Deutscher Akademischer Austauschdienst** *organismo delle università tedesche per lo scambio internazionale di ricercatori e studenti*

dabei [da'baɪ, *hinweisend:* 'da:baɪ] *adv* ❶ (*räumlich*) accanto, vicino, appresso; **ist die Gebrauchsanweisung ~?** ci sono anche le istruzioni per l'uso? ❷ (*gleichzeitig*) nello stesso tempo; **er aß und arbeitete ~** mangiava e lavorava contemporaneamente ❸ (*bei dieser Sache*) con [*o* in] questo, ci, vi; **was hast du dir ~ gedacht?** ma cosa ti è venuto in mente? [*o* saltato in

testa?]; **es ~ bewenden lassen** lasciare stare così; **es bleibt ~, dass …** resta inteso [*o* stabilito] che …; **ich bleibe ~, dass …** insisto nel dire che …; **das Schöne ~ ist, dass …** il bello è che …; **mir ist nicht wohl ~** non mi sento a mio agio (in questa situazione) ❹ (*obwohl*) malgrado; **ich bin zu spät gekommen, ~ habe ich mich so beeilt!** sono arrivato troppo tardi malgrado mi fossi affrettato! ❺ (*Wend*) ~ **sein** esserci, essere presente; **bei etw ~ sein** partecipare a qc; **ich bin ~!** ci sto!; ~ **sein etw zu tun** stare per fare qc

dabei|bleiben <irr> *vi* rimanere (presente); **ich bleibe bis zum Ende dabei** rimango/non mollo fino alla fine; **dabei|sein**[ALT] *vi s.* dabei 5.

da|bleiben <irr> *vi sein* rimanervi, restarvi

Dach [dax, *pl:* 'dɛçe] <-(e)s, Dächer> *n* tetto *m*; **kein ~ über dem Kopf haben** (*fam*) essere senza tetto; **mit jdm unter einem ~ wohnen** (*fam*) vivere sotto lo stesso tetto con qu; **etw unter ~ und Fach bringen** mandare in porto qc; **eins aufs ~ kriegen** (*fig fam*) prendersi una lavata di capo; **jdm aufs ~ steigen** (*fig fam*) fare una lavata di capo a qu; **Dachbalken** *m* trave *f* maestra; **Dachboden** *m* soffitta *f*; **Dachdecker(in)** <-s, -; -, -nen> *m(f)* copritetto *mf*; **Dachfenster** *n* abbaino *m*, lucernario *m*; **Dachfirst** *m* comignolo *m*; **Dachgarten** *m* giardino *m* pensile; **Dachgepäckträger** *m* (AUTO) portabagagli *m*; **Dachgeschoss**[RR] *n* soffitta *f*; **Dachkammer** *f* soffitta *f*, mansarda *f*; **Dachkännel** ['daxkɛnəl] <-s, -> *n* (*CH*) *s.* Dachrinne; **Dachluke** *f* abbaino *m*; **Dachorganisation** *f* organizzazione *f* suprema; **Dachpappe** *f* cartone *m* catramato (per tetti); **Dachrinne** *f* grondaia *f*

Dachs [daks] <-es, -e> *m* (ZOO) tasso *m*

Dachschaden *m* (*fam*) **du hast wohl einen ~!** ma sei matto!; **Dachstuhl** *m* cavalletto *m* del tetto

dachte ['daxtə] *1. u 3. pers sing imp von* **denken**

Dachverband *m* organizzazione *f* dirigente [*o* suprema]; **Dachwohnung** *f* mansarda *f*; **Dachziegel** *m* tegola *f*

Dackel <-s, -> *m* bassotto *m*

Dadaismus [dada'ɪsmʊs] <-> *kein Pl m* (KUNST) dadaismo *m*

dadurch [da'dʊrç, *hinweisend:* 'da:dʊrç] *adv* ❶ (*räumlich*) per di là, per [*o* attraverso] quel luogo ❷ *(aus diesem Grund)* per qualche ragione, per questo; **~, dass ...** per il fatto che ... ❸ *(auf diese Weise)* in tal modo, così; **er rettete sich ~, dass er aus dem Fenster sprang** si salvò saltando dalla finestra

dafür [da'fy:ɐ̯, *hinweisend:* 'da:fy:ɐ̯] *adv* ❶ *(für das)* per questo; **er kann nichts ~** non è colpa sua; **alles spricht ~, dass ...** tutto sembra indicare che ...; **~ sein** essere favorevole (a qc); *(bei Abstimmungen)* votare in favore (di qc); **ich bin ~, dass ...** credo [*o* sono dell'avviso] che **+conj** ❷ *(zum Ersatz)* in cambio; *(als Gegenleistung)* in compenso ❸ *(statt dessen)* ma, invece ❹ **~, dass ...** *(wenn man bedenkt, dass ...)* se si tien conto che ...

Dafürhalten <-s> *kein Pl n* **nach meinem ~** secondo il mio parere

dafür|können <irr> *vt* averne colpa; **er kann nichts dafür** non è colpa sua; **was kann ich dafür?** che colpa ne ho io?

DAG [de:?a:'ge:] <-> *kein Pl f abk v* **Deutsche Angestellten-Gewerkschaft** *sindacato tedesco degli impiegati*

dagegen [da'ge:gən, *hinweisend:* 'da:ge:gən] *adv* ❶ *(räumlich)* contro ❷ *(als Ablehnung)* (in) contrario; **~ sein** essere contrario; **etw/nichts ~ haben** avere qc/nulla in contrario; **wenn Sie nichts ~ haben** se non le dispiace, se permette; **~ stimmen** votare contro ❸ *(als Gegenmaßnahme)* contro; **nichts ~ tun können** non poter farci niente ❹ *(vergleichen damit)* in confronto; *(im Gegensatz dazu)* al contrario, invece ❺ *(als Gegenwert)* in cambio, in compenso

dagegen|halten <irr> *vt* ❶ *(vergleichen)* contrapporre a ... ❷ *(einwenden)* replicare; **dagegen|setzen** *vt* opporre, contrapporre; **da lässt sich nichts ~** non vi si può opporre nulla

daheim [da'haɪm] *adv* *(A, CH, südd: zu Hause)* a casa; **Daheim** <-s> *kein Pl n* casa *f*, focolare *m* domestico

daher [da'he:ɐ̯, *hinweisend:* 'da:he:ɐ̯] *adv* ❶ *(von dorther)* di lì, da quella parte ❷ *(Ursache)* da ciò; **~ kommt es, dass ...** è questo il motivo per cui ... ❸ *(deshalb)* perciò

daher|reden *vt, vi* parlare a vanvera; **dumm ~** dire una sciocchezza dopo l'altra

dahin [da'hɪn, *hinweisend:* 'da:hɪn] *adv* ❶ *(räumlich)* lì, là; **gehst du auch ~?** ci vai anche tu? ❷ *(zeitlich: bis ~, Vergangenheit)* fino a quel tempo; *(a Futur)* fino allora ❸ *(so weit)* a tal punto; **es ~ bringen, dass ...** arrivare al punto che ...;

jdn ~ bringen, dass ... indurre qu a **+inf**; **~ ist es (also schon) gekommen** si è dunque giunti a questo punto ❹ *(vorbei)* passato, finito; *(fam: kaputt)* rotto; *(fam: verdorben)* guasto, rovinato

dahingehend ['da:hɪnɡəʔənt] *adv* **sich ~ äußern, dass ...** esprimersi in tal senso che ...

dahin|raffen *vt* *(geh)* annientare; **dahin|schleppen** [da'hɪnʃlɛpən] *vr* **sich ~** *(Mensch)* trascinarsi; *(Zeit, Arbeit, Verhandlungen)* trascinarsi; **dahin|siechen** *vi sein* *(geh)* spegnersi lentamente; **dahin|stellen** *vt* **etw dahingestellt sein lassen** lasciare in sospeso qc; **das mag dahingestellt bleiben** questo è ancora da vedere

dahinten [da'hɪntən, *hinweisend:* 'da:hɪntən] *adv* là dietro

dahinter [da'hɪntɐ, *hinweisend:* 'da:hɪntɐ] *adv* (lì *o* là) dietro; *(fig)* sotto; **dahinter|kommen** *vi* *(fam: in Erfahrung bringen)* scoprire (qc); **dahinter|stecken** *vi* *(fam)* **da** [*o* **es**] **steckt etw dahinter** qui gatta ci cova; **es steckt nichts dahinter** non c'è sotto nulla, la cosa è chiara

Dahlie ['da:liə] <-, -n> *f* dalia *f*

Daily Soap <-, -s> *f* (TV) telenovela *f*

Daktylo ['daktylo] <-s, -s> *f* (CH) dattilografa *f*

da|lassen <irr> *vt* *(fam: hier)* lasciare qui; *(dort)* lasciare là, dimenticare

Dalmatien [dal'ma:tsi̯ən] *n* Dalmazia *f*

Dalmatiner [dalma'ti:nɐ] <-s, -> *m* dalmata *mf*; *(Hund)* dalmata *m*

damalig ['da:ma:lɪç] *adj* di allora, di quel tempo

damals ['da:ma:ls] *adv* allora

Damast [da'mast] <-(e)s, -e> *m* damasco *m*

Dame ['da:mə] <-, -n> *f* ❶ *(Frau)* signora *f*; **meine ~n und Herren!** signore e signori!; **die ~ des Hauses** la padrona di casa ❷ *(beim Sport)* donna *f* ❸ *(Spielkarte, Schachspiel)* regina *f* ❹ *(im ~spiel)* dama *f*; **Damebrett** *n* damiere *m*, damiera *f*

Damenbegleitung *f* **in ~** in compagnia di una signora; **Damenbesuch** *m* visita *f* femminile; **Damenbinde** *f* assorbente *m* igienico; **Damendoppel** *n* (SPORT) doppio *m* femminile; **Dameneinzel** *n* (SPORT) singolo *m* femminile; **Damen(fahr)rad** *n* bicicletta *f* da donna; **Damenfriseur** *m* parrucchiere *m* per signora; **Damenmannschaft** *f* squadra *f* femminile; **Damenmode** *f* moda *f* femminile;

Damenoberbekleidung *f* abbigliamento *m* per signora; **Damenrad** *s.* **Damen(fahr)rad**; **Damensitz** *m* im ~ **reiten** cavalcare all'amazzone; **Damentoilette** *f* toilette *f* per signora; **Damenwahl** *f* ~! ora scelgano le dame!

Damespiel *n* (gioco *m* della) dama *f*; **Damestein** *m* pedina *f* (del gioco della dama)

Damhirsch ['damhɪrʃ] *m* (ZOO) daino *m*

damit [da'mɪt, *hinweisend:* 'da:mɪt] I. *adv* con ciò, con questo; **ich bin ~ einverstanden** sono d'accordo con questo; **ich bin ~ zufrieden** ne sono contento; **das hat nichts ~ zu tun** questo non c'entra; **was soll ich ~?** che cosa me ne faccio?; **was wollen Sie ~ sagen?** come sarebbe a dire?, cosa intende?; **hör auf ~!** piantala!, finiscila! II. *konj* affinché +*conj*, perché +*conj*, per +*inf*

dämlich ['dɛːmlɪç] *adj* (*fam*) sciocco, imbecille

Damm [dam, *pl:* 'dɛmə] <-(e)s, Dämme> *m* ❶ (*Deich*) argine *m*, diga *f* ❷ (*Bahn~*, *Straßen~*) terrapieno *m*; **nicht auf dem ~ sein** (*fig fam*) non essere in buona salute ❸ (ANAT) perineo *m*; **Dammbruch** *m* rottura *f* dell'argine

dämmen *vt* ❶ (*geh: aufstauen*) arginare ❷ (TEC: *Schall*) isolare

dämmerig ['dɛmərɪç] *adj* crepuscolare; (*halbdunkel*) semibuio, in penombra

Dämmerlicht *n* luce *f* crepuscolare

dämmern ['dɛmən] *vi* ❶ (*abends*) imbrunire; (*morgens*) albeggiare ❷ (*fam: bewusst werden*) **jetzt dämmert es (bei) mir** ora incomincio a capire [*o* a ricordarmi]

Dämmerung ['dɛmərʊŋ] <-, -en> *f* (*Abend~*) crepuscolo *m*, imbrunire *m*; (*Morgen~*) crepuscolo *m*, alba *f*; **in der ~** (*abends*) sull'imbrunire; (*morgens*) all'alba

Damoklesschwert ['da:moklɛsʃveːɐt] <-(e)s, -er> *n* spada *f* di Damocle; **etw schwebt wie ein ~ über jdm** [*o* über jds Haupt] qc pende come una spada di Damocle su qu [*o* sul capo di qu]

Dämon ['dɛːmɔn] <-s, -en> *m* demone *m*

dämonisch [dɛ'moːnɪʃ] *adj* demoniaco

Dampf [dampf, *pl:* 'dɛmpfə] <-(e)s, Dämpfe> *m* vapore *m*; **unter ~** (TEC) sotto pressione; ~ **ablassen** (*fam*) sfogarsi; ~ **hinter etw dat machen** (*fig fam*) sollecitare qc; **Dampfbad** *n* bagno *m* a vapore; **Dampfbügeleisen** *n* ferro *m* da stiro a vapore; **Dampfdruck** <-(e)s, -drücke> *m* pressione *f* del vapore

dampfen *vi* esalare vapori, fumare

dämpfen ['dɛmpfən] *vt* ❶ (GASTR) cuocere a vapore ❷ (*bügeln*) stirare con panno umido ❸ (*fig: Ton, Licht*) smorzare, mitigare; (*Stimme*) abbassare; (*Stoß*) attutire; **mit gedämpfter Stimme** sottovoce

Dampfer ['dampfɐ] <-s, -> *m* piroscafo *m*, vapore *m*

Dämpfer ['dɛmpfɐ] <-s, -> *m* (MUS) sordina *f*; **sein Optimismus bekam einen ~** il suo ottimismo fu smorzato

Dampferlinie *f* linea *f* di navigazione a vapore

dampfig *adj* vaporoso

Dampfkessel *m* caldaia *f* a vapore; **Dampfkochtopf** *m* pentola *f* a pressione; **Dampflokomotive** *f* locomotiva *f* a vapore; **Dampfmaschine** *f* macchina *f* a vapore; **Dampfreiniger** *m* pulitore *m* a vapore; **Dampfschiff** *n* *s.* **Dampfer**; **Dampfschifffahrt**[RR] *f* navigazione *f* a vapore; **Dampfturbine** *f* turbina *f* a vapore

Dämpfung <-, -en> *f* smorzamento *m*; (*a fig*) attenuazione *f*

Dampfventil *n* valvola *f* a vapore; **Dampfwalze** *f* rullo *m* a vapore; **Dampfwolke** *f* nuvola *f* di vapore [*o* di fumo]

danach [da'na:x, *hinweisend:* 'da:na:x] *adv* ❶ (*zeitlich: dann*) poi, quindi; (*später*) dopo ❷ (*dementsprechend*) in conformità a ciò, in modo corrispondente a ciò; ~ **sehen** averne l'aria [*o* l'aspetto]; **sich ~ richten** prenderlo per norma ❸ (*Reihenfolge*) dopo

Däne ['dɛːnə] <-n, -n> *m* danese *m*

daneben [da'ne:bən, *hinweisend:* 'da:ne:bən] *adv* ❶ (*räumlich*) accanto, in vicino; **dicht ~** subito accanto ❷ (*zusätzlich*) inoltre, oltre a ciò ❸ (*gleichzeitig*) allo stesso tempo ❹ (*fam: total falsch*) **das ist ja voll ~** è completamente sballato; **daneben|benehmen** <irr, ohne ge-> *vr* **sich ~** (*fam*) comportarsi male; **daneben|gehen** <irr> *vi sein* ❶ (*Schuss*) non cogliere il bersaglio ❷ (*fig fam: fehlschlagen*) fallire, andare a vuoto; **daneben|liegen** <irr> *vi* (*fam*) sbagliarsi

Dänemark ['dɛːnəmark] *n* Danimarca *f*

Dänin ['dɛːnɪn] <-, -nen> *f* danese *f*

dänisch *adj* danese

dank [daŋk] *prp* +*gen o dat* grazie a

Dank <-(e)s> *kein Pl m* ringraziamento *m*; (~ *barkeit*) gratitudine *f*; (*Erkenntlichkeit*) riconoscenza *f*; **besten** [*o* **vielen**] [*o* **herzlichen**] ~! mille grazie, grazie infinite!; **zum ~ für** come ricompensa per; **Gott**

D

danken	
sich bedanken	**ringraziare**
Danke!	Grazie!
Danke sehr/schön!/Vielen Dank!	Grazie molte!
Tausend Dank!	Grazie mille!
Danke, das ist sehr lieb von dir!	Grazie, è molto gentile da parte tua!
Vielen (herzlichen) Dank!	Grazie moltissime!
Ich bedanke mich (recht herzlich)!	La/Ti ringrazio (moltissimo/di cuore)!
auf Dank reagieren	**rispondere ai ringraziamenti**
Bitte (schön)!	Prego!
Gern geschehen!/Keine Ursache!/ Nichts zu danken!	Non c'è di che!/È un piacere!
Es war mir ein Vergnügen!	È stato un piacere!
Bitte, bitte!/Aber bitte, das ist doch nicht der Rede wert!	Prego, prego!/Si figuri, non c'è di che!
(Aber) das hab ich doch gern getan!	(Si figuri), l'ho fatto con piacere!
dankend anerkennen	**riconoscere con gratitudine**
Vielen Dank, du hast mir sehr geholfen.	Grazie molte, mi sei stato di grande aiuto.
Wo wären wir ohne dich!	Che faremmo senza di te!
Ohne deine Hilfe hätten wir es nicht geschafft.	Senza il tuo aiuto non ce l'avremmo fatta.
Sie waren uns eine große Hilfe.	C'è stato di grande aiuto.
Ich weiß Ihr Engagement **sehr zu** schätzen.	**Apprezzo molto** il Suo impegno.

sei ~! grazie a Dio!; **jdm zu ~ verpflichtet sein** dovere gratitudine a qu

dankbar I. *adj* ❶ (*dankerfüllt*) grato; **jdm für etw ~ sein** essere grato [*o* riconoscente] a qu per qc ❷ (*lohnend*) gratificante, che dà soddisfazione; (*Publikum*) eccellente; (*Rolle*) di grande effetto ❸ (*fam: strapazierfähig*) resistente II. *adv* con gratitudine, con riconoscenza; **Dankbarkeit** <-> *kein Pl* f gratitudine f, riconoscenza f

danke *int* grazie; **~ schön** [*o* **sehr**] [*o* **vielmals!**] grazie!, grazie tanto!; **nein, ~!** no, grazie!

danken I. *vi* (*sich bedanken*) **jdm** (**für etw**) **~** ringraziare qu (di [*o* per] qc); **nichts zu ~!** non c'è di che!; **~d ablehnen** rifiutare ringraziando; **Betrag ~d erhalten** (COM) somma ricevuta per quietanza II. *vt* **jdm etw ~** essere riconoscente a qu per qc; **dankenswert** *adj* degno di riconoscenza **Dankeschön** <-s> *kein Pl* n grazie m

Danksagung <-, -en> *f* biglietto *m* di ringraziamento

dann [dan] *adv* ❶ (*später, danach*) dopo, poi, quindi; **~ und wann** di quando in quando; **also, ~ bis gleich!** a presto, dunque!; **und** [*o* **was**] **~?** e poi? ❷ (*außerdem*) poi, inoltre ❸ (*in diesem Fall*) allora, in questo [*o* quel] caso; **selbst ~ (nicht)**, **wenn ...** (ne)anche nel caso in cui; **~ (eben) nicht!** allora no!; **wenn nicht er, wer ~?** se non lui, chi allora?

Danzig ['dantsɪç] *n* Danzica *f*

daran [da'ran, *hinweisend:* 'da:ran] *adv* ❶ (*räumlich*) ci, vi, ne; **wenn du ~ vorbeikommst, ...** se ci passi, ... ❷ (*zeitlich*) **im Anschluss ~** in seguito a ciò; **nahe ~ sein zu** +*inf* essere sul punto di +*inf*, stare per +*inf*; **ich war nahe ~ zu fallen** ci mancava poco che cadessi ❸ (*an dieses, an diesem*) ci, ne; **~ denken/glauben** pensarci/crederci; **~ erkenne ich ihn** lo riconosco da ciò; **ich bin nicht ~ schuld** non ne ho colpa; **es ist etw Wahres ~** c'è qc di vero in questo; **das Beste ~ ist, dass …** la cosa migliore di ciò è che …; **daran|gehen** <irr> *vi sein* mettersi, cominciare; **~ etw zu tun** mettersi a fare qc; **daran|machen** *vr* **sich ~** (*fam*) s. darangehen; **daran|setzen I.** *vt* (*einsetzen*) metterci, mettere in gioco; **alles ~ zu** +*inf* fare ogni sforzo possibile per +*inf* **II.** *vr* **sich ~** s. darangehen

darauf [da'raʊf, *hinweisend:* 'da:raʊf] *adv* ❶ (*räumlich*) su questo, sopra questo, (qua) sopra ❷ (*zeitlich*) dopo, poi, quindi; **gleich ~** subito dopo; **am ~ folgenden Tag** il giorno dopo [*o* seguente] ❸ (*infolgedessen*) perciò, quindi, così ❹ (*auf dieses*) ci, ne; **stolz ~ sein** esserne fiero; **~ achten** badarci, starci attento; **sich ~ verlassen** contarci; **es kommt ~ an** dipende; **~ kommt es nicht an** questo non importa; **ich freue mich schon ~!** non vedo l'ora!; **wie kommst du ~?** come mai ti viene quest'idea?; **darauffolgend** *adj* **am ~en Tag** il giorno dopo [*o* seguente]; **daraufhin** [da:raʊf'hɪn, *hinweisend:* 'da:raʊfhɪn] *adv* ❶ (*infolgedessen*) in conseguenza di ciò, in seguito a ciò ❷ (*danach*) dopo, poi, quindi ❸ (*unter diesem Gesichtspunkt*) sotto questo aspetto

daraus [da'raʊs, *hinweisend:* 'da:raʊs] *adv* ❶ (*räumlich*) da ciò, di qui; **kann man ~ trinken?** si può bere da qui? ❷ (*aus Material*) da questo ❸ (*fig*) ne; **~ folgt, dass …** ne (con)segue che …; **~ wird nichts** non se ne farà nulla; **ich mache mir nichts ~** non me ne importa nulla

darben ['darbən] *vi* (*poet*) penare; (*hungern*) stentare

dar|bieten ['da:ɐ̯bi:tən] <irr> **I.** *vt* (*geh* THEAT) (*rap*)presentare; (*Musikstücke*) eseguire; (*Gedichte, Lieder*) recitare **II.** *vr* **sich ~** (*geh: sichtbar werden*) presentarsi; (*sich anbieten*) offrirsi

Darbietung <-, -en> *f* (*geh: Veranstaltung*) spettacolo *m;* (THEAT) rappresentazione *f*, recita *f;* (*von Musikstücken*) esecuzione *f*

d(a)rein [da'raɪn *o* draɪn, *hinweisend:* 'd(a:)raɪn] *adv* (*fam*) là [*o* qua] dentro, dentro, ci, vi

darf [darf] *1. u 3. pers sing pr von* **dürfen**[1],[2]

darin [da'rɪn, *hinweisend:* 'da:rɪn] *adv* ❶ (*räumlich*) qua [*o* là] dentro, dentro, vi, ci ❷ (*fig*) in questo, in ciò; (*in dieser Hinsicht*) in questo senso; **~ haben Sie Recht/irren Sie sich** in quanto a ciò ha ragione/si sbaglia; **ich stimme mit**

Ihnen **~ überein, dass …** sono d'accordo con Lei che …

dar|legen ['da:ɐ̯le:gən] *vt* esporre; (*erklären*) spiegare

Darlehen ['da:ɐ̯le:ən] <-s, -> *n* prestito *m*, mutuo *m;* **ein ~ aufnehmen** contrarre un prestito [*o* mutuo]; **Darlehensgeber** *m* mutuante *m;* **Darlehensnehmer** <-s, -> *m* mutuatario *m;* **Darlehensvertrag** *m* contratto *m* di prestito

Darm [darm, *pl:* 'dɛrmə] <-(e)s, Därme> *m* ❶ (ANAT) intestino *m* ❷ (*Wursthaut*) budello *m;* **Darmflora** *f* flora *f* intestinale; **Darmgrippe** *f* influenza *f* intestinale; **Darminfektion** *f* infezione *f* intestinale; **Darmkrebs** *m* cancro *m* intestinale; **Darmverschluss**[RR] *m* (MED) ileo *m*

dar|reichen ['da:ɐ̯raɪçən] *vt* (*geh*) offrire, presentare

dar|stellen ['da:ɐ̯ʃtɛlən] *vt* ❶ (*abbilden*) rappresentare; **dieses Bild stellt ihn als König dar** questo quadro lo ritrae nelle vesti di re ❷ (*wiedergeben*) raffigurare, rappresentare; (THEAT) interpretare (la parte di) ❸ (*beschreiben*) descrivere; (*veranschaulichen*) illustrare, dimostrare ❹ (*bedeuten*) rappresentare, costituire, essere

Darsteller(in) <-s, -; -, -nen> *m(f)* interprete *mf*, attore, -trice *m, f;* **darstellerisch** *adj* scenico; **eine glänzende ~e Leistung** una splendida interpretazione

Darstellung <-, -en> *f* ❶ (*Schilderung*) descrizione *f*, (*von Sachverhalt*) esposizione *f* ❷ (*Wiedergabe*) raffigurazione *f;* (THEAT) rappresentazione *f;* **Darstellungsweise** *f* modo *m* di rappresentare

darüber [da'ry:bɐ, *hinweisend:* 'da:ry:bɐ] *adv* ❶ (*räumlich*) (di) sopra, qua [*o* là] sopra; **~ hinaus** (*außerdem*) oltre a ciò, inoltre, in più ❷ (*in dieser Hinsicht, über diese Angelegenheit*) in quanto a ciò, su ciò, ne; **sich ~ freuen** rallegrarsene; **ich bin ~ hinweg** non ci penso più, acqua passata ❸ (*bei Zahlen, Beträgen*) (di) più, oltre

darum [da'rʊm, *hinweisend:* 'da:rʊm] *adv* ❶ (*räumlich*) intorno (a ciò), attorno (a ciò) ❷ (*deshalb*) perciò, per questo; **warum hast du das getan? — ~!** (*fam*) perché hai fatto questo? — perché sì! ❸ (*um diese Angelegenheit*) di questo, ne; **ich bitte dich ~** te ne prego; **es geht ~, dass …** si tratta di +*inf*, il problema è che …; **es handelt sich nicht ~** non si tratta di questo

darunter [da'rʊntɐ, *hinweisend:* 'da:rʊntɐ] *adv* ❶ (*räumlich*) (di) sotto, qua [*o* lì] sotto, sotto questo ❷ (*weniger*) meno ❸ (*unter einer Anzahl*) fra cui ❹ (*unter* *dieser Angelegenheit*) ~ **leiden** soffrirne; **was verstehen Sie ~?** cosa intende con ciò?; **darunter|liegen** <*irr*> *vi sein o haben* stare [*o* essere] sotto

das [das] **I.** *art def nom u acc n s.* **der, die, das II.** *pron rel s.* **welche(r, s) III.** *pron dem* ciò, questo, quello; **~ bin ich** questo sono io; **~ ist mein Haus** ecco la mia casa; **~ war eine Freude!** che gioia!; **auch ~ noch!** ci mancava solo questo!

da|sein^ALT *vi s.* **da I.**5.; **Dasein** <-s> *kein Pl* ➊(*Anwesenheit*) presenza *f* ➋(*Leben*) vita *f*, esistenza *f;* **Daseinsberechtigung** *f* (*von Dingen*) ragione *f* d'essere; (*von Personen*) diritto *m* alla vita; **Daseinskampf** *m* lotta *f* per l'esistenza

da|sitzen <*irr*> *vi* star(sene) lì seduto

dasjenige *pron dem s.* **derjenige**

dass^RR [das] *konj,* **daß**^ALT *konj* che; (*bei Subjektgleichheit*) di +*inf;* **als** ~ perché +*conj,* per +*inf;* **bis** ~ finché +*conj;* **so** ~ cosicché, in modo che, in modo da +*inf;* **es sei denn,** ~ a meno che +*conj;* **er glaubt, ~ er dumm ist** crede di essere stupido; **nicht ~ ich wüsste!** non che io sappia!; **~ du mir ja nicht drangehst!** guai (a te) se lo tocchi!

dasselbe *pron dem s.* **derselbe**

da|stehen <*irr*> *vi haben o sein* starsene lì; **wie angewachsen** [*o* angewurzelt] ~ restare di sasso

DAT [dat] <-s, -s> *n abk v* **Digital Audio Tape** DAT *m*

Datei [da'taɪ] <-, -en> *f* (INFORM) file *m*, archivio *m;* **Dateimanager** *m* (INFORM) file manager *m;* **Dateiname** *m* (INFORM) nome *m* del file

Daten I. *pl von* **Datum II.** *pl* (*Angaben*) dati *mpl*

Datenautobahn *f* (INFORM, TEL) autostrada *f* informatica [*o* telematica]; **Datenbank** *f* (INFORM) banca-dati *f;* **Datenerfassung** *f* (INFORM) raccolta *f* dei dati; **Datenfernübertragung** *f* (INFORM, TEL) trasmissione *f* dati a distanza; **Datenhandschuh** *m* (INFORM) data glove *m;* **Datenklau** <-s> *kein Pl m* (JUR, INFORM, *fam*) furto *m* di dati; **Datenkomprimierung** *f* (INFORM) compressione *f* dati; **Datenmissbrauch**^RR *m* abuso *m* dati; **Datennetz** *n* (INFORM) rete *f* di dati; **Datenschutz** *m* privacy *f;* **Datenschutzbeauftragte** *mf* responsabile *mf* della protezione dati; **Datenschutzgesetz** *n* legge *f* sulla privacy; **Datenträger** <-s, -> *m* (INFORM) memoria *f* di massa, supporto *m;* **Datentransfer** *m* (INFORM) interscambio *m* di dati; **Datenty-**

pist(in) ['da:təntypɪst] <-en, -en; -, -nen> *m(f)* (INFORM) persona *f* addetta all'emissione dei dati; **Datenübertragung** *f* (INFORM) trasmissione *f* (di) dati; **Datenverarbeitung** *f* (INFORM) elaborazione *f* (dei) dati; **elektronische ~** elaborazione elettronica (dei) dati

datieren [da'ti:rən] <ohne ge-> **I.** *vt* datare, mettere [*o* apporre] la data su **II.** *vi* ➊(*Datum tragen*) **vom 30. April ~** portare la data del 30 aprile ➋(*bestehen*) **unsere Freundschaft datiert seit letztem Sommer** la nostra amicizia data dall'estate scorsa

Dativ ['da:ti:f] <-s, -e> *m* (LING) (*caso m*) dativo *m;* **Dativobjekt** *n* (LING) complemento *m* di termine

dato ['da:to] *adv* **bis ~** fino a oggi

Dattel ['datəl] <-, -n> *f* dattero *m;* **Dattelpalme** *f* palma *f* da datteri

Datum ['da:tʊm, *pl:* 'da:tən] <-s, Daten> *n* data *f;* **~ des Poststempels** data del timbro postale; **jüngeren** [*o* neueren] **~s** di data recente; **unter dem heutigen ~** in data odierna; **welches ~ haben wir heute?** quanti ne abbiamo oggi?; **Datumsgrenze** <-, -n> *f* linea *f* cambiamento data; **Datum(s)stempel** *m* datario *m*

Daube ['daʊbə] <-, -n> *f* doga *f*

Dauer ['daʊɐ] <-> *kein Pl f* durata *f;* (*Zeitspanne*) periodo *m*, tempo *m;* **für die ~ von** della [*o* per la] durata di; **von ~ sein** essere duraturo; **auf die ~** a lungo andare; **Dauerauftrag** *m* (FIN) ordine *m* [*o* incarico *m*] permanente; **Dauerbrenner** *m* ➊(*Ofen*) stufa *f* a fuoco continuo ➋(*fig fam: Hit, Erfolg*) successo *m* (duraturo); **dauerhaft** *adj* duraturo, durevole; (*beständig*) costante, stabile; **Dauerhaftigkeit** <-> *kein Pl f* ➊ durevolezza *f*, durata *f* ➋(*Beständigkeit*) stabilità *f;* **Dauerkarte** *f* abbonamento *m;* **Dauerlauf** *m* (SPORT) corsa *f* di resistenza [*o* di fondo]; **Dauerlutscher** *m* caramella *f* da succhiare

dauern ['daʊɐn] *vi* durare; **das wird nicht lange ~** non ci vorrà molto; **es dauerte lange, bis er kam** ci volle molto prima che arrivasse; **es dauert mir zu lange** l'attesa per me è troppo lunga; **wie lange dauert es noch?** quanto ci vuole ancora?

dauernd I. *adj* ➊(*andauernd*) permanente ➋(*ständig*) continuo, costante **II.** *adv* in continuazione

Dauerobst *n* frutta *f* invernale [*o* che si conserva]; **Dauerstellung** *f* posto *m* a tempo indeterminato; **Dauerwelle** *f* permanente *f;* **Dauerwirkung** *f* effetto *m* duraturo; **Dauerzustand** *m* stato *m* [*o* condizione *f*] permanente

Daumen ['daʊmən] <-s, -> *m* pollice *m;* **am ~ lutschen** succhiarsi il pollice; **ich drücke dir die ~!** (*fam*) in bocca al lupo!; **Daumenregister** *n* (TYP) indice *m* a rubrica

Daune ['daʊnə] <-, -n> *f* piuma *f;* **Daunendecke** *f* piumino *m,* piumone *m;* **Daunenjacke** *f* (giacca *f* di) piumino *m*

davon [da'fɔn, *hinweisend:* 'da:fɔn] *adv* ❶ (*Thema, Teil bezeichnend*) di questo, di ciò, ne; **~ wissen** saperne ❷ (*räumlich*) di là, di lì ❸ (*dadurch*) da questo, da ciò, ne; **was habe ich ~?** che vantaggio ne ho io?; **~ ist er wach geworden** questo l'ha svegliato; **das kommt ~, wenn …** ecco quel che succede, se …

davon|fliegen <*irr*> *vi sein* volare via; **davon|gehen** <geht davon, ging davon, davongegangen> *vi sein* andarsene, andare via; **davon|jagen** **I.** *vi sein* (*sich entfernen*) allontanarsi rapidamente **II.** *vt* (*vertreiben*) scacciare; **davon|kommen** <*irr*> *vi sein* scamparla, cavarsela; (*sich retten*) salvarsi; **mit heiler Haut/dem Leben ~** salvarsi la pelle/la vita; **noch einmal ~** cavarsela ancora; **davon|laufen** <*irr*> *vi sein* scappare, fuggire; **es ist zum Davonlaufen!** (*fam*) è una disperazione!, è insopportabile!; **davon|machen** *vr* **sich ~** (*fam*) svignarsela, scappare; **davon|stehlen** <stiehlt davon, stahl davon, davongestohlen> *vr* **sich ~** (*geh*) allontanarsi furtivamente; **davon|tragen** <*irr*> *vt* ❶ (*wegtragen*) portare via ❷ (*Verletzungen*) riportare ❸ (*geh: Sieg*) riportare

davor [da'fo:ɐ̯, *hinweisend:* 'da:fo:ɐ̯] *adv* ❶ (*räumlich*) davanti (a questo), dinanzi (a ciò) ❷ (*zeitlich*) prima (di ciò); **das Jahr ~** l'anno precedente ❸ (*vor dieser Sache*) di ciò, ne; **ich habe Angst ~** ne ho paura

davor|stehen *vi* stare lì davanti

DAX *m* (FIN) *akr v* **Deutscher Aktienindex** indice azionario tedesco

dazu [da'tsu:, *hinweisend:* 'da:tsu:] *adv* ❶ (*zu diesem Zweck*) per questo, a questo scopo; (*dafür*) per questo ❷ (*darüber, zu diesem Thema*) su ciò, su questo; **sich ~ äußern** esprimersi al riguardo; **was sagen Sie ~?** cosa ne dice? ❸ (*außerdem*) oltre a ciò; **klug und schön ~** non solo intelligente, ma anche bello ❹ (*zu dieser Sache*) ci, ne; **~ gehört …** ci vuole …, è necessario +*inf;* **ich habe keine Lust/Zeit ~** non ne ho voglia/il tempo; **~ kommt, dass …**

a ciò si aggiunge che …; **im Gegensatz ~** invece, al contrario; **endlich komme ich ~ zu** +*inf* finalmente riesco a +*inf;* **wie kommen Sie ~?** (*wieso haben Sie das?*) come l'ha avuto?; (*was erlauben Sie sich?*) come si permette?

dazugehörig *adj* rispettivo, relativo

dazu|lernen *vt* imparare (ulteriormente/in più); **man kann immer etw ~** si impara sempre qc di nuovo

dazumal ['da:tsuma:l] *adv* **anno ~** (*scherz*) a quei tempi

dazu|tun <*irr*> *vt* aggiungere; **Dazutun** *n* **ohne mein ~** senza il mio intervento

dazwischen [da'tsvɪʃən, *hinweisend:* 'da:tsvɪʃən] *adv* ❶ (*räumlich*) in mezzo; (*a darunter*) tra questi ❷ (*zeitlich*) nel frattempo ❸ (*Beziehung*) fra loro

dazwischen|fahren <fährt dazwischen, fuhr dazwischen, dazwischengefahren> *vi sein* ❶ (*eingreifen*) intervenire ❷ (*unterbrechen*) interrompere; **dazwischen|funken** [da'tsvɪʃən'fʊŋkən] *vi* (*fam*) immischiarsi, intromettersi

dazwischen|kommen <*irr*> *vi sein* sopraggiungere, accadere, capitare; **wenn nichts dazwischenkommt** se tutto va bene, salvo imprevisti; **mir ist etw dazwischengekommen** c'è stato un imprevisto; **dazwischen|treten** <*irr*> *vi sein* (*eingreifen*) intervenire

DB [de:'be:] <-> *kein Pl f abk v* **Deutsche Bahn** *ferrovie dello stato tedesco*

DBB [de:be:'be:] <-(s)> *kein Pl m abk v* **Deutscher Beamtenbund** *unione dei funzionari* (*statali*) *tedeschi*

DBP ❶ *abk v* **Deutsches Bundespatent** *brevetto della RFT* ❷ *abk v* **Deutsche Bundespost** *PT*

DDR [de:de:'ʔɛr] *f* (HIST) *abk v* **Deutsche Demokratische Republik** RDT *f*

D-Dur <-> *kein Pl n* (MUS) re *m* maggiore

Deal ['di:l] <-s, -s> *m* (*sl*) affare *m*

dealen ['di:lən] *vi* (*sl*) spacciare droga

Dealer(in [-s, -, -, -nen> *m(f)* spacciatore, -trice *m, f*

Debakel [de'ba:kəl] <-s, -> *n* (*geh*) débâcle *f,* sfacelo *m*

Debatte [de'batə] <-, -n> *f* discussione *f;* (POL) dibattito *m;* **etw zur ~ stellen** mettere qc in discussione; **etw steht zur ~** qc è in discussione; **das steht überhaupt nicht zur ~** è ovvio, non se ne discute proprio

debattieren [deba'ti:rən] <ohne ge-> *vi, vt* discutere, dibattere; **über etw** *acc* **~** discutere su qc

Debet ['de:bɛt] <-s, -s> *n* (FIN) dare *m,*

debito *m*

debil ['de:bi:l] *adj* debole, fragile, debole di mente

Debüt [de'by:] <-s, -s> *n* (THEAT) debutto *m;* (*a fig*) esordio *m;* **sein ~ geben als ...** debuttare come ...; **debütieren** [deby'ti:rən] <ohne ge-> *vi* (THEAT) debuttare; (*a fig*) esordire

dechiffrieren [deʃɪ'fri:rən] <ohne ge-> *vt* decifrare

Deck [dɛk] <-(e)s, -s> *n* (NAUT) ponte *m,* coperta *f;* **alle Mann an ~!** tutti in coperta!

Deckblatt *n* ❶ (BOT) brattea *f* ❷ (*von Büchern*) foglio *m* di rettifica

Decke ['dɛkə] <-, -n> *f* ❶ (*Bett~*) coperta *f;* (*Tisch~*) tovaglia *f;* **mit jdm unter einer ~ stecken** (*fig fam*) essere in combutta con qu ❷ (*Zimmer~*) soffitto *m;* **an die ~ gehen** (*fig fam*) andare [*o* montare] su tutte le furie; **mir fällt die ~ auf den Kopf** (*fig fam*) mi sento in gabbia ❸ (*Straßen~*) pavimentazione *f* stradale ❹ (*Reifen~*) copertone *m*

Deckel ['dɛkəl] <-s, -> *m* ❶ (*von Gefäßen*) coperchio *m;* (*zum Aufschrauben*) coperchio *m* a vite ❷ (*Buch~*) copertina *f* ❸ (*fam: Hut*) cappello *m;* **eins auf den ~ kriegen** (*fig fam*) ricevere una lavata di capo, prendersi un cicchetto; **Deckelöffner** *m* svitacoperchi *m*

decken I. *vt* ❶ (*zudecken*) coprire; (*überziehen*) ricoprire; **etw mit etw ~** rivestire qc di qc; **ein Tuch über etw** *acc* ~ coprire qc con un panno; **den Tisch ~** apparecchiare la tavola ❷ (*Bedarf, Kosten*) coprire ❸ (MIL, SPORT) coprire, marcare **II.** *vr* **sich ~** (*übereinstimmen*) coincidere

Deckenbeleuchtung *f* illuminazione *f* dal soffitto; **Deckengemälde** *n* pittura *f* sul soffitto

Deckmantel *m* (*fig*) **unter dem ~ von** sotto il manto di; **Deckname** *m* pseudonimo *m*

Deckoffizier *m* ufficiale *m* di coperta

Deckung ['dɛkʊŋ] <-, -en> *f* ❶ (*Schutz,* MIL) riparo *m,* protezione *f;* (SPORT: *von Spieler*) difesa *f;* (*von Raum*) marcatura *f;* (*Boxen, Fechten*) guardia *f;* **jdm ~ geben** coprire qu; **in ~ gehen** (MIL) mettersi al coperto [*o* al riparo]; (SPORT) mettersi in guardia ❷ (*von Scheck, Nachfrage*) copertura *f;* **zur ~ der Kosten** a copertura delle spese ❸ (*Übereinstimmung*) accordo *m;* **etw zur ~ bringen** far concordare [*o* coincidere] qc; **deckungsgleich** *adj* congruente

Decoder [di'kɔʊdə] <-s, -> *m* (INFORM, TV) decoder *m,* decodificatore *m*

deduktiv [dedʊk'ti:f] *adj* deduttivo

de facto [de: 'fakto] *adv* de facto, di fatto

Defätist(in) [defɛ'tɪst] <-en, -en; -, -nen> *m(f)* (*geh pej*) disfattista *mf*

defekt [de'fɛkt] *adj* difettoso, guasto; **Defekt** <-(e)s, -e> *m* ❶ (*Schaden*) danno *m;* (MOT) guasto *m* ❷ (*Mangel*) difetto *m*

defensiv [defɛn'zi:f] *adj* difensivo

Defensive [defɛn'zi:və] <-, -n> *f* difensiva *f;* **in der ~** sulla difensiva

definieren [defi'ni:rən] <ohne ge-> *vt* definire

Definition [defini'tsi̯o:n] <-, -en> *f* definizione *f*

definitiv [defini'ti:f] *adj* definitivo

Defizit ['de:fitsɪt] <-s, -e> *n* ❶ (WIRTSCH) deficit *m,* disavanzo *m* ❷ (*Mangel*) carenza *f;* **~ an etw** *dat* carenza di qc

Deflation [defla'tsi̯o:n] <-, -en> *f* (WIRTSCH) deflazione *f*

Defloration [deflora'tsjo:n] <-, -en> *f* deflorazione *f*

deflorieren [deflo'ri:rən] <ohne ge-> *vt* deflorare

Deformation <-, -en> *f* deformazione *f,* deformità *f*

deformieren [defɔr'mi:rən] <ohne ge-> *vt* deformare

deftig ['dɛftɪç] *adj* ❶ (*Essen*) sostanzioso, pesante ❷ (*Spaß*) pesante; (*anzüglich*) spinto

Degen ['de:gən] <-s, -> *m* spada *f*

Degeneration <-, -en> *f* (A BIOL, MED) degenerazione *f*

degenerieren [degene'ri:rən] <ohne ge-> *vi sein* degenerare

degradieren [degra'di:rən] <ohne ge-> *vt* degradare

Degradierung <-, -en> *f* degradazione *f*

degressiv [degrɛ'si:f] *adj* (FIN: *Abschreibung*) regressivo

dehnbar ['de:nba:ɐ̯] *adj* ❶ (*Material*) estendibile, estensibile; (*elastisch*) elastico; (PHYS) dilatabile ❷ (*Begriff*) elastico; **Dehnbarkeit** <-> *kein Pl f* estensibilità *f;* (PHYS) dilatabilità *f;* (*von Metall*) duttilità *f;* (*fig*) elasticità *f*

dehnen I. *vt* ❶ (*Material*) tendere; (*Glieder*) stirare ❷ (LING: *Laut*) allungare **II.** *vr* **sich ~** ❶ (*Material*) dilatarsi ❷ (*Mensch*) distendersi ❸ (*Strecke, Zeit*) prolungarsi

Deich [daɪç] <-(e)s, -e> *m* diga *f,* argine *m*

Deichsel ['daɪksəl] <-, -n> *f* timone *m*

deichseln *vt* (*fam*) venire a capo di

dein [daɪn] *pron poss sing, nom m u n von* **du** tuo, -a *m, f,* tuoi *mpl,* tue *fpl;* **~ Haus** la tua casa; **~e Eltern** i tuoi genitori; **herzli-**

che Grüße, dein Giorgio cari saluti dal tuo Giorgio

deine(r, s) *pron poss von* **du** il tuo, la tua, i tuoi *pl*, le tue *pl*

deiner *pron poss gen von* **du** di te; *s. a.* **deine(r, s)**

deinerseits ['daɪnɐˈzaɪts] *adv* da parte tua

deines *s.* **deine(r, s)**

deinesgleichen ['daɪnəsˈɡlaɪçən] <inv> *pron* tuo pari, uno *m* [*o* gente *f*] come te

deinetwegen ['daɪnətˈveːɡən] *adv* per causa tua, per te; (*negativ*) per colpa tua

deinetwillen ['daɪnətˈvɪlən] *adv* **um** ~ per te, per amor tuo

deinige(r, s) (*obs, geh*) *s.* **deine(r, s)**

deins *s.* **deine(r, s)**

deinstallieren ['deːɪnstaliːrən] *vt* (INFORM) disinstallare

Déjà-vu-Erlebnis [deʒaˈvyːˈɛɐ̯ˈleːbnɪs] <-ses, -se> *n* (PSYCH) (immagine *f*) déjà vu *m*

Deka [deka] <-s, -> *n* (*A: fam: 10 Gramm*) decagrammo *m;* **geben Sie mir bitte 10 ~ Salami** mi dia un etto di salame

Dekade [deˈkaːdə] <-, -n> *f* decade *f*

dekadent [dekaˈdɛnt] *adj* decadente

Dekadenz [dekaˈdɛnts] <-> *kein Pl f* decadenza *f*

Dekagramm [dekaˈɡram] <-s, -> *n* (*A: 10 Gramm*) decagrammo *m*

Dekan [deˈkaːn] <-s, -e> *m* ❶ (REL) decano *m* ❷ (UNIV) preside *m* di facoltà

Dekanat [dekaˈnaːt] <-(e)s, -e> *n* decanato *m*

Deklamation [deklamaˈtsjoːn] <-, -en> *f* declamazione *f*

deklamieren [deklaˈmiːrən] <ohne ge-> *vt* declamare

Deklaration [deklaraˈtsjoːn] <-, -en> *f* dichiarazione *f*

deklarieren [deklaˈriːrən] <ohne ge-> *vt* dichiarare

Deklination [deklinaˈtsjoːn] <-, -en> *f* declinazione *f*

deklinieren [dekliˈniːrən] <ohne ge-> *vt* (LING) declinare

Dekolleté [dekɔlˈteː] <-s, -s> *n,* **Dekolletee**RR <-s, -s> *n* scollatura *f,* décolleté *m*

Dekorateur(in) [dekoraˈtøːɐ̯] <-s, -e; -, -nen> *m(f)* decoratore, -trice *m, f;* (*Schaufenster~*) vetrinista *mf;* (THEAT) scenografo, -a *m, f*

Dekoration [dekoraˈtsjoːn] <-, -en> *f* decorazione *f;* (*Schaufenster~*) decorazione *f* di vetrina; (THEAT) scenario *m*

dekorativ [dekoraˈtiːf] *adj* decorativo, esornativo

dekorieren [dekoˈriːrən] <ohne ge-> *vt* decorare

Dekret [deˈkreːt] <-(e)s, -e> *n* decreto *m*

dekretieren [dekreˈtiːrən] <ohne ge-> *vt* decretare

Delegation [delegaˈtsjoːn] <-, -en> *f* delegazione *f*

delegieren [deleˈɡiːrən] <ohne ge-> *vt* delegare; **Delegierte** <ein -r, -n, -n> *mf* delegato, -a *m, f*

DelfinRR [dɛlˈfiːn] <-s, -e> *m* delfino *m*

DelfinschwimmenRR <-s> *kein Pl n* (SPORT) (stile di nuoto) delfino *m*

delikat [deliˈkaːt] *adj* ❶ (*lecker*) delizioso; (*auserlesen, fein*) squisito, prelibato ❷ (*heikel*) delicato, scabroso

Delikatesse [delikaˈtɛsə] <-, -n> *f* ❶ (*Leckerbissen*) leccornia *f* ❷ (*geh: Zartgefühl*) delicatezza *f,* tatto *m;* **Delikatessengeschäft** *n* negozio *m* di specialità gastronomiche

Delikt [deˈlɪkt] <-(e)s, -e> *n* (JUR) delitto *m;* (*Straftat*) reato *m*

Delinquent(in) [delɪŋˈkvɛnt] <-en, -en; -, -nen> *m(f)* (geh) delinquente *mf*

Delirium [deˈliːriʊm] <-s, Delirien> *n* delirio *m*

Delle [dɛlə] <-, -n> *f* (*dial*) ammaccatura *f,* schiacciamento *m*

delogieren <ohne ge-> *vt* (*A: zum Ausziehen aus der Wohnung zwingen*) sfrattare

Delors-Bericht <-(e)s> *kein Pl m* (*Europäische Währungsunion*) Rapporto *m* Delors

Delphin <-s, -e> *m* delfino *m*

Delphinschwimmen <-s> *kein Pl n* (SPORT) (stile di nuoto) delfino *m*

Delta¹ ['dɛlta] <-(s), -s> *n* (*griechischer Buchstabe*) delta *f*

Delta² ['dɛlta, *pl:* 'dɛltən] <-s, -s *o* Delten> *n* (GEOG) delta *m*

dem [deːm] **I.** *art def sing, dat von* **der, das, wenn ~ so ist** se è così; **wie ~ auch sei** comunque sia **II.** *pron dem sing, dat von* **der, das III.** *pron rel sing, dat von* **der, das**

Demagoge [demaˈɡoːɡə] <-n, -n> *m* demagogo *m;* **Demagogie** [demaɡoˈɡiː] <-, -n> *f* demagogia *f;* **Demagogin** [demaˈɡoːɡɪn] <-, -nen> *f* demagoga *f;* **demagogisch** [demaˈɡoːɡɪʃ] *adj* demagogico

Demarkationslinie [demarkaˈtsjoːnsliːniə] <-, -n> *f* (POL, MIL) linea *f* di demarcazione

demaskieren [demasˈkiːrən] <ohne ge-> *vt* smascherare

Dementi [de'mɛnti] <-s, -s> n smentita f
dementieren [demɛn'tiːrən] <ohne ge-> vt smentire
dementsprechend ['deːmʔɛnt'ʃprɛçənt]
I. adj corrispondente, conforme II. adv in corrispondenza, come tale
demgegenüber ['deːmgeːgən'ʔyːbɐ] adv ❶ (im Vergleich dazu) di fronte a questo, rispetto a ciò ❷ (andererseits) d'altra parte
Demission [demɪ'sjoːn] <-, -en> f (POL: Rücktritt) dimissioni fpl
demnach ['deː(ː)mnaːx] adv dunque, quindi, per cui; **es ist ~ unmöglich, dass ...** è perciò impossibile che ...
demnächst ['deːm'nɛːçst] adv prossimamente, fra poco
Demo ['deːmo] <-, -s> f ❶ (fam: Demonstration) manifestazione f ❷ (INFORM: Vorführung) dimostrazione f
Demografie^RR <-, -n> f s. Demographie
demografisch^RR adj s. demographisch
Demographie [demogra'fiː, pl: demogra'fiːən] <-, -n> f demografia f
demographisch adj demografico
Demokrat(in) [demo'kraːt] <-en, -en; -, -nen> m(f) democratico, -a m, f
Demokratie [demokra'tiː] <-, -n> f democrazia f
Demokratin f s. Demokrat
demokratisch adj democratico
demokratisieren [demokrati'ziːrən] <ohne ge-> vt democratizzare
Demokratisierung [demokrati'ziːrʊŋ] <-, -en> f democratizzazione f
demolieren [demo'liːrən] <ohne ge-> vt demolire; (zerstören) distruggere
Demonstrant(in) [demɔn'strant] <-en, -en; -, -nen> m(f) dimostrante mf, manifestante mf
Demonstration [demɔnstra'tsjoːn] <-, -en> f ❶ (Kundgebung) dimostrazione f, manifestazione f ❷ (geh: Bekundung) prova f; (Darstellung) dimostrazione f; **Demonstrationsmaterial** n materiale m illustrativo; **Demonstrationsrecht** <-(e)s> kein Pl n diritto m di manifestazione; **Demonstrationszug** m corteo m di manifestanti [o dimostranti]
demonstrativ [demɔnstra'tiːf] adj ❶ (anschaulich) dimostrativo ❷ (auffallend) ostentato; **Demonstrativpronomen** n pronome m dimostrativo
demonstrieren [demɔn'striːrən] <ohne ge-> I. vi dimostrare, manifestare II. vt ❶ (vorführen) dimostrare ❷ (bekunden) dare prova di, dimostrare
Demontage [demɔn'taːʒə] f smontaggio m; (von Industrieanlagen) smantella-mento m
demontieren [demɔn'tiːrən] <ohne ge-> vt smontare; (Industrieanlagen) smantellare
Demoralisation [demoraliza'tsjoːn] <-> kein Pl f corruzione f, decadenza f morale
demoralisieren [demorali'ziːrən] <ohne ge-> vt demoralizzare, scoraggiare
Demoskopie [demosko'piː] <-, -n> f demoscopia f
demoskopisch [demo'skoːpɪʃ] adj demoscopico
demotivieren vt (geh) demotivare
demselben pron dem sing, dat von **derselbe, dasselbe**
Demut ['deːmuːt] <-> kein Pl f umiltà f
demütig ['deːmyːtiç] adj umile
demütigen I. vt umiliare, mortificare II. vr **sich ~** umiliarsi, abbassarsi; **demütigend** adj umiliante
Demütigung <-, -en> f umiliazione f, mortificazione f
demzufolge ['deː(ː)mtsu'fɔlgə] adv (folglich) perciò
den [deːn] I. art def ❶ sing, acc von **der** ❷ pl, dat von **der, die, das** II. pron dem sing, acc von **der** III. pron rel sing, acc von **der**
denen [deːnən] I. pron dem pl, dat von **die** II. pron rel pl, dat von **die**
Denglisch ['dɛŋlɪʃ] n misto scherzoso di inglese e tedesco
Den Haag [deːn 'haːk] n L'Aia f
Denkanstoß <-es, -stöße> m spunto m (di riflessione), ispirazione f
denkbar I. adj (möglich) possibile; (vorstellbar) pensabile, immaginabile II. adv (sehr) oltremodo; **auf die ~ einfachste Art** nel modo più semplice possibile
denken ['dɛŋkən] <denkt, dachte, gedacht> I. vi ❶ (überlegen) pensare; (logisch ~) ragionare; **bei sich** dat **~** pensare fra sé e sé; **jdm zu ~ geben** dare da [o a] pensare a qu; **wo ~ Sie hin!** ma no!, ma che dice! ❷ (im Sinn haben) pensare; **an jdn/etw ~** pensare a qu/qc; **nur an sich ~** badare solo a sé stesso; **gar nicht daran ~ zu** +inf non pensare minimamente di +inf; **ich darf gar nicht daran ~!** è meglio che non ci pensi! ❸ (meinen) pensare; (vermuten) supporre, presumere; **ich denke schon** penso di sì; **wie denkst du darüber?** cosa ne pensi?; **gut/schlecht von jdm ~** pensare bene/male di qu; **denkste!** (fam) stai fresco! ❹ (sich erinnern) pensare; (nicht vergessen) ricordare; **mit Freude an etw** acc **~** ripensare a [o ricordare] qc con gioia; **denke daran!**

pensaci! **II.** *vt* (*sich vorstellen*) pensare; **wer hätte das gedacht?** chi l'avrebbe immaginato [*o* mai pensato]?; **das hast du dir so gedacht!** (*fam*) ti sarebbe piaciuto!; **das kann ich mir ~** me lo immagino; **das kann ich mir nicht ~** mi sembra impossibile; **ich habe mir nichts Böses dabei gedacht** l'ho fatto in buona fede; **das habe ich mir gedacht!** me l'aspettavo! c'era da immaginarselo!; **Denken** <-s> *kein Pl n* pensiero *m*; (*Nach~*) riflessione *f*; (*logisches ~*) ragionamento *m*; (*Denkart*) modo *m* di pensare, mentalità *f*; **Denkende** <ein -r, -n, -n> *mf* (REL, POL) **anders ~** dissidente *mf*

Denker(in) <-s, -; -, -nen> *m(f)* pensatore, -trice *m, f*

Denkfehler *m* errore *m* di ragionamento

Denkmal <-s, -mäler *o rar* -e> *n* monumento *m*; **jdm ein ~ setzen** innalzare un monumento a qu; **Denkmal(s)schutz** *m* tutela *f* dei monumenti; **unter ~ stehen** essere monumento nazionale

Denkschrift *f* memoriale *m*

Denksport *m* rompicapo *m*; **Denksportaufgabe** *f* rompicapo *m*

Denkweise *f* modo *m* di pensare, mentalità *f*

denkwürdig *adj* memorabile

Denkzettel *m* lezione *f*; **jdm einen ~ geben** [*o* **verpassen**] dare una bella lezione a qu

denn [dɛn] **I.** *konj* (*kausal*) perché, poiché; **es sei ~, dass ...** tranne che +*conj*, a meno che +*conj*; **mehr ~ je** più che mai **II.** *adv* (*in Fragesätzen verstärkend*) mai, poi, ma, allora, *manchmal unübersetzt;* **warum ~ nicht?** e perché no?; **was soll ~ das?** che significa?, che vuol dire?; **wieso ~ ?** e come mai?; **wo bist du ~ ?** ma dove sei?

dennoch ['dɛnɔx] *adv* tuttavia, ciò nondimeno, però; (*am Satzende*) lo stesso

Denominierung <-, -en> *f* (FIN) denominazione *f*

denselben *pron dem* ❶ *sing, acc von* **derselbe** ❷ *pl, dat von* **dieselben**

dental [dɛn'ta:l] *adj* (MED, LING) dentale

Denunziant(in) [denʊn'tsi̯ant] <-en, -en; -, -nen> *m(f)* (*pej*) delatore, -trice *m, f*

Denunziation [denʊntsi̯a'tsi̯o:n] <-, -en> *f* delazione *f*

denunzieren [denʊn'tsi:rən] <ohne ge-> *vt* (*pej*) denunciare

Deo ['de:o] <-s, -s> *n*, **Deodorant** [deodo'rant] <-s, -e *o* -s> *n* deodorante *m*; **Deoroller** *m* deodorante *m* a sfera; **Deospray** *n* deodorante *m* spray; **Deostift** *m*

stick *m* deodorante

Departement [departə'mã:] <-s, -s> *n* (*CH*) dipartimento *m*

deplatziert[RR] [depla'tsi:ɐt] *adj,* **deplaziert**[ALT] *adj* fuori luogo, sconveniente

Deponie [depo'ni:] <-, -n> *f* discarica *f*

deponieren [depo'ni:rən] <ohne ge-> *vt* depositare

Deportation [depɔrta'tsi̯o:n] <-, -en> *f* deportazione *f*

Depositen [depo'zi:tən] *pl* (FIN) depositi *mpl*

Depot [de'po:] <-s, -s> *n* deposito *m*

Depp [dɛp] <-en *o* -s, -en> *m* (*pej*) stupido, -a *m, f*, cretino, -a *m, f*

Depression [deprɛ'si̯o:n] <-, -en> *f* depressione *f*

depressiv *adj* ❶ (*Stimmung*) deprimente ❷ (WIRTSCH) depressivo

deprimieren [depri'mi:rən] <ohne ge-> *vt* deprimere, abbattere

Deputation [deputa'tsi̯o:n] <-, -en> *f* deputazione *f*, delegazione *f*

deputieren [depu'ti:rən] <ohne ge-> *vt* deputare, delegare

Deputierte <ein -r, -n, -n> *mf* deputato, -a *m, f*, delegato, -a *m, f*

der [de:ɐ] *art def* ❶ *sing, gen u dat von* **die** ❷ *pl, gen von* **die**

der, die, das [de:ɐ, di:, das] <*pl:* die> **I.** *art def* ❶ *m*, lo *m*, la *f*, l' *mf*; (*pl*) i *mpl*, gli *mpl*, le *fpl* **II.** *pron dem s.* **diese(r, s)**; **jene(r, s)**; **derjenige III.** *pron rel s.* **welche(r, s)**

derart ['de:ɐ'?a:ɐt] *adv* tanto, così, talmente; **~, dass ...** di modo che ...

derartig *adj* siffatto, tale, simile, del genere

derb [dɛrp] *adj* ❶ (*fest*) solido, sodo; (*hart*) duro, resistente; (*kräftig*) robusto, vigoroso ❷ (*fig: grob*) rozzo, grossolano; (*unfreundlich*) crudo, aspro

Derbheit <-, -en> *f* ❶ (*Grobheit*) grossolanità *f*, rozzezza *f* ❷ (*fig: Rücksichtslosigkeit*) asprezza *f*, rudezza *f*, crudezza *f* ❸ *pl:* (*grobe Äußerungen*) parole *fpl* aspre, modi *mpl* rozzi

deren ['de:rən] **I.** *pron dem* ❶ *sing, gen von* **die** ❷ *pl, gen von* **der, die, das** **II.** *pron rel* ❶ *sing, gen von* **die** ❷ *pl, gen von* **der, die, das**

derentwegen ['de:rənt've:gən] *adv* per cui, a causa di cui

derentwillen ['de:rənt'vɪlən] *adv* **um ~** (*sing*) per cui [*o* il/la quale]; (*pl*) per i [*o* le] quali

derer ['de:rɐ] *pron dem pl, gen von* **die**

dergestalt ['de:ɐgə'ʃtalt] *adv* **~, dass** in tal modo che

dergleichen ['de:ɐ̯'glaɪçən] <inv> I. *adj* tale, simile, siffatto, del genere II. *pron dem* (*Derartiges*) qualcosa di simile [o del genere]; **nichts** ~ nulla di tutto questo; **und** ~ (**mehr**) e simili

derjenige, diejenige, dasjenige ['de:ɐ̯je:nɪgə, 'di:je:nɪgə, 'dasje:nɪgə] <*pl:* diejenigen> *pron dem* colui, colei, quello, quella; (*pl*) coloro, quelli, quelle; ~, **welcher** ... quello [o colui] che ...

derjenigen *pron dem* ❶ *sing, dat u gen von* **diejenige** ❷ *pl, gen von* **diejenigen**

dermaßen ['de:ɐ̯'ma:sən] *adv* tanto; ~, **dass** talmente che

Dermatologe <-n, -n> *m* (MED) dermatologo *m;* **Dermatologie** [dɛrmatolo'gi:] <-> *kein Pl f* (MED) dermatologia *f;* **Dermatologin** <-, -nen> *f* (MED) dermatologa *f*

derselbe, dieselbe, dasselbe [de:ɐ̯'zɛlbə, di:'zɛlbə, das'zɛlbə] <*pl:* dieselben> *pron dem* il medesimo, la medesima, lo stesso, la stessa; (*pl*) i medesimi, le medesime, gli stessi, le stesse; **noch einmal dasselbe, bitte!** un'altra volta la stessa cosa, per favore!; **das ist ein und dasselbe** è lo stesso

derweil(en) ['de:ɐ̯'vaɪl(ən)] *adv* frattanto

Derwisch ['dɛrvɪʃ] <-(e)s, -e> *m* derviscio *m*

derzeit ['de:ɐ̯'tsaɪt] *adv* al [o in questo] momento, attualmente, (per) ora; **derzeitig** *adj* attuale, del momento

des [dɛs] I. *art def sing, gen von* **der, das** II. *pron dem sing, gen von* **der, das**

Des, des [dɛs] <-, -> *n* (MUS) re *m* bemolle

Desaster [de'zastɐ] <-s, -> *n* disastro *m*

Deserteur(in) [dezɛr'tø:ɐ̯] <-s, -e; -, -nen> *m(f)* disertore, -trice *m, f*

desertieren [dezɛr'ti:rən] <ohne ge-> *vi haben o sein* disertare

desgleichen ['dɛs'glaɪçən] *adv* parimenti, ugualmente

deshalb ['dɛs'halp] *adv* perciò, per questo; **eben** ~ proprio per questo; **ich habe das ~ getan, weil** ... l'ho fatto perché ...

Design [di'zaɪn] <-s, -s> *n* design *m*

Designer(in) <-s, -; -, -nen> *m(f)* designer *mf;* **Designerdroge** *f* (*synthetische Droge*) droga *f* sintetica; **Designeretikett** *n* griffe *f;* **Designermode** *f* moda *f* del design

designiert [dezɪ'gni:ɐ̯t] *adj* designato

Designmuseum *n* museo *m* del design

Designvariante *f* variante *f* di design

Desinfektion [dezɪnfɛk'tsi̯o:n] <-, -en> *f* disinfezione *f;* **Desinfektionsmittel** *n* disinfettante *m*

desinfizieren [dezɪnfi'tsi:rən] <ohne ge-> *vt* disinfettare

Desinformation ['dɛs?ɪnfɔrmatsi̯o:n] <-, -en> *f* disinformazione *f*

Desinteresse ['dɛs?ɪntərɛsə] *n* disinteresse *m;* ~ **an etw** *dat* **zeigen** mostrare disinteresse per qc

desinteressiert ['dɛs?ɪntərɛsi:ɐ̯t] *adj* disinteressato, indifferente

Desktop-Publishing, Desktoppublishing[RR] ['dɛsktɔp 'pablɪʃɪŋ] <-> *kein Pl n* (INFORM, TYP) desktop publishing *m*

desodorieren [dezodo'ri:rən] <ohne ge-> *vt* deodorare

desolat [dezo'la:t] *adj* desolato

desorientiert ['dɛs?ori̯ɛnti:ɐ̯t] *adj* disorientato

Desorientierung ['dɛs?ori̯ɛnti:rʊŋ] <-, -en> *f* disorientamento *m*

Desoxyribonukleinsäure [dɛs?ɔksyribonukle'?i:nzɔɪrə] *f* (CHEM) acido *m* deossiribonucleico

Despot(in) [dɛs'po:t] <-en, -en; -, -nen> *m(f)* despota *mf,* tiranno, -a *m, f*

despotisch *adj* dispotico, tirannico

desselben *pron dem sing, gen von* **derselbe, dasselbe**

dessen ['dɛsən] I. *pron dem sing, gen von* **der, das** II. *pron rel sing, gen von* **der, das, ich bin mir ~ bewusst** ne sono consapevole, me ne rendo conto

dessenungeachtet[ALT] *adv s.* **ungeachtet**

Dessert [dɛ'sɛ:ɐ̯ *o* dɛ'se:ɐ̯ *o* dɛ'sɛrt] <-s, -s> *n* dolce *m,* dessert *m;* **Dessertteller** *m* piatto *m* da dolce [o da dessert]

Dessin [dɛ'sɛ̃:] <-s, -s> *n* motivo *m*

Dessous [dɛ'su:s] *npl* dessous *mpl*

Destillat [dɛstɪ'la:t] <-(e)s, -e> *n* (CHEM) distillato *m*

Destillation [dɛstɪla'tsi̯o:n] <-, -en> *f* distillazione *f*

destillieren [dɛstɪ'li:rən] <ohne ge-> *vt* (CHEM) distillare; **Destillierkolben** *m* alambicco *m,* storta *f*

desto ['dɛsto] *konj* tanto; ~ **mehr** tanto più; **je** ..., ~ (quanto) più ..., (tanto) più; **je schneller,** ~ **besser** quanto più veloce, tanto meglio

destruktiv [dɛstrʊk'ti:f] *adj* distruttivo

deswegen ['dɛs've:gən] *s.* **deshalb**

Detail [de'taɪ *o* de'ta:j] <-s, -s> *n* dettaglio *m,* particolare *m;* **ins** ~ **gehen** entrare nei dettagli

detailliert [deta'ji:ɐ̯t] I. *adj* dettagliato II. *adv* dettagliatamente

Detaillist <-s, -en> *m* (*CH:* COM: *Einzelhändler*) commerciante *mf* al dettaglio [o al minuto]

Detektiv(in) [detɛk'ti:f] <-s, -e; -, -nen>
m(f) detective *m*, investigatore, -trice *m, f*
(privato, -a)

Detektivfilm *m* (film *m*) giallo *m*

Detektivin [detɛk'ti:vɪn] *f s.* **Detektiv**

detektivisch [detɛk'ti:vɪʃ] *adj* investigativo

Detektivroman *m* (romanzo *m*) giallo *m*

Detektor [de'tɛkto:ɐ, *pl:* detɛk'to:rən]
<-s, -en> *m* detector *m*, rivelatore *m*

Detonation [detona'tsi̯o:n] <-, -en> *f*
detonazione *f*

detonieren [deto'ni:rən] <ohne ge-> *vi*
sein detonare

deuteln ['dɔytəln] *vi* sottilizzare (*an* +*dat*
su), cavillare (*an* +*dat* su)

deuten ['dɔytən] **I.** *vi* ❶ (*mit Finger, Hand*)
auf etw *acc* ~ indicare qc ❷ (*fig: hinweisen*) far presagire; **alles deutet darauf**
(**hin**), **dass** ... tutto fa supporre che ...
II. *vt* (*auslegen*) interpretare; (*erklären*)
spiegare

deutlich ['dɔytlɪç] *adj* ❶ (*klar*) chiaro;
sich ~ ausdrücken parlare chiaramente;
jdm etw ~ machen far capire qc a qu
❷ (*gut unterscheidbar*) distinto ❸ (*verständlich*) intelligibile ❹ (*spürbar*) sensibile ❺ (*ausgeprägt*) marcato; **Deutlichkeit** <-, -en> *f* ❶ (*Klarheit*) chiarezza *f*
❷ (*Verständlichkeit*) intelligibilità *f* ❸ (*Offenheit*) franchezza *f*

deutsch [dɔytʃ] *adj* tedesco; ~ **sprechen**
parlare tedesco; **Deutsche Mark** marco
tedesco; ~-**italienisch** tedesco-italiano; (*in
Bezug auf Tirol*) italo-tedesco

Deutsch <-s> *kein Pl n* tedesco *m;* ~ **lernen** imparare il tedesco; **sprechen Sie ~?**
parla tedesco?; **wie heißt das auf ~?**
come si dice in tedesco?; **aus dem ~en
übersetzt** tradotto dal tedesco

Deutsche <ein -r, -n, -n> *mf* tedesco,
-a *m, f*

Deutsche Demokratische Republik
['dɔytʃə demo'kra:tɪʃə repu'bli:k] <-> *kein
Pl f* (POL, HIST) Repubblica *f* Democratica
Tedesca

Deutscher Aktien-Index ['dɔytʃe
'aktsjən 'ɪndɛks] <-> *kein Pl m* (FIN)
indice *m* azionario tedesco

Deutschland *n* Germania *f;* **Deutsch-
landlied** ['dɔytʃlantli:t] <-(e)s> *kein Pl n*
inno *m* nazionale tedesco

deutschsprachig ['dɔytʃʃpra:xɪç] *adj*
(*Mensch, Land*) di lingua tedesca; (*Literatur*) in lingua tedesca; **deutschstämmig**
['dɔytʃʃtɛmɪç] *adj* di origine tedesca

Deutung <-, -en> *f* interpretazione *f*

Devise [de'vi:zə] <-, -n> *f* massima *f,*
motto *m*

Devisen [de'vi:zən] *pl* valuta *f* estera;
Devisenbestimmungen *fpl* disposi-
zioni *fpl* valutarie; **Devisenhandel** *m*
(FIN) cambio *m* valuta; **Devisenmarkt** *m*
(FIN) mercato *m* delle divise; **Devisen-
schmuggel** *m* contrabbando *m* di valuta

devot [de'vo:t] *adj* (*pej: unterwürfig*) sommesso, devoto

Dextrose [dɛks'tro:zə] <-> *kein Pl f* (BIOL,
CHEM) destrosio *m*

Dezember [de'tsɛmbɐ] <-(s), -> *m* dicembre *m; s. a.* **April**

dezent [de'tsɛnt] **I.** *adj* (*zurückhaltend*)
discreto; (*Farbe, Parfüm*) delicato, gentile;
(*Musik, Beleuchtung*) smorzato **II.** *adv*
(*leicht*) leggermente, appena

dezentral [detsɛn'tra:l] *adj* decentra-
lizzato; **dezentralisieren** [detsɛntra-
li'zi:rən] <ohne ge-> *vt* decentralizzare

Dezernat [detsɛr'na:t] <-(e)s, -e> *n* settore *m* (di competenza)

Dezernent(in) [detsɛr'nɛnt] <-en, -en; -,
-nen> *m(f)* caposervizio *mf*

Dezibel ['de:tsibɛl *o* detsi'bɛl] <-s, -> *n*
(PHYS) decibel *m*

dezidiert [detsi'di:ɐt] *adj* (*A, CH:
bestimmt, entschieden*) deciso, chiaro,
determinato; **eine ~e Meinung** una idea
chiara; ~ **e Forderungen** richieste precise;
**du musst mir nur ~ sagen, was du
willst** mi devi solo dire chiaramente cosa
vuoi

Deziliter [detsi'li:tɐ *o* 'de:tsili:tɐ] <-s, -> *m*
o n decilitro *m*

dezimal [detsi'ma:l] *adj* decimale; **Dezi-
malbruch** *m* frazione *f* decimale; **Dezi-
malstelle** *f* (MAT) (posto *m*) decimale *m;*
Dezimalsystem *n* (MAT) sistema *m* decimale; **Dezimalzahl** [detsi'ma:l'tsa:l] <-,
-en> *f* (MAT) numero *m* decimale

Dezimeter [detsi'me:tɐ *o* 'de:tsime:tɐ]
<-s, -> *m o n* decimetro *m*

dezimieren [detsi'mi:rən] <ohne ge-> *vt*
decimare

DFB [de:?ɛf'be:] <-(s)> *kein Pl m* abk v
Deutscher Fußball-Bund *federazione
tedesca del calcio*

DFÜ [de:?ɛf'?y:] *f* (INFORM, TEL) abk v
Datenfernübertragung trasmissione *f*
dati a distanza

DGB [de:ge:'be:] <-(s)> *kein Pl m* abk v
Deutscher Gewerkschaftsbund *federazione dei sindacati tedeschi*

dgl. *abk v* **der-, desgleichen** e sim.

d. Gr. *abk v* **der Große** il Grande

d. h. *abk v* **das heißt** cioè

d. i. *abk v* **das ist** cioè

Dia ['diːa] <-s, -s> *n* diapo(sitiva) *f*

Diabetes [dia'beːtɛs] <-> *kein Pl m* diabete *m*

Diabetiker(in) [dia'beːtikɐ] <-s, -; -, -nen> *m(f)* diabetico, -a *m, f*

diabolisch [dia'boːlɪʃ] *adj* diabolico

Diadem [dia'deːm] <-s, -e> *n* diadema *m*

Diagnose [dia'gnoːzə] <-, -n> *f* diagnosi *f;* **Diagnostik** [dia'gnɔstɪk] <-> *kein Pl f* diagnostica *f;* **diagnostizieren** [diagnɔsti'tsiːrən] <ohne ge-> *vt* diagnosticare

diagonal [diago'naːl] *adj* diagonale; **ein Buch ~ lesen** *(fam)* dare una scorsa ad un libro; **Diagonale** <-, -n> *f* diagonale *f*

Diagramm [dia'gram] <-s, -e> *n* diagramma *m*

Diakon [dia'koːn] <-s *o* -en, -e(n)> *m* diacono *m*

Diakonisse [diako'nɪsə] <-, -n> *f* diaconessa *f*

Dialekt [dia'lɛkt] <-(e)s, -e> *m* dialetto *m*

dialektal [dialɛk'taːl] *adj* (LING) dialettale

Dialektik [dia'lɛktɪk] <-> *kein Pl f* (PHILOS) dialettica *f*

Dialog [dia'loːk] <-(e)s, -e> *m* dialogo *m;* **Dialogfeld** <-(e)s, -er> *n* (INFORM) casella *f* di dialogo; **Dialogrechner** *m* (INFORM) calcolatore *m* conversazionale

Dialyse [dia'lyːzə] <-, -n> *f* (MED) dialisi *f*

Diamant [dia'mant] <-en, -en> *m* diamante *m;* **diamanten** *adj* ❶ *(aus Diamanten)* di diamante ❷ *(wie Diamant)* adamantino; **~ e Hochzeit** nozze *fpl* di diamante; **Diamantring** *m* anello *m* di diamanti; **Diamantschliff** *m* (TEC) molatura *f* del diamante

diametral [diame'traːl] *adj* diametrale; **~ entgegengesetzt** diametralmente opposto

Diaphragma [dia'fragma, *pl:* dia'fragmas *o* dia'fragmən] <-s, -s *o* Diaphragmen> *n* (MED: *Verhütungsmittel)* diaframma *m*

Diapositiv [diapozi'tiːf *o* 'diapoziːtiːf, *pl:* diapoziˈtiːvə *o* 'diapoziːtiːvə] <-s, -e> *n* (FOTO) diapositiva *f*

Diaprojektor ['diapro'jɛktoːɐ] *m* (FOTO) proiettore *m* (per diapositive)

Diaspora [di'aspora] <-> *kein Pl f* diaspora *f;* **in der ~ leben** vivere sparpagliati

Diät [di'ɛːt] <-, -en> *f* dieta *f,* regime *m* alimentare; **nach (einer) ~ leben** stare a dieta; **strenge ~ halten** stare a stretto regime; **jdn auf ~ setzen** mettere a dieta qu

Diätassistent(in) *m(f)* dietista *mf*

Diäten *pl* (PARL) indennità *f* parlamentare giornaliera

Diätetik [diɛ'teːtɪk] <-, -en> *f* (MED) dietetica *f*

diätetisch [diɛ'teːtɪʃ] *adj* dietetico

Diätkost *f* alimentazione *f* dietetica; **Diätkur** *f* cura *f* dietetica; **Diätmargarine** *f* margarina *f* dietetica

Diavortrag *m* conferenza *f* con diapositive

dich [dɪç] **I.** *pron pers acc von* **du** *(betont)* te; *(unbetont)* ti **II.** *pron refl acc von* **sich** ti

dicht [dɪçt] **I.** *adj* ❶ *(gedrängt)* fitto, folto, serrato ❷ *(Nebel, Wald, Stoff)* fitto; *(Haar, Laub)* folto; *(Bevölkerung, Verkehr)* denso ❸ *(undurchlässig)* ermetico, a tenuta stagna; *(wasser~)* impermeabile; *(luft~)* a tenuta d'aria; **du bist wohl nicht ganz ~!** *(fam)* non hai tutti i venerdì!, non hai tutte le rotelle a posto! **II.** *adv* ❶ *(nahe)* vicinissimo; **~ an** *[o* **bei]** vicinissimo a; **~ hinter** proprio dietro; **~ auffahren** avvicinarsi troppo alla macchina che precede; **~ gefolgt von** seguito a ruota da ❷ *(stark)* molto; **~ besiedelte Region** regione densamente popolata; **~ gedrängt** accalcato

dichtbesiedelt *adj* **~e Region** regione densamente popolata

Dichte <-, *rar* -n> *f* densità *f*

dichten ['dɪçtən] **I.** *vi* comporre *[o* scrivere] versi **II.** *vt* ❶ *(Gedichte)* comporre, scrivere ❷ *(ab~)* stagnare, chiudere (a tenuta)

Dichter(in) <-s, -; -, -nen> *m(f)* poeta, -essa *m, f*

dichterisch *adj* poetico

Dichterlesung *f* lettura *f* poetica

dichtgedrängt *adj* accalcato

dicht|halten <irr> *vi* (*fam*) tenere il becco chiuso

Dichtkunst *f* poesia *f*

dicht|machen *vi, vt* ❶ *(fam: schließen)* chiudere ❷ (SPORT, *sl)* serrare

Dichtung <-, -en> *f* ❶ *kein Pl (Dichtkunst)* poesia *f* ❷ *(Kunstwerk)* poema *m* ❸ (TEC) guarnizione *f*

dick [dɪk] *adj* ❶ *(Mensch, Körperteil)* grasso; *(Buch, Schnur, Baumstamm)* grosso; *(Wand, Brett)* spesso; **~ werden** ingrassare; **eine ~e Brieftasche haben** *(fam)* avere il portafoglio gonfio; **~e Tränen vergießen** piangere a grossi lacrimoni; **er fährt einen ~en BMW** guida una grossa BMW; **mit jdm durch ~ und dünn gehen** dividere con qu gioie e dolori; **ach, du ~es Ei!** *(fam)* accidenti! ❷ *(geschwollen)* gonfio ❸ *(~ flüssig)* denso ❹ *(dicht: Nebel, Qualm)* fitto, denso ❺ *(fam: eng)* **~e Freunde** amici per la pelle; **dickbauchig** *adj (Flasche)* bombato, panciuto; **dickbäuchig** ['dɪkbɔɪçɪç]

adj (*Kind*) panciuto; **Dickdarm** *m* (ANAT) intestino *m* crasso

Dicke <-, -n> *f* ❶ (*von Mensch, Körperteil*) grassezza *f* ❷ (*Stärke, Durchmesser*) spessore *m* ❸ (*Geschwollenheit*) gonfiore *m*

Dickerchen ['dɪkeçən] <-s, -> *n* (*fam: kleiner dicker Mensch, Kind*) cicciottino *m*

dickflüssig *adj* denso, viscoso

Dickhäuter ['dɪkhɔɪtɐ] <-s, -> *m* (*a fig* ZOO) pachiderma *m*

Dickicht ['dɪkɪçt] <-s, -e> *n* bosco *m* fitto, boscaglia *f*

Dickkopf *m* (*fam: Mensch*) testone *m*, testardo *m*; **einen ~ haben** avere la testa dura; **dickköpfig** ['dɪkkœpfɪç] *adj* (*fam*) testardo, cocciuto

dicklich ['dɪklɪç] *adj* grassottello

Dickschädel (*fam*) *s.* **Dickkopf**

Dickwanst *m* (*sl pej*) ciccione, -a *m, f*

Didaktik [di'daktɪk] <-> *kein Pl* fdidattica *f*

didaktisch *adj* didattico; (*belehrend, bes. Theater*) didascalico

die [di:] I. *art def* ❶ *sing, nom u acc f s.* **der, die, das** ❷ *pl, nom u acc von* **der, die, das** II. *pron rel* ❶ *sing, nom u acc f s.* **der, die, das** ❷ *pl, nom u acc von* **der, die, das** III. *pron dem* ❶ *sing, nom u acc f s.* **der, die, das** ❷ *pl, nom u acc von* **der, die, das** *s. a.* **diese(r, s)**, **jene(r, s)**

Dieb(in) [di:p] <-(e)s, -e; -, -nen> *m(f)* ladro, -a *m, f;* **haltet den ~!** al ladro!

Diebesgut ['di:bəsgu:t] <-(e)s> *kein Pl n* bottino *m*, refurtiva *f*

diebisch I. *adj* (*verschmitzt*) malizioso II. *adv* **sich ~ freuen** rallegrarsi sommamente

Diebstahl <-(e)s, -stähle> *m* furto *m;* **Diebstahlversicherung** *f* assicurazione *f* contro il furto

diejenige *pron dem sing, nom u acc f von* **derjenige**

diejenigen *pron dem pl, nom u acc von* **derjenige, diejenige, dasjenige**

Diele ['di:lə] <-, -n> *f* ❶ (*Brett*) asse *f* ❷ (*Hausflur*) ingresso *m*

dienen ['di:nən] *vi* ❶ (*benutzt werden*) servire; **als Vorwand ~** servire da pretesto; **als Beispiel ~** servire di esempio ❷ (*nützlich sein*) **jdm ~** servire a qu; **damit ist mir nicht gedient** ciò non mi giova a nulla; **womit kann ich (Ihnen) ~?** in che cosa posso servirLa? ❸ (MIL) fare il servizio militare

Diener <-s, -> *m* (*fam: Verbeugung*) inchino *m*, reverenza *f*

Diener(in) <-s, -; -, -nen> *m(f)* domestico, -a *m, f;* (*fig*) servo, -a *m, f*

Dienerschaft <-, -en> *f* servitù *f*

dienlich *adj* **einer Sache ~ sein** essere utile a qc

Dienst [di:nst] <-(e)s, -e> *m* ❶ *sing* (*Tätigkeit*) servizio *m;* **öffentlicher ~** servizio pubblico; **den ~ antreten** entrare in servizio; **~ haben** essere di servizio; (*Apotheke, Arzt*) essere di servizio [*o* di turno]; **außer ~** fuori servizio; (*im Ruhestand*) a riposo, in pensione ❷ (*Amt*) ufficio *m*, carica *f;* (*Stelle*) posto *m*, impiego *m* ❸ (MIL) servizio *m* (militare); **Offizier vom ~** ufficiale di servizio [*o* di picchetto] ❹ (*Hilfeleistung*) servizio *m*, aiuto *m;* **jdm einen ~ erweisen** rendere un servizio a qu; **seine Beine versagten ihm den ~** non gli ressero le gambe

Dienstag ['di:nsta:k] <-s, -e> *m* martedì *m;* **am ~** martedì; **eines ~s** un martedì; **heute ist ~, der 11. November** oggi è martedì 11 novembre; **den ganzen ~ (über)** durante tutto il martedì; **jeden ~** ogni martedì; **~ in acht Tagen** martedì fra otto giorni; **~ vor 14 Tagen** due settimane fa, martedì; **letzten ~** martedì scorso; **die Nacht von ~ auf Mittwoch** la notte dal martedì al mercoledì

Dienstabend[RR] *m* martedì *m* sera; **am ~** martedì sera

dienstagabends[RR] *adv* il martedì sera

Dienstagmittag[RR] *m* martedì a mezzogiorno; *s. a.* **Dienstagabend**

dienstagmittags[RR] *adv* il martedì a mezzogiorno

Dienstagmorgen[RR] *m* martedì mattina; *s. a.* **Dienstagabend**

dienstagmorgens[RR] *adv* il martedì mattina

Dienstagnachmittag[RR] *m* martedì pomeriggio; *s. a.* **Dienstagabend**

dienstagnachmittags[RR] *adv* il martedì pomeriggio

dienstags *adv* di [*o* il] martedì; **~ abends/mittags/morgens** di [*o* il] martedì sera/a mezzogiorno/mattina; **~ nachmittags/vormittags** di [*o* il] martedì pomeriggio/mattina

Dienstagvormittag[RR] *m* martedì mattina; *s. a.* **Dienstagabend**

dienstagvormittags[RR] *adv* il martedì mattina

Dienstälteste ['di:nst?ɛltəstə] <ein -r, -n, -n> *mf* anziano, -a *m, f* di servizio; **Dienstanweisung** *f* istruzione *f* di servizio; **Dienstausweis** *m* pass *m* (di lavoro); **Dienstbote** *m*, **Dienstbotin** *f* domestico, -a *m, f;* **Diensteifer** *m* zelo *m*, premura *f;* **diensteifrig** *adj* zelante, premuroso; **dienstfrei** *adj* libero [*o* esente] dal servizio; **~ haben** non essere in servizio; **Dienstgeber** <-s, -> *m* (*A: Arbeitgeber*) datore *m* di lavoro; **Dienstgeheimnis** *n* segreto *m* d'ufficio; **Dienstgrad** *m* grado *m* (di servizio); **diensthabend** *adj* ❶(*Arzt*) di turno ❷(MIL) di picchetto; **Dienstjahre** *npl* anni *mpl* di servizio; **Dienstleistung** *f* ❶(*Tätigkeit*) (prestazione *f* di) servizio *m* ❷(*~ sgewerbe*) servizi *mpl*; **Dienstleistungsbetrieb** *m* azienda *f* di servizi; **Dienstleistungsgewerbe** *n* industria *f* dei servizi, attività *fpl* terziarie

dienstlich I. *adj* di servizio, di ufficio, ufficiale II. *adv* per ragioni di servizio [*o* di ufficio]

Dienstmädchen *n* (collaboratrice *f*) domestica *f*; **Dienstnehmer** <-s, -> *m* (*A: Arbeitnehmer*) lavoratore *m*; **Dienstreise** *f* viaggio *m* (per ragioni di servizio); **Dienststelle** *f* ufficio *m*; **die zuständige ~** l'ufficio addetto; **Dienststunden** *fpl* ore *fpl* d'ufficio; **diensttuend** *adj* di servizio, di turno; **Dienstvorschrift** *f* regolamento *m* [*o* ordine *m*] di servizio; **Dienstwagen** *m* vettura *f* di servizio; **Dienstweg** *m* via *f* gerarchica; **Dienstwohnung** *f* abitazione *f* di servizio; **Dienstzeit** *f* ❶(*Amtsdauer*) durata *f* di servizio ❷(*Arbeitszeit*) orario *m* di servizio

dies [di:s] <inv> *pron dem* questo; **~ ist/ sind ...** ecco ...

diesbezüglich I. *adj* relativo (a ciò) II. *adv* al riguardo

diese(r, s) ['di:zə, -zɐ, -zəs] *pron dem* questo, -a; **dieses Jahr/diesen Monat/ diese Woche** quest'anno/questo mese/ questa settimana; **am 21.dieses Monats** il 21 del corrente mese; **von diesem und jenem sprechen** parlare del più e del meno

Diesel ['di:zəl] <-s, -> *m* (*fam*) ❶(*~ motor*) (motore *m*) diesel *m* ❷(*Fahrzeug*) diesel *m* ❸ *sing* (*~ kraftstoff*) diesel *m*

dieselbe *pron dem sing, nom u acc f von* **derselbe**

dieselben *pron dem pl, nom u acc von* **derselbe, dieselbe, dasselbe**

Dieselkraftstoff <-> *kein Pl m* carburante *m* per (motore) diesel; **Diesellok(omotive)** *f* locomotiva *f* (a trazione) diesel; **Dieselmotor** *m* motore *m* diesel; **Dieselöl** *n* gasolio *m*

diesig ['di:zɪç] *adj* nebbioso, fosco, caliginoso

diesjährig *adj* di quest'anno; **diesmal**

adv questa volta; **diesseitig** *adj* di [*o* da] questa parte, di qua; **diesseits** ['di:szaɪts] I. *adv* da questa parte II. *prp* +*gen* al di qua di

Dietrich ['di:trɪç] <-s, -e> *m* (*Nachschlüssel*) grimaldello *m*

diffamieren [dɪfa'mi:rən] *vt* calunniare

Differential [dɪfərɛn'tsi̯a:l] <-s, -e> *n* s. **Differenzial**; **Differentialrechnung** *f* s. **Differenzialrechnung**

Differenz [dɪfə'rɛnts] <-, -en> *f* ❶(*Unterschied*) differenza *f* ❷(COM) ammanco *m* ❸ *meist* *pl* (*Meinungsverschiedenheit*) contrasto *m*, divergenza *f*

Differenzial^RR [dɪfərən'tsi̯a:l] <-s, -e> *n* (MAT, MOT) differenziale *m*; **Differenzialrechnung**^RR *f* (MAT) calcolo *m* differenziale

differenzieren [dɪfərən'tsi:rən] <ohne ge-> *vt* ❶(MAT) differenziare ❷(*unterscheiden*) distinguere

differenziert [dɪfərən'tsi:ɐt] *adj* (*geh: fein unterscheidend*) differenziato

Differenzierung <-, -en> *f* (A MAT, BIOL) differenziazione *f*

differieren [dɪfə'ri:rən] <ohne ge-> *vi* differire (*von* da), divergere (*von* da)

diffizil [dɪfi'tsi:l] *adj* (*geh*) difficile, complesso

diffus [dɪ'fu:s] *adj* ❶(PHYS, CHEM) diffuso; **~ es Licht** luce diffusa ❷(*unklar*) confuso

digital [digi'tɑːl] *adj* digitale

Digitalfotografie *f* fotografia *f* digitale

digitalisieren *vt* (INFORM) digitalizzare

Digitalkamera *f* (FOTO) macchina *f* (fotografica) digitale; **Digitalrechner** [digi'ta:lrɛçnɐ] *m* calcolatore *m* digitale; **Digitaluhr** *f* orologio *m* digitale

Diktat [dɪk'ta:t] <-(e)s, -e> *n* ❶(*Nachschrift*) dettato *m*; (*Diktieren*) dettatura *f*; **ein ~ schreiben** fare un dettato ❷(*Befehl*) imposizione *f*; (POL) diktat *m*

Diktator(in) [dɪk'ta:to:ɐ] <-s, -en; -, -nen> *m/f* dittatore, -trice *m*, *f*

diktatorisch [dɪkta'to:rɪʃ] *adj* dittatoriale

Diktatur [dɪkta'tu:ɐ] <-, -en> *f* dittatura *f*

diktieren [dɪk'ti:rən] <ohne ge-> *vt* dettare

Diktiergerät *n* dittafono *m*

Dilemma [di'lɛma] <-s, -s *o* -ta> *n* dilemma *m*

Dilettant(in) [dilɛ'tant] <-en, -en; -, -nen> *m/f* dilettante *mf*

dilettantisch [dilɛ'tantiʃ] *adj* ❶(*laienhaft*) dilettantesco ❷(*pej: stümperhaft*) abborracciato

Dill [dɪl] <-s, -e> *m* (BOT) aneto *m*

Dimension [dimɛn'zi̯oːn] <-, -en> *f*
dimensione *f*

DIN® [diːn] *abk v* **Deutsche Industrie-Norm(en)** *norma industriale tedesca;*
ein ~-A4-Blatt un foglio protocollo

Ding¹ [dɪŋ] <-(e)s, -e> *n* ❶ *(Sache)* cosa *f;*
(Gegenstand) oggetto *m* ❷ *(Angelegenheit)* faccenda *f;* **vor allen ~en** innanzitutto; **guter ~e sein** *(geh)* essere di buon umore; **das geht nicht mit rechten ~en zu** qui c'è sotto qualcosa *fam;* **das ist ein ~ der Unmöglichkeit** è una cosa impossibile; **wie die ~e nun einmal liegen, ...** stando così le cose ...

Ding² [dɪŋ] <-s, -er> *n* *(fam)* ❶ *(unbestimmtes Etwas)* coso *m;* **ein ~ drehen** *(sl)* fare un bel colpo *fam* ❷ *(Mädchen)* ragazza *f;* **junges ~** ragazzetta *f*

Dingens ['dɪŋəns] <-> *kein Pl mfn (fam, dial)* *s.* **Dings**

dingfest *adj* **jdn ~ machen** arrestare qu

Dings [dɪŋs] <-> *kein Pl n,* **Dingsbums** [dɪŋsbʊms] <-> *kein Pl n,* **Dingsda** <-> *kein Pl n (fam: Sache)* coso *m;* *(Person, a der/die ~)* tizio *m*

dinieren [di'niːrən] <ohne ge-> *vi (geh)* desinare

Dinkel ['dɪŋkəl] <-s, -> *m (BOT)* farro *m,* spelta *f*

Dinosaurier [dino'zaʊri̯ɐ] <-s, -> *m* dinosauro *m*

Diode [di'oːdə] <-, -n> *f (EL)* diodo *m*

Dioptrie [di̯ɔp'triː] <-, -n> *f (OPT)* diottria *f*

Dioxin [di̯ɔ'ksiːn] <-s> *kein Pl n (CHEM)* diossina *f*

Dioxyd [di̯ɔ'ksiːt, *pl:* di̯ɔ'ksiːdə] <-s, -e> *n* *(CHEM)* diossido *m*

Diözese [di̯ø'tseːzə] <-, -n> *f (REL, ADM)* diocesi *f*

Diphtherie [dɪfteˈriː] <-, -n> *f (MED)* difterite *f*

Diphthong [dɪf'tɔŋ] <-s, -e> *m* dittongo *m*

Dipl. *abk v* **Diplom** diploma *m* di laurea

Dipl.-Bibl. *abk v* **Diplombibliothekar(in)** bibliotecario, -a *m, f* (diplomato, -a)

Dipl.-Ing. *abk v* **Diplomingenieur(in)** ingegnere *mf* (laureato, -a)

Dipl.-Kff. *abk v* **Diplomkauffrau** laureata *f* in economia e commercio

Dipl.-Kfm. *abk v* **Diplomkaufmann** laureato *m* in economia e commercio

Diplom [di'ploːm] <-(e)s, -e> *n* diploma *m;* *(von Hochschule)* laurea *f*

Diplom- *(in Zusammensetzungen)* diplomato

Diplomarbeit *f* tesi *f* di laurea

Diplomat(in) [diplo'maːt] <-en, -en; -, -nen> *m(f)* diplomatico, -a *m, f;* **Diplomatenkoffer** *m* valigetta *f* diplomatica [*o* executive]; **Diplomatenlaufbahn** *f* carriera *f* diplomatica

Diplomatie [diploma'tiː] <-> *kein Pl f* diplomazia *f*

Diplomatin *f s.* **Diplomat**

diplomatisch *adj* diplomatico

Diplombibliothekar(in) *m(f)* bibliotecario, -a *m, f* (diplomato, -a)

Diplomingenieur(in) *m(f)* ingegnere *mf* (diplomato, -a)

Diplomkauffrau *f* laureata *f* in economia e commercio

Diplomkaufmann [di'ploːmkaʊfman, *pl:* di'ploːmkaʊflɔɪtə] <-(e)s, Diplomkaufleute> *m* laureato *m* in economia e commercio

dir [diːɐ̯] **I.** *pron pers dat von* **du** *(betont)* (a) te; *(unbetont)* ti **II.** *pron refl dat von* **sich** ti

direkt [di'rɛkt] **I.** *adj* ❶ *(ohne Umweg)* diretto ❷ *(unmittelbar)* immediato; **~ gegenüber** proprio di fronte, proprio dirimpetto ❸ *(unverblümt)* nudo e crudo, vero e proprio ❹ *(LING)* **~e Rede** discorso diretto **II.** *adv* ❶ *(sofort)* immediatamente ❷ *(unmittelbar)* direttamente ❸ *(geradezu)* veramente, proprio

Direktbank *f* direct banking *m;* **Direktbanking** [di'rɛktbɛŋkɪŋ] <-s> *n (über PC oder Telefon abgewickelte Bankgeschäfte)* direct banking *m;* **Direktflug** *m* volo *m* diretto

Direktion [dirɛk'tsi̯oːn] <-, -en> *f* ❶ *(Leitung)* direzione *f* ❷ *(leitende Personen)* direttore *m* ❸ *(CH: POL, ADM: kantonales Ministerium)* ministero *m* cantonale

Direktive [dirɛk'tiːvə] <-, -n> *f (Weisung)* direttiva *f*

Direktmarketing *n (WIRTSCH)* direct marketing *m*

Direktor(in) [di'rɛktoːɐ̯] <-s, -en; -, -nen> *m(f)* ❶ *(allg, ADM, COM)* direttore, -trice *m, f* ❷ *(Geschäftsführer)* gerente *mf* ❸ *(von staatlicher höherer Schule)* preside *mf*

Direktorat [dirɛkto'raːt] <-(e)s, -e> *n* *(ADM)* ❶ *(Amt)* direzione *f,* presidenza *f* ❷ *(Büro)* direzione *f,* presidenza *f*

Direktorium [dirɛk'toːri̯ʊm] <-s, Direktorien> *n* comitato *m* direttivo

Direktübertragung *f (RADIO)* trasmissione *f* diretta; *(TV)* ripresa *f* diretta; **Direktverbindung** [di'rɛktfɛɐ̯bɪndʊŋ] <-, -en> *f (FERR, AERO)* collegamento *m* diretto; **Direktzugriff** *m* *(INFORM)* accesso *m* diretto

Dirigent(in) [diri'gɛnt] <-en, -en; -, -nen> *m(f)* direttore, -trice *m, f* d'orchestra

dirigieren [diri'giːrən] <ohne ge-> *vt* dirigere (l'orchestra)

Dirndl(kleid) ['dɪrndəl(klaɪt)] <-s, -> *n* costume *m* [*o* vestito *m*] tirolese

Dirne ['dɪrnə] <-, -n> *f* prostituta *f*

Dis, dis [dɪs] <-, -> *n* (MUS) re *m* diesis

Disagio [dɪs'ʔaːdʒo, *pl:* dɪs'ʔaːdʒos *o* dɪs'ʔaːdʒən] <-s, -s *o* Disagien> *n* (FIN: *Kreditabschlag*) disaggio *m*

Discman ['dɪskmɛn] <-s, -s> *m* lettore *m* portatile per CD

Disco ['dɪsko] <-, -s> *f s.* **Disko**

Discountmarkt [dɪs'kaʊnt-] *m* discount *m*

disharmonisch [dɪshar'moːnɪʃ] *adj* (MUS) disarmonico, dissonante; (*Farben*) discordante

Disken *pl von* **Diskus**

Diskette [dɪs'kɛtə] <-, -n> *f* (INFORM) dischetto *m*, floppy disk *m*; **Diskettenlaufwerk** *n* (INFORM) disk drive *m*, drive *m* per dischetti

Diskjockey ['dɪskdʒɔki] *m* disc-jockey *mf*

Disko ['dɪsko] <-, -s> *f* disco *f*

Diskont [dɪs'kɔnt] <-s, -e> *m* (FIN) sconto *m*; **Diskontsatz** *m* (FIN) tasso *m* di sconto

Diskothek [dɪsko'teːk] <-, -en> *f* discoteca *f*

diskreditieren [dɪskredi'tiːrən] <ohne ge-> *vt* screditare

Diskrepanz [dɪskre'pants] <-, -en> *f* discrepanza *f*

diskret [dɪs'kreːt] *adj* discreto

Diskretion [dɪskre'tsi̯oːn] <-, -en> *f* discrezione *f*

diskriminieren [dɪskrimi'niːrən] <ohne ge-> *vt* discriminare; **diskriminierend** *adj* discriminante, discriminatorio

Diskriminierung <-, -en> *f* discriminazione *f*

Diskurs [dɪs'kʊrs] <-es, -e> *m* (*geh*) ❶ (*Erörterung*) dibattito *m*, discussione *f* ❷ (*Vortrag*) discorso *m*, relazione *f* ❸ (LING: *sprachliche Äußerung*) discorso *m*

Diskus ['dɪskʊs, *pl:* 'dɪskən] <- *o* -ses, -se *o* Disken> *m* (SPORT) disco *m*

Diskussion [dɪskʊ'si̯oːn] <-, -en> *f* discussione *f*, dibattito *m*; **etw zur ~ stellen** mettere qc in discussione

Diskuswerfen <-s> *kein Pl n* (SPORT) (lancio *m* del) disco *m*

diskutieren [dɪsku'tiːrən] <ohne ge-> *vi, vt* (**mit jdm**) **über etw** *acc* ~ discutere (con qu) su [*o* di] qc

Dispens [dɪs'pɛns] <-es, -e *m o REL, A* -, -en *f*> *mf* dispensa *f*

Display [dɪs'plɛɪ] <-s, -s> *n* (INFORM) display *m*

disponieren [dɪspo'niːrən] <ohne ge-> *vi* (*geh*) **über etw** *acc* ~ disporre di qc

Disposition [dɪspozi'tsi̯oːn] <-, -en> *f* (*geh*) ❶ (*Verfügung, Maßnahme*) disposizione *f* ❷ (*Gliederung, Plan*) suddivisione *f* ❸ (MED: *Anlage*) predisposizione *f*

Disput [dɪs'puːt] <-(e)s, -e> *m* (*geh*) disputa *f*

Disqualifikation [dɪskvalifika'tsi̯oːn] <-, -en> *f* squalifica *f*

disqualifizieren [dɪskvalifi'tsiːrən] <ohne ge-> *vt* squalificare

Disse ['dɪsə] <-, -s> *f* (*sl: Diskothek*) discoteca *f*

Dissertation [dɪsɛrta'tsi̯oːn] <-, -en> *f* dottorato *m* di ricerca

Dissident(in) [dɪsi'dɛnt] <-en, -en; -, -nen> *m(f)* dissidente *mf*

dissonant [dɪso'nant] *adj* (MUS) dissonante; **~e Akkorde** accordi dissonanti

Dissonanz [dɪso'nants] <-, -en> *f* dissonanza *f*

Distanz [dɪs'tants] <-, -en> *f* distanza *f*; **~ wahren** mantenere le distanze

distanzieren [dɪstan'tsiːrən] <ohne ge-> *vr* **sich** (**von jdm/etw**) ~ (*fig*) prendere le distanze (da qu/qc)

Distel ['dɪstəl] <-, -n> *f* (BOT) cardo *m*; **Distelfink** *m* (ZOO) cardellino *m*

Distrikt [dɪs'trɪkt] <-(e)s, -e> *m* distretto *m*

Disziplin [dɪstsi'pliːn] <-, -en> *f* ❶ *sing* (*Ordnung*) disciplina *f* ❷ (*Fachrichtung, Sportart*) disciplina *f*

disziplinär <*keine Steigerung*> *adj* (A) ❶ (*die Dienstordnung betreffend*) regolamentare ❷ (*die Disziplin betreffend*) disciplinare

disziplinarisch [dɪstsipli'naːrɪʃ] *adj* disciplinare

Disziplinarstrafe [dɪstsipli'naːʃtraːfə] *f* sanzione *f* [*o* pena *f*] disciplinare; **Disziplinarverfahren** *n* (JUR) procedimento *m* disciplinare

diszipliniert [dɪstsipli'niːɐt] *adj* disciplinato

Diszipliniertheit <-> *kein Pl f* disciplinatezza *f*

disziplinlos *adj* indisciplinato; **Disziplinlosigkeit** <-, -en> *f* indisciplinatezza *f*

dito ['diːto] *adv* (COM) come [*o* vedi] sopra, idem; (*scherz*) anche; **im Sommer fahre ich am liebsten ans Meer — ~!** d'estate vado di preferenza al mare — anch'io!

Diva ['diːva, *pl:* 'diːvən] <-, -s *o* Diven> *f* diva *f*

Divergenz [divɛr'gɛns] <-, -en> *f* divergenza *f*

divers [di'vɛrs] *adj* diverso, differente; **es gibt noch Diverses zu erledigen** ci sono ancora diverse cose da sbrigare

Dividend [divi'dɛnt, *pl:* divi'dɛndən] <-en, -en> *m* (MAT) dividendo *m*

Dividende [divi'dɛndə] <-, -n> *f* (FIN) dividendo *m*

dividieren [divi'di:rən] <ohne ge-> *vt* (MAT) dividere; **eine Zahl durch zwei ~** dividere un numero per due

Division [divi'zi̯o:n] <-, -en> *f* (MAT, MIL) divisione *f*

Diwan ['di:va:n] <-s, -e> *m* divano *m*

d. J. ❶ *abk v* **dieses Jahres** c.a. ❷ *abk v* **der Jüngere** il giovane

DJH [de:jɔt'ha:] <-(s)> *kein Pl f abk v* **Deutsches Jugendherbergswerk** *AIG*

Dkfm. (A) *abk v* **Diplomkaufmann** laureato *m* in economia e commercio

DKP [de:ka:'pe:] <-> *kein Pl f abk v* **Deutsche Kommunistische Partei** *partito comunista tedesco*

dl *abk v* **Deziliter** dl

DLRG [de:ʔɛlʔɛr'ge:] <-> *kein Pl f abk v* **Deutsche Lebens-Rettungs-Gesellschaft** *società tedesca per il salvataggio a nuoto*

dm *abk v* **Dezimeter** dm

d. M. *abk v* **dieses Monats** c.m.

DM *abk v* **Deutsche Mark** DM

D-Mark ['de:mark] <-> *kein Pl f* marco *m* tedesco

DNA-Spur [de:ʔɛn'ʔa:-] *f* traccia *f* del DNA

D-Netz ['de:nɛts] <-es, -e> *n* (TEL: *europaweites Mobilfunknetz*) rete *f* cellulare tedesca (*che gestisce i collegamenti europei*)

DNS [de:ʔɛn'ʔɛs] <-> *kein Pl f abk v* **Desoxyribonukleinsäure** D.N.A. *m*

do *abk v* **dito** c.s.

doch [dɔx] **I.** *adv* ❶ (*dennoch*) però, ciò nonostante, tuttavia ❷ (*aber*) ma, pure, eppure; **du weißt ~, dass ...** ma tu lo sai che ... ❸ (*verstärkend*) sì, certo; **das ist ~ die Höhe!** (*fam*) questo sì che è il colmo!; **kommen Sie ~ herein!** entri pure!; **also ~!** è così allora!; **ja ~!** ma sì!; **nicht ~!** ma no!; **tu's ~!** fallo dunque!; **komm ~ bitte!** su, vieni, per favore!; **wenn er ~ käme!** almeno venisse! ❹ (*als Antwort*) (ma) certo; **hast du das nicht gewusst? — ~!** non lo sapevi? — certo! **II.** *konj* (*aber*) ma

Docht [dɔxt] <-(e)s, -e> *m* stoppino *m*, lucignolo *m*

Dock [dɔk] <-s, -s *o rar* -e> *n* dock *m*, cantiere *m* navale; (*Trocken~*) bacino *m* di carenaggio; **Dockarbeiter** *m* operaio *m* di un cantiere navale

Dogge ['dɔgə] <-, -n> *f* (ZOO) dogo *m;* (*deutsche*) alano *m* tedesco

Dogma ['dɔgma, *pl:* 'dɔgmən] <-s, Dogmen> *n* dogma *m*

dogmatisch [dɔg'ma:tɪʃ] *adj* dogmatico

Dogmatismus [dɔgma'tɪsmʊs] <-s> *kein Pl m* dogmatismo *m*

Dohle ['do:lə] <-, -n> *f* (ZOO) taccola *f*

Doktor(in) ['dɔkto:ɐ̯] <-s, -en; -, -nen> *m(f)* dottore, -essa *m, f;* **Frau ~!** dottoressa!; **Herr ~!** dottore!; ~ **der Philosophie** dottore *m* in filosofia; **den** [*o* **seinen**] ~ **machen** fare il dottorato di ricerca

Doktorand(in) [dɔkto'rant] <-en, -en; -, -nen> *m(f)* dottorando, -a *m, f*

Doktorarbeit *f* dottorato *f* di ricerca; **Doktorgrad** *m* titolo *m* di dottore

Doktorin *f s.* **Doktor**; **Doktortitel** *m* titolo *m* di dottore; **Doktorvater** *m* relatore *m* del dottorato

Doktrin [dɔk'tri:n] <-, -en> *f* dottrina *f*, teoria *f*

Dokument [doku'mɛnt] <-(e)s, -e> *n* documento *m*

Dokumentarfilm [dokumɛn'ta:ɐ̯fɪlm] *m* documentario *m* (cinematografico)

dokumentarisch [dokumɛn'ta:rɪʃ] *adj* documentario

Dokumentation [dokumɛnta'tsi̯o:n] <-, -en> *f* documentazione *f*

dokumentecht *adj* (*Papier*) uso protocollo; (*Tinte*) indelebile

dokumentieren [dokumɛn'ti:rən] <ohne ge-> *vt* documentare, dimostrare

Dolch [dɔlç] <-(e)s, -e> *m* pugnale *m*

Dolde ['dɔldə] <-, -n> *f* (BOT) ombrella *f*

Dollar ['dɔlar] <-(s), -s> *m* dollaro *m;* **Dollarzeichen** ['dɔla:ɐ̯tsaɪçən] <-s, -> *n* simbolo *m* del dollaro

dolmetschen ['dɔlmɛtʃən] **I.** *vi* haben fare da interprete **II.** *vt* interpretare, tradurre (a voce)

Dolmetscher(in) <-s, -; -, -nen> *m(f)* interprete *mf*

Dolomiten [dolo'mi:tən] *pl* **die ~** le Dolomiti *fpl*

Dom [do:m] <-(e)s, -e> *m* duomo *m*

Domäne [do'mɛ:nə] <-, -n> *f* ❶ (*Staatsgut*) demanio *m* pubblico, beni *mpl* demaniali ❷ (*Spezialgebiet*) dominio *m*, campo *m* [*o* sfera *f*] di competenza

Domherr *m* canonico *m*

Domina ['do:mina, *pl:* 'do:minɛ] <-, Dominä> *f* ❶ (REL) (madre) superiora *f*, badessa *f* ❷ (*Prostituierte*) prostituta che appaga il masochismo dei clienti

dominant [domi'nant] *adj* (pre)dominante

Dominante <-, -n> *f* (MUS) nota *f* dominante

Dominanz [domi'nants] <-, -en> *f* (*allg*, BIOL) dominanza *f*

dominieren <ohne ge-> I. *vi* (*vorherrschen*) predominare II. *vt* (*beherrschen*) dominare

Dominikanische Republik *f* Repubblica *f* Dominicana

Domino ['do:mino] <-s, -s> *n* domino *m;* **Dominostein** *n* tessera *f* del domino

Domizil [domi'tsi:l] <-s, -e> *n* (*geh*) domicilio *m*

Domkapitel ['do:mkapıtəl] <-s, -> *n* (REL) capitolo *m* del duomo

Dompfaff ['do:mpfaf] <-en *o* -s, -en> *m* (ZOO) ciuffolotto *m*, monachino *m*

Dompteur [dɔmp'tøːɐ̯] <-s, -e> *m*, **Dompteuse** [dɔmp'tøːzə] <-, -n> *f* domatore, -trice *m, f*

Donau ['do:nau̯] *f* Danubio *m*

Donner ['dɔnɐ] <-s, -> *m* tuono *m;* **wie vom ~ gerührt** come fulminato

donnern *vi* (METEO) tuonare; **es donnert** tuona

Donnerschlag *m* (colpo *m* di) tuono *m*, fulmine *m*

Donnerstag <-s, -e> *m* giovedì *m; s. a.* **Dienstag**

DonnerstagabendRR *m* giovedì *m* sera

donnerstagabendsRR *adv* il giovedì sera

DonnerstagmittagRR *m* giovedì a mezzogiorno; *s. a.* **Donnerstagabend**

donnerstagmittagsRR *adv* il giovedì a mezzogiorno

DonnerstagmorgenRR *m* giovedì mattina; *s. a.* **Donnerstagabend**

donnerstagmorgensRR *adv* il giovedì mattina

DonnerstagnachmittagRR *m* giovedì pomeriggio; *s. a.* **Donnerstagabend**

donnerstagnachmittagsRR *adv* il giovedì pomeriggio

donnerstags *adv* di [*o* il] giovedì

DonnerstagvormittagRR *m* giovedì mattina; *s. a.* **Donnerstagabend**

donnerstagvormittagsRR *adv* il giovedì mattina

Donnerwetter *n* (**zum**) **~!** (*fam*) accipicchia!, corpo di Bacco!

doof [do:f] *adj* (*fam*) stupido, scemo, ottuso

dopen ['dɔpən *o* 'do:pən] (SPORT) I. *vt* drogare, dopare II. *vr* **sich ~** doparsi

Doping ['dɔpɪŋ *o* 'do:pɪŋ] <-s, -s> *n* (SPORT) doping *m*, drogaggio *m;* **Doping-**

fall *m* caso *m* di doping; **Dopingkontrolle** *f* (SPORT) controllo *m* antidoping; **Dopingmittel** *n* dopante *m*

Doppel ['dɔpəl] <-s, -> *n* ❶ (*Duplikat*) duplicato *m*, copia *f*, doppio *m* ❷ (SPORT: *Tennis*) doppio *m;* **gemischtes ~** doppio misto; **Doppeladler** *m* aquila *f* a due teste; **Doppelagent(in)** *m(f)* doppiogiochista *mf*, spia *f;* **Doppelbelastung** *f* doppio peso *m;* **Doppelbeschluss**RR *m* doppia risoluzione *f;* **Doppelbett** *n* (letto *m*) matrimoniale *m;* **Doppelbier** *n* birra *f* forte; **Doppeldecker** *m* ❶ (AERO) biplano *m* ❷ (*fam: Bus*) autobus *m* a due piani; **Doppeldeckerbus** *m* autobus *m* a due piani; **doppeldeutig** *adj* a doppio senso, ambiguo; **Doppelfehler** *m* (SPORT) doppio fallo *m;* **Doppelfenster** *n* doppia finestra *f*, controfinestra *f;* **Doppelgänger(in)** ['dɔpəlgɛŋɐ] <-s, -; -, -nen> *m(f)* sosia *mf;* **Doppelglasfenster** *n* finestra *f* a vetri doppi; **Doppelhaus** *n* (casa *f*) bifamiliare *f;* **Doppelkinn** *n* doppio mento *m*, pappagorgia *f fam;* **Doppelleben** *n* doppia vita *f;* **ein ~ führen** condurre una doppia vita; **Doppelmoral** <-, *rar* -en> *f* doppia morale *f;* **Doppelmord** *m* duplice omicidio *m*

doppeln *vt* (A: *besohlen*) risuolare

Doppelname *m* binomio *m;* **Doppelpunkt** *m* (LING) due punti *mpl;* **Doppelrolle** *f* doppione *m*, doppia parte *f;* **Doppelsinn** *m* doppio senso *m* [*o* significato *m*]; (*Zweideutigkeit*) ambiguità *f;* **Doppelstecker** *m* spina *f* doppia

doppelt I. *adj* doppio, duplice; **in ~er Ausführung** in duplice copia; **~e Moral** doppia morale; **ein ~es Spiel treiben** fare il doppio gioco II. *adv* il doppio, doppiamente; **~ so viel** due volte tanto; **~ so viel bezahlen** pagare il doppio; **~ und dreifach** molto di più; **sie ist ~ so groß wie ihr Bruder** è due volte suo fratello (in altezza); **der Betrag ist ~ so groß, wie wir ihn erwartet hatten** l'importo è doppio rispetto a quello che ci aspettavamo; **~ sehen** vederci doppio; **~ genäht hält besser** (*prov*) la prudenza non è mai troppa

Doppeltür *f* controporta *f;* **Doppelverdiener** *mpl* (*Ehepaar*) coppia *f* con doppio reddito; **Doppelwährungsphase** *f* (*Europäische Währungsunion*) periodo *m* della doppia circolazione; **Doppelzentner** *m* quintale *m;* **Doppelzimmer** *n* (*Zweibettzimmer*) camera *f* doppia [*o* a due letti]; (*mit Doppelbett*) (camera *f*) matrimoniale *f*

Dorf [dɔrf, *pl:* 'dœrfə] <-(e)s, Dörfer> *n* paese *m*, villaggio *m*; **Dorfbewohner(in)** *m(f)* paesano, -a *m*, *f*; **Dorfschaft** <-, -en> *f* (*CH: Dorf als Ganzes, Einheit*) paese *m*, villaggio *m*; **Dorfschule** *f* scuola *f* di paese; **Dorftrottel** *m* (*fam*) scemo *m* del villaggio [*o* del paese]

dorisch [ˈdoːrɪʃ] *adj* (ARCH, MUS) dorico; ~ **e Säulen** colonne doriche

Dorn¹ [dɔrn] <-(e)s, -en *o fam* Dörner> *m* (BOT) spina *f*; **jdm ein ~ im Auge sein** (*fig*) essere una spina nell'occhio per qu

Dorn² [dɔrn] <-(e)s, -e> *m* (TEC) spina *f*; (*an Schnalle*) puntale *m*

Dornenkrone *f* corona *f* di spine

dornig *adj* spinoso

Dornröschen [dɔrnˈrøːsçən] <-s> *kein Pl n* (LIT) bella *f* addormentata nel bosco, Rosaspina *f*

dörren [ˈdœrən] **I.** *vt haben* (dis)seccare **II.** *vi sein* (dis)seccarsi

dorren [ˈdɔrən] *vi* (*geh*) seccarsi

Dörrobst *n* frutta *f* secca [*o* essiccata]

Dorsch [dɔrʃ] <-(e)s, -e> *m* (ZOO) merluzzo *m*

dort [dɔrt] *adv* là, lì; **da und ~** qua e là; **von ~** di là, di lì; ~ **drüben/hinten** là dietro/là in fondo

dorther [ˈdɔrtˈheːɐ̯, *hinweisend:* ˈdɔrtheːɐ̯] *adv* di là, di lì; **von ~** da quella parte; **dorthin** [ˈdɔrtˈhɪn, *hinweisend:* ˈdɔrthɪn] *adv* lì, là; **dorthinaus** [ˈdɔrthɪˈnaʊs, *hinweisend:* ˈdɔrthɪnaʊs] *adv* là fuori; **er ist unverschämt bis ~** (*fam*) è smisuratamente sfacciato; **dorthinein** [ˈdɔrthɪˈnaɪn, *hinweisend:* ˈdɔrthɪnaɪn] *adv* là dentro; **dortig** *adj* di là, del luogo

Dose [ˈdoːzə] <-, -n> *f* ❶ (*Büchse*) scatola *f*, barattolo *m*; (*Blech~*) latta *f* ❷ (TEC: *Steck~*) presa *f* (di corrente)

Dosen *pl von* Dose, Dosis

dösen [ˈdøːzən] *vi* (*fam*) sonnecchiare

Dosenmilch *f* latte *m* condensato in scatola; **Dosenöffner** *m* apriscatole *m*; **Dosensuppe** *f* minestra *f* in scatola

dosieren [doˈziːrən] <ohne ge-> *vt* dosare

Dosierung <-, -en> *f* dosaggio *m*

Dosis [ˈdoːzɪs, *pl:* ˈdoːzən] <-, Dosen> *f* dose *f*

Dossier [dɔˈsi̯eː] <-s, -s> *n* dossier *m*, incartamento *m*

Dotcom <-, -s> *f* (*sl*) dotcom *f*

Dotcom-Unternehmen *n* (*sl*) società *f* dotcom

dotieren [doˈtiːrən] <ohne ge-> *vt* **etw mit ... Euro ~** ricompensare con una somma di ... euro; **hoch dotiert** rimune-

rato lautamente; **eine gut dotierte Stellung** un lavoro rimunerativo

Dotter [ˈdɔtɐ] <-s, -> *m o n* rosso *m* dell'uovo, tuorlo *m*; **Dotterblume** *f* (BOT) calta *f* palustre

doubeln [ˈduːbəln] **I.** *vi* (FILM) sostituire (l'attore protagonista) con una controfigura **II.** *vt* (FILM) fare la controfigura

Double [ˈduːb(ə)l] <-s, -s> *n* (FILM) controfigura *f*, doppio *m*

down [daʊn] *adj* (*sl*) giù, abbattuto

Download [ˈdaʊnləʊd] <-(s), -s> *m* (INFORM) download *m*

downloaden [ˈdaʊnləʊdən] *vt* (INFORM: *herunterladen*) download, scaricare

Dozent(in) [doˈtsɛnt] <-en, -en; -, -nen> *m(f)* docente *mf*

dozieren [doˈtsiːrən] <ohne ge-> *vi* insegnare

dpa [deːpeːˈʔaː] *abk v* **Deutsche Presse-Agentur** agenzia di stampa tedesca

Dr. *abk v* **Doktor** Dott.; **~ jur./med./phil.** dott. in giurisprudenza/medicina/filosofia

Drache [ˈdraxə] <-n, -n> *m* (*Fabeltier*) drago *m*

Drachen [ˈdraxən] <-s, -> *m* ❶ (*Papier~*) aquilone *m*, cervo *m* volante; **den ~ steigen lassen** far volare l'aquilone ❷ (*fam pej: zänkische Frau*) megera *f*; **Drachenfliegen** <-s> *kein Pl n* volo *m* a delta

Dragee^RR [draˈʒeː] <-s, -s> *n*, **Dragée** <-s, -s> *n* confetto *m*

Draht [draːt, *pl:* ˈdrɛːtə] <-(e)s, Drähte> *m* filo *m* metallico; **auf ~ sein** (*fam*) stare all'erta; **Drahtbürste** *f* spazzola *f* metallica; **Drahtesel** *m* (*fam scherz*) bici *f*; **Drahtgitter** *n* graticola *f*

drahtig [ˈdraːtɪç] *adj* (*Figur*) in forma

drahtlos I. *adj* radiotelegrafico, radiotelefonico, senza fili **II.** *adv* via [*o* per] radio; **~ telefonieren** telefonare con il portatile

Drahtseil *n* fune *f* metallica; **Nerven wie ~e haben** avere i nervi d'acciaio; **Drahtseilakt** *m* ❶ (*im Zirkus*) esercizio *m* acrobatico ❷ (*fig*) impresa *f* azzardata; **Drahtseilbahn** *f* funivia *f*

Drahtzaun *m* rete *f* metallica [*o* di recinzione]

Drahtzieher(in) <-s, -; -, -nen> *m(f)* (*Hintermann*) mandante *mf*; **der ~ sein** tirare i fili

drakonisch [draˈkoːnɪʃ] *adj* draconiano; **~e Gesetze** leggi draconiane; **~e Maßnahmen** provvedimenti draconiani

drall [dral] *adj* (*Mädchen*) robusto, rotondetto; (*Busen, Hinterteil*) sodo

Drall <-(e)s, -e> *m* ❶ (PHYS) movimento *m* cinetico ❷ (*von Feuerwaffen*) rigatura *f*

❸ (*fig: Hang*) inclinazione *f* (*zu* per)
Drama ['dra:ma, *pl*: 'dra:mən] <-s, Dramen> *n* dramma *m*
Dramatiker(in) [dra'ma:tɪkɐ] <-s, -; -, -nen> *m(f)* scrittore, -trice *m*, *f* drammatico, -a, drammaturgo, -a *m*, *f*
dramatisch *adj* drammatico
dramatisieren [dramati'zi:rən] <ohne ge-> *vt* drammatizzare
Dramaturg(in) [drama'tʊrk] <-en, -en; -, -nen> *m(f)* (THEAT, TV) direttore *m* artistico
Dramaturgie [dramatʊr'gi:] <-, -n> *f* drammaturgia *f*
Dramaturgin [dramatʊr'gɪn] <-, -nen> *f* s. **Dramaturg**
dran [dran] *adv* (*fam*) **gut ~ sein** essere in buone condizioni; **schlecht ~ sein** essere a mal partito; **man weiß nicht, wie man mit ihm ~ ist** non si sa cosa attendersi da lui; **wer ist ~?** a chi tocca?; **jetzt bist du (aber) ~!** (*sl*) adesso tocca a te (morire)!, è la tua ora!; **da ist was (Wahres) ~!** c'è qualcosa di vero!; *s. a.* **daran**; **dran|bleiben** ['dranblaɪbən] <irr> *vi sein* (*fam*) ❶ (*verfolgen*) **an jdm/etw ~** non lasciarsi sfuggire qu/qc; **ich bleibe an ihm dran** non lo lascio scappare ❷ (*Telefon*) rimanere in linea
drang [draŋ] *1. u 3. pers sing imp von* **dringen**
Drang [draŋ] <-(e)s> *kein Pl m* ❶ (*innerer Antrieb*) impulso *m;* **der ~ nach etw** la brama di qc ❷ (*Druck, Bedrängnis*) pressione *f*, spinta *f*
Drängelei [drɛŋə'laɪ] <-, -en> *f* (*fam*) ❶ (*Schubsen*) pigia pigia *m* ❷ (*Bettelei*) insistenze *fpl*
drängeln ['drɛŋəln] *vi, vt* (*fam*) ❶ (*vor~*) spingere; **nun drängle doch nicht so!** non spingere così! ❷ (*betteln*) insistere (con); **er hat so lange gedrängelt, bis ich nachgegeben habe** ha insistito tanto che (alla fine) ha ceduto
drängen ['drɛŋən] **I.** *vi* ❶ (*schieben, drücken*) spingere ❷ (*mit Nachdruck fordern*) **auf etw** *acc* **~** insistere su qc ❸ (*eilig sein*) urgere; **die Sache drängt** la cosa urge; **die Zeit drängt** il tempo stringe **II.** *vt* ❶ (*schieben, drücken*) spingere ❷ (*antreiben*) **jdn ~ etw zu tun** incitare qu a fare qc **III.** *vr* **sich ~** spingersi; **sich um jdn/etw ~** far ressa attorno a qu/qc; **sich an etw** *dat* **~** far ressa su qc
Drängen <-s> *kein Pl n* (*Bitten*) insistenza *f*, sollecitazione *f*, pressione *f;* **auf jds ~ (hin)** su sollecitazione di qu
drängend ['drɛŋənt] *adj* ❶ (*Fragen, Probleme*) impellente ❷ (*Tonfall, Stimme*) insistente
Drangsal ['draŋza:l] <-, -e> *f* (*geh*) tormento *m*, tribolazione *f*
drangsalieren [draŋza'li:rən] <ohne ge-> *vt* (*pej*) tormentare, vessare
dränieren [drɛ'ni:rən] <ohne ge-> *vt* drenare
dran|kommen <irr> *vi sein* (*fam*) ❶ (*an die Reihe kommen*) toccare; **ich komme dran** tocca a me ❷ (*Schule: aufgerufen werden*) venir interrogato ❸ (*abgefragt werden*) toccare, venir trattato; **welches Thema kommt denn dran?** che tema viene trattato? ❹ (*erreichen*) raggiungere, riuscire a prendere; **ich komme nicht dran** non ci arrivo; **dran|nehmen** <irr> *vt* (*fam: Schüler*) interrogare; (*Patienten*) prendere; **dran|setzen** ['dranzɛtsən] *vt* impiegare, mettere; **ich werde alles ~, um ...** ce la metterò tutta per ...
drastisch ['drastɪʃ] *adj* ❶ (*wirksam*) drastico ❷ (*derb anschaulich*) crudo
drauf [draʊf] *adv* (*fam*) **~ und dran sein zu** +*inf* essere sul punto di +*inf*; *s. a.* **darauf**
Draufgabe ['draʊfga:bə] <-, -n> *f* (*A*) aggiunta *f*; **etw als ~ wollen** volere qc in aggiunta
Draufgänger ['draʊfgɛŋɐ] <-s, -> *m* uomo *m* spavaldo [*o* impetuoso]; **Draufgängerin** ['draʊfgɛŋərɪn] *f* donna *f* impetuosa [*o* irruente]
drauf|gehen <irr> *vi sein* ❶ (*fam: Sache*) esaurirsi, consumarsi; (*Geld*) spendersi; **mein ganzes Geld ist draufgegangen** ci ho speso tutti i miei soldi ❷ (*sl: sterben*) crepare; **drauf|kommen** ['draʊfkɔmən] <irr> *vt sein* (*sich einfallen lassen*) farsi venire in mente, farsi venire un'idea; **ich komme nicht drauf!** non ci arrivo!, non lo capisco!; **wie bist du draufgekommen, dass das die Lösung ist?** come sei arrivato alla soluzione giusta?; **drauf|legen** ['draʊfle:gən] *vt* (*fam*) ❶ (*Betrag*) aggiungere, mettere; **leg noch 50 Euro drauf** mettici ancora 50 euro ❷ (*hinlegen*) mettere; **etw auf etw** *acc* **~** appoggiare qc su qc; **leg den Brief hier drauf** metti [*o* appoggia] la lettera qui sopra
drauflos [draʊf'lo:s] *adv* impulsivamente; **drauflos|reden** *vi* (*fam*) parlare a vanvera; **drauflos|schlagen** <irr> *vi* (*fam*) **blind ~** picchiare alla cieca
drauf|machen *vt* **einen ~** (*fam*) fare baldoria; **drauf|zahlen** *vi* (*fam*) pagare in più
draus [draʊs] (*fam*) *s.* **daraus**

draus|bringen ['draʊsbrɪŋən] <irr> vt (A, CH, südd: fam: aus dem Konzept bringen) distrarre, confondere; **draus|kommen** ['draʊskɔmən] <irr> vi sein (A, CH, südd: fam: aus dem Konzept kommen) perdere il filo

draußen ['draʊsən] adv fuori; **da ~** là [o lì] fuori; **von ~** da fuori; **weit ~** molto fuori

drechseln ['drɛksəln] vt tornire

Drechsler(in) ['drɛkslə] <-s, -; -, -nen> m(f) tornitore, -trice m, f; **Drechslerei** [drɛkslə'raɪ] <-, -en> f (Werkstatt) officina f del tornitore

Dreck [drɛk] <-(e)s> kein Pl m ❶ (fam: Schmutz) sudiciume m, sporcizia f; (Straßenschmutz) fango m, melma f; **jdn wie den letzten ~ behandeln** (fam) trattare qu come una pezza da piedi; **~ am Stecken haben** (fig fam) averne fatte di cotte e di crude; **jdn durch den ~ ziehen** (fig) trascinare qu nel fango ❷ (sl pej: Schund) cianfrusaglie fpl, ciarpame m ❸ (sl pej) **das geht dich einen ~ an!** che te ne frega!; **mach doch deinen ~ allein!** sbrigatela da solo!, arrangiati! fam

dreckig adj (fam) ❶ (schmutzig) sporco, sudicio; (Straße) melmoso, fangoso; **sich ~ machen** sporcarsi ❷ (unanständig) volgare, triviale; (gemein) perfido, maligno ❸ (schlecht) **es geht mir ~** sto male

Dreck(s)kerl m (sl pej) porco m

Dreckspatz m (fam) sudicione, -a m, f

d. Red. abk v **die Redaktion** N.d.R.

Dreh [dre:] <-(e)s, -s o -e> m (fam: Trick) trucco m; **den (richtigen) ~ heraushaben** aver trovato il verso giusto

Dreharbeiten fpl (FILM) riprese fpl; **Drehbank** <-, - bänke> f tornio m; **drehbar** adj girevole; **Drehbleistift** m matita f automatica; **Drehbuch** n sceneggiatura f; **Drehbuchautor(in)** m(f) sceneggiatore, -trice m, f

drehen ['dre:ən] **I.** vt ❶ (um die Achse) (far) girare; (Kopf) volgere; **jdm den Rücken ~** voltare le spalle a qu ❷ (Zigarette) farsi ❸ (Film) girare **II.** vi girare, girarsi; (Schiff) virare di bordo **III.** vr **sich ~** ❶ (rotieren) girare, girarsi; **sich um etw ~** girare attorno a qc; **sich auf den Bauch ~** girarsi sulla pancia; **mir dreht sich alles (im Kopf)** mi gira la testa, ho il capogiro ❷ (Gespräch) trattarsi; **alles drehte sich (nur) um sie** era il perno di tutto, tutto ruotava intorno a lei

Dreher(in) <-s, -; -, -nen> m(f) (TEC) tornitore, -trice m, f

Drehkreuz n (Wegsperre) cancello m girevole, tornella f; **Drehmoment** ['dre:mo- mɛnt] <-(e)s, -e> n (PHYS, MOT) momento m torcente; **Drehorgel** f (MUS) organino m; **Drehscheibe** f ❶ (FERR) piattaforma f girante ❷ s. **Töpferscheibe**; **Drehstrom** m (TEC) corrente f trifase; **Drehstuhl** m sedia f girevole; **Drehtür** f porta f girevole

Drehung <-, -en> f (im Kreis) movimento m rotatorio; (um Achse) giro m, rotazione f; (um anderen Körper) rivoluzione f; **eine halbe ~ rechts** un mezzo giro a destra

Drehwurm m (fam) **einen [o den] ~ haben** avere le vertigini; **Drehzahl** ['dre:tsa:l] <-, -en> f numero m di giri; **Drehzahlmesser** <-s, -> m (TEC) contagiri m

drei [draɪ] num tre; **für ~ essen** mangiare per tre; **nicht bis ~ zählen können** (fig) non saper contare fino a dieci [o sulle dita della mano]; s. a. **acht**

Drei <-, -en> f tre m; (Schulnote: befriedigend) sette; (Buslinie, etc) tre m

Drei-, drei- s. a. **Acht-, acht-**

Dreiakter <-s, -> m spettacolo m in tre atti; **Dreibettzimmer** n camera f a tre letti; **dreidimensional** ['draɪdimɛnzjona:l] adj a tre dimensioni; **~er Film** film tridimensionale; **Dreieck** n triangolo m; **dreieckig** adj triangolare; **Dreiecksbeziehung** f relazione f a tre, triangolo m sl; **Dreiecksverhältnis** n **ein ~** il classico triangolo; **Dreieinigkeit** [draɪ'ʔaɪnɪçkaɪt] f Trinità f

Dreier ['draɪe] <-s, -> m (Einheit aus drei Dingen) terno m; **einen flotten ~ machen** (fam) avere un rapporto sessuale a tre

dreifach adj triplo; s. a. **achtfach**; **Dreifachstecker** m spina f tripolare; **Dreifaltigkeit** [draɪ'faltɪçkaɪt] s. **Dreieinigkeit**; **Dreiganggetriebe** n (MOT) cambio m a tre marce; **dreihundert** ['draɪ'hʊndet] num trecento; **dreijährig** ['draɪjɛːrɪç] adj ❶ (drei Jahre alt) di tre anni ❷ (drei Jahre dauernd) triennale; s. a. **achtjährig**; **Dreikampf** m (SPORT) triatlon m; **Dreikäsehoch** [draɪ'kɛːzəho:x] <-s, -(s)> m (fam scherz) omino m, ragazzino m; **Dreikönige** [draɪ'køːnigə] pl **nach ~** dopo l'epifania; **Dreikönigsfest** [draɪ'køːnɪçsfɛst] n epifania f; **Dreiländereck** [draɪ'lɛndəʔɛk] <-(e)s> kein Pl n punto m d'incontro delle frontiere di tre paesi

dreimal ['draɪma:l] adv tre volte; **~ darfst du raten** (fam) hai tre possibilità (per indovinare); s. a. **achtmal**

Dreimaster ['draɪmastə] <-s, -> *m* (NAUT) trealberi *m;* **Dreimeilenzone** [draɪ'maɪləntso:nə] *f* zona *f* di limite territoriale delle acque

drein [draɪn] (*fam*) *s.* **darein**

drein|reden *vi* (*fam*) metter bocca; **jdm ~** metter bocca nelle faccende di qu

Dreirad *n* ❶ (*Kinderfahrrad*) triciclo *m* ❷ (*Lieferwagen*) furgoncino *m;* **Dreisatz** *m* (MAT) regola *f* del tre semplice; **Dreispitz** <-es, -e> *m* tricorno *m;* **Dreisprung** *m* (SPORT) salto *m* triplo

dreißig ['draɪsɪç] *num* trenta; *s. a.* **achtzig;** **dreißigjährig** ['draɪsɪçjɛːrɪç] *adj* ❶ (*dreißig Jahre alt*) di trent'anni, trentenne ❷ (*dreißig Jahre lang*) trentennale; **der Dreißigjährige Krieg** la guerra dei trent'anni; **Dreißigjährige** <ein -r, -n, -n> *mf* uomo *m* (donna *f*) sulla trentina, trentenne *mf*

dreißigste(r, s) *adj* trentesimo, -a; (*bei Datumsangaben*) trenta; *s. a.* **achte(r, s)**

Dreißigstel <-s, -> *n* trentesimo *m*

dreist [draɪst] *adj* ❶ (*kühn*) ardito, audace ❷ (*frech*) sfacciato, impertinente, impudente

dreistellig *adj* di tre cifre

Dreistigkeit <-, -en> *f* ❶ (*Kühnheit*) arditezza *f,* audacia *f* ❷ (*Frechheit*) sfacciataggine *f,* sfrontatezza *f,* impudenza *f*

dreistöckig ['draɪʃtœkɪç] *adj* a [*o* di] tre piani

Dreitagebart *m* barbetta *f* (di tre giorni)

dreitägig ['draɪtɛːgɪç] *adj* di tre giorni

dreitausend ['draɪ'tauzənt] *num* tremila; **Dreitausender** ['draɪ'tauzəndɐ] <-s, -> *m* (*Gipfel*) (cima *f* di) 3000 metri *mpl*

dreiteilig *adj* (*Kleid, Set*) in tre pezzi; (*Roman*) in tre parti

dreiviertellang ['draɪ'fɪrtəllaŋ] *adj* (*Kleidungsstück*) a tre quarti; **Dreiviertelstunde** ['draɪvɪrtəl'ʃtundə] *f* tre quarti *mpl* d'ora; **in einer ~** fra tre quarti d'ora; **Dreivierteltakt** *m* misura *f* di tre quarti

Dreizack ['draɪtsak] <-(e)s, -e> *m* tridente *m*

dreizehn *num* tredici; **jetzt schlägt's aber ~!** (*fam*) questo è il colmo!; **dreizehnte(r, s)** *adj* tredicesimo, -a; (*bei Datumsangaben*) tredici; *s. a.* **achte(r, s);** **Dreizehntel** *n* tredicesimo *m*

Dreizimmerwohnung [draɪ'tsɪmevo:nʊŋ] *f* appartamento *m* di tre camere

Dresche ['drɛʃə] <-> *kein Pl f* (*fam*) botte *fpl*

dreschen ['drɛʃən] <drischt, drosch, gedroschen> *vt* ❶ (AGR) trebbiare ❷ (*fam: prügeln*) bastonare, menare

Drescher <-s, -> *m* trebbiatore *m*

Dreschflegel *m* (AGR) cor(r)eggiato *m;* **Dreschmaschine** *f* trebbiatrice *f*

Dresden ['dre:sdən] *n* Dresda *f*

Dress^RR [drɛs] <-es, -e>, **Dreß^ALT** <-sses, -sse> *m, A: f* (SPORT) tenuta *f* sportiva

dressieren [drɛ'si:rən] <ohne ge-> *vt* ammaestrare, addestrare; (*Pferde*) scozzonare

Dressman ['drɛsmən] <-s, Dressmen> *m* indossatore *m*

Dressur [drɛ'su:ɐ] <-, -en> *f* dressaggio *m,* ammaestramento *m,* addestramento *m*

dribbeln ['drɪbəln] *vi* (SPORT) dribblare

Drift [drɪft] <-, -en> *f* ❶ (NAUT) corrente *f* di deriva ❷ (*Treiben*) deriva *f*

Drill [drɪl] <-(e)s> *kein Pl m* addestramento *m;* **Drillbohrer** *m* trapano *m* a spirale

drillen *vt* ❶ (*fig* MIL) addestrare ❷ (TEC: *bohren*) trapanare

Drillich ['drɪlɪç] <-s, -e> *m* traliccio *m,* fustagno *m*

Drilling ['drɪlɪŋ] <-s, -e> *m* (*Kind*) trigemino *m;* **~e** gemelli trigemini

drin [drɪn] *adv* (*fam*) dentro; **in der Flasche ist noch was ~** c'è ancora qualcosa nella bottiglia; **bis jetzt ist noch alles ~** (*fam*) finora tutto è ancora possibile; **das ist nicht ~** (*fam*) non è possibile; *s. a.* **darin, drinnen**

dringen ['drɪŋən] <dringt, drang, gedrungen> *vi* ❶ *sein* **in etw** *acc* **~** penetrare in qc; **durch etw ~** penetrare qc, passare attraverso qc; **an die Öffentlichkeit ~** diventare di pubblico dominio; **in jdn ~** (*fig*) far pressione su qu, sollecitare qu ❷ *haben* (*verlangen*) **auf etw** *acc* **~** insistere su qc [*o* per avere qc]; **darauf ~, dass ...** insistere affinché +*conj*

dringend *adj* urgente, stringente, impellente; (*Bitte*) pressante; **in ~en Fällen** in casi d'urgenza; **es [*o* die Sache] ist (sehr) ~** la cosa urge

dringlich *adj* urgente; **Dringlichkeit** <-, -en> *f* urgenza *f*

Drink [drɪŋk] <-s, -s> *m* drink *m*

drinnen ['drɪnən] *adv* dentro; **~ und draußen** dentro e fuori; **ich gehe nach ~** vado dentro

drin|stecken ['drɪnʃtɛkən] *vi* (*fam*) ❶ (*beschäftigt sein*) **in etw** *dat* **~** essere (in mezzo) a qc ❷ (*investiert sein*) essere investito; **in diesem Haus steckt mein ganzes Erspartes drin** in questa casa sono investiti tutti i miei risparmi ❸ (*verwickelt sein*) **in etw** *dat* **mit ~** essere coinvolto in qc

drischt [drɪʃt] *3. pers sing pr von* **dreschen**

dritt [drɪt] *adv* **zu ~** in tre

dritte(r, s) *adj* terzo, -a; (*bei Datumsangaben*) tre; **aus ~r Hand** da terzi; *s. a.* **achte(r, s)**

Dritte <ein -r, -n, -n> *mf* terzo, -a *m, f;* **der lachende ~** il terzo che gode; **der ~ im Bunde sein** essere il terzo; **in Gegenwart ~r** in presenza di terzi; **wenn zwei sich streiten, freut sich der ~** (*prov*) fra due litiganti il terzo gode; *s. a.* **Achte**

drittel ['drɪtəl] <inv> *adj* terzo; *s. a.* **achtel**

Drittel <-s, -> *n* terzo *m;* **dritteln** ['drɪtəln] *vt* dividere in terzi [*o* in tre parti]

drittens ['drɪtəns] *adv* (in) terzo (luogo)

Dritte-Welt-Laden ['drɪtə'vɛltla:dən] *m* negozio *m* di articoli del terzo mondo; **Dritte-Welt-Land** ['drɪtə'vɛltlant] *n* paese *m* del terzo mondo

drittklassig ['drɪtklasɪç] *adj* (*pej*) di terz'ordine

Drittländer ['drɪtlɛndɐ] *npl,* **Drittstaaten** *mpl* (EU) paese *m* terzo

DRK [de:?ɛr'ka:] <-(s)> *kein Pl n abk v* **Deutsches Rotes Kreuz** CRI

droben ['dro:bən] *adv* (*geh südd, A*) lassù, in alto

Droge ['dro:gə] <-, -n> *f* droga *f*

drogenabhängig *adj* tossicodipendente; **Drogenabhängige** <ein -r, -n, -n> *mf* tossicodipendente *mf;* **Drogenabhängigkeit** *f* tossicodipendenza *f,* tossicomania *f;* **Drogenberatungsstelle** <-, -n> *f* consultorio *m* per il recupero dei tossicodipendenti; **Drogenhandel** *m* traffico *m* della droga; **Drogenkonsum** *m* consumo *m* di droga [*o* stupefacenti]; **Drogenmissbrauch**[RR] *m* abuso *m* di droga

Drogenopfer *n* vittima *f* della droga; **Drogensucht** ['dro:gənzʊxt] <-> *kein Pl f* tossicodipendenza *f,* tossicomania *f;* **drogensüchtig** ['dro:gənzʏçtɪç] *adj* tossicodipendente; **Drogenszene** *f* mondo *m* della droga

Drogerie [drogə'ri:] <-, -n> *f* drogheria *f*

Drogist(in) [dro'gɪst] <-en, -en; -, -nen> *m(f)* droghiere, -a *m, f*

Drohbrief *m* lettera *f* minatoria

drohen ['dro:ən] *vi* ❶ (*einschüchtern*) **jdm ~** minacciare qu ❷ (*bevorstehen*) minacciare; **ihm droht Gefängnis** lo minaccia la prigione ❸ (*zu befürchten sein*) **einzustürzen ~** minacciare di crollare; **drohend** *adj* minaccioso; **~e Gefahr** pericolo incombente

Drohne ['dro:nə] <-, -n> *f* (ZOO) fuco *m*

dröhnen ['drø:nən] *vi* rimbombare; (*a fig*) rintronare; **mir dröhnt der Kopf** mi rintrona la testa

Drohung ['dro:ʊŋ] <-, -en> *f* minaccia *f*

drollig ['drɔlɪç] *adj* buffo

Dromedar ['dro:meda:ɐ̯ *o* drome'da:ɐ̯] <-s, -e> *n* (ZOO) dromedario *m*

Drops [drɔps] <-, -> *m o n* caramella *f* alla frutta

drosch [drɔʃ] *1. u 3. pers sing imp von* **dreschen**

Droschke ['drɔʃkə] <-, -n> *f* vettura *f* di piazza

Drossel ['drɔsəl] <-, -n> *f* (ZOO) tordo *m*

drosseln ['drɔsəln] *vt* (*Tempo*) diminuire; (*Einfuhr*) limitare

Drosselung <-, -en> *f* ❶ (TEC) strozzamento *m* ❷ (*fig*) diminuzione *f,* riduzione *f*

Drosselventil *n* ❶ (TEC) valvola *f* di strozzamento ❷ (MOT) valvola *f* a farfalla

drüben ['dry:bən] *adv* (*auf der anderen Seite*) dall'altra parte, (al) di là; **hier/da ~** di qua, da questa parte/di là, da quella parte

drüber ['dry:bɐ] (*fam*) *s.* **darüber**

Druck[1] [drʊk, *pl:* 'drʏkə] <-(e)s, Drücke> *m* ❶ (PHYS) pressione *f;* **durch einen ~ auf den Knopf** premendo il bottone ❷ *sing* (*fig: Zwang*) pressione *f;* **jdn unter ~ setzen** mettere qu sotto pressione; **ich bin unheimlich in ~** (*fam*) sono molto sotto pressione

Druck[2] [drʊk] <-(e)s, -e> *m* ❶ (TYP) impressione *f;* (*Vorgang*) stampa *f;* **etw in ~ geben** dare qc alle stampe ❷ (*Auflage*) edizione *f* ❸ (*Kunst~*) stampa *f;* **Druckausgleich** *m* (TEC) compensazione *f* della pressione; **Druckbogen** *m* foglio *m* di stampa; **Druckbuchstabe** *m* carattere *m* tipografico

Drückeberger ['drʏkəbɛrgɐ] <-s, -> *m* (*fam pej*) scansafatiche *m,* vigliacco *m;* (MIL) imboscato *m*

druckempfindlich ['drʊkɛmpfɪntlɪç] *adj* sensibile alla pressione

drucken ['drʊkən] *vt* (TYP) stampare, riprodurre; **neu ~** ristampare; **~ lassen** dare alle stampe; **klein gedruckt** a caratteri piccoli; **das klein Gedruckte** [*o* **Kleingedruckte**] postilla stampata a caratteri piccoli

drücken ['drʏkən] **I.** *vt* ❶ (*pressen*) premere; (*zusammen~*) spremere; **jdm die Hand ~** stringere la mano a qu ❷ (*fam: umarmen*) stringere, abbracciare ❸ (*Kleidung, Schuh*) stringere ❹ (*fig: Preise*) ribassare; (*Rekord*) abbassare **II.** *vi* ❶ (*lasten*) pesare; **auf jdn/etw ~** pesare su qu/

qc; **aufs Gemüt** ~ rendere malinconico, intristire ❷ (*Kleidung, Schuh*) stringere ❸ (*pressen*) **auf etw** *acc* ~ premere su qc; **auf einen Knopf** ~ schiacciare un bottone III. *vr* **sich** ~ (*fam*) svignarsela, squagliarsela; **sich vor etw** *dat* ~ scansare qc, sottrarsi a qc

drückend *adj* opprimente; (*Hitze*) soffocante

Drucker <-s, -> *m* (INFORM) stampante *f*

Drucker(in) <-s, -; -, -nen> *m(f)* stampatore, -trice *m, f,* tipografo, -a *m, f*

Drücker <-s, -> *m* (*Türklinke*) maniglia *f,* saliscendi *m;* **am** ~ **sitzen** (*fig fam*) stare nella stanza dei bottoni; **auf den letzten** ~ (*fig fam*) all'ultimo momento

Druckerei [drʊkəˈraɪ] <-, -en> *f* stamperia *f,* tipografia *f*

Druckerin *f s.* **Drucker**

Druckerlaubnis *f* imprimatur *m*

Druckerschnittstelle *f* (INFORM) interfaccia *f* stampante

Druckerschwärze *f* inchiostro *m* da stampa

Druckfehler *m* errore *m* di stampa

druckfertig *adj* pronto per la stampa

druckfrisch [ˈdrʊkfrɪʃ] *adj* (TYP) fresco di stampa

Druckkabine *f* (AERO) cabina *f* pressurizzata

Druckknopf *m* ❶ (*an Kleidung*) (bottone *m*) automatico *m* ❷ (TEC) pulsante *m*

Drucklegung <-, -en> *f* (TYP) messa *f* in macchina

Druckluft *f* aria *f* compressa; **Druckluftbohrer** *m* perforatrice *f* pneumatica

Druckmaschine *f* macchina *f* tipografica [*o* da stampa]

Druckmesser <-s, -> *m* misuratore *m* di pressione, manometro *m*

Druckmittel *n* mezzo *m* di pressione [*o* coercitivo]

Druckpumpe *f* pompa *f* premente [*o* a pressione]

Druckregler *m* regolatore *m* di pressione

druckreif *s.* **druckfertig**

Drucksache *f* stampa *f;* „~ " "stampe"

Druckschrift *f* ❶ (TYP: *Schriftart*) carattere *m* tipografico [*o* di stampa]; **in** ~ in stampatello ❷ (*gedrucktes Werk*) stampato *m*

drucksen [ˈdrʊksən] *vi* (*fam*) tentennare

Drucksorte *f* (*A: Formular, Formblatt*) modulo *m*

Druckverband [ˈdrʊkfɛɐbant, *pl:* ˈdrʊkfɛɐbɛndə] <-(e)s, Druckverbände> *m* (MED) laccio *m* emostatico, fasciatura *f* emostatica

Druckwelle *f* (PHYS) onda *f* impulsiva; (*bei einer Explosion*) onda *f* esplosiva

drum [drʊm] *adv* (*fam*) **mit allem Drum und Dran** con tutti gli annessi e connessi; **sei's** ~ ! e sia!; *s. a.* **darum**

drunten [ˈdrʊntən] *adv* (*südd, A*) laggiù

drunter [ˈdrʊntɐ] *adv* (*fam*) **es geht alles** ~ **und drüber** tutto va a catafascio; *s. a.* **darunter**

Drüse [ˈdryːzə] <-, -n> *f* ghiandola *f*

Dschungel [ˈdʒʊŋəl] <-s, -> *m* giungla *f*

Dschunke [ˈdʒʊŋkə] <-, -n> *f* giunca *f*

DSG [deːʔɛsˈgeː] <-> *kein Pl f abk v* Deutsche Schlafwagen- und Speisewagen-Gesellschaft *compagnia tedesca dei vagoni letto e ristorante*

dt. *abk v* **deutsch** tedesco

dto *abk v* **dito** c.s.

DTP [deːteːˈpeː] <-> *n* (INFORM) *s.* **Desktop Publishing** desktop-publishing *m*

Dtzd. *abk v* **Dutzend** dozz.

du [duː] *pron pers* tu; **wenn ich** ~ **wäre, ...** se fossi in te, ...; **jdn mit** ~ **anreden** dare del tu a qu; **mit jdm per** ~ **sein** darsi del tu; ~**, ich muss dich was fragen** senti, devo chiederti qc; ~ **Ärmste/Ekel!** o che poveretta/essere odioso!

d. U. *abk v* **der Unterzeichnete** il sottoscritto

dual [duˈaːl] *adj* duale, binario; **das Duale System** (*Rücknahme von Verpackungen*) sistema di raccolta differenziata

Dualsystem [duˈaːlzʏsteːm] *n* (MAT) sistema *m* di numerazione binaria

Dübel [ˈdyːbəl] <-s, -> *m* tassello *m*

dubios [duˈbjoːs] *adj* dubbio, sospetto; ~**e Gestalt** persona sospetta

Dublette [duˈblɛtə] <-, -n> *f* doppione *m*

Dublin [ˈdablɪn] *n* Dublino *f*

ducken [ˈdʊkən] I. *vr* **sich** ~ (*fig*) piegarsi; (*niederkauern*) rannicchiarsi II. *vt* (*pej: demütigen*) umiliare

Duckmäuser [ˈdʊkmɔɪzɐ] <-s, -> *m* (*fam: Feigling*) vigliacco, -a *m, f*

Dudelsack [ˈduːdəlzak] *m* cornamusa *f,* zampogna *f*

Duell [duˈɛl] <-s, -e> *n* duello *m*

duellieren [duɛˈliːrən] <ohne ge-> *vr* **sich** ~ battersi a duello

Duett [duˈɛt] <-(e)s, -e> *n* (MUS) duetto *m*

Duft [dʊft, *pl:* ˈdʏftə] <-(e)s, Düfte> *m* profumo *m,* fragranza *f*

dufte [ˈdʊftə] *adj* (*nordd: fam*) grandioso, eccezionale

duften *vi* ❶ (*Duft verbreiten*) odorare ❷ (*riechen*) **nach etw** ~ avere un profumo di qc; **duftend** *adj* profumato, odoroso, aromatico

duftig *adj* leggero, vaporoso; **ein ~es Sommerkleid** un vestito estivo arioso

Duftöl *n* (*Öl für Duftlampen*) olio *m* essenziale

Dukaten [du'ka:tən] <-s, -> *m* (HIST) ducato *m*

dulden ['dʊldən] *vt* ❶ (*zulassen*) ammettere, tollerare; **keinen Aufschub ~** non ammettere nessun rinvio ❷ (*geh: ertragen*) sopportare

duldsam [dʊltza:m] *adj* paziente; (*nachsichtig*) indulgente; (*tolerant*) tollerante; **Duldsamkeit** <-> *kein Pl* f pazienza *f*; (*Nachsicht*) indulgenza *f*, tolleranza *f*

dumm [dʊm] <dümmer, dümmste> *adj* ❶ (*Mensch*) stupido; (*unwissend*) ignorante; (*einfältig*) semplice, sciocco; (*albern*) sciocco; **~es Zeug reden** dire sciocchezze; **ein ~es Gesicht machen** (*fam*) fare una faccia da stupido; **der Dumme sein** essere lo stupido di turno; **jdn für ~ verkaufen** (*fam*) prendere [o far passare] qu per sciocco; **das wird mir zu ~!** ne ho abbastanza! ❷ (*unangenehm*) spiacevole, seccante; **eine ~e Geschichte** una brutta faccenda; **das ist** (*aber*) **~!** peccato!

dummerweise ['dʊmɐvaɪzə] *adv* sfortunatamente

Dummheit <-, -en> *f* ❶ *sing* (*Mangel an Intelligenz*) stupidità *f*, ignoranza *f* ❷ (*Handlung*) stupidaggine *f*, sciocchezza *f*; **Dummkopf** *m* (*pej*) stupido, -a *m*, *f*, sciocco, -a *m*, *f*

Dummy ['dami] <-s, -s> *m* manichino *m*

dumpf [dʊmpf] *adj* ❶ (*Ton*) cupo, sordo ❷ (*Geruch*) ammuffito ❸ (*Ahnung*) vago ❹ (*stumpfsinnig*) ottuso, apatico

Dumpfheit <-> *kein Pl* f ❶ (*von Schall*) cupezza *f*; (*von Geruch*) tanfo *m* ❷ (*fig: von Mensch*) ottusità *f*, apatia *f*, torpore *m*

Dumping ['dampɪŋ] <-s> *kein Pl* n (COM) dumping *m*

Düne ['dy:nə] <-, -n> *f* duna *f*

Dung [dʊŋ] <-(e)s> *kein Pl* m letame *m*, concime *m* (animale)

Düngemittel *n* s. **Dünger**

düngen ['dʏŋən] **I.** *vt* concimare **II.** *vi* (*als Dünger wirken*) dare concime

Dünger <-s, -> *m* concime *m*

dunkel ['dʊŋkəl] *adj* ❶ (*finster*) buio, oscuro; (*Nacht*) fonda; (*fig: düster*) nero; **es wird ~** si fa buio; **bei etw im Dunkeln tappen** (*fig*) essere all'oscuro di qc ❷ (*Farbe, Haare, Bier*) scuro ❸ (*Vokal*) sorda ❹ (*fig: unbestimmt*) vago, indistinto; (*unklar*) oscuro; **sich ~ erinnern** ricordarsi vagamente; **jdn im Dunkeln lassen** lasciare qu all'oscuro ❺ (*pej: verdächtig*) losco

dunkel- (*in Zusammensetzungen*) scuro; **dunkelblau/-grün/-rot** blu/verde/rosso scuro

Dunkel <-s> *kein Pl* n oscurità *f*; (*a fig*) tenebre *fpl*

Dünkel ['dʏŋkəl] <-s> *kein Pl* m presunzione *f*, boria *f*

dunkelblau *adj* blu scuro; **dunkelblond** *adj* castano; **dunkelgrün** *adj* verde scuro; **dunkelhaarig** ['dʊŋkəlha:rɪç] *adj* bruno; **dunkelhäutig** ['dʊŋkəlhɔɪtɪç] *adj* moro, di carnagione scura; **Dunkelheit** <-, -en> *f* oscurità *f*, buio *m*; **Dunkelkammer** *f* (FOTO) camera *f* oscura; **Dunkelmann** *m* (*fig pej*) uomo *m* subdolo

dunkeln *vi* **es dunkelt** (*poet*) si fa buio [o notte]; **dunkelrot** *adj* rosso scuro; **Dunkelziffer** *f* dati *mpl* non rilevati dalle statistiche

dünken ['dʏŋkən] *vi, vt* **mich** [o **mir**] **dünkt** (*obs, poet*) mi sembra, mi pare

dünn [dʏn] *adj* ❶ (*Haar*) sottile, fine; (*Stoff, Luft*) leggero ❷ (*schlank*) snello; (*mager*) magro, scarno; **~ werden** dimagrire ❸ (*fein*) fino; (*schwach, brüchig*) tenue; (*spärlich*) rado; **~ besiedelt** [o **bevölkert**] scarsamente [o poco] popolato ❹ (*Getränk*) lungo

dünnbesiedelt *adj* scarsamente [o poco] popolato

dünnbevölkert *adj* scarsamente [o poco] popolato

Dünndarm *m* (ANAT) intestino *m* tenue

dünnflüssig *adj* fluido

dünn|machen *vr* **sich ~** (*fig fam*) svignarsela, sgattaiolare

Dunst [dʊnst, *pl:* 'dʏnstə] <-(e)s, Dünste> *m* ❶ *sing* (*Nebel*) foschia *f*, nebbia *f* ❷ (*Dampf*) vapore *m* ❸ (*Rauch*) fumo *m* ❹ (*Ausdünstung*) esalazione *f*; **Dunstabzugshaube** *f* cappa *f* di estrazione

dünsten ['dʏnstən] *vt* (GASTR) cuocere al vapore

Dunstglocke *f* cappa *f* di smog

dunstig ['dʊnstɪç] *adj* (*neblig*) nebbioso, caliginoso; (*verräuchert*) fumoso, pieno di fumo

Dunstkreis ['dʊnstkraɪs] <-es, -e> *m* (*geh: jds Umgebung*) sfera *f* (di influenza), ambiente *m*

Duo ['du:o] <-s, -s> *n* (MUS) duetto *m*

Duplikat [dupli'ka:t] <-(e)s, -e> *n* duplicato *m*

Dur [du:ɐ] <-> *kein Pl* n (MUS) modo *m* maggiore

durch [dʊrç] I. *prp* +*acc* ❶ (*räumlich*) attraverso, per; ~ **den Fluss schwimmen** attraversare il fiume a nuoto; ~ **die Nase sprechen** parlare col naso ❷ (*zeitlich*) durante ❸ (*vermittels*) per mezzo di; (*dank*) grazie a; ~ **Zufall** per caso ❹ (*infolge*) in seguito a ❺ (MAT) diviso per; **16 (geteilt)** ~ **4** 16 diviso (per) 4 II. *adv* ~ **und** ~ da parte a parte, completamente; **mit etw** ~ **sein** aver finito qc; ~ **sein** (*Hose*) essere logorato; (*Fleisch*) essere cotto; **es ist zwei Uhr** ~ (*fam*) sono già le due passate; **Sie dürfen hier nicht** ~ non può passare per di qua

durch|arbeiten I. *vt* ❶ (*Buch*) studiare a fondo ❷ (*ausarbeiten*) elaborare II. *vi* (*ohne Unterbrechung*) lavorare senza interruzione; **die (ganze) Nacht** ~ lavorare tutta la notte III. *vr* **sich (durch etw)** ~ farsi strada (tra qc)

durch|atmen *vi* respirare profondamente

durchaus ['dʊrç'?aʊs] *adv* ❶ (*vollständig*) del tutto; **ich bin** ~ **Ihrer Meinung** sono perfettamente d'accordo con Lei; ~ **nicht** non … affatto, per niente ❷ (*unbedingt*) assolutamente

durch|beißen ['dʊrçbaɪsən] <beißt durch, biss durch, durchgebissen> I. *vt* (*zerbeißen*) spezzare con i denti, mordere II. *vr* **sich** ~ (*fam: Widerstände überwinden*) resistere (*durch* a), farcela (*durch*)

durch|blättern ['dʊrçblɛtən] *vt*, **durchblättern** [dʊrç'blɛtən] <ohne ge-> *vt* sfogliare, scorrere (leggendo)

Durchblick *m* (*fam: Überblick*) visione *f*; **keinen/den** ~ **haben** (*fam*) non capirci niente/capirci molto

durch|blicken *vi* ❶ (*durchsehen*) guardare attraverso ❷ (*fam: verstehen*) capire; **etw** ~ **lassen** lasciare intendere qc, far capire qc

durch|bluten [dʊrç'blu:tən] <ohne ge-> *vt* irrorare

Durchblutung [dʊrç'blu:tʊŋ] *f* irrorazione *f* sanguigna; **Durchblutungsstörung** *f* disfunzione *f* vascolare, disemia *f*

durch|bohren¹ ['dʊrçbo:rən] I. *vt* forare da parte a parte, perforare II. *vr* **sich** ~ penetrare forando

durchbohren² [dʊrç'bo:rən] <ohne ge-> *vt* (*durchdringen*) trafiggere; (*Kugel*) traforare; **durchbohrend** *adj* (*Blick*) penetrante

durch|boxen *vr* **sich** ~ (*fam*) farsi avanti a pugni e spintoni

durch|braten <irr> *vt* (GASTR) arrostire [*o* cuocere] bene; **durchgebraten** ben cotto; **nicht durchgebraten** al sangue

durch|brechen¹ ['dʊrçbrɛçən] <irr> I. *vt* **haben** (*zerbrechen*) rompere (in due parti), spezzare in due II. *vi* **sein** ❶ (*entzweibrechen*) rompersi, spezzarsi ❷ (*Sonne, Zahn, Keim*) spuntare, apparire ❸ (*fig*) svelarsi, mostrarsi

durchbrechen² [dʊrç'brɛçən] <irr, ohne ge-> *vt* ❶ (*durchstoßen*) forzare, sfondare ❷ (*Wand*) aprire un passaggio in ❸ (*fig: Prinzip, Konvention*) trasgredire, violare

durch|brennen <irr> *vi* **sein** ❶ (*Sicherung, Glühbirne*) fulminarsi ❷ (*fam: ausreißen*) scappare

durch|bringen <irr> *vt* ❶ (*durchsetzen*) far passare ❷ (*Kranke*) salvare ❸ (*ernähren*) sostenere, mantenere ❹ (*Geld*) sperperare, scialacquare

durchbrochen [dʊrç'brɔxən] *adj* traforato, a giorno

Durchbruch *m* ❶ (*eines Zahns*) spuntare *m* ❷ (MIL) sfondamento *m* ❸ (*fig: Erfolg*) successo *m*; **zum** ~ **kommen** farsi strada, affermarsi ❹ (*Öffnung*) apertura *f*, breccia *f*

durch|checken ['dʊrçtʃɛkən] *vt* ❶ (AERO: *bis zum Zielort abfertigen*) spedire il bagaglio appresso ❷ (*fam: Patient*) fare un check-up; (*Liste*) controllare

durch|denken ['dʊrçdɛŋkən] <irr> *vt*, **durchdenken** [dʊrç'dɛŋkən] <irr, ohne ge-> *vt* ponderare bene, approfondire; **wohl durchdacht** ben meditato

durch|drängen *vr* **sich** ~ farsi largo [*o* strada]; **sich durch die Menge** ~ farsi largo tra la folla

durch|drehen I. *vi* ❶ (*fam: kopflos werden*) impazzire ❷ (*Räder*) slittare II. *vt* (*Fleisch*) tritare

durch|dringen¹ ['dʊrçdrɪŋən] <irr> *vi* **sein** ❶ (*durch etw dringen*) penetrare, spingersi ❷ (*fig: Gerücht*) trapelare

durchdringen² [dʊrç'drɪŋən] <irr, ohne ge-> *vt* ❶ (*überwinden*) penetrare, trapassare ❷ (*ganz eindringen in*) infiltrasi in, impregnare; **von etw durchdrungen sein** (*fig*) essere pervaso da qc

durchdringend ['dʊrçdrɪŋənt] *adj* (*Kälte, Geruch*) penetrante; (*Schrei*) acuto, penetrante

Durchdringung [dʊrç'drɪŋʊŋ] <-, -en> *f* compenetrazione *f*

durch|drücken *vt* ❶ (*durchpressen*) far passare spremendo ❷ (*strecken*) **die Knie** ~ stendere le gambe ❸ (*fig fam: durchsetzen*) far accettare; (*Plan*) far valere; (*Willen*) imporre

durcheinander [dʊrç?aɪˈnandɐ] *adv* ❶ (*ungeordnet*) sottosopra, disordinato;

~ **werfen** mettere sottosopra, buttare all'aria ❷ *(fam: verwirrt)* confuso
Durcheinander <-s> *kein Pl* n ❶ *(Unordnung)* disordine *m* ❷ *(Verwirrung)* confusione *f*
durcheinander|bringen *vt* mettere in disordine, scompigliare
durcheinander|reden *vi* parlare tutti insieme; **durcheinander|werfen** *vt* confondere
durch|fahren[1] ['dʊrçfaːrən] <irr> *vi sein* ❶ *(hin~)* passare attraverso; **bei Rot ~** passare col rosso ❷ *(nicht anhalten)* passare senza fermarsi; *(nicht umsteigen)* passare senza scendere ❸ *(ohne Unterbrechung fahren)* viaggiare senza interruzione
durch|fahren[2] [dʊrçˈfaːrən] <irr, ohne ge-> *vt* ❶ *(fahrend durchqueren)* attraversare ❷ *(fig: Schreck)* assalire, cogliere; *(Gedanke)* passare per la mente
Durchfahrt *f* ❶ *(das Durchfahren)* transito *m;* ~ **verboten!** transito vietato! ❷ *(Durchreise)* passaggio *m;* **auf der ~ sein** essere di passaggio ❸ *(Torweg)* portone *m*
Durchfall *m* (MED) diarrea *f*
durch|fallen <irr> *vi sein* ❶ *(hin~)* cadere ❷ *(fam: versagen)* non avere successo; *(bei Prüfung)* essere bocciato; *(bei Wahlen)* essere sconfitto; (THEAT) fare fiasco
durch|feiern ['dʊrçfaɪɐn] *vi (fam: ohne Pause feiern)* festeggiare (senza interruzione); **wir haben die ganze Nacht durchgefeiert** abbiamo festeggiato tutta la notte
durch|finden <findet durch, fand durch, durchgefunden> *vi, vr* **sich ~** orientarsi, raccapezzarsi
durch|fließen[1] ['dʊrçfliːsən] <irr> *vi sein* scorrere; **durch die Röhren ~** scorrere nei tubi
durch|fließen[2] [dʊrçˈfliːsən] <irr, ohne ge-> *vt* ❶ *(Fluss)* attraversare scorrendo ❷ (PHYS) percorrere
durch|forschen [dʊrçˈfɔrʃən] <ohne ge-> *vt (untersuchen)* studiare, esaminare; *(Land)* esplorare
durch|fragen *vr* **sich ~** trovare la strada chiedendo
Durchfuhr ['dʊrçfuːɐ, *pl:* 'dʊrçfuːrən] <-, -en> *f (Transit)* transito *m*
durchführbar *adj* eseguibile, attuabile, realizzabile
durch|führen I. *vt* ❶ *(durchleiten)* guidare, condurre ❷ *(ausführen)* eseguire, effettuare ❸ *(verwirklichen)* realizzare; *(veranstalten)* organizzare ❹ *(vollenden)* compiere, portare a termine II. *vi (Straße)*

durch etw ~ passare attraverso qc
Durchführung <-, -en> *f* ❶ (MUS) esecuzione *f* ❷ *(Verwirklichung)* attuazione *f,* realizzazione *f* ❸ *(Vollendung)* compimento *m*
durch|füttern ['dʊrçfʏtən] *vt (fam)* mantenere
Durchgang <-(e)s, -gänge> *m* ❶ *(Passage)* passaggio *m;* ~ **verboten!, kein ~!** passaggio proibito! ❷ *(bei Produktion, Versuch)* prova *f;* *(bei Wahl)* tornata *f;* (SPORT) eliminatoria *f*
durchgängig *adj* generale, corrente; *(konstant)* senza eccezioni
Durchgangslager *n* campo *m* di transito; **Durchgangsstraße** *f* strada *f* di transito; **Durchgangsverkehr** *m* (traffico *m* di) transito *m*
durch|geben <irr> *vt (Meldung, Telegramm)* trasmettere
durch|gehen <irr> I. *vi sein* ❶ *(durch etw gehen)* passare; **durch etw ~** passare per qc; **der Schrank geht nicht durch die Tür** (**durch**) l'armadio non passa dalla porta ❷ (FERR, AERO) **bis Rom ~** andare fino a Roma (senza sosta) ❸ *(Pferd)* sfuggir di mano; *(fam: weglaufen)* scappare; **sein Temperament ging mit ihm durch** *(fig)* perse il controllo, non riuscì a dominarsi ❹ *(Antrag)* essere approvato; **jdm etw ~ lassen** lasciar passare qc a qu II. *vt haben o sein (Buch)* percorrere; *(prüfend ~)* esaminare, controllare; **durchgehend** *adj* *(Zug)* diretto; *(Öffnungszeiten)* continuato; ~ **geöffnet** ad orario continuato
durch|greifen <irr> *vi* intervenire (energicamente); **durchgreifend** *adj* energico, drastico, radicale
durch|halten <irr> I. *vi* tener duro, resistere II. *vt* resistere a
Durchhalteparole ['dʊrçhaltəparoːlə] <-, -n> *f* ❶ *(pej)* intimazione *f* a tener duro ❷ (MIL) comando *m* a resistere; **Durchhaltevermögen** ['dʊrçhaltəfɛɐmøːɡən] <-s> *kein Pl* n resistenza *f;* **Durchhaltewillen** *m* resistenza *f*
durchhauen[2] [dʊrçˈhaʊən] <durchhaut, durchhieb o *fam* durchhaute, durchhauen> *vt* spaccare, tagliare (in due)
durch|kämmen[1] ['dʊrçkɛmən] *vt (Haar)* pettinare bene
durch|kämmen[2] [dʊrçˈkɛmən] <ohne ge-> *vt (Gelände)* rastrellare
durch|knallen *vi (sl: durchdrehen)* andar fuori di testa
durch|kommen <irr> *vi sein* ❶ *(durch etw gelangen)* (riuscire a) passare; *(Zahn, Sonne)* spuntare ❷ *(hin~)* passare attra-

verso ❸(*erfolgreich sein*) spuntarla ❹(*genesen*) scamparla ❺(*bei Prüfung*) essere promosso; (*a Gesetzentwurf*) passare

durch|kreuzen[1] ['dʊrçkrɔɪtsən] *vt* (*durchstreichen*) cancellare con una croce

durchkreuzen[2] [dʊrç'krɔɪtsən] <ohne ge-> *vt* (*Pläne*) intralciare, contrastare

durch|lassen <irr> *vt* ❶(*hin~*) lasciar passare; (*a bei Prüfung*) far passare ❷(*fig fam: nicht rügen*) lasciar correre

durch|lässig ['dʊrçlɛsɪç] *adj* ❶(*wasser~*) che lascia passare l'acqua; (*Gefäß*) non stagno ❷(*licht~*) trasparente, diafano

Durchlaucht ['dʊrçlaʊxt *o* dʊrç'laʊxt] <-, -en> *f* Altezza *f;* **Euer** ~ Vostra/Sua Altezza

durch|laufen[1] ['dʊrçlaʊfən] <irr> **I.** *vi sein* ❶(*hin~*) passare correndo; **durch etw** ~ passare per qc ❷(*Flüssigkeit*) passare, colare **II.** *vt haben* (*Schuhe*) consumare (a furia di camminare)

durchlaufen[2] [dʊrç'laʊfən] <irr, ohne ge-> *vt* ❶(*Strecke*) (per)correre; (*Gebiet*) attraversare ❷(*fig: Schauder*) pervadere, assalire ❸(*fig: absolvieren*) compiere

Durchlauferhitzer <-s, -> *m* scaldaacqua *m* istantaneo

durch|leben <ohne ge-> *vt* vivere, passare

durch|lesen <irr> *vt* leggere

durchleuchten [dʊrç'lɔɪçtən] <ohne ge-> *vt* ❶(MED) fare una radiografia a ❷(*fig: analisieren*) esaminare ❸(*geh: mit Licht erfüllen*) illuminare

Durchleuchtung [dʊrç'lɔɪçtʊŋ] <-, -en> *f* ❶(MED) radioscopia *f,* radiografia *f* ❷(*fig*) esame *m*

durch|löchern [dʊrç'lœçɐn] <ohne ge-> *vt* (per)forare, sforacchiare; (*mit Kugeln*) crivellare

durch|machen **I.** *vt* (*fam*) ❶(*durchlaufen*) fare, compiere ❷(*erdulden*) soffrire, patire; **viel** ~ passarne tante **II.** *vi* (*fam*) ❶(*durcharbeiten*) lavorare ininterrottamente ❷(*durchfeiern*) festeggiare tutta la notte

Durchmarsch <-(e)s, -märsche> *m* (MIL) marcia *f*

durch|marschieren <ohne ge-> *vi sein* passare

Durchmesser <-s, -> *m* (MAT) diametro *m*

durch|mogeln ['dʊrçmoːgəln] *vr* **sich** ~ (*fam pej*) cavarsela (imbrogliando), destreggiarsi

durchnässt[RR] [dʊrç'nɛst] *adj* bagnato fradicio

durch|nehmen <irr> *vt* (*im Unterricht*) trattare

durch|nummerieren[RR] <ohne ge-> *vt* numerare

durch|pausen *vt* ricalcare

durch|probieren <ohne ge-> *vt* tentare uno per uno; (*Speisen*) assaggiare uno per uno

durchqueren [dʊrç'kveːrən] <ohne ge-> *vt* attraversare

durch|rasseln ['dʊrçrasəln] *vi sein* (*fam: bei einer Prüfung*) essere bocciato [*o* stangato]

durch|rechnen *vt* calcolare (da cima in fondo)

Durchreise <-, -n> *f* passaggio *m;* **auf der** ~ **sein** essere di passaggio

durch|reisen[1] ['dʊrçraɪzən] *vi sein* passare, essere di passaggio

durchreisen[2] [dʊrç'raɪzən] <ohne ge-> *vt* percorrere, attraversare

Durchreisende *mf* passeggero, -a *m, f* in transito

Durchreisevisum ['dʊrçraɪzəviːzʊm, *pl:* 'dʊrçraɪzəviːza *o* 'dʊrçraɪzəviːzən] <-s, Durchreisevisa *o* Durchreisevisen> *n* visto *m* di transito

durch|reißen <irr> **I.** *vi sein* spezzarsi **II.** *vt haben* strappare, stracciare

durch|ringen <irr> *vr* **sich** ~ giungere con fatica; **sich zu einem Entschluss** ~ arrivare con sforzo a una decisione

durch|rosten *vi sein* arrugginirsi completamente, corrodere

durch|rühren *vt* rimestare

durchs [dʊrçs] = **durch das**

Durchsage ['dʊrçzaːgə] <-, -n> *f* comunicato *m*

durch|sagen *vt* (RADIO) trasmettere, comunicare

durch|sägen *vt* segare in due

durchschauen [dʊrç'ʃaʊən] <ohne ge-> *vt* (*Absichten, Motive*) capire; (*Personen*) capire [*o* indovinare] le intenzioni di

durch|scheinen[1] ['dʊrçʃaɪnən] <irr> *vi* trasparire

durchscheinen[2] [dʊrç'ʃaɪnən] <durchscheint, durchschien, durchschienen> *vt* (*Sonne*) illuminare

durchscheinend *adj* ❶(*lichtdurchlässig*) traslucido ❷(*transparent*) trasparente ❸(*fig*) diafano

durch|scheuern *vt* (*Kleider*) logorare

durch|schimmern ['dʊrçʃɪmɐn] *vi* ❶(*Sonne*) filtrare (*durch* tra), tralucere ❷(*Schrift*) trasparire ❸(*Zufriedenheit, Misstrauen*) trasparire, trapelare

durch|schlafen <irr> *vi* dormire senza interruzione

Durchschlag ['dʊrçʃlaːk] <-(e)s, Durchschläge> *m* ❶ (*Kopie*) copia *f* ❷ (*Sieb*) setaccio *m*

durch|schlagen[1] ['dʊrçʃlaːgən] <irr> I. *vi sein* passare; **durch etw** ~ sfondare qc, penetrare in qc II. *vt haben* spaccare in due III. *vr* **sich** ~ ❶ (*ein Ziel erreichen*) aprirsi un varco ❷ (*sich durchbringen*) tirar avanti *fam*, cavarsela *fam*

durchschlagen[2] [dʊrç'ʃlaːgən] <irr, ohne ge-> *vt* (*Geschoss*) perforare, sfondare

durchschlagend *adj* ❶ (*wirksam*) efficace ❷ (*entscheidend*) decisivo, determinante ❸ (*überzeugend*) convincente

Durchschlagpapier *n* cartacarbone *f*, carta *f* calcante [*o* da ricalco]

Durchschlagskraft *f* ❶ (*von Geschoss*) forza *f* di penetrazione ❷ (*Wirksamkeit*) efficacia *f*

durch|schleusen *vt* ❶ (*Schiff*) guidare attraverso la chiusa ❷ (*fig*) far passare

durch|schlüpfen *vi sein* ❶ (*sich schlüpfend hindurchbewegen*) sgattaiolare ❷ (*fig: entkommen*) sfuggire a

durch|schmuggeln *vt* far passare di contrabbando

durch|schneiden[1] ['dʊrçʃnaɪdən] <irr> *vt* tagliare (in due)

durchschneiden[2] [dʊrç'ʃnaɪdən] <irr, ohne ge-> *vt* ❶ (*durchtrennen*) tagliare ❷ (*geh: Meer*) solcare

Durchschnitt ['dʊrçʃnɪt] <-(e)s, -e> *m* media *f*; **im** ~ in media; **über/unter dem** ~ sopra/sotto la media; **durchschnittlich** ['dʊrçʃnɪtlɪç] I. *adj* ❶ (*dem Durchschnitt entsprechend*) medio ❷ (*gewöhnlich*) ordinario ❸ (*mittelmäßig*) mediocre II. *adv* in media; **Durchschnittsalter** *n* età *f* media; **Durchschnittseinkommen** *n* reddito *m* medio; **Durchschnittsgeschwindigkeit** *f* velocità *f* media; **Durchschnittstemperatur** *f* temperatura *f* media; **Durchschnittswert** *m* valore *m* medio

Durchschrift <-, -en> *f* copia *f* (carbone)

Durchschuss[RR] <-es, -schüsse> *m* ❶ (*von Waffe*) colpo *m* perforante ❷ (TYP: *Zeilenabstand*) interlinea *f*

durchschwimmen [dʊrç'ʃvɪmən] <durchschwimmt, durchschwamm, durchschwommen> *vt* attraversare a nuoto

durch|schwitzen *vt* bagnare di sudore

durch|sehen <irr> I. *vi* (*durch etw sehen*) guardare attraverso II. *vt* ❶ (*flüchtig* ~) scorrere, dare un'occhiata a ❷ (*prüfen*) verificare, controllare

durch|setzen[1] ['dʊrçzɛtsən] I. *vt* (*Willen*) imporre; (*Gesetz*) far approvare [*o* passare];

es ~, **dass** ... ottenere che +*conj* II. *vr* **sich** ~ ❶ (*Mensch*) imporsi, affermarsi ❷ (*fig*) farsi strada

durchsetzen[2] [dʊrç'zɛtsən] <ohne ge-> *vt* **etw** (**mit etw**) ~ mescolare qc (con qc)

Durchsetzungsvermögen <-s> *kein Pl* *n* capacità *f* di imporsi, autorevolezza *f*

Durchsicht <-> *kein Pl* *f* revisione *f*; (*Prüfung*) esame *m*, verifica *f*; **zur** ~ in esame

durchsichtig *adj* ❶ (*transparent*) trasparente; (*Flüssigkeit*) limpido ❷ (*fig: klar*) chiaro; (*offensichtlich*) evidente, manifesto; **Durchsichtigkeit** <-> *kein Pl* *f* ❶ (*Transparenz*) trasparenza *f*; (*von Flüssigkeit*) limpidezza *f* ❷ (*fig: Klarheit*) chiarezza *f*; (*Offensichtlichkeit*) evidenza *f*

durch|sickern *vi sein* ❶ (*Flüssigkeit*) filtrare, stillare, trasudare ❷ (*fig: Nachricht, Geheimnis*) trapelare

durch|sprechen <irr> *vt* (*Plan, Problem*) discutere, trattare

durch|starten ['dʊrçʃtartən] *vi sein* ❶ (*Flugzeug*) riprendere quota (a causa di un atterraggio impossibile) ❷ (*Auto*) dare brevi accelerate (a causa del motore freddo), accelerare (poco prima di fermarsi)

durch|stehen <irr> *vt* sopportare, superare

durch|stellen ['dʊrçʃtɛlən] *vi, vt* (*verbinden*) collegare, passare; **einen Moment noch, ich stelle Sie durch** un attimo, Glielo/Gliela passo

durchstöbern [dʊrç'ʃtøːbən] <ohne ge-> *vt*, **durch|stöbern** ['dʊrçʃtøːbən] *vt* (*fam*) rovistare, frugare (dappertutto)

Durchstoß <-es, -stöße> *m* (MIL) avanzata *f*

durch|stoßen[1] ['dʊrçʃtoːsən] <irr> I. *vi sein* (*zu einem Ziel gelangen*) penetrare, avanzare II. *vt haben* **etw** (**durch etw**) ~ far passare con forza qc (attraverso qc)

durchstoßen[2] [dʊrç'ʃtoːsən] <irr, ohne ge-> *vt* sfondare, rompere

durch|streichen <irr> *vt* ❶ (*Geschriebenes*) cancellare ❷ (*durch Sieb*) passare

durchstreifen [dʊrç'ʃtraɪfən] <ohne ge-> *vt* percorrere

durch|stylen ['dʊrçstaɪlən] *vt* (*sl: Wohnung*) arredare (secondo uno stile); (*Kleidung*) stilizzare

durchsuchen [dʊrç'zuːxən] <ohne ge-> *vt* frugare; (*bes. amtlich*) perquisire; **nach etw** ~ perquisire in cerca di qc; (MIL) perlustrare qc

Durchsuchung [dʊrç'zuːxʊŋ] <-, -en> *f* perquisizione *f*; **Durchsuchungsbefehl** *m* (JUR) mandato *m* [*o* ordine *m*] di perquisizione

durchtrainiert ['dʊrçtrɛniːɐ̯t] *adj* allenato

durch|treten <irr> **I.** *vt haben* (*Pedal*) schiacciare **II.** *vi sein* (*durchdringen*) fuoriuscire

durchtrieben [dʊrç'triːbən] *adj* scaltro, astuto; **Durchtriebenheit** <-> *kein Pl f* scaltrezza *f*, astuzia *f*

durchwachen [dʊrç'vaxən] <ohne ge-> *vt* vegliare; **durchwachte Nacht** notte bianca; **die Nacht** ~ passare la notte vegliando

durchwachsen [dʊrç'vaksən] *adj* ① (*Fleisch*) ~**er Speck** pancetta con strati di carne magra ② (*fam scherz: mittelmäßig*) così così

Durchwahl ['dʊrçvaːl] <-> *kein Pl f* ① (*Möglichkeit*) selezione *f* diretta ② (*fam:* ~ *nummer*) numero *m* diretto

durchwaten² [dʊrç'vaːtən] <ohne ge-> *vt* guadare

durchweg ['dʊrçvɛk *o* dʊrç'vɛk] *adv* (*A: fam: gänzlich*) del tutto, completamente; (*ausnahmslos*) senza eccezione

durchwühlen [dʊrç'vyːlən] <ohne ge-> *vt,* **durch|wühlen** ['dʊrçvyːlən] *vt* frugare, rovistare

durch|wurschteln ['dʊrçvʊrʃtəln] *vr,* **durch|wursteln** *vr* **sich** ~ (*fam*) cavarsela; **sich irgendwie** ~ cavarsela in qualche modo [*o* alla meglio]

durch|zählen *vt* contare (pezzo per pezzo)

durchzechen² [dʊrç'tsɛçən] <ohne ge-> *vt* passare gozzovigliando

durch|ziehen¹ ['dʊrçtsiːən] <irr> **I.** *vt haben* ① (*durch etw ziehen*) infilare, (far) passare ② (*fam: beenden, erledigen*) terminare, fare **II.** *vi sein* passare

durchziehen² [dʊrç'tsiːən] <irr, ohne ge-> *vt* (*Land*) percorrere; (*linienförmig*) solcare

Durchzug <-(e)s, -züge> *m* ① (*das Durchqueren*) passaggio *m*; (*von Vögeln*) migrazione *f* ② *sing* (*Zugluft*) corrente *f* d'aria

dürfen¹ ['dʏrfən] <darf, durfte, dürfen> *Modalverb* potere; (*in verneinten Sätzen*) dovere; (*Erlaubnis haben*) essere permesso; (*berechtigt sein*) essere autorizzato; **darf ich?** posso?, permette?; **darf ich fragen, …?** posso domandare …?; **was darf es sein?** (cosa) desidera?; **wenn ich bitten darf** per favore; **das hättest du nicht tun** ~**!** non avresti dovuto farlo!; **das darf doch** (**wohl**) **nicht wahr sein!** non è possibile!; **darüber darf man sich nicht wundern** non c'è da meravigliarsi; **das dürfte stimmen** dovrebbe essere giusto

dürfen² <darf, durfte, gedurft> *vi* potere, avere il permesso; **ich habe nicht gedurft** non mi hanno dato il permesso

dürftig ['dʏrftɪç] *adj* ① (*armselig*) misero, povero ② (*ungenügend*) scarso, insufficiente

dürr [dʏr] *adj* ① (*vertrocknet*) secco ② (*pej: mager*) magro, scarno ③ (*fig: unergiebig*) improduttivo

Dürre ['dʏrə] <-, -n> *f* (*Trockenheit*) secchezza *f*; (*Periode*) siccità *f*

Durst [dʊrst] <-(e)s> *kein Pl m* sete *f*; ~ (**nach etw**) **haben** avere sete (di qc); **seinen** ~ **löschen** [*o* **stillen**] togliere [*o* spegnere] la sete; **einen über den** ~ **trinken** (*fam*) alzare un po' il gomito

dursten (*geh*) **I.** *vi* avere [*o* soffrire la] sete; ~ **müssen** dover patire la sete **II.** *vt s.* **dürsten**

dürsten ['dʏrstən] *vi, vt* (*a fig*) avere sete (*nach* di); **nach Rache** ~ (*fig*) avere sete di vendetta

durstig *adj* assetato; ~ **machen** metter sete a; ~ **sein** aver sete

durstlöschend *adj,* **durststillend** *adj* dissetante; **Durststrecke** *f* (*fig*) tempi *mpl* di magra

Dusche ['duʃə *o* 'duːʃə] <-, -n> *f* doccia *f*; **eine** ~ **nehmen** fare [*o* farsi] una doccia; **kalte** ~ (*fig*) doccia fredda

duschen **I.** *vi, vr* **sich** ~ fare [*o* farsi] la doccia **II.** *vt* fare la doccia a

Duschgel *n* docciaschiuma *m;* **Duschhaube** *f* cuffia *f* (per fare la doccia); **Duschkabine** *f* cabina *f* della doccia

Düse ['dyːzə] <-, -n> *f* ① (*von Rohrleitung*) ugello *m* ② (*MOT*) iniettore *m* ③ (*Zerstäubungs~*) spruzzatore *m*

Dusel ['duːzəl] <-s> *kein Pl m* (*fam: Glück*) fortuna *f*

düsen ['dyːzən] *vi sein* (*fam*) precipitarsi, andare di tutta fretta

Düsenantrieb *m* (AERO) propulsione *f* a reazione; **mit** ~ a reazione; **Düsenflugzeug** *n* aereo *m* a reazione; **Düsenjäger** *m* (MIL) caccia *m* a reazione

Düsseldorf ['dʏsəldɔrf] *n* Düsseldorf *f*

duss(e)lig^RR ['dʊs(ə)lɪç] *adj,* **dußlig**^ALT *adj* (*fam*) ① (*einfältig*) rimbambito, ingenuo ② (*dumm*) stupido, scemo ③ (*dial: benommen*) stordito

düster ['dyːstɐ] *adj* ① (*dunkel*) (o)scuro; (*Farben, fig*) cupo ② (*fig*) fosco; (*a schwermütig*) tetro

Duty-free Shop ['djuːtiˈfriːʃɔp] <-(s), -s> *m* duty-free shop *m;* **Dutyfree-shop**^RR <-(s), -s> *m* duty-free shop *m*

Dutzend ['dʊtsənt] <-s, -e> *n* dozzina *f;*

~**e** (*viele*) molti; **halbes** ~ mezza dozzina; **zu** ~ **en** a dozzine

dutzendfach ['dʊtsəntfax] **I.** *adj* molteplice **II.** *adv* dozzine di volte; **dutzendmal** *adv* (*fam: sehr oft*) cento volte

dutzendmalᴬᴸᵀ *adv s.* **Mal**; **dutzendweise** *adv* a dozzine

duzen ['du:tsən] **I.** *vt* dare del tu a **II.** *vr* **sich** ~ darsi del tu

DV [de:'fau] <-> *kein Pl f* (INFORM) *abk v* **Datenverarbeitung** ED

DVD [de:fau'de:] *f abk v* **Digital Video Disc** DVD *m;* **DVD-Brenner** *m* masterizzatore *m* di DVD; **DVD-Laufwerk** *n*

(INFORM) lettore *m* DVD; **DVD-Player** [de:fau'de:plɛɪɐ] <-s, -> *m* lettore *m* DVD

Dynamik [dy'na:mɪk] <-> *kein Pl f* dinamica *f*

dynamisch *adj* dinamico

Dynamit [dyna'mi:t *o* dyna'mɪt] <-s> *kein Pl n* dinamite *f*

Dynamo [dy'na:mo *o* 'dy:namo] <-s, -s> *m* dinamo *m*

Dynastie [dynas'ti:] <-, -n> *f* dinastia *f*

dz *abk v* **Doppelzentner** q

D-Zug ['de:tsu:k] *m* (treno *m*) espresso *m*

E_e

E, e [eː] <-, -(s)> *n* ❶ (*Buchstabe*) E, e *f;* **E wie Emil** E come Empoli ❷ (MUS) mi *m*

E ❶ *abk v* **Eilzug** *D, Dir.* ❷ *abk v* **Europastraße** E

Eau de Cologne <-, Eaux de Cologne> *n* acqua *f* di Colonia

Ebbe ['ɛbə] <-, -n> *f* bassa marea *f;* **es ist ~** c'è bassa marea

ebd. *abk v* **ebenda** ib., ibid.

eben ['eːbən] **I.** *adj* ❶ (*flach*) piano ❷ (*glatt*) liscio; **zu ~er Erde** a pianterreno **II.** *adv* ❶ (*zeitlich: so~*) appena, proprio ora; **ich wollte ~ sagen ...** stavo per dire ... ❷ (*genau*) proprio ❸ (*gerade noch*) appunto, proprio, infatti; **ich konnte den Bus ~ noch erreichen** presi l'autobus proprio per un pelo *fam* ❹ (*nun einmal, einfach*) proprio; (**na**) **~!** appunto!; **ich will ~ nicht** non voglio proprio; **sie ist nicht ~ schüchtern** non è proprio timida ❺ (*kurz*) un momento; **komm mal ~** vieni qua un momento

Ebenbild *n* immagine *f,* ritratto *m;* **er ist das ~ seines Vaters** è il ritratto di suo padre, è tutto suo padre

ebenbürtig ['eːbənbʏrtɪç] *adj* eguale, pari; **sie ist ihm an Ausdauer ~** in quanto a tenacia sono uguali

ebenda ['eːbən'daː,   *hinweisend:* eːbən'daː] *adv* ibidem

Ebene ['eːbənə] <-, n> *f* ❶ (*flaches Land*) pianura *f* ❷ (*fig: Niveau*) livello *m;* **auf gleicher ~ mit** allo stesso livello di ❸ (MAT) piano *m*

ebenerdig *adj* ❶ (*im Erdgeschoss*) a pianterreno ❷ (*in Höhe des Erdbodens*) a livello del suolo

ebenfalls *adv* ❶ (*gleichfalls*) altrettanto ❷ (*auch*) anche; (*bei Verneinungen*) neanche, nemmeno

Ebenholz *n* (legno *m* di) ebano *m*

Ebenmaß *n* giuste proporzioni *fpl*

ebenmäßig *adj* proporzionato

ebenso ['eːbənzoː] *adv* allo stesso modo, ugualmente; **~ gut wie** altrettanto bene come; **~ gut könnte man sagen, dass** tanto varrebbe dire che; **~ lange wie** altrettanto a lungo come; **~ oft wie** così spesso come; **~ sehr/viel wie** altrettanto che; **~ wenig wie** tanto poco quanto; **~ wie** così come; **~ ... wie ...** tanto ... quanto ...; **ebensogut**ALT *s.* **ebenso;** **ebensolange**ALT *s.* **ebenso; ebensooft**ALT *s.* **ebenso; ebensosehr**ALT *s.*

ebenso; ebensovielALT *s.* **ebenso; ebensowenig**ALT *s.* **ebenso**

Eber ['eːbɐ] <-s, -> *m* cinghiale *m*

Eberesche *f* (BOT) sorbo *m*

ebnen ['eːbnən] *vt* appianare, livellare; **jdm den Weg ~** (*fig*) spianare la strada a qu

EC [eːˈtseː] <-(s), -s> *m* ❶ (FERR) *abk v* **Eurocity** EC *m* ❷ (FIN) *abk v* **electronic cash** *pagamenti affettuati tramite carta bancomat*

Echo ['ɛço] <-s, -s> *n* eco *f o m;* **ein lebhaftes ~ finden bei** trovare grande eco presso

Echse ['ɛksə] <-, -n> *f* (ZOO) sauro *m*

echt [ɛçt] **I.** *adj* ❶ (*nicht nachgemacht*) vero, autentico; (*unverfälscht*) genuino; (*Haar*) naturale, vero; (*Schmuck*) vero; (*Urkunde*) autentico; (*Farbe*) indelebile ❷ (*fig: Freund, Schmerz, Gefühle*) sincero, schietto ❸ (*typisch*) tipico, vero, autentico; **er ist ein ~er Schwabe** è un vero svevo **II.** *adv* (*fam*) veramente, realmente; (**meinst du das**) **~?** lo dici sul serio?, lo credi proprio?

Echtheit <-> *kein Pl f* ❶ (*Unverfälschtheit*) genuinità *f;* (*von Urkunde*) autenticità *f;* (*von Farbe*) resistenza *f* ❷ (*fig: von Freundschaft, Gefühlen*) sincerità *f,* schiettezza *f*

Echtzeit *f* (INFORM) tempo *m* reale

Eck [ɛk] <-(e)s, -e *o* südd, A -en> *n* ❶ (*südd, A: Ecke*) angolo *m;* **über ~** in senso diagonale ❷ (SPORT: *des Tores*) angolo *m*

EC-Karte [eːˈtseːkartə] *f* (FIN) carta *f* bancomat

Eckball *m* (SPORT) calcio *m* d'angolo, corner *m*

Ecke <-, -n> *f* ❶ (*allg*, ARCH) angolo *m;* (*Straßen~*) cantonata *f;* **gleich um die ~** proprio qui all'angolo; **Bismarckstraße ~ Kaiserstraße** angolo Bismarckstraße — Kaiserstraße; **an allen ~n und Enden** dappertutto, ovunque; **jdn um die ~ bringen** (*fig fam*) far fuori qu ❷ (*Spitze*) spigolo *m* ❸ (*Käse~, Kuchen~*) pezzo *m* ❹ (SPORT: *Fußball*) calcio *m* d'angolo, corner *m*

eckig *adj* ❶ (*nicht rund*) angolare; (*bes. Körper*) angoloso; **~e Klammern** (TYP) parentesi quadra ❷ (*fig: Bewegung*) goffo

Ecklohn *m* paga *f* oraria sindacale; **Eckstein** *m* ❶ (ARCH) pietra *f* angolare

❷ (*Kartenfarbe*) quadri *mpl;* **Eckzahn** *m* (dente *m*) canino *m;* **Eckzins** *m* (FIN) tasso *m* ufficiale (minimo)

ECOFIN-Rat <-(e)s> *kein Pl m* (EU) Consiglio *m* dei Ministri dell'Economia e della Finanza

E-Commerce ['ikɔmə:s] <-> *kein Pl n* (COM) e-commerce *m*

Economyklasse [ɪ'kɔnəmiklasə] *f* (AERO) classe *f* turistica

Ecstasy ['ɛkstəsi] <-s> *kein Pl n* (*Droge*) ecstasy *f*

Ecu [e'ky:] <-(s), -(s)> *m,* **ECU** <-(s), -(s)> *m* (FIN: *Europäische Währungseinheit*) *akr v* **European Currency Unit** ECU *m*

ed. *abk v* **edidit** Ed.

Ed. *abk v* **Edition** ed.

edel ['e:dəl] *adj* ❶ (*vornehm, adlig*) nobile; (*reinrassig: Pferd*) purosangue ❷ (*hochwertig*) pregiato ❸ (*geh: Gesinnung, Mensch, Tat*) nobile, magnanimo, generoso; **Edelgas** *n* gas *m* nobile; **Edelkastanie** *f* castagno *m;* **Edelmann** <-es, -leute> *m* nobile *m,* gentiluomo *m;* **Edelmetall** *n* metallo *m* prezioso; **Edelmut** *m* (*geh*) generosità *f,* nobiltà *f* (d'animo); **edelmütig** ['e:dəlmy:tɪç] *adj* generoso, nobile; **Edelpilzkäse** ['e:dəlpɪltskɛːzə] <-s, -> *m* formaggio *m* verde, gorgonzola *m;* **Edelstahl** *m* acciaio *m* temperato; **Edelstein** *m* pietra *f* preziosa; (*geschliffener ~*) gemma *f;* **Edeltanne** *f* abete *m* bianco; **Edelweiß** <-(es), -(e)> *n* stella *f* alpina

Edikt [e'dɪkt] <-(e)s, -e> *n* (HIST) editto *m*

editieren [edi'ti:rən] *vt* (INFORM) editare

Edition [edi'tsi̯oːn] <-, -en> *f* edizione *f*

Editor [e'di:toːɐ̯] <-s, -en> *m* (INFORM) editor *m*

Editor(in) <-s, -en; -, -nen> *m(f)* (TYP) editore, -trice *m, f*

E-Dur <-> *kein Pl n* (MUS) mi *m* maggiore

Edutainment <-s> *kein Pl n* (INFORM) edutainment *m,* attività *f* educazionale e d'intrattenimento

EDV [e:de:'fau] <-> *kein Pl f abk v* **Elektronische Datenverarbeitung** EDP

EDV-Anlage *f* impianto *m* elettronico per l'elaborazione dei dati *m;* **EDV-Branche** *f* (INFORM) settore *m* dell'informatica; **EDV-System** *n* (INFORM) sistema *m* informatico

EEG [e:ʔe:'ge:] <-s, -s> *n* (MED) *abk v* **Elektroenzephalogramm** EEG *m*

Efeu ['e:fɔɪ] <-s> *kein Pl m* edera *f*

Effeff [ɛf'ʔɛf] <-> *kein Pl n* (*fam*) **etw aus dem ~ beherrschen** [*o* **können**] conoscere qc a menadito

Effekt [ɛ'fɛkt] <-(e)s, -e> *m* effetto *m*

Effekten *pl* (FIN) titoli *mpl;* **Effektenbörse** *f* (FIN) mercato *m* [*o* borsa *f*] dei titoli

Effekthascherei [ɛfɛkthaʃə'raɪ] <-, -en> *f* (*pej*) pura ricerca *f* dell'effetto

effektiv [ɛfɛk'ti:f] **I.** *adj* ❶ (*wirksam*) efficace ❷ (*wirklich, tatsächlich*) effettivo, reale **II.** *adv* veramente; **Effektivität** [ɛfɛktivi'tɛ:t] <-> *kein Pl f* effettività *f*

effektvoll [ɛ'fɛktfɔl] *adj* che fa effetto

effizient [ɛfi'tsi̯ɛnt] *adj* (*geh*) efficiente, efficace; **Effizienz** [ɛfi'tsi̯ɛnts] <-, -en> *f* efficienza *f,* efficacia *f;* **~ einer Behandlung** efficacia di una cura; **~ einer Behörde** efficienza di un ente pubblico

EFTA *f akr v* **European Free Trade Association** (**Europäische Freihandelsassoziation**) EFTA *f*

EG [e:'ge:] <-> *kein Pl f abk v* **Europäische Gemeinschaft** CE *f*

egal [e'ga:l] *adj* ❶ (*gleichartig*) uguale, identico ❷ (*fam: gleichgültig*) non importante, lo stesso; **das ist ~** è lo stesso; **das ist mir ganz ~** non me ne importa nulla

Egge ['ɛgə] <-, -n> *f* (AGR) erpice *m;* **eggen** *vt* (AGR) erpicare

EGKS <-> *kein Pl f abk v* **Europäische Gemeinschaft für Kohle und Stahl** (HIST) CECA *f*

Ego ['e:go] <-s, -s> *n* (PSYCH) ego *m;* **Egoismus** [ego'ɪsmʊs] <-> *kein Pl m* egoismo *m;* **Egoist(in)** [ego'ɪst] <-en, -en; -, -nen> *m(f)* egoista *mf;* **egoistisch** *adj* egoistico, egoista; **egomanisch** [ego'ma:nɪʃ] *adj* (*übertrieben selbstbezogen*) egomaniaco

Egotrip ['e:gotrɪp] <-s, -s> *m* (*fam*) egocentrismo *m,* eccessiva considerazione *f* per se stessi; **auf dem ~ sein** avere una fase di egocentrismo; **Egozentriker(in)** [ego'tsɛntrikɐ] <-s, -; -, -nen> *m(f)* egocentrico, -a *m, f;* **egozentrisch** [ego'tsɛntrɪʃ] *adj* egocentrico

eh [e:] **I.** *konj s.* **ehe II.** *adv* ❶ (*schon immer*) **seit ~ und je** da sempre ❷ (*A, südd: fam: sowieso*) comunque, in ogni caso **III.** *int* (*fam*) ❶ (*staunend*) eh ❷ (*als Anruf*) ehi

ehe ['e:ə] *konj* prima che +*conj,* prima di +*inf;* **~ ich es vergesse …** prima che dimentichi …

Ehe ['e:ə] <-, -n> *f* matrimonio *m;* **ein Kind aus erster/zweiter ~** un figlio di primo/secondo letto; **wilde ~** concubinato *m;* **eine ~ eingehen** [*o* **schließen**] **mit jdm** contrarre matrimonio con qu; **die ~ brechen** commettere adulterio;

eheähnlich adj **~e Gemeinschaft** convivenza f; **Eheberater(in)** m(f) consulente mf matrimoniale; **Eheberatung** f ❶ (das Beraten) consulenza f (pre)matrimoniale ❷ (~sstelle) consultorio m matrimoniale; **Ehebrecher(in)** m(f) adultero, -a m, f; **Ehebruch** m adulterio m; **~ begehen** commettere adulterio; **Ehefrau** f moglie f; **Ehegatte** m, **Ehegattin** f (geh) consorte mf; **Ehekrise** f crisi f matrimoniale; **Eheleben** n vita f coniugale; **Eheleute** pl coniugi mpl; **ehelich** adj ❶ (die Ehe betreffend) coniugale; (JUR: in Bezug auf den Ehemann) maritale ❷ (Kind) legittimo; **ehelos** adj (Mann) celibe; (Frau) nubile; **Ehelosigkeit** <-> kein Pl f (von Mann, A REL) celibato m; (von Frau) stato m di nubile

ehemalig adj ex, di una volta; **mein Ehemaliger** (scherz) il mio ex

ehemals ['eːəmaːls] adv una volta, in passato

Ehemann m marito m; **Ehepaar** n (coppia f di) coniugi mpl; **Ehepartner** m consorte mf, sposo, -a m, f

eher ['eːɐ] adv ❶ (früher) prima, più presto; **je ~, desto besser** quanto prima, tanto meglio; **nicht ~ als** [o bis] non prima che +conj ❷ (lieber) meglio, piuttosto; **ich würde ~ sterben als ...** preferirei morire piuttosto che ... ❸ (leichter) più (facilmente) ❹ (vielmehr) piuttosto

Ehering m fede f nuziale

ehern ['eːɐn] adj (obs) ferreo

Ehescheidung f divorzio m; **Eheschließung** f (geh) (celebrazione f del) matrimonio m

ehest ['eːəst] adv (A: so bald wie möglich) il più presto possibile

ehestens ['eːəstəns] adv (frühestens) al più presto

Eheverkünd(ig)ung <-, -en> f (CH: Aufgebot) pubblicazioni fpl di matrimonio; **Ehevermittlung** f mediazione f di matrimoni; **Ehevermittlungsinstitut** n agenzia f matrimoniale

Ehrabschneider(in) m(f) (obs) diffamatore, -trice m, f, denigratore, -trice m, f

ehrbar ['eːɐbaːɐ] adj ❶ (Mensch) onorato, rispettato; (ehrenwert) rispettabile ❷ (Benehmen) onesto, dignitoso

Ehre ['eːrə] <-, -n> f onore m; (Ruhm) onori mpl; **sich um die ~ geben** avere l'onore, pregiarsi; **jdn in ~n halten** tenere qu in grande considerazione; **auf ~ und Gewissen** sull'onore ed in piena coscienza; **jdm zu ~n** in onore di qu; **zu ~n**

von ... in onore di ...; **seine Meinung in allen ~n, aber ...** sarà come dice lui, ma ...; **es ist mir eine ~** è un onore per me; **was verschafft mir die ~?** a che debbo l'onore?; **mit wem habe ich die ~?** con chi ho l'onore di parlare?

ehren vt ❶ (ver~) onorare, rendere onore a; **sehr geehrter Herr Schmidt** (Briefanrede) egregio signor Schmidt; **sehr geehrte Frau/geehrtes Fräulein Müller** (Briefanrede) gentile signora/signorina Müller; **sich geehrt fühlen** sentirsi onorato ❷ (achten) rispettare

Ehrenamt n carica f onorifica; **ehrenamtlich** I. adj onorario II. adv a titolo onorario; **Ehrenbürger(in)** m(f) cittadino, -a m, f onorario, -a; **Ehrendoktor** m dottore m honoris causa; **Ehrengast** m ospite mf d'onore; **ehrenhaft** I. adj onesto II. adv con onore; **ehrenhalber** adv honoris causa; **Ehrenmal** <-(e)s, -mäler o -e> n monumento m; **Ehrenmann** m uomo m d'onore, galantuomo m; **Ehrenmitglied** n socio m [o membro m] onorario; **Ehrenplatz** m posto m d'onore; **Ehrenrechte** npl **die bürgerlichen ~** i diritti civili; **Ehrenrettung** f riabilitazione f; **Ehrenrunde** f giro m d'onore; **Ehrensache** f questione f d'onore; **~!** (fam) parola d'onore!; **Ehrentag** m ❶ (Gedenktag) giornata f commemorativa ❷ (besonderer Tag) gran giorno m; **Ehrenurkunde** f attestato m di benemerenza; **ehrenvoll** adj onorato, onorevole; **ehrenwert** adj onorato, rispettabile; **Ehrenwort** <-(e)s, -e> n parola f (d'onore); **~!** (fam) parola d'onore)!

ehrerbietig ['eːɐʔɛːbiːtɪç] adj (geh) rispettoso; **Ehrerbietung** <-, -en> f (geh) rispetto m

Ehrfurcht f profondo rispetto m; **vor jdm/ etw ~ haben** rispettare qu/qc, avere rispetto per qu/qc; **aus ~ vor jdm** per rispetto verso qu; **ehrfürchtig** ['eːɐfʏrçtɪç] adj, **ehrfurchtsvoll** ['eːɐfʏrçtsfɔl] adj rispettoso, riverente

Ehrgefühl <-(e)s> kein Pl n (senso m dell') onore m; (Stolz) amor m proprio

Ehrgeiz m ambizione f; **ehrgeizig** adj ambizioso

ehrlich I. adj onesto; (rechtschaffen) retto, probo; (aufrichtig) sincero; **~ währt am längsten** (prov) l'onestà è la miglior moneta II. adv onestamente, francamente, sinceramente; **es ~ meinen** essere in buona fede; **~ gesagt** [o gestanden] per essere sincero, a dire il vero; **das ist ~ wahr** (fam) è proprio vero; **Ehrlichkeit**

<-> *kein Pl f* onestà *f;* (*Aufrichtigkeit*) sincerità *f*

ehrlos *adj* disonesto; **Ehrlosigkeit** <-> *kein Pl f* disonestà *f*

Ehrung ['eːrʊŋ] <-, -en> *f* onore *m,* omaggio *m*

Ehrwürden Euer ~! reverendo!; **ehrwürdig** *adj* ❶ (*Ehrfurcht gebietend*) venerabile, rispettabile; (*Alter*) venerando ❷ (*Geistlicher*) reverendo

Ei [aɪ] <-(e)s, -er> *n* ❶ (*Vogel~, Hühner~*) uovo *m;* **weiches ~** (GASTR) uovo *m* à la coque; **hartes ~** (GASTR) uovo *m* sodo; **wie aus dem ~ gepellt sein** (*fam*) essere tutto agghindato, parere un figurino; **jdn wie ein rohes ~ behandeln** trattare qu coi guanti; **sich gleichen wie ein ~ dem anderen** assomigliarsi come due gocce d'acqua ❷ (BIOL) ovulo *m* ❸ *pl* (*sl: Hoden*) palle *fpl*

Eibe ['aɪbə] <-, -n> *f* tasso *m*

Eichamt *n* ufficio *m* di (verifica di) pesi e misure

Eiche ['aɪçə] <-, -n> *f* quercia *f*

Eichel ['aɪçəl] <-, -n> *f* ❶ (BOT) ghianda *f* ❷ (ANAT) glande *m*

Eichelhäher *m* ghiandaia *f*

eichen ['aɪçən] *vt* (*Messgeräte*) tarare; (*Röhren*) calibrare; (*Gefäße*) stazzare

Eichhörnchen *n* (ZOO) scoiattolo *m*

Eid [aɪt] <-(e)s, -e> *m* giuramento *m;* **an ~es statt** (JUR) in vece [*o* in luogo] del giuramento; **einen ~ ablegen** prestare giuramento; **etw unter ~ aussagen** dichiarare qc sotto giuramento; **eidbrüchig** *adj* spergiuro; **~ werden** diventare spergiuro

Eidechse ['aɪdɛksə] *f* (ZOO) lucertola *f*

Eidesformel *f* formula *f* del giuramento; **Eidesleistung** *f* prestazione *f* di giuramento; **eidesstattlich** *adj* (JUR) **~e Erklärung** dichiarazione sostitutiva del giuramento

Eidgenosse ['aɪtgənɔsə] <-n, -n> *m* confederato *m;* (*Schweizer Bürger*) elvetico *m;* **Eidgenossenschaft** *f* **Schweizerische ~** Confederazione *f* elvetica; **Eidgenossin** ['aɪtgənɔsɪn] <-, -nen> *f* confederata *f;* (*Schweizer Bürgerin*) elvetica *f;* **eidgenössisch** ['aɪtgənœsɪʃ] *adj* ❶ (*schweizerisch*) elvetico, svizzero ❷ (*im Gegensatz zu kantonal*) confederale

eidlich I. *adj* giurato, detto sotto giuramento II. *adv* sotto giuramento

Eidotter ['aɪdɔtə] <-s, -> *n o m* tuorlo *m* d'uovo

Eierbecher *m* portauovo *m;* **Eierbrikett** *n* mattonella *f* di carbone ovale; **Eierkocher** *m* cuociuova *m;* **Eierkohle** *f*

carbone *m* a forma ovale; **Eierkopf** *m* (*fam*) ❶ (*Intellektueller*) testa *f* d'uovo ❷ (*eiförmiger Kopf*) pera *f;* **Eierkuchen** *m* (GASTR) frittella *f;* **Eierlikör** *m* liquore *m* all'uovo, vov *m;* **Eierlöffel** *m* cucchiaino *m* per uova

eiern *vi* (*fam*) ❶ *haben* (*Rad, Schallplatte*) girare oscillando ❷ *sein* (*wackelnd gehen*) barcollare

Eierschale *f* guscio *m* d'uovo

Eierschwamm *m,* **Eierschwammerl** *n* (*A: fam: Pfifferling*) finferlo *m,* gallinaccio *m,* galletto *m*

Eierspeise *f* (*A: Rührei*) uova *fpl* strapazzate

Eierstock *m* (ANAT) ovaia *f*

Eierteigwaren ['aɪetaɪkvaːrən] *fpl* (GASTR) pasta *f* all'uovo

Eieruhr *f* contaminuti *m* per le uova

Eifel ['aɪfəl] *f* (GEOG) Eifel *f*

Eifer ['aɪfe] <-s> *kein Pl m* zelo *m;* (*Inbrunst*) fervore *m;* (*Begeisterung*) entusiasmo *m;* **mit großem ~ bei der Sache sein** fare qc con grande entusiasmo; **im ~ des Gefechts** nel calore della mischia; **Eiferer** <-s, -> *m* fanatico *m*

eifern ['aɪfen] *vi* ❶ (*geh: streben*) ambire; **nach etw ~** ambire (a) qc ❷ (*schmähen*) accanirsi; **gegen jdn/etw ~** accanirsi contro qu/qc

Eifersucht *f* gelosia *f;* **eifersüchtig** *adj* geloso; **auf jdn ~ sein** essere geloso di qu; **jdn ~ machen** far ingelosire qu

Eifersuchtsdrama *n* dramma *m* di gelosia; **Eifersuchtsszene** *f* scenata *f* di gelosia

Eiffelturm ['aɪfəltʊrm] <-(e)s> *m* torre *f* Eiffel

eiförmig ['aɪfœrmɪç] *adj* ovale, ovoidale

eifrig ['aɪfrɪç] I. *adj* zelante, diligente; (*inbrünstig*) fervido; (*leidenschaftlich*) appassionato; (*unermüdlich*) assiduo, instancabile II. *adv* con zelo

Eigelb <-s, -e> *n* tuorlo *m* [*o* rosso *m*] d'uovo

eigen ['aɪgən] *adj* ❶ (*zu jdm/etw gehörig*) proprio; **etw mit ~en Augen sehen** vedere qc con i propri occhi; **etw sein Eigen nennen** (*geh*) possedere qc; **in ~er Sache** in causa propria ❷ (*gesondert*) a parte, separato; (*selb*(*st*)*ständig*) indipendente; **Wohnung mit ~em Eingang** appartamento con entrata separata ❸ (*typisch*) proprio, particolare; **mit der ihr ~en Disziplin ...** con la sua tipica disciplina ... ❹ (*~artig*) singolare, strano

Eigenart *f* ❶ (*Besonderheit*) particolarità *f,* peculiarità *f* ❷ (*Sonderbarkeit*) stranezza *f;*

eigenartig adj (sonderbar) strano, singolare; **Eigenbedarf** m fabbisogno m; **Eigenbrötler(in)** ['aɪɡənbrøːtlɐ] <-s, -; -, -nen> m(f) (pej) misantropo, -a m, f, persona f asociale; **Eigendynamik** ['aɪɡəndyna:mɪk] <-> kein Pl f dinamica f propria; **Eigenfinanzierung** f autofinanziamento m; **Eigengewicht** n ❶ (eigenes Gewicht) peso m proprio ❷ (COM: Nettogewicht) peso m netto; (Leergewicht) peso a vuoto ❸ (von Wagen) tara f; **eigenhändig** ['aɪɡənhɛndɪç] adj o adv di proprio pugno, di propria mano; (Schriftstück) autografo; (Testament) olografo; **Eigenheim** n casa f di proprietà; **Eigenheimzulage** f sussidio pubblico per la prima casa; **Eigeninitiative** f iniziativa f propria; **aus** ~ di propria iniziativa; **Eigenkapital** n capitale m proprio; **Eigenliebe** f amor m proprio; **eigenmächtig** I. adj arbitrario II. adv di propria iniziativa, arbitrariamente; **Eigenname** m nome m proprio; **Eigennutz** ['aɪɡənnʊts] <-es> kein Pl m interesse m (personale), egoismo m; **eigennützig** ['aɪɡənnʏtsɪç] I. adj interessato, egoistico II. adv per interesse, egoisticamente

Eigenproduktion f produzione f propria; **Eigenregie** f etw in ~ machen fare qc in autonomia

eigens adv appositamente, espressamente

Eigenschaft <-, -en> f qualità f; (Merkmal) caratteristica f; **in seiner** ~ **als** in qualità di; **Eigenschaftswort** <-(e)s, -wörter> n aggettivo m

Eigensinn m caparbietà f, ostinazione f, testardaggine f; **eigensinnig** adj ostinato, testardo

eigenständig ['aɪɡənʃtɛndɪç] adj autonomo

eigentlich ['aɪɡəntlɪç] I. adj ❶ (wirklich, wahr) vero, reale, proprio ❷ (ursprünglich) originale II. adv ❶ (in Wirklichkeit) in realtà; (tatsächlich) effettivamente; (im Grunde genommen) in fondo; ~ **wollte ich schon früher kommen, aber ...** veramente volevo venire già prima, ma ...; **was willst du** ~? insomma, cosa vuoi?

Eigentor n (SPORT) autorete f, autogol m

Eigentum <-s> kein Pl n proprietà f; **geistiges** ~ proprietà intellettuale; **Eigentümer(in)** ['aɪɡənty:mɐ] <-s, -; -, -nen> m(f) proprietario, -a m, f

eigentümlich ['aɪɡənty:mlɪç] adj ❶ (seltsam) strano ❷ (geh: typisch) **jdm/etw** ~ **sein** essere caratteristico di qu/qc; **Eigentümlichkeit** <-, -en> f ❶ (Charakterzug) particolarità f, caratteristica f ❷ (Merkwür-

digkeit) stranezza f

Eigentumswohnung f appartamento m di proprietà in un condominio

Eigenverantwortung f autoresponsabilità f

eigenwillig adj ❶ (eigensinnig) ostinato, caparbio ❷ (unkonventionell) eccentrico

eignen ['aɪɡnən] vr **sich für etw** [o **zu etw**] ~ essere adatto a qc; **sie eignet sich nicht für den Posten** non è la persona adatta a quel posto; **sich nicht als Lehrer** ~ non essere idoneo all'insegnamento

Eignung <-, -en> f idoneità f; (beruflich) qualifica f; **Eignungsprüfung** f, **Eignungstest** m esame m di idoneità

Eiklar ['aɪklaːɐ] <-s, -> n (A: Eiweiß) albume m; (fam) bianco m dell'uovo

Eilbote m fattorino m degli espressi; **per** ~**n!** per espresso!; **Eilbrief** m (lettera f) espresso m

Eile ['aɪlə] <-> kein Pl f (Hast) fretta f; (Dringlichkeit) urgenza f; ~ **haben** (Personen) avere fretta; (Sachen) essere urgente; **nur keine** ~! calma!, non c'è fretta!

Eileiter m (ANAT) ovidotto m, tuba f ovarica; **Eileiterschwangerschaft** ['aɪlaɪtɐʃvaŋɐʃaft] <-, -en> f (MED) gravidanza f tubarica

eilen ['aɪlən] vi ❶ sein (Mensch) andare in fretta, andare di corsa; **jdm zu Hilfe** ~ accorrere in aiuto di qu ❷ haben (dringlich sein) premere, essere urgente; **damit eilt es nicht** non c'è fretta (per questo); **eilt!** (auf Postsendungen) urgente

Eilgut n merce f a grande velocità

eilig adj ❶ (schnell) frettoloso, affrettato; **es** ~ **haben** avere fretta ❷ (dringend) urgente

Eilmarsch m marcia f forzata; **im** ~ a velocità sostenuta; **Eilsendung** f spedizione f per espresso; **Eilzug** m treno m diretto

Eimer ['aɪmɐ] <-s, -> m secchio m; **im** ~ **sein** (fig fam) andare a monte

ein [aɪn] adv ❶ (auf Geräten) ~/**aus** acceso/spento ❷ (hin~, etc) avanti; **bei jdm** ~ **und aus gehen** essere di casa da qu; **nicht mehr** ~ **noch aus wissen** non sapere che fare

Ein-, ein- (in Zusammensetzungen) s. a. **Acht-, acht-**

ein, eine, ein [aɪn, 'aɪnə, aɪn] I. num uno, -a m, f; **es ist** ~ **Uhr** è l'una; ~**en Kaffee, bitte!** un caffè, per favore!; ~ **und derselbe/dieselbe/dasselbe** lo stesso/la stessa/lo stesso, la stessa cosa; ~ **für allemal** una volta per sempre; **jds Ein und Alles sein** essere tutto per qu; **in** ~**em fort** continuamente II. pron indef ~**e(r)**,

~(**e**)**s** uno, -a *m, f;* **der ~e oder andere ...** l'uno o l'altro ...; **was für ~er/~e/~(e)s?** (*fam*) quale?; **du bist (mir) ~er!** (*fam iron*) sei un bel tipo!; **jdm ~e kleben** (*fam*) mollare una sberla a qu; **darauf soll ~er kommen!** (*fam*) ci si deve proprio arrivare!; **sieh mal ~er an!** (*fam*) guarda qua!; **~s sag' ich dir!** (*fam*) ti dico una cosa. **III.** *art indef*un(o) *m,* una *f,* un' *f;* **~es Tages** un giorno; **das ist (vielleicht) ~ Wetter!** che tempaccio! *fam*

Einakter <-s, -> *m* atto *m* unico

einander [aɪˈnandɐ] *pron* l'un l'altro, reciprocamente; **~ helfen** aiutarsi a vicenda; **zwei ~ widersprechende Tatsachen** due realtà contrastanti

ein|arbeiten <irr> **I.** *vt* ❶ (*Lehrling, Neuling*) iniziare, introdurre; **jdn in etw** *acc* **~** iniziare qu in qc ❷ (*einfügen*) **etw in etw** *acc* **~** inserire qc in qc **II.** *vr* **sich in etw** *acc* **~** far pratica in qc

Einarbeitung *f* (*am Arbeitsplatz*) training *m* on the job; **Einarbeitungszeit** *f* periodo *m* di rodaggio

einarmig *adj* ❶ (*Turnübungen*) a un (solo) braccio ❷ (*Mensch*) monco di un braccio

ein|äschern [ˈaɪnʔɛʃɐn] *vt* (*Leichnam*) cremare; **Einäscherung** <-, -en> *f* ❶ (*Niederbrennen*) incenerimento *m* ❷ (*Bestattung*) cremazione *f*

ein|atmen **I.** *vi* inspirare **II.** *vt* respirare, inspirare

einäugig [ˈaɪnʔɔɪɡɪç] *adj* monocolo, con un occhio solo

Einbahnstraße *f* strada *f* a senso unico

ein|balsamieren [ˈaɪnbalzamiːrən] <ohne ge-> *vt* imbalsamare

Einband <-(e)s, -bände> *m* (*Buch~*) copertina *f*

einbändig [ˈaɪnbɛndɪç] *adj* in un solo volume

Einbau <-(e)s> *kein Pl m* ❶ (*Montage*) montaggio *m;* (*Installation*) installazione *f* ❷ (*Einfügung*) inserimento *m*

ein|bauen *vt* ❶ (*hin~*) installare, incorporare; (*montieren*) montare ❷ (*einfügen*) inserire; **ein Zitat in den Text ~** inserire una citazione nel testo

Einbauküche *f* cucina *f* componibile

Einbaum <-(e)s, -bäume> *m* piroga *f*

Einbaumöbel *npl* mobilia *f* a muro; **Einbaumotor** *m* motore *m* incorporato; **Einbauschrank** *m* armadio *m* a muro

ein|behalten <irr, ohne ge-> *vt* trattenere

ein|berufen <irr, ohne ge-> *vt* ❶ (*Versammlung*) convocare ❷ (MIL) chiamare alle armi

Einberufung <-, -en> *f* ❶ (*von Versamm-*

lung) convocazione *f* ❷ (MIL) chiamata *f* alle armi

ein|betonieren <ohne ge-> *vt* incassare

ein|betten *vt* ❶ (*in Kissen*) adagiare (su cuscini) ❷ (TEC) collocare

Einbettzimmer *n* camera *f* ad un letto, singola *f*

ein|biegen <irr> *vi* sein **in eine Seitenstraße ~** voltare in una strada laterale; **rechts ~** girare a destra

ein|bilden *vr* ❶ (*sich vorstellen*) **sich** *dat* **etw ~** immaginarsi qc; **ein eingebildeter Kranker** un malato immaginario; **was bildest du dir eigentlich ein?** (*fam*) ma cosa credi? ❷ (*stolz sein*) **sich** *dat* **etwas auf etw** *acc* **~** darsi delle arie per qc

Einbildung <-, -en> *f* ❶ (*Trugbild*) illusione *f* ❷ *sing* (*Vorstellung*) immaginazione *f;* (*falsche Vorstellung*) idea *f,* fissazione *f* ❸ *sing* (*Überheblichkeit*) presunzione *f;* **Einbildungskraft** <-> *kein Pl f* forza *f* d'immaginazione, fantasia *f*

ein|binden [ˈaɪnbɪndən] <bindet ein, band ein, eingebunden> *vt* ❶ (*Buch*) rilegare; **ein Buch in Leder ~** rilegare un libro in pelle ❷ (*einbeziehen*) collegare (*in* +*acc* con), inserire (*in* +*acc* in)

ein|blenden *vt* (FILM, RADIO, TV) intercalare

ein|bleuen [ˈaɪnblɔɪən] *vt* inculcare

Einblick <-(e)s, -e> *m* ❶ (*prüfendes Einsehen*) visione *f;* **~ in etw** *acc* **gewähren** dare visione di qc ❷ (*Eindruck*) idea *f;* **einen ~ in etw** *acc* **gewinnen** farsi un'idea di qc

ein|brechen <irr> *vi* ❶ *sein* (*einstürzen*) crollare; (*durchbrechen*) sprofondare; **er ist auf dem Eis eingebrochen** è sprofondato nel ghiaccio ❷ *haben o sein* (*Einbruch verüben*) fare un furto, rubare; **bei uns ist eingebrochen worden** sono entrati i ladri in casa nostra ❸ *sein* (*einfallen*) irrompere, far irruzione ❹ *sein* (*beginnen*) calare

Einbrecher(in) <-s, -; -, -nen> *m(f)* scassinatore, -trice *m, f*

Einbrenn <-, -en> *f* (A, südd: Mehlschwitze) soffritto *m* di farina

ein|brennen <brennt ein, brannte ein, eingebrannt> **I.** *vt* (*Zeichen*) imprimere (a fuoco) **II.** *vr* **sich ~** imprimersi

ein|bringen <irr> *vt* ❶ (*Ernte*) mettere al riparo ❷ (*Gewinn*) fruttare, rendere ❸ (PARL: *Antrag*) presentare; (*Gesetzentwurf*) presentare

ein|brocken *vr* **sich** *dat* **eine schöne Suppe ~** (*fam*) mettersi in un bell'impiccio

Einbruch <-(e)s, -brüche> *m* ❶ (*in Haus*) scasso *m* ❷ (*Einsturz*) crollo *m* ❸ (*fig: von*

Nacht) calare *m;* **bei ~ der Dunkelheit** al calar della notte; **Einbruch(s)dieb-stahl** *m* (JUR) furto *m* con scasso

ein|bürgern I. *vt* naturalizzare **II.** *vr* **sich ~** ❶ (*Person*) naturalizzarsi ❷ (*fig*) divenire corrente

Einbuße <-, -n> *f* perdita *f;* **~n an etw** *dat* **erleiden** subire una perdita di qc

ein|büßen *vi, vt* perdere, rimetterci

ein|checken ['aɪntʃɛkən] **I.** *vi* (AERO: *Passa-giere*) imbarcare **II.** *vt* (AERO: *Gepäck*) con-segnare

ein|cremen *vt* spalmare la crema su; **sich** *dat* **die Hände ~** spalmarsi le mani di crema

ein|dämmen ['aɪndɛmən] *vt* arginare

ein|decken I. *vt* (*fam: überhäufen*) cari-care; **mit Arbeit eingedeckt sein** essere oberato di lavoro **II.** *vr* **sich** (**mit etw**) **~** rifornirsi (di qc), approvvigionarsi (di qc)

Eindecker <-s, -> *m* ❶ (AERO) mono-plano *m* ❷ (NAUT) nave *f* a un solo ponte

eindeutig ['aɪndɔɪtɪç] *adj* ❶ (*klar*) chiaro; (*offensichtlich*) evidente ❷ (*nicht mehr-deutig*) univoco; **Eindeutigkeit** <-> *kein Pl f* chiarezza *f;* (*Offensichtlichkeit*) evi-denza *f*

ein|deutschen ['aɪndɔɪtʃən] *vt* germaniz-zare

ein|dicken *vt* ❶ (GASTR) ispessire ❷ (CHEM) concentrare, condensare

eindimensional *adj* unidimensionale

ein|dringen <irr> *vi sein* **in etw** *acc* **~** penetrare in qc, entrare in qc; (MIL) inva-dere qc; **auf jdn ~** (*fig*) premere su qu

eindringlich *adj* insistente; (*überzeugend*) convincente

Eindringling <-s, -e> *m* intruso, -a *m, f*

Eindruck <-(e)s, -drücke> *m* impres-sione *f;* **ich habe den ~, dass ...** ho l'im-pressione che +*conj;* **einen guten ~ auf jdn machen** fare una buona impressione su qu

ein|drücken *vt* ❶ (*einbeulen*) ammaccare; (*durchbrechen*) sfondare ❷ (*Fußspuren*) imprimere; **eine Spur in den Boden ~** imprimere un'orma nella terra

eindrücklich *adj* (*CH*), **eindrucksvoll** *adj* impressionante, imponente; (*überzeu-gend*) convincente

eine *s.* **ein**

ein|ebnen *vt* spianare; (*a fig*) livellare

eineiig ['aɪnʔaɪç] *adj* uniovulare; **~e Zwillinge** gemelli monocoriali

eineinhalb *num* uno e mezzo; **~ Stunden** un'ora e mezza

Einelternfamilie *f* famiglia *f* monogenito-riale

einen ['aɪnən] **I.** *vt* (*geh*) unire, conciliare **II.** *vr* **sich ~** (*geh*) unirsi, conciliarsi

ein|engen *vt* ❶ (*Kleidungsstück*) stringere ❷ (*fig: begrenzen*) limitare

einer *s.* **ein**

Einer <-s, -> *m* ❶ (MAT) unità *f* ❷ (SPORT) singolo *m;* (*Boot*) monoposto *m*

einerlei ['aɪnɐ'laɪ] <inv> *adj* ❶ (*gleichgül-tig*) indifferente, uguale; **das ist mir ~** per me fa lo stesso ❷ (*dasselbe*) lo stesso, la stessa cosa; **Einerlei** <-s> *kein Pl n* mono-tonia *f,* uniformità *f*

einerseits ['aɪnɐ'zaɪts] *adv* da un lato, da una parte

ein(e)s *s.* **ein, eins**

einfach ['aɪnfax] **I.** *adj* ❶ (*nicht doppelt*) semplice; **~e Fahrkarte** biglietto di sola andata ❷ (*leicht*) facile ❸ (*schlicht*) modesto, semplice **II.** *adv* semplicemente; **das ist ~ toll!** (*fam*) è davvero magnifico!; **das darf doch ~ nicht wahr sein!** (*fam*) non può essere vero!; **Einfachheit** <-> *kein Pl f* semplicità *f,* facilità *f;* **der ~ hal-ber** per semplificare

ein|fädeln ['aɪnfɛːdəln] **I.** *vt* ❶ (*Nadel, Faden*) infilare ❷ (*fig fam*) avviare **II.** *vr* **sich ~** (MOT) infilarsi

ein|fahren <irr> **I.** *vt* **haben** ❶ (*Ernte*) mettere al coperto ❷ (AERO: *Fahrgestell*) retrarre ❸ (MOT) rodare **II.** *vi* **sein** ❶ (MIN) scendere (nel pozzo) ❷ (FERR) entrare (in stazione)

Einfahrt <-, -en> *f* ❶ *sing* (*Vorgang: von Auto*) ingresso *m;* (*von Zug*) entrata *f,* arrivo *m* ❷ (*Tor*) ingresso *m;* (*Torweg*) por-tone *m;* **~ freihalten!** passo carrabile!, las-ciar libero il passo! ❸ (*Autobahn~*) entrata *f*

Einfall <-(e)s, -fälle> *m* ❶ (*Idee*) idea *f;* **er kommt auf den ~ etw zu tun** gli viene l'idea di fare qc ❷ (*von Licht*) incidenza *f* ❸ (MIL) invasione *f;* **der ~ der Hunnen in Europa** l'invasione degli Unni in Europa

ein|fallen <irr> *vi sein* ❶ (*in den Sinn kom-men*) venire in mente; **was fällt dir** (**über-haupt**) **ein?** cosa ti salta in mente?; **sich** *dat* **etw ~ lassen** farsi venire una buona idea; **sein Name fällt mir nicht mehr ein** non mi ricordo più il suo nome ❷ (*einstürzen*) crollare, rovinare ❸ (*Licht*) cadere ❹ (MIL) invadere; **in ein Land ~** invadere un paese ❺ (*Wangen, Augen*) infossarsi ❻ (*mitsingen*) attaccare

einfallslos ['aɪnfalsloːs] *adj* privo di idee; (*langweilig*) noioso, poco originale; **Ein-fallslosigkeit** <-> *kein Pl f* povertà *f* di idee; **einfallsreich** ['aɪnfalsraɪç] *adj* ori-ginale, ingegnoso

Einfallswinkel *m* (OPT) angolo *m* d'incidenza

Einfalt ['aɪnfalt] <-> *kein Pl f* ❶ (*Naivität*) ingenuità *f* ❷ (*Dummheit*) dabbenaggine *f*

einfältig ['aɪnfɛltɪç] *adj* ❶ (*naiv*) ingenuo ❷ (*dumm*) sempliciotto

Einfaltspinsel *m* (*pej*) semplicione, -a *m, f,* babbeo, -a *m, f*

Einfamilienhaus *n* casetta *f* unifamiliare

ein|fangen <fängt ein, fing ein, eingefangen> *vt* ❶ (*fangen*) catturare, prendere ❷ (*fig: festhalten*) fissare

einfärben ['aɪnfɛrbən] *vt* tingere

einfarbig *adj* in tinta unita, monocolore

ein|fassen *vt* (*umgeben*) circondare, cingere; (*Naht, Knopfloch*) bordare, orlare; (*Schmuck*) incastonare; **den Garten mit einer Hecke ~** cingere il giardino con una siepe; **Einfassung** <-, -en> *f* ❶ (*Zaun, Hecke*) recinto *m* ❷ (*Saum*) bordo *m,* orlo *m,* guarnizione *f* ❸ (*von Edelstein*) montatura *f*

ein|fetten *vt* ungere; (TEC) lubrificare

ein|finden <irr> *vr* **sich ~** presentarsi

ein|flößen *vt* ❶ (*Flüssigkeit*) somministrare a gocce ❷ (*fig: Angst*) incutere; (*Vertrauen*) ispirare; (*Bewunderung*) suscitare

Einflugschneise *f* (AERO) corridoio *m* aereo

Einfluss[RR] <-es, -flüsse> *m,* **Einfluß**[ALT] <-flusses, -flüsse> *m* influsso *m,* influenza *f;* (*Wirkung*) azione *f,* effetto *m;* **auf jdn ~ ausüben** [*o* haben] esercitare un influsso su qu; **unter dem ~ von jdm stehen** subire l'influsso di qu; **Einflussbereich**[RR] *m* zona *f* [*o* sfera *f*] d'influenza; **Einflussnahme**[RR] ['aɪnflʊsnaːmə] <-, -n> *f* influenza *f* (*auf*+*acc* su); **die ~ des Wetters auf die Stimmung** l'influenza del tempo sull'umore; **einflussreich**[RR] *adj* influente, potente

ein|fordern ['aɪnfɔrdən] *vt* (*geh: Gutachten*) richiedere; (*Gelder*) esigere

einförmig ['aɪnfœrmɪç] *adj* uniforme; (*fig*) monotono; **Einförmigkeit** <-> *kein Pl f* uniformità *f;* (*fig*) monotonia *f*

ein|frieden ['aɪnfriːdən] *vt* (*geh*) (re)cintare

ein|frieren <irr> I. *vi sein* gelare II. *vt haben* (*Lebensmittel*) congelare; (*Löhne*) bloccare

Einfügemarke *f* (INFORM) punto *m* di inserimento

ein|fügen I. *vt* etw (**in** etw *acc*) ~ inserire qc (in qc); (*zusätzlich*) aggiungere qc (a qc) II. *vr* **sich ~** (*sich einordnen*) inserirsi; **er kann sich nur schwer in die neue Umgebung ~** ha difficoltà a inserirsi nel nuovo ambiente

ein|fühlen *vr* **sich in jdn ~** mettersi nei panni di qu, mettersi al posto di qu; **sich in etw** *acc* ~ immedesimarsi in qc

einfühlsam ['aɪnfyːlzaːm] *adj* (*Mensch*) comprensivo; (*Worte*) umano

Einfühlungsvermögen *n* capacità *f* di immedesimazione; (*Verständnis*) comprensione *f*

Einfuhr ['aɪnfuːɐ] <-, -en> *f* importazione *f;* **Einfuhrbestimmungen** *fpl* norme *fpl* per l'importazione

ein|führen *vt* ❶ (COM) importare ❷ (*vorstellen: Menschen*) presentare; (*Waren*) lanciare; **jdn bei jdm ~** presentare qu a qu; **jdn in die Gesellschaft ~** introdurre qu in società ❸ (*anleiten*) avviare, iniziare; **jdn in ein Amt ~** insediare qu ❹ (*hineinstecken*) introdurre, infilare; **etw in etw** *acc* ~ introdurre qc in qc

Einfuhrgenehmigung *f* licenza *f* [*o* permesso *m*] d'importazione; **Einfuhrsperre** *f* blocco *m* [*o* sospensione *f*] delle importazioni

Einführung <-, -en> *f* ❶ (*Einleitung*) introduzione *f,* presentazione *f* ❷ (*Anleitung*) avviamento *m* ❸ (*Amts~*) insediamento *m* ❹ (*Vorstellung*) introduzione *f,* presentazione *f* ❺ (*Hineinstecken*) introduzione *f;* **Einführungspreis** *m* prezzo *m* di lancio

Einfuhrverbot ['aɪnfuːɐfɛɐboːt] <-(e)s, -e> *n* (ADM, JUR) embargo *m,* blocco *m* delle importazioni; **Einfuhrzoll** *m* dazio *m* d'importazione

ein|füllen *vt* versare; **etw in Flaschen/ Fässer ~** imbottigliare/imbarilare qc

Eingabe <-, -n> *f* ❶ (*Antrag*) petizione *f,* domanda *f* ❷ (*Daten~*) entrata *f,* immissione *f;* (*durch Tasten*) digitazione *f;* **Eingabeaufforderung** *f* (INFORM) prompt *m* dei comandi; **Eingabetaste** *f* (INFORM) tasto *m* invio

Eingang <-(e)s, -gänge> *m* ❶ (*von Gebäude, Raum*) ingresso *m,* entrata *f* ❷ *sing* (*Eintreffen von Waren, Post, Geld*) arrivo *m,* ricevimento *m*

eingangs ['aɪngaŋs] I. *prp* +*gen* all'inizio di II. *adv* all'inizio, inizialmente

Eingangsbestätigung *f* conferma *f* di ricevuta

ein|geben <irr> *vt* ❶ (*Arznei*) somministrare ❷ (INFORM: *Daten*) immettere, introdurre ❸ (*geh: Gedanken*) ispirare, suggerire, dettare

eingebildet *adj* ❶ (*unwirklich*) immaginario, irreale ❷ (*hochmütig*) presuntuoso; (*eitel*) vanitoso

eingeboren *adj* indigeno, originario;

Eingeborene <ein -r, -n, -n> *mf* indigeno, -a *m, f*

Eingebung <-, -en> *f* (*geh*) ispirazione *f,* suggerimento *m*

eingefallen *adj* (*Augen*) infossato; (*Gesicht*) smunto

eingefleischt ['aɪŋəflaɪʃt] *adj* per la pelle; **~er Junggeselle** scapolo impenitente

ein|gehen <irr> **I.** *vi sein* ❶ (*Post*) arrivare, giungere ❷ (*Kleidung*) restringersi, ritirarsi ❸ (*sterben*) morire; **an etw** *dat* **~** morire di qc ❹ (*behandeln*) **auf (die) Einzelheiten ~** entrare nei particolari; **mit keinem Wort auf etw** *acc* **~** non accennare minimamente qc, non parlare affatto di qc ❺ (*sich widmen, einfühlen*) **auf jdn ~** dare ascolto a qu; **auf jds Bitten ~** ascoltare le preghiere di qu ❻ (*zustimmen*) **auf etw** *acc* **~** accettare qc ❼ (*geh: aufgenommen werden*) **in die Geschichte ~** entrare nella storia ❽ (*fam: verstehen*) **es will mir einfach nicht ~ , dass ...** non mi vuole entrare in testa che ... **II.** *vt sein* concludere; (*Verpflichtung*) contrarre; (*Wette*) fare; (*Risiko*) correre; (*Ehe*) contrarre

eingehend *adj* (*gründlich*) approfondito, minuzioso; (*sorgfältig*) accurato, attento

Eingemachte ['aɪŋəmaxtə] <ein -s, -n> *kein Pl n* conserva *f*; (*Obst*) conserva *f* di frutta; (*in Essig*) sottaceti *mpl*

Eingemeindung <-, -en> *f* incorporazione *f* in un comune

eingenommen *adj* **für/gegen etw ~ sein** essere favorevole a qc/essere prevenuto contro qc; **von sich** *dat* **~ sein** essere presuntuoso

eingerostet *adj* arrugginito

eingeschnappt *adj* **immer gleich ~ sein** (*fam*) prendersela per un nonnulla

eingeschneit *adj* sepolto [*o* bloccato] dalla neve

eingeschränkt ['aɪŋəʃrɛnkt] *adj* limitato, ristretto; **~ leben** vivere in ristrettezze

eingeschrieben *adj* ❶ (*Brief*) raccomandato ❷ (*Mitglied*) iscritto

eingesessen *adj* (*einheimisch*) nostrano, del luogo

eingespielt ['aɪŋəʃpi:lt] *adj* **aufeinander ~ sein** essere affiatati

eingestandenermaßen ['aɪŋəʃtandənɐ'ma:sən] *adv* per propria ammissione

Eingeständnis <-ses, -se> *n* ammissione *f,* confessione *f*

ein|gestehen <irr> *vt* ammettere, confessare, riconoscere

eingetragen *adj* (*Mitglied*) iscritto; (*Verein*) registrato

Eingeweide ['aɪŋəvaɪdə] *npl* viscere *fpl*

eingeweiht *adj* iniziato (*in* +*acc* in), addentro (*in* +*acc* a); **Eingeweihte** <ein -r, -n, -n> *mf* iniziato, -a *m, f*

ein|gewöhnen <ohne ge-> *vr* **sich ~** abituarsi (*in* +*dat* a), assuefarsi (*in* +*dat* a)

eingleisig ['aɪŋlaɪzɪç] *adj* ad un binario

ein|gliedern I. *vt* **jdn/etw in etw** *acc* **~** includere qu/qc in qc; (*einordnen*) inserire qu/qc in qc **II.** *vr* **sich in etw** *acc* **~** inserirsi in qc, inquadrarsi in qc; **Eingliederung** ['aɪŋli:dərʊŋ] <-, -en> *f* ❶ (*Sozialisierung*) integrazione *f,* inserimento *m* (*in* +*acc* in) ❷ (ADM: *Behörden, besetzte Gebiete*) incorporazione *f* (*in* +*acc* in), integrazione *f* (*in* +*acc* in); **die ~ eines Landes in ein anderes** l'integrazione di un paese in un altro

ein|graben <irr> **I.** *vt* (*vergraben*) sotterrare **II.** *vr* ❶ (*sich vergraben*) interrarsi, nascondersi sotto terra ❷ (*fig*) incidersi, scolpirsi

ein|gravieren <ohne ge-> *vt* **etw in etw** *acc* **~** incidere qc su [*o* in] qc

ein|greifen <irr> *vi* ❶ (*einschreiten*) intervenire; **in etw** *acc* **~** intervenire in qc ❷ (TEC) ingranare, innestarsi

Eingreiftruppe *f* truppa *f* d'assalto

ein|grenzen ['aɪŋrɛntsən] *vt* (*Problem, Thema*) delimitare, circoscrivere

Eingriff <-(e)s, -e> *m* ❶ (MED) intervento *m* ❷ (*fig: Einmischung*) intromissione *f*

ein|gruppieren <ohne ge-> *vt* classificare; **Eingruppierung** <-, -en> *f* classificazione *f*

ein|haken I. *vt* agganciare **II.** *vi* (*fam: in Gespräch*) intervenire **III.** *vr* **sich bei jdm ~** prendere a braccetto qu

Einhalt *m* **jdm/etw ~ gebieten** (*geh*) porre un freno a qu/qc

ein|halten <irr> **I.** *vt* (*Versprechen*) mantenere; (*Bedingung, Vertrag*) adempi(e)re; (*Frist*) osservare; (*Datum*) rispettare **II.** *vi* (*geh: innehalten*) interrompere; (*aufhören*) fermarsi; **mit etw ~** cessare di fare qc

Einhaltung <-> *kein Pl f* ❶ mantenimento *m* ❷ (*von Frist*) osservanza *f* ❸ (*von Bedingung, Vertrag*) adempimento *m*

ein|hämmern *vt* (*fig*) **jdm etw ~** ficcare qc in testa a qu

ein|handeln *vr* **sich** *dat* **etw ~** (*fig fam*) fare un bell'acquisto

einhändig ['aɪnhɛndɪç] *adj* con una mano

ein|hängen I. *vt* (*Hörer*) appendere; (*Tür*)

incardinare **II.** vi (*Hörer*) riattaccare **III.** vr **sich bei jdm** ~ prendere a braccetto qu

ein|heben <irr> vt (*südd, A: kassieren*) incassare, riscuotere

einheimisch ['aınhaımıʃ] adj indigeno, nativo; (*von jmdm*) nostrano; **Einheimische** <ein -r, -n, -n> mf nativo, -a m, f

ein|heimsen ['aınhaımzən] vt (*fam*) raccogliere, mietere

ein|heiraten vi **in eine Firma** ~ divenire col matrimonio proprietario di un'azienda

Einheit <-, -en> f unità f; (*Gesamtheit*) totalità f

einheitlich adj ❶ (*eine Einheit bildend*) unito, unitario ❷ (*unterschiedslos*) uniforme ❸ (*genormt*) unificato

Einheitliche Europäische Akte <-> kein Pl f (*Europäische Union*) Atto m europeo unitario

Einheitlichkeit <-> kein Pl f ❶ (*das Einheitlichsein*) unità f, unitarietà f ❷ (*Uniformität*) uniformità f ❸ (*das Genormtsein*) unificazione f

Einheits- (*in Zusammensetzungen*) unitario, unico; (A POL) unificato, standardizzato; **Einheitspreis** m prezzo m unico; **Einheitsschule** f scuola f unica; **Einheitswährung** f (FIN, POL) moneta f unica

ein|heizen vi accendere la stufa, riscaldare la/una camera; **jdm** (*tüchtig*) ~ (*fig fam*) svegliare qu

einhellig ['aınhɛlıç] **I.** adj unanime, concorde **II.** adv all'unanimità, di comune accordo

ein|holen vt ❶ (*erreichen*) raggiungere; (*aufholen*) ricuperare; **die verlorene Zeit** ~ riguadagnare il tempo perduto ❷ (*Fahne, Segel*) ammainare; (*Netze*) tirare ❸ (*Auskünfte*) raccogliere; **ärztlichen Rat** ~ consultare un medico ❹ (*fam: einkaufen*) comprare

Einhorn <-(e)s, -hörner> n liocorno m

ein|hüllen vt avvolgere

einhundert ['aınhʊndɐt] num cento

einig adj ❶ (*einer Meinung*) unanime; **sich** dat **über etw** acc ~ **sein** essere d'accordo su [o in] qc; **sich** dat **über etw** acc ~ **werden** accordarsi su qc ❷ (*geeint*) unito

einige s. **einige(r, s)**

ein|igeln ['aın?i:gəln] vr **sich** ~ ❶ (*Igel*) appallottolarsi ❷ (*Mensch*) ritirarsi, chiudersi a riccio ❸ (*Truppen*) fortificarsi; **sich ins Haus** ~ chiudersi in casa

einigen I. vt (*einig machen*) unificare; (*versöhnen*) conciliare **II.** vr **sich** ~ accordarsi; **sich über etw** acc ~ accordarsi su qc

einige(r, s) ['aınıgə, -gɐ, -gəs] pron indef

❶ sing (*etwas*) qualche inv sing ❷ ~s qualcosa; (*ziemlich viel*) un bel po'; **das wird ~s kosten** costerà parecchio ❸ pl qualche inv sing, alcuni, -e m, fpl; (*mehrere*) parecchi, -ie m, fpl; **vor ~n Tagen** alcuni giorni fa; **er hat ~ hundert Bücher** ha centinaia di libri

einigermaßen adv ❶ (*ungefähr*) in certo qualmodo, circa; **wie geht es dir? — so ~!** come stai? — si tira avanti! ❷ (*fam: ziemlich*) abbastanza, piuttosto

Einigkeit <-> kein Pl f unità f; (*Übereinstimmung*) concordia f

Einigung <-, -en> f ❶ (*Übereinstimmung*) accordo m; (*Versöhnung*) conciliazione f; **zu einer ~ kommen** giungere ad un accordo ❷ (*Vereinigung*) unificazione f

einigungsbedingt ['aınıgʊŋsbədıŋt] adj (COM, POL) in seguito all' [o a causa dell'] unificazione; ~ **ist die Arbeitslosenzahl gestiegen** in seguito all'unificazione è aumentata la disoccupazione

Einigungsvertrag <-(e)s> kein Pl m (POL) trattato m di unificazione

ein|impfen vt (*fam*) **jdm etw** ~ inculcare qc a qu

ein|jagen vt **jdm einen Schrecken** ~ incutere timore a qu

einjährig ['aınjɛ:rıç] adj ❶ (*ein Jahr alt*) di un anno ❷ (*ein Jahr dauernd*) annuale, annuo

ein|kalkulieren <ohne ge-> vt mettere in conto; (*a fig*) tener conto di

ein|kassieren <ohne ge-> vt ❶ (*Geld*) incassare, riscuotere ❷ (*fam: wegnehmen*) rubare

Einkauf <-(e)s, -käufe> m ❶ (*Einkaufen*) compera f, acquisto m; **Einkäufe machen** fare la spesa ❷ (*Gekauftes*) acquisto m ❸ sing (COM: ~ sabteilung) reparto m acquisti

ein|kaufen I. vi fare la spesa; ~ **gehen** andare a far la spesa **II.** vt comprare, acquistare **III.** vr **sich in eine Firma** ~ diventare socio di una ditta

Einkäufer(in) <-s, -; -, -nen> m(f) agente mf compratore, -trice

Einkaufsbummel m **einen ~ machen** fare un giro per i negozi; **Einkaufspassage** f galleria f commerciale; **Einkaufspreis** m prezzo m di costo

Einkaufstüte f sacchetto m della spesa; **Einkaufswagen** m carrello m da supermercato; **Einkaufszentrum** n centro m commerciale; **Einkaufszettel** ['aınkaʊfstsɛtəl] <-s, -> m lista f della spesa

Einkehr ['aınke:ɐ̯] <-> kein Pl f ❶ (*in Gasthaus*) sosta f ❷ (*fig geh: innere Samm-

einladen

einladen	invitare
Besuch mich doch, ich würde mich sehr freuen.	**Vieni a trovarmi,** mi farà molto piacere.
Nächsten Samstag mache ich eine Party. **Kommst du auch?**	Sabato prossimo organizzo una festa. **(Ci) vieni anche tu?**
Darf ich Sie zu einem Arbeitsessen **einladen?**	**Posso invitarLa ad** un pranzo di lavoro?
Ich würde Sie gern zum Abendessen **einladen.**	**Desidererei invitarLa** a cena.

lung) raccoglimento *m;* (*Selbstbesinnung*) riflessione *f;* **~ halten** raccogliersi in sé stesso; **ein|kehren** *vi sein* ❶ (*in Gasthaus*) fermarsi per consumare qc ❷ (*geh: Ruhe, Frieden*) venire

ein|kellern *vt* mettere in cantina

ein|klagen ['aɪnklaːgən] *vt* (JUR) rivendicare

ein|klammern *vt* mettere fra parentesi

Einklang <-(e)s, *rar* -klänge> *m* (*geh*) armonia *f,* accordo *m;* **sich in ~ befinden, in ~ stehen mit** essere in armonia con

ein|kleben *vt* incollare

ein|kleiden *vt* vestire; **sich neu ~** rivestirsi

ein|klemmen *vt* incastrare, rinserrare

ein|kochen I. *vt haben* (*einmachen*) mettere in conserva II. *vi sein* (*Soße*) ispessirsi cuocendo

Einkommen <-s, -> *n* reddito *m,* entrata *f;* **Einkommensgruppe** *f* categoria *f* di reddito; **einkommensschwach** *adj* (WIRTSCH) di basso reddito; **einkommensstark** *adj* (WIRTSCH) di alto reddito; **Einkommen(s)steuer** *f* imposta *f* sul reddito; **Einkommenssteuererklärung** *f* dichiarazione *f* dei redditi; **Einkommensstopp** *m* (*das Einfrieren der Löhne*) blocco *m* dei salari; **einkommensteuerpflichtig** ['aɪnkɔmənstɔɪɐpflɪçtɪç] *adj* imponibile, passivo dell'imposta; **~e Zinsen** interessi imponibili; **~e Person** contribuente, soggetto passivo dell'imposta

ein|kreisen *vt* accerchiare

Einkünfte ['aɪnkʏnftə] *pl* entrate *fpl,* redditi *mpl*

ein|laden <irr> *vt* ❶ (*Gäste*) invitare; **jdn zu einem Fest ~** invitare qu a una festa; **sich selbst ~** autoinvitarsi ❷ (*Ladung*) caricare; **etw in etw** *acc* **~** caricare qc su qc

einladend *adj* invitante; (*verführerisch*) seducente

Einladung <-, -en> *f* invito *m;* **eine ~ zu einer Feier** un invito a una cerimonia

Einlage <-, -n> *f* ❶ (*im Schuh*) plantare *m* ❷ (*Zahn~*) otturazione *f* provvisoria ❸ (*Slip~*) proteggi *m* mutandina ❹ (*in der Zeitung*) supplemento *m* ❺ (THEAT) intermezzo *m* ❻ (FIN: *Spar~*) deposito *m;* (*Kapital~*) quota *f* di investimento

ein|lagern *vt* immagazzinare, mettere in deposito

ein|langen ['aɪnlaŋən] *vi sein* (A: *eintreffen*) arrivare; **er ist gestern in Wien eingelangt** è arrivato ieri a Vienna

Einlass^{RR} ['aɪnlas] <-es, -lässe> *m,* **Einlaß**^{ALT} <-lasses> *kein Pl m* (*Zutritt*) accesso *m*

ein|lassen <irr> I. *vt* ❶ (*her~*) lasciar entrare, ammettere; (*Wasser*) far scorrere; **sich** *dat* **ein Bad ~** prepararsi un bagno ❷ (*einfügen*) incastrare, inserire II. *vr* **sich ~** ❶ (*pej: verkehren*) **sich mit jdm ~** entrare in relazione con qu ❷ (*eingehen auf*) **sich auf etw** *acc* **~** aderire a qc, assentire a qc; **ich lasse mich auf keine Diskussion mehr ein!** di discussioni non voglio saperne più (niente)!; **sich mit jdm in ein Gespräch ~** impegolarsi in una discussione con qu

Einlauf <-(e)s, -läufe> *m* ❶ (MED) clistere *m* ❷ (SPORT) arrivo *m*

ein|laufen <irr> I. *vi sein* ❶ (*Zug*) essere in arrivo; (NAUT) entrare in porto; (SPORT) entrare in campo ❷ (*Wasser*) scorrere ❸ (*Stoff*) restringersi II. *vt haben* (*Schuhe*) abituarsi a portare III. *vr* **sich ~** (SPORT) scaldarsi correndo

ein|läuten ['aɪnlɔɪtən] *vt* annunciare (a suon di campana), dare il via; **den Wahlkampf ~** aprire la campagna elettorale

ein|leben *vr* **sich ~ in** +*dat* ambientarsi in, abituarsi a

ein|legen *vt* ❶ (*hin~*) mettere; (*Film*) introdurre; **den Rückwärtsgang ~** (MOT) inserire la retromarcia ❷ (*Obst*) mettere in conserva; (*Gurken*) mettere sotto aceto; (*Heringe*) marinare ❸ (*Berufung*) presentare, interporre; (*Pause*) fare; **ein gutes Wort für jdn** ~ dire una buona parola in favore di qu ❹ (KUNST: *intarsieren*) intarsiare ❺ (*Haare*) mettere in piega ❻ (FIN: *Geld*) depositare

Einlegesohle *f* soletta *f*

ein|leiten *vt* ❶ (*einführen*) introdurre ❷ (*Verhandlungen, Untersuchung*) avviare; (*Verfahren*) intentare; (MED: *Geburt*) iniziare ❸ (*beginnen*) cominciare, iniziare; **einleitend I.** *adj* introduttivo, preliminare **II.** *adv* ~ **möchte ich sagen** ... per cominciare vorrei dire ...

Einleitung <-, -en> *f* ❶ (*einleitender Teil*) introduzione *f*; (*von Buch*) prefazione *f* ❷ (*von Verfahren*) istruzione *f*; (*von Verhandlungen*) avvio *m*

ein|lenken *vi* (*nachgeben*) cedere, far marcia indietro

ein|lesen ['aɪnle:zən] <liest ein, las ein, eingelesen> **I.** *vt* (INFORM) leggere **II.** *vr* **sich** ~ (*in ein Thema*) leggere (a fondo) (*in +acc*), familiarizzarsi (*in +acc* con); **sich in die russische Literatur** ~ familiarizzarsi con la letteratura russa

ein|leuchten *vi* essere chiaro; **das will mir nicht** ~ non riesco a capacitarmene; **das leuchtet mir ein** mi convince; **einleuchtend** *adj* evidente, plausibile

ein|liefern *vt* consegnare; (*ins Krankenhaus*) ricoverare; (*ins Gefängnis*) tradurre

Einlieferung <-, -en> *f* consegna *f*; (*ins Krankenhaus*) ricovero *m*; (*ins Gefängnis*) traduzione *f*

ein|loggen ['aɪnlɔgən] *vr* **sich in etw** *acc* ~ (INFORM) entrare in qc, accedere a qc

ein|lösen *vt* ❶ (*Scheck*) riscuotere; (*Wechsel*) onorare, pagare; (*Pfand*) riscattare, disimpegnare ❷ (geh: *Versprechen*) mantenere

Einlösung <-, -en> *f* ❶ (*von Banknote*) rimborso *m*; (*von Scheck, Wechsel, Zinsschein*) incasso *m*; (*Rückkauf*) riscatto *m* ❷ (*von Versprechen*) adempimento *m*

ein|machen *vt* mettere in conserva; (*in Essig*) mettere sotto aceto; **Einmachglas** *n* vaso *m* per conserve

einmal *adv* ❶ (*ein Mal*) una volta; **noch** ~ ancora una volta; ~ **drei ist drei** tre per uno fa tre; **auf** ~ improvvisamente; ~ **ist keinmal** (*prov*) una volta non fa usanza ❷ (*früher*) un tempo; **es war** ~ ... c'era una volta ... ❸ (*irgendwann*) un giorno ❹ (*verstärkend*) **nicht** ~ nemmeno; **das ist nun** ~ **so** non ci si può fare nulla

Einmaleins ['aɪnma:l'ʔaɪns] <-> *kein Pl n* tavola *f* pitagorica

einmalig *adj* ❶ (*nur einmal vorkommend*) unico; (*nur einmal nötig*) solo ❷ (*einzigartig*) unico, eccezionale; **Einmaligkeit** <-> *kein Pl f* unicità *f*, eccezionalità *f*

Einmalspritze *f* siringa *f* usa e getta

Einmannbetrieb *m* azienda *f* individuale

Einmarsch <-(e)s, -märsche> *m* (SPORT, MIL) entrata *f*

ein|marschieren <ohne ge-> *vi sein* entrare (marciando); **in ein Land** ~ invadere un paese

ein|mischen *vr* **sich** ~ immischiarsi; **sich in etw** *acc* ~ immischiarsi in qc

Einmischung <-, -en> *f* intromissione *f*

einmotorig ['aɪnmoto:rɪç] *adj* (AERO) monomotore

ein|motten *vt* (*Kleider*) mettere sotto naftalina [o canfora]; (*fig fam*) mettere in soffitta

ein|mummen ['aɪnmʊmən] **I.** *vt* (*fam*) infagottare **II.** *vr* **sich** ~ (*fam*) infagottarsi

ein|münden *vi sein* sboccare

Einmündung ['aɪnmʏndʊŋ] <-, -en> *f* sbocco *m*

einmütig ['aɪnmy:tɪç] **I.** *adj* unanime, comune **II.** *adv* all'unanimità, di comune accordo; **Einmütigkeit** <-> *kein Pl f* ❶ (*Einstimmigkeit*) unanimità *f* ❷ (*Eintracht*) concordia *f*, armonia *f*

Einnahme ['aɪnna:mə] <-, -n> *f* ❶ *meist pl* (COM, FIN) entrata *f*, incasso *m* ❷ *sing* (MED) ingestione *f* ❸ *sing* (MIL: *von Stadt*) conquista *f*, presa *f*; **Einnahmequelle** *f* fonte *f* di guadagno

ein|nehmen <irr> *vt* ❶ (*Mahlzeit, Tablette*) ingerire ❷ (*Geld*) incassare; (*Steuern*) riscuotere ❸ (*Raum, Platz*) occupare ❹ (*Stellung*) occupare; (*Haltung*) assumere; **jds Stelle** ~ rimpiazzare qu ❺ (*Wend*) **jdn für sich** ~ accattivarsi le simpatie di qu, conquistare qu; **von sich** *dat* **eingenommen sein** (*pej*) essere presuntuoso

einnehmend *adj* (*Wesen*) piacevole; (*Äußeres*) attraente

ein|nicken *vi sein* (*fam*) appisolarsi

ein|nisten *vr* **sich** ~ annidarsi

Einöde <-, -en> *f* luogo *m* deserto

ein|ölen *vt* oliare, ungere; (TEC) lubrificare

ein|ordnen I. *vt* ordinare, classificare **II.** *vr* **sich** ~ ❶ (*sich anpassen*) inserirsi, integrarsi; **sich in eine Gemeinschaft** ~ integrarsi in una comunità ❷ (AUTO) mettersi in corsia; **sich rechts/links** ~ mettersi nella corsia di destra/di sinistra

ein|packen I. *vt* ❶ (*Koffer*) mettere; (*in*

Papier) impacchettare; (*zum Versand*) imballare; **die Kleider** (**in den Koffer**) **~** mettere i vestiti (nella valigia) ❷(*fam: in warme Kleidung*) avvolgere; **jdn warm ~** (*fam*) coprire ben bene qu II. *vi* (*fig fam*) far fagotto; **sie kennt sich in der Stadt so gut aus, da können wir alle ~** è talmente pratica della città, che noi possiamo andare a nasconderci

ein|parken ['aɪnparkən] *vi*, *vt* parcheggiare

ein|passen *vt* **etw in etw** *acc* **~** incastrare qc in qc, adattare qc a qc

ein|pendeln ['aɪnpɛndəln] *vr* **sich ~** stabilizzarsi

ein|pennen ['aɪnpɛnən] *vi sein* (*fam*) addormentarsi

Einpersonenhaushalt *m* ménage *m* di una persona sola

ein|pferchen *vt* (*Vieh*) stabbiare

ein|pflanzen ['aɪnpflantsən] *vt* ❶(*Pflanze*) piantare ❷(MED) trapiantare

Einphasenstrom [aɪn'fa:zənʃtro:m] *m* (PHYS) corrente *f* monofase

einphasig ['aɪnfa:zɪç] *adj* (PHYS) monofase

ein|planen ['aɪnpla:nən] *vt* mettere in programma, prevedere; **das war nicht eingeplant** questo non era previsto

ein|prägen I. *vt* (*ins Bewusstsein*) inculcare II. *vr* **sich ~** imprimersi; **sich** *dat* **etw ~** imprimersi qc nella mente

einprägsam *adj* facilmente ricordabile, impressionante

ein|quartieren <ohne ge-> I. *vt* sistemare; (MIL) acquartierare; **jdn bei jdm ~** sistemare qu presso qu II. *vr* **sich bei jdm ~** prendere alloggio presso qu

ein|rahmen *vt* incorniciare

ein|rasten *vi sein* (TEC) ingranarsi

ein|räumen *vt* ❶(*Bücher, Wäsche*) mettere a posto; (*Schrank*) mettere in ordine; (*Wohnung*) arredare; **die Bücher in ein Regal ~** disporre i libri in uno scaffale ❷(*Recht, Kredit*) concedere; (*Frist*) accordare ❸(*geh: zugeben*) ammettere

ein|rechnen *vt* includere; **nicht eingerechnet ...** non compreso ...

ein|reden I. *vt* **jdm etw ~** far credere qc a qu; **sich** *dat* **~, dass ...** mettersi in testa che ...; **das redest du dir nur ein!** questo te lo sei messo in testa tu! II. *vi* **auf jdn ~** parlare ininterrottamente a qu

ein|reiben <irr> *vt* sfregare; (MED) frizionare; **Einreibung** <-, -en> *f* sfregamento *m*; (MED) frizione *f*

ein|reichen *vt* presentare

ein|reihen I. *vt* ❶(*in eine Reihe stellen*) inserire, mettere in fila ❷(*zuordnen*) **jdn**

unter die Dichter ~ annoverare qu fra i poeti II. *vr* **sich ~** disporsi in fila

einreihig ['aɪnraɪç] *adj* monopetto; **ein ~es geknöpftes Jackett** giacca monopetto

Einreise <-, -n> *f* entrata *f*; **Einreisebestimmungen** ['aɪnraɪzəbəʃtɪmʊŋən] *fpl* provvedimenti *mpl* [*o* disposizioni *fpl*] di entrata; **Einreiseerlaubnis** *f*, **Einreisegenehmigung** *f* permesso *m* d'entrata

ein|reisen *vi sein* **in die Schweiz/nach Frankreich ~** entrare in Svizzera/in Francia

Einreiseverbot *n* divieto *m* d'ingresso; **Einreisevisum** *n* visto *m* d'entrata

ein|reißen <irr> I. *vi sein* ❶(*Stoff, Papier*) strapparsi; (*Fingernagel*) rompersi ❷(*fig fam: Unsitte*) propagarsi, diffondersi; **das wollen wir gar nicht erst ~ lassen** non vogliamo che diventi un'abitudine II. *vt* haben ❶(*Häuser*) demolire ❷(*Papier*) strappare

ein|renken ['aɪnrɛŋkən] *vt* ❶(MED) rimettere a posto ❷(*fig fam*) accomodare, aggiustare

ein|rennen <rennt ein, rannte ein, eingerannt> *vt* sbattere; (*Hindernisse*) sfondare; **jdm das Haus ~** (*fam*) assediare qu (con troppe visite); **ich habe mir den Kopf an der Tür eingerannt** (*fam*) ho battuto la testa contro la porta

ein|richten I. *vt* ❶(*Wohnung*) arredare; (*Geschäft*) mettere su; (*Werkstatt*) impiantare ❷(*gründen*) fondare, istituire; (*Konto*) aprire ❸(TEC: *justieren*) aggiustare; (*einstellen, vorbereiten*) preparare, allestire ❹(*bearbeiten, MUS*) arrangiare, ridurre; (THEAT) adattare ❺(MED) ridurre ❻(*fig: arrangieren*) fare in modo che *+conj*, fare in modo di *+inf* II. *vr* **sich ~** ❶(*sich möblieren*) arredare la casa; **sie ist sehr modern eingerichtet** ha arredato la casa con mobili moderni ❷(*sich vorbereiten*) **sich auf etw** *acc* **~** prepararsi a qc

Einrichtung <-, -en> *f* ❶(*Wohnungs~*) arredamento *m* ❷*sing* (*das Einrichten*) allestimento *m* ❸(*Anlage*) impianto *m* ❹(*Institution*) istituzione *f*, istituto *m* ❺*sing* (*Gründung*) istituzione *f*, fondazione *f*; (*von Konto*) apertura *f*

ein|ritzen *vt* scalfire (*in +acc* su); (*einschneiden*) incidere (*in +acc* su)

ein|rollen I. *vt haben* arrotolare, avvolgere; (*Haar*) avvolgere con [*o* mettersi i *fam*] bigodini II. *vr* **sich ~** arrotolarsi

ein|rosten *vi sein* arrugginire; (*a fig*) arrugginirsi

ein|rücken I. *vi sein* (MIL) ❶(*einmarschie-*

ren) entrare, far ingresso; **in eine Stadt ~** entrare in una città ❷ (*eingezogen werden*) essere chiamato alle armi **II.** *vt haben* ❶ (*Anzeige*) mettere, inserire ❷ (*Zeile*) arretrare, far rientrare

eins [aɪns] **I.** *num* uno; **um ~** (*Uhrzeit*) all'una; *s. a.* **ein, acht II.** <inv> *adj* ❶ (*ein- und dasselbe*) **die beiden Begriffe sind ~** i due concetti sono identici ❷ (*fam: gleichgültig*) **es ist mir alles ~** non me ne importa niente

Eins <-, -en> *f* (numero *m*) uno *m;* (*Schulnote: sehr gut*) nove; (*Buslinie, etc*) uno *m*

ein|sacken I. *vt haben* ❶ (*in Säcke füllen*) insaccare ❷ (*fam: an sich bringen*) intascare **II.** *vi sein* (*einsinken*) sprofondare

einsam ['aɪnzaːm] *adj* ❶ (*Mensch*) solo; (*verlassen*) abbandonato ❷ (*abgelegen*) isolato; (*menschenleer*) deserto; **~e Spitze!** (*fam*) che cima!; **Einsamkeit** <-> *kein Pl f* solitudine *f*

ein|sammeln *vt* raccogliere

Einsatz <-es, -sätze> *m* ❶ (*eingesetztes Teil*) aggiunta *f,* inserto *m* ❷ (*Spiel-~*) puntata *f,* posta *f* ❸ *sing* (*Verwendung*) impiego *m;* **zum ~ bringen** istituire; **unter ~ des** (*eigenen*) **Lebens** a rischio della vita ❹ *sing* (*Engagement*) impegno *m* ❺ (MIL) azione *f,* operazione *f;* (AERO) missione *f;* **im ~ sein** essere in azione ❻ (MUS) attacco *m*

einsatzbereit *adj* pronto; (*verfügbar*) disponibile; (MIL) pronto (al combattimento); **Einsatzbereitschaft** *f* prontezza *f* all'azione; (MIL) approntamento *m;* **Einsatzkommando** ['aɪnzatskɔmando] <-s, -s> *n* **mobiles ~** la (squadra) mobile; **Einsatzwagen** ['aɪnzatsvaːgən] <-s, -> *m* (*der Polizei*) vettura *f* (supplementare) di pronto intervento

ein|saugen <irr> *vt* ❶ (*saugend einziehen*) succhiare ❷ (*einatmen*) aspirare, inspirare

ein|scannen ['aɪnskɛnən] *vt* (INFORM) scannare, riprendere con lo scanner

ein|schalten I. *vt* ❶ (*Licht, Radio*) accendere; (*Motor*) avviare; (*Maschine*) innestare ❷ (*Pause*) inserire ❸ (*hinzuziehen*) far intervenire **II.** *vr* **sich ~** (*eingreifen*) intervenire; **sich in etw** *acc* **~** intervenire in qc

Einschaltquote *f* (RADIO, TV) indice *m* di ascolto

Einschaltung <-, -en> *f* ❶ (*Einschub*) inserimento *m* ❷ (*von Licht, Radio, TV*) accensione *f;* (*von Motor*) avviamento *m;* (*von Strom*) inserzione *f;* (*von Maschine*) innesto *m* ❸ (*fig: Hinzuziehung*) interessa-

mento *m*

ein|schärfen *vt* inculcare

ein|schätzen *vt* stimare; (*bewerten*) valutare

Einschätzung ['aɪnʃɛtsʊŋ] <-, -en> *f* ❶ (*Meinung*) opinione *f,* parere *m* ❷ (*Bewertung*) valutazione *f;* **nach meiner ~** secondo me, secondo le mie valutazioni

ein|schenken *vt* (*Wein*) versare; (*Kaffee*) servire; **die Gläser/Tassen ~** riempire i bicchieri/le tazze

ein|schicken *vt* inviare, spedire; **etw an ein** [*o* **einem**] **Institut ~** inviare qc ad un istituto

ein|schieben <irr> *vt* ❶ (*hin-~*) mettere dentro; **etw in etw** *acc* **~** infilare qc in qc, introdurre qc in qc ❷ (*einfügen*) **eine Pause ~** fare una pausa; **etw in etw** *acc* **~** inserire qc in qc, intercalare qc a qc

ein|schiffen I. *vt* imbarcare **II.** *vr* **sich ~** imbarcarsi; **sich in Genua nach Amerika ~** imbarcarsi a Genova per l'America; **Einschiffung** <-, -en> *f* imbarco *m*

einschl. *abk v* **einschließlich** compreso, incluso

ein|schlafen <irr> *vi sein* ❶ (*Person, Gliedmaßen*) addormentarsi ❷ (*allmählich aufhören*) raffreddarsi, spegnersi; (*nachlassen*) scemare, diminuire

ein|schläfern ['aɪnʃlɛːfɐn] *vt* ❶ (*zum Schlafen bringen, a fig*) (far) addormentare ❷ (MED) anestetizzare, narcotizzare ❸ (*Tiere*) uccidere (con un'iniezione mortale); **einschläfernd** *adj* ❶ (*a fig*) che fa venir sonno, soporifero ❷ (MED) narcotico

Einschlag <-(e)s, -schläge> *m* ❶ (*von Blitz*) caduta *f;* (*von Geschoss*) impatto *m,* scoppio *m* ❷ (*Anteil, Zusatz*) impronta *f,* vena *f;* (LING) inflessione *f*

ein|schlagen <irr> **I.** *vi* ❶ (*Blitz, Geschoss*) (**in etw** *acc*) **~** colpire (qc) ❷ (*schlagen*) **auf jdn ~** bastonare qu ❸ (*fig: Erfolg haben*) avere successo; **die Nachricht schlug wie eine Bombe ein** la notizia arrivò come un fulmine a ciel sereno **II.** *vt* ❶ (*Nagel, Pfahl*) piantare; **etw in etw** *acc* **~** (con)ficcare qc in qc, piantare qc in qc ❷ (*Tür*) sfondare; (*Scheibe*) frantumare; (*Zähne, Schädel*) rompere ❸ (*Stoff*) ripiegare ❹ (*einwickeln*) avvolgere; (*Ware*) imballare; **etw in etw** *acc* **~** avvolgere qc in qc ❺ (*fig: Weg, Richtung*) prendere, imboccare; (*Laufbahn*) intraprendere

einschlägig ['aɪnʃlɛːgɪç] *adj* relativo, sull'argomento; (*Geschäft*) del ramo

ein|schleichen <irr> *vr* **sich ~** ❶ (*heimlich eindringen*) **sich** (**in ein Haus**) **~**

introdursi (in una casa) ❷ *(fig)* insinuarsi; *(Fehler)* sfuggire

ein|schleimen *vr (pej fam)* **sich (bei jdm)** ~ accattivarsi le simpatie di qu

ein|schleppen *vt (a Krankheiten)* importare

ein|schließen <irr> *vt* ❶ *(einsperren)* rinchiudere (a chiave); **sich in sein** [*o* **seinem] Zimmer** ~ rinchiudersi a chiave nella propria stanza ❷ *(umgeben)* circondare; *(umzäunen)* recingere ❸ *(fig: enthalten)* includere, comprendere

einschließlich I. *adv* compreso; **bis Sonntag** ~ fino a domenica compresa **II.** *prp* +*gen* compreso; ~ **Mehrwertsteuer** I.V.A. compresa

ein|schmeicheln *vr* **sich bei jdm** ~ accattivarsi le simpatie di qu; **einschmeichelnd** *adj* insinuante; *(angenehm)* carezzevole

ein|schmelzen [ˈaɪnʃmɛltsən] <schmilzt ein, schmolz ein, eingeschmolzen> *vt (Metall)* fondere

ein|schmieren *(fam)* **I.** *vt* ungere; **etw mit Fett** ~ ungere qc di grasso **II.** *vr* **sich (mit Creme)** ~ spalmarsi (la crema)

ein|schnappen *vi sein* ❶ (TEC) scattare, chiudersi a scatto ❷ *(fig fam: beleidigt sein)* offendersi

ein|schneiden <irr> **I.** *vt* **etw in etw** *acc* ~ incidere qc su qc, intagliare qc in qc **II.** *vi* (**in etw** *acc*) ~ entrare [*o* penetrare] (in qc); **einschneidend** *adj* incisivo, decisivo; *(Maßnahme)* radicale, energico

Einschnitt <-(e)s, -e> *m* ❶ *(Schnitt)* taglio *m*, intaglio *m* ❷ (MED) incisione *f* ❸ *(fig: Wendepunkt)* svolta *f*

ein|schnüren *vt* ❶ *(zusammenbinden)* allacciare ❷ *(einengen)* stringere

ein|schränken [ˈaɪnʃrɛŋkən] **I.** *vt* limitare, ridurre; ~**d muss ich allerdings sagen ...** restrittivamente devo comunque dire ... **II.** *vr* **sich** ~ limitarsi

Einschränkung <-, -en> *f* ❶ *(Beschränkung)* limitazione *f*, riduzione *f* ❷ *(Vorbehalt)* riserva *f*; **mit/ohne** ~ con/senza riserve

Einschreib(e)brief *m* (lettera *f*) raccomandata *f*; **als** ~ per raccomandata

ein|schreiben <irr> **I.** *vt* ❶ *(hin~)* scrivere; **etw in etw** ~ *acc* scrivere qc in qc ❷ *(in Liste)* iscrivere; **jdn in etw** *acc* ~ iscrivere qu in qc **II.** *vr* **sich** ~ iscriversi; **sich an der Universität** ~ iscriversi all'università

Einschreiben <-s, -> *n* raccomandata *f*

Einschreibung <-, -en> *f* iscrizione *f*

ein|schreiten <irr> *vi sein* intervenire

ein|schüchtern *vt* intimidire

Einschüchterung <-, -en> *f* intimidazione *f*; **Einschüchterungsversuch** *m* tentativo *m* di intimidazione

ein|schulen *vt* mandare a scuola; **eingeschult werden** venir ammaestrato; **Einschulung** <-, -en> *f* assegnazione *f* a una scuola

Einschuss^{RR} <-es, -schüsse> *m*, **Einschuß**^{ALT} <-schusses, -schüsse> *m* *(~ stelle)* foro *m* d'entrata; *(~ wunde)* ferita *f* d'arma da fuoco

einschweißen *vt (in Folie)* incellofanare

ein|sehen <irr> *vt* ❶ *(hin~)* guardar dentro, dare un'occhiata a; *(Akten)* prendere visione di ❷ *(fig: begreifen)* comprendere, capire; *(Fehler)* riconoscere; **Einsehen** <-s> *kein Pl n* **ein** ~ **haben mit** avere comprensione per

ein|seifen *vt* ❶ *(mit Seife einreiben)* insaponare ❷ *(fig fam)* abbindolare

einseitig *adj* ❶ *(allg,* JUR, MED*)* unilaterale ❷ *(beschränkt)* unilaterale; *(parteiisch)* parziale; **Einseitigkeit** <-> *kein Pl f* unilateralità *f*, parzialità *f*

ein|senden <irr> *vt* inviare, spedire; **Einsender** <-s, -> *m* mittente *m*; **Einsendeschluss**^{RR} *m* termine *m* ultimo di consegna

Einser [ˈaɪnzɐ] <-s, -> *m* (SCHULE, *fam*) ottimo *m*; **er hat lauter** ~ ha ottimi voti

ein|setzen I. *vt* ❶ *(hin~)* mettere dentro; *(Pflanze)* piantare; *(Flicken, Zahn)* applicare; *(Fensterscheibe)* montare ❷ *(Person in Amt)* insediare; *(Erben)* istituire; **wieder** ~ reintegrare ❸ *(verwenden)* impiegare; *(Pfand)* impegnare **II.** *vi (beginnen)* iniziare, cominciare; (MUS) attaccare; **der Regen hat wieder eingesetzt** ha ricominciato a piovere **III.** *vr* **sich für jdn/etw** ~ adoperarsi per qu/qc

Einsetzung <-, -en> *f* ❶ *(das Einfügen)* inserimento *m*; *(von Flicken, Zahn)* applicazione *f*; *(von Fensterscheibe)* montaggio *m* ❷ *(in Amt)* insediamento *m*; *(von Erben)* istituzione *f* ❸ *(Verwendung)* impiego *m*, uso *m*

Einsicht <-, -en> *f* ❶ *sing (Sicht)* vista *f* ❷ *sing (~ nahme)* visione *f*, esame *m*; **jdm** ~ **in etw** *acc* **gewähren** permettere a qu di prendere visione di qc ❸ *(Verständnis)* comprensione *f*, discernimento *m*; *(Vernunft)* giudizio *m* ❹ *(Erkenntnis)* convinzione *f*; **zu der** ~ **kommen, dass ...** convincersi del fatto che ...; **einsichtig** *adj* ❶ *(vernünftig)* ragionevole; *(verständnisvoll)* comprensivo ❷ *(verständlich)* ragionevole, comprensibile

Einsichtnahme ['aınzıçtna:mə] <-, -n> *f* (*form*) *s.* **Einsicht 2.**

ein|sickern *vi sein* infiltrarsi (*in* +*acc* in)

Einsiedler(in) <-s, -; -, -nen> *m(f)* eremita *mf*

einsilbig ['aınzılbıç] *adj* ❶ (LING) monosillabico, monosillabo ❷ (*fig: wortkarg*) di poche parole

ein|sinken <irr> *vi sein* sprofondare; **im Schlamm/Schnee ~** sprofondare nel fango/nella neve

einspaltig ['aınʃpaltıç] **I.** *adj* (TYP) a una colonna; **ein ~er Artikel** un articolo a una colonna **II.** *adv* (TYP) a una colonna

ein|spannen *vt* ❶ (*in Rahmen*) tendere; (*in Schreibmaschine*) inserire ❷ (*Pferd*) attaccare ❸ (*fig fam: Menschen*) mettere sotto; **jdn für etw ~** incaricare qu di collaborare a qc

ein|sparen *vt* risparmiare; (*Arbeitsplätze*) abolire; **Einsparung** <-, -en> *f* economia *f* (*bei* in), risparmio *m* (*bei* in)

ein|speisen *vt* ❶ (TEC) alimentare ❷ (IN-FORM) immagazzinare

ein|sperren *vt* ❶ (*einschließen*) **jdn in die** [*o* **der**] **Wohnung ~** (rin)chiudere in casa qu ❷ (*fam: ins Gefängnis*) mettere dentro

ein|spielen **I.** *vt* ❶ (FILM, THEAT: *Geld einbringen*) rendere ❷ (*Instrument*) provare, accordare ❸ (INFORM) **Daten** [**in etw** *acc*] **~** caricare dati [in qc] **II.** *vr* **sich ~** ❶ (SPORT: *sich warm spielen*) allenarsi ❷ (MUS, THEAT) esercitarsi, provare ❸ (*sich aufeinander einstellen*) affiatarsi; **gut aufeinander eingespielt sein** essere molto affiatati ❹ (*zur Gewohnheit werden*) stabilirsi; **der normale Tagesablauf wird sich bald wieder ~** si ristabilirà presto il normale ritmo giornaliero

Einsprache <-, -n> *f* (*CH*) *s.* **Einspruch**

einsprachig ['aınʃpra:xıç] *adj* (*Wörterbuch*) monolingue

ein|springen <irr> *vi sein* **für jdn ~** sostituire qu

Einspritzdruck *m* (MOT) pressione *f* di iniezione; **Einspritzmotor** *m* (MOT) motore *m* a iniezione; **Einspritzzeitpunkt** *m* (MOT) momento *t* dell'iniezione

Einspruch <-(e)s, -sprüche> *m* ❶ (*Einwand, Widerspruch*) obiezione *f*, opposizione *f* ❷ (JUR) ricorso *m*, reclamo *m*; (**ich erhebe**) **~!** protesto!; **~ abgelehnt!/** (**dem ~ wird**) **stattgegeben!** obiezione respinta!/obiezione accolta! ❸ (PARL) veto *m*

einspurig ['aınʃpu:rıç] *adj* a una corsia

einst [aınst] *adv* ❶ (*früher*) in passato, una volta ❷ (*geh: später einmal*) un giorno, in avvenire

ein|stampfen *vt* (*Bücher*) macerare

Einstand <-(e)s, -stände> *m* ❶ (*bes. südd, A: Feier zum Arbeitsbeginn*) festeggiamento *m* per l'entrata in servizio; **seinen ~ geben** festeggiare l'entrata in servizio ❷ *sing* (SPORT: *Tennis*) (punteggio *m*) pari *m*, parità *f*

ein|stecken *vt* ❶ (*hin~*) **etw** (**in etw** *acc*) **~** mettere qc dentro (a qc), introdurre qc (in qc); **den Stecker in die Steckdose ~** inserire la spina nella presa ❷ (*in Tasche*) intascare ❸ (*fam: Brief*) imbucare, impostare ❹ (*fig fam: hinnehmen müssen*) subire; (*Schläge*) incassare; (*Beleidigung, Kritik*) mandar giù, sopportare

ein|stehen <irr> *vi sein o haben* ❶ (*geradestehen*) **für etw ~** rispondere di qc ❷ (*sich verbürgen*) **für jdn/etw ~** garantire per qc/qu

ein|steigen <irr> *vi sein* ❶ (*in Fahrzeug*) salire; **in den Zug/die Straßenbahn ~** salire sul treno/in tram ❷ (*fam: sich beteiligen*) **in ein Projekt ~** partecipare a un progetto ❸ (*anfangen*) **in die Politik ~** entrare in politica

einstellbar *adj* regolabile, registrabile

ein|stellen **I.** *vt* ❶ (*hin~*) **etw** (**in etw** *acc*) **~** mettere qc dentro (a qc) ❷ (*regulieren*) sintonizzare, mettere a punto; (RADIO, TV) regolare; (*Zündung*) mettere in fase; (FOTO) mettere a fuoco; (*Fernglas*) puntare ❸ (*Arbeiter*) assumere; (*Angestellte*) impiegare ❹ (*beenden*) terminare; (JUR: *Verfahren*) archiviare; **das Feuer ~** cessare il fuoco ❺ (SPORT: *Rekord*) battere **II.** *vr* **sich ~** ❶ (*kommen*) comparire, presentarsi; (*Schmerz*) farsi sentire ❷ (*sich vorbereiten auf*) **sich auf etw** *acc* **~** prepararsi a qc ❸ (*sich richten nach*) **sich auf jdn ~** adattarsi a qu

einstellig *adj* di una (sola) cifra

Einstellung <-, -en> *f* ❶ (TEC) regolazione *f* ❷ (*Anstellung*) impiego *m*, assunzione *f* ❸ (*Beendigung*) cessazione *f*; (*von Zahlung, Verfahren*) sospensione *f*; (*von Feuer*) cessazione *f* ❹ (*Haltung, Ansicht*) atteggiamento *m*; **jds ~ zu etw** l'atteggiamento di qu verso qc; **Einstellungsgespräch** ['aınʃtɛlʊŋsgəʃprɛːç] <-(e)s, -e> *n* colloquio *m* per l'assunzione

Einstieg ['aınʃtiːk] <-(e)s, -e> *m* ❶ (*das Einsteigen*) entrata *f* (*~ sstelle*) accesso *m* ❷ (*fig: geistiger Zugang*) **der ~ in etw** *acc* l'approccio con qc

Einstiegsdroge *f* prima droga *f*

ein|stimmen **I.** *vi* **in ein Lied ~** intonare

una canzone **II.** *vt* (*Instrument*) accordare

einstimmig *adj* ❶ (MUS) per una sola voce, monodico ❷ (*ohne Gegenstimme*) all'unisono; (*einmütig*) concorde, unanime; **der Beschluss wurde ~ angenommen** la decisione fu approvata all'unanimità; **Einstimmigkeit** <-> *kein Pl f* unanimità *f*

einstöckig ['aɪnʃtœkɪç] *adj* di [*o* a] un (solo) piano

Einstrahlung <-, -en> *f* (METEO: *Sonnen~*) irradiazione *f*

ein|streichen <streicht ein, strich ein, eingestrichen> *vt* ❶ (*bestreichen*) spalmare (*mit* di); (*mit Öl*) ungere; (*mit Farbe*) verniciare ❷ (*fam: Geld*) intascare

ein|streuen *vt* ❶ (*bestreuen*) **etw mit etw ~** cospargere qc di qc ❷ (*Bemerkungen, Zitate*) **etw in etw** *acc* **~** inserire qc in qc

ein|strömen *vi sein* affluire; (*eindringen*) penetrare

ein|studieren <ohne ge-> *vt* (THEAT) provare, far le prove

ein|stufen *vt* ❶ (*einordnen, a fig*) classificare ❷ (*bewerten*) valutare; **Einstufung** <-, -en> *f* ❶ (*Einordnung*) classificazione *f* ❷ (*Bewertung*) valutazione *f*; **die ~ in eine neue Gehaltsklasse vornehmen** effettuare il passaggio in [*o* ad] una nuova categoria retributiva

einstündig ['aɪnʃtʏndɪç] *adj* di [*o* della durata di] un'ora

ein|stürmen *vi sein* ❶ (*feindlich, a fig*) assalire (*auf jdn* qu) ❷ (*bestürmen*) assediare (*mit etw auf jdn* qu con qc), tempestare (*mit etw auf jdn* qu di qc); **mit Fragen auf jdn ~** bombardare [*o* tempestare] qu di domande

Einsturz <-es, -stürze> *m* crollo *m*

ein|stürzen *vi sein* crollare; **auf jdn ~** (*fig: Ereignisse*) abbattersi su qu

Einsturzgefahr *f* pericolo *m* di crollo; **~!** attenzione, edificio pericolante!

einstweilen ['aɪnst'vaɪlən] *adv* ❶ (*vorläufig*) per ora, per il momento ❷ (*unterdessen*) intanto

einstweilig ['aɪnst'vaɪlɪç] *adj* ❶ (*vorläufig*) temporaneo ❷ (*provisorisch*) provvisorio

eintägig ['aɪntɛːgɪç] *adj* di un giorno, di una giornata

Eintagsfliege *f* ❶ (ZOO) mosca *f* effimera ❷ (*fig*) cosa *f* effimera

ein|tauchen I. *vt haben* (*eintunken*) intingere; (*völlig*) immergere; **einen Keks in den Tee ~** intingere un biscotto nel tè **II.** *vi sein* immergersi

ein|tauschen *vt* **etw** (**gegen etw**) **~** cam-

biare qc (con qc)

eintausend ['aɪn'taʊzənt] *num* mille

ein|teilen *vt* ❶ (*unterteilen*) (sud)dividere; (*in Klassen*) classificare ❷ (*haushalten mit*) disporre ❸ (*für bestimmte Aufgabe*) assegnare

einteilig ['aɪntaɪlɪç] *adj* intero

Einteilung <-, -en> *f* ❶ (*Unterteilung*) (sud)divisione *f*; (*in Klassen*) classificazione *f* ❷ (*Organisation*) uso *m* parsimonioso, economia *f*; (*Zeit~*) orario *m* ❸ (*Zuweisung*) assegnazione *f*

eintönig ['aɪntøːnɪç] *adj* monotono; **Eintönigkeit** <-> *kein Pl f* monotonia *f*

Eintopf *m* (GASTR) minestrone *m*

Eintracht ['aɪntraxt] <-> *kein Pl f* (*Harmonie*) armonia *f*, accordo *m*

einträchtig ['aɪntrɛçtɪç] **I.** *adj* concorde, in armonia **II.** *adv* in concordia, in buon'armonia

Eintrag ['aɪntraːk, *pl:* 'aɪntrɛːgə] <-(e)s, Einträge> *m* ❶ (*in Liste*) registrazione *f*, iscrizione *f*; (*in Wörterbuch*) entrata *f* ❷ (ADM: *Vermerk, Notiz*) nota *f*

ein|tragen <irr> **I.** *vt* ❶ (*einschreiben*) registrare, iscrivere; **jdn in eine Liste ~** iscrivere qu in una lista ❷ (*einbringen*) rendere, portare; (*Gewinn*) fruttare, rendere **II.** *vr* **sich** (**in etw** *acc*) **~** iscriversi (in qc)

einträglich ['aɪntrɛːklɪç] *adj* fruttuoso, redditizio

Eintragung <-, -en> *f s.* **Eintrag**

ein|treffen <irr> *vi sein* ❶ (*ankommen*) arrivare ❷ (*geschehen: Prophezeiung*) avverarsi; (*Katastrophe*) accadere

ein|treiben <irr> *vt* ❶ (*Geld*) riscuotere ❷ (*Vieh*) ricondurre alla stalla ❸ (*Pfahl*) piantare

ein|treten <irr> **I.** *vi sein* ❶ (*hineingehen*) entrare; **in ein Zimmer ~** entrare in una stanza; **treten Sie** (**bitte**) **ein!** si accomodi, prego! ❷ (*beitreten*) **in eine Partei ~** aderire a un partito ❸ (*geschehen*) verificarsi; (*einsetzen, beginnen*) iniziare, cominciare ❹ (*CH: näher eingehen*) **auf etw** *acc* **~** affrontare qc ❺ (*sich einsetzen*) **für jdn/etw ~** prendere le parti di qu/sostenere qc **II.** *vt haben* (*zertrümmern*) sfondare (con un calcio)

ein|trichtern *vt* (*fam*) **jdm etw ~** inculcare qc a qu

Eintritt <-(e)s, -e> *m* ❶ (*das Eintreten*) entrata *f*; (*in Partei a*) ingresso *m* ❷ (*Beginn*) inizio *m* ❸ (*~ sgeld*) ingresso *m*; **~ frei** ingresso libero; **Eintrittsbedingung** *f* (*Europäische Währungsunion*) condizione *f* di entrata; **Eintrittsgeld**

['aɪntrɪtsgɛlt, *pl:* 'aɪntrɪtsgɛldə] <-(e)s, -er> *n* ingresso *m;* **Eintrittskarte** *f* biglietto *m* d'ingresso

ein|trocknen *vi sein* asciugarsi, prosciugarsi

ein|trudeln ['aɪntru:dəln] *vi sein* (*fam*) arrivare, comparire

ein|tunken *vt* inzuppare; **etw in etw** *acc* ~ inzuppare [*o* intingere] qc in qc

ein|üben *vt* studiare; (THEAT) provare

ein|verleiben ['aɪnfɛɐlaɪbən] <ohne ge-> *vt* **sich** *dat* **etw** ~ (*scherz*) mangiarsi qc; (*fig*) imparare qc

Einvernahme <-, -n> *f* (*A, CH: Vernehmung vor Gericht*) interrogatorio *m*

Einvernehmen <-s> *kein Pl n* concordia *f,* armonia *f;* **im** ~ **mit** d'accordo con; **in gutem** ~ in buoni rapporti; **in beiderseitigem** ~ di comune accordo

einverstanden *adj* **mit jdm/etw** ~ **sein** essere d'accordo con qu/su qc; ~**!** d'accordo!, intesi!

Einverständnis <-sses, -sse> *n* ① (*Billigung*) approvazione *f,* assenso *m* ② (*Übereinstimmung*) consenso *m,* accordo *m*

Einwand ['aɪnvant, *pl:* 'aɪnvɛndə] <-(e)s, Einwände> *m* obiezione *f;* **einen** ~ **erheben** sollevare un'obiezione

Einwanderer(in) *m(f)* immigrante *mf;* (*Eingewanderter*) immigrato, -a *m, f*

ein|wandern *vi sein* immigrare

Einwanderung ['aɪnvandərʊŋ] <-, -en> *f* immigrazione *f;* **Einwanderungspolitik** <-> *kein Pl f* politica *f* sull'immigrazione

einwandfrei *adj* ① (*Ware*) senza difetti; (*Benehmen*) irreprensibile, impeccabile ② (*eindeutig*) lampante, chiaro

einwärts ['aɪnvɛrts] *adv* in dentro

ein|wechseln ['aɪnvɛksəln] *vt* cambiare (*gegen* in)

Einwegflasche *f* vuoto *m* a perdere; **Einwegrasierer** *m* rasoio *m* usa e getta

ein|weichen *vt* mettere a bagno; (*Wäsche*) mettere a mollo; (*Brot*) inzuppare

ein|weihen *vt* ① (*eröffnen*) inaugurare ② (*vertraut machen*) **jdn in etw** *acc* ~ iniziare qu a qc; (*in Geheimnis*) mettere a parte qu di qc

Einweihung <-, -en> *f* ① (*Eröffnung*) inaugurazione *f* ② (*in Geheimnis*) iniziazione *f*

ein|weisen *vt* ① (*in Krankenhaus*) ricoverare; (*in Anstalt*) internare ② (*in Amt*) insediare ③ (*in Tätigkeit*) addestrare, avviare ④ (*in Parklücke*) dirigere (nella manovra)

Einweisung <-, -en> *f* ① (*in Krankenhaus*) ricovero *m;* (*in Anstalt*) interna-

mento *m* ② (*in Amt*) insediamento *m* ③ (*in Tätigkeit*) addestramento *m*

ein|wenden <irr> *vt* obiettare; **dagegen ist nichts einzuwenden** non c'è nulla da ridire; **Einwendung** <-, -en> *f* obiezione *f;* (JUR) eccezione *f*

ein|werfen <irr> I. *vt* ① (*Brief*) imbucare ② (*Fenster*) frantumare ③ (*fig: eine Zwischenbemerkung machen*) osservare II. *vi* (*sport*) rimettere in gioco la palla

ein|wickeln *vt* ① (*einpacken*) incartare; **ein Kind in eine Decke** ~ avvolgere un bambino in una coperta ② (*fig fam: betrügen*) abbindolare

ein|willigen *vi* **in etw** *acc* ~ (ac)consentire a qc, accettare qc

Einwilligung <-, -en> *f* consenso *m,* approvazione *f*

ein|wirken *vi* ① (*eine Wirkung ausüben*) **auf etw** *acc* ~ agire su qc ② (*beeinflussen*) **auf jdn/etw** ~ influire su qu/qc, influenzare qu/qc

Einwirkung <-, -en> *f* **die** ~ **auf ...** +*acc* l'azione su ..., l'effetto su ...

Einwohner(in) <-s, -; -, -nen> *m(f)* abitante *mf;* **Einwohnermeldeamt** *n* (ufficio *m*) anagrafe *f;* **Einwohnerschaft** <-> *kein Pl f* cittadinanza *f,* popolazione *f;* **Einwohnerzahl** ['aɪnvo:netsa:l] <-, -en> *f* numero *m* di abitanti

Einwurf <-(e)s, -würfe> *m* ① (*Münz~*) fessura *f* ② (*das Einwerfen*) impostazione *f* ③ (*fig: Bemerkung*) osservazione *f* ④ (SPORT: *Ball~*) rimessa *f* in gioco

Einzahl <-, *rar* -en> *f* (LING) singolare *m*

ein|zahlen *vt* pagare, versare

Einzahlung ['aɪntsa:lʊŋ] <-, -en> *f* pagamento *m,* versamento *m;* **Einzahlungsbeleg** *m* ricevuta *f* di versamento; **Einzahlungsformular** *n* modulo *m* di versamento; **Einzahlungsschein** *m* (FIN) ① (*Einzahlungsbeleg*) ricevuta *f* di versamento ② (*CH: Zahlkarte* (D), *Erlagschein* (A)) modulo *m* di versamento

ein|zäunen ['aɪntsɔɪnən] *vt* recintare

Einzel ['aɪntsəl] <-s, -> *n* (SPORT) singolare *m,* singolo *m;* **Einzelbett** *n* letto *m* singolo; **Einzelfall** *m* caso *m* singolo; **Einzelgänger(in)** ['aɪntsəlgɛŋɐ] <-s, -; -, -nen> *m(f)* solitario, -a *m, f,* outsider *m;* **Einzelhaft** *f* cella *f* d'isolamento; **Einzelhandel** *m* commercio *m* al minuto; **Einzelhändler(in)** *m(f)* venditore *m* [*o* commerciante *m*] al minuto; **Einzelheit** <-, -en> *f* particolare *m,* dettaglio *m;* **in allen** ~**en** in tutti i particolari; **Einzelkind** *n* figlio, -a *m, f* unico, -a

Einzeller ['aɪntsɛlɐ] <-s, -> *m* (BIOL) organismo *m* unicellulare; **einzellig** *adj* (BIOL) unicellulare, monocellulare

einzeln I. *adj* ❶ (*alleinig*) solo, unico; **ein ~er Strumpf** una calza sola; **der Einzelne** l'individuo; **jeder Einzelne** ognuno, ciascuno ❷ (*allein (stehend)*) singolo ❸ (*speziell*) particolare ❹ (*separat*) separato ❺ *pl* (*einige, wenige*) alcuni, singoli, -e II. *adv* singolarmente, ad uno ad uno; (*getrennt*) separatamente; **im Einzelnen** in particolare; **bitte ~ eintreten** per favore, entrare uno alla [o per] volta

Einzelperson *f* individuo *m*, singolo *m;* **Einzelstück** *n* pezzo *m* unico; **Einzelteil** *n* pezzo *m* staccato; **Einzelzimmer** *n* camera *f* singola

einziehbar *adj* ❶ (*Fahrgestell*) retrattabile ❷ (*Geld*) riscuotibile

ein|ziehen <irr> I. *vt* haben ❶ (*Fahne, Segel*) ammainare; (*Kopf, Bauch, Antenne, Fahrgestell*) far rientrare; (*Krallen*) ritirare ❷ (*Gelder*) riscuotere, incassare ❸ (*beschlagnahmen*) confiscare, sequestrare ❹ (MIL: *Rekruten*) arruolare ❺ (*einsaugen*) aspirare ❻ (*Erkundigungen*) raccogliere ❼ (*Zwischenwand*) inserire II. *vi* sein ❶ (*Einzug halten*) entrare ❷ (*in Wohnung, Haus*) andare ad abitare ❸ (*Creme*) essere assorbito

Einziehung <-, -en> *f* ❶ (MIL) coscrizione *f,* richiamo *m* alle armi ❷ (*von Außenständen*) riscossione *f,* recupero *m;* (*von Steuern*) esazione *f* ❸ (*Beschlagnahmung*) confisca *f,* sequestro *m*

einzig I. *adj* unico, solo; (*~ artig*) eccezionale; **das ~e** l'unica cosa; **es war eine ~e Katastrophe** (*fam*) è stata una vera e propria catastrofe II. *adv* **~ und allein** unicamente; **das ~ Wahre** (*fam*) la sola cosa vera

einzigartig *adj* unico (nel suo genere), straordinario; **Einzigartigkeit** ['aɪntsɪçartıçkaɪt] <-> *kein Pl* f unicità *f*

Einzug <-(e)s, -züge> *m* ingresso *m;* **Einzugsbereich** ['aɪntsuːksbəraɪç] <-(e)s, -e> *m* zona *f* d'influenza

ein|zwängen ['aɪntsvɛŋən] *vt* far entrare con forza

Eis [aɪs] <-es> *kein Pl n* ❶ (*gefrorenes Wasser*) ghiaccio *m;* **etw auf ~ legen** (*fig*) accantonare qc; **das ~ brechen** (*fig*) rompere il ghiaccio ❷ (*Speise~*) gelato *m; ~* **am Stiel** gelato da passeggio; **Eisbahn** *f* pista *f* di pattinaggio; **Eisbär** *m* orso *m* bianco; **Eisbecher** *m* coppa *f* di gelato; **Eisbein** *n* (GASTR) zampetto *m* di porco lesso; **Eisberg** *m* iceberg *m;* **Eisbeutel** *m* borsa *f* del ghiaccio; **Eisblumen** *fpl* stelle

fpl di ghiaccio (sui vetri delle finestre); **Eisbombe** *f* (GASTR) bomba *f* di gelato; **Eisbrecher** *m* (nave *f*) rompighiaccio *m;* **Eiscreme** *f* gelato *m* (alla crema); **Eisdiele** *f* gelateria *f*

Eisen ['aɪzən] <-s, -> *n* ferro *m;* **ein heißes ~ anfassen** (*fig*) toccare una questione scottante; **zwei ~ im Feuer haben** (*fig fam*) mettere molta carne al fuoco; **zum alten ~ gehören** (*fig fam*) essere un rottame; **man muss das ~ schmieden, solange es heiß ist** (*prov*) bisogna battere il ferro finché è caldo

Eisenbahn <-, -en> *f* ferrovia *f;* (*Zug*) treno *m;* **Eisenbahnbrücke** *f* ponte *m* ferroviario; **Eisenbahndirektion** *f* direzione *f* delle ferrovie; **Eisenbahner** <-s, -> *m* ferroviere *m;* **Eisenbahnergewerkschaft** *f* sindacato *m* dei ferrovieri; **Eisenbahnfähre** *f* (nave *f*) [o traghetto *m*] ferroviario; **Eisenbahngesellschaft** *f* compagnia *f* ferroviaria; **Eisenbahnknotenpunkt** *m* nodo *m* ferroviario; **Eisenbahnnetz** *n* rete *f* ferroviaria; **Eisenbahntunnel** *m* galleria *f* ferroviaria; **Eisenbahnüberführung** *f* sovrappassaggio *m* [o viadotto *m*] ferroviario; **Eisenbahnunglück** *n* sciagura *f* ferroviaria; **Eisenbahnunterführung** *f* sottopassaggio *m* ferroviario; **Eisenbahnwagen** *m* carrozza *f* ferroviaria

Eisenbeschlag *m* rivestimento *m* di ferro; **Eisendraht** *m* filo *m* di ferro; **Eisenerz** *n* minerale *m* di ferro; **Eisengitter** *n* inferriata *f;* **eisenhaltig** *adj* ferruginoso; **Eisenhüttenwerk** *n* ferriera *f,* stabilimento *m* siderurgico; **Eisenmangel** *m* carenza *f* di ferro; **Eisenoxyd** *n* ossido *m* ferrico

Eisenstadt ['aɪzənʃtat] *n* (GEOG) Eisenstadt *f*

Eisenstange *f* barra *f* di ferro; **Eisenwaren** *fpl* ferramenta *f;* **Eisenwarenhändler** *m* negoziante *m* di ferramenta; **Eisenwarenhandlung** *f* negozio *m* di ferramenta

eisern *adj* ❶ (*aus Eisen*) di ferro ❷ (*fig: Wille, Gesundheit*) ferreo, di ferro; **~e Disziplin** disciplina ferrea; **~e Ration** (MIL) razione di riserva; **Eiserner Vorhang** (POL) cortina di ferro; **~ bleiben** essere inflessibile

Eisfach *n* freezer *m;* **eisfrei** *adj* libero dal ghiaccio; **Eisgang** *m* ghiacci *mpl* alla deriva; **eisgekühlt** *adj* ghiacciato; **eisglatt** *adj* scivoloso; **Eisheiligen** ['aɪshaɪlɪgən] *mpl* **die** (**drei**) **~** *designazione popolare per indicare tre giorni in maggio*

(*11.-13. al nord, 12.-15. al sud della Germania*) *con pericolo di un brusco abbassamento della temperatura;* **Eishockey** *n* hockey *m* sul ghiaccio

eisig ['aɪzɪç] *adj* gelido

Eiskaffee *m caffè freddo con gelato alla vaniglia e panna montata;* **eiskalt** *adj* gelido, freddissimo; **Eiskasten** *m* (*südd, A: Kühlschrank*) frigorifero *m;* **Eiskristall** ['aɪskrɪstal] <-s, -e> *n* cristallo *m* di ghiaccio; **Eiskübel** *m* secchiello *m* del ghiaccio; **Eiskunstlauf** *m* (SPORT) pattinaggio *m* artistico

eis|laufen *vi* pattinare su ghiaccio; **Eislaufen** ['aɪslaʊfən] <-s> *kein Pl n* pattinaggio *m* su ghiaccio; **Eisläufer(in)** *m(f)* pattinatore, -trice *m, f* su ghiaccio; **Eismeer** *n* mare *m* di ghiaccio; **Eispickel** *m* piccozza *f* alpina

Eisprung *m* (BIOL) ovulazione *f*

Eissalon *m* (*A: Eisdiele*) gelateria *f;* **Eisschnelllauf**[RR] *m* (SPORT) pattinaggio *m* di velocità; **Eisscholle** *f* lastrone *m* di ghiaccio; **Eisschrank** *m* frigorifero *m;* **Eisstadion** *n* stadio *m* del ghiaccio; **Eisverkäufer(in)** *m(f)* gelataio, -a *m, f;* **Eisvogel** *m* (ZOO) martin *m* pescatore; **Eiswaffel** *f* wafer *m* [*o* biscotto *m*] da gelato; **Eiswürfel** *m* cubetto *m* di ghiaccio; **Eiszapfen** *m* ghiacciolo *m;* **Eiszeit** *f* epoca *f* glaciale

eitel ['aɪtəl] *adj* vanitoso; **Eitelkeit** <-, rar -en> *f* vanità *f*

Eiter ['aɪtə] <-s> *kein Pl m* pus *m;* **eit(e)rig** *adj* purulento; **eitern** *vi* suppurare

Eiweiß <-es, -e> *n* ❶(*vom Hühnerei*) bianco *m* dell'uovo, albume *m* ❷(CHEM) albumina *f* ❸(BIOL) proteina *f;* **eiweißarm** *adj* povero di albumine; **eiweißhaltig** *adj* albuminoso; **eiweißreich** ['aɪvaɪsraɪç] *adj* proteico, albuminoso

Eizelle *f* ovulo *m*

Ejakulation [ejakula'tsi̯o:n] <-, -en> *f* (BIOL, MED) eiaculazione *f*

ejakulieren [ejaku'li:rən] <ohne ge-> *vi* eiaculare

EKD [e:ka:'de:] <-> *kein Pl f abk v* **Evangelische Kirche in Deutschland** *chiesa protestante in Germania*

Ekel[1] ['e:kəl] <-s> *kein Pl m* nausea *f;* (*Widerwille*) schifo *m,* ripugnanza *f;* **vor etw** *dat* **~ empfinden** provare disgusto per qc; **~ erregen** nauseare; **~ erregend** schifoso, nauseante

Ekel[2] <-s, -> *n* (*fam pej*) persona *f* schifosa; **du ~!** che essere odioso!

ekelerregend *adj* schifoso, nauseante

ekelhaft *adj,* **ek(e)lig** *adj* schifoso, nauseante; **ekeln** I. *vi, vt* **es ekelt mich davor** mi fa schifo II. *vr* **ich ekle mich vor Spinnen** i ragni mi fanno schifo

EKG, Ekg [e:ka:'ge:] <-(s), -s> *n abk v* **Elektrokardiogramm** ECG

Eklat [e'kla:] <-s, -s> *m* scandalo *m;* **es kam zum ~ als ...** lo scandalo scoppiò quando ...

eklatant [ekla'tant] *adj* eclatante

Ekstase [ɛk'sta:zə] <-, -n> *f* estasi *f;* **ekstatisch** [ɛk'sta:tɪʃ] *adj* estatico

Ekzem [ɛk'tse:m] <-s, -e> *n* (MED) eczema *m*

Elan [e'la:n] <-s> *kein Pl m* slancio *m*

elastisch [e'lastɪʃ] *adj* elastico

Elastizität [elastitsi'tɛːt] <-> *kein Pl f* elasticità *f*

Elba ['ɛlba] *n* Elba *f,* l'Isola *f* d'Elba

Elbe ['ɛlbə] *f* Elba *f*

Elch [ɛlç] <-(e)s, -e> *m* alce *m*

Eldorado [ɛldo'ra:do] <-s, -s> *n* (*fig*) eldorado *m*

Elefant [ele'fant] <-en, -en> *m* elefante *m*

elegant [ele'gant] *adj* elegante

Eleganz [ele'gants] <-> *kein Pl f* eleganza *f*

elektrifizieren [elɛktrifi'tsi:rən] <ohne ge-> *vt* elettrificare; **Elektrifizierung** <-> *kein Pl f* elettrificazione *f*

Elektrik [e'lɛktrɪk] <-, -en> *f* impianto *m* elettrico

Elektriker(in) [e'lɛktrikə] <-s, -; -, -nen> *m(f)* elettricista *m,* elettrotecnico *m*

elektrisch [e'lɛktrɪʃ] *adj* elettrico

elektrisieren [elɛktri'si:rən] <ohne ge-> *vt* elettrizzare

Elektrizität [elɛktritsi'tɛːt] <-> *kein Pl f* elettricità *f;* **Elektrizitätsgesellschaft** *f* società *f* elettrica; **Elektrizitätswerk** *n* centrale *f* elettrica

Elektroauto *n* veicolo *m* elettrico; **Elektrochemie** [elɛktroçe'mi:] *f* elettrochimica *f*

Elektrode [elɛk'tro:də] <-, -n> *f* elettrodo *m*

Elektrogerät *n* apparecchio *m* elettrico; (*Haushaltsgerät*) elettrodomestico *m;* **Elektrogeschäft** *n* negozio *m* di elettrodomestici; **Elektrogroßhandel** *m* commercio *m* all'ingrosso di elettrodomestici; **Elektroherd** *m* cucina *f* elettrica; **Elektroindustrie** *f* industria *f* elettrica; **Elektroingenieur(in)** *m(f)* ingegnere *m* elettrotecnico; **Elektroinstallateur** *m* elettricista *m;* **Elektrokardiogramm** [elɛktrokardio'gram] *n* (MED) elettrocardiogramma *m;* **Elektrolyse** [elɛktro'ly:zə] <-, -n> *f* (PHYS, CHEM) elettrolisi *f*

Elektromagnet [ɛlɛktroma'gneːt] *m* elektromagnete *m;* **elektromagnetisch** *adj* elettromagnetico; **Elektrometer** [elɛk-tro'meːtɐ] <-s, -> *n* elettrometro *m;* **Elektromotor** *m* motore *m* elettrico, elettromotore *m*
Elektron ['eːlɛktrɔn *o* elɛk'troːn] <-s, -en> *n* elettrone *m*
Elektronen- (*in Zusammensetzungen*) elettronico; **Elektronenblitz** *m* lampo *m* elettronico, flash *m;* **Elektronenmikroskop** *n* microscopio *m* elettronico; **Elektronenrechner** *m* calcolatore *m* elettronico; **Elektronenröhre** *f* tubo *m* elettronico
Elektronik [elɛk'troːnɪk] <-> *kein Pl f* elettronica *f*
elektronisch *adj* elettronico
Elektrorasierer <-s, -> *m* rasoio *m* elettrico; **Elektroschock** *m* elettroshock *m,* elettrochoc *m;* **Elektrosmog** <-s> *kein Pl m* (ECO) elettrosmog *m;* **Elektrotechnik** *f* elettrotecnica *f;* **Elektrotechniker(in)** *m(f)* elettrotecnico *m;* **elektrotechnisch** [e'lɛktroteçnɪç] *adj* (TEC) elettrotecnico; **Elektrotherapie** *f* (MED) elettroterapia *f*
Element [ele'mɛnt] <-(e)s, -e> *n* elemento *m*
elementar [elemɛn'taːɐ] *adj* elementare; (*grundlegend*) fondamentale
elend ['eːlɛnt] *adj* ❶ (*armselig*) misero, povero ❷ (*kümmerlich*) miserabile ❸ (*fam: kränklich*) malaticcio ❹ (*pej: gemein*) infame; **du ~er Betrüger!** (*fam*) misero imbroglione!; **Elend** <-(e)s> *kein Pl n* miseria *f;* **wie das leibhaftige ~ aussehen** (*fam*) sembrare la morte in vacanza; **wie ein Häufchen ~** (*fam*) come uno straccio; **Elendsviertel** *n* quartiere *m* povero
elf [ɛlf] *num* undici; *s. a.* **acht**
Elf [ɛlf] <-, -en> **I.** *num* (*Zahl*) undici *m* **II.** *f* (*Buslinie, etc*) undici *m;* (SPORT) undici *m,* squadra *f* di calcio
Elf-, elf- *s. a.* **Acht-, acht-**
Elfe ['ɛlfə] <-, -n> *f* (LIT) silfide *f*
Elfenbein ['ɛlfənbaɪn] *n* avorio *m;* **elfenbeinfarben** *adj* color avorio; **Elfenbeinküste** *f* Costa *f* d'Avorio
elfmal ['ɛlfmaːl] *adv* undici volte; *s.* **achtmal**
Elfmeter [ɛlf'meːtɐ] <-s, -> *m* (SPORT) calcio *m* di rigore; **Elfmeterschießen** <-> *kein Pl n* (SPORT) calci *mpl* di rigore
elfte(r, s) *adj* undicesimo, -a; (*bei Datumsangaben*) undici; *s. a.* **achte(r, s)**
Elfte <ein -r, -n, -n> *mf* undicesimo, -a *m, f;*

s. a. **Achte**
Elftel <-s, -> *n* undicesimo *m*
elftel ['ɛlftəl] <inv> *adj* undicesimo; *s.* **achtel**
elftens *adv* (in) undicesimo (luogo)
eliminieren [elimi'niːrən] <ohne ge-> *vt* eliminare
elitär [eli'tɛːɐ] *adj* elitario
Elite [e'liːtə] <-, -n> *f* élite *f,* fior fiore *m;* **Eliteuniversität** *f* università *f* d'élite
Elixier [elɪ'ksiːɐ] <-s, -e> *n* elisir *m*
Ellbogen *s.* **Ell(en)bogen**
Elle ['ɛlə] <-, -n> *f* ❶ (ANAT) ulna *f* ❷ (*Maß*) cubito *m*
Ell(en)bogen <-s, -> *m* gomito *m;* **Ell(en)bogenfreiheit** *f* (*fig*) libertà *f* di movimento
ellenlang *adj* (*fam*) lunghissimo
Ellipse [ɛ'lɪpsə] <-, -n> *f* ❶ (MAT) ellisse *f* ❷ (LING) ellissi *f*
elliptisch [ɛ'lɪptɪʃ] *adj* (MAT, LING) ellittico
eloquent [elo'kvɛnt] *adj* eloquente
Elsass[RR] ['ɛlzas] *n,* **Elsaß**[ALT] *n* Alsazia *f*
Elsässer(in) ['ɛlzɛsɐ] <-s, -; -, -nen> *m(f)* alsaziano, -a *m, f*
elsässisch ['ɛlzɛsɪʃ] *adj* alsaziano
Elsass-Lothringen[RR] ['ɛlzas 'loːtrɪŋən] <-s> *n* Alsazia-Lorena *f*
Elster ['ɛlstɐ] <-, -n> *f* gazza *f*
elterlich ['ɛltɐlɪç] *adj* ❶ (*von den Eltern kommend*) dei genitori, parentale ❷ (*den Eltern gehörend*) paterno
Eltern ['ɛltɐn] *pl* genitori *mpl;* **Elternabend** *m* (*Schule*) riunione *f* dei genitori; **Elternhaus** *n* ❶ (*Vaterhaus*) casa *f* paterna ❷ (*fig*) famiglia *f;* **Elternliebe** *f* amore *m* dei genitori; **elternlos** *adj* orfano (di padre e di madre); **Elternsprechtag** *m* (*Schule*) giorno *m* per il colloquio con i genitori; **Elternteil** ['ɛltɐntaɪl] <-(e)s, -e> *n* genitore *m*
Email [e'maɪ *o* e'maːj] <-s, -s> *n* smalto *m*
E-Mail ['iːmɛɪl] <-, -s> *f* (INFORM) E-mail *f;* **eine ~ senden/bekommen** spedire/ricevere una E-mail; **E-Mail-Adresse** *f* indirizzo *m* E-mail
Emaille [e'maljə *o* e'maɪ *o* e'maːj] <-, -n> *f s.* **Email**
emaillieren [ema'jiːrən *o* emal'jiːrən] <ohne ge-> *vt* smaltare
Emanze [e'mantsə] <-, -n> *f* (*fam pej*) femminista *f,* suffragetta *f scherz*
Emanzipation [emantsipa'tsi̯oːn] <-, -en> *f* emancipazione *f;* **Emanzipationsbewegung** *f* movimento *m* d'emancipazione
emanzipatorisch [emantsipa'toːrɪʃ] *adj* emancipatore

emanzipieren [emantsi'pi:rən] <ohne ge-> I. *vt* emancipare II. *vr* **sich** ~ emanciparsi; **emanzipiert** *adj* emancipato

Embargo [ɛm'bargo] <-s, -s> *n* embargo *m*

Embolie [ɛmbo'li:] <-, -n> *f* (MED) embolia *f*

Embryo ['ɛmbryo] <-s, -s *o* Embryonen> *m, A: n* (MED, BIOL) embrione *m*

embryonal [ɛmbryo'na:l] *adj* (MED, BIOL) embrionale

Emigrant(in) [emi'grant] <-en, -en; -, -nen> *m(f)* ❶ (*Auswanderer*) emigrante *mf* ❷ (POL) emigrato, -a *m, f*

Emigration [emigra'tsi̯o:n] <-, -en> *f* emigrazione *f*

emigrieren [emi'gri:rən] <ohne ge-> *vi sein* emigrare

Eminenz [emi'nɛnts] <-, -en> *f* (REL) eminenza *f*; **Seine/Eure** ~ Sua/Vostra eminenza; **graue** ~ eminenza grigia

Emir [e'mi:ɐ, *pl:* e'mi:rə] <-s, -e> *m* emiro *m*

Emirat [emi'ra:t] <-(e)s, -e> *n* emirato *m*; **Vereinigte Arabische ~e** Emirati arabi uniti

Emission [emɪ'si̯o:n] <-, -en> *f* ❶ (PHYS, FIN) emissione *f* ❷ (*CH: Rundfunksendung*) trasmissione *f*; **Emissionshandel** *m* (POL) commercio *m* delle emissioni

emittieren [emɪ'ti:rən] <ohne ge-> *vt* (PHYS, FIN) emettere

Emmentaler ['ɛmənta:lɐ] <-s, -> *m* (GASTR) emmental *m*

Emoticon [e'mo:tikɔn] <-s, -s> *n* (INFORM) faccina *f*

Emotion [emo'tsi̯o:n] <-, -en> *f* emozione *f*

emotional [emotsi̯o'na:l] *adj*, **emotionell** [emotsi̯o'nɛl] *adj* emozionale, emotivo

empfahl [ɛm'pfa:l] *1. u 3. pers sing imp von* **empfehlen**

empfand [ɛm'pfant] *1. u 3. pers sing imp von* **empfinden**

Empfang [ɛm'pfaŋ, *pl:* ɛm'pfɛŋə] <-(e)s, Empfänge> *m* ❶ (TEC, RADIO, TV) ricezione *f* ❷ (*Erhalten*) ricevimento *m*; **etw in** ~ **nehmen** prendere in consegna qc, ricevere qc; **den** ~ **einer Sache** *gen* **bestätigen** accusare ricevuta di qc ❸ (*Aufnahme*) accoglienza *f* ❹ (*Feier*) ricevimento *m* ❺ (*im Hotel*) reception *f*

empfangen <empfängt, empfing, empfangen> *vt* ❶ (*Waren*, RADIO, TV) ricevere ❷ (*Person*) accogliere

Empfänger [ɛm'pfɛŋɐ] <-s, -> *m* (RADIO: *Gerät*) apparecchio *m* ricevente, ricevi-

tore *m*

Empfänger(in) <-s, -; -, -nen> *m(f)* (*von Postsendung*) destinatario, -a *m, f*; (*von Ware*) consegnatario, -a *m, f*; (*von Summe*) ricevitore, -trice *m, f*; (*von Spende*) beneficiario, -a *m, f*; ~ **unbekannt** (*auf Briefen*) sconosciuto all'indirizzo; ~ **verzogen** destinatario trasferito

empfänglich [ɛm'pfɛŋlɪç] *adj* **für etw** ~ **sein** essere sensibile a qc

Empfängnis [ɛm'pfɛŋnɪs] <-, -se> *f* concepimento *m*, concezione *f*; **empfängnisverhütend** *adj* ~**es Mittel** anticoncezionale *m*; **Empfängnisverhütung** *f* prevenzione *f* del concepimento; **Empfängnisverhütungsmittel** [ɛm'pfɛŋnɪsfɛɐhytʊŋsmɪtəl] <-s, -> *n* anticoncezionale *m*

Empfangsbescheinigung *f*, **Empfangsbestätigung** *f* (COM) ricevuta *f*, quietanza *f*; **Empfangschef(in)** *m(f)* direttore, -trice *m, f*, maître, -tresse *m, f*; **Empfangsstation** *f* (RADIO) stazione *f* ricevente; **Empfangszimmer** *n* salotto *m* da ricevimento

empfängt [ɛm'pfɛŋt] *3. pers sing pr von* **empfangen**

empfehlen [ɛm'pfe:lən] <empfiehlt, empfahl, empfohlen> I. *vt* (*raten*) raccomandare, consigliare II. *vr* **sich** ~ ❶ (*geh: sich verabschieden*) prendere congedo, accomiatarsi ❷ (*ratsam sein*) **es empfiehlt sich zu** +*inf* conviene +*inf*; **empfehlenswert** *adj* raccomandabile, consigliabile

Empfehlung <-, -en> *f* ❶ (*Rat*) consiglio *m* ❷ (*Fürsprache*) raccomandazione *f*; (*Referenz*) referenze *fpl*; **auf** ~ **von** dietro raccomandazione di ❸ (*geh: Gruß*) ossequi *mpl*, saluti *mpl*; **mit den besten ~en** con i migliori saluti; **Empfehlungsschreiben** *n* lettera *f* di raccomandazione

empfiehlt [ɛm'pfi:lt] *3. pers sing pr von* **empfehlen**

empfinden [ɛm'pfɪndən] <empfindet, empfand, empfunden> *vt* sentire, provare

empfindlich *adj* ❶ (*Person*, FOTO, TEC) sensibile; **gegen etw** ~ **sein** essere sensibile a qc ❷ (*zart*) delicato ❸ (*leicht verletzbar*) suscettibile; (*übelnehmend*) permaloso; (*reizbar*) irritabile; **jdn an seiner ~sten Stelle treffen** pungere qu sul vivo ❹ (*spürbar, schmerzlich*) pungente, doloroso; **Empfindlichkeit** <-> *kein Pl f* ❶ (*Feinfühligkeit*, MED, TEC, FOTO) sensibilità *f* ❷ (*Reizbarkeit*) suscettibilità *f*, irritabilità *f*

empfindsam *adj* sensibile, delicato

d'animo; (*gefühlvoll*) emotivo, sentimentale; **Empfindsamkeit** <-> *kein Pl f* sensibilità *f*, emotività *f*, sentimentalità *f*

Empfindung <-, -en> *f* ❶ (*Wahrnehmung*) sensazione *f* ❷ (*Gefühl*) sentimento *m*

empfing [ɛmˈpfɪŋ] *1.u 3. pers sing imp von* **empfangen**

empfohlen [ɛmˈpfoːlən] *pp von* **empfehlen**

empfunden [ɛmˈpfʊndən] *pp von* **empfinden**

empirisch [ɛmˈpiːrɪʃ] *adj* (*geh*) empirico

empor [ɛmˈpoːɐ̯] *adv* (*geh*) verso l'alto, all'insù

empor|arbeiten *vr* sich ~ (*fig*) farsi una posizione, far carriera

Empore [ɛmˈpoːrə] <-, -n> *f* (*in Kirche*) cantoria *f*, matroneo *m*; (*in Theater*) galleria *f*

empören [ɛmˈpøːrən] <ohne ge-> **I.** *vt* indignare **II.** *vr* sich ~ ❶ (*sich entrüsten*) **sich über jdn/etw** ~ sdegnarsi con qu/ indignarsi per qc ❷ (*sich auflehnen*) **sich gegen etw** ~ ribellarsi a qc, rivoltarsi contro qc; **empörend** *adj* scandaloso

Emporkömmling [ɛmˈpoːɐ̯kœmlɪŋ] <-s, -e> *m* arrivista *mf*, parvenu *m*

empor|ragen [ɛmˈpoːɐ̯raːɡən] *vi* (*geh*) innalzarsi, elevarsi; **empor|schwingen** <schwingt empor, schwang empor, emporgeschwungen> *vr* sich ~ lanciarsi in alto; **sich zu etw** ~ (*fig*) raggiungere qc; **empor|steigen** <irr> **I.** *vi sein* (*Rauch*) salire; (*Zweifel*) sorgere **II.** *vt* (*Stufen*) salire

empört [ɛmˈpøːɐ̯t] *adj* **über etw** ~ **sein** essere indignato per qc

Empörung <-, -en> *f* indignazione *f*; **seine** ~ **über ...** *+acc* la sua indignazione per ...

emsig [ˈɛmzɪç] *adj* ❶ (*fleißig*) diligente, laborioso ❷ (*unermüdlich*) assiduo; **Emsigkeit** <-> *kein Pl f* ❶ (*Fleiß*) diligenza *f* ❷ (*Unermüdlichkeit*) assiduità *f*

Emu [ˈeːmu] <-s, -s> *m* (zoo) emù *m*

Emulgator [emʊlˈɡaːtoːɐ̯, *pl:* emʊlɡaˈtoːrən] <-s, -en> *m* emulgante *m*; **emulgieren** [emʊlˈɡiːrən] *vt* emulsionare; **Emulsion** [emʊlˈzjoːn] <-, -en> *f* ❶ (CHEM) emulsione *f* ❷ (FOTO) emulsione *f* sensibile

en bloc [ãˈblɔk] *adv* in blocco

End- [ˈɛnt] (*in Zusammensetzungen*) terminale, finale, definitivo; **Endausscheidung** *f* finalissima *f*; **Endbahnhof** *m* stazione *f* terminale, capolinea *m*

Ende [ˈɛndə] <-s, -n> *n* ❶ (*zeitlich*) fine *f*;

~ **Mai** alla fine di maggio; **er ist** ~ **dreißig** è alla fine dei trenta; **zu** ~ **gehen** stare per finire; **zu** ~ **sein** essere finito, finire; **letzten** ~**s** alla fin fine; **ein böses/gutes** ~ **nehmen** finir male/bene; **einer Sache** *dat* **ein** ~ **bereiten** [*o* **machen**] porre fine a qc; **am** ~ **(seiner Kräfte) sein** essere sfinito; **bis zum bitteren** ~ fino alla fine; **das dicke** ~ **kommt noch** (*fam*) il peggio deve ancora venire; **das will kein** ~ **nehmen** non finisce più; **sie kann** (**wieder einmal**) **kein** ~ **finden** non la smette più; ~ **gut, alles gut** (*prov*) tutto è bene quel che finisce bene ❷ (*Endpunkt*) estremità *f*; **am anderen** ~ **der Stadt** all'altro capo della città; **am äußersten** ~ all'estremo; **am** ~ **der Welt** (*fam*) in capo al mondo ❸ (*Abschluss*) termine *m*; **etw zu** ~ **bringen** portare qc a termine ❹ (*Ausgang*) esito *m*

Endeffekt *m* **im** ~ alla fin fine

enden *vi* finire; (*ausgehen*) terminare; (*Frist*) scadere; **nicht** ~ **wollender Beifall** un applauso a non finire; **das wird böse** ~ **!** andrà a finir male

Endergebnis *n* risultato *m* finale; **Endgeschwindigkeit** *f* velocità *f* finale; **endgültig** *adj* definitivo; **Endhaltestelle** *f* capolinea *m*, stazione *f* terminale

Endivie [ɛnˈdiːviə] <-, -n> *f* indivia *f*

Endkampf *m* (SPORT) finale *f*

Endlager [ˈɛndlaːɡə] *n* deposito *m*

endlagern [ˈɛndlaːɡən] *vt* depositare (definitivamente)

endlich **I.** *adj* finito **II.** *adv* in fine, alla fine; **na,** ~ **!** (*fam*) finalmente!

endlos *adj* ❶ (*räumlich*) infinito ❷ (*zeitlich*) interminabile; **das dauert ja** ~ **lange** non finisce più; **Endlosigkeit** <-, -en> *f* (*räumlich*) immensità *f*; (*zeitlich*) infinità *f*; **Endlospapier** <-s> *kein Pl n* (INFORM) modulo *m* continuo

endogen [ɛndoˈɡeːn] *adj* endogeno

Endoskop [ɛndoˈskoːp] <-s, -e> *n* (MED) endoscopio *m*; **Endoskopie** [ɛndoskoˈpiː, *pl:* ɛndoskoˈpiːən] <-, -n> *f* (MED) endoscopia *f*

Endphase *f* fase *f* finale; **Endprodukt** *n* prodotto *m* finito; **Endpunkt** *m* punto *m* estremo [*o* d'arrivo]; **Endrunde** *f* (SPORT) girone *m* finale, ultima ripresa *f*; **Endspiel** *n* (SPORT) finale *f*; **Endspurt** *m* (SPORT) sprint *m* finale; (*Radsport*) volata *f*; **Endstadium** *n* fase *f* finale; **Endstation** *f* stazione *f* terminale, capolinea *m*; **Endsumme** *f* totale *m*

Endung <-, -en> *f* (LING) desinenza *f*

Endverbraucher *m* consumatore,

-trice *m, f* (finale); **Endzeitstimmung** ['ɛndtsaɪtʃtɪmʊŋ] <-, -en> *f* inclinazione *f* apocalittica; **Endziel** *n* meta *f* finale

Energie [enɛr'gi:] <-, -n> *f* **①** (PHYS) energia *f* **②** (*Tatkraft*) vigore *m,* forza *f;* **Energiebedarf** *m* fabbisogno *m* energetico; **energiebewusst**[RR] *adj* (ECO) **sich ~ verhalten** fare uso cosciente di energia; **Energieerzeugung** *f* produzione *f* energetica; **Energiehaushalt** [enɛr'gi:haʊshalt] <-(e)s, -e> *m* equilibrio *m* energetico; **Energiequelle** *f* fonte *f* energetica; **Energiesparen** <-s> *kein Pl n* risparmio *m* energetico; **energiesparend** *adj* che risparmia energia; **Energiesparlampe** *f* lampadina *f* a risparmio energetico; **Energieträger** *m* fonte *f* energetica; **Energieumwandlung** *f* trasformazione *f* energetica; **Energieverbrauch** *m* consumo *m* energetico; **Energieverschwendung** *f* spreco *m* di energie; **Energieversorgung** *f* distribuzione *f* energetica, rifornimento *m* energetico; **Energiewirtschaft** <-> *kein Pl f* settore *m* energetico; **Energiezufuhr** *f* immissione *f* di energia

energisch [e'nɛrgɪʃ] *adj* energico; (*entschlossen*) fermo, risoluto

eng [ɛŋ] *adj* **①** (*räumlich*) stretto **②** (*Kleidung*) stretto; **~ anliegend** attillato, aderente **③** (*eingeschränkt*) limitato, ristretto; **im ~eren Sinne** in senso ristretto; **in die ~ere Wahl kommen** entrare in ballottaggio **④** (*Beziehungen*) intimo, stretto; **im ~sten Familienkreis** nell'intimità della famiglia **⑤** (*Wend*) **das darf man nicht so ~ sehen** (*fam*) non si devono prendere le cose troppo alla lettera

Engadin ['ɛŋɡadi:n] *n* (GEOG) Engadina *f*

Engagement [ãɡaʒə'mã:] <-s, -s> *n* **①** *sing* (*Einsatz, Bindung*) impegno *m* **②** (THEAT: *Anstellung*) scrittura *f,* ingaggio *m*

engagieren [ãɡa'ʒi:rən] <ohne ge-> I. *vt* (THEAT) scritturare, ingaggiare; (*anstellen*) assumere II. *vr* **sich ~** (*sich einsetzen*) impegnarsi, adoperarsi; **engagiert** *adj* impegnato

enganliegend *adj* attillato, aderente

Enge ['ɛŋə] <-, -n> *f* **①** (*räumlich*) strettezza *f* **②** (*verengte Stelle*) strettoia *f;* (*Meeres~*) stretto *m;* **jdn in die ~ treiben** (*fig*) mettere qu alle strette **③** (*fig: Beschränktheit*) limitatezza *f,* ristrettezza *f*

Engel ['ɛŋəl] <-s, -> *m* angelo *m;* **Engelsgeduld** *f* pazienza *f* di un santo

Engerling ['ɛŋəlɪŋ] <-s, -e> *m* larva *f* di maggiolino

engherzig *adj* gretto, meschino

Engherzigkeit <-, -en> *f* grettezza *f,* meschinità *f;* (*Geiz*) avarizia *f*

England ['ɛŋlant] *n* Inghilterra *f*

Engländer <-s, -> *m* **①** (TEC) chiave *f* inglese **②** (*A:* GASTR) dolce con nocciole e mandorle

Engländer(in) ['ɛŋlɛndɐ] <-s, -; -, -nen> *m(f)* inglese *mf*

englisch ['ɛŋlɪʃ] I. *adj* inglese II. *adv* **①** inglese, all'inglese **②** (GASTR) al sangue III. (*in Zusammensetzungen*) anglo-

englischsprechend *adj* anglofono

engmaschig *adj* fitto, a maglie fitte

Engpass[RR] *m,* **Engpaß**[ALT] *m* **①** (GEOG) passo *m* stretto; (*verengte Stelle*) strettoia *f* **②** (*fig*) difficoltà *f,* impasse *f*

en gros [ã'gro] *adv* (COM) all'ingrosso

engstirnig *adj* (*pej: einseitig*) di vedute limitate; (*kleinlich*) gretto, meschino; **Engstirnigkeit** <-> *kein Pl f* **①** (*Einseitigkeit*) limitatezza *f* di vedute **②** (*Kleinlichkeit*) meschinità *f*

Enjambement [ãʒãbə'mã:] <-s, -s> *n* (GRAM) enjambement *m*

Enkel(in) ['ɛŋkəl] <-s, -; -, -nen> *m(f)* nipote *mf* (di nonno, -a); **Enkelkind** *n* nipote *mf* (di nonno, -a)

Enklave [ɛn'kla:və] <-, -n> *f* enclave *f*

enorm [e'nɔrm] *adj* enorme

Ensemble [ã'sã:bəl] <-s, -s> *n* **①** (THEAT) ensemble *m,* complesso *m* **②** (*Kleidung*) completo *m*

entarten [ɛnt'ʔartən] <ohne ge-> *vi sein* degenerare; **entartet** *adj* degenerato, depravato; **Entartung** <-, -en> *f* degenerazione *f,* depravazione *f*

entbehren [ɛnt'be:rən] <ohne ge-> I. *vt* **①** (*geh: vermissen*) sentire la mancanza di **②** (*verzichten*) fare a meno di, rinunciare a II. *vi* (*geh*) **einer Sache** *gen* **~** essere privo di, mancare di

entbehrlich [ɛnt'be:ɐlɪç] *adj* superfluo, non necessario

Entbehrung <-, -en> *f* **①** (*Verzicht*) privazione *f* **②** (*Not*) bisogno *m*

entbinden <irr, ohne ge-> *vt* **①** (*von Pflicht, Versprechen*) **jdn von etw ~** liberare qu da qc, sciogliere qu da qc **②** (MED) far partorire

Entbindung <-, -en> *f* (MED) parto *m;* **Entbindungsklinik** *f* clinica *f* ostetrica; **Entbindungsstation** *f* (reparto *m*) maternità *f*

entblößen [ɛnt'blø:sən] <ohne ge-> *vt* scoprire, mettere a nudo; **entblößt** *adj* **①** (*nackt*) nudo, scoperto **②** (*fig*) privo, spogliato

entbrennen <irr, ohne ge-> *vi sein (fig geh)* accendersi

entdecken <ohne ge-> *vt* scoprire; **wieder** ~ riscoprire

Entdecker(in) <-s, -; -, -nen> *m(f)* scopritore, -trice *m, f*

Entdeckung <-, -en> *f* scoperta *f;* **Entdeckungsreise** *f* viaggio *m* di esplorazione

Ente ['ɛntə] <-, -n> *f* ❶ (ZOO) anatra *f* ❷ (*fig: Zeitungs~*) canard *m,* frottola *f* ❸ (*fig fam: Citroën 2 CV*) due cavalli *f*

entehren [ɛnt'ʔeːrən] <ohne ge-> *vt* disonorare; (*entwürdigen*) degradare

Entehrung <-, -en> *f* disonore *m,* diffamazione *f*

enteignen [ɛnt'ʔaɪɡnən] <ohne ge-> *vt* espropriare

Enteignung <-, -en> *f* espropriazione *f,* esproprio *m*

enteilen <ohne ge-> *vi sein (obs)* (s)fuggire

enteisen [ɛnt'ʔaɪzən] <ohne ge-> *vt* disgelare; (*Kühlschrank*) sbrinare; (*Straße*) sgomberare dal ghiaccio

Entenbraten *m* (GASTR) anatra *f* arrosto; **Entenei** *n* uovo *m* d'anatra

enterben <ohne ge-> *vt* diseredare

Enterich ['ɛntərɪç] <-s, -e> *m* maschio *m* dell'anatra

entern ['ɛntɐn] I. *vt haben* arrembare II. *vi sein* arrampicarsi (all'arrembaggio)

Entertainer(in) ['ɛntɛteːnɐ *o* 'ɛntɛteɪnɐ] <-s, -; -, -nen> *m(f)* entertainer *mf,* animatore, -trice *m, f*

Enter-Taste ['ɛntɛtastə] *f* (INFORM) tasto *m* invio

entfachen [ɛnt'faxən] <ohne ge-> *vt* (*geh*) accendere, attizzare

entfahren <irr, ohne ge-> *vi sein* sfuggire

entfallen <irr, ohne ge-> *vi sein* ❶ (*geh: entgleiten*) sfuggire di mano ❷ (*vergessen*) uscire di mente; **mir ist sein Name** ~ mi è sfuggito il suo nome ❸ (*Anteil*) **auf jdn/etw** ~ spettare a qc/qu ❹ (*wegfallen*) venir meno, venire a mancare

entfalten <ohne ge-> I. *vt* ❶ (*auseinander falten*) (di)spiegare ❷ (*fig: Gedanken*) svolgere, spiegare II. *vr* **sich** ~ ❶ (*Blume*) schiudersi, sbocciare ❷ (*fig*) svilupparsi

Entfaltung <-> *kein Pl f* (*von Talenten*) fioritura *f;* (*von Mensch, Schönheit*) sviluppo *m;* **zur** ~ **kommen** svilupparsi

entfärben <ohne ge-> I. *vt* decolorare, scolorire II. *vr* **sich** ~ scolorirsi

entfernen [ɛnt'fɛrnən] <ohne ge-> I. *vt* (*wegnehmen, -tun*) togliere; (*wegräumen*) rimuovere; (*Personen*) allontanare; (MED)

asportare; (*Mandeln*) togliere II. *vr* **sich** ~ ❶ (*räumlich*) allontanarsi; (*weggehen*) andarsene, partire ❷ (*fig: abweichen*) (di)scostarsi; **entfernt** *adj* ❶ (*fern*) lontano, distante; (*abgelegen*) appartato, discosto; **ich denke nicht im Entferntesten daran!** non ci penso neanche lontanamente! ❷ (*weitläufig*) lontano; ~**e Verwandte** parenti lontani ❸ (*Ähnlichkeit*) vago

Entfernung <-, -en> *f* ❶ (*Abstand*) distanza *f;* **auf eine** ~ **von** a una distanza di; **aus der** ~ da lontano ❷ (*das Entfernen*) allontanamento *m;* (*das Beseitigen*) eliminazione *f;* (*aus Amt*) licenziamento *m;* **Entfernungsmesser** <-s, -> *m* telemetro *m*

entfesseln <ohne ge-> *vt* scatenare, suscitare

entfiel *1. u 3. pers sing imp von* **entfallen**

entflammbar [ɛnt'flambaːɐ] *adj* infiammabile

entflammen <ohne ge-> (*geh*) I. *vt haben* (*fig*) infiammare, accendere; (*begeistern*) entusiasmare II. *vi sein* (*fig*) accendersi; (*Streit*) scoppiare

entflechten <entflicht, entflocht, entflochten> *vt* ❶ (COM) decentrare ❷ (*entwirren*) districare, disfare

entfliegen <entfliegt, entflog, entflogen> *vi sein* volar via, involarsi; „**Wellensittich entflogen**" "pappagallino volato via"

entfliehen <irr, ohne ge-> *vi sein* (s)fuggire

entfremden <ohne ge-> I. *vt* **jdn jdm/etw** ~ estraniare qu da qu/qc II. *vr* **sich jdm/etw** ~ estraniarsi da qu/qc

Entfremdung <-> *kein Pl f* estraniamemto *m,* alienazione *f*

entfuhr *1. u 3. pers sing imp von* **entfahren**

entführen <ohne ge-> *vt* rapire, sequestrare

Entführer(in) <-s, -; -, -nen> *m(f)* rapitore, -trice *m, f*

Entführung <-, -en> *f* rapimento *m*

entgangen *pp von* **entgehen**

entgegen [ɛnt'geːɡən] I. *adv* ❶ (*in Richtung*) incontro, verso; **er ging ihr** ~ le andò incontro ❷ (*zuwider*) contrario a II. *prp +dat* (*im Gegensatz zu*) contrariamente a, in opposizione a

entgegen|bringen <irr> *vt* (*Interesse*) (di)mostrare; **jdm Vertrauen** ~ nutrire fiducia in qu

entgegen|fiebern *vi* **einer Sache** *dat* ~ aspettare con ansia qualcosa; **sie fiebert seiner Ankunft entgegen** non vede l'ora che arrivi

entgegen|gehen <irr> *vi sein* (*a fig*) **jdm ~** andare incontro a qu; **seinem Ende ~** avvicinarsi alla fine

entgegengesetzt *adj* contrario, opposto; **~er Meinung sein** essere di parere contrario; **in ~er Richtung** in direzione opposta

entgegen|halten <irr> *vt* ❶ (*entgegenstrecken*) (s)tendere; **jdm die Hand ~** tendere la mano a qu ❷ (*einwenden*) obiettare

entgegen|kommen <irr> *vi sein* ❶ (*sich nähern*) venire incontro ❷ (*Zugeständnisse machen*) venire incontro ❸ (*entsprechen*) convenire; **das kommt mir sehr entgegen** ciò mi conviene; **Entgegenkommen** <-s> *kein Pl n* compiacenza *f*, accondiscendenza *f*, cortesia *f*; **entgegenkommend** *adj* cortese, amabile

entgegen|nehmen <irr> *vt* ricevere, accettare

entgegen|sehen <irr> *vi* **einer Sache** *dat* **~** attendere qualcosa

entgegen|setzen *vt* **jdm/etw etw ~** opporre qc a qu/qc

entgegen|stehen <irr> *vi* **dem steht nichts entgegen** non c'è nulla in contrario

entgegen|treten <tritt entgegen, trat entgegen, entgegengetreten> *vi sein* farsi incontro, opporsi

entgegen|wirken *vi* **einer Sache** *dat* **~** contrastare qualcosa

entgegnen [ɛnt'geːɡnən] <ohne ge-> *vt* rispondere, replicare; **Entgegnung** <-, -en> *f* risposta *f*, replica *f*

entgehen <irr, ohne ge-> *vi sein* ❶ (*verschont bleiben*) **einer Gefahr/der Strafe ~** *dat* sfuggire a un pericolo/alla punizione ❷ (*nicht bemerkt werden*) **jdm ~** sfuggire a qu ❸ (*versäumen*) **sich** *dat* **etw ~/nicht ~ lassen** lasciarsi/non lasciarsi sfuggire qc

entgeistert [ɛnt'gaɪstɐt] *adj* allibito, sbigottito

Entgelt [ɛnt'gɛlt] <-(e)s, -e> *n* ❶ (*Lohn*) paga *f*; (*Entlohnung*) retribuzione *f*; **gegen ein** (**geringes**) **~ von** dietro un (modico) compenso di ❷ (*Entschädigung*) indennità *f*, indennizzo *m* ❸ (*Gebühr*) contributo *m*

entgleisen [ɛnt'glaɪzən] <ohne ge-> *vi sein* ❶ (FERR) deragliare ❷ (*fig: in Gesellschaft*) sviarsi, traviarsi; (*taktlos benehmen*) comportarsi male; **Entgleisung** <-, -en> *f* ❶ (FERR) deragliamento *m* ❷ (*fig*) sbandamento *m*, traviamento *m*, passo *m* falso

entgleiten <irr, ohne ge-> *vi sein* (*geh*) ❶ (*aus der Hand fallen*) sfuggire (di mano); **der Teller ist ihm** [o **seinen Händen**] **entglitten** gli è sfuggito il piatto di mano ❷ (*fig: sich entziehen*) **jdm/etw ~** sottrarsi a qu/qc

entgräten [ɛnt'grɛːtən] <ohne ge-> *vt* spinare, togliere le spine a

enthaaren [ɛnt'haːrən] <ohne ge-> *vt* depilare

Enthaarungsmittel *n* depilatorio *m*

enthalten <irr, ohne ge-> **I.** *vt* contenere **II.** *vr* **sich ~** astenersi; **sich der Stimme ~** astenersi dal voto; **sich des Lachens nicht ~ können** non potersi trattenere dal ridere

enthaltsam [ɛnt'haltzaːm] *adj* morigerato, astinente; (*im Essen*) sobrio; (*im Alkoholgenuss*) astemio; (*sexuell*) continente; **Enthaltsamkeit** <-> *kein Pl f* morigeratezza *f*, astinenza *f*; (*im Essen*) sobrietà *f*; (*im Alkoholgenuss*) essere *m* astemio; (*sexuell*) continenza *f*

Enthaltung [ɛnt'haltʊŋ] <-, -en> *f* astensione *f*

enthärten <ohne ge-> *vt* addolcire

enthaupten [ɛnt'haʊptən] <ohne ge-> *vt* decapitare; **Enthauptung** <-, -en> *f* decapitazione *f*

entheben <irr, ohne ge-> *vt* (*geh*) **jdn seines Amtes ~** destituire qu dalla sua carica; **jdn einer Verpflichtung ~** esentare qu da un obbligo

enthemmen <ohne ge-> *vt* disinibire; **enthemmend** *adj* disinibitorio; **enthemmt** *adj* disinibito

enthüllen <ohne ge-> *vt* ❶ (*Denkmal*) scoprire ❷ (*geh: Geheimnis*) svelare, rivelare

Enthüllung <-, -en> *f* ❶ (*von Denkmal*) scoprimento *m*, inaugurazione *f* ❷ (*von Geheimnis*) rivelazione *f*; **Enthüllungsjournalismus** <-> *kein Pl m* giornalismo *m* d'assalto

Enthusiasmus [ɛntuzi'asmʊs] <-> *kein Pl m* entusiasmo *m*

enthusiastisch [ɛntuzi'astɪʃ] *adj* entusiasta

entjungfern <ohne ge-> *vt* deflorare, sverginare; **Entjungferung** <-, -en> *f* deflorazione *f*

entkalken <ohne ge-> *vt* decalcificare

entkernen <ohne ge-> *vt* togliere i semi a

Entkerner <-s, -> *m* snocciolatore *m*

entkleiden <ohne ge-> (*geh*) **I.** *vt* ❶ (*ausziehen*) spogliare, svestire ❷ (*fig: entheben*) destituire **II.** *vr* **sich ~** spogliarsi, svestirsi

entkoffeiniert [ɛntkɔfeiˈniːɐ̯t] *adj* decaffeinato

entkommen <irr, ohne ge-> *vi sein* (s)fuggire, scappare; **mit knapper Not ~** scamparla bella

entkorken <ohne ge-> *vt* stappare, sturare

entkräften [ɛntˈkrɛftən] <ohne ge-> *vt*
❶ (*schwächen*) indebolire, estenuare
❷ (*fig: Argument*) confutare; (JUR) infirmare; **Entkräftung** <-, -en> *f* ❶ (*das Schwächen*) indebolimento *m*, spossamento *m*, estenuazione *f* ❷ (*fig*) confutazione *f*; (JUR) invalidamento *m*

entladen <irr, ohne ge-> **I.** *vt* scaricare; (NAUT) sbarcare **II.** *vr* **sich ~** scaricarsi; (*Zorn*) esplodere; **Entladung** <-, -en> *f* scarica *f*

entlang [ɛntˈlaŋ] *adv o prp* (*nachgestellt acc, rar dat; vorgestellt dat, rar gen*) lungo; **am Meer ~** lungo il mare; **hier ~** per di qua

entlang|fahren <fährt entlang, fuhr entlang, entlanggefahren> *vi sein* **an etw** *dat* **~** percorrere qc, costeggiare qc

entlang|gehen <irr> *vi sein* **an etw** *dat* **~** percorrere qc, costeggiare qc

entlarven [ɛntˈlarfən] <ohne ge-> *vt* smascherare

entlassen <irr, ohne ge-> *vt* ❶ (*kündigen*) licenziare; **jdn fristlos ~** licenziare qu in tronco ❷ (*aus Krankenhaus*) dimettere; (*aus Gefängnis*) rilasciare, liberare; (*aus Armee*) congedare; (*aus Schule*) licenziare

Entlassung <-, -en> *f* ❶ (*aus Arbeitsverhältnis*) licenziamento *m* ❷ (*aus Gefängnis*) rilascio *m*, scarcerazione *f*; **Entlassungsgesuch** *n* dimissioni *fpl*; **Entlassungszeugnis** *n* licenza *f*

entlasten <ohne ge-> *vt* ❶ (*von Last befreien*) alleviare, alleggerire ❷ (*fig* TEC, ARCH) scaricare ❸ (*Straße vom Verkehr*) decongestionare, alleggerire ❹ (*Angeklagte*) deporre a discarico di

Entlastung <-, -en> *f* ❶ (JUR) discarico *m*, discolpa *f* ❷ (*von Verkehr*) decongestionamento *m*; **Entlastungszeuge** *m*, **Entlastungszeugin** *f* testimone *mf* a discarico

entlaufen <irr, ohne ge-> *vi sein* fuggire; „**Katze ~** " "è stato smarrito un gatto"

entlausen <ohne ge-> *vt* disinfestare, spidocchiare *fam*

entledigen [ɛntˈleːdɪɡən] <ohne ge-> *vr* (*geh*) **sich einer Aufgabe ~** assolvere un compito; **sich seiner Kleider ~** togliere i vestiti

entleeren <ohne ge-> *vt* (s)vuotare

entlegen [ɛntˈleːɡən] *adj* distante, fuori mano, isolato

entlehnen <ohne ge-> *vt* (*A: entleihen*) prendere in prestito

entleihen <irr, ohne ge-> *vt* **etw von jdm ~** prendere a prestito qc da qu, farsi prestare qc da qu; **Entleihung** <-, -en> *f* prestito *m*

entließ *1. u 3. pers sing imp von* **entlassen**

entlocken <ohne ge-> *vt* **jdm etw ~** strappare qc a qu

entlohnen <ohne ge-> *vt*, **entlöhnen** <ohne ge-> *vt* (*CH*) pagare, rimunerare **Entlohnung** <-, -en> *f*, **Entlöhnung** <-, -en> *f* (*CH*) pagamento *m*, rimunerazione *f*

entlud *1. u 3. pers sing imp von* **entladen**

entlüften <ohne ge-> *vt* ❶ (*Raum*) aerare, arieggiare ❷ (PHYS, CHEM) disaerare; **die Bremsen ~** spurgare l'aria dai freni; **Entlüftung** <-, -en> *f* ❶ (*das Entlüften*) aerazione *f*, ventilazione *f* ❷ (PHYS, CHEM) disaerazione *f*

entmachten [ɛntˈmaxtən] <ohne ge-> *vt* esautorare; **Entmachtung** [ɛntˈmaxtʊŋ] <-, -en> *f* esautorazione *f*

entmannen <ohne ge-> *vt* evirare, castrare

entmilitarisieren [ɛntmilitariˈziːrən] <ohne ge-> *vt* smilitarizzare

entmündigen [ɛntˈmʏndɪɡən] <ohne ge-> *vt* interdire

Entmündigung <-, -en> *f* interdizione *f*, messa *f* sotto tutela

entmutigen [ɛntˈmuːtɪɡən] <ohne ge-> *vt* scoraggiare, demoralizzare; **Entmutigung** <-, -en> *f* scoraggiamento *m*, abbattimento *m*, demoralizzazione *f*

Entnahme [ɛntˈnaːmə] <-, -n> *f* prelevamento *m*; (*a Blut~*) prelievo *m*

entnehmen <irr, ohne ge-> *vt* ❶ (*herausnehmen*) **einer Sache** *dat* **etw ~** prendere qc da qc; **jdm eine Blutprobe ~** prelevare a qu una fialetta di sangue ❷ (*folgern*) **einer Sache** *dat* **etw ~** dedurre qc da qc; **ich entnehme deinen Worten, dass ...** da quanto mi dici deduco che ...

entpuppen [ɛntˈpʊpən] <ohne ge-> *vr* **er/sie/es entpuppte sich als ...** si rivelò un/una ...

entrahmen <ohne ge-> *vt* (GASTR) scremare; **entrahmt** [ɛntˈraːmt] *adj* scremato

enträtseln <ohne ge-> *vt* (*Rätsel*) risolvere, spiegare; (*Schrift*) decifrare

entrechten [ɛntˈrɛçtən] <ohne ge-> *vt* privare dei diritti

entreißen <irr, ohne ge-> *vt* ❶ (*aus den Händen reißen*) **jdm etw ~** strappare qc di

sich entscheiden	
nach Entschlossenheit fragen	**accertarsi della volontà**
Sind Sie sicher, dass Sie das wollen?	**È sicuro di** volerlo?
Haben Sie sich das gut überlegt?	**Ci ha riflettuto bene?**
Wollen Sie nicht lieber dieses Modell?	**Non preferisce** questo modello?
Entschlossenheit ausdrücken	**esprimere risolutezza**
Ich habe mich entschieden: Ich werde an der Feier nicht teilnehmen.	**Ho deciso:** non andrò alla festa.
Ich habe mich dazu durchgerungen, ihr alles zu sagen.	**Mi sono finalmente deciso a** dirle tutto.
Wir sind (fest) entschlossen, nach Australien auszuwandern.	**Siamo (fermamente) decisi ad** emigrare in Australia.
Ich lasse mich von nichts/niemandem davon abbringen, es zu tun.	**Niente/Nessuno mi dissuaderà** dal farlo.
Unentschlossenheit ausdrücken	**esprimere indecisione**
Ich weiß noch nicht, was ich tun soll.	**Non so ancora cosa devo fare.**
Wir sind uns noch im Unklaren darüber, was wir tun werden.	**Siamo ancora in dubbio** su cosa faremo.
Ich bin mir noch unschlüssig, ob ich die Wohnung mieten soll oder nicht.	**Sono ancora indeciso** se prendere in affitto l'appartamento oppure no.
Ich habe mich noch nicht entschieden.	**Non mi sono ancora decisa/o.**
Ich bin noch zu keinem Entschluss darüber gekommen.	**Non sono ancora giunto ad una conclusione al riguardo./Non ho ancora deciso niente in proposito.**

mano a qu ❷ (geh: retten) **jdn dem Tod ~** strappare qu alla morte
entrichten <ohne ge-> vt pagare, versare
entrinnen <irr, ohne ge-> vi sein (geh) **einer Sache** dat ~ sfuggire a qc
entrollen <ohne ge-> vt svolgere; (a fig) spiegare
entrosten <ohne ge-> vt togliere la ruggine a
entrückt [ɛnt'rʏkt] adj (Mensch) assorto; (Blick) assente
entrümpeln [ɛnt'rʏmpəln] <ohne ge-> vt sgomberare (dal ciarpame)
entrüsten [ɛnt'rʏstən] <ohne ge-> I. vt indignare II. vr **sich über jdn/etw ~** sdegnarsi con qu/indignarsi per qc; **entrüstet** adj indignato, sdegnato
Entrüstung <-, -en> f indignazione f, sdegno m
Entsafter [ɛnt'zaftɐ] <-s, -> m centrifuga f
entsagen <ohne ge-> vi (geh: verzichten) **einer Sache** dat ~ rinunciare a qc
entsann 1. u 3. pers sing imp von **entsinnen**

entschädigen <ohne ge-> vt **jdn für etw ~** risarcire qu di qc; (gesetzlich) indennizzare qu di qc
Entschädigung <-, -en> f (Vorgang) risarcimento m, indennizzo m; (Schadenersatz) (risarcimento m) danni mpl; (Summe) indennità f; **als ~ für** a titolo d'indennizzo per; **Entschädigungsforderung** f richiesta f di indennizzo
entschärfen <ohne ge-> vt ❶ (Mine, Bombe) disinnescare ❷ (fig) appianare
Entscheid [ɛnt'ʃaɪt] <-(e)s, -e> m decisione f
entscheiden <irr, ohne ge-> I. vt decidere; (JUR) giudicare; **es ist noch nichts entschieden** non c'è ancora nulla di definitivo II. vi **über etw** acc ~ decidere di qc, deliberare qc III. vr **sich ~** decidersi, risolversi; **entscheidend** adj decisivo, determinante; **der ~e Augenblick** il momento cruciale; **das Entscheidende dabei ist …** l'essenziale è che …
Entscheidung <-, -en> f decisione f; (Entschluss) deliberazione f, risoluzione f;

sich entschuldigen	
sich entschuldigen	**scusarsi**
(Oh,) das hab ich nicht gewollt! – Das tut mir Leid!	Non l'ho fatto apposta! – Mi dispiace!
Entschuldigung!/Verzeihung!/Pardon!	Scusi/Scusate!/Chiedo scusa!
Entschuldigen Sie bitte!	Chiedo scusa!/Mi scusi!
Das war nicht meine Absicht.	Non era mia intenzione./Non l'ho fatto apposta.
Ich muss mich dafür wirklich entschuldigen.	Mi devo veramente scusare (per ciò).
auf Entschuldigungen reagieren	**accettare le scuse**
Schon okay! (*fam*)/Das macht doch nichts!	È tutto a posto! (*fam*)/Non c'è problema!
Keine Ursache!/Macht nichts!	Non c'è ragione!/Non fa niente!
Machen Sie sich darüber keine Gedanken!	Non si preoccupi!
Lassen Sie sich darüber keine grauen Haare wachsen! (*fam*)	Non si preoccupi, non fa niente!

E

(JUR: *der Geschworenen*) verdetto *m;* (*des Gerichts*) sentenza *f;* **eine ~ treffen** prendere una decisione; **entscheidungsfreudig** *adj* facile alle decisioni; **Entscheidungsprozess**[RR] [ɛntˈʃaɪdʊŋsprɔtsɛs] <-es, -e> *m* processo *m* decisionale; **Entscheidungsspiel** *n* (SPORT) partita *f* decisiva, bella *f*

entschieden [ɛntˈʃiːdən] *adj* ❶ (*Sache*) deciso ❷ (*Person: energisch*) energico, fermo; (*entschlossen*) risoluto, determinato ❸ (*Ton*) perentorio ❹ (*eindeutig*) netto, evidente; **das geht ~ zu weit** le cose stanno andando decisamente troppo in là; **Entschiedenheit** <-> *kein Pl f* fermezza *f*

entschlacken <ohne ge-> *vt* (MED) purgare

entschlafen <entschläft, entschlief, entschlafen> *vi sein* (*geh: sterben*) spirare

entschließen <irr, ohne ge-> *vr* **sich ~** decidersi; **sich ~ etw zu tun** decidersi a fare qc; **sich anders ~** cambiare idea

Entschließung <-, -en> *f* decisione *f*

entschlossen [ɛntˈʃlɔsən] *adj* fermo, energico; **kurz ~** senza esitare; **zu allem ~ sein** essere pronto a tutto; **Entschlossenheit** <-> *kein Pl f* risolutezza *f;* (*Festigkeit*) fermezza *f*

entschlüpfen <ohne ge-> *vi sein* ❶ (*entkommen*) sgattaiolare ❷ (*fig: Bemerkung*) sfuggire

Entschluss[RR] <-es, -schlüsse> *m,* **Ent-**

schluß[ALT] <-schlusses, -schlüsse> *m* decisione *f,* risoluzione *f;* **einen ~ fassen** prendere una decisione

entschlüsseln <ohne ge-> *vt* decifrare; **Entschlüsselung** <-, -en> *f* deciframento *m,* decifrazione *f;* (INFORM) decodificazione *f*

Entschlusskraft[RR] [ɛntˈʃlʊskraft] <-> *kein Pl f* determinazione *f,* risolutezza *f*

entschuldbar *adj* scusabile, perdonabile

entschuldigen [ɛntˈʃʊldɪgən] <ohne ge-> **I.** *vt* ❶ (*verzeihen*) scusare, perdonare; **bitte ~ Sie die Störung, aber ...** scusi il disturbo, ma ... ❷ (*rechtfertigen*) giustificare; **sein Verhalten ist durch nichts zu ~** il suo comportamento non è affatto giustificabile **II.** *vi* scusare; **~ Sie (bitte)!** (mi) scusi! **III.** *vr* **sich ~** scusarsi; **sich bei jdm wegen etw ~** scusarsi con qu di qc

Entschuldigung <-, -en> *f* ❶ (*Verzeihung*) scusa *f,* perdono *m;* **jdm um ~ bitten** chiedere scusa a qu; **ich bitte vielmals um ~** scusi tanto ❷ (*Rechtfertigung*) giustificazione *f;* (*Vorwand*) pretesto *m;* **als ~ für** a giustificazione di; **zu seiner ~ kann man sagen ...** a suo discarico si può dire ... ❸ (*~sschreiben*) lettera *f* di scuse

entschwinden <irr, ohne ge-> *vi sein* (*geh*) ❶ (*verschwinden*) scomparire, dileguarsi ❷ (*fig: vergehen*) sfuggire

entseelt [ɛntˈzeːlt] *adj* (*poet*) esanime

entsenden <irr, ohne ge-> *vt* (*geh*)

inviare; (*Vertreter*) delegare

entsetzen <ohne ge-> I. *vt* (*erschrecken*) far spaventare; (*schockieren*) indignare II. *vr* **sich** ~ inorridire, spaventarsi

Entsetzen <-s> *kein Pl n* spavento *m*, orrore *m;* **zu meinem größten** ~ ... con mio grande spavento ...

entsetzlich I. *adj* ❶ (*schrecklich*) spaventoso, orribile ❷ (*fam: unangenehm stark*) terribile II. *adv* (*fam: sehr*) terribilmente

entsetzt [ɛntˈzɛtst] *adj* indignato, sconvolto (*über* + *acc* a riguardo di); **ich bin ~!** sono indignato!

entsichern <ohne ge-> *vt* (*Schusswaffe*) togliere la sicura a; (*Bombe*) disinnescare

entsinnen <irr, ohne ge-> *vr* **sich** ~ ricordarsi; **wenn ich mich recht entsinne** se ben mi ricordo

entsorgen <ohne ge-> *vt* (*Müll*) eliminare; (*Fabrik*) smaltire i rifiuti di

Entsorgung <-> *kein Pl f* eliminazione *f*, smaltimento *m*

entspannen <ohne ge-> I. *vt* ❶ (*Lage*) distendere, appianare ❷ (*Körper, Muskeln*) rilasciare II. *vr* **sich** ~ ❶ (*Mensch*) rilassarsi; (*sich ausruhen*) riposarsi ❷ (*Lage*) distendersi ❸ (*Muskeln*) rilassarci; **entspannt** *adj* ❶ allentato; (A POL) disteso ❷ (MED) rilassato

Entspannung <-, -en> *f* ❶ (*von Mensch*) riposo *m*, relax *m* ❷ (POL) distensione *f*; **Entspannungspolitik** *f* politica *f* di distensione

entspinnen <entspinnt, entspann, entsponnen> *vr* **sich** ~ (*beginnen*) svilupparsi; (*bes. Freundschaft*) nascere

entsprechen <irr, ohne ge-> *vi* ❶ (*übereinstimmen*) **einer Sache** *dat* ~ corrispondere a qc; **das entspricht nicht den Tatsachen** non corrisponde ai fatti ❷ (*erfüllen*) **einem Antrag** ~ (ac)condiscendere a una richiesta; **einem Wunsch** ~ esaudire un desiderio; **den Anforderungen** ~ rispondere alle esigenze; **entsprechend** I. *adj* (*übereinstimmend*) corrispondente; (*angemessen*) adeguato, adatto, conforme; (*gleichwertig*) equivalente II. *adv* conformemente, adeguatamente III. *prp* + *dat* (*in Übereinstimmung mit*) conformemente a; (*in Bezug auf*) in relazione a

Entsprechung <-, -en> *f* (*Übereinstimmung*) corrispondenza *f*; (*Analogie*) analogia *f*; (*Äquivalent*) equivalente *m*

entspringen <irr, ohne ge-> *vi sein* ❶ (*Fluss*) ~ **aus**/**in** + *dat* nascere da/in ❷ (*fig: herrühren*) **einer Sache** *dat* ~ provenire da qc

entstehen <irr, ohne ge-> *vi sein* ❶ (*allg*)

(**aus etw**) ~ nascere [*o* aver origine] (da qc) ❷ (*sich bilden*) formarsi; **im Entstehen begriffen** in via di formazione ❸ (*sich ergeben*) **aus etw** ~ risultare da qc, derivare da qc ❹ (*verursacht werden: Feuer*) (**durch etw**) ~ svilupparsi (per qc); (*Schaden, Krieg*) essere causato (da qc); (*Kosten*) risultare (da qc)

Entstehung <-, -en> *f* ❶ (*das Entstehen*) nascita *f*, inizio *m* ❷ (*Ursprung*) origine *f* ❸ (*Bildung*) formazione *f*

entsteigen <irr, ohne ge-> *vi sein* (*geh*) **einem Wagen** ~ scendere da un'automobile

entsteinen <ohne ge-> *vt* togliere il nocciolo a, snocciolare

entstellen <ohne ge-> *vt* ❶ (*verunstalten*) sfigurare, deformare ❷ (*fig: Tatsachen*) alterare; (*Sinn*) travisare; **entstellend** *adj* deturpante

Entstellung <-, -en> *f* ❶ (*von Menschen*) deformazione *f*, deturpazione *f* ❷ (*fig: von Sachverhalten*) travisamento *m*, alterazione *f*

entstören <ohne ge-> *vt* (MOT, TEC) schermare; **das Radio** ~ eliminare radiodisturbi; **das Telefon**/**die Leitung** ~ sopprimere l'eco; **Entstörung** <-, -en> *f* (RADIO) eliminazione *f* di radiodisturbi; (TEL) soppressione *f* d'eco; (MOT, TEC) schermatura *f*; (MOT) schermaggio *m*

entströmen <ohne ge-> *vi sein* (*geh*) **einer Sache** *dat* ~ (*Flüssigkeit*) sgorgare da qc; (*Gas*) fuoriuscire da qc

enttäuschen <ohne ge-> *vt* deludere; (*desillusionieren*) disilludere

enttäuscht [ɛntˈtɔʏʃt] *adj* deluso

Enttäuschung <-, -en> *f* delusione *f*; (*Desillusion*) disillusione *f*; **jdm eine** ~ **bereiten** deludere qu

entthronen <ohne ge-> *vt* (*geh*) detronizzare

entwaffnen [ɛntˈvafnən] <ohne ge-> *vt* (a *fig*) disarmare; **ein ~des Lächeln** un sorriso disarmante

entwaffnend [ɛntˈvafnənt] *adj* (*fig*) accattivante, ammaliatore; **~er Blick** sguardo ammaliatore; **ein ~es Lächeln** un sorriso disarmante

Entwaffnung <-> *kein Pl f* disarmo *m*

entwarnen <ohne ge-> *vi* dare il segnale di cessato allarme; **Entwarnung** <-, -en> *f* segnale *m* di cessato allarme

entwässern [ɛntˈvɛsən] <ohne ge-> *vt* ❶ (*Boden, Sumpf*) prosciugare, bonificare; (MED) drenare ❷ (CHEM) disidratare

Entwässerung <-, -en> *f* ❶ (*von Boden, Sumpf*) prosciugamento *m*, bonifica *f*;

(MED) drenaggio *m* ❷ (CHEM) disidratazione *f*

entweder ['ɛntve:dɐ *o* ɛntˈve:dɐ] *konj* ~ ... **oder** ... o ... o ...; ~ **oder!** (*fam*) o l'uno o l'altro!

entweichen <irr, ohne ge-> *vi sein* ❶ (*ausströmen*) (**einer Sache** *dat*) ~ fuoriuscire (da qc) ❷ (*fliehen*) (**aus etw**) ~ sfuggire (da qc), scappare (da qc)

entweihen <ohne ge-> *vt* profanare; **Entweihung** <-, -en> *f* profanazione *f*

entwenden <ohne ge-> *vt* (*geh*) sottrarre; (*stehlen*) rubare

entwerfen <irr, ohne ge-> *vt* ❶ (*gedanklich*) ideare, concepire, progettare ❷ (*schriftlich: Vertrag*) abbozzare ❸ (*zeichnerisch*) schizzare

entwerten <ohne ge-> *vt* ❶ (*ungültig machen*) annullare ❷ (*im Wert mindern*) svalorizzare, deprezzare; (FIN) svalutare

Entwerter <-s, -> *m* obliteratrice *f*

Entwertung <-, -en> *f* ❶ (*von Fahrschein*) annullamento *m* ❷ (*fig*) svalorizzazione *f;* (FIN) svalutazione *f*

entwickeln <ohne ge-> I. *vt* ❶ (*allg*, FOTO, MAT, CHEM) sviluppare ❷ (*erfinden, erarbeiten*) realizzare; (*Plan*) concepire, elaborare ❸ (*fig: Fantasie, Energie*) mostrare II. *vr* **sich** ~ svilupparsi; (BIOL) evolversi; **sich aus etw** ~ svilupparsi da qc; **sich zu etw** ~ diventare qc

Entwickler <-s, -> *m* (FOTO) rivelatore *m*, sviluppatore *m*

Entwicklung <-, -en> *f* ❶ (*allg*, FOTO, MAT, CHEM) sviluppo *m;* **noch in der** ~ in via di sviluppo ❷ (*Verwirklichung*) realizzazione *f* ❸ (*von Plan, Projekt*) concezione *f,* elaborazione *f* ❹ (BIOL) evoluzione *f*

Entwicklungsabteilung *f* reparto *m* di sviluppo; **entwicklungsfähig** *adj* sviluppabile; **Entwicklungsgeschichte** *f* (onto)genesi *f;* **Entwicklungshelfer(in)** *m(f)* cooperatore, -trice *m, f* [*o* tecnico, -a *m*] per i paesi in via di sviluppo; **Entwicklungshilfe** *f* aiuto *m* ai paesi in via di sviluppo; **Entwicklungsland** *n* paese *m* in via di sviluppo; **Entwicklungsstadium** *n* stadio *m* di sviluppo; **Entwicklungsstufe** *f* stadio *m* di sviluppo; **Entwicklungszentrum** *n* (ING) centro *m* di sviluppo

entwirren [ɛntˈvɪrən] <ohne ge-> *vt* (*geh a fig*) districare

entwischen [ɛntˈvɪʃən] <ohne ge-> *vi sein* (*fam*) scappare, sfuggire; **aus dem Gefängnis** ~ scappare di prigione; **jdm** ~ sfuggire a qu

entwöhnen [ɛntˈvøːnən] <ohne ge-> *vt* ❶ (*geh: abbringen*) **jdn einer Sache** *dat* ~

---

disabituare qu a qc ❷ (*Säugling*) svezzare, slattare

entwürdigend [ɛntˈvʏrdɪɡənt] *adj* degradante, umiliante

Entwurf <-(e)s, -würfe> *m* ❶ (*Konzept*) minuta *f;* (*Projekt*) progetto *m* ❷ (*Zeichnung*) disegno *m;* (*Skizze*) schizzo *m*

entwurzeln <ohne ge-> *vt* sradicare, estirpare

entzerren <ohne ge-> *vt* ❶ (FOTO) raddrizzare le linee convergenti di, restituire ❷ (RADIO, TEL) correggere la distorsione di ❸ (*fig: Verkehr*) regolare; (*Bild, Vorstellung*) correggere, rettificare

entziehen <irr, ohne ge-> I. *vt* ❶ (*wegnehmen*) sottrarre, togliere; (*Führerschein*) ritirare; (*Freundschaft, Hilfe*) rifiutare, negare ❷ (CHEM) estrarre II. *vr* **sich einer Sache** *dat* ~ (*geh*) sottrarsi a qc, schivare qc; **das entzieht sich meiner Kenntnis** ciò sfugge alla mia conoscenza

Entziehung <-, -en> *f* ❶ (*das Entziehen*) sottrazione *f;* (*bes. von Alkohol*) divieto *m* di bere alcolici; (*von Medikamenten, Rauschgift*) disassuefazione *f* ❷ (*Wegnahme*) privazione *f;* (*bes. von Führerschein*) ritiro *m* ❸ *s.* **Entziehungskur; Entziehungskur** *f* cura *f* di disassuefazione

entziffern [ɛntˈtsɪfɐn] <ohne ge-> *vt* decifrare; **nicht zu** ~ indecifrabile

entzippen [ɛntˈtsɪpən] <ohne ge-> *vt* (INFORM) unzippare

entzücken [ɛntˈtsʏkən] <ohne ge-> *vt* incantare; (*begeistern*) entusiasmare; **entzückt sein über** [*o* **von**] **etw** essere rapito da qc; **Entzücken** <-s> *kein Pl n* rapimento *m*, estasi *f;* **jdn in** (**helles**) ~ **versetzen** mandare qu in visibilio *fam;* **entzückend** *adj* incantevole, delizioso

Entzug <-(e)s> *kein Pl m* ❶ (*Führerschein~*) ritiro *m* (della patente) ❷ (*Alkohol~*) divieto *m;* (*Medikamenten~, Rauschgift~*) disassuefazione *f;* **Entzugserscheinung** *f* sintomo *m* di disassuefazione

entzündbar [ɛntˈtsʏndbaːɐ] *adj* infiammabile, infiammatorio

entzünden <ohne ge-> I. *vt* (*geh: Zigarette, Feuer, Streichholz*) accendere, dar fuoco a; (*fig: Leidenschaft*) accendere II. *vr* **sich** ~ ❶ (*Feuer fangen*) incendiarsi, prender fuoco; (*fig*) accendersi ❷ (MED: *Hals, Wunde*) infiammarsi; **entzündet** *adj* infiammato

entzündlich *adj* ❶ (*a fig*) infiammabile ❷ (MED) infiammatorio

Entzündung <-, -en> *f* (MED) infiammazione *f*; **entzündungshemmend** [ɛnt'tsʏndʊŋshɛmənt] *adj* (MED) antinfiammatorio, antiflogistico; ~ **wirken** calmare il processo infiammatorio

entzwei [ɛnt'tsvaɪ] *adv* ❶ (*in Stücke*) a [*o* in] pezzi ❷ (*zerbrochen*) rotto ❸ (*zerrissen*) strappato, lacerato; **entzwei|brechen** <irr> I. *vt haben* spezzare, rompere II. *vi sein* spezzarsi, rompersi; **entzweien** <ohne ge-> I. *vt* separare, dividere II. *vr* **sich** ~ separarsi, dividersi; (*sich zerstreiten*) guastarsi; **entzwei|gehen** <irr> *vi sein* andare in pezzi, rompersi

Enzian ['ɛntsiaːn] <-s, -e> *m* ❶ (BOT) genziana *f* ❷ (*Branntwein*) acquavite *f* di genziana

Enzyklopädie [ɛntsyklope'diː] <-, -n> *f* enciclopedia *f*

enzyklopädisch [ɛntsyklo'pɛːdɪʃ] *adj* enciclopedico

Enzym [ɛn'tsyːm] <-(e)s, -e> *n* enzima *m*

Epen *pl von* **Epos**

Epidemie [epide'miː] <-, -n> *f* epidemia *f*

epidemisch [epi'deːmɪʃ] *adj* epidemico

Epik ['eːpɪk] <-> *kein Pl f* (LIT) prosa *f*, epica *f*

Epilepsie [epilɛ'psiː] <-, -n> *f* epilessia *f*

Epileptiker(in) [epi'lɛptikɐ] <-s, -; -, -nen> *m(f)* epilettico, -a *m, f*

epileptisch *adj* epilettico

Epilog [epi'loːk] <-s, -e> *m* epilogo *m*

episch ['eːpɪʃ] *adj* epico

Episode [epi'zoːdə] <-, -n> *f* episodio *m*

Epizentrum [epi'tsɛntrʊm] *n* (GEOL) epicentro *m*

Epoche [e'pɔxə] <-, -n> *f* epoca *f*; **epochemachend** *adj* che fa epoca, d'importanza storica

Epos ['eːpɔs, *pl:* 'eːpən] <-, Epen> *n* (LIT) poema *m* epico

Equalizer <-s, -> *m* (TEC) equalizzatore *m*

er [eːɐ] *pron pers* (*3. pers sing*) ❶ (*in Bezug auf Menschen, unbetont*) *meist nicht übersetzt,* egli; (*betont*) lui; **da ist** ~ eccolo; ~ **ist es** è lui ❷ (*in Bezug auf Dinge, unbetont*) *meist nicht übersetzt,* esso; (*betont*) lui

erachten [ɛɐ'ʔaxtən] <ohne ge-> *vt* (*geh*) ~ **für/als gut** ritenere; **etw für gut** ~ giudicare conveniente qc; **Erachten** <-s> *kein Pl n* **meines ~s** a mio avviso

erarbeiten <ohne ge-> *vt* **sich** *dat* **etw** ~ fare proprio qc col proprio lavoro

Erbanlage ['ɛrpʔanlaːgə] *f* (BIOL) carattere *m* ereditario

erbarmen [ɛɐ'barmən] <ohne ge-> *vr* **sich jds** ~ avere pietà di qu; **Erbarmen** <-s> *kein Pl n* pietà *f*, compassione *f*; **mit**

jdm ~ **haben** aver pietà di qu; **zum** ~ da far pietà; **erbarmenswert** *adj* miserevole, compassionevole, pietoso

erbärmlich [ɛɐ'bɛrmlɪç] I. *adj* ❶ (*erbarmenswert*) miserevole, misero; (*Zustand*) pietoso ❷ (*pej: schlecht*) scarso, cattivo, pessimo ❸ (*pej: gemein*) meschino II. *adv* (*fam: sehr*) terribilmente; **Erbärmlichkeit** <-> *kein Pl f* ❶ stato *m* pietoso [*o* miserando] ❷ (*Ärmlichkeit*) miseria *f* ❸ (*Gemeinheit*) meschinità *f*, bassezza *f*, viltà *f*

erbarmungslos *adj* spietato, crudele

erbauen <ohne ge-> I. *vt* ❶ (*errichten*) costruire, edificare ❷ (*geh: erfreuen*) allietare; **von etw nicht/wenig erbaut sein** non essere/essere poco entusiasta di qc II. *vr* **sich** ~ (*geh: sich erfreuen*) rallegrarsi

Erbauer <-s, -> *m* costruttore *m*

erbaulich *adj* edificante

Erbauung <-, -en> *f* (*fig*) edificazione *f*

Erbe[1] ['ɛrbə] <-s> *kein Pl n* eredità *f*; **ein** ~ **antreten** adire un'eredità

Erbe[2] <-n, -n> *m* erede *m*; **jdn als** ~**n einsetzen** nominare qu proprio erede; *s. a.* **Erbin**

erbeben [ɛɐ'beːbən] <ohne ge-> *vi sein* tremare; (*fig*) fremere

erben ['ɛrbən] *vi, vt* ereditare

erbetteln <ohne ge-> *vt* ottenere [*o* ricevere] mendicando, accattare

erbeuten [ɛɐ'bɔʏtən] <ohne ge-> *vt* far bottino di, predare

Erbfaktor *m* (BIOL) fattore *m* ereditario; **Erbfehler** *m* (BIOL) tara *f* ereditaria; **Erbfeind(in)** ['ɛrpfaɪnt, *pl:* 'ɛrpfaɪndə] <-(e)s, -e; -, -nen> *m(f)* ❶ (*Volk*) nemico *m* secolare ❷ (*Gegner*) nemico *m* giurato; **Erbfolge** *f* (ordine *m* di) successione *f*; **Erbgut** *n* (BIOL) patrimonio *m* ereditario

erbieten <erbietet, erbot, erboten> *vr* **sich** ~ **etw zu tun** (*geh*) offrirsi di fare qc

Erbin ['ɛrbɪn] <-, -nen> *f* erede *f*; *s. a.* **Erbe**

erbitten <irr, ohne ge-> *vt* **etw von jdm** ~ chiedere qc a qu

erbittert *adj* esasperato; (*Kampf*) accanito

Erbitterung <-> *kein Pl f* esasperazione *f*

Erbkrankheit *f* (MED) malattia *f* ereditaria

erblassen [ɛɐ'blasən] <ohne ge-> *vi sein* impallidire; **vor Schreck** ~ impallidire per lo spavento

Erblasser(in) ['ɛrplasɐ] <-s, -; -, -nen> *m(f)* (JUR) testatore, -trice *m, f*

erblich ['ɛrplɪç] *adj* ereditario, genetico; (BIOL) trasmissibile; ~ **belastet** affetto da una tara ereditaria

erblicken <ohne ge-> *vt* (*geh*) scorgere,

vedere; (*entdecken*) scoprire

erblinden <ohne ge-> *vi sein* diventare cieco, perdere la vista

Erblindung <-, -en> *f* perdita *f* della vista; (*Blindheit*) cecità *f*

erblühen <ohne ge-> *vi sein* fiorire, schiudersi; (*a fig*) sbocciare

Erbmasse ['ɛrpmasə] *f* ❶ (JUR) asse *m* ereditario ❷ (BIOL) genotipo *m*

erbost [ɛɐ'boːst] *adj* (*geh*) adirato; **über jdn/etw ~ sein** essere adirato con qu/per qc

erbrechen <irr, ohne ge-> I. *vt* ❶ (*geh: Tür*) forzare; (*Schloss*) scassinare ❷ (*Mageninhalt*) vomitare II. *vi* vomitare; **bis zum Erbrechen** (*fam*) fino alla nausea

Erbrecht <-s, -e> *n* (JUR) diritto *m* di successione

erbringen [ɛɐ'brɪŋən] <irr, ohne ge-> *vt* **für etw den Beweis ~** fornire la prova per [*o* di] qc

Erbschaft <-, -en> *f* eredità *f*, successione *f*; **eine ~ machen** avere un'eredità; **Erbschaft(s)steuer** *f* (FIN, JUR) imposta *f* di successione; **Erbschleicher(in)** <-s, -; -, -nen> *m(f)* (*pej*) (pro)cacciatore, -trice *m, f* di eredità; **Erbschleicherei** [ɛrpʃlaɪçə'raɪ] <-, -en> *f* caccia *f* alle eredità; **Erbschleicherin** *f s.* **Erbschleicher**

Erbse ['ɛrpsə] <-, -n> *f* (BOT) pisello *m;* **Erbsensuppe** *f* (GASTR) minestra *f* [*o* zuppa *f*] di piselli; **Erbsenzähler(in)** *m(f)* (*pej sl*) pedante *mf*

Erbstück <-s, -e> *n* oggetto *m* ereditato; **Erbsünde** *f* (REL) peccato *m* originale; **Erbteil** *nm* ❶ (JUR) parte *f* d'eredità ❷ (*fig*) eredità *f*

Erdachse ['eːɐtʔaksə] <-> *kein Pl f* (GEOG) asse *m* della terra; **Erdanziehung** *f* (PHYS) gravitazione *f* terrestre; **Erdapfel** *m* (*A: Kartoffel*) patata *f;* **Erdarbeiten** *fpl* lavori *mpl* di scavo [*o* di sterro]; **Erdatmosphäre** *f* (GEOG, PHYS) atmosfera *f* terrestre

erdauern <ohne ge-> *vt* (*CH*) esaminare a fondo

Erdbahn <-, -en> *f* (ASTR) orbita *f* terrestre; **Erdball** *m* globo *m* terrestre; **Erdbeben** *n* (GEOG) terremoto *m;* **Erdbebengebiet** *n* zona *f* sismica; **erdbebensicher** *adj* antisismico

Erdbeere *f* (BOT) fragola *f*

Erdbeschleunigung *f* (PHYS, ASTR) accelerazione *f* terrestre; **Erdboden** *m* suolo *m*, terra *f;* **dem ~ gleichmachen** radere al suolo; **wie vom ~ verschluckt** come inghiottito dalla terra

Erde ['eːɐdə] <-, *rar* -n> *f* ❶ (*Welt*) terra *f*, mondo *m* ❷ (*Erdboden*) terra *f*, suolo *m;* **auf die ~ fallen** cadere per [*o* a] terra; **unter der ~** sotterra; **jdn unter die ~ bringen** (*fam*) sotterrare qu ❸ (TEC) presa *f* di terra

erden *vt* (TEC) collegare a terra

Erdenbürger <-s, -> *m* abitante *mf* della terra, mortale *mf poet*

erdenken <irr, ohne ge-> *vt* immaginare, escogitare

erdenklich *adj* immaginabile; **alles ~ Gute** tutto il bene possibile; **alles Erdenkliche tun** fare tutto il possibile

Erderwärmung *f* riscaldamento *m* del pianeta

erdfarben ['eːɐtfarbən] *adj* color terra, terroso

Erdgas *n* (CHEM) gas *m* naturale

Erdgeschoss^{RR} *n* pianterreno *m*

Erdhalbkugel *f* (GEOG) emisfero *m* terrestre

erdichten <ohne ge-> *vt* (*geh*) inventare

erdig ['eːɐdɪç] *adj* terroso

Erdinnere <-n> *kein Pl n* (PHYS, GEOG) interno *m* della terra; **Erdkarte** *f* (GEOG) carta *f* (geografica) della terra, planisfero *m* terrestre; **Erdkugel** *f* (GEOG) sfera *f* [*o* globo *m*] terrestre; **Erdkunde** *f* (GEOG) geografia *f;* **Erdmagnetismus** *m* (PHYS) magnetismo *m* terrestre; **Erdmittelpunkt** *m* (GEOG) centro *m* della terra

Erdnuss^{RR} *f* arachide *f*, nocciolina *f* americana; **Erdnussbutter**^{RR} *f* (GASTR) burro *m* di arachidi

Erdoberfläche <-> *kein Pl f* (GEOG) superficie *f* terrestre

Erdöl <-s> *kein Pl n* petrolio *m* (greggio), nafta *f;* **Erdölembargo** *n* embargo *m* sul petrolio; **Erdölindustrie** *f* industria *f* petrolifera; **Erdölraffinerie** *f* raffineria *f* di petrolio; **Erdölvorkommen** *n* giacimento *m* petrolifero

Erdreich <-s> *kein Pl n* terra *f*, terreno *m*

erdreisten [ɛɐ'draɪstən] <ohne ge-> *vr* **sich ~ etw zu tun** (*geh*) avere l'ardire di fare qc

Erdrinde <-, -n> *f* (GEOG) crosta *f* terrestre, litosfera *f*

erdrosseln <ohne ge-> *vt* strangolare, strozzare

erdrücken <ohne ge-> *vt* schiacciare; **~de Beweise** prove schiaccianti

Erdrutsch ['eːɐtrʊtʃ] *m* frana *f*, smottamento *m;* **erdrutschartig** *adj* ❶ (*wie ein Erdrutsch*) come una frana ❷ (*Sieg*) schiacciante; (*Verlust*) immenso; **Erdrutschsieg** *m* (POL) vittoria *f* indiscussa

Erdscholle *f* zolla *f* (di terra); **Erdstoß** *m* scossa *f* tellurica; **Erdteil** *m* continente *m*
erdulden <ohne ge-> *vt* subire, patire; (*aushalten*) sopportare
Erdumdrehung *f* rotazione *f* della terra; **Erdumkreisung** *f* volo *m* orbitale; **Erdumlaufbahn** *f* orbita *f* terrestre; **Erdumseg(e)lung** *f* circumnavigazione *f* della terra
Erdung ['eːɐ̯dʊŋ] <-, -en> *f* (TEC) presa *f* di terra
Erdwärme ['eːɐ̯tvɛrmə] <-> *kein Pl f* geotermia *f*
ereifern [ɛɐ̯'ʔaɪfɐn] <ohne ge-> *vr* sich ~ infervorarsi, accalorarsi
ereignen [ɛɐ̯'ʔaɪɡnən] <ohne ge-> *vr* sich ~ avvenire, accadere
Ereignis <-ses, -se> *n* avvenimento *m*, evento *m*; **ein freudiges** ~ un lieto evento; **ereignislos** [ɛɐ̯'ʔaɪɡnɪsloːs] *adj* senza avvenimenti; **ein ~er Tag** una giornata monotona; **ereignisreich** *adj* ricco di avvenimenti; (*bewegt*) movimentato
Erektion [erɛk'tsi̯oːn] <-, -en> *f* erezione *f*
Eremit [ere'miːt] <-en, -en> *m* (REL) eremita *m*
erfahren <irr, ohne ge-> **I.** *vt* ❶ (*hören*) venire a sapere, apprendere; **von einer Sache** *dat* ~ apprendere qc, (venire a) sapere di qc ❷ (*geh: erleben*) provare, fare l'esperienza di; (*erleiden*) subire, patire **II.** *adj* (*bewandert*) esperto, versato; (*geübt*) pratico
Erfahrung <-, -en> *f* esperienza *f*; (*praktische ~*) pratica *f*; ~ **haben** essere pratico; **etw in** ~ **bringen** venire a sapere qc; **aus** (**eigener**) ~ per esperienza (personale); **Erfahrungsaustausch** [ɛɐ̯'faːrʊŋsaustauʃ] <-(e)s> *kein Pl m* scambio *m* di esperienze; **erfahrungsgemäß** *adv* per esperienza
erfassen <ohne ge-> *vt* ❶ (*mit Händen*) prendere, afferrare; (*mitreißen*) travolgere; **von einem Lastwagen erfasst werden** essere investito da un camion ❷ (*Angst*) cogliere, prendere ❸ (*verstehen*) capire, comprendere ❹ (*registrieren*) registrare, rilevare ❺ (INFORM) rilevare ❻ (*berücksichtigen*) considerare; (*einbeziehen*) includere, comprendere
Erfassung <-> *kein Pl f* registrazione *f*; (*Daten~*) rilevamento *m*
erfinden <irr, ohne ge-> *vt* inventare; **frei erfunden** inventato di sana pianta
Erfinder(in) <-s, -> *m(f)* inventore, -trice *m, f*
erfinderisch *adj* inventivo; (*findig*) ingegnoso

Erfindung <-, -en> *f* invenzione *f*; **eine** ~ **machen** inventare qc; **Erfindungsgabe** *f* inventiva *f*
Erfolg [ɛɐ̯'fɔlk] <-(e)s, -e> *m* successo *m*; (*Ergebnis*) esito *m*; (*Folge, Wirkung*) conseguenza *f*, effetto *m*; **ein voller** ~ un successo pieno; **von** ~ **gekrönt sein** essere coronato dal successo; **mit dem** ~, **dass ...** con il risultato che ...; **sie hat** ~ **bei Männern** ha successo con gli uomini; **viel** ~! buona fortuna!
erfolgen <ohne ge-> *vi sein* (*geschehen*) avvenire, succedere; (*stattfinden*) aver luogo; (*Zahlung*) essere effettuato, effettuarsi
erfolglos I. *adj* infruttuoso; (*nutzlos*) inutile **II.** *adv* senza successo; **Erfolglosigkeit** <-> *kein Pl f* insuccesso *m*, inutilità *f*
erfolgreich I. *adj* (*Mensch*) di successo; (*Versuch*) fortunato; (*Unternehmen*) coronato di successo **II.** *adv* con successo
Erfolgsaussichten *fpl* possibilità *fpl* di successo; **Erfolgsautor(in)** *m(f)* autore, -trice *m, f* di successo; **Erfolgsdenken** *n* logica *f* [*o* pensiero *m*] vincente; **Erfolgserlebnis** *n* esperienza *f* gratificante; **Erfolgskontrolle** *f* verifica *f*; **Erfolgsmeldung** *f* annuncio *m* di un successo; **Erfolgsrezept** *n* ricetta *f* per avere successo
erfolgversprechend *adj* promettente, che promette bene
erforderlich [ɛɐ̯'fɔrdəlɪç] *adj* occorrente, necessario; **soweit** ~ in caso di bisogno, se necessario
erfordern <ohne ge-> *vt* esigere, richiedere
Erfordernis <-ses, -se> *n* esigenza *f*, necessità *f*; (*Voraussetzung*) requisito *m*
erforschen <ohne ge-> *vt* ricercare, studiare; (*Land*) esplorare; (*Meinung, Geheimnis*) sondare
Erforschung <-, -en> *f* indagine *f*, ricerca *f*; (*von Land*) esplorazione *f*; (*von Meinung*) sondaggio *m*
erfragen <ohne ge-> *vt* informarsi di [*o* su]; **zu** ~ **bei** per informazioni rivolgersi a
erfreuen <ohne ge-> **I.** *vt* rallegrare, far piacere a; **ich bin darüber sehr erfreut** me ne rallegro molto; **sehr erfreut!** piacere! **II.** *vr* ❶ (*sich freuen*) **sich an etw** *dat* ~ rallegrarsi di qc ❷ (*geh: genießen*) **sich guter Gesundheit** ~ godere di buona salute
erfreulich *adj* lieto; (*angenehm*) gradito, piacevole; **es ist** ~ **zu** +*inf* fa piacere +*inf*; **erfreulicherweise** *adv* fortunatamente

erfrieren <irr, ohne ge-> *vi sein*
❶ (*Mensch, Tier*) morire assiderato
❷ (*Körperteil*) congelarsi ❸ (*Pflanze*)
gelare; **Erfrierung** [ɛɐ'friːrʊŋ] <-, -en> *f*
congelamento *m,* assideramento *m*

erfrischen <ohne ge-> I. *vt* rinfrescare;
(*beleben*) ristorare, ricreare II. *vr* **sich ~**
rinfrescarsi; (*sich erholen*) ristorarsi; **erfrischend** *adj* rinfrescante; (*fig*) vivificante

Erfrischung <-, -en> *f* ❶ (*das Erfrischen*)
rinfrescata *f* ❷ (*Speise, Getränk*)
rinfresco *m;* **Erfrischungsgetränk** *n*
bibita *f;* **Erfrischungsraum** *m* buvette *f,*
bar *m*

erfüllen <ohne ge-> I. *vt* ❶ (*aus-, anfüllen*) riempire, colmare; **die Blumen ~ das
Zimmer mit Duft** i fiori riempiono di profumo la stanza ❷ (*Pflicht, Aufgabe*) adempiere; (*Versprechen*) mantenere; (*Wunsch,
Bitte*) esaudire; (*Zweck*) raggiungere;
(*Bedingung, Voraussetzung*) soddisfare
II. *vr* **sich ~** (*Wunsch, Hoffnung*) adem-
piersi, avverarsi

Erfüllung <-, -en> *f* (*von Aufgabe, Pflicht*)
adempimento *m;* (*von Wunsch, Hoffnung*)
appagamento *m,* realizzazione *f;* (*von Versprechen*) mantenimento *m;* **in ~ gehen**
avverarsi, realizzarsi

ergänzen [ɛɐ'gɛntsən] <ohne ge-> I. *vt*
completare, integrare II. *vr* **sich** [*o* **einander**] **~** completarsi

Ergänzung <-, -en> *f* ❶ (*Vervollständigung*) completamento *m* ❷ (LING) complemento *m* ❸ (*Buch*) supplemento *m*

Ergänzungs- (*in Zusammensetzungen*)
complementare, supplementare, integrativo, aggiuntivo; **Ergänzungsstudie** *f*
studio *m* integrativo

ergattern [ɛɐ'gatən] <ohne ge-> *vt* (*fam*)
pescare

ergeben[1] <irr, ohne ge-> I. *vt* produrre,
generare; (*einbringen*) rendere, fruttare;
(MAT) dare come risultato; **die Umfrage
hat ~, dass ...** il sondaggio ha rivelato
che ... II. *vr* **sich ~** ❶ (MIL: *kapitulieren*)
arrendersi; (*a fig*) capitolare; **sich in etw**
acc **~** rassegnarsi a qc ❷ (*hingeben*) **sich
einer Sache** *dat* **~** abbandonarsi a qc,
cedere a qc ❸ (*folgen*) **sich aus etw ~**
risultare da qc, derivare da qc; **daraus
ergibt sich, dass ...** ne (con)segue che ...

ergeben[2] *adj* (*demütig*) devoto; (*unterwürfig*) sottomesso, umile; **jdm treu ~
sein** essere fedelmente devoto a qu *poet*

Ergebenheit <-> *kein Pl f* ❶ (*Hingabe*)
devozione *f,* attaccamento *m* ❷ (*Gefasstheit*) rassegnazione *f*

Ergebnis [ɛɐ'geːpnɪs] <-ses, -se> *n* risul-

tato *m;* (*Ausgang*) esito *m;* (*Folge*) conseguenza *f;* **zu keinem ~ führen** non portare ad alcun risultato; **ergebnislos** *adj*
senza risultato, infruttuoso; **ergebnisori-
entiert** *adj* finalizzato al risultato

ergehen <irr, ohne ge-> I. *vi sein* ❶ (*geh:
geschickt werden*) essere inviato; (*erlassen werden*) essere diramato; (*bekanntge-
geben werden*) essere pubblicato ❷ (*widerfahren*) passarsela *fam;* **etw über
sich ~ lassen** sopportare qc (paziente-
mente); **mir ist es genauso ergangen** mi
è successa la stessa cosa; **wie ist es dir
ergangen?** come ti è andata? *fam* II. *vr*
sich in etw *dat* **~** diffondersi in qc, abbandonarsi a qc

ergiebig [ɛɐ'giːbɪç] *adj* fertile, produttivo; (*ertragreich*) abbondante, copioso;
(*Thema*) vasto; (*einträglich*) redditizio;
(*bes. Geschäft*) lucroso

ergießen <irr, ohne ge-> *vr* **sich über jdn
~** (*a fig*) (ri)versarsi su qu; **der Fluss
ergießt sich ins Meer** il fiume sfocia nel
mare

erglühen <ohne ge-> *vi sein* (*geh fig*)
ardere (*vor* di), accendersi (*vor* di), infiammarsi (*vor* di); **vor Zorn ~** accendersi d'ira

Ergonomie [ɛrgono'miː] <-> *kein Pl f*
ergonomia *f*

ergonomisch [ɛrgo'noːmɪʃ] *adj* ergonomico

ergrauen [ɛɐ'grauən] <ohne ge-> *vi sein*
incanutire

ergreifen <irr, ohne ge-> *vt* ❶ (*fassen*)
afferrare; (*fig: Wort, Initiative, Maßnahme,
Flucht*) prendere; **die Gelegenheit ~**
cogliere l'occasione ❷ (*festnehmen*) arrestare, catturare ❸ (*fig: rühren*) toccare, commuovere; (*erschüttern*) scuotere;
ergreifend *adj* commovente, toccante

Ergreifung <-, *rar* -en> *f* (*Festnahme*)
cattura *f*

ergriffen [ɛɐ'grɪfən] *adj* (*gerührt*) commosso; (*erschüttert*) sconvolto; **Ergriffenheit** <-> *kein Pl f* commozione *f,* emozione *f*

ergründen <ohne ge-> *vt* sondare, cercare di penetrare

Erguss[RR] [ɛɐ'gʊs, *pl:* ɛɐ'gʏsə] <-es,
Ergüsse> *m,* **Erguß**[ALT] <-gusses,
Ergüsse> *m* ❶ (MED) versamento *m;*
(*Blut~*) travaso *m* ❷ (*Samen~*) eiacula-
zione *f* ❸ (*fig pej: Gefühls~*) effusione *f,*
sfogo *m;* (*Wortschwall*) flusso *m,* fiume *m*

erhaben [ɛɐ'haːbən] *adj* ❶ (*erhöht*)
rialzato, saliente ❷ (*feierlich*) sublime
❸ (*überlegen*) superiore; **über jeden Verdacht ~ sein** essere al di sopra di ogni

sospetto; **Erhabenheit** <-> *kein Pl f*
❶(*Überlegenheit*) superiorità *f* ❷(*Feier-lichkeit*) sublimità *f*

erhalten <irr, ohne ge-> *vt* ❶(*bekom-men*) ricevere; (*durch Bemühungen*) otte-nere; (*Tadel, Strafe*) ricevere; (*Eindruck*) avere ❷(*bewahren*) conservare; (*auf-rechterhalten*) mantenere; **gut/schlecht ~ sein** essere in buono/cattivo stato (di con-servazione)

erhältlich [ɛɐˈhɛltlɪç] *adj* in vendita

Erhaltung <-> *kein Pl f* ❶(*Bewahrung*) conservazione *f* ❷(*Versorgung*) manteni-mento *m*

erhängen <ohne ge-> I. *vt* impiccare II. *vr* **sich ~** impiccarsi

erhärten <ohne ge-> I. *vt* ❶(*Material*) indurire, solidificare ❷(*fig: Verdacht*) con-validare, rafforzare II. *vr* **sich ~** ❶(*hart werden*) indurirsi ❷(*fig*) convalidare, raf-forzare

erheben <irr, ohne ge-> I. *vt* ❶(*Augen, Arm, Glas*) alzare, levare; **die Stimme ~** alzare la voce ❷(FIN: *Gebühr, Steuern*) ris-cuotere; (*Betrag*) esigere ❸(*südd, A: behördlich feststellen*) stimare ❹(*An-spruch, Klage*) sporgere II. *vr* **sich ~** ❶(*aufstehen*) alzarsi; (*a emporragen*) levarsi ❷(*geh: aufkommen*) nascere, sor-gere; (*Wind*) alzarsi ❸(*sich empören*) insorgere, sollevarsi; **erhebend** *adj* edifi-cante

erheblich [ɛɐˈheːplɪç] *adj* rilevante, consi-derevole; (*bedeutend*) importante

Erhebung <-, -en> *f* ❶(*Boden~*) eleva-zione *f* ❷(*Umfrage*) rilevamento *m*, inda-gine *f* ❸(FIN: *von Abgaben*) riscossione *f* ❹(*Aufstand*) insurrezione *f*, sommossa *f*

erheitern [ɛɐˈhaɪtɐn] <ohne ge-> I. *vt* ral-legrare, rasserenare II. *vr* **sich ~** (*geh*) ras-serenarsi; **erheiternd** *adj* divertente

erhellen <ohne ge-> I. *vt* ❶(*durch Licht*) illuminare ❷(*fig: erläutern*) chiarire II. *vr* **sich ~** ❶(*Himmel*) rischiararsi ❷(*Ge-sicht*) illuminarsi

erhitzen [ɛɐˈhɪtsən] <ohne ge-> I. *vt* ❶(*Speisen*) riscaldare ❷(*fig: erregen*) eccitare; **diese Frage erhitzt die Gemü-ter** questo problema dà luogo a discussioni eccitate II. *vr* **sich ~** ❶(*heiß werden*) ris-caldarsi ❷(*fig: sich erregen*) eccitarsi

erhoffen <ohne ge-> *vt* sperare in, aspet-tarsi

erhöhen [ɛɐˈhøːən] <ohne ge-> I. *vt* ❶(*höher machen*) (ri)alzare ❷(*steigern, vermehren*) aumentare; **der Preis ist um/auf einen Euro erhöht worden** il prezzo è salito di/a un euro ❸(MUS)

aumentare II. *vr* **sich ~** aumentare, salire

erhöht [ɛɐˈhøːt] *adj* (*Wert, Blutdruck*) aumentato

Erhöhung <-, -en> *f* ❶(*das Höherlegen*) elevazione *f*; (ARCH) rialzamento *m* ❷(*Ver-mehrung*) rialzo *m*, aumento *m*; **Erhö-hungszeichen** *n* (MUS) diesis *m*

erholen <ohne ge-> *vr* **sich ~** ❶(*über-winden*) **sich von etw ~** (*von Krankheit*) ristabilirsi da qc, rimettersi da qc; (*von Schreck, Überraschung*) riaversi da qc ❷(*sich ausruhen*) riposarsi; (*sich entspan-nen*) distendersi, rilassarsi ❸(*fig: Preise, Markt*) riprendersi; (*Kurse*) recuperare, migliorare; (*Börse*) essere in ripresa

erholsam [ɛɐˈhoːlzaːm] *adj* riposante

Erholung <-> *kein Pl f* ❶(*von Krank-heit*) ristabilimento *m* ❷(*Ruhe*) riposo *m*; **Erholungsaufenthalt** *m* soggiorno *m* di riposo; **erholungsbedürftig** *adj* biso-gnoso di riposo; **Erholungsgebiet** *n* luogo *m* di villeggiatura; **Erholungs-heim** *n* casa *f* di riposo; **Erholungs-urlaub** [ɛɐˈhoːlʊŋsuˈelaʊp, *pl:* ɛɐˈhoːlʊŋsuˈelaʊbə] <-(e)s, -e> *m* vacanza *f* rilassante [*o* di riposo]; **Erho-lungswert** <-(e)s> *kein Pl m* (ECO) effetto *m* rilassante

erhören <ohne ge-> *vt* (*geh*) esaudire

erigiert [eriˈgiːɐt] *adj* eretto

erinnern [ɛɐˈʔɪnən] <ohne ge-> I. *vt* ricor-dare; **jdn daran ~ etw zu tun** ricordare a qu di fare qc; **jdn an ein Versprechen ~** ricordare a qu (di) una promessa II. *vr* **sich an etw** *acc* **~** ricordarsi (di) qc; **sich nur noch dunkel ~** ricordarsi solo vagamente; **wenn ich mich recht erinnere, heißt er Frank** se ricordo bene, si chiama Franco III. *vi* **an etw** *acc* **~** ricordare qc

Erinnerung <-, -en> *f* ❶(*Gedächtnis*) memoria *f*; **etw in guter/schlechter ~ haben** avere un buon/brutto ricordo di qc ❷(*Zurückdenken*) ricordo *m*; **die ~ an jdn/etw** il ricordo di qu/qc ❸(*Anden-ken*) ricordo *m*; **zur ~ an** +*acc* in memoria di *poet*

Erinnerungskultur *f* cultura *f* del ricordo

erkälten [ɛɐˈkɛltən] <ohne ge-> *vr* **sich ~** raffreddarsi, prendere un raffreddore

erkalten <ohne ge-> *vi sein* raffreddarsi; **ihre Gefühle für ihn sind erkaltet** i suoi sentimenti per lui si sono raffreddati

erkältet [ɛɐˈkɛltət] *adj* raffreddato

Erkältung <-, -en> *f* raffreddore *m*; **eine ~ bekommen** raffreddarsi

erkämpfen <ohne ge-> *vt* ottenere com-battendo; (*a fig*) conquistare; (*Sieg*) ripor-tare

erkennbar adj riconoscibile; (wahrnehmbar) percettibile; (mit bloßem Auge) discernibile, distinguibile; **ohne ~en Grund** senza ragione apparente

erkennen <irr, ohne ge-> **I.** vt ❶ (wahrnehmen) distinguere ❷ (identifizieren) riconoscere; **jdn/etw an etw** dat ~ riconoscere qu/qc da qc; **sich zu ~ geben** farsi (ri)conoscere; **nicht wieder zu ~ sein** essere irriconoscibile ❸ (erfassen) comprendere; **jdm zu ~ geben, dass ...** fare capire a qu che ... ❹ (einsehen) riconoscere **II.** vi ~ **auf** +acc (JUR) emettere la sentenza di

erkenntlich [ɛɐ̯'kɛntlɪç] adj **sich ~ zeigen** mostrarsi riconoscente

Erkenntnis <-, -se> f ❶ (Erkennen) conoscenza f ❷ (Einsicht) riconoscimento m ❸ (Kenntnis) cognizione f, nozione f

Erkennungsdienst m (polizia f) scientifica f; **erkennungsdienstlich** adj ~**e Erfassung** sistema di riconoscimento; **Erkennungsmarke** f (MIL) distintivo m, contrassegno m, marchio m di riconoscimento; **Erkennungszeichen** n (contras)segno m di riconoscimento

Erker ['ɛrkɐ] <-s, -> m (ARCH) balconcino m

erklärbar [ɛɐ̯'klɛːɐ̯baːɐ̯] adj spiegabile

erklären <ohne ge-> **I.** vt ❶ (erläutern) spiegare; (deuten) interpretare ❷ (begründen) provare, motivare ❸ (aussagen) dichiarare; (verkünden a) proclamare; **jdm den Krieg ~** dichiarare guerra a qu; **etw für ungültig ~** dichiarare nullo qc, annullare qc **II.** vr **sich ~** ❶ (begründen) spiegarsi ❷ (sich aussprechen) dichiararsi; **sich für/gegen etw ~** pronunciarsi a favore di/contro qc; **sich bereit ~ zu ...** dichiararsi pronto a ...; **erklärlich** adj ❶ (erklärbar) spiegabile ❷ (verständlich) comprensibile; **erklärt** adj dichiarato, esplicito

Erklärung <-, -en> f ❶ (das Erklären) spiegazione f ❷ (Erläuterung) commento m, illustrazione f ❸ (Bekanntgabe) dichiarazione f; (Verkündung a) proclamazione f; **eine ~ abgeben** fare una dichiarazione

erklimmen [ɛɐ̯'klɪmən] <erklimmt, erklomm, erklommen> vt (geh) scalare, risalire

erklingen <irr, ohne ge-> vi sein (ri)sonare

erklomm [ɛɐ̯'klɔm] 1.u 3.pers sing imp von **erklimmen**

erklommen [ɛɐ̯'klɔmən] pp von **erklimmen**

erkranken <ohne ge-> vi sein ammalarsi;

an etw dat ~ ammalarsi di qc

Erkrankung <-, -en> f malattia f

erkunden [ɛɐ̯'kʊndən] <ohne ge-> vt (Gelände) esplorare; (Lage) sondare

erkundigen [ɛɐ̯'kʊndɪgən] <ohne ge-> vr **sich ~** informarsi; **sich nach jdm/ etw ~** informarsi su [o di] qu/qc

Erkundigung <-, -en> f informazione f (über +acc su, sul conto di); **~en einziehen** prendere [o assumere] informazioni

Erkundung <-, -en> f esplorazione f

Erlagschein [ɛɐ̯'laːkʃaɪn] <-(e)s, -e> m (A: Zahlkarte) modulo m di versamento

erlahmen <ohne ge-> vi sein ❶ (Körper) stancarsi ❷ (fig: Eifer, Interesse) venir meno, cessare, raffreddarsi

erlangen [ɛɐ̯'laŋən] <ohne ge-> vt (erreichen) raggiungere; (durch Bemühungen) ottenere; (Ruhm, Bedeutung) acquisire

Erlass^RR [ɛɐ̯'las] <-es, -e> m, **Erlaß**^ALT <-lasses, -lasse> m ❶ (Verfügung) emanazione f; (POL) decreto m, ordinanza f ❷ (Straf-, Schulden~) condono m, remissione f

erlassen <irr, ohne ge-> vt ❶ (verordnen) emanare ❷ (befreien von) **jdm etw ~** (Gebühren, Steuer, Zoll) esonerare qu da qc; (Strafe, Schuld) condonare qc a qu, rimettere qc a qu

erlauben [ɛɐ̯'laʊbən] <ohne ge-> **I.** vt permettere; **~ Sie** (**bitte**)! scusi!; **~ Sie, dass ich rauche/mich vorstelle?** posso fumare/presentarmi?, permette che fumi/ mi presenti? **II.** vr **sich** dat ~ permettersi; **sich** dat ~ **etw zu tun** permettersi di fare qc; **was erlaubst du dir** (**eigentlich**)? come ti permetti!

Erlaubnis <-, rar -se> f permesso m; (jdn) **um ~ bitten etw zu tun** chiedere il permesso (a qu) di fare qc

erläutern [ɛɐ̯'lɔɪtən] <ohne ge-> vt spiegare; (Text) interpretare, commentare

Erläuterung <-, -en> f spiegazione f; (Kommentar) commento m, interpretazione f

Erle ['ɛrlə] <-, -n> f (BOT) ontano m

erleben <ohne ge-> vt ❶ (durchmachen) vivere, vedere, sentire; (erfahren) fare l'esperienza di, provare; **der kann was ~!** (fam) se la vedrà brutta! ❷ (kennen lernen, dabeisein) vedere, conoscere; **so** (**zärtlich**) **habe ich dich noch nie erlebt** così (tenero) non sei mai stato; **er hat schon viel erlebt** ne ha già viste di tutti i colori fam; **hat man so was schon erlebt?** (fam) si è mai vista una cosa simile? ❸ (noch lebend erreichen) vivere fino a; **das möchte ich noch ~** non voglio

erlauben	
um Erlaubnis bitten	**chiedere il permesso**
Darf ich Sie kurz stören/unterbrechen?	**Posso** disturbarLa/interromperLa un momento?
Haben/Hätten Sie was dagegen, wenn ich das Fenster aufmache?	**Ha niente in contrario se** apro la finestra?
Sind Sie damit einverstanden, wenn ich im Juli Urlaub nehme?	**È d'accordo se** prendo le vacanze a luglio?
erlauben	**permettere, autorizzare**
Wenn du mit deinen Hausaufgaben fertig bist, **darfst du** raus spielen.	Quando hai finito i compiti, **puoi** uscire a giocare.
Sie dürfen gern hereinkommen.	**Può** entrare./Entri pure, **prego!**
In diesem Bereich **dürfen** Sie rauchen.	In quest'area **è permesso** fumare.
Wenn Sie möchten, können Sie hier parken.	**Se desidera** può parcheggiare qui.

morire senza averlo visto

Erlebnis <-ses, -se> n evento m; (*Erfahrung*) esperienza f; (*aufregendes ~*) avventura f; **Erlebnisbad** n acquapark m; **Erlebnispark** m parco m dei divertimenti

Erlebnistourismus m turismo m d'avvenura

erledigen [ɛɐˈleːdɪɡən] <ohne ge-> I. vt ❶ (*Arbeit*) compiere, sbrigare; (*Auftrag*) eseguire; (*Angelegenheit*) regolare, risolvere; **ich muss noch etwas in der Stadt ~** devo ancora sbrigare qualcosa in centro ❷ (*fam: ermüden*) sfinire, spossare; **ich bin vollkommen erledigt** sono completamente distrutto ❸ (*sl: ruinieren*) rovinare ❹ (*sl: umbringen*) togliere di mezzo II. vr sich (**von selbst**) ~ risolversi (da solo)

erledigt [ɛɐˈleːdɪçt] adj (*fam*) sfinito; **ich bin völlig ~** sono completamente sfinito [o distrutto]

Erledigung <-, -en> f ❶ sing (*Durchführung*) compimento m, esecuzione f ❷ (*Besorgung*) disbrigo m

erlegen [ɛɐˈleːgən] <ohne ge-> vt ❶ (*geh: Wild*) abbattere ❷ (*bes. A: Geldbetrag*) pagare

erleichtern [ɛɐˈlaɪçtɐn] <ohne ge-> vt facilitare, agevolare; (*Gewissen*) sgravare; **jdn um etw ~** (*fam scherz*) alleggerire qu di qc; **erleichtert sein** essere sollevato

Erleichterung <-, -en> f ❶ (*das Erleichtern*) facilitazione f, agevolazione f ❷ (*Gefühl der ~*) sollievo m

erleiden <irr, ohne ge-> vt ❶ (*Schmer-*

zen) patire, sopportare ❷ (*fig: Niederlage, Verlust*) subire

erlernen <ohne ge-> vt (*Sprache, Handwerk*) imparare, apprendere

erlesen adj (*Wein, Geschmack*) squisito

erleuchten <ohne ge-> vt (*a fig*) illuminare

Erleuchtung <-, -en> f (*a fig*) illuminazione f; **eine plötzliche ~ haben** avere un lampo di genio *fam*

erliegen <irr, ohne ge-> vi sein (*einem Irrtum ~*) cadere in errore; **einer Versuchung ~** cedere alla tentazione, cadere in tentazione; **er ist seinen Verletzungen erlegen** è morto per le ferite riportate

erlischt [ɛɐˈlɪʃt] 3. pers sing pr von **erlöschen**

Erlös [ɛɐˈløːs] <-es, -e> m ricavato m

erlöschen <erlischt, erlosch, erloschen> vi sein ❶ (*Feuer, Gefühle*) spegnersi ❷ (*Mandat, Visum, Pass*) scadere

erlösen <ohne ge-> vt jdn (**aus** [o **von**] **etw**) **~** liberare qu (da qc); (REL) redimere qu (da qc); **Erlöser** [ɛɐˈløːzɐ] <-s, -> m ❶ (*Retter*) salvatore, -trice m, f ❷ (REL) Redentore m, Salvatore m; **Erlösung** <-, -en> f ❶ (*Befreiung*) liberazione f; (REL) redenzione f

ermächtigen [ɛɐˈmɛçtɪɡən] <ohne ge-> vt **jdn zu etw ~** autorizzare qu a fare qc; (JUR) delegare qc a qu

Ermächtigung <-, -en> f autorizzazione f; (JUR) delega f

ermahnen <ohne ge-> vt ❶ (*anhalten*) esortare, incitare; **jdn zu etw ~** esortare qu a (fare) qc ❷ (*zurechtweisen*) ammonire

Erleichterung audrücken	
Erleichterung ausdrücken	**esprimere sollievo**
Bin ich froh, dass es so gekommen ist!	**Come sono contenta/o che** sia andata così!
Mir fällt ein Stein vom Herzen!	**Mi hai tolto/Mi sono tolto un peso dallo stomaco!**
Ein Glück, dass du gekommen bist!	**Che fortuna che** tu sia arrivata/o!
Gott sei Dank!	**Grazie a Dio!**
Geschafft!	**Ce l'ho fatta!/È andata!/È fatta!**
Endlich!	**Finalmente!**

E

Ermahnung <-, -en> *f* ❶ (*Aufforderung*) esortazione *f* ❷ (*Zurechtweisung, Rüge*) ammonimento *m*

Ermangelung *f* **in ~** (*geh*) in mancanza (*gen* di)

ermäßigen [ɛɐ'mɛːsɪɡən] <ohne ge-> *vt* ribassare, diminuire, ridurre

Ermäßigung <-, -en> *f* diminuzione *f,* riduzione *f;* (*Preisnachlass*) sconto *m*

ermatten [ɛɐ'matən] <ohne ge-> (*geh*) **I.** *vt haben* stancare, affaticare; (*erschöpfen*) spossare **II.** *vi sein* stancarsi, affaticarsi; **ermattet** [ɛɐ'matət] *adj* affaticato, spossato

ermessen <irr, ohne ge-> *vt* (*abschätzen*) misurare, valutare; (*erfassen*) comprendere; **Ermessen** <-s> *kein Pl n* **nach jds ~** a giudizio di qu; **nach meinem ~** secondo me; **Ermessensfrage** *f* questione *f* giudicabile a discrezione

ermitteln [ɛɐ'mɪtəln] <ohne ge-> **I.** *vt* ❶ (*erforschen*) ricercare, indagare ❷ (*herausfinden*) rintracciare, scoprire ❸ (*feststellen*) determinare, rilevare **II.** *vi* (JUR) **gegen jdn ~** indagare su qu

Ermittlung <-, -en> *f* ❶ (*Nachforschung*) ricerca *f,* indagine *f* ❷ (*polizeiliche ~*) rilevamento *m*

Ermittlungsdienst *m* servizio *m* investigativo; **Ermittlungsverfahren** *n* (JUR) istruttoria *f*

ermöglichen [ɛɐ'møːklɪçən] <ohne ge-> *vt* rendere possibile; **jdm ~ etw zu tun** permettere a qu di fare qc

ermorden <ohne ge-> *vt* assassinare, uccidere

Ermordung <-, -en> *f* assassinio *m*

ermüden [ɛɐ'myːdən] <ohne ge-> **I.** *vt* stancare, affaticare **II.** *vi sein* stancarsi, affaticarsi; **ermüdend** *adj* faticoso; (*a fig*) stancante

Ermüdung <-, *rar* -en> *f* stanchezza *f;* (*Erschöpfung*) affaticamento *m;* **Ermü-**

dungserscheinung *f* sintomo *m* di stanchezza

ermuntern [ɛɐ'mʊntən] <ohne ge-> *vt* ❶ (*aufmuntern*) rallegrare ❷ (*auffordern*) **jdn zu etw ~** esortare qu a qc; (*ermutigen*) incoraggiare qu a qc

ermutigen [ɛɐ'muːtɪɡən] <ohne ge-> *vt* incoraggiare; **jdn zu etw ~** incoraggiare qu a qc; **Ermutigung** <-, -en> *f* incoraggiamento *m;* **das dient zur ~** questo serve da incoraggiamento

ernähren <ohne ge-> **I.** *vt* ❶ (*mit Nahrung*) alimentare ❷ (*Familie*) mantenere, sostentare **II.** *vr* **sich ~** nutrirsi; **sich von etw ~** nutrirsi di qc

Ernährer(in) <-s, -; -, -nen> *m(f)* sostegno *m* (della famiglia)

Ernährung <-> *kein Pl f* ❶ (*Nahrung*) alimentazione *f;* **falsche ~** malnutrizione *f* ❷ (*Versorgung*) mantenimento *m,* sostentamento *m;* **Ernährungswissenschaft** *f* scienza *f* dell'alimentazione; **Ernährungswissenschaftler(in)** *m(f)* alimentarista *mf*

ernennen <irr, ohne ge-> *vt* nominare; (*bes. Beamte*) designare

Ernennung <-, -en> *f* nomina *f;* (*bes. von Beamten*) designazione *f*

erneuerbar [ɛɐ'nɔɪɐbaːɐ̯] *adj* rinnovabile; **~e Energiequellen** fonti di energia rinnovabili

erneuern [ɛɐ'nɔɪɐn] <ohne ge-> *vt* ❶ (*Vertrag*) rinnovare ❷ (*auswechseln*) cambiare, sostituire ❸ (*wiederherstellen*) riparare, riaggiustare; (*Farbe*) rinfrescare; **Erneuerung** <-, -en> *f* rinnovo *m,* rinnovamento *m*

erneut [ɛɐ'nɔɪt] **I.** *adj* rinnovato, nuovo; (*wiederholt*) ripetuto **II.** *adv* di nuovo

erniedrigen [ɛɐ'niːdrɪɡən] <ohne ge-> **I.** *vt* ❶ (*demütigen*) umiliare ❷ (*Preise*) abbassare ❸ (MUS) abbassare **II.** *vr* **sich ~** umiliarsi, abbassarsi

Erniedrigung <-, -en> f umiliazione f, avvilimento m; **Erniedrigungszeichen** n (MUS) bemolle m

ernst [ɛrnst] adj ❶ (*Mensch*) serio; (*Absicht*) fermo; **es ~ meinen** fare sul serio; **jdn/etw ~ nehmen** prendere qu/qc sul serio ❷ (*Lage, Krankheit*) grave; **es ist nichts Ernstes** non è niente di grave

Ernst [ɛrnst] <-es> kein Pl m ❶ (*Ernsthaftigkeit*) serietà f; **allen ~es** in tutta serietà; **im ~** sul serio; **das ist mein voller ~** (*fam*) dico proprio sul serio, non scherzo affatto ❷ (*Wichtigkeit*) gravità f

Ernstfall m caso m di emergenza

ernsthaft adj ❶ (*Miene, Angebot*) serio ❷ (*Verletzung*) grave; **Ernsthaftigkeit** <-> kein Pl f serietà f

ernstlich adv seriamente, sul serio; ~ **böse werden** arrabbiarsi sul serio; ~ **krank sein** essere gravemente ammalato

Ernte ['ɛrntə] <-, -n> f ❶ (*das Ernten*) raccolta f ❷ (*~ ertrag*) raccolto m; (*Getreide-*) mietitura f, messe f; (*Wein-*) vendemmia f; **Erntedankfest** n festa f di ringraziamento per il raccolto; **Erntedanktag** m festa f di ringraziamento per il raccolto

ernten ['ɛrntən] I. vt (a fig) raccogliere; (*Getreide*) mietere II. vi fare la raccolta

Ernteschaden <-s, -schäden> m danno m al raccolto

ernüchtern [ɛɐ'nʏçtɐn] <ohne ge-> vt ❶ (*Betrunkene*) far passare la sbornia a ❷ (*fig*) disincantare, disilludere

Ernüchterung <-, -en> f (*fig*) disincantamento m, disinganno m

Eroberer(in) [ɛɐ'ʔoːbəʀɐ] <-s, -; -, -nen> m(f) conquistatore, -trice m, f

erobern [ɛr'ʔoːbɐn] <ohne ge-> vt (a fig) conquistare

Eroberung <-, -en> f conquista f

eröffnen <ohne ge-> vt ❶ (*Konto, Geschäft*) aprire; (*feierlich*) inaugurare ❷ (*mitteilen*) **jdm etw ~** rivelare qc a qu

Eröffnung <-, -en> f ❶ (*Öffnung*) apertura f, inizio m; (*feierliche ~*) inaugurazione f ❷ (*Mitteilung*) comunicazione f, rivelazione f

erogen [ero'geːn] adj erogeno

erörtern [ɛɐ'ʔœrtɐn] <ohne ge-> vt discutere, dibattere

Erörterung <-, -en> f discussione f, dibattito m

Eros-Center ['eːrɔssɛntɐ] <-s, -> n (*Bordell*) centro m dell'Eros

Erosion [ero'zi̯oːn] <-, -en> f erosione f

Erotik [e'roːtɪk] <-> kein Pl f erotismo m

erotisch adj erotico

Erpel ['ɛrpəl] <-s, -> m (ZOO: *Enterich*) maschio m dell'anatra

erpicht [ɛɐ'pɪçt] adj **auf etw** acc ~ **sein** essere avido di qc

erpressbar adj ricattabile; **erpressen** <ohne ge-> vt ❶ (*Person*) ricattare ❷ (*Geld*) **etw von jdm ~** estorcere qc a qu; **ein Geständnis von jdm ~** strappare una confessione a qu

Erpresser(in) <-s, -; -, -nen> m(f) ricattatore, -trice m, f

erpresserisch adj ricattatore, ricattatorio

Erpressung <-, -en> f ❶ (*von Personen*) ricatto m ❷ (*von Sachen*) estorsione f, concussione f

erproben <ohne ge-> vt provare; (TEC) collaudare; **seine Kräfte ~** mettere alla prova le proprie forze

erprobt [ɛɐ'proːbt] adj provato; **das Gerät ist noch nicht ~** l'apparecchio non è ancora stato collaudato; **er ist in solchen Dingen ~** in queste cose ha esperienza

Erprobung <-, -en> f prova f; (TEC) collaudo m

erquicken [ɛɐ'kvɪkən] <ohne ge-> vt (*geh: erfrischen*) ristorare; **erquickend** adj (*geh*) ristoratore

erraten [ɛɐ'raːtən] <irr, ohne ge-> vt indovinare

errechnen <ohne ge-> vt calcolare

erregbar [ɛɐ're:kbaːɐ] adj eccitabile, irritabile; **Erregbarkeit** <-> kein Pl f eccitabilità f, irritabilità f

erregen [ɛɐ're:gən] <ohne ge-> I. vt ❶ (*emotional, sexuell*) eccitare ❷ (*hervorrufen*) suscitare, provocare; (*Begierde, Neid*) destare; **Aufsehen ~** far scalpore; **Mitleid ~** fare compassione II. vr **sich über etw** acc ~ eccitarsi per qc, irritarsi per qc

Erreger <-s, -> m (MED) agente m patogeno

erregt adj eccitato, agitato, irritato; (*sexuell*) eccitato, stimolato; (*Diskussion*) vivace, infocato

Erregung <-, -en> f eccitazione f, agitazione f

erreichbar adj raggiungibile; (*zugänglich*) accessibile; (*Mensch*) reperibile; **telefonisch ~** raggiungibile per telefono

erreichen <ohne ge-> vt ❶ (*Person*) raggiungere ❷ (*Zug*) riuscire a prendere; (*Ort, Alter*) arrivare a; (*Ziel*) conseguire, raggiungere ❸ (*durchsetzen*) ottenere; **du wirst bei ihr nichts ~** non otterrai niente da lei

erretten <ohne ge-> vt (*geh*) salvare, trarre in salvo

errichten <ohne ge-> *vt* ❶ (*Gebäude*) costruire, edificare; (*Denkmal*) erigere ❷ (*fig: gründen*) fondare
Errichtung <-, -en> *f* ❶ (*von Gebäude*) costruzione *f*, edificazione *f*; (*von Denkmal*) erezione *f* ❷ (*fig: Gründung*) fondazione *f*
erringen <irr, ohne ge-> *vt* conseguire; (*Sieg*) riportare
erröten [ɛɐˈrøːtən] <ohne ge-> *vi sein* arrossire; **vor Scham** ~ arrossire per la [*o* di] vergogna
Errungenschaft [ɛɐˈrʊŋənʃaft] <-, -en> *f* conquista *f*
Ersatz [ɛɐˈzats] <-es> *kein Pl m* ❶ (*Auswechslung*) sostituzione *f*; **als** [*o* **zum**] ~ **für** in sostituzione di ❷ (*Erstattung*) restituzione *f*; (*Schaden~*) risarcimento *m*, indennizzo *m*; **Ersatzbefriedigung** [ɛɐˈzatsbəfriːdɪɡʊŋ] <-, -en> *f* (PSYCH) compensazione *f*; **Ersatzdienst** *m* servizio *m* civile; **Ersatzkasse** *f* cassa *f* malattia ausiliaria; **Ersatzmann** *m* sostituto *m*, supplente *m*; (SPORT) riserva *m*; **Ersatzreifen** *m* pneumatico *m* di scorta; **Ersatzteil** <-(e)s, -e> *n* (pezzo *m* di) ricambio *m*; **Ersatzteillager** *n* magazzino *m* ricambi
ersatzweise *adv* ~ **für** in cambio di
ersaufen <irr, ohne ge-> *vi sein* (*sl: ertrinken*) annegare
ersäufen [ɛɐˈzɔyfən] <ohne ge-> *vt* (*ertränken*) annegare; **einen Misserfolg im Alkohol** ~ affogare un insuccesso nell'alcool
erschaffen <irr, ohne ge-> *vt* (*geh*) creare
Erschaffung <-> *kein Pl f* (*geh*) creazione *f*
erschallen <erschallt, erschallte *o* erscholl, erschallt *o* erschollen> *vi sein* (*geh: laut ertönen*) risonare
erschau(d)ern <ohne ge-> *vi sein* (*geh*) rabbrividire; **vor Entsetzen** ~ rabbrividire di orrore
erscheinen <irr, ohne ge-> *vi sein* ❶ (*sichtbar werden*) apparire ❷ (*sich einfinden*) comparire ❸ (*Buch*) essere pubblicato, uscire ❹ (*sich darstellen, scheinen*) sembrare; **es erscheint mir merkwürdig, dass ...** mi sembra strano che ...;
Erscheinen <-s> *kein Pl n* ❶ (*das Sichtbarwerden*) apparizione *f* ❷ (*vor Gericht*) comparizione *f*; (*von Gästen*) presenza *f* ❸ (*von Buch*) pubblicazione *f*, uscita *f*
Erscheinung <-, -en> *f* ❶ (*Geist*) apparizione *f*; (*Vision*) visione *f* ❷ (*Tatsache*) fenomeno *m*; **in** ~ **treten** presentarsi, manifestarsi ❸ (*Gestalt*) personalità *f*;

äußere ~ aspetto *m* esteriore; **Erscheinungsjahr** *n* anno *m* di pubblicazione; **Erscheinungsort** [ɛɐˈʃaɪnʊŋsɔrt] <-(e)s, -e> *m* luogo *m* di pubblicazione
erschießen <irr, ohne ge-> *vt* uccidere (con un colpo di arma da fuoco); (*hinrichten*) fucilare
Erschießung <-, -en> *f* fucilazione *f*; **standrechtliche** ~ (MIL) esecuzione militare
erschlaffen [ɛɐˈʃlafən] <ohne ge-> *vi sein* divenire floscio, afflosciarsi; **Erschlaffung** <-> *kein Pl f* ❶ (*Schlaffwerden*) afflosciamento *m* ❷ (*Lockerwerden*) rilassamento *m* ❸ (*fig*) diminuzione *f*, indebolimento *m*
erschlagen I.<irr, ohne ge-> *vt* ammazzare, abbattere; **vom Blitz** ~ **werden** essere colpito dal fulmine II. *adj* (*fam*) ❶ (*erschöpft*) sfinito ❷ (*fassungslos*) sconcertato
erschleichen <irr, ohne ge-> *vt* (*pej*) ottenere con l'inganno; (*Erbschaft*) carpire
erschließen <irr, ohne ge-> *vt* ❶ (*Markt*) aprire; (*Land*) esplorare; (*Reisegebiet*) rendere accessibile; (*Baugelände*) sfruttare; (*Einnahmequelle*) scoprire ❷ (*folgern*) dedurre
Erschließung <-, -en> *f* (*von Märkten*) apertura *f*; (*von Land*) esplorazione *f*; (*von Baugelände*) sfruttamento *m*
erscholl, erschollen [ɛɐˈʃɔl, ɛɐˈʃɔlən] *imp, pp von* **erschallen**
erschöpfen <ohne ge-> I. *vt* ❶ (*aufbrauchen*) esaurire ❷ (*ermüden*) spossare, esaurire ❸ (*Thema*) esaurire II. *vr* **sich** ~ ❶ (*nachlassen*) diminuire ❷ (*beschränkt sein*) **sich in etw** *dat* ~ limitarsi a qc; **erschöpfend** *adj* esauriente, completo; **etw** ~ **behandeln** trattare qc a fondo; **erschöpft** *adj* ❶ (*Mensch*) esausto ❷ (*fig: Geduld*) finito; (*Kräfte, Mittel*) esaurito
Erschöpfung <-, *rar* -en> *f* esaurimento *m*, spossatezza *f*
erschrecken[1] <ohne ge-> *vt* spaventare, impaurire
erschrecken[2] <erschrickt, erschrak, erschrocken> *vi sein* spaventarsi; **über etw** *acc* ~ spaventarsi per [*o* di] qc; **vor jdm** ~ spaventarsi alla vista di qu
erschrecken[3] <erschreckt *o* erschrickt, erschreckte *o* erschrak, erschreckt *o* erschrocken> *vr* **sich über etw** *acc* ~ (*fam*) spaventarsi per [*o* di] qc
erschreckend *adj* spaventoso, spaventevole
erschrickt [ɛɐˈʃrɪkt] *3. pers sing pr von*

erschrecken[2, 3]
erschrickt, erschrocken [ɛɐˈʃrɪkt, ɛɐ-ˈʃrɔkən] *pr, pp von* **erschrecken**[2]
erschrocken [ɛɐˈʃrɔkən] *pp von* **erschrecken**[2, 3]
erschüttern [ɛɐˈʃʏtən] <ohne ge-> *vt*
❶ (*erzittern lassen*) scuotere, far tremare
❷ (*fig: ergreifen*) sconvolgere, scuotere; **ich bin erschüttert** sono sgomento; **erschütternd** *adj* sconvolgente
erschüttert [ɛɐˈʃʏtɐt] *adj* commosso
Erschütterung <-, -en> *f* ❶ (*Beben*) scossa *f*; (PHYS) vibrazione *f* ❷ (*fig: Ergriffenheit*) choc *m*, sconvolgimento *m*
erschweren [ɛɐˈʃveːrən] <ohne ge-> *vt* aggravare, rendere più difficile; **~ de Umstände** (JUR) circostanze aggravanti
erschwinglich [ɛɐˈʃvɪŋlɪç] *adj* accessibile
ersehen <irr, ohne ge-> *vt* **etw aus etw ~** desumere qc da qc
ersehnen <ohne ge-> *vt* (*geh*) desiderare ardentemente, attendere con ansia
ersetzen <ohne ge-> *vt* ❶ (*auswechseln*) sostituire, cambiare ❷ (*als Ersatz dienen*) sostituire ❸ (*erstatten: Geld*) rimborsare; (*Verlust, Schaden*) risarcire, riparare; **jdm etw ~** risarcire qu (di) qc
ersichtlich [ɛɐˈzɪçtlɪç] *adj* chiaro, evidente; **aus dem Brief ist ~, dass ...** dalla lettera risulta che ...
ersinnen <ersinnt, ersann, ersonnen> *vt* (*geh: Plan*) ideare; (*Ausrede*) inventare
erspähen <ohne ge-> *vt* (*geh*) spiare, scorgere
ersparen <ohne ge-> *vt* ❶ (*Geld*) risparmiare ❷ (*fig: Arbeit, Mühe*) (far) risparmiare; **mir bleibt auch nichts erspart!** (*fam*) non mi si risparmia niente!
Ersparnis <-, -se> *f* risparmio *m*, economia *f*
ersprießlich [ɛɐˈʃpriːslɪç] *adj* (*geh, obs*) utile, profittevole
erst [eːɐst] *adv* ❶ (*zuerst*) prima; (*als Erstes*) in primo luogo ❷ (*anfangs*) all'inizio ❸ (*nicht früher, nicht mehr als*) non prima di, solo, appena, soltanto; **eben** [*o* **gerade**] ~ appena, or ora, proprio in questo momento; ~ **gestern** non più tardi di ieri; ~ **als ...** non prima che ..., solo quando ...; ~ **wenn ...** solo se ...; **es ist ~ 2 Uhr** sono appena le due; **ich kann ~ morgen kommen** posso venire solo domani, non posso venire prima di domani ❹ (*verstärkend*) **das fange ich gar nicht ~ an** (*fam*) non lo comincio nemmeno; **wenn ich ~ mal weg bin** quando sarò partito; **jetzt ~ recht!** ora più che mai!
erstarren <ohne ge-> *vi sein* ❶ (*vor*

Kälte) intirizzire ❷ (*Flüssiges, Weiches*) solidificarsi, rapprendersi ❸ (*vor Schreck*) irrigidirsi, agghiacciare; (*Blut*) gelare; **die Angst ließ ihm das Blut in den Adern ~** la paura gli agghiacciò il sangue
Erstarrung <-> *kein Pl f* ❶ (*das Erstarren*) irrigidimento *m*; (*vor Kälte*) intirizzimento *m* ❷ (*fig: Reglosigkeit*) torpore *m*
erstatten [ɛɐˈʃtatən] <ohne ge-> *vt* ❶ (*Kosten*) rimborsare ❷ (*form*) **Anzeige ~** fare una denuncia; **Bericht ~ über** +acc fare rapporto su
Erstattung <-, -en> *f* (*von Unkosten*) rimborso *m*, risarcimento *m*
Erstaufführung *f* prima *f*; **Erst-August-Feier, Erstaugustfeier** *f* (CH) s. **Augustfeier**
erstaunen <ohne ge-> **I.** *vt haben* stupire, meravigliare **II.** *vi sein* **über etw** *acc* ~ stupirsi di qc; **Erstaunen** <-s> *kein Pl n* stupore *m*, meraviglia *f*; **zu meinem größten ~** con mia somma sorpresa; **erstaunlich** *adj* ❶ (*Staunen erregend*) sorprendente ❷ (*Bewunderung erregend*) stupendo
Erstausgabe *f* (*von Buch*) prima edizione *f*; **erstbeste(r, s)** [ˈeːɐstˈbɛstə, -tə, -təs] *adj* s. **erste(r, s)**
erste(r, s) [ˈeːɐstə, -tə, -təs] *adj* primo, -a; ~ **Hilfe** pronto soccorso; **der ~ Beste** [*o* **der Erstbeste**] il primo venuto; **das Erste, was ...** la prima cosa che ...; **als Erstes** per prima cosa, in primo luogo; **fürs Erste** per ora; *s. a.* **achte(r,s)**
Erste <ein -r, -n, -n> *mf* primo, -a *m, f; s. a.* **Achte**
erstechen <irr, ohne ge-> *vt* trafiggere, pugnalare
erstehen <irr, ohne ge-> *vt haben* comperare, acquistare
ersteigen <ersteigt, erstieg, erstiegen> *vt* scalare
ersteigern <ohne ge-> *vt* acquistare all'asta
Ersteigung <-, *rar* -en> *f* scalata *f*, ascensione *f*
erstellen <ohne ge-> *vt* ❶ (*anfertigen*) fare, eseguire; (*Gutachten*) compilare ❷ (*bauen*) costruire
erstens [ˈeːɐstəns] *adv* per prima cosa, anzitutto
erstgeboren [ˈeːɐstɡəboːrən] *adj* primogenito
ersticken [ɛɐˈʃtɪkən] <ohne ge-> **I.** *vt haben* (*a fig*) soffocare, asfissiare **II.** *vi sein* asfissiare; **an etw** *dat* ~ (*a fig*) soffocare per qc; **in der Arbeit ~** (*fig*) essere sommerso di lavoro; **Ersticken** <-s> *kein Pl n*

soffocamento *m*, asfissia *f*; **Erstickung** <-> *kein Pl f* soffocamento *m*, asfissia *f*

erstklassig ['eːɐ̯stklasɪç] *adj* di prima classe

Erstkommunikant(in) ['eːɐ̯stkɔmuni-kant] <-en, -en; -, -nen> *m(f)* (REL) *indivi-duo che riceve la Prima Comunione*; **Erstkommunion** <-, -en> *f* (REL) Prima Comunione *f*

erstmalig I. *adj* che ha luogo la prima volta **II.** *adv* per la prima volta; **erstmals** *adv* per la prima volta

erstrangig ['eːɐ̯straŋɪç] *adj* di primo grado; (FIN) al primo posto

erstreben <ohne ge-> *vt* (*geh*) aspirare a, ambire a; **erstrebenswert** *adj* desidera-bile, auspicabile

erstrecken <ohne ge-> *vr* **sich ~ bis** [*o* **bis an** +*acc*] estendersi fino a; **sich ~ über** +*acc* estendersi su (un arco di); **sich auf etw** *acc* ~ (*fig*) riguardare qc, concer-nere qc

Erstschlag *m* (MIL) primo attacco *m* (ato-mico)

erstürmen <ohne ge-> *vt* prendere d'as-salto, espugnare

Erstzulassung *f* (MOT) immatricolazione *f*

ersuchen <ohne ge-> *vt* **jdn um etw ~** chiedere qc a qu; **jdn ~ etw zu tun** (*bit-ten*) chiedere a qu di fare qc; (*auffordern*) invitare qu a fare qc; **Ersuchen** <-s> *kein Pl n* domanda *f*, richiesta *f*

ertappen <ohne ge-> *vt* sorprendere, cogliere; **jdn auf frischer Tat ~** cogliere qu in flagrante; **jdn dabei ~, wie ...** sor-prendere qu mentre ...

erteilen <ohne ge-> *vt* (*Auskunft, Wort*) dare; (*Befehl, Unterricht*) impartire; (*Erlaubnis*) dare, concedere

ertönen [ɛɐ̯'tøːnən] <ohne ge-> *vi sein* risonare

Ertrag [ɛɐ̯'traːk, *pl:* ɛɐ̯'trɛːɡə] <-(e)s, Erträge> *m* ❶ (AGR) raccolto *m* ❷ (*Ge-winn*) guadagno *m*, utile *m*

ertragen <irr, ohne ge-> *vt* sopportare; **nicht zu ~** insopportabile, intollerabile

ertragfähig *adj* produttivo; **Ertragfähig-keit** *f* produttività *f*

erträglich [ɛɐ̯'trɛːklɪç] *adj* sopportabile

ertragreich *adj* produttivo, fruttifero

Ertragssteuer [ɛɐ̯'traːksstɔɪ̯ɐ] <-, -n> *f* (FIN) imposta *f* sul reddito

ertränken <ohne ge-> **I.** *vt* annegare; (*a fig*) affogare **II.** *vr* **sich ~** annegarsi

ertrinken <irr, ohne ge-> *vi sein* annegare, affogare; **Ertrinken** <-s> *kein Pl n* anne-gamento *m*

ertüchtigen [ɛɐ̯'tʏçtɪɡən] <ohne ge->

I. *vt* irrobustire, invigorire; (SPORT) allenare **II.** *vr* **sich ~** irrobustirsi; (SPORT: *trainie-ren*) allenarsi; **Ertüchtigung** <-, -en> *f* ❶ (*Kräftigung*) irrobustimento *m*, invigori-mento *m* ❷ (A SPORT) allenamento *m*

erübrigen [ɛɐ̯'ʔyːbrɪɡən] <ohne ge-> **I.** *vt* (*Geld*) risparmiare, economizzare; (*Zeit*) tenere libero **II.** *vr* **sich ~** essere superfluo; **es erübrigt sich, näher darauf einzuge-hen** è superfluo entrare in particolari

eruieren [eru'iːrən] <ohne ge-> *vt* ❶ (*etw herausfinden, feststellen*) ricercare, stabi-lire ❷ (A: *jdn ausfindig machen*) rintrac-ciare

Eruption [erup'tsjoːn] <-, -en> *f* eru-zione *f*

erwachen <ohne ge-> *vi sein* (*geh*) **aus etw ~** svegliarsi da qc; **Erwachen** <-> *kein Pl n* (*a fig*) risveglio *m*; **beim ~** al ris-veglio; **das war ein böses ~** la storia finì male

erwachsen <irr, ohne ge-> **I.** *vi sein* (*her-vorgehen*) **aus etw ~** derivare da qc, risul-tare da qc **II.** *adj* cresciuto, adulto

Erwachsene <ein -r, -n, -n> *mf* adulto, -a *m, f*; **Erwachsenenbildung** *f* forma-zione *f* per adulti

erwägen [ɛɐ̯'vɛːɡən] <erwägt, erwog, erwogen> *vt* (*überlegen*) ponderare; (*bedenken*) considerare; (*prüfen*) esami-nare

Erwägung <-, -en> *f* riflessione *f*, conside-razione *f*; **etw in ~ ziehen** prendere in considerazione qc

erwähnen [ɛɐ̯'vɛːnən] <ohne ge-> *vt* menzionare; **oben erwähnt** summenzio-nato, soprammenzionato

Erwähnung [ɛɐ̯'vɛːnʊŋ] <-, -en> *f* men-zione *f*

erwärmen <ohne ge-> **I.** *vt* riscaldare **II.** *vr* **sich ~** ❶ (*warm werden*) riscaldarsi ❷ (*sich begeistern*) **sich für etw ~** entusi-asmarsi per qc; **sich für jdn ~** interessarsi per qu, trovare simpatico qu

Erwärmung <-, -en> *f* riscaldamento *m*

erwarten <ohne ge-> *vt* ❶ (*warten auf*) aspettare, attendere; **ich kann es kaum ~** +*inf* non vedo l'ora di +*inf* ❷ (*rechnen mit*) contare su; **das war zu ~** c'era da aspettarselo; **wider Erwarten** contro ogni aspettativa; **es ist zu ~, dass ...** è proba-bile che ... ❸ (*erhoffen*) **sich** *dat* **viel/ wenig von jdm/etw ~** aspettarsi molto/ poco da qu/qc

Erwartung <-, -en> *f* ❶ *sing* (*das War-ten*) attesa *f* ❷ (*Hoffnung*) speranza *f*, aspettativa *f*; **die ~en enttäuschen** delu-dere le speranze; **Erwartungshaltung** *f*

aspettative *fpl;* **Erwartungshorizont** *m* aspettative *fpl;* **erwartungsvoll** *adj* che ha molte aspettative, desideroso

erwecken <ohne ge-> *vt* ❶ (*geh: aufwecken*) svegliare ❷ (*fig: erregen*) destare, suscitare; (*Vertrauen*) ispirare; (*Mitleid*) fare; **den Eindruck ~, dass ...** dare l'impressione che *+conj*

erwehren <ohne ge-> *vr* ❶ difendersi (*gen* da); **sich der Angreifer ~ müssen** dover difendersi dagli assalitori ❷ (*fig*) trattenere (*gen* qc); **sich der Tränen nicht ~ können** non poter trattenere le lacrime; **sich des Eindrucks nicht ~ können, dass ...** non riuscire a cancellare l'impressione che *+conj*

erweichen [ɛɐ'vaɪçən] <ohne ge-> *vt* (*fig*) intenerire, commuovere; **sich nicht ~ lassen** non lasciarsi intenerire, rimanere duro

erweisen [ɛɐ'vaɪzən] <irr, ohne ge-> **I.** *vt* ❶ (*beweisen*) dimostrare, provare ❷ (*zuteil werden lassen: Dankbarkeit*) mostrare, manifestare; (*Dienst, Ehre*) rendere; (*Gefallen*) fare **II.** *vr* **sich ~** (*sich zeigen*) mostrarsi; (*sich herausstellen*) risultare; **es hat sich erwiesen, dass ...** è risultato che ...; **die Nachricht hat sich als falsch erwiesen** la notizia è risultata falsa

erweiterbar [ɛɐ'vaɪtɐba:ɐ̯] *adj* (INFORM) espandibile

erweitern [ɛɐ'vaɪtɐn] <ohne ge-> **I.** *vt* ❶ (*vergrößern*) allargare, slargare, ampliare ❷ (*fig: ausdehnen*) estendere, ampliare; (*vermehren*) aumentare, accrescere; (*Kenntnisse*) allargare; (*Geschäft*) ingrandire; (*Sammlung*) arricchire **II.** *vr* **sich ~** allargarsi; (*fig*) estendersi, ampliarsi, ingrandirsi

Erweiterter Rat <-es> *kein Pl m* (*Europäische Union*) Consiglio *m* ampliato

Erweiterung <-, -en> *f* allargamento *m*, ampliamento *m*

Erwerb [ɛɐ'vɛrp] <-(e)s, -e> *m* ❶ (*Kauf*) acquisto *m* ❷ (*Verdienst*) guadagno *m*, profitto *m* ❸ (*Beruf*) lavoro *m*, mestiere *m*

erwerben <irr, ohne ge-> *vt* ❶ (*kaufen*) acquistare ❷ (*Recht, Kenntnisse*) acquisire ❸ (*verdienen*) guadagnare

Erwerbsbevölkerung [ɛɐ'vɛrpsbəfœlkəruŋ] <-> *kein Pl f* (POL, COM) popolazione *f* attiva

erwerbsfähig [ɛɐ'vɛrpsfɛ:ɪç] *adj* abile (al lavoro); **erwerbslos** *adj* disoccupato; **erwerbstätig** *adj* che esercita una professione; **~e Bevölkerung** popolazione attiva; **Erwerbstätigkeit** [ɛɐ'vɛrpstɛ:tɪçkaɪt] <-, -en> *f* occupazione *f*,

attività *f* retribuita; **erwerbsunfähig** *adj* inabile al lavoro; **Erwerbszweig** *m* ramo *m* professionale

Erwerbung <-, -en> *f* ❶ (*das Erwerben*) acquisizione *f* ❷ (*Kauf*) acquisto *m*

erwidern [ɛɐ'vi:dɐn] <ohne ge-> **I.** *vt* ❶ (*antworten*) rispondere, replicare; (**etw auf etw** *acc*) ~ rispondere (qc a qc) ❷ (*Besuch*) ricambiare; (*Liebe*) corrispondere a; (*Beleidigung*) ritorcere **II.** *vi* (*antworten*) replicare

Erwiderung <-, -en> *f* ❶ (*Antwort*) risposta *f* ❷ (*fig*) ricambio *m;* (*a von Gruß, Besuch*) restituzione *f*

erwiesenermaßen [ɛɐ'vi:zənɐ'ma:sən] *adv* come (è stato) dimostrato

erwirken <ohne ge-> *vt* ottenere

erwischen <ohne ge-> *vt* (*fam*) ❶ (*fassen, ergreifen*) acciuffare ❷ (*ertappen*) sorprendere; **jdn beim Stehlen ~** sorprendere qu a rubare ❸ (*gerade noch erreichen*) (riuscire a) prendere ❹ (*in Mitleidenschaft ziehen*) **ihn hat's erwischt** (*er ist verliebt*) s'è preso una cotta; (*er ist krank*) se l'è presa; (*er ist gestorben*) c'è rimasto

erwog [ɛɐ'vo:k] *3. pers sing imp von* **erwägen**

erwogen [ɛɐ'vo:gən] *pp von* **erwägen**

erwünscht [ɛɐ'vʏnʃt] *adj* desiderato, auspicato

erwürgen [ɛɐ'vʏrgən] <ohne ge-> *vt* strozzare, strangolare

Erz [e:ɐ̯ts *o* ɛrts] <-es, -e> *n* minerale *m* metallico

Erz- ['ɛrts] (*in Zusammensetzungen,* REL, HIST) arci-

Erzader ['ɛɐ̯tsʔa:dɐ] *f* (MIN) filone *m* metallifero

erzählen <ohne ge-> *vt* raccontare, narrare; **erzähl mir nichts** [*o* **keine Märchen**]**!** (*fam*) non raccontarmi frottole!, ma a chi vuoi darla a bere?; **dem werd' ich was ~!** (*fam*) gliela farò vedere!, sta fresco!, mi sentirà!; **erzählend** *adj* narrativo; (*Dichtung*) epico

Erzähler(in) <-s, -; -, -nen> *m(f)* narratore, -trice *m, f*

Erzählung <-, -en> *f* ❶ (*das Erzählen*) narrazione *f*, racconto *m* ❷ (*Geschichte*) racconto *m*

Erzbischof ['ɛrtsbɪʃɔf] *m* (REL) arcivescovo *m;* **erzbischöflich** *adj* (REL) arcivescovile; **Erzbistum** *n* (REL) arcivescovado *m;* **Erzengel** *m* (REL) arcangelo *m*

erzeugen <ohne ge-> *vt* ❶ (*produzieren*) produrre; (*A: Kleider, Schuhe*) fabbricare ❷ (*fig: hervorrufen*) creare, far nascere;

(*verursachen*) causare ❸(PHYS, CHEM) sviluppare

Erzeuger <-s, -> *m* ❶(BIOL) procreatore *m*, genitore *m* ❷(AGR, COM) produttore *m;* (*A*) fabbricante *m*

Erzeugnis <-ses, -se> *n* prodotto *m*

Erzeugung <-, -en> *f* produzione *f,* fabbricazione *f*

Erzfeind(in) ['ɛrtsfaɪnt] *m(f)* nemico, -a *m, f* giurato, -a

Erzgebirge ['eːɐ̯tsgəbɪrgə *o* 'ɛrtsgəbɪrgə] <-s> *n* monti *mpl* metalliferi

Erzherzog(in) *m(f)*arciduca, -duchessa *m, f*

erziehbar *adj* **schwer ~** difficile da educare

erziehen <irr, ohne ge-> *vt* allevare; (*a geistig*) educare; **gut/schlecht erzogen** educato bene/male

Erzieher(in) <-s, -; -, -nen> *m(f)* educatore, -trice *m, f;* (*Lehrer*) maestro, -a *m, f;* (*Hauslehrer*) precettore, -trice *m, f,* istitutore, -trice *m, f;* **erzieherisch** *adj* educativo, pedagogico

Erziehung <-> *kein Pl f*educazione *f;* **eine gute ~ genossen haben** aver ricevuto una buona educazione; **erziehungsberechtigt** *adj* che ha diritto di potestà; **die Eltern sind für die minderjährigen Kinder ~** i genitori esercitano la potestà sui figli minorenni; **Erziehungsberechtigte** <-ein -r, -n, -n> *mf* (ADM) genitore *m;* **Erziehungsgeld** *n* assegno *m* di maternità; **Erziehungsheim** *n* istituto *m* di rieducazione minorile; **Erziehungsmethode** *f* metodo *m* educativo; **Erziehungsurlaub** *m* congedo *m* parentale; **Erziehungswesen** *n* istruzione *f* pubblica; **Erziehungswissenschaft** *f* pedagogia *f;* **Erziehungswissenschaftler(in)** *m(f)* pedagogista *mf*

erzielen <ohne ge-> *vt* raggiungere, ottenere; (*Gewinn*) realizzare; (*Erfolg*) ottenere; (SPORT: *Tor*) segnare, fare

erzkonservativ ['ɛrtskɔnzɛrvaˈtiːf] *adj* arciconservatore

erzürnen [ɛɐ̯'tsʏrnən] <ohne ge-> **I.** *vt* fare andare in collera, (*far*) adirare, mandare in bestia *fam* **II.** *vr* **sich über jdn/etw ~** adirarsi con qu/per qc, andare in collera con qu/per qc

erzwingen <irr, ohne ge-> *vt* ottenere con la forza; **etw von jdm ~** estorcere qc a qu

es [ɛs] *pron pers* ❶(*nom 3.pers sing, in Bezug auf Menschen, unbetont, meist nicht übersetzt*) egli *m*, ella *f;* (*betont*) lui *m*, lei *f;* (*in Bezug auf Dinge, unbetont, meist nicht übersetzt*) esso, -a *m, f;* (*betont*) lui *m*, lei *f* ❷ *acc von* **es** (*unbe-*

tont) lo *m*, la *f,* l' *m, f;* (*betont*) lui *m*, lei *f* ❸(*in unpersönlichen Ausdrücken*) ~ **gibt** ... (*sing*) c'è ...; (*pl*) ci sono ...; ~ **klopft** bussano; ~ **regnet** piove; ~ **darf gelacht werden** si può ridere; ~ **gefällt mir** mi piace; ~ **ist zwei Uhr** sono le due; **ich bereue** ~ me ne pento; **ich bin ~ gewöhnt** ci sono abituato; ~ **freut mich, dass ...** mi fa piacere che +*conj;* ~ **ist nicht wahr, dass ...** non è vero che ...; **du sagst ~!** (*fam*) lo dici tu!; **wer ist da? — ich bin ~** chi è? — sono io

Es, es [ɛs] <-, -> *n* (MUS) mi *m* bemolle

Esche ['ɛʃə] <-, -n> *f* (BOT) frassino *m;* (*Holz*) legno *m* di frassino

Esel(in) ['eːzəl] <-s, -; -, -nen> *m(f)* ❶(ZOO) asino, -a *m, f* ❷(*fam: Dummkopf*) **ich ~!** asino che non sono altro!; (**du/Sie**) **~!** (*fam pej*) pezzo d'asino!; **Eselsbrücke** *f* (*fam*) regola *f* di mnemotica *geh* (*riferimento che serve a ricordarsi più facilmente una cosa o un termine*); **Eselsohr** *n* (*fam: im Buch*) orecchia *f*

Eskalation [ɛskalaˈtsi̯oːn] <-, -en> *f* escalation *f*

eskalieren [ɛskaˈliːrən] <ohne ge-> *vi sein o haben* **zu etw ~** sfociare in qc

Eskimo ['ɛskimo] <-s, -s> *m* eschimese *m*

Eskorte [ɛsˈkɔrtə] <-, -n> *f* (*Schutzwache*) scorta *f*

eskortieren [ɛskɔrˈtiːrən] <ohne ge-> *vt* scortare

Esoterik [ezoˈteːrɪk] <-> *kein Pl f* esoterismo *m*

esoterisch [ezoˈteːrɪʃ] *adj* esoterico

ESP [eːʔɛsˈpeː] *n abk v* **Elektronisches Stabilitätsprogramm** (AUTO) sistema *m* ESP, sistema *m* antislittamento

Espe ['ɛspə] <-, -n> *f* (BOT) (pioppo *m*) tremulo *m;* **Espenlaub** *n* **zittern wie ~** (*fam*) tremare come una foglia

Esperanto [ɛspeˈranto] <-s> *kein Pl n* esperanto *m*

Espresso¹ [ɛsˈprɛso] <-(s), -> *m* (*Kaffee*) espresso *m*, caffè *m*

Espresso² <-s, -s> *n* (*kleines Lokal*) caffè *m* italiano, bar *m;* **Espressomaschine** *f* macchinetta *f* per espresso

Essay ['ɛse *o* ɛˈseɪ] <-s, -s> *m o n* (LIT, SCIENT) saggio *m*

essbar^RR ['ɛsbaːɐ̯] *adj*, **eßbar**^ALT *adj* mangiabile; (*genießbar, bes. Pilz*) mangereccio, commestibile

Esse ['ɛsə] <-, -n> *f* (*bes. ostd: Schornstein*) ciminiera *f*

essen ['ɛsən] <isst, aß, gegessen> *vi, vt* mangiare; ~ **gehen** andare a mangiare (fuori); **zu Abend/Mittag ~** cenare/pranzare; **in diesem Restaurant kann man sehr gut** ~ in questo ristorante si mangia benissimo; **was gibt es heute zu** ~? cosa c'è oggi da mangiare?

Essen <-s, -> n ❶ (*Einnahme der Mahlzeit*) mangiare *m;* **beim** ~ mangiando ❷ (*Nahrung*) cibo *m* ❸ (*Mahlzeit*) pasto *m;* **vor/nach dem** ~ prima/dopo i pasti ❹ (*Gericht*) piatto *m*

Essen(s)marke *f* buono *m* pranzo; **Essenszeit** *f* ora *f* di mangiare

essentiell *adj s.* **essenziell**

Essenz [ɛ'sɛnts] <-, -en> *f* essenza *f*

essenziellᴿᴿ [ɛsɛn'tsi̯ɛl] *adj* essenziale

Esser(in) <-s, -; -, -nen> *m(f)* mangiatore, -trice *m, f;* **ein starker** ~ **sein** essere una buona forchetta

Essgeschirrᴿᴿ n servizio *m* da tavola; (MIL) gavetta *f;* **Essgewohnheiten**ᴿᴿ *fpl* abitudini *fpl* alimentari

Essig ['ɛsɪç] <-s, -e> *m* aceto *m;* **Essiggurke** *f* cetriolino *m* sott'aceto; **Essigsäure** *f* (CHEM) acido *m* acetico

Esskastanieᴿᴿ *f* (GASTR, BOT) castagna *f,* marrone *m;* **Esskultur**ᴿᴿ *f* gastronomia *f,* arte *f* della buona cucina; **Esslöffel**ᴿᴿ *m* cucchiaio *m* da tavola; **ein** ~ **(voll) ...** una cucchiaiata di ...; **Essstörung**ᴿᴿ ['ɛs-ʃtøːrʊŋ] <-, -en> *f* (MED) disoressia *f;* **Esssucht**ᴿᴿ <-> *kein Pl f* (MED) bulimia *f;* **Esstisch**ᴿᴿ *m* tavola *f,* tavolo *m* da pranzo; **Esswaren**ᴿᴿ *fpl* commestibili *mpl,* derrate *fpl* (alimentari); **Esszimmer**ᴿᴿ n sala *f* da pranzo

Establishment [ɪs'tɛblɪʃmənt] <-s, -s> n establishment *m*

Este ['eːstə] <-n, -n> *m* estone *m*

Ester ['eːstɐ] <-s, -> *m* (CHEM) estere *m*

Estin ['eːstɪn] <-, -nen> *f* estone *f*

Estland ['eːstlant] n Estonia *f*

Estragon ['ɛstragɔn] <-s> *kein Pl m* (BOT) dragoncello *m,* estragone *m*

ESZB <-> *kein Pl n* (EU) *abk v* **Europäisches System der Zentralbanken** SEBC *m*

etablieren [eta'bliːrən] <ohne ge-> I. *vt* stabilire II. *vr* **sich** ~ stabilirsi; **etabliert** *adj* solido, stabile; (*gesellschaftlich*) arrivato

Etage [e'taːʒə] <-, -n> *f* piano *m;* **Etagenbett** *n* letto *m* a castello; **Etagenheizung** *f* riscaldamento *m* autonomo (per un piano); **Etagenwohnung** *f* appartamento *m*

et al. *abk v* **et alii** ed altri

Etappe [e'tapə] <-, -n> *f* ❶ (*Teilstrecke*) tappa *f* ❷ (MIL: *rückwärtiges Gebiet*) retrovie *fpl*

Etat [e'taː] <-s, -s> *m* bilancio *m,* budget *m*

etc *abk v* **et cetera** etc, ecc.

etepetete [eːtəpe'teːtə] <inv> *adj* (*fam*) lezioso, affettato

Eternit® [etɐ'niːt *o* etɐ'nɪt] <-s> *kein Pl nm* eternit® *m*

Ethik ['eːtɪk] <-, *rar* -en> *f* etica *f,* morale *f*

ethisch *adj* etico, morale

ethnisch ['ɛtnɪʃ] *adj* etnico; ~**e Säuberung** pulizia etnica

Ethnografieᴿᴿ [ɛtnogra'fiː, *pl:* ɛtnogra'fiːən] <-, -n> *f* etnografia *f*

Ethnographie <-, -n> *f* etnografia *f*

Ethnologe [ɛtno'loːgə] <-n, -n> *m* etnologo *m;* **Ethnologie** [ɛtnolo'giː] <-, -n> *f* etnologia *f;* **Ethnologin** [ɛtno'loːgɪn] <-, -nen> *f* etnologa *f*

Ethos ['eːtɔs] <-> *kein Pl n* etica *f;* **beruflches** ~ etica professionale

Etikett [eti'kɛt] <-(e)s, -e(n) *o* -s> n (*Schildchen*) etichetta *f,* cartellino *m;* (COM) marchio *m*

Etikette [eti'kɛtə] <-, -n> *f* etichetta *f*

etikettieren [etikɛ'tiːrən] <ohne ge-> *vt* (*a fig*) etichettare

etliche(r, s) ['ɛtlɪçə, -çɐ, -çəs] *pron indef* (*sing*) parecchio, -a; (*pl*) alcuni, -e, parecchi, -ie

Etsch [ɛtʃ] *f* (GEOG: *Fluss*) Adige *m*

Etui [ɛt'viː *o* ety'iː] <-s, -s> n astuccio *m*

etwa ['ɛtva] *adv* ❶ (*ungefähr*) circa, all'incirca; ~ **hundert** un centinaio; **vor** ~ **einer Stunde** un'ora fa circa ❷ (*zum Beispiel*) per esempio, diciamo ❸ (*vielleicht*) forse; (*womöglich*) per caso; **ist das** ~ **nicht wahr?** non è forse vero? ❹ (*ja nicht*) (**denken Sie**) **nicht** ~, **dass ...** non stia a credere che +*conj*

etwaig ['ɛtva(ː)ɪç] *adj* eventuale

etwas ['ɛtvas] I. *pron indef* ❶ (*substantivisch*) qualcosa; ~ **Schönes** qualcosa di bello; **so** ~ una cosa del genere; **das gewisse Etwas** quel certo non so che; **ohne** ~ **zu sagen** senza dir niente; **das ist** ~ **Anderes** è un'altra cosa; **sie haben** ~ **miteinander** (*fam*) c'è qualcosa fra loro ❷ (*adjektivisch*) un po' di; **ich hätte gern noch** ~ **Brot** gradirei ancora un po' di pane II. *adv* alquanto, un po'

Etymologie [etymolo'giː] <-, -n> *f* etimologia *f*

etymologisch [etymo'loːgɪʃ] *adj* etimologico

EU [eːˈʔuː] <-> *kein Pl f abk v* **Europäische Union** UE *f;* **EU-Asylpolitik** *f* politica *f* dell'asilo dell'UE; **EU-Außengrenze** *f* confine *m* esterno dell'UE; **EU-Außenminister** *m* Ministro *m* degli Esteri dell'UE;   **EU-Außenministerkonfe-renz** *f* Conferenza *f* dei Ministri degli Esteri dell'UE; **EU-Beitritt** <-(e)s> *kein Pl m* accesso *m* nell'Unione europea; **EU-Bürger(in)** *m(f)* cittadino *m* europeo, eurocittadino *m*

euch [ɔɪç] I. *pron pers* ❶ (*2. pers pl*) *acc von* **ihr** (*betont*) voi; (*unbetont*) vi ❷ (*2. pers pl*) *dat von* **ihr** (*betont*) a voi; (*unbetont*) vi II. *pron refl* vi; **freut ihr ~?** siete contenti?

euer ['ɔɪɐ] I. *pron poss* (*adjektivisch*) *2. pers pl von* **ihr** vostro *m*, vostra *f*, vostri *mpl*, vostre *fpl* II. *pron pers* (*2. pers pl*) *gen von* **ihr** di voi

eu(e)re(r, s) ['ɔɪ(ə)rə, -rɐ, -rəs] *pron poss* (*substantivisch*) *2. pers pl von* **ihr** il vostro *m*, la vostra *f*, i vostri *mpl*, le vostre *fpl*

Eugenik [ɔɪ'geːnɪk] <-> *kein Pl f* (MED) eugenetica *f*, eugenica *f*

EU-Gipfel *m* vertice *m* europeo; **EU-Institution** <-, -en> *f* istituzione *f* comunitaria

Eukalyptus [ɔɪkaˈlʏptʊs] <-, Eukalypten> *m* (BOT) eucalipto *m*

EU-Kommissar(in) *m(f)* eurocommissario *m*; **EU-Kommission** <-> *kein Pl f* eurocommissione *f*

Eule ['ɔɪlə] <-, -n> *f* (ZOO) civetta *f*, gufo *m*

Eulenspiegel *m* (*fig*) burlone *m*; **Eulenspiegelei** [ɔɪlənʃpiːgəˈlaɪ] <-, -en> *f* tiro *m* burlone, beffa *f*

EU-Ministerrat <-(e)s> *kein Pl m* consiglio *m* (europeo) dei ministri; **EU-Mitgliedsland** *n* (Stato) membro *m* dell'Unione europea; **EU-Mitgliedsstaat** <-(e)s, -en> *m* Stato *m* membro dell'UE; **EU-Norm** *f* norma *f* comunitaria

Eunuch [ɔɪ'nuːx] <-en, -en> *m* eunuco *m*

EU-Organ *n* organo *m* comunitario; **EU-Osterweiterung** *f* ampliamento *m* dell'unione europea verso i paesi dell'Est

Euphemismus [ɔɪfeˈmɪsmʊs, *pl:* ɔɪfeˈmɪsmən] <-, Euphemismen> *m* eufemismo *m*; **euphemistisch** [ɔɪfeˈmɪstɪʃ] *adj* eufemistico

Euphorie [ɔɪfo'riː] <-, -n> *f* euforia *f*; **euphorisch** [ɔɪ'foːrɪʃ] *adj* euforico

Euratom [ɔɪra'toːm] *abk v* **Europäische Gemeinschaft für Atomenergie** EURATOM

eure(r, s) ['ɔɪrə, -rɐ, -rəs] *pron poss s.* **eu(e)re(r, s)**

eurerseits ['ɔɪrɐˈzaɪts] *adv* da parte vostra

eures *pron poss s.* **eu(e)re(r, s)**

euresgleichen ['ɔɪrəsˈglaɪçən] <inv> *pron* vostro pari

euretwegen ['ɔɪrətˈveːgən] *adv* per causa vostra, per voi; (*negativ*) per colpa vostra

euretwillen ['ɔɪrətˈvɪlən] *adv* **um ~** per voi, per amor vostro

Euribor-Kontrakte *pl* (FIN, EU) contratti *mpl* indicizzati in EURIBOR

eurige(r, s) ['ɔɪrɪgə, -gɐ, -gəs] *pron poss* (*obs, geh*) *s.* **eu(e)re(r, s)**

Euro ['ɔɪro] <-, -> *m* euro *m*; **die Einführung des ~** l'introduzione dell'euro; **die ~-Teilnehmerstaaten** i paesi partecipanti all'euro; **die ~-Symbol** il simbolo euro; **die ~-Münzen und -Banknoten** le monete e le banconote in euro; **Eurobeauftragte** <-n, -> *mf* (*Europäische Währungsunion*) incaricato *m* degli affari concernenti l'Euro; **Eurocent** <-s, -s> *n* (*Währungseinheit*) centesimo *m*

Eurocheque <-s, -s> *m* (FIN) eurochèque *m*

Eurocity <-, -s *o* -cities> *m* (FERR) eurocity *m*

Euro-Einführungsgesetz <-(e)> *kein Pl n* legge *f* dell'introduzione dell'Euro; **Euroland** *n* paese *m* dell'euro

Europa [ɔɪ'roːpa] *n* (GEOG) Europa *f*

Europacup [ɔɪ'roːpakap] <-s, -s> *m* (SPORT) coppa *f* Europa

Europäer(in) [ɔɪro'pɛːɐ] <-s, -; -, -nen> *m(f)* europeo, -a *m, f*

europäisch *adj* europeo; **Europäische Gemeinschaft** Comunità europea; **Europäische Gemeinschaft für Atomenergie** Comunità europea dell'energia atomica; **Europäische Gemeinschaft für Kohle und Stahl** (HIST) Comunità europea del carbone e dell'acciaio; **Europäische Investitionsbank** Banca europea per gli investimenti; **Europäische Kommission** Commissione europea; **Europäischer Binnenmarkt** mercato interno europeo; **Europäischer Gerichtshof** Corte *f* di giustizia dell'Unione europea; **Europäischer Kommissar** Commissario europeo; **Europäischer Rat** Consiglio europeo; **Europäischer Rechnungshof** Corte *f* dei conti dell'Unione europea; **Europäisches Parlament** Parlamento europeo; **Europäisches Währungssystem** sistema monetario europeo; **Europäische Union** Unione europea; **die Erweiterung der Europäischen Union** l'ampliamento dell'Unione europea; **Europäische Wirtschaftsgemeinschaft** (HIST) Comunità economica europea; **Europäische Zentralbank** Banca centrale europea

Europäische Blindenunion <-> *kein Pl f* Unione *f* Europea dei non Vedenti

Europäischer Binnenmarkt <-(e)s>
kein Pl m mercato *m* interno europeo
Europäisches Behindertenforum
<-s> *kein Pl n* Foro *m* Europeo dei Disabili
Europäische Gemeinschaft <-> *kein
Pl f* Comunità *f* europea
**Europäische Gemeinschaft für
Atomenergie** <-> *kein Pl f* Comunità *f*
europea dell'energia atomica
Europäische Investitionsbank <->
kein Pl f (*Europäische Union*) Banca *f*
europea per gli investimenti
Europäische Kommission <-> *kein Pl f*
(*Europäische Union*) Commissione *f* europea
Europäische Union <-> *kein Pl f*
Unione *f* europea; **die Staats- und Regierungschefs der** ~ i Capi di Stato e di
governo dell'Unione europea; **die Erweiterung der** ~ l'ampliamento dell'Unione
europea; **die Zusammenarbiet in den
Bereichen Justiz und Inneres ist eine
der drei Säulen der** ~ la cooperazione
della polizia e della giustizia in materia
penale è uno dei tre pilastri dell'Unione
europea
Europäischer Rat <-(e)s> *kein Pl m*
(*Europäische Union*) Consiglio *m* europeo
Europäischer Rechnungshof <-(e)s>
kein Pl m (*Europäische Union*) Corte *f* dei
conti dell'Unione europea
Europäisches Parlament <-(e)s> *kein
Pl n* (*Europäische Union*) Parlamento *m*
europeo
Europäisches System der Zentralbanken <-s> *kein Pl n* (*Europäische
Union*) Sistema *m* europeo delle Banche
centrali
Europäisches Währungsinstitut
<-(e)s> *kein Pl n* (*Europäische Union*) Istituto *m* monetario europeo
Europäisches Währungssystem <-s>
kein Pl n (*Europäische Union*) sistema *m*
monetario europeo
Europäische Wirtschaftsgemeinschaft *kein Pl f* (HIST) Comunità *f* economica europea
Europäische Wirtschafts-und Währungsunion <-> *kein Pl f* Unione *f* economica e monetaria europea
Europäische Zentralbank <-> *kein Pl f*
Banca *f* centrale europea
europäisieren [ɔɪropɛi'ziːrən] <ohne
ge-> *vt* europeizzare
Europameister(in) *m(f)* (SPORT) campione, -essa *m*, *f* d'Europa; **Europameisterschaft** *f* (SPORT) campionati *mpl* europei; **Europaparlament** <-(e)s> *kein Pl n*

(EU) parlamento *m* europeo; **Europapokal** *m* (SPORT) coppa *f* europea; ~ **der
Pokalsieger** coppa dei campioni; **Europapolitik** *f* europolitica *f;* **Europarat** *m*
(POL) Consiglio *m* europeo; **Europastadt** *f* eurocittà *f;* **Europasteuer** *f*
eurotassa *f;* **Europastraße** *f* itinerario *m*
europeo; **Europawahlen** *fpl* elezioni *fpl*
europee
Europol ['ɔɪropoːl] <-, -en> *f* (POL) Europol *f;* **Euroscheck** ['ɔɪroʃɛk] *m s.* **Eurocheque** eurochèque; **Euroscheckkarte**
<-, -n> *f* carta *f* bancomat eurochèque;
Euroskeptiker(in) *m(f)* (POL) euro-scettico, -a *m*, *f;* **Eurovision** [ɔɪrovi'zioːn] *f*
(TV) eurovisione *f;* **Eurowährungsgebiet** <-(e)s, -e> *n* zona *f* euro
Euro-Währungsgebiet <-(e)s, -e> *n*
zona *f* Euro; **Eurozone** <-> *kein Pl f*
zona *f* euro
Euter ['ɔɪtɐ] <-s, -> *n* mammella *f*
Euthanasie [ɔɪtana'ziː] <-> *kein Pl f* eutanasia *f*
EU-Verfassung *f* Costituzione *f* dell'UE;
EU-Verordnung *f* direttiva *f* comunitaria; **EU-Vertrag** *m* trattato *m* comunitario
e. V. [eː'faʊ] *abk v* **eingetragener Verein**
associazione registrata
evakuieren [evaku'iːrən] <ohne ge-> *vt*
❶ (*Gebiet*) evacuare ❷ (*Menschen*) sfollare
Evakuierung <-, -en> *f* ❶ (*von Gebiet*)
evacuazione *f* ❷ (*von Menschen*) sfollamento *m*
evangelisch [evaŋ'geːlɪʃ] *adj* (REL) ❶ (*das
Evangelium betreffend*) evangelico ❷ (*protestantisch*) protestante
Evangelist [evaŋge'lɪst] <-en, -en> *m*
(REL) evangelista *m*
Evangelium [evaŋ'geːliʊm] <-s, Evangelien> *n* (REL) Vangelo *m*
Event [i'vɛnt] <-s, -s> *m o n* (*fam*)
evento *m*
Eventualität [evɛntuali'tɛːt] <-, -en> *f*
eventualità *f*
eventuell [evɛn'tuɛl] *adj* eventuale
evident [evi'dɛnt] *adj* ❶ (*geh: einleuchtend, offenkundig*) evidente; **es ist ~,
dass er lügt** è evidente che mente ❷ (*A:
form*) ~ **halten** (*registrieren, auf dem Laufenden halten*) aggiornare; **wir halten
Ihre Bewerbung ~** teniamo in considerazione la sua richiesta di lavoro
Evolution [evolu'tsioːn] <-, -en> *f* evoluzione *f*
evtl. *abk v* **eventuell** eventualmente
E-Werk ['eːvɛrk] <-s, -e> *n abk v* **Elektri-**

zitätswerk centrale *f* elettrica
EWG [e:ve:'ge:] *f abk v* **Europäische Wirtschaftsgemeinschaft** (HIST) CEE *f*
EWI <-> *kein Pl n abk v* **Europäisches Währungsinstitut** IME *m*
ewig ['e:vɪç] *adj* ❶ (*unendlich*) eterno; **auf ~** in eterno, per sempre ❷ (*fam: dauernd*) continuo, incessante; **das dauert ja ~!** (*fam*) dura un'eternità!
Ewigkeit <-, *rar* -en> *f* eternità *f;* **in** (**alle**) **~** in eterno; **das dauert ja eine ~!** (*fam*) dura un'eternità!
EWS [e:ve:'ʔɛs] <-> *kein Pl n* (EU) *abk v* **Europäisches Währungssystem** SME *m*
EWU [e:ve:'ʔu:] *kein Pl f* (EU) *abk v* **Europäische Währungsunion** UEM *f*
EWWU <-> *kein Pl f abk v* **Europäische Wirtschafts- und Währungsunion** UEME *f;* **EWWU-Teilnehmerland** *n* Stato *m* partecipante all'UEME
Ex [ɛks] <-, -; -> *mf* (*fam*) ex *mf*
exakt [ɛ'ksakt] *adj* esatto, preciso
Exaktheit <-> *kein Pl f* esattezza *f,* precisione *f*
Examen [ɛ'ksa:mən, *pl:* ɛ'ksa:mina] <-s, -o *rar* Examina> *n* esame *m;* (**ein**) **~ machen** fare un esame; **durchs ~ fallen** essere bocciato all'esame; **Examensangst** *f* paura *f* degli esami; **Examenskandidat(in)** *m(f)* esaminando, -a *m, f;*
examinieren [ɛksami'ni:rən] <ohne ge-> *vt* esaminare
exekutieren [ɛkseku'ti:rən] <ohne ge-> *vt* ❶ (*hinrichten*) giustiziare ❷ (*A: form: pfänden*) pignorare
Exekution [ɛkseku'tsi̯o:n] <-, -en> *f* ❶ (*Hinrichtung*) esecuzione *f* ❷ (*A: form: Pfändung*) pignoramento *m;* **Exekutionskommando** *n* plotone *m* d'esecuzione
Exekutive [ɛkseku'ti:və] <-, -n> *f* ❶ (POL: *vollziehende Gewalt im Staat*) potere *m* esecutivo ❷ (*A: Polizei und Gendarmerie*) forze *fpl* dell'ordine pubblico
Exempel [ɛ'ksɛmpəl] <-s, -> *n* (*geh*) esempio *m;* **die Probe aufs ~ machen** fare una prova a campione; **ein ~ statuieren** stabilire un esempio
Exemplar [ɛksɛm'pla:ɐ̯] <-s, -e> *n* esemplare *m;* (*Buch*) copia *f*
exemplarisch [ɛksɛm'pla:rɪʃ] (*geh*) **I.** *adj* esemplare **II.** *adv* in modo esemplare
exerzieren [ɛksɛr'tsi:rən] <ohne ge-> *vi* (MIL) esercitarsi, fare le esercitazioni
Exerzierplatz *m* (MIL) piazza *f* d'armi
Exhibitionismus [ɛkshibitsi̯o'nɪsmʊs] <-> *kein Pl m* esibizionismo *m*
Exhibitionist(in) [ɛkshibitsi̯o'nɪst] <-en,

-en; -, -nen> *m(f)* esibizionista *mf*
exhumieren [ɛkshu'mi:rən] <ohne ge-> *vt* riesumare
Exil [ɛ'ksi:l] <-s, -e> *n* (POL) esilio *m;* **ins ~ gehen** andare in esilio
existent [ɛksɪs'tɛnt] *adj* esistente
Existentialismus [ɛksɪstɛnts̩i̯a'lɪsmʊs] <-> *kein Pl m s.* **Existenzialismus**
existentiell [ɛksɪstɛn'tsi̯ɛl] *adj s.* **existenziell**
Existenz [ɛksɪs'tɛnts] <-, -en> *f* ❶ *sing* (*Dasein, Leben*) esistenza *f* ❷ (*Lebensunterhalt*) sostentamento *m;* **sich** *dat* **eine ~ aufbauen** costruirsi un'esistenza ❸ (*pej: Mensch*) figura *f;* **eine verkrachte ~** un fallito; **Existenzangst** *f* angoscia *f* esistenziale; **Existenzberechtigung** *f* ragione *f* d'essere, diritto *m* all'esistenza; **Existenzgründer(in)** *m(f)* fondatore , -trice d'impresa *m;* **Existenzgrundlage** *f* base *f* di sostentamento; **Existenzgründungsseminar** *n* corso *m* per fondatori d'impresa
Existenzialismus[RR] [ɛksɪstɛnts̩i̯a'lɪsmʊs] <-> *kein Pl m* (PHILOS) esistenzialismo *m*
existenziell[RR] [ɛksɪstɛn'tsi̯ɛl] *adj* esistenziale
Existenzminimum *n* minimo *m* per vivere
existieren [ɛksɪs'ti:rən] <ohne ge-> *vi* esistere, esserci
exklusiv [ɛksklu'zi:f] *adj* esclusivo
exklusive [ɛksklu'zi:və] **I.** *prp* +*gen* escluso *attributiv;* **~ Porto** escluse le spese postali **II.** *adv* esclusivamente
exkommunizieren [ɛkskɔmuni'tsi:rən] <ohne ge-> *vt* (REL) scomunicare
Exkremente [ɛkskre'mɛntə] *npl* (*geh*) escrementi *mpl*
Exkurs [ɛks'kʊrs] <-es, -e> *m* excursus *m*
Exlibris [ɛks'li:bri:s] <-, -> *n* (TYP) ex libris *m*
Exmatrikulation [ɛksmatrikula'tsi̯o:n] <-, -en> *f* cancellazione *f* dal registro dell'università
exmatrikulieren [ɛksmatriku'li:rən] <ohne ge-> **I.** *vt* cancellare dal registro (universitario) **II.** *vr* **sich ~** cancellarsi dal registro (universitario)
exogen [ɛkso'ge:n] *adj* esogeno
Exot(in) [ɛ'kso:t] <-en, -en; -, -nen> *m(f)* ❶ (*Tier*) animale *m* esotico; (*Pflanze*) pianta *f* esotica; (*Mensch*) straniero *m*, persona *f* dall'aspetto esotico ❷ (*fam: kauziger Typ*) tipo *m* stravagante
exotisch [ɛ'kso:tɪʃ] *adj* esotico
Expander [ɛks'pandə] <-s, -> *m* esten-

sore *m* (a molla)

Expansion [ɛkspan'zi̯o:n] <-, -en> *f* espansione *f;* **Expansionspolitik** <-> *kein Pl f* (POL) politica *f* espansionistica

Expedit <-(e)s, -e> *n* (*A: Versandabteilung einer Firma*) reparto *m* spedizioni

Expedition [ɛkspedi'tsi̯o:n] <-, -en> *f* spedizione *f*

Experiment [ɛksperi'mɛnt] <-(e)s, -e> *n* (SCIENT) esperimento *m,* esperienza *f*

experimentell [ɛksperimɛn'tɛl] *adj* sperimentale

experimentieren [ɛksperimɛn'ti:rən] <ohne ge-> *vi* **mit** [*o* **an**] **etw** *dat* ~ sperimentare qc/su qc

Experte [ɛks'pɛrtə] <-n, -n> *m,* **Expertin** [ɛks'pɛrtɪn] <-, -nen> *f* esperto, -a *m, f,* perito *m*

Expertise [ɛkspɛr'ti:zə] <-, -n> *f* (COM, JUR, POL) perizia *f*

explizit [ɛkspli'tsi:t] *adj* esplicito

explodieren [ɛksplo'di:rən] <ohne ge-> *vi sein* esplodere; (*a fig*) scoppiare

Explosion [ɛksplo'zi̯o:n] <-, -en> *f* esplosione *f;* (*a fig*) scoppio *m;* **Explosionsgefahr** *f* pericolo *m* d'esplosione

Explosionsserie *f* serie *f* di esplosioni

explosiv [ɛksplo'zi:f] *adj* esplosivo

Exponat [ɛkspo'na:t] <-(e)s, -e> *n* (KUNST) pezzo *m* d'esposizione

Exponent [ɛkspo'nɛnt] <-en, -en> *m* (MAT) esponente *m*

exponieren [ɛkspo'ni:rən] <ohne ge-> I. *vt* esporre II. *vr* **sich** ~ esporsi

Export [ɛks'pɔrt] <-(e)s, -e> *m* (COM) esportazione *f;* **Exportartikel** *m* articolo *m* d'esportazione

Exporteur [ɛkspɔr'tø:ɐ̯] <-s, -e> *m* (COM) esportatore *m*

Exportfirma *f* (COM) ditta *f* esportatrice; **Exporthandel** *m* commercio *m* con l'estero

exportieren [ɛkspɔr'ti:rən] <ohne ge-> *vt* (COM) esportare

Exportkaufmann <-(e)s, -leute> *m* esportatore *m,* addetto *m* alle esportazioni [*o* al commercio estero]; **Exportschlager** *m* principale prodotto *m* d'esportazione; **Exportüberschuss**[RR] *m* (COM) eccedenza *f* d'esportazione

Express[RR] [ɛks'prɛs] <-es, -züge> *m,* **Expreß**[ALT] <-presses, -züge> *m* (*Zug*) rapido *m;* **per** ~ (*Post*) per espresso

Expressionismus [ɛksprɛsi̯o'nɪsmʊs] <-> *kein Pl m* (KUNST, LIT, MUS) espressionismo *m*

expressionistisch *adj* (KUNST, LIT, MUS) espressionista

expressiv [ɛksprɛ'si:f] *adj* espressivo

exquisit [ɛkskvi'zi:t] *adj* squisito, eccellente

Extension *f* (INFORM) estensione *f*

extensiv [ɛkstɛn'zi:f] *adj* esteso, vasto, allargato; **eine** ~**e Auslegung des Gesetzes** un'interpretazione allargata della legge

extern [ɛks'tɛrn] *adj* esterno

extra ['ɛkstra] <inv> I. *adj* (*fam: gesondert, separat*) separato, a parte II. *adv* ❶ (*eigens*) proprio; **das hast du** ~ **gemacht** (*fam*) questo l'hai fatto apposta ❷ (*gesondert*) speciale, extra ❸ (*zusätzlich*) in più, in aggiunta

Extra <-s, -s> *n* extra *m,* optional *m;* **alle** ~**s inklusive** compresi tutti gli extra; **Extraausstattung** *f* optional *mpl;* **Extrablatt** *n* (*Zeitung*) edizione *f* straordinaria; **Extrafahrt** *f* (*CH: Sonderfahrt*) corsa *f* straordinaria; **extrafein** *adj* sopraffino

Extrakt [ɛks'trakt] <-(e)s, -e> *m o n* estratto *m*

extravagant [ɛkstrava'gant *o* 'ɛkstrava-gant] *adj* stravagante; **Extravaganz** [ɛkstrava'gants *o* 'ɛkstravagants] <-, -en> *f* stravaganza *f*

extravertiert [ɛkstravɛr'ti:ɐ̯t] *adj* estroverso

Extrawurst *f* (*fam*) **jdm eine** ~ **braten** fare un trattamento speciale a qu; **sie will immer eine** ~ (**gebraten haben**) vuole sempre un trattamento speciale

Extrazug *m* (*CH: FERR: Sonderzug*) treno *m* speciale

extrem [ɛks'tre:m] *adj* estremo; (*radikal*) radicale; **Extrem** <-s, -e> *n* estremo *m;* **von einem** ~ **ins andere fallen** passare da un estremo all'altro

Extremismus [ɛkstre'mɪsmʊs] <-, Extremismen> *m* (POL) estremismo *m*

Extremist(in) [ɛkstre'mɪst] <-en, -en; -, -nen> *m(f)* estremista *mf*

extremistisch *adj* estremista, estremistico

Extremitäten [ɛkstremi'tɛ:tən] *fpl* estremità *fpl*

Extremsport <-(e)s, -sportarten> *m,* **Extremsportart** *f* sport *m* estremo; **Extremsportler(in)** *m(f)* sportivo, -a estremo *m*

extrovertiert [ɛkstrovɛr'ti:ɐ̯t] *adj s.* **extravertiert**

exzellent [ɛkstsɛ'lɛnt] *adj* eccellente

Exzellenz [ɛkstse'lɛnts] <-, -en> *f* eccellenza *f*

exzentrisch [ɛks'tsɛntrɪʃ] *adj* eccentrico

Exzess[RR] [ɛks'tsɛs] <-es, -e> *m,* **Exzeß**[ALT] <-zesses, -zesse> *m* eccesso *m;* **etw bis zum ~ treiben** spingere qc all'eccesso

exzessiv [ɛkstsɛˈsiːf] *adj* eccessivo

Eyeliner [ˈaɪlaɪnə] <-s, -> *m* eye-liner *m*

EZB <-> *kein Pl f abk v* **Europäische Zentralbank** BCE *f*

E-Zug [ˈeːtsuːk] *m* (FERR) *abk v* **Eilzug** dir *m*

Ff

F, f [ɛf] <-, -(s)> n ➊ (*Buchstabe*) F, f *f*; **F wie Friedrich** F come Firenze ➋ (MUS) fa *m*; **F-Dur** fa maggiore; **f-moll** fa minore
f. *abk v* **folgende Seite** seg.
F *abk v* **Fahrenheit** F
Fa. *abk v* **Firma** ditta
Fabel ['fa:bəl] <-, -n> *f* favola *f*; **fabelhaft** *adj* fantastico, incredibile; (*wunderbar*) magnifico, formidabile; **fabeln I.** *vi* raccontare frottole **II.** *vt* (*Unsinn*) fantasticare; **Fabeltier** *n* animale *m* favoloso; **Fabelwesen** *n* animale *m* favoloso; (*Ungeheuer*) mostro *m* immaginario
Fabrik [fa'bri:k] <-, -en> *f* ➊ fabbrica *f* ➋ (*~ gebäude*) stabilimento *m*; **ab ~** (COM) franco stabilimento
Fabrikant(in) [fabri'kant] *m(f)* fabbricante *mf*
Fabrikarbeiter(in) *m(f)* operaio, -a *m, f* di fabbrica
Fabrikat [fabri'ka:t] <-(e)s, -e> *n* prodotto *m*, manufatto *m*
Fabrikation [fabrika'tsjo:n] <-, -en> *f* fabbricazione *f*, manifattura *f*; **Fabrikationsfehler** *m* difetto *m* di fabbricazione
Fabrikbesitzer(in) *m(f)* proprietario, -a *m, f* di una fabbrica, industriale *mf*; **Fabrikgelände** *n* zona *f* [*o* area *f*] di un'industria
fabrikneu *adj* nuovo di fabbrica
fabrizieren [fabri'tsi:rən] <ohne ge-> *vt* (*a fam*) fabbricare
Facelifting ['feisliftiŋ] <-s, -s> *n* lifting *m* facciale
Facette [fa'sɛtə] <-, -n> *f* faccetta *f*
Fach [fax] <-(e)s, Fächer> *n* ➊ (*in Tasche*) (s)compartimento *m*, scomparto *m*; (*in Büchergestell*) scaffale *m*, ripiano *m*; (*Schub~*) cassetto *m*; (*Post~*) casella *f* ➋ (*Berufszweig*) mestiere *m*; (*Zweig*) ramo *m*; (*Gebiet*) campo *m*, settore *m*; (*Unterrichts~*) materia *f*; **vom ~ sein** essere del mestiere; **Facharbeiter(in)** *m(f)* operaio, -a *m, f* specializzato, -a; (*~ schaft*) mano *f* d'opera specializzata; **Facharzt** *m*, **Fachärztin** *f* (MED) medico *m* specialista, specialista *mf*; **Fachausdruck** *m* termine *m* tecnico; **Fachbuch** *n* trattato *m* [*o* testo *m*] tecnico, libro *m* specializzato
fächeln ['fɛçəln] *vt* sventolare (*mit etw* qc); **Fächer** ['fɛçɐ] <-s, -> *m* ventaglio *m*
Fachfrau *f* specialista *f*, esperta *f*; **Fachgebiet** *n* campo *m*, ramo *m*, settore *m*;

(*Wissens-, Sachgebiet*) materia *f*; **Fachgeschäft** *n* negozio *m* specializzato; **Fachhandel** <-s> *kein Pl* n negozio *m* specializzato, rivendita *f* specializzata; **Fachhändler(in)** <-s, -; -, -nen> *m(f)* rivenditore *m* specializzato; **Fachhochschule** *f* istituto *m* parauniversitario (di qualificazione professionale); **Fachidiot(in)** <-en, -en; -, -nen> *m(f)* (*pej*) *persona considerata limitata di mente perché chiusa nella propria materia;* **er ist ein ~!** è completamente chiuso nella sua materia e non vede altro!; **Fachkenntnisse** *fpl* cognizioni *fpl* tecniche; **Fachkraft** *f* specialista *mf*; **fachkundig** *adj* esperto, competente; **Fachleute** *pl von* **Fachmann**; **fachlich** *adj* professionale, tecnico; **die ~en Voraussetzungen erfüllen** essere qualificato; **Fachliteratur** *f* letteratura *f* specializzata
Fachmann <-(e)s, -leute> *m* esperto *m*, specialista *m*; **fachmännisch** ['faxmɛnɪʃ] *adj* specialistico; (*fachgerecht*) a regola d'arte
Fachoberschule *f* istituto *m* tecnico superiore
Fachpolitiker(in) *m(f)* (POL) tecnico *m*; **Fachpresse** *f* stampa *f* specialistica; **Fachrichtung** *f* ramo *m*, specializzazione *f* (accademica); **die ~ Physik an der Universität Köln** il corso di laurea in fisica all'università di Colonia; **Fachschaft** <-, -en> *f* ➊ (*Berufsgruppe*) categoria *f* professionale ➋ (*an Universität*) studenti *mpl* d'una disciplina; **Fachschule** *f* istituto *m* tecnico [*o* professionale]; **fachsimpeln** ['faxzɪmpəln] *vi* (*fam*) parlare di questioni tecniche [*o* professionali]; **Fachsprache** *f* (LING) linguaggio *m* tecnico, gergo *m* *pej*; **fachübergreifend** *adj* interdisciplinare
Fachwerk *n* traliccio *m*; **Fachwerkhaus** *n* casa *f* con intelaiatura a traliccio
Fachwissen <-s> *kein Pl* n s. **Fachkenntnisse**
Fachwort <-(e)s, -wörter> *n* termine *m* tecnico
Fachzeitschrift *f* rivista *f* specializzata, periodico *m* specializzato
Fackel ['fakəl] <-, -n> *f* (*a fig*) fiaccola *f*, torcia *f*
fackeln *vi* (*fam*) **nicht lange ~** non perdere tempo, non aver scrupoli; **los, nicht lange gefackelt!** forza!, coraggio!
Fackelzug *m* fiaccolata *f*

Fadheit <-> *kein Pl* **f** ❶ (*von Essen*) insipidezza *f* ❷ (*Geistlosigkeit*) insulsaggine *f* ❸ (*Langweiligkeit*) noiosità *f*

fadisieren *vr* **sich** (**zu Tode**) ~ (*A: fam: sich langweilen*) annoiarsi (a morte)

Fagott [fa'gɔt] <-(e)s, -e> *n* (MUS) fagotto *m*

fähig ['fɛ:ɪç] *adj* (*imstande, tauglich*) capace, bravo; (*befähigt*) qualificato; **zu etw ~ sein** essere capace di (fare) qc; **er ist zu allem ~!** è capace di tutto!; **Fähigkeit** <-, -en> *f* ❶ (*das Imstandesein*) capacità *f*, abilità *f* ❷ (*Begabung*) dote *f*, talento *m*; (*geistig*) facoltà *f*; (*körperlich*) forza *f*, capacità *f*

fahl [fa:l] *adj* (*fast farblos*) sbiadito, smorto; (*Licht*) fioco; (*bleich*) pallido

fahnden ['fa:ndən] *vi* **nach jdm** ~ ricercare qu

Fahndung <-, -en> *f* indagini *fpl*; **die ~ nach einem Täter** le indagini sul colpevole

Fahne ['fa:nə] <-, -n> *f* ❶ (*Flagge*) bandiera *f* ❷ (TYP) bozza *f* (in colonna) ❸ (*Alkohol~*) **eine ~ haben** (*fam*) puzzare di alcool; **Fahnenabzug** *m* (TYP) bozza *f* (in colonna); **Fahneneid** *m* (MIL) giuramento *m* di fedeltà (alla bandiera); **Fahnenflucht** *f* (MIL) diserzione *f*; **fahnenflüchtig** *adj* disertore; **Fahnenstange** *f* asta *f* della bandiera; **Fahnenträger** *m* portabandiera *m*

Fähnrich ['fɛ:nrɪç] <-s, -e> *m* ❶ (HIST) alfiere *m* ❶ (MIL: *Offiziersanwärter*) allievo *m* ufficiale

Fahrausweis *m* ❶ (*Fahrkarte*) biglietto *m* ❷ (*CH: Führerschein*) patente *f* (di guida)

Fahrbahn *f* carreggiata *f*; **von der ~ abkommen** andare fuori strada

fahrbar *adj* (TEC) praticabile, carrozzabile, carreggiabile, navigabile; **ein ~er Untersatz** (*fam*) una maccina

Fahrdamm *m* (*dial*) *s.* **Fahrbahn**

Fahrdienstleiter *m* (FERR) capostazione *m*

Fähre ['fɛ:rə] <-, -n> *f* traghetto *m*

fahren ['fa:rən] <fährt, fuhr, gefahren> **I.** *vi sein* ❶ (*sich fortbewegen*) andare; **rechts ~** tenere la destra; **rückwärts ~** fare marcia indietro; **erster/zweiter Klasse ~** viaggiare in prima/seconda classe; **über Mailand ~** passare per Milano; **durch eine Stadt ~** attraversare una città; **mit dem Auto/der Bahn/dem Schiff ~** andare in macchina/in treno/in nave; **was ist bloß in dich gefahren?** (*fig*) ma che ti piglia? *fam* ❷ (*ab~*) partire ❸ (*reisen*) viaggiare ❹ (*berühren*) **sich** *dat* **mit der Hand über die Stirn ~** pas-

sarsi la mano sulla fronte ❺ (*durchzucken*) **der Schreck fuhr ihm in die Glieder** fu paralizzato dallo spavento **II.** *vt* ❶ **haben** (*lenken*) guidare ❷ **haben** (*befördern*) trasportare; **jdn nach Hause ~** portare qu a casa (in macchina) ❸ *haben o sein* (*zurücklegen*) percorrere ❹ (SPORT) **Ski ~** sciare; **ein Rennen ~** partecipare a una gara (di automobili)

Fahrenheit ['fa:rənhaɪt] Fahrenheit

Fahrenheitskala *f* scala Fahrenheit

Fahrer(in) ['fa:rə] *m(f)* ❶ (*als Beruf*) autista *mf* ❷ (*Auto~*) conducente *mf*, automobilista *mf*; (*Motorrad~*) motociclista *mf*; (*Rad~*) ciclista *mf*; **Fahrerflucht** *f* fuga *f* del conducente (dopo l'incidente); **~ begehen** fuggire dopo aver causato un incidente

Fahrerin *f* *s.* **Fahrer**; **Fahrersitz** *m* posto *m* del guidatore

Fahrgast *m* passeggero *m*

Fahrgeld *n* prezzo *m* del biglietto; **Fahrgelegenheit** *f* possibilità *f* [*o* mezzo *m*] di trasporto; **Fahrgeschwindigkeit** *f* velocità *f* (di marcia); **Fahrgestell** *n* ❶ (MOT) telaio *m* ❷ (AERO) carrello *m*

fahrig ['fa:rɪç] *adj* ❶ (*unruhig*) inquieto, agitato ❷ (*zerstreut*) distratto

Fahrkarte *f* biglietto *m*; **Fahrkartenautomat** *m* distributore *m* automatico di biglietti; **Fahrkartenschalter** *m* biglietteria *f*

fahrlässig ['fa:ɐ̯lɛsɪç] *adj* trascurato, negligente; **~e Körperverletzung** lesione colposa; **~e Tötung** omicidio colposo; **Fahrlässigkeit** <-, -en> *f* ❶ negligenza *f*, trascuratezza *f* ❷ (JUR) colpa *f*

Fahrlehrer(in) *m(f)* istruttore, -trice *m*, *f* di guida

Fahrleistung *f* (MOT) prestazione *f* di marcia

Fährmann ['fɛ:ɐ̯man] *m* barcaiolo *m*, battelliere *m*

Fahrplan *m* orario *m*; **fahrplanmäßig** *adj* in orario, puntuale

Fahrpraxis <-> *kein Pl* *f* pratica *f* di guida

Fahrpreis *m* prezzo *m* del biglietto; **Fahrpreisermäßigung** *f* riduzione *f* sul prezzo del biglietto

Fahrprüfung *f* esame *m* di guida

Fahrrad *n* bicicletta *f*, bici *f fam*; **~ fahren** andare in bicicletta; **Fahrradfahrer(in)** *m(f)* ciclista *mf*; **Fahrradkurier** <-s, -e> *m* corriere *m* in bicicletta; **Fahrradständer** *m* posteggio *m* per biciclette; **Fahrradweg** *m* pista *f* ciclabile; (*in der Stadt*) corsia *f* ciclabile

Fahrrichtung *f* direzione *f* di marcia;

Fahrrinne f (NAUT) canale m navigabile;
Fahrschein m s. **Fahrkarte**
Fährschiff n (NAUT) (nave f) traghetto m;
Fahrschule f autoscuola f, scuolaguida f;
Fahrschüler(in) m(f) allievo, -a m, f di una scuolaguida; **Fahrspur** f corsia f;
Fahrstreifen m (A: Fahrspur) corsia f
Fahrstuhl m ascensore m; **Fahrstuhlführer(in)** m(f) ascensorista mf, lift m
Fahrt [faːɐ̯t] <-, -en> f ❶ (Strecke) corsa f, tragitto m; (Ausflug) gita f, escursione f; (Reise) viaggio m; **auf der ~** in viaggio; **die ~ nach Venedig** il viaggio per Venezia; **~ ins Grüne** gita in campagna; **gute ~!** buon viaggio! ❷ (Geschwindigkeit) velocità f; **in voller ~** a tutta velocità; **in ~** (fam: in guter Stimmung) in vena; (in Wut) in collera
fährt [fɛːɐ̯t] 3. pers sing pr von **fahren**
Fährte ['fɛːɐ̯tə] <-, -n> f traccia f, pista f; **jdn auf die richtige/falsche ~ bringen** mettere qu sulla pista giusta/sbagliata
Fahrtenbuch n (für Kraftfahrer) libretto m di controllo; **Fahrtenmesser** n coltello m da esploratore
Fahrtrichtung f direzione f di marcia; **Fahrtrichtungsanzeiger** m indicatore m di direzione
fahrtüchtig adj ❶ (Person) idoneo alla guida di autoveicoli ❷ (Fahrzeug) idoneo alla circolazione
Fahrverbot n sospensione f della patente
Fahrwasser n ❶ (NAUT) canale m ❷ (fig) terreno m, direzione f, campo m; **in jds ~ schwimmen** [o segeln] (fam) essere in balia di qu; **in seinem ~ sein** (fam) giocare in casa
Fahrzeit f durata f del viaggio
Fahrzeug <-(e)s, -e> n (MOT) veicolo m, vettura f; **Fahrzeugbrief** m libretto m di circolazione; **Fahrzeughalter(in)** <-s, -; -, -nen> m(f) proprietario , -a m, f di veicolo; **Fahrzeuglenker(in)** m(f) (CH) s. **Fahrer**; **Fahrzeugnummer** f numero m di immatricolazione; **Fahrzeugpapiere** npl documenti mpl di circolazione
fair [fɛːɐ̯] adj onesto; (SPORT) leale
Fairness^RR ['fɛːɐ̯nɛs] <-> kein Pl f, **Fairneß**^ALT <-> kein Pl f correttezza f, fair play m
Fäkalien [fɛ'kaːliən] fpl (form) feci fpl, sostanze fpl fecali
Faksimile [fak'tsiːmile] <-s, -s> n facsimile m
Fakten ['faktən] pl von **Faktum**
faktisch ['faktɪʃ] adj effettivo, reale
Faktor ['faktoːɐ̯] <-s, -en> m fattore m
Faktum ['faktʊm, pl: 'faktən] <-s, Fak-

ten> n fatto m
Fakultät [fakʊl'tɛːt] <-, -en> f facoltà f
fakultativ [fakʊltaˈtiːf] adj facoltativo
Falke ['falkə] <-n, -n> m falco m
Fall [fal] <-(e)s, Fälle> m ❶ (das Fallen, PHYS, MIL, FIN) caduta f, discesa f; (fig) decadenza f; **jdn zu ~ bringen** far cadere qu ❷ (Umstand, MED, JUR, LING) caso m; (Angelegenheit) faccenda f; **auf alle Fälle, auf jeden ~** in ogni caso, in tutti i casi; (unbedingt) assolutamente; **auf keinen ~** in nessun caso; **für alle Fälle** per ogni eventualità; **für den ~, dass ...** nel caso che [o in cui] +conj; **gesetzt den ~, dass ...** poniamo il caso che +conj; **in diesem ~** in questo caso; **von ~ zu ~** caso per caso
Fallbeil n (HIST) ghigliottina f
Falle ['falə] <-, -n> f trappola f; (a fig) trabocchetto m; **jdm eine ~ stellen** tendere una trappola a qu; **jdm in die ~ gehen** cadere nella trappola tesa da qu
fallen ['falən] <fällt, fiel, gefallen> vi sein ❶ (stürzen, Blick, Niederschlag) cadere; **~ lassen** (verlassen) lasciare, abbandonare; (Sache, Wort) lasciar cadere; **er ließ kein Wort darüber ~** non aprì bocca; **über etw** acc ~ cadere su qc, inciampare in qc; **zu Boden ~** cadere a terra; **in Ohnmacht ~** svenire; **jdm ins Wort ~** interrompere qu; **jdm in den Rücken ~** voltare le spalle a qu; **jdm um den Hals ~** gettarsi al collo di qu; **sie ist nicht auf den Kopf gefallen** (fam) non è caduta dalle nuvole; **sie ist nicht auf den Mund gefallen** (fam) ha sempre la risposta pronta ❷ (sinken) diminuire ❸ (Licht) **in etw** acc ~ penetrare in qc ❹ (betroffen werden) **unter Gesetz** acc ~ essere contemplato dalla legge; **unter Begriff ~** rientrare nel concetto; **ins Gewicht ~** avere peso, essere importante ❺ (Entscheidung) essere preso ❻ (sich ereignen) **auf einen Sonntag ~** (Datum) cadere di domenica; **es fielen zwei Tore** furono segnati due gol; (Schuss) partire ❼ (MIL: sterben) morire in guerra ❽ (gelingen) **leicht ~** essere facile; **das fällt mir leicht/schwer** mi riesce facile/difficile
Fallen <-s, -> kein Pl n ❶ caduta f ❷ (Abnahme) diminuzione f; (FIN) ribasso m
fällen ['fɛlən] vt ❶ (Baum) abbattere ❷ (Urteil) pronunciare
fallen|lassen^ALT vt s. **fallen 1.**
Fallensteller <-s, -> m chi tende trappole
Fallgeschwindigkeit f (PHYS) velocità f di caduta; **Fallgesetz** n (PHYS) legge f sulla caduta libera; **Fallgrube** f trappola f
fällig ['fɛlɪç] adj ❶ (FIN) che scade, sca-

duto; (*zahlbar*) pagabile; (*Schuld*) esigibile; **~ werden** scadere ❷ (*erforderlich*) necessario; **das war schon lange ~!** (*fam*) era necessario da tempo!; **Fälligkeit** <-> *kein Pl f* (FIN) scadenza *f;* (*von Zinsen*) maturazione *f*

Fallobst *n* frutti *mpl* cascaticci

falls [fals] *konj* se, nel caso che [*o* in cui] +*conj*, qualora +*conj*

Fallschirm *m* paracadute *m;* **etw mit dem ~ abwerfen** lanciare qc col paracadute; **Fallschirmabsprung** *m* lancio *m* col paracadute; **Fallschirmjäger** *m* (MIL) paracadutista *m;* **Fallschirmspringen** <-s> *kein Pl n* paracadutismo *m;* **Fallschirmspringer(in)** *m(f)* paracadutista *mf*

Fallstrick *m* insidia *f,* trappola *f*

Fallstudie *f* studio *m* di un caso

fällt [fɛlt] *3. pers sing pr von* **fallen**

Fällung <-, -en> *f* ❶ (*das Fällen*) abbattimento *m* ❷ (JUR: *von Urteil*) emissione *f* ❸ (CHEM) precipitazione *f*

fallweise *adv* (*bes. A*) caso per caso, occasionalmente

falsch [falʃ] *adj* ❶ (*nicht stimmend*) falso; **~ spielen** (MUS) stonare; **jdn ~ anfassen** (*fig*) prendere qu per il verso sbagliato *fam;* **an den Falschen geraten** rivolgersi alla persona sbagliata; **meine Uhr geht ~** il mio orologio non va bene ❷ (*verkehrt*) sbagliato; (*irrtümlich*) erroneo; (*unkorrekt*) scorretto; **~ schreiben** sbagliare a scrivere; **etw ~ anfangen** cominciare male qc; **etw ~ machen** sbagliare qc; **etw ~ aussprechen/verstehen** pronunciare/capire male qc ❸ (*unecht: Haare, Bart*) posticcio; (*Zähne*) finto; (*künstlich*) artificiale; (*gefälscht*) falsificato, contraffatto; (*Würfel, Karten*) truccato; (*gezinkt*) segnato ❹ (*unaufrichtig*) bugiardo, insincero; (*doppelzüngig*) doppio, ambiguo; (*heuchlerisch*) ipocrita; (*hinterhältig*) subdolo; (*heimtückisch*) perfido

fälschen [ˈfɛlʃən] *vt* falsificare, contraffare

Fälscher(in) *m(f)* falsario, -a *m, f,* falsificatore, -trice *m, f*

Falschgeld *n* moneta *f* falsa

Falschheit <-> *kein Pl f* (*Unaufrichtigkeit*) falsità *f;* (*Heuchelei*) ipocrisia *f;* (*Hinterhältigkeit*) perfidia *f*

fälschlich [ˈfɛlʃlɪç] *adj* falso, erroneo

Falschmeldung <-, -en> *f* notizia *f* falsa, bufala *f sl;* **Falschmünzer(in)** [ˈfalʃmʏntsɐ] <-s, -; -, -nen> *m(f)* falsificatore, -trice *m, f* di monete; **Falschparker** [ˈfalʃparkɐ] <-s, -> *m* persona *f* che parcheggia in sosta vietata; **Falschspie-**

ler(in) *m(f)* baro, -a *m, f*

Fälschung [ˈfɛlʃʊŋ] <-, -en> *f* ❶ (*Tätigkeit*) falsificazione *f,* contraffazione *f* ❷ (*Ergebnis*) falso *m*

Faltblatt *n* dépliant *m*

Faltboot *n* canotto *m* sgonfiabile

Falte [ˈfaltə] <-, -n> *f* ❶ piega *f;* **in ~n legen** pieghettare ❷ (*Haut~*) ruga *f;* **die Stirn in ~ legen** corrugare la fronte

falten [ˈfaltən] *vt* (ri)piegare; **die Hände ~** congiungere le mani

faltenlos *adj* ❶ senza pieghe ❷ (*Gesicht*) senza rughe; **faltenreich** *adj s.* **faltig**

Faltenrock *m* gonna *f* a pieghe

Faltenwurf *m* drappeggio *m*

Falter [ˈfaltɐ] <-s, -> *m* farfalla *f*

faltig *adj* ❶ (*Stoff*) a pieghe ❷ (*Gesicht*) rugoso

Faltprospekt *m* dépliant *m*

Falz [falts] <-es, -e> *m* ❶ (*Nut*) scanalatura *f* ❷ (*Gleitrille*) guida *f* di scorrimento ❸ (TEC) graffatura *f* ❹ (*Buchbinderei*) piega *f*

falzen [ˈfaltsən] *vt* ❶ (*nuten*) scanalare ❷ (TEC) aggraffare ❸ (*Papier*) piegare

familiär [famiˈliɛːɐ] *adj* familiare

Familie [faˈmiːliə] <-, -n> *f* famiglia *f;* (*Verwandtschaft, bes. scherz*) parentado *m fam;* **zur ~ gehören** far parte della famiglia, essere di casa *fam;* **das liegt in der ~** è di famiglia; **Familienanschluss**[RR] *m* **mit ~** possibilità di convivere con la famiglia; **Familienanzeige** *f* annuncio *m* (di nascita/matrimonio/morte); **Familienehre** *f* orgoglio *m* familiare; **Familienfeier** *f* festa *f* in [*o* di] famiglia; **Familienkreis** *m* **im ~** in seno alla famiglia; **im engsten ~** nell'intimità; **Familienleben** *n* vita *f* di famiglia

Familienmensch *m* persona *f* attaccata alla famiglia; **Familienmitglied** *n* membro *m* della famiglia; **Familienname** *m* cognome *m;* **Familienoberhaupt** *n* capofamiglia *mf;* **Familienplanung** <-> *kein Pl f* pianificazione *f* familiare; **Familienstand** *m* stato *m* civile; **Familientragödie** *f* tragedia *f* familiare; **Familienvater** *m* padre *m* di famiglia; **Familienzusammenführung** <-, -en> *f* ricongiungimento *m* dei familiari

famos [faˈmoːs] *adj* (*fam*) formidabile; (*geh iron*) famigerato

Fan [fɛ(ː)n] <-s, -s> *m* fan *mf,* tifoso, -a *m, f*

Fanatiker(in) [faˈnaːtikɐ] <-s, -; -, -nen> *m(f)* fanatico, -a *m, f*

fanatisch [faˈnaːtɪʃ] *adj* fanatico

Fanatismus [fanaˈtɪsmʊs] <-> *kein Pl m* fanatismo *m*

Fanclub <-s, -s> *m* fan-club *m*

fand [fant] *1. u 3. pers sing imp von* **finden**

Fanfare [fanˈfaːrə] <-, -n> *f* (MUS) fanfara *f*

Fang [faŋ] <-(e)s, Fänge> *m* ❶ (*Tätigkeit*) cattura *f*, presa *f*; (SPORT) presa *f* ❷ (*Beute*) preda *f*; (*beim Fischen*) pesca *f*; **einen guten ~ machen** (*fig*) fare un buon acquisto

Fangarm *m* (ZOO) tentacolo *m*

fangen [faŋən] <fängt, fing, gefangen> **I.** *vt* ❶ prendere, pigliare ❷ (*festnehmen*) catturare, acchiappare **II.** *vr* **sich ~** (*das Gleichgewicht wieder finden*) riprendere l'equilibrio; (*seelisch*) riprendersi, riaversi

Fangfrage *f* domanda *f* tranello

Fangleine *f* (NAUT) corda *f* di sicurezza, gomena *f*, cavo *m* d'ormeggio

Fangschaltung *f* (TEL) dispositivo *m* di intercettazione

fängt [fɛŋt] *3. pers sing pr von* **fangen**

Fanklub <-s, -s> *m s.* **Fanclub**; **Fanpost** *f* lettere *fpl* dei fan

Fantasie[RR] [fantaˈziː] <-, -n> *f* ❶ fantasia *f*, immaginazione *f*; **seine ~ spielen lassen** dare libero sfogo alla sua immaginazione ❷ (MUS) fantasia *f*; **Fantasiegebilde**[RR] *n* fantasticheria *f*, chimera *f*; **fantasielos**[RR] *adj* senza fantasia, pedestre; **Fantasielosigkeit**[RR] <-> *kein Pl f* mancanza *f* di fantasia; **fantasieren**[RR] <ohne ge-> *vi* fantasticare; (*faseln*) parlare a vanvera; (MED) delirare; **von etw ~** fantasticare su qc; **fantasievoll**[RR] **I.** *adj* pieno di immaginazione, ricco di fantasia **II.** *adv* in modo colorito

Fantast(in)[RR] [fanˈtast] <-en, -en; -, -nen> *m(f)* (*pej*) fantasticone, -a *m, f*, sognatore, -trice *m, f*; **Fantasterei**[RR] [fantastəˈraɪ] <-, -en> *f* (*pej*) fantasticheria *f*; **Fantastin**[RR] *f s.* **Fantast**; **fantastisch**[RR] *adj* ❶ (*unwirklich*) fantastico, irreale; (*unglaublich*) favoloso ❷ (*fam: großartig*) fantastico, grandioso

Farbaufnahme *f* fotografia *f* a colori; **Farbband** <-(e)s, -bänder> *n* nastro *m*; **Farbbild** *n* immagine *f* a colori; **Farbbildschirm** *m* (INFORM, TV) schermo *m* a colori; **Farbdisplay** *n* display *m* a colori; **Farbdruck** *m s.* **Farb(en)druck**

Farbe [ˈfarbə] <-, -n> *f* ❶ colore *m*; (*Gesichts~*) colorito *m* ❷ (*Färbemittel*) tinta *f* ❸ (*Mal~, Anstreich~*) pittura *f*, vernice *f* ❹ (*Farbstoff*) colorante *m* ❺ (TYP) inchiostro *m* ❻ (*Spielkarten~*) seme *m*; **~ bekennen** (*fam*) mettere le carte in tavola

farbecht *adj* indelebile; **Farbechtheit** *f* indelebilità *f*, solidità *f* del colore

färben [ˈfɛrbən] **I.** *vt* tingere **II.** *vi* (*ab~*) stingere, colorare **III.** *vr* **sich ~** tingersi, colorarsi; **sich rot ~** tingersi di rosso; **sich gelb ~** ingiallire

farbenblind *adj* daltonico; **Farbenblindheit** *f* (MED) daltonismo *m*; **Farb(en)druck** <-(e)s, -e> *m* (TYP) stampa *f* a colori; **farbenfreudig** *adj* dai colori vivaci; **farbenfroh** *adj* dai colori vivaci; **Farb(en)kasten** *m* scatola *f* dei colori; **Farbenpracht** *f* sfarzo *m* di colori; **farbenprächtig** *adj* dai colori vistosi

Färber(in) [ˈfɛrbɐ] <-s, -; -, -nen> *m(f)* tintore, -a *m, f*; **Färberei** [fɛrbəˈraɪ] <-, -en> *f* tintoria *f*; **Färberin** *f s.* **Färber**

Farbfernsehen *n* televisione *f* a colori; **Farbfernseher** *m* (*fam*), **Farbfernsehgerät** *n* televisore *m* a colori; **Farbfilm** *m* ❶ pellicola *f* a colori ❷ (FILM) film *m* a colori; **Farbfoto** *n* foto *f* a colori; **Farbfotografie** *f* fotografia *f* a colori

farbig *adj* ❶ (*bunt*) colorato ❷ (*Hautfarbe*) di colore ❸ (*fig: anschaulich*) colorito

färbig *adj* (*A*) *s.* **farbig 1.**

Farbige <ein -r, -n, -n> *mf* uomo *m* [*o* donna *f*] di colore

Farbkasten *m s.* **Farbenkasten**

Farbkissen *n* (TYP) tampone *m*

Farbkopierer *m* fotocopiatrice *f* a colori

farblich I. *adj* cromatico **II.** *adv* coloristicamente, cromaticamente, nei colori; **Rock und Bluse waren ~ nicht aufeinander abgestimmt** i colori della gonna e della camicetta non erano abbinati

farblos *adj* incolore

Farbstift *m* matita *f* colorata, pastello *m*; **Farbstoff** *m* (sostanza *f*) colorante *m*; **Farbtintenstrahldrucker** *m* stampante *f* a getto (d'inchiostro) a colori; **Farbton** *m* tonalità *f* cromatica, tinta *f*

Färbung [ˈfɛrbʊŋ] <-, -en> *f* ❶ colorazione *f* ❷ (*Tönung*) tonalità *f*

Farce [fars, *pl:* ˈfarsən] <-, -n> *f* ❶ (THEAT) farsa *f*; **eine ~ als Theaterstück** una farsa come opera teatrale ❷ (GASTR) ripieno *m*, farcia *f*

Farm [farm] <-, -en> *f* (AGR) fattoria *f*

Farmer <-s, -> *m* (AGR) proprietario *m* di fattoria, fattore *m*

Farn [farn] <-s, -e> *m* felce *f*

Färse [ˈfɛrzə] <-, -n> *f* (ZOO) giovenca *f*

Fasan [faˈzaːn] <-(e)s, -e(n)> *m* fagiano *m*

Fasanerie [fazanəˈriː, *pl:* fazanəˈriːən] <-, -n> *f* fagianaia *f*

faschieren [faˈʃiːrən] <ohne ge-> *vt* (*A*) tritare; **faschierte Laibchen** (*Frikadellen*) polpette

Faschierte <-n> *kein Pl n* (*A*) ❶ (GASTR: *Hackfleisch*) carne *f* tritata; (*fam*) macinato *m*; **gemischtes ~s** misto di carne macinata ❷ (GASTR: *Frikadelle*) polpetta *f*

Fasching ['faʃɪŋ] <-s, -e *o* -s> *m* carnevale *m*; **Faschingsdienstag** *m* martedì *m* grasso

Faschismus [fa'ʃɪsmʊs] <-> *kein Pl m* fascismo *m*

Faschist(in) <-en, -en; -, -nen> *m(f)* fascista *mf*

faschistisch *adj* fascista

Faselei [fa:zə'laɪ] <-, -en> *f* (*fam pej*) vaniloquio *m*

faseln ['fa:zəln] (*fam*) I. *vi* (*pej*) vaneggiare, sragionare II. *vt* (*pej*) fantasticare

Faser ['fa:zɐ] <-, -n> *f* fibra *f*

fas(e)rig *adj* fibroso, filamentoso

fasern *vi* sfilacciarsi

Fass^RR [fas] <-es, Fässer> *n*, **Faß**^ALT *n* (*großes*) botte *f*; (*kleines*) barile *m*; (*aus Stahlblech*) fusto *m*; (*Butter~*) zangola *f*; **Bier vom ~** birra alla spina; **Wein vom ~** vino sfuso; **ein ~ ohne Boden** (*fig*) una botte senza fondo; **das schlägt dem ~ den Boden aus!** (*fam*) questo è il colmo!

Fassade [fa'sa:də] <-, -n> *f* (ARCH, *a fig pej*) facciata *f*

fassbar^RR *adj*, **faßbar**^ALT *adj* comprensibile

Fassbier^RR <-(e)s, -e> *n* birra *f* alla spina

fassen ['fasən] I. *vt* ❶ (*ergreifen*) afferrare, prendere ❷ (*festnehmen*) arrestare ❸ (*aufnehmen*) contenere ❹ (*ein~*) incastonare; (*einrahmen*) incorniciare ❺ (*verstehen*) capire, comprendere; **ich kann es nicht ~** non riesco a capacitarmene; **das ist nicht zu ~!** è incredibile! II. *vr* **sich ~** (*sich beruhigen*) calmarsi; (*sich beherrschen*) dominarsi, autocontrollarsi; **sich kurz ~** essere breve

Fässer *pl von* **Fass**

faßlich^ALT *adj* comprensibile, intelligibile

fasslich^RR *adj* comprensibile, intelligibile

Fassung ['fasʊŋ] <-, -en> *f* ❶ (*Ein~*) montatura *f*; (*von Edelsteinen*) incastonatura *f* ❷ (*Bearbeitung*) stesura *f*; (*Übersetzung*, FILM) versione *f*; **in dieser ~** in questa versione ❸ (*Ruhe*) calma *f*, controllo *m*; **die ~ bewahren** conservare la padronanza di sé; **die ~ verlieren** perdere la pazienza; **jdn aus der ~ bringen** far perdere la calma a qu

Fassungskraft *f* capacità *f* di comprendere, intelligenza *f*

fassungslos *adj* sconcertato, esterrefatto; **Fassungslosigkeit** <-> *kein Pl f* sconcerto *m*, smarrimento *m*, sbalordimento *m*

Fassungsvermögen *n* volume *m*, capacità *f*

fast [fast] *adv* quasi, pressoché; **ich wäre ~ gefallen** a momenti cadevo *fam*

fasten ['fastən] *vi* digiunare; **Fastenkur** *f* cura *f* del digiuno; **Fastenzeit** *f* periodo *m* di quaresima; (*im Christentum*) quaresima *f*

Fast food^ALT *n*, **Fastfood**^RR *n*, **Fast Food**^RR [fa:st fu:t] <-, -(s)> *n* fast food *m*, pasto *m* rapido

Fastnacht <-> *kein Pl f* (*Fasching*) carnevale *m*; **Fastnachtsdienstag** *m* (*Dienstag vor Aschermittwoch*) martedì *m* grasso

Faszination [fastsina'tsi̯o:n] <-, -en> *f* fascino *m*

faszinieren [fastsi'ni:rən] <ohne ge-> *vt* affascinare; **faszinierend** *adj* affascinante

fatal [fa'ta:l] *adj* fatale

Fatalismus [fata'lɪsmʊs] <-> *kein Pl m* fatalismo *m*; **fatalistisch** *adj* fatalistico

Fatum <-s, Fata> *n* fato *m*

Fatzke ['fatskə] <-n *o* -s, -n *o* -s> *m* (*fam pej*) bellimbusto *m*, vanitoso *m*

fauchen ['fauxən] *vi* (*Katze, Wind*) soffiare; (*fig fam*) sbuffare

faul [faʊl] *adj* ❶ (*träge*) pigro, poltrone; **auf der ~en Haut liegen** (*fam*) poltrire nell'ozio ❷ (*verdorben*) guasto, marcio ❸ (*fig fam: verdächtig*) sospetto, dubbioso; (*fragwürdig*) dubbio, incerto; **eine ~e Ausrede** (*fam*) una magra scusa; **an der Sache ist was ~** (*fig fam*) c'è qc di sospetto nella faccenda

Fäule ['fɔɪlə] <-> *kein Pl f* putredine *f*, marciume *m*

faulen ['faʊlən] *vi sein o haben* (*Obst, Holz, Laub*) marcire, imputridire

faulenzen ['faʊlɛntsən] *vi* poltrire *fam*, oziare

Faulenzer(in) <-s, -; -, -nen> *m(f)* poltrone, -a *m*, *f fam*, fannullone, -a *m*, *f fam*; **Faulenzerei** [faʊlɛntsə'raɪ] <-, -en> *f* poltroneria *f*

Faulheit <-> *kein Pl f* pigrizia *f*, poltroneria *f fam*

faulig *adj* putrido, marcio

Fäulnis ['fɔɪlnɪs] <-> *kein Pl f* putrefazione *f*, marciume *m*

Faulpelz *m* (*fam*) *s.* **Faulenzer**; **Faulschlamm** <-(e)s, -schlämme> *m* sapropelite *f*, sapropel *m*; **Faultier** *n* ❶ (ZOO) bradipo *m* ❷ (*fig fam*) *s.* **Faulenzer**

Fauna ['faʊna] <-> *f* fauna *f*

Faust [faʊst] <-, Fäuste> *f* pugno *m*; **auf eigene ~** di propria iniziativa; **das passt wie die ~ aufs Auge** (*fam*) è come un pugno in un occhio

Fäustchen ['fɔɪstçən] <-s, -> *n* **sich** *dat*
ins ~ lachen (*fam*) ridersela sotto i baffi
faustdick ['faʊst'dɪk] *adj* **es ~ hinter den
Ohren haben** (*fam*) essere un
furbo matricolato; **Fausthandschuh** *m*
(guanto *m* a) manopola *f;* **Faustpfand** *n*
pegno *m* mobile; **Faustrecht** <-(e)s
kein Pl n diritto *m* del più forte; **Faustre-
gel** *f* regola *f* generale; **Faustschlag** *m*
pugno *m*
Fauteuil <-s, -s> *m* (*A: Polstersessel mit
Armlehnen*) poltrona *f*
Fauxpas [foˈpa] <-, -> *m* gaffe *f,* topica *f;*
einen ~ begehen fare una gaffe
Favorit(in) [favoˈriːt] <-en, -en; -, -nen>
m(f) favorito, -a *m, f*
Fax ['faks] <-, -(e)> *n* (TEL) fax *m,* telefax *m;*
per ~ per/via fax
faxen *vi, vt* mandare per fax, faxare
Faxgerät *n* fax *m;* **Faxmodem** *n* (TEL)
modem-fax *m*
Fazit ['faːtsɪt] <-s, -e *o* -s> *n* ❶ (*Ergebnis*)
risultato *m* (finale) ❷ (*Schlussfolgerung*)
conclusione *f;* **aus etw das ~ ziehen** tirare
le somme di qc
FCKW [ɛftseːkaːˈveː] <-s> *n abk v* **Flu-
orchlorkohlenwasserstoff** CFC *m;*
FCKW-frei *adj* privo di CFC
FDGB [ɛfdeːgeːˈbeː] <-(s)> *kein Pl n abk v*
Freier Deutscher Gewerkschaftsbund
associazione dei sindacati tedeschi
FDJ [ɛfdeːˈjɔt] <-> *kein Pl f abk v* **Freie
Deutsche Jugend** *associazione della gio-
ventù tedesca*
FDP, F.D.P. [ɛfdeːˈpeː] <-> *kein Pl f abk v*
Freie Demokratische Partei *partito libe-
ral-democratico tedesco*
Feber ['feːbɐ] <-s, -> *m* (*A*) febbraio *m;*
s. a. **April**
Februar ['feːbruaːɐ̯] <-(s), -e> *m* feb-
braio *m; s. a.* **April**
fechten ['fɛçtən] <ficht, focht, gefoch-
ten> *vi* tirare di scherma
Fechten <-s> *kein Pl n s.* **Fechtsport**
Fechter(in) <-s, -; -, -nen> *m(f)* schermitore, -trice *m, f*
Fechtlehrer(in) *m(f)* insegnante *mf* di
scherma; **Fechtmeister(in)** *m(f)* maestro, -a *m, f* di scherma; **Fechtsaal** *m*
sala *f* di scherma; **Fechtsport** *m*
scherma *f*
Feder ['feːdɐ] <-, -n> *f* ❶ penna *f* ❷ (ZOO:
Vogel~) penna *f;* (*Flaum~*) piuma *f;* **sich
mit fremden ~n schmücken** farsi bello
con le penne del pavone ❸ (TEC) molla *f*
Federball *m* (SPORT) ❶ (*Ball*) volano *m*
❷ (*Spiel*) (gioco *m* del) volano *m;* **Federbett** *n* piumino *m;* **Federboa** *f* boa *f*

di piume di struzzo; **Federbusch** *m*
❶ (*Helm*) pennacchio *m* ❷ (*Gefieder*)
ciuffetto *m;* **Federfuchser** ['feːdɐfʊksɐ]
<-s, -> *m* (*fam*) ❶ (*pej: Pedant*) imbratta-
carte *m,* pennaiolo *m* ❷ (*pej: schlechter
Schriftsteller*) scribacchino *m;* **federfüh-
rend** *adj* responsabile, competente; **~ in
etw** *dat* **sein** essere responsabile per qc;
Federgewicht *n* (SPORT) peso *m* piuma;
Federhalter *m* portapenne *m;* **Federkernmatratze** *f* materasso *m* a molle;
federleicht ['feːdɐˈlaɪçt] *adj* leggero
come una piuma; **Federlesen** *n* **mit etw
nicht viel ~(s) machen** non fare tante storie con qc
federn I. *vi* ❶ (TEC) essere molleggiato, molleggiare ❷ (SPORT) molleggiarsi, flettersi
II. *vt* (TEC) molleggiare; **federnd** *adj* elastico; (*a fig*) molleggiante
Federung <-, -en> *f* ❶ (*Elastizität*) elasticità *f* ❷ (*Gefedertsein*) molleggio *m;*
(AUTO) sospensione *f* (elastica), sospensioni
fpl
Federvieh *n* (*fam*) pennuti *mpl*
Federzeichnung *f* disegno *m* a penna
Fee [feː] <-, -n> *f* fata *f,* fatina *f*
Feedback [ˈfiːtbɛk] <-s, -s> *n,* **Feed-
back**^{RR} <-s, -s> *n* ❶ (TV, RADIO) feed-
back *m,* retroazione *f* ❷ (*in der Kybernetik*) feed-back *m*
Feeling [ˈfiːlɪŋ] <-s> *kein Pl n* feeling *m*
(*für* per)
Fegefeuer ['feːgəfɔɪɐ] *n* purgatorio *m*
fegen ['feːgən] I. *vt* **haben** spazzare, scopare II. *vi* ❶ **haben** passare la scopa, scopare ❷ **sein** (*fam: rasen*) sfrecciare
Fehde ['feːdə] <-, -n> *f* faida *f*
fehl [feːl] *adv* **~ am Platz sein** essere fuori
luogo
Fehlanzeige *f* rapporto *m* negativo; **Fehl-
besetzung** <-, -en> *f* (FILM, THEAT) assegnazione *f* infelice [*o* sbagliata] di un ruolo;
Fehlbetrag *m* (COM) deficit *m,* disavanzo *m;* **Fehldiagnose** *f* (MED) diagnosi *f* errata; **Fehleinschätzung** *f* valutazione *f* errata
fehlen ['feːlən] *vi* ❶ (*mangeln*) mancare;
es an nichts ~ lassen non far mancare
nulla; **es hätte nicht viel gefehlt und er
hätte verloren** poco ci mancava [*o* mancò]
che perdesse; **du fehlst mir sehr** mi manchi molto; **das hat gerade noch gefehlt!**
(*fam iron*) ci voleva solo questo!, non ci
mancava che questa! ❷ (*abwesend sein*)
essere assente, mancare ❸ (*gesundheitlich*) succedere; **mir fehlt nichts** sto bene;
was fehlt dir? che cosa c'è che non va?
❹ (*geh*) **weit gefehlt!** sbagliato in pieno!

einen Fehler zugeben

einen Fehler zugeben, eingestehen	ammettere, riconoscere un errore
Ich bin Schuld daran.	È colpa mia.
Ja, es war mein Fehler.	Sì, è stato un mio errore.
Da habe ich Mist gebaut. (*sl*)	Ho fatto una stronzata. (*sl*)
Ich gebe es ja zu: Ich habe zu vorschnell gehandelt.	Lo ammetto: ho agito precipitosamente.
Sie haben Recht, ich hätte mir die Sache gründlicher überlegen **sollen**.	Ha ragione Lei: avrei dovuto riflettere più a fondo sulla questione.

F

Fehler ['feːlɐ] <-s, -> *m* ❶ (*Irrtum*) errore *m*, sbaglio *m;* (*grober ~*) strafalcione *m;* **einen ~ machen** fare un errore; **durch ~ wird man klug** (*prov*) sbagliando s'impara ❷ (*Mangel, Defekt*) difetto *m;* (*menschliche Schwäche*) vizio *m* ❸ (*Schuld*) colpa *f*
Fehleranzeige <-, -n> *f* (INFORM) *s.* **Fehlermeldung**; **fehlerfrei** *adj* ❶ (*ohne Fehler*) corretto, senza errori ❷ (*einwandfrei*) perfetto, senza difetti; **fehlerhaft** *adj* ❶ (*mangelhaft*) difettoso, imperfetto ❷ (*unrichtig*) scorretto, sbagliato; **fehlerlos** *adj s.* **fehlerfrei**; **Fehlermeldung** *f* (INFORM) segnalazione *f* di errore, comunicazione *f* di un errore; **Fehlerquelle** *f* fonte *f* di errori
Fehlfarbe *f* (*beim Kartenspiel*) scarto *m*
Fehlgeburt *f* aborto *m*
fehlgehen <irr> *vi sein* (*sich irren*) sbagliarsi, andare errato
Fehlgriff *m* mossa *f* sbagliata, sbaglio *m;* **Fehlinformation** *f* informazione *f* errata; **Fehlinvestition** *f* (WIRTSCH) investimento *m* sbagliato; **Fehlkalkulation** *f* calcolo *m* sbagliato; **Fehlkonstruktion** *f* costruzione *f* sbagliata; **Fehlplanung** <-, -en> *f* pianificazione *f* erronea; **Fehlschlag** *m* ❶ (*Misserfolg*) insuccesso *m*, fiasco *m fam* ❷ (SPORT: *beim Ballspiel*) colpo *m* mancato, tiro *m* a vuoto
fehlschlagen <irr> *vi sein* (*misslingen*) fallire, non riuscire
Fehlschluss[RR] *m* conclusione *f* sbagliata [*o* errata]; **Fehlstart** *m* ❶ (SPORT) falsa partenza *f* ❷ (AERO, TEC) mancato avviamento *m;* **Fehltritt** *m* passo *m* falso; **Fehlurteil** *n* giudizio *m* sbagliato; **Fehlzündung** *f* (MOT, TEC) accensione *f* difettosa
Feier ['faɪɐ] <-, -n> *f* ❶ (*Festlichkeit*) festa *f;* **zur ~ des Tages** per celebrare il giorno ❷ (*feierliche Handlung*) festeggiamento *m*, cerimonia *f*, celebrazione *f*

Feierabend *m* ❶ (*abendliche Freizeit*) riposo *m* serale ❷ (*Arbeitsschluss*) fine *f* della giornata di lavoro; **~ machen** cessare di lavorare; **am ~** dopo il lavoro; **jetzt ist aber ~!** (*fam*) adesso basta!
Feierlaune *f* voglia *f* di far festa
feierlich *adj* ❶ (*festlich*) festivo ❷ (*würdevoll*) solenne ❸ (*förmlich*) ufficiale, formale; **Feierlichkeit** <-, -en> *f* ❶ (*Eigenschaft*) solennità *f;* (*Würde, Ernst*) gravità *f* ❷ (*Handlung*) celebrazione *f*, cerimonia *f* ❸ *pl:* festività *fpl*
feiern ['faɪɐn] I. *vt* ❶ (*Fest*) festeggiare; (*festlich begehen*) celebrare ❷ (*ehren*) festeggiare, acclamare II. *vi* far festa
Feiertag *m* ❶ (giorno *m* di) festa *f;* (*freier Tag*) vacanza *f* ❷ (REL) festa *f* religiosa ❸ (POL) festa *f* nazionale ❹ (*Festtag*) giorno *m* festivo; **gesetzlicher ~** festa ufficiale
feig(e) [faɪk ('faɪgə)] *adj* vigliacco; (*hinterhältig*) vile; (*gemein*) infame
Feige ['faɪgə] <-, -n> *f* fico *m;* **Feigenbaum** *m* fico *m;* **Feigenblatt** *n* foglia *f* di fico
Feigheit ['faɪkhaɪt] <-> *kein Pl f* vigliaccheria *f*, codardia *f;* (*Hinterhältigkeit*) viltà *f*
Feigling ['faɪklɪŋ] <-s, -e> *m* vigliacco, -a *m, f*, vile *mf*
Feile ['faɪlə] <-, -n> *f* lima *f;* (*fig*) rifinitura *f*
feilen ['faɪlən] *vt* limare; (*fig*) rifinire; **an etw** *dat* **~** rifinire qc
feilschen ['faɪlʃən] *vi* **um etw ~** mercanteggiare su qc
Feilspäne *mpl* trucioli *mpl* [*o* polvere *f*] (di limatura); **Feilstaub** *m* trucioli *mpl* [*o* polvere *f*] (di limatura)
fein [faɪn] *adj* ❶ (*dünn, zart*) sottile; (*von zartem Aussehen*) fine, grazioso, aggraziato; (*einfühlsam, ~sinnig*) sensibile ❷ (*nicht grob*) fino, raffinato ❸ (*Sinn: scharf*) acuto, fine ❹ (*Instrument: genau*) preciso, esatto ❺ (*sorgfältig*) esatto, accu-

rato ⑥(*exquisit*) squisito, ottimo; (*erlesen*) scelto, pregiato ⑦(*vornehm*) distinto; (*gewandt*) fine, elegante ⑧(*anständig*) garbato ⑨(*fam: erfreulich, lobenswert*) splendido, grandioso ⑩(*Wend*) **ein ~er Kerl** (*fam*) un tipo garbato; **~(he)raussein** (*fam*) essersela cavata bene, averla passata liscia; **sich ~ machen** farsi bello

Feinbäckerei <-, -en> *f* pasticceria *f*

Feind(in) [faɪnt] <-(e)s, -e; -, -nen> *m(f)* nemico, -a *m, f;* (*Gegner*) avversario, -a *m, f;* **Feindbild** *n* immagine *f* [*o* concetto *m*] di nemico

feindlich *adj* (*allg*, MIL) nemico; (*gegnerisch*) contrario; (*feindselig*) ostile

Feindschaft <-, -en> *f* inimicizia *f*, ostilità *f*

feindselig *adj* nemico, ostile; **Feindseligkeit** <-, -en> *f* ostilità *f*

Feineinstellung *f* regolazione *f* precisa; (RADIO) sintonia *f* fine

feinfühlig ['faɪnfyːlɪç] *adj* sensibile

Feingefühl *n* delicatezza *f* d'animo, sensibilità *f;* (*Takt*) tatto *m;* **Feingehalt** *m* (MIN: *Edelmetalle*) titolo *m;* **Feingold** *n* oro *m* fino [*o* puro]

Feinheit <-, -en> *f* ①(*Zartheit*) finezza *f;* (*Feinfühligkeit a*) delicatezza *f* ②(*Scharfsinnigkeit*) acutezza *f;* (*Spitzfindigkeit*) sottigliezza *f* ③(*Genauigkeit*) esattezza *f*, precisione *f* ④(*Vornehmheit*) distinzione *f* ⑤(*Anständigkeit*) garbatezza *f*

feinkörnig *adj* sabbioso, granuloso

Feinkost <-> *kein Pl f* (GASTR) specialità *fpl* gastronomiche; **Feinkostgeschäft** *n* negozio *m* di specialità gastronomiche

feinmaschig *adj* a maglia fina [*o* stretta]

Feinmechanik *f* meccanica *f* di precisione

Feinschmecker(in) <-s, -; -, -nen> *m(f)* (GASTR) buongustaio, -a *m, f*

Feinwäsche <-> *kein Pl f* biancheria *f* fine, bucato *m* delicato; **Feinwaschmittel** *n* detersivo *m* per tessuti delicati

feist [faɪst] *adj* (*pej*) grasso

feixen ['faɪksən] *vi* (*fam*) ghignare

Feld [fɛlt] <-(e)s, -er> *n* ①(*Acker*) campo *m;* (*weites, unbebautes Land a*) campagna *f;* **auf freiem ~** in aperta campagna ②(*auf Spielbrett*) quadratino *m*, casella *f* ③(*Fach*) campo *m*, settore *m;* **das ist ein weites ~** questo è un campo vasto ④(LING, INFORM, PHYS) campo *m* ⑤(MIL) fronte *m;* **das ~ behaupten** (MIL) essere padrone del campo; **das ~ räumen** cedere il campo ⑥(*Computer*) casella *f* ⑦(ANAT) regione *f;* **Feldarbeit** *f* lavoro *m* agricolo; **Feldbett** *n* (MIL) branda *f;* **Feldflasche** *f* borraccia *f;* **Feldforschung** *f* ricerca *f* sul

campo [*o* luogo]; **Feldgeistliche** *m* (MIL) cappellano *m* militare; **Feldherr** *m* (MIL) generale *m;* **Feldküche** *f* (MIL) cucina *f* da campo; **Feldlager** *n* (MIL) accampamento *m* militare; **Feldlazarett** *n* (MIL) ospedale *m* da campo; **Feldmarschall** *m* (MIL) (feld)maresciallo *m;* **Feldmaus** *f* (ZOO) topo *m* campagnolo [*o* comune]; **Feldmesser** <-s, -> *m* (*obs: Vermessungsingenieur*) agrimensore *m;* **Feldpost** *f* (MIL) posta *f* militare; **Feldsalat** *m* lattuga *f*, dolcetta *f;* **Feldspat** *m* (MIN) feldspato *m;* **Feldstecher** <-s, -> *m* (OPT) binocolo *m*, cannocchiale *m;* **Feldwebel** <-s, -> *m* (MIL) maresciallo *m;* **Feldweg** *m* viottolo *m* di campagna; **Feldzug** *m* (MIL) campagna *f* militare

Felge ['fɛlgə] <-, -n> *f* (MOT: *Reifen*) cerchione *m*

Fell [fɛl] <-(e)s, -e> *n* (*a ~ besatz*) pelo *m;* (*a Pelz*) pelliccia *f;* (*von Pferd*) mantello *m;* **ein dickes ~ haben** (*fig fam*) avere la pellaccia dura; **jdm das ~ über die Ohren ziehen** (*fam*) imbrogliare qu

Fellatio [fɛˈlaːtsjo] <-> *kein Pl f* fellazione *f*

Fels [fɛls] <-en, -en> *m*, **Felsen** <-s, -> *m* roccia *f;* (*Felswand*) rupe *f;* (*Felsgestein*) masso *m;* **felsenfest** *adj* (*fig*) irrevocabile; **~ an etw** *dat* **glauben** credere fermamente in qc; **Fels(en)wand** *f* parete *f* rocciosa; **Felsgestein** *n* roccia *f;* **felsig** *adj* roccioso; **Felsmassiv** <-s, -e> *n* massiccio *m* roccioso; **Felsspalte** *f* crepaccio *m;* **Felswand** *f s.* **Fels(en)wand**

feminin [femiˈniːn] *adj* femminile

Femininum [femiˈniːnʊm *o* ˈfeːmɪnɪnʊm, *pl:* femiˈniːna *o* ˈfeːminina] <-s, Feminina> *n* (GRAM) (genere *m*) femminile *m*

Feminismus [femiˈnɪsmʊs] <-> *kein Pl m* femminismo *m*

Feminist(in) [femiˈnɪst] <-en, -en; -, -nen> *m(f)* femminista *mf*

feministisch *adj* femminista

Fenchel ['fɛnçəl] <-s> *kein Pl m* finocchio *m*

Fenster ['fɛnstɐ] <-s, -> *n* ①(*a Computer*) finestra *f;* **zum ~ hinausschauen** guardare dalla finestra; **aus dem ~ werfen** (*a fig*) gettare dalla finestra; **weg vom ~ sein** (*fig*) essere lontano dalla ribalta ②(*Eisenbahn~, Auto~*) finestrino *m;* **Fensterbank** <-, -bänke> *f* davanzale *m;* **Fensterbriefumschlag** *m* busta *f* con finestra; **Fensterflügel** *m* battente *m* della finestra; **Fensterglas** *n* vetro *m* per finestra; **Fensterkitt** *m* mastice *m* da vetraio; **Fensterkurbel** *f* (MOT) alzacristallo *m;* **Fensterladen** *m* imposta *f*, persiana *f;*

Fensterleder *n* pelle *f* di daino (per vetri)

fensterln ['fɛnstɐln] *vi* (*südd, A*) *andare di notte alla finestra di una ragazza*

Fensternische *f* vano *m* della finestra; **Fensterplatz** *m* posto *m* al finestrino; **Fensterputzer(in)** <-s, -; -, -nen> *m(f)* pulitore, -trice *m*, *f* di vetri; **Fensterrahmen** *m* telaio *m* della finestra; **Fensterscheibe** *f* vetro *m* della finestra

Ferialarbeit *f* (*A*) lavoro *m* estivo

Ferien ['fe:riən] *pl* vacanze *fpl*; (JUR) ferie *fpl*; (MIL) congedo *m*; **in die ~ fahren** andare in ferie; **Feriendorf** *n* villaggio *m* turistico; **Ferienhaus** *n* casa *f* di vacanze; **Ferienheim** *n* casa *f* per le vacanze; (*Kinder~*) colonia *f*; **Ferienkurs** *m* corso *m* estivo; **Ferienlager** *n* campo *m* estivo; **Ferienort** *m* località *f* di villeggiatura; **Ferienreise** <-, -n> *f* viaggio *m* di vacanza; **Ferienwohnung** *f* casa *f* di villeggiatura; **Ferienzeit** *f* periodo *m* di vacanza, vacanze *fpl*

Ferkel ['fɛrkəl] <-s, -> *n* ❶ (ZOO) porcellino *m*, maialetto *m* ❷ (*fig fam*) sudicione *m*, porcellone *m*

Ferment [fɛr'mɛnt] <-(e)s, -e> *n* (BIOL) fermento *m*

fern [fɛrn] **I.** *adj* lontano; **sich von jdm ~ halten** schivare qu; **sich von etw ~ halten** tenersi lontano da qc; (*weit zurückliegend*) remoto; (*in weiter Zukunft liegend*) in un lontano futuro; **der Ferne Osten** l'Estremo Oriente; **in nicht zu ~er Zeit** fra non molto **II.** *adv* lontano, alla lontana; **~ von** lontano da; **von ~ betrachtet** visto da lontano; **das liegt mir ~** lungi da me un simile pensiero; **jdm/etw ~ stehen** essere estraneo a qu/qc

Fernamt *n* (TEL) ufficio *m* telefonico interurbano; **Fernbedienung** *f* telecomando *m*; **fern|bleiben** <irr> *vi sein* essere assente; **Fernblick** *m* vista *f*

Ferne <-, -n> *f* lontananza *f*; **aus der ~** da lontano; **in der ~** (*räumlich*) in lontananza

Fernempfang *m* telericezione *f*

ferner **I.** *adj* più lontano, più distante **II.** *adv* (*außerdem*) inoltre, in più; *s.* **fern**

Fernfahrer(in) *m(f)* camionista *mf*

Fernfahrt *f* viaggio *m* a grande distanza; (SPORT) gara *f* su grande distanza; **Fernflug** *m* volo *m* a grande distanza; **Ferngas** *n* gas *m* di città; **ferngelenkt** *adj* teleguidato, telecomandato; **Ferngespräch** *n* comunicazione *f* interurbana; **ferngesteuert** *adj* teleguidato, telecomandato; **Fernglas** *n* (OPT) binocolo *m*, cannocchiale *m*

fern|halten ᴬᴸᵀ *vr* **sich ~** *s.* **fern I.**

Fernheizung *f* (TEC) riscaldamento *m* centrale a distanza

Fernkopie *f* (TEL) telecopia *f*; **Fernkurs(us)** *m* corso *m* per corrispondenza; **Fernlaster** *m* (*fam*) autotreno *m*; **Fernlastwagen** *m* autotreno *m*; **Fernlastzug** *m* autotreno *m*; **Fernleihe** <-, -n> *f* prestito *m* interbibliotecario; **Fernleitung** *f* linea *f* interurbana; **Fernleitungsnetz** *n* rete *f* telefonica interurbana

fern|lenken *vt* telecomandare; **Fernlenkung** *f* teleguida *f*, telecomando *m*; **Fernlicht** <-(e)s> *kein Pl n* (AUTO) (faro *m*) abbagliante *m*

fern|liegen ᴬᴸᵀ *vi s.* **fern II.**

Fernmeldeamt *n* ufficio *m* telecomunicazioni; **Fernmeldegeheimnis** <-ses, -se> *n* (JUR) segreto *m* postale; **Fernmeldetechnik** *f* (TEL) tecnica *f* delle telecomunicazioni; **Fernmeldeturm** *m* torre *f* radioemittente; **Fernmeldewesen** *n* (TEL) telecomunicazioni *fpl*

fernmündlich *adj* telefonico, per telefono

Fernost ['fɛrn'ɔst] *m* (GEOG) **aus/in/nach ~** dall'/in/in Estremo Oriente; **fernöstlich** *adj* dell'Estremo Oriente

Fernrohr *n* ❶ (OPT: *Fernglas*) cannocchiale *m* ❷ (ASTR: *Teleskop*) telescopio *m*

Fernruf *m* ❶ (TEL: *Anruf*) chiamata *f* interurbana ❷ (*form*: *~ nummer*) numero *m* telefonico

Fernschnellzug *m* (FERR) (treno *m*) rapido *m*

Fernschreiben *n* (TEL) telex *m*; **Fernschreiber** *m* (*Apparat*) telescrivente *f*; **Fernschreibnetz** *n* rete *f* telex; **fernschriftlich** *adj* (TEL) trasmesso per telefax

Fernsehansager(in) *m(f)* annunciatore, -trice *m*, *f* della televisione

Fernsehansprache *f* annuncio *m* televisivo; **Fernsehanstalt** *f* ente *m* televisivo; **Fernsehantenne** *f* antenna *f* televisiva; **Fernsehapparat** *m* televisore *m*

Fernsehaufnahme *f* ripresa *f* televisiva

Fernsehbericht *m* servizio *m* televisivo

Fernsehdiskussion *f* dibattito *m* televisivo

Fernsehduell *n* duello *m* televisivo

fern|sehen <irr> *vi* guardare la televisione

Fernsehen <-s> *kein Pl n* televisione *f*; **im ~ übertragen** teletrasmettere, trasmettere per televisione

Fernseher[1] *m* (*Gerät*) televisore *m*

Fernseher(in)[2] *m(f)* telespettatore, -trice *m*, *f*; **Fernsehfilm** *m* telefilm *m*; **Fernsehgebühr** *f* canone *m* televisivo;

Fernsehgerät n s. **Fernsehapparat**; **Fernsehinterview** n intervista f televisiva; **Fernsehkamera** f telecamera f; **Fernsehkoch** m, **-köchin** f cuoco , -a televisivo m; **Fernsehmacher(in)** m(f) produttore f televisivo; **Fernsehnachrichten** fpl telegiornale m; **Fernsehnetz** n rete f televisiva; **Fernsehpremiere** f prima f TV; **Fernsehprogramm** n programma m televisivo; **Fernsehsatellit** <-en, -en> m satellite m televisivo; **Fernsehsender** m stazione f televisiva, teletrasmittente f; **Fernsehsendung** f trasmissione f televisiva; **Fernsehserie** f serial m; **Fernsehspiel** n dramma m televisivo; **Fernsehstudio** n studi mpl della televisione; **Fernsehtechnik** f tecnica f televisiva; **Fernsehtechniker(in)** m(f) tecnico, -a m, f della televisione; **Fernsehteilnehmer(in)** m(f) abbonato, -a m, f alla televisione; **Fernsehturm** m torre f della televisione; **Fernsehübertragung** f trasmissione f televisiva; **Fernsehzuschauer(in)** m(f) telespettatore, -trice m, f
Fernsicht f vista f; (klare Sicht) visibilità f
Fernsprech- telefonico
Fernsprechamt n centralino m (telefonico); **Fernsprechanlage** f impianto m telefonico; **Fernsprechapparat** m telefono m, apparecchio m telefonico; **Fernsprechauskunft** f informazioni fpl telefoniche; **Fernsprecher** m telefono m, apparecchio m telefonico; **Fernsprechgebühr** f tariffa f telefonica; **Fernsprechgeheimnis** n segreto m telefonico; **Fernsprechnetz** n rete f telefonica; **Fernsprechteilnehmer(in)** m(f) abbonato, -a m, f al telefono; **Fernsprechverkehr** m servizio m telefonico; **Fernsprechvermittlung** f centralino m (telefonico); **Fernsprechzelle** f cabina f telefonica; **Fernsprechzentrale** f centrale f telefonica
fern|stehen^ALT vi s. **fern II.**
fern|steuern vt telecomandare, comandare a distanza
Fernsteuerung f telecomando m, comando m a distanza
Fernstudium n corsi mpl (universitari) per corrispondenza; **Fernuniversität** f università f per corrispondenza, corsi mpl aperti; **Fernverkehr** m trasporti mpl interurbani, traffico m interurbano; **Fernverkehrsstraße** f strada f di grande comunicazione; **Fernwärme** f riscaldamento m a distanza; **Fernweh** n nostalgia f; **Fernwirkung** f effetto m a distanza

Ferse ['fɛrzə] <-, -n> f (ANAT) calcagno m; (Strumpf~, Schuh~) tallone m; **jdm** (dicht) **auf den ~n sein** stare alle calcagna di qu, tallonare qu; **Fersenbein** n calcagno m, tallone m; **Fersengeld** n ~ **geben** (fam) darsela a gambe
fertig ['fɛrtɪç] adj ❶ (beendet) finito, terminato; (vollendet) compiuto; **halb ~** quasi finito; **etw ~ bringen** (zum Abschluss bringen) finire qc; **sie bringt es doch glatt ~ und ...** (fam) ci riesce facilmente e ...; ~ **machen** terminare, completare; ~ **stellen** ultimare, finire; **mit etw ~ sein** aver finito qc; **mit etw ~ werden** (beenden) finire qc; (fig: darüber hinwegkommen) superare qc; **mit jdm ~ werden** tenere testa a qu fam; **ohne jdn/etw ~ werden** fare a meno di qu/qc; **ich bin gleich ~** finisco subito; **sieh zu, wie du damit ~ wirst** arrangiati fam; **damit wären wir ~** ecco fatto fam; **du bleibst zu Hause und ~!** (fam) resti a casa e basta!; **mit dir bin ich endgültig ~!** (fam) con te ho chiuso per sempre!, di te non ne voglio più sapere! ❷ (bereit) pronto; ~ **zum Aufbruch** pronto per la partenza; ~ **machen** preparare; (zurechtmachen) confezionare, approntare; **bist du ~?** sei pronto? ❸ (fam: erschöpft) sfinito, esausto; ~ **machen** sfinire, esaurire; (zurechtweisen) sgridare, riprendere; (ruinieren) rovinare; (umbringen) uccidere, far fuori fam; **dieser Lärm macht mich ~** questo rumore mi uccide ❹ (fam: erledigt) finito, rovinato
Fertigbau <-s, -ten> m prefabbricato m; **Fertigbauweise** f costruzione f ad elementi prefabbricati
fertig|bringen^ALT vt s. **fertig 1.**
fertigen ['fɛrtɪgən] vt fabbricare, produrre
Fertigfabrikat n prodotto m finito
Fertiggericht n precotto m; **Fertighaus** n casa f prefabbricata
Fertigkeit <-, -en> f ❶ (Geschicklichkeit) abilità f; (Gewandtheit) facilità f, destrezza f ❷ (Kenntnis) conoscenza f
fertig|machen^ALT vt s. **fertig 1., 2., 3.**
Fertignahrung f precotto m; **Fertigprodukt** n prodotto m finito
fertig|stellen^ALT vt s. **fertig 1.**
Fertigstellung f ultimazione f, completamento m
Fertigteil n elemento m prefabbricato
Fertigung <-, -en> f produzione f, fabbricazione f; (von Kleidern) confezione f; **Fertigungskosten** pl costi mpl di produzione
Fes, fes [fɛs] <-, -> n (MUS) fa m bemolle

fesch [fɛʃ] *adj* (*A: fam: schick*) elegante; (*hübsch*) bello; (*flott*) in gamba *fam*

Feschak <-s, -s> *m* ❶ (*A: gut aussehender, sehr männlicher Mann*) bellimbusto *m,* damerino *m* ❷ (*A: Stimmungskanone*) animatore *m;* **der ~ der Clique sein** essere l'animatore della compagnia

Fessel ['fɛsəl] <-, -n> *f* (ANAT) caviglia *f;* (*von Tieren*) pastoia *f* ❷ (*Kette*) catena *f* ❸ *pl* (*Handschellen*) manette *fpl* ❹ (*fig: Bindung*) vincolo *m;* (*Einschränkung*) obblighi *mpl;* (*Hemmung*) pastoie *fpl;* **jdm ~n anlegen, jdn in ~n legen** incatenare qu, mettere qu in catene; **Fesselballon** *m* pallone *m* frenato

fesseln ['fɛsəln] *vt* ❶ mettere in catene, incatenare; (*binden*) legare; (*mit Handschellen*) ammanettare; (*festhalten*) inchiodare; **jdn an Händen und Füßen ~** legare mani e piedi a qu; **durch die Krankheit war er ans Bett gefesselt** la malattia lo costrinse a letto ❷ (*fig: faszinieren*) avvincere; **fesselnd** *adj* ❶ (*spannend*) avvincente ❷ (*faszinierend*) affascinante

fest [fɛst] *adj* ❶ (*nicht flüssig*) solido; (*dick*) compatto ❷ (*nicht weich*) forte; (*hart*) duro, sodo; (*schwer zerreißbar*) robusto; **~ schlafen** dormire profondamente; **die Tür ~ schließen** chiudere bene la porta ❸ (*nicht lose*) compatto, fitto; (*schwer lösbar*) forte; (*stramm*) sodo ❹ (*ständig, dauerhaft*) fisso; (*Gewohnheiten*) inveterato, radicato; **~er Freund, ~e Freundin** (*fam*) ragazzo, -a fisso, -a; **~ angestellt** con impiego fisso ❺ (*fig: energisch*) energico; (*unerschütterlich, bestimmt*) fermo; **etw ~ versprechen** promettere fermamente qc; **~ davon überzeugt sein, dass ...** avere la ferma convinzione che +*conj;* **sich** *dat* **~ vornehmen etw zu tun** avere il fermo proposito di fare qc

Fest [fɛst] <-(e)s, -e> *n* ❶ (*Feier*) festa *f* ❷ (*Feiertag*) **frohes ~!** buone feste!; **Festakt** *m* cerimonia *f*

festangestellt *adj* con impiego fisso; **sie ist jetzt ~** ora ha un impiego fisso

fest|beißen <irr> *vr* **sich** (**an jdm/etw**) **~** aggrapparsi con i denti (a qc); (*fig*) non riuscire a liberarsi (di qu/qc)

fest|binden *vt* legare saldamente

Festessen *n* banchetto *m,* pranzo *m* di gala

fest|fahren <irr> *vr* **sich ~** (*mit Wagen*) restare bloccato; (NAUT) arenarsi, incagliarsi

Festgeld <-(e)s, -er> *n* (FIN) deposito *m* bancario vincolato

festgesetzt *adj* **zur ~en Zeit** all'ora fissata

festgewurzelt *adj* (*profondamente*) radicato

fest|halten <irr> I. *vt* ❶ (*nicht loslassen*) tener fermo, reggere ❷ (*zurückhalten*) trattenere ❸ (*fig*) fissare, fermare II. *vi* **an jdm/etw ~** attenersi a qu/qc III. *vr* **sich ~** tenersi, reggersi

festigen ['fɛstɪgən] I. *vt* ❶ consolidare; (*stärken*) rafforzare, fortificare ❷ (*bekräftigen*) convalidare II. *vr* **sich ~** consolidarsi, rafforzarsi

Festiger <-s, -> *m* fissatore *m*

Festigkeit <-> *kein Pl f* ❶ solidità *f,* saldezza *f* ❷ (FIN) stabilità *f* ❸ (*Widerstandsfähigkeit*) resistenza *f* ❹ (*fig: Standfestigkeit*) costanza *f,* fermezza *f;* (*Entschlossenheit*) risolutezza *f*

Festigung <-, -en> *f* consolidamento *m;* (*fig*) rafforzamento *m;* (FIN) stabilizzazione *f*

Festival ['fɛstivəl] <-s, -s> *n CH: m* festival *m*

fest|klammern I. *vt* fissare con le mollette II. *vr* **sich** (**an jdm/etw**) **~** aggrapparsi (a qu/qc)

fest|kleben I. *vt* incollare; **etw an etw** *dat* **~** incollare qc a qc II. *vi sein* (*Vorgang*) **an etw** *dat* **~** essere incollato a qc

Festkörper <-s, -> *m* (PHYS) (*corpo*) solido *m*

Festland *n* ❶ (*nicht Meer*) terraferma *f* ❷ (*Kontinent*) continente *m*

fest|legen I. *vt* ❶ (*festsetzen*) fissare, stabilire ❷ (*bestimmen*) stabilire, definire ❸ (FIN) vincolare, immobilizzare II. *vr* **sich** (**auf etw** *acc*) **~** vincolarsi (a qc); **Festlegung** <-, -en> *f* determinazione *f;* (*Bestimmung*) definizione *f;* (FIN) immobilizzazione *f,* investimento *m* vincolato

festlich ['fɛstlɪç] I. *adj* festivo; (*feierlich*) solenne; (*glanzvoll*) grandioso, splendido II. *adv* **etw ~ begehen** festeggiare qc; **etw ~ schmücken** ornare qc a festa; **Festlichkeit** <-, -en> *f* ❶ (*Stimmung*) festosità *f,* solennità *f* ❷ (*Fest*) festa *f;* (*Feier*) festosità *f*

fest|liegen <irr> *vi* ❶ (*festgesetzt sein*) essere stabilito; (*Termin*) essere fissato ❷ (FIN: *Kapital*) essere immobilizzato ❸ (NAUT) essere arenato

fest|machen *vt* ❶ (*befestigen*) fermare, fissare; (*binden*) legare; (NAUT) attraccare ❷ (*vereinbaren*) combinare, fissare

Festmahl *n s.* **Festessen**

Festmeter <-s, -> *mn* metro *m* cubo

fest|nageln *vt* fissare con chiodi; (*a fig*) inchiodare; **jdn auf etw** *acc* **~** inchiodare qu a qc

Festnahme ['fɛstnaːmə] <-, -n> f arresto m, cattura f

fest|nehmen <irr> vt (verhaften) prendere, arrestare; (gefangen nehmen) catturare

Festnetz n (TEL) telefonia f fissa

Festplatte f (INFORM) disco m rigido

Festplatz <-(e)s, -plätze> m piazza f della festa

Festrede f discorso m ufficiale; **Festredner(in)** m(f) oratore, -trice m, f ufficiale

fest|schnallen I. vt allacciare, affibbiare II. vr sich ~ allacciarsi

fest|schrauben vt avvitare

fest|setzen I. vt ❶ (gefangen nehmen) arrestare, imprigionare ❷ (festlegen) fissare; **den Preis auf 500 Euro ~** fissare il prezzo a 500 euro ❸ (schätzen) valutare II. vr sich ~ ❶ (Staub) infiltrarsi ❷ (fig: Gedanke) radicarsi, fissarsi

fest|sitzen <irr> vi ❶ (haften) essere fisso ❷ (nicht mehr weiterkommen) essere bloccato; (NAUT) essere incagliato

Festspiele npl rappresentazione f, festival m; **Festspielhaus** n (THEAT) teatro m

fest|stecken I. vt infilare saldamente; (befestigen) fermare, fissare II. vi sein essere incastrato

fest|stehen <irr> vi ❶ (fig: bestimmt, festgelegt sein) essere fissato ❷ (unumstößlich sein) essere certo; **es steht fest, dass ...** è certo che ...

feststellbar adj ❶ (TEC) fissabile ❷ (fig: erkennbar) accertabile

fest|stellen vt ❶ (TEC) bloccare, arrestare ❷ (fig: konstatieren) constatare, rendersi conto di; (beobachten) osservare; (ermitteln) accertare, verificare

Feststellung f (Ermittlung) accertamento m; (COM, JUR) verifica f; (Konstatierung) constatazione f; (Beobachtung) osservazione f; (Aussage) dichiarazione f

Festtag m giorno m festivo; (REL) festa f; **festtags** adv nei giorni festivi

Festung ['fɛstʊŋ] <-, -en> f fortezza f, forte m

festverzinslich adj (FIN) a tasso fisso

Festzug m corteo m

Fete ['feːtə] <-, -n> f (fam) festa f

Feten ['feːtən o 'fɛːtən] pl von **Fetus, Fötus**

Fetisch ['feːtɪʃ] <-(e)s, -e> m feticcio m

Fetischismus [fetɪ'ʃɪsmʊs] <-> kein Pl m feticismo m

Fetischist(in) <-en, -en; -, -nen> m(f) feticista mf

fett [fɛt] adj ❶ grasso; ~ **kochen** cucinare con molti grassi; ~ **werden** diventare grasso ❷ (Boden) fertile ❸ (fig: üppig) ricco, abbondante ❹ (gewinnbringend) redditizio ❺ (TYP) (in) nero; (a Computer) grassetto; ~ **gedruckt** (stampato) in grassetto

Fett <-(e)s, -e> n grasso m; (CHEM) lipide m; ~ **ansetzen** ingrassare; **sein ~ (ab)bekommen** (fam) ricevere una punizione meritata

Fettabsaugen <-s> n liposuzione f

fettarm adj magro; ~e **Milch** latte scremato

Fettauge n (GASTR) occhio m (di grasso)

fetten I. vt ingrassare; (ein~) ungere, lubrificare II. vi ❶ (Fett absondern) secernere grasso ❷ (Fett annehmen) ungere, macchiare di grasso

Fettfleck m macchia f di grasso

fettgedruckt adj (stampato) in grassetto

Fettgehalt m contenuto m di grassi

fetthaltig adj grasso; (Gewebe) adiposo

fettig adj grasso; (schmierig) unto, untuoso

fettleibig adj grasso, pingue; (MED) obeso; **Fettleibigkeit** <-> kein Pl f pinguedine f; (MED) obesità f

fettlöslich adj liposolubile

Fettnäpfchen ['fɛtnɛpfçən] <-s, -> n **bei jdm ins ~ treten** (fig fam) fare una gaffe con qu; **Fettpolster** n pannicolo m adiposo, cuscinetto m di grasso; **Fettsäure** f (CHEM) acido m grasso; **Fettschicht** f strato m di grasso; **Fettsucht** f (MED) obesità f

Fetus ['feːtʊs, pl: 'feːtʊsə o 'feːtən] <- o ses, -se o Feten> m (MED) feto m

fetzen ['fɛtsən] I. vi (fam) ❶ (abreißen) strappare, stracciare ❷ (Musik) coinvolgere, prendere II. vr sich ~ (fam: sich streiten) rimbeccarsi, bisticciare

Fetzen ['fɛtsən] <-s, -> m ❶ (abgerissenes Stück) pezzetto m ❷ (zerschlissener Stoff) straccio m ❸ (zusammenhangloses Stück) frammento m

fetzig adj (fam: Musik) coinvolgente, che prende

feucht [fɔɪçt] adj umido; (angefeuchtet) inumidito

Feuchtbiotop n (ECO) biotopo m umido; **Feuchtgebiet** <-(e)s, -e> n zona f umida

Feuchtigkeit <-> kein Pl f umidità f; **Feuchtigkeitscreme** f crema f idratante

feuchtwarm ['fɔɪçt'varm] adj caldo umido

feudal [fɔɪ'daːl] adj ❶ feudale ❷ (aristokratisch) aristocratico, nobile ❸ (fig fam: prächtig) magnifico, splendido

Feudalismus [fɔɪdaˈlɪsmʊs] <-> *kein Pl m* feudalesimo *m*

Feuer [ˈfɔɪɐ] <-s, -> *n* fuoco *m;* ~ **fangen** prendere fuoco; (*fig: sich begeistern*) infiammarsi, entusiasmarsi; **das ~ anzünden** accendere il fuoco; ~ **speiend** (*Drache, Vulkan*) che sputa fuoco; **das ~ eröffnen/einstellen** (MIL) aprire/cessare il fuoco; **jdm ~ geben** dare da accendere a qu; **für jdn durchs ~ gehen** gettarsi nel fuoco per qu; **mit dem ~ spielen** scherzare col fuoco; ~ **und Flamme für etw sein** essere entusiasta per qc

Feueralarm *m* allarme *m* (in caso) di incendio; **Feueranzünder** *m* accendifuoco *m*, accendino *m;* **Feuerbefehl** *m* (MIL) ordine *m* di aprire il fuoco; **feuerbeständig** *adj* resistente al fuoco; (SCIENT) refrattario; **Feuerbestattung** *f* cremazione *f;* **Feuereifer** *m* zelo *m*, fervore *m;* **Feuereinstellung** *f* (MIL) cessate *m* il fuoco; **feuerfest** *adj s.* **feuerbeständig; Feuergefahr** *f s.* **Feuersgefahr; feuergefährlich** *adj* infiammabile; **Feuergefecht** *n* (MIL) combattimento *m* a fuoco; **Feuerhaken** *m* attizzatoio *m*

Feuerland [ˈfɔɪɐlant] *n* (GEOG) Terra *f* del Fuoco; **Feuerländer(in)** [ˈfɔɪɐlɛndə] <-s, -; -, -nen> *m(f)* fuegino, -a *m, f*

Feuerleiter *f* scala *f* antincendio [*o* di sicurezza]; **Feuerlöscher** <-s, -> *m* estintore *m;* **Feuermelder** <-s, -> *m* segnalatore *m* d'incendio

feuern I. *vi* ❶ (*heizen*) **mit Holz ~** accendere il fuoco (per riscaldarsi) con la legna ❷ (MIL) (**auf jdn/etw**) ~ sparare (su qu/qc) II. *vt* ❶ (*Ofen*) accendere; (*Zimmer*) riscaldare ❷ (*fam: entlassen*) buttare fuori, mandar via ❸ (*Wend*) **du kriegst gleich eine gefeuert!** (*fam*) ti arriva subito una sberla!

Feuerpause *f* (MIL) interruzione *f* del fuoco; **Feuerprobe** *f* prova *f* del fuoco, prova *f* cruciale

feuerrot [ˈfɔɪɐˈroːt] *adj* ❶ (*Farbbezeichnung*) rosso fuoco ❷ (*errötet*) rosso come il fuoco

Feuersbrunst *f* (geh) incendio *m;* **Feuerschlucker(in)** *m(f)* mangiafuoco *mf;* **Feuer(s)gefahr** *f* pericolo *m* d'incendio; **feuersicher** *adj* a prova di fuoco; **feuerspeiend** *adj* (*Drache, Vulkan*) che sputa fuoco; **Feuerspritze** *f* pompa *f* antincendio; **Feuerstein** *m* ❶ (*Zündstein*) pietra *f* focaia ❷ (GEOL) selce *f;* **Feuertreppe** *f* scala *f* di emergenza

Feuerung <-, -en> *f* ❶ (*das Heizen*) il riscaldare *m* ❷ (*Brennmaterial*) combustibile *m* ❸ (*Anlage*) impianto *m* di combu-

stione

Feuerversicherung *f* assicurazione *f* contro gli incendi; **Feuerwache** *f* stazione *f* dei pompieri; **Feuerwehr** [ˈfɔɪɐveːɐ] <-, -en> *f* corpo *m* dei vigili del fuoco, pompieri *mpl;* **Feuerwehrauto** *n* macchina *f* dei pompieri, autopompa *f;* **Feuerwehrleiter** *f* scala *f* volante [*o* dei pompieri]; **Feuerwehrmann** <-(e)s, -männer *o* -leute> *m* pompiere *m*, vigile *m* del fuoco; **Feuerwehrschlauch** *m* manichetta *f* antincendio

Feuerwerk *n* fuochi *mpl* d'artificio; **Feuerwerker(in)** <-s, -; -, -nen> *m(f)* pirotecnico, -a *m, f;* **Feuerwerkskörper** *m* razzo *m* pirotecnico

Feuerzangenbowle *f* (GASTR) vin *m* brulé **Feuerzeug** <-(e)s, -e> *n* accendino *m*

Feuilleton [fœjaˈtõː] <-s, -s> *n* ❶ (*Zeitungsteil*) terza pagina *f* ❷ (*Zeitungsartikel, TV*) feuilleton *m;* **Feuilletonist(in)** [fœjətoˈnɪst] <-en, -en; -, -nen> *m(f)* redattore, -trice *m, f* della terza pagina

feurig [ˈfɔɪrɪç] *adj* ❶ (*brennend*) infuocato, di fuoco ❷ (*fig: temperamentvoll*) focoso; (*inbrünstig*) ardente; (*leidenschaftlich*) appassionato

Fez [feːts] <-es> *kein Pl m* (*fam*) sciocchezze *fpl*

ff. *abk v* **folgende** (**Seiten**) segg.

FH [ɛfˈhaː] *f abk v* **Fachhochschule** istituto *m* parauniversitario

Fiaker [ˈfjakɐ] <-s, -> *m* ❶ (*Droschke*) fiacre *m* ❷ (*Kutscher*) fiaccheraio *m* tosc

Fiasko [ˈfjasko] <-s, -s> *n* fiasco *m*, insuccesso *m;* **ein ~ erleben** fare fiasco

Fibel [ˈfiːbəl] <-, -n> *f* (*Lesebuch*) abbiccì *m;* (*Lehrbuch*) manuale *m*

Fiber [ˈfiːbɐ] <-, -n> *f* (MED, BIOL) fibra *f*

Fiche [fiːʃ] <-, -n> *f* ❶ (*Spielmarke, Jeton*) fiche *f*, gettone *m* da gioco ❷ (*CH: Akte*) atti *mpl*, dossier *m*

ficht [fɪçt] *3. pers sing pr von* **fechten**

Fichte [ˈfɪçtə] <-, -n> *f* abete *m* rosso

ficken [ˈfɪkən] *vt* (*vulg*) chiavare

fidel [fiˈdeːl] *adj* (*fam*) allegro

Fidschiinseln [ˈfɪtʃiʔɪnzəln] *fpl* isole *fpl* Fiji [*o* Figi]

Fieber [ˈfiːbɐ] <-s, *rar* -> *n* febbre *f;* (**39 Grad**) ~ **haben** avere la febbre (a 39); **Fieberanfall** *m* attacco *m* di febbre; **Fieberblasen** *fpl* bolle *fpl* di febbre

Fieberfantasie[RR] <-, -n> *f* delirio *m;* **fieberfrei** *adj* senza febbre, sfebbrato; **fieberhaft** *adj* febbrile; **fieb(e)rig** *adj* febbrile; (*fiebernd*) febbricitante; **Fieberkurve** *f* diagramma *m* della febbre

fiebern *vi* ❶ avere la febbre ❷ (*fig*) **nach**

etw ~ bramare qc

Fieberthermometer *n* termometro *m*

fiebrig *adj s.* **fieb(e)rig**

Fiedel ['fi:dəl] <-, -n> *f* (*obs pej, scherz*) violino *m;* **fiedeln** *vi* (*obs pej, scherz*) grattare (il violino) *fam*

fiel [fi:l] *1. u 3. pers sing imp von* **fallen**

fies [fi:s] *adj* (*fam*) ❶ (*abstoßend*) schifoso ❷ (*charakterlich*) pessimo, orrendo; (*lästig*) fastidioso, odioso; **so ein ~ er Charakter!** che pessimo carattere!

Fifa, FIFA *f akr v* **Fédération Internationale de Football Association** FIFA *f*

fifty-fifty ['fɪftɪ'fɪfti] *adv* (*fam*) fifty-fifty, a metà; ~ **machen** fare fifty-fifty

fighten ['faɪtən] *vi* (SPORT) battersi, lottare

Figur [fi'gu:ɐ̯] <-, -en> *f* figura *f;* (*in Film, Buch*) personaggio *m;* **eine gute ~ haben** avere un bel fisico; **keine/eine gute ~ machen** fare (una) brutta/bella figura

figürlich [fi'gy:ɐ̯lɪç] *adj* ❶ (*Figur*) figurativo ❷ (*übertragen*) figurato

Fiktion [fɪk'tsi̯o:n] <-, -en> *f* finzione *f,* fiction *f*

fiktiv [fɪk'ti:f] *adj* fittivo

Filet [fi'le:] <-s, -s> *n* filetto *m;* **Filetbraten** *m* (GASTR) filetto *m* arrosto; **Filetsteak** *n* bistecca *f* di filetto

Filiale [fi'li̯a:lə] <-, -n> *f* filiale *f,* succursale *f;* **Filialleiter(in)** *m(f)* gerente *mf* di una succursale

Film [fɪlm] <-(e)s, -e> *m* ❶ rullino *m* fotografico, pellicola *f* ❷ film *m,* pellicola *f* cinematografica; (*~wesen*) cinematografia *f,* cinema *m;* **sie ist beim ~** è nel cinema; **einen ~ drehen/vorführen** girare/proiettare un film; **in einen ~ gehen** andare a vedere un film ❸ (*dünne Schicht*) pellicola *f,* strato *m* sottile; **Filmarchiv** *n* cineteca *f;* **Filmatelier** *n* studio *m* cinematografico; **Filmaufnahme** *f* ripresa *f* cinematografica

Filmemacher(in) *m(f)* cineasta *mf*

filmen ['fɪlmən] *vt, vi* filmare, girare un film

Filmfestspiele *npl* festival *m* cinematografico; **Filmindustrie** *f* industria *f* cinematografica

filmisch *adj* cinematografico, filmico

Filmkamera *f* cinepresa *f,* macchina *f* da presa; **Filmkunst** *f* arte *f* cinematografica; **Filmmusik** *f* colonna *f* sonora (di un film); **Filmproduzent(in)** *m(f)* produttore, -trice *m, f* cinematografico, -a; **Filmprojektor** *m* proiettore *m* cinematografico; **Filmregisseur(in)** *m(f)* regista *mf* cinematografico, -a; **Filmreportage** *f* cinereportage *m;* **Filmschauspieler(in)** *m(f)* attore, -trice *m, f* cinematografico, -a;

Filmstar *m* divo, -a *m, f* del cinema; **Filmverleih** *m* casa *f* di distribuzione cinematografica; **Filmvorführung** *f* proiezione *f* cinematografica; **Filmvorschau** *f* provino *m;* **Filmzensur** *f* censura *f* cinematografica

Filter ['fɪltɐ] <-s, -> *m o n* filtro *m;* **Filtereinsatz** *m* cartuccia *f* del filtro; **Filterkaffee** <-s> *kein Pl m* caffè *m* preparato con il filtro

filterlos *adj* senza filtro; **Filtermundstück** *n* bocchino *m* con filtro

filtern *vt* filtrare, passare al filtro

Filterpapier <-s> *kein Pl m* carta *f* da filtro; **Filtertüte** *f* filtro *m* di carta; **Filterzigarette** *f* sigaretta *f* con filtro

Filtrat [fɪl'tra:t] <-(e)s, -e> *n* (TEC) filtrato *m;* **Filtration** [fɪltra'tsi̯o:n] <-, -en> *f* (TEC) filtraggio *m,* filtrazione *f*

Filz [fɪlts] <-es, -e> *m* feltro *m*

filzen ['fɪltsən] I. *vi* (*Wolle*) infeltrirsi II. *vt* (*fam: durchsuchen*) frugare, perquisire

filzig *adj* ❶ (*wie Filz*) infeltrito ❷ (*fam pej: geizig*) spilorcio, taccagno

Filzlaus *f* piattola *f;* **Filzpantoffeln** *mpl* pantofole *fpl* di feltro; **Filzschreiber** *m,* **Filzstift** *m* pennarello *m*

Fimmel ['fɪməl] <-s, -> *m* (*fam pej*) fissazione *f,* pallino *m;* **einen ~ für etw haben** avere il pallino per qc

Finale [fi'na:lə] <-s, - *o* -s> *n* finale *m*

Finalist(in) [fina'lɪst] <-en, -en; -, -nen> *m(f)* (SPORT) finalista *mf*

Finanz [fi'nants] <-, -en> *f* finanza *f;* **Finanzamt** *n* ufficio *m* tasse [*o* finanziario]; **Finanzausgleich** <-(e)s, -e> *m* perequazione *f* finanziaria; **Finanzbeamte** *m,* **Finanzbeamtin** *f* impiegato, -a *m, f* di finanza

Finanzen [fi'nantsən] *pl* finanze *fpl,* possibilità *fpl* economiche

Finanzexperte <-n, -n> *m,* **Finanzexpertin** <-, -nen> *f* esperto, -a *m, f* in [*o* di] finanza; **Finanzhoheit** <-> *kein Pl f* (JUR) sovranità *f* fiscale

finanziell [finan'tsi̯ɛl] *adj* finanziario

finanzierbar *adj* dotato di copertura finanziaria

finanzieren [finan'tsi:rən] <ohne ge-> *vt* finanziare

Finanzierung <-, -en> *f* finanziamento *m*

finanzkräftig *adj* finanziariamente solido; **Finanzlage** *f* situazione *f* finanziaria; **Finanzmarkt** *m* mercato *m* finanziario; **Finanzminister(in)** *m(f)* ministro *m* delle finanze; **Finanzministerium** *n* ministero *m* delle finanze; **Finanzplanung** *f* piano *f* finanziario

Finanzpolitik *f* politica *f* finanziaria; **finanzschwach** *adj* finanziariamente debole; **Finanzspritze** *f* appoggio *m* finanziario; **Finanzverwaltung** *f* amministrazione *f* delle finanze; **Finanzwirtschaft** *f* economia *f* finanziaria

Findelkind ['fɪndəlkɪnt] *n* trovatello, -a *m, f*

finden ['fɪndən] <findet, fand, gefunden> **I.** *vt* trovare; **wieder ~** ritrovare; **nicht zu ~ sein** essere irreperibile; **das finde ich nicht nett von dir** non lo trovo gentile da parte tua **II.** *vr* **sich ~ ❶** (*zum Vorschein kommen*) ritrovarsi; **es fand sich niemand, der ...** non si trovò nessuno che +*conj* ❷ (*in Ordnung kommen*) rientrare nell'ordine; **das wird sich schon ~** la cosa si accomoderà; **es fand sich, dass ...** risultò che ...

Finder(in) <-s, -; -, -nen> *m(f)* ritrovatore, -trice *m, f;* **Finderlohn** *m* ricompensa *f*

findig *adj* ingegnoso; (*gewitzt*) furbo; **Findigkeit** <-> *kein Pl f* ingegnosità *f;* (*Gewitztheit*) furberia *f*

Findling ['fɪntlɪŋ] <-s, -e> *m* (*Findelkind*) trovatello *m*

fing [fɪŋ] *1. u 3. pers sing imp von* **fangen**

Finger ['fɪŋɐ] <-s, -> *m* dito *m;* **kleiner ~** (dito *m*) mignolo *m;* **die ~ von etw/jdm lassen** (*fam*) lasciare stare qc/qu, non toccare qc/qu; **keinen ~ krumm machen** non muovere un dito *fam;* **sich** *dat* **die ~ verbrennen** scottarsi le dita; (*fig*) rimaner scottato da qc; **sich** *dat* **die ~ nach etw lecken** (*fam*) morire dalla voglia di avere qc; **sich** *dat* (**mit etw**) **nicht die ~ schmutzig machen** (*fam*) non immischiarsi in qc; **sich** *dat* **etw aus den ~n saugen** (*fam*) inventare qc di sana pianta; **jdm auf die ~ klopfen** redarguire qu; **jdm auf die ~ sehen** tener d'occhio qu; **etw an den ~n abzählen** contare qc sulle dita; **etw mit spitzen ~n anfassen** prendere qc con la punta delle dita; **mit dem ~ auf jdn zeigen** (*fig*) additare qu; **den kann man um den ~ wickeln** (*fig fam*) si può far di lui quello che si vuole; **wenn ich den noch mal in die ~ kriege!** (*fam*) se mi capita a tiro un'altra volta!; **~ weg!** (*fam*) via le mani!; **Fingerabdruck** *m* impronta *f* digitale; **Fingerbreit** <-, -> *m* **keinen ~ nachgeben** non mollare di un millimetro; **fingerdick** *adj* grosso (quanto) un dito; **Fingerfarbe** *f* colori *mpl* a dita; **fingerfertig** *adj* dalle dita agili [*o* svelte]; **Fingerfertigkeit** *f* agilità *f* delle dita, destrezza *f* di mano; **Fingerhut** *m* ❶ (*zum Nähen*) ditale *m* ❷ (BOT) digitale *f;* **Fingerkuppe** *f* punta *f* del dito

fingern *vi* **an etw** *dat* **~** gingillarsi con qc *fam*

Fingernagel *m* unghia *f;* **Fingerspitze** *f* punta *f* del dito; **Fingerspitzengefühl** *n* sensibilità *f* raffinata, tatto *m;* **Fingerzeig** ['fɪŋɐtsaɪk, *pl:* 'fɪŋɐtsaɪgə] <-(e)s, -e> *m* cenno *m;* (*Hinweis*) indicazione *f*

fingieren [fɪŋ'giːrən] <ohne ge-> *vt* fingere, simulare

Fink [fɪŋk] <-en, -en> *m* fringuello *m*

Finne ['fɪnə] <-n, -n> *m*, **Finnin** ['fɪnɪn] <-, -nen> *f* finlandese *mf*

finnisch *adj* finlandese

Finnland ['fɪnlant] *n* Finlandia *f*

finster ['fɪnstɐ] *adj* ❶ (*dunkel*) buio, oscuro; **~e Nacht** notte fonda; **im Finstern tappen** (*fig*) brancolare nel buio *fam* ❷ (*fig: zwielichtig*) ambiguo ❸ (*fig: mürrisch*) burbero, scontroso ❹ (*fig: unheimlich*) sinistro, losco; **Finsternis** <-, -se> *f* oscurità *f;* (*a fig*) tenebre *fpl*

Finte ['fɪntə] <-, -n> *f* ❶ (*Vorwand*) pretesto *m;* (*Täuschung*) finzione *f* ❷ (SPORT) finta *f*

Firlefanz ['fɪrləfants] <-es> *kein Pl m* (*fam: Krempel*) fanfaluche *fpl,* sciocchezze *fpl;* (*Tand, Flitter*) fronzoli *mpl*

Firma ['fɪrma] <-, Firmen> *f* (COM) ❶ (*Betrieb*) ditta *f,* azienda *f* ❷ (*Name*) ragione *f* sociale

Firmament [fɪrma'mɛnt] <-(e)s, -e> *n* (*poet*) firmamento *m*

firmen ['fɪrmən] *vt* cresimare

Firmen *pl von* **Firma**

firmeneigen *adj* appartenente all'impresa; **Firmengründung** *f* costituzione *f* di una ditta; **Firmeninhaber(in)** *m(f)* impresario *m;* **Firmenleitung** *f* dirigenza *f;* **Firmenstempel** *m* timbro *m* della ditta; **Firmenzusammenschluss**[RR] *m* (WIRTSCH) fusione *f* di ditte

Firmling ['fɪrmlɪŋ] <-s, -e> *m* cresimando, -a *m, f*

Firmung ['fɪrmʊŋ] <-, -en> *f* cresima *f*

Firn [fɪrn] <-(e)s, -e> *m* (*Schnee*) firn *m*

Firnis ['fɪrnɪs] <-ses, -se> *m* vernice *f*

firnissen *vt* verniciare

First [fɪrst] <-es, -e> *m* colmo *m,* sommità *f* del tetto

Fis, fis [fɪs] <-, -> *n* (MUS) fa *m* diesis

Fisch [fɪʃ] <-(e)s, -e> *m* pesce *m;* **weder ~ noch Fleisch** né carne né pesce; **munter wie ein ~ im Wasser sein** essere contento come una Pasqua *fam;* **stumm wie ein ~** muto come un pesce *fam;* **kleine ~e** (*fam*) sciocchezze; **~e** (ASTR) Pesci *mpl;* **er/sie ist (ein) ~** (ASTR) è dei Pesci; **Fischbein** *n* osso *m* di balena;

Fischbesteck *n* posate *fpl* da pesce
fischen *vi, vt* pescare; **im Trüben** ~ pescare nel torbido
Fischer(in) <-s, -; -, -nen> *m(f)* pescatore, -trice *m, f;* **Fischerboot** *n* barca *f* da pesca; **Fischerdorf** *n* villaggio *m* di pescatori
Fischerei [fɪʃəˈraɪ] <-> *kein Pl f* pesca *f;* **Fischerin** *f s.* **Fischer**
Fischfang <-s> *kein Pl m* pesca *f;* **Fischfilet** *n* (GASTR) filetto *m* di pesce; **Fischgeschäft** *n* (COM) pescheria *f;* **Fischgräte** *f* lisca *f;* **Fischhändler(in)** *m(f)* pescivendolo, -a *m, f;* **Fischkonserve** *f* pesce *m* in scatola; **Fischlaich** *m* uova *fpl* di pesce; **Fischmehl** *n* farina *f* di pesce; **Fischnetz** *n* rete *f* da pesca; **Fischotter** *m* (ZOO) lontra *f;* **fischreich** *adj* pescoso; **Fischstäbchen** <-s, -> *n* (GASTR) bastoncini *mpl* di pesce; **Fischsterben** <-s> *kein Pl n* moria *f* di pesci; **Fischsuppe** *f* (GASTR) zuppa *f* di pesce; **Fischteich** *m* vivaio *m* di pesci; **Fischvergiftung** *f* avvelenamento *m* da pesce; **Fischzucht** *f* pescicoltura *f*
fiskalisch [fɪsˈkaːlɪʃ] *adj* fiscale
Fiskus [ˈfɪskʊs] <-, *rar* Fisken *o* -se> *m* fisco *m*
Fisole [fiˈzoːlə] <-, -n> *meist Pl f* (A: grüne Bohne) fagiolino *m*
Fistel [ˈfɪstəl] <-, -n> *f* fistola *f;* **Fistelstimme** *f* (MUS) (voce *f* di) falsetto *m*
fit [fɪt] *adj* in forma
FitnessRR [ˈfɪtnɛs] <-> *kein Pl f,* **Fitneß**ALT <-> *kein Pl f* fitness *f,* salute *f* fisica; **Fitnesscenter**RR <-s, -> *n* palestra *f,* centro *m* fitness; **Fitnessgerät**RR *n* attrezzo *m* per il benessere fisico
fix [fɪks] *adj* ❶ (*fest*) fisso ❷ (*fam: schnell*) svelto, veloce; (*geschickt*) abile; ~ **und fertig** (*fam*) bell'e pronto; (*erschöpft*) sfinito, spossato; ~! (*fam*) presto!
Fixa *pl von* **Fixum**
fixen [ˈfɪksən] *vi* (*sl*) bucarsi, drogarsi
Fixer(in) <-s, -; -, -nen> *m(f)* (*sl*) bucato, -a *m, f,* drogato, -a *m, f*
Fixierbad <-(e)s, -bäder> *n* (FOTO) bagno *m* fissatore [*o* di fissaggio]
fixieren [fɪˈksiːrən] <ohne ge-> *vt* (CH: a befestigen) fissare
Fixierung <-, -en> *f* ❶ fissazione *f* ❷ (FOTO) fissaggio *m*
Fixigkeit <-> *kein Pl f* (*fam*) sveltezza *f*
Fixkosten *pl* costi *mpl* fissi, spese *fpl* fisse
Fixum [ˈfɪksʊm] <-s, Fixa> *n* (stipendio *m*) fisso *m*
Fjord [fjɔrt] <-(e)s, -e> *m* fiordo *m*
FKK [ɛfkaːˈkaː] <-s> *kein Pl n* abk *v* **Frei-**körperkultur** nudismo *m;* ~-**Anhänger(in)** nudista *mf;* **FKK-Strand** <-(e)s, -strände> *m* spiaggia *f* per nudisti
flach [flax] *adj* ❶ (*eben*) piano; (*a platt*) piatto; **mit der ~en Hand** con la mano aperta; ~ **auf dem/den Boden** (a) bocconi ❷ (*nicht tief*) basso ❸ (*fig: oberflächlich*) superficiale; (*nichts sagend*) scialbo; **Flachbettscanner** *m* (INFORM) scanner *m* piano; **Flachbildschirm** *m* (INFORM, TV) schermo *m* piatto; **Flachdach** *n* tetto *m* piano; **Flachdruck** <-(e)s, -e> *m* (TYP) stampa *f* planografica
Fläche [ˈflɛçə] <-, -n> *f* superficie *f;* (*Ebene*) pianura *f;* **Flächenausdehnung** *f* estensione *f* in superficie; **flächendeckend** *adj* su tutto il territorio, su tutta la superficie; **flächengleich** *adj* (MAT) equivalente; **Flächeninhalt** *m* (MAT) area *f,* superficie *f;* **Flächenmaß** *n* (MAT) misura *f* di superficie
flachfallen <fällt flach, fiel flach, flachgefallen> *vi sein* (*fam: nicht stattfinden*) saltare; **der Ausflug ist flachgefallen** la gita è saltata
Flachhang *m* pendio *m* dolce; **Flachküste** *f* costa *f* piana; **Flachland** *n* pianura *f*
flachlegen I. *vt* (*fam: hinstrecken*) buttare a terra II. *vr* **sich** ~ (*fam*) distendersi
Flachmann *m* (*fam*) mignonnette *f*
Flachs [flaks] <-es> *kein Pl m* lino *m;* **flachsblond** *adj* biondo stoppa
flachsig *adj* (A: *sehnig*) tiglioso
flackern [ˈflakən] *vi* (*Flamme*) guizzare; (*Licht*) vacillare, tremolare; (*Augen*) lampeggiare
Fladen [ˈflaːdən] <-s, -> *m* ❶ (GASTR) focaccia *f* ❷ (*Kuh~*) sterco *m* di vacca; **Fladenbrot** *n* pane *m* turco
Flagge [ˈflagə] <-, -n> *f* bandiera *f;* **die** ~ **hissen/einholen** issare/ammainare la bandiera
flaggen *vi* mettere le bandiere
Flaggensignal <-s, -e> *n* segnalazione *f* con le bandierine
Flaggschiff <-s, -e> *n* (NAUT) nave *f* ammiraglia
flagranti [flaˈɡranti] *adv* **in** ~ in flagrante
Flair [flɛːɐ̯] <-s> *kein Pl n o m* (*von Menschen*) fascino *m,* attrazione *f;* (*von Sachen*) fascino *m,* atmosfera *f*
Flak [flak] <-, -(s)> *f* (MIL) ❶ (*Waffe*) cannone *m* antiaereo ❷ (*Einheit*) artiglieria *f* contraerea
Flakon [flaˈkõː] <-s, -s> *n o m* flacone *m,* boccetta *f*
flambieren [flamˈbiːrən] <ohne ge-> *vt*

flambare

Flame ['fla:mə] <-n, -n> *m*, **Flämin** ['flɛ:mɪn] <-, -nen> *f* fiammingo, -a *m, f*

Flamingo [fla'mɪŋgo] <-s, -s> *m* (ZOO) fiammingo *m*, fenicottero *m*

flämisch ['flɛ:mɪʃ] *adj* fiammingo

Flamme ['flamə] <-, -n> *f* fiamma *f*; **in ~n aufgehen** incendiarsi, andare in fiamme

flammend *adj* (*brennend*) ardente; (~ *rot*) fiammante; (*fig: Rede*) infiammato

Flammenschutz *m* parafiamma *m*; **Flammenwerfer** <-s, -> *m* lanciafiamme *m*

Flammkuchen *m* specie di pizza farcita con panna, cipolle, speck e prezzemolo

Flandern ['flandən] *n* (GEOG) Fiandra *f*, Fiandre *fpl*

Flanell [fla'nɛl] <-s, -e> *m* flanella *f*

Flanke ['flaŋkə] <-, -n> *f* ❶ (ANAT) fianco *m* ❷ (SPORT: *Turnen*) volteggio *m* di fianco; (*Fußball*) ala *f*

flankieren [flaŋ'ki:rən] <ohne ge-> *vt* fiancheggiare, stare di fianco a

Flansch [flanʃ] <-(e)s, -e> *m* (TEC) flangia *f*

Flasche ['flaʃə] <-, -n> *f* ❶ (*Gefäß*) bottiglia *f*; **eine ~ Mineralwasser** una bottiglia di acqua minerale; **zur ~ greifen** darsi al bere; **in ~n** imbottigliato ❷ (*Saug~*) biberon *m*; **einem Kind die ~ geben** dare il biberon a un bambino ❸ (*fam pej*) schiappa *f*; **Flaschenbier** *n* birra *f* in bottiglia; **Flaschengestell** *n* portabottiglie *m*; **Flaschenhals** *m* collo *m* della bottiglia; **Flaschenkürbis** *m* zucca *f* da vino; **Flaschenöffner** *m* apribottiglie *m*; **Flaschenpfand** *n* cauzione *f* per il vuoto; **Flaschenpost** *f* messaggio *m* in bottiglia; **Flaschenzug** *m* (TEC) paranco *m*

Flaschner ['flaʃnɐ] <-s, -> *m* (*südd, CH*) *s.* **Klempner**

Flatrate <-, -s> *f* (COMP) connessione *f* flat

flatterhaft *adj* volubile; **Flatterhaftigkeit** <-> *kein Pl f* volubilità *f*

flattern ['flatɐn] *vi* ❶ *sein* (*Tier*) svolazzare ❷ *haben* (*Fahne*) sventolare ❸ *haben* (*Herz*) palpitare; (*Augenlider*) tremolare; (*Hände*) tremare

flau [flaʊ] *adj* ❶ (*weich*) fiacco, molle ❷ (*schwach*) debole, leggero; **mir ist ~** mi sento male ❸ (*Stimmung*) languido ❹ (FIN) stagnante, calmo

Flauheit <-> *kein Pl f* ❶ (*Kraftlosigkeit*) debolezza *f*, fiacchezza *f*; (*a fig*) languore *m* ❷ (FIN) calma *f*

Flaum [flaʊm] <-(e)s> *kein Pl m* ❶ (~ *federn*) piume *fpl* ❷ (~ *haare*) peluria *f*; **Flaumfeder** *f* piuma *f* (minuta); **flaumig** *adj* ❶ (*aus/mit Flaum*) coperto di

lanugine ❷ (*flaumweich*) morbido come una piuma, piumoso

Flausch [flaʊʃ] <-(e)s, -e> *m* (*weicher Wollstoff*) ratina *f*; **flauschig** *adj* morbido, soffice

Flausen ['flaʊzən] *fpl* (*fam*) fandonie *fpl*, frottole *fpl*; (*Unsinn*) idee *fpl* bizzarre

Flaute ['flaʊtə] <-, -n> *f* ❶ (NAUT) bonaccia *f*, calma *f* ❷ (FIN) ristagno *m*

Flechte ['flɛçtə] <-, -n> *f* ❶ (BOT) lichene *m* ❷ (MED) erpete *m*, psoriasi *f*

flechten ['flɛçtən] <flicht, flocht, geflochten> *vt* ❶ (*Zopf*) intrecciare ❷ (*Flechtwerk*) intessere; (*Stuhl*) impagliare

Flechtwerk <-s, -e> *n* intreccio *m*, lavoro *m* in vimini

Fleck [flɛk] <-(e)s, -e *o* -en> *m* ❶ (*Stück*) pezza *f*, toppa *f* ❷ (*Schmutz~, Farb~*) macchia *f*, chiazza *f*; **blauer ~** livido *m*; **einen ~ entfernen** togliere una macchia ❸ (*Ort*) punto *m*, luogo *m*; **nicht vom ~ kommen** non muoversi di un pollice *fam*; **das Herz auf dem rechten ~ haben** essere una persona di cuore, aver buon cuore

Flecken ['flɛkən] <-s, -> *m* ❶ (*Ortschaft*) borgo *m* ❷ (*Schmutz-, Farb~*) macchia *f*; **fleckenlos** *adj* senza macchie; **Fleckenwasser** *n* smacchiatore *m*

Fleckfieber *n* (MED) febbre *f* petecchiale

fleckig ['flɛkɪç] *adj* picchiettato; (*schmutzig*) macchiato

Flecktyphus *m* (MED) febbre *f* petecchiale

Fledermaus ['fle:dəmaʊs] *f* (ZOO) pipistrello *m*

Fleece *kein Pl n* pile *m*

Flegel ['fle:gəl] <-s, -> *m* (*pej*) villano *m*, tanghero *m*

Flegelei ['fle:gə'laɪ] <-, -en> *f* villania *f*, sgarbo *m*

flegelhaft *adj* zotico, villano

Flegeljahre *npl* età *f* ingrata

flehen ['fle:ən] *vi* (**zu jdm**) **um etw ~** supplicare qu (per qc)

Flehen <-s> *kein Pl n* preghiera *f*, supplica *f*

flehentlich *adv* fervidamente, supplichevolmente

Fleisch [flaɪʃ] <-(e)s> *kein Pl n* carne *f*; (*Frucht~*) polpa *f*; **~ fressend** (*Tiere, Pflanze*) carnivoro; **sich ins eigene ~ schneiden** (*fig*) darsi la zappa sui piedi *fam*; **Fleischbeschau** *f* ispezione *f* delle carni; **Fleischbrühe** *f* (GASTR) brodo *m* di carne

Fleischer(in) <-s, -; -, -nen> *m(f)* (*Schlachter*) macellaio, -a *m, f*; (*Metzger*) salumiere, -a *m, f*; **Fleischerei** [flaɪʃə'raɪ] <-, -en> *f* macelleria *f*, salumeria *f*;

Fleischerin *f s.* **Fleischer**
Fleischextrakt <-s, -e> *m* estratto *m* di carne; **fleischfarben** *adj* color carne, incarnato; **fleischfressend** *adj* (*Tiere, Pflanze*) carnivoro; **Fleischhauer**(in) <-s, -; -, -nen> *m(f)* (*A*) macellaio, -a *m, f;* **fleischig** *adj* carnoso; (BOT) polposo; **Fleischkäse** *m* prodotto a base di carne macinata, spezie, rigatina, uova e farina; **Fleischklößchen** <-s, -> *n* (GASTR) polpetta *f* (di carne); **fleischlich** *adj* (*obs*) ❶ (*aus Fleisch*) di carne ❷ (*körperlich, sinnlich*) carnale; **fleischlos** *adj* ❶ (*mager*) scarno, magro ❷ (*Kost*) senza carne; (REL) di magro; (*vegetarisch*) vegetariano; **Fleischtomate** <-, -n> *f* (GASTR) pomodoro *m* da insalata; **Fleischvergiftung** *f* intossicazione *f* da carne; **Fleischvogel** *m* (*CH:* GASTR) involtino *m* di carne; **Fleischwaren** *fpl* carne *f,* carni *fpl;* **Fleischwolf** *m* (TEC) tritacarne *m;* **Fleischwunde** *f* ferita *f* profonda; **Fleischwurst** *f* (GASTR) salsiccia *f*
Fleiß [flaɪs] <-es> *kein Pl* diligenza *f;* (*Eifer*) zelo *m;* **ohne ~ kein Preis** (*prov*) chi non semina non raccoglie, chi non risica non rosica; **fleißig** *adj* diligente; (*eifrig*) assiduo, zelante
flennen ['flɛnən] *vi* (*fam*) piagnucolare
fletschen ['flɛtʃən] *vt* (*Hund, Löwe*) **die Zähne ~** digrignare i denti
Fleurop® ['flɔːrɔp *o* 'fløːrɔp] <-> *kein Pl n* euroflora® *f;* **jdm Blumen durch ~ schicken** spedire a qu fiori con l'Euroflora
flexibel [flɛ'ksiːbəl] *adj* flessibile
Flexibilisierung *f* flessibilizzazione *f*
Flexibilität [flɛksibili'tɛːt] <-> *kein Pl f* flessibilità *f*
Flexion [flɛ'ksjoːn] <-, -en> *f* (GRAM, MED) flessione *f*
flicht [flɪçt] *3. pers sing pr von* **flechten**
Flickarbeit <-, -en> *f* ❶ (*Vorgang*) rappezzamento *m* ❷ (*Ergebnis*) rappezzatura *f* ❸ (*fig: Stümperei*) abborracciatura *f*
flicken ['flɪkən] *vt* ❶ (*ausbessern*) raccomodare; (*Schuhe, Kleider*) rattoppare; (*stopfen*) rammendare ❷ (*fig*) abborracciare
Flicken <-s, -> *m* toppa *f,* pezza *f,* rappezzo *m*
Flickwort <-(e)s, -wörter> *n s.* **Füllwort**
Flickzeug <-(e)s> *kein Pl n* materiale *m* per riparazioni
Flieder ['fliːdɐ] <-s, -> *m* (BOT) lillà *m;* **fliederfarben** *adj* lillà
Fliege ['fliːgə] <-, -n> *f* ❶ (ZOO) mosca *f;* **zwei ~n mit einer Klappe schlagen** (*fam*) prendere due piccioni con una fava;

keiner ~ etw zuleide tun (**können**) non far male a una mosca ❷ (*Krawatte*) farfallino *m*
fliegen ['fliːgən] <fliegt, flog, geflogen> **I.** *vi sein* ❶ volare ❷ (*mit Flugzeug*) andare in aereo ❸ (*geworfen werden*) essere scagliato; **in die Luft ~** (*explodieren*) saltare in aria, esplodere ❹ (*sich eilen*) gettarsi, correre ❺ (*fam: hinausgeworfen werden*) venire licenziato ❻ (*fam: fallen*) cadere; **auf jdn/etw ~** (*fam*) essere attratto da qu/qc **II.** *vt haben* pilotare, guidare; (*Person*) trasportare in aereo; **fliegend** *adj* ❶ volante ❷ (*lose*) sciolto
Fliegenfänger <-s, -> *m* acchiappamosche *m;* **Fliegengewicht** *n* (SPORT) peso *m* mosca; **Fliegengitter** *n* retina *f* metallica contro le mosche; **Fliegenklatsche** <-, -n> *f* acchiappamosche *m;* **Fliegenpatsche** <-, -n> *f* acchiappamosche *m;* **Fliegenpilz** *m* (BOT) ovolo *m* malefico, ovolaccio *m*
Flieger(in) <-s, -; -, -nen> *m(f)* pilota *mf,* aviatore, -trice *m, f;* (MIL) aviere *m;* **Fliegeralarm** *m* allarme *m* aereo; **Fliegerangriff** *m* (MIL) attacco *m* aereo; **Fliegerhorst** *m* campo *m* d'aviazione
Fliegerin *f s.* **Flieger**
fliehen ['fliːən] <flieht, floh, geflohen> *vi sein* fuggire; **vor jdm/etw ~** fuggire di fronte a qu/qc; **von etw ~** scappare da qc; **aus dem Gefängnis ~** evadere dalla prigione; **fliehend** *adj* (*Stirn*) sfuggente
Fliehkraft <-> *kein Pl f* (PHYS) forza *f* centrifuga
Fliese ['fliːzə] <-, -n> *f* piastrella *f,* mattonella *f;* **Fliesenleger**(in) <-s, -; -, -nen> *m(f)* piastrellista *mf*
Fließband <-(e)s, -bänder> *n* catena *f* di montaggio; **Fließbandarbeit** *f* lavoro *m* alla catena di montaggio; **Fließbandfertigung** *f* lavorazione *f* a catena
fließen ['fliːsən] <fließt, floss, geflossen> *vi sein* (s)correre; (*münden*) sboccare; **durch Florenz ~** attraversare Firenze; **in die Donau ~** sboccare nel Danubio; **der Schweiß floss mir von der Stirn** il sudore mi grondava dalla fronte; **fließend** *adj* corrente; (*Wasser*) corrente; (*Grenze*) fluttuante; (*Stil, Ton*) fluido; **Zimmer mit ~em Wasser** camera con acqua corrente; **~ Italienisch sprechen** parlare italiano correntemente
Fließpapier *n* carta *f* assorbente
flimmern ['flɪmɐn] *vi* ❶ (*Licht, Luft*) tremolare ❷ (FILM, TV) sfarfallare
flink [flɪŋk] *adj* ❶ (*schnell*) svelto, lesto ❷ (*geschickt*) abile, agile ❸ (*munter, leb-*

haft) sveglio, vispo

Flinserl <-s, -n> *n* (*A: Flitter, Ohrge-hänge*) lustrino *m*

Flinte ['flɪntə] <-, -n> *f* fucile *m*, schioppo *m fam;* **die ~ ins Korn werfen** (*fam*) tirarsi indietro

Flipchart <-s, -s> *mn,* **Flip-Chart** ['flɪptʃaːet] <-s, -s> *mn* flipchart *mf*

Flipper ['flɪpe] <-s, -> *m* (*Spiel*) flipper *m*

flippern ['flɪpen] *vi* giocare a flipper

flippig ['flɪpɪç] *adj* (*fam*) stravagante, bizzarro

Flirt [flœrt] <-(e)s, -s> *m* flirt *m*

flirten [flœrtən] *vi* flirtare

Flirtforum *n* (INFORM) chat *m* per flirtare

Flittchen ['flɪtçən] <-s, -> *n* (*fam pej*) puttanella *f*

Flitter ['flɪte] <-s, -> *m* ❶ (*Pailletten*) lustrino *m* ❷ (*pej: Tand*) orpello *m;* **Flittergold** *n* orpello *m;* **Flitterwochen** *fpl* luna *f* di miele

flitzen ['flɪtsən] *vi sein* (*fam*) sfrecciare

flocht [flɔxt] *1. u 3. pers sing imp von* **flechten**

Flocke ['flɔkə] <-, -n> *f* fiocco *m;* **flockig** *adj* fioccoso, a fiocchi

flog [floːk] *1. u 3. pers sing imp von* **fliegen**

floh [floː] *1. u 3. pers sing imp von* **fliehen**

Floh [floː] <-(e)s, Flöhe> *m* pulce *f;* **jdm einen ~ ins Ohr setzen** (*fam*) mettere una pulce nell'orecchio a qu *fam;* **Flohmarkt** *m* mercato *m* delle pulci; **Flohzirkus** *m* circo *m* delle pulci

Flop [flɔp] <-s, -s> *m* fiasco *m*, flop *m*

Flor[1] [floːe, *pl:*'floːrə] <-s, -e> *m* (*Blumen~*) fioritura *f;* (*Blumen*) fiori *mpl*

Flor[2] [floːe, *pl:* 'floːrə *o* 'flœrə] <-s, -e *o rar* Flöre> *m* ❶ (*Stoff*) crespo *m*, velo *m* ❷ (*Trauer~*) velo *m* (da lutto)

Flora ['floːra] <-, Floren> *f* flora *f*

Florentiner [florɛn'tiːne] <-s, -> *m* ❶ (*Hut*) cappello *m* di paglia di Firenze ❷ (GASTR) biscotto *m* alla fiorentina

Florenz [flo'rɛnts] *n* (GEOG) Firenze *f*

Florett [flo'rɛt] <-(e)s, -e> *n* (SPORT) fioretto *m;* **Florettfechten** *n* (scherma *f* col) fioretto *m*

florieren [flo'riːrən] <ohne ge-> *vi* fiorire, prosperare

Florist(in) [flo'rɪst] <-en, -en; -, -nen> *m(f)* fioraio, -a *m, f,* floricoltore, -trice *m, f,* fiorista *mf*

Floskel ['flɔskəl] <-, -n> *f* frase *f* retorica

floss[RR], **floß**[ALT] [flɔs] *1. u 3. pers sing imp von* **fließen**

Floß [floːs] <-es, Flöße> *n* zattera *f*

Flosse ['flɔsə] <-, -n> *f* ❶ (ZOO, SPORT) pinna *f* ❷ (AERO) (piano *m*) stabilizzatore *m*

❸ (*sl: Hand*) zampa *f* ❹ *pl* (*sl: Füße*) piedi *mpl*

flößen ['fløːsən] **I.** *vt* fare fluitare **II.** *vi* navigare su zattere

Flößer(in) <-s, -; -, -nen> *m(f)* zatteriere, -a *m, f*

Flöte ['fløːtə] <-, -n> *f* flauto *m*

flöten *vi* ❶ (MUS) suonare il flauto ❷ (*verloren gehen*) ~ **gehen** (*fam*) andare a farsi friggere

Flötenbläser(in) *m(f)* (MUS) flautista *mf;* **flöten|gehen**[ALT] *s.* flöten 2.; **Flötenspieler(in)** *m(f)* *s.* Flötenbläser; **Flötenton** *m* **jdm die Flötentöne beibringen** (*fam*) fare una paternale a qu, insegnare a qu la buona creanza

Flötist(in) [flø'tɪst] <-en, -en; -, -nen> *m(f)* *s.* Flötenbläser

flott [flɔt] *adj* ❶ (*schnell*) svelto; **mach mal ein bisschen ~** (*fam*) sbrigati!, spicciati! ❷ (*schick*) chic, carino ❸ (*lebenslustig*) gaio, spensierato ❹ (NAUT) galleggiante

Flotte ['flɔtə] <-, -n> *f* (NAUT) flotta *f;* **Flottenstützpunkt** *m* base *f* navale

flott|machen *vt* (*Schiff*) disincagliare; (*Auto*) rimettere a posto

Flöz [fløːts] <-es, -e> *n* (MIN) strato *m*, filone *m* orizzontale

Fluch [fluːx] <-(e)s, Flüche> *m* ❶ (*Verwünschung, Unheil*) maledizione *f* ❷ (*Schimpfwort*) bestemmia *f*

fluchen ['fluːxən] *vi* **auf** [*o* **über**] **jdn/ etw ~** bestemmiare [*o* imprecare] contro qu/qc

Flucht [flʊxt] <-, -en> *f* ❶ (*Fliehen*) fuga *f;* (*Ausbrechen*) evasione *f;* ~ **aus dem Gefängnis** evasione dalla prigione; **die ~ ergreifen** prendere la fuga; **auf der ~ sein** essere in fuga; **jdn in die ~ schlagen** mettere qu in fuga ❷ (ARCH: *Häuser~*) serie *f*, fila *f;* (*Zimmer~*) fuga *f;* **fluchtartig** *adv* precipitosamente, in fretta e furia *fam*

flüchten ['flʏçtən] **I.** *vi sein* **vor jdm/etw ~** fuggire davanti a qu/qc **II.** *vr* **sich ~** (*Schutz suchen*) rifugiarsi, trovare scampo

Fluchthelfer(in) *m(f)* complice *mf* dell'evasione; **Fluchthilfe** *f* complicità *f* nell'evasione

flüchtig ['flʏçtɪç] *adj* ❶ (*fliehend*) fuggente, fuggitivo ❷ (*schnell vergehend*) fugace, fuggevole ❸ (*oberflächlich*) superficiale; (*Eindruck*) vago; (*nachlässig*) impreciso; **etw ~ lesen** scorrere qc; **ich kenne sie nur ~** la conosco solo superficialmente ❹ (CHEM) volatile; **Flüchtigkeit** <-> *kein Pl f* ❶ (*Schnelligkeit*) velocità *f* ❷ (*Vergänglichkeit*) fugacità *f* ❸ (*Oberflächlichkeit*) superficialità *f* ❹ (*Ungenau-*

igkeit) imprecisione *f* ❺ (CHEM) volatilità *f;*
Flüchtigkeitsfehler *m* disattenzione *f,* svista *f*
Flüchtling ['flʏçtlɪŋ] <-s, -e> *m* profugo, -a *m, f,* rifugiato, -a *m, f,* fuoriuscito, -a *m, f;*
Flüchtlingslager *n* campo *m* (di) profughi
Flüchtlingsschiff *n* nave *f* di profughi;
Flüchtlingsstrom *m* ondata *f* di profughi
Fluchtversuch *m* tentativo *m* di fuga;
Fluchtweg *m* via *f* di scampo
Flug [fluːk] <-(e)s, Flüge> *m* volo *m;* **die Zeit verging (wie) im ~(e)** il tempo volò via; **Flugabwehr** *f* (MIL, AERO) (difesa *f*) contraerea *f;* **Flugangst** *f* paura *f* di volare; **Flugbahn** *f* (AERO) traiettoria *f* di volo; (MIL, ASTR) traiettoria *f;* **Flugbegleiter(in)** *m(f)* assistente *mf* di volo; **Flugblatt** *n* volantino *m;* **Flugboot** *n* idrovolante *m* a scafo; **Flugdatenschreiber** *m* (AERO) *s.* **Flugschreiber**; **Flugdauer** *f* durata *f* del volo
Flügel ['flyːgəl] <-s, -> *m* ❶ ala *f;* **jdm die ~ stutzen** (*fig*) tarpare le ali a qu; **die ~ hängenlassen** (*fam*) perdersi d'animo; **mit den ~n schlagen** battere le ali ❷ (*Windmühlen~*) pala *f;* (*Tür, Fenster~*) battente *m;* (*Altar~*) sportello *m* (di trittico) ❸ (ANAT: *Lungen~*) lobo *m* polmonare; (*Nasen~*) aletta *f* nasale ❹ (MUS) pianoforte *m* a coda; **Flügelmutter** *f* (TEC) dado *m* ad alette [*o* a farfalla]; **Flügelschlag** *m* colpo *m* d'ala, batter *m* d'ali; **Flügelschraube** *f* (TEC) vite *f* ad alette; **Flügeltür** *f* porta *f* a battenti
Fluggast *m* passeggero *m* (d'aereo)
flügge ['flʏgə] *adj* atto a volare; **~ werden** (*fig*) diventare indipendente
Fluggesellschaft *f* compagnia *f* aerea;
Flughafen *m* aeroporto *m,* scalo *m* aereo;
Flughöhe *f* quota *f,* altezza *f* di volo;
Flughörnchen *n* (ZOO) petauro *m;* **Flugkapitän** *m* capitano *m* pilota; **Flugkörper** *m* velivolo *m;* **Fluglehrer(in)** *m(f)* pilota *mf* istruttore, -trice, istruttore, -trice *m, f* di volo; **Flugleitung** *f* controllo *m* di volo; **Fluglinie** *f* linea *f* aerea, aerolinea *f;* **Fluglotse** *m* controllore *m* di volo; **Flugnetz** *n* rete *f* d'aviazione; **Flugobjekt** *n* **unbekanntes ~** ufo *m;* **Flugpersonal** *n* personale *m* di bordo; **Flugplan** *m* orario *m* aereo; **Flugplatz** *m* ❶ (*Flugfeld*) campo *m* d'aviazione, aerodromo *m* ❷ (*Flughafen*) aeroporto *m;* **Flugreise** *f* viaggio *m* (in) aereo, volo *m;* **Flugroute** *f* rotta *f* aerea
flugs [fluks] *adv* (*obs*) di volata

Flugsand <-s> *kein Pl m* sabbia *f* trasportata dal vento; **Flugschein** *m* ❶ (*von Pilot*) brevetto *m* di pilota ❷ (*von Passagier*) biglietto *m* aereo; **Flugschneise** *f* corridoio *m* aereo; **Flugschreiber** <-s, -> *m* registratore *m* dei dati di volo, scatola *f* nera; **Flugschrift** *f* opuscolo *m,* pamphlet *m;* **Flugschule** *f* scuola *f* di volo; **Flugsicherheit** *f* sicurezza *f* di volo; **Flugsicherung** *f* controllo *m* del traffico aereo; **Flugsimulator** *m* simulatore *m* di volo; **Flugstrecke** *f* tratto *m* di volo; **flugtauglich** *adj* idoneo a pilotare un aereo; **Flugtechnik** *f* tecnica *f* di volo; **Flugticket** *n* biglietto *m* aereo; **Flugverbindung** *f* collegamento *m* aereo; **Flugverbot** *n* divieto *m* di circolazione aerea; **Flugverbotszone** *f* zona *f* di divieto di circolazione aerea; **Flugverkehr** *m* traffico *m* aereo; **Flugwaffe** *f* (*CH:* MIL: *Luftwaffe*) aereonautica *f* militare; **Flugwesen** *n* aviazione *f,* aeronautica *f;* **Flugzeit** *f* durata *f* del volo; **Flugzettel** *m* (*A:* *Flugblatt*) volantino *m*
Flugzeug ['fluːktsɔɪk] <-(e)s, -e> *n* aereo *m,* aeroplano *m;* **ein ~ steuern** pilotare un aereo; **mit dem ~ fliegen** andare [*o* viaggiare] in aereo; **Flugzeugabsturz** *m* caduta *f* di un aereo; **Flugzeugbau** *m* costruzioni *fpl* aeronautiche; **Flugzeugbesatzung** *f* equipaggio *m* dell'aereo; **Flugzeugentführer(in)** *m(f)* dirottatore, -trice *m, f* (di un aereo), pirata *mf* dell'aria; **Flugzeugentführung** *f* dirottamento *m* (di un aereo); **Flugzeugfabrik** *f* fabbrica *f* d'aeroplani; **Flugzeugführer(in)** *m(f)* pilota *mf,* aviatore, -trice *m, f;* **Flugzeughalle** *f* aviorimessa *f,* hangar *m;* **Flugzeugindustrie** *f* industria *f* aeronautica; **Flugzeugkonstrukteur(in)** *m(f)* costruttore, -trice *m, f* di aeroplani; **Flugzeugladung** *f* carico *m* dell'aereo; **Flugzeugmechaniker(in)** *m(f)* meccanico , -a *m, f* di aeroplani; **Flugzeugmodell** *n* modello *m* d'aereo, aereomodello *m;* **Flugzeugträger** *m* portaerei *f;* **Flugzeugtyp** *m* tipo *m* d'aereo; **Flugzeugunglück** *n* sciagura *f* aerea
Fluktuation [fluktuaˈtsi̯oːn] <-, -en> *f* fluttuazione *f*
fluktuieren [fluktuˈiːrən] <ohne ge-> *vi* (*schwanken*) oscillare; (*Zahl, Preise*) fluttuare
Fluktuieren <-s> *kein Pl n* fluttuazione *f*
Flunder ['flʊndɐ] <-, -n> *f* (ZOO) passera *f* di mare, platessa *f;* **platt sein wie eine ~** (*fig*) restare di stucco
Flunkerei [flʊŋkəˈraɪ] <-, -en> *f* (*fam*)

frottola *f*

flunkern ['flʊŋkɐn] *vi* (*fam*) raccontar frottole

Fluor ['fluːoɐ] <-s> *kein Pl n* (CHEM) fluoro *m*

Fluorchlorkohlenwasserstoff <-(e)s, -e> *m* (CHEM) clorofluorocarburo *m*

Fluoreszenz [fluorɛs'tsɛnts] <-> *kein Pl f* fluorescenza *f*

fluoreszieren [fluorɛs'tsiːrən] <ohne ge-> *vi* essere fluorescente; **fluoreszierend** *adj* fluorescente

Flur ['fluːɐ] <-(e)s, -e> *m* (*Haus~*) ingresso *m*; (*Korridor*) corridoio *m*; (*Treppen~*) pianerottolo *m*

Flurbereinigung <-, -en> *f* ricomposizione *f* fondiaria; **Flurschaden** *m* danno *m* alle colture

FlussRR ['flʊs] <-es, Flüsse> *m*, **Fluß**ALT *m* ❶ (*Gewässer*) fiume *m* ❷ (*Fließen*) scorrere *m*; **wieder in ~ bringen** attivare, mettere in movimento; **in ~ kommen** mettersi in moto, ricominciare; **im ~ sein** essere in movimento ❸ (*fig* MED, PHYS) flusso *m*; **flussabwärts**RR *adv* a valle

FlussarmRR *m* braccio *m* [*o* ramo *m*] del fiume

flussaufwärtsRR *adv* a monte

FlussbegradigungRR <-, -en> *f* rettificazione *f* di un fiume; **Flussbett**RR *n* letto *m* del fiume; **Flussdiagramm**RR *n* (INFORM) diagramma *m* di flusso; **Flussfisch**RR *m* pesce *m* di fiume

flüssig ['flʏsɪç] *adj* ❶ (*geschmolzen, bes. Metall*) fuso; **~ machen** liquefare; (*verfügbar machen*) rendere disponibile, mobilitare ❷ (*Stil*) fluido ❸ (*von Geld*) liquido; **ich bin im Moment nicht ~** al momento non ho soldi

Flüssigkeit <-, -en> *f* ❶ (*Stoff*) liquido *m* ❷ (*Zustand*) fluidità *f*; **Flüssigkristallbildschirm** *m* (INFORM) schermo *m* a cristalli liquidi; **flüssig|machen**ALT *vt s.* **flüssig 1.**; **Flüssigseife** *f* sapone *m* liquido; **Flüssigwaschmittel** <-s, -> *n* detersivo *m* liquido

FlusskrebsRR *m* gambero *m* di fiume; **Flusslauf**RR *m* corso *m* del fiume; **Flussmündung**RR *f* foce *f*, sbocco *m*, sfocio *m*, bocca *f* (di un fiume); **Flusspferd**RR *n* ippopotamo *m*; **Flussregulierung**RR *f* regolazione *f* dei fiumi; **Flussschifffahrt**RR *f* navigazione *f* fluviale; **Flussspat**RR *m* (MIN) fluorite *f*, spato *m* di fluoro; **Flussufer**RR *n* riva *f* del fiume

flüstern ['flʏstɐn] *vi, vt* bisbigliare, sussur-

rare; **das kann ich dir ~!** (*fam*) puoi fidarti!; **dem werd' ich was ~!** (*sl*) gliene dirò quattro! *fam*

Flüsterpropaganda *f* propaganda *f* in sordina

Flut [fluːt] <-, -en> *f* ❶ (*Gezeitenstand*) alta marea *f*, marea *f* montante ❷ *pl* (*Wassermassen*) acque *fpl*, flutti *mpl* ❸ (*fig: Menge*) torrente *m*; (*Blumen*) marea *f*; (*von Tränen*) torrente *m*, diluvio *m*; (*von Leuten*) fiumana *f*; **eine ~ von Briefen** una valanga di lettere

fluten I. *vi sein* (*geh*) scorrere (*in + acc* in); (*a fig*) inondare (*in etw acc* qc) **II.** *vt haben* (NAUT) inondare

Flutlicht *n* luce *f* a largo fascio luminoso

Flutopfer *n* vittima *f* dell'inondazione

Flutschutz *m* protezione *f* contro le inondazioni

Flutschutzsystem *n* sistema *m* di protezione contro le inondazioni

Flutwelle *f* onda *f* di alta marea

Flyer <-s, -> *m* volantino *m*

fm *abk v* **Festmeter** mc

focht [fɔxt] *1. u 3. pers sing imp von* **fechten**

Fock [fɔk] <-, -en> *f*, **Focksegel** <-s, -> *n* (NAUT) fiocco *m*

Föderalismus [fødera'lɪsmʊs] <-> *kein Pl m* (POL) federalismo *m*

föderalistisch *adj* federalistico, federativo

Föderation [føderatsi̯oːn] <-, -en> *f* (POL) federazione *f*

Föderationsrat *m* consiglio *m* federativo

föderativ [fødera'tiːf] *adj* (ADM) federativo

Fohlen ['foːlən] <-s, -> *n* (ZOO) puledro, -a *m, f*; (*Stuten~ a*) cavallina *f*

fohlen ['foːlən] *vi* (ZOO: *Tier*) figliare

Föhn [føːn] <-(e)s, -e> *m* ❶ (METEO) föhn *m* ❷ asciugacapelli *m*, fon *m*

föhnenRR ['føːnən] *vt* ❶ (*trocknen*) asciugare con il fon ❷ (*frisieren*) mettere in piega (con il fon)

Föhre ['føːrə] <-, -n> *f* (BOT) pino *m* silvestre

Fokus ['foːkʊs] <-, -se> *m* ❶ (*Brennpunkt*) fuoco *m* ❷ (*Krankheitsherd*) focolaio *m*, focus *m*

Folge ['fɔlɡə] <-, -n> *f* ❶ (*Ergebnis*) conseguenza *f*, risultato *m*; (*Wirkung*) effetto *m*; **etw zur ~ haben** avere come conseguenza qc ❷ (*Reihen~, Ab~*) successione *f*, serie *f*; **in der ~** in seguito, successivamente ❸ (TV, RADIO: *von Sendung*) puntata *f*; (*von Zeitschrift*) numero *m*; **Folgeerscheinung** *f* effetto *m*, conseguenza *f*

folgen ['fɔlɡən] *vi* ❶ *sein* (*a fig: geistig*) seguire; **jdm/etw ~** seguire qu/qc; **auf**

etw *acc*~ venire dopo qc; **jdm auf Schritt und Tritt ~** seguire qu passo passo *fam;* **wie folgt** come segue; **Fortsetzung folgt** continua ❷ *haben* (*gehorchen*) ubbidire ❸ *haben* (*resultieren*) risultare; **aus etw ~** risultare da qc; **daraus folgt, dass ...** ne segue che ...; **folgend** *adj* seguente, successivo; **im Folgenden** in seguito

folgendermaßen *adv,* **folgenderweise** *adv* nel modo seguente; **Folgendes**[RR] *adj* quanto segue, le cose seguenti; **er schreibt ~** ecco ciò che scrive

folgenlos *adj* senza conseguenze; **folgenschwer** *adj* grave, gravido di conseguenze

folgerichtig *adj* conseguente, logico
Folgerichtigkeit *f* conseguenza *f,* logicità *f*
folgern ['fɔlɡɐn] *vt* **etw (aus etw)** ~ dedurre [*o* concludere] qc da qc
Folgerung <-, -en> *f* conclusione *f;* **eine ~ aus etw ableiten** dedurre una conclusione da qc
Folgezeit *f* **in der ~** successivamente, in seguito

folglich ['fɔlklɪç] *adv* per conseguenza, perciò; (*also*) quindi
folgsam ['fɔlkzaːm] *adj* ubbidiente, docile
Folgsamkeit <-> *kein Pl f* ubbidienza *f,* docilità *f*
Foliant [fo'ljant] <-en, -en> *m* (volume *m*) in-folio *m*
Folie ['foːljə] <-, -n> *f* (s)foglio *m,* lamina *f*
Folio ['foːljo, *pl:* 'foːlios *o* 'foːliən] <-s, -s *o* Folien> *n* (TYP) foglio *m*
Folklore [fɔlk'loːra] <-> *kein Pl f* folclore *m*
folkloristisch *adj* folcloristico
Folter ['fɔltɐ] <-, -n> *f* ❶ (~ *bank*) cavalletto *m* di tortura ❷ (*Folterung*) tortura *f;* (*fig*) tormento *m,* tormento *m;* **jdn auf die ~ spannen** far stare qu sulle spine *fam;* **Folterkammer** *f* camera *f* di tortura
foltern *vt* torturare
Folteropfer <-s, -> *n* vittima *f* di torture; (REL) martire *m;* **Folterung** <-, -en> *f* tortura *f*
Fon[RR] [foːn] <-s, -s *o bei Maßangaben:* -> *n s.* **Phon**
Fön[ALT] <-(e)s, -e> *m s.* **Föhn**
Fond [fõ:] <-s, -s> *m* ❶ (GASTR) fondo *m* di cottura ❷ (*Hintergrund*) sfondo *m* ❸ (AUTO, *geh*) sedile *m* posteriore; **im ~ sitzen** sedere sul sedile posteriore
Fonds [fõ:(s)] <-, -> *m* (FIN) fondo *m,* capitale *m;* **Fondsmanager(in)** *m(f)* (FIN) manager *mf* dei fondi d'investimento
Fondue [fõ'dy:] <-s, -s> *n,* <-, -s> *f* (GASTR) fonduta *f*
fönen[ALT] *vt s.* **föhnen**

Fonologie[RR] <-> *kein Pl f s.* **Phonologie**
Fonotypist(in)[RR] <-en, -en; -, -nen> *m(f) s.* **Phonotypist**
Fonotypistin[RR] *f s.* **Phonotypistin**
Fontäne [fɔn'tɛ:nə] <-, -n> *f* fontana *f* zampillante
foppen ['fɔpən] *vt* schernire, prendersi gioco di
Fora *pl von* **Forum**
forcieren [fɔr'si:rən] <ohne ge-> *vt* forzare
Förderband <-(e)s, -bänder> *n* nastro *m* trasportatore
Förderer <-s, -> *m,* **Fördergelder** *pl* (ADM) fondi *pl* per lo sviluppo; **Förderin** <-, -nen> *f* promotore, -trice *m, f,* fautore, -trice *m, f*
Förderkorb <-s, -körbe> *m* (MIN) gabbia *f* d'estrazione; **Förderkurs** *m* corso *m* di perfezionamento; **Förderleistung** *f* (MIN) produzione *f* di una miniera
förderlich *adj* propizio, favorevole; (*nützlich*) utile
fordern ['fɔrdɐn] *vt* ❶ (*verlangen*) (ri)chiedere, domandare; (*Anspruch erheben auf*) rivendicare; **viele Opfer ~** costare molte vittime ❷ (*er~*) esigere ❸ (SPORT) invitare, sfidare
fördern ['fœrdɐn] *vt* ❶ (*unterstützen*) promuovere, incrementare ❷ (MIN) estrarre
fordernd *adj* (*Haltung, Beruf*) stimolante
Förderschacht *m* (MIN) pozzo *m* d'estrazione; **Förderturm** *m* torre *f* d'estrazione
Forderung <-, -en> *f* ❶ (*Verlangen*) domanda *f,* richiesta *f;* (*Anspruch*) pretesa *f;* **eine ~ nach etw** una richiesta di qc; **eine ~ an jdn stellen** fare una richiesta a qu; **eine ~ erheben** far valere una pretesa; **eine ~ erfüllen** soddisfare una domanda ❷ (COM) credito *m*
Förderung <-, -en> *f* ❶ (*Voranbringen*) promozione *f,* incremento *m;* (*Unterstützung*) sostegno *m,* incoraggiamento *m* ❷ (MIN) estrazione *f*
Förderwagen *m* (MIN) carrello *m* da miniera
Forelle [fo'rɛlə] <-, -n> *f* trota *f*
Foren *pl von* **Forum**
Form [fɔrm] <-, -en> *f* ❶ forma *f;* **die ~en verletzen** offendere la buona forma; **die ~ wahren** salvare le apparenze; **einer Sache** *dat* **~ geben** dare forma a qc; (*feste*) **~(en) annehmen** prender corpo; **gefährliche ~ en annehmen** prendere una piega pericolosa; **in ~** in forma; **in ~ von ...** in [*o* sotto] forma di ...; **in aller ~** con tutte le regole ❷ (TEC) modello *m,* stampo *m*

formal [fɔr'maːl] *adj* formale
Formaldehyd ['fɔrmʔaldehyːt] <-s, -e> *n* (CHEM) formaldeide *f*, aldeide *f* formica
Formalität [fɔrmali'tɛːt] <-, -en> *f* formalità *f*
Format [fɔr'maːt] <-(e)s, -e> *n* ❶ (*Bild~, Buch~,* a. *inform*) formato *m* ❷ (TYP) sesto *m* ❸ (*fig*) statura *f*, levatura *f*; **ein Mann von** ~ un uomo di gran levatura
formatieren *vt* (INFORM) formattare; **formatiert** *adj* (INFORM) formattato; **Formatierung** <-, -en> *f* (INFORM) formattazione *f*
Formation [fɔrma'tsi̯oːn] <-, -en> *f* formazione *f*
formbar *adj* plasmabile; **Formbarkeit** <-> *kein Pl f* plasmabilità *f*; **formbeständig** *adj* indeformabile
Formblatt *n* (ADM) modulo *m*
Formel ['fɔrməl] <-, -n> *f* formula *f*; **etw auf eine ~ bringen** riassumere qc (in una formula); **formelhaft** *adj* stereotipato
formell [fɔr'mɛl] *adj* (*Sache*) formale; (*Person*) formalista
formen ['fɔrmən] *vt* formare, modellare
Formenlehre *f* ❶ (LING) morfologia *f* ❷ (MUS) composizione *f*
formenreich *adj* ricco di forme, multiforme
Former(in) <-s, -; -, -nen> *m(f)* formatore, -trice *m, f*, modellatore, -trice *m, f*
Formfehler *m* errore *m* di forma; (JUR) vizio *m* di forma
formieren [fɔr'miːrən] <ohne ge-> *vt* formare; (MIL) schierare; **Formierung** <-, -en> *f* formazione *f*
förmlich ['fœrmlɪç] **I.** *adj* ❶ (*in den gehörigen Formen*) formale, fatto con tutte le regole ❷ (*steif*) formalistico ❸ (*feierlich*) solenne ❹ (*regelrecht*) vero e proprio **II.** *adv* (*fast*) addirittura, letteralmente; **Förmlichkeit** <-, -en> *f* formalità *f*; **ohne ~en** senza cerimonie
formlos *adj* ❶ (*unförmig*) informe ❷ (*zwanglos*) non formale, senza cerimonie; **Formsache** *f* questione *f* di forma, formalità *f*; **formschön** *adj* di bella forma; **Formtief** *n* (SPORT) cattiva *f* forma
Formular [fɔrmu'laːg] <-s, -e> *n* (ADM) modulo *m*, formulario *m*
formulieren [fɔrmu'liːrən] <ohne ge-> *vt* formulare; (*ausdrücken*) esprimere
Formulierung <-, -en> *f* formulazione *f*
Formung <-, -en> *f* ❶ (*das Formen*) formare *m*, formatura *f* ❷ (*Form*) forma *f*
formvollendet *adj* di forma perfetta
forsch [fɔrʃ] *adj* (*mutig*) audace; (*resolut*) risoluto; (*energisch*) energico

forschen ['fɔrʃən] *vi* ricercare; **nach etw ~** indagare [*o* fare indagini su] qc
Forscher(in) <-s, -; -, -nen> *m(f)* ricercatore, -trice *m, f*, investigatore, -trice *m, f*; (*Gelehrter*) studioso, -a *m, f*, scienziato, -a *m, f*
Forschung <-, -en> *f* indagine *f*, ricerca *f*; **Forschungsabteilung** <-, -en> *f* reparto *m* ricerche; **Forschungsanstalt** *f* istituto *m* di ricerca; **Forschungsauftrag** *m* incarico *m* di ricerca; **Forschungsbericht** *m* relazione *f* di ricerca; **Forschungsgebiet** *n* campo *m* della ricerca; **Forschungsgelder** *pl* fondi *pl* per la ricerca; **Forschungsgemeinschaft** *f* gruppo *m* di ricerca; **Forschungsobjekt** *n* oggetto *m* di ricerca; **Forschungsreise** *f* viaggio *m* di esplorazione; **Forschungssatellit** *m* satellite *m* scientifico; **Forschungssemester** *n* semestre *m* di ricerca; **Forschungsstation** *f* stazione *f* di ricerche; **Forschungszentrum** *n* centro *m* (di) ricerche
Forst [fɔrst] <-(e)s, -e(n)> *m* foresta *f*; **Forstamt** *n* ufficio *m* forestale; **Forstarbeiter(in)** <-s, -; -, -nen> *m(f)* operatore *m* forestale; **Forstaufseher(in)** *m(f)* ispettore, -trice *m, f* forestale; **Forstbeamte** *m*, **Forstbeamtin** *f* guardia *f* forestale
Förster(in) ['fœrstə] <-s, -; -, -nen> *m(f)* guardaboschi *mf*
Forstfrevel *m* reato *m* forestale; **Forsthaus** *n* casa *f* del guardaboschi; **Forstwirt(in)** *m(f)* selvicoltore, -trice *m, f*; **Forstwirtschaft** *f* selvicoltura *f*
fort [fɔrt] *adv* ❶ (*weg*) via; (*verschwunden*) perduto; **~ (mit dir)!** vattene! ❷ (*weiter*) **in einem ~** ininterrottamente; **und so ~** e così via
Fort [foːg] <-s, -s> *n* (MIL) forte *m*
Fortbestand ['fɔrtbəʃtant] *m* continuità *f*, continuazione *f*
fort|bestehen <irr> *vi* continuare ad esistere
fort|bewegen <ohne ge-> **I.** *vt* rimuovere, spostare **II.** *vr* **sich ~** muoversi, avanzare
Fortbewegung <-> *kein Pl f* avanzamento *m*; **Fortbewegungsmittel** *n* mezzo *m* di locomozione
fort|bilden **I.** *vt* perfezionare **II.** *vr* **sich ~** perfezionarsi
Fortbildung <-> *kein Pl f* aggiornamento *m*, perfezionamento *m*; **Fortbildungskurs** *m* corso *m* di perfezionamento; **Fortbildungsseminar** *n* semi-

nario *m* di aggiornamento
fort|bringen <irr> *vt* ❶ (*wegbringen*) portar via ❷ (*bewegen*) rimuovere, allontanare
Fortdauer <-> *kein Pl f* continuità *f,* durata *f*
fort|dauern *vi* continuare, durare
fort|entwickeln <ohne ge-> I. *vt* (*weiterentwickeln*) sviluppare II. *vr* **sich ~** svilupparsi (*zu etw* in qc), diventare (*zu etw* qc)
Fortentwicklung *f* (*Weiterentwicklung*) sviluppo *m,* evoluzione *f*
fort|fahren <irr> I. *vi* ❶ *sein* (*wegfahren*) partire ❷ *haben o sein* (*weitermachen*) **mit etw ~** continuare [*o* proseguire] qc; **~ etw zu tun** continuare a fare qc; **in seiner Rede ~** continuare il discorso II. *vt haben* portar via
Fortfall <-s> *kein Pl m* ❶ (*Wegfall*) cessazione *f* ❷ (*Abschaffung, form*) eliminazione *f*
fort|fallen <irr> *vi sein* ❶ (*wegfallen*) cadere, cessare ❷ (*abgeschafft werden, form*) essere soppresso
fort|fliegen <irr> *vi sein* volare via
fort|führen I. *vt* ❶ (*fortsetzen*) continuare, proseguire ❷ (*wegführen*) condurre via II. *vi* continuare; **Fortführung** <-, -en> *f* continuazione *f*
Fortgang <-s> *kein Pl m* ❶ (*Weggang*) partenza *f* ❷ (*fig: Verlauf*) sviluppo *m*
fort|gehen <irr> *vi sein* ❶ (*weggehen*) andarsene ❷ (*andauern*) durare, continuare
fortgeschritten ['fɔrtgǝʃrɪtǝn] *adj* (*fig*) progredito, avanzato; **Kurs für Fortgeschrittene** corso superiore; **zu ~er Stunde** tardi, a tarda ora
fortgesetzt ['fɔrtgǝsɛtst] *adj* continuo, continuato
fort|jagen I. *vt haben* cacciare via; **jdn aus** [*o* **von**] **etw ~** cacciare via qu da qc II. *vi sein* correr via
fort|kommen <irr> *vi sein* ❶ (*wegkommen*) andar via; (*weggebracht werden*) essere portato via; **machen Sie, dass Sie ~!** se ne vada! ❷ (*vorwärtskommen*) avanzare; (*fig: weiterkommen*) progredire, far carriera ❸ (*abhanden kommen*) andare smarrito; **Fortkommen** *n* ❶ (*Weiterkommen*) avanzamento *m;* (*fig: Laufbahn*) carriera *f* ❷ (*Lebensunterhalt*) sostentamento *m*
fort|lassen <irr> *vt* ❶ (*weggehen lassen*) lasciare andare (via) ❷ (*auslassen*) tralasciare, omettere
fort|laufen <irr> *vi sein* ❶ (*weglaufen*) correr via; (*entlaufen*) scappare ❷ (*sich*

fortsetzen) susseguirsi, succedersi; **fortlaufend** *adj* continuo
fort|leben *vi* (*weiterleben*) sopravvivere
fort|pflanzen *vr* **sich ~** ❶ (BIOL) riprodursi ❷ (*fig* PHYS) propagarsi
Fortpflanzung *f* (BIOL) riproduzione *f;* **fortpflanzungsfähig** *adj* riproduttivo; **Fortpflanzungsfähigkeit** *f* capacità *f* riproduttiva; **Fortpflanzungsorgan** <-(e)s, -e> *n* organo *m* di riproduzione [*o* riproduttivo]
fort|schaffen *vt* portare via, evacuare
fort|scheren ['fɔrtʃeːrǝn] *vr* **sich ~** (*fam*) sparire, filare via; **scher dich fort!** sparisci!, fila via!
fort|schicken *vt* ((*Personen*) *wegschicken*) mandare via
fort|schreiben <schreibt fort, schrieb fort, fortgeschrieben> *vt* (*fortlaufend ergänzen*) attualizzare; (*weiterführen*) continuare; (COM) rettificare il valore, rivalutare
fort|schreiten <irr> *vi sein* avanzare, progredire; **fortschreitend** *adj* progressivo
Fortschritt <-s, -e> *m* progresso *m,* sviluppo *m;* **~e machen** fare progressi, progredire
fortschrittlich *adj* (*Mensch*) progressista; (*Sache*) progressivo; **Fortschrittlichkeit** <-> *kein Pl f* progressismo *m*
Fortschrittsglaube <-ns> *kein Pl m* fede *f* nel progresso
fort|setzen *vt* continuare, proseguire
Fortsetzung <-, -en> *f* ❶ (*Vorgang*) continuazione *f* ❷ (*Ergebnis*) puntata *f,* seguito *m;* **in ~en** a puntate; **~ folgt** continua; **Fortsetzungsroman** *m* romanzo *m* a puntate
fortwährend I. *adj* continuo, ininterrotto II. *adv* continuamente
fort|werfen <irr> *vt* buttare via
fort|ziehen <irr> I. *vi sein* (*umziehen*) cambiare casa, traslocare, andare via, andarsene II. *vt* (*wegzerren*) tirare via
Forum ['foːrʊm] <-s, Foren *o* Fora> *n* foro *m*
forwarden ['fo:rvɔɐ̯dǝn] *vt* (INFORM) forwardare
fossil [fɔ'siːl] *adj* fossile; **Fossil** [fɔ'siːl] <-s, -ien> *n* (GEOL) fossile *m*
Föten *pl von* **Fötus**
Foto[RR1] ['foːto] <-s, -s> *n s.* **Fotografie** foto *f*
Foto[RR2] <-s, -s> *m s.* **Fotoapparat**[RR] macchina *f* fotografica
Fotoalbum[RR] *n* album *m* di fotografie; **Fotoamateur(in)**[RR] *m(f)* fotoamatore, -trice *m, f;* **Fotoapparat**[RR] *m* macchina *f*

fragen

Informationen erfragen	chiedere informazioni
Wie komme ich am besten zum Hauptbahnhof?	**Qual è la strada migliore** per la stazione?
Können Sie mir sagen, wie spät es ist?	**Mi può dire** che ora è?
Gibt es hier in der Nähe ein Café?	**C'è** un caffè qui vicino/da queste parti?
Ist die Wohnung **noch zu haben?**	L'appartamento **è ancora disponibile?**
Kennst/Weißt du einen guten Zahnarzt?	**Conosci** un buon dentista?
Kennst du dich mit Autos **aus?**	**Sei pratico di** auto?
Weißt du Näheres über diese Geschichte?	**Conosci altri dettagli di/Ne sai di più su** questa storia?

nach Meinungen fragen	indagare su opinioni
Was hältst du von dem neuen Gesetz?	**Che ne pensi della** nuova legge?
Glaubst du, das ist so richtig?	**Credi che sia giusto così?**
Hältst du das für möglich?	**Lo ritieni possibile?**
Meinst du, sie hat Recht?	**Pensi** che abbia ragione?

fotografica; **Fotoatelier**ᴿᴿ n studio m fotografico; **Foto-CD**ᴿᴿ f fotografia f digitale

fotogenᴿᴿ [foto'ge:n] adj fotogenico

Fotograf(in)ᴿᴿ [foto'gra:f] <-en, -en; -, -nen> m(f) fotografo, -a m, f

Fotografieᴿᴿ [fotogra'fi:] <-, -n> f fotografia f

fotografierenᴿᴿ [fotogra'fi:rən] <ohne ge-> vi, vt fotografare

Fotografinᴿᴿ f s. **Fotograf**

fotografischᴿᴿ adj fotografico

Fotojournalist(in)ᴿᴿ m(f) fotoreporter m

Fotokopieᴿᴿ [fotoko'pi:] f fotocopia f; **fotokopieren**ᴿᴿ [fotoko'pi:rən] <ohne ge-> vt fare una fotocopia di, fotocopiare; **Fotokopierer**ᴿᴿ m fotocopiatrice f;

Fotolaborᴿᴿ n laboratorio m fotografico; **Fotomodell**ᴿᴿ n fotomodella f; **Fotomontage**ᴿᴿ f fotomontaggio m; **Fotoroman** m fotoromanzo m; **Fotosynthese**ᴿᴿ [fotozʏn'te:zə] f fotosintesi f; **Fotozelle**ᴿᴿ ['fo:totsɛlə] f cellula f fotoelettrica

Fötus ['fø:tʊs] <- o -ses, -se o Föten> m (MED) feto m

Foul [faʊl] <-s, -s> n (SPORT) fallo m, irregolarità f

foulen ['faʊlən] vi commettere un fallo

Foyer [fɔa'je:] <-s, -s> n foyer m, ridotto m

FPÖ <-> f (A: POL) abk v **Freiheitliche Partei Österreichs** partito liberale austriaco (di destra)

Fr. abk v **Frau** Sig.ra

Fracht [fraxt] <-, -en> f ❶ (COM: Ladung) carico m, merce f ❷ (~gebühr) porto m; (NAUT) nolo m; **Frachtbrief** m (COM) lettera f di carico; (NAUT) polizza f di carico

Frachter <-s, -> m (NAUT) nave f da carico

Frächter(in) <-s, -> m(f) (A: Spediteur) spedizioniere m

Frachtflugzeug n aereo m da trasporto; **frachtfrei** adj (COM) franco di porto; **Frachtgut** n (COM) merce f; (FERR) merce f a piccola velocità; **Frachtkahn** m chiatta f da carico; **Frachtkosten** pl spese fpl di trasporto; **Frachtraum** m volume m utile per il carico; **Frachtschiff** n s. **Frachter**; **Frachtstück** n collo m; **Frachtverkehr** m movimento m di merci

Frack [frak] <-(e)s, Fräcke> m frac m

Frage ['fra:gə] <-, -n> f domanda f; (Problem, Angelegenheit) problema m, questione f; **eine ~ stellen** porre una domanda; **eine ~ beantworten** rispondere a una domanda; **die ~ bejahen/verneinen** rispondere affermativamente/negativamente alla domanda; **jdn mit ~n bestürmen** tempestare qu di domande; **in ~ kommen** essere preso in considerazione; **etw in ~ stellen** mettere qc in dubbio; **ohne ~** senza dubbio, certamente; **das ist die ~** questa è la questione; **das kommt (überhaupt) nicht in ~!** non se ne parla nemmeno fam, nemmeno per sogno fam [o idea fam]; **das steht außer ~** su questo non c'è dubbio, è fuori discussione; **es ist**

nur eine ~ der Zeit, ob ... è solo (una) questione di tempo se ...; **Fragebogen** *m* questionario *m;* **Fragebogenaktion** *f* inchiesta *f* con questionari

fragen ['fra:gən] **I.** *vi, vt* ❶ (*Fragen stellen*) **jdn** (**nach etw**) ~ domandare [*o* chiedere] (qc) a qu; **jdn nach dem Weg ~** domandare la strada a qu; **darf ich Sie etw ~?** posso farLe una domanda?; **da fragst du mich zuviel!** (*fam*) mi chiedi troppo!; **da fragst du noch?** e domandi ancora? ❷ (*be~*) interrogare **II.** *vr* **sich ~** domandarsi, chiedersi; **da fragt man sich doch wirklich, ob/wie/woher/wo ...** ci si domanda [*o* chiede] veramente se/come/da dove/dove ...; **es fragt sich, ob ...** si tratta di vedere se ...

Fragepronomen <-s, - *o* -pronomina> *n* pronome *m* interrogativo

Fragerei [fra:gə'raɪ] <-, -en> *f* (*pej*) mania *f* di far domande, domande *fpl* continue

Fragesatz *m* (proposizione *f*) interrogativa *f*

Fragesteller(in) <-s, -; -, -nen> *m(f)* interrogatore, -trice *m, f,* interrogante *mf*, intervistatore, -trice *m, f;* **Fragestellung** *f* ❶ (*Formulierung*) formulazione *f* della domanda ❷ (*Frage*) problematica *f;* **Fragezeichen** *n* punto *m* interrogativo

fragil [fra'gi:l] *adj* (*geh*) fragile, delicato

fraglich ['fra:klɪç] *adj* ❶ (*in Frage kommend*) in questione ❷ (*ungewiss*) dubbio, incerto; (*zweifelhaft*) discutibile, problematico

fraglos *adv* indubbiamente, senza dubbi

Fragment [fra'gmɛnt] <-(e)s, -e> *n* frammento *m*

fragmentarisch [fragmɛn'ta:rɪʃ] *adj* frammentario

fragwürdig *adj* dubbio, problematico

Fraktion [frak'tsi̯o:n] <-, -en> *f* (POL) frazione *f,* gruppo *m* parlamentare; **Fraktionsführer(in)** *m(f)* capo *m* di un gruppo parlamentare; **Fraktionskollege** *m,* **-kollegin** *f* compagno *m* di un gruppo parlamentare; **Fraktionsvorsitzende** <ein -r, -n, -n> *mf* presidente, -essa *m, f* di un gruppo parlamentare; **Fraktionszwang** <-(e)s *kein Pl m* obbligo di voto in concordanza con il proprio gruppo parlamentare; **unter ~ abstimmen** votare vincolati al proprio gruppo parlamentare

Fraktur[1] [frak'tu:ɐ, *pl:* frak'tu:rən] <-, -en> *f* (MED) frattura *f*

Fraktur[2] <-> *kein Pl f* (TYP) caratteri *mpl* gotici; **mit jdm ~ reden** parlare chiaro con/a qu

Frame <-s, -s> *m* (INFORM) frame *m*

Franchising ['frɛntʃaɪzɪŋ] <-s> *kein Pl n* (COM) franchising *m*

frank [fraŋk] *adv* ~ **und frei** chiaro e tondo *fam,* francamente

Franke ['fraŋkə] <-n, -n> *m* francone *m;* (HIST) franco *m*

Franken[1] *n* Franconia *f*

Franken[2] <-s, -> *m* (*schweizerische Währungseinheit*) franco *m* svizzero

Frankfurt ['fraŋkfʊrt] *n* Francoforte *f;* ~ **am Main** Francoforte sul Meno; ~ **an der Oder** Francoforte sull'Oder

frankieren [fraŋ'ki:rən] <ohne ge-> *vt* affrancare

Frankierung <-> *kein Pl f* (af)francatura *f*

Fränkin ['frɛŋkɪn] <-, -nen> *f* francone *f;* (HIST) franca *f*

fränkisch *adj* della Franconia; (HIST) franco

franko ['fraŋko] *adv* (COM) franco (di porto)

frankofon[RR] [fraŋko'fo:n] *adj s.* **frankophon**; **frankokanadisch** ['fraŋkokanadɪʃ] *adj* francocanadese; **frankophil** [fraŋko'fi:l] *adj* francofilo; **frankophon** [fraŋko'fo:n] *adj* francofono

Frankreich ['fraŋkraɪç] *n* Francia *f*

Franse ['franzə] <-, -n> *f* frangia *f;* **Fransenpony** *m* frangetta *f* sfilata; **Fransenschnitt** *m* taglio *m* sfilato; **fransig** *adj* ❶ (*mit Fransen*) frangiato ❷ (*ausgefranst*) sfilacciato

Franzose [fran'tso:zə] <-n, -n> *m,* **Französin** [fran'tsø:zɪn] <-, -nen> *f* francese *mf*

französisch [fran'tsø:zɪʃ] *adj* francese

französischsprechend *adj* francofono

fräsen ['frɛ:zən] *vt* (TEC: *Holz, Metall*) fresare; **Fräsmaschine** *f* (TEC) fresatrice *f*

fraß [fra:s] *1. u 3. pers sing imp von* **fressen**

Fraß [fra:s] <-es, -e> *m* (*fam pej: schlechtes Essen*) roba *f* cattiva, porcheria *f*

Fratze ['fratsə] <-, -n> *f* ❶ (*hässliches Gesicht*) grinta *f* ❷ (*Grimasse*) smorfia *f;* ~ **n schneiden** fare smorfie ❸ (*fam pej*) volto *m*

frau [frau] *pron indef* si; ~ **weiß ja, wie das läuft** le donne sì che sanno come funzionano queste cose; **da braucht ~ nichts mehr dazu zu sagen** (come donna) non occorre più dire niente a proposito

Frau [frau] <-, -en> *f* ❶ donna *f* ❷ (*Ehe~*) moglie *f;* **meine/Ihre** ~ mia/Sua moglie; **jdn zur ~ nehmen** prendere qu in moglie ❸ (*Anrede*) signora *f;* ~ **X** signora X; **gnädige** ~ (*bes. A*) gentile signora

Frauchen ['frauçən] <-s, -> *n* (*fam*) moglie *f;* (*von Hund*) padrona *f*

Frauenarzt *m,* **Frauenärztin** *f* ginecologo, -a *m, f;* **Frauenbewegung** *f* movimento *m* di liberazione della donna; **frauenfeindlich** *adj* misogino; **Frauenfrage** *f* questione *f* femminile; **Frauenhaus** *n* casa *f* per le donne maltrattate; **Frauenheld** *m* dongiovanni *m;* **Frauenklinik** *f* clinica *f* ginecologica; **Frauenquote** *f* quota *f* riservata alle donne; **Frauenrechtler(in)** <-s, -; -, -nen> *m(f)* femminista *mf;* **Frauentaxi** *n* taxi *m* per donne; **Frauenwahlrecht** *n* diritto *m* di voto della donna; **Frauenzeitschrift** *f* rivista *f* femminile; **Frauenzimmer** *n* ❶ *(meist pej)* donnetta *f* ❷ *(fam)* donna *f*

Fräulein ['frɔɪlaɪn] <-s, -s> *n* signorina *f;* ~ **X** la signorina X; *(Anrede)* signorina X; **~, bitte zahlen!** *(Restaurant)* signorina, il conto per favore!

fraulich *adj* femminile, da donna

frdl. *abk v* **freundlich** gent.

Freak [fri:k] <-s, -s> *m (fam)* freak *m*

frech [frɛç] *adj* impertinente, sfacciato; **Frechdachs** *m (fam)* sfacciato *m,* facciatosta *f;* **Frechheit** <-, -en> *f* sfacciataggine *f,* insolenza *f;* **die ~ besitzen zu** +*inf* avere la sfacciataggine di +*inf;* **so eine ~!** che sfacciataggine!

Freeware <-, -> *f* (INFORM) freeware *m*

Fregatte [fre'gatə] <-, -n> *f* (NAUT, MIL) fregata *f*

frei [fraɪ] *adj* ❶ libero; *(in Freiheit)* in libertà; *(unabhängig)* indipendente; *(Gebiet)* inoccupato; ~ **von etw sein** essere libero da qc; **~e Marktwirtschaft** libera economia di mercato; **~er Mitarbeiter** libero collaboratore; **~er Tag** giornata libera; **ein ~es Leben führen** fare [o condurre] una vita indipendente; *(die)* **~e Wahl haben** avere libera scelta; **jdm ~e Hand lassen** lasciare mano libera a qu, dare carta bianca a qu ❷ *(befreit)* esente, privo; ~ **von Sorgen sein** essere privo di preoccupazioni; **sich von etw ~ machen** liberarsi da qc; **jdn auf ~en Fuß setzen** mettere qu in libertà ❸ *(offen, unbedeckt)* aperto; ~ **lassen** *(nicht beschreiben)* lasciare in bianco; ~ **stehen** *(Fußball)* essere smarcato; **auf ~er Strecke** in aperta campagna; **unter ~em Himmel** all'aperto ❹ *(verfügbar)* disponibile; *(Arbeitsplatz)* vacante; **haben Sie noch ein Zimmer ~?** ha ancora una camera libera?; **Verzeihung, ist der Stuhl noch ~?** mi scusi, è ancora libera questa sedia? ❺ *(kostenlos)* gratuito; **wir liefern ~ Haus** consegniamo

franco domicilio ❻ *(Ansichten, Kunst)* liberale; *(Benehmen)* disinvolto; **sie hat sehr ~e Ansichten** ha idee molto libere ❼ *(~ mütig, offen)* franco, aperto; **ich bin so ~!** mi prendo la libertà! ❽ (PHYS, CHEM) slegato, libero; ~ **werden** *(Energie)* liberarsi

Freibad *n* piscina *f* scoperta

Freiberufler(in) <-s, -; -, -nen> *m(f)* libero professionista *m;* **freiberuflich** *adj o adv* ~ **tätig sein** esercitare una libera professione, fare il libero professionista

Freibetrag *m* reddito *m* non imponibile

Freibier *n* birra *f* gratis

freibleibend I. *adj* (COM) non impegnativo; **ein ~es Angebot** un'offerta non impegnativa II. *adv* senza impegno

Freibrief *m (fig)* **kein ~ für etw sein** non essere una buona ragione per fare qc; **jdm einen ~ für etw geben/ausstellen** dare carta bianca a qu per qc

Freiburg ['fraɪbʊrk] *n* Friburgo *f*

Freidenker(in) <-s, -; -, -nen> *m(f)* libero pensatore, libera pensatrice *m, f*

Freie <ein -s, -n> *kein Pl n (Natur)* aperto *m;* **im ~en** all'aperto; **im ~n schlafen** dormire all'addiaccio

Freier ['fraɪə] <-s, -> *m (sl: von Prostituierter)* cliente *m*

Freiexemplar *n* copia *f* gratuita; **Freifahrt** *f* viaggio *m* gratuito

frei|geben <irr> I. *vt* ❶ *(Gefangene)* (ri)mettere in libertà, rilasciare; *(fig: Ehepartner)* lasciare libero, sciogliere da un legame ❷ *(Eigentum)* liberare, sbloccare ❸ *(Film)* lasciar passare, approvare ❹ (SPORT: *Fußball)* far proseguire ❺ *(Straße)* **für den Verkehr freigeben** aprire al traffico II. *vi* **jdm freigeben** lasciare libero qu

freigebig *adj* liberale, generoso; **sehr ~** munifico; **Freigebigkeit** <-, -en> *f* liberalità *f,* generosità *f;* **große ~** munificenza *f*

Freigeist *m* libero pensatore *m*

Freigelassene <ein -r, -n, -n> *mf* (HIST) liberto, -a *m, f*

Freigepäck *n (bei Flugreise)* bagaglio *m* in franchigia; **Freigrenze** *f* (FIN) limite *m* imponibile

frei|haben <irr> *vi (fam)* esser libero, non lavorare

Freihafen *m* porto *m* franco

frei|halten <irr> I. *vt* ❶ *(Einfahrt)* lasciare libero; *(Stuhl, Platz)* tenere libero, riservare ❷ *(jds Zeche bezahlen)* pagare per II. *vr* **sich (von etw)** ~ *(Verpflichtung)* tenersi libero (da qc); *(Vorurteil)* essere libero (da qc)

Freihandel <-s> *kein Pl m* (WIRTSCH) libero scambio *m;* **Freihandelszone** *f* (WIRTSCH) zona *f* di libero scambio

freihändig ['fraɪhɛndɪç] *adj* senza mani, a mano libera

Freiheit ['fraɪhaɪt] <-, -en> *f* libertà *f;* **jdm die ~ schenken** concedere la libertà a qu; **jdm volle ~ lassen** lasciare a qu completa libertà; **jdn in ~ setzen** mettere qu in libertà; **sich** *dat* **die ~ nehmen etw zu tun** prendersi la libertà di fare qc; **~, Gleichheit, Brüderlichkeit** libertà, uguaglianza, fratellanza

freiheitlich *adj* liberale

Freiheitsberaubung <-, -en> *f* (JUR) privazione *f* della libertà personale; **Freiheitsdrang** *m* desiderio *m* ardente di libertà; **Freiheitskampf** *m* lotta *f* d'indipendenza; **Freiheitskrieg** *m* (HIST) guerra *f* d'indipendenza; **Freiheitsstatue** <-> *kein Pl f* **die (amerikanische) ~** la statua della libertà (americana); **Freiheitsstrafe** *f* (JUR) pena *f* detentiva

Freikarte *f* biglietto *m* gratuito

frei|kaufen *vt* riscattare

Freikörperkultur *f* nudismo *m;* **Freilandgemüse** *n* (ECO, AGR) verdura *f* coltivata naturalmente

frei|lassen <irr> *vt* **jdn (aus etw) ~** (ri)mettere in libertà [*o* rilasciare] qu (da qc); **Freilassung** <-, -en> *f* liberazione *f*, rilascio *m*

Freilauf *m* (TEC, MOT) ruota *f* libera

frei|legen *vt* mettere allo scoperto; (*bei Ausgrabungen*) esumare

Freileitung *f* (*Strom*) linea *f* aerea

freilich ['fraɪlɪç] *adv* **❶** (*allerdings*) a dire il vero, è vero che; (*einschränkend*) però **❷** (*bes. südd: selbstverständlich*) certo, naturalmente

Freilichtbühne *f*, **Freilichttheater** *n* teatro *m* all'aperto

Freilos *n* biglietto *m* di lotteria gratuito

frei|machen **I.** *vt* **❶** (*frankieren*) affrancare **❷** (*fam: nicht arbeiten*) prendere vacanze; **ich habe eine Woche freigemacht** (*fam*) ho preso una settimana di vacanze **II.** *vi* (*fam*) fare vacanza **III.** *vr* **sich ~** (*freie Zeit finden*) rendersi libero; (*ausziehen*) svestirsi, spogliarsi

Freimaurer *m* (fram)massone *m;* **Freimaurerei** [fraɪmaʊrə'raɪ] *f* massoneria *f;* **freimaurerisch** *adj* massonico

Freimut *m* franchezza *f*, schiettezza *f;* **freimütig** ['fraɪmyːtɪç] *adj* franco, aperto; **Freimütigkeit** <-, -en> *f* franchezza *f*, schiettezza *f*

frei|nehmen <irr> *vt* (**sich** *dat*) (**einen Tag**) **~** prendersi (un giorno) libero

Freiraum <-(e)s> *kein Pl m* (PSYCH) spazio *m* (libero), libertà *f* d'azione

freischaffend *adj* libero, che crea liberamente

Freischärler(in) ['fraɪʃɛːɐlɐ] <-s, -; -, -nen> *m(f)* (HIST, POL) franco tiratore, franca tiratrice *m*, *f*

frei|setzen *vt* (*Energie*) liberare; **Freisetzung** <-, -en> *f* liberazione *f*

Freisprechanlage *f* viva voce *m*

frei|sprechen *vt* (JUR) **jdn (von etw) ~** assolvere qu (da qc), dichiarare qu non colpevole (di qc)

Freispruch *m* assoluzione *f;* **auf ~ erkennen/plädieren** (JUR) assolvere/patrocinare l'assoluzione

Freistaat *m* repubblica *f;* **~ Bayern** repubblica di Baviera

frei|stehen *vi* (*leerstehen*) essere vuoto; **es steht Ihnen frei zu** +*inf* (Lei) è libero di +*inf*

frei|stellen *vt* **❶** (*überlassen*) **jdm etw ~** rimettere qc a qu; **jdm ~ etw zu tun** lasciare a qu la scelta di fare qc **❷** (*befreien*) **jdn (von etw) ~** esonerare qu (da qc)

Freistoß *m* (SPORT: *Fußball*) (calcio *m* di) punizione *f*

Freitag ['fraɪtaːk] <-s, -e> *m* venerdì *m; s. a.* Dienstag; **Freitagabend** *RR m* venerdì sera; **am ~** venerdì sera; **an diesem ~** questo venerdì sera; **jeden ~** ogni venerdì sera

freitagabends *RR adv* il venerdì sera

Freitagmittag *RR m* venerdì a mezzogiorno; *s. a.* Freitagabend

freitagmittags *RR adv* il venerdì a mezzogiorno

Freitagmorgen *RR m* venerdì mattina; *s. a.* Freitagabend

freitagmorgens *RR adv* il venerdì mattina

Freitagnachmittag *RR m* venerdì pomeriggio; *s. a.* Freitagabend

freitagnachmittags *RR adv* il venerdì pomeriggio

freitags *adv* di [*o* il] venerdì

Freitagvormittag *RR m* venerdì mattina; *s. a.* Freitagabend

freitagvormittags *RR adv* il venerdì mattina

Freitod *m* suicidio *m;* **Freitreppe** *f* (ARCH) scalinata *f;* **Freiübung** *f* (SPORT) esercizio *m* a corpo libero; **Freiumschlag** *m* busta *f* affrancata; **Freiwild** *n* **~ (für jdn) sein** (*fig*) essere una preda facile (per qu)

freiwillig *adj* volontario, spontaneo; (*Veranstaltung*) facoltativo; **Freiwillige** <ein -r, -n, -n> *mf* volontario, -a *m*, *f;*

Freiwilligkeit *f* libera volontà *f*
Freizeichen *n* (TEL) segnale *m* di libero
Freizeit <-> *kein Pl f* tempo *m* libero, ore *fpl* libere; **Freizeitbekleidung** *f s.* **Freizeitkleidung**; **Freizeitgesellschaft** <-> *kein Pl f* (SOC) società *f* del tempo libero; **Freizeitgestaltung** *f* impiego *m* del tempo libero; **Freizeitindustrie** *f* industria *f* per il tempo libero; **Freizeitkleidung** *f* abbigliamento *m* sportivo [*o* per il tempo libero]; **Freizeitlook** *m* look *m* sportivo [*o* per il tempo libero]; **Freizeitpark** *m* parco *m* divertimenti
freizügig ['fraɪtsyːgɪç] *adj* ❶ (*großzügig*) elastico, generoso ❷ (*moralisch*) non rigido, libero; **Freizügigkeit** <-, -en> *f* ❶ (*Großzügigkeit*) larghezza *f,* generosità *f,* liberalità *f* ❷ (*moralisch*) larghezza *f* ❸ (FIN) libera circolazione *f*
fremd [frɛmt] *adj* ❶ (*ausländisch*) straniero; **ein ~es Land** un paese straniero ❷ (*~ artig*) strano, singolare ❸ (*unbekannt*) estraneo, sconosciuto; **sich ~ fühlen** sentirsi estraneo; **sich** *dat* **~ werden** diventare estranei (l'uno all'altro) ❹ (*anderen gehörend*) altrui, d'altri; **~es Eigentum** proprietà di terzi [*o* altrui]; **fremdartig** *adj* (*ungewöhnlich*) strano; (*fremd*) estraneo; **Fremdartigkeit** *f* stranezza *f,* estraneità *f*
Fremde[1] ['frɛmdə] <-> *kein Pl f* (*nicht Heimat*) estero *m*
Fremde[2] <ein -r, -n, -n> *mf* straniero, -a *m, f*
fremdenfeindlich *adj* xenofobo; **Fremdenfeindlichkeit** <-> *kein Pl f* xenofobia *f;* **Fremdenführer(in)** <-s, -; -, -nen> *m(f)* guida *f* turistica, cicerone *m;* **Fremdenhass**[RR] <-es, -> *m* xenofobia *f;* **Fremdenlegion** *f* (MIL) legione *f* straniera; **Fremdenverkehr** *m* turismo *m;* **Fremdenverkehrsverein** *m* ente *m* pro loco; **Fremdenverkehrszentrum** *n* centro *m* turistico; **Fremdenzimmer** *n* camera *f* per gli ospiti, camera *f* da affittare
fremd|gehen *vi sein* (*fam*) fare una scappatella, tradire il coniuge
Fremdkapital <-s> *kein Pl n* (FIN) capitale *m* in prestito [*o* di terzi]; **Fremdkörper** *m* (MED, BIOL) corpo *m* estraneo; **fremdländisch** *adj* straniero, forestiero
Fremdling ['frɛmtlɪŋ] <-s, -e> *m* straniero, -a *m, f,* forestiero, -a *m, f*
Fremdsprache *f* lingua *f* straniera; **Fremdsprachenkorrespondent(in)** *m(f)* corrispondente *mf* in lingue straniere; **fremdsprachig** *adj* di lingua straniera; (*Literatur*) in lingua straniera; **fremd-**

sprachlich *adj* di lingua straniera
Fremdwährung *f* (FIN) valuta *f* estera; **Fremdwort** <-(e)s, -wörter> *n* parola *f* straniera
Frequenz [freˈkvɛnts] <-, -en> *f* frequenza *f*
Fresko ['frɛsko] <-s, Fresken> *n* (KUNST) affresco *m;* **Freskomalerei** *f* (KUNST) affresco *m*
Fressalien [frɛˈsaːliən] *pl* (*fam scherz*) viveri *mpl,* cibarie *fpl*
Fressattacke[RR] *f* (*fam*) attacco *m* di fame
Fresse ['frɛsə] <-, -n> *f* (*vulg, fam: Mund, Gesicht*) bocca *f,* muso *m sl;* **eine große ~ haben** darsi delle arie *fam;* **jdm die ~ polieren** rompere il muso a qu *sl;* **halt die ~!** chiudi il becco! *fam*
fressen ['frɛsən] <frisst, fraß, gefressen> **I.** *vi, vt* ❶ (*Tier; a vulg: Menschen*) mangiare; **jdn zum Fressen gern haben** (*fam*) essere innamorato pazzo di qu; **an jdm einen Narren gefressen haben** (*fam*) aver preso una cotta per qu; **er frisst wie ein Scheunendrescher** (*fam pej*) mangia a quattro palmenti, mangia come un bue ❷ (*fig: Neid, Rost*) corrodere; **Löcher in etw** *acc* **~** fare buchi in qc **II.** *vr* **sich voll ~** (*Tier*) ingozzarsi; (*fam: Person*) rimpinzarsi; **Fressen** <-s> *kein Pl n* pasto *m,* cibo *m;* **das war ein gefundenes ~ für mich** (*fig*) è stata per me una vera manna
Fressnapf[RR] *m,* **Freßnapf**[ALT] *m* scodella *f;* **Fresssucht**[RR] <-> *kein Pl f* bulimia *f;* **Fressstempel**[RR] *m* (*sl*) fast food *m,* ristorante *m*
Frettchen ['frɛtçən] <-s, -> *n* (ZOO) furetto *m*
Freude ['frɔɪdə] <-, -n> *f* gioia *f;* (*Vergnügen*) piacere *m;* (*Fröhlichkeit*) letizia *f;* **die ~ über das Geschenk** la gioia per il regalo; **die kleinen ~n des Alltags** le piccole gioie della vita quotidiana; **~ an etw** *dat* **haben** trovar diletto in qc; **jdm ~ machen** far piacere a qu; **jdm die ~ verderben** rovinare il piacere a qu; **mit ~n** con piacere; **außer sich** *dat* **vor ~** fuori di sé dalla gioia
Freudenhaus *n* bordello *m,* casa *f* chiusa; **Freudenmädchen** *n* (*geh*) prostituta *f,* ragazza *f* di vita; **Freudenschrei** *m* grido *m* di gioia; **Freudentränen** *fpl* lacrime *fpl* di gioia
freudestrahlend *adj* raggiante di gioia
freudig ['frɔɪdɪç] *adj* ❶ (*froh*) gioioso; (*fröhlich*) allegro ❷ (*beglückend*) lieto; **ein ~es Ereignis** un lieto evento; **eine ~e**

F

F

Freude/Begeisterung ausdrücken	
Freude ausdrücken	**esprimere gioia**

Wie schön, dass du gekommen bist!

Ich bin sehr froh, dass wir uns wieder sehen.

Du hast/Sie haben mir damit **eine große Freude bereitet.**

Ich könnte vor lauter Freude in die Luft springen. (*fam*)

Che bello che sei venuta/o!

Sono molto contenta/o di rivederti.

Mi hai/Mi ha reso molto felice.

Potrei mettermi a saltare dalla gioia! (*fam*)

Begeisterung ausdrücken	**esprimere entusiasmo**

Fantastisch!

Toll! (*fam*)**/Wahnsinn!** (*sl*)**/Super!** (*sl*)**/ Cool!** (*sl*)**/Krass!** (*sl*)

Auf diesen Sänger **fahre ich voll ab.** (*sl*)

Ich bin ganz hin und weg. (*fam*)

Ihre Darbietung **hat mich richtig mitgerissen.**

Fantastico!

Splendido! (*fam*)**/Pazzesco!** (*sl*)**/ Mitico!** (*sl*)**/Figo!** (*sl*)**/Bestiale!** (*fam*)

Questo cantante **mi fa impazzire!** (*sl*)

Sono completamente partito! (*fam*)

La sua rappresentazione **mi ha veramente affascinato/a/colpito/a.**

Nachricht/Überraschung una bella notizia/sorpresa

freudlos [ˈfrɔɪtloːs] *adj* infelice, triste, grigio

Freudlosigkeit <-> *kein Pl f* tristezza *f*, infelicità *f*

freuen [ˈfrɔɪən] **I.** *vr* sich ~ essere contento, rallegrarsi; **sich auf etw** *acc* ~ gioire di qc (*che sta per succedere o che succederà*); **sich über etw** *acc* ~ essere contento di qc (*che è successo*); **ich freue mich auf dich** sono contento [*o* non vedo l'ora] di rivederti; **sich seines Lebens** ~ godersi la vita; **er freut sich wie ein Kind** gioisce come un bambino; **ich freue mich für dich, dass …** sono contento per te che +*conj*; **da hast du dich zu früh gefreut!** ti sei rallegrato troppo presto! **II.** *vt* **das freut mich** questo mi fa piacere; **es freut mich zu hören, dass …** mi fa piacere sentire che …; **es hat mich gefreut, Sie kennen zu lernen** è stato un piacere conoscerLa

Freund(in) [frɔɪnt] <-(e)s, -e; -, -nen> *m(f)* ❶ (*Kamerad*) amico, -a *m, f*; **ein guter ~ von mir** un mio buon amico; **~e gewinnen** trovare amici; **unter ~en** fra amici; **dicke ~e sein** essere amici molto stretti ❷ (*Anhänger*) amante *mf*; **kein ~ von etw sein** non amare qc ❸ (*fester ~*) ragazzo, -a *m, f*

Freundeskreis [ˈfrɔɪndəskraɪs] *m* giro *m* di amici, cerchia *f* di amici; **wir feiern nur im engsten ~** festeggiamo solo con gli amici più stretti; **einen großen ~ haben** avere una grossa cerchia di amici

freundlich [ˈfrɔɪntlɪç] *adj* ❶ (*liebenswürdig, nett*) gentile, cortese; (*herzlich*) cordiale; **mit ~en Grüßen** (*Briefschluss*) cordiali saluti; **das ist sehr ~ von Ihnen** è molto gentile da parte Sua; **seien Sie so ~ und** +*inf* abbia la cortesia di +*inf* ❷ (*Wohnung*) accogliente ❸ (*Gegend*) ridente ❹ (*Wetter*) sereno ❺ (COM: *Tendenz*) al rialzo; **freundlicherweise** *adv* gentilmente, cortesemente; **Freundlichkeit** <-, -en> *f* ❶ (*Verhalten*) cortesia *f*, gentilezza *f* ❷ (*Handlung*) favore *m*, piacere *m*

Freundschaft <-, -en> *f* amicizia *f*; **mit jdm ~ schließen** stringere amicizia con qu; **freundschaftlich** *adj* amichevole, da amico; **~e Beziehungen, ~es Verhältnis** rapporti d'amicizia; **jdm ~ gesinnt sein** essere ben disposto verso qu

Freundschaftsspiel *n* (SPORT) partita *f* amichevole; **Freundschaftsvertrag** *m* (POL) patto *m* d'amicizia

Frevel [ˈfreːfəl] <-s, -> *m* (*geh*) misfatto *m* (*gegen* contro), (REL) sacrilegio *m* (*gegen* contro), empietà *f* (*gegen* contro); (*Verbrechen*) delitto *m* (*an* +*dat* contro); **frevelhaft** *adj* (*geh*) sacrilego, empio; **freveln** *vi* (*geh*) violare (*gegen etw* qc); (REL) commettere un sacrilegio (*an* contro)

Frevler(in) [ˈfreːfle] <-s, -; -, -nen> *m(f)* (*geh*) malfattore, -trice *m, f*; (REL) sacrilego, -a *m, f*, empio, -a *m, f*

Friaul [friˈaʊl] *n* (GEOG) Friuli *m*

Friede ['friːdə] <-ns, -n> m (geh, obs) pace f; ~ **sei mit euch!** (REL) la pace sia con voi; **Frieden** <-s, -> m pace f; ~ **schließen** concludere [o fare] la pace; ~ **stiften zwischen ...** mettere pace tra ...; **in ~ leben** vivere in pace; **um des lieben ~s willen** (fam) per amor di pace; **lass mich in ~!** (fam) lasciami in pace!; **ruhe in ~** (REL) riposa in pace; **Friedensbewegung** f movimento m pacifista; **Friedensbruch** m violazione f della pace; **Friedensforschung** f ricerca f per la pace; **Friedensinitiative** <-, -n> f ❶ (Handlung) iniziativa f per la pace ❷ (Friedensbewegung) movimento m per la pace; **Friedenskonferenz** f conferenza f per la pace; **Friedensnobelpreis** m premio m Nobel per la pace; **Friedenspfeife** f calumet m della pace; **Friedensrichter(in)** m(f) (JUR) ❶ giudice m conciliatore, -trice ❷ (CH: Laienrichter) giudice m di pace; **Friedensschluss**^RR m conclusione f di un trattato di pace; **Friedensstifter(in)** m(f) pacificatore, -trice m, f; **Friedensverhandlung** f trattativa f di pace; **Friedensvertrag** m (POL) trattato m di pace; **Friedenszeit** f in ~ **en** in tempi di pace

friedfertig ['friːtfɛrtɪç] adj pacifico, tranquillo; **Friedfertigkeit** <-> kein Pl f natura f pacifica, pacificità f

Friedhof ['friːthoːf] <-s, Friedhöfe> m cimitero m, camposanto m

friedlich ['friːtlɪç] adj ❶ (friedfertig) pacifico ❷ (ruhig) calmo, tranquillo; ~ **e Beilegung des Streits** composizione amichevole della lite

friedliebend ['friːtliːbənt] adj pacifico, amante della pace

frieren ['friːrən] <friert, fror, gefroren> vi ❶ sein (ge~) gelarsi, congelarsi; **es friert** gela ❷ haben (Mensch, Tier) gelare, aver freddo; **ich friere/mich friert/es friert mich** ho freddo, sono gelato

Fries [friːs] <-es, -e> m ❶ (ARCH) fregio m ❷ (Gewebe) rascia f

Friese ['friːzə] <-n, -n> m, **Friesin** ['friːzɪn] <-, -nen> f frisone mf

friesisch adj frisone

Friesland ['friːslant] n (GEOG) Frisia f

frigid(e) ['friːɡiːt (friˈɡiːdə)] adj frigido

Frikadelle [frikaˈdɛlə] <-, -n> f (GASTR) polpetta f, hamburger m

Frikassee [frikaˈseː] <-s, -s> n (GASTR) fricassea f

frisch [frɪʃ] adj ❶ (Nahrungsmittel, Wind) fresco; ~ **e Luft** aria fresca; ~ **gebacken** (Brot) appena sfornato; (scherz: Ehemann) novello ❷ (munter) vivace, vispo ❸ (fam:

unverbraucht, neu) nuovo; ~ **gewagt ist halb gewonnen** (prov) chi ben comincia è a metà dell'opera ❹ (sauber) pulito; ~ **e Wäsche anziehen** indossare biancheria pulita; **das Bett ~ beziehen** cambiare le lenzuola

Frische ['frɪʃə] <-> kein Pl f ❶ (a Kühle) freschezza f ❷ (Munterkeit) vivacità f, vigore m

Frischfleisch <-s> kein Pl n carne f fresca; **frischgebacken** adj (Brot) appena sfornato; (scherz: Ehemann) novello; **Frischgemüse** n verdura f fresca [o senza conservanti]; **Frischhaltefolie** f cellofan m; **Frischkäse** m formaggio m fresco; **Frischling** ['frɪʃlɪŋ] <-s, -e> m (ZOO) cinghialetto m; **Frischluftfanatiker(in)** m(f) fanatico , -a degli sport all'aria aperta m; **Frischmilch** <-> kein Pl f latte m fresco; **Frischzelle** <-, -n> f (MED) cellula f fresca, cellula f di recente prelievo; **Frischzellenkur** f cura f con cellule fresche

Friseur [friˈzøːɐ̯] <-s, -e> m, **Friseurin** [friˈzøːrɪn] <-, -nen> f (bes. A), **Friseuse** [friˈzøːzə] <-, -n> f (für Frauen) parrucchiere, -a m, f; (für Männer) barbiere m

frisieren [friˈziːrən] <ohne ge-> vt ❶ (kämmen) pettinare, acconciare ❷ (fam: Auto, Bilanzen) truccare

Frisiermantel <-s, -mäntel> m mantellina f da toilette; **Frisiersalon** m salone m da parrucchiere

frisiert adj (Zahlen) manipolato

frisst^RR, **frißt**^ALT 2. u 3. pers sing pr von **fressen**

Frist [frɪst] <-, -en> f ❶ termine m, scadenza f; **eine ~ einhalten** osservare un termine; **nach Ablauf der ~** dopo la scadenza ❷ (Zeitraum) tempo m determinato; **einen Monat ~ haben** avere un mese di tempo; **innerhalb kürzester ~** al più presto ❸ (COM, FIN: Aufschub) proroga f, dilazione f; (JUR) rinvio m

fristen ['frɪstən] vt **ein trauriges Dasein ~** vivacchiare fam

Fristenregelung f (JUR) termine m legale per l'interruzione della gravidanza

fristgerecht adj entro il termine prescritto

fristlos adj o adv senza (pre)avviso; ~ **entlassen** licenziare senza preavviso

Frisur [friˈzuːɐ̯] <-, -en> f pettinatura f, acconciatura f

Friteuse [friˈtøːzə] <-, -n> f friggitrice f

fritieren^ALT [friˈtiːrən] vt, **frittieren**^RR vt friggere

frivol [friˈvoːl] adj ❶ (leichtfertig) frivolo ❷ (schlüpfrig) indecente, sconveniente

Frl. *abk v* **Fräulein** Sig.na

froh [fro:] *adj* ❶ (*heiter*) allegro; (*erfreut*) contento, felice; **ich bin ~** (**darüber**), **dass ...** sono contento che +*conj;* **~e Ostern/Weihnachten!** buona Pasqua!/ buon Natale! ❷ (*erfreulich*) piacevole; **seines Lebens nicht mehr ~ werden** non avere più voglia di vivere

fröhlich ['frø:lıç] *adj* allegro, lieto; **Fröhlichkeit** <-> *kein Pl* allegria *f,* allegrezza *f*

frohlocken [fro:'lɔkən] <ohne ge-> *vi* (*geh*) gioire, esultare

Frohsinn <-s> *kein Pl m* gaiezza *f*

fromm [frɔm] <-er *o* frömmer, -ste *o* frömmste> *adj* ❶ (REL) pio, devoto ❷ (*fig: gehorsam*) docile, mansueto

Frömmelei [frœmə'laı] <-, -en> *f* (*pej*) bigotteria *f;* **frömmeln** ['frœməln] *vi* (*pej*) affettare devozione, fare il bigotto

Frömmigkeit ['frœmıçkaıt] <-> *kein Pl f* devozione *f,* religiosità *f*

Frömmler(in) ['frœmlɐ] <-s, -; -, -nen> *m(f)* (*pej*) bigotto, -a *m, f*

Fronarbeit *f* ❶ (HIST: *Fron*) corvé *f* ❷ (*CH: freiwillige, unbezahlte Arbeit*) volontariato *m*

frönen ['frø:nən] *vi* **einer Sache** *dat* **~** essere schiavo di qc

Fronleichnam [fro:n'laıçna:m] *m* (REL) Corpus Domini *m*

Front [frɔnt] <-, -en> *f* ❶ (ARCH) facciata *f* ❷ (MIL, POL, METEO) fronte *m;* **in ~ liegen** (SPORT) essere in testa ❸ *pl* (*Haltung*) posizione *f;* **die ~en wechseln** (*a fig*) fare un voltafaccia; **klare ~en schaffen** mettere in chiaro le cose

frontal [frɔn'ta:l] *adj* frontale; **Frontalzusammenstoß** *m* (MOT) scontro *m* frontale

Frontantrieb *m* (MOT) trazione *f* anteriore

fror [fro:ɐ] *1. u 3. pers sing imp von* **frieren**

Frosch [frɔʃ] <-(e)s, Frösche> *m* (ZOO) rana *f;* **Froschlaich** *m* uova *fpl* di rana; **Froschmann** *m* uomo *m* rana, sommozzatore *m;* **Froschperspektive** *f* prospettiva *f* dal basso in alto; **Froschschenkel** *m* (GASTR) coscia *f* di rana

Frost [frɔst] <-(e)s, Fröste> *m* gelo *m;* (MED: *Schüttel~*) brividi *mpl;* **eisiger ~** gelo intenso, gran freddo; **Frostbeule** *f* gelone *m*

frösteln ['frœstəln] *vi* aver freddo; **mich fröstelt** rabbrividisco dal freddo, ho (i) brividi di freddo

frostempfindlich *adj* sensibile al gelo; **frostfrei** *adj* senza gelo; **frostig** *adj* glaciale, freddo; **Frostschaden** *m* danno *m* causato dal gelo; **Frostschutzmittel** *n*

antigelo *m*

Frottee [frɔ'te:] <-(s), -s> *n o m* spugna *f;* **Frotteehandtuch** <-(e)s, -tücher> *n* (*fam*) *s.* **Frottier(hand)tuch**

frottieren [frɔ'ti:rən] <ohne ge-> *vt* sfregare, frizionare; **Frottier(hand)tuch** <-(e)s, -tücher> *n* asciugamano *m* di spugna

frotzeln ['frɔtsəln] *vi* (*fam*) (**über jdn/ etw**) **~** stuzzicare (qu/per qc), sfottere (qu/per qc)

Frucht [frʊxt] <-, Früchte> *f* (*a fig*) frutto *m;* **Früchte tragen** (*a fig*) fruttare

fruchtbar *adj* fertile, fecondo; **Fruchtbarkeit** <-> *kein Pl f* fertilità *f,* fecondità *f*

Fruchtblase *f* (ANAT) sacco *m* delle acque [*o* amniotico]

fruchten ['frʊxtən] *vi* fruttare, giovare; **nichts ~** non servire a nulla

Fruchtfleisch *n* polpa *f* del frutto

fruchtig *adj* aromatico, che sa di frutta fresca

fruchtlos *adj* infruttuoso, inutile

Fruchtlosigkeit <-> *kein Pl f* inefficacia *f*

Fruchtpresse *f* spremifrutta *m;* **Fruchtsaft** *m* succo *m* di frutta

Fruchtwasser <-s> *kein Pl n* (MED) liquido *m* amniotico; **Fruchtwasseruntersuchung** *f* amniocentesi *f*

Fruchtwechsel *m* (AGR) avvicendamento *m* [*o* rotazione *f*] delle colture

früh [fry:] **I.** *adj* ❶ (*nicht spät*) presto, primo; **~e Kindheit** prima infanzia; **am ~en Morgen** di prima mattina, al mattino presto ❷ (*vorzeitig*) precoce, prematuro ❸ (*Gemüse, Obst*) primaticcio; (*Kartoffeln*) novello **II.** *adv* presto, di buon'ora; **gestern/morgen ~** ieri/domani mattina; **heute ~** stamattina; **von ~ bis spät** dalla mattina alla sera; **zu ~** troppo presto, in anticipo

Früh <-> *kein Pl f* **in der ~** (*A, CH, südd:* *am Morgen*) di/la mattina presto

Frühaufsteher(in) <-s, -; -, -nen> *m(f)* persona *f* mattiniera; (**ein**) **~ sein** essere mattiniero

Frühe ['fry:ə] <-> *kein Pl f* **in der ~** il mattino, di mattina; **in aller ~** di buon mattino, all'alba

früher ['fry:ɐ] *Komparativ von* **früh I.** *adj* ❶ (*eher*) prima; **in ~en Zeiten** in tempi passati ❷ (*ehemalig*) ex, di prima; **der ~e Besitzer des Schlosses** l'ex proprietario del castello **II.** *adv* ❶ (*eher*) prima; **~ kann ich heute nicht kommen** oggi non posso venir prima; **~ oder später** prima o poi ❷ (*damals*) prima, una volta, un tempo; **es ist alles noch genau wie ~** è rimasto tutto esattamente come prima; **~ habe ich jeden Tag Tennis gespielt** una volta giocavo a tennis tutti i giorni

Früherkennung <-, -en> f (MED) riconoscimento m precoce

früheste(r, s) adj Superlativ von **früh** primo, -a

frühestens ['fry:əstəns] adv al più presto

Frühgeburt f (MED) ❶ (Vorgang) parto m prematuro ❷ (Kind) (neonato m) prematuro m

Frühgemüse n (AGR) primizie fpl

Frühgeschichte <-> kein Pl f ❶ (HIST) protostoria f, secondo periodo della preistoria comprendente l'età del bronzo e quella del ferro ❷ (einer Bewegung) inizi mpl

Frühjahr n primavera f; **Frühjahrsmüdigkeit** f stanchezza f primaverile

Frühkartoffel f (AGR) patata f novella

Frühling ['fry:lɪŋ] <-s, -e> m primavera f; **Frühlingsanfang** m inizio m della primavera; **Frühlingsrolle** f (GASTR) involtino m primavera; **Frühlingssuppe** f (GASTR) minestra f di verdura

frühmorgens [fry:'mɔrgəns] adv di buon mattino, di buon'ora

Frühobst n (AGR) frutta f primaticcia

Frühpensionierung f prepensionamento m

frühreif adj primaticcio; (a fig) precoce

Frührentner(in) m(f) prepensionato, -a m, f

Frühschicht f ❶ (Arbeit) primo turno m ❷ (Mannschaft) squadra f del primo turno

Frühschoppen m bicchierino m bevuto la mattina in compagnia

Frühsport m ginnastica f mattutina

Frühstart m (SPORT) falsa partenza f

Frühstück <-s, -e> n colazione f; **frühstücken** vi far colazione; **Frühstücksbuffet** n buffé m [o buffet m] di colazione; **Frühstücksfernsehen** <-s> kein Pl n programma m televisivo del mattino

Frühwerk <-(e)s, -e> n opera f giovanile

frühzeitig I. adj ❶ (rechtzeitig) tempestivo ❷ (vorzeitig) primaticcio II. adv ❶ (rechtzeitig) per tempo, presto ❷ (vorzeitig) precocemente, prematuramente

Frust [frʊst] <-(e)s> kein Pl m (fam) frustrazione f

Frustration <-, -en> f frustrazione f

frustrieren [frʊs'tri:rən] <ohne ge-> vt (fam) frustrare

frustrierend adj frustrante

frz. abk v **französisch** francese

F-Schlüssel ['ɛfʃlʏsəl] <-s, -> m (MUS) chiave f di fa

FTP-Protokoll <-s, -e> n (INFORM: Standardprotokoll zur Übertragung von Dateien) protocollo m del ftp

Fuchs [fʊks] <-es, Füchse> m (ZOO) ❶ (Tier, Pelz) volpe f; **alter ~** (fig) volpone m fam; **wo sich ~ und Hase gute Nacht sagen** (scherz) in capo al mondo ❷ (Pferd) sauro m; **Fuchsbau** <-(e)s, -e> m tana f della volpe

fuchsen ['fʊksən] vt (fam) ❶ (großen Ärger bereiten) far arrabbiare, irritare, indispettire; **die Sache hat mich sehr gefuchst** la cosa mi ha molto irritato ❷ (A: nicht gelingen) non riuscire, creare problemi; **es fuchst mich heute wieder** (es will mir nichts gelingen) oggi non mi riesce nulla

Füchsin ['fʏksɪn] <-, -nen> f (ZOO: Tier, Pelz) volpe f femmina; s. a. **Fuchs**

Fuchsjagd f caccia f alla volpe; **Fuchspelz** m pelliccia f di volpe; **fuchsrot** adj rossigno, rossiccio; **Fuchsschwanz** m ❶ (BOT, ZOO) coda f di volpe ❷ (TEC: Säge) saracco m; **fuchsteufelswild** ['fʊks'tɔɪfəls'vɪlt] adj (fam) furioso, furibondo

Fuchtel ['fʊxtəl] <-, -n> f **unter jds ~ stehen** (fam) stare sotto la dura disciplina di qu

fuchteln vi (fam) **mit den Armen ~** agitare le braccia, gesticolare

Fug [fu:k] m **mit ~ und Recht** a buon diritto

Fuge ['fu:gə] <-, -n> f ❶ (TEC, ARCH, LING) commettitura f; **aus den ~n gehen** sconnettersi, scompaginarsi ❷ (MUS) fuga f

fügen ['fy:gən] I. vt (anbringen) aggiungere, disporre; (TEC: verbinden) commettere, congiungere II. vr sich ~ ❶ (sich ein~) sich in etw acc ~ adattarsi a qc; **es fügte sich, dass ...** (geh) successe che ... ❷ (sich unterordnen) sottomettersi

fügsam adj docile

Fügsamkeit <-> kein Pl f docilità f, arrendevolezza f

Fügung <-, -en> f (des Schicksals) disposizione f, volere m

fühlbar adj sensibile

fühlen ['fy:lən] I. vt ❶ (tasten) palpare, tastare ❷ (empfinden) sentire, provare II. vr sich ~ sentirsi; **sich für etw verantwortlich ~** sentirsi responsabile di qc; **sich nicht wohl ~** non sentirsi bene; **wie fühlst du dich?** come stai?, come ti senti?

Fühler <-s, -> m antenna f; **die ~ ausstrecken** (fig fam) tastare il terreno

Fühlung <-, -en> f contatto m; **mit jdm in ~ bleiben** restare in contatto con qu

fuhr [fu:ɐ̯] *1. u 3. pers sing imp von* **fahren**

Fuhre ['fu:rə] <-, -n> f ❶ (*Ladung*) carrata *f*, carico *m* ❷ (*Fahrt*) trasporto *m*

führen ['fy:rən] **I.** *vt* ❶ (*geleiten*) guidare, portare; **was führt Sie zu mir?** in che cosa posso esserLe utile?; **etw zu Ende ~** terminare qc ❷ (*leiten*) condurre; (*Betrieb, Geschäft*) dirigere; (MIL) comandare; **den Haushalt ~** attendere al governo della casa ❸ (*form: Auto*) guidare; (*Flugzeug*) pilotare; (*Kran*) manovrare ❹ (*transportieren*) avere con sé; (*Fluss: Geröll, Eis*) trascinare ❺ (COM: *Artikel*) avere, tenere ❻ (*als Titel haben*) **den Doktortitel ~** avere il titolo di dottore ❼ (*Gespräch*) sostenere; **einen Prozess ~** fare un processo; **Verhandlungen ~** negoziare **II.** *vi* ❶ (SPORT: *an erster Stelle stehen*) essere in testa, condurre; **unsere Mannschaft führt mit drei Toren** la nostra squadra conduce con tre go(a)l ❷ (*verlaufen, hin~*) portare; **das führt zu nichts** questo non porta a nessun risultato; **das führt zu weit** questo porta troppo lontano; **wohin soll das (noch) ~?** dove si va a finire?; **führend** *adj* ❶ (*Persönlichkeit*) di primo piano, eminente ❷ (*Geschäft*) (il) più rinomato; (*Hotel*) (il) migliore

Führer(in) ['fy:rɐ] <-s, -; -, -nen> *m(f)* ❶ guida *f*; (POL) capo *m*; (MIL) conduttore *m*, capitano *m*; (*Geschäfts~*) direttore, -trice *m, f*; **der ~** (HIST) il Führer ❷ (*form: von Auto*) autista *mf*; (*von öffentlichen Verkehrsmitteln*) conducente *mf*; (*von Lokomotive*) macchinista *m*; (*von Flugzeug, Schiff*) pilota *mf* ❸ (*Reise~, Fremden~, a Buch*) guida *f*

Führerausweis *m* (CH) *s.* **Führerschein**; **Führerflucht** *f* (CH) *s.* **Fahrerflucht**

Führerhaus *n* (MOT, TEC) cabina *f* di guida

Führerin *f s.* **Führer**

führerlos *adj* ❶ (*Fahrzeug*) senza conducente ❷ (*Volk*) senza guida

Führerschein *m* patente *f* (di guida); **seinen ~ machen** prendere la patente; **Führerscheinentzug** *m* (JUR) ritiro *m* della patente

Führerstand *m* cabina *f* del macchinista

Fuhrmann <-(e)s, -leute *o rar* -männer> *m* carrettiere *m*

Fuhrpark *m* parco *m* rotabile

Führung ['fy:rʊŋ] <-, -en> f ❶ (*das Führen*) tenuta *f*; (*Handhaben*) maneggio *m*, uso *m* ❷ (*Leitung*, POL) guida *f*; direzione *f*; (POL) leadership *f*; (*Verwaltung*) amministrazione *f*; **die ~ übernehmen** assumere la direzione; (SPORT) passare in testa ❸ (*Be-*

sichtigung) visita *f* guidata ❹ (*von Fahrzeugen*) guida *f* ❺ (*Benehmen*) condotta *f*, comportamento *m*; **wegen guter ~ vorzeitig entlassen werden** beneficiare di una remissione della pena per buona condotta; **Führungselite** *f* (POL) classe *f* dirigente; **Führungskraft** *f* dirigente *mf*, quadri *mpl*

führungslos *adj* senza guida

Führungsschiene *f* (TEC) rotaia *f* di guida; **Führungsspitze** *f* ❶ (*Unternehmen*) vertice *m* direttivo, direzione *f* ❷ (*Partei*) vertice *m*, segretario *m* (di partito); **Führungsstab** *m* ❶ (MIL) stato *m* maggiore ❷ (COM) (consiglio *m*) direttivo *m*; **Führungswechsel** <-s, -> *m* (ri)cambio *m* del vertice; **Führungszeugnis** *n* certificato *m* di buona condotta

Fuhrunternehmen *n* (COM) impresa *f* di trasporti; **Fuhrunternehmer(in)** *m(f)* titolare *mf* d'impresa di trasporti

Fülle ['fʏlə] <-, -n> f ❶ (*Menge*) quantità *f*; (*Überfluss*) abbondanza *f*, profusione *f*; **eine ~ von Eindrücken** un mucchio di impressioni ❷ (*Körper~*) corpulenza *f*

füllen ['fʏlən] *vt* ❶ (*Gefäß*) riempire; **in einen Sack ~** insaccare ❷ (*Flüssigkeit*) versare; **den Wein in Flaschen ~** imbottigliare il vino ❸ (GASTR) farcire ❹ (*Zahn*) otturare, piombare

Füller ['fʏlɐ] <-s, -> *m* (penna *f*) stilografica *f*

Füllfeder *f* (A, CH, *südd:* Füllfederhalter) penna *f* stilografica; **Füllfederhalter** <-s, -> *m* penna *f* stilografica

Füllhorn <-s, -hörner> *n* corno *m* dell'abbondanza, cornucopia *f*

füllig *adj* pienotto, grassoccio

Füllmaterial *n* materiale *m* di riempimento

Füllsel ['fʏlzəl] <-s, -> *n* ❶ riempitivo *m* ❷ (GASTR) ripieno *m*

Füllung <-, -en> f ❶ (*das Füllen*) riempimento *m*, riempitura *f*; (*mit Luft, Gas*) gonfiatura *f* ❷ (*Füllmaterial*) riempitivo *m*; (GASTR) ripieno *m*; (*von Zahn*) otturazione *f*, (im)piombatura *f* ❸ (ARCH) controsoffitto *m*; (*Tür~*) pannello *m*

Füllwort <-(e)s, -wörter> *n* (GRAM, LIT) particella *f* espletiva, riempitivo *m*; (*in Gedichten*) zeppa *f*

fulminant [fʊlmiˈnant] *adj* strepitoso, grandioso, fulminante; **ein ~er Erfolg** un successo strepitoso; **eine ~e Persönlichkeit** una personalità grandiosa

fummeln ['fʊməln] *vi* (*fam*) lavoricchiare, abborracciare

Fund [fʊnt] <-(e)s, -e> *m* ➊ (*Finden*) ritrovamento *m;* (*archäologischer* ~) scoperta *f* ➋ (~ *stück*) oggetto *m* ritrovato; (*archäologischer* ~) reperto *m*

Fundament [fʊndaˈmɛnt] <-(e)s, -e> *n* ➊ (ARCH) fondamenta *fpl* ➋ (*fig*) base *f*, fondamento *m;* **das ~ zu etw legen** (*a fig*) gettare le basi di qc

fundamental [fʊndamɛnˈtaːl] *adj* fondamentale

Fundamentalismus [fʊndamɛntaˈlɪsmʊs] <-s> *kein Pl m* fondamentalismo *m;* **Fundamentalist(in)** <-en, -en; -, -nen> *m(f)* fondamentalista *mf;* **fundamentalistisch** *adj* fondamentalista

Fundamt *n* (*A*) *s.* **Fundbüro; Fundbüro** *n* ufficio *m* (degli) oggetti smarriti; **Fundgrube** *f* miniera *f,* fonte *f* inesauribile

fundieren [fʊnˈdiːrən] <ohne ge> *vt* consolidare, fondare

fündig [ˈfʏndɪç] *adj* ricco, produttivo; **~ werden** (MIN) scoprire un giacimento; (*fig*) trovare qc

Fundort *m* luogo *m* del ritrovamento; **Fundsache** *f* oggetto *m* ritrovato

Fundus [ˈfʊndʊs] <-, -> *m* ➊ (*Bestand*) fondo *m* ➋ (THEAT) materiale *m* scenico

fünf [fʏnf] *num* cinque; ~(**e**) **gerade sein lassen** (*fam*) non guardar troppo per il sottile; **nicht bis ~ zählen können** non saper contare fino a cinque; *s. a.* **acht**

Fünf-, fünf- *s. a.* **Acht-, acht-**

Fünf <-, -en> *f* cinque *m;* (*Schulnote: ungenügend*) cinque; *s. a.* **Acht**[1]; **Fünfeck** *n* pentagono *m;* **fünfeckig** *adj* pentagonale

Fünfer [ˈfʏnvɐ] <-s, -> *m* (*fam*) moneta *f* da cinque

fünffach *adj* quintuplo; *s. a.* **achtfach**

fünfhundert *num* cinquecento; *s. a.* **achthundert**

Fünfjahresplan [fʏnfˈjaːrəsplaːn, *pl:* fʏnfˈjaːrəsplɛːnə] <-(e)s, Fünfjahrespläne> *m* piano *m* quinquennale

fünfjährig *adj* (*fünf Jahre alt*) di cinque anni; (*fünf Jahre dauernd*) quinquennale; *s. a.* **achtjährig**

Fünfkampf *m* (SPORT) pentathlon *m*

Fünfling [ˈfʏnflɪŋ] <-s, -e> *m* figlio, -a *m, f* da parto di cinque gemelli; ~**e** cinque gemelli

fünfmal *adv* cinque volte; *s. a.* **achtmal**

Fünfmarkstück [fʏnfˈmarkʃtʏk] <-s, -e> *n* moneta *f* da cinque marchi

Fünfprozenthürde *f* (POL) sbarramento *m* del cinque per cento

Fünftagewoche *f* settimana *f* di cinque giorni lavorativi, settimana *f* corta

fünftausend *num* cinquemila; *s. a.* **achttausend**

Fünfte <ein -r, -n, -n> *mf* quinto, -a *m, f; s. a.* **Achte**

Fünftel <-s, -> *n* quinto *m; s. a.* **Achtel**

fünftel *adj inv* quinto; *s. a.* **achtel**

fünftens [ˈfʏnftəns] *adv* (in) quinto (luogo); *s. a.* **achtens**

fünfte(r, s) *adj* quinto, -a; (*bei Datumsangaben*) cinque; **das ~ Rad am Wagen sein** essere l'ultima [*o* la quinta] ruota del carro *fam; s. a.* **achte(r, s)**

Fünftürer *m* (MOT) cinque porte *f*

Fünfunddreißigstundenwoche *f* trentacinque ore *fpl* settimanali, settimana *f* lavorativa di trentacinque ore

fünfzehn *num* quindici

Fünfzehntel <-s, -> *n* quindicesimo *m*

fünfzehnte(r, s) *adj* quindicesimo, -a; (*bei Datumsangaben*) quindici; *s. a.* **achte(r, s)**

fünfzig [ˈfʏnftsɪç] *num* cinquanta; *s. a.* **achtzig**

Fünfziger(in) [ˈfʏnftsɪgɐ] <-s, -; -, -nen> *m(f)* cinquantenne *mf*

fünfzigjährig *adj* (*fünfzig Jahre alt*) di cinquanta anni; (*fünfzig Jahre dauernd*) cinquantennale, cinquantenario; *s. a.* **achtzigjährig**

Fünfzigmarkschein [fʏnftsɪçˈmarkʃaɪn] <-s, -e> *m* biglietto *m* da cinquanta marchi

fünfzigste(r, s) *adj* cinquantesimo, -a; *s. a.* **achte(r, s)**

fungieren [fʊŋˈgiːrən] <ohne ge> *vi* **als etw ~** fare le funzioni di qc

Funk [fʊŋk] <-s> *kein Pl m* radio *f;* **Funkamateur(in)** *m(f)* radioamatore, -trice *m, f;* **Funkausstellung** *f* esposizione *f* di radiotecnica

Funke [ˈfʊŋkə] <-ns, -n> *m* scintilla *f;* **~n sprühen** fare scintille; **keinen ~n Verstand haben** non avere un barlume d'ingegno

funkeln [ˈfʊŋkəln] *vi* luccicare, brillare

funkelnagelneu *adj* (*fam*) nuovo di zecca

funken [ˈfʊŋkən] *vi, vt* radiotrasmettere, trasmettere per radio; **na, hat es endlich bei dir gefunkt?** (*fam*) hai capito finalmente?; **zwischen den beiden hat es gefunkt** (*fam*) fra i due è scoppiata la scintilla

Funken <-s, -> *m s.* **Funke**

Funker(in) <-s, -; -, -nen> *m(f)* radiotelegrafista *mf*

Funkgerät *n* (*Sendegerät*) apparecchio *m* radiotrasmittente; (*Empfangsgerät*) apparecchio *m* radioricevente

F

funkgesteuert *adj* radiocomandato; **Funkhaus** *n* stazione *f* radio; (*Gebäude*) studi *mpl* radio; **Funkkolleg** *n* corso *m* radiofonico; **Funknetz** *n* rete *f* radio; **Funksignal** *n* segnale *m* radio; **Funksprechgerät** *n* apparecchio *m* radiotrasmittente; **Funkspruch** *m* radiomessaggio *m;* **Funkstation** *f* stazione *f* radio, emittente *f;* **Funkstille** *f* silenzio *m* radio, interruzione *f* delle trasmissioni radio; **zwischen den beiden herrscht ~** (*fig*) fra di loro non si scambia più una singola parola; **Funkstreife** *f* pattuglia *f* radioequipaggiata; **Funkstreifenwagen** *m* auto *f* della polizia radiocomandata; **Funktaxi** *n* radiotassì *m;* **Funktechnik** *f* radiotecnica *f;* **Funktelefon** *n* radiotelefono *m,* telefono *m* portatile

Funktion [fʊŋktsi̯oːn] <-, -en> *f* funzione *f;* **in ~ treten** entrare in funzione; **etw außer ~ setzen** mettere fuori uso qc

funktional [fʊŋktsi̯oˈnaːl] *adj* funzionale

Funktionär(in) [fʊŋtsi̯oˈnɛːɐ̯] <-s, -e; -, -nen> *m(f)* funzionario, -a *m, f*

funktionell *adj* funzionale

funktionieren [fʊŋtsi̯oˈniːrən] <ohne ge-> *vi* funzionare; **gut ~** (TEC) essere a punto

funktionsfähig *adj* efficiente; **~ halten** mantenere in efficienza

Funktionstaste *f* (INFORM) tasto *m* funzione; **Funktionsweise** *f* modalità *f* di funzionamento

Funkturm <-(e)s, -türme> *m* torre *f* della radio; **Funkverbindung** *f* collegamento *m* radio; **in ~ stehen** essere in contatto radio; **Funkverkehr** *m* radiocomunicazioni *fpl;* **Funkwagen** *m* autoradio *f,* radiomobile *f*

für [fyːɐ̯] *prp* +*acc* ❶ (*zugunsten von*) per, a favore di; **~ jdn eintreten** prendere le parti di qu, prendere partito per qu; **sich ~ jdn/etw einsetzen** impegnarsi per qu/qc; **~ mich genügt** es per me basta ❷ (*in Bezug auf*) per, quanto a; **an und ~ sich** di per sé ❸ (*im Verhältnis zu*) per; **er ist zu groß ~ sein Alter** è troppo alto per la sua età; **~ einen Ausländer spricht er gut Deutsch** per essere straniero parla bene tedesco ❹ (*gegen, bes. von Medikamenten*) per, contro ❺ (*anstelle von*) al posto di, invece di; **~ jdn einspringen** supplire qu; **~ jdn bezahlen** pagare al posto di qu; **ich habe ihm ein Buch ~ das Bild gegeben** gli ho dato un libro in cambio del quadro ❻ (*als*) per; **ich ~ meine Person ...** quanto a me ... ❼ (*Aufeinanderfolge*) **Schritt ~ Schritt** passo dopo passo; **Tag ~**

Tag giorno per giorno ❽ (*mit Fragepronomen*) **was ~ ...?** che/quale ...?; **was ~ ein Glück!** che fortuna!; **Für in das ~ und (das) Wider** il pro e il contro

Furche [ˈfʊrçə] <-, -n> *f* ❶ (*Acker~*) solco *m;* (*Wagenspur* a) scanalatura *f* ❷ (*Gesichts~*) ruga *f*

furchen *vt* ❶ (*Boden, Wasser*) solcare ❷ (*Stirn*) corrugare

Furcht [fʊrçt] <-> *kein Pl f* (*Angst*) paura *f;* (*Ängstlichkeit*) timore *m;* (*Befürchtung*) apprensione *f,* ansia *f;* **jdm ~ einflößen** far paura a qu, incutere timore a qu; **~ erregend** spaventoso, terrificante; **aus ~ vor** +*dat* per paura di

furchtbar *adj* ❶ (*schrecklich*) terribile, spaventoso ❷ (*fam: sehr*) enorme, tremendo; **das ist ~ einfach** (*fam*) è la cosa più semplice del mondo; **das ist ~ nett von Ihnen** (*fam*) è veramente molto gentile da parte Sua

fürchten [ˈfʏrçtən] **I.** *vt* temere, aver paura di **II.** *vi* (*sich Sorgen machen*) **um jdn/ etw ~** essere in apprensione per qu/qc; **um jds Leben ~** temere per la vita di qu **III.** *vr* **sich (vor jdm/etw) ~** aver paura (di qu/qc)

fürchterlich [ˈfʏrçtəlɪç] *adj s.* **furchtbar**

furchterregend *adj* spaventoso, terrificante

furchtlos *adj* impavido, intrepido; **Furchtlosigkeit** <-> *kein Pl f* coraggio *m,* assenza *f* di paura; **furchtsam** *adj* pauroso, timoroso; **Furchtsamkeit** <-> *kein Pl f* timidezza *f*

füreinander [fyːɐ̯ʔaˈnandə] *adv* l'uno per l'altro

Furie [ˈfuːriə] <-, -n> *f* furia *f*

Furnier [fʊrˈniːɐ̯] <-s, -e> *n* (TEC) (foglio *m* per) impiallacciature *f;* **furnieren** [fʊrˈniːrən] <ohne ge-> *vt* (TEC) impiallacciare

Furore [fuˈroːrə] <-> *kein Pl f* **~ machen** far furore *fam*

Fürsorge [ˈfyːɐ̯zɔrɡə] <-> *kein Pl f* ❶ (*Betreuung*) cure *fpl,* sollecitudine *f* ❷ (*Sozialhilfe*) assistenza *f;* (*Sozialamt*) previdenza *f* sociale, ufficio *m* di assistenza sociale; **von der ~ leben** vivere della previdenza sociale; **Fürsorgeamt** *n* (CH: *Sozialamt*) ufficio *m* d'assistenza sociale

fürsorglich *adj* premuroso

Fürsprache <-, -n> *f* intercessione *f;* **~ für jdn bei jdm einlegen** intercedere per qu presso qu; **Fürsprech** <-s, -e> *m* (CH) avvocato *m;* **Fürsprecher(in)** *m(f)* ❶ (*jd der jds Interessen vertritt*) intercessore, -ceditrice *m, f* ❷ (CH: *Rechtsanwalt*) avvocato, -essa m, f

Fürst(in) ['fʏrst] <-en, -en; -, -nen> m(f) principe, -essa m, f; **Fürstenhaus** n famiglia f [o dinastia f] principesca; **Fürstentum** <-s, Fürstentümer> n principato m; **Fürstin** f s. Fürst; **fürstlich** I. adj principesco II. adv da principe

Furt [fʊrt] <-, -en> f guado m

Furunkel [fu'rʊŋkəl] <-s, -> m o n (MED) foruncolo m

Fürwort <-(e)s, -wörter> n (LING) pronome m

Furz [fʊrts] <-es, Fürze> m (vulg) peto m, scor(r)eggia f

furzen vi (vulg) fare un peto vulg, scor(r)eggiare vulg

Fusel ['fu:zəl] <-s, -> m (fam) ❶ acquavite f di qualità scadente ❷ (A) vino m di qualità scadente

Fusion <-, -en> f fusione f

fusionieren [fuzjo'ni:rən] <ohne ge-> I. vt fondere II. vi fondere

Fuß [fu:s] <-es, Füße> m piede m; (Tiere) zampa f; **zu ~ gehen** andare a piedi; **gut/schlecht zu ~ sein** essere un buon/cattivo camminatore; **bei ~!** al passo!; **am ~e des Berges** ai piedi della montagna; **(festen) ~ fassen** prender piede; **kalte Füße bekommen** (fig fam) tirarsi indietro (da un'impresa); **sich** dat **die Füße vertreten** sgranchirsi le gambe fam; **auf dem ~e folgen** stare alla calcagna; **auf großem ~(e) leben** fare una vita da gran signore; **auf eigenen Füßen stehen** essere indipendente; **jdn auf freien ~ setzen** mettere qu in libertà; **mit jdm auf gutem ~ stehen** essere in buoni rapporti con qu; **jdn/etw mit Füßen treten** (fig) trattare male qu/qc; **alle Männer lagen ihr zu Füßen** aveva tutti gli uomini ai suoi piedi; **du bist wohl heute mit dem linken ~ zuerst aufgestanden?** (fam) oggi ti sei alzato col piede sbagliato!

Fußabdruck <-(e)s, -drücke> m orma f, impronta f del piede; **Fußangel** f tagliola f; **Fußbad** n pediluvio m, bagno m ai piedi

Fußball m (SPORT) ❶ (Spiel) (gioco m del) calcio m ❷ (Ball) pallone m; **Fußballer(in)** <-s, -; -, -nen> m(f) (fam) calciatore, -trice m, f; **Fußballfan** m tifoso m di calcio; **Fußballmannschaft** f squadra f di calcio; **Fußballplatz** m campo m di calcio; **Fußballspiel** n partita f di calcio; **Fußballspieler(in)** m(f) calciatore, -trice m, f; **Fußballstadion** n stadio m; **Fußballverein** m (SPORT) società f calcistica; **Fußballweltmeisterschaft** f

campionato m mondiale di calcio

Fußbank <-, -bänke> f poggiapiedi m

Fußboden m pavimento m; **Fußbodenbelag** m rivestimento m del pavimento; **Fußbodenheizung** f riscaldamento m a terra

Fußbreit <-, -> m larghezza f di un passo; **keinen ~ weichen** non cedere di un passo

Fußbremse f (AUTO) freno m a pedale

Fussel ['fʊsəl] <-, -n f o -s, -(n) m> f o m (fam) filuzzo m, peluzzo m; **fusselig** adj sfilacciato; **sich** dat **den Mund ~ reden** (fam) sprecare il fiato

fusseln vi sfilacciarsi, fare fili, fare lanugine

fußen ['fu:sən] vi **auf etw** acc ~ basarsi su qc

Fußende <-s, -n> n (von Bett) piedi mpl del letto

Fußgänger(in) ['fu:sgɛŋɐ] <-s, -; -, -nen> m(f) pedone, -a m, f; **Fußgängerbrücke** f ponte m pedonale; **Fußgängerstreifen** m (CH) strisce fpl pedonali; **Fußgängerübergang** m strisce fpl pedonali; **Fußgängerüberweg** <-(e)s, -e> m strisce fpl pedonali; **Fußgängerzone** f zona f pedonale

Fußgelenk n articolazione f del piede; **Fußkettchen** n cavigliera f; **Fußmatte** f stoino m, zerbino m; **Fußnote** f nota f in calce; **Fußpflege** f pedicure m; **Fußpfleger(in)** m(f) pedicurista mf; **Fußpilz** kein Pl m (MED) micosi f del piede; **Fußreflexzonenmassage** f riflessologia f plantare; **Fußschaltung** f (MOT) comando m del cambio a pedale; **Fußsohle** f pianta f del piede; **Fußspitze** f punta f del piede; **Fußspur** f orma f (del piede); **Fußstapfen** <-s, -> m orma f del piede; **in jds ~ treten** (fig) seguire le orme di qu; **Fußtritt** m calcio m, pedata f; (fig) schiaffo m morale; **Fußvolk** <-(e)s> kein Pl n ❶ (MIL) fanteria f, infanteria f ❷ (pej: breite Masse) massa f, marmaglia f; **Fußweg** m ❶ (Weg) strada f pedonale ❷ (Entfernung) cammino m; **bis zu uns sind es nur 5 Minuten ~** fino a casa nostra sono solo 5 minuti a piedi

futsch [fʊtʃ] adj (fam) perduto, sparito

Futter[1] ['fʊtɐ] <-s> kein Pl n (Fressen) foraggio m, pastura f; (für kleinere Haustiere) becchime m, mangime m

Futter[2] <-s, -> n (von Kleidungsstücken) fodera f; (TEC) rivestimento m

Futteral <-s, -e> n astuccio m; (Brillen~) custodia f

futtern ['fʊtɐn] vi (fam) rimpinzarsi

füttern ['fʏtɐn] vt ❶ (Säugling, Kranke) imboccare ❷ (Tier) dare da mangiare a

❸ (INFORM: *Daten*) immettere ❹ (*Klei-dungsstück*) foderare
Futternapf *m* scodella *f*; **Futterneid** *m*
❶ (*Tiere*) invidia *f* del cibo altrui ❷ (*fam*)
gelosia *f*, invidia *f*; **Futterpflanze** *f*
pianta *f* foraggiera
Fütterung ['fʏtərʊŋ] <-, -en> *f* dare *m* da

mangiare
Futterzusatz *m* (AGR) additivo *m*
Futur [fu'tuːɐ̯] <-s, -e> *n* (LING) futuro *m*
Futurismus [futu'rɪsmʊs] <-> *kein Pl m*
(LIT, KUNST) futurismo *m*
futuristisch *adj* futurista

G g

G, g [ge:] <-, -(s)> *n* ❶ (*Buchstabe*) G, g *f*; **G wie Gustav** G come Genova ❷ (MUS) sol *m*; **G-Dur** sol maggiore; **g-Moll** sol minore

g *abk v* **Gramm** g

G7-Gipfeltreffen [ge:'zi:bən-] *n* vertice *m* G7

G8-Staaten [ge:'axt-] *pl* stati *pl* del G8

gab [ga:p] *1. u 3. pers sing imp von* **geben**

Gabe ['ga:bə] <-, -n> *f* ❶ (*Geschenk*) dono *m*; (*Opfer~*) offerta *f*; (*milde ~*) carità *f*, piccola offerta *f* ❷ (*Talent*) dote *f*, dono *m*

Gabel ['ga:bəl] <-, -n> *f* ❶ (*Ess~*) forchetta *f* ❷ (TEC: *von Telefon, Ast~, Rad~*) forcella *f* ❸ (AGR: *Heu~, Mist~*) forcone *m* ❹ (*Straßen~*) biforcazione *f*

Gabelfrühstück *n* (GASTR, *obs*) tarda colazione

gabeln ['ga:bəln] *vr* **sich ~** biforcarsi

Gabelstapler *m* (TEC) (carrello *m*) elevatore *m* a forca

Gabelung <-, -en> *f* biforcazione *f*, ramificazione *f*

gackern ['gakən] *vi* ❶ (*Henne*) schiamazzare ❷ (*fam fig: schwatzen*) chiacchierare, cicalare

gaffen ['gafən] *vi* (*pej*) guardare a bocca aperta

Gaffer(in) <-s, -; -, -nen> *m(f)* (*pej*) curioso, -a *m, f*

Gag [gɛk] <-s, -s> *m* gag *m*

Gage ['ga:ʒə] <-, -n> *f* (FILM, THEAT) cachet *m*, compenso *m*

gähnen ['gɛ:nən] *vi* sbadigliare

Gala ['ga:(:)la] <-> *kein Pl f* **in ~** in gran gala, in ghingheri *fam*

galaktisch [ga'laktɪʃ] *adj* galattico

galant [ga'lant] *adj* galante, cavalleresco

Galavorstellung <-, -en> *f* serata *f* di gala

Galaxie [gala'ksi:] <-, -n> *f* galassia *f*

Galeere [ga'le:rə] <-, -n> *f* galera *f*

Galeerensklave *m* galeotto *m*

Galerie [galə'ri:] <-, -n> *f* ❶ (ARCH, KUNST, THEAT) galleria *f* ❷ (*bes. A, CH: Tunnel*) galleria *f*, tunnel *m*

Galerist(in) [galə'rɪst] <-en, -en; -, -nen> *m(f)* gallerista *mf*

Galgen ['galgən] <-s, -> *m* ❶ (*zur Hinrichtung*) patibolo *m* ❷ (*für Mikrofon*) giraffa *f*; **Galgenfrist** *f* ultima dilazione *f*, breve periodo *m* di respiro; **Galgenhumor** *m* umorismo *m* nero

Galionsfigur [ga'lio:nsfigu:ɐ̯] *f* (NAUT) polena *f*

Gallapfel *m* (BOT) galla *f*

Galle ['galə] <-, -n> *f* ❶ (*Organ*) cistifellea *f*; (*Flüssigkeit*) bile *f*, fiele *m* ❷ (*fig: Bosheit*) rabbia *f*, collera *f*; **gallenbitter** ['galən'bɪtɐ] *adj* amaro come il fiele; **Gallenblase** *f* cistifellea *f*; **Gallenkolik** *f* colica *f* biliare; **Gallenleiden** *n* (MED) affezione *f* biliare; **Gallenstein** *m* calcolo *m* biliare

Gallert ['galɛrt *o* ga'lɛrt] <-(e)s, -e> *n* gelatina *f*, glutine *m*; **gallertartig** *adj* gelatinoso

Galopp [ga'lɔp] <-s, -s *o* -e> *m* galoppo *m*; **im ~** al galoppo; **galoppieren** [galɔ'pi:rən] <ohne ge-> *vi sein* galoppare, andare al galoppo

galt [galt] *1. u 3. pers sing imp von* **gelten**

Galvanisation [galvaniza'tsio:n] <-> *kein Pl f* galvanizzazione *f*

galvanisch [gal'va:nɪʃ] *adj* galvanico

galvanisieren [galvani'zi:rən] <ohne ge-> *vt* galvanizzare

Gamasche [ga'maʃə] <-, -n> *f* ghetta *f*; (*hohe*) gambale *m*

Gameboy® ['gɛɪmbɔɪ] <-(s), -s> *m* gameboy® *m*, giochetto *m* elettronico

Game-Show *f* (TV) quiz *m* televisivo; **eine ~ leiten** condurre un quiz televisivo

Gamma ['gama] <-(s), -s> *n* gamma *mf*; **Gammastrahlen** *mpl* (PHYS, MED) raggi *mpl* gamma; **Gammastrahlung** *kein Pl f* (PHYS) emissione *f* (di) raggi gamma

gammelig ['gam(e)lɪç] *adj* (*fam: Esswaren*) avariato; (*Äußeres*) trasandato

gammeln ['gaməln] *vi* ❶ (*Esswaren*) marcire ❷ (*fam pej*) fare il capellone

Gammler(in) <-s, -; -, -nen> *m(f)* (*fam pej*) capellone, -a *m, f*

Gämsbock[RR] <-s, -böcke> *m* camoscio *m*

Gämse[RR] ['gɛmzə] <-, -n> *f* (ZOO) camozza *f*

gang [gaŋ] *adj* **~ und gäbe** corrente, in uso

Gang [gaŋ] <-(e)s, Gänge> *m* ❶ (*~ art*) andatura *f*, modo *m* di camminare ❷ (*Besorgung*) commissione *f* ❸ (*fig: Verlauf*) moto *m*, corso *m*; (*von Geschäften*) andamento *m*; **seinen ~ gehen** seguire il proprio corso; **in ~ bringen** avviare, mettere in moto; **in vollem ~(e)** in pieno corso ❹ (MOT) marcia *f*; (TEC: *von Maschine*) funzionamento *m;* **in den ersten/zweiten ~ schalten** (MOT) innestare la prima/seconda ➎ *(Flur)* corridoio *m;* *(offener Durch~)* passaggio *m;* *(zwischen Sitzreihen)* corsia *f;* *(in Kirche)* navata *f* ➏ (BOT, ANAT) canale *m,* condotto *m* ➐ (MIN) vena *f,* filone *m* ➑ (SPORT) ripresa *f;* *(Fechten)* assalto *m* ➒ (GASTR) piatto *m,* portata *f;* **Gangart** *f* passo *m,* andatura *f;* **gangbar** *adj* praticabile, adottabile

gängeln ['gɛŋəln] *vt* *(fam pej)* tenere al guinzaglio

gängig ['gɛŋɪç] *adj* ➊ *(gebräuchlich)* in uso, comune ➋ *(Ware)* richiesto

Gangschaltung *f* (MOT) cambio *m* di marcia

Gangster ['gɛŋstɐ] <-s, -> *m* gangster *m,* malvivente *m*

Gangway ['gæŋweɪ] <-, -s> *f* (AERO, NAUT) passerella *f*

Ganove [ga'noːvə] <-n, -n> *m* *(fam)* malfattore *m,* furfante *m*

Gans [gans] <-, Gänse> *f* oca *f;* **dumme ~!** *(Schimpfwort)* imbecille, ebete

Gänseblümchen ['gɛnzəblyːmçən] <-s, -> *n* (BOT) margheritina *f,* pratolina *f;* **Gänsefüßchen** *npl* *(fam)* virgolette *fpl;* **Gänsehaut** *f* pelle *f* d'oca; **Gänseklein** <-s> *kein Pl n* (GASTR) rigaglie *fpl* d'oca; **Gänseleberpastete** *f* (GASTR) pasticcio *m* di fegato d'oca; **Gänsemarsch** *m* **im ~ gehen** camminare in fila indiana **Gänserich** ['gɛnzərɪç] <-s, -e> *m* maschio *m* dell'oca

Gänseschmalz *n* grasso *m* d'oca

ganz [gants] I. *adj* ➊ *(gesamt)* tutto, intero; *(vollständig)* completo; **die ~e Belegschaft** tutti i dipendenti; **mein ~es Geld** tutti i miei soldi; **ein ~er Kuchen** un dolce intero; **eine ~e Menge** un bel po' *fam;* **die ~e Zeit** *(andauernd)* continuamente; **im Ganzen genommen** tutto sommato, in fondo ➋ *(fam: unbeschädigt)* intero, intatto; **etw wieder ~ machen** *(fam)* aggiustare qc, mettere qc a posto II. *adv* ➊ *(völlig)* completamente, del tutto; **~ allein** tutto solo, solo soletto *fam;* **~ gewiss** certamente, sicuramente; **~ und gar** del tutto, assolutamente; **~ und gar nicht** per niente, nient'affatto; **ich bin ~ Ihrer Meinung** la penso esattamente come Lei; **~ genau!** esattamente!; **~ richtig!** esatto!, giusto! ➋ *(vollständig)* completamente, del tutto; **~ vorn/hinten** molto avanti/indietro; **nicht ~** non completamente, non del tutto; **~ wie Sie meinen** come crede ➌ *(ziemlich)* abbastanza; **das**

Wetter war ~ schön il tempo era abbastanza bello ➍ *(sehr)* molto; **~ wenig** pochissimo; **~ viel** moltissimo

Ganze <ein -s, -n> *kein Pl n* intero *m,* tutto *m;* **nichts ~s und nichts Halbes** né carne né pesce; **aufs ~ gehen** *(fam)* tentare il tutto per tutto; **es geht ums ~** è in gioco tutto; **das ~ ist sehr unerfreulich** il tutto è proprio poco piacevole

Gänze ['gɛntsə] <-> *kein Pl n* **zur ~** completamente, del tutto

Ganzheit <-, -en> *f* *(Einheit)* tutto *m,* totalità *f;* *(Vollständigkeit)* completezza *f,* interezza *f;* **ganzheitlich** *adj* complessivo

ganzjährig *adv* tutto l'anno

gänzlich ['gɛntslɪç] *adv* completamente, del tutto

ganzseitig *adj* a tutta pagina

ganztägig ['gantstɛːgɪç] *adj o adv* full time

Ganztagsschule *f* scuola *f* a tempo pieno

gar [gaːɐ̯] I. *adj* ➊ *(Speise)* cotto, pronto ➋ *(südd, A: fam: Geld)* esaurito, finito II. *adv* *(so~)* addirittura, persino; *(vor Negationen)* non ... affatto; *(etwa)* magari, forse; *(nicht etwa: vor Negationen)* mica; **~ keiner** nessuno; **~ kein** non ... affatto; **~ nicht** per niente, nient'affatto; **(rein) ~ nichts** proprio nulla, niente di niente *fam*

Garage [ga'raːʒə] <-, -n> *f* (auto)rimessa *f,* garage *m*

Garant [ga'rant] <-en, -en> *m* garante *mf*

Garantie [garan'tiː] <-, -n> *f* garanzia *f;* **die ~ für etw übernehmen** assumersi la garanzia per qc

garantieren [garan'tiːrən] <ohne ge-> *vi, vt* garantire

Garantieschein *m* certificato *m* di garanzia

Garaus ['gaːɐ̯ʔaʊs] *m* **jdm den ~ machen** *(scherz)* far fuori qu

Garbe ['garbə] <-, -n> *f* ➊ (BOT: Getreide~) covone *m* ➋ (TEC: Geschoss~) raffica *f*

Garçonnière [garsɔ'niɛːrə] <-, -n> *f* *(A: Einzimmerwohnung)* monolocale *m*

Gardasee ['gardazeː] *m* lago *m* di Garda

Garde ['gardə] <-, -n> *f* guardia *f*

Garderobe [gardə'roːbə] <-, -n> *f* guardaroba *f;* **Garderobenfrau** *f* guardarobiera *f;* **Garderobenmarke** *f* marchetta *f* guardaroba; **Garderobenständer** *m* attaccapanni *m*

Gardine [gar'diːnə] <-, -n> *f* tenda *f,* cortina *f;* **hinter schwedischen ~n sitzen** *(fam scherz)* stare al fresco; **Gardinenpredigt** *f* *(fam)* ramanzina *f*

Gardinenstange *f* asta *f* delle tende

Gardist [gar'dɪst] <-en, -en> *m* (MIL) soldato *m* della guardia

garen ['ga:rən] *vt* (GASTR) finire di cuocere a fuoco lento

gären ['gɛ:rən] <gärt, gärte *o* gor, gegärt *o* gegoren> *vi* haben *o* sein fermentare, essere in fermentazione

Garn [garn] <-(e)s, -e> *n* filato *m*, filo *m*

Garnele [gar'ne:lə] <-, -n> *f* gamberetto *m*

garnieren [gar'ni:rən] <ohne ge-> *vt* etw (**mit etw**) ~ guarnire qc (con qc)

Garnison [garni'zo:n] <-, -en> *f* (MIL: *Standort*) guarnigione *f*; (*Besatzung*) presidio *m*

Garnitur [garni'tu:ɐ] <-, -en> *f* (*zusammengehörige Teile*) insieme *m*, completo *m*; (*von Bettwäsche*) parure *f*; (*von Knöpfen*) serie *f*; **die erste** ~ (*fig*) la prima scelta

Garnknäuel <-s, -> *m o n* gomitolo *m* di filo

Garnrolle *f* rocchetto *m* di filato

garstig ['garstɪç] *adj* ❶ (*hässlich*) brutto; (*abstoßend*) schifoso ❷ (*böse*) cattivo

Garten ['gartən] <-s, Gärten> *m* giardino *m*; (*Nutz~*) orto *m*; (*Obst~*) frutteto *m*; **zoologischer** ~ giardino zoologico, zoo; **botanischer** ~ ortobotanico; **Gartenarbeit** *f* lavoro *m* di giardinaggio; **Gartenbau** *m* giardinaggio *m*; (*von Nutzgärten*) orticoltura *f*; **Gartenfest** *n* festa *f* in giardino, garden-party *m*; **Gartengerät** *n* attrezzo *m* da giardino; **Gartenhaus** *n* padiglione *m* nel giardino; **Gartenlaube** *f* pergola *f*, pergolato *m*; (*Haus*) capanno *m*; **Gartenmesser** *n* roncola *f*; **Gartenmöbel** *npl* mobili *mpl* da giardino; **Gartenschau** *f* rassegna *f* di giardinaggio; **Gartenschere** *f* cesoie *fpl* per potare, forbici *fpl* da giardiniere; **Gartenschlauch** *m* sistola *f* (per innaffiare); **Gartensitzplatz** *m* (*CH: Terrasse*) terrazza *f* sul giardino; **Gartenzaun** *m* recinto *m* del giardino; **Gartenzwerg** *m* nanetto *m* (per ornamento di giardini)

Gärtner(in) ['gɛrtnɐ] <-s, -; -, -nen> *m(f)* giardiniere, -a *m, f*

Gärtnerei [gɛrtnə'raɪ] <-, -en> *f* ❶ (*Unternehmen*) azienda *f* di floricoltura ❷ (*Gartenbau*) giardinaggio *m*

Gärtnerin *f s.* **Gärtner**

Gärung ['gɛ:rʊŋ] <-, -en> *f* fermentazione *f*

Garzeit *f* tempo *m* di cottura

Gas [ga:s] <-es, -e> *n* gas *m*; ~ **geben** (MOT) accelerare; ~ **wegnehmen** (MOT) decelerare; **Gasanzünder** *m* accendi-

gas *m*; **Gasbeleuchtung** *f* illuminazione *f* a gas; **Gasbrenner** *m* becco *m* a gas; **Gasfeuerzeug** *n* accendino *m* a gas; **Gasflasche** *f* bombola *f* del gas; **gasförmig** *adj* gassoso; **Gashahn** *m* rubinetto *m* del gas; **Gashebel** *m* pedale *m* [*o* leva *f*] del gas, chiavetta *f*; **Gasheizung** *f* riscaldamento *m* a gas; **Gasherd** *m* fornello *m* a gas; **Gaskammer** *f* camera *f* a gas; **Gaskocher** *m* fornello *m* a gas; **Gaslampe** *f* lampada *f* a gas; **Gasleitung** *f* conduttura *f* del gas

Gaslieferung *f* distribuzione *f* di gas; **Gasmann** *m* letturista *m* (del gas); **Gasmaske** *f* maschera *f* antigas; **Gasofen** *m* stufa *f* a gas

Gasometer [gazo'me:tɐ] *m* gasometro *m*

Gaspedal *n* (MOT) pedale *m* dell'acceleratore; **Gaspistole** *f* pistola *f* a gas; **Gasrohr** *n* tubo *m* del gas

Gasse ['gasə] <-, -n> *f* viuzza *f*, vicolo *m*; **etw über die** ~ **verkaufen** (*A*) vendere qc da portar via

Gast [gast] <-es, Gäste> *m* ospite *mf*, invitato, -a *m, f*; (*Tisch~*) convitato, -a *m, f*; (*Fremder*) forestiero, -a *m, f*; (*Besucher*) frequentatore, -trice *m, f*; (*in Gaststätte, Hotel*) cliente *mf*; (*in Pension*) pensionante *mf*; **jdn zu** ~ **bitten** invitare qu; **bei jdm zu** ~ **sein, jds** ~ **sein** essere ospite di qu

Gastarbeiter(in)   *m(f)*   lavoratore, -trice *m, f* straniero, -a

Gästebett *n* letto *m* degli ospiti; **Gästebuch** *n* libro *m* degli ospiti; **Gästezimmer** *n* camera *f* degli ospiti

gastfreundlich *adj* ospitale

Gastfreundschaft *f* ospitalità *f*; **Gastgeber(in)** *m(f)* ospite *mf*, ospitante *mf*; **Gasthaus** *n*, **Gasthof** *m* locanda *f*, albergo *m*; **Gasthörer(in)** *m(f)* uditore, -trice *m, f*

gastieren [gas'ti:rən] <ohne ge-> *vi* fare una rappresentazione in una città forestiera; **ein Zirkus gastiert in der Stadt** la città ospita un circo (per un certo numero di rappresentazioni)

Gastland *n* paese *m* ospitante

gastlich *adj* ospitale

Gastprofessor(in)   *m(f)*   professore, -essa *m, f* ospite

Gastritis [gas'tri:tɪs] <-, Gastritiden> *f* (MED) gastrite *f*

Gastronomie [gastrono'mi:] <-> *kein Pl f* gastronomia *f*

gastronomisch *adj* gastronomico

Gastspiel *n* (THEAT) rappresentazione *f* (di una compagnia ospite); (SPORT) partita *f* in trasferta

Gaststätte *f* ristorante *m*, trattoria *f*; **Gaststube** *f* sala *f* (da pranzo); **Gastwirt(in)** *m(f)* oste *mf*; (*Schankwirt*) albergatore, -trice *m*, *f*; (*Speisewirt*) gestore, -trice *m*, *f* di una trattoria; **Gastwirtschaft** *f* s. **Gaststätte**

Gasuhr *f* contatore *m* del gas; **Gasvergiftung** *f* avvelenamento *m* da gas; **Gasversorgung** *kein Pl f* erogazione *f* del gas; **Gaswerk** *n* officina *f* del gas

Gatsch <-es, -> *m* (*A: Schlamm*) fango *m*, melma *f*

GATT [gat] <-> *n* (POL, WIRTSCH) *abk v* General Agreement on Tariffs and Trade (**Allgemeines Zoll- und Handelsabkommen**) GATT *m*

Gatte ['gatə] <-n, -n> *m* (*geh*, *form*) coniuge *m*

Gatter ['gatɐ] <-s, -> *n* recinto *m*, steccato *m*

Gattin ['gatɪn] <-, -nen> *f* (*geh*, *form*) coniuge *f*

Gattung ['gatʊŋ] <-, -en> *f* genere *m*; (BIOL) specie *f*

GAU [gaʊ] <-s> *kein Pl m abk v* **größter anzunehmender Unfall** *supposta massima gravità di incidente*

Gaudi ['gaʊdi] <-> *kein Pl f* (*fam*) spasso *m*, divertimento *m*

Gaul [gaʊl] <-(e)s, Gäule> *m* (*pej*) ronzino *m*

Gaumen ['gaʊmən] <-s, -> *m* (ANAT) palato *m*

Gauner(in) ['gaʊnɐ] <-s, -; -, -nen> *m(f)* ❶(*Betrüger*) imbroglione, -a *m*, *f*, truffatore, -trice *m*, *f* ❷(*fam: durchtriebener Mensch*) furfante *mf*

Gaunerei [gaʊnə'raɪ] <-, -en> *f* imbroglio *m*

Gaunerin *f* s. **Gauner**

Gazastreifen ['ga:zaʃtraɪfən] <-s> *m* striscia *f* di Gaza

Gaze ['ga:zə] <-, -n> *f* garza *f*

Gazelle [ga'tsɛlə] <-, -n> *f* gazzella *f*

GB *abk v* **Gigabyte** GB

geb. *abk v* **geboren** n.

Gebäck [gə'bɛk] <-(e)s, -e> *n* biscotti *mpl*, paste *fpl*, dolci *mpl*

gebacken [gə'bakən] *pp von* **backen**

Gebälk [gə'bɛlk] <-(e)s, *rar* -e> *n* impalcatura *f*; (ARCH) travatura *f*

geballt [gə'balt] *adj* (*Faust*) serrato, chiuso; (*fig: Energie, Ladung*) concentrato

gebannt [gə'bant] *adj* incantato

gebar [gə'baːɐ̯] *1. u 3. pers sing imp von* **gebären**

Gebärde [gə'bɛːɐ̯də] <-, -n> *f* gesto *m*

gebärden <ohne ge-> *vr* **sich ~** atteggiarsi

Gebärdensprache *f* linguaggio *m* gestuale

gebären [gə'bɛːrən] <gebärt *o* gebiert, gebar, geboren> *vt* partorire; **geboren werden** nascere, essere nato

Gebärmutter *f* (ANAT) utero *m*

Gebärmutterkrebs <-es, -e> *m* (MED) cancro *m* all'utero, tumore *m* uterino

gebauchpinselt [gə'baʊxpɪnzəlt] *adj* (*scherz*) **sich ~ fühlen** (*geschmeichelt*) sentirsi lusingato

Gebäude [gə'bɔɪdə] <-s, -> *n* ❶(*Bau*) edificio *m*, fabbricato *m* ❷(*fig: Aufbau*) sistema *m*; **Gebäudekomplex** *m* caseggiato *m*

gebaut *adj* **gut ~** (*Mensch*) ben fatto

Gebeine [gə'baɪnə] *npl* (*geh*) ossa *fpl*; (*eines Toten*) resti *mpl*

Gebell [gə'bɛl] <-(e)s> *kein Pl n* abbaio *m*

geben ['ge:bən] <gibt, gab, gegeben> **I.** *vt* ❶dare; (*reichen*) porgere; **jdm etw ~** dare qc a qu; (*schenken*) regalare qc a qu; **jdm jdn ~** (*beim Telefonieren*) passare qu a qu; **viel/nicht viel auf etw** *acc* **~** tenere molto/non molto a qc; **etw von sich** *dat* **~** (*Laut*) proferire; (*Meinung*) esprimere; (*Lebenszeichen*) dare; **zu denken ~** dare da pensare; **zu verstehen ~** far capire; **ich gäbe viel darum zu** +*inf* darei molto per ...; **~ Sie mir bitte ein Pfund Äpfel** mi dia mezzo chilo di mele, per favore; **~ Sie mir bitte Frau Schwarz** mi passi la signora Schwarz, per favore ❷(*gewähren*) dare; (*Rabatt*) fare ❸(*ergeben*) dare come risultato, produrre ❹(*veranstalten*) dare; (TV) dare, trasmettere ❺(*unterrichten*) insegnare; (*Unterricht*) dare ❻(*unpersönlich*) **es gibt jemanden, der ...** c'è qualcuno che ...; **es wird Regen ~** pioverà; **es wird Ärger ~** ci saranno noie; **was gibt's (Neues)**? che c'è (di nuovo)?; **was gibt's im Kino?** che cosa danno al cinema?; **das gibt's (doch) nicht** non è possibile; **gleich gibt's was!** (*fam*) presto ci saranno guai **II.** *vi* (*Karten ~*) distribuire, dare; (SPORT: *Aufschlag haben*) servire, battere; **wer gibt?** chi distribuisce? **III.** *vr* **sich ~** ❶(*nachlassen: Kälte, Eifer, Wut*) diminuire; (*Schmerzen*) calmarsi, placarsi; (*aufhören: Probleme*) smettere; **das wird sich schon ~** la cosa si risolverà ❷(*sich benehmen*) comportarsi; **sich gelassen/heiter ~** mostrarsi tranquillo/sereno; **sich geschlagen ~** darsi per vinto; **sich zu erkennen ~** farsi riconoscere

Geber(in) <-s, -; -, -nen> *m(f)* donatore,

-trice *m, f;* (*bes. in Zusammensetzungen*) datore, -trice *m, f*
Geberkonferenz *f* conferenza *f* dei paesi contribuenti; **Geberland** *n* paese *m* contribuente; **Geberlaune** *f* **in ~ sein** essere in vena di dare
Gebet [gə'be:t] <-(e)s, -e> *n* (REL) preghiera *f;* **Gebetbuch** *n* libro *m* delle preghiere
gebeten [gə'be:tən] *pp von* **bitten**
gebiert [gə'bi:ɐt] *3. pers sing pr von* **gebären**
Gebiet [gə'bi:t] <-(e)s, -e> *n* ❶ (*Region*) regione *f,* zona *f;* (ADM, POL) territorio *m* ❷ (*fig: Fach~*) campo *m,* materia *f;* (*Bereich*) sfera *f;* **auf dem ~ der Technik** in campo tecnico
gebieten [gə'bi:tən] <gebietet, gebot, geboten> *vt* (*geh: verlangen*) richiedere
Gebieter(in) <-s, -; -, -nen> *m(f)* dominatore, -trice *m, f;* (HIST: *Regent*) sovrano, -a *m, f,* signore, -a *m, f*
gebieterisch *adj* (*geh*) imperioso
Gebietsanspruch *m* rivendicazione *f* territoriale; **Gebietskrankenkasse** *f* (*A*) Azienda *f* Sanitaria Locale
Gebilde [gə'bɪldə] <-s, -> *n* (*Gegenstand*) cosa *f,* oggetto *m;* (*Form*) forma *f;* (*Schöpfung*) creazione *f;* (*Konstruktion*) costruzione *f;* (*Einrichtung*) arredamento *m;* (*der Fantasie*) frutto *m*
gebildet *adj* colto, istruito
Gebinde [gə'bɪndə] <-s, -> *n* (*Blumen~*) mazzo *m;* (*Kranz*) ghirlanda *f*
Gebirge [gə'bɪrgə] <-s, -> *n* montagna *f;* **im/ins ~** in montagna
gebirgig *adj* montuoso
Gebirgsjäger *m* (MIL) alpino *m,* cacciatore *m* delle Alpi; **Gebirgsmassiv** *n* massiccio *m;* **Gebirgszug** *m* catena *f* di monti
Gebiss[RR] [gə'bɪs] <-es, -e> *n,* **Gebiß**[ALT] *n* (*natürliches*) dentatura *f,* denti *mpl;* (*künstliches*) dentiera *f;* (*am Pferdezaum*) morso *m*
gebissen [gə'bɪsən] *pp von* **beißen**
Gebläse [gə'blɛːzə] <-s, -> *n* (MOT) ventilatore *m*
geblasen [gə'blaːzən] *pp von* **blasen**
geblieben [gə'bliːbən] *pp von* **bleiben**
geblümt [gə'blyːmt] *adj* a fiori, fiorito
Geblüt [gə'blyːt] <-(e)s> *kein Pl n* (*geh*) indole *f*
gebogen [gə'boːgən] I. *pp von* **biegen** II. *adj* piegato, curvo
geboren [gə'boːrən] I. *pp von* **gebären** II. *adj* nato; **~er Deutscher** tedesco di nascita; **Frau X, ~e Y** la signora X, nata Y;

zu etw ~ sein essere nato per qc; **sie ist die ~e Lehrerin** è nata per fare l'insegnante; **wann/wo sind Sie ~?** quando/dov'è nato?
geborgen [gə'bɔrgən] I. *pp von* **bergen** II. *adj* al sicuro; **~ vor jdm/etw sein** essere al sicuro da qu/qc; **sich** (**bei jdm**) **~ fühlen** sentirsi sicuro (da qu); **Geborgenheit** <-> *kein Pl f* sicurezza *f,* intimità *f*
geborsten [gə'bɔrstən] *pp von* **bersten**
Gebot [gə'boːt] <-(e)s, -e> *n* ❶ (*Befehl*) comando *m,* ordine *m* ❷ (REL) comandamento *m;* (*gesetzlich*) precetto *m;* **die Zehn ~e** (REL) i dieci comandamenti ❸ (*bei Auktion*) offerta *f*
geboten [gə'boːtən] I. *pp von* **bieten, gebieten** II. *adj* (*dringend*) urgente; (*angezeigt*) indicato
Gebr. *abk v* **Gebrüder** F.lli
gebracht [gə'braxt] *pp von* **bringen**
gebrannt [gə'brant] I. *pp von* **brennen** II. *adj* **~e Mandeln** mandorle tostate; **ein ~es Kind scheut das Feuer** (*prov*) can scottato all'acqua calda ha paura della fredda
gebraten [gə'braːtən] *pp von* **braten**
Gebrauch [gə'braux] *m* ❶ *sing* (*Anwendung*) uso *m,* impiego *m;* **außer ~** fuori uso; **in ~** in uso; **vor ~ schütteln** agitare prima dell'uso; **von etw ~ machen** usare qc ❷ (*Brauch*) usanza *f,* costume *m;* **Sitten und Gebräuche** usi e costumi
gebrauchen <ohne ge-> *vt* utilizzare, usare; **noch gut zu ~ sein** essere ancora utilizzabile; **zu nichts zu ~ sein** non essere buono a nulla; **nicht mehr zu ~ sein** inservibile; **das könnte ich gut ~** mi farebbe comodo *fam*
gebräuchlich [gə'brɔɪçlɪç] *adj* (*üblich*) usato, in uso; (*Ausdruck*) corrente; (*gewöhnlich*) comune, usuale; **~ sein** essere in uso; **nicht mehr ~** fuori uso
Gebrauchsanweisung *f* istruzione *f* per l'uso; **Gebrauchsartikel** *m* articolo *m* di prima necessità; **gebrauchsfertig** *adj* pronto per l'uso; **Gebrauchsgegenstand** *m* oggetto *m* d'uso comune
gebraucht [gə'brauxt] *adj* usato; (*Kleider*) smesso; **etw ~ kaufen** comprare qc di seconda mano; **Gebrauchtwagen** *m* automobile *f* usata
Gebrechen [gə'brɛçən] <-s, -> *n* malanno *m,* infermità *f*
gebrechlich *adj* (*schwächlich*) malaticcio, debole; (*altersschwach*) decrepito; **Gebrechlichkeit** <-> *kein Pl f* debolezza *f,* infermità *f;* (*Altersschwäche*) decrepitezza *f*

gebrochen [gə'brɔxən] I. *pp von* **brechen** II. *adj* ➊ (*Mensch*) affranto, abbattuto; (*Stimme*) rotto, spezzato ➋ (*fehlerhaft*) stentato; ~ **Deutsch sprechen** parlare tedesco stentatamente ➌ (*Farbe*) spento

Gebrüder [gə'bry:dɐ] *pl* fratelli *mpl*

Gebrüll [gə'brʏl] <-(e)s> *kein Pl n* (*von Rind*) muggito *m*; (*von Menschen*) grida *fpl*, urli *mpl*; (*von wildem Tier*) ruggito *m*

Gebühr [gə'by:ɐ] <-, -en> *f meist pl* (*Abgabe*) tassa *f*; (*Telefon~*) tariffa *f*; (*Fernseh~, Rundfunk~*) canone *m*; (*Straßenbenutzungs~*) pedaggio *m*; (*Beitrag*) contributo *m*, quota *f*; (*Vermittlungs~*) provvigione *f*; (*Honorar*) onorario *m*, competenze *fpl*; ~ **bezahlt Empfänger** tassa a carico del destinatario

gebühren [gə'by:rən] <ohne ge-> *vi* (*geh*) **jdm** ~ spettare a qu, essere dovuto a qu

gebührend *adj* ➊ (*verdient*) dovuto, meritato ➋ (*gehörig*) conveniente

Gebühreneinheit *f* (TEL) scatto *m*; **Gebührenerhöhung** *f* aumento *m* delle tasse [*o* delle imposte]; **Gebührenerlass**^RR *m* esenzione *f* dalle tasse, franchigia *f*; **gebührenfrei** *adj* esente da tasse; (*Postsendung*) franco di porto; **Gebührenordnung** *f* tariffario *m*; **gebührenpflichtig** *adj* soggetto a tassa, tassabile; (*Straße*) a pagamento; **Gebührenzähler** *m* contatore *m* telefonico, contascatti *m*

gebunden [gə'bʊndən] I. *pp von* **binden** II. *adj* ➊ (*verpflichtet*) vincolato; **an jdn/ etw** ~ **sein** essere vincolato a qu/qc; **zeitlich/vertraglich** ~ **sein** essere vincolato dal tempo/da un contratto ➋ (COM: *Kapital*) vincolato; (*Preise*) controllato ➌ (*Buch*) rilegato; (*Töne*) legato

Geburt [gə'bu:ɐt] <-, -en> *f* ➊ (*das Geboren werden*) nascita *f*; **von** ~ **an** dalla nascita ➋ (*Entbindung*) parto *m*; **das war eine schwere** ~ (*a fig*) è stato un parto difficile ➌ (*Abstammung, Ursprung*) origine *f*; **Deutscher von** ~ tedesco di nascita

Geburtenknick *m* crollo *m* delle nascite; **Geburtenkontrolle** *f* controllo *m* delle nascite; **Geburtenrate** *f* tasso *m* di natalità; **Geburtenregelung** *f* controllo *m* delle nascite; **Geburtenrückgang** *m* diminuzione *f* delle nascite; **geburtenschwach** *adj* con basso tasso di natalità; **geburtenstark** *adj* con alto tasso di natalità; **Geburtenüberschuss**^RR *m* eccedenza *f* delle nascite sui decessi; **Geburtenziffer** *f* natalità *f*; **Geburtenzuwachs** *m* aumento *m* delle nascite

gebürtig [gə'bʏrtɪç] *adj* ~**er Römer** romano di nascita; **aus Rom** ~ nativo di Roma, nato a Roma

Geburtsanzeige *f* (*Karte*) partecipazione *f*; (*in Zeitung*) annuncio *m* di nascita; **Geburtsdatum** *n* data *f* di nascita; **Geburtsfehler** *m* difetto *m* congenito; **Geburtshaus** *n* casa *f* natale; **Geburtshelfer(in)** *m(f)* ostetrico, -a *m, f*; **Geburtshilfe** *f* ostetricia *f*; **Geburtsjahr** *n* anno *m* di nascita; **Geburtsort** *m* luogo *m* di nascita

Geburtstag *m* ➊ (*Tag der Geburt*) data *f* di nascita ➋ (*Fest*) compleanno *m*; **jdm zum** ~ **gratulieren** fare a qu gli auguri per il compleanno; **herzlichen Glückwunsch zum** ~**!** tanti auguri di buon compleanno!; **Geburtstagsgeschenk** *n* regalo *m* di compleanno; **Geburtstagskarte** *f* biglietto *m* d'auguri per il compleanno; **Geburtstagskind** *n* festeggiato, -a *m, f* (*persona che compie gli anni*)

Geburtsurkunde *f* atto *m* di nascita

Gebüsch [gə'bʏʃ] <-(e)s, -e> *n* cespuglio *m*

Geck [gɛk] <-en, -en> *m* (*pej*) bellimbusto *m*, gagà *m fam*

gedacht I. *pp von* **denken** II. *adj* immaginario, fittizio

Gedächtnis [gə'dɛçtnɪs] <-ses, -se> *n* ➊ (*Erinnerungsvermögen*) memoria *f*; **ein schlechtes** ~ **haben** avere una cattiva memoria; **sich** *dat* **etw ins** ~ **zurückrufen** richiamarsi qc alla memoria; **aus dem** ~ a memoria ➋ (*Andenken*) ricordo *m*; **zum** ~ **an jdn/etw** in ricordo di qu/qc; **Gedächtnislücke** *f* amnesia *f*; **Gedächtnisschwund** *m* amnesia *f* totale; **Gedächtnisstütze** *f* promemoria *m*; **Gedächtnisverlust** *m* perdita *f* della memoria

gedämpft *adj* ➊ (GASTR) stufato ➋ (*Licht, Stimme*) smorzato

Gedanke [gə'daŋkə] <-ns, -n> *m* ➊ (*Überlegung*) pensiero *m*; (*Absicht*) intenzione *f*; **der bloße** ~, **schon der** ~ solo a pensarci; **sich** *dat* **über jdn/etw** ~**n machen** preoccuparsi per qu/qc; **jdn auf andere** ~**n bringen** distrarre qu; **auf den** ~**n kommen zu** +*inf* avere l'idea di +*inf*; **jdn auf den** ~**n bringen, dass ...** indurre qu a pensare che ..., fare pensare a qu che ... ➋ (*Einfall, Vorstellung*) idea *f* ➌ (*Begriff*) concetto *m*; **Gedankenaustausch** *m* scambio *m* di idee; **Gedankenblitz** *m* lampo *m* di genio; **Gedankengang** *m* ragionamento *m*; **Gedankengut** *n* pensiero *m*; **gedankenlos** *adj* (*zerstreut*) distratto; (*unüberlegt*) sconsiderato; (*mechanisch*) meccanico; **Gedankenlosigkeit** <-, -en> *f* spensieratezza *f*, distrazione *f*, sbadataggine *f*; **aus** ~ per distrazione; **Gedankenstrich** *m* (LING) trattino *m*; **Gedankenübertragung** *f* telepatia *f*; **gedankenverloren** *adj* assente, immerso nei propri pensieri; **gedankenvoll** *adj* pensieroso, assorto in pensieri; **Gedankenwelt** *f* pensiero *m*, mondo *m* spirituale

gedanklich *adj* mentale, intellettuale

Gedärm [gə'dɛrm] <-(e)s, -e> *n* intestino *m*, visceri *mpl*

Gedeck [gə'dɛk] <-(e)s, -e> *n* coperto *m*

Gedeih [gə'daɪ] *m* **auf ~ und Verderb** nella buona e nella cattiva sorte

gedeihen [gə'daɪən] <gedeiht, gedieh, gediehen> *vi sein* crescere (bene), prosperare; (*sich gut entwickeln*) prosperare; (*Pflanze*) attecchire; (*gut vorangehen*) progredire, andare avanti bene

Gedeihen <-s> *kein Pl n* (*von Firma, Wirtschaft*) prosperare *m*; (*von Pflanze, Kind*) crescita *f*; (*von Plänen*) progredire *m*; (*Gelingen*) riuscita *f*

gedenken <gedenkt, gedachte, gedacht> *vi* ❶ (*feiern*) **jds** ~ commemorare qu ❷ (*beabsichtigen*) **etw zu tun** ~ avere l'intenzione di fare qc

Gedenken <-s> *kein Pl n* memoria *f*; **zum** ~ **an jdn** in memoria di qu

Gedenkfeier *f* commemorazione *f*; **Gedenkminute** *f* minuto *m* di silenzio; **Gedenkstätte** *f* monumento *m* commemorativo; **Gedenktafel** *f* lastra *f* commemorativa

Gedicht [gə'dɪçt] <-(e)s, -e> *n* poesia *f*; **Gedichtsammlung** *f* raccolta *f* di poesie

gediegen [gə'di:gən] *adj* ❶ (*rein: Metall*) puro ❷ (*zuverlässig*) saldo, fermo ❸ (*qualitativ gut*) di buona qualità; (*sorgfältig*) accurato; (*solid*) solido

gedieh [gə'di:] *1. u 3. pers sing imp von* **gedeihen**

gediehen [gə'di:ən] *pp von* **gedeihen**

Gedränge [gə'drɛŋə] <-s, -> *n* (*Menschenmenge*) ressa *f fam*, folla *f*; (*Drängelei*) pigia pigia *m fam*; **ins** ~ **kommen** (*fig*) essere messo alle strette

gedrängt [gə'drɛŋt] *adj* ❶ (*beengt*) serrato, fitto; ~ **voll von etw** pieno zeppo di qc *fam* ❷ (*knapp: Stil, Übersicht*) conciso, succinto

gedroschen [gə'drɔʃən] *pp von* **dreschen**

gedrückt [gə'drʏkt] *adj* (*Mensch*) depresso, abbattuto; **Gedrücktheit** <->

kein Pl f avvilimento *m*

gedrungen [gə'drʊŋən] **I.** *pp von* **dringen** **II.** *adj* tarchiato; **Gedrungenheit** <-> *kein Pl f* corporatura *f* tarchiata

Geduld [gə'dʊlt] <-> *kein Pl f* pazienza *f*; (*Nachsicht*) indulgenza *f*; (*Ausdauer*) perseveranza *f*; ~ **haben** (*warten*) pazientare; **mit jdm** ~ **haben** aver pazienza con qu

gedulden <ohne ge-> *vr* ~ **sich** pazientare, aver pazienza

geduldig *adj* paziente; (*nachsichtig*) indulgente; **mit jdm** ~ **sein** essere paziente con qu

Geduldsfaden *m* **mir reißt der** ~ (*fam*) mi scappa la pazienza; **Geduldsprobe** *f* **jdn auf eine** (**harte**) ~ **stellen** mettere a (dura) prova la pazienza di qu; **Geduldsspiel** *n* gioco *m* di pazienza

gedurft [gə'dʊrft] *pp von* **dürfen**[2]

geehrt [gə'ʔe:ɐt] *adj* stimato, onorato; (*geachtet*) riverito; **sehr ~er Herr M.** egregio signor M.; **sehr ~e Damen und Herren** gentili signori e signore

geeignet [gə'ʔaɪgnət] *adj* ❶ (*Mensch*) adatto; **für eine Arbeit** ~ **sein** essere idoneo ad un lavoro; **er ist zum Lehrer nicht** ~ non è adatto a fare l'insegnante ❷ (*zweckmäßig*) opportuno, appropriato

Gefahr [gə'fa:ɐ] <-, -en> *f* pericolo *m*, rischio *m*; (*Bedrohung*) minaccia *f*; **es besteht keine** ~ **für jdn** non c'è pericolo per nessuno; ~ **laufen zu ...** correre il rischio di ... +*inf*; **in** ~ **bringen** mettere a repentaglio; **auf die** ~ **hin** a rischio di; **auf die** ~ **hin, dass ...** a costo di +*inf*; **auf eigene** ~ a proprio rischio e pericolo; **außer** ~ fuori pericolo; **bei** ~ in caso di pericolo

gefährden [gə'fɛ:ɐdən] <ohne ge-> *vt* mettere in pericolo; (*Ruf, Stellung*) compromettere; (*aufs Spiel setzen*) mettere a repentaglio; **gefährdet** *adj* in pericolo, minacciato

Gefährdung <-, -en> *f* pericolo *m*

gefahren [gə'fa:rən] *pp von* **fahren**

Gefahrengebiet *n* zona *f* di pericolo; **Gefahrenherd** *m* focolaio *m* di pericoli; **Gefahrenquelle** *f* fonte *f* di pericoli; **Gefahrenzulage** *f* indennità *f* rischi

gefährlich [gə'fɛ:ɐlɪç] *adj* pericoloso; (*riskant*) rischioso; (*gewagt*) azzardato; (*ernst*) serio, grave; **Gefährlichkeit** <-> *kein Pl f* pericolosità *f*, rischio *m*; (*von Krankheit*) gravità *f*

gefahrlos *adj* senza pericolo, senza rischio; (*sicher*) sicuro; (*harmlos*) innocuo

Gefährt [gə'fɛ:ɐt] <-(e)s, -e> *n* veicolo *m*

Gefährte [gə'fɛ:ɐtə] <-n, -n> *m*

Gefährtin <-, -nen> f (geh) compagno, -a m, f

gefahrvoll adj rischioso

Gefälle [gə'fɛlə] <-s, -> n (Neigung) pendenza f; (von Straße) discesa f; (PHYS) gradiente m; (Höhenunterschied) dislivello m; (Unterschied) differenza f

gefallen¹ [gə'falən] <gefällt, gefiel, gefallen> vi jdm (gut) ~ piacere a qu; sich dat ~ in compiacersi di; sich dat alles ~ lassen sopportare ogni cosa; das gefällt mir (gut) mi piace; das gefällt mir gar nicht non mi piace affatto; (passt mir nicht) la cosa non mi va; (ist verdächtig) la faccenda puzza fam

gefallen² I. pp von **fallen** II. adj (Soldat, Engel) caduto; (Mädchen) caduto, traviato

Gefallen¹ <-s, -> m (Freundschaftsdienst) piacere m, favore m; jdm einen ~ tun fare un piacere a qu

Gefallen² <-s> kein Pl n (Freude) piacere m, diletto m; an etw dat ~ finden trovar piacere in qc

Gefallene <ein -r, -n, -n> m caduto m

gefällig [gə'fɛlɪç] adj ❶ (angenehm) piacevole, gradevole; (einnehmend) attraente ❷ (hilfsbereit) cortese, gentile; (zuvorkommend) premuroso

Gefälligkeit <-, -en> f ❶ (Freundschaftsdienst) piacere m, favore m; jdm eine ~ erweisen fare un piacere a qu; jdn um eine ~ bitten chiedere un piacere a qu ❷ sing (Hilfsbereitschaft) cortesia f; aus ~ per far piacere

gefälligst adv (fam iron) per piacere, gentilmente

gefangen [gə'faŋən] I. pp von **fangen** II. adj preso; (Tiere) catturato; (inhaftiert) imprigionato, detenuto; (fig) abbindolato; ~ **halten** tenere prigioniero; (fig: Aufmerksamkeit in Anspruch nehmen) avvincere; ~ **nehmen** prendere; (MIL) catturare; (verhaften) arrestare; (fig: fesseln) avvincere; **Gefangene** <ein -r, -n, -n> mf prigioniero, -a m, f; (Inhaftierter) detenuto, -a m, f; **Gefangenenaustausch** m scambio m di prigionieri; **Gefangenenlager** n campo m di prigionieri; **Gefangenentransport** m trasporto m di prigionieri

gefangen|halten^ALT s. **gefangen** II.; **Gefangennahme** <-, -n> f cattura f; **gefangen|nehmen**^ALT s. **gefangen** II.

Gefangenschaft <-, rar -en> f prigionia f; (Haft) detenzione f; (von Tieren) cattività f; aus der ~ entlassen rilasciare dalla prigionia; in ~ geraten cadere prigioniero

Gefängnis [gə'fɛŋnɪs] <-ses, -se> n

(Ort) prigione f; (a Strafe) carcere m; ins ~ kommen finire in prigione; im ~ sein essere in prigione; jdn zu einem Jahr ~ verurteilen condannare qu ad un anno di reclusione

Gefängnishof m cortile m (della prigione); **Gefängnisstrafe** f pena f detentiva; jdn zu einer ~ von zwei Jahren verurteilen condannare qu a due anni di reclusione; **Gefängniswärter(in)** m(f) agente mf di custodia; **Gefängniszelle** f cella f

Gefasel [gə'faːzəl] <-s> kein Pl n (pej) discorsi mpl insulsi

Gefäß [gə'fɛːs] <-es, -e> n ❶ (Behälter) recipiente m, vaso m ❷ (ANAT) vaso m ❸ (BOT) canale m

gefasst^RR [gə'fast] adj, **gefaßt**^ALT adj (ruhig) calmo, tranquillo; auf alles ~ sein essere rassegnato al peggio; sich auf etw acc ~ machen aspettarsi qc; **Gefasstheit**^RR <-> kein Pl f impassibilità f

Gefecht [gə'fɛçt] <-(e)s, -e> n (Kampf) combattimento m; (Zusammenstoß) scontro m; jdn außer ~ setzen (a fig) mettere qu fuori combattimento

Gefechtskopf m testata f esplosiva

gefeit [gə'faɪt] adj gegen etw ~ sein essere immune da qc

Gefieder [gə'fiːdɐ] <-s, -> n piumaggio m, penne fpl; **gefiedert** adj pennuto, piumato

gefinkelt [gə'fɪŋkəlt] adj (A: durchtrieben) dritto, furbo

Geflecht [gə'flɛçt] <-(e)s, -e> n (a fig) intreccio m; (aus Zweigen) graticcio m

gefleckt [gə'flɛkt] adj macchiato; (bes. Tiere) pezzato

geflissentlich [gə'flɪsəntlɪç] adv intenzionalmente

geflochten [gə'flɔxtən] pp von **flechten**

geflogen [gə'floːgən] pp von **fliegen**

geflohen [gə'floːən] pp von **fliehen**

geflossen [gə'flɔsən] pp von **fließen**

Geflügel [gə'flyːgəl] <-s> kein Pl n pollame m; **Geflügelschere** f trinciapollo m

geflügelt adj alato; ~ e Worte parole alate

Geflügelzucht f pollicoltura f

Geflüster [gə'flʏstɐ] <-s> kein Pl n bisbiglio m, mormorio m

gefochten [gə'fɔxtən] pp von **fechten**

Gefolge [gə'fɔlgə] <-s, rar -> n seguito m

Gefolgschaft <-, -en> f seguito m; (Anhänger) seguaci mpl; (Schüler, Jünger) discepoli mpl

Gefrage <-s> kein Pl n (pej) continue domande fpl, interrogatorio m

gefragt [gə'fraːkt] adj (begehrt) richiesto

gefräßig [gə'frɛːsɪç] *adj* ingordo, vorace; **Gefräßigkeit** <-> *kein Pl f* ingordigia *f,* voracità *f*

Gefreite [gə'fraɪtə] <ein -r, -n, -n> *m* (MIL) appuntato *m*

gefressen [gə'frɛsən] *pp von* **fressen**

Gefrieranlage <-, -n> *f* impianto *m* di congelamento

gefrieren [gə'friːrən] <gefriert, gefror, gefroren> *vi sein* (con)gelare, ghiacciare

Gefrierfach *n* freezer *m,* congelatore *m;* **Gefrierfleisch** *n* carne *f* congelata; **gefriergetrocknet** *adj* liofilizzato; **Gefrierpunkt** *m* punto *m* di congelamento; **auf dem ~** al punto di congelamento; **Gefrierschrank** *m,* **Gefriertruhe** *f* congelatore *m*

gefroren [gə'froːrən] I. *pp von* **frieren** II. *adj* (con)gelato; **hart ~** ghiacciato

Gefüge [gə'fyːgə] <-s, -> *n* struttura *f;* (*fig*) compagine *f*

gefügig *adj* docile, accomodante; **jdn ~ machen** rendere docile qu; **Gefügigkeit** <-> *kein Pl f* (*Willfährigkeit*) duttilità *f;* (*Gehorsam*) ubbidienza *f*

Gefühl [gə'fyːl] <-(e)s, -e> *n* ❶ (*körperlich*) sensazione *f* ❷ (*seelisch*) sentimento *m,* emozione *f;* **seine ~e beherrschen** dominare i propri sentimenti; **jds ~e erwidern** ricambiare i sentimenti di qu; **das ist das höchste der ~e** (*fam*) è il massimo (che si possa raggiungere) ❸ (*Ahnung*) sensazione *f;* **etw im ~ haben** avere il presentimento di qc, sentire qc; **ich habe das ~, dass er uns nicht mag** ho l'impressione che non gli piacciamo ❹ (*Gespür*) senso *m;* (*Takt*) tatto *m;* **das ~ für warm und kalt** il senso del caldo e del freddo; **gefühllos** *adj* ❶ (*Gliedmaßen*) intorpidito, insensibile ❷ (*hartherzig*) insensibile, senza cuore; (*grausam*) crudele; **Gefühllosigkeit** <-, -en> *f* ❶ (*von Gliedmaßen*) insensibilità *f* ❷ (*Hartherzigkeit*) insensibilità *f,* durezza *f* di cuore; (*Grausamkeit*) crudeltà *f*

gefühlsarm *adj* povero di sentimenti; **Gefühlsausbruch** *m* sfogo *m* di sentimenti; **gefühlsbetont** *adj* (*Mensch*) sentimentale; (*Rede*) carico di emozioni; **Gefühlsduselei** [gəfyːlsduːzə'laɪ] <-, -en> *f* (*fam pej*) sentimentalismo *m;* **gefühlskalt** *adj* insensibile; (*frigide*) freddo; **Gefühlskälte** <-> *kein Pl f* insensibilità *f;* (*Frigidität*) freddezza *f;* **Gefühlsleben** *n* vita *f* sentimentale; **gefühlsmäßig** I. *adj* (*Reaktion*) emotivo II. *adv* sul piano dei sentimenti; **etw rein ~ erfassen** cogliere qc intuitivamente; **Gefühls-**

mensch *m* persona *f* che si lascia guidare dai sentimenti; **Gefühlssache** *f* questione *f* di sensibilità [*o* di intuito]

gefühlvoll I. *adj* pieno di sentimenti; (*empfindsam*) sensibile; (*zärtlich*) affettuoso II. *adv* con sentimento

gefüllt *adj* ❶ (*voll*) pieno, riempito ❷ (*Blume*) doppio ❸ (GASTR) farcito, ripieno

gefunden [gə'fʊndən] *pp von* **finden**

gefüttert *adj* (*Kleidungsstück*) **mit etw ~** foderato di qc

gegangen [gə'gaŋən] *pp von* **gehen**

gegeben [gə'geːbən] I. *pp von* **geben** II. *adj* (*bestimmt*) determinato; **unter ~en Umständen** in determinate circostanze; **zu ~er Zeit** a tempo debito; **gegebenenfalls** *adv* eventualmente, in caso; **Gegebenheit** <-, -en> *f* circostanza *f,* caratteristiche *fpl*

gegen ['geːgən] *prp +acc* ❶ (*feindlich, entgegen*) contro; (*im Gegensatz zu*) contrariamente a; **~ etw sein** essere contrario a [*o* contro] qc; **ich habe etwas ~ ihn** ho qualcosa contro di lui; **ich habe nichts ~ ihn** non ho niente contro di lui ❷ (*im Austausch*) dietro, contro; (*als Entgelt für*) per, in cambio di; **~ Quittung** dietro ricevuta ❸ (*auf etw/jdn zu*) verso, in direzione di qc/qu ❹ (*zeitlich*) verso; **~ 4 Uhr** verso le 4 ❺ (*etwa*) all'incirca, circa ❻ (*im Vergleich zu*) in confronto a ❼ (*~ eine Krankheit*) per, contro; **das ist (gut) ~ Kopfweh** questo fa bene per il mal di testa

Gegenangriff *m* (MIL) contrattacco *m*

Gegenanzeige *f* (MED) controindicazione *f*

Gegenargument *n* obiezione *f,* contro *m*

Gegenbesuch <-s, -e> *m* (**bei**) **jdm einen ~ machen** contraccambiare una visita a qu

Gegenbeweis *m* controprova *f;* **den ~ liefern** provare il contrario

Gegend ['geːgənt] <-, -en> *f* ❶ (*Landschaft*) paesaggio *m* ❷ (*Gebiet*) regione *f,* contrada *f,* paese *m;* (*Körper~*) regione *f* ❸ (*Wohn~*) quartiere *m* ❹ (*nähere Umgebung*) vicinanze *fpl,* paraggi *mpl;* **in der ~ sein** essere nei paraggi

Gegendarstellung *f* smentita *f;* (*gegensätzlicher Sachverhalt*) tesi *f* contraria

Gegendienst <-(e)s, -e> *m* **jdm einen ~ erweisen** contraccambiare qc a qu

Gegendruck <-(e)s> *kein Pl m* (TEC) reazione *f;* (*fig*) resistenza *f*

gegeneinander [geːgən?aɪ'nandə] *adv* ❶ (*feindlich*) l'uno contro l'altro, l'un l'altro ❷ (*zueinander*) l'uno verso l'altro, l'un l'altro ❸ (*im Austausch*) l'uno per l'altro

gegeneinander|halten *vt* paragonare,

confrontare

Gegenfahrbahn f corsia f contromano

Gegenfrage f controdomanda f

Gegengewicht n contrappeso m; **das ~ zu etw sein** fare da contrappeso a qc

Gegengift n antidoto m, contravveleno m

Gegenkandidat(in) m(f) candidato, -a m, f avversario, -a

gegenläufig adj (Entwicklung) in controtendenza; (TEC) in contromarcia

Gegenleistung f contropartita f, contraccambio m; **als ~ für** in compenso di

Gegenlicht n (bes. FOTO) controluce f; **Gegenlichtaufnahme** f (FOTO) fotografia f in controluce

Gegenliebe kein Pl f amore m ricambiato; (Anklang) simpatia f; **er fand keine ~** il suo amore non venne ricambiato

Gegenmaßnahme f contromisura f; (vorbeugend) misura f preventiva; (Vergeltung) rappresaglia f

Gegenmehr <-s> kein Pl n (CH: POL: Gegenstimmen) voto m contrario

Gegenmittel n (MED) rimedio m; (fig) antidoto m

Gegenoffensive f (a fig) controffensiva f

Gegenpartei f (POL) partito m avversario; (JUR) controparte f; (SPORT) squadra f avversaria, avversari mpl

Gegenprobe f (A MAT) controprova f

Gegenrede f ➊ (Einwand) obiezione f ➋ (geh: Antwort) replica f, risposta f

Gegenreformation f (HIST) controriforma f

Gegenrichtung f direzione f opposta

Gegensatz m (Unterschied) contrasto m; (Widerspruch) contraddizione f; **im ~ zu etw stehen** contrastare qc; **im ~ zu** in contrasto con, a differenza di; **gegensätzlich** ['gəgɛnzɛtslɪç] adj (entgegengesetzt) contrario, opposto; (widersprüchlich) contraddittorio, contrastante; **Gegensätzlichkeit** <-> kein Pl f contrasto m, opposizione f

Gegenschlag m contrattacco m

Gegenseite f ➊ (räumlich) parte f opposta, lato m opposto ➋ (POL) opposizione f ➌ (JUR) controparte f

gegenseitig ['ge:gənzaɪtɪç] adj reciproco, mutuo; **sich ~ helfen** aiutarsi a vicenda; **in ~em Einvernehmen** di comune accordo; **Gegenseitigkeit** <-> kein Pl f reciprocità f; **auf ~ beruhen** essere reciproco

Gegenspieler(in) m(f) (SPORT) avversario, -a m, f; (fig) antagonista mf

Gegensprechanlage f citofono m

Gegenstand m ➊ (Ding) oggetto m, cosa f ➋ (fig: Grund) oggetto m ➌ (Thema) soggetto m, materia f

gegenständlich ['ge:gənʃtɛntlɪç] adj concreto

gegenstandslos adj ➊ (ungültig) nullo; (unbegründet) infondato ➋ (KUNST) astratto

Gegenstimme f voto m contrario

Gegenströmung f controcorrente f

Gegenstück n ➊ (Pendant) pendant m, oggetto m di riscontro ➋ (Gegensatz) opposto m; **das ~ zu etw** l'opposto di qc

Gegenteil n contrario m, opposto m; **das ~ von etw** il contrario di qc; **im ~** al contrario, anzi; **gegenteilig** adj contrario, opposto

gegenüber [ge:gən'?y:bɐ] I. adv ~ (von jdm/etw) di fronte (a qu/qc); **das Haus ~** la casa di fronte II. prp +dat ➊ (örtlich) di fronte a, dirimpetto a ➋ (im Vergleich mit) in confronto a, paragonato a ➌ (in Bezug auf) nei confronti di, relativamente a; (angesichts) in vista di; **mir ~** (im Umgang mit mir) con me, nei miei confronti; **Gegenüber** <-s, -> n (Mensch) persona f di fronte

gegenüberliegend adj di fronte, di faccia

gegenüber|stehen <irr> vr **sich ~** star di fronte; **jdm feindlich/freundlich ~** essere ostile a/ben disposto verso qu

gegenüber|stellen vt ➊ (räumlich) **etw einer Sache** dat ~ mettere qc di fronte a qc ➋ (JUR) confrontare, mettere a confronto; **jdn einem Zeugen ~** confrontare qu con un testimone ➌ (vergleichen) confrontare; **einer Sache** dat **etw ~** confrontare qc con qc; **Gegenüberstellung** f confronto m

gegenüber|treten <irr> vi sein **jdm ~** comparire a qu; **einer Sache** dat ~ affrontare qc

Gegenverkehr <-s> kein Pl m traffico m in senso opposto

Gegenwart ['ge:gənvart] <-> kein Pl f ➊ (Anwesenheit) presenza f; **in ~ von** in presenza di; **in meiner ~** in mia presenza ➋ (jetzige Zeit) presente m ➌ (LING) presente m

gegenwärtig ['ge:gənvɛrtɪç] I. adj ➊ (anwesend) presente ➋ (jetzig) presente, attuale ➌ (aus dieser Zeit) contemporaneo ➍ (vorherrschend) prevalente ➎ (heutig) odierno II. adv ➊ (momentan) al momento, attualmente ➋ (heutzutage) oggigiorno; **etw ~ haben** (sich erinnern) aver presente qc

Gegenwert m controvalore m

Gegenwind m vento m contrario

gegen|zeichnen vt controfirmare

Gegenzug m ➊ (im Spiel) contromossa f;

(*fig*) contromanovra *f* ❷ (FERR) treno *m* che si incrocia

gegessen *pp von* **essen**

geglichen *pp von* **gleichen**

geglitten *pp von* **gleiten**

geglommen *pp von* **glimmen**

Gegner(in) ['gɛgnɐ] <-s, -> *m(f)* avversario, -a *m, f,* antagonista *mf;* (*Feind*) nemico, -a *m, f;* (SPORT) avversario, -a *m, f;* (*von Meinung*) oppositore, -trice *m, f;* (*Rivale*) rivale *mf,* antagonista *mf;* **gegnerisch** *adj* avversario; (*feindlich*) ostile, nemico; **Gegnerschaft** <-, -en> *f* opposizione *f,* antagonismo *m;* (*Feindseligkeit*) ostilità *f,* avversione *f*

gegolten *pp von* **gelten**

gegoren *pp von* **gären**

gegossen *pp von* **gießen**

gegr. *abk v* **gegründet** fondato

gegraben [gə'gra:bən] *pp von* **graben**

gegriffen [gə'grɪfən] *pp von* **greifen**

Gehabe [gə'ha:bə] <-s> *kein Pl n* (*pej*) smancerie *fpl*

Gehackte [gə'haktə] <ein -s, -n> *kein Pl n* carne *f* tritata

Gehalt[1] [gə'halt] <-(e)s, -e> *m* ❶ (*Anteil*) contenuto *m;* (*Alkohol~*) percentuale *f;* **der ~ an etw** il contenuto di qc ❷ (*geistig*) contenuto *m;* (*innerer Wert*) valore *m* intrinseco

Gehalt[2] [gə'halt] <-(e)s, Gehälter> *n* stipendio *m*

gehalten [gə'haltən] *pp von* **halten**

gehaltlos *adj* (*Nahrung*) senza valore nutritivo; (*fig: inhaltslos*) senza contenuto, vuoto; (*oberflächlich*) superficiale

Gehaltsabrechnung *f* busta *f* paga; **Gehaltsanspruch** *m* diritto *m* allo stipendio; **Gehaltsempfänger(in)** *m(f)* stipendiato, -a *m, f;* **Gehaltserhöhung** *f* aumento *m* dello stipendio; **Gehaltskonto** *n* conto *m* corrente dove viene accreditato lo stipendio; **Gehaltsmodell** *n* modello *m* salariale; **Gehaltsstufe** *f* categoria *f* di stipendio; **Gehaltsverhandlungen** *fpl* trattative *fpl* salariali; **Gehaltszulage** *f* supplemento *m* di stipendio

gehaltvoll *adj* (*Nahrung*) nutritivo, sostanzioso; (*fig*) di valore

gehangen [gə'haŋən] *pp von* **hängen**[2]

geharnischt [gə'harnɪʃt] *adj* pepato

gehässig [gə'hɛsɪç] *adj* maligno, pieno di odio; **Gehässigkeit** <-, -en> *f* malignità *f*

gehauen *pp von* **hauen**

gehäuft I. *adj* (*Löffel*) colmo II. *adv* **~ auftreten** succedere frequentemente

Gehäuse [gə'hɔɪzə] <-s, -> *n* ❶ (TEC:

Umhüllung) involucro *m;* (*Uhr~*) cassa *f;* (*von technischen Geräten*) scatola *f,* involucro *m;* (*von Motor*) basamento *m;* (*von Radio*) alloggiamento *m;* (*von Kamera*) custodia *f* ❷ (ZOO: *von Weichtier*) guscio *m* ❸ (BOT: *Kern~*) torsolo *m*

gehbehindert ['ge:bəhɪndɐt] *adj* invalido, incapace di camminare

Gehege [gə'he:gə] <-s, -> *n* ❶ (*Jagdrevier*) riserva *f* di caccia; **jdm ins ~ kommen** (*fig*) intralciare i piani di qu ❷ (*Tier~, Wild~*) recinto *m*

geheim [gə'haɪm] *adj* segreto; **etw vor jdm ~ halten** tenere segreto qc a qu; (*verheimlichen*) celare qc a qu; **im Geheimen** in segreto; **streng ~!** segreto!; (*auf Dokumenten*) riservato; **Geheimagent(in)** *m(f)* agente *mf* segreto, -a; **Geheimcode** *m* codice *m* segreto; **Geheimdienst** *m* servizio *m* segreto

Geheimdienstbericht *m* rapporto *m* del servizio segreto

Geheimdienstdokument *n* documento *m* del servizio segreto; **Geheimfach** *n* cassetto *m* segreto

Geheimgefängnis *n* prigione *f* segreta

geheim|halten[ALT] *vt s.* **geheim**; **Geheimhaltung** *f* segretezza *f,* occultamento *m*

Geheimnis [gə'haɪmnɪs] <-ses, -se> *n* segreto *m;* (*nicht Erforschbares*) mistero *m,* arcano *m;* **ein offenes ~** un segreto di Pulcinella; **aus etw ein/kein ~ machen** fare/non fare mistero di qc; **Geheimniskrämer** [gə'haɪmnɪskrɛ:mɐ] <-s, -> *m* persona *f* misteriosa; (*wer sich mit Geheimnissen wichtig tut*) persona *f* piena di segreti; **Geheimniskrämerei** [gə'haɪmnɪskrɛ:məraɪ] <-, -en> *f* comportamento *m* misterioso

geheimnisvoll *adj* misterioso; **~ tun** fare il misterioso

Geheimnummer *f* (TEL) numero *m* telefonico segreto; (*Konto, Bankomat*) codice *m* segreto

Geheimorganisation *f* organizzazione *f* segreta

Geheimpolizei *f* polizia *f* segreta

Geheimratsecken *fpl* (*fam*) stempiature *fpl*

Geheimtipp [RR] *m* consiglio *m* da esperto

Geheimwaffe *f* arma *f* segreta

Geheimzahl *f* codice *m* segreto

Geheiß [gə'haɪs] <-es> *kein Pl n* **auf jds ~** (*geh*) per ordine di qu

gehemmt *adj* (*Mensch, Benehmen*) inibito

gehen ['ge:ən] <geht, ging, gegangen>

sein I. *vi* ❶ andare; (*zu Fuß*) camminare, andare a piedi; (*spazieren ~*) andare a passeggio; **essen** ~ andare a mangiare (fuori); **auf Reisen** ~ andare in viaggio; **auf die 50** ~ andare per i 50; **auf die andere Seite** ~ passare dall'altra parte; **bei jdm aus und ein** ~ frequentare qu; **in sich** ~ (*sein Gewissen prüfen*) fare l'esame di coscienza; **mit jdm** ~ (*begleiten*) accompagnare qu; (*mit einem Mädchen*) andare con qu, frequentare qu; **zu jdm** ~ (*besuchen*) andare da qu, fare una visita a qu; **endlich geht er an die Arbeit** finalmente si mette al lavoro; **wie geht es Ihnen?** come sta?; **es geht** (*a gesundheitlich*) va bene; (*ich brauche keine Hilfe*) ce la faccio da solo; **es geht mir gut/schlecht** sto bene/male; **es geht** non c'è male, va così così; **es geht mir auch so** succede anche a me; **wenn es nach mir ginge** se dipendesse da me; **das geht zu weit** quest'è troppo; **es geht nichts über ...** non c'è di meglio che ...; **in ein Zimmer gehen** entrare in una stanza ❷ (*weg~*) andar via, andarsene; (*Zug, Schiff: abfahren*) partire; **ich gehe jetzt** me ne vado; **geh doch** [*o* **schon**]**!** va pure!; **ach, geh (doch)!** ma va là! ❸ (*funktionieren*) funzionare; (*Uhr*) andare; **richtig gehend** (*Uhr*) esatto; **wenn das (mal) gut geht** se funzionerà, speriamo che vada bene; **glatt** ~ andare liscio *fam;* **schief** ~ andare storto; **es wird schon** ~ andrà bene ❹ (*Ware*) vendersi; (*Geschäft*) andare bene; **gut** ~ (COM) vendersi bene, trovare smercio; **wie** ~ **die Geschäfte?** come vanno gli affari?; **gut** ~ **d** (*Geschäft*) ben avviato ❺ (*Teig*) crescere, alzarsi; ~ **lassen** far lievitare ❻ (*Tür: beweg werden*) muoversi ❼ (*reichen*) arrivare; ~ **bis ...** arrivare fino a ...; **so weit** ~ **etw zu tun** arrivare al punto di fare qc ❽ (*hinein~, passen*) entrare ❾ (*andauern*) durare ❿ (*möglich sein*) essere possibile; **es geht nicht anders** non si può fare diversamente; **wenn es (gar) nicht anders geht** se proprio è indispensabile, se proprio non se ne può fare a meno; **das geht nicht** non si può fare così; **so geht es nicht** così non va; **so gut es geht** il meglio possibile; **geht es so/morgen?** va bene così/domani? ⓫ (*betreffen*) **worum geht's?** di che cosa si tratta?; **es geht um** (*es handelt sich darum*) si tratta di; (*steht auf dem Spiel*) è in gioco; **es geht um Leben und Tod** è questione di vita o di morte; **darum geht es (hier) nicht** non si tratta di questo ⓬ (*urteilen*) giudicare; **nach etw** ~ giudicare per [*o* in base a];

nach dem, was er sagt, kann man nicht ~ non ci si può regolare in base a quello che dice ⓭ (*Wend*) ~ **lassen** (*in Ruhe lassen*) lasciare in pace; **sich** ~ **lassen** (*im Benehmen*) perdere il controllo di sé stesso; (*in der Kleidung*) lasciarsi andare, essere trasandato II. *vt* (*Strecke*) percorrere

gehen‖lassen[ALT] I. *vt s.* **gehen** I.5., I.13. II. *vr* **sich** ~ *s.* **gehen** I.13.

Geher(in) ['geːɐ] <-s, -; -, -nen> *m(f)* (SPORT) marciatore, -trice *m, f*

geheuer [gə'hɔɪ̯ɐ] *adj* **nicht** ~ **sein** (*verdächtig*) essere sospetto; (*beängstigend*) essere sinistro; (*unbehaglich*) essere spiacevole; **das ist mir nicht** ~ ciò mi insospettisce, ciò non mi piace

Gehilfe [gə'hɪlfə] <-n, -n> *m* ❶ aiuto *m,* assistente *m* ❷ (*nach Lehre*) garzone *m* ❸ (*Laden~*) commesso *m* ❹ (JUR: *Komplize*) complice *m*

Gehilfenschaft <-, -en> *f* (CH: JUR: *Beihilfe*) complicità *f*

Gehilfin [gə'hɪlfɪn] <-, -nen> *f* ❶ assistente *f* ❷ (*Laden~*) commessa *f* ❸ (JUR: *Komplize*) complice *f*

Gehirn [gə'hɪrn] <-(e)s, -e> *n* (ANAT) cervello *m;* **Gehirnerschütterung** *f* (MED) commozione *f* cerebrale; **Gehirnhaut** *f* (ANAT) meninge *f;* **Gehirnhautentzündung** *f* (MED) meningite *f;* **Gehirnschlag** *m* (MED) apoplessia *f* cerebrale; **Gehirnwäsche** *f* lavaggio *m* del cervello; **Gehirnzelle** <-, -n> *f* (ANAT) cellula *f* cerebrale

gehoben [gə'hoːbən] I. *pp von* **heben** II. *adj* ❶ (*Stil*) elevato, sostenuto ❷ (*anspruchsvoll*) sofisticato ❸ (*Stellung*) elevato; **der ~ e Dienst** l'impiego di responsabilità ❹ (*Stimmung*) allegro, brioso

Gehöft [gə'høːft] <-(e)s, -e> *n* fattoria *f,* podere *m*

geholfen *pp von* **helfen**

Gehölz [gə'høːlts] <-es, -e> *n* boschetto *m*

Gehör [gə'høːɐ̯] <-(e)s> *kein Pl n* ❶ (*~sinn*) udito *m;* (*Tonempfindung*) orecchio *m;* **ein gutes** ~ **haben** aver l'udito fine; **nach** ~ (MUS) a orecchio ❷ (*Beachtung*) ascolto *m;* **bei jdm** ~ **finden** trovare ascolto presso qu; **sich** *dat* ~ **verschaffen** farsi ascoltare

gehorchen *vi* (*jdm*) ~ ubbidire (a qu); **jdm nicht** ~ disubbidire a qu

gehören <ohne ge-> I. *vi* ❶ (*als Eigentum*) appartenere; **jdm** ~ appartenere a qu; **das gehört mir** questo è mio ❷ (*als Teil*) far(e) parte; **zu etw** ~ far(e) parte di qc; **diese Frage gehört nicht hierher** questo non c'entra; **er gehört zu den besten Dichtern** è tra i migliori poeti ❸(*an bestimmten Platz*) andare messo, dover stare; **der Schrank gehört nicht hierher** non è questo il posto dell'armadio; **du gehörst ins Bett** dovresti essere a letto ❹(*erforderlich sein*) occorrere; **dazu gehört nicht viel** non ci vuole molto **II.** *vr* **sich ~** convenire, addirsi; **das gehört sich nicht** non si fa; **wie es sich gehört** (*sich schickt*) come si addice; (*ordentlich*) come si deve

Gehörfehler <-s, -> *m* (MED) difetto *m* dell'udito

Gehörgang *m* (ANAT) meato *m* uditivo

gehörig **I.** *adj* ❶(*gehörend*) **zu etw ~** appartenente a qc ❷(*gebührend*) dovuto, spettante ❸(*erforderlich*) necessario, richiesto ❹(*fam: gründlich*) bello, grande; (*bes. Strafe, Prügel*) forte **II.** *adv* ❶(*gebührend*) a dovere ❷(*gründlich*) per bene; **jdm ~ die Meinung sagen** dire a qu quello che si merita

Gehörlose <ein -r, -n, -n> *mf* non udente *mf*

gehorsam [gə'ho:ɐ̯za:m] *adj* ubbidiente; **Gehorsam** <-s> *kein Pl m* ubbidienza *f*

Gehsteig ['ge:ʃtaɪk] <-(e)s, -e> *m,* **Gehweg** *m* marciapiede *m*

Geier ['gaɪɐ] <-s, -> *m* (ZOO) avvoltoio *m*

geifern ['gaɪfɐn] *vi* (*sabbern*) sbavare; (*Schaum vor dem Mund haben*) avere la bava alla bocca; (*fig, pej: giftig reden*) inveire (*gegen* contro)

Geige ['gaɪgə] <-s, -n> *f* (MUS) violino *m;* **auf der ~ spielen** suonare il violino; **die erste ~ spielen** (*a fig*) essere il numero uno, fare il bello ed il cattivo tempo *fam*

geigen *vi* suonare il violino

Geigenbauer(in) <-s, -; -, -nen> *m(f)* (MUS) liutaio, -a *m, f;* violinaio, -a *m, f;* **Geigenbogen** *m* archetto *m* del violino

Geiger(in) <-s, -; -, -nen> *m(f)* violinista *mf*

Geigerzähler ['gaɪgɐtsɛːlɐ] <-s, -> *m* (PHYS) contatore *m* (di) Geiger

geil [gaɪl] *adj* (*lüstern*) lussurioso, libidinoso; **er ist ~ nach Erfolg** è avido di successo; **das ist echt ~!** (*sl*) è veramente fico!; **Geilheit** <-, -en> *f* libidine *f*

Geisel ['gaɪzəl] <-, -n> *f* ostaggio *m;* **Geiselhaft** <-> *kein Pl f* condizione *f* di ostaggio, prigionia *f;* **Geiselnahme** <-, -n> *f* cattura *f* di un ostaggio; **Geiselnehmer(in)** <-s, -; -, -nen> *m(f)* chi tiene in ostaggio qu, sequestratore, -trice *m, f*

Geiß [gaɪs] <-, -en> *f* (*südd, A, CH:*

Ziege) capra *f;* **Geißblatt** *n* (BOT) caprifoglio *m,* madreselva *f;* **Geißbock** *m* (*südd, A, CH*) caprone *m,* becco *m*

Geißel ['gaɪsəl] <-, -n> *f* (*a fig* BIOL) flagello *m*

geißeln **I.** *vt* frustare; (REL) flagellare **II.** *vr* **sich ~** flagellarsi

Geißeltierchen <-s, -> *n* (ZOO) flagellato *m*

Geist [gaɪst] <-(e)s, -er> *m* ❶ *sing* (*Denken*) spirito *m,* ingegno *m* ❷ *sing* (*Intellekt*) spirito *m* ❸(*Denker*) spirito *m* ❹ *sing* (*Seele*) anima *f,* spirito *m;* **der Heilige ~** lo Spirito Santo; **seinen ~ aufgeben** (*sterben*) rendere l'anima a Dio; (*nicht mehr funktionieren*) smettere di funzionare ❺(*Gespenst*) spirito *m,* fantasma *m,* spettro *m;* **von allen guten ~ern verlassen sein** (*fam*) aver perso la testa ❻ *sing* (*Vorstellung*) pensiero *m,* spirito *m; etw* **im ~(e) vor sich** *dat* **sehen** vedere qc davanti a sé col pensiero ❼(*Gesinnung*) spirito *m,* intenzione *f;* **in jds ~ e handeln** operare secondo le intenzioni di qu

Geisterbahn *f* galleria *f* degli orrori; **Geisterfahrer(in)** *m(f)* automobilista *mf* che viaggia contromano, kamikaze *m*

geisterhaft *adj* da fantasma, spettrale

geistern *vi sein* aggirarsi come un fantasma; **durch die Wohnung/Straßen ~** aggirarsi per l'appartamento/le strade come un fantasma; **der Gedanke geistert durch die Köpfe** (**der Leute**) il pensiero occupa la gente

Geisterstadt *f* città *f* fantasma; **Geisterstunde** *f* ora *f* degli spiriti, mezzanotte *f*

geistesabwesend *adj* assente, distratto; **Geistesabwesenheit** *f* distrazione *f*

Geistesarbeiter(in) *m(f)* (*geh*) intellettuale *mf;* **Geistesblitz** *m* lampo *m* di genio; **Geistesgegenwart** *f* presenza *f* di spirito; **geistesgegenwärtig** *adv* con prontezza di spirito; **geistesgestört** *adj* alienato (di mente); **Geistesgestörte** <ein -r, -n, -n> *mf* alienato, -a *f* mentale; **Geistesgröße** *f* ❶ *sing* (*Genialität*) genialità *f* ❷(*Mensch*) genio *m;* **Geisteshaltung** *f* attitudine *f* mentale, mentalità *f;* **geisteskrank** *adj* malato di mente; **Geisteskranke** *mf* malato, -a *m, f* di mente; **Geisteskrankheit** *f* malattia *f* mentale; **Geistesstörung** *f* turba *f* mentale; **geistesverwandt** *adj* spiritualmente affine; **sich mit jdm ~ fühlen** sentirsi spiritualmente affine a qu; **Geisteswissenschaften** *pl* scienze umane *fpl;* **Geisteswissenschaftler(in)** *m(f)* umanista *mf,* studioso, -a *m, f* di scienze umane; **geisteswissenschaftlich** *adj* di scienze umane; **Geisteszustand** *m* stato *m* mentale

geistig ['gaɪstɪç] *adj* ❶ (*gedanklich*) intellettuale; (*verstandesmäßig*) mentale ❷ (*innerlich*) spirituale, interiore ❸ (*unkörperlich*) immateriale

geistlich ['gaɪstlɪç] *adj* spirituale; (MUS) sacro; (*kirchlich*) ecclesiastico; (*klerikal*) clericale; **Geistliche** <ein -r, -n, -n> *m* ecclesiastico *m*; (*Priester*) prete *m*, sacerdote *m*; (*Pastor*) pastore *m*

geistlos *adj* (*einfallslos*) privo d'ingegno; (*dumm*) stupido, sciocco; (*fade*) insulso, insipido; (*langweilig*) noioso

Geistlosigkeit <-, -en> *f* ❶ *sing* (*Einfallslosigkeit*) futilità *f*; (*Dummheit*) sciocchezza *f*; (*Fadheit*) scipitaggine *f*; (*Langweiligkeit*) monotonia *f* ❷ (*Äußerung*) insulsaggine *f*; **geistreich** *adj* spiritoso; (*einfallsreich*) ingegnoso, geniale; **geisttötend** *adj* noioso, monotono; **geistvoll** *adj* (*Mensch*) spiritoso; (*Unterhaltung*) brillante; (*Äußerung*) arguto; (*Buch*) profondo

Geiz [gaɪts] <-es, -e> *m* avarizia *f*

geizen *vi* essere avaro; **mit jedem Pfennig ~** lesinare su ogni centesimo

Geizhals *m* (*pej*) avaro *m*, spilorcio *m fam*

geizig *adj* avaro

Geizkragen *m* (*fam pej*) spilorcio *m*

Gejammer [gə'jamɐ] <-s> *kein Pl n* (*fam pej*) lagna *f*

Gejohle [gə'joːlə] <-s> *kein Pl n* (*pej*) urlio *m*

gekannt *pp von* **kennen**

Gekicher [gə'kɪçɐ] <-s> *kein Pl n* risatine *fpl*

Gekläff(e) [gə'klɛf(ə)] <-(e)s> *kein Pl n* (*pej*) abbaio *m*

Geklimper [gə'klɪmpɐ] <-s> *kein Pl n* (*pej: Münzen*) tintinnio *m*; (*fam: Klavierspielen*) strimpellio *m*; (*auf Gitarre*) strimpellamento *m*

geklont [gə'kloːnt] *adj* clonato

geklungen *pp von* **klingen**

Geknatter [gə'knatɐ] <-s> *kein Pl n* (*von Gewehren*) crepitio *m*; (*von Motorrad, Motor*) scoppiettio *m*

geknickt [gə'knɪkt] *adj* (*fam*) abbacchiato, avvilito

geknifffen *pp von* **kneifen**

gekonnt [gə'kɔnt] **I.** *pp von* **können²** **II.** *adj* ben fatto, azzeccato; **etw ~ machen** fare qc magistralmente

Gekritzel [gə'krɪtsəl] <-s> *kein Pl n* scarabocchi *mpl*

gekrochen *pp von* **kriechen**

Gekröse [gə'krøːzə] <-s, -> *n* ❶ (ANAT) mesentere *m* ❷ (GASTR: *Kutteln*) trippa *f*; (*Eingeweide*) animella *f*; (*von Geflügel*) rigaglie *fpl*

gekünstelt [gə'kʏnstəlt] *adj* (*unnatürlich*) affettato; (*Sprache*) ricercato

Gel [geːl] <-s, -e> *n* gel *m*

Gelächter [gə'lɛçtɐ] <-s, -> *n* risata *f*, risa *fpl*

gelackmeiert [gə'lakmaɪɐt] *adj* (*fam*) fregato

geladen **I.** *pp von* **laden II.** *adj* (*fam: zornig*) tirato, teso; **eine ~e Atmosphäre** un'atmosfera tesa

Gelage [gə'laːgə] <-s, -> *n* banchetto *m*; (*bes. Zech~*) gozzoviglia *f*

gelähmt [gə'lɛːmt] *adj* paralizzato; (*Mensch*) paralitico; **Gelähmte** <ein -r, -n, -n> *mf* paralitico, -a *m*, *f*

Gelände [gə'lɛndə] <-s, -> *n* (*Grundstück*) terreno *m*, area *f*; (*Fabrik~*) zona *f* di un'industria/una ditta; (*Ausstellungs~*) recinto *m*, area *f* delimitata; **ebenes ~** terreno pianeggiante; **hügeliges ~** terreno collinoso; **mitten im ~** in un posto impensato; **Geländeabschnitt** *m* settore *m* di terreno; **geländegängig** *adj* adatto per tutti i terreni; **Geländelauf** *m* (SPORT) corsa *f* campestre

Geländer [gə'lɛndɐ] <-s, -> *n* (*Treppen~*) ringhiera *f*; (*Brüstung*) balaustra *f*, parapetto *m*

Geländewagen *m* fuoristrada *m*

gelang [gə'laŋ] *1. u 3. pers sing imp von* **gelingen**

gelangen [gə'laŋən] <ohne ge-> *vi sein* ❶ (*ein Ziel erreichen*) arrivare; **zu** [*o* **nach**] **etw ~** arrivare a qc; **in den Besitz einer Sache** *gen* **~** entrare in possesso di qc ❷ (CH: *sich wenden*) **an jdn/etw ~** appellarsi a qu/qc

gelangweilt *adj* annoiato; **jdm ~ zuhören** ascoltare qu (in modo) annoiato

gelassen [gə'lasən] **I.** *pp von* **lassen¹** **II.** *adj* (*ruhig*) calmo, tranquillo; (*gleichmütig*) imperturbabile; (*gefasst*) composto; **~ bleiben** mantenere la calma **III.** *adv* con calma, tranquillamente; **Gelassenheit** <-> *kein Pl f* calma *f*

Gelatine [ʒela'tiːnə] <-> *kein Pl f* (GASTR) gelatina *f*

gelaufen [gə'laʊfən] *pp von* **laufen**

geläufig [gə'lɔɪfɪç] *adj* corrente; **jdm ~ sein** essere familiare a qu

gelaunt [gə'laʊnt] *adj* disposto; **gut/schlecht ~** di buon/cattivo umore; **übel ~** di malumore

Geläut [gə'lɔɪt] <-(e)s, -e> *n*, **Geläute**

<-s, -> *n* (*Glocken~*) scampanio *m;* (*Schellen~*) scampanellio *m;* (*Läutwerk*) soneria *f*

gelb [gɛlp] *adj* giallo; ~ **werden** diventar giallo, ingiallire; *s. a.* **blau**

Gelb <-(s), - *o fam* -s> *n* giallo *m;* **die Ampel springt auf ~** il semaforo diventa giallo; *s. a.* **Blau**

gelbbraun *adj* bruno giallastro, lionato; (*Tier*) sauro

Gelbe <ein -s, -n> *kein Pl n* (*Eigelb*) tuorlo *m;* **das ist nicht gerade das ~ vom Ei** (*fig*) non è proprio il non plus ultra

Gelbfieber *n* (MED) febbre *f* gialla

gelblich *adj* giallognolo

Gelbsucht *kein Pl f*(MED) ittero *m*

Geld [gɛlt] <-(e)s, -er> *n* ❶ denaro *m,* soldi *mpl;* (*Klein~*) spiccioli *mpl,* moneta *f;* **bares ~** denaro in contanti; **~ verdienen** guadagnare soldi; **das ~ zum Fenster hinauswerfen** gettare i soldi dalla finestra; **ins ~ gehen** diventar caro; **um ~ spielen** giocare a soldi; **zu ~ machen** vendere ❷ (*Vermögen*) capitale *m,* fondi *mpl;* **öffentliche ~er** fondi pubblici; **Geldangelegenheiten** *fpl* questioni *mpl* di denaro, finanze *fpl;* **Geldanlage** *f* investimento *m;* **Geldautomat** *m* bancomat *m;* **Geldbeutel** *m* borsellino *m;* **tief in den ~ greifen** tirar fuori molto denaro; **Geldbörse** *f* (*A*) *s.* **Geldbeutel**; **Geldbuße** *f* (JUR) multa *f,* contravvenzione *f;* **Geldeinwurf** *m* fessura *f* per la moneta; **Geldentwertung** *f* (FIN) svalutazione *f* monetaria; **Geldgeber(in)** *m(f)* finanziatore, -trice *m, f;* **Geldgeschäft** *n* operazione *f* finanziaria; **Geldgier** *f* avidità *f* [*o* sete *f*] di denaro; **geldgierig** *adj* avido di denaro; **Geldinstitut** *n* istituto *m* finanziario; **Geldkurs** *m* corso *m* del denaro; **geldlich** *adj* finanziario; **Geldmacherei** <-, -en> *f* (*pej fam*) truffa *f;* **Geldmangel** <-s> *kein Pl m* mancanza *f* di denaro; **Geldmittel** *npl* mezzi *mpl* finanziari; **Geldquelle** *f* risorsa *f* finanziaria; (*Verdienstquelle*) fonte *f* di guadagno; **Geldrolle** *f* rotolino *m* di monete; **Geldschein** *m* banconota *f;* **Geldschrank** *m* cassaforte *f;* **Geldsorgen** *fpl* preoccupazioni *fpl* finanziarie; **Geldspende** *f* offerta *f* in denaro; **Geldstrafe** *f* (JUR) multa *f,* contravvenzione *f;* **jdn mit einer ~ belegen** multare qu; **Geldstück** *n* moneta *f;* **Geldtasche** *f* (*A*) *s.* **Geldbeutel**; **Geldumlauf** *m* circolazione *f* monetaria; **Geldverlegenheit** *f* difficoltà *fpl* finanziarie; **Geldverschwendung** *f* spreco *m* di denaro; **Geldwäsche** *kein*

Pl f riciclaggio *m* del denaro sporco; **Geldwechsel** *m* cambio *m* (monetario); (*Stelle*) ufficio *m* di cambio; **Geldwechsler** <-s, -> *m* distributore *m* automatico per cambio di monete; **Geldwert** *m* valore *m* in denaro; (*Kaufkraft*) potere *m* d'acquisto, valore *m* monetario

Gelee [ʒe'le:] <-s, -s> *n o m* (GASTR) gelatina *f*

gelegen [gə'le:gən] I. *pp von* **liegen** II. *adj* ❶ (*örtlich*) situato, posto; **das Zimmer ist nach Süden ~** la camera è situata a sud ❷ (*passend*) comodo, opportuno; **das kommt mir sehr ~** questo mi torna molto comodo; **mir ist daran ~, dass ...** mi importa che +*conj*

Gelegenheit <-, -en> *f* occasione *f,* possibilità *f;* **eine gute ~** una buona occasione; **~ haben zu** aver l'occasione di; **bei ~** all'occasione, al momento opportuno; **bei dieser ~** in quest'occasione; **es bietet sich eine ~** si presenta un'occasione; **Gelegenheitsarbeit** *f* lavoro *m* occasionale; **Gelegenheitsarbeiter(in)** *m(f)* avventizio, -a *m, f;* **Gelegenheitskauf** *m* acquisto *m* d'occasione, occasione *f*

gelegentlich [gə'le:gəntlɪç] I. *adj* occasionale; (*zeitweilig*) temporario II. *adv* (*bei Gelegenheit*) all'occasione; (*manchmal*) ogni tanto

gelehrig [gə'le:rɪç] *adj* docile, studioso; **Gelehrigkeit** <-> *kein Pl f* docilità *f;* (*Lernwilligkeit*) buona disponibilità *f* all'apprendimento

Gelehrsamkeit <-> *kein Pl f* (*geh*) erudizione *f,* sapienza *f,* scienza *f*

gelehrt [gə'le:ɐt] *adj* dotto, erudito; **Gelehrte** <ein -r, -n, -n> *mf* erudito, -a *m, f;* (*Wissenschaftler*) studioso, -a *m, f,* scienziato, -a *m, f*

Geleise [gə'laɪzə] <-s, -> *n s.* **Gleis**

Geleit [gə'laɪt] <-(e)s, -e> *n* ❶ (*Begleitung*) accompagnamento *m;* (*zum Schutz*) scorta *f;* (NAUT, MIL) convoglio *m;* **jdm das ~ geben** scortare qu; **jdm freies** [*o* **sicheres**] **~ geben** dare a qu un salvacondotto; (*bei Geiselnahme*) dare via libera a qu ❷ (HIST: *Gefolge*) seguito *m,* corteo *m;* **Geleitschutz** *m* scorta *f;* (NAUT) scorta *f* navale; **jdm ~ geben** scortare qu; (*bes.* NAUT) convogliare qu; **Geleitwort** <-(e)s, -e> *n* prefazione *f*

Gelenk [gə'lɛŋk] <-(e)s, -e> *n* ❶ (ANAT) giuntura *f,* articolazione *f* ❷ (TEC) giunto *m,* snodo *m;* **Gelenkbus** *m* autobus *m* articolato; **Gelenkentzündung** *f* (MED) artrite *f;* **Gelenkflüssigkeit** <-, -en> *f* (MED) sinovia *f;* **gelenkig** *adj* (*beweglich*)

G

agile, sciolto; **Gelenkigkeit** <-> *kein Pl f* agilità *f;* scioltezza *f;* **Gelenkkapsel** <-, -n> *f* (MED) capsula *f* articolare; **Gelenkrheumatismus** *m* (MED) reumatismo *m* articolare

gelernt *adj* ~**er Arbeiter** operaio qualificato

gelesen [gəˈleːzən] *pp von* **lesen**

geliebt [gəˈliːpt] *adj* amato, caro

Geliebte <ein -r, -n, -n> *mf* amante *mf*

geliefert [gəˈliːfɛt] *adj* (*fam*) ~ **sein** essere spacciato

geliehen *pp von* **leihen**

gelieren [ʒeˈliːrən *o* ʒaˈliːrən] <ohne ge-> *vi* gelificare, gelificarsi

gelind(e) [gəˈlɪnt] *adj* (*sanft*) mite; (*bes. Strafe*) dolce; (*mäßig*) moderato, leggero; ~ **gesagt** a dir poco

gelingen [gəˈlɪŋən] <gelingt, gelang, gelungen> *vi sein* (*Unternehmen*) riuscire; **Gelingen** <-s> *kein Pl n* riuscita *f,* esito *m* positivo

gelitten [gəˈlɪtən] *pp von* **leiden**

gellen [ˈgɛlən] *vi* risuonare; **gellend** *adj* squillante, acuto

geloben <ohne ge-> *vt* promettere (solennemente), giurare

Gelöbnis [gəˈløːpnɪs] <-ses, -se> *n* promessa *f* (solenne), voto *m*

gelogen *pp von* **lügen**

Gelse [ˈgɛlzə] <-, -n> *f* (*A*) zanzara *f*

gelten [ˈgɛltən] <gilt, galt, gegolten> I. *vi* (*gültig sein*) essere valido; (*Gesetz, Regel*) essere in vigore, vigere; ~ **als** (*angesehen werden als*) passare per; **jdm** ~ (*betreffen*) riguardare qu; **einer Sache** *dat* ~ (*gewidmet sein*) essere dedicato a qc; **für jdn/ etw** ~ (*zutreffen*) valere per qu/qc; **jdn/ etw** ~ **lassen** riconoscere qu/qc; **die Wette gilt** la scommessa vale; **das gilt nicht!** (*ist unerlaubt*) non vale!, non è corretto!; **das gilt mir** questo tocca a me; **dasselbe gilt für ...** lo stesso vale per ... II. *vt* ❶ (*wert sein*) valere, aver valore ❷ (*nötig sein*) essere necessario; **es gilt, Ruhe zu bewahren** è necessario mantenere la calma

geltend *adj* (*gültig*) valido; (*Gesetz*) vigente; (*Preise*) corrente; (*herrschend*) dominante, generale; ~ **machen** far valere; (*durchsetzen*) affermare; **sich** ~ **machen** (*bemerkbar werden*) manifestarsi

Geltung <-> *kein Pl f* ❶ (*Gültigkeit*) validità *f;* ~ **haben** (*gültig sein*) essere valido ❷ (*Ansehen*) considerazione *f* ❸ (*Bedeutung*) evidenza *f,* risalto *m; sich dat* ~ **verschaffen** farsi valere; **zur** ~ **bringen** mettere in risalto; **zur** ~ **kommen** farsi valere;

(*hervorstechen*) risaltare; **Geltungsbedürfnis** *n* desiderio *m* di mettersi in luce; **Geltungsbereich** *m* ❶ sfera *f* d'azione ❷ (JUR: *von Gesetz*) giurisdizione *f*

Gelübde [gəˈlʏpdə] <-s, -> *n* voto *m;* **ein** ~ **ablegen** fare un voto

gelungen [gəˈlʊŋən] I. *pp von* **gelingen** II. *adj* ❶ (*geglückt*) riuscito (bene) ❷ (*zum Lachen*) buffo, comico

GEMA [ˈgeːma] <-> *kein Pl f abk v* **Gesellschaft für musikalische Aufführungsund mechanische Vervielfältigungsrechte** società per i diritti di riproduzione meccanica e di esecuzione delle opere musicali, SIAE *f*

Gemach [gəˈmaːx, *pl:* gəˈmɛçe] <-(e)s, Gemächer> *n* (*geh*) stanza *f;* **sich in seine Gemächer zurückziehen** ritirarsi nelle proprie stanze

gemächlich [gəˈmɛːçlɪç] I. *adj* (*langsam*) lento, placido; (*gemütlich*) comodo, confortevole II. *adv* (*langsam*) pian piano, adagio

gemacht *adj* **für etw** ~ **sein** (*geschaffen*) essere fatto per qc; **ein** ~**er Mann sein** (*erfolgreich*) essere un uomo arrivato; **sich ins** ~**e Bett legen** (*fig*) costituire la propria fortuna sul lavoro degli altri; (**ist**) ~**!** (*einverstanden*) d'accordo!

Gemahl(in) [gəˈmaːl] <-(e)s, -e; -, -nen> *m(f)* (*geh*) consorte *mf*

gemahlen [gəˈmaːlən] *pp von* **mahlen**

Gemälde [gəˈmɛːldə] <-s, -> *n* quadro *m,* dipinto *m;* **Gemäldegalerie** *f* pinacoteca *f;* **Gemäldesammlung** *f* collezione *f* di quadri

gemasert *adj* marezzato, venato; (*Holz*) marezzato

gemäß [gəˈmɛːs] I. *prp +dat* ❶ (*entsprechend*) secondo, in conformità a; **Ihrem Wunsch** ~ secondo il Suo/Vostro desiderio ❷ (JUR) ai sensi di, a norma di; ~ **den bestehenden Bestimmungen** in conformità alle vigenti disposizioni II. *adj* (*würdig*) degno; **einer Sache** *dat* ~ **sein** essere degno di qc

gemäßigt *adj* moderato; (*Klima*) temperato

Gemäuer [gəˈmɔʏə] <-s, -> *n* mura *fpl,* ruderi *mpl*

Gemecker <-(e)s> *kein Pl n* ❶ (*fam pej: von Mensch*) brontolio *m* ❷ (*von Ziege*) belio *m*

gemein [gəˈmaɪn] *adj* ❶ (*böse*) cattivo, perfido; (*niederträchtig*) meschino; ~**er Kerl** villano *m;* **sei nicht** ~**!** non essere villano! ❷ (*ordinär*) volgare; (*unanständig*) sporco, indecente ❸ (ZOO, BOT: *verbreitet*) comune, corrente ❹(*allgemein*) comune, generale; (*öffentlich*) pubblico ❺(*einfach*) semplice; (*niedrigen Standes*) basso, popolare ❻(*gemeinsam*) comune; **das ~e Volk** la gente comune; **etw mit jdm ~ haben** avere qc in comune con qu

Gemeinde [gə'maɪndə] <-, -n> *f* ❶(*Kommune*) comune *m;* (*bes. Dorf*) municipio *m* ❷(*Einwohner*) abitanti *mpl* di un comune ❸(REL) comunità *f;* (*beim Gottesdienst*) fedeli *mpl;* (*Pfarr~*) parrocchia *f;* **Gemeindeammann** <-(e)s, -ammänner> *m* (*CH*) ❶(ADM, POL: *Gemeindevorsteher, Bürgermeister*) presidente *m,* sindaco *m* ❷(*Betreibungs- und Vollstreckungsbeamter*) ufficiale *m* giudiziario; **Gemeindehaus** *n* ❶(*Rathaus*) palazzo *m* comunale, municipio *m* ❷(REL) parrocchia *f;* **Gemeindepräsident(in)** *m(f)* (*CH*) *s.* **Gemeindeammann;** **Gemeinderat** *m* ❶(*Körperschaft*) consiglio *m* comunale ❷(*Person*) consigliere *m* comunale; **Gemeindeschwester** *f* diaconessa *f;* **Gemeindesteuer** *f* imposta *f* comunale; **Gemeindeversammlung** *f* (*CH:* ADM) assemblea *f* comunale; **Gemeindeverwaltung** *f* amministrazione *f* comunale; **Gemeindewahl** *f* elezioni *fpl* comunali; **Gemeindewohnung** *f* (*A: Sozialwohnung*) casa *f* popolare; **Gemeindezentrum** *n* ❶(*der Kirche*) centro *m* parrocchiale ❷(*der Kommune*) centro *m* comunale

gemeingefährlich *adj* che costituisce un pericolo pubblico

Gemeingut <-(e)s> *kein Pl n* bene *m* pubblico

Gemeinheit <-, -en> *f* ❶*sing* (*Gesinnung*) perfidia *f,* malvagità *f;* (*Niedertracht*) meschinità *f* ❷(*gemeine Handlung*) cattiveria *f,* malvagità *f*

gemeinhin *adv* generalmente, di solito

Gemeinkosten *pl* (WIRTSCH) spese *fpl* generali

gemeinnützig [gə'maɪnnʏtsɪç] *adj* di pubblica utilità

Gemeinplatz *m* luogo *m* comune, banalità *f*

gemeinsam I. *adj* comune; **der Gemeinsame Markt** (COM) il mercato comune; **mit jdm ~e Sache machen** far causa comune con qu II. *adv* (*mehrere betreffend*) in comune; (*zusammen*) insieme, assieme

Gemeinsame Außen- und Sicherheitspolitik <-> *kein Pl f* (*Europäische Union*) politica *f* comune degli affari esteri e della sicurezza; **die ~ ist eine der drei**

Säulen der EU la politica comune degli affari esteri e della sicurezza è uno dei tre pilastri dell'UE

Gemeinsamkeit <-, -en> *f* ❶*sing* (*Übereinstimmung*) sintonia *f* ❷(*gemeinsame Eigenschaft*) comunanza *f*

Gemeinschaft <-, -en> *f* ❶*sing* (*Zusammensein*) comunità *f;* (*Verbundenheit*) unione *f;* **in ~ mit** in unione con, in cooperazione con ❷(*Personengruppe*) comunità *f,* associazione *f,* società *f;* (*religiöse ~*) comunità *f* ❸(*Staatenbündnis*) comunità *f,* associazione *f;* **die Europäische ~** la Comunità europea

gemeinschaftlich *adj* comune, collettivo **Gemeinschaftsantenne** *f* (TEC, TV, RADIO) antenna *f* collettiva; **Gemeinschaftsgefühl** *n,* **Gemeinschaftsgeist** *m* spirito *m* comunitario; **Gemeinschaftskunde** *f* educazione *f* civica; **Gemeinschaftspraxis** *f* (MED) studio *m* comunitario; **Gemeinschaftsproduktion** *f* coproduzione *f;* **Gemeinschaftsraum** *m* sala *f* di ricreazione

gemeinverständlich *adj* facilmente comprensibile, popolare

Gemeinwesen *n* comunità *f,* collettività *f* **Gemeinwohl** *kein Pl n* bene *m* comune **Gemenge** [gə'mɛŋə] <-s, -> *n* ❶(*Gemisch*) miscuglio *m,* misto *m* ❷(*fig: Durcheinander*) confusione *f* ❸(*Hand~*) mischia *f,* zuffa *f*

gemessen I. *pp von* **messen** II. *adj* misurato, compassato

Gemetzel [gə'mɛtsəl] <-s, -> *n* massacro *m,* strage *f*

gemieden *pp von* **meiden**

Gemisch [gə'mɪʃ] <-(e)s, -e> *n* (MOT) miscela *f;* (*a fig*) miscuglio *m*

gemischt [gə'mɪʃt] *adj* mescolato, mischiato; **ein ~er Salat** un'insalata mista **Gemme** ['gɛmə] <-, -n> *f* ❶(*Edelstein*) gemma *f,* cammeo *m* ❷(BIOL) gemma *f*

gemocht *pp von* **mögen**[1]

gemolken *pp von* **melken**

gemoppelt [gə'mɔpəlt] (*fam*) **das ist doppelt ~** è trito e ritrito

Gemsbock[ALT] <-s, -böcke> *m s.* **Gämsbock; Gemse**[ALT] <-, -n> *f s.* **Gämse**

Gemunkel [gə'mʊŋkəl] <-s> *kein Pl n* (*fam*) dicerie *fpl,* vociferazione *f*

Gemurmel [gə'mʊrməl] <-s> *kein Pl n* borbottio *m*

Gemüse [gə'my:zə] <-s, -> *n* verdura *f,* ortaggi *mpl;* **junges ~** (*fig fam*) i giovani; **~ anbauen** coltivare ortaggi; **Gemüsegarten** *m* orto *m; Gemüsegärtner(in)* *m(f)* orticoltore, -trice *m, f*

G

Gemüsehändler(in) *m(f)* erbivendolo, -a *m, f*; **Gemüsesaft** <-(e)s, -säfte> *m* succo *m* di verdura; **Gemüsesuppe** *f* minestrone *m*

gemusst[RR], **gemußt**[ALT] *pp von* müssen[2]

gemustert [gə'mʊstɐt] *adj* a disegni

Gemüt [gə'my:t] <-(e)s, -er> *n* (*Psyche*) animo *m*; (*Gefühl*) sentimento *m*; (*Seele*) anima *f*; (*Veranlagung*) indole *f*, natura *f*; **die ~er** gli animi; **sich** *dat* **etw zu ~e führen** (*essen, trinken*) mangiare/bere qc con gusto; (*Buch*) concedersi qc; (*beherzigen*) prendersi qc a cuore; **sie hat zu viel ~** è tutta sentimento

gemütlich *adj* (*behaglich*) accogliente; (*bequem*) comodo, confortevole; (*in aller Ruhe*) calmo, tranquillo; (*angenehm*) piacevole; (*familiär*) intimo, caldo; (*Mensch*) affabile, alla buona; **es sich** *dat* **~ machen** mettersi a proprio agio; **machen Sie es sich** *dat* **~!** faccia come se fosse a casa Sua!

Gemütlichkeit <-> *kein Pl f* (*Behaglichkeit*) comodità *f*; (*Traulichkeit*) aria *f* di casa; (*Ruhe*) tranquillità *f*; (*Familiarität*) familiarità *f*; (*von Menschen*) cordialità *f*

Gemütsart *f* indole *f*, carattere *m*, temperamento *m*; **Gemütsbewegung** *f* emozione *f*; (*Rührung*) commozione *f*; **gemütskrank** *adj* (MED, PSYCH) nevrotico; (*schwermütig*) malinconico; **Gemütskrankheit** *f* psicosi *f* emotiva; **Gemütsmensch** *m* persona *f* di cuore, pasta *f* d'uomo *fam*; **Gemütsruhe** *f* **in aller ~** con tutta calma; **Gemütsverfassung** *f*, **Gemütszustand** *m* stato *m* d'animo

Gen [ge:n] <-s, -e> *n* (BIOL) gene *m*

genannt *pp von* **nennen**

genas [gə'na:s] *imp von* **genesen**

genau [gə'naʊ] **I.** *adj* ❶ (*exakt*) esatto; (*a bestimmt*) preciso; ~ **genommen** a rigore ❷ (*sorgfältig*) accurato; **peinlich ~** pignolo, pedante ❸ (*ausführlich*) dettagliato ❹ (*streng*) severo, rigoroso **II.** *adv* ❶ (*exakt*) esattamente, precisamente; (*pünktlich*) in punto; ~ **gehen** (*Uhr*) andare bene, essere preciso; ~ **um drei Uhr** alle tre precise ❷ (*gerade*) proprio, esattamente; ~! (*stimmt*) esatto!; **das ist ~ dasselbe** è proprio la stessa cosa; **jdn ~ kennen** conoscere bene qu; **es mit etw ~ nehmen** prendere qc alla lettera; **es mit etw nicht so ~ nehmen** prendere qc sottogamba *fam*

genaugenommen *adv* a rigore

Genauigkeit <-> *kein Pl f* ❶ (*Exaktheit*) precisione *f*, esattezza *f* ❷ (*Sorgfalt*) accuratezza *f* ❸ (*Strenge*) rigore *m* ❹ (*peinli-*

che ~) meticolosità *f* ❺ (*in der Wiedergabe*) fedeltà *f*

genauso [gə'naʊzo:] *adv* altrettanto

Genbank <-, -bänke> *f* banca *f* genetica

Gendarm [ʒan'darm] <-en, -en> *m* (A, CH) gendarme *m*, carabiniere *m*

Gendarmerie [ʒandarmə'ri:] <-, -n> *f* (A, CH) gendarmeria *f*, corpo *m* dei carabinieri

Gendatei *f* archivio *m* genetico

genehm [gə'ne:m] *adj* (*geh*) ❶ (*willkommen, angenehm*) gradito, (ben) accetto ❷ (*passend*) comodo; **wenn es Ihnen ~ ist** se Le fà comodo

genehmigen [gə'ne:mɪgən] <ohne ge-> *vt* autorizzare; (*Antrag*) approvare; (*erlauben*) permettere; (*zugestehen*) riconoscere; **sich** *dat* **etw ~** concedersi qc

Genehmigung <-, -en> *f* (*Erlaubnis*) permesso *m*; (*Antrag*) approvazione *f*, autorizzazione *f*; (*behördliche Zulassung*) ammissione *f*; (*Lizenz*) licenza *f*; **jdm eine ~ zu etw erteilen** dare il permesso a qu di fare qc; **genehmigungspflichtig** *adj* soggetto ad autorizzazione

geneigt [gə'naɪkt] *adj* ❶ (*abfallend*) inclinato; (*abschüssig*) in pendenza; (*gebeugt*) chino, chinato; (*gesenkt*) abbassato ❷ (*fig: wohlgesonnen*) ben disposto; **zu etw ~ sein** essere incline a qc

Geneigtheit <-> *kein Pl f* ❶ (*Schiefe*) inclinazione *f*; (*Abschüssigkeit*) pendenza *f* ❷ (*Wohlwollen*) benevolenza *f*; (*Willigkeit*) buona disposizione *f*

General [genə'ra:l] <-s, -e *o* Generäle> *m* (MIL) generale *m*; **Generaldirektor(in)** *m(f)* direttore, -trice *m, f* generale; **Generalintendant(in)** *m(f)* (THEAT) sovrintendente *mf*; **Generalkonsul(in)** *m(f)* console *mf* generale; **Generalkonsulat** *n* consolato *m* generale; **Generalprobe** *f* prova *f* generale

generalrevidieren *vt* (*CH*) *s.* **generalüberholen**

Generalsekretär(in) *m(f)* segretario, -a *m, f* generale; **Generalstaatsanwalt** *m*, **Generalstaatsanwältin** *f* procuratore, -trice *m, f* generale; **Generalstab** *m* stato *m* maggiore; **Generalstreik** *m* sciopero *m* generale

generalüberholen *vt* fare una revisione generale a; **Generalüberholung** *f* revisione *f* generale

Generalversammlung *f* assemblea *f* generale

Generation [genəra'tsi̯o:n] <-, -en> *f* generazione *f*

Generationenkonflikt <-(e)s, -e> *m* conflitto *m* generazionale

Generationenvertrag *m* accordo *m* tra generazioni

Generationskonflikt *m* conflitto *m* generazionale

Generationswechsel <-s, -> *m* (BIOL) metagenesi *f,* ricambio *m* generazionale

Generator [genəˈraːtoːɐ̯] <-s, -en> *m* (TEC) generatore *m*

generell [genəˈrɛl] *adj* generale, generico

genesen [gəˈneːzən] <genest, genas, genesen> *vi sein* (*geh*) guarire

Genesis [ˈgeːnezɪs *o* ˈgɛnezɪs, *pl:* geˈneːzən *o* gɛˈneːzən] <-, Genesen> *f* (A REL) genesi *f*

Genesung [gəˈneːzʊŋ] <-, *rar* -en> *f* (*geh*) guarigione *f*

Genetik [geˈneːtɪk] <-> *kein Pl f* (SCIENT, BIOL) genetica *f*

Genetiker(in) [geˈneːtikɐ] <-s, -; -, -nen> *m(f)* genetista *mf*

genetisch [geˈneːtɪʃ] *adj* genetico; ~ **verändert** transgenico, transgenetico

Genf [gɛnf] *n* (GEOG) Ginevra *f*

Genfer <inv> *adj a attr* di Ginevra, ginevrino; **der ~ See** il Lago Lemano [*o* di Ginevra]; ~ **Konvention** la convenzione di Ginevra

Genfood [ˈgeːnfuːd] <-s> *kein Pl n* cibo *m* transgenico; **Genforscher(in)** *m(f)* genetista *mf,* studioso, -a *m, f* di genetica; **Genforschung** *kein Pl f* genetica *f*

genial [geˈni̯aːl] *adj* geniale, ingegnoso; (*Sache*) ingegnoso

Genialität [geni̯aliˈtɛːt] <-> *kein Pl f* genialità *f,* genio *m*

Genick [gəˈnɪk] <-(e)s, -e> *n* nuca *f;* (*fig fam*) collo *m;* **sich** *dat* **das ~ brechen** rompersi l'osso del collo; **Genickstarre** <-> *kein Pl f* (*steifer Hals*) rigidità *f* della nuca

Genie [ʒeˈniː] <-s, -s> *n* genio *m*

Genien *pl von* **Genius**

genieren [ʒeˈniːrən] <ohne ge-> *vr* **sich ~** sentirsi imbarazzato; (*sich schämen*) vergognarsi

genießbar *adj* (*Speise*) mangiabile, mangereccio; (*Getränk*) bevibile

genießen [gəˈniːsən] <genießt, genoss, genossen> *vt* (*Speise*) gustare; (*fig*) godere

Genießer(in) <-s, -; -, -nen> *m(f)* gaudente *mf;* (*Feinschmecker*) buongustaio, -a *m, f*

genießerisch *adj* godereccio *fam,* voluttuoso

genital [geniˈtaːl] *adj* genitale; **Genitalbereich** *m* zona *f* genitale

Genitalien [geniˈtaːli̯ən] *pl* (organi *mpl*) genitali *mpl*

Genitiv [ˈgeːnitiːf] <-s, -e> *m* (GRAM) genitivo *m*

Genius [ˈgeːni̯ʊs, *pl:* ˈgeːni̯ən] <-, Genien> *m* genio *m*

Genmanipulation *f* (BIOL) biomanipolazione *f;* **genmanipuliert** *adj* (BIOL) biomanipolato

genommen *pp von* **nehmen**

genormt [gəˈnɔrmt] *adj* standardizzato

genoss[RR], **genoß**[ALT] [gəˈnɔs] *1. u 3. pers sing imp von* **genießen**

Genosse [gəˈnɔsə] <-n, -n> *m* compagno *m*

genossen [gəˈnɔsən] *pp von* **genießen**

Genossenschaft <-, -en> *f* cooperativa *f;* **genossenschaftlich** *adj* cooperativistico

Genossin [gəˈnɔsɪn] <-, -nen> *f* compagna *f*

genötigt *adj* **sich ~ sehen etw zu tun** vedersi costretto a fare qc

Genre [ˈʒãːrə] <-s, -s> *n* genere *m*

Gent [gɛnt] *n* (GEOG) Gand *f*

Gentechnik *kein Pl f* (BIOL) ingegneria *f* genetica; **Gentechniker(in)** <-s, -; -, -nen> *m(f)* (BIOL) studioso, -a *m, f* di ingegneria genetica; **gentechnisch** (BIOL) I. *adj* di ingegneria genetica II. *adv* ~ **verändert** biomanipolato; **Gentechnologie** <-> *kein Pl f* (BIOL) ingegneria *f* genetica

Genua [ˈgeːnua] *n* (GEOG) Genova *f*

genug [gəˈnuːk] *adv* abbastanza, a sufficienza; ~ **haben von** averne abbastanza di ... *fam;* **lass es ~ sein!** finiscila! *fam;* ~ **davon!** basta!

Genüge [gəˈnyːgə] *f* **zur ~** abbastanza, a sufficienza

genügen [gəˈnyːgən] <ohne ge-> *vi* bastare, essere sufficiente; **den Anforderungen ~** (cor)rispondere alle esigenze; **genügend** *adj* sufficiente

genügsam *adj* di poche pretese, modesto, sobrio; **Genügsamkeit** <-> *kein Pl f* sobrietà *f,* modestia *f*

Genugtuung [gəˈnuːktuːʊŋ] <-, -en> *f* soddisfazione *f*

Genus [ˈgɛnʊs] <-, Genera> *n* (LING) genere *m*

Genuss[RR] [gəˈnʊs] <-es, Genüsse> *m,* **Genuß**[ALT] *m* ❶ *sing* (*Konsum*) consumo *m* ❷ (*Vergnügen*) piacere *m,* godimento *m* ❸ *sing* (*Nutznießung*) beneficio *m;* (JUR: *von Rechten*) godimento *m;* **in den ~ einer Sache** *gen* **kommen** beneficiare di qc

genüsslich[RR] *adj,* **genüßlich**[ALT] *adj* con voluttà

G

GenussmittelRR *n* genere *m* voluttuario

genussvollRR *adj* piacevole, voluttuoso

Geograf(in)RR <-en, -en; -, -nen> *m(f) s.* **Geograph**

GeografieRR <-> *kein Pl f s.* **Geographie**

GeografinRR *f s.* **Geograph**

geografischRR *adj s.* **geographisch**

Geograph(in) [geoˈgraːf] <-en, -en; -, -nen> *m(f)* geografo, -a *m, f*

Geographie [geograˈfiː] <-> *kein Pl f* geografia *f*

Geographin *f s.* **Geograph**

geographisch *adj* geografico

Geologe [geoˈloːgə] <-n, -n> *m* geologo *m;* **Geologie** [geoloˈgiː] <-> *kein Pl f* geologia *f;* **Geologin** [geoˈloːgɪn] <-, -nen> *f* geologa *f;* **geologisch** [geoˈloːgɪʃ] *adj* geologico

Geometrie [geomeˈtriː] <-> *kein Pl f* geometria *f*

geometrisch [geoˈmeːtrɪʃ] *adj* geometrico

Geophysik *kein Pl f* geofisica *f;* **Geopolitik** *kein Pl f* geopolitica *f*

geordnet *adj* (*Leben*) ordinato; (*Zustände, Verhältnisse*) stabile

geothermisch [geoˈtɛrmɪʃ] *adj* geotermico

geozentrisch [geoˈtsɛntrɪʃ] *adj* (ASTR) geocentrico

Gepäck [gəˈpɛk] <-(e)s> *kein Pl n* bagaglio *m;* (MIL) equipaggiamento *m;* **sein ~ aufgeben** consegnare il proprio bagaglio; **Gepäckabfertigung** *f* spedizione *f* bagagli; **Gepäckannahme** *f* accettazione *f* bagagli; **Gepäckaufbewahrung** *f* deposito *m* bagagli; **Gepäck(aufbewahrungs)schein** *m* scontrino *m* del deposito bagagli; **Gepäckaufgabe** *f* consegna *f* bagagli; **Gepäckausgabe** *f* consegna *f* bagagli; **Gepäcknetz** *n* rete *f* portabagagli; **Gepäckschein** *m s.* **Gepäckaufbewahrungsschein**; **Gepäckschließfach** *n* deposito *m* bagagli a cassette; **Gepäckstück** *n* collo *m;* **Gepäckträger** *m* ❶ (*Person*) facchino *m*, portabagagli *m;* (*Hotelpage*) ragazzo *m* d'albergo ❷ (*an Fahrzeugen*) portabagagli *m;* **Gepäckwagen** *m* bagagliaio *m*

Gepard [ˈgeːpart] <-s, -e> *m* (ZOO) ghepardo *m*

gepfeffert [gəˈpfɛfət] *adj* (*fam*) ❶ (*Preise*) salato ❷ (*grob*) grossolano ❸ (*schwierig*) difficile

gepfiffen [gəˈpfɪfən] *pp von* **pfeifen**

gepflegt [gəˈpfleːkt] *adj* ❶ curato; **~ essen/tanzen gehen** (*fam*) andare a mangiare/ballare in un bel locale ❷ (*kultiviert*) raffinato, sofisticato; (*Ausdrucksweise*) scelto, accurato; **Gepflegtheit** <-> *kein Pl f* ❶ (*Ordentlichkeit*) cura *f* ❷ (*Kultiviertheit*) raffinatezza *f*

Gepflogenheit [gəˈpfloːgənhait] <-, -en> *f* (*Gewohnheit*) abitudine *f;* (*Sitte*) uso *m*, costume *m*

gepierct *adj* (bucato) con il piercing

Geplänkel [gəˈplɛŋkəl] <-s, -> *n* ❶ (MIL) scaramuccia *f* ❷ (*fig: Wortgefecht*) schermaglia *f*

Geplapper [gəˈplapə] <-s> *kein Pl n* (*fam pej*) chiacchierio *m*, cicaleccio *m*

Geplärr(e) [gəˈplɛr(ə)] <-(e)s> *kein Pl n* (*fam pej: von Kind*) piagnisteo *m;* (*von Radio*) gracidio *m*

Geplätscher [gəˈplɛtʃə] <-s> *kein Pl n* mormorio *m*, gorgoglio *m*

Geplauder [gəˈplaudə] <-s> *kein Pl n* chiacchierata *f*

Gepolter [gəˈpɔltə] <-s> *kein Pl n* strepito *m*

Gepräge [gəˈprɛːgə] <-s, -> *n* ❶ (*auf Münzen*) conio *m* ❷ (*fig: Eigenart*) impronta *f*, carattere *m*

gepriesen [gəˈpriːzən] *pp von* **preisen**

gequält [gəˈkvɛːlt] *adj* sforzato; **~ lächeln/zuhören** sforzarsi di sorridere/di ascoltare

gequollen [gəˈkvɔlən] *pp von* **quellen**

gerade [gəˈraːdə] **I.** *adj* ❶ (*geradlinig*) diritto; **~ biegen** (*Draht*) (rad)drizzare ❷ (*aufrecht*) eretto; **~ stehen** stare diritto ❸ (*fig: unmittelbar*) diretto ❹ (*Charakter*) leale, onesto ❺ (*Zahl*) pari **II.** *adv* ❶ (*soeben*) appena; (*jetzt*) adesso, in questo momento; **ich bin ~ gekommen** sono appena arrivato; **ich will ~ gehen** sto per andarmene; **das fällt mir ~ ein** a proposito, mi viene in mente ❷ (*genau, ausgerechnet*) proprio; **nicht ~ schön/gut** non proprio bello/buono; **das ist es ja ~!** proprio di questo si tratta! ❸ (*knapp*) appena; **~ zur rechten Zeit** giusto in tempo; **das fehlte ~ noch!** ci mancava anche questo! *fam*

Gerade [gəˈraːdə] <-n, -n> *f* ❶ (*gerade Linie*) linea *f* retta ❷ (SPORT) rettilineo *m;* (*Boxhieb*) diretto *m*

geradeaus *adv* d(i)ritto

gerade|biegen *vt* (*fig: in Ordnung bringen*) aggiustare, mettere a posto

geradeheraus *adv* francamente, chiaro e tondo *fam*

gerädert [gəˈrɛːdət] *adj* (*fam*) **wie ~** stanco morto

geradeso *adv* proprio così

gerade|stehen <irr> *vi* **für etw ~** (*fig*)

rispondere di qc

geradewegs *adv* direttamente, chiaramente

geradezu *adv* ❶(*beinahe*) quasi ❷(*tatsächlich*) veramente, proprio ❸(*ohne Umschweife*) direttamente, chiaramente

Geradheit <-> *kein Pl f* (*a fig*) dirittura *f*; (*Rechtschaffenheit*) rettitudine *f*

geradlinig [ɡəˈraːtliːnɪç] *adj* ❶(MAT) rettilineo ❷(*Nachkommen*) in linea diretta ❸(*Charakter*) conseguente, retto; **Geradlinigkeit** <-> *kein Pl f* (*a fig*) linearità *f*; (*Charakter*) rettitudine *f*

gerammelt [ɡəˈraməlt] *adv* ~ **voll** (*fam*) pieno zeppo

Gerangel [ɡəˈraŋəl] <-s> *kein Pl n* (*fam: Balgerei*) zuffa *f*; (*Kampf*) lotta *f*

Geranie [ɡeˈraːniə] <-, -n> *f* (BOT) geranio *m*

gerannt [ɡəˈrant] *pp von* **rennen**

Gerät [ɡəˈrɛːt] <-(e)s, -e> *n* (*Werkzeug*) attrezzo *m*, strumento *m*; (*bes. für Feinmechanik*) utensile *m*, arnese *m*; (*Vorrichtung*) congegno *m*; (*Apparat*) apparecchio *m*; (*Ausrüstung*) equipaggiamento *m*

geraten[1] [ɡəˈraːtən] *pp von* **raten, geraten**[2]

geraten[2] <gerät, geriet, geraten> *vi sein* ❶(*gelangen*) capitare; **in einen Sturm ~** essere sorpreso da una tempesta; **an jdn ~** imbattersi in qu, incontrare in qu; **an den Falschen ~** cascar male *fam*, sbagliare indirizzo *fam*; **außer sich** *dat* **~** essere fuori di sé; **in Gefahr ~** trovarsi in pericolo; **in Schulden ~** indebitarsi; **in Wut ~** infuriarsi ❷(*gelingen*) riuscire; (*gedeihen*) prosperare, crescere; **gut/schlecht ~** (*Sache*) riuscire bene/male; (*Kind*) crescer bene/male; **nach jdm ~** assomigliare a qu

Geräteturnen<-s> *kein Pl n* attrezzistica *f*

Geratewohl [ɡəraːtəˈvoːl] *n* **aufs ~** a casaccio *fam*

geraum [ɡəˈraʊm] *adj a attr* ~ **e Zeit** lungo tempo; **seit ~ er Zeit** da molto tempo

geräumig [ɡəˈrɔɪmɪç] *adj* spazioso, vasto

Geräusch [ɡəˈrɔɪʃ] <-(e)s, -e> *n* rumore *m*; **geräuscharm** *adj* tranquillo, silenzioso; **geräuschempfindlich** *adj* sensibile al rumore; **Geräuschkulisse** *f* rumori *mpl* di sottofondo; **geräuschlos** *adj* silenzioso; **Geräuschpegel** <-s, -> *m* intensità *f* del suono; **geräuschvoll** *adj* rumoroso, fragoroso

gerben [ˈɡɛrbən] *vt* conciare

Gerber <-s, -> *m* conciatore *m*

Gerberei <-, -en> *f* conceria *f*

Gerbsäure *f* acido *m* tannico

gerecht [ɡəˈrɛçt] *adj* ❶(*rechtgemäß*) giusto; (*rechtschaffen*) onesto, probo ❷(*verdient*) meritato; **einer Sache** *dat* **~ werden** (*bewältigen*) essere all'altezza di qc

gerechtfertigt *adj* giustificato

Gerechtigkeit <-> *kein Pl f* giustizia *f*; (*Rechtschaffenheit*) onestà *f*; **ausgleichende ~** giustizia distributiva; **Gerechtigkeitssinn** *kein Pl m* senso *m* della giustizia

Gerede [ɡəˈreːdə] <-s> *kein Pl n* (*pej: Geschwätz*) chiacchiere *fpl*; (*Klatsch*) pettegolezzi *mpl*; **jdn ins ~ bringen** diffondere delle voci sul conto di qu; **ins ~ kommen** dar luogo a pettegolezzi

geregelt *adj* (*Arbeits-, Mahlzeit*) regolare; (*Leben*) regolato

gereichen <ohne ge-> *vi* (*geh*) **jdm zur Ehre/zum Nachteil ~** tornare a onore/a danno di qu

gereizt [ɡəˈraɪtst] *adj* irritato, arrabbiato; **Gereiztheit** <-> *kein Pl f* irritazione *f*, rabbia *f*

Geriatrie [ɡeriaˈtriː] <-> *kein Pl f* geriatria *f*

Gericht [ɡəˈrɪçt] <-(e)s, -e> *n* ❶(*Speise*) piatto *m* ❷(JUR: *Behörde*) tribunale *m*; (~*sstand*) foro *m*; (~*shof*) corte *f*, tribunale *m*; (*Gebäude*) tribunale *m*, palazzo *m* di giustizia; (*die Richter*) giudici *mpl*, corte *f*; **das höchste ~** la corte suprema; **zuständiges ~** foro competente; **jdn vor ~ bringen** citare qu in giudizio

gerichtlich *adj* ❶(*rechtlich*) legale, giudiziario; **jdn ~ verfolgen** procedere per via legale contro qu ❷(*des Gerichts*) del tribunale, della corte

Gerichtsakten *fpl* atti *mpl* giudiziari; **Gerichtsarzt** *m* medico, -a *m*, *f* legale; **Gerichtsärztin** *f* medico, -a *m*, *f* legale; **Gerichtsbarkeit** <-, -en> *f* giurisdizione *f*, competenza *f* giudiziaria; **Gerichtsbeschluss**[RR] *m* decreto *m* giudiziario; **Gerichtsdiener** *m* usciere *m* del tribunale; **Gerichtsentscheid** *m* decisione *f* giudiziaria; **Gerichtshof** *m* corte *f* di giustizia; **Oberster Gerichtshof** Suprema Corte di Giustizia; **Gerichtskosten** *pl* spese *fpl* giudiziarie; **Gerichtsmedizin** *f* medicina *f* legale; **Gerichtsmediziner(in)** <-s, -; -, -nen> *m(f)* (JUR) medico *m* legale; **Gerichtssaal** *m* sala *f* delle udienze; **Gerichtsschreiber** *m* (CH: JUR: *Protokollführer*) cancelliere *m*; **Gerichtsstand** *m* foro *m*; **Gerichtstermin** *m* data *f* d'udienza; **Gerichtsverfahren** *n* procedimento *m* legale; **ein ~ gegen jdn einleiten** inten-

Geringschätzung ausdrücken	
Geringschätzung, Missfallen ausdrücken	**esprimere disprezzo**
Ich halte nicht viel von dieser Theorie.	Non ho un'alta considerazione di questa teoria.
Davon halte ich überhaupt nichts.	Ho una pessima opinione al riguardo.
Komm mir bloß nicht mit Psychologie! (*fam*)	Non venirtene ora con la psicologia!/ Lascia perdere la psicologia! (*fam*)
(Es tut mir Leid, aber) ich habe für diese Typen nichts übrig. (*fam*)	(Mi dispiace ma) questi tipi non mi piacciono per niente. (*fam*)
Ich kann mit moderner Kunst nichts anfangen. (*fam*)	L'arte moderna non la capisco proprio/ non mi dice niente. (*fam*)

G

tare un procedimento legale contro qu; **Gerichtsverhandlung** *f* dibattimento *m*, udienza *f*; **Gerichtsvollzieher** *m* ufficiale *m* giudiziario

gerieben *pp von* **reiben**

gering [gə'rɪŋ] *adj* ❶ (*klein*) piccolo; (*knapp*) scarso; (*beschränkt*) limitato; (*wenig*) poco; (*kurz*) breve, poco; (*schwach*) debole; (*niedrig*) basso; **~ schätzen** (*Menschen*) avere poca stima; (*Leistung*) deprezzare; (*Menschenleben*) svilire ❷ (*unbedeutend*) insignificante, futile; **kein Geringerer als ...** nientemeno che ...; **nicht im Geringsten** per niente, non ... minimamente ❸ (*minderwertig*) scadente, cattivo

geringfügig [gə'rɪŋfy:gɪç] I. *adj* (*unbedeutend*) insignificante; (*klein*) esiguo, scarso; (*leicht*) leggero II. *adv* poco; **Geringfügigkeit** <-, -en> *f* ❶ *sing* (*Bedeutungslosigkeit*) futilità *f*; (*Kleinheit*) esiguità *f* ❷ (*Lappalie*) bazzecola *f fam*, piccolezza *f*

gering|schätzenᴬᴸᵀ *vt s.* **gering 1.**; **geringschätzig** I. *adj* sprezzante II. *adv* con disprezzo; **Geringschätzung** *f* (*mangelnde Achtung*) mancanza *f* di stima; (*Verachtung*) disprezzo *m*, spregio *m*

gerinnen [gə'rɪnən] <gerinnt, gerann, geronnen> *vi sein* coagulare, coagularsi; (*Milch*) cagliare

Gerinnsel [gə'rɪnzəl] <-s, -> *n* coagulo *m*, grumo *m*

Gerinnung <-, *rar* -en> *f* coagulazione *f*

Gerippe [gə'rɪpə] <-s, -> *n* ❶ (*Skelett*) scheletro *m*; (*die Knochen*) ossatura *f* ❷ (*von Schiff, Flugzeug*) ossatura *f*; (*von Blatt*) nervatura *f*, costola *f*; (*von Schirm*) stecca *f*; (*von Gebäude*) impalcatura *f* ❸ (*fig: Grundplan*) schema *m*, canovaccio *m*

gerissen I. *pp von* **reißen** II. *adj* (*schlau*) scaltro, furbo; **Gerissenheit** <-> *kein Pl f* scaltrezza *f*

geritten *pp von* **reiten**

Germ [gɛrm] <-> *kein Pl m* (*südd, A: Hefe*) lievito *m*

Germane [gɛr'maːnə] <-n, -n> *m*, **Germanin** [gɛr'maːnɪn] <-, -nen> *f* (HIST, LING) germano, -a *m, f*

germanisch *adj* germanico

Germanist(in) [gɛrma'nɪst] <-en, -en; -, -nen> *m(f)* germanista *mf*

Germanistik [gɛrma'nɪstɪk] <-> *kein Pl f* germanistica *f*

Germanistin *f s.* **Germanist**

germanistisch *adj* germanistico

gern [gɛrn] <lieber, am liebsten> *adv* volentieri, con piacere; **jdn ~ haben** voler bene a qu; **herzlich ~** ben volentieri, di tutto cuore; **ich mag/tue das ~** mi piace/ lo faccio volentieri; **ich glaube es ~** lo credo bene; **ich reise ~** mi piace viaggiare; **ich hätte ~ ...** vorrei ...; **aber ~!** ma certo!, volentieri!; **~ geschehen!** non c'è di che!; **du kannst mich mal ~ haben!** (*fam*) me ne infischio di te! *fam*

Gernegroß ['gɛrnəgroːs] <-, -e> *m* (*fam scherz*) presuntuoso *m*, pallone *m* gonfiato

gerochen *pp von* **riechen**

Geröll [gə'rœl] <-(e)s, -e> *n* detriti *mpl*

geronnen [gə'rɔnən] *pp von* **rinnen**

Gerontologie [gerɔntolo'giː] <-> *kein Pl f* gerontologia *f*

Gerste ['gɛrstə] <-, *Sorten:* -n> *f* orzo *m*; **Gerstenkorn** *n* ❶ (*von Ähre*) chicco *m* d'orzo ❷ (MED) orzaiolo *m*

Gerte ['gɛrtə] <-, -n> *f* (*Stock*) verga *f*; (*Peitsche*) frusta *f*; (*Reit~*) frustino *m*, scudiscio *m*

Geruch [gə'rʊx] <-(e)s, Gerüche> *m* ❶ (*Sinneseindruck*) odore *m* ❷ (*~ssinn*)

odorato *m,* olfatto *m;* **geruchlos** *adj* inodore, senza odore; (*duftlos*) senza profumo
Geruchsnerv *m* (ANAT) nervo *m* dell'olfatto
Geruchssinn *m* (senso *m* dell')olfatto *m,* odorato *m*
Gerücht [gəˈrʏçt] <-(e)s, -e> *n* voce *f;* **ein ~ verbreiten** spargere una voce; **es geht das ~, dass ...** corre voce che ...; **Gerüchteküche** <-, -n> *f* covo *m* di pettegolezzi
gerufen [gəˈruːfən] *pp von* **rufen**
geruhen [gəˈruːən] <ohne ge-> *vi* (*geh*) compiacersi (*zu* di), degnarsi (*zu* di)
geruhsam [gəˈruːzaːm] *adj* tranquillo
Gerümpel [gəˈrʏmpəl] <-s> *kein Pl n* (*pej*) ciarpame *m*
Gerundium [geˈrʊndiʊm, *pl:* geˈrʊndiən] <-s, Gerundien> *n* (GRAM) gerundio *m*
gerungen *pp von* **ringen**
Gerüst [gəˈrʏst] <-(e)s, -e> *n* ① (*Bau~*) impalcatura *f,* armatura *f* ② (*Aufbau, a fig: Grundplan*) struttura *f*
gesalzen *adj* (*fig fam: Preis*) salato; (*Witz*) piccante *fam,* spinto
gesamt [gəˈzamt] *adj* ① (*ganz*) tutto ② (*völlig*) totale, globale ③ (*vollständig*) completo
Gesamt- (*in Zusammensetzungen*) complessivo, totale; **Gesamtansicht** *f* (*von Stadt*) panorama *m;* (*fig*) vista *f* d'insieme; **Gesamtarbeitsvertrag** *m* (*CH: Kollektivvertrag*) contratto *m* collettivo di lavoro; **Gesamtausgabe** *f* (TYP) edizione *f* completa; **Gesamtbetrag** *m* (importo *m*) totale *m;* **gesamtdeutsch** *adj* pangermanico; **Gesamteindruck** *m* impressione *f* generale; **Gesamtergebnis** *n* risultato *m* globale; **im ~** nel complesso; **gesamthaft** *adj* totale; **Gesamtheit** <-> *kein Pl* totalità *f,* totale *m;* (*von Menschen*) collettività *f;* **in seiner ~** nel suo complesso; **Gesamthochschule** *f* università unificata; **Gesamtkosten** *pl* spesa *f* complessiva; **Gesamtpreis** *m* prezzo *m* totale; **Gesamtschaden** *m* danno *m* complessivo; **Gesamtschule** *f* scuola media unificata; **Gesamtsieger(in)** <-s, -; -, -nen> *m(f)* (SPORT) vincitore, -trice *m, f* globale; **Gesamtstrafe** *f* (JUR) pena *f* complessiva; **Gesamtsumme** *f* (somma *f*) totale *m;* **Gesamtübersicht** *f* vista *f* d'insieme, prospettiva *f* generale; **Gesamtvermögen** *n* patrimonio *m* complessivo; **Gesamtwerk** *n* opera *f* omnia; **Gesamtwert** *m* valore *m* complessivo
gesandt *pp von* **senden**; **Gesandte** <ein

-r, -n, -n> *mf,* **Gesandtin** <-, -nen> *f* inviato, -a *m, f,* delegato, -a *m, f;* (*Botschafter*) ambasciatore, -trice *m, f;* **päpstlicher Gesandter** nunzio pontificio; **Gesandtschaft** <-, -en> *f* (*Gebäude*) ambasciata *f;* (*diplomatische Vertretung*) ambasceria *f,* legazione *f geh*
Gesang [gəˈzaŋ] *m* (MUS) canto *m;* **Gesangbuch** *n* (*Liederbuch*) libro *m* dei canti; (REL) innario *m;* **Gesangslehrer(in)** *m(f)* maestro, -a *m, f* di canto; **Gesangverein** *m* società *f* corale
Gesäß [gəˈzɛːs] <-es, -e> *n* sedere *m,* posteriore *m;* **Gesäßtasche** *f* tasca *f* posteriore

geschaffen *pp von* **schaffen**[1]
Geschäft [gəˈʃɛft] <-(e)s, -e> *n* ① (*Handel, Gewinn*) affare *m;* **ein ~ abschließen** concludere un affare; **mit jdm ins ~ kommen** entrare in rapporti d'affari con qu; **mit jdm ein (gutes)/schlechtes ~ machen** fare un buon/cattivo affare con qu; **wie geht das ~?** come vanno gli affari? ② (*Firma*) ditta *f,* impresa *f;* (*Laden*) negozio *m;* (*Büro*) ufficio *m;* (*fam: Arbeit*) lavoro *m* ③ (*Beruf*) mestiere *m,* professione *f* ④ (*Aufgabe*) dovere *m,* mansione *f* ⑤ (*fam: Notdurft*) bisogno *m*
Geschäftemacher(in) <-s, -; -, -nen> *m(f)* (*pej*) affarista *mf;* (*Wucherer*) strozzino, -a *m, f*
geschäftig *adj* (*tätig*) attivo, operoso; (*schnell*) svelto; (*beflissen*) premuroso; **Geschäftigkeit** <-> *kein Pl f* (*Emsigkeit*) attività *f,* operosità *f;* (*übertrieben*) affaccendamento *m*
geschäftlich *adj* d'affari; (*beruflich*) professionale; **~ verreisen** partire per affari; **~ verhindert** impedito per ragioni d'affari
Geschäftsabschluss[RR] *m* ① conclusione *f* di un affare ② (*von Geschäftsjahr*) resoconto *m* annuale; **Geschäftsanteil** *m* quota *f* sociale; **Geschäftsaufgabe** *f* cessazione *f* di commercio; **Geschäftsbedingungen** *fpl* condizioni *fpl* contrattuali; **Geschäftsbereich** *m* (POL) sfera *f* di competenza, portafoglio *m;* **Geschäftsbericht** *m* resoconto *m;* **Geschäftsbeziehungen** *fpl* relazioni *fpl* commerciali; **Geschäftsbrief** *m* lettera *f* commerciale; **geschäftsfähig** *adj* (JUR) capace; **Geschäftsfrau** *f* (*Inhaberin*) negoziante *f;* (*Geschäfte betreibend*) donna *f* d'affari; **Geschäftsfreund** *m* amico *m* d'affari; **geschäftsführend** *adj* (*leitend*) gerente; (*amtierend*) in carica; **Geschäftsführer(in)** *m(f)* gerente *mf;* (*von Fabrik*) direttore, -trice *m, f;* (*von*

Gesellschaft) amministratore, -trice *m, f,* delegato, -a *m, f;* **Geschäftsführung** *f* ❶ *sing* (*Vorgang*) gestione *f* degli affari ❷(*Direktoren*) dirigenti *mpl;* **Geschäftsgang** *m* ❶(*Gang der Geschäfte*) andamento *m* degli affari ❷(*Dienstweg*) iter *m* burocratico ❸(*Besorgung*) commissione *f;* **Geschäftsgebaren** [gə'ʃɛftsgəba:rən] <-s> *kein Pl n* conduzione *f* degli affari; **Geschäftshaus** *n* ❶(*Firma*) ditta *f* [*o* azienda *f*] commerciale ❷(*Bürogebäude*) palazzo *m* per uffici; **Geschäftsinhaber(in)** *m(f)* (*von Laden*) titolare *mf* di un negozio; (*von Firma*) titolare *mf* di una ditta; **Geschäftsinteresse** *n* interesse *m* commerciale; **Geschäftsjahr** *n* esercizio *m,* anno *m* d'esercizio; **Geschäftsleben** *kein Pl n* mondo *m* degli affari; **Geschäftsleitung** *f s.* **Geschäftsführung**; **Geschäftsleute** *pl* uomini *mpl* d'affari; **Geschäftsliste** *f* (*CH:* ADM, POL: *Tagesordnung*) ordine *m* del giorno; **Geschäftsmann** *m* uomo *m* d'affari; **geschäftsmäßig** *adj* secondo la prassi commerciale; (*fig: sachlich*) distaccato; **Geschäftsmethoden** *fpl* pratiche *fpl* d'affari; **Geschäftsordnung** *f* regolamento *m* interno; **Geschäftspartner(in)** *m(f)* socio, -a *m, f* (d'affari), business partner *m;* **Geschäftsreise** *f* viaggio *m* d'affari; **geschäftsschädigend** *adj* dannoso (per gli affari); **Geschäftsschluss**RR *m* chiusura *f* (di negozi e uffici); **nach** ~ dopo l'ora di chiusura; **Geschäftsstelle** *f* ufficio *m;* **Geschäftsstraße** *f* strada *f* commerciale; **Geschäftsstunden** *fpl* ore *fpl* d'ufficio; **Geschäftsträger** *m* incaricato *m* d'affari; **geschäftstüchtig** *adj* abile negli affari; **Geschäftsverbindung** *f* relazione *f* d'affari; **Geschäftsverkehr** *m* relazioni *fpl* d'affari; **Geschäftsviertel** *n* quartiere *m* commerciale; **Geschäftszeit** *f* (*von Büro*) ore *fpl* d'ufficio; (*von Laden*) orario *m* d'apertura; **Geschäftszweig** *m* branca *f* d'affari; (*Wirtschaftszweig*) settore *m* economico

geschah [gə'ʃa:] *1. u 3. pers sing imp von* **geschehen**

geschätzt *adj* (*geachtet*) stimato; (*Brief*) pregiato

geschehen [gə'ʃe:ən] <geschieht, geschah, geschehen> *vi sein* ❶(*passieren*) succedere, accadere; (*zufällig*) capitare; **ich wusste gar nicht, wie mir geschah** non capivo cosa mi stava succe-

dendo; **es war um ihn** ~ (*verloren*) era perduto, per lui era finita; (*verliebt*) aveva preso una cotta; **als ob nichts** ~ **wäre** come se non fosse successo nulla; **das geschieht dir** (**ganz**) **recht** (**so**)! ti sta bene! *fam,* ben ti sta! *fam* ❷(*getan werden*) esser fatto; **es muss etwas** ~ bisogna fare qualcosa; (**das ist**) **gern** ~! non c'è di che!

Geschehen <-s> *kein Pl n* accaduto *m,* avvenimento *m*

Geschehnis <-ses, -se> *n* (*geh*) avvenimento *m,* fatto *m,* vicenda *f*

gescheit [gə'ʃaɪt] *adj* (*klug*) intelligente; (*fam: vernünftig*) ragionevole, assennato

Geschenk [gə'ʃɛŋk] <-(e)s, -e> *n* dono *m,* regalo *m;* **jdm etw zum** ~ **machen** regalare qc a qu; **Geschenkartikel** *m* articolo *m* da regalo; **Geschenkgutschein** *m* buono *m* regalo; **Geschenkpapier** *n* carta *f* da regali

Geschichte [gə'ʃɪçtə] <-, -n> *f* storia *f;* **Alte/Mittlere/Neuere/Neueste** ~ storia antica/medievale/moderna/contemporanea; **Biblische** ~ Sacra Scrittura; **mach keine** ~**n!** (*fam*) non fare storie!; **geschichtlich** *adj* storico

GeschichtsbewusstseinRR <-s> *kein Pl n* coscienza *f* storica; **Geschichtsschreiber** *m* storiografo *m;* **Geschichtsschreibung** <-> *kein Pl f* storiografia *f*

Geschick <-(e)s> *kein Pl n* (*Begabung*) talento *m*

Geschicklichkeit <-> *kein Pl f* destrezza *f;* (*a fig*) abilità *f*

geschickt *adj* (*gewandt*) abile; (*tüchtig*) bravo; **in etw** *dat* ~ **sein** essere bravo in qc

geschieden [gə'ʃi:dən] *pp von* **scheiden**; **Geschiedene** <ein -r, -n, -n> *mf* divorziato, -a *m, f*

geschieht *3. pers sing pr von* **geschehen**

geschienen *pp von* **scheinen**

Geschirr [gə'ʃɪr] <-(e)s, -e> *n* ❶(*Küchen~*) stoviglie *fpl,* piatti *mpl;* (*Tafel~*) vasellame *m,* servizio *m* (da tavola) ❷(*Pferde~*) finimenti *mpl;* **Geschirrschrank** *m* credenza *f;* **Geschirrspüler** *m* (*fam*), **Geschirrspülmaschine** *f* lavastoviglie *f,* lavapiatti *f;* **Geschirrspülmittel** *n* detersivo *m* per i piatti; **Geschirrtuch** *n* strofinaccio *m;* **Geschirrwaschmaschine** *f* (*CH*) *s.* **Geschirrspülmaschine**

geschissen [gə'ʃɪsən] *pp von* **scheißen**

geschlafen [gə'ʃla:fən] *pp von* **schlafen**

geschlagen [gə'ʃla:gən] *pp von* **schlagen**

Geschlecht [gəˈʃlɛçt] <-(e)s, -er> n
❶ (BIOL) sesso m; (~ *sorgan*) organo m sessuale, sesso m; **das schwache/starke ~**
il sesso debole/forte; **beiderlei ~s** di
entrambi i sessi ❷ (*Gattung*, LING) genere m
❸ (*Generation*) generazione f ❹ (*Familie*)
stirpe f, famiglia f
geschlechtlich *adj* sessuale
geschlechtlos *adj* asessuato
Geschlechtsakt m atto m sessuale,
coito m; **geschlechtskrank** *adj* affetto
da malattia venerea; **Geschlechts**
krankheit f malattia f venerea;
Geschlechtsorgan n organo m genitale; **Geschlechtsreife** f maturità f sessuale; **Geschlechtsteil** <-(e)s, -e> n
organo m genitale; **Geschlechtstrieb** m
istinto m sessuale; **Geschlechtsum**
wandlung <-, -en> f cambiamento m di
sesso; **Geschlechtsverkehr** m rapporti
mpl sessuali, coito m; **Geschlechtswort**
<-(e)s, -wörter> n (GRAM) articolo m
geschlichen *pp von* schleichen
geschliffen I. *pp von* schleifen¹ II. *adj*
(*Manieren*) raffinato, distinto; (*Stil*) forbito
geschlossen [gəˈʃlɔsən] I. *pp von* schlie
ßen II. *adj* ❶ (*zu*) chiuso ❷ (*Front, Reihe*)
compatto; **~e Gesellschaft** riunione privata ❸ (*ohne Ausnahme*) compatto; (*ein*
stimmig) all'unanimità; **~ für etw sein/**
stimmen essere/votare all'unanimità per
qc; **~ hinter jdm stehen** sostenere solidariamente qu; **Geschlossenheit** <-> *kein*
Pl f ❶ (*von Form*) compiutezza f ❷ (*Ein*
heit) compattezza f, unità f
geschlungen *pp von* schlingen
Geschmack [gəˈʃmak] <-(e)s, Geschmäcke> m gusto m; **~ nach etw** gusto di qc;
~ haben aver gusto; **an etw** *dat* **~ finden**
trovare gusto in qc; **mit Himbeer-/**
Vanille~ al sapore di lampone/vaniglia;
über ~ lässt sich (**nicht**) **streiten** (*prov*)
tutti i gusti sono gusti; **geschmacklos**
adj ❶ (*Speise*) insapore, privo di gusto;
(*fade*) insipido ❷ (*Kleidung*) di cattivo
gusto; (*Bemerkung*) senza tatto; (*Witz*) che
non sa di niente; **Geschmacklosigkeit**
<-, -en> f ❶ *sing* (*von Speise, Bemer*
kung) mancanza f di gusto; (*Fadheit*) insipidezza f; (*Taktlosigkeit*) mancanza f di
tatto ❷ (*Gegenstand*) cosa f di cattivo
gusto; (*Bemerkung*) osservazione f di cattivo gusto; (*Handlung*) azione f di cattivo
gusto; **Geschmacksnerv** <-s,
-en> m (ANAT) nervo m gustativo;
Geschmack(s)sache f **das ist ~** è
questione di gusti; **Geschmackssinn**
kein Pl m (buon) gusto m; **Geschmacks-**

verirrung <-, -en> f pervertimento m del
gusto
geschmackvoll *adj* di buon gusto
Geschmeide [gəˈʃmaɪdə] <-s, -> n
(*poet, geh*) monile m
geschmeidig [gəˈʃmaɪdɪç] *adj* ❶ (*glatt*
und weich) liscio e morbido ❷ (*elastisch*)
elastico; (*Haar*) soffice; (*Körper*) agile;
(*Metall, Wachs*) duttile, malleabile; (*Teig*)
morbido ❸ (*fig: anpassungsfähig*) flessibile, duttile; **Geschmeidigkeit** <-> *kein*
Pl f ❶ (*Glätte*) morbidezza f ❷ (*Elastizität*)
elasticità f; (*von Haar*) esser m soffice; (*von*
Körper) agilità f; (*von Metall, Wachs*) duttilità f, malleabilità f; (*von Teig*) morbidezza f ❸ (*fig: Anpassungsfähigkeit*) flessibilità f, duttilità f
Geschmier(e) [gəˈʃmiːɐ (gəˈʃmiːrə)]
<-(e)s> *kein Pl n* (*fam: Schmutz*) sudiciume m; (*Handschrift*) scarabocchio m;
(*Geschriebenes*) scarabocchi *mpl*;
(*schlechtes Bild*) imbratto m
geschmissen *pp von* schmeißen
geschmolzen *pp von* schmelzen
Geschmus(e) [gəˈʃmuːs (gəˈʃmuːzə)]
<-es> *kein Pl n* (*fam*) sbaciucchiamento m
Geschnatter [gəˈʃnatɐ] <-s> *kein Pl n*
(*fam: von Gänsen*) schiamazzo m; (*von*
Menschen) cicaleccio m
geschniegelt [gəˈʃniːgəlt] *adj* (*Mensch,*
Äußeres) azzimato; **~ und gebügelt**
[*o* **gestriegelt**] in ghingheri
geschnitten *pp von* schneiden
geschoben *pp von* schieben
gescholten *pp von* schelten
geschönt *adj* (*Statistik*) manipolato
Geschöpf [gəˈʃœpf] <-(e)s, -e> n creatura f
geschoren *pp von* scheren¹
Geschossᴿᴿ [gəˈʃɔs] <-es, -e> n,
Geschoßᴬᴸᵀ <-schosses, -schosse> n
❶ (*Wurf~*, *Rakete*) proiettile m;
(*Gewehr~*) pallottola f ❷ (*Stockwerk*)
piano m
geschossen *pp von* schießen
Geschrei <-s> *kein Pl n* grida *fpl*, urli *mpl*;
um etw viel ~ machen fare molto rumore
per qc
geschrieben *pp von* schreiben
geschrie(e)n *pp von* schreien
geschritten *pp von* schreiten
geschunden *pp von* schinden
Geschütz [gəˈʃʏts] <-es, -e> n (MIL)
pezzo m d'artiglieria, cannone m;
schwere ~e auffahren (*a fig*) usare la
maniera forte; **Geschützfeuer** n (MIL)
fuoco m d'artiglieria
geschützt *adj* protetto

Geschwader [gəˈʃvaːdɐ] <-s, -> n (NAUT)
squadra f; (AERO) squadriglia f, stormo m
Geschwafel [gəˈʃvaːfəl] <-s> kein Pl n
(fam pej) ciance fpl
Geschwätz [gəˈʃvɛts] <-es> kein Pl n
(fam) ❶ (pej: dummes Gerede) chiacchiere fpl ❷ (pej: Klatsch) pettegolezzi
mpl; **geschwätzig** adj chiacchierone,
pettegolo; **Geschwätzigkeit** <-> kein
Pl f far m chiacchiere [o pettegolezzi]
geschweige [gəˈʃvaɪɡə] konj ~ **denn**
tanto meno, meno che mai
geschwiegen pp von **schweigen**
geschwind [gəˈʃvɪnt] adj (südd: schnell)
veloce, rapido; (flink) svelto
Geschwindigkeit [gəˈʃvɪndɪçkaɪt] <-,
-en> f velocità f; (Schnelligkeit) rapidità f;
mit einer ~ von ... ad una velocità di ...;
Geschwindigkeitsbegrenzung f,
Geschwindigkeitsbeschränkung f
limite m di velocità; **Geschwindigkeitsüberschreitung** f eccesso m di
velocità
Geschwister [gəˈʃvɪstɐ] pl fratelli mpl e
sorelle fpl; **Geschwisterpaar** n (coppia f
di) fratello e sorella
geschwollen I. pp von **schwellen II.** adj
❶ (MED) gonfio, gonfiato ❷ (Stil) gonfio,
ampolloso
geschwommen pp von **schwimmen**
geschworen pp von **schwören**;
Geschworene <ein -r, -n, -n> mf (JUR)
giurato, -a m, f; **Geschworenenge-
richt** n (JUR) corte f d'assise
Geschwulst [gəˈʃvʊlst] <-,
Geschwülste> f (MED) gonfiore m, tumefazione f; (Tumor) tumore m
geschwunden pp von **schwinden**
geschwungen pp von **schwingen**
Geschwür [gəˈʃvyːɐ] <-(e)s, -e> n (MED)
ulcera f, ascesso m; (fig) piaga f
Geselchte [gəˈzɛlçtə] <-n> kein Pl n
(A, südd: GASTR: geräuchertes Schweinefleisch) carne f di maiale affumicata
Geselle [gəˈzɛlə] <-n, -n> m ❶ (Hand-
werks~) garzone m, lavorante m (artigiano) ❷ (Kerl) tipo m; **lustiger ~** buontempone m fam
gesellen [gəˈzɛlən] <ohne ge-> vr **sich
zu jdm ~** accompagnarsi a qu
Gesellenprüfung f esame m di abilitazione
gesellig adj (Mensch, Tier) socievole;
(unterhaltsam) lieto, gaio; **Geselligkeit**
<-> kein Pl f ❶ (Verkehr mit anderen Men-
schen) vita f di società ❷ (geselliges Bei-
sammensein) trattenimento m
Gesellin [gəˈzɛlɪn] <-, -nen> f ❶ (Hand-

werks~) lavorante f (artigiana) ❷ (Tussi)
persona f
Gesellschaft [gəˈzɛlʃaft] <-, -en> f
❶ (SOC) società f ❷ (COM: Vereinigung)
società f, associazione f ❸ (Umgang) compagnia f; **jdm ~ leisten** fare compagnia a
qu; **in guter/schlechter ~** in buona/cat-
tiva compagnia ❹ (Fest) trattenimento m;
(Abend~) ricevimento m serale; (Gäste)
invitati mpl
Gesellschafter(in) <-s, -; -, -nen>
m(f) ❶ (Unterhalter) compagno, -a m, f;
(Gesellschaftsdame) dama f di compagnia
❷ (COM: Partner) socio, -a m, f; **stiller ~**
(COM) associato
gesellschaftlich adj sociale, mondano
Gesellschaftsanzug <-s, -anzüge> m
abito m da sera; (Smoking) smoking m;
gesellschaftsfähig adj presentabile,
accettabile; **Gesellschaftskritik** <->
kein Pl f critica f sociale; **Gesellschafts-
reise** f viaggio m in comitiva; **Gesell-
schaftsschicht** f strato m sociale;
Gesellschaftsspiel n gioco m di società
gesessen [gəˈzɛsən] pp von **sitzen**
Gesetz [gəˈzɛts] <-es, -e> n legge f;
Gesetzblatt <-(e)s, -blätter> n (ADM)
gazzetta f ufficiale; **Gesetzbuch** n
codice m; **Gesetzentwurf** m progetto m
di legge; **Gesetzeskraft** f ~ **erlangen/
haben** entrare/essere in vigore; **Geset-
zeslücke** <-, -n> f lacuna f legislativa; **gesetzestreu** adj (JUR) obbediente
[o ossequiente] alla legge; **Gesetzesvorlage** f progetto m di legge; **gesetzgebend** adj legislativo; **Gesetzgeber** m
legislatore m; **Gesetzgebung** <-> kein
Pl f legislazione f
gesetzlich adj legale, di legge; (gesetzmäßig) conforme alla legge; (rechtmäßig)
legittimo, legale; **~er Feiertag** festa ufficiale; **~er Vertreter** rappresentante legale,
mandatario
gesetzlos adj senza legge; **Gesetzlosig-
keit** <-, -en> f essere m senza legge, anarchia f
gesetzmäßig adj ❶ (JUR) conforme alla
legge, legale; (rechtmäßig) legittimo
❷ (SCIENT) regolare; **Gesetzmäßigkeit**
<-> kein Pl f ❶ (JUR) legalità f; (Rechtmä-
ßigkeit) legittimità f ❷ (SCIENT) regolarità f
gesetzt [gəˈzɛtst] **I.** adj (ruhig) posato,
calmo; (ernst) serio **II.** konj ~ **den Fall,
dass ...** poniamo il caso che +conj;
Gesetztheit <-> kein Pl f posatezza f,
compostezza f, serietà f
gesetzwidrig adj illegale, innaturale;
Gesetzwidrigkeit f illegalità f, innatura-

lità *f*

ges. gesch. *abk v* **gesetzlich geschützt** brevettato

gesichert [gə'zɪçət] *adj* sicuro

Gesicht [gə'zɪçt] <-(e)s, -er> *n* ❶ (*vordere Kopfseite*) faccia *f,* viso *m;* **das ~ verlieren** [*o* **retten**] (*fig*) salvare la faccia; **jdm etw ins ~ sagen** dire qc in faccia a qu; **jdm ins ~ sehen** guardare in faccia qu; **zu ~ bekommen** riuscire a vedere; **jdm wie aus dem ~ geschnitten sein** essere il ritratto di qu ❷ (*Miene*) viso *m,* volto *m;* **ein langes ~ machen** fare un viso lungo, fare la faccia appesa *fam* ❸ (*fig: Aussehen*) aspetto *m,* volto *m* ❹ (*Mensch*) faccia *f,* viso *m*

Gesichtsausdruck *m* espressione *f* del volto; **Gesichtserkennung** *f* riconoscimento *m* del viso; **Gesichtsfarbe** *f* colorito *m;* **Gesichtsfeld** *n* (OPT) campo *m* visivo; **Gesichtskreis** *m* (*a fig*) orizzonte *m;* **Gesichtspunkt** *m* punto *m* di vista, aspetto *m;* **unter diesem ~** sotto questo punto di vista; **Gesichtswasser** *n* tonico *m* (per il viso); **Gesichtswinkel** *m* angolo *m* visuale; (OPT) angolo *m* visivo; (*fig*) punto *m* di vista, angolo *m* visuale; **Gesichtszüge** *mpl* lineamenti *mpl* (del viso)

Gesims [gə'zɪms] <-es, -e> *n* (ARCH) cornicione *m*

Gesinde [gə'zɪndə] <-s, -> (*obs*) servitù *f*

Gesindel [gə'zɪndəl] <-s> *kein Pl n* (*pej*) gentaglia *f,* canaglia *f*

gesinnt [gə'zɪnt] *adj* disposto, intenzionato; **wohl**/**übel ~ sein** ben/mal intenzionato; **jdm feindlich ~ sein** essere ostile a qu

Gesinnung [gə'zɪnʊŋ] <-, -en> *f* (*Denkweise*) modo *m* di pensare, idee *fpl,* opinione *f;* (*Grundeinstellung*) principi *mpl;* **politische ~** idee politiche; **Gesinnungsgenosse** *m,* **Gesinnungsgenossin** *f* compagno, -a *m, f* ideologico, -a; **gesinnungslos** *adj* senza principi, senza carattere; **Gesinnungswechsel** *m* cambiamento *m* d'opinione, voltafaccia *m*

gesittet *adj* (ben) educato; (*zivilisiert*) civile

Gesöff [gə'zœf] <-(e)s, -e> *n* (*fam pej*) intruglio *m*

gesoffen *pp von* **saufen**

gesogen *pp von* **saugen**

gesondert *adj* separato

gesonnen **I.** *pp von* **sinnen** **II.** *adj* **~ sein etw zu tun** essere intenzionato a fare qc

gesotten *pp von* **sieden**

gespalten *adj* ❶ (*Lippen, Rachen*) spaccato; (*Huf*) fesso; (*Zunge, a fig*) biforcuto ❷ (*Bewusstsein*) diviso; (*Verhältnis*) contrastato

Gespann [gə'ʃpan] <-(e)s, -e> *n* ❶ (*Zugtiere, Gefährt*) tiro *m;* (*Wagen mit Zugtieren*) carrozza *f* ❷ (*fig: Paar*) coppia *f*

gespannt [gə'ʃpant] *adj* ❶ (*an~, a fig*) teso; (*Feder*) sotto carico ❷ (*fig: neugierig*) curioso; **ich bin ~ auf deinen Freund** sono curioso di vedere il tuo amico ❸ (*aufmerksam*) attento; **Gespanntheit** <-> *kein Pl f* ❶ (*Angespanntsein, a fig*) tensione *f* ❷ (*Ungeduld*) impazienza *f* ❸ (*Aufmerksamkeit*) attenzione *f* intensa

Gespenst [gə'ʃpɛnst] <-(e)s, -er> *n* spettro *m,* fantasma *m;* (*von Toten*) spirito *m;* (*fig*) spettro *m;* **gespenstisch** *adj* spettrale, tetro, sinistro

gespie(e)n *pp von* **speien**

gesponnen *pp von* **spinnen**

Gespött [gə'ʃpœt] <-(e)s> *kein Pl n* beffa *f,* burla *f;* **sich zum ~ der Leute machen** diventare lo zimbello della gente

Gespräch [gə'ʃprɛːç] <-(e)s, -e> *n* conversazione *f;* (*Unterredung,* POL) colloquio *m;* (*Zwie~*) dialogo *m;* (TEL) conversazione *f,* comunicazione *f;* (*Sprechen*) discorso *m;* **das ~ auf etw** *acc* **bringen** far cadere il discorso su qc; **mit jdm ein ~ führen** avere un colloquio con qu

gesprächig *adj* loquace, comunicativo; **Gesprächigkeit** <-> *kein Pl f* loquacità *f* **gesprächsbereit** *adj* disposto al dialogo; **Gesprächspartner(in)** *m(f)* interlocutore, -trice *m, f;* **Gesprächsstoff** *m,* **Gesprächsthema** *n* argomento *m* (della conversazione)

gespreizt *adj* ❶ (*Beine*) allargato ❷ (*fig*) affettato; (*Stil*) ampolloso

gesprenkelt [gə'ʃprɛŋkəlt] *adj* macchiettato; (*bes. Tier*) pezzato

Gespritzte [gə'ʃprɪtstə] <ein -r, -n, -n> *m* (*A:* GASTR: *Wein mit Sodawasser*) vino allungato con soda; **ein rot**/**weiß ~r** un rosso/bianco vino allungato con soda

gesprochen *pp von* **sprechen**

gesprossen *pp von* **sprießen**

gesprungen *pp von* **springen**

Gespür [gə'ʃpyːɐ] <-s> *kein Pl n* fiuto *m*

gest. *abk v* **gestorben** m.

Gestagen [gɛsta'geːn] <-s, -e> *n* (BIOL) gestagene *m*

Gestalt [gə'ʃtalt] <-, -en> *f* forma *f;* (LIT) figura *f;* (*äußere Erscheinung*) aspetto *m;* (*Körperbau*) corporatura *f;* (*Wuchs*) statura *f;* (*Persönlichkeit*) personaggio *m;* (**feste**) **~ annehmen** prendere forma;

G

(*Plan*) prendere forma; **in ~ von** in forma di, sotto l'aspetto di; (*Person*) in veste di **gestalten** <ohne ge-> I. *vt* dare forma a; (*Bildhauerei*) modellare; (*entwerfen*) progettare; (*Programm*) preparare; (*Schaufenster*) allestire; (*einrichten*) disporre; (*Freizeit*) organizzare; (*schöpferisch ~*) creare II. *vr* sich ~ prendere forma, svilupparsi

Gestaltpsychologie *f* (PSYCH) gestaltismo *m*

Gestaltung <-, -en> *f* (*Formgebung*) forma *f*; (*in Bildhauerei*) modello *m*; (*Entwurf*) progetto *m*; (*von Programm*) preparazione *f*; (*von Schaufenster*) allestimento *m*; (*Einrichtung*) disposizione *f*; (*Freizeit*) organizzazione *f*; (*schöpferische ~*) creazione *f*

Gestammel [gə'ʃtaməl] <-s> *kein Pl n* (*pej*) balbettio *m*

gestanden *pp von* **stehen, gestehen**

geständig *adj* (JUR) **~ sein** essere reo confesso

Geständnis [gə'ʃtɛntnɪs] <-ses, -se> *n* (JUR) confessione *f*; **ein ~ ablegen** fare una confessione

Gestank [gə'ʃtaŋk] <-(e)s> *kein Pl m* puzzo *m*, cattivo odore *m*

Gestapo [ge'sta:po] <-> *kein Pl f* (HIST) *abk v* **Geheime Staatspolizei** GESTAPO *f*

gestatten [gə'ʃtatən] <ohne ge-> *vt* (**jdm**) **etw ~** permettere qc (a qu); (*gewähren*) accordare qc (a qu); **wenn Sie** (**mir**) **~ ...** se mi permette ...; **~** (**Sie**)? permette? è permesso?

Geste ['gɛstə] <-, -n> *f* (*a fig*) gesto *m*

Gesteck [gə'ʃtɛk] <-(e)s, -e> *n* composizione *f* floreale

gestehen <gesteht, gestand, gestanden> *vt* (*bekennen*) confessare; (*zugeben*) ammettere; (*Gefühle*) dichiarare; **offen gestanden** francamente

Gestein [gə'ʃtaɪn] <-(e)s, -e> *n* roccia *f*; (*Steinmenge*) pietrame *m*

Gestell [gə'ʃtɛl] <-(e)s, -e> *n* (*Stütze*) supporto *m*; (*Regal*) scaffale *m*; (*Bock*) cavalletto *m*; (*Bett~*) lettiera *f*; (MOT) telaio *m*; (AERO) carrello *m* (d'atterraggio); (*Brillen~*) montatura *f*

gestern ['gɛstɐn] *adv* ieri; **~ früh/Abend** ieri mattina/sera; **~ vor acht Tagen** nove giorni fa; **nicht von ~ sein** (*fig fam*) non essere nato ieri *fam*

gestiefelt [gə'ʃti:fəlt] *adj* (*Mensch*) stivalato, con gli stivali; **der Gestiefelte Kater** il gatto con gli stivali; **~ und gespornt** (*fam scherz*) bello e pronto

gestiegen *pp von* **steigen**

Gestik ['ge:stɪk *o* 'gɛstɪk] <-> *kein Pl f* gesti *mpl*, gesticolazione *f*; **Gestikulation** [gɛstikula'tsjo:n] <-, -en> *f* gesticolazione *f*; **gestikulieren** [gɛstiku'li:rən] <ohne ge-> *vi* gesticolare

Gestirn [gə'ʃtɪrn] *n* (ASTR) *Himmelskörper*) astro *m*; (*Stern*) stella *f*; (*Sternbild*) costellazione *f*

gestoben [gə'ʃto:bən] *pp von* **stieben**

gestochen *pp von* **stechen**

gestohlen *pp von* **stehlen**

gestorben *pp von* **sterben**

gestört [gə'ʃtø:ɐt] *adj* (RADIO) disturbato; (*belastet*) turbato; (*geistig ~*) squilibrato; **ein ~es Verhältnis zu jdm/etw haben** avere un rapporto difficile con qu/qc

Gestotter [gə'ʃtɔtɐ] <-s> *kein Pl n* (*fam*) balbettio *m*

Gesträuch [gə'ʃtrɔɪç] <-(e)s, -e> *n* cespugli *mpl*

gestreift [gə'ʃtraɪft] *adj* a strisce, rigato

gestresstRR [gə'ʃtrɛst] *adj*, **gestreßt**ALT *adj* stressato

gestrichelt *adj* **~e Linie** linea tratteggiata

gestrichen [gə'ʃtrɪçən] I. *pp von* **streichen** II. *adj* (*Löffel*) raso; **~ voll** (*Maß*) pieno raso

gestrig ['gɛstrɪç] *adj* di ieri, fuori moda

gestritten *pp von* **streiten**

Gestrüpp [gə'ʃtrʏp] <-(e)s, -e> *n* sterpaglia *f*

gestunken *pp von* **stinken**

Gestüt [gə'ʃty:t] <-(e)s, -e> *n* scuderia *f*

gestylt *adj* stylé, elegante

Gesuch [gə'zu:x] <-(e)s, -e> *n* domanda *f*; (JUR) istanza *f*; (*Bittschrift*) petizione *f*

gesucht [gə'zu:xt] *adj* ricercato

gesund [gə'zʊnt] *adj* sano; (*Luft, Klima*) sano, salubre; (*heilsam: Erfahrung, Lehre*) salutare; **der ~e Menschenverstand** il buon senso comune; **~ aussehen** avere un aspetto sano; (**wieder**) **~ werden** guarire; **ein ~es Urteil haben** avere giudizio; **~ und munter** sano e vegeto

gesunden [gə'zʊndən] <ohne ge-> *vi sein* (*geh*) guarire; (*sich erholen*) rimettersi, riprendersi

Gesundheit <-> *kein Pl f* salute *f*; (*Zuträglichkeit*) salubrità *f*; (*fig: von Wirtschaft*) prosperità *f*; **auf jds ~ trinken** bere alla salute di qu; **bei bester ~ sein** essere in buona salute; **~!** salute!

gesundheitlich *adj* (*die Gesundheit betreffend*) della salute, igienico; (*der Gesundheit dienend*) salutare; **aus ~en Gründen** per ragioni di salute; **wie geht es Ihnen ~?** come sta di salute?

Gesundheitsamt *n* ufficio *m* d'igiene

gesundheitsbewusst[RR] *adj* attento alla salute

Gesundheitsbewusstsein[RR] <-s> *kein Pl n* (MED) attenzione *f* per la salute

gesundheitsschädlich *adj* nocivo alla salute

Gesundheitswesen *kein Pl n* sanità *f;* **Gesundheitszustand** *m* stato *m* di salute

gesund|schlafen *vr* **sich** ~ rigenerarsi dormendo

gesund|schrumpfen (*bes.* COM) I. *vt* **haben** risanare II. *vi sein* risanarsi

Gesundung <-> *kein Pl f* (*geh*) guarigione *f;* (*von Wirtschaft*) risanamento *m*

gesungen *pp von* **singen**

gesunken *pp von* **sinken**

getan *pp von* **tun**

Getier [gə'tiːɐ̯] <-(e)s> *kein Pl n* animali *mpl,* bestie *fpl*

Getöse [gə'tøːzə] <-s> *kein Pl n* frastuono *m,* fracasso *m;* (*von Wellen*) fragore *m*

getragen [gə'traːgən] I. *pp von* **tragen** II. *adj* ❶ (*Musik*) sostenuto ❷ (*Kleidung*) usato

Getrampel [gə'trampəl] <-s> *kein Pl n* (*fam*) scalpiccio *m*

Getränk [gə'trɛŋk] <-(e)s, -e> *n* bevanda *f,* bibita *f;* **Getränkeautomat** *m* distributore *m* automatico di bevande; **Getränkesteuer** *f* tassa *f* sugli alcolici

getrauen <ohne ge-> *vr* **sich** ~ (**etw zu tun**) avere il coraggio (di fare qc), osare (fare qc)

Getreide [gə'traɪdə] <-s, -> *n* cereali *mpl,* granaglie *fpl;* (*Korn*) grano *m;* **Getreideanbau** *m* (AGR) cerealicoltura *f;* **Getreideart** *f* specie *f* di cereale, cereali *mpl;* **Getreidemühle** *f* mulino *m* per cereali

getrennt [gə'trɛnt] I. *adj* separato II. *adv* separatamente; (*bezahlen*) alla romana; (*berechnen*) a parte

getreten [gə'treːtən] *pp von* **treten**

getreu [gə'trɔɪ] *adj* ❶ (*treu*) fedele, devoto ❷ (*genau entsprechend*) fedele, conforme

Getriebe [gə'triːbə] <-s, -> *n* (TEC) meccanismo *m;* (*Räder~*) rotismo *m;* (*Triebwerk*) trasmissione *f;* (*Wechsel~*) cambio *m* (di velocità); (MOT) cambio *m* di velocità

getrieben *pp von* **treiben**

getroffen *pp von* **treffen**

getrogen *pp von* **trügen**

getrost [gə'troːst] I. *adj* (*zuversichtlich*) fiducioso II. *adv* (*ohne Bedenken*) tranquillamente

getrübt [gə'tryːpt] *adj* torbido, tetro

getrunken *pp von* **trinken**

Getto ['gɛto] <-s, -s> *n* ghetto *m*

Getue [gə'tuːə] <-s> *kein Pl n* (*fam pej: Wichtigtuerei*) arie *fpl;* (*Geziertheit*) smancerie *fpl;* **vornehmes** ~ arie aristocratiche

Getümmel [gə'tʏml] <-s, *rar* -> *n* trambusto *m,* tafferuglio *m;* (*Tumult*) tumulto *m,* baraonda *f*

getüpfelt [gə'tʏpfəlt] *adj* macchiettato, picchiettato; (*Stoff*) a pois

geübt [gə'ʔyːpt] *adj* pratico, esperto

Gewächs [gə'vɛks] <-es, -e> *n* pianta *f,* vegetale *m*

gewachsen [gə'vaksən] *adj* **jdm/etw** ~ **sein** essere all'altezza di qu/qc

Gewächshaus *n* (*für Pflanzen*) serra *f*

gewagt [gə'vaːkt] *adj* ❶ (*kühn*) audace, arrischiato; (*gefährlich*) rischioso ❷ (*unanständig*) spinto

gewählt [gə'vɛːlt] *adj* scelto, ricercato; (*elegant*) raffinato

Gewähr [gə'vɛːɐ̯] <-> *kein Pl f* garanzia *f,* assicurazione *f;* **für etw** ~ **leisten** garantire per qc, rispondere di qc; **ohne** ~ senza garanzia

gewähren [gə'vɛːrən] <ohne ge-> *vt* ❶ (*bewilligen*) accordare, concedere ❷ (*geben*) **jdm etw** ~ procurare qc a qu ❸ (*Bitte*) esaudire, accogliere

gewährleisten <ohne ge-> *vt* garantire

Gewährleistung *f* garanzia *f*

Gewahrsam [gə'vaːɐ̯zaːm] <-s, -e> *m* ❶ (*Obhut*) custodia *f* ❷ (*Haft*) arresto *m;* **in** ~ **nehmen** (*Sache*) prendere in custodia; (*Person*) arrestare

Gewährsmann <-(e)s, -männer *o* -leute> *m* fonte *f* sicura, informatore *m* sicuro

Gewährung <-, -en> *f* (*Bewilligung*) concessione *f;* (*Erlaubnis*) permesso *m;* (*von Bitte*) esaudire *m*

Gewalt [gə'valt] <-, -en> *f* ❶ *sing* (*Zwang*) costrizione *f;* (~ *tätigkeit*) violenza *f;* **jdm** ~ **antun** usare violenza a qu; (*vergewaltigen*) violentare qu; ~ **anwenden** impiegare la forza; **mit** ~ con la forza ❷ (*Macht*) potere *m;* (*Autorität*) autorità *f;* (*Kontrolle*) controllo *m;* ~ **über jdn/etw haben** avere autorità su qu/qc; **gesetzgebende/richterliche/vollziehende** ~ potere legislativo/giudiziario/esecutivo; **jdn in seine** ~ **bringen** impadronirsi di qu ❸ (*Heftigkeit*) forza *f,* violenza *f;* **elterliche** ~ patria potestà; **höhere** ~ forza maggiore; **in jds** ~ **sein** essere in potere di qu; **sich in der** ~ **haben** dominarsi, controllarsi; **mit aller** ~ con tutta forza; (*fig*) a tutti i costi; **mit nackter** [*o* **roher**] ~ con forza bruta

Gewaltausbruch *m* scoppio *m* di violenza

gewaltbereit *adj* pronto alla violenza, violento; **Gewaltbereitschaft** <-> *kein Pl f* disposizione *f* alla violenza

Gewaltenteilung *f* divisione *f* dei poteri

gewaltfrei I. *adj* non violento II. *adv* senza violenza

Gewaltherrschaft *f* tirannia *f,* dispotismo *m*

gewaltig I. *adj* ❶ (*riesig*) enorme, gigantesco ❷ (*heftig*) violento; (*a stark*) forte ❸ (*mächtig*) potente ❹ (*eindrucksvoll*) impressionante ❺ (*großartig*) grandioso ❻ (*groß*) grande, forte II. *adv* (*fam: sehr*) fortemente, molto; **da irren Sie sich ~** qui si sbaglia di grosso *fam*

gewaltlos *adj* non violento

Gewaltlosigkeit <-> *kein Pl f* non violenza *f*

Gewaltprävention *f* prevenzione *f* della violenza

gewaltsam *adj* violento; **~ öffnen** forzare

Gewaltstreich *m* atto *m* di violenza; (MIL) colpo *m* di mano

Gewalttat *f* atto *m* di violenza; **Gewalttäter(in)** *m(f)* violento, -a *m, f,* delinquente *mf,* criminale *mf;* **gewalttätig** *adj* violento, brutale; **Gewalttätigkeit** *f* violenza *f*

Gewaltverbrechen *n* crimine *m* di violenza

Gewaltverzicht *m* rinuncia *f* all'uso della forza

Gewand [gə'vant, *pl:* gə'vɛndə] <-(e)s, Gewänder> *n* (*geh*) veste *f,* abbigliamento *m;* (*Talar*) talare *m;* (*fig*) veste *f*

gewandt [gə'vant] I. *pp von* **wenden**[2] II. *adj* (*geschickt*) abile; (*Stil*) elegante, raffinato; (**in etw** *dat*) **~ sein** essere abile (in qc); **Gewandtheit** <-> *kein Pl f* (*Geschicktheit*) abilità *f;* (*Flinkheit*) agilità *f;* (*von Stil*) eleganza *f,* raffinatezza *f*

gewann *1. u 3. pers sing imp von* **gewinnen**

gewaschen *pp von* **waschen**

Gewässer [gə'vɛsə] <-s, -> *n* acqua *f;* (NAUT) acque *fpl;* **Gewässerreinhaltung** *kein Pl f,* **Gewässerschutz** *kein Pl m* salvaguardia *f* delle acque

Gewebe [gə've:bə] <-s, -> *n* tessuto *m*

Gewehr [gə've:ɐ] <-(e)s, -e> *n* fucile *m;* **Gewehrkolben** *m* calcio *m* del fucile; **Gewehrkugel** *f* pallottola *f*

Geweih [gə'vaɪ] <-(e)s, -e> *n* corna *fpl*

Gewerbe [gə'vɛrbə] <-s, -> *n* lavoro *m,* attività *f;* (*Beruf*) professione *f;* (*Handwerk*) mestiere *m;* (*kleiner Betrieb*) commer-

cio *m;* **ein ~ betreiben** esercitare un mestiere; **Gewerbeaufsicht** *f,* **Gewerbeaufsichtsamt** *n* ispettorato *m* del lavoro; **Gewerbebetrieb** *m* azienda *f* industriale [*o* commerciale]; **Gewerbegebiet** *n* zona *f* industriale; **Gewerbeordnung** *f* codice *m* delle attività lucrative indipendenti; **Gewerbeschein** *m* licenza *f* d'esercizio; **Gewerbeschule** *f* scuola *f* industriale; **Gewerbesteuer** *f* (FIN) imposta *f* su industrie e commerci; **Gewerbetreibende** <ein -r, -n, -n> *mf* **selb(st)ständiger ~r** chi esercita una professione indipendente

gewerblich [gə'vɛrplɪç] *adj* commerciale; (*industriell*) industriale; (*beruflich*) professionale; **Räume ~ nutzen** utilizzare locali ad uso industriale o commerciale

gewerbsmäßig *adj* professionale, di professione, di mestiere

Gewerkschaft [gə'vɛrkʃaft] <-, -en> *f* sindacato *m;* **Gewerkschaft(l)er(in)** <-s, -; -, -nen> *m(f)* sindacalista *mf;* **gewerkschaftlich** *adj* sindacale; **~ organisiert** organizzato sindacalmente; **Gewerkschaftsbewegung** *f* movimento *m* sindacale; **Gewerkschaftsbund** *m* confederazione *f* sindacale; **Gewerkschaftsführer(in)** *m(f)* dirigente *mf* sindacale; **Gewerkschaftsfunktionär(in)** *m(f)* funzionario, -a *m, f* sindacale; **Gewerkschaftsmitglied** *n* iscritto, -a *m, f* al sindacato

gewesen [gə've:zən] *pp von* **sein**[1]

gewichen *pp von* **weichen**

Gewicht [gə'vɪçt] <-(e)s, -e> *n* peso *m;* (*fig: Wichtigkeit*) importanza *f;* **ins ~ fallen** essere importante, aver peso; **nach ~** a peso; **auf etw** *acc* **~ legen** dare importanza a qc; **Gewichtheben** <-s> *kein Pl n* (SPORT) sollevamento *m* pesi; **Gewichtheber** *m* (SPORT) pesista *m*

gewichtig *adj* ❶ (*schwer*) pesante ❷ (*fig: einflussreich*) influente; (*bedeutungsvoll*) importante

Gewichtsangabe <-, -n> *f* indicazione *f* del peso; **Gewichtsverlust** *m* perdita *f* di peso; **Gewichtszunahme** *f* aumento *m* di peso

Gewichtung <-, -en> *f* ponderazione *f*

gewieft [gə'vi:ft] *adj* (*fam: schlau*) furbo, scaltro

Gewieher [gə'vi:ɐ] <-s> *kein Pl n* nitriti *mpl*

gewiesen *pp von* **weisen**

gewillt *adj* **~ zu etw sein** essere intenzionato a (fare) qc

Gewimmel <-s> *kein Pl n* brulichio *m,* formicolio *m*

Gewinde [gəˈvɪndə] <-s, -> *n* (TEC) filetto *m*

Gewinn [gəˈvɪn] <-(e)s, -e> *m* ❶ (*Vorteil*) vantaggio *m;* (*Nutzen*) profitto *m;* **mit ~ verkaufen** vendere con profitto ❷ (*Verdienst*) guadagno *m;* (*Ertrag*) utile *m;* (*im Spiel, durch Spekulation*) vincita *f;* (*in der Lotterie*) premio *m;* **~ und Verlust** (COM) perdite e profitti; **~ bringen** dare un utile, rendere; **~ bringend** redditizio, lucrativo; **Gewinnanteil** *m* partecipazione *f* agli utili, dividendo *m;* **Gewinnausschüttung** *f* distribuzione *f* degli utili; **Gewinnbeteiligung** *f* partecipazione *f* agli utili; **gewinnbringend** *adj* redditizio, lucrativo; **Gewinnchance** <-, -n> *f* possibilità *f* di vincita

gewinnen [gəˈvɪnən] <gewinnt, gewann, gewonnen> I. *vt* ❶ (*Spiel*) vincere ❷ (*erlangen: Preis*) vincere; (*Sympathie*) ottenere; (*jds Herz*) conquistare; **Zeit ~** guadagnar tempo; **jdn für etw ~** ottenere l'adesione di qu a qc; **sich für etw ~ lassen** acconsentire a qc ❸ (*verdienen*) guadagnare ❹ (*erzeugen: Strom*) ricavare; (*Erz*) estrarre; (*durch Verarbeitung*) ricavare II. *vi* ❶ (*siegen*) vincere; **bei** [*o* **in**] **etw** *dat* **~** vincere in qc ❷ (*profitieren*) approfittare; (*besser werden*) migliorare; **gewinnend** *adj* attraente, simpatico

Gewinner(in) <-s, -; -, -nen> *m(f)* vincitore, -trice *m, f*

Gewinnspanne *f* (COM) margine *m* d'utile; **Gewinnstreben** <-s> *kein Pl n* tendenza *f* al profitto, aspirazione *f* al guadagno; **gewinnträchtig** *adj* fruttuoso, redditizio

Gewinnung <-, -en> *f* (MIN, CHEM) estrazione *f*

Gewinnzahl *f* numero *m* vincente

Gewinsel <-s> *kein Pl n* (*pej*) uggiolio *m;* (*fig*) piagnucolio *m*

Gewirr [gəˈvɪr] <-(e)s> *kein Pl n* (*von Fäden*) garbuglio *m;* (*von Straßen*) labirinto *m;* (*von Stimmen*) brusio *m;* (*von Paragraphen*) guazzabuglio *m;* (*fig: Durcheinander*) confusione *f*, groviglio *m*

gewissRR, **gewiß**ALT [gəˈvɪs] I. *adj* ❶ (*sicher*) sicuro ❷ (*bestimmt*) certo; **das gewisse Etwas** quel certo non so che; **ein gewisser N.** un certo N. II. *adv* (*sicher*) certamente, di sicuro; (*zweifellos*) indubbiamente, senza dubbio; **ganz ~** non c'è dubbio; **~ nicht** certamente no; **~!** ma certo!

Gewissen [gəˈvɪsən] <-s, -> *n* coscienza *f* (morale); **ein gutes/schlechtes ~ haben** avere la coscienza pulita/sporca; **etw/jdn auf dem ~ haben** avere qc/qu sulla coscienza; **jdm ins ~ reden** appellarsi alla coscienza di qu

gewissenhaft *adj* coscienzioso, scrupoloso; (*peinlich genau*) meticoloso; **Gewissenhaftigkeit** <-> *kein Pl f* ❶ coscienziosità *f*, scrupolosità *f* ❷ (*Genauigkeit*) meticolosità *f*

gewissenlos *adj* senza coscienza, privo di scrupoli; **Gewissenlosigkeit** <-> *kein Pl f* mancanza *f* di coscienza

Gewissensbisse *mpl* rimorsi *mpl;* **Gewissensentscheidung** <-, -en> *f*, **Gewissensfrage** *f* questione *f* di coscienza; **Gewissensfreiheit** *f* libertà *f* di coscienza; **Gewissenskonflikt** *m* conflitto *m* di coscienza

gewissermaßen *adv* in certo qual modo, per così dire

GewissheitRR <-, -en> *f* certezza *f*, sicurezza *f;* (*innere ~*) convinzione *f;* **~ erlangen** acquisire certezze; **sich** *dat* **~ über etw** *acc* **verschaffen** accertarsi di qc

Gewitter [gəˈvɪtɐ] <-s, -> *n* temporale *m;* **gewitt(e)rig** *adj* temporalesco; **gewittern** <ohne ge-> *vi* esserci un temporale; **Gewitterwolke** *f* nuvola *f* temporalesca; **gewittrig** *adj s.* **gewitterig**

gewitzt [gəˈvɪtst] *adj* smaliziato, scaltrito

gewoben *pp von* **weben**

gewogen *pp von* **wiegen**[1]

gewöhnen <ohne ge-> I. *vt* **jdn** (**an etw** *acc*) **~** abituare qu (a qc) II. *vr* **sich an jdn/etw ~** abituarsi a qu/qc

Gewohnheit [gəˈvoːnhaɪt] <-, -en> *f* abitudine *f;* **die ~ haben etw zu tun** avere l'abitudine di fare qc; **aus ~** per abitudine; **gewohnheitsmäßig** I. *adj* abituale II. *adv* per abitudine; **Gewohnheitsmensch** *m* abitudinario, -a *m, f*, consuetudinario, -a *m, f;* **Gewohnheitsrecht** *n* (JUR) diritto *m* consuetudinario; **Gewohnheitstier** *n* (*iron*) abitudinario *m;* **der Mensch ist ein ~** gli uomini sono creature abitudinarie; **Gewohnheitstrinker(in)** *m(f)* bevitore, -trice *m, f* abituale; **Gewohnheitsverbrecher(in)** *m(f)* delinquente *mf* abituale

gewöhnlich [gəˈvøːnlɪç] I. *adj* ❶ (*gewohnt*) abituale, consueto; (*üblich*) solito ❷ (*alltäglich*) ordinario ❸ (*mittelmäßig*) comune ❹ (*pej: unfein, gemein*) grossolano, volgare II. *adv* (*normalerweise*) di solito, di consueto; **wie ~** come il solito

gewohnt [gəˈvoːnt] *adj* abituale, consueto; **etw ~ sein** essere abituato a qc

Gewöhnung [gəˈvøːnʊŋ] <-> *kein Pl f*

assuefazione *f;* **die ~ an etw** *acc* l'assuefazione a qc

gewöhnungsbedürftig *adj* insolito, singolare

Gewölbe [gə'vœlbə] <-s, -> *n* (ARCH) volta *f;* (*Raum*) ambiente *m* a volta

gewölbt [gə'vœlpt] *adj* (ARCH) a volta; (*Nase*) aquilino; (*Stirn*) prominente; (*Himmel*) a volta; (*Brust*) prosperoso, rigonfio

gewollt *pp von* **wollen**[1]

gewonnen *pp von* **gewinnen**

geworben *pp von* **werben**

geworden *pp von* **werden**

geworfen *pp von* **werfen**

gewrungen *pp von* **wringen**

Gewühl [gə'vy:l] <-(e)s> *kein Pl n* (*Durcheinander*) confusione *f,* trambusto *m;* (*Gedränge*) ressa *f,* calca *f;* (SPORT) mischia *f*

gewunden [gə'vʊndən] I. *pp von* **winden**[1] II. *adj* ❶ (*gedreht*) contorto ❷ (*Weg*) tortuoso; (*Fluss*) sinuoso ❸ (*Ausdrucksweise*) contorto

gewunken [gə'vʊŋkən] *pp von* **winken**

Gewürz [gə'vʏrts] <-es, -e> *n* ❶ (*Substanz*) spezie *fpl,* droghe *fpl* ❷ (*Kräutersorte*) erbe *fpl* aromatiche ❸ (*Würze*) condimento *m;* **Gewürzgurke** *f* (GASTR) cetriolo *m* sott'aceto; **Gewürznelke** *f* chiodo *m* di garofano; **gewürzt** *adj* condito, aromatizzato; **stark ~** piccante

gewusst[RR]**, gewußt**[ALT] [gə'vʊst] *pp von* **wissen**

Geysir ['gaɪzi:ɐ, *pl:* 'gaɪzi:rə] <-s, -e> *m* geyser *m*

gez. *abk v* **gezeichnet** f.to

gezackt [gə'tsakt] *adj* dentellato

gezahnt [gə'tsa:nt] *adj* (TEC, BOT) dentato, dentellato

Gezänk [gə'tsɛŋk] <-(e)s> *kein Pl n* litigi *mpl,* dispute *fpl*

gezeichnet [gə'tsaɪçnət] *adj* ❶ (*fig*) segnato; **vom Schicksal ~** segnato dal destino ❷ (*unterschrieben*) sottoscritto

Gezeiten [gə'tsaɪtən] *pl* maree *fpl;* **Gezeitenkraftwerk** *n* centrale *f* mareomotrice; **Gezeitenwechsel** *m* alternanza *f* delle maree

Gezeter [gə'tse:tɐ] <-s> *kein Pl n* (*pej*) grida *fpl,* strilli *mpl*

gezielt [gə'tsi:lt] *adj* (*Frage*) specifico; (*Hilfe*) ben diretto; (*Beleidigung*) voluto, intenzionale; **~ fragen** domandare allusivamente

geziemen [gə'tsi:mən] <ohne ge-> (*geh*) I. *vi* **jdm ~** convenire a qu, addirsi a qu II. *vr* **sich ~** convenirsi; **wie es sich geziemt** come si conviene; **geziemend** *adj* dovuto

geziert *adj* affettato, lezioso

gezogen [gə'tso:gən] *pp von* **ziehen**

Gezwitscher [gə'tsvɪtʃɐ] <-s> *kein Pl n* cinguettio *m*

gezwungen I. *pp von* **zwingen** II. *adj* forzato; **gezwungenermaßen** *adv* forzatamente, per costrizione

ggf(s). *abk v* **gegebenenfalls** eventualmente, nel caso

Ghetto <-s, -s> *n s.* **Getto**

Ghostwriter(in) ['gɔʊstraɪtɐ] <-s, -; -, -nen> *m(f)* ghost-writer *m*

Gibraltar [gi'braltaːɐ] *n* (GEOG) Gibilterra *f*

gibt [gi:pt] *3. pers sing pr von* **geben**

Gicht [gɪçt] <-> *kein Pl f* (MED) gotta *f*

Giebel ['gi:bəl] <-s, -> *m* (ARCH) timpano *m,* frontone *m*

Gier [gi:ɐ] <-> *kein Pl f* (*Begierde*) avidità *f,* brama *f;* (*Fress~*) voracità *f;* **~ nach etw** avidità di qc

gieren ['gi:rən] *vi* **nach etw ~** bramare qc, essere avido di qc

gierig *adj* avido; (*fress~*) vorace; **nach etw ~ sein** essere avido di qc; **~ essen/trinken** mangiare/bere avidamente

Gießbach <-(e)s, -bäche> *m* torrente *m*

gießen ['gi:sən] <gießt, goss, gegossen> I. *vt* ❶ (*schütten*) versare, rovesciare; (*verschütten*) versare ❷ (*Blumen*) annaffiare ❸ (*Metall*) fondere, colare; (*Bildwerk*) gettare II. *vi* piovere dirottamente; **es gießt in Strömen** piove a dirotto

Gießer(in) <-s, -; -, -nen> *m(f)* fonditore, -trice *m, f;* **Gießerei** [gi:sə'raɪ] <-, -en> *f* ❶ *sing* (*Vorgang*) fusione *f* ❷ (*Betrieb*) fonderia *f;* **Gießerin** *f s.* **Gießer**

Gießform <-, -en> *f* forma *f* da fonderia

Gießkanne *f* annaffiatoio *m;* **Gießkannenprinzip** <-s> *kein Pl n* **etw nach dem ~ austeilen** (*fam*) distribuire qc a pioggia, *dare a tutti indipendentemente dai bisogni effettivi dei singoli*

Gift [gɪft] <-(e)s, -e> *n* (*a fig*) veleno *m;* **~ sein für ...** (*fig*) essere veleno per ...; **~ und Galle speien** (*fam*) sputare veleno; **darauf kannst Du ~ nehmen** (*fam*) puoi giurarci

giften *vi* (*fam*) inveire (*gegen* contro)

Giftgas *n* gas *m* tossico

giftgrün *adj* verde bandiera [*o* brillante]

giftig *adj* (*a fig*) velenoso, tossico; (ZOO) velenifero; (BOT, MIN) venefico; **~er Blick** sguardo velenoso; **Giftigkeit** <-> *kein Pl f* (*einer Substanz*) velenosità *f,* tossicità *f;* (*fam: einer Person*) velenosità *f*

Giftmord *m* veneficio *m;* **Giftmüll** *m* (ECO) rifiuti *mpl* tossici; **Giftmüllexport** *m* (ECO) esportazione *f* di rifiuti tossici;

Giftpflanze f pianta f velenosa; **Gift-pilz** m fungo m velenoso; **Giftschlange** f serpente m velenoso; **Giftstoff** m (ECO) sostanza f velenosa; (MED) tossina f; **Gift-zahn** m (ZOO) dente m velenifero

Gigabyte <-s, -s> n (INFORM) gigabyte m

Gigant(in) [gi'gant] <-en, -en; -, -nen> m(f) gigante, -essa m, f

gigantisch adj gigantesco, colossale

Gilde ['gɪldə] <-, -n> f corporazione f

gilt [gɪlt] 3. pers sing pr von **gelten**

Gimpel ['gɪmpəl] <-s, -> m (ZOO) borgognone m, ciuffolotto m

ging [gɪŋ] 1. u 3. pers sing imp von **gehen**

Ginster ['gɪnstɐ] <-s, -> m (BOT) ginestra f

Gipfel ['gɪpfəl] <-s, -> m ❶ (von Berg) cima f, vetta f ❷ (fig: Höhepunkt) apice m, apogeo m; **das ist (doch) der ~!** questo è proprio il colmo! fam; **Gipfelkonferenz** f (POL) conferenza f al vertice

gipfeln vi (fig) **in etw** dat ~ culminare in qc

Gipfelpunkt m (a fig) punto m culminante

Gipfelteilnehmer(in) m(f) partecipante m al vertice; **Gipfeltreffen** n incontro m al vertice

Gips [gɪps] <-es, -e> m gesso m; **Gips-abdruck** m, **Gipsabguss**^RR m calco m in gesso; **Gipsbein** n (fam) gamba f ingessata

gipsen vt (MED) ingessare

Gipser(in) <-s, -; -, -nen> m(f) (KUNST, ARCH) stuccatore, -trice m, f

Gipsfigur f figurina f di gesso

Gipsverband m ingessatura f

Giraffe [gi'rafə] <-, -n> f (ZOO) giraffa f

girieren [ʒi'riːrən] <ohne ge-> vt (FIN) girare

Girlande [gɪr'landə] <-, -n> f ghirlanda f

Girlgroup ['gœrlgruːp] <-, -s> f girl-group m

Girlie ['gœrli] <-s, -s> n girlie f

Giro ['ʒiːro] <-s, -s> n (FIN) giro m, girata f; **Girokonto** n giroconto m, conto m corrente; **Giroscheck** <-s, -s> m assegno m circolare; **Giroverkehr** m bancogiro m; **Girozentrale** f ufficio m di compensazione [o trasferimento]

girren ['gɪrən] vi tubare

Gischt [gɪʃt] <-, rar -en f o -(e)s, rar -e m> f o m (Wellenschaum) schiuma f; (spritzendes Wasser) spruzzi mpl

Gitarre [gi'tarə] <-, -n> f (MUS) chitarra f

Gitter ['gɪtɐ] <-s, -> n (Absperrung) inferriata f; (an Straßen) grata f; (von Zaun) cancellata f; (für Pflanzen) graticcio m; (an Radio) griglia f; (Draht~) reticolato m; (Schutz~) griglia f (di protezione);

(Kamin~) parafuoco m; **hinter ~n** (fam) dietro le sbarre; **Gitterfenster** n inferriata f; **gitterförmig** ['gɪtɐfœrmɪç] adj graticolato, reticolato; **Gitterwerk** n graticolato m, graticcio m; **Gitterzaun** m graticciata f

Glace ['glaːs] <-, -n> f (CH) gelato m

Glacéhandschuhe [gla'seːhantʃuː] <-(e)s, -e> mpl guanti mpl glacé [o di pelle lucida]; **jdn mit ~n anfassen** trattare qu coi guanti

Gladiole [gla'djoːlə] <-, -n> f (BOT) gladiolo m

Glamour [gla'muːɐ] <-s> kein Pl mn glamour m, fascino m

Glanz [glants] <-es> kein Pl m ❶ (blendender, a fig) splendore m; (von Fläche, Haaren, Seide) lucentezza f; (Schimmer) luccichio m, scintillio m ❷ (Pracht) splendore m, fulgore m; (Pomp) magnificenza f, pompa f

glänzen ['glɛntsən] vi ❶ (Glanz haben) brillare; (leuchten) luccicare, scintillare; (strahlen) splendere ❷ (fig: in einem Fach) eccellere, brillare; **durch Wissen ~** brillare per il proprio sapere; **glänzend** adj ❶ (Glanz habend) brillante; (schimmernd) luccicante, scintillante; (leuchtend) splendente; (Metall, Papier, Leder) lucido ❷ (fig) splendido, brillante; **eine ~e Idee** un'idea formidabile; **mir geht es ~** sto magnificamente bene

Glanzleistung f prestazione f splendida, capolavoro m; **glanzlos** adj senza splendore; (matt) opaco; (Augen) spento; (fig) smorto; **Glanznummer** f clou m, attrazione f principale; **Glanzpapier** n carta f lucida [o satinata]; **glanzvoll** adj splendido, brillante; **Glanzzeit** f periodo m aureo, apogeo m

Glarus ['glaːrʊs] n (GEOG) ❶ (Stadt) Glarona f ❷ (Kanton) Glarona m

Glas [glaːs] <-es, Gläser, Maßangaben: -> n ❶ (Material) vetro m ❷ (Trink~) bicchiere m; (~behälter) recipiente m; (Marmeladen~) vasetto m; **zu tief ins ~ gucken** (fam scherz) alzare il gomito ❸ (OPT: Brillen~) lente f; (Fern~, Opern~) binocolo m; **Glasauge** n occhio m di vetro; **Glasbläser** m soffiatore m del vetro; **Glasbläserei** [glaːsblɛːzə'raɪ] <-, -en> f ❶ sing (Handwerk) soffiatura f del vetro ❷ (Betrieb) vetreria f; **Glascontainer** m (für Altglas) cassonetto m del vetro

Glaser ['glaːzɐ] <-s, -> m vetraio m; **ist dein Vater ~?** (fam scherz) non sei mica trasparente!; **Glaserei** [glaːzə'raɪ] <-, -en> f vetreria f

glauben

Glauben ausdrücken	esprimere opinioni
Ich glaube, dass sie die Prüfung bestehen wird.	**Credo che** supererà l'esame.
Ich glaube an den Sieg unserer Mannschaft.	**Credo/Confido nella** vittoria della nostra squadra.
Ich halte diese Geschichte **für wahr.**	**Ritengo che** questa storia sia vera.

Vermutungen ausdrücken	esprimere supposizioni
Ich vermute, sie wird nicht kommen.	**Presumo che** non verrà.
Ich nehme an, dass er mit seiner neuen Arbeit zufrieden ist.	**Suppongo che** sia contento del suo nuovo lavoro.
Ich halte einen Börsenkrach in der nächsten Zeit **für (durchaus) möglich.**	**Considero (del tutto) possibile** un crollo in borsa nel prossimo futuro.
Ich habe da so eine Ahnung.	**Ho un certo presentimento.**
Es kommt mir so vor, als würde er uns irgendetwas verheimlichen.	**Mi sembra che/Ho la sensazione che** ci voglia nascondere qualcosa.
Ich habe da so den Verdacht, dass sie bei der Abrechnung einen Fehler gemacht hat.	**Ho il sospetto che** abbia fatto un errore nel conto.
Ich habe so das Gefühl, dass sie nicht kommen wird.	**Ho l'impressione che** non verrà.

gläsern ['glɛːzən] *adj* di vetro; (*fig: Blick*) vitreo

Glasfabrik <-, -en> *f* vetreria *f*; **Glasfaser** *f* fibra *f* di vetro; **Glasfaserkabel** *n* (TEC) cavo *m* in fibra di vetro; **Glasglocke** *f* campana *f* di vetro; (*Lampenschirm*) globo *m*; **Glashaus** *n* serra *f*

glasieren [gla'ziːrən] <ohne ge-> *vt* ❶ (TEC) smaltare, invetriare ❷ (GASTR) glassare

glasig ['glaːzɪç] *adj* vitreo

Glaskasten *m* vetrina *f*; **glasklar** *adj* (*Wasser*) limpido; (*fig: offensichtlich*) palese; **Glasmalerei** *f* ❶ (*Kunst*) pittura *f* su vetro, vetrocromia *f* ❷ (*Gegenstand*) vetro *m* dipinto

Glasnost ['glasnɔst] <-> *kein Pl f* (POL) glasnost *f*

Glasperle *f* perla *f* di vetro; **Glasplatte** *f* lastra *f* di vetro; **Glasröhre** *f* tubo *m* di vetro; **Glasscheibe** *f* lastra *f* di vetro; **Glasscherbe** *f* coccio *m* di vetro; **Glasschrank** *m* vetrina *f*; **Glassplitter** *m* scheggia *f* di vetro; **Glastür** *f* (porta *f*) vetrata *f*

Glasur [gla'zuːɐ̯] <-, -en> *f* ❶ (TEC) smaltatura *f*, smalto *m*; (*von Porzellan*) vetrina *f* ❷ (GASTR) glassa(tura) *f*

Glaswaren *fpl* vetrerie *fpl*, vetrame *m*

Glaswolle *f* lana *f* di vetro

glatt [glat] **I.** *adj* ❶ (*eben*) piano, piatto; (*nicht rau*) liscio; (~ *rasiert*) ben rasato ❷ (*rutschig*) scivoloso ❸ (*komplikationslos*) perfetto; (*nicht kompliziert*) semplice ❹ (*eindeutig*) bell' e buono, categorico; **das kostet ~e 50 Euro** (*fam*) costa 50 euro tondi **II.** *adv* ❶ (*völlig*) completamente, del tutto ❷ (*rundheraus*) apertamente

glatt|bügeln[ALT] *vt s.* bügeln

Glätte ['glɛtə] <-, -n> *f* ❶ (*Ebenheit*) esser *m* piano; (*nicht rau*) esser *m* liscio; (*Faltenlosigkeit*) mancanza *f* di rughe ❷ (*Rutschigkeit*) scivolosità *f*

Glatteis *kein Pl n* vetrato *m*; **jdn aufs ~ führen** (*fig*) tendere un'insidia a qu, raggirare qu

Glätteisen *n* (CH) ferro *m* da stiro

Glatteisgefahr *f* pericolo *m* di strada ghiacciata

glätten ['glɛtən] **I.** *vt* (*glatt machen*) lisciare, levigare; (*Kleidung*) stirare; (*Falten, Stirn*) spianare; (*Haare*) lisciare **II.** *vr* **sich ~** (*Stirn, Gesicht*) spianarsi; (*Meer, Wellen*) calmarsi; **wenn sich die Wogen geglättet haben** (*fig*) quando si saranno calmate le acque

glatt|gehen[ALT] *vi s.* gehen I.3.

glatt|streichen[ALT] *vt s.* streichen I.1.

glattweg ['glatvɛk] *adv* (*fam*) senza esitare, bellamente, semplicemente

Glatze ['glatsə] <-, -n> *f* testa *f* calva, calvizie *f,* pelata *f scherz;* **eine ~ haben** essere calvo; **Glatzkopf** *m* (*fam: Mensch*) (uomo *m*) calvo *m;* **glatzköpfig** *adj* calvo, pelato *scherz*

Glaube ['glaʊbə] <-ns, *rar* -n> *m* ❶ (*Vertrauen,* REL) credenza *f;* **der ~ an jdn/etw** *acc* la fede in qu/qc; **jdm/etw ~n schenken** prestar fede a qu/qc; **in gutem ~n** in buona fede; **im ~n, dass ...** credendo che ... ❷ (*Überzeugung*) convinzione *f;* (*Meinung*) opinione *f* ❸ (*Zuversicht*) fiducia *f;* **der ~ an jdn/etw** *acc* la fiducia in qu/qc

glauben ['glaʊbən] I. *vt* ❶ (*für wahr halten*) credere a; **das ist nicht zu ~** è incredibile; **ob du es glaubst oder nicht** che tu ci creda o no ❷ (*vermuten, annehmen*) pensare, credere II. *vi* ❶ (*allg,* REL) credere; **an jdn/etw ~** credere in [*o* a] qu/qc; **dran ~ müssen** (*fig fam: sterben*) andarci di mezzo *fam;* **ich glaube dir aufs Wort** ti credo sulla parola; **ich glaube nicht daran** non ci credo ❷ (*Glauben schenken*) **jdm** [*o* **an jdn**] **~** prestar fede a qu ❸ (*vertrauen auf*) aver fiducia in

Glauben <-s, *rar* -> *m s.* Glaube; **Glaubensbekenntnis** *n* ❶ (REL) professione *f* di fede ❷ (*fig: Überzeugung, Weltanschauung*) credo *m;* **Glaubensfreiheit** *f* libertà *f* religiosa; **Glaubensgemeinschaft** *f* comunità *f* dei credenti

glaubhaft *adj* credibile, attendibile; **etw ~ machen** rendere qc credibile; **Glaubhaftigkeit** *kein Pl f* credibilità *f,* attendibilità *f*

gläubig ['glɔɪbɪç] *adj* (REL) credente; (*fromm*) pio; **Gläubige** <ein -r, -n, -n> *mf* (REL) fedele *mf* credente *mf*

Gläubiger(in) <-s, -; -, -nen> *m(f)* (COM) creditore, -trice *m, f*

glaublich *adj* **es ist kaum ~** è quasi da non credersi

glaubwürdig *adj* credibile, attendibile; **Glaubwürdigkeit** <-> *kein Pl f* credibilità *f,* attendibilità *f*

gleich [glaɪç] I. *adj* (~ *wertig,* MAT) uguale; (*identisch*) identico, stesso; (~ *artig*) affine; (*ähnlich*) simile; **jdm/etw ~ sein** (*fam*) essere uguale a qu/qc; **Gleiches mit Gleichem vergelten** rendere pan per focaccia; **in ~er Weise** allo stesso modo, ugualmente; **zur ~en Zeit** nello stesso tempo; **es ist mir ~** (*fam*) per me fa lo stesso; **2 mal 5 ~ 10** 2 per 5 uguale 10 II. *adv* ❶ (*ebenso*) altrettanto, ugualmente; **~ breit/groß/hoch** della stessa larghezza/grandezza /altezza; **~ viel** (*die ~ e*

Menge) altrettanto ❷ (*sofort*) subito, immediatamente; (*bald*) presto, fra poco; **~ darauf** subito dopo; **~ heute** oggi stesso; **~ bei/an ...** proprio a ...; **ich komme ~** arrivo subito; **das dachte ich mir ~** c'era da immaginarselo, lo sospettavo; **habe ich das nicht ~ gesagt!** l'avevo detto subito io!; **~!** un momento!; **bis ~!** a presto!

gleichaltrig ['glaɪçaltrɪç] *adj* coetaneo, della stessa età; **gleichartig** *adj* simile, affine; **gleichbedeutend** *adj* (*mit etw*) **~ sein** essere equivalente (a qc); **gleichberechtigt** *adj* di uguali diritti; **Gleichberechtigung** *f* equiparazione *f* dei diritti

gleich|bleiben [ALT] *vi, vr s.* **bleiben 2.**; **gleichbleibend** *adj* invariabile, immutato, costante

Gleiche [RR] *n* **das ~ tun** fare la medesima cosa; **das läuft aufs ~ hinaus** fa lo stesso

gleichen ['glaɪçən] <gleicht, glich, geglichen> *vi* (*ähneln*) assomigliare, essere somigliante

gleichentags *adv* (*CH*) nello stesso giorno

gleichermaßen *adv* ugualmente, allo stesso modo

gleichfalls *adv* parimenti, altrettanto; **danke, ~!** grazie, altrettanto!

gleichförmig *adj* uniforme, regolare; (*eintönig*) monotono; **Gleichförmigkeit** <-> *kein Pl f* uniformità *f;* (*Eintönigkeit*) monotonia *f*

gleichgeschlechtlich *adj* dello stesso sesso; **gleichgesinnt** *adj* che ha affinità di vedute e interessi; **gleichgestellt** *adj* equiparato; (*gesellschaftlich*) pari; **jdm ~ sein** essere pari a qu

Gleichgewicht *kein Pl n* equilibrio *m;* **das ~ verlieren** perdere l'equilibrio; **aus dem ~ bringen** squilibrare; **ins ~ bringen** equilibrare; **Gleichgewichtsorgan** <-(e)s, -e> *n* (ANAT) organo *m* dell'equilibrio; **Gleichgewichtssinn** *m* senso *m* dell'equilibrio; **Gleichgewichtsstörung** *f* (MED) alterazione *f* dell'equilibrio

gleichgültig *adj* ❶ (*ohne Anteilnahme*) (*gegenüber etw*) **~ sein** essere indifferente (a qc) ❷ (*unwichtig*) insignificante; **das ist mir ~** per me è indifferente, non m'importa ❸ (*uninteressiert*) disinteressato; **Gleichgültigkeit** *f* ❶ indifferenza *f;* **~ gegenüber etw** indifferenza nei confronti di qc ❷ (*Desinteresse*) disinteressamento *m*

Gleichheit <-, -en> *f* uguaglianza *f;* (*Gleichberechtigung*) parità *f;* (*Gleichartigkeit*) affinità *f;* **Gleichheitszeichen** *n* (MAT) segno *m* d'uguaglianza

gleich|kommen <irr> *vi sein* **jdm an etw** ~ uguagliare qu in qc; **einer Sache** *dat* ~ equivalere a qc

gleichlautend *adj* ❶ (*klanglich*) identico ❷ (*im Wortlaut*) identico, conforme

gleich|machen *vt* render uguale, livellare; **dem Erdboden** ~ radere al suolo; **Gleichmacherei** [glaɪçmaxəˈraɪ] <-, *pej* -en> *f* egualitarismo *m*

Gleichmaß <-es> *kein Pl n* ❶ (*Ebenmaß*) proporzione *f*, armonia *f* ❷ (*Gleichförmigkeit, a pej*) uniformità *f*

gleichmäßig *adj* ❶ (*zu gleichen Teilen*) uguale, uniforme ❷ (*regelmäßig*) regolare, stabile ❸ (*ausgeglichen*) equilibrato ❹ (*ebenmäßig*) simmetrico; **Gleichmäßigkeit** *f* ❶ (*gleiche Verteilung*) uniformità *f* ❷ (*Regelmäßigkeit*) regolarità *f* ❸ (*Ausgeglichenheit*) equilibrio *m* ❹ (*Ebenmaß*) simmetria *f*

Gleichmut <-(e)s> *kein Pl m* impassibilità *f*, imperturbabilità *f*, calma *f*; **gleichmütig** [ˈglaɪçmyːtɪç] *adj* impassibile, imperturbabile, calmo

gleichnamig [ˈglaɪçnaːmɪç] *adj* omonimo; **ein Film nach dem ~en Roman von ...** un film dal romanzo omonimo di ...

Gleichnis <-ses, -se> *n* ❶ (*REL*) allegoria *f*, parabola *f* ❷ (*Vergleich*) paragone *m*

gleichrangig [ˈglaɪçraŋɪç] *adj* (*Stellung*) di ugual grado; (*Künstler*) di ugual valore; (*Straßen*) di uguale importanza; (*Probleme*) identico

Gleichrichter <-s, -> *m* (*TEC*) raddrizzatore *m* di corrente; (*RADIO*) rettificatore *m*

gleichsam *adv* per così dire, in certo qual modo

gleich|schalten I. *vt* (*pej*) allineare, livellare **II.** *vr* **sich** ~ adeguarsi, adattarsi; **Gleichschaltung** <-, -en> *f* ❶ (*pej: Angliederung*) allineamento *m*, livellamento *m* ❷ (*Anpassung*) adattamento *m*

gleichschenk(e)lig *adj* (*MAT*) isoscele

Gleichschritt *m* passo *m* cadenzato; **im ~** (*MIL*) al passo

gleichseitig *adj* (*MAT*) equilatero

gleich|setzen *vt* paragonare; **jdn/etw mit jdm/etw** ~ paragonare qu/qc a qu/qc; (*als gleichwertig einstufen*) mettere qu/qc sullo stesso livello di qu/qc; **Gleichsetzung** <-, -en> *f* ❶ (*im Vergleich*) paragone *m* ❷ (*gleichwertiger Dinge*) equivalenza *f*

Gleichspannung <-, -en> *f* (*EL*) tensione *f* uniforme

Gleichstand *kein Pl m* (*SPORT*) parità *f*, pareggio *m*

gleich|stellen *vt* equiparare; **Gleichstellung** *f* equiparazione *f*

Gleichstrom *m* (*TEC*) corrente *f* continua

gleich|tun <irr> *vt* **es jdm** ~ (*nachahmen*) imitare qu (in qc); (*in Leistung*) competere con qu

Gleichung <-, -en> *f* (*MAT*) equazione *f*

gleichviel [glaɪçˈfiːl] *adv* comunque; **~, ob ...** poco importa che +*conj*

gleichwertig *adj* di ugual valore; (*CHEM*) equivalente

gleichwie *konj* (*sic*)come

gleichwink(e)lig *adj* (*MAT*) equiangolo

gleichwohl [glaɪçˈvoːl *o* ˈglaɪçvoːl] *adv* (*geh*) tuttavia, nondimeno

gleichzeitig *adj* contemporaneo, simultaneo; **Gleichzeitigkeit** <-> *kein Pl f* simultaneità *f*, sincronismo *m*

Gleis [glaɪs] <-es, -e> *n* binario *m*; **aus dem** ~ **kommen** (*fig*) uscire dalla carreggiata *fam*; **jdn aus dem** ~ **bringen** (*fig*) traviare qu; **etw wieder ins** (**rechte**) ~ **bringen** (*fig*) rimettere qc in carreggiata

gleißen [ˈglaɪsən] *vi* (*geh*) splendere, luccicare; ~ **des Licht** luce sfavillante

gleiten [ˈglaɪtən] <gleitet, glitt, geglitten> *vi sein* ❶ (*schweben*) planare; (*sich fortbewegen*) scivolare; **über etw** *acc* ~ passare su qc; **seine Hand über etw** *acc* ~ **lassen** passare la propria mano su qc ❷ (*rutschen*) slittare, scivolare; (*Auto*) slittare; **ins Wasser/zu Boden** ~ scivolare in acqua/a terra ❸ (*Arbeit*) ~ **de Arbeitszeit** orario flessibile di lavoro

Gleitflug <-(e)s, -flüge> *m* volo *m* planato [*o* librato]; **im** ~ **niedergehen** scendere a volo planato; **Gleitmittel** *n* lubrificante *m*; **Gleitschiene** *f* (*FERR*) (rotaia *f* di) guida *f*; **Gleitschirmflieger(in)** *m(f)* (*SPORT*) chi pratica il parapendio; **Gleitschutz** *m* (*MOT*) dispositivo *m* antisdrucciolevole; **Gleitzeit** *kein Pl f* orario *m* flessibile (di lavoro)

Gletscher [ˈglɛtʃɐ] <-s, -> *m* ghiacciaio *m*; **Gletscherbrand** *m* (*MED*) eritema *m* solare; **Gletscherspalte** *f* crepaccio *m*

glich [glɪç] *1. u 3. pers sing imp von* **gleichen**

Glied [gliːt] <-(e)s, -er> *n* ❶ (*ANAT*) membro *m*, arto *m*; (*Finger~, Zehen~*) falange *f*; (*Penis*) membro *m*; **an allen ~ern zittern** tremare in tutte le membra ❷ (*Ketten~*) maglia *f*, anello *m* ❸ (*Teil*) parte *f*, sezione *f*, segmento *m*; (*MAT: von Gleichung*) termine *m*; (*BIOL: von Bandwurm*) segmento *m*

Gliederfüßer <-s, -> *m* (*ZOO*) artropoda *m*

gliedern [ˈgliːdɐn] **I.** *vt* (*ordnen*) ordinare; **etw in etw** *acc* ~ ordinare qc in qc; (*ein-*

teilen, unter~) (sud)dividere qc in qc **II.** *vr* **sich** (**in etw** *acc*) **~** (*zerfallen in*) (sud)dividersi in qc; (*bestehen aus*) articolarsi in qc

Gliederung <-, -en> *f* ❶ *sing* (*Einteilung*) divisione *f*; (*Unterteilung*) suddivisione *f* ❷ (*Aufbau*) struttura *f*

Gliedmaßen ['gliːtmaːsən] *pl* membra *fpl*, arti *mpl*

glimmen ['glɪmən] <glimmt, glomm, geglommen> *vi* ardere senza fiamma; (*unter Asche*) covare

Glimmer <-s, -> *m* (MIN) mica *f*

Glimmstängel[RR] <-s, -> *m*, **Glimmstengel**[ALT] <-s, -> *m* (*fam*) cicca *f*

glimpflich ['glɪmpflɪç] *adv* **~ davonkommen** cavarsela a buon mercato *fam;* **das ist noch ~ ausgegangen** è finita bene

glitschig ['glɪtʃɪç] *adj* sdrucciolevole, scivoloso

glitt [glɪt] *1. u 3. pers sing imp von* **gleiten**

glitzern [glɪtsen] *vi* scintillare, luccicare

global [glo'baːl] *adj* globale

globalisieren *vt* globalizzare

Globalisierung <-, -en> *f* (POL) globalizzazione *f*

Globalisierungsgegner(in) *m(f)* antiglobal *mf*

global player <-, -s> *m* (FIN) global player *m*

Globus ['gloːbʊs] <- *o* -ses, Globen *o* Globusse> *m* globo *m*, mappamondo *m*

Glocke ['glɔkə] <-, -n> *f* ❶ (*Kirchturm~*) campana *f*; **etw an die große ~ hängen** strombazzare qc ai quattro venti *fam* ❷ (*Klingel*) campanello *m* ❸ (*Käse~*) campana *f*; (*fig: Dunst~*) campana *f*, calotta *f*; **Glockenblume** *f* (BOT) campanula *f*, campanella *f*; **Glockengeläut(e)** *n* scampanio *m;* **unter ~** al suon delle campane; **Glockengießer** *m* fonditore *m* di campane; **Glockenschlag** *m* (rin)tocco *m* della campana; **Glockenspiel** *n* carillon *m;* **Glockenstuhl** *m* ceppo *m* [*o* mozzo *m*] della campana; **Glockenturm** *m* campanile *m*, torre *f* campanaria

glomm *1. u 3. pers sing imp von* **glimmen**

Glorie ['gloːriə] <-, -n> *f* ❶ (*geh: Ruhm, Glanz*) gloria *f* ❷ (*geh: Heiligenschein*) aureola *f*

glorifizieren [glorifiˈtsiːrən] <ohne ge-> *vt* glorificare, magnificare

glorreich ['gloːɐ̯aɪç] *adj* glorioso

Glossar [glɔ'saːɐ̯] <-s, -e> *n* glossario *m*

Glosse ['glɔsə] <-, -n> *f* ❶ (*Kommentar*) commento *m*; (*spöttische Bemerkung*) osservazione *f* ironica ❷ (LIT: *Erläuterung*) glossa *f*

glossieren [glɔ'siːrən] <ohne ge-> *vt* ❶ (*kommentieren*) commentare; (*spöttisch*) ironizzare su [*o* di] ❷ (LIT: *mit Erläuterungen versehen*) glossare

Glotze <-, -n> *f* (*fam*) televisione *f*, tele *f*

glotzen ['glɔtsən] *vi* (*starr*) guardare con gli occhi fissi; (*dumm*) guardare con gli occhi spalancati, sgranare gli occhi

Glück [glʏk] <-(e)s, *rar* -e> *n* fortuna *f*; (*Erfolg*) successo *m*; (*Glücklichsein*) felicità *f*; **~ bringen** portare fortuna; **sie hat ~ gehabt!** è stata fortunata!, ha avuto fortuna!; **sein ~ machen** far fortuna; **sein ~ suchen** cercar fortuna; **jdm zu etw ~ wünschen** fare a qu gli auguri per qc; **auf gut ~** a caso, a tutto rischio; **zum ~** per fortuna; **viel ~!** buona fortuna!; **jeder ist seines ~es Schmied** ognuno è artefice della propria fortuna

glückbringend[ALT] *adj s.* **Glück**

Glucke ['glʊkə] <-, -n> *f* chioccia *f*

glücken ['glʏkən] *vi sein* riuscire

gluckern ['glʊken] *vi* gorgogliare

glücklich *adj* ❶ (*vom Glück gesegnet, erfolgreich*) fortunato; (*erfreulich*) buono, piacevole; **sich ~ schätzen** ritenersi fortunato ❷ (*froh*) felice; **jdn ~ machen** rendere felice qu; **glücklicherweise** *adv* fortunatamente, per fortuna

glücklos *adj* sfortunato, senza fortuna

Glücksbringer <-s, -> *m* portafortuna *m*

glückselig [glʏk'zeːlɪç] *adj* felice, beato; **Glückseligkeit** <-, -en> *f* felicità *f*, beatitudine *f;* **Glücksfall** *m* caso *m* fortunato, colpo *m* di fortuna; **Glücksgefühl** *n* senso *m* di felicità; **Glücksgriff** *m* colpo *m* di fortuna; **Glückspilz** *m* (*fam*) fortunato, -a *m, f*, figlio, -a *m, f* della fortuna; **Glückssache** *f* **das ist** (**reine**) **~** è solo questione di fortuna; **Glücksspiel** *n* gioco *m* d'azzardo; **Glücksspieler(in)** <-s, -; -, -nen> *m(f)* giocatore, -trice *m, f* d'azzardo; **Glückstag** *m* giornata *f* fortunata

glückstrahlend *adj* raggiante (di gioia)

Glückwunsch *m* augurio *m*, felicitazione *f;* **herzlichen ~!** tanti auguri!, auguri affettuosi!; **Glückwunschkarte** *f* biglietto *m* d'auguri; **Glückwunschtelegramm** *n* telegramma *m* d'auguri

Glucose [glu'koːzə] <-> *kein Pl f* (CHEM) glucosio *m*

Glühbirne *f* lampadina *f* a incandescenza

glühen ['glyːən] *vi* ❶ (*Metall*) essere incandescente; (*Kohle*) essere ardente; (*Feuer, Zigarette*) ardere ❷ (*fig: vor Fieber*) bruciare; (*Gesicht*) essere in fiamme; **glühend** *adj* ❶ (*Metall*) incandescente;

(*Kohle*) ardente; (*Zigarette*) accesa; **rot ~** arroventato, rovente ② (*Gesicht, Augen*) sfavillante ③ (*heiß*) scottante ④ (*fig*) ardente; **~e Hitze** calura

Glühfaden <-s, -fäden> *m* (TEC) filamento *m* incandescente; **Glühlampe** <-, -n> *f* lampadina *f* (a incandescenza); **Glühwein** *m* vin *m* brûlé; **Glühwürmchen** <-s, -> *n* (*fam*) lucciola *f*

Glut [gluːt] <-, -en> *f* (*Feuer*) brace *f*; (*von Zigarette*) cenere *f* ardente; (*Hitze*) calura *f*, gran caldo *m*; **Gluthitze** *f* calura *f*

Glykol [glyˈkoːl] <-s, -e> *n* (CHEM) glicol(e) *m*

Glyzerin [glytseˈriːn] <-s> *kein Pl n* (CHEM) glicerina *f*

GmbH [geˈʔɛmbeːˈhaː] <-, -s> *f abk v* **Gesellschaft mit beschränkter Haftung** S.r.l.

Gnade [ˈgnaːdə] <-, -n> *f* ① (JUR, REL) grazia *f*; **jdn um ~ bitten** chiedere grazia a qu ② (*Gunst*) favore *m* ③ (*Erbarmen*) misericordia *f*; (*Milde, Nachsicht*) clemenza *f*; **~ vor Recht ergehen lassen** usare clemenza; **Gnadenbrot** *n* **jdm das ~ geben** mantenere qu per carità; **das ~ essen** vivere della carità di qu; **Gnadenfrist** *f* rinvio *m* (concesso per grazia); **Gnadengesuch** *n* domanda *f* di grazia; **gnadenlos** *adj* spietato; **Gnadenstoß** *m* (*a fig*) colpo *m* di grazia

gnädig [ˈgnɛːdɪç] *adj* ① (*gütig*) benigno; (*barmherzig*) misericordioso ② (*wohlwollend*) benevolo; (*mild, nachsichtig*) indulgente, clemente; (*günstig gesinnt*) bendisposto ③ (*herablassend*) condiscendente ④ (*Anrede*) **~e Frau** gentile signora; **~er Herr** gentile signore

Gneis [gnaɪs] <-es, -e> *m* (MIN) gneis *m*

Gnom [gnoːm] <-en, -en> *m* gnomo *m*

Gobelin [gobəˈlɛ̃ː] <-s, -s> *m* (KUNST) arazzo *m*, gobelin *m*

Goder <-s, -> *m* (*A: Doppelkinn*) doppio mento *m*

Gold [gɔlt] <-(e)s> *kein Pl n* (MIN) oro *m*; **nicht mit ~ aufzuwiegen sein, ~ wert sein** valere tant'oro quanto pesa; **Goldbarren** *m* lingotto *m* d'oro; **Goldbestand** *m* (FIN) riserva *f* aurea; **Golddeckung** *f* (FIN) copertura *f* aurea

golden [ˈgɔldən] *adj* ① (*aus Gold, a fig*) d'oro; **die ~e Mitte** il giusto mezzo ② (*goldfarbig, vergoldet*) dorato

Golden Goal [ˈgoldn gɔl] <- -s, - -s> *n* (SPORT) golden goal *m*

goldfarben, goldfarbig *adj* dorato; **Goldfasan** <-s, -e> *m* (ZOO) fagiano *m* dorato; (*fam: besonderer Liebling*) amante *m* particolare;

Goldfisch *m* pesce *m* rosso; **Goldgehalt** *m* titolo *m* dell'oro, fino *m*; **goldgelb** *adj* giallo oro; (GASTR) dorato; **goldgierig** *adj* assetato d'oro; **Goldgräber(in)** <-s, -; -, -nen> *m(f)* cercatore, -trice *m, f* d'oro; **Goldgrube** *f* (*a fig*) miniera *f* d'oro; **Goldhamster** *m* mesocriceto *m*

goldig *adj* (*fam: niedlich*) carino

Goldlack <-s, -e> *m* (BOT) violacciocca *f* gialla; **Goldmedaille** *f* (SPORT) medaglia *f* d'oro; (*olympische ~*) oro *m* olimpico; **Goldmünze** *f* moneta *f* d'oro; **Goldplombe** *f* (MED) impiombatura *f* d'oro; **Goldregen** *m* (BOT) avornello *m*, maggiociondolo *m*; **Goldreserve** <-, -n> *f* (FIN) riserva *f* aurea; **goldrichtig** *adj* (*fam*) giusto, adeguato; **Goldschmied(in)** *m(f)* orafo, -a *m, f*; **Goldschnitt** *m* taglio *m* dorato; **Goldstaub** *m* oro *m* in polvere; **Goldstück** *n* ① (*Goldmünze*) moneta *f* d'oro ② (*fig*) tesoro *m*; **Goldwaage** *f* bilancina *f* dell'orafo; **jedes Wort auf die ~ legen** soppesare ogni parola; (*überempfindlich sein*) essere ipersensibile; **Goldwährung** *f* (COM) valuta *f* aurea; **Goldwaren** *fpl* ori *mpl*, gioielli *mpl*

Golf¹ [gɔlf] <-(e)s, -e> *m* (GEOG) golfo *m*

Golf² <-s> *kein Pl n* (SPORT) golf *m*

Golfer(in) *m(f) s.* **Golfspieler**

Golfkrieg <-(e)s, -e> *m* guerra *f* del Golfo

Golfplatz *m* campo *m* da golf; **Golfschläger** *m* mazza *f* da golf; **Golfspieler(in)** *m(f)* giocatore, -trice *m, f* di golf, golfista *mf*

Golfstaat *m* stato *m* del Golfo; **Golfstrom** *m* corrente *f* del Golfo

Gondel [ˈgɔndəl] <-, -n> *f* gondola *f*

Gong [gɔŋ] <-s, -s> *m* gong *m*

gönnen [ˈgœnən] *vt* **jdm etw ~** concedere qc a qu; **jdm etw nicht ~** invidiare qc a qu; **ich gönne es dir** te lo auguro di cuore; **sich** *dat* **~** (*sich leisten*) concedersi, permettersi

Gönner(in) <-s, -; -, -nen> *m(f)* (*Wohltäter*) benefattore, -trice *m, f*; (*Beschützer*) protettore, -trice *m, f*; (*von Künstler*) mecenate *mf*; **gönnerhaft** I. *adj* condiscendente II. *adv* con condiscendenza

Gönnerin *f s.* **Gönner**; **Gönnermiene** *f* aria *f* condiscendente [*o* di condiscendenza]

Gonorrhö(e) [gɔnɔˈrøː, *pl:* gɔnɔˈrøːən] <-, -en> *f* (MED) genorrea *f*, blenorragia *f*

gor [goːɐ̯] *1. u 3. pers sing imp von* **gären**

Gör [gøːɐ̯] <-(e)s, -en> *n*, **Göre** [ˈgøːrə] <-, -n> *f* (*kleines Kind*) marmocchio *m*; (*freches Mädchen*) saputella *f*

Gorilla [goˈrɪla] <-s, -s> *m* gorilla *m*

goschert *adj* (*A: vorlaut*) impertinente, saccente

goss^{RR}, **goß**^{ALT} [gɔs] *1. u 3. pers sing imp von* **gießen**

Gosse [ˈgɔsə] <-, -n> *f* ❶ (*Straßenrinne*) cunetta *f* ❷ (*fig: Verkommenheit*) fango *m;* **in der ~ enden** finire nel fango

Gote [ˈgoːtə] <-n, -n> *m* padrino *m; s. a.* **Gotin; Goten** [ˈgoːtən] *mpl* (HIST) Goti *mpl*

Gotik [ˈgoːtɪk] <-> *kein Pl f* (stile *m*) gotico *m*

Gotin [ˈgoːtɪn] <-, -nen> *f* madrina *f; s. a.* **Gote**

gotisch *adj* gotico

Gott [gɔt] <-es *o rar* -s, Götter> *m* (*christlich*) Dio *m;* (*heidnisch*) dio *m,* divinità *f;* **~ sei Dank!** grazie a Dio!; **leider ~es** purtroppo, disgraziatamente; **mit ~es Hilfe** grazie a Dio; **um ~es willen** per l'amor di Dio; **großer ~!, mein ~!** Dio mio!; **grüß ~!** (*südd, A*) buon giorno!; **behüt' dich ~!** (*südd, A: Abschiedsgruß*) ciao; **~ bewahre!** Dio non voglia!; **der liebe ~** il buon Dio; **über ~ und die Welt reden** (*fam*) parlare di tutto e di più; **wie ~ in Frankreich leben** vivere come un papa *fam;* **ein Bild für (die) Götter** (*fam*) uno spettacolo unico

Götterbild [ˈgœtɐbɪlt, *pl:* ˈgœtɐbɪldə] <-(e)s, -er> *n* idolo *m*

Götterspeise *f* (GASTR) budino *m* di gelatina

Gottesanbeterin <-, -nen> *f* (ZOO) mantide *f* religiosa; **Gottesdienst** *m* (REL) messa *f;* **Gottesfurcht** *f* timor *m* di Dio; **gottesfürchtig** *adj* timorato di Dio, devoto; **Gotteshaus** *n* casa *f* di Dio, chiesa *f;* **Gotteskrieger(in)** <-s, -> *m(f)* guerriero , -a di Dio *m;* **Gotteslästerung** *f* blasfemia *f;* **Gottesmutter** *f* Madonna *f,* madre *f* di Dio

Gottesurteil *n* giudizio *m* di Dio

Gottheit <-, -en> *f* ❶ (*göttliche Natur*) divinità *f* ❷ (REL: *Gott*) Dio *m;* (*heidnische ~*) dio *m*

Göttin [ˈgœtɪn] <-, -nen> *f* dea *f,* divinità *f*

Göttingen [ˈgœtɪŋən] *n* (GEOG) Gottinga *f*

göttlich [ˈgœtlɪç] *adj* divino

gottlob [gɔtˈloːp] *adv* (*glücklicherweise*) per fortuna

gottlos *adj* (*Gott leugnend*) senza Dio, ateo; (*Gott nicht achtend*) empio; (*ruchlos*) scellerato; **Gottlosigkeit** <-> *f* (*Gottesleugnung*) irreligiosità *f,* ateismo *m;* (*Ruchlosigkeit*) scelleratezza *f,* empietà *f*

gottverlassen *adj* (*fam: abgelegen*) desolato

Gottvertrauen *n* fiducia *f* in Dio

Götze [ˈgœtsə] <-n, -n> *m* idolo *m;* **Götzendienst** *m* idolatria *f*

Gourmet [gʊrˈmeː] <-s, -s> *m* gourmet *m*

Gouverneur(in) [gʊvɛrˈnøːɐ *o* guveˈnøːɐ, *pl:* guvɛrˈnøːrə *o* guveˈnøːrə] <-s, -e; -, -nen> *m(f)* governatore, -trice *m, f*

GPS-System [geːpeːˈʔɛs-] *n* sistema *m* GPS

Grab [graːp] <-(e)s, Gräber> *n* tomba *f;* (*~ denkmal*) sepolcro *m;* **jdn zu ~ e tragen** seppellire qu; **sich auf das eigene ~ schaufeln** (*fig*) scavarsi la fossa con le proprie mani; **sich im ~ e umdrehen** rivoltarsi nella tomba; **mit einem Bein** [*o* **Fuß**] **im ~ e stehen** (*fam*) avere un piede nella fossa; **ein Geheimnis mit ins ~ nehmen** portare un segreto con sé nella tomba; **schweigen wie ein ~** essere (muto come) una tomba *fam*

graben [ˈgraːbən] <gräbt, grub, gegraben> I. *vt, vi* scavare, vangare; **nach etw ~** (*nach Kohle, Erz*) scavare alla ricerca di qc; (*nach archäologischen Funden*) scavare II. *vr* **sich in etw** *acc* **~** (*Tier*) scavarsi un buco in qc; (*Fingernägel*) affondare in qc; **sich jdm ins Gedächtnis ~** (*geh*) imprimersi a qu nella memoria

Graben [ˈgraːbən] <-s, Gräben> *m* ❶ (*Wasser~, Festungs~*) fossato *m,* fosso *m* ❷ (MIL) trincea *f* ❸ (GEOL) fossa *f*

Grabesstille *f* silenzio *m* di tomba

Grabesstimme *f* voce *f* cupa

Grabgewölbe *n* cripta *f;* **Grabhügel** *m* tumulo *m;* **Grabmal** <-(e)s, Grabmäler> *n* monumento *m* sepolcrale; **Grabplatte** *f* pietra *f* sepolcrale; (*Gedenktafel*) lapide *f* commemorativa; **Grabrede** *f* orazione *f* funebre; **Grabstein** *m* pietra *f* tombale

gräbt [grɛːpt] *3. pers sing pr von* **graben**

Grabung <-, -en> *f* scavo *m*

Grad [graːt] <-(e)s, -e, *Maßeinheit:* -> *m* grado *m;* **akademischer ~** titolo *m* accademico; **bis zu einem gewissen ~** fino a un certo punto; **im höchsten ~ e** al massimo grado; **bei drei ~ Celsius/Wärme/Kälte** a tre gradi Celsius/sopra zero/sotto zero; **Gradeinteilung** *f* graduazione *f;* **Gradmesser** *m* indice *m,* scala *f*

graduell [graduˈɛl] *adj* graduale

Graf [graːf] <-en, -en> *m* conte *m*

Graffiti [graˈfiːti] <-(s)> *mpl npl* graffito *m;* **Graffiti-Maler** *m* graffittaro, -a *m, f*

Grafik¹ [ˈgraːfɪk] <-> *kein Pl f* (KUNST) grafica *f*

Grafik² <-, -en> *f* ❶ (*Kunstwerk*) opera *f* grafica, grafica *f* ❷ (*Schaubild*) grafico *m*

Grafiker(in)[RR] ['gra:fikɐ] <-s, -; -, -nen> *m(f)* (*Zeichner*) grafico, -a *m, f,* disegnatore, -trice *m, f* grafico, -a

Grafikkarte *f* (INFORM) scheda *f* grafica

Gräfin ['grɛːfɪn] <-, -nen> *f* contessa *f*

grafisch[RR] *adj* grafico *a*

Grafit[RR] [gra'fiːt] <-(e)s, -e> *m s.* **Graphit**

Grafschaft <-, -en> *f* contea *f*

gram [gra:m] *adj* jdm ~ sein (*geh, obs*) provare un sentimento di avversione nei confronti di qu (per un'offesa subita)

Gram [gra:m] <-(e)s> *kein Pl m* (*geh, obs*) pena *f,* afflizione *f*

grämen ['grɛːmən] *vr* sich (**über jdn/etw**) ~ affliggersi (per qu/qc)

grämlich *adj* (*mürrisch*) stizzoso; (*verdrießlich*) infastidito; (*Gedanken*) triste

Gramm [gram] <-s, -e, *bei Maßangaben:* -> *n* grammo *m*

Grammatik [gra'matɪk] <-, -en> *f* grammatica *f*

grammatikalisch *adj* grammaticale

grammatisch *adj* (LING) grammaticale; ~ **richtig** grammaticalmente corretto

Grammel ['graməl] <-, -n> *meist Pl f* (*A, südd:* GASTR: *Griebe*) cicciolo *m* (di pancetta)

Granat [gra'naːt] <-(e)s, -e> *m* (MIN) granato *m;* **Granatapfel** *m* melagrana *f*

Granate [gra'naːtə] <-, -n> *f* (MIL) granata *f;* (*Hand~*) bomba *f* a mano; **Granatsplitter** *m* scheggia *f* di granata; **Granatwerfer** <-s, -> *m* lanciagranate *m*

grandios [gran'djoːs] *adj* grandioso

Granit [gra'niːt] <-s, -e> *m* (MIN) granito *m*

Granne ['granə] <-, -n> *f* ❶ (BOT) arista *f* ❷ (ZOO) pelo *m* ispido

grantig ['grantɪç] *adj* (*A: verärgert*) irritato, arrabbiato

Grapefruit ['greːpfruːt] <-, -s> *f* (BOT) pompelmo *m*

Graphik <-, -en> *f s.* **Grafik**

Graphiker(in) <-s, -; -, -nen> *m(f) s.* **Grafiker**

graphisch *adj s.* **grafisch**

Graphit <-(e)s, -e> *m* (MIN) grafite *f,* piombaggine *f*

Graphologe [grafo'loːgə] <-n, -n> *m* grafologo *m; s. a.* **Graphologin**

Graphologie [grafolo'giː] <-> *kein Pl f* grafologia *f*

Graphologin [grafo'loːgɪn] <-, -nen> *f* grafologa *f; s. a.* **Graphologe**

Gras [gra:s] <-es, Gräser> *n* erba *f;* **ins ~ beißen** (*sl*) morire; **das ~ wachsen hören** (*scherz*) fare il sapientone; **über etw** *acc* **~ wachsen lassen** (*fig*) mettere

una pietra sopra qc *fam;* **darüber ist längst ~ gewachsen** (*fam*) è acqua passata

grasen ['gra:zən] *vi* pascolare

grasgrün *adj* verde erba, acerbo; **Grashalm** *m* filo *m* d'erba; **Grashüpfer** <-s, -> *m* (*fam*) cavalletta *f;* **Grasland** *n* prateria *f;* **Grasmücke** *f* (ZOO) capinera *f*

grassieren [gra'siːrən] <ohne ge-> *vi* imperversare

grässlich[RR] ['grɛslɪç] *adj,* **gräßlich**[ALT] *adj* ❶ (*abscheulich*) atroce, orrendo ❷ (*fam: sehr schlecht*) terribile, spaventoso

Grat [gra:t] <-(e)s, -e> *m* ❶ (*Berg~*) cresta *f* ❷ (*Dach~*) linea *f* di colmo

Gräte ['grɛːtə] <-, -n> *f* lisca *f,* spina *f* di pesce

Gratifikation [gratifika'tsjoːn] <-, -en> *f* gratifica *f*

gratinieren [grati'niːrən] <ohne ge-> *vt* (GASTR) gratinare

gratis ['gra:tɪs] *adv* gratuitamente, gratis; **Gratisanzeiger** <-s, -> *m* (*CH*) inserto *m* degli annunci (economici)

Grätsche ['grɛːtʃə] <-, -n> *f* (SPORT) divaricata *f*

Gratulant(in) [gratu'lant] <-en, -en; -, -nen> *m(f)* chi si congratula

Gratulation [gratula'tsjoːn] <-, -en> *f* congratulazioni *fpl,* felicitazioni *fpl*

gratulieren [gratu'liːrən] <ohne ge-> *vi* jdm zu etw ~ congratularsi con qu per qc; **jdm zum Geburtstag ~** fare a qu gli auguri di buon compleanno

Gratwanderung <-, -en> *f* escursione *f* in cresta; **sich auf einer ~ befinden** (*fig*) trovarsi in una situazione molto ambigua

grau [grau] *adj* grigio; (*fig: trostlos*) triste, tetro; **in ~er Vorzeit** nei tempi più remoti; *s. a.* **blau; Grau** <-(s), - *fam* -s> *n* (*graue Farbe*) grigio *m;* (*Trostlosigkeit*) grigiore *m; s. a.* **Blau; Graubrot** *n* pane *m* bigio

Graubünden [grau'bʏndən] *n* (GEOG) Grigioni *mpl*

Gräuel[RR] ['grɔɪəl] <-s, -> *m* ❶ (*Abscheu*) orrore *m;* **der ~ vor etw** *dat* l'orrore di qc ❷ *meist pl* (*Gewalttat*) orrori *mpl,* atrocità *fpl;* **er/das ist mir ein ~** lui/ciò mi ripugna

Gräuelmärchen[RR] *n* storia *f* raccapricciante; **Gräueltat**[RR] *f* atrocità *f*

grauen ['grauən] *vi* **mir graut davor, zu** +*inf* provo orrore all'idea di +*inf;* **Grauen** <-s, -> *n* orrore *m;* **~ erregend** orribile, spaventoso; (*übertreibend*) terribile; **grauenerregend** *adj* orribile, spaventoso; (*übertreibend*) terribile

grauenhaft *adj*, **grauenvoll** *adj* orribile, spaventoso; (*übertreibend*) terribile

Grauer Star <-(e)s> *kein Pl m* (MED) cataratta *f*

grauhaarig *adj* dai capelli grigi

gräulich[RR] ['grɔʏlɪç] *adj* ❶ grigiastro ❷ (*grässlich*) orribile, atroce; (*ekelhaft*) raccapricciante; (*furchtbar*) terribile

graumeliert *adj* (*Haar*) brizzolato

Graupe ['graʊpə] <-, -n> *f* (GASTR) orzo *m* mondato

Graupeln ['graʊpəln] *fpl* (METEO) gragnola *f*

grausam ['graʊza:m] *adj* ❶ (*gefühllos*) crudele, spietato ❷ (*schrecklich, furchtbar*) terribile, atroce; **Grausamkeit** <-, -en> *f* crudeltà *f*

grausen ['graʊzən] **I.** *vi* **mir graust** [*o* **es graust mir**] **vor etw** *dat* ho orrore di qc **II.** *vr* **sich vor etw** *dat* ~ spaventarsi di qc, avere paura di qc; **Grausen** <-s> *kein Pl n* orrore *m*, terrore *m*; **grausig** *adj* ❶ (*grauenvoll, entsetzlich*) orribile, atroce, raccapricciante ❷ (*furchtbar*) terribile

Grauzone *f* zona *f* d'ombra

Graveur(in) [gra'vø:ɐ, *pl:* gra'vø:rə] <-s, -e; -, -nen> *m(f)* incisore, -a *m, f*

gravieren [gra'vi:rən] <ohne ge-> *vt* incidere; **gravierend** *adj* gravoso; (*Fehler*) grave

Gravitation [gravita'tsi̯o:n] <-> *kein Pl f* (PHYS, ASTR) gravitazione *f*; **Gravitationskraft** <-, -kräfte> *f* (PHYS) forza *f* di gravitazione

gravitätisch [gravi'tɛ:tɪʃ] *adj* grave, solenne, impettito

Gravur [gra'vu:ɐ] <-, -en> *f* incisione *f*

Graz [gra:ts] *n* (GEOG) Graz *f*

Grazie ['gra:tsi̯ə] <-, -n> *f* ❶ *sing* (*Anmut*) grazia *f*, leggiadria *f* ❷ (*Mythologie*) Grazia *f*

grazil [gra'tsi:l] *adj* gracile

graziös [gra'tsi̯ø:s] *adj* grazioso, leggiadro

Green Card ['gri:n ka:d] <-, -s> *f* green card *f*

Greif [graɪf] <-(e)s *o* -en, -e *o* -en> *m* (ZOO) grifone *m*

greifbar *adj* ❶ (*zur Hand*) a portata di mano ❷ (*fig: konkret, real*) concreto, tangibile

greifen ['graɪfən] <greift, griff, gegriffen> **I.** *vt* prendere, pigliare; (*packen*) afferrare; **das ist zu hoch gegriffen** è esagerato **II.** *vi* ❶ (*die Hand ausstrecken*) stendere la mano; **nach etw** ~ (stendere la mano per) prendere qc; **ineinander** ~ ingranare; (*fig*) intrecciarsi; **zu etw** ~ (*fig*) ricorrere a qc; **zum Greifen nahe** (*fig*) vicinissimo ❷ (*einrasten*) fare presa ❸ (*fig: wirksam*

werden) essere efficace, convincere; **um sich** ~ (*fig*) propagarsi, estendersi

Greifer <-s, -> *m* (TEC) benna *f* mordente [*o* prensile]

Greifvogel *m* accipitride *m*

Greis(in) [graɪs] <-es, -e; -, -nen> *m(f)* vecchio, -a *m, f*, vegliardo, -a *m, f poet*; **greis** [graɪs] *adj* (*geh*) vecchio; **Greisenalter** *n* età *f* senile *poet*, vecchiaia *f*; **greisenhaft** *adj* senile; (~ *wirkend*) da [*o* come un] vecchio; **Greisin** *f* s. **Greis**

Greißler(in) <-s, -> *m(f)* (A: *Krämer*) negoziante *mf* di generi alimentari, bottegaio, -a *m, f*

grell [grɛl] *adj* ❶ (*Farbe*) vivo, stridente ❷ (*Licht*) abbagliante, accecante ❸ (*Ton*) stridulo, penetrante; (*fig: scharf*) netto

Gremium ['gre:mi̯ʊm] <-s, Gremien> *n* organo *m*, commissione *f*

Grenzbewohner(in) <-s, -; -, -nen> *m(f)* abitante *mf* di confine [*o* frontiera]; **Grenzbezirk** *m* distretto *m* di frontiera

Grenze ['grɛntsə] <-, -n> *f* confine *m*; (*Landes~*) frontiera *f*; (*fig*) limite *m*; **keine ~n kennen** (*fig*) non conoscere limiti; **einer Sache** *dat* **~n setzen** porre dei limiti a qc; **sich in ~n halten** stare nei limiti; **an der** ~ alla frontiera; (*fig*) al limite

grenzen *vi* ~ **an** +*acc* confinare con, essere vicino a; (*fig*) rasentare; **an etw** *acc* ~ avvicinarsi a qc

grenzenlos *adj* (*Land*) sconfinato; (*fig*) smisurato

Grenzfall *m* caso *m* limite; **Grenzgänger(in)** <-s, -; -, -nen> *m(f)* frontaliere *m*; **Grenzkonflikt** <-(e)s, -e> *m* (POL) conflitto *m* di frontiera; **Grenzkontrolle** *f* controllo *m* di frontiera; **Grenzland** *n* paese *m* confinante; (*Grenzgebiet*) regione *f* di frontiera; **Grenzlinie** *f* (linea *f* di) confine *m*; **Grenzschutz** *m* ❶ (*Vorgang*) protezione *f* del confine ❷ (*Truppen*) guardie *fpl* confinarie; **Grenzstadt** <-, -städte> *f* città *f* di confine; **Grenzstein** *m* (pietra *f* di) confine *m*; **Grenzstreit** *m*, **Grenzstreitigkeit** *f* controversia *f* per i confini; **Grenzübergang** *m* (*Ort*) valico *m*; **grenzüberschreitend** *adj* (*Handel, Verkehr*) che (oltre)passa i confini; **Grenzübertritt** *m* passaggio *m* del confine; **Grenzverkehr** *m* traffico *m* di frontiera; **Grenzwert** *m* (ECO) valore *m* limite; (MAT) limite *m*; **Grenzzwischenfall** *m* incidente *m* di frontiera

Greuel[ALT] <-s, -> *m s.* **Gräuel**

Greuelmärchen[ALT] *n s.* **Gräuelmärchen**; **Greueltat**[ALT] *f s.* **Gräueltat**

greulich[ALT] *adj s.* **gräulich**

Griebe ['gri:bə] <-, -n> f (GASTR: *Speck*) cicciolo m

Grieche ['gri:çə] <-n, -n> m greco m; **Griechenland** n Grecia f

Griechin ['gri:çɪn] <-, -nen> f greca f; **griechisch** adj greco, ellenico

Griesgram ['gri:sgra:m] <-(e)s, -e> m (*pej*) burbero m, grugnone m fam

griesgrämig ['gri:sgrɛ:mɪç] adj burbero, tetro

Grieß [gri:s] <-es, -e> m ① (GASTR) semolino m ② (MED) renella f; **Grießbrei** m (GASTR) pappa f di semolino

griff [grɪf] 1. u 3. pers sing imp von **greifen**

Griff [grɪf] <-(e)s, -e> m ① (*Stiel, Messer~*) manico m; (*Knauf*) pomo m; (*Klinke*) maniglia f; (*Degen~*) elsa f; (*von Lenkstange, Pistolen~*) impugnatura f ② sing (*das Greifen*) prendere m, afferrare m; **jdn/etw im ~ haben** avere qu/qc sotto controllo; (*geistig*) conoscere bene qu/qc; **jdn/etw in den ~ bekommen** avere in mano qu/qc ③ (*Hand~*) presa f; (SPORT) mossa f, appiglio m ④ (MUS: *Fingerstellung*) diteggiatura f; (*fam: Akkord*) tocco m

griffbereit adj a portata di mano

Griffel ['grɪfəl] <-s, -> m (BOT) stilo m

griffig adj ① (*handlich*) maneggevole ② (*Reifen*) antisdrucciolevole; (*Fahrbahn*) che ha buona presa ③ (*fig: Ausdruck*) di facile uso ④ (*A: grobkörnig*) grosso; **~es Mehl** farina grossa

Grill [grɪl] <-s, -s> m griglia f; **vom ~** ai ferri, alla griglia

Grille ['grɪlə] <-, -n> f (ZOO) grillo m

grillen ['grɪlən] I. vt cuocere sulla griglia, fare ai ferri II. vi far da mangiare sulla griglia

Grimasse [gri'masə] <-, -n> f smorfia f; **~n schneiden** fare le boccacce

grimmig adj ① (*Mensch*) rabbioso, stizzoso; (*Gesicht*) truce ② (*fig: Kälte*) atroce

Grind [grɪnt, pl: 'grɪndə] <-(e)s, -e> m ① (MED, fam) escara f ② (BOT) scabbia f

grinsen ['grɪnzən] vi (sog)ghignare; (*mit breitem Mund*) sghignazzare; **Grinsen** <-s> kein Pl n ghigno m

grippal [grɪ'pa:l] adj influenzale

Grippe ['grɪpə] <-, -n> f (MED) influenza f; **Grippeschutzimpfung** f vaccinazione f antinfluenza; **Grippevirus** m o n (MED) virus m dell'influenza; **Grippewelle** f ondata f di influenza

Grips [grɪps] <-es, -e> m (*fam*) **~ haben** avere sale in zucca

grob [gro:p] <gröber, gröbste> adj ① (*nicht fein: Leinen, Papier*) grosso, grossolano; (*Sand, Zucker*) grosso ② (*Arbeit*) pesante, faticoso ③ (*schlimm: Verstoß*) grave; (*Fehler*) grossolano, madornale; **~e Beleidigung** offesa spudorata; **~e Fahrlässigkeit** (JUR) colpa grave ④ (*brutal: Behandlung, Mensch*) brutale, rozzo; (*unhöflich*) sgarbato; **gegen jdn ~ werden** (*brutal*) diventare brutale con qu; (*ausfällig*) inveire contro qu ⑤ (*ungefähr*) approssimativo; **in ~en Zügen** a larghi tratti

grobgemahlen adj macinato grossolanamente

Grobheit <-, -en> f ① sing (*Rohheit*) grossolanità f, rozzezza f ② (*Unhöflichkeit*) villania f, sgarbatezza f; (*grobe Äußerung*) sgarbo m; **jdm ~en an den Kopf werfen** dire delle sgarbataggini a qu

Grobian ['gro:bia:n] <-(e)s, -e> m (*pej*) villano m, villanzone m fam

grobkörnig adj di grana grossa, grosso; **grobmaschig** adj a maglie grosse

Gröden ['grø:dən] n (GEOG) Gardena f

Grog [grɔk] <-s, -s> m grog m

groggy ['grɔgi] adj (*fam*) sfatto

grölen ['grø:lən] vi (*fam: schreien*) gridare, vociare; (*singen*) cantare a squarciagola

Groll [grɔl] <-(e)s> kein Pl m rancore m; (*Verbitterung*) risentimento m; (*Feindseligkeit*) astio m; **~ gegen jdn/etw** rancore nei confronti di qu/qc

grollen vi (geh) ① (*Groll haben*) avere [o portare] rancore (*jdm* verso, a qu) ② (*donnern*) rimbombare, brontolare

Grönland ['grø:nlant] n (GEOG) Groenlandia f

Grönländer(in) ['grø:nlɛndə] <-s, -; -, -nen> m(f) groenlandese mf

grönländisch adj groenlandese

Gros [gro:] <-, -> n massa f; (MIL, SPORT) grosso m

Groschen ['grɔʃən] <-s, -> m ① (*A: Münze*) groschen m ② (*fam: 10 Pfennig*) monetina f; (*fig: Geld*) quattrini mpl, soldi mpl; **der ~ ist gefallen** (*fig*) ci è arrivato; **Groschenroman** <-s, -e> m (*pej*) romanzo m da quattro soldi

groß [gro:s] <größer, größte> adj ① grande; (*~ u dick*) grosso; **~ angelegt** in grande stile, alla grande; **eine größere Summe** una somma piuttosto grossa; **jdn ~ anschauen** guardare qu con tanto d'occhi fam; **~e Stücke auf jdn halten** avere molta stima di qu, avere un'alta opinione di qu; **im Großen und Ganzen** nell'insieme, in generale; **was soll man da ~ machen?** (*fam*) non c'è molto da fare ② (*ausgedehnt*) vasto, ampio ③ (*geräu*-

mig) spazioso ❹(*lang, zeitlich*) lungo ❺(*hoch*) alto; (*hochgewachsen*) di alta statura; **gleich ~ sein** essere della stessa grandezza; **~ werden** diventare più grande, crescere ❻(*erwachsen*) cresciuto, adulto ❼(*wichtig, bedeutend*) importante; (*berühmt*) famoso; **~ schreiben** dare importanza a; **Karl der Große** Carlo magno ❽(*älter*) maggiore; **~ und klein** grandi e piccoli

Großaktionär(in) <-s, -e; -, -nen> *m(f)* grande azionista *mf*

großangelegtALT *adj s.* **groß 1.**

großartig *adj* grandioso, imponente; (*herrlich*) magnifico; (*ausgezeichnet*) eccellente

Großaufnahme *f* (FOTO, FILM) primo piano *m;* **Großbetrieb** *m* grande azienda *f;* **Großbildschirmfernseher** *m* televisore *m* a maxischermo; **Großbrand** <-(e)s, -brände> *m* grande incendio *m*

Großbritannien [groːsbriˈtanjən] *n* Gran Bretagna *f*

Großbuchstabe *m* (lettera *f*) maiuscola *f;* **großbürgerlich** [ˈgroːsˈbʏrgəlɪç] *adj* alto borghese; **Großbürgertum** *kein Pl n* alta borghesia *f*

Größe [ˈgrøːsə] <-, -n> *f* ❶(*a fig* MAT, PHYS, ASTR) grandezza *f;* **unbekannte ~** (MAT) incognita *f* ❷(*Ausdehnung*) estensione *f;* (*Weite*) ampiezza *f;* (*Fassungsvermögen*) capienza *f* ❸(*Länge*) lunghezza *f* ❹(*Höhe*) altezza *f;* (*Körper~*) statura *f* ❺(*Kleidungs~*) taglia *f;* (*Schuh~*) misura *f,* numero *m* ❻(*Stärke*) forza *f,* intensità *f* ❼(*Erhabenheit*) sublimità *f,* magnificenza *f* ❽(*berühmte Person*) celebrità *f*

Großeinkauf *m* acquisto *m* all'ingrosso; **Großeinsatz** <-(e)s, -sätze> *m* impiego *m* imponente [*o* massiccio]; **Großeltern** *pl* nonni *mpl*

Größenordnung *f* ordine *m* di grandezza

großenteils [ˈgroːsənˈtaɪls] *adv* in gran parte

Größenwahn *m* (*pej*) mania *f* di grandezza, megalomania *f;* **größenwahnsinnig** *adj* megalomane

Großereignis *n* evento *m* di grande portata; **Großfahndung** <-, -en> *f* battuta *f,* caccia *f;* **die Polizei leitete eine ~ ein** la polizia ha organizzato una battuta; **Großfamilie** *f* grande famiglia *f;* **Großformat** <-s, -e> *n* formato *m* grande; **großformatig** *adj* di grande formato

Großglockner [groːsˈglɔknɐ *o* ˈgroːsglɔknɐ] *m* (GEOG) Großglockner *m,* Gran Campanaro *m*

Großgrundbesitzer(in) *m(f)* latifondista

mf; **Großhandel** *m* commercio *m* all'ingrosso; **Großhändler(in)** *m(f)* commerciante *mf* all'ingrosso, grossista *mf;* **Großhandlung** *f* negozio *m* all'ingrosso; **großherzig** *adj* magnanimo, generoso; **Großherzigkeit** *kein Pl f* magnanimità *f,* generosità *f;* **Großherzog(in)** *m(f)* granduca, -duchessa *m, f;* **Großherzogtum** *n* granducato *m;* **Großhirn** *n* (ANAT) cervello *m*

Grossist(in) [grɔˈsɪst] <-en, -en; -, -nen> *m(f) s.* **Großhändler**

Großkapitalist <-s, -en> *m* grande capitalista *m;* **Großkind** *n* (CH: Enkelkind) nipote *mf;* **großkotzig** [ˈgroːskɔtsɪç] *adj* (*fam pej*) da spaccone, da sbruffone; **Großkundgebung** <-, -en> *f* grande manifestazione *f;* **Großmacht** *f* grande potenza *f;* **Großmama** [ˈgroːsmamaː] <-, -s> *f* (*fam*) nonna *f;* **Großmarkt** *m* mercato *m* all'ingrosso; **Großmaul** *n* (*fam pej*) spaccone *m,* fanfarone *m;* **Großmut** *kein Pl f* magnanimità *f,* generosità *f;* **großmütig** *adj* magnanimo, generoso

Großmutter *f* nonna *f;* **Großneffe** *m* pronipote *m;* **Großnichte** *f* pronipote *f;* **Großonkel** *m* prozio *m;* **Großpapa** [ˈgroːspapaː] <-s, -s> *m* (*fam*) nonno *m*

Großrat *m* (CH: POL) membro *m* di un parlamento cantonale

Großraum *m* **im ~ Stuttgart** nella zona che gravita attorno a Stoccarda; **Großraumabteil** *n* (FERR) carrozza *f* a scompartimento unico; **Großraumbüro** *n* open space *m;* **Großraumflugzeug** *n* aereo *m* tipo jumbo [*o* cargo]; **großräumig** [ˈgroːsrɔɪmɪç] *adj* (*geräumig*) ampio; (*großflächig*) spazioso; **Großraumwagen** *m* (FERR) vagone *m* senza scompartimenti; **Großrechner** *m* (INFORM) supercalcolatore *m;* **Großreinemachen** [groːsˈraɪnəmaxən] <-s> *kein Pl n* (*fam*) grande pulizia *f*

groß|schreibenRR *vt* (*mit großem Anfangsbuchstaben schreiben*) scrivere maiuscolo

Großschreibung <-, -en> *f* grafia *f* con iniziale maiuscola

großspurig *adj* tronfio

Großstadt *f* grande città *f,* metropoli *f;* **Großstädter(in)** *m(f)* abitante *mf* di una grande città; **großstädtisch** *adj* di (una) grande città, metropolitano

Großtante *f* prozia *f*

Großteil *m* gran parte *f*

größtenteils [ˈgrøːstənˈtaɪls] *adv* in massima parte

Großtuerei [groːstuːəˈraɪ] <-, -en> *f* (*pej*)

spacconata *f;* (*Angeberei*) millantata *f*

groß|tun <irr> **I.** *vi* (*pej*) millantare **II.** *vr* **sich** (**mit etw**) ~ (*pej*) darsi delle arie (per qc)

Großunternehmer(in) *m(f)* grande imprenditore, -trice *m, f;* **Großvater** *m* nonno *m;* **Großveranstaltung** *f* grande spettacolo *m;* **Großverdiener(in)** <-s, -; -, -nen> *m(f)* persona *f* che guadagna molto [*o* a reddito elevato]; **Großwetterlage** <-, -n> *f* (METEO) condizioni *mpl* generali del tempo; **Großwild** *n* selvaggina *f* grossa

groß|ziehen <irr> *vt* (*aufziehen*) allevare, tirar su *fam*

großzügig ['gro:stsy:gɪç] *adj* ❶ (*freigebig*) generoso ❷ (*in den Ansichten*) di larghe vedute ❸ (*in der Form*) in grande stile, grandioso; **Großzügigkeit** <-> *kein Pl f* ❶ (*Freigebigkeit*) generosità *f* ❷ (*von Gesinnung*) larghezza *f* di vedute ❸ (*von Form, Gestaltung*) grandiosità *f*

grotesk [gro'tɛsk] *adj* grottesco

Grotte ['grɔtə] <-, -n> *f* grotta *f*

Groupie ['gru:pi] <-s, -s> *n* (*sl*) groupie *mf*

grub [gru:p] *1. u 3. pers sing imp von* **graben**

Grübchen ['gry:pçən] <-s, -> *n* fossetta *f*

Grube ['gru:bə] <-, -n> *f* fossa *f;* (MIN) miniera *f;* (*offene* ~) cava *f;* **wer andern eine** ~ **gräbt, fällt selbst hinein** (*prov*) l'inganno va a casa dell'ingannatore

Grübelei [gry:bə'laɪ] <-, -en> *f* fantasticare *m,* almanacchio *m*

grübeln ['gry:bəln] *vi* **über etw** *acc* ~ fantasticare su qc

Grubengas *n* (MIN) grisou *m;* **Grubenlampe** *f* lampada *f* del minatore; **Grubenunglück** *n* sciagura *f* mineraria

Grübler(in) <-s, -; -, -nen> *m(f)* fantasticone, -a *m, f*

grüblerisch ['gry:blərɪʃ] *adj* di chi si lambicca il cervello

grüezi ['gry:ɛtsi] *int* (*CH*) ciao, salve

Gruft [gruft] <-, Grüfte> *f* tomba *f,* sepolcro *m;* (*Krypta*) cripta *f*

grummeln ['grʊməln] *vi* ❶ (*Mensch*) borbottare ❷ (*Donner*) tuonare

Grum(me)t ['grʊm(ə)t] <-(e)s> *kein Pl n* (AGR) (fieno *m*) grumereccio *m*

grün [gry:n] *adj* ❶ (*Farbe*) verde; ~**es Licht** (*von Ampel*) il verde; (*fig: Zustimmung*) il permesso; ~**e Welle** (*von Ampeln*) onda verde; **jdn** ~ **und blau schlagen** (*fam*) bastonare qu di santa ragione; **sich** ~ **und blau ärgern** (*fam*) diventar verde di bile; **auf keinen** ~**en**

Zweig kommen non avere fortuna ❷ (POL) verde, ecologista ❸ (*unreif: Obst*) verde, acerbo ❹ (*pej: unerfahren*) inesperto; ~**er Junge** sbarbatello *m fam; s. a.* **blau**

Grün <-(s), - *fam* -s> *n* (colore *m*) verde *m;* **die Ampel steht auf** ~ il semaforo è verde; *s. a.* **Blau**

grün-alternativ ['gry:nalteʼnaʼti:f] *adj* (POL) verde-alternativo; **Grün-Alternative Liste** <-, -n> *f* (POL) *lista verde alternativa*

Grünanlagen *fpl* spazi *mpl* verdi

Grünbuch *kein Pl n* (EU) Libro *m* Verde

Grund [grʊnt] <-(e)s, Gründe> *m* ❶ *sing* (*tiefste Stelle, Boden*) fondo *m;* **einer Sache** *dat* **auf** ~ **gehen** andare fino in fondo a qc ❷ *sing* (*Erdboden*) suolo *m,* terreno *m;* **auf eigenem** ~ **und Boden** sul proprio (fondo) ❸ *sing* (*~lage*) fondamento *m,* base *f;* **von** ~ **auf** interamente, radicalmente ❹ (*fig: Ursache*) causa *f;* (*Beweg~, Anlass*) motivo *m,* ragione *f;* (*Beweis~*) argomento *m,* prova *f;* ~ **haben zu** + *inf* aver motivo di + *inf;* **auf** ~ **von** in base a, a causa di; **aus diesem** ~(**e**) per questa ragione, perciò; **das ist kein** ~ **zum Lachen** c'è poco da ridere

Grundausbildung *f* istruzione *f* fondamentale, (MIL) addestramento *m* delle reclute, CAR *m;* **Grundausstattung** *f* attrezzatura *f* elementare; **Grundbedeutung** *f* ❶ (*wesentlichste Bedeutung*) significato *m* fondamentale ❷ (LING) signicato *m* originario [*o* primitivo]; **Grundbedingung** *f* condizione *f* principale; **Grundbegriff** *m* ❶ (*elementarer Begriff*) concetto *m* fondamentale ❷ *meist pl* (*Basiswissen*) principi *mpl* basilari; **Grundbesitz** *m* proprietà *f* terriera; **Grundbesitzer(in)** *m(f)* proprietario, -a *m, f* terriero, -a, fondiario, -a *m, f;* **Grundbestandteil** *m* elemento *m* fondamentale; **Grundbuch** *n* catasto *m,* registro *m* fondiario; **Grundbuchamt** <-(e)s, -ämter> *n* (ADM) ufficio *m* catastale [*o* del catasto]

gründen ['grʏndən] **I.** *vt* ❶ (*Institution*) fondare; (*stiften*) istituire; (*ins Leben rufen*) creare ❷ (*fig: stützen*) basare; **etw auf etw** *acc* ~ basare qc su qc **II.** *vr* **sich auf etw** *acc* ~ basarsi su qc

Gründer(in) <-s, -; -, -nen> *m(f)* fondatore, -trice *m, f*

Grunderwerbssteuer <-, -n> *f* (ADM) imposta *f* sugli acquisti immobili; **grundfalsch** ['grʊnt'falʃ] *adj* assolutamente falso; **Grundfarbe** *f* ❶ (PHYS) colore *m*

fondamentale ❷ (KUNST, TEC: *Malerei, Stoff-druck*) fondo *m;* **Grundfeste** ['grʊnt-fɛstə] <-, -n> *f* **in seinen Grundfesten erschüttern** scuotere nelle fondamenta; **Grundfläche** *f* (MAT) base *f;* **Grund-form** *f* ❶ (*Hauptform*) forma *f* base ❷ (*ursprüngliche Form*) forma *f* primitiva ❸ (LING) infinito *m;* **Grundgebühr** *f* tassa *f* fissa; **Grundgedanke** *m* concetto *m* fondamentale; **Grundgesetz** *n* ❶ (*Grundprinzip*) legge *f* fondamentale ❷ (JUR: *Verfassung*) costituzione *f;* **Grundhaltung** *f* atteggiamento *m* di base

grundieren [grʊn'diːrən] <ohne ge-> *vt* (KUNST) dare il colore di fondo a qc

Grundierung <-, -en> *f* (KUNST) prima mano *f;* (TEC) mano *f* di fondo

Grundkapital <-s> *kein Pl n* (FIN) capitale *m* sociale; **Grundlage** *f* ❶ (*Basis*) fondamento *m,* base *f* ❷ (*Voraussetzung*) presupposto *m;* **die ~n für etw schaffen** porre le basi per qc; **grundlegend** *adj* basilare; (*wichtig*) fondamentale, di importanza fondamentale

gründlich ['grʏntlɪç] I. *adj* (*tiefgehend*) profondo; (*exakt*) esatto, preciso; (*sorgfältig*) accurato; (*gewissenhaft*) coscienzioso II. *adv* a fondo; **er hat sich ~ blamiert** (*fam*) ha fatto una figuraccia; **Gründlich-keit** <-> *kein Pl f* (*Tiefe*) profondità *f;* (*Genauigkeit*) esattezza *f,* precisione *f;* (*Gewissenhaftigkeit*) coscienziosità *f*

Grundlinie *f* (MAT) base *f;* (SPORT) linea *f* di fondo; **Grundlohn** *m* salario *m* base

grundlos *adj* ❶ (*Tiefe*) senza fondo ❷ (*fig: unbegründet*) infondato; **Grundmauer** *f* fondamenta *fpl;* **Grundnahrungsmittel** *n* alimento *m* di base

Gründonnerstag *m* (REL) giovedì *m* santo

Grundrechenart *f* **die vier ~en** le quattro operazioni fondamentali

Grundrecht *n* diritto *m* fondamentale

Grundregel *f* regola *f* fondamentale, principio *m*

Grundriss^RR *m* ❶ (MAT) proiezione *f* orizzontale ❷ (ARCH) pianta *f* ❸ (*Schema*) compendio *m*

Grundsatz *m* principio *m;* **sich** *dat* **etw zum ~ machen** farsene un principio; **Grundsatzerklärung** *f* dichiarazione *f* di principi

grundsätzlich [grʊntzɛtslɪç] I. *adj* ❶ (*aus Prinzip*) di principio, di massima ❷ (*wesentlich*) fondamentale II. *adv* (*aus Prinzip*) per principio, per massima

Grundschuld *f* (JUR, FIN) debito *m* fondiario

Grundschule *f* ≈ scuola *f* elementare;

Grundschullehrer(in) *m(f)* maestro, -a *m, f* della Grundschule

Grundstein *m* prima pietra *f;* **den ~ zu etw legen** (*a fig*) porre la prima pietra per qc; **Grundsteinlegung** <-, -en> *f* posa *f* della prima pietra

Grundsteuer *f* (FIN) imposta *f* fondiaria

Grundstock *m* fondo *m,* base *f*

Grundstoff *m* ❶ (CHEM: *Element*) elemento *m* ❷ (TEC: *Rohstoff*) materia *f* prima; **Grundstoffindustrie** *f* industria *f* di base

Grundstück *n* fondo *m,* terreno *m;* **Grundstücksmakler(in)** *m(f)* agente *mf* immobiliare

Grundstudium *kein Pl n* (UNIV) *i primi semestri all'università*

Grundton *m* ❶ (MUS) nota *f* fondamentale, tonica *f* ❷ (*Malerei*) colore *m* di fondo ❸ (*fig: von Rede*) nota *f* generale

Grundübel *n* vizio *m* fondamentale

Gründung ['grʏndʊŋ] <-, -en> *f* fondazione *f;* (*Schaffung*) creazione *f;* (*Stiftung*) istituzione *f;* **die ~ einer Familie** il fondare una famiglia

grundverschieden *adj* totalmente diverso

Grundwasser *kein Pl n* acqua *f* freatica; **Grundwasserspiegel** *m* livello *m* freatico

Grundwehrdienst *m* (MIL) servizio *m* militare di base

Grundwortschatz *kein Pl m* vocabolario *m* di base

Grundzahl *f* (MAT) base *f;* (*Kardinalzahl*) numero *m* cardinale

Grundzug *m* (*Charakteristik*) tratto *m* fondamentale, caratteristica *f*

Grüne¹ <-n> *kein Pl n* ❶ (*Farbe*) verde *m* ❷ (*von Gemüse*) verde *m;* (*Gemüse u Salat*) verdura *f;* (*Grünfutter*) foraggio *m* fresco ❸ (*Natur*) verde *m,* natura *f;* **im ~n** nel verde; **ins ~ fahren** andare in campagna

Grüne² <ein -r, -n, -n> *mf* (POL) appartenente *mf* al movimento dei verdi; **die ~n** i verdi

grünen *vi* (*geh*) verdeggiare, inverdire

Grünfläche *f* zona *f* verde; **Grünfutter** *n* (AGR) foraggio *m* fresco

Grunge [grant∫] <-> *kein Pl m* grunge *m*

Grüngürtel *m* cintura *f* di verde; **Grünkohl** *m* (BOT) cavolo *m* riccio; **grünlich** *adj* verdastro; **Grünpflanze** *f* pianta *f* verde; **Grünschnabel** *m* (*pej*) sbarbatello *m fam,* pivello *m fam;* **Grünspan** *m* verderame *m;* **Grünstreifen** *m* spartitraffico *m* (verde)

G

grunzen ['grʊntsən] *vi* grugnire

Grünzeug *n* (*A: Suppengrün*) misto *m* di verdure e erbe per minestre

Gruppe ['grʊpə] <-, -n> *f* ❶ gruppo *m;* (*von Arbeitern, Sportlern*) squadra *f* ❷ (*Klasse*) classe *f,* categoria *f*

Gruppenarbeit *kein Pl f* lavoro *m* di gruppo; **Gruppenaufnahme** *f,* **Gruppenbild** *n* (FOTO) fotografia *f* di gruppo; **Gruppenbildung** *f* formazione *f* di gruppi, raggruppamento *m;* **Gruppendynamik** *f* (PSYCH) dinamica *f* di gruppo; **gruppendynamisch** *adj* (PSYCH) dinamico nel gruppo

Gruppenfoto *n* foto *f* di gruppo; **Gruppenreise** *f* viaggio *m* in comitiva; **Gruppensex** *m* sesso *m* di gruppo; **Gruppentherapie** *f* (PSYCH) terapia *f* di gruppo; **gruppenweise** *adv* a gruppi

gruppieren [grʊ'pi:rən] <ohne ge-> **I.** *vt* disporre in gruppi, raggruppare; (*klassifizieren*) classificare **II.** *vr* **sich ~** raggrupparsi

Gruppierung <-, -en> *f* disposizione *f* in gruppi, raggruppamento *m*

gruselig ['gru:zəlɪç] *adj* raccapricciante

gruseln ['gru:zəln] **I.** *vi, vt* rabbrividire; **mir gruselt es vor etw** *dat* rabbrividisco per qc **II.** *vr* **sich** (**vor etw** *dat*) **~** rabbrividire (per qc)

Gruß [gru:s] <-es, Grüße> *m* saluto *m;* **richten Sie ihm meine herzlichsten Grüße aus!** gli porti i miei più cordiali saluti!; **viele Grüße an ...** *acc* molti saluti a ...; **mit freundlichen Grüßen** (*Briefschluss*) distinti [*o* cordiali] saluti

grüßen ['gry:sən] *vt* salutare; **jdn ~ lassen** mandare i saluti a qu; **~ Sie ihn von mir!** gli porti i miei saluti!; **grüß Gott!** (*südd, A*) buon giorno; **grüß dich!** (*fam*) ti saluto!

Grütze ['grʏtsə] <-, -n> *f* tritello *m;* **rote ~** (GASTR) *dessert gelatinoso preparato con frutta rossa*

GSM-Handy *n* cellulare *m* GSM

gucken ['gʊkən] *vi* (*fam*) guardare; **nach etw ~** dare un'occhiata a qc

Guckloch *n* spioncino *m*

Guerilla [ge'rɪlja] <-, -s> *f* bande *fpl* di guerriglieri

Guerillakämpfer(in) *m(f)* guerrigliero, -a *m, f*

Guerillakrieg *m* guerriglia *f*

Gugelhopf ['gu:gəlhɔpf] <-s, -e> *m* (*CH: Napfkuchen*) tipo di ciambella; **Gugelhupf** ['gu:gəlhʊpf] <-(e)s, -e> *m* (*A, südd, CH:* GASTR: *Napfkuchen*) focaccia *f*

Güggeli ['gʏgəli] <-s, -> *n* (*CH*) pollo *m* allo spiedo

Guillotine [gɪljo'ti:nə] <-, -n> *f* ghigliotina *f*

guillotinieren [gɪljoti'ni:rən] *o* gijoti'ni:rən] <ohne ge-> *vt* ghigliottinare

Guinea [gi'ne:a] *n* (GEOG) Guinea *f*

Gulasch ['gʊlaʃ] <-(e)s, -e *o* -s> *n o m* (GASTR) gulasch *m,* spezzatino *m;* **Gulaschkanone** *f* (*fam scherz*) cucina *f* da campo; **Gulaschsuppe** *f* minestra *f* di gulasch

Gulden ['gʊldən] <-s, -> *m* fiorino *m*

Gully ['gʊli] <-s, -s> *m o n* tombino *m*

gültig ['gʏltɪç] *adj* valido; (*Fahrschein*) valevole; (*Geld*) che ha corso; (*gesetzlich*) in vigore, vigente; **für ~ erklären** dichiarare valido, convalidare; **ab ... ~ sein** essere valido a decorrere dal ...; **Gültigkeit** <-> *kein Pl* validità *f;* (JUR) forza *f* legale, validità *f*

Gummi ['gʊmi] <-s, -(s)> *n o m* gomma *f;* **Gummiball** *m* palla *f* di gomma; **Gummiband** *n* (nastro *m*) elastico *m;* **Gummibaum** *m* ❶ (*Kautschukbaum*) albero *m* di caucciù ❷ (*Zimmerpflanze*) ficus *m*

gummieren [gʊ'mi:rən] <ohne ge-> *vt* gommare

Gummihandschuh *m* guanto *m* di gomma; **Gummiknüppel** *m* manganello *m* (di gomma); **Gummiparagraf**^{RR} <-en, -en> *m* paragrafo *m* elastico [*o* flessibile]; **Gummiparagraph** <-en, -en> *m* (*fam*) paragrafo *m* elastico [*o* flessibile]; **Gummireifen** *m* pneumatico *m,* gomma *f;* **Gummiring** *m* anello *m* di gomma

Gummischuhe *mpl* scarpe *fpl* di gomma; **Gummisohle** *f* suola *f* di gomma; **Gummistiefel** *mpl* stivali *mpl* di gomma; **Gummistrumpf** *m* calza *f* elastica; **Gummizug** *m* elastico *m*

Gunst [gʊnst] <-> *kein Pl f* favore *m;* (*Wohlwollen*) benevolenza *f;* (*von Schicksal*) favore *m;* **in jds ~ stehen** essere nelle grazie di qu; **zu jds ~en** a favore di qu

günstig ['gʏnstɪç] *adj* ❶ (*geeignet, gut*) favorevole; (*bes. Moment*) propizio ❷ (*vorteilhaft*) vantaggioso; (*bes. Preis*) conveniente; **günstigstenfalls** *adv* nella migliore delle ipotesi

Günstling ['gʏnstlɪŋ] <-s, -e> *m* favorito *m;* **Günstlingswirtschaft** *f* (*pej*) protezionismo *m*

Gurgel ['gʊrgəl] <-, -n> *f* gola *f;* **jdm an die ~ springen** (*fig*) mettere il coltello alla gola di qu

gurgeln *vi* ❶ (*die Gurgel spülen*) fare i gargarismi ❷ (*gluckern*) gorgogliare

Gurke ['gʊrkə] <-, -n> *f* (BOT) cetriolo *m;* (*kleine ~*) cetriolino *m;* **saure ~n** cetriolini sott'aceto

Gurkensalat *m* (GASTR) insalata *f* di cetrioli

gurren ['gʊrən] *vi* (*Taube*) tubare

Gurt [gʊrt] <-(e)s, -e> *m* cintura *f*, cinghia *f*

Gürtel ['gʏrtəl] <-s, -> *m* **❶** (*an Kleidung*) cintura *f*, cinghia *f*; **den ~ enger schnallen** (*fam fig*) stringere la cinghia **❷** (GEOG) zona *f*; (*Absperrung*) cordone *m*; **Gürtellinie** *f* cintola *f*; **ein Schlag unter die ~** (*a fig*) un colpo basso; **Gürtelreifen** *m* (MOT) (pneumatico *m*) cinturato *m*; **Gürtelrose** *f* (MED) erpete *m* zoster; **Gürtelschnalle** *f* fibbia *f* della cintura; **Gürteltier** *n* (ZOO) armadillo *m*

Gurtmuffel <-s, -> *m* (*fam*) *persona che non si allaccia le cinture di sicurezza;*

Gurtpflicht <-> *kein Pl f* obbligo *m* di allacciarsi le cinture di sicurezza; **Gurtstraffer** *m* (AUTO) pretensionatore *m*

Guru ['guːru] <-s, -s> *m* (REL) guru *m*

GUS *f* (POL) *abk v* **Gemeinschaft Unabhängiger Staaten** unione *f* degli stati indipendenti

GussRR [gʊs] <-es, Güsse> *m*, **Guß**ALT *m* **❶** (*Gießen*) colata *f*; (*Erzeugnis*) pezzo *m* fuso; **aus einem ~** di un solo pezzo; (*fig*) tutto d'un pezzo **❷** (*Wasserstrahl*) getto *m*; (*Regen~*) acquazzone *m*, rovescio *m*; **Gusseisen**RR *n* ghisa *f*; **gusseisern**RR *adj* di ghisa; **Gussform**RR *f* forma *f* da fonderia; **Gussstahl**RR *m* acciaio *m* fuso

gut [guːt] **I.**<besser, beste> *adj* **❶** buono; **ein ~es Gewissen** la coscienza pulita; **~es Wetter** bel tempo; **wieder ~ werden** ridiventar buono; **es ist ~, dass ...** meno male che ..., per fortuna che ...; **lassen wir es ~ sein!** lasciamo perdere! **❷** (*rechtschaffen a*) probo, virtuoso; **seien Sie so ~ und ...** abbia la cortesia di +*inf* **❸** (*richtig*) corretto, giusto; **mehr als ~ ist** più del ragionevole **❹** (*nützlich*) utile; **wozu ist das ~?** a che serve? **❺** (*förderlich*) giovevole; **~ für etw sein** fare bene a qc **❻** (*vorteilhaft*) vantaggioso **❼** (*~ erhalten*) in buono stato **❽** (FIN: *Scheck*) valido **❾** (*reichlich*) abbondante **❿** (*Schulnote*) otto; **sehr ~** (*Schulnote*) nove **II.**<besser, am besten> *adv* bene; **~ riechen** avere un buon odore; **es ~ haben** star bene; **mit jdm ~ stehen** essere in buoni rapporti con qu; **~** (**daran**) **tun zu** +*inf* fare bene a +*inf*; **~ und gern** per lo meno; **so ~ wie** quasi, pressoché; **so ~ wie möglich** nel miglior modo possibile; **es geht mir ~** sto bene; **Sie haben ~ reden** ha un bel dire; **~** (**so**)! bene così!; (*es genügt!*) basta così!; (**es ist ja**) **schon ~!** va bene!; *s. a.* **Gute¹, ²**

Gut <-(e)s, Güter> *n* **❶** (*Besitz*) proprietà *f*; (*a geistig*) bene *m* **❷** (*Land~*) proprietà *f* terriera; (*Pacht~*) podere *m* in affitto **❸** *pl* (*Waren*) merci *fpl*

Gutachten ['guːt?axtən] *n* perizia *f*; **ein ~ einholen** far fare una perizia; **Gutachter(in)** <-s, -; -, -nen> *m(f)* perito, -a *m, f*, esperto, -a *m, f*

gutartig *adj* **❶** (*Tier*) mansueto; (*Mensch*) buono **❷** (MED) benigno; **Gutartigkeit** <-> *kein Pl f* **❶** (*von Tier*) mansuetudine *f*, docilità *f*; (*von Mensch, Wesen*) bontà *f* **❷** (MED) carattere *m* benigno, benignità *f*

gutaussehend *adj* di bell'aspetto, bello

gutbezahlt *adj* ben pagato

gutbürgerlich *adj* casereccio, nostrano, genuino

Gutdünken ['guːtdʏŋkən] <-s> *kein Pl n* **nach ~** a discrezione

Gute¹ <ein -r, -n, -n> *mf* (*guter Mensch*) buono, -a *m, f*; **mein ~r, meine ~** mio caro, mia cara

Gute² <ein -s, -n> *kein Pl n* (*gute Seite*) lato *m* buono; (*gute Taten*) bene *m*, buone azioni *fpl*; (*gute Eigenschaft*) buono *m*; **alles ~!** (*für Zukunft*) buona fortuna!; (*Glückwunsch*) auguri!; **es hat alles sein ~s** non tutto il male vien per nuocere *prov*

Güte ['gyːtə] <-> *kein Pl f* **❶** (*Gefälligkeit*) bontà *f*; **in aller ~** con le buone *fam*, in tutta amicizia; (**ach**) **du meine ~!** Dio mio! **❷** (*von Ware*) qualità *f*

Gutenachtgeschichte *f* fiaba *f* della buona notte; **Gutenachtkuss**RR [guːtə-'naxtkʊs] *m* bacio *m* della buona notte

Güterabfertigung ['gyːteapfɛrtɪgʊŋ] *f* (COM) **❶** (*Vorgang*) spedizione *f* merci; **❷** (*Stelle*) servizio *m* (spedizione) merci; **Güterbahnhof** *m* scalo *m* merci; **Güterfernverkehr** *m* trasporto *m* di merci a grande distanza; **Gütergemeinschaft** *f* (JUR) comunione *f* dei beni; **Güternahverkehr** *m* trasporto *m* di merci a breve distanza; **Gütertrennung** *f* (JUR) (regime *m* della) separazione *f* dei beni; **Güterverkehr** *kein Pl m* traffico *m* merci; **Güterwagen** *m* (FERR) carro *m* [*o* vagone *m*] merci; **Güterzug** *m* (FERR) treno *m* merci

Gütezeichen *n* marchio *m* di qualità

gut|gehenALT *s.* **gehen I.1.,4.**; **gutgehend** *adj* (*Geschäft*) ben avviato

gutgelaunt *adj* di buon umore

gutgemeint *adj* detto [*o* fatto] con buone intenzioni

gutgläubig *adj* in buona fede; (*leichtgläubig*) ingenuo, credulo

gut|haben <irr> *vt* avere un credito di;

Guthaben ['guːthaːbən] <-s, -> n (FIN) averi mpl; (Spareinlage) deposito m
gutǀheißen <irr> vt approvare
gutherzig adj cordiale, di buon cuore
gütig ['gyːtɪç] adj buono, benevolo; (freundlich) gentile; (nachsichtig) indulgente
gütlich ['gyːtlɪç] adj amichevole
gutǀmachen vt (Fehler, Schaden) riparare; **das kann ich gar nicht wieder ~** non potrò mai ripagare; **das ist nicht wieder gutzumachen** è irreparabile
gutmütig ['guːtmyːtɪç] adj bonario, buono; **Gutmütigkeit** <-, rar -en> f bonarietà f, bontà f
Gutsbesitzer(in) m(f) proprietario, -a m, f terriero, -a
Gutschein m buono m; **gutǀschreiben** <irr> vt jdm etw ~ accreditare qc a qu; **Gutschrift** f accredito m
Gutsherr(in) m(f) s. **Gutsbesitzer; Gutshof** m podere m
gutsituiert adj abbiente, agiato
Gutsverwalter(in) m(f) amministratore, -trice m, f di una tenuta
gutǀtun[ALT] s. **tun I.1.**

gutwillig adj o adv di buona volontà, di buona voglia
Gymnasiast(in) [gʏmnazi'ast] <-en, -en; -, -nen> m(f) studente, -essa m, f del Gymnasium
Gymnasium [gʏm'naːziʊm] <-s, Gymnasien> n scuola superiore che comprende gli anni dalla fine della scuola elementare fino alla maturità classica, linguistica o scientifica; **mathematisch-naturwissenschaftliches ~** scuola che comprende la scuola media e il liceo scientifico; **neusprachliches ~** scuola che comprende la scuola media e il liceo linguistico; **altsprachliches ~** (die ersten Jahre) ginnasio m; (die letzten drei Jahre) liceo classico
Gymnastik [gʏm'nastɪk] <-> kein Pl f ginnastica f
gymnastisch adj ginnico
Gynäkologe [gʏnɛko'loːgə] <-n, -n> m ginecologo m; **Gynäkologie** [gʏnɛkolo'giː] <-> kein Pl f ginecologia f; **Gynäkologin** [gʏnɛko'loːgɪn] <-, -nen> f ginecologa f; **gynäkologisch** [gʏnɛko'loːgɪʃ] adj ginecologico

H_h

H, h [haː] <-, -(s)> *n* ❶ (*Buchstabe*) H, h *f;*
H wie Heinrich H come hotel ❷ (MUS)
si *m;* **H-Dur** si maggiore; **h-Moll** si minore
ha *abk v* **Hektar** ha
ha *int* ah, oh
Haar [haːɐ̯] <-(e)s, -e> *n* (*Kopf~*)
capello *m;* (*Bart~, Körper~, Tier~, Pflan-
zen~*) pelo *m;* **blondes/dunkles/glat-
tes/lockiges** ~ capelli biondi/scuri/lisci/
ricci; **graue ~e bekommen** incanutirsi;
sich *dat* **keine grauen ~e wachsen lassen** non prendersela troppo per qc; **sich**
dat **die ~e schneiden lassen** farsi tagliare i capelli; **aufs ~** esattamente; **sich
aufs ~ gleichen** assomigliarsi come due
gocce d'acqua; **um ein ~** per un pelo, a
momenti; **immer ein ~ in der Suppe finden** trovare sempre qc da ridire; **jdm
kein ~ krümmen** non torcere un capello a
qu; **an jdm kein gutes ~ lassen** tagliare i
panni addosso a qu; **da stehen einem
die ~e zu Berge** gli si rizzano i capelli; **das
ist an den ~en herbeigezogen** questo è
tirato per i capelli; **~e auf den Zähnen
haben** sapersi difendere; **Haaransatz** *m*
attaccatura *f* dei capelli; **Haarausfall** *m*
caduta *f* dei capelli; **Haarbreit** *n* (*fig*) **um
ein ~** per un pelo; **nicht um ein ~ weichen** non cedere neanche di un passo;
Haarbürste *f* spazzola *f* per capelli
haaren ['haːrən] *vi, vr* **sich ~** perdere il
pelo
Haarentfernungsmittel *n* crema *f* depi-
latoria; **Haaresbreite** *f* (*fig*) **um ~** per un
pelo; **Haarfarbe** *f* colore *m* dei capelli;
Haarfestiger *m* fissatore *m*
haargenau *adv* esattamente
haarig ['haːrɪç] *adj* ❶ (*behaart*) peloso
❷ (*fam: schwierig*) difficile; (*heikel*) scabroso; (*schlimm*) brutto
Haarklammer <-, -n> *f* fermaglio *m* per
capelli; **haarklein** *adv* (*fam*) per filo e
per segno; **Haarknoten** *m* chignon *m,*
crocchia *f;* **Haarlack** *m* lacca *f* per capelli;
Haarnadel *f* forcina *f;* **Haarnadelkurve** *f* tornante *m;* **Haarnetz** *n* retina *f*
per capelli; **haarscharf I.** *adj* esattissimo
II. *adv* ❶ (*genau*) con la massima precisione ❷ (*dicht*) a un pelo; **Haarschleife** *f*
fiocco *m;* **Haarschnitt** *m* taglio *m;*
Haarspalterei <-, -en> *f* (*pej*) cavillosità *f;* **~ treiben** cavillare; **Haarspange** *f*
molletta *f* per capelli; **Haarspray** *n o m*
lacca *f* per capelli; **haarsträubend** *adj*

che fa rizzare i capelli, raccapricciante;
Haartrockner *m* asciugacapelli *m,* fon *m;*
Haarverlängerung *f* extention *f;* **Haar-
waschmittel** *n* shampoo *m;* **Haarwasser** *n* lozione *f* per capelli; **Haar-
wuchs** *m* ❶ (*Vorgang*) crescita *f* dei
capelli/dei peli ❷ (*Zustand: beim Menschen*) capigliatura *f;* (*bei Tieren*) pelo *m;*
Haarwuchsmittel *n* prodotto *m* per la
crescita dei capelli; **Haarwurzel** *f* radice *f*
dei capelli
Hab [haːp] *n* **mein** (*ganzes*) **~ und Gut**
tutti i miei averi
Habe ['haːbə] <-> *kein Pl f* (*geh*) averi
mpl, beni *mpl;* (*Besitz*) possesso *m;* (*persönliche*) effetti *mpl* [*o* beni *mpl*] personali
haben ['haːbən] <hat, hatte, gehabt> **I.** *vt*
avere; (*besitzen*) possedere; (*erhalten*)
ricevere; **lieber ~** preferire; **Zeit ~** avere
tempo; **nichts dagegen ~** non aver nulla
in contrario; **etw ~ wollen** desiderare qc;
(*fordern*) richiedere qc, esigere qc; **gegen
jdn etw ~** essere contro qu, avercela con
qu *fam;* **mit jdm etw ~** (*fam*) intendersela
con qu, filare con qu; **es mit jdm zu tun ~**
aver a che fare con qu; **jdn zum Freund ~**
aver qu per amico; **noch zu ~ sein** essere
ancora libero; **bei sich** *dat* **~** avere con sé;
etw für sich ~ avere i propri lati positivi;
es im Hals ~ avere mal di gola; **wir ~ den
10. Juni** è il 10 giugno; **er hat es sehr
gern** gli piace molto; **ich hätte gern ...**
vorrei ...; **beinahe hätte ich ...** ci è mancato poco che +*conj;* **das hat nichts zu
sagen** non ha alcuna importanza; **ich
habe zu tun** ho da fare; **dafür bin ich
immer zu ~** ci sto sempre *fam;* **er hat hier
nichts zu suchen** lui qui non c'entra
niente; **was habe ich** (*denn*) **davon?** che
vantaggio ne ho?, cosa ci guadagno?; **was
hast du?** che hai?; **den Wievielten ~ wir
heute?** quanti ne abbiamo oggi?; **welche
Größe/Nummer ~ Sie?** che taglia/
numero porta?; **ich hab's!** ci sono!, ho
capito!; **da ~ wir's!** ci siamo!, lo sapevo!
II. *vi* ❶ (*müssen*) dovere; **er hat zu arbeiten** deve lavorare ❷ (*Hilfsverb*) avere
❸ (*bes. CH: es gibt*) c'è; **es hat viele
Leute** c'è molta gente **III.** *vr* **sich ~** (*fam*)
❶ (*sich anstellen*) fare lo smorfioso ❷ (*Auf-
hebens machen*) essere esagerato ❸ (*erledigt sein*) **und damit hat sich's** non c'è
altro da dire *fam*

Haben <-s> *kein Pl n* avere *m*

Habenichts ['ha:bənɪçts] <- *o* -es, -e> *m* (*pej*) poveraccio *m*, spiantato *m*

Habenseite <-, -n> *f* (FIN) avere *m*, attivo *m;* **Habenzinsen** *mpl* (FIN) interessi *mpl* attivi

Haberer <-s, -> *m* **1** (*A: Verehrer*) ammiratore *m* **2** (*A: Kumpel*) amico *m*, compagno *m*

Habgier *kein Pl f* avidità *f*, cupidigia *f;* **habgierig** *adj* avido, cupido

habhaft *adj* jds/einer Sache ~ werden (*geh*) acchiappare qu/impadronirsi di qc

Habicht ['ha:bɪçt] <-s, -e> *m* (ZOO) astore *m*

Habilitation [habilitaˈtsjoːn] <-, -en> *f* (UNIV) abilitazione *f;* **habilitieren** *vr* sich ~ (UNIV) abilitarsi, conseguire la libera docenza

Habitat [habiˈta:t] <-s, -e> *n* (BIOL) habitat *m*

Habsburger(in) ['ha:psburɡɐ] <-s, -; -, -nen> *m(f)* (HIST) Asburgo *m*

Habseligkeiten *fpl* quisquilie *fpl*, carabattole *fpl*

Habsucht *f s.* **Habgier; habsüchtig** *adj s.* **habgierig**

hach [hax] *int* oh

Hackbraten *m* (GASTR) polpettone *m*

Hacke ['hakə] <-, -n> *f* **1** (*Pickel*) zappa *f* **2** (*fam: Ferse*) calcagno *m*, tallone *m* **3** (*fam: Absatz*) tacco *m*

hacken ['hakən] **I.** *vt* **1** (*Boden*) zappare **2** (*Holz*) spaccare, tagliare **3** (*Zwiebeln*) tritare **II.** *vi* (*mit Schnabel*) beccare

Hacker(in) ['hakɐ] <-s, -; -, -nen> *m(f)* (INFORM) hacker *mf*, pirata *m* informatico

Hackfleisch *n* (GASTR) carne *f* tritata [*o* macinata]

Hackordnung <-, -en> *f* (ZOO) gerarchia *f*, ordine *m;* (*fig*) gerarchia *f*

Häcksel ['hɛksəl] <-s> *kein Pl n o m* (AGR) paglia *f* tritata

Hader[1] <-s, -n> *m* (*südd, A*) rimasuglio *m* di stoffa

Hader[2] <-s, -> *m* (*ostd*) straccio *m*

hadern ['ha:dɐn] *vi* (*geh*) mit jdm ~ accusare qu, prendersela con qu; mit seinem Schicksal ~ lamentarsi della propria sorte

Hafen ['ha:fən] <-s, Häfen> *m* **1** (*Schiff*) porto *m;* einen ~ anlaufen toccare un porto; aus einem ~ auslaufen uscire da un porto; in den ~ einlaufen entrare in porto **2** (*südd, CH, A: Gefäß*) recipiente *m*, vaso *m* **3** (*nordd: hohes Glasgefäß*) vaso *m* di vetro; **Hafenanlagen** *fpl* opere *fpl* portuali; **Hafenarbeiter(in)** *m(f)* lavoratore, -trice *m, f* del porto, portuale

mf; **Hafenbecken** *n* bacino *m* del porto, darsena *f;* **Hafenbehörde** *f* autorità *f* portuale; **Hafeneinfahrt** *f* imboccatura *f*, entrata *f* del porto; **Hafenpolizei** *f* polizia *f* portuale; **Hafenrundfahrt** *f* giro *m* turistico del porto; **Hafenstadt** *f* città *f* portuale, porto *m*

Hafer ['ha:fɐ] <-s> *kein Pl m* (BOT, AGR) avena *f;* **Haferflocken** *fpl* (GASTR) fiocchi *mpl* d'avena

Häferl <-s, -n> *n* (*A: Tasse*) tazza *f*

Haferschleim <-(e)s, -e> *m* (GASTR) pappa *f* di avena

Hafner(in) <-s, -> *m(f)* (*A, CH, südd: Ofensetzer*) fumista *mf*

Haft [haft] <-> *kein Pl f* **1** (*Gefängnis~*) detenzione *f*, reclusione *f* **2** (*Verhaftung*) arresto *m;* jdn aus der ~ entlassen rilasciare qu, rimettere in libertà qu; jdn in ~ nehmen arrestare qu; **Haftanstalt** *f* penitenziario *m*, prigione *f*

haftbar *adj* responsabile; jdn für etw ~ machen (JUR) rendere qu responsabile di qc; **Haftbefehl** *m* (JUR) mandato *m* di cattura

Hafteinrichtung *f* istituto *m* di detenzione

haften ['haftən] *vi* **1** (*festsitzen*) aderire; an [*o* auf] etw *dat* ~ aderire a qc; an etw *dat* ~ bleiben rimanere attaccato a qc **2** (JUR: *bürgen*) für jdn ~ garantire per qu **3** (JUR: *verantwortlich sein*) rispondere; Eltern ~ für ihre Kinder i genitori rispondono dei loro figli

Haftentlassung *f* scarcerazione *f*

haftfähig *adj* **1** (JUR) idoneo al regime penitenziario **2** (*leicht haftend*) aderente

Häftling ['hɛftlɪŋ] <-s, -e> *m* detenuto, -a *m, f*

Haftpflicht *f* (JUR) responsabilità *f* civile; **haftpflichtig** *adj* responsabile; **Haftpflichtversicherung** *f* assicurazione *f* della responsabilità civile (verso terzi)

Haftschale *f* lente *f* a contatto

Haftstrafe *f* (JUR) pena *f* detentiva

Haftung <-s> *kein Pl f* **1** (JUR: *Verantwortlichkeit*) responsabilità *f;* für etw die ~ übernehmen assumere la responsabilità di qc **2** (JUR: *Bürgschaft*) garanzia *f* **3** (*Kontakt*) aderenza *f*

Hafturlaub <-(e)s, -e> *m* (JUR) permesso *m* (di uscita)

Hagebutte ['ha:ɡəbʊtə] <-, -n> *f* (BOT) frutto *m* di rosa canina, scarpio *m*

Hagel ['ha:ɡəl] <-s, *rar* -> *m* (METEO) grandine *f;* **Hagelkorn** *n* **1** (*Hagel*) chicco *m* di grandine **2** (MED) calazio *m*

hageln ['ha:ɡəln] *vi, vt* (METEO) grandinare;

es hagelte Vorwürfe piovvero rimproveri
Hagelschaden <-s, -schäden> *m*
(METEO) danno *m* causato dalla grandine;
Hagelschauer *m* rovescio *m* di gran-
dine, grandinata *f;* **Hagelschlag** *m* gran-
dinata *f*

hager ['ha:gɐ] *adj* magro, scarno
haha [ha'ha(:)] *int* ah ah
Häher ['hɛ:ɐ] <-s, -> *m* (ZOO) ghiandaia *f*
Hahn [ha:n] <-(e)s, Hähne> *m* ❶ (ZOO)
gallo *m;* ~ **im Korb sein** (*fam*) fare il gallo
nel pollaio; **danach kräht kein** ~ (*fam*)
non se ne cura nessuno ❷ (TEC) rubinetto *m;* (*Gewehr~*) grilletto *m,* cane *m*
Hähnchen ['hɛ:nçən] <-s, -> *n* galletto *m*
Hahnenfuß *m* (BOT) ranuncolo *m;* **Hahnenschrei** *m* **beim ersten** ~ **aufstehen**
alzarsi al canto del gallo; **Hahnentritt** *m*
❶ (*im Ei*) germe *m* dell'uovo ❷ (*Muster*)
pied-de-poule *m*
Hai(fisch) ['haɪ(fɪʃ)] *m* (ZOO) pescecane *m,*
squalo *m*
Hain [haɪn] <-(e)s, -e> *m* (*poet*)
boschetto *m*
Hairstylist(in) ['hɛ:ɐstaɪlɪst] <-en, -en>
m(f) hair stylist *mf*
häkeln ['hɛ:kəln] *vt* (*Handarbeit*) lavorare
all'uncinetto; **Häkelnadel** *f* uncinetto *m*
haken ['ha:kən] **I.** *vt* (*einhängen*) agganciare **II.** *vi* (*klemmen*) rimanere impigliato;
(*Tür*) rimanere bloccato; **da hakt es** (*fam*)
la faccenda si imbroglia [*o* complica]
Haken ['ha:kən] <-s, -> *m* ❶ (TEC, SPORT)
gancio *m;* **einen** ~ **schlagen** fare uno
scarto ❷ (*Kleider~*) attaccapanni *m* ❸ (*An-
gel~*) amo *m* ❹ (*fam fig*) intoppo *m;* **die
Sache hat einen** ~ (*fam*) c'è un intoppo;
Hakenkreuz *n* croce *f* uncinata, svastica *f;* **Hakennase** *f* naso *m* adunco
halb [halp] **I.** *adj* mezzo, metà (di); **eine** ~ **e
Note** una mezza nota; **auf** ~ **em Wege** a
metà strada; **um** ~ **drei** alle due e mezza;
zum ~ **en Preis** a metà prezzo; **das ist
nichts Halbes und nichts Ganzes** non è
né carne né pesce **II.** *adv* mezzo, (a) metà;
~ **öffnen** (*Tür*) socchiudere; **ich habe
mich** ~ **totgelacht** (*fam*) sono quasi morto
dal ridere; **das ist** ~ **so schlimm** non è poi
così grave; **halbamtlich** *adj* ufficioso,
semiufficiale; **Halbbildung** *f* (*pej*) pseudocultura *f;* **halbbitter** *adj* semiamaro;
Halbbruder *m* fratellastro *m;* (*väterlicherseits*) fratello *m* consanguineo; (*mütterlicherseits*) fratello *m* uterino; **Halbdunkel** *n* penombra *f,* chiaroscuro *m*
Halbe ['halbə] <-n, -> *f* (GASTR, *fam: Bier*)
birra *f* grande (da mezzo litro)
Halbedelstein *m* (MIN) pietra *f* dura

halber ['halbɐ] *prp* +*gen* (*geh*) per; **der
Ordnung** ~ per ragioni di/per ordine; **der
Ehre** ~ per l'onore; **vorsichts**~ per precauzione [*o* prudenza]
Halbfabrikat <-(e)s, -e> *n* (COM) prodotto *m* semilavorato [*o* semifinito]
halbfertig *adj* quasi finito
Halbfinale *n* (SPORT) semifinale *f;* **Halbge-
schwister** *pl* fratellastri *mpl;* **Halbgott** *m* semidio *m;* **Halbheit** <-, -en> *f*
imperfezione *f,* insufficienza *f;* (*halbe Maßnahmen*) mezze misure *fpl*
halbherzig *adj* tiepido, poco entusiasta
halbieren [hal'bi:rən] <ohne ge-> *vt* dividere in due, fare a metà; **Halbierung** <-,
-en> *f* dimezzamento *m,* bipartizione *f;*
(MAT) bisezione *f*
Halbinsel *f* (GEOG) penisola *f;* **Halbjahr** *n*
semestre *m;* **halbjährig** *adj* (*ein halbes
Jahr dauernd*) (della durata) di sei mesi;
(*ein halbes Jahr alt*) di sei mesi (d'età);
ein ~ **er Kurs** un corso semestrale; **halb-
jährlich** **I.** *adj* semestrale **II.** *adv* ogni sei
mesi; **Halbkanton** <-s, -e> *m* (*CH*)
semicantone *m;* **Halbkreis** *m* semicerchio *m;* **Halbkugel** *f* semisfera *f,* mezza
sfera *f;* (GEOG) emisfero *m;* **halblaut** *adj o
adv* a mezza voce; **Halbleinenband**
<-(e)s, -bände> *m* volume *m* in mezza
tela; **Halbleiter** *m* (TEC) semiconduttore *m;* **Halblinks** [halp'lɪŋks] <-, -> *m*
(SPORT) mezz'ala *f* sinistra, interno *m*
sinistro
halbmast *adv* **auf** ~ a mezz'asta; ~ **flaggen**
mettere la bandiera a mezz'asta
Halbmesser *m* (MAT) raggio *m;* **Halbmond** *m* mezzaluna *f*
halbnackt[ALT] *adj s.* **nackt 1.**
halboffen[ALT] *adj s.* **offen 1.**
Halbpension *f* (GASTR) mezza pensione *f;*
Halbrechts [halp'rɛçts] <-, -> *m* (SPORT)
mezz'ala *f* destra, interno *m* destro; **halb-
rund** *adj* semicircolare; **Halbschatten** *m*
penombra *f;* **Halbschlaf** *kein Pl m* dormiveglia *m;* **Halbschuh** *m* scarpa *f* bassa;
Halbschwergewicht *n* (SPORT) peso *m*
medio-massimo; **Halbschwester** *f* sorellastra *f;* (*väterlicherseits*) sorella *f* consanguinea; (*mütterlicherseits*) sorella *f* uterina; **Halbstarke** <ein -r, -n, -n> *mf*
(*pej*) teppista *mf;* **die** ~ **n** la gioventù bruciata; **halbstündlich** ['halpʃtʏntlɪç] *adj*
di mezz'ora; **Halbtagsarbeit** *f* lavoro *m*
a mezza giornata; **Halbtagsbeschäfti-
gung** *f* lavoro *m* [*o* impiego *m*] a mezza
giornata; **Halbtagskraft** *f* lavoratore,
-trice *m, f* part-time
halbvoll[ALT] *adj s.* **voll I.1.**

Halbwahrheit <-, -en> f mezza verità f;
Halbwaise f orfano, -a m, f di padre [o di
madre]
halbwegs adv press'a poco, abbastanza
Halbwelt f demi-monde m; **Halb-
wert(s)zeit** f (PHYS) tempo m di dimezzamento, periodo m radioattivo; **Halbzeit** f
(SPORT: Spielzeit) tempo m; **erste ~** primo
tempo; **zweite ~** ripresa f
Halde ['haldə] <-, -n> f ❶ (GEOL) ghiaione m ❷ (MIN) discarica f
half [half] 1. u 3. pers sing imp von **helfen**
Hälfte ['hɛlftə] <-, -n> f metà f; **meine
bessere ~** (scherz: Ehepartner) la mia
dolce metà; **bis zur ~** fino alla metà; **zur ~**
a metà
Hall [hal] <-(e)s, -e> m eco m o f
Halle ['halə] <-, -n> f ❶ (Hotel~) hall f;
(THEAT) foyer m ❷ (Bahnhofs~) atrio m;
(AERO) aviorimessa f, hangar m; (ARCH) galleria f; (Fabrik~, Lager~) capannone m;
(Sport~) palestra f
hallen ['halən] vi risonare, riecheggiare
Hallenbad n piscina f coperta; **Hallen-
sport** m sport m da palestra; **Hallentur-
nen** n ginnastica f da palestra
hallo [ha'lo: o 'halo] int ❶ (Zuruf) ohé, ehi
❷ (am Telefon) pronto ❸ (Begrüßung)
ciao
Hallo [ha'lo:] <-s, -s> n ❶ (Freude) giubilo m ❷ (dial: Aufsehen) scalpore m; **es
gab ein großes ~** ci fu un grande scalpore
Halluzination [halutsina'tsi̯o:n] <-,
-en> f (PSYCH) allucinazione f
halluzinogen [halutsino'ge:n] adj allucinogeno
Halm [halm] <-(e)s, -e> m gambo m,
stelo m
Halogen [halo'ge:n] <-s, -e> n (CHEM) alogeno m; **Halogenleuchte** f (TEC) lampada f alogena; **Halogenscheinwerfer**
[halo'ge:nʃaɪnvɛrfə] <-s, -> m proiettore m alogeno
Hals [hals] <-es, Hälse> m ❶ (Flaschen~)
collo m ❷ (ANAT) collo m; (Kehle) gola f;
sich dat **den ~ brechen** rompersi l'osso
del collo; (fig) rovinarsi; **sich jdm an
den ~ werfen** gettarsi al collo di qu; **sich**
dat **etw/jdn vom ~ schaffen** levarsi di
dosso qc/liberarsi di qu; **~ über Kopf** a
precipizio, a rotta di collo fam, a rompicollo
fam; **aus vollem ~(e)** a squarciagola, a
piena gola; **das hängt mir zum ~ heraus**
(fig fam) ne ho fin sopra i capelli; **bleib
mir damit vom ~!** (fam) stammi alla
larga con queste cose! ❸ (MUS: Geigen~)
manico m; (Noten~) collo m; **Halsabschneider** m (fam pej) strozzino m;

Halsband n ❶ (für Hunde) collare m
❷ (Schmuck) collana f; **halsbreche-
risch** ['halsbrɛçərɪʃ] I. adj pericoloso;
(tollkühn) spericolato II. adv a rotta di
collo, in maniera spericolata; **Halsent-
zündung** f (MED) infiammazione f della
gola; **Halskette** f collana f; **Hals-Nasen-Ohren-Arzt** m, **Hals-Nasen-Oh-
ren-Ärztin** f otorinolaringoiatra mf;
Halsschlagader f (ANAT) carotide f;
Halsschmerzen mpl (MED) mal m di
gola; **halsstarrig** adj ostinato, testardo;
Halsstarrigkeit <-> kein Pl f ostinazione f, testardaggine f; **Halstuch** n fazzoletto m (da collo), foulard m; (Schal) sciarpa f; **Halswirbel** m (ANAT) vertebra f
cervicale
halt [halt] I. int ❶ (stehen bleiben) fermo;
~! Wer da? (MIL) chi va là?, alto là! ❷ (genug) basta, stop ❸ (Moment mal) un
momento, aspetta II. adv (A, CH, südd)
❶ (Ausdruck der Resignation: eben)
appunto ❷ (Verstärkung: eben) proprio; **es
wurde ihm ~ keine faire Chance gegeben** non gli fu proprio data alcuna possibilità; **ein Auto ist ~ doch praktischer als
die öffentlichen Verkehrsmittel** un'auto
è molto più pratica dei mezzi pubblici
Halt [halt] <-(e)s, -e o -s> m ❶ (Stillstand) arresto m ❷ (Anhalten) fermata f;
~ machen fermarsi; **ohne ~** senza sosta,
senza fermarsi ❸ (Griff: für Hände) appiglio m (per le mani); (Stand: für Füße)
appoggio m (per i piedi) ❹ (Stütze) sostegno m; (a fig: Rück~) appoggio m; **den ~
verlieren** (fig) perdere il controllo ❺ (fig:
Bestand) durevolezza f, stabilità f
hält [hɛlt] 3. pers sing pr von **halten**
haltbar adj ❶ (Lebensmittel) non deperibile, che si mantiene; (Farben) indelebile
❷ (beständig) durevole, duraturo ❸ (widerstandsfähig) resistente ❹ (fig: Argument) valido, sostenibile ❺ (MIL) sostenibile; **Haltbarkeit** <-> kein Pl f ❶ (von
Farben) indelebilità f; (von Lebensmitteln)
durata f, conservabilità f ❷ (Beständigkeit)
durata f ❸ (Widerstandsfähigkeit) resistenza f ❹ (fig: von Argument) validità f,
sostenibilità f; **Haltbarkeitsdatum** n
data f di scadenza
Haltegriff <-(e)s, -e> m maniglia f, appiglio m
halten ['haltən] <hält, hielt, gehalten>
I. vt ❶ (aufrecht ~, fest~, ab~) tenere;
halt den Mund! chiudi la bocca!, taci!
❷ (stützen) sostenere, sorreggere ❸ (an~)
fermare ❹ (zurück~) trattenere ❺ (Rekord) detenere ❻ (Versprechen) mante-

nere ❼ (*besitzen*) avere ❽ (*begehen*) celebrare ❾ (*meinen*) ritenere, credere; (*betrachten*) considerare; **jdn für etw/ jdn ~** considerare qu qc/qu; (*irrtümlich*) prendere qu per qc/qu; **nichts von etw ~** tenere in poco conto qc; **was ~ Sie davon?** che ne pensa?; **wofür ~ Sie mich denn eigentlich?** per chi mi prende? **II.** *vi* ❶ (*an~, stehen bleiben*) fermarsi; (*mit Auto*) sostare ❷ (*fest~, zusammen~*) tenere; (*nicht zusammenbrechen*) reggere; **offen ~** tenere aperto, lasciare aperto ❸ (*dauern*) durare ❹ (*widerstandsfähig sein*) essere resistente ❺ (*Wert legen*) tenere; **auf etw** *acc* **~** tenere a qc; **an sich ~** controllarsi, dominarsi; **zu jdm ~** stare dalla parte di qu **III.** *vr* **sich ~** ❶ (*sich aufrecht ~*) sorreggersi; **sich gerade ~** stare d(i)ritto ❷ (*dauern*) conservarsi; (*bleiben*) mantenersi ❸ (*sich fest~*) **sich an etw** *dat* **~** tenersi (fisso) a qc ❹ (*sich stützen*) reggersi ❺ (*sich richten*) **sich an die Tatsachen ~** attenersi ai fatti

Halter(in <-s, -; -, -nen> *m(f)* ❶ (*Fahrzeug~*) proprietario, -a *m, f* (di autoveicolo) ❷ (*Tier~*) allevatore, -trice *m, f* (di animali)

Halterung <-, -en> *f* supporto *m*, sostegno *m*

Haltestelle *f* fermata *f*; **Halteverbot** *n* divieto *m* di sosta; (*Stelle*) zona *f* di sosta vietata; **Halteverbotsschild** *n* cartello *m* di divieto di sosta

haltlos *adj* ❶ (*Mensch*) instabile, incostante ❷ (*Behauptung: unbegründet*) infondato, inconsistente; (*unhaltbar*) insostenibile

Haltlosigkeit <-> *kein Pl f* ❶ (*von Mensch*) debolezza *f*, volubilità *f*, incostanza *f* ❷ (*von Behauptung*) infondatezza *f*, inconsistenza *f*; (*von Theorie*) insostenibilità *f*

halt|machen^ALT *vi s.* **Halt 2.**

Haltung <-, -en> *f* ❶ (*Körper~*) portamento *m*; (*Stellung*) posizione *f* ❷ (*Einstellung*) atteggiamento *m*; **eine ~ zu etw einnehmen** assumere un atteggiamento di fronte a qc ❸ (*Benehmen*) comportamento *m*, condotta *f* ❹ *sing* (*Fassung*) contegno *m*, controllo *m*; **die ~ bewahren** mantenere il controllo di sé stesso; **Haltungsschaden** *m* difetto *m* di portamento

Halunke [ha'lʊŋkə] <-n, -n> *m* (*fig*) mascalzone *m*, farabutto *m*

Hamburg ['hambʊrk] *n* (GEOG) Amburgo *f*

Hamburger ['hambʊrɡɐ] <-s, -> *m* (GASTR) hamburger *m*

Hamburger(in <-s, -; -, -nen> *m(f)* amburghese *mf*

hämisch ['hɛːmɪʃ] *adj* ❶ (*schadenfroh*) maligno ❷ (*hinterhältig*) perfido, infido

Hammel ['haməl] <-s, -> *m* ❶ (ZOO) montone *m* ❷ (*fig pej: Dummkopf*) babbeo *m*, scemo *m;* **Hammelherde** *f* (*a pej*) branco *m* di pecore; **Hammelkeule** *f* (GASTR) cosciotto *m* di montone; **Hammelkotelett** *n* (GASTR) costoletta *f* di montone; **Hammelrücken** *m* (GASTR) spalletta *f* di montone; **Hammelsprung** *m* (PARL) votazione *f* per divisione

Hammer ['hamɐ] <-s, Hämmer> *m* martello *m;* (*Schmiede~*) maglio *m;* **~ und Sichel** (POL) falce e martello; **unter den ~ kommen** essere messo all'asta; **das ist ja ein ~!** (*sl: positiv*) che bella sorpresa!, è magnifico; (*negativ*) che vergogna!

hämmern ['hɛmɐn] **I.** *vt* martellare, lavorare col martello **II.** *vi* martellare; (*bes. Herz, Puls*) battere

Hammerwerfen <-s> *kein Pl n* (SPORT) lancio *m* del martello

Hammondorgel ['hæməndɔrɡəl] *f* (MUS) organo *m* Hammond

Hämoglobin [hɛmoglo'biːn] <-s> *kein Pl n* emoglobina *f*

Hämorrhoiden *fpl,* **Hämorriden**^RR [hɛmoro'iːdən] *fpl* emorroidi *fpl*

Hampelmann ['hampəlman] *m* marionetta *f*; (*a fig*) burattino *m*

Hamster ['hamstɐ] <-s, -> *m* (ZOO) criceto *m*, hamster *m;* **Hamsterkauf** <-(e)s, -käufe> *m* incetta *f*

hamstern I. *vt* incettare, accaparrare **II.** *vi* accaparrarsi

Hand [hant] <-, Hände> *f* mano *f*; **hohle/ flache ~** cavo/palmo della mano; **meine rechte ~** (*fig*) il mio braccio destro; **die öffentliche ~** la pubblica amministrazione; **jdm die ~ geben** dare la mano a qu; **seine ~ im Spiel haben** avere le mani in pasta; **freie ~ haben etw zu tun** (*fig*) avere mano libera di fare qc; **mit** [*o* **bei**] **etw eine glückliche ~ haben** avere fiuto per qc; **letzte ~ an etw** *acc* **legen** dare l'ultima mano a qc; **seine ~ für etw ins Feuer legen** mettere la mano sul fuoco per qc; **die Hände ringen** torcersi le mani; **die Hände über dem Kopf zusammenschlagen** mettersi le mani nei capelli; **die Hände in den Schoß legen** (*fig*) stare con le mani in mano; **kalte Hände haben** avere le mani fredde; **alle Hände voll zu tun haben** essere molto affaccendato; **sich** *dat* **die Hände schmutzig machen** sporcarsi le mani; **jdn an der ~ nehmen** prendere qu per mano; **jdm zur ~ gehen** dare una mano a qu; **jdm aus der ~ fressen** (*fig*) essere succube di qu; **etw aus der ~ geben** dar via qc; **jdn in der ~ haben** tenere in pugno qu; **um jds ~ anhalten** chiedere la mano di qu; **von der ~ in den Mund leben** vivere alla giornata; **von langer ~ vorbereiten** preparare da tempo; **etw zur ~ haben** avere qc a portata di mano; **etw zur ~ nehmen** prendere qc in mano; **jdn auf Händen tragen** (*fig*) portare qu in palmo di mano; **in guten Händen sein** essere in buone mani; **mit Händen und Füßen reden** (*fam*) parlare gesticolando; **sich mit Händen und Füßen gegen etw wehren** difendersi coi denti e con le unghie; **mit leeren Händen** a mani vuote; **an ~ von** in base a, sulla scorta di; **aus erster/zweiter ~** di prima/seconda mano; **in der ~** nella [*o* in] mano; **mit beiden Händen** con tutt'e due le mani; **mit vollen Händen** a piene mani; **von ~ zu ~** di mano in mano; **zu Händen von ...** all'attenzione di ...; **mir sind die Hände gebunden** ho le mani legate; **man kann die ~ nicht vor den Augen sehen** non si vede più in là del proprio naso; **das hat weder ~ noch Fuß** non ha né capo né coda; **das liegt auf der ~** è evidente, è chiaro come la luce del sole; **er hat es in der ~ zu** +*inf* è sua facoltà +*inf*; **die Arbeit geht ihm leicht von der ~** il lavoro gli riesce facilmente; **das ist nicht von der ~ zu weisen** non è da disprezzare; **eine ~ voll Kirschen** una manciata di ciliege; **unter der ~** sottomano; **~ aufs Herz!** parola d'onore!, siamo sinceri!; **~ drauf!** promesso!; **Hände hoch!** mani in alto!; **Hände weg!** giù le mani!; **eine grüne ~ haben** avere il pollice verde; **eine ~ wäscht die andere** (*prov*) una mano lava l'altra

Handarbeit *f* ❶ (*Tätigkeit*) lavoro *m* manuale ❷ (*Produkt*) lavoro *m* (fatto) a mano, manufatto *m* ❸ (*Schulfach*) attività *fpl* manuali e pratiche; **Handball** *m* pallamano *f*; **Handbesen** <-s, -> *m* scopetta *f*; **Handbewegung** *f* movimento *m* della mano, gesto *m*; **Handbibliothek** *f* biblioteca *f* di consultazione; **Handbreit** <-, -> *f* larghezza *f* di un palmo; **Handbremse** *f* (AUTO) freno *m* a mano; **die ~ ziehen** tirare il freno a mano; **Handbuch** *n* manuale *m*, prontuario *m*

Händedruck *m* stretta *f* di mano

Handel ['handəl] <-s> *kein Pl m* ❶ (*Gewerbe*) commercio *m*; **mit jdm ~ treiben** commerciare con qu, esercitare il commer-

cio con qu; **nicht im ~** (**befindlich**) non in commercio ❷ (*einzelner Vorgang*) affare *m*, transazione *f*

Händel ['hɛndəl] *pl* (*geh*) lite *f*; **mit jdm ~ suchen** attaccare lite con qu

handeln ['handəln] *vi* ❶ (*agieren*) agire, operare ❷ (*Handel treiben*) (**mit etw**) ~ commerciare in qc ❸ (*feilschen*) **um etw ~** (con)trattare su qc ❹ (LIT, FILM, THEAT: *Buch, Film*) avere per argomento; **von etw ~** trattare di qc; **es handelt sich um ...** si tratta di ...

Handeln <-s> *kein Pl n* ❶ (*Verhalten*) comportamento *m* ❷ (*Handeltreiben*) commerciare *m* ❸ (*Feilschen*) contrattazione *f*, mercanteggiamento *m*

Handelsabkommen *n* accordo *m* commerciale; **Handelsakademie** *f* (*A: höhere Handelsschule mit Matura*) istituto *m* tecnico commerciale; **Handelsartikel** *m* articolo *m* (commerciale), merce *f*; **Handelsbank** *f* banca *f* di commercio; **Handelsbeziehungen** *fpl* relazioni *fpl* commerciali; **Handelsbilanz** *f* bilancio *m* commerciale; **handelseinig** *adj* **mit jdm ~ sein/werden** essere d'accordo/accordarsi con qu; **Handelsembargo** <-s, -> *n* embargo *m*; **Handelsflagge** *f* bandiera *f* della marina mercantile; **Handelsflotte** *f* flotta *f* mercantile; **Handelsfreiheit** *f* libertà *f* di commercio, libero commercio *m*; **Handelsgesellschaft** *f* società *f* commerciale; **offene ~** società a nome collettivo; **Handelsgesetz** *n* legge *f* commerciale; **Handelsgesetzbuch** *n* codice *m* di diritto commerciale; **Handelshafen** *m* porto *m* mercantile; **Handelskammer** *f* camera *f* di commercio; **Handelsmarine** *f* marina *f* mercantile; **Handelsmission** *f* missione *f* commerciale; **Handelsrecht** *n* diritto *m* commerciale; **Handelsregister** *n* registro *m* di commercio; **Handelsschiff** *n* nave *f* mercantile; **Handelsschule** *f* scuola *f* commerciale; **Handelsspanne** <-, -n> *f* utile *m* commerciale lordo; **handelsüblich** *adj* che si trovano in commercio, standard; **Handelsvertrag** *m* trattato *m* commerciale; **Handelsvertreter(in)** *m(f)* rappresentante *mf* di commercio; **Handelsvertretung** *f* rappresentanza *f* commerciale; **Handelsware** *f* articolo *m* di commercio, merce *f*; **Handelszentrum** *n* centro *m* commerciale; **Handelszweig** *m* ramo *m* del commercio

Handeltreibende <ein -r, -n, -n> *mf* commerciante *mf*

händeringend ['ɛndərɪŋənd] **I.** adj dispe-rato **II.** adv (flehentlich) implorando; (ver-zweifelt) disperatamente
Handfeger ['hantfe:gɐ] <-s, -> m sco-petta f; **Handfertigkeit** f abilità f manuale; **handfest** adj (Lüge) grosso, solenne; (Skandal) grosso, grande; (Schlä-gerei) grande; (Argument, Beweis) valido, convincente; **Handfeuerwaffe** f (MIL) arma f da fuoco portatile; **Handfläche** f palma f della mano; **handgearbeitet** adj lavorato a mano
Handgelenk n (ANAT) (articolazione f del) polso m; **etw aus dem ~ schütteln** (fam) fare qc facilmente; **handgemacht** adj fatto a mano; **handgemalt** adj dipinto a mano; **Handgemenge** n rissa f, zuffa f; **Handgepäck** n bagaglio m a mano; **handgeschrieben** adj scritto a mano; **handgestrickt** adj lavorato [o fatto] a mano; **Handgranate** f bomba f a mano
handgreiflich adj ❶ (offensichtlich) evi-dente, manifesto ❷ (Streit) violento; **~ werden** venire alle mani, passare alle vie di fatto
Handgriff m ❶ (zum Festhalten, Tragen) maniglia f, manico m ❷ (Bewegung) movi-mento m (della mano); **mit ein paar ~en** (fig) in quattro e quatt'otto fam ❸ (kleine Verrichtung) lavoretto m
Handhabe <-, -n> f pretesto m, motivo m; **eine ~ gegen etw haben** avere un pre-testo per qc
handhaben ['hantha:bən] vt ❶ (behan-deln) maneggiare, impiegare ❷ (bedie-nen) far funzionare, azionare ❸ (gebrau-chen) adoperare, usare ❹ (anwenden) applicare; (Recht) amministrare; **Hand-habung** <-, -en> f ❶ (Behandlung) maneggio m, impiego m ❷ (Bedienung) funzionamento m ❸ (Gebrauch) uso m ❹ (Anwendung) applicazione f; (von Recht) amministrazione f
Handheld <-s, -s> m (INFORM: kleiner Lap-top) handheld m
Handicap, Handikap ['hɛndikɛp] <-s, -s> n handicap m
handicapiert adj (CH: benachteiligt) svantaggiato, danneggiato
händisch ['hɛndɪʃ] adj (A: fam: manuell) con le mani, manuale
Handkarren <-s, -> m carretto m a mano
Handkoffer m valigetta f
HandkussRR m baciamano m
Handlanger ['hantlaŋɐ] <-s, -> m ❶ (Ar-beiter) manovale m ❷ (pej) tirapiedi m
Händler(in) ['hɛndlɐ] <-s, -; -, -nen> m(f) commerciante mf, negoziante mf

handlich ['hantlɪç] adj maneggevole, comodo
Handlichkeit <-> kein Pl f maneggevo-lezza f, comodità f
Handlinie <-, -n> f linea f della mano; **die ~n deuten** leggere la mano
Handlung ['handlʊŋ] <-, -en> f ❶ (Tat) azione f; **strafbare ~** (JUR) reato ❷ (THEAT, FILM) trama f, storia f; (verwickelte ~) intreccio m; **Handlungsbevollmäch-tigte** mf (JUR) mandatario, -a m, f, procura-tore, -trice m, f; **handlungsfähig** adj capace d'agire; **Handlungsfähigkeit** f capacità f d'agire; **Handlungsfreiheit** f libertà f d'azione; **handlungsunfähig** adj incapace d'agire; **Handlungsweise** f modo m d'agire
Handorgel f (CH) ❶ (Drehorgel) orga-netto m ❷ (Ziehharmonika) fisarmonica f
Handout [hɛntʔaʊt] <-s, -s> n, **Hand-out**RR <-s, -s> n handout m
Handrücken m dorso m della mano; **Handsatz** m (TYP) composizione f (tipo-grafica) a mano; **Handscanner** m (INFORM) scanner m a mano; **Handschel-len** fpl manette fpl; **Handschlag** m stretta f di mano; **keinen ~ tun** (fam) non alzare un dito fam; **etw durch ~ bekräfti-gen** confermare qc con una stretta di mano
Handschrift f ❶ (Schrift) scrittura f, calli-grafia f ❷ (fig: Charakteristik) mano f, stile m ❸ (handgeschriebener Text) manoscritto m; **handschriftlich** **I.** adj scritto a mano, manoscritto **II.** adv per iscritto
Handschuh m guanto m; **Handschuh-fach** n (im Auto) cassetto m portaoggetti; **Handspiegel** m specchietto m (a mano); **Handstand** m (SPORT) verticale f (sulle mani); **Handstaubsauger** m aspirapol-vere m manuale; **Handstreich** m **etw im** [o **in einem**] [o **durch einen**] **~ erobern** conquistare qc con un colpo di mano; **Handtasche** f borsetta f; **Hand-teller** m palma f della mano
Handtuch n asciugamano m; **das ~ wer-fen** (fig) gettare la spugna; **Handtuch-halter** m portasciugamani m
Handumdrehen kein Pl n **im ~** in un bat-ter d'occhio, in quattro e quatt'otto fam
HandvollALT <-, -> f s. **Hand**
Handwagen m carretto m a mano
Handwäsche kein Pl f (Waschen) bucato m a mano; (Wäsche) biancheria f da lavare a mano
Handwerk <-s> kein Pl n ❶ (Tätigkeit) artigianato m ❷ (Beruf) mestiere m; **ein ~ erlernen** imparare un mestiere ❸ (fig)

H

jdm das ~ **legen** mettere fine ai maneggi di qu; jdm ins ~ **pfuschen** immischiarsi nei fatti altrui; **Handwerker(in)** <-s, -; -, -nen> *m(f)* ❶ (*Kunst~*) artigiano, -a *m, f* ❷ (*Arbeiter*) operaio, -a *m, f*; **handwerklich** *adj* artigianale; **Handwerksbetrieb** *m* azienda *f* artigiana; **Handwerkskammer** *f* camera *f* dell'artigianato; **Handwerksmeister** *m* maestro *m*, mastro *m*; **Handwerkszeug** *n* arnesi *mpl* dell'artigiano

Handwurzel *f* (ANAT) carpo *m*

Handy <-s, -s> *n* telefonino *m*, (telefono) cellulare *m*; **Handybenutzer(in)** *m(f)* cellularista *mf*; **Handylogo** *n* logo *m* per cellulare

Handzeichen *n* gesto *m* della mano; **durch** ~ per alzata di mano

Handzeichnung *f* disegno *m* a mano libera

Handzettel *m* volantino *m*

hanebüchen ['haːnəbyːçən] *adj* (*geh, obs*) inaudito, incredibile, scandaloso

Hanf [hanf] <-(e)s> *kein Pl m* (BOT) canapa *f*

Hänfling ['hɛnflɪŋ] <-s, -e> *m* (ZOO) fanello *m*

Hang [haŋ] <-(e)s, Hänge> *m* ❶ (*Ab~*) pendio *m*, declivio *m* ❷ *sing* (*fig: Neigung, Tendenz*) inclinazione *f*, tendenza *f*; **einen** ~ **zu etw haben** avere un'inclinazione a qc ❸ *sing* (*fig: Vorliebe*) predilezione *f*; **einen** ~ **für etw haben** avere predilezione per qc

Hangar ['haŋaːɐ̯ o haŋˈgaːɐ̯] <-s, -s> *m* (AERO) hangar *m*, aviorimessa *f*

Hängebrücke *f* ponte *m* sospeso; **Hängegleiter** <-s, -> *m* (SPORT) aliante *m*; **Hängelampe** *f* lampadario *m* (da soffitto)

hangeln ['haŋəln] *vi, vr* sich ~ arrampicarsi

Hängematte *f* amaca *f*

hängen[1] ['hɛŋən] *vt* ❶ (*auf~*) appendere ❷ (*befestigen*) attaccare, fissare; (*an Haken*) agganciare; **etw an den Nagel** ~ (*fig*) gettare qc alle ortiche ❸ (*henken*) impiccare

hängen[2] <hängt, hing, gehangen> *vi* ❶ (*herunter~*) pendere ❷ (*befestigt sein*) essere appeso; **an der Decke/über dem Tisch** ~ essere appeso al soffitto/sopra al tavolo ❸ (*haften*) essere attaccato; **sehr an etw** *dat* ~ tenere molto a qc ❹ (*schief sein*) **nach rechts/links** ~ pendere a destra/sinistra

hängen|bleiben[ALT] *vi s.* **bleiben 1.**

hängend *adj* pendente, sospeso

hängen|lassen[ALT] *vt, vr s.* **lassen**[2] **4.**

Hängeschrank <-s, -schränke> *m* (mobiletto *m*) pensile *m*

hängig *adj* ❶ (CH: JUR: *anhängig*) pendente ❷ (CH: *unerledigt*) irrisolto, non sbrigato

Hannover [haˈnoːfɐ] *n* (GEOG) Hannover *f*

Hansa ['hanza] <-> *kein Pl f s.* **Hanse**

Hansdampf [hansˈdampf o ˈhansdampf] <-(e)s, -e> *m* (*fam*) ~ **in allen Gassen** impiccione *m*

Hanse ['hanzə] <-> *kein Pl f* (HIST) Ansa *f*

Hänselei [hɛnzəˈlaɪ] <-, -en> *f* presa *f* in giro, canzonatura *f*

hänseln ['hɛnzəln] *vt* prendere in giro, canzonare

Hansestadt *f* città *f* anseatica

Hanswurst ['hansvʊrst] *m* ❶ (THEAT) arlecchino *m* ❷ (*fig*) buffone *m*, pagliaccio *m*

Hantel ['hantəl] <-, -n> *f* manubrio *m*

hantieren [hanˈtiːrən] <ohne ge-> *vi* (*handhaben*) **mit etw** ~ maneggiare qc

hapern ['haːpɐn] *vi* **mit** [*o* **an**] **etw** *dat* ~ mancare qc

häppchenweise ['hɛpçənvaɪzə] *adv* (*fam*) a piccoli bocconi

Happen ['hapən] <-s, -> *m* (*fam*) boccone *m*; (*bes. leckerer* ~) bocconcino *m*

Happening ['hɛpənɪŋ] <-s, -s> *n* happening *m*

happig ['hapɪç] *adj* (*fam*) **das ist ganz schön** ~ è un po' troppo

Happyend[RR] ['hɛpiʔɛnt] <-(s), -s> *n* lieto fine *m*, happy end *m*

Happy-End[ALT] ['hɛpiʔɛnt] <-(s), -s> *n* lieto fine *m*, happy end *m*; **Happy End**[RR] <-(s), -s> *n* lieto fine *m*, happy end *m*; **Happy Hour** [hɛpiˈ(ʔ)aʊɐ] <-, -s> *f* happy hour *f*

Harasse <-, -en> *f* (CH: *Lattenkiste, Kiste für Getränke*) cassetta *f*

Hardcore-Porno ['haːɐ̯dkoːɐ̯ ˈpɔrno] *m* hardcore *m*

Hardliner ['haːdlaɪnɐ] <-s, -> *m* integralista *mf*

Hardware ['haːtvɛːɐ̯] <-, -s> *f* (INFORM) hardware *m*

Harem ['haːrɛm] <-s, -s> *m* harem *m*

Harfe ['harfə] <-, -n> *f* arpa *f*

Harke ['harkə] <-, -n> *f* rastrello *m*

harken *vt* rastrellare

Harlekin ['harlekiːn] <-s, -e> *m* arlecchino *m*

härmen ['hɛrmən] *vr* sich ~ (*geh*) affliggersi (*um jdn*), affannarsi (*um jdn*)

harmlos ['harmloːs] *adj* ❶ (*arglos, unschuldig*) innocente; (*friedlich*) tranquillo, pacifico ❷ (*ungefährlich*) innocuo;

Harmlosigkeit <-> *kein Pl f* ❶ (*Arglosigkeit, Unschuld*) innocenza *f;* (*Friedlichkeit*) tranquillità *f* ❷ (*Ungefährlichkeit*) innocuità *f*

Harmonie [harmo'niː] <-, -n> *f* armonia *f*

harmonieren [harmo'niːrən] <ohne ge-> *vi* armonizzare, accordarsi; (MUS) essere armonizzato

harmoniesüchtig *adj* bisognoso di serenità

Harmonika [har'moːnika] <-, -s *o* Harmoniken> *f* (MUS) armonica *f;* (*Mund~*) armonica *f* a bocca; (*Zieh~*) fisarmonica *f*

harmonisch [har'moːnɪʃ] *adj* ❶ (MUS, MAT, PHYS) armonico ❷ (*fig*) armonioso

Harmonisierung <-, -en> *f* armonizzazione *f; ~ des Zollwesens* armonizzazione del sistema doganale

Harmonium [har'moːniʊm] <-s, -s *o* Harmonien> *n* (MUS) armonium *m*, armonio *m*

Harn [harn] <-(e)s, -e> *m* (MED) urina *f*, orina *f;* **Harnblase** *f* (ANAT) vescica *f*

Harndrang *m* stimolo *m* della minzione

harnen *vi* (*geh*) orinare

Harnisch ['harnɪʃ] <-(e)s, -e> *m* armatura *f;* (*Brust~*) corazza *f; jdn in ~ bringen* far uscire dai gangheri qu *fam; in ~ geraten* uscire dai gangheri *fam*, andare in bestia *fam*

Harnleiter *m* (ANAT) uretere *m;* **Harnröhre** *f* uretra *f;* **Harnsäure** *f* acido *m* urico; **harntreibend** *adj* diuretico

Harpune [har'puːnə] <-, -n> *f* arpione *m*, fiocina *f*

harpunieren [harpu'niːrən] <ohne ge-> *vt* arpionare, colpire con la fiocina

harren ['harən] *vi* (*geh*) aspettare (*jds/einer Sache* qu/qc), attendere (con ansia) (*jds/einer Sache* qu/qc)

harsch [harʃ] *adj* ❶ (*Mensch*) brusco, duro ❷ (*Schnee*) gelato, ghiacciato

Harsch <-es> *kein Pl m* neve *f* ghiacciata

hart [hart] I. <härter, härteste> *adj* ❶ duro; *~ e Droge* droga pesante; **eine ~ e Währung** una valuta dura; *~ machen* indurire, rendere duro *a fig; ~ werden* indurirsi, diventare duro *a fig* ❷ (*fest*) solido; (*bes. Eier*) sodo; (*Brot*) raffermo; (*Wasser*) calcareo ❸ (*widerstandsfähig*) resistente; **sie ist ~ im Nehmen** è una buona incassatrice ❹ (*streng*) severo, rigido ❺ (*~ herzig*) duro, insensibile ❻ (*schwer, mühsam*) difficile, duro; (*anstrengend*) faticoso; (*Kampf*) accanito; *~ es Los* sorte crudele II. <härter, am härtesten> *adv ~ arbeiten* lavorare sodo; *jdn ~ anfassen* trattare qu duramente;

jdm ~ zusetzen mettere alle strette qu; *~ an* rasente a, vicino a; **es geht ~ auf ~** si combatte accanitamente

Härte ['hɛrtə] <-, -n> *f* ❶ (PHYS) durezza *f;* (*von Stahl*) tempra *f* ❷ (*Widerstandsfähigkeit*) resistenza *f* ❸ (*Strenge*) rigore *m*, severità *f* ❹ (*Gefühllosigkeit*) insensibilità *f;* (*Grausamkeit*) crudeltà *f* ❺ (*Heftigkeit*) violenza *f;* **Härtefall** *m* caso *m* di rigore; **Härtegrad** *m* (PHYS) grado *m* di durezza; (*von Stahl*) grado *m* di tempra

härten ['hɛrtən] I. *vt* indurire; (*Stahl*) temperare II. *vr sich ~* indurirsi, diventare duro

Härtetest *m* test *m* di resistenza

Hartfaserplatte <-, -n> *f* lastra *f* di truciolato

hartgefroren *adj* (*Boden*) ghiacciato

hartgekocht *adj* (*Ei*) sodo

Hartgeld *n* moneta *f* metallica

hartgesottenALT *adj s.* **gesotten**

Hartgummi *mn* ebanite *f*, gomma *f* vulcanizzata

hartherzig *adj* duro d'animo, spietato; **Hartherzigkeit** <-, *rar* -en> *f* durezza *f* d'animo, insensibilità *f*

Hartholz *n* legno *m* duro

Hartkäse <-s, -> *m* formaggio *m* a pasta dura

hartnäckig ['hartnɛkɪç] *adj* ❶ (*eigensinnig*) testardo, caparbio ❷ (*Krankheit*) ostinato ❸ (*verbissen*) accanito ❹ (*ausdauernd*) resistente, tenace; **Hartnäckigkeit** <-> *kein Pl f* ❶ (*Eigensinn*) testardaggine *f*, ostinazione *f*, caparbietà *f* ❷ (*von Krankheit*) persistenza *f* ❸ (*Verbissenheit*) accanimento *m* ❹ (*Ausdauer*) resistenza *f*, tenacia *f*

Härtung <-, -en> *f* (PHYS) indurimento *m;* (*von Stahl*) tempra *f;* (CHEM) idrogenazione *f*

Hartwurst <-, -würste> *f* salame *m*

Harz[1] [haːɐ̯ts] <-es, -e> *n* (*Baum~*) resina *f*

Harz[2] *m* Selva *f* Ercinia

harzig *adj* resinoso

Hasch [haʃ] <-s> *kein Pl n* (*fam*) hascisc *m*

Haschee [ha'ʃeː] <-s, -s> *n* (GASTR) piatto di carne macinata in salsa piccante

haschen ['haʃən] *vi* (*fam*) fumare l'hascisc, drogarsi

Häschen ['hɛːsçən] <-s, -> *n* ❶ (ZOO) leprotto *m* ❷ (*Kosename*) tesoro *m*

haschieren [ha'ʃiːrən] <ohne ge-> *vt* (GASTR) tritare, macinare

Haschisch ['haʃɪʃ] <-(s)> *kein Pl n o m* hascisc *m*

Hase ['haːzə] <-n, -n> *m* (ZOO) lepre *f;* **alter ~** (*fig*) vecchia volpe; **falscher ~** (GASTR) polpettone; **wissen, wie der ~**

läuft (*fam*) prevedere come andranno le cose; **da liegt der ~ im Pfeffer!** (*fam*) qui casca l'asino!

Hasel <-, -n> *f*, **Haselbusch** ['ha:zəlbuʃ, *pl:* 'ha:zəlbyʃə] <-, Haselbüsche> *m* (BOT) nocciolo *m*

HaselnussRR *f* (BOT) nocciola *f*

Hasenbraten <-s, -> *m* (GASTR) arrosto *m* di lepre, lepre *f* arrosto; **Hasenfuß** *m* ❶ (ZOO) zampa *f* di lepre ❷ (*fam pej*) vigliacco *m*, coniglio *m*; **Hasenpfeffer** *m* (GASTR) lepre *f* in salmì; **Hasenscharte** *f* (MED) labbro *m* leporino

Häsin ['hɛːzɪn] <-, -nen> *f* lepre *f* femmina

HassRR [has] <-es> *kein Pl m*, **Haß**ALT <-sses> *kein Pl m* ❶ odio *m*; **~ gegen jdn empfinden** provare odio contro qu ❷ (*fam: Zorn*) collera *f*; **einen ~ auf jdn haben** (*fam*) essere in collera con qu

hassen ['hasən] *vt* odiare; (*verabscheuen*) detestare

hasserfülltRR *adj* pieno d'odio

hässlichRR ['hɛslɪç] *adj*, **häßlich**ALT *adj* ❶ (*a fig*) brutto; (*abstoßend*) orribile, ripugnante ❷ (*gemein*) cattivo; **Hässlichkeit**RR <-, -en> *f* ❶ (*a fig*) bruttezza *f* ❷ (*von Gesinnung*) cattiveria *f*

HassliebeRR *f* amore-odio *m*

HasspropagandaRR *f* (*pej*) propaganda *f* dell'odio

Hast [hast] <-> *kein Pl f* ❶ (*Eile*) fretta *f*, furia *f* ❷ (*Überstürzung*) precipitazione *f*

hasten ['hastən] *vi sein* (*geh*) precipitarsi, correre, andare in fretta

hastig I. *adj* ❶ (*eilig*) affrettato; (*a flüchtig*) frettoloso ❷ (*überstürzt*) precipitoso II. *adv* ❶ (*eilig*) in fretta ❷ (*überstürzt*) precipitosamente

hat [hat] *3. pers sing pr von* **haben**

hätscheln ['hɛːtʃəln] *vt* ❶ (*liebkosen*) (ac)carezzare, coccolare ❷ (*verwöhnen*) viziare

hatschi [ha'tʃiː)] *int* ecci(ù), atciù, etciù

hatte ['hatə] *1. u 3.pers sing imp von* **haben**

Haube ['haubə] <-, -n> *f* ❶ cuffia *f*; **jdn unter die ~ bringen** (*Mann*) maritare qu; (*Mädchen*) dar marito a qu ❷ (*bei Vögeln*) ciuffo *m* ❸ (*Motor~*) cofano *m*

Hauch [haux] <-(e)s, *rar* -e> *m* ❶ (*Atem*) fiato *m*, alito *m* ❷ (*Luft~*) aria *f*, soffio *m* di vento ❸ (*Duft*) profumo *m* ❹ (*Anflug, Andeutung*) ombra *f*, parvenza *f*

hauchdünn ['haux'dyn] *adj* sottilissimo, leggerissimo

hauchen ['hauxən] I. *vi* ❶ (*mit Atem*) respirare ❷ (*Wind*) alitare II. *vt* sussurrare a

fior di labbra

hauchzart ['haux'tsaːɐt] *adj* leggerissimo, sottilissimo, molto delicato

Haudegen <-s, -> *m* spadaccino *m* provetto

Haue ['hauə] <-, -n> *f* ❶ (*südd, A: Hacke*) zappa *f* ❷ *sing* (*fam: Schläge*) botte *fpl*; **~ bekommen** prenderle

hauen ['hauən] <haut, haute *o* hieb, gehaut *o* gehauen> I. *vt* ❶ (*schlagen*) battere, colpire; (*Holz*) spaccare; (*Loch*) scavare; (*Nagel*) piantare, conficcare ❷ (*prügeln*) bastonare; (*mit Peitsche*) frustare II. *vr* **sich ~** (*sich schlagen*) picchiarsi; **um sich ~** menar colpi a destra e a manca

Hauer <-s, -> *m* ❶ (ZOO) zanna *fpl* ❷ (MIN) minatore *m*

häufeln ['hɔyfəln] *vt* ammonticchiare

Haufen ['haufən] <-s, -> *m* ❶ (*Anhäufung*) mucchio *m*; (*Stapel*) pila *f*; (*bes. Holz~*) catasta *f*; **etw über den ~ werfen** (*fam*) mandare a monte qc, buttare all'aria qc; **jdn über den ~ fahren** (*fam*) stendere a terra qu ❷ (*fig fam: Menge*) montagna *f*, sacco *m*; **einen ~ ausgeben** (*fam*) spendere un sacco (di soldi) ❸ (*Schar*) massa *f*

häufen ['hɔyfən] I. *vt* ammucchiare, accumulare; **ein gehäufter Esslöffel Mehl** un cucchiaio colmo di farina II. *vr* **sich ~** accumularsi, ammucchiarsi

haufenweise *adv* (*fam*) a mucchi, a palate

Haufenwolke <-, -n> *f* (METEO) cumulo *m*

häufig ['hɔyfɪç] I. *adj* ❶ (*oft*) frequente ❷ (*wiederholt*) ripetuto ❸ (*weitverbreitet*) diffuso II. *adv* spesso, frequentemente; **Häufigkeit** <-, -en> *f* frequenza *f*

Häufung <-, -en> *f* ❶ (*Ansammlung*) ammucchiamento *m*, accumulamento *m* ❷ (*fig: Anhäufung*) cumulo *m*

Haupt [haupt] <-(e)s, Häupter> *n* ❶ (*Kopf*) capo *m*; **erhobenen ~es** a testa alta; **gesenkten ~es** a capo chino ❷ (*fig*) capo *m*, testa *f*

Haupt- (*in Zusammensetzungen*) ❶ (*hauptsächlich*) principale, centrale ❷ (*wesentlich*) fondamentale, essenziale; **Hauptaltar** *m* (REL) altar(e) *m* maggiore; **Hauptamt** *n* posta *f* centrale; **hauptamtlich** *adj* a tempo pieno; **Hauptanschluss**RR *m* (TEL) linea *f* diretta, collegamento *m* diretto; **Hauptaufgabe** *f* compito *m* principale

Hauptaugenmerk *n* **sein ~ auf etw** *acc* **richten** rivolgere la propria attenzione specialmente su qc; **Hauptausgang** *m* uscita *f* principale; **Hauptbahnhof** *m* stazione *f* centrale; **Hauptbedingung** *f*

condizione *f* essenziale [*o* principale]; **Hauptberuf** *m* professione *f* principale; **hauptberuflich** *adv* come professione principale; **Hauptbestandteil** *m* elemento *m* [*o* componente *f* [*o* parte *f*]] essenziale; **Hauptbuch** *n* libro *m* mastro; **Hauptdarsteller(in)** *m(f)* (THEAT, FILM) protagonista *mf*, interprete *mf* principale; **Haupteingang** *m* entrata *f* principale; **Hauptfach** *n* materia *f* principale; **Hauptfigur** *f* personaggio *m* principale; **Hauptgericht** *n* (GASTR) piatto *m* principale; **Hauptgeschäftsstelle** [haʊptgəˈʃɛftsʃtɛlə] *f* sede *f* centrale; **Hauptgeschäftszeit** *f* ore *fpl* di punta; **Hauptgewinn** *m* primo premio *m;* **Hauptleitung** *f* (TEC) conduttura *f* principale; (TEL) linea *f* principale **Häuptling** [ˈhɔɪptlɪŋ] <-s, -e> *m* capo *m* (di una tribù) **Hauptmahlzeit** *f* pasto *m* principale; **Hauptmann** *m* ❶(MIL) capitano *m* ❷(*von Räuberbande*) capobanda *m;* **Hauptmerkmal** *n* caratteristica *f* principale [*o* fondamentale]; **Hauptnahrungsmittel** <-s, -> *n* alimento *m* di base; **Hauptnenner** *m* (MAT) denominatore *m* comune; **Hauptperson** *f* ❶(FILM, THEAT, LIT) protagonista *mf* ❷(*fig*) personaggio *m* principale; **Hauptpost** *f* posta *f* centrale; **Hauptproblem** *n* problema *m* fondamentale [*o* principale]; **Hauptquartier** *n* (MIL) quartiere *m* generale; **Hauptrolle** *f* (FILM, THEAT) ruolo *m* principale; (*fig*) parte *f* principale; **die ~ spielen** fare la parte principale; (*von größter Wichtigkeit sein*) essere di somma importanza; **Hauptsache** *f* cosa *f* principale, essenziale *m;* **zur ~ kommen** venire al nocciolo della questione; **in der ~** (*im wesentlichen*) in sostanza; (*im Allgemeinen*) in generale; **das ist die ~** questa è la cosa più importante; **die ~ dabei ist zu** +*inf* tutto sta nel +*inf* **hauptsächlich** [ˈhaʊptzɛçlɪç] *adj* ❶(*wichtig*) principale, fondamentale ❷(*wesentlich*) essenziale, sostanziale **Hauptsaison** *f* alta stagione *f;* **Hauptsatz** *m* (LING) proposizione *f* principale; **Hauptschalter** *m* (TEC) interruttore *m* generale; **Hauptschlagader** *f* (ANAT) aorta *f;* **Hauptschlüssel** *m* passe-partout *m;* **Hauptschulabgänger(in)** *m(f)* chi lascia la Hauptschule; *s. a.* **Hauptschüler;** **Hauptschuld** *f* colpa *f* maggiore; **Hauptschuldige** *mf* maggior colpevole *mf;* (JUR) reo, -a *m*, *f* principale; **Hauptschule** *f* scuola *professionale che comprende cinque anni dopo la scuola elementare;* **Hauptschüler(in)** *m(f)* scolaro, -a *m*, *f* della Hauptschule; **Hauptseminar** *n* seminario *m* principale (*corso universitario obbligatorio nella seconda metà del corso di studi*); **Hauptsicherung** *f* (TEC) fusibile *f* principale; **Hauptspeicher** <-s, -> *m* (INFORM) memoria *f* principale; **Hauptspeise** *f* (*A: Hauptgericht*) piatto *m* principale; **Hauptstadt** *f* capitale *f;* **Hauptstraße** *f* ❶(*Geschäftsstraße*) corso *m* ❷(*Durchgangsstraße*) strada *f* principale ❸(*CH*) strada *f* con diritto di precedenza; **Haupttreffer** *m* primo premio *m;* **Hauptursache** *f* causa *f* principale; **Hauptverhandlung** *f* (JUR) dibattimento *m;* **Hauptverkehrsstraße** *f* strada *f* principale; **Hauptverkehrszeit** *f* ore *fpl* di punta; **Hauptversammlung** *f* assemblea *f* generale; **Hauptverwaltung** *f* amministrazione *f* generale; **Hauptwäsche** *f* lavaggio *m* principale; **Hauptwaschgang** *m* fase *f* principale di lavaggio; **Hauptwaschmittel** *n* detersivo *m* per il lavaggio principale; **Hauptwohnsitz** *m* domicilio *m* principale; **Hauptwort** *n* (LING) sostantivo *m* **Haus** [haʊs] <-es, Häuser> *n* ❶(*Wohn~*) casa *f;* (*Gebäude*) edificio *m;* **nach ~e** a casa; **die Dame/der Herr des ~es** la padrona/il padrone di casa; **ein Freund des ~es** un amico di famiglia; **jdm das ~ verbieten** proibire a qu di frequentare la propria casa; **außer ~ essen** mangiare fuori (di) casa; **jdm ins ~ stehen** (*fig*) prospettarsi a qu; **jdn nach ~e bringen** accompagnare a casa qu; **sich (ganz) wie zu ~e fühlen** sentirsi come a casa propria; **in etw** *dat* **zu ~e sein** (*fig*) essere versato in qc; **aus gutem ~(e)** di buona famiglia; **frei ~** (COM) franco domicilio; **von ~ aus** (*von der Familie her*) di casa, di famiglia; (*seinem Wesen nach*) per natura; (*ursprünglich*) originariamente; **von ~ zu ~** di casa in casa; **zu ~e** a casa; **fühlen Sie sich wie zu ~e !** faccia come a casa Sua ❷(PARL: *Kammer*) camera *f* ❸(*Schnecken~*) guscio *m* ❹(ASTR) casa *f* ❺(*fam scherz: Person*) tipo *m;* **hallo, (du) altes ~!** (*fam*) ciao, vecchio mio/vecchia mia! **Hausangestellte** *mf* domestico, -a *m*, *f;* **Hausapotheke** *f* farmacia *f* (domestica); **Hausarbeit** *f* ❶(*im Haushalt*) lavori *mpl* di casa, faccende *fpl* domestiche ❷(*für Schule*) compito *m* (a casa); **Hausarrest** *m* arresto *m* domiciliare; **Hausarzt** *m*, **Hausärztin** *f* medico *m* di famiglia; **Hausaufgabe** *f* compito *m* (per

casa); **hausbacken** adj (pej) terra terra
fam, mediocre; **Hausbar** f bar m; (Möbelstück) mobile m bar; **Hausbesetzer** m
chi occupa un edificio abusivamente;
Hausbesetzerszene f movimento m
degli occupanti abusivi; **Hausbeset-
zung** f occupazione f abusiva di edifici; **Hausbesitzer(in)** m(f) proprietario,
-a m, f di una casa, padrone, -a m, f di
casa; **Hausbesorger(in)** m(f) (A: Hausmeister) portiere m, custode mf; **Haus-
besuch** <-(e)s, -e> m visita f a domicilio; **Hausbewohner(in)** m(f) inquilino,
-a m, f; **Hausboot** n casa f battello

Häuschen ['hɔɪsçən] <-s> n ➊ (kleines
Haus) casetta f; **ganz aus dem ~ sein** (fig
fam) essere fuori dei gangheri ➋ (fam: Toilette) posticino m

Hausdame <-, -n> f governante f, dama f
di compagnia; **Hausdiener(in)** m(f)
domestico, -a m, f; **Hausdurchsu-
chung** f (A) s. **Haussuchung**; **Hausein-
fahrt** f ingresso m carraio

hausen ['hauzən] vi (pej) ➊ (wohnen)
alloggiare, abitare ➋ (fig: wüten) **in etw**
dat ~ devastare qc ➌ (CH: Geld) risparmiare

Häuserblock m caseggiato m; **Häuser-
meer** n mare m di case; **Häuserreihe** f
fila f di case

Hausflur m corridoio m; (Vorraum)
ingresso m; **Hausfrau** f ➊ (einen Haushalt führende Frau) casalinga f, donna f di
casa ➋ (südd, A) affittacamere f; **Haus-
freund** m ➊ (vertrauter Freund)
amico m di famiglia ➋ (scherz: Liebhaber)
amante m; **Hausfriedensbruch** m (JUR)
violazione f di domicilio; **Hausgebrauch** m **für den ~** per uso domestico,
per la casa; **Hausgehilfin** f s. **Haushaltshilfe**; **hausgemacht** ['hausgəmaxt] adj
fatto in casa, casereccio

Haushalt ['haushalt] <-(e)s, -e> m
➊ (Hausgemeinschaft) casa f, ménage m;
jdm den ~ führen accudire alla casa di qu
➋ (~sführung) (governo m della) casa f
➌ (COM: Etat) bilancio m

haus|halten <irr> vi (mit etw) ~ far eco-
nomia (di qc)

Haushälterin ['haushɛltərɪn] f governante f

haushälterisch I. adj economo **II.** adv in
modo economico

Haushalt(s)artikel m articolo m per la
casa; **Haushaltsdebatte** f (POL) discussione f del bilancio pubblico; **Haushaltsdefizit** n (POL) disavanzi mpl pubblici;
Haushalt(s)geld n denaro m per le spese

di casa; **Haushalt(s)gerät** n utensile m
domestico; **Haushaltshilfe** f colf f, collaboratrice f domestica; **Haushaltsjahr** n
(FIN, ADM) anno m [o esercizio m] finanziario; **Haushaltsplan** m (FIN, ADM) bilancio m preventivo

Haushaltung <-, -en> f ➊ (Haushalt)
casa f ➋ (Hauswirtschaft) economia f
domestica ➌ (Wirtschaftsführung) gestione f economica

Hausherr(in) m(f) (Hausbesitzer)
padrone, -a m, f di casa

haushoch ['haus'ho:x] adj altissimo,
enorme; (Sieg) netto; (überragend) nettamente superiore; **~ gewinnen** vincere brillantemente; **~ verlieren** perdere in modo
clamoroso

hausieren [hau'zi:rən] <ohne ge-> vi (~
gehen) (mit etw) ~ vendere (qc) di casa in
casa

Hausierer(in) <-s, -; -, -nen> m(f) venditore, -trice m, f ambulante

Hauskleid <-(e)s, -er> n vestito m da casa

Hauslehrer(in) m(f) precettore, -trice m, f,
insegnante mf privato, -a

häuslich ['hɔɪslɪç] adj ➊ (das Zuhause
betreffend) domestico, di casa, della casa;
(die Familie betreffend) familiare ➋ (Familienleben liebend) che ama stare in casa,
casalingo; **sich ~ einrichten** installarsi
comodamente (a casa di qu); **Häuslich-
keit** <-> kein Pl f ➊ (Liebe zum Zuhause)
amore m per la casa ➋ (Familienleben)
vita f familiare

Hausmädchen n cameriera f, domestica f;
Hausmann m casalingo m; **Haus-
mannskost** f cucina f casalinga; **Haus-
meister(in)** m(f) ➊ portinaio, -a m, f, portiere, -a m, f ➋ (CH: Eigentümer) padrone,
-a m, f di casa; **Hausmittel** n rimedio m
casalingo; **Hausmüll** kein Pl m rifiuti mpl
domestici; **Hausnummer** f numero m
civico; **Hausordnung** f regolamento m
della casa; (für Betriebe) regolamento m
interno; **Hauspartei** f (A: Hausbewoh-
ner) inquilino, -a m, f; **Hausputz** m pulizia f della casa; **Hausratversicherung** f
assicurazione f sulle suppellettili domestiche; **Hausschlüssel** m chiave f di casa;
Hausschuh m pantofola f, ciabatta f

Hausse ['ho:sə o ho:s o o:s] <-, -n> f (FIN)
rialzo m; **auf ~ spekulieren** giocare al
rialzo

Haussegen <-s, -> m **bei uns hängt
der ~ schief** (fam scherz) c'è un'aria
pesante in casa nostra; **Hausstand** m
(geh) casa f, famiglia f; **einen ~ gründen**
mettere su casa; **Haussuchung** <-,

-en> *f* (JUR) perquisizione *f* (di casa); **Haustelefon** *n* telefono *m* interno; **Haustier** *n* animale *m* domestico; **Haustür** *f* porta *f* di casa; **Haustyrann** *m* (*fam pej*) tiranno *m* della famiglia; **Hausverwalter(in)** *m(f)* amministratore, -trice *m, f* della casa; **Hauswirt(in)** *m(f)* padrone, -a *m, f* di casa; **Hauszelt** *n* tenda *f* a casetta; **Hauszins** *m* (*südd, CH: Miete*) affitto *m*

Haut [haʊt] <-, Häute> *f* ❶ (*Tier~, Menschen~*) pelle *f*, cute *f*; (MED: *dünne ~*) membrana *f*; (BOT: *von Frucht*) buccia *f*; **aus der ~ fahren** (*fam*) uscire dai gangheri, andare in bestia; **mit heiler ~ davonkommen** (*fam: unverletzt*) salvare la pelle, uscirne illeso; (*ungestraft*) passarla liscia; **mit ~ und Haaren** (*fam*) completamente, tutto quanto; **nass bis auf die ~** bagnato fino all'osso; **sie ist bloß noch ~ und Knochen** (*fam*) è ridotta pelle ed ossa; **niemand kann aus seiner ~** (**heraus**) (*fam*) non si può essere diversi da quello che si è; **mir ist nicht wohl in meiner ~** (*fam*) non sono tranquillo; **ich möchte nicht in seiner ~ stecken** non vorrei essere nei suoi panni; **dieser Film geht unter die ~** questo film tocca da vicino ❷ (*Schicht*) pellicola *f*

Hautabschürfung *f* escoriazione *f*; **Hautalterung** *f* invecchiamento *m* della pelle; **Hautarzt** *m*, **Hautärztin** *f* dermatologo, -a *m, f*; **Hautatmung** *f* respirazione *f* cutanea; **Hautausschlag** *m* (MED) eruzione *f* cutanea, esantema *m*

Häutchen ['hɔɪtçən] <-s, -> *n* ❶ (*Überzug*) pellicina *f* ❷ (*auf Flüssigkeit*) velo *m*, pellicola *f* ❸ (ANAT) membrana *f*; (*Nagel~*) pellicina *f* ❹ (BOT) buccia *f*; **Hautcreme** *f* crema *f* per la pelle

häuten ['hɔɪtən] **I.** *vt* spellare, scorticare **II.** *vr* **sich ~** spellarsi, cambiare pelle; (*Schlange*) gettare la spoglia

hauteng *adj* attillato, aderente

Hautevolee [(h)o:tvo'le:] <-> *kein Pl f* alta società *f*

Hautfarbe *f* colore *m* della pelle, carnagione *f*; **hautfreundlich** *adj* delicato per la pelle; **Hautkrankheit** *f* (MED) malattia *f* della pelle, dermatosi *f*; **Hautkrebs** <-es> *kein Pl m* cancro *m* della pelle, carcinoma *m*; **hautnah** *adj* (SPORT: *Deckung*) a uomo; (*fig*) vivo, immediato; **etw ~ miterleben** vivere qc da vicino; **Hautpflege** *f* cura *f* della pelle; **Hautpilz** *m* (MED) micosi *f* cutanea; **hautschonend** *adj* che non irrita la pelle

Häutung <-, -en> *f* spellatura *f*; (ZOO)

muta *f*; (*bes. von Schlangen*) cambio *m* della spoglia

Havarie [hava'ri:] <-, -n> *f* ❶ (NAUT, AERO) avaria *f* ❷ (*A:* MOT) avaria *f* al motore, guasto *m* meccanico

Hbf. *abk v* **Hauptbahnhof** Stazione C.

h. c. [ha:'tse:] *abk v* **honoris causa** honoris causa

H-Dur ['ha:'du:ɐ̯] <-> *kein Pl n* si *m* maggiore

he [he:] *int* eh, ehi

Hearing ['hi:rɪŋ] <-s, -s> *n* (POL) hearing *m*

Hebamme ['he:bamə] <-, -n> *f* levatrice *f*, ostetrica *f*

Hebebühne *f* (TEC) ponte *m* sollevatore, banco *m* elevatore

Hebel ['he:bəl] <-s, -> *m* (PHYS) leva *f*; **alle ~ in Bewegung setzen** (*fig fam*) muovere cielo e terra; **am längeren ~ sitzen** essere in (posizione di) vantaggio; **Hebelarm** *m* (TEC, PHYS) braccio *m* della leva; **Hebelwirkung** *f* azione *f* della leva

heben ['he:bən] <hebt, hob, gehoben> **I.** *vt* ❶ (*hoch~*) (sol)levare; (*Wrack*) recuperare; (*Schatz*) scavare; **einen ~** (*fam*) bere un bicchierino ❷ (*Stimme, Augen, Hände*) alzare ❸ (*fig: vermehren*) aumentare, elevare; (*verbessern*) migliorare; (*Stimmung*) accrescere **II.** *vr* **sich ~** ❶ (*steigen*) salire; (*sich aufrichten*) alzarsi; (*sich emporheben*) sollevarsi ❷ (*zunehmen*) accrescere, aumentare

Heber <-s, -> *m* ❶ (*Saug~*) sifone *m* ❷ (MOT) cric *m* ❸ (CHEM) pipetta *f* ❹ (*Gewicht~*) sollevatore *m* di pesi

Hebewerk <-s, -e> *n* (TEC) impianto *m* di sollevamento

Hebräer(in) [he'brɛːɐ̯] <-s, -; -, -nen> *m(f)* ebreo, -a *m, f*

hebräisch [he'brɛːɪʃ] *adj* ebreo

Hebräisch *n* ebraico *m*, lingua *f* ebraica; *s. a.* **Deutsch**

Hebung ['he:bʊŋ] <-, -en> *f* ❶ (*Er~*) sollevamento *m*, innalzamento *m*; (*von Schiff*) recupero *m*; (*von Schatz*) scavo *m* ❷ (GEOL) elevazione *f* ❸ (*fig: Steigern*) incremento *m*, crescita *f* ❹ (LIT) arsi *f*

hecheln ['hɛçəln] *vi* (*Hunde*) ansimare

Hecht [hɛçt] <-(e)s, -e> *m* (ZOO) luccio *m*; **Hechtsprung** *m* (SPORT) tuffo *m*

Heck [hɛk] <-(e)s, -e *o* -s> *n* ❶ (NAUT) poppa *f*; (AERO) coda *f*; (MOT) parte *f* posteriore ❷ (*nordd:* AGR: *Weide*) pascolo *m*

Heckantrieb *m* (MOT) trazione *f* posteriore

Hecke ['hɛkə] <-, -n> *f* (*Büsche*) siepe *f*; **Heckenrose** *f* (BOT) rosa *f* selvatica; **Heckenschere** *f* cesoie *fpl* (per siepi); **Heckenschütze** *m* franco tiratore *m*

H

Heckfenster n (MOT) finestrino m posteriore; **Heckklappe** f (MOT) portellone m posteriore; **Heckmotor** m (MOT) motore m posteriore; **Heckscheibe** f (MOT) lunotto m; **Heckscheibenheizung** f (MOT) lunotto m termico; **Heckscheibenwischer** m (MOT) tergilunotto m

heda ['he:da] int ehi

Heer [he:ɐ] <-(e)s, -e> n esercito m

Heeresleitung f comando m dell'esercito; **Heerführer** m generale m d'armata; (HIST) condottiero m; **Heerscharen** fpl esercito m, legioni fpl; **die himmlischen ~** le legioni celesti

Hefe ['he:fə] <-, -n> f (GASTR) lievito m, fermento m; **Hefeteig** m pasta f lievitata

Heft [hɛft] <-(e)s, -e> n (Schreib~) quaderno m; (Notiz~) taccuino m; (Büchlein) libretto m; (Broschüre) fascicolo m

heften ['hɛftən] vt ❶ (befestigen) attaccare, fissare; (mit Klammern) agganciare; (mit Stecknadeln) appuntare ❷ (beim Nähen) imbastire ❸ (beim Buchbinden) rilegare ❹ (in einen Ordner ab~) mettere in un classificatore ❺ (fig) **sich an jds Fersen ~** stare alle calcagna di qu; **den Blick auf etw** acc **~** fissare lo sguardo su qc

Hefter <-s, -> m raccoglitore m, cartella f (per incartamenti)

Heftfaden <-s, -fäden> m filo m per imbastire

Heftgerät <-(e)s, -e> n s. **Heftmaschine**

heftig ['hɛftɪç] adj ❶ (stark) forte; (wuchtig) violento, veemente; (Schmerz) acuto, atroce; (Kälte) intenso; (Worte) aspro; (Regen, Weinen) dirotto ❷ (stürmisch) impetuoso, appassionato; **~ werden** adirarsi, infiammarsi; **Heftigkeit** <-, -en> f ❶ (Wucht) violenza f, veemenza f ❷ (heftiges Wesen) impetuosità f ❸ (Schärfe) asprezza f

Heftmaschine <-, -n> f cucitrice f; **Heftpflaster** n cerotto m; **Heftzwecke** f puntina f da disegno

Hege ['he:gə] <-> kein Pl f (Pflege, Schutz) cura f, protezione f

Hegemonie [hegemo'ni:] <-, -n> f egemonia f

hegen ['he:gən] vt ❶ (Wild) conservare; (Pflanzen) curare; **jdn ~ und pflegen** avere gran cura di qu ❷ (fig: Gefühle) nutrire, avere; (Groll) nutrire, serbare

Hehl [he:l] <-s> kein Pl n o m **kein(en) ~ aus etw machen** non nascondere qc, non fare mistero di qc

Hehler(in) <-s, -; -, -nen> m(f) ricettatore, -trice m, f

Hehlerei <-, -en> f ricettazione f

Hehlerin f s. **Hehler**

hehr [he:ɐ] adj (geh, poet) augusto, sublime, venerabile

Heia ['haɪa] <-, rar -(s)> f (Kindersprache) nanna f; (Bett) lettino m; **in die ~ gehen** andare a nanna; **~ machen** fare la nanna

Heide¹ ['haɪdə] <-, -n> f (~land) brughiera f

Heide² <-n, -n> m (REL) pagano m

Heidekraut kein Pl n erica f

Heidelbeere ['haɪdəlbe:rə] f mirtillo m nero

Heidelberg ['haɪdəlbɛrk] n Heidelberg f

Heidenangst f (fam) paura f matta, fifa f; **Heidenarbeit** ['haɪdən'ʔarbaɪt] f **das ist eine ~** (fam) è un lavoro faticoso; **Heidengeld** n **ein ~ kosten** (fam) costare un sacco di soldi; **Heidenlärm** m (fam) fracasso m infernale, rumore m spaventoso; **Heidenspaß** m (fam) piacere m folle

Heidentum <-s> kein Pl n paganesimo m; **Heidin** ['haɪdɪn] <-, -nen> f (REL) pagana f; **heidnisch** adj pagano

heikel ['haɪkəl] <heikler, heikelste> adj ❶ (schwierig) difficile, problematico ❷ (A, südd: wählerisch beim Essen) schizzinoso ❸ (A, südd: schwer zufriedenzustellen) difficile da accontentare

heil [haɪl] adj ❶ (unversehrt) illeso; (~ und gesund) sano e salvo; (geheilt) guarito; **sie hat den Unfall ~ überstanden** è uscita illesa dall'incidente ❷ (ganz) intero, intatto; **die ~e Welt** un mondo ideale

Heil <-(e)s> kein Pl n ❶ (Rettung) salvezza f ❷ (Wohlergehen) benessere m, prosperità f; (a Glück) fortuna f ❸ (REL: Gnade) grazia f

Heiland ['haɪlant] <-(e)s, -e> m (REL) Salvatore m, Redentore m

Heilanstalt f ❶ (Sanatorium) sanatorio m, casa f di cura ❷ (Nerven~) manicomio m

heilbar adj guaribile, curabile

Heilbarkeit <-> kein Pl f possibilità f di guarire

Heilbutt ['haɪlbʊt] <-(e)s, -e> m (ZOO) ippoglosso m, halibut m

heilen ['haɪlən] I. vt haben guarire; **von einer Krankheit ~** guarire da una malattia II. vi sein guarire

Heilerde <-, -n> f argilla f curativa

heilfroh ['haɪl'fro:] adj (fam) contento come una pasqua, contentissimo

Heilgymnastik f cinesiterapia f

heilig ['haɪlɪç] adj ❶ santo; (vor männlichen Eigennamen) San; (geweiht) sacro; **~er Antonius** Sant'Antonio; **Heilige**

Jungfrau Maria Santa Maria Vergine; **der Heilige Vater** il Santo Padre ➋ (*fig: unverletzlich*) inviolabile, sacrosanto ➌ (*fig: ernst*) solenne; (*Pflicht*) sacrosanto; (*Ernst, Eifer, Zorn*) grande ➍ (*fig fam: groß*) grande, incredibile

Heiligabend *m* vigilia *f* di Natale

Heilige <ein -r, -n, -n> *mf* santo, -a *m, f*

heiligen ['haɪlɪgən] *vt* ➊ santificare ➋ (*weihen*) consacrare ➌ (*fig: rechtfertigen*) giustificare; **der Zweck heiligt die Mittel** il fine giustifica i mezzi

Heiligenschein *m* aureola *f,* nimbo *m*

Heiligkeit <-> *kein Pl f* ➊ (REL) santità *f* ➋ (*Unverletzlichkeit*) inviolabilità *f;* **Seine ~** Sua Santità

heilig|sprechen *vt* (REL) canonizzare

Heiligsprechung <-, -en> *f* (REL) canonizzazione *f;* **Heiligtum** <-s, Heiligtümer> *n* ➊ (*Stätte*) luogo *m* sacro, santuario *m* ➋ (*Gegenstand*) cosa *f* sacra; (*Reliquie*) reliquia *f*

Heilkraft *f* virtù *f* terapeutica, potere *m* curativo

Heilkraut *n* erba *f* medica

Heilkunde *f* medicina *f,* scienza *f* medica

heillos *adj* terribile, inaudito

Heilmittel *n* rimedio *m,* farmaco *m;* **Heilpflanze** *f* pianta *f* medicinale; **Heilpraktiker(in)** *m(f)* medico *m* naturalista; **Heilquelle** *f* sorgente *f* d'acqua minerale; **heilsam** *adj* salutare, utile

Heilsarmee <-, -n> *f* esercito *m* della salvezza

Heilschlaf <-s> *kein Pl m* (MED) sonno *m* ristoratore; (*Schlafkur*) cura *f* del sonno

Heilung <-, -en> *f* ➊ *sing* (*Heilen*) cura *f* ➋ (*Gesundwerden*) guarigione *f;* (*von Wunde*) cicatrizzazione *f*

heim [haɪm] *adv* ➊ (*nach Hause*) a casa ➋ (*ins Heimatland*) in patria

Heim <-(e)s, -e> *n* ➊ (*Zuhause*) casa *f* ➋ (*öffentliche Einrichtung*) casa *f;* (*Waisen~*) orfanotrofio *m;* (*Alten~*) ospizio *m;* (*Erziehungs~*) istituto *m* (di educazione); (*Internat*) collegio *m;* (*Schulland~*) colonia *f*

Heimarbeit *f* lavoro *m* a domicilio; **Heimarbeiter(in)** *m(f)* lavoratore, -trice *m, f* a domicilio

Heimat ['haɪmaːt] <-, *rar* -en> *f* ➊ (*~ land*) patria *f* ➋ (*~ ort*) paese *m* natale; **geistige ~** patria spirituale; **heimatberechtigt** *adj* (*CH:* ADM: *das Bürgerrecht besitzend*) che possiede la cittadinanza (in un comune); **Heimatdichter(in)** *m(f)* poeta, -essa *m, f* patriottico, -a; **Heimatfilm** *m film a sfondo regionale*

e patriottico; **Heimatkunde** <-, -n> *f* (SCHULE) *studio della storia, geografia ed arte locale;* **Heimatland** *n* patria *f,* terra *f* natale; **heimatlich** *adj* ➊ (*zur Heimat gehörend*) natale, natio ➋ (*an die Heimat erinnernd*) familiare, che ricorda il proprio paese; **heimatlos** *adj* senza patria, apolide; **Heimatlose** <ein -r, -n, -n> *mf* senza patria *mf;* (*Staatenlose*) apolide *mf;* **Heimatort** *m* luogo *m* d'origine, patria *f;* **Heimatrecht** *n* (JUR) diritto *m* di residenza; **Heimatschein** *m* (*CH:* ADM: *Schriftstück*) certificato *m* di cittadinanza; **Heimatstadt** *f* città *f* natale; **Heimatvertriebene** ['haɪmaːtfɐtriːbənə] <ein -r, -n, -n> *mf* profugo, -a *m, f*

Heimchen ['haɪmçən] <-s, -> *n* (ZOO) grillo *m* del focolare; **~ am Herd** (*fam pej*) *donna di casa senza altri interessi*

heim|fahren <*irr*> *vi sein* andare a casa; **Heimfahrt** *f* viaggio *m* verso casa; (*Rückfahrt*) viaggio *m* di ritorno

heim|gehen <*irr*> *vi sein* (*südd*) rincasare, andare a casa

Heimindustrie *f* industria *f* domestica

heimisch *adj* ➊ (*ein~*) indigeno, locale ➋ (*vertraut*) abituale; **sich ~ fühlen** sentirsi come a casa propria

Heimkehr ['haɪmkeːɐ] *kein Pl f* ➊ (*nach Hause*) ritorno *m* a casa ➋ (*in die Heimat*) ritorno *m* in patria; **heim|kehren** *vi sein* ➊ (*nach Hause*) tornare a casa, rincasare ➋ (*in die Heimat*) tornare in patria, rimpatriare; **Heimkehrer(in)** <-s, -/ -, -nen> *m(f)* ➊ (*aus Krieg, Exil*) reduce *mf* ➋ (*aus Emigration*) rimpatriato, -a *m, f,* rimpatriante *mf*

Heimkind *n* bambino *m* affidato ad un istituto, convittore, -trice *m, f*

Heimkino *n* ➊ (*Filmvortrag*) proiezioni *fpl* in casa ➋ (*fam scherz: Fernsehen*) tele *f*

heim|kommen <*irr*> *vi sein* (*südd*) rincasare, venire a casa

Heimleiter(in) *m(f)* direttore, -trice *m, f* di un istituto

heim|leuchten *vi* **jdm ~** (*fam*) rispondere per le rime a qu

heimlich ['haɪmlɪç] *adj* ➊ (*geheim*) segreto ➋ (*verborgen*) nascosto; (*Gedanken*) recondito ➌ (*verstohlen*) furtivo; **Heimlichkeit** <-, -en> *f* ➊ *sing* segretezza *f* ➋ (*Geheimnis*) segreto *m* ➌ (*Verborgenheit*) clandestinità *f* ➍ (*Stille*) quiete *f,* solitudine *f;* **Heimlichtuerei** <-, *rar* -en> *f* fare *m* misterioso; **heimlich|tun** <*irr*> *vi* fare il misterioso

Heimreise *f* viaggio *m* di ritorno, rientro *m*

heim|schicken *vt* ➊ (*nach Hause*) mandare a casa ❷ (*in Heimat*) rimpatriare

Heimsieg <-(e)s, -e> *m* (SPORT) vittoria *f* in casa; **Heimspiel** *n* (SPORT) incontro *m* in casa

heim|suchen *vt* (*Katastrophen*) colpire; (*Krankheiten*) affliggere

Heimtrainer *m s.* Hometrainer

heimtückisch *adj* subdolo, falso; (*Krankheit*) maligno

Heimvorteil <-s, -e> *m* (SPORT) vantaggio *m* del fattore campo

heimwärts ['haɪmvɛrts] *adv* verso casa; **Heimweg** *m* ritorno *m* a casa; **auf dem ~** ritornando a casa; **sich auf den ~ machen** mettersi sulla via del ritorno; **Heimweh** *kein Pl n* nostalgia *f;* ~ **nach etw haben** avere nostalgia di qc; **Heimwerker(in)** <-s, -; -, -nen> *m(f)* lavoratore, -trice *m, f* fai da te

heim|zahlen *vt* **jdm etw ~** far pagare caro qc a qu *fam*

Heinzelmännchen ['haɪntsəlmɛnçən] *n* gnomo *m*, nano *m*

Heirat ['haɪraːt] <-, -en> *f* matrimonio *m*

heiraten ['haɪraːtən] **I.** *vt* sposare **II.** *vi* sposarsi; (*Frau a*) maritarsi; (*Mann a*) ammogliarsi

Heiratsantrag <-s, -anträge> *m* proposta *f* di matrimonio; **Heiratsanzeige** *f* ❶ (*Mitteilung*) partecipazione *f* di matrimonio ❷ (*in Zeitung*) annuncio *m* matrimoniale; **heiratsfähig** *adj* in età da prendere moglie/marito; **~es Alter** età di sposarsi; **Heiratsschwindler(in)** *m(f)* corteggiatore, -trice *m, f* a scopo di lucro; **Heiratsurkunde** *f* atto *m* di matrimonio; **Heiratsvermittler(in)** *m(f)* sensale *mf* di matrimonio

heischen ['haɪʃən] *vt* esigere, richiedere

heiser ['haɪzɐ] *adj* rauco, fioco; **Heiserkeit** <-, *rar* -en> *f* raucedine *f*

heiß [haɪs] *adj* ❶ (*Temperatur*) (molto) caldo, caldissimo; (*Flüssigkeiten*) bollente; (GEOG) torrido; (*Sonne*) cocente; **~er Draht** linea calda; **~ machen** (ri)scaldare; **~ werden** (ri)scaldarsi; **es ist ~** fa un gran caldo; **mir ist ~** ho molto caldo ❷ (*fig: innig*) fervido; (*a leidenschaftlich*) ardente; **~ geliebt** amatissimo, diletto; **~e Musik** musica eccitante ❸ (*fig: Thema*) scottante; (*fig: Auseinandersetzung*) acceso; (*Kampf*) accanito; **~e Spur** traccia importante ❹ (*fig: geil*) libidinoso; **heißblütig** ['haɪsblyːtɪç] *adj* focoso, impetuoso

heißen ['haɪsən] <heißt, hieß, geheißen> *vi* ❶ (*Namen haben*) chiamarsi; **wie ~ Sie?** come si chiama? ❷ (*Bedeutung haben*) significare, voler dire; **das heißt**

(*mit anderen Worten*) cioè, vale a dire; (*einschränkend*) o meglio, s'intende; **das soll nicht ~, dass …** non significa che …; **es heißt, dass …** si dice che +*conj*, corre voce che +*conj;* **was soll das ~?** che significa questo?, che discorso è questo?; **wie heißt das auf Italienisch?** come si dice questo in italiano?; **wie heißt es noch (so schön) bei Dante?** com'è che dice Dante?

heißgeliebt *adj* amatissimo, diletto; **Heißhunger** *m* fame *f* da lupi; **einen ~ auf etw** *acc* **haben** aver una voglia matta di (mangiare) qc; **Heißluft** *f* aria *f* calda; **Heißluftherd** <-(e)s, -e> *m* (TEC) forno *m* ad aria calda; **Heißmangel** *f* (TEC) mangano *m* a caldo; **Heißwasserspeicher** *m* scaldacqua *m*

heiter ['haɪtɐ] *adj* (*Mensch, Wetter*) sereno, contento; (*bes. Abend, Gesellschaft*) gaio; (*bes. Musik*) allegro; **aus ~em Himmel** a ciel sereno; **das kann ja ~ werden!** (*fam*) ne vedremo delle belle!; **Heiterkeit** <-> *kein Pl f* ❶ (*Fröhlichkeit*) allegria *f*, gaiezza *f* ❷ (*Gelächter*) ilarità *f*

Heizanlage *f* impianto *m* di riscaldamento; **heizbar** *adj* riscaldabile; **Heizdecke** *f* termocoperta *f*

heizen ['haɪtsən] *vi, vt* (ri)scaldare; **mit etw ~** riscaldare con qc; **wir ~ mit Erdöl** abbiamo il riscaldamento a petrolio

Heizer <-s, -> *m* fochista *m*

Heizkessel *m* (TEC) caldaia *f* per riscaldamento; **Heizkissen** *n* termoforo *m;* **Heizkörper** *m* radiatore *m*, calorifero *m;* **Heizkosten** *pl* costi *mpl* di riscaldamento; **Heizlüfter** *m* termoventilatore *m;* **Heizmaterial** *n* combustibile *m;* **Heizöl** *n* olio *m* combustibile; **Heizsonne** *f* radiatore *m* parabolico

Heizung <-, -en> *f* ❶ *sing* (*Heizen*) riscaldamento *m* ❷ (*Anlage*) impianto *m* di riscaldamento ❸ (*Heizkörper*) radiatore *m*

Hektar ['hɛktaːɐ] <-s, -e, *bei Maßangaben:* -> *n o m* ettaro *m*

Hektik ['hɛktɪk] <-> *kein Pl f* attività *f* febbrile, tran tran *m*

hektisch ['hɛktɪʃ] *adj* febbrile, nervoso

hektografieren^{RR} [hɛktograˈfiːrən] <ohne ge-> *vt* ciclostilare

hektographieren <ohne ge-> *vt* ciclostilare

Hektoliter [hɛktoˈliːtɐ] <-s, -> *n o m* ettolitro *m*

helau [heˈlaʊ] *int* evviva, urrà

Held(in) ['hɛlt] <-en, -en; -, -nen> *m(f)* ❶ eroe *m*, eroina *f* ❷ (THEAT, LIT, FILM) protagonista *mf*

Heldengedicht *n* (LIT) canzone *f* epica;

heldenhaft ['hɛldənhaft] *adj* eroico;
Heldensage *f* (LIT) leggenda *f* epica,
saga *f;* **Heldentat** *f* atto *m* eroico,
impresa *f* eroica; **Heldentum** <-s> *kein
Pl n* eroismo *m*
Heldin *f s.* **Held**
helfen ['hɛlfən] <hilft, half, geholfen> *vi*
❶ (*Hilfe leisten*) **jdm ~** aiutare qu, soccorrere qu; (*beistehen*) assistere qu; (*behilflich sein*) dare una mano a qu; **sich** *dat*
zu ~ wissen sapersi arrangiare, sapersi
trarre d'impiccio; **ich kann mir nicht ~,**
(**aber**) **ich muss es sagen** non posso fare a
meno di dirlo; **ich weiß mir nicht mehr
zu ~** non so che pesci pigliare ❷ (*nützen*)
jdm ~ essere buono per qu, essere utile a
qu; **das hilft nichts** non serve a nulla; **es
hilft nichts, du musst ...** non c'è niente
da fare, devi ... ❸ (*fördern*) promuovere,
favorire ❹ (*heilsam sein*) **gegen etw ~**
fare bene per qc, essere un buon rimedio
contro qc
Helfer(in) <-s, -; -, -nen> *m(f)* ❶ (*Gehilfe*)
assistente *mf,* aiuto *m* ❷ (*Retter*) soccorritore, -trice *m, f;* **Helfershelfer** *m* (*pej*)
complice *m*
Helium ['he:liʊm] <-s> *kein Pl n* (CHEM)
elio *m*
hell [hɛl] *adj* ❶ (*Licht, Farbe, Stimme,
Feuer, Bier*) chiaro; (*Haar*) chiaro, biondo;
(*Hautfarbe*) chiaro; **am ~en Tag** in pieno
giorno; **ein Helles, bitte!** una birra chiara
per favore! ❷ (*voller Licht*) luminoso,
pieno di luce; (*beleuchtet*) illuminato
❸ (*Töne*) limpido, sonoro ❹ (*groß*)
grande, forte; (*Verzweiflung, Freude*) grandissimo; **seine ~e Freude an etw** *dat*
haben provare una gran gioia per qc;
in ~en Scharen in massa ❺ (*klug*) intelligente
hell- (*in Zusammensetzungen vor Farbbe-
zeichnungen*) chiaro
hellauf *adv* estremamente, molto;
~ begeistert molto entusiasta
hellblau *adj* azzurro chiaro, celeste; **hell-
blond** *adj* biondo chiaro
Helldunkel *n* (KUNST) chiaroscuro *m*
Helle ['hɛlə] <-> *kein Pl f* ❶ (*Helligkeit*)
chiarezza *f* ❷ (*helles Licht*) luminosità *f,*
chiarore *m*
hellhäutig ['hɛlhɔ͜ytɪç] *adj* di carnagione
chiara
hellhörig *adj* ❶ (*Mensch*) di udito fine;
~ werden tendere le orecchie ❷ (*Wohnung*) che non assorbe i suoni
hellichtALT *s.* **helllicht**
Helligkeit <-, -en> *f* ❶ chiarezza *f*
❷ (*Lichtfülle*) luminosità *f* ❸ (*Lichtstärke*)

intensità *f* luminosa
helllichtRR ['hɛl'lɪçt] *adj* **am ~en Tage** a
giorno fatto, in pieno giorno
Hellraumprojektor <-s, -en> *m* (*CH:
Overheadprojektor*) lavagna *f* luminosa
hellsehen *vi* avere il dono della chiarovveg-
genza, prevedere il futuro; **Hellseher(in)**
<-s, -; -, -nen> *m(f)* chiaroveggente *mf;*
Hellseherei <-> *kein Pl f* (*pej*) chiarovveg-
genza *f*
hellwach *adj* sveglio
Helm [hɛlm] <-(e)s, -e> *m* ❶ (MIL) elmo *m,*
elmetto *m* ❷ (*Schutz~, Sturz~*) casco *m*
Helmbusch *m* pennacchio *m;* **Helm-
pflicht** <-> *kein Pl f* obbligo *m* di portare
il casco
Helsinki ['hɛlzɪŋki] *n* (GEOG) Helsinki *f*
Hemd [hɛmt] <-(e)s, -en> *n* ❶ (*Ober~*)
camicia *f* ❷ (*Unter~*) maglia *f;* (*für Männer*) canottiera *f;* (*für Frauen*) camiciola *f;*
Hemdbluse *f* camicetta *f;* **hemd-
särm(e)lig** *adj* ❶ in maniche di camicia
❷ (*fam fig*) sbracato, sguaiato
Hemisphäre [hemi'sfɛːrə] *f* emisfero *m*
hemmen ['hɛmən] *vt* ❶ (*anhalten*) frenare, bloccare ❷ (*fig: hindern*) ostacolare,
intralciare ❸ (PSYCH) inibire
Hemmnis <-ses, -se> *n* ostacolo *m,* impedimento *m*
Hemmschuh <-s, -e> *m* ❶ (TEC, FERR) cal-
zatoia *f,* scarpa *f* d'arresto ❷ (*fig: Hemmnis*) intralcio *m,* ostacolo *m,* palla *f* al piede
Hemmschwelle *f* (PSYCH) soglia *f* di inibizione
Hemmung <-, -en> *f* ❶ (*Verlangsamung*)
rallentamento *m* ❷ (*Verhinderung*) ostaco-
lamento *m,* impedimento *m* ❸ (*Bedenken*)
scrupolo *m;* **~en/keine ~en haben**
avere/non avere scrupoli ❹ (PSYCH) inibizione *f;* (*Schüchternheit*) timidezza *f*
hemmungslos *adj* ❶ (*zügellos*) sfrenato
❷ (*leidenschaftlich*) appassionato ❸ (*ohne
Bedenken*) senza scrupoli; **~ weinen** piangere senza ritegno; **Hemmungslosig-
keit** <-> *kein Pl f* ❶ (*Zügellosigkeit*) sfrenatezza *f* ❷ (*Benehmen*) mancanza *f* di
ritegno
Hendl ['hɛnd(ə)l] <-s, -n> *n* (*A, südd*)
❶ (GASTR: *Brathuhn*) pollo *m* arrosto
❷ (*junges Huhn*) galletto *m*
Hengst [hɛŋst] <-es, -e> *m* stallone *m*
Henkel ['hɛŋkəl] <-s, -> *m* manico *m*
henken ['hɛŋkən] *vt* impiccare
Henker <-s, -> *m* carnefice *m,* boia *m;*
Henkersmahlzeit *f* ❶ (*Essen*) ultimo
pasto *m* del condannato a morte ❷ (*fig*)
pranzo *m* d'addio
Henna ['hɛna] <-> *kein Pl n f* (BOT) henné *f,*

H

henna *f*

Henne [ˈhɛnə] <-, -n> *f* gallina *f*

Hepatitis [hepaˈtiːtɪs] <-, Hepatitiden> *f* (MED) epatite *f*

her [heːɐ̯] *adv* ❶ (*örtlich*) qui, qua; **hin und ~** qua e là; (*auf und ab*) su e giù; **von ... ~** da; (*zeitlich*) da, fin da; **Geld ~!** (*fam*) fuori i soldi!; **komm ~!** vieni qui [*o* qua]!; **~ damit!** (*fam*) dà [*o* date] qua! ❷ (*kausal*) per, a causa di; **das ist schon lange ~** è già (da) un pezzo *fam*, è già passato molto tempo; **es ist ein Jahr ~, dass ... è** (passato) un anno che ...; **wie lange ist es ~, dass ...?** quanto tempo è che ...?

herab [hɛˈrap] *adv* giù, in basso; **herabIblicken** *vi* (*a fig*) **auf jdn/ etw ~** guardare qu/qc dall'alto in basso; **herabIfallen** <irr> *vi sein* cadere giù **herabIlassen** <irr> **I.** *vt* (*Vorhang, Seil*) calare, abbassare **II.** *vr* **sich ~** ❶ (*an Seil*) calarsi giù ❷ (*fig*) **sich ~ etw zu tun** degnarsi di fare qc; **herablassend** *adj* presuntuoso, borioso; **Herablassung** <-> *kein Pl f* presunzione *f*, arroganza *f*; **herabIsehen** <irr> *vi s.* herabblicken; **herabIsetzen** *vt* ❶ (*Gegenstand*) mettere giù ❷ (*fig: Preis, Strafe*) diminuire, ridurre ❸ (*fig: schmälern*) sminuire; **Herabsetzung** <-> *kein Pl f* (*fig: Senkung*) riduzione *f*, diminuzione *f*, ribasso *m* ❷ (*fig: Herabwürdigung*) discredito *m*; **herabIwürdigen** *vt* svalutare, svilire

Heraldik [heˈraldɪk] <-> *kein Pl f* (*Wappenkunde*) araldica *f*

heran [hɛˈran] *adv* ❶ (*örtlich*) vicino, avanti ❷ (*zeitlich*) vicino

heranIbilden I. *vt* formare (*zu* per), educare (*zu* per) **II.** *vr* **sich ~** formarsi (*zu* per)

heranIfahren <irr> *vi sein* **an etw** *acc* **~** avvicinarsi (con un veicolo) a qc

heranIkommen <irr> *vi sein* ❶ (*fig*) **an jdn/etw ~** avvicinarsi a qu/qc; **die Dinge an sich ~ lassen** prendere tempo, temporeggiare; **man kann nicht an ihn ~** è inavvicinabile ❷ (*fig: sich vergleichen können*) **an jdn ~** raggiungere qu ❸ (*fig: bekommen*) **an etw** *acc* **~** ottenere qc

heranImachen *vr* **sich ~** ❶ (*sich nähern*) **sich an jdn/etw ~** avvicinarsi a qu/qc ❷ (*beginnen*) **sich an etw** *acc* **~** cominciare (a fare) qc, mettere mano a qc; **heranIreichen** *vi* ❶ (*mit Hand*) **an etw** *acc* **~** arrivare a(d afferrare) qc ❷ (*fig: gleichkommen*) **an jdn ~** uguagliare qu; **heranIreifen** *vi sein* ❶ (*geh: Früchte*) maturare ❷ (*Menschen, Pläne*) maturare, farsi; **der Jugendliche ist zu einem Mann herangereift** il ragazzo si è fatto un

uomo; **die Pläne ~ lassen** maturare un piano; **heranIschaffen** *vt* avvicinare, portare vicino; **heranItasten** *vr* **sich an etw** *acc* **~** avvicinarsi a qc a tastoni; **heranItragen** <trägt heran, trug heran, herangetragen> *vt* (*herbeitragen*) apportare, portare (*zu* verso, presso); **etw an jdn ~** (*fig*) sottoporre qc a qu; **heranItreten** <tritt heran, trat heran, herangetreten> *vi sein* ❶ (*näher kommen*) avvicinarsi (*an* +*acc* a) ❷ (*sich wenden*) rivolgersi (*an* +*acc* a, *mit* con); **heranIwachsen** <irr> *vi sein* crescere, diventare grande

Heranwachsende <ein -r, -n, -n> *mf* adolescente *mf*

heranIwagen *vr* **sich an etw** *acc* **~** azzardarsi a fare qc, tentare qc; **heranIziehen** <irr> **I.** *vt haben* ❶ (*näher holen*) avvicinare tirando ❷ (*großziehen*) allevare ❸ (*ausbilden*) formare, educare ❹ (*einsetzen*) impiegare; (*Sachverständigen*) consultare, chiamare ❺ (*geltend machen*) far valere, citare **II.** *vi sein* avvicinarsi

herauf [hɛˈraʊf] *adv* su (per), sopra; **komm ~!** vieni su!; **den Berg ~** su per la montagna; **heraufIbeschwören** <irr> *vt* ❶ (*wachrufen*) evocare ❷ (*verursachen*) provocare, causare; **heraufIkommen** <irr> *vi sein* salire, venire su; **heraufIziehen** <irr> **I.** *vt haben* tirare su **II.** *vi sein* avvicinarsi

heraus [hɛˈraʊs] *adv* fuori; **aus ... ~** fuori da ...; **von innen ~** dal di dentro; **das ist noch nicht ~** non è ancora sicuro; **~ damit!** fuori!, dà [*o* date] qua!; **~ mit der Sprache!** (*fam*) sputa l'osso!

herausIbekommen <irr> *vt* ❶ (*Fleck*) togliere, levare ❷ (*fig: herausfinden*) venire a sapere; (*Geheimnis*) riuscire a scoprire; (*Rätsel*) riuscire a risolvere; (*entziffern*) riuscire a decifrare; (*Rechenaufgabe*) trovare ❸ (*Wechselgeld*) ricevere di resto; **ich bekomme zwei Euro heraus** mi spettano due euro di resto; **herausIbilden** *vr* **sich** (**aus etw**) **~** formarsi (da qc); **herausIbringen** <irr> *vt* ❶ (*nach draußen bringen*) portare fuori ❷ (*fam: Fleck*) riuscire a togliere ❸ (*Ware*) lanciare (sul mercato); (*Buch*) pubblicare; (THEAT) mettere in scena ❹ (*fam: in Erfahrung bringen*) venire a sapere, riuscire a scoprire; **aus jdm kein Wort ~** non cavare una parola di bocca a qu *fam*; **kein Wort ~** non proferire parola; **herausIfahren** <fährt heraus, fuhr heraus, herausgefahren> *vi sein* uscire, venire fuori; **herausIfinden** <irr> *vt* ❶ (*finden*) ritrovare, rintracciare ❷ (*entdecken*) scoprire, trovare;

heraus|fischen vt (fam) pescar fuori

Herausforderer(in) <-s, -; -, -nen> m(f) (allg, SPORT) sfidante mf

herausfordern vt ❶(SPORT) sfidare; **jdn zu etw** ~ sfidare qu a qc ❷(Schicksal) provocare; **herausfordernd** adj (Benehmen) provocatorio; (bes. Blicke) provocante

Herausforderung f ❶(SPORT) sfida f; **die ~ annehmen** accettare la sfida ❷(fig) provocazione f

Herausgabe kein Pl f ❶(Übergabe) consegna f ❷(eines Buches) pubblicazione f ❸(von Aktien) emissione f ❹(JUR) restituzione f

herausgeben <irr> vt ❶(herausreichen) passare fuori, porgere ❷(zurückgeben) restituire ❸(Garderobe, Gefangene) consegnare ❹(Wechselgeld) dare di resto; **jdm 3 Euro** ~ dare a qu 3 euro di resto ❺(veröffentlichen) pubblicare ❻(Aktien) emettere; (Vorschriften) emanare

Herausgeber(in) <-s, -; -, -nen> m(f) ❶(von Buch) curatore, -trice m, f; (Verleger) editore, -trice m, f ❷(von Zeitung) direttore, -trice m, f

herausgehen <irr> vi sein ❶(nach draußen gehen) uscire ❷(sich herausziehen lassen) venir fuori ❸(Fleck) andare via; **aus sich** dat ~ aprirsi, sbottonarsi fam

Herausgeld <-(e)s> kein Pl n (CH: Wechselgeld) moneta f, spiccioli mpl

herausgreifen <irr> vt prendere, scegliere; **herausgucken** vi (fam) ❶(aus Fenster) guardare fuori (dalla finestra) ❷(sichtbar sein) spuntare fuori;

heraushalten <irr> I. vt ❶(nach draußen halten) tener fuori ❷(fam: fernhalten) tener lontano II. vr **sich aus etw** ~ tenersi fuori da qc; **heraushängen** vt appendere fuori; **herausholen** vt ❶(nach draußen holen) **etw (aus dem Schrank)** ~ tirare fuori qc (dall'armadio); **das Letzte aus sich** dat ~ dare il massimo di sé stesso ❷(befreien) **jdn (aus dem Gefängnis)** ~ far uscire qu (dalla prigione) ❸(fig fam: verdienen) **aus jdm Geld** ~ ricavare da qu del denaro ❹(fig: durch Fragen) **aus jdm etw** ~ far dire qc a qu; (Geheimnis) strappare qc a qu; **herauskommen** <irr> vi sein ❶(nach draußen kommen) venire fuori, uscire; **aus einem Loch** ~ uscire da un buco; **aus dem Staunen nicht** ~ non potersi riavere dallo stupore ❷(sich ergeben) risultare; **bei den Verhandlungen ist kein greifbares Ergebnis herausgekommen** le trattative non hanno portato ad alcun risul-

tato concreto; **das kommt auf dasselbe heraus** il risultato è sempre quello, è la stessa cosa; **dabei kommt nichts heraus** non se ne ricava nulla ❸(Wahrheit) venire a galla; **ganz groß** ~ avere un gran successo; **mit der Sprache** ~ parlare ❹(Buch) venire pubblicato; **herauskriegen** vt (fam) s. herausbekommen

herausnehmbar adj estraibile

herausnehmen <irr> I. vt ❶(aus dem Inneren holen) estrarre; **etw (aus dem Schrank/aus der Tasche)** ~ tirare fuori qc (dall'armadio/dalla borsa) ❷(entfernen) togliere; (operativ) asportare; **jdm den Blinddarm/die Mandeln** ~ togliere l'appendice/le tonsille a qu II. vr **sich** dat (jdm gegenüber) **etw** ~ prendersi delle libertà (nei confronti di qu); **herausputzen** I. vt (schmücken) abbellire, agghindare II. vr **sich** ~ agghindarsi, farsi bello; **herausragen** vi ❶ergersi; **aus etw** ~ ergersi su qc ❷(fig) distinguersi; **aus einer Gruppe durch etw** ~ distinguersi in un gruppo per qc; **herausreden** vr **sich** ~ scusarsi; **sich mit etw** ~ addurre qc come scusa; **herausreißen** <irr> vt ❶strappare; **jdn aus einer Arbeit** ~ strappare qu da un lavoro ❷(fig fam: retten) salvare; **herausrücken** I. vt haben ❶(Stuhl) mettere fuori ❷(fig fam: Geld) sborsare, mettere mano al borsellino II. vi sein ❶(räumlich) spostare ❷(fig fam) **mit etw** ~ tirare fuori qc, dare qc; **mit der Sprache** ~ (fam) parlare; **herausrutschen** vi sein scivolar fuori; (Wort) scappare; **das ist mir nur so herausgerutscht** (fam) mi è semplicemente scappata; **herausschauen** vi (fam) s. herausgucken; **herausschlagen** <schlägt heraus, schlug heraus, herausgeschlagen> I. vt haben ❶far uscire battendo ❷(fig fam: gewinnen) ricavare, guadagnare II. vi sein (Flamme) uscir fuori, divampare

heraußen [hɛˈraʊsən] adv (südd, A: hier draußen) qui fuori

herausspringen vi ❶(nach draußen springen) saltar fuori; **aus dem Fenster** ~ saltare fuori dalla finestra ❷(sich aus etw lösen) saltare via; **herausspritzen** vi sein schizzare (fuori); **herausstellen** I. vt ❶(nach draußen stellen) mettere fuori ❷(fig: hervorheben) mettere in luce II. vr **sich** ~ risultare, rivelarsi; **sich als richtig** ~ rivelarsi esatto; **es hat sich herausgestellt, dass ...** è risultato che ...; **herausstreichen** <irr> vt ❶(wegstreichen) cancellare ❷(fig: hervorheben) vantare, elogiare; **heraus|suchen** *vt* cercare, scegliere; **heraus|wirtschaften** *vt* ricavare (*aus* da); **heraus|ziehen** <irr> *vt* **jdn/etw aus etw ~** tirare fuori qu/qc da qc

herb [hɛrp] *adj* ❶ acerbo; (*Wein*) aspro ❷ (*fig: Worte, Gesicht, Schönheit*) duro; (*Enttäuschung*) amaro; (*Verlust*) doloroso

Herbarium [hɛr'baːriʊm, *pl:* hɛr'baːriən] <-s, Herbarien> *n* (BOT) erbario *m*

herbei [hɛɐ'baɪ] *adv* qui, qua; **herbei|eilen** *vi sein* accorrere; **herbei|führen** *vt* (*bewirken*) causare, provocare; **herbei|rufen** <irr> *vt* chiamare, far venire; **herbei|sehnen** *vt*, **herbei|wünschen** *vt* desiderare ardentemente, bramare

herbei|zwingen *vt* ottenere con la forza

Herberge ['hɛrbɛrgə] <-, -n> *f* alloggio *m*, locanda *f*; **Herbergsmutter** *f* responsabile *mf* di un ostello della gioventù; **Herbergsvater** *m* responsabile *mf* di un ostello della gioventù

her|bringen <bringt her, brachte her, hergebracht> *vt* portare, arrecare

Herbst [hɛrpst] <-(e)s, -e> *m* autunno *m*; **herbstlich** *adj* d'autunno, autunnale; **Herbstzeitlose** <-n, -n> *f* (BOT) colchico *m*

Herculaneum [hɛrku'laːneʊm] *n* (GEOG, HIST) Ercolano *m*

Herd [heːɐt] <-(e)s, -e> *m* ❶ (*Küchen~*) forno *m*, fornello *m* ❷ (*Feuerstelle*) focolare *m* ❸ (*fig: Krisen~, Seuchen~*) focolaio *m*

Herde ['heːɐdə] <-, -n> *f* gregge *m*; **Herdentier** *n* ❶ (*Tier*) animale *m* da branco ❷ (*pej: Person*) animale *m* da branco; **Herdentrieb** *m* istinto *m* gregario

Herdplatte *f* piastra *f* del fornello elettrico

herein [hɛ'raɪn] *adv* dentro; ~! avanti; **hier ~, bitte!** per di qua!; **herein|brechen** <irr> *vi sein* (*Nacht*) calare; (*Unglück*) colpire; **über jdm ~** colpire qu; **herein|fallen** <irr> *vi sein* ❶ (*nach innen fallen*) cadere dentro; (*Licht*) penetrare ❷ (*fig fam: betrogen werden*) cascarci, farsi imbrogliare; **herein|holen** *vt* portare dentro; (*Person*) far entrare; **herein|kommen** <irr> *vi sein* entrare; **herein|lassen** <irr> *vt* lasciare [*o* fare] entrare; **herein|legen** *vt* ❶ (*nach innen legen*) mettere dentro ❷ (*fig fam: betrügen*) imbrogliare; **herein|platzen** *vi sein* (*fam*) giungere inaspettatamente; **in einen Raum ~** piombare in una stanza

her|fallen <irr> *vi sein* **über jdn ~** gettarsi contro/su qu; (*fig: mit Fragen*) tempestare

qu; (*mit Kritik*) assillare; **über etw** *acc* ~ gettarsi contro qc; (*über Essen*) gettarsi su qc, buttarsi su qc

Hergang ['heːɐgaŋ] *m* ❶ (*Verlauf*) svolgimento *m* ❷ (*Einzelheiten*) particolari *mpl*

her|geben <irr> I. *vt* ❶ (*geben*) dare ❷ (*weggeben*) dare via II. *vr* **sich zu etw ~** prestarsi per qc

hergebracht ['heːɐgəbraxt] *adj* tradizionale

her|gehen <irr> *vi sein* **hinter/vor/neben jdm ~** andare dietro/davanti/accanto a qu *fam*; **bei der Diskussion ging es heiß her** la discussione si fece accesa; **her|halten** <irr> I. *vt* porgere II. *vi* dover scontare; **er muss für die anderen ~** deve pagare per gli altri; **her|holen** *vt* andare a prendere; **her|hören** *vi* ascoltare (con attenzione)

Hering ['heːrɪŋ] <-s, -e> *m* ❶ (ZOO) aringa *f* ❷ (*Zeltpflock*) picchetto *m*; **Heringssalat** *m* (GASTR) insalata *f* d'aringhe

herinnen [hɛ'rɪnən] *adv* (A, *südd: hier drinnen*) qui dentro

Herisau ['heːrizaʊ] *n* (GEOG) Herisau *f*

her|kommen <irr> *vi sein* ❶ (*hierhin kommen*) venire qui; (*sich nähern*) avvicinarsi ❷ (*herrühren*) derivare; (*herstammen*) provenire; **von etw ~** derivare da qc

herkömmlich ['heːɐkœmlɪç] *adj* tradizionale

Herkunft ['heːɐkʊnft] <-, *rar* Herkünfte> *f* ❶ (*Abstammung*) nascita *f*, discendenza *f*; (*soziale ~*) estrazione *f* ❷ (*Ursprung*) origine *f*, provenienza *f*; **Herkunftsland** <-(e)s, -länder> *n* paese *m* d'origine

her|leiten I. *vt* (*fig: ableiten*) derivare; **ein Wort aus dem Griechischen ~** dedurre un termine dal greco II. *vr* **sich** (*von etw*) ~ trarre origine (da qc); **her|machen** *vr* **sich ~** ❶ (*herfallen*) **sich über jdn ~** gettarsi addosso a qu, scagliarsi su qu ❷ (*in Angriff nehmen*) **sich über etw** *acc* ~ accingersi a fare qc ❸ (*gierig essen*) **sich über eine Torte ~** buttarsi su una torta

Hermelin [hɛrmə'liːn] <-s, -e> *n* (ZOO) ermellino *m*

hermetisch [hɛr'meːtɪʃ] *adj* ermetico

hernach [hɛɐ'naːx] *adv* (*obs, dial*) dopo, poi, più tardi

her|nehmen <irr> *vt* prendere

Heroin [hero'iːn] <-s> *n kein Pl* eroina *f*

heroisch [he'roːɪʃ] *adj* eroico

Herold ['heːrɔlt, *pl:* 'heːrɔldə] <-(e)s, -e> *m* ❶ (HIST) araldo *m* ❷ (*fig*) messaggero *m*

Herpes ['hɛrpɛs] <-> *kein Pl* *m* (MED)

Herpes *m*

Herr [hɛr] <-n *o rar* -en, -en> *m* ❶ (HIST) signore *m;* (*vor Eigennamen*) signor *m;* (**Gott**) **der ~** Signore *m,* Dio *m;* **meine Damen und ~en!** Signore e Signori!; **sehr geehrte ~en!** (*in Brief*) egregi signori; **~ Doktor** (signor) dottore; **~ Müller** il signor Müller; (*als Anrede*) signor Müller ❷ (*beim Tanz*) cavaliere *m* ❸ (*Gebieter, Eigentümer, Arbeitgeber*) padrone *m;* (*Vorgesetzter*) superiore *m;* (*Herrscher*) sovrano *m;* **der ~ des Hauses** il padron(e) di casa; **~ der Lage sein** essere padrone della situazione; **sein eigener ~ sein** non dipendere da nessuno; **einer Sache** *gen* **~ werden** riuscire a dominare qc

Herrchen ['hɛrçən] <-s, -> *n* (*von Hund*) padrone *m*

Herrenartikel *mpl* articoli *mpl* da uomo; **Herrenausstatter** <-s, -> *m* (*Geschäft*) negozio *m* di articoli da uomo; **Herrenbegleitung** *f* **in ~** in compagnia maschile; **Herrenbekanntschaft** *f* conoscenza *f* maschile; **Herrenbekleidung** *f* abbigliamento *m* maschile; **Herrenbesuch** *m* visita *f* maschile; **Herrendoppel** *n* (SPORT) doppio *m* maschile; **Herreneinzel** *n* (SPORT) singolo *m* maschile; **Herrenlos** *adj* abbandonato, non reclamato; (*Tier*) randagio; **Herrenmode** *f* moda *f* maschile; **Herrenpilz** *m* (*A: Steinpilz*) (fungo *m*) porcino *m;* **Herrentoilette** *f* gabinetto *m* per uomini; **Herrenwitz** *m* barzelletta *f* spinta

Herrgott *kein Pl m* ❶ (*fam*) Signore *m,* Dio *m;* **~ noch mal!** (*fam*) accidenti!, maledizione! ❷ (*südd, A*) crocifisso *m;* **Herrgottsfrühe** *f* **in aller ~** di buon mattino

her|richten *vt* ❶ (*vorbereiten*) preparare ❷ (*instand setzen*) sistemare, accomodare

Herrin ['hɛrɪn] <-, -nen> *f* ❶ (*Gebieterin*) signora *f,* padrona *f* ❷ (*Haus~*) padrona *f* (di casa)

herrisch *adj* imperioso, dispotico

herrlich *adj* (*großartig*) magnifico, splendido; (*wunderbar*) meraviglioso; (*ausgezeichnet*) eccellente

Herrschaft <-, -en> *f sing* ❶ (*Beherrschung*) dominio *m;* (*Befehlsgewalt*) potere *m,* autorità *f;* (*Herrschergewalt*) sovranità *f;* **~ über jdn/etw ausüben** avere il dominio su qu/qc; **eine totalitäre ~** un regime totalitario; **die absolute ~** i pieni poteri; **zur ~ gelangen** raggiungere il potere ❷ (*fig: Kontrolle*) controllo *m;* **die ~ über sich** *acc* **verlieren** perdere il controllo di sé; **die ~ über ein**

Fahrzeug verlieren perdere il controllo di un veicolo; **herrschaftlich** *adj* padronale; (*vornehm*) signorile

herrschen ['hɛrʃən] *vi* ❶ (*Herr sein*) **über jdn/etw ~** comandare [*o* regnare] su qu/qc ❷ (*fig*) esserci; (*Not*) infuriare; (*Angst, Ruhe*) regnare; (*Meinung*) predominare; **herrschend** *adj* ❶ regnante; (*Klasse*) dominante ❷ (*fig: vor~*) predominante; (*gegenwärtig*) vigente

Herrscher(in) <-s, -; -, -nen> *m(f)* ❶ (*Gebieter*) dominatore, -trice *m, f* ❷ (*Landesherr*) sovrano, -a *m, f* ❸ (*regierender Fürst*) principe, -essa *m, f* (regnante); **Herrscherhaus** *n* dinastia *f;* **Herrscherin** *f s.* Herrscher

Herrschsucht *kein Pl f* avidità *f* di dominio; **herrschsüchtig** *adj* avido di potere

her|rühren *vi* **von etw ~** provenire da qc

her|sein <ist her, war her, hergewesen> *vi sein* ❶ (*zeitlich*) essere già (da); **es ist 10 Jahre her, dass ...** sono già 10 anni che ... ❷ (*herstammen*) essere (*von, aus* di); **hinter jdn/etw ~** rincorrere qu/qc

her|stammen *vi* provenire (*aus* da), discendere, avere origine (*aus* da); **wo stammst du her?** di dove sei?

her|stellen *vt* ❶ (*an einen Platz*) mettere qua ❷ (*produzieren*) produrre, fabbricare; (*bauen*) costruire ❸ (*schaffen*) creare; (*Verbindung, Kontakt, Beziehung*) stabilire

Hersteller(in) <-s, -; -, -nen> *m(f)* fabbricante *mf,* produttore, -trice *m, f*

Herstellung <-> *kein Pl f* fabbricazione *f,* produzione *f;* **Herstellungskosten** *pl* costi *mpl* di produzione; **Herstellungsland** *n* paese *m* produttore

Hertz [hɛrts] <-, -> *n* (PHYS) hertz *m*

herüben *adv* (*A, südd: hier auf dieser Seite*) qui da questa parte

herüber [hɛˈryːbɐ] *adv* di qua, da questa parte

herum [hɛˈrʊm] *adv* intorno, attorno; **um ... ~** (*räumlich*) intorno a ...; (*zeitlich*) verso; (*bei Zahlenangaben*) circa; **um Weihnachten ~** verso Natale; **im Kreise ~** in cerchio; **herum|ärgern** *vr* **sich ~** (*fam*) arrabbiarsi, pigliarsela; **sich mit jdn/etw ~** arrabbiarsi con qu/qc; (*sich anstrengen*) affaticarsi con qu/qc; **herum|drehen** I. *vt* girare; **den Schlüssel zweimal ~** dare due giri di chiave II. *vr* **sich** (**zu jdm/etw**) **~** girarsi (verso qu/qc); **herum|drucksen** *vi* tergiversare; **herum|fahren** <irr> *vi sein* ❶ (*umherfahren*) **um jdn/etw ~** girare attorno a qu/qc ❷ (*ohne Ziel*) girare, andare in giro; **in der Stadt ~** girare per la città

❸ (*sich herumdrehen*) girarsi di scatto; **herum|fuchteln** *vi* (*fam*) **mit den Händen** ~ gesticolare; **herum|führen** I. *vt* (*Person*) portare in giro II. *vi* **um etw** ~ (*umschließen*) cingere qc; **jdn an der Nase** ~ ingannare qu; **herum|gehen** <irr> *vi sein* ❶ (*umkreisen*) **um jdn/etw** ~ girare attorno a qu/qc; **das geht mir im Kopf herum** ci penso e ripenso ❷ (*ziellos*) gironzolare ❸ (*Zeit*) passare ❹ (*gereicht werden*) **etw** ~ **lassen** far circolare qc; **herum|hängen** *vi* (*fam*) essere appeso male, essere buttato lì; **in der Gegend** ~ andarsene in giro; **herum|irren** *vi sein* girare, girovagare; **herum|kommen** <irr> *vi sein* (*fam*) ❶ (*um Ecke*) voltare; **mit dem Wagen um die Ecke** ~ girare l'angolo con la macchina ❷ (*herumgehen können*) poter girare ❸ (*reisen*) girare, andare in giro; **viel** ~ viaggiare molto ❹ (*vermeiden können*) **um Steuererhöhungen** ~ poter evitare l'aumento delle tasse; **herum|kriegen** *vt* (*fam*) riuscire a convincere; **herum|laufen** <irr> *vi sein* (*fam*) ❶ (*ziellos*) correre in giro; **so kannst du doch nicht** ~! non puoi andare in giro così! ❷ **um etw** ~ circondare qc; **herum|liegen** <irr> *vi* (*fam*) ❶ **um etw** ~ giacere attorno a qc ❷ (*unordentlich*) essere sparso (dappertutto); **herum|lungern** [hɛˈrʊmlʊŋən] *vi* (*fam*) bighellonare, andare a zonzo; **herum|meckern** *vi* (*fam*) brontolare (*an* +*dat* con), trovare da ridire (*an* +*dat* su); **herum|nörgeln** *vi* brontolare (*an* +*dat* con), trovare da ridire (*an* +*dat* su); **herum|posen** [hɛˈrʊmpoːsən] *vi* fare lo sborone; **herum|reichen** *vt* far circolare, porgere in giro; **herum|reiten** <irr> *vi sein* ❶ (*umherreiten*) girare a cavallo ❷ (*Wend*) **um etw** ~ girare intorno a qc; **auf etw** *dat* ~ (*fig fam*) non smettere di parlare di qc, insistere su qc; **auf jdm** ~ (*fig fam*) accanirsi contro qu; **herum|schlagen** <irr> *vr* **sich** ~ (*fam: raufen*) azzuffarsi; **sich mit jdm/etw** ~ (*fig*) essere alle prese con qu/qc; **herum|schnüffeln** *vi* (*fam*) **in etw** *dat* ~ ficcare il naso in qc; **herum|sitzen** <sitzt herum, saß herum, herumgesessen> *vi* (*fam*) ❶ (*um etw herum*) sedere (*um* intorno a) ❷ (*fig: nichts tun*) starsene (seduto) senza far niente; **herum|spielen** *vi* **mit etw** ~ giocherellare, trastullarsi; **herum|sprechen** <irr> *vr* **sich** ~ diffondersi, spargersi; **herum|stehen** <irr> *vi* ❶ **um etw** ~ stare attorno a qc ❷ (*lässig*) starsene senza far niente ❸ (*Sachen*) essere fuori posto;

herum|stöbern *vi* (*fam*) frugare (*in* +*dat* in), rovistare (*in* +*dat* in); **herum|stoßen** *vt* sbattere [*o* buttare] di qua e di là; **er wurde in seiner Jugend viel herumgestoßen** quando era giovane è stato sbattuto di qua e di là; **herum|treiben** <irr> *vr* **sich** ~ (*fam pej*) bighellonare, andare a zonzo; **Herumtreiber(in)** <-s, -; -, -nen> *m(f)* (*fam*) vagabondo, -a *m, f,* bighellone, -a *m, f,* perdigiorno *mf;* **herum|werfen** <irr> I. *vt* ❶ (*achtlos*) gettare qua e là, sparpagliare ❷ (*Steuer*) dare un giro a II. *vr* **sich** ~ rivoltarsi, rigirarsi; **herum|wühlen** *vi* s. **herum|stöbern**; **herum|ziehen** <irr> *vi sein* ❶ (*umherziehen*) girare, girovagare ❷ **um etw** ~ fare il giro intorno a qc

herunten [hɛˈrʊntən] *adv* (*A, südd: hier unten*) quaggiù

herunter [hɛˈrʊntɐ] *adv* giù; **von ...** ~ giù da ...; **von oben** ~ dall'alto in basso; **ich kann nicht** ~ non posso scendere

herunter|fallen <irr> *vi sein* cadere (giù); (*Haare*) scendere; **herunter|gehen** <irr> *vi sein* ❶ (*räumlich*) scendere, andare giù ❷ (*Fieber*) diminuire; **heruntergekommen** *adj* (*fam*) decaduto, rovinato; **herunter|handeln** *vt* (*fam*) tirare sul prezzo; **den Preis um 5 Euro** ~ tirare 5 euro sul prezzo; **herunter|hauen** <hieb *o* heruntergehaut> *vt* (*fam*) **jdm eine** ~ mollare un ceffone a qu; **herunter|klappen** *vt* abbassare; **herunter|kommen** <irr> *vi sein* ❶ venire giù, scendere ❷ (*fam: gesundheitlich*) deperire; (*sittlich*) decadere, cadere in basso; **herunterladbar** *adj* scaricabile; **herunter|laden** *vt* scaricare, download; **herunter|leiern** *vt* (*fam*) recitare meccanicamente; **herunter|machen** *vt* (*fam*) ❶ (*zurechtweisen*) sgridare, rimproverare ❷ (*herabsetzen*) stroncare, denigrare; **herunter|nehmen** <nimmt herunter, nahm herunter, heruntergenommen> *vt* prendere giù; **herunter|reißen** <irr> *vt* strappare (giù); **herunter|schlucken** *vt* ❶ (*Bissen, Pille*) inghiottire ❷ (*fig fam: Vorwürfe, Kritik*) ingoiare, mandar giù; **herunter|spielen** *vt* minimizzare; **herunter|springen** <irr> *vi sein* **von etw** ~ saltare giù da qc; (*aus großer Höhe*) buttarsi giù da qc; **herunter|werfen** <irr> *vt* buttar giù; **herunter|wirtschaften** *vt* (*fam*) mandare in rovina

hervor [hɛɐˈfoːɐ̯] *adv* (in) fuori

hervor|bringen <irr> *vt* ❶ (*erzeugen*) produrre; (*a fig*) dare; (*schaffen*) creare ❷ (*Ton, Wort*) dire, proferire ❸ (*bewirken*) causare; **hervor|gehen** <irr> *vi sein* ❶ (*sich ergeben*) risultare; **aus etw ~** risultare da qc ❷ (*überstehen*) uscire; **aus dem Wettkampf als Sieger ~** uscire vincitore dalla lotta; **hervor|gucken** *vi* (*fam*) guardar fuori, spuntare; **hervor|heben** <irr> *vt* ❶ (*räumlich*) dare rilievo a, far spiccare ❷ (*fig: betonen*) accentuare, sottolineare; **hervor|holen** *vt* **etw** (**aus etw**) **~** tirare fuori qc (da qc); **hervor|ragen** *vi* ❶ sporgere fuori; **aus etw ~** emergere da qc ❷ (*fig*) emergere, distinguersi; **hervorragend** *adj* ❶ (*räumlich*) sporgente, prominente ❷ (*fig*) straordinario, eccezionale; (*Wissenschaftler*) eminente; (*Wein*) eccellente; **hervor|rufen** <irr> *vt* (*verursachen*) suscitare; (*Bewunderung*) causare; (MED) provocare; **hervor|stechen** *vi* sporgere, venire in fuori; **hervorstechend** *adj* spiccato, pronunciato; **hervor|treten** <irr> *vi sein* ❶ (*räumlich*) uscire, sporgere ❷ (*sich abheben*) staccarsi; (*a fig*) spiccare; **~ lassen** dare risalto a ❸ (*erscheinen*) apparire; (*sich hervortun*) manifestarsi; **hervor|tun** *vr* **sich** (**mit etw**) **~** distinguersi (per qc); (*bewusst*) mettersi in mostra (per qc); **hervor|wagen** *vr* **sich ~** azzardarsi a uscire

Herz [hɛrts] <-ens, -en> *n* ❶ (ANAT) cuore *m*; (*Seele*) animo *m*; **das ~ auf der Zunge haben** avere il cuore sulle labbra; **ein ~ und eine Seele sein** essere un cuore e un'anima sola; **jds ~ höher schlagen lassen** far battere il cuore a qu; **ein gutes ~ haben** avere un buon cuore; **sich** *dat* **ein ~ fassen** farsi animo; **alle ~en gewinnen** guadagnarsi l'affetto di tutti; **jdm ans ~ gewachsen sein** essere molto affezionato a qu; **jdm ans ~ legen etw zu tun** raccomandare vivamente a qu di fare qc; **etw auf dem ~en haben** avere un peso sul cuore; **jdn in sein ~ geschlossen haben** nutrire un grande affetto per qu; **es nicht übers ~ bringen zu** +*inf* non avere il coraggio di +*inf*; **von ~en lieben** amare di vero cuore; **sich** *dat* **etw zu ~en nehmen** prendersi a cuore qc; **leichten/ schweren ~ens** a cuor leggero/a malincuore; **von ~en gern** molto volentieri; **von ganzem ~en** di tutto cuore; **mir klopft das ~** mi batte il cuore; **das ~ schlug ihm bis zum Hals** aveva il cuore in gola ❷ *sing* (*Mut*) coraggio *m* ❸ (*Kern*) centro *m*; **im ~en Deutschlands** nel cuore della Germania ❹ *sing* (*beim Kartenspiel*) cuori *mpl*

Herzanfall *m* (MED) attacco *m* cardiaco; **Herzbeschwerden** *fpl* (MED) disturbi

mpl cardiaci

Herzchen ['hɛrtsçən] <-s, -> *n* ❶ (*Kosewort*) tesoruccio *m* ❷ (*fam pej*) pupa *f*

herzen *vt* (*obs*) abbracciare, accarezzare

Herzensbrecher <-s, -> *m* rubacuori *m*; **herzensgut** *adj* di buon cuore, profondamente buono; **Herzenslust** *f* **nach ~** a piacere; **Herzenswunsch** *m* desiderio *m* profondo

herzerfrischend *adj* gradevole

herzergreifend *adj* commovente, toccante

herzerweichend *adj* commovente, struggente

Herzfehler *m* (MED) vizio *m* cardiaco, insufficienza *f* cardiaca; **Herzflattern** <-s> *kein Pl* flutter *m* cardiaco

herzförmig *adj* cuoriforme

herzhaft *adj* ❶ (*kräftig*) forte ❷ (*gehörig*) bello, buono; **~ lachen** ridere di cuore

her|ziehen <irr> **I.** *vi sein* (*herankommen*) avvicinarsi; **über jdn ~** (*fam fig*) tagliare i panni addosso a qu **II.** *vt haben* (*heranziehen*) tirare; **jdn/etw hinter sich** *dat* **~** tirarsi dietro qu/qc

herzig ['hɛrtsɪç] *adj* grazioso, carino

Herzinfarkt *m* (MED) infarto *m* cardiaco; **Herzkammer** *f* (ANAT) ventricolo *m* (del cuore); **Herzklappe** *f* (ANAT) valvola *f* cardiaca; **Herzklappenfehler** *m* (MED) vizio *m* valvolare; **Herzklopfen** *kein Pl n* batticuore *m*, palpitazioni *fpl*; **Herzkönig** *m* (*Karten*) re *m* di cuori; **herzkrank** *adj* cardiopatico; **Herzkrankheit** *f* malattia *f* del cuore

Herz-Kreislauf-Erkrankung *f* (MED) patologia *f* del sistema cardiocircolatorio

Herzleiden *n* cardiopatia *f*

herzlich I. *adj* ❶ (*in Gruß- u Wunschformeln*) cordiale ❷ (*aufrichtig*) sincero ❸ (*Mensch*) affettuoso ❹ (*Bitte*) fervido; (*Empfang*) affettuoso **II.** *adv* cordialmente, di cuore; **~ gern** ben volentieri, di cuore; **Herzlichkeit** <-, -en> *f* cordialità *f*

herzlos *adj* senza cuore, insensibile; (*grausam*) spietato, crudele

Herz-Lungen-Maschine *f* (MED, TEC) macchina *f* cuore-polmoni

Herzmittel *n* (MED) cardiotonico *m*

Herzmuskel *m* (ANAT) miocardio *m*

Herzog(in) ['hɛrtso:k] <-(e)s, Herzöge; -, -nen> *m(f)* duca *m*, duchessa *f*; **Herzogtum** <-(e)s, -tümer> *n* ducato *m*

Herzschlag *m* ❶ (*einzelner Schlag*) battito *m* del cuore ❷ (*Herztätigkeit*) pulsazioni *fpl* (cardiache) ❸ (*Herzstillstand*) colpo *m* apoplettico, sincope *f* cardiaca; **Herzschrittmacher** *m* (MED) pace-ma-

H

ker *m;* **Herzschwäche** <-, -n> *f* (MED) insufficienza *f* cardiaca; **Herzspezialist(in)** *m(f)* (MED) cardiologo, -a *m, f;* **Herzstillstand** *m* (MED) arresto *m* cardiaco; **Herzstück** *n* (*geh: Kernstück*) parte *f* centrale, cuore *m;* **Herztätigkeit** *f* attività *f* cardiaca; **Herzton** *m* tono *m* cardiaco; **Herztransplantation** *f* trapianto *m* cardiaco; **Herzversagen** *kein Pl n* colpo *m* apoplettico

Herzzentrum *n* centro *m* di malattie cardiache; **herzzerreißend** *adj* straziante
Hesse ['hɛsə] <-n, -n> *m* assiano *m;* **Hessen** ['hɛsən] *n* Assia *f;* **Hessin** ['hɛsɪn] <-, -nen> *f* assiana *f;* **hessisch** *adj* assiano

heterogen [hetero'ge:n] *adj* eterogeneo
Heterogenität [heterogeni'tɛ:t] <-> *kein Pl f* eterogeneità *f*
Heterosexualität [heterozɛksualɪ'tɛt *o* heterosɛksualɪ'tɛt] *f* eterosessualità *f*
heterosexuell [heterozɛksu'ɛl] *adj* eterosessuale
Hetze ['hɛtsə] <-, -n> *f* ❶ (*Eile*) fretta *f,* furia *f* ❷ (*Hetzkampagne*) campagna *f* diffamatoria

hetzen ['hɛtsən] I. *vt haben* ❶ (*jagen*) dare la caccia a; (*Menschen*) inseguire, perseguitare; **jdn/einen Hund auf jdn ~** aizzare qu/un cane contro qu ❷ (*fig: zur Eile antreiben*) fare fretta, sollecitare II. *vi* ❶ *sein* (*eilen*) correre ❷ *haben* (*sich beeilen*) affrettarsi ❸ *haben* (*lästern, pej*) sobillare; **gegen jdn/etw ~** sobillare contro qu/qc
Hetzerei <-, -en> *f* ❶ (*pej: Hetzreden*) discorso *m* sovversivo ❷ (*fam: Eile*) furia *f,* foga *f;* **diese ständige ~ macht mich noch ganz krank** tutta questa furia mi distrugge
Hetzjagd *f* ❶ (*beim Jagen*) caccia *f* ❷ (*fig: Hetze*) fretta *f,* furia *f*
Hetzkampagne *f* campagna *f* diffamatoria (*gegen* contro)
Heu [hɔɪ] <-(e)s> *kein Pl n* fieno *m*
Heuchelei [hɔɪça'laɪ] <-, -en> *f* (*pej*) ipocrisia *f;* (*Scheinheiligkeit*) fariseismo *m;* (*Verstellung*) (dis)simulazione *f*
heucheln ['hɔɪçəln] I. *vt* simulare, fingere II. *vi* fare l'ipocrita
Heuchler(in) ['hɔɪçlɐ] <-s, -; -, -nen> *m(f)* ipocrita *mf;* (*Scheinheilige*) fariseo, -a *m, f,* (dis)simulatore, -trice *m, f;* **heuchlerisch** *adj* ipocrita; (*scheinheilig*) farisaico
heuer ['hɔɪɐ] *adv* (*südd, A, CH*) quest'anno
Heuernte <-, -n> *f* fienagione *f;* **Heuga-**

bel *f* forcone *m* da fieno; **Heuhaufen** *m* mucchio *m* di fieno
heulen ['hɔɪlən] *vi* ❶ (*Sirenen*) cantare; (*Wölfe*) ululare ❷ (*fam: weinen*) piangere, strillare
heurig ['hɔɪrɪç] *adj* (*A, CH, südd: diesjährig*) di quest'anno
Heurige ['hɔɪrɪgə] <ein -r, -n, -n> *m* (*bes. A*) vino *m* nuovo
Heuschnupfen *m* raffreddore *m* da fieno; **Heuschober** *m* (*südd, A*) fienile *m;* **Heuschrecke** ['hɔɪʃrɛkə] *f* (ZOO) cavalletta *f,* locusta *f;* **Heustadel** ['hɔɪʃta:dəl] <-s, -> *m* (*südd, A*) fienile *m*
heute ['hɔɪtə] *adv* oggi; **~ Abend/Nacht** stasera/stanotte; **~ Morgen** stamattina; **~ (Nach)Mittag** questo pomeriggio; **~ Vormittag** stamattina; **~ in acht Tagen/in einer Woche** oggi a otto; **~ in vierzehn Tagen** fra quindici giorni; **ab ~, von ~ an** a partire da oggi, da oggi in poi; **bis ~** fino ad oggi; **von ~ auf morgen** dall'oggi al domani
heutig ['hɔɪtɪç] *adj* di oggi; (*gegenwärtig*) odierno; (*modern*) moderno
heutzutage ['hɔɪttsuta:gə] *adv* oggigiorno, di questi tempi
Heuwagen <-s, -> *m* carro *m* da fieno; **Heuwender** <-s, -> *m* voltafieno *m*
hexagonal [hɛksago'na:l] *adj* (MAT: *sechseckig*) esagonale
Hexe ['hɛksə] <-, -n> *f* strega *f*
hexen ['hɛksən] *vi* fare stregonerie; **ich kann doch nicht ~** (*fam*) non posso mica fare miracoli
Hexenkessel <-s, -> *m* tregenda *f,* inferno *m;* **Hexenschuss**^RR *m* (*fam*) colpo *m* della strega, lombaggine *f;* **Hexenverbrennung** *f* (HIST) rogo *m* delle streghe; **Hexenwahn** *m* delirio *m* per credenza nelle streghe
Hexerei <-, *rar* -en> *f* stregoneria *f,* magia *f*
hg. *abk v* **herausgegeben von** ed.
Hg. *abk v* **Herausgeber(in)** Ed.
HGB [ha:ge:'be:] <-(s), -s> *n* (JUR) *abk v* **Handelsgesetzbuch** Codice di Diritto Commerciale
hieb [hi:p] *1. u 3. pers sing imp von* **hauen**
Hieb [hi:p] <-(e)s, -e> *m* ❶ (*Schlag*) colpo *m* ❷ (*Wunde*) taglio *m* ❸ *pl* (*Prügel*) botte *fpl* ❹ (*fig: bissige Bemerkung*) frecciata *f;* **hieb- und stichfest** *adj* incontestabile, inconfutabile
hielt [hi:lt] *1. u 3. pers sing imp von* **halten**
hier [hi:ɐ] *adv* ❶ (*an diesem Ort*) qui, qua, in questo posto; (*auf Erden*) in questo mondo; **dieser ~** questo qui; **der Brief ~** questa lettera qui; **~ und da** qua e là; **von ~**

da qui; **~ ist/sind** ... ecco ...; **~ bin ich** eccomi qua; **ich bin nicht von** ~ non sono di qui; **~ bleiben** restare qui ❷ (*in diesem Augenblick*) a questo punto; (*bei diesen Worten*) a queste parole; **von ~ an** da qui in poi

hieran ['hiː'ran] *adv* ❶ (*räumlich*) qui, a ciò, vi ❷ (*fig: daran*) da ciò, ci, ne; **~ erkennt man einen Maikäfer** da ciò si riconosce un maggiolino

Hierarchie [hierar'çiː] <-, -n> *f* gerarchia *f*

hierarchisch [hie'rarçɪʃ] *adj* gerarchico

hierauf ['hiː'raʊf] *adv* ❶ (*räumlich*) qui, su di ciò ❷ (*zeitlich*) dopo di ciò, poi; (*infolgedessen*) quindi

hieraus ['hiː'raʊs] *adv* da qui, ne

hierbei ['hiːɐ̯'baɪ] *adv* ❶ (*räumlich*) qui accanto ❷ (*bei dieser Gelegenheit*) in quest'occasione ❸ (*zeitlich*) durante ciò ❹ (*in diesem Zusammenhang*) a questo proposito

hier|bleiben[ALT] *vi s.* **hier 1.**

hierdurch ['hiːɐ̯'dʊrç] *adv* ❶ (*örtlich*) per di qua ❷ (*fig*) da ciò, con ciò, così

hierfür ['hiːɐ̯'fyːɐ̯] *adv* per ciò, per questo; (*als Gegenleistung*) in cambio di ciò

hierher ['hiːɐ̯'heːɐ̯] *adv* qua, qui; **bis ~** (*örtlich*) fin qui; (*zeitlich*) finora, fino ad ora; **das gehört nicht ~** questo non c'entra; **~!** (vieni) qua!, a me!

hierhin ['hiːɐ̯'hɪn] *adv* qui; **bis ~** fin qui

hier|lassen <lässt hier, ließ hier, hiergelassen> *vt* lasciare (qui)

hiermit ['hiːɐ̯'mɪt] *adv* con questo, con ciò; (*im Brief*) con la presente

Hieroglyphe [hiero'glyːfə] <-, -n> *f* geroglifico *m*

hierüber ['hiː'ryːbɐ] *adv* ❶ (*örtlich*) sopra questo ❷ (*fig*) di ciò

hierunter ['hiː'rʊntɐ] *adv* ❶ (*örtlich*) qui sotto ❷ (*fig*) tra questi, con questo; **~ versteht man** con questo si intende

hiervon ['hiːɐ̯'fɔn] *adv* di ciò, ne

hierzu ['hiːɐ̯'tsuː] *adv* ❶ (*zu diesem*) a ciò, a questo; **~ kommt noch, dass ...** a ciò si aggiunge che ... ❷ (*zu diesem Zweck*) a questo scopo ❸ (*zu diesem Punkt*) a questo proposito

hierzulande ['hiːɐ̯tsuˈlandə] *adv* (qui) da noi, in questo paese

hiesig ['hiːzɪç] *adj* ❶ locale, di qui ❷ (*einheimisch*) indigeno, nativo

hieß [hiːs] *1. u 3. pers sing imp von* **heißen**

Hi-Fi ['haːfi] hi-fi

Hi-Fi-Anlage *f* impianto *m* hi-fi

high [haɪ] <inv> *adj* (*sl*) flippato, high

Highlight ['haɪlaɪt] <-(s), -s> *n* momento *m* clou

Hightech[RR] ['haɪtɛk] <-(s)> *kein Pl n o f* high-tech *f*

High-Tech[ALT] ['haɪtɛk] <-(s)> *kein Pl nf* high-tech *f;* **High Tech**[RR] <-(s)> *kein Pl n o f* high-tech *f*

hihi [hi'hiː] *int* ah, ah

Hilfe ['hɪlfə] <-, -n> *f* aiuto *m;* (*Unterstützung*) appoggio *m;* (*Beistand,* MED) assistenza *f;* **erste ~** pronto soccorso; **jdn um ~ bitten** chiedere aiuto a qu; **um ~ rufen** invocare aiuto; **jdn zu ~ rufen** chiamare in aiuto qu; **jdm zu ~ kommen** venire in aiuto di qu; **mit ~ von** con l'aiuto di, per mezzo di; (**zu**) **~!** aiuto!

Hilfeleistung *f* prestazione *f* d'aiuto [*o* soccorso]; (*bes.* MED) assistenza *f;* **unterlassene ~** (JUR) omissione di soccorso

Hilfemenü *n* (INFORM) menu *m* di assistenza

Hilferuf *m* ❶ (*Schrei*) grido *m* di aiuto ❷ (*fig: Bitte um Hilfe*) chiamata *f* di soccorso

hilfesuchend[ALT] *adj s.* **Hilfe 1.**

hilflos *adj* ❶ (*allein*) privo d'aiuto, impotente ❷ (*ratlos*) perplesso; **Hilflosigkeit** <-> *kein Pl f* impotenza *f,* perplessità *f*

hilfreich *adj* caritatevole; **eine ~e Hand** una mano caritatevole

Hilfsaktion *f* (oper)azione *f* di soccorso

Hilfsarbeiter(in) <-s, -; -, -nen> *m(f)* manovale *mf,* bracciante *mf,* operaio, -a *m, f* ausiliario, -a

hilfsbedürftig *adj* bisogno d'aiuto, indigente

hilfsbereit *adj* pronto ad aiutare, servizievole; **Hilfsbereitschaft** *f* prontezza *f* nel soccorrere, essere *m* servizievole

Hilfsdienst *m* ❶ (*Zusatzdienst*) servizio *m* ausiliario ❷ (*für Notfälle*) servizio *m* d'emergenza

Hilfsgüter *npl* aiuti *mpl* umanitari

Hilfskraft *f* aiuto *m,* assistente *mf*

Hilfsmittel *n* aiuto *m,* ausilio *m*

Hilfsmotor *m* (*am Auto*) motore *m* ausiliario; (*am Fahrrad*) motorino *m* ausiliario

Hilfsprojekt *n* piano *m* di aiuti

Hilfsquellen *fpl* (LIT, AGR) risorse *fpl*

Hilfsverb *n* (LING) (verbo *m*) ausiliare *m*

Hilfswerk *n* ente *m* assistenziale

hilft [hɪlft] *3. pers sing pr von* **helfen**

Himbeere ['hɪmbeːrə] *f* lampone *m;* **Himbeergeist** *m* distillato *m* di lampone; **Himbeersirup** *m* sciroppo *m* di lamponi; **Himbeerstrauch** *m* (BOT) lampone *m*

Himmel ['hɪməl] <-s, *rar* -> *m* ❶ cielo *m;* **am ~** in cielo; **im ~** in paradiso; (**das**) **weiß der ~!** (*fam*) lo sa il cielo; **du lieber ~!** santo cielo!; **um ~s willen!** per l'amor del cielo!; **aus heiterem ~** (*fam*) inaspettatamente; **im siebten ~ sein** essere al settimo cielo; **~ und Hölle in Bewegung setzen** smuovere cielo e terra *fam;* **das schreit zum ~** grida vendetta ❷ (*Thron~, Altar~*) baldacchino *m;* **himmelangst** ['hɪməl'ʔaŋst] *adj* **mir ist ~** ho una paura del diavolo *fam;* **Himmelbett** *n* letto *m* a baldacchino; **himmelblau** *adj* celeste; *s. a.* **blau**

Himmelfahrt *f* ❶ (REL) **Christi ~** Ascensione *f;* **Mariä ~** Assunzione *f* ❷ (*Feiertag*) Ascensione *f*

himmelhoch ['hɪməl'hoːx] *adj* altissimo; **~ jauchzend, zu Tode betrübt sein** alternare momenti di esaltazione a fasi depressive; **Himmelreich** *n* (REL) regno *m* dei cieli; **himmelschreiend** *adj* che grida vendetta davanti a Dio, inaudito; **Himmelskörper** *m* (ASTR) corpo *m* celeste; (*Gestirn*) stella *f;* **Himmelsrichtung** *f* punto *m* cardinale

himmelweit ['hɪməl'vaɪt] *adj* **das ist ein ~er Unterschied** (*fam*) fa una grandissima differenza

himmlisch ['hɪmlɪʃ] *adj* ❶ (*göttlich*) celeste, del cielo ❷ (*fig: wunderbar*) celestiale

hin [hɪn] **I.** *adv* ❶ (*örtlich*) là, verso quel luogo; **wo gehst du ~?** dove vai?; **~ und her** qua e là, su e giù; **das Hin und Her** il viavai, l'andirivieni; **~ und zurück** (*Fahrkarte*) andata e ritorno; **nach langem Hin und Her** (*fam*) dopo un lungo tiremmolla ❷ (*zeitlich*) per; **~ und her überlegen** riflettere a lungo, ponderare; **~ und wieder** di quando in quando, di tanto in tanto ❸ (*daraufhin*) **auf ... ~** in relazione a; **auf die Gefahr ~, dass ...** a rischio di +*inf* **II.** *adj* (*fam*) ❶ (*verflossen*) finito, passato; **sein guter Ruf ist hin** la sua buona reputazione è rovinata ❷ (*kaputt*) rotto

hinab [hɪ'nap] *adv s.* **hinunter**

hinarbeiten *vi* **auf etw** *acc* **~** mirare a qc, sforzarsi di raggiungere qc

hinauf [hɪ'naʊf] *adv* in su, in alto; **da ~** su per di qua

hinauffahren <irr> **I.** *vi sein* andare su, salire; (*einen Fluss*) risalire **II.** *vt haben* portare su, salire; **hinaufgehen** <irr> *vi sein* andare su; **hinaufsetzen** *vt* (*Preise*) alzare, aumentare; **hinaufsteigen** <irr> *vi sein* ❶ salire ❷ (*fig*) **zu jdm/etw ~** ascendere a qu/qc; **hinauftreiben** <treibt hinauf, trieb hinauf, hinaufgetrieben> *vt* far alzare

hinaus [hɪ'naʊs] *adv* fuori; **da ~** fuori (per) di qua; **darüber ~** oltre, più in là; (*fig*) oltre

a ciò; **über ... ~** (*räumlich*) al di là di ...; (*zeitlich, mehr als*) oltre; **zum Fenster/ zur Tür ~** fuori dalla finestra/porta; **das Zimmer geht nach vorn/hinten ~** la camera dà sul davanti/retro; **wo geht es ~?** dov'è l'uscita?; **~ mit Ihnen!** esca!, fuori!, se ne vada!

hinausbegleiten <ohne ge-> *vt* accompagnare fuori; **hinausdrängen** **I.** *vi* venir fuori (*aus* da) **II.** *vt* espellere (*aus* da); **hinausekeln** *vt* (*fam*) **jdn ~** far scappare qu (dallo schifo); **hinausfliegen** <irr> *vi sein* ❶ (*Vogel*) volar via; **aus dem Käfig ~** volar via dalla gabbia ❷ (*fam: Person*) volar via, scappar via; **aus dem Restaurant/der Schule ~** venir buttato fuori dal ristorante/ dalla scuola; **hinausgehen** <irr> *vi sein* ❶ (*nach draußen gehen*) andare fuori, uscire ❷ (*Zimmer, Fenster*) dare; **auf den** [*o* **nach dem**] **Hof ~** dare sul cortile ❸ (*fig: überschreiten*) **über etw** *acc* **~** superare qc; **hinauslaufen** <irr> *vi sein* (*nach draußen laufen*) correre fuori, uscire di corsa; **auf etw** *acc* **~** (*fig*) andare a finire in qc, portare a qc; **hinauslehnen** *vr* **sich ~** sporgersi; **hinausschicken** *vt* mandare fuori; **hinausschieben** <schiebt hinaus, schob hianus, hinausgeschoben> *vt* ❶ (*Termin*) rimandare ❷ (*Person, Gegenstand*) spingere [*o* buttare] fuori; **hinausschießen** <schießt hinaus, schoss hinaus, hinausgeschossen> *vi* ❶ *haben* (*nach draußen schießen*) sparare fuori ❷ *sein* (*hinausrennen*) uscire sparato *fam;* **über das Ziel ~** (*fig*) oltrepassare il segno; **hinauswerfen** <irr> *vt* ❶ (*Sache*) gettare fuori ❷ buttare fuori; (*entlassen*) licenziare; (*kündigen*) sfrattare, sbatter fuori *fam;* **hinauswollen** <irr> *vi* (*nach draußen wollen*) voler uscire; **aus etw ~** voler uscire da qc; **hoch ~** mirare in alto; **auf etw** *acc* **~** (*fig*) mirare a qc, tendere a qc; **worauf wollen Sie hinaus?** dove vuole andare a parare?; **hinauszögern** **I.** *vt* rinviare **II.** *vr* **sich ~** protrarsi, andare per le lunghe

hinbiegen <irr> *vt* (*fam*) piegare, sistemare; **das biegen wir schon hin** vedrai che si sistema

Hinblick <-s> *kein Pl m* **im ~ auf** +*acc* riguardo a, in considerazione di; **im ~ darauf, dass ...** in considerazione del fatto che ...

hinbringen <irr> *vt* (*Sache*) portare lì; (*Person*) accompagnare (là)

hinderlich ['hɪndəlɪç] *adj* che è d'impedimento; **jdm ~ sein** essere d'ostacolo a qu

hindern ['hɪndən] *vt* ❶ (*abhalten*) **jdn**

(**daran**) ~ **etw zu tun** impedire a qu di fare qc ❷ (*hemmen*) **jdn bei etw** ~ ostacolare qu in qc

Hindernis ['hɪndɛnɪs] <-ses, -se> *n* ❶ (*allg*, SPORT) ostacolo *m;* **ein ~ aus dem Weg räumen** (*fig*) eliminare un ostacolo; **jdm ~ se in den Weg legen** (*fig*) frapporre ostacoli a qu ❷ (*Behinderung*, JUR) impedimento *m;* **Hindernislauf** *m* corsa *f* a ostacoli; **Hindernisrennen** *n* corsa *f* a ostacoli

Hinderungsgrund *m* (motivo *m* d')impedimento *m*

hin|deuten *vi* ❶ (*hinzeigen*) **auf jdn/ etw** ~ mostrare qu/qc col dito, additare qu/qc ❷ (*fig: andeuten*) **auf etw** *acc* ~ alludere a qc; (*hinweisen*) indicare qc

Hindi ['hɪndɪ] <-> *kein Pl n* (LING) hindi *m*

Hindu ['hɪndu] <-(s), -(s)> *m* indù *m*

Hinduismus [hɪndu'ɪsmʊs] <-> *kein Pl m* induismo *m*

hinduistisch *adj* induistico, dell'induismo

hindurch [hɪn'dʊrç] *adv* ❶ (*örtlich*) attraverso; **mitten** ~ attraverso il mezzo ❷ (*zeitlich*) per, durante

hinein [hɪ'naɪn] *adv* dentro; **mitten in etw** *acc* ~ in mezzo a qc, nel bel mezzo di qc; **bis tief in die Nacht** ~ fino a notte avanzata

hinein|gehen <irr> *vi sein* ❶ (*in etw* ~) andare dentro, entrare; (*nach innen gehen*) penetrare ❷ (*hineinpassen*) starci; **hinein|knien** *vr* **sich in etw** *acc* ~ (*fig fam*) sprofondarsi in qc; **hinein|kommen** <kommt hinein, kam hinein, hineingekommen> *vi sein* ❶ entrare; (*hineingelangen*) poter entrare ❷ (*fig: sich hineinfinden*) impratichirsi (*in* +*acc* di) ❸ (*hineingeraten*) cacciarsi (*in* +*acc* in); **hinein|legen** *vt* ❶ (*nach innen legen*) mettere dentro ❷ (*fig: Gefühl, Ehrgeiz*) metterci; **hinein|passen** *vi* ❶ (*Platz haben*) **in etw** *acc* ~ trovar posto in qc ❷ (*fig*) **in eine Umgebung** ~ essere adatto per un ambiente; **hinein|schlittern** *vi* (*fam*) ❶ (*in Graben*) scivolare (dentro) (*in* +*acc* in) ❷ (*fam: in Situation*) finire (*in* +*acc* in); **hinein|stecken** *vt* ❶ (*hineinlegen*, *-setzen*, *-stellen*) mettere dentro; (*Stecker, Nadel*) infilare ❷ (*investieren*) investire, impiegare; **hinein|steigern** *vr* **sich in etw** *acc* ~ lasciarsi trasportare a qc; **hinein|versetzen** <ohne ge-> *vr* **sich in jdn** [*o* jds Lage] ~ mettersi nei panni di qu *fam;* **hinein|wachsen** <wächst hinein, wuchs hinein, hineingewachsen> *vi sein* maturare, crescere (*in* +*acc* in), familiarizzarsi (*in* +*acc* con); **hinein|zie-**

hen <zieht hinein, zog hinein, hineingezogen> **I.** *vi sein* tirar dentro (*in* +*acc* in) **II.** *vt* ❶ (*Dinge*) trascinare ❷ (*in Verbrechen*) coinvolgere (*in* +*acc* in)

hin|fahren <irr> **I.** *vi sein* andare là, andarci; (*wegfahren*) andare via **II.** *vt haben* condurre, portare là

Hinfahrt <-, -en> *f* (viaggio *m* di) andata *f;* **Hin- und Rückfahrt** andata e ritorno

hin|fallen <irr> *vi sein* cadere (per terra); **der Länge nach** ~ cadere lungo disteso

hinfällig *adj* ❶ (*altersschwach*) decrepito, cadente; (*kränklich*) malaticcio *fam*, debole ❷ (*ungültig*) non valido, nullo; **Hinfälligkeit** <-, -en> *f* ❶ (*Altersschwäche*) decrepitezza *f;* (*Kränkeln*) gracilità *f*, infermità *f* ❷ (*Ungültigkeit*) caducità *f*, nullità *f*

Hinflug *m* volo *m* di andata

hing [hɪŋ] *1. u 3. pers sing imp von* **hängen**[2]

Hingabe <-> *kein Pl f* (*Begeisterung*) fervore *m;* (*Leidenschaft*) passione *f;* (*Eifer*) zelo *m*

hin|geben <irr> **I.** *vt* sacrificare **II.** *vr* **sich einer Sache** *dat* ~ dedicarsi a qc; **sich jdm** ~ darsi a qu

hingebungsvoll *adj* (*opferbereit*) pieno di abnegazione

hingegen [hɪn'ge:gən] *adv* invece, al contrario

hin|gehen <irr> *vi sein* ❶ (*räumlich*) andare là, andarci ❷ (*Zeit*) passare

hingerissen ['hɪngərɪsən] *adj* entusiasta, incantato

hin|halten <irr> *vt* ❶ (*entgegenstrecken*) tendere, porgere; **seinen Kopf für etw** ~ tenere la testa alta di fronte a qc ❷ (*fig: warten lassen*) tenere a bada

Hinhaltetaktik *f* tattica *f* di rinvio

hin|hauen <irr> (*fam*) **I.** *vt* (*Arbeit*) buttar giù **II.** *vi* ❶ (*klappen*) riuscire ❷ (*gut gehen*) andare bene **III.** *vr* **sich** ~ (*fam: zum Schlafen*) coricarsi; **hin|hören** *vi* ascoltare, tendere l'orecchio

hinken ['hɪŋkən] *vi haben* essere zoppo, zoppicare; **auf dem rechten/linken Fuß** ~ zoppicare dal piede destro/sinistro

hin|knien *vi sein o vr* **sich** ~ inginocchiarsi, mettersi in ginocchio

hinlänglich *adj* bastante, sufficiente

hin|legen **I.** *vt* (de)porre, posare **II.** *vr* **sich** ~ sdraiarsi; (*zu Bett gehen*) coricarsi; **hin|nehmen** <irr> *vt* (*Tatsache*) accettare, prendere; (*erdulden*) sopportare; (*Beleidigung*) incassare, ingoiare

hinreichend ['hɪnraɪçənt] *adj* bastante, sufficiente

Hinreise f (viaggio m d') andata f
hin|reißen <irr> vt **sich zu etw ~ lassen** lasciarsi trasportare a fare qc; **hinreißend** adj affascinante, meraviglioso
hin|richten vt giustiziare
Hinrichtung <-, -en> f esecuzione f capitale
Hinschied ['hɪnʃiːt] <-(e)s, -e> m (CH: Tod) morte f, decesso m
hin|schmeißen <irr> vt (fam) buttare là; (Arbeit) mandare a quel paese fam; **hin|sehen** <irr> vi zu jdm/etw ~ guardare verso qu/qc; **bei näherem Hinsehen** guardando più da vicino; **hin|setzen** I. vr sich ~ sedersi II. vt mettere là
Hinsicht <-, rar -en> f **in ~ auf** +acc riguardo a; **in dieser ~** sotto questo aspetto; **in gewisser ~** sotto certi aspetti; **in jeder ~** sotto tutti gli aspetti
hinsichtlich prp +gen riguardo a, per quanto concerne
hin|sitzen <sitzt hin, saß hin, hingesessen> vi sein (südd, CH) sedersi
Hinspiel <-(e)s, -e> n (SPORT) partita f di andata
hin|stellen I. vt ❶ mettere, collocare ❷ (fig: darstellen) presentare; **jdn als Dummkopf ~** far passare qu da stupido II. vr sich ~ mettersi; **sich vor jdn ~** mettersi davanti a qu; **sich als Künstler ~** (fig) farsi passare per artista
hin|stürzen vi sein ❶ (hinfallen) cadere ❷ (hineilen) precipitarsi (là) (zu a)
hinten ['hɪntən] adv ❶ (di) dietro ❷ (im Hintergrund) sullo sfondo ❸ (hinter anderen) indietro ❹ (am Ende) in coda, alla fine ❺ (weit entfernt) lontano ❻ (auf der Rückseite) di dietro ❼ (fam) **das stimmt ~ und vorne nicht** non è affatto vero; **das Geld reicht ~ und vorn(e) nicht** i soldi non bastano assolutamente
hintenherum adv per di dietro; **etw ~ erfahren** venire a sapere qc per vie traverse
hintennach [hɪntən'naːx] adv (südd, CH) s. hinterdrein
hintenrum adv (fam) s. hintenherum
hintenüber [hɪntən'ʔyːbɐ] adv (all')indietro
hinter ['hɪntɐ] prp +acc o dat (örtlich) dietro; (in der Reihenfolge) dopo; **einer ~ dem andern** uno dopo l'altro; **~ die Wahrheit kommen** scoprire la verità; **~ sich** dat dietro di sé; **~ sich** dat **lassen** (überholen) sorpassare; (übertreffen) superare; **etw ~ sich bringen** compiere qc
Hinterachse f (MOT) assale m posteriore
Hinterausgang m uscita f posteriore

Hinterbacke f (fam) natica f, chiappa f
Hinterbein n (Tiere) gamba f posteriore; **sich auf die ~e stellen** (fig) impuntarsi, puntare i piedi
Hinterbliebene [hɪntɐ'bliːbənə] <ein -r, -n, -n> mf superstite mf
hinterbringen[1] [hɪntɐ'brɪŋən] <hinterbringt, hinterbrachte, hinterbracht> vt **jdm etw ~** riferire [o riportare] qc a qu
hinter|bringen[2] <bringt hinter, brachte hinter, hintergebracht> vt ❶ (ostd, südd, A: fam) portare indietro ❷ (ostd) finire, inghiottire, mandar giù
hinterdrein [hɪntɐ'draɪn] adv ❶ (räumlich) (di) dietro, dopo ❷ (Zeit) dopo, poi, in seguito
hintereinander [hɪntɐʔaɪ'nandɐ] adv ❶ (örtlich) uno dietro l'altro, in fila ❷ (zeitlich) uno dopo l'altro; (Reihenfolge) successivamente; **zwei Jahre ~** due anni di fila
hintere(r, s) adj posteriore, ultimo, -a
hinterfragen [hɪntɐ'fraːgən] <ohne ge-> vt indagare
Hintergedanke <-ns, -n> m pensiero m segreto, secondo fine m
hintergehen [hɪntɐ'geːən] <irr> vt haben (täuschen) ingannare, raggirare
hinter|gehen[2] <geht hinter, ging hinter, hintergegangen> vi sein (ostd, südd, A: fam) andare indietro
Hintergrund m (a Computer) sfondo m; (THEAT) retroscena m; **im ~ bleiben** (fig) restare nell'ombra; **in den ~ treten** (fig) passare in secondo piano; **hintergründig** ['hɪntɐgrʏndɪç] adj recondito, nascosto
Hinterhalt m imboscata f, agguato m; **jdn in einen ~ locken** attirare qu in un'imboscata; **hinterhältig** ['hɪntɐhɛltɪç] adj subdolo, perfido
hinterher [hɪntɐ'heːɐ] adv ❶ (räumlich) (di) dietro ❷ (zeitlich) dopo, poi
hinterher|hinken [hɪntɐ'heːɐhɪŋkən] vi sein ❶ (hinkend verfolgen) seguire zoppicando, seguire a fatica; **die Gesetzgebung hinkt der sozialen Entwicklung hinterher** la legislazione segue a fatica lo sviluppo sociale ❷ (zu langsam folgen) arrancare
hinterher|laufen <irr> vi sein **jdm ~** correr dietro a qu
Hinterhof m cortile m interno; **Hinterkopf** m occipite m; **Hinterland** n entroterra m, hinterland m
hinterlassen [hɪntɐ'lasən] <irr> vt lasciare; **Hinterlassenschaft** f eredità f
hinterlegen [hɪntɐ'leːgən] <ohne ge-> vt depositare
Hinterlist kein Pl f perfidia f, malignità f;

hinterlistig *adj* perfido, subdolo
hinterm ['hɪntəm] = **hinter dem** (*fam*)
dietro
Hintermann *m* ❶ (*räumlich*) chi sta dietro
❷ *meist pl* (*fig: Drahtzieher*) mandanti
mpl
hintern ['hɪntən] = **hinter den** (*fam*) dietro
Hintern ['hɪntən] <-s, -> *m* (*fam*) didietro *m*
Hinterrad *n* ruota *f* posteriore; **Hinter-**
radantrieb *m* (MOT) trazione *f* posteriore
Hinterreihe *f* ultima fila *f*
hinterrücks ['hɪntɐʀʏks] *adv* ❶ (per) di
dietro, alle spalle ❷ (*fig pej: heimtückisch*)
a tradimento, proditoriamente
hinters ['hɪntɐs] = **hinter das** (*fam*) dietro
Hinterschinken <-s, -> *m* (GASTR) prosciutto *m* di coscia
hintersinnen *vr* sich (*CH: grübeln, sich*
viele Gedanken machen) lambiccarsi (il
cervello), scervellarsi; **wegen ihrer**
schweren Krankheit hat sie sich fast
hintersinnt per colpa della sua grave
malattia si è abbattuta [*o* avvilita]
hinterste(r, s) *adj* Superlativ von **hinte-**
re(r, s) ultimo, -a
Hinterteil *n* (*fam: Gesäß*) sedere *m*, posteriore *m*
Hintertreffen *n* (*fam*) **ins ~ geraten**
avere la peggio
hintertreiben [hɪntɐ'traɪbən] <hinter-
treibt, hintertrieb, hintertrieben> *vt* mandare a monte, render vano, frustrare
Hintertupfing(en) ['hɪntɐ'tʊpfɪŋ(ən)]
<-s> *kein Pl n* (*fam iron*) paesetto *m* sper-
duto
Hintertür *f* ❶ (*bei einem Haus*) porta *f*
posteriore ❷ (*fig*) scappatoia *f*; **sich** *dat*
eine ~ offenlassen lasciarsi aperta una
porta
Hinterwäldler ['hɪntɐvɛltlɐ] <-s, -> *m*
(*fig fam*) uomo *m* rozzo [*o* ignorante], zoticone *m*
hinterziehen [hɪntɐ'tsiːən] <irr> *vt*
(*Geld*) sottrarre; (*Steuern, Zoll*) frodare,
evadere
Hinterzimmer *n* stanza *f* sul retro
hin|treten <tritt hin, trat hin, hingetreten>
vi sein **zu etw ~** mettere i piedi in qc; **vor**
jdn ~ comparire davanti a qu
hin|tun <irr> *vt* (*fam*) mettere
hinüber [hɪ'nyːbɐ] *adv* di là, dall'altra
parte; **da ~** per di qua; **über etw** *acc* ~ al di
sopra di qc, dall'altra parte di qc
hinüber|retten I. *vt* salvare; (*in spätere*
Zeit) conservare (*in* +*acc* in) II. *vr* **sich ~**

(*über Brücke, Grenze*) salvarsi (*über* +*acc*
oltre), rifugiarsi
hinunter [hɪ'nʊntɐ] *adv* giù, abbasso; **den**
Berg ~ giù per la montagna
hinunter|fahren <irr> *vi sein* scendere
(con un veicolo); **hinunter|fallen** <irr> *vi*
sein cadere giù; **hinunter|gehen** <irr> *vi*
sein scendere; **hinunter|schlucken** *vt*
mandare giù, inghiottire; (*a Ärger*)
ingoiare; **hinunter|spülen** *vt* (*fam:*
hinunterschlucken) ingoiare; (*Ärger*) inghiottire, mandar giù; **etw den Ausguss ~**
far scolare qc nel lavello; **hinunter|stür-**
zen I. *vi sein* ❶ (*hinunterfallen*) cadere
[*o* precipitare] giù ❷ (*hinunterlaufen*) scendere a precipizio II. *vt haben* buttar giù
III. *vr* **sich ~** buttarsi giù; **hinunter|wer-**
fen <irr> *vt* gettare giù; **hinunter|wür-**
gen *vt* (*Essen*) ingoiare
hinweg [hɪn'vɛk] *adv* **~ mit euch!** (*obs*)
fuori dai piedi!, via di qui!
Hinweg ['hɪnveːk] *m* andata *f*
hinweg|gehen <irr> *vi sein* **über etw** *acc*
~ (*fig*) ignorare qc, passare sopra a qc
hinweg|hören *vi* **über etw** *acc* **~** ignorare
qc; **hinweg|kommen** <irr> *vi sein* **über**
etw ~ (*fig*) superare qc, non pensare più a
qc; **hinweg|sehen** <irr> *vi* ❶ **über etw**
acc **~** guardare al di sopra di qc ❷ (*fig:*
ignorieren) passare sopra; **darüber will**
ich noch ~, aber ... per questa volta
passi, però ...; **hinweg|setzen** *vr* **sich**
über etw *acc* **~** non tener conto di qc;
hinweg|täuschen *vt* ingannare (*über*
+*acc*); **sein Lächeln konnte nicht über**
seine Enttäuschung ~ il suo sorriso non
poté ingannare la delusione
Hinweis ['hɪnvaɪs] *m* ❶ (*Rat*) indicazione *f*,
informazione *f* ❷ (*Verweis*) rimando *m*;
der ~ auf Seite *acc* ... il rimando a pagina
... ❸ (*Anspielung*) allusione *f*, accenno *m*;
unter ~ auf etw *acc* accennando a qc,
facendo riferimento a qc
hin|weisen <irr> I. *vt* **jdn auf etw** *acc* **~**
far notare qc a qu, richiamare l'attenzione
di qu su qc II. *vi* **auf etw** *acc* **~** indicare qc,
segnalare qc; **darauf ~, dass ...** far notare
che ...; **hin|werfen** <irr> *vt* ❶ (*zu Boden*
werfen) buttare per terra ❷ (*fig: Zeich-*
nung) abbozzare, schizzare ❸ (*fam: Stel-*
lung) abbandonare; **hin|ziehen** <irr> *vr*
sich ~ (*zeitlich*) protrarsi, andare per le
lunghe; **sich zu jdm hingezogen fühlen**
sentirsi attratto da qu; **sich zu etw hinge-**
zogen fühlen avere inclinazione per qc
hinzu [hɪn'tsuː] *adv* ❶ (*örtlich*) vi ❷ (*au-*
ßerdem) inoltre ❸ (*obendrein*) per di più;
hinzu|fügen *vt* **etw** (**zu etw**) **~** aggiun-

gere qc (a qc); **hinzu|kommen** <irr> *vi sein* (*Personen*) sopraggiungere; (*Dinge, Tatsachen*) aggiungersi; **hinzu kommt noch, dass …** va ancora aggiunto che …; **hinzu|ziehen** <irr> *vt* consultare, ricorrere a

Hiobsbotschaft ['hiːɔpsboːtʃaft] *f* annuncio *m* funesto, notizia *f* infausta

Hip-Hop ['hiphɔp] <-s> *kein Pl m* hiphop *m*

Hippie ['hɪpi] <-s, -s> *m* hippy *m*

Hirn [hɪrn] <-(e)s, -e> *n* ❶ (*Gehirn*) cervello *m* ❷ (*Verstand*) intelligenza *f;* **Hirngespinst** ['hɪrngəʃpɪnst] *n* (*pej*) fantasticheria *f,* fantasia *f,* idea *f* cervellotica; **Hirnhaut** *f* (ANAT) meninge *f;* **Hirnhautentzündung** *f* (MED) meningite *f;* **hirnrissig, hirnverbrannt** ['hɪrnrɪsɪç, 'hɪrnfɛɐbrant] *adj* (*fam*) pazzo, folle; **Hirntod** *m* (MED) morte *f* cerebrale

Hirsch [hɪrʃ] <-(e)s, -e> *m* (ZOO) cervo *m;* **Hirschkäfer** *m* (ZOO) cervo *m* volante; **Hirschkalb** *n* (ZOO) cerbiatto *m;* **Hirschkeule** *f* (GASTR) coscia *f* di cervo; **Hirschkuh** *f* (ZOO) cerva *f*

Hirse ['hɪrzə] <-, *rar* -n> *f* (BOT, AGR) miglio *m*

Hirte ['hɪrtə] <-n, -n> *m* pastore *m;* **Hirtenbrief** *m* (REL) lettera *f* pastorale; **Hirtin** ['hɪrtɪn] <-, -nen> *f* pastora *f*

hissen ['hɪsən] *vt* (*Fahne*) issare; (*Segel*) alzare

Historie [hɪs'toːriə] <-, -n> *f* (*obs, geh*) storia *f*

Historiker(in) [hɪs'toːrɪkɐ] <-s, -; -, -nen> *m(f)* storico, -a *m, f*

historisch [hɪs'toːrɪʃ] *adj* storico

Hit [hɪt] <-s, -s> *m* hit *m;* **Hitliste** *f* classifica *f* delle canzoni di successo; **Hitparade** *f* hitparade *f;* **hitverdächtig** *adj* in odore di successo

Hitze ['hɪtsə] <-> *kein Pl f* ❶ (*heiß*) gran caldo *m,* gran calura *f;* (METEO) caldo *m;* **den Kuchen bei mittlerer ~ backen** cuocere il dolce in forno a temperatura media ❷ (*fig: Leidenschaft*) ardore *m;* (*Eifer*) fervore *m;* **in der ~ des Gefechts** nel fervore della mischia; (*fig*) nella foga della discussione; **hitzebeständig** *adj* resistente al calore, refrattario; **Hitzebläschen** ['hɪtsəblɛːsçən] <-s, -> *n* (MED) sudamina *f;* **hitzempfindlich** *adj* sensibile al calore; **hitzefrei** *adj* ~ **haben** avere vacanza per il gran caldo; **Hitzewelle** *f* ondata *f* di caldo

hitzig ['hɪtsɪç] *adj* ❶ (*leicht erregbar*) irritabile, irascibile; (*heftig*) violento ❷ (*Debatte*) acceso; **Hitzkopf** *m* (*fig*) testa *f*

calda; **Hitzschlag** *m* (MED) colpo *m* di calore

HIV [haːʔiːˈfaʊ] <-(s)> *kein Pl n* (MED) *abk v* **Human Immune (Deficiency) Virus** HIV *m;* ~ **positiv/negativ** sieropositivo/sieronegativo; **HIV-Test** <-(e)s, -s> *m* (MED) test *m* dell'AIDS

Hiwi ['hiːvi] <-(s), -s> *m* (*sl: an Universität*) assistente *m* universitario

hl *abk v* **Hektoliter** hl

hl. *abk v* **heilig** S.

hm *int* ehm

H-Milch ['haːmɪlç] *f* latte *m* pastorizzato a lunga conservazione

h-Moll ['haːˈmɔl] <-> *kein Pl n* (MUS) si *m* minore

HNO-Arzt [haːʔɛnˈʔoːartst] *m,* **HNO-Ärztin** *f* otorinolaringoiatra *mf*

hob [hoːp] *1. u 3. pers sing imp von* **heben**

Hobby ['hɔbi] <-s, -s> *n* hobby *m,* svago *m* preferito; **Hobbyraum** *m* locale *m* per hobby

Hobel ['hoːbəl] <-s, -> *m* pialla *f;* **Hobelbank** *f* banco *m* da falegname

hobeln ['hoːbəln] *vt* piallare

hoch [hoːx] **I.**<höher, höchste> *adj* ❶ (*räumlich*) alto; **im hohen Norden** all'estremo nord; **das ist mir zu ~** (*fam*) questo è troppo difficile per me ❷ (*fig: Ton*) acuto ❸ (*Zahl, Preis*) elevato; (*Alter*) avanzato; **in hohem Maße** in alto grado, grandemente; **mit hoher Wahrscheinlichkeit** con grande probabilità ❹ (*Strafe*) duro; (*Geldstrafe*) forte ❺ (*erhaben*) sublime; (*Ehre*) grande ❻ (*hervorragend*) eminente ❼ (*oben stehen*) **hoher Feiertag** festa solenne; **das Hohe Gericht** l'Alta corte; **hoher Offizier** ufficiale superiore; **ein hohes Tier** (*fam*) un pezzo grosso **II.**<höher, am höchsten> *adv* molto, ben; ~ **erfreut sein** essere molto lieto; ~ **und heilig versprechen** promettere solennemente; **jdm etw ~ anrechnen** fare un gran merito a qu di qc; **6 ~ 4** (MAT) sei elevato alla quarta potenza; ~ **oben** su in alto; ~ **am Himmel** alto nel cielo; **wenn es ~ kommt** (*fam*) tutt'al più, al massimo; **wie ~ schätzen Sie …?** quanto vale secondo Lei …?; **er lebe ~!** viva!; **Hände ~!** mani in alto!

Hoch <-s, -s> *n* ❶ (METEO) zona *f* di alta pressione, anticiclone *m* ❷ (*Ruf*) evviva *m;* **ein dreifaches ~ für …!** un triplo evviva per …!

Hochachtung <-> *kein Pl f* stima *f,* rispetto *m;* **hochachtungsvoll** *adv* (*Brief*) distinti saluti

Hochaltar *m* altar(e) *m* maggiore

Hochamt *n* messa *f* grande [*o* solenne]
hochangesehen ['ho:x'angəze:ən] *adj* molto apprezzato [*o* stimato]
hochanständig ['ho:x'anʃtɛndɪç] *adj* (*Handlung*) molto corretto
hoch|arbeiten *vr* **sich** ~ farsi strada (lavorando)
Hochbahn *f* ferrovia *f* sopraelevata
Hochbau *m* ❶ (*Bau*) costruzione *f* soprassuolo ❷ (*Studium*) ingegneria *f* civile
hochbegabt^ALT *adj s.* **begabt**
hochberühmt *adj a attr.* famosissimo, celeberrimo
hochbetagt *adj* molto vecchio
Hochbetrieb *m* (*fam*) massima attività *f*
Hochblüte <-> *kein Pl f* (*fig*) fioritura *f;* **seine** ~ **haben** fiorire
Hochburg *f* roccaforte *f,* baluardo *m*
hochdeutsch *adj* ❶ (*nicht umgangssprachlich*) tedesco puro, tedesco scritto ❷ (*ober- und mitteldeutsch*) alto tedesco
hochdotiert^ALT *adj s.* **dotieren**
Hochdruck *kein Pl m* ❶ (PHYS, METEO) alta pressione *f;* (*fig*) pressione *f* ❷ (TYP) stampa *f* in rilievo, tipografia *f;* **Hochdruckgebiet** <-(e)s, -e> *n* (METEO) zona *f* d'alta pressione
Hochebene *f* (GEOG) altopiano *m*
hocherfreut *adj a attr.* felicissimo
hochexplosiv *adj* molto esplosivo
hoch|fahren <irr> *vi sein* ❶ (*nach oben fahren*) andare su, salire ❷ (*aufbrausen*) saltar(e) su; **aus dem Schlaf** ~ svegliarsi di soprassalto; **hochfahrend** *adj* superbo, arrogante, presuntuoso
Hochfinanz <-> *kein Pl f* alta finanza *f*
hochfliegend *adj* (*fig*) ambizioso
Hochform *f* ottima forma *f*
Hochformat *n* formato *m* verticale
Hochfrequenz *f* (PHYS) alta frequenza *f*
Hochgebirge *n* (GEOG) alta montagna *f*
Hochgefühl *n* euforia *f*
hoch|gehen <irr> *vi sein* ❶ (*nach oben gehen*) salire; (*Vorhang*) alzarsi, levarsi; (*Mine*) esplodere ❷ (*fam: zornig werden*) montare su tutte le furie
Hochgenuss^RR *m* godimento *m* massimo, voluttà *f*
hochgeschlossen *adj* (*Bluse*) accollato
Hochgeschwindigkeitszug *m* treno *m* ad alta velocità
hochgespannt *adj* ~**e Erwartungen haben** avere aspettative eccessive
hochgestochen *adj* (*fam pej: Rede*) forbito; (*Buch*) pretenzioso
hochgewachsen^ALT *adj s.* **wachsen**
Hochglanz *kein Pl m* lucentezza *f,* splendore *m;* **etw auf** ~ **bringen** lucidare qc

a specchio *fam;* **Hochglanzpapier** *n* carta *f* patinata per stampa
hochgradig *adj* forte, intenso
hochhackig ['ho:xhakɪç] *adj* a tacchi alti
hoch|halten <irr> *vt* ❶ tenere in alto ❷ (*fig: achten*) tenere alto, onorare
Hochhaus *n* grattacielo *m*
hoch|heben <irr> *vt* alzare, sollevare
hochindustrialisiert *adj* altamente industrializzato
hoch|jubeln *vt* (*fam*) gioire di cuore, esultare
hochkant ['ho:xkant] *adv* (*Bücher*) per [*o* a] coltello, di costa; **jdn** ~ **hinauswerfen** sbattere fuori qu
hochkarätig ['ho:xkarɛ:tɪç] *adj* ❶ (*von hohem Karat*) di molti carati, di pregio ❷ (*Person*) di qualità; ~**er Wissenschaftler** uno studioso di qualità
Hochkonjunktur *f* (FIN) congiuntura *f* favorevole
hochkonzentriert ['ho:xkɔntsɛn'tri:ɐt] *adj* ad alta concentrazione, molto concentrato
Hochkultur *f* civiltà *f* evoluta
hochladen *vt* (INFORM) uploadare
Hochland *n* (GEOG) altopiano *m*
hoch|leben *vi* **er/sie lebe hoch!** viva!, evviva!; **jdn** ~ **lassen** festeggiare qu
Hochleistung *f* alto rendimento *m,* alta resa *f*
Hochlohnland <-(e)s, -länder> *n* (WIRTSCH) paese *m* ad alto costo di lavoro [*o* ad alta retribuzione lavorativa]
hochmodern *adj* modernissimo
Hochmoor *n* (GEOG) palude *f* alta [*o* sovracquatica]
Hochmut *kein Pl m* superbia *f,* arroganza *f*
hochmütig ['ho:xmy:tɪç] *adj* superbo, arrogante
hochnäsig ['ho:xnɛ:zɪç] *adj* (*fam pej: eingebildet*) con la puzza sotto il naso, presuntuoso; (*arrogant*) arrogante
Hochnebel *m* (METEO) nebbia *f* alta
Hochofen *m* (TEC) altoforno *m*
Hochparterre *n* pianoterra *m* rialzato
hochprozentig *adj* ad alta percentuale; (*Alkohol*) ad alta gradazione alcolica
hochqualifiziert *adj* altamente qualificato
hochrangig *adj* di alto rango
hoch|rechnen **I.** *vt* prevedere (sulla base di proiezioni parziali) **II.** *vi* fare delle previsioni; **Hochrechnung** *f* previsione *f* (in base a proiezioni parziali)
Hochrelief <-s, -s> *n* (KUNST) altorilievo *m*
Hochruf *m* evviva *m*
hoch|rüsten **I.** *vi* (MIL) aumentare gli armamenti **II.** *vt* (*technisch verbessern*) miglio-

rare l'attrezzatura

Hochsaison *f* alta stagione *f*

hoch|schätzen *vt* (*geh*) stimare molto

hoch|schaukeln **I.** *vt* gonfiare, montare **II.** *vr* **sich ~** eccitarsi, montarsi (la testa)

Hochschule *f* istituto *m* superiore, università *f;* **Hochschüler(in)** *m(f)* studente, -essa *m, f* universitario, -a; **Hochschullehrer(in)** *m(f)* professore, -essa *m, f* universitario, -a; **Hochschulreife** *f* maturità *f,* licenza *f* liceale; **Hochschulstudium** *n* studi *mpl* universitari; **Hochschulzulassung** *f* ammissione *f* all'università

hochschwanger *adj* negli ultimi mesi di gravidanza

Hochsee *kein Pl f* alto mare *m;* **Hochseefischerei** *f* pesca *f* d'alto mare

hochsensibel ['ho:xzɛn'zi:bəl] *adj* molto sensibile

Hochsitz *m* (*Jagd*) palchetto *m,* posta *f* alta

Hochsommer *m* piena estate *f*

Hochspannung *f* ➊ (TEC) alta tensione *f* ➋ (*fig*) alta tensione *f;* **Hochspannungsleitung** *f* linea *f* ad alta tensione; **Hochspannungsmast** *m* traliccio *m* per linea ad alta tensione

hoch|spielen *vt* (*fig*) gonfiare, enfatizzare

Hochsprache *f* lingua *f* scritta

Hochsprung *m* (SPORT) salto *m* in alto

höchst [hø:kst *o* hø:çst] *adv* molto, assai

Höchst- (*in Zusammensetzungen*) massimo; **Höchstalter** *n* età *f* massima

Hochstapler(in) ['ho:xʃta:plɐ] <-s, -; -, -nen> *m(f)* cavaliere *m* d'industria, filibustiere, -a *m, f,* imbroglione, -a *m, f*

Höchstbetrag *m* importo *m* massimo; **bis zum ~ von** fino all'ammontare di

höchstens ['hø:kstəns *o* 'hø:çstəns] *adv* al massimo, tutt'al più

höchste(r, s) ['hø:kstə *o* 'hø:çstə, -tɐ, -təs] *adj* ➊ *Superlativ von* **hoch** (il, la) più alto, -a ➋ *Superlativ von* **hoch** (*fig: äußerste*) estremo, -a, massimo, -a; **es ist ~ Zeit** è proprio ora

Höchstfall *m* **im ~** al massimo; **Höchstform** <-> *kein Pl f* (SPORT) piena forma *f;* **in ~** in piena forma; **Höchstgebot** *n* offerta *f* massima, ultima offerta *f;* **Höchstgeschwindigkeit** *f* velocità *f* massima; **Höchstgrenze** *f* limite *m* massimo

hoch|stilisieren <ohne ge-> *vt* elevare (*zu* a)

Hochstimmung *kein Pl f* bella atmosfera *f*

Höchstleistung *f* ➊ (TEC) rendimento *m* massimo, produzione *f* massima ➋ (SPORT)

Höchstmaß *n* **ein ~ an Verantwortung** una grandissima responsabilità

höchstpersönlich *adv* in [*o* di] persona

Höchstpreis *m* prezzo *m* massimo

Höchststrafe *f* pena *f* massima

höchstwahrscheinlich *adv* con tutta probabilità

höchstzulässig *adj* **~es Gesamtgewicht** carico massimo ammesso

Hochtechnologie *f* (TEC) alta tecnologia *f*

Hochtour *f* **auf ~en laufen/arbeiten** girare a pieno regime; (*fig*) lavorare a pieno ritmo

hochtrabend *adj* (*pej*) enfatico, ampolloso

hochverehrt *adj* molto stimato

Hochverrat *m* (JUR) alto tradimento *m*

Hochwald *m* fustaia *f*

Hochwasser *n* ➊ (*bei Flut*) alta marea *f* ➋ (*von Fluss*) piena *f* ➌ (*Überschwemmung*) inondazione *f*

hochwassergefährdet *adj* (*Gebiet*) a rischio inondazione; **hochwertig** *adj* di gran valore, prezioso

Hochwild *n* selvaggina *f* grossa

Hochzeit ['hɔxtsaɪt] <-, -en> *f* nozze *fpl,* matrimonio *m;* **silberne/goldene/diamantene ~** nozze d'argento/d'oro/di diamante; **Hochzeitsfeier** *f* cerimonia *f* nuziale; **Hochzeitsgast** *m* invitato *m* alle nozze; **Hochzeitsgeschenk** *n* regalo *m* di nozze; **Hochzeitsnacht** *f* prima notte *f* di matrimonio; **Hochzeitsreise** *f* viaggio *m* di nozze; **Hochzeitstag** *m* ➊ (*Tag der Eheschließung*) giorno *m* delle nozze ➋ (*Jahrestag*) anniversario *m* delle nozze

Hocke ['hɔkə] <-, -n> *f* ➊ posizione *f* raccolta ➋ (SPORT) salto *m* a gambe unite

hocken ['hɔkən] *vi* ➊ (*in Hocke sitzen*) essere accoccolato ➋ (*fam: sitzen*) stare (seduto)

Hocker ['hɔkɐ] <-s, -> *m* sgabello *m*

Höcker ['hœkɐ] <-s, -> *m* ➊ (*Buckel*) gobba *f* ➋ (MED) gibbosità *f*

Hockey ['hɔki] <-s> *kein Pl n* (SPORT) hockey *m;* **Hockeyschläger** *m* mazza *f* da hockey

Hode ['ho:də] <-, -n> *f,* **Hoden** <-s, -> *m* testicolo *m;* **Hodensack** *m* scroto *m*

Hof [ho:f] <-(e)s, Höfe> *m* ➊ (*Innen~*) cortile *m* ➋ (*Bauern~*) fattoria *f* ➌ (*Gerichts~, Fürsten~*) corte *f;* **bei ~e** in reggia ➍ (ASTR) alone *m*

hoffen ['hɔfən] *vt, vi* sperare; **auf etw** *acc* **~** sperare in qc; **ich hoffe es** lo spero; **ich hoffe nicht** spero di no; **~ wir das Beste!**

speriamo (in) bene!

hoffentlich ['hɔfəntlɪç] *adv* speriamo (che) +*conj;* **du bist mir doch ~ nicht böse** spero che tu non sia arrabbiato con me

Hoffnung ['hɔfnʊŋ] <-, -en> *f* speranza *f;* (*Erwartung*) attesa *f;* (*Aussicht*) probabilità *f;* **~ auf etw** *acc* **haben** avere speranza in qc; **die ~ aufgeben** perdere ogni speranza; **sich** *dat* **~ en machen** farsi illusioni; **seine ~ auf etw/jdn setzen** riporre le proprie speranze in qc/qu; **in der ~ zu ...** nella speranza di +*inf;* **in der ~, dass ...** sperando che +*conj;* **hoffnungslos** *adj* senza speranza; (*aussichtslos*) disperato; **Hoffnungslosigkeit** <-> *kein Pl f* ❶ (*ohne Hoffnung*) condizione *f* disperata, disperazione *f* ❷ (*ohne Aussicht*) inutilità *f;* **Hoffnungsschimmer** *m* barlume *m* di speranza; **hoffnungsvoll** *adj* pieno di speranza; (*zuversichtlich*) fiducioso; (*vielversprechend*) promettente

Hofhund <-(e)s, -e> *m* cane *m* da guardia

hofieren [ho'fi:rən] <ohne ge-> *vt* corteggiare

höfisch ['hø:fɪʃ] *adj* ❶ (*Leben, Sitten*) di corte, cortigiano ❷ (*Dichtung*) cortese

höflich ['hø:flɪç] *adj* cortese, gentile; **Höflichkeit** <-, -en> *f* cortesia *f,* gentilezza *f;* **Höflichkeitsbesuch** *m* visita *f* di cortesia; **Höflichkeitsfloskel** *f* (vuota) formula *f* di cortesia

Höfling ['hø:flɪŋ] <-s, -e> *m* cortigiano *m*

Hofmarschall <-s, -schälle> *m* maresciallo *m* di corte; **Hofnarr** *m* buffone *m* di corte; **Hofrat** <-(e)s, -räte> *m* (*A: Ehrentitel*) consigliere *m* di corte; **Hoftor** *n* portone *m* del cortile

Höhe ['hø:ə] <-, -n> *f* ❶ (*MAT*, *MUS*) altezza *f;* (*AERO*) quota *f;* **nicht auf der ~ sein** (*fig fam*) non essere in forma; **auf der ~ von** all'altezza di; **auf gleicher ~** alla stessa altezza; (*Stadt, Ort*) alla stessa latitudine; **das ist** (**doch**) **die ~!** (*fam*) è il colmo! ❷ (*An~*) altura *f,* elevazione *f;* (*Gipfel~*) vetta *f* ❸ (*von Betrag*) ammontare *m;* (*von Steuer, Satz*) tasso *m; **bis in ~ von 1000 Euro** fino a(ll'ammontare di) 1000 euro

hohe *adj s.* **hoch**

Hoheit ['ho:haɪt] <-, -en> *f* ❶ *sing* (*Erhabenheit*) maestà *f,* sublimità *f* ❷ (*Anrede*) Sua Altezza; **Königliche ~** Altezza reale; **Hoheitsgebiet** *n* territorio *m* nazionale; **Hoheitsgewässer** *npl* acque *fpl* territoriali; **hoheitsvoll** *adj* maestoso, regale

Hoheitszeichen *n* emblema *m* di sovranità

Höhenangst *f* acrofobia *f;* **Höhenflug**

<-(e)s, -flüge> *m* (*AERO*) volo *m* ad alta quota; **geistiger ~** alta prestazione intellettuale; **Höhenmesser** *m* altimetro *m;* **Höhensonne** *f* (*TEC*) lampada *f* al quarzo; **Höhenunterschied** *m* dislivello *m;* **Höhenzug** *m* (*GEOG*) catena *f* di montagne

Höhepunkt *m* ❶ punto *m* culminante; (*Gipfel*) cima *f,* culmine *m* ❷ (*fig*) apice *m,* vertice *m;* (*MED*) acme *f fam,* colmo *m fam;* **den ~ erreichen** raggiungere l'apice

höher ['hø:ɐ] *adj Komparativ von* **hoch** più alto; **~ als ...** più alto di ...; (*Stellung*) più elevato di ...; (*fig*) superiore a ...; **~e Gewalt** forza maggiore

hohe(r, s) ['ho:ə, -e, -əs] *adj s.* **hoch**

hohl [ho:l] *adj* ❶ (*leer*) cavo ❷ (*Augen*) infossato; (*Wangen*) incavato ❸ (*Klang*) cupo ❹ (*fig*) vuoto, vacuo; (*nichts sagend*) insulso

Höhle ['hø:lə] <-, -n> *f* ❶ (*Fels~*) caverna *f,* grotta *f* ❷ (*Hohlraum*, MED) cavità *f;* (*Augen~*) orbita *f* ❸ (*Tier~*) tana *f;* **in die ~ des Löwen gehen** (*scherz*) andare nella tana del lupo; **Höhlenbewohner(in)** *m(f)* cavernicolo, -a *m, f;* **Höhlenforscher(in)** *m(f)* speleologo, -a *m, f;* **Höhlenforschung** *f* speleologia *f;* **Höhlenkunde** *f* speleologia *f;* **Höhlenmalerei** *f* pittura *f* parietale

Hohlheit <-, *rar* -en> *f* vacuità *f;* **Hohlkopf** *m* (*pej*) testa *f* vuota *fam,* zucca *f fam;* **Hohlkörper** *m* corpo *m* cavo; **Hohlkreuz** *n* (MED) lordosi *f* lombosacrale; **Hohlkugel** *f* sfera *f* cava; **Hohlmaß** *n* misura *f* di capacità; **Hohlraum** *m* cavità *f;* **Hohlsaum** *m* orlo *m* a giorno; **Hohlspiegel** *m* specchio *m* concavo

Höhlung <-, -en> *f* cavità *f*

Hohlweg *m* strada *f* incassata

Hohlziegel *m* mattone *m* forato

Hohn [ho:n] <-(e)s> *kein Pl m* scherno *m;* (*Spott*) derisione *f;* (*feiner ~*) ironia *f;* (*bitterer ~*) sarcasmo *m*

höhnen ['hø:nən] **I.** *vi* farsi beffe (*über* +*acc* di) **II.** *vt* (*geh*) schernire

Hohngelächter <-s, -> *n* risata *f* di scherno

höhnisch ['hø:nɪʃ] *adj* derisorio, sarcastico

Hokuspokus [ho:kʊs'po:kʊs] <-> *kein Pl m* ❶ (*Zauberformel*) abracadabra *f* ❷ (*pej: fauler Zauber*) raggiro *m* ❸ (*pej: Getue*) sciocchezze *fpl*

hold [hɔlt] *adj* (*poet*) ❶ (*Glück*) favorevole, propizio; **das Glück ist mir ~** la fortuna mi arride ❷ (*Mensch*) grazioso, leggiadro

holen ['ho:lən] *vt* andare [*o* venire] a prendere; **Atem ~** prender fiato; **etw ~ lassen** mandare a prendere qc; **jdn aus dem Bett ~** tirare qu giù dal letto; **sich** *dat* **einen Schnupfen ~** (*fam*) pigliarsi un raffreddore; **sich** *dat* **bei jdm Rat ~** chiedere consiglio a qu; **da ist nichts zu ~** non se ne ricava nulla

Holland ['hɔlant] *n* Olanda *f*

Holländer(in) ['hɔlɛndɐ] <-s, -, -nen> *m(f)* olandese *mf*

holländisch *adj* olandese

Hölle ['hœlə] <-, *rar* -n> *f* inferno *m;* **in die ~ kommen** andare all'inferno; **jdm das Leben zur ~ machen** (*fam*) rendere la vita insopportabile a qu; **jdm die ~ heiß machen** (*fam*) non dar tregua a qu; **das ist die ~ auf Erden** è un inferno; **Höllenlärm** *m* baccano *m* infernale; **Höllenqual** ['hœlən'kva:l] *f* pene *fpl* dell'inferno; **Höllenstein** *m* (MED) pietra *f* infernale

Holler ['hɔlɐ] <-s, -> *m* (*südd, A: Holunder*) sambuco *m*

höllisch *adj* ❶ (*die Hölle betreffend*) infernale, d'inferno ❷ (*fam: riesig*) enorme; **~ aufpassen** (*fam*) stare attentissimo; **das tut ~ weh** (*fam*) fa un male cane

Hollywoodschaukel ['hɔliwʊdʃaʊkəl] *f* divano *m* a dondolo

Holm [hɔlm] <-(e)s, -e> *m* ❶ (*von Leiter*) staggio *m* ❷ (SPORT: *von Barren*) sbarra *f* ❸ (AERO, MOT) longherone *m*

Holocaust ['ho:lokaʊst] <-(s), -s> *m* olocausto *m*

holp(e)rig ['hɔlp(ə)rɪç] *adj* ❶ (*Weg*) accidentato, ineguale ❷ (*fig: Stil*) scabro; (*Vers*) zoppicante

holpern ['hɔlpɐn] *vi* ❶ *sein* (*sich holpernd fortbewegen*) camminare inciampando; (*Wagen*) traballare ❷ *haben* (*stolpern, wackeln*) inciampare, vacillare ❸ *haben* (*beim Lesen*) leggere stentatamente

holprig *adj s.* **holp(e)rig**

Holschuld ['ho:lʃʊlt] *f* (JUR) debito *m* chiedibile

Holunder [ho'lʊndɐ] <-s, -> *m*, **Holunderbaum** *m* (BOT) sambuco *m*

Holz [hɔlts, *pl:* 'hœltsə] <-es, Hölzer> *n* ❶ (*Material, Stück*) legno *m;* (*Brenn~*) legna *f;* (*Nutz~*) legname *m;* **~ fällen** tagliare la legna ❷ (*Wald*) bosco *m;* **Holzbearbeitung** *f* lavorazione *f* del legno; **Holzbein** *n* gamba *f* di legno; **Holzblasinstrument** *n* (MUS) strumento *m* a fiato di legno; **Holzbock** *m* ❶ (TEC) cavalletto *m* di legno ❷ (ZOO) zecca *f;* **Holzbohrer** *m* ❶ (TEC) trivella *f* ❷ (ZOO) scolito *m* bostrico

hölzern ['hœltsɐn] *adj* ❶ (*aus Holz*) di

legno ❷ (*fig: Haltung*) rigido; (*schwerfällig*) pesante

Holzfäller ['hɔltsfɛlɐ] *m* boscaiolo *m*

Holzfaser *f* fibra *f* legnosa; **Holzfaserplatte** *f* pannello *m* di masonite; **holzfrei** *adj* (*Papier*) che non contiene cellulosa; **Holzhacker** <-s, -> *m* (*bes. A*) spaccalegna *m*, tagliategna *m;* **Holzhammer** *m* mazzuolo *m;* **Holzhandel** *m* commercio *m* del legname; **Holzhändler(in)** *m(f)* commerciante *mf* di legnami; **Holzhaufen** *m* catasta *f* di legna; **Holzhaus** *n* casa *f* di legno

holzig ['hɔltsɪç] *adj* legnoso

Holzklotz *m* ceppo *m;* **Holzkohle** *f* carbone *m* di legna; **Holzlager** *n* deposito *m* di legname; **Holzscheit** *n* (*pezzo m di*) legno *m;* **Holzschnitt** *m* (KUNST) silografia *f;* **Holzschnitzer(in)** *m(f)* (KUNST) intagliatore, -trice *m, f* nel legno; **Holzschnitzerei** *f* (KUNST) intaglio *m* [*o* scultura *f*] nel legno; **Holzschuh** *m* zoccolo *m;* **Holzschutzmittel** *n* (CHEM) prodotto *m* per la protezione del legno; **Holzsplitter** *m* scheggia *f* di legno; **Holzstich** *m* (KUNST) silografia *f;* **Holzstoß** *m* catasta *f* di legna; **holzverarbeitend** *adj* **~e Industrie** industria della lavorazione del legno; **Holzweg** *m* **auf dem ~ sein** (*fam*) sbagliarsi di grosso; **Holzwolle** *f* lana *f* di legno; **Holzwurm** *m* tarlo *m*

Homebanking <-s> *kein Pl n* home banking *m;* **Homecomputer** <-s, -> *m* (INFORM) personal computer *m;* **Homepage** <-, -s> *f* (INFORM) Home Page *f*, pagina *f* Internet; **Hometrainer** <-s, -> *m* (SPORT) cyclette *f*

Homo-Ehe *f* matrimonio *m* gay

homogen [homo'ge:n] *adj* omogeneo

homogenisieren [homogeni'zi:rən] <ohne ge-> *vt* omogeneizzare

Homogenität [homogeni'tɛ:t] <-> *kein Pl f* omogeneità *f*

homonym [homo'ny:m] *adj* omonimo; **Homonym** <-(e)s, -e> *n* omonimo *m*

Homöopath(in) [homøo'pa:t] <-en, -en; -, -nen> *m(f)* omeopata *mf*

Homöopathie [homøopa'ti:] <-> *kein Pl f* omeopatia *f*

Homöopathin *f s.* **Homöopath**

homöopathisch [homøo'pa:tɪʃ] *adj* omeopatico

Homosexualität [homozɛksualɪ'tɛt] *f* omosessualità *f*

homosexuell *adj* omosessuale

Hongkong ['hɔŋkɔŋ] *n* (GEOG) Hong Kong *m*

Honig ['ho:nɪç] <-s, *rar* -e> *m* miele *m;*

jdm ~ ums Maul schmieren (*fam*) essere latte e miele con qu; **mit ~ gesüßt** mielato; **türkischer ~** torrone *m;* **Honigkuchen** *m* (GASTR) panpepato *m;* **Honigkuchenpferd** *n* **grinsen wie ein ~** (*fam scherz*) sghignazzare come uno sciocco; **Honigmelone** *f* melone *m;* **honigsüß** ['ho:nɪçˈzyːs] *adj* ❶ dolce come il miele, mielato ❷ (*fig pej*) mellifluo; **Honigwabe** *f* favo *m*

Honorar [honoˈraːɐ̯] <-s, -e> *n* onorario *m*

Honoratioren [honoraˈtsjoːrən] *pl* notabili *mpl*

honorieren [honoˈriːrən] <ohne ge-> *vt* ❶ (*Anwalt, Arzt*) pagare un onorario a, retribuire; (COM: *Wechsel*) onorare ❷ (*fig: würdigen*) onorare

Hopfen ['hɔpfən] <-s, -> *m* (BOT) luppolo *m;* **bei ihm ist ~ und Malz verloren** (*fam*) con lui è fatica sprecata

Hopfenstange *f* ❶ (AGR) pertica *f* dei luppoli ❷ (*fam scherz: langer Mensch*) spilungone, -a *m, f*

hopp [hɔp] *int* op, opplà

hoppeln ['hɔpəln] *vi sein* saltellare

hoppla ['hɔpla] *int* (*fam*) opplà

hops [hɔps] *int* opplà

hopsen ['hɔpsən] *vi sein* (*fam*) saltellare

hops|gehen <irr> *vi sein* (*fam: verloren gehen*) andar perduto; (*sterben*) morire

hörbar ['høːɐ̯baːɐ̯] *adj* udibile, percettibile

horchen ['hɔrçən] *vi* **auf jdn/etw ~** ascoltare qu/qc; (*heimlich*) stare in ascolto di qu/qc; **an der Tür ~** origliare

Horchposten *m* (MIL) posto *m* d'ascolto [*o* d'intercettazione]

Horde ['hɔrdə] <-, -n> *f* ❶ (*pej: wilde Menge*) orda *f* ❷ (*Obstlattengestell*) graticcio *m*

hören ['høːrən] **I.** *vt* ❶ (*allg*) udire, sentire ❷ (*hin~, zu~*) ascoltare; **eine Vorlesung ~** assistere a una lezione universitaria ❸ (*erfahren*) apprendere, sentire (parlare di); **ich will nichts mehr von Fußball ~** non ne voglio più sapere di calcio **II.** *vi* ❶ (*allg*) udire, sentire; **gut ~** sentire bene, avere un udito fine; **schlecht ~** essere sordo; (*na*) **~ Sie mal!** che cosa Le salta in mente! ❷ (*hin~, zu~*) **auf jdn/etw ~** ascoltare qu/qc; **hör mal!** senti un po'! ❸ (*gehorchen*) ubbidire; **auf die Eltern** *acc* **~** ubbidire ai genitori; **sie hört auf den Namen Maria** risponde al nome di Maria; **wer nicht ~ will, muss fühlen** (*prov*) chi non vuole essere consigliato, non può essere aiutato ❹ (*erfahren*) sentir parlare di, venire a sapere; (**nichts**) **von sich** *dat* **~ lassen** (non) dare notizie di sé, (non)

farsi vivo *fam*

Hörensagen *n* **vom ~** per sentito dire

Hörer <-s, -> *m* (*Telefon~*) ricevitore *m;* **den ~ abnehmen/auflegen** staccare/riattaccare il ricevitore

Hörer(in) <-s, -; -, -nen> *m(f)* ❶ (RADIO) ascoltatore, -trice *m, f* ❷ (*Universitäts~*) uditore, -trice *m, f;* **Hörerschaft** <-, *rar* -en> *f* uditorio *m*

Hörfehler *m* difetto *m* dell'udito; **Hörfolge** *f* serie *f* [*o* ciclo *m*] di trasmissioni (radiofoniche); **Hörfunk** <-(e)s> *kein Pl m* radio *f;* **Hörgerät** *n* apparecchio *m* acustico

hörig *adj* **jdm ~ sein** dipendere (sessualmente) da qu; **Hörigkeit** <-, *rar* -en> *f* ❶ (*sexuell*) dipendenza *f* sessuale ❷ (HIST) servitù *f,* asservimento *m*

Horizont [horiˈtsɔnt] <-(e)s, -e> *m* orizzonte *m;* **am ~** all'orizzonte; **einen engen ~ haben** avere un orizzonte limitato; **das geht über meinen ~** (ciò) va oltre le mie conoscenze

horizontal [horitsɔnˈtaːl] *adj* orizzontale; **Horizontale** <-, -n> *f* (linea *f*) orizzontale *f*

Hormon [hɔrˈmoːn] <-s, -e> *n* ormone *m;* **hormonal** [hɔrmoˈnaːl] *adj,* **hormonell** [hɔrmoˈnɛl] *adj* ormonale; **Hormonhaushalt** *m* equilibrio *m* ormonale

Hörmuschel *f* padiglione *m* del ricevitore

Horn [hɔrn] <-(e)s, Hörner> *n* corno *m;* **jdm Hörner aufsetzen** (*fam*) mettere le corna a qu; **sich** *dat* **die Hörner abstoßen** (*fig fam*) rompersi le corna; **ins gleiche ~ stoßen** (*fig fam*) avere grande affinità d'idee; **Hornbrille** *f* occhiali *mpl* con la montatura in tartaruga

Hörnchen ['hœrnçən] <-s, -> *n* (*Gebäck*) cornetto *m*

Hörnerv <-s, -en> *m* (ANAT) nervo *m* acustico

Hornhaut *f* ❶ (*Schwiele*) callosità *f,* durone *m* ❷ (ANAT: *am Auge*) cornea *f*

Hornisse [hɔrˈnɪsə] <-, -n> *f* (ZOO) calabrone *m*

Hornist(in) [hɔrˈnɪst] <-en, -en; -, -nen> *m(f)* (MUS) suonatore, -trice *m, f* di corno

Hornochse <-n, -n> *m* (*fam*) imbecille *m,* cretino *m*

Hörorgan <-s, -e> *n* organo *m* dell'udito

Horoskop [horoˈskoːp] <-s, -e> *n* oroscopo *m;* **jdm das ~ stellen** fare l'oroscopo a qu

Hörrohr <-s, -e> *n* ❶ (*für Schwerhörige*) cornetto *m* acustico ❷ (*für Arzt*) stetoscopio *m*

Horror ['hɔroːɐ̯] <-s> *kein Pl m* orrore *m;*

vor jdm/etw ~ haben provare orrore per qu/qc; **Horrorfilm** m film m dell'orrore; **Horrortrip** m (sl) ❶(von Rauschgift) viaggio m allucinante ❷(fig) esperienza f allucinante

Hörsaal m uditorio m; **Hörspiel** n radiodramma m

Horst [hɔrst] <-(e)s, -e> m ❶(BOT) ciuffo m ❷(Adler~) nido m (di uccello rapace) ❸(Flieger~) base f aerea

Hörsturz m (MED) ipoacusia f improvvisa

Hort [hɔrt] <-(e)s, -e> m (Kinder~) doposcuola m

horten ['hɔrtən] vt tesaurizzare, accumulare

Hortensie [hɔr'tɛnziə] <-, -n> f (BOT) ortensia f

Hörweite kein Pl f portata f d'orecchio; **außer/in ~** che non si può più/che si può ancora sentire

Höschen ['høːsçən] <-s, -> n mutandina f, slip m

Hose ['hoːzə] <-, -n> f pantaloni mpl, calzoni mpl; (kurze ~, Knie~) calzoncini mpl, pantaloni mpl corti; (Unter~) mutande fpl; **die ~n anhaben** (fig fam) portare i calzoni, comandare; **sich** dat **(vor Angst) in die ~n machen** (fig fam) farsela addosso (per la paura); **das Baby hat in die ~ gemacht** il bambino se l'è fatta addosso; **die Prüfung ist in die ~n gegangen** (sl) l'esame è andato a farsi benedire

Hosenanzug m tailleur m pantalone; **Hosenbein** n gamba f dei calzoni; **Hosenboden** m fondo m dei calzoni; **jdm den ~ versohlen** (fam) sculacciare qu; **Hosenbund** <-(e)s, -bünde> m cintura f dei calzoni; **Hosenklammer** f molletta f fermapantaloni; **Hosenrock** m gonna-pantalone f; **Hosenschlitz** m patta f dei calzoni; **Hosentasche** f tasca f dei calzoni; **Hosenträger** mpl bretelle fpl

Hospital [hɔspi'taːl] <-s, -e o Hospitäler> n ospedale m

Hospiz [hɔs'piːts] <-es, -e> n ospizio m

Host ['haʊst] <-(s), -s> m (INFORM) host m

hosten ['haʊstən] vt (INFORM) ospitare

Hostessᴿᴿ ['hɔs'tɛs] <-, -en> f, **Hosteß**ᴬᴸᵀ <-, Hostessen> f hostess f

Hostie ['hɔstiə] <-, -n> f (REL) ostia f, particola f

Hot dog ['hɔt 'dɔ(ː)k] <-s, -s> mn hot dog m; **Hot Dog**ᴿᴿ <-s, -s> mn hot dog m

Hotdogᴿᴿ <-s, -s> mn hot dog m

Hotel [ho'tɛl] <-s, -s> n albergo m, hotel m; **Hotelbesitzer(in)** m(f) proprietario, -a m, f d'albergo, albergatore, -trice m, f; **Hotelboy** [ho'tɛlbɔɪ] <-s, -s> m ragazzo m d'albergo; **Hotelfachschule** f scuola f alberghiera; **Hotelgast** m ospite mf dell'hotel; **Hotelier** [hotə'li̯eː] <-s, -s> m albergatore, -trice m, f; **Hotelzimmer** n camera f d'albergo

Hotline ['hɔtlaɪn] <-, -s> f hot line f

Hotpants ['hɔt'pɛnts] pl hot pants mpl

hott [hɔt] int arri

Hr. abk v **Herr** Sig.

HR [haːˈʔɛr] <-(s)> kein Pl m abk v **Hessischer Rundfunk** rete radiotelevisiva regionale tedesca (dell'Assia) con sede a Francoforte

Hrsg. abk v **Herausgeber(in)** Ed.

hrsg. abk v **herausgegeben** ed.

HTML-Code m (INFORM) codice m HTML

hü [hyː] int uh; **einmal ~ und einmal hott sagen** (fam) cambiare continuamente idea

Hubraum ['huːpraʊm] m (MOT) cilindrata f

hübsch [hʏpʃ] **I.** adj bello; (niedlich) carino; (reizend) grazioso; **eine (ganz) ~e Summe** (fam iron) una bella somma; **sich ~ machen** farsi bello; **das ist ja eine ~e Geschichte!** (fam iron) questa sì che è una bella storia! **II.** adv (fam: ziemlich) abbastanza

Hubschrauber ['huːpʃraʊbə] m elicottero m

huch [hʊx] int iih!, oh!

huckepack ['hʊkəpak] adv **jdn ~ tragen** portare qu a cavalluccio fam

hudeln ['huːdəln] vi (südd, A: fam) raffazzonare

Huf [huːf] <-(e)s, -e> m zoccolo m, unghia f; **Hufeisen** n ferro m di cavallo; **hufeisenförmig** adj a ferro di cavallo

Hüferl <-s, -n> n (A: Hüfte) taglio m di quarto superiore

Hufschmied m maniscalco m

Hüfte ['hʏftə] <-, -n> f (ANAT) anca f; **mit den ~n wackeln** ancheggiare; **bis an die ~** fino ai fianchi; **Hüftgelenk** n (ANAT) articolazione f dell'anca; **Hüfthalter** m guaina f, reggicalze m; **Hüftsteak** n (GASTR) bistecca f di culaccio, taglio m di quarto posteriore

Hügel ['hyːgəl] <-s, -> m colle m; (kleiner) collina f; **hügelig** adj collinoso

Huhn [huːn] <-(e)s, Hühner> n ❶(a Gericht) pollo m; **mit den Hühnern aufstehen** (fam) alzarsi con i polli; **da lachen ja die Hühner!** (fam) fa ridere i polli!; **du verrücktes/dummes ~!** (fam) (sei) pazzo/(sei un) imbecille! ❷(Gattung) pollame m ❸(Henne) gallina f

Hühnchen ['hy:nçən] <-s, -> n pollastro m, pollastrella f; **mit jdm (noch) ein ~**
zu rupfen haben (fam) avere dei conti in
sospeso con qu
Hühnerauge n (MED) callo m; **Hühner-**
bouillon f, **Hühnerbrühe** f (GASTR)
brodo m di pollo; **Hühnerei** n uovo m di
gallina; **Hühnerfarm** f stabilimento m
avicolo; **Hühnerhof** m bassa f corte;
Hühnerleiter f scaletta f del pollaio;
Hühnerstall m pollaio m; **Hühner-**
stange f posatoio m; **Hühnersuppe**
['hy:nεzupə] <-, -n> f (GASTR) brodo m di
pollo; **Hühnerzucht** f pollicoltura f, allevamento m di polli
Huld [hʊlt] <-s> kein Pl f (obs, geh) grazia f; (Geneigtheit, Wohlwollen) benevolenza f; (Gunst) favore m
huldigen ['hʊldɪɡən] vi (obs, geh)
❶ (Menschen) rendere omaggio (jdm a
qu) ❷ (Dingen) essere dedito (etw dat a
qc)
Huldigung <-, -en> f (obs, geh) omaggio m
Hülle ['hʏlə] <-, -n> f involucro m; (Schall-
platten-, CD~) copertina f, custodia f; **die**
letzten ~n fallen lassen spogliarsi; **in ~**
und Fülle in gran quantità, a bizzeffe
hüllen ['hʏlən] vt avvolgere, coprire; **jdn/**
sich in eine Decke ~ avvolgere qu/avvol-
gersi in una coperta; **ein Tuch um etw ~**
avvolgere qc con un fazzoletto; **sich in**
Schweigen (über etw acc) ~ chiudersi
nel silenzio (riguardo a qc)
hüllenlos adj nudo
Hülse ['hʏlzə] <-, -n> f ❶ (BOT) baccello m;
(Schale) buccia f ❷ (Geschoss~) bossolo m; **Hülsenfrucht** f ❶ (Pflanze) legu-
minosa f ❷ (Frucht) legume m
human [hu'ma:n] adj umano
Humangenetik <-> kein Pl f genetica f
umana
Humanismus [huma'nɪsmʊs] <-> kein
Pl m umanesimo m
Humanist(in) [huma'nɪst] <-en, -en; -,
-nen> m(f) umanista mf
humanistisch adj umanista; (HIST) umanistico
humanitär [humani'tɛːɐ̯] adj umanitario
Humanität [humani'tɛːt] <-> kein Pl f
umanità f
Humanmedizin <-> kein Pl f medicina f
(umana)
humanoid [huma:no'i:t] adj umanoide
Humbug ['hʊmbu:k] <-s> kein Pl m
❶ (fam pej: Unsinn) sciocchezza f, assurdità f ❷ (Schwindel) imbroglio m, truffa f
Hummel ['hʊməl] <-, -n> f (ZOO) bombo m

Hummer ['hʊmɐ] <-s, -> m (ZOO) gambero m di mare
Humor [hu'mo:ɐ̯] <-s, rar -e> m umorismo m; (Sinn für ~) senso m dell'umorismo, humour m
humoristisch [humo'rɪstɪʃ] adj umoristico
humorlos adj privo di umorismo; **humor-**
voll adj ricco di umorismo; (witzig) spiritoso
humpeln ['hʊmpəln] vi ❶ haben (hinken)
zoppicare ❷ sein (sich humpelnd fortbewegen) camminare zoppicando
Humpen ['hʊmpən] <-s, -> m boccale m,
bicchierone m
Humus ['hu:mʊs] <-s> kein Pl m (BIOL)
humus m
Hund [hʊnt] <-(e)s, -e> m (ZOO) cane m;
auf den ~ kommen (fam) cadere in miseria; **vor die ~e gehen** (fam) andare in
rovina; **bekannt sein wie ein bunter ~**
(fam) essere conosciuto dappertutto; **wie ~**
und Katze leben (fam) vivere come cane
e gatto; **er ist ein ganz armer ~** (fam) è
proprio un povero diavolo; **da liegt der ~**
begraben (fam) qui sta il busillis; **damit**
lockt man keinen ~ hinterm Ofen her-
vor (fam) con ciò non si cava un ragno dal
buco; **das ist ein dicker ~!** (fam) è un'indecenza; **Vorsicht, bissiger ~!** attenti al
cane!; **du gemeiner ~!** (sl) vigliacco!,
cane!; **~e, die bellen, beißen nicht**
(prov) can che abbaia non morde
hundeelend adj **mir ist ~** (fam) mi sento
da cani; **Hundefutter** n cibo m per cani;
Hundehotel n albergo m per cani; **Hun-**
dehütte f ❶ cuccia f ❷ (fig pej)
stamberga f, canile m; **Hundekälte**
['hʊndə'kɛltə] f (fam) freddo m cane;
Hundekuchen m biscotto m per cani;
Hundeleben n (fam) vita f da cani;
Hundeleine f guinzaglio m; **hunde-**
müde adj (fam) stanco morto, stracco;
Hunderasse f razza f canina
hundert num o adj cento; **ungefähr ~** un
centinaio; s. a. **acht, achtzig**
Hundert-, hundert- s. a. **Acht-, acht-,**
Achtzig-, achtzig-
Hundert¹ ['hʊndɐt] <-s, -e> n ❶ (Maßeinheit) cento m ❷ centinaio m; **einige/**
mehrere ~ alcune/parecchie centinaia;
zu ~en a centinaia
Hundert² <-, -en> f (Zahl) cento m
Hunderter <-s, -> m ❶ (MAT) centinaio m
❷ (fam: Geldschein) biglietto m da cento
hundertfach adj centuplo; s. a. **achtfach**
Hundertjahrfeier [hʊndɐt'ja:ɐ̯faɪɐ] f centenario m

H

hundertjährig ['hʊndɐtjɛːrɪç] *adj* (*hundert Jahre alt*) centenne, centenario; (*hundert Jahre dauernd*) centennale; **der Hundertjährige Krieg** la guerra dei cent'anni; *s. a.* **achtjährig; Hundertjährige** <ein -r, -n, -n> *mf* centenario, -a *m, f*

hundertmal ['hʊndɐtmaːl] *adv* cento volte; *s. a.* **achtmal**

Hundertmeterlauf *m* (SPORT) (corsa dei) cento metri *mpl*

hundertprozentig *adj o adv* al [*o* del] cento per cento

Hundertsatz <-es, -sätze> *m* percentuale *f*

hundertste *adj s.* **hundertste(r, s)**

hundertstel ['hʊndɐtstəl] <inv> *adj* centesimo; *s. a.* **achtel**

Hundertstel ['hʊndɐtstəl] <-s, -> *n* centesimo *m*, centesima parte *f*; *s. a.* **Achtel; Hundertstelsekunde** *f* (SPORT) centesimo *m* di secondo

hundertste(r, s) ['hʊndɐstə, -tə, -təs] *adj* centesimo, -a; **vom Hundertsten ins Tausendste kommen** saltare di palo in frasca *fam; s. a.* **achte(r, s)**

hunderttausend *num* centomila; **Hunderttausende** centinaia di migliaia

hunderttausendstel ['hʊndɐt-'taʊzənstəl] <inv> *adj* millesimo; *s. a.* **achtel**

Hundesteuer *f* tassa *f* sui cani; **Hundewetter** <-s> *kein Pl n* (*fam*) tempo *m* da cani; **Hundezwinger** *m* canile *m*

Hündin ['hʏndɪn] <-, -nen> *f* (ZOO) cagna *f*; *s. a.* **Hund**

hündisch ['hʏndɪʃ] *adj* (*fig, pej*) servile; **~e Ergebenheit** devozione servile

hundsgemein ['hʊndsgəmaɪn] *adj* (*fam*) infame, perfido, bestiale; **es tut ~ weh** fa un male bestiale; **er kann ~ sein/werden** può essere/diventare perfido

Hundstage *mpl* giorni *mpl* canicolari, canicola *f*

Hüne ['hyːnə] <-n, -n> *m* gigante *m*; **Hünengrab** *n* dolmen *m*, tomba *f* megalitica

Hunger ['hʊŋɐ] <-s> *kein Pl m* fame *f*; (*fig: Verlangen*) sete *f*; **~ nach Gerechtigkeit/ Liebe** fame di giustizia/di amore; **~/keinen ~ haben** avere/non avere fame; **~ auf etw** *acc* **haben** avere voglia di (mangiare) qc; **~ leiden** patire la fame; **seinen ~ stillen** saziarsi, sfamarsi; **vor ~ sterben** morir di fame; **ich bekomme ~** mi viene fame

Hungerkünstler(in) *m(f)* digiunatore, -trice *m, f*; **Hungerkur** *f* cura *f* del digiuno; **Hungerlohn** *m* (*pej*) paga *f* da fame

hungern ['hʊŋɐn] *vi* ❶ (*Hunger leiden*) aver fame, patire la fame ❷ (*fasten*) digiunare; (*bei Abmagerungskur*) far dieta

Hungersnot *f* carestia *f*; **Hungerstreik** *m* sciopero *m* della fame; **in den ~ treten** fare lo sciopero della fame; **Hungertuch** *n* (*fam scherz*) **am ~ nagen** tirare la cinghia

hungrig ['hʊŋrɪç] *adj* affamato; **~ nach etw sein** avere fame di qc

Hunsrück ['hʊnsrʏk] *m* (GEOG) Hunsrück *m*

Hupe ['huːpə] <-, -n> *f* clacson *m*

hupen ['huːpən] *vi* sonare il clacson

hüpfen ['hʏpfən] *vi sein* (*südd, A*) saltellare

Hürde ['hʏrdə] <-, -n> *f* ❶ (SPORT) ostacolo *m* ❷ (*Einzäunung*) graticolato *m* ❸ (*fig: Hindernis*) ostacolo *m;* **eine ~ nehmen** superare un ostacolo, (*fig*) superare una difficoltà; **Hürdenlauf** *m* (SPORT) corsa *f* a ostacoli; **Hürdenläufer(in)** *m(f)* (SPORT) ostacolista *mf*

Hure ['huːrə] <-, -n> *f* (*pej*) prostituta *f*, puttana *f* *vulg*; **Hurensohn** *m* (*vulg*) figlio *m* di puttana

hurra [hʊˈraː: *o* 'hʊra] *int* urrà; **~ rufen** gridare evviva

Hurrikan ['hʊrika(ː)n] <-s, -e> *m* uragano *m*

husch [hʊʃ] *int* su!, via!; **und ~!** e via!; **~ ins Bett!** su, via, a letto!

huschen ['hʊʃən] *vi sein* ❶ guizzare ❷ (*fig*) **über etw** *acc* **~** scivolare su qc

hüsteln ['hyːstəln] *vi* tossicchiare

husten ['huːstən] *vi* tossire, avere la tosse

Husten <-s, *rar* -> *m* tosse *f*; **Hustenanfall** *m* colpo *m* di tosse; **Hustenbonbon** <-s, -s> *n* caramella *f* per la tosse; **Hustenreiz** *m* stimolo *m* della tosse; **Hustensaft** *m* sciroppo *m* per la tosse

Hut¹ [huːt] <-(e)s, Hüte> *m* cappello *m;* **den ~ aufsetzen/abnehmen** mettersi/ togliersi il cappello; **~ ab!** tanto di cappello!; **unter einen ~ bringen** (*fig*) mettere d'accordo; **da geht einem (ja) der ~ hoch** (*fam*) c'è da arrabbiarsi sul serio; **das ist ein alter ~** (*fig fam*) è una vecchia storia; **dein Geld kannst du dir an den ~ stecken!** (*fam*) i tuoi soldi, puoi tenerteli!

Hut² [huːt] <-> *kein Pl f* (*geh*) **auf der ~ sein** stare in guardia

hüten ['hyːtən] **I.** *vt* ❶ sorvegliare, guardare, custodire ❷ (*Vieh*) pascolare ❸ (*fig: Geheimnis*) custodire; (*Zunge*) tenere a freno; **das Bett ~ (müssen)** (dover) stare a letto (per malattia); **das Haus ~** stare in casa, non uscire di casa **II.** *vr* **sich ~** guardarsi

Hüter(in) <-s, -; -, -nen> *m(f)* ❶ guardiano, -a *m, f,* custode *mf* ❷ (*Hirt*) pastore, -a *m, f,* ❸ (*fig*) salvaguardia *f;* **die ~ des Gesetzes** (*scherz: Polizisten*) la salvaguardia della legge

Hutgeschäft *n* cappelleria *f;* **Hutkrempe** *f* tesa *f* del cappello; **Hutmacher(in)** *m(f)* cappellaio, -a *m, f,* modista *f;* **Hutschnur** *f* **das geht mir über die ~** (*fam*) questo è (un po') troppo

Hütte ['hʏtə] <-, -n> *f* ❶ (*kleines Haus*) capanna *f;* (*elende*) baracca *f;* (*im Gebirge*) baita *f,* rifugio *m;* (*Hunde~*) canile *m* ❷ (NAUT) cassero *m* ❸ (TEC, MIN: ~ *nwerk*) stabilimento *m* metallurgico; **Hüttenarbeiter** *m* operaio *m* metallurgico; **Hüttenkäse** *m* (GASTR) specie *f* di ricotta, cottage cheese *m;* **Hüttenkunde** *f* metallurgia *f*

H-Vollmilch ['haːfɔlmɪlç] *kein Pl f* latte *m* intero a lunga conservazione

Hyäne ['hʏɛːnə] <-, -n> *f* (ZOO) iena *f*

Hyazinthe [hya'tsɪntə] <-, -n> *f* (BOT) giacinto *m*

Hydrant [hy'drant] <-en, -en> *m* idrante *m,* bocca *f* d'acqua

Hydraulik [hy'draʊlɪk] <-> *kein Pl f* (TEC) idraulica *f*

hydraulisch *adj* idraulico

hydrieren [hy'driːrən] <ohne ge-> *vt* idrogenare

Hydrodynamik [hydrody'naːmɪk] *f* (PHYS) idrodinamica *f;* **Hydrokultur** *f* (AGR) idrocultura *f;* **Hydrotherapie** *f* (MED) idroterapia *f*

Hygiene [hy'gi̯eːnə] <-> *kein Pl f* igiene *f;* **Hygienepapier** <-s, -e> *n* carta *f* igienica

hygienisch *adj* igienico

Hymen ['hyːmən] <-s, -> *mn* (ANAT) imene *m*

Hymne ['hʏmnə] <-, -n> *f* inno *m*

Hyperbel [hy'pɛrbəl] <-, -n> *f* (MAT, LING) iperbole *f*

Hyperlink <-s, -s> *m* (INFORM) link *m*

hypernervös *adj* ipernervoso, nevrotico

Hypertext *m* (INFORM) ipertesto *m*

Hypnose [hʏp'noːzə] <-, -n> *f* ipnosi *f;* **unter ~ stehen** essere in stato d'ipnosi

hypnotisch [hʏp'noːtɪʃ] *adj* ipnotico

Hypnotiseur(in) [hʏpnoti'zøːɐ, *pl:* hʏpnoti'zøːrə] <-s, -e; -, -nen> *m(f)* ipnotizzatore, -trice *m, f*

hypnotisieren [hʏpnoti'ziːrən] <ohne ge-> *vt* ipnotizzare

Hypochonder [hypo'xɔndɐ] <-s, -> *m* (MED) ipocondriaco *m*

Hypochondrie [hypoxɔn'driː] <-> *kein Pl f* (MED) ipocondria *f*

hypochondrisch [hypoxɔn'drɪʃ] *adj* ipocondriaco; **~ e Züge** caratteristiche ipocondriache

Hypophyse [hypo'fyːzə] <-, -n> *f* (ANAT) ipofisi *f*

Hypotenuse [hypote'nuːzə] <-, -n> *f* (MAT) ipotenusa *f*

Hypothek [hypo'teːk] <-, -en> *f* (FIN, JUR) ipoteca *f;* **erste/zweite ~** ipoteca di primo/secondo rango; **eine ~ auf etw** *acc* **aufnehmen** accendere un'ipoteca su qc; **mit einer ~ belasten** gravare di un'ipoteca; **Hypothekenbank** *f* banca *f* di credito ipotecario; **Hypothekenbrief** *m* titolo *m* ipotecario; **hypothekenfrei** *adj* libero da ipoteche; **Hypothekenschuld** *f* debito *m* ipotecario

Hypothese [hypo'teːzə] <-, -n> *f* ipotesi *f;* **eine ~ aufstellen** fare un'ipotesi

hypothetisch [hypo'teːtɪʃ] *adj* ipotetico

Hysterie [hʏste'riː] <-, -n> *f* (MED) isteria *f,* isterismo *m*

hysterisch [hʏs'teːrɪʃ] *adj* isterico

Hz *abk v* **Hertz** Hz

I i

I, i [iː] <-, -(s)> n I, i f; **I wie Ida** I come Imola

i [iː] *int* oh!, eh!; **~ wo!** ma va! *fam*

I *abk v* **Italien** I

i. A. *abk v* **im Auftrag** per incarico di

ib., ibid, ibid. *abk v* **ibidem** ib., ibid

iberisch [i'beːrɪʃ] *adj* iberico; **die Iberische Halbinsel** la penisola iberica

ibidem (*ebenda, ebendort*) ibidem

IBM kompatibel *adj* (INFORM) compatibile con IBM

IC [iː'tseː] <-(s), -(s)> m *abk v* **Intercity** IC m

ICE [iːtseː'ʔeː] <-(s), -s> m *abk v* **Intercity-Express** treno ad alta velocità

ich [ɪç] *pron pers* (*1. pers sing*) io; **~ für meine Person** quanto a me, per me; **~ selbst** io stesso; **hier bin ~!** eccomi!; **~ Ärmster!** povero me!; **~ Idiot!** che stupido sono! *fam*

Ich <-(s), -(s)> n **das ~** l'io m; **mein zweites ~** il mio alter ego

Ich-AG f ditta f individuale (*finanziamento pubblico concesso ai disoccupati per la creazione di una società individuale*)

ichbezogen ['ɪçbəzoːgən] *adj* egocentrico

Icon <-s, -s> n (INFORM) icona f (di applicazione)

IC-Zuschlag [iː'tseː'tsuːʃlaːk, *pl:* iː'tseː'tsuːʃlɛːgə] <-(e)s, IC-Zuschläge> m supplemento m speciale [*o* rapido]

ideal [ide'aːl] *adj* ideale

Ideal <-s, -e> n ideale m; **Idealfall** m caso m ideale; **Idealgewicht** n peso m forma

idealisieren [ideali'ziːrən] <ohne ge-> vt idealizzare

Idealismus [idea'lɪsmʊs] <-> *kein Pl* m idealismo m

Idealist(in) [idea'lɪst] <-en, -en; -, -nen> m(f) idealista mf

idealistisch *adj* idealistico, idealista

Idee [i'deː] <-, -n> f idea f; **geniale ~** idea brillante; **voller ~n stecken** essere pieno di idee; **das ist eine fixe ~ von ihm** è una sua idea fissa; **wie kommst du denn auf die ~?** come ti è venuta quest'idea?; **das bringt mich auf eine ~!** mi fa venire un'idea!; **eine ~ (Salz)** un'idea (di sale)

ideell [ide'ɛl] *adj* ideale

ideenreich [i'deːənraɪç] *adj* ricco d'idee

Identifikation [idɛntifika'tsjoːn] <-, -en> f (PSYCH) identificazione f

identifizieren [idɛntifi'tsiːrən] <ohne ge-> vt identificare

Identifizierung <-, -en> f identificazione f

identisch [i'dɛntɪʃ] *adj* (**mit jdm/etw**) **~ sein** essere identico a qu/qc

Identität [idɛnti'tɛːt] <-> *kein Pl* f identità f; **Identitätskarte** f (*CH: Personalausweis*) carta f d'identità; **Identitätskrise** f crisi f d'identità; **Identitätsverlust** m (PSYCH) perdita f della propria identità

Ideologe [ideo'loːgə] <-n, -n> m ideologo m

Ideologie [ideolo'giː] <-, -n> f ideologia f

Ideologiekritik f critica f ideologica

ideologiekritisch *adj* critico ideologico; **Ideologin** [ideo'loːgɪn] <-, -nen> f ideologa f

ideologisch [ideo'loːgɪʃ] *adj* ideologico

Idiom [i'djoːm] <-s, -e> n (LING) ❶ (*Jargon*) dialetto m, idioma m ❷ (*Wendung*) espressione f idiomatica

idiomatisch [idjo'maːtɪʃ] *adj* (LING) idiomatico

Idiot(in) [i'djoːt] <-en, -en; -, -nen> m(f) idiota mf; (*fam*) stupido, -a m, f

Idiotenhügel m (*fam scherz*) pendio m per sciatori principianti; **idiotensicher** *adj* (*fam scherz*) di semplicissimo impiego

Idiotie [idjo'tiː] <-, -n> f (MED, *fam pej*) idiozia f

Idiotin f s. **Idiot**

idiotisch *adj* idiota; (*fam*) stupido

Idol [i'doːl] <-s, -e> n idolo m

Idyll [i'dʏl] <-s, -e> n idillio m

Idylle [i'dʏlə] <-, -n> f (LIT) idillio m

idyllisch *adj* idilliaco

i. e. *abk v* **id est** ie

IG f *abk v* **Industriegewerkschaft** sindacato industriale

Igel ['iːgəl] <-s, -> m (ZOO) riccio m

igitt [i'gɪt] *int* oh, che schifo

Iglu ['iːglu] <-s, -s> m *o* n iglù m

Ignorant(in) [ɪgno'rant] <-en, -en; -, -nen> m(f) ignorante mf

Ignoranz [ɪgno'rants] <-> *kein Pl* f ignoranza f

ignorieren [ɪgno'riːrən] <ohne ge-> vt ❶ (*nicht wissen wollen*) ignorare ❷ (*nicht beachten*) trascurare

IHK [iːha'kaː] <-> *kein Pl* f *abk v* **Industrie- und Handelskammer** camera dell'industria e del commercio

ihm [iːm] *pron pers dat von* **er, es** (*betont*) a lui; (*unbetont*) gli

ihn [iːn] *pron pers acc von* **er** (*betont*) lui; (*unbetont*) lo, l'

ihnen ['iːnən] *pron pers pl, dat von* **sie** (*betont*) a loro; (*unbetont*) loro, gli

Ihnen *pron pers* ❶ *sing, dat von* **Sie** (*betont*) a Lei; (*unbetont*) Le ❷ *pl, dat von* **Sie** (*betont*) a voi; (*unbetont*) Vi

ihr [iːɐ̯] **I.** *pron pers* ❶ (*2. pers pl*) voi ❷ *sing, dat von* **sie** (*betont*) a lei; (*unbetont*) le **II.** *pron poss a attr* ❶ *sing, von* **sie** suo, -a *m, f,* suoi *mpl,* sue *fpl* ❷ *pl, von* **sie** loro

Ihr *pron poss a attr* ❶ *sing, von* **Sie** Suo, -a *m, f,* Suoi *mpl,* Sue *fpl* ❷ *pl, von* **Sie** Loro, Vostro

ihre, Ihre *pron poss s.* **ihre(r, s), Ihre(r, s)**

ihrer *pron pers* ❶ *sing, gen von* **sie** di lei ❷ *pl, gen von* **sie** di essi *m,* di esse *f; s. a.* **ihre(r, s)**

Ihrer *pron pers* ❶ *sing, gen von* **Sie** di Lei ❷ *pl, gen von* **Sie** di Loro, di Voi; *s. a.* **Ihre(r, s)**

ihre(r, s) ['iːrə, -rɐ, -rəs] *pron poss* (*substantivisch*) ❶ *sing, von* **sie** il suo *m,* la sua *f,* i suoi *pl,* le sue *pl* ❷ *pl, von* **sie** il loro *m,* la loro *f,* i loro *pl,* le loro *pl*

Ihre(r, s) *pron poss* (*substantivisch*) ❶ *sing, von* **Sie** il Suo *m,* la Sua *f,* i Suoi *pl,* le Sue *pl* ❷ *pl, von* **Sie** il Loro [*o* Vostro], la Loro [*o* Vostra], i Loro [*o* Vostri] *pl,* le Loro [*o* Vostre] *pl*

ihrerseits ['iːrezaɪts] *adv* ❶ *sing* da parte sua ❷ *pl* da parte loro

Ihrerseits *adv* da parte Sua

ihres, Ihres *pron poss s.* **ihre(r, s), Ihre(r, s)**

ihresgleichen ['iːrəsˈglaɪçən] <*inv*> *pron* ❶ *sing* suo pari, gente come lei ❷ *pl* loro pari, gente come loro

Ihresgleichen <*inv*> *pron* pari Suo, gente come Lei

ihretwegen ['iːrətˈveːgən] *adv* ❶ *sing* per causa sua, per lei; (*negativ*) per colpa sua ❷ *pl* per (causa) loro; (*negativ*) per colpa loro

Ihretwegen *adv* per causa Sua, per Lei; (*negativ*) per colpa Sua

ihretwillen ['iːrətˈvɪlən] *adv* ❶ *sing* um ~ per lei, per amor suo ❷ *pl* um ~ per loro, per amor loro

Ihretwillen *adv* um ~ per Lei, per amor Loro

ihrige(r, s), Ihrige(r, s) *pron poss* (*obs, geh*) *s.* **ihre(r, s), Ihre(r, s)**

i. J. *abk v* **im Jahre** nell'anno

Ikone [iˈkoːnə] <-, -n> *f* icona *f*

illegal ['ɪlegaːl] *adj* illegale

Illegalität <-, -en> *f* illegalità *f*

illegitim ['ɪlegitiːm] *adj* illegittimo, illegale

illoyal ['ɪlɔːaːl] *adj* sleale, scorretto

Illoyalität ['ɪlɔːaliˈtɛːt *o* ɪlɔːalɪˈtɛːt] <-> *kein Pl f* slealtà *f*

Illumination [ɪlumiˈnaˈtsjoːn] <-, -en> *f* illuminazione *f*

illuminieren [ɪlumiˈniːrən] <*ohne ge*-> *vt* illuminare

Illusion [ɪluˈzjoːn] <-, -en> *f* (OPT) illusione *f*; **sich** *dat* **~en machen über jdn/ etw** farsi illusioni su qu/qc

illusionär [ɪluzjoˈnɛːɐ̯] *adj* illusorio, irreale

illusorisch [ɪluˈzoːrɪʃ] *adj* illusorio

Illustration [ɪlʊstraˈtsjoːn] <-, -en> *f* illustrazione *f*

illustrieren [ɪlʊsˈtriːrən] <*ohne ge*-> *vt* illustrare; **illustriert** *adj* illustrato; **Illustrierte** <-n, -n> *f* rivista *f* illustrata

Iltis ['ɪltɪs] <-ses, -se> *m* (ZOO) puzzola *f*

im [ɪm] = **in dem** *s.* **in**

Image ['ɪmɪtʃ] <-(s), -s> *n* immagine *f*; **Imagepflege** *f* cura *f* della propria immagine; **Imageverlust** *m* perdita *f* della propria immagine

imaginär [imagiˈnɛːɐ̯] *adj* immaginario

Imbiss^{RR} ['ɪmbɪs] <-es, -e> *m,* **Imbiß**^{ALT} <-bisses, -bisse> *m* ❶ (*kleine Mahlzeit*) spuntino *m* ❷ (*Lokal*) chiosco *m* per spuntini; **Imbissstand**^{RR} *m* chiosco *m*; **Imbissstube**^{RR} *f* tavola *f* calda

Imitat [imiˈtaːt] <-(e)s, -e> *n* imitazione *f*

Imitation [imitaˈtsjoːn] <-, -en> *f* imitazione *f*

Imitator(in) [imiˈtaːtoːɐ̯] <-s, -en; -, -nen> *m(f)* imitatore, -trice *m, f*

imitieren [imiˈtiːrən] <*ohne ge*-> *vt* imitare

Imker(in) ['ɪmkɐ] <-s, -; -, -nen> *m(f)* (AGR) apicoltore, -trice *m, f*

Immatrikulation [ɪmatrikulaˈtsjoːn] <-, -en> *f* ❶ (*an einer Hochschule*) immatricolazione *f* ❷ (*CH: Kraftfahrzeug*) immatricolazione *f*

immatrikulieren [ɪmatrikuˈliːrən] <*ohne ge*-> *vt* ❶ (*Hochschule*) immatricolare, iscrivere ❷ (*CH: Kraftzeug*) immatricolare, iscrivere

Imme ['ɪmə] <-, -n> *f* (*obs, poet*) ape *f*

immens [ɪˈmɛns] *adj* immenso, enorme

immer ['ɪmɐ] *adv* sempre; **wann auch ~** in qualsiasi momento +*conj;* **was auch ~** qualunque cosa +*conj;* **wer auch ~** chiunque +*conj;* **wie auch ~** in qualunque modo +*conj;* **wo auch ~** dovunque +*conj;* **für ~** per sempre; **noch ~, ~ noch** ancora (sempre); **schon ~** da sempre; **~ mehr** sempre più; **~, wenn ...** ogni volta che ..., tutte le volte che ...; **~ wieder** sempre

immergrün *adj* (BOT) sempreverde; **Immergrün** <-s, -e> *n* (BOT) pervinca *f*

immerhin *adv* (*jedenfalls*) comunque; (*wenigstens*) almeno; **das ist ~ etwas** è già qualcosa; **er hat sich ~ entschuldigt** almeno si è scusato

immerwährend ['ɪmɛ'vɛ:rənt] *adj* (geh) sempre, continuamente

immerzu *adv* sempre, continuamente

Immigrant(in) [ɪmi'grant] <-en, -en; -, -nen> *m(f)* immigrante *mf*, immigrato, -a *m, f*

Immigration [ɪmigra'tsi̯o:n] <-, -en> *f* immigrazione *f*

immigrieren [ɪmi'gri:rən] <ohne ge-> *vi sein* immigrare

Immobilien [ɪmo'bi:liən] *fpl* immobili *mpl*, beni *mpl* immobili; **Immobilienfonds** <-, -> *m* (FIN) immobilizzazioni *fpl*, fondo *m* (immobiliare); **Immobilienhändler(in)** *m(f)* immobiliarista *mf*; **Immobilienmakler(in)** *m(f)* agente *mf* immobiliare; **Immobilienmarkt** *m* mercato *m* immobiliare [*o* degli immobili]

immun [ɪ'mu:n] *adj* ~ (**gegen etw**) **sein** essere immune (da qc)

Immunabwehr <-> *kein Pl f* immunoreazione *f*

immunisieren [ɪmuni'zi:rən] <ohne ge-> *vt* immunizzare; **Immunisierung** [ɪmuni'zi:rʊŋ] <-, -en> *f* (MED) immunizzazione *f* (gegen contro)

Immunität [ɪmuni'tɛ:t] <-> *kein Pl f* immunità *f*

Immunschwäche *f* (MED) immunodeficienza *f*; **Immunsystem** <-s, -e> *n* (MED) sistema *m* immunitario

Imperativ ['ɪmperati:f] <-s, -e> *m* (LING) imperativo *m*

Imperfekt ['ɪmpɛrfɛkt] <-s, -e> *n* (LING) imperfetto *m*

Imperialismus [ɪmperia'lɪsmʊs] <-, rar Imperialismen> *m* imperialismo *m*

imperialistisch *adj* imperialistico, imperialista

Imperium [ɪm'pe:riʊm] <-s, Imperien> *n* impero *m*

impertinent [ɪmpɛrti'nɛnt] *adj* (geh: dreist) impertinente; **Impertinenz** [ɪmpɛrti'nɛnts] <-, -en> *f* (geh) impertinenza *f*, insolenza *f*

impfen ['ɪmpfən] *vt* vaccinare; **jdn/sich (gegen etw) ~** fare il vaccino a qu/farsi il vaccino (contro qc)

Impfling ['ɪmpflɪŋ] <-s, -e> *m* chi deve essere vaccinato

Impfpass[RR] ['ɪmpfpas] *m* (MED) certificato *m* di vaccinazione; **Impfpflicht** *f*

vaccinazione *f* obbligatoria; **Impfpistole** *f* pistola *f* per vaccinazione; **Impfschein** *m* certificato *m* di vaccinazione; **Impfstoff** *m* vaccino *m*

Impfung <-, -en> *f* vaccinazione *f*

Implantat [ɪmplan'ta:t] <-(e)s, -e> *n* (MED) organo *m* per trapianto; **Implantation** [ɪmplanta'tsi̯o:n] <-, -en> *f* (MED) impianto *m*, trapianto *m*

implementieren [ɪmplemɛn'ti:rən] *vt* (INFORM) implementare

implizit [ɪmpli'tsi:t] *adj* implicito

imponieren [ɪmpo'ni:rən] *vi* **jdm ~** impressionare [*o* fare effetto su] qu; **imponierend** *adj* imponente

Import [ɪm'pɔrt] <-(e)s, -e> *m* (COM) importazione *f*

Importeur(in) [ɪmpɔr'tø:ɐ̯] <-s, -e; -, -nen> *m(f)* importatore, -trice *m, f*

importieren [ɪmpɔr'ti:rən] <ohne ge-> *vt* importare

Importstopp[RR] *m* (COM) blocco *m* delle importazioni

Importzoll <-(e)s, -zölle> *m* (COM) dazio *m* d'importazione

imposant [ɪmpo'zant] *adj* imponente

impotent ['ɪmpotɛnt] *adj* (MED) impotente; **Impotenz** ['ɪmpotɛnts] <-> *kein Pl f* (MED) impotenza *f*

imprägnieren [ɪmprɛ'gni:rən] <ohne ge-> *vt* ❶ (*durchtränken*) **etw** (**mit etw**) **~** impregnare qc (di qc) ❷ (*wasserdicht machen*) impermeabilizzare; **Kleidung/Schuhe mit etw ~** impermeabilizzare i vestiti/le scarpe con qc

Impressionismus [ɪmpresi̯o'nɪsmʊs] <-> *kein Pl m* (KUNST, LIT, MUS) impressionismo *m*

Impressionist(in) [ɪmpresi̯o'nɪst] <-en, -en; -, -nen> *m(f)* (KUNST) impressionista *mf*

impressionistisch [ɪmpresi̯o'nɪstɪʃ] *adj* impressionista

Impressum [ɪm'presʊm] <-s, Impressen> *n* (TYP) colofone *m*, colophon *m*

Improvisation [ɪmproviza'tsi̯o:n] <-, -en> *f* improvvisazione *f*

improvisieren [ɪmprovi'zi:rən] <ohne ge-> *vi, vt* improvvisare

Impuls [ɪm'pʊls] <-es, -e> *m* (PHYS) impulso *m*

impulsiv [ɪmpʊl'zi:f] *adj* impulsivo

imstande [ɪm'ʃtandə] *adj* ~ **sein etw zu tun** (*fähig*) essere capace di fare qc; (*in der Lage*) essere in grado di fare qc

in [ɪn] **I.** *adj* (fam) ~ **sein** essere in **II.** *prp* +*acc o dat* in, a; **ins Kino/Museum/ Theater gehen** andare al cinema/al museo/a teatro; **im Garten** in giardino; **im Regen** sotto la pioggia; **im ersten Stock** al primo piano; **~ der Hand/Tasse/Kiste** in mano/nella tazza/nella cassa; **~ dem** [*o* **im**] **Zimmer/Haus/Gebiet/Land** in camera/in casa/nella regione/nel paese; **~ der Stadt** in città; **~ Rom** a Roma; **~ Deutschland** in Germania; **im Anfang** all'inizio, al principio; **im Alter von ...** all'età di ...; **~ der Nacht** nella notte; **~ der nächsten Woche** la settimana prossima; **im Mai** in [*o* a] maggio; **im Frühling** in [*o* a] primavera; **im Sommer/Herbst/Winter** d'[*o* in] estate/autunno/inverno; **~ diesem Jahr** quest'anno; **~ zehn Jahren** (*nach Ablauf von*) tra dieci anni; (*während*) in dieci anni; **im Jahre 1970** nel 1970; **~ Eile** in fretta; **dieses Rätsel hat es ~ sich** (*dat*) questo enigma è difficile; **der Schnaps hat es ~ sich!** (*fam*) l'acquavite è forte!

inaktiv ['ɪn?akti:f] *adj* inattivo

inakzeptabel [ɪn?tsɛp'ta:bəl] *adj* inaccettabile

Inanspruchnahme [ɪn'?anʃprʊxna:mə] <-, -n> *f* (*form*) ❶ (*Nutzung*) utilizzazione *f*; (*von Hilfsquellen*) fruizione *f*; **~ eines Kredits** utilizzo di un credito ❷ (*von Menschen*) ricorso *m*; **~ von Unterstützung** ricorso a un aiuto

Inbegriff ['ɪnbəɡrɪf] *m* incarnazione *f*

inbegriffen *adj* compreso, incluso

Inbetriebnahme ['ɪnbətri:bna:mə] *f* messa *f* in servizio

Inbrunst ['ɪnbrʊnst] <-> *kein Pl f* fervore *m*, ardore *m*; **inbrünstig** ['ɪnbrʊnstɪç] *adj* (*geh*) fervido, ardente

Inbusschlüssel® ['ɪnbʊsʃlʏsəl] <-s, -> *m* (TEC) chiave per vite ad esagono incassato

indem [ɪn'de:m] *konj* ❶ (*während*) mentre ❷ (*dadurch, dass*) **er bleibt in Form, ~ er ständig trainiert** si mantiene in forma allenandosi continuamente

Inder(in) ['ɪndɐ] <-s, -; -, -nen> *m(f)* indiano, -a *m, f*; indù *mf*

indes(sen) [ɪn'dɛs(ən)] *adv* ❶ (*zeitlich*) intanto, nel frattempo ❷ (*einräumend*) tuttavia, nondimeno

Index ['ɪndɛks] <-(es), -e *o* Indizes *o* Indices> *m* ❶ (MAT, COM) indice *m* ❷ (REL) elenco *m*

Indian <-s, -e> *m* (*A: Truthahn*) tacchino *m*

Indianer(in) [ɪndi'a:nɐ] <-s, -; -, -nen> *m(f)* indiano, -a *m, f*; **Indianerstamm** *m* tribù *f* indiana; **indianisch** *adj* indiano

Indien ['ɪndiən] *n* India *f*, Indie *fpl*

indifferent ['ɪndɪfərɛnt *o* ɪndɪfə'rɛnt] *adj* ❶ (PHYS) indifferente; (CHEM) neutro, inerte

❷ (*geh: teilnahmslos, gleichgültig*) indifferente, inerte

indigniert [ɪndɪ'gni:ɐt] *adj* (*geh*) indignato

Indikation [ɪndika'tsjo:n] <-, -en> *f* (MED, JUR) indicazione *f*; **medizinische ~** indicazione clinica; **soziale ~** indicazione sociale per l'interruzione di gravidanza

Indikativ ['ɪndikati:f] <-s, -e> *m* (LING) indicativo *m*

Indikator [ɪndi'ka:to:ɐ] <-s, -en> *m* indicatore *m*; **als ~ für etw gelten** valere come indicatore per qc

indirekt ['ɪndɪrɛkt] *adj* indiretto

indisch ['ɪndɪʃ] *adj* indiano, indù

indiskret ['ɪndɪskre:t] *adj* indiscreto

Indiskretion [ɪndɪskre'tsjo:n] <-, -en> *f* indiscrezione *f*

indiskutabel ['ɪndɪskuta:bəl *o* ɪndɪsku'ta:bəl] *adj* indiscutibile, fuori discussione; **deine Idee ist ~** la tua idea è fuori discussione [*o* inammissibile]

Individualismus [ɪndivdua'lɪsmʊs] <-> *kein Pl m* individualismo *m*

Individualist(in) [ɪndivdua'lɪst] <-en, -en; -, -nen> *m(f)* individualista *mf*

Individualität [ɪndivduali'tɛ:t] <-, -en> *f* individualità *f*

Individualverkehr [ɪndivdu'alfɛɐke:ɐ] <-s> *kein Pl m* (ADM) traffico *m* di mezzi privati

individuell [ɪndivi'duɛl] *adj* individuale

Individuum [ɪndi'vi:duʊm] <-s, Individuen> *n* individuo *m*

Indiz [ɪn'di:ts] <-es, -ien> *n* indizio *m*; **~ für etw sein** essere indizio di qc

Indizes *pl von* **Index**

Indizien [ɪn'di:tsiən] *pl von* **Indiz**; **Indizienbeweis** *m* prova *f* indiziaria

Indochina [ɪndo'çi:na] *n* Indocina *f*

indogermanisch *adj* indogermanico

Indonesien [ɪndo'ne:ziən] *n* Indonesia *f*

Indonesier(in) <-s, -; -, -nen> *m(f)* indonesiano, -a *m, f*

indonesisch *adj* indonesiano

indossieren [ɪndɔ'si:rən] <ohne ge-> *vt* (FIN) girare

Induktion [ɪndʊk'tsjo:n] <-, -en> *f* (PHILOS, TEC, BIOL) induzione *f*

induktiv [ɪndʊk'ti:f] *adj* (TEC, PHILOS) induttivo; **~e Methode** metodo induttivo

industrialisieren [ɪndʊstriali'zi:rən] <ohne ge-> *vt* industrializzare

Industrialisierung <-, -en> *f* industrializzazione *f*

Industrie [ɪndʊs'tri:] <-, -n> *f* industria *f*; **chemische ~** industria chimica; **eisen-/holzverarbeitende ~** industria siderur-

gica/della lavorazione del legno; **verar-
beitende** ~ industria di trasformazione;
Industrieabwässer *npl* acque *fpl* di
scarico industriali; **Industriebetrieb** *m*
azienda *f* industriale; **Industrieerzeug-
nis** *n* prodotto *m* industriale, manufatto *m;*
Industriegebiet *n* zona *f* industriale;
Industriegelände *n* terreno *m* [*o* zona
f] industriale; **Industriegesellschaft**
<-, -en> *f* società *f* industriale; **Indus-
triegewerkschaft** *f* sindacato *m* industriale; **Industrieland** *n* paese *m* industriale
industriell [ɪndʊstri'ɛl] *adj* industriale
Industriemüll *kein Pl m* rifiuti *mpl* industriali; **Industriestaat** *m* stato *m* industriale; **Industriestadt** *f* città *f* industriale;
Industriestandort *m* area *f* industriale;
Industrie- und Handelskammer *f*
camera *f* dell'industria e del commercio;
Industriezweig *m* branca *f* dell'industria
ineffektiv *adj* inefficace
ineffizient *adj* inefficiente; **Ineffizienz**
['ɪnɛfitsiɛnts *o* ɪnɛfi'tsiɛnts] <-, -en> *f*
(COM) inefficienza *f*
ineinander [ɪn'ʔaɪ'nandɐ] *adv* l'uno
nell'altro, l'un l'altro, reciprocamente; **sie
waren ~ verliebt** erano innamorati l'uno
dell'altra
ineinander|greifen^ALT *s.* **greifen II.1.**
ineinanderschiebbar^ALT *s.* **schiebbar**
infam [ɪn'faːm] *adj* infame, svergognato
Infamie [ɪnfa'miː, *pl:* ɪnfa'miːən] <-, -n> *f*
infamia *f*
Infanterie ['ɪnfant(ə)riː] <-, -n> *f* (MIL)
fanteria *f*
Infanterist [ɪnfantə'rɪst] <-en, -en> *m*
(MIL) fante *m,* soldato *m* di fanteria
infantil [ɪnfan'tiːl] *adj* infantile
Infarkt [ɪn'farkt] <-(e)s, -e> *m* (MED)
infarto *m*
Infektion [ɪnfɛk'tsi̯oːn] <-, -en> *f* (MED)
infezione *f;* **Infektionsgefahr** <-, -en> *f*
(MED) pericolo *m* d'infezione; **Infektions-
herd** *m* focolaio *m* d'infezione; **Infekti-
onskrankheit** *f* malattia *f* infettiva
infektiös [ɪnfɛk'tsjøːs] *adj* (MED) infettivo,
contagioso; **~e Krankheit** malattia infettiva
Inferno [ɪn'fɛrno] <-s> *kein Pl n* inferno *m*
infiltrieren [ɪnfɪl'triːrən] <ohne ge-> *vt*
(*eindringen*) infiltrare (*in* + *acc* in); (*einflößen*) instillare
Infinitiv ['ɪnfɪnitiːf] <-s, -e> *m* (LING) infinito *m*
infizieren [ɪnfi'tsiːrən] <ohne ge-> *vt*
infettare
in flagranti [ɪn fla'ɡranti] *adv* in flagrante

Inflation [ɪnfla'tsi̯oːn] <-, -en> *f* (FIN,
COM) inflazione *f;* **inflationär** [ɪnfla-
tsjo'nɛːɐ] *adj* (FIN) inflazionisitico; **Inflationsrate** *f* tasso *m* d'inflazione; **Infla-
tionsspirale** *f* spirale *f* inflazionistica
Info ['ɪnfo] <-s, -s> *n* (*fam*) foglietto *m*
informativo
infolge [ɪn'fɔlɡə] *prp* +*gen* in seguito a, a
causa di
infolgedessen [ɪnfɔlɡə'dɛsən] *adv* perciò, per questa ragione
Informatik [ɪnfɔr'maːtɪk] <-> *kein Pl f*
informatica *f*
Informatiker(in) <-s, -; -, -nen> *m(f)*
informatico *m,* studioso, -a *m, f* di informatica
Information [ɪnfɔrma'tsi̯oːn] <-, -en> *f*
informazione *f;* (*Nachricht*) notizia *f;* **~en
einholen** raccogliere informazioni
Informationsaustausch <-(e)s> *kein
Pl m* scambio *m* di informazioni;
Informationsgesellschaft <-, -en> *f*
società *f* dell'informazione; **Informati-
onsmaterial** <-s, -ien> *n* materiale *m*
informativo; **Informationstechnolo-
gie** *f* tecnologia *f* dell'informazione
informativ [ɪnfɔrma'tiːf] *adj* informativo
informell ['ɪnfɔrmɛl] *adj* ❶ (*ohne Formali-
täten*) informale ❷ (*informatorisch*) informativo
informieren [ɪnfɔr'miːrən] <ohne ge->
I. *vt* **jdn** (**über etw** *acc*) ~ informare qu (di
qc); **über etw** *acc* **informiert sein** essere
a conoscenza di qc **II.** *vr* **sich** (**über etw**
acc) ~ informarsi (su qc)
Infotainment <-s, -s> *n* (TV) infotainment *m, spettacolo che unisce informazione e intrattenimento*
infrage^RR *adv* ~ **kommen** essere preso in
considerazione; **etw** ~ **stellen** mettere qc
in dubbio
infrarot ['ɪnfraroːt] *adj* (PHYS) infrarosso;
Infrarotbestrahlung *f* (MED) applicazione *f* di raggi infrarossi; **Infrarotlicht**
kein Pl n luce *f* infrarossa
Infrastruktur ['ɪnfraʃtrʊktuːɐ] *f* infrastruttura *f*
Infusion [ɪnfu'zi̯oːn] <-, -en> *f* (MED) fleboclisi *f*
Ing. *abk v* **Ingenieur(in)** ing.
Ingenieur(in) [ɪnʒe'ni̯øːɐ] <-s, -e ; -,
-nen> *m(f)* ingegnere *m;* **leitender** ~
ingegnere (in) capo; **Ingenieurbüro** *n*
ufficio *m* d'ingegneria; **Ingenieurin** *f s.*
Ingenieur
Ingrediens [ɪn'ɡreːdjɛns, *pl:* ɪnɡre'djɛn-
tsiən] <-, Ingredienzien> *n* ingrediente *m*
Ingredienz [ɪnɡre'di̯ɛnts] <-, -en> *f*

meist pl inggrediente *m*
Ingrimm ['ɪngrɪm] *m* (*geh*) rancore *m*, risentimento *m*
Ingwer ['ɪŋvɐ] <-s, -> *m* (BOT) zenzero *m*
Inh. *abk v* **Inhaber(in)** titolare
Inhaber(in) ['ɪnha:bɐ] <-s, -; -, -nen> *m(f)* **❶** proprietario, -a *m, f;* (*Besitzer*) possessore *m*, posseditrice *f;* (*von Geschäft a*) principale *mf;* (*von Gaststätte*) proprietario, -a *m, f* **❷** (*von Amt, Ausweis*) titolare *mf;* (*von Aktie*) detentore, -trice *m, f;* (FIN) portatore, -trice *m, f*
Inhaberaktie <-, -n> *f* (FIN) azione *f* al portatore
inhaftieren [ɪnhaf'ti:rən] <ohne ge-> *vt* arrestare, imprigionare
Inhalation [ɪnhala'tsjo:n] <-, -en> *f* (MED) inalazione *f;* **inhalieren** [ɪnha'li:rən] <ohne ge-> I. *vt* inalare II. *vi* fare inalazioni
Inhalt ['ɪnhalt] <-(e)s, -e> *m* **❶** contenuto *m;* **zum ~ haben** avere per soggetto **❷** (MAT: *Raum~*) volume *m;* (*Flächen~*) area *f* **❸** (*~ sverzeichnis*) indice *m;* **inhaltlich** I. *adj* contenutistico II. *adv* per quanto riguarda il contenuto, di contenuto; **Inhaltsangabe** *f* sommario *m*, riassunto *m;* **Inhaltserklärung** *f* (COM: *bei einer Postsendung*) la dichiarazione del contenuto (di un pacchetto); **inhalt(s)los** *adj* vuoto, superficiale; **inhalt(s)reich** *adj* sostanziale; (*bedeutsam*) significativo; **Inhaltsübersicht** *f,* **Inhaltsverzeichnis** *n* indice *m*
inhuman ['ɪnhuma:n *o* ɪnhu'ma:n] *adj* (*geh*) disumano
Initiale [inits̬'a:lə] <-, -n> *f* iniziale *f*
Initialzündung [ini'tsja:ltsʏndʊŋ] <-, -en> *f* (TEC) carica *f* d'innesco
Initiative [inits̬a'ti:və] <-, -n> *f* **❶** (*erster Schritt*) iniziativa *f;* **die ~ ergreifen** prendere l'iniziativa; **aus eigener ~** di propria iniziativa **❷** (*Entschlusskraft*) intraprendenza *f,* spirito *m* d'iniziativa **❸** (PARL) iniziativa *f* popolare **❹** (*CH:* JUR: *Volksbegehren*) proposta *f* di legge di iniziativa popolare
Initiator(in) [ini'ts̬a:to:ɐ] <-s, -en; -, -nen> *m(f)* iniziatore, -trice *m, f,* promotore, -trice *m, f*
Injektion [ɪnjɛk'tsjo:n] <-, -en> *f* (MED) iniezione *f,* puntura *f*
injizieren [ɪnji'tsi:rən] <ohne ge-> *vt* iniettare
Inka ['ɪŋka] <-s, -s> *mf* (HIST) inca *mf*
Inkasso [ɪn'kaso] <-s, -s *o* Inkassi> *n* (FIN) incasso *m*
inkl. *abk v* **inklusive** incl.

inklusive [ɪnklu'zi:və] *prp* +*gen* incluso, compreso
inkognito [ɪn'kɔgnito] *adv* in incognito; **Inkognito** <-s, -s> *n* incognito *m*
inkohärent ['ɪnkohɛrɛnt *o* ɪnkohɛ'rɛnt] *adj* incoerente; **Inkohärenz** ['ɪnkohɛrɛnts *o* ɪnkohɛ'rɛnts] <-, -en> *f* incoerenza *f*
inkompatibel ['ɪnkɔmpati:bəl] *adj* (INFORM, JUR) incompatibile; **Inkompatibilität** [ɪnkɔmpatibili'tɛ:t] <-, -en> *f* (INFORM, JUR) incompatibilità *f*
inkompetent ['ɪnkɔmpetɛnt] *adj* incompetente; **Inkompetenz** ['ɪnkɔmpetɛnts] <-, -en> *f* incompetenza *f*
inkonsequent *adj* inconseguente
Inkonsequenz *f* inconseguenza *f*
inkonsistent ['ɪnkɔnzɪstɛnt *o* ɪnkɔnzɪs'tɛnt] *adj* (A PHILOS) inconsistente; **Inkonsistenz** ['ɪnkɔnzɪstɛnts *o* ɪnkɔnzɪs'tɛnts] <-, -en> *f* (PHILOS) inconsistenza *f*
inkorrekt ['ɪnkɔrɛkt] *adj* erroneo, scorretto
Inkraftsetzung [ɪn'kraftzɛtsʊŋ] <-, -en> *f* messa *f* in vigore [*o* in atto]
Inkrafttreten [ɪn'krafttre:tən] <-s> *kein Pl n* (JUR, ADM) entrata *f* in vigore
Inkubation [ɪnkuba'tsjo:n] <-, -en> *f* (MED, ZOO) incubazione *f;* **Inkubationszeit** *f* (MED) periodo *m* d'incubazione
Inland ['ɪnlant] *kein Pl n* interno *m* (del paese); **im In- und Ausland** nel paese stesso e all'estero
Inlandflug *m* volo *m* nazionale
inländisch ['ɪnlɛndɪʃ] *adj* interno; (*Erzeugnis*) nazionale, del paese
Inlandsgespräch *n* (TEL) telefonata *f* nazionale; **Inlandsmarkt** *m* mercato *m* interno; **Inlandsporto** *n* affrancatura *f* per l'interno
Inlett ['ɪnlɛt] <-(e)s, -e *o* -s> *n* federa *f* (per piumini)
inliegend *adj* (*form*) allegato, accluso
Inliner ['ɪnlaɪnɐ] *mpl,* **Inlineskates** ['ɪnlaɪnskɪts] *npl* pattini *mpl* in linea; **Inlineskating** *n* inline skating *m,* pattinaggio *m* su rollerblade
inmitten [ɪn'mɪtən] *prp* +*gen* in mezzo a
Inn [ɪn] *m* (GEOG) Inn *m*
innelhaben ['ɪnəha:bən] <irr> *vt* avere; (*Titel*) detenere; (*Amt, Stellung a*) occupare; **innelhalten** <irr> *vi* arrestarsi; **~ mit ... cessare di** +*inf*
innen ['ɪnən] *adv* all'interno, dentro; **nach/von ~** verso/dall'interno; **Innenansicht** *f* interno *m;* **Innenantenne** *f* (RADIO, TV) antenna *f* interna; **Innenarchitekt(in)** *m(f)* architetto, -a *m, f* d'interni, arredatore, -trice *m, f* d'in-

terni; **Innenausschuss** *m* commissione *f* interna; **Innenausstattung** *f* arredamento *m* interno; **Innendienst** *m* servizio *m* interno; **Inneneinrichtung** *f* arredamento *m* (interno); **Innenhof** *m* cortile *m* interno; **Innenleben** *n* vita *f* interiore; **Innenminister(in)** *m(f)* ministro, -a *m, f* degli interni; **Innenministerium** *n* ministero *m* degli interni; **Innenpolitik** *f* politica *f* interna; **innenpolitisch** *adj* di politica interna; **Innenraum** *m* interno *m,* spazio *m* interno; **Innenraumdesign** <-s, -s> *n* design *m* degli interni; **Innenseite** *f* faccia *f* interna, lato *m* interno; **Innenspiegel** *m* (MOT) specchietto *m* retrovisore; **Innenstadt** *f* centro *m* (della città); **Innentemperatur** *f* temperatura *f* interna; **Innenwand** *f* parete *f* divisoria

innerbetrieblich *adj* interaziendale; (*a adv*) all'interno dell'azienda

innerdeutsch ['ɪnɐdɔɪtʃ] *adj* (HIST: *Angelegenheit, Handel*) interno tedesco; **die ~e Grenze** il confine interno tedesco

innere *adj s.* **innere(r, s)**

Innere ['ɪnərə] <ein -s, -n> *kein Pl n* ❶ (*räumlich*) interno *m,* centro *m;* **im ~n von** all'interno di ❷ (*fig*) viscere *fpl,* cuore *m;* **in meinem ~n** nel mio intimo

Innereien [ɪnə'raɪən] *fpl* interiora *fpl*

innere(r, s) ['ɪnərə, -rɐ, -rəs] *adj* ❶ (*räumlich*, ADM, MED) interno, -a; **~ Angelegenheit** affare interno ❷ (*körperlich*) interno, -a ❸ (*geistig, seelisch*) intimo, -a

innerhalb ['ɪnɐhalp] I. *prp +gen* ❶ (*örtlich*) all'interno di, in ❷ (*zeitlich*) nello spazio di, in II. *adv* all'interno, dentro

innerlich *adj* ❶ (*körperlich*) interiore, interno; **~ anzuwenden** per uso interno ❷ (*seelisch*) intimo; **Innerlichkeit** <-> *kein Pl f* interiorità *f,* profondità *f* di sentimenti

innerparteilich *adj o adv* all'interno del [*o* in seno al] partito

innerste *adj s.* **innerste(r, s)**

Innerste <ein -s, -n> *kein Pl n* **das ~** il centro, il nucleo; **tief im ~n** nel più profondo, nell'intimo; **bis ins ~ getroffen** colpito nel più profondo

innerste(r, s) ['ɪnɐstə, -tɐ, -təs] *adj Superlativ von* **innere** ❶ (*räumlich*) (il, la) più profondo, -a ❷ (*fig*) intimo, -a, (il, la) più profondo, -a, (il, la) più segreto, -a; **im ~n Herzen** nel più profondo dell'animo; **das ist meine ~ Überzeugung** (questa) è la mia intima convinzione

innelwohnen ['ɪnəvoːnən] *vi* (*geh*) essere insito (+*dat* in)

innig ['ɪnɪç] *adj* ❶ (*herzlich*) cordiale ❷ (*stark*) fervido, ardente ❸ (*zärtlich*) tenero ❹ (*vertraut*) intimo; **Innigkeit** <-> *kein Pl f* ❶ (*Herzlichkeit*) cordialità *f* ❷ (*Intensität*) fervore *m,* ardore *m* ❸ (*Zärtlichkeit*) tenerezza *f* ❹ (*Vertrautheit*) intimità *f*

Innovation [ɪnovaˈtsi̯oːn] <-, -en> *f* innovazione *f*

innovativ [ɪnovaˈtiːf] *adj* (*Denken*) innovativo

Innsbruck ['ɪnsbrʊk] *n* (GEOG) Innsbruck *f*

Innung ['ɪnʊŋ] <-, -en> *f* corporazione *f* artigianale

inoffiziell ['ɪnʔɔfitsi̯ɛl] *adj* non ufficiale

ins [ɪns] = **in das** *s.* **in**

Insasse ['ɪnzasə] <-n, -n> *m,* **Insassin** ['ɪnzasɪn] <-, -nen> *f* ❶ (*von Fahrzeug*) occupante *mf* ❷ (*von Anstalt*) pensionante *mf,* ospite *mf*

insbesondere [ɪnsbəˈzɔndərə] *adv* soprattutto, specialmente, particolarmente

Inschrift ['ɪnʃrɪft] *f* iscrizione *f*

Insekt [ɪnˈzɛkt] <-(e)s, -en> *n* insetto *m;* **Insektenfresser** <-s, -> *m* insettivoro *m;* **Insektenkunde** *f* entomologia *f;* **Insektenpulver** *n* polvere *f* insetticida; **Insektenstich** *m* puntura *f* d'insetto; **Insektenvernichtungsmittel** *n,* **Insektizid** [ɪnzɛktiˈtsiːt] <-s, -e> *n* insetticida *m*

Insel ['ɪnzəl] <-, -n> *f* isola *f;* **Inselgruppe** *f* arcipelago *m*

Inserat [ɪnzeˈraːt] <-(e)s, -e> *n* inserzione *f,* annuncio *m;* **ein ~ aufgeben** fare un'inserzione

Inserent(in) [ɪnzeˈrɛnt] <-en, -en; -, -nen> *m(f)* inserzionista *mf*

inserieren [ɪnzeˈriːrən] <ohne ge-> *vi* fare un'inserzione

insgeheim [ɪnsɡəˈhaɪm] *adv* in segreto, di nascosto

insgesamt [ɪnsɡəˈzamt] *adv* (*im ganzen*) in tutto, in totale

Insider ['ɪnsaɪdɐ] <-s, -> *m* iniziato, -a *m, f*

inskribieren <ohne ge-> I. *vi* (A: *sich an einer Universität einschreiben*) immatricolarsi, iscriversi all'università II. *vt* (A: *ein Studienfach belegen*) iscriversi

Inskription [ɪnskrɪpˈtsi̯oːn] <-, -en> *f* (A: *Anmeldung an einer Universität*) immatricolazione *f,* iscrizione *f* all'università

insofern [ɪnzoˈfɛrn] I. *adv* fino a questo punto, a tale riguardo; **~, als ...** nella misura in cui ..., in quanto ... II. *konj* per quanto, nella misura in cui

insolvent ['ɪnzɔlvɛnt *o* ɪnzɔlˈvɛnt] *adj* (FIN) insolvente; **Insolvenz** ['ɪnzɔlvɛnts *o* ɪnzɔl'vɛnts] <-, -en> f (FIN) insolvenza f

insoweit [ɪnzo'vaɪt] s. **insofern**

Inspekteur(in) [ɪnspɛk'tø:ɐ, pl: ɪnspɛk'tø:rə] <-s, -e; -, -nen> m(f) ispettore, -trice m, f, controllore mf

Inspektion [ɪnspɛk'tsi̯o:n] <-, -en> f ispezione f; (Prüfung) controllo m; **sein Auto zur ~ bringen** portare la (propria) macchina a fare la revisione

Inspektor(in) [ɪn'spɛkto:ɐ] <-s, -en; -, -nen> m(f) gerente mf, amministratore, -trice m, f

Inspiration [ɪnspira'tsi̯o:n] <-, -en> f ispirazione f

inspirieren [ɪnspi'ri:rən] <ohne ge-> vt ispirare

instabil ['ɪnʃtabi:l] adj instabile

Instabilität ['ɪnʃtabilitɛ:t o ɪnʃtabilili'tɛ:t] <-, -en> f instabilità f

Installateur(in) [ɪnstala'tø:ɐ] <-s, -e; -, -nen> m(f) ❶ installatore, -trice m, f ❷ (A: Klempner) idraulico m

Installation [ɪnstala'tsi̯o:n] <-, -en> f installazione f

Installationsdiskette f (INFORM) dischetto m di installazione

installieren [ɪnsta'li:rən] <ohne ge-> vt installare; (TEC) equipaggiare

instand [ɪn'ʃtant] adj a posto, in ordine; **etw ~ halten** tenere qc in buono stato, provvedere alla manutenzione di qc; **etw ~ setzen** ripristinare qc, riparare qc

Instandhaltung <-, -en> f manutenzione f

inständig ['ɪnʃtɛndɪç] **I.** adj pressante, insistente **II.** adv **jdn ~ um etw bitten** pregare insistentemente qu per qc; **~ hoffen** sperare intensamente

Instandsetzung [ɪn'ʃtantzɛtsʊŋ] <-, -en> f riparazione f, raccomodatura f

Instanz [ɪn'stants] <-, -en> f ❶ (JUR) istanza f; **in erster/letzter ~** in prima/ ultima istanza ❷ (ADM) autorità f

Instanzenweg m (ADM, JUR, PARL) **den ~ einhalten** seguire la via gerarchica; **auf dem ~** per via gerarchica

Instinkt [ɪn'stɪŋkt] <-(e)s, -e> m istinto m

instinktiv [ɪnstɪŋk'ti:f] adj istintivo

Institut [ɪnsti'tu:t] <-(e)s, -e> n (a Lehr~) istituto m, istituzione f; (Anstalt) ente m

Institution [ɪnstitu'tsi̯o:n] <-, -en> f istituzione f

institutionell [ɪnstitutsjo'nɛl] adj istituzionale

instruieren [ɪnstru'i:rən] <ohne ge-> vt istruire, dare le istruzioni a

Instruktion [ɪnstrʊk'tsi̯o:n] <-, -en> f istruzione f

Instrument [ɪnstru'mɛnt] <-(e)s, -e> n strumento m; (Werkzeug a) attrezzo m

instrumental [ɪnstrumɛn'ta:l] adj strumentale; **Instrumentalbegleitung** f accompagnamento m strumentale; **Instrumentalmusik** kein Pl f musica f strumentale; **Instrumentalstück** n pezzo m strumentale

Insulaner(in) [ɪnzu'la:nɐ] <-s, -; -, -nen> m(f) isolano, -a m, f

Insulin [ɪnzu'li:n] <-s> kein Pl n (MED) insulina f; **Insulinspritze** f (MED) iniezione f d'insulina

inszenieren [ɪnstse'ni:rən] <ohne ge-> vt ❶ (THEAT, FILM) mettere in scena ❷ (fig) montare, inscenare

Inszenierung <-, -en> f ❶ (THEAT, FILM) allestimento m, messa f in scena ❷ (fig) montatura f, messa f in scena

intakt [ɪn'takt] adj intatto

Intarsienmalerei [ɪn'tarziənma:lərai] <-, -en> f (KUNST) pittura f ad intarsio

integer [ɪn'te:gɐ] adj (geh) integro

Integral [ɪnte'gra:l] <-s, -e> n (MAT) integrale m; **Integralrechnung** f (MAT) calcolo m integrale

Integration [ɪntegra'tsi̯o:n] <-, -en> f integrazione f; **Integrationsweg** m **neue ~e beschreiten** adottare nuove misure di integrazione

integrativ [ɪntegra'ti:f] adj integrativo

integrieren [ɪnte'gri:rən] <ohne ge-> vt integrare

Integrität [ɪntegri'tɛ:t] <-> kein Pl f integrità f; **territoriale ~** integrità territoriale

Intellekt [ɪntɛ'lɛkt] <-(e)s> kein Pl m intelletto m

intellektuell [ɪntɛlɛk'tu̯ɛl] adj intellettuale; **Intellektuelle** <ein -r, -n, -n> mf intellettuale f

intelligent [ɪntɛli'gɛnt] adj intelligente

Intelligenz [ɪntɛli'gɛnts] <-, -en> f intelligenza f; **künstliche ~** intelligenza artificiale; **Intelligenzquotient** m quoziente m d'intelligenza; **Intelligenztest** m test m d'intelligenza

Intendant(in) [ɪntɛn'dant] <-en, -en; -, -nen> m(f) (THEAT, MIL) intendente mf; (RADIO, TV) direttore, -trice m, f generale

Intendanz [ɪntɛn'dants] <-, -en> f (THEAT) intendenza f; (RADIO, TV) direzione f generale

Intensität [ɪntɛnzi'tɛ:t] <-> kein Pl f intensità f

intensiv [ɪntɛn'zi:f] adj intenso; (AGR, TEC) intensivo

intensivieren [ɪntɛnzi'vi:rən] <ohne ge-> vt intensificare

Intensivkurs *m* corso *m* intensivo; **Intensivmedizin** *kein Pl f* (MED) medicina *f* intensiva; **Intensivstation** *f* (MED) reparto *m* cure intensive

interaktiv [ɪntɐʔakˈtiːf] *adj* (INFORM) interattivo

Intercity [ɪntɐˈsɪti] <-s, -s> *m* (FERR) intercity *m*, rapido *m*; **Intercity-Express** <-es, -e> *m* (FERR) treno ad alta velocità

interdisziplinär [ɪntɐdɪstsɪpliˈnɛːɐ] *adj* interdisciplinare; ~**e Forschung** ricerca interdisciplinare

interessant [ɪntɐɛˈsant] *adj* interessante

interessanterweise [ɪnt(ə)rɛˈsantɐvaɪzə] *adv* curiosamente

Interesse [ɪntəˈrɛsə] <-s, -n> *n* interesse *m*; **an etw** *dat* [*o* **für etw**] ~ **haben** avere interesse per qc; **das** ~ **an etw** *dat* **verlieren** disinteressarsi di qc; **jds** ~**n vertreten** difendere gli interessi di qu; **in jds** ~ **liegen** essere nell'interesse di qu; **von allgemeinem** ~ d'interesse generale

interesselos *adj* indifferente, senza interesse; **Interesselosigkeit** <-> *kein Pl f* disinteresse *m*, perdita *f* di interesse

Interessengemeinschaft *f* comunione *f* d'interessi; **Interessenkonflikt** *m* conflitto *m* d'interessi

Interessent(in) [ɪnt(ə)rɛˈsɛnt] <-en, -en; -, -nen> *m(f)* interessato, -a *m, f*

Interessenvertretung *kein Pl f* rappresentanza *f* degli interessi

interessieren [ɪnt(ə)rɛˈsiːrən] <ohne ge-> *vt* interessare; **sich für jdn/etw** ~ interessarsi di qu/qc

interessiert [ɪnt(ə)rɛˈsiːɐt] **I.** *adj* interessato; **kulturell** ~ **sein** avere interessi culturali; **an etw/jdm** ~ **sein** essere interessato a qc/qu, avere interesse per qc/qu; **sich** ~ **zeigen** mostrarsi interessato; **ich bin nicht daran** ~, **dass** non mi interessa che +*conj* **II.** *adv* con interesse

Interface [ˈɪntɐfɛis] <-, -s> *n* (INFORM) interfaccia *f*

Interferenz [ˈɪntɐfeˈrɛnts] <-, -en> *f* (PHYS, TEC) interferenza *f*

Interjektion [ɪntɐjɛkˈtsjoːn] <-, -en> *f* (LING) interiezione *f*

interkantonal *adj* (*CH*) che interessa vari cantoni

Interkontinentalrakete *f* (MIL) missile *m* intercontinentale

interkulturell [ɪntɐkʊltuˈrɛl] *adj* interculturale

interlinear *adj* (LING, LIT) interlineare

Interlinearglosse *f* (LING, LIT: *bes Handschriften*) glossa *f* interlineare

Intermezzo [ɪntɐˈmɛtso] <-s, -s *o* Intermezzi> *n* (THEAT, MUS) intermezzo *m*; (*fig a*) intermezzo *m* comico

intern [ɪnˈtɛrn] *adj* interno

Internat [ɪntɐˈnaːt] <-(e)s, -e> *n* internato *m*, collegio *m*, convitto *m*

international [ɪntɐnatsjoˈnaːl] *adj* internazionale

Internet [ˈɪntɐnɛt] <-s, -s> *n* (INFORM) Internet, m; **im** ~ **surfen** navigare su Internet; **Internetadresse** *f* (INFORM) sito *m* (Internet); **Internetanschluss** *m* (INFORM) collegamento *m* a Internet; **Internetanwender** *m* internettista *m/f*; **Internetauktion** *f* (INFORM) asta *f* on line; **Internetbrowser** <-s, -> *m* (INFORM) Internet browser *m*; **Internet Browser** <-s, -> *m* (INFORM) Internet browser *m*; **Internet-Café** <-s, -s> *n* (INFORM) Internet café *m*, cybercafé *m*; **Internet Café** <-s, -s> *n* (INFORM) Internet café *m*, cybercafé *m*; **Internethandel** *m* commercio *m* elettronico; **Internetnutzer** *m s.* **Internet-Anwender**; **Internetportal** *n* (INFORM) portale *m* Internet; **Internetprovider** <-s, -> *m* (INFORM) Internet provider *m*; **Internettelefonie** *f* (TEL) telefonia *f* via Internet; **Internetzugang** *m* (INFORM) accesso *m* a Internet

internieren [ɪntɐˈniːrən] <ohne ge-> *vt* internare

Internierte <ein -r, -n, -n> *mf* internato, -a *m, f*

Internierung <-, -en> *f* internamento *m*; **Internierungslager** *n* campo *m* d'internamento

Internist(in) [ɪntɐˈnɪst] <-en, -en; -, -nen> *m(f)* (MED) internista *m/f*

Interpol [ˈɪntɐpoːl] <-> *kein Pl f* INTERPOL *m*

interpolieren [ɪntɐpoˈliːrən] <ohne ge-> *vt* (MAT, SCIENT) interpolare

Interpret(in) [ɪntɐˈpreːt] <-en, -en; -, -nen> *m(f)* (MUS) interprete *m/f*

Interpretation [ɪntɐpretaˈtsjoːn] <-, -en> *f* interpretazione *f*

interpretieren [ɪntɐpreˈtiːrən] <ohne ge-> *vt* interpretare

Interpretin *f s.* **Interpret**

Interpunktion [ɪntɐpʊŋkˈtsjoːn] *f* (LING) interpunzione *f*; **Interpunktionszeichen** *n* segno *m* d'interpunzione

Interrailkarte [ˈɪntɐrɛɪlkartə] *f* (FERR) (biglietto) interrail *m*

Interregio [ɪntɐˈreːgio] <-s, -s> *m* (FERR) (treno) interregionale *m*, diretto *m*

Intervall [ɪntɐˈval] <-s, -e> *n* intervallo *m*

intervenieren [ɪntɐveˈniːrən] <ohne ge-> *vi* intervenire; **Intervention** [ɪntɐvɛn'tsjoːn] <-, -en> f (*bes.* POL) intervento m

Interview ['ɪntɐvju *o* ɪntɐ'vjuː] <-s, -s> n intervista f

interviewen [ɪntɐ'vjuːən] <ohne ge-> vt intervistare

Interviewer(in) [ɪntɐ'vjuːɐ] <-s, -; -, -nen> m(f) intervistatore, -trice m, f

intim [ɪn'tiːm] adj intimo; (*vertraut*) familiare; **~e Beziehungen mit jdm haben** avere rapporti sessuali con qu

Intimfeind(in) <-(e)s, -e; -, -nen> m(f) (*geh*) nemico m giurato

Intimität [ɪntimi'tɛːt] <-, -en> f intimità f

Intimsphäre <-, -n> f intimo m

intolerant ['ɪntolerant] adj intollerante; **Intoleranz** ['ɪntolerants] <-, -en> f intolleranza f

Intonation [ɪntona'tsi̯oːn] <-, -en> f (MUS, LING) intonazione f

in toto adv in toto

intransitiv ['ɪntranzitiːf] adj (LING) intransitivo

Intrauterinpessar [ɪntraʔute'riːnpɛsaːɐ] n (MED) diaframma m

intravenös [ɪntrave'nøːs] I. adj (MED: *Injektion*) endovenoso II. adv (MED: *ernähren*) per via endovenosa

intrigant [ɪntri'gant] adj intrigante; **Intrigant(in)** <-en, -en; -, -nen> m(f) intrigante mf

Intrige [ɪn'triːgə] <-, -n> f intrigo m, cabala f; **~n spinnen** tessere intrighi

intrigieren [ɪntri'giːrən] <ohne ge-> vi intrigare, brigare *fam*

introvertiert [ɪntrovɐ'tiːɐt] adj (PSYCH) introverso

Intuition [ɪntui'tsi̯oːn] <-, -en> f intuito m; (*Eingebung*) intuizione f

intuitiv [ɪntui'tiːf] adj intuitivo

intus adj **etw ~ haben** (*fam*) essersi scolato qc

Invalide [ɪnva'liːdə] <-n, -n> m invalido m; (MIL) mutilato, -a

Invalidenrente <-, -n> f pensione f di invalidità

Invalidität [ɪnvalidi'tɛːt] <-> kein Pl f invalidità f

Invasion [ɪnva'zi̯oːn] <-, -en> f invasione f

Inventar [ɪnvɛn'taːɐ] <-s, -e> n inventario m; **das ~ aufnehmen** fare l'inventario; **lebendes/totes ~** scorte vive/morte

Inventur [ɪnvɛn'tuːɐ] <-, -en> f (COM) inventario m; **~ machen** fare l'inventario

investieren [ɪnvɛs'tiːrən] <ohne ge-> vt investire

Investition [ɪvɛsti'tsi̯oːn] <-, -en> f inve-

stimento m; **Investitionsanreiz** <-es, -e> m (FIN) incentivo m all'investimento; **Investitionsgüter** npl (COM, FIN) beni mpl d'investimento

Investmentbanking [ɪn'vɛstmɛnt 'bɛŋkɪŋ] <-(s)> kein Pl n investment bank f

inwendig ['ɪnvɛndɪç] I. adj interno II. adv dentro, all'interno

inwiefern, inwieweit [ɪnvi'fɛrn, ɪnvi'vaɪt] adv quanto, in che senso

Inzest [ɪn'tsɛst] <-(e)s, -e> m incesto m

Inzucht ['ɪntsʊxt] <-, -en> f ➊ (*bei Tieren*) riproduzione f fra consanguinei ➋ (*bei Menschen*) unione f consanguinea

inzwischen [ɪn'tsvɪʃən] adv intanto, nel frattempo

IOK [iːʔoːˈkaː] <-(s)> kein Pl n abk v **Internationales Olympisches Komitee** CIO m

Ion [ioːn] <-s, -en> n (PHYS, CHEM) ione m

I-Punkt ['iːpʊŋkt] m, **i-Punkt**^{RR} m puntino m sulla i; **bis auf den ~** con la massima precisione

IQ [iːˈkuː] <-(s)> m abk v **Intelligenzquotient** QI

i. R. abk v **im Ruhestand** a riposo

IR [iːˈɛr] <-(s), -(s)> m abk v **Interregio(-Zug)** IR m

Ir (CHEM) abk v **Iridium** IR

Irak [i'raːk] m (GEOG) (**der**) ~ l'Iraq m; **im ~** nell'Iraq; **Iraker(in)** <-s, -; -, -nen> m(f) iracheno, -a m, f; **irakisch** adj iracheno; **Irakkrieg** m guerra f in Iraq

Iran [i'raːn] m (GEOG) (**der**) ~ l'Iran m; **im ~** nell'Iran; **Iraner(in)** <-s, -; -, -nen> m(f) iraniano, -a m, f, iranico, -a m, f; **iranisch** adj iraniano, iranico

irden ['ɪrdən] adj di terra, terracotta

irdisch ['ɪrdɪʃ] adj terrestre; (*nicht himmlisch*) terreno, di questo mondo

Ire ['iːrə] <-n, -n> m irlandese m

irgend ['ɪrgənt] adv **wenn ~ möglich** se mai è possibile; **irgendein** pron indef (*adjektivisch*) uno, -a m, f qualsiasi, uno, -a m, f qualsiasi; **irgendeine(r, s)** ['ɪrgənt'ʔaɪnə, -nɐ, -nəs] pron indef qualcuno, -a m, f, uno, -a m, f

irgendetwas^{RR} pron indef qualunque cosa

irgendjemand^{RR} pron indef qualcuno, uno qualunque; **irgendwann** adv una volta o l'altra, prima o poi; **irgendwas** pron indef (*fam*) ➊ (*etwas*) qualcosa, qualche; **fällt dir noch ~ ein?** ti viene in mente qualcos'altro? ➋ (*Beliebiges*) qualcosa; **falls du ~ brauchst ...** se hai bisogno di qualcosa ...; **irgendwelche** pron indef ➊ (*manche*) qualche *mfsing*, qualcuno, -a *m, f sing; ~* Leute meinten ... qualcuno diceva/intendeva ... ❷ (*beliebige*) qualche; solltest du ~ Probleme haben ... se dovessi avere qualche problema ...; **irgendwer** *pron indef* ❶ (*jemand*) qualcuno, -a *m, f sing* ❷ (*eine beliebige Person*) uno, -a *m, f* qualunque; er ist schließlich nicht ~ in fondo non è uno qualunque; **irgendwie** *adv* in qualche modo, in un modo o nell'altro; **irgendwo** *adv* in qualche posto, da qualche parte; **irgendwoher** *adv* da qualche parte; **irgendwohin** *adv* in qualche posto, da qualche parte

Iriden *pl von* **Iris**[1]

Iridium [i'ri:diʊm] <-s> *kein Pl n* (CHEM) iridio *m*

Irin ['i:rɪn] <-, -nen> *f* irlandese *f*

Iris[1] ['i:rɪs *o* 'iride:s] <-, - *o* Iriden *o* Irides> *f* (ANAT, OPT) iride *f*

Iris[2] ['i:rɪs] <-, -> *f* (BOT) iris *f*

irisch ['i:rɪʃ] *adj* irlandese

Irisscanner *m* iris scan *m*

IRK [i:ʔɛr'ka:] <-(s)> *kein Pl n abk v* **Internationales Rotes Kreuz** CRI

Irland ['ɪrlant] *n* (GEOG) Irlanda *f*

Ironie [iro'ni:] <-, -n> *f* ironia *f*

ironisch [i'ro:nɪʃ] *adj* ironico

irr(e) ['ɪr(ə)] *adj* ❶ (*verrückt*) folle, pazzo, alienato ❷ (*sl: ausgefallen, toll*) straordinario, pazzesco; ein ~er Typ (*sl*) un tipo stravagante [*o* originale]; an jdm ~ werden perdere la fiducia in qu

irrational ['ɪratsjona:l] *adj* irrazionale

irre ['ɪrə] *adj* ❶ (*verrückt*) folle, pazzo ❷ (*sl: ausgefallen, toll*) straordinario, pazzesco; ein ~r Typ (*sl*) un tipo stravagante

Irre[1] <-> *kein Pl f* in die ~ führen fuorviare; (*fig: täuschen*) sviare, ingannare

Irre[2] <ein -r, -n, -n> *mf* pazzo, -a *m, f,* demente *mf*

irreal ['ɪrea:l] *adj* irreale

Irrealität [ɪreali'tɛ:t] <-> *kein Pl f* irrealtà *f*

irre|führen ['ɪrəfy:rən] *vt* (*fig*) trarre in inganno, ingannare

irreführend *adj* che trae in inganno

Irreführung *f* sviamento *m*

irrelevant ['ɪrelevant] *adj* irrilevante, trascurabile

irren ['ɪrən] **I.** *vi* ❶ *sein* (*umher~*) errare; (*fig: Gedanken*) vagare ❷ *haben* (*sich täuschen*) errare, sbagliare; ~ ist menschlich (*prov*) errare è umano **II.** *vr* **sich** (in jdm/ etw) ~ sbagliarsi (sul conto di qu/qc); **sich gewaltig ~** (*fam*) prendere un granchio enorme; **wenn ich mich nicht irre** se non erro, se non mi sbaglio

Irrenanstalt *f* manicomio *m*; **Irrenarzt** *m*

psichiatra *mf*; **Irrenärztin** *f* psichiatra *mf*; **Irrenhaus** *n* manicomio *m*

irreparabel ['ɪrepara:bəl] *adj* irreparabile

irreversibel ['ɪrevɛrzi:bəl *o* ɪrevɛr'zi:bəl] *adj* irreversibile

Irrfahrt ['ɪrfa:ɐt] *f* peregrinazione *f*, odissea *f*; **Irrgarten** *m* labirinto *m*, dedalo *m*; **Irrglaube** *kein Pl m* ❶ credenza *f* falsa ❷ (REL) eresia *f*

irrig ['ɪrɪç] *adj* (*geh*) erroneo, falso; **irrigerweise** ['ɪrɪgɐ'vaɪzə] *adv* (*geh*) erroneamente

Irritation [ɪrita'tsjo:n] <-, -en> *f* (*geh*) irritazione *f*; **irritieren** [ɪri'ti:rən] <ohne ge-> *vt* (*verwirren*) confondere

Irrlicht *n* fuoco *m* fatuo; **Irrsinn** *m* follia *f*, demenza *f*; **irrsinnig** *adj* ❶ (*geistesgestört*) straordinario ❷ (*fam: sehr, außerordentlich*) straordinario

Irrtum <-s, Irrtümer> *m* (*falsche Meinung*) errore *m*; (*Missverständnis*) malinteso *m*, equivoco *m*; (*Versehen*) svista *f*, sbaglio *m*; **sich im ~ befinden, im ~ sein** essere in errore; **es ist ein ~ zu glauben, dass ...** è un errore credere che ...; **das ist ein ~** vi è un malinteso; **das war ein ~ von mir** mi sono sbagliato; ~! (*fam*) è uno sbaglio!

irrtümlich ['ɪrty:mlɪç] *adj* erroneo

ISBN [i:ʔɛsbe:'ʔɛn] *f abk v* **Internationale Standardbuchnummer** ISBN *m*

Ischia *f* (GEOG) Ischia *f*

Ischias ['ɪʃias] <-> *kein Pl m* (MED) sciatica *f*

ISDN [i:ʔɛsde:'ʔɛn] (TEL) *abk v* **Integrated Services Digital Network** ISDN *f*; **ISDN-Anschluss** *m* (TEL) allacciamento *m* ISDN

Islam [ɪs'la:m] <-s> *kein Pl m* (REL) islam(ismo) *m*; **islamisch** *adj* islamico

Islamisierung [ɪslami'zi:rʊŋ] <-, -en> *f* (REL) islamizzazione *f*

Islamist(in) <-en, -en> *m(f)* islamista *mf*; **Islamistenhochburg** *f* roccaforte *f* islamica; **islamistisch** *adj* islamistico

Island ['i:slant] *n* Islanda *f*

Isländer(in) ['i:slɛndɐ] <-s, -; -, -nen> *m(f)* islandese *mf*

isländisch *adj* islandese

ISO ['i:zo] *f* (COM) *abk v* **International Organization for Standardization** ISO *f*

Isolation [izola'tsjo:n] <-, -en> *f* isolamento *m*; **Isolationshaft** *f* segregazione *f*

Isolator [izo'la:to:ɐ, *pl:* izola'to:rən] <-s, -en> *m* isolante *m*

Isolierband *n* nastro *m* isolante

isolieren [izo'li:rən] <ohne ge-> *vt* isolare

Isoliermasse *f*, **Isoliermaterial** *n* (materiale *m*) isolante *m*

Isolierstation *f* (MED) reparto *m* di isolamento

Isolierung <-, -en> *f* isolamento *m*

Israel ['ɪsraeːl] *n* Israele *m*

Israeli [israˈeːli] <-(s), -(s)> *mf,* **Israelin** [israˈeːlɪn] <-, -nen> *f* israeliano, -a *m, f*

israelisch [israˈeːlɪʃ] *adj* israeliano

Israelit(in) [israeˈliːt] <-en, -en; -, -nen> *m(f)* (REL) israelita *mf*

israelitisch *adj* israelitico, ebraico

isst^RR, **ißt**^ALT [ɪst] *2. u 3. pers sing pr von* **essen**

ist [ɪst] *3. pers sing pr von* **sein**¹

Istanbul ['ɪstambuːl] *n* Istanbul *f*

Ist-Bestand <-(e)s, -Bestände> *m* (COM, FIN) stato *m* effettivo, scorte *fpl* di magazzino

Italien [iˈtaːliən] *n* Italia *f*

Italiener(in) [itaˈli̯eːnɐ] <-s, -; -, -nen> *m(f)* italiano, -a *m, f*

italienisch *adj* italiano

Italienisch <-s> *kein Pl n,* **Italienische** <-n> *kein Pl n* italiano *m;* **die Schwierigkeiten des ~n** le difficoltà dell'italiano; **(kein) ~ sprechen/verstehen** (non) parlare/capire l'italiano

IT-Branche [aɪˈtiːʔbrãːʃə] *f* settore *m* dell'IT

i. Tr. *abk v* **in der Trockenmasse** a secco; **Fett ~** grassi in [*o* grasso] s. s

I-Tüpfelchen ['iːtʏpfəlçən] <-s, -> *n,* **i-Tüpfelchen**^RR <-s, -> *n* ❶ puntino *m* sulla i ❷ (*fig*) cacio *m* sui maccheroni *fam,* minimo particolare *m*

i. V. [iːˈfaʊ] *abk v* **in Vertretung** in rappresentanza

Jj

J, j [jɔt] <-, -(s)> *n* J, j *f;* **J wie Julius** i lunga **J** *abk v* **Joule** J

ja [ja:] *adv* ❶ (*zustimmend*) sì; ~ **sagen** dire di sì; **zu etw** ~ **sagen** acconsentire a qc, dare il proprio consenso a qc; **zu allem** ~ **und amen sagen** (*fam*) acconsentire a tutto; **mit** ~ **antworten** rispondere affermativamente; **ich glaube** ~ penso di sì; **aber** ~! *fam*, ~ **doch!** ma sì! *fam* ❷ (*fragend*) ah sì; (*fam*) eh, vero ❸ (*nachdrücklich*) ma; **ich habe es** ~ **gesagt** ma l'ho detto; **sage** ~ **nicht, dass** ... stai attento a non dire che ...; **da bist du** ~! eccoti qua!; **das ist** ~ **furchtbar!** ma è terribile! ❹ (*sogar*) anzi, perfino

Jacht [jaxt] <-, -en> *f* yacht *m*

Jacke ['jakə] <-, -n> *f* (*Herren~*) giacca *f* (da uomo); (*Damen~*) giacca *f* da donna

Jackett [ʒa'kɛt] <-(e)s, -s *o rar* -e> *n* giacca *f,* giacchetta *f*

Jackpot ['dʒɛkpɔt] *m* (*im Lotto*) jackpot *m*

Jade ['ja:də] <-(s) *m o -f*> *kein Pl mf*(MIN) giada *f*

Jagd [ja:kt] <-, -en> *f* caccia *f;* (*Verfolgung*) inseguimento *m;* **auf die** ~ **gehen** andare a caccia; **auf etw** *acc* ~ **machen** dare la caccia a qc; **Jagdaufseher** *m* guardiacaccia *m;* **Jagdbeute** *f* cacciagione *f;* **Jagdbomber** *m* (MIL) cacciabombardiere *m;* **Jagdgewehr** *n* fucile *m* da caccia; **Jagdhund** *m* cane *m* da caccia; **Jagdhütte** *f* capanna *f* di caccia; **Jagdpächter** <-s, -> *m* locatario *m* di una riserva di caccia; **Jagdrevier** *n* riserva *f* di caccia; **Jagdschein** *m* licenza *f* di caccia; **Jagdtasche** *f* carniere *m;* **Jagdzeit** *f* stagione *f* venatoria [*o* della caccia]

jagen ['ja:gən] I. *vt haben* ❶ (*Wild*) cacciare ❷ (*fig: verfolgen*) inseguire, dare la caccia a; **jdn zum Teufel** ~ mandare al diavolo qu; **damit kannst du mich** ~! (*fam*) mi fa schifo! II. *vi* ❶ *haben* (*auf die Jagd gehen*) cacciare, andare a caccia ❷ *sein* (*dahin~*) correre, andare di corsa; **nach etw** ~ correr dietro a qc

Jäger(in) ['jɛ:gɐ] <-s, -; -, -nen> *m(f)* ❶ (*Jagd*) cacciatore, -trice *m, f* ❷ (MIL, AERO) pilota *mf* da caccia

Jägerei [jɛ:gə'raɪ] <-> *kein Pl f* caccia *f,* esercizio *m* della caccia

Jägerin *f s.* **Jäger**

Jägerlatein *n* (*scherz*) fanfaronata *f* (da cacciatore); **Jägerschnitzel** <-s, -> *n* (GASTR) scaloppina *f* ai funghi

Jaguar ['ja:gua:ɐ̯] <-s, -e> *m* (ZOO) giaguaro *m*

jäh [jɛ:] *adj* ❶ (*steil*) ripido, erto ❷ (*plötzlich*) improvviso, repentino ❸ (*überstürzt*) precipitato

Jahr [ja:ɐ̯] <-(e)s, -e> *n* (*Zeiteinheit*) anno *m;* (*Verlauf*) annata *f;* **jedes** ~ ogni anno, annualmente; **letztes** ~ l'anno scorso; **nächstes** ~ l'anno prossimo; **ein halbes** ~ sei mesi; **das laufende** ~ l'anno in corso; **das neue** ~ l'anno nuovo; **alle zwei** ~**e** ogni due anni; **die dreißiger** ~**e** gli anni trenta; **die besten** ~**e** (**des Lebens**) gli anni più belli (della vita); **jdm ein glückliches neues** ~ **wünschen** augurare a qu buon anno; **in die** ~**e kommen** cominciare a invecchiare; **viele** ~**e lang** per anni; ~ **für** ~ anno per anno; **das ganze** ~ (**hindurch**) (per) tutto l'anno; **in einem** ~ (*ab jetzt*) fra un anno; (*im Verlauf eines* ~ *es*) in un anno, nel corso di un anno; **im** ~**e 2001** nell'(anno) 2001; **einmal im** ~ una volta all'anno; **von** ~ **zu** ~ di anno in anno; **im Alter von 3** ~**en** a 3 anni; **vor einem** ~ un anno fa; **vor** ~**en** anni fa

jahraus [ja:ɐ̯'ʔaʊs] *adv* ~**, jahrein** anno per anno

Jahrbuch *n* annuario *m,* almanacco *m*

jahrelang ['ja:rəlaŋ] I. *adj* di anni, che dura da anni II. *adv* per anni

jähren ['jɛ:rən] *vr* **sich** ~ ricorrere; **der Tag jährt sich bald, an dem** ... presto è l'anniversario del giorno in cui ...

Jahresabschluss[RR] <-es, -schlüsse> *m* (FIN) bilancio *m* d'esercizio [*o* di fine anno]; **Jahresabschlussprämie**[RR] <-, -n> *f* premio *m* di fine anno; **Jahresanfang** *m* inizio *m* dell'anno; **Jahresbeitrag** *m* quota *f* annua; **Jahresdurchschnitt** *m* media *f* annua; **Jahreseinkommen** *n* reddito *m* annuo; **Jahresende** *n* fine *f* dell'anno; **Jahresring** *m* (BOT) anello *m* annuale; **Jahrestag** *m* anniversario *m;* **Jahresurlaub** *m* vacanze *fpl* annuali; (MIL) licenza *f* ordinaria; **Jahreswechsel** *m* capodanno *m;* **Jahreswende** *f* capodanno *m;* **Jahreszahl** *f* data *f*

Jahreszeit *f* stagione *f;* **jahreszeitlich** *adj* stagionale

Jahrgang *m* ❶ (*von Geburt*) generazione *f* ❷ (*in Schule*) classe *f* ❸ (*von Wein, Zeitschrift*) annata *f*

Jahrhundert [ja:ɐ̯'hʊndɐt] <-s, -e> *n*

secolo *m*

jahrhundertealt *adj* (*Möbel, Buch*) (pluri)secolare; **jahrhundertelang** *adv* per secoli

Jahrhundertwende *f* passaggio *m* da un secolo all'altro

-jährig [jɛːrɪç] *adj* (*in Zusammensetzungen*) di … anni

jährlich ['jɛːɐlɪç] *adj* annuale, annuo

Jahrmarkt *m* fiera *f;* **Jahrmarktsbude** *f* baraccone *m* da fiera

Jahrtausend [jaːˈɡˈtaʊzənt] <-s, -e> *n* millennio *m;* **Jahrtausendwende** *f* passaggio *m* da un millennio all'altro

Jahrzehnt [jaːˈɡˈtseːnt] <-(e)s, -e> *n* decennio *m;* **jahrzehntelang** *adv* per decenni

Jähzorn ['jɛːtsɔrn] <-s> *kein Pl m* ❶ (*Eigenschaft*) temperamento *m* collerico, irascibilità *f* ❷ (*Ausbruch*) accesso *m* di collera; **jähzornig** *adj* irascibile, collerico

Jalousie [ʒaluˈziː] <-, -n> *f* imposta *f,* persiana *f*

Jammer ['jamɐ] <-s> *kein Pl m* ❶ (*Elend*) miseria *f,* indigenza *f;* **es ist ein ~, dass …** è un peccato che +*conj* ❷ (*Klagen*) lamenti *mpl*

jämmerlich ['jɛmɐlɪç] *adj* (*elend*) misero; (*erbärmlich*) miserabile, pietoso; (*mitleiderregend*) compassionevole

jammern ['jamɐn] *vi* lamentarsi; **über etw** *acc* **~** lamentarsi di qc; (*klagen*) lagnarsi di qc; **um etw ~** lamentarsi per qc; **nach jdm/etw ~** reclamare qu/qc con tono lamentoso

jammerschade ['jamɐˈʃaːdə] *adj* (*fam*) **das ist ~!** è un gran peccato!

Janker <-s, -> *m* (*A: Trachtenjackett*) giacca *f* folcloristica

Jänner ['jɛnɐ] <-s, -> *m* (*A: Januar*) gennaio *m; s. a.* **April**

Januar ['januaːɐ] <-(s), -e> *m* gennaio *m; s. a.* **April**

Japan ['jaːpan] *n* Giappone *m*

Japaner(in) [jaˈpaːnɐ] <-s, -; -, -nen> *m(f)* giapponese *mf*

japanisch *adj* giapponese

japsen ['japsən] *vi* (*fam*) (*nach Luft*) ~ ansimare

Jargon [ʒarˈɡõː] <-s, -s> *m* gergo *m*

Jasmin [jasˈmiːn] <-s, -e> *m* (BOT) gelsomino *m*

Jastimme ['jaːˌʃtɪmə] *f* voto *m* favorevole

jäten ['jɛːtən] *vt* sarchiare, diserbare

Jauche ['jaʊxə] <-, -n> *f* (AGR) liquame *m,* colaticcio *m*

Jauchegrube *f* fossa *f* del liquame

jauchzen ['jaʊxtsən] *vi* levare grida di gioia, esultare

Jauchzer <-s, -> *m* grido *m* di giubilo

jaulen ['jaʊlən] *vi* (*Hunde*) guaire, mugolare

Jause ['jaʊzə] <-, -n> *f* (A, *südd: Vesper*) merenda *f,* spuntino *m*

jausnen *vi* (A: *vespern*) fare la merenda

jawohl [jaˈvoːl] *adv* sì certo, sissignore

Jawort ['jaːvɔrt] *n* **das ~ geben** dare il proprio assenso a qc; (*bei Trauung*) pronunciare il sì

Jazz [dʒæz] <-> *kein Pl m* (MUS) jazz *m;* **Jazzkapelle** *f* jazzband *m,* orchestra *f* di jazz

je [jeː] I. *adv* ❶ (~ *mals*) mai; **seit eh und ~** da sempre; **es ist schlimmer denn ~** è peggio che mai; **wer hätte das ~ gedacht!** chi l'avrebbe mai immaginato! ❷ (~ *weils*) ogni, alla volta; (*bei Personen*) ciascuno; **ich gebe euch ~ 2 Euro** vi do 2 euro ciascuno II. *konj* **~ …, desto …** quanto … tanto …; **~ eher, desto lieber** quanto prima tanto meglio; **~ mehr, desto besser** più ce n'è meglio è; **~ nach …** secondo …; **~ nachdem** a seconda delle circostanze; **~ nachdem, ob …** a seconda se … III. *prp* +*acc* (*pro*) per, a IV. *int* **ach** [*o* **oh**] **~!** ahimè!, oh Dio!, mamma mia!

Jeans [dʒiːnz] *pl* jeans *mpl*

jede *pron indef s.* **jede(r, s)**

jedenfalls ['jeːdənˈfals] *adv* in ogni caso, a ogni modo

jeder *pron indef s.* **jede(r, s)**

jedermann *pron indef* ognuno, tutti

jede(r, s) ['jeːdə, -də, -dəs] *pron indef* ❶ (*adjektivisch*) ogni ❷ (*substantivisch*) ognuno, -a *m, f,* tutti *mpl,* tutte *fpl;* **~r beliebige** uno qualsiasi; **~r einzelne** ogni singolo; **~ zweite/dritte/vierte …** ogni … due/tre/quattro …; **~r von uns** ognuno di noi; **ohne ~n Grund/Sinn** senza alcun motivo/senso; **~m das Seine** a ciascuno il suo; **er kann ~n Augenblick hereinkommen** può entrare da un momento all'altro

jederzeit ['jeːdɐˈtsaɪt] *adv* in qualsiasi momento, sempre

jedes *pron indef s.* **jede(r, s)**

jedesmal ['jeːdəsˈmaːl] *adv* ogni volta; **~, wenn …** ogni volta che …

jedoch [jeˈdɔx] I. *adv* però, tuttavia II. *konj* ma, però

jegliche(r, s) ['jeːklɪçə, -çɐ, -çəs] *pron indef* ogni, tutto

jeher ['jeː(ˈ)heːɐ] *adv* **von ~** da sempre, da molto tempo

jemals ['jeːmaːls] *adv* mai; **hat man ~ so etwas gesehen?** si è mai visto qualcosa di simile?

jemand ['je:mant] *pron indef* qualcuno, -a *m, f*; (*verneinend*) nessuno, -a *m, f*; **~ anders** qualcun altro; **es ist ~ da** c'è qualcuno

jene(r, s) ['je:nə, -nɐ, -nəs] *pron dem* (*geh*) ❶ (*adjektivisch*) quel(lo) *m*, quella *f*, quei *mpl*, quegli *mpl*, quelle *fpl*; **an ~m Tage** quel giorno ❷ (*substantivisch*) quello *m*, quella *f*, quelli *mpl*, quelle *fpl*; **dies und ~s** questo e quello

jenseitig ['je:nzaɪtɪç *o* 'jɛnzaɪtɪç] *adj* ulteriore, altro, che è di là

jenseits ['je:nzaɪts] **I.** *adv* di là, dall'altra parte **II.** *prp* +*gen* al di là di, di là da; **Jenseits** <-> *kein Pl* n (REL) l'al di là *m*, l'altro mondo *m*

Jerusalem [je'ru:zalɛm] *n* Gerusalemme *f*

Jesuit [jezu'i:t] <-en, -en> *m* (REL) gesuita *m*

Jesuitenorden *m* ordine *m* dei gesuiti, compagnia *f* di Gesù

Jesus ['je:zʊs] <Jesu> *m* (REL) Gesù *m*; **~ Christus** Gesù Cristo

Jet [dʒɛt] <-s, -s> *m* jet *m*, aviogetto *m*

Jetlag ['dʒɛtlɛg] <-s, -s> *m* jetlag *m*

Jet-set ['dʒɛtsɛt] <-s, *rar*-s> *m*, **Jetset**^RR <-s, *rar*-s> *m* jet-set *m*

jetten ['dʒɛtən] *vi* (*fam*) volare su un jet

jetzig ['jɛtsɪç] *adj* di adesso, attuale

jetzt [jɛtst] *adv* adesso, ora; (*dann*) allora; **bis ~** finora; **erst ~** solo ora, soltanto adesso; **gerade ~** proprio ora; **von ~ an** d'ora in poi, d'ora innanzi; **~ oder nie!** adesso o mai più!

jeweilig ['je:vaɪlɪç] *adj* rispettivo, vigente; (*betreffend*) in questione

jeweils ['je:vaɪls] *adv* (*jedesmal*) ogni volta; **für jede Gruppe gilt ~ ...** per ogni gruppo vale sempre ...; **es können ~ 8 Personen teilnehmen** possono prendervi parte 8 persone per volta

Jg. *abk v* **Jahrgang** annata

Jh. *abk v* **Jahrhundert** sec.

jiddisch ['jɪdɪʃ] *adj* yiddish

Jingle ['dʒɪŋgəl] <-(s), -(s)> *m* jingle *m*

Job [dʒɔp] <-s, -s> *m* (*fam*) lavoro *m*

jobben ['dʒɔbən] *vi* (*fam*) lavorare (occasionalmente)

Jobber(in) ['dʒɔbɐ] <-s, -; -, -nen> *m(f)* ❶ (*fam*) lavoratore, -trice *m, f* occasionale ❷ (FIN: *Börsenspekulant*) speculatore, -trice *m, f* in borsa

Jobbörse *f* (*im Internet*) sito dedicato alle offerte di lavoro; **Jobhopper** [dʒɔp'hɔpɐ] *m* chi cambia spesso lavoro puntando ad un'ascesa sociale; **Job-Sharing**^RR ['dʒɔpʃɛːrɪŋ] <-(s)> *kein Pl n*

jobsharing *m*, lavoro *m* part time a turno; **Job-sharing**^ALT ['dʒɔpʃɛːrɪŋ] <-(s)> *kein Pl n* jobsharing *m*, lavoro *m* part time a turno; **Jobsharing**^RR <-(s)> *kein Pl n* jobsharing *m*, lavoro *m* part time a turno; **Jobsuche** ['dʒɔpzuːxə] <-> *kein Pl f* (*fam*) ricerca *f* di lavoro; **Jobvermittler(in)** *m(f)* consulente *mf* per la ricerca del personale, agente *mf* di collocamento; **Jobvermittlung** <-, -en> *f* ufficio *m* [*o* agenzia *f*] di collocamento

Joch [jɔx] <-(e)s, -e> *n* ❶ (*Zugtiere, a fig*) giogo *m* ❷ (ARCH) pila *f* ad arco ❸ (*Pass*) passo *m*, valico *m*

Jockei, Jockey ['dʒɔke *o* 'dʒɔki] <-s, -s> *m* fantino *m*, jockey *m*

Jod [jo:t] <-(e)s> *kein Pl n* (CHEM) iodio *m*

jodeln ['jo:dəln] *vi* fare lo jodel

jodhaltig ['jo:thaltɪç] *adj* iodato; **~es Salz** sale iodato

Jodler ['jo:dlɐ] <-s, -> *m* (*Ruf, Lied*) jodel *m*

Jodler(in) ['jo:dlɐ] <-s, -; -, -nen> *m(f)* cantante *mf* di jodel

Jodtinktur <-, -en> *f* tintura *f* di iodio

Joga ['jo:ga] <-(s)> *kein Pl m o n* yoga *m*

joggen ['dʒɔgən] *vi sein* fare jogging

Jogger(in) ['dʒɔgɐ] <-s, -; -, -nen> *m(f)* jogger *mf*, chi fa jogging

Jogging ['dʒɔgɪŋ] <-(s)> *kein Pl n* jogging *m*; **Jogginganzug** *m* tuta *f* da jogging

Joghurt ['jo:gʊrt] <-(s), -(s)> *m o n* yogurt *m*, iogurt *m*; **Joghurtbereiter** <-s, -> *m* yogurtiera *f*

Jogi ['jo:gi] <-(s), -s> *m* (*Yoga*) yogin *m*

Jogurt^RR <-(s), -(s)> *m o n s.* **Joghurt**

Johannisbeere [jo'hanɪsbeːrə] <-, -n> *f* (BOT) ribes *m*; **schwarze/rote ~** ribes nero/rosso

johlen ['jo:lən] *vi* urlare, gridare

Joint [dʒɔɪnt] <-s, -s> *m* (*sl*) spinello *m*

Joint Venture^RR <-(s), -s> *n* (COM) joint venture *f*; **Joint-venture**^ALT ['dʒɔɪntvɛntʃə] <-(s), -s> *n* joint venture *f*; **Joint-venture**^RR <-(s), -s> *n* joint venture *f*

Jongleur [ʒõˈgløːɐ] <-s, -e> *m* giocoliere *m*; **jonglieren** [ʒõˈgliːrən] <*ohne ge*-> *vi* fare giochi di destrezza

Joppe ['jɔpə] <-, -n> *f* giacca *f*, casacca *f*

Jordan ['jɔrdan] *m* (GEOG: *Fluss*) Giordano *m*

Jordanien [jɔrˈdaːniən] *n* (GEOG) Giordania *f*

Jordanier(in) <-s, -; -, -nen> *m(f)* giordano, -a *m, f*

Joule [dʒuːl *o* dʒaʊl] <-(s), -> *n* (PHYS) joule *m*

Journal [ʒʊr'na:l] <-s, -e> n ❶ (COM) giornale m di contabilità ❷ (*Zeitschrift*) giornale m; **Journaldienst** m (A: *Bereitschaftsdienst*) servizio m di turno

Journalismus [ʒʊrna'lɪsmʊs] <-> *kein Pl* m giornalismo m

Journalist(in) [ʒʊrna'lɪst] <-en, -en; -, -nen> m(f) giornalista mf

journalistisch [ʒʊrna'lɪstɪʃ] adj giornalistico

jovial [jo'vja:l] adj gioviale

Joystick <-s, -s> m (INFORM) joystick m

jr. abk v **junior** jr

Jubel ['ju:bəl] <-s> *kein Pl* m giubilo m, esultanza f; (~ *schreie*) grida fpl di giubilo; **~, Trubel, Heiterkeit** (*fam*) confusione ed allegria; **Jubeljahr** <-(e)s, -e> n **alle ~e** (**einmal**) (*fam*) (una volta) ogni morte di papa

jubeln ['ju:bəln] vi giubilare, esultare

Jubilar(in) [jubi'la:ɐ] <-s, -e; -, -nen> m(f) festeggiato, -a m, f, chi festeggia un anniversario

Jubiläum [jubi'lɛːʊm] <-s, Jubiläen> n giubileo m; **fünfzigjähriges ~** cinquantenario

juchzen ['jʊxtsən] vi (*fam*) gioire, esultare

jucken ['jʊkən] I. vi, vt (*Körperstelle*) prudere; **es juckt mich** mi prude II. vr **sich ~** (*fam*) grattarsi

Juckreiz m prurito m

Jude ['ju:də] <-n, -n> m ebreo m; **Judenstern** m (HIST) stella f di David; **Judentum** <-s> *kein Pl* n ebraismo m; **Judenverfolgung** f persecuzione f degli ebrei

Jüdin ['jy:dɪn] <-, -nen> f ebrea f

jüdisch ['jy:dɪʃ] adj ebreo, giudaico

Judo ['ju:do] <-(s)> *kein Pl* n (SPORT) judo m

Jugend ['ju:gənt] <-> *kein Pl* f ❶ (*Jungsein*) gioventù f, giovinezza f; **die ~ von heute** la gioventù d'oggi; **von** (**früher**) **~ an** dalla (prima) giovinezza ❷ (*Kindheit*) infanzia f; (~ *alter*) adolescenza f; **Jugendamt** n ufficio m di assistenza dei minorenni, servizio m sociale per minorenni; **Jugendarbeitslosigkeit** f disoccupazione f giovanile; **Jugendbuch** n libro m per ragazzi; **Jugenddrama** n dramma m giovanile; **jugendfrei** ['ju:gəntfraɪ] adj (FILM) adatto ai minori; **Jugendfreund(in)** m(f) amico, -a m, f di gioventù; **jugendgefährdend** adj ~**e Schriften** (JUR) scritti pericolosi per la gioventù

Jugendherberge f ostello m della gioventù; **Jugendkriminalität** f delinquenza f minorile

jugendlich adj ❶ (*jung wirkend*) giova-

nile; ~ **aussehen** avere un aspetto giovanile ❷ (*jung*) giovane, adolescente

Jugendliche <ein -r, -n, -n> mf minorenne mf; ~ **unter 16 Jahren haben keinen Zutritt** vietata l'entrata ai minori di sedici anni; **Jugendlichkeit** <-> *kein Pl* f gioventù f, giovinezza f; (*Aussehen*) aspetto m giovanile

Jugendliebe f ❶ (*Gefühl*) amore m giovanile ❷ (*Person*) amore m di gioventù; **Jugendrichter(in)** <-s, -; -, -nen> m(f) (JUR) giudice m del tribunale minorile; **Jugendschutz** m protezione f della gioventù; **Jugendstil** m (KUNST, ARCH) (stile) liberty m; **Jugendsünde** <-, -n> f errore m di gioventù, ragazzata f; **Jugendtreffpunkt** m meeting-point m; **Jugendwahn** m ossessione f della giovinezza, ricerca f frenetica della giovinezza; **Jugendzeit** f gioventù f, adolescenza f; **Jugendzentrum** n centro m per la gioventù

Jugoslawe [jugo'sla:və] <-n, -n> m iugoslavo m; **Jugoslawien** [jugo'sla:viən] n Iugoslavia f; **Jugoslawin** [jugo'sla:vɪn] <-, -nen> f iugoslava f; **jugoslawisch** adj iugoslavo

Juli ['ju:li] <-(s), -s> m luglio m; s. a. **April**

jun. abk v **junior** jr

jung [jʊŋ] <jünger, jüngste> adj ❶ giovane; **Jung und Alt** giovani e vecchi; **von ~ auf** fin da giovane ❷ (*fig*) nuovo; ~**er Wein** vino novello

Junge¹ <-n, -n o fam Jungs> m (bes. nordd) ragazzo m, giovane m; **kleiner ~** ragazzino, marmocchio; ~, ~! (*fam*) ahi ahi ahi!

Junge² <ein -s, -n, -n> n ❶ (*Tier*) cucciolo m; ~ **werfen** figliare ❷ (*bes. südd, A*) piccolo m

jungenhaft ['jʊŋənhaft] adj da ragazzo, mascolino

jünger ['jʏŋe] adj Komparativ von **jung** più giovane; (*bei Geschwistern*) minore; **er ist fünf Jahre ~ als ich** ha cinque anni meno di me; **er sieht ~ aus, als er ist** non dimostra la sua età, sembra più giovane

Jünger <-s, -> m (REL) discepolo m

Jungfer ['jʊŋfe] <-, -n> f (obs: junges Mädchen) ragazza f, vergine f; **alte ~** (*fam*) vecchia zitella

Jungfernfahrt f viaggio m inaugurale; **Jungfernhäutchen** n (ANAT) imene m

Jungfrau <-, -en> f ❶ vergine f ❷ (ASTR) Vergine f; **er/sie ist ~** è della Vergine

jungfräulich ['jʊŋfrɔɪlɪç] adj vergine, verginale; **Jungfräulichkeit** ['jʊŋfrɔɪlɪçkaɪt] <-> *kein Pl* f (geh) verginità f, purezza *f*

Junggeselle <-n, -n> *m* scapolo *m,* celibe *m;* **eingefleischter ~** (*fam*) scapolo impenitente; **Junggesellin** <-, -nen> *f* nubile *f*

Jüngling ['jʏŋlɪŋ] <-s, -e> *m* (*obs, poet*) adolescente *m,* efebo *m,* giovincello *m scherz*

jüngst [jʏŋst] *adv* (*geh*) ultimamente, recentemente

jüngste(r, s) ['jʏŋstə, -tɐ, -təs] *adj Superlativ von* **jung** (il, la) più giovane; (*letzter*) ultimo, -a; **der/die Jüngste** (*Bruder o Schwester*) il/la più piccolo/-a; **das Jüngste Gericht, der Jünste Tag** il giudizio universale

Jungtier <-(e)s, -e> *n* animale *m* giovane

jungverheiratet ['jʊŋfɛɐ'haɪra:tət] *adj* sposato giovane

Jungwähler(in) <-s, -; -, -nen> *m(f)* (POL) elettore *m* giovane

Juni ['ju:ni] <-(s), -s> *m* giugno *m; s. a.* **April**

junior ['ju:nɪo:ɐ] *adj* (*nachgestellt*) junior *m,* figlio *m*

Junior(in) ['ju:nɪo:ɐ] <-s, -en; -, -nen> *m(f)* ❶ (*fam*) figlio, -a *m, f* ❷ (SPORT) junior *mf;* **Juniorchef(in)** *m(f)* figlio, -a *m, f* del principale

Junkfood ['dʒankfu:t] <-s> *kein Pl n* junk food *m, cibo di scarso valore nutritivo*

Junkie ['dʒaŋki] <-s, -s> *m* (*fam*) junkie *m,* eroinomane *mf*

Jupe [ʒy:p] <-, -s *f o* -s, -s *m> f o m* (*CH*) gonna *f*

Jura[1] ['ju:ra] *ohne Artikel* (*Recht*) **~ studieren** studiare legge

Jura[2] *m* ❶ (*Gebirge*) Giura *m* ❷ (*schweizerischer Kanton*) Giura *m* ❸ (GEOL) giurassico *m*

Jurisdiktion [ju:rɪsdɪk'tsjo:n] <-, -en> *f* (*geh*) giurisdizione *f*

Jurisprudenz [ju:rɪspru'dɛnts] <-> *kein Pl f* giurisprudenza *f*

Jurist(in) [ju'rɪst] <-en, -en; -, -nen> *m(f)* giurista *mf,* legista *mf;* (*Rechtsgelehrter*) giureconsulto *m;* (*Student*) studente, -essa *m, f* in legge

Juristendeutsch *n* (*pej*) gergo *m* giuridico

juristisch [ju'rɪstɪʃ] *adj* giuridico; **~e Fakultät** facoltà di legge; **~e Person** persona giuridica

Jury [ʒy'ri: *o* 'ʒy:ri:] <-, -s> *f* giurì *m,* giuria *f*

Jus[1] <-> *kein Pl n* (*ohne Artikel*) diritto *m;* **~ studieren** (*A*) studiare legge

Jus[2] <-, -> *m* (*CH*) succo *m* di frutta [*o* di verdura]

Juso ['ju:zo] <-s, -s> *m* (POL) *s.* **Jungsozialist**

just [jʊst] *adv* (*obs scherz*) proprio, precisamente, per l'appunto

justieren [jʊs'ti:rən] <ohne ge-> *vt* ❶ (TEC) aggiustare, regolare ❷ (TYP) giustificare

Justiz [jʊs'ti:ts] <-> *kein Pl f* giustizia *f;* **Justizbeamte** *m,* **Justizbeamtin** *f* funzionario, -a *m, f* dell'ordine giudiziario; **Justizbehörde** *f* autorità *f* giudiziaria, magistratura *f;* **Justizgebäude** *n* palazzo *m* di giustizia; **Justizirrtum** *m* errore *m* giudiziario; **Justizminister(in)** *m(f)* ministro *m* della giustizia; **Justizministerium** *n* ministero *m* della giustizia; **Justizmord** *m* assassinio *m* giudiziario; **Justizpalast** *m* palazzo *m* di giustizia; **Justizvollzugsanstalt** *f* (*form*) carcere *m,* prigione *f*

Jute ['ju:tə] <-> *kein Pl f* iuta *f*

Juwel [ju've:l] <-s, -en *m o fig* -s, -e *n>* m *o n* gioiello *m*

Juwelenhandel *m* commercio *m* di gioielli

Juwelier [juve'li:ɐ] <-s, -e> *m* gioielliere *m;* **Juweliergeschäft** *n,* **Juwelierladen** *m* gioielleria *f*

Jux [jʊks] <-es, -e> *m* (*fam*) scherzo *m,* celia *f;* **aus ~** per scherzo

K_k

K, k [kaː] <-, -(s)> *n* K, k *f;* **K wie Kaufmann** kappa

Kabarett [kaba'rɛt *o* kaba're:] <-s, -s *o* -e> *n* cabaret *m*

Kabarettist(in) [kabarɛ'tɪst] <-en, -en; -, -nen> *m(f)* artista *mf* da cabaret

Kabel ['kaːbəl] <-s, -> *n* cavo *m,* filo *m;* **Kabelfernsehen** *n* televisione *f* via cavo

Kabeljau ['kaːbəljaʊ] <-s, -e *o* -s> *m* (ZOO) merluzzo *m*

Kabine [ka'biːnə] <-, -n> *f* cabina *f*

Kabinett [kabi'nɛt] <-s, -e> *n* ❶ gabinetto *m* ❷ (POL) governo *m,* consiglio *m* dei ministri; **Kabinettsumbildung** *f* rimpasto *m* ministeriale

Kabrio ['kaːbrio] <-s, -s> *n,* **Kabriolett** [kabrio'lɛt *o* 'kaːbriole] <-s, -s> *n* (MOT) decappottabile *f*

Kachel ['kaxəl] <-, -n> *f* ❶ (*für Ofen*) piastrella *f* ❷ (*südd: Topf*) vaso *m* di ceramica

kacheln *vt* piastrellare

Kachelofen *m* stufa *f* di ceramica

Kadaver [ka'daːvɐ] <-s, -> *m* ❶ (*Tier*) carogna *f* ❷ (*pej: Mensch*) cadavere *m*

Kader ['kaːdɐ] <-s, -> *m* ❶ (MIL, POL) quadri *mpl* ❷ (SPORT) gruppo *m*

Kadmium ['katmiʊm] <-s> *kein Pl n* (CHEM) cadmio *m*

Käfer ['kɛːfɐ] <-s, -> *m* ❶ (ZOO) coleottero *m* ❷ (*Auto*) maggiolino *m*

Kaff [kaf] <-s, -s *o* -e> *n* (*fam pej: Ort*) buco *m*

Kaffee ['kafe *o* ka'feː] <-s, -s, *bei Mengenangaben:* -> *m* caffè *m;* **schwarzer/koffeinfreier ~** caffè nero/decaffeinato; **~ mit Milch** caffellatte; **das ist kalter ~!** (*fam*) è vecchia!; **Kaffeebohne** *f* chicco *m* di caffè; **Kaffee-Ersatz** *m,* **Kaffeeersatz**^{RR} *m* surrogato *m* di caffè; **Kaffeefilter** *m* filtro *m* per il caffè; **Kaffeehaus** [ka'feːhaʊs] *n* (*bes. A*) caffè *m;* **Kaffeekanne** *f* caffettiera *f;* **Kaffeeklatsch** *m* (*fam*) incontro *m* (di signore) per il caffè; **Kaffeekränzchen** ['kafekrɛntsçən] <-s, -> *n* (*fam*) s. **Kaffeeklatsch; Kaffeelöffel** *m* cucchiaino *m* da caffè; **Kaffeemaschine** *f* macchina *f* del caffè; **Kaffeemühle** *f* macinino *m* per il caffè, macinacaffè *m;* **Kaffeepause** <-, -n> *f* pausa *f* caffè; **Kaffeesatz** *m* fondo *m* del caffè; **Kaffeetasse** *f* tazza *f* da caffè

Käfig ['kɛːfɪç] <-s, -e> *m* gabbia *f*

kahl [kaːl] *adj* ❶ (*haarlos*) pelato, calvo; **~ geschoren** raso a zero; (*Schafe*) tosato;

~ werden (*Kopf*) stempiarsi ❷ (*unbewachsen, schmucklos*) brullo, spoglio; (*Wand*) nudo ❸ (*ohne Laub*) spoglio; **~ fressen** divorare il fogliame; **kahl|fressen**^{ALT} *vt s.* **kahl 3.; kahlgeschoren**^{ALT} *adj s.* **kahl 1.; Kahlkopf** *m* testa *f* pelata; **kahlköpfig** ['kaːlkœpfɪç] *adj* calvo; **Kahlschlag** *m* ❶ (*Schlagen von Bäumen*) disboscamento *m* totale ❷ (*Fläche*) area *f* disboscata

Kahn [kaːn] <-(e)s, Kähne> *m* barca *f;* (*Schlepp~*) chiatta *f*

Kai [kaɪ] <-s, -e *o* -s> *m* (NAUT) banchina *f,* molo *m;* **Kaimauer** *f* (muro *m* della) banchina *f*

Kairo ['kaɪro] *n* Il Cairo *m*

Kaiser(in) ['kaɪzɐ] <-s, -; -, -nen> *m(f)* imperatore, -trice *m, f;* **kaiserlich** *adj* imperiale; **Kaiserreich** *n* impero *m;* **Kaiserschmarren** *m* (*A, südd:* GASTR) frittata dolce sminuzzata; **Kaiserschnitt** *m* (MED) taglio *m* cesareo

Kajüte [ka'jyːtə] <-, -n> *f* (NAUT) cabina *f,* camerino *m*

Kakadu ['kakadu] <-s, -s> *m* cacatua *m*

Kakao [ka'kaʊ] <-s> *kein Pl m* ❶ (*Pflanze, Pulver*) cacao *m* ❷ (*Getränk*) cioccolata *f* (calda); **jdn durch den ~ ziehen** (*fig fam*) prendere in giro qu; **Kakaobohne** *f* seme *m* di cacao; **Kakaobutter** *kein Pl f* (GASTR) burro *m* di cacao

Kakerlak ['kaːkɛlak] <-s *o* -en, -en> *m* (ZOO) scarafaggio *m*

Kaktee [kak'teːə] <-, -n> *f,* **Kaktus** ['kaktʊs] <- *o* A -ses, Kakteen> *m* (BOT) cactus *m*

Kalabrien [ka'laːbriən] *n* (GEOG) Calabria *f*

Kalauer ['kaːlaʊɐ] <-s, -> *m* freddura *f;* (*Wortspiel*) gioco *m* di parole

Kalb [kalp] <-(e)s, Kälber> *n* (ZOO) vitello *m*

kalben ['kalbən] *vi* (*Tier*) figliare

Kalbfleisch *kein Pl n* (GASTR) carne *f* di vitello

Kalbsbraten *m* (GASTR) arrosto *m* di vitello; **Kalbskotelett** *n* (GASTR) braciola *f* di vitello; **Kalb(s)leder** *n* (pelle *f* di) vitello *m;* **Kalbsschnitzel** *n* (GASTR) scaloppina *f* di vitello

Kaldaunen [kal'daʊnən] *fpl* (GASTR) trippa *f*

Kaleidoskop [kalaɪdo'skoːp] <-s, -e> *n* (*a fig* OPT) caleidoscopio *m*

Kalender [ka'lɛndɐ] <-s, -> *m* calendario *m;* **Kalenderfunktion** *f* funzione *m*

di calendario; **Kalenderjahr** *n* anno *m* civile

Kali ['ka:li] <-s, -s> *n* ❶ (CHEM) potassio *m;* (*~ lauge*) potassa *f* caustica ❷ (MIN) sale *m* potassico

Kaliber [ka'li:bɐ] <-s, -> *n* (*a fig* TEC) calibro *m*

Kalif [ka'li:f] <-en, -en> *m* (REL) califfo *m*

Kalifornien [kali'fɔrniən] *n* (GEOG) California *f*

Kalium ['ka:liʊm] <-s> *kein Pl n* (CHEM) potassio *m*

Kalk [kalk] <-(e)s, -e> *m* ❶ (*Baustoff*) calce *f;* **ungelöschter/gelöschter ~** calce viva/spenta ❷ (*~ stein*) calcare *m* ❸ (ANAT) calcio *m;* **Kalkablagerung** *f* deposito *m* calcareo; **Kalkbildung** *f* calcificazione *f;* **Kalkbrennerei** *f* fornace *f* di calce

kalken *vt* imbiancare

kalkhaltig *adj* calcareo; **Kalkstein** *m* pietra *f* calcarea

Kalkül [kal'ky:l] <-s, -e> *mn* (A MAT) calcolo *m;* **etw (mit) ins ~ ziehen** prendere in considerazione qc fin dall'inizio

Kalkulation [kalkula'tsi̯o:n] <-, -en> *f* ❶ (*a fig*) calcolo *m* ❷ (COM, FIN: *Kostenvoranschlag*) preventivo *m*

kalkulierbar [kalku'li:ɐba:ɐ] *adj* calcolabile

kalkulieren [kalku'li:rən] <ohne ge-> *vt* calcolare; (*a fig: abschätzen*) valutare

Kalorie [kalo'ri:] <-, -n> *f* caloria *f;* **kalorienarm** *adj* ipocalorico; **Kaloriengehalt** *m* potere *m* calorico; **kalorienreich** *adj* ipercalorico

kalt [kalt] <kälter, kälteste> *adj* ❶ freddo; (*eisig~*) freddissimo, ghiacciato; **~ werden** (*Wetter*) fare freddo; (*Speise*) raffreddarsi; **es ist ~** fa freddo; **mir ist ~** ho freddo; **es lief mir ~ über den Rücken, es überlief mich ~** mi vennero i brividi ❷ (*fig*) freddo; (*unempfindlich, gefühllos*) insensibile; (*gleichgültig*) indifferente; (*unfreundlich*) duro, secco

Kaltblüter ['kaltbly:tɐ] <-s, -> *m* (ZOO) animale *m* eterotermo [*o* a sangue freddo]

kaltblütig ['kaltbly:tɪç] *adj o adv* a sangue freddo, di sangue freddo; **Kaltblütigkeit** [kaltbly:tɪçkaɪt] <-> *kein Pl f* sangue *m* freddo, freddezza *f*

Kälte ['kɛltə] <-> *kein Pl f* ❶ freddo *m;* **vor ~ zittern** tremare dal freddo; **bei dieser ~** con questo freddo; **13 Grad ~** 13 gradi sotto zero ❷ (*fig: Gefühls~*) freddezza *f;* (*Gleichgültigkeit*) indifferenza *f;* **kältebeständig** *adj* resistente al freddo; **Kälteeinbruch** *m* (METEO) ondata *f* di freddo; **kälteempfindlich** *adj* sensibile

al freddo; **Kältegrad** *m* grado *m* sotto zero; **Kälteschutzmittel** *n* anticongelante *m;* (*für Autos*) antigelo *m*

Kaltfront ['kaltfrɔnt] <-, -en> *f* (METEO) fronte *m* freddo

kaltgepresst[RR] ['kaltgəprɛst] *adj*, **kaltgepreßt**[ALT] *adj* (*Öl*) spremuto a freddo

kalt|lassen **das lässt mich kalt** ciò non mi fa né caldo né freddo

Kaltluft *f* (METEO) aria *f* fredda; **Kaltluftfront** *f* (METEO) fronte *m* di aria fredda

kalt|machen *vt* (*sl: töten*) freddare, far fuori

Kaltmiete ['kaltmi:tə] *f* canone *m* d'affitto

Kaltschale *f* (GASTR) zuppa dolce servita fredda

kaltschnäuzig ['kaltʃnɔɪtsɪç] *adj* (*fam*) freddo, insensibile

Kaltstart <-(e)s, -s> *m* (INFORM) cold boot *m;* **Kaltstartautomatik** *f* (MOT) starter *m*

kalt|stellen *vt* (*fam*) liquidare; (POL) mettere su un binario morto

Kalvinismus [kalvi'nɪsmʊs] <-> *kein Pl m* (REL) calvinismo *m;* **Kalvinist(in)** [kalvi'nɪst] <-en, -en; -, -nen> *m(f)* calvinista *mf;* **kalvinistisch** *adj* calvinista, calvinistico

Kalzium ['kaltsiʊm] <-s> *kein Pl n* (CHEM) calcio *m*

kam [ka:m] *1. u 3. pers sing imp von* **kommen**

Kambodscha [kam'bɔdʒa] *n* (GEOG) Cambogia *f*

Kamel [ka'me:l] <-(e)s, -e> *n* ❶ (ZOO: *Tier*) cammello *m* ❷ (*fam pej*) imbecille *m;* **Kamelhaar** *n* pelo *m* di cammello

Kamelie [ka'me:li̯ə] <-, -n> *f* (BOT) camelia *f*

Kameltreiber *m* cammelliere *m*

Kamera ['kaməra] <-, -s> *f* ❶ (FILM) cinepresa *f;* (TV) telecamera *f* ❷ (FOTO) macchina *f* fotografica

Kamerad(in) [kamə'ra:t] <-en, -en; -, -nen> *m(f)* ❶ compagno, -a *m, f,* camerata *m* ❷ (MIL) commilitone *m;* **Kameradschaft** <-> *kein Pl f* cameratismo *m;* **kameradschaftlich** *adj* cameratesco

Kameramann *m* (FILM, TV) cameraman *m,* operatore *m* cinematografico

Kamille [ka'mɪlə] <-, -n> *f* (BOT) camomilla *f;* **Kamillentee** *m* (infuso *m* di) camomilla *f*

Kamin [ka'mi:n] <-s, -e> *m* camino *m,* caminetto *m;* **Kaminaufsatz** *m* mensola *f* del camino; **Kaminfeger, Kaminkehrer** *m* (*fam*) spazzacamino *m*

Kamm [kam] <-(e)s, Kämme> *m*

K

❶ (*Haar~*) pettine *m;* **alles über einen ~ scheren** fare di ogni erba un fascio *fam* ❷ (*Hahnen~, Wellen~, Gebirgs~*) cresta *f*

kämmen ['kɛmən] I. *vt* pettinare II. *vr* **sich ~** pettinarsi

Kammer ['kamɐ] <-, -n> *f* ❶ (*Zimmer*) camera *f* ❷ (MED, BIOL) cavità *f* ❸ (PARL) camera *f;* **die erste/zweite ~ des Parlaments** la Camera del Consiglio/la Camera dei Deputati; **Kammerdiener** *m* cameriere *m* segreto; **Kammerjäger(in)** *m(f)* disinfestatore *m;* **Kammermusik** *f* musica *f* da camera; **Kammerorchester** ['kamɐɔrkɛstɐ] <-s, -> *n* orchestra *f* da camera; **Kammerton** *m* intonazione *f,* diapason *m*

Kampagne [kam'panjə] <-, -n> *f* campagna *f*

Kampanien [kam'panjən] *n* (GEOG) Campania *f*

Kampf [kampf] <-(e)s, Kämpfe> *m* ❶ (*allg*) lotta *f;* **~ ums Dasein** lotta per l'esistenza; **~ auf Leben und Tod** lotta all'ultimo sangue; **jdm den ~ ansagen** dichiarare guerra a qu ❷ (MIL: *~ handlung*) combattimento *m;* (*Schlacht*) battaglia *f* ❸ (*Auseinandersetzung*) disputa *f;* (*Streit*) controversia *f;* (*Schlägerei*) rissa *f* ❹ (*Wett~*) gara *f,* competizione *f;* **Kampfabstimmung** ['kampfapʃtɪmʊŋ] <-, -en> *f* (POL) elezione *f* a maggioranza; **Kampfansage** *f* sfida *f;* **Kampfeinsatz** ['kampfaɪnzats, *pl:* 'kampfaɪnzɛtsə] <-es, Kampfeinsätze> *m* (MIL) operazione *f* militare, azione *f* militare

kämpfen ['kɛmpfən] *vi* ❶ (*allg, a fig*) lottare; **für** [*o* **um**] **etw ~** lottare per qc; **mit den Tränen ~** cercare di trattenere le lacrime; **mit Schwierigkeiten zu ~ haben** essere alle prese con delle difficoltà ❷ (MIL) **gegen jdn/etw ~** combattere contro qu/qc ❸ (*im Wettkampf*) **mit jdm ~** gareggiare con qu

Kampfer ['kampfɐ] <-s> *kein Pl m* (CHEM) canfora *f*

Kämpfer(in) <-s, -; -, -nen> *m(f)* (MIL) combattente *mf;* (*a fig* SPORT) lottatore, -trice *m, f*

kämpferisch *adj* combattivo, battagliero **kampffähig** *adj* in grado di combattere; **Kampfflugzeug** *n* (MIL) aereo *m* da combattimento; **Kampfgeist** *m* spirito *m* combattivo; **Kampfhandlung** *f* operazione *f* militare; **Kampfkraft** *f* forza *f* combattiva; **kampflos** *adj* (*widerstandslos*) senza opporre resistenza; **kampflustig** *adj* battagliero, combattivo; **Kampfplatz** *m* campo *m* di battaglia; **Kampf-**

richter(in) *m(f)* (SPORT) arbitro, -a *m, f;* **Kampfsport** *kein Pl m* sport *m* di combattimento; **kampfunfähig** *adj* ❶ (MIL) incapace di combattere ❷ (SPORT) fuori combattimento

kampieren [kam'piːrən] <ohne ge-> *vi* accamparsi

Kanada ['kanada] *n* Canada *m*

Kanadier(in) [ka'naːdiɐ] <-s, -; -, -nen> *m(f)* canadese *mf*

kanadisch *adj* canadese

Kanal [ka'naːl] <-s, Kanäle> *m* ❶ (*Wasserlauf*) canale *f* ❷ (*Abwasser~*) canale *m* di scolo ❸ (ANAT, BIOL) canale *m,* dotto *m* ❹ (GEOG) canale *m;* **Ärmel~** Canale della Manica; **Kanalinseln** *fpl* isole *fpl* della Manica

Kanalisation [kanaliza'tsi̯oːn] <-, -en> *f* canalizzazione *f* di scarico, fognatura *f*

kanalisieren [kanali'ziːrən] <ohne ge-> *vt* canalizzare

Kanarienvogel [ka'naːri̯ənfoːgəl] *m* (ZOO) canarino *m*

Kanarische Inseln *fpl* (GEOG) Canarie *fpl*

Kandare [kan'daːrə] <-, -n> *f* (*Zaumzeug*) morso *m;* **jdn an die ~ nehmen** mettere il morso a qu

Kandidat(in) [kandi'daːt] <-en, -en; -, -nen> *m(f)* candidato, -a *m, f;* **jdn als ~ en (für etw) aufstellen** presentare qu come candidato (a qc)

Kandidatur [kandida'tuːɐ] <-, -en> *f* candidatura *f;* **seine ~ anmelden/zurückziehen** proporre/ritirare la propria candidatura

kandidieren [kandi'diːrən] <ohne ge-> *vi* (**für etw**) **~** presentare la propria candidatura (a qc)

kandiert [kan'diːɐt] *adj* candito; **~ e Früchte** frutti canditi

Kandis(zucker) ['kandɪs(tsʊkɐ)] *m* zucchero *m* candito

Känguru[RR], **Känguruh**[ALT] <-s, -s> *n* (ZOO) canguro *m*

Kaninchen [ka'niːnçən] <-s, -> *n* (ZOO) coniglio *m*

Kanister [ka'nɪstɐ] <-s, -> *m* bidone *m*

kann [kan] *3. pers sing pr von* **können**[1], **können**[2]

Kännchen ['kɛnçən] <-s, -> *n* bricchetto *m*

Kanne ['kanə] <-, -n> *f* (*Kaffee~, Tee~*) bricco *m;* (*große ~*) bidone *m;* **volle ~** (*sl*) a tutto gas

Kannibale [kani'baːlə] <-n, -n> *m,* **Kannibalin** [kani'baːlɪn] <-, -nen> *f* cannibale *mf*

Kannibalismus [kaniba'lɪsmʊs] <-> *kein*

Pl m cannibalismo *m*

kannte ['kantə] *1. u 3. pers sing imp von* **kennen**

Kanon ['kaːnɔn] <-s, -s> *m* (MUS) canone *m*

Kanone [ka'noːnə] <-, -n> *f* ❶ (*a fig* MIL) cannone *m,* pezzo *m* d'artiglieria ❷ (*fig fam* SPORT) asso *m,* campione *m* ❸ (*sl: Revolver*) pistola *f,* revolver *m;* **das ist unter aller ~** (*fam*) è una sfacciataggine; **Kanonenfutter** *n* (*fig, pej*) carne *f* da cannone [*o* da macello]; **Kanonenkugel** *f* palla *f* di cannone, proiettile *m* di cannone

Kantate [kan'taːtə] <-, -n> *f* (MUS) cantata *f*

Kante ['kantə] <-, -n> *f* ❶ (*Ecke*) spigolo *m* ❷ (*Rand*) bordo *m;* (*Saum*) orlo *m;* **Geld auf die hohe ~ legen** (*fam*) mettere soldi da parte, risparmiare soldi

kanten ['kantən] **I.** *vt* ❶ (*auf die Kante stellen*) mettere di costa [*o* di coltello] ❷ (*Stein, Holz*) squadrare; **nicht ~!** non capovolgere! **II.** *vi* (*beim Skilaufen*) spigolare gli sci

Kantholz *n* legname *m* squadrato, travetti *mpl*

kantig *adj* angoloso; (*bes. Gesicht*) spigoloso

Kantine [kan'tiːnə] <-, -n> *f* (*Werks~*) mensa *f;* (*Kasernen~, Internats~*) refettorio *m*

Kanton [kan'toːn] <-s, -e> *m* (*CH*) cantone *m*

kantonal [kanto'naːl] *adj* cantonale

Kantonsschule *f* (*CH: Gymnasium*) scuola *f* media superiore (amministrata dal cantone)

Kanu ['kaːnu] <-s, -s> *n* canoa *f*

Kanüle [ka'nyːlə] <-, -n> *f* (MED) ❶ (*an Spritze*) ago *m* (della siringa) ❷ (*Röhrchen*) cannula *f*

Kanusport <-s> *kein Pl m* canottaggio *m*

Kanzel ['kantsəl] <-, -n> *f* ❶ (REL) pulpito *m* ❷ (AERO) cabina *f* (di pilotaggio)

kanzerogen [kantsero'geːn] *adj* (MED) cancerogeno

Kanzlei [kants'lai] <-, -en> *f* ❶ (*von Rechtsanwalt*) ufficio *m,* studio *m* ❷ (*von Behörde*) cancelleria *f,* segreteria *f*

Kanzler(in) ['kantslə] <-s, -, -nen> *m(f)* ❶ (POL) cancelliere, -a *m, f* ❷ (*von Universität*) economo, -a *m, f;* **Kanzleramt** *n* ufficio *m* di cancelliere

Kap [kap] <-s, -s> *n* (GEOG) capo *m*

Kap. *abk v* **Kapitel** cap.

Kapaun [ka'paʊn] <-s, -e> *m* (ZOO) cappone *m*

Kapazität [kapatsi'tɛːt] <-, -en> *f* ❶ (*Fassungsvermögen*) capacità *f* ❷ (*Experte*) esperto *m,* autorità *f*

Kapelle [ka'pɛlə] <-, -n> *f* ❶ (REL) cappella *f* ❷ (MUS) banda *f,* orchestrina *f;* **Kapellmeister** *m* ❶ (*Orchesterdirigent*) direttore *m* d'orchestra ❷ (*Leiter einer Kapelle*) capobanda *m*

Kaper ['kaːpɐ] <-, -n> *f* (GASTR) cappero *m*

kapern ['kaːpɐn] *vt* ❶ (HIST: *erbeuten*) catturare ❷ (*fam: sich bemächtigen*) **etw ~** impadronirsi di qc

kapieren [ka'piːrən] <ohne ge-> *vt* (*fam*) capire, afferrare; **kapiert?** capito?

Kapillargefäß [kapɪr'laːɐgəfɛːs] <-es, -e> *n* (ANAT) (vaso *m*) capillare *m*

Kapital [kapi'taːl] <-s, -e *o* -ien> *n* ❶ (*Geldsumme*) capitale *m;* **~ aus etw schlagen** (*fig*) trarre profitto da qc ❷ (*Geldmittel*) capitali *mpl,* fondi *mpl;* **Kapitalabwanderung** <-, -en> *f* (FIN) fuga *f* di capitali; **Kapitalanlage** *f* investimento *m* (di capitale); **Kapitalaufwand** *m* (FIN) impiego *m* di capitale; **Kapitalertrag** *m* reddito *m* di capitale; **Kapitalertragssteuer** *f* (FIN) imposta *f* sul reddito da capitale; **Kapitalflucht** *f* fuga *f* di capitali; **Kapitalgesellschaft** *f* società *f* di capitali

Kapitalismus [kapita'lɪsmʊs] <-> *kein Pl m* capitalismo *m*

Kapitalist [kapita'lɪst] <-en, -en> *m* capitalista *m*

kapitalistisch *adj* capitalista, capitalistico

kapitalkräftig *adj* finanziariamente solido; **Kapitalmarkt** *m* mercato *m* finanziario [*o* dei capitali]; **Kapitalverbrechen** *n* delitto *m* capitale

Kapitän [kapi'tɛːn] <-s, -e> *m* ❶ (NAUT, SPORT) capitano *m* ❷ (AERO) comandante *m*

Kapitel [ka'pɪtəl] <-s, -> *n* ❶ (*Abschnitt*) capitolo *m* ❷ (*fig: Angelegenheit*) questione *f,* faccenda *f;* **das ist ein ~ für sich** questa è una questione a parte; **das ist ein anderes ~** è un'altra faccenda

Kapitell [kapi'tɛl] <-s, -e> *n* (ARCH) capitello *m*

Kapitulation [kapitula'tsi̯oːn] <-, -en> *f* resa *f;* **die ~ vor jdm** la resa davanti a qu

kapitulieren [kapitu'liːrən] <ohne ge-> *vi* capitolare; (*a fig*) arrendersi

Kaplan [ka'plaːn] <-s, Kapläne> *m* (REL) cappellano *m*

Kaposi-Sarkom <-s, -e> *n* (MED) sarcoma *m* di Kaposi

Kappe ['kapə] <-, -n> *f* ❶ (*Kopfbedeckung*) berretto *m,* berretta *f;* **etw auf seine ~ nehmen** (*fig*) assumersi la responsabilità di qc ❷ (*am Schuh*) punta *f* ❸ (*Deckel*) coperchio *m*

kappen ['kapən] *vt* (NAUT: *Tau*) troncare, mozzare

Kappes ['kapəs] <-> *kein Pl m* (*dial*) ❶ (*fam: Blödsinn*) scemenze *fpl* ❷ (*Weißkohl*) cavolo *m* cappuccio

Kapriole [kapri'o:lə] <-, -n> *f* ❶ (*Luftsprung*) capriola *f* ❷ (*fig*) pazzia *f*

kapriziös [kapri'tsi̯øːs] *adj* capriccioso

Kapsel ['kapsəl] <-, -n> *f* ❶ (BOT, ANAT) capsula *f* ❷ (*Tablette*) cachet *m* ❸ (*Behälter*) scatoletta *f*

Kapstadt ['kapʃtat] *n* (GEOG) Città *f* del Capo

kaputt [ka'pʊt] *adj* ❶ (*fam: zerbrochen*) rotto, scassato; (*beschädigt*) rovinato; (*defekt*) guasto; **ein ~ er Typ** (*sl*) un emarginato, un outsider ❷ (*fig: erschöpft*) sfinito, stanco morto *fam*; **kaputt‖gehen** <irr> *vi sein* (*fam*) ❶ (*entzweigehen*) rompersi, scassarsi; (*verderben*) rovinarsi, guastarsi ❷ (*Pflanzen: eingehen*) morire ❸ (*fig: zugrunde gehen*) rovinarsi, andare in rovina; **kaputt‖lachen** *vr* sich ~ (*fam*) sbellicarsi dalle risa; **kaputt‖machen I.** *vt* ❶ (*zerbrechen*) rompere, scassare *fam* ❷ (*ruinieren, a wirtschaftlich*) rovinare **II.** *vr* sich ~ rovinarsi

Kapuze [ka'puːtsə] <-, -n> *f* cappuccio *m;* **Kapuzenshirt** *n* maglietta *f* con cappuccio

Kapuziner [kapu'tsiːnɐ] <-s, -> *m* (REL) (frate *m*) cappuccino *m;* **Kapuzinerkresse** *f* (BOT) cappuccina *f*

Karabiner [kara'biːnɐ] <-s, -> *m* ❶ (*Gewehr*) carabina *f* ❷ (*A*) moschettone *m;* **Karabinerhaken** *m* moschettone *m*

Karaffe [ka'rafə] <-, -n> *f* caraffa *f*

Karambolage [karambo'laːʒə] <-, -n> *f* collisione *f*, scontro *m*

karambolieren [karambo'liːrən] <ohne ge-> *vi sein* ❶ (*Billard*) carambolare ❷ (*rar: zusammenstoßen*) scontrarsi (*mit* con)

Karamelᴬᴸᵀ, **Karamell**ᴿᴿ [kara'mɛl] <-s> *kein Pl m* CH: *n* caramello *m,* caramel *m*

Karat [ka'raːt] <-(e)s, -e> *n* carato *m*

Karate [ka'raːtə] <-(s)> *kein Pl n* (SPORT) karatè *m*

-karätig [kaːrɛːtɪç] *adj* di … carati

Karawane [kara'vaːnə] <-, -n> *f* carovana *f*

Karawanserei [karavanzə'raɪ] <-, -en> *f* caravanserraglio *m*

Karbid [kar'biːt, *pl:* kar'biːdə] <-(e)s, -e> *n* (CHEM) carburo *m*

Karbonat [karbo'naːt] <-(e)s, -e> *n* (CHEM) carbonato *m*

Kardantunnel [kar'daːntʊnəl] <-s, -> *m* (MOT) tunnel *m* dell'albero cardanico; **Kardanwelle** *f* (MOT) albero *m* cardanico

Kardinal [kardi'naːl] <-s, Kardinäle> *m* (REL) cardinale *m*

Kardinal- [kardi'naːl] (*in Zusammensetzungen*) fondamentale, sostanziale; **Kardinalfrage** *f* (*geh*) questione *f* fondamentale; **Kardinalzahl** *f* numero *m* cardinale

Kardiogramm [kardio'gram] <-s, -e> *n* (MED) cardiogramma *m*

Kardiologe [kardio'loːgə] <-n, -n> *m,* **Kardiologin** [kardio'loːgɪn] <-, -nen> *f* (MED) cardiologo, -a *m, f*

Karenz(zeit) [ka'rɛnts(tsaɪt)] <-, -en> *f* periodo *m* di aspettativa

Karfiol [kar'fi̯oːl] <-s> *kein Pl m* (*A: Blumenkohl*) cavolfiore *m*

Karfreitag [ka:ɐ̯'fraɪta:k] <-s, -e> *m* venerdì *m* santo

karg [kark] <-er *o rar* kärger, -ste *o rar* kärgste> *adj* ❶ (*gering*) scarso, magro; (*bes. Worte*) parco; **mit etw ~ sein** essere parco di qc ❷ (*armselig*) misero, povero ❸ (*unfruchtbar*) povero ❹ (*geizig*) (**mit etw**) **~ sein** essere avaro (di qc)

kargen ['kargən] *vi* (*geh*) lesinare (*mit etw* qc)

kärglich ['kɛrklɪç] *adj* (*dürftig*) magro; (*Mahl*) frugale; (*a armselig*) misero, povero

Karibik [ka'riːbɪk] *f* Caraibi *mpl*

karibisch [ka'riːbɪʃ] *adj* caribico

kariert [ka'riːɐ̯t] *adj* (*Papier*) a quadretti; (*Stoff*) a quadri; **klein ~** (*Stoff*) a quadrettini

Karies ['kaːriɛs] <-> *kein Pl f* (MED) carie *f*

Karikatur [karika'tuːɐ̯] <-, -en> *f* caricatura *f;* (*in Zeitungen*) vignetta *f*

Karikaturist(in) [karikatu'rɪst] <-en, -en; -, -nen> *m(f)* caricaturista *mf*

karikieren [kari'kiːrən] <ohne ge-> *vt* fare la caricatura di

karitativ [karita'tiːf] *adj* caritativo

Karneval ['karnəval] <-s, -e *o* -s> *m* carnevale *m*

Karnickel [kar'nɪkəl] <-s, -> *n* (*dial*) coniglio *m*

Karniese <-, -n> *f* (*A: Gardinenleiste*) bastone *m* per tenda

Kärnten ['kɛrntən] *n* Carinzia *f*

Karo ['kaːro] <-s, -s> *n* ❶ (*Quadrat*) quadrato *m* ❷ (*Raute*) losanga *f*, rombo *m* ❸ (*in ~ muster*) quadro *m* ❹ *sing* (*beim Kartenspiel*) quadri *mpl*

Karolinger ['kaːrolɪŋɐ] <-s, -> *m* (HIST) carolingio *m*

Karosse [ka'rɔsə] <-, -n> *f* carrozza *f*

Karosserie [karɔsəˈriː] <-, -n> f (MOT) carrozzeria f; **Karosserietyp** m tipo m di carrozzeria

Karotin [karoˈtiːn] <-s, -e> n (CHEM) carotene m

Karotte [kaˈrɔtə] <-, -n> f (BOT) carota f, carota f rossa

Karpaten [karˈpaːtən] pl (GEOG) Carpazi mpl

Karpfen ['karpfən] <-s, -> m (ZOO) carpa f; **Karpfenteich** m vivaio m di carpe

Karre ['karə] <-, -n> f s. **Karren**

Karree [kaˈreː] <-s, -s> n ❶ (Viereck) quadrato m ❷ (Häuserblock) caseggiato m, isolato m; **ums ~ gehen** fare il giro dell'isolato ❸ (A: GASTR: Rippenstück) costata f

Karren ['karən] <-s, -> m ❶ carretto m, carrello m; **den ~ aus dem Dreck ziehen** (fig fam) sbrogliare la matassa ❷ (Schub~) carriola f

Karriere [kaˈrjeːrə] <-, -n> f (Laufbahn) carriera f; **~ machen** fare carriera; **Karriereknick** [kaˈrjɛːrəknɪk] <-(e)s, -e> m insuccesso m nel lavoro, battuta f d'arresto nel lavoro

Karsamstag [kaːˈɡzamstaːk] m sabato m santo

Karst [karst] <-(e)s, -e> m (GEOL) regione f carsica

Karte ['kartə] <-, -n> f ❶ carta f ❷ (Land~) carta f (geografica) ❸ (Spiel~) carta f (da gioco); **ein Spiel ~n** un mazzo di carte; **~ n spielen** giocare a carte; **jdm die ~n legen** fare le carte a qu; **alles auf eine ~ setzen** (fig) puntare tutto su una carta; **sich** dat **nicht in die ~en sehen lassen** (a fig) non scoprire le proprie carte; **mit verdeckten ~n spielen** (a fig) non svelare il proprio gioco ❹ (Fahr~, Eintritts~) biglietto m; (Visiten~) biglietto m da visita; (Kartei~) scheda f ❺ (Speise~) menù m, carta f; (Wein~) lista f dei vini; **nach der ~ essen** mangiare alla carta ❻ (Ansichts~, Post~) cartolina f (illustrata) ❼ (SPORT) cartellino m; **die gelbe/rote ~** (SPORT) il cartellino giallo/rosso ❽ (INFORM) scheda f

Kartei [karˈtaɪ] <-, -en> f schedario m; **Karteikarte** f scheda f, cartellino m; **Karteikasten** m schedario m; **Karteileiche** f (scherz) annotazione f burocratica scaduta

Kartell [karˈtɛl] <-s, -e> n (COM) cartello m; **Kartellrecht** n (COM) norma f giuridica di cartello

Kartenhaus n ❶ (NAUT) sala f nautica ❷ (aus Spielkarten, fig) castello m di carte; **wie ein ~ zusammenfallen** crollare come

un castello di carte; **Kartenkunststück** n gioco m di prestigio con le carte; **Kartenleger(in)** m(f) cartomante mf

Kartenlesegerät n (INFORM) lettore m di carte magnetiche

Kartenspiel n ❶ (Spiel) partita f a carte ❷ (Spielkarten) mazzo m di carte; **Kartenspieler(in)** m(f) giocatore, -trice m, f di carte; **Kartentelefon** n telefono m a scheda magnetica; **Kartenvorverkauf** m (THEAT) prevendita f (biglietti)

Kartoffel [karˈtɔfəl] <-, -n> f (BOT) patata f; **Kartoffelbrei** m (GASTR) purè m di patate; **Kartoffelchip** <-s, -s> m patatina f (fritta), chip f; **Kartoffelkäfer** m (ZOO) dorifora f della patata; **Kartoffelkloß** m (GASTR) gnocco m di patate; **Kartoffelpuffer** m (GASTR) frittella f di patate; **Kartoffelpüree** n (GASTR) s. **Kartoffelbrei**; **Kartoffelsalat** m (GASTR) insalata f di patate; **Kartoffelschale** f buccia f di patata; **Kartoffelstärke** [karˈtɔfəlʃtɛrkə] <-, -n> f (BIOL) fecola f di patate

Karton [karˈtɔŋ o karˈtoːn] <-s, -s o -e> m ❶ (Pappe) cartone m; (leichter ~) cartoncino m ❷ (Schachtel) scatola f di cartone

kartoniert [kartoˈniːɐt] adj (Buch) incartonato

Karussell [karʊˈsɛl] <-s, -s o -e> n giostra f, carosello m

Karwoche ['kaːɡvɔxə] <-, -n> f settimana f santa

Karzinom [kartsiˈnoːm] <-s, -e> n (MED) carcinoma m

Kaschmir[1] ['kaʃmiːɐ] <-s, -e> m (Wolle, Gewebe) cachemire m

Kaschmir[2] ['kaʃmiːɐ] n Kashmir m

Käse ['kɛːzə] <-s, -> m ❶ (Nahrungsmittel) formaggio m, cacio m; **weißer ~** formaggio molle ❷ (fig fam: Unsinn) sciocchezze fpl, cretinate fpl; **das ist doch alles ~!** sono tutte cretinate!; **Käseblatt** n (fam pej) giornaluccio m; **Käseglocke** f campana f per formaggio; **Käsekuchen** m (GASTR) torta f di ricotta; **Käseplatte** ['kɛːzəplatə] <-, -n> f piatto m di formaggi misti

Käserei [kɛːzəˈraɪ] <-, -en> f caseificio m

Kaserne [kaˈzɛrnə] <-, -n> f (MIL) caserma f

kasernieren [kazɛrˈniːrən] <ohne ge-> vt accasermare

käsig ['kɛːzɪç] adj (käseartig) caseiforme, caseoso; (Hautfarbe) pallido

Kasino [kaˈziːno] <-s, -s> n ❶ (Spielbank) casinò m ❷ (Speiseraum) mensa f; (Offiziers~) mensa f ufficiali

Kaskoversicherung ['kaskofɛɛrzɪçərʊŋ]

<-, -en> *f* kasko *f*, assicurazione *f* contro tutti i rischi

Kasper(le) ['kaspɐ(lə)] <-s, -> *n o m* ❶ (*Hauptfigur im ~ theater*) Arlecchino ❷ (*fam*) pagliaccio *m*, buffone *m*; **Kasper(le)theater** *n* teatrino *m* dei burattini

Kassa ['kasa] <-, Kassen> *f* (*A, südd: Kasse*) cassa *f*

Kasse ['kasə] <-, -n> *f* ❶ (*allg, a fig*) cassa *f*; ~ **machen** (COM) fare i conti di cassa; (*gut*) **bei** ~ **sein** (*fam*) stare bene a quattrini; **knapp bei** ~ **sein** (*fam*) essere a corto di quattrini; **jdn zur** ~ **bitten** chiedere il pagamento a qu ❷ (*Zahlstelle*) ufficio *m* cassa ❸ (*für Eintritts-, Fahrkarten*) biglietteria *f*; (THEAT, FILM) botteghino *m* ❹ (*Bank*) banca *f* ❺ (*Kranken~*) mutua *f*, cassa *f* malati

Kassenarzt *m*, **Kassenärztin** *f* (MED) medico *m* della mutua, dottoressa *f* della mutua

Kassenbestand *m* giacenza *f* di cassa

Kassenbon *m* scontrino *m*

Kassenbuch *n* libro *m* [*o* registro *m*] di cassa

Kassenmagnet *m* campione *m* d'incasso, successo *m* di cassa

Kassenpatient(in) *m(f)* (MED) (paziente *mf*) mutuato, -a *m, f*

Kassenschlager <-s, -> *m* ❶ (*fam: Film*) successo *m* di cassetta ❷ (COM) film *m* di cassetta, campione *m* di incassi

Kassenstunden *fpl* orario *m* d'ufficio

Kassensturz *m* ~ **machen** verificare la cassa

Kassette [ka'sɛta] <-, -n> *f* ❶ cassetta *f*; (*Musik~*) musicassetta *f* ❷ (FOTO: *Filmbehälter*) caricatore *m* ❸ (ARCH) cassettone *m*; **Kassettenrecorder** <-s, -> *m* registratore *m* a cassette

Kassier(in) [ka'siːɐ̯] <-s, -e; -, -nen> *m(f)* (*A, CH, südd: Kassierer*) cassiere, -a *m, f*

kassieren [ka'siːrən] <ohne ge-> I. *vt* ❶ (*ein~: Geld*) incassare; (*Scheck*) cassare, annullare; **bei jdm etw** ~ incassare qc da qu ❷ (*fig fam: wegnehmen*) sottrarre; (*beschlagnahmen*) sequestrare ❸ (JUR: *Gerichtsurteil*) cassare II. *vi* ❶ (*abrechnen*) fare i conti ❷ (*sl: verdienen*) far soldi *fam*

Kassierer(in) <-s, -; -, -nen> *m(f)* cassiere, -a *m, f*

Kastagnetten [kastan'jɛtən] *fpl* (MUS) nacchere *fpl*, castagnette *fpl*

Kastanie [kas'taːnjə] <-, -n> *f* (BOT) ❶ (*Baum: Edel~*) castagno *m*; (*Ross~*) ippocastano *m*, castagno *m* d'India ❷ (*Frucht*) castagna *f*; **für jdn die ~n aus**

dem Feuer holen (*fig*) cavare le castagne dal fuoco per qu *fam*; **Kastanienbaum** *m s.* **Kastanie**; **kastanienbraun** *adj* castano

Kästchen ['kɛstçən] <-s, -> *n* ❶ (*kleine Kiste*) cassettina *f*; (*Schmuck~*) scrigno *m* ❷ (*Viereck*) quadretto *m*

Kaste ['kastə] <-, -n> *f* casta *f*

kasteien [kas'taɪən] <ohne ge-> *vr* sich ~ mortificarsi

Kastell [kas'tɛl] <-s, -e> *n* (*Burg*) castello *m*; (*Befestigung*) fortificazione *f*

Kasten ['kastən] <-s, Kästen> *m* ❶ (*Kiste*) cassa *f*; (*großer ~, Truhe*) cassone *m*; (*Schachtel*) scatola *f*; **etw auf dem ~ haben** (*fam*) avere una gran testa ❷ (SPORT: *Turngerät*) plinto *m* ❸ (*A, CH: Schrank*) armadio *m* ❹ (*fam: hässliches Gebäude*) catapecchia *f*; (*altes Fahrzeug*) trabiccolo *m*, macinino *m*; (*altes Schiff*) rottame *m fam*, carcassa *f*

Kastration [kastra'tsjoːn] <-, -en> *f* castrazione *f*, evirazione *f*

kastrieren [kas'triːrən] <ohne ge-> *vt* castrare

Kat [kat] <-s, -s> *m* (CHEM, MOT) *abk v* **Katalysator** catalizzatore *m*

Katakomben [kata'kɔmbən] *fpl* catacomba *f*

Katalog [kata'loːk] <-(e)s, -e> *m* catalogo *m*

katalogisieren [katalogi'ziːrən] <ohne ge-> *vt* catalogare

Katalysator [kataly'zaːtoːɐ̯] <-s, -en> *m* (*a fig* CHEM, MOT) catalizzatore *m*

Katamaran [katama'raːn] <-s, -e> *m* (NAUT) catamarano *m*

katapultieren [katapʊl'tiːrən] <ohne ge-> *vt* (AERO) catapultare

Katarrh [ka'tar] <-s, -e> *m* (MED) catarro *m*

Kataster [ka'tastɐ] <-s, -> *mn* catasto *m*, registro *m* fondiario; **Katasteramt** *n* ufficio *m* del catasto

katastrophal [katastro'faːl] *adj* catastrofico

Katastrophe [katas'troːfə] <-, -n> *f* catastrofe *f*, disastro *m*; **Katastrophengebiet** *n* zona *f* sinistrata; **Katastrophenhilfe** *f* aiuto *m* in caso di catastrofe; **Katastrophenschutz** *m* ❶ (*Organisation*) protezione *f* civile ❷ (*Maßnahme*) misure *fpl* anticatastrofe

Katechismus [katɛ'çɪsmʊs] <-, Katechismen> *m* (REL) catechismo *m*

Kategorie [katego'riː] <-, -n> *f* categoria *f*

kategorisch [kate'goːrɪʃ] *adj* categorico

Kater ['kaːtɐ] <-s, -> *m* ❶ (ZOO) gatto *m* ❷ (*fig fam: nach Alkoholkonsum*) malessere *m*, mal *m* di testa dopo una sbornia; **Katerfrühstück** *n* (*fam*) colazione *f* per smaltire la sbornia

kath. *abk v* **katholisch** cattolico

Katheder [ka'te:dɐ] <-s, -> *nm* cattedra *f*

Kathedrale [kate'dra:lə] <-, -n> *f* cattedrale *f*

Katheter [ka'te:tɐ] <-s, -> *m* (MED) catetere *m*

Kathode [ka'to:də] <-, -n> *f* (PHYS) catodo *m*

Katholik(in) [kato'li:k] <-en, -en; -, -nen> *m(f)* (REL) cattolico, -a *m, f*

katholisch [ka'to:lɪʃ] *adj* (REL) cattolico

Katholizismus [katoli'tsɪsmʊs] <-> *kein Pl m* (REL) cattolicesimo *m*

katzbuckeln ['katsbʊkəln] *vi* (*pej*) fare i salamelecchi (*vor jdm* a qu)

Katze ['katsə] <-, -n> *f* gatto *m;* (*nur weiblich*) gatta *f;* **die ~ im Sack kaufen** comprare a occhi chiusi; **die ~ aus dem Sack lassen** spiattellare il segreto *fam;* **wie die ~ um den heißen Brei herumgehen** (*prov*) menare il can per l'aia; **das ist für die Katz** (*fam*) è fatica sprecata; **die ~ lässt das Mausen nicht** (*prov*) il lupo perde il pelo ma non il vizio; **katzenartig** *adj* felino; **Katzenauge** *n* ❶ occhio *m* di gatto ❷ (*fam: Rückstrahler*) catarinfrangente *m* ❸ (MIN) occhio *m* di gatto; **Katzenjammer** *m* (*fam*) ❶ (*nach Alkoholgenuss*) postumi *mpl* di una sbornia ❷ (*depressive Stimmung*) abbattimento *m;* **Katzenmusik** *f* (*pej*) strimpellata *f fam;* **Katzensprung** *m* (*fam*) **das ist nur ein ~ (von hier)** è a due passi (da qui); **Katzenstreu** ['katsənʃtrɔɪ] <-> *kein Pl f* lettiera *f* (per gatti); **Katzenwäsche** *f* (*fam*) pulizia *f* superficiale; **~ machen** (*fam scherz*) lavarsi come i gatti

Kauderwelsch ['kaʊdevɛlʃ] <-(s)> *kein Pl n* (*pej*) linguaggio *m* incomprensibile e scorretto

kauen ['kaʊən] *vi, vt* masticare; **an den Nägeln ~** rosicchiarsi le unghie

kauern ['kaʊɐn] I. *vi* stare accovacciato II. *vr* **sich ~** accovacciarsi, rannicchiarsi

Kauf [kaʊf] <-(e)s, Käufe> *m* acquisto *m*, comp(e)ra *f;* **etw in ~ nehmen** rassegnarsi ad accettare qc

kaufen ['kaʊfən] *vt* **etw** (**von jdm**) **~** comp(e)rare qc (da qu); **sich** *dat* **jdn ~** (*vornehmen*) fare i conti con qu

Kaufentscheidung *f* decisione *f* d'acquisto

Käufer(in) ['kɔɪfɐ] <-s, -; -, -nen> *m(f)* compratore, -trice *m, f,* acquirente *mf;* (*Kunde*) cliente *mf*

Kauffrau <-, -en> *f* commerciante *f;* **Kaufhaus** *n* grande magazzino *m;* **Kaufkraft** *f* potere *m* d'acquisto; **kaufkräftig** *adj* (COM) solvibile, solvente

Kaufleute ['kaʊflɔɪtə] *pl s.* **Kaufmann**

käuflich ['kɔɪflɪç] *adj* ❶ (*zum Verkauf angeboten*) da vendersi, in vendita; **~ erwerben** comp(e)rare, acquistare ❷ (*fig: Liebe*) venale; (*a bestechlich*) corruttibile

Kaufmann <-(e)s, -leute> *m* ❶ (*a Geschäftsmann*) commerciante *m* ❷ (*Krämer*) bottegaio *m* ❸ (*Einzelhandels~*) negoziante *m*

kaufmännisch ['kaʊfmɛnɪʃ] *adj* commerciale, di commercio

Kaufpreis <-es, -e> *m* prezzo *m* d'acquisto; **Kaufrausch** *m* brama *f* d'acquisti; **Kaufvertrag** *m* contratto *m* di compravendita; **Kaufzwang** *m* obbligo *m* d'acquisto; **kein ~** ingresso libero

Kaugummi <-s, -s> *m o n* gomma *f* da masticare

Kaulquappe ['kaʊlkvapə] <-, -n> *f* (ZOO) girino *m*

kaum [kaʊm] *adv* ❶ (*fast nicht*) appena; (*noch nicht einmal*) non appena; **ich kann es ~ glauben** stento a crederlo, mi pare impossibile; **ich kann es ~ erwarten** non (ne) vedo l'ora; **das dauert ~ zwei Stunden** dura appena due ore; **~ war er zu Hause, da rief er mich an** non appena arrivò a casa, mi telefonò ❷ (*nur mit Mühe*) a malapena ❸ (*wahrscheinlich nicht*) probabilmente non …; **wohl ~** sarà difficile; **ich glaube ~** non credo

kausal [kaʊ'za:l] *adj* causale; **Kausalsatz** *m* (LING) frase *f* causale

Kautabak *m* tabacco *m* da masticare

Kaution [kaʊ'tsi̯o:n] <-, -en> *f* (*bes. ~ssumme*) cauzione *f*, garanzia *f;* **gegen ~** contro cauzione

Kautschuk ['kaʊtʃʊk] <-s, -e> *m* caucciù *m*, gomma *f* elastica

Kauz [kaʊts] <-es, Käuze> *m* (ZOO) civetta *f;* **komischer ~** (*fam*) tipo strano

Kavalier [kava'li:ɐ̯] <-s, -e> *m* cavaliere *m;* **Kavaliersdelikt** *n* peccatuccio *m*

Kaviar ['ka:vi̯aɐ̯] <-s, -e> *m* (GASTR) caviale *m*

KB *abk v* **Kilobyte** KB

kcal *abk v* **Kilokalorie** kcal, Cal

Kebab [ke'ba(:)p] <-(s), -s> *m* (GASTR) kebab *m*

keck [kɛk] *adj* ❶ (*frech*) baldanzoso, spavaldo ❷ (*unbefangen*) spigliato; (*munter*) vispo ❸ (*respektlos*) sfacciato

Kefir ['ke:fɪr] <-s> *kein Pl m* kefir *m*

Kegel ['keːgəl] <-s, -> m ❶ (MAT) cono m ❷ (Spiel~) birillo m ❸ (GEOG: Berg~) conoide m ❹ (TYP) corpo m tipografico; **Kegelbahn** f pista f dei birilli, bowling m; **Kegelbruder** m (fam) appassionato m di birilli; (eines gleichen Kegelclubs) compagno m di club; **kegelförmig** adj conico

kegeln ['keːgəln] vi giocare ai birilli

Kegler(in) ['keːglɐ] <-s, -; -, -nen> m(f) giocatore, -trice m, f di birilli

Kehle ['keːlə] <-, -n> f (ANAT) gola f; **sich** dat **die ~ aus dem Hals schreien** (fam) gridare a squarciagola; **jdm an die ~ springen** prendere qu per la gola; **etw in die falsche ~ bekommen** (fam) prendere qc per il verso sbagliato; **aus voller ~** a squarciagola fam; **mir war die ~ wie zugeschnürt** avevo un nodo alla gola

kehlig ['keːlɪç] adj (LING) gutturale; **~e Stimme** voce gutturale

Kehlkopf <-(e)s, -köpfe> m (ANAT) laringe f; **Kehllaut** m suono m gutturale

Kehre ['keːrə] <-, -n> f tornante m, svolta f

kehren ['keːrən] **I.** vi, vt ❶ (bes. südd, A: fegen) scopare ❷ (wenden) voltare, girare; **das Oberste zuunterst ~** mettere tutto sottosopra; **in sich gekehrt** chiuso in sé stesso **II.** vr **sich ~** ❶ (sich wenden) voltarsi, girarsi ❷ (sich kümmern) **sich an jdn/etw ~** curarsi di qu/qc

Kehricht ['keːrɪçt] <-s> kein Pl m o n (CH: Müll) spazzatura f, rifiuti mpl

Kehrmaschine f (macchina f) spazzatrice f

Kehrreim m ritornello m

Kehrseite f ❶ (Rückseite) retro m, rovescio m; **die ~ der Medaille** il rovescio della medaglia ❷ (fam scherz: Rücken) spalle fpl; (Gesäß) sedere m

kehrt|machen ['keːɐtmaxən] vi fare dietro-front; **Kehrtwendung** f ❶ (MIL) dietro-front m ❷ (fig) voltafaccia m

keifen ['kaɪfən] vi (pej) strillare, gridare

Keil [kaɪl] <-(e)s, -e> m ❶ (TEC) cuneo m, chiavetta f ❷ (TEC, MOT: Bremsklotz) ceppo m del freno

keilen ['kaɪlən] vr **sich ~** (fam) picchiarsi, darsele

Keiler ['kaɪlɐ] <-s, -> m (ZOO) cinghiale m

Keilerei [kaɪlə'raɪ] <-, -en> f (fam) zuffa f, rissa f

keilförmig ['kaɪlfœrmɪç] adj cuneiforme; **Keilriemen** m (TEC, MOT) cinghia f trapezoidale

Keim [kaɪm] <-(e)s, -e> m (BOT, MED) germe m; **etw im ~ ersticken** soffocare qc sul nascere; **Keimdrüse** f (ANAT) ghiandola f germinale

keimen vi ❶ (Pflanzen) germogliare, germinare ❷ (fig: Verdacht) sorgere

keimfrei adj (Milch) sterilizzato; (aseptisch) asettico; **Keimling** <-s, -e> m (BOT) germoglio m; **keimtötend** adj antisettico, germicida

Keimzelle f cellula f germinale

kein, keine [kaɪn, 'kaɪnə] pron indef ❶ non ... (un, una), nessuno, -a m, f, alcuno, -a m, f; **~ Mensch** (fam) nessuno, non anima viva; **~ anderer als ...** nessun altro all'infuori di ...; **~ einziges Mal** neanche una volta; **~ ... mehr** non più ... ❷ (nicht einmal) nemmeno; **~e 20 Leute** neanche 20 persone

keine pron indef s. **keine(r, s)**

keinerlei <inv> adj non ... alcuno, non ... di sorta

keine(r, s) ['kaɪnɐ, -nə, -nəs] pron indef nessuno, -a m, f; **~r von beiden** nessuno dei due

keinesfalls adv in nessun caso

keineswegs adv in nessun modo, non ... affatto

keinmal ['kaɪnmaːl] adv mai, neanche una volta

keins pron indef s. **keine(r, s)**

Keks [keːks] <-es, -e> m o n biscotto m, biscottino m

Kelch [kɛlç] <-(e)s, -e> m calice m; **den ~ bis zur Neige leeren** (fig) bere il calice sino alla feccia

Kelle ['kɛlə] <-, -n> f ❶ (Schöpf~) mestolo m, ramaiolo m ❷ (Maurer~) cazzuola f ❸ (Signalstab) paletta f

Keller ['kɛlɐ] <-s, -> m ❶ cantina f ❷ (~geschoss) scantinato m; **Kelleras-sel** f (ZOO) onisco m delle cantine

Kellerei [kɛlə'raɪ] <-, -en> f cantina f; (Sekt~) bottiglieria f (per spumante)

Kellergeschoss[RR] n scantinato m; **Kellermeister** m cantiniere m

Kellner(in) ['kɛlnɐ] <-s, -; -, -nen> m(f) cameriere, -a m, f

kellnern ['kɛlnɐn] vi (fam) servire

Kelte ['kɛltə] <-n, -n> m celta m

Kelter ['kɛltɐ] <-, -n> f (AGR) torchio m

keltern ['kɛltɐn] vt pigiare

Keltin ['kɛltɪn] <-, -nen> f celta f; **keltisch** ['kɛltɪʃ] adj celtico

kennen ['kɛnən] <kennt, kannte, gekannt> vt ❶ conoscere; (wissen a) sapere; **~ lernen** conoscere, fare la conoscenza di; **es freut mich, Sie ~ zu lernen** lieto di fare la Sua conoscenza; **du wirst mich noch ~ lernen!** (fam) ancora non mi conosci!; **sich vor Wut nicht mehr ~** essere fuori di sé dalla rabbia; **so kenne**

ich ihn gar nicht! così non lo conosco proprio! ❷ (*fig: Grenzen, Mitleid*) avere; **keine Rücksicht ~** non avere riguardo
kennen|lernen^{ALT} s. **kennen 1.**
Kenner(in) <-s, -; -, -nen> *m(f)* conoscitore, -trice *m, f,* intenditore, -trice *m, f;* (*a Fachmann*) esperto, -a *m, f;* **Kennerblick** *m* **mit ~** con occhio esperto
kenntlich ['kɛntlɪç] *adj* (**an etw** *dat*) **~ sein** essere riconoscibile (da qc); **~ machen** (*kennzeichnen*) contrassegnare; (*erkennbar machen*) far riconoscere
Kenntnis ['kɛntnɪs] <-, -se> *f* ❶ conoscenza *f;* **von etw ~ erhalten** venir a conoscenza di qc, avere notizia di qc; **etw zur ~ nehmen** prendere atto di qc; **ohne ~ von ...** senza conoscenza di ... ❷ *pl* (*Fach~*) cognizioni *fpl,* nozioni *fpl*
Kenntnisnahme ['kɛntnɪsnaːmə] <-, -n> *f* (*form*) **zur ~** per conoscenza; **zu Ihrer ~** per Vostra informazione
Kennwort *n* parola *f* di riconoscimento; (MIL) parola *f* d'ordine; **Kennzahl** ['kɛntsaːl] *f s.* **Kennziffer**
Kennzeichen *n* ❶ (*Merkmal*) segno *m* (particolare); **~ für etw sein** essere segno di qc; **besondere ~** (*Passvermerk*) segni particolari ❷ (*Unterscheidungszeichen*) contrassegno *m* ❸ (*Abzeichen*) distintivo *m* ❹ (MOT: *amtliches ~*) targa *f*
kennzeichnen *vt* ❶ contrassegnare ❷ (*markieren*) segnare ❸ (*charakterisieren*) caratterizzare; (*a beschreiben*) descrivere ❹ (*auszeichnen*) distinguere ❺ (*bezeichnen*) definire; **kennzeichnend** *adj* **~ für etw sein** essere caratteristico di qc
Kennziffer *f* ❶ numero *m* di riferimento ❷ (MAT) indice *m;* (*von Logarithmus*) caratteristica *f*
kentern ['kɛntɐn] *vi sein* (NAUT) ribaltarsi, capovolgersi
Keramik [keˈraːmɪk] <-, -en> *f* ❶ ceramica *f* ❷ (*Erzeugnisse*) ceramiche *fpl* ❸ (KUNST) arte *f* della ceramica
keramisch *adj* ceramico; (*aus Ton*) di [*o* in] ceramica
Kerbe ['kɛrbə] <-, -n> *f* tacca *f,* intaccatura *f;* (TEC) intaglio *m;* **in die gleiche ~ schlagen** (*fig*) mirare allo stesso scopo
Kerbel ['kɛrbəl] <-s> *kein Pl m* cerfoglio *m*
kerben *vt* (*bes.* TEC) intagliare, intaccare
Kerbholz *n* **etw auf dem ~ haben** avere un conto da saldare
Kerker ['kɛrkɐ] <-s, -> *m* carcere *m*
Kerl [kɛrl] <-(e)s, -e *o* -s> *m* (*fam: Mann*) uomo *m;* (*a pej*) tipo *m;* (*pej*) individuo *m;* **anständiger ~** tipo onesto; **armer ~** poveraccio; **feiner ~** tipo in gamba *fam;*

ganzer ~ uomo tutto d'un pezzo; **gemeiner ~** vigliacco
Kern [kɛrn] <-(e)s, -e> *m* ❶ nocciolo *m;* (*von Birnen, Äpfeln*) seme *m;* (*von Trauben*) acino *m,* chicco *m;* (*Nuss~*) gheriglio *m;* (*von Holz*) anima *f* ❷ (MED, PHYS: *Zell~, Atom~*) nucleo *m* ❸ (*~punkt*) centro *m,* cuore *m;* **zum ~ der Sache vordringen** venire al dunque della questione ❹ (*fig: Wesen*) sostanza *f,* essenza *f;* **er hat einen guten ~** il suo fondo è buono ❺ (*fig: wichtigster Teil*) anima *f,* nerbo *m;* **der harte ~** (**der Gruppe**) l'anima (del gruppo)
Kernenergie *f* energia *f* nucleare; **Kernexplosion** *f* esplosione *f* nucleare; **Kernforschung** *f* ricerca *f* nucleare; **Kernfusion** ['kɛrnfuːzjoːn] <-, -en> *f* (PHYS) fusione *f* nucleare; **Kerngehäuse** *n* torsolo *m;* **kerngesund** *adj* sano come un pesce *fam,* sanissimo
kernig *adj* ❶ (*Frucht*) granuloso ❷ (*kräftig*) vigoroso, forte, robusto ❸ (*markig, bes. Ausspruch*) incisivo
Kernkraft *f* energia *f* atomica; **Kernkraftgegner(in)** *m(f)* antinucleare *mf;* **Kernkraftwerk** *n* centrale *f* nucleare
kernlos *adj* privo di semi, senza nocciolo; **Kernobst** *n* frutta *f* con semi; **Kernphysik** *f* fisica *f* nucleare; **Kernreaktion** *f* reazione *f* nucleare; **Kernreaktor** *m* reattore *m* nucleare; **Kernspaltung** *f* fissione *f* nucleare; **Kernstück** *n* parte *f* essenziale, anima *f;* **Kerntechnologie** *f* (PHYS) tecnologia *f* nucleare; **Kernteilung** *f* (BIOL) mitosi *f;* **Kernverschmelzung** *f* fusione *f* atomica
Kernwaffen *fpl* armi *fpl* nucleari; **kernwaffenfrei** *adj* denuclearizzato; **~e Zone** zona denuclearizzata
Kerosin [keroˈziːn] <-s> *kein Pl n* cherosene *m*
Kerze ['kɛrtsə] <-, -n> *f* (*allg, a Zünd~*) candela *f;* (*Altar~*) cero *m;* **eine ~ machen** (SPORT) fare la candela; **kerzengerade** *adj* diritto come una candela *fam;* **Kerzenhalter** *m* candeliere *m,* portacandele *m;* **Kerzenleuchter** *m* candeliere *m;* **Kerzenlicht** *n* lume *m* di candela; **bei ~** al lume di candela; **Kerzenständer** *m* candeliere *m*
kess^{RR} [kɛs], **keß**^{ALT} *adj* ❶ (*Mädchen*) spigliata; **~e Biene** (*fam*) ragazza giovane, carina e spensierata ❷ (*schick*) chic, carino ❸ (*frech*) impertinente
Kessel ['kɛsəl] <-s, -> *m* ❶ (*Wasser~, Heiz~*) caldaia *f;* (*großer ~*) calderone *m,* paiolo *m;* (*kleiner ~, Tee~*) bollitore *m*

❷ (GEOG: *Tal~*) conca *f* ❸ (MIL) sacca *f*

Kesselstein *m* incrostazione *f* della caldaia; **den ~ entfernen** disincrostare (*aus etw* qc); **Kesseltreiben** *n* ❶ (*Jagd*) battuta *f* (di caccia) in cerchio ❷ (*fig*) caccia *f* spietata

Ketchup <-(s), -s> *m o n,* **Ketchup**^RR ['kɛtʃap] <-(s), -s> *m o n* ketchup *m*

Kette ['kɛtə] <-, -n> *f* ❶ (*Menschen~, Laden~, Hotel~*) catena *f*; **eine ~ bilden** (*Personen*) formare una catena; **in ~n legen** incatenare, mettere in ceppi ❷ (*Schmuck~*) catenina *f*; (*Hals~*) collana *f* ❸ (*von Raupenfahrzeugen*) cingolo *m* ❹ (*Absperrungs~*) cordone *m* ❺ (*fig: Reihe*) serie *f*, fila *f*; **eine ~ von Ereignissen** una serie di avvenimenti

ketten *vt* **jdn** (**an etw** *acc*) **~** incatenare qu (a qc); **sich an jdn/etw ~** (*fig*) legarsi a qu/qc

Kettenfahrzeug *n* (veicolo *m*) cingolato *m*; **Kettenhund** *m* cane *m* da guardia legato alla catena; **Kettenraucher(in)** *m(f)* fumatore, -trice *m, f* accanito, -a; **Kettenreaktion** *f* reazione *f* a catena

Ketzer(in) ['kɛtsɐ] <-s, -; -, -nen> *m(f)* (REL) eretico, -a *m, f*

Ketzerei [kɛtsə'raɪ] <-, -en> *f* (REL) eresia *f*

ketzerisch *adj* (REL) eretico

keuchen ['kɔɪçən] *vi* ansimare, parlare affannosamente; **Keuchhusten** *m* (MED) pertosse *f*, tosse *f* canina

Keule ['kɔɪlə] <-, -n> *f* ❶ (*Waffe, Sportgerät*) clava *f* ❷ (GASTR) coscia *f*, cosciotto *m*

keusch [kɔɪʃ] *adj* casto; (*schamhaft*) pudico; **Keuschheit** <-> *kein Pl f* castità *f*; (*Schamhaftigkeit*) pudicizia *f*

Keyboard ['ki:bɔːt] <-s, -s> *n* keyboard *m*, tastiera *f* elettrica

Kfm. *abk v* **Kaufmann** commerciante

Kfz [ka:ʔɛf'tsɛt] <-(s), -(s)> *n abk v* **Kraftfahrzeug** autoveicolo

kg *abk v* **Kilogramm** kg

KG [ka:'ɡeː] <-, -s> *f abk v* **Kommanditgesellschaft** S.acc.

Khaki ['ka:ki] <-(s)> *kein Pl n* (*Farbe*) color *m* cachi; **khakifarben** *adj* (color) cachi

kHz *abk v* **Kilohertz** kHz

Kibbuz [kɪ'buːts] <-, -e *o* Kibbuzim> *m* kibbutz *m*

Kichererbse ['kɪçɐɛrpsə] *f* (BOT) cece *m*

kichern ['kɪçɐn] *vi* ridacchiare, ridere sotto i baffi *fam*

Kick ['kɪk] <-(s), -s> *m* (*fam*) picco *m*, sballo *m*

Kickboard ['kɪkbɔːd] <-s, -s> *n* monopattino *m*

kicken ['kɪkən] **I.** *vi* (*fam: Fußball spielen*) giocare (a calcio) **II.** *vt* (*fam: Ball*) calciare

Kicker(in) ['kɪkɐ] <-s, -(s); -, -nen> *m(f)* (*fam*) calciatore, -trice *m, f*

Kid [kɪt] <-, -s> *n* ❶ (*Glacéleder*) pelle *f* liscia ❷ (*sl: Kind, Jugendlicher*) ragazzino, -a *m, f*

kidnappen ['kɪtnɛpən] *vt* sequestrare, rapire

Kidnapper(in) ['kɪtnɛpɐ] <-s, -; -, -nen> *m(f)* sequestratore, -trice *m, f,* rapitore, -trice *m, f*

Kiebitz ['ki:bɪts] <-es, -e> *m* ❶ (ZOO) pavoncella *f* ❷ (*fam: beim Kartenspiel*) osservatore *m* importuno

Kiefer^1 ['ki:fɐ] <-s, -> *m* (ANAT) mascella *f*

Kiefer^2 <-, -n> *f* (BOT) pino *m*; **Kiefernwald** *m* pineta *f*, foresta *f* di pini

kieken ['ki:kən] *vi* (*nordd: gucken*) guardare; (*hervor~*) spuntare fuori; **kiek mal!** guarda (un po')!

Kiel [kiːl] <-(e)s, -e> *m* ❶ (NAUT: *Schiffs~*) chiglia *f*, carena *f* ❷ (*Feder~*) cannello *m* della penna

Kielraum <-(e)s, -räume> *m* (NAUT: *Schiff*) sentina *f*; **Kielwasser** *n* scia *f*; **in jds ~ schwimmen** (*fig*) seguire le orme di qu

Kieme ['ki:mə] <-, -n> *f meist pl* branchia *f*

Kies [ki:s] <-es, -e> *m* ❶ ghiaia *f*; (*grober ~*) pietrisco *m* ❷ *sing* (*sl: Geld*) grana *f*

Kiesel ['ki:zəl] <-s, -> *m* ciottolo *m*; **Kieselerde** *f* terra *f* silicea, silice *f*; **Kieselstein** <-(e)s, -e> *m* ciottolo *m*

Kiesgrube <-, -n> *f* cava *f* di ghiaia

kiffen ['kɪfən] *vi* (*sl*) farsi uno spinello

kikeriki [kikəri'ki:] *int* chicchirichì

killen ['kɪlən] *vi, vt* (*sl*) ammazzare

Killer <-s, -> *m* (*sl*) killer *m*, sicario *m*

Kilo ['ki:lo] <-s, -s *o bei Maßangaben:* -> *n* chilo *m*; **Kilobyte** <-s, -s> *n* (INFORM) kilobyte *m*; **Kilogramm** *n* chilogrammo *m*; **Kilohertz** <-, -> *n* (PHYS) chilohertz *m*, chilociclo *m*; **Kilojoule** *n* (PHYS) chilo *m* joule; **Kilokalorie** *f* chilocaloria *f*

Kilometer [kilo'me:tɐ] <-s, -> *m* chilometro *m*; **5 ~ fahren** fare 5 chilometri; **mit 100 ~n in der Stunde fahren** andare a 100 (chilometri) all'ora; **Kilometergeld** *n* indennità *f* per chilometro; **Kilometerstein** *m* pietra *f* miliare; **Kilometerzähler** *m* contachilometri *m*

Kilowatt [kilo'vat] <-s, -> *n* chilowatt *m*; **Kilowattstunde** *f* chilowattora *f*

Kind [kɪnt] <-(e)s, -er> *n* ❶ (*a Klein~*) bambino *m*; (*a Koseform*) bimbo *m*; **sich bei jdm lieb ~ machen** (*fam*) entrare nelle grazie di qu; **von ~ auf** fin dall'infanzia, (fin) da piccolo; **das weiß jedes ~** lo sanno tutti; **so, ~ er, jetzt …!** (*fam*) allora, ragazzi, adesso …!; **das ~ mit dem Bade ausschütten** (*prov*) buttare via il buono con il cattivo ❷ (*Sohn, Tochter*) figlio, -a *m, f*; **ein ~ erwarten** aspettare un bambino; **an ~es statt annehmen** adottare; **mit ~ und Kegel** (*fam scherz*) con tutta la famiglia

Kinderarbeit ['kɪndɐaɪ't] *kein Pl f* lavoro *m* infantile

kinderarm *adj* **~es Land** paese a crescita zero, paese con un basso tasso di natalità

Kinderarzt *m,* **Kinderärztin** *f* pediatra *mf;* **Kinderbeihilfe** *f* (*A:* ADM: *Kindergeld*) assegno *m* familiare (per i figli); **Kinderbuch** *n* libro *m* per ragazzi; **Kinderdorf** *n* villaggio *m* del fanciullo

Kinderei [kɪndəˈraɪ] <-, -en> *f* ❶ (*Kinderstreich*) bambinata *f* ❷ (*albernes Benehmen*) comportamento *m* sciocco

kinderfeindlich *adj* ostile ai bambini; **kinderfreundlich** *adj* affabile con i bambini; **Kindergarten** *m* scuola *f* materna, giardino *m* d'infanzia, asilo *m;* **Kindergärtner(in)** *m(f)* maestro, -a *m, f* di scuola materna, maestra *f* giardiniera; **Kindergeld** *n* assegno *m* familiare; **Kinderheim** *n* ❶ (*für Waisenkinder*) orfanotrofio *m* ❷ (*Erholungsheim*) colonia *f;* **Kinderhort** *m* doposcuola *m;* **Kinderklinik** *f* clinica *f* pediatrica; **Kinderkrankheit** *f* malattia *f* infantile; **Kinderkrippe** *f* (*asilo m*) nido *m;* **Kinderlähmung** *f* (MED) paralisi *f* infantile

kinderleicht *adj* facilissimo; **das ist ~** è un gioco da ragazzi

kinderlieb *adj* **~ sein** essere amante dei bambini; **kinderlos** *adj* senza figli; **Kindermädchen** *n* bambinaia *f;* **Kinderpornografie**RR *kein Pl f* pornografia *f* infantile

kinderreich *adj* **~e Familie** famiglia numerosa

Kinderschänderring *m* rete *f* di pedofili

Kinderschuhe *mpl* **noch in den ~n stecken** essere agli inizi, essere in fasce; **Kindersitz** *m* seggiolino *m* (per bambini); **Kinderspiel** *n* gioco *m* per bambini; **das ist ein ~** è un giochetto *fam;* **Kinderspielplatz** *m* parco *m* giochi (per bambini); **Kindersprache** *f* linguaggio *m* dei bambini; **Kindersterblichkeit** *f* mortalità *f* infantile

Kinderstube *kein Pl f* (*fig*) **eine gute/ schlechte ~ haben** essere ben/mal educato; **Kinderwagen** *m* carrozzina *f;* **Kinderzimmer** *n* stanza *f* dei bambini

Kindesalter *n* infanzia *f;* **Kindesbeine** *npl* **von ~n an** fin dall'infanzia, fin da piccolo; **Kindesmisshandlung** *f* violenza *f* sui bambini, maltrattamento *m* di bambini

Kindheit <-> *kein Pl f* (*bis 12 Jahre*) infanzia *f;* (*Kleinkindalter*) prima infanzia *f;* (*von 2 bis 12*) seconda infanzia *f;* (*von 6 bis 13*) fanciullezza *f*

kindisch *adj* (*pej*) infantile, puerile; **sich ~ benehmen** comportarsi in modo puerile; **sei nicht ~!** non fare il bambino!

kindlich *adj* ❶ infantile; (*Gesicht*) di bambino ❷ (*fig: naiv*) ingenuo

Kindskopf *m* bambino, -a *m, f pej*

Kind(s)taufe *f* battesimo *m*

Kindstod *m* **plötzlicher ~** improvvisa morte in culla

kinetisch [kiˈneːtɪʃ] *adj* (PHYS, KUNST) cinetico

Kinn [kɪn] <-(e)s, -e> *n* (ANAT) mento *m;* **Kinnbart** *m* pizzo *m;* **Kinnhaken** *m* (*Boxen*) montante *m* al mento, gancio *m;* **Kinnlade** *f* (*Unterkiefer*) mandibola *f;* (*Kiefer*) mascella *f*

Kino ['kiːno] <-s, -s> *n* ❶ (*Raum*) cinema *m* ❷ (*Vorstellung*) film *m*

Kinobesucher(in) *m(f)* spettatore, -trice *m, f;* **ein häufiger ~ sein** essere un frequentatore assiduo del cinema; **Kinofilm** *m* film *m* cinematografico; **Kinovorstellung** *f* spettacolo *m* cinematografico

Kiosk ['kiːɔsk] <-(e)s, -e> *m* ❶ (*Verkaufsbude*) chiosco *m* ❷ (*Zeitungsstand*) edicola *f*

Kipfer(l) ['kɪpfɐ(l)] <-s, -n> *n* (*A, südd:* GASTR) chifel *m,* cornetto *m*

Kippe ['kɪpə] <-, -n> *f* ❶ (*fam: Zigarettenstummel*) mozzicone *m,* cicca *f* ❷ (SPORT) capovolta *f* alla sbarra; **auf der ~ stehen** essere in bilico, stare per cadere; (*fig: unsicher sein*) essere incerto ❸ (*Ablagerungsstelle, Müll~*) scarico *m*

kippen ['kɪpən] I. *vt* **haben** ❶ (*um~*) rovesciare, ribaltare ❷ (*schütten*) versare; **einen ~** (*fam*) bere un bicchierino II. *vi* **sein** (*um~*) rovesciarsi, ribaltarsi; (*fallen*) cadere

Kippschalter <-s, -> *m* (TEC) interruttore *m* a levetta [*o* basculante]

Kippwagen *m* carro *m* ribaltabile

Kirche ['kɪrçə] <-, -n> *f* ❶ (*Gebäude, Einrichtung*) chiesa *f;* **in die ~ gehen** andare in chiesa ❷ (*Gottesdienst*) funzione *f;* (*Messe*) messa *f;* **Kirchenbuch** *n* registro *m* parrocchiale; **Kirchenchor** *m* coro *m* parrocchiale; **Kirchendiener** *m* sacrestano *m;* **kirchenfeindlich** *adj* anticlericale; **Kirchenfenster** *n* vetrata *f;*

Kirchenfest *n* festa *f* religiosa; **Kirchengemeinde** *f* parrocchia *f;* **Kirchenjahr** *n* anno *m* ecclesiastico; **Kirchenlied** *n* canto *m* liturgico; **Kirchenmaus** *f* **arm wie eine ~** (*fam scherz*) povero in canna; **Kirchenmusik** *kein Pl f* musica *f* sacra

Kirchenoberhaupt *n* Capo *m* della Chiesa; **Kirchenrecht** *n* diritto *m* canonico; **Kirchenstaat** *m* (HIST) stato *m* pontificio; (*Vatikanstaat*) stato *m* vaticano; **Kirchensteuer** *f* imposta *f* per la Chiesa

kirchlich *adj* ❶ (*die Kirche betreffend*) ecclesiastico, della chiesa; (*a religiös*) religioso; **sich ~ trauen lassen** sposarsi in chiesa ❷ (*geistlich*) sacro

Kirchturm *m* campanile *m*

Kirchweih ['kɪrçvaɪ] <-, -en> *f* sagra *f*

Kirmes ['kɪrməs] <-, -sen> *f* (*dial*) sagra *f*

kirre ['kɪrə] *adj* (*fam*) docile, mansueto; **jdn ~ machen** ammansire qu

Kirschbaum *m* ciliegio *m*

Kirsche ['kɪrʃə] <-, -n> *f* ciliegia *f;* **mit ihm ist nicht gut ~ n essen** è meglio non aver a che fare con lui; **Kirschkern** *m* nocciolo *m* di ciliegia; **Kirschwasser** *n* kirsch *m,* acquavite *f* di ciliegie

Kissen ['kɪsən] <-, -> *n* cuscino *m;* (*bes. Kopf~*) guanciale *m;* **Kissenbezug** *m* federa *f*

Kiste ['kɪstə] <-, -n> *f* ❶ (*Truhe*) cassa *f;* (*Bier~*) cassetta *f;* (*Zigarren~*) scatola *f* ❷ (*fam: Auto*) trabiccolo *m,* macinino *m;* (*Schiff*) rottame *m,* carcassa *f;* (*Flugzeug*) carcassa *f* ❸(*fam: Bett*) letto *m;* (*Sarg*) bara *f* ❹ (*fam: Fernseher*) tivù *f*

Kitesurfen ['kaɪtsœːfən] <-s> *kein Pl n* (SPORT) kitesurf *m*

Kitsch [kɪtʃ] <-(e)s> *kein Pl m* opera *f* di cattivo gusto, kitsch *m;* **kitschig** *adj* di poco gusto, pacchiano; (*rührselig*) sentimentale

Kitt [kɪt] <-(e)s, -e> *m* (*Glaser~*) mastice *m,* stucco *m*

Kittchen ['kɪtçən] <-s, -> *n* (*fam*) gattabuia *f,* galera *f*

Kittel ['kɪtəl] <-s, -> *m* ❶ (*Arbeits~*) camice *m* ❷ (*weite Bluse*) camiciotto *m;* (*langes Hemd*) casacca *f* ❸ (*südd*) giacchetta *f*

kitten ['kɪtən] *vt* ❶ stuccare, applicare il mastice a ❷ (*kleben*) incollare ❸ (*fig: Ehe*) accomodare

Kitz [kɪts] <-es, -e> *n* ❶ (*Reh~*) caprioletto *m* ❷ (*Ziegen~*) capretto *m*

Kitzel ['kɪtsəl] <-s, *rar* -> *m* ❶ solletico *m* ❷ (*fig: Gelüst*) voglia *f;* **kitz(e)lig** *adj* ❶ (*Mensch*) che soffre il solletico; (*Stelle*) sensibile al solletico ❷ (*fig: empfindlich*) suscettibile, permaloso ❸ (*fam: heikel*) scabroso, delicato

kitzeln ['kɪtsəln] **I.** *vt* fare il solletico a; (*a fig*) solleticare; **es kitzelt mich, etw zu machen** ho voglia di fare qc **II.** *vi* (*jucken*) dare prurito; **hör auf, das kitzelt!** smettila, fa il solletico!

Kitzler ['kɪtslɐ] <-s, -> *m* (ANAT) clitoride *mf*

kitzlig *adj s.* **kitz(e)lig**

Kiwi ['kiːvi] <-, -s> *f* (BOT) kiwi *m*

kJ *abk v* **Kilojoule** kilojoule

KKW [kaːkaːˈveː] <-(s), -s> *n abk v* **Kernkraftwerk** centrale nucleare

klaffen ['klafən] *vi* spalancarsi

kläffen ['klɛfən] *vi* (*Hunde*) abbaiare, latrare

klaffend *adj* (*Wunde*) aperto; (*Abgrund*) spalancato

Klage ['klaːɡə] <-, -n> *f* ❶ (*Weh~*) lamento *m* ❷ (*Beschwerde*) lagnanza *f,* lamento *m;* **über jdn/etw ~ vorbringen** lamentarsi di qu/qc; **das ist kein Grund zur ~** non è un motivo per lamentarsi ❸ (JUR) querela *f;* (*Verfahren*) causa *f,* azione *f;* **gegen jdn ~ (wegen etw) erheben** sporgere querela contro qu (per qc)

Klagegeschrei *n,* **Klagelaut** *m* lamento *m;* **Klagelied** *n* ❶ (*Gedicht*) elegia *f* ❷ (*fig*) lamentela *f;* **Klagemauer** ['klaːɡəmaʊɐ] <-, -n> *f* muro *m* del pianto

klagen ['klaːɡən] **I.** *vi* ❶ (*sich beschweren, jammern*) lamentarsi; **über etw** *acc* **~** lamentarsi di qc; **über Kopfschmerzen ~** accusare mal di testa ❷ (*trauern*) **um jdn/etw ~** piangere qu/qc ❸ (JUR) **gegen jdn auf etw** *acc* **~** sporgere querela contro qu per qc; **auf Schadenersatz ~** chiedere il risarcimento dei danni **II.** *vt* **jdm sein Leid ~** sfogare il proprio dolore con qu

Kläger(in) ['klɛːɡɐ] <-s, -; -, -nen> *m(f)* querelante *mf;* (JUR) attore, -trice *m, f*

Klageschrift *f* (JUR) citazione *f*

kläglich ['klɛːklɪç] *adj* ❶ (*beklagenswert*) pietoso ❷ (*jämmerlich*) misero, miserabile; **der Versuch ist ~ misslungen** il tentativo è fallito miseramente

klamm [klam] *adj* ❶ (*kalt und feucht*) umido e freddo ❷ (*starr vor Kälte*) irrigidito (per il freddo); **~ sein** (*sl: Geld*) essere al verde

Klamm [klam] <-, -en> *f* (*Schlucht*) gola *f*

Klammer ['klamɐ] <-, -n> *f* ❶ (*Wäsche~, Haar~*) molletta *f;* (*Büro~*) fermaglio *m;* (*Heft~, Wund~, Zahn~*) graffetta *f;* (*Hosen~*) molletta *f,* fermapantaloni *m;*

(*Bau~*) grappa *f* ❷(TYP) parentesi *f*; (*geschweifte ~*) graffa *f*; **runde/eckige ~** parentesi tonda/quadra; **~ auf/zu** (*beim Diktieren*) aperta/chiusa parentesi; **in ~n setzen** mettere fra parentesi

Klammeraffe *m* (INFORM: @-*Symbol in einer Mail-Adresse*) chiocciola *f*

klammern ['klamɐn] I. *vt* ❶(*befestigen*) fissare (con graffe) ❷(MED) chiudere con graffette II. *vr* **sich** (**an jdn/etw**) **~** aggrapparsi (a qu/qc)

klammheimlich ['klam'haɪmlɪç] (*fam*) I. *adj* furtivo II. *adv* di soppiatto

Klamotten [kla'mɔtə] *fpl* ❶(*fam: Kleidung*) indumento *m*, vestito *m* ❷(*pej: Kram*) cianfrusaglie *fpl*

klang [klaŋ] *1. u 3. pers sing imp von* **klingen**

Klang [klaŋ] <-(e)s, Klänge> *m* ❶(*Ton*) suono *m*; **dumpfer/heller/tiefer ~** suono cupo/limpido/profondo ❷(*bes. von Stimme*) timbro *m*, tono *m* ❸(*Klingen*) tintinnio *m*; **Klangfarbe** *f* timbro *m*, tonalità *f*; **Klangfülle** *f* sonorità *f*

klanglich ['klaŋlɪç] *adj* sonoro; **~e Unterschiede** differenze sonore

klanglos ['klaŋloːs] *adj* (*Stimme*) afono; **sang- und ~ verschwinden** (*fam*) andarsene alla chetichella

klangvoll *adj* ❶(*Klang*) sonoro ❷(*fig: berühmt*) altisonante

Klappbett <-s, -en> *n* letto *m* ribaltabile

Klappe ['klapə] <-, -n> *f* ❶(*Deckel*) coperchio *m* (ribaltabile) ❷(MUS) chiavetta *f* ❸(TEC: *Drossel*) (valvola *f* a) farfalla *f* ❹(*Hosen~*) patta *f*; (*Taschen~*) pattina *f*; (*Schulter~*) controspallina *f* ❺(*Augen~*) benda *f* per gli occhi ❻(ANAT: *Herz~*) valvola *f* ❼(FILM) ciac *m* ❽(*fam: Bett*) letto *m* ❾(*fam: Mund*) becco *m*; **eine große ~ haben** (*fam*) fare lo sbruffone *fam*; **halt die ~!** (*fam*) chiudi il becco! ❿(*A: Telefonnebenstelle*) interno *m*

klappen ['klapən] I. *vt* (*nach oben/unten/vorn/hinten ~*) ribaltare II. *vi* (*fam: gelingen*) andare bene; **es hat geklappt** (*fam*) è andata bene, ha funzionato

klapperdürr ['klapɐ'dʏr] *adj* (*pej*) magro come uno scheletro; **Klappergestell** *n* ❶(*pej: Mensch*) spaventapasseri *m fam* ❷(*fam pej, scherz: Auto*) catenaccio *m*; **klapp(e)rig** ['klap(ə)rɪç] *adj* ❶(*Fahrzeug*) scassato *fam* ❷(*Mensch, Tier*) decrepito ❸(*wenig solide*) fragile; **Klapperkasten** *m*, **Klapperkiste** *f* (*fam pej: Klavier*) vecchio pianoforte *m*; (*Auto*) trabiccolo *m*; (*Schreibmaschine, Radio, Fern-*

seher) catorcio *m*

klappern ['klapən] *vi* strepitare; (*Tür, Fenster*) sbattere; (*Geschirr*) acciottolare; **mit den Zähnen ~** battere i denti

Klapperschlange <-, -n> *f* ❶(ZOO) serpente *m* a sonagli ❷(*fam*) vipera *f*; **Klapperstorch** *m* (*scherz*) cicogna *f*

Klappfahrrad *n* bicicletta *f* pieghevole

klapprig *adj s.* **klapp(e)rig**

Klappsitz *m* sedile *m* ribaltabile, strapuntino *m*; **Klappstuhl** *m* sedia *f* pieghevole; (*kleiner*) seggiolino *m* pieghevole; **Klapptisch** *m* tavolo *m* pieghevole; **Klappverdeck** *n* (MOT) capote *f* ribaltabile, mantice *m*

Klaps [klaps] <-es, -e> *m* (*fam*) pacca *f*; **einen ~ haben** non avere il cervello a posto, essere un po' tocco; **Klapsmühle** *f* (*fam pej*) manicomio *m*

klar [klaːɐ] *adj* ❶(*deutlich*) chiaro; **~ machen** spiegare, esporre; **jdm etw ~ machen** far capire qc a qu; **jdm wird etw ~** qc si chiarisce a qu; **sich** *dat* **über etw** *acc* **~ werden** rendersi conto di qc; **ein ~er Fall von ...** (*fam*) un chiaro caso di ...; **~ und deutlich** chiaro e tondo *fam*; **das ist doch ~!** (*fam*) ma è chiaro!; **na ~!** (*fam*) certo!, chiaro! ❷(*Wetter, Himmel*) sereno; (*Farben*) schietto; (*durchsichtig*) limpido, trasparente ❸(*bei vollem Bewusstsein*) lucido ❹(*fertig*) pronto; **~ zum Gefecht/Start** pronto al combattimento/alla partenza

Kläranlage ['klɛːɐanlaːgə] *f* (ECO) impianto *m* di depurazione; **Klärbecken** *n* (ECO) bacino *m* di depurazione

klären ['klɛːrən] I. *vt* ❶(*reinigen*) chiarificare; (*bes. Luft*) purificare; (*bes. Wasser*) depurare ❷(*Frage*) chiarire, mettere in chiaro II. *vr* **sich ~** chiarirsi

klar|gehen ['klaːɐgeːən] <geht klar, ging klar, klargegangen> *vi sein* (*fam*) andare bene; **ist mit der Prüfung alles klargegangen?** è andato tutto bene all'esame?

Klarheit <-> *kein Pl f* ❶(*Deutlichkeit*) chiarezza *f* ❷(*Reinheit, Schärfe*) limpidezza *f* ❸(*von Verstand*) lucidità *f*

Klarinette [klari'nɛtə] <-, -n> *f* (MUS) clarinetto *m*

klar|kommen <irr> *vi sein* (*fam*) **mit etw ~** venire a capo di qc

klar|machen I. *vt* ❶(NAUT) approntare ❷(*erklären*) *s.* **klar 1.** II. *vi* (NAUT) essere pronto

Klärschlamm *m* (ECO) deposito *m* di filtrazione

Klarsichtfolie *f* foglio *m* trasparente; **Klarsichthülle** *f* involucro *m* trasparente

klar|stellen *vt* chiarire, mettere in chiaro
Klartext *m* **im ~** in parole semplici, in altre parole
Klärung <-, -en> *f* ❶ (*Reinigung*) chiarificazione *f;* (*von Luft*) purificazione *f;* (*von Abwasser*) depurazione *f* ❷ (*von Frage*) chiarimento *m*
klar|werden^ALT *vi, vr s.* **klar 1.**
Klasse ['klasə] <-, -n> *f* ❶ classe *f;* **eine ~ wiederholen** (*Schule*) ripetere una classe; **erster/zweiter ~ fahren** (FERR) viaggiare in prima/seconda classe; **in ~n einteilen** classificare ❷ (*Kategorie*, SPORT) categoria *f;* (*Rang*) ordine *m* ❸ (*Qualität*) qualità *f;* **das ist ~!** (*fam*) è grandioso/formidabile!; **Klassenarbeit** *f* compito *m* in classe; **Klassenbuch** *n* (*Schule*) registro *m* di classe; **Klassenkamerad(in)** *m(f)* compagno, -a *m, f* di classe; **Klassenkampf** *m* lotta *f* di classe; **Klassenlehrer(in)** *m(f)* docente *mf* di una classe; **klassenlos** *adj* senza classi; **Klassenlotterie** ['klasənlɔtəri:, *pl:* 'klasənlɔtəri:ən] <-, -n> *f* lotteria *f* nazionale; **Klassentreffen** *n* incontro *m* di classe; **Klassenziel** <-(e)s, -e> *n* (*Schule*) obiettivo *m* della classe; (SPORT, *sl*) obiettivo *m* salvezza; **das ~ erreichen** essere promosso; **Klassenzimmer** *n* aula *f*, classe *f*
klassifizieren [klasifi'tsi:rən] <ohne ge-> *vt* classificare
Klassik ['klasɪk] <-> *kein Pl f* ❶ (HIST: *klassisches Altertum*) periodo *m* classico, epoca *f* classica ❷ (KUNST: *Kunstperiode*) classicismo *m* ❸ (*klassische Ausführung*) classicità *f* ❹ (MUS) musica *f* classica
Klassiker(in) <-s, -; -, -nen> *m(f)* classico, -a *m, f*
klassisch *adj* classico
Klassizismus [klasi'tsɪsmʊs] <-> *kein Pl m* (ARCH) classicismo *m*
klassizistisch *adj* (ARCH) classicistico
Klatsch [klatʃ] <-(e)s, -e> *m* ❶ (*klatschendes Geräusch*) tonfo *m* ❷ (*fam pej: Tratsch*) pettegolezzi *mpl* ❸ (*Plauderei*) chiacchiere *fpl;* **Klatschbase** *f* (*pej*) pettegola *f*
klatschen ['klatʃən] I. *vi* ❶ *haben* (*mit den Händen*) battere le mani; (*applaudieren*) battere le mani, applaudire ❷ *sein* (*auf-schlagen*) battere; (*Regen*) scrosciare ❸ *haben* (*pej fam: tratschen*) **über jdn/ etw ~** spettegolare di qu/qc II. *vt* **jdm Beifall ~** applaudire qu; **den Takt ~** battere il tempo (con le mani)
Klatschmaul *n* (*fam*) *s.* **Klatschbase**;
Klatschmohn *m* (BOT) papavero *m* selva-

tico; **klatschnass** *adj* bagnato fradicio; (*Mensch*) bagnato come un pulcino *fam*
Klaue ['klaʊə] <-, -n> *f* ❶ (*Krallen*) artiglio *m*, grinfia *f;* (*bei Paarhufern*) zoccolo *m*, unghione *m;* **in jds ~n geraten/ sein** cadere/essere nelle grinfie di qu ❷ (*fam pej: Hand*) mano *f;* (*Handschrift*) scrittura *f* illeggibile ❸ (TEC) attacco *m*
klauen ['klaʊən] *vt* (*fam*) sgraffignare
Klause ['klaʊzə] <-, -n> *f* ❶ (*Mönchszelle*) cella *f;* (*Einsiedelei*) eremitaggio *m*, clausura *f* ❷ (*Schlucht*) gola *f*
Klausel ['klaʊzəl] <-, -n> *f* clausola *f*
Klausur [klaʊ'zu:ɐ̯] <-, -en> *f* ❶ (*Klausurarbeit*) esame *m* ❷ (*im Kloster*) clausura *f*
Klavier [kla'vi:ɐ̯] <-s, -e> *n* (MUS) pianoforte *m*, piano *m fam;* **~ spielen** suonare il pianoforte; **Klavierhocker** *m* sgabello *m* del pianoforte; **Klavierlehrer(in)** *m(f)* maestro, -a *m, f* di pianoforte; **Klavierspiel** *n* suonare *m* il pianoforte, tecnica *f* del pianoforte; **Klavierspieler(in)** *m(f)* pianista *mf*
Klebeband ['kle:bəbant] *n* nastro *m* adesivo
kleben ['kle:bən] I. *vi* ❶ (*haften*) aderire ❷ (*klebefähig sein*) essere appiccicoso ❸ (*an~*) appiccicarsi, attaccarsi; **nicht ~** non rimanere attaccato II. *vt* incollare, attaccare; (*Anschlagzettel*) affiggere; **jdm eine ~** (*fam*) mollare uno schiaffo a qu
Kleber ['kle:bɐ] <-s, -> *m* ❶ (*Klebstoff*) adesivo *m*, colla *f* ❷ (CH: *Aufkleber*) etichetta *f* autoadesiva, (auto)adesivo *m*
Kleb(e)streifen *m* nastro *m* adesivo
klebrig ['kle:brɪç] *adj* colloso, appiccicoso
Klebstoff *m* adesivo *m*, colla *f*
Klebstreifen *m s.* **Kleb(e)streifen**
kleckern ['klɛkɐn] *vi* ❶ (*fam: Flecken machen*) sporcare, macchiare; (*sich be~*) sbrodolarsi; **kleckere nicht so!** non ti sporcare in questo modo! ❷ *sein* (*fallen*) colare, cadere; **der Wein ist auf die Decke gekleckert** il vino è colato sulla tovaglia
Klecks [klɛks] <-es, -e> *m* ❶ (*Fleck*) macchia *f;* (*Farb~*) schizzo *f* di colore ❷ (*fam: kleine Menge*) cucchiaiata *f;* **klecksen** *vi* fare macchie; **der Füller kleckst** la penna perde
Klee [kle:] <-s> *kein Pl m* (BOT) trifoglio *m*
Kleeblatt *n* (foglia *f* di) trifoglio *m;* **vierblättriges ~** quadrifoglio
Kleid [klaɪt] <-(e)s, -er> *n* ❶ (*Damen~*) vestito *m;* (*a Ordens~*) abito *m* ❷ *pl* (*Kleidungsstücke*) vestiti *mpl;* **~er machen Leute** (*prov*) vesti un bastone e ti parrà un signore

kleiden ['klaɪdən] **I.** *vt* ❶ vestire; **in Worte ~** esprimere a parole ❷ (*gut stehen*) donare a **II.** *vr* **sich ~** vestirsi, vestire

Kleiderablage <-, -n> *f* guardaroba *m;* **Kleiderbügel** *m* appendino *m*, gruccia *f* appendiabiti; **Kleiderbürste** *f* spazzola *f* per vestiti; **Kleiderhaken** *m* gancio *m* dell'attaccapanni; **Kleiderkasten** *m* (*A, CH*) *s.* **Kleiderschrank; Kleiderschrank** *m* armadio *m* (per vestiti); **Kleiderständer** *m* attaccapanni *m*

kleidsam *adj* che dona

Kleidung <-, -en> *f* vestiti *mpl*, abbigliamento *m;* **Kleidungsstück** *n* capo *m* di abbigliamento

Kleie ['klaɪə] <-, -n> *f* (BOT) crusca *f*

klein [klaɪn] *adj* ❶ piccolo; (*Buchstabe*) minuscolo; **~ anfangen** cominciare con poco; **~ beigeben** cedere la testa; **aus ~ en Verhältnissen** di origine modesta; **von ~ auf** fin da piccolo; **ein ~ wenig** un pochino; **~, aber fein** piccolo, ma buono; **~, aber oho** (*fam*) piccolo, ma in gamba ❷ (*kurz*) breve; (*~ gewachsen*) piccolo ❸ (*eng*) stretto ❹ (*jünger*) minore ❺ (*fig: unbedeutend*) insignificante; (*bescheiden*) modesto; (*beschränkt*) limitato

Kleinaktionär *m* (WIRTSCH) piccolo azionista *m;* **Kleinanleger** *m* (WIRTSCH) piccolo investitore *m;* **Kleinanzeige** *f* (breve) annuncio *m;* **Kleinasien** *n* Asia *f* Minore; **Kleinbildkamera** *f* (FOTO) microcamera *f;* **Kleinbuchstabe** *m* (lettera *f*) minuscola *f;* **kleinbürgerlich** *adj* piccoloborghese; **Kleinbürgertum** *n* piccola borghesia *f;* **kleingedruckt** *adj* a caratteri piccoli; **das Kleingedruckte** postilla stampata a caratteri piccoli; **Kleingeld** *n* moneta *f* spicciola, spiccioli *mpl;* **Kleinhirn** *n* (ANAT) cervelletto *m;* **Kleinholz** *kein Pl n* legna *f* minuta; **~ aus etw machen** (*fig fam*) distruggere qc; **~ aus jdm machen** (*fig fam*) picchiare qu violentemente

Kleinigkeit ['klaɪnɪçkaɪt] <-, -en> *f* ❶ (*unbedeutende Sache*) piccolezza *f*, sciocchezza *f;* **sich über jede ~ aufregen** irritarsi per un nonnulla; **das ist keine ~** (*wichtig*) è una cosa importante; (*nicht einfach*) non è una sciocchezza ❷ (*Bagatelle*) inezia *f*, bagattella *f*, bazzecola *f fam* ❸ (*ein bisschen*) un poco, un po'; **eine ~ essen** mangiare un boccone; **Kleinigkeitskrämer** ['klaɪnɪçkaɪtskrɛːmɐ] <-s, -> *m* (*pej*) pedante *m*, pignolo *m*

kleinkariert *adj* ❶ (*Stoff*) a quadrettini ❷ (*engherzig*) meschino, gretto

Kleinkind *n* bambino *m*, bimbo *m;* **Klein-**

kram *m* cianfrusaglie *fpl;* **Kleinkrieg** *m* guerriglia *f*

klein|kriegen *vt* ❶ (*zerkleinern*) riuscire a sminuzzare ❷ (*fam: unterkriegen*) sottomettere ❸ (*fam: kaputtmachen*) sottomettere, mettere sotto i piedi

Kleinkunst ['klaɪnkʊnst] *kein Pl f* (THEAT) cabaret *m*, spettacolo *m* cabarettistico

kleinlaut *adj* mogio mogio *fam*

kleinlich *adj* ❶ (*engherzig*) gretto, meschino; (*knauserig*) avaro ❷ (*engstirnig*) limitato ❸ (*pedantisch*) pedante, meticoloso; **Kleinlichkeit** <-, -en> *f* ❶ (*Engherzigkeit*) meschinità *f*, grettezza *f;* (*Geiz*) avarizia *f* ❷ (*Engstirnigkeit*) limitezza *f* ❸ (*Pedanterie*) pedanteria *f*, meticolosità *f*

kleinmütig ['klaɪnmyːtɪç] *adj* pusillanime, pavido

Kleinod ['klaɪnoːt] <-(e)s, -e *o* -ien> *n* gioiello *m*

klein|schneidenALT *vt s.* **schneiden I.1.**

klein|schreibenRR ['klaɪnʃraɪbən] <irr> *vt* (*mit kleinem Anfangsbuchstaben schreiben*) scrivere minuscolo

Kleinstaat *m* piccolo stato *m*

Kleinstadt *f* cittadina *f*

Kleinstwagen *m* (AUTO) citycar *f*

Kleinvieh <-s> *kein Pl n* (AGR) bestiame *m* minuto; **~ macht auch Mist** (*prov*) meglio poco che niente

Kleinwagen *m* (AUTO) utilitaria *f*

kleinwüchsig ['klaɪnvyːksɪç] *adj* basso di statura, nano

Kleister ['klaɪstɐ] <-s, -> *m* colla *f* (d'amido)

kleistern *vt* incollare

Klemme ['klɛmə] <-, -n> *f* ❶ (*bes. Haar~*) molletta *f* ❷ (TEC) morsetto *m;* (MED) graffetta *f* ❸ (*fig*) guaio *m*, impiccio *m;* **in die ~ geraten** cacciarsi nei guai; **in der ~ sitzen** (*fam*) essere nei guai

klemmen **I.** *vt* ❶ (*Draht*) serrare ❷ (*Bücher*) stringere; (*Monokel*) applicare; **etw unter den Arm ~** portare qc sotto il braccio ❸ (*quetschen*) incastrare **II.** *vi* incepparsi, bloccarsi; **die Schublade klemmt** il cassetto si blocca **III.** *vr* **sich ~** schiacciarsi, incepparsi; **sich hinter etw** *acc* **~** (*fam*) arrabattarsi dietro a qc

Klempner ['klɛmpnɐ] <-s, -> *m* stagnaio *m*

Klempnerei <-, -en> *f* officina *f* dello stagnaio

Klepper ['klɛpɐ] <-s, -> *m* (*pej*) ronzino *m*

Kleptomane [klɛptoˈmaːnə] <-n, -n> *m*, **Kleptomanin** [klɛptoˈmaːnɪn] <-, -nen> *f* cleptomane *mf*

Kleriker ['kleːrikə] <-s, -> *m* (REL) chierico *m*
Klerus ['kleːrʊs] <-> *kein Pl m* clero *m*
Klette ['klɛtə] <-, -n> *f* ❶ (BOT) lappola *f* ❷ (*fam pej: lästiger Mensch*) piattola *f*
Klett(en)verschluss^RR *m* chiusura *f* a strappo
klettern ['klɛtən] *vi sein* ❶ arrampicarsi; **auf einen Baum ~** arrampicarsi su un albero; **auf einen Berg klettern** scalare una montagna ❷ (*steigen, a fig*) salire
Kletterpflanze *f* (BOT) (pianta *f*) rampicante *m*
Kletterstange *f* (SPORT) pertica *f*
Klettverschluss^RR *m s.* **Klett(en)verschluss**
klicken ['klɪkən] *vi* ❶ (INFORM) cliccare; (**mit der Maus**) **auf etw** *acc* ~ cliccare (con il mouse) su qc; **doppelt ~** fare doppio clic ❷ („*klick*" *machen*) fare clic, scattare
Klient(in) [kli'ɛnt] <-en, -en; -, -nen> *m(f)* cliente *mf*
Klima ['kliːma] <-s, -s *o* -te> *n* (METEO) clima *m;* **Klimaanlage** *f* impianto *m* di aria condizionata, climatizzazione *f;* **Klimaforscher(in)** *m(f)* climatologo, -a *m, f;* **Klimakatastrophe** *f* catastrofe *f* climatica
Klimakterium [klimak'teːriʊm] <-s> *kein Pl n* (MED) climaterio *m,* età *f* critica
Klimaschutzkonferenz *f* conferenza *f* sul clima
klimatisch [kli'maːtɪʃ] *adj* climatico
klimatisieren [klimati'ziːrən] <ohne ge-> *vt* dotare di condizionamento d'aria, climatizzare
klimatisiert [klimati'ziːɐ̯t] *adj* climatizzato
Klimaveränderung *f* variazione *f* climatica
Klimawandel *m* cambiamento *m* climatico
Klimawechsel *m* cambiamento *m* climatico
Klimbim [klɪm'bɪm] <-s> *kein Pl m* (*fam*) ❶ (*unnützer Kram*) cianfrusaglie *fpl* ❷ (*Unsinn*) scemenze *fpl* ❸ (*Klamauk*) baccano *m,* baldoria *f*
Klimmzug ['klɪmtsuːk] *m* (SPORT) sollevamento *m* sulle braccia (alla sbarra)
klimpern ['klɪmpɐn] *vi* ❶ (*Geld*) tintinnare ❷ (*pej*) **auf etw** *dat* ~ strimpellare (su) qc
Klinge ['klɪŋə] <-, -n> *f* lama *f;* **eine scharfe ~ führen** avere una lingua tagliente
Klingel ['klɪŋəl] <-, -n> *f* campanello *m*
klingeln *vi* suonare; **es klingelt** suona (il campanello); **das Telefon klingelt** squilla

il telefono
Klingelton *m* (*von Handy*) suoneria *f*
klingen ['klɪŋən] <klingt, klang, geklungen> *vi* ❶ (*Töne hervorbringen*) mandare un suono, sonare ❷ (*sich anhören*) avere un suono; **es klingt ja, als ob du ...** sentendoti si ha l'impressione che +*conj;* **das klingt wie ein Vorwurf** ha l'aria di un rimprovero
Klinik ['kliːnɪk] <-, -en> *f* clinica *f*
klinisch *adj* clinico
Klinke ['klɪŋkə] <-, -n> *f* maniglia *f*
Klinker ['klɪŋkɐ] <-s, -> *m* (*Bau*) clinker *m*
klipp [klɪp] *adv* ~ **und klar** chiaro e tondo *fam*
Klippe ['klɪpə] <-, -n> *f* ❶ scoglio *m,* scogliera *f* ❷ (*fig*) ostacolo *m*
klirren ['klɪrən] *vi* (*Glas*) tintinnare; (*Metall*) stridere, cigolare; (*Waffen*) stridere; ~ **de Kälte** freddo intenso
Klischee [kli'ʃeː] <-s, -s> *n* ❶ (*sl* TYP) cliché *m* ❷ (*geh pej*) cliché *m,* stereotipo *m;* **in ~s reden** parlare per luoghi comuni, dire frasi fatte; **klischeehaft** *adj* stereotipato
Klitoris ['kliːtorɪs] <-, - *o* klitorides> *f* (ANAT) clitoride *mf*
klitschnass ['klɪtʃ'nas] *adj s.* **klatschnass**
klitzeklein ['klɪtsə'klaɪn] *adj* minuscolo
Klo [kloː] <-s, -s> *n* (*fam*) gabinetto *m;* **aufs ~ gehen** andare al gabinetto
Kloake [klo'aːkə] <-, -n> *f* (ECO) cloaca *f*
klobig ['kloːbɪç] *adj* (*Möbel*) massiccio; (*Mensch*) tozzo
Klobrille ['kloːbrɪlə] <-, -n> *f* (*fam*) cerchio *m* del water
Klon [kloːn] <-s, -e> *m* (BIOL, INFORM) clone *m*
klonen [kloːnən] *vt* (BIOL) clonare
Klopapier *kein Pl n* (*fam*) carta *f* igienica
klopfen ['klɔpfən] **I.** *vi* ❶ (**an die Tür**) ~ bussare (alla porta); **ans Fenster/an** [*o* **gegen**] **die Wand** ~ picchiare alla finestra/battere contro il muro; **es klopft** bussano (alla porta) ❷ (*pulsieren*) **das Herz klopft** il cuore batte ❸ (MOT) battere in testa **II.** *vt* ❶ (*Steine*) spaccare ❷ (*Teppich, Fleisch*) battere; **den Takt ~** battere il tempo
klopffest *adj* (MOT) antidetonante
Klöppel ['klœpəl] <-s, -> *m* ❶ (*Glocken~*) battaglio *m,* batacchio *m* ❷ (*Spitzen~*) fuso *m;* **klöppeln** *vi, vt* lavorare al tombolo; **Klöppelspitze** *f* pizzo *m* a tombolo
kloppen ['klɔpən] *vr* **sich** ~ (*nordd*) picchiarsi (*mit*), battersi (*mit* con)
Klops [klɔps] <-es, -e> *m* (*ostd: Kloß*) polpetta *f* (di carne)

K

Klosett [klo'zɛt] <-s, -e o -s> n gabinetto m; **Klosettbürste** f scopettino m per il gabinetto; **Klosettpapier** n carta f igienica

Kloß [klo:s] <-es, Klöße> m ❶ (GASTR: *Mehl~*) gnocco m; (*Fisch~, Fleisch~*) polpetta f; **einen ~ im Hals haben** (*fam*) avere un nodo alla gola ❷ (*fam pej: dicker Mensch*) grassone m

Kloster ['klo:stɐ] <-s, Klöster> n convento m, monastero m; **Klosterschule** f scuola f conventuale

Klotz [klɔts] <-es, Klötze> m ❶ (*Holz~*) ciocco m, ceppo m; (*Beton~*) blocco m; **jdm ein ~ am Bein sein** (*fam*) essere una palla al piede per qu ❷ (*fam pej: grober Mensch*) zoticone, -a m, f

klotzen ['klɔtsən] vi ❶ (*arbeiten*) sgobbare ❷ (*protzen*) fare sfoggio; **groß ~** fare le cose in grande

klotzig adj ❶ massiccio, tozzo ❷ (*sl: riesig*) molto

Klub [klʊp] <-s, -s> m circolo m, club m

Klubobfrau f, **Klubobmann** m (*A: Fraktionsvorsitzende(r)*) presidente, -essa m, f di un gruppo parlamentare

Klubsessel m poltrona f in pelle

Kluft[1] [klʊft] <-, Klüfte> f ❶ (*Felsspalte*) crepaccio m; (*Schlucht*) gola f ❷ (*fig*) spaccatura f

Kluft[2] [klʊft] <-, -en> f (*fam*) ❶ (*Arbeits~*) tuta f da lavoro ❷ (*Uniform*) divisa f

klug [klu:k] <klüger, klügste> adj ❶ intelligente; (*scharfsinnig*) sagace; (*aufgeweckt*) sveglio; (*vernünftig*) sensato; (*weise*) saggio; (*schlau*) astuto; (*erfinderisch*) ingegnoso; **daraus werde ich nicht ~** non ci capisco niente *fam;* **das war sehr ~ von dir** hai fatto bene; **der Klügere gibt nach** (*prov*) chi ha più senno cede

Klugheit <-, -en> f intelligenza f; (*Scharfsinn*) sagacia f; (*Verständigkeit*) giudizio m; (*Weisheit*) saggezza f; (*Schlauheit*) astuzia f; (*Einfallsreichtum*) ingegnosità f

Klugscheißer(in) m(f) (*fam pej*) sapientone, -a m, f, sputasentenze mf

Klumpen ['klʊmpən] <-s, -> m ❶ (*Erd~*) zolla f ❷ (*Blut~*) grumo m (di sangue); **~ bilden** raggrumarsi ❸ (*Gold~*) massello m

Klumpfuß <-es, -füße> m (MED) piede m varo

klumpig adj ❶ (*in Klumpen*) grumoso ❷ (*unförmig*) informe, deforme

Klüngelwirtschaft f nepotismo m

km abk v **Kilometer** km

km/h abk v **Kilometer pro Stunde** km/h

Knabbereien pl snack pl

knabbern ['knabɐn] vi, vt sgranocchiare; **an etw** dat **zu ~ haben** (*fam*) aver da penare per qc; **nichts mehr zum ~ haben** (*fam*) non avere più niente da mettere sotto i denti

Knabe ['kna:bə] <-n, -n> m (*geh*) ragazzo m; **na, alter ~!** (*fam*) allora, vecchio mio!

Knäckebrot ['knɛkəbro:t] <-(e)s, -e> n cracker m (di segale)

knacken ['knakən] I. vi ❶ (*geräuschvoll ~*) scricchiolare; (*Holz*) crepitare; (*Zähne*) digrignare ❷ (*brechen*) spezzarsi ❸ (*fam: schlafen*) dormire II. vt ❶ (*Nüsse*) schiacciare ❷ (*fam: Geldschrank*) scassinare; (*Auto*) forzare ❸ (*fig fam: Rätsel, Code*) sciogliere, risolvere

Knacker <-s, -> m ❶ (*fam pej*) vecchio m; **alter ~** vecchio bacucco ❷ s. **Knackwurst**

knackig ['knakɪç] adj ❶ (*Salat*) fresco, croccante ❷ (*knusprig*) croccante ❸ (*a fig*) sexy, attraente; **ein ~er Typ** un tipo sexy

Knackpunkt <-(e)s, -e> m (*fam*) momento m cruciale, punto m critico

Knacks [knaks] <-es, -e> m (*fam*) incrinatura f; **er hat einen seelischen ~** ha un disturbo psichico; **diese Ehe hatte schon vorher einen ~** questo matrimonio era già incrinato prima

knacks [knaks] int crac

Knackwurst f salsicciotto m, würstel m

Knall [knal] <-(e)s, -e> m scoppio m; (*bes. von Geschoss*) colpo m; (*von Peitsche*) schiocco m; (*von Explosion*) detonazione f; **einen ~ haben** (*fam*) essere tocco; **~ und Fall** (*fam*) su due piedi; **Knalleffekt** m (*fam*) ❶ (*Überraschung*) colpo m di scena ❷ (*Pointe*) effetto m finale

knallen I. vi ❶ scoppiare; (*Peitsche*) schioccare; (*Tür*) sbattere; (*Explosion*) detonare; (*Sektkorken*) schizzare ❷ (*fam: Sonne*) picchiare ❸ (*prallen*) andare a sbattere II. vt tirare, sbattere; **jdm eine ~** (*fam*) mollare un ceffone a qu

Knallerbse f castagnola f; **Knallfrosch** m (*fam*) s. **Knallkörper; knallhart** adj (*fam*) ❶ durissimo ❷ (*fig: rücksichtslos*) brutale, spietato; **knallig** adj (*fam: Farben*) acceso, vivace; **Knallkopf** m (*fam pej*) imbecille m; **Knallkörper** m petardo m; **knallrot** adj rosso sgargiante

knapp [knap] I. adj ❶ (*nicht ausreichend*) scarso; (*dürftig*) misero; **~ werden** (*Ware*) cominciare a scarseggiare ❷ (*gerade noch ausreichend: Sieg, Mehrheit*) di stretta misura; (*beschränkt*) limitato; (*vor Zahlen*) poco meno di ❸ (*nicht ganz, kaum*) scarso; **eine ~e Stunde** un'ora scarsa ❹ (*Stil*) conciso ❺ (*eng*) stretto **II.** *adv* ❶ (*nicht reichlich*) scarsamente; ~ **bei Kasse sein** (*fam*) essere a corto di denaro ❷ (*gerade soeben*) appena ❸ (*nicht ganz*) meno di ❹ (*kurz und bündig*) concisamente, in modo conciso ❺ (*sehr nahe*) **er ist ~ an mir vorbeigefahren** mi è passato vicinissimo

Knappe ['knapǝ] <-n, -n> *m* ❶ (HIST: *Edelknabe*) paggio *m*; (*Schild~*) scudiero *m* ❷ (MIN) minatore *m*

Knappheit <-> *kein Pl f* ❶ (*Mangel*) ~ (**an Gütern** *dat*) scarsità *f* (di beni) ❷ (*Dürftigkeit*) ristrettezza *f* ❸ (*Enge*) strettezza *f* ❹ (*von Stil*) stringatezza *f*, concisione *f*

Knappschaft <-, -en> *f* (MIN) maestranze *fpl* d'una miniera

Knarre ['knarǝ] <-, -n> *f* ❶ (*Spielzeug*) raganella *f* ❷ (*sl* MIL: *Gewehr*) fucile *m*

knarren ['knarǝn] *vi* scricchiolare

Knast [knast] <-(e)s, -e *o* Knäste> *m* (*sl*) galera *f fam*, gattabuia *f fam*

knattern ['knatǝn] *vi* scoppiettare, crepitare

Knäuel ['knɔɪǝl] <-s, -> *m o n* (*Garn~*) gomitolo *m*

Knauf [knaʊf] <-(e)s, Knäufe> *m* (*Tür~*) pomello *m*; (*Degen~*) pomo *m*

Knauser ['knaʊzɐ] <-s, -> *m* (*fam pej*) spilorcio *m*, taccagno *m*

knaus(e)rig ['knaʊz(ǝ)rɪç] *adj* (*fam pej*) spilorcio, taccagno

knausern ['knaʊzɐn] *vi* (*fam pej*) (**mit etw**) ~ fare lo spilorcio (con qc)

knautschen ['knaʊtʃǝn] **I.** *vt* (*bes. Kleid*) sgualcire, spiegazzare **II.** *vi* sgualcirsi; **Knautschlack** *m*, **Knautschleder** *n* cuoio *m* verniciato; **Knautschzone** *f* (MOT) zona *f* di assorbimento

Knebel ['kne:bǝl] <-s, -> *m* bavaglio *m*

knebeln *vt* imbavagliare

Knecht [knɛçt] <-(e)s, -e> *m* ❶ (*Bauern~*) bracciante *m* agricolo ❷ (HIST) servo *m*

Knechtschaft <-, *rar* -en> *f* servitù *f*, schiavitù *f*

kneifen ['knaɪfǝn] <kneift, kniff, gekniffen> **I.** *vi* ❶ (*Kleidungsstücke*) stringere, essere (troppo) stretto ❷ (*fam pej: sich drücken*) **vor jdm** ~ sottrarsi a qu; **vor etw** *dat* ~ evitare qc **II.** *vt* (*zwicken*) pizzicare; (*a zusammenpressen*) stringere

Kneipe ['knaɪpǝ] <-, -n> *f* (*fam*) osteria *f*, bettola *f*

Kneippkur ['knaɪpku:ɐ, *pl:* 'knaɪpku:rǝn] <-, -en> *f* (MED) cura *f* idroterapica di Kneipp

Knete ['kne:tǝ] <-> *kein Pl f* (*fam*) ❶ (*Knetmasse*) plastilina *f* ❷ (*Geld*) quat-

trini *mpl*

kneten ['kne:tǝn] *vt* impastare; **Knetgummi** *nm* plastilina *f*; **Knetmasse** *f* plastilina *f*

Knick [knɪk] <-(e)s, -e> *m* ❶ (*Falte, bes. in Papier*) piega *f*; (*in Metall*) gomito *m* ❷ (*Biegung*) svolta *f*

knicken **I.** *vt haben* ❶ (*falten*) piegare ❷ (*brechen*) spezzare **II.** *vi sein* (*brechen*) spezzarsi

Knicks [knɪks] <-es, -e> *m* inchino *m*, riverenza *f*

Knie [kni:] <-s, -> *n* ❶ (ANAT) ginocchio *m*; **weiche ~ haben** avere le ginocchia che fanno giacomo giacomo *fam*; **in die ~ gehen** (*umfallen*) cadere in ginocchio; (*sich einer Übermacht beugen*) cedere, darsi per vinto; **jdn in die ~ zwingen** mettere qu in ginocchio, mettere qu sotto i piedi; **jdn übers ~ legen** sculacciare qu; **etw übers ~ brechen** (*fig*) precipitare qc; **auf den ~ n** in ginocchio ❷ (*Fluss~*) ansa *f*; **Kniebeuge** <-, -n> *f* piegamento *m* delle ginocchia; **Kniebundhose** *f* pantaloni *mpl* alla zuava; **kniefrei** *adj* ~ **er Rock** gonna sopra il ginocchio; **Kniegelenk** *n* (ANAT) articolazione *f* del ginocchio; **Kniekehle** *f* (ANAT) cavità *f* del ginocchio, poplite *m*

knien [kni:n *o* 'kni:ǝn] **I.** *vi* stare in ginocchio **II.** *vr sich* ~ inginocchiarsi, mettersi in ginocchio

Kniescheibe *f* (ANAT) rotula *f*, patella *f*; **Knieschützer** *m* (SPORT) ginocchiera *f*; **Kniestrumpf** *m* calzettone *m*; **Kniestück** *n* curva *f*, gomito *m*; **Kniewärmer** <-s, -> *m* ginocchiera *f* di lana

kniff [knɪf] *1. u 3. pers sing imp von* **kneifen**

Kniff [knɪf] <-(e)s, -e> *m* ❶ (*Kneifen*) pizzico *m*, pizzicotto *m* ❷ (*Falte*) piega *f*, piegatura *f* ❸ (*fig: Kunstgriff*) artificio *m*; (*Trick*) trucco *m*; **kniff(e)lig** *adj* (*fam*) ❶ (*schwierig*) difficoltoso ❷ (*heikel*) spinoso

Knilch [knɪlç] <-s, -e> *m* (*fam*) scocciatore *m*

knipsen ['knɪpsǝn] **I.** *vt* (*fam*) ❶ (*Schalter*) far scattare ❷ (FOTO) **jdn** ~ scattare una fotografia a qu ❸ (*lochen, entwerten*) forare, obliterare **II.** *vi* (FOTO, *fam*) fare fotografie

Knirps [knɪrps] <-es, -e> *m* ❶ (*kleiner Junge*) bambino *m* piccolo, bambinetto *m*; (*kleiner Mann*) omino *m*; (*pej: unbedeutender*~) omiciattolo *m* ❷ (®) ombrello *m* pieghevole

knirschen ['knɪrʃǝn] *vi* scricchiolare, stri-

dere; **mit den Zähnen** ~ digrignare i denti
knistern ['knɪstən] *vi* (*Feuer*) crepitare;
(*Papier*) scricchiolare; (*Haar, Stoff*) frusciare
knitterfrei *adj* ingualcibile
knittern ['knɪtən] *vi* sgualcirsi, spiegazzarsi
knobeln ['knoːbəln] *vi* ❶ (*würfeln*) giocare ai dadi ❷ (*losen*) tirare a sorte ❸ (*fig: nachdenken*) riflettere; **an etw** *dat* ~ rimuginare su qc
Knoblauch ['knoːplaʊx] *m* (BOT) aglio *m;* **Knoblauchpresse** *f* spremiaglio *m*
Knöchel ['knœçəl] <-s, -> *m* (ANAT: *Fuß~*) caviglia *f,* malleolo *m;* (*Finger~*) nocca *f*
Knochen ['knɔxən] <-s, -> *m* osso *m;* **nass bis auf die** ~ **sein** (*fam*) essere bagnato fino nelle ossa; **mir tun alle** ~ **weh** (*fam*) mi fanno male tutte le ossa; **das ist mir in die** ~ **gefahren** (*fam*) mi è entrato nelle ossa; **Knochenarbeit** *f* <*kein Pl*> (*fam*) sfacchinata *f;* **Knochenbau** *m* ossatura *f;* **Knochenbruch** *m* (MED) frattura *f* ossea; **Knochenfisch** ['knɔxənfɪʃ] <-(e)s, -e> *m* (ZOO) attinopterigio *m,* teleosteo *m;* **Knochengerüst** *n* (ANAT) scheletro *m,* ossatura *f;* **Knochenjob** *m* lavoro *m* di manovalanza; **Knochenmark** *n* (ANAT) midollo *m* osseo; **Knochenmarktransplantation** *f* (MED) trapianto *m* del midollo osseo; **knochentrocken** ['knɔxən'trɔkən] *adj* (*fam*) completamente asciutto [*o* secco]
knöchern ['knœçɐn] *adj* osseo, d'osso
knochig ['knɔxɪç] *adj* scarno
Knödel ['knøːdəl] <-s, -> *m* (GASTR: *bes. südd, A*) gnocco *m*
Knolle ['knɔlə] <-, -n> *f* ❶ (BOT) bulbo *m,* tubero *m* ❷ (*fam scherz: dicke Nase*) nasone *m;* **Knollenblätterpilz** *m* (BOT) amanita *f,* tignosa *f;* **Knollengemüse** *n* ortaggio *m* tuberoso
Knopf [knɔpf] <-(e)s, Knöpfe> *m* ❶ (*Kleidung*) bottone *m;* **einen** ~ **annähen** cucire un bottone; **mir ist ein** ~ **abgegangen** mi è saltato un bottone ❷ (*Gerät*) tasto *m,* pulsante *m;* **auf den** ~ **drücken** premere il bottone, schiacciare il pulsante ❸ (*südd, A, CH: Knoten*) nodo *m*
Knopfdruck ['knɔpfdrʊk] <-(e)s> *kein Pl* pressione *f* di un pulsante; (**wie**) **auf** ~ di primo acchito, al primo colpo; **ein** ~ **genügt** basta premere il pulsante
knöpfen ['knœpfən] *vt* abbottonare
Knopfloch *n* occhiello *m,* asola *f*
Knorpel ['knɔrpəl] <-s, -> *m* (ANAT) cartilagine *f;* **knorp(e)lig** *adj* cartilaginoso
knorrig ['knɔrɪç] *adj* nodoso, nocchiuto
Knospe ['knɔspə] <-, -n> *f* (*Blatt~*)

gemma *f;* (*Blüten~*) boccio *m,* bocciuolo *m;* ~**n treiben** germogliare
knospen *vi* germogliare
knoten ['knoːtən] *vt* fare un nodo a; (*zusammen~*) annodare
Knoten ['knoːtən] <-s, -> *m* ❶ nodo *m* ❷ (*Haar~*) crocchia *f* ❸ (MED) nodulo *m* ❹ (BOT) nodello *m* ❺ (NAUT: *Geschwindigkeit*) nodo *m;* **Knotenpunkt** *m* ❶ nodo *m,* punto *m* di congiunzione ❷ (MOT) nodo *m* stradale; (FERR) nodo *m* ferroviario
knotig *adj* a nodi, nodoso
Know-how [nɔʊ'haʊ] <-(s)> *kein Pl n* know-how *m,* bagaglio *m* *fig;* **technisches** ~ conoscenze tecniche
knuddeln ['knʊdəln] *vt* (*dial*) coccolare
knüll(e) ['knʏl(ə)] *adj* (*fam: betrunken*) sbronzo
knüllen ['knʏlən] **I.** *vt* spiegazzare **II.** *vi* (*knittern*) sgualcirsi, spiegazzarsi
Knüller ['knʏlɐ] <-s, -> *m* (*fam*) sensazione *f,* successo *m*
knüpfen ['knʏpfən] *vt* ❶ (*Schuhbänder, a fig: Freundschaft*) stringere ❷ (*Knoten*) annodare ❸ (*Netz*) intrecciare ❹ (*Teppich*) tessere ❺ (*fig: Bedingungen*) collegare, far dipendere; **etw an eine Bedingung** ~ far dipendere qc da una condizione
Knüppel ['knʏpəl] <-s, -> *m* ❶ (*Stock*) bastone *m,* randello *m;* (*Polizei~*) manganello *m;* **jdm** (**einen**) ~ **zwischen die Beine werfen** (*fam fig*) mettere a qu i bastoni fra le ruote ❷ (*Rundholz*) tondello *m* ❸ (AERO: *Steuer~*) barra *f* di comando; (MOT: *Schalt~*) leva *f* del cambio; **knüppeldick** *adj* (*fam*) **dann kam es** ~ (*sehr schlimm*) poi venne il peggio; **Knüppelschaltung** *f* (MOT) cambio *m* a cloche
knurren ['knʊrən] *vi* ❶ (*Tier*) ringhiare ❷ (*Magen, Mensch*) brontolare
knurrig *adj* brontolone
knusp(e)rig ['knʊsp(ə)rɪç] *adj* croccante
knutschen ['knuːtʃən] *vt* (*fam*) sbaciucchiare; **Knutschfleck** *m* (*fam*) succhiotto *m sl*
k.o. [kaːˈʔoː] *adj abk v* **knockout** k.o.; ~ **gehen** finire k.o.; **jdn** ~ **schlagen** mettere qu k.o.
Koalabär [koˈaːlabɛːɐ] *m* (ZOO) koala *m*
koalieren [koaˈliːrən] <ohne ge-> *vi,* **koalisieren** <ohne ge-> *vi* (POL) coalizzarsi
Koalition [koaliˈtsi̯oːn] <-, -en> *f* (POL) coalizione *f;* **Koalitionspartner** *m* (POL) partner *m* di coalizione; **Koalitionsregierung** *f* (POL) governo *m* di coalizione
Koalitionsvertrag *m* accordo *m* di coali-

zione
Kobalt ['ko:balt] <-s> *kein Pl n* (CHEM, MIN) cobalto *m*
Koblenz ['ko:blɛnts] *n* (GEOG) Coblenza *f*
Kobold ['ko:bɔlt] <-(e)s, -e> *m* coboldo *m*, folletto *m*
Kobra ['ko:bra] <-, -s> *f* cobra *m* (dagli occhiali)
Koch [kɔx] <-(e)s, Köche> *m* cuoco *m*
Kochbuch *n* libro *m* di cucina, ricettario *m*
kochen ['kɔxən] I. *vi* ❶ (*Flüssigkeit*) bollire; (*Speise*) cuocere; **vor Wut ~** bollire di rabbia *fam* ❷ (*Speisen zubereiten*) cucinare, far da mangiare *fam;* **gut ~ (können)** (saper) cucinare bene II. *vt* ❶ (*Flüssigkeit, Wäsche*) far bollire; (*Speise*) cuocere, far cuocere; **auf kleiner Flamme ~ lassen** far cuocere a fuoco lento; **hart gekocht** sodo; **weich gekocht** (*Ei*) à la coque; (*Nudeln*) cotto; (*Gemüse, Fleisch*) lessato ❷ (*zubereiten*) cucinare, preparare; (*Kaffee/Tee*) fare; **kochend** *adj* ❶ (*a fig*) bollente; (*schäumend*) ribollente ❷ (*sehr heiß*) molto caldo, che scotta
Kocher <-s, -> *m* fornello *m*
Köcher ['kœçɐ] <-s, -> *m* faretra *f*
kochfest *adj* resistente all'ebbolizione
Kochgeschirr *n* ❶ stoviglie *fpl* ❷ (MIL) gavetta *f*
Köchin ['kœçɪn] <-, -nen> *f* cuoca *f*
Kochkunst *f* arte *f* culinaria; **Kochlöffel** *m* mestolo *m;* **Kochnische** *f* cucinino *m*, angolo *m* cottura; **Kochplatte** *f* piastra *f* (del fornello); **Kochrezept** *n* ricetta *f* (di cucina); **Kochsalz** *n* sale *m* da cucina; **Kochtopf** *m* pentola *f*, casseruola *f;* **Kochwäsche** *kein Pl f* biancheria *f* lavabile ad alta temperatura
Kode ['ko:t] <-s, -s> *m* codice *m*
Köder ['kø:dɐ] <-s, -> *m* esca *f*
ködern *vt* adescare; (*a fig*) allettare
Kodex ['ko:dɛks] <-(es), -e *o* Kodizes> *m* ❶ (HIST) codice *m*, manoscritto *m* ❷ (*Regelung*) codice *m*
kodieren [ko'di:rən] *vt* cifrare
Koeffizient [koʔɛfi'tsjɛnt] <-en, -en> *m* (MAT) coefficiente *m*
Koexistenz ['ko:ʔɛksɪstɛnts] <-> *kein Pl f* coesistenza *f*
Koffein [kɔfe'i:n] <-s> *kein Pl n* caffeina *f;* **koffeinfrei** *adj* senza caffeina; **koffeinhaltig** *adj* che contiene caffeina
Koffer ['kɔfɐ] <-s, -> *m* (*Hand~*) valigia *f;* (*Schrank~*) baule *m;* **seine ~ packen** fare le valigie; (*a fig*) andarsene; **Kofferradio** *n* radio *f* portatile; **Kofferraum** *m* (MOT) portabagagli *m*
kognitiv [kɔgni'ti:f] *adj* (PSYCH) cognitivo

kohärent [kohɛ'rɛnt] *adj* coerente
Kohärenz [kohɛ'rɛnts] <-en> *f* coerenza *f*
Kohäsion [kohɛ'zjo:n] <-en> *f* coesione *f*
Kohl [ko:l] <-(e)s, -e> *m* ❶ (BOT) cavolo *m;* (*~ gericht*) cavoli *mpl;* **das macht den ~ auch nicht fett** (*fam*) questo non cambia nulla ❷ (*fam: Geschwätz, Unsinn*) sciocchezze *fpl*
Kohldampf *m* (*fam*) fame *f;* **~ schieben** patire la fame
Kohle ['ko:lə] <-, -n> *f* ❶ (*Brennstoff*) carbone *m;* (*wie*) **auf (glühenden) ~n sitzen** stare sui carboni ardenti *fam* ❷ (*Zeichen~*) carboncino *m* ❸ (*sl: Geld*) grana *f*
kohlehaltig ['ko:ləhaltɪç] *adj* carbonioso
Kohle(n)abbau <-s> *kein Pl m* estrazione *f* del carbone; **Kohlenbecken** *n* ❶ (GEOL) bacino *m* carbonifero ❷ (TEC) braciere *m;* **Kohlenbergwerk** *n* miniera *f* di carbone; **Kohlendioxid** *n* (CHEM) anidride *f* carbonica; **Kohlenhalde** *f* deposito *m* di carbone; **Kohle(n)hydrat** *n* (CHEM) idrato *m* di carbonio; **Kohlenkeller** *m* carbonaia *f;* **Kohlenmonoxid** *n* (CHEM) ossido *m* di carbonio; **Kohlenofen** *m* stufa *f* a carbone; **Kohlenpott** *m* (*fam scherz*) bacino *m* carbonifero della Ruhr; **Kohlensäure** *f* (CHEM) acido *m* carbonico; **Kohlenstaub** *m* polvere *f* di carbone; **Kohlenstoff** *m* (CHEM) carbonio *m;* **Kohlenwasserstoff** *m* (CHEM) idrocarburo *m;* **Kohlepapier** *n* carta *f* carbone
Kohlezeichnung *f* disegno *m* a carboncino
Kohlkopf *m* (BOT) testa *f* di cavolo
kohl(raben)schwarz *adj* nero come il carbone
Kohlrabi [ko:l'ra:bi] <-(s), -(s)> *m* (BOT) rapa *f*
Kohlrübe <-, -n> *f* (BOT) navone *m*, rapa *f* da foraggio; **kohlschwarz** *adj s.* **kohl(raben)schwarz**; **Kohlsprossen** *fpl* (A: *Rosenkohl*) cavoletti *mpl* di Bruxelles; **Kohlweißling** <-s, -e> *m* (ZOO) cavolaia *f*
Koitus ['ko:itʊs] <-, -> *m* coito *m*
Koje ['ko:jə] <-, -n> *f* ❶ (NAUT) cuccetta *f* ❷ (*sl: Bett*) fodero *m*
Kokain [koka'i:n] <-s> *kein Pl n* cocaina *f*
kokett [ko'kɛt] *adj* civettuolo
Koketterie [kokɛtə'ri:] <-> *kein Pl f* civetteria *f*
kokettieren [kokɛ'ti:rən] <ohne ge-> *vi* civettare; (*flirten*) flirtare
Kokolores [koko'lo:rɛs] <-> *kein Pl m* (*fam*) ❶ (*Unsinn*) scemenze *fpl*, stupidaggini *fpl* ❷ (*Aufheben*) arie *fpl*
Kokon [ko'kõ:] <-s, -s> *m* bozzolo *m*
Kokosfett *n* grasso *m* di cocco

K

Kokosflocken *fpl* fondente *m* di cocco; **Kokosmakrone** *f* (GASTR) amaretto *m* al cocco; **Kokosmilch** *f* latte *m* di cocco; **Kokosnuss**^RR *f* (BOT) noce *f* di cocco; **Kokospalme** *f* (BOT) (palma *f* del) cocco *m*

Koks [ko:ks] <-es, -e> *m* ❶ (*Brennstoff*) coke *m* ❷ (*fam: Unsinn*) schiocchezze *fpl* ❸ (*sl: Kokain*) coca *f*

koksen *vi* (*fam*) sniffare cocaina

Kolben ['kɔlbən] <-s, -> *m* ❶ (*Keule*) mazza *f*, clava *f* ❷ (*Gewehr~*) calcio *m* (del fucile) ❸ (CHEM: *Destillier~*) alambicco *m* ❹ (TEC) bulbo *m*, ampolla *f*; (TEC: *Motor~*) stantuffo *m*, pistone *m* ❺ (BOT) spadice *m*; (*Rispe, Maiskolben*) pannocchia *f* ❻ (*fam: Nase*) proboscide *f*; **Kolbenmotor** *m* (TEC) motore *m* a pistoni; **Kolbenring** *m* (TEC) segmento *m*, fascia *f* elastica, anello *m* elastico

Kolchose [kɔl'ço:zə] <-, -n> *f* kolchoz *m*, fattoria *f* collettiva

Kolibakterien [kolibakte:riə] *fpl* colibacilli *mpl*

Kolibri ['ko:libri] <-s, -s> *m* (ZOO) colibrì *m*

Kolik ['ko:lɪk] <-, -en> *f* (MED) colica *f*

Kollaborateur(in) [kɔlabora'tø:ɐ̯] <-s, -e; -, -nen> *m(f)* collaborazionista *mf*

Kollaboration [kɔlabora'tsi̯o:n] <-> *kein Pl f* (POL) collaborazionismo *m*

Kollaps ['kɔlaps] <-es, -e> *m* (MED, ASTR) collasso *m*

Kolleg [kɔ'le:k] <-s, -s *o rar* -ien> *n* corso *m* (accademico)

Kollege [kɔ'le:gə] <-n, -n> *m* collega *m*

kollegial [kɔle'gi̯a:l] *adj* collegiale

Kollegialität [kɔlegi̯ali'tɛ:t] <-> *kein Pl f* collegialità *f*

Kollegin [kɔ'le:gɪn] <-, -nen> *f* collega *f*

Kollegium [kɔ'le:gi̯ʊm] <-s, Kollegien> *n* ❶ (*Gruppe*) collegio *m* ❷ (*Lehrkörper*) corpo *m* insegnante ❸ (*Ausschuss*) comitato *m*, commissione *f*

Kollekte [kɔ'lɛktə] <-, -n> *f* (REL) colletta *f*

Kollektion [kɔlɛk'tsi̯o:n] <-, -en> *f* collezione *f*

kollektiv [kɔlɛk'ti:f] *adj* collettivo

Kollektiv [kɔlɛk'ti:f] <-s, -e *o* -s> *n* ❶ (POL) collettivo *m* ❷ (*Gemeinschaft*) comunità *f*; (*Produktionsgemeinschaft*) gruppo *m* di produzione

Kollektivismus [kɔlɛkti'vɪsmʊs] <-> *kein Pl m* collettivismo *m*

Kollektivvertrag *m* (*A: Tarifvertrag*) contratto *m* collettivo di lavoro

Koller ['kɔlɐ] <-s, -> *m* (*fam*) accesso *m* d'ira, rabbia *f*; **einen ~ kriegen** andare in bestia

kollidieren [kɔli'di:rən] <ohne ge-> *vi* **haben** *o* **sein** (*geh*) ❶ (*Fahrzeuge*) (**mit etw**) ~ scontrarsi (con qc) ❷ (*fig*) **mit jdm/etw** ~ scontrarsi con qu/qc

Kollier [kɔ'li̯e:] <-s, -s> *n* collana *f*

Kollision [kɔli'zi̯o:n] <-, -en> *f* scontro *m*; (*von Schiffen, fig*) collisione *f*

Kolloquium [kɔ'lo:kvi̯ʊm] <-s, Kolloquien> *n* (*wissenschaftliches Gespräch*) dissertazione *f*; (*Prüfung an der Hochschule*) colloquio *m*

Köln [kœln] *n* Colonia *f*

Kölner(in) <-s, -; -, -nen> *m(f)* abitante *mf* di Colonia

kölnisch *adj* di Colonia; **Kölnischwasser** *n* acqua *f* di Colonia, colonia *f*

kolonial [kolo'ni̯a:l] *adj* coloniale

Kolonialherrschaft *f* dominio *m* coloniale

Kolonialismus [koloni̯a'lɪsmʊs] <-> *kein Pl m* colonialismo *m*

Kolonialkrieg *m* (HIST) guerra *f* coloniale

Kolonialmacht *f* potenza *f* coloniale

Kolonie [kolo'ni:] <-, -n> *f* colonia *f*

Kolonisation [koloniza'tsi̯o:n] <-, -en> *f* colonizzazione *f*

kolonisieren [koloni'zi:rən] <ohne ge-> *vt* colonizzare

Kolonnade [kɔlɔ'na:də] <-, -n> *f* (ARCH) colonnato *m*

Kolonne [ko'lɔnə] <-, -n> *f* ❶ (MIL, MAT, TYP) colonna *f* ❷ (*Auto~*) (auto)colonna *f*

kolorieren [kolo'ri:rən] <ohne ge-> *vt* colorare

Kolorit [kolo'ri:t] <-(e)s, -e> *n* ❶ (KUNST, MED, MUS) colorito *m*, colore *m* ❷ (*Lokal~*) atmosfera *f*, carattere *m*

Koloß^ALT <-losses, -losse>, **Koloss**^RR [ko'lɔs] <-es, -e> *m* colosso *m*

kolossal [kolɔ'sa:l] **I.** *adj* colossale, enorme **II.** *adv* moltissimo

Kölsch [kœlʃ] <-(s)> *kein Pl n* (*Bier*) birra *f* di frumento prodotta a Colonia; (*Dialekt*) dialetto *m* di Colonia

Kolumbianer(in) [ko'lʊmbi̯a:nɐ] <-s, -; -, -nen> *m(f)* colombiano, -a *m, f*

kolumbianisch *adj* colombiano

Kolumbien [ko'lʊmbi̯ən] *n* Columbia *f*

Kolumne [ko'lʊmnə] <-, -n> *f* ❶ (TYP) colonna *f* ❷ (*in Zeitung*) rubrica *f*

Kolumnist(in) [kolʊm'nɪst] <-en, -en; -, -nen> *m(f)* (*in Zeitung*) colonnista *mf*, editorialista *mf*

Koma ['ko:ma] <-s, -s *o* -ta> *n* (MED) coma *m*; **im ~ liegen** essere in coma

Kombi ['kɔmbi] <-s, -s> *m* (*fam*) familiare *f*, station wagon *f*

Kombination [kɔmbina'tsi̯o:n] <-, -en> *f*

❶ combinazione *f* ❷ (*Vermutung*) supposizione *f* ❸ (SPORT) gioco *m* combinato, combinata *f* ❹ (MAT) combinazione *f* matematica ❺ (*Arbeitsanzug*) tuta *f*; (*Herren~*) spezzato *m*

kombinieren [kɔmbi'ni:rən] <ohne ge->
I. *vt* combinare **II.** *vi* (*folgern*) dedurre

Kombiwagen *m* vettura *f* familiare

Kombüse [kɔm'by:zə] <-, -n> *f* (NAUT) cambusa *f*

Komet [ko'me:t] <-en, -en> *m* (ASTR) cometa *f*

kometenhaft [ko'me:tənhaft] *adj* (*Aufstieg*) rapidissimo

Komfort [kɔm'fo:ɐ̯] <-s> *kein Pl m* comfort *m*, comodità *f*

komfortabel [kɔmfɔr'ta:bəl] *adj* comodo, confortevole

Komik ['ko:mɪk] <-> *kein Pl f* comicità *f*; **unfreiwillige ~** comicità involontaria

Komiker(in) ['ko:mike] <-s, -; -, -nen> *m(f)* ❶ attore, -trice *m, f* comico, -a ❷ (*fig pej*) buffone, -a *m, f*

komisch *adj* ❶ comico, (*bes. Aussehen*) buffo ❷ (*seltsam*) strano ❸ (*lächerlich*) ridicolo; **komischerweise** ['ko:mɪʃɐ'vaɪzə] *adv* stranamente

Komitee [komi'te:] <-s, -s> *n* comitato *m*

Komma ['kɔma] <-s, -s *o* -ta> *n* ❶ (LING) virgola *f* ❷ (MUS) comma *f*

Kommandant(in) [kɔman'dant] <-en, -en; -, -nen> *m(f)* (MIL) comandante *mf*

kommandieren [kɔman'di:rən] <ohne ge-> **I.** *vt* (**jdm**) **etw ~** comandare qc (a qu); **jdn ~** (*fam*) comandare qu a bacchetta **II.** *vi* (*Kommandeur sein*) comandare

Kommanditgesellschaft [kɔman'di:tgəzɛlʃaft] *f* (COM) società *f* in accomandita

Kommando [kɔ'mando] <-s, -s> *n* comando *m;* **das ~ übernehmen/ führen/niederlegen** assumere/tenere/ deporre il comando; **auf ~** a comando; **Kommandobrücke** *f* (NAUT) ponte *m* di comando

kommen ['kɔmən] <kommt, kam, gekommen> *vi sein* ❶ venire; (*an~*) arrivare; (*wieder~*) ritornare; **gegangen/ gefahren/geflogen/gelaufen ~** arrivare a piedi/in macchina/in aereo/di corsa; **gelegen ~** venir a proposito; **zu früh/zu spät ~** venire troppo presto/tardi; **jdn ~ lassen** chiamare qu; **etw ~ lassen** ordinare qc; **auf jdn nichts ~ lassen** non permettere che si parli male di qu; **ans Licht ~** venire alla luce; **durch Mailand ~** passare per Milano; **hinter etw** *acc* **~** (*fam*) scoprire qc; **ins Gerede ~** dare adito a pette-

golezzi, far nascere chiacchiere; **jdm in die Quere ~** mettere i bastoni fra le ruote di qu *fam;* **ums Leben ~** perdere la vita; **zu nichts ~** non combinare nulla; (**wieder) zu sich** *dat* **~** tornare in sé; **auf etw** *acc* **zu sprechen ~** venire a parlare di qc; **mir ~ gleich die Tränen** (*fam iron*) mi viene già da piangere; **ich komme (einfach) nicht auf seinen Namen** (*fam*) non mi viene in mente il suo nome; **da kommt nicht viel bei raus** (*fam*) non se ne ricava nulla; **daher kommt es, dass …** ecco perché …; **ich komme nicht dazu zu** +*inf* non trovo il tempo di +*inf;* **wenn Sie mir so ~ …** se mi parla così …; **wie kommst du darauf?** come ti è venuta quest'idea?; **wie kommt es, dass …?** come mai …?, com'è che …?; **wie komme ich zu …?** come faccio (ad arrivare) a …?; **komm, komm!** andiamoci piano!; **komm (her)!** vieni qui!; **da kommt er!** eccolo che arriva!; **~ Sie mir nicht damit!** (*fam*) non cominci con questa storia!, non voglio sentire queste cose!; **darauf wäre ich nie gekommen!** non ci sarei mai arrivato! *fam* ❷ (*hin~, gelangen*) giungere; (*hingehören: Gegenstände*) andare (messo); (*erreichen können*) raggiungere, arrivare; **nach Venedig ~** giungere a Venezia; **es kommt noch soweit, dass …** si arriverà (fino) al punto che …; **kommst du an die Lampe da oben?** (*fam*) arrivi fino al lampadario là in cima? ❸ (*herbei~*) avvicinarsi; (*her~*) provenire ❹ (*besuchen ~*) **zu jdm ~** venire a trovare qu ❺ (*stammen*) venire, provenire; (*herrühren*) derivare, essere dovuto; **ich komme aus Bamberg** vengo da Bamberga; **das kommt von …** ciò deriva da …; **das kommt davon!** ecco cosa succede! *fam* ❻ (*sich zutragen*) succedere, accadere; **das habe ich ~ sehen** (*fam*) l'ho sempre detto; **das Beste kommt (erst) noch** (*fam*) il meglio deve ancora venire; **das musste ja so ~!** non poteva essere altrimenti! ❼ (*an der Reihe sein*) toccare; **als Nächstes komme ich (dran)** (*fam*) il prossimo sono io, poi tocca a me ❽ (*sl: einen Orgasmus haben*) arrivare *sl* ❾ (*fam: kosten*) venire; **das kommt auf 5 Euro** questo viene 5 euro; **das wird dich teuer zu stehen ~!** (*fam*) la pagherai cara!

Kommen <-s> *kein Pl n* venuta *f*; **ein ständiges ~ und Gehen** un continuo viavai

kommend *adj* ❶ (*nächste*) prossimo; **die ~e Woche** la settimana prossima ❷ (*zukünftig*) a venire, futuro

Kommentar [kɔmɛn'taːɐ̯] <-s, -e> *m* commento *m;* **einen ~ zu etw abgeben** fare un commento a qc; **kein ~!** no comment!

kommentarlos *adj* senza commento

Kommentarzeile *f* (INFORM) riga *f* di commento

kommentieren [kɔmɛn'tiːrən] <ohne ge-> *vt* commentare; (*Bemerkungen machen zu*) far commenti su

kommerziell [kɔmɛr'tsi̯ɛl] *adj* commerciale

Kommilitone [kɔmili'toːnə] <-n, -n> *m,* **Kommilitonin** [kɔmili'toːnɪn] <-, -nen> *f* compagno, -a *m, f* (di studi)

Kommissar(in) [kɔmɪ'saːɐ̯] <-s, -e; -, -nen> *m(f)* commissario, -a *m, f*

Kommissär(in) [kɔmɪ'sɛːɐ̯] <-s, -e; -, -nen> *m(f)* (*A, CH, südd:* ADM: *Kommissar*) commissario *m*

Kommissariat [kɔmɪsari'aːt] <-(e)s, -e> *n* commissariato *m*

kommissarisch [kɔmɪ'saːrɪʃ] I. *adj* commissariale, provvisorio II. *adv* per incarico

Kommission [kɔmɪ'si̯oːn] <-, -en> *f* commissione *f*

Kommissionär [kɔmɪsjo'nɛːɐ̯, *pl:* kɔmɪsjo'nɛːrə] <-s, -e> *m* (COM, FIN) commissionario *m*

Kommode [kɔ'moːdə] <-, -n> *f* comò *m,* cassettone *m*

kommunal [kɔmu'naːl] *adj* comunale, municipale; **Kommunalpolitik** *f* politica *f* comunale; **Kommunalwahl** *f* elezioni *fpl* comunali

Kommune [kɔ'muːnə] <-, -n> *f* ❶ (*Gemeinde*) comune *m* ❷ (*Wohngemeinschaft*) comune *f*

Kommunikation [kɔmunika'tsi̯oːn] <-, -en> *f* comunicazione *f;* **Kommunikationsmittel** *n* mezzo *m* di comunicazione

Kommunikee[RR] <-s, -s> *n s.* **Kommuniqué**

Kommunion [kɔmu'ni̯oːn] <-, -en> *f* (REL: *Abendmahl*) eucarestia *f;* (*~feier a*) comunione *f;* **die erste ~** la prima comunione

Kommuniqué [kɔmyni'keː] <-s, -s> *n* (POL, ADM) comunicato *m*

Kommunismus [kɔmu'nɪsmʊs] <-> *kein Pl m* comunismo *m*

Kommunist(in) [kɔmu'nɪst] <-en, -en; -, -nen> *m(f)* comunista *mf*

kommunistisch [kɔmu'nɪstɪʃ] *adj* comunista

Komödiant(in) [komø'di̯ant] <-en, -en; -, -nen> *m(f)* (*Schauspieler*) attore, -trice *m, f*

Komödie [ko'møːdi̯ə] <-, -n> *f* commedia *f*

Kompagnon [kɔmpan'jõ: *o* 'kɔmpanjõ *o* 'kɔmpanjɔn] <-s, -s> *m* socio *m*

kompakt [kɔm'pakt] *adj* ❶ (*Material*) compatto ❷ (*fam: Person, Statur*) tozzo

Kompanie [kɔmpa'niː] <-, -n> *f* (MIL, FIN) compagnia *f*

Komparativ ['kɔmparatiːf] <-s, -e> *m* (LING) comparativo *m*

Komparse [kɔm'parzə] <-n, -n> *m,* **Komparsin** [kɔm'parzɪn] <-, -nen> *f* (FILM, THEAT) comparsa *mf*

Kompass[RR] ['kɔmpas] <-es, -e> *m,* **Kompaß**[ALT] <-passes, -passe> *m* bussola *f*

kompatibel [kɔmpa'tiːbəl] *adj* (INFORM) (**mit etw**) **~ sein** essere compatibile (con qc)

Kompatibilität [kɔmpatibili'tɛːt] <-, -en> *f* compatibilità *f*

Kompensation [kɔmpɛnza'tsi̯oːn] <-, -en> *f* ❶ (PSYCH, PHYS, MED: *Ausgleich*) compensazione *f* ❷ (COM: *Entschädigung*) compenso *m*

kompensieren [kɔmpɛn'ziːrən] <ohne ge-> *vt* compensare

kompetent [kɔmpe'tɛnt] *adj* competente

Kompetenz [kɔmpe'tɛnts] <-, -en> *f* competenza *f;* (JUR) giurisdizione *f*

komplett [kɔm'plɛt] *adj* ❶ (*vollständig*) completo ❷ (*vollzählig*) al completo ❸ (*völlig, absolut*) perfetto, completo

komplex [kɔm'plɛks] *adj* complesso

Komplex [kɔm'plɛks] <-es, -e> *m* ❶ (*Ganzes*) complesso *m* ❷ (PSYCH) complesso *m;* **er steckt voller ~e** è pieno di complessi

Komplexität [kɔmplɛksi'tɛːt] <-> *kein Pl f* complessità *f;* **die ~ eines Problems** la complessità di un problema

Komplikation [kɔmplika'tsi̯oːn] <-, -en> *f* complicazione *f*

Kompliment [kɔmpli'mɛnt] <-(e)s, -e> *n* complimento *m;* **jdm für etw ~ machen** fare i complimenti a qu per qc; **mein ~!** complimenti!

Komplize [kɔm'pliːtsə] <-n, -n> *m* complice *m*

komplizieren [kɔmpli'tsiːrən] <ohne ge-> I. *vt* complicare II. *vr* **sich ~** complicarsi; **kompliziert** *adj* complicato

Komplizin [kɔm'pliːtsɪn] <-, -nen> *f* complice *f*

Komplott [kɔm'plɔt] <-(e)s, -e> *n* complotto *m,* congiura *f;* **ein ~ gegen jdn schmieden** tramare una congiura contro qu

Komponente [kɔmpo'nɛntə] <-, -n> *f*

componente *f*

komponieren [kɔmpo'niːrən] <ohne ge-> *vi, vt* (MUS, KUNST) comporre

Komponist(in) [kɔmpo'nɪst] <-en, -en; -, -nen> *m(f)* (MUS) compositore, -trice *m, f*

Komposition [kɔmpozi'tsi̯oːn] <-, -en> *f* (MUS, KUNST) composizione *f*

Kompost [kɔm'pɔst] <-(e)s, -e> *m* (ECO) composta *f*, terricciato *m;* **Komposthaufen** *m* mucchio *m* di rifiuti organici

Kompostierung [kɔm'pɔstiːrʊŋ] <-, -en> *f* ❶ (*Verarbeitung zu Kompost*) compostaggio *m*, produzione *f* di compost ❷ (*Düngung*) concimazione *f* con compost

Kompott [kɔm'pɔt] <-(e)s, -e> *n* (GASTR) frutta *f* cotta, conserva *f* di frutta

Kompresse [kɔm'prɛsə] <-, -n> *f* (MED: *Umschlag*) impacco *m;* (*Mullstück*) compressa *f*

Kompressor [kɔm'prɛsoːɐ̯] <-s, -en> *m* (TEC) compressore *m*

Kompressormotor *m* motore *m* sovralimentato

komprimieren [kɔmpri'miːrən] <ohne ge-> *vt* (TEC, PHYS, INFORM) comprimere

Kompromiss^{RR} [kɔmpro'mɪs] <-es, -e> *m,* **Kompromiß**^{ALT} <-misses, -misse> *m* compromesso *m;* **einen ~ schließen** venire ad un compromesso; **kompromissbereit**^{RR} *adj* condiscendente, disposto al compromesso; **Kompromissbereitschaft**^{RR} *f* atteggiamento *m* conciliante; **kompromisslos**^{RR} *adj* irremovibile, che non ammette compromessi

kompromittieren [kɔmprɔmɪ'tiːrən] <ohne ge-> **I.** *vt* compromettere **II.** *vr* **sich ~** compromettersi

Kondensator [kɔndɛn'zaːtoːɐ̯] <-s, -en> *m* (TEC) condensatore *m*

kondensieren [kɔndɛn'ziːrən] <ohne ge-> *vi, vt* (PHYS, TEC) condensare

Kondensmilch [kɔn'dɛnsmɪlç] *f* latte *m* condensato; **Kondensstreifen** *m* (AERO) scia *f* di condensazione; **Kondenswasser** *n* condensa *f*, acqua *f* di condensazione

Kondition [kɔndi'tsi̯oːn] <-, -en> *f* ❶ (*Bedingung*) condizione *f* ❷ *sing* (*sport*) forma *f*

Konditionalsatz [kɔndɪtsi̯o'naːlzats] *m* (LING) proposizione *f* condizionale

Konditionstraining [kɔndi'tsi̯oːnstrɛːnɪŋ] *n* (SPORT) allenamento *m* (per mantenersi in forma)

Konditor(in) [kɔn'diːtoːɐ̯] <-s, -en; -, -nen> *m(f)* pasticciere, -a *m, f*

Konditorei [kɔndito'raɪ] <-, -en> *f* pastic-

ceria *f*

Konditorwaren *fpl* pasticceria *f*, dolci *mpl*

Kondom [kɔn'doːm] <-s, -e *o* -s> *n o m* preservativo *m*

Kondukteur [kɔndʊk'tøːɐ̯] <-s, -e> *m* (*CH*: FERR) controllore *m*

Konfekt [kɔn'fɛkt] <-(e)s, -e> *n* ❶ (*Pralinen*) cioccolatini *mpl*, dolci *mpl* ❷ (*südd, A, CH: Teegebäck*) pasticcini *mpl* da tè

Konfektion [kɔnfɛk'tsi̯oːn] <-, -en> *f* ❶ (*Herstellung*) confezione *f* di abiti in serie ❷ (*Kleidung*) confezioni *fpl*, abiti *mpl* confezionati; **Konfektionsgröße** *f* taglia *f*; **Konfektionskleidung** *f* abbigliamento *m* confezionato in serie

Konferenz [kɔnfe'rɛnts] <-, -en> *f* conferenza *f*, congresso *m;* (*Besprechung*) consiglio *m;* (*Lehrer~*) consiglio *m* di classe; **Konferenzraum** *m* sala *f* delle conferenze; **Konferenzschaltung** *f* (TEL, TV) circuito *m* della conferenza

Konferenzzentrum *n* centro *m* conferenze

konferieren [kɔnfe'riːrən] <ohne ge-> *vi* ❶ (*beraten*) conferire; **über etw** *acc* **~** conferire su qc; (*Konferenz abhalten*) tenere una conferenza su qc ❷ (*als Conférencier sprechen*) presentare, parlare

Konfession [kɔnfɛ'si̯oːn] <-, -en> *f* (REL) confessione *f*

konfessionell [kɔnfɛsi̯o'nɛl] *adj* confessionale, religioso

konfessionslos *adj* senza confessione

Konfetti [kɔn'fɛti] *npl* coriandoli *mpl*

Konfiguration [kɔnfigura'tsi̯oːn] *f* configurazione *f*; **konfigurieren** [kɔnfigu'riːrən] *vt* configurare

Konfirmand(in) [kɔnfɪr'mant] <-en, -en; -, -nen> *m(f)* (REL) cresimando, -a *m, f*

Konfirmation [kɔnfɪrma'tsi̯oːn] <-, -en> *f* (REL) cresima *f*, confermazione *f*

konfirmieren [kɔnfɪr'miːrən] <ohne ge-> *vt* (REL) cresimare, confermare

Konfiserie [kõfizə'riː] <-, -n> *f* (*CH*) pasticceria *f*

konfiszieren [kɔnfɪs'tsiːrən] <ohne ge-> *vt* (JUR) confiscare, sequestrare

Konfitüre [kɔnfi'tyːrə] <-, -n> *f* marmellata *f*, confettura *f*

Konflikt [kɔn'flɪkt] <-(e)s, -e> *m* conflitto *m;* **in ~ mit jdm/etw geraten** entrare in conflitto con qu/qc

konform [kɔn'fɔrm] *adj* ❶ conforme, in conformità; **mit etw ~ sein** essere conforme a qc; **~ gehen mit** essere d'accordo con ❷ (MAT) isogono

Konformismus [kɔnfɔr'mɪsmʊs] <-> *kein Pl m* (*geh*) conformismo *m*

konformistisch adj (geh) conformistico
Konfrontation [kɔnfrɔnta'tsi̯oːn] <-, -en> f confronto m
konfrontieren [kɔnfrɔn'tiːrən] <ohne ge-> vt jdn/etw mit etw ~ mettere qu/qc di fronte a qc
konfus [kɔn'fuːs] adj confuso; (Person) sconcertato; **jdn ~ machen** confondere qu
Konfusion [kɔnfu'zi̯oːn] <-en> f confusione f, caos m
Konglomerat [kɔnglome'raːt] <-(e)s, -e> n (GEOL) conglomerato m (aus di)
Kongo ['kɔŋgo] m (Land, Fluss) Congo m
Kongolese ['kɔŋgoleːzə] <-n, -n> m, **Kongolesin** ['kɔŋgoleːzɪn] <-, -nen> f congolese mf
kongolesisch adj congolese
Kongress[RR] m, **Kongreß**[ALT] [kɔn'grɛs] <-gresses, -gresse> m congresso m
kongruent [kɔŋgru'ɛnt] adj ❶ (MAT) congruente ❷ (fig: übereinstimmend) concorde
Kongruenz [kɔŋgru'ɛnts o kɔŋgru'ɛnts] <-> kein Pl f ❶ (MAT) congruenza f ❷ (LING) congruenza f
K.-o-Niederlage f (SPORT) sconfitta f k.o
König(in) ['køːnɪç] <-(e)s, -e; -, -nen> m(f) re m, regina f; **die Heiligen Drei ~ e** i re Magi; **königlich** ['køːnɪklɪç] **I.** adj ❶ (auf König bezogen) reale, regio ❷ (a hoheitsvoll) maestoso; (Benehmen) da re **II.** adv (fig fam: außerordentlich) moltissimo; **Königreich** n regno m; **Königsmord** ['køːnɪçsmɔrt o 'køːnɪksmɔrt] m regicidio m; **Königtum** <-s, -tümer> n monarchia f, dignità f regia
konisch ['koːnɪʃ] adj conico
Konjugation [kɔnjuga'tsi̯oːn] <-, -en> f (LING) coniugazione f
konjugieren [kɔnju'giːrən] <ohne ge-> vt (LING) coniugare
Konjunktion [kɔnjʊŋk'tsi̯oːn] <-, -en> f (LING) congiunzione f
Konjunktiv ['kɔnjʊŋktiːf] <-s, -e> m (LING) congiuntivo m
Konjunktur [kɔnjʊŋk'tuːɐ̯] <-, -en> f congiuntura f; **rückläufige/stabile/steigende ~** (COM, FIN) congiuntura negativa/stabile/positiva; **konjunkturell** [kɔnjʊŋktu'rɛl] adj (WIRTSCH) congiunturale; **Konjunkturlage** kein Pl f (WIRTSCH) situazione f congiunturale; **Konjunkturschwäche** f crisi f congiunturale
konkav [kɔn'kaːf] adj concavo
Konkavlinse f lente f concava
Konkordat [kɔnkɔr'daːt] <-s, -e> n ❶ (JUR, REL: Vertrag zwischen einem Staat und dem Vatikan) concordato m ❷ (CH:

ADM, JUR: Vertrag zwischen Kantonen) concordato m; **ein ~ abschließen** stringere un concordato
konkret [kɔn'kreːt] adj concreto, reale
Konkubine [kɔŋku'biːnə] <-, -n> f concubina f
Konkurrent(in) [kɔnkʊ'rɛnt] <-en, -en; -, -nen> m(f) (allg, SPORT) concorrente mf; (COM) rivale mf
Konkurrenz [kɔnkʊ'rɛnts] <-, -en> f ❶ concorrenza f; **jdm ~ machen** fare concorrenza a qu ❷ (Wettbewerb) concorso m; (SPORT) competizione f, gara f; **außer ~** fuori concorso ❸ (Konkurrenten) concorrenti mpl; **konkurrenzfähig** adj competitivo, concorrenziale; **Konkurrenzkampf** m concorrenza f; **konkurrenzlos** adj senza concorrenza, che non ha concorrenti; (Preis, Waren) che non teme la concorrenza; **Konkurrenzunternehmen** n impresa f concorrente
konkurrieren [kɔnkʊ'riːrən] <ohne ge-> vi ❶ (COM) concorrere; **um eine Stelle ~** concorrere per un posto; **mit jdm/etw ~** entrare in concorrenza con qu/qc ❷ (SPORT) competere; (sich messen) misurarsi; **miteinander ~** farsi concorrenza
Konkurs [kɔn'kʊrs] <-es, -e> m fallimento m, bancarotta f; **~ anmelden** dichiarare fallimento; **in ~ gehen** fallire, fare fallimento; **Konkursmasse** f massa f fallimentare; **Konkursverfahren** n procedimento m fallimentare; **Konkursverwalter** m curatore m del fallimento
können[1] ['kœnən] <kann, konnte, können> Modalverb ❶ (imstande sein, vermögen) potere; (in der Lage sein) essere in grado di; **so gut ich (es) kann** come meglio posso; **ich kann es nicht mehr hören** (fam) non posso più sentirlo; **das hätte ich Ihnen gleich sagen ~** gliel'avrei potuto dire subito; **Sie ~ es mir glauben** può credermi; **er kann sich noch so anstrengen ...** per quanto si sforzi ...; **kannst du nicht aufpassen?** non puoi fare attenzione?, sta attento!; **das kann man wohl sagen!** (fam) si può proprio dire!, ha/hai ragione!; **du kannst mich mal!** (sl) vaffa(nculo)!; **ich kann es Ihnen nicht sagen** non glielo so dire ❷ (dürfen) essere autorizzato a, avere il permesso di; (erlaubt sein) essere permesso che +conj ❸ (die Möglichkeit haben) avere la possibilità di; (möglich sein) essere possibile che +conj; **kann sein** (fam) può darsi; **das kann schon stimmen** può essere giusto; **man könnte meinen, dass ...** si direbbe che +conj

können² <kann, konnte, gekonnt> I. *vt* (*beherrschen*) sapere; (*fähig sein*) essere capace di; **er kann kein Italienisch** non sa l'italiano; **was kannst du alles?** che cosa sai fare?; **er hat es (nicht) gekonnt** (non) l'ha saputo II. *vi* potere; **nicht anders ~ als ...** non poter fare a meno di +*inf;* **ich kann nicht anders** non posso far altrimenti; **ich kann nicht mehr** (*nicht mehr aushalten*) non ne posso più *fam,* non ce la faccio più *fam;* (*nicht weitermachen*) non posso continuare; (*fam: nicht mehr essen*) non posso mandar giù più niente *fam;* **ich kann nichts dafür** (*fam*) non è colpa mia, non posso farci niente

Können <-s> *kein Pl* **n** ❶ (*Fähigkeit*) capacità *f,* bravura *f* ❷ (*Kunstfertigkeit*) arte *f*

Könner(in) <-s, -; -, -nen> *m(f)* esperto, -a *m, f,* competente *mf,* genio *m fam*

konnte ['kɔntə] *1. u 3. pers sing imp von* **können¹, können²**

Konsekutivdolmetschen [kɔnzeku'tiːfdɔlmɛtʃən] <-s> *kein Pl* **n** interpretariato *m* consecutivo

Konsekutivsatz [kɔnzeku'tiːfzats] <-es, Konsekutivsätze> *m* (LING) proposizione *f* consecutiva

Konsens [kɔn'zɛns] <-es> *kein Pl* **m** consenso *m*

konsequent [kɔnze'kvɛnt] *adj* coerente, conseguente; **~ durchgreifen** intervenire energicamente

Konsequenz [kɔnze'kvɛnts] <-, -en> *f* ❶ (*Folgerichtigkeit*) logicità *f,* coerenza *f* ❷ (*Unbeirrbarkeit*) costanza *f,* perseveranza *f* ❸ (*Folge*) conseguenza *f;* **die ~en ziehen** tirare le conseguenze, agire di conseguenza ❹ (*Schlussfolgerung*) conclusione *f*

konservativ [kɔnzɛrva'tiːf] *adj* ❶ (*am Hergebrachten festhaltend*) tradizionalista ❷ (POL) conservatore

Konserve [kɔn'zɛrvə] <-, -n> *f* conserva *f;* **Konservenbüchse** *f,* **Konservendose** *f* scatola *f* di conserva

konservieren [kɔnzɛr'viːrən] <ohne ge-> *vt* conservare; (*Lebensmittel*) mettere in conserva

Konservierung <-, -en> *f* conservazione *f;* **Konservierungsmittel** *n* mezzo *m* di conservazione; **Konservierungsstoff** *m* conservante *m*

Konsole [kɔn'zoːlə] <-, -n> *f* ❶ (ARCH) modiglione *m* ❷ (*Wandbrett*) consolle *f,* mensola *f*

Konsolidation [kɔnzolida'tsjoːn] <-, -en> *f* (A GEOL, JUR) consolidamento *m,* compattamento *m*

konsolidieren [kɔnzoli'diːrən] <ohne ge-> *vt* consolidare

Konsolidierung <-, -en> *f* (WIRTSCH, MED) consolidamento *m*

Konsonant [kɔnzo'nant] <-en, -en> *m* (LING) consonante *f*

Konsortium [kɔn'zɔrtsiʊm] <-s, Konsortien> *n* (WIRTSCH) consorzio *m*

konspirativ [kɔnspira'tiːf] *adj* cospirativo

konstant [kɔn'stant] *adj* costante; **Konstante** <-, -n> *f* (MAT, PHYS) costante *f*

Konstantin ['kɔnstantɪn] *m* Costantino *m*

Konstanz ['kɔnstants] *n* (GEOG) Costanza *f*

konstatieren [kɔnsta'tiːrən] <ohne ge-> *vt* co(n)statare, accertare

Konstellation [kɔnstɛla'tsjoːn] <-, -en> *f* costellazione *f*

Konstitution [kɔnstitu'tsjoːn] <-, -en> *f* (MED, POL, CHEM) costituzione *f*

konstitutionell [kɔnstitutsjo'nɛl] *adj* costituzionale

konstruieren [kɔnstru'iːrən] <ohne ge-> *vt* ❶ costruire ❷ (*entwerfen*) ideare, progettare

Konstrukteur(in) [kɔnstrʊk'tøːɐ] <-s, -e; -, -nen> *m(f)* (ingegnere *mf*) costruttore, -trice *m, f*

Konstruktion [kɔnstrʊk'tsjoːn] <-, -en> *f* ❶ (*das Konstruieren*) costruzione *f* ❷ (*Entwurf*) progetto *m;* **Konstruktionsfehler** *m* difetto *m* di costruzione

konstruktiv [kɔnstrʊk'tiːf] *adj* costruttivo

Konstruktivität [kɔnstrʊktivi'tɛːt] <-> *kein Pl f* costruttività *f*

Konsul(in) ['kɔnzʊl] <-s, -n; -, -nen> *m(f)* (POL, HIST) console *mf*

Konsulat [kɔnzu'laːt] <-(e)s, -e> *n* consolato *m*

Konsulin *f s.* **Konsul**

konsultieren [kɔnzʊl'tiːrən] <ohne ge-> *vt* consultare

Konsum [kɔn'zuːm] <-s> *kein Pl* **m** ❶ (*Verbrauch*) consumo *m* ❷ (*~ genossenschaft*) cooperativa *f* di consumo

Konsumation [kɔnzuma'tsjoːn] <-, -en> *f* (A, CH) consumazione *f*

Konsument(in) [kɔnzu'mɛnt] <-en, -en; -, -nen> *m(f)* consumatore, -trice *m, f*

Konsumgesellschaft *f* (*a pej*) società *f* dei consumi; **Konsumgüter** *npl* beni *mpl* di consumo

konsumieren [kɔnzu'miːrən] <ohne ge-> *vt* consumare

konsumorientiert *adj* orientato al consumo

Konsumverhalten *kein Pl* **n** atteggiamento *m* dei consumatori, consumi *mpl*

Kontakt [kɔn'takt] <-(e)s, -e> *m* (TEC) contatto *m;* **mit jdm ~ aufnehmen, mit jdm in ~ treten** prendere contatto con qu; **mit jdm ~ haben, mit jdm in ~ stehen** essere in contatto con qu; **keinen ~ mehr zu jdm haben** non essere più in contatto con qu

Kontaktanzeige *f* annuncio *m* personale; **kontaktarm** *adj* poco comunicativo; **Kontaktarmut** *f* ❶ (*Wesen*) povertà *f* di comunicativa ❷ (*Mangel an Kontakt*) mancanza *f* di contatti; **kontaktfreudig** *adj* socievole; **Kontaktlinsen** *fpl* (OPT) lenti *fpl* a contatto; **Kontaktparty** *f party dove si va per trovare un partner;* **Kontaktperson** *f* intermediario, -a *m, f;* (MED) persona *f* sospetta di contagio

Konten *pl von* **Konto**

kontern ['kɔntɐn] **I.** *vt* (SPORT) giocare di rimessa; **den Angriff ~** passare al contrattacco **II.** *vi* (*zurückweisen*) controbattere, ribattere

Konterrevolution *f* controrivoluzione *f*

Kontext ['kɔntɛkst] <-(e)s, -e> *m* contesto *m;* **Kontextmenü** *n* (INFORM) menu *m* di scelta rapida

Kontinent [kɔnti'nɛnt] <-(e)s, -e> *m* (GEOG) continente *m*

kontinental [kɔntinɛn'taːl] *adj* continentale

Kontingent [kɔntɪŋ'gɛnt] <-(e)s, -e> *n* contingente *m*, quota *f*

kontinuierlich [kɔntinui'iːɐ̯lɪç] *adj* continuo, continuativo

Kontinuität [kɔntinui'tɛːt] <-> *kein Pl* *f* continuità *f*

Konto ['kɔnto] <-s, Konten> *n* (FIN) conto *m;* **ein ~ eröffnen/auflösen/überziehen/sperren** aprire/estinguere/mandare allo scoperto/bloccare un conto; **Kontoauszug** *m* estratto *m* conto; **Kontoführung** <-, -en> *f* tenuta *f* del conto corrente; **Kontoinhaber(in)** *m(f)* intestatario, -a *m, f* del conto; **Kontonummer** *f* numero *m* del conto

Kontor [kɔn'toːɐ̯, *pl:* kɔn'toːrə] <-s, -e> *n* (COM: *Handelsniederlassung*) filiale *f,* agenzia *f;* **Kontorist(in)** [kɔnto'rɪst] <-en, -en; -, -nen> *m(f)* impiegato, -a *m, f* di commercio

Kontostand *m* (FIN) situazione *f* del conto

Kontrahent(in) [kɔntra'hɛnt] <-en, -en; -, -nen> *m(f)* ❶ (COM) contraente *mf* ❷ (*Gegner*) avversario, -a *m, f*

Kontraindikation ['kɔntraʔɪndikatsjoːn *o* kɔntraʔɪndika'tsjoːn] <-, -en> *f* (MED) controindicazione *f*

Kontrakt [kɔn'trakt] <-(e)s, -e> *m* contratto *m;* **mit jdm einen ~ abschließen**

stipulare un contratto con qu

kontraproduktiv ['kɔntraprodʊktiːf] *adj* controproducente

konträr [kɔn'trɛːɐ̯] *adj* contrario; (*bes. Ziele*) opposto

Kontrast [kɔn'trast] <-(e)s, -e> *m* contrasto *m;* **Kontrastblende** *f* striscia *f* fluorescente

kontrastieren [kɔntras'tiːrən] <ohne ge-> *vi* (*geh*) contrastare (*mit* con); (*sich abheben*) staccarsi (*mit* da)

Kontrastprogramm *n* (TV) programma *m* alternativo; **Kontrastregler** *m* (TV) regolatore *m* del contrasto; **kontrastreich** *adj* pieno di contrasti

Kontrollabschnitt *m* tagliando *m* di controllo

Kontrollampe^ALT *f s.* **Kontrolllampe**

Kontrolle [kɔn'trɔlə] <-, -n> *f* ❶ (*Beherrschung*) controllo *m;* **die ~ über etw** *acc* **verlieren** perdere il controllo di qc; **jdn/ etw unter ~ haben** tenere qu/qc sotto controllo ❷ (*Prüfung*) verifica *f;* (*Pass~, Polizei~, Zoll~*) controllo *m*

Kontrolleur(in) [kɔntrɔ'løːɐ̯] <-s, -e; -, -nen> *m(f)* controllore *m*

Kontrollgang *m* giro *m* d'ispezione

Kontrollgremium *n* organo *m* di controllo

kontrollierbar [kɔntrɔ'liːeˌbaːɐ̯] *adj* verificabile, controllabile

kontrollieren [kɔntrɔ'liːrən] <ohne ge-> *vt* ❶ controllare ❷ (*überwachen*) sorvegliare ❸ (*prüfen*) verificare, esaminare; (*überprüfen*) ispezionare

Kontrolllampe^RR *f* (TEC, MOT) spia *f* luminosa; **Kontrollmaßnahme** <-, -n> *f* misura *f* di controllo; **Kontrollorgan** *n* (A ADM) organo *m* di controllo; **Kontrollturm** *m* torre *f* di controllo

kontrovers [kɔntro'vɛrs] *adj* ❶ (*entgegengesetzt*) controverso ❷ (*bestreitbar*) contestabile ❸ (*umstritten*) discutibile

Kontroverse [kɔntro'vɛrzə] <-, -n> *f* controversia *f*

Kontur [kɔn'tuːɐ̯] <-, -en> *f* profilo *m,* sagoma *f,* contorno *m*

Konvention [kɔnvɛn'tsi̯oːn] <-, -en> *f* (*Abkommen, Norm*) convenzione *f*

Konventionalstrafe [kɔnvɛntsi̯o-'naːlʃtraːfə] <-, -en> *f* (JUR) (multa *f*) penale *f*

konventionell [kɔnvɛntsi̯o'nɛl] *adj* convenzionale

konvergent [kɔnvɛr'gɛnt] *adj* (A MAT) convergente

Konvergenz [kɔnvɛr'gɛnts] <-, -en> *f* (*a Europäische Währungsunion*) convergenza f; **Konvergenzkriterien** fpl criteri mpl di convergenza; **Konvergenzphase** f fase f di convergenza; **Konvergenzpolitik** f politica f di convergenza; **Konvergenzprogramm** n programma m di convergenza

Konversation [kɔnvɛrza'tsi̯oːn] <-, -en> f conversazione f; **Konversationslexikon** n enciclopedia f, dizionario m enciclopedico

Konversionskurse fpl (FIN) tassi mpl di conversione

konvertibel [kɔnvɛr'tiːbəl], **konvertierbar** [kɔnvɛr'tiːɐ̯baːɐ̯] adj (WIRTSCH) convertibile

konvertieren [kɔnvɛr'tiːrən] <ohne ge-> I. vt haben (FIN, INFORM) convertire II. vi haben o sein (REL) (**zum Christentum**) ~ convertirsi (al Cristianesimo)

Konvertit(in) [kɔnvɛr'tiːt] <-en, -en; -, -nen> m(f) (REL) convertito, -a m, f

konvex [kɔn'vɛks] adj (OPT) convesso

Konvexlinse <-, -n> f lente f convessa

Konzentrat [kɔntsɛn'traːt] <-(e)s, -e> n concentrato m

Konzentration [kɔntsɛntra'tsi̯oːn] <-, -en> f concentrazione f; **Konzentrationsfähigkeit** f capacità f di concentrazione; **Konzentrationslager** n campo m di concentramento; **Konzentrationsmangel** m mancanza f di concentrazione; **Konzentrationsschwäche** f concentrazione f insufficiente

konzentrieren [kɔntsɛn'triːrən] <ohne ge-> I. vt concentrare II. vr sich (**auf etw** acc) ~ concentrarsi (su qc)

konzentriert [kɔntsɛn'triːɐ̯t] adj concentrato

konzentrisch [kɔn'tsɛntrɪʃ] adj (MAT) concentrico

Konzept [kɔn'tsɛpt] <-(e)s, -e> n ❶(von Rede) abbozzo m, traccia f; (Entwurf) progetto m; (Rohentwurf) minuta f, brutta copia f; **jdn aus dem ~ bringen** far perdere il filo a qu ❷(Begriff, Vorstellung) concetto m, idea f; **das passt mir nicht ins ~** non mi va fam, non sono d'accordo

konzeptionslos adj privo di un'idea chiara, senza idee chiare

Konzern [kɔn'tsɛrn] <-(e)s, -e> m (COM) gruppo m industriale

Konzert [kɔn'tsɛrt] <-(e)s, -e> n concerto m; **Konzertflügel** m pianoforte m a coda; **konzertieren** [kɔntsɛr'tiːrən] <ohne ge-> vi (geh) dare un concerto; **Konzertmeister** <-s, -> m primo violino m; **Konzertsaal** m sala f dei concerti

Konzession [kɔntsɛ'si̯oːn] <-, -en> f ❶(Zugeständnis) concessione f ❷(form: Gewerbeerlaubnis) licenza f, permesso m

konzessionsbereit adj disposto [o disponibile] a fare concessioni

Konzessivsatz [kɔntsɛ'siːfzats] m (LING) proposizione f concessiva

Konzil [kɔn'tsiːl] <-s, -e o -ien> n (REL) concilio m

konziliant [kɔntsi'li̯ant] adj ❶(aussöhnend) conciliante; **er gab sich äußerst ~** si mostrò estremamente conciliante ❷(nachgiebig) accondiscendente, indulgente, condiscendente; **sie war ausnahmsweise sehr ~ gestimmt** era insolitamente accondiscendente

Konzipient <-en, -en> m (A: JUR: Anwalt zur Ausbildung in einer Kanzlei) giurista f che sta facendo un periodo di formazione in uno studio legale

Kooperation [ko?opera'tsi̯oːn] <-, -en> f cooperazione f

kooperativ [ko?opera'tiːf] adj collaborativo; **kooperieren** [ko?ope'riːrən] vi (fam) collaborare

Koordination [ko?ɔrdina'tsi̯oːn] <-, -en> f coordinazione f; **Koordinator(in)** [ko?ɔrdi'naːtoːɐ̯, pl: ko?ɔrdina'toːrən] <-s, -en; -, -nen> m(f) coordinatore, -trice m, f; **koordinieren** [ko?ɔrdi'niːrən] <ohne ge-> vt coordinare; **Koordinierung** <-> kein Pl f die ~ der Wirtschaftspolitiken der EU-Staaten il coordinamento delle politiche economiche dei Stati membri dell'UE

Kopenhagen [koːpən'haːgən] n (GEOG) Copenaghen f

Kopf [kɔpf] <-(e)s, Köpfe> m ❶ testa f; (a fig: Anführer) capo m; (fig: Verstand) mente f, testa f; **den ~ hängen lassen** (fig) avvilirsi, perdersi d'animo; **den ~ verlieren** perdere la testa; **~ und Kragen riskieren** (fam) rischiare la pelle; **jdm den ~ verdrehen** far perdere la testa a qu; **jdm den ~ waschen** (fig fam) fare una lavata di capo a qu; **jdn einen ~ kürzer machen** (fam) tagliare la testa a qu; **einen ~ größer sein als jd** superare qu di una testa; **ein kluger ~ sein** essere un tipo capace; **einen klaren ~ behalten** conservare la calma, non perdere la testa; **einen schweren ~ haben** sentirsi la testa pesante; **einen roten ~ kriegen** arrossire; (vor Zorn) diventare rosso dalla rabbia; **nicht wissen, wo einem der ~ steht** non sapere dove sbattere la testa; **vor etw** dat **~ stehen** (fig: durcheinander sein) essere sottosopra per qc; **auf dem ~ stehen** (umgekehrt sein) essere sottosopra fam; **auf den ~ stellen** (umkehren) capovolgere; (*in Unordnung bringen*) mettere a soqquadro; **jdm etw auf den ~ zusagen** dire qc in faccia a qu *fam;* **jdm etw an den ~ werfen** (*fig fam*) rinfacciare qc a qu; **im ~ behalten** tenere a mente; **im ~ haben** (*fam*) avere in mente; **im ~ rechnen** calcolare a mente; **nicht richtig im ~ sein** (*fam*) essere uno po' tocco; **jdn vor den ~ stoßen** (*fig*) offendere qu; **wie vor den ~ geschlagen sein** (*fam*) rimanere di stucco; **sich** *dat* **etw durch den ~ gehen lassen** (ri)pensare a qc; **sich** *dat* **etw in den ~ setzen** mettersi in mente qc; **mit dem ~ durch die Wand wollen** (*fam*) voler imporsi ad ogni costo; **sich** *dat* **etw aus dem ~ schlagen** (*fam*) levarsi qc dalla testa; **~ an ~** stretti stretti *fam,* testa a testa; **aus dem ~** (*auswendig*) a memoria; **pro ~** a testa, pro capite; **von ~ bis Fuß** da capo a piedi; **das hat ihn den ~ gekostet** gli è costata la vita; **die Arbeit wächst ihm über den ~** è carico di lavoro fin sopra i capelli *fam;* **~ hoch!** animo!, coraggio! **②** (*Spitze, Ende*) punta *f,* estremità *f;* (*Brief~*) intestazione *f;* (*Nadel~, Nagel~*) capocchia *f;* (*von Münze*) testa *f;* (*Zeitungs~*) testata *f*

Kopf-an-Kopf-Rennen <-s, -> *n* corsa *f* testa a testa; **Kopfbahnhof** *m* (FERR) stazione *f* di testa; **Kopfball** *m* (SPORT) tiro *m* di testa; **Kopfbedeckung** *f* copricapo *m*

Köpfchen ['kœpfçən] <-s, -> *n* (*fam scherz*) **Köpfchen, Köpfchen!** ci vuole un po' di cervello!

köpfen ['kœpfən] *vt* **①** (*enthaupten*) decapitare **②** (SPORT: *Ball*) tirare di testa

Kopfende *n* (*von Bett*) testata *f;* (*von Tisch*) capotavola *m;* **Kopfgeld** *n* taglia *f;* **Kopfgeldjäger** *m* cacciatore *m* di taglie; **Kopfhaar** *n* capelli *mpl,* capigliatura *f;* **Kopfhaut** *f* cuoio *m* capelluto; **Kopfhörer** *m* cuffia *f;* **Kopfkissen** *n* guanciale *m,* cuscino *m;* **Kopflänge** *f* spanna *f;* **jdn um ~ überragen** essere più alto di qu di una spanna; **kopflastig** *adj* (AERO) appruato; (*Tennisschläger*) squilibrato; (*fig*) intellettualizzato; **kopflos** *adj* sbadato, sventato; **Kopfnicken** *kein Pl n* l'annuire *m,* cenno *m* del capo; **Kopfrechnen** *n* calcolo *m* mentale; **Kopfsalat** *m* (BOT) lattuga *f;* **kopfscheu** *adj* (*Tiere*) ombroso; **jdn ~ machen** (*fig*) intimidire [*o* confondere] qu; **Kopfschmerz** *m* mal *m* di testa; **Kopfschmerztablette** *f* cachet *m,* pasticca *f* per il mal di testa; **Kopfschütteln** *kein Pl n* lo scuotere *m* il capo; **Kopfsprung** *m* tuffo *m* di testa; **einen ~ machen** (*a fig*)

tuffarsi a capofitto; **Kopfstand** *m* (SPORT) verticale *f* (in appoggio) sul capo; **kopf|stehen** *vi* ~ **stehen** (*auf dem Kopf stehen*) fare la verticale; **Kopfsteinpflaster** *n* acciottolato *m;* **Kopfstimme** *f* (MUS) voce *f* di testa; (*männliche* ~) falsetto *m;* **Kopfstütze** *f* (MOT) poggiatesta *m;* **Kopftuch** *n* fazzoletto *m* (da testa), foulard *m;* **kopfüber** *adv* a capofitto; **Kopfverletzung** *f* ferita *f* alla testa, lesione *f* cranica; **Kopfweh** *kein Pl n* (*fam*) *s.* Kopfschmerz; **Kopfzerbrechen** *kein Pl n* rompicapo *m;* **das bereitet mir ~** ciò mi dà dei grattacapi

Kopie [ko'pi:] <-, -n> *f* **①** (*Abschrift*) copia *f* **②** (*Nachahmung*) imitazione *f*

kopieren [ko'pi:rən] <ohne ge-> *vt* **①** (*Kopie machen*) copiare **②** (*abschreiben*) trascrivere **③** (*Fotokopie machen*) fotocopiare **④** (FOTO) stampare **⑤** (*imitieren*) imitare

Kopierer <-s, -> *m* (*fam*) fotocopiatrice *f*

Kopiergerät [ko'pi:gɔɛrɛːt] *n* fotocopiatrice *f;* **Kopierpapier** <-s> *kein Pl n* carta *f* carbone [*o* copiativa]; (*Fotopapier*) carta *f* sensibile

Kopilot(in) ['ko:pilo:t] *m(f)* (AERO) copilota *mf*

Koppel <-, -n> *f* (*Weide*) pascolo *m*

koppeln ['kɔpəln] *vt* **①** accoppiare; (*a fig: verbinden*) abbinare; **etw mit etw ~** abbinare qc a qc **②** (*Hunde*) legare al guinzaglio; (*Ochsen*) aggiogare **③** (*anhängen*) attaccare; (*Fahrzeuge*) agganciare

Kopp(e)lung <-, -en> *f* **①** (*Verbindung,* TEC) accoppiamento *m* **②** (*von Fahrzeugen*) agganciamento *m* **③** (TEC) collegamento *m* **④** (*fig*) abbinamento *m*

Koproduktion ['ko:produktsi̯o:n] <-, -en> *f* coproduzione *f*

Koproduzent(in) <-en, -en; -, -nen> *m(f)* coproduttore, -trice *m, f*

Koralle [ko'ralə] <-, -n> *f* (ZOO) corallo *m;* **Koralleninsel** *f* atollo *m,* isola *f* corallina; **Korallenriff** *n* scogliera *f* corallina

Koran [ko'ra:n] <-s, -e> *m* (REL) Corano *m*

Korb [kɔrp] <-(e)s, Körbe> *m* **①** (*Behälter*) cesto *m;* (*a Brot~, Wäsche~*) cesta *f;* (*bes. Henkel~*) paniere *m,* canestro *m;* (*Trag~*) gerla *f* **②** (*~ voll*) cesto *m,* canestro *m* **③** (*~ geflecht*) cesto *m* di vimini **④** (SPORT: *Gerät, ~ wurf*) canestro *m* **⑤** (*fam: Ablehnung*) rifiuto *m;* **einen ~ bekommen** (*Heiratsantrag, Tanz*) ricevere un rifiuto; **jdm einen ~ geben** dire di no a qu; **Korbball** *m* (SPORT) pallacanestro *f*

Körbchen ['kœrpçən] <-s, -> *n* **①** (*kleiner Korb*) cestello *m,* cestino *m;* (*Hunde~*) cuc-

cia *f;* **ab ins ~** a cuccia (*von BH*) coppa *f;*
Körbchengröße *f* misura *f* delle coppette

Korbflasche *f* fiasco *m;* (*große ~*) damigiana *f;* **Korbflechter(in)** <-s, -; -, -nen> *m(f)* cestaio, -a *m, f,* canestraio, -a *m, f;*
Korbflechterei [kɔrpflɛçtə'raɪ] <-, -en> *f* ❶ *sing* (*Herstellung*) fabbricazione *f* di ceste ❷ (*Betrieb*) cesteria *f;* **Korbmacher(in)** <-s, -; -, -nen> *m(f)* cestaio, -a *m, f,* canestraio, -a *m, f;* **Korbmacherei** [kɔrpmaxə'raɪ] <-, -en> *f* ❶ *sing* (*Herstellung*) fabbricazione *f* di ceste ❷ (*Betrieb*) cesteria *f;* **Korbmöbel** *npl* mobili *mpl* di vimini; **Korbwährung** <-, -en> *f* valuta *f* paniere; **Korbwaren** *fpl* oggetti *mpl* di vimini

Kordel ['kɔrdəl] <-, -n> *f* cordoncino *m,* cordicella *f*

Koriander [kori'andɐ] <-s> *kein Pl m* coriandolo *m*

Korinthe [ko'rɪntə] <-, -n> *f* uvetta *f,* uva *f* passa

Kork [kɔrk] <-(e)s, -e> *m* sughero *m;* **Korkeiche** *f* (BOT) quercia *f* da sughero

Korken ['kɔrkən] <-s, -> *m* turacciolo *m,* tappo *m* di sughero; **Korkenzieher** <-s, -> *m* cavatappi *m*

Korn[1] [kɔrn] <-(e)s, Körner> *n* ❶ chicco *m;* (*Weizen~*) chicco *m* di grano; (*Samen~*) seme *m,* grano *m;* (*Pfeffer~*) grano *m* di pepe; (*Salz~*) grano *m* di sale; (*Sand~*) granello *m* di sabbia; (*Staub~*) granello *m* di polvere ❷ (*Getreide*) grano *m,* cereali *mpl,* granaglie *fpl* ❸ (*an Gewehr*) mirino *m;* **jdn aufs ~ nehmen** tener d'occhio qu

Korn[2] [kɔrn] <-(e)s, -> *m* (*Kornbranntwein*) acquavite *f* (di cereali)

Kornblume *f* (BOT) fiordaliso *m*

körnen ['kœrnən] *vt* ridurre in granelli; **Kornfeld** *n* campo *m* di grano

körnig ['kœrnɪç] *adj* granuloso

Kornkammer *f* granaio *m*

Kornsilo *n,* **Kornspeicher** *m* silo *m* di cereali

Korona [ko'ro:na, *pl:* ko'ro:nən] <-, Koronen> *f* ❶ (*Strahlenkranz*) corona *f* solare ❷ (*Schar*) banda *f* ❸ (TEC) corona *f*

Körper ['kœrpɐ] <-s, -> *m* ❶ (*Gestalt*) corpo *m,* organismo *m* ❷ (*Kugel, Kegel, Zylinder*) solido *m* ❸ (*Dichte*) densità *f,* consistenza *f;* **Körperbau** *m* corpo *m,* corporatura *f;* **körperbehindert** *adj* minorato fisico, handicappato *m;* (*invalide*) invalido; **Körperbehinderte** *mf* minorato, -a *m, f* fisico, -a, handicappato, -a *m, f;* (*Invalide*) invalido, -a *m, f;* **körperbetont**

adj attillato; **körpereigen** *adj* (BIOL) corporeo; **Körpergewicht** *kein Pl n* peso *m* corporeo; **Körpergröße** *f* statura *f,* grandezza *f* di un corpo; **Körperhaltung** *f* posizione *f* (del corpo); **Körperkraft** *f* forza *f* fisica

körperlich *adj* ❶ (*leiblich*) corporeo, coporale; (*a geschlechtlich*) fisico ❷ (*stofflich*) materiale ❸ (*Arbeit*) manuale

Körperpflege *kein Pl f* cura *f* del corpo; **Körperpuder** *m* talco *m*

Körperschaft <-, -en> *f* (JUR) corporazione *f,* organo *m;* **gesetzgebende ~** corpo legislativo; **~ des öffentlichen Rechts** ente pubblico; **Körperschaft(s)steuer** *f* (FIN) imposta *f* sul reddito delle società

Körpersprache *kein Pl f* linguaggio *m* del corpo; **Körperteil** *m* parte *f* del corpo; **Körperverletzung** *kein Pl f* (JUR) lesione *f* corporale; **fahrlässige/schwere ~** lesione colposa/grave

Korps [ko:ɐ] <-, -> *n* (MIL) corpo *m*

korpulent [kɔrpu'lɛnt] *adj* corpulento, obeso; **Korpulenz** [kɔrpu'lɛnts] <-> *kein Pl f* corpulenza *f,* obesità *f*

korrekt [kɔ'rɛkt] *adj* ❶ (*richtig*) giusto ❷ (*Normen entsprechend*) corretto; **Korrektheit** <-> *kein Pl f* ❶ (*Richtigkeit*) esattezza *f* ❷ (*von Benehmen*) correttezza *f*

Korrektor(in) [kɔ'rɛkto:ɐ] <-s, -en; -, -nen> *m(f)* correttore, -trice *m, f* di bozze

Korrektur [kɔrɛk'tu:ɐ] <-, -en> *f* correzione *f;* **~ lesen** correggere le bozze; **Korrekturband** <-(e)s, -bänder> *n* nastro *m* correttore; **Korrekturfahne** *f* (TYP) bozza *f* (di stampa); **Korrekturzeichen** *n* (segno *m* di) correzione *f*

Korrespondent(in) [kɔrɛspɔn'dɛnt] <-en, -en; -, -nen> *m(f)* corrispondente *mf*

Korrespondenz [kɔrɛspɔn'dɛnts] <-, -en> *f* corrispondenza *f*

korrespondieren [kɔrɛspɔn'di:rən] <ohne ge-> *vi* ❶ (*in Briefwechsel stehen*) corrispondere; **mit jdm ~** essere in corrispondenza con qu ❷ (*übereinstimmen*) **mit etw ~** corrispondere a qc

Korridor ['kɔrido:ɐ] <-s, -e> *m* corridoio *m*

korrigieren [kɔri'gi:rən] <ohne ge-> *vt* (*Text*) correggere; (*berichtigen*) modificare, rettificare; (*Ansichten*) rivedere

Korrosion [kɔro'zi̯o:n] <-, -en> *f* corrosione *f*

korrupt [kɔ'rʊpt] *adj* corrotto

Korruption [kɔrʊp'tsi̯o:n] <-, -en> *f* corruzione *f*

Korruptionsvorwurf *m* accusa *f* di corruzione

Korse ['kɔrzə] <-n, -n> *m* corso *m*

Korsett [kɔr'zɛt] <-(e)s, -e *o* -s> *n* busto *m*, corsetto *m*

Korsika ['kɔrzika] *n* Corsica *f*

Korsin ['kɔrzɪn] <-, -nen> *f* corsa *f*

korsisch *adj* corso

Korvette [kɔr'vɛtə] <-, -n> *f* (NAUT, MIL) corvetta *f*

Koryphäe [kory'fɛːə] <-, -n> *f* corifeo *m*, luminare *m*, autorità *f*

koscher ['koːʃə] *adj* (REL) kasher; **nicht ~** (*fam: bedenklich*) losco, sospetto

kosen ['koːzən] I. *vt* accarezzare II. *vi* scambiarsi carezze

Kosename *m* nome *m* vezzeggiativo; **Kosewort** *n* vezzeggiativo *m*

Kosinus ['koːzinʊs] <-, - *o* -se> *m* (MAT) coseno *m*

Kosmetik [kɔs'meːtɪk] <-> kein Pl *f* cosmesi *f*, cosmetica *f*

Kosmetika [kɔs'meːtɪka] *npl* cosmetici *mpl*, prodotti *mpl* di bellezza

Kosmetiker(in) [kɔs'meːtikɐ] <-s, -; -, -nen> *m(f)* estetista *mf*

kosmetisch *adj* cosmetico

kosmisch ['kɔsmɪʃ] *adj* (ASTR) cosmico

Kosmonaut(in) [kɔsmo'naʊt] <-en, -en; -, -nen> *m(f)* cosmonauta *mf*

Kosmopolit(in) [kɔsmopo'liːt] <-en, -en; -, -nen> *m(f)* cosmopolita *mf*

Kosmos ['kɔsmɔs] <-> kein Pl *m* (ASTR) cosmo *m*

Kost [kɔst] <-> kein Pl *f* ❶ (*Nahrung*) cibo *m*, cucina *f*; **schwere ~** cucina grassa; (*fig*) cosa difficile da capire ❷ (*Verpflegung*) vitto *m*; **~ und Logis** vitto e alloggio

kostbar *adj* prezioso; (*teuer*) caro; **Kostbarkeit** <-, -en> *f* ❶ (*Gegenstand*) cosa *f* preziosa ❷ *sing* (*Wert*) pregio *m*, valore *m*

kosten ['kɔstən] *vi, vt* ❶ (*Preis haben, a fig: erfordern*) costare; **es hat mich einige Überwindung gekostet** mi è costato un po'; **was kostet das?** quanto costa questo?; **koste es, was es wolle!** costi quel che costi! ❷ (*Speisen*) assaggiare, provare; **willst du mal ~?** vuoi assaggiare?

Kosten ['kɔstən] *pl* (*Un~*) costo *m*, spesa *f*; (*Auslagen*) spese *fpl*; **~ mit sich** *dat* **bringen** comportare delle spese; **auf seine ~ bei etw kommen** (*fig*) essere soddisfatto di qc; **für die ~ aufkommen** assumersi le spese; **auf ~ von** a spese di; (*fig*) a scapito di; **auf eigene ~** a proprie spese; **das geht auf meine ~** questo lo pago io; **Kostenaufwand** <-(e)s> kein Pl *m* costo *m*,

spesa *f*, spese *fpl*; **mit einem ~ von ...** con una spesa di ...; **Kostenbeteiligung** *f* partecipazione *f* alle spese; **kostendeckend** *adj* che copre le spese; **~ wirtschaften** amministrare i beni coprendo le spese; **Kostenersparnis** *f* risparmio *m* di costi; **Kostenexplosion** <-, -en> *f* (COM) esplosione *f* dei costi, aumento *m* improvviso dei costi; **kostenfrei** *adj* (JUR) esente da spese; **kostengünstig** *adj* economico, conveniente, a basso costo; **kostenlos** *adj* gratuito; **kostenneutral** *adj* senza spese aggiuntive; **kostenpflichtig** I. *adj* (ADM, JUR) soggetto a spese, con obbligo di pagamento delle spese II. *adv* a carico di qu; **Kostenrechnung** *f* (WIRTSCH) conto *m* delle spese; **Kostenvoranschlag** *m* (COM) preventivo *m*

köstlich ['kœstlɪç] I. *adj* ❶ (*Genuss*) delizioso; (*Speise*) squisito, eccellente ❷ (*herrlich*) splendido ❸ (*amüsant*) divertente II. *adv* **sich ~ amüsieren** divertirsi un mondo *fam*

Kostprobe *f* (*a fig*) assaggio *m*; (*von Wein*) degustazione *f*

kostspielig *adj* caro, costoso

Kostüm [kɔs'tyːm] <-s, -e> *n* ❶ (*Damen~*) tailleur *m* ❷ (*Verkleidung*) costume *m*; (*Karnevals~*) costume *m* da carnevale; **Kostümball** *m*, **Kostümfest** *n* ballo *m* in maschera

kostümieren [kɔsty'miːrən] <ohne ge-> *vr* **sich ~** mettersi in costume; **sich als etw ~** travestirsi da qc; (*sich maskieren*) mascherarsi da qc

Kostümprobe <-, -n> *f* (THEAT) prova *f* in costume

Kostverächter [kɔstfɛɐ'ʔɛçtɐ] <-s, -> *m* **kein ~ sein** (*scherz: gern essen*) non disprezzare la buona tavola; (*genießerisch sein*) non disprezzare i piaceri della vita

Kot [koːt] <-(e)s, -e> *m* (*Exkremente*) feci *fpl*, escrementi *mpl*; (*Tier~*) sterco *m*

Kotelett [kotə'lɛt *o* kɔt'lɛt] <-s, -s *o* -e> *n* (GASTR) costoletta *f*, cotoletta *f*

Koteletten *pl* basette *fpl*

Köter ['køːtɐ] <-s, -> *m* (*pej*) botolo *m*, cagnaccio *m*

Kotflügel *m* (MOT) parafango *m*

kotzen ['kɔtsən] *vi* (*vulg*) vomitare; **es ist zum Kotzen** fa vomitare

Kotzen <-s, -> *m* (*südd, A: Decke*) coperta *f*

KP [kaː'peː] <-, -s> *f abk v* **Kommunistische Partei** PC *m*

KPdSU [kaːpeːdeːʔɛsʔuː] <-> kein Pl *f abk v* **Kommunistische Partei der Sowjetunion** P.C.U.S. *m*

Krabbe ['krabə] <-, -n> f (zoo: *Krebs*) granchio *m;* (*Garnele*) gambero *m*

krabbeln ['krabəln] *vi* ❶ *sein* (*Tiere*) strisciare ❷ (*Kind*) camminare carponi

Krach [krax] <-(e)s, Kräche> *m* ❶ *sing* (*Lärm*) chiasso *m,* baccano *m fam;* ~ **machen** (*fam*) fare chiasso; ~ **schlagen** (*fam*) protestare ❷ (*fam: Streit*) lite *f* ❸ (FIN: *Krise*) crollo *m*

krachen *vi* ❶ *haben* (*Donner*) tuonare; (*Schuss*) scoppiare; (*Holz*) scricchiolare; (*Tür*) sbattere; **auf dieser Kreuzung kracht es dauernd** (*fam*) a questo incrocio succedono sempre incidenti; **gleich kracht's** (*fam*) adesso succede qc, ci sono guai in vista ❷ *sein* (*fam: platzen*) scoppiare; (*brechen: Eis*) spaccarsi ❸ *sein* (*fam: aufprallen*) **gegen etw ~** schiantarsi contro qc

Kracher <-s, -> *m* petardo *m*

krächzen ['krɛçtsən] *vi* gracchiare, gracidare

kraft [kraft] *prp* +*gen* (*geh, form*) in virtù di, in forza di

Kraft [kraft] <-, Kräfte> *f* ❶ forza *f;* **Kräfte sammeln** raccogliere le proprie forze; **neue Kräfte schöpfen** riacquistare nuove forze; **seine Kräfte mit jdm messen** misurare le proprie forze con qu; **bei Kräften sein** essere in forze; **am Ende seiner Kräfte sein** essere allo stremo delle proprie forze; **wieder zu Kräften kommen** rimettersi in forze; **aus eigener ~** con le proprie forze, da solo; **mit aller ~** con tutte le forze; **mit letzter ~** con le ultime forze; **nach Kräften** facendo tutto il possibile; **das geht über meine Kräfte** questo supera le mie forze; **volle ~ voraus!** (NAUT) avanti a tutta forza! ❷ (*Wirksamkeit*) efficacia *f;* (*Gültigkeit*) vigore *m;* **in ~ sein/treten** (JUR) essere/entrare in vigore; **außer ~ setzen** annullare, dichiarare invalido; (*Gesetz*) abolire, abrogare; (*zeitweilig*) sospendere ❸ (*Fähigkeit*) capacità *f* ❹ (*Hilfs~, Arbeits~*) elemento *m,* operaio *m;* (*Lehr~*) insegnante *mf;* **Kraftaufwand** *m* impiego *m* di forze; **Kraftausdruck** *m* parolaccia *f;* (*Fluch*) bestemmia *f;* **Kraftbrühe** *f* (GASTR) consommé *m*

Kräfteverfall *m* deperimento *m* delle forze, cachessia *f*

Kraftfahrer(in) *m(f)* conducente *mf;* **Kraftfahrzeug** *n* autoveicolo *m;* **Kraftfahrzeugbrief** *m* libretto *m* di circolazione; **Kraftfahrzeugpapiere** *npl* documenti *mpl* dell'autoveicolo; **Kraftfahrzeugschein** *m* carta *f* di circolazione; **Kraftfahrzeugsteuer** *f* tassa *f* di circolazione; **Kraftfahrzeugversicherung** *f* assicurazione *f* automobilistica

Kraftfeld *n* (PHYS) campo *m* di forze

Kraftfutter *n* (AGR) foraggio *m* concentrato

kräftig ['krɛftɪç] I. *adj* ❶ (*stabil*) robusto, forte; (*stark*) forte; (*groß*) grande; **eine ~e Tracht Prügel** (*fam*) una bella dose di legnate; **einen ~en Schluck nehmen** (*fam*) bere un bel sorso ❷ (*Farben*) violento ❸ (*Nahrung*) sostanzioso II. *adv* (*sehr*) molto; ~ **regnen** piovere forte; ~ **schütteln** agitare bene

kräftigen ['krɛftɪgən] *vt* rinforzare, rinvigorire

Kräftigung <-, -en> *f* rafforzamento *m,* irrobustimento *m,* rinvigorimento *m;* **zur ~ der Muskulatur** per il rafforzamento dei muscoli

kraftlos *adj* senza forza; (*schwach*) debole; **Kraftprobe** *f* prova *f* di forza; **Kraftrad** *n* motociclo *m;* **Kraftreserve** *f* riserva *f* d'energia; **Kraftstoff** *m* (MOT) carburante *m;* **Kraftstoffgemisch** *n* miscela *f* di carburante; **Kraftstrom** *m* corrente *f* industriale, forza *f;* **kraftstrotzend** *adj* pieno di forze [*o* d'energia], muscoloso; **Krafttraining** *n* (SPORT) bodybuilding *m;* **Kraftübertragung** *f* trasmissione *f* d'energia; **kraftvoll** *adj* pieno di forza, forte; **Kraftwagen** *m* automobile *f,* autoveicolo *m;* **Kraftwerk** *n* centrale *f* elettrica

Kragen ['kraːgən] <-s, - *o südd, A, CH* Krägen> *m* (*Hemd~*) colletto *m,* collo *m;* (*Kleider~, Mantel~*) bavero *m;* **jdn beim ~ packen** prendere qu per il collo; **da platzt einem ja der ~** (*fam*) questo mi fa andare in bestia; **Kragenknopf** *m* bottone *m* del colletto; **Kragenweite** *f* misura *f* del collo

Krähe ['krɛːə] <-, -n> *f* (zoo) cornacchia *f*

krähen ['krɛːən] *vi* (*Hahn*) cantare; (*fig: Mensch*) gracidare

Krähenfüße *mpl* (*fam*) ❶ (*Runzeln*) zampe *fpl* di gallina ❷ (*unleserliche Schrift*) scarabocchi *mpl*

krakeelen [kra'keːlən] <ohne ge-> *vi* (*BRD*) ❶ (*pej: lärmen*) schiamazzare *fam* ❷ (*pej: streiten*) litigare

Kralle ['kralə] <-, -n> *f* artiglio *m;* (*von Katzen*) unghia *f;* **die ~n zeigen** mostrare i denti

krallen I. *vt* ❶ (*packen*) aggranfiare; (*bes. Katze*) adunghiare; **die Finger in etw** *acc* ~ affondare le dita in qc ❷ (*sl: klauen*) sgraffignare *fam* II. *vr* **sich** (**an etw** *acc*) ~ (*a fig*) aggrapparsi (a qc)

Kram [kraːm] <-(e)s> *kein Pl m* (*fam*)

❶ (*pej: Zeug*) cianfrusaglie *fpl*, roba *f*; (*Plunder, Schund*) ciarpame *m* ❷ (*pej: Angelegenheit*) faccenda *f*, storia *f*; **den ganzen ~ hinschmeißen** mandare tutto all'aria; **das passt mir nicht in den ~** non mi va a genio

kramen I. *vi* frugare; **in etw** *dat* **~** rovistare in qc; **nach etw ~** frugare per trovare qc **II.** *vt* **etw aus etw ~** tirare fuori qc da qc

Krämer(in) ['krɛːmɐ] <-s, -; -, -nen> *m(f)* ❶ (*dial: Ladenbesitzer*) bottegaio, -a *m, f* ❷ (*pej: Kleingeist*) bottegaio *m*; **Krämerseele** ['krɛːmeːzeːlə] *f* persona *f* meschina

Kramladen <-s, -läden> *m* (*fam: für Lebensmittel*) pizzicagnolo *m*; (*für Kurzwaren*) merceria *f*

Krampf [krampf] <-(e)s, Krämpfe> *m* ❶ (MED) crampo *m*, convulsioni *fpl* ❷ (*fam pej: gequältes Tun*) forzatura *f*; (*Unsinn*) sciocchezze *fpl*; **Krampfader** *f* (MED) vena *f* varicosa, varice *f*

krampfen I. *vr* **sich ~** ❶ (MED) contrarsi (per convulsioni) ❷ (*sich festhalten*) **sich an etw** *acc* **~** aggrapparsi a qc; **sich um etw ~** (*Finger*) stringersi a qc **II.** *vt* (*Finger*) **etw um etw** [*o* **in etw** *acc*] **~** affondare qc in qc **III.** *vi* ❶ (*Krämpfe haben*) avere i crampi ❷ (*CH: hart arbeiten*) lavorare sodo, sgobbare

krampfhaft *adj* ❶ (MED) spasmodico, convulsivo ❷ (*fam: unnatürlich*) forzato; (*angestrengt*) sforzato; **~e Anstrengungen machen** fare (degli) sforzi disperati

krampflösend *adj* (MED) antispastico, spasmolitico

Kran [kraːn] <-(e)s, -e *o* Kräne> *m* (TEC) gru *f*; **Kranführer** *m* gruista *m*

Kranich ['kraːnɪç] <-s, -e> *m* (ZOO) gru *f*

krank [kraŋk] <kränker, kränk(e)ste> *adj* ammalato; (*bes. Organe*) malato; (*dauernd*) infermo; **an etw** *dat* **~ sein** essere malato di qc; **schwer ~** gravemente ammalato; **~ machen** far ammalare; **~ werden** ammalarsi; **sich ~ stellen** fingersi malato; **deine Fragen machen mich noch ~** (*fam*) le tue domande mi danno sui nervi

Kranke <ein -r, -n, -n> *mf* (am)malato, -a *m, f*, infermo, -a *m, f*; (*Patient*) paziente *mf*

kränkeln ['krɛŋkəln] *vi* essere malaticcio

kränken ['krɛŋkən] *vt* offendere

kranken ['kraŋkən] *vi* ❶ (*obs*) essere malato (*an* +*dat* di), soffrire (*an* +*dat* di) ❷ (*fig*) risentire (*an* +*dat* di); **das krankt daran, dass ...** (ciò) risente del fatto che ...

Krankenbesuch *m* visita *f* (a un malato); **Krankenbett** *n* letto *m* (dell'ammalato);

Krankengeld *n* indennità *f* di malattia; **Krankengeschichte** *f* anamnesi *f*, cartella *f* clinica; **Krankengymnast(in)** <-en, -en; -, -nen> *m(f)* fisioterapista *mf*; **Krankengymnastik** *f* fisioterapia *f*; **Krankengymnastin** *f* s. **Krankengymnast**; **Krankenhaus** *n* ospedale *m*; (*Klinik*) clinica *f*; **jdn ins ~ einweisen** far ricoverare qu in ospedale

Krankenhausarzt *m*, **-ärztin** *f* medico *m* ospedaliero; **krankenhausreif** *adj* **jdn ~ schlagen** mandare qu all'ospedale (per le botte); **Krankenkasse** *f* mutua *f*, azienda *f* sanitaria; **Krankenkost** *f* dieta *f* per ammalati; **Krankenpflege** *f* assistenza *f* al malato; **Krankenpfleger(in)** *m(f)* infermiere, -a *m, f*; **Krankenschein** *m* modulo *m* per la mutua, foglio *m* di malattia; **Krankenschwester** *f* infermiera *f*; **Krankentransport** <-(e)s, -e> *m* trasporto *m* feriti; **Krankenversicherung** *f* assicurazione *f* contro le malattie; **Krankenwagen** *m* ambulanza *f*; **Krankenzimmer** *n* camera *f* dell'ammalato

krank|feiern *vi* (*fam*) darsi malato

krankhaft *adj* patologico; (*a fig*) morboso; **seine Eifersucht ist geradezu ~** la sua è una gelosia morbosa

Krankheit <-, -en> *f* malattia *f*; (*Erkrankung*) affezione *f*; (*Schmerz, Leiden*) male *m*; **eine ~ bekommen, sich** *dat* **eine ~ zuziehen** prendere una malattia; **Krankheitsbild** *n* quadro *m* clinico; **Krankheitserreger** *m* agente *m* patogeno; **Krankheitserscheinung** *f* sintomo *m* di una malattia; **Krankheitsherd** *m* focolaio *m* d'infezione [*o* di malattia]; **Krankheitskeim** *m* germe *m* patogeno; **Krankheitsverlauf** *m* decorso *m* della malattia

krank|lachen *vr* **sich ~** (*fam*) morire dal ridere

kränklich ['krɛŋklɪç] *adj* malaticcio

krank|melden[RR] *vr* **sich ~** mettersi in malattia; (MIL) marcare visita

Krankmeldung *f* il mettersi *m* in malattia, certificato *m* medico

krank|schreiben[RR] *vt* **jdn ~** rilasciare un certificato di malattia a qu; **krankgeschrieben sein** essere in malattia

Kränkung ['krɛŋkʊŋ] <-, -en> *f* offesa *f*

Kranz [krants] <-es, Kränze> *m* ❶ corona *f*, ghirlanda *f*; (GASTR) ciambella *f*

kränzen ['krɛntsən] *vt* incoronare

Krapfen ['krapfən] <-s, -> *m* (GASTR) ❶ (*salzige*) *frittella salata tipo calzone* ❷ (*A, südd, CH: Mehlspeise*) bombolone *m*, krapfen *m*

krass^{RR} *adj*, **kraß**^{ALT} [kras] *adj* ❶ (*ex-trem*) estremo; (*Egoist*) grande ❷ (*auffallend*) sorprendente; (*Widerspruch*) stridente; (*Unterschied*) grande ❸ (*unerhört*) incredibile, inaudito; (*Lüge*) spudorato

Krater ['kraːtɐ] <-s, -> *m* (GEOL) cratere *m*

Krätze ['krɛtsə] <-> *kein Pl f* (MED) scabbia *f*, rogna *f*

kratzen ['kratsən] **I.** *vt* ❶ grattare; (*mit Nägeln, Krallen*) graffiare ❷ (*ab~*) raschiare, raspare ❸ (*einritzen*) incidere ❹ (*fam: stören*) irritare, disturbare; **das kratzt mich überhaupt nicht** (*fam*) non mi disturba affatto **II.** *vi* ❶ (*Geräusch*) scricchiolare ❷ (*Pullover*) dare prurito **III.** *vr* **sich ~** grattarsi

Kratzer <-s, -> *m* (*a Kratzspur*) graffiatura *f*; (*a Kratzwunde*) graffio *m*

kraulen ['kraʊlən] **I.** *vt haben* (*streicheln*) accarezzare, lisciare **II.** *vt, vi haben o sein* (SPORT: *schwimmen*) nuotare a stile libero

kraus [kraʊs] *adj* ❶ (*Haar*) riccio, crespo; (*Stirn*) rugoso; (*Stoff*) sgualcito ❷ (*fig: Gedanken*) confuso; **die Nase/Stirn ~ ziehen** arricciare il naso/corrugare la fronte

kräuseln ['krɔɪzəln] **I.** *vt* (*Haare*) arricciare; (*Stoff, Wasser*) increspare; (*Stirn*) corrugare **II.** *vr* **sich ~** incresparsi

Krauskopf <-(e)s, -köpfe> *m* testa *f* ricciuta

Kraut [kraʊt] <-(e)s, Kräuter> *n* (BOT) ❶ (*Pflanze*) erba *f*; (*Heil~*) erba *f* medicinale; (*Würz~*) erba *f* aromatica; **mit Kräutern** (GASTR) alle erbe; **dagegen ist kein ~ gewachsen** non c'è rimedio, non si può far nulla ❷ (*von Rüben*) foglie *fpl* ❸ *sing* (*Kohl*) cavolo *m* (cappuccio); (*Rot~, Weiß~*) cavolo *m* rosso/bianco; (*Sauer~*) crauti *mpl*; **wie ~ und Rüben** (*fam*) sottosopra, alla rinfusa ❹ (*Un~*) malerba *f* ❺ (*pej fam: Tabak*) tabacco *m* scadente

Kräuterbuch *n* erbario *m*; **Kräuterbutter** *f* (GASTR) burro *m* aromatizzato; **Kräuterlikör** *m* liquore *m* alle erbe; **Kräutermischung** *f* misto *m* di erbe aromatiche; **Kräutertee** *m* infuso *m* d'erbe; (*bes. Beruhigungs~*) tisana *f*

Krautsalat *m* insalata *f* di cavoli crudi tagliati a strisce

Krawall [kra'val] <-s, -e> *m* ❶ (*Aufruhr*) tumulto *m*, disordine *m* ❷ (*fam pej: Lärm*) chiasso *m*, baccano *m*

Krawatte [kra'vatə] <-, -n> *f* cravatta *f*; **Krawattennadel** *f* spillo *m* da cravatte

kraxeln ['kraksəln] *vi* (A, südd: *klettern*) **auf einen Baum ~** arrampicarsi su un

albero; **auf einen Berg ~** scalare una montagna

Kreation [krea'tsi̯oːn] <-, -en> *f* creazione *f*

kreativ [krea'tiːf] *adj* creativo

Kreativdirektor(in) *m(f)* direttore *m* creativo

Kreativität [kreativi'tɛːt] <-> *kein Pl f* creatività *f*

Kreatur [krea'tuːɐ] <-, -en> *f* creatura *f*

Krebs [kreːps] <-es, -e> *m* ❶ (ZOO) gambero *m*; (*Taschen~*) granchio *m* ❷ (MED, BOT) cancro *m* ❸ (ASTR) Cancro *m*; **er/sie ist (ein) ~** è (del) Cancro; **krebserregend** *adj* cancerogeno; **~e Stoffe** agenti *mpl* cancerogeni; **Krebserreger** *m* cancerogeno *m*; **Krebsforschung** *f* cancerologia *f*; **Krebsfrüherkennung** *kein Pl f* diagnosi *f* precoce del cancro; **Krebsgang** *m* **den ~ gehen** (*fig*) fare come i gamberi; **Krebsgeschwür** *n* ulcerazione *f* cancerosa; **krebskrank** *adj* malato di cancro; **krebsrot** *adj* rosso come un gambero; **Krebssuppe** *f* (GASTR) zuppa *f* di gamberetti; **Krebsverdacht** *m* sospetto *m* di cancro; **Krebsvorbeugung** <-, -en> *f* (MED) prevenzione *f* del cancro; **Krebsvorsorge** *f* prevenzione *f* del cancro; **Krebsvorsorgeuntersuchung** *f* visita *f* di controllo preventiva del cancro; **Krebszelle** *f* (MED) cellula *f* cancerosa

Kredit [kre'diːt] <-(e)s, -e> *m* ❶ (FIN: *a Glaubwürdigkeit*) credito *m*; **~ haben** avere credito; (*fig*) godere di molto credito; **einen ~ aufnehmen** aprire un credito; **etw auf ~ kaufen** comprare qc a credito ❷ (*fig: Ansehen*) reputazione *f*

Kreditbank <-, -en> *f* istituto *m* di credito; **Kreditbrief** *m* lettera *f* di credito; **kreditfähig** *adj* solvibile; **Kreditfähigkeit** *f* solvibilità *f*; **Kreditgeber** *m* creditore *m*

kreditieren [kredi'tiːrən] <ohne ge-> **I.** *vi* far credito **II.** *vt* (**jdm**) **etw ~** accreditare qc (a qu)

Kreditinstitut *n* (FIN) istituto *m* di credito; **Kreditkarte** *f* carta *f* di credito; **Kreditnehmer** <-s, -> *m* beneficiario *m* di un credito; **kreditwürdig** *adj* solvibile

Kreide ['kraɪdə] <-, -n> *f* ❶ (MIN: *weicher Kalkstein*) creta *f* ❷ (*Schreib~*) gesso *m*; **ein Stück ~** un gessetto ❸ *sing* (GEOL: *~zeitalter*) cretaceo *m*; **bei jdm (tief) in der ~ stehen** (*fam*) essere indebitato (fino al collo) con qu; **kreidebleich** *adj* bianco come un cencio; **Kreidefelsen** *m* roccia *f* cretacea; **kreideweiß** ['kraɪdə'vaɪs] *adj* *s.* **kreidebleich**; **Kreidezeichnung** *f* (KUNST) disegno *m* a gessetto; **Kreidezeit** *f s.* **Kreide 3.**

Kreis [kraɪs] <-es, -e> *m* ❶ circolo *m;* (*a fig* MAT) cerchio *m;* (~ *linie*) circonferenza *f;* (*weite*) ~ **e ziehen** (*fig*) estendersi; **sich im ~ drehen** girare, rotare; **im ~** in cerchio ❷ (TEC) circuito *m* ❸ (*Lebens~, Bereich*) ambito *m;* (*Wirkungs~*) ambito *m,* sfera *f;* **in gut unterrichteten ~en** in ambienti ben informati ❹ (*fig: Personen~*) cerchia *f;* **im ~e von** in seno a ❺ (*Verwaltungsbezirk*) distretto *m;* **Kreisbahn** *f* (ASTR) orbita *f* (circolare); **Kreisbogen** *m* arco *m* di cerchio

kreischen ['kraɪʃən] *vi* strillare; (*Vögel, Bremsen*) stridere; **kreischend** *adj* (*Stimme*) stridulo; (*Bremsen*) stridente

Kreisel ['kraɪzəl] <-s, -> *m* trottola *f*

kreisen ['kraɪzən] *vi haben o sein* ❶ **um etw ~** girare intorno a qc; **das Gespräch kreiste um …** la conversazione si incentrava su … ❷ (*Vögel, Flugzeug*) volteggiare ❸ (*Blut, Geld*) circolare; **in der Runde ~** (*Becher*) fare il giro

Kreisfläche *f* ❶ superficie *f* circolare ❷ (MAT) superficie *f* del cerchio; **kreisförmig** ['kraɪsfœrmɪç] **I.** *adj* circolare **II.** *adv* in cerchio, in circolo

Kreislauf *m* ❶ (MED, FIN: *Blut~, Geld~*) circolazione *f* ❷ (ASTR) rivoluzione *f* ❸ (*Natur~*) ciclo *m* ❹ (TEC) circuito *m;* **Kreislaufstörung** *f* (MED) disturbo *m* circolatorio

kreisrund ['kraɪs'rʊnt] *adj* rotondo, tondo, circolare

Kreissäge *f* sega *f* circolare

kreißen ['kraɪsən] *vi* (*obs: Wehen haben*) avere le doglie

Kreißsaal ['kraɪsza:l] *m* (MED) sala *f* parto

Kreisstadt *f* capoluogo *m* distrettuale; **Kreisumfang** *m* (MAT) circonferenza *f;* **Kreisverkehr** *m* circolazione *f* rotatoria

Krematorium [krema'to:riʊm] <-s, Krematorien> *n* (forno *m*) crematorio *m*

Kreml ['kre:məl] <-(s), -> *m* (POL) Cremlino *m*

Krempe ['krɛmpə] <-, -n> *f* tesa *f,* falda *f*

Krempel ['krɛmpəl] <-s> *kein Pl m* (*fam pej*) roba *f,* cianfrusaglie *fpl;* **dieser alte ~** queste vecchie cianfrusaglie; **den ganzen ~ hinwerfen** (*fig*) buttare tutto all'aria

Kren [kre:n] <-(e)s> *kein Pl m* (*südd, A: Meerrettich*) rafano *m,* cren *m*

krepieren [kre'pi:rən] <*ohne ge-*> *vi sein* ❶ (*Tiere, vulg: Menschen*) crepare ❷ (*Granate*) scoppiare

Krepp^{RR1} [krɛp] <-, -s> *f* (GASTR) crêpe *f*

Krepp² <-s, -s *o* -e> *m* (*Gewebe*) crespo *m*

Kresse ['krɛsə] <-, -n> *f* (BOT) crescione *m*

kreuz [krɔɪts] *adv* ~ **und quer** a destra e sinistra, in tutti i sensi

Kreuz [krɔɪts] <-es, -e> *n* ❶ (REL) croce *f;* (~ *zeichen*) segno *m* della croce; **ein ~ schlagen** farsi il segno della croce; **etw über ~ legen** mettere in croce qc; **zu ~ e vor jdm kriechen** umiliarsi davanti a qu ❷ (MUS) diesis *m* ❸ **sing** (*beim Kartenspiel*) fiori *mpl* ❹ (*fig: Leid*) tormento *m,* afflizione *f;* **es ist ein ~** (*fam*) è un calvario; **es ist ein ~ mit ihm** (*fam*) è una croce con lui ❺ (*Rücken*) schiena *f,* reni *mpl;* **jdn aufs ~ legen** (*sl*) gabbare qu

Kreuzbube *m* (*Karten*) fante *m* di fiori

kreuzen I. *vt haben* ❶ (*Arme, Beine, Wege, Blicke*) incrociare ❷ (BOT, ZOO) incrociare ❸ (*überschreiten*) attraversare **II.** *vi haben o sein* (NAUT) incrociare; (*beim Segeln*) bordeggiare **III.** *vr sich ~* (*Straßen*) tagliarsi; (*Wege, Blicke*) incrociarsi

Kreuzer <-s, -> *m* (NAUT) incrociatore *m*

Kreuzfahrt *f* (NAUT) crociera *f;* **Kreuzfahrtschiff** *n* (NAUT) nave *f* da crociera

Kreuzfeuer *n* (MIL) fuoco *m* incrociato; **im ~ der Kritik stehen** essere al centro della critica; **kreuzfidel** ['krɔɪtsfi'de:l] *adj* (*fam*) allegro come una pasqua; **Kreuzgang** *m* (ARCH) chiostro *m;* **Kreuzgewölbe** *n* (ARCH) volta *f* a crociera

kreuzigen ['krɔɪtsɪgən] *vt* crocifiggere

Kreuzigung <-, -en> *f* crocifissione *f*

Kreuzotter <-, -n> *f* (ZOO) vipera *f* comune; **Kreuzritter** *m* (HIST) (cavaliere) crociato *m;* **Kreuzschmerz** *m* (*fam*) dolore *m* di schiena; **Kreuzspinne** *f* (ZOO) ragno *m* crociato

Kreuzung <-, -en> *f* (*allg,* BOT, ZOO) incrocio *m*

kreuzungsfrei *adj* senza [*o* privo di] incroci

Kreuzverhör *n* (JUR) interrogatorio *m* in contraddittorio; **jdn ins ~ nehmen** interrogare qu in contraddittorio; **Kreuzweg** *m* ❶ (*Wegkreuzung*) incrocio *m,* crocicchio *m* ❷ (REL) via *f* crucis; **kreuzweise** *adv* in croce; **du kannst mich ~!** (*sl*) ma impiccati!, vaffanculo! *vulg;* **Kreuzworträtsel** *n* cruciverba *m;* **Kreuzzeichen** *n s.* **Kreuz 1.**; **Kreuzzug** *m* (HIST) crociata *f*

kribb(e)lig ['krɪb(ə)lɪç] *adj* ❶ (*kribbelnd*) solleticante ❷ (*fam: nervös, unruhig*) nervoso, irrequieto; (*gereizt*) irritato

kribbeln ['krɪbəln] *vi* ❶ *haben* (*jucken*) prudere; (*prickeln*) essere frizzante ❷ *sein* (*wimmeln*) formicolare

K

kribblig *adj s.* **kribb(e)lig**

kriechen ['kriːçən] <kriecht, kroch, gekrochen> *vi sein* ❶ strisciare ❷ (*Fahrzeuge*) procedere lentamente

Kriecher <-s, -> *m* (*fig pej*) leccapiedi *m*

Kriechspur <-, -en> *f* corsia *f* lenta; **Kriechtempo** *kein Pl n* (*pej*) **im ~** a passo di lumaca; **Kriechtier** *n* rettile *m*

Krieg [kriːk] <-(e)s, -e> *m* guerra *f;* **den ~ erklären** dichiarare la guerra; **gegen jdn ~ führen** fare la guerra contro qu; **~ führend** belligerante; **im ~** in guerra

kriegen ['kriːgən] *vt* (*fam: bekommen, erhalten*) ricevere, ottenere; (*Krankheit*) prendersi, buscarsi *fam;* **ein Kind ~** (*erwarten*) aspettare un bambino; **sie hat ein Kind gekriegt** ha avuto un bambino; **nicht genug ~** (**können**) non averne mai abbastanza; **ich kriege Hunger/Durst** mi viene fame/sete

Krieger(in) ['kriːgɐ] <-s, -; -, -nen> *m(f)* guerriero *m;* **Kriegerdenkmal** *n* monumento *m* ai caduti

kriegerisch ['kriːgərɪʃ] *adj* (*Ereignisse*) guerresco, bellico; (*Haltung*) bellicoso; (*Aussehen*) marziale

Kriegerwitwe <-, -n> *f* vedova *f* di guerra

kriegführend *adj* belligerante

Kriegführung *f* condotta *f* di guerra, strategia *f*

Kriegsausbruch *kein Pl m* **bei ~** allo scoppio della guerra; **Kriegsbeil** *n* **das ~ begraben** (*scherz*) sotterrare l'ascia di guerra; **Kriegsbereitschaft** *f* **in ~** sul piede di guerra; **Kriegsberichterstatter** *m* corrispondente *m* di guerra; **Kriegsbeschädigte** <ein -r, -n, -n> *mf* invalido, -a *m, f* di guerra; **Kriegsdienstverweigerer** <-s, -> *m* obiettore *m* di coscienza; **Kriegserklärung** *f* dichiarazione *f* di guerra; **Kriegsfall** *m* **im ~** in caso di guerra; **Kriegsfilm** *m* film *m* di guerra; **Kriegsfuß** *m* **mit jdm auf ~ stehen** (*scherz*) essere sul piede di guerra con qu; **mit etw auf ~ stehen** (*scherz*) non conoscere bene qc; **Kriegsgefahr** *f* pericolo *m* di guerra; **Kriegsgefangene** *mf* prigioniero, -a *m, f* di guerra; **Kriegsgefangenschaft** *f* prigionia *f* (di guerra); **Kriegsgericht** *n* tribunale *m* di guerra, corte *f* marziale; **Kriegshandlung** *f* operazione *f* bellica; **Kriegslist** *f* stratagemma *m,* astuzia *f* di guerra; **Kriegsmarine** *f* marina *f* militare; **Kriegsmaterial** *n* materiale *m* bellico; **Kriegsopfer** *n* vittima *f* di guerra; **Kriegspfad** *m* **auf dem ~ sein** essere sul sentiero di guerra; **Kriegsrecht** *n* diritto *m* di guerra;

Kriegsschauplatz *m* teatro *m* della guerra; **Kriegsschiff** *n* nave *f* da guerra; **Kriegsspielzeug** *n* giocattolo *m* per giochi di guerra; **Kriegsverbrechen** *n* crimine *m* di guerra; **Kriegsverbrecher** *m* criminale *m* di guerra; **Kriegsversehrte** *mf s.* **Kriegsbeschädigte**; **Kriegsveteran(in)** <-en, -en; -, -nen> *m(f)* (MIL) veterano *m* (di guerra); **Kriegszustand** *m* stato *m* di guerra; **sich im ~ befinden** essere in guerra

Krim [krɪm] *f* (GEOG) Crimea *f*

Krimi ['kriːmi] <-s, -s> *m* (FILM, LIT, *fam*) giallo *m*

Kriminalbeamte *m,* **Kriminalbeamtin** *f* funzionario, -a *m, f* della polizia giudiziaria; **Kriminalfall** *m* caso *m* criminale; **Kriminalfilm** *m* (film *m*) giallo *m*

Kriminalisierung [kriminaliˈziːrʊŋ] <-> *f* criminalizzazione *f*

Kriminalistik [krimnaˈlɪstɪk] <-> *kein Pl f* criminologia *f;* **kriminalistisch** *adj* criminalistico

Kriminalität [kriminaliˈtɛːt] <-> *kein Pl f* criminalità *f,* delinquenza *f*

Kriminalpolizei *kein Pl f* polizia *f* criminale; **Kriminalroman** *m* romanzo *m* poliziesco, giallo *m*

kriminell [krimiˈnɛl] *adj* criminale; **Kriminelle** <ein -r, -n, -n> *mf* criminale *mf*

Kriminologie [kriminoloˈgiː] <-> *kein Pl f* criminologia *f*

Krimskrams ['krɪmskrams] <-(es)> *kein Pl m* (*fam*) cianfrusaglie *fpl,* ciarpame *m*

kringeln *vr* **sich ~** arrotolarsi, arricciarsi; **sich vor Lachen ~** (*fam*) spanciarsi/sbellicarsi dalle risate, ridere a crepapelle

Kripo ['kriːpo] <-, -s> *f abk v* **Kriminalpolizei** polizia *f* criminale

Krippe ['krɪpə] <-, -n> *f* ❶ (*Weihnachts~*) presepio *m* ❷ (*Futter~*) mangiatoia *f,* greppia *f* ❸ (*Kinder~*) asilo *m* nido; **Krippenplatz** *m* posto *m* al micronido

Krise ['kriːzə] <-, -n> *f* crisi *f*

kriseln ['kriːzəln] *vi* **es kriselt** c'è (in vista) una crisi

krisenanfällig *adj* (WIRTSCH) soggetto a crisi, che risente delle crisi; **krisenfest** *adj* stabile; **Krisengebiet** *n* focolaio *m* di crisi; **krisengeschüttelt** *adj* **~es Gebiet** regione scossa da conflitti; **Krisengipfel** *m* (POL) vertice *m* (in seguito a una crisi); **Krisenherd** *m* focolaio *m;* **Krisenmanagement** *n* (WIRTSCH, POL) gestione *f* della crisi; **Krisenstab** *m* comitato *m* d'emergenza

Kristall[1] [krɪsˈtal] <-s, -e> *m* (*Körper*) cristallo *m*

Kritik äußern	
kritisieren, negativ bewerten	**criticare, giudicare negativamente**
Das gefällt mir gar nicht.	Non mi piace per niente.
Das sieht aber nicht gut aus.	Non si presenta bene.
Das hätte man aber besser machen können.	Si sarebbe potuto fare di meglio.
Da habe ich so meine Bedenken.	Ho i miei dubbi al riguardo.
missbilligen	**disapprovare**
Das kann ich nicht gutheißen.	Non lo approvo.
Da bin ich absolut dagegen.	Sono assolutamente contrario.
Das finde ich gar nicht gut von dir.	Non è proprio una bella cosa da parte tua.

Kristall[2] <-s> *kein Pl n* (*Glas*) cristallo *m*

kristallen *adj* di cristallo, cristallino

Kristallglas *n* ❶ (*Material*) cristallo *m* ❷ (*Gefäß*) bicchiere *m* di cristallo

kristallin(isch) [krɪsta'li:n(ɪʃ)] *adj* (MIN) cristallino

kristallisieren [krɪstali'zi:rən] <ohne ge-> I. *vi, vt* cristallizzare II. *vr* **sich ~** cristallizzarsi

kristallklar *adj* cristallino

Kristallnacht *f* (HIST) notte *f* dei cristalli, *inizio della persecuzione nazista degli ebrei residenti in Germania*

Kristallzucker *m* zucchero *m* cristallino

Kriterium [kri'te:riʊm] <-s, Kriterien> *n* ❶ criterio *m* ❷ (SPORT) criterium *m*

Kritik [kri'ti:k] <-, -en> *f* critica *f*; **an jdm/ etw ~ üben** volgere una critica a qu/qc; **eine gute/schlechte ~ haben** avere una buona/cattiva critica

Kritiker(in) ['kri:tike] <-s, -; -, -nen> *m(f)* critico, -a *m, f*, recensore *m*

kritiklos *adj* acritico

kritisch ['kri:tɪʃ] *adj* critico

kritisieren [kriti'zi:rən] <ohne ge-> *vt* criticare

kritteln ['krɪtəln] *vi* (*pej*) trovare da ridire (*an +dat* su)

Kritzelei [krɪtsə'laɪ] <-, -en> *f* (*fam pej*) scarabocchi *mpl*, sgorbi *mpl*

kritzeln ['krɪtsəln] *vi, vt* scarabocchiare

Kroate [kro'a:tə] <-n, -n> *m* croato *m*

Kroatien [kro'a:tsiən] *n* Croazia *f*; **Kroatin** [kro'a:tin] <-, -nen> *f* croata *f*

kroatisch [kro'a:tɪʃ] *adj* croato

kroch [krɔx] *1. u 3. pers sing imp von* **kriechen**

Krokant [kro'kant] <-s> *kein Pl m* (GASTR) croccante *m*

Krokette [kro'kɛtə] <-, -n> *f* (GASTR) crocchetta *f* (di patate)

Krokodil [kroko'di:l] <-s, -e> *n* (ZOO) coccodrillo *m*; **Krokodilstränen** *fpl* (*fam*) lacrime *fpl* di coccodrillo

Krokus ['kro:kʊs] <-, -(se)> *m* (BOT) croco *m*

Krone ['kro:nə] <-, -n> *f* ❶ corona *f*; (FIN, TEC: *a Zahn~*) corona *f*; (*Baum~*) chioma *f*; **einen in der ~ haben** (*fam*) essere sbronzo; **dabei fällt dir keine Perle aus der ~** (*fam*) non ci rimetti niente ❷ (*fig: Höhepunkt*) colmo *m*, massimo *m*, coronamento *m*; **das setzt doch aliem die ~ auf!** (*fam*) questo è il colmo!

krönen ['krø:nən] *vt* ❶ (*a fig*) incoronare; **von Erfolg gekrönt sein** essere coronato dal successo ❷ (*abschließen*) coronare; **der ~de Abschluss** la fine in gloria

Kronleuchter <-s, -> *m* lampadario *m* a corona; **Kronprinz** *m* principe *m* ereditario; **Kronprinzessin** *f* principessa *f* ereditaria

Krönung ['krø:nʊŋ] <-, -en> *f* ❶ (*das Krönen*) incoronazione *f* ❷ (*fig: Höhepunkt*) coronamento *m*

Kronzeuge *m*, **Kronzeugin** *f* teste *mf* principale

Kropf [krɔpf] <-(e)s, Kröpfe> *m* gozzo *m*; **überflüssig sein wie ein ~** (*fam scherz*) essere solo zavorra

kross[RR] [krɔs] *adv* croccante; **~ gebraten** fritto in modo croccante

kroß [krɔs] *adv* croccante; **~ gebraten** fritto in modo croccante

Krösus ['krø:zʊs] <- o -ses, -se> *m* (*scherz*) creso *m*, nababbo *m*

Kröte ['krø:tə] <-, -n> *f* ❶ (ZOO) rospo *m* ❷ (*fam scherz: kleines Kind*) rospetto *m*

③ *pl* (*sl: Geld*) quattrini *mpl fam*

Krs. *abk v* **Kreis** distretto

Krücke ['krʏkə] <-, -n> *f* **①** (*zum Gehen*) gruccia *f;* stampella *f;* **an ~ n gehen** camminare con le grucce **②** (*Griff*) manico *m* **③** (*sl pej: Versager*) inetto, -a *m, f fam,* fallito, -a *m, f fam*

Krug ['kruːk] <-(e)s, Krüge> *m* brocca *f;* **der ~ geht so lange zum Brunnen, bis er bricht** (*prov*) tanto va la gatta al lardo che ci lascia lo zampino

Krume ['kruːmə] <-, -n> *f* **①** (*Brot~*) briciola *f* (di pane) **②** (AGR: *Acker~*) strato *m* superiore del terreno

Krümel ['kryːməl] <-s, -> *m* briciola *f;* **krüm(e)lig** *adj* friabile

krümeln *vi* sbriciolarsi

krümlig *adj s.* **krüm(e)lig**

krumm [krom] *adj* **①** (*schief*) storto; (*verkrümmt*) contorto; (*bogenförmig*) curvo; **~e Beine/Nase** gambe storte/naso adunco; **sich ~ ärgern** (*fam*) arrabbiarsi molto **②** (*fig sl: unrechtmäßig*) disonesto; **~e Geschäfte** (*sl*) affari loschi; **~e Dinger drehen** (*sl*) far qc di proibito; **auf die ~e Tour** (*sl*) in modo poco pulito, per vie traverse

krummbeinig *adj* dalle gambe storte

krümmen ['krʏmən] **I.** *vt* (*biegen*) (in)curvare, piegare; **ihm wurde kein Haar gekrümmt** non gli è stato torto un capello **II.** *vr* **sich ~** **①** (*sich beugen*) (in)curvarsi, piegarsi; (*Straße, Fluss*) (in)curvare, piegare **②** (*sich winden*) (con)torcersi; **sich vor Lachen/Schmerzen ~** piegarsi in due dal ridere/dai dolori

krumm|lachen *vr* **sich ~** spanciarsi dalle risate

krumm|nehmen^{ALT} *vt s.* **nehmen 8.**

Krümmung ['krʏmoŋ] <-, -en> *f* **①** incurvamento *m* **②** (*Biegung,* ANAT, MAT) curvatura *f;* (*Straßen~, Fluss~*) curva *f*

Kruppe ['krupə] <-, -n> *f* groppa *f*

Krüppel ['krʏpəl] <-s, -> *m* storpio *m;* **jdn zum ~ machen** storpiare qu

krüppelhaft *adj* storpio, storpiato

krüpp(e)lig *adj* **①** (*verkrüppelt*) storpio **②** (*missgestaltet*) deforme

Kruste ['krostə] <-, -n> *f* crosta *f;* **Krustenbildung** *f* (*Vorgang*) incrostamento *m;* (*Resultat*) incrostazione *f;* **Krustentier** *n* (ZOO) crostaceo *m*

Kruzifix [krutsiˈfɪks] <-es, -e> *n* (REL) crocifisso *m;* **~ (noch mal)!** (*fam*) accidenti!

Krypta ['krʏpta] <-, Krypten> *f* (ARCH) cripta *f*

KSZE [kaːʔɛstsɛtˈʔeː] <-> *kein Pl f* (HIST) *abk v* **Konferenz über Sicherheit und**

Zusammenarbeit in Europa CSCE *f*

Kuba ['kuːba] *n* Cuba *f*

Kubaner(in) [kuˈbaːnɐ] <-s, -; -, -nen> *m(f)* cubano, -a *m, f*

kubanisch *adj* cubano

Kübel ['kyːbəl] <-s, -> *m* mastello *m,* tinozza *f;* (*Eimer*) secchio *m*

Kubikmeter [kuˈbiːkmeːtə] *m o n* metro *m* cubo; **Kubikwurzel** *f* (MAT) radice *f* cubica; **Kubikzahl** *f* (MAT) potenza *f* cubica; **Kubikzentimeter** *m o n* centimetro *m* cubo

kubisch ['kuːbɪʃ] *adj* cubico

Kubismus [kuˈbɪsmʊs] <-> *kein Pl m* (KUNST) cubismo *m*

kubistisch *adj* (KUNST) cubista

Küche ['kʏçə] <-, -n> *f* cucina *f;* **gutbürgerliche ~** cucina casalinga; **in Teufels ~ kommen** mettersi nei guai

Kuchen ['kuːxən] <-s, -> *m* **①** (*Gebäck*) dolce *m,* torta *f;* **ein Stück ~** un pezzo di torta **②** *meist pl* (*Kleingebäck*) paste *fpl;* **Kuchenblech** *n* piastra *f* del forno

Küchenchef *m* (GASTR) chef *m,* capocuoco *m*

Kuchenform *f* forma *f* per torte; **Kuchengabel** *f* forchetta *f* da dessert

Küchenherd *m* fornello *m* (da cucina); **Küchenmaschine** *f* robot *m* da cucina; **Küchenmesser** *n* coltello *m* da cucina; **Küchenpapier** *n* carta *f* assorbente; **Küchenpersonal** *n* personale *m* di cucina; **Küchenschabe** *f* (ZOO) scarafaggio *m,* blatta *f;* **Küchenschrank** *m* credenza *f,* buffet *m*

Kuchenteig *m* pasta *f* per torte

Kücken ['kʏkən] <-s, -> *n* (A) pulcino *m*

kuckuck ['kʊkʊk] *int* cucù

Kuckuck ['kʊkʊk] <-s, -e> *m* (ZOO) cuculo *m;* **das weiß der ~!** (*fam*) lo sa il diavolo!; **zum ~ (noch mal)!** (*fam*) al diavolo!; **Kuckucksuhr** *f* (orologio *m* a) cucù *m*

Kufe ['kuːfə] <-, -n> *f* **①** (*Schlitten~, Flugzeug~*) pattino *m* **②** (*Schlittschuh~*) lama *f*

Küfer ['kyːfɐ] <-s, -> *m* (*südd, CH*) bottaio *m*

Kugel ['kuːgəl] <-, -n> *f* **①** (*runder Körper*) palla *f;* (MAT) sfera *f;* (*Erd~*) globo *m* **②** (*Gewehr~*) pallottola *f;* (*Kanonen~*) palla *f;* **sich** *dat* **eine ~ durch den Kopf jagen** (*fam*) bruciarsi il cervello **③** (SPORT: *Kegel~*) boccia *f;* (*Billard~*) biglia *f;* (*Stoß~*) peso *m;* **eine ruhige ~ schieben** (*fam*) prendersela comoda; **Kugelblitz** *m* (METEO) fulmine *m* globulare; **Kugelfang** *m* parapalle *m;* **kugelförmig** *adj* sferico; **Kugelkopfschreibmaschine** *f*

macchina f da scrivere a testina rotante; **Kugellager** n (MOT) cuscinetto m a sfere **kugeln** ['ku:gəln] I. vi sein rotolare II. vr sich ~ rotolarsi; **sich ~ vor Lachen** ridere a crepapelle

kugelrund ['ku:gəl'rʊnt] adj sferico, tondo; **Kugelschreiber** m penna f a sfera, biro® f fam; **kugelsicher** adj a prova di proiettile; **Kugelstoßen** <-s> kein Pl n (SPORT) lancio m del peso

Kuh [ku:] <-, Kühe> f ❶ (ZOO: weibliches Rind) vacca f, mucca f ❷ (weibliches Tier) femmina f ❸ (fig pej: Person) stupida f fam, cretina f fam; **blöde ~** (Schimpfwort) brutta vacca; **Kuhfladen** m meta f di vacca; **Kuhhandel** m (fam pej) mercanteggiamento m, mercimonio m

Kuhhaut f **das geht auf keine ~** (fig fam) questo è troppo; **Kuhhirte** m vaccaio m **kühl** [ky:l] adj ❶ (Wetter, Raum) fresco; **~ aufbewahren** tenere al fresco ❷ (erfrischend) rinfrescante ❸ (fig: Empfang, Blick) freddo; **Kühlanlage** f impianto m frigorifero; **Kühlbox** f borsa f termica

Kühle ['ky:lə] <-> kein Pl f ❶ fresco m, frescura f ❷ (fig) freddezza f

kühlen ['ky:lən] I. vt ❶ (~ lassen) raffreddare; (kalt stellen) mettere in ghiaccio ❷ (erfrischen) rinfrescare ❸ (PHYS, TEC) refrigerare II. vi diventar freddo; **kühlend** adj refrigerante

Kühler <-s, -> m (TEC) refrigeratore m; (MOT, AERO) radiatore m; **Kühlerhaube** f (MOT) cofano m (del motore)

Kühlflüssigkeit f (TEC) fluido m refrigerante; **Kühlhaus** n magazzino m frigorifero; **Kühlraum** m cella f frigorifera; **Kühlschrank** m frigorifero m, frigo m fam; **Kühltasche** f borsa f termica; **Kühltruhe** f congelatore m; **Kühlturm** m (TEC) torre f di raffreddamento

Kühlung <-> kein Pl f ❶ (Vorgang) raffreddamento m ❷ (Luft) frescura f ❸ (Vorrichtung) dispositivo m di raffreddamento

Kühlwagen m (FERR) vagone m frigorifero; (MOT) camion m frigorifero; **Kühlwasser** n acqua f di raffreddamento

Kuhmilch kein Pl f latte m di mucca **kühn** [ky:n] adj ❶ audace; (riskant) rischioso; **das übertrifft meine ~sten Erwartungen** questo supera le mie più audaci aspettative ❷ (fig: Behauptung) avventato; **Kühnheit** <-, -en> f ❶ audacia f, temerarietà f ❷ (fig: von Gedanke, Theorie) arditezza f

Kuhstall m stalla f delle mucche **k. u. k.** ['ka:ʔʊnt'ka:] abk v **kaiserlich und königlich** (HIST) imperialregio

Küken ['ky:kən] <-s, -> n pulcino m **Ku-Klux-Klan** [kuklʊks'kla:n] <-s> kein Pl m (POL) mafia f cinese

Kukuruz ['kʊkurʊts] <-(es)> kein Pl m (A: Mais, obs) mais m, gran(o)turco m

kulant [ku'lant] adj accomodante **Kuli** ['ku:li] <-s, -s> m ❶ (Lastenträger) coolie m; (fig) facchino m ❷ (fam: Kugelschreiber) biro® f fam

kulinarisch [kuli'na:rɪʃ] adj culinario **Kulisse** [ku'lɪsə] <-, -n> f ❶ (THEAT) quinta f; **einen Blick hinter die ~n werfen** (fig) gettare uno sguardo dietro le quinte ❷ (fig: Rahmen, Hintergrund) fondo m

Kulleraugen ['kʊlɐaʊgən] npl (scherz) occhioni mpl

kullern ['kʊlɐn] vi (fam) rotolare **Kult** [kʊlt] <-(e)s, -e> m culto m; **einen ~ mit etw treiben** avere un culto per qc; **Kultfilm** m (FILM) cult movie m

kultig adj particolare, caratteristico **kultisch** adj del culto, liturgico **kultivieren** [kʊlti'vi:rən] <ohne ge-> vt ❶ (AGR) coltivare ❷ (urbar machen) dissodare ❸ (fig: pflegen) coltivare

kultiviert [kʊlti'vi:ɐt] adj (fig: vornehm, gebildet) colto, istruito; (Geschmack, Sprache) raffinato

Kultserie f serie f cult **Kultstätte** f luogo m sacro **Kultur** [kʊl'tu:ɐ] <-, -en> f ❶ (AGR, BIOL) coltura f ❷ (geistige, künstlerische ~) cultura f; (Lebensform) civiltà f

Kulturaustausch m scambi mpl culturali; **Kulturbanause** m (scherz pej) zotico m; **Kulturbeutel** m beauty case m; **Kulturdenkmal** n monumento m (storico)

kulturell [kʊltu'rɛl] adj culturale **Kulturfilm** <-s, -e> m documentario m; **Kulturgeschichte** f storia f della civiltà; **Kulturgut** n bene m culturale; **Kulturhauptstadt** f **~ Europas** Capitale f Europea della Cultura; **Kulturhoheit** f sovranità f culturale; **Kulturlandschaft** f paesaggio m antropizzato; **kulturlos** adj privo di [o senza] cultura; **Kulturpolitik** kein Pl f politica f culturale; **Kulturrevolution** f rivoluzione f culturale; **Kulturschock** m choc m culturale; **Kulturstufe** f grado m di civiltà; **Kulturvolk** n popolo m civile; **Kulturzentrum** n centro m culturale

Kultusminister(in) ['kʊltʊsmɪnɪstɐ] m(f) (BRD) ministro m della pubblica istruzione; **Kultusministerium** n (BRD) ministero m della pubblica istruzione

Kümmel ['kʏməl] <-s, -> m ❶ (BOT)

cumino *m* ❷ (*Branntwein*) Kümmel *m*

Kummer ['kʊmɐ] <-s> *kein Pl m* dispiacere *m*, pena *f*, afflizione *f*; **jdm ~ bereiten** dare dei dispiaceri a qu; **hast du ~?** hai preoccupazioni?

kümmerlich ['kʏmɐlɪç] *adj* ❶ (*elend*) misero; (*erbärmlich*) pietoso; (*ärmlich, dürftig*) povero, scarso ❷ (*schwächlich*) deboluccio

kümmern ['kʏmɐn] I. *vr* **sich ~** ❶ (*sich annehmen*) **sich um jdn ~** prendersi cura di qu ❷ (*sich befassen*) **sich um jdn/ etw ~** preoccuparsi di qu/qc; **~ Sie sich bitte darum, dass ...** per favore, si preoccupi che +*conj;* **~ Sie sich (doch) um Ihre eigenen Angelegenheiten!** badi ai fatti suoi *fam;* **~ Sie sich nicht um ...** non pensi a ..., non si impicci di ... *fam* II. *vt* **jdn etw ~** interessare qc a qu; **was kümmert mich das?** che me ne importa?

kummervoll *adj* afflitto

Kumpan(**in**) [kʊm'paːn] <-s, -e; -, -nen> *m(f)* (*fam*) ❶ (*Kamerad*) compagno, -a *m, f* ❷ (*pej: Mittäter*) complice *mf*

Kumpel ['kʊmpəl] <-s, -(s)> *m* ❶ (MIN) minatore *m* ❷ (*fam*) compagno *m* (di lavoro) ❸ (*fam*) amico *m* (di sesso maschile); **er ist ein guter ~** (*fam*) è un buon amico

kündbar ['kʏntbaːɐ] *adj* ❶ (*Vertrag*) denunciabile ❷ (*Geld*) rimborsabile, revocabile ❸ (*Arbeitnehmer*) licenziabile

Kunde ['kʊndə] <-n, -n> *m* cliente *m*, avventore *m*

künden ['kʏndən] I. *vi* (*geh*) dare notizia (*von* di) II. *vt* ❶ (*geh*) annunciare ❷ (*CH*) licenziare

Kundendienst *m* servizio *m* di assistenza ai clienti; **Kundenfeedback** *n* feedback *m* dei clienti; **Kundennummer** *f* codice *m* clienti; **kundenorientiert** *adj* orientato al cliente, centrato sulle aspettative del cliente; **Kundenstamm** *m* (WIRTSCH) clientela *f*

kund|geben <gibt kund, gab kund, kundgegeben> *vt* (*geh*) ❶ (*mitteilen*) annunciare, comunicare ❷ (*äußern*) manifestare, rivelare

Kundgebung <-, -en> *f* (POL) manifestazione *f*, dimostrazione *f*

kundig *adj* (*geh*) ❶ (*unterrichtet*) informato (*gen* di) ❷ (*erfahren*) esperto (*gen* di, in), versato (*gen* in)

kündigen ['kʏndɪgən] I. *vt* (*Freundschaft*) disdire, rifiutare; (*Vertrag*) denunciare; (*Darlehen*) chiedere la restituzione di; (*Hypothek*) denunciare il rimborso di II. *vi* ❶ (*Arbeitgeber*) licenziare; (*Arbeitneh-*

mer) licenziarsi; **jdm** (**fristlos**) **~** licenziare qu (senza preavviso) ❷ (*Mieter, Vermieter*) **jdm ~** dare la disdetta a qu

Kündigung <-, -en> *f* ❶ (*von Vertrag*) disdetta *f*, rescissione *f* ❷ (*von Darlehen, Hypothek*) riscatto *m* ❸ (*von Arbeitgeber*) licenziamento *m;* (*von Arbeitnehmer*) dimissioni *fpl;* **mit monatlicher ~** licenziamento con preavviso di un mese; **Kündigungsfrist** *f* ❶ (*Zeitpunkt*) termine *m* di disdetta ❷ (*Zeitraum*) preavviso *m;* **Kündigungsgrund** *m* motivo *m* del licenziamento; **Kündigungsschutz** <-es> *kein Pl m* ❶ (*des Arbeitnehmers*) tutela *f* contro licenziamenti ingiustificati ❷ (*des Mieters*) tutela *f* contro lo sfratto ingiustificato

Kundin ['kʊndɪn] <-, -nen> *f* cliente *f*, avventrice *f*

Kundmachung *f* (A, CH: *amtliche Verlautbarung*) comunicazione *f* ufficiale

Kundschaft <-> *kein Pl f* (COM) clientela *f*, clienti *mpl*

kundschaften *vi* andare in ricognizione

Kundschafter(**in**) <-s, -; -, -nen> *m(f)* (*Gesandter*) esploratore, -trice *m, f*, perlustratore, -trice *m, f;* (*Spion*) spia *f*, agente *m* segreto

kund|tun <tut kund, tat kund, kundgetan> *vt s.* **kund|geben**

künftig ['kʏnftɪç] I. *adj* futuro II. *adv* in avvenire; (*von jetzt an*) d'ora innanzi

Kunst [kʊnst] <-, Künste> *f* ❶ arte *f;* **die bildenden Künste** le arti figurative; **die schönen Künste** le belle arti ❷ (*Geschicklichkeit*) abilità *f*, destrezza *f;* **das ist keine ~!** non è difficile ❸ (~*griff*) artificio *m;* **Kunstakademie** *f* accademia *f* di belle arti; **Kunstausstellung** *f* mostra *f* d'arte

Kunstdünger *m* concime *m* chimico; **Kunstfaser** *f* fibra *f* sintetica; **Kunstfehler** *m* errore *m* medico

kunstfertig *adj* (*geh*) abile, destro; **Kunstfertigkeit** *f* abilità *f*, destrezza *f;* **Kunstgegenstand** *m* oggetto *m* d'arte; **kunstgerecht** I. *adj* fatto a regola d'arte II. *adv* a regola d'arte; **Kunstgeschichte** *f* storia *f* dell'arte; **Kunstgewerbe** *n* arte *f* applicata; **kunstgewerblich** *adj* dell' arte applicata; **Kunstgriff** *m* artificio *m*, stratagemma *m;* **Kunsthandel** *kein Pl m* commercio *m* di oggetti d'arte; **Kunsthändler**(**in**) *m(f)* commerciante *mf* d'oggetti d'arte; **Kunsthandlung** *f* negozio *m* [*o* bottega *f*] d'arte; **Kunsthandwerk** *n* ❶ arte *f* applicata, arti *fpl* decorative ❷ (*Handwerk*) artigianato *m*, artigianato *m* artistico;

K

Kunstkenner(in) *m(f)* intenditore, -trice *m, f* d'arte; **Kunstkritiker(in)** *m(f)* critico, -a *m, f* d'arte; **Kunstleder** *n* simil-pelle *f*

Künstler(in) ['kʏnstlɐ] <-s, -; -, -nen> *m(f)* artista *mf;* **künstlerisch** *adj* artistico; **Künstlername** *m* nome *m* d'arte; **Künstlerpech** <-(e)s> *kein Pl n (fam)* sfortuna *f,* piccolo incidente *m*

künstlich ['kʏnstlɪç] *adj* ❶ *(nicht natürlich)* artificiale; **jdn ~ ernähren** nutrire qu artificialmente ❷ (CHEM) sintetico ❸ *(gekünstelt)* artificioso; *(geheuchelt)* affettato

Kunstliebhaber(in) *m(f)* amante *mf* dell'arte; **kunstlos** *adj* semplice, disadorno; **Kunstmaler(in)** *m(f)* pittore, -trice *m, f;* **Kunstpause** <-, -n> *f* ❶ (THEAT) pausa *f* a effetto ❷ *(fam iron)* inciampo *m;* **Kunstreiter(in)** *m(f)* cavallerizzo, -a *m, f* acrobata; **Kunstsammlung** *f* collezione *f* (di oggetti) d'arte; **Kunstseide** *f* seta *f* artificiale; **Kunstspringen** *kein Pl n* (SPORT) salto *m* dal trampolino, tuffo *m;* **Kunststoff** *m* materia *f* sintetica, plastica *f;* **kunststoffbeschichtet** *adj* plastificato; **kunststopfen** *vt* rammendare in modo invisibile; **Kunststück** *n* gioco *m* di prestigio; **~e vorführen** fare giochi di destrezza; **das ist kein ~!** *(fam)* non ci vuol tanto!; **Kunstturnen** *kein Pl n* ginnastica *f* artistica; **Kunstverständnis** *kein Pl n* sensibilità *f* artistica, senso *m* dell'arte; **kunstvoll** *adj* artistico, fatto con arte; **Kunstwerk** *n* opera *f* d'arte; **Kunstwert** *m* valore *m* artistico

kunterbunt ['kʊntɐbʊnt] *adj* ❶ *(bunt)* colorato, variopinto ❷ *(fig: abwechslungsreich)* vario; *(ungeordnet)* disordinato, confuso

Kunz [kʊnts] *kein Pl m (fam)* **Hinz und ~** Tizio e Caio

Kupfer ['kʊpfɐ] <-s, -> *n* (MIN) rame *m;* **Kupferdraht** *m* filo *m* di rame; **Kupfergeschirr** *n* pentola *f* di rame; **kupfern** *adj* di rame; **Kupferschmied** *m* ramaio *m;* **Kupferstich** *m* (KUNST) incisione *f* su rame; **Kupfervitriol** ['kʊpfɐvitrioːl] <-s, -e> *n* (CHEM) solfato *m* di rame

Kupon [ku'põː] <-s, -s> *m (abtrennbarer Zettel, Zinsabschnitt)* cedola *f,* coupon *m;* *(Talon)* cedola *f,* tagliando *m*

Kuppe ['kʊpə] <-, -n> *f* ❶ *(Berg~)* cima *f* arrotondata ❷ *(Finger~)* punta *f* del dito

Kuppel ['kʊpəl] <-, -n> *f* (ARCH) cupola *f*

Kuppelei [kʊpə'laɪ] <-, -en> *f* (JUR) lenocinio *m*

kuppeln ['kʊpəln] **I.** *vt* ❶ *(fig* TEC) accop-

piare, appaiare ❷ (FERR) agganciare **II.** *vi* ❶ (MOT) innestare la frizione ❷ *(als Kuppler)* fare da mezzano

Kuppelshow *f* (TV) *show* televisivo che ha lo scopo di far trovare l'anima gemella ad un *single*

Kuppler(in) <-s, -; -, -nen> *m(f)* mezzano, -a *m, f,* lenone, -a *m, f*

Kupplung ['kʊplʊŋ] <-, -en> *f* ❶ *(Ver~,* TEC) accoppiamento *m;* (FERR) agganciamento *m* ❷ (TEC: *Vorrichtung)* giunto *m;* (MOT) frizione *f;* **die ~ treten** pigiare la frizione

Kur [kuːɐ̯] <-, -en> *f* cura *f,* trattamento *m*

Kür [kyːɐ̯] <-, -en> *f* (SPORT) esercizio *m* libero

Kuratorium [kura'toːriʊm] <-s, Kuratorien> *n* (ADM) consiglio *m* di sorveglianza

Kurbel ['kʊrbəl] <-, -n> *f* manovella *f;* **Kurbelantrieb** *m* comando *m* a manovella

kurbeln I. *vi* girare la manovella **II.** *vt* tirare girando una manovella

Kurbelstange *f* biella *f;* **Kurbelwelle** *f* (TEC) albero *m* a gomiti

Kürbis ['kʏrbɪs] <-ses, -se> *m* (BOT) zucca *f*

Kurde ['kʊrdə] <-n, -n> *m,* **Kurdin** ['kʊrdɪn] <-, -nen> *f* curdo, -a *m, f;* **kurdisch** *adj* curdo; **Kurdistan** ['kʊrdɪstaːn] <-s> *n* Curdistan *m*

küren ['kyːrən] *vt (geh)* eleggere *(zu)*

Kurfürst ['kuːɐ̯fʏrst] *m* (HIST) principe *m* elettore; **Kurfürstentum** *n* (HIST) elettorato *m*

Kurgast *m* ospite *m* di un luogo di cura; **Kurhaus** *n* stabilimento *m* di cura

Kurie ['kuːriə] <-, -n> *f* (REL) curia *f*

Kurier [ku'riːɐ̯] <-s, -e> *m* corriere *m*

kurieren [ku'riːrən] <ohne ge-> *vt (heilen)* guarire, curare

kurios [kuri'oːs] *adj* curioso, strano, bizzarro

Kuriosität [kuriozi'tɛːt] <-, -en> *f* ❶ *(Eigenart)* curiosità *f,* stranezza *f* ❷ *(Gegenstand)* oggetto *m* raro, rarità *f*

Kurort *m* luogo *m* di cura, stazione *f* climatica

Kurpfuscher(in) ['kuːɐ̯pfʊʃɐ] *m(f) (fam pej)* medicastro, -a *m, f,* ciarlatano, -a *m, f*

Kurpfuscherei <-> *kein Pl f* ciarlataneria *f;* **Kurpfuscherin** *f s.* **Kurpfuscher**

Kurs [kʊrs] <-es, -e> *m* ❶ (NAUT, AERO) rotta *f;* **~ nehmen auf** +*acc* (NAUT) fare rotta su; **einen neuen ~ einschlagen** (*a fig*) cambiare rotta ❷ *(fig* POL) corso *m;* **harter ~** (POL) linea *f* dura; **vom ~ abkommen** andare fuori corso ❸ (FIN: *Aktien~)* quotazione *f*; (*Wechsel~*) cambio *m*; **hoch im ~ bei etw stehen** (*Aktien*) essere molto quotato presso qc; **zum ~ von** (FIN) al cambio di ❹ (*Lehrgang*) corso *m*; **ein Kurs für** [*o* **in**] **Englisch** *dat* un corso d'inglese; **Kursbericht** *m* (FIN: *Aktien*) bollettino *m* della borsa; (*Wechselkurse*) listino *m* dei cambi; **Kursbuch** *n* (FERR) orario *m* ferroviario

Kurschatten <-s, -> *m* (*fam scherz*) amante *mf* durante un soggiorno termale [*o* di cura]

Kürschner(in) ['kʏrʃnɐ] <-s, -; -, -nen> *m(f)* pellicciaio, -a *m*, *f*

Kurse *pl von* **Kurs, Kursus**

kursieren [kʊrˈziːrən] <ohne ge-> *vi* circolare

kursiv [kʊrˈziːf] *adj* (TYP) corsivo

Kursnotierung *f* (FIN) quotazione *f* di borsa; **Kursrückgang** <-(e)s, -gänge> *m* (FIN) flessione *f* dei corsi [*o* delle quotazioni]; **Kursschwankung** *f* (FIN) oscillazione *f* dei corsi; **Kursteilnehmer(in)** *m(f)* partecipante *mf* a un corso

Kursus ['kʊrzʊs, *pl:* ˈkʊrzə] <-, Kurse> *m* corso *m*

Kursverlust *m* (FIN) perdita *f* sul cambio; **Kurswagen** *m* (FERR) carrozza *f* diretta; **Kurszettel** *m* (FIN) listino *m* di borsa

Kurtaxe <-, -n> *f* tassa *f* di soggiorno

Kurve ['kʊrvə] <-, -n> *f* (MAT) curva *f*; (*Straßen~*) svolta *f*; **eine ~ nehmen** prendere una curva; **aus der ~ geschleudert werden** sbandare in curva; **die ~ kratzen** (*fam*) svignarsela; **nicht die ~ kriegen** (*fam*) non farcela

kurven *vi sein* curvare

Kurvenlineal <-s, -e> *n* (MAT) curvilineo *m*

kurvenreich *adj* sinuoso, pieno di curve

kurvig *adj* ❶ (*bogenförmig*) curvo, arcuato ❷ (*kurvenreich*) pieno di tornanti

kurz [kʊrts] I.<kürzer, kürzeste> *adj* ❶ (*räumlich*) corto; **~e Ärmel** maniche corte; **kürzer machen** (r)accorciare; **den Kürzeren ziehen** (*fam*) avere la peggio ❷ (*zeitlich*) breve; **binnen ~em** entro breve tempo, in poco tempo; (**bis**) **vor ~em** (fino a) poco (tempo) fa; **~ danach** poco dopo; **über ~ oder lang** presto o tardi, prima o poi II.<kürzer, am kürzesten> *adv* in breve, brevemente; **sich ~ fassen** essere breve; **etw ~ und klein schlagen** fracassare qc, fare a pezzi qc; **bei etw zu ~ kommen** scapitarci in qc *fam*; **~ angebunden** di poche parole; **~ gesagt, ~ und gut** per farla breve *fam*, in poche parole, insomma; **~ und bündig** brevemente, in modo conciso; **um es ~ zu**

machen per farla breve *fam*; **mach's ~!** falla breve! *fam*, taglia corto! *fam*; **jdn ~ halten** tenere a corto qu; **~ treten** (*sich einschränken*) contenersi; (*sich schonen*) aver cura di sé

Kurzarbeit *f* lavoro *m* a orario ridotto

kurzärm(e)lig [kʊrtsɛrm(ə)liç] *adj* a maniche corte; **kurzatmig** *adj* che ha il fiato corto, asmatico

Kurzbesuch *m* breve visita *f*

Kürze ['kʏrtsə] <-, -n> *f* ❶ *sing* (*räumlich*) cortezza *f*; (*a zeitlich*) brevità *f*; **in ~** tra poco ❷ *sing* (*des Ausdrucks*) concisione *f*, stringatezza *f*; **in aller ~** brevemente, succintamente

Kürzel ['kʏrtsəl] <-s, -> *n* ❶ (*Stenografie*) stenogramma *m*, segno *m* stenografico ❷ (*Abkürzung*) sigla *f*, abbreviazione *f*

kürzen *vt* ❶ (*kürzer machen*) (r)accorciare ❷ (*ab~*) abbreviare ❸ (*verringern: Gehälter, Ausgaben*) diminuire; (*Kredit*) tagliare ❹ (MAT) ridurre

kurzerhand ['kʊrtsəˈhant] *adv* senza esitare

Kurzfassung *f* edizione *f* ridotta; **Kurzfilm** *m* cortometraggio *m*

kurzfristig I. *adj* ❶ (*kurze Zeit dauernd*) a breve termine ❷ (*ohne Vorbereitung*) dell'ultimo momento ❸ (*in kurzer Zeit*) sollecito II. *adv* ❶ (*ohne Vorbereitung*) all'ultimo momento ❷ (*in kurzer Zeit*) in breve tempo; **Kurzgeschichte** *f* storia *f* breve, racconto *m*; **kurz|halten**[ALT] <irr> *vt* s. **kurz** II.; **kurzlebig** *adj* ❶ (*kurze Zeit lebend*) dalla vita breve ❷ (*fig*) di breve durata, effimero, di breve respiro; (*Güter*) deperibile

kürzlich *adv* recentemente, poco tempo fa

Kurznachrichten *fpl* brevi notizie *fpl*

kurz|schließen <irr> I. *vt* cortocircuitare II. *vr* **sich** (**mit jdm**) **~** (*fam*) mettersi d'accordo (con qu)

Kurzschluss[RR] *m*, **Kurzschluß**[ALT] *m* (EL) corto circuito *m*; **Kurzschlusshandlung**[RR] *f* azione *f* avventata; **Kurzschrift** *f* stenografia *f*

kurzsichtig *adj* miope; **Kurzsichtigkeit** <-> *kein Pl f* miopia *f*

kurz|treten[ALT] <irr> *vi* s. **kurz** II.

kurzum ['kʊrtsˈʔʊm] *adv* in breve, insomma

Kürzung <-, -en> *f* ❶ (*Kürzen*) (r)accorciamento *m* ❷ (*Ab~*) abbreviazione *f* ❸ (*Verringerung*) diminuzione *f* ❹ (MAT) riduzione *f*

Kurzurlaub *m* vacanza *f* breve; **Kurzwaren** *fpl* mercerie *fpl*; **kurzweilig** *adj* divertente; **Kurzwelle** *f* ❶ (PHYS) onda *f*

K

corta ❷ (RADIO) onde fpl corte
Kurzzeitgedächtnis n memoria f corta
kurzzeitig I. adj breve II. adv temporaneamente, per poco tempo
kusch [kʊʃ] int ❶ (Hund) a cuccia!, giù! ❷ (A: vulg: an Personen gerichtete Aufforderung, still zu sein) a cuccia!, zitto!
kuschelig ['kʊʃəlɪç] adj ❶ (kuschelweich) soffice, morbido ❷ (behaglich) accogliente
kuscheln ['kʊʃəln] vr **sich ~** stringersi, farsi le coccole; **sich an jdn ~** stringersi a qu; **sich in etw** acc ~ raggomitolarsi in qc
Kuscheltier n (animale m di) peluche m
kuschen ['kʊʃən] vi ❶ (sich fügen) sottomettersi ❷ (Hund) accucciarsi, fare la cuccia
Kusine [ku'zi:nə] <-, -n> f cugina f
Kuss^RR [kʊs] <-es, Küsse> m, **Kuß**^ALT m bacio m; **kussecht**^RR adj indelebile
küssen ['kʏsən] I. vt baciare II. vr **sich ~** baciarsi
Küste ['kʏstə] <-, -n> f costa f; **an der ~** sulla costa; **Küstengebiet** n territorio m costiero, litorale m; **Küstengewässer** npl acque fpl territoriali; **Küstenschifffahrt**^RR f navigazione f costiera, cabotaggio m; **Küstenstreifen** m fascia f costiera, litorale m
Küster ['kʏstɐ] <-s, -> m sagrestano m

Kustos ['kʊstɔs, pl: kʊs'to:dən] <-, Kustoden> m conservatore m di museo
Kutsche ['kʊtʃə] <-, -n> f carrozza f
Kutscher <-s, -> m cocchiere m, vetturino m
kutschieren [kʊ'tʃi:rən] I. vi (fam) andare in carrozza; **durch die Gegend ~** andare in giro [o a zonzo], gironzolare II. vt (fam) scarrozzare; **jdn nach Hause/durch die Gegend ~** portare a casa/in giro [o a spasso] qu
Kutte ['kʊtə] <-, -n> f saio m
Kutteln ['kʊtəln] fpl (südd, A, CH) trippa f
Kutter ['kʊtɐ] <-s, -> m cutter m
Kuvert [ku've:ɐ̯] <-(e)s, -e o -s> n (A: Briefumschlag) busta f (da lettera)
kV (EL) abk v **Kilovolt** kV
KV abk v **Köchelverzeichnis** registro m Köchel
kW abk v **Kilowatt** kW
KW abk v **Kurzwelle** OC
kWh (PHYS, EL) abk v **Kilowattstunde** kWh
Kybernetik [kybɛr'ne:tɪk] <-> kein Pl f cibernetica f
kyrillisch [ky'rɪlɪʃ] adj cirillico
KZ [ka:'tsɛt] <-(s), -s> n abk v **Konzentrationslager** campo m di concentramento; **KZ-Gedenkstätte** <-, -n> f monumento m ai prigionieri dei lager nazisti

L

L, l [ɛl] <-, -(s)> *n* L, l *f*; ~ **wie Ludwig** L come like Livorno

l *abk v* **Liter** l

Label ['lɛɪbəl] <-s, -> *n* ❶ (COM: (*Preis*)*etikett*) etichetta *f*, label *f* ❷ (*Schallplattenfirma*) casa *f* discografica ❸ (INFORM: *Markierung*) label *f*, identificatore *m*

laben ['la:bən] **I.** *vt* (*geh*) ristorare **II.** *vr* **sich ~** ❶ (*geh: mit Genuss verzehren*) gustare (*an etw dat* qc), godersi (*an etw dat* qc) ❷ (*fig*) ricrearsi (*an* +*dat* con)

labern ['la:bən] *vi* (*fam pej*) cianciare, farneticare; **über etw** *acc* ~ parlare di qc

labil [la'bi:l] *adj* labile

Labilität [labili'tɛ:t] <-> *kein Pl f* labilità *f*, instabilità *f*

Labor [la'bo:ɐ̯] <-s, -s *o* -e> *n* laboratorio *m*

Laborant(in) [labo'rant] <-en, -en; -, -nen> *m(f)* assistente *mf* di laboratorio

Laboratorium [labora'to:riʊm] <-s, Laboratorien> *n* laboratorio *m*

Labsal ['la:pza:l] <-(e)s *o* A, *südd.* -, -e *o* A, *südd.* -e> *nf* (*geh*) ristoro *m*, conforto *m*

Labyrinth [laby'rɪnt] <-(e)s, -e> *n* labirinto *m*

Lache ['la:xə] <-, -n> *f* ❶ pozza *f*; (*Wasser~*) pozzanghera *f* ❷ (*fam*) risata *f*

lächeln ['lɛçəln] *vi* sorridere; **Lächeln** <-s> *kein Pl n* sorriso *m*

lachen ['laxən] *vi* (**über etw** *acc*) ~ ridere (di qc); **herzlich** ~ ridere di cuore; **aus vollem Hals** ~ ridere di cuore; **jdm ins Gesicht** ~ ridere in faccia a qu; **sich** *dat* **ins Fäustchen** ~ ridere sotto i baffi; **nichts zu** ~ **haben** aver poco da ridere; **da gibt's nichts zu** ~ c'è poco da ridere; **Sie haben gut** ~! ha un bel ridere; **das wäre ja gelacht, wenn ...!** sarebbe davvero da ridere se ...; **wer zuletzt lacht, lacht am besten** (*prov*) ride bene chi ride ultimo

Lachen <-s> *kein Pl n* riso *m*; (*Gelächter*) risata *f*; **sich** *dat* **das** ~ **nicht verbeißen können** non potersi trattenere dal ridere; **sich vor** ~ **nicht halten können** non poterne più dal ridere; **sich biegen vor** ~ (*fam*) ridere a crepapelle, piegarsi in due dal ridere; **dir wird das** ~ (**schon**) **noch vergehen** ti passerà la voglia di ridere

Lacher <-s, -> *m* colui che ride; **die** ~ **auf seiner Seite haben** aver conquistato con una battuta le persone che ascoltano

Lacherfolg *m* **ein** ~ **sein** essere un successo di risate

lächerlich ['lɛçɐlɪç] *adj* ridicolo; **sich ~ machen** rendersi ridicolo; **jdn ~ machen** rendere ridicolo qu, ridicolizzare qu; **etw ~ machen** volgere qc al ridicolo; **das habe ich zu einem geradezu ~en Preis bekommen** l'ho comprato per un prezzo irrisorio; **Lächerlichkeit¹** <-, -en> *f* (*pej: Geringfügigkeit*) stupidaggine *f*, sciocchezza *f*, quisquilia *f*, inezia *f*, bazzecola *f*; **Lächerlichkeit²** <-> *kein Pl f* (*das Lächerlichsein*) ridicolaggine *f*; **etw/jdn der ~ preisgeben** far fare una figura ridicola a qc/qu, mettere in ridicolo qc/qu

Lachgas *n* gas *m* esilarante

lachhaft *adj* (*pej*) ridicolo

Lachkrampf *m* riso *m* convulso

Lachs [laks] <-es, -e> *m* salmone *m*; **lachsfarben** *adj* color salmone; **Lachsforelle** *f* trota *f* salmonata; **Lachsschinken** *m* arista *f* di maiale affumicata

Lack [lak] <-(e)s, -e> *m* (*~farbe*) lacca *f*, vernice *f*; (*Auto~*) vernice *f*; (*Nagel~*) smalto *m*; (*Siegel~*) ceralacca *f*

Lackaffe *m* (*fam pej*) bellimbusto *m*

lackieren [la'ki:rən] <ohne ge-> *vt* (*Lack auftragen*) laccare; (*Auto, Möbel*) verniciare; (*Fingernägel*) mettere lo smalto su

Lackierung <-, -en> *f* (*das Lackieren, Lack*) verniciatura *f*, smaltatura *f*, laccatura *f*

Lackleder *n* cuoio *m* verniciato, vernice *f*

Lackmus ['lakmʊs] <-> *kein Pl m o n* (CHEM) tornasole *m*; **Lackmuspapier** *n* carta *f* al tornasole

Lackschuh *m* scarpa *f* di vernice

Lade ['la:də] <-, -n> *f* (*dial: Schub~*) cassetto *m*

Ladegerät *n* (PHYS) caricatrice *f*; (MOT) caricabatteria *m*; **Ladegewicht** *n* portata *f*; **zulässiges** ~ carico *m* ammesso; **Ladehemmung** *f* inceppamento *m*; **Ladekran** *m* gru *f* da carico

laden ['la:dən] <lädt, lud, geladen> *vt* ❶ (*fig* PHYS, MIL) caricare; **Holz auf einen Wagen** ~ caricare legname su un carro; (**schwere**) **Schuld auf sich** ~ addossarsi una (grave) colpa; **geladen sein** (*fig fam*) essere furibondo ❷ (INFORM: *Datei öffnen*) aprire (un file) ❸ (JUR: *vor~*) citare; **jdn vor Gericht** ~ citare qu in giudizio

Laden ['la:dən] <-s, Läden> *m* ❶ (*Kauf~*) negozio *m*, bottega *f*; **einen** ~ **aufmachen** aprire un negozio; **den** ~ **schmeißen** (*fam*) far girare le cose; **den ganzen** ~

hinwerfen (*fam*) piantar baracca e burattini ❷ (*Fenster~*) imposta *f*; (*Rolladen*) avvolgibile *m*

Ladendieb(in) *m(f)* taccheggiatore, -trice *m, f*; **Ladendiebstahl** *m* taccheggio *m*; **Ladenhüter** *m* (*fig pej*) fondo *m* di bottega, rimanenza *f*; **Ladenkette** *f* catena *f* di negozi; **Ladenpreis** *m* prezzo *m* (di vendita) al minuto; **Ladenschild** *n* insegna *f* del negozio; **Ladenschluss**^RR *m* chiusura *f* dei negozi; **Ladenschlussgesetz**^RR *n* legge *f* sull'orario di chiusura dei negozi; **Ladenschlusszeit**^RR <-, -n> *f* orario *m* di chiusura (dei negozi); **Ladentisch** *m* banco *m* di vendita

Laderampe *f* rampa *f* di carico

lädieren [lɛ'di:rən] <ohne ge-> *vt* danneggiare, ledere

lädt [lɛːt] *3. pers sing pr von* **laden**

Ladung <-, -en> *f* ❶ (*Fracht*) carico *m* ❷ (*Munition,* EL) carica *f* ❸ (JUR: *Vor~*) citazione *f*

Ladyshave ['leɪdɪʃeɪv] <-s, -s> *m* depilatore *m* elettrico

lag [laːk] *1. u 3. pers sing imp von* **liegen**

Lage ['laːgə] <-, -n> *f* ❶ (*Position, Ton~,* GEOG) posizione *f*; **eine sonnige/verkehrsgünstige ~** una posizione soleggiata/favorevole per quanto riguarda i mezzi di trasporto ❷ (*Situation, Umstände*) situazione *f*, condizione *f*; **die ~ erkunden** tastare il terreno; **in der ~ sein etw zu tun** essere in grado di fare qc; **in einer schwierigen ~ sein** essere in una situazione precaria; **sich in jds ~ versetzen** mettersi nei panni di qu ❸ (*Schicht*) strato *m*; (~ *Papier*) quinterno *m* ❹ (*fam: Runde*) giro *m* ❺ (MUS: *Stimm~*) registro *m*; **Lagebericht** *m* rapporto *m* sulla situazione; **Lagebesprechung** *f* discussione *f* della situazione; **Lageplan** *m* planimetria *f*

Lager ['laːgɐ] <-s, -> *n* ❶ (*Unterkunft*) campo *m*; **sein ~ aufschlagen** piantare il campo; **das ~ abbrechen** levare il campo ❷ (*Vorrats~*) deposito *m*, magazzino *m*; (*gelagerter Vorrat*) stock *m*; **etw auf ~ haben** avere qc in magazzino; (*fig fam: Witz*) avere in serbo qc; **ab ~** franco magazzino ❸ (*fig: Partei, Seite*) campo *m*, schieramento *m*, partito *m* ❹ (TEC) cuscinetto *m*

Lagerbestand *m* stock *m*, scorta *f* disponibile

lagerfähig *adj* conservabile, non deperibile

Lagerfeuer *n* fuoco *m* da campo, bivacco *m*; **Lagergebühr** *f* diritto *m* di

magazzinaggio; **Lagerhalle** *f* capannone *m*; **Lagerhaltung** *f* stoccaggio *m*, magazzinaggio *m*; **Lagerhaus** *n* magazzino *m*, deposito *m*

Lagerist(in) [la:gə'rɪst] <-en, -en; -, -nen> *m(f)* magazziniere, -a *m, f*

lagern I. *vi* ❶ (*kampieren,* MIL) essere accampato ❷ (*Vorrat, Waren*) essere depositato; (*Wein*) stagionare **II.** *vt* ❶ (*legen*) posare, adagiare; **dieser Fall ist ähnlich gelagert** questo caso presenta analogie ❷ (*aufbewahren*) immagazzinare

Lagerplatz *m* ❶ (*Zelt~*) campo *m* ❷ (*Waren~*) deposito *m*; **Lagerraum** *m* magazzino *m*

Lagerung <-, -en> *f* ❶ (*Lagern*) immagazzinamento *m* ❷ (*Gelagertsein*) magazzinaggio *m*

Lagerverwalter(in) *m(f)* capo *m* magazziniere; **Lagerzeit** *f* periodo *m* di magazzinaggio

Lagune [la'gu:nə] <-, -n> *f* laguna *f*

lahm [la:m] *adj* ❶ (*gelähmt*) paralitico; (*a fig*) paralizzato; (*hinkend*) zoppo ❷ (*fam: kraftlos*) debole, fiacco ❸ (*fam fig*) magro, insufficiente; **eine ~e Entschuldigung** (*fam*) una misera scusa; **lahmarschig** *adj* (*sl pej*) indolente

Lahme <ein -r, -n, -n> *mf* paralitico, -a *m, f*; (*Hinkende*) zoppo, -a *m, f*

lähmen ['lɛ:mən] *vt* paralizzare

lahmen *vi* essere zoppo; (*hinken*) zoppicare

lahm|legen *vt* paralizzare

Lähmung <-, -en> *f* paralisi *f*; **halbseitige ~** emiplegia

Laib [laɪp] <-(e)s, -e> *m* ❶ (*Brot~*) pagnotta *f* ❷ (*Käse~*) forma *f*

Laich [laɪç] <-(e)s, -e> *m* uova *fpl* di pesci e anfibi; **laichen** *vi* deporre le uova; **Laichplatz** *m* luogo *m* dove pesci e anfibi depongono uova

Laie ['laɪə] <-n, -n> *m* ❶ (*Nichtfachmann*) profano, -a *m, f* ❷ (REL) laico *m*; **laienhaft** *adj o adv* da profano, da incompetente

Lakai [la'kaɪ] <-en, -en> *m* lacchè *m*

Lake ['la:kə] <-, -n> *f* salamoia *f*

Laken ['la:kən] <-s, -> *n* lenzuolo *m*

lakonisch [la'ko:nɪʃ] *adj* laconico

Lakritze [la'krɪtsə] <-, -n> *f* liquirizia *f*

lallen ['lalən] *vi, vt* balbettare, ciangottare

Lama^1 ['la:ma] <-s, -s> *n* ❶ (ZOO) lama *m* ❷ *sing* (*Textil*) vigogna *f*

Lama^2 <-(s), -s> *m* (REL) lama *m*

Lamelle [la'mɛlə] <-, -n> *f* ❶ (BOT) lamella *f* ❷ (TEC) aletta *f*

Lametta [la'mɛta] <-s> *kein Pl n* (*Christbaumschmuck*) fili *mpl* d'argento

Laminat [lami'naːt] <-(e)s, -e> *n* (TEC) laminato *m* plastico; **Laminat-Fußboden** *m* pavimento *m* in laminato

Lamm [lam] <-(e)s, Lämmer> *n* agnello *m;* (GASTR) abbacchio *m*

lammen *vi* agnellare

Lammfell *n* pelliccia *f* d'agnello, agnellino *m*

lammfromm *adj* docile come un agnello

Lammkotelett *n* (GASTR) costoletta *f* di agnello

Lampe ['lampə] <-, -n> *f* lampada *f*

Lampenfieber *n* febbre *f* della ribalta

Lampenschirm *m* paralume *m,* abatjour *m*

Lampion [lam'pi̯õ *o* lam'pi̯ɔŋ *o* 'lampi̯ɔ̃n] <-s, -s> *m* lampioncino *m* (alla veneziana)

lancieren [lãˈsiːrən] <ohne ge-> *vt* ❶ (*fig* COM, POL) lanciare ❷ (MIL) silurare

Land [lant] <-(e)s, Länder> *n* ❶ (*Fest~*) terra *f;* **das Gelobte ~** la terra promessa; **wieder ~ sehen** (*fig*) tornare a sperare; **an ~ gehen** toccare terra, approdare; **sich** *dat* **etw/jdn an ~ ziehen** (*fam fig*) conquistare qc/qu ❷ (*Staat*) paese *m;* **~ und Leute** il paese e i suoi abitanti; **jdn des ~es verweisen** esiliare qu ❸ (*Bundesland*) regione *f,* Land *m* ❹ (*dörfliche Gegend*) campagna *f;* **aufs ~ ziehen** andare/andare a stare in campagna ❺ (*Acker~*) terreno *m;* **Landadel** *m* nobiltà *f* terriera; **Landarbeiter(in)** *m(f)* lavoratore, -trice *m, f* agricolo, -a; **landauf** [lant'auf] *adv* ~, **landab** (*geh*) ovunque, dappertutto, in ogni angolo del paese; **Landbesitz** *m* proprietà *f* terriera; **Landbevölkerung** *f* popolazione *f* rurale

Landeanflug *m* manovra *f* d'atterraggio; **Landebahn** *f* pista *f* di atterraggio; **Landeerlaubnis** *f* autorizzazione *m* all'atterraggio

Landegenehmigung *f* autorizzazione *f* all'atterraggio

landeinwärts *adv* verso l'interno del paese

landen ['landən] I. *vi sein* ❶ (NAUT) toccare terra, approdare ❷ (AERO) atterrare; (*auf Flugzeugträger*) appontare; (*auf Mond*) allunare; **damit kannst du bei mir nicht ~!** (*fam*) con me non attacca! ❸ (*fam: ankommen*) arrivare, giungere; (*unvorhergesehen ankommen*) capitare, andare a finire; **nach seinem Sturz landete er auf dem Bauch** (*fam*) dopo la sua caduta cadde bocconi; **du landest noch einmal im Gefängnis, wenn du so weitermachst!** (*fam*) finirai in galera se continui a comportarti così! II. *vt haben* ❶ (*an*

Land bringen) sbarcare ❷ (*fam: Schlag*) assestare, mettere a segno; (*Sieg, Erfolg*) conseguire, riportare

Landenge *f* istmo *m*

Landeplatz *m* ❶ (NAUT) approdo *m* ❷ (AERO) terreno *m* d'atterraggio

Ländereien [lɛndəˈraɪən] *pl* proprietà *f* terriera, terre *fpl*

Länderkampf *m* incontro *m* internazionale; **Länderkunde** *f* geografia *f;* **Länderspiel** *n* incontro *m* internazionale

Ländervergleich *m* confronto *m* tra paesi

Landeschleife <-, -n> *f* virata *f* prima della manovra d'atterraggio

Landesebene *f* **auf ~** a livello nazionale; **Landesfarben** *fpl* ❶ (*von Staat*) colori *mpl* nazionali ❷ (*von Bundesland*) colori *mpl* regionali [*o* del Land]; **Landesgrenze** *f* ❶ (*von Staat*) confine *m* nazionale, frontiera *f* ❷ (*von Bundesland*) confine *m* regionale; **Landeshauptfrau** *f,* **Landeshauptmann** *m* (*A:* POL) presidente, -essa *m, f* della regione; **Landeshauptstadt** *f* (*von Staat*) capitale *f;* (*von Region*) capoluogo *m*

Landesignal *n* segnale *m* d'atterraggio

Landesinnere *n* interno *m* del paese; **Landeskunde** *f* corografia *f;* **Landesrat** *m,* **Landesrätin** *f* (*A:* POL) membro *m* della giunta regionale; **Landesregierung** *f* ❶ (*von Staat*) governo *m* nazionale ❷ (*von Bundesland*) governo *m* regionale; **Landessprache** *f* lingua *f* nazionale

Landesteg *m* pontile *m* d'approdo

Landestrauer *f* lutto *m* nazionale; **landesüblich** *adj* conforme agli usi del paese; **Landesverrat** *m* alto tradimento *m;* **Landesverteidigung** <-> *kein Pl f* difesa *f* dello Stato [*o* nazionale]; **Landeswährung** *f* moneta *f* nazionale

Landflucht *f* esodo *m* dalla campagna; **Landfriedensbruch** *m* (JUR) violazione *f* dell'ordine pubblico; **Landgemeinde** *f* comune *m* rurale; **Landgewinnung** <-> *kein Pl f* ampliamento *della terra antistante il mare tramite opere di bonifica e spostamento delle dighe;* **Landgut** *n* proprietà *f* terriera, podere *m* (rurale); **Landhaus** *n* casa *f* di campagna, villa *f;* **Landkarte** *f* carta *f* geografica; **Landkommune** *f* comune *f* rurale; **Landkreis** *m* distretto *m* rurale; **landläufig** *adj* corrente, usuale; **Landleben** *n* vita *f* di campagna

ländlich ['lɛntlɪç] *adj* rurale, campagnolo

Landluft *f* aria *f* di campagna; **Landmaschinen** *fpl* macchine *fpl* agricole; **Landplage** *f* piaga *f,* calamità *f;*

Landrat *m* presidente *m* di distretto rurale; **Landratsamt** *n* ufficio *m* distrettuale; **Landratte** *f* (*fam scherz*) terraiolo *m*, uomo *m* di terraferma; **Landregen** *m* pioggia *f* continua

Landschaft <-, -en> *f* paesaggio *m*; (*Landstrich*) regione *f*, paese *m*; **landschaftlich** *adj* paesistico; (*regional*) regionale; **Landschaftsgärtner(in)** *m(f)* architetto *mf* paesaggista; **Landschaftsgestaltung** *f* architettura *f* del paesaggio; **Landschaftspflege** *kein Pl f* salvaguardia *f* del paesaggio; **Landschaftsschutz** *m* tutela *f* del paesaggio naturale; **Landschaftsschutzgebiet** *n* zona *f* protetta

Landschulheim *n* collegio *m* di campagna

Landsknecht *m* (HIST) lanzichenecco *m*; (*Söldner*) mercenario *m*; **Landsmann** <-(e)s, Landsleute> *m*, **Landsmännin** <-, -nen> *f* compatriota *mf*, connazionale *mf*, compaesano, -a *m, f*

Landstraße *f* strada *f* maestra; **Landstreicher(in)** <-s, -; -, -nen> *m(f)* vagabondo, -a *m, f*, girovago, -a *m, f*; **Landstreicherei** ['lantʃtraɪçə'raɪ] <-, rar -en> *f* vagabondaggio *m*; **Landstrich** *m* regione *f*, zona *f*

Landtag *m* **❶** (*Institution*) dieta *f* regionale **❷** (*~sgebäude*) sede *f* della dieta; **Landtagswahlen** *fpl* elezioni *fpl* parlamentari a livello regionale del Land, elezioni *fpl* del parlamento di un Land

Landung <-, -en> *f* **❶** (AERO) atterraggio *m*; (*Mond~*) allunaggio *m* **❷** (NAUT) approdo *m*; **Landungsbrücke** *f* pontile *m* d'approdo

Landvermessung *f* agrimensura *f*; **Landweg** *m* **auf dem ~** via terra; **Landwein** *m* vino *m* locale

Landwirt(in) *m(f)* agricoltore, -trice *m, f*, coltivatore, -trice *m, f*; **Landwirtschaft** *f* agricoltura *f*, economia *f* rurale; **landwirtschaftlich** *adj* agricolo, agrario; **Landwirtschaftsausstellung** *f* fiera *f* agricola; **Landwirtschaftsminister(in)** *m(f)* ministro *m* dell'agricoltura; **Landwirtschaftsministerium** *n* ministero *m* dell'agricoltura

Landzunge *f* lingua *f* di terra

lang [laŋ] **I.** <länger, längste> *adj* **❶** lungo; **~er Samstag** (*Ladenöffnungszeit*) sabato ad orario prolungato; **vor ~er Zeit** tanto tempo fa; **gleich/verschieden ~** (*räumlich*) della stessa/di diversa lunghezza; (*zeitlich*) della stessa/di diversa durata **❷** (*hochgewachsen*) alto **II.** *adv*

~ ersehnt/erwartet lungamente desiderato/atteso; **den ganzen Tag ~** per tutta la giornata; **zehn Jahre ~** per dieci anni; **langanhaltend** *adj* di lunga durata; **langärm(e)lig** *adj* a maniche lunghe; **langatmig** *adj* prolisso; **langbeinig** *adj* dalle gambe lunghe

lange ['laŋə] <länger, am längsten> *adv* (~ *Zeit*) (a) lungo, lungamente, per molto tempo; **~ dauern** durare a lungo; **~ brauchen, um etw zu tun** impiegare molto (tempo) per fare qc; **es ist nicht mehr ~ machen** (*fam*) non averne per molto; **schon ~** da molto tempo; **so ~ wie** (per tanto tempo) quanto; **es ist schon ~ her** è già da un pezzo; **es ist noch ~ nicht gesagt, dass ...** non è detto che +*conj*; **warten Sie schon ~?** è molto che aspetta?; **da kannst du ~ warten!** (*fam*) aspetta e spera!

Länge ['lɛŋə] <-, -n> *f* **❶** (SPORT) lunghezza *f*; **der ~ nach** per il lungo, in lunghezza; **von zehn Meter ~** lungo dieci metri; **der ~ nach hinfallen** cadere lungo disteso **❷** (GEOG, ASTR, MAT) longitudine *f* **❸** (*Dauer*) durata *f*; **sich in die ~ ziehen** andare per le lunghe **❹** (*lange Silbe*) (sillaba) *f* lunga, lunga *f* **❺** (*fig: langweilige Stelle*) lungaggine *f*

langen **I.** *vi* **❶** (*fam: ausreichen*) bastare; **mir langt's!, jetzt langt's (mir) aber!** (*fam*) ne ho abbastanza!, ora basta!; **das langt** basta così **❷** (*greifen*) prendere; **nach etw ~** allungare la mano verso qc **❸** (*sich erstrecken*) allungarsi **II.** *vt* **❶** (*reichen*) porgere; **jdm eine ~** (*fam*) mollare un ceffone a qu **❷** (*nehmen, holen*) prendere

Längengrad *m* grado *m* di longitudine; **Längenmaß** *n* misura *f* di lunghezza

länger ['lɛŋə] **I.** *adj Komparativ von* **lang I.** **❶** (*von größerer Ausdehnung*) più lungo; **etw ~ machen** allungare qc; **~ werden** allungarsi **❷** (*ziemlich lang*) prolungato **II.** *adv Komparativ von* **lange** **❶** (*von größerer Dauer*) più (a lungo); **einen Tag ~** un giorno in più; **je ~, desto besser** più dura meglio è **❷** (*ziemlich lang*) per lungo tempo

Langeweile <-> *kein Pl f* noia *f*; **~ haben** annoiarsi; **aus ~** per la noia

Langfinger *m* (*fam*) ladro *m*, ladruncolo *m*; **langfristig** *adj o adv* a lunga scadenza, a lungo termine; **langgestreckt** *adj* lungo, allungato; **langhaarig** *adj* (*Mensch*) con i capelli lunghi; (*Tier*) a pelo lungo; **langjährig** *adj* di (molti) anni; (*Freund*) vecchio; **Langlauf** *m* sci *m* di

fondo; **Langläufer(in)** *m(f)* fondista *mf;*
Langlaufloipe *f* pista *f* (per sci) di fondo;
Langlaufski *m* sci *m* di fondo; **lang-**
lebig *adj* ❶ (*lange lebend*) longevo
❷ (*lange Zeit dauernd*) duraturo, durevole; **Langlebigkeit** <-> *kein Pl f* ❶ (*lan-*
ges Leben) longevità *f* ❷ (*Dauerhaftigkeit*)
durevolezza *f*

länglich ['lɛŋlɪç] *adj* allungato, oblungo

Langmut <-> *kein Pl f*(*geh*) longanimità *f;*
langmütig ['laŋmyːtɪç] *adj* (*geh*) longanime

längs [lɛŋs] I. *prp* +*gen o* +*dat* lungo II. *adv*
per (il) lungo; **Längsachse** *f* asse *m* longitudinale

langsam I. *adj* lento II. *adv* ❶ (*nicht*
schnell) lentamente, a poco a poco; **~er**
fahren/gehen rallentare (il passo); **~,**
aber sicher (*fam*) lento, ma sicuro;
immer schön ~! (*fam*) adagio!, con
calma! ❷ (*allmählich, endlich*) piano
piano; **~ wird es Zeit, dass ...** (*fam*) è
quasi ora che +*conj;* **Langsamkeit** <->
*kein Pl f*lentezza *f*

Langschläfer(in) *m(f)*dormiglione, -a *m, f;*
Langspielplatte *f* long-playing *m*

Längsschnitt *m* taglio *m* longitudinale

längst [lɛŋst] *adv*da molto tempo; **schon ~**
già da molto tempo; **noch ~ nicht** non ...
assolutamente

längstens ['lɛŋstəns] *adv* ❶ (*höchstens*)
al massimo ❷ (*spätestens*) al più tardi

Langstreckenflug *m* volo *m* a lungo raggio; **Langstreckenlauf** *m* corsa *f* di
fondo; **Langstreckenläufer(in)** *m(f)*
fondista *mf*

Languste [laŋˈgʊstə] <-, -n> *f* aragosta *f*

langweilen I. *vt* annoiare II. *vr* **sich ~**
annoiarsi; **sich tödlich ~** annoiarsi a morte

langweilig *adj* noioso; (*eintönig*) monotono

Langwelle *f* onda *f* lunga

langwierig ['laŋviːrɪç] *adj* lungo e complicato

Langzeitarbeitslosigkeit *kein Pl f*disoccupazione *f* persistente; **Langzeitge-**
dächtnis *kein Pl n* (PSYCH) memoria *f*
lunga; **Langzeitstudie** *f* programmazione *f* a lungo termine; (*Forschungen*)
ricerche *fpl* a lungo termine; (WIRTSCH:
Feldstudie) ricerca *f* sul campo; **Lang-**
zeitwirkung *f* effetto *m* prolungato

Lanolin [lanoˈliːn] <-s> *kein Pl n* lanolina *f*

Lanze ['lantsə] <-, -n> *f* lancia *f;* **für jdn**
eine ~ brechen (*fig*) spezzare una lancia
in favore di qu

La-Ola-Welle *f* ola *f*

lapidar [lapiˈdaːɐ̯] *adj* lapidario

Lapislazuli [lapɪsˈlaːtsuli] <-, -> *m* lapislazzuli *m*

Lappalie [laˈpaːliə] <-, -n> *f* bagatella *f,*
bazzecola *f*

Lappen ['lapən] <-s, -> *m* ❶ (*Stück Stoff*)
cencio *m,* straccio *m;* (*Wisch~*) strofinaccio *m;* (*Wasch~*) manopola *f* (per lavarsi);
jdm durch die ~ gehen (*fam*) sfuggire di
mano a qu ❷ (ANAT) lobo *m* ❸ (*sl: Geld-*
schein) banconota *f* di grosso taglio

läppern ['lɛpɐn] *vr* **sich ~** accumularsi; **es**
läppert sich allmählich si accumula poco
a poco

läppisch ['lɛpɪʃ] *adj* (*pej*) sciocco, ridicolo;
(*kindisch*) infantile

Laptop ['lɛptɔp] <-s, -s> *m* laptop *m,*
computer *m* portatile

Lärche ['lɛrçə] <-, -n> *f* (BOT) larice *m*

Lärm [lɛrm] <-(e)s> *kein Pl m* rumore *m;*
(*Krach*) chiasso *m,* baccano *m; ~* **schlagen**
dare l'allarme; **viel ~ um nichts** molto
rumore per nulla; **Lärmbekämpfung** *f*
lotta *f* contro i rumori; **Lärmbelästi-**
gung *f* inquinamento *m* fonico; **Lärm-**
belastung *f* inquinamento *m* acustico;
lärmempfindlich *adj* sensibile ai rumori

lärmen *vi* far chiasso; **lärmend** *adj* rumoroso, chiassoso; (*Kinder*) schiamazzante

Lärmpegel *m* decibel *m*

Lärmschutz *kein Pl m* isolamento *m*
acustico; (*an Straßen*) insonorizzante *m;*
Lärmschutzmaßnahme *f* provvedimento *m* a favore dell'isolamento acustico

Larve ['larfə] <-, -> *f* ❶ (ZOO) larva *f*
❷ (*Maske*) maschera *f*

las [laːs] *1. u 3. pers sing imp von* **lesen**

lasch [laʃ] *adj* (*schlaff*) molle; (*a fig*) fiacco

Lasche ['laʃə] <-, -n> *f* ❶ (TEC) coprigi-
unto *m* ❷ (*Schuh~*) linguetta *f*

Laschi ['laʃi] *m* (*fam*) mollaccione *m,* pap-
pamolla *m*

Laser ['leɪze] <-s, -> *m* laser *m;* **Laser-**
drucker *m* (INFORM) stampante *f* laser;
Laserstrahl *m* raggio *m* laser

lassen¹ ['lasən] <lässt, ließ, gelassen> *vt*
❶ (*unverändert ~*) **etw ~** (*unter~*) smettere di fare qc; (*verzichten auf*) rinunciare
a qc; **etw (einfach) nicht ~ können** non
poter fare a meno di qc; **tu, was du nicht ~**
kannst (*fam*) fallo se proprio vuoi ❷ (*zu-*
rück~) abbandonare; **jdn allein ~** lasciare
solo qu ❸ (*be~*) lasciare; **jdn in Ruhe ~**
lasciare qu in pace; **offen ~** (*geöffnet ~*)
lasciare aperto; (*nicht zudecken*) lasciare
scoperto; (*frei ~*) lasciare libero; (*fig*) lasciare in sospeso; **lass mich dabei aus**
dem Spiel non coinvolgermi

lassen² <lässt, ließ, lassen> *Modalverb*

❶ (*zu~*, *dulden*) lasciare; **etw tun** ~ lasciar fare qc; (*gestatten*) permettere di fare qc; **jdn kommen/warten** ~ far venire/aspettare qu; **sich** *dat* **etw nicht nehmen** ~ non rinunciare a qc; **er lässt nicht mit sich** *dat* **reden/handeln** con lui non si può ragionare/trattare; **ich habe mir sagen** ~**, dass ...** ho saputo che ..., mi hanno detto che ...; **lass mich nur machen!** (*fam*) lascia fare a me! ❷ (*veran~*) fare; **etw tun** ~ far fare qc; **sich** *dat* **die Haare schneiden/wachsen** ~ farsi tagliare/crescere i capelli ❸ (*nicht tun*) non fare; (*sein ~*) lasciar stare; **bleiben** ~ lasciare stare; **lass das** (**sein**)! lascia perdere!, smettila! ❹ (*ver~*, *zurück~*) abbandonare; **hängen** ~ (*vergessen*) dimenticare; (*fam: im Stich* ~) piantare in asso; **liegen** ~ (*herum~*) lasciare lì; (*vergessen*) dimenticare; **alles stehen und liegen** ~ (*fam*) lasciare tutto com'è ❺ (*über~*) lasciare, dare; **jdn links liegen** ~ (*fam*) trascurare qu; **das muss man ihr** ~ questo bisogna concederglielo

lässig ['lɛsɪç] *adj* ❶ (*ungezwungen*) disinvolto ❷ (*gleichgültig*) indolente ❸ (*nach~*) negligente, trascurato; **Lässigkeit** <-> *kein Pl f* ❶ (*Ungezwungenheit*) disinvoltura *f* ❷ (*Gleichgültigkeit*) indolenza *f*

Lasso ['laso] <-s, -s> *n o m* lasso *m*

lässtRR, **läßt**ALT [lɛst] *2. u 3. pers sing pr von* **lassen**[1], **lassen**[2]

Last [last] <-, -en> *f* ❶ (*fig EL*) carico *m*; (*Gewicht, a fig*) peso *m*; **jdm zur** ~ **fallen** (*lästig sein*) molestare qu; **zu** ~**en von** a carico di ❷ (*undankbare Arbeit*) corvé *f*, sfacchinata *f* ❸ *pl* (*Abgaben*) oneri *mpl*; (*Steuern*) imposte *fpl*

Lastauto <-s, -s> *n* (AUTO) camion *m*, autocarro *m*

lasten *vi* (**auf etw** *dat*) ~ gravare (su qc)

Lastenaufzug *m* montacarichi *m;* **lastenfrei** *adj* esente da oneri [*o* da ipoteche]

Laster[1] ['laste] <-s, -> *m* (*fam*) *s.* **Last(kraft)wagen**

Laster[2] <-s, -> *n* vizio *m*

Lästerei [lɛstə'raɪ] <-, -en> *f* continuo imprecare *m;* **Lästerer** ['lɛstəre] <-s, -> *m* maldicente *m*

lasterhaft *adj* vizioso, depravato; **Lasterhaftigkeit** <-> *kein Pl f* viziosità *f*, depravazione *f*; **Lasterhöhle** *f* (*fam pej*) sentina *f* di vizi; **Lästerin** ['lɛstərɪn] <-, -nen> *f* maldicente *f*, malalingua *f*

Lästermaul *n* (*fam pej*) malalingua *f*, linguaccia *f*

lästern ['lɛsten] **I.** *vi* (*pej*) (**über jdn/etw**) ~ sparlare (di qu/qc) **II.** *vt* (*Gott*) bestemmiare

lästig ['lɛstɪç] *adj* (*unangenehm*) fastidioso, noioso; (*unbequem*) scomodo; **jdm** ~ **fallen** dare fastidio a qu, importunare qu

Lastkahn *m* chiatta *f*

Last(kraft)wagen *m* autocarro *m*, camion *m*

Last-Minute-Angebot [la:st'mɪnitangəbo:t] *n* offerta *f* last minute; **Last-Minute-Flug** [la:st'mɪnitflu:k] *m* volo *m* last minute

Lastschrift *f* (FIN) addebitamento *m*, addebito *m;* **Lasttier** *n* bestia *f* da soma; **Lastträger** *m* portatore *m;* **Lastwagen** *m* s. **Last(kraft)wagen**; **Lastwagenfahrer(in)** *m(f)* camionista *mf;* **Lastzug** *m* autotreno *m*

Lasur [la'zu:ɐ̯] <-, -en> *f* vernice *f* trasparente

lasziv [las'tsi:f] *adj* (*geh*) lascivo, voluttuoso

Latein [la'taɪn] <-s> *kein Pl n* latino *m;* **mit seinem** ~ **am Ende sein** (*fam*) non saper più andare avanti

Lateinamerika *n* America *f* latina

Lateinamerikaner(in) [lataɪnameri'ka:nɐ] <-s, -; -, -nen> *m(f)* latino-americano, -a *m, f*

lateinamerikanisch *adj* sudamericano, latino-americano

lateinisch *adj* latino

latent [la'tɛnt] *adj* latente; ~ **vorhanden sein** essere latente

Laterne [la'tɛrnə] <-, -n> *f* lanterna *f*; (*Straßen~*) lampione *m;* **Laternenpfahl** *m* palo *m* del lampione

Latex ['la:tɛks] <-, Latizes> *n* la(t)tice *m*

Latium ['la:tsiʊm] *n* Lazio *m*

Latsche ['latʃə] <-, -n> *f* pino *m* nano

latschen ['la:tʃən] *vi sein* (*fam*) camminare strascicando i piedi; (*fam*) camminare a piedi

Latschen <-s, -> *m* (*fam*) ciabatta *f;* **aus den** ~ **kippen** (*fam*) perdere le staffe

Latte ['latə] <-, -n> *f* ❶ (*schmales Brett*) assicella *f;* **eine lange** ~ **von ...** (*fam*) una lunga lista di ... ❷ (SPORT: *Hand-, Fußball*) traversa *f;* (*Leichtathletik*) asticella *f* ❸ (*fam: großer Mensch*) stanga *f*

Lattenrost *m* ❶ incannucciata *f* in legno ❷ (*Bett*) rete *f* del letto a doghe di legno; **Lattenzaun** *m* staccionata *f*, steccato *m*

Latz [lats] <-es, Lätze> *m* ❶ (*Lätzchen*) bavaglino *m* ❷ (*Brust~*) pettorina *f* ❸ (*Hosen~*) patta *f*

Lätzchen ['lɛtsçən] <-s, -> *n* bavaglino *m*

Latzhose *f* pantaloni *mpl* con pettorina,

salopette f

lau [laʊ] *adj* tiepido

Laub [laʊp] <-(e)s> *kein Pl n* fogliame *m;* **Laubbaum** *m* latifoglia *f,* albero *m* a foglie caduche

Laube ['laʊbə] <-, -n> *f* ❶ (*Garten~*) pergola *f,* pergolato *m* ❷ (ARCH: *Bogengang*) portico *m*

Laubfrosch *m* raganella *f;* **Laubsäge** *f* sega *f* da traforo; **Laubwald** *m* bosco *m* di latifoglie

Lauch [laʊx] <-(e)s, -e> *m* porro *m*

Lauer ['laʊɐ] <-> *kein Pl f* agguato *m;* **auf der ~ liegen** stare in agguato

lauern *vi* ❶ (*im Hinterhalt liegen*) (**auf jdn**) *~* fare la posta (a qu); **auf etw** *acc ~* (*bes. Wild*) appostare qc ❷ (*angespannt warten*) (**auf jdn/etw**) *~* attendere (qu/qc)

Lauf [laʊf] <-(e)s, Läufe> *m* ❶ (*das Laufen, a Wett~*) corsa *f* ❷ (*Ver~, a Fluss~*) corso *m;* **seinen ~ nehmen** compiersi, svolgersi; **den Dingen ihren ~ lassen** lasciare andare le cose per il loro verso; **einer Sache** *dat* **freien ~ lassen** dare libero corso a qc; **im ~(e) des Gesprächs** nel corso del colloquio; **im ~(e) der Woche** nel corso della settimana ❸ (TEC) funzionamento *m;* (*Auto*) marcia *f* ❹ (ASTR) orbita *f* ❺ (*Gewehr~*) canna *f* ❻ (MUS) passaggio *m* ❼ (*Jägersprache*) zampa *f,* gamba *f*

Laufbahn *f* ❶ (*Karriere*) carriera *f* ❷ (*Sport*) pista *f;* **Laufband** *n* (SPORT) tapis *m* roulant; **Laufbursche** *m* garzone *m,* fattorino *m*

laufen ['laʊfən] <läuft, lief, gelaufen> **I.** *vi* sein ❶ (*rennen*) correre; **gelaufen kommen** venire di corsa ❷ (*fam: gehen*) camminare, andare a piedi ❸ (*in Betrieb sein*) funzionare; (*a Motor*) marciare; (*Fahrzeug*) andare ❹ (*fließen*) scorrere; **ihm läuft die Nase** gli cola il naso *fam* ❺ (*undicht sein*) perdere; **leer ~** (*Behälter*) svuotarsi ❻ (*Film*) essere in programma; (*als Vorführung*) venire proiettato ❼ (*fig: im Gange sein*) essere in corso, svolgersi ❽ (*ver~*) andare, correre; **die Sache ist gelaufen** (*fam*) la cosa è andata; **ich weiß genau, wie das läuft** (*fam*) so esattamente come vanno le cose; **wie läuft der Laden?** (*fam*) come vanno le cose? ❾ (JUR, FIN) decorrere; **ab einem bestimmten Datum ~** decorrere da una data precisa; **auf jds Namen ~** essere a nome di qu, essere intestato a qu **II.** *vt* ❶ sein (*Strecke, Runden*) fare, percorrere; **Rollschuh/Schlittschuh ~** pattinare; **Ski ~** sciare; **hundert Meter ~** fare i cento metri piani;

Gefahr ~ etw zu tun correre il pericolo di fare qc ❷ *haben* **sich** *dat* **Blasen ~** farsi venire le vesciche camminando **III.** *vr* **sich warm ~** riscaldarsi

laufend I. *adj* corrente; **auf dem Laufenden über etw** *acc* **sein** essere al corrente su qc; **jdn auf dem Laufenden halten** tenere qu al corrente; **am ~en Band** senza interruzione **II.** *adv* continuamente, in continuazione

laufen‖**lassen** <irr> *vt* (*fam*) **jdn ~** rimettere qu in libertà

Läufer ['lɔɪfɐ] <-s, -> *m* ❶ (*beim Schach*) alfiere *m* ❷ (*Teppich*) passatoia *f* ❸ (TEC) rotore *m*

Läufer(in) ['lɔɪfɐ] <-s, -; -, -nen> *m(f)* (*Leichtathletik*) corridore, -a *m, f;* (*Fußball*) mediano, -a *m, f*

Lauferei [laʊfə'raɪ] <-, -en> *f* (*fam*) **~en haben** avere un bel daffare; **jdm** (**unnötige**) **~en bereiten** procurare dei fastidi a qu

Läuferin *f s.* Läufer

Lauffeuer *n* **sich wie ein ~ verbreiten** propagarsi con rapidità fulminea

läufig ['lɔɪfɪç] *adj* in calore

Laufjunge *m s.* Laufbursche; **Laufkran** *m* gru *f* mobile [*o* scorrevole]; **Laufkundschaft** *f* clientela *f* di passaggio; **Laufmasche** *f* smagliatura *f;* **Laufpass**^RR *m* **jdm den ~ geben** (*fam*) mandare a spasso qu; **Laufschritt** *m* passo *m* di corsa; **Laufstall** *m* box *m* (per bambini); **Laufsteg** *m* passerella *f*

läuft [lɔɪft] *3. pers sing pr von* laufen

Laufwerk *n* (INFORM) unità *f;* **Laufzeit** *f* ❶ (SPORT) tempo *m* (impiegato) ❷ (FILM) durata *f* della programmazione ❸ (*Gültigkeitsdauer*) durata *f* di validità; **Laufzettel** *m* avviso *m,* circolare *f*

Lauge ['laʊɡə] <-, -n> *f* ❶ (*Seifen~*) liscivia *f* ❷ (CHEM) soluzione *f* caustica

Laune ['laʊnə] <-, -n> *f* ❶ (*Stimmung*) umore *m;* **gute/schlechte ~ haben** essere di buon/cattivo umore; **seine schlechte ~ an jdm auslassen** sfogare il proprio malumore su qu; **jdm die ~ verderben** far passare il buon umore a qu ❷ (*spontaner Einfall*) capriccio *m;* **launenhaft** *adj* ❶ (*launisch*) lunatico ❷ (*unberechenbar*) imprevedibile; **Launenhaftigkeit** <-> *kein Pl f* carattere *m* lunatico, capricciosità *f*

launig *adj* (*obs: witzig*) spiritoso, brioso

launisch *adj s.* launenhaft

Laus [laʊs] <-, Läuse> *f* pidocchio *m;* **ist dir eine ~ über die Leber gelaufen?** (*fam*) sei di cattivo umore?

L

Lausanne [lo'zan] *n* Losanna *f*

Lausbub(e) *m* (*obs, fam*) *s.* **Lausebengel**

Lauschangriff *m* (JUR, MIL) azione *f* di spionaggio con microspie

lauschen ['lauʃən] *vi* ❶ (*zuhören*) **jdm/ etw** ~ ascoltare attentamente qu/qc ❷ (*heimlich*) origliare

Lauscher <-s, -> *m* (*Jägersprache*) orecchio *m*

lauschig *adj* intimo, romantico

Lausebengel *m*, **Lausejunge** *m* (*fam*) monello *m*, briccone *m*

lausen ['lauzən] *vt* (*a entlausen*) spidocchiare

lausig *adj* (*fam pej: schäbig*) misero; (*armselig*) miserabile; **es ist ~ kalt** fa un freddo cane

laut [laut] **I.** *adj* ❶ (*Stimme*) alto; (*~ stark, kräftig*) forte, intenso ❷ (*geräuschvoll, lärmerfüllt*) rumoroso, chiassoso; **~ werden** (*bekanntwerden*) diventare noto, divulgarsi; **das Radio ~ er stellen** alzare il volume della radio **II.** *adv* ❶ (*vernehmlich*) chiaramente, distintamente ❷ (*kräftig*) forte; **~ lachen** ridere forte; **~ er sprechen** parlare più forte ❸ (*mit ~ er Stimme*) ad alta voce; **~ denken** parlare da solo; **etw ~ vorlesen** leggere a voce alta qc **III.** *prp* +*gen o dat* secondo, conformemente a

Laut <-(e)s, -e> *m* suono *m;* (*Geräusch*) rumore *m;* **keinen ~ von sich** *dat* **geben** non aprir bocca

lauten *vi* (*einen Wortlaut haben*) essere; (*besagen*) dire; **auf jds Namen ~** essere intestato a qu; **der Titel lautet ...** il titolo è ...; **das Urteil lautet auf ...** è una sentenza di ...

läuten ['lɔɪtən] *vi* ❶ (*a vt, Glocken*) s(u)onare ❷ (*Telefon, Wecker*) squillare; **es hat geläutet** hanno s(u)onato; **er hat davon** (*etw*) **~ hören** (*fam*) ne ha sentito parlare

lauter ['lautɐ] **I.** *adj* (*geh*) ❶ (*rein*) puro ❷ (*aufrichtig, ehrlich*) onesto, retto **II.** *adv* (*nur*) solo, non ... (altro) che; **vor ~ Angst/Freude/Glück** per la gran paura/ gioia/fortuna; **das sind ~ Lügen** sono tutte bugie

läutern ['lɔɪtən] *vt* (CHEM) depurare, chiarificare; (TEC) (r)affinare

Läuterung <-, -en> *f* (CHEM) depurazione *f;* (TEC) affinazione *f*

lauthals ['lauthals] *adv* a squarciagola

Lautlehre *f* fonetica *f*

lautlos **I.** *adj* silenzioso **II.** *adv* in silenzio

Lautschrift *f* trascrizione *f* fonematica

Lautsprecher *m* altoparlante *m;* **Laut-**

sprecherbox *f* cassa *f* acustica; **Lautsprecherwagen** *m* vettura *f* munita di altoparlante

lautstark **I.** *adj* alto, forte; (*heftig*) violento **II.** *adv* ad alta voce

Lautstärke *f* livello *m* sonoro, sonorità *f;* (RADIO, TV) volume *m;* **Lautstärkeregler** *m* regolatore *m* del volume

lauwarm *adj* tiepido

Lava ['la:va] <-, *rar* Laven> *f* lava *f*

Lavendel [la'vɛndəl] <-s, -> *m* lavanda *f*

lavieren [la'vi:rən] <*ohne ge*-> *vi* ❶ (NAUT) bordeggiare ❷ (*fig*) barcamenarsi, destreggiarsi

Lawine [la'vi:nə] <-, -n> *f* valanga *f;* **Lawinengefahr** *f* pericolo *m* di valanghe; **Lawinenunglück** *n* sciagura *f* causata da valanga; **Lawinenverbauung** <-, -en> *f* paravalanghe *m*

lax [laks] *adj* molle; (*a fig*) rilassato

Layout [ler'?aut] <-s, -s> *n*, **Lay-out**^{RR} <-s, -s> *n* lay-out *m*

Lazarett [latsa'rɛt] <-(e)s, -e> *n* ospedale *m* militare

LCD [ɛltse:'de:] *abk v* **liquid crystal display** LCD *m*, display *m* a cristalli liquidi

leasen ['li:zən] *vt* (*Wagen, Fernseher*) noleggiare, prendere in leasing

Leasing ['li:zɪŋ] <-s, -s> *n* leasing *m*

Lebedame *f* donna *f* di mondo; **Lebemann** *m* uomo *m* di mondo, viveur *m*

leben ['le:bən] *vi, vt* vivere; **bescheiden/ enthaltsam/gesund/zurückgezogen ~** vivere modestamente/castamente/in modo sano/ritirato; **noch/nicht mehr ~** essere ancora/non essere più in vita; **von/ für etw ~** vivere di/per qc; **man lebt nur einmal!** si vive una volta sola; **in den Tag hinein ~** vivere alla giornata; **es lebe die Freiheit!** viva la libertà!

Leben <-s, -> *n* vita *f;* (*Lebhaftigkeit*) animazione *f*, vivacità *f*, vitalità *f;* **jdm das ~ retten** salvare la vita a qu; **jdm das ~ schwer machen** rendere la vita dura a qu; **einem Kind das ~ schenken** dare la vita a un bambino, mettere al mondo un bambino; **sein ~ fristen** campare alla meglio, tirare avanti; **voller ~ stecken** essere pieno di vita; **~ in die Bude bringen** (*fam*) portar l'allegria in casa; **sich** *dat* **das ~ nehmen** togliersi la vita, suicidarsi; **am ~ bleiben/sein** restare/essere in vita; **etw ins ~ rufen** dare vita a qc; **etw mit dem ~ bezahlen** pagare qc con la vita; **mit dem ~ davonkommen** salvarsi la vita; **ums ~ kommen** perdere la vita; **um sein ~ rennen** correre per salvarsi la pelle; **ein ~ lang** tutta una vita; **auf ~ und Tod**

per la vita e la morte; **aus dem ~ gegriffen** tratto dal vivo; **nie im ~** (*fam*) mai e poi mai; **für mein ~ gern würde ich ...** pagherei non so che per ...

lebend *adj* vivente; **~e Sprachen** lingue vive; **das ist der ~e Beweis** è la prova lampante, è l'esempio vivo; **lebendgebärend** *adj* (ZOO) viviparo; **Lebendgewicht** *n* peso *m* vivo

lebendig [le'bɛndıç] *adj* ❶ (*lebend, a Erinnerung*) vivo; **bei ~em Leib verbrennen** essere bruciato vivo ❷ (*lebhaft*) vivace; **Lebendigkeit** <-> *kein Pl f* ❶ (*Lebendigsein*) vitalità *f* ❷ (*Lebhaftigkeit*) vivacità *f*

Lebensabend *m* (*geh*) vecchiaia *f*, ultimi anni *mpl*; **Lebensabschnitt** *m* periodo *m* della vita; **Lebensalter** *n* età *f*; **Lebensart** *f* ❶ (*Lebensweise*) modo *m* di vivere, vita *f* ❷ (*gutes Benehmen*) modi *mpl*, maniere *fpl* gentili; **Lebensaufgabe** *f* compito *m* della vita; **Lebensbaum** *m* ❶ (BOT) tuia *f* ❷ (REL) albero *m* della vita; **Lebensbedingungen** *fpl* condizioni *fpl* di vita; **Lebensdauer** *f* ❶ (*Länge eines Lebens*) (durata *f* della) vita *f* ❷ (TEC) durata *f*; **Lebenselixier** *n* elisir *m* di lunga vita; **Lebensende** *n* fine *f* della vita; **bis an sein ~** fino alla morte; **Lebenserfahrung** *kein Pl* esperienza *f* (di vita); **lebenserhaltend** *adj* vitale; **Lebenserwartung** *f* vita *f* media; **lebensfähig** *adj* vitale; **Lebensfreude** *f* gioia *f* di vivere; **lebensfroh** *adj* pieno di gioia di vivere

Lebensgefahr *f* pericolo *m* di vita; **in ~ schweben** essere in pericolo di vita; **außer ~ sein** essere fuori pericolo; **Vorsicht, ~!** pericolo di morte!; **lebensgefährlich** *adj* pericolosissimo, rischioso; (*Verletzung*) mortale; **~ verletzt/krank** ferito/malato mortalmente

Lebensgefährte *m*, **Lebensgefährtin** *f* compagno, -a *m, f*; **Lebensgemeinschaft** *f* ❶ (*Ehe*) matrimonio *m* ❷ (*nichtehelich*) convivenza *f*; **lebensgroß** *adj* di grandezza naturale; **Lebenshaltungsindex** *m* indice *m* del costo della vita; **Lebenshaltungskosten** *pl* costo *m* della vita; **Lebensjahr** *n* anno *m* di vita; **im zwanzigsten ~** all'età di vent'anni; **mit vollendetem 18. ~** a diciott'anni compiuti; **Lebenskünstler(in)** *m(f)* artista *mf* nell'arte di vivere; **ein ~ sein** saper vivere; **Lebenslage** *f* situazione *f* (della vita); **lebenslang** *adj* che dura tutta la vita, a vita; **lebenslänglich** *adj* a vita; (*Rente a*) vitalizio; **~e Haft** ergastolo; **sie**

bekam „~" è stata condannata all'ergastolo; **Lebenslauf** *m* ❶ (*Verlauf*) corso *m* della vita ❷ (*geschriebener*) curriculum *m* vitae; **lebenslustig** *adj* gaio, allegro

Lebensmittel *npl* generi *mpl* alimentari, viveri *mpl*; **Lebensmittelallergie** *f* allergia *f* alimentare; **Lebensmittelgeschäft** *n* negozio *m* di (generi) alimentari; **Lebensmittelhändler(in)** *m(f)* negoziante *mf* di generi alimentari; **Lebensmittelvergiftung** *f* (MED) intossicazione *f* alimentare; **Lebensmittelversorgung** *f* rifornimento *m* di viveri; **Lebensmittelvorrat** *m* provviste *fpl* di viveri

lebensmüde *adj* stanco della vita; **Lebensmut** *m* coraggio *m* (di vivere), forza *f* d'animo; **lebensnah** *adj* ❶ (*praktisch*) attuale, pratico ❷ (*realistisch*) realistico; **lebensnotwendig** *adj* d'importanza vitale; **Lebensqualität** *kein Pl f* qualità *f* (dello stile) di vita; **Lebensraum** *m* spazio *m* vitale; (BIOL) biotopo *m*; **Lebensretter(in)** *m(f)* salvatore, -trice *m, f*; **Lebensstandard** *m* tenore *m* di vita; **Lebensstellung** *f* posto *m* a vita; **Lebensunterhalt** *m* sostentamento *m*; **sich** *dat* **seinen ~ verdienen** guadagnarsi da vivere; **lebensuntüchtig** *adj* disadattato; **Lebensversicherung** *f* assicurazione *f* sulla vita; **Lebenswandel** *m* (condotta *f* di) vita *f*; **Lebensweg** *m* corso *m* della vita; **viel Glück auf deinem weiteren ~!** tanti auguri per il futuro!; **Lebensweise** *f* modo *m* di vivere, costume *m* di vita; **Lebensweisheit** *f* saggezza *f* di vita; **Lebenswerk** *n* opera *f* di (tutta) una vita; **lebenswert** *adj* degno di essere vissuto; **lebenswichtig** *adj* (di importanza) vitale

Lebenswirklichkeit *f* vita *f* reale; **Lebenszeichen** *n* segno *m* di vita; **kein ~ von sich** *dat* **geben** non dare segni di vita; **Lebenszeit** *f* durata *f* di una vita; **auf ~** a vita

Leber ['le:bɐ] <-, -n> *f* fegato *m*; **frisch von der ~ weg** (*fam*) francamente; **Leberfleck** *m* macchia *f* epatica; **Leberkäse** *m* (*bes. südd, A*) impasto di carne tritata condito e cucinato; **Leberknödel** *m* (*bes. südd, A*) gnocchetto *m* di fegato; **leberkrank** *adj* (MED) epatico, malato di fegato; **Leberpastete** *f* pasticcio *m* di fegato; **Lebertran** *m* olio *m* di fegato di merluzzo; **Leberwurst** *f* salsiccia *f* di fegato; **die beleidigte ~ spielen** (*fam*) fare l'offeso; **Leberzirrhose** *f* (MED) cirrosi *f* epatica

Lebewesen *n* essere *m* vivente; (*einzelli-*

ges ~ a) organismo *m*

Lebewohl ['le:bə'vo:l] <-(e)s, -s *o* -e> *n* (*geh*) addio *m;* **jdm ~ sagen** dire addio a qu

lebhaft *adj* ❶ (*Mensch, Unterhaltung*) vivace ❷ (*Fantasie, Farbe, Erinnerung*) vivo ❸ (*Handel, Verkehr*) intenso ❹ (*deutlich, klar*) chiaro; **ich kann mir ~ vorstellen, wie ...** mi posso ben immaginare come ...; **Lebhaftigkeit** <-> *kein Pl f* ❶ (*Munterkeit*) vivacità *f* ❷ (*Bewegtheit*) animazione *f* ❸ (*Deutlichkeit*) vivezza *f*

Lebkuchen ['le:pku:xən] *m* panpepato *m*

leblos *adj* ❶ (*wie tot*) senza vita, inanimato ❷ (*fig*) inerte, languido

Lebzeiten *fpl* **zu ~ von** ai tempi di; **zu seinen ~** quand'era vivo

Lech [lɛç] *m* Lech *m*

lechzen ['lɛçtsən] *vi* ❶ (*verlangen*) desiderare (*nach etw* qc); (*gierig sein*) essere avido (*nach* di) ❷ (*dürsten*) essere assetato (*nach* di)

Lecithin [letsi'ti:n] <-s, -e> *n* (CHEM) lecitina *f*

leck [lɛk] *adj* **~ sein** (*undicht sein*) perdere; (*Schiff*) fare acqua; **Leck** <-(e)s, -s> *n* perdita *f*; (NAUT) fuga *f*

lecken ['lɛkən] **I.** *vt* (*schlecken*) leccare **II.** *vi* ❶ (*schlecken*) **an etw** *dat* **~** leccare qc ❷ (*fig: Flammen*) lambire ❸ (*undicht sein*) perdere, colare; (*Schiff*) fare acqua

lecker ['lɛkɐ] *adj* (*a fig*) gustoso, appetitoso; **Leckerbissen** *m,* **Leckerei** <-, -en> *f* ghiottoneria *f,* leccornia *f;* **Leckermaul** *n* (*fam*) ❶ (*der gern Süßigkeiten isst*) ghiottone, -a *m, f* ❷ (*Feinschmecker*) buongustaio, -a *m, f*

led. *abk* **v ledig** *adj* (*Männer*) celibe

Leder ['le:dɐ] <-s, -> *n* ❶ (*Material*) cuoio *m,* pelle *f* ❷ (*fam* SPORT: *Fußball*) pallone *m*

Leder- (*in Zusammensetzungen*) di pelle; **Ledereinband** *m* rilegatura *f* in pelle; **Lederhandschuh** *m* guanto *m* di pelle; **Lederhose** *f* pantaloni *mpl* di pelle tradizionali; **Lederindustrie** *f* industria *f* del cuoio; **Lederjacke** *f* giacca *f* di pelle

ledern *adj* ❶ (*aus Leder*) di cuoio, di pelle ❷ (*zäh*) coriaceo, duro

Lederriemen *m* cinghia *f* di cuoio; **Ledersohle** *f* suola *f* di cuoio; **Lederwaren** *fpl* pelletterie *fpl,* articoli *mpl* di pelle; **Lederwarenhandlung** *f* negozio *m* di pelletteria

ledig ['le:dɪç] *adj* (*unverheiratet*) celibe, scapolo; (*Frau*) nubile; **~ e Mutter** ragazza madre

lediglich ['le:dɪklɪç] *adv* soltanto, sola-

Lee [le:] <-> *kein Pl f o n* (NAUT) (lato *m*) sottovento *m*

leer [le:ɐ] **I.** *adj* ❶ (*ohne Inhalt*) vuoto; **~ e Worte/Versprechungen** parole vuote/vane promesse; **~ ausgehen** andarsene a mani vuote; **mit ~en Händen** a mani vuote ❷ (*unbeschrieben*) bianco ❸ (EL: *Batterie*) scarico ❹ (*nicht möbliert*) non ammobiliato ❺ (*unbesetzt*) libero, vacante ❻ (*fig: nichts sagend, ausdruckslos*) inespressivo **II.** *adv* (TEC) al minimo; (MOT) in folle; (*fig*) a vuoto

Leere ['le:rə] <-> *kein Pl f* ❶ (*das Leersein*) vuoto *m;* **gähnende ~** vuoto assoluto ❷ (*fig*) vacuità *f*

leeren I. *vt* vuotare **II.** *vr* **sich ~** svuotarsi

leergefegtᴬᴸᵀ *adj s.* **fegen** II.2.

Leergewicht *n* peso *m* a vuoto; **Leergut** *n* (recipienti *mpl*) vuoti *mpl;* **Leerlauf** *m* (TEC) funzionamento *m* a vuoto; (MOT) marcia *f* in folle

Leerlaufdrehzahl *f* (MOT) regime *m* a vuoto

leerstehend *adj* disabitato, sfitto, vuoto

Leerung <-, -en> *f* svuotamento *m;* (*von Briefkasten*) levata *f* della posta

Lefze ['lɛftsə] <-, -n> *f* labbro *m*

legal [le'ga:l] *adj* legale

legalisieren [legali'zi:rən] <*ohne ge->* *vt* legalizzare

Legalität [legali'tɛ:t] <-> *kein Pl f* legalità *f*

Legasthenie [legaste'ni:] <-> *kein Pl f* dislessia *f*; **Legastheniker(in)** [legas'te:nɪkɐ] <-s, -; -, -nen> *m(f)* dislessico, -a *m, f*

Legat¹ [le'ga:t] <-en, -en> *m* (HIST, REL) legato *m*

Legat² <-(e)s, -e> *n* (JUR) legato *m*

Legebatterie <-, -n> *f* batteria *f* di polli d'allevamento

legen ['le:gən] **I.** *vt* ❶ mettere, adagiare; **einen Brand ~** appiccare il fuoco a qc; **die Fliesen/den Teppichboden ~** mettere le piastrelle/la moquette; **auf etw** *acc* **Wert ~** tenere a qc; **die Stirn in Falten ~** corrugare la fronte ❷ (*nieder~*) posare, deporre ❸ (*ausbreiten*) stendere; **eine Decke über das Bett ~** stendere una coperta sul letto ❹ (*Eier*) deporre **II.** *vr* **sich ~** ❶ (*sich ausstrecken*) distendersi; (*zu Bett*) coricarsi; **sich auf den Bauch/die Seite ~** coricarsi sulla pancia/sul fianco ❷ (*nachlassen*) calmarsi, placarsi

legendär [legɛn'dɛ:ɐ] *adj* leggendario

Legende [le'gɛndə] <-, -n> *f* leggenda *f*

leger [le'ʒe:ɐ] *adj* ❶ disinvolto ❷ (*Kleidung*) casual

Leggings ['lɛgɪŋs] *pl* fuseaux *mpl*
legieren [le'giːrən] <ohne ge-> *vt* legare
Legierung <-, -en> *f* lega *f*
Legion [le'gi̯oːn] <-, -en> *f* legione *f*
Legionär [legi̯o'nɛːɐ̯] <-s, -e> *m* legionario *m*
Legislative [legɪsla'tiːvə] <-, -n> *f* ❶ (*gesetzgebende Gewalt*) potere *m* legislativo ❷ (*Versammlung*) assemblea *f* legislativa
Legislaturperiode [legɪsla'tuːɐ̯peri'oːdə] *f* legislatura *f*
legitim [legi'tiːm] *adj* legittimo
Legitimation [legitima'tsi̯oːn] <-, -en> *f* legittimazione *f*
legitimieren [legiti'miːrən] <ohne ge-> **I.** *vt* legittimare **II.** *vr* **sich ~** (*sich ausweisen*) dimostrare la propria identità
Legitimität [legitimi'tɛːt] <-> *kein Pl f* legittimità *f*
Lehen ['leːən] <-s, -> *n* feudo *m*
Lehm [leːm] <-(e)s, -e> *m* argilla *f*, creta *f*; **Lehmgrube** *f* cava *f* d'argilla; **iehmig** *adj* argilloso
Lehne ['leːnə] <-, -n> *f* ❶ (*Stütze*) appoggio *m*, sostegno *m*; (*Rücken~*) spalliera *f*; (*Arm~*) bracciolo *m* ❷ (*A, CH: Abhang*) pendio *m*
lehnen I. *vt* **etw an etw** *acc* [*o* **gegen etw**] ~ appoggiare qc a qc **II.** *vi* poggiare; **an etw** *dat* ~ essere appoggiato a qc **III.** *vr* **sich an** [*o* **gegen**] **jdn/etw** ~ appoggiarsi a qu/qc; **sich aus dem Fenster** ~ (*von Auto*) sporgersi dal finestrino; (*von Haus*) sporgersi dalla finestra
Lehnsessel *m* poltrona *f*
Lehnsherr ['leːnshɛr] *m* (HIST) feudatario *m*, signore *m* feudale; **Lehnsmann** <-(e)s, -männer *o* -leute> *m* (HIST) vassallo *m*
Lehnstuhl *m* poltrona *f*
Lehnwort <-(e)s, -wörter> *n* prestito *m* linguistico
Lehramt *n* insegnamento *m*; **Lehramtsanwärter(in)** *m(f)* candidato, -a *m, f* all'insegnamento; **Lehramtsstudium** <-s> *kein Pl n* studio che abilita all'insegnamento nelle scuole medie inferiori e superiori; **Lehranstalt** *f* istituto *m* scolastico; **Lehrbeauftragte** *mf* (insegnante) incaricato, -a *m, f*; **Lehrberuf** *m* professione *f* d'insegnante, insegnamento *m*; **Lehrbrief** *m* certificato *m* di apprendistato; **Lehrbuch** *n* (libro *m* di) testo *m*, manuale *m*
Lehre ['leːrə] <-, -n> *f* ❶ (*Unterweisung*) insegnamento *m*; (*Handwerks~*) apprendistato *m*, tirocinio *m*; **bei jdm in die ~ gehen** andare a fare (il) tirocinio presso qu

❷ (SCIENT) scienza *f* ❸ (*Theorie, Lehrmeinung*) teoria *f*; (REL, PHILOS) dottrina *f* ❹ (*Erfahrung*) lezione *f*; (*Warnung*) monito *m*; (*einer Fabel*) morale *f*; **jdm eine ~ sein** servire di lezione a qu; **aus etw eine ~ ziehen** trarre insegnamento da qc ❺ (TEC) calibro *m*
lehren *vt, vi* insegnare; **ich werde dich ~ zu** +*inf* ti insegnerò io a +*inf fam*
Lehrer(in) <-s, -; -, -nen> *m(f)* insegnante *mf*; (*Volksschul~*) maestro, -a *m, f*; (*Gymnasial~, Universitäts~*) professore, -essa *m, f*; **Lehrerschaft** <-, -en> *f* corpo *m* insegnante, insegnanti *mpl*; **Lehrerzimmer** *n* sala *f* dei professori [*o* docenti]
Lehrfilm *m* film *m* didattico; **Lehrgang** *m* corso *m*; **Lehrgangsteilnehmer(in)** *m(f)* partecipante *mf* a un corso; **Lehrgeld** *n* costo *m* del tirocinio; ~ **zahlen** (*fig*) imparare a proprie spese; **lehrhaft** *adj* didattico, didascalico; **Lehrherr** *m* (*obs*) maestro *m*, padrone *m*; **Lehrjahr** *n* anno *m* di tirocinio; **Lehrkörper** *m* (ADM) corpo *m* insegnante; **Lehrkraft** *f* (ADM) insegnante *mf*; **Lehrling** <-s, -e> *m* apprendista *mf*; **Lehrmädchen** *n* apprendista *f*; **Lehrmeister(in)** <-s, -; -, -nen> *m(f)* maestro, -a *m, f*, mastro, -a *m, f*; **Lehrmittel** *n meist pl* materiale *m* didattico; **Lehrmittelfreiheit** *f* gratuità *f* dei libri scolastici; **Lehrpfad** *m* sentiero *m* didattico; **Lehrplan** *m* piano *m* di studi; **Lehrprobe** *f* lezione *f* di prova; **lehrreich** *adj* istruttivo; **Lehrsatz** *m* tesi *f*; (MAT, PHYS) teorema *m*; (REL) dogma *m*; **Lehrstelle** *f* posto *m* di apprendistato; **Lehrstuhl** *m* cattedra *f*; **ein ~ für Linguistik** una cattedra di linguistica; **Lehrvertrag** *m* contratto *m* di apprendistato; **Lehrzeit** *f* (periodo *m* di) apprendistato *m*
Leib [laɪp] <-(e)s, -er> *m* (*geh*) ❶ (*Körper*) corpo *m*; **etw am eigenen ~(e) erfahren** imparare qc a proprie spese; **am ganzen ~(e) zittern** tremare da capo a piedi; **jdm wie auf den ~ geschrieben sein** adattarsi perfettamente a qu; **sich** *dat* **jdn vom ~e halten** tenere alla larga qu *fam*; **bei lebendigem ~e** vivo; **mit ~ und Seele** anima e corpo; **bleiben Sie mir damit vom ~e!** (*fam*) non mi secchi con questa storia! ❷ (*Bauch*) ventre *m*, pancia *f*; **Leibarzt** *m* medico *m* personale; **Leibbinde** *f* panciera *f*, ventriera *f*
leibeigen ['laɪpʔaɪgən] *adj* appartenente alla servitù della gleba
leiben *vi* **wie er leibt und lebt** in carne ed ossa

Leibeserziehung f (ADM) educazione f fisica; **Leibeskräfte** fpl **aus ~n schreien** gridare a più non posso; **Leibesübungen** fpl (ADM) esercizi mpl fisici; **Leibesvisitation** f perquisizione f personale

Leibgarde f guardia f del corpo; **Leibgardist** m soldato m della guardia del corpo; **Leibgericht** n piatto m preferito

leibhaftig adj in persona, in carne ed ossa

leiblich adj ❶ (körperlich) corporale, fisico ❷ (blutsverwandt) consanguineo; **sein ~er Sohn** suo figlio carnale

Leibspeise f piatto m preferito; **Leibwache** f, **Leibwächter** m guardia f del corpo; **Leibwäsche** f biancheria f intima

Leiche ['laɪçə] <-, -n> f cadavere m, salma f poet; **~n gehen** (fig) essere senza scrupoli; **leichenblass**RR adj pallido come un morto; **Leichenhalle** f, **Leichenhaus** n camera f mortuaria; **Leichenschändung** f profanazione f di cadavere; **Leichenschauhaus** n obitorio m; **Leichenstarre** <-> kein Pl f rigidità f cadaverica; **Leichentuch** n lenzuolo m funebre; **Leichenverbrennung** f cremazione f; **Leichenwagen** m carro m funebre; **Leichenzug** m corteo m funebre

Leichnam ['laɪçnaːm] <-(e)s, -e> m (geh) salma f lett, cadavere m

leicht [laɪçt] I. adj ❶ (nicht schwer, geringfügig) leggero ❷ (nicht schwierig) facile; **es nicht ~ haben** non avere una vita facile; **~es Spiel haben** aver buon gioco; **etw ~en Herzens tun** far qc a cuor leggero; **nichts ~er als das** nulla di più facile II. adv (schnell, mühelos) facilmente; **etw ~ salzen** salare qc leggermente; **~ zugänglich** facilmente accessibile; **sie wird ~ ärgerlich** si arrabbia facilmente; **das ist ~ möglich** è possibilissimo; **das ist ~ gesagt** è facile a dirsi; **das ist ~er gesagt als getan** tra il dire ed il fare c'è di mezzo il mare prov

Leichtathlet(in) m(f) atleta mf (di atletica leggera); **Leichtathletik** f atletica f leggera

Leichter <-s, -> m (NAUT) alleggio m

leicht|fallenALT vi s. **fallen 8.**

leichtfertig adj ❶ (unbekümmert) spensierato ❷ (leichtsinnig) leggero, sconsiderato; **Leichtfertigkeit** <-> kein Pl f leggerezza f; (Gedankenlosigkeit) spensieratezza f; (Unvorsichtigkeit) sventatezza f, sconsideratezza f

Leichtgewicht n peso m leggero

leichtgläubig adj credulone; **Leichtgläubigkeit** <-> kein Pl f credulità f

leichthin ['laɪçt'hɪn] adv ❶ (ohne lange zu überlegen) senza riflettere, alla leggera ❷ (flüchtig) di sfuggita

Leichtigkeit <-> kein Pl f ❶ (Leichtsein) leggerezza f ❷ (Mühelosigkeit) facilità f; **mit ~** facilmente

leichtlebig adj spensierato, gaio

leicht|machenALT vt s. **machen I.4.**

Leichtmetall n metallo m leggero

leicht|nehmenALT vt s. **nehmen 8.**

Leichtsinn m ❶ (Unvorsichtigkeit) leggerezza f; (Unbesonnenheit) avventatezza f ❷ (Unbekümmertheit) spensieratezza f; **leichtsinnig** I. adj ❶ (unvorsichtig) leggero; (unbesonnen) sventato; (unbedacht) sconsiderato ❷ (sorglos) spensierato II. adv (unvorsichtig) con leggerezza, alla leggera

leichtverdaulichALT adj s. **verdaulich**

leichtverderblichALT adj s. **verderblich 1.**

leichtverletztALT adj s. **verletzen I.1.**

Leichtverletzte mf ferito, -a m, f leggero, -a

leichtverständlichALT adj s. **verständlich 1.**

leichtverwundetALT adj s. **verwundet**

Leichtverwundete mf ferito, -a m, f leggero, -a

leid [laɪt] adj **ich bin es ~ zu** +inf sono stufo di +inf fam

Leid <-(e)s> kein Pl n ❶ (seelischer Schmerz) pena f, sofferenza f; (Schmerz) dolore m; (Kummer) dispiacere m; **jdm sein ~ klagen** confidare a qu il proprio dolore ❷ (Unrecht) torto m, ingiustizia f; **jdm ein ~ (an)tun** fare un torto a qu

leiden ['laɪdən] I. vi soffrire; **an einer Krankheit ~** soffrire di una malattia; **unter der Einsamkeit ~** soffrire di solitudine; **an Krebs ~** soffrire di cancro II. vt (ertragen) patire; **Not ~** essere in miseria; **jdn nicht ~ können** non poter soffrire qu fam; **ich mag ihn gut ~** mi è simpatico, mi piace

Leiden <-s, -> n ❶ sofferenza f ❷ (Schmerz) dolore m ❸ (Krankheit) malattia f; (Erkrankung) affezione f

Leidenschaft <-, -en> f passione f; **leidenschaftlich** adj ❶ (begeistert) appassionato; **etw ~ gern tun** fare qc molto volentieri ❷ (emotional) passionale; **leidenschaftslos** adj razionale, spassionato; **Leidenschaftslosigkeit** <-> kein Pl f (Teilnahmslosigkeit) insensibilità f; freddezza f; (Objektivität) spassionatezza f; (Unempfindlichkeit) impassibilità f

Leidensfähigkeit f capacità f di sofferenza; **Leidensgefährtin** <-, -nen> *f* compagno, -a *m*, *f* di sventura; **Leidensgenosse** *m*, **Leidensgenossin** *f* compagno, -a *mf* di sventura

leider ['laɪdɐ] *adv* purtroppo; (*unglücklicherweise*) disgraziatamente, sfortunatamente; ~ **muss ich sagen, dass ...** mi dispiace (di) dover dire che ...; ~! purtroppo!; ~ **ja/nein** purtroppo sì/no; ~ **Gottes** sfortunatamente

leidig *adj* (*ärgerlich*) fastidioso; (*unangenehm*) increscioso

leidlich I. *adj* passabile, discreto II. *adv* discretamente, passabilmente; (*einigermaßen*) abbastanza

Leidtragende <ein -r, -n, -n> *mf* (*Benachteiligte*) vittima *f*

leidtun *vi* ~ **tun** (di)spiacere; **er tut mir** ~ mi fa pena; **es tut mir** ~, **dass ...** mi (di)spiace che +*conj*; **leidvoll** *adj* doloroso

Leidwesen *n* **zu meinem** ~ con mio rincrescimento

Leier ['laɪɐ] <-, -n> *f* (MUS) lira *f*; (*Dreh*~) organetto *m*; **das ist immer die alte** ~ (*fam*) è sempre la solita storia; **Leierkasten** *m* organetto *m* (di Barberia); **Leierkastenmann** *m* sonatore *m* d'organetto

leiern *vi* (*fig: monoton sprechen*) parlare in tono monotono

Leiharbeit *kein Pl* lavoro *m* temporaneo prestato presso un altro datore di lavoro, lavoro *m* a prestito

Leihbibliothek *f*, **Leihbücherei** *f* biblioteca *f* di prestito

leihen ['laɪən] <leiht, lieh, geliehen> I. *vt* (**jdm**) **etw** ~ prestare qc (a qu) II. *vr* **sich** *dat* (**von jdm etw**) ~ farsi prestare (qc da qu)

Leihfrist *f* scadenza *f* del prestito; **Leihgabe** *f* prestito *m*; **Leihgebühr** *f* tariffa *f* di prestito; **Leihhaus** *n* monte *m* di pietà; **Leihmutter** *f* madre *f* in affitto; **Leihwagen** *m* (AUTO) macchina *f* a nolo, auto *f* noleggiata; **leihweise** *adv* in prestito

Leim [laɪm] <-(e)s, -e> *m* ❶ (*Klebstoff*) colla *f*; **jdm auf den** ~ **gehen** (*fam*) farsi abbindolare da qu; **aus dem** ~ **gehen** (*fam: auseinander fallen*) scollarsi; (*dick werden*) sformarsi ❷ (*Vogel*~) vischio *m*

leimen *vt* ❶ (*kleben*) incollare ❷ (*sl: hereinlegen*) abbindolare *fam*

Leimfarbe *f* colore *m* a colla, tempera *f*

Lein [laɪn] <-(e)s, -e> *m* lino *m*

Leine ['laɪnə] <-, -n> *f* (*Seil*) funicella *f*; (*a Wäsche*~) corda *f*; (*Hunde*~) guinzaglio *m*; (*Lauf*~) lunga *f*; (*Angel*~) lenza *f*; **an der** ~ **führen** tenere al guinzaglio; **zieh'** ~! (*fam*) vattene! sparisci!

leinen *adj* di lino

Leinen <-s, -> *n* ❶ (*Gewebe*) lino *m* ❷ (*Bucheinband*) tela *f*; **in** ~ (**gebunden**) rilegato in tela

Leinöl *n* olio *m* di lino

Leinsamen *m* seme *m* di lino

Leintuch *n* lenzuolo *m*; **Leinwand** *f* ❶ tela *f*; (*Malerei a*) lino *m* ❷ (FILM) schermo *m*

Leipzig ['laɪptsɪç] *n* Lipsia *f*

leise ['laɪzə] I. *adj* ❶ (*still*) basso, sommesso; ~**r stellen** abbassare; **mit** ~**r Stimme** a bassa voce ❷ (*leicht, schwach*) leggero; (*sanft*) delicato; **nicht die** ~**ste Ahnung haben** non avere la più pallida idea II. *adv* (*mit leiser Stimme*) sottovoce, piano; **Leisetreter** <-s, -> *m* (*pej*) sornione, -a *m*, *f*, ipocrita *mf*

Leiste ['laɪstə] <-, -n> *f* ❶ (*Rand*~) lista *f*, listello *m* ❷ (*Stoff*~) orlo *m*, bordo *m* ❸ (ARCH) modanatura *f* ❹ (ANAT) inguine *m*

leisten ['laɪstən] I. *vt* ❶ (*tun, schaffen*) fare; (*hervorbringen*) compiere ❷ (TEC) rendere; (MOT) avere un rendimento ❸ (*Zahlung*) effettuare ❹ (*Hilfe, Eid*) prestare; **jdm Gesellschaft** ~ far compagnia a qu II. *vr* **sich** ~ ❶ (*gönnen*) concedersi ❷ (FIN) permettersi (il lusso di) ❸ (*sich herausnehmen*) prendersi la libertà di, permettersi

Leisten ['laɪstən] <-s, -> *m* ❶ (*Schuhform*) forma *f* ❷ (*Schuhspanner*) tendiscarpe *m*; **alles über einen** ~ **schlagen** (*fam*) fare di ogni erba un fascio

Leistenbruch *m* (MED) ernia *f* inguinale; **Leistengegend** *f* (ANAT) regione *f* inguinale

Leistung <-, -en> *f* ❶ prestazione *f*; (SPORT) exploit *m*; (*von Arbeiter*) rendimento *m*; (*von Schüler*) profitto *m*; (*Geleistetes*) lavoro *m*, opera *f*; **große** ~ grande opera; (SPORT) prodezza *f*, exploit *m*; **soziale** ~**en** prestazioni sociali; **eine** ~ **vollbringen** fare un lavoro; (SPORT) compiere un exploit ❷ (*von Maschine, Fabrik*) capacità *f* di produzione, efficienza *f* ❸ (*Zahlung*) pagamento *m*; (*Beitrag*) contributo *m*; **Leistungsabfall** *m* calo *m* di rendimento; **leistungsbezogen** *adj* a cottimo; **Leistungsbilanz** *f* (WIRTSCH) bilancia *f* delle partite correnti; **Leistungsdruck** *kein Pl m* **unter** ~ **sein** essere sotto pressione (di dover rendere); **leistungsfähig** *adj* (*produktiv*) efficiente, produttivo; **Leistungsfähigkeit** *f* ❶ (*Produktivität*) capacità *f* produttiva, produttività *f* ❷ (TEC) rendimento *m*, efficienza *f*; **Leistungsgesellschaft** *f*

L

società *f* efficientistica; **Leistungskurs** *m* seminario *m;* **leistungsschwach** *adj* poco efficiente, di scarso rendimento; **Leistungssport** *m* sport *m* di competizione; **leistungsstark** *adj* efficiente, produttivo; (SPORT) competitivo; (MOT) potente

Leitartikel *m* articolo *m* di fondo; **Leitartikler(in)** <-s, -; -, -nen> *m(f)* editorialista *mf*

Leitbild *n* esempio *m,* modello *m,* ideale *m*

leiten ['laɪtən] *vt* ❶ (*führen*) condurre, guidare; **sich von etw ~ lassen** lasciarsi guidare da qc ❷ (*verantwortlich ~*) dirigere; (*den Vorsitz haben von*) presiedere ❸ (*lenken*) dirigere; (*um~*) deviare; (*Gewässer, fig*) incanalare ❹ (EL, PHYS) condurre; **leitend** *adj* (*Stellung*) direttivo; **~e(r) Angestellte(r)** dirigente *mf* ❷ (*fig: Gedanke*) dominante ❸ (EL, PHYS) conduttore

Leiter[1] ['laɪtə] <-, -n> *f* scala *f* (a pioli)

Leiter[2] <-s, -> *m* (EL, PHYS) conduttore *m*

Leiter(in) ['laɪtə] <-s, -; -, -nen> *m(f)* guida *f,* capo *m;* (*Betriebs~, Schul~, Orchester~*) direttore, -trice *m, f;* (*Geschäfts~*) gerente *mf;* (*Abteilungs~*) caporeparto *mf*

Leiterwagen *m* carro *m* rastrelliera

Leitfaden *m* ❶ (*Lehrbuch*) manuale *m* ❷ (*fig: Leitgedanke*) filo *m* conduttore; **leitfähig** *adj* conduttore; **Leitfähigkeit** *f* conduttività *f;* **Leitgedanke** *m* pensiero *m* dominante; **Leithammel** *m* ❶ (*einer Schafherde*) montone *m* guidaiolo ❷ (*fig: Anführer*) guida *f;* **der ~ sein** (*fig*) guidare la danza; **Leitlinie** *f* (POL, WIRTSCH) direttiva *f;* **Leitplanke** *f* guardrail *m;* **Leitsatz** *m* principio *m* (direttivo); **Leitspruch** *m* motto *m;* **Leitstelle** *f* ufficio *m* centrale, direzione *f*

Leitung <-, -en> *f* ❶ (*Führung*) guida *f,* conduzione *f;* (*von Betrieb, Schule, Orchester*) direzione *f;* **die ~ einer Firma übernehmen** assumere la direzione di un'impresa; **unter der ~ von** sotto la direzione di ❷ (*Verwaltung*) gestione *f,* amministrazione *f* ❸ (*die Leitenden*) direzione *f;* (*von Parteien*) direttivo *m* ❹ (TEC: *Gas~, Wasser~*) tubazione *f* ❺ (EL, TEL) linea *f;* (*Kabel*) cavo *m;* **eine ~ legen** posare una linea; **eine lange ~ haben** (*fig fam*) essere duro di comprendonio; **die ~ ist besetzt/ gestört** la linea è occupata/disturbata; **Leitungsnetz** *n* ❶ (*für Wasser*) canalizzazione *f* ❷ (EL) rete *f* elettrica ❸ (TEL) rete *f* telefonica; **Leitungsrohr** *n* tubazione *f,* conduttura *f;* **Leitungswasser** *n* acqua *f* di rubinetto; **Leitungswider-**

stand *m* (PHYS, EL) resistenza *f* di linea

Leitwerk <-s, -e> *n* ❶ (AERO) impennaggio *m* ❷ (INFORM: *Steuerwerk*) unità *f* di comando

Lektion [lɛkˈtsi̯oːn] <-, -en> *f* lezione *f;* **jdm eine ~ erteilen** (*fig*) dare una lezione a qu

Lektor(in) ['lɛktoːɐ̯] <-s, -en; -, -nen> *m(f)* ❶ (*Universitäts~*) lettore, -trice *m, f* ❷ (*Verlags~*) consulente *mf* editoriale

Lektorat [lɛktoˈraːt] <-(e)s, -e> *n* (*Schule,* UNIV) lettorato *m;* (TYP) redazione *f*

Lektüre [lɛkˈtyːrə] <-, -n> *f* lettura *f*

Lemming ['lɛmɪŋ] <-s, -e> *m* lemming *m;* **wie die ~e** in modo precipitoso e avventato

Lende ['lɛndə] <-, -n> *f* (ANAT, GASTR) lombo *m;* **Lendenbraten** *m* arrosto *m* di lombo, lombata *f;* **Lendenschurz** *m* perizoma *m;* **Lendenstück** *n* (GASTR) lombata *f;* **Lendenwirbel** *m* vertebra *f* lombare

lenkbar *adj* ❶ (*steuerbar*) dirigibile, manovrabile ❷ (*fig: Kind*) docile, ubbidiente

lenken ['lɛŋkən] *vt* ❶ (*Fahrzeug*) guidare; (AERO) pilotare; (NAUT) governare ❷ (*führen, leiten*) condurre; (*fig: Kind*) guidare ❸ (*adm, Wirtschaft*) pianificare ❹ (*fig: Gedanken, Blick*) volgere; **seine Schritte ~ nach** volgere i propri passi verso; **auf sich ~** attirare su di sé; **jds Aufmerksamkeit auf etw** *acc* **~** richiamare l'attenzione di qu su qc

Lenker <-s, -> *m* (*Lenkstange*) manubrio *m;* (*Lenkrad*) volante *m*

Lenker(in) <-s, -> *m(f)* (*Fahrer*) conduttore, -trice *m, f*

Lenkrad *n* volante *m* (di guida); **Lenkradschaltung** *f* cambio *m* al volante; **Lenkradschloss**[RR] *n* bloccasterzo *m*

lenksam *adj* docile

Lenksamkeit <-> *kein Pl f* docilità *f;* **Lenkstange** *f* manubrio *m*

Lenkung <-, -en> *f* ❶ (*von Fahrzeug*) guida *f;* (NAUT) governo *m* ❷ (*Führung*) direzione *f,* conduzione *f* ❸ (MOT: *Vorrichtung*) sterzo *m*

Lenz [lɛnts] <-es, -e> *m* (*obs, poet*) primavera *f*

Leopard [leoˈpart] <-en, -en> *m* leopardo *m*

Lepra ['leːpra] <-> *kein Pl f* lebbra *f;* **Leprakranke** *mf* lebbroso, -a *m, f;* **Leprastation** *f* lebbrosario *m*

Lerche ['lɛrçə] <-, -n> *f* allodola *f*

lernbegierig *adj* avido di apprendere

lernbehindert *adj* ritardato, che ha problemi di apprendimento

Lerneifer <-s> *kein Pl m* diligenza *f* nello studio, volontà *f* di studiare

lernen ['lɛrnən] **I.** *vt* imparare; **etw (von jdm)** ~ imparare qc (da qu); **~ etw zu tun** imparare a fare qc; **aus etw** ~ imparare da qc; **auswendig** ~ imparare a memoria; **lesen/schreiben/rechnen** ~ imparare a leggere/a scrivere/a contare; **von ihr kannst du noch etw** ~ lei ti può insegnare qc; **das lernst du nie!** non imparerai mai! **II.** *vi* ❶ (*Kenntnisse erwerben*) studiare ❷ (*in der Lehre sein*) imparare come apprendista

lernfähig *adj* in grado di apprendere; **Lernfähigkeit** *kein pl f* capacità *f* d'apprendimento; **Lernfahrausweis** *m* (*CH:* MOT) foglio *m* rosa; **Lernprozess**[RR] *m* processo *m* d'apprendimento; **Lernsoftware** *f* (INFORM) software *m* a scopo didattico

lernwillig *adj* desideroso di imparare; **Lernziel** *n* obiettivo *m* didattico

Lesart *f* ❶ (*Fassung*) versione *f*; (*andere ~*) variante *f* ❷ (*Deutung*) interpretazione *f*

lesbar *adj* leggibile; **Lesbarkeit** <-> *kein Pl f* leggibilità *f*

Lesbe ['lɛsbə] <-, -n> *f* (*sl*) lesbica *f*

lesbisch *adj* lesbico

Lese ['leːzə] <-, -n> *f* raccolta *f*; (*Wein~*) vendemmia *f*

Lesebrille *f* occhiali *mpl* da leggere; **Lesebuch** *n* libro *m* di lettura; **Leselampe** *f* lampada *f* leggilibro

lesen ['leːzən] <liest, las, gelesen> **I.** *vt* ❶ (*Geschriebenes*) leggere ❷ (*fig: Gedanke*) indovinare, leggere ❸ (*pflücken*) cogliere; (*Trauben*) vendemmiare ❹ (*aus~, ver~*) cernere **II.** *vi* ❶ (*Geschriebenes erfassen*) leggere ❷ (*an Universität*) **über ein Thema** *acc* ~ tenere un corso su un argomento

lesenswert *adj* che vale la pena di essere letto

Leseprobe *f* ❶ (LIT) saggio *m* di lettura ❷ (THEAT) prova *f* a tavolino

Leser(in) <-s, -; -, -nen> *m(f)* lettore, -trice *m, f*

Leseratte *f* divoratore, -trice *m, f* di libri

Leserbrief *m* lettera *f* al direttore; **Leserkreis** *m* cerchia *f* dei lettori

leserlich *adj* leggibile; **Leserlichkeit** <-> *kein Pl f* leggibilità *f*

Leserschaft <-> *kein Pl f* lettori *mpl*

Lesesaal *m* sala *f* di lettura; **Lesestoff** *m* lettura *f*; **Lesestück** *n* (brano *m* di) lettura *f*; **Lesezeichen** *n* segnalibro *m*

Lesung <-, -en> *f* lettura *f*

Lethargie [letarˈgiː] <-> *kein Pl f* letargo *m*; **lethargisch** [leˈtargɪʃ] *adj* letargico

Lette ['lɛtə] <-n, -n> *m* lettone *m*

Letter ['lɛtɐ] <-, -n> *f* lettera *f*, carattere *m* tipografico

Lettin ['lɛtɪn] <-, -nen> *f* lettone *f*

lettisch *adj* lettone

Lettland ['lɛtlant] *n* Lettonia *f*

Letzt [lɛtst] *f* **zu guter** ~ alla fin fine, in fin dei conti

letzte *s.* **letzte(r, s)**

letztendlich *adv* alla fin fine

letztens *adv* ❶ (*kürzlich*) recentemente ❷ (*als letzter Punkt*) infine, in ultimo luogo

letztere(r, s) *adj* quest'ultimo, -a

letzte(r, s) ['lɛtstə, -tɐ, -təs] *adj* ❶ (*örtlich, zeitlich*) ultimo; (*abschließend*) finale; **der Letzte Wille** le ultime volontà; ~ **Woche** la settimana scorsa; **zum** ~**n Mittel greifen** giocare l'ultima carta; ~**n Endes** in fin dei conti; **in den** ~**n Jahren/Tagen** negli ultimi anni/giorni; **das ist mein** ~**s Angebot** è la mia ultima offerta; **das wäre das Letzte!** sarebbe la fine ❷ (*neueste*) (il/la) più recente; **der** ~ **Schrei** l'ultimo grido ❸ (*äußerste*) estremo; **bis aufs** ~ fino in fondo

letztjährig *adj* dell'anno scorso [*o* passato]

letztlich *adv* (*schließlich*) in fine, alla fine

letztmalig *adj* ultimo, dell'ultima volta

letztwillig *adj* testamentario; ~**e Verfügung** disposizione *f* testamentaria

Leuchtbake *f*, **Leuchtboje** *f* boa *f* luminosa; **Leuchtbombe** *f* bomba *f* illuminante

Leuchte ['lɔɪçtə] <-, -n> *f* ❶ (*Licht*) lume *m*; (*Lampe*) lampada *f* ❷ (*fig fam: kluger Mensch*) luminare *m*

leuchten ['lɔɪçtən] *vi* ❶ (*Licht abgeben*) dar luce ❷ (*be~*) far luce, illuminare ❸ (*glänzen*) splendere; (*a strahlen*) brillare; (*Augen*) luccicare, essere raggianti; **leuchtend** *adj* luminoso; (*Farbe*) vivo; (*strahlend*) raggiante; ~**es Vorbild** esempio luminoso

Leuchter <-s, -> *m* (*Kerzen~*) candeliere *m*; (*Arm~*) candelabro *m*; (*Wand~*) applique *f*; (*Kron~*) lampadario *m*

Leuchtfarbe *f* colore *m* luminescente; **Leuchtfeuer** *n* faro *m*; **Leuchtgas** *n* gas *m* illuminante; **Leuchtkäfer** *m* lucciola *f*; **Leuchtkraft** *f* intensità *f* luminosa; **Leuchtrakete** *f* razzo *m* illuminante; **Leuchtreklame** *f* insegna *f* luminosa; **Leuchtsignal** *n* segnale *m* luminoso; **Leuchtstofflampe** *f* lampada *f* fluorescente; **Leuchtstoffröhre** *f* tubo *m* fluorescente; **Leuchtturm** *m* faro *m;* **Leuchtzifferblatt** *n* quadrante *m* luminoso

leugnen ['lɔɪgnən] *vt* negare; (*bestreiten*) contestare; **es kann nicht geleugnet werden, dass …** è innegabile che …

Leukämie [lɔɪkɛ'mi:] <-, -n> *f* (MED) leucemia *f*

Leukoplast® [lɔɪko'plast] <-(e)s, -e> *n* leucoplasto® *m*

Leumund ['lɔɪmʊnt] <-(e)s> *kein Pl m* reputazione *f,* nome *m*

Leute ['lɔɪtə] *pl* gente *f;* **alle ~** tutti; **junge/alte ~** i giovani *mpl/*i vecchi *mpl;* **kleine ~** (*fig*) la gente semplice; **meine ~** (*fam: Familie*) i miei; (*Mannschaft, Arbeiter*) i miei uomini *mpl,* i miei operai *mpl;* **unter die ~ bringen** diffondere, divulgare; **unter/wieder unter** (**die**) **~ gehen** andare/ritornare in società; **ich kenne meine ~** conosco i miei polli *fam;* **es sind ~ bei uns** (**zu Besuch**) abbiamo gente; **es waren mindestens zehn ~ da** c'erano per lo meno dieci persone; **was werden die ~ dazu sagen?** che dirà la gente?; **liebe ~!** (*fam*) miei cari!

Leutnant ['lɔɪtnant] <-s, -s *o rar* -e> *m* tenente *m*

leutselig *adj* affabile, alla mano; **Leutseligkeit** *f* affabilità *f*

Leviten [le'vi:tən] *pl* **jdm die ~ lesen** (*fam*) dare una lavata di capo a qu

Lexika *pl von* **Lexikon**

lexikalisch [lɛksi'ka:lɪʃ] *adj* lessicale

Lexikograf(in)RR <-en, -en; -, -nen> *m(f) s.* **Lexikograph; Lexikografie**RR <-> *kein Pl f s.* **Lexikographie; Lexikografin**RR *f s.* **Lexikograph; Lexikograph(in)** [lɛksiko'gra:f] <-en, -en; -, -nen> *m(f)* lessicografo, -a *m, f;* **Lexikographie** [lɛksikogra'fi:] <-> *kein Pl f* lessicografia *f;* **Lexikographin** *f s.* **Lexikograph**

Lexikon ['lɛksikɔn] <-s, -ka *o* -ken> *n* dizionario *m* enciclopedico

lfd. *abk v* **laufend** c.

Liaison [ljɛ'zõ:] <-, -s> *f* (*geh*) ❶ (*Liebesverhältnis*) liaison *f,* legame *m* amoroso, relazione *f* ❷ (LING) liaison *f*

Libanese [liba'ne:zə] <-n, -n> *m,* **Libanesin** [liba'ne:zɪn] <-, -nen> *f* libanese *mf*

libanesisch *adj* libanese

Libanon ['li:banɔn] *m* **der ~** il Libano; **im ~** nel Libano

Libelle [li'bɛlə] <-, -n> *f* ❶ (ZOO) libellula *f* ❷ (TEC: *bei Wasserwaage*) livella *f*

liberal [libe'ra:l] *adj* liberale

liberalisieren [liberali'zi:rən] <ohne ge-> *vt* liberalizzare

Liberalisierung <-, -en> *f* liberalizzazione *f*

Liberalismus [libera'lɪsmʊs] <-> *kein Pl m* liberalismo *m*

Libero ['li:bero] <-s, -s> *m* (SPORT) (*battitore m*) libero *m*

libidinös *adj* libidinoso

Libido [li'bi:do] <-> *kein Pl f* (PSYCH) libido *f*

Libretto [li'brɛto] <-s, Libretti *o* -s> *n* libretto *m*

Libyen ['li:byən] *n* Libia *f*

Libyer(in) <-s, -; -, -nen> *m(f)* libico, -a *m, f*

libysch ['li:byʃ] *adj* libico

lic. *abk v* **Lizentiat(in)** laureato, -a *m, f;* **wir haben ~ iur. Harald Maier mit dem Vertragsabschluss beauftragt** abbiamo incaricato il dott. in legge Harald Meier della stipulazione del contratto

licht [lɪçt] *adj* ❶ (*hell*) chiaro ❷ (*dünn, spärlich*) rado

Licht [lɪçt] <-(e)s, -er> *n* luce *f;* (*Helligkeit, ~ schein*) chiarore *m; ~* **machen** accendere la luce; **das ~ ausmachen** spegnere la luce; **das ~ scheuen** fuggire la luce del giorno; **jdm im ~ stehen** fare ombra a qu; **bei ~ alla luce; das ~ der Welt erblicken** schiudere gli occhi alla luce, nascere; **~ in etw** *acc* **bringen** (*fig*) far luce su qc; **ans ~ kommen** (*fig*) venire alla luce; **etw ins rechte ~ rücken** (*fig*) mettere qc nella giusta luce; **jdn hinters ~ führen** (*fig*) imbrogliare qu, abbindolare qu *fam;* **bei ~ besehen** (*fig*) esaminare più da vicino; **jetzt geht mir ein ~ auf** (*fig*) ora comincio a capire; **Lichtanlage** *f* impianto *m* d'illuminazione; **Lichtbild** *n* (ADM: *Passbild*) fototessera *f;* **Lichtbildervortrag** *m* conferenza *f* con diapositive; **Lichtblick** *m* (*fig*) (barlume *m* di) speranza *f;* **Lichtbogen** *m* arco *m* elettrico [*o* voltaico]; **Lichtbrechung** <-> *kein Pl f* rifrazione *f* della luce; **Lichtdruck** <-(e)s, -e> *m* fototipia *f;* **lichtdurchlässig** *adj* trasparente; **lichtecht** *adj* resistente alla luce; **Lichteinwirkung** *f* azione *f* della luce; **lichtempfindlich** *adj* sensibile alla luce; (FOTO, BIOL) fotosensibile

lichten I. *vt* ❶ (*ausdünnen, a fig*) diradare ❷ (*Anker*) levare **II.** *vr* **sich ~** (*Nebel, Wald, Wolken, Haare*) diradarsi; (*Dunkelheit, Angelegenheit*) rischiararsi; (*Bestände*) diminuire

Lichterkette *f* (POL) fiaccolata *f*

lichterloh ['lɪçtɐ'lo:] *adv* **~ brennen** essere in fiamme

Lichtermeer *n* mare *m* di luci
Lichterschlange *f* catena *f* di luci
Lichtfleck *m* macchia *f* di luce; **Lichtge-schwindigkeit** *f* velocità *f* della luce; **Lichtgriffel** *m* (INFORM) penna *f* luminosa; **Lichthof** *m* ❶ (ARCH) cortile *m* a lucernario ❷ (FOTO, ASTR) alone *m;* **Lichthupe** *f* lampeggiatore *m;* **Lichtjahr** *n* anno *m* luce; **Lichtmaschine** *f* dinamo *f;* **Lichtmast** *m* palo *m* della luce; **Lichtmess**^RR ['lıçtmɛs] *ohne Artikel* Candelora *f;* **Lichtmesser** <-s, -> *m* fotometro *m;* **Lichtorgel** *f* console *f* per luci; **Lichtpause** *f* copia *m* eliografica; **Lichtquelle** *f* sorgente *f* luminosa; **Lichtsatz** *m* fotocomposizione *f;* **Lichtschacht** *m* lucernario *m;* **Lichtschalter** *m* interruttore *m* della luce; **Lichtschein** *m* luce *f,* chiarore *m,* riflesso *m;* **lichtscheu** *adj* (*fig*) losco, sinistro; **~es Gesindel** (*fam*) losca canaglia; **Lichtschranke** *f* barriera *f* fotoelettrica; **Lichtschutzfaktor** *m* coefficiente *m* di filtrazione; **Lichtsignal** *n* segnale *m* luminoso [*o* ottico]; **Lichtspielhaus** *n* cinematografo *m* obs, cinema *m;* **Lichtspieltheater** *n* (*obs*) cinematografo *m* obs, cinema *m;* **lichtstark** *adj* molto luminoso; **Lichtstärke** *f* ❶ (PHYS) intensità *f* luminosa ❷ (FOTO) luminosità *f;* **Lichtstrahl** *m* raggio *m* di luce
lichtundurchlässig *adj* (PHYS) impenetrabile alla luce
Lichtung <-, -en> *f* radura *f*
Lichtverhältnisse *npl* condizioni *fpl* di luce; **Lichtwelle** *f* onda *f* luminosa
Lid [li:t] <-(e)s, -er> *n* palpebra *f;* **Lidschatten** *m* ombretto *m*
lieb [li:p] *adj* ❶ (*geschätzt, teuer*) caro; **~ gewinnen** affezionarsi a; **~ haben** amare; **wenn dir dein Leben ~ ist** se ti è cara la vita; **mein Lieber!** mio caro!; **~e Birgit/Verwandte/Gäste!** cara Birgit/ cari parenti/cari ospiti! ❷ (*geliebt*) diletto ❸ (*angenehm*) piacevole; **den ~en langen Tag** (*fam*) tutto il santo giorno; **es wäre mir ~(er), wenn ...** preferirei che +*conj* ❹ (*nett*) gentile; (*liebenswürdig*) amabile; **seien Sie so ~ und ...** abbiate la cortesia di +*inf* ❺ (*artig, brav*) bravo, buono; **bist du heute ~ gewesen?** sei stato bravo oggi?
liebäugeln ['li:pʔɔɪɡəln] *vi* mit etw ~ vagheggiare qc
Liebchen ['li:pçən] <-s, -> *n* ❶ (*obs: geliebte Frau*) amata *f* ❷ (*pej: Geliebte*) bella *f,* amante *f*
Liebe ['li:bə] <-, *rar* -n> *f* ❶ (*Gefühl*) amore *m;* **~ zu jdm/etw** amore per qu/

qc; **~ auf den ersten Blick** amore a prima vista; **aus ~ zu** per amore di; **bei aller ~, aber ...** con tutto l'amore, ma ...; **~ macht blind** (*prov*) l'amore è cieco ❷ (*Gefallen*) favore *m* ❸ (*fam: geliebter Mensch*) amato, -a *m, f*
Liebelei [li:bə'laɪ] <-, -en> *f* (*pej*) amoretto *m*
lieben *vt* amare; **etw/jdn über alles ~** amare qc/qu sopra ogni cosa; **viel geliebt** molto amato; **etw ~d gern tun** far qc con gran piacere; **was sich liebt, das neckt sich** (*prov*) l'amore non è bello se non è stuzzicarello; **Liebende** <ein -r, -n, -n> *mf* innamorato, -a *m, f*
liebenswert *adj* amabile, piacevole; **liebenswürdig** *adj* gentile; **das ist sehr ~ von Ihnen** è molto gentile da parte Sua; **wären Sie so ~ und ...?** mi farebbe la cortesia di ... *inf*; **Liebenswürdigkeit** <-, -en> *f* gentilezza *f,* cortesia *f*
lieber ['li:bɐ] I. *adj Komparativ von* **lieb** II. *adv Komparativ von* **gern** ❶ (*eher, vorzugsweise*) piuttosto; **~ haben** preferire; **etw ~ tun** preferire fare qc; **ich würde ~ gehen** preferirei andare ❷ (*besser, klugerweise*) meglio; **~ nicht** è meglio di no; **nichts ~ als das** (*fam*) niente di meglio
Liebesaffäre *f* avventura *f* amorosa; **Liebesbrief** *m* lettera *f* d'amore; **Liebesdienst** *m* favore *m;* **Liebeserklärung** *f* dichiarazione *f* d'amore; **jdm eine ~ machen** dichiararsi a qu; **Liebesfilm** *m* film *m* d'amore; **Liebesgabe** *f* (*geh, obs*) dono *m,* beneficenza *f;* **Liebesgeschichte** *f* love story *f,* storia *f* d'amore; **Liebesknochen** *m* (*dial* GASTR) bignè *m;* **Liebeskummer** *m* dispiaceri *mpl* amorosi, pene *fpl* d'amore; **Liebesleben** *n* vita *f* sessuale; **Liebeslied** *n* canzone *f* d'amore; **Liebesmüh(e)** *f* **verlorene ~** fatica sprecata; **Liebespaar** *n* coppia *f* d'innamorati
liebevoll I. *adj* amoroso, affettuoso II. *adv* ❶ (*zärtlich*) affettuosamente ❷ (*sorgfältig*) con cura
lieb|gewinnen^ALT *vt s.* **lieb 1.**
lieb|haben^ALT *vt s.* **lieb 1.**
Liebhaber(in) <-s, -; -, -nen> *m(f)* ❶ (*Geliebte*) amante *mf* ❷ (*Interessent, Kenner*) amatore, -trice *m, f* ❸ (*Sammler*) collezionista *mf* ❹ (THEAT) amoroso, -a *m, f*
Liebhaberei <-, -en> *f* passione *f,* hobby *m*
Liebhaberwert *m* valore *m* d'affezione
liebkosen [li:p'ko:zən] <ohne ge-> *vt* accarezzare
Liebkosung <-, -en> *f* carezza *f*

lieblich *adj* (*Mensch*) grazioso; (*Duft, Töne*) soave; (*Landschaft*) ridente, ameno

Liebling ['li:plɪŋ] <-s, -e> *m* ❶(*von Eltern*) prediletto, -a *m, f;* (*von Publikum*) beniamino, -a *m, f,* idolo *m* ❷(*Kosewort*) tesoro *m*

Lieblings- (*in Zusammensetzung*) preferito, prediletto

lieblos *adj* (*ohne Liebe*) senza amore; (*ohne Sorgfalt*) senza cura; (*herzlos*) freddo; (*unfreundlich*) scortese, sgarbato; **Lieblosigkeit** <-, -en> *f* mancanza *f* d'animo, insensibilità *f*

Liebschaft <-, -en> *f* relazione *f* amorosa

liebste(r, s) ['li:psta, -te, -tas] **I.** *adj Superlativ von* **lieb II.** *adv Superlativ von* **gern**, **am ~n** più di tutto; **am ~n spiele ich Tennis** giocare a tennis mi piace più di tutto; **am ~n würde ich jetzt schlafen** adesso avrei proprio voglia di dormire

Liebste <ein -r, -n, -n> *mf* (*obs*) amato, -a *m, f*

Liechtenstein ['lɪçtənʃtaɪn] *n* Liechtenstein *m*

Liechtensteiner(in) <-s, -; -, -nen> *m(f)* abitante *mf* del Liechtenstein

liechtensteinisch *adj* del Liechtenstein

Lied [li:t] <-(e)s, -er> *n* ❶canzone *f;* (*a Volks~*) canto *m;* **davon kann ich ein ~ singen** (*fam fig*) ne so qualcosa; **es ist immer das alte ~** (*fam fig*) è sempre la solita musica ❷(*MUS*) lied *m;* **Liederabend** *m* serata *f* liederistica; **Liederbuch** *n* raccolta *f* di canzoni

liederlich ['li:dəlɪç] *adj* (*pej: unmoralisch*) dissoluto, sregolato; (*unordentlich*) disordinato; (*Arbeit*) raffazzonato; **Liederlichkeit** <-> *kein Pl f* ❶(*Sittenlosigkeit*) dissolutezza *f,* sregolatezza *f* ❷(*Unordentlichkeit*) disordine *m,* sciatteria *f*

Liedermacher(in) *m(f)* cantautore, -trice *m, f*

lief [li:f] *1. u 3. pers sing imp von* **laufen**

Lieferant(in) [lifə'rant] <-en, -en; -, -nen> *m(f)* fornitore, -trice *m, f*

lieferbar *adj* disponibile; **jederzeit ~** pronto alla consegna; **Lieferbedingungen** *fpl* condizioni *fpl* di consegna

Lieferblockade *f* blocco *m* delle forniture; **Lieferfirma** *f* ditta *f* fornitrice; **Lieferfrist** *f* termine *m* di consegna

liefern ['li:fən] *vt* ❶(*zustellen*) fornire, consegnare; **ins Haus ~** consegnare a domicilio ❷(*Wasser, Strom*) erogare

Lieferschein *m* bolletta *f* di consegna; **Liefertermin** *m* termine *m* di consegna

Lieferung <-, -en> *f* ❶(*Zustellung*) fornitura *f,* consegna *f;* **~ frei Haus** consegna franco domicilio ❷(*von Buch*) fascicolo *m,* dispensa *f*

Lieferwagen *m* furgone *m;* (*kleiner ~*) furgoncino *m*

Liege ['li:gə] <-, -n> *f* ❶(*Couch*) divano *m* ❷(*Garten~*) sedia *f* a sdraio

liegen ['li:gən] <liegt, lag, gelegen> *vi* ❶(*flach ~*) essere disteso, giacere; **hart/ weich ~** stare sul duro/morbido; **die ganze Nacht wach ~** stare sveglio tutta la notte ❷(*sich befinden*) trovarsi, essere, esserci; **an erster/letzter Stelle ~** essere al primo/all'ultimo posto; **in Führung ~** essere in testa; **im Rückstand ~** essere arretrato; (*so*) **wie die Dinge ~ ...** (così) come stanno le cose ...; **zehn Jahre ~ zwischen ... und ...** dieci anni separano ... da ...; **über/unter dem Durchschnitt ~** essere superiore/inferiore alla media ❸(*gelegen sein,* GEOG) essere situato; (*Zimmer*) dare; **zur Straße ~** dare sulla strada; **wo liegt Regensburg?** dove si trova Ratisbona? ❹(MIL) essere accampato ❺(NAUT) essere ormeggiato ❻(*fig: lasten*) **auf jdm ~** pesare su qu ❼(*abhängen*) **an jdm/etw ~** dipendere da qu/qc; **das liegt ganz bei dir** (*etw zu tun*) sta a te (fare qc); **daran soll's nicht ~** (*fam*) non sarà questo a impedirlo; **an wem liegt das?** chi è responsabile per questo?, da chi dipende? ❽(*zusagen, gefallen*) **seine Art liegt mir nicht** i suoi modi non mi piacciono; **es liegt mir viel/wenig daran, dass ...** mi preme molto/poco che ...; **es liegt mir (viel) daran, Ihnen zu sagen ...** ci tengo molto a dirLe ...; **Sprachen ~ ihm** è portato per le lingue

liegen|bleiben^{ALT} *s.* **bleiben 2.**

liegend *adj* (*Kunst: Akt*) sdraiato; **eine im Süden ~e Stadt** una città situata a sud; **~ aufbewahren** mantenere in posizione orizzontale

liegen|lassen^{ALT} *s.* **lassen² 4.**

Liegesitz *m* ❶(MOT) sedile *m* ribaltabile ❷(FERR) cuccetta *f;* **Liegestuhl** *m* (sedia *f* a) sdraio *f;* **Liegestütz** ['li:gəʃtyts] *m* appoggio *m* frontale teso; **Liegewagen** *m* carrozza *f* con cuccette; **Liegewagenplatz** <-es, -plätze> *m* posto *m* in cuccetta, cuccetta *f;* **Liegewiese** *f* prato *m* (per sdraiarsi)

lieh [li:] *1. u 3. pers sing imp von* **leihen**

ließ [li:s] *1. u 3. pers sing imp von* **lassen¹, lassen ²**

liest [li:st] *2. u 3. pers sing pr von* **lesen**

LiF <-> *kein Pl n* (*A: POL*) *akr v* **Liberale Forum** *partito liberale austriaco* (*di sinistra*)

Lifestyle ['laɪfstaɪl] <-s> *kein Pl m* stile *m* di vita, lifestyle *m;* **Lifestylemagazin** ['laɪfstaɪl-] *n* (TV) magazine *m* di lifestyle

Lift [lɪft] <-(e)s, -e *o* -s> *m* ❶ (*Aufzug*) ascensore *m,* lift *m* ❷ (*Ski~*) sciovia *f*

Liftboy ['lɪftbɔɪ] <-s, -s> *m* ascensorista *m,* lift(boy) *m*

liften ['lɪftən] *vt* ❶ (TEC) sollevare ❷ (*Preise*) alzare ❸ (MED) **sich** *dat* **das Gesicht ~ lassen** sottoporsi ad un lifting

Liga ['liːga] <-, Ligen> *f* ❶ (POL) lega *f* ❷ (SPORT) serie *f,* lega *f*

light [laɪt] *adj* (GASTR) light, leggero

Light-Pen ['laɪtpɛn] <-(s), -s> *m* penna *f* luminosa

Ligurien [li'guːriən] *n* Liguria *f*

Ligurisches Meer *n* Mar *m* Ligure

Likör [li'køːɐ̯] <-s, -e> *m* liquore *m*

lila ['liːla] <inv> *adj* lilla; *s. a.* **blau;** **Lila** <-(s), - *o fam* -s> *n* (colore *m*) lilla *m; s. a.* **Blau**

Lilie ['liːliə] <-, -n> *f* giglio *m*

Liliputaner(in) [lilipu'taːnɐ] <-s, -; -, -nen> *m(f)* lillipuziano, -a *m, f*

Limit ['lɪmɪt] <-s, -s *o* -e> *n* limite *m;* **jdm ein ~ setzen** porre un limite a qu

limitieren [limi'tiːrən] <ohne ge-> *vt* limitare

Limo ['liːmo] <-, -(s)> *f* (*fam*) ❶ (*Orange*) aranciata *f* ❷ (*Zitrone*) limonata *f,* cedrata *f*

Limonade [limo'naːdə] <-, -n> *f* gassosa *f*

Limousine [limu'ziːnə] <-, -n> *f* berlina *f*

lind [lɪnt] *adj* ❶ (*geh: mild*) mite; (*sanft*) soave ❷ *s.* **lindgrün**

Linde ['lɪndə] <-, -n> *f* tiglio *m*

Lindenbaum *m* tiglio *m*

lindern ['lɪndɐn] *vt* ❶ (*mildern: Schmerz, Strafe*) mitigare ❷ (*erleichtern*) alleviare ❸ (MED) lenire, sedare

Linderung <-> *kein Pl f* ❶ (*Milderung*) mitigazione *f* ❷ (*Erleichterung*) sollievo *m,* alleviamento *m*

lindgrün *adj* verde giallo

Lineal [line'aːl] <-s, -e> *n* riga *f*

linear [line'aːɐ̯] *adj* lineare, rettilineo

Linguist(in) [lɪŋgu'ɪst] <-en, -en; -, -nen> *m(f)* linguista *mf*

Linguistik [lɪŋgu'ɪstɪk] <-> *kein Pl f* linguistica *f*

linguistisch *adj* linguistico

Linie ['liːniə] <-, -n> *f* linea *f;* **auf die schlanke ~ achten** badare alla linea; **auf der ganzen ~** su tutta la linea; **in erster/ zweiter ~** in primo/secondo luogo

Linienblatt *n* falsariga *f;* **Linienbus** <-ses, -se> *m* autobus *m* di linea; **Linienflug** *m* volo *m* di linea; **Linienführung** *f* tratteggio *m;* **Linienrichter(in)** *m(f)* (SPORT) guardalinee *mf;* **linientreu** *adj* (*parteipolitisch*) ortodosso

lin(i)ieren [li'niːrən] (lini'iːrən)] <ohne ge-> *vt* rigare

lin(i)iert *adj* a righe

link [lɪŋk] *adj* (*sl*) sinistro; **ein (ganz) ~es Ding drehen** farne una (molto) grossa *fam;* **auf die (ganz) ~e Tour** in modo (molto) sinistro

Linke <-n, -n> *f* sinistra *f;* **äußerste ~** (POL) estrema sinistra; **gemäßigte ~** (POL) centro-sinistra *m;* **europäische ~** eurosinistra *f;* **zur ~n** a sinistra

linke(r, s) ['lɪŋkə, -kɐ, -kəs] *adj* ❶ sinistro, -a; **~ Seite** parte *f* sinistra, lato *m* sinistro; (*untere, hintere Seite*) interno *m;* (*von Stoff*) rovescio *m;* **~r Hand** a(lla) sinistra ❷ (POL) di sinistra

linkisch *adj* maldestro, impacciato

links ['lɪŋks] *adv* ❶ (*allg,* POL) a sinistra; **~ sein** (POL) essere a sinistra; **sich ~ ein-ordnen** disporsi sulla corsia di sinistra; **sich ~ halten** mantenersi sulla sinistra; **etw mit ~ machen** (*fam*) fare qc ad occhi chiusi; **~ von mir** alla mia sinistra; **nach/ von ~** a/da sinistra; **von ~ nach rechts** da sinistra a destra ❷ (*auf der unteren, hinteren Seite*) alla rovescia; **den Pullover auf ~ anziehen** mettersi il pullover alla rovescia

Linksabbieger <-s, -> *m* chi svolta a sinistra; **Linksabbiegerspur** *f* preselezione *f* a sinistra; **Linksaußen** <-, -> *m* (SPORT) ala *f* sinistra; **linksbündig** *adj* (*a Computer*) allineato a sinistra; **Linksdrehung** *f* rotazione *f* sinistrosa

linksextrem *adj s.* **linksextremistisch;** **Linksextremismus** <-> *kein Pl m* (POL) estremismo *m* [*o* massimalismo *m*] di sinistra; **Linksextremist(in)** *m(f)* (POL) estremista *mf* di sinistra; **linksextremistisch** *adj* (POL) di estrema sinistra

Linkshänder(in) ['lɪŋkshɛndɐ] <-s, -; -, -nen> *m(f)* mancino, -a *m, f;* **linkshändig** *adj* mancino; **Linkskurve** *f* curva *f* a sinistra; **linksradikal** *adj* (POL) radicale di sinistra; **linksrheinisch** *adj* della/sulla riva sinistra del Reno; **Linksruck** <-(e)s, -e> *m* (POL) sterzata *f* a sinistra; **Linkssteuerung** <-, -en> *f* (AUTO) guida *f* a sinistra; **Linksverkehr** *m* circolazione *f* a sinistra

Linoleum [li'noːleʊm] <-s> *kein Pl n* linoleum *m*

Linolschnitt [li'noːlʃnɪt] *m* incisione *f* su linoleum

Linse ['lɪnzə] <-, -n> *f* ❶ (BOT, GASTR) lenticchia *f* ❷ (OPT) lente *f* ❸ (FOTO, *fam:*

loben

loben, positiv bewerten	elogiare, valutare positivamente
Ausgezeichnet!/Hervorragend!	Eccellente!/Magnifico!
Das hast du gut gemacht.	Bravo/a, ben fatto!
Das hast du prima hingekriegt. (*fam*)	Ci sei riuscito benissimo! (*fam*)
Das lässt sich aber sehen! (*fam*)	Non è niente male! (*fam*)
Daran kann man sich ein Beispiel nehmen.	Si può prendere ad esempio.

Wertschätzung ausdrücken	esprimere stima
Ich finde es super, wie er sich um die Kinder kümmert.	**Trovo fantastico il modo in cui** si occupa dei bambini.
Ich schätze Ihren Einsatz **(sehr).**	**Apprezzo (molto)** il Suo/vostro impegno.
Ich weiß Ihre Arbeit **sehr zu schätzen.**	**Apprezzo molto** il Suo/vostro lavoro.
Ich finde die Vorlesungen dieses Professors **sehr gut.**	**Mi piacciono moltissimo** le lezioni di questo professore.
Ich wüsste nicht, was wir ohne deine Hilfe **tun sollten.**	**Non so cosa faremmo senza** il tuo aiuto.

Objektiv) obiettivo *m* ➍ (ANAT) cristallino *m*
linsenförmig ['lɪnzənfœrmɪç] *adj* lenticolare
Linz [lɪnts] *n* Linz *f*
Liparische Inseln [li'paːrɪʃə 'ɪnzəln] *fpl* Eolie *fpl*, (isole *fpl*) Lipari *fpl*
Lippe ['lɪpə] <-, -n> *f* labbro *m;* **aufgesprungene ~n haben** avere le labbra screpolate; **sich** *dat* **auf die ~n beißen** mordersi le labbra; **kein Wort über die ~n bringen** non (riuscire a) proferire parola; **er hatte das Wort schon auf den ~n, als** … l'aveva già sulla punta della lingua, quando …; **an jds ~n hängen** (*fig*) pendere dalle labbra di qu; **Lippenbekenntnis** *n* professione *f* (di fede) formale; **lippen‖lesen** *vi* leggere il labiale; **Lippenstift** *m* rossetto *m* (per le labbra)
Liquidation [likvida'tsjoːn] <-, -en> *f* liquidazione *f*
liquidieren [likvi'diːrən] <ohne ge-> *vt* liquidare
Liquidität [likvidi'tɛːt] <-> *kein Pl f* liquidità *f*
lispeln ['lɪspəln] *vi* bisbigliare, avere la lisca; (*a vt: flüstern*) sussurrare
Lissabon ['lɪsabɔn] *n* Lisbona *f*
List [lɪst] <-, *rar* -en> *f* ❶ (*Schlauheit*) astuzia *f*, furbizia *f*; **zu einer ~ greifen** ricorrere a un'astuzia; **mit ~ und Tücke** (*fam*) a gran fatica ❷ (*listige Handlung*) stratagemma *m*
Liste ['lɪstə] <-, -n> *f* lista *f*, elenco *m*;

(*Wahl~*) lista *f* elettorale; **sich in eine ~ eintragen** iscriversi in un elenco
Listenplatz <-es, -plätze> *m* posizione *f* in lista; **Listenpreis** *m* prezzo *m* di listino
listig *adj* astuto, furbo
Listigkeit <-> *kein Pl f* astuzia *f*, furberia *f*
Litanei [lita'naɪ] <-, -en> *f* litania *f*
Litauen ['liːtaʊən] *n* Lituania *f*
Litauer(in) <-s, -; -, -nen> *m(f)* lituano, -a *m, f*
litauisch *adj* lituano
Liter ['liːtə] <-s, -> *m o n* litro *m*
literarisch [lɪtə'raːrɪʃ] *adj* letterario
Literat [lɪtə'raːt] <-en, -en> *m* letterato *m*, scrittore *m*
Literatur [lɪtəra'tuːɐ] <-, -en> *f* letteratura *f*; (*einschlägige ~*) bibliografia *f*; **schöne ~** letteratura *f* amena; **Literaturangaben** *fpl* bibliografia *f*; **Literaturgeschichte** *f* storia *f* della letteratura; **Literaturkritik** *f* critica *f* letteraria; **Literaturpreis** *m* premio *m* letterario; **Literaturverfilmung** *f* trasposizione *f* filmica di un romanzo
Literaturwissenschaft *f* lettere *fpl*; **Literaturwissenschaftler(in)** *m(f)* studioso, -a *m, f* di lettere; **literaturwissenschaftlich** *adj* letterario, relativo agli studi letterari; **~es Studium** studi letterari
Litfaßsäule ['lɪtfaszɔɪlə] *f* colonna *f* delle affissioni
Litfasssäule[RR] ['lɪtfaszɔɪlə] *f* colonna *f* delle affissioni

Lithium ['li:tiʊm] <-s> *kein Pl n* (CHEM) litio *m*

Lithografie^{RR} [litogra'fi:] <-, -n> *f,* **Lithographie** <-, -n> *f* litografia *f*

litt [lɪt] *1. u 3. pers sing imp von* **leiden**

Liturgie [litʊr'gi:] <-, -n> *f* liturgia *f*

liturgisch [li'tʊrgɪʃ] *adj* liturgico

Litze ['lɪtsə] <-, -n> *f* cordoncino *m,* passamano *m;* (MIL) gallone *m;* (TEC) liccio *m;* (EL) cavetto *m*

live [laɪf] <inv> *adj o adv* (TV, RADIO) in diretta; **Live-Aufzeichnung**^{ALT} *f,* **Live-aufzeichnung**^{RR} *f* registrazione *f* in diretta; **Live-Sendung**^{ALT} *f,* **Livesen-dung**^{RR} *f* trasmissione *f* in diretta

Livree [li'vre:, *pl:* li'vre:ən] <-, -n> *f* livrea *f*

Lizentiat [litsɛn'tsjaːt] <-(e)s, -e> *n s.* **Lizenziat**

Lizenz [li'tsɛnts] <-, -en> *f* licenza *f;* **eine ~ erteilen/zurückziehen** accordare/revocare una licenza; **in ~** in concessione; **Lizenzgeber(in)** *m(f)* datore, -trice *m, f* di licenza; **Lizenzgebühr** *f* tassa *f* di licenza

Lizenziat(in)^{RR} <-en, -en; -, -nen> *m(f)* (*CH: Inhaber eines Lizentiats*) laureato, -a *m, f;* **er ist ~ der Philosophie** è laureato in filosofia

Lizenznehmer(in) *m(f)* licenziatario, -a *m, f;* **Lizenzvertrag** *m* contratto *m* di licenza

LKW, Lkw [ɛlkaː'veː] <-(s), -(s)> *m abk v* **Lastkraftwagen** autocarro *m*

Lob [loːp] <-(e)s> *kein Pl n* lode *f,* elogi *mpl;* (~ *rede*) elogio *m;* **ein ~ verdient haben** essere degno di lode; **zu jds ~** in lode di qu

Lobby ['lɔbi] <-, -s> *f* lobby *m*

loben ['loːbən] *vt* lodare, elogiare; (*überschwänglich*) vantare, esaltare; (*Gott*) glorificare; **lobend** *adj* laudativo; **etw ~ erwähnen** citare qc in modo lusinghiero; **lobenswert, löblich** ['loːbənsveːrt, 'løːplɪç] *adj* lodevole, degno di lode

Loblied *n* **ein ~ auf jdn singen** tessere le lodi di qu

Lobrede *f* elogio *m,* panegirico *m;* **eine ~ auf etw** *acc* **halten** fare un panegirico su qc; **Lobredner(in)** <-s, -; -, -nen> *m(f)* panegirista *mf,* encomiatore, -trice *m, f,* elogiatore, -trice *m, f*

Loch [lɔx] <-(e)s, Löcher> *n* ❶ buco *m;* (*Öffnung*) apertura *f;* **Löcher in die Luft gucken** (*fam*) (continuare a) guardare nel vuoto; **aus dem letzten ~ pfeifen** (*fam*) essere allo stremo; ❷ (*Höhle*) tana *f* ❸ (*Erd~, Schlag~*) buca *f* ❹ (*Riss*) strappo *m;* (*in Reifen*) foro *m* ❺ (*beim Bil-*

lard) bilia *f* ❻ (*sl pej: schlechte Wohnung*) buco *m* ❼ (*sl: Gefängnis*) galera *f;* **Loch-eisen** *n* punzone *m*

lochen *vt* ❶ bucare, forare ❷ (INFORM) perforare

Locher <-s, -> *m* perforatore *m*

Lochkarte *f* scheda *f* perforata; **Loch-stanze** *f* punzonatrice *f;* **Lochsticke-rei** *f* lavoro *m* a giorno; **Lochstreifen** *m* nastro *m* perforato

Lochung <-, -en> *f* perforazione *f*

Lochzange *f* tenaglia *f* perforatrice

Locke ['lɔkə] <-, -n> *f* riccio *m,* ciocca *f;* **~ n haben** avere i riccioli

locken ['lɔkən] **I.** *vt* ❶ (*Tier*) chiamare ❷ (*fig: reizen, anziehen*) attirare, allettare; **jdm das Geld aus der Tasche ~** (*fam*) spillare soldi a qu ❸ (*Haar*) arricciare **II.** *vr* **sich ~** (*Haar*) arricciarsi

lockend *adj* allettante, invitante

Lockenkopf *m* ❶ (*Frisur*) testa *f* ricciuta ❷ (*Mensch*) persona *f* riccia; **Locken-stab** *m* ferro *m* arricciante (per capelli); **Lockenwickler** *m* bigodino *m*

locker ['lɔkɐ] *adj* ❶ (*Schraube, Knoten, Seil*) lento; (*wackelnd*) traballante; **~ sit-zen** (TEC) avere gioco ❷ (*Teig, Backware, Boden*) molle, soffice ❸ (*nicht gespannt, Muskulatur*) rilassato; (*Beine*) sciolto; **~ werden** (*schlaff*) rilassarsi; (*sich lockern, a fig*) allentarsi ❹ (*fig: Lebenswandel*) sregolato, libertino; (*leichtfertig*) leggero; **das mach' ich doch ~!** (*sl*) lo faccio ad occhi chiusi *fam* ❺ (*sl: lässig*) comodo

lockerǀlassen <irr> *vi* (*fam*) **nicht ~** non mollare, tener duro; **lockerǀmachen** *vt* (*fam*) **Geld ~** sborsare

lockern *vt* ❶ (*locker machen, a fig*) allentare ❷ (*Erde*) smuovere ❸ (*Muskeln*) rilassare, sciogliere

lockig *adj* ricciuto

Lockmittel *n* richiamo *m,* esca *f*

Lockruf *m* richiamo *m*

Lockung <-, -en> *f* ❶ (*Reiz*) allettamento *m,* attrazione *f* ❷ (*Versuchung*) tentazione *f*

Lockvogel *m* ❶ (*Tier*) zimbello *m* ❷ (*fig pej*) adescatore, -trice *m, f*

Loden ['loːdən] <-s, -> *m* loden *m;* **Lodenmantel** *m* (cappotto *m* di) loden *m*

lodern ['loːdɐn] *vi* fiammeggiare; (*a fig*) divampare

Löffel ['lœfəl] <-s, -> *m* ❶ (*Ess-*, MED) cucchiaio *m* ❷ (~ *voll*) cucchiaiata *f* ❸ (*Jägersprache*) orecchio *m* ❹ (*fam: Ohr*) orecchio *m;* **den ~ abgeben** (*sl: sterben*) tirare le cuoia; **Löffelbagger** *m* escavatore *m* a cucchiaia

löffeln *vt, vi* mangiare col cucchiaio

log [lo:k] *1. u 3. pers sing imp von* **lügen**

Logarithmentafel *f* tavola *f* logaritmica

Logarithmus [loga'rɪtmʊs] <-, Logarith-men> *m* logaritmo *m*

Logbuch <-(e)s, -bücher> *n* (NAUT) diario *m* di bordo

Loge ['lo:ʒə] <-, -n> *f* ❶ (THEAT) palco *m* ❷ (*Pförtner~*) portineria *f* ❸ (*Freimaurer~*) loggia *f* (massonica); **Logenplatz** *m* palco *m*

logieren [lo'ʒi:rən] **I.** *vi* alloggiare **II.** *vt* (*CH*) alloggiare, ospitare, albergare, sistemare

Logik ['lo:gɪk] <-> *kein Pl f* logica *f*

Login [lɔg'ɪn] <-s, -s> *n* (INFORM) login *f*

Logis [lo'ʒi:] <-, -> *n* alloggio *m*

logisch ['lo:gɪʃ] *adj* logico; **logischerweise** *adv* logicamente, a rigor di logica

Logistik [lo'gɪstɪk] <-> *kein Pl f* logistica *f*

logistisch *adj* logistico

Logo ['lo:go] <-s, -s> *m o n* logo *m*

Logoff [lɔg'ɔf] <-s, -s> *n* (INFORM) logoff *f*

Logopäde [logo'pɛ:də] <-n, -n> *m,* **Logopädin** [logo'pɛ:dɪn] <-, -nen> *f* logopedista *m*

Lohn [lo:n] <-(e)s, Löhne> *m* ❶ (*Arbeitsentgelt*) salario *m;* (*von Arbeiter a*) paga *f* ❷ (*fig: Belohnung*) ricompensa *f;* **zum ~ für** (*fig*) in ricompensa per; **Lohnabbau** *m* riduzione *f* salariale; **Lohnabkommen** *n* convenzione *f* salariale; **Lohnabrechnung** *f* busta *f* paga; **Lohnausfall** *m* perdita *f* di salario; **Lohnausgleich** *m* conguaglio *m* salariale; **Lohnbuchhaltung** *f* ❶ (*Abteilung*) ufficio *m* paga ❷ (*Tätigkeit*) contabilità *f* salariale; **Lohnbüro** *n* ufficio *m* paga; **Lohndumping** [-dampɪŋ] <-s> *n* dumping *m* salariale; **Lohnempfänger(in)** *m(f)* salariato, -a *m, f*

lohnen I. *vt* ❶ (*jdm*) (**jdm**) **etw ~** ricompensare (qu) di qc ❷ (*wert sein, rechtfertigen*) valere, compensare; **das Ergebnis lohnt die Mühe** il gioco vale la candela *prov,* il risultato compensa la fatica **II.** *vr* **sich ~** rendere; (*fig*) valere la pena; **es lohnt sich nicht** non ne vale la pena

löhnen ['lø:nən] *vt* ❶ (*obs: bezahlen*) pagare (*jdn* qu), fare la paga (*jdn* di qu) ❷ (*fam: viel zahlen*) pagare caro

lohnend *adj* ❶ (*vorteilhaft*) vantaggioso, proficuo ❷ (*einträglich*) redditizio

lohnenswert *adj* conveniente, proficuo, vantaggioso, utile

Lohnerhöhung *f* aumento *m* salariale; **Lohnforderung** *f* rivendicazione *f* sala-

riale; **Lohngefälle** *n* disparità *f* salariale; **Lohnkampf** *m* lotta *f* salariale; **Lohnkosten** *pl* costi *mpl* del lavoro; **Lohnkürzung** *f* riduzione *f* della paga; **Lohnpolitik** *f* politica *f* dei salari; **Lohnsteuer** *f* imposta *f* sul salario; **Lohnsteuerjahresausgleich** *m* conguaglio *m* annuale dell'imposta sul salario; **Lohnsteuerkarte** *f* cedolino *m* (delle ritenute fiscali); **Lohnstopp** *m* congelamento *m* [*o* blocco *m*] dei salari; **Lohntarif** *m* tariffa *f* salariale

Löhnung <-, -en> *f* ❶ (*Zahlung*) pagamento *m* del salario; (MIL) pagamento *m* del soldo ❷ (*Lohn*) salario *m,* paga *f;* (MIL) soldo *m*

Lohnvereinbarung *f* accordo *m* salariale; **Lohnverhandlungen** *fpl* trattative *fpl* (sindacali) sui salari

Loipe ['lɔɪpə] <-, -n> *f* pista *f* (per sci) di fondo

Lok [lɔk] <-, -s> *f abk v* **Lokomotive**

lokal [lo'ka:l] *adj* ❶ (*örtlich*) locale ❷ (LING) di luogo

Lokal <-(e)s, -e> *n* (*Gaststätte*) locale *m* pubblico, ristorante *m;* (*Wirtschaft*) osteria *f*

Lokalaugenschein *m* (*A:* JUR: *Lokaltermin*) sopralluogo *m*

Lokalblatt *n* giornale *m* locale

Lokale <-ein -s, -n> *kein Pl n* (*in Zeitung*) cronaca *f* locale

lokalisieren [lokali'zi:rən] <ohne ge-> *vt* localizzare

Lokalität [lokali'tɛ:t] <-, -en> *f* località *f*

Lokalnachrichten *fpl* cronaca *f* locale; **Lokalpatriotismus** *m* (*pej*) campanilismo *m;* **Lokalseite** *f,* **Lokalteil** *m* (*einer Zeitung*) cronaca *f* locale; **Lokaltermin** *m* (JUR) sopralluogo *m;* **Lokalverbot** *n* divieto *m* di accesso in un locale

Lokomotive [lokomo'ti:və] <-, -n> *f* locomotiva *f;* **elektrische ~** locomotrice *f,* locomotore *m;* **Lokomotivführer(in)** *m(f)* macchinista *mf*

Lokus ['lo:kʊs] <- *o* -ses, - *o* -se> *m* (*fam*) posticino *m,* cesso *m*

Lombardei [lɔmbar'daɪ] *f* Lombardia *f*

London ['lɔndɔn] *n* Londra *f*

Look [lʊk] <-s, -s> *m* stile *m,* moda *f*

Looping ['lu:pɪŋ] <-s, -s> *m o n* giro *m* della morte, looping *m*

Looser <-s, -> *m* (*fam*) perdente *mf*

Lorbeer ['lɔrbe:ɐ̯] <-s, -en> *m* alloro *m;* (**sich**) **auf seinen ~ en ausruhen** dormire sugli allori; **Lorbeerbaum** *m* alloro *m;* **Lorbeerkranz** *m* corona *f* d'alloro

Lord [lɔrt] <-(s), -s> *m* lord *m*

Lore ['lo:rə] <-, -n> *f* (FERR) vagoncino *m*

Lorgnette [lɔrnˈjɛtə] <-, -n> f lorgnette f, occhialino m

los [lo:s] I. adj ❶ (abgegangen, -gerissen, -gebrochen) staccato, strappato; **etw/ jdn ~ sein** (fam) essersi liberato di qc/qu ❷ (locker) allentato ❸ (fam: geschehen) **~ sein** succedere; (nicht in Ordnung sein) non essere in ordine, non andare; **in dieser Stadt ist nach 10 Uhr nichts mehr ~** (fam) questa città dopo le 10 di sera è un mortorio; **mit dem ist nicht viel ~** (fam pej) non vale molto, non è un gran che; **was ist mit dir ~?** (fam) che cosa hai?; **was ist (denn) hier ~?** (fam) che cosa succede? II. adv ❶ (Aufforderung) **~!** avanti!, forza!, via!; **na, ~!** (fam: zier dich nicht) su, coraggio!; **auf die Plätze, fertig, ~!** ai vostri posti, pronti, via!/pronti, partenza, via! ❷ (weg) libero, staccato; **wir müssen heute früh ~** (fam) dobbiamo andare (via) presto oggi

Los [lo:s] <-es, -e> n (Lotterie~) biglietto m della lotteria; **das Große ~ ziehen** vincere il primo premio; (fig) vincere un terno al lotto; **das ~ entscheiden lassen** tirare a sorte, sorteggiare

lösbar adj ❶ (löslich) solubile ❷ (fig: Probleme) risolvibile

los|binden <irr> vt sciogliere, slegare

los|brechen <irr> I. vi sein scoppiare, scatenarsi II. vt haben rompere

Löschblatt n (foglio m di) carta f assorbente

löschen [ˈlœʃən] I. vt ❶ (Feuer, Durst) spegnere, estinguere; (Licht, Kerze) spegnere ❷ (Schrift, Namen, Tonband) cancellare ❸ (Hypothek, Schuld) estinguere ❹ (Firma) radiare ❺ (NAUT) scaricare, sbarcare II. vi (Feuerwehr) spegnere il fuoco

Löschfahrzeug n autopompa f; **Löschmannschaft** f squadra f antincendi; **Löschpapier** n carta f assorbente; **Löschtrupp** m s. **Löschmannschaft**

Löschung <-, -en> f ❶ (von Feuer, Brand) spegnimento m, estinzione f ❷ (von Hypothek, Schuld) estinzione f ❸ (von Firma) radiazione f ❹ (NAUT) scarico m, sbarco m

lose adj ❶ (locker) lento, allentato ❷ (unverpackt) sciolto; **das Band hing ~ herunter** la fascia pendeva giù sciolta ❸ (leichtfertig) leggero, frivolo ❹ (frech, dreist) impertinente, sfacciato

Lösegeld n riscatto m

losen [ˈlo:zən] vi (um etw) ~ tirare a sorte (qc)

lösen [ˈløːzən] I. vt ❶ (a losmachen, auf~, CHEM) sciogliere, slegare ❷ (abtrennen) etw (von etw) ~ staccare qc (da qc) ❸ (lockern) allentare ❹ (Problem, Rätsel, Gleichung) risolvere ❺ (Fahrkarte) comperare II. vr sich ~ ❶ (CHEM) sciogliersi ❷ (ab-, losgehen) staccarsi; (Schuss) partire ❸ (sich frei machen) sich von etw ~ liberarsi da qc ❹ (sich aufklären) risolversi

los|fahren <irr> vi sein ❶ (abfahren) partire ❷ (fig: anfahren, -greifen) (auf jdn) ~ aggredire (qu)

los|gehen <irr> vi sein ❶ (aufbrechen) mettersi in cammino; (weggehen) andarsene; **auf jdn ~** (zugehen) dirigersi verso qu; (in feindlicher Absicht) gettarsi contro qu ❷ (fam: sich lösen) staccarsi; (Schuss) partire ❸ (fam: anfangen) cominciare; **geht das Gejammere schon wieder los!** (fam) ricomincia la lagna!

los|haben <hat los, hatte los, losgehabt> vt **etw** [o **viel**] **~** (fam) saperci fare

los|kaufen vt riscattare

los|kommen <irr> vi sein ❶ (wegkommen) staccarsi, venir via ❷ (freikommen) **von etw ~** riuscire a staccarsi da qc

los|lachen vi **laut ~** scoppiare a ridere

los|lassen <irr> vt ❶ (nicht mehr festhalten) lasciare andare, mollare; **das Buch/ die Frage/der Gedanke lässt mich nicht mehr los** il libro/la domanda/il pensiero non mi dà più pace; **lass den Ball los!** molla la palla! ❷ (freilassen) rilasciare; **die Hunde auf jdn ~** sguinzagliare i cani contro qu ❸ (fam: verlauten lassen) raccontare, dire

los|legen vi (fam) ❶ (anfangen etw zu tun) **mit etw ~** cominciare a +inf ❷ (anfangen, etw zu sagen) cominciare a parlare

löslich adj solubile

los|lösen vt, vr **sich (von jdm/etw) ~** staccarsi (da qu qu/etw); **etw von etw ~** staccare qc da qc

los|machen I. vt sciogliere, slegare II. vr **sich ~** svincolarsi; (a fig) liberarsi III. vi ❶ (fam: sich beeilen) sbrigarsi ❷ (NAUT) salpare

los|reißen <irr> I. vt **etw (von etw) ~** (a fig) strappare qc (da qc) II. vr **sich (von jdm/etw) ~** (a fig) staccarsi (da qu/qc)

los|rennen <irr> vi sein ❶ (loslaufen) partire di corsa, correre via ❷ (auf jdn zulaufen) **auf jdn ~** correre verso qu

Löss[RR] <-es, -e> m, **Löß**[ALT] <-es o Lösses, -e o Lösse> m loess m

los|sagen vr **sich von jdm/etw ~** separarsi da qu/qu

los|treten <tritt los, trat los, losgetreten> vt **eine Lawine ~** (fam fig) scatenare un putiferio

Losung <-, -en> f parola f d'ordine

Lösung <-, -en> f ❶ (*Los~*) distacco m ❷ (*fig* CHEM, MAT) soluzione f ❸ (*von Beziehungen*) rottura f, scioglimento m; **Lösungsmittel** n (CHEM) solvente m

los|werden <irr> vt sein ❶ (*sich befreien von*) liberarsi di, sbarazzarsi di; **ich werde den Gedanken nicht los** non riesco a togliermi quest'idea dalla testa ❷ (*fam: verkaufen*) vendere ❸ (*fam: verlieren*) perdere

los|ziehen <zieht los, zog los, losgezogen> vi sein partire, mettersi in cammino; **gegen jdn ~** (*fam: auf jdn schimpfen*) scagliarsi [o inveire] contro qu

Lot [lo:t] <-(e)s, -e> n ❶ (*Senkblei*) filo m a piombo, piombino m; **etw wieder ins rechte ~ bringen** sistemare qc ❷ (NAUT) scandaglio m ❸ (MAT: *Senkrechte*) perpendicolare f, verticale f

loten vt ❶ (TEC) mettere a piombo ❷ (NAUT) scandagliare

löten ['lø:tən] vt saldare; (*hart ~*) brasare

Lotion [lo'tsi̯o:n] <-, -en> f lozione f

Lötkolben m saldatoio m; **Lötlampe** f lampada f per saldare

Lotos ['lo:tɔs] <-, -> m, **Lotosblume** f loto m

lotrecht adj a piombo, a picco

Lötrohr n cannello m per saldare

Lotse ['lo:tsə] <-n, -n> m ❶ (NAUT) pilota m; (AERO: *Flug~*) radioassistente m ❷ (*fig*) guida f

lotsen vt ❶ (NAUT) pilotare; (AERO) dirigere; (MOT) guidare ❷ (*fig fam*) portare, trascinare; **Lotsenboot** n pilotina f; **Lotsendienst** m servizio m di pilotaggio

Lötstelle f (punto m di) saldatura f

Lotterie [lɔtə'ri:] <-, -n> f lotteria f; **Lotterielos** n biglietto m della lotteria

lott(e)rig ['lɔt(ə)rɪç] adj (*fam*) ❶ (*schlampig*) trasandato, trascurato ❷ (*unmoralisch*) dissoluto, sregolato

Lotterleben ['lɔtɐle:bən] n (*pej*) vita f sregolata

Lotto ['lɔto] <-s, -s> n lotto m; **Lottogewinn** m vincita f al lotto; **Lottoschein** m schedina f del lotto; **Lottozahlen** fpl numeri mpl del lotto

lottrig s. lotterig

Love Parade <-, -n> f festa che raduna a Berlino una volta all'anno tutti i fan della musica tecno

Löwe ['lø:və] <-n, -n> m ❶ (ZOO) leone m; **sich in die Höhle des ~n begeben** (*fig fam*) osare entrare nella tana del lupo ❷ (ASTR) Leone m; **Löwenanteil** m **sich** dat **den ~ nehmen** (*fig fam*) fare la parte

del leone; **Löwenmaul** n, **Löwenmäulchen** ['lø:vənmɔɪlçən] <-s, -> n (BOT) bocca f di leone; **Löwenzahn** m (BOT) dente m di leone; **Löwin** ['lø:vɪn] <-, -nen> f leonessa f

loyal [lɔa'ja:l] adj leale

Loyalität [lɔajali'tɛ:t] <-> kein Pl f lealtà f

LP [ɛl'pe:] <-, -s> f abk v **Langspielplatte** LP m

LSD [ɛl'ɛs'de:] <-(s)> kein Pl n LSD f

lt. abk v **laut** sec.

Lübeck ['ly:bɛk] n Lubecca f

Luchs [lʊks] <-es, -e> m lince f

Lücke ['lʏkə] <-, -n> f ❶ (*leere Stelle, a fig*) vuoto m ❷ (*fig*) lacuna f; (*Mangel*) carenza f, difetto m; **eine ~ schließen** colmare una lacuna; **Lückenbüßer** m ❶ (*Person*) tappabuchi m ❷ (*Sache*) riempitivo m; **lückenhaft** adj ❶ (*voller Lücken*) pieno di lacune, lacunoso ❷ (*fig: unvollständig*) incompleto; **lückenlos** adj ❶ (*ohne Lücken*) senza lacune ❷ (*fig: vollständig*) completo

lud [lu:t] *1. u 3. pers sing imp von* **laden**

Luder ['lu:dɐ] <-s, -> n (*fam pej*) carogna f

Luft [lʊft] <-, *poet* Lüfte> f ❶ aria f; **dicke ~** (*fam*) aria pesante; **die ~ aus ehw herauslassen** sgonfiare qc; **für jdn ~ sein** non esistere per qu; **an die** (**frische**) **~ gehen** andare all'aria aperta; **jdn an die ~ setzen** (*fam*) mettere qu alla porta; **in die ~ jagen** (*sprengen*) far saltare; **in der ~ liegen** essere nell'aria; **sich in ~ auflösen** (*fam: Person*) svanire nel nulla; (*Ding*) andare in fumo ❷ *sing* (*Atem*) fiato m, respiro m; **~ holen** prendere fiato; **tief ~ holen** respirare profondamente; **keine ~ kriegen** soffocare ❸ (*fam: Platz, Spielraum*) spazio m; **seinem Ärger ~ machen** sfogare la propria rabbia

Luftangriff m attacco m aereo, incursione f aerea; **Luftballon** m ❶ (*Spielzeug*) palloncino m ❷ (AERO) aerostato m; **Luftbefeuchter** <-s, -> m evaporatore m, umidificatore m; **Luftbild** n fotografia f aerea; **Luftblase** f bolla f d'aria; **Luftbrücke** f ponte m aereo; **luftdicht** adj ermetico; **Luftdruck** kein Pl m pressione f atmosferica; **luftdurchlässig** adj permeabile all'aria

lüften ['lʏftən] vt ❶ (*Zimmer*) aerare; (*Bett, Kleidung*) dare aria a, mettere all'aria ❷ (*Vorhang*) sollevare; (*Hut*) alzare ❸ (*fig: Geheimnis*) svelare

Luftfahrt f aviazione f, aeronautica f; **Luftfahrtgesellschaft** f compagnia f di navigazione aerea; **Luftfeuchtigkeit** f umidità f atmosferica; **Luftfracht** f ❶ (*Ge-*

bühr) nolo *m* aereo ❷(*Ware*) merce *f* aerotrasportata; **luftgekühlt** *adj* (TEC) raffreddato ad aria, con raffreddamento ad aria; **luftgetrocknet** *adj* seccato all'aria; **Luftgewehr** *n* fucile *m* ad aria compressa; **Lufthauch** *m* (*geh*) soffio *m* [*o* alito *m*] d'aria; **Lufthoheit** *kein Pl f* sovranità *f* aerea

luftig *adj* ❶(*Raum*) arioso; (*frisch*) aerato ❷(*Kleidung*) vaporoso

Luftkampf *m* combattimento *m* aereo; (*zwischen zwei Flugzeugen*) duello *m* aereo; **Luftkissen** *n* ❶(*Kissen*) cuscino *m* pneumatico ❷(*Luft*) cuscino *m* d'aria; **Luftkissenboot** *n* hovercraft *m;* **Luftkrieg** *m* guerra *f* aerea; **Luftkühlung** *f* raffreddamento *m* ad aria; **Luftkurort** *m* stazione *f* climatica; **Luftlandetruppen** *fpl* truppe *fpl* aviotrasportate; **Luftlandung** *f* (MIL) aerosbarco *m;* **luftleer** *adj* ~**er Raum** vuoto *m;* **Luftlinie** *f* linea *f* d'aria; **Luftloch** *n* ❶(TEC) foro *m* d'aerazione ❷(*fam*) vuoto *m* d'aria; **Luftmasche** *f* primo ferro [*o* punto *m*]; **Luftmatratze** *f* materasso *m* pneumatico, materassino *m* (gonfiabile); **Luftmine** *f* mina *f* aerea; **Luftpirat(in)** *m(f)* pirata *mf* dell'aria; **Luftpost** *f* posta *f* aerea; **mit** ~ per posta aerea; **Luftpostbrief** *m* lettera *f* per posta aerea; **Luftpostpapier** *n* carta *f* per posta aerea; **Luftpumpe** *f* pompa *f* pneumatica; **Luftraum** *m* spazio *m* aereo; **Luftreiniger** *m* depuratore *m* dell'aria; **Luftröhre** *f* trachea *f;* **Luftschacht** *m* pozzo *m* di ventilazione; **Luftschicht** *f* strato *m* d'aria; **Luftschiff** *n* dirigibile *m,* aeronave *f;* **Luftschifffahrt**[RR] *f* navigazione *f* aerea (con dirigibili), aeronautica *f;* **Luftschlange** *f* stella *f* filante; **Luftschloss**[RR] *n* castello *m* in aria; **Luftschlösser bauen** fare castelli in aria; **Luftschraube** *f* elica *f;* **Luftschutz** *m* protezione *f* antiaerea; **ziviler** ~ difesa *f* antiaerea civile; **Luftschutzbunker** *m,* **Luftschutzkeller** *m,* **Luftschutzraum** *m* rifugio *m* antiaereo; **Luftsperrgebiet** *n* zona *f* aerea vietata; **Luftspieg(e)lung** *f* miraggio *m;* **Luftsprung** *m* salto *m* di gioia; **Luftstreitkräfte** *fpl* forze *fpl* aeree; **Luftströmung** *f* corrente *f* d'aria; **Luftstützpunkt** *m* base *f* aerea; **Lufttaxi** *n* aerotaxi *m;* **Lufttemperatur** *f* (METEO) temperatura *f* atmosferica; **Lufttransport** *m* trasporto *m* aereo; **luftundurchlässig** *adj* impermeabile all'aria

Lüftung <-, -en> *f* aerazione *f,* ventila-

zione *f;* **Lüftungsschacht** *m* condotto *m* dell'aria

Luftveränderung *f* cambiamento *m* d'aria; **Luftverkehr** *m* traffico *m* aereo; **Luftverschmutzung** *f* inquinamento *m* atmosferico; **Luftwaffe** *f* aeronautica *f* militare; **Luftweg** *m* **auf dem** ~ per via aerea; **Luftwiderstand** *m* resistenza *f* dell'aria; **Luftzufuhr** *f* adduzione *f* d'aria; **Luftzug** *m* corrente *f* d'aria

Lüge ['lyːgə] <-, -n> *f* bugia *f,* menzogna *f;* **jdn** ~**n strafen** smentire qu; ~**n haben kurze Beine** (*prov*) le bugie hanno le gambe corte

lügen <lügt, log, gelogen> *vi* mentire, dire una bugia; ~ **wie gedruckt** (*fam*) spararle grosse, mentire spudoratamente

Lügendetektor ['lyːgəndɛtɛktɔr] *m* macchina *f* della verità, lie detector *m*

Lügengeschichte *f* frottola *f,* fandonia *f,* panzana *f*

Lügner(in) ['lyːgnɐ] <-s, -; -, -nen> *m(f)* bugiardo, -a *m, f,* mentitore, -trice *m, f*

lügnerisch *adj* bugiardo, menzognero

Luke ['luːkə] <-, -n> *f* (*Dach*~) abbaino *m;* (NAUT) boccaporto *m*

lukrativ [lukraˈtiːf] *adj* lucrativo

lukullisch [luˈkʊlɪʃ] *adj* luculliano

Lümmel ['lʏməl] <-s, -> *m* ❶(*pej: Flegel*) villano *m* ❷(*fam: Bursche*) tipo *m;* **lümmeln** *vr* **sich** ~ (*fam pej*) stravaccarsi (*auf etw acc* su qc); **Lümmeltüte** *f* (*sl: Kondom*) preservativo *m*

Lump [lʊmp] <-en, -en> *m* (*pej*) farabutto *m,* mascalzone *m*

lumpen ['lʊmpən] *vt* (*fam*) **sich nicht** ~ **lassen** non fare lo spilorcio

Lumpen <-s, -> *m* straccio *m,* cencio *m;* **Lumpengesindel** *n,* **Lumpenpack** *n* (*pej*) gentaglia *f,* marmaglia *f;* **Lumpensammler** *m* ❶(*Mensch*) cenciaiolo *m* ❷(*fig, scherz: Bahn, Bus*) ultima corsa *f*

lumpig *adj* ❶(*niederträchtig*) meschino, vile ❷(*zerlumpt*) cencioso ❸(*fam: unbedeutend*) misero

Lunch [lant͡ʃ] <-(e)s *o* -, -(e)s *o* -e> *m* lunch *m,* pranzo *m*

lunchen ['lant͡ʃən] *vi, vt* pranzare

Lüneburg ['lyːnəbʊrk] *n* Luneburgo *f;* ~**er Heide** Lande *fpl* di Luneburgo

Lunge ['lʊŋə] <-, -n> *f* polmone *m,* polmoni *mpl;* **sich** *dat* **die** ~ **aus dem Leib schreien** (*fam*) spolmonarsi

Lungenbraten <-s, -> *m* (A: GASTR: Rinderfilet) filetto *m* di manzo, lombata *f;* **Lungenembolie** <-, -n> *f* (MED) embolia *f* polmonare; **Lungenentzündung** *f* polmonite *f;* **Lungenfell** *n* pleura *f;*

Lungenfellentzündung *f* pleurite *f;*
Lungenflügel *m* lobo *m* polmonare;
Lungenhaschee <-s, -s> *n* macinato *m*
di lombo; **Lungenheilstätte** *f* sanatorio *m* antitubercolare; **lungenkrank** *adj*
tubercolotico, tisico; **Lungenkrankheit** *f*
affezione *f* polmonare; **Lungenkrebs** *m*
cancro *m* ai polmoni; **Lungentuberkulose** *f* tubercolosi *f* polmonare; **Lungenzug** *m* tiro *m* (di sigaretta); **einen ~**
machen fare un tiro
lungern ['lʊŋən] *vi* (*fam*) oziare, perdere
tempo, bighellonare, ciondolare
Lunte ['lʊntə] <-, -n> *f* ~ **riechen** (*fig*
fam) sentire odore di polvere
Lupe ['luːpə] <-, -n> *f* lente *f;* **etw/jdn**
unter die ~ nehmen (*fam*) esaminare
qc/qu attentamente; **lupenrein** *adj*
❶ (*Diamant*) purissimo ❷ (*fig*) vero,
autentico
Lupine [lu'piːnə] <-, -n> *f* lupino *m*
Lurch [lʊrç] <-(e)s, -e> *m* anfibio *m*
Lurex® ['luːrɛks] <-> *kein Pl n* lurex® *m*
Lust [lʊst] <-, Lüste> *f* ❶ *sing* (*Freude*)
gioia *f;* (*Vergnügen*) piacere *m;* **mit ~ und**
Liebe con piacere, con grande entusiasmo;
nach ~ und Laune a capriccio ❷ *sing*
(*Verlangen*) voglia *f*, desiderio *m;* **~ auf**
etw *acc* **haben** avere voglia di qc; **~/**
keine ~ haben zu arbeiten avere/non
avere voglia di lavorare; **mir ist die ~**
(daran) vergangen mi è passata la voglia
❸ (*Sinnes~*) voluttà *f*
Luster ['lʊstɐ] <-s, -> *m* (*A*) *s.* **Lüster**
Lüster <-s, -> *m* ❶ (*Glanzüberzug*) lustro *m* ❷ (*Kronleuchter*) lampadario *m*
lüstern ['lʏstɐn] *adj* ❶ (*begierig*) avido,
bramoso; **auf etw** *acc* [*o* **nach etw**] **~ sein**
essere bramoso di (fare) qc ❷ (*geil*) cupido,
lascivo; **Lüsternheit** <-> *kein Pl f* ❶ (*Begierde*) desiderio *m,* brama *f* ❷ (*Geilheit*)
concupiscenza *f*, lascivia *f*
Lustgewinn <-(e)s, -e> *m* raggiungimento *m* del piacere
lustig *adj* ❶ (*vergnügt*) allegro, gaio ❷ (*erheiternd*) divertente, piacevole; **sich über**
jdn ~ machen prendere in giro qu; **sich**
über etw *acc* **~ machen** ridere di qc; **das**
kann ja ~ werden! (*fam iron*) ci sarà da

divertirsi!, ne vedremo delle belle!
Lüstling ['lʏstlɪŋ] <-s, -e> *m* libertino *m*
lustlos *adj* (*Mensch*) svogliato, apatico;
Lustmolch *m* (*fam scherz*) libidinoso *m;*
Lustmord *m* omicidio *m* con violenza
carnale; **Lustmörder(in)** *m(f)* omicida
mf sessuale; **Lustobjekt** *n* oggetto *m* di
piacere; **Lustschloss**^{RR} *n* castello *m* di
campagna; **Lustspiel** *n* commedia *f;*
lustvoll *adj* (*geh*) voluttuoso, appagato,
soddisfatto, gaio, di gusto, con piacere; **~ er**
Blick sguardo voluttuoso; **etw ~ machen**
fare qc con piacere [*o* di gusto]
lutschen ['lʊtʃən] *vt, vi* **an etw** *dat* **~**
succhiare qc
Lutscher <-s, -> *m* lecca-lecca *m*
Luv [luːf] <-> *kein Pl f o n* orza *f*, lato *m*
sopravvento
Luxemburg ['lʊksəmbʊrk] *n* Lussemburgo *m*
Luxemburger(in) <-s, -; -, -nen> *m(f)*
lussemburghese *mf*
luxemburgisch *adj* lussemburghese
luxuriös [lʊksuri'øːs] *adj* lussuoso, di lusso
Luxus ['lʊksʊs] <-> *kein Pl m* lusso *m*
Luxus- (*in Zusammensetzungen*) di lusso;
Luxusartikel *m* articolo *m* di lusso;
Luxusausführung *f* modello *m* di lusso;
Luxushotel *n* albergo *m* di lusso;
Luxusliner [-laɪnɐ] <-s, -> *m* crociera *f*
di lusso; **Luxussteuer** *f* imposta *f* sui
generi di lusso; **Luxuswagen** *m* automobile *f* di lusso
Luzern [lu'tsɛrn] *n* Lucerna *f*
Luzerne [lu'tsɛrnə] <-, -n> *f* (BOT) (erba *f*)
medica *f*
LW *abk v* **Langwelle** OL
Lymphdrüse *f* ghiandola *f* linfatica
Lymphe ['lʏmfə] <-, -n> *f* linfa *f*
Lymphknoten *m* linfoghiandola *f;*
Lymphsystem *n* (MED) sistema *m* linfatico
lynchen ['lʏnçən] *vt* linciare
Lynchjustiz *f* linciaggio *m*
Lyrik ['lyːrɪk] <-> *kein Pl f* lirica *f*
Lyriker(in) <-s, -; -, -nen> *m(f)* poeta,
-essa *m, f* lirico, -a
lyrisch *adj* lirico

M m

M, **m** [ɛm] <-, -(s)> n M, m f; **M wie Martha** M come Milano

m abk v **Meter** m

MA. abk v **Mittelalter** M.E.

mA abk v **Milliampere** mA

M. A. abk v **Magister Artium** titolo di studio universitario per le materie umanistiche

Maastrichter Vertrag <-es> kein Pl m (EU) Trattato m di Maastricht

Mach [max] <-(s), -> n (PHYS) Mach m

Machart f fattura f, confezione f; **machbar** adj fattibile

Mache ['maxə] <-> kein Pl f (fam) ❶ (Vortäuschung) apparenza f, messa f in scena; **das ist alles nur ~** è tutta una commedia ❷ (Wend) **etw in der ~ haben** stare macchinando qc

machen ['maxən] I. vt ❶ (tun) fare; **etw ~ lassen** far fare qc; **das Bett ~** fare il letto; **jdm den Hof ~** fare la corte a qu; **Licht ~** accendere la luce; **sich** dat **das Haar ~** farsi i capelli; **das** [o so etwas] **macht man nicht** una cosa simile non si fa; **da kann man nichts** (**mehr**) ~ non c'è più niente da fare; **dagegen ist nichts zu ~** non ci si può fare nulla; **was macht deine Arbeit/dein Mann?** come va il tuo lavoro/come sta tuo marito?; **was machst du denn hier?** cosa fai qui?; **den Anfang mit etw ~** cominciare qc; **ein Ende ~ mit** porre fine a; **mach's gut!** (fam) ciao, stammi bene!; **wird gemacht!** (fam) sarà fatto ❷ (herstellen) produrre, fabbricare ❸ (bewirken, verursachen) causare; **Mühe ~** costare fatica; **das macht nichts** non fa niente ❹ (in einen Zustand versetzen) rendere; **du machst mich ganz nervös!** mi rendi nervoso!; **jdm etw leicht ~** agevolare qc a qu; **jdn schlecht ~** sparlare di qu, diffamare qu; **es jdm schwer ~** rendere le cose difficili a qu; **jdm das Leben schwer ~** rendere la vita difficile a qu ❺ (veranstalten) organizzare ❻ (fam: ergeben) fare; (kosten) costare; **was macht das?** quant'è? ❼ (fam: Notdurft verrichten) fare II. vr **sich ~** ❶ (fam: gedeihen) crescere, svilupparsi ❷ (sich in einen Zustand versetzen) **mach dich nicht schmutzig!** non sporcarti!; **~ Sie es sich** dat **bequem!** si metta a Suo agio! ❸ (beginnen) **sich an etw** acc **~** mettersi a fare qc ❹ (passen, aussehen) stare; **sich gut ~** stare bene ❺ (Wend) **ich mache mir**

nichts aus Kuchen i dolci non mi piacciono; **ich mache mir nichts/viel daraus** non me ne importa niente/me ne importa molto; **mach dir nichts draus!** (fam) non te la prendere III. vi **in die Hose ~** (fam) farsela addosso; **Arbeiten macht müde** il lavoro stanca; **lass mich nur ~!** (fam) lascia fare a me!; **nun mach schon!** (fam) sbrigati!, spicciati!

Machenschaften fpl (pej) manovre fpl, intrighi mpl

Macher <-s, -> m (fam) uomo m energico

Macho ['matʃo] <-s, -s> m (fam) macho m, maschilista m; **Macholand** n paese m maschilista; **Machotum** n maschilismo m

Macht [maxt, pl: 'mɛçtə] <-, Mächte> f ❶ sing (Einfluss, Gewalt) potere m; **an der ~ sein** essere al potere; **die ~ ergreifen** prendere il potere; **in jds ~ liegen** dipendere da qu ❷ sing (Kraft) forza f; **alles, was in meiner ~ steht** tutto quello che posso ❸ (Heeres~) forze fpl armate, esercito m

Machtbereich m sfera f di competenza; **Machtergreifung** f presa f del potere; **Machthaber(in)** <-s, -; -, -nen> m(f) uomo m (donna f) al potere, potente mf; **machthungrig** adj assetato di potere

mächtig ['mɛçtɪç] I. adj ❶ (machtvoll) potente, possente; **einer Sprache ~ sein** (geh) padroneggiare una lingua ❷ (sehr groß) grande, enorme II. adv (fam: sehr) molto, assai; **sich ~ anstrengen** sforzarsi molto

Machtkampf m lotta f per il potere; **machtlos** adj impotente; **dagegen ist man ~** non ci si può far nulla; **Machtlosigkeit** <-> kein Pl f impotenza f; **Machtmissbrauch**RR <-(e)s> kein Pl m abuso m di potere; **Machtpolitik** f politica f della forza; **Machtprobe** f prova f di forza; **Machtstellung** f posizione f di forza; **Machtübernahme** f (POL) avvento m al potere; **machtvoll** adj potente; **Machtwechsel** <-s, -> m (POL) cambio m di potere; **Machtwort** <-(e)s, -e> n **ein ~ sprechen** dire una parola decisiva, fare la voce grossa fam

Machwerk n (pej) abborracciatura f

Macke ['makə] <-, -n> f ❶ (Fehler) difetto m; (Beule) ammaccatura f ❷ (fam: Tick) fisima f, fissazione f; **du hast doch eine ~!** non hai tutte le rotelle a posto!

Macker ['makɐ] <-s, -> m (sl) ① (Typ) tizio m, tipo m ② (Freund) ragazzo m

MAD [ɛmʔaːˈdeː] <-(s)> kein Pl m abk v **Militärischer Abschirmdienst** Organizzazione tedesca per la protezione delle forze armate da spionaggio e sabotaggi

Mädchen ['mɛːtçən] <-s, -> n ① (Kind) bambina f; (Jugendliche) ragazza f; **leichtes ~** ragazza leggera ② (Haus~) domestica f; (Zimmer~) cameriera f; **~ für alles** ragazza tuttofare; **mädchenhaft I.** adj da fanciulla **II.** adv come una fanciulla; **Mädchenhandel** m tratta f delle bianche; **Mädchenname** m ① (weiblicher Vorname) nome m di ragazza ② (von verheirateter Frau) cognome m da ragazza

Made ['maːdə] <-, -n> f verme m; (bes. Obst~) baco m; **wie die ~ im Speck leben** (fam) far vita da papi

Mad(e)l ['maːd(ə)l] <-s, -n> n (südd, A) ragazza f; **Mädel** ['mɛːdəl] <-s, -(s)> n (fam) ragazza f

madig adj bacato

madigmachen vt (fam) **jdm etw ~ machen** (fam) rovinare qc a qu, far passare la voglia a qu

Madonna [maˈdɔna, pl: maˈdɔnən] <-, Madonnen> f Madonna f

Madrid [maˈdrɪt] n Madrid f

Mafia ['mafi̯a] <-, -s> f mafia f

mag [maːk] 1.u 3.pers sing pr von **mögen¹, mögen²**

Magazin [magaˈtsiːn] <-s, -e> n ① (Lager) magazzino m ② (von Waffe) caricatore m ③ (Zeitschrift) rivista f ④ (TV, RADIO) programma m d'attualità ⑤ (FOTO) caricatore m

Magd [maːkt, pl: 'mɛːkdə] <-, Mägde> f (obs) serva f, domestica f

Magen ['maːgən, pl:'mɛːgən] <-s, Mägen o -> m stomaco m; **auf nüchternen ~** a stomaco vuoto, a digiuno; **sich** dat **den ~ verderben** guastarsi lo stomaco; **das liegt mir schwer im ~** (fig fam) mi sta sullo stomaco

Magenbeschwerden fpl disturbi mpl gastrici; **Magenbitter** <-, -> m amaro m (digestivo); **Magen-Darm-Trakt** ['maːgənˈdarmtrakt] <-(e)s, -e> m (ANAT) tratto m gastrointestinale [o gastroenterico]; **Magengeschwür** n (MED) ulcera f gastrica; **Magengrube** f epigastrio m, bocca f dello stomaco fam; **Magenknurren** <-s> kein Pl n borborismo m; **Magenleiden** <-s, -> n affezione f gastrica, gastropatia f; **Magensäure** f acido m gastrico; **Magenschmerzen** mpl dolori mpl di stomaco; **Magenver-**

stimmung <-, -en> f indigestione f

mager ['maːgɐ] adj magro; (fig a) scarso; **~ werden** dimagrire; **Magerkeit** <-> kein Pl f magrezza f; **Magermilch** f latte m magro; **Magerquark** m ricotta f magra; **Magersucht** f (MED) anoressia f (nervosa); **magersüchtig** adj anoressico

Magie [maˈgiː] <-> kein Pl f magia f

Magier ['maːgiɐ] <-s, -> m mago m

magisch adj magico

Magister [maˈgɪstɐ] <-s, -> m, **Magistra** [maˈgɪstra] <-, -e> f (A) ① (akademischer Grad, dem Diplom entsprechend) laurea f; **den/seinen ~ machen** laurearsi; **sie ist ~/Magistra der Philosophie** è laureata in filosofia ② (A: Titel und Anrede eines Apothekers) farmacista mf

Magistrat [magɪsˈtraːt] <-(e)s, -e> m ① (HIST) magistrato m; (Amt) magistratura f ② (Stadtverwaltung) amministrazione f comunale, municipalità f

Magistratur [magɪstraˈtuːɐ, pl: magɪstraˈtuːrən] <-, -en> f carica f pubblica

Magma ['magma, pl: 'magmən] <-s, Magmen> n (GEOL) magma m

Magnesium [maˈgneːzi̯ʊm] <-s> kein Pl n (CHEM) magnesio m

Magnet [maˈgneːt] <-(e)s o -en, -e o rar -en> m magnete m; **Magnetbahn** <-, -en> f treno m superveloce a trazione magnetomeccanica; **Magnetband** <-(e)s, -bänder> n nastro m magnetico; **Magnetfeld** n campo m magnetico

magnetisch adj magnetico

magnetisieren [magneti'ziːrən] <ohne ge-> vt magnetizzare

Magnetismus [magne'tɪsmʊs] <-> kein Pl m magnetismo m

Magnetnadel f ago m magnetico

Magnolie [maˈgnoːli̯ə] <-, -n> f (BOT) magnolia f

Mahagoni [mahaˈgoːni] <-s> kein Pl n mogano m

Maharadscha [mahaˈraːdʒa] <-, -s> m maragià m

Mahd [maːt, pl:'mɛːdə] <-(e)s, Mähder> n (A, CH) prato m, pascolo m

Mähdrescher m mietitrebbiatrice f

mähen ['mɛːən] vt mietere, falciare

Mahl [maːl, pl: maːlə o maːˈlə] <-(e)s, -e o Mähler> n (geh) pasto m, pranzo m; (Fest~) banchetto m

mahlen ['maːlən] <mahlt, mahlte, gemahlen> vt triturare, tritare; (Körner) macinare

Mahlzeit f pasto m; **~!** buon appetito!

Mähmaschine f falciatrice f, mietitrice f

Mähne ['mɛːnə] <-, -n> f criniera f

mahnen ['maːnən] *vt* ❶ (*zurechtweisen*) ammonire ❷ (*erinnern*) **jdn an etw** *acc* ~ rammentare qc a qu ❸ (*Schuldner*) sollecitare ❹ (JUR) intimare

Mahngebühr *f* spese *fpl* di intimazione;

Mahnmal <-(e)s, -e *o* rar -mäler> *n* monumento *m* commemorativo

Mahnung <-, -en> *f* ❶ (*Er~*) ammonimento *m* ❷ (*von Schuldner*) sollecitazione *f*; (*Mahnbrief*) sollecito *m* ❸ (JUR) intimazione *f*, diffida *f*

Mahnwache <-, -n> *f* sit-in *m*, manifestazione *f* di protesta

Mai [maɪ] <-(e)s *o* -, -e> *m* maggio *m*; *s. a.* **April; Maibowle** *f* bowle *f* con asperula; **Maifeier** *f* festa *f* del primo maggio, primo maggio *m*; **Maiglöckchen** ['maɪɡlœkçən] <-s, -> *o* mughetto *m*; **Maikäfer** *m* maggiolino *m*

Mail ['mɛɪl] <-, -s> *f* mail *f*

Mailand ['maɪlant] *n* Milano *f*

Mailbox ['mɛɪlbɔks] *f* (INFORM) cassetta *f* postale elettronica

mailen ['mɛɪlən] *vt* **etw** ~ (INFORM, *fam*) inviare per mail

Mailinglist ['meilɪŋlist] <-, -s> *f* (INFORM) mailinglist *f*

Mailprogramm *n* (INFORM) programma *m* mail

Main [maɪn] *m* Meno *m*

Mainz [maɪnts] *n* Magonza *f*

Mais [maɪs] <-es, rar -e> *m* mais *m*, gran(o)turco *m*; **Maiskeimöl** *n* olio *m* di semi di mais; **Maiskolben** *m* pannocchia *f*; **Maismehl** *n* farina *f* di granoturco

Majestät [majɛsˈtɛːt] <-, -en> *f* maestà *f*

majestätisch *adj* maestoso

Majonäse^{RR} [majoˈnɛːzə] <-, -n> *f* maionese *f*

Major [maˈjoːɐ̯] <-s, -e> *m* (MIL) maggiore *m*

Majoran ['maːjoran *o* majoˈraːn] <-s, -e> *m* maggiorana *f*

Majorität [majoriˈtɛːt] <-, -en> *f* maggioranza *f*

Majorz [maˈjɔrts] <-es> *kein Pl m* (*CH: Mehrheitswahlsystem*) (sistema *m*) maggioritario *m*; **es gibt zwei verschiedene Wahlsysteme:** ~ **und Proporz** ci sono due diversi sistemi di votazione: il maggioritario e il proporzionale

makaber [maˈkaːbɐ] *adj* macabro

Makedonien [makeˈdoːniən] *n* Macedonia *f*; **Makedonier(in)** [makeˈdoːniɐ] <-s, -; -, -nen> *m(f)* macedone *mf*; **Makedonisch** <-s> *kein Pl n* macedone *m*; **makedonisch** *adj* macedone;

Makedonische <-n> *kein Pl n* macedone *m*

Makel ['maːkəl] <-s, -> *m* (*geh*) difetto *m*; **makellos** *adj* senza difetto; (*fig*) impeccabile

mäkeln ['mɛːkəln] *vi* (*pej*) **an etw** *dat* ~ trovare da ridire su qc

Make-up [mɛɪk'ʔap] <-s, -s> *n* maquillage *m*, make-up *m*

Makler(in) ['maːklɐ] <-s, -; -, -nen> *m(f)* (*Wohnungs~*) sensale *mf* di alloggi; (*Börsen~*) agente *mf* di cambio; (*Grundstücks~*) agente *mf* immobiliare; **Maklergebühr** *f* diritti *mpl* di mediazione; **Maklerin** *f s.* **Makler**

Makrele [maˈkreːlə] <-, -n> *f* sgombro *m*

Makrokosmos <-> *kein Pl m* macrocosmo *m*

Makrone [maˈkroːnə] <-, -n> *f* amaretto *m*

Makulatur [makulaˈtuːɐ̯, *pl*: makulaˈtuːrən] <-, -en> *f* carta *f* da macero

mal [maːl] *adv* ❶ (MAT) per; **2 ~ 2 ist 4** 2 per 2 fa 4 ❷ (*fam: einmal*) **ich muss** ~ devo andare in un posticino; **denk (dir)** ~! immagina!; **hör** ~ **her** [*o* zu]! ascolta!; **sieh** ~!, **schau** ~! guarda!; **besuchen Sie mich** ~! venga a trovarmi!; **versuchen Sie es** ~! ci provi un po'!

Mal¹ <-(e)s, -e> *n* volta *f*; **das erste/ zweite/nächste/vorige** [*o* letzte] ~ la prima/la seconda/la prossima/l'ultima volta; **dieses** ~ questa volta; **ein für alle** ~ una volta per tutte; **ein ums andere** ~ una volta su due; **mit einem** ~ ad un tratto; **zum ersten/letzten** ~ per la prima/l'ultima volta; **von** ~ **zu** ~ di volta in volta; **Dutzend** ~ dozzine di volte; **Millionen** ~ milioni di volte

Mal² <-(e)s, -e *o* Mäler> *n* (*Fleck*) chiazza *f*; (*bes. auf der Haut*) livido *m*; (*Mutter~*) voglia *f*

Malaria [maˈlaːria] <-> *kein Pl f* malaria *f*

malen ['maːlən] *vt* dipingere; (*porträtieren*) fare il ritratto a

Maler(in) <-s, -; -, -nen> *m(f)* ❶ (*Kunst~*) pittore, -trice *m, f* ❷ (*Anstreicher*) imbianchino, -a *m, f*

Malerei [maːləˈraɪ] <-, -en> *f* pittura *f*

Malerin *f s.* **Maler**

malerisch *adj* pittoresco

Malheur [maˈløːɐ̯, *pl*: maˈløːrə] <-s, -e *o* -s> *n* (*fam*) guaio *m*; **mir ist ein kleines** ~ **passiert** mi è capitato un piccolo guaio; **das ist doch kein** ~! non è niente di grave!, non è la fine del mondo!

Malkasten *m* cassetta *f* dei colori

Mallorca [maˈlɔrka *o* maˈjɔrka] *n* Maiorca *f*

mal|nehmen <irr> *vt, vi* **etw mit etw ~** moltiplicare qc per qc

malochen [maˣlo:xən] <ohne ge-> *vi* (*sl*) lavorare

Malta ['malta] *n* Malta *f*

Malteser(in) [mal'te:zɐ] <-s, -; -, -nen> *m(f)* maltese *mf*; **Malteserkreuz** *n* croce *f* di Malta

Malve ['malvə] <-, -n> *f* malva *f*

Malz [malts] <-es> *kein Pl n* malto *m*; **Malzbier** *n* birra *f* di malto; **Malzbonbon** *mn* caramella *f* di malto; **Malzkaffee** *m* caffè *m* di malto

Mama [ma'ma: *o* 'mama] <-, -s> *f* (*fam*) mamma *f*

Mami ['mami] <-, -s> *f* (*fam*) mammina *f*

MammografieRR [mamogra'fi:, *pl*: mamogra'fi:ən] <-, -n> *f*, **Mammographie** <-, -n> *f* mammografia *f*

Mammut ['mamʊt] <-s, -e *o* -s> *n* mammut *m*

mampfen ['mampfən] *vt, vi* (*fam*) mangiare a quattro palmenti

man [man] I. *pron indef* si; **das tut ~ nicht** questo non si fa; **~ hat mir gesagt, dass ...** mi hanno detto che ...; **~ sagt, dass ...** si dice che ..., dicono che ... II. *adv* (*nordd: fam*) **denn ~ los!** su, andiamo!

Management ['mɛnɪdʒmənt] <-s, -s> *n* management *m*

managen ['mɛnɪdʒən] *vt* ❶ (*fam: bewerkstelligen*) organizzare, sistemare ❷ (*geschäftlich betreuen*) **jdn ~** essere il manager di qu

Manager(in) <-s, -; -, -nen> *m(f)* manager *mf*; **Managerkrankheit** *f* surmenage *m*

manche *s.* **manche(r, s)**

mancherlei ['mançe'laɪ] <inv> I. *adj* diverso, vario II. *pron* varie [*o* diverse] cose

manche(r, s) ['mança, -çe, -çəs] I. *pron indef* qualcuno, -a *m, f,* alcuni, -e *mpl, fpl,* parecchi, -cchie *mpl, fpl* II. *adj* qualche, alcuni, -e *mpl, fpl*

manchmal *adv* talvolta, qualche volta

Mandant(in) [man'dant] <-en, -en; -, -nen> *m(f)* (*JUR*) mandante *mf*

Mandarine [manda'ri:nə] <-, -n> *f* mandarino *m*

Mandat [man'da:t] <-(e)s, -e> *n* mandato *m*

Mandatar(in) <-s, -e; -, -nen> *m(f)* (*A: Abgeordneter*) deputato, -a *m, f*

Mandatszeit *f* durata *f* del mandato

Mandel ['mandəl] <-, -n> *f* ❶ (*BOT*) mandorla *f*; **gebrannte ~n** mandorle tostate ❷ (*ANAT*) tonsilla *f*; **Mandelbaum** *m* (*BOT*) mandorlo *m*; **Mandelentzündung** *f* (*MED*) tonsillite *f*; **mandelförmig** ['mandəlfœrmɪç] *adj* amigdaloide, a forma di mandorla; **Mandelkleie** *f* polvere *f* di mandorle

Mandoline [mando'li:nə] <-, -n> *f* (*MUS*) mandolino *m*

Manege [ma'ne:ʒə] <-, -n> *f* arena *f*

Mangan [maŋ'ga:n] <-s> *kein Pl n* (*CHEM*) manganese *m*

Mangel[1] ['maŋəl, *pl*: 'mɛŋəl] <-s, Mängel> *m* ❶ *sing* (*Fehlen*) mancanza *f,* insufficienza *f;* **aus ~ an Beweisen** per insufficienza di prove; **~ haben an etw** *dat* avere mancanza di qc ❷ *sing* (*Knappheit*) scarsità *f,* penuria *f;* (*MED*) carenza *f* ❸ (*Fehler*) difetto *m*

Mangel[2] ['maŋəl] <-, -n> *f* (*Wäsche~*) mangano *m;* **jdn in die ~ nehmen** (*fig fam*) spremere ben bene qu

mangelernährt *adj* (*MED*) malnutrito

Mangelerscheinung *f* (*MED*) fenomeno *m* di carenza; **mangelhaft** *adj* (*unzureichend*) insufficiente; (*fehlerhaft*) difettoso, manchevole; (*Schulnote*) cinque; **Mangelkrankheit** *f* malattia *f* da carenza alimentare

mangeln I. *vi* (*geh: fehlen*) mancare, scarseggiare; **an etw** *dat* **~** mancare di qc; **es mangelt ihm an Geld** gli mancano soldi II. *vt, vi* (*Wäsche*) manganare

mangelnd *adj* mancante, insufficiente; **wegen ~er Vorbereitung** a causa della scarsa preparazione

Mängelrüge ['mɛŋəlrʏːgə] *f* reclamo *m*

mangels *prp* +*gen* (*geh*) per mancanza di

Mangelware *f* merce *f* rara

Mango ['maŋgo] <-, -s *o* -nen> *f* mango *m*

Mangold <-(e)s, -e> *m* bietola *f*

Mangrove [maŋ'gro:və] <-, -n> *f* mangrov(i)a *f*

Manie [ma'ni:] <-, -n> *f* mania *f*

Manier [ma'ni:ɐ̯] <-, -en> *f* ❶ *sing* (*Art*) modo *m,* maniera *f* ❷ *pl* (*Benehmen*) modi *mpl,* maniere *fpl;* **gute/schlechte ~en** buone/cattive maniere; **keine ~en haben** essere maleducato; **manierlich** *adj* beneducato, garbato

Manifest [mani'fɛst] <-es, -e> *n* manifesto *m*

Maniküre [mani'ky:rə] <-, -n> *f* manicure *f*

maniküren <ohne ge-> *vt* fare la manicure a

Manipulation [manipula'tsi̯o:n] <-, -en> *f* manipolazione *f;* **manipulierbar** [manipu'li:ɐ̯baːɐ̯] *adj* manipolabile, maneggevole, maneggiabile; **beliebig/**

leicht/kaum ~ molto/poco/a mala pena maneggevole [*o* maneggiabile]; **manipulieren** [manipu'liːrən] <ohne ge-> *vt* manipolare

manisch ['man:ɪʃ] *adj* (PSYCH) maniaco, maniacale; **manisch-depressiv** ['maːnɪʃdeprɛ'siːf] *adj* (PSYCH) maniaco-depressivo

Manko ['maŋko] <-s, -s> *n* ❶ (*Nachteil*) mancanza *f*, difetto *m* ❷ (WIRTSCH: *Fehlbetrag*) ammanco *m*, deficit *m*

Mann [man, *pl:* 'mɛnɐ *o* 'bɪtɐ] <-(e)s, Männer *o* Teilnehmer von Mannschaft: Leute> *m* ❶ (*Erwachsener*) uomo *m;* **ein ~ von Welt** un uomo di mondo; **seinen ~ stehen** sapere il fatto suo; **seine Ware an den ~ bringen** (*fam*) piazzare la propria merce; **bis auf den letzten ~** fino all'ultimo; **~ für** ~ a uno a uno; **~ gegen ~** corpo a corpo; **pro** ~ a testa; **von ~ zu ~** da uomo a uomo; **mein lieber ~!** (*fam*) caro mio!; **~ über Bord!** (NAUT) uomo in mare!; **alle ~ an Deck!** (NAUT) tutti in coperta!; **ein ~, ein Wort!** ogni promessa è debito *prov;* **selbst ist der ~!** chi fa da sé fa per tre *prov* ❷ (*Ehe~*) marito *m;* **mein geschiedener ~** il mio ex marito

Männchen ['mɛnçən] <-s, -> *n* ❶ (*Männlein*) ometto *m;* **~ machen** drizzarsi sulle zampe posteriori ❷ (ZOO) maschio *m*

Mannequin ['manəkɛ̃ *o* manə'kɛ̃ː] <-s, -s> *n* mannequin *f*, indossatrice *f*

Männerchor ['mɛnekoːɐ̯] *m* coro *m* maschile

Männersache <-, -n> *f* faccenda *f* da uomini

mannhaft *adj* ❶ virile ❷ (*mutig*) intrepido, coraggioso ❸ (*entschlossen*) risoluto, deciso

mannigfach ['manɪçfax] *adj*, **mannigfaltig** ['manɪçfaltɪç] *adj* (*geh*) ❶ (*vielfach*) molteplice ❷ (*abwechslungsreich*) vario, svariato

Mannigfaltigkeit <-> *kein Pl f* molteplicità *f*, varietà *f*

männlich ['mɛnlɪç] *adj* ❶ (*a fig: mannhaft*) virile ❷ (BIOL, BOT) maschio; (LING) maschile; **Männlichkeit** <-> *kein Pl f* virilità *f*

Mannsbild *n* (*fam*) uomo *m*

Mannschaft <-, -en> *f* ❶ (SPORT) squadra *f* ❷ (AERO, NAUT) equipaggio *m*

Mannschaftsführer(in) *m(f)* (SPORT) capitano, -a *m, f* di squadra

mannshoch *adj* dell'altezza di un uomo; **mannstoll** *adj* (*fam*) ninfomane

Mannweib *n* (*pej*) virago *f*

Manometer [mano'meːtɐ] <-s, -> *n*

manometro *m; ~!* (*fam*) accidenti!

Manöver [ma'nøːvɐ] <-s, -> *n* ❶ (MAR, AERO, MOT) manovra *f* ❷ (MIL) manovre *fpl* ❸ (*fig pej: Kunstgriff*) stratagemma *m*

manövrieren [manø'vriːrən] <ohne ge-> *vt, vi* manovrare; **manövrierfähig** *adj* manovrabile; **Manövrierfähigkeit** *f* manovrabilità *f;* **manövrierunfähig** *adj* non manovrabile

Mansarde [man'zardə] <-, -n> *f* mansarda *f;* **Mansardenwohnung** <-, -en> *f* attico *m* mansardato, mansarda *f*

Manschette [man'ʃɛta] <-, -n> *f* ❶ (*an Kleidung*) polsino *m* ❷ (TEC) manicotto *m;* **Manschettenknopf** *m* gemello *m*

Mantel ['mantəl, *pl:* 'mɛntəl] <-s, Mäntel> *m* ❶ (*Kleidungsstück*) cappotto *m;* **den ~ nach dem Winde hängen** (*fig*) regolarsi secondo il vento che tira ❷ (TEC) rivestimento *m*, involucro *m;* (*Reifen~*) copertone *m;* **Manteltarif(vertrag)** *m* contratto *m* collettivo di lavoro; **Manteltasche** *f* tasca *f* del cappotto

Mantua ['mantua] *n* Mantova *f*

manuell [manu'ɛl] **I.** *adj* manuale **II.** *adv* a mano

Manuskript [manu'skrɪpt] <-(e)s, -e> *n* manoscritto *m;* (FILM) copione *m*

Mappe ['mapə] <-, -n> *f* ❶ (*Akten~, Schul~, Zeichen~*) cartella *f* ❷ (*Ordner*) raccoglitore *m*

Marabu ['maːrabu] <-s, -s> *m* marabù *m*

Maracuja [mara'kuːja] <-, -s> *f* maracuja *f*

Marathon ['maratɔn] <-s, -s> *m* (SPORT) maratona *f*

Märchen ['mɛːɐ̯çən] <-s, -> *n* ❶ (LIT) fiaba *f*, favola *f* ❷ (*fig pej*) storia *f*, frottola *f;* **Märchenbuch** *n* libro *m* di fiabe; **märchenhaft** *adj* ❶ (*von der Art eines Märchens*) fiabesco ❷ (*fig: schön, zauberhaft*) favoloso, fantastico; **Märchenland** *n* paese *m* di fiaba; **Märchenprinz** *m* principe *m* azzurro

Marder ['mardɐ] <-s, -> *m* martora *f*

Margarine [marga'riːnə] <-, -n> *f* margarina *f*

Margerite [margə'riːtə] <-, -n> *f* margherita *f* (dei campi)

marginal [margi'naːl] *adj* marginale

Marienkäfer [ma'riːənkɛːfɐ] *m* coccinella *f*

Marihuana [marihu'aːna] <-s> *kein Pl n* marijuana *f*

Marille [ma'rɪlə] <-, -n> *f* (A: *Aprikose*) albicocca *f*

Marinade [mari'naːdə] <-, -n> *f* marinata *f*

Marine [ma'riːnə] <-, -n> *f* marina *f;* **marineblau** *adj* blu marino

Marineoffizier *m* ufficiale *m* di marina; **Marinestützpunkt** *m* base *f* navale

marinieren [mari'niːrən] <ohne ge-> *vt* marinare

Marionette [marịo'nɛtə] <-, -n> *f* marionetta *f;* **Marionettentheater** *n* teatro *m* delle marionette

Mark¹ [mark] <-(e)s *kein Pl* n (*fig* ANAT, BOT) midollo *m;* **durch ~ und Bein gehen** penetrare nelle ossa

Mark² <-, - *o* -stücke> *f* (*Währung*) marco *m;* **Deutsche ~** marco tedesco

Mark³ <-, -en> *f* (*Grenzgebiet*) marca *f*

markant [mar'kant] *adj* (*auffallend*) notevole; (*ausgeprägt*) spiccato, marcato

Marke ['markə] <-, -n> *f* ❶ (*Fabrikat*) marca *f;* (*Schutz~*) marchio *m* (di fabbrica) ❷ (*Brief~, Steuer~*) bollo *m* ❸ (*Lebensmittel~, Essens~*) bollino *m* ❹ (*Erkennungs~*) contrassegno *m;* (MIL) piastrina *f* di riconoscimento ❺ (*Spiel~, Automaten~*) gettone *m*

Marken *pl* (GEOG) Marche *fpl*

Markenartikel *m* articolo *m* di marca; **Markenname** *m* (nome *m* di una) marca *f;* **Markenqualität** *f* prodotti *fpl* di qualità; **Markenschutz** *m* protezione *f* del marchio di fabbrica; **Markenware** *f* prodotto *m* di marca

markerschütternd *adj* straziante

Marketing ['markətɪŋ] <-s> *kein Pl* n (WIRTSCH) marketing *m*

markieren [mar'kiːrən] <ohne ge-> *vt* ❶ (*kennzeichnen*) marcare; (*Weg*) (contras)segnare ❷ (*fam: vortäuschen*) simulare, fingere ❸ (INFORM) evidenziare, selezionare

Markierung <-, -en> *f* ❶ (*Kennzeichnung*) marcatura *f* ❷ (*Zeichen*) (contras)segno *m*

markig *adj* energico, vigoroso

Markise [mar'kiːzə] <-, -n> *f* marquise *f*

Markknochen *m* osso *m* ricco di midollo

Markstein *m* (*fig*) pietra *f* miliare

Markstück *n* (pezzo *m* da un) marco *m*

Markt [markt, *pl:* 'mɛrktə] <-(e)s, Märkte> *m* mercato *m;* **auf den ~ bringen/kommen** lanciare/venire sul mercato; **auf dem ~** al [*o* sul] mercato; **Marktanalyse** *f* (WIRTSCH) analisi *f* di mercato; **Marktanteil** *m* (WIRTSCH) partecipazione *f* al mercato; **Marktbericht** *m* bollettino *m* del mercato, mercuriale *m;* **Marktbude** *f* bancarella *f*, chiosco *m;* **Marktflecken** *m* (*geh, obs*) borgo *m,* borgata *f* (con diritto di mercato); **Marktforschung** *f* (WIRTSCH) ricerche *fpl* di mercato; **Marktfrau** *f* rivenditrice *f* del mercato; **Marktführer** *m* (WIRTSCH) leader *m* nel settore, industria *f* leader (nel settore); **Markthalle** *f* mercato *m* coperto; **Marktlage** *f* (WIRTSCH) situazione *f* del mercato; **Marktlücke** *f* (WIRTSCH) vuoto *m* di mercato; **Marktplatz** *m* piazza *f* del mercato; **Marktpreis** *m* (WIRTSCH) prezzo *m* di mercato; **marktschreierisch** *adj* (*pej*) ciarlatanesco; **Marktschwankungen** *fpl* oscillazioni *fpl* del mercato; **Marktsituation** *f* situazione *f* del mercato; **Markttag** *m* giorno *m* di mercato; **Marktwert** *m* (WIRTSCH) valore *m* di mercato; **Marktwirtschaft** *f* (WIRTSCH) economia *f* di mercato; **freie ~** economia di libero mercato; **marktwirtschaftlich** *adj* orientato sull'economia di mercato, dell'economia di mercato

Marmelade [marmə'laːdə] <-, -n> *f* marmellata *f;* **Marmelade(n)brot** *n* fetta *f* di pane con marmellata

Marmor ['marmoːɐ̯, *pl* 'marmoːrə] <-s, -e> *m* marmo *m*

marmorieren [marmo'riːrən] <ohne ge-> *vt* marmorizzare

marmoriert [marmo'riːɐ̯t] *adj* ❶ (GASTR) marmorizzato, che presenta delle striature ❷ (KUNST) marmorizzato; **Marmorierung** <-> *kein Pl* f ❶ (*Vorgang*) marmorizzazione *f* ❷ (*Ergebnis*) marmorizzatura *f*

Marmorkuchen *m* torta *f* marmorizzata

marode [ma'roːdə] *adj* ❶ (*erschöpft*) stremato, sfinito, spossato, a terra ❷ (*moralisch verdorben*) corrotto, depravato

Marokkaner(in) [marɔ'kaːnɐ] <-s, -; -, -nen> *m(f)* marocchino, -a *m, f*

marokkanisch *adj* marocchino

Marokko [ma'rɔko] *n* Marocco *m;* **in ~** nel Marocco

Marone [ma'roːnə] <-, -n> *f* (*Esskastanie*) marrone *m*

Marotte [ma'rɔtə] <-, -n> *f* capriccio *m*

Mars [mars] <-> *kein Pl* m Marte *m*

marsch [marʃ] *int* avanti marsc'

Marsch¹ [marʃ, *pl:* 'mɛrʃə] <-(e)s, Märsche> *m* (MIL, MUS) marcia *f;* **sich in ~ setzen** mettersi in marcia, avviarsi

Marsch² [marʃ] <-, -en> *f* (GEOG) terreno *m* alluvionale

Marschall ['marʃal, *pl:* 'marʃɛlə] <-s, Marschälle> *m* (MIL) maresciallo *m*

Marschbefehl *m* (MIL) ordine *m* di marcia; **marschbereit** *adj* pronto a partire; **Marschgepäck** *n* equipaggiamento *m* da marcia

marschieren [mar'ʃiːrən] <ohne ge-> *vi sein* marciare

Marschkolonne *f* colonna *f* di marcia;

Marschmusik *f* musica *f* militare; **Marschordnung** *f* (MIL) ordine *m* di marcia; **sich in ~ aufstellen** mettersi in colonna; **Marschpause** *f* tappa *f;* **Marschroute** *f* itinerario *m;* **Marschverpflegung** *f* razioni *fpl* di marcia

Marsexpedition *f* spedizione *f* su Marte; **Marsmensch** *m* marziano, -a *m, f;* **Marsrover** [-ro:ve] <-s, -> *m* veicolo *m* rover per Marte

Marter ['marte] <-, -n> *f* (geh) martirio *m*, tortura *f*

Marterl <-s, -n> *n* (A, südd: Bildstock) nicchia *f* all'aperto (dove sono esposte immagini sacre)

martern *vt* (geh: foltern) torturare; (seelisch) tormentare

Marterpfahl *m* palo *m* della tortura

martialisch [mar'tsja:lɪʃ] *adj* marziale

Martinshorn <-s, -hörner> *n* sirena *f*

Märtyrer(in) ['mɛrtyre] <-s, -; -, -nen> *m(f)* martire *mf;* **Märtyrertum** <-s> kein Pl *n* l'essere martire

Martyrium [mar'ty:riʊm] <-s, Martyrien> *n* martirio *m*

Marxismus [mar'ksɪsmʊs] <-> kein Pl *m* (POL) marxismo *m*

Marxist(in) [mar'ksɪst] <-en, -en; -, -nen> *m(f)* (POL) marxista *mf*

marxistisch *adj* (POL) marxista

März [mɛrts] <-(en), -e> *m* marzo *m; s. a.* **April**

Marzipan [martsi'pa:n *o* 'martsipa:n] <-s, -e> *n o m* marzapane *m*

Masche ['maʃə] <-, -n> *f* ❶ (bei Handarbeit) maglia *f;* **eine ~ fallen lassen** lasciar cadere una maglia ❷ (fam: Trick) trucco *m;* **das ist seine neueste ~** (fam) è la sua ultima trovata; **Maschendraht** *m* rete *f* metallica

Maschine [ma'ʃi:nə] <-, -n> *f* ❶ (Schreib~, Näh~, Wasch~) macchina *f;* **auf** [*o* mit] **der ~ schreiben** scrivere a macchina ❷ (Flugzeug) apparecchio *m* ❸ (fam: Motorrad) moto *f;* **maschinegeschrieben** *adj s.* **maschine(n)geschrieben**

maschinell [maʃi'nɛl] I. *adj* meccanico II. *adv* meccanicamente, a macchina

Maschinenbau <-(e)s> kein Pl *m* ❶ (das Bauen) costruzione *f* di macchine ❷ (Lehrfach) (ingegneria *f*) meccanica *f;* **Maschinenfabrik** *f* fabbrica *f* di macchine; **maschine(n)geschrieben** *adj* scritto a macchina; **Maschinengewehr** *n* mitragliatrice *f;* **maschinenlesbar** *adj* leggibile dalla macchina; **Maschinenmeister** *m* ❶ (in Fabrik) capo *m* macchinista

❷ (BES THEAT) macchinista *m;* **Maschinenöl** *n* olio *m* di macchina; **Maschinenpistole** *f* pistola *f* mitragliatrice; **Maschinenraum** *m* sala *f* macchine; **Maschinensatz** *m* (TYP) composizione *f* a macchina; **Maschinenschaden** *m* (bes. MOT) avaria *f* al motore; **Maschinenschlosser(in)** *m(f)* meccanico *m*, donna *f* meccanico; **Maschinenschrift** *f* scrittura *f* a macchina; **in ~** dattiloscritto; **maschinenschriftlich** *adj* dattiloscritto

Maschinerie [maʃinə'ri:] <-, -n> *f* ❶ (maschinelle Einrichtung) macchinario *m* ❷ (THEAT) macchinismo *m* ❸ (fig) meccanismo *m*

Maschinist(in) [maʃi'nɪst] <-en, -en; -, -nen> *m(f)* macchinista *mf*

Maser ['ma:ze] <-, -n> *f* (im Holz) marezzo *m*, venatura *f*

Masern ['ma:zen] *pl* (MED) morbillo *m*

masern *vt* variegare

Maserung <-, -en> *f* venatura *f*

Maske ['maskə] <-, -n> *f* maschera *f;* **Maskenball** *m* ballo *m* in maschera; **Maskenbildner(in)** ['maskənbɪldne] <-s, -; -, -nen> *m(f)* truccatore, -trice *m, f*

Maskerade [maskə'ra:də] <-, -n> *f* mascherata *f*

maskieren [mas'ki:rən] <ohne ge-> I. *vt* mascherare II. *vr* **sich** (als **etw**) **~** mascherarsi (da qc)

Maskierung <-, -en> *f* mascheramento *m*

Maskottchen [mas'kɔtçən] <-s, -> *n* mascotte *f*

maskulin [masku'li:n] *adj* (LING) maschile

Maskulinum [masku'li:nʊm *o* 'maskuli:nʊm, *pl:* masku'li:na *o* 'maskuli:na] <-s, Maskulina> *n* (genere *m*) maschile *m*

Masochismus [mazɔ'xɪsmʊs] <-> kein Pl *m* masochismo *m*

Masochist(in) [mazɔ'çɪst] <-en, -en; -, -nen> *m(f)* masochista *mf*

masochistisch *adj* masochistico

maß [ma:s] 1. u 3. pers sing imp von **messen**

Maß [ma:s] <-es, -e> *n* misura *f;* **~ nehmen** prender le misure; **etw nach ~ machen lassen** far fare qc su misura; **mit zweierlei ~ messen** (fig) avere due pesi e due misure; **ein gewisses ~ an ...** una certa quantità di ...; **kein ~ kennen** non conoscere misura, eccedere; **etw in** [*o* mit] **~en tun** fare qc con moderazione; **~ halten** moderarsi, osservare la misura; **in hohem ~** in alto grado, in larga scala; **in vollem ~e** molto, grandemente; **in dem ~e, dass ...** a tal punto che ...; **in dem ~e, wie ...** a misura che ..., man mano che ...; **das ~ ist voll!** questo è il colmo! *fam*

Massage [ma'saːʒə] <-, -n> *f* massaggio *m;* **Massageöl** <-(e)s, -e> *n* olio *m* per massaggi

Massaker [ma'saːkɐ] <-s, -> *n* massacro *m*

massakrieren [masa'kriːrən] <ohne ge-> *vt* massacrare

Maßanzug *m* abito *m* su misura; **Maßarbeit** *f* lavorazione *f* su misura

Masse ['masə] <-, -n> *f* ❶ (PHYS, JUR: *Konkurs~, Erb~*) massa *f* ❷ (*Menge*) quantità *f;* (*Menschen*) folla *f;* (*oft pej*) massa *f;* **die breite** [*o* **große**] **~** la massa; **eine (ganze) ~ ...** (*fam*) una gran quantità di ...

Maßeinheit *f* unità *f* di misura

Massenabsatz *m* smercio *m* in massa; **Massenandrang** *m* affluenza *f* in massa; **Massenarbeitslosigkeit** *f* disoccupazione *f* di massa; **Massenartikel** *m* articolo *m* in serie; **Massenbewegung** *f* movimento *m* di massa; **Massenelend** *n* pauperismo *m;* **Massenentlassung** *f* licenziamento *m* in massa [*o* in blocco]; **Massenerzeugung** *f,* **Massenfabrikation** *f,* **Massenfertigung** *f* produzione *f* in massa; **Massenflucht** *f* fuga *f* in massa, esodo *m;* **Massengrab** *n* fossa *f* comune; **massenhaft** *adj o adv* in gran numero, in massa; **Massenhysterie** <-> *kein Pl f* isterismo *m* collettivo; **Massenkarambolage** *f* tamponamento *m* a catena; **Massenkundgebung** *f* manifestazione *f* [*o* dimostrazione *f*] di massa; **Massenmedien** *npl* mass-media *mpl;* **Massenmedium** <-s, -medien> *n* medium *m,* mezzo *m* di comunicazione di massa; **Massenmord** *m* eccidio *m,* strage *f;* **Massenproduktion** *f* produzione *f* in massa; **Massenpsychologie** *f* psicologia *f* delle masse; **Massentierhaltung** <-, -en> *f* allevamento *m* di bestiame in massa; **Massentourismus** *m* turismo *m* di massa; **Massenvernichtungswaffen** *fpl* armi *fpl* di distruzione di massa

massenweise *adv* in massa

Masseur [ma'søːɐ] <-s, -e> *m,* **Masseurin** [ma'søːrɪn] <-, -nen> *f* massaggiatore, -trice *m, f*

Masseuse [ma'søːzə] <-, -n> *f* (*in Eroscenter*) massaggiatore, -trice *m, f*

maßgebend *adj* determinante, decisivo

maßgeblich *adj* ❶ (*ausschlaggebend*) determinante ❷ (*in hohem, besonderem Maße*) particolare; **an diesem Erfolg war**

sie ~ beteiligt in questo successo ha avuto una parte determinante

maßgeschneidert *adj* fatto su misura

maß|haltenᴬᴸᵀ *s.* **Maß**

massieren [ma'siːrən] *vt* ❶ (MED) massaggiare ❷ (MIL) concentrare

massig I. *adj* (*wuchtig*) massiccio II. *adv* (*fam: viel*) in massa, in gran quantità

mäßig ['mɛːsɪç] *adj* ❶ (*gemäßigt*) moderato; (*niedrig, bes. Preis*) modico ❷ (*genügsam*) sobrio ❸ (*mittel~*) mediocre

mäßigen I. *vt* moderare II. *vr* **sich ~** moderarsi

Mäßigkeit <-> *kein Pl f* ❶ (*Maßhalten*) moderazione *f;* (*Genügsamkeit*) sobrietà *f* ❷ (*Mittel~*) mediocrità *f*

Mäßigung <-> *kein Pl f* moderazione *f*

massiv [ma'siːf] *adj* massiccio

Massiv [ma'siːf] <-s, -e> *n* massiccio *m* (montuoso)

Maßkonfektion *f* confezione *f* su misura

Maßkrug *m* boccale *m* (da un litro)

maßlos I. *adj* smisurato; (*unmäßig*) smodato; (*übermäßig*) eccessivo II. *adv* (*außerordentlich*) molto; **Maßlosigkeit** <-> *kein Pl f* smisuratezza *f;* (*Unmäßigkeit, Übermaß*) eccesso *m*

Maßnahme [ˈmaːsnaːmə] <-, -n> *f* misura *f,* provvedimento *m; ~n ergreifen* prendere (dei) provvedimenti

Maßregel *f* norma *f*

maßregeln *vt* (*tadeln*) biasimare; (*strafen*) punire disciplinarmente

Maßstab *m* ❶ (*Karten~*) scala *f;* **im ~ 1 : 100.000** scala 1 : 100.000 ❷ (*fig*) metro *m,* norma *f,* criterio *m;* **Maßstäbe setzen** stabilire [*o* fissare] delle norme; **einen strengen ~ anlegen** giudicare severamente; **maßstab(s)gerecht, maßstab(s)getreu** I. *adj* conforme alla scala II. *adv* in scala

maßvoll *adj* moderato

Mast[1] [mast] <-(e)s, -en *o* -e> *m* ❶ (NAUT) albero *m* ❷ (EL, TEL) pilone *m,* traliccio *m*

Mast[2] <-, -en> *f* (*von Tieren*) ingrasso *m*

Mastdarm *m* (ANAT) (intestino *m*) retto *m*

mästen ['mɛstən] *vt* ingrassare

Mastfutter *n* mangime *m* da ingrasso; **Mastgans** *f* oca *f* ingrassata [*o* da ingrasso]

Mastkorb *m* coffa *f*

Masturbation *f* masturbazione *f*

masturbieren [mastʊr'biːrən] *vi* masturbarsi

Match [mɛtʃ] <-(e)s, -s *o* -e> *n* (SPORT) partita *f,* match *m;* **Matchball** ['mɛtʃbal] *m* matchball *m*

Material [materi'aːl] <-s, -ien> *n*

❶(*Werk-, Rohstoff*) materiale *m* ❷(*fig: Unterlagen*) documenti *mpl* ❸(JUR: *Beweis~*) prove *fpl;* **Materialfehler** *m* difetto *m* di materiale

Materialismus [materia'lɪsmʊs] <-> *kein Pl m* materialismo *m*

Materialist(in) [materia'lɪst] <-en, -en; -, -nen> *m(f)* materialista *mf*

materialistisch *adj* materialistico, materialista

Materialkosten *pl* costo *m* del materiale; **Materialschlacht** *f* (MIL) battaglia *f* con massiccio impiego di armi pesanti

Materie [ma'te:riə] <-, -n> *f* ❶ *sing* (PHYS, CHEM, PHILOS) materia *f* ❷(*Thema*) soggetto *m,* tema *m*

materiell [materi'ɛl] *adj* ❶(*stofflich, körperlich,* PHILOS) materiale ❷(*oft pej: materialistisch*) materialistico, materialista ❸(FIN) economico

Mathe ['matə] <-> *kein Pl f* (*sl*) mate *f,* matematica *f*

Mathematik [matema'ti:k] <-> *kein Pl f* matematica *f;* **Mathematiker(in)** [mate'ma:tikɐ] <-s, -; -, -nen> *m(f)* matematico, -a *m, f*

mathematisch [mate'ma:tɪʃ] *adj* matematico

Matjeshering ['matjəshe:rɪŋ] *m* aringa *f* giovane

Matratze [ma'tratsə] <-, -n> *f* materasso *m;* **Matratzenschoner** *m* coprimaterasso *m*

Mätresse [mɛ'trɛsə] <-, -n> *f* amante *f*

matriarchalisch [matriar'ça:lɪʃ] *adj* matriarcale

Matriarchat [matriar'ça:t] <-(e)s, -e> *n* matriarcato *m*

Matrikel [ma'tri:kəl] *f* ❶(*Verzeichnis*) matricola *f* ❷(*A: Personenstandsregister*) *registro attestante lo stato civile dei cittadini*

Matrikelnummer [ma'tri:kəlnʊmɐ] *f* numero *m* di matricola

Matrix ['ma:trɪks] <-, Matrizes *o* Matrizen> *f* matrice *f*

Matrixdrucker *m* (INFORM) stampante *f* a matrice di punti

Matrize [ma'tri:tsə] <-, -n> *f* matrice *f*

Matrone [ma'tro:nə] <-, -n> *f* matrona *f*

Matrose [ma'tro:zə] <-n, -n> *m* marinaio *m;* (MIL) soldato *m* di marina

Matsch [matʃ] <-(e)s> *kein Pl m* (*fam*) ❶(*weiche Masse*) poltiglia *f* ❷(*Schlamm*) fanghiglia *f;* **matschig** *adj* ❶(*breiig*) poltiglioso ❷(*schlammig*) fangoso

matt [mat] *adj* ❶(*Blick, Augen, Stimme*) spento; (*Metall, Spiegel*) opaco; (*Glas*) smerigliato ❷(*schwach: Stimme, Licht*) fioco; (*schlaff, abgespannt*) stanco, spossato ❸(*Schach*) jdn ~ setzen dare scacco matto a qu

Matt [mat] <-s, -s> *n* scaccomatto *m,* scacco *m* matto

Matte ['matə] <-, -n> *f* ❶(*Unterlage*) stuoia *f;* (*Fuß~*) stuoino *m,* zerbino *m* ❷(SPORT) tappeto *m* ❸(*CH: Bergwiese*) prato *m* alpino

Matterhorn ['matɐhɔrn] *n* (Monte *m*) Cervino *m*

Mattglas *n* vetro *m* opaco [*o* smerigliato]

mattieren [ma'ti:rən] <ohne ge-> *vt* rendere opaco; (*Glas*) smerigliare

Mattigkeit <-> *kein Pl f* (*Müdigkeit, Erschöpfung*) stanchezza *f,* spossatezza *f;* (*Schwäche*) debolezza *f,* fiacchezza *f*

Mattscheibe *f* (*fam: Fernseher*) tivù *f;* ~ haben (*fam*) avere la mente annebbiata

Matura [ma'tu:ra] <-> *kein Pl f* (*A, CH: Abitur*) maturità *f*

Maturand(in) [matu'rant] *m(f)* (*CH*) *s.* **Maturant(in); Maturant(in)** [matu'rant] <-en, -en; -, -nen> *m(f)* (*A, CH*) ❶(*Abiturient vor, im Abitur*) maturando, -a *m, f* ❷(*Abiturient nach Abitur*) diplomato, -a *m, f*

maturieren [matu'ri:rən] <ohne ge-> *vi* (*A, CH: die Matura ablegen*) fare l'esame di maturità; mit gutem Erfolg/Auszeichnung ~ superare l'esame di maturità con successo/con lode; sie hat in Geschichte/Englisch maturiert ha portato storia/inglese alla maturità

Maturität [maturi'tɛt] <-> *f* (*CH*) ❶(*Hochschulreife*) maturità *f* ❷(*Reifeprüfung, Abitur*) esame *m* di maturità

Mauer ['mauɐ] <-, -n> *f* muro *m;* **Mauerblümchen** ['mauɐbly:mçən] <-s, -> *n* ~ sein (*fam*) far da tappezzeria

mauern I. *vt* costruire II. *vi* ❶(*bauen*) costruire un muro ❷(SPORT) far barriera

Maueröffnung <-> *kein Pl f* apertura *f* del muro (di Berlino); **Mauersegler** *m* (ZOO) rondone *m;* **Mauervorsprung** *m* sporto *m;* **Mauerwerk** *n* opera *f* in muratura

Maul [maul, *pl:* 'mɔɪlɐ] <-(e)s, Mäuler> *n* ❶(*bei Tieren*) muso *m* ❷(*fam pej: Mund*) becco *m;* jdm das ~ stopfen chiudere il becco a qu; ein großes ~ haben essere uno spaccone; halt's ~! chiudi il becco!

Maulbeerbaum *m* gelso *m*

maulen *vi* (*fam*) brontolare

Maulesel *m* mulo *m*

maulfaul *adj* ~ sein (*fam pej*) non aprir

bocca; **Maulheld** *m* (*fam pej*) spaccone *m*, smargiasso *m;* **Maulkorb** *m* museruola *f;* **Maulsperre** <-, -n> *f* (MED) trisma *f;* **die ~ kriegen** (*fam*) rimanere a bocca aperta; **Maultaschen** *fpl* tipo di grandi ravioli con un ripieno di carne macinata, spinaci, prezzemolo, cipolla, serviti spesso in brodo

Maultier *n* mulo *m*

Maul- und Klauenseuche *f* afta *f* epizootica

Maulwurf *m* talpa *f;* **Maulwurfshügel** *m* monticello *m* di terra sollevato dalle talpe

maunzen ['maʊntsən] *vi* ❶ (*miauen*) miagolare ❷ (*dial: winseln*) piagnucolare, frignare

Maurer(in) ['maʊrɐ] <-s, -; -, -nen> *m(f)* muratore *m*, donna *f* muratore; **Maurerkelle** *f* cazzuola *f;* **Maurerpolier** *m* capomastro *m*

maurisch ['maʊrɪʃ] *adj* moresco

Maus [maʊs, *pl:* 'mɔɪzə] <-, Mäuse> *f* ❶ (*Tier*) topo *m* ❷ *pl* (*sl: Geld*) grana *f*, quattrini *mpl* ❸ (INFORM) mouse *m*

Mäusebussard ['mɔɪzəbʊsart] *m* poiana *f*

Mausefalle *f* trappola *f* per i topi; **Mauseloch** *n* buco *m* dei topi

mausen ['maʊzən] *vt* (*fam scherz: stibitzen*) sgraffignare

Mauser ['maʊzɐ] <-> *kein Pl f* muda *f;* **in der ~ sein** essere in muda

mausern *vr* **sich ~** ❶ (ZOO) mutare le penne ❷ (*fig fam*) diventare, farsi

mausetot ['maʊzə'to:t] *adj* (*fam*) morto stecchito

Mausklick <-s, -s> *m* (INFORM) clic *m* del mouse

Mausoleum [maʊzo'le:ʊm] <-s, Mausoleen> *n* mausoleo *m*

Mauspad <-s, -s> *n* (INFORM) tappetino *m* (per il mouse)

Maut ['maʊt] <-, -en> *f*, **Maut(gebühr)** ['maʊt(gəby:ɐ), *pl:* 'maʊt(gəby:rən)] <-, -en> *f* (*A, südd: Benützungsgebühr für Straßen, Brücken*) pedaggio *m;* **für eine Straße ~ einheben** incassare il pedaggio per una strada; **die ~ für Pkws/Motorräder beträgt ...** il pedaggio per auto/moto ammonta a ...; **die allgemeine ~ auf den österreichischen Autobahnen sorgt für Unmut unter den Autofahrern** il pedaggio su tutte le autostrade austriache indigna gli automobilisti; **Mautstelle** *f* (*A*) casello *m* (autostradale); **Mautstraße** *f* (*A*) strada *f* a pagamento; **Mautsystem** *n* sistema *m* di pagamento pedaggi

Maxima *pl von* **Maximum**

maximal [maksi'ma:l] **I.** *adj* massimo

II. *adv* (*höchstens*) al massimo

Maximal- (*in Zusammensetzungen*) massimo

Maxime [ma'ksi:mə] <-, -n> *f* massima *f*

Maximum ['maksimʊm, *pl:* 'maksima] <-s, Maxima> *n* massimo *m;* **ein ~ an etw** *dat* **bieten** offrire un massimo di qc

Maxisingle <-, -s> *f* (MUS) maxisingle *m*, single *m* su LP

Mayonnaise [majo'nɛ:zə] <-, -n> *f* maionese *f*

Mazedonien [matse'do:niən] *n* Macedonia *f;* **Mazedonier(in)** [matse'do:niɐ] <-s, -; -, -nen> *m(f)* macedone *mf;* **mazedonisch** *adj* macedone; **Mazedonisch** <-s> *kein Pl n* macedone *m;* **Mazedonische** <-n> *kein Pl n* macedone *m*

Mäzen [mɛ'tse:n] <-s, -e> *m*, **Mäzenatin** [mɛtse'na:tɪn] <-, -nen> *f*, **Mäzenin** [mɛ'tse:nɪn] <-, -nen> *f* mecenate *mf*

MB *abk v* **Megabyte** MB

mb *abk v* **Millibar** mb

mbH [ɛmbe:'ha:] *abk v* **mit beschränkter Haftung** a.r.l.

MdB *abk v* **Mitglied des Bundestags** membro del Bundestag

mdl. *abk v* **mündlich** orale

MdL *abk v* **Mitglied des Landtags** membro del Landtag

m. E. *abk v* **meines Erachtens** a mio parere

Mechanik [me'ça:nɪk] <-, -en> *f* meccanica *f*

Mechaniker(in) <-s, -; -, -nen> *m(f)* meccanico *m*, donna *f* meccanico

mechanisch *adj* meccanico

Mechanisierung <-, -en> *f* meccanizzazione *f*

Mechanismus [meça'nɪsmʊs] <-, Mechanismen> *m* meccanismo *m*

Meckerer ['mɛkərɐ] <-s, -> *m* (*fam pej*) criticone *m*, brontolone *m*

meckern ['mɛkɐn] *vi* ❶ (*Ziege*) belare ❷ (*fam pej*) **über etw** *acc* **~** brontolare su qc

Mecklenburg ['mɛklənbʊrk] *n* Meclemburgo *m*

mecklenburgisch ['mɛklənbʊrgɪʃ] *adj* meclemburghese

Mecklenburg-Vorpommern ['mɛklənbʊrg'fo:ɛpɔmɐn] <-s> *n* Meclemburgo-Pomerania *m*

Medaille [me'daljə] <-, -n> *f* medaglia *f;* **Medaillengewinner(in)** <-s, -; -, -nen> *m(f)* vincitore, -trice *m*, *f* di una medaglia

Medaillon [medal'jõ:] <-s, -s> *n* medaglione *m*

Medien *pl von* **Medium**; **Medienlandschaft** <-> *kein Pl f* panorama *m* dei massmedia; **Medienpolitik** *f* politica *f* dei mass-media; **Medienrummel** *m* (*fam*) scalpore *m* dei mass-media; **Medienstar** <-s,-s> *m* star *f* mediatica; **Medienunternehmen** *n* impresa *f* di telecomunicazioni; **Medienunternehmer(in)** *m(f)* imprenditore, -trice *m, f* di telecomunicazioni; **Medienverbund** *m* (COM) fusione *f*; (*in Schule*) impiego *m* multimedia; **medienwirksam** *adj* efficace grazie ai media; **Medienzar** *m* (*fam*) magnate *m* dei media

Medikament [medika'mɛnt] <-(e)s, -e> *n* medicamento *m*, farmaco *m*; **Medikamentenabhängigkeit** <-> *kein Pl f*, **Medikamentensucht** <-> *kein Pl f* farmacodipendenza *f*

medikamentös [medikamɛn'tøːs] *adj* (MED) medicamentoso

Meditation [medita'tsi̯oːn] <-, -en> *f* meditazione *f*

mediterran [meditɛ'raːn] *adj* mediterraneo

meditieren [medi'tiːrən] <ohne ge-> *vi* **über etw** *acc* ~ meditare su qc

Medium ['meːdi̯ʊm, *pl:* 'meːdi̯ən] <-s, Medien> *n* ❶(PHYS, CHEM) mezzo *m* ❷ *pl* (*Massenmedien*) media *mpl* ❸(*Parapsychologie*) medium *m*

Medizin [medi'tsiːn] <-, -en> *f* ❶*sing* (*Wissenschaft*) medicina *f* ❷(*Medikament*) medicina *f*, medicamento *m*; **Medizinball** *m* palla *f* medica

Mediziner(in) <-s, -; -, -nen> *m(f)* ❶(*Arzt*) dottore, -essa *m, f* ❷(*Student*) studente, -essa *m, f* di medicina

medizinisch *adj* ❶(*ärztlich*) (del) medico ❷(*arzneilich*) medicinale

Medizinmann *m* stregone *m*

Meer [meːɐ̯] <-(e)s, -e> *n* mare *m*; (*Welt~*) oceano *m*; **Rotes/Schwarzes ~** Mar(e) Rosso/Nero; **am ~ Urlaub machen** far vacanza al mare; **ein ~ von Blumen** (*geh fig*) un mare di fiori; **Meerbusen** *m* golfo *m*; **Meerenge** *f* stretto *m* di mare, canale *m*

Meeresarm *m* braccio *m* di mare; **Meeresboden** *m s.* **Meeresgrund**; **Meeresfrüchte** *fpl* (GASTR) frutti *mpl* di mare; **Meeresgrund** *m* fondo *m* marino; **Meereshöhe** *f* livello *m* del mare; **Meereskunde** *f* oceanografia *f* orale; **Meeresküste** *f* costa *f* marina, litorale *m*; **Meeresspiegel** *m* superficie *f* del mare; **Düsseldorf liegt 36 m über dem ~** Düsseldorf è a 36 m sul livello del mare; **Mee-**

resströmung <-, -en> *f* corrente *f* marina; **Meeresverschmutzung** <-, -en> *f* inquinamento *m* del mare [*o* marino]

Meerrettich *m* (BOT, GASTR) rafano *m*; **Meerschaum** *m* schiuma *f* di mare; **Meerschweinchen** ['meːɐ̯ʃvaɪnçən] <-s, -> *n* (ZOO) porcellino *m* d'India, cavia *f*; **Meerwasser** *n* acqua *f* marina

Meeting ['miːtɪŋ] <-s, -s> *n* meeting *m*, convegno *m*

Megabyte <-s, -s> *n* (INFORM) megabyte *m*

Megafon[RR] <-s, -e> *n s.* **Megaphon**

Megahertz ['megahɛrts] *n* (PHYS) megaciclo *m* al secondo, megahertz *m*

Megaphon [mega'foːn] <-s, -e> *n* megafono *m*

Megatonne [mega'tɔnə] *f* megaton *m*

Megawatt [mega'vat] *n* megawatt *m*

Mehl [meːl] <-(e)s, *rar* -e> *n* farina *f*; **mehlig** *adj* farinoso, farinaceo; **Mehlschwitze** ['meːlʃvɪtsə] <-, -n> *f* soffritto *m* di farina; **Mehlspeis(e)** <-, -en> *f* (*A: Backwaren*) pasticceria *f*; **Mehltau** *m* oidio *m*; **Mehlwurm** *m* larva *f* di tenebrione

mehr [meːɐ̯] *adv o pron indef Komparativ von* **viel** (*vor Substantiv*) più; (*nach Substantiv*) in più, di più; (*allein stehend*) (di) più; **~ ... als ...** più ... che ...; **~ als ...** più di ...; **ein Grund ~** una ragione di più; **~ denn je** più che mai; **~ und ~, immer ~** sempre più; **je ~ ..., desto ...** (quanto) più ..., (tanto) più ...; **nicht ~ und nicht weniger** né più né meno; **etwas/viel ~** un po' di più/molto di più; **nie ~** mai più; **noch ~** ancora (di) più; (*allein stehend*) a maggior ragione; **~ tot als lebendig** più morto che vivo; **es war ~ oder weniger dasselbe** era più o meno la stessa cosa; **es war niemand ~ da** non c'era più nessuno; **es war enttäuschend, um so ~, als ...** è stato deludente tanto più che ...; **ich bin ~ als beunruhigt** sono più che preoccupato; **was wollen Sie ~?** che altro vuole?; **kein Wort ~!** non una parola in più!, basta!; **war deine Besprechung zufriedenstellend? — ~ als das!** è stato soddisfacente il tuo colloquio? — più che soddisfacente!

Mehr <-s> *kein Pl n* ❶(*Überschuss*) soprappiù *m*, eccedenza *f* ❷(*CH: Stimmenmehrheit*) maggioranza *f* (di voti); **Mehrarbeit** <-> *kein Pl f* ❶(*zusätzliche Arbeit*) lavoro *m* in più [*o* straordinario] ❷(*Überstunden*) straordinario *m*; **Mehraufwand** *m* (*an Geld*) spesa *f* eccedente; **mehrbändig** ['meːɐ̯bɛndɪç] *adj* in più volumi; **Mehrbelastung** *f* sovracca-

M

rico *m;* **Mehrbetrag** *m* importo *m* eccedente, eccedenza *f;* **mehrdeutig** ['me:ɡdɔɪtɪç] *adj* ambiguo, equivoco; **Mehrdeutigkeit** <-> *kein Pl f* ambiguità *f;* **Mehreinnahme** *f* maggiore entrata *f*

mehren ['me:rən] *vr* **sich** ~ aumentare, accrescersi

mehrere ['me:rərə] *pron indef* parecchi, -cchie *mpl, fpl*

Mehrerlös *m,* **Mehrertrag** *m* ricavo *m* [*o* guadagno *m*] in più

mehrfach I. *adj* molteplice; (TEC) multiplo; (*wiederholt*) ripetuto II. *adv* ripetutamente, a più riprese; **Mehrfachstecker** *m* spina *f* multipla

mehrfarbig *adj* a più colori, multicolore; **mehrgleisig** *adj* a più binari

Mehrheit <-, -en> *f* maggioranza *f;* **in der** ~ maggioritario; **die schweigende** ~ la maggioranza silenziosa

mehrheitlich *adj* maggioritario; **der Antrag wurde** ~ **angenommen** la richiesta venne accolta a maggioranza

Mehrheitsbeschluss[RR] *m* deliberazione *f* presa a maggioranza; **mehrheitsfähig** *adj* che può incontrare il consenso della maggioranza; **Mehrheitswahl** *f* scrutinio *m* maggioritario; **Mehrheitswahlrecht** *n* sistema *m* maggioritario

mehrjährig *adj* di più anni, pluriennale; (BOT) plurienne

Mehrkampf <-(e)s, -kämpfe> *m* (SPORT) gara *f* polisportiva

Mehrkosten *pl* spese *fpl* eccedenti, sovraccosto *m;* **mehrmalig** *adj* ripetuto, reiterato; **mehrmals** *adv* più volte, ripetutamente; **mehrmotorig** *adj* plurimotore; **Mehrparteiensystem** *n* (POL) sistema *m* a più partiti; **mehrphasig** *adj* polifase; **mehrpolig** *adj* multipolare; **Mehrpreis** *m* sovrapprezzo *m;* **mehrsilbig** *adj* polisillabo; **mehrsprachig** *adj* plurilingue; (*Person*) poliglotta; **mehrstellig** *adj* di [*o* a] più cifre; **mehrstimmig** (MUS) I. *adj* polifonico II. *adv* a più voci; **mehrstöckig** ['me:ɐ̯ʃtœkɪç] *adj* a più piani; **Mehrstufenrakete** *f* missile *m* pluristadio; **mehrstufig** *adj* pluristadio; **mehrstündig** ['me:ɐ̯ʃtʏndɪç] *adj* di parecchie ore; **mehrtägig** ['me:ɐ̯tɛːɡɪç] *adj* di parecchi giorni; **mehrteilig** *adj* costituito da più parti, in più parti

Mehrung <-> *kein Pl f* accrescimento *m,* aumento *m*

Mehrverbrauch *m* eccesso *m* di consumo **Mehrweg-** riutilizzabile; **Mehrwegflasche** <-, -n> *f* vuoto *m* a rendere

Mehrwert *m* ❶ (*marxistisch*) plusvalore *m* ❷ (WIRTSCH) valore *m* aggiunto; **mehrwertig** *adj* polivalente; **Mehrwertsteuer** *f* (WIRTSCH) imposta *f* sul valore aggiunto

Mehrzahl *f* ❶ (*Mehrheit*) maggioranza *f,* maggior parte *f* ❷ (LING) plurale *m*

Mehrzweck- (*in Zusammensetzungen*) universale, per vari usi

meiden ['maɪdən] <meidet, mied, gemieden> *vt* (*geh*) evitare, (s)fuggire

Meile ['maɪlə] <-, -n> *f* miglio *m;* **Meilenstein** *m* pietra *f* miliare; **meilenweit** *adj* a miglia di distanza, lontano diverse miglia; ~ **von der Lösung des Problems entfernt sein** essere ben lontano dalla soluzione del problema

mein [maɪn] *pron poss s.* **ich** mio, -a *m, f,* miei *mpl,* mie *fpl;* ~ **e Damen und Herren!** Signore e Signori!

meine *s.* **meine(r, s)**

Meineid ['maɪn̩ʔaɪt] *m* spergiuro *m;* **einen** ~ **schwören** [*o* **leisten**] fare uno spergiuro; **meineidig** *adj* spergiuro; ~ **werden** spergiurare

meinen ['maɪnən] *vt* ❶ (*denken*) pensare; (*glauben*) credere; **was** ~ **Sie dazu?** che cosa ne pensa?; **wie** ~ **Sie das?** cosa intende dire con ciò?; **man sollte** ~, **dass ...** si direbbe che ...; **wie Sie** ~! come pare a Lei [*o* come le pare]; **das will ich** ~! (*fam*) lo credo bene! ❷ (*sich beziehen auf*) riferirsi a; **wen** ~ **Sie?** a chi si riferisce?; **damit sind Sie gemeint** questo è per Lei ❸ (*sagen*) dire; **was meinten Sie?** cosa ha detto? ❹ (*sagen wollen*) volere dire; **was** ~ **Sie damit?** cosa intende dire? ❺ (*beabsichtigen*) **gut gemeint** detto [*o* fatto] con buone intenzioni; **etw ernst** ~ dire qc sul serio; **es war nicht böse gemeint** non c'era alcuna cattiva intenzione; **das war nicht so gemeint** non volevo dire questo; **wohl gemeint** fatto con buona intenzione; **wohl gemeinter Rat** consiglio da amico

meiner *pron poss gen von* **ich** di me; *s. a.* **meine(r, s)**

meine(r, s) ['maɪnə, -nə, -nəs] *pron poss s.* **ich** il mio, la mia, i miei *pl,* le mie *pl;* **ihr Zimmer lag direkt neben** ~**m** la sua camera era proprio accanto alla mia; **ist das dein Stift oder** ~**r?** è la tua matita o la mia?

meinerseits ['maɪnɐ̯'zaɪts] *adv* da parte mia, per conto mio; **ganz** ~! il piacere è tutto mio!

mein(e)s *s.* **meine(r, s)**

meinesgleichen ['maɪnəs'ɡlaɪçən] *pron indef* mio pari, uno *m* come me

Meinungen äußern

Meinungen, Ansichten äußern	esprimere opinioni, punti di vista

Ich finde/meine/denke, sie sollte sich für ihr Verhalten entschuldigen.

Trovo/Penso/Ritengo che si dovrebbe scusare per il suo comportamento.

Er war **meiner Meinung nach** ein begnadeter Künstler.

Secondo me fu un genio dell'arte.

Ich bin der Meinung/Ansicht, dass jeder ein Mindesteinkommen erhalten sollte.

Sono dell'idea che tutti dovrebbero ricevere un salario minimo.

Eine Anschaffung weiterer Maschinen ist **meines Erachtens** nicht sinnvoll.

Ritengo che non abbia senso acquistare altri macchinari.

Meinungen erfragen, um Beurteilung bitten	domandare l'opinione, chiedere un giudizio

Was ist Ihre Meinung?

Qual è la Sua opinione?

Was meinen Sie dazu?

Che/Cosa ne pensa?

Wie sollten wir **Ihrer Meinung nach** vorgehen?

Secondo Lei come dovremmo procedere?

Was hältst du von der neuen Regierung?

Che ne pensi del nuovo governo?

Findest du das Spiel langweilig?

Trovi noioso questo gioco?

Denkst du, so kann ich gehen?

Pensi che posso uscire così? (*fam*)

Was sagst du zu ihrem neuen Freund?

Che ne dici del suo nuovo ragazzo?

Wie gefällt dir meine neue Haarfarbe?

Ti piace il mio nuovo colore di capelli?

Wie lautet Ihr Urteil über unser neues Produkt?

Come giudica il nostro nuovo prodotto?

Wie urteilen Sie darüber?

Come lo giudica?/Cosa ne pensa?

M

---

meinetwegen ['maɪnət'veːgən] *adv* ❶ *(wegen mir)* per causa mia; *(negativ)* per colpa mia ❷ *(von mir aus)* per me
meinetwillen ['maɪnət'vɪlən] *adv* **um ~** per me, per amor mio
meinige(r, s) *(obs, geh) s.* **meine(r, s)**
meins *s.* **meine(r, s)**
Meinung <-, -en> *f* opinione *f,* parere *m;* **meiner ~ nach** a mio parere; **der ~ sein, dass ...** essere del parere che ...; **seine ~ ändern** cambiare opinione; **einer ~ mit** condividere il parere di; **anderer ~ sein** essere di altro avviso; **jdm die ~ sagen** *(fam)* dire il fatto suo a qu; **Meinungsäußerung** *f* manifestazione *f* della propria opinione; **Meinungsaustausch** *m* scambio *m* di opinioni; **Meinungsbildner(in)** *m(f)* opinion maker *mf;* **Meinungsforscher(in)** <-s, -; -, -nen> *m(f)* ricercatore, -trice *m, f* di un istituto demoscopico, autore, -trice *m, f* di indagini demoscopiche [*o* di sondaggi d'opinione]; **Meinungsforschung** *f* sondaggio *m* dell'opinione pubblica, indagine *f* demoscopica; **Meinungsfreiheit** <->

kein *Pl f* libertà *f* d'opinione; **Meinungsumfrage** <-, -n> *f* sondaggio *m* d'opinione, indagine *f* demoscopica; **Meinungsverschiedenheit** *f* ❶ *(Unterschiedlichkeit)* divergenza *f* d'opinioni ❷ *(Streit)* controversia *f,* dissidio *m*
Meise ['maɪzə] <-, -n> *f* cinciallegra *f*
Meißel ['maɪsəl] <-s, -> *m* scalpello *m*
meißeln I. *vi* lavorare con lo scalpello II. *vt* ❶ *(bearbeiten)* scalpellare ❷ *(schaffen)* scolpire
meist [maɪst] *s.* **meistens**
meistbietend *adj* che offre di più; **der Meistbietende** il maggior offerente
meiste *s.* **meiste(r, s)**
meisten *adv* **am ~** più di tutto
meistens *adv* per lo più, di solito
meister *s.* **meiste(r, s)**
Meister(in) ['maɪstɐ] <-s, -; -, -nen> *m(f)* ❶ *(Handwerks~)* mastro, -a *m, f* ❷ *(in Betrieb)* capo, -a *m, f* ❸ *(fig: Könner, Künstler)* maestro, -a *m, f;* **es ist noch kein ~ vom Himmel gefallen** *(prov)* maestri non si nasce, nessuno nasce maestro ❹ (SPORT) campione, -essa *m, f;*

Meisterbrief *m* diploma *m* di maestro; **meisterhaft** I. *adj* magistrale, perfetto II. *adv* da maestro, magistralmente; **Meisterhand** *f* **von** ~ di mano maestra

Meisterin *f* (*obs: Frau von Meister*) moglie *f* del principale; *s. a.* **Meister**

meistern *vt* venire a capo di; (*Emotion*) dominare; (*Schwierigkeit*) superare

Meisterprüfung *f* esame *m* di maestro

meiste(r, s) ['maɪstə, -tɐ, -təs] *pron indef Superlativ von* **viel** ❶ (*adjektivisch*) **die ~ n Leute** la maggior parte delle persone; **die ~ Zeit** la maggior parte del tempo; **in den ~ n Fällen** nella maggior parte dei casi ❷ (*meist*) per lo più ❸ (*substantivisch*) **der/die/das ~** il/la/il più; **die ~ n** i più, la maggior parte

Meisterschaft <-, -en> *f* ❶ *sing* (*Können*) maestria *f* ❷ (SPORT: *Veranstaltung*) campionato *m*; (*Sieg*) titolo *m* di campione; **Meisterstück** *n*, **Meisterwerk** *n* capolavoro *m*

meistes *s.* **meiste(r, s)**

MEK [ɛmʔeːˈkaː] <-> *n s.* **mobiles Einsatzkommando** unità *f* operativa mobile, reparto *m* operativo mobile

Mekka ['mɛka] *n* Mecca *f*; (*fig*) mecca *f*

Melancholie [melaŋkoˈliː] <-, -n> *f* malinconia *f*

melancholisch [melaŋˈkoːlɪʃ] *adj* malinconico

Melange [meˈlãːʒə] <-, -n> *f* (*A: 1/2 Kaffee, 1/2 Milch*) caffel(l)atte *m*

Melanom [melaˈnoːm] <-(e)s, -e> *n* (MED) melanoma *m*

Melanzani [melanˈtsaːni] *pl* (*A: Auberginen*) melanzane *fpl*

Meldeamt *n* (*Einwohner~*) anagrafe *f*; **Meldefrist** *f* termine *m* di denuncia

melden ['mɛldən] I. *vt* ❶ (*ankündigen*) **jdn** ~ annunciare qu; **wen darf ich ~ ?** chi devo annunciare? ❷ (*einer zuständigen Stelle*) notificare, denunciare ❸ (*mitteilen*) **jdm etw** ~ comunicare qc a qu; **er hat hier nichts zu ~** (*fam*) non ha voce in capitolo II. *vr* **sich** ~ ❶ (*an~*) **sich bei jdm** ~ annunciarsi a qu; **sich zu etw** ~ annunciarsi per qc ❷ (*vorstellen*) **sich für etw** ~ presentarsi per qc ❸ (*Schule*) alzare la mano ❹ (*am Telefon*) rispondere al telefono; **es meldet sich niemand** non risponde nessuno ❺ (*von sich hören lassen*) farsi vivo; **wenn du etw brauchst, musst du dich** ~ se hai bisogno di qualcosa, dillo; **melde dich mal wieder!** fatti vivo! *fam*

Meldepflicht *f* ❶ (*für Person*) iscrizione *f* obbligatoria ❷ (*für Dinge*) obbligo *m* di notifica; **meldepflichtig** *adj* ❶ (*Person*) soggetto a iscrizione ❷ (*Dinge*) da dichiarare

Meldung <-, -en> *f* ❶ (*Mitteilung*) annuncio *m*, comunicazione *f* ❷ (TV, RADIO) notizia *f*; **letzte ~ en** ultime notizie ❸ (*Angabe*) notifica *f*, denuncia *f* ❹ (MIL) rapporto *m*; **jdm ~ machen** far rapporto a qu

meliert [meˈliːɐt] *adj* screziato; (*Haar*) brizzolato

melken ['mɛlkən] <melkt, melkte *o rar* molk, gemolken *o rar* gemelkt> *vt* mungere

Melker(in) <-s, -; -, -nen> *m(f)* mungitore, -trice *m, f*

Melkmaschine *f* mungitrice *f* meccanica

Melodie [meloˈdiː] <-, -n> *f* melodia *f*

melodiös [melodiˈøːs] *adj* melodioso

melodisch [meˈloːdɪʃ] *adj* melodico

Melodrama [meloˈdraːma] *n* melodramma *m*; **melodramatisch** [melodraˈmaːtɪʃ] *adj* melodrammatico

Melone [meˈloːnə] <-, -n> *f* ❶ (*Honig~*) melone *m*; (*Wasser~*) cocomero *m* ❷ (*fam scherz: Hut*) bombetta *f*

Membran [mɛmˈbraːn] <-, -en> *f*, **Membrane** [mɛmˈbraːnə] <-, -n> *f* (ANAT, BIOL, CHEM, PHYS, TEC) membrana *f*; (TEL) diaframma *m*

Memo ['meːmo] <-s, -s> *n* ❶ (*Memorandum*) memoriale *m* ❷ (*Merkzettel, INFORM*) promemoria *m*

Memoiren [memoˈaːrən] *pl* memorie *fpl*

Memorandum [memoˈrandʊm, *pl:* memoˈrandən *o* memoˈranda] <-s, Memoranden *o* Memoranda> *n* memorandum *m*

Menagerie [menaʒəˈriː, *pl:* menaʒəˈriːən] <-, -n> *f* serraglio *m*

Menge ['mɛŋə] <-, -n> *f* ❶ (*bestimmte Anzahl*) quantità *f*; (*große Anzahl*) moltitudine *f*, gran numero *m*; **eine (ganze) ~ ...** (*fam*) (tutt')un mucchio di ...; **in kleinen ~ n** in piccole quantità; **in großen** [*o fam* **rauen**] **~ n** a mucchi, a profusione; **davon gibt es jede ~** (*fam*) ce n'è a non finire; **sie weiß eine ganze ~** (*fam*) sa un sacco di cose ❷ (*Menschen~*) folla *f*, massa *f*

mengen I. *vt* ❶ (*ver~*) mescolare ❷ (*hinzufügen*) **etw in den Teig** ~ aggiungere qc nell'impasto II. *vr* **sich** (**unter die Besucher**) ~ mescolarsi (fra i visitatori)

Mengenlehre *f* (MAT) teoria *f* degli insiemi; **mengenmäßig** *adj* quantitativo; **Mengenrabatt** *m* (WIRTSCH) sconto *m* per grandi quantità

Meniskus [meˈnɪskʊs] <-, Menisken> *m*

(ANAT, MED) menisco *m*

Menopause [meno'pauzə] <-, -n> *f* (MED) menopausa *f*

Mensa ['mɛnza, *pl:* 'mɛnzas *o* 'mɛnzən] <-, -s *o* Mensen> *f* mensa *f*

Mensch [mɛnʃ] <-en, -en> *m* ❶ (*Gattung*) uomo *m*, essere *m* umano ❷ (*Person*) persona *f*; (*Mann*) uomo *m*; (*Frau*) donna *f*; **kein** ~ nessuno; **er ist auch nur ein** ~ anche lui è solo un uomo; ~ **Meier!** (*fam*) accidenti!; ~**, ist das gut!** (*fam*) caspita, com'è buono!

Menschenaffe *m* (ZOO) antropoide *m*; **Menschenalter** *n* ❶ (*Generation*) generazione *f* ❷ (*Lebensspanne*) periodo *m* di vita; **Menschenfresser** <-s, -> *m* antropofago *m*, cannibale *m*; **Menschenfreund** *m* filantropo *m*; **menschenfreundlich** *adj* filantropico, umanitario, umano; **Menschengedenken** *n* seit ~ a memoria d'uomo; **Menschenhandel** *m* tratta *f*; **Menschenkenner(in)** *m(f)* conoscitore, -trice *m, f* dell'animo umano; **Menschenkenntnis** *f* conoscenza *f* degli uomini; **Menschenkette** <-, -n> *f* catena *f* umana; **Menschenleben** *n* vita *f* umana; ~ **fordern** [*o* kosten] costare vite umane; **menschenleer** *adj* spopolato, deserto; **Menschenmasse** *f*, **Menschenmenge** *f* massa *f*, folla *f*; **menschenmöglich** ['mɛnʃən'møːklɪç] *adj* umanamente possibile; **alles Menschenmögliche tun** fare tutto il possibile

Menschenrechte *npl* diritti *mpl* dell'uomo; **Menschenrechtserklärung** *f* dichiarazione *f* dei diritti dell'uomo; **Menschenrechtskommission** *f* commissione *f* per i diritti dell'uomo; **Menschenrechtsverletzung** *f* violazione *f* dei diritti dell'uomo

menschenscheu *adj* (*ungesellig*) insocievole; (*schüchtern*) timido; **Menschenschlag** *m* specie *f* [*o* razza *f*] di uomini; **Menschenseele** *f* es war **keine** ~ **zu sehen** non c'era anima viva

Menschenskind *n* ~! (*fam*) figlio mio!

menschenverachtend *adj* misantropico, che disprezza il genere umano; **Menschenverstand** *m* der gesunde ~ il buon senso; **Menschenwürde** *f* dignità *f* umana; **menschenwürdig** *adj* degno di un uomo

Menschheit <-> *kein Pl f* umanità *f*

menschlich *adj* umano; **Menschlichkeit** <-> *kein Pl f* umanità *f*

Menschwerdung <-> *kein Pl f* ❶ (REL) incarnazione *f* ❷ (BIOL) ominazione *f*

Mensen *pl von* **Mensa**

Menstruation [mɛnstrua'tsi̯oːn] <-, -en> *f* mestruazione *f*

mental [mɛn'taːl] *adj* mentale

Mentalität [mɛntali'tɛːt] <-, -en> *f* mentalità *f*

Menthol [mɛn'toːl] <-s> *kein Pl n* (CHEM) mentolo *m*

Mentor(in) ['mɛntoːɐ̯] <-s, -en; -, -nen> *m(f)* mentore, -trice *m, f*, consigliere, -a *m, f*

Menü [me'nyː] <-s, -s> *n* (INFORM, GASTR) menu *m*

Menuett [menu'ɛt] <-(e)s, -e *o* -s> *n* minuetto *m*

Menüleiste <-, -n> *f* (INFORM) barra *f* dei menu

Meran [me'raːn] *n* Merano *f*

Merchandising <-s> *kein Pl n* (WIRTSCH) merchandising *m*

Meridian [meri'di̯aːn] <-s, -e> *m* meridiano *m*

merkbar *adj* percettibile, sensibile

Merkblatt *n* ❶ (*mit Verordnungen*) foglio *m* d'istruzioni, istruzioni *fpl* ❷ (*Notizzettel*) foglio *m* d'appunti

merken ['mɛrkən] **I.** *vt* ❶ (*be~, an~*) notare ❷ (*wahrnehmen*) accorgersi di; **jdn etw ~/nicht ~ lassen** far/non far capire qc a qu; **das merkt doch keiner** non se ne accorge nessuno ❸ (*spüren*) sentire ❹ (*erkennen*) **etw an etw** *dat* ~ riconoscere qc da qc; **ich merke an deinem Gesichtsausdruck, dass du …** riconosco dalla tua espressione, che … **II.** *vr* **sich** *dat* **etw ~** ricordare qc, tenere a mente qc; ~ **Sie sich** *dat* **das!** se lo ricordi!

merklich *adj* ❶ (*fühlbar*) sensibile ❷ (*sichtlich*) visibile ❸ (*beträchtlich*) notevole

Merkmal <-(e)s, -e> *n* (*Kennzeichen*) segno *m* caratteristico, caratteristica *f*; (BIOL) carattere *m*; (*Unterscheidungs~*) criterio *m*

merkwürdig *adj* strano, singolare

Merkwürdigkeit <-, -en> *f* ❶ *sing* (*Art*) stranezza *f*, singolarità *f* ❷ (*Erscheinung*) cosa *f* singolare [*o* strana]

meschugge [me'ʃʊgə] *adj* (*fam*) suonato, svitato, toccato

Messapparat[RR] *m* apparecchio *m* di misura

messbar[RR], **meßbar**[ALT] *adj* misurabile

Messbecher[RR], **Meßbecher**[ALT] *m* misurino *m*

Messbuch[RR] *n* messale *m*

Messdiener[RR], **Meßdiener(in)**[ALT] *m(f)* (REL) chierichetto *m*

Messe ['mɛsə] <-, -n> *f* ❶ (REL) messa *f*; **die** ~ **lesen** celebrare la messa; **in die**

M

[*o* zur] ~ **gehen** andare a messa ❷ (*Aus-stellung*) fiera *f;* **auf der** ~ alla fiera ❸ (NAUT: *Speiseraum*) mensa *f;* **Messe-gelände** *n* area *f* della fiera

messen ['mɛsən] <misst, maß, gemes-sen> I. *vt, vi* misurare II. *vr* **sich mit jdm** ~ misurarsi con qu, cimentarsi con qu

Messer ['mɛsɐ] <-s, -> *n* coltello *m;* (TEC) lama *f;* **jdm das** ~ **an die Kehle setzen** (*fam*) stare col coltello alla gola di qu; **ein Kampf bis aufs** ~ (*fam*) una lotta all'ultimo sangue; **jdn jdm ans** ~ **liefern** (*fam*) consegnare qu nelle mani di qu; **auf des** ~ **s Schneide stehen** essere sul filo del rasoio

Messerheld *m* (*fam pej*) accoltellatore *m;* **Messerklinge** *f* lama *f* del coltello; **Messerrücken** *m* costa *f* del coltello; **messerscharf** *adj* tagliente; (*Verstand*) acuto; **Messerspitze** *f* (*in Rezept*) **eine** ~ ... un pizzico di ...; **Messerste-cher** <-s, -> *m s.* **Messerheld**

Messestand *m* stand *m* di una fiera

Messfehler[RR] *m* errore *m* di misurazione; **Messgerät**[RR], **Meßgerät**[ALT] *n* strumento *m* di misura

Messias [mɛ'siːas] <-> *kein Pl m* (REL) Messia *m*

Messing ['mɛsɪŋ] <-s> *kein Pl n* ottone *m*

Messinstrument[RR], **Meßinstrumen-t**[ALT] *n* strumento *m* di misurazione; **Messlatte**[RR], **Meßlatte**[ALT] *f* mira *f*

Messopfer[RR] *n* sacrificio *m* della messa

Messtechnik[RR], **Meßtechnik**[ALT] <-, -en> *f* ❶ *sing* (*Messkunde*) tecnica *f* di misurazione ❷ (*Methode*) tecnica *f* di misurazione; **Messtisch**[RR] *m* tavola *f* pretoriana

Messung <-, -en> *f* ❶ (*Tätigkeit*) misurazione *f* ❷ (*Ergebnis*) rilevamento *m*

Messwein[RR] *m* vino *m* da messa

Messwert[RR], **Meßwert**[ALT] *m* valore *m* misurato; **Messzylinder**[RR] *m* cilindro *m* graduato

MESZ [ɛmʔeːʔɛsˈtsɛt] *abk v* **mitteleuro-päische Sommerzeit** ora *f* legale dell'Europa centrale

Metall [me'tal] <-s, -e> *n* metallo *m;* **Metallarbeiter** *m* (operaio *m*) metallurgico *m*

metallic [me'talɪk] <inv> *adj* metallizzato

metallisch *adj* metallico; ~ **glänzend** metallino

Metallsäge *f* sega *f* per metalli

Metallurgie [metalʊr'giː] <-> *kein Pl f* metallurgia *f*

Metallverarbeitung *f* lavorazione *f* del metallo

Metamorphose [metamɔr'foːzə] <-,

-n> *f* metamorfosi *f*

Metapher [me'tafɐ] <-, -n> *f* (LING) metafora *f*

metaphorisch [meta'foːrɪʃ] *adj* (LING) metaforico

metaphysisch [meta'fyːzɪʃ] *adj* metafisico

Metastase [meta'staːzə] <-, -n> *f* (MED) metastasi *f*

Meteor [mete'oːɐ, *pl:* mete'oːrə] <-s, -e> *m rar n* meteora *f*

Meteorit [meteo'riːt *o* meteo'rɪt] <-en *o* -s, -en *o* -e> *m* (ASTR) meteorite *m o f*

Meteorologe [meteoro'loːgə] <-n, -n> *m* meteorologo *m*

Meteorologie [meteorolo'giː] <-> *kein Pl f* meteorologia *f*

Meteorologin [meteoro'loːgɪn] <-, -nen> *f* meteorologa *f*

meteorologisch [meteoro'loːgɪʃ] *adj* meteorologico

Meter ['meːtɐ] <-s, -> *m o n* metro *m;* **am laufenden** ~ (*fam*) a metri; **meterhoch** *adj* alto dei metri, altissimo; **das Unkraut steht** ~ le erbacce sono altissime; **Meter-maß** *n* metro *m*

Methadon [meta'doːn] <-s> *kein Pl n* metadone *m*

Methan [me'taːn] <-s> *kein Pl n* metano *m*

Methode [me'toːdə] <-, -n> *f* metodo *m*

methodisch *adj* metodico

Methyl [me'tyːl] <-s> *kein Pl n* metile *m;* **Methylalkohol** *m* alcol *m* metilico

Metier [me'tjeː] <-s, -s> *n* mestiere *m*

Metrik ['meːtrɪk] <-, -en> *f* metrica *f*

metrisch *adj* metrico

Metro ['meːtro] <-, -s> *f* metrò *m,* metro(politana) *f*

Metropole [metro'poːlə] <-, -n> *f* metropoli *f*

Mett [mɛt] <-(e)s> *kein Pl n* carne *f* di maiale macinata

Mette ['mɛtə] <-, -n> *f* ❶ (*Früh~*) mattutino *m* ❷ (*Mitternachts~*) messa *f* di mezzanotte

Mettwurst *f* salsicciotto *m* (affumicato)

Metzelei [mɛtsə'laɪ] <-, -en> *f* (*pej*) carneficina *f,* massacro *m*

Metzger(in) ['mɛtsgɐ] <-s, -; -, -nen> *m(f)* macellaio, -a *m, f*

Metzgerei [mɛtsgə'raɪ] <-, -en> *f* macelleria *f*

Metzgerin *f s.* **Metzger**

Meuchelmord *m* (*pej*) assassinio *m* proditorio; **Meuchelmörder(in)** *m(f)* (*pej*) assassino, -a *m, f,* omicida *mf*

meucheln ['mɔɪçəln] *vt* (*obs, rar*) uccidere proditoriamente

Meute ['mɔɪtə] <-, -n> f ❶ (bei Jagd) muta f ❷ (fig pej fam: Menschen) masnada f, orda f
Meuterei [mɔɪtə'raɪ] <-, -en> f ammutinamento m
Meuterer ['mɔɪtərɐ] <-s, -> m ammutinato m
meutern ['mɔɪtɐn] vi ❶ (MIL, NAUT) ammutinarsi ❷ (fam: meckern) brontolare
Mexikaner(in) [mɛksi'kaːnɐ] <-s, -; -, -nen> m(f) messicano, -a m, f
mexikanisch adj messicano
Mexiko ['mɛksiko] n ❶ (Land) Messico m ❷ (Stadt) Città f del Messico
MEZ abk v **mitteleuropäische Zeit** tempo dell'Europa centrale
Mezzanin <-s, -e> n (A: Zwischengeschoss) mezzanino m, (piano m) ammezzato m
mg abk v **Milligramm** mg
MG [ɛm'geː] <-(s), -s> n abk v **Maschinengewehr** mitragliatrice f
mhd abk v **mittelhochdeutsch** medio alto tedesco
MHz abk v **Megahertz** MHz
Mia. abk v **Milliarde(n)** miliardo, -i
miau [mi'aʊ] int miao
miauen <ohne ge-> vi miagolare
mich [mɪç] I. pron pers acc von ich (betont) me; (unbetont) mi II. pron refl mi
mick(e)rig ['mɪk(ə)rɪç] adj (fam pej) scarso, magro
mied [miːt] 1. u 3. pers sing imp von **meiden**
Mieder ['miːdɐ] <-s, -> n ❶ (Unterwäsche) busto m, corsetto m ❷ (Oberteil von Trachtenkleid) corsetto m; **Miederwaren** fpl corsetteria f
Mief [miːf] <-(e)s> kein Pl m (fam pej) aria f viziata
miefen vi (fam pej) (nach etw) ~ puzzare (di qc)
Miene ['miːnə] <-, -n> f (espressione f del) viso m, faccia f; **gute ~ zum bösen Spiel machen** far buon viso a cattiva sorte; **keine ~ verziehen** restare impassibile; **Mienenspiel** n mimica f facciale
mies [miːs] adj (fam pej) brutto, cattivo; **~e Stimmung** malumore m
Miesepeter ['miːzəpeːtɐ] <-s, -> m disfattista mf
mies|machen vt etw/jdn ~ **machen** (fam pej) sparlare di qc/qu, criticare qc/qu
Miesmacher(in) m(f) (fam pej) disfattista mf, criticone, -a m, f; **Miesmacherei** <-> kein Pl f (fam pej) maldicenza f
Miesmuschel ['miːsmʊʃəl] f mitilo m, cozza f

Mietauto <-s, -s> n auto f a noleggio
Miete ['miːtə] <-, -n> f ❶ (Wohnungs~) locazione f, affitto m; **zur ~ wohnen** essere in affitto ❷ (AGR) silo m (sotterraneo)
Mieteinnahmen fpl reddito m locativo
mieten vt (Wohnung) affittare, prendere in affitto; (Auto, Boot) noleggiare
Mieter(in) <-s, -; -, -nen> m(f) (von Wohnung) locatario, -a m, f, inquilino, -a m, f; (von Auto, Boot) noleggiatore, -trice m, f
Mieterhöhung f aumento m dell'affitto
Mieterin f s. **Mieter**
Mieterschutz m tutela f degli inquilini
Mietertrag m rendita f degli affitti
mietfrei adj esente da fitto
Mietpreis m prezzo m dell'affitto, fitto m; **Mietrecht** <-(e)s> kein Pl n (JUR) diritto f di locazione; **Mietrückstand** m affitto m arretrato
Mietshaus n casa f in affitto; **Mietskaserne** f (pej) casermone m
Mietvertrag m contratto m d'affitto; **Mietwagen** m automobile f a noleggio; **Mietwohnung** f appartamento m in affitto
Mieze ['miːtsə] <-, -n> f ❶ (fam: Katze) micio m ❷ (sl: Mädchen) donna f
Migräne [mi'grɛːnə] <-, -n> f emicrania f
Mikado [mi'kaːdo] <-s, -s> n ❶ (Spiel) sciangai m ❷ (Stäbchen) bastoncino m dello sciangai
Mikro ['mikro] <-s, -s> n microfono m
Mikrobe [mi'kroːbə] <-, -n> f (BIOL) microbo m
Mikrobiologe [mikrobio'loːgə] <-n, -n> m microbiologo m; **Mikrobiologie** <-> kein Pl f microbiologia f; **Mikrobiologin** [mikrobio'loːgɪn] <-, -nen> f microbiologa f; **mikrobiologisch** adj microbiologico
Mikrochip ['miːkrotʃɪp] m (EL) microchip m; **Mikroelektronik** f microelettronica f; **Mikrofaser** ['miːkrofaːzɐ] microfibra f; **Mikrofiche** ['miːkrofiːʃ o mikro'fiːʃ] <-s, -s> n o m microfiche f, microscheda f; **Mikrofilm** ['miːkrofɪlm] m microfilm m
Mikrofon[RR] [mikro'foːn] <-s, -e> n microfono m
Mikrokosmos ['miːkrokɔsmɔs o mikro'kɔsmɔs] <-> kein Pl m (BIOL, PHILOS, PHYS) microcosmo m
Mikrometer [mikro'meːtɐ] n micrometro m
Mikroorganismus ['miːkroɔrganɪsmʊs o mikroɔrga'nɪsmʊs] m (BIOL) microrganismo m
Mikrophon <-s, -e> n s. **Mikrofon**

M

Mikroprozessor ['mikropro'tsɛso:ɐ̯] *m* (INFORM) microprocessore *m*
Mikroskop [mikro'sko:p] <-s, -e> *n* microscopio *m;* **mikroskopieren** [mikrosko'pi:rən] <ohne ge-> *vt, vi* guardare al microscopio; **mikroskopisch** [mikro'sko:pɪʃ] *adj* microscopico
Mikrowelle ['mi:krovɛlə] <-, -n> *f* ❶ (~ *nherd*) (forno *m* a) microonde *m* ❷ (EL) microonda *f;* **Mikrowellenherd** ['mi:kro'vɛlənhe:ɐ̯t] *m* forno *m* a microonde
Milbe ['mɪlbə] <-, -n> *f* (ZOO) acaro *m*
Milch [mɪlç] <-> *kein Pl* latte *m;* (BOT) lattice *m;* **Milchbar** *f* milk-bar *m;* **Milchbart** *m* (*fam pej*) sbarbatello *m;* **Milcherzeugnisse** *npl* latticini *mpl;* **Milchflasche** *f* bottiglia *f* del latte; (*für Babys*) poppatoio *m,* biberon *m;* **Milchgebiss**[RR] *n* denti *mpl* di latte; **Milchgeschäft** *n* latteria *f,* cremeria *f;* **Milchglas** *n* (*Glasscheibe*) vetro *m* smerigliato
milchig ['mɪlçɪç] *adj* latteo, lattiginoso
Milchkaffee *m* caffellatte *m;* **Milchkännchen** *n* bricco *m* del latte; **Milchkanne** *f* bidone *m* del latte; **Milchkuh** *f* mucca *f* lattifera; **Milchmädchenrechnung** *f* (*scherz*) illusioni *fpl;* **Milchmann** *m* lattaio *m;* **Milchprodukt** <-(e)s, -e> *n* latticino *m;* **Milchpulver** *n* latte *m* in polvere; **Milchreis** *m* riso *m* al latte; **Milchsäure** <-> *kein Pl f* (CHEM) acido *m* lattico; **Milchschokolade** *f* cioccolato *m* al latte; **Milchspeise** *f* cibo *m* a base di latte; **Milchstraße** *f* (ASTR) via *f* lattea; **Milchstraßensystem** *n* sistema *m* galattico; **Milchsuppe** *f* pappa *f* di latte; **Milchzahn** *m* dente *m* di latte
mild(e) [mɪlt ('mɪldə)] *adj* ❶ (*sanft*) dolce; (*Klima*) mite; (*Farbe*) tenue; (*Strafe*) lieve ❷ (~ *tätig*) mite, caritatevole; (*gütig*) benevolo, benigno; (*nachsichtig*) clemente, indulgente; ~**e Gabe** elemosina *f* ❸ (*Käse*) dolce; (*Tabak, Wein*) leggero
Milde <-> *kein Pl f* ❶ (*Sanftheit*) dolcezza *f;* (*von Klima a*) mitezza *f;* (*von Farben*) tenuità *f;* (*von Strafe*) lievità *f* ❷ (*Güte*) mitezza *f,* benevolenza *f;* (*Nachsicht*) clemenza *f,* indulgenza *f*
mildern ['mɪldɐn] **I.** *vt* (*Urteil, Strafe*) attenuare; (*Schmerz*) lenire; ~ **de Umstände** attenuanti *fpl* **II.** *vr* **sich** ~ (*Wetter*) addolcirsi, mitigarsi
Milderung <-> *kein Pl f* (*von Urteil, Strafe*) attenuazione *f;* (*von Schmerzen*) lenimento *m*
mildtätig *adj* (*geh*) caritatevole; **Mildtätigkeit** *f* carità *f*

Milieu [mi'li̯ø:] <-s, -s> *n* ambiente *m;* **milieugeschädigt** *adj* maladattato, disadattato
militant [mili'tant] *adj* militante
Militär¹ [mili'tɛ:ɐ̯] <-s> *kein Pl n* ❶ (*Soldaten*) militari *mpl* ❷ (*Heer*) forze *fpl* armate ❸ (~ *dienst*) servizio *m* militare; **beim** ~ **sein** essere sotto le armi
Militär² <-s, -s> *m* militare *m,* ufficiale *m;* **Militärärztin** *f* medico *m*/dottoressa *f* militare, ufficiale *m* medico; **Militärattaché** [mili'tɛ:ʀeʔataʃe:] <-s, -s> *m* addetto *m* militare; **Militärbündnis** *n* alleanza *f* militare; **Militärdienst** *m* servizio *m* militare; **Militärdiktatur** *f* dittatura *f* militare; **Militärgericht** *n* tribunale *m* militare
militärisch *adj* militare
Militarismus [milita'rɪsmʊs] <-> *kein Pl m* (*pej*) militarismo *m*
militaristisch *adj* militaristico
Militärkapelle *f* banda *f* militare; **Militärkrankenhaus** *n* ospedale *m* militare; **Militärputsch** <-(e)s, -e> *m* colpo *m* di stato; **Militärregierung** *f* governo *m* militare
Miliz [mi'li:ts] <-, -en> *f* milizia *f*
Mill. *abk v* **Million(en)** milione, -i
Mille ['mɪlə] <-, -> *n* (*sl*) mille *m,* un migliaio di
Millennium [mɪ'lɛnium] <-s, -ien> *n* millennio *m*
Milli- [mɪli] (*in Zusammensetzungen*) milli-
Milliardär(in) [mɪli̯ar'dɛ:ɐ̯] <-s, -e; -, -nen> *m(f)* miliardario, -a *m, f*
Milliarde [mɪ'li̯ardə] <-, -n> *f* miliardo *m*
milliardstel [mɪ'li̯artstəl] *adj inv* miliardesimo
Millibar [mɪli'ba:ɐ̯] <-s, -> *n* (METEO) millibar *m*
Milligramm [mɪli'gram *o* 'mɪligram] *n* milligrammo *m*
Millimeter [mɪli'me:tɐ *o* 'mɪlime:tɐ] *m o n* millimetro *m;* **Millimeterpapier** *n* carta *f* millimetrata
Million [mɪ'li̯o:n] <-, -en> *f* milione *m*
Millionär(in) [mɪli̯o'nɛ:ɐ̯] <-s, -e; -, -nen> *m(f)* milionario, -a *m, f*
Millionenauftrag *m* ordine *m* di milioni; **millionenfach** *adj o adv* milioni di volte; **Millionengeschäft** *n* affare *m* di milioni; **Millionengewinn** *m* guadagno *m* di milioni; **millionenmal**[ALT] *adv s.* **Mal; Millionenschaden** *m* danno *m* di milioni; **millionenschwer** *adj* (*fam*) straricco; **Millionenstadt** *f* città *f* con più di un milione di abitanti

Millionstel [mɪˈljoːnstəl] <-s, -> n milionesimo m
millionstel adj inv milionesimo
Milz [mɪlts] <-, -en> f (ANAT) milza f; **Milzbrand** m antrace m
mimen [ˈmiːmən] vt (fam pej: vortäuschen) simulare, fingere; **den Kranken ~** fingersi malato
Mimik [ˈmiːmɪk] <-> kein Pl f mimica f
mimisch adj mimico
Mimose [miˈmoːzə] <-, -n> f ❶ (BOT) mimosa f ❷ (fig pej: überempfindlicher Mensch) persona f ipersensibile; **mimosenhaft** adj delicato, delicatino, delicatuccio
min, Min. abk v **Minute** min.
Minarett [minaˈrɛt] <-s, -e o -s> n minareto m
minder [ˈmɪndɐ] adv (geh) meno; **mehr oder ~** più o meno; **minderbemittelt** adj meno abbiente; **geistig ~** (sl pej) deficiente
mindere(r, s) [ˈmɪndərə, -rɐ, -rəs] adj minore, inferiore; (Ware, Qualität) scadente
Minderheit <-, -en> f minoranza f; **in der ~ sein** essere in minoranza
Minderheitenfrage f problema f [o questione f] delle minoranze; **Minderheitenschutz** <-es> kein Pl m tutela f delle minoranze
Minderheitsregierung <-, -en> f governo m di minoranza
minderjährig adj minorenne; **Minderjährige** <ein -r, -n, -n> mf minorenne mf; **Minderjährigkeit** <-> kein Pl f minorità f
mindern vt (geh) ❶ (verringern) diminuire; (abschwächen) attenuare, mitigare ❷ (herabsetzen) ridurre, abbassare
Minderung <-, -en> f ❶ (Verringerung) diminuzione f; (Abschwächung) attenuazione f ❷ (Herabsetzung) riduzione f; (im Wert) deprezzamento m
minderwertig adj inferiore; (Ware, Produkt) scadente; **Minderwertigkeit** f inferiorità f; (von Ware, Produkt) qualità f scadente; **Minderwertigkeitsgefühl** n (PSYCH) senso m di inferiorità; **Minderwertigkeitskomplex** m (PSYCH) complesso m di inferiorità
Mindestabstand [ˈmɪndəstapʃtant] m distanza f minima; **Mindestalter** n età f minima; **Mindestanforderung** f requisito m minimo; **Mindestbetrag** m importo m minimo
mindeste s. **mindeste(r, s)**
Mindesteinkommen n reddito m minimo

mindestens adv per lo meno, almeno
mindeste(r, s) [ˈmɪndəstə, -tɐ, -təs] adj minimo, -a, (il, la) più piccolo, -a; **nicht im ~n** [o **Mindesten**] per niente, non … affatto; **zum ~n** per lo meno; **das ist doch das ~** è il minimo
Mindestgeschwindigkeit <-, -en> f velocità f minima; **Mindestgewicht** n peso m minimo; **Mindestlohn** m salario m minimo; **Mindestmaß** n minimo m; **sich auf das ~ beschränken** limitarsi al minimo; **Mindestpreis** m prezzo m minimo; **Mindestreservesystem** <-s, -e> n (FIN) sistema m di riserva minima; **Mindeststrafe** f minimo m della pena
Mine [ˈmiːnə] <-, -n> f ❶ (MIL) mina f; **~n legen** posare mine ❷ (Bleistift~) mina f; (Kugelschreiber~) ricambio m ❸ (MIN) giacimento m minerario; **Minenfeld** n campo m minato; **Minenleger** <-s, -> m posamine m; **Minensuchgerät** n cercamine m; **Minenwerfer** <-s, -> m lanciamine m
Mineral [mineˈraːl] <-s, -e o -ien> n minerale m; **Mineralbad** n bagno m d'acque minerali
mineralisch adj minerale
Mineralogie [mineraloˈgiː] <-> kein Pl f mineralogia f
Mineralöl n olio m minerale; (Erdöl) petrolio m; **Mineralölsteuer** f tassa f sugli idrocarburi; **Mineralquelle** f sorgente f d'acqua minerale; **Mineralsalz** <-es, -e> n sale m minerale; **Mineralstoffe** mpl minerali mpl; **Mineralwasser** n acqua f minerale
Mini- [ˈmɪni] (in Zusammensetzungen) mini-
Miniatur [miniaˈtuːɐ̯] <-, -en> f miniatura f
Minibar f frigobar m; **Minigolf** n minigolf m
Minikleid n vestito m mini
Minima pl von **Minimum**
minimal [miniˈmaːl] adj minimale, minimo
Minimal- (in Zusammensetzungen) minimo, minimale; **Minimalforderung** <-, -en> f richiesta f minima
minimieren vt (INFORM) ridurre a icona
Minimum [ˈmiːnimʊm, pl: ˈmiːnima] <-s, Minima> n minimo m; **ein ~ an etw** dat **haben** avere un minimo di qc
Mini-PC m minicomputer m
Minipille f (fam) minipillola f
Minirock m minigonna f
Minister(in) [miˈnɪstɐ] <-s, -; -, -nen>

m(f) ministro *m;* **Ministeramt** *n* ministero *m,* carica *f* di ministro

Ministerialbeamte *m,* **-beamtin** *f* impiegato *m* del ministero

Ministerialrat [minɪsteri'aːlraːt, *pl:* minɪsteri'aːlrɛːtə] <-(e)s, Ministerialräte> *m,* **Ministerialrätin** [minɪsteri'aːlrɛtɪn] <-, -nen> *f* consigliere *m* ministeriale

ministeriell [minɪsteri'ɛl] *adj* ministeriale

Ministerien *pl von* **Ministerium**

Ministerin *f s.* **Minister**

Ministerium [minɪs'teːriʊm] <-s, Ministerien> *n* ministero *m*

Ministerkonferenz *f* conferenza *f* dei ministri; **Ministerpräsident(in)** *m(f)* primo ministro *m;* (*in Italien*) presidente, -essa *m, f* del consiglio; **Ministerrat** *m* consiglio *m* dei ministri

Ministerratssitzung *f* (POL) seduta *f* del Consiglio dei Ministri

Ministrant(in) [minɪs'trant] <-en, -en; -, -nen> *m(f)* (REL) chierichetto, -a *m, f,* chierico *m*

Mini-Tower [mini'tauə] <-s, -> *m* minitorre *f*

Minorität [minori'tɛːt] <-, -en> *f* minoranza *f*

minus ['miːnʊs] *adv* ❶ (MAT) meno; **bei ~ 10 Grad** a 10 gradi sotto zero ❷ (EL) negativo

Minus <-, -> *n* ❶ (*Fehlbetrag*) ammanco *m,* deficit *m;* **ein ~ machen** fare un deficit ❷ (EL) polo *m* negativo ❸ (*fig: Nachteil*) svantaggio *m;* **Minuspunkt** *m* punto *m* a sfavore; **Minuszeichen** *n* (segno *m* di) meno *m*

Minute [mi'nuːtə] <-, -n> *f* minuto *m;* (*Augenblick*) attimo *m,* istante *m;* **auf die ~ genau sein** spaccare il minuto *fam;* **auf die letzte** [*o* **in letzter**] **~** all'ultimo minuto; **minutenlang** I. *adj* di alcuni minuti II. *adv* per alcuni minuti; **Minutenzeiger** *m* lancetta *f* dei minuti

minutiös [minu'tsi̯øːs] *adj* (*geh*), **minuziös** [minu'tsi̯øːs] *adj* (*geh*) meticoloso, pedante

Minze ['mɪntsə] <-, -n> *f* menta *f*

Mio *abk v* **Million(en)** milione, -i

mir [miːɐ] I. *pron pers dat von* **ich** (*betont*) (a) me; (*unbetont*) mi; **von ~ aus** per me, per conto mio; **~ nichts, dir nichts** (*fam*) di punto in bianco, come se niente fosse II. *pron refl dat von* **sich** mi

Mirabelle [mira'bɛlə] <-, -n> *f* mirabella *f*

Mischbatterie *f* batteria *f* di miscellazione per acqua fredda e calda; **Mischbrot** *n* pane *m* misto; **Mischehe** <-, -n> *f* matrimonio *m* misto

mischen ['mɪʃən] I. *vt* ❶ (*vermengen*) mescolare; (*Karten a*) mischiare; (*Gift*) preparare; (*Cocktail*) fare; (*Wein*) tagliare ❷ (FILM, RADIO, TV) missare II. *vr* **sich ~** ❶ (*sich ver~*) mischiarsi, mescolarsi ❷ (*sich ein~*) **sich in etw** *acc* **~** immischiarsi in qc III. *vi* (*beim Kartenspiel*) mischiare

Mischfutter *n* foraggio *m* misto; **Mischgemüse** *n* verdura *f* mista; **Mischgewebe** *n* tessuto *m* misto

Mischling ['mɪʃlɪŋ] <-s, -e> *m* ❶ (*Mensch*) meticcio, -a *m, f* ❷ (*Tier*) bastardo, -a *m, f*

Mischmasch ['mɪʃmaʃ] <-(e)s, -e> *m* (*fam pej*) miscuglio *m;* **Mischmaschine** *f* mescolatrice *f,* mescolatore *m;* (*Beton~*) betoniera *f;* **Mischpult** *n* tavolo *m* di missaggio; **Mischtrommel** *f* mescolatrice *f,* mescolatore *m;* (*Beton~*) betoniera *f*

Mischung <-, -en> *f* ❶ *sing* (*das Mischen*) mescolamento *m,* mescolatura *f* ❷ (*Gemisch*) miscuglio *m,* mescolanza *f;* **eine Mischung aus mehreren Sorten** un miscuglio di diversi tipi

Mischwald *m* bosco *m* misto

miserabel [mizə'raːbəl] *adj* ❶ (*schlecht*) pessimo; (*Zustand*) pietoso, miserabile ❷ (*nichtswürdig*) ignobile

Misere [mi'zeːrə] <-, -n> *f* situazione *f* precaria

misogyn [mizo'gyːn] *adj* misogino

Misogynie [mizo'gyˈniː] <-> *kein Pl f* misoginia *f*

Mispel ['mɪspəl] <-, -n> *f* ❶ (*Frucht*) nespola *f* ❷ (*Baum*) nespolo *m*

missachten[RR], **mißachten**[ALT] [mɪs'ʔaxtən] <ohne ge-> *vt* ❶ (*ignorieren*) trascurare; (*Rotlicht*) non osservare ❷ (*verachten*) disprezzare

Missachtung[RR], **Mißachtung**[ALT] *f* ❶ (*Nichteinhaltung*) mancato rispetto *m;* (*von Gesetz a*) inosservanza *f* ❷ (*Geringschätzung*) disprezzo *m*

Missbehagen[RR], **Mißbehagen**[ALT] *n* disagio *m*

Missbildung[RR], **Mißbildung**[ALT] *f* malformazione *f,* deformità *f*

missbilligen[RR], **mißbilligen**[ALT] [mɪs'bɪlɪgən] <ohne ge-> *vt* disapprovare

missbilligend[RR] *adj* di disapprovazione

Missbilligung[RR], **Mißbilligung**[ALT] *f* disapprovazione *f*

Missbrauch[RR], **Mißbrauch**[ALT] *m* abuso *m;* **~ mit etw treiben** fare abuso di qc

missbrauchen^{RR}, **mißbrauchen**^{ALT} [mɪs'braʊxən] <ohne ge-> vt (Vertrauen) abusare di; (Dinge) fare uso indebito di

missbräuchlich^{RR}, **mißbräuchlich**^{ALT} ['mɪsbrɔɪçlɪç] adj abusivo

missdeuten^{RR}, **mißdeuten**^{ALT} [mɪs'dɔɪtən] <ohne ge-> vt fraintendere

Missdeutung^{RR}, **Mißdeutung**^{ALT} ['mɪs-dɔɪtʊŋ] f malinteso m, equivoco m

missen ['mɪsən] vt etw nicht ~ mögen [o können] (geh) non voler fare a meno di qc

Misserfolg^{RR}, **Mißerfolg**^{ALT} m insuccesso m, fallimento m

Missernte^{RR}, **Mißernte**^{ALT} f cattivo raccolto m, annata f cattiva

Missetat ['mɪsəta:t] f (geh) misfatto m poet; (Streich) tiro m birbone fam

Missetäter(in) m(f) (geh) malfattore, -trice m, f lett

missfallen^{RR}, **mißfallen**^{ALT} [mɪs'falən] <irr, ohne ge-> vi non piacere, spiacere

Missfallen^{RR}, **Mißfallen**^{ALT} ['mɪsfalən] <-s> kein Pl n malcontento m; **jds ~ über etw** acc **erregen** suscitare la disapprovazione di qu per qc

missgebildet^{RR}, **mißgebildet**^{ALT} adj malformato, deforme

Missgeburt^{RR}, **Mißgeburt**^{ALT} f (MED) aborto m

missgelaunt^{RR} adj (geh) di malumore

Missgeschick^{RR}, **Mißgeschick**^{ALT} n sfortuna f, disavventura f

missgestaltet^{RR}, **mißgestaltet**^{ALT} adj deforme

missgestimmt^{RR}, **mißgestimmt**^{ALT} adj di malumore

missglücken^{RR}, **mißglücken**^{ALT} [mɪs'glʏkən] <ohne ge-> vi sein non riuscire, fallire; **es ist mir missglückt** non ci sono riuscito

missgönnen^{RR}, **mißgönnen**^{ALT} [mɪs'gœnən] <ohne ge-> vt **jdm etw** ~ invidiare qc a qu

missgönnen^{RR} [mɪs'gœnən] <ohne ge-> vt invidiare (jdm etw qc a qu)

Missgriff^{RR}, **Mißgriff**^{ALT} m passo m falso, mossa f sbagliata

Missgunst^{RR}, **Mißgunst**^{ALT} f invidia f

missgünstig^{RR}, **mißgünstig**^{ALT} adj invidioso, geloso

misshandeln^{RR}, **mißhandeln**^{ALT} [mɪs'handəln] <ohne ge-> vt maltrattare

Misshandlung^{RR}, **Mißhandlung**^{ALT} [mɪs'handlʊŋ] f maltrattamento m

Mission [mɪs'io:n] <-, -en> f missione f

Missionar(in) [mɪsio'na:ɐ̯] <-s, -e; -, -nen> m(f) missionario, -a m, f

missionarisch [mɪsio'na:rɪʃ] adj missionario

missionieren [mɪsio'ni:rən] <ohne ge-> **I.** vt evangelizzare **II.** vi fare il missionario

Missklang^{RR}, **Mißklang**^{ALT} m ❶ (MUS) dissonanza f, stonatura f ❷ (LING) cacofonia f ❸ (fig) disaccordo m

Misskredit^{RR}, **Mißkredit**^{ALT} m discredito m; **jdn in ~ bringen** screditare qu, gettare il discredito su qu; **in ~ geraten** [o **kommen**] cadere in discredito

misslang^{RR}, **mißlang**^{ALT} [mɪs'laŋ] 3. pers sing imp von **misslingen**

misslich^{RR}, **mißlich**^{ALT} ['mɪslɪç] adj (geh) spiacevole, sgradevole

missliebig^{RR} adj malvisto, antipatico; **sich bei jdm ~ machen** rendersi antipatico a qu, farsi malvolere da qu

misslingen^{RR}, **mißlingen**^{ALT} [mɪs'lɪŋən] <misslingt, misslang, misslungen> vi sein non riuscire, fallire; **der Versuch ist misslungen** il tentativo è fallito; **ihm misslingt alles** non gli riesce niente

Misslingen^{RR}, **Mißlingen**^{ALT} <-s> kein Pl n fallimento m, insuccesso m

misslungen^{RR}, **mißlungen**^{ALT} [mɪs-'lʊŋən] pp von **misslingen**

Missmanagement^{RR}, **Mißmanagement**^{ALT} ['mɪsmɛnɪdʒmənt] <-s, -s> n cattiva gestione f

Missmut^{RR}, **Mißmut**^{ALT} m malumore m, malcontento m

missmutig^{RR}, **mißmutig**^{ALT} adj di malumore, di cattivo umore

missraten^{RR}, **mißraten**^{ALT} [mɪs'ra:tən] **I.** <irr, ohne ge-> vi sein non riuscire, fallire **II.** adj (Mensch) maleducato, screanzato

Missstand^{RR}, **Mißstand**^{ALT} m male m; **soziale Missstände** mali sociali

Missstimmung^{RR}, **Mißstimmung**^{ALT} f malumore m

misst^{RR}, **mißt**^{ALT} [mɪst] 2. u 3. pers sing pr von **messen**

Misston^{RR} m (a fig) stonatura f

misstrauen^{RR}, **mißtrauen**^{ALT} [mɪs'traʊən] <ohne ge-> vi **jdm/etw** ~ diffidare di qu/qc

Misstrauen^{RR}, **Mißtrauen**^{ALT} ['mɪstraʊən] <-s> kein Pl n diffidenza f, sfiducia f; **Misstrauensantrag**^{RR} m (PARL) mozione f di sfiducia; **Misstrauensvotum**^{RR} n (PARL) voto m di sfiducia

misstrauisch^{RR}, **mißtrauisch**^{ALT} adj diffidente; (argwöhnisch) sospettoso

Missverhältnis^{RR}, **Mißverhältnis**^{ALT} n sproporzione f, squilibrio m

M

missverständlich[RR], **mißverständlich**[ALT] *adj* equivoco, ambiguo

Missverständnis[RR], **Mißverständnis**[ALT] *n* malinteso *m*, equivoco *m*

missverstehen[RR], **mißverstehen**[ALT] <irr, ohne ge-> *vt* capire male, fraintendere

Misswahl[RR], **Mißwahl**[ALT] ['mɪsvaːl] *f* concorso *m* di bellezza

Misswirtschaft[RR], **Mißwirtschaft**[ALT] *f* cattiva amministrazione *f*, malgoverno *m*

Mist [mɪst] <-(e)s> *kein Pl m* ❶ (*Tier~*) letame *m*; (*~ haufen*) letamaio *m* ❷ (*fam pej: Schund*) porcheria *f*, robaccia *f* ❸ (*fam pej: Unsinn*) sciocchezze *fpl*, stupidaggini *fpl*; ~ **reden** dire cretinate; **da hat einer ~ gemacht** [*o gebaut*] qualcuno ha fatto un pasticcio ❹ (*fam pej: Ärgernis*) **so ein ~!** che pasticcio!, che porcheria!

Mistbeet *n* letto *m* caldo

Mistel ['mɪstəl] <-, -n> *f* (BOT) vischio *m*

Mistfink <-en *o* -s, -en> *m* (*fam*) sporcaccione *m*, porco *m*; **Mistgabel** *f* forcone *m* (da letame); **Misthaufen** *m* letamaio *m*; **Mistkübel** <-s, -> *m* (A: *Mülleimer*) pattumiera *f*; **Miststück** *n fam, pej* ❶ (*Mann*) farabutto *m*, porco *m* ❷ (*Frau*) farabutta *f*, carogna *f*; **Mistvieh** *n* (*vulg*) ❶ (*Mann*) farabutto *m*, porco *m* ❷ (*Frau*) farabutta *f*, carogna *f*

mit [mɪt] **I.** *prp + dat* ❶ (*in Begleitung von*) (insieme) con, assieme a ❷ (*mit Hilfe von*) con, per; (*Verkehrsmittel z. B.*) ~ **dem Auto/Flugzeug/Zug** in automobile/aereo/treno ❸ (*versehen mit, Eigenschaft*) con, a, da; (*Alter*) a, all'età di; **eine Pizza ~ Salami** una pizza al salame; ~ **blauen Augen** dagli occhi blu; ~ **zwanzig Jahren** a venti anni ❹ (*Art und Weise*) con, a; ~ **lauter/leiser Stimme** a voce alta/bassa **II.** *adv* (*ebenfalls*) **etw ~ berücksichtigen** tenere conto anche di qc; ~ **dabeisein** esserci; **ich habe keinen Schirm ~** (*fam*) non ho con me l'ombrello

Mitangeklagte *mf* (JUR) coimputato, -a *m, f*

Mitarbeit *f* collaborazione *f*, cooperazione *f*; **unter ~ von …** con la collaborazione di …, hanno collaborato …

mit|arbeiten *vi* **an etw** *dat* ~ collaborare a qc

Mitarbeiter(in) *m(f)* collaboratore, -trice *m, f*, cooperatore, -trice *m, f*; **freier ~** libero collaboratore

mit|bekommen <irr, ohne ge-> *vt* ❶ (*zum Mitnehmen*) ricevere (da portar via); (*als Mitgift*) ricevere in dote ❷ (*fam: bemerken, wahrnehmen*) notare, accorgersi di; (*verstehen*) comprendere

mit|benutzen <ohne ge-> *vt* usare in comune

Mitbenutzung *f* uso *m* in comune

Mitbestimmung *f* cogestione *f*; **Mitbestimmungsrecht** *n* diritto *m* di cogestione

Mitbewerber(in) *m(f)* concorrente *mf*

Mitbewohner(in) *m(f)* ❶ (*von Wohnung*) coabitatore, -trice *m, f* ❷ (*von Haus*) coinquilino, -a *m, f*

mit|bringen <irr> *vt* ❶ (*Dinge, Personen*) portare (con sé) ❷ (*aufweisen*) avere, disporre di

Mitbringsel ['mɪtbrɪŋzəl] <-s, -> *n* (*fam*) regalino *m*; (*von Reise*) pensierino *m*

Mitbürger(in) *m(f)* (*form*) concittadino, -a *m, f*

mit|denken <irr> *vi* seguire il ragionamento, ragionare

mit|dürfen <irr> *vi* (*fam*) **darf ich mit?** posso venire anch'io?

Miteigentümer(in) *m(f)* (JUR) comproprietario, -a *m, f*

miteinander [mɪtʔaɪˈnandɐ] *adv* ❶ (*einer mit dem anderen*) l'uno con l'altro; ~ **reden** parlare l'uno con l'altro ❷ (*gemeinsam*) insieme, assieme; **alle ~** tutti insieme

Miteinander [mɪtʔaɪˈnandɐ] <-s> *kein Pl n* **sie führen ein friedliches ~** vanno d'amore e d'accordo

Miterbe *m*, **Miterbin** *f* coerede *mf*

mit|erleben <ohne ge-> *vt* ❶ (*erleben*) vivere, vedere ❷ (*dabeisein*) assistere a, partecipare a

Mitesser *m* (MED) comedone *m*

mit|fahren <irr> *vi sein* **mit jdm ~** andare [*o venire*] con qu; **jdn ~ lassen** (*im Auto*) dare un passaggio a qu

Mitfahrerzentrale <-, -n> *f* agenzia che mette in contatto automobilisti e persone alla ricerca di un passaggio

Mitfahrgelegenheit *f* passaggio *m*

mit|fühlen I. *vt* condividere, partecipare a **II.** *vi* **mit jdm ~** condividere i sentimenti di qu; **mitfühlend** *adj* compassionevole

mit|führen *vt* ❶ (*Waren, Papiere*) avere con sé, portare appresso ❷ (*Fluss*) trasportare (con sé)

mit|geben <irr> *vt* dare

Mitgefangene *mf* compagno, -a *m, f* di prigionia

Mitgefühl *n* (*Verständnis*) comprensione *f*; (*Mitleid*) compassione *f*; ~ **mit jdm haben** avere comprensione per qu

mit|gehen <irr> *vi sein* ❶ (*auch gehen*) (**mit jdm**) ~ andare insieme a qu; (*begleiten*) accompagnare qu; **etw ~ lassen**

(*fam*) far sparire qc ❷ (*fig: sich mitreißen lassen*) lasciarsi trasportare

mitgenommen *adj* ❶ (*Sache*) consunto, logoro ❷ (*Person*) colpito, provato; **du siehst sehr ~ aus** sei molto sciupato

Mitgift ['mɪtgɪft] <-, -en> *f* dote *f*

Mitglied *n* membro *m;* **Mitgliedsausweis** *m* tessera *f* di socio; **Mitgliedsbeitrag** *m* quota *f* sociale

Mitgliedschaft <-, *rar* -en> *f* appartenenza *f*

Mitgliedsland <-(e)s, -länder> *n* stato *m* membro

mit|haben <irr> *vt* (*fam*) avere con sé; **ich habe kein Geld mit** non ho portato con me i soldi

Mithaftung *f* garanzia *f* solidale

mit|halten <irr> *vi* essere della partita *fam*, starci *fam*

mit|helfen <irr> *vi* (**bei etw**) ~ collaborare (a qc)

Mithilfe *f* collaborazione *f,* cooperazione *f*

mit|hören I. *vt* ascoltare; (*belauschen*) ascoltare di nascosto, origliare II. *vi* stare in ascolto; (*lauschen*) origliare

Mitinhaber(in) *m(f)* comproprietario, -a *m, f,* contitolare *mf*

Mitkläger(in) *m(f)* (JUR) coattore, -trice *m, f*

mit|kommen <irr> *vi sein* ❶ (*auch kommen*) venire; **mit jdm ~** venire insieme a qu; (*begleiten*) accompagnare qu; **ich kann heute Abend leider nicht ~** purtroppo stasera non posso venire; **kommst du mit?** vieni anche tu? ❷ (*fig: Schritt halten*) tener dietro; (*geistig*) seguire; **da komme ich nicht mehr mit** (*fig fam*) non riesco a capire

mit|kriegen (*fam*) *s.* **mitbekommen**

Mitläufer *m* (*pej*) pedissequo *m*

Mitlaut *m* (LING) consonante *f*

Mitleid *n* compassione *f,* pietà *f;* **jds ~ erregen** [*o* **erwecken**] far compassione a qu; **~ erregend** che suscita compassione, pietoso; **mit jdm ~ haben** provare compassione per qu

Mitleidenschaft *f* **etw in ~ ziehen** danneggiare qc

mitleiderregend *adj* che suscita compassione, pietoso

mitleidig *adj* pietoso, compassionevole

mitleid(s)los *adj* spietato

mit|machen I. *vt* ❶ (*Veranstaltung*) partecipare a, prendere parte a; (*Kurs, Mode*) seguire; **das mache ich nicht länger mit!** (*fam*) non ci sto più! ❷ (*durchmachen, erleiden*) passare, subire; **da machst du vielleicht was mit!** (*fam*) ne sto passando delle belle! II. *vi* (*sich beteiligen*) parteci-

pare; (*fam*) starci; **bei etw ~** partecipare a qc; **ich mache mit** ci sto

Mitmensch *m* prossimo *m,* simile *m;* **mitmenschlich** *adj* caritatevole

mit|mischen *vi* (*fam*) partecipare, prendere parte; **er will überall ~** vuole ficcare il naso ovunque; **er hat früher aktiv in der Politik mitgemischt** un tempo partecipava attivamente alla politica

Mitnahmepreis ['mɪtna:məpraɪs] *m* prezzo *m* del ritiratelo da voi (*prezzo offerta per merci da ritirare personalmente*)

mit|nehmen <irr> *vt* ❶ (*mit sich nehmen*) prendere [*o* portare] con sé; (*fortnehmen*) portare via; **Pizza zum Mitnehmen** pizza da portar via; **kannst du mich bis Köln (im Auto) ~?** mi puoi dare un passaggio fino a Colonia? ❷ (*fam: stehlen*) rubare, sgraffignare ❸ (*fam: lernen*) **etw aus etw ~** apprendere qc da qc ❹ (*fig: körperlich, seelisch*) affaticare, esaurire

mitnichten [mɪt'nɪçtən] *adv* (*geh*) niente affatto

mit|reden *vi* ❶ (*im Gespräch*) partecipare alla discussione ❷ (*mitbestimmen*) partecipare alla decisione; **da habe ich auch noch ein Wort mitzureden** (*fam*) anch'io ho ancora qc da dire

Mitreisende *mf* compagno, -a *m, f* di viaggio

mit|reißen <irr> *vt* ❶ (*mit sich fortreißen*) trascinare con sé ❷ (*fig: begeistern*) entusiasmare

mitsamt [mɪt'zamt] *prp +dat* insieme a

mit|schicken *vt* spedire qc insieme a qc; (*beifügen*) allegare

mit|schneiden <schneidet mit, schnitt mit, mitgeschnitten> *vt* (RADIO, TV) registrare

mit|schreiben <irr> I. *vi* prendere appunti; **schreiben Sie mit: ...** scriva: ... II. *vt* ❶ (*Diktat*) scrivere ❷ (*an Arbeit teilnehmen*) partecipare a

Mitschuld *f* correità *f,* complicità *f;* **~ an etw** *dat* **haben** essere complice in qc; **mitschuldig** *adj* correo, complice; **~ an etw** *dat* **sein** essere complice in qc

Mitschüler(in) *m(f)* compagno, -a *m, f* di scuola

mit|schwingen <schwingt mit, schwang mit, mitgeschwungen> *vi* trapelare, trasparire; **in seinen Worten schwingt Stolz mit** l'orgoglio trapela [*o* traspare] dalle sue parole

mit|spielen I. *vi* ❶ (*bei einem Spiel*) **bei etw ~** giocare con qu a qc; **mit jdm ~** (SPORT) giocare insieme a qu; (THEAT) reci-

M

tare insieme a qu; (MUS) suonare insieme a qu ❷ (fig: Gründe, Motive) concorrere, essere in gioco ❸ (zusetzen, Schaden zufügen) **jdm/etw ~** danneggiare qu/qc; **jdm übel ~** giocare un brutto tiro a qu **II.** vt giocare

Mitsprache f parola f; **Mitspracherecht** n diritto m di essere interpellato

mit|sprechen <irr> **I.** vt (Gebet) dire qc insieme a qu **II.** vi ❶ (im Gespräch) partecipare alla discussione ❷ (mitbestimmen) avere voce in capitolo

Mitstreiter(in) <-s, -; -, -nen> m(f) collaboratore, -trice m, f, sostenitore, -trice m, f

mittagᴬᴸᵀ adv s. **Mittag**; **Mittag** ['mɪtaːk] m mezzogiorno m; **gestern/ heute/morgen ~** ieri/oggi/domani a mezzogiorno; **zu ~ essen** pranzare; **Mittagessen** n pranzo m

mittags adv a mezzogiorno; (um) **12 Uhr ~** a mezzogiorno; (um) **1 Uhr ~** all'una (di pomeriggio)

Mittagspause f pausa f di mezzogiorno; **Mittagsruhe** f riposo m pomeridiano, siesta f; **~ halten** fare la siesta; **Mittagsschlaf** m pisolino m pomeridiano; **Mittagstisch** m **~ von 12 bis 14 Uhr** servizio m da mezzogiorno alle 14; **Mittagszeit** f mezzogiorno m; (Mittagspause) pausa f del mezzogiorno; **in der ~** sul mezzogiorno

Mittäter(in) m(f) complice mf

Mitte ['mɪtə] <-, -n> f ❶ (räumlich) mezzo m; **in der ~** nel mezzo, al centro; **in unserer ~** in mezzo a noi, tra di noi; **ab durch die ~!** (fam) via! ❷ (zeitlich) metà f; **~ Januar** a metà gennaio; **er ist ~ Vierzig** ha quarantacinque anni ❸ (POL) centro m

mit|teilen I. vt (jdm) etw ~ comunicare qc (a qu) **II.** vr **sich jdm ~** (geh) confidarsi con qu

mitteilsam adj comunicativo

Mitteilung f (Benachrichtigung) comunicazione f; (ADM) comunicato m; (Bekanntmachung) avviso m; (vertraulich) confidenza f

Mittel ['mɪtəl] <-s, -> n ❶ (~ zum Zweck) mezzo m; **Mittel und Wege finden** trovare mezzo e modo; **ihm ist jedes ~ recht** a lui va bene ogni mezzo ❷ (Hilfs~, Heil~) rimedio m ❸ (MAT) media f ❹ pl (FIN) mezzi mpl (finanziari), fondi mpl; **öffentliche ~** fondi pubblici

Mittelalter n medioevo m; **mittelalterlich** adj medievale

Mittelamerika n America f centrale; **Mittelamerikaner(in)** ['mɪtəlameri'kaːnɐ]

<-s, -; -, -nen> m(f) abitante mf dell'America centrale; **mittelamerikanisch** ['mɪtəlameri'kaːnɪʃ] adj centroamericano

mittelbar adj mediato, indiretto

Mittelding n (fam) cosa f di mezzo

Mitteleuropa n Europa f centrale; **Mitteleuropäer(in)** ['mɪtɔlɪro'pɛːɐ] <-s, -; -, -nen> m(f) abitante mf dell'Europa centrale; **mitteleuropäisch** adj **~e Zeit** tempo dell'Europa centrale

Mittelfeld n (SPORT) centro campo m; **Mittelfinger** m (dito m) medio m; **mittelfristig I.** adj a medio termine **II.** adv nei tempi brevi; **Mittelgebirge** n media montagna f; **Mittelgewicht** n (SPORT) peso m medio; **mittelgroß** adj (Ding) di media grandezza; (Person) di statura media; **mittelhochdeutsch** adj medio alto tedesco

Mittelklasse <-, -n> f ❶ (Soziologie) classe f media, ceto m medio ❷ (bei Waren) media qualità f; (Auto) media cilindrata f; **Mittelklassewagen** m autovettura f di media cilindrata

Mittelläufer(in) m(f) centromediano, -a m, f; **Mittellinie** f linea f di metà campo

mittellos adj privo di mezzi; (ADM) nullatenente; **Mittellosigkeit** <-> kein Pl f mancanza f di mezzi; (ADM) nullatenenza f

Mittelmaß n ❶ (Durchschnitt) media f ❷ (mittlere Größe) misura f media; **mittelmäßig** adj medio; (pej a) mediocre; **Mittelmäßigkeit** f (pej) mediocrità f

Mittelmeer n (Mare m) Mediterraneo m; **Mittelmeerraum** <-(e)s> kein Pl m area f del Mediterraneo

Mittelohrentzündung f otite f media

mittelprächtig adj (fam) così così

Mittelpunkt m punto m centrale; (fig MAT) centro m; **im ~ stehen** essere al centro

mittels prp +gen (geh) mediante, per mezzo di

Mittelscheitel m riga f [o scriminatura f] in mezzo; **Mittelschicht** f ceto m medio; **Mittelschiff** n (ARCH) navata f centrale; **Mittelschule** <-, -n> f ❶ (CH: höhere Schule, Gymnasium) scuola f media superiore ❷ (A: allgemein bildende höhere Schule, Gymnasium) scuola media; **die ~ besuchen** frequentare le superiori

Mittelsmann <-(e)s, -männer o -leute> m intermediario m, mediatore m

Mittelstand m ceto m medio; **mittelständisch** adj del ceto medio

Mittelstreckenrakete f missile m a media gittata; **Mittelstreifen** m spartitraffico m; **Mittelstürmer(in)** m(f) (SPORT) centrattacco mf

Mitteltunnel *m* (MOT) tunnel *m* centrale;
Mittelweg *m* via *f* di mezzo; **Mittel-**
welle *f* onde *fpl* medie; **Mittelwert** *m*
valore *m* medio, media *f*
mitten ['mɪtən] *adv* ~ **durchbrechen**
rompere a metà; ~ **durch** attraverso; ~ **aus**
dal mezzo di; ~ **in** in mezzo a, al centro di;
~ **in der Nacht** in piena notte; ~ **auf der**
Straße in mezzo alla strada; **mittendrin**
['mɪtən'drɪn] *adv* nel mezzo; **mitten-**
durch ['mɪtən'dʊrç] *adv* nel mezzo; (*in*
der Hälfte) a metà
Mitternacht ['mɪtɐnaxt] *f* mezzanotte *f*
mittlere(r, s) ['mɪtlərə, -rə, -rəs] *adj* ❶ (*im*
Mittelpunkt) centrale ❷ (*dazwischen*
befindlich) intermediario, -a ❸ (*durch-*
schnittlich) medio, -a; ~**n Alters** di mezza
età; **von** ~**r Größe** di statura media
mittlerweile ['mɪtlɐ'vaɪlə] *adv* intanto,
frattanto
Mittwoch ['mɪtvɔx] <-(e)s, -e> *m* mercoledì *m; s. a.* **Dienstag**
Mittwochabend[RR] *m* mercoledì *m* sera
mittwochabends[RR] *adv* il mercoledì sera
Mittwochmittag[RR] *m* mercoledì a mezzogiorno; *s. a.* **Mittwochabend**
mittwochmittags[RR] *adv* il mercoledì a
mezzogiorno
Mittwochmorgen[RR] *m* mercoledì mattina; *s. a.* **Mittwochabend**
mittwochmorgens[RR] *adv* il mercoledì
mattina
Mittwochnachmittag[RR] *m* mercoledì
pomeriggio; *s. a.* **Mittwochabend**
mittwochnachmittags[RR] *adv* il mercoledì pomeriggio
mittwochs *adv* di (*o* il) mercoledì
Mittwochvormittag[RR] *m* mercoledì mattina; *s. a.* **Mittwochabend**
mittwochvormittags[RR] *adv* il mercoledì
mattina
mitunter [mɪt'ʔʊntɐ] *adv* talvolta, di
quando in quando
mitverantwortlich *adj* corresponsabile
Mitverantwortung <-> *kein Pl f* corre-
sponsabilità *f*
Mitverfasser(in) *m(f)* coautore, -trice *m, f*
Mitvergangenheit <-> *kein Pl f* (*A:*
Imperfekt) imperfetto *m*
Mitverschulden <-s> *kein Pl n* concorso *m* di colpa
Mitwelt *f* contemporanei *mpl*
mit|wirken *vi* ❶ (*beteiligt sein*) **bei** [*o* **an**]
etw *dat* ~ collaborare a qc ❷ (FILM, THEAT)
in [*o* **bei**] **etw** *dat* ~ prendere parte a qc;
es wirkten mit: ... hanno collaborato: ...
Mitwirkung *f* cooperazione *f,* collaborazione *f;* **unter** ~ **von** con la partecipa-

zione di
Mitwissen *n* **ohne mein** ~ a mia insaputa
Mitwisser(in) <-s, -; -, -nen> *m(f)* (*in*
Geheimnis) iniziato, -a *m, f;* (*Vertrauter*)
confidente *mf;* (JUR) connivente *mf*
mit|zählen **I.** *vt* (*mit einrechnen*) inclu-
dere (nel conto) **II.** *vi* (*von Bedeutung*
sein) contare
Mixbecher *m* shaker *m*
mixen ['mɪksən] *vt* ❶ (*mischen*) mescolare; (*im Mixer*) frullare ❷ (FILM, RADIO, TV)
missare
Mixer <-s, -> *m* ❶ (*Bar*~) barista *m,* barman *m* ❷ (*Gerät*) frullatore *m*
Mixtur [mɪks'tuːɐ] <-, -en> *f* mistura *f*
mm *abk v* **Millimeter** mm
MMS [ɛmɛm'ɛs] <-, -> *f s.* **Multimedia**
Messaging Services MMS *m;* **MMS-**
Handy *n* cellulare *m* MMS
Mob [mɔp] <-s> *kein Pl m* (*pej*) plebaglia *f,*
gentaglia *f*
mobben *vt* fare mobbing
Mobbing <-> *kein Pl n* mobbing *m;* **Mob-**
bingopfer *n* vittima *f* del mobbing
Möbel ['møːbəl] <-s, -> *n meist pl*
mobile *m;* **Möbelgeschäft** *n* negozio *m*
di mobili; **Möbelpacker** *m* facchino *m;*
Möbelpolitur *f* lucido *m* per mobili;
Möbelschreiner(in) *m(f)* ebanista *mf;*
Möbelstück *n* mobile *m;* **Möbeltisch-**
ler(in) *m(f)* ebanista *mf;* **Möbelwagen** *m*
furgone *m* per traslochi
mobil [mo'biːl] *adj* ❶ (JUR, MIL, COM)
mobile; ~ **machen** (MIL) mobilitare; **etw** ~
machen (*fig*) mobilitare qc ❷ (*fam: mun-*
ter) vivace ❸ (*fam: flink*) svelto, lesto
Mobilfunk <-s> *kein Pl m* telefonia *f*
mobile, rete *f* radiomobile
Mobiliar [mobi'lɪ̯aːɐ] <-s, -e> *n* mobilia *f,*
mobili *mpl*
mobilisieren [mobili'ziːrən] <ohne
ge-> *vt* (*fig* MIL) mobilitare
Mobilität [mobili'tɛːt] <-> *kein Pl f* mobilità *f*
mobil|machen *vi* mobilitare; **Mobilma-**
chung <-> *kein Pl f* (MIL) mobilitazione *f*
Mobiltelefon <-s, -e> *n* (telefono *m*) cellulare *m,* telefonino *m fam*
möblieren [mø'bliːrən] <ohne ge-> *vt*
ammobiliare, arredare
mochte ['mɔxtə] *1. u 3. pers sing imp von*
mögen[1], **mögen**[2]
möchte ['mœçtə] *1. u 3. pers sing conj von*
mögen[1], **mögen**[2]
Modalverb <-s, -en> *n* (LING) verbo *m*
modale
Mode ['moːdə] <-, -n> *f* moda *f;* (*in*)
~ **sein** essere di moda; **aus der** ~ **kom-**

men passare di moda; **mit der ~ gehen** seguire la moda; **Modedesigner(in)** *m(f)* stilista *mf*; **Modegeschäft** *n* negozio *m* di moda; **Modeheft** *n*, **Modejournal** *n* giornale *m* di moda

Model ['mɔdəl] <-s, -s> *n* (*Fotomodell*) indossatore, -trice *m, f*

Modell [mo'dɛl] <-s, -e> *n* ❶ (*Vorbild, Muster, Entwurf*) modello *m* ❷ (*eines Malers, Fotografen*) modello, -a *m, f*; **~ stehen** posare ❸ (*Foto~*) modella *f*; **Modellflugzeug** *n* aeromodello *m*

modellieren [modɛ'liːrən] <ohne ge-> *vt, vi* modellare; **Modelliermasse** *f* pasta *f* per modellare

Modellkleid *n* modello *m*

Modellversuch *m* sperimentazione *f* pilota

modeln ['mɔdəln] *vi* lavorare come indossatore [*o* indossatrice]

Modem ['moːdɛm] <-s, -s> *n o m* (INFORM) modem *m*

Mode(n)schau *f* sfilata *f* di moda

Moder ['moːdɐ] <-s> *kein Pl m* marciume *m*; (*Schimmel*) muffa *f*

moderat [mode'raːt] *adj* moderato

Moderation [modera'tsi̯oːn] <-, -en> *f* (RADIO, TV) **die ~ einer Sendung übernehmen** fare da moderatore, -trice

Moderator(in) [mode'raːtoːɐ] <-s, -en; -, -nen> *m(f)* (RADIO, TV) moderatore, -trice *m, f*

Modergeruch *m* odore *m* di muffa, tanfo *m*

mod(e)rig ['moːd(ə)rɪç] *adj* che sa di marcio [*o* di muffa]

modern[1] ['moːdɐn] *vi* marcire, ammuffire

modern[2] [mo'dɛrn] *adj* ❶ (*zeitgemäß*) moderno ❷ (*modisch*) alla *f* di moda

Moderne [mo'dɛrnə] <-> *kein Pl f* **die ~** i tempi *mpl* moderni; (KUNST) l'arte *f* moderna

modernisieren [modɛrni'ziːrən] <ohne ge-> *vt* modernizzare; (*Wohnung, Kleid*) rimodernare

Modernisierung <-> *kein Pl f* modernizzazione *f*; (*Wohnung, Kleid*) rimodernamento *m*

Modesalon *m* casa *f* di mode; **Modeschau** *f* s. **Modenschau**; **Modeschmuck** *m* bigiotteria *f*, bijoux *mpl*; **Modeschöpfer(in)** *m(f)* creatore, -trice *m, f* di moda; **Modetrend** *m* trend *m* di moda; **Modewort** *n* parola *f* trend; **Modezeitschrift** *f* giornale *m* di moda; **Modezeitung** *f* giornale *m* di moda

Modi *pl von* **Modus**

modisch *adj o adv* alla moda

Modistin [mo'dɪstɪn] *f* modista *f*

modrig *s.* **moderig**

Modul [mo'duːl] <-s, -e> *n* modulo *m*

Modus ['mɔdʊs *o* 'moːdʊs, *pl:* 'mɔdi *o* 'moːdi] <-, Modi> *m* modo *m*

Mofa ['moːfa] <-s, -s> *n* ciclomotore *m*; **Mofafahrer(in)** *m(f)* ciclomotorista *mf*

mogeln ['moːɡəln] *vi* (*fam*) imbrogliare; (*beim Kartenspiel*) barare

Mogelpackung <-, -en> *f* (WIRTSCH) confezione *f* ingannevole

mögen[1] ['møːɡən] <mag, mochte, gemocht> *vt* ❶ (*gern haben*) amare; (*Speise*) essere ghiotto di; **lieber ~** preferire ❷ (*wollen*) volere; **ich mag nicht (mehr)** non ne voglio (più)

mögen[2] <mag, mochte, mögen> *Modalverb* ❶ (*Wunsch*) volere, avere voglia di; **ich möchte gern …** vorrei …; **man möchte meinen, dass …** si direbbe che … ❷ (*Vermutung*) potere; **es mag sein, dass …** è possibile che *+conj*; **er mag 10 Jahre alt sein** avrà circa dieci anni; **was mag das bedeuten?** cosa significherà questo?; **wo mag er bloß stecken?** dove si sarà cacciato? *fam*

möglich ['møːklɪç] *adj* possibile; **alles Mögliche** di tutto; **sein Möglichstes tun** fare tutto il possibile, fare del proprio meglio; **so bald/oft wie ~** il più presto/spesso possibile; **so viel/wenig wie ~** il più/meno possibile; **das ist wohl ~** è possibilissimo; (**das ist ja) nicht ~!** (*fam*) non è possibile!

möglicherweise *adv* forse, eventualmente

Möglichkeit <-, -en> *f* ❶ (*mögliches Verhalten, Vorgehen, möglicher Weg*) possibilità *f*; **ich hatte keine andere ~** non avevo altra scelta ❷ (*Gelegenheit*) occasione *f*; **nach ~** nella misura del possibile, per quanto possibile

möglichst *adv* **~ gut/viel/oft** il meglio/il più/il più spesso possibile

Mohair [mo'hɛːɐ, *pl:* mo'hɛːrə] <-s, -e> *m* mohair *m*

Mohammedaner(in) [mohame'daːnɐ] <-s, -; -, -nen> *m(f)* maomettano, -a *m, f*, musulmano, -a *m, f*

mohammedanisch *adj* musulmano, maomettano

Mohn [moːn] <-(e)s, -e> *m* ❶ (BOT) papavero *m*; (*Klatsch~*) rosolaccio *m* ❷ (*~ samen*) semi *mpl* di papavero

Möhre ['møːrə] <-, -n> *f* carota *f*

Mohrenkopf ['moːrənkɔpf] *m* (GASTR) testa *f* di moro, africano *m*

Mohrrübe ['moːɡryːbə] *f s.* **Möhre**
mokant [mo'kant] *adj* beffardo, sarcastico
mokieren [mo'kiːrən] <ohne ge-> *vr* **sich (über jdn)** ~ beffarsi (di qu)
Mokka ['mɔka] <-s, -s> *m* moca *m;* **Mokkatasse** *f* tazzina *f* da caffè
Molch [mɔlç] <-(e)s, -e> *m* (ZOO) tritone *m*
Moldawien [mɔl'daːviən] *n* Moldavia *f*
Mole ['moːlə] <-, -n> *f* molo *m*
Molekül [mole'kyːl] <-s, -e> *n* (CHEM) molecola *f*
molekular [moleku'laːɐ] *adj* (CHEM) molecolare; **Molekulargewicht** [moleku'laːɐɡəvɪçt] *n* peso *m* molecolare
molk [mɔlk] *1. u 3. pers sing imp von* **melken**
Molke ['mɔlkə] <-> *kein Pl f* siero *m* di latte
Molkerei [mɔlkə'raɪ] <-, -en> *f* latteria *f,* caseificio *m*
Moll [mɔl] <-> *kein Pl n* (MUS) tonalità *f* minore
mollig ['mɔlɪç] *adj* (*fam*) ❶ (*warm*) piacevole, piacevolmente caldo; (*Kleidung*) soffice, morbido ❷ (*rundlich*) grassottello
Molotowcocktail ['moːlotɔfkɔkteɪl] *m* molotov *f*
Molybdän [molyp'dɛːn] <-s> *kein Pl n* (CHEM) molibdeno *m*
Moment[1] [mo'mɛnt] <-(e)s, -e> *m* (*Augenblick*) momento *m,* istante *m,* attimo *m;* **im** ~ (*jetzt*) al momento, momentaneamente; (*gerade*) in quest'istante, in questo momento; **im letzten** ~ all'ultimo minuto; **er kann jeden** ~ **kommen** può arrivare da un momento all'altro; ~ (**mal**)! un momento!
Moment[2] <-(e)s, -e> *n* (*Umstand*) momento *m*
momentan [momɛn'taːn] I. *adj* momentaneo; (*aktuell a*) attuale II. *adv* momentaneamente, per il momento
Momentaufnahme *f* (FOTO) istantanea *f*
Monaco ['moːnako *o* mo'nako] *n* Monaco *f*
Monarch(in) [mo'narç] <-en, -en; -, -nen> *m(f)* monarca *m,* monarchessa *f nur scherz*
Monarchie [monar'çiː] <-, -n> *f* monarchia *f;* **Monarchin** *f s.* **Monarch;** **Monarchist(in)** [monar'çɪst] <-en, -en; -, -nen> *m(f)* monarchico, -a *m, f;* **monarchistisch** *adj* monarchico
Monat ['moːnat] <-(e)s, -e> *m* mese *m;* **im Laufe des ~s** nel corso del mese; **am 10. dieses ~s** (ADM) il 10 corrente mese; **im achten** ~ (**schwanger**) **sein** essere (incinta) all'ottavo mese

monatelang I. *adj* di mesi II. *adv* (per) molti mesi, (per) mesi e mesi
monatlich *adj* mensile
Monatsanfang <-(e)s, -fänge> *m* inizio *m* del mese; **am** ~ all'inizio del mese; **Monatsbinde** *f* assorbente *m* igienico; **Monatsblutung** *f* mestruazioni *fpl;* **Monatsgehalt** *n* (stipendio *m*) mensile *m,* mensilità *f;* **Monatskarte** *f* tessera *f* mensile; **Monatsrate** *f* rata *f* mensile
Mönch [mœnç] <-(e)s, -e> *m* (REL) monaco; **Mönchskloster** *n* convento *m* di monaci, monastero *m* di frati; **Mönchsorden** *m* ordine *m* monastico
Mond [moːnt] <-(e)s, -e> *m* luna *f;* **abnehmender/zunehmender** ~ luna calante/crescente; **auf dem** ~ **landen** allunare; **hinter dem** ~ **leben** (*fam*) vivere sulla luna; **manchmal könnte ich ihn auf den** ~ **schießen!** (*fam*) a volte lo manderei a quel paese!
mondän [mɔn'dɛːn] *adj* mondano
Mondbahn *f* (ASTR) orbita *f* lunare; **Mondfähre** *f* modulo *m* lunare; **Mondfinsternis** *f* (ASTR) eclissi *f* lunare; **mondhell** *adj* illuminato dalla luna; **in einer ~en Nacht** in una notte (al chiaro) di luna; **Mondlandefähre** *f* navetta *f* spaziale, shuttle *m;* **Mondlandschaft** *f* paesaggio *m* lunare; **Mondlandung** *f* allunaggio *m;* **Mondlicht** *n* luce *f* lunare; **Mondoberfläche** *f* superficie *f* lunare; **Mondphase** *f* fase *f* lunare; **Mondschein** *m* chiaro *m* di luna; **Mondscheintarif** *m* (TEL) tariffa *f* notturna; **Mondsichel** *f* falce *f* di luna; **Mondsonde** *f* sonda *f* lunare; **mondsüchtig** *adj* sonnambulo; **Mondumlaufbahn** *f* orbita *f* lunare; **Mondwechsel** *m* cambiamento *m* della luna
Monegasse [mone'gasə] <-n, -n> *m,* **Monegassin** [mone'gasɪn] <-, -nen> *f* monegasco, -a *m, f*
monegassisch *adj* monegasco
monetär [mone'tɛːɐ] *adj* (WIRTSCH) monetario
Moneten [mo'neːtən] *pl* (*fam*) quattrini *mpl*
Mongole [mɔŋ'goːlə] <-n, -n> *m* mongolo *m*
Mongolei [mɔŋgo'laɪ] *f* **die** ~ (la) Mongolia *f*
Mongolin [mɔŋ'goːlɪn] <-, -nen> *f* mongola *f*
mongolisch [mɔŋ'goːlɪʃ] *adj* mongolico
Mongolismus [mɔŋgo'lɪsmʊs] <-> *kein Pl m* (MED) mongolismo *m*

M

mongoloid [mɔŋgoloˈiːt] *adj* (MED) mongoloide

Monitor ['moːnitoːɐ̯ *o* 'mɔnitoːɐ̯] <-s, -e(n)> *m* ❶ (TV, INFORM) monitor *m*, video *m* ❷ (TEC, TV) schermo *m*, video *m*

mono ['moːno] *adj* mono

Monogamie [monogaˈmiː] <-> *kein Pl f* monogamia *f*

Monografie[RR] <-, -n> *f* s. **Monographie**

Monogramm [monoˈgram] <-s, -e> *n* monogramma *m*

Monographie [monograˈfiː] <-, -n> *f* monografia *f*

Monokel [moˈnɔkəl] <-s, -> *n* monocolo *m*

Monokultur ['moːnokʊltuːɐ̯] *f* monocultura *f*

Monolog [monoˈloːk] <-s, -e> *m* monologo *m*; **einen ~ halten** fare un monologo

Monopol [monoˈpoːl] <-s, -e> *n* monopolio *m*; **Monopolstellung** *f* posizione *f* di monopolio

monoton [monoˈtoːn] *adj* monotono

Monotonie [monotoˈniː] <-, *rar* -en> *f* monotonia *f*

Monster ['mɔnstɐ] <-s, -> *n* mostro *m*

Monstranz [mɔnˈstrants] <-, -en> *f* ostensorio *m*

monströs [mɔnˈstrøːs] *adj* mostruoso

Monstrum ['mɔnstrʊm, *pl:* 'mɔnstrən] <-s, Monstren> *n* mostro *m*

Monsun [mɔnˈzuːn] <-s, -e> *m* (METEO) monsone *m*

Montag ['moːntaːk] <-s, -e> *m* lunedì *m*; **blauen ~ machen** (*fam*) far festa di lunedì; *s. a.* **Dienstag**

Montagabend[RR] *m* lunedì sera

montagabends[RR] *adv* il lunedì sera

Montage [mɔnˈtaːʒə] <-, -n> *f* montaggio *m*; **Montagehalle** *f* capannone *m* di montaggio

Montagmittag[RR] *m* lunedì a mezzogiorno; *s. a.* **Montagabend**

montagmittags[RR] *adv* il lunedì a mezzogiorno

Montagmorgen[RR] *m* lunedì mattina; *s. a.* **Montagabend**

montagmorgens[RR] *adv* il lunedì mattina

Montagnachmittag[RR] *m* lunedì pomeriggio; *s. a.* **Montagabend**

montagnachmittags[RR] *adv* il lunedì pomeriggio

montags *adv* di [*o* il] lunedì

Montagvormittag[RR] *m* lunedì mattina; *s. a.* **Montagabend**

montagvormittags[RR] *adv* il lunedì mattina

Montanindustrie [mɔnˈtaːnɪndʊsˈtriː] *f* industria *f* mineraria e metallurgica

Monteur(in) [mɔnˈtøːɐ̯] <-s, -e; -, -nen> *m(f)* montatore, -trice *m, f*

montieren <ohne ge-> *vt* montare

Montur [mɔnˈtuːɐ̯, *pl:* mɔnˈtuːrən] <-, -en> *f* (*fam scherz: ausgefallene Kleidung*) abbigliamento *m* stravagante; (*von Motorradfahrer, Sportler*) tuta *f*; (*Arbeitskleidung*) vestito *m* [*o* tuta *f*] da lavoro; (*obs: Uniform*) uniforme *f*

Monument [monuˈmɛnt] <-(e)s, -e> *n* monumento *m*

monumental [monumɛnˈtaːl] *adj* monumentale; **Monumentalfilm** *m* colossal *m*

Moor [moːɐ̯] <-(e)s, -e> *n* palude *f*

Moos [moːs] <-es, -e> *n* ❶ (BOT) muschio *m* ❷ *sing* (*sl: Geld*) grana *f fam*; **moosig** *adj* muscoso

Mop[ALT] <-s, -s> *m* s. **Mopp**

Moped ['moːpɛt *o* 'moːpeːt] <-s, -s> *n* ciclomotore *m*, motorino *m*

Mopp[RR] [mɔp] <-s, -s> *m* scopa *f* a frange

Mops [mɔps, *pl:* 'mœpsə] <-es, Möpse> *m* Mops *m*, carlino *m*

mopsen I. *vt* (*fam: stehlen*) sgraffignare II. *vr* **sich ~** (*fam: sich langweilen*) annoiarsi; (*sich ärgern*) arrabbiarsi

Moral [moˈraːl] <-, *rar* -en> *f* ❶ (*Lehre, Geist*) morale *f* ❷ (*Sittlichkeit*) moralità *f*; **eine doppelte ~** una doppia morale; **Moralapostel** *m* (*pej*) moralista *mf*

moralisch *adj* morale

Moralist(in) [moraˈlɪst] <-en, -en; -, -nen> *m(f)* moralista *mf*

Moralpredigt *f* (*pej*) **jdm eine ~ halten** fare una ramanzina a qu

Moräne [moˈrɛːnə] <-, -n> *f* morena *f*

Morast [moˈrast, *pl:* moˈrastə *o* moˈrɛstə] <-(e)s, -e *o* Moräste> *m* ❶ (*Sumpf*) pantano *m*, palude *f* ❷ *sing* (*Schlamm*) fango *m*

morbid [mɔrˈbiːt] *adj* (*geh*) ❶ (*kränklich*) malaticcio, cagionevole ❷ (*zart*) tenue, delicato ❸ (*im Verfall begriffen*) marcio, corrotto

Morchel ['mɔrçəl] <-, -n> *f* (BOT) morchella *f*, spugnola *f*

Mord [mɔrt] <-(e)s, -e> *m* assassinio *m*, omicidio *m*; **der ~ an jdm** l'omicidio di qu; **einen ~ begehen** commettere un assassinio; **das gibt ~ und Totschlag** (*fam*) succede un putiferio; **Mordanschlag** *m* attentato *m* alla vita; **der ~ auf jdn** l'attentato a qu; **Morddrohung** *f* minaccia *f* di morte

morden ['mɔrdən] I. *vt* assassinare II. *vi* commettere un assassinio

Mörder(in) ['mœrdɐ] <-s, -; -, -nen> *m(f)* assassino, -a *m, f,* omicida *mf*

mörderisch *adj (fam: abscheulich)* feroce, atroce; (*Hitze, Kälte*) terribile; (*Geschwindigkeit*) pazzo

Mordfall <-(e)s, -fälle> *m* caso *m* di omicidio; **Mordkommission** *f* sezione *f* omicidi; **Mordprozess**^RR *m* processo *m* per omicidio

Mordshunger ['mɔrts'hʊŋɐ] *m (fam)* fame *f* da lupi; **Mordskerl** ['mɔrts'kɛrl] *m (fam: tüchtig)* tipo *m* in gamba; (*stark*) pezzo *m* d'uomo; **Mordskrach** ['mɔrts'krax] *m (fam)* ❶ (*Lautsein*) baccano *m* ❷ (*Streit*) alterco *m;* **mordsmäßig** *adj (fam)* enorme, terribile; **Mordsschreck(en)** ['mɔrts'ʃrɛk(ən)] *m (fam)* paura *f* infernale; **Mordsspaß** ['mɔrts'ʃpaːs] *m* **es gab einen** ~ *(fam)* ci siamo divertiti un mondo; **Mordswut** ['mɔrts'vuːt] *f (fam)* rabbia *f* feroce

Mordverdacht *m* **unter** ~ **stehen** essere sospettato di omicidio; **Mordversuch** *m* tentato omicidio *m;* **Mordwaffe** *f* arma *f* del delitto

morgen ['mɔrgən] *adv* domani; ~ **früh/Mittag/Abend** domani mattina/a mezzogiorno/sera; ~ **in acht Tagen** domani a otto; **ab** ~, **von** ~ **an** a partire da domani; ~ **ist Sonntag** domani è domenica; **bis** ~! a domani!

Morgen- (*in Zusammensetzungen*) del mattino

Morgen <-s, -> *m (Tageszeit)* mattino *m;* (*Vormittag*) mattina *f,* mattinata *f;* **gestern** ~ ieri mattina; **eines (schönen)** ~**s** un (bel) mattino; **am** ~ di [*o* la] mattina; **am anderen** [*o* **nächsten**] ~ la mattina seguente; **früh am** ~ la mattina presto, di buon mattino; **guten** ~! buon giorno!; **Morgenausgabe** *f* edizione *f* del mattino; **Morgendämmerung** *f* crepuscolo *m* mattutino, alba *f*

morgendlich ['mɔrgəntlɪç] *adj* mattutino, del mattino

Morgenessen *n (CH)* prima colazione *f;* **Morgengrauen** *n* **im** [*o* **beim**] ~ all'alba; **Morgenluft** *f* aria *f* mattutina; **Morgenmantel** *m* vestaglia *f;* **Morgenmuffel** *m (fam)* grugnone *m;* **er ist ein** ~ la mattina, appena alzato, parla poco ed è di cattivo umore; **Morgenrock** *m* vestaglia *f;* **Morgenrot** *n,* **Morgenröte** *f (geh)* aurora *f*

morgens *adv* di [*o* la] mattina, il mattino; **von** ~ **bis abends** dalla mattina alla sera; **um sieben Uhr** ~ alle sette del mattino

Morgensonne *f* sole *m* del mattino; **Morgenstern** *m* stella *f* del mattino

morgig *adj* di domani; **der** ~**e Tag** (il) domani

Morphinismus [mɔrfi'nɪsmʊs] <-> *kein Pl m* morfinismo *m,* morfinomania *f*

Morphium ['mɔrfiʊm] <-s> *kein Pl n* morfina *f*

Morphologie [mɔrfolo'giː] <-> *kein Pl f* (LING, BIOL) morfologia *f*

morphologisch [mɔrfo'loːgɪʃ] *adj* morfologico

morsch [mɔrʃ] *adj (Holz)* marcio, fradicio; (*Gestein*) friabile; (*Brücke*) decrepito

Morsealphabet *n* alfabeto *m* Morse; **Morseapparat** *m* apparecchio *m* Morse

morsen ['mɔrzən] *vt, vi* telegrafare

Mörser ['mœrzɐ] <-s, -> *m* mortaio *m*

Morsezeichen <-s, -> *n* segnale *m* dell'alfabeto in codice morse

Mörtel ['mœrtəl] <-s, -> *m* malta *f;* **Mörtelkelle** *f* cazzuola *f*

Mosaik [moza'iːk] <-s, -en *o* -e> *n* mosaico *m*

Mosaikfußboden *m* pavimento *m* a mosaico

Moschee [mɔ'ʃeː] <-, -n> *f* moschea *f*

Moschus ['mɔʃʊs] <-> *kein Pl m* muschio *m*

Möse ['møːzə] <-, -n> *f (vulg)* fica *f*

Mosel ['moːzəl] *f* Mosella *f*

Mosel(wein) <-s, -> *m* vino *m* della Mosella

Moskau ['mɔskaʊ] *n* Mosca *f*

Moskito [mɔs'kiːto] <-s, -s> *m* moschito *m,* zanzara *f;* **Moskitonetz** *n* zanzariera *f*

Moslem ['mɔslɛm] <-s, -s> *m* musulmano *m*

moslemisch [mɔs'leːmɪʃ] *adj* moslemico

Moslime [mɔs'liːmə] <-, -n> *f* musulmana *f*

Most [mɔst] <-(e)s, -e> *m* ❶ (*Trauben~*) mosto *m* ❷ (*Apfel~*) sidro *m*

Motel ['moːtəl *o* mo'tɛl] <-s, -s> *n* motel *m*

Motherboard <-s, -s> *n* (INFORM) scheda *f* madre

Motiv [mo'tiːf] <-s, -e> *n* motivo *m;* (JUR) movente *m*

Motivation [motiva'tsi̯oːn] <-, -en> *f* motivazione *f*

motivieren [moti'viːrən] <ohne ge-> *vt* motivare

Motivierung <-, -en> *f* motivazione *f*

Motocross [moto'krɔs] <-, *rar* -e> *n* motocross *m;* **Motocross-Fahrer(in)** *m(f)* crossista *mf*

Motor ['moːtɔr *o* mo'toːɐ̯] <-s, -en> *m* motore *m;* **Motorantrieb** *m* trazione *f* a motore; **mit** ~ a motore; **Motorboot** *n* motoscafo *m*, barca *f* a motore

Motorenbau <-(e)s> *kein Pl m* costruzione *f* di motori; **Motorengeräusch** *n* rumore *m* [*o* rombo *m*] dei motori [*o* del motore]

Motorfahrzeug *n* veicolo *m* a motore; **Motorfahrzeugsteuer** <-, -n> *f* (*CH:* ADM, MOT: *Kraftfahrzeugsteuer*) tassa *f* di circolazione; **Motorhaube** *f* cofano *m* (del motore)

Motorik [mo'to:rɪk] <-> *kein Pl f* (MED) motricità *f*

motorisch [mo'to:rɪʃ] *adj* motorio

motorisieren [motori'zi:rən] <ohne ge-> *vt* motorizzare

Motorisierung <-, *rar* -en> *f* motorizzazione *f*

Motorjacht *f* motoscafo *m* da crociera

Motoröl <-s, -e> *n* olio *m* motore; **Motorpumpe** *f* motopompa *f;* **Motorrad** *n* motocicletta *f*, moto *f fam;* **Motorradfahrer(in)** *m(f)* motociclista *mf;* **Motorradrennen** *n* corsa *f* motociclistica; **Motorradsport** *m* motociclismo *m;* **Motorraum** *m* vano *m* motore; **Motorroller** *m* (moto)scooter *m;* **Motorsäge** *f* sega *f* a motore; **Motorschaden** *m* guasto *m* al motore; **Motorsegler** *m* motoaliante *m;* **Motorsport** *m* motorismo *m*

Motortechnik *f* (MOT) tecnica *f* motoristica; **Motorwäsche** *f* lavaggio *m* del motore

Motte ['mɔtə] <-, -n> *f* tarma *f*, tignola *f;* **Mottenfraß** *m* intarmatura *f;* **Mottenkiste** *f* (*fig*) etw aus der ~ (hervor)holen levar dal dimenticatoio; **Mottenkugel** *f* pallina *f* antitarmica; **Mottenloch** *n* buco *m* fatto dalle tarme; **mottenzerfressen** *adj* tarmato

Motto ['mɔto] <-s, -s> *n* motto *m*, massima *f*

motzen ['mɔtsən] *vi* (*sl*) brontolare

Mountainbike ['maʊntənbaɪk] <-s, -s> *n* mountain bike *f*, rampichino *m*

Möwe ['mø:və] <-, -n> *f* gabbiano *m*

MP3-Brenner [ɛmpeː'draɪ-] *m* masterizzatore *m* MP3; **MP3-Player** [ɛmpeː'draɪplɛɐ] <-s, -> *m* lettore *m* MP3

Mrd. *abk v* **Milliarde(n)** miliardo, -i

MS [ɛm'ʔɛs] *abk v* **Multiple Sklerose** sclerosi *f* multipla

Ms., Mskr. *abk v* **Manuskript** ms.

Mt *abk v* **Megatonne** MT

MTA [ɛmteː'ʔaː] <-, -s> *f abk v* **medizinisch-technische Assistentin** tecnico di laboratorio analisi

mtl. *abk v* **monatlich** mens.

Mucke <-> *m* musica *f*

Mücke ['mʏkə] <-, -n> *f* moscerino *m*, moschino *m;* (*Stech~*) zanzara *f;* **aus einer ~ einen Elefanten machen** (*fig*) fare di una mosca un elefante

mucken ['mʊkən] *vi* (*fam*) fiatare, aprir bocca; **ohne zu** ~ senza fiatare

Mucken ['mʊkən] *fpl* (*fam*) bizze *fpl*, capricci *mpl;* **seine** ~ **haben** avere la luna storta/di traverso; **der Computer hat seine** ~ il computer fa le bizze

Mückenstich *m* puntura *f* di zanzara

Mucks [mʊks] <-es, -e> *m* (*fam*) **keinen** ~ **sagen/machen** non batter ciglio/ fiatare; **ohne einen** ~ senza batter ciglio/ fiatare

mucksen ['mʊksən] *vi, vr* **sich** ~ (*fam*) fiatare, aprir bocca

mucksmäuschenstill ['mʊksˈmɔɪsçənˌʃtɪl] *adj* (*fam*) ~ **sein** stare zitto zitto, non batter ciglio; **es war** ~ c'era un silenzio di tomba

müde ['my:də] *adj* stanco; ~ **werden** stancarsi, affaticarsi; **einer Sache** *gen* ~ **sein** (*geh*) essere stanco di qc; **Müdigkeit** <-> *kein Pl f* stanchezza *f;* (*Schläfrigkeit*) sonnolenza *f;* **vor** ~ **umfallen** essere stanco morto *fam*, cadere dal sonno *fam*

Müesli ['my:ɛsli] <-s, -> *n* (*CH*) müsli *m*, muesli *m*

Muff [mʊf] <-(e)s, -e> *m* manicotto *m*

Muffe ['mʊfə] <-, -n> *f* ❶ (TEC) manicotto *m* ❷ (*fam: Angst*) strizza *f;* **mir geht di** ~ ho strizza

Muffel ['mʊfəl] <-s, -> *m* (*fam pej*) brontolone *m*

muff(e)lig *adj* (*fam pej*) scontroso, musone

Muffensausen <-s> *kein Pl n* (*sl*) ~ **haben/kriegen** avere fifa *fam*

muffig *adj* ~ **riechen** sapere di muffa

mufflig *s.* **muffelig**

Mühe ['my:ə] <-, -n> *f* fatica *f*, pena *f;* (*Anstrengung*) sforzo *m;* (*Schwierigkeit*) difficoltà *f;* **der** ~ **wert sein** valere la pena; **sich** *dat* ~ **geben, zu …** darsi la briga di …; **mit Müh(e) und Not** a stento, a mala pena; **das ist verlorene** [*o* **vergebliche**] ~ è fatica sprecata; **wenn es Ihnen keine** ~ **macht** se non Le incomoda; **geben Sie sich** *dat* **keine** ~! non s'incomodi!, non si disturbi!

mühelos **I.** *adj* facile, senza fatica **II.** *adv* con facilità, facilmente

muhen ['mu:ən] *vi* muggire

mühen *vr* **sich** ~ (*geh*) darsi pena *poet*, affannarsi

mühevoll *adj* ❶ (*anstrengend*) faticoso
❷ (*schwierig*) difficile
Mühle ['my:lə] <-, -n> *f* ❶ (*Korn~*)
mulino *m*, macina *f*; (*Kaffee~*, *Pfeffer~*)
macinino *m* ❷ *pl* (*fig: der Justiz, Bürokratie*) ingranaggi *mpl* ❸ (*fam pej: altes Auto*)
macinino *m*
Mühlrad *n* ruota *f* del mulino; **Mühlstein** *m* mola *f*, macina *f*; **Mühlwerk** *n*
meccanismo *m* del mulino
Mühsal ['my:za:l] <-, -e> *f* (*geh*) pene *fpl*
poet, affanni *mpl*; **mühsam** **I.** *adj* faticoso
II. *adv* a fatica; **mühselig** *adj* penoso
Mulatte [mu'latə] <-n, -n> *m*, **Mulattin**
[mu'latɪn] <-, -nen> *f* mulatto, -a *m, f*
Mulde ['mʊldə] <-, -n> *f* ❶ (*Vertiefung*)
avvallamento *m* ❷ (*dial: Trog*) trogolo *m*
Mull [mʊl] <-(e)s, -e> *m* ❶ (*Gewebe*)
mussola *f*; (MED) garza *f* ❷ (*nordd: Torf~*)
terriccio *m*
Müll [mʏl] <-(e)s> *kein Pl m* immondizia *f*,
rifiuti *mpl*; **radioaktiver ~** scorie *fpl* radioattive; **~ abladen verboten!** divieto di scarico!; **Müllabfuhr** *f* nettezza *f* urbana;
Müllaufbereitungsanlage *f* impianto *m* di riciclaggio dei rifiuti; **Müll-
berg** *m* mucchio *m* di rifiuti; **Müllbeu-
tel** *m* sacco *m* della spazzatura
Mullbinde *f* fascia *f* di garza
Müllcontainer *m* cassonetto *m*; **Mülldeponie** *f* deposito *m* delle immondizie;
Mülleimer *m* secchio *m* delle immondizie, pattumiera *f*
Müller(in) ['mʏlɐ] <-s, -; -, -nen> *m(f)*
mugnaio, -a *m, f*
Müllhalde *f* discarica *f*; **Müllkutscher** *m*,
Müllmann *m* (*fam*) addetto *m* al trasporto delle immondizie; **Müllschlu-
cker** *m* tromba *f* per le immondizie;
Mülltonne *f* bidone *m* delle immondizie;
Mülltourismus *m* smaltimento *m* dei
rifiuti all'estero; **Mülltrennung** *f* separazione *f* dei rifiuti; **Müllverbrennung** <->
kein Pl f incenerimento *m* dei rifiuti; **Müllverbrennungsanlage** *f* inceneritore *m*
di rifiuti; **Müllverwertung** *f* sfruttamento *m* dei rifiuti; **Müllwagen** *m* autocarro *m* della nettezza urbana
mulmig ['mʊlmɪç] *adj* (*fam: Situation*)
compromettente; **mir ist ganz ~**
(**zumute**) (*fam*) mi sento a disagio
Multi ['mʊlti] <-s, -s> *m* (*fam*) multinazionale *f*
multikulti *adj* multiculturale
multikulturell [mʊltikʊltu'rɛl] *adj* multiculturale
multilateral [mʊltilate'ra:l] *adj* multilaterale

Multimedia <-, -s> *n* (INFORM) multimedialità *f*
multimedial [mʊltime'dia:l *o* 'mʊltime-
dia:l] *adj* (INFORM) multimediale
Multimillionär(in) *m(f)* multimilionario,
-a *m, f*
multinational [mʊltinatsi̯o'na:l *o* 'mʊlti-
natsi̯ona:l] *adj* (WIRTSCH, POL) multinazionale
Multiple Sklerose [mʊl'ti:plə skle'ro:zə]
<-> *kein Pl f* (MED) sclerosi *f* multipla
Multiplexkino ['mʊltiplɛkski:no] *n* multisala *m*
Multiplikation [mʊltiplika'tsi̯o:n] <-,
-en> *f* (MAT) moltiplicazione *f*
multiplizieren [mʊltipli'tsi:rən] <ohne
ge-> *vt* (MAT) **etw mit etw ~** moltiplicare
qc per qc
Multitalent ['mʊltitalɛnt] <-(e)s, -e> *n*
mente *f* eclettica
Mumie ['mu:mi̯ə] <-, -n> *f* mummia *f*
mumifizieren [mumifi'tsi:rən] <ohne
ge-> *vt* mummificare
Mumm [mʊm] <-s> *kein Pl m* (*fam*)
❶ (*Mut*) fegato *m* ❷ (*Kraft*) forza *f*
Mummelgreis(in) ['mʊmɐlgraɪs] *m(f)*
(*fam pej*) vecchio, -a *m, f* decrepito, -a
Mumps [mʊmps] <-> *kein Pl m dial f*
(MED) parotite *f*, orecchioni *mpl fam*
München ['mʏnçən] *n* Monaco *f* (di
Baviera)
Mund [mʊnt, *pl:* 'mʏndɐ] <-(e)s, Mün-
der> *m* bocca *f*; **in aller ~e sein** correre
sulla bocca di tutti; **dieses Wort nehme
ich nicht mehr in den ~** non dirò più
questa parola; **jdm den ~ stopfen** (*fam*)
tappare la bocca a qu; **jdm den ~ verbieten** impedire a qu di parlare; **jdm den ~
wässrig machen** (*fam*) far venire l'acquolina in bocca a qu; **nicht auf den ~ gefallen sein** (*fam*) avere sempre la risposta
pronta; **jdm das Wort im ~ umdrehen**
travisare le parole di qu; **jdm nach dem ~
reden** dire cose che fanno piacere a qu; **du
nimmst mir das Wort aus dem ~!** (*fam*)
mi togli le parole di bocca!; **den ~ nicht
halten können** (*fam*) aver la lingua
troppo lunga; **halt den ~!** (*fam*) stai zitto!,
chiudi il becco!
Mundart *f* dialetto *m*; **Mundartdich-
ter(in)** *m(f)* poeta, -tessa *m, f*; **mundartlich** *adj* dialettale
Munddusche *f* idropulsore *m*
Mündel ['mʏndəl] <-s, -> *n* pupillo *m*;
mündelsicher *adj* (FIN) di tutto riposo;
~e Wertpapiere valori [*o* titoli] di tutto
riposo
munden ['mʊndən] *vi* (*geh*) piacere (*jdm*

M

a qu)

münden ['mʏndən] *vi haben o sein*
❶ (*Fluss*) **in etw** *acc* ~ sfociare in qc;
(*Straße a*) sboccare in qc ❷ (*fig: enden*) **in
eine Diskussion** *acc* ~ (andare a) finire in
una discussione

mundfaul *adj* (*fam*) taciturno; **mundge-
recht** *adj* pronti per essere mangiati; **jdm
etw** ~ **servieren** (*fig*) scodellare la pappa a
qu

Mundgeruch *m* alito *m* cattivo; **Mundharmonika** *f* armonica *f* a bocca;
Mundhöhle *f* cavità *f* orale; **Mundhy-
giene** <-> *kein Pl* *f* igiene *f* orale

mündig ['mʏndɪç] *adj* ❶ (JUR) maggiorenne ❷ (*fig*) emancipato; **Mündigkeit**
<-> *kein Pl* *f* ❶ (JUR) maggiore età *f* ❷ (*fig*)
emancipazione *f*

mündlich ['mʏntlɪç] *adj* orale

Mundpflege *f* igiene *f* della bocca

Mundpropaganda *f* pubblicità *f* verbale

Mundraub *m* furto *m* lieve di generi alimentari per consumo immediato

M-und-S-Reifen ['ɛm ʊnt 'ɛs 'raɪfən] *m*
pneumatico *m* antineve

Mundstück *n* bocchino *m*; **mundtot** *adj*
(*fam*) **jdn** ~ **machen** ridurre qu al silenzio

Mündung <-, -en> *f* ❶ (*von Fluss*) foce *f*;
(*von Straße a*) sbocco *m* ❷ (*von Gewehr*)
bocca *f*; **Mündungsarm** *m* braccio *m* del
delta

Mundvoll <-, -> *m* boccata *f*; **Mundwasser** *n* (MED) collutorio *f*; **Mundwerk** *n*
(*fam*) **ein loses** ~ **haben** avere la lingua
lunga; **Mundwinkel** *m* angolo *m* della
bocca

Mund-zu-Mund-Beatmung *f* respirazione *f* bocca a bocca

Munition [muni'tsi̯oːn] <-, -en> *f* muni-
zione *f*; **Munitionsfabrik** *f* fabbrica *f* di
munizioni

munkeln ['mʊŋkəln] *vt, vi* (*fam*) **über jdn**
[*o* **von einer Sache**] ~ mormorare di qu/
qc; **man munkelt, dass ...** si mormora
che ...

Münster ['mʏnstɐ] <-s, -> *n* cattedrale *f*

munter ['mʊntɐ] *adj* ❶ (*lebhaft*) vivace,
vivo; (*fröhlich*) allegro, gaio ❷ (*wach*) sveglio; **Munterkeit** <-> *kein Pl* *f* (*Lebhaftigkeit*) vivacità *f*; (*Fröhlichkeit*) allegria *f*;
Muntermacher *m* (*fam*) stimolante *m*

Münzamt *n s.* **Münzstätte**

Münzautomat *m* gettoniera *f*, distributore *m* di gettoni

Münze ['mʏntsə] <-, -n> *f* moneta *f*; **jdm
etw mit gleicher** ~ **heimzahlen** (*fig*)
ripagare qu con la stessa moneta; **etw für
bare** ~ **nehmen** (*fig*) prendere qc per oro
colato

Münzeinwurf *m* fessura *f* per gettone

münzen *vt* coniare; **das ist auf mich
gemünzt** (*fig*) la frecciata è diretta a me

Münzfernsprecher *m* telefono *m* pubblico a gettoni; **Münzgeld** *n* spiccioli *mpl*;
Münzprägung *f* coniatura *f* di monete;
Münzsammler(in) *m(f)* collezionista *mf*
di monete; **Münzsammlung** *f* collezione *f* di monete; **Münzstätte** *f* zecca *f*;
Münztankstelle *f* distributore *m* di benzina a gettoni

mürbe ['mʏrbə] *adj* ❶ (*Fleisch, Obst*)
tenero; (*Gebäck*) friabile ❷ (*bröckelig*) friabile; (*brüchig*) fragile ❸ (*Person*) **jdn** ~
machen rendere docile qu, fiaccare qu;
Mürbeteig *m* pasta *f* frolla

Murmel ['mʊrməl] <-, -n> *f* bilia *f*

murmeln ['mʊrməln] *vt, vi* mormorare,
borbottare

Murmeltier *n* marmotta *f*; **wie ein** ~
schlafen dormire come una marmotta

murren ['mʊrən] *vi* (**über etw** *acc*) ~
brontolare (per qc)

mürrisch ['mʏrɪʃ] *adj* (*griesgrämig*) scontroso; (*Gesicht*) imbronciato; (*brummig*)
brontolone

Mus [muːs] <-es, -e> *n* passato *m*, purè *m*

Muschel ['mʊʃəl] <-, -n> *f* ❶ (ZOO) conchiglia *f*; (*Mies~*) mitilo *m*, cozza *f*
❷ (*~ schale*) guscio *m* ❸ (*Ohr~*) padiglione *m* auricolare ❹ (TEL: *Hör~*) ricevitore *m*; (*Sprech~*) microfono *m*;
muschelförmig ['mʊʃəlfœrmɪç] *adj* a
forma di conchiglia

Muse ['muːzə] <-, -n> *f* musa *f*

Museum [mu'zeːʊm, *pl:* mu'zeːən] <-s,
Museen> *n* museo *m*; **museumsreif** *adj*
(*fam*) da museo; **Museumswärter(in)**
m(f) guardiano, -a *m, f* di museo

Musical ['mjuːzɪkəl] <-s, -s> *n* musical *m*

Musik [mu'ziːk] <-, *rar* -en> *f* musica *f*;
~ **machen** fare della musica

musikalisch [muzi'kaːlɪʃ] *adj* musicale

Musikalität [muzikali'tɛːt] <-> *kein Pl* *f*
❶ (*Empfinden*) sensibilità *f* musicale
❷ (*Begabung*) disposizione *f* per la musica
❸ (*Wirkung*) musicalità *f*

Musikant(in) [muzi'kant] <-en, -en; -,
-nen> *m(f)* musicante *mf*; **Musikanten-
knochen** *m* epicondilo *m*

Musikantin *f s.* **Musikant**

Musikbegleitung *f* accompagnamento *m*
musicale; **Musikbox** *f* juke-box *m*;
Musikdirektor *m* direttore *m* d'orchestra

Musiker(in) ['muːzikɐ] <-s, -; -, -nen>
m(f) musicista *mf*

Musikfreund(in) *m(f)* amante *mf* della musica; **Musikhochschule** *f* conservatorio *m* (musicale); **Musikinstrument** *n* strumento *m* musicale; **Musikkapelle** *f* orchestra *f*; (MIL) banda *f* musicale; **Musikkassette** *f* musicassetta *f*; **Musiklehrer(in)** *m(f)* insegnante *mf* di musica; **Musikrichtung** *f* corrente *f* musicale; **Musikschule** <-, -n> *f* scuola *f* di musica; **Musiksender** *m* (TV) canale *m* di musica; **Musikstück** *n* brano *m* musicale

musisch ['mu:zɪʃ] *adj* ❶ (*Fächer, Schule, Veranlagung*) artistico ❷ (*Mensch*) dotato artisticamente

musizieren [muzi'tsi:rən] <ohne ge-> *vi* fare della musica

Muskatnuss^{RR} <-, -nüsse> *f* noce *f* moscata

Muskel ['mʊskəl] <-s, -n> *m* muscolo *m*; **Muskelkater** *m* dolori *mpl* muscolari; **Muskelkraft** <-> *kein Pl f* forza *f* muscolare; **Muskelprotz** ['mʊskəlprɔts] <-en *o* -es, -e(n)> *m* (*fam*) maciste *m*; **Muskelschwund** *m* atrofia *f* muscolare; **Muskelzerrung** <-, -en> *f* (MED) strappo *m* muscolare

muskulös [mʊsku'lø:s] *adj* muscoloso

Müsli ['my:sli] <-s, -> *n* müsli *m*, muesli *m*

Muslim(e) ['mʊslɪm, *pl:* mʊs'li:mə] <-s, -e *o* -s; -n> *m(f)* musulmano, -a *m, f*

muss^{RR}, **muß**^{ALT} [mʊs] *1. u 3. pers sing pr von* **müssen**¹, **müssen**²

Muss^{RR} [mʊs] <-> *kein Pl* necessità *f* (assoluta)

Muße ['mu:sə] <-> *kein Pl f* (*geh*) tempo *m* libero

Mussehe^{RR} ['mʊse:ə] *f* matrimonio *m* di necessità

müssen¹ ['mʏsən] <muss, musste, müssen> *Modalverb* ❶ (*Notwendigkeit*) dovere; **muss das sein?** bisogna proprio?, è necessario? ❷ (*Zwang*) essere costretto a +*inf*; (*Verpflichtung*) essere obbligato a +*inf*; **ich muss es tun** devo farlo; **da musste ich lachen** dovetti ridere ❸ (*Vermutung*) dovere; **das müsstest du eigentlich wissen** lo dovresti sapere; **er muss gleich kommen** dovrebbe arrivare subito ❹ (*Wunsch*) **man müsste mehr Zeit haben!** si dovrebbe avere più tempo libero!

müssen² <muss, musste, gemusst> *vi* **ich muss in die Stadt** devo andare in città [*o* centro]; **ich muss mal** (*fam*) devo andare al gabinetto

Mußestunden *fpl* tempo *m* libero

müßig ['my:sɪç] *adj* (*geh*) ❶ (*untätig*) ozioso, inoperoso ❷ (*zwecklos*) inutile, vano; **Müßiggang** *m* ozio *m*; **~ ist aller Laster Anfang** (*prov*) l'ozio è il padre dei vizi

musste^{RR}, **mußte**^{ALT} ['mʊstə] *1. u 3. pers sing imp von* **müssen**¹, **müssen**²

Muster ['mʊstɐ] <-s, -> *n* ❶ (*Vorlage*) modello *m*; **nach dem ~ von** sull'esempio di ❷ (*Vorbild*) esempio *m*; **~ an Fleiß** *dat* **sein** essere esempio di diligenza ❸ (*~ung*) disegno *m*, motivo *m* ❹ (*Probestück*) campione *m*; **Musterbeispiel** *n* esempio *m* tipico; **Musterbetrieb** *m* azienda *f* modello; **Musterbrief** *m* lettera *f* tipo; **Musterexemplar** *n* esemplare *m*, modello *m*; **mustergültig, musterhaft** *adj* esemplare; **Musterknabe** *m* (*pej*) ragazzo *m* modello (mal visto dai compagni); **Musterkollektion** *f* collezione *f* di campioni; **Mustermesse** *f* fiera *f* campionaria

mustern ['mʊstɐn] *vt* ❶ (*betrachten*) squadrare, scrutare ❷ (MIL: *Truppen*) passare in rassegna; (*Wehrpflichtigen*) sottoporre alla visita di leva

Musterschüler(in) *m(f)* scolaro, -a *m, f* modello

Musterung <-, -en> *f* ❶ (*Prüfung, Betrachtung*) esame *m* ❷ (MIL: *von Wehrpflichtigen*) visita *f* di leva ❸ (*Muster*) motivo *m*, disegno *m*

Mut [mu:t] <-(e)s> *kein Pl m* coraggio *m*; **den ~ verlieren** perdersi d'animo; **jdm ~ machen** far coraggio a qu, incoraggiare qu; **frohen ~es** di buon animo; **nur ~!** su, coraggio!

Mutant [mu'tant] <-en, -en> *m*, **Mutante** [mu'tantə] <-, -n> *f* (BIOL) mutante *m*

Mutation [muta'tsi̯o:n] <-, -en> *f* mutazione *f*

mutig *adj* coraggioso

mutlos *adj* scoraggiato, abbattuto; **Mutlosigkeit** <-> *kein Pl f* scoraggiamento *m*, avvilimento *m*

mutmaßen ['mu:tma:sən] *vt* (*vermuten*) presumere, congetturare; (*annehmen*) supporre

mutmaßlich *adj* (ADM) presunto

Mutmaßung <-, -en> *f* presunzione *f*, congettura *f*; (*Annahme*) supposizione *f*

Mutprobe <-, -n> *f* prova *f* di coraggio

Mutter¹ ['mʊtɐ, *pl:* 'mʏtɐ] <-, Mütter> *f* madre *f*; **werdende und stillende Mütter** donne incinte e allattanti; **keine ~ mehr haben** essere orfano di madre

Mutter² ['mʊtɐ] <-, -n> *f* (TEC) madrevite *f*, dado *m*

M

Mütterchen ['mʏtɛçən] <-s, -> n altes ~ nonnina f, vecchietta f

Mütter-Genesungswerk ['mʏtɛgə'neːzʊŋsvɛrk] n opera assistenziale che gestisce delle case di cura per madri bisognose

Muttergottes ['mʊtɛ'gɔtəs] <-> kein Pl f (REL) Madonna f, madre f di Dio

Mutterinstinkt <-(e)s, -e> m istinto m materno; **Mutterkomplex** <-es, -e> m complesso m materno; **Mutterkuchen** m (ANAT) placenta f; **Mutterleib** m grembo m materno

mütterlich ['mʏtɛlɪç] adj materno

mütterlicherseits adv per parte di madre

Mutterliebe f amore m materno; **mutterlos** adj orfano di madre; **Muttermal** <-s, -e> n neo m; **Muttermilch** f latte m materno; **Muttermord** m matricidio m; **Muttermörder(in)** m(f) matricida mf; **Muttermund** m (ANAT) orifizio m dell'utero; **Mutterschaft** <-> kein Pl f maternità f; **Mutterschaftsgeld** n sussidio m di maternità; **Mutterschaftsurlaub** m congedo m per maternità; **Mutterschiff** n (NAUT) nave f appoggio; **Mutterschutz** m protezione f della maternità; **Mutterschutzgesetz** n legge f sulla protezione della maternità; **mutterseelenallein** ['mʊtɛ'zeːlən?a'laɪn] adj o adv (fam) solo soletto; **Muttersöhnchen** ['mʊtɛzøːnçən] <-s, -> n (fam pej) figlio m di mamma; **Muttersprache** f

lingua f madre; **Muttersprachler(in)** ['mʊtɛʃpraːxlɐ] <-s, -; -, -nen> m(f) parlante mf madrelingua; **Muttertag** m festa f della mamma; **Mutterwitz** m astuzia f genuina

Mutti ['mʊti] <-, -s> f (fam) mamm(in)a f

mutwillig adj ❶ (absichtlich) intenzionale, volontario ❷ (böswillig) malizioso

Mütze ['mʏtsə] <-, -n> f berretto m, berretta f

MW ❶ abk v **Mittelwelle** OM ❷ abk v **Megawatt** MW

m. W. abk v **meines Wissens** per quanto ne so

MwSt abk v **Mehrwertsteuer** IVA f

MWSt abk v **Mehrwertsteuer** IVA f

Myrte ['mʏrtə] <-, -n> f mirto m

Mysterien pl von **Mysterium**

mysteriös [mʏsteri'øːs] adj misterioso

Mysterium [mʏs'teːriʊm] <-s, Mysterien> n mistero m

Mystifizierung [mʏstifi'tsiːrʊŋ] <-, -en> f mistificazione f

Mystik ['mʏstɪk] <-> kein Pl f mistica f

mystisch ['mʏstɪʃ] adj mistico

Mythen pl von **Mythos, Mythus**

mythisch ['myːtɪʃ] adj mitico

Mythologie [mytolo'giː] <-, -n> f mitologia f

mythologisch [myto'loːgɪʃ] adj mitologico

Mythos ['myːtɔs, pl: 'myːtən] <-, Mythen> m mito m

Nn

N, n [ɛn] <-, -(s)> *n* N, n *f;* **N wie Nordpol** N come Napoli

N *abk v* **Nord(en)** N

na [na] *int* (*fam*) ❶(*fragend, auffordernd, anredend*) allora, su; ~ **und** (**wenn schon**)? e allora?, e con ciò?, ebbene?; ~, **wird's bald!** forza!, spicciati! ❷(*beschwichtigend*) suvvia; ~ **also!,** ~ **eben!,** ~ **bitte!** allora!, dunque! ❸(*zweifelnd*) ma ❹(*ermahnend*) attenzione; ~ **warte!** aspetta! ❺(*resigniert, zustimmend*) okay; ~ **gut!,** ~ **schön!** va bene ❻(*überrascht*) oh, ma; ~, **so was!** ma che sorpresa!, ma guarda un po'!

Na (CHEM) *abk v* **Natrium** Na

Nabe ['na:bə] <-, -n> *f* mozzo *m*

Nabel ['na:bəl] <-s, -> *m* ombelico *m;* **Nabelschau** <-, -en> *f* narcisismo *m;* (*Zeigen des Körpers*) ostentazione *f* [*o* esibizione *f* esagerata] del proprio corpo; **Nabelschnur** *f* cordone *m* ombelicale

nach [na:x] I. *prp* +*dat* ❶(*räumlich*) verso; (*bei Ortsnamen*) a; (*bei Ländernamen*) in; ~ **oben/unten** in su/giù; ~ **hinten** indietro, all'indietro; ~ **Hause gehen** andare a casa; **der Zug** ~ **Paris** il treno per Parigi; **von links** ~ **rechts** da sinistra a destra ❷(*Reihenfolge*) dopo; **einer** ~ **dem ander(e)n** uno dopo l'altro, uno alla volta; (**bitte**) ~ **Ihnen!** dopo di Lei ❸(*Uhrzeit*) e; **Viertel** ~ **fünf** le cinque e un quarto ❹(*zufolge, gemäß*) secondo, in conformità di; ~ **etw riechen/schmecken** sapere di qc; **jdn** ~ **jdm/etw benennen** dare a qu il nome di qu/qc; ~ (**französischer, etc**) **Art** alla (francese, etc); ~ **Geschmack** secondo i gusti; (**je**) ~ **den Umständen** secondo le circostanze; **meiner Meinung** ~ secondo me; **aller Wahrscheinlichkeit** ~ con tutta probabilità II. *adv* ❶(*zeitlich*) ~ **wie vor** come prima; ~ **und** ~ un po' alla volta, a poco a poco ❷(*räumlich*) **mir** ~! dietro a me!, seguitemi!

nach|äffen ['na:xʔɛfən] *vt* (*pej*) contraffare, scimiottare *fam*

nach|ahmen ['na:xʔa:mən] *vt* imitare, copiare; (*in Gestik, Sprache a*) contraffare; **nachahmenswert** *adj* esemplare; **Nachahmung** <-, -en> *f* imitazione *f;* (*Fälschung*) contraffazione *f*

Nachbar(in) ['naxba:ɐ̯] <-n *o rar* -s, -n; -, -nen> *m(f)* vicino, -a *m, f;* **Nachbarhaus** *n* casa *f* vicina; **Nachbarin** *f* s. **Nachbar; Nachbarland** *n* paese *m* confinante; **nachbarlich** *adj* (del) vicino; **Nachbarschaft** <-> *kein Pl f* ❶(*Verhältnis*) vicinato *m;* (*Nachbarn*) vicini *mpl* ❷(*Nähe*) vicinanza *f;* **Nachbarstaat** <-(e)s, -en> *m* stato *m* limitrofo [*o* confinante]

nach|bereiten <ohne ge-> *vt* rielaborare, rimeditare

nach|bessern *vt* ritoccare, ripassare

nach|bestellen <ohne ge-> *vt* ordinare ancora; **Nachbestellung** *f* ordinazione *f* supplementare

nach|beten *vt* (*fam*) ripetere a pappagallo

nach|bilden *vt* riprodurre, fare una copia di; **Nachbildung** *f* ❶*sing* (*Vorgang*) imitazione *f* ❷(*Werk*) copia *f*

nach|bohren *vi* (*fam*) insistere; **bei jdm** ~ insistere su qc con qu, chiedere a qu qc con insistenza

nach|datieren <ohne ge-> *vt* retrodatare

nachdem [na:x'de:m] I. *konj* ❶(*zeitlich*) dopo +*inf,* dopo che ❷(*dial: kausal*) poiché, siccome II. *adv* **je** ~, **ob** .../**wie** ... secondo se .../come ...

nach|denken <irr> *vi* (**über etw** *acc*) ~ riflettere (su qc)

nachdenklich *adj* ❶(*in Gedanken versunken*) pensieroso, meditabondo ❷(*generell zum Nachdenken geneigt*) riflessivo

Nachdichtung *f* versione *f* libera

Nachdruck[1] <-(e)s> *kein Pl m* (*Betonung*) accento *m,* enfasi *f;* **auf etw** *acc* ~ **legen** porre l'accento su qc; **mit** ~ con energia

Nachdruck[2] <-(e)s, -e> *m* (TYP) riproduzione *f;* (*Neuauflage*) ristampa *f*

nach|drucken *vt* ristampare

nachdrücklich ['na:xdrʏklɪç] *adj* energico, fermo

nach|dunkeln *vi sein* scurire

Nachdurst *m* sete *f* da sbornia

nach|eifern *vi* **jdm** ~ emulare qu

nach|eilen *vi sein* **jdm** ~ correre dietro a qu

nacheinander [na:xʔar'nandɐ] *adv* ❶(*räumlich*) l'uno dopo [*o* dietro] l'altro ❷(*zeitlich a*) di seguito

nach|empfinden <irr, ohne ge-> *vt* partecipare a, condividere; **jdm etw** ~ avere comprensione per qu in qc

Nachen ['naxən] <-s, -> *m* (*poet*) navicella *f,* barca *f*

nach|erzählen <ohne ge-> *vt* ripetere con parole proprie; **Nacherzählung** *f* ripetizione *f* (con parole proprie), rias-sunto *m*

Nachfahr(e) <-en, -en> *m* (*geh*) discen-dente *mf*

Nachfeier *f* festeggiamento *m* aggiornato [*o* replicato]

Nachfolge *f* successione *f*

nach|folgen *vi sein* ❶ (*geh: als Anhänger*) seguire l'esempio (*jdm* di qu) ❷ (*hinterher-gehen*) seguire (*jdm* qu) ❸ (*im Amt*) suc-cedere (*jdm* a qu); **nachfolgend** *adj* suc-cessivo, seguente

Nachfolger(in) <-s, -; -, -nen> *m(f)* suc-cessore *m*, succeditrice *f*

nach|forschen *vi* fare ricerche; **Nach-forschung** *f* ricerca *f*, indagine *f*; **~en nach etw anstellen** fare delle ricerche su qc

Nachfrage *f* domanda *f*

nach|fragen **I.** *vi* ❶ (*sich erkundigen*) (**nach etw**) **~** informarsi su qc ❷ (*erbitten*) **um etw ~** chiedere il permesso di (fare) qc ❸ (*noch einmal fragen*) ridomandare **II.** *vt* (COM) richiedere

Nachfrist *f* dilazione *f*, proroga *f*

nach|fühlen *s.* **nachempfinden**

nachfüllbar *adj* ricaricabile

nach|füllen *vt* ❶ (*Gefäß*) riempire (di nuovo) ❷ (*Inhalt*) riempire

Nachfüllpackung *f* ricarica *f*

nach|geben <irr> *vi* ❶ (*fig: Mensch*) cedere ❷ (*Boden, Wand*) cedere ❸ (FIN) flettersi

Nachgebühr *f* soprattassa *f*

Nachgeburt *f* ❶ (*Mutterkuchen*) pla-centa *f* ❷ (*Vorgang*) secondina *f*

nach|gehen <irr> *vi sein* ❶ (*folgen*) **jdm ~** andare dietro a qu; **einer Sache** *dat* **~** (*a fig*) seguire qc ❷ (*fig: sich widmen*) **einer Sache** *dat* **~** dedicarsi a qc ❸ (*nachfor-schen*) **einer Sache** *dat* **~** studiare a fondo qc ❹ (*Uhr*) ritardare; **meine Armband-uhr geht (zwei Minuten) nach** il mio orologio è indietro (di due minuti)

Nachgeschmack *m* sapore *m* (residuo); (*meist Wein*) retrogusto *m*

nachgiebig ['na:xgi:bɪç] *adj* ❶ (*Boden, Wand*) cedevole; (*Material*) elastico, flessi-bile ❷ (*Mensch*) arrendevole, accondis-cendente; **Nachgiebigkeit** <-> *kein Pl f* ❶ (*von Boden, Wand*) cedevolezza *f*; (TEC) elasticità *f*, flessiblità *f* ❷ (*fig*) arrendevo-lezza *f*, compiacenza *f*

nach|grübeln *vi* **über etw** *acc* **~** rimugi-nare qc

nach|haken *vi* (*fam*) insistere su un punto, soffermarsi su un argomento; **bei jdm** (**mit einer Frage**) **~** insistere da qu

(con una domanda)

nachhaltig ['na:xhaltɪç] *adj* persistente, durevole; **Nachhaltigkeit** <-> *kein Pl f* persistenza *f*, durata *f*

nach|hängen <irr> *vi* accarezzare; **einem Gedanken/einem Traum ~** accarezzare un'idea/un sogno

Nachhauseweg [na:x'hauzəve:k] *m* rien-tro *m* a casa; **auf dem ~** rientrando a casa

nach|helfen <irr> *vi* (**jdm**) **~** dare una mano (a qu); **dem Glück ein bisschen ~** aiutare un po' la fortuna

nachher [na:x'he:ɐ̯ *o* 'na:xhe:ɐ̯] *adv* (*danach*) dopo, poi; (*später*) più tardi; **bis ~!** a più tardi!, a dopo!

Nachhilfe *f* ❶ (*Hilfe*) aiuto *m* ❷ assi-stenza *f*

Nachhilfeunterricht *m* ripetizione *f*

nachhineinALT *adv s.* **Nachhinein**

NachhineinRR ['na:xhɪnaɪn] *adv* **im ~** in seguito, dopo

Nachholbedarf *m* bisogno *m* di recupe-rare; **~ an etw** *dat* bisogno di recuperare qc; **einen ~ an Schlaf haben** aver bisogno di recuperare il sonno

nach|holen *vt* recuperare

Nachhut <-, -en> *f* retroguardia *f*

nach|jagen *vi sein* **einer Sache** *dat* **~** cor-rere dietro a qc

nach|kaufen *vt* comprare successiva-mente, completare; **Nachkaufgarantie** *f* garanzia *f* di produzione

Nachkomme ['na:xkɔmə] <-n, -n> *m* dis-cendente *mf*

nach|kommen <irr> *vi sein* ❶ (*später kommen*) venire dopo; **ich komme nach** vi raggiungo dopo ❷ (*geh*) seguire, confor-marsi; **einem Befehl ~** obbedire a un ordine; **einer Verpflichtung ~** adempiere a un compito

Nachkommenschaft <-> *kein Pl f* dis-cendenza *f*, posteri *mpl*

Nachkömmling ['na:xkœmlɪŋ] <-s, -e> *m* ultimo figlio *m* (con grande diffe-renza di età rispetto ai fratelli)

Nachkriegs- (*in Zusammensetzungen*) del dopoguerra, postbellico

Nachkriegsgeschichte *f* storia *f* del dopoguerra

Nachkriegszeit *f* dopoguerra *m*

Nachkur *f* convalescenza *f*

NachlassRR ['na:xlas, *pl:* 'na:xlasə *o* 'na:xlɛsə] <-es, -e *o* Nachlässe> *m*, **Nachlaß**ALT <-lasses, -lasse *o* -lässe> *m* ❶ (COM) riduzione *f*, sconto *m*; (*Rabatt*) ribasso *m* ❷ (*Hinterlassenschaft*) eredità *f*

nach|lassen <irr> **I.** *vt* ❶ (*lockern*) allen-

N

tare ❷ (*vom Preis*) ribassare **II.** *vi* (*Sturm, Lärm, Wind*) placarsi; (*Kälte, Hitze, Interesse, Leistung*) diminuire; (*Schmerz*) calmarsi; (*Liebe, Freundschaft, Eifer*) raffreddarsi, intiepidirsi

nachlässig *adj* ❶ (*ohne Sorgfalt*) trascurato, negligente ❷ (*gleichgültig*) incurante; **Nachlässigkeit** <-, *rar* -en> *f* ❶ (*Unordentlichkeit*) trascuratezza *f*, negligenza *f* ❷ (*Gleichgültigkeit*) noncuranza *f*

Nachlassverwalter(in)[RR] *m(f)* amministratore, -trice *m*, *f* d'eredità

nach|laufen <irr> *vi sein* **jdm/etw** ~ correre dietro a qu/qc

Nachlese *f* ❶ (*Getreide~*) spigolatura *f*; (*Trauben~*) racimolatura *f* ❷ (*fig* LIT) spigolatura *f*

nach|lesen <liest nach, las nach, nachgelesen> *vt* (*Text*) rileggere; **etw in einem Buch** ~ dare una riletta a qc nel libro

nach|liefern *vt* fornire in un secondo tempo [*o* in seguito]

nach|lösen *vi* fare il biglietto in treno

nach|machen *vt* (*fam*) ❶ (*nachahmen*) imitare, copiare; (*parodieren*) contraffare; **das soll mir erst mal jemand ~!** (*fam*) vediamo se c'è qualcuno capace di fare come me! ❷ (*fälschen*) contraffare; (*Geld*) falsificare ❸ (*nachträglich machen*) fare dopo

nach|messen <irr> *vt*, *vi* rimisurare

Nachmieter(in) *m(f)* inquilino, -a *m*, *f* subentrante

Nachmittag *m* pomeriggio *m*; **nachmittags** *adv* di pomeriggio

Nachmittagssonne *f* sole *m* del pomeriggio; **Nachmittagsvorstellung** *f* rappresentazione *f* pomeridiana

Nachnahme ['na:xna:mə] <-, -n> *f* **gegen** ~ contrassegno; **Nachnahmegebühr** *f* tassa *f* per spedizione contrassegno

Nachname <-ns, -n> *m* cognome *m*

nach|plappern *vt* (*fam*) ripetere come un pappagallo [*o* pappagallescamente]

Nachporto *n* soprattassa *f*

nachprüfbar *adj* controllabile, verificabile

nach|prüfen *vt* controllare, verificare; (*noch einmal prüfen*) riesaminare; **Nachprüfung** *f* ❶ (*Überprüfung*) controllo *m*, verifica *f* ❷ (*erneute Prüfung*) riesame *m*; (*in Schule*) esame *m* di riparazione

nach|rechnen **I.** *vt* controllare, verificare **II.** *vi* verificare i conti

Nachrede *f* **üble** ~ maldicenza *f*, diffamazione *f*

nach|reden *vt* (*wiederholen*) ripetere; **jdm (etw) Schlechtes** ~ dire male di qu,

sparlare di qu

nach|reichen *vt* (*Unterlagen*) fornire in seguito

Nachricht ['na:xrɪçt] <-, -en> *f* ❶ (*Meldung, Information*) notizia *f*; (*Mitteilung*) informazione *f*, comunicazione *f*; **ich habe keine ~ von ihm** non ho sue notizie; **wir geben Ihnen ~, sobald die Möbel da sind** non appena arrivano i mobili, glielo facciamo sapere ❷ (*Computer*) messaggio *m* ❸ *pl* (RADIO) giornale *m* radio, notiziario *m*; (TV) telegiornale *m*; **Nachrichtenagentur** *f* agenzia *f* d'informazioni; **Nachrichtendienst** *m* servizio *m* d'informazioni; (MIL) servizio *m* di ricognizione; **Nachrichtensatellit** *m* satellite *m* per telecomunicazioni; **Nachrichtensender** *m* canale *m* di informazione; **Nachrichtensendung** *f* (RADIO) giornale *m* radio, notiziario *m*; (TV) telegiornale *m*; **Nachrichtensperre** *f* censura *f* sulle informazioni; **Nachrichtensprecher(in)** *m(f)* annunciatore, -trice *m*, *f*; **Nachrichtentechnik** *f* telecomunicazioni *fpl*; **Nachrichtenwesen** *n* informazioni *fpl*

Nachruf *m* necrologio *m*; ~ **auf jdn** necrologio di qu

nach|rufen <ruft nach, rief nach, nachgerufen> *vt* **jdm etw** ~ gridare qc dietro a qu

Nachruhm *m* fama *f* postuma

nach|rüsten **I.** *vi* (MIL) potenziare gli armamenti **II.** *vt* (TEC, INFORM: *zusätzlich ausstatten*) potenziare l'attrezzatura di, attrezzare maggiormente

Nachrüstung *f* (MIL) riarmo *m*

nach|sagen *vt* (*wiederholen*) ripetere; **jdm etw Gutes/Schlechtes** ~ dire bene/male di qu

Nachsaison *f* bassa stagione *f*

Nachsatz <-es, -sätze> *m* ❶ (*Ergänzung*) aggiunta *f*, appendice *f*, postilla *f*; (*Postskriptum*) poscritto *m*, post scriptum *m*; **in einem ~ sagte er, dass ...** nell'appendice disse che... ❷ (LING) apodosi *f*

nach|schauen *vi s.* **nachsehen**

nach|schenken *vi*, *vt* (*geh*) versare ancora

nach|schicken *vt* (*Post*) rispedire; (*Leute*) mandare dietro

Nachschlag *m* ❶ (MUS) note *fpl* finali del trillo ❷ (*fam: beim Essen*) seconda porzione *f*

nach|schlagen <irr> **I.** *vt* haben (*in Buch*) cercare **II.** *vi* ❶ haben consultare; **in einem Buch** ~ consultare un libro ❷ *sein*

N

jdm ~ (*geh: nacharten*) assomigliare a qu

Nachschlagewerk *n* opera *f* di consultazione

Nachschlüssel *m* chiave *f* falsa, passepartout *m*

nach|schmeißen <schmeißt nach, schmiss nach, nachgeschmissen> *vt* (*fam*) tirare dietro; **das ist** (**so gut wie**) **nachgeschmissen** è praticamente regalato

Nachschrift *f* ❶ (*Aufzeichnungen*) appunti *mpl* ❷ (*Nachtrag*) poscritto *m*

Nachschub *m* ❶ (*Versorgung*) rifornimento *m* ❷ (*Material*) rifornimenti *mpl*

nach|sehen <irr> **I.** *vi* ❶ (*hinterhersehen*) **jdm/etw** ~ seguire con lo sguardo qu/qc ❷ (*gucken*) andare a vedere, dare un'occhiata; **in einem Buch** ~ consultare un libro **II.** *vt* ❶ (*prüfen*) verificare, controllare ❷ (*entschuldigen*) **jdm etw** ~ perdonare qc a qu; **Nachsehen** <-s> *kein Pl n* **das** ~ **haben** restare a bocca asciutta *fam*

nach|senden <irr> *s.* **nachschicken**

Nachsicht *f* indulgenza *f*, condiscendenza *f*; ~ **mit jdm haben** essere indulgente con qu; **nachsichtig** *adj* indulgente

Nachsilbe *f* (LING) suffisso *m*

nach|sinnen <irr> *vi* (*geh*) (**über etw** *acc*) ~ riflettere (su qc)

nach|sitzen <irr> *vi* rimanere a scuola per castigo

Nachspann ['na:xʃpan] <-(e)s, -e> *m* titoli *mpl* di chiusura

Nachspeise *f* (GASTR) dessert *m*, dolce *m*

Nachspiel *n* ❶ (THEAT) epilogo *m;* (MUS) postludio *m* ❷ (*fig: Folgen*) strascico *m*

nach|spielen **I.** *vt* (*Melodie*) ripetere, risuonare **II.** *vi* (SPORT) giocare i minuti di recupero [*o* il recupero]; **Nachspielzeit** *f* (SPORT) supplementari *mpl*

nach|spionieren <ohne ge-> *vi* **jdm** ~ spiare qu

nach|sprechen <irr> *vt* ripetere

nächst [nɛːçst] *prp* +*dat* (*geh*) ❶ (*örtlich*) accanto, dopo ❷ (*außer*) oltre a

nächstbeste(r, s) ['nɛːçst'bɛstə, -tə, -təs] *adj* primo, -a; **~r** primo, -a venuto, -a *m, f*

nächste *s.* **nächste(r, s)**

Nächste[1] <ein -r, -n, -n> *m* (*geh: Mitmensch*) prossimo *m*

Nächste[2] <ein -s, -n> *kein Pl n* prima cosa *f*

nach|stehen <irr> *vi* **jdm** (**in nichts**) ~ (non) essere inferiore (in nulla) a qu; **jdm an Schönheit nicht** ~ non essere inferiore a qu in bellezza

nachstehend *adj* seguente; ~ **aufgeführt** sottoelencato, elencato qui di seguito; **im Nachstehenden** qui di seguito, più avanti

nach|steigen <steigt nach, stieg nach, nachgestiegen> *vi sein* (*fam*) stare dietro a qu, fare il filo a qu

nach|stellen **I.** *vt* ❶ (LING) posporre ❷ (*Uhr*) mettere indietro **II.** *vi* **jdm** ~ (*geh: verfolgen*) inseguire qu, perseguitare qu; (*nachsteigen*) correre dietro a qu; **Nachstellung** *f* ❶ (*Verfolgung*) agguato *m*, caccia *f*, persecuzione *f*; (*Aufdringlichkeit*) invadenza *f* ❷ (GRAM) posposizione *f*

nächsten ['nɛːçstən] *Superlativ von* **nah(e), am** ~ il più vicino

Nächstenliebe *f* amore *m* del prossimo, carità *f*

nächste(r, s) ['nɛːçstə, -tə, -təs] *adj Superlativ von* **nah(e)** ❶ (*räumlich*) (il, la) più vicino, -a; **aus ~r Nähe** da molto vicino; **am ~n** più vicino ❷ (*Reihenfolge*) seguente, prossimo, -a, successivo, -a; **der Nächste, bitte!** avanti il prossimo! ❸ (*zeitlich*) prossimo, -a; ~**s Mal** la prossima volta; ~**n Sonntag** domenica prossima; **bei der ~n Gelegenheit** alla prossima occasione; **im ~n Augenblick** un momento dopo

Nächstliegende <ein -s, -n> *kein Pl n* **das** ~ (*fig*) la cosa più evidente; **nächstmögliche(r, s)** ['nɛːçst'møːklɪçə, -çə, -çəs] *adj* prossimo, -a

nach|suchen *vt* ❶ (*nachsehen*) (ri)cercare ❷ (*geh: bitten, beantragen*) **bei jdm um etw** ~ sollecitare qc da qu

Nacht [naxt, *pl:* 'nɛçtə] <-, Nächte> *f* notte *f;* (*Dauer*) nottata *f;* **bei** ~, **in der** ~ di notte; **heute nacht** stanotte; **in der** ~ **vom 21. auf den 22. April** nella notte fra il 21 ed il 22 aprile; **über** ~, **die** ~ **über** durante la notte; **über** ~ **bleiben** pernottare, passare la notte; **es wird** ~, **die** ~ **bricht herein** si fa notte, annotta; **bei** ~ **und Nebel** furtivamente; **gute** ~! buona notte!; **über** ~ (*fig*) improvvisamente; (*von heute auf morgen*) da un giorno all'altro

Nachtarbeit *f* lavoro *m* notturno; **Nachtblindheit** *f* emeralopia *f;* **Nachtcreme** *f* crema *f* da [*o* per la] notte; **Nachtdienst** *m* servizio *m* notturno

Nachteil *m* svantaggio *m*, sfavore *m;* (*Schaden a*) danno *m*, pregiudizio *m;* **jdm ~e bringen, für jdn von ~ sein** arrecare danno a qu; **gegenüber jdm im ~ sein** essere svantaggiato rispetto a qu; **sich zu seinem ~ verändern** cambiare in peggio; **zum ~ von** a svantaggio di; **nachteilig** *adj* (*ungünstig*) svantaggioso; (*schäd-*

lich) pregiudizievole; (*abträglich*) sfavorevole

nächtelang ['nɛçtəlaŋ] *adv* per notti intere

Nachtessen <-s, -> *n* (*CH: Abendessen*) cena *f;* **Nachteule** *f* (*fam scherz*) nottambulo *m;* **Nachtfahrverbot** <-(e)s, -e> *n* divieto *m* di circolazione notturna; **Nachtfalter** *m* farfalla *f* notturna, falena *f;* **Nachtfrost** *m* gelo *m* notturno; **Nachthemd** *n* camicia *f* da notte

Nachtigall ['naxtɪgal] <-, -en> *f* (ZOO) usignolo *m*

nächtigen ['nɛçtɪgən] *vi* passare la notte

Nächtigung ['nɛçtɪgʊŋ] <-, -en> *f* (*A: Übernachtung*) pernottamento *m*

Nachtisch *m* dessert *m*, dolce *m*

Nachtklub *m* locale *m* notturno, nightclub *m;* **Nachtlager** *n* (*geh*) giaciglio *m;* **Nachtleben** *n* vita *f* notturna

nächtlich ['nɛçtlɪç] *adj* notturno

Nachtlokal *n* locale *m* notturno, night *m;* **Nachtmahl** *n* (*A, südd*) *s.* **Abendessen**; **Nachtportier** *m* portiere *m* di notte; **Nachtquartier** *n* alloggio *m* per la notte

Nachtrag ['na:xtra:k, *pl:* 'na:xtrɛːgə] <-(e)s, Nachträge> *m* supplemento *m*, aggiunta *f;* (*Anhang*) appendice *f;* (*in Brief*) poscritto *m*

nach|tragen <irr> *vt* ❶ (*hinterhertragen*) portare dietro ❷ (*hinzufügen*) aggiungere ❸ (*nachtragend sein*) **jdm etw ~** serbare rancore a qu per qc; **nachtragend** *adj* permaloso

nachträglich ['na:xtrɛːklɪç] **I.** *adj* ❶ (*ergänzend*) supplementare, suppletivo ❷ (*später eingehend*) ulteriore, posteriore ❸ (*später nachfolgend*) ritardato, tardivo **II.** *adv* più tardi, in seguito; (*verspätet*) in ritardo

nach|trauern *vi* **jdm/etw ~** rimpiangere qu/qc

Nachtruhe *f* riposo *m* notturno

nachts *adv* di notte; **um 3 Uhr ~** alle 3 di notte

Nachtschattengewächs *n* (BOT) solanacee *fpl;* **Nachtschicht** *f* turno *m* di notte; **Nachtschwärmer** *m* ❶ (ZOO) falena *f* ❷ (*scherz*) nottambulo, -a *m, f;* **Nachtschwester** *f* infermiera *f* di notte; **Nachtspeicherofen** *m* stufa *f* d'accumulazione di calore; **Nachtstrom** <-(e)s> *kein Pl m* corrente *f* elettrica a tariffa notturna ridotta; **Nachttarif** *m* tariffa *f* notturna; **Nachttisch** *m* comodino *m;* **Nachttischlampe** *f* abat-jour *m;* **Nachttopf** *m* vaso *m* da notte; **Nachttresor** <-s, -e> *m* cassa *f* continua;

Nacht-und-Nebel-Aktion *f* (*fam*) retata *f* notturna; **Nachtvorstellung** *f* rappresentazione *f* notturna; **Nachtwache** *f* ❶ (*Dienst*) veglia *f* ❷ (*Person*) guardia *f* notturna; **Nachtwächter(in)** *m(f)* guardiano, -a *m, f* notturno, -a; **Nachtzeit** *f* **zur ~** di notte

Nachuntersuchung *f* controllo *m*

nachvollziehbar *adj* comprensibile; (*Gedanken*) ripercorribile

nach|vollziehen <irr, ohne ge-> *vt* ripercorrere

nach|wachsen <irr> *vi sein* ricrescere

Nachwahl *f* elezione *f* suppletiva

Nachwehen *fpl* ❶ (MED) morsi *mpl* uterini ❷ (*geh fig: unangenehme Folgen*) effetti *mpl* dolorosi

nach|weinen *vi* **jdm/etw keine Träne ~** non rimpiangere qu/qc, non versare lacrime per qu/qc

Nachweis ['na:xvaɪs] <-es, -e> *m* (*Beweis*) prova *f;* (*Bescheinigung*) attestato *m;* **zum ~ von** a sostegno di

nachweisbar *adj* ❶ (*beweisbar*) dimostrabile; (*belegbar*) documentabile ❷ (*auffindbar: Fehler, Mängel*) trovabile

nach|weisen <irr> *vt* ❶ (*beweisen*) provare, dimostrare; **jdm etw ~** provare qc a qu ❷ (*belegen, bescheinigen*) attestare, certificare

nachweislich *adv* come si può dimostrare

Nachwelt *f* posterità *f*, posteri *mpl*

nach|werfen <wirft nach, warf nach, nachgeworfen> *vt* **jdm etw ~** gettare [*o* tirare] dietro qc a qu

nach|winken *vi* **jdm ~** salutare qu (che sta partendo) con la mano

nach|wirken *vi* ❶ (TEC, MED) produrre un effetto secondario ❷ (*Einfluss haben*) **auf etw** *acc* **~** ripercuotersi su qc; **Nachwirkung** *f* ❶ (TEC, MED) effetto *m* secondario ❷ (*fig: Einfluss*) ripercussione *f;* **~ auf etw** *acc* ripercussione su qc

Nachwort <-(e)s, -e> *n* epilogo *m*

Nachwuchs *m* ❶ (*fam: Kinder*) figli *mpl*, bambini *mpl* ❷ (*junge Kräfte*) giovani leve *fpl;* **Nachwuchsstar** *m* giovane star *f*

nach|zahlen *vt, vi* ❶ (*später zahlen*) pagare dopo ❷ (*zusätzlich zahlen*) pagare in più

nach|zählen *vt, vi* (ri)contare

Nachzahlung *f* ❶ (*später*) pagamento *m* successivo; (*zusätzlich*) pagamento *m* supplementare ❷ (*nachzuzahlende Summe*) arretrato *m*

nach|zeichnen *vt* copiare, riprodurre

nach|ziehen <irr> **I.** *vt* **haben** ❶ (*Schraube*) serrare ❷ (*Strich*) ricalcare;

N

(*Augenbrauen, Lippen*) ritoccare ❸ (*Bein*) trascinare **II.** *vi sein* jdm/etw ~ seguire qu/qc

Nachzügler(in) ['naːxtsyːklɐ] <-s, -; -, -nen> *m(f)* ritardatario, -a *m, f*

Nackedei ['nakədaɪ] <-s, -s> *m* (*fam*) ❶ (*Erwachsener*) nudità *f* ❷ (*Kind, scherz*) bambino, -a *m, f* nudo, -a

Nacken ['nakən] <-s, -> *m* nuca *f;* **ihr sitzt die Angst/ihr Chef im ~** (*fam*) è in preda alla paura/il suo capo l'assilla; **Nackenstütze** *f* poggiacapo *m*

nackig ['nakɪç] *adj* (*fam*) nudo

nackt [nakt] *adj* ❶ (*unbekleidet*) nudo; **halb ~** seminudo, mezzo nudo; **sich ~ ausziehen** spogliarsi completamente ❷ (*kahl*) calvo; (*Baum*) spoglio; (*Hügel*) brullo ❸ (*fig: unverhüllt*) nudo e crudo; (*nichts anderes als*) puro; **nackt|baden** *vi* fare il bagno nudo; **Nacktbadestrand** *m* spiaggia *f* per nudisti; **Nacktheit** <-> *kein Pl f* nudità *f;* **Nackttänzer(in)** *m(f)* ballerino, -a *m, f* nudo, -a

Nadel ['naːdəl] <-, -n> *f* ❶ (*Näh~*, BOT) ago *m;* (*Steck~*) spillo *m;* (*Häkel~*) uncinetto *m;* (*Strick~*) ferro *m* (da calza) ❷ (*ohne Öhr*) spilla *f;* (*Haar~*) spillone *m* ❸ (*Grammophon~*) puntina *f;* **Nadelbaum** *m* conifera *f;* **Nadeldrucker** *m* stampante *f* ad aghi; **Nadelholz** *n* conifera *f;* **Nadelkissen** *n* puntaspilli *m;* **Nadelöhr** *n* cruna *f* dell'ago; **Nadelstich** *m* ❶ (*Einstich*) puntura *f* ❷ (*Näh-stich*) punto *m* di cucito ❸ (*fig*) punzecchiatura *f,* frecciata *f;* **Nadelstreifen** *mpl* righe *fpl* sottilissime di una stoffa gessata; **Nadelstreifenanzug** *m* (abito *m*) gessato *m;* **Nadelwald** *m* bosco *m* di conifere

Nagel ['naːgəl, *pl:* 'nɛːgəl] <-s, Nägel> *m* ❶ (TEC) chiodo *m;* (*Holz~*) cavicchio *m;* **mit Nägeln beschlagen** chiodare; **den ~ auf den Kopf treffen** (*fam fig*) cogliere nel segno; **Nägel mit Köpfen machen** (*fam*) fare le cose come si deve; **er hat das Klavierspielen an den ~ gehängt** (*fam*) ha smesso di suonare il pianoforte ❷ (ANAT) unghia *f;* **sich** *dat* **die Nägel schneiden** tagliarsi le unghie; **sich** *dat* **etw unter den ~ reißen** (*fam*) grattare qc; **die Sache brennt mir auf** [*o* unter] **den Nägeln** la cosa mi preme; **Nagelbürste** *f* spazzolino *m* per le unghie; **Nagelfeile** *f* limetta *f* per le unghie; **Nagelhaut** *f* pipita *f;* **Nagelhautentferner** <-s, -> *m* lozione *f* per togliere le pellicine delle unghie; **Nagellack** *m* smalto *m* per le unghie; **Nagellackentferner** <-s, -> *m*

acetone *m*

nageln *vt* inchiodare; **etw an** [*o* **auf**] **etw** *acc* ~ inchiodare qc a qc

nagelneu ['naːgəl'nɔɪ] *adj* (*fam*) nuovo fiammante, nuovo di zecca

Nagelpflege *f* manicure *f,* cura *f* delle unghie; **Nagelprobe** <-, -n> *f* prova *f* del nove [*o* del fuoco]; **die ~ machen** fare la prova del nove; **das wird für ihn zur ~** questa sarà per lui la prova del fuoco; **Nagelreiniger** <-s, -> *m* nettaunghie *m;* **Nagelschere** *f* forbici *fpl* per le unghie; **Nagelschuhe** *mpl* scarpe *fpl* chiodate

nagen ['naːgən] **I.** *vi* ❶ (*knabbern, zer~*) (cor)rodere; **an einer Möhre** ~ rosicchiare una carota ❷ (*fig: Kummer*) struggere; (*Gewissen*) rimordere; **an jdm** ~ struggere qu **II.** *vt* rodere; **nagend** *adj* tormentoso, cocente

Nager <-s, -> *m,* **Nagetier** *n* roditore *m*

nah(e) ['naː(ə)] **I.** <näher, nächste> *adj* ❶ (*räumlich*) vicino; **~e bei** vicino a, in prossimità di; ~(**e**) **beieinander** uno accanto all'altro; **von ~ und fern** da tutte le parti, da ogni dove; **der Nahe Osten** il Vicino Oriente; **jdm zu ~e treten** offendere qu; **ich war ~e daran zu** +*inf* ero sul punto di +*inf* ❷ (*zeitlich*) prossimo, imminente ❸ (*fig: eng*) stretto **II.** *prp* +*dat* vicino a; **den Tränen ~e sein** stare per piangere

Nahaufnahme *f* primo piano *m*

Nähe ['nɛːə] <-> *kein Pl f* vicinanza *f,* prossimità *f;* (*Umgebung*) vicinanze *fpl,* dintorni *mpl;* **aus nächster ~** da brevissima distanza; **aus der ~ betrachtet** considerato da vicino; **in der ~** (**von**) vicino (a), nelle vicinanze (di); **in seiner ~ fühle ich mich wohl** vicino a lui mi sento bene

nahebei ['naːə'baɪ] *adv* vicino

nahe|bringen *vt* jdm etw nahe ~ rendere accessibile qc a qu, spiegare qc a qu; **nahe|gehen** *vi* jdm nahe ~ toccare qu da vicino; **nahe|kommen** *vi* jdm/etw nahe ~ avvicinarsi a qu/qc; jdm näher ~ avvicinarsi a qu, stabilire un rapporto più stretto con qu; **nahe|legen** *vt* jdm etw nahe ~ far capire qc a qu, raccomandare qc a qu; **nahe|liegen** *vi* essere ovvio; **die Vermutung liegt nahe, dass …** è facile supporre che +*conj;* **nahe liegend** evidente, ovvio; **näher ~** convenire, essere più ovvio; **naheliegend** *adj* evidente, ovvio

naheliegend[ALT] *s.* liegen 8.

nahen ['naːən] *vi sein* (*geh*) avvicinarsi

nähen ['nɛːən] **I.** *vt* cucire; (*Wunde*) suturare **II.** *vi* cucire

näher ['nɛːɐ̯] *adj Komparativ von* **nah(e)**
❶ (*räumlich*) più vicino; **treten Sie ~!**
venga avanti! ❷ (*zeitlich*) prossimo, più
vicino ❸ (*fig: genauer*) preciso, dettagliato;
~ bestimmen determinare; **~ auf etw** *acc*
eingehen interessarsi di qc più da vicino;
bei ~em Hinsehen visto (più) da vicino;
alles Nähere besprechen wir morgen
dei particolari parleremo domani ❹ (*enger*) più stretto; **jdn ~ kennen lernen**
conoscere qu più da vicino

Naherholung *f* villeggiatura *f* da fine settimana; **Naherholungsgebiet** *n* zona *f* di
villeggiatura limitrofa al centro urbano

Näherin ['nɛːərɪn] <-, -nen> *f* cucitrice *f*

näher|kommen^{ALT} *s.* **kommen 3.**

nähern *vr* **sich (jdm/etw) ~** avvicinarsi (a
qu/qc); **Näherungswert** *m* valore *m*
approssimativo

nahe|stehen^{ALT} *s.* **stehen I.2.**

nahezu ['naːə'tsuː] *adv* quasi

Nähfaden *m* filo *m* da cucire

Nähgarn *n* filo *m* da cucire

Nahkampf *m* (MIL) corpo a corpo *m*

Nähkasten *m,* **Nähkorb** *m* cestino *m* da
lavoro

nahm [naːm] *1. u 3. pers sing imp von*
nehmen

Nähmaschine *f* macchina *f* da cucire;
Nähnadel *f* ago *m* per cucire

Nahost ['naːˈɔst] <-> *m* Medio Oriente *m;*
Nahostfriedensprozess^{RR} *m* processo *m* di pace nel Medio Oriente

Nährboden *m* ❶ (BIOL) terreno *m* di coltura ❷ (*fig*) terreno *m* propizio

nähren ['nɛːrən] *vt* nutrire

nahrhaft ['naːɐ̯haft] *adj* nutriente, nutritivo

Nährmittel *npl* prodotti *mpl* alimentari;
Nährstoff *m* sostanza *f* nutritiva; **nährstoffarm** *adj* ❶ (*Gewässer*) povero di sostanze nutritive ❷ (*Nahrung*) povero di
sostanze nutritive; **nährstoffreich** *adj*
❶ (*Gewässer*) ricco di sostanze nutritive
❷ (*Nahrung*) ricco di sostanze nutritive

Nahrung ['naːrʊŋ] <-> *kein Pl f* alimentazione *f,* nutrizione *f; ~* **zu sich** *dat* **nehmen** mangiare, prendere cibo; **einem**
Gerücht neue ~ geben alimentare una
voce

Nahrungskette <-, -n> *f* (BIOL) catena *f*
alimentare

Nahrungsmittel *n* alimento *m,* prodotto *m* alimentare; **Nahrungsmittelchemie** *f* chimica *f* alimentare [*o* degli alimenti]; **Nahrungsmittelchemiker(in)**
m(f) chimico, -a *m, f* alimentare; **Nahrungsmittelindustrie** *f* industria *f* ali-

mentare; **Nahrungsmittelvergiftung** *f*
intossicazione *f* da alimenti

Nährwert *m* valore *m* nutritivo

Nähseide *f* seta *f* per cucire

Naht [naːt, *pl:* 'nɛːtə] <-, Nähte> *f* ❶ (*an*
Kleidung) cucitura *f* ❷ (MED) sutura *f*
❸ (TEC) saldatura *f*

nahtlos *adj* ❶ (*Kleidung*) senza cucitura
❷ (TEC) senza saldatura ❸ (*Übergang*)
senza soluzione di continuità

Nahverkehr *m* traffico *m* locale; **Nahverkehrsmittel** *n* mezzo *m* di trasporto intercomunale; **Nahverkehrszug** <-(e)s,
-züge> *m* treno *m* locale

Nähzeug <-(e)s, -e> *n* occorrente *m* per
cucire

naiv [naˈiːf] *adj* ingenuo, semplice

Naivität [naiviˈtɛːt] <-> *kein Pl f* ingenuità *f,* semplicità *f*

Naivling [naˈiːflɪŋ] <-s, -e> *m* semplicotto *m,* credulone *m; (fam pej)* tontolone *m,* babbeo *m,* stupidotto *m*

Name ['naːmə] <-ns, -n> *m* nome *m;*
(*Bezeichnung a*) denominazione *f;* (*Ruf*)
reputazione *f;* **mein ~ ist …** mi chiamo …;
im ~n von a nome [*o* da parte] di; **im ~n**
des Gesetzes/Volkes in nome della
legge/del popolo; **ich kenne sie nur**
dem ~n nach la conosco solo di nome;
sich *dat* **mit etw einen ~n machen** farsi
un nome con qc; **das Kind beim ~n nennen** (*fam*) dire pane al pane e vino al vino

Namen ['naːmən] <-s, -> *m* nome *m;*
(*Bezeichnung a*) denominazione *f;* (*Ruf*)
reputazione *f;* **seinen ~n für etw hergeben** prestare il nome per qc; **seinen ~n**
unter etw *acc* **setzen** apporre il proprio
nome sotto qc, firmare qc; **sich** *dat* **mit**
etw einen ~n machen farsi un nome con
qc; **beim ~n nennen** chiamare per nome;
das Kind beim ~n nennen (*fam*) dire
pane al pane e vino al vino [*o* chiamare le
cose col loro nome]; **mit vollem ~n**
unterschreiben firmare per intero [*o* con
nome e cognome]; **auf den ~n … lautend**
nominativo …; **im ~n von** a nome [*o* da
parte] di; **im ~n des Gesetzes/Volkes** in
nome della legge/del popolo; **im ~n des**
Vaters, des Sohnes und des Heiligen
Geistes nel nome del Padre, del Figlio e
dello Spirito Santo; **unter falschem ~n**
sotto falso nome; **dem ~n nach könnte**
er Italiener sein a giudicare dal nome
potrebbe essere italiano; **ich kenne sie**
nur dem ~n nach la conosco solo di
nome; **wie ist Ihr ~?** come si chiama?; **in**
Gottes ~n! (*fam*) per carità!; **namenlos**
adj ❶ (*Person*) senza nome, anonimo

N

❷ (geh fig: unsagbar) indicibile, inesprimibile

namens I. adv (mit Namen) di nome, chiamato **II.** prp +gen (form: im Namen von) in nome [o da parte] di

Namensänderung f cambiamento m di nome; **Namensgedächtnis** n memoria f per i nomi; **Namensschild** n targhetta f (con il nome); **Namenstag** m onomastico m; **Namensvetter** m omonimo m; **Namenszug** m sigla f

namentlich ['na:məntlɪç] **I.** adj nominale, nominativo **II.** adv ❶ (mit Namen) nominalmente, per nome ❷ (insbesondere) segnatamente, specialmente

namhaft adj ❶ (bekannt) noto, conosciuto ❷ (beträchtlich) considerevole, notevole

nämlich ['nɛːmlɪç] adv ❶ (und zwar) cioè, vale a dire ❷ (denn) poiché, difatti; **das weiß ich genau, wir haben sie ~ gerade getroffen** lo so con precisione, infatti l'abbiamo appena incontrata

nannte ['nantə] 1. u 3. pers sing imp von **nennen**

nanu [na'nuː] int (fam) beh, tò, ma guarda un po'!

Napalm® ['na:palm] <-s> kein Pl n napalm® m; **Napalmbombe** f bomba f al napalm

Napf [napf, pl: 'nɛpfə] <-(e)s, Näpfe> m scodella f, ciotola f; **Napfkuchen** m focaccia f

Narbe ['narbə] <-, -n> f ❶ (MED) cicatrice f ❷ (BOT) stigma m; **narbig** adj ❶ (MED) pieno di cicatrici, butterato ❷ (Leder) granito

Narbung <-, -en> f (Leder~) granitura f

Narkose [nar'ko:zə] <-, -n> f (MED) narcosi f, anestesia f; **Narkosemittel** n (MED) narcotico m

Narkotikum [nar'ko:tikʊm, pl: nar'ko:tika] <-s, Narkotika> n ❶ (Narkosemittel) narcotico m ❷ (Schmerzmittel) anestetico m

narkotisch [nar'ko:tɪʃ] adj narcotico, narcotizzante

narkotisieren [narkoti'zi:rən] <ohne ge-> vt narcotizzare

Narr [nar] <-en, -en> m ❶ (törichter Mensch) pazzo m, matto m ❷ (THEAT, HIST) buffone m; **an jdm einen ~en gefressen haben** (fam) andare pazzo per qu; **jdn zum ~en halten** [o **haben**] prendersi gioco di qu

narren vt (geh) ❶ (zum Besten halten) prendersi gioco di ❷ (täuschen) ingannare

Narrenfreiheit f libertà f di dire cose altrimenti proibite; **Narrenkappe** f berretto m da buffone

Narretei [narə'taɪ] <-, -en> f (geh) scherzo m; (Unsinn) sciocchezza f, stravaganza f; **Narrheit** <-, -en> f ❶ sing (Dummheit) follia f, pazzia f ❷ (Streich) sciocchezza f; (dumme Tat) pazzia f, follia f

Närrin ['nɛrɪn] <-, -nen> f (törichter Mensch) pazza f, matta f

närrisch ['nɛrɪʃ] adj ❶ (töricht) folle, matto; (verrückt, skurril) pazzo, buffo; **ganz ~ auf jdn/etw sein** (fam) andare pazzo per qu/qc ❷ (karnevalistisch) carnevalesco, buffonesco; **die ~en Tage** (Faschingszeit) il Carnevale

Narzisse [nar'tsɪsə] <-, -n> f narciso m

NarzissmusRR, **Narzißmus**ALT [nar'tsɪsmʊs] <-> kein Pl m narcisismo m

NarzißmusALT <-> kein Pl m narcisismo m

Narzisst(in)RR [nar'tsɪst] <-en, -en; -, -nen> m(f) narcisista mf

narzisstischRR adj narcisistico

NASA ['na:za] <-> kein Pl f N.A.S.A. f

nasal [na'za:l] adj nasale

nasalieren [naza'li:rən] <ohne ge-> vt nasalizzare

Nasallaut m (LING) suono m nasale

naschen ['naʃən] vt, vi (heimlich) spizzicare (di nascosto); (Süßigkeiten) mangiare; **von** [o **an**] **etw** dat~ mangiucchiare qc

Nascherei [naʃə'raɪ] <-, -en> f ❶ (Naschwerk) dolciume m ❷ sing (das Naschen) spilluzzicare m (di nascosto); (von Süßigkeiten) mangiare m dolciumi

naschhaft adj ghiotto, goloso; **Naschhaftigkeit** <-> kein Pl f golosità f, ghiottoneria f; **Naschkatze** f (fam) ghiottone, -a m, f, goloso, -a m, f

Nase ['na:zə] <-, -n> f ❶ (Geruchsorgan) naso m; **pro ~** a testa; **immer der ~ nach** (fam) sempre diritto; **die ~ rümpfen** arricciare il naso; **auf die ~ fallen** (fam fig) fallire, non avere successo; **seine ~ in alles stecken** (fam) ficcare il naso dappertutto; **jdn an der ~ herumführen** menare qu per il naso fam; **jdm auf der ~ herumtanzen** mettersi qu sotto i piedi; **jdm etw unter die ~ reiben** (fam) rinfacciare qc a qu; **jdm etw vor der ~ wegschnappen** (fam) portar via qc a qu sotto il naso; **jdm die Tür vor der ~ zuschlagen** (fam) sbattere la porta in faccia a qu; **man musste ihr jedes Wort aus der ~ ziehen** bisognava cavarle le parole di bocca; **die ~ davon voll haben** (fam) averne le tasche piene vulg ❷ (Geruchssinn) odorato m, olfatto m ❸ (Spürsinn) fiuto m; **die richtige ~ für etw haben** avere buon fiuto per qc ❹ (fam: Farb-, Lacktropfen) lacrima f

näseln ['nɛːzəln] *vi* parlare con voce nasale; **Nasenbein** *n* osso *m* nasale; **Nasenbluten** <-s> *kein Pl n* epistassi *f;* ~ **haben** perdere sangue dal naso; **Nasenflügel** *m* ala *f* [*o* pinna *f*] nasale; **Nasenhöhle** *f* fossa *f* nasale; **Nasenkorrektur** *f* rinoplastica *f;* **Nasenlänge** *f* **jdm um eine ~ voraus sein** precedere qu di un palmo; **Nasenloch** *n* narice *f;* **Nasenrücken** *m* dorso *m* del naso; **Nasenscheidewand** *f* setto *m* nasale; **Nasenschleimhaut** *f* mucosa *f* nasale; **Nasenspitze** *f* punta *f* del naso; **Nasenspray** *m o n* spray *m* per il naso; **Nasentropfen** *mpl* gocce *fpl* per il naso; **Nasenwurzel** *f* radice *f* del naso
naserümpfend *adv* con ripugnanza, con ribrezzo, arricciando [*o* storcendo] il naso
naseweis ['naːzəvaɪs] *adj* saccente; **Naseweis** <-es, -e> *m* ❶ (*Vorlauter*) saputello, -a *m, f,* saccente *mf* ❷ (*Vorwitziger*) saccente *mf*
Nashorn *n* rinoceronte *m*
nass[RR] [nas] <-er *o* nässer, -este *o* nässeste> *adj,* **naß**[ALT] <nasser *o* nässer, nasseste *o* nässeste> *adj* bagnato; (*durchnässt a*) zuppo, fradicio; (*Wetter*) umido; (*regenreich*) piovoso; ~ **machen** bagnare; **sich ~ machen,** ~ **werden** bagnarsi; ~ **bis auf die Haut** bagnato fino alle ossa
Nässe ['nɛsə] <-> *kein Pl f* umidità *f*
nässen *vi* colare
nasskalt[RR] *adj* freddo umido; **es ist ~ fa** un freddo umido; **Nassrasur**[RR] *f* rasatura *f* con pennello; **Nasszelle**[RR] *f* servizi *mpl*
Nastuch *n* (*CH*) fazzoletto *m*
Natel <-s, -> *n* (*CH*) ❶ (*Handy*) telefonino *m* ❷ (*Mobilfunknetz*) rete *f* cellulare
Nation [na'tsi̯oːn] <-, -en> *f* nazione *f;* **die Vereinten ~en** le Nazioni Unite
national [natsi̯o'naːl] *adj* nazionale; **Nationalbewusstsein**[RR] <-s> *kein Pl n* coscienza *f* nazionale
Nationalbibliothek *f* biblioteca *f* nazionale; **Nationalelf** *f* squadra *f* nazionale di calcio; **Nationalfeiertag** *m* festa *f* nazionale; **Nationalgericht** *n* piatto *m* nazionale; **Nationalgetränk** *n* bevanda *f* nazionale; **Nationalheld(in)** *m(f)* eroe, eroina *m, f* nazionale; **Nationalhymne** *f* inno *m* nazionale
Nationalismus [natsi̯ona'lɪsmʊs] <-> *kein Pl m* nazionalismo *m*
Nationalist(in) [natsi̯ona'lɪst] <-en, -en; -, -nen> *m(f)* nazionalista *mf*
nationalistisch *adj* nazionalista, nazionalistico

Nationalität [natsi̯onali'tɛːt] <-, -en> *f* nazionalità *f;* **Nationalitätskennzeichen** *n* targa *f* di nazionalità
Nationalmannschaft *f* (squadra *f*) nazionale *f;* **Nationalpark** <-(e)s, -s *o* -e> *m* parco *m* nazionale; **Nationalrat** <-(e)s, -räte> *m* (*CH, POL: eine der beiden Kammern des schweizerischen Parlaments*) Camera *f* bassa; **Nationalrätin** <-, -nen> *f* (*A:* PARL: *gewählte Volksvertretung*) parlamento *m* ❷ (PARL: *Mitglied des* ~ *s*) parlamentare *m,* onorevole *m;* **den ~ auflösen** sciogliere il parlamento; **der ~ geht in die Sommerpause** il parlamento entra nella pausa estiva; **ich gebe das Wort an Herrn ~ Müller** passo la parola all'onorevole Müller; **Nationalratswahl** <-, -en> *f* (*A:* PARL: *bundesweite Wahl der Volksvertreter*) elezione *f* del parlamento; **eine ~ abhalten** tenere l'elezione del parlamento; **Nationalsozialismus** *m* nazionalsocialismo *m,* nazismo *m;* **Nationalsozialist(in)** *m(f)* nazionalsocialista *mf,* nazista *mf;* **nationalsozialistisch** *adj* nazionalsocialista, nazionalsocialistico; **Nationalspieler(in)** *m(f)* giocatore, -trice *m, f* della nazionale; **Nationalversammlung** *f* assemblea *f* nazionale
NATO ['naːto] <-> *kein Pl f* NATO *f;* **NATO-Beitrittsland** *n* paese *m* aderente alla NATO; **NATO-Doppelbeschluss**[RR] *m* doppia risoluzione *f* NATO
Natrium ['naːtri̯ʊm] <-s> *kein Pl n* (CHEM) sodio *m;* **Natriumchlorid** *n* (*Kochsalz*) cloruro *m* di sodio
Natron ['naːtrɔn] <-s> *kein Pl n* soda *f*
Natter ['natɐ] <-, -n> *f* ❶ (ZOO) colubro *m* ❷ (*fig*) vipera *f*
Natur [na'tuːɐ̯] <-> *kein Pl f* natura *f;* (*Körperverfassung a*) fisico *m,* complessione *f;* (*Veranlagung a*) indole *f,* carattere *m;* **sie ist von ~ aus energisch** è energica di carattere; **seine wahre ~ zeigen** mostrare la propria indole; **in der ~ der Sache liegen** essere nella natura delle cose
Naturalien [natu'raːli̯ən] *pl* prodotti *mpl* naturali
Naturalismus [natura'lɪsmʊs] <-> *kein Pl m* naturalismo *m*
naturalistisch [natura'lɪstɪʃ] *adj* naturalistico
Naturalleistung [natu'raːllaɪstʊŋ] *f* prestazione *f* in natura; **Naturallohn** *m* salario *m* in natura
Naturdenkmal <-s, -mäler> *n* meraviglia *f* della natura
Naturdünger *m* concime *m* naturale
Naturell [natu'rɛl] <-s, -e> *n* (*geh*) tempe-

ramento *m*, carattere *m*
Naturereignis *n* fenomeno *m* naturale;
Naturerscheinung *f* fenomeno *m* naturale; **naturfarben** *adj* di colore naturale;
Naturfaser *f* fibra *f* naturale; **Naturforscher(in)** *m(f)* naturalista *mf*; **Naturfreund** *m* amante *mf* della natura; **naturgemäß** I. *adj* conforme alla natura, naturale II. *adv* per (sua) natura; **Naturgesetz** *n* legge *f* naturale; **naturgetreu** *adj* conforme all'originale
Naturheilkunde *f* medicina *f* naturalista;
Naturheilmethode <-, -n> *f* metodo *m* terapeutico naturale
Naturkatastrophe *f* cataclisma *m*
Naturkost <-> *kein Pl f* alimentazione *f* macrobiotica, alimenti *mpl* naturali;
Naturkostladen <-s, -läden> *m* negozio *m* di prodotti naturali, erboristeria *f*;
Naturkunde *f* scienze *fpl* naturali;
Naturlehrpfad *m* sentiero *m* botanico
natürlich [na'ty:ɐ̯lɪç] I. *adj* ❶ (*der Natur entsprechend*) naturale ❷ (*nicht künstlich, gekünstelt*) genuino ❸ (*selbstverständlich*) ovvio, logico II. *adv* ❶ (*der Natur entsprechend*) naturalmente, in modo naturale ❷ (*selbstverständlich*) naturalmente, ben inteso; **Natürlichkeit** <-> *kein Pl f* naturalezza *f*
naturnah *adj* naturale
Naturprodukt *n* prodotto *m* naturale;
Naturrecht *n* diritto *m* naturale; **naturrein** *adj* genuino, naturale; **Naturschätze** *mpl* (ECO) ricchezze *fpl* della natura; (GEOL) tesori *mpl* della natura;
Naturschutz *m* tutela *f* delle bellezze naturali; **unter ~ stehen** essere protetto dalle leggi per la tutela della natura;
Naturschutzgebiet *n* zona *f* protetta, parco *m* nazionale; **Naturtalent** <-(e)s, -e> *n* talento *m* naturale; **naturverbunden** [na'tu:ɐ̯fɛɐ̯bʊndən] *adj* amante della natura; **Naturverbundenheit** *f* amore *m* per la natura; **naturverträglich** *adj* a basso impatto ambientale, compatibile con l'ambiente naturale; **Naturvolk** *n* popolo *m* primitivo
Naturwissenschaft *f* scienze *fpl* naturali; **Naturwissenschaftler(in)** *m(f)* naturalista *mf*; **naturwissenschaftlich** *adj* naturalistico, delle scienze naturali
Naturwunder *n* meraviglie *fpl* della natura
Navigation [naviga'tsi̯o:n] <-> *kein Pl f* navigazione *f*
Navigationsgerät *n* (AUTO) dispositivo *m* di navigazione; **Navigationssystem** *n* (AUTO) sistema *m* di navigazione

Nazi ['na:tsi] <-s, -s> *m* (*pej*) nazista *mf*
nazistisch [na'tsɪstɪʃ] *adj* (*pej*) nazista
NB *abk v* **notabene** NB, n.b.
n. Br. *abk v* **nördlicher Breite** lat N
NC [ɛn'tse:] <-(s), -s> *m abk v* **Numerus clausus** numero chiuso, numerus clausus
n. Chr. *abk v* **nach Christus** d.C.
NDR [ɛndeː'ʔɛr] <-(s)> *kein Pl m abk v* **Norddeutscher Rundfunk** rete radiotelevisiva regionale della RFT con sede in Amburgo
ne [ne:] (*fam, dial*) *s.* **nein**
Ne (CHEM) *abk v* **Neon** Ne
'ne [nə] *art indef* (*fam, dial*) *s.* **eine**
Neandertaler [ne'andɐta:lɐ] <-s, -> *m* uomo *m* di Neandertal
Neapel [ne'a:pəl] *n* Napoli *f*
Nebel ['ne:bəl] <-s, -> *m* ❶ (METEO) nebbia *f*; **in ~ gehüllt** avvolto nella nebbia ❷ (ASTR) nebulosa *f*; **Nebelbank** <-, -bänke> *f* banco *m* di nebbia; **Nebelbildung** *f* formazione *f* di nebbia; **nebelhaft** *adj* ❶ (*rar: neblig*) nebbioso ❷ (*fig: undeutlich, verschwommen*) vago;
Nebelhorn *n* sirena *f* da nebbia
nebelig *adj* nebbioso; **es ist ~** c'è nebbia
Nebelkrähe *f* cornacchia *f* grigia; **Nebelscheinwerfer** *m* (AUTO) (faro *m*) fendinebbia *m*; **Nebelschlussleuchte**[RR] *f* faro *m* fendinebbia posteriore; **Nebelschwaden** *m* banco *m* di nebbia;
Nebelwand *f* cortina *f* di nebbia
neben ['ne:bən] *prp* ❶ + *acc o dat* (*räumlich*) accanto a, vicino a ❷ + *dat* (*außer*) oltre a ❸ + *dat* (*verglichen mit*) al confronto di
nebenamtlich I. *adj* collaterale II. *adv* come attività collaterale
nebenan [ne:bən'ʔan] *adv* accanto
Nebenanschluss[RR] *m* apparecchio *m* telefonico supplementare; **Nebenausgaben** *fpl* spese *fpl* accessorie
nebenbei [ne:bən'baɪ] *adv* ❶ (*gleichzeitig*) contemporaneamente ❷ (*außerdem*) inoltre ❸ (*beiläufig*) tra parentesi, incidentalmente; **~ bemerkt** [*o* **gesagt**] tra l'altro, tra parentesi
Nebenbemerkung *f* commento *m*;
Nebenberuf *m* secondo impiego *m*, occupazione *f* secondaria; **nebenberuflich** I. *adj* secondario II. *adv* come secondo impiego; **Nebenbeschäftigung** *f* occupazione *f* secondaria;
Nebenbuhler(in) <-s, -; -, -nen> *m(f)* rivale *mf*; **Nebeneffekt** <-(e)s, -e> *m* effetto *m* collaterale
nebeneinander ['ne:bən'ʔaɪ'nandə] *adv* ❶ (*räumlich*) l'uno accanto all'altro, fianco

a fianco; ~ **legen/setzen/stellen** mettere l'uno accanto all'altro, giustapporre ❷ (*zeitlich*) insieme, contemporaneamente; **Nebeneinander** <-s> *kein Pl a* ❶ (*räumlich*) vicinanza *f* ❷ (*zeitlich*) coesistenza *f,* simultaneità *f*

nebeneinanderlegen^{ALT} *s.* **nebeneinander 1.**

nebeneinandersetzen^{ALT} *s.* **nebeneinander 1.**

nebeneinanderstellen^{ALT} *s.* **nebeneinander 1.**

Nebeneingang *m* ingresso *m* laterale; **Nebeneinnahmen** *fpl* entrate *fpl* secondarie; **Nebenfach** *n* materia *f* secondaria; **Nebenfluss**^{RR} *m* affluente *m;* **Nebengebäude** *n* edificio *m* annesso, dépendance *f;* **Nebeng(e)leis(e)** *n* binario *m* secondario; **Nebengeräusch** *n* rumore *m* estraneo; (RADIO) disturbo *m,* rumore *m* parassita; **Nebenhandlung** *f* (LIT) trama *f* collaterale

nebenher ['ne:bən'he:ɐ̯] *adv* ❶ (*gleichzeitig*) contemporaneamente ❷ (*außerdem*) inoltre ❸ (*beiläufig*) incidentalmente

Nebenhoden <-s, -> *m* (ANAT) epididimo *m;* **Nebenhöhle** <-, -n> *f* (ANAT) seno *m* [*o* cavità *f*] paranasale

Nebenklage *f* (JUR) costituzione *f* di parte civile; **Nebenkläger(in)** *m(f)* (JUR) parte *f* civile; **Nebenkosten** *pl* spese *fpl* accessorie; **Nebenlinie** *f* ❶ (*im Verkehr*) linea *f* secondaria ❷ (*von Familie*) linea *f* collaterale; **Nebenmann** <-(e)s, -männer *o* -leute> *m* vicino *m;* **Nebennieren** *fpl* ghiandole *fpl* surrenali; **Nebenprodukt** *n* sottoprodotto *m;* **Nebenraum** *m* stanza *f* attigua; **Nebenrolle** *f* (THEAT, FILM) parte *f* secondaria; **eine ~ spielen** (*fig*) giocare un ruolo secondario; **Nebensache** *f* questione *f* marginale, cosa *f* secondaria; **das ist ~** ciò ha poca importanza; **nebensächlich** *adj* accessorio, marginale; **Nebensaison** <-, -s *südd, A a.:* -en> *f* bassa stagione *f;* **Nebensatz** *m* (LING) proposizione *f* subordinata; **nebenstehend** *adj o adv* a lato; **Nebenstelle** *f* ❶ (*Filiale, Zweigstelle*) succursale *f,* filiale *f* ❷ (*Fernsprech~*) apparecchio *m* (telefonico) supplementare; **Nebenstraße** *f* strada *f* secondaria; (*Seitenstraße*) (strada *f*) laterale *f;* **Nebenstrecke** *f* linea *f* secondaria; **Nebentisch** *m* tavolo *m* vicino; **Nebenverdienst** *m* secondo guadagno *m,* guadagno *m* accessorio; **Nebenwinkel** *m* angolo *m* adiacente; **Nebenwirkung** *f* effetto *m* collaterale; **Nebenzimmer** *n s.* **Nebenraum**

neblig *s.* **neb(e)lig**

nebst [ne:pst] *prp* +*dat* (*obs: mit*) (insieme) con; (*einschließlich*) compreso

nebstdem ['ne:pst'de:m] *adv* (*CH*) inoltre

nebulös [nebu'lø:s] *adj* nebuloso, vago

Necessaire [nesɛ'sɛ:ɐ̯] <-s, -s> *n* nécessaire *m*

Neckar ['nɛkar] *m* Neckar *m*

necken ['nɛkən] *vt* punzecchiare, stuzzicare

neckisch *adj* ❶ (*schelmisch*) malizioso ❷ (*kokett*) civettuolo

nee [ne:] (*fam, dial*) *s.* **nein**

Neffe ['nɛfə] <-n, -n> *m* nipote *m* (di zio e zia)

negativ ['ne:gati:f *o* nega'ti:f *o* 'nɛgati:f] *adj* negativo; (*ungünstig a*) sfavorevole; **Negativ** <-s, -e> *n* (FOTO) negativa *f,* negativo *m*

Neger(in) ['ne:gɐ] <-s, -; -, -nen> *m(f)* (*pej*) negro, -a *m, f;* **Negerkuss**^{RR} *m* (GASTR) moretto *m*

negieren [ne'gi:rən] <ohne ge-> *vt* negare

Negligé [negli'ʒe:] <-s, -s> *n,* **Negligee**^{RR} <-s, -s> *n* (*CH*) négligé *m*

negrid [ne'gri:t] *adj* negride

nehmen ['ne:mən] <nimmt, nahm, genommen> *vt* ❶ (*fassen*) prendere; (*ergreifen*) afferrare; **etw an sich ~** prendere (possesso di) qc ❷ (*an~*) accettare; **die Dinge ~, wie sie sind** prendere le cose come vengono ❸ (*weg~*) **jdm etw ~** togliere qc a qu; **sich dat nicht ~ lassen etw zu tun** non rinunciare a fare qc ❹ (*ein~*) prendere; **etw zu sich dat ~** mangiare qc ❺ (*verwenden*) prendere; **man nehme: 500 g Mehl, 200 g Butter ...** si prendano: mezzo chilo di farina, 2 etti di burro ... ❻ (*überwinden*) **ein Hindernis ~** superare un ostacolo ❼ (*auf~*) **jdn zu sich dat ~** prendere in casa qu ❽ (*auffassen*) **etw ernst/wörtlich ~** prendere qc sul serio/alla lettera; **etw leicht/schwer ~** prendere qc alla leggera/sul serio; **~ Sie es nicht so schwer!** non se la prenda!; **jdm etw krumm ~** (*fam*) prendere a male qc a qu; **jdm etw übel ~** prendersela a male con qu per qc; **nehmen Sie es mir (bitte) nicht übel!** non se la prenda con me; **~ Sie es nicht tragisch!** non la prenda sul tragico!; **wie man's nimmt!** (*fam*) dipende ❾ (*Wend*) **etw auf sich ~** assumersi qc; (*Entbehrungen*) sottoporsi a qc; **seinen Anfang ~** cominciare; **ein Ende ~** finire; **auf jdn Einfluss ~** (*geh*) influenzare qu

Nehmerland *n* paese *m* che riceve contributi

Neid [naɪt] <-(e)s> *kein Pl m* invidia *f;* **aus ~** per invidia; **~ erregen** destare (l')invidia; **vor ~ platzen** (*fam*) crepare d'invidia; **vor ~ erblassen** essere molto invidioso; **das muss ihm der ~ lassen** (*fam*) questo bisogna riconoscerglielo

neiden [ˈnaɪdən] *vt* **jdm etw ~** (*geh*) invidiare qc a qu

Neider(in) <-s, -; -, -nen> *m(f)* invidioso, -a *m, f*

Neidhammel *m* (*sl pej*) invidioso *m*

neidisch *adj* invidioso; **auf jdn ~ sein** essere invidioso di qu

neidlos **I.** *adj* non invidioso **II.** *adv* senza invidia

Neige [ˈnaɪgə] <-, -n> *f* (*geh*) ❶ (*Ende*) fine *f,* declino *m;* **zur ~ gehen** volgere alla fine ❷ (*Rest*) fondo *m*

neigen **I.** *vt* inclinare; (*beugen*) chinare, abbassare **II.** *vi* (*aus Veranlagung*) tendere; **zu etw ~** essere incline a qc, propendere per qc **III.** *vr* **sich ~** ❶ **sich zu etw ~** (*Körper, Kopf*) piegarsi verso qc; (*Gegenstand*) inclinarsi verso qc ❷ (*geh: zu Ende gehen*) volgere al termine

Neigung <-, -en> *f* ❶ (*das Neigen, Geneigtsein*) inclinazione *f* ❷ (*fig: Veranlagung*) attitudine *f;* **eine ~ zu etw haben** avere una (pre)disposizione per qc; (*Tendenz*) avere una tendenza a qc ❸ (*Zu~*) simpatia *f,* affetto *m;* **Neigungswinkel** *m* angolo *m* d'inclinazione

nein [naɪn] *adv* no; ~ [*o* **Nein**] **sagen** dire di no; **ich glaube/fürchte ~** credo/temo di no; **aber ~!** ma no!; **~, so was!** ma guarda un po'!; **Nein** <-s> *kein Pl n* no *m;* **mit ~ antworten** rispondere di no

Neinsager(in) <-s, -; -, -nen> *m(f)* bastian *m* contrario *sett;* **Neinstimme** *f* voto *m* contrario, no *m*

Nektar [ˈnɛktaːɐ̯] <-s> *kein Pl m* nettare *m*

Nektarine [nɛktaˈriːnə] <-, -n> *f* pesca noce *f*

Nelke [ˈnɛlkə] <-, -n> *f* ❶ (*Blume*) garofano *m* ❷ (*Gewürz*) chiodo *m* di garofano

nennen [ˈnɛnən] <nennt, nannte, genannt> **I.** *vt* ❶ (*einen Namen geben*) chiamare, dare un nome a ❷ (*be~*) denominare ❸ (*erwähnen*) menzionare; **oben/unten genannt** indicato sopra/sotto; **nenne mir drei europäische Hauptstädte!** dimmi tre capitali europee! ❹ (*bezeichnen*) qualificare; **und das nennst du Erholung?** e questo lo chiami riposo? **II.** *vr* **sich ~** chiamarsi; **nennenswert** *adj* degno di nota; (*beträchtlich*) considerevole

Nenner <-s, -> *m* (*MAT*) denominatore *m;* **auf einen (gemeinsamen) ~ bringen** ridurre allo stesso denominatore

Nennung <-, -en> *f* ❶ (*Nennen*) denominazione *f* ❷ (*Erwähnung*) menzione *f*

Nennwert *m* (FIN) valore *m* nominale; **zum ~** alla pari

Neofaschismus [neofaˈʃɪsmʊs] <-> *kein Pl m* neofascismo *m*

Neologismus [neoloˈgɪsmʊs] <-, Neologismen> *m* (LING) neologismo *m*

Neon [ˈneːɔn] <-s> *kein Pl n* neon *m*

Neonazi [ˈneːonaˌtsi] <-s, -s> *m* neonazista *mf*

Neonazismus [neonaˈtsɪsmʊs] <-> *kein Pl m* neonazismo *m*

Neonlicht *n* luce *f* al neon; **Neonreklame** *f* réclame *f* luminosa; **Neonröhre** *f* tubo *m* al neon

Nepp [nɛp] <-s> *kein Pl m* (*fam pej*) buggeratura *f*

neppen *vt* (*fam pej*) buggerare

Nerv [nɛrf] <-s, -en> *m* nervo *m;* **die ~en verlieren** perdere la calma; **~en wie Drahtseile haben** avere i nervi d'acciaio; **jdm auf die ~en gehen** dare ai nervi a qu; **mit den ~en fertig** [*o* **runter**] **sein** (*fam*) essere giù di nervi, avere i nervi a pezzi; **Sie haben (vielleicht) ~en!** (*fam*) Lei ha un bel coraggio!

nerven *vt* (*sl*) scocciare, far venire i nervi a qu

Nervenarzt *m,* **Nervenärztin** *f* neurologo, -a *m, f;* **nervenaufreibend** *adj* snervante; **Nervenbahn** <-, -en> *f* (ANAT) funicolo *m* dei nervi spinali; **Nervenbündel** *n* (ANAT) fascio *m* nervoso; **ein ~ sein** (*fam fig*) avere i nervi a fior di pelle; **Nervengas** *n* gas *m* nervino; **Nervenheilanstalt** *f* clinica *f* neurologica; **Nervenkitzel** *m* (*fam*) brivido *m;* **Nervenkostüm** *n* (*fam scherz*) sistema *m* nervoso; **ein starkes/schwaches ~ haben** avere i nervi saldi/fragili; **Nervenkrankheit** *f* nevrosi *f;* **Nervenkrieg** *m* guerra *f* dei nervi; **Nervenleiden** *n* nevrosi *f;* **Nervensäge** *f* (*fam pej*) rompiscatole *mf;* **Nervenschock** *m* choc *m* nervoso; **nervenschwach** *adj* nevrastenico, debole di nervi; **nervenstark** *adj* saldo [*o* forte] di nervi, che ha i nervi d'acciaio [*o* saldi]; **Nervensystem** *n* (ANAT) sistema *m* nervoso; **Nervenzelle** *f* (ANAT) cellula *f* nervosa; **Nervenzentrum** *n* (ANAT) centro *m* nervoso; **Nervenzusammenbruch** *m* esaurimento *m* nervoso

nervig [ˈnɛrfɪç] *adj* ❶ (*Hände*) nerboruto, nervoso, asciutto ❷ (*fam: lästig*) che da ai [*o* sui] nervi, fastidioso, molesto

nervlich [ˈnɛrflɪç] *adj* del sistema nervoso;

~ **am Ende sein** avere i nervi a pezzi
nervös [nɛr'vøːs] *adj* nervoso; **jdn ~ machen** far venire i nervi a qu; ~ **werden** irritarsi
Nervosität [nɛrvozi'tɛːt] <-> *kein Pl f* nervosismo *m*
nervtötend *adj* snervante
Nerz [nɛrts] <-es, -e> *m* visone *m*
Nessel ['nɛsəl] <-, -n> *f* ortica *f;* **sich in die ~n setzen** (*fam fig*) mettersi nei pasticci; **Nesselfieber** *n* orticaria *f*
Nessessär^RR [nɛsɛ'sɛːɐ̯] <-s, -s> *n s.* Necessaire
Nest [nɛst] <-(e)s, -er> *n* ❶ (*Brutstätte, a fig: Heim*) nido *m;* **sich ins gemachte ~ setzen** (*fig*) trovare la pappa pronta; (*durch Heirat*) sposare un buon partito, sposare bene; **das eigene ~ beschmutzen** sputare nel piatto in cui si mangia *fam* ❷ (*fam pej: kleiner Ort*) buco *m* ❸ (*fig: Schlupfwinkel*) covo *m*
nesteln ['nɛstəln] *vi* **an etw** *dat* ~ armeggiare con qc
Nesthäkchen ['nɛsthɛːkçən] <-s, -> *n* (*fam*) ultimogenito *m;* **Nestwärme** *f* calore *m* familiare
Netiquette <-, -> *f* (INFORM) netiquette *m*
nett [nɛt] *adj* ❶ (*freundlich*) gentile, simpatico; **das ist ~ von Ihnen** è gentile da parte Sua; **sei so ~ und mach die Tür zu** fammi il piacere di chiudere la porta ❷ (*hübsch*) carino, grazioso ❸ (*angenehm*) piacevole ❹ (*fam: groß, iron: unangenehm*) bello
netto ['nɛto] *adv* netto; **Nettoeinkommen** *n* reddito *m* netto; **Nettogehalt** *n* stipendio *m* netto; **Nettogewicht** *n* peso *m* netto; **Nettolohn** *m* paga *f* netta; **Nettopreis** *m* prezzo *m* netto; **Nettosozialprodukt** *n* prodotto *m* nazionale netto
Netz [nɛts] <-es, -e> *n* (*fig: a Einkaufs~, Verkehrs~, Gepäck~,* TEL, EL, RADIO, SPORT) rete *f;* (*Spinnen~*) ragnatela *f;* (*Haar~*) retina *f;* **jdm ins ~ gehen** (*fig*) lasciarsi abbindolare da qu; **Netzanschluss**^RR *m* (EL) allacciamento *m* alla rete; **netzartig** *adj* reticolare, reticolato; **Netzauge** <-s, -n> *n* (ZOO) occhio *m* composto; **Netzball** *m* palla *f* in rete; **Netzbetreiber** *m* gestore *m* di una rete di distribuzione, provider *m*
netzen ['nɛtsən] *vt* (*poet*) inumidire, umettare
Netz(fahr)karte *f* biglietto *m* di rete; **Netzgerät** *n* (EL) apparecchio *m* alimentato dalla rete; **Netzhaut** *f* (ANAT) retina *f;* **Netzhemd** *n* canottiera *f* a rete; **Netz-**

karte *f s.* Netzfahrkarte; **Netzspannung** <-, -en> *f* (EL) tensione *f* di rete; **Netzstecker** <-s, -> *m* (EL) spina *f* (elettrica); **Netzstrumpf** *m* calza *f* a rete; **Netzteil** <-(e)s, -e> *n* (EL) trasformatore *m* (di alimentazione); **Netzwerk** *n* ❶ (*netzartig Verbundenes*) reticolo *m* ❷ (INFORM, TEC) rete *f* ❸ (*fig*) intreccio *m;* **Netzwerkkarte** <-, -n> *f* (INFORM) scheda *f* network; **Netzzugang** *m* (INFORM) accesso *m* alla rete
neu [nɔɪ] *adj* nuovo; (*jung a*) novello; (*frisch a*) fresco; (*kürzlich geschehen a*) recente; **die Neue Welt** il Nuovo Mondo; **die ~(e)ste Mode** l'ultima moda; **was gibt's Neues?** che c'è di nuovo?; **von ~ em** un'altra volta, da capo; **aufs Neue** di nuovo; **das Neu(e)ste vom Tage** le ultime notizie; ~ **anfangen** ricominciare; **das ist mir ~** questa mi giunge nuova *fam;* **das ist nichts Neues** non è niente di nuovo; **glückliches ~es Jahr!** buon anno!
Neuankömmling ['nɔɪʔankœmlɪŋ] <-s, -e> *m* nuovo, -a arrivato, -a *m, f;* **Neuanschaffung** *f* nuovo acquisto *m;* **neuartig** *adj* nuovo, inedito; **Neuauflage** *f* ristampa *f,* riedizione *f*
Neubau <-(e)s, -ten> *m* ❶ (*im Bau befindliches Gebäude*) edificio *m* in costruzione ❷ (*neues Gebäude*) nuova costruzione *f;* **Neubaugebiet** *n* area *f* di nuova urbanizzazione; **Neubauwohnung** *f* appartamento *m* di recente costruzione
Neubearbeitung *f* (*Buch*) edizione *f* rimaneggiata, revisione *f;* **Neubewertung** *f* rivalutazione *f;* **Neubildung** *f* neoformazione *f;* **Neudeutsch** *n* tedesco *m* moderno
Neue <ein -r, -n, -n> *mf* nuovo, -a *m, f* (arrivato, -a)
Neuenburg ['nɔɪənbʊrk] *n* Neuchâtel *f*
neuerdings ['nɔɪɐ'dɪŋs] *adv* recentemente, da poco
neuerlich I. *adj* rinnovato II. *adv* di nuovo
Neueröffnung *f* nuova apertura *f;* **Neuerscheinung** *f* novità *f* editoriale
Neuerung <-, -en> *f* innovazione *f*
Neuerwerbung *f* nuovo acquisto *m;* **Neufassung** *f* rielaborazione *f;* (*film*) remake *m*
Neufundland [nɔɪ'fʊntlant] *n* Terranova *f*
neugeboren *adj* neonato; **ich fühle mich wie ~** mi sento (come) rinato; **Neugeborene** <ein -s, -n, -n> *n* neonato, -a *m, f*
Neugestaltung *f* riordinamento *m,* riorganizzazione *f,* riassetto *m*
Neugier(de) ['nɔɪɡiːɐ̯(də)] <-> *kein Pl f* curiosità *f;* **aus ~** per curiosità; **neugierig**

adj curioso; ~ **auf etw** *acc* **sein** essere curioso di qc; **ich bin ~, ob ... ** sono curioso di sapere se ...; **das macht mich ~** questo mi incuriosisce

Neugriechisch *n* greco *m* moderno

Neugründung *f* rifondazione *f*

Neuguinea [nɔɪgiˈneːa] *n* Nuova Guinea *f*

Neuheit <-, -en> *f* novità *f*

Neuhochdeutsch *n* nuovo alto tedesco *m*

Neuigkeit <-, -en> *f* novità *f*

Neuinszenierung *f* nuova messinscena *f*

Neujahr *n* capodanno *m*; **prosit ~!** buon anno!; **Neujahrsmorgen** *m* mattina *f* di Capodanno; **Neujahrstag** <-(e)s, -e> *m* capodanno *m*

Neuland *n* ① (*neu gewonnenes Land*) terra *f* di bonifica ② (*fig*) terreno *m* vergine; ~ **betreten** (*fig*) muoversi in un campo nuovo; **Neulandgewinnung** *f* dissodamento *m*

neulich *adv* recentemente, l'altro giorno; ~ **abend(s)** l'altra sera

Neuling [ˈnɔɪlɪŋ] <-s, -e> *m* principiante *mf*, novellino, -a *m, f*

neumodisch I. *adj* moderno II. *adv* all'ultima moda; **Neumond** *m* luna *f* nuova

neun [nɔɪn] *num* nove; *s. a.* **acht**

Neun <-, -en> *f* nove *m*; **ach, du grüne ~e!** (*fam*) perbacco!, diamine!

Neun-, neun- *s. a.* **Acht-, acht-**

Neunauge *n* lampreda *f*

neunhundert [ˈnɔɪnˈhʊndɐt] *num* novecento

neunmal *adv* nove volte; **neunmalklug** *adj* (*iron*) saccente

neuntausend [ˈnɔɪnˈtauʒənt] *num* novemila

neunte *s.* **neunte(r, s)**

Neunte <ein -r, -n, -n> *mf* nono, -a *m, f*; *s. a.* **Achte**

Neuntel <-s, -> *n* nono *m*, nona parte *f*

neuntens *adv* (in) nono (luogo)

neunte(r, s) *adj* nono, -a; (*bei Datumsangabe*) nove; *s. a.* **achte(r, s)**

neunzehn *num* diciannove

neunzehnte(r, s) *adj* diciannovesimo, -a; (*bei Datumsangabe*) diciannove; *s. a.* **achte(r, s)**

neunzig [ˈnɔɪntsɪç] *num* novanta

neunzigste(r, s) *adj* novantesimo, -a

Neunzigstel <-s, -> *n* novantesimo *m*, novantesima parte *f*

Neuorientierung *f* nuovo orientamento *m*

Neuphilologe *m*, **Neuphilologin** *f* filologo, -a *m, f* di lingue moderne

Neuralgie [nɔɪralˈgiː, *pl:* nɔɪralˈgiːən] <-, -n> *f* nevralgia *f*

neuralgisch [nɔɪˈralgɪʃ] *adj* nevralgico

Neurasthenie [nɔɪrasteˈniː, *pl:* nɔɪrasteˈniːən] <-, -n> *f* nevrastenia *f*

Neuregelung *f* nuova regolamentazione *f*

neureich *adj* (*pej*) nuovo ricco; **Neureiche** <ein -r, -n, -n> *mf* (*pej*) nuovo, -a ricco, -a *m, f*

Neurodermitis [nɔɪrodɛrˈmiːtɪs] <-, Neurodermitiden> *f* (MED) neurodermite *f*

Neurologe [nɔɪroˈloːgə] <-n, -n> *m* neurologo *m*; **Neurologie** [nɔɪroloˈgiː] <-> *kein Pl f* neurologia *f*; **Neurologin** [nɔɪroˈloːgɪn] <-, -nen> *f* neurologa *f*

Neurose [nɔɪˈroːzə] <-, -n> *f* (MED, PSYCH) nevrosi *f*

Neurotiker(in) [nɔɪˈroːtɪkɐ] <-s, -; -, -nen> *m(f)* (MED, PSYCH) nevrotico, -a *m, f*

neurotisch *adj* (MED, PSYCH) nevrotico

Neuschnee *m* neve *f* fresca

Neuseeland [nɔɪˈzeːlant] *n* Nuova Zelanda *f*

neusprachlich *adj* di [*o* delle] lingue moderne

Neutra *pl von* **Neutrum**

neutral [nɔɪˈtraːl] *adj* ① (*unbeteiligt, unparteiisch,* POL) neutrale ② (CHEM, LING) neutro

neutralisieren [nɔɪtraliˈziːrən] <ohne ge-> *vt* neutralizzare; **Neutralisierung** <-> *kein Pl f* neutralizzazione *f*

Neutralität [nɔɪtraliˈtɛːt] <-> *kein Pl f* (POL, CHEM, EL) neutralità *f*; (*von Schiedsrichter*) imparzialità *f*

Neutren *pl von* **Neutrum**

Neutron [nɔɪtroːn] <-s, -en> *n* (PHYS) neutrone *m*; **Neutronenbombe** *f* bomba *f* al neutrone

Neutrum [ˈnɔɪtrʊm, *pl:* ˈnɔɪtra *o* ˈnɔɪtrən] <-s, Neutra *o* Neutren> *n* neutro *m*

Neuverschuldung <-, -en> *f* (FIN) rindebitamento *m*

Neuwahl *f* nuova elezione *f*

neuwertig *adj* come nuovo

Neuwort <-s, -wörter> *n* neologismo *m*

Neuzeit *f* tempi *mpl* moderni; **neuzeitlich** *adj* moderno

Newbie [ˈnjuːbi] <-s, -s> *m* (INFORM) newbie *m*

Newcomer(in) [ˈnjuːkʌmɐ] <-s, -; -, -nen> *m(f)* debuttante *mf*

New Economy *kein Pl f* nuova economia *f*

Newsgroup <-, -s> *f* (INFORM) newsgroup *m*

New York [ˈnjuːˈjɔːk] *n* New [*o* Nuova] York *f*

nhd. *abk v* **neuhochdeutsch** nuovo alto tedesco

Ni (CHEM) *abk v* **Nickel** Ni

nicht [nɪçt] *adv* non; **bestimmt ~** non di

certo; **ich auch** ~ neanch'io; ~ **einmal** nemmeno; ~ **mehr** non più; ~ **mehr und** ~ **weniger** né più né meno; ~ **nur ...,** **sondern auch ...** non solo ..., ma anche ...; **dann eben** ~ (*fam*) allora no; **durch-aus** [*o* **ganz und gar**] ~ non ... affatto; **alle wissen es, nur Sie** ~ tutti lo sanno, solo Lei no; ~ **wahr?** nevvero?; ~ **doch!** ma no!; ~ **schlecht!** (*fam*) mica male!; ~**,** **dass ich wüsste!** non che io sappia!; **was du** ~ **sagst!** che mi dici!

Nichtachtung *f* ➊ (*Mangel an Respekt*) mancanza *f* di rispetto ➋ (*Nichtbeach-tung*) inosservanza *f;* **Nichtanerken-nung** *f* (FIN, POL) non riconoscimento *m;* (JUR) disconoscimento *m;* **Nichtangriffs-pakt** *m* patto *m* di non aggressione; **Nichtbeachtung** *f* inosservanza *f*

Nichte ['nıçtə] <-, -n> *f* nipote *f* (di zio e zia)

nichtehelich *adj* (JUR) illegittimo

Nichteinhaltung *f* (*von Vorschrift, Anord-nung*) inosservanza *f;* (*von Vertrag*) ina-dempimento *m;* **Nichteinmischung** *f* non intervento *m;* **Nichterscheinen** *n* non comparizione *f*, contumacia *f;* **Nicht-gefallen** *n* **bei ~ Geld zurück** in caso di non soddisfazione la somma pagata sarà restituita

nichtig *adj* ➊ (JUR: *ungültig*) nullo; **etw für ~ erklären** abrogare qc ➋ (*geh: unbe-deutend*) insignificante; **Nichtigkeit** <-, -en> *f* ➊ *sing* (*Ungültigkeit*) nul-lità *f* ➋ *sing* (*Bedeutungslosigkeit*) futilità *f*, vanità *f* ➌ (*Kleinigkeit*) niente *m;* **Nich-tigkeitserklärung** *f* annullamento *m*

nichtleitend *adj* (EL) coibente

Nichtraucher(in) *m(f)* non fumatore, -trice *m, f;* **Nichtraucherabteil** *n* scom-partimento *m* per non fumatori; **Nicht-raucherzone** <-, -n> *f* sala *f* (per) non fumatori

nichtrostend *adj* inossidabile

nichts [nıçts] *pron indef* niente, nulla; **er hat ~ gesagt** non ha detto niente; ~ **der-gleichen** nulla di tutto ciò; **gar** [*o* **über-haupt**] ~ proprio niente; ~ **Neues** niente di nuovo; **sie haben mit ihr ~ als Sorgen** con lei non hanno altro che preoccupa-zioni; **ich kann ~ dafür** non è colpa mia, non ci posso far nulla; ~ **zu danken!** non c'è di che!; **für ~ und wieder ~** (*fam*) per niente; **mir ~, dir ~** come se niente fosse; **da ist ~ zu machen** non c'è niente da fare; **daraus wird** ~ non se ne farà (di) nulla; **das macht** ~ non fa nulla; **das hat ~ zu sagen** non vuol dire nulla; **das ist ~ für mich** non fa per me; **das ist** (**immerhin**)

besser als ~ è già meglio di niente; ~ **lie-ber als das!** non chiedo di meglio; ~ **da!** (*fam*) nemmeno per sogno!; **wenn es weiter** ~ **ist!** se non c'è altro!, se questo è tutto!; **jetzt aber** ~ **wie weg!** (*fam*) adesso via, veloci!

Nichts <-> *kein Pl n* ➊ (PHILOS) nulla *m* ➋ (*Leere*) vuoto *m* ➌ (*Geringfügigkeit*) nonnulla *m;* **vor dem ~ stehen** essere sull'orlo della rovina ➍ (*pej: Mensch*) niente *m*

nichtsahnend *adj* non sospettando (di) niente

nichtsahnendALT *adj s.* **ahnen 2.**

Nichtschwimmer(in) *m(f)* non nuota-tore, -trice *m, f;* **Nichtschwimmerbe-cken** *n* piscina *f* per non nuotatori

nichtsdestoweniger [nıçtsdɛs-to'veːnıgɐ] *adv* ciò nonostante, nondi-meno

Nichtsnutz ['nıçtsnʊts] <-es, -e> *m* (*pej*) buono, -a *m, f* a nulla, inetto, -a *m, f;* **nichtsnutzig** *adj* (*pej*) buono a nulla, inetto

nichtssagend *adj* insignificante, futile; (*Gesicht*) inespressivo

nichtssagendALT *adj s.* **sagen**

Nichtstuer(in) <-s, -; -, -nen> *m(f)* (*pej*) fannullone, -a *m, f*, poltrone, -a *m, f*

Nichtstun <-s> *kein Pl n* ➊ (*Muße*) ozio-sità *f* ➋ (*Faulheit*) pigrizia *f*, poltroneria *f*

nichtswürdig *adj* (*geh pej*) vile, sprege-vole, abietto

Nichtwähler(in) <-s, -; -, -nen> *m(f)* non elettore, -trice *m, f*

Nichtzutreffende <*ein* -s, -n> *kein Pl n* ~ **s bitte streichen!** cancellare ciò che non interessa

Nickel ['nıkəl] <-s> *kein Pl n* (CHEM) nichel *m*, nichelio *m;* **Nickelbrille** *f* occhiali *mpl* con montatura nichelata

nicken ['nıkən] *vi* ➊ (*mit dem Kopf*) fare cenno col capo; (*zustimmen*) annuire ➋ (*fam: schlummern*) appisolarsi

Nickerchen ['nıkeçən] <-s, -> *n* (*fam*) pisolino *m*

Nicki(pullover) ['nıki(pʊ'loːvɐ)] <-s, -s> *m* maglia *f* felpata

nie [niː] *adv* (*non*) ... mai; ~ **und nimmer** mai e poi mai; **noch** ~ **dagewesen** senza precedenti; ~ **mehr!** mai più!

nieder ['niːdɐ] **I.** *adj* ➊ (*dial: gering*) basso ➋ (*Rang*) inferiore; **von ~er Herkunft** di umili natali ➌ (*Gesinnung*) vile **II.** *adv* giù, abbasso; **auf und ~ gehen** salire e scen-dere; ~ **mit den Frauenfeinden!** abbasso i misogini!

nieder|beugen I. *vt* (*geh*) piegare in giù

II. *vr* **sich ~** abbassarsi, (in)chinarsi

nieder|brennen <irr> **I.** *vt haben* bruciare, ridurre in cenere **II.** *vi sein* bruciare, essere distrutto dal fuoco

niederdeutsch *adj* (LING) basso tedesco

nieder|drücken *vt* ❶ (*herunterdrücken*) piegare (in giù); (*Klinke, Hebel*) abbassare ❷ (*fig geh: bedrücken*) deprimere, scoraggiare

nieder|fallen <fällt nieder, fiel nieder, niedergefallen> *vi sein* **vor jdm ~** (*geh*) gettarsi ai piedi di qu, prostrarsi dinanzi a qu

Niederfrequenz *f* (PHYS) bassa frequenza *f*

Niedergang <-(e)s *kein Pl* m (*geh: Untergang*) decadenza *f*

nieder|gehen <geht nieder, ging nieder, niedergegangen> *vi sein* ❶ (*Gewitter, Wolkenbruch*) abbattersi; (*Regen*) venire giù ❷ (*Flugzeug*) atterrare

niedergelassen *adj* (*CH*) ❶ (*in einer Gemeinde seinen festen Wohnsitz habend* (*bei Schweizern*)) residente ❷ (*das Recht besitzend, in der Schweiz zu wohnen und zu arbeiten* (*bei Ausländern*)) chi ha il permesso di soggiorno in Svizzera

niedergeschlagen *adj* (*bedrückt*) depresso, avvilito; **Niedergeschlagenheit** <-> *kein Pl f* abbattimento *m*, avvilimento *m*

nieder|holen *vt* ammainare

nieder|knien *vi sein* inginocchiarsi

nieder|kommen <irr> *vi sein* (*geh*) (**mit einem Mädchen**) **~** dare alla luce (una bambina)

Niederkunft ['niːdəkʊnft, *pl:* 'niːdəkynftə] <-, Niederkünfte> *f* (*geh*) parto *m*

Niederlage *f* (MIL) disfatta *f*; (*fig a*) sconfitta *f*; **eine ~ erleiden** subire una sconfitta

Niederlande ['niːdəlandə] *pl* **die ~** i Paesi Bassi

Niederländer(in) ['niːdəlɛndɐ] <-s, -; -, -nen> *m(f)* olandese *mf*

niederländisch *adj* olandese

nieder|lassen <irr> *vr* **sich ~** ❶ (*geh: sich setzen*) sedersi ❷ (*seinen Wohnsitz nehmen*) stabilirsi; (*als Arzt, Anwalt*) aprire uno studio

Niederlassung <-, -en> *f* ❶ *sing* (*das Sichniederlassen*) stabilimento *m;* (*als Arzt*) apertura *f* di uno studio medico; (*als Rechtsanwalt*) apertura *f* di uno studio legale ❷ (WIRTSCH) sede *f;* (*Zweigstelle*) filiale *f*, succursale *f*; **Niederlassungsbewilligung** <-, -en> *f* (*CH: JUR*) permesso *m* di soggiorno illimitato; **Niederlassungsfreiheit** <-, -en> *f* (WIRTSCH) libertà *f* di stabilimento

nieder|legen **I.** *vt* ❶ (*geh: hinlegen*) mettere giù, posare; (*Waffen*) deporre ❷ (*Arbeit*) interrompere; (*Amt*) dimettersi (dal suo ufficio) ❸ (*schriftlich fixieren*) fissare, registrare **II.** *vr* **sich ~** (*geh*) coricarsi

Niederlegung <-, -en> *f* ❶ (*Kranz~*) deposizione *f* ❷ (*Arbeits~*) interruzione *f;* (*Amts~*) dimissioni *fpl;* (*von Krone*) abdicazione *f* ❸ (*schriftlich*) registrazione *f*

nieder|machen *vt* trucidare, massacrare

nieder|metzeln ['niːdəmɛtsəln] *vt* trucidare, massacrare

Niederösterreich *n* Bassa Austria *f*

nieder|reißen <irr> *vt* abbattere, demolire

Niederrhein *m* Basso Reno *m*

Niedersachsen *n* Bassa Sassonia *f*

nieder|schießen <irr> **I.** *vt haben* abbattere, stendere **II.** *vi sein* (*Vogel*) **auf jdn/etw ~** piombare su qu/qc

Niederschlag *m* ❶ (METEO) precipitazioni *fpl* ❷ (CHEM) precipitato *m;* **radioaktiver ~** pioggia *f* radioattiva, fall-out *m* ❸ (*fig*) ripercussione *f;* **seinen ~ in etw** *dat* **finden** riflettersi in [*o* su] qc

nieder|schlagen <irr> **I.** *vt* ❶ (*zu Boden schlagen*) abbattere, atterrare ❷ (*fig: Aufstand*) reprimere ❸ (*Kragen, Augen*) abbassare **II.** *vr* **sich ~** ❶ (*Dampf*) depositarsi; (CHEM) precipitare ❷ (*fig: zum Ausdruck kommen*) **sich in etw** *dat* **~** riflettersi su qc

niederschlagsarm *adj* povero di precipitazioni, con scarsezza di piogge, siccitoso, secco; **Niederschlagsmenge** *f* precipitazioni *fpl;* **niederschlagsreich** *adj* ricco di precipitazioni, con abbondanti precipitazioni, piovoso

nieder|schmettern *vt* scaraventare a terra; (*a fig*) abbattere; **niederschmetternd** *adj* costernante

nieder|schreiben <irr> *vt* mettere per iscritto, stendere

Niederschrift *f* scritto *m*

nieder|setzen **I.** *vt* posare **II.** *vr* **sich ~** sedersi

Niederspannung <-, -en> *f* (EL) bassa tensione *f*

nieder|stoßen <irr> **I.** *vt haben* (*geh*) buttare giù, gettare a terra **II.** *vi sein* (*Raubvogel*) **auf jdn/etw ~** piombare su qu/qc

nieder|strecken (*geh*) **I.** *vt* stendere a terra, abbattere **II.** *vr* **sich ~** (di)stendersi

Niedertracht <-> *kein Pl f* (*geh*) infamia *f*, viltà *f;* **niederträchtig** ['niːdətrɛçtɪç] *adj* infame, vile; **Niederträchtigkeit** <-, -en> *f s.* **Niedertracht**

nieder|trampeln *vt* (*fam*) pestare coi piedi, calpestare; **nieder|treten** <tritt nieder, trat nieder, niedergetreten> *vt*

pestare coi piedi, calpestare
Niederung <-, -en> *f* bassopiano *m*
nieder|walzen *vt* schiacciare
nieder|werfen <irr> **I.** *vt* (*geh*) ❶(*Auf-stand*) reprimere ❷(*Feind*) vincere **II.** *vr* **sich vor jdm ~** gettarsi ai piedi di qu
Niederwerfung <-, -en> *f* (*von Feind*) sconfitta *f;* (*von Aufstand*) repressione *f*
Niederwild *n* selvaggina *f* piccola
niedlich ['niːtlɪç] *adj* carino, grazioso
niedrig ['niːdrɪç] *adj* ❶(*klein, gering*) basso; (*Preis*) modico ❷(*Stand*) umile ❸(*fig: Gesinnung*) vile; **Niedrigkeit** <-, -en> *f* bassezza *f;* **Niedriglohnland** *n* paese *m* dai salari bassi
niemals ['niːmaːls] *adv* (non …) mai; **~ mehr** mai più
niemand ['niːmant] *pron indef* (non …) nessuno; **es ist ~ da** non c'è nessuno; **sonst ~** nessun altro; **Niemandsland** *n* terra *f* di nessuno
Niere ['niːrə] <-, -n> *f* ❶(ANAT) rene *m;* **jdm an die ~ gehen** (*fig fam*) deprimere qu, tirare qu giù (di morale) ❷ *pl* (GASTR) rognoni *mpl;* **Nierenbecken** *n* (ANAT) bacinetto *m* renale; **nierenförmig** ['niːrənfœrmɪç] *adj* reniforme; **Nierengurt** *m* fascia *f* renale; **nierenkrank** *adj* nefritico; **Nierenleiden** *n* (MED) affezione *f* renale, nefropatia *f;* **Nierenspender(in)** <-s, -; -, -nen> *m(f)* (MED) donatore, -trice *m, f* di reni; **Nierenstein** *m* (MED) calcolo *m* renale; **Nierentisch** *m* tavola *f* reniforme; **Nierentransplantation** *f* trapianto *m* renale
nieseln ['niːzəln] *vi* **es nieselt** pioviggina; **Nieselregen** *m* pioggerella *f* minuta
niesen ['niːzən] *vi* starnutire; **Niesen** <-s> *kein Pl n* starnuto *m;* **Niespulver** *n* polvere *f* per starnutire
Nießbrauch ['niːsbraʊx] *m* (JUR) usufrutto *m;* **Nießbraucher(in)** <-s, -; -, -nen> *m(f)* (JUR) usufruttuario, -a *m, f;* **Nießnutzer(in)** <-s, -; -, -nen> *m(f)* (JUR) usufruttuario, -a *m, f*
Niet [niːt] <-(e)s, -e> *m* rivetto *m*
Niete ['niːtə] <-, -n> *f* ❶(TEC) chiodo *m* da ribadire, rivetto *m* ❷(*Fehllos*) biglietto *m* non vincente ❸(*fig fam: Versager*) schiappa *f*
nieten *vt* rivettare
niet- und nagelfest *adj* **alles, was nicht ~ ist** (*fam*) tutto quello che si può portar via
Nihilismus [nihi'lɪsmʊs] <-> *kein Pl m* nichilismo *m*
Nihilist(in) [nihi'lɪst] <-en, -en; -, -nen> *m(f)* nichilista *mf*

nihilistisch *adj* nichilista
Nikolaus ['nɪkolaʊs] <-, -e *o fam* -läuse> *m* (*Gestalt*) San Niccolò *m*
Nikotin [niko'tiːn] <-s> *kein Pl n* nicotina *f;* **nikotinarm** *adj* a basso contenuto di nicotina, povero di nicotina; **nikotinfrei** *adj* denicotinizzato, senza nicotina; **Nikotingehalt** *m* contenuto *m* di nicotina; **Nikotinpflaster** *n* cerotto *m* alla nicotina; **Nikotinvergiftung** *f* avvelenamento *m* da nicotina, nicotinismo *m*
Nil [niːl] *m* Nilo *m;* **Nilpferd** *n* ippopotamo *m*
Nimbus ['nɪmbʊs] <-, -se> *m* aureola *f*
nimmer ['nɪmɐ] *adv* (*A, südd: nie*) (non) … mai; **nimmermüde** ['nɪmɐ'myːdə] *adj* instancabile, indefesso; **Nimmersatt** <-(e)s, -e> *m* (*fam*) ingordo, -a *m, f*, sfondato, -a *m, f;* **Nimmerwiedersehen** *n* (*fam*) **auf ~!** addio per sempre
nimmt [nɪmt] *3. pers sing pr von* **nehmen**
Nippel ['nɪpəl] <-s, -> *m* (TEC) raccordo *m* filettato
nippen ['nɪpən] *vi* **an etw** *dat* **~** sorseggiare qc
Nippes ['nɪpəs *o* nɪps] *pl,* **Nippsachen** ['nɪpzaxən] *fpl* ninnoli *mpl,* chincaglie *fpl*
nirgends, nirgendwo ['nɪrgənts, 'nɪrgəntvoː] *adv* da nessuna parte
nirgendwo ['nɪrgəntvoː] *adv s.* **nirgends**
Nische ['niːʃə] <-, -n> *f* nicchia *f*
Nisse ['nɪsə] <-, -n> *f* lendine *f*
nisten ['nɪstən] *vi* nidificare, fare il nido; **Nistkasten** *m* nido *m* artificiale
Nitrat [ni'traːt] <-(e)s, -e> *n* nitrato *m*
Nitrit [ni'triːt] <-s, -e> *n* nitrito *m*
Nitroglyzerin [nitroglytse'riːn] <-s> *kein Pl n* nitroglicerina *f*
Niveau [ni'voː] <-s, -s> *n* livello *m;* **eine Sendung mit ~** una trasmissione di livello; **niveaulos** *adj* di basso livello; (*mittelmäßig*) mediocre; **niveauvoll** *adj* ad alto livello
nivellieren [nivɛ'liːrən] <ohne ge-> *vt* livellare
Nivellierung <-, -en> *f* livellamento *m*
nix [nɪks] (*fam*) *s.* **nichts**
Nixe ['nɪksə] <-, -n> *f* ondina *f*
NN *abk v* **Normalnull** l.m.
N. N. *abk v* **nomen nescio** nome ignoto; (*in Vorlesungsverzeichnissen*) non ancora nominato
NO *abk v* **Nordost(en)** NE
No-bail-Klausel <-, -n> *f* (FIN) clausola *f* no-bail-out
nobel ['noːbəl] *adj* ❶(*geh: vornehm, edel*) nobile ❷(*iron: luxuriös*) signorile ❸(*fam: großzügig*) generoso

Nobelkarosse *f* (AUTO: *pej fam*) macchina *f* di lusso

Nobelpreis [no'bɛlpraɪs] *m* premio *m* Nobel; **Nobelpreisträger(in)** *m(f)* premio *m* Nobel

noch [nɔx] **I.** *adv* ancora; ~ **besser/größer** ancora meglio/più grande; ~ **bevor** [*o* **ehe**] ancora prima che +*conj*, di +*inf*; ~ **dazu** (*außerdem*) per giunta, oltre tutto; ~ (**ein**)**mal** ancora una volta; ~ **heute**, **heute** ~ oggi stesso, ancora oggi; ~ **immer**, **immer** ~ ancora, sempre; ~ **mehr** ancora di più; ~ **nicht** non ancora; ~ **nie** non ancora; ~ **und** ~ [*o* **nöcher** *fam*] (*scherz*) a palate; **ich möchte** ~ **bleiben** vorrei rimanere ancora; **er wird schon** ~ **kommen** finirà per venire; **er kann** ~ **nicht einmal kochen** non sa neanche cucinare; **wäre er auch** ~ **so reich ...** per ricco che sia ...; **wie hieß sie** (**doch**) ~? com'è che si chiamava?; (**darf es**) **sonst** ~ **etwas** (**sein**)? che [*o* qualcos'] altro?; **auch das** ~! ci mancava anche questo!; **geh doch** ~ **nicht!** non andartene ancora!; **das wirst du** ~ **bereuen!** te ne pentirai! **II.** *konj* **weder ...** ~ **...** né ... né ...

nochmalig *adj* nuovo; (*wiederholt*) ripetuto

nochmals *adv* ancora una volta, di nuovo

Nockenwelle ['nɔkənvɛlə] *f* albero *m* a camme

Nockerl <-s, -n> *n* (*A: kleiner Kloß*) gnocco *m*

Nomade [no'ma:də] <-n, -n> *m* nomade *m;* **Nomadenleben** *n* vita *f* (da) nomade; **Nomadentum** <-s> *kein Pl n* nomadismo *m;* **Nomadin** [no'ma:dɪn] <-, -nen> *f* nomade *f*

Nomen ['no:mən, *pl:* 'no:mina] <-s, Nomina> *n* (LING) nome *m*

Nomenklatur [nomɛnkla'tu:ɐ̯] <-, -en> *f* nomenclatura *f;* **Nomenklatura** [nomɛnkla'tu:ra] <-> *kein Pl f* (*in der UdSSR*) ❶ (*Oberschicht*) nomenklatura *f* ❷ (*Verzeichnis der Führungspositionen*) nomenklatura *f*

Nomina *pl von* **Nomen**

nominal [nomi'na:l] *adj* (LING, WIRTSCH) nominale; **Nominalwert** <-(e)s, -e> *m* (FIN) valore *m* nominale

Nominativ ['no:minati:f] <-s, -e> *m* (LING) nominativo *m*

nominell [nomi'nɛl] *adj* nominale

nominieren [nomi'ni:rən] <ohne ge-> *vt* nominare

Nominierung <-, -en> *f* nomina *f*

No-Name-Produkt ['noʊneɪm pro'dʊkt] *n* sottomarca *f*

Nonchalance [nõʃa'lã:s] <-> *kein Pl f* nonchalance *f*

Nonkonformismus ['no:nkɔnfɔrmɪsmʊs] *o* nonkɔnfɔr'mɪsmʊs] <-> *kein Pl m* non conformismo *m,* anticonformismo *m;* **Nonkonformist(in)** [nɔnkɔnfɔr'mɪst] <-en, -en; -, -nen> *m(f)* nonconformista *mf;* **nonkonformistisch** *adj* nonconformista

Nonne ['nɔnə] <-, -n> *f* monaca *f,* suora *f*

Nonplusultra [nɔnplʊs'ʔʊltra] <-s> *kein Pl n* (*geh*) **das** ~ il non plus ultra, il massimo

nonprofit *adj* nonprofit

Nonsens ['nɔnzɛns] <-(es)> *kein Pl m* nonsenso *m,* controsenso *m,* assurdità *f*

nonstop ['nɔn'stɔp] *adv* non-stop, senza interruzioni, continuato; ~ **fliegen** volare non-stop [*o* senza scalo]; **das Program läuft** ~ il programma continua senza interruzioni; **Nonstopflug** [nɔn'stɔp'flu:k] *m* volo *m* senza scalo; **Nonstopkino** *n* cinema *m* con spettacoli continuati

Nord [nɔrt] <-(e)s> *kein Pl m* nord *m;* **der Wind kommt aus** ~ il vento soffia da nord

Nord- [nɔrt] (*in Zusammensetzungen*) del nord, settentrionale

Nordamerika ['nɔrtʔa'me:rika] *n* America *f* settentrionale, America *f* del Nord, Nordamerica *m*

Nordatlantikpakt ['nɔrtat'lantɪkpakt] <-(e)s> *kein Pl m* (POL, MIL) trattato *m* nordatlantico

nordatlantisch ['nɔrtʔat'lantɪʃ] *adj* nordatlantico

norddeutsch *adj* della Germania settentrionale; **Norddeutsche** *mf* tedesco, -a *m, f* settentrionale; **Norddeutschland** *n* Germania *f* del Nord [*o* settentrionale]

Norden ['nɔrdən] <-s> *kein Pl m* nord *m,* settentrione *m;* **im** ~ **von** a nord di; **im hohen** ~ nell'alto nord; **nach** ~ verso il nord; **von** ~ dal nord

Nordeuropa ['nɔrtʔɔr'ro:pa] *n* Europa *f* del Nord

Nordhalbkugel ['nɔrthalpku:gəl] <-> *kein Pl f* emisfero *m* boreale [*o* settentrionale]

Nordhang *m* versante *m* settentrionale

Nordic Walking ['nɔrdɪk 'vɔ:kɪŋ] <-> *n* nordic *m* walking

Nordirland ['nɔrt'ɪrlant] <-s> *n* Irlanda *f* del Nord

nordisch *adj* nordico; ~**e Kombination** (SPORT) combinata nordica

Norditalien *n* Italia *f* del Nord [*o* settentrionale]; **Norditaliener(in)** *m(f)* (italiano,

-a *m, f*) settentrionale *mf;* **norditalie-
nisch** *adj* dell'Italia settentrionale
Nordkorea ['nɔrtkoreːa] *n* Corea *f* del
Nord
Nordkoreaner(in) ['nɔrtkoreaːnɐ] <-s, -;
-, -nen> *m(f)* nordcoreano, -a *m, f*
nordkoreanisch *adj* nordcoreano, della
Corea del Nord
nördlich ['nœrtlɪç] **I.** *adj* settentrionale;
~ **von** a nord di; **in ~er Richtung** verso
nord **II.** *prp +gen* ~ **des Polarkreises** a
nord del circolo polare
Nordlicht *n* ❶ (*Polarlicht*) aurora *f* boreale
❷ (*fam scherz*) persona *f* della Germania
settentrionale
Nordost(en) ['nɔrt'ʔɔst(ən)] *m* nord-est *m;*
nordöstlich ['nɔrt'ʔœstlɪç] *adj* ~ **von ...**
a nord-est di ...
Nordpol *m* polo *m* nord
Nordrhein-Westfalen   ['nɔrtraɪn-
vɛst'faːlən] *n* Renania *f* Settentrionale-
Vestfalia
Nordsee *f* mare *m* del Nord
Nord-Süd-Dialog *m* dialogo *m* Nord-
Sud; **Nord-Süd-Gefälle** *n* divario *m*
Nord-Sud
Nordwest(en) ['nɔrt'vɛst(ən)] *m* nord-
ovest *m;* **nordwestlich** ['nɔrt'vɛstlɪç] *adj*
~ **von ...** a nord-ovest di ...
Nordwind *m* vento *m* del nord
Nörgelei [nœrgəˈlaɪ] <-, -en> *f* (*pej*) continuo criticare *m,* brontolio *m*
nörgeln ['nœrgəln] *vi* (*pej*) **an etw** *dat* ~
criticare qc, trovar sempre da ridire su qc
Nörgler(in) <-s, -; -, -nen> *m(f)* (*pej*) criticone, -a *m, f*
Norm [nɔrm] <-, -en> *f* norma *f,* regola *f*
normal [nɔrˈmaːl] *adj* normale; **Normalbenzin** <-s> *kein Pl n* benzina *f* normale;
normalerweise *adv* normalmente; **Nor-
malfall** *m* caso *m* normale; **im** ~ normalmente; **Normalgewicht** <-(e)s> *kein
Pl n* peso *m* norma; **Normalgröße** *f*
altezza *f* normale
normalisieren [nɔrmaliˈziːrən] <ohne
ge-> **I.** *vt* normalizzare **II.** *vr* **sich** ~ normalizzarsi
Normalisierung <-, -en> *f* normalizzazione *f*
Normalität [nɔrmaliˈtɛːt] <-> *kein Pl f* normalità *f*
Normalmaß *n* misura *f* normale, campione *m;* **Normalnull** <-s> *kein Pl n*
quota *f* zero, livello *m* mare; **Normal-
sterbliche** <ein -r, -n, -n> *mf* comune
mf mortale; **Normalverbraucher** *m*
consumatore *m* medio; **Otto** ~ (*fam pej*)
un uomo qualunque

-a *m, f*) settentrionale *mf;* **norditalie-
nisch** *adj* dell'Italia settentrionale
Normanne [nɔrˈmanə] <-n, -n> *m,* **Normannin** [nɔrˈmanɪn] <-, -nen> *f* normanno, -a *m, f*
normannisch *adj* normanno
normativ [nɔrmaˈtiːf] *adj* normativo
normen ['nɔrmən] *vt,* **normieren**
[nɔrˈmiːrən] <ohne ge-> *vt* normalizzare,
unificare
Normierung <-, -en> *f,* **Normung** <-,
-en> *f* normalizzazione *f,* standardizzazione *f*
normwidrig *adj* contrario alla norma
Norwegen ['nɔrveːgən] *n* Norvegia *f*
Norweger(in) <-s, -; -, -nen> *m(f)* norvegese *mf*
norwegisch *adj* norvegese
Nostalgie [nɔstalˈgiː] <-, -n> *f* nostalgia *f;*
Nostalgiewelle *f* revival *m* della nostalgia, ritorno *m* nostalgico; **auf der** ~
schwimmen abbandonarsi all'onda della
nostalgia
nostalgisch [nɔsˈtalgɪʃ] *adj* nostalgico
Not [noːt, *pl:* 'nœːtə] <-, Nöte> *f*
❶ (~ *lage*) bisogno *m,* necessità *f;* **in** ~
geraten cadere in miseria ❷ *sing* (*Mangel*) penuria *f,* mancanza *f;* (*Bedürftigkeit*)
indigenza *f;* (*Armut*) povertà *f;* (*Elend*)
miseria *f;* ~ **leiden** (*geh*) essere in miseria;
~ **leidend** bisognoso, indigente; **wenn** ~
am Mann ist quando urge il bisogno; **aus
der** ~ **eine Tugend machen** fare di necessità virtù; **zur** ~ se è necessario; ~ **macht
erfinderisch** (*prov*) il bisogno aguzza l'ingegno ❸ (*Sorge, Mühe*) fatica *f,* pena *f;*
seine (liebe) ~ **mit jdm/etw haben**
avere un bel daffare con qu/qc *fam;* **mit
knapper** ~ a malapena; **mit knapper** ~
entkommen scamparla bella *fam*
Notanker *m* ❶ (*NAUT*) ancora *f* di riserva
❷ (*geh fig*) ancora *f* di salvezza
Notar(in) [noˈtaːɐ] <-s, -e; -, -nen> *m(f)*
notaio *m*
Notariat [notariˈaːt] <-(e)s, -e> *n*
❶ (*Amt*) notariato *m* ❷ (*Büro*) studio *m*
notarile
notariell [notariˈɛl] **I.** *adj* notarile **II.** *adv*
dal notaio; ~ **beglaubigt** legalizzato dal
notaio
Notarin *f s.* **Notar**
Notarzt *m,* **Notärztin** *f* medico *m* di servizio; **Notaufnahme** <-, -n> *f* pronto
soccorso *m;* **Notausgang** *m* uscita *f* di
sicurezza; **Notbehelf** *m* espediente *m,*
ripiego *m;* **Notbeleuchtung** *f* illuminazione *f* d'emergenza; **Notbremse** *f*
freno *m* d'emergenza; **Notbremsung** <-,
-en> *f* frenata *f* d'emergenza; **Notdienst** *m* ~ **haben** (*Apotheke*) essere di

N

turno

Notdurft ['no:tdʊrft] <-> *kein Pl f* (*geh*) bisogno *m*, necessità *fpl;* **seine ~ verrichten** fare i propri bisogni

notdürftig I. *adj* ❶ (*kaum ausreichend*) appena sufficiente, scarso ❷ (*behelfsmäßig*) provvisorio, di fortuna **II.** *adv* alla meno peggio

Note ['no:tə] <-, -n> *f* ❶ (MUS) nota *f;* **ganze ~** semibreve *f;* **halbe ~** minima *f* ❷ (*Bank~*) banconota *f* ❸ (*Schul~*) voto *m* ❹ (*fig: Wesenszug*) impronta *f;* **eine persönliche ~** un'impronta personale

Notebook <-s, -s> *n* notebook *m*

Notenbank <-, -en> *f* banca *f* d'emissione; **Notenblatt** *n* (MUS) foglio *m* di musica; **Notenheft** *n* quaderno *m* di musica; **Notenpapier** *n* carta *f* da musica; **Notenschlüssel** <-s, -> *m* (MUS) chiave *f;* **Notenständer** *m* (MUS) leggio *m*

Notfall *m* caso *m* di bisogno; **im ~** in caso di bisogno; (*zur Not*) se è necessario

notfalls *adv* all'occorrenza, in caso di bisogno

Notfallstation <-, -en> *f* (*CH: Unfallstation im Krankenhaus*) pronto soccorso *m*

notgedrungen *adv* per necessità, costretto dalla necessità

notgeil *adj* (*sl*) affamato, allupato

Notgroschen *m* risparmio *m*, riserva *f* di denaro

notieren [no'ti:rən] <ohne ge-> *vt* ❶ (*aufschreiben*) annotare, prendere nota di ❷ (FIN: *Kurse, Aktien*) quotare

Notierung <-, -en> *f* (FIN) quotazione *f*

nötig ['nø:tɪç] *adj* necessario; **etw ~ haben** aver bisogno di qc; **für ~ halten** ritenere necessario; **wenn** [*o* **falls**] **~** se necessario, all'occorrenza; **es ist ~, dass ...** è necessario che +*conj*, occorre che +*conj*

nötigen *vt* obbligare, costringere; (JUR) costringere, coartare

nötigenfalls *adv* in caso di bisogno

Nötigung <-, -en> *f* (JUR) costrizione *f,* coartazione *f*

Notiz [no'ti:ts] <-, -en> *f* ❶ (*Vermerk*) nota *f,* appunto *m;* **sich** *dat* **~en machen** prendere appunti; **von etw/jdm ~ nehmen** prendere nota di qc/qu ❷ (*Zeitungs~*) notizia *f;* **Notizblock** <-(e)s, -blöcke> *m* blocco *m* per appunti; **Notizbuch** *n* taccuino *m*, agenda *f;* **elektronisches ~** agenda elettronica; **Notizzettel** <-s, -> *m* foglio *m* degli appunti

Notlage *f* situazione *f* di emergenza, necessità *f;* **not|landen** *vi sein* effettuare

un atterraggio di fortuna; **Notlandung** *f* atterraggio *m* di fortuna; **notleidend** *adj* bisognoso, indigente

notleidend[ALT] *s.* **Not 4.;** **Notlösung** *f* soluzione *f* di fortuna; **Notlüge** *f* bugia *f* ufficiosa

notorisch [no'to:rɪʃ] *adj* notorio, pubblicamente noto

Notruf *m* ❶ (*Anruf*) chiamata *f* d'emergenza ❷ (*~ nummer*) numero *m* per chiamate d'emergenza; **Notrufsäule** *f* colonnina *f* per chiamate di soccorso

Notrufsystem *n* sistema *m* di chiamata di soccorso

notschlachten *vt* abbattere

Notsitz *m* strapuntino *m;* **Notstand** *m* stato *m* di emergenza; **Notstandsgebiet** *n* zona *f* sinistrata; **Notstandsgesetz** *n* legge *f* per lo stato di emergenza; **Notstromaggregat** *n* gruppo *m* elettrogeno di emergenza; **Notstromversorgung** <-> *kein Pl f* fornitura *f* [*o* erogazione *f*] di energia elettrica d'emergenza; **Nottaufe** *f* battesimo *m* d'urgenza; **Notunterkunft** *f* alloggio *m* di fortuna; **Notverband** *m* fasciatura *f* provvisoria, prima medicazione *f;* **Notwehr** <-> *kein Pl f* (JUR) legittima difesa *f;* **aus** [*o* **in**] **~** per legittima difesa

notwendig ['no:tvɛndɪç] *adj* necessario; (*unerlässlich*) indispensabile; **notwendigerweise** *adv* necessariamente; **Notwendigkeit** <-, -en> *f* necessità *f*

Notzucht *f* stupro *m*, violenza *f* carnale

Nougat <-s, -s> *m o n s.* **Nugat**

Novelle [no'vɛlə] <-, -n> *f* ❶ (LIT) novella *f* ❷ (JUR, POL) emendamento *m* di legge

novellieren <ohne ge-> *vt* (*bes. A, sonst: form: ein Gesetz ändern oder ergänzen*) emendare

November [no'vɛmbɐ] <-(s), -> *m* novembre *m; s. a.* **April**

Novize [no'vi:tsə] <-n, -n> *m*, **Novizin** [no'vi:tsɪn] <-, -nen> *f* (REL) novizio, -a *m,f*

NPD [ɛnpe:'de:] <-> *kein Pl f abk v* **Nationaldemokratische Partei Deutschlands** partito nazionaldemocratico tedesco

Nr. *abk v* **Nummer** n.

NS ❶ *abk v* **Nachschrift** P.S. ❷ *abk v* **Nationalsozialismus** nazionalsocialismo *m*

N. T. *abk v* **Neues Testament** NT

Nu [nu:] *m* **im ~** (*fam*) in un attimo

Nuance [ny'ã:sə] <-, -n> *f* sfumatura *f*

nüchtern ['nʏçtɐn] *adj* ❶ (*ohne Essen*) digiuno; **auf ~en Magen** a digiuno ❷ (*nicht betrunken*) sobrio ❸ (*einfach*) sobrio ❹ (*schmucklos*) disadorno, sem-

plice ➎ (*sachlich*) obiettivo, spassionato;
Nüchternheit <-> *kein Pl f* ➊ (*ohne Essen*) essere *m* a digiuno ➋ (*ohne Alkohol*) sobrietà *f* ➌ (*Einfachheit*) sobrietà *f* ➍ (*Schmucklosigkeit*) semplicità *f* ➎ (*Sachlichkeit*) obiettività *f*

nuckeln ['nʊkəln] *vi* (*fam*) succhiare (*an etw dat* qc)

Nudel ['nuːdəl] <-, -n> *f* pasta *f*; **die ~n abgießen** scolare la pasta

Nudelholz *n* matterello *m*

nudeln *vt* ingrassare

Nudelsuppe *f* pastina *f* in brodo

Nudist(in) [nu'dɪst] <-en, -en; -, -nen> *m(f)* nudista *mf*

NugatRR ['nuːgat] <-s, -s> *m o n* nougat *m*

nuklear [nukle'aːɐ] *adj* nucleare; **Nuklearmacht** *f* potenza *f* nucleare; **Nuklearmedizin** *f* medicina *f* nucleare; **Nuklearphysik** *f* fisica *f* nucleare; **Nuklearwaffe** <-, -n> *f* arma *f* nucleare

null [nʊl] *num* ➊ (*Zahl*) zero; **~ und nichtig** nullo; **es ist ~ Uhr fünf** è mezzanotte e cinque; **in ~ Komma nichts** (*fam*) in un batter d'occhio ➋ (*sl: kein*) **~ Ahnung/Bock haben** non avere idea/nessuna voglia; **Null** <-, -en> *f* ➊ (*Zahl*) zero *m*; **die Stunde ~** l'ora zero; **zehn Grad über/unter ~** dieci gradi sopra/sotto zero ➋ (*fam pej: unfähiger Mensch*) nullità *f*

Nullachtfuffzehn-, Nullachtfünfzehn- [nʊlaxt'fʊftseːn, nʊlaxt'fʏnftseːn] (*in Zusammensetzungen, fam pej*) dozzinale

nullachtfünfzehn [nʊlaxt'fʏnftseːn] *adj inv* (*fam*) mediocre, banale

Nullchecker ['nʊltʃɛkɐ] <-s, -> *m* incapace *m*, inetto *m*, imbecille *m*; **Nulldiät** *f* dieta *f* zero; **Nulllösung**RR *f* (POL) opzione *f* zero; **Nullpunkt** *m* punto *m* zero; **auf den ~ sinken** scendere a zero; **Nullrunde** <-, -n> *f* wage freeze *m*, congelamento *m* dei salari; **Nullserie** *f* serie *f* sperimentale; **Nulltarif** *m* tariffa *f* zero; **zum ~ fahren** andare gratis; **Nullwachstum** *n* (WIRTSCH) crescita *f* zero

numerierenALT <ohne ge-> *vt s.* **nummerieren**

NumerierungALT <-, -en> *f s.* **Nummerierung**

numerisch [nu'meːrɪʃ] *adj* numerico

Numerus clausus ['nuːmerʊs 'klaʊzʊs] <-, -> *m* numero *m* chiuso

Numismatik [numɪs'maːtɪk] <-> *kein Pl f* numismatica *f*

Nummer ['nʊmɐ] <-, -n> *f* ➊ (*Zahl, Zirkus-~, Konfektions-~, von Zeitschrift*) numero *m*; **eine ~ wählen** comporre un

numero; **mit einer ~ versehen** numerare; **auf ~ Sicher gehen** (*fam*) andare sul sicuro ➋ (*fam: Typ*) tipo *m*

nummerierenRR [nume'riːrən] <ohne ge-> *vt* numerare; **Nummerierung**RR <-, -en> *f* numerazione *f*

Nummernkonto *n* conto *m* cifrato; **Nummernscheibe** *f* disco *m* combinatore; **Nummernschild** *n* targa *f* (d'immatricolazione)

nun [nuːn] *adv* ➊ (*jetzt*) ora, adesso; **was ~?** e adesso?, e ora?; **von ~ an** d'ora in poi ➋ (*beschwichtigend*) e; **~ gut!** e va bene!; **~ ja** ebbene ➌ (*entrüstet*) però ➍ (*auffordernd, fragend*) be', e, e allora; **~?** allora? ➎ (*eben*) **das ist ~ einmal so!** è (ormai) così

nunmehr ['nuːnmeːɐ] *adv* (*geh*) ormai

Nuntius ['nʊntsiʊs, *pl:* 'nʊntsiən] <-, Nuntien> *m* nunzio *m*

nur [nuːɐ] *adv* solo, solamente; (*bei Verben a*) non … che; **nicht ~ …, sondern auch …** non solo …, ma anche …; **~ schade, dass …** solo peccato che …; **alle, ~ ich nicht** tutti, solo io no, tutti tranne me; **wenn ich ~ wüsste, ob …** se solo sapessi se …; **ich weiß es ~ zu gut** lo so fin troppo bene; **ich habe ~ noch zwei Euro** mi restano solo due euro; **sie lief so schnell sie ~ konnte** corse con quanta forza aveva in corpo; **~ zu!** avanti!, coraggio!; **lassen Sie mich ~ machen!** (*fam*) lasci fare a me!; **sollen sie sich ~ über mich lustig machen!** e che si prendano pure gioco di me!; **was hast du ~ (heute)?** ma che hai (oggi)?, si può sapere che hai (oggi)?; **wie konntest du ~ so dumm sein!** come hai potuto essere così stupido!

Nürnberg ['nʏrnbɛrk] *n* Norimberga *f*

nuscheln ['nʊʃəln] *vt, vi* (*fam*) farfugliare

NussRR [nʊs, *pl:* 'nʏsə] <-, Nüsse> *f*, **Nuß**ALT <-, Nüsse> *f* ➊ (BOT, GASTR) noce *f*; (*Hasel- a*) nocciola *f*; **das ist eine harte ~!** (*fam fig*) è un osso duro ➋ (*fam pej: Mensch*) **du dumme** [*o* **doofe**] **~!** imbecille!, cretino! ➌ (*A: Mokkatasse*) tazzina *f* da caffè; **Nussbaum**RR *m* noce *m*; **nussbraun**RR *adj* color noce, castano

Nüsse *pl von* **Nuss**

nussig *adj* nocciolato

NussknackerRR <-s, -> *m* schiaccianoci *m*; **Nussöl**RR <-(e)s, -e> *n* olio *m* di noce; **Nussschale**RR *f* guscio *m* di noce; **Nusstorte**RR <-, -n> *f* torta *f* di nocciole

Nüster ['nʏstɐ] <-, -n> *f meist pl* frogia *f*

Nut [nuːt] <-, -en> *f*, **Nute** ['nuːtə] <-, -n> *f* (TEC) scanalatura *f*

nuten *vt* scanalare

Nutte ['nʊtə] <-, -n> f (*vulg pej*) puttana f
Nutzanwendung f applicazione f pratica
nutzbar *adj* utilizzabile; **~ machen** utilizzare, mettere a profitto; (*Boden*) coltivare; **Nutzbarmachung** <-> *kein Pl* f utilizzazione f, sfruttamento m; (*von Boden*) coltivazione f
nutzbringend *adj* utile, proficuo; (*ertragreich*) produttivo
nütze ['nʏtsə] *adj* (**zu**) **nichts ~ sein** non essere buono a nulla; (**zu**) **etw ~ sein** servire a qc
Nutzeffekt m effetto m utile
nutzen, nützen ['nʊtsən, 'nʏtsən] **I.** *vi* essere utile; **zu etw ~** essere utile a qc; **jdm ~** essere utile a qu **II.** *vt* sfruttare; **das nützt nichts** ciò non serve a nulla
Nutzen ['nʊtsən] <-s> *kein Pl* m (*Nützlichkeit*) utilità f; (*Gewinn*) profitto m, guadagno m; (*Vorteil*) vantaggio m; **~ bringen, von ~ sein** dare frutti, essere utile; **aus etw ~ ziehen** trarre profitto da qc
Nutzfahrzeug n veicolo m utilitario; **Nutzfläche** f superficie f utile; **Nutzholz** n legname m da costruzione; **Nutzlast** f carico m utile

nützlich *adj* utile, giovevole; **sich ~ machen** rendersi utile; **Nützlichkeit** <-> *kein Pl* f utilità f
nutzlos *adj* inutile; (*vergeblich*) vano, infruttuoso; **Nutzlosigkeit** <-> *kein Pl* f inutilità f; (*Vergeblichkeit*) vanità f
Nutznießer(in) ['nʊtsniːsɐ] <-s, -; -, -nen> m(f) beneficiario, -a m, f; (*JUR*) usufruttuario, -a m, f; **Nutzpflanze** f pianta f utile; **Nutztier** <-(e)s, -e> n animale m utile
Nutzung <-, *rar* -en> f ❶ (*Be~*) utilizzazione f, uso m ❷ (*Aus~*) sfruttamento m; (*von Boden*) coltivazione f; **Nutzungsrecht** n (*JUR*) diritto m d'usufrutto
NW *abk v* **Nordwest(en)** NO
Nylon® ['naɪlɔn] <-(s)> *kein Pl* n nylon® m
Nymphe ['nʏmfə] <-, -n> f ninfa f
nymphoman *adj* ninfomane
nymphoman *s.* **nymphomanisch**
Nymphomanie [nʏmfoma'niː] f ninfomania f
Nymphomanin [nʏmfo'maːnɪn] f ninfomane f
nymphomanisch *adj* ninfomane

N

O o

O, o [o:] <-, -(s)> *n* O, o *f;* **O wie Otto** O come Otranto

o [o:] *int* oh

O *abk v* **Ost(en)** E

o. a. *abk v* **oben angeführt** detto [*o* dimostrato] sopra

o a. *abk v* **oben angeführt** detto [*o* dimostrato] sopra

o ä. *abk v* **oder ähnliche(s)** o sim.

o. ä. *abk v* **oder ähnlich** o sim.

o. Ä.[RR] *abk v* **oder Ähnliche(s)** o sim.

Oase [o'a:zə] <-, -n> *f* oasi *f*

ob [ɔp] *konj* ❶ (*indirekte Frage einleitend*) se; **er fragt, ~ du mitkommst** chiede se ci vieni anche tu; **~ das wohl stimmt?** che sia vero? ❷ (*vergleichend*) **als ~** come se; **es ist, als ~ ...** si direbbe che ...; **so tun, als ~ ...** far finta di +*inf* ❸ (*egal ~*) **~ ... oder** che ... o +*conj;* **er kommt oder nicht** che venga o no ❹ (*verstärkend*) **und ~!** eccome!, altro che!

o B. *abk v* **ohne Befund** risultato negativo

OB [o:'be:] <-(s), -s> *m abk v* **Oberbürgermeister** sindaco *m*

Obacht ['o:baxt] <-> *kein Pl f* (*südd*) attenzione *f;* **auf jdn/auf etw ~ geben** prestare attenzione a qu/qc; **~!** occhio!

ÖBB *f* (*A*) *abk v* **Österreichische Bundesbahnen** ferrovie *fpl* federali austriache

Obdach ['ɔpdax] *n* ricovero *m,* rifugio *m;* **obdachlos** *adj* senza casa, senza tetto; **Obdachlose** <ein -r, -n, -n> *mf* senzatetto *mf;* **Obdachlosenasyl** *n* asilo *m* per i senzatetto

Obduktion [ɔpdʊk'tsi̯o:n] <-, -en> *f* (MED) autopsia *f*

obduzieren [ɔpdu'tsi:rən] <ohne ge-> *vt* (MED) fare l'autopsia di

O-Beine *npl* (*fam*) gambe *fpl* storte

Obelisk [obe'lɪsk] <-en, -en> *m* obelisco *m*

oben ['o:bən] *adv* ❶ (*in der Höhe*) in alto; **da** [*o* **dort**] **~** lassù; **links/rechts ~** su [*o* in alto] a sinistra/a destra; **nach ~** in alto; **von ~** dall'alto; **von ~ bis unten** da cima a fondo; (*bei Personen*) da capo a piedi; **~ wohnen** abitare sopra; **jdn von ~ herab behandeln** trattare qu dall'alto in basso; **~ ohne** (*fam*) in topless; **mir steht's bis hier ~!** (*fam*) ne ho fin sopra i capelli! ❷ (*an Oberfläche*) alla superficie ❸ (*in Schriftstück, Buch*) sopra; **obenan** ['o:bən'ʔan] *adv* (*in Reihenfolge*) al primo posto; (*bei Liste*) in cima; **obenauf** ['o:bən'ʔaʊf] *adv* **wieder ~ sein** (*fam: gesund sein*) essersi rimesso; **obendrein** ['o:bən'draɪn] *adv* per giunta, per di più, inoltre

obenerwähnt *adj* summenzionato, sopprammenzionato

obengenannt *adj* indicato sopra

obenhin ['o:bən'hɪn] *adv* superficialmente, di sfuggita

Ober ['o:bɐ] <-s, -> *m* cameriere *m*

Oberarm ['o:bɐarm] *m* parte *f* superiore del braccio, omero *m;* **Oberarzt** *m,* **Oberärztin** *f* medico *m* capo, dottoressa *f* capo; **Oberbefehl** *m* (MIL) comando *m* supremo; **Oberbefehlshaber** *m* (MIL) comandante *m* supremo; **Oberbekleidung** *f* vestiti *mpl;* **Oberbett** *n* piumino *m*

Oberbürgermeister(in) *m(f)* borgomastro *m,* sindaco, -a *m, f*

obere(r, s) ['o:bərə, -rɐ, -rəs] *adj* superiore, (più) alto, -a

Oberfeldwebel *m* maresciallo *m* maggiore; **Oberfläche** *f* superficie *f;* **an der ~** in superficie; **oberflächlich** *adj* superficiale; **Oberflächlichkeit** <-, -en> *f* superficialità *f;* **Obergeschoss**[RR] *n* piano *m* superiore; **Obergrenze** <-, -n> *f* limite *m* [*o* estremo *m*] massimo; **oberhalb** I. *prp* +*gen* al di sopra di II. *adv* (di) sopra; **Oberhand** *f* **die ~ gewinnen über** +*acc* avere il sopravvento su; **Oberhaupt** *n* (*geh*) capo *m;* **Oberhaus** *n* (POL) ❶ (*erste Kammer des Parlaments*) camera *f* alta ❷ (*in Großbritannien*) Camera *f* alta [*o* dei Lords]; **Oberhaut** *f* epidermide *f;* **Oberhemd** *n* camicia *f;* **Oberhoheit** *f* sovranità *f*

Oberin ['o:bərɪn] <-, -nen> *f* (madre *f*) superiora *f*

oberirdisch *adj* (situato) in superficie

Oberkellner(in) *m(f)* capocameriere *m,* capocameriera *f;* **Oberkiefer** *m* (ANAT) mascella *f* superiore; **Oberkommando** *n* (MIL) comando *m* supremo; **Oberkörper** *m* parte *f* superiore del corpo, busto *m;* **Oberlandesgericht** ['o:bɐ'landəsgərɪçt] <-(e)s, -e> *n* (JUR) corte *f* d'appello; **Oberlauf** <-(e)s, -läufe> *m* corso *m* superiore; **Oberleder** *n* tomaia *f;* **Oberleitung** *f* ❶ (*Führung*) direzione *f* generale ❷ (EL) linea *f* aerea; **Oberleitungsomnibus** *m* filobus *m;* **Oberleutnant** *m* (MIL) tenente *m;*

Oberlicht *n* luce *f* dall'alto, lucernario *m;*
Oberlippe *f* labbro *m* superiore; **Ober-österreich** *n* Alta Austria *f;* **Oberprima** ['o:bɐ'pri:ma] *f* ultima classe *f* liceale;
Oberprimaner(in) ['o:bɐpri'ma:nɐ] <-s, -; -, -nen> *m(f)* allievo, -a *m, f* dell'ultima classe liceale; **Oberrhein** *m* Reno *m* superiore
Obers ['o:bɐs] <-> *kein Pl n* (*A: Sahne*) panna *f* (montata)
Oberschenkel *m* coscia *f;* **Oberschicht** *f* ❶ (*obere Schicht*) strato *m* superiore ❷ (SOC) strato *m* superiore, ceto *m* elevato; **Oberschule** <-, -n> *f* (*fam*) scuola *f* (media) superiore; **Oberschwester** *f* capoinfermiera *f;* **Oberseite** *f* lato *m* superiore
Oberst ['o:bɐst] <-en *o* -s, -en *o rar* -e> *m* colonnello *m*
Oberstaatsanwalt *m,* **Oberstaatsanwältin** *f* procuratore, -trice *m, f* della Repubblica
oberste(r, s) *adj Superlativ von* **obere(r, s)** ❶ (*räumlich*) (il/la) più alto, -a; (*Stockwerk*) ultimo, -a ❷ (ADM) supremo, -a, superiore; **das Oberste Gericht** la corte suprema
Oberstufe *f* corso *m* superiore, livello *m* avanzato; **gymnasiale ~** *i tre anni scolastici che precedono la maturità classica, linguistica o scientifica;* **Oberteil** *n* parte *f* superiore; (*von Kleidung*) disopra *m;* **Oberwasser** *n* acqua *f* superiore, gora *f* d'afflusso; **~ haben** (*fam*) avere il sopravvento; **Oberweite** *f* (circonferenza *f* del) petto *m*
obgleich [ɔp'glaɪç] *konj* sebbene +*conj,* benché +*conj*
Obhut ['ɔphu:t] <-> *kein Pl f* (*geh*) **jdn in seine ~ nehmen** prendere qu sotto la sua protezione
obige(r, s) ['o:bɪgə, -gɐ, -gəs] *adj* suddetto, -a, summenzionato, -a
Objekt [ɔp'jɛkt] <-(e)s, -e> *n* ❶ (*Gegenstand,* PHILOS) oggetto *m* ❷ (LING) complemento *m*
objektiv [ɔpjɛk'ti:f] *adj* obiettivo
Objektiv <-s, -e> *n* obiettivo *m*
Objektivität [ɔpjɛktivi'tɛ:t] <-> *kein Pl f* obiettività *f*
Objektträger *m* vetrino *m* portaoggetti, portaoggetto *m*
Oblate [o'bla:tə] <-, -n> *f* ostia *f*
ob|liegen [ɔp'li:gən] <irr> *vi* (*geh*) **jdm ~** spettare a qu; **Obliegenheit** <-, -en> *f* (*geh*) dovere *m,* incombenza *f,* obbligo *m*
obligat [obli'ga:t] *adj* d'obbligo, obbligatorio, indispensabile

Obligation [obliga'tsjo:n] <-, -en> *f* (A FIN) obbligazione *f*
obligatorisch [obliga'to:rɪʃ] *adj* obbligatorio
Obmann ['ɔpman, *pl:* 'ɔpmɛnɐ *o* 'ɔplɔɪtə] <-(e)s, Obmänner *o* Obleute> *m,* **Obmännin** ['ɔpmɛnɪn] <-, -nen> *f* direttore, -trice *m, f;* (SPORT) arbitro, -a *m, f*
Oboe [o'bo:ə] <-, -n> *f* oboe *m*
Obolus ['o:bolʊs] <-, - *o* -se> *m* obolo *m*
Obrigkeit ['o:brɪçkaɪt] <-, -en> *f* autorità *f;* **Obrigkeitsstaat** *m* stato *m* [*o* regime *m*] autoritario
obschon [ɔp'ʃo:n] (*geh*) *s.* **obgleich**
Observatorium [ɔpzɛrva'to:riʊm] <-s, Observatorien> *n* osservatorio *m*
observieren [ɔpzɛr'vi:rən] *vt* pedinare, tenere sotto controllo
obsessiv [ɔpzɛ'si:f] *adj* (PSYCH) ossessivo
obskur [ɔps'ku:ɐ] *adj* oscuro, sospetto
Obst [o:pst] <-(e)s> *kein Pl n* frutta *f;* **Obstanbau** <-(e)s> *kein Pl m* frutticoltura *f;* **Obstbau** <-(e)s> *kein Pl m* frutticoltura *f;* **Obstbaum** *m* albero *m* da frutto; **Obsternte** *f* ❶ (*Tätigkeit*) raccolta *f* della frutta ❷ (*Zeit*) tempo *m* del raccolto; **Obstgarten** *m* frutteto *m;* **Obstgeschäft** *n* negozio *m* di frutta; **Obsthändler(in)** *m(f)* fruttivendolo, -a *m, f;* **Obsthandlung** *f* negozio *m* di frutta; **Obstkuchen** *m* dolce *m* di frutta; **Obstmesser** *n* coltello *m* da frutta; **Obstplantage** *f* piantagione *f* di alberi da frutto; **Obstsaft** *m* succo *m* di frutta; **Obstsalat** *m* macedonia *f* di frutta; **Obsttorte** *f* torta *f* alla frutta
obszön [ɔps'tsø:n] *adj* osceno
Obszönität [ɔpstsøni'tɛ:t] <-, -en> *f* oscenità *f*
Obus ['o:bʊs] *m abk v* **Oberleitungsomnibus**
obwohl [ɔp'vo:l] *konj* sebbene +*conj,* benché +*conj,* anche se
Ochse ['ɔksə] <-n, -n> *m* ❶ (ZOO) bue *m* ❷ (*fam fig: Dummkopf*) stupido *m,* sciocco *m*
ochsen *vi* (*fam: pauken*) sgobbare
Ochsenschlepp <-s, -e> *m* (A: Ochsenschwanz) coda *f* di bue; **Ochsenschwanzsuppe** *f* brodo *m* di coda di bue
Ocker ['ɔkɐ] <-s, -> *m o n* ocra *f*
Ode ['o:də] <-, -n> *f* ode *f*
öde ['ø:də] *adj* ❶ (*verlassen*) deserto; (*kahl*) brullo; (*unbebaut*) incolto; (*unbewohnt*) disabitato ❷ (*fig: langweilig*) monotono
Öde ['ø:də] <-, -n> *f* ❶ (*Wüste*) deserto *m;*

(*Ein~*) solitudine *f* ➋ *sing* (*fig: Lange-weile*) monotonia *f*

Ödem [ø'de:m] <-s, -e> *n* (MED) edema *m*

oder ['o:dɐ] *konj* o, oppure; ~ **auch** oppure, ovvero; **entweder ... ~ ...** o ... o ...; **du kommst doch heute, ~?** vieni oggi, o no?; **du kommst heute nicht, ~ doch?** non vieni oggi, o sbagliо?

Ödipuskomplex ['ø:dipʊskɔm'plɛks] *m* (PSYCH) complesso *m* di Edipo

Ödland *n* (AGR) terreni *mpl* incolti

Odyssee [odY'se:] <-, -n> *f* (*geh*) odissea *f*

OEZ *abk v* **osteuropäische Zeit** ora locale dell'Europa orientale

Ofen ['o:fən, *pl*: 'ø:fən] <-s, Öfen> *m* (*Heiz~*) stufa *f*; (*Back~*) forno *m*; **Ofenbank** <-, -bänke> *f* panca *f* accanto alla stufa; **Ofenrohr** *n* tubo *m* della stufa; **Ofenschirm** *m* parafuoco *m*; **Ofensetzer(in)** <-s, -; -, -nen> *m(f)* fumista *mf*

Off [ɔf] <-s> *kein Pl n* (TV, FILM, THEAT) fuoricampo *m*; **aus dem ~** fuoricampo

offen ['ɔfən] *adj* ➊ (*geöffnet, nicht verschlossen, a fig*) aperto; (*Gelände, Wagen*) scoperto; **halb ~** semiaperto, socchiuso; **weit ~** spalancato; **auf ~er Straße** per la strada; **er Wein** vino sfuso; **Tag der ~ en Tür** giorno di apertura al pubblico, porte aperte ➋ (*Stelle*) vacante, libero ➌ (*Frage*) insoluto, aperto, in sospeso ➍ (*freimütig*) franco, sincero; (*unverhüllt*) palese, manifesto; **~ und ehrlich** schiettamente, chiaro e tondo; **es ganz ~ sagen** dirlo senza mezzi termini; **~ gesagt** [*o* **gestanden**] a dire il vero; **~er Widerstand** opposizione palese

offenbar ['ɔfənba:ɐ̯ *o* ɔfən'ba:ɐ̯] I. *adj* manifesto, palese II. *adv* chiaramente, evidentemente

offenbaren [ɔfən'ba:rən] <ohne ge-> I. *vt* (*geh*) manifestare, rivelare; (REL) rivelare II. *vr* **sich ~** (*geh*) ➊ (*erweisen*) mostrarsi ➋ (*kundtun*) rivelarsi

Offenbarung <-, -en> *f* rivelazione *f*; **Offenbarungseid** *m* (JUR) giuramento *m* dichiarativo

offenbleiben[ALT] *vi s.* **bleiben 2.**

offenhalten[ALT] *vt s.* **halten II.2.**

Offenheit <-, *rar* -en> *f* franchezza *f*, sincerità *f*; **in aller ~** con tutta franchezza

offenherzig *adj* franco, schietto, sincero; **Offenherzigkeit** <-, *rar* -en> *f* franchezza *f*, sincerità *f*, schiettezza *f*

offenkundig *adj* manifesto, notorio, evidente

offenlassen[ALT] *vt s.* **lassen**[1] **3.**

Offenmarktgeschäft <-(e)s, -e> *n* (FIN) affare *m* del mercato aperto

offensichtlich I. *adj* evidente, palese II. *adv* evidentemente

offensiv [ɔfɛn'zi:f] *adj* offensivo; **Offensive** [ɔfɛn'zi:və] <-, -n> *f* offensiva *f*

offenstehen[ALT] *vi s.* **stehen 2.**

öffentlich ['œfəntlɪç] I. *adj* pubblico; **die ~e Meinung** l'opinione pubblica II. *adv* pubblicamente, in pubblico; **~ auftreten** presentarsi in pubblico

Öffentlichkeit <-> *kein Pl f* pubblico *m*; **in der ~** in pubblico; **vor aller ~** davanti a tutti; **unter Ausschluss der ~** (JUR) a porte chiuse; **Öffentlichkeitsarbeit** *f* pubbliche relazioni *fpl*

Öffentlichkeitsarbeiter(in) *m(f)* pr *mf*

öffentlich-rechtlich *adj* di diritto pubblico

offerieren [ɔfe'ri:rən] <ohne ge-> *vt* (COM) offrire

Offerte [ɔ'fɛrtə] <-, -n> *f* (COM) offerta *f*

Office-paket <-(e)s, -e> *n* (INFORM) pacchetto *m* office

offiziell [ɔfi'tsi̯ɛl] *adj* ufficiale

Offizier [ɔfi'tsi:ɐ̯] <-s, -e> *m* ufficiale *m*; **Offiziersanwärter** *m* allievo *m* ufficiale; **Offizierslaufbahn** *f* carriera *f* di ufficiale

offline <inv> *adj* (INFORM) off-line; **Offline-Betrieb** *m* (INFORM) modalità *f* fuori linea

öffnen ['œfnən] I. *vt* (*a Computer*) aprire; (*Flasche*) stappare; **mit Gewalt ~** forzare; **hier ~!** lato da aprire! II. *vr* **sich ~** aprirsi

Öffner <-s, -> *m* ➊ (*Dosen~*) apriscatole *m*; (*Flaschen~*) apribottiglie *m*; (*Brief~*) tagliacarte *m* ➋ (*Tür~*) apriporta *m*

Öffnung <-, -en> *f* ➊ (*Vorgang*) apertura *f* ➋ (*Loch*) buco *m*, foro *m*; **Öffnungszeit** *f* ore *fpl* di apertura

Off-Roader ['ɔfroʊdɐ] *m* (AUTO) fuoristrada *f*

Offsetdruck ['ɔfsɛtdrʊk] <-(e)s, -e> *m* (TYP) stampa *f* offset

oft [ɔft] <öfter, *rar* am öftesten> *adv* spesso; **die Öft(e)ren** di frequente; **je öfter ..., desto mehr/weniger ...** più ... e più/meno ...; **wie ~?** quante volte?

öfters ['œftɐs] *adv* spesso, diverse volte

oftmals ['ɔftma:ls] *adv* spesso, più volte

oh [o:] *into* o, oh, ah; **~, wie schön!** oh, che bello!; **~, wie furchtbar!** terribile!

OHG [o:ha:'ge:] <-, -s> *f abk v* **offene Handelsgesellschaft** s.n.c.

Ohm [o:m] <-(s), -> *n* (EL) ohm *m*

ohne ['o:nə] I. *prp* +*acc* senza; (*frei von*) privo di; **~ mein Wissen** a mia insaputa, senza che lo sapessi; **~ weiteres** senz'altro; **ich werde auch ~ ihn fertig** farò anche a meno di lui; **nicht (so) ~ sein** (*fam*) non essere niente male, non essere da disprezzare II. *konj* ~ **dass** … senza che +*conj*; ~ **etw zu sagen** senza dir nulla

ohnedies [oːnə'diːs] *adv* in ogni caso, comunque

ohnegleichen ['oːnə'glaɪçən] <inv> *adj* (*nachgestellt*) senza pari, unico (nel suo genere)

ohnehin ['oːnə'hɪn] *s.* **ohnedies**

Ohnmacht ['oːnmaxt] <-, -en> *f* ❶ (*Bewusstlosigkeit*) svenimento *m*; **in ~ fallen** svenire, perdere la conoscenza ❷ (*Machtlosigkeit*) impotenza *f*, debolezza *f*; **ohnmächtig** ['oːnmɛçtɪç] *adj* ❶ (*bewusstlos*) svenuto, senza conoscenza; ~ **werden** svenire, perdere la conoscenza ❷ (*machtlos*) impotente

oho [o'hoː] *int* oh, oh, olà

Ohr [oːɐ̯] <-(e)s, -en> *n* orecchio *m*; **auf einem ~ taub sein** essere sordo da un orecchio; **ganz ~ sein** essere tutt'orecchi *fam*; **ins ~ gehen** (*Melodie*) essere facilmente orecchiabile; **nur mit halbem ~ hinhören** [*o* **zuhören**] ascoltare distrattamente; **sich aufs ~ legen** (*fam*) mettersi a dormire, fare un pisolino; **sich** *dat* **die ~en zuhalten** tapparsi le orecchie; **die ~en spitzen** drizzare gli orecchi, tendere l'orecchio; **die ~en steifhalten** (*fam*) farsi forza e coraggio; **jdm zu ~en kommen** giungere all'orecchio di qu; **zu einem ~ herein- und zum anderen wieder hinausgehen** (*fam*) entrare da un orecchio e uscire dall'altro; **jdn übers ~ hauen** (*fam*) imbrogliare qu; **mit den ~en schlackern** (*fam*) rimanere senza parole; **sich** *dat* **etw hinter die ~en schreiben** (*fam fig*) ficcarsi bene in mente qc; **jdm mit etw in den ~en liegen** (*fam*) importunare qu con qc; **bis über die ~en fin sopra i capelli** *fam*; **ich habe im Moment furchtbar viel um die ~en** (*fam*) al momento ho un sacco di cose per la testa

Öhr [øːɐ̯] <-(e)s, -e> *n* (*Nadel~*) cruna *f*; (TEC) occhiello *m*

Ohrenarzt *m*, **Ohrenärztin** *f* otoiatra *mf*; **ohrenbetäubend** *adj* (*fam*) assordante, da rompere i timpani; **Ohrenentzündung** *f* (MED) otite *f*; **Ohrensausen** <-s> *kein Pl n* ronzio *m* auricolare; **Ohrenschmalz** *n* cerume *m*; **Ohrenschmaus** *m* delizia *f* per gli orecchi; **Ohrenschützer** *mpl* paraorecchie *m*; **Ohrensessel** *m* poltrona *f* a orecchioni; **Ohrenzeuge** *m*, **Ohrenzeugin** *f* testimone *mf* auricolare

Ohrfeige *f* schiaffo *m*, ceffone *m*; **ohrfeigen** *vt* schiaffeggiare; **Ohrgehänge** *n* pendente *m* da orecchio, orecchino *m* a

pendaglio; **Ohrläppchen** ['oːɐ̯lɛpçən] <-s, -> *n* lobo *m* auricolare; **Ohrmuschel** *f* padiglione *m* auricolare; **Ohrring** *m* orecchino *m*; **Ohrwurm** *m* ❶ (ZOO) forbicina *f* ❷ (*fam fig: Melodie*) motivo *m* di successo facilmente orecchiabile

oje [o'jeː] *int* ahimè

o.k., okay [oˈkeː *o* oˈkɛɪ] I. (*fam: Partikel*) okay, va bene II. *adj* (*fam*) ~ **sein** (*gut*) andare bene; (*in Ordnung*) essere a posto/okay; **bist du wieder ~?** tutto O.K./bene?; **es ist alles ~** è tutto a posto

obengenanntᴬᴸᵀ *adj s.* **genannt**

oben-ohne ['oːbən'ʔoːnə] I. *adj inv* topless II. *adv* in topless

Ochs [ɔks] <-en, -en> *m* bue *m*

öd(e) [øːt ('øːdə)] *adj* ❶ (*verlassen*) deserto; (*kahl*) brullo; (*unbebaut*) incolto; (*unbewohnt*) disabitato ❷ (*fig: langweilig*) monotono, noioso, triste

o.k. [oˈkeː *o* oˈkɛɪ] va bene, d'accordo

okay I. (*fam: Partikel*) O.K., okay, va bene, d'accordo II. *adj* (*fam*) ~ **sein** (*gut*) andare bene; (*in Ordnung*) essere a posto/okay; **bist du wieder ~?** tutto O.K./bene?; **es ist alles ~** è tutto a posto

okkult [ɔ'kʊlt] *adj* occulto, segreto

Okkultismus [ɔkʊl'tɪsmʊs] <-> *kein Pl m* occultismo *m*

Okkupation [ɔkupa'tsjoːn] <-, -en> *f* occupazione *f*

Ökobauer ['øːkobaʊ̯ə] *m*, **Ökobäu(e)rin** *f* bioagricoltore, -trice *m, f*

Öko-Gütesiegel <-s, -> *n* marchio *m* di qualità per prodotti ecologici

Öko-Katastrophe *f* (ECO) ecocatastrofe *f*

Ökologe [øko'loːgə] <-n, -n> *m* ecologo *m*

Ökologie [økolo'giː] <-> *kein Pl f* ecologia *f*; **Ökologiebewegung** <-> *kein Pl f* movimento *m* ecologista

Ökologin [øko'loːgɪn] <-, -nen> *f* ecologa *f*

ökologisch [øko'loːgɪʃ] *adj* ecologico

Ökonom(in) [øko'noːm] <-en, -en; -, -nen> *m(f)* ❶ (*Wirtschaftswissenschaftler*) economo, -a *m, f* ❷ (*Landwirt*) agricoltore, -trice *m, f*

Ökonomie [økono'miː] <-, -n> *f* economia *f*

Ökonomin *f s.* **Ökonom**

ökonomisch [øko'noːmɪʃ] *adj* economico

Öko-Siegel *n s.* **Öko-Gütesiegel**; **Öko-Steuer** *f* ecotassa *f*, tassa *f* per l'ambiente; **Ökosystem** *n* ecosistema *m*; **Ökotourismus** *m* ecoturismo *m*; **Öko-Zertifikat** *n* ecocertificazione *f*

Oktaeder [ɔkta'ʔeːdɐ] <-s, -> n (MAT) ottaedro m

Oktanzahl [ɔk'taːntsaːl] f numero m di ottani

Oktave [ɔk'taːvə] <-, -n> f (MUS) ottava f

Oktober [ɔk'toːbɐ] <-(s), -> m ottobre m; s. a. **April**

Okular [oku'laːɐ, pl: oku'laːrə] <-s, -e> n lente f oculare

okulieren [oku'liːrən] <ohne ge-> vt (AGR) innestare a occhio

Ökumene [øku'meːnə] <-> kein Pl f (REL) ❶ (*Christentum*) consiglio m ecumenico delle chiese ❷ (*gemeinsames Handeln*) ecumenismo m; **ökumenisch** [øku'meːnɪʃ] adj ecumenico

Okzident ['ɔktsidɛnt o ɔktsi'dɛnt] <-s> kein Pl m **der** ~ l'occidente m

Öl [øːl] <-(e)s, -e> n ❶ (*Speise~*, *Sonnen~*) olio m ❷ (*Heiz~*) nafta f ❸ (*Erd~*) petrolio m; ~ **ins Feuer gießen** (*fig*) gettare olio sulle fiamme ❹ (KUNST) **in** ~ **malen** dipingere a olio

Ölbaum m olivo m; **Ölbild** n (dipinto m a) olio m

Oldtimer ['oʊltaɪmɐ] <-s, -> m ❶ (*scherz: Person*) vecchia volpe f fam ❷ (*Auto*) auto f d'epoca

Oleander [ole'andɐ] <-s, -> m (BOT) oleandro m

ölen vt oliare, lubrificare; **wie ein geölter Blitz** (*fam*) come un lampo

Ölfarbe f colore m a olio; **Ölfleck** m macchia f d'olio; **Ölförderung** f estrazione f petrolifera

Ölgemälde n s. **Ölbild**; **Ölgemisch** n miscela f (d'olio e benzina); **Ölgesellschaft** f compagnia f petrolifera; **Ölgewinnung** f estrazione f petrolifera; (*von Speiseöl*) produzione f di olio; **ölhaltig** adj (*Pflanze*) oleoso, oleifero; **Ölheizung** f riscaldamento m a nafta

ölig adj oleoso

Olive [o'liːvə] <-, -n> f oliva f; **Olivenbaum** m olivo m, ulivo m; **Olivenentkerner** m snocciolaolive m; **Olivenöl** n olio m d'oliva

olivgrün adj verde oliva, olivastro

Ölkanister m bidone m dell'olio; **Ölkännchen** n oliatore m; **Ölkanne** <-, -n> f oliatore m, tanica f d'olio; **Ölkrise** f crisi f del petrolio; **Öllager** n deposito m di petrolio; **Ölleitung** f oleodotto m; (MOT) tubo m dell'olio; **Ölofen** m stufa f a olio combustibile; **Ölpapier** n carta f oleata; **Ölpest** f inquinamento m da petrolio; **Ölpresse** f frantoio m; **Ölpumpe** f pompa f dell'olio; **Ölquelle** f pozzo m di

petrolio; **Ölraffinerie** f raffineria f di petrolio; **Ölrückstände** mpl depositi mpl oleosi, residui mpl d'olio; **Ölsardine** f sardina f sott'olio; **Ölscheich** m (*fam*) sceicco m del petrolio; **Ölschicht** f strato m d'olio; **Ölstand** m livello m dell'olio; **Öltanker** m petroliera f; **Ölteppich** m chiazza f di petrolio

Ölung <-, -en> f (REL) unzione f; **die Letzte** ~ l'estrema unzione

Ölverbrauch m (AUTO) consumo m d'olio; **Ölvorkommen** n giacimento m petrolifero; **Ölwechsel** m (AUTO) cambio m dell'olio

Olympiade [olʏm'pi̯aːdə] <-, -n> f (SPORT) olimpiadi fpl, giochi mpl olimpici

Olympiasieger(in) [o'lʏmpi̯aziːkɐ] m(f) campione, -essa m, f olimpionico, -a, vincitore, -trice m, f olimpico, -a; **Olympiastadion** <-stadien> n stadio m olimpico

olympisch [o'lʏmpɪʃ] adj olimpico; **die Olympischen Spiele** i giochi olimpici

Ölzeug n indumenti mpl di tela cerata

Oma ['oːma] <-, -s> f (*fam*) nonna f; (*Kindersprache*) nonnina f

Ombudsfrau <-, -en> f, **Ombudsmann** ['ɔmbʊtsman, pl: 'ɔmbʊtslɔɪtə o 'ɔmbʊtsmɛnə] <-es, Ombudsleute o Ombudsmänner> m difensore m civico, ombudsman m

Omelett <-(e)s, -s o -e> n, **Omelette** [ɔm(ə)'lɛt] <-, -n> f (*CH*, *A*) omelette f, frittata f

Omen ['oːmən] <-s, - o Omina> n segno m, augurio m, presagio m; **ein gutes/böses** ~ un buon/cattivo segno

ominös [omi'nøːs] adj di cattivo augurio

Omnibus ['ɔmnibʊs] m omnibus m, autobus m; (*Reise~*, *Gesellschafts~*) pullmann m; **Omnibushaltestelle** f fermata f dell'autobus; **Omnibuslinie** f linea f d'autobus

Onanie [ona'niː] <-> kein Pl f onanismo m, masturbazione f

onanieren [ona'niːrən] <ohne ge-> vi masturbarsi

One-Man-Show ['wʌnmæn'ʃoʊ] f one-man show m

One-Night-Stand ['wʌnnaɪtstænd] <-s, -s> m esperienza f di un'unica notte

Onkel ['ɔŋkəl] <-s, - o fam -s> m zio m

online ['ɔnlaɪn] <inv> adj (INFORM) online, in linea; ~ **gehen** entrare in rete; ~ **sein** essere in rete

Online-Angebot n offerta f online; **Online-Betrieb** m (INFORM) modalità f online; **Online-Geschäft** n (INFORM) affare m online; **Online-Kunde** m

(INFORM) utente *mf* online; **Online-Shop** *m* (INFORM) negozio *m* virtuale; **Online-Shopping** *n* (INFORM) shopping *m* online; **Online-Übersetzung** *f* traduzione *f* online

ÖNORM, Ö-Norm <-, Ö-Normen> *f* (A) *akr v* **Österreichische Norm** norma *f* austriaca

Onyx ['o:nʏks] <-(es), -e> *m* onice *f*

OP [o:'pe:] <-(s), -s> *m abk v* **Operationssaal** sala *f* operatoria

Opa ['o:pa] <-s, -s> *m* (*fam*) nonno *m*

Opal [o'pa:l] <-s, -e> *m* opale *m o f*

op. cit. *abk v* **opere citato** op. cit.

OPEC ['o:pɛk] <-> *kein Pl f abk v* **Organization of the Petrol Exporting Countries** OPEC *f*

Oper ['o:pɐ] <-, -n> *f* ❶ (MUS) opera *f* ❷ (*Gebäude*) teatro *m* dell'opera, opera *f*

Operateur [opəra'tø:ɐ, *pl:* opəra'tø:rə] <-s, -e> *m* operatore *m*

Operation [opəra'tsi̯o:n] <-, -en> *f* (MED, MAT, MIL) operazione *f*; **Operationssaal** *m* (MED) sala *f* operatoria; **Operationstisch** *m* (MED) tavolo *m* operatorio

operativ [opəra'ti:f] **I.** *adj* operatorio; **~er Eingriff** intervento chirurgico **II.** *adv* per via operatoria; **~ entfernen** resecare

Operette [opə'rɛtə] <-, -n> *f* operetta *f*

operieren [opə'ri:rən] <ohne ge-> **I.** *vt* (MED) operare; **sich ~ lassen** sottoporsi a un'operazione **II.** *vi* ❶ (MED) fare un'operazione ❷ (MIL) operare, compiere una manovra

Opernball *m* ballo *m* dell'opera; **Opernführer** *m* (*Buch*) guida *f* dell'opera; **Opernglas** *n* binocolo *m*; **Opernhaus** *n* teatro *m* dell'opera, opera *f*; **Opernsänger(in)** *m(f)* cantante *mf* d'opera

Opfer ['ɔpfɐ] <-s, -> *n* ❶ (~ *gabe, a fig*) offerta *f*; (*Verzicht*) sacrificio *m*; (REL) immolazione *f*; **ein ~ für jdn/etw bringen** fare un sacrificio per qu/qc ❷ (*Person*) vittima *f*; **jdm/etw zum ~ fallen** essere vittima di qu/qc; **Opferbereitschaft** *f* spirito *m* di sacrificio, abnegazione *f*

opfern I. *vt* (*a fig*) sacrificare, immolare **II.** *vr* **sich (für jdn/etw) ~** (*a fig*) sacrificarsi (per qu/qc)

Opferstatistik *f* statistica *f* delle vittime

Opferung <-, -en> *f* (*a fig*) sacrificio *m*

opferwillig *adj* pronto al sacrificio

Opiat [opi'a:t] <-(e)s, -e> *n* oppiato *m*

Opium ['o:pi̯ʊm] <-s> *kein Pl n* oppio *m*

Opossum [o'pɔsʊm] <-s, -s> *n* opossum *m*

Opponent(in) [ɔpo'nɛnt] <-en, -en; -,

-nen> *m(f)* oppositore, -trice *m, f*, avversario, -a *m, f*

opponieren [ɔpo'ni:rən] <ohne ge-> *vi* opporsi (*gegen* a), fare opposizione (*gegen* a)

opportun [ɔpɔr'tu:n] *adj* opportuno

Opportunismus [ɔpɔrtu'nɪsmʊs] <-> *kein Pl m* opportunismo *m*

Opportunist(in) [ɔpɔrtu'nɪst] <-en, -en; -, -nen> *m(f)* opportunista *mf*

opportunistisch *adj* opportunista, opportunistico

Opposition [ɔpozi'tsi̯o:n] <-, -en> *f* opposizione *f*

oppositionell [ɔpozitsi̯o'nɛl] *adj* contrario, d'opposizione; **einer Sache** *dat* **~ gegenüberstehen** essere contrari a qc, opporsi a qc

Oppositionsführer(in) *m(f)* (POL) (donna *f*) capo *m* dell'opposizione; **Oppositionspartei** *f* partito *m* d'opposizione

OP-Schwester *f* infermiera *f* di sala operatoria

Optik ['ɔptɪk] <-> *kein Pl f* ottica *f*; (*fig: Eindruck*) aspetto *m* ottico

Optiker(in) <-s, -; -, -nen> *m(f)* ottico, -a *m, f*

Optima *pl von* **Optimum**

optimal [ɔpti'ma:l] *adj* ottimale

Optimalfall *m* miglior caso *m*; **im ~** nel migliore dei casi

optimieren [ɔpti'mi:rən] <ohne ge-> *vt* ottimizzare

Optimierung <-, -en> *f* ottimizzazione *f*

Optimismus [ɔpti'mɪsmʊs] <-> *kein Pl m* ottimismo *m*

Optimist(in) [ɔpti'mɪst] <-en, -en; -, -nen> *m(f)* ottimista *mf*

optimistisch *adj* ottimista, ottimistico

Optimum ['ɔptimʊm, *pl:* 'ɔptima] <-s, Optima> *n* optimum *m*

Option [ɔp'tsi̯o:n] <-, -en> *f* opzione *f*

optisch ['ɔptɪʃ] *adj* ottico

opulent [opu'lɛnt] *adj* opulento

Orakel [o'ra:kəl] <-s, -> *n* oracolo *m*

orakeln <ohne ge-> *vi* (*fig*) parlare come un oracolo

oral [o'ra:l] *adj* orale; **Oralverkehr** *kein Pl m* rapporto *m* orale

orange [o'rã:ʒə *o* o'raŋʒə] <inv> *adj* arancione; *s. a.* **blau**

Orange¹ <-, -n> *f* (*Apfelsine*) arancia *f*

Orange² <-, - *o fam* -s> *n* (*Farbe*) (colore *m*) arancione *m*; *s. a.* **Blau**

Orangeade [orã'ʒa:də] <-, -n> *f* aranciata *f*

Orangeat [orã'ʒa:t *o* oraŋ'ʒa:t] <-s, -e> *n*

buccia *f* d'arancia candita

Orangenbaum *m* arancio *m;* **Orangen-haut** <-> *kein Pl f* (MED) cellulite *f;* **Orangensaft** *m* succo *m* d'arancia; **Orangenschale** *f* buccia *f* d'arancia

Orangerie [oraˈʒəˈriː, *pl:* oraˈʒəriːən] <-, -n> *f* aranceto *m*

Orang-Utan [ˈoːraŋˈʔuːtan] <-s, -s> *m* orang-utan *m*

Oratorium [oraˈtoːriʊm] <-s, Oratorien> *n* oratorio *m*

Orchester [ɔrˈkɛstɐ] <-s, -> *n* orchestra *f;* **Orchesterbegleitung** *f* accompagnamento *m* orchestrale; **Orchestergraben** *m* fossa *f* dell'orchestra

orchestrieren [ɔrkɛsˈtriːrən] <ohne ge-> *vt* orchestrare

Orchidee [ɔrçiˈdeːə] <-, -n> *f* orchidea *f*

Orden [ˈɔrdən] <-s, -> *m* ❶ (REL) ordine *m* (religioso) ❷ (*Auszeichnung*) onorificenza *f;* (MIL) decorazione *f,* medaglia *f;* **Ordensgeistliche** *m* chierico *m* regolare, clero *m* regolare; **Ordensträger(in)** *m(f)* insignito, -a *m, f* di un ordine

ordentlich [ˈɔrdəntlɪç] *adj* ❶ (*aufgeräumt*) ordinato, in ordine ❷ (*ordnungsliebend*) ordinato, ammodo ❸ (*achtbar*) onesto ❹ (*ordnungsgemäß*) ordinario ❺ (*fam: reichlich*) abbondante; **eine ~e Tracht Prügel** (*fam*) un fracco di legnate ❻ (*fam: einigermaßen gut*) buono, come si deve

Order [ˈɔrdɐ] <-, -s *o* -n> *f* ❶ (*Befehl*) ordine *m* ❷ (COM: *Auftrag*) ordinazione *f,* commissione *f*

Ordinalzahl [ɔrdiˈnaːltsaːl] *f* numero *m* ordinale

ordinär [ɔrdiˈnɛːɐ̯] *adj* ❶ (*pej: unfein*) volgare ❷ (*gewöhnlich*) ordinario, comune

Ordinarius [ɔrdiˈnaːriʊs, *pl:* ɔrdiˈnaːriən] <-, Ordinarien> *m* professore *m* ordinario, ordinario *m*

Ordination <-, -en> *f* ❶ (REL) ordinazione *f* ❷ (MED: *ärztliche Verordnung*) prescrizione *f* ❸ (*A, sonst: obs* MED: *ärztliche Sprechstunde*) orario *m* di visita ❹ (*A:* MED: *Arztpraxis*) studio *m* medico

ordnen [ˈɔrdnən] *vt* ordinare, mettere in ordine; **alphabetisch ~** ordinare alfabeticamente

Ordner <-s, -> *m* (*Akten~*) raccoglitore *m*

Ordner(in) <-s, -; -, -nen> *m(f)* organizzatore, -trice *m, f,* ordinatore, -trice *m, f*

Ordnung <-, *rar* -en> *f* ❶ *sing* (*Zustand*) ordine *m,* (buono) stato *m;* **für ~ sorgen** mettere ordine; **in ~ halten** tenere in ordine; **etw (wieder) in ~ bringen** rimettere in ordine qc; **zur ~ rufen** richiamare

all'ordine; **der ~ halber** per mantenere l'ordine; **in ~** in (buon) ordine; (TEC) in buono stato, a posto; (*fam: Mensch*) a posto; **es ist alles in ~** è tutto in ordine; **(geht) in ~!** (*fam*) d'accordo! ❷ *sing* (*Handlung*) disposizione *f,* sistemazione *f,* regolamento *m* ❸ *sing* (*Regelung*) regolamento *m,* statuto *m* ❹ (BIOL, MAT) ordine *m*

ordnungsgemäß I. *adj* regolare, regolamentare II. *adv* regolarmente, nella debita forma; **ordnungshalber** *adv* per regolarità, per essere in regola; **Ordnungsliebe** *f* amore *m* dell'ordine; **Ordnungsruf** *m* richiamo *m* all'ordine; **Ordnungssinn** *m* senso *m* dell'ordine; **Ordnungsstrafe** *f* (JUR) pena *f* disciplinare; **ordnungswidrig** *adj* (JUR) irregolare, non conforme al regolamento; **sich ~ verhalten** contravvenire al regolamento; **Ordnungszahl** *f* (MAT) (numero *m*) ordinale

Oregano [oˈreːgano] <-s> *kein Pl m* origano *m*

Organ [ɔrˈgaːn] <-s, -e> *n* ❶ (ANAT) organo *m* ❷ (*fig* ADM) istituzione *f* ❸ (*fig: Zeitung*) organo *m* ❹ (*fam: Stimme*) voce *f;* **Organbank** <-, -en> *f* banca *f* degli organi

Organigramm [ɔrganiˈgram] <-s, -e> *n* organigramma *m*

Organisation [ɔrganizaˈtsi̯oːn] <-, -en> *f* organizzazione *f*

Organisator(in) [ɔrganizaˈtoːɐ̯] <-s, -en; -, -nen> *m(f)* organizzatore, -trice *m, f*

organisatorisch [ɔrganizaˈtoːrɪʃ] *adj* organizzativo

organisch [ɔrˈgaːnɪʃ] *adj* organico

organisieren [ɔrganiˈziːrən] <ohne ge-> I. *vt* ❶ (*planen*) organizzare ❷ (*fam: beschaffen*) procurarsi II. *vr* **sich ~** organizzarsi; **gewerkschaftlich organisiert** organizzato in un sindacato; **organisiert** *adj* organizzato; **gewerkschaftlich ~** organizzato in un sindacato

Organismus [ɔrgaˈnɪsmʊs] <-, Organismen> *m* organismo *m*

Organist(in) [ɔrgaˈnɪst] <-en, -en; -, -nen> *m(f)* organista *mf*

Organizer <-s, -> *m* (INFORM) agenda *f* (elettronica)

Organmandat <-s, -e> *n* (*A*) *multa che viene direttamente pagata al poliziotto che l'ha elevata*

Organspende *f* (MED) donazione *f* di un organo; **Organspender(in)** *m(f)* (MED) donatore, -trice *m, f* (di un organo); **Organtransplantation** *f* (MED) trapianto *m* organico

Orgasmus [ɔrˈgasmʊs] <-, Orgasmen> *m*

orgasmo *m*

Orgel ['ɔrgəl] <-, -n> *f* organo *m;* **Orgel-konzert** *n* concerto *m* d'organo; **Orgel-musik** *f* musica *f* d'organo [*o* per organo]; **orgeln** *vi* s(u)onare l'organo; **Orgel-pfeife** *f* canna *f* dell'organo; **Orgelspie-ler(in)** *m(f)* s. **Organist(in)**

Orgie ['ɔrgiə] <-, -n> *f* orgia *f*

Orient ['o:riɛnt *o* ori'ɛnt] <-s> *kein Pl m* **der ~** l'oriente *m,* il levante *m*

Orientale [oriɛn'ta:lə] <-n, -n> *m,* **Orien-talin** [oriɛn'ta:lɪn] <-, -nen> *f* orientale *mf*

orientalisch *adj* orientale, levantino

orientieren [oriɛn'ti:rən] <ohne ge-> *vr* **sich ~** orientarsi; (*fig*) raccapezzarsi *fam*

Orientierung <-> *kein Pl f* orientamento *m;* **Orientierungshilfe** *f* guida *f;* **Orientierungssinn** <-(e)s> *kein Pl m* senso *m* dell'orientamento

original [origi'na:l] *adj* originale; (*echt*) autentico

Original <-s, -e> *n* ➊ (*erstes Exemplar*) originale *m* ➋ (*fam: Mensch*) tipo *m* origi-nale, originale *m*

Originalfassung <-, -en> *f* (versione *f*) originale *m;* **in der italienischen ~** nella versione originale italiana

originalgetreu *adj* conforme all'originale

Originalität [originali'tɛːt] <-, *rar* -en> *f* originalità *f*

Originalpackung *f* confezione *f* origi-nale; **Originalübertragung** *f* trasmis-sione *f* in diretta

originell [origi'nɛl] *adj* originale

Orkan [ɔr'ka:n] <-(e)s, -e> *m* uragano *m;* **orkanartig** *adj* come un uragano, vio-lento

Ornament [ɔrna'mɛnt] <-(e)s, -e> *n* orna-mento *m*

Ornat [ɔr'na:t] <-(e)s, -e> *m* veste *f* uffi-ciale; (REL) paramenti *mpl* sacerdotali

Ornithologie [ɔrnitolo'gi:] <-> *kein Pl f* ornitologia *f*

Oropax® ['o:ropaks] <-, -> *n* tappo *m* per le orecchie

Ort [ɔrt] <-(e)s, -e> *m* ➊ (*Stelle*) luogo *m,* posto *m;* **an ~ und Stelle** sul posto ➋ (*~schaft*) località *f,* paese *m*

orten *vt* localizzare; (AERO) fare il punto di, avvistare

orthodox [ɔrto'dɔks] *adj* ortodosso

Orthografie[RR] <-, -n> *f* s. **Orthographie**

orthografisch[RR] *adj* s. **orthographisch**

Orthographie [ɔrtogra'fi:] <-, -n> *f* orto-grafia *f*

orthographisch [ɔrto'gra:fɪʃ] *adj* ortogra-fico

Orthopäde [ɔrto'pɛ:də] <-n, -n> *m,* **Orthopädin** [ɔrto'pɛ:dɪn] <-, -nen> *f* ortopedico, -a *m, f*

orthopädisch *adj* ortopedico

örtlich ['œrtlɪç] *adj* locale; **~ betäubt** ane-stetizzato localmente

Ortsangabe *f* indicazione *f* del luogo; **ortsansässig** *adj* residente nel luogo; **Ortsbestimmung** *f* localizzazione *f;* (AERO, NAUT) determinazione *f* della posi-zione, rilevamento *m*

Ortschaft <-, -en> *f* località *f,* villaggio *m*

ortsfremd *adj* forestiero; **Ortsge-spräch** *n* (TEL) telefonata *f* urbana; **Orts-kenntnis** <-, -se> *f* conoscenza *f* del luogo; **Ortskrankenkasse** *f* Azienda *f* Sanitaria Locale; **ortskundig** *adj* esperto del posto; **Ortsname** *m* nome *m* di luogo, toponimo *m;* **Ortsnetz** *n* (TEL) rete *f* locale; **Ortsschild** *n* segnale *m* di località; **Ortsteil** *m* quartiere *m,* sobborgo *m;* **ortsüblich** *adj* di uso locale; **Ortswech-sel** <-s, -> *m* cambiamento *m* di resi-denza, trasferimento *m;* **Ortszeit** *f* ora *f* locale; **Ortszuschlag** *m* indennità *f* di residenza

Ortung <-, -en> *f* orientamento *m;* (*mit Radar*) localizzazione *f*

O-Saft *m* (*fam: Orangensaft*) succo *m* di arancia

Oscarnominierung <-, -en> *f* nomina-tion *f* all'Oscar; **Oscarpreisträger(in)** *m(f)* Premio *mf* Oscar; **oscarreif** *adj* **~ e Leistung** (*a. fig*) performance da Oscar; **oscarverdächtig** *adj* in odore di Oscar; **Oscarverleihung** <-, -en> *f* premia-zione *f* degli Oscar

Öse ['ø:zə] <-, -n> *f* occhiello *m*

Oslo ['ɔslo] *n* Oslo *f*

Osmane [ɔs'ma:nə] <-n, -n> *m,* **Osma-nin** [ɔs'ma:nɪn] <-, -nen> *f* ottomano, -a *m, f*

Osmose [ɔs'mo:zə] <-, -n> *f* (BOT, CHEM) osmosi *f*

Ossi ['ɔsi] <-s, -s; -s> *mf* (*fam*) *tedesco originario della Germania dell'Est, della ex RDT*

Ost [ɔst] <-(e)s> *kein Pl m* (NAUT, METEO) est *m*

Ostberlin *n* Berlino *f* Est

Ost-Berlin *n* Berlino-Est *f*

Ostblock *m* (HIST) **der ~** il blocco orientale; **Ostblockstaaten** *mpl* (HIST) **die ~** i paesi *mpl* dell'Est [*o* del blocco orientale]

ostdeutsch *adj* della Germania dell'Est; (HIST) della RDT; **Ostdeutschland**

<-s> *n* Germania *f* dell'Est; (HIST: *DDR*) RDT *f*, Repubblica *f* Democratica Tedesca

Osten ['ɔstən] <-s> *kein Pl m* est *m; der ~* (*Orient*) l'oriente *m*, il levante; (POL) l'est *m; der Nahe/Mittlere/Ferne ~* il vicino/il medio/l'estremo oriente

ostentativ [ɔstɛnta'tiːf] *adj* ostentato

Osteopath(in) *m(f)* osteopata *mf;* **Osteopathie** *f* osteopatia *f*

Osterei *n* uovo *m* di Pasqua; **Osterglocke** *f* (BOT) narciso *m;* **Osterhase** *m* coniglietto *m* pasquale; **Osterlamm** *n* agnello *m* pasquale

österlich ['øːstɛlɪç] *adj* pasquale

Ostermontag ['oːstɐ'moːntaːk] *m* Pasquetta *f*, lunedì *m* di Pasqua [*o* dell'Angelo]

Ostern ['oːstɐn] <-> *kein Pl n* Pasqua *f*; **fröhliche ~** ! buona Pasqua!

Österreich ['øːstəraɪç] *n* Austria *f*

Österreicher(in) <-s, -; -, -nen> *m(f)* austriaco, -a *m, f*

österreichisch *adj* austriaco

Ostersonntag ['oːstɐ'zɔntaːk] *m* domenica *f* di Pasqua

Osterweiterung <-, -en> *f* (POL) estensione *f* della NATO verso l'Europa orientale

Osterwoche *f* settimana *f* di Pasqua

Osteuropa *n* Europa *f* orientale; **Ostfriesland** ['ɔst'friːslant] *n* Frisia *f* orientale; **Ostgote** ['ɔstgoːtə] <-n, -n> *m*, **Ostgotin** ['ɔstgoːtɪn] <-, -nen> *f* ostrogoto, -a *m, f*; **Ostindien** ['ɔst'ʔɪndiən] *n* Indie *fpl* orientali; **Ostküste** *f* costa *f* orientale

östlich ['œstlɪç] **I.** *adj* orientale, dell'est **II.** *adv* **~ von …** a est di …

Ostpolitik *f* politica *f* con i paesi dell'Est, Ostpolitik *f*

Ostpreußen *n* Prussia *f* orientale

Östrogen [œstro'geːn] <-s, -e> *n* estrogeno *m*

oströmisch *adj* **das Oströmische Reich** l'Impero romano d'oriente [*o* bizantino]

Ostsee *f* **die ~** il mar Baltico

Ostseite *f* lato *m* est [*o* orientale]; **Ostverträge** *mpl* trattati *mpl* con i paesi dell'Est; **ostwärts** ['ɔstvɛrts] *adv* verso est; **Ostwind** *m* vento *m* dell'est

OSZE [oːʔɛstsɛt'ʔeː] *f abk v* **Organisation für Sicherheit und Zusammenarbeit in Europa** OSCE *f*

O-Ton ['oːtoːn, *pl:* 'oːtøːnə] <-(e)s, O-Töne> *m* **es war ~ Adenauer** era Adenauer in persona a parlare, era proprio Adenauer a parlare

Otter¹ ['ɔtɐ] <-, -n> *f* (*Schlange*) vipera *f*

Otter² <-s, -> *m* (*Fisch~*) lontra *f*

Ottomotor *m* motore *m* a carburazione, motore *m* a ciclo Otto

Ötztal ['œtstaːl] *n* valle *f* dell'Oetz

outen ['aʊtən] *vr* **sich ~** rendere pubblica la propria omosessualità

Outfit ['aʊtfɪt] <-(s), -s> *n* look *m*, tenuta *f*

Outing ['aʊtɪŋ] <-s> *kein Pl n* outing *m*, pubblica dichiarazione *f* di omosessualità

Output <-s, -s> *m o n* (INFORM) output *m*

Outsourcing ['aʊtsɔːsɪŋ] <-> *n* ❶ outsourcing *m* ❷ (*Produktionsverlagerung ins Ausland*) delocalizzazione *f* dei processi produttivi

Ouvertüre [uvɛr'tyːrə] <-, -n> *f* ouverture *f*

oval [o'vaːl] *adj* ovale; **Oval** <-s, -e> *n* ovale *m*

Ovation [ova'tsi̯oːn] <-, -en> *f* ovazione *f*; **jdm eine ~ bringen** fare un'ovazione a qu

Overall ['oʊvərɔːl] <-s, -s> *m* tuta *f*, overall *m*

Overheadprojektor <-s, -en> *m* lavagna *f* luminosa

ÖVP [øːfaʊ'peː] *f abk v* **Österreichische Volkspartei** Partito Popolare Austriaco

Ovulation [ovula'tsi̯oːn] <-, -en> *f* ovulazione *f*; **Ovulationshemmer** <-s, -> *m* (MED) pillola *f* anticoncezionale

Oxid [ɔ'ksiːt, *pl:* ɔ'ksiːdə] <-(e)s, -e> *n* ossido *m;* **Oxidation** [ɔksida'tsjoːn] <-, -en> *f* (CHEM) ossidazione *f*

Oxyd [ɔ'ksyːt] *n* (CHEM) ossido *m;* **Oxydation** [ɔksyda'tsi̯oːn] <-, -en> *f* (CHEM) ossidazione *f*; **oxydieren** [ɔksy'diːrən] <ohne ge-> *vi* sein *o* haben (CHEM) ossidare; **Oxydierung** <-, -en> *f* ossidazione *f*

Ozean ['oːtsea:n] <-s, -e> *m* oceano *m;* **Ozeandampfer** *m* transatlantico *m*

Ozeanien [otse'aːni̯ən] *n* Oceania *f*

ozeanisch *adj* ❶ (*einen Ozean betreffend*) oceanico ❷ (*Ozeanien betreffend*) oceaniano

Ozeanografieᴿᴿ [otseanogra'fiː] <-> *kein Pl f*, **Ozeanographie** <-> *kein Pl f* oceanografia *f*

Ozelot ['oːtselɔt *o* 'ɔtselɔt] <-s, -e> *m* ozelot *m*

Ozon [o'tsoːn] <-s> *kein Pl m o n* ozono *m;* **Ozonalarm** *m* allarme *m* ozono; **Ozonloch** <-(e)s> *kein Pl n* buco *m* nell'ozono; **Ozonschicht** <-> *kein Pl f* (METEO) ozonosfera *f*

Ozonsmog <-(s)> *kein Pl m* (ECO) inquinamento *m* da ozono

P p

P, p [pe:] <-, -(s)> n P, p f; **P wie Paula** P come Padova

paar [pa:ɐ̯] <inv> adj **ein ~ ...** un paio di ..., alcuni ..., qualche ...; **in den ~ Stunden konnte ich nichts lernen** in quelle poche ore non sono riuscito a studiare niente

Paar <-(e)s, -e> n ❶ (Lebewesen) coppia f ❷ (Dinge) paio m; **ein ~ Schuhe** un paio di scarpe

paaren ['pa:rən] **I.** vt ❶ (Zuchttiere) appaiare ❷ (paarweise zusammenstellen) accoppiare **II.** vr **sich ~** (Tiere) accoppiarsi

Paarhufer <-s, -> m artiodattilo m

paarig adj geminato

Paarlauf m, **Paarlaufen** <-s> kein Pl n pattinaggio m artistico a coppie

paarmal adv **ein ~** un paio di volte

Paarung <-, -en> f (a fig BIOL, SPORT) accoppiamento m

paarweise adv a coppie, a paia

Pacht [paxt] <-, -en> f ❶ (~verhältnis) affitto m; (von Geschäften) gestione f; **etw in ~ geben/nehmen** dare/prendere in affitto qc ❷ (~vertrag) contratto m di locazione ❸ (~zins) (af)fitto m

pachten vt prendere in affitto; (Geschäft) prendere la gestione di

Pächter(in) ['pɛçtɐ] <-s, -; -, -nen> m(f) affittuario, -a m, f; (Geschäftsleiter) gerente mf

Pachtung <-, -en> f locazione f; (von Geschäft) gestione f

Pachtvertrag m contratto m di locazione; (von Geschäft) contratto m di gestione; **Pachtzins** <-es, -en> m canone m d'affitto, affitto m

Pack¹ [pak, pl: pakə o pɛkə] <-(e)s, -e o Päcke> m (Bündel) pacco m

Pack² [pak] <-(e)s> kein Pl n (pej: Gesindel) gentaglia f

Päckchen ['pɛkçən] <-s, -> n pacchetto m

Packeis n banchisa f, pack m

packen ['pakən] **I.** vt ❶ (ergreifen) afferrare; **jdn am Arm ~** prendere qu sotto il braccio ❷ (ein~) mettere; (Koffer, Paket) fare ❸ (fig: heftiges Gefühl) assalire, cogliere; (fesseln) avvincere; **ihn hat es ganz schön gepackt** (fam: er ist verliebt) s'è preso una cotta ❹ (fam: schaffen) **es ~** farcela ❺ (sl: verstehen) capire **II.** vi (die Koffer ~) fare le valigie

Packen <-s, -> m pacco m

packend adj avvincente

Packer(in) <-s, -; -, -nen> m(f) impaccatore, -trice m, f

Packesel m (fam) mulo m; **Packpapier** n carta f da pacchi

Packung <-, -en> f ❶ (Paket) pacchetto m; (Schachtel) scatola f ❷ (MED) impacco m

Packwagen m bagagliaio m

Pädagoge [pɛda'go:gə] <-n, -n> m (Erzieher) pedagogo m; (Wissenschaftler) pedagogista m

Pädagogik [pɛda'go:gɪk] <-> kein Pl f pedagogia f

Pädagogin [pɛda'go:gɪn] <-, -nen> f (Erzieherin) pedagoga f; (Wissenschaftlerin) pedagogista f

pädagogisch adj pedagogico; **Pädagogische Hochschule** scuole fpl magistrali, facoltà f di pedagogia

Paddel ['padəl] <-s, -> n pagaia f; **Paddelboot** n canoa f

paddeln vi haben o bei Fortbewegung sein andare in canoa

Päderast [pɛde'rast] <-en, -en> m pederasta m

Padua ['pa:dua] n Padova f

paffen ['pafən] vt, vi (fam) ❶ (rauchen) fumare a grandi sbuffate ❷ (rauchen, ohne zu inhalieren) fumare senza aspirare

Page ['pa:ʒə] <-n, -n> m ❶ (Hotel~) fattorino m d'albergo ❷ (HIST) paggio m; **Pagenkopf** m capelli mpl alla paggio

paginieren [pagi'ni:rən] <ohne ge-> vt numerare le pagine di

Paginierung <-, -en> f paginatura f

Pagode [pa'go:də] <-, -n> f pagoda f

Paillette [par'jɛtə] <-, -n> f lustrino m, paglietta f

Paket [pa'ke:t] <-(e)s, -e> n pacco m; **Paketannahme** f (sportello m di) accettazione f pacchi; **Paketausgabe** f (sportello m di) consegna f pacchi; **Paketbombe** f pacchetto m bomba; **Paketkarte** f bollettino m di spedizione; **Paketpost** f servizio m pacchi postali; **Paketschalter** m sportello m per i pacchi postali; **Paketzustellung** f consegna f dei pacchi

Pakistan ['pa:kɪsta:n] n Pakistan m; **in ~** nel Pakistan

Pakistaner(in) [pakɪs'ta:nɐ] <-s, -; -, -nen> m(f) pakistano, -a m, f

Pakistani [pakɪs'ta:ni] <-(s), -(s)> m pakistano, -a m, f

pakistanisch *adj* pakistano
Pakt [pakt] <-(e)s, -e> *m* patto *m*
paktieren [pakt'ti:rən] <ohne ge-> *vi* (**mit dem Feind**) ~ fare un patto (con il nemico)
Palais [pa'lɛː] <-, -> *n* palazzo *m*
Palast [pa'last, *pl:* pa'lɛstə] <-(e)s, Paläste> *m* palazzo *m*
Palästina [palɛs'ti:na] *n* Palestina *f*
Palästinenser(in) [palɛsti'nɛnzɐ] <-s, -; -, -nen> *m(f)* palestinese *mf*; **Palästinensergebiet** *n* territorio *m* ad alta densità di popolazione palestinese; **Palästinenserstaat** *m* stato *m* palestinese; **palästinensisch** *adj* palestinese
Palatschinke [pala'tʃɪŋkə] <-, -n> *f* (*A: dünner Eierkuchen*) omelette *f*
Palaver [pa'la:vɐ] <-s, -> *n* (*fam pej*) chiacchiere *fpl*
palavern <ohne ge-> *vi* (*fam pej*) chiacchierare
Palette [pa'lɛtə] <-, -n> *f* ❶ (*Maler~*) tavolozza *f* ❷ (*fig: Vielfalt*) gamma *f*
Palisade [pali'za:də] <-, -n> *f* palizzata *f*
Palme ['palmə] <-, -n> *f* palma *f*; **jdn auf die ~ bringen** (*fam*) mandare in bestia qu; **Palm(en)wedel** *m*, **Palm(en)zweig** *m* ramo *m* di palma; **Palmsonntag** ['palm'zɔnta:k] *m* Domenica *f* delle Palme; **Palmwedel** *m s.* **Palmenwedel**
Pampe ['pampə] <-> *kein Pl f* (*meist pej*) pastone *m*
Pampelmuse ['pampəlmu:zə *o* pampəl'mu:zə] <-, -n> *f* pompelmo *m*
Pamphlet [pam'fle:t] <-(e)s, -e> *n* (*pej*) libello *m*, pamphlet *m*
pampig *adj* ❶ (*nordd, ostd: breiig*) poltiglioso ❷ (*fam pej: frech*) sfacciato
panaschieren [pana'ʃi:rən] <ohne ge-> *vi* votare candidati di liste diverse
Panda ['panda] <-s, -s> *m* panda *m*
panieren [pa'ni:rən] <ohne ge-> *vt* (GASTR) impanare
Paniermehl *n* pangrattato *m*
Panik ['pa:nɪk] <-, -en> *f* panico *m*; **panikartig** I. *adj* dettato dal panico II. *adv* come in preda al panico; **Panikmache** *f* (*pej*) allarmismo *m*; **Panikstimmung** *f* atmosfera *f* di panico
panisch *adj* panico
Pankreas ['pankreas, *pl:* pankre'a:tən] <-, Pankreaten *o* Pankreata> *n* (MED) pancreas *m*
Panne ['panə] <-, -n> *f* ❶ (*Schaden*) guasto *m*; (*Auto~*) panna *f*; **eine ~ haben** avere una panna, essere in panna ❷ (*fig: Fehler*) errore *m*; **Pannendienst** *m* soccorso *m* stradale

Panorama [pano'ra:ma] <-s, Panoramen> *n* panorama *m*
panschen ['panʃən] I. *vt* (*Wein*) adulterare; (*mit Wasser*) annacquare II. *vi* (*fam: planschen*) sguazzare
Pansen ['panzən] <-s, -> *m* rumine *m*
Panter[RR] ['pantɐ] <-s, -> *m*, **Panther** <-s, -> *m* pantera *f*
Pantine [pan'ti:nə] <-, -n> *f* (*nordd.*) zoccolo *m*
Pantoffel [pan'tɔfəl] <-s, -n> *m meist pl* pantofola *f*, ciabatta *f*; **er steht unter dem ~** (*fam*) si fa mettere sotto i piedi dalla moglie; **Pantoffelheld** *m* (*fam pej*) marito *m* comandato a bacchetta dalla moglie; **Pantoffelkino** *n* (*fam scherz*) tele(visione) *f*
Pantomime[1] [panto'mi:mə] <-, -n> *f* (*Darbietung*) pantomima *f*
Pantomime[2] <-n, -n> *m* (*Künstler*) pantomimo *m*
pantomimisch *adj* pantomimico
pantschen ['pantʃən] I. *vt* (*Wein*) adulterare; (*mit Wasser*) annacquare II. *vi* (*fam: planschen*) sguazzare
pan(t)schen ['pan(t)ʃən] I. *vt* (*Wein*) adulterare; (*mit Wasser*) annacquare II. *vi* (*fam: planschen*) sguazzare
Panzer ['pantsɐ] <-s, -> *m* ❶ (*fig* ZOO, HIST) corazza *f* ❷ (MIL) carro *m* armato; **Panzerfaust** *f* lanciarazzi *m* anticarro; **Panzerglas** *n* vetro *m* blindato; **Panzerkreuzer** *m* incrociatore *m* corazzato
panzern *vt* corazzare
Panzerschrank *m* cassaforte *f* blindata
Panzerung <-, -en> *f* corazzatura *f*
Panzerwagen *m* carro *m* armato
Papa ['papa *o* pa'pa:] <-s, -s> *m* (*fam*) papà *m*, babbo *m*
Papagei [papa'gaɪ] <-en *o* -s, -en *o rar* -e> *m* pappagallo *m*; **Papageienkrankheit** *f* psittacosi *f*
Papaya [pa'pa:ja] <-, -s> *f* papaya *f*
Paperback ['pɛɪpɛbɛk] <-s, -s> *n* libro *m* tascabile
Papeterie [papɛtə'ri:] <-, -n> *f* (*CH*) cartoleria *f*
Papi ['papi] <-s, -s> *m s.* **Papa**
Papier [pa'piːɐ] <-s, -e> *n* ❶ (*Material*) carta *f*; **ein Blatt ~** un foglio di carta; **etw zu ~ bringen** mettere qc per iscritto ❷ (*Schriftstück, Dokument*) carta *f*, documento *m* ❸ (*Wert~*) titolo *m* ❹ *pl* (*Ausweis*) carte *fpl*, documenti *mpl*
Papierfabrik *f* cartiera *f*; **Papiergeld** *n* cartamoneta *f*; **Papierhandtuch** <-(e)s, -tücher> *n* asciugamano *m* di carta; **Papierkorb** *m* cestino *m*; **Papierkram**

<-(e)s> *kein Pl m* (*fam pej*) scartoffie *fpl*, pratiche *fpl* da ufficio; **Papierkrieg** *m* (*fam pej*) lungaggine *f* burocratica; **Papiertaschentuch** *n* fazzoletto *m* di carta; **Papiertiger** <-s, -> *m* tigre *f* di carta; **er/sie ist doch nur ein ~** lui/lei è soltanto una tigre di carta; **Papiertüte** *f* sacchetto *m* di carta; **Papierwaren** *fpl* articoli *mpl* di cartoleria

Pappbecher *m* bicchiere *m* di carta; **Pappdeckel** *m* cartone *m*

Pappe ['papǝ] <-, -n> *f* cartone *m*

Pappeinband *m* rilegatura *f* in cartone

Pappel ['papǝl] <-, -n> *f* pioppo *m*

päppeln ['pɛpǝln] *vt* (*fam*) dare la pappa a, imboccare

Papp(en)deckel *m* cartone *m*

Pappenheimer ['papǝnhaimɐ] *mpl* **ich kenne meine ~** (*fam*) conosco i miei polli

Pappenstiel *m* **das ist kein ~** non è un'inezia

papperlapapp [papǝla'pap] *int* sciocchezze!

pappig ['papɪç] *adj* (*fam*) ❶ (*klebrig*) appiccicoso ❷ (*breiig, a Schnee*) poltiglioso

Pappmaché ['papmaʃeː] <-s, -s> *n*, **Pappmaschee**^RR <-s, -s> *n* cartapesta *f*; **Pappschachtel** ['papʃaxtǝl] *f* scatola *f* di cartone; **Pappschnee** ['papʃneː] *m* neve *f* poltigliosa; **Pappteller** <-s, -> *m* piatto *m* di carta

Paprika ['paprika] <-s, -(s)> *m* ❶ (BOT: *Pflanze*, *~schote*) peperone *m* ❷ *sing* (GASTR: *~gemüse*) peperoni *mpl* ❸ *sing* (*Gewürz*) paprica *f*; **Paprikaschote** *f* peperone *m*

Paps [paps] <-> *kein Pl m* (*fam*) babbo *m*, papà *m*

Papst [paːpst, *pl:* 'pɛːpstǝ] <-(e)s, Päpste> *m* papa *m*, pontefice *m*

päpstlich ['pɛːpstlɪç] *adj* papale, pontificio

Papsttum <-> *kein Pl n* papato *m*

Papyrus [pa'pyːrʊs, *pl:* pa'pyːri] <-, Papyri> *m* papiro *m*

Parabel [pa'raːbǝl] <-, -n> *f* parabola *f*

Parabolantenne *f* antenna *f* parabolica; **Parabolspiegel** <-s, -> *m* (TEC) riflettore *m* [o specchio *m*] parabolico

Parade [pa'raːdǝ] <-, -n> *f* ❶ (SPORT) parata *f* ❷ (MIL) rivista *f* militare, rassegna *f*; (*Vorbeimarsch*) sfilata *f*; **Paradebeispiel** *n* esempio *m* paradigmatico

Paradeiser [para'daizɐ] <-s, -> *m* (*A: Tomate*) pomodoro *m*

Paradeuniform *f* grande uniforme *f*

paradieren [para'diːrǝn] <ohne ge-> *vi* ❶ (MIL) sfilare in parata ❷ (*fig geh: sich brüsten*) fare sfoggio (*mit etw* di qc)

Paradies [para'diːs] <-es, -e> *n* paradiso *m;* **das ~ auf Erden** il paradiso in terra; **paradiesisch** *adj* paradisiaco; **Paradiesvogel** *m* uccello *m* del paradiso, paradisea *f*

Paradigma [para'dɪgma] <-s, Paradigmen *o* Paradigmata> *n* paradigma *m*

paradox [para'dɔks] *adj* paradossale; **Paradoxa** *pl von* **Paradoxon; paradoxerweise** [para'dɔksǝ'vaizǝ] *adv* paradossalmente; **Paradoxon** [pa'raːdɔksɔn, *pl:* pa'raːdɔksa] <-s, Paradoxa> *n* (PHILOS, LING) paradosso *m*

Paraffin [para'fiːn] <-s, -e> *n* paraffina *f*

parafieren^RR [para'fiːrǝn] <ohne ge-> *vt* parafare, convalidare

Paragliding ['paːraglaidɪŋ] <-s> *kein Pl n* parapendio *m*

Paragraf^RR <-en, -en> *m s.* **Paragraph; Paragrafendschungel**^RR *m s.* **Paragraphendschungel**

Paragraph [para'graːf] <-en, -en> *m* paragrafo *m;* **Paragraphendschungel** *m* (*pej*) labirinto *m* della legge

parallel [para'leːl] *adj* (**zu etw**) **~ sein** essere parallelo (a qc); **Parallele** <-, -n> *f* ❶ (MAT) parallela *f;* **eine ~ zu etw ziehen** tracciare una parallela a qc ❷ (*fig: Vergleich*) parallelo *m;* **eine ~ zwischen ... und ...** un parallelo fra ... e ...

Parallelität [paraleli'tɛːt] <-, -en> *f* parallelismo *m*

Parallelogramm [paralelo'gram] <-s, -e> *n* (MAT) parallelogramma *m*

Parallelstraße *f* strada *f* parallela

Parallelumlauf <-(e)s> *kein Pl m* (*Europäische Währungsunion*) doppia circolazione *f*

Parameter [pa'raːmetɐ] <-s, -> *m* (MAT, MUS, INFORM) parametro *m*

paramilitärisch ['paːramilitɛːrɪʃ] *adj* paramilitare

Paranoia [para'nɔia] <-> *kein Pl f* (MED, PSYCH) paranoia *f*

paraphieren <ohne ge-> *vt s.* **parafieren**

Parapsychologie ['paːrapsyçolo'giː] *f* parapsicologia *f*

Parasit [para'ziːt] <-en, -en> *m* parassita *m*

parasitär [parazi'tɛːɐ] *adj* parassitario

parat [pa'raːt] *adj* pronto; **immer eine Antwort ~ haben** avere sempre la risposta pronta

Paratyphus ['paːratyːfʊs] *m* paratifo *m*

Pärchen ['pɛːɐçǝn] <-s, -> *n* coppietta *f*

Parcours [par'kuːɐ] <-, -> *m* percorso *m*

Pardon [par'dõː] <-s> *kein Pl n* perdono *m;* **Pardon!** Scusi!; **da gibt's kein ~** non c'è scusa che tenga; **sie kennt kein ~** non conosce pietà

Parfüm [par'fy:m] <-s, -e *o* -s> *n* profumo *m*

Parfümerie [parfymə'ri:] <-, -n> *f* profumeria *f*

Parfümfläschchen [par'fy:mflɛʃçən] <-s, -> *n* flacone *m* [*o* bottiglietta *f*] di profumo

parfümieren [parfy'mi:rən] <ohne ge-> **I.** *vt* profumare **II.** *vr* **sich ~** profumarsi

Paria ['pa:ria] <-s, -s> *m* paria *m*

parieren [pa'ri:rən] <ohne ge-> **I.** *vt* (SPORT) parare **II.** *vi* (*fam: gehorchen*) ubbidire

Paris [pa'ri:s] *n* Parigi *f*

Pariser [pa'ri:zə] <-s, -> *m* (*sl: Präservativ*) preservativo *m*

Pariser(in) <-s, -; -, -nen> *m(f)* parigino, -a *m, f*

paritätisch [pari'tɛ:tɪʃ] *adj* paritetico

Park [park] <-s, -s *o* CH Pärke> *m* parco *m*

Parka ['parka] <-, -s *f o* -(s), -s *m*> *fm* eskimo *m,* parka *m*

Park-and-ride-System *n* sistema di parcheggio adiacente a mezzo pubblico

Parkbank <-, -bänke> *f* panchina *f* del parco; **Parkdeck** *n* piano *m* di autosilo; **Parkebene** *f* area *f* di parcheggio

parken ['parkən] *vt, vi* parcheggiare; **~ de Wagen** veicoli in parcheggio; **Parken verboten!** parcheggio vietato!

Parkett [par'kɛt] <-(e)s, -e *o* -s> *n* ❶ (*Fußboden*) parquet *m* ❷ (THEAT) platea *f* ❸ (*Tanzfläche*) pista *f* (da ballo); **Parkett(fuß)boden** *m* (pavimento *m* di) parquet *m*

Parkfläche <-, -n> *f* parcheggio *m;* **Parkgebühr** *f* tassa *f* di parcheggio; **Parkhaus** *n* autosilo *m*

parkieren [par'ki:rən] <ohne ge-> *vt, vi* (*CH*) parcheggiare

Parkingmeter ['parkɪŋme:tə] <-s, -> *m* (*CH*) parchimetro *m*

Parkinson-Krankheit ['pa:kɪnsənkraŋkhaɪt] <-, -en> *f* (MED) morbo *m* di Parkinson

Parklücke *f* spazio *m* libero per posteggiare, buco *m* (per posteggiare) *fam;* **Parkometer** [parko'me:tə] <-s, -> *n* *s.* **Parkuhr**; **Parkplatz** *m* parcheggio *m,* posteggio *m;* **Parkscheibe** *f* disco *m* orario; **Parkstreifen** *m* corsia *f* di sosta; **Parkstudium** *n* (*fam*) studi *mpl* di attesa; **Parksünder(in)** *m(f)* (*fam*) parcheggiatore, -trice *m, f* abusivo, -a; **Park-**

uhr *f* parchimetro *m;* **Parkverbot** *n* divieto *m* di parcheggio; **Parkwächter(in)** <-s, -; -, -nen> *m(f)* ❶ (*im Park*) guardaparco *mf* ❷ (*im Parkhaus, auf einem Parkplatz*) custode *m* di un parcheggio, parcheggiatore *m*

Parlament [parla'mɛnt] <-(e)s, -e> *n* parlamento *m*

Parlamentarier(in) [parlamɛn'ta:riɐ] <-s, -; -, -nen> *m(f)* parlamentare *mf,* membro *m* del parlamento

parlamentarisch *adj* parlamentare

Parlamentarismus [parlamɛnta'rɪsmʊs] <-> *kein Pl m* parlamentarismo *m*

Parlamentsbeschluss[RR] *m* voto *m* del parlamento; **Parlamentsdebatte** *f* dibattito *m* parlamentare; **Parlamentsferien** *pl* vacanze *fpl* parlamentari; **Parlamentspräsident(in)** <-en, -en; -, -nen> *m(f)* presidente *m* del parlamento; **Parlamentssitzung** *f* seduta *f* parlamentare; **Parlamentswahlen** *fpl* elezioni *fpl* per la camera dei deputati

Parmesan [parme'za:n] <-s> *kein Pl m* parmigiano *m*

Parodie [paro'di:] <-, -n> *f* parodia *f;* **eine ~ auf etw** *acc* **schreiben** scrivere una parodia di qc

parodieren [paro'di:rən] <ohne ge-> *vt* parodiare, fare la parodia di

parodistisch [paro'dɪstɪʃ] *adj* parodistico

Parodontose [parodɔn'to:zə] *f* (MED) paradentosi *f*

Parole [pa'ro:lə] <-, -n> *f* ❶ (MIL) parola *f* d'ordine ❷ (*fig* POL) motto *m*

Partei [par'taɪ] <-, -en> *f* ❶ (POL) partito *m;* **einer ~ angehören/beitreten** essere di/aderire ad un partito ❷ (*fig* JUR) parte *f;* **für jdn ~ ergreifen** [*o* **nehmen**] prendere partito per qu ❸ (SPORT) squadra *f* ❹ (*Miet~*) inquilino *m* pigionale; **Parteiapparat** *m* apparato *m* del partito; **Parteibuch** *n* tessera *f* del partito; **das richtige/falsche ~ haben** (*fam fig*) stare dalla parte giusta/sbagliata

Parteienfinanzierung <-, -en> *f* finanziamento *m* dei partiti; **Parteienverkehr** <-s> *kein Pl m* (*A:* ADM: *Amtsstunden*) orario *m* d'ufficio

Parteifreund(in) <-(e)s, -e; -, -nen> *m(f)* compagno *m* di partito; **Parteiführer(in)** *m(f)* leader *m* [*o* capo *m*] del partito; **Parteiführung** *f* presidenza *f* del partito; **Parteifunktionär(in)** *m(f)* funzionario, -a *m, f* del partito; **parteiintern** [par'taɪɪntɛrn] *adj* interno al partito

parteiisch *adj* parziale

Parteikongress[RR] *m* congresso *m* del

partito

parteilich *adj* partitico, di partito; (*parteiisch*) parziale, di parte; **Parteilichkeit** <-> *kein Pl f* parzialità *f*; **parteilos** *adj* apartitico, senza partito; **Parteimitglied** *n* membro *m* del partito, iscritto, -a *m, f* ad un partito; **Parteinahme** [par'taɪna:mə] <-, -n> *f* presa *f* di posizione; **Parteiorgan** *n* organo *m* di partito; **Parteipolitik** *f* politica *f* di partito; **Parteiprogramm** *n* programma *m* di partito; **Parteitag** *m* congresso *m* del partito; **Parteivorsitzende** *mf* presidente *m* del partito; **Parteizugehörigkeit** *f* appartenenza *f* ad un partito

parterre [par'tɛr] *adv* a pianterreno; **Parterre** <-s, -s> *n* pianterreno *m*

Partie [par'ti:] <-, -n> *f* ❶ (*Teil, Abschnitt*, MUS, THEAT) parte *f* ❷ (SPORT, COM) partita *f* ❸ (*Wend*) **eine gute ~ machen** fare un buon matrimonio; **ich bin mit von der ~** (*fam*) ci sto anch'io

partiell [par'tsjɛl] *adj* parziale

Partisan(in) [parti'za:n] <-s *o* -en, -en; -, -nen> *m(f)* partigiano, -a *m, f*; **Partisanenkrieg** *m* guerra *f* partigiana; **Partisanin** *f s.* Partisan

Partition <-, -en> *f* (INFORM) partizione *f*

Partitur [parti'tu:ɐ̯] <-, -en> *f* (MUS) spartito *m*, partitura *f*

Partizip [parti'tsi:p] <-s, -pien> *n* (LING) participio *m*

Partizipium [parti'tsi:pɪʊm, *pl:* parti'tsi:pia] <-s, Partizipia> *n* (GRAM) participio *m*

Partner(in) ['partnɐ] <-s, -; -, -nen> *m(f)* (*Tanz~*, THEAT, FILM) partner *mf*; (*Spiel~*) compagno, -a *m, f* di gioco; (*Vertrags~*) contraente *mf*; (*Ehe~*) coniuge *mf*; (*Gesprächs~*) interlocutore, -trice *m, f*; (COM) socio, -a *m, f*

Partnerlook ['partnɐlʊk] <-s, -s> *m* look *m* di coppia; **im ~ gehen** (detto di coppia) andare in giro vestiti in modo simile

Partnerschaft <-, -en> *f* ❶ (*Mitarbeit*) collaborazione *f*; (COM) compartecipazione *f* ❷ (*Zusammenleben*) convivenza *f* ❸ (*Städte~*) gemellaggio *m*; **partnerschaftlich** *adj* di partecipazione; **Partnerstadt** *f* città *f* gemellata; **Partnertausch** *m* scambio *m* di partner; **Partnervermittlung** *f* agenzia *f* cuori solitari; **Partnerwahl** *f* scelta *f* del proprio partner

partout [par'tu:] *adv* (*fam*) a tutti costi, assolutamente

Party ['pa:ɐ̯ti] <-, -s> *f* festa *f*, party *m*;

Partykeller *m* tavernetta *f*; **Partyservice** *m* servizio *m* ristoro

Parzelle [par'tsɛlə] <-, -n> *f* parcella *f*, lotto *m*; **parzellieren** [partsɛ'li:rən] <ohne ge-> *vt* lottizzare, dividere in parcelle; **Parzellierung** <-, -en> *f* lottizzazione *f*, parcellazione *f*

Pascha ['paʃa] <-s, -s> *m* pascià *m*

Pass[RR] [pas, *pl:* 'pɛsə] <-es, Pässe> *m*, **Paß**[ALT] <-sses, Pässe> *m* ❶ (*Reise~*) passaporto *m* ❷ (*Gebirgs~*) passo *m*, valico *m* ❸ (SPORT: *Ballspiele*) passaggio *m*

passabel [pa'sa:bəl] *adj* passabile, discreto

Passage [pa'sa:ʒə] <-, -n> *f* ❶ (*Durchfahrt*) passaggio *m*, transito *m* ❷ (*Ladenstraße*) galleria *f* ❸ (*Überfahrt*) passaggio *m*, traversata *f* ❹ (*Textabschnitt*) brano *m*, passaggio *m*

Passagier [pasa'ʒi:ɐ̯] <-s, -e> *m* passeggero, -a *m, f*, viaggiatore, -trice *m, f*; **Passagierdampfer** *m* nave *f* passeggeri; **Passagierflugzeug** *n* aereo *m* passeggeri

Passah(fest) ['pasa(fɛst)] <-s> *kein Pl n* pasqua *f* (ebraica)

Passamt[RR] *n* ufficio *m* passaporti

Passant(in) [pa'sant] <-en, -en; -, -nen> *m(f)* passante *mf*

Passat(wind) [pa'sa:t(vɪnt)] <-(e)s, -e> *m* aliseo *m*

Passbild[RR] *n* fototessera *f*

passé [pa'se:] <inv> *adj s.* passee

Pässe *pl von* Pass

passee[RR] [pa'se:] <inv> *adj* (*fam*) tramontato, passato, out

passen ['pasən] **I.** *vi* ❶ (*harmonieren*) andare (bene); **zu jdm/etw ~** andare bene a qu/qc; (*sich eignen*) adattarsi a qu/qc; **das Bild passt nicht ins Zimmer** il quadro non si adatta alla stanza; **sie passt nicht zu ihm** non è fatta per lui; **er passt nicht zu uns** non ci troviamo con lui ❷ (*in Größe, Form*) andare (bene), stare (bene); (*Schuhe*) calzare bene; **das Buch passt nicht ins Regal** nella libreria non c'è posto per il libro; **die Hose passt wie angegossen** i pantaloni stanno a pennello; **das Kleid passt mir nicht** il vestito non mi va bene ❸ (*genehm sein*) andare; **jdm ~** andare a qu; **es passt mir gar nicht, dass du erst so spät kommst** non mi va che tu venga così tardi; **passt es dir am Samstag um elf Uhr?** ti va bene sabato alle undici?; **das könnte dir so ~!** (*fam*) ti piacerebbe, eh! ❹ (*beim Kartenspiel*) passare; (*bei Fragen*) non saper rispondere **II.** *vt* ❶ (TEC) adattare ❷ (SPORT: *Ball*) passare; **passend**

adj ❶ (*in Größe, Form*) che va bene; **er trägt zu jedem Anzug die ~e Krawatte** per ogni vestito ha la cravatta adatta ❷ (*angemessen*) adeguato, buono ❸ (*treffend*) giusto, che coglie nel segno; **das ~e Wort finden** trovare la parola adatta

Passepartout [paspar'tu:] <-s, -s> *n* passe-partout *m*

Passfoto^RR <-s, -s> *n* fototessera *f*

passierbar *adj* (*Weg*) praticabile, transitabile; (*Pass*) valicabile

passieren [pa'si:rən] <ohne ge-> I. *vt haben* ❶ (*Grenze, Zensur*) passare; (*Fluss*) attraversare; (*Pass*) valicare ❷ (GASTR) passare II. *vi sein* succedere, accadere; **mit jdm etw ~** succedere qc a qu; **jdm etw ~** (*widerfahren*) capitare a qu; **was ist passiert?** cosa è successo?; **ist ihm etw passiert?** gli è successo qualcosa?; **das soll mir nicht noch einmal ~** non mi succederà una seconda volta; **das kann jedem ~** può capitare a tutti

Passierschein *m* lasciapassare *m*

Passion [pa'sịo:n] <-, -en> *f* passione *f*

passioniert [pasịo'ni:ɐt] *adj* appassionato

Passionsfrucht <-, -früchte> *f* frutto *m* della passione

Passionszeit *f* quaresima *f*

passiv ['pasi:f *o* pa'si:f] *adj* passivo; **Passiv** <-s, *rar* -e> *n* (LING) passivo *m*, forma *f* passiva

Passiva [pa'si:va] *pl*, **Passiven** [pa'si:vən] *pl* (A: WIRTSCH) passivo *m*, passività *fpl*

Passivität [pasivi'tɛ:t] <-> *kein Pl f* passività *f*

Passivrauchen ['pasi:fraʊxən] <-s> *kein Pl n* fumo *m* passivo

Passkontrolle^RR *f* controllo *m* dei passaporti; **Passstraße**^RR *f* valico *m* di montagna

Passus ['pasʊs] <-, -> *m* passo *m*

Passwort^RR ['pasvɔrt] <-(e)s, Passwörter> *n* password *f*

Pasta ['pasta, *pl*: 'pastən] <-, Pasten> *f* pasta *f*

Paste ['pastə] <-, -n> *f* pasta *f*

Pastell [pas'tɛl] <-(e)s, -e> *n* pastello *m*; **Pastellfarbe** *f* (colore *m*) pastello *m*; **pastellfarben** *adj* color pastello; **Pastellton** *m* tonalità *f* pastello

Pasten *pl von* **Pasta**, **Paste**

Pastete [pas'te:tə] <-, -n> *f* ❶ (*Leber~, Fleisch~*) pasticcio *m* ❷ (*Blätterteig~*) vol-au-vent *m*

pasteurisieren [pastøri'zi:rən] <ohne ge-> *vt* pastorizzare

Pastille [pas'tɪlə] <-, -n> *f* pastiglia *f*,

pasticca *f*

Pastor(in) ['pasto:ɐ *o* pas'to:ɐ] <-s, -en; -, -nen> *m(f)* pastore *m*

Patchwork-Familie *f* famiglia *f* allargata

Pate ['pa:tə] <-n, -n> *m* padrino *m*; **Patenkind** *n* figlioccio, -a *m, f*; **Patenonkel** *m* padrino *m*; **Patenschaft** <-, -en> *f* paternità *f* spirituale; **die ~ für jdn übernehmen** fare da padrino/madrina a qu

patent [pa'tɛnt] *adj* (*fam*) ❶ (*Person*) bravo, in gamba ❷ (*Lösung, Idee*) formidabile

Patent <-s, -e> *n* ❶ (JUR, ADM: *Recht auf eine Erfindung*) brevetto *m*; **auf etw** *acc* **ein ~ anmelden** chiedere il brevetto per qc ❷ (*CH: staatliche Erlaubnis*) licenza *f*; **Patentamt** *n* ufficio *m* brevetti

Patentante *f* madrina *f*

Patentanwalt *m*, **Patentanwältin** *f* avvocato, -essa *m, f* specializzato, -a in brevetti

patentieren [patɛn'ti:rən] <ohne ge-> *vt* brevettare; **eine Erfindung ~ lassen** chiedere il brevetto per un'invenzione

Patentinhaber(in) *m(f)* detentore, -trice *m, f* [*o* titolare *mf*] di brevetto; **Patentlösung** *f* ricetta *f*, formula *f* magica; **Patentrecht** *n* ❶ (JUR: *Rechtsvorschriften*) legislazione *f* sui brevetti ❷ (*Recht auf Patentnutzung*) diritto *m* di privativa; **Patentrezept** <-(e)s, -e> *n* soluzione *f* garantita; **Patentschutz** <-es> *kein Pl m* tutela *f* [*o* protezione *f*] brevettuale [*o* dei brevetti]

Pater ['pa:te, *pl*: 'pa:tre:s] <-s, Patres *o* -> *m* padre *m*

Paternoster [pate'nɔste] <-s, -> *m* (*Aufzug*) ascensore *m* a paternoster

pathetisch [pa'te:tɪʃ] *adj* patetico

Pathologe [pato'lo:gə] <-n, -n> *m* (MED) patologo *m*

Pathologie [patolo'gi:] <-> *kein Pl f* patologia *f*

Pathologin [pato'lo:gɪn] <-, -nen> *f* (MED) patologa *f*

pathologisch [pato'lo:gɪʃ] *adj* patologico

Pathos ['pa:tɔs] <-> *kein Pl n* pathos *m*

Patience [pa'sjä:s, *pl*: pa'sjä:sən] <-, -n> *f* gioco *m* di pazienza; **eine ~ legen** fare un solitario

Patient(in) [pa'tsịɛnt] <-en, -en; -, -nen> *m(f)* paziente *mf*

Patin ['pa:tɪn] <-, -nen> *f* madrina *f*

Patina ['pa:tina] <-> *kein Pl f* patina *f*

Patisserie [patɪsə'ri:] <-, -n> *f* (*CH*) pasticceria *f*

Patres *pl von* **Pater**

P

Patriarch [patriˈarç] <-en, -en> m patriarca m

patriarchalisch [patriarˈçaːlɪʃ] adj patriarcale

Patriarchat [patriarˈçaːt] <-(e)s, -e> n
patriarcato m

Patriot(in) [patriˈoːt] <-en, -en; -, -nen>
m(f) patriota mf

patriotisch adj patriottico

Patriotismus [patrioˈtɪsmʊs] <-> kein
Pl m patriottismo m

Patrizier(in) [paˈtriːtsiɐ] <-s, -; -, -nen>
m(f) patrizio, -a m, f

Patron(in) [paˈtroːn] <-s, -e; -, -nen>
m(f) patrono, -a m, f

Patronanz <-, -en> f (A: Patronat) patrocinio m

Patronat [patroˈnaːt] <-(e)s, -e> n patronato m (über + acc su)

Patrone [paˈtroːnə] <-, -n> f cartuccia f;
Patronentasche f giberna f

Patronin f s. **Patron**

Patrouille [paˈtrʊljə] <-, -n> f ❶ (Kontrollgang) ronda f; **auf ~ gehen** pattugliare
❷ (Spähtrupp) pattuglia f

patrouillieren [patrʊlˈjiːrən] o
patrʊˈliːrən] <ohne ge-> vi haben o bei
Fortbewegung sein pattugliare

patsch [patʃ] int paf(fete)

Patsche [ˈpatʃə] <-, -n> f (fam)
❶ (Matsch) fanghiglia f ❷ (fig: Bedrängnis) **in der ~ sitzen** trovarsi nei guai; **jdm
aus der ~ helfen** trarre qu d'impaccio

Patschen [ˈpatʃən] <-s, -> m (A)
❶ (Hausschuh) pantofola f; **die ~ aufstellen** (vulg: sterben) schiattare ❷ (fam: Reifenpanne) foratura f, gomma f a terra; **sich
dat einen ~ fahren** avere una gomma a
terra

patschen vi (fam) ❶ haben (schlagen)
dare un colpo ❷ sein (gehen) sguazzare
❸ sein (aufprallen) battere

patsch(e)nass^RR [ˈpatʃ(ə)ˈnas] adj (fam)
bagnato fradicio

Patschhändchen [ˈpatʃhɛntçən] <-s,
-> n (Kindersprache) manina f

patt [pat] adj patta; **~ sein** essere pari e
patta

Patt [pat] <-s, -s> n ❶ (beim Schach)
patta f ❷ (POL: fig) stallo m; **Pattsitua-
tion** <-, -en> f situazione f di parità [o di
equilibrio]

patzen [ˈpatsən] vi (fam) commettere
delle imperfezioni (bei in)

Patzer <-s, -> m (fam) errore m di esecuzione, imperfezione f; (MUS) stecca f

patzig adj (fam pej) sfacciato

Pauke [ˈpaʊkə] <-, -n> f timpano m; **auf**

die ~ hauen (fam: feiern) fare baldoria;
mit ~n und Trompeten durchfallen
(fam) fare un fiasco completo agli esami

pauken I. vi ❶ (Pauke spielen) s(u)onare il
timpano ❷ (fam: büffeln) sgobbare II. vt
(fam: lernen) studiare

Paukenschlag m colpo m di timpano

Pauker <-s, -> m ❶ (Paukist) timpanista m
❷ (sl: Lehrer) insegnante m

pausbäckig [ˈpaʊsbɛkɪç] adj dalle guance
paffute

pauschal [paʊˈʃaːl] I. adj ❶ (FIN) globale,
forfettario ❷ (fig: generell) generale II. adv
globalmente, in blocco; **so ~ kann man
das nicht sagen** non si può dirlo così in
generale; **Pauschalbetrag** m, **Pauschale** [paʊˈʃaːlə] <-, -n> f importo m
globale; **Pauschalpreis** m prezzo m globale; **Pauschalreise** f viaggio m
tutto compreso; **Pauschaltourismus** m
turismo m all-inclusive; **Pauschaltou-
rist(in)** m(f) turista mf all-inclusive; **Pau-
schalurlaub** <-s> kein Pl m vacanza f
organizzata (con tutti i costi compresi),
viaggio m organizzato tutto compreso;
Pauschalurteil n (pej) giudizio m
troppo generico; **Pauschalverurtei-
lung** f giudizio m sommario

Pauschbetrag m s. **Pauschalbetrag**

Pause [ˈpaʊzə] <-, -n> f ❶ (Unterbrechung, MUS) pausa f; (THEAT, FILM) intervallo m; (Schul~) ricreazione f; **eine ~ einlegen** [o machen] fare una pausa ❷ (Rast)
sosta f, fermata f ❸ (Durchzeichnung)
calco m, lucido m

pausen vt fare un calco di, lucidare

Pausenbrot n panino m; **pausenfüllend**
adj che fa da intermezzo; **Pausenfüller** m intermezzo m; **pausenlos** adj ininterrotto; **Pausenzeichen** n segnale m
d'intervallo

pausieren [paʊˈziːrən] <ohne ge-> vi fare
una pausa; (ausruhen) riposarsi

Pauspapier n carta f da ricalco

Pavian [ˈpaːviaːn] <-s, -e> m babbuino m

Pavillon [ˈpavɪljõ o pavɪlˈjõː o ˈpavɪljɔn]
<-s, -s> m padiglione m

Pay-TV [ˈpɛɪtiviː] <-> kein Pl n pay tv f

Pazifik [paˈtsiːfɪk] m Pacifico m

pazifisch [paˈtsiːfɪʃ] adj **der Pazifische
Ozean** l'oceano pacifico

Pazifismus [patsiˈfɪsmʊs] <-s> kein Pl m
pacifismo m

Pazifist(in) [patsiˈfɪst] <-en, -en; -, -nen>
m(f) pacifista mf

pazifistisch adj pacifista

PC [peːˈtseː] <-(s), -(s)> m abk v **Personalcomputer** PC m

PDS [peːdeːˈʔɛs] <-> *kein Pl f abk v* **Partei des Demokratischen Sozialismus** *Partito del Socialismo Democratico* (*tedesco*)

Pech [pɛç] <-s *o rar* -es, -e> *n* ❶ (*Material*) pece *f;* **wie ~ und Schwefel zusammenhalten** (*fam*) essere inseparabili ❷ *sing* (*fig: Unglück*) sfortuna *f;* **~ haben** avere sfortuna, essere sfortunato; **Pechblende** *f* pechblenda *f,* uranite *f;* **pechschwarz** [ˈpɛçˈʃvarts] *adj* nero come la pece; **Pechsträhne** *f* (*fam*) serie *f* di disgrazie; **eine ~ haben** essere perseguitato dalla scalogna *fam;* **Pechvogel** *m* (*fam*) scalognato, -a *m, f*

Pedal [peˈdaːl] <-s, -e> *n* pedale *m*

Pedant(in) [peˈdant] <-en, -en; -, -nen> *m(f)* pedante *mf,* pignolo, -a *m, f*

Pedanterie [pedantəˈriː, *pl:* pedantəˈriːən] <-, -n> *f* pedanteria *f,* pignoleria *f*

Pedantin *f s.* **Pedant**

pedantisch *adj* pedante, pignolo

Pedell [peˈdɛl] <-s, -e> *m* (*obs*) bidello *m*

Pediküre [pediˈkyːrə] <-> *kein Pl f* pedicure *m*

Peeling [ˈpiːlɪŋ] <-s, -s> *n* peeling *m*

Peep-Show[ALT] [ˈpiːpʃoʊ] *f,* **Peepshow**[RR] *f* peep-show *m*

Pegel [ˈpeːgəl] <-s, -> *m* (*Meer~*) mareografo *m;* (*Fluss~*) idrometro *m;* **Pegelstand** *m* livello *m* dell'acqua

Peilanlage *f* radiogoniometro *m*

peilen [ˈpaɪlən] *vt* ❶ (*Lage, Richtung, Standort bestimmen*) rilevare, determinare; **die Lage ~** (*fam*) sondare il terreno; **über den Daumen gepeilt** (*fam*) a occhio e croce ❷ (NAUT: *Wassertiefe bestimmen*) scandagliare

Peilfunk *m* radiogoniometria *f;* **Peilgerät** *n* apparecchio *m* di rilevamento; **Peilstation** *f* stazione *f* radiogoniometrica

Pein [paɪn] <-> *kein Pl f* (*geh*) pena *f*

peinigen *vt* (*geh*) tormentare

Peiniger(in) <-s, -; -, -nen> *m(f)* (*geh: Folterer*) torturatore, -trice *m, f;* (*fig*) tormentatore, -trice *m, f*

Peinigung <-, -en> *f* (*geh*) tortura *f;* (*fig*) tormento *m*

peinlich *adj* ❶ (*unangenehm*) spiacevole; (*Situation*) imbarazzante; **es ist mir sehr ~, dass ...** mi dispiace molto che +*conj;* **von etw ~ berührt sein** essere imbarazzato per qc ❷ (*übergenau*) meticoloso, preciso; **~e Ordnung** ordine scrupoloso

Peitsche [ˈpaɪtʃə] <-, -n> *f* frusta *f;* (*a fig*) sferza *f*

peitschen I. *vt* frustare; (*a fig u aus~*) sfer-

zare **II.** *vi* (*Regen*) battere

Peitschenhieb *m* frustata *f,* sferzata *f*

pejorativ [pejoraˈtiːf] *adj* peggiorativo, spregiativo

Pekinese [pekiˈneːzə] <-n, -n> *m* (*Hund*) (cane *m*) pechinese *m*

Peking [ˈpeːkɪŋ] *n* Pechino *f*

Pelerine [peləˈriːnə] <-, -n> *f* pellegrina *f,* mantellina *f*

Pelikan [ˈpeːlikaːn] <-s, -e> *m* pellicano *m*

Pelle [ˈpɛlə] <-, -n> *f* (*bes. nordd: Kartoffel~, Obst~*) buccia *f;* (*Wurst~*) pelle *f;* **jdm auf der ~ sitzen** [*o* **liegen**] (*fam*) essere sempre alle costole di qu

pellen I. *vt* (*bes. nordd: schälen*) sbucciare **II.** *vr* **sich ~** (*bes. nordd: Haut*) pelarsi

Pellkartoffel <-, -n> *f* patata *f* bollita con la buccia

Pelz [pɛlts] <-es, -e> *m* pelliccia *f;* **pelzbesetzt** *adj* guarnito di pelliccia; **pelzgefüttert** *adj* foderato di pelliccia; **Pelzgeschäft** *n* pellicceria *f;* **Pelzhandel** *m* commercio *m* di pellicce; **Pelzhändler(in)** *m(f)* pellicciaio, -a *m, f*

pelzig *adj* peloso; (*dial: im Geschmack*) stopposo

Pelzimitation *f* pelliccia *f* sintetica; **Pelzkragen** *m* collo *m* di pelliccia; **Pelzmantel** *m* pelliccia *f;* **Pelzmütze** *f* berretto *m* di pelliccia; **Pelztier** *n* animale *m* da pelliccia

pempern *vi* (*A: bumsen*) chiavare, scopare

Pendant [pãˈdãː] <-s, -s> *n* pendant *m;* **das ~ zu etw sein** essere il pendant di qc

Pendel [ˈpɛndəl] <-s, -> *n* pendolo *m*

pendeln *vi* ❶ *haben* (*schwingen*) pendolare; (*a fig*) oscillare ❷ *sein* (*hin- u herfahren*) fare la spola; **von ... nach ...** [*o* **zwischen ... und ...**] ~ fare la spola tra ... e ...

Pendeltür *f* porta *f* battente; **Pendelverkehr** *m* traffico *m* pendolare; **Pendelzug** *m* treno *m* navetta

pendent [pɛnˈdɛnt] *adj* (CH: COM, ADM, JUR: *unerledigt, anhängig*) pendente, in sospeso

Pendenz [pɛnˈdɛnts] <-, -en> *f* (CH: COM, ADM: *unerledigte Aufgabe*) pendenza *f*

Pendler(in) <-s, -; -, -nen> *m(f)* pendolare *mf*

Penes *pl von* **Penis**

penetrant [peneˈtrant] *adj* ❶ (*Geruch*) penetrante ❷ (*pej: Person*) invadente

peng [pɛŋ] *int* pam

penibel [peˈniːbəl] *adj* (*peinlich genau*) meticoloso, preciso; (*kleinlich*) pignolo

Penicillin *n s.* **Penizillin**

Penis [ˈpeːnɪs] <-, -se *o* **Penes**> *m* pene *m*

Penizillin [penitsɪ'liːn] <-s, -e> n (MED) penicillina f

Pennäler(in) [pɛ'nɛːlɐ] <-s, -; -, -nen> m(f) (fam, obs) studente, -essa m, f di scuola superiore

Pennbruder m (fam pej) vagabondo m

Penne ['pɛnə] <-, -n> f (sl: Schule) scuola f (superiore)

pennen ['pɛnən] vi (fam) fare una dormita

Penner(in) <-s, -; -, -nen> m(f) fam, pej ❶ (Stadtstreicher) clochard m, donna f sacchetto ❷ (Schlafmütze) persona f disattenta

Pensen pl von **Pensum**

Pension [pã'zʲoːn o pɛn'zʲoːn] <-, -en> f ❶ (Rente) pensione f ❷ sing (Ruhestand) pensione f; **in ~ sein/gehen** essere/andare in pensione ❸ (Unterkunft und Verpflegung) pensione f; **halbe ~** mezza pensione; **volle ~** pensione completa

Pensionär(in) [pãzʲoːnɛːɐ o pɛnzʲoːnɛːɐ] <-s, -e; -, -nen> m(f) ❶ (Mensch im Ruhestand) pensionato, -a m, f ❷ (CH: Pensionsgast) pensionante mf

Pensionat [pãzʲoːnaːt o pɛnzʲoːnaːt] <-(e)s, -e> n collegio m, pensionato m

pensionieren [pãzʲoːniːrən o pɛnzʲoːniːrən] <ohne ge-> vt mandare in pensione; **sich ~ lassen** andare in pensione; **pensioniert** adj pensionato, a riposo

Pensionierung <-, -en> f pensionamento m

Pensionsalter n età f di pensionamento; **das ~ erreicht haben** aver raggiunto i limiti d'età per la pensione; **pensionsberechtigt** adj che ha diritto alla pensione; **Pensionsgast** m pensionante mf; **Pensionskasse** f cassa f pensione

Pensum [pɛnzʊm, pl: pɛnzən o pɛnza] <-s, Pensen o Pensa> n ❶ (Arbeits~) lavoro m, compito m ❷ (Unterrichts~) programma m

Pentagon¹ ['pɛntagɔn] <-s, -e> n (MAT) pentagono m

Pentagon² <-s> kein Pl n (US-Verteidigungsministerium) Pentagono m

Pep [pɛp] <-(s)> kein Pl m pepe m

Peperoni [pepe'roːni] pl (CH: GASTR: Paprika) peperone m

peppig ['pɛpɪç] adj vivace, brioso; (Musik) vivace; (Person) vivace, pepato, tutto pepe

per [pɛr] prp ❶ (mittels, durch) per, a mezzo, con; **~ Anhalter fahren** viaggiare facendo l'autostop; **mit jdm ~ du sein** darsi del tu con qu ❷ (COM: für) per; (pro) per, a; **~ Stück** il pezzo

perfekt [pɛr'fɛkt] adj ❶ (vollkommen) per-

fetto; **einen Kauf ~ machen** perfezionare un acquisto ❷ (fam: abgeschlossen) concluso; **damit war die Niederlage ~** in tal modo la sconfitta era completa

Perfekt ['pɛrfɛkt] <-(e)s, -e> n (LING) perfetto m, passato m

Perfektion [pɛrfɛk'tsʲoːn] <-, -en> f perfezione f, compiutezza f

Perfektionist(in) [pɛrfɛktsʲoˈnɪst] <-en, -en; -, -nen> m(f) perfezionista mf

perfid(e) [pɛr'fiːt (pɛrfiːdə)] adj (geh) perfido

Perfidie [pɛrfi'diː, pl: pɛrfi'diːən] <-, rar -n> f (geh) perfidia f

Perforation [pɛrfora'tsʲoːn] <-, -en> f perforazione f

perforieren [pɛrfoˈriːrən] <ohne ge-> vt perforare

Pergament [pɛrga'mɛnt] <-(e)s, -e> n pergamena f; **Pergamentpapier** n carta f pergamena

Periode [peri'oːdə] <-, -n> f ❶ (Zeitabschnitt) periodo m, epoca f ❷ (MAT, PHYS, GEOL) periodo m ❸ (Menstruation) mestruazione f; **Periodensystem** n sistema m periodico

periodisch adj periodico

peripher [peri'feːɐ] adj periferico

Peripherie [perife'riː] <-, -n> f ❶ (Randgebiet) periferia f ❷ (MAT) circonferenza f ❸ (INFORM) periferica f

Perle ['pɛrlə] <-, -n> f ❶ (der Perlmuschel) perla f; **echte ~** perla vera ❷ (fam: Hausgehilfin) domestica f (perfetta)

perlen vi (Schweiß, Tau) imperlare; (Sekt) spumeggiare

Perlentaucher(in) m(f) pescatore, -trice m, f di perle

Perlhuhn n (gallina f) faraona f; **Perlmuschel** f conchiglia f perlifera; **Perlmutt** ['pɛrlmʊt] <-s> kein Pl n madreperla f; **Perlmutter** <- f o -s n> kein Pl f n madreperla f; **perlmuttern** adj ❶ (aus Perlmutt) di [o in] madreperla ❷ (perlmuttfarben) madreperlaceo

Perlon® ['pɛrlɔn] <-s> kein Pl n perlon® m

Perlzwiebel <-, -n> f (GASTR) aglio m romano [o di Spagna]; (in Essig eingelegte Zwiebel) cipollina f sott'aceto

permanent [pɛrma'nɛnt] adj permanente

perplex [pɛr'plɛks] adj (fam: verblüfft) sbalordito; (verwirrt) confuso, perplesso

Perron [pɛ'rõː] <-s, -s> m (CH) marciapiede m

Perser(in) ['pɛrzɐ] <-s, -; -, -nen> m(f) persiano, -a m, f

Perserteppich m tappeto m persiano

Persianer [pɛrzi'aːnɐ] <-s, -> m persiano *m*

Persien ['pɛrziən] *n* Persia *f*

Persiflage [pɛrzi'fla:ʒə] <-, -n> *f* beffa *f*

Persilschein [pɛr'zi:lʃaɪn] <-s, -e> *m* (*fam*) prova *f* a discarico [*o* scagionatrice], documento *m* a (propria) discolpa; (HIST) (*nel dopoguerra*) *prova a discolpa dei tedeschi rilasciata dalle autorità di denazificazione*

persisch *adj* persiano; (GEOG) persico; **der Persische Golf** il Golfo Persico

Person [pɛr'zo:n] <-, -en> *f* persona *f*; (THEAT, FILM, LIT) figura *f*, personaggio *m*; (*Einzel~*) individuo *m*; **pro ~** a testa, a persona; **juristische/natürliche ~** (JUR) persona giuridica/fisica; **ich für meine ~ fände es besser, wenn ...** in quanto a me mi sembrerebbe meglio se ...; **sie ist die Güte in ~** è la bontà in persona

Personal [pɛrzo'na:l] <-s> *kein Pl n* personale *m*, risorse *pl* umane; **Personalabbau** *m* riduzione *f* del personale; **Personalabteilung** *f* ufficio *m* del personale; **Personalakte** *f* cartella *f* personale; **Personalausweis** *m* carta *f* d'identità; **Personalbüro** *n s.* **Personalabteilung**; **Personalchef(in)** *m(f)* capo *m* del personale

Personalcomputer <-s, -> *m* personal computer *m*

Personalien [pɛrzo'na:liən] *pl* generalità *fpl*

Personalisierung *f* individualizzazione *f*

Personalkosten *pl* spese *fpl* per il personale; **Personalmangel** <-s> *kein Pl m* carenza *f* [*o* mancanza *f*] di personale; **Personalpolitik** *f* politica *f* del personale [*o* organica]; **Personalpronomen** *n* (LING) pronome *m* personale; **Personalunion** *f* **er ist Arzt und Musiker in ~** è contemporaneamente medico e musicista; **Personalwesen** <-s> *kein Pl n* (WIRTSCH) settore *m* dell'organico

personell [pɛrzo'nɛl] *adj* ❶ (*die Person betreffend*) personale ❷ (*das Personal betreffend*) del personale

Personenaufzug *m* ascensore *m* (per persone); **Personenbeschreibung** *f* connotati *mpl* di una persona; **Personengedächtnis** <-ses, -se> *n* memoria *f* per le persone; **Personen(kraft)wagen** *m* autovettura *f*; **Personenkreis** *m* cerchia *f* di persone; **Personenschaden** *m* danno *m* alle persone; **Personenverkehr** *m* traffico *m* viaggiatori; **Personenwaage** *f* bilancia *f* per persone; **Personenwagen** *m s.* **Personen(kraft)wagen**

Personifikation [pɛrzonifika'tsi̯o:n] <-, -en> *f* personificazione *f*

personifizieren [pɛrzonifi'tsi:rən] <ohne ge-> *vt* personificare

persönlich [pɛr'zø:nlɪç] I. *adj* personale; (*individuell*) individuale; (*privat*) privato II. *adv* personalmente, di persona; **der König ~** il re in persona; **jdn ~ kennen** conoscere qu personalmente; **etw ~ nehmen** prendere qc personalmente

Persönlichkeit <-, -en> *f* ❶ *sing* (*Eigenschaften*) personalità *f* ❷ (*Mensch*) personaggio *m*; **Persönlichkeitswahl** *f* elezione *f* uninominale

Perspektive [pɛrspɛk'ti:və] <-, -n> *f* prospettiva *f*; (*Blickwinkel a*) punto *m* di vista

perspektivisch *adj* prospettico; **~e Verkürzung** effetto prospettico di rimpicciolimento

Peru [pe'ru:] *n* Perù *m*; **in ~** nel Peru

Peruaner(in) [peru'a:nɐ] <-s, -; -, -nen> *m(f)* peruviano, -a *m*, *f*

peruanisch *adj* peruviano

Perücke [pe'rʏkə] <-, -n> *f* parrucca *f*

pervers [pɛr'vɛrs] *adj* perverso

Perversion [pɛrvɛr'zi̯o:n] <-, -en> *f* perversione *f*

Perversität [pɛrvɛrzi'tɛ:t] <-, -en> *f* pervertimento *m*

Pessar [pɛ'sa:ɐ̯] <-s, -e> *n* (MED) pessario *m*

Pessimismus [pɛsi'mɪsmʊs] <-> *kein Pl m* pessimismo *m*

Pessimist(in) [pɛsi'mɪst] <-en, -en; -, -nen> *m(f)* pessimista *mf*

pessimistisch *adj* pessimista, pessimistico

Pest [pɛst] <-> *kein Pl f* peste *f*; **jdn wie die ~ hassen** (*fam*) odiare a morte qu; **wie die ~ stinken** (*fam*) puzzare come la peste

Pestizid [pɛsti'tsi:t] <-s, -e> *n* pesticida *m*

Petersilie [petɐ'zi:li̯ə] <-, -n> *f* prezzemolo *m*

Petition [peti'tsi̯o:n] <-, -en> *f* petizione *f*

PET-Pfandflasche *f* vuoto *m* a rendere in PET

Petrochemie [petroçe'mi:] <-> *kein Pl f* petrochimica *f*

Petroleum [pe'tro:leʊm] <-s> *kein Pl n* petrolio *m*, greggio *m*; **Petroleumlampe** *f* lampada *f* a petrolio

Petting ['pɛtɪŋ] <-(s), -s> *n* petting *m*

petto ['pɛto] *adv* **etw in ~ haben** (*fam*) avere qc in petto

Petze ['pɛtsə] <-, -n> *f* (*fam pej*) spia *f*

petzen ['pɛtsən] *vt* (*fam pej*) (**jdm**) **etw ~** riportare qc (a qu)

Pf *abk v* **Pfennig(e)** pfennig

Pfad [pfaːt] <-(e)s, -e> m ❶ (*Weg*) sentiero m ❷ (INFORM) percorso m

Pfader ['pfaːdɐ] <-s, -> m (*CH*) boy-scout m

Pfadfinder(in) m(f) giovane esploratore, -trice m, f, boy scout mf

Pfaffe ['pfafə] <-n, -n> m (*pej*) pretaccio m

Pfahl [pfaːl, *pl:* pfɛːlə] <-(e)s, Pfähle> m palo m; (*Stütz~*) sostegno m; **Pfahlbau** <-(e)s, -ten> m costruzione f su palafitte; **~ten** (HIST) palafitte *fpl*

Pfalz [pfalts] f Palatinato m

Pfälzer(in) ['pfɛltsɐ] <-s, -; -, -nen> m(f) abitante mf del Palatinato

pfälzisch *adj* del palatinato

Pfand [pfant, *pl:* 'pfɛndə] <-(e)s, Pfänder> n (*a fig*) pegno m; (*Bürgschaft*) garanzia f; (*Flaschen~*) deposito m per il vuoto; **etw als ~ behalten** tenere qc in pegno; **als ~ geben** dare in pegno; **gegen ~** su pegno; **auf der Flasche sind 25 Cent ~** sulla bottiglia c'è un deposito per il vuoto di 25 centesimi

pfändbar *adj* pignorabile

Pfandbrief m (FIN) lettera f di pegno

pfänden ['pfɛndən] vt ❶ (*Dinge*) pignorare, sequestrare ❷ (*Personen*) pignorare i beni di qu

Pfänderspiel n gioco m dei pegni

Pfandflasche f vuoto m a rendere; **Pfandhaus** <-es, -häuser> n, **Pfandleihe** <-, -n> f monte m dei pegni; **Pfandschein** m polizza f di pegno

Pfändung ['pfɛnduŋ] <-, -en> f pignoramento m

Pfanne ['pfanə] <-, -n> f ❶ (*Stiel~*) padella f; (*Henkel~*) tegame m; **jdn in die ~ hauen** (*fam: hereinlegen*) abbindolare qu; (*beschimpfen, herunterputzen*) strapazzare qu; (*vernichten, erledigen*) annientare qu ❷ (*Dach~*) tegola f fiamminga

Pfannkuchen ['pfan**ː**kʊxən] m frittata f

Pfarramt ['pfarʔamt] n parrocchia f; **Pfarrbezirk** m parrocchia f; **Pfarre** [pfarə] <-, -n> f parrocchia f; **Pfarrei** [pfaˈraɪ] <-, -en> f parrocchia f; **Pfarrer(in)** ['pfarɐ] <-s, -; -, -nen> m(f) (*katholisch*) parroco m; (*evangelisch*) pastore m; **Pfarrgemeinde** <-, -n> f parrocchia f; **Pfarrhaus** n (*katholisch*) casa f parrocchiale; (*evangelisch*) casa f del pastore; **Pfarrkirche** f chiesa f parrocchiale

Pfau [pfau] <-(e)s o A -en, -en o A -e> m pavone m; **Pfauenauge** n (zoo) pavonia f

Pfd. *abk v* **Pfund** lb

Pfeffer ['pfɛfɐ] <-s, -> m pepe m; **geh hin, wo der ~ wächst!** (*fam*) va' all'inferno!;

Pfefferkorn n grano m di pepe; **Pfefferkuchen** m panpepato m; **Pfefferminz** <-es, -e> n, **Pfefferminzbonbon** m o n (caramella f di) menta f; **Pfefferminze** f menta f piperita; **Pfefferminztee** m tè m di menta; **Pfeffermühle** f pepaiola f

pfeffern ['pfɛfɐn] vt ❶ (GASTR) pepare ❷ (*sl: schleudern*) scaraventare; **jdm eine ~** dare una sberla a qu *fam*

Pfefferoni <-, -> m (*A: Pepperoni*) peperoncino m

Pfeffersteak n bistecca f al pepe; **Pfefferstreuer** <-s, -> m pepiera f, spargipepe m

Pfeife ['pfaɪfə] <-, -n> f ❶ (MUS) piffero m, zufolo m; (*Orgel~*) canna f (d'organo); (*Signal~*) fischio m, fischietto m ❷ **nach jds ~ tanzen** farsi comandare a bacchetta da qu; (*Tabak~*) pipa f ❸ (*sl pej: Versager*) fallito m; (*Feigling*) vigliacco m

pfeifen ['pfaɪfən] <pfeift, pfiff, gepfiffen> vt, vi fischiare; **auf jdn/etw ~** (*fam*) infischiarsene di qu/qc

Pfeifenkopf m fornello m della pipa; **Pfeifenreiniger** <-s, -> m scovolino m; **Pfeifenstopfer** <-s, -> m curapipe m

Pfeifkonzert n (*fam*) salva f di fischi

Pfeil [pfaɪl] <-(e)s, -e> m freccia f; **mit ~ und Bogen** con arco e frecce

Pfeiler ['pfaɪlɐ] <-s, -> m (*Stütz~*) pila f; (*a Brücken~*) pilone m; (*fig* ARCH, MIN) pilastro m

pfeilgerade ['pfaɪlɡəˈraːdə] *adj* dritto come una freccia

Pfeilgift n curaro m

pfeilschnell ['pfaɪlˈʃnɛl] *adj o adv* veloce come una freccia

Pfennig ['pfɛnɪç, *pl:* 'pfɛnɪɡə] <-s, -e o *bei Mengenangabe:* -> m pfennig m; **auf den ~ genau** esatto al centesimo; **keinen ~ (Geld) haben** non avere un soldo; **keinen ~ wert sein** (*fam*) non valere una lira; **jeden ~ (dreimal) umdrehen** (*fam*) badare al centesimo; **Pfennigabsatz** m tacco m a spillo; **Pfennigbetrag** m piccola somma f; **dabei handelt es sich nur um Pfennigbeträge** si tratta solo di poche lire; **Pfennigfuchser** ['pfɛnɪçfʊksɐ] <-s, -> m (*fam pej*) spilorcio m, tirchio m; **pfenniggroß** *adj* grande quanto una monetina; **Pfennigstück** n moneta f da un pfennig

Pferch [pfɛrç] <-(e)s, -e> m recinto m, stabbio m

pferchen vt stipare

Pferd [pfeːɐt] <-(e)s, -e> n cavallo m; **das ~ besteigen** montare a cavallo; **vom ~ steigen** scendere da cavallo; **ein ~ reiten**

cavalcare, montare un cavallo; **zu ~ a** cavallo; **wie ein ~ arbeiten** (*fam*) lavorare come una bestia; **ich glaub', mich tritt ein ~!** (*sl*) che mi venga un colpo! *fam; das ~ am* [*o beim*] **Schwanz aufzäumen** (*fig*) mettere il carro innanzi ai buoi; **aufs richtige/falsche ~ setzen** (*fig fam*) puntare sul cavallo vincente/perdente; **mit dem kann man ~e stehlen** (*fam*) di lui ci si può fidare a occhi chiusi; **plötzlich gingen ihm die ~e durch** (*fig fam*) improvvisamente perse il controllo; **keine zehn ~e brächten mich dazu, das zu tun** (*fam*) non c'è barba d'uomo che possa convincermi a farlo; **immer langsam mit den jungen ~en!** (*fam*) calma, calma!

Pferdeapfel *m* sterco *m* equino; **Pferdefuß** *m* ❶ (ZOO) piede *m* di cavallo ❷ (*fig: Nachteil*) inconveniente *m;* **Pferdegebiss**^{RR} *n* (*fig fam*) dentatura *f* da cavallo; **Pferderennbahn** *f* ippodromo *m;* **Pferderennen** *n* corsa *f* di cavalli; **Pferdeschwanz** *m* coda *f* di cavallo; **Pferdestall** *m* scuderia *f;* **Pferdestärke** *f* cavallo *m* vapore; **ein Motor mit 60 ~n** un motore da 60 cavalli; **Pferdezucht** *f* allevamento *m* di cavalli

pfiff [pfɪf] *1. u 3. pers sing imp von* **pfeifen**

Pfiff [pfɪf] <-(e)s, -e> *m* ❶ (*Ton*) fischio *m* ❷ (*fam: Reiz*) bello *m;* **ein Hut mit ~** un cappello chic

Pfifferling ['pfɪfɐlɪŋ] <-s, -e> *m* finferlo *m*, gallinaccio *m;* **keinen ~ wert sein** (*fam*) non valere un fico secco

pfiffig *adj* furbo, astuto; **Pfiffigkeit** <-> *kein Pl* f furbizia *f*, astuzia *f*

Pfiffikus ['pfɪfɪkʊs] <- *o* -ses, -se> *m* (*fam*) furbacchione, -a *m, f*

Pfingsten ['pfɪŋstən] <-, -> *n* Pentecoste *f*

Pfingstferien ['pfɪŋstfeːriən] *pl* vacanze *fpl* di Pentecoste; **Pfingstrose** *f* peonia *f;* **Pfingstsonntag** *m* (domenica *f* di) Pentecoste *f*

Pfirsich ['pfɪrzɪç] <-s, -e> *m* pesca *f;* **Pfirsichbaum** *m* pesco *m*

Pflanze ['pflantsə] <-, -n> *f* pianta *f*

pflanzen *vt* ❶ (*ein-*) piantare ❷ (*A: foppen*) schernire, prendere in giro

Pflanzenfett *n* (GASTR) grasso *m* vegetale; **Pflanzenfresser** <-s, -> *m* (ZOO) erbivoro *m*, fitofago *m;* **Pflanzenkunde** *f* botanica *f;* **Pflanzenöl** *n* (GASTR) olio *m* vegetale; **Pflanzenreich** <-(e)s> *kein Pl n* regno *m* vegetale; **Pflanzenschutzmittel** *n* fitofarmaco *m*

Pflanzer(in) <-s, -; -, -nen> *m(f)* piantatore, -trice *m, f*

pflanzlich *adj* vegetale

Pflanzung <-, -en> *f* ❶ (*Plantage*) piantagione *f* ❷ *sing* (*Anbau*) coltivazione *f*

Pflaster ['pflastɐ] <-s, -> *n* ❶ (*Wund~, Heft~*) cerotto *m* ❷ (*Straßen~*) pavimentazione *f*, lastrico *m;* **ein gefährliches** [*o* **heißes**] **~** (*fam*) una zona pericolosa; **ein teures ~** (*fam*) un posto costoso; **Pflastermaler(in)** *m(f)* madonnaro, -a *m, f*

pflastern *vt* lastricare, pavimentare

Pflasterstein *m* cubetto *m* per lastrico

Pflaume ['pflaumə] <-, -n> *f* ❶ (*Frucht*) prugna *f* ❷ (*fig fam: Blödmann*) buono *m* a nulla; **Pflaumenbaum** *m* prugno *m;* **Pflaumenkuchen** *m* torta *f* di prugne; **Pflaumenmus** *n* marmellata *f* di prugne

Pflege ['pfleːgə] <-, -n> *f* ❶ (*Körper~*) cura *f;* (*Kranken~*) assistenza *f;* **in ~ geben/nehmen** affidare alle cure/prendersi cura di ❷ (*von Maschinen, Gebäuden, Anlagen*) manutenzione *f* ❸ (*von Interessen, Beziehungen*) cura *f*, coltivare *m;* **pflegebedürftig** *adj* bisognoso di cure; **Pflegeeltern** *pl* genitori *mpl* che hanno in custodia un bambino; **Pflegefall** *m* assistito, -a *m, f;* **Pflegeheim** <-(e)s, -e> *n* casa *f* di cura per anziani; **Pflegekind** *n* pupillo, -a *m, f;* **Pflegekosten** *pl* retta *f;* **pflegeleicht** *adj* che non richiede cure speciali; **ein ~es Kleidungsstück** un (indumento) pratico; **Pflegemutter** *f* madre *f* putativa, donna *f* che fa le veci di madre

pflegen I. *vt* ❶ (*seinen Körper, sein Äußeres*) curare, avere cura di; (*Kranke*) assistere ❷ (*Freundschaft, Interessen*) coltivare; (*Sport*) praticare II. *vi* ~ **etw zu tun** soler fare qc; **wie man zu sagen pflegt** come si suol dire III. *vr* **sich ~** ❶ (*äußerlich*) curarsi, aver cura di sé ❷ (*sich schonen*) riguardarsi

Pflegepersonal *n* personale *m* sanitario

Pfleger(in) <-s, -; -, -nen> *m(f)* ❶ (*Kranken~*) infermiere, -a *m, f;* (*Tier~*) allevatore, -trice *m, f* ❷ (JUR) curatore, -trice *m, f;* (*Vormund*) tutore, -trice *m, f*

Pflegesatz *m* retta *f;* **Pflegevater** *m* padre *m* putativo, uomo *m* che fa le veci di padre; **Pflegeversicherung** <-, -en> *f* assicurazione *f* previdenziale

pfleglich ['pfleːklɪç] I. *adj* premuroso, attento, pieno di cure II. *adv* premurosamente, delicatamente, con cura; **etw ~ behandeln** trattare qc con cura

Pflegschaft <-, -en> *f* (JUR) curatela *f;* (*Vormundschaft*) tutela *f*

Pflicht [pflɪçt] <-, -en> *f* ❶ (*Notwendigkeit*) dovere *m;* (*Verpflichtung*) obbligo *m;*

ich halte es für meine ~ etw zu tun ritengo mio dovere fare qc; **Rechte und ~en** diritti e doveri; **seine ~ (gegenüber jdm) erfüllen/vernachlässigen** adempiere al/trascurare il proprio dovere (nei confronti di qu); **die ~ ruft** il dovere chiama ② (SPORT) esercizi *mpl* obbligatori
pflichtbewusst[RR] *adj* consapevole del proprio dovere; **Pflichtbewusstsein**[RR] *n* coscienza *f* del dovere; **Pflichterfüllung** *f* adempimento *m* dei propri doveri; **Pflichtfach** *n* materia *f* obbligatoria; **Pflichtgefühl** *n* senso *m* del dovere; **pflichtgemäß** *adj* doveroso, debito; **Pflichtteil** *mn* legittima *f;* **Pflichtübung** *f* esercizio *m* obbligatorio; **pflichtvergessen** *adj* dimentico dei propri doveri; **pflichtversichert** *adj* coperto dall'assicurazione obbligatoria; **Pflichtversicherung** <-, -en> *f* assicurazione *f* obbligatoria; **Pflichtverteidiger(in)** *m(f)* (JUR) difensore *m* d'ufficio
Pflock [pflɔk, *pl:* 'plœkə] <-(e)s, Plöcke> *m* palo *m*
pflücken ['pflʏkən] *vt* (*Obst*) raccogliere; (*Blumen*) cogliere
Pflücker(in) <-s, -; -, -nen> *m(f)* raccoglitore, -trice *m, f*
Pflug [pflu:k, *pl:* 'pfly:gə] <-(e)s, Pflüge> *m* aratro *m*
pflügen ['pfly:gən] *vt, vi* arare
Pforte ['pfɔrtə] <-, -n> *f* porta *f*
Pförtner(in) <-s, -; -, -nen> *m(f)* (*in Wohnhaus*) portinaio, -a *m, f,* custode *mf;* (*in öffentlichen Gebäuden*) portiere, -a *m, f;* **Pförtnerloge** *f* portineria *f*
Pfosten ['pfɔstən] <-s, -> *m* palo *m;* (*Fenster~, Tür~*) montante *m*
Pfote ['pfo:tə] <-, -n> *f* zampa *f;* **nimm deine dreckigen ~n da weg!** (*fam*) togli le tue manacce sporche da là!
Pfriem [pfri:m] <-(e)s, -e> *m* (TEC) lesina *f*
Pfropf [pfrɔpf] <-(e)s, -e> *m* tampone *m;* (*Blut~*) grumo *m*
pfropfen ['pfrɔpfən] *vt* ① (*Pflanzen*) innestare ② (*Flaschen*) tappare, turare ③ (*fam: hineinzwängen*) stipare; **gepfropft voll** (*fam*) pieno zeppo
Pfropfen <-s, -> *m* turacciolo *m*
Pfründe ['pfrʏndə] <-, -n> *f* (REL) prebenda *f*
Pfuhl [pfu:l] <-(e)s, -e> *m* ① (*Teich*) palude *f,* pantano *m* ② (*fig obs, geh*) fango *m,* sentina *f*
pfui [pfʊɪ] *int* puh, puah; **~ Teufel!** (*fam*) che schifo!
Pfund [pfʊnt] <-(e)s, *o bei Maßangaben:* --e> *n* ① (*Gewicht*) libbra *f,* mezzo chilo *m*

② (*Währung in Großbritannien*) sterlina *f*
pfundig ['pfʊndɪç] *adj* (*fam*) formidabile, in gamba
Pfundskerl *m* (*fam*) tipo *m* in gamba
pfundweise *adv* a bizzeffe *fam*
Pfusch [pfʊʃ] <-(e)s> *kein Pl m,* **Pfuscharbeit** *f* ① (*fam pej: schlecht ausgeführte Arbeit*) lavoro *m* fatto male ② (*A: Schwarzarbeit*) lavoro *m* nero
pfuschen *vi* ① (*fam pej: bei Arbeit*) abborracciare, acciarpare ② (*dial: mogeln*) imbrogliare ③ (*A: schwarzarbeiten*) lavorare in nero
Pfuscher(in) <-s, -; -, -nen> *m(f)* ① (*fam pej*) abborraccione, -a *m, f* ② (*A: Schwarzarbeiter*) lavoratore *m* in nero
Pfuscherei <-, -en> *f* (*fam pej*) lavoro *m* fatto male
Pfuscherin *f s.* **Pfuscher**
Pfütze ['pfʏtsə] <-, -n> *f* pozzanghera *f*
PH [pe:'ha:] <-, -s> *f abk v* **Pädagogische Hochschule** istituto *universitario per la formazione di insegnanti per la scuola*
Phalanx ['fa:laŋks, *pl:* fa'laŋən] <-, Phalangen> *f* (HIST, MIL, ANAT) falange *f;* **erste/ zweite/dritte ~** (ANAT) falange/falangina/ falangetta
Phallus ['falʊs, *pl:* 'fali *o* 'falən] <-, Phalli *o* Phallen *o* -se> *m* (ANAT) fallo *m;* **Phalluskult** *m* culto *m* fallico
Phänomen [fɛno'me:n] <-s, -e> *n* fenomeno *m*
phänomenal [fɛnome'na:l] *adj* ① (PHILOS) fenomenico ② (*einzigartig*) fenomenale
Phantasie <-, -n> *f s.* **Fantasie; Phantasiegebilde** *n s.* **Fantasiegebilde; phantasielos** *s.* **fantasielos; Phantasielosigkeit** <-> *kein Pl f s.* **Fantasielosigkeit**
phantasieren <ohne ge-> *vi s.* **fantasieren**
phantasievoll *s.* **fantasievoll**
Phantast(in) <-en, -en; -, -nen> *m(f) s.* **Fantast; Phantasterei** <-, -en> *f s.* **Fantasterei; Phantastin** *f s.* **Fantast**
phantastisch *adj s.* **fantastisch**
Phantom [fan'to:m] <-s, -e> *n* fantasma *m;* **Phantombild** *n* identikit *m;* **Phantomschmerz** *m* (MED) dolore *m* fantasma
Pharao ['fa:rao, *pl:* fara'o:nən] <-s, Pharaonen> *m* faraone *m*
Pharisäer(in) [fari'zɛ:ɐ] <-s, -; -, -nen> *m(f)* fariseo, -a *m, f*
Pharmaindustrie <-> *kein Pl f* industria *f* farmaceutica
Pharmakologe [farmako'lo:gə] <-n, -n> *m,* **Pharmakologin** [farmako'lo:gɪn] <-, -nen> *f* farmacologo, -a *m, f*

pharmakologisch *adj* farmacologico
Pharmazeut(in) [farma'tsɔɪt] <-en, -en; -, -nen> *m(f)* farmacista *mf*
pharmazeutisch [farma'tsɔɪtɪʃ] *adj* farmaceutico
Pharmazie [farma'tsi:] <-> *kein Pl f* farmaceutica *f*
Phase ['fa:zə] <-, -n> *f* fase *f*
Philanthrop(in) [filan'tro:p] <-en, -en; -, -nen> *m(f)* filantropo, -a *m, f*
philanthropisch *adj* filantropico
Philatelie [filate'li:] <-> *kein Pl f* filatelia *f*;
  Philatelist(in) [filate'lɪst] <-en, -en; -, -nen> *m(f)* filatelista *mf*
Philharmonie [fɪlharmo'ni:] *f* filarmonica *f*
Philharmoniker [fɪlhar'mo:nikɐ] <-s, -> *m* filarmonico *m*
philharmonisch *adj* filarmonico
Philippinen [filɪ'pi:nən] *pl* **die** ~ le Filippine
Philister [fi'lɪstɐ] <-s, -> *m* filisteo *m*
Philologe [filo'lo:gə] <-n, -n> *m* filologo *m*
Philologie [filolo'gi:] <-, -n> *f* filologia *f*
Philologin [filo'lo:gɪn] <-, -nen> *f* filologa *f*
philologisch *adj* filologico
Philosoph(in) [filo'zo:f] <-en, -en; -, -nen> *m(f)* filosofo, -a *m, f*
Philosophie [filozo'fi:] <-, -n> *f* filosofia *f*
philosophieren [filozo'fi:rən] <ohne ge-> *vi* (**über etw** *acc*) ~ filosofare (su qc)
Philosophin *f s.* **Philosoph**
philosophisch *adj* filosofico
Phlegmatiker(in) [flɛ'gma:tikɐ] <-s, -; -, -nen> *m(f)* persona *f* flemmatica
phlegmatisch *adj* flemmatico
Phobie [fo'bi:] <-, -n> *f* (MED) fobia *f*;
  eine ~ **vor etw** *dat* **haben** avere una fobia di qc
Phon <-s, -s *o bei Maßangaben:* -> *n* (MUS) fono *m*, phon *m*
Phonetik [fo'ne:tɪk] <-> *kein Pl f* fonetica *f*
phonetisch *adj* fonetico
Phönix ['fø:nɪks] <-(es), -e> *m* fenice *f*
Phönizier(in) [fø'ni:tsiɐ] <-s, -; -, -nen> *m(f)* fenicio, -a *m, f*
Phonologie [fonolo'gi:] <-> *kein Pl f* (LING) fonologia *f*
Phonotypist(in) [fonoty'pɪst] <-en, -en; -, -nen> *m(f)* dattilografo, -a *m, f* addetto, -a al dittafono
Phonotypistin [fonoty'pɪstɪn] *f* dattilografa *f* addetta al dittafono
Phosphat [fɔs'fa:t] <-(e)s, -e> *n* fosfato *m*;
  phosphatfrei *adj* privo di [*o* senza] fosfati

Phosphor ['fɔsfo:ɐ] <-s> *kein Pl m* (CHEM) fosforo *m*
Phosphoreszenz [fɔsforɛs'tsɛnts] <-> *kein Pl f* fosforescenza *f*
phosphoreszierend [fɔsforɛs'tsi:rənt] *adj* fosforescente
Photo- *s.* **Foto-**
Phrase ['fra:zə] <-, -n> *f* frase *f*; ~**n dreschen** (*fam pej*) parlare a vuoto; **leere** ~**n** discorsi vuoti; **Phrasendrescher(in)** *m(f)* (*pej*) fraseggiatore, -trice *m, f*, retore *m*
pH-Wert [pe:'ha:ve:ɐt] *m* (valore *m* del) pH *m*
Physik [fy'zi:k] <-> *kein Pl f* fisica *f*
physikalisch [fyzi'ka:lɪʃ] *adj* fisico
Physiker(in) ['fy:zikɐ] <-s, -; -, -nen> *m(f)* fisico, -a *m, f*
Physiognomie [fyziogno'mi:] <-, -n> *f* (*geh*) fisionomia *f*
Physiologie [fyziolo'gi:] <-> *kein Pl f* fisiologia *f*
physiologisch [fyzio'lo:gɪʃ] *adj* fisiologico
Physiotherapeut(in) [fyziotera'pɔɪt] <-en, -en; -, -nen> *m(f)* fisioterapista *mf*;
  Physiotherapie [fyziotera'pi:] <-> *kein Pl f* fisioterapia *f*
physisch ['fy:zɪʃ] *adj* fisico
Pi [pi:] <-(s)> *kein Pl n* (MAT) pi *m* greco; ~ **mal Daumen** (*fam*) a occhio e croce, a lume di naso
Pianist(in) [pi̯a'nɪst] <-en, -en; -, -nen> *m(f)* pianista *mf*
picheln ['pɪçəln] *vt, vi* (*fam*) bere
Pickel ['pɪkəl] <-s, -> *m* ❶ (*Spitzhacke*) piccone *m*; (*Eis~*) piccozza *f* per ghiaccio ❷ (MED) brufolo *m*, pustoletta *f*; **pick(e)lig** *adj* pieno di brufoli
picken ['pɪkən] *vt, vi* (*Tiere*) **nach etw** ~ beccare qc
Pickerl <-s, -n> *n* (*A: Aufkleber*) etichetta *f* autoadesiva
Picknick ['pɪknɪk] <-s, -e *o* -s> *n* picnic *m*; **picknicken** *vi* fare un picnic
picobello ['pi:ko'bɛlo] *adj* (*fam*) impeccabile
piekfein ['pi:k'faɪn] *adj* (*fam*) extra, esclusivo
Piemont [pie'mɔnt] *n* Piemonte *m*
piep [pi:p] *int* pio, pio
piepegal ['pi:p?e'ga:l] *adj* (*fam*) **das ist mir** ~**!** me ne impipo
piepen ['pi:pən] *vi* (*Vogel*) pigolare; (*Maus*) squittire; (*Funkgerät*) gracchiare; **bei der piept's wohl!** (*fam*) dà i numeri, gli ha dato di volta il cervello!; **das ist ja zum Piepen** (*fam*) c'è proprio da morir dal ridere

Pieps <-es, -e> m (fam) pigolio m
piepsen ['pi:psən] vi ① s. **piepen** ② (sprechen) parlare con voce stridula
piepsig adj (Stimme) stridulo
Pier [pi:ɐ] <-s, -e o -s m o -, -s f> m molo m
Piercing ['pi:ɐsɪŋ] <-s, -s> n piercing m
piesacken ['pi:zakən] vt (fam) tormentare
Pietät [pie'tɛ:t] <-> kein Pl f (geh) pietà f; **pietätlos** adj (geh) senza pietà, irriverente; **Pietätlosigkeit** <-, -en> f (geh) mancanza f di rispetto, irriverenza f; **pietätvoll** adj (geh) pietoso, rispettoso, riverente
Pigment [pɪ'gmɛnt] <-(e)s, -e> n pigmento m; **Pigmentfleck** <-(e)s, -e o -en> m (MED) angioma m cutaneo, voglia f fam, macchia f sulla pelle
Pik <-s, -s> n (Spielkartenfarbe) picche fpl
pikant [pi'kant] adj piccante
Pikdame f donna f di picche
Pike ['pi:kə] <-, -n> f picca f; **etw von der ~ auf lernen** (fam) cominciare qc dall'abbiccì, studiare qc dai primi rudimenti
piken ['pi:kən] vt, vi (fam) s. **pik(s)en**
pikiert [pi'ki:ɐt] adj offeso
Pikkolo ['pɪkolo] <-s, -s> m ① (Kellnerlehrling) aiuto m cameriere ② (fam: ~ flasche) bottiglietta f di spumante (per una persona); **Pikkoloflöte** f (MUS) ottavino m
pik(s)en ['pi:k(s)ən] vt, vi pungere
Piksieben f **dastehen wie** (**die**) **~** (fam) non sapere che pesci pigliare
Pilger(in) ['pɪlgɐ] <-s, -; -, -nen> m(f) pellegrino, -a m, f; **Pilgerfahrt** f pellegrinaggio m
Pilgerin f s. **Pilger**
pilgern vi (sein) andare in pellegrinaggio
Pille ['pɪlə] <-, -n> f ① (Tablette) pillola f; **eine bittere ~** una pillola amara ② (fam: Antibaby~) pillola f (anticoncezionale); **die ~ nehmen** prendere la pillola; **Pillenknick** m calo m demografico dovuto alla pillola
Pilot(in) [pi'lo:t] <-en, -en; -, -nen> m(f) pilota mf; **Pilotfilm** m (TV) film m pilota
Pilotin f s. **Pilot**
Pilotprojekt n progetto m pilota; **Pilotstudie** f studio m pilota
Pilz [pɪlts] <-es, -e> m ① (BOT) fungo m; **wie ~e aus der Erde schießen** spuntare come funghi ② (MED, fam: Haut~) fungo m (della pelle); **Pilzkrankheit** f micosi f; **Pilzvergiftung** f avvelenamento m [o intossicazione f] da funghi
Pimmel ['pɪməl] <-s, -> m (fam: Penis) uccello m

PIN-Code ['pɪnkəʊd] m (TEL) codice m PIN
pingelig ['pɪŋəlɪç] adj (fam pej) pedante; (empfindlich) schizzinoso, schifiltoso
Pinguin ['pɪŋgui:n] <-s, -e> m pinguino m
Pinie ['pi:niə] <-, -n> f pino m; **Pinienkern** <-(e)s, -e> m pinolo m
pink adj color rosa
pink(farben) ['pɪŋk(farbən)] <inv> adj color rosa
Pinke ['pɪŋkə] <-> kein Pl f (fam) grana f
pinkeln ['pɪŋkəln] vi (fam) fare la pipì
Pinnummer ['pɪnnʊmɐ] f (TEL) numero m PIN
Pinnwand ['pɪnvant] f pannello m d'affissione
Pinscher ['pɪnʃɐ] <-s, -> m cane m grifone
Pinsel ['pɪnzəl] <-s, -> m pennello m; **ein eingebildeter ~** (fam pej) uno stupido presuntuoso
pinseln vt, vi spennellare
Pinte ['pɪntə] <-, -n> f (fam CH) bettola f
Pin-up-Girl [pɪn'ʔʌpɡɜ:l] <-s, -s> n pin-up girl f, ragazza f copertina
Pinzette [pɪn'tsɛtə] <-, -n> f pinzetta f
Pionier [pio'ni:ɐ] <-s, -e> m ① (MIL) geniere m ② (Wegbereiter) pioniere m
Pipeline ['paɪplaɪn] <-, -s> f (für Gas) gasdotto m; (für Öl) oleodotto m, pipeline f
Pipette [pi'pɛtə] <-, -n> f pipetta f
Pipi ['pɪpi] <-s> kein Pl n (Kindersprache) pipì f; **~ machen** fare (la) pipì
Pirat [pi'ra:t] <-en, -en> m pirata m, corsaro m; **Piratensender** <-s, -> m radio f pirata
Pirol [pi'ro:l] <-s, -e> m (ZOO) rigogolo m
Pirouette [pi'ruɛtə] <-, -n> f piroetta f
Pirsch [pɪrʃ] <-> kein Pl f caccia f; **auf die ~ gehen** andare a caccia
pirschen vi haben o sein ① (bei der Jagd) andare a caccia; **auf Wild ~** andare a caccia di selvaggina ② (schleichen) avanzare quatto quatto, camminare di soppiatto
PISA-Studie f PISA-Studie m
Pisse ['pɪsə] <-> kein Pl f (vulg) piscia f, piscio m
pissen ['pɪsən] vi (vulg) pisciare
Pistazie [pɪs'ta:tsiə] <-, -n> f pistacchio m
Piste ['pɪstə] <-, -n> f pista f; **Pistenraupe** <-, -n> f gatto m delle nevi, apripista m; **Pistensau** f, **Pistenschreck** m (fam pej: Skifahrer) terrore m delle piste
Pistole [pɪs'to:lə] <-, -n> f pistola f; **jdm die ~ auf die Brust setzen** (fig fam) mettere la pistola alla gola a qu; **wie aus der ~ geschossen** (fam) di botto
pittoresk [pɪto'rɛsk] adj (geh) pittoresco

Pixel <-s, -> *n* (INFORM: *Bildpunkt*) pixel *m*, pel *m*

Pizza ['pɪtsa, *pl:* 'pɪtsas *o* 'pɪtsən] <-, -s *o* Pizzen> *f* pizza *f;* **Pizzaservice** [-sœrvɪs] <-> *m* pizza *f* a domicilio

Pkt. *abk v* **Punkt** punto

PKW, Pkw ['pe:ka:ve: *o* pe:ka:'ve:] <-(s), -(s)> *m abk v* **Personenkraftwagen** autovettura *f*

Placebo [pla'tse:bo] <-s, -s> *n* placebo *m*

placken ['plakən] *vr* **sich ~** (*fam*) affaticarsi, affannarsi, strapazzarsi

Plackerei [plakə'raɪ] <-, -en> *f* (*fam*) fatica(ccia) *f*

plädieren [plɛ'di:rən] <ohne ge-> *vi* ❶ (JUR: *beantragen*) **auf etw** *acc* **~** chiedere qc ❷ (*sich einsetzen*) **für etw ~** battersi per qc

Plädoyer [plɛdoa'je:] <-s, -s> *n* (JUR: *von Verteidiger*) arringa *f;* (*von Staatsanwalt*) requisitoria *f*

Plafond [pla'fõ:] <-s, -s> *m* ❶ (CH: *flache*) *Decke*) soffitto *m,* plafond *m* ❷ (A: *Zimmerdecke*) soffitto *m*

Plage ['pla:gə] <-, -n> *f* tormento *m;* (*Belästigung*) seccatura *f;* (*Übel*) piaga *f;* **zu einer ~ werden** diventare un tormento

plagen I. *vt* (*quälen*) tormentare; (*belästigen*) seccare II. *vr* **sich ~** (*sich abmühen*) tribolare; (*schwer arbeiten*) faticare; **sich mit etw ~** torturarsi con qc

Plagiat [pla'gi̯a:t] <-(e)s, -e> *n* plagio *m*

Plagiator [pla'gja:toːɐ, *pl:* plagja'toːrən] <-s, -en> *m* plagiario *m*

plagiieren [plagi'i:rən] <ohne ge-> *vt* plagiare

Plakat [pla'ka:t] <-(e)s, -e> *n* affisso *m,* manifesto *m;* (*bes. Werbe~*) cartellone *m* (pubblicitario)

plakativ [plaka'ti:f] *adj* ❶ (*bewusst herausgestellt*) ostentato ❷ (*wie ein Plakat wirkend*) suggestivo

Plakatsäule <-, -n> *f* colonna *f* per (i) manifesti; **Plakatwand** <-, -wände> *f* spazio *m* per affissioni

Plakette [pla'kɛtə] <-, -n> *f* targhetta *f,* placca *f;* (*Abzeichen*) distintivo *m*

plan [pla:n] *adj* piano, piatto

Plan [pla:n, *pl:* 'plɛ:nə] <-(e)s, Pläne> *m* ❶ (*Vorhaben*) progetto *m,* piano *m;* (*Absicht*) intenzione *f;* **alles verlief nach ~** tutto andò secondo i piani; **Pläne schmieden** fare progetti; **auf dem ~ stehen** (*fig*) essere in programma ❷ (*Entwurf*) progetto *m;* **auf den ~ rufen** chiamare in causa ❸ (*Karte, Grundriss, Stadt~*) pianta *f* ❹ (*Zeit~, Stunden~, Fahr~*) orario *m*

Plane ['pla:nə] <-, -n> *f* telone *m*

planen *vt* ❶ (*entwerfen*) progettare ❷ (*vorhaben*) aver intenzione; (*Ausflug, Essen, Reise*) progettare; (*Wirtschaft, Entwicklung*) pianificare; **~ etw zu tun** programmare di fare qc; **habt ihr für heute Abend schon etw geplant?** avete già in progetto qc per stasera?

Planer(in) <-s, -; -, -nen> *m(f)* progettista *mf;* (*von Wirtschaft, Entwicklung*) pianificatore, -trice *m, f*

Planet [pla'ne:t] <-en, -en> *m* pianeta *m*

planetarisch [plane'ta:rɪʃ] *adj* planetario

Planetarium [plane'ta:ri̯ʊm] <-s, Planetarien> *n* planetario *m*

Planetensystem <-s, -e> *n* (ASTR) sistema *m* planetario

planieren [pla'ni:rən] <ohne ge-> *vt* spianare, livellare; **Planierraupe** *f* apripista *m,* bulldozer *m*

Planke ['plaŋkə] <-, -n> *f* tavolone *m,* asse *m*

Plankton ['plaŋktɔn] <-s> *kein Pl n* (BIOL) plancton *m*

planlos *adj o adv* senza metodo; **Planlosigkeit** <-> *kein Pl f* mancanza *f* di metodo

planmäßig I. *adj* ❶ (*nach Plan*) sistematico ❷ (*pünktlich*) puntuale ❸ (*wie vorgesehen*) come stabilito II. *adv* ❶ (*nach Plan*) secondo il piano ❷ (*pünktlich*) in orario ❸ (*wie vorgesehen*) come (pre)stabilito

Planschbecken *n* piscina *f* per bambini

planschen ['planʃən] *vi* sguazzare (nell'acqua)

Planstelle *f* posto *m* in organico

Plantage [plan'ta:ʒə] <-, -n> *f* piantagione *f*

Planung <-, -en> *f* progettazione *f;* (*Wirtschaft, Entwicklung*) pianificazione *f;* **im** [*o* **in**] **Stadium der ~ sein** essere in fase di progettazione

planvoll *adj* sistematico, metodico

Planwagen *m* carro *m* coperto

Planwirtschaft *f* economia *f* pianificata; **Planziel** *n* obiettivo *m* del piano

Plappermaul *n* (*fam pej*) ciarlone, -a *m, f*

plappern ['plapən] I. *vi* (*fam*) ciarlare, chiacchierare II. *vt* (*fam*) dire

plärren ['plɛrən] *vi* (*pej*) ❶ (*fam: weinen*) piangere ❷ (*schlecht singen*) gracchiare ❸ (*Radio, Lautsprecher*) gracchiare

Plasma ['plasma, *pl:* 'plasmən] <-s, Plasmen> *n* plasma *m*

Plastik¹ ['plastɪk] <-s> *kein Pl n* (*Kunststoff*) plastica *f*

Plastik² <-, -en> f (KUNST) scultura f;
Plastikbecher <-s, -> m bicchiere m di
plastica; **Plastikbeutel** m sacchetto m di
plastica; **Plastikfolie** f carta f plastificata
per alimenti; **Plastikgeld** <-es> kein Pl n
(fam) carta f di credito; **Plastiktüte** f
sacchetto m di plastica

plastisch adj ❶ (die Bildhauerei betreffend) scultoreo ❷ (formbar) plastico
❸ (anschaulich) plastico; **das kann ich
mir ~ vorstellen** (fam) me lo posso immaginare chiaramente

Plastizität [plastitsi'tɛːt] <-> kein Pl f
plasticità f

Platane [pla'taːnə] <-, -n> f (BOT) platano m

Plateau [pla'toː] <-s, -s> n altipiano m,
plateau m

Platin ['plaːtiːn] <-s> kein Pl n platino m;
platinblond adj biondo platino

Platitude^RR [plati'tyːdə] <-, -n> f s. **Plattitüde**

Platitüde^ALT [plati'tyːdə] <-, -n> f s. **Plattitüde**

platonisch [pla'toːnɪʃ] adj platonico

platsch [platʃ] int ciac, ciaf(fete)

plätschern ['plɛtʃən] vi gorgogliare

platt [plat] adj ❶ (flach) piatto; (eben)
piano; (abgeplattet) appiattito; **~ drücken**
appiattire, schiacciare; **einen Platten
haben** (fam) avere una gomma a terra;
~ sein (fam) rimanere di stucco ❷ (fig pej:
geistlos) piatto

platt(deutsch) adj basso tedesco

Plattdeutsch <-(s)> kein Pl n basso
tedesco m

Platte ['platə] <-, -n> f ❶ (Stein~,
Metall~, Glas~, FOTO) lastra f; (Blech~)
lamina f; (Holz~) tavola f; (Herd~,
TEC, ARCH) piastra f; (Tisch~) piano m
❷ (Schall~) disco m; **eine andere ~ auflegen** (fig fam) cambiare disco ❸ (GASTR)
piatto m; **kalte ~** piatto freddo ❹ (fam:
Glatze) zucca f pelata

Plätteisen n (nordd: Bügeleisen) ferro m
da stiro

plätten ['plɛtən] vt ❶ (nordd: bügeln) stirare ❷ (platt machen) appiattire

Plattencover ['platənkavɐ] <-s, -> n
copertina f del disco; **Plattenfirma** f
casa f discografica; **Plattenspieler** m
giradischi m; **Plattentektonik** <-> kein
Pl f (GEOL) tettonica f a placche; **Platten-
teller** m piatto m girevole per i dischi;
Plattenwechsler <-s, -> m cambiadischi m

Plätterin f (dial) stiratrice f

Plattform f piattaforma f; **Plattfuß** m

❶ (MED) piede m piatto ❷ (fam: Reifenpanne) gomma f a terra

plattieren [pla'tiːrən] <ohne ge-> vt placcare

Plattitüde^RR [plati'tyːdə] <-, -n> f insulsaggine f

Platz [plats, pl: 'plɛtsə] <-es, Plätze> m
❶ (Stelle, Ort) posto m; **das beste Hotel
am ~(e)** il miglior albergo del luogo; **fehl
am ~(e) sein** essere fuori luogo, essere
inopportuno; **auf die Plätze, fertig, los!** ai
vostri posti, pronti, via! ❷ sing (Raum) spazio m, posto m; **für etw ~ schaffen** fare
posto a qc; **jdm ~ machen** fare posto a qu;
~ (da)! (fam) largo!, (fate) posto! ❸ (Stellung, Posten) posto m ❹ (Sitz~) posto m;
~ nehmen accomodarsi, sedersi; **ist dieser ~ noch frei?** è ancora libero questo
posto?; **dieser ~ ist besetzt** questo posto è
occupato; **~!** (zum Hund) (a) cuccia! ❺ (öffentlicher ~) piazza f ❻ (SPORT: Platzierung) posto m; **den dritten ~ belegen**
piazzarsi terzo ❼ (Sport~, Golf~, Tennis~)
campo m

Platzangst f ❶ (PSYCH) agorafobia f
❷ (fam: Beklemmungszustand) claustrofobia f; **Platzanweiser(in)** <-s, -; -, -nen>
m(f) (Kino, Theater) maschera f

Plätzchen ['plɛtsçən] <-s, -> n (Gebäck)
biscotto m (fatto in casa), pasticcino m

Platzdeckchen ['platsdɛkçən] <-s, -> n
set m da tavola

platzen ['platsən] vi sein ❶ (bersten) scoppiare; (zerreißen) spaccarsi; (Naht) aprirsi,
rompersi; **vor Lachen/vor Wut/vor
Neid ~** (fig fam) scoppiare dal ridere/
dalla rabbia/dall'invidia ❷ (fig fam: nicht
zustande kommen) andare a monte;
(Wechsel) non essere pagato; (Betrug, Verbrechen) essere scoperto; **etw ~ lassen** far
andare a monte qc ❸ (fam: hineinstür-
men) **in einen Raum ~** piombare in una
stanza

platzieren^RR [pla'tsiːrən] <ohne ge->
I. vt ❶ (Personen) mettere; (Dinge) collocare ❷ (CH: unterbringen) alloggiare, ricoverare ❸ (SPORT: Ball, Treffer) piazzare
II. vr sich ~ (SPORT) piazzarsi

Platzierung^RR <-, -en> f (SPORT) piazzamento m

Platzkarte f (FERR) (biglietto m di) prenotazione f; **Platzkonzert** n concerto m pubblico all'aperto; **Platzmangel** m mancanza f di posto; **Platzpatrone** f cartuccia f a salva; **Platzregen** m acquazzone m; **Platzreservierung** <-, -en> f
prenotazione f (di un posto); **platzspa-
rend** adj che fa guadagnare spazio;

Platzwart ['platsvart] <-(e)s, -e> *m* custode *m* di un campo sportivo; **Platzwette** *f* scommessa *f* sui favoriti [*o* piazzati]; **Platzwunde** *f* sbucciatura *f*

Plauderei [plauɗə'raɪ] <-, -en> *f* chiacchierata *f*

plaudern ['plauɗən] *vi* (**über etw** *acc*) ~ fare quattro chiacchiere (su qc)

Plauderstündchen *n* chiacchieratina *f* fam

Plausch [plauʃ] <-(e)s, -e> *m* ❶ (*südd, A: gemütliche Unterhaltung*) chiacchierata *f* ❷ (*CH: fam: Spaß*) divertimento *m*

plausibel [plau'zi:bəl] *adj* plausibile; **jdm etw ~ machen** spiegare qc a qu

Playback ['ple:bɛk] <-s, -s> *n,* **Playback**RR <-s, -s> *n* playback *m*

Playboy ['ple:bɔɪ] <-s, -s> *m* playboy *m*

Playstation [pleɪ'steɪʃn] <-, -s> *f* Playstation® *f*

plazierenALT <ohne ge-> *s.* platzieren

PlazierungALT <-, -en> *f s.* Platzierung

pleite ['plaɪtə] *adj* (*fam*) ~ **sein** essere al verde; **Pleite** <-, -n> *f* (*fam*) ❶ (*Bankrott*) bancarotta *f,* fallimento *m;* ~ **gehen** andare in fallimento ❷ (*Reinfall*) fiasco *m;* **Pleitegeier** *m* (*fam*) minaccia *f* di fallimento

plemplem [plɛm'plɛm] <inv> *adj* (*fam pej*) rimbambito

Plenarsaal [ple'na:ɐ̯za:l] *m* (POL) sala *f* per assemblee plenarie; **Plenarsitzung** *f* (POL) seduta *f* plenaria

Plenum ['ple:nʊm] <-s> *kein Pl n* (PARL) plenum *m*

Plissee [plɪ'se:] <-s, -s> *n* plissé *m*

plissieren [plɪ'si:rən] <ohne ge-> *vt* pieghettare

PLO [pe:?ɛl'?o:] <-> *kein Pl f abk v* **Palestine Liberation Organization** OLP *f*

Plockwurst ['plɔkvʊrst] *f* salsiccione *m*

Plombe ['plɔmbə] <-, -n> *f* ❶ (*Bleisiegel*) piombo *m* ❷ (*Zahn~*) otturazione *f*

plombieren [plɔm'bi:rən] <ohne ge-> *vt* ❶ (*versiegeln*) piombare ❷ (*Zahn*) otturare

Plotter <-s, -> *m* (INFORM: *elektronisches Zeichengerät*) plotter *m,* diagrammatore *m*

plötzlich ['plœtslɪç] **I.** *adj* improvviso, repentino; (*unvermittelt*) brusco **II.** *adv* all'improvviso, ad un tratto; **aber etwas ~ !** su, presto!

Plug-In [plʌg'ɪn] <-s, -s> *n* (INFORM) plug-in *m*

plump [plʊmp] *adj* ❶ (*unförmig*) tozzo ❷ (*ungeschickt*) goffo; (*schwerfällig*) pesante ❸ (*grob*) rozzo; (*Scherz, Lügen*) grossolano; (*taktlos*) sgarbato; (*Annähe-*

rungsversuch) goffo; **Plumpheit** <-, -en> *f* ❶ (*Unförmigkeit*) forma *f* tozza ❷ (*Ungeschicktheit*) goffaggine *f;* (*Schwerfälligkeit*) pesantezza *f* ❸ (*Grobheit*) rozzezza *f;* (*a Derbheit*) grossolanità *f;* (*Taktlosigkeit*) indelicatezza *f*

plumps [plʊmps] *int* patapumfete

Plumps [plʊmps] <-es, -e> *m* (*fam*) tonfo *m;* **plumpsen** ['plʊmpsən] *vi sein* (*fam*) cadere con un tonfo; **Plumpsklo** *n* (*fam*) bagno *m* alla turca

Plunder ['plʊndɐ] <-s> *kein Pl m* (*fam pej*) ciarpame *m*

Plünd(e)rer ['plʏnd(ə)rɐ] <-s, -> *m* saccheggiatore *m*

Plundergebäck <-(e)s> *kein Pl n* (GASTR) dolcetti *mpl* di pasta sfoglia variamente farciti

plündern ['plʏndɐn] *vt* saccheggiare

Plünderung <-, -en> *f* sacco *m;* (*a fig*) saccheggio *m*

Plünderer *m s.* Plünderer

Plural ['plu:ra:l] <-s, -e> *m* (LING) plurale *m*

Pluralismus [plura'lɪsmʊs] <-> *kein Pl m* pluralismo *m*

pluralistisch [plura'lɪstɪʃ] *adj* pluralistico

plus [plʊs] **I.** *konj* più; **eins ~ eins ist** [*o* **macht**] **zwei** uno più uno uguale [*o* fa] due **II.** *prp* +*gen* più **III.** *adv* più; ~ **zehn Grad, zehn Grad ~** dieci gradi sopra (lo) zero; **Plus** <-, -> *n* ❶ (*Überschuss*) eccedenza *f;* (COM) sopravanzo *m;* **im ~ sein** avere un bilancio positivo ❷ (*~ punkt*) (punto *m* di) vantaggio *m* ❸ (MAT: *~ zeichen*) più *m*

Plüsch [ply:ʃ *o* plʏʃ] <-(e)s, -e> *m* (*Stoff*) felpa *f,* spugna *f;* **Plüschtier** <-(e)s, -e> *n* peluche *m*

Pluspol *m* (EL, PHYS) polo *m* positivo; **Pluspunkt** *m* punto *m* di vantaggio

Plusquamperfekt ['plʊskvampɛrfɛkt] *n* (LING) piuccheperfetto *m,* trapassato *m* prossimo

plustern ['plu:stɐn] **I.** *vt* ❶ (*Gefieder*) rizzare, gonfiare ❷ (*Haare*) arruffare, cotonare, gonfiare **II.** *vr* **sich ~** ❶ (*Vogel*) gonfiarsi (rizzando le piume) ❷ (*fig*) imbaldanzirsi, pavoneggiarsi, darsi delle arie

Pluszeichen *n* (segno *m* di) più *m*

Plutonium [plu'to:niʊm] <-s> *kein Pl n* (CHEM) plutonio *m*

PLZ *abk v* **Postleitzahl** CAP *m*

Pneu [pnø:] <-s, -s> *m* (*bes. A, CH*) pneumatico *m*

pneumatisch [pnɔɪ'ma:tɪʃ] *adj* pneumatico

Po[1] <-s> *kein Pl m* (GEOG: *Fluss*) Po *m*

Po[2] <-s, -s> *m* (*fam*) sedere *m,* culetto *m*

Pöbel ['pø:bəl] <-s> *kein Pl m* (*pej*) plebe *f,* volgo *m;* **pöbelhaft** *adj* plebeo, volgare; (*gemein*) villano

pöbeln ['pø:bəln] *vi* (*fam*) fare il villano, comportarsi da villano

pochen ['pɔxən] *vi* ❶ (*Herz*) battere; (*Arterien*) pulsare ❷ (*klopfen*) **an die Tür** ~ bussare alla porta ❸ (*geh: bestehen*) **auf etw** *acc* ~ (*fig*) insistere su qc

Pocken ['pɔkən] *fpl* vaiolo *m;* **Pockenimpfung** *f* vaccinazione *f* antivaiolosa; **pockennarbig** *adj* butterato

Podest [po'dɛst] <-(e)s, -e> *n o m* (*Podium*) podio *m;* (*Sockel*) piedistallo *m*

Podium ['po:diʊm, *pl:* 'po:diən] <-s, Podien> *n* podio *m;* **Podiumsdiskussion** *f* tavola *f* rotonda

Poesie [poe'zi:] <-, -n> *f* poesia *f*

Poet(in) [po'e:t] <-en, -en; -, -nen> *m(f)* poeta, -essa *m, f*

Poetik [po'e:tɪk] <-, -en> *f* poetica *f*

poetisch *adj* poetico

Pogrom [po'gro:m] <-s, -e> *mn* pogrom *m*

Pointe ['põɛ̃:tə] <-, -n> *f* effetto *m* finale

pointieren [põɛ̃'ti:rən] <ohne ge-> *vt* mettere in risalto

pointiert I. *adj* mirato, arguto **II.** *adv* con arguzia

Pokal [po'ka:l] <-s, -e> *m* coppa *f;* **Pokalsieger(in)** *m(f)* vincitore, -trice *m, f* di coppa; **Pokalspiel** *n* gara *f* di coppa

Pökelfleisch *n* carne *f* salmistrata

pökeln ['pø:kəln] *vt* mettere in salamoia

Poker ['po:kɐ] <-s> *kein Pl n o m* poker *m;* **Pokerface** ['po:kɐfɛɪs] <-, -s> *n,* **Pokergesicht** <-(e)s, -er> *n* faccia *f* impenetrabile; **ein ~ machen** assumere un'aria imperturbabile; **Pokermiene** *f* faccia *f* imperturbabile; **eine ~ aufsetzen** assumere un'aria imperturbabile

pokern *vi* ❶ (*Poker spielen*) giocare a poker ❷ (*fig*) **um etw** ~ puntare alto per qc

Pol [po:l] <-s, -e> *m* (GEOG, ASTR, MAT, PHYS) polo *m;* **der ruhende** ~ (*fig*) chi mantiene la calma (nei momenti difficili)

polar [po'la:ɐ] *adj* polare; **Polareis** *n* ghiaccio *m* polare; **Polarexpedition** *f* spedizione *f* polare; **Polarforscher(in)** *m(f)* esploratore, -trice *m, f* polare; **Polarfront** *f* (METEO) fronte *m* polare

polarisieren [polari'zi:rən] <ohne ge-> **I.** *vt* polarizzare **II.** *vr* **sich** ~ polarizzarsi

Polarität [polari'tɛ:t] <-, -en> *f* polarità *f*

Polarkreis *m* circolo *m* polare; **nördlicher/südlicher** ~ circolo polare artico/ antartico; **Polarlicht** *n* aurora *f* boreale;

Polarstern *m* stella *f* polare

Pole ['po:lə] <-n, -n> *m* polacco *m*

Polemik [po'le:mɪk] <-, -en> *f* polemica *f*

polemisch *adj* polemico

polemisieren [polemi'zi:rən] <ohne ge-> *vi* (**gegen etw**) ~ polemizzare (su qc)

Polen ['po:lən] *n* Polonia *f*

Polente [po'lɛntə] <-> *kein Pl f* (*sl*) madama *f*

Pole Position ['poʊl po'sɪʃən] <-> *kein Pl f* (*Formel 1*) pole position *f*

Police [po'li:s(ə)] <-, -n> *f* polizza *f* (d'assicurazione)

Polier [po'li:ɐ, *pl:* po'li:rə] <-s, -e> *m* capomastro *m*

polieren [po'li:rən] <ohne ge-> *vt* ❶ (*Möbel, Fußboden*) lucidare, lustrare; (*Marmor, Holz*) levigare; (*Metall*) brunire; **dem polier' ich noch mal die Fresse** (*vulg*) lo picchierò di santa ragione *fam* ❷ (*fig: überarbeiten*) limare, rifinire

Polin ['po:lɪn] <-, -nen> *f* polacca *f*

Polio ['po:lio] <-> *kein Pl f* (MED) polio(mielite) *f*

Politesse [poli'tɛsə] <-, -n> *f* donna *f* poliziotto ausiliaria

Politik [poli'ti:k] <-, -en> *f* politica *f*

Politiker(in) [po'li:tikɐ] <-s, -; -, -nen> *m(f)* politico *m*

Politikum [po'li:tikʊm, *pl:* po'li:tika] <-s, Politika> *n* questione *f* politica

Politikverdrossenheit <-> *kein Pl f* insoddisfazione *f* verso la politica

politisch *adj* politico

Politische Union <-> *kein Pl f* (EU) Unione *f* politica

politisieren [politi'zi:rən] <ohne ge-> **I.** *vi* parlare di politica **II.** *vt* politicizzare

Politologe [polito'lo:gə] <-n, -n> *m* politologo *m*

Politologie [politolo'gi:] <-> *kein Pl f* politologia *f*

Politologin [polito'lo:gɪn] <-, -nen> *f* politologa *f*

Politstratege *m,* **-strategin** *f* stratega *mf* politico

Politur [poli'tu:ɐ] <-, -en> *f* ❶ (*das Polieren*) lucidatura *f* ❷ (*Glanz, Mittel*) lucido *m*

Polizei [poli'tsaɪ] <-, *rar* -en> *f* polizia *f;* **zur ~ gehen** andare alla polizia; **er ist dümmer, als die ~ erlaubt** (*fam scherz*) è più stupido del lecito; **Polizeiaufgebot** *n* spiegamento *m* di forze di polizia; **Polizeiaufsicht** *f* sorveglianza *f* speciale; **Polizeibeamte** *m,* **Polizeibeamtin** *f* funzionario, -a *m, f* di polizia; **Polizeibuße** <-, -n> *f* (*CH: Geldstrafe*) multa *f,* sanzione *f;* **Polizeidienststelle** *f* (ADM) posto *m* di polizia; **Polizeifunk** *m* radio *f* della polizia; **Polizeigewalt** <-> *kein Pl f* forze *fpl* dell'ordine; **Polizeihund** <-(e)s, -e> *m* cane *m* poliziotto

polizeilich *adj* di [*o* della] polizia; **~ verboten** vietato dalla polizia

Polizeiposten <-s, -> *m* (*CH: Polizeidienststelle*) stazione *f* di polizia; **Polizeipräsident(in)** *m(f)* capo *m* della polizia, questore *m;* **Polizeipräsidium** *n* questura *f;* **Polizeirevier** *n* commissariato *m* di polizia; **Polizeischutz** <-es> *kein Pl m* protezione *f* della polizia; **unter ~ stehen** essere sotto la protezione della polizia; **Polizeispitzel** *m* spia *f* [*o* informatore *m*] della polizia; **Polizeistaat** *m* stato *m* poliziesco; **Polizeistreife** *f* pattuglia *f* di polizia; **Polizeiwache** *f* posto *m* di polizia

Polizist(in) [poli'tsɪst] <-en, -en; -, -nen> *m(f)* agente *mf* di polizia, poliziotto, -a *m, f*

Polizze <-, -n> *f* (*A: Police*) polizza *f* (d'assicurazione)

Polka ['pɔlka] <-, -s> *f* (MUS) polca *f*

Pollen ['pɔlən] <-s, -> *m* (BOT) polline *m;* **Pollenallergie** <-, -n> *f* (MED) pollinosi *f*

Pollenflug <-(e)s> *kein Pl m* spargimento *m* di polline (a opera del vento)

polnisch ['pɔlnɪʃ] *adj* polacco

Polo ['po:lo] <-s> *kein Pl n* (SPORT) polo *m*

Polohemd ['po:lohɛmt] *n* (*Trikothemd*) polo *f*

Polonaise [polo'nɛːzə] <-, -n> *f* (MUS) polonaise *f,* polacca *f*

Polster ['pɔlstɐ] <-s, -> *n A: m* ❶ (*Polsterung, in Kleidungsstück*) imbottitura *f* ❷ (*A: Kissen*) cuscino *m* ❸ (*fig: Geldreserve*) riserva *f;* **Polstergarnitur** *f* salotto *m;* **Polstermöbel** *npl* mobili *mpl* imbottiti

polstern *vt* (*Möbel, Kleidung*) imbottire

Polstersessel *m* poltrona *f* imbottita

Polsterung <-, -en> *f* imbottitura *f*

Polterabend *m* festa alla vigilia delle nozze

poltern ['pɔltɐn] *vi* ❶ *haben* (*lärmen*) far chiasso, strepitare ❷ *sein* (*sich bewegen*) muoversi con rumore; (*fallen*) cadere rumorosamente ❸ *haben* (*fam: Polterabend feiern*) festeggiare la vigilia delle nozze

Polyamid® [polya'miːt] <-(e)s, -e> *n* poliammide® *f*

Polyäthylen [polyɛty'leːn] <-s, -e> *n* polietilene *m*

Polyester [poly'ɛstɐ] <-s, -> *m* poliestere *m*

polygam [poly'gaːm] *adj* poligamo, poligamico; (BOT) poligamo

Polygamie [polyga'miː] <-> *kein Pl f* poligamia *f*

polyglott [poly'glɔt] *adj* poliglotta, multilingue

Polyp [po'lyːp] <-en, -en> *m* ❶ (ZOO, MED) polipo *m* ❷ (*sl pej: Polizist*) piedipiatti *m*

Polytechnikum [poly'tɛçnikʊm, *pl:* poly'tɛçnika] <-s, Polytechnika> *n* politecnico *m*

Pomade [po'maːdə] <-, -n> *f* brillantina *f*

Pomeranze [pomə'rantsə] <-, -n> *f* ❶ (*Baum*) melangolo *m,* arancio *m* amaro ❷ (*Frucht*) melangola *f,* arancia *f* amara

Pommern ['pɔmɐn] *n* (GEOG) Pomerania *f*

Pommes frites [pɔm'frɪt] *pl* patate *fpl* fritte

Pomp [pɔmp] <-(e)s> *kein Pl m* pompa *f*

Pompeji [pɔm'peːji] *n* (GEOG) Pompei *f*

Pompon [põ'põ] <-s, -s> *m* pompon *m*

pompös [pɔm'pøːs] *adj* pomposo

Pond [pɔnt] <-s, -> *n* (PHYS) grammo *m* peso, grammo *m* forza

Pontifikat [pɔntifi'kaːt] <-(e)s, -e> *n* (*von Papst*) pontificato *m,* papato *m;* (*von Bischof*) episcopato *m*

Ponton [pɔn'tõː] <-s, -s> *m* pontone *m,* barcone *m;* **Pontonbrücke** *f* ponte *m* di pontoni [*o* di barconi]

Pony[1] ['pɔni] <-s, -s> *n* (ZOO) pony *m*

Pony[2] <-s, -s> *m* (*an Frisur*) frangia *f;* **Ponyfrisur** *f* pettinatura *f* con la frangetta

Pool [puːl] <-s, -s> *m* ❶ (*Schwimmbad*) piscina *f* ❷ (WIRTSCH) pool *m*

Pop [pɔp] <-(s)> *kein Pl m* musica *f* pop

Popanz ['po:pants] <-es, -e> *m* ❶ (*Schreckgespenst*) spauracchio *m* ❷ (*pej: willenloser Mensch*) fantoccio *m,* marionetta *f*

Pop-art[ALT] ['pɔpʔaːɐt] <-> *kein Pl f,* **Pop-Art**[RR] <-> *kein Pl f* pop art *f*

Popcorn ['pɔpkɔrn] <-s> *kein Pl n* pop-corn *m*

Popel ['po:pəl] <-s, -> *m* (*fam*) caccola *f;* **popelig** *adj* (*fam*) ❶ (*pej: schäbig*) misero ❷ (*pej: gewöhnlich*) normale, mediocre

Popelin [popə'liːn] <-s, -e> *m,* **Popeline** [popə'liːnə] <-s, - *m o* -, - *f>* *mf* popelin *m,* popeline *f;* **Popelkram** *m* (*pej fam*) stronzate *pl;* **popeln** ['po:pəln] *vi* (*fam*) **in der Nase ~** scaccolarsi

Popfestival ['pɔpfɛstivəl *o* 'pɔpfɛstivaːl] *n* festival *m* della musica pop; **Popgruppe** *f* complesso *m* pop; **poplig** *adj s.* **popelig**

Popmusik *f* musica *f* pop

Popo [po'po: *o* 'popo:] <-s, -s> *m* (*fam*)

P

sedere *m*, culetto *m*

Popper ['pɔpɐ] <-s, -> *m* (*sl*) supernormale *mf*

poppig ['pɔpɪç] *adj* pop

Popsänger(in) *m(f)* cantante *mf* pop; **Popstar** *m* star *f* della musica pop; **Popszene** *f* scena *f* pop

populär [popu'lɛːɐ̯] *adj* popolare

Popularität [populari'tɛːt] <-> *kein Pl f* popolarità *f*

populärwissenschaftlich *adj* (di/a carattere) divulgativo

Populist(in) [popu'lɪst] <-en, -en; -, -nen> *m(f)* populista *mf*

Pore ['poːrə] <-, -n> *f* poro *m*

Porno ['pɔrno] <-s, -s> *m* (*fam*: ~ *film*) film *m* porno, pornofilm *m*; (~ *roman*) romanzo *m* porno; **Pornofilm** *m* film *m* porno, pornofilm *m*; **Pornografie**^RR [pɔrnogra'fiː] <-, -n> *f* pornografia *f*; **pornografisch**^RR [pɔrno'graːfɪʃ] *adj* pornografico; **Pornographie** <-, -n> *f* pornografia *f*; **pornographisch** *adj* pornografico; **Pornowelle** *f* ondata *f* di pornografia

porös [po'røːs] *adj* poroso

Porree ['pɔre] <-s, -s> *m* porro *m*

Portal [pɔr'taːl] <-s, -e> *n* portale *m*

Portemonnaie <-s, -s> *n s*. **Portmonee**

Portier [pɔr'tje:] <-s, -s> *m* portinaio *m*; (*bes. Hotel*) portiere *m*

Portion [pɔr'tsi̯oːn] <-, -en> *f* ❶ (*beim Essen*) porzione *f*; (*a Gericht*) piatto *m*; **eine halbe ~** (*fig fam*) un soldo di cacio ❷ (*fig fam*) dose *f*, un bel po' *m*

Portmonee^RR [pɔrtmɔ'ne:] <-s, -s> *n* portamonete *m*

Porto ['pɔrto, *pl*: 'pɔrtos *o* 'pɔrti] <-s, -s *o* Porti> *n* tassa *f* postale, affrancatura *f*; **portofrei** *adj* franco di porto, in franchigia (postale); **portopflichtig** *adj* soggetto ad affrancatura

Portrait, Porträt [pɔr'trɛː] <-s, -s> *n* ritratto *m*

portraitieren, porträtieren [pɔrtrɛ'tiːrən] <ohne ge-> *vt* fare il ritratto di

Portugal ['pɔrtugal] *n* Portogallo *m*; **in ~** nel Portogallo

Portugiese [pɔrtu'giːzə] <-n, -n> *m*, **Portugiesin** [pɔrtu'giːzɪn] <-, -nen> *f* portoghese *mf*

portugiesisch *adj* portoghese

Portwein ['pɔrtvaɪn] *m* porto *m*

Porzellan [pɔrtsɛ'laːn] <-s, -e> *n* porcellana *f*; **Porzellangeschirr** *n* stoviglie *fpl* di porcellana; **Porzellanmanufaktur** *f* manifattura *f* di porcellane

Posaune [po'zaʊnə] <-, -n> *f* trombone *m*

posaunen <ohne ge-> **I.** *vi* s(u)onare il trombone **II.** *vt* (*fam*) ❶ (*aus-, pej*) spargere ai quattro venti ❷ (*laut verkünden*) strombazzare

Pose ['poːzə] <-, -n> *f* posa *f*

Poser(in) ['poːzɐ] <-s, -> *m(f)* (*sl*) sborone, -a *m, f*

posieren [po'ziːrən] <ohne ge-> *vi* posare

Position [pozi'tsi̯oːn] <-, -en> *f* ❶ (*Standpunkt, Lage*) posizione *f*; **~ beziehen** prendere posizione ❷ (*im Beruf*) posizione *f*; **eine gesicherte ~ haben** avere una posizione sicura ❸ (WIRTSCH) voce *f*; **Positionslicht** *n* (AERO, NAUT) luce *f* di posizione

positiv ['poːzitiːf] *adj* positivo

Positiv <-s, -e> *n* (FOTO) positivo *m*

Positur [pozi'tuːɐ̯, *pl*: pozi'tuːrən] <-, -en> *f* posa *f*, postura *f*, atteggiamento *m*; **sich in ~ setzen** [*o* **werfen**] (*fam*) mettersi in posa

Posse ['pɔsə] <-, -n> *f* farsa *f*

Possen ['pɔsən] <-s, -> *m* (*obs*) ❶ (*Unfug*) buffonata *f*; **~ reißen** fare buffonate, fare il buffone ❷ (*Streich*) tiro *m*; **jdm einen ~ spielen** giocare un tiro a qu; **possenhaft** *adj* buffonesco, farsesco

Possessivpronomen ['pɔsɛsiːfprono:mən *o* pɔsɛ'siːfprono:mən] *n* (LING) pronome *m* possessivo

possierlich [pɔ'siːɐ̯lɪç] *adj* grazioso

Post [pɔst] <-, *rar* -en> *f* ❶ (*Einrichtung*) posta *f*; **auf die** [*o* **zur**] **~ gehen** andare alla posta; **etw mit der ~ schicken** spedire qc per posta ❷ (*Sendung*) posta *f*; **elektronische ~** posta elettronica, e-mail; **die ~ abholen/aufgeben** ritirare/spedire la posta; **ist ~ für mich da?** c'è posta per me?; **ab geht die ~!** (*fam*) è ora!

postalisch [pɔs'taːlɪʃ] *adj* postale

Postamt *n* ufficio *m* postale; **Postanweisung** *f* vaglia *m* postale; **Postauto** *n* automobile *f* delle poste; **Postbeamte** *m*, **Postbeamtin** *f* impiegato, -a *m, f* delle poste; **Postbote** *m*, **Postbotin** *f* portalettere *mf*, postino, -a *m, f*

Posten ['pɔstən] <-s, -> *m* ❶ (*Stellung*) posto *m*, impiego *m*; (*Amt*) carica *f* ❷ (MIL: *Wach-*) sentinella *f*, guardia *f*; **~ stehen** essere di sentinella; **auf dem ~ sein** (*fam*: *gesund sein*) stare bene di salute; (*wachsam sein*) stare all'erta ❸ (COM) partita *f* ❹ (*Streik-*) picchetto *m*

Poster ['poːstɐ] <-s, - *o* -s> *n o m* poster *m*

Postfach *n* casella *f* postale; **Postgeheimnis** *n* (JUR) segreto *m* epistolare

post(h)um [pɔs'tuːm (pɔst'huːm)] *adj o*

adv postumo

postieren [pɔs'tiːrən] <ohne ge-> *vt* postare, piazzare

Postitch <-s, -e> *m* (*CH:* *Hefter, Büroheftmaschine*) cucitrice *f*, pinzatrice *f*

Postkarte *f* cartolina *f* (postale); **Postkutsche** *f* diligenza *f* (postale); **postlagernd** *adv* fermo posta; **Postleitzahl** *f* codice *m* di avviamento postale

Pöstler ['pœstlə] <-s, -> *m* (*CH*) impiegato *m* della posta

Postler(in) <-s, -; -, -nen> *m(f)* (*fam*) impiegato, -a *m*, *f* delle poste, postino, -a *m*, *f*

postmodern [pɔstmo'dɛrn] *adj* postmoderno; **Postmoderne** [pɔstmo'dɛrnə] <-> *kein Pl f* postmodernità *f*, postmoderno *m*; **Postpaket** *n* pacco *m* postale; **Postscheck** *m* assegno *m* postale; **Postscheckamt** *n* ufficio *m* dei conti correnti postali; **Postscheckkonto** *n* conto *m* corrente postale; **Postsendung** <-, -en> *f* spedizione *f* postale

Postskript [pɔst'skrɪpt] <-(e)s, -e> *n* poscritto *m*, post scriptum *m*; **Postskriptum** [pɔst'skrɪptʊm, *pl:* pɔst'skrɪpta] <-s, Postskripta> *n* poscritto *m*, post scriptum *m*

Postsparbuch *n* libretto *m* postale di risparmio; **Postsparkasse** *f* cassa *f* di risparmio postale; **Poststelle** *f* ufficio *m* postale (ausiliario); **Poststempel** *m* timbro *m* postale; **Postüberweisung** <-, -en> *f* versamento *m* in conto corrente postale, postagiro *m*

postulieren [pɔstu'liːrən] <ohne ge-> *vt* postulare

postum *adj o adv s.* post(h)um

Postweg <-(e)s> *kein Pl m* etw auf dem ~ **verschicken** inviare qc per posta; **postwendend** ['pɔst'vɛndənt] *adv* ❶ (*im Briefverkehr*) a giro di posta ❷ (*fig*) subito, immediatamente; **Postwertzeichen** *n* (ADM) francobollo *m*; **Postwurfsendung** *f* spedizione *f* postale cumulativa di stampati

potent [po'tɛnt] *adj* potente

Potential <-s, -e> *n s.* **Potenzial**

potentiell *adj s.* **potenziell**

Potenz [po'tɛnts] <-, -en> *f* potenza *f*; **eine Zahl in die vierten ~ erheben** (MAT) elevare un numero alla quarta potenza

Potenzial[RR] [potɛn'tsi̯aːl] <-s, -e> *n* potenziale *m*

potenziell[RR] [potɛn'tsi̯ɛl] *adj* potenziale

potenzieren [potɛn'tsiːrən] <ohne ge-> *vt* ❶ (MAT) elevare a potenza ❷ (*fig*) potenziare

Potpourri ['pɔtpʊri] <-s, -s> *n* potpourri *m*

Pott [pɔt, *pl:* 'pœtə] <-(e)s, Pötte> *m* (*fam*) ❶ (*Topf*) pentola *f*; (*Nachttopf*) vaso *m* da notte ❷ (*Schiff*) bastimento *m*

potthässlich[RR] ['pɔt'hɛslɪç] *adj* (*fam*) brutto come la peste

Poulet [pu'leː] <-s, -s> *n* (*CH:* GASTR: *Hühnchen*) pollo *m*

Power ['pauɐ] <-> *kein Pl f* (*fam*) forza *f*, grinta *f*

Powidl <-s, -> *m* (*A: Pflaumenmus*) marmellata *f* di prugne; **es ist mir völlig ~, was du dazu meinst** non mi importa affatto di ciò che pensi

pp., ppa. *abk v* per procura p.p.

PR *abk v* Publicrelations PR

Präambel [prɛ'ambəl] <-, -n> *f* preambolo *m*

Pracht [praxt] <-> *kein Pl f* magnificenza *f*, pompa *f*, fasto *m*; **das ist eine (wahre) ~!** (*fam*) è magnifico!

prächtig ['prɛçtɪç] *adj* ❶ (*prunkvoll*) sontuoso, pomposo ❷ (*großartig*) magnifico, formidabile

Prachtkerl *m* (*fam*) tipo *m* formidabile; **Prachtstück** *n* (*fam*) esemplare *m* magnifico; **prachtvoll** *adj s.* **prächtig**

prädestinieren [prɛdɛsti'niːrən] <ohne ge-> *vt* predestinare; **für etw prädestiniert sein** essere predestinato a qc

Prädikat [prɛdi'kaːt] <-(e)s, -e> *n* ❶ (*Bewertung*) voto *m*, qualifica *f* ❷ (LING, PHILOS) predicato *m*; **Prädikatsnomen** *n* (GRAM) predicato *m* nominale

Präfekt [prɛ'fɛkt] <-en, -en> *m* prefetto *m*

Präfektur [prɛfɛk'tuːɐ, *pl:* prɛfɛk'tuːrən] <-, -en> *f* prefettura *f*

Präferenz [prɛfe'rɛnts] <-, -en> *f* preferenza *f*

Präfix [prɛ'fɪks] <-es, -e> *n* (LING) prefisso *m*

Prag [praːk] *n* Praga *f*

prägen ['prɛːgən] *vt* (*Münzen, Begriffe*) coniare; (*Charakter*) formare; (*Metall*) imprimere; (*Papier*) stampare; **sich ins Gedächtnis ~** imprimersi nella mente; **die moderne Architektur ist durch ... geprägt worden** l'architettura moderna ha subito l'influenza di ...

Pragmatiker(in) [pra'gmaːtikɐ] <-s, -; -, -nen> *m(f)* pragmatico, -a *m*, *f*

pragmatisch *adj* pragmatico

Pragmatisierung <-, -en> *f* (*A:* ADM: *Anstellung auf Lebenszeit im öffentlichen Dienst*) assunzione *f* a tempo indeterminato

Pragmatismus [pragma'tɪsmʊs] <->

P

kein Pl m (PHILOS) pragmatismo *m*

prägnant [prɛˈɡnant] *adj* (*Stil*) conciso; **Prägnanz** [prɛˈɡnants] <-> *kein Pl f* pregnanza *f*, concisione *f*

Prägung <-, -en> *f* ❶ (*von Münzen*) coniazione *f*; (*von Wort*) conio *m* ❷ (*fig: Art*) tipo *m*, stampo *m*

prähistorisch [prɛhɪsˈtoːrɪʃ *o* ˈprɛːhɪstoːrɪʃ] *adj* preistorico

prahlen [ˈpraːlən] *vi* (*pej*) (**mit etw**) ~ vantarsi (di qc)

Prahler(in) <-s, -; -, -nen> *m(f)* (*pej*) fanfarone, -a *m, f*

Prahlerei [praːləˈraɪ] <-, -en> *f* (*pej*) ❶ *sing* (*dauerndes Prahlen*) vanteria *f* ❷ (*Äußerung*) spacconata *f*

Prahlerin *f s.* **Prahler**

prahlerisch *adj* ❶ (*Mensch*) millantatore ❷ (*Haltung*) ostentato

Praktik [ˈpraktɪk] <-, -en> *f* ❶ (*Methode*) metodo *m*, pratica *f* ❷ *meist pl* (*pej*) manovre *fpl*

Praktika *pl von* **Praktikum**

praktikabel [praktiˈkaːbəl] *adj* praticabile

Praktikant(in) [praktiˈkant] <-en, -en; -, -nen> *m(f)* tirocinante *mf*

Praktiken *pl von* **Praktik, Praktikum**

Praktiker(in) <-s, -; -, -nen> *m(f)* persona *f* pratica

Praktikum [ˈpraktɪkʊm, *pl:* ˈpraktɪka] <-s, Praktika> *n* tirocinio *m*, pratica *f*

praktisch *adj* pratico; **~er Arzt** medico generico; **~es Jahr** anno di pratica

praktizieren [praktiˈtsiːrən] <ohne ge-> *vi* praticare; **als Arzt** ~ esercitare la professione di medico; **ein ~der Katholik** un cattolico praticante

Prälat [prɛˈlaːt] <-en, -en> *m* prelato *m*

Praline [praˈliːnə] <-, -n> *f*, **Praliné, Pralinee** [praliˈneː] <-s, -s> *n* (*A, CH*) cioccolatino *m*

prall [pral] *adj* (*Segel*) teso, tirato; (*Wangen*) gonfio; (*Körperteil*) sodo; **in der ~en Sonne** in pieno sole

prallen [ˈpralən] *vi sein* ❶ (*auftreffen*) **an** [*o* **gegen**] **etw** *acc* ~ urtare contro qc ❷ (*Sonne*) **auf etw** *acc* ~ picchiare su qc

prallvoll [ˈpralˈfɔl] *adj* strapieno, pieno zeppo

Prämie [ˈprɛːmi̯ə] <-, -n> *f* ❶ (*Preis, Versicherungs-~*) premio *m* ❷ (*Belohnung*) ricompensa *f* ❸ (*Zulage*) indennità *f*; **Prämiensparen** <-s> *kein Pl n* risparmio *m* a premio

präm(i)ieren [prɛˈmiːrən (prɛmiˈiːrən)] <ohne ge-> *vt* premiare

Präm(i)ierung <-, -en> *f* premiazione *f*

Prämisse [prɛˈmɪsə] <-, -n> *f* premessa *f*,

presupposto *m;* **unter** [*o* **mit**] **der ~, dass ...** a condizione che *+conj*

prangen [ˈpraŋən] *vi* **an etw** *dat* ~ spiccare su qc

Pranger [ˈpraŋɐ] <-s, -> *m* berlina *f*, gogna *f*; **jdn/etw an den ~ stellen** (*fig*) mettere alla berlina qu/qc

Pranke [ˈpraŋkə] <-, -n> *f* ❶ (ZOO) zampa *f* ❷ (*fam pej*) manaccia *f*

Präparat [prɛpaˈraːt] <-(e)s, -e> *n* preparato *m*

präparieren [prɛpaˈriːrən] <ohne ge-> *vt* preparare

Präposition [prɛpoziˈtsi̯oːn] <-, -en> *f* (LING) preposizione *f*

präpotent *adj* (*A: überheblich*) prepotente, presuntuoso

Prärie [prɛˈriː] <-, -n> *f* prateria *f*

Präsens [ˈprɛːzɛns, *pl:* prɛˈzɛntsi̯a *o* prɛˈzɛntsi̯ən] <-, Präsentia *o* Präsenzien> *n* (LING) presente *m*

Präsentation [prɛzɛntaˈtsi̯oːn] <-, -en> *f* presentazione *f*

Präsentia *pl von* **Präsens**

präsentieren [prɛzɛnˈtiːrən] <ohne ge-> *vt* presentare; **Präsentierteller** *m* **auf dem ~ sitzen** (*fam*) essere in vetrina

Präsentkorb [prɛˈzɛntkɔrp] *m* cesta *f* regalo

Präsenz [prɛˈzɛnts] <-> *kein Pl f* presenza *f*; **Präsenzbibliothek** [prɛˈzɛntsbibliоteːk] *f* biblioteca *f* di consultazione sul posto; **Präsenzdienst** <-es> *kein Pl m* (*A:* MIL: *Militärdienst*) servizio *m* militare

Präsenzien *pl von* **Präsens**

Präservativ [prɛzɛrvaˈtiːf] <-s, -e> *n* preservativo *m*

Präsident(in) [prɛziˈdɛnt] <-en, -en; -, -nen> *m(f)* presidente, -essa *m, f*

Präsidentschaft <-, *rar* -en> *f* presidenza *f*; **Präsidentschaftskandidat(in)** *m(f)* candidato, -a *m, f* alla presidenza

präsidieren [prɛziˈdiːrən] <ohne ge-> *vi* presiedere

Präsidium [prɛˈziːdi̯ʊm, *pl:* prɛˈziːdi̯ən] <-s, Präsidien> *n* ❶ (*Gremium*) comitato *m* direttivo ❷ (*Vorsitz, Leitung*) presidenza *f* ❸ (*Polizei-~*) questura *f*

prasseln [ˈprasəln] *vi* ❶ *haben* (*Feuer*) scoppiettare, crepitare ❷ *sein* (*herunter-~*) scrosciare; **an** [*o* **auf**] **etw** *acc* ~ (*Regen*) battere su qc ❸ *sein* (*fig: Fragen, Vorwürfe*) piovere

prassen [ˈprasən] *vi* (*pej*) ❶ (*üppig leben*) scialare ❷ (*schlemmen*) gozzovigliare

Präteritum [prɛˈteːritʊm, *pl:* prɛˈteːrita]

<-s, Präterita> *n* (LING) preterito *m*

Pratze ['pratsə] <-, -n> *f s.* **Pranke**

Prävention [prɛvɛn'tsi̯oːn] <-, -en> *f* prevenzione *f;* **präventiv** [prɛvɛn'tiːf] *adj* preventivo; ~ **behandeln** adottare misure preventive

Präventivmaßnahme [prɛvɛn'tiːfmaːsnaːmə] *f* misura *f* preventiva; **Präventivschlag** *m* attacco *m* preventivo

Praxis ['praksɪs, *pl:* 'praksən] <-, Praxen> ❶ *sing* (*keine Theorie*) pratica *f;* **etw in die ~ umsetzen** mettere in pratica qc ❷ *sing* (*Handlungsweise*) prassi *f;* (*Erfahrung*) esperienza *f* ❸ (*Arzt~*) studio *m* medico, ambulatorio *m;* (*Anwalts~*) studio *m*

praxisfern *adj* troppo teorico, poco pragmatico [*o* pratico]; **praxisnah** *adj* pratico, pragmatico, empirico

Präzedenzfall [prɛtse'dɛntsfal] *m* precedente *m;* **einen ~ schaffen** creare un precedente

präzis(e) [prɛ'tsiːs (prɛ'tsiːzə)] *adj* preciso, esatto; (*pünktlich*) puntuale

präzisieren [prɛtsi'ziːrən] <ohne ge-> *vt* precisare

Präzision [prɛtsi'zi̯oːn] <-> *kein Pl f* precisione *f,* esattezza *f;* **Präzisionsarbeit** *f* lavoro *m* di precisione

predigen ['preːdɪgən] *vt, vi* predicare

Prediger(in) <-s, -; -, -nen> *m(f)* predicatore, -trice *m, f*

Predigt <-, -en> *f* predica *f;* **eine ~ halten** fare una predica; **jdm eine ~ halten** (*fig fam*) fare un predicozzo a qu

Preis [praɪs] <-es, -e> *m* ❶ (*Kauf~*) prezzo *m;* **der ~ für etw** il prezzo per qc; **zum halben ~** a metà prezzo; **zum ~ von ...** al prezzo di ...; **um jeden/keinen ~** a ogni/nessun costo; **der Erfolg hat seinen ~** (*fig*) il successo ha il suo prezzo ❷ (*bei Wettbewerb*) premio *m;* (*Belohnung*) ricompensa *f*

Preisabbau *m* riduzione *f* dei prezzi; **Preisabsprache** *f* accordo *m* sul prezzo; **Preisangabe** <-, -n> *f* indicazione *f* del prezzo; **Preisanstieg** *m* (WIRTSCH) rialzo *m* dei prezzi; **Preisaufschlag** *m* (WIRTSCH) maggiorazione *f* del prezzo; **Preisausschreiben** *n* concorso *m* a premi; **preisbewusst**^{RR} *adj* attento al prezzo; **Preisbildung** *f* formazione *f* dei prezzi; **Preisbindung** *f* (WIRTSCH) accordo *m* sui prezzi; **Preiseinbruch** *m* (WIRTSCH) crollo *m* dei prezzi

Preiselbeere ['praɪzəlbeːrə] *f* mirtillo *m* rosso

Preisempfehlung *f* prezzo *m* indicativo; **unverbindliche ~** prezzo indicativo senza impegno

preisen ['praɪzən] <preist, pries, gepriesen> *vt* (*geh*) lodare, elogiare; **sich glücklich ~** considerarsi fortunato

Preisentwicklung *f* evoluzione *f* dei prezzi; **Preiserhöhung** *f* (WIRTSCH) aumento *m* di prezzo; **Preisermäßigung** *f* (WIRTSCH) riduzione *f* dei prezzi; **Preisfrage** *f* ❶ (*vom Preis abhängige Frage*) questione *f* di prezzo ❷ (*bei Preisausschreiben*) quesito *m* a premi; (*schwierige Frage*) domanda *f* a premio

Preisgabe ['praɪsgaːbə] *f* ❶ (*Aufgabe*) abbandono *m;* (*Verzicht*) rinuncia *f* ❷ (*von Geheimnis*) rivelazione *f*

preis|geben <irr> *vt* (*geh*) ❶ (*ausliefern*) abbandonare ❷ (*aufgeben*) **etw ~** abbandonare qc ❸ (*verraten*) rivelare

preisgekrönt *adj* premiato

Preisgeld <-[e]s, -er> *n* premio *m* vincita; **Preisgericht** *n* giuria *f* (di concorso); **preisgünstig** *adj* conveniente, a buon prezzo; **Preisindex** *m* indice *m* dei prezzi; **Preiskampf** *m* battaglia *f* dei prezzi; **Preiskontrolle** *f* controllo *m* dei prezzi; **Preislage** *f* prezzo *m;* **in jeder ~** ad ogni prezzo

Preis-Leistungs-Verhältnis <-ses, -se> *n* rapporto *m* qualità-prezzo

preislich *adj* di prezzo, per quanto riguarda il prezzo; **~ Unterschiede** differenze di prezzo; **~ unterschiedliche Artikel** articoli di prezzo diverso

Preisliste *f* listino *m* dei prezzi; **Preis-Lohn-Spirale** *f* (COM) spirale *f* dei prezzi e dei salari; **Preisnachlass**^{RR} *m* (WIRTSCH) sconto *m,* ribasso *m;* **Preisniveau** *n* livello *m* dei prezzi; **Preisrätsel** <-s, -> *n* quiz *m* a premi; **Preisrichter(in)** <-s, -; -, -nen> *m(f)* membro *m* della giuria; **Preisrückgang** *m* (WIRTSCH) ribasso *m* dei prezzi; **Preisschild** *n* cartellino *m* del prezzo; **Preisschlager** *m* (*fam*) offerta *f* speciale; **Preisschwankungen** *fpl* (WIRTSCH) oscillazioni *fpl* dei prezzi; **Preissenkung** *f* (WIRTSCH) calo *m* dei prezzi; **Preisstabilität** <-> *kein Pl f* (EU) stabilità *f* dei prezzi; **Preissteigerung** *f* (WIRTSCH) *s.* **Preiserhöhung**; **Preisstopp** *m* blocco *m* dei prezzi; **Preissturz** *m* crollo *m* dei prezzi; **Preisträger(in)** *m(f)* premiato, -a *m, f;* **Preistreiberei** ['praɪstraɪbə'raɪ] <-, -en> *f* (*pej*) rialzo *m* abusivo dei prezzi; **Preisüberwachung** *f* controllo *m* dei prezzi; **Preisverleihung** <-, -en> *f* premia-

zione *f*, conferimento *m* di un premio;
preiswert *adj* a buon mercato, conveniente
prekär [preˈkɛːɐ̯] *adj* precario
Prellbock *m* (FERR) paraurti *m*, fermacarri *m*
prellen [ˈprɛlən] **I.** *vt* ❶ (*betrügen*) **jdn** (**um etw**) ~ defraudare qu (di qc); **die Zeche** ~ (*fam*) non pagare il conto ❷ (MED) farsi un livido **II.** *vr* **sich am Knie** ~ farsi un livido al ginocchio
Prellung <-, -en> *f* contusione *f*
Premier [prəˈmjeː] <-s, -s> *m s.* **Premierminister**
Premiere [prəˈmjeːrə] <-, -n> *f* prima *f*
Premierminister(in) *m(f)* primo ministro *m*
preschen [ˈprɛʃən] *vi sein* andare [*o* venire] di corsa, andare [*o* venire] sparato
Presse [ˈprɛsə] <-, -n> *f* ❶ (TEC) pressa *f*, torchio *m* ❷ *sing* (~ *wesen*) stampa *f*; **eine gute/schlechte ~ haben** avere buona/cattiva stampa; **Presseagentur** *f* agenzia *f* di stampa; **Presseausweis** *m* tessera *f* di giornalista; **Pressechef(in)** *m(f)* capo *m* dell'ufficio stampa; **Presseerklärung** *f* comunicato *m* stampa; **Pressefotograf(in)** *m(f)* fotoreporter *mf*; **Pressefreiheit** *f* libertà *f* di stampa; **Pressekonferenz** *f* conferenza *f* stampa; **Pressemeldung** <-, -en> *f*, **Pressemitteilung** <-, -en> *f* comunicato *m* stampa
pressen [ˈprɛsən] *vt* ❶ (*durch Druck o mit Presse bearbeiten*) pressare; (*keltern*) torchiare, pigiare; (*zusammen~*) comprimere; (*aus~*) spremere ❷ (*drücken*) premere, schiacciare; (*fig: zwingen*) costringere; **jdn** (**zu etw**) ~ costringere qu (a fare) qc
Pressesprecher(in) *m(f)* addetto, -a *m*, *f* stampa; **Pressestimme** *f meist pl* rassegna *f* della stampa
pressieren [prɛˈsiːrən] <ohne ge-> *vi* (*südd, A, CH*) essere urgente; **das pressiert nicht** non c'è premura
PressluftRR *f* aria *f* compressa; **Pressluftbohrer**RR *m* perforatore *m* pneumatico; **Presslufthammer**RR *m* martello *m* pneumatico
Prestige [prɛsˈtiːʒ(ə)] <-s> *kein Pl n* prestigio *m*; **Prestigedenken** *n* mentalità *f* orientata al prestigio; **Prestigegewinn** *m* aumento *m* di prestigio; **Prestigeverlust** *m* perdita *f* di prestigio
Preuße [ˈprɔɪsə] <-n, -n> *m* prussiano *m*
Preußen [ˈprɔɪsən] *n* Prussia *f*
Preußin [ˈprɔɪsɪn] <-, -nen> *f* prussiana *f*
preußisch *adj* prussiano
prickeln [ˈprɪkəln] *vi* ❶ (*kribbeln*) prudere, pizzicare ❷ (*Getränk*) frizzare; **pri-**

ckelnd *adj* ❶ (*kribbelnd*) pruriginoso ❷ (*Luft, Sekt*) frizzante ❸ (*fig: erregend*) eccitante, piccante
Priem [priːm] <-(e)s, -e> *m* tabacco *m* da masticare
priemen *vi* ciccare *fam*
pries [priːs] *1. u 3. pers sing imp von* **preisen**
Priester(in) [ˈpriːstɐ] <-s, -; -, -nen> *m(f)* sacerdote, -essa *m*, *f*, prete *m*; **Priesteramt** *n* sacerdozio *m*; **Priesterin** *f s.* **Priester**; **Priestertum** <-s> *kein Pl n* (REL) sacerdozio *m*; **Priesterweihe** *f* ordinazione *f* sacerdotale
Prim [priːm] <-, -en> *f* ❶ (MUS) prima *f* ❷ (SPORT: *Fechten*) prima *f* (posizione) ❸ (REL: *Morgengebet*) mattutini *mpl*
prima [ˈpriːma] <inv> *adj* (*fam*) eccellente, ottimo, formidabile
Prima <-, Primen> *f* (*A*) prima classe *f* del ginnasio
Primaballerina [ˈprimabaleˈriːna] *f* prima ballerina *f*
Primadonna [primaˈdɔna] <-, Primadonnen> *f* (THEAT) prima donna *f*
primär [priˈmɛːɐ̯] *adj* primario
Primärenergie *f* energia *f* primaria
Primaria <-, -s> *f*, **Primarius** <-, -ien *o* -ii> *m* (*A: Chefarzt*) primario *m*
Primarlehrer(in) [priˈmaːɡleːrɐ] *m(f)* (*CH*) maestro, -a *m*, *f* di scuola elementare
Primärliteratur *f* opere *fpl* dell'autore
Primarschule [priˈmaːɡʃuːlə] <-, -n> *f* (*CH: Grundschule*) scuola *f* elementare
Primas [ˈpriːmas, *pl:* ˈpriːmasə *o* priˈmaːtən] <-, -se *o* Primaten> *m* primate *m*
Primat [priˈmaːt] <-(e)s, -e> *m o n* primato *m*
Primaten [priˈmaːtən] *mpl* (ZOO) primati *mpl*
Primel [ˈpriːməl] <-, -n> *f* primula *f*
primitiv [primiˈtiːf] *adj* primitivo
Primitivität [primitiviˈtɛːt] <-> *kein Pl f* primitività *f*
Primitivling [primiˈtiːflɪŋ] <-s, -e> *m* (*pej*) primitivo, -a *m*, *f*, sempliciotto, -a *m*, *f*
Primzahl [ˈpriːmtsaːl] *f* (MAT) numero *m* primo
Printmedien [ˈprɪntmeːdiən] *npl* stampa *f*
Prinz [prɪnts] <-en, -en> *m*, **Prinzessin** <-, -nen> *f* principe *m*, principessa *f*
Prinzip [prɪnˈtsiːp, *pl:* prɪnˈtsiːpiən] <-s, Prinzipien> *n* principio *m*; **ein Mensch mit ~ien** un uomo di principio; **aus ~** per principio; **im ~** in linea di massima
prinzipiell [prɪntsiˈpi̯ɛl] **I.** *adj* di principio **II.** *adv* per principio

Prinzipienreiter m (*pej*) pedante *mf*

prinzipientreu *adj* fedele ai propri principi

Prior(in) ['pri:o:ɐ, *pl:* pri'o:rən] <-s, -en; -, -nen> *m(f)* priore, -a *m, f*

Priorität [priori'tɛːt] <-, -en> *f* priorità *f;* **~en setzen** stabilire delle priorità

Prise ['priːzə] <-, -n> *f* ❶ (*Salz, Pfeffer*) pizzico *m;* (*Tabak*) presa *f* ❷ (NAUT) preda *f*

Prisma ['prɪsma, *pl:* 'prɪsmən] <-s, Prismen> *n* (MAT, OPT) prisma *m*

Pritsche ['prɪtʃə] <-, -n> *f* ❶ (*Liege*) branda *f* ❷ (*von LKW*) cassone *m*

privat [pri'vaːt] *adj* privato

Privat- (*in Zusammensetzungen*) privato

Privatadresse *f,* **Privatangelegenheit** *f* faccenda *f* privata; **Privatanschrift** *f* indirizzo *m* privato; **Privataudienz** *f* udienza *f* privata; **Privatbesitz** *m* proprietà *f* privata; **Privatdetektiv(in)** *m(f)* investigatore, -trice *m, f* privato, -a; **Privatdozent(in)** *m(f)* libero, -a *m, f* docente; **Privateigentum** *n* proprietà *f* privata; **Privatfernsehen** <-s> *kein Pl n* (*fam*) televisione *f* privata; **Privatinitiative** *f* iniziativa *f* privata

privatisieren [privati'ziːrən] *vt* (WIRTSCH) privatizzare; **Privatisierung** <-, -en> *f* (WIRTSCH) privatizzazione *f*

Privatklinik *f* clinica *f* privata; **Privatleben** *n* vita *f* privata, privacy *f;* **Privatlehrer(in)** *m(f)* insegnante *mf* privato, -a; **Privatmann** <-(e)s, -leute *o rar* -männer> *m* privato *m;* **Privatpatient(in)** *m(f)* paziente *mf* privato, -a; **Privatperson** *f* persona *f* privata, privato *m;* **Privatrecht** *n* diritto *m* privato; **Privatrente** *f* pensione *f* privata (aggiuntiva); **Privatsache** *f* faccenda *f* privata; **Privatschule** *f* scuola *f* privata; **Privatsekretär(in)** *m(f)* segretario, -a *m, f* personale; **Privatsphäre** *f* privacy *f;* **Privatstunde** *f* lezione *f* privata; **Privatvergnügen** *n* (*fam*) diletto *m* personale; **das ist dein ~** è affar tuo; **Privatvermögen** <-s, -> *n* patrimonio *m* privato; **Privatwagen** *m* vettura *f* privata; **Privatweg** *m* strada *f* privata; **Privatwirtschaft** *f* economia *f* privata

Privileg [privi'leːk, *pl:* privi'leːgiən *o* pri-vi'leːgə] <-(e)s, -ien *o* -e> *n* privilegio *m*

privilegieren [privile'giːrən] <ohne ge-> *vt* privilegiare

pro [pro:] *prp* +*acc* a, per; **das Pro und (das) Kontra** il pro e il contro; **~ Kopf/Person** a testa/persona

probat [pro'baːt] *adj* provato, efficace

Probe ['proːbə] <-, -n> *f* ❶ (*Prüfung, Versuch, Beweis,* THEAT, MUS) prova *f;* **auf**

[*o* **zur**] **~** in prova; **die ~ bestehen** superare la prova; **jdn/etw auf die ~ stellen** mettere alla prova qu/qc ❷ (*Waren~, Muster*) campione *m*

Probeabzug *m* prova *f* di stampa; **Probealarm** *m* allarme *m* di prova; **Probeaufnahme** *f* prova *f* di registrazione; **Probebohrung** *f* prova *f* di trivellazione; **Probefahrt** *f* prova *f* su strada; **Probelauf** *m* (TEC) prova *f* di funzionamento; **Probelehrer(in)** <-s, -; -, -nen> *m(f)* (A) *insegnante delle superiori non di ruolo assunto con un contratto annuale*

proben *vt, vi* provare

Probepackung <-, -en> *f* campione *m* omaggio [*o* gratuito], confezione *f* omaggio [*o* gratuita]; **probeweise** *adv* in prova; **Probezeit** *f* periodo *m* di prova

probieren [pro'biːrən] <ohne ge-> *vt* ❶ (*prüfen, aus~*) provare ❷ (*versuchen*) provare, tentare; **Probieren geht über Studieren** (*prov*) val più la pratica che la grammatica ❸ (*Speise*) assaggiare; (*Getränk*) degustare

probiotisch [proː'bioːtɪʃ] *adj* probiotico

Problem [pro'bleːm] <-s, -e> *n* problema *m;* **vor einem ~ stehen** trovarsi di fronte ad un problema; **das ist nicht mein ~** (*fam*) ciò non è affar mio; **kein ~!** (*fam*) non c'è problema!

Problemabfälle *mpl* rifiuti *mpl* tossici

Problematik [proble'maːtɪk] <-> *kein Pl f* problematica *f,* problematicità *f*

problematisch *adj* problematico

problemlos *adj o adv* senza problemi

Produkt [pro'dʊkt] <-(e)s, -e> *n* prodotto *m*

Produktenhandel *m* commercio *m* di prodotti agricoli (locali)

Produkthaftung <-> *kein Pl f* responsabilità *f* per il prodotto

Produktion [prodʊk'tsi̯oːn] <-, -en> *f* produzione *f;* **Produktionsablauf** *m* (ciclo *m* di) produzione *f;* **Produktionsausfall** *m* perdita *f* di produzione; **Produktionskosten** *pl* costi *mpl* di produzione; **Produktionsmittel** *npl* mezzi *mpl* di produzione; **Produktionsrückgang** *m* regresso *m* della produzione; **Produktionssteigerung** *f* aumento *m* della produzione

produktiv [prodʊk'tiːf] *adj* ❶ (*ergiebig*) produttivo ❷ (*schöpferisch*) creativo

Produktivität [prodʊktivi'tɛːt] <-> *kein Pl f* ❶ (*Ergiebigkeit*) produttività *f* ❷ (*Schaffenskraft*) creatività *f*

Produktkategorie *f* categoria *f* di prodotto

Produktmanager(in) *m(f)* product manager *mf*

Produktpalette *f* gamma *f* di prodotti

Produzent(in) [produ'tsɛnt] <-en, -en; -, -nen> *m(f)* produttore, -trice *m, f*

produzieren [produ'tsi:rən] <ohne ge-> **I.** *vt* produrre **II.** *vr* **sich ~** (*fam pej*) prodursi, esibirsi

Prof. *abk v* **Professor** prof.

profan [pro'fa:n] *adj* profano

Professionalität [profɛsi̯onali'tɛːt] <-> *kein Pl* professionalità *f*

professionell [profɛsi̯o'nɛl] *adj* di professione, professionale

Professor(in) [pro'fɛso:ɐ̯] <-s, -en; -, -nen> *m(f)* professore, -essa *m, f* (universitario, -a)

Professur [profɛ'su:ɐ̯] <-, -en> *f* professorato *m;* **die ~ für italienische Literaturwissenschaft** il professorato di letteratura italiana

Profi ['pro:fi] <-s, -s> *m* (*fam*) professionista *mf*

Profil [pro'fi:l] <-s, -e> *n* ❶ (*Gesichts~*) profilo *m;* **im ~** di profilo ❷ (*fig: Persönlichkeit*) personalità *f;* **an ~ gewinnen/ verlieren** migliorare/peggiorare la propria immagine ❸ (*TEC*) profilo *m*

profilieren [profi'li:rən] <ohne ge-> **I.** *vt* profilare **II.** *vr* **sich ~** profilarsi; **profiliert** *adj* ❶ (*TEC*) profilato ❷ (*fig: Mensch*) eminente

Profilsohle *f* suola *f* di gomma intagliata

Profit [pro'fi:t] <-(e)s, -e> *m* profitto *m*

profitabel [profi'ta:bəl] *adj* redditizio, proficuo

Profitgeier *m* (*fam*) persona *f* avida di guadagno

Profitgier *f* (*pej*) avidità *f* di guadagno

profitieren [profi'ti:rən] <ohne ge-> *vi* profittare; **von jdm/etw ~** trarre profitto da qu/qc

pro forma [pro: 'fɔrma] *adv* pro forma; **Pro-Forma-Rechnung** *f* fattura *f* pro forma

Prognose [pro'gno:zə] <-, -n> *f* previsione *f,* prognosi *f;* **eine ~ über etw** *acc* **stellen** fare una prognosi di qc

prognostizieren [prognɔsti'tsi:rən] <ohne ge-> *vt* pronosticare

Programm [pro'gram] <-s, -e> *n* (*allg,* INFORM) programma *m;* **auf dem ~ stehen** essere in programma; **Programmänderung** *f* modifica *f* del programma

programmatisch [progra'ma:tɪʃ] *adj* programmatico

programmgemäß *adj o adv* secondo il programma; **Programmgestaltung** *f* programmazione *f;* **Programmhinweis** *m* informazione *f* sui programmi

programmieren [progra'mi:rən] <ohne ge-> *vt* (*allg,* INFORM) programmare

Programmierer(in) <-s, -; -, -nen> *m(f)* (INFORM) programmatore, -trice *m, f*

Programmiersprache *f* (INFORM) linguaggio *m* di programmazione

Programmierung <-, -en> *f* (INFORM) programmazione *f*

Programmkino <-s, -s> *n* cinema *m* d'essai; **Programmpunkt** *m* punto *m* del programma; **Programmsteuerung** *f* (INFORM) comando *m* a programma; **Programmvorschau** *f* rassegna *f* dei programmi; **Programmzeitschrift** *f* rivista *f* dei programmi radiotelevisivi

Progression [progrɛ'si̯o:n] <-, -en> *f* progressione *f*

progressiv [progrɛ'si:f] *adj* ❶ (*fortschreitend*) progressivo ❷ (*fortschrittlich*) progressista

Projekt [pro'jɛkt] <-(e)s, -e> *n* progetto *m;* **Projektgruppe** *f* commissione *f* per l'elaborazione di un progetto

Projektil [projɛk'ti:l] <-s, -e> *n* proiettile *m*

Projektion [projɛk'tsi̯o:n] <-, -en> *f* proiezione *f;* **Projektionsapparat** *m* proiettore *m;* **Projektionsgerät** <-(e)s, -e> *n* proiettore *m*

Projektleiter(in) *m(f)* responsabile *mf* di progetto; **Projektmanagement** *n* project management *m;* **Projektmanager(in)** *m(f)* project manager *mf*

Projektor [pro'jɛkto:ɐ̯] <-s, -en> *m* proiettore *m*

projizieren [proji'tsi:rən] <ohne ge-> *vt* **etw (auf jdn/etw) ~** proiettare qc (su qu/qc)

Proklamation [proklama'tsi̯o:n] <-, -en> *f* proclamazione *f*

proklamieren [prokla'mi:rən] <ohne ge-> *vt* proclamare

Proklamierung <-, -en> *f* proclamazione *f*

Pro-Kopf-Einkommen *n* reddito *m* pro capite

Prokura [pro'ku:ra, *pl:* pro'ku:rən] <-, Prokuren> *f* (*form*) procura *f;* **~ haben** avere la procura; **jdm ~ erteilen** dare la procura a qu

Prokurist(in) [proku'rɪst] <-en, -en; -, -nen> *m(f)* procuratore, -trice *m, f*

Prolet [pro'le:t] <-en, -en> *m* (*pej*) zotico *m*

Proletariat [proletari'a:t] <-s, -e> *n* proletariato *m*

Proletarier(in) [prole'ta:riɐ] <-s, -; -, -nen> *m(f)* proletario, -a *m, f*

proletarisch *adj* proletario

Prolog [pro'lo:k] <-(e)s, -e> *m* prologo *m*

Promenade [promə'na:də] <-, -n> *f* passeggiata *f;* **Promenadenmischung** *f* (*scherz pej: Hund*) bastardo *m*

promenieren [promə'ni:rən] <ohne ge-> *vi sein* (*geh*) passeggiare

Promi ['prɔmi] <-s, -s> *m* (*fam*) vip *mf;* **Promibonus** *m* trattamento di favore riservato a personaggi famosi; **Promijagd** *f* caccia *f* ai vip

Promille [pro'mɪlə] <-(s), -> *n* per mille *m;* **sie ist mit 0,5 ~ gefahren** (*fam*) ha guidato con un tasso alcolico (nel sangue) di 0,5 per mille; **Promillegrenze** *f* limite *m* del tasso alcolemico

prominent [promi'nɛnt] *adj* famoso, celebre; **Prominente** <ein -r, -n, -n> *mf* persona *f* famosa [*o* celebre]; **Prominenz** [promi'nɛnts] <-> *kein Pl f* personalità *fpl*

Promiskuität [promɪskui'tɛ:t] <-> *kein Pl f* promiscuità *f* (sessuale)

promiskuitiv *adj* (sessualmente) promiscuo

Promotion¹ [promo'tsi̯o:n] <-, -en> *f* (*an Universität*) dottorato *m* di ricerca

Promotion² [prə'moʊʃən] <-> *kein Pl f* (WIRTSCH) promozione *f* pubblicitaria

promovieren [promo'vi:rən] <ohne ge-> I. *vt* conferire il dottorato a; **jdn zum Doktor der Philologie ~** conferire a qu il dottorato in filologia a qu II. *vi* ❶ (*die Doktorwürde erlangen*) dottorarsi; **er ist promovierter Betriebswirt** è dottorato in economia aziendale ❷ (*Dissertation schreiben*) (**über etw** *acc*) ~ scrivere la tesi di dottorato (su qc)

prompt [prɔmpt] I. *adj* pronto II. *adv* prontamente, subito

Pronomen [pro'no:mən] <-s, - *o* Pronomina> *n* (LING) pronome *m*

Propaganda [propa'ganda] <-> *kein Pl f* propaganda *f;* ~ **machen** fare propaganda; **Propagandafeldzug** *m* campagna *f* propagandistica [*o* di propaganda]

Propagandist(in) [propagan'dɪst] <-en, -en; -, -nen> *m(f)* propagandista *mf*

propagandistisch *adj* propagandistico, pubblicitario

propagieren [propa'gi:rən] <ohne ge-> *vt* propagare

Propan [pro'pa:n] <-s> *kein Pl n* (CHEM) propano *m*

Propeller [pro'pɛlɐ] <-, -> *m* elica *f* (di propulsione)

proper ['prɔpɐ] (*fam*) I. *adj* ❶ (*Mensch*) piacevole ❷ (*Dinge*) lindo II. *adv* con accuratezza

Prophet(in) [pro'fe:t] <-en, -en; -, -nen> *m(f)* profeta, -tessa *m, f;* **prophetisch** *adj* profetico

prophezeien [profe'tsaɪən] <ohne ge-> *vt* profetare, predire

Prophezeiung <-, -en> *f* profezia *f;* (*Voraussage*) predizione *f*

prophylaktisch [profy'laktɪʃ] I. *adj* profilattico, preventivo II. *adv* preventivamente

Prophylaxe [profy'laksə] <-, -n> *f* (MED) profilassi *f*

Proportion [propɔr'tsi̯o:n] *f* proporzione *f*

proportional [propɔrtsi̯o'na:l] *adj* proporzionale; **a ist** (**direkt**) ~ **zu b** a è (direttamente) proporzionale a b

proportioniert *adj* proporzionato

Proporz [pro'pɔrts] <-es> *kein Pl m* ❶ (*Verhältnis*) rapporto *m* propozionale ❷ (*bes. A, CH: POL: System der Verhältniswahl*) (sistema *m*) proporzionale *m;* **die Legislative wird nach ~ gewählt** il potere legislativo è scelto secondo il sistema proporzionale

proppe(n)voll ['prɔpə(n)'fɔl] *adj* (*fam*) pieno zeppo

Propst [pro:pst, *pl:* 'prø:pstə] <-es, Pröpste> *m* (REL) preposto *m*

Prosa ['pro:za] <-> *kein Pl f* prosa *f*

prosaisch [pro'za:ɪʃ] *adj* (*geh: nüchtern*) prosaico

Proseminar ['pro:zemina:ɐ̯] *n* (UNIV) seminario per studenti del primo biennio

pros(i)t [pro:st ('pro:zɪt)] *int* (alla) salute; **ein Prosit auf ...** un (ev)viva a ...; ~ **Neujahr!** buon anno!; **prost Mahlzeit!** *fam,* **na denn prost!** bell'affare!, c'è da stare allegri!

Prospekt [pro'spɛkt] <-(e)s, -e> *m* prospetto *m*

prost *int s.* **pros(i)t**

Prostata ['prɔstata, *pl:* 'prɔstatɛ] <-, Prostatae> *f* (ANAT) prostata *f*

prostituieren [prostitu'i:rən] <ohne ge-> *vr* **sich** ~ prostituirsi

Prostituierte <-n, -n> *f* prostituta *f*

Prostitution [prostitu'tsi̯o:n] <-> *kein Pl f* prostituzione *f*

Protagonist(in) [protago'nɪst] <-en, -en; -, -nen> *m(f)* protagonista *mf*

Protegé [prote'ʒe:] <-s, -s> *m* protetto, -a *m, f*

protegieren [prote'ʒi:rən] <ohne ge-> *vt* proteggere, patrocinare

Protein [prote'i:n] <-s, -e> *n* proteina *f*

Protektion [protɛk'tsjo:n] <-, -en> *f* protezione *f,* appoggio *m*

P

Protektionismus [protɛktsi̯oˈnɪsmʊs] <-> *kein Pl m* (WIRTSCH) protezionismo *m*

Protektorat [protɛktoˈraːt] <-(e)s, -e> *n* ❶ (*Schirmherrschaft*) protezione *f*, patronato *m* (*für* di) ❷ (POL: *Schutzherrschaft*) protettorato *m*

Protest [proˈtɛst] <-(e)s, -e> *m* protesta *f*; **aus ~** per protesta; **unter ~** protestando; **Protestaktion** *f* azione *f* di protesta

Protestant(in) [protɛsˈtant] <-en, -en; -, -nen> *m(f)* protestante *mf*

protestantisch *adj* protestante

Protestantismus [protɛstanˈtɪsmʊs] <-> *kein Pl m* protestantesimo *m*

Protestbewegung <-, -en> *f* movimento *m* di protesta

protestieren [protɛsˈtiːrən] <ohne ge-> *vi, vt* (**gegen jdn/etw**) ~ protestare (contro qu/qc)

Protestkundgebung *f* manifestazione *f* di protesta; **Protestwahl** *f* voto *m* di protesta; **Protestwähler(in)** <-s, -; -, -nen> *m(f)* (POL) elettore, -trice *m, f* estremista per protesta; **Protestwelle** *f* ondata *f* di protesta

Prothese [proˈteːzə] <-, -n> *f* protesi *f*

Protokoll [protoˈkɔl] <-s, -e> *n* ❶ (*Niederschrift*) verbale *m*; **~ führen** tenere il protocollo, fare il verbale; **etw zu ~ geben** far mettere a verbale qc; **etw zu ~ nehmen** mettere qc a verbale ❷ (POL: *Etikette*) protocollo *m* ❸ (*Strafmandat*) multa *f*

protokollarisch [protokɔˈlaːrɪʃ] *adj* protocollare

Protokollführer(in) *m(f)* protocollista *mf*

protokollieren [protokɔˈliːrən] <ohne ge-> *vt* protocollare, verbalizzare

Proton [ˈproːtɔn] <-s, -en> *n* (PHYS) protone *m*

Protoplasma [protoˈplasma] *n* protoplasma *m*

Prototyp [proːtoˈtyːp] *m* prototipo *m*

protzen [ˈprɔtsən] *vi* (*fam pej*) **mit etw ~** fare sfoggio di qc; (*mit Worten*) vantarsi di qc

protzig *adj fam, pej* ❶ (*Person*) borioso ❷ (*Auto, Kleidung*) vistoso

Proviant [proviˈant] <-s, *rar* -e> *m* viveri *mpl*, provviste *fpl* (di cibo)

Provider <-s, -> *m* (INFORM) provider *m*

Provinz [proˈvɪnts] <-, -en> *f* provincia *f*

provinziell [provɪnˈtsi̯ɛl] *adj* provinciale, provincialesco *pej*

Provinzler(in) <-s, -; -, -nen> *m(f)* (*fam pej*) provinciale *mf*

Provinzstadt *f* città *f* di provincia

Provinzzeitung *f* giornale *m* provinciale

Provision [proviˈzi̯oːn] <-, -en> *f* (COM)

provvigione *f*; **auf ~** a provvigione

provisorisch [proviˈzoːrɪʃ] *adj* provvisorio

Provisorium [proviˈzoːri̯ʊm] <-s, Provisorien> *n* soluzione *f* provvisoria

provokant [provoˈkant] *adj* provocatorio

Provokateur(in) [provokaˈtøːɐ̯] <-s, -e; -, -nen> *m(f)* provocatore, -trice *m, f*

Provokation [provokaˈtsi̯oːn] <-, -en> *f* provocazione *f*

provokativ [provokaˈtiːf] *adj*, **provokatorisch** [provokaˈtoːrɪʃ] *adj* provocatorio

provozieren [provoˈtsiːrən] <ohne ge-> *vt* provocare

Prozedur [protseˈduːɐ̯] <-, -en> *f* procedura *f*

Prozent [proˈtsɛnt] <-(e)s, -e *o bei Mengenangaben:* -> *n* ❶ (*Hundertstel*) percento *m; in* ~**en** in percentuale; **50 ~ der Bevölkerung** il 50 percento della popolazione ❷ *pl* (*fam: Rabatt*) sconto *m; in diesem Geschäft bekomme ich* ~**e** in questo negozio mi fanno lo sconto; **Prozentsatz** *m* percentuale *f; (Zinsfuß)* tasso *m*

prozentual [protsɛntuˈaːl] *adj* percentuale

Prozess[RR] [proˈtsɛs] <-es, -se> *m*, **Prozeß**[ALT] <-zesses, -zesse> *m* ❶ (JUR) processo *m; einen* ~ *gegen jdn führen* fare un processo contro qu; *mit jdm/etw kurzen* ~ *machen* (*fam*) tagliar corto con qu/qc, andare per le spicce con qu/qc ❷ (*Vorgang*) processo *m*

Prozessakten[RR] *fpl* atti *mpl* processuali; **Prozessgegner(in)**[RR] *m(f)* parte *f* avversaria

prozessieren [protsɛˈsiːrən] <ohne ge-> *vi* **gegen jdn ~** fare un processo a qu

Prozession [protsɛˈsi̯oːn] <-, -en> *f* processione *f*

Prozesskosten[RR] *pl* (JUR) spese *fpl* processuali

Prozessor [proˈtsɛsoːɐ̯] <-s, -en> *m* (INFORM) processore *m*

Prozessordnung[RR] *f* (JUR) codice *m* di procedura

prüde [ˈpryːdə] *adj* (*pej*) prude

Prüderie [pryːdəˈriː] <-> *kein Pl f* (*pej*) pruderie *f*

prüfen [ˈpryːfən] *vt* ❶ (*untersuchen, abfragen*) esaminare; (*testen*) collaudare; (*als Sachverständiger*) periziare; (*nach~, über~*) controllare, verificare; **ein ~der Blick** uno sguardo indagatore; **eine staatlich geprüfte Dolmetscherin** un'interprete giurata; **jdn auf Herz und Nieren ~** esaminare a fondo qu ❷ (*fig geh: durch Schicksal, Leid*) provare

Prüfer(in) <-s, -; -, -nen> *m(f)* esaminatore, -trice *m, f*; (*Wirtschafts~*) revisore *m* dei conti; (*Buch~*) revisore *m*

Prüfgerät *n* apparecchio *m* di collaudo [*o* prova]; **Prüflampe** *f* spia *f* luminosa

Prüfling ['pry:flɪŋ] <-s, -e> *m* esaminando, -a *m, f*, candidato, -a *m, f* d'esame

Prüfstand *m* banco *m* di prova; **Prüfstein** <-(e)s, -e> *m* pietra *f* di paragone; **ein ~ für etw sein** essere una pietra di paragone per qc

Prüfung <-, -en> *f* ❶ (*Untersuchung, a Schul~, Universitäts~*) esame *m*; (*Über~*) controllo *m*, verifica *f*; (*Test*) collaudo *m*; (*Buch~*) revisione *f*; **bei näherer** [*o* **genauer**] **~** dopo attento esame; **eine ~ ablegen** [*o* **machen**] sostenere un esame; **in einer ~ durchfallen, durch eine ~ fallen** (*fam*) essere bocciato a un esame; **schriftliche/mündliche ~** esame scritto/orale ❷ (*fig geh: Heimsuchung*) prova *f*; **Prüfungsangst** *f* paura *f* degli esami; **Prüfungsausschuss**^{RR} *m* commissione *f* d'esame; **Prüfungsgegenstand** *m* oggetto *m* d'esame; **Prüfungskommission** *f s.* **Prüfungsausschuss**

Prügel ['pry:gəl] <-s, -> *m* ❶ (*Stock*) bastone *m* ❷ *pl* (*fam: Schläge*) bastonate *fpl*, legnate *fpl*; **eine Tracht ~ bekommen** (*fam*) ricevere un sacco di legnate

Prügelei [pry:gə'laɪ] <-, -en> *f* rissa *f*

Prügelknabe *m* (*fam*) capro *m* espiatorio

prügeln I. *vt* bastonare, picchiare II. *vr* **sich ~** picchiarsi; **sich mit jdm** (**um etw**) **~** darsele con qu (per qc) *fam*

Prügelstrafe *f* pena *f* corporale

Prunk [prʊŋk] <-(e)s> *kein Pl m* fasto *m*, sfarzo *m*

prunken *vi* **mit etw ~** far sfoggio di qc

Prunkstück <-(e)s, -e> *n* gioiello *m*, perla *f*

prunkvoll *adj* sfarzoso

prusten ['pru:stən] *vi* stronfiare; **vor Lachen ~** scoppiare dal ridere

PS ❶ *abk v* **Pferdestärke** CV ❷ *abk v* **Postskriptum** PS, p.s.

Psalm [psalm] <-s, -en> *m* salmo *m*

Pseudo-, pseudo- [psɔɪdo] (*in Zusammensetzungen*) pseudo-

pseudodemokratisch *adj* (*Verfahren, Maßnahme*) pseudodemocratico; **pseudointellektuell** *adj* pseudointellettuale

pseudonym [psɔɪdo'ny:m] *adj* pseudonimo

Pseudonym <-s, -e> *n* pseudonimo *m*

pst [pst] *int* pss, pst

Psyche ['psy:çə] <-, -n> *f* psiche *f*

Psychiater(in) [psy'çi̯a:tɐ] <-s, -; -, -nen> *m(f)* psichiatra *mf*

Psychiatrie¹ [psyçi̯a'tri:] <-> *kein Pl f* (*Gebiet der Medizin*) psichiatria *f*

Psychiatrie² <-, -n> *f* (*sl: psychiatrische Abteilung*) reparto *m* psichiatrico

psychiatrisch [psy'çi̯a:trɪʃ] *adj* (MED) psichiatrico; **in ~er Behandlung sein** essere in cura psichiatrica

psychisch ['psy:çɪʃ] *adj* psichico

Psycho- [psyço] (*in Zusammensetzungen*) psico-

Psychoanalyse [psyço?ana'ly:zə] *f* psicanalisi *f*; **Psychoanalytiker(in)** [psyçoana'ly:tikɐ] <-s, -; -, -nen> *m(f)* psicanalista *mf*, (psico)analista *mf*; **Psychogramm** [psyço'gram] <-s, -e> *n* psicogramma *m*

Psychologe [psyço'lo:gə] <-n, -n> *m* psicologo *m*

Psychologie [psyçolo'gi:] <-> *kein Pl f* psicologia *f*

Psychologin [psyço'lo:gɪn] <-, -nen> *f* psicologa *f*

psychologisch [psyço'lo:gɪʃ] *adj* psicologico

Psychopath(in) [psyço'pa:t] <-en, -en; -, -nen> *m(f)* psicopatico, -a *m, f*; **psychopathisch** *adj* psicopatico; **Psychopharmaka** [psyço'farmaka] *npl* psicofarmaci *mpl*

Psychose [psy'ço:zə] <-, -n> *f* psicosi *f*

psychosomatisch [psyçozo'ma:tɪʃ] *adj* psicosomatico; **Psychoterror** ['psy:çotɛro:ɐ̯] *m* terrorismo *m* psicologico

Psychotherapeut(in) [psyçotera'pɔɪt] <-en, -en; -, -nen> *m(f)* (MED, PSYCH) psicoterapeuta *mf*, psicoterapista *mf*; **psychotherapeutisch** *adj* (MED, PSYCH) psicoterapeutico, psicoterapico; **Psychotherapie** [psyçotera'pi:] *f* psicoterapia *f*

PTA [pe:te:'?a:] <-, -s> *f abk v* **pharmazeutisch-technische Asisstentin** assistente *mf* farmaceutico, -a

PTT [pe:te:'te:] *f* (CH: *Abkürzung für Schweizerische Post-, Telefon- und Telegrafenbetriebe*) poste, telefoni e telegrafi svizzeri

pubertär [pubɛr'tɛ:ɐ̯] *adj* ❶ (*Probleme, Störungen*) puberale ❷ (*Mensch*) nell'età puberale, adolescenziale

Pubertät [pubɛr'tɛ:t] <-> *kein Pl f* pubertà *f*

Publicity [pʌ'blɪsəti] <-> *kein Pl f* ❶ (*Bekanntheit*) notorietà *f* ❷ (*Reklame*) pubblicità *f*

Public Relations ['pʌblɪk rɪ'leɪʃənz] *pl*, **Publicrelations**^{RR} *pl* public relations *fpl*, pubbliche relazioni *fpl*

publik [pu'bli:k] *adj* pubblico; **etw ~ machen** rendere pubblico qc; **~ werden**

diventare di pubblico dominio

Publikation [publika'tsi̯oːn] <-, -en> f pubblicazione f

Publikum ['puːblikʊm] <-s> kein Pl n pubblico m; **Publikumserfolg** m successo m di pubblico; (Film) film m di cassetta; **Publikumsgeschmack** m gusto m del pubblico; **Publikumsliebling** m beniamino, -a m, f del pubblico; **Publikumsmagnet** <-en, -en> m beniamino, -a m, f del pubblico; **publikumswirksam** adj che fa presa sul pubblico

publizieren [publi'tsiːrən] <ohne ge-> vt pubblicare

Publizist(in) [publi'tsɪst] <-en, -en; -, -nen> m(f) pubblicista mf

Publizistik [publi'tsɪstɪk] <-> kein Pl f pubblicistica f

Publizistin f s. **Publizist**

publizistisch adj pubblicistico

Puck [pʊk] <-s, -s> m (SPORT) disco m

Pudding ['pʊdɪŋ] <-s, -e o -s> m budino m; **Puddingpulver** n polvere f per budino

Pudel ['puːdəl] <-s, -> m barboncino m; **wie ein begossener ~ dastehen** (fam) starsene lì come un cane bastonato; **Pudelmütze** f berretto m di lana; **pudelnackt** ['puːdəl'nakt] adj (fam) nudo come un verme; **pudelnass**[RR] ['puːdəl'nas] adj (fam) bagnato come un pulcino; **pudelwohl** ['puːdəl'voːl] adj (fam) **sich ~ fühlen** sentirsi magnificamente bene

Puder ['puːdɐ] <-s, -> m fam, dial n cipria f; **~ auflegen** mettere la cipria; **Puderdose** f portacipria m

pudern I. vt incipriare II. vr **sich ~** incipriarsi

Puderquaste f piumino m per la cipria

Puderzucker m zucchero m a velo

Puff[1] [pʊf, pl: 'pʏfə o 'pʊfə] <-(e)s, Püffe o rar -e> m (fam: Stoß) spinta f, colpo m

Puff[2] [pʊf] <-s, -s> m o n (fam pej: Bordell) bordello m

Puffärmel m manica f a palloncino

puffen I. vt (stoßen) spingere, dare spintoni a II. vi (Lokomotive) sbuffare

Puffer <-s, -> m **❶** (FERR) respingente m **❷** (GASTR: Kartoffel~) frittella f di patate; **Pufferstaat** m stato m cuscinetto; **Pufferzone** <-, -n> f zona f cuscinetto

Puffmutter f (fam) tenutaria f di un bordello

pulen ['puːlən] nordd, fam I. vi **❶** (knibbeln) grattare **❷** (in Nase) scaccolarsi II. vt (heraus~) sgranare

Pulk [pʊlk] <-(e)s, -s> m **❶** (Schlitten der Lappen, Pulka) pulca f, pulka f **❷** (MIL) formazione f, schieramento m **❸** (Gedränge) ammasso m, mucchio m, caterva f, affollamento m, assembramento m

Pulle ['pʊlə] <-, -n> f (fam) bottiglia f; **volle ~ fahren** andare a tutta birra

Pulli ['pʊli] <-s, -s> m (fam) pullover m, maglione m; **Pullover** [pʊ'loːvɐ] <-s, -> m pullover m, maglione m

Pullunder [pʊ'lʊndɐ] <-s, -> m pull m senza maniche

Puls [pʊls] <-es, -e> m polso m; **jdm den ~ fühlen** tastare il polso a qu; **Pulsader** f arteria f radiale, vena f del polso; **sich** dat **die ~n aufschneiden** tagliarsi le vene, svenarsi

pulsieren [pʊl'ziːrən] <ohne ge-> vi pulsare

Pulsschlag m **❶** (ANAT) pulsazione f, battito m del polso **❷** (fig) pulsare m, palpito m; **Pulswärmer** <-s, -> m scaldapolsi m

Pult [pʊlt] <-(e)s, -e> n **❶** (Schreib~) scrivania f; (in Schule) cattedra f; (Redner~) tribuna f; (Noten~) leggio m **❷** (Schalt~) quadro m di comando

Pulver ['pʊlvɐ] <-s, -> n **❶** (zerriebener, zermahlener Stoff) polvere f; **sein ~ verschossen haben** (fig fam) aver sparato tutte le cartucce **❷** (sl: Geld) grana f; **Pulverfass**[RR] n barile m di polvere; **einem ~ gleichen** essere una polveriera; **auf einem ~ sitzen** (fig) star seduti su un vulcano

pulv(e)rig adj pulverulento, polveroso

pulverisieren [pʊlveri'ziːrən] <ohne ge-> vt polverizzare

Pulverkaffee m caffè m solubile; **Pulverschnee** m neve f farinosa; **pulvertrocken** ['pʊlfɐ'trɔkən] adj molto secco

pulvrig adj s. **pulv(e)rig**

Puma ['puːma] <-s, -s> m puma m

pumm(e)lig ['pʊm(ə)lɪç] adj (fam) paffuto, grassoccio

Pump [pʊmp] <-s> kein Pl m (sl) prestito m; **etw auf ~ kaufen** comprare qc a credito; **auf ~ leben** vivere di prestiti

Pumpe ['pʊmpə] <-, -n> f **❶** (Vorrichtung) pompa f **❷** (fam: Herz) cuore m

pumpen vt **❶** (Wasser) pompare **❷** (fam: ausleihen) battere cassa; **sich** dat **Geld von jdm ~** farsi prestar soldi da qu, battere cassa da qu fam

Pumps [pœmps] <-, -> m (scarpa f) décolleté m

Pumpstation f stazione f di pompaggio

puncto ['pʊŋkto] adv **in ~ ...** riguardo a

...

Punk [paŋk] <-(s), -s> *m* ❶ *sing* (*~ musik*) musica *f* punk ❷ (*Anhänger des Punk*) punk *mf*

Punker(in) <-s, -; -, -nen> *m(f) s.* **Punk 2.**

Punkrock <-s> *kein Pl m* rock *m* punk

Punkt [pʊŋkt] <-(e)s, -e> *m* punto *m*; **um ~ 12 Uhr** a mezzogiorno in punto; **~ für ~** punto per punto; **in diesem ~** a questo riguardo; **nach ~en siegen** vincere ai punti; **dieser ~ der Verhandlungen ist noch strittig** nelle trattative questo punto è ancora controverso; **das ist ein dunkler ~ in ihrer Vergangenheit** questo è un punto nero nel suo passato; **bis zu einem gewissen ~** fino ad un certo punto; **nun mach aber mal 'nen ~!** (*fam*) ora però basta!; **ohne ~ und Komma reden** (*fam*) parlare come una mitragliatrice; **auf den ~ kommen** venire al dunque

Punkteführerschein *m* patente *f* a punti

punktgleich *adj* (SPORT) a pari merito, ex aequo

punktieren [pʊŋk'tiːrən] <ohne ge-> *vt* ❶ (*Linie, Fläche*) punteggiare ❷ (MUS) puntare ❸ (MED) fare una puntura a

Punktion [pʊŋk'tsi̯oːn] <-, -en> *f* puntura *f*

pünktlich ['pʏŋktlɪç] *adj* puntuale; **Pünktlichkeit** <-> *kein Pl f* puntualità *f*

Punktrichter(in) *m(f)* giudice *mf* di gara; **Punktsieg** *m* vittoria *f* ai punti; **Punktsieger(in)** *m(f)* vincitore, -trice *m, f* ai punti

punktuell [pʊŋktu'ɛl] **I.** *adj* puntuale **II.** *adv* per sommi capi

Punsch [pʊnʃ, *pl:* 'pʊnʃə *o* 'pʏnʃə] <-(e)s, -e *o* Pünsche> *m* (*alkoholisches Getränk*) ponce *m*

Pupille [pu'pɪlə] <-, -n> *f* pupilla *f*

Puppe ['pʊpə] <-, -n> *f* ❶ (*Kinderspielzeug*) bambola *f*; (*Marionette*) marionetta *f* ❷ (*fam: Frau*) bambola *f* ❸ (ZOO) crisalide *f* ❹ (*Wend*) **bis in die ~n schlafen** (*sl*) dormire fino a tardi; **Puppenhaus** *n* casa *f* delle bambole; **Puppenspiel** *n* spettacolo *m* di burattini; **Puppenspieler(in)** *m(f)* burattinaio, -a *m, f*; **Puppentheater** *n* teatro *m* di burattini; **Puppenwagen** *m* carrozzina *f* delle bambole

Pups [puːps] <-es, -e> *m* (*fam*) scoreggia *f*

pupsen *vi* (*fam*) scoreggiare

pur [puːɐ̯] *adj* ❶ (*rein*) puro; **Whisky ~** whisky liscio ❷ (*fam: bloß*) puro; **~er Zufall** puro caso

Püree [py're:] <-s, -s> *n* (GASTR) purea *f*, purè *m*

pürieren [py'riːrən] <ohne ge-> *vt* (GASTR) passare

Pürierstab *m* frullatore *m* a immersione

Puritaner(in) [puri'taːnɐ] <-s, -; -, -nen> *m(f)* puritano, -a *m, f*

puritanisch *adj* puritano

Purpur ['pʊrpʊr] <-s> *kein Pl m* porpora *f*; **purpurfarben, purpurrot** *adj* (*color*) porpora, porporino

Purzelbaum *m* (*fam*) capriola *f*; **einen ~ schlagen** fare una capriola

purzeln ['pʊrtsəln] *vi sein* fare un capitombolo; (*herunter~*) ruzzolare

puschen[RR] ['pʊʃən] *vt*, **pushen** *vt* (*sl*) ❶ (*zum Erfolg bringen*) promuovere, pubblicizzare; **ein neues Produkt auf den Markt ~** lanciare un nuovo prodotto sul mercato; **jdn an die Spitze ~** lanciare qu ai vertici di qc ❷ (*mit Drogen handeln*) spacciare (droga)

Push-Up-BH ['pʊʃapbe:'ha:] *m* push up *m*

Puste ['puːstə] <-> *kein Pl f* (*fam*) fiato *m*; **außer ~ sein** essere senza fiato; **Pusteblume** *f* (*fam*) soffione *m*; **Pustekuchen** *m* (**ja**) **~!** (*fam*) te lo sogni!

Pustel ['pʊstəl] <-, -n> *f* pustola *f*

pusten ['puːstən] *vi* ❶ (*blasen*) soffiare ❷ (*keuchen*) ansimare

Pute ['puːtə] <-, -n> *f* ❶ (*Truthenne*) tacchina *f* ❷ (*fam pej*) oca *f*

Puter ['puːte] <-s, -> *m* tacchino *m*; **puterrot** ['puːte'ro:t] *adj* rosso come un peperone

Putsch [pʊtʃ] <-(e)s, -e> *m* (MIL) golpe *m*

putschen *vi* fare un colpo di stato

Putschist(in) [pʊ'tʃɪst] <-en, -en; -, -nen> *m(f)* golpista *mf*

Putte ['pʊtə] <-, -n> *f* putto *m*, amorino *m*

Putz [pʊts] <-es> *kein Pl m* intonaco *m*; **unter/über ~** sotto/sopra l'intonaco; **auf den ~ hauen** (*fam: angeben*) darsi delle arie; (*ausgelassen sein*) essere sfrenato

putzen ['pʊtsən] **I.** *vt* nettare; (*a Gemüse*) pulire; (*polieren*) lucidare; (*a Schuhe*) lustrare **II.** *vr* **sich ~** pulirsi; **sich** *dat* **die Nase ~** soffiarsi il naso; **sich** *dat* **die Zähne ~** lavarsi i denti

Putzerei <-> *kein Pl f* (*fam pej*) il continuo pulire *m*, mania *f* della pulizia

Putzfimmel *m* (*fam pej*) mania *f* della pulizia; **Putzfrau** *f* donna *f* delle pulizie

putzig ['pʊtsɪç] *adj* (*fam*) ❶ (*niedlich*) carino, grazioso ❷ (*seltsam, komisch*) buffo, bizzarro

Putzkolonne *f* squadra *f* di addetti alle pulizie; **Putzlappen** *m* strofinaccio *m*; **Putzmacherin** *f* (*obs*) modista *f*; **Putzmittel** *n* detersivo *m*; (*zum Polieren*)

lucido *m*

putzmunter ['pʊts'mʊntɐ] *adj* (*fam*) vispo

Putzsucht <-> *kein Pl f* mania *f* della pulizia; **Putzwut** *f* mania *f* della pulizia; **putzwütig** *adj* (*fam*) maniaco della pulizia

puzzeln ['pazəln] *vi* fare un puzzle

Puzzle ['pazəl *o* 'pasəl] <-s, -s> *n,* **Puzzlespiel** *n* puzzle *m*

PVC [peːfaʊ'tseː] <-(s)> *kein Pl n abk v* **Polyvinylchlorid** PVC

Pygmäe [pʏ'gmɛːə] <-n, -n> *m* pigmeo *m*

Pyjama [py'(d)ʒaːma] <-s, -s> *m* pigiama *m*

Pyramide [pyra'miːdə] <-, -n> *f* piramide *f;* **pyramidenförmig** [pyra'miːdənfœrmɪç] *adj* piramidale

Pyrenäen [pyre'nɛːən] *pl* Pirenei *mpl*

Pyrit [py'riːt *o* py'rɪt] <-s, -e> *m* (MIN) pirite *f*

Pyromane [pyro'maːnə] <-n, -n> *m* piromane *mf*

Pyromanie [pyroma'niː] *f* piromania *f*

Pyromanin [pyro'maːnɪn] <-, -nen> *f* piromane *f*

Pyrotechniker(in) [pyro'tɛçnɪkɐ] *m(f)* pirotecnico *m*

Pyrrhussieg ['pʏrʊsziːk] <-(e)s, -e> *m* (*geh*) vittoria *f* di Pirro

Python ['pyːtɔn] <-s, -s *o* -en> *m,* **Pythonschlange** *f* pitone *m*

P

Q q

Q, q [ku:] <-, -(s)> *n* Q, q *f;* **Q wie Quelle** Q come quarto

q (*CH, A*) *abk v* **Zentner** quintale

QbA *abk v* **Qualitätswein aus bestimmten Anbaugebieten** DOC

quabbelig *adj* ❶ (*gallertartig*) gelatinoso ❷ (*weich und glitschig*) viscido ❸ (*weich und dick*) grasso e flaccido

quabbeln ['kvabəln] *vi* tremolare

Quacksalber(in) ['kvakzalbɐ] <-s, -; -, -nen> *m(f)* (*pej*) ciarlatano, -a *m, f;* **Quacksalberei** [kvakzalbəˈraɪ] <-, -en> *f* (*pej*) ciarlataneria *f*

Quader ['kvaːdɐ] <-s, -> *m* ❶ (ARCH) quadrone *m* ❷ (MAT) parallelepipedo *m;* **Quaderstein** *m* pietra *f* quadra [*o* squadrata], quadrone *m*

Quadrant [kvaˈdrant] <-en, -en> *m* quadrante *m*

Quadrat [kvaˈdraːt] <-(e)s, -e> *n* quadrato *m;* **sechzehn zum ~** sedici al quadrato

quadratisch *adj* ❶ (MAT) quadratico; **~ e Gleichung** equazione di secondo grado ❷ (*quadratförmig*) quadr(at)o

Quadratkilometer *m* chilometro *m* quadrato; **Quadratlatschen** *mpl* (*fam*) ❶ (*Schuhe*) barche *fpl* ❷ (*Füße*) piedoni *mpl;* **Quadratmeter** *m o n* metro *m* quadrato

Quadratur [kvadraˈtuːɐ̯] <-, -en> *f* quadratura *f;* **die ~ des Kreises** la quadratura del cerchio

Quadratwurzel *f* (MAT) radice *f* quadrata; **Quadratzentimeter** *m o n* centimetro *m* quadrato

quadrieren [kvaˈdriːrən] <ohne ge-> *vt* (MAT) quadrare, elevare al quadrato

Quadrille [kvaˈdrɪljə *o* kaˈdrɪljə] <-, -n> *f* quadriglia *f*

quadrofon^{RR} *adj s.* **quadrofonisch**

Quadrofonie^{RR} [kvadrofoˈniː] <-, -n> *f,* **quadrofonisch**^{RR} [kvadroˈfoːnɪʃ] *adj* (RADIO) quadrifonico; **Quadrophonie** <-, -n> *f* (RADIO) quadrifonia *f*

quak [kvaːk] *int* qua, quac

quaken ['kvaːkən] *vi* ❶ (*Ente*) schiamazzare; (*Frosch*) gracidare ❷ (*fam pej: viel und unnütz reden*) blaterare

quäken ['kvɛːkən] *vi* gracchiare; (*aus Unzufriedenheit*) frignare, piagnucolare, lagnarsi, lamentarsi

Quäker(in) ['kvɛːkɐ] <-s, -; -, -nen> *m(f)* quacchero, -a *m, f*

Qual [kvaːl] <-, -en> *f* tormento *m*, pena *f;* **die ~ der Wahl** (*scherz*) l'imbarazzo della scelta

quälen ['kvɛːlən] **I.** *vt* ❶ (*seelisch*) tormentare; (*misshandeln*) maltrattare ❷ (*lästig fallen*) seccare *fam* **II.** *vr* **sich ~** ❶ (*seelisch*) tormentarsi ❷ (*sich abmühen*) affaticarsi

Quälerei [kvɛːləˈraɪ] <-, -en> *f* tormento *m*

Quälgeist *m* (*fam*) scocciatore, -trice *m, f*

Qualifikation [kvalifikaˈtsjoːn] <-, -en> *f* ❶ (SPORT) qualificazione *f* ❷ (*Eignung*) qualifica *f,* attitudine *f*

qualifizieren [kvalifiˈtsiːrən] <ohne ge-> **I.** *vt* qualificare; **qualifizierter Arbeiter** operaio qualificato **II.** *vr* **sich ~** qualificarsi

Qualität [kvaliˈtɛːt] <-, -en> *f* qualità *f;* **der Stoff ist von schlechter ~** la stoffa è di qualità scadente

qualitativ [kvalitaˈtiːf] *adj* qualitativo

Qualitätsarbeit *f* lavoro *m* di qualità; **Qualitätserzeugnis** *n* prodotto *m* di qualità; **Qualitätskontrolle** *f* controllo *m* della qualità; **Qualitätsmerkmal** <-(e)s, -e> *n* segno *m* di qualità; **Qualitätssiegel** <-s, -> *n* marchio *m* di qualità; **Qualitätssteigerung** *f* aumento *m* di qualità

Qualle ['kvalə] <-, -n> *f* medusa *f*

Qualm [kvalm] <-(e)s> *kein Pl m* fumo *m* denso

qualmen *vi* ❶ (*Qualm verbreiten*) fumare, mandare fumo denso ❷ (*fam pej: rauchen*) fumare (come un turco)

qualmig *adj* fumoso

qualvoll *adj* straziante, penoso

Quant [kvant] <-s, -en> *n* (PHYS) quanto *m*

Quanten *pl* ❶ *pl von* **Quant, Quantum** ❷ (*sl: Füße*) piedacci *mpl;* **Quantenelektronik** *f* elettronica *f* quantistica; **Quantensprung** <-(e)s, -sprünge> *m* (PHYS) salto *m* quantico; **Quantentheorie** *f* (PHYS) teoria *f* dei quanti

Quantität [kvantiˈtɛːt] <-, -en> *f* quantità *f*

quantitativ [kvantitaˈtiːf] *adj* quantitativo

Quantum ['kvantʊm, *pl:* 'kvantən] <-s, Quanten> *n* ❶ (*Menge*) dose *f* ❷ (*Anteil*) parte *f,* porzione *f*

Quappe ['kvapə] <-, -n> *f* (ZOO) ❶ (*Kaulquappe*) girino *m* ❷ (*Aalquappe*) bottatrice *f*

Quarantäne [karanˈtɛːnə] <-, -n> *f* quarantena *f;* **unter ~ stellen** mettere in quarantena; **Quarantänestation** *f* reparto *m* contumaciale

Quark¹ [kvark] <-s> *kein Pl m* ❶ (GASTR)
formaggio tipo ricotta ❷ (*fam pej: Unsinn*)
sciocchezze *fpl*
Quark² [kwɔ:k] <-s, -s> *n* (PHYS) quark *m*
Quarkspeise *f* (GASTR) dolce *m* col quark
Quart¹ [kvart] <-, -en> *f* ❶ (MUS) quarta *f*
❷ (SPORT: *Fechten*) quarta *f*
Quart² <-s, -e> *n* (TYP: *Format*) quarto *m*
Quarta ['kvarta, *pl:* 'kvartən] <-, Quar-
ten> *f* (*A*) quarta classe *f* ginnasiale
Quartal [kvar'ta:l] <-s, -e> *n* trimestre *m*
Quartals- (*in Zusammensetzungen*) trimestrale; **Quartal(s)säufer(in)** *m(f)*
(*fam pej*) dipsomane *mf;* **quar-
tal(s)weise** *adv* trimestralmente
Quartaner(in) [kvar'ta:nɐ] <-s, -; -, -nen>
m(f) allievo, -a *m, f* di terza ginnasio
Quarte ['kvartə] <-, -n> *f* (MUS) quarta *f*
Quarten *pl von* **Quarta**
Quartett [kvar'tɛt] <-(e)s, -e> *n* (MUS)
quartetto *m*
Quartier [kvar'ti:ɐ] <-s, -e> *n* ❶ (*Unterkunft*) alloggio *m;* (MIL) alloggiamento *m,*
acquartieramento *m;* **ein ~ beziehen**
alloggiare ❷ (*CH: Viertel*) quartiere *m*
Quarz [kva:ɐts] <-es, -e> *m* quarzo *m;*
Quarzsand <-(e)s, -e> *m* (GEOL) sabbia *f*
quarzifera; **Quarzuhr** *f* orologio *m* al
quarzo
quasi ['kva:zi] *adv* (*gewissermaßen*) in un
certo senso; (*sozusagen*) per così dire
Quasisynonym *n* quasi sinonimo *m*
quasseln ['kvasəln] **I.** *vi* (*fam*) cianciare,
blaterare **II.** *vt* (*fam*) dire; **dummes
Zeug ~** dire ciance; **Quasselstrippe** *f*
(*fam pej*) ciancione, -a *m, f,* blaterone,
-a *m, f*
Quaste ['kvastə] <-, -n> *f* ❶ (*Troddel*)
nappa *f* ❷ (*Puder~*) piumino *m* (per la
cipria)
Quatsch <-(e)s> *kein Pl m* (*fam pej*)
sciocchezze *fpl,* stupidaggini *fpl;* **mach
keinen ~!** non fare stupidaggini!; **red'
doch nicht so einen ~!** non dire
sciocchezze!
quatsch [kvatʃ] *int* ciac, ciaf
quatschen (*fam*) **I.** *vi* ❶ (*pej:
dumm daherschwätzen*) dire sciocchezze
❷ (*plaudern, quasseln*) cianciare, blaterare
❸ (*klatschen*) (**über etw** *acc*) ~ spettegolare (su qu) **II.** *vt* (*pej*) dire; **Blödsinn ~**
dire le scemenze
Quatschkopf *m* (*fam pej*) ciancione,
-a *m, f*
Quecke ['kvɛkə] <-, -n> *f* gramigna *f*
Quecksilber ['kvɛkzɪlbɐ] *n* (CHEM) mercurio *m;* **Quecksilbersäule** *f* colonna *f* di
mercurio; **Quecksilberthermometer**

<-s, -> *n* termometro *m* a mercurio;
Quecksilberverbindung *f* composto *m*
di mercurio; **Quecksilbervergiftung** *f*
intossicazione *f* da mercurio, mercuria-
lismo *m*
Quell [kvɛl] <-(e)s, -e> *m* fonte *f*
Quelle ['kvɛlə] <-, -n> *f* ❶ (*eines Gewäs-
sers*) sorgente *f;* (*Öl~*) pozzo *m* (petrolifero) ❷ (*fig: Text, Person*) fonte *f;* **aus
zuverlässiger ~** da fonte sicura; **an der ~
sitzen** (*fam*) avere una buona fonte di
rifornimento
quellen ['kvɛlən] <quillt, quoll, gequol-
len> *vi sein* ❶ (*heraus~*) sgorgare, scaturire ❷ (*auf~, anschwellen*) gonfiarsi
Quellenangabe *f* indicazione *f* delle
fonti; **Quellenforschung** *f* studio *m*
delle fonti; **Quellensteuer** *f* ritenuta *f*
alla fonte sugli interessi bancari; **Quellen-
studium** *n* studio *m* delle fonti; **Quel-
lentext** *m* fonte *f*
Quellgebiet *n* bacino *m* sorgentifero;
Quellwasser <-s> *kein Pl m* acqua *f* sorgiva
Quengelei [kvɛŋə'laɪ] <-, -en> *f* (*fam*)
piagnisteo *m*
queng(e)lig *adj* (*fam: nörgelig*) brontolone; (*Kinder*) piagnucoloso
quengeln ['kvɛŋəln] *vi* (*fam: nörgeln*)
brontolare, criticare; (*Kinder*) piagnucolare
quenglig *adj s.* **queng(e)lig**
quer [kve:ɐ] *adv* ❶ (*rechtwinklig*) di traverso; **~ gestreift** a righe trasversali; **sich ~
legen/stellen** mettersi di traverso; **sich ~
legen** (*fig fam: sich widersetzen*) opporsi
❷ (*schräg*) **~ durch** [*o* **über**] attraverso;
Querachse *f* asse *m* trasversale;
Querbalken *m* traversa *f;* **querbeet**
[kve:ɐ'be:t] *adv* (*fam*) a casaccio
Quere ['kve:rə] <-> *kein Pl f* **jdm in die ~
kommen** (*fam*) ostacolare qu
Querele [kve're:lə] <-, -n> *f* (*geh*) controversia *f*
querfeldein ['kve:ɐfɛlt'ʔaɪn] *adv* attraverso i campi; **Querfeldeinrennen** *n*
corsa *f* campestre
Querflöte *f* flauto *m* traverso
Querformat *n* formato *m* orizzontale
quergestreift *adj* a righe trasversali
Querkopf *m* (*fam pej*) bastian *m* contrario;
querköpfig ['kve:ɐkœpfɪç] *adj* (*fam pej*)
da bastian contrario
querǀlegenᴬᴸᵀ *vr* **sich ~** *s.* **quer 1.**
Querleiste *f* traversina *f;* **Querschiff** *n*
(ARCH) transetto *m;* **Querschläger** *m*
colpo *m* di rimbalzo
Querschnitt *m* ❶ (*Schnitt*) sezione *f* trasversale ❷ (*fig: Überblick*) panorama *m,*

rassegna *f;* **querschnitt(s)gelähmt** *adj*
paraplegico; **Querschnitt(s)gelähmte**
mf paraplegico, -a *m, f*
Querstraße *f* traversa *f;* **Querstrich** *m*
linea *f* trasversale; **Quersumme** *f* (MAT)
somma *f* delle cifre di un numero; **Quer-
treiber** *m* (*fam pej*) intrigante *mf,* oppositore, -trice *m, f*
Querulant(in) [kveru'lant] <-en, -en; -,
-nen> *m(f)* (*pej*) brontolone, -a *m, f fam*
Querverbindung *f* collegamento *m*
diretto; **Querverweis** *m* rinvio *m,*
rimando *m;* **Querweg** *m* via *f* trasversale
quetschen ['kvɛtʃən] I. *vt* ❶ (*drücken, verletzen*) schiacciare ❷ (*in etw hineinzwängen*) stipare II. *vr* **sich** ~ ❶ (*sich klemmen*) schiacciarsi ❷ (*sich zwängen*) accalcarsi; **sich** *dat* **den Finger** ~ schiacciarsi il
dito
Quetschfalte *f* piega *f* piatta
Quetschung <-, -en> *f,* **Quetsch-
wunde** *f* contusione *f*
Queue [køː] <-s, -s> *m o n* (*Billard*)
stecca *f* da biliardo
Quickie ['kwɪki] <-, -s> *m* (*sl*) rapido *m,*
sveltina *f*
quicklebendig ['kvɪkle'bɛndɪç] *adj* viva-
cissimo
quieken ['kviːkən] *vi* ❶ (*Tiere*) squittire
❷ (*fig: vor Vergnügen*) emettere piccoli
gridi striduli, stridere
quietschen ['kviːtʃən] *vi* ❶ (*Tür, Schloss,
Bremsen, Bett*) cigolare, stridere ❷ (*fam:
Menschen*) strillare
quietschfidel, **quietschvergnügt**
['kviːtʃfiˈdeːl, 'kviːtʃfɛɐ'gnyːkt] *adj* (*fam*)
contento come una Pasqua
Quietschgeräusch *n* stridore *m*
quillt [kvɪlt] *3. pers sing pr von* **quellen**
Quint [kvɪnt] <-, -en> *f* ❶ (MUS) quinta *f*
❷ (SPORT: *Fechten*) quinta *f*
Quinta ['kvɪnta, *pl:* 'kvɪntən] <-, Quin-
ten> *f* (*A*) quinta classe *f* ginnasiale
Quintaner(in) [kvin'taːnɐ] <-s, -; -, -nen>
m(f) (*obs*) allievo, -a *m, f* di seconda gin-

nasio
Quinte ['kvɪntə] <-, -n> *f* (MUS) *s.* **Quint 1.**
Quinten *pl von* **Quinta**
Quintessenz ['kvɪntɛsɛnts] *f* quintessenza *f*
Quintett <-(e)s, -e> *n* (MUS) quintetto *m*
Quirl [kvɪrl] <-(e)s, -e> *m* ❶ (*Küchengerät*) frullino *m* ❷ (BOT) verticillo *m*
quirlen *vt* frullare
quirlig *adj* vivace, esuberante
quitt [kvɪt] *adj* (*fam*) (**mit jdm**) ~ **sein**
essere pari (con qu)
Quitte ['kvɪtə] <-, -n> *f* ❶ (*Baum*) melo *m*
cotogno ❷ (*Frucht*) (mela *f*) cotogna *f*
quittieren [kvɪ'tiːrən] <ohne ge-> *vt*
❶ (*bescheinigen*) quietanzare; (*Rechnung*) saldare ❷ (*Dienst*) lasciare, abbandonare
Quittung ['kvɪtʊŋ] <-, -en> *f* ❶ (COM) ricevuta *f,* quietanza *f;* **eine** ~ (**über etw** *acc*)
ausstellen rilasciare una ricevuta (per qc);
gegen ~ dietro ricevuta ❷ (*fig: Folgen*)
ricompensa *f;* **das ist die** ~ **für deine Vor-
eiligkeit** ecco il risultato della tua fretta;
Quittungsblock <-(e)s, -blöcke> *m*
blocco *m* delle ricevute
Quiz [kvɪs] <-, -> *n* (gioco *m* a) quiz *m;*
Quizmaster ['kvɪsmaːstɐ] <-s, -> *m* presentatore, -trice *m, f* di un gioco a quiz;
Quizshow *f* (TV) quizshow *m*
quoll [kvɔl] *1. u 3. pers sing imp von* **quellen**
Quote ['kvoːtə] <-, -n> *f* ❶ (*Anteil*) quota *f*
❷ (*bei Statistik*) percentuale *f;* **Quoten-
frau** <-, -en> *f donna impiegata / incari-
cata grazie all'applicazione della Quotenregelung;* **Quotenregelung** <-, -en> *f
normativa per la percentuale di rappresentanza femminile in carichi politici, ammi-
nistrativi etc*
Quotient [kvo'tsiɛnt] <-en, -en> *m* (MAT)
quoziente *m*
Quotierung <-, -en> *f* (WIRTSCH) quotazione *f*

Q

R

R, r [ɛr] <-, -(s)> *n* R, r *f;* **R wie Richard** R come Roma

R ❶ *abk v* **Réaumur** (PHYS) °r ❷ *abk v* **Radius** (MAT) r

Ra *abk v* **Radium** (CHEM) Ra

Rabatt [ra'bat] <-(e)s, -e> *m* sconto *m,* ribasso *m;* **(einen) ~ auf etw** *acc* **geben** fare uno sconto su qc; **mit 10 % ~** con uno sconto del 10 %; **ich bekam 2 Euro ~** mi fecero uno sconto di 2 euro

rabattieren [raba'tiːrən] <ohne ge-> *vt* fare uno sconto su, accordare un ribasso su

Rabattmarke *f* buono *m* (di) sconto; **Rabattschlacht** *f* battaglia *f* degli sconti

Rabauke [ra'baʊkə] <-n, -n> *m* (*fam*) teppista *mf,* bruto, -a *m, f*

Rabbi ['rabi, *pl:* ra'biːnən *o* 'rabiːs] <-(s), Rabbinen *o* -s> *m* (REL) *Judentum*) rabbi *m*

Rabbiner [ra'biːnɐ] <-s, -> *m* rabbino *m*

Rabe ['raːbə] <-n, -n> *m* corvo *m;* **Rabeneltern** *pl* (*pej*) genitori *mpl* degeneri; **Rabenmutter** *f* (*pej*) madre *f* snaturata; **rabenschwarz** ['raːbən'ʃvarts] *adj* corvino, nero come un corvo; **Rabenvater** *m* (*pej*) padre *m* snaturato

rabiat [rabi'aːt] *adj* ❶ (*gewalttätig*) violento; (*wütend, wild*) arrabbiato, furioso ❷ (*rigoros*) spietato, crudele

Rache ['raxə] <-> *kein Pl f* vendetta *f;* (**an jdm für etw**) ~ **nehmen** vendicarsi (di qc su qu); **aus ~** per vendetta; ~ **ist süß** la vendetta è dolce; **Racheakt** *m* atto *m* di vendetta; **Rachedurst** *m* sete *f* di vendetta; **Racheengel** *m* angelo *m* vendicatore

Rachen ['raxən] <-s, -> *m* faringe *f;* (*von Raubtier*) fauci *fpl;* **jdm etw in den ~ werfen** (*fam*) gettare qc nelle fauci di qu

rächen ['rɛçən] **I.** *vt* vendicare **II.** *vr* **sich ~** vendicarsi; **sich an jdm für etw ~** vendicarsi su qu per qc

Rachenhöhle *f* cavità *f* faringea; **Rachenkatarrh** *m* faringite *f*

Rächer(in) <-s, -; -, -nen> *m(f)* vendicatore, -trice *m, f*

Rachgier *f* sete *f* di vendetta; **rachgierig** *adj* avido di vendetta, vendicativo

Rachitis [ra'xiːtɪs, *pl:* raxi'tiːdən] <-, Rachitiden> *f* (MED) rachitismo *m*

Rachsucht *f* sete *f* di vendetta; **rachsüchtig** *adj* avido di vendetta, vendicativo

Racker ['rakɐ] <-s, -> *m* (*fam*) birbone *m,* briccone *m*

Rackerei <-> *kein Pl f* (*fam*) sfacchinata *f*

rackern ['rakɐn] *vi* (*fam*) sfacchinare, sgobbare

Rad [raːt, *pl:* 'rɛːdɐ] <-(e)s, Räder> *n* ❶ (TEC, SPORT) ruota *f;* **ein ~ schlagen** (SPORT) fare una ruota; (*Pfau*) fare la ruota; **unter die Räder kommen** (*fam*) finire a terra; **das fünfte ~ am Wagen sein** (*fam*) essere la quinta ruota del carro ❷ (*Fahr~*) bicicletta *f,* bici *f fam;* ~ **fahren** andare in bicicletta; **Radachse** *f* asse *m* (della ruota)

Radar [ra'daːɐ̯ *o* 'raːdaːɐ̯] <-s, -e> *m o n* radar *m;* **Radarbild** *n* immagine *f* dello schermo radar; **Radarfalle** *f* (*fam*) radar *m;* **Radargerät** *n* (apparecchio *m*) radar *m;* **Radarkontrolle** *f* controllo *m* radar; **Radarschirm** *m* schermo *m* del radar; **Radarstation** *f* stazione *f* radar; **Radarwagen** *m* veicolo *m* radar

Radau [ra'daʊ] <-s> *kein Pl m* (*fam*) chiasso *m,* baccano *m*

Radaufhängung <-, -en> *f* (AUTO) sospensione *f* delle ruote

Rädchen ['rɛːtçən] <-s, -> *n* rotella *f,* rotellina *f,* **nur ein ~ im Getriebe sein** (*fig*) essere solo una rotellina di un ingranaggio; **bei jdm fehlt ein ~** (*fam*) gli manca qualche rotella

Raddampfer *m* piroscafo *m* a ruote

radebrechen ['raːdəbrɛçən] *vt, vi* (in) **Deutsch ~** masticare male il tedesco

radeln ['raːdəln] *vi sein* (*fam*) andare in bicicletta

Rädelsführer(in) ['rɛːdəlsfyːrɐ] *m(f)* caporione, -a *m, f*

rädern ['rɛːdɐn] *vt* (HIST) giustiziare sulla ruota; **sich (wie) gerädert fühlen** (*fam*) avere le ossa rotte

Räderwerk ['rɛːdəvɛrk] *n* ❶ (TEC) rotismo *m* ❷ (*fig*) ingranaggio *m*

rad|fahren[ALT] *s.* Rad 2.; **Radfahrer(in)** *m(f)* ciclista *mf;* **Rad(fahr)weg** *m* pista *f* ciclabile

radial [radi'aːl] *adj* radiale; **Radialreifen** <-s, -> *m* (AUTO) pneumatico *m* radiale

Radien *pl von* **Radius**

radieren [ra'diːrən] <ohne ge-> *vt* ❶ (*aus~*) cancellare ❷ (KUNST) incidere (all'acquaforte)

Radierer <-s, -> *m* (*fam*), **Radiergummi** *m* gomma *f* (per cancellare)

Radierung <-, -en> *f* (disegno *m* all')acquaforte *f*

Radieschen [ra'di:sçən] <-s, -> n ravanello m

radikal [radi'ka:l] adj ❶ (vollständig) radicale; (Maßnahme) drastico ❷ (POL) radicale, estremista; **Radikale** <ein -r, -n, -n> mf radicale mf, estremista mf

Radikalenerlass^RR m decreto m contro gli estremisti

radikalisieren [radikali'zi:rən] <ohne ge-> vt radicalizzare

Radikalismus [radika'lɪsmʊs, pl: radika'lɪsmən] <-, rar Radikalismen> m radicalismo m; (A POL) estremismo m

Radikalkur [radi'ka:lku:ɐ̯, pl: radi'ka:lku:rən] <-, -en> f cura f drastica [o radicale]

Radio ['ra:dio] <-s, -s> n radio f; ~ **hören** ascoltare la radio; **im** ~ alla radio

radioaktiv [radio?ak'ti:f] adj radioattivo

Radioaktivität [radio?aktivi'tɛ:t] f radioattività f

Radioapparat m, **Radiogerät** n (apparecchio m) radio f

Radiogramm [radio'gram] <-s, -e> n radiogramma m

Radiologe [radio'lo:gə] <-n, -n> m radiologo m

Radiologie [radio'lo:gə] <-> kein Pl f (MED) radiologia f

Radiologin [radio'lo:gɪn] <-, -nen> f radiologa f

Radiorecorder [ra:diore'kɔrdɐ̯] <-s, -> m radioregistratore m

Radiosender <-s, -> m stazione f radiofonica

Radiotherapie [radiotera'pi:] f radioterapia f

Radiowecker m radiosveglia f

Radium ['ra:diʊm] <-s> kein Pl n (CHEM) radio m

Radius ['ra:diʊs, pl: 'ra:diən] <-, Radien> m raggio m

Radkappe f (AUTO) copriruota m, coppa f della ruota

Radler <-s, -> m (bes. südd, A) bevanda rinfrescante con birra e limonata

Radler(in) <-s, -; -, -nen> m(f) (fam) s. **Radfahrer**

Radlerhose <-, -n> f pantaloni mpl da ciclista

Radon ['ra:dɔn o ra'do:n] <-s> kein Pl n (CHEM) radon m

Radrennbahn f velodromo m; **Radrennen** n corsa f ciclistica; **Radrennfahrer(in)** m(f) corridore, -trice m, f (ciclista)

rad|schlagen^ALT s. **Rad 1.**

Radsport m ciclismo m; **Radtour** f gita f in bicicletta; **Radwanderung** f gita f

[o giro m] in bicicletta; **Radwechsel** m cambio m della ruota; **Radweg** m s. **Rad(fahr)weg**

RAF [ɛr?a:'?ɛf] <-> kein Pl f abk v **Rote-Armee-Fraktion** frazione f dell'armata rossa (gruppo terroristico di estrema sinistra attivo in Germania negli anni '70/80)

raffen ['rafən] vt ❶ (pej: an sich reißen) arraffare; (Geld) accumulare ❷ (Rock) sollevare, tirare su; (Stoff) pieghettare ❸ (kürzen) comprimere ❹ (fam: kapieren) afferrare

Raffgier f rapacità f, avidità f; **raffgierig** adj rapace, avido

Raffinade [rafi'na:də] <-, -n> f zucchero m raffinato

Raffinerie [rafinə'ri:] <-, -n> f raffineria f

Raffinesse [rafi'nɛsə] <-, -n> f ❶ sing (Schlauheit) astuzia f ❷ (Feinheit) raffinatezza f

raffinieren [rafi'ni:rən] <ohne ge-> vt raffinare; **raffiniert** adj ❶ (schlau) astuto; (durchtrieben) furbo ❷ (verfeinert) raffinato ❸ (fam: Kleid, Frisur) raffinato

Raffsucht f s. **Raffgier**; **raffsüchtig** adj s. **raffgierig**

Rafting ['ra:ftɪŋ] <-s> kein Pl n rafting m

Rage ['ra:ʒə] <-> kein Pl f rabbia f, furore m; **in** ~ **kommen** andare in bestia fam

ragen ['ra:gən] vi innalzarsi, elevarsi; **in die Höhe** ~ alzarsi in aria

Ragout [ra'gu:] <-s, -s> n (GASTR) ragù m

Rah [ra:] <-, -en> f, **Rahe** ['ra:ə] <-, -n> f (NAUT) pennone m

Rahm [ra:m] <-(e)s> kein Pl m (bes. südd, A, CH) panna f, crema f

rahmen ['ra:mən] vt incorniciare, mettere in cornice

Rahmen <-s, -> m ❶ (Bilder~, a fig) cornice f ❷ (Tür~, Fenster~) telaio m ❸ sing (fig: Bereich) quadro m, ambito m; **in bescheidenem/großem** ~ in piccolo/ grande; **im** ~ **des Möglichen** nell'ambito delle possibilità; **aus dem** ~ **fallen** essere fuori dell'ordinario; **Rahmenbedingung** f condizione f; **Rahmenerzählung** f (racconto m) cornice f; **Rahmengesetz** n legge f quadro; **Rahmenhandlung** f (LIT) trama f che fa da cornice; **Rahmenrichtlinien** fpl linee fpl programmatiche

Rahmsoße <-, -n> f sugo preparato con panna da cucina

Rain [raɪn] <-(e)s, -e> m ❶ (Streifen Land) confine m, limite m ❷ (südd, CH: Abhang) ciglio m

räkeln ['rɛ:kəln] vr sich ~ s. **rekeln**

Rakete [ra'ke:tə] <-, -n> f razzo m; (MIL) missile m

Raketenabschussbasis[RR] f (MIL) base f di lancio per missili; **Raketenabschussrampe**[RR] f (MIL) rampa f lanciamissili; **Raketenantrieb** m propulsione f a razzo; **Raketenstufe** f stadio m del missile; **Raketenstützpunkt** m (MIL) base f missilistica; **Raketentriebwerk** n motore m a razzo; **Raketenversuchsgelände** n poligono m di lancio; **Raketenzeitalter** n era f dei missili

Rallye ['rali o 'rɛli] <-, -s> f rally m; **Rallyefahrer(in)** m(f) campione, -essa m, f di rally

RAM [ram] <-(s), -(s)> n (INFORM) abk v **random access memory** RAM f

Rambo ['rambo] <-s, -s> m (fam) Rambo m

Ramme ['ramə] <-, -n> f (TEC: Pfahl~) battipalo m; (Hand~) mazzapicchio m

rammeln ['raməln] I. vi ❶ (Tiere) accoppiarsi; (vulg: Menschen) scopare ❷ (fam: stoßend drängen) spingere, spintonare; **gerammelt voll** pieno zeppo II. vr sich ~ (fam) ❶ (sich balgen) azzuffarsi, accapigliarsi ❷ (sich stoßen) spingersi

rammen vt ❶ etw in den Boden ~ conficcare qc (con il battipalo) nel terreno ❷ (Fahrzeuge) tamponare; (Schiffe) speronare

Rammler ['ramlɐ] <-s, -> m (ZOO) lepre f maschio

Rampe ['rampə] <-, -n> f ❶ (Auffahrt, Stiegen~) rampa f; (Lade~) piano m caricatore ❷ (THEAT) ribalta f; **Rampenlicht** n luci fpl della ribalta; **im ~ stehen** (fig) essere al centro dell'interesse

ramponieren [rampo'ni:rən] <ohne ge-> vt (fam) rovinare, guastare

Ramsch [ramʃ] <-(e)s, rar -e> m (fam pej: schlechte Ware) merce f di scarto; (wertloses Zeug) cianfrusaglie fpl, robaccia f; **Ramschladen** m (fam pej) negozio m che vende merce scadente

ran [ran] adv (fam) s. **heran**

Rand [rant, pl: 'rɛndɐ] <-(e)s, Ränder> m ❶ (an Gefäß, Abgrund, a fig) orlo m; (Kante) bordo m; (Wald~, Straßen~) margini mpl; (Stadt~) periferia f; (Schmutz~) alone m; **am ~e des Verderbens stehen** essere sull'orlo della rovina; **Ränder unter den Augen haben** avere le occhiaie; **am ~e bemerken** (fig) accennare di sfuggita ❷ (TYP) margine m ❸ (Wend) **außer ~ und Band sein** (fam) essere scatenato; **mit etw nicht zu ~e kommen** (fam) non venire a capo di qc

randalieren [randa'li:rən] vi ❶ (Lärm machen) far baccano ❷ (zerstören) compiere atti di vandalismo

Randbemerkung f ❶ (schriftlich) nota f a margine ❷ (mündlich) osservazione f, commento m

Rande ['randə] <-, -n> f (CH: BOT: rote Rübe) barbabietola f

Randerscheinung f fenomeno m di importanza secondaria; **Randgebiet** n territorio m periferico; (einer Stadt) periferia f; **Randgruppe** f emarginati mpl; **randlos** adj senza orlo, senza margine; (Brille) senza montatura; **Randsteller** <-s, -> m (Schreibmaschine) marginatore m; **Randstreifen** m (MOT) corsia f di sosta

rang [raŋ] 1. u 3. pers sing imp von **ringen**

Rang [raŋ, pl: 'rɛŋə] <-(e)s, Ränge> m ❶ (Stufe) rango m; (MIL) grado m; (Stand) condizione f, stato m; (Stellung) posizione f; **alles, was ~ und Namen hat** le persone eminenti, i notabili ❷ sing (Stellenwert) importanza f; (Güte) qualità f; **ersten ~es** di prima qualità; (von Bedeutung) di prim'ordine ❸ (THEAT) galleria f ❹ (SPORT) posto m; **Rangabzeichen** n (MIL) distintivo m di grado

Range ['raŋə] <-, -n> f monello, -a m, f, birichino, -a m, f

ran|gehen ['raŋeːən] <geht ran, ging ran, rangegangen> vi sein (fam) fare qc con impegno; **der geht aber ran!** ci si mette d'impegno!, ce la mette tutta!

Rangelei [raŋə'laɪ] <-, -en> f (fam) zuffa f, baruffa f

rangeln ['raŋəln] vi (fam) **um etw ~** azzuffarsi per qc

Rangfolge f gerarchia f; (Wertordnung) ordine m

Rangierbahnhof m (FERR) stazione f di smistamento

rangieren [raŋ'ʒi:rən o rã'ʒi:rən] <ohne ge-> I. vt manovrare II. vi trovarsi, venire; **hinter/vor jdm** venire dopo/prima di qu; **Rangiergleis** n binario m di manovra

Rangliste f (SPORT) classifica f; **Rangordnung** f s. **Rangfolge**

ran|halten <irr> vr sich ~ (fam) ❶ (sich beeilen) affettarsi ❷ (rasch zugreifen) afferrare, agguantare

rank [raŋk] adj (geh) ~ **und schlank** slanciato

Ranke ['raŋkə] <-, -n> f (BOT) viticcio m, cirro m; (von Rebe) tralcio m

Ränke ['rɛŋkə] mpl (geh) ~ **schmieden** ordire intrighi

ranken *vr* **sich ~** avviticchiarsi, arrampicarsi

Ränkeschmied *m* (*obs, poet*) intrigante *m,* macchinatore *m*

ran|machen *vr* **sich ~** (*fam*) ❶ (*beginnen*) **sich** (**an etw** *acc*) **~** iniziare a +*inf* ❷ (*an Person*) **sich an jdn ~** agganciare qu

rann [ran] *1. u 3. pers sing imp von* **rinnen**

rannte ['rantə] *1. u 3. pers sing imp von* **rennen**

Ranzen ['rantsən] <-s, -> *m* ❶ (*Schultasche*) cartella *f* ❷ (*fam: dicker Bauch*) pancione *m*

ranzig ['rantsɪç] *adj* rancido; **~ werden** irrancidire

Rap [ræp] *n* Rap *m*

Rappe ['rapə] <-n, -n> *m* (zoo) morello *m*

Rappel ['rapəl] <-s, -> *m* (*fam*) attacco *m* di pazzia; **er hat** (**s**)**einen ~ gekriegt** gli sono venuti i cinque minuti

rappeln *vi* (*fam*) sbattere, fare rumore; **bei dir rappelt's wohl?** sei un po' tocco?

Rappen ['rapən] <-s, -> *m* centesimo *m* (di franco svizzero)

Rapper(in) [ræpɐ] <-s, -; -, -nen> *m(f)* rappista *mf*

Raps [raps] <-es, *rar* -e> *m* (bot) colza *f;* **Rapsöl** <-(e)s, -e> *n* olio *m* di colza

rar [raːɐ̯] *adj* raro; (*Juwelen*) prezioso; **sich ~ machen** (*fam*) farsi vedere di rado

Rarität [rari'tɛːt] <-, -en> *f* rarità *f*

rasant [ra'zant] *adj* ❶ (*fam*) velocissimo; (*Tempo*) vertiginoso ❷ (mil) radente, teso

rasch [raʃ] **I.** *adj* rapido, veloce; (*flink*) svelto **II.** *adv* alla svelta

rascheln ['raʃəln] *vi* frusciare; **mit etw ~** fare un fruscio con qc; **Rascheln** <-s> *kein Pl n* fruscio *m*

rasen ['raːzən] *vi* ❶ *haben* (*toben*) essere fuori di sé, fremere; **vor Wut ~** essere fuori di sé per la rabbia; **jdn ~d machen** far impazzire qu ❷ *sein* (*sich schnell fortbewegen*) correre all'impazzata, sfrecciare; **die Zeit rast** il tempo vola

Rasen ['raːzən] <-s, -> *m* prato *m*

rasend I. *adj* ❶ (*Geschwindigkeit*) pazzo, folle ❷ (*Schmerzen*) violento ❸ (*Wut, Eifersucht*) furioso, furibondo ❹ (*Beifall*) frenetico **II.** *adv* (*fam: sehr*) molto, da matti; **das war ~ komisch** era da sganasciarsi dalle risate

Rasenfläche *f* prato *m;* **Rasenmäher** <-s, -> *m* tosaerba *f,* tosatrice *f;* **Rasenplatz** *m* campo *m* erboso; **Rasensprenger** <-s, -> *m* irrigatore *m* (da giardino)

Raser(in) <-s, -; -, -nen> *m(f)* (*fam pej*) automobilista *mf* pazzo

Raserei [raːzə'raɪ] <-> *kein Pl f* ❶ (*fam:* *schnelles Fahren*) velocità *f* (*vertiginosa*) ❷ (*vor Wut*) furia *f,* rabbia *f*

Rasierapparat *m* rasoio *m* (di sicurezza); **elektrischer ~** rasoio elettrico; **Rasiercreme** *f* crema *f* da barba

rasieren [ra'ziːrən] <*ohne* ge-> **I.** *vt* radere; **jdn ~** fare la barba a qu; **sich ~ lassen** farsi fare la barba; **sich** *dat* **die Beine ~** radersi le gambe **II.** *vr* **sich ~** radersi, farsi la barba; **sich nass/trocken ~** farsi la barba saponata/a secco

Rasierer <-s, -> *m* (*fam*) rasoio *m;* (*elektrisch*) rasoio *m* elettrico

Rasierklinge *f* lametta *f* da barba; **Rasiermesser** *n* rasoio *m;* **Rasierpinsel** *m* pennello *m* da barba; **Rasierschaum** <-(e)s> *kein Pl m* schiuma *f* da barba; **Rasierseife** *f* sapone *m* da barba; **Rasierwasser** *f* lozione *f* dopobarba; **Rasierzeug** *n* servizio *m* da barba

Raspel ['raspəl] <-, -n> *f* ❶ (*Feile*) raspa *f* ❷ (*Küchen~*) grattugia *f* per verdure

raspeln *vt* ❶ (*Holz*) raspare ❷ (*Gemüse*) grattugiare

raß <rasser, rasseste> *adj* A, CH, *südd* ❶ (*scharf gewürzt*) piccante ❷ (*bei Hunden: bissig*) che morde ❸ (*bei Pferden: wild*) selvaggio ❹ (*von Frauen: resolut*) scorbutico

Rasse ['rasə] <-, -n> *f* (biol) razza *f;* **Rassehund** *m* cane *m* di razza

Rassel ['rasəl] <-, -n> *f* sonaglio *m;* **Rasselbande** *f* (*fam*) brigata *f* di ragazzi

rasseln *vi* ❶ *haben* (*Ketten*) strepitare; (*Wecker*) (ri)sonare con fragore ❷ *sein* (*fam: nicht bestehen*) **durch eine Prüfung ~** essere bocciato ad un esame

Rassendiskriminierung *f* discriminazione *f* razziale; **Rassenhass**[RR] *m* odio *m* razziale; **Rassenkonflikt** *m* conflitto *m* razziale; **Rassenkrawall** <-s, -e> *m* disordini *mpl* razziali; **Rassentrennung** *f* segregazione *f* razziale; **Rassenunruhen** *fpl* disordini *mpl* razziali

rassig *adj* razziale; (*feurig*) focoso

rassisch *adj* razziale

Rassismus [ra'sɪsmʊs] <-> *kein Pl m* razzismo *m*

Rassist(in) [ra'sɪst] <-en, -en; -, -nen> *m(f)* razzista *mf*

rassistisch *adj* razzista, razzistico

Rast [rast] <-, -en> *f* sosta *f,* fermata *f*

rasten *vi* fermarsi, sostare

Raster[1] ['rastɐ] <-s, -> *m* ❶ (typ) retino *m* ❷ (*in Fragenbogen*) griglia *f* ❸ (*fig*) categoria *f* (del pensiero)

Raster[2] <-s, -> *n* (tv) quadro *m*

Raster(elektronen)mikroskop   *n*

R

microscopio *m* elettronico a scansione lineare

Rasterfahndung *f* investigazione *f* computerizzata

Rasthof <-(e)s, -höfe> *m* motel *m*

rastlos *adj* ❶ (*unermüdlich*) incessante, continuo ❷ (*ruhelos*) instancabile, infaticabile ❸ (*unstet*) irrequieto; **Rastlosigkeit** <-> *kein Pl f* ❶ (*Unermüdlichkeit*) infaticabilità *f* ❷ (*Ruhelosigkeit, Unstetigkeit*) irrequietezza *f*

Rastplatz *m* luogo *m* di sosta; (*Autobahn~*) piazzola *f* di sosta; **Raststätte** *f* autogrill *m*

Rasur [ra'zu:ɐ̯] <-, -en> *f* rasatura *f*

Rat¹ [ra:t] <-(e)s> *kein Pl m* (*~ schlag*) consiglio *m;* (*Empfehlung*) raccomandazione *f;* **jdn um ~ bitten** [*o* **fragen**] chiedere consiglio a qu; **jdn/etw zu ~ e ziehen** consultare qu/qc; **jdm mit ~ und Tat zur Seite stehen** assistere qu a parole e a fatti; **sich** *dat* **keinen** (**anderen**) **~ mehr wissen, als ...** non saper far altro che ...

Rat² <-(e)s, Räte> *m* ❶ (*Kollegium*) consiglio *m;* **Erweiterter ~** (EU) Consiglio ampliato ❷ (*Person*) consigliere *m*

rät [rɛ:t] *3. pers sing pr von* **raten**

Rate ['ra:tə] <-, -n> *f* ❶ (COM) rata *f;* **in ~ n** (**be**)**zahlen** pagare a rate; **auf ~ n kaufen** comperare a rate ❷ (*Verhältniszahl*) quota *f*

raten ['ra:tən] <rät, riet, geraten> *vt, vi* ❶ (*Ratschläge geben*) consigliare; (*vorschlagen*) suggerire; (*empfehlen*) raccomandare; **jdm zu etw ~** consigliare qu per qc ❷ (*er~*) indovinare; **rat(e) mal, wer heute angerufen hat** (*fam*) indovina un po' chi ha telefonato oggi; **dreimal darfst du ~!** (*fam*) puoi fare tre tentativi

Ratenzahlung *f* pagamento *m* rateale

Ratgeber *m* (*Buch*) manualetto *m*

Ratgeber(**in**) *m(f)* consigliere, -a *m, f*

Rathaus *n* municipio *m*

Ratifikation [ratifika'tsjo:n] <-, -en> *f* ratifica *f*

ratifizieren [ratifi'tsi:rən] <ohne ge-> *vt* ratificare

Ratifizierung <-, -en> *f* ratifica *f*

Rätin ['rɛ:tɪn] *f* consigliera *f*

Ration [ra'tsi̯o:n] <-, -en> *f* razione *f*

rational [ratsi̯o'na:l] *adj* razionale

rationalisieren [ratsi̯onali'zi:rən] <ohne ge-> *vt, vi* razionalizzare

Rationalisierung <-, -en> *f* razionalizzazione *f;* **Rationalisierungsmaßnahmen** *fpl* misure *fpl* di razionalizzazione

rationell [ratsi̯o'nɛl] *adj* razionale; (*haushälterisch*) economico

rationieren [ratsi̯o'ni:rən] <ohne ge-> *vt*

razionare

Rationierung <-, -en> *f* razionamento *m*

ratlos *adj* perplesso, confuso; **Ratlosigkeit** <-> *kein Pl f* perplessità *f,* confusione *f*

rätoromanisch [rɛtoro'ma:nɪʃ] *adj* (LING) retoromano, romancio

ratsam *adj* consigliabile; (*zu empfehlen*) raccomandabile; (*angezeigt*) opportuno

ratsch [ratʃ] *int* zaff

ratschen ['ra:tʃən] *vi* (*fam*) chiacchierare

Ratschlag ['ra:tʃa:k] *m* consiglio *m*

Rätsel ['rɛ:tsəl] <-s, -> *n* ❶ (*Denkaufgabe*) indovinello *m,* enigma *m;* **ein ~ lösen** sciogliere un enigma; **jdm ein ~ aufgeben** porre un problema a qu ❷ (*Geheimnis*) enigma *m,* mistero *m;* **das ist des ~s Lösung** ecco la chiave dell'enigma; **es ist mir ein ~, wie das passieren konnte** non riesco a capire come sia successo; **Rätselecke** *f* (*fam*) pagina *f* dei quiz; **rätselhaft** *adj* enigmatico, misterioso; (*unerklärlich*) inesplicabile

rätseln *vi* (**über etw** *acc*) **~** congetturare (su qc)

Rätselraten <-s> *kein Pl n* ❶ (*Lösen von Rätseln*) risolvere *m* gli indovinelli ❷ (*fig: das Rätseln*) supposizioni *fpl,* congetture *fpl;* **das ~ über den Verbleib der Millionen geht weiter** continuano le congetture su dove siano i milioni

Ratskeller *m* ristorante *m* del municipio; **Ratssitzung** *f* seduta *f* del consiglio; **Ratsversammlung** *f* assemblea *f* comunale

Rattan ['ratan] <-s, -e> *n* rattan *m*

Ratte ['ratə] <-, -n> *f* ratto *m;* **Rattengift** *n* topicida *m;* **Rattenschwanz** *m* ❶ (ZOO) coda *f* di ratto ❷ (*fig fam*) strascico *m;* **der Skandal zog einen ~ von Enthüllungen nach sich** lo scandalo sollevò molti veli

rattern ['ratən] *vi* ❶ *haben* (*knatternde Töne erzeugen*) fare strepito; (*Maschinengewehr*) crepitare ❷ *sein* (*sich ratternd bewegen*) passare con strepito

ratzekahl ['ratsə'ka:l] *adv* (*fam: ganz und gar*) radicalmente, del tutto; **ratzeputz** ['ratsə'pʊts] *adv* (*südd: fam*) radicalmente, del tutto

rau^RR [raʊ] *adj* ❶ (*nicht glatt*) ruvido, scabro; (*borstig,* BOT) irto, ispido ❷ (*Stimme, Hals*) rauco, roco; (*Haut*) screpolato ❸ (*Klima*) rigido, inclemente; (*Wind*) tagliente ❹ (*Gegend*) selvaggio ❺ (*Manieren, Mensch*) ruvido; (*grob*) rozzo, rude ❻ (*Wend*) **in ~ en Mengen** (*fam*) in grande quantità

Raub [raʊp] <-(e)s> *kein Pl m* ❶ (*Rau-*

ben) rapina *f;* (*Entführung*) rapimento *m* ❷ (*Beute*) bottino *m,* preda *f;* **Raubbau** <-(e)s> *kein Pl m* sfruttamento *m* abusivo; **~ treiben** sfruttare senza criterio; **mit seiner Gesundheit ~ treiben** rovinarsi la salute; **Raubdruck** <-(e)s, -e> *m* edizione *f* contraffatta

Raubein[RR] *n* (*fam*) orso *m*

rauben ['raʊbən] *vt* rubare, rapinare; (*entführen*) rapire; **jdm alle Hoffnung ~** (*geh*) privare qu di ogni speranza; **du raubst mir noch den letzten Nerv!** (*fam*) sei veramente snervante!

Räuber(in) ['rɔɪbɐ] <-s, -; -, -nen> *m(f)* rapinatore, -trice *m, f;* (*Straßen~*) brigante *m,* bandito *m;* **~ und Gendarm spielen** giocare a guardie e ladri; **Räuberbande** *f* banda *f* di briganti; **Räuberhauptmann** *m* capobanda *m;* **Räuberhöhle** *f* covo *m* di briganti; **Räuberin** *f s.* **Räuber; räuberisch** *adj* rapace

Raubkatze *f* felino *m;* **Raubkopie** *f* copia *f* pirata; **eine ~ von etw anfertigen** piratare qc; **Raubmord** *m* assassinio *m* per rapina; **Raubmörder(in)** *m(f)* assassino, -a *m, f* rapinatore, -trice; **Raubritter** *m* cavaliere *m* predone; **Raubtier** *n* animale *m* rapace; **Raubüberfall** *m* rapina *f;* **bewaffneter ~** rapina a mano armata; **Raubvogel** *m* uccello *m* rapace

Rauch [raʊx] <-(e)s> *kein Pl m* fumo *m;* **sich in ~ auflösen** (*fig*) andare in fumo; **Rauchabzug** *m* canna *f* fumaria; **Rauchbelästigung** <-, -en> *f* molestia *f* da fumo; **Rauchbombe** *f* bomba *f* fumogena

rauchen ['raʊxən] **I.** *vi* ❶ (*Feuer*) fumare; **mir raucht der Kopf** (*fig fam*) mi fuma la testa ❷ (*Person*) fumare; **~ Sie?** fuma?; **Rauchen verboten!** proibito fumare! **II.** *vt* fumare

Rauchentwicklung *f* sviluppo *m* di fumo

Raucher(in) <-s, -; -, -nen> *m(f)* fumatore, -trice *m, f;* **ein starker ~** un gran fumatore

Räucheraal *m* (GASTR) anguilla *f* affumicata

Raucherabteil *n* (FERR) scompartimento *m* per fumatori

Räucherfisch <-(e)s, -e> *m* pesce *m* affumicato

Raucherhusten *m* tosse *f* dei fumatori

Raucherin *f s.* **Raucher**

Räucherlachs *m* (GASTR) salmone *m* affumicato

räuchern ['rɔɪçɐn] *vt* affumicare

Räucherspeck <-(e)s, -e> *m* lardo *m* affumicato; **Räucherstäbchen** *n*

bastoncini *mpl* d'incenso

Raucherzone <-, -n> *f* sala *f* (per) fumatori

Rauchfahne *f* pennacchio *m* di fumo; **Rauchfang** *m* cappa *f* del camino; **Rauchfangkehrer** <-s, -> *m* (*A: Schornsteinfeger*) spazzacamino *m;* **Rauchfleisch** *n* carne *f* affumicata

rauchig *adj* ❶ (*voll Rauch*) pieno di fumo ❷ (*Stimme*) profondo e rauco ❸ (*Whisky*) che sa di fumo

rauchlos *adj* senza fumo

Rauchmelder <-s, -> *m* rivelatore *m* di fumo; **Rauchsäule** *f* colonna *f* di fumo, fumata *f;* **Rauchschwaden** *m* nuvola *f* di fumo; **Rauchsignal** <-s, -e> *n* segnale *m* di fumo; **Rauchverbot** *n* divieto *m* di fumare; **Rauchvergiftung** *f* intossicazione *f* da fumo; **Rauchverzeher** <-s, -> *m* fumivoro *m;* **Rauchwaren** *fpl* ❶ (*Tabakwaren*) tabacchi *mpl* ❷ (*Pelze*) pellicceria *f;* **Rauchwolke** *f* nuvola *f* di fumo; **Rauchzeichen** *n* fumata *f*

Räude ['rɔɪdə] <-, -n> *f* rogna *f,* scabbia *f;* **räudig** *adj* rognoso

rauf [raʊf] *adv* (*fam*) *s.* **herauf, hinauf**

Raufasertapete[RR] *f* carta *f* da parati ruvida

Raufbold ['raʊfbɔlt] <-(e)s, -e> *m* (*pej*) rissaiolo *m*

Raufe ['raʊfə] <-, -n> *f* rastrelliera *f*

raufen ['raʊfən] *vr* **sich ~** azzuffarsi, accapigliarsi; **sich um etw ~** far rissa per qc

Rauferei [raʊfə'raɪ] <-, -en> *f* zuffa *f,* baruffa *f*

rauflustig *adj* rissoso, litigioso

rauh[ALT] *adj s.* **rau; Rauhbein**[ALT] *n s.* **Raubein**

Rauheit <-, -en> *f* ❶ (*Rauhigkeit*) ruvidezza *f* ❷ (*von Stimme*) raucedine *f* ❸ (*von Klima*) rigidità *f* ❹ (*von Benehmen*) rudezza *f*

Rauhfasertapete[ALT] *f s.* **Raufasertapete**

Rauhreif[ALT] *m s.* **Raureif**

Raum [raʊm, *pl:* 'rɔɪmə] <-(e)s, Räume> *m* ❶ (ASTR, PHILOS, PHYS, MAT) spazio *m;* **luftleerer ~** (PHYS) vuoto *m* ❷ *sing* (*geh: Platz*) posto *m;* **viel ~ einnehmen** occupare molto posto ❸ (*Räumlichkeit*) locale *m,* vano *m;* (*Zimmer*) stanza *f,* camera *f;* **im ~ stehen** (*fig*) esserci, esistere; **eine Frage in den ~ stellen** fare una domanda ❹ (*Gebiet*) zona *f;* **im ~ Köln** nella zona di Colonia

Raumanzug *m* tuta *f* spaziale

Raumaufteilung *f* distribuzione *f* dello spazio

R

Räumboot *n* (MIL) dragamine *m*
räumen ['rɔɪmən] *vt* ❶ (*entfernen*) sgombrare; (*weg~*) togliere, levare; (*leeren*) vuotare; **etw von etw ~** sgombrare qc da qc; **beiseite ~** mettere da parte ❷ (*verlassen*) lasciare; (*aufgeben*) abbandonare; (*evakuieren*) evacuare; **den Saal ~ lassen** far evacuare la sala
Raumersparnis *f* risparmio *m* di spazio; **zwecks ~** per risparmiare spazio
Raumfähre *f* navetta *f* spaziale; **Raumfahrer(in)** *m(f)* astronauta *mf;* **Raumfahrt** *f* navigazione *f* spaziale, astronautica *f;* **Raumfahrtbehörde** *f* ente *m* per la ricerca spaziale
Räumfahrzeug *n* mezzo *m* di sgombero
Raumfahrzeug *n* veicolo *m* spaziale; **Raumflug** *m* volo *m* spaziale; **Raumforschung** *f* ricerche *fpl* spaziali
Raumgestaltung *f* architettura *f* interna, arredamento *m*
Rauminhalt *m* (MAT) volume *m*, cubatura *f*
Raumkapsel <-, -n> *f* capsula *f* spaziale
Räumkommando *n* squadra *f* di sgombero
Raumlehre *f* geometria *f*
räumlich ['rɔɪmlɪç] *adj* ❶ (*den Raum betreffend*) spaziale ❷ (*dreidimensional*) tridimensionale; **Räumlichkeiten** *fpl* vani *mpl*, locali *mpl*
Raummeter *mn* metro *m* cubo; (*Holz*) stero *m*
Raumpfleger(in) <-s, -; -, -nen> *m(f)* uomo, donna *m, f* delle pulizie; **Raumpflegerin** *f s.* **Raumpfleger**
Räumpflug *m* apripista *m*
Raumschiff *n* nave *f* spaziale
raumsparend *adj* poco ingombrante
Raumstation *f* stazione *f* spaziale
Raumteiler <-s, -> *m* divisorio *m* di ambienti
Räumung <-, -en> *f* (*der Wohnung, der Unfallstelle*) sgombero *m;* (*zwangsweise ~*) sfratto *m;* (*Verlassen*) abbandono *m;* (*Evakuierung*) evacuazione *f;* (*Leerung*) vuotamento *m;* (COM) svendita *f*, liquidazione *f;* **Räumungsarbeiten** *fpl* lavori *mpl* di sgombero; **Räumungs(aus)verkauf** *m* liquidazione *f* totale; **Räumungsbefehl** *m* ❶ (MIL) ordine *m* di evacuazione ❷ (JUR) ordine *m* di sfratto; **Räumungsklage** *f* (JUR) azione *f* per sfratto; **Räumungsverkauf** *m* (WIRTSCH) liquidazione *f* totale
raunen ['raʊnən] *vi* mormorare, sussurrare
raunzen *vi* (A, *südd: fam: nörgeln*) lamentarsi, piagnucolare
Raupe ['raʊpə] <-, -n> *f* ❶ (ZOO) bruco *m*

❷ (TEC: *Planier~*) apripista *m*, bulldozer *m;* **Raupenschlepper** *m* trattore *m* a cingoli
Raureif[RR] *m* brina *f*
raus [raʊs] *adv* (*fam*) *s.* **heraus, hinaus**
Rausch [raʊʃ, *pl:* 'rɔɪʃə] <-(e)s, Räusche> *m* ❶ (*Alkohol~*) ubriacatura *f*, sbornia *f fam;* **sich** *dat* **einen ~ antrinken** prendersi una sbornia *fam;* **seinen ~ ausschlafen** smaltire la sbornia *fam* ❷ (*Ekstase*) estasi *f*
rauscharm *adj* (TEL, RADIO) con poche interferenze, non disturbato
rauschen ['raʊʃən] *vi* (*Sturm, Wogen*) muggire; (*Wald, Blätter*) stormire; (*Bach*) mormorare; (*Regen, Beifall*) scrosciare; (*Wind*) sibilare; (*Seide, Kleider*) frusciare
Rauschgift *n* droga *f*, stupefacente *m;* **Rauschgiftdezernat** *n* sezione *f* narcotici; **Rauschgifthandel** *m* traffico *m* di droga; **Rauschgifthändler(in)** *m(f)* trafficante *mf* di droga; **Rauschgiftring** *m* rete *f* di spacciatori; **Rauschgiftsucht** <-> *kein Pl f* tossicomania *f*, tossicodipendenza *f;* **rauschgiftsüchtig** *adj* tossicodipendente, tossicomane; **Rauschgiftsüchtige** *mf* tossicodipendente *mf*
Rauschgoldengel *m* angioletto *m* natalizio di latta
raus|ekeln *vt* (*fam*) **jdn ~** far scappare qu (dallo schifo)
raus|fliegen ['raʊsfliːgən] <irr> *vi sein* (*fam*) ❶ (*heraus~, hinausfliegen*) volare fuori ❷ (*hinausgeworfen werden*) essere buttato fuori
raus|geben <irr> *vt* (*fam*) ❶ (*herausreichen*) porgere, distribuire ❷ (*aushändigen*) consegnare ❸ (*Wechselgeld*) dare il resto, cambiare; **sie haben mir falsch rausgegeben** mi ha dato il resto sbagliato; **ich kann nicht ~** non posso cambiare ❹ (*Buch*) pubblicare
raus|kriegen *vt* (*fam*) *s.* **herausbekommen**
räuspern ['rɔɪspen] *vr* **sich ~** raschiarsi la gola
raus|rücken ['raʊsrʏkən] (*fam*) **I.** *vt* **haben** (*Geld, Beute*) tirare fuori **II.** *vi sein* tirare fuori (*mit etw* qc); **mit der Sprache ~** parlare francamente
raus|schmeißen ['raʊsʃmaɪsən] <irr> *vt* (*fam*) buttare fuori; **das ist rausgeschmissenes Geld** sono soldi buttati via
Rausschmeißer(in) <-s, -; -, -nen> *m(f)* (*fam*) buttafuori *m*
Raute ['raʊtə] <-, -n> *f* ❶ (MAT) rombo *m* ❷ (BOT) ruta *f;* **Rautetaste** *f* (TEL, INFORM) cancelletto *m*

Rave [rɛɪv] <-, -s> m (MUS) rave m;
~ **Musik** musica rave
Razzia ['ratsi̯a, pl: 'ratsi̯ən] <-, Raz-
zien> f retata f, rastrellamento m
rd. abk v **rund** ca
Reagens [re'aːgɛns, pl: rea'gɛntsi̯ən] <-,
Reagenzien> n (CHEM) reagente m
Reagenz [rea'gɛnts, pl: rea'gɛntsi̯ən]
<-es, Reagenzien> n, **Reagenzglas** n
provetta f
reagieren [rea'giːrən] <ohne ge-> vi (auf
etw acc) ~ reagire (a qc)
Reaktion [reak'tsi̯oːn] <-, -en> f ❶ (das
Reagieren, CHEM) reazione f; die ~ auf etw
acc la reazione a qc ❷ sing (POL) reazione f
reaktionär [reaktsi̯o'nɛːɐ] adj (pej) reazionario
Reaktionsfähigkeit f reattività f; **Reak-
tionsgeschwindigkeit** f velocità f di
reazione
reaktionsschnell adj reattivo
Reaktionsvermögen <-s> kein Pl n reattività f
Reaktor [re'aktoːɐ] <-s, -en> m (PHYS)
reattore m (nucleare); **Reaktorkern**
<-(e)s, -e> m (PHYS) nucleo m del reattore;
Reaktorunglück <-(e)s, -e> n incidente m del reattore
real [re'aːl] adj (wirklich) reale; (konkret)
concreto
Reala [re'aːla] <-, -s> f membro dell'ala
"realistica"del partito dei Verdi
Realeinkommen n (WIRTSCH) reddito m
reale
realisierbar adj attuabile
realisieren [reali'ziːrən] <ohne ge-> vt
realizzare; (verwirklichen) attuare
Realisierung <-> kein Pl f realizzazione f;
(Verwirklichung) attuazione f
Realismus [rea'lɪsmʊs] <-> kein Pl m
(PHILOS, LIT, KUNST) realismo m
Realist(in) [rea'lɪst] <-en, -en; -, -nen>
m(f) realista mf
realistisch [rea'lɪstɪʃ] adj realistico
Realität [reali'tɛːt] <-, -en> f realtà f; **rea-
litätsnah** adj realistico; **Realitätsver-
lust** m an ~ **leiden** soffrire di perdita della
realtà
Reality-TV [ri'ɛlɪtitiːviː] <-> kein Pl n (TV)
reality-tv f (programmi televisivi che tras-
mettono incidenti o sciagure, dal vivo o
registrati, accaduti realmente)
Reallohn m salario m reale; **Reallohnab-
bau** m diminuzione f del salario reale
Realo [re'aːlo] <-s, -s> m (sl) membro
dell'ala "realistica"del partito dei Verdi
Realpolitik <-> kein Pl f Realpolitik f (politica che si ispira ad un assoluto realismo)

Realschule f scuola secondaria inferiore
che dura sei anni e offre la possibilità di
passare al Gymnasium
Rebe ['reːbə] <-, -n> f ❶ (Weinstock)
vite f ❷ (Ranke) viticcio m
Rebell(in) [re'bɛl] <-en, -en; -, -nen> m(f)
ribelle mf
rebellieren [rebɛ'liːrən] <ohne ge-> vi
(gegen jdn/etw) ~ ribellarsi (a qu/qc)
Rebellin f s. **Rebell**
Rebellion [rebɛ'li̯oːn] <-, -en> f ribellione f
rebellisch adj ribelle
Rebhuhn ['reːphuːn] n pernice f; **Reblaus** ['reːplaʊs] f fillossera f della vite;
Rebstock m vite f
Rebus ['reːbʊs] <-, -se> mn rebus m
Rechaud [re'ʃoː] <-s, -s> m o n ❶ (zum
Warmhalten) scaldavivande m ❷ (südd, A,
CH) fornello m
Rechen ['rɛçən] <-s, -> m (südd, A, CH)
rastrello m
Rechenaufgabe f problema m di aritmetica; **Rechenbuch** n libro m di aritmetica; **Rechenexempel** n esempio m di
calcolo; **Rechenfehler** m errore m di calcolo; **Rechenmaschine** f calcolatrice f
Rechenschaft <-> kein Pl f conto m,
ragione f; jdm über etw acc ~ **geben**
[o **ablegen**] rendere conto a qu di qc; jdn
für etw zur ~ **ziehen** chiedere conto di qc
a qu; darüber bin ich Ihnen keine ~
schuldig non ne devo rendere conto a
Lei; **Rechenschaftsbericht** m rendiconto m, resoconto m
Rechenschieber m regolo m calcolatore
Rechenzentrum n centro m di calcolo
Recherchen [re'ʃɛrʃən] fpl ricerche fpl,
indagini fpl
recherchieren [re'ʃɛr'ʃiːrən] <ohne ge->
I. vt ricercare, fare una ricerca su II. vi fare
una ricerca (su qc)
rechnen ['rɛçnən] I. vt ❶ (MAT) contare,
calcolare ❷ (einbeziehen) annoverare; jdn
zu seinen Freunden ~ considerare qu un
amico II. vi ❶ (MAT) contare, calcolare
❷ (sich verlassen) auf jdn/etw ~ contare
su qu/qc ❸ (erwarten) mit etw ~ aspettarsi qc; mit dem Schlimmsten ~ temere
il peggio; damit habe ich nicht gerechnet non l'avevo previsto; es muss damit
gerechnet werden, dass ... c'è da aspettarsi che +conj ❹ (haushalten) mit jedem
Pfennig ~ **müssen** dover contare ogni
centesimo che si spende; **Rechnen** <-s>
kein Pl n calcolo m
Rechner <-s, -> m (Gerät) calcolatore m;
(INFORM) elaboratore m

R

Rechner(in <-s, -; -, -nen> *m(f)* calcolatore, -trice *m, f*
rechnergestützt *adj* (INFORM) supportato dall'elaboratore
rechnerisch I. *adj* aritmetico II. *adv* per via di calcolo
Rechnung <-, -en> *f* ❶ (*das Rechnen*) calcolo *m* ❷ (*Ab~, Be~*) conto *m;* **der Kaffee geht auf meine ~** il caffè va sul mio conto, il caffè lo pago io; (**Herr Ober,**) **die ~, bitte!** (cameriere,) il conto, per favore; **auf eigene ~** per conto proprio; **jdm etw in ~ stellen** mettere in conto qc a qu; **einer Sache** *dat* **~ tragen** tener conto di qc; **die ~ ohne den Wirt machen** fare i conti senza l'oste
Rechnungsführer(in) *m(f)* ragioniere, -a *m, f,* contabile *mf;* **Rechnungsführung** *f* contabilità *f;* **Rechnungshof** <-(e)s, -höfe> *m* (ADM) corte *f* dei conti; **Rechnungsjahr** *n* anno *m* [*o* esercizio *m*] finanziario; **Rechnungsprüfer(in)** *m(f)* revisore *m* dei conti; **Rechnungsprüfung** <-, -en> *f* ❶ (WIRTSCH) revisione *f* dei conti ❷ (POL) bilancio *m* pubblico
recht [rɛçt] I. *adj* ❶ (*richtig*) giusto; (*passend*) adatto; (*gelegen*) opportuno; **am ~en Ort** al posto giusto; **zur ~en Zeit** a tempo buono; **nach dem Rechten sehen** guardare se tutto va bene; **hier geht es nicht mit ~en Dingen zu** qui c'è qualcosa che non va; **alles, was ~ ist, aber ...** (*fam*) va bene tutto, ma ...; **das ist nur ~ und billig** questo è più che giusto ❷ (*wirklich*) vero II. *adv* ❶ (*sehr*) molto; **~ herzliche Grüße!** cordiali saluti; ❷ (*ziemlich*) abbastanza ❸ (*richtig, genehm*) bene; **wenn es Ihnen ~ ist** se per Lei va bene; **es jdm ~ machen** accontentare qu; **man kann ihr nichts ~ machen** non le va mai bene niente; **~ und schlecht** alla (meno) peggio; **das geschieht dir ~** ti sta bene *fam;* **wenn ich mich ~ entsinne, hieß er Dirk** se ben ricordo si chiamava Dirk; **ganz ~!** esattamente!, giustissimo!; **nun erst ~!** ora più che mai!; **nun erst ~ nicht!** ora meno che mai!; **ich glaub', ich hör' nicht ~!** (*fam*) (ci) sento bene?, non posso crederci!
Recht <-(e)s, -e> *n* ❶ *sing* (JUR) diritto *m;* **bürgerliches ~** diritto civile; **das deutsche ~** la legislazione tedesca; **~ sprechen** amministrare la giustizia ❷ (*Anrecht*) diritto *m;* (*Berechtigung*) ragione *f;* (*Gerechtigkeit*) giustizia *f;* **~ auf etw** *acc* diritto di qc; **~ haben** avere ragione; **jdm ~ geben** dar ragione a qu; **im ~ sein** aver ragione; **mit ~** a diritto, a ragione; **mit wel-**

chem **~ ...?** con che diritto ...?; **das ist mein gutes ~** è mio pieno diritto; **zu ~** a buon diritto; **das ~ des Stärkeren** la legge del più forte; **ein ~ auf etw** *acc* **haben** aver diritto a qc; **seine ~e geltend machen** far valere i propri diritti; **gleiches ~ für alle!** la legge è uguale per tutti
rechte *adj s.* **rechte(r, s)**
Rechte¹ <ein -r, -n, -n> *mf* (POL) sostenitore, -trice *m, f* dei partiti di destra
Rechte² <-n, -n> *f* ❶ (*rechte Hand*) destra *f;* (*beim Boxen*) destro *m;* **zur ~n** a destra ❷ (POL) destra *f;* **europäische ~** eurodestra *f*
Rechteck *n* rettangolo *m;* **rechteckig** *adj* rettangolare
rechtens ['rɛçtəns] *adv* (*zu Recht*) giustamente
rechte(r, s) ['rɛçtɐ, -tɐ, -təs] *adj* ❶ (*Seite*) destro, -a; **~r Hand** a destra; **die ~ Seite eines Pullovers** il dritto di un pullover; **jds ~ Hand sein** essere il braccio destro di qu ❷ (MAT: *Winkel*) retto, -a ❸ (POL) di destra; **der ~ Flügel** l'ala destra
rechtfertigen I. *vt* giustificare II. *vr* **sich ~** giustificarsi
Rechtfertigung *f* giustificazione *f*
rechtgläubig *adj* ortodosso; **Rechtgläubigkeit** *f* ortodossia *f*
Rechthaberei ['rɛçthaːbəraɪ] <-> *kein Pl f* pretesa *f* di aver sempre ragione, prepotenza *f*
rechthaberisch *adj* che vuol sempre avere ragione, prepotente
rechtlich *adj* giuridico, legale
rechtlos *adj* privo di diritti; **Rechtlosigkeit** <-> *kein Pl f* privazione *f* di diritti
rechtmäßig *adj* legittimo, legale; **der ~e Besitzer** il proprietario legittimo; **Rechtmäßigkeit** *f* legittimità *f,* legalità *f*
rechts [rɛçts] *adv* a [*o* sulla] destra; **~ gehen** [*o* **fahren**] andare a [*o* tenere la] destra; **~ überholen** sorpassare a destra; **sich ~ einordnen** mettersi sulla destra; **~ vor links** precedenza a (chi viene da) destra; **~ vom** [*o* **neben dem**] **Haus** a destra della casa; **nach/von ~** a [*o* verso]/ da destra
Rechtsabbieger <-s, -> *m* persona *f* che svolta a destra; **Rechtsabbiegerspur** *f* preselezione *f* a destra
Rechtsabteilung *f* sezione *f* giuridica; **Rechtsanwalt** *m,* **Rechtsanwältin** *f* avvocato, -tessa *m, f,* legale *mf;* **Rechtsauskunft** *f* informazione *f* legale
Rechtsaußen [rɛçts'ʔaʊsən] <-, -> *m* (SPORT) ala *f* destra
Rechtsberater(in) *m(f)* consigliere, -a *m, f*

R

giuridico, -a; **Rechtsbrecher(in)** *m(f)* violatore, -trice *m*, *f* del diritto; **Rechtsbruch** *m* violazione *f* del diritto

rechtsbündig *adj* (TYP, INFORM) (allineato) a destra

rechtschaffen I. *adj* ❶ (*ehrlich, anständig*) retto, onesto ❷ (*groß*) grande II. *adv* (*sehr*) molto; **Rechtschaffenheit** <-> *kein Pl f* rettitudine *f*, onestà *f*, probità *f*

Rechtschreibfehler *m* errore *m* d'ortografia; **Rechtschreibprüfung** <-, -en> *f* (INFORM) controllo *m* ortografico; **Rechtschreibreform** *f* riforma *f* ortografica

Rechtschreibung *f* ortografia *f*

Rechtsdrehung *f* rotazione *f* destrorsa

rechtsextrem *adj* s. **rechtsextremistisch**; **Rechtsextremismus** ['rɛçtsʔɛkstremɪsmʊs] <-> *kein Pl m* estremismo *m* di destra, fascismo *m*; **Rechtsextremist(in)** *m(f)* (POL) estremista *mf* di destra; **rechtsextremistisch** *adj* (POL) di estrema destra, fascista

rechtsfähig *adj* (JUR) giuridicamente capace; **Rechtsfähigkeit** *f* capacità *f* giuridica; **Rechtsfall** *m* caso *m* giuridico, causa *f*; **Rechtsfrage** *f* (JUR) questione *f* giuridica; **Rechtsgrundlage** <-, -n> *f* (JUR) fondamento *m* giuridico; **rechtsgültig** *adj* (JUR) giuridicamente valido; **in – er Form** in modo conforme alla legge; **Rechtsgültigkeit** *f* validità *f* giuridica, legalità *f*; **Rechtsgutachten** *n* parere *m* legale

Rechtshänder(in) ['rɛçtshɛndɐ] <-s, -; -, -nen> *m(f)* destrimano, -a *m*, *f*; **rechtshändig** ['rɛçtshɛndɪç] *adj* destrimano; **rechtsherum** *adv* a destra

Rechtshilfe *f* assistenza *f* legale; **Rechtskraft** *f* ~ **erlangen** entrare in vigore; ~ **haben** avere forza di legge; (*Urteil*) passare in giudicato; **rechtskräftig** *adj* (JUR) che ha valore di legge; (*Urteil*) esecutivo, passato in giudicato; **Rechtskunde** *f* giurisprudenza *f*; **rechtskundig** *adj* esperto di diritto [*o* di legge]

Rechtskurve *f* curva *f* a destra

Rechtslage *f* (JUR) situazione *f* giuridica; **Rechtsmittel** <-s, -> *n* (JUR) mezzo *m* legale, ricorso *m*; **Rechtsmittelbelehrung** *f* (JUR) indicazione *f* delle possibilità di ricorso; **Rechtsnorm** <-, -en> *f* norma *f* giuridica; **Rechtspfleger(in)** *m(f)* (JUR) giurista *mf*

Rechtsprechung <-, -en> *f* (JUR) giurisdizione *f*

rechtsradikal *adj* (POL) radicale di (estrema) destra

rechtsrheinisch *adj* situato sulla riva destra del Reno

Rechtsruck <-(e)s, -e> *m* (*fam: bei Wahlen*) spostamento *m* a destra; **Rechtsrutsch** *m* (POL) slittamento *m* a destra

Rechtsschutz *m* (JUR) protezione *f* giuridica; **Rechtsschutzversicherung** *f* assicurazione *f* della protezione giuridica

Rechtsstaat *m* stato *m* di diritto; **rechtsstaatlich** *adj* (POL) giuridico statale

Rechtsstreit *m* (JUR) controversia *f* giudiziaria, causa *f*; **Rechtsverdreher** <-s, -> *m* ❶ (*pej*) leguleio, -a *m*, *f*, ❷ (*fam scherz: Jurist*) azzeccagarbugli *m*

Rechtsverkehr *m* (AUTO) circolazione *f* a destra

Rechtsverletzung *f* (JUR) violazione *f* del diritto; **Rechtsweg** *m* (JUR) via *f* legale; **auf dem ~** per via legale; **unter Ausschluss des ~s** escludendo le vie legali; **rechtswidrig** *adj* contrario alla legge, illegale; **Rechtswissenschaft** *f* (JUR) (scienza *f* del) diritto *m*, giurisprudenza *f*

rechtwink(e)lig *adj* rettangolo

rechtzeitig I. *adj* tempestivo II. *adv* in tempo

Reck [rɛk] <-(e)s, -e *o* -s> *n* (SPORT) sbarra *f* fissa

recken ['rɛkən] I. *vt* (*Glieder*) stirare, (di)stendere; (*Hals*) allungare II. *vr* **sich ~** stirarsi

recycelbar [riˈsaɪklbaːɐ] *adj* riciclabile

recyceln [riˈsaɪkəln] <ohne ge-> *vt* riciclare

Recycling [riˈsaɪklɪŋ] <-s> *kein Pl n* riciclaggio *m*, riutilizzo *m*; **Recyclingpapier** <-s> *kein Pl n* carta *f* riciclata

Redakteur(in) [redakˈtøːɐ] <-s, -e; -, -nen> *m(f)* redattore, -trice *m*, *f*

Redaktion [redakˈtsi̯oːn] <-, -en> *f* redazione *f*

redaktionell [redaktsi̯oˈnɛl] *adj* redazionale

Redaktionsschluss^RR *m* chiusura *f* del giornale; **vor ~** prima di andare in macchina; **nach ~** dopo la chiusura del giornale

Redaktor [reˈdaktoːɐ] <-s, -en> *m* (*CH*) redattore *m*

Rede ['reːdə] <-, -n> *f* ❶ (*Vortrag*) discorso *m*; (*Ansprache*) allocuzione *f*; **eine ~ halten** tenere un discorso ❷ (*Äußerung*) parole *fpl*; (*Gespräch*) conversazione *f*; **jdm ~ und Antwort stehen** rendere conto a qu; **jdn wegen etw zur ~ stellen** chiedere conto a qu di qc; **es ist die ~ von …** si parla di …; **davon kann nicht die ~ sein** è fuori discussione; **davon war nie die ~!** non se n'è mai parlato!; **das ist**

nicht der ~ wert non vale la pena parlarne; **langer** [o **der langen**] ~ **kurzer Sinn** in poche parole, in breve ❸ (LING) discorso *m;* **direkte/indirekte** ~ discorso diretto/indiretto; **Redefluss**[RR] *m* (*pej*) fiumana *f* di parole; **Redefreiheit** *f* libertà *f* di parola; **redegewandt** *adj* eloquente; **Redegewandtheit** *f* facilità *f* di parola, eloquenza *f*

reden I. *vi* ❶ (*sprechen*) **über jdn/etw** [o **von jdm/etw**] ~ parlare di qu/qc; **mit sich** *dat* ~ **lassen** intendere ragione; **von sich** *dat* ~ **machen** far parlare di sé; **Sie haben gut** ~ ha un bel dire ❷ (*eine Rede halten*) tenere un discorso **II.** *vt* parlare, dire

Redensart *f* modo *m* di dire

Redeschwall *m* (*pej*) profluvio *m* [o mare *m*] di parole; **Redeverbot** <-(e)s, -e> *n* divieto *m* di parlare; **jdm** ~ **erteilen** impartire a qu il divieto di parlare; **Redewendung** *f* locuzione *f*

redigieren [redi'gi:rən] <ohne ge-> *vt* redigere

redlich ['re:tlɪç] *adj* ❶ (*rechtschaffen*) onesto, probo; (*aufrichtig*) sincero ❷ (*groß*) grande; **sich** ~ **bemühen** darsi ogni premura; **Redlichkeit** <-> *kein Pl f* onestà *f,* rettitudine *f;* (*Aufrichtigkeit*) sincerità *f*

Redner(in) ['re:dnɐ] <-s, -; -, -nen> *m(f)* oratore, -trice *m, f;* **Rednerpult** *n* podio *m* dell'oratore

redselig ['re:tze:lɪç] *adj* loquace, verboso; **Redseligkeit** *f* loquacità *f,* verbosità *f*

Reduktion [redʊk'tsi̯o:n] <-, -en> *f* (CHEM, PHYS, MAT) riduzione *f*

redundant [redʊn'dant] *adj* (LING) ridondante

Redundanz [redʊn'dants] <-, -en> *f* (LING) ridondanza *f*

reduzierbar *adj* riducibile

reduzieren [redu'tsi:rən] <ohne ge-> *vt* ridurre

Reede ['re:də] <-, -n> *f* (NAUT) rada *f;* **auf der** ~ **liegen** essere ormeggiato in rada; **Reeder** <-s, -> *m* (NAUT) armatore *m;* **Reederei** [re:də'raɪ] <-, -en> *f* (NAUT) compagnia *f* armatrice

reell [re'ɛl] *adj* ❶ (*ehrlich*) onesto; (*Geschäft*) serio, solido ❷ (*wirklich*) reale

Referat [refe'ra:t] <-(e)s, -e> *n* ❶ (*Bericht*) relazione *f,* rapporto *m* ❷ (*Dienststelle*) reparto *m,* sezione *f*

Referendar(in) [referɛn'da:ɐ] <-s, -e; -, -nen> *m(f)* chi (*gener giurista o insegnante*) *sta assolvendo il Referendariat*

Referendariat [referɛndari'a:t] <-(e)s,

-e> *n apprendistato biennale tra il primo e il secondo esame di stato*

Referendarin *f s.* **Referendar**

Referendum [refe'rɛndʊm] <-s, Referenden *o* Referenda> *n* referendum *m*

Referent(in) [refe'rɛnt] <-en, -en; -, -nen> *m(f)* ❶ (*Berichterstatter*) relatore, -trice *m, f* ❷ (*Sachbearbeiter*) addetto, -a *m, f*

Referenz [refe'rɛnts] <-, -en> *f* ❶ (*Empfehlung*) referenze *fpl;* **eine** ~ **vorweisen** presentare le referenze ❷ (*Person, Stelle*) referenza *f*

Referenzen [refe'rɛntsən] *fpl* referenze *fpl*

referieren [refe'ri:rən] <ohne ge-> *vi* **über etw** *acc* ~ fare una relazione su qc

reflektieren [reflɛk'ti:rən] <ohne ge-> **I.** *vi* (*nachdenken*) (**über jdn/etw**) ~ riflettere (su qu/qc) **II.** *vt* (*Licht*) riflettere

Reflex [re'flɛks] <-es, -e> *m* riflesso *m;* **Reflexhandlung** <-, -en> *f* movimento *m* riflesso

Reflexion [reflɛ'ksi̯o:n] <-, -en> *f* ❶ (PHYS) riflesso *m* ❷ (*Nachdenken*) riflessione *f*

reflexiv [reflɛ'ksi:f] *adj* riflessivo; **Reflexivpronomen** *n* (LING) pronome *m* riflessivo

Reflexzonenmassage <-, -n> *f* riflessologia *f*

Reform [re'fɔrm] <-, -en> *f* riforma *f*

Reformation [refɔrma'tsi̯o:n] <-, -en> *f* Riforma *f*

Reformator(in) [refɔr'ma:to:ɐ, *pl:* refɔr'ma:to:rən] <-s, -en; -, -nen> *m(f)* riformatore, -trice *m, f*

reformbedürftig *adj* che ha bisogno di una riforma

Reformer(in) [re'fɔrmɐ] <-s, -; -, -nen> *m(f)* promotore, -trice *m, f,* riformatore, -trice *m, f*

reformfreudig *adj* riformista, riformistico

Reformhaus *n* (ECO) negozio *m* di prodotti naturali ed ecologici

reformierbar *adj* riformabile

reformieren [refɔr'mi:rən] <ohne ge-> *vt* riformare

Reformkost <-> *kein Pl f* alimenti *mpl* biologici, alimentazione *f* naturale

Reformpaket *n* pacchetto *m* di riforme; **Reformstau** *m* blocco *m* delle riforme; **Reformvorhaben** *n* progetto *m* di riforma

Refrain [rə'frɛ:] <-s, -s> *m* ritornello *m*

Refugium [re'fu:gi̯ʊm, *pl:* re'fu:gi̯ən] <-s, Refugien> *n* (geh) rifugio *m*

refundieren <ohne ge-> *vt* (A: *zurück-*

zahlen) rimborsare, rifondere

Regal [re'ga:l] <-s, -e> *n* scaffale *m,* scaffalatura *f*

Regatta [re'gata] <-, Regatten> *f* (SPORT) regata *f*

Reg.-Bez. *abk v* **Regierungsbezirk** *Prov.*

rege ['re:gə] *adj* (*lebhaft*) vivace, vivo; (*Verkehr*) animato, intenso; (*geschäftig*) attivo; (*flink*) agile, lesto

Regel ['re:gəl] <-, -n> *f* ❶ (*Vorschrift,* LING, MAT) regola *f;* (*Grundsatz*) principio *m;* **in der ~** di regola, normalmente; **sich** *dat* **etw zur ~ machen** fare di qc un'abitudine; **nach allen ~ n der Kunst** a regola d'arte ❷ (*Menstruation*) **sie hat ihre ~** ha le sue cose

regelbar *adj* regolabile

Regelblutung <-, -en> *f* mestruazione *f*

regellos *adj* ❶ (*unregelmäßig*) irregolare ❷ (*unordentlich*) sregolato

regelmäßig *adj* regolare; **in ~ en Abständen** (*zeitlich*) periodicamente; **Regelmäßigkeit** *f* regolarità *f*

regeln *vt* ❶ (*ordnen, einstellen*) regolare ❷ (*Angelegenheit*) sistemare ❸ (*durch Verordnung*) regolamentare; (*festlegen*) fissare

regelrecht *adj* ❶ (*vorschriftsmäßig*) regolare ❷ (*fam: richtiggehend*) vero (e proprio)

Regelstudienzeit *f* tempo *m* regolamentare per un corso di studi

Regelung <-, -en> *f* ❶ (*Regulierung*) regolazione *f* ❷ (*Schlichtung*) composizione *f,* sistemazione *f* ❸ (ADM) regolamentazione *f*

regelwidrig *adj* irregolare

regen ['re:gən] **I.** *vt* (*geh*) muovere **II.** *vr* **sich ~** muoversi

Regen ['re:gən] <-s, -> *m* pioggia *f;* **bei ~** con la pioggia; **im ~** sotto la pioggia; **saurer ~** (ECO) piogge acide; **vom ~ in die Traufe kommen** (*fam*) cadere dalla padella nella brace

regenarm *adj* poco piovoso, povero di piogge

Regenbö *f* folata *f* di pioggia

Regenbogen *m* arcobaleno *m;* **Regenbogenfarben** *fpl* colori *mpl* dell'arcobaleno; **Regenbogenhaut** *f* iride *f;* **Regenbogenpresse** <-> *kein Pl f* stampa *f* gialla

Regeneration [regenera'tsjo:n] <-, -en> *f* (BIOL, MED, TEC) rigenerazione *f;* **regenerieren** [regene'ri:rən] <ohne ge-> **I.** *vt* rigenerare **II.** *vr* **sich ~** rigenerarsi

Regenfälle *mpl* piogge *fpl;* **Regen-**

guss^RR *m* acquazzone *m;* **Regenjacke** *f* giacca *f* a vento; **Regenmantel** *m* impermeabile *m;* **regenreich** *adj* piovoso, ricco di piogge; **Regenrinne** *f* grondaia *f*

Regensburg ['re:gənsbʊrk] *n* Ratisbona *f*

Regenschauer *m* scroscio *m* di pioggia; **Regenschirm** *m* ombrello *m*

Regent(in) [re'gɛnt] <-en, -en; -, -nen> *m(f)* (*Herrscher*) regnante *mf;* (*Stellvertreter*) reggente *mf*

Regentag *m* giorno *m* di pioggia, giornata *f* piovosa

Regentin *f s.* **Regent**

Regentropfen *m* goccia *f* di pioggia

Regentschaft <-, -en> *f* reggenza *f*

Regenwald *m* foresta *f* pluviale; **Regenwasser** *n* acqua *f* piovana; **Regenwetter** *n* tempo *m* piovoso; **Regenwolke** *f* nuvola *f* piovosa; **Regenwurm** *m* lombrico *m;* **Regenzeit** *f* stagione *f* delle piogge

Regie [re'ʒi:] <-> *kein Pl f* ❶ (FILM, THEAT, RADIO, TV) regia *f;* **unter der ~ von ...** con la regia di ... ❷ (ADM) amministrazione *f;* **Regieanweisung** *f* didascalia *f;* **Regieassistent(in)** *m(f)* aiuto *mf* regista

regieren [re'gi:rən] <ohne ge-> **I.** *vt* ❶ (*beherrschen*) governare ❷ (LING) reggere **II.** *vi* (*über jdn/etw*) **~** regnare (su qu/qc)

Regierung <-, -en> *f* governo *m;* **eine ~ bilden/stürzen** formare/rovesciare un governo; **an die ~ kommen** giungere al governo; **Regierungsantritt** *m* assunzione *f* del governo; (*von König*) ascesa *f* al trono; **Regierungsapparat** *m* apparato *m* governativo; **Regierungsbezirk** *m* circoscrizione *f* amministrativa; **Regierungsbildung** *f* formazione *f* del governo; **Regierungsbündnis** *n* coalizione *f* governativa; **Regierungschef(in)** *m(f)* capo *m* del governo; **Regierungserklärung** *f* dichiarazione *f* del governo; **regierungsfähig** *adj* in grado di governare; **Regierungsform** *f* (forma *f* di) governo *m,* regime *m;* **Regierungskoalition** *f* coalizione *f* di governo; **Regierungskrise** *f* crisi *f* di governo; **Regierungsmannschaft** *f* coalizione *f* governativa; **Regierungspartei** *f* partito *m* governativo; **Regierungsrat** <-(e)s, -räte> *m* ❶ (ADM: *höherer Beamter im Verwaltungsdienst*) alto funzionario *m* nell'amministrazione ❷ (*CH:* POL: *Kantonsregierung*) governo *m* cantonale ❸ (*CH:* POL: *Mitglied einer Kantonsregierung*) membro *m* del governo cantonale; **Regierungssprecher(in)** *m(f)* portavoce *mf* del governo; **Regierungsumbildung** f rimpasto m ministeriale; **Regierungswechsel** m cambiamento m di governo; **Regierungszeit** <-, -en> f (einer Regierung, eines Präsidenten) periodo m di governo; (eines Königs) regno m

Regime [re'ʒi:m] <-, - o rar -s> n regime m; **Regimegegner(in)** <-s, -; -, -nen> m(f) (POL) oppositore m del regime; **Regimekritiker(in)** m(f) dissidente mf del regime

Regiment¹ [regi'mɛnt] <-(e)s, -e> n (Herrschaft) governo m; (fig: Führung) comando m

Regiment² <-(e)s, -er> n (MIL) reggimento m

Region [re'gi̯o:n] <-, -en> f regione f; **in höheren ~en schweben** (fig scherz) vivere nelle nuvole

regional [regi̯o'na:l] adj regionale

Regisseur(in) [reʒɪ'søːɐ̯] <-s, -e; -, -nen> m(f) regista mf

Register [re'gɪstɐ] <-s, -> n ❶ (amtliche Liste) registro m ❷ (Stichwortverzeichnis) indice m ❸ (MUS) registro m; **alle ~ ziehen** (fig) ricorrere ad ogni mezzo; **Registertonne** f (NAUT) tonnellata f di stazza

Registratur [regɪstra'tu:ɐ̯] <-, -en> f ❶ (Tätigkeit) registrazione f ❷ (~büro) ufficio m di registrazione ❸ (MUS) registratura f

registrieren [regɪs'tri:rən] <ohne ge-> vt registrare

Registrierkasse f registratore m di cassa

Registrierung <-, -en> f registrazione f

Reglement [reglə'mã:] <-s, -e> n (CH: JUR) regolamento m, statuto m

reglementieren [reglemɛn'ti:rən] <ohne ge-> vt regolamentare

Regler ['re:glɐ] <-s, -> m (TEC) regolatore m

reglos ['re:klo:s] adj immobile, inerte; **Reglosigkeit** <-> kein Pl f immobilità f

regnen ['re:gnən] vi, vt piovere; **es regnet in Strömen** piove a dirotto

regnerisch adj piovoso

Regress^RR [re'grɛs] <-es, -e> m, **Regreß**^ALT <-gresses, -gresse> m (JUR) rivalsa f

Regresspflicht^RR f (JUR) diritto m di rivalsa; **regresspflichtig**^RR adj (JUR) obbligato a rivalsa

regsam ['re:kza:m] adj attivo; (Geist) sveglio, vivace; **Regsamkeit** <-> kein Pl f vivacità f, attività f

regulär [regu'lɛ:ɐ̯] adj regolare

regulierbar adj regolabile

regulieren [regu'li:rən] <ohne ge-> vt regolare

Regulierung <-, -en> f regolazione f

Regung <-, -en> f (geh) ❶ (Bewegung) moto m ❷ (Gefühls~) sentimento m (nascente); **regungslos** adj s. reglos

Reh [re:] <-(e)s, -e> n capriolo m

Rehabilitation [rehabilita'tsi̯o:n] <-, -en> f (MED) riabilitazione f; **Rehabilitationszentrum** n (MED) centro m di riabilitazione

rehabilitieren [rehabili'ti:rən] <ohne ge-> vt (Ruf, Ehre) riabilitare; (SOC, JUR, MED) reinserire; **Rehabilitierung** <-, -en> f (MED) riabilitazione f, rieducazione f

Rehbock m capriolo m (maschio); **Rehbraten** m (GASTR) arrosto m di capriolo; **Rehkeule** f cosciotto m di capriolo; **Rehkitz** n caprioletto m; **Rehrücken** m (GASTR) lombata f di capriolo

Reibe ['raɪbə] <-, -n> f grattugia f

reiben ['raɪbən] <reibt, rieb, gerieben> vt ❶ (mit Druck darüberfahren) (s)fregare; (Augen) stropicciare ❷ (ein~) frizionare ❸ (zerkleinern) grattugiare

Reibereien [raɪbə'raɪən] fpl attriti mpl

Reibung <-, -en> f ❶ (das Reiben) sfregamento m, strofinamento m ❷ (fig PHYS) attrito m, frizione f; **Reibungselektrizität** f (PHYS) elettricità f per strofinio, triboelettricità f; **Reibungsfläche** f (PHYS) superficie f d'attrito

reibungslos I. adj liscio II. adv senza difficoltà

reich [raɪç] adj ❶ (wohlhabend) ricco; **~ werden** arricchirsi ❷ (fig) ricco; (umfassend) vasto; **~ an etw** dat **sein** essere ricco di qc; **eine ~e Auswahl** un'ampia scelta; **in ~em Maße** abbondantemente

Reich [raɪç] <-(e)s, -e> n (a fig) regno m; (großes ~, Kaiser~) impero m; **das Deutsche ~** l'impero germanico, il Reich; **das ~ Gottes** il regno di Dio

Reiche <ein -r, -n, -n> mf ricco, -a m, f

reichen ['raɪçən] I. vt (geben) porgere, tendere, dare II. vi ❶ (sich erstrecken) giungere; (nach oben) elevarsi; (nach unten) scendere; **~ bis ...** arrivare fino a ...; **so weit das Auge reicht** fin dove giunge lo sguardo ❷ (genügen) bastare; **mir reicht's** (fam) ne ho abbastanza

reichhaltig adj ricco; (reichlich) abbondante; (abwechslungsreich) vario; **Reichhaltigkeit** <-> kein Pl f ricchezza f, abbondanza f; (Vielfalt) molteplicità f

reichlich I. adj ricco, abbondante II. adv ❶ (sehr viel) molto ❷ (mehr als genügend) abbondantemente; **~ vorhanden sein** abbondare ❸ (fam: ziemlich) abbastanza

Reichsstadt *f* **freie ~** (HIST) città libera dell'impero

Reichstag <-(e)s> *kein Pl m* ❶ (*Parlament*) antico parlamento *m* tedesco ❷ (*Gebäude*) sede dell'antico parlamento tedesco

Reichtum <-s, -tümer> *m* (*a fig*) ricchezza *f*; **~ an etw** *dat* ricchezza di qc

Reichweite *f* portata *f*; **außer/in ~** +*gen* fuori/a portata di

reif [raɪf] *adj* maturo; **~ werden** maturare; **eine ~e Leistung** (*fam*) una prestazione brillante; **die Zeit ist ~/noch nicht ~** i tempi sono/non sono ancora maturi

Reif[1] [raɪf] <-(e)s> *kein Pl m* (*Rau~*) brina(ta) *f*

Reif[2] <-(e)s, -e> *m* (*geh: Arm~*) bracciale *m*

Reife <-> *kein Pl f* ❶ (*das Reifen*) maturazione *f* ❷ (*das Reifsein*) maturità *f*; **mittlere ~** diploma di scuola media

reifen I. *vi sein* maturare; **in ihm reifte der Entschluss zum Mord** in lui maturò la decisione dell'assassinio II. *vt haben* (*geh*) far maturare

Reifen ['raɪfən] <-s, -> *m* ❶ (*Ring*) cerchio *m* ❷ (*Fahrzeug~*) pneumatico *m*; **Reifendecke** *f* (MOT) copertone *m*; **Reifendruck** <-(e)s, -drücke> *m* pressione *f* di gonfiamento di un pneumatico; **Reifenheber** *m* (MOT) leva *f* per pneumatici; **Reifenpanne** *f* foratura *f*; **Reifenschaden** *m* guasto *m* ai pneumatici; **Reifenwechsel** *m* cambio *m* di pneumatico

Reifeprüfung *f* (*Abitur*) esame *m* di maturità; **Reifezeugnis** *n* diploma *m* di maturità

reiflich I. *adj* maturo; **nach ~er Überlegung** dopo matura riflessione II. *adv* **es sich** *dat* **~ überlegen** pensarci bene

Reigen ['raɪgən] <-s, -> *m* girotondo *m*, ridda *f*; **den ~ eröffnen** (*fig*) aprire le danze

Reihe ['raɪə] <-, -n> *f* ❶ (*geregelte Anordnung*, MIL) fila *f*; **in einer ~** in fila; **in Reih und Glied** in fila; **der ~ nach** (*räumlich*) l'uno dopo l'altro; (*ordnungsgemäß*) per ordine; **aus der ~ tanzen** (*fig fam*) fare di testa propria ❷ (*Folge, Anzahl*) serie *f*; (*Buch~*) collana *f*; **eine (ganze) ~ (von ...)** un gran numero (di ...), tutta una fila (di ...) ❸ (MAT) progressione *f* ❹ *sing* (*Reihenfolge*) turno *m*; **außer der ~** fuori turno; **ich bin an der ~** tocca a me; **wer ist an der ~?** a chi tocca? ❺ *pl* (*fig: Gemeinschaft*) file *fpl*; **die Kritik kam aus den eigenen ~n** la critica giunse dai propri ranghi

reihen I. *vt* (*geh*) ❶ (*auf~*) infilare ❷ (*ein~*) mettere in fila II. *vr* **sich** (**an etw** *acc*) **~** seguire (qc)

Reihenfolge *f* ordine *m*; **der ~ nach** in ordine; **in alphabetischer ~** in ordine alfabetico

Reihenhaus *n* casa *f* a schiera; **Reihenhaussiedlung** *f* agglomerato *m* di case a schiera

Reihenschaltung *f* collegamento *m* in serie

reihenweise *adv* in fila

Reiher ['raɪɐ] <-s, -> *m* airone *m*

reihern ['raɪɐn] *vi* (*fam*) ❶ (*erbrechen*) vomitare ❷ (*dial: Durchfall haben*) avere la sciolta

reihum [raɪˈʔʊm] *adv* in giro, in cerchio

Reim [raɪm] <-(e)s, -e> *m* rima *f*; **ich kann mir keinen ~ darauf machen** (*fam*) non riesco a spiegarmelo

reimen I. *vt* rimare II. *vr* **sich** (**auf etw** *acc*) **~** fare rima (con qc)

rein [raɪn] I. *adj* ❶ (*ohne Zusatz, a fig* MUS) puro; (*unverfälscht*) genuino; (*Freude*) vero; **die ~e Wahrheit** la pura verità ❷ (*sauber, a fig: Gewissen*) pulito; **ins Reine schreiben** scrivere in bella (copia); **etw ins Reine bringen** mettere in chiaro qc; **mit sich** *dat* (**selbst**) **ins Reine kommen** chiarirsi le idee; **ist die Luft ~?** (*fam*) non c'è nessuno?, si può star sicuri? ❸ (*Gewinn*) netto ❹ (*fam: völlig*) puro, vero; **das ist der ~ste Wahnsinn** è pazzia pura II. *adv* ❶ (*fam: völlig*) assolutamente; **~ gar nichts** proprio niente ❷ (*ausschließlich*) esclusivamente; **~ zufällig** per puro caso ❸ (*fam*) *s.* **herein, hinein**

Reinemachefrau *f* donna *f* delle pulizie

reine|machen ['raɪnəmaxən] *vi* (*dial*) fare le pulizie, pulire

Reinemachen <-s> *kein Pl n* pulizia *f*; **großes ~** grandi pulizie

Reinerlös *m* ricavo *m* netto; **Reinertrag** *m* ricavo *m* netto

Reinfall *m* (*fam*) bidonata *f*, fregatura *f*; **rein|fallen** ['raɪnfalən] <irr> *vi sein* (*fig fam*) prendere una bidonata, rimanere fregato

Reingewinn *m* guadagno *m* netto

rein|halten <hält rein, hielt rein, reingehalten> *vt* tenere pulito

Reinhaltung <-> *kein Pl f* pulizia *f*

rein|hauen ['raɪnhaʊən] <haut rein, haute rein, reingehauen> (*fam*) I. *vt* **jdm eine ~** mollare un ceffone a qu II. *vi* (*tüchtig essen*) abbuffarsi

Reinheit <-> *kein Pl f* ❶ (*reine Beschaffenheit, a fig*) purezza *f*; (*Unverfälschtheit*)

genuinità f ② (*Sauberkeit*) pulizia f; **Reinheitsgebot** <-(e)s, -e> n *legge del 1516 sulla regolamentazione della produzione della birra*

reinigen vt pulire; (*chemisch*) pulire a secco; (TEC) depurare; (*fig* REL) purificare

Reiniger <-s, -> m detersivo m, detergente m

Reinigung <-, -en> f ① (*das Reinigen*) pulitura f; (TEC) depurazione f; (*fig* TEC, REL) purificazione f ② (*~ sgeschäft*) lavanderia f a secco; **Reinigungscreme** f crema f detergente; **Reinigungsmilch** f latte m detergente; **Reinigungsmittel** n detergente m, detersivo m

Reinkultur f ① (AGR) monocoltura f ② (BIOL) coltura f monocitogenica; **in ~** (*fig fam*) autentico, genuino

rein|legen vt (*fam*) **jdn ~** bidonare qu

reinlich adj (*auf Sauberkeit bedacht*) amante della pulizia; (*sauber*) pulito; **Reinlichkeit** <-> *kein Pl* f amore m per la pulizia

Reinmachen n s. **Reinemachen**

reinrassig adj di razza pura; (*bes. Pferd*) purosangue

rein|schneien vi (*fam*) ① *haben* (*Schnee*) nevicare dentro ② *sein* (*fig: Menschen*) piombare in …

rein|schreiben <irr> vt (*A: ins Reine schreiben*) copiare in bella

Reinschrift f ① (*Tätigkeit*) trascrizione f in bella (copia) ② (*Ergebnis*) bella (copia) f

rein|waschen <wäscht rein, wusch rein, reingewaschen> (*fig*) **I.** vr **sich ~** scagionarsi (*von* di) **II.** vt lavare (*von* da)

rein|würgen vt **jdm eine ~** (*sl*) giocare un brutto tiro a qu

rein|ziehen <irr> vt (*fam*) ① (*Dinge*) introdurre, infilare ② (*fam: verschlingen*) divorare, inghiottire; **sich** dat **ein Schnitzel/ein Bier/einen Film ~** divorarsi una bistecca/scolare una birra/divorare un film ③ (*in Verbrechen*) **jdn** (**in etw** acc) **~** coinvolgere qu (in qc)

Reis [raɪs] <-es, -e> m (BOT) riso m; **Reisbau** <-(e)s> *kein Pl* m risicoltura f, coltivazione f del riso; **Reisbrei** m pappa f di riso

Reise ['raɪzə] <-, -n> f viaggio m; (*Rund~*) giro m; **eine ~ machen** fare un viaggio; **eine ~ nach Italien** un viaggio in Italia; **eine ~ um die Welt** un giro del mondo; **auf ~n** in viaggio; **Gute ~!** buon viaggio! **Reiseandenken** n ricordo m di viaggio, souvenir m; **Reiseapotheke** f farmacia f portatile; **Reisebekanntschaft** f conoscenza f fatta in viaggio; **Reisebeschreibung** f descrizione f di un viaggio; **Reisebett** n brandina f; **Reisebüro** n agenzia f viaggi; **Reisebus** m pullman m, corriera f; **reisefertig** adj pronto per il viaggio; **Reisefieber** n febbre f della partenza; **Reiseführer(in)** m(f) guida f; **Reisegefährte** m, **Reisegefährtin** f compagno, -a m, f di viaggio; **Reisegepäck** n bagagli mpl; **Reisegesellschaft** f comitiva f; **Reisegruppe** <-, -n> f comitiva f turistica; **Reisekosten** pl spese fpl di viaggio; **Reisekostenabrechnung** f indennità f di trasferta; **Reisekrankheit** f (MED) chinetosi f; **Reiseland** <-(e)s, -länder> n paese m turistico; **Reiseleiter(in)** m(f) responsabile mf (di una comitiva); **reiselustig** adj che ha voglia di viaggiare; **Reisemitbringsel** n souvenir m, ricordo m

reisen vi *sein* ① (*Reisen unternehmen*) viaggiare ② (*eine Reise machen*) fare un viaggio; (*fahren, fliegen, gehen*) andare; **~ über** passare per; **nach Rom/Italien ~** andare a Roma/in Italia

Reisende <ein -r, -n, -n> mf viaggiatore, -trice m, f; (*Fahrgast*) passeggero, -a m, f

Reisenecessaire n nécessaire m [o astuccio m] da viaggio; **Reisepass**[RR] m passaporto m; **Reisepläne** mpl progetti mpl di viaggio; **Reiseprospekt** m dépliant m turistico; **Reiseproviant** m provviste fpl per il viaggio; **Reisescheck** m assegno m turistico; **Reiseschreibmaschine** f macchina f da scrivere portatile; **Reisetasche** f borsa f da viaggio; **Reiseveranstalter** <-s, -> m operatore m turistico; **Reiseverkehr** m traffico m turistico; **Reiseversicherung** <-, -en> f assicurazione f sui viaggi; **Reisevorbereitungen** fpl preparativi mpl di viaggio; **Reisewecker** m sveglia f da viaggio; **Reisewelle** f ondata f turistica; **Reisewetterbericht** m bollettino m meteorologico per chi viaggia; **Reisezeit** f stagione f turistica; **Reiseziel** n meta f del viaggio

Reisfeld n risaia f

Reisig ['raɪzɪç] <-s> *kein Pl* n rami mpl secchi, sterpi mpl; **Reisigbesen** m granata f; **Reisigbündel** n fascina f di sterpi

Reißaus [raɪs'ʔaʊs] m **~ nehmen** (*fam*) darsela a gambe

Reißbrett n tavola f da disegno

reißen ['raɪsən] <reißt, riss, gerissen> **I.** vt *haben* ① (*ab~, ent~*) strappare; **jdn aus dem Schlaf ~** strappare qu dal sonno, svegliare qu ② (*zer~*) stracciare, lacerare; (*in zwei Teile*) strappare in due ③ (*zerren*) trascinare; (*ziehen*) tirare; (*fort~*) trascinare via; (*zu Boden*) gettare a terra; **jdm etw aus der Hand ~** strappare qc di mano a qu; **etw an sich ~** tirare qc a sé; (*fig*) impadronirsi di qc; **hin und her gerissen sein** non riuscire a decidersi ❹ (*zerfleischen*) sbranare **II.** *vi* ❶ *sein* (*zer~*) strapparsi, andare in pezzi; (*Stoff*) stracciarsi; (*Faden, Seil*) rompersi; **gleich reißt mir die Geduld** (*fam*) mi scappa la pazienza ❷ *haben* (*zerren*) **an etw** *dat* **~** tirare qc **III.** *vr* **sich um jdn/etw ~** (*fam*) fare di tutto per qu/qc; **reißend** *adj* (*Tier*) feroce; (*Wasser*) impetuoso; **~en Absatz finden** andare a ruba

Reißer <-s, -> *m* (*fam: Ware*) merce *f* di gran sucesso; (FILM) film *m* di cassetta; (*Buch*) romanzo *m* nero; **reißerisch** *adj* (*pej*) sensazionale

Reißfeder *f* tiralinee *m*

reißfest *adj* resistente allo strappo; **Reißnagel** *m s.* **Reißzwecke**; **Reißschiene** *f* riga *f* a forma di T

Reißverschluss^{RR} *m* chiusura *f* lampo; **Reißverschlussprinzip**^{RR} <-s, -e> *n* circolazione *f* alternata; **Reißverschlusssystem**^{RR} *n* (MOT) sistema *m* a senso alternato

Reißwolf *m* sfilacciatrice *f;* **Reißzahn** *m* dente *m* canino; **Reißzwecke** *f* puntina *f* da disegno

Reitbahn *f* maneggio *m*

reiten ['raɪtən] <reitet, ritt, geritten> **I.** *vi sein* (*auf Pferd*) andare a cavallo; (*auf Tierrücken*) cavalcare; (*rittlings sitzen*) stare a cavallo; **auf etw** *dat* **~** cavalcare qc **II.** *vt haben* cavalcare

Reiter(in) <-s, -; -, -nen> *m(f)* cavaliere *m*, amazzone *f*

Reiterei [raɪtə'raɪ] <-, -en> *f* ❶ (MIL) cavalleria *f* ❷ (SPORT) equitazione *f*

Reiterin *f s.* **Reiter**

Reiterstandbild *n* statua *f* equestre

Reithose *f* calzoni *mpl* alla cavallerizza; **Reitpeitsche** *f* scudiscio *m;* **Reitpferd** *n* cavallo *m* da sella; **Reitschule** *f* scuola *f* di equitazione; **Reitsport** *m* ippica *f*, equitazione *f;* **Reitstall** *m* scuderia *f;* **Reitstiefel** *m* stivale *m* da cavallerizzo; **Reitstunde** *f* lezione *f* di equitazione; **Reittier** *n* animale *m* da sella; **Reitweg** *m* pista *f* per cavalli

Reiz ['raɪts] <-es, -e> *m* ❶ (*physiologisch*) stimolo *m* ❷ (*Anziehungskraft*) attrattiva *f;* (*Verlockung*) fascino *m;* **der ~ des Neuen** il fascino della novità; **einen ~ auf jdn ausüben** affascinare qu ❸ (*Anmut*) grazia *f*, bellezza *f*

reizbar *adj* irritabile, eccitabile; (*jähzornig*)

irascibile; **Reizbarkeit** <-> *kein Pl f* irritabilità *f*, eccitabilità *f;* (*Jähzorn*) irascibilità *f*

reizen I. *vt* ❶ (*provozieren*) provocare; (*ärgern*) irritare, far arrabbiare; **jdn bis zur Weißglut ~** fare imbestialire qu ❷ (MED) irritare ❸ (*anregen*) stimolare; (*anziehen*) attrarre; (*bezaubern*) attirare; **die neue Aufgabe reizt mich sehr** la nuova attività mi attrae molto; **das reizt mich nicht** non mi fa né caldo né freddo **II.** *vi* (*beim Kartenspiel*) invitare

reizend *adj* (*entzückend*) grazioso; (*hübsch*) carino; **das ist ja ~!** (*fam iron*) questa è bella!

Reizhusten *m* tosse *f* nervosa; **Reizklima** *n* (MED, METEO) clima *m* stimolante; **reizlos** *adj* senza attrattive; (*langweilig*) noioso; **Reizschwelle** *f* (PSYCH) soglia *f* dello stimolo; **Reizstoff** *m* sostanza *f* irritante; (MED) stimolante *m;* **Reizstrom** *m* (MED) corrente *f* impulsiva; **Reizthema** *n* tema *m* scottante; **Reizüberflutung** *f* (PSYCH) bombardamento *m* di stimoli esterni

Reizung <-, -en> *f* (MED) irritazione *f*

reizvoll *adj* ❶ (*attraktiv, schön*) grazioso; (*bezaubernd*) affascinante ❷ (*verlockend*) allettante, interessante; **Reizwäsche** *f* (*fam*) biancheria *f* erotica; **Reizwort** <-(e)s, -wörter> *n* **Atomenergie ist zum ~ geworden** l'energia atomica è diventata un argomento scottante; **seit ihrer Trennung ist sein Name für sie ein ~** da quando si sono separati il suo nome è per lei parola-tabù

rekapitulieren [rekapitu'liːrən] <ohne ge-> *vt* ricapitolare

rekeln ['reːkəln] *vr* **sich ~** (*fam*) stirarsi, stiracchiarsi

Reklamation [reklama'tsi̯oːn] <-, -en> *f* reclamo *m*

Reklame [re'klaːmə] <-, -n> *f* pubblicità *f;* **für etw ~ machen** fare pubblicità a qc; **Reklamerummel** *m* (*fam pej*) battage *m;* **Reklameschild** *n* cartello *m* pubblicitario; **Reklametrick** *m* trucco *m* pubblicitario

reklamieren [rekla'miːrən] <ohne ge-> *vt, vi* reclamare

rekonstruieren [rekɔnstru'iːrən] <ohne ge-> *vt* ricostruire

Rekonstruktion [rekɔnstrʊk'tsi̯oːn] *f* ricostruzione *f*

Rekonvaleszent(in) [rekɔnvalɛs'tsɛnt] <-en, -en; -, -nen> *m(f)* convalescente *mf;* **Rekonvaleszenz** [rekɔnvalɛs'tsɛnts] <-> *kein Pl f* convalescenza *f*

Rekord [re'kɔrt] <-(e)s, -e> *m* record *m*,

R

primato *m;* **einen ~ aufstellen/bre-chen/halten** stabilire/battere/detenere un record

Rekord- (*in Zusammensetzungen*) record

Rekordhalter(in) <-s, -; -, -nen> *m(f)* detentore, -trice *m, f* del record; **Rekord-inhaber(in)** *m(f)* primatista *mf,* detentore, -trice *m, f* del primato; **Rekordzeit** *f* tempo *m* record

Rekrut(in) [re'kru:t] <-en, -en; -, -nen> *m(f)* (MIL) recluta *mf*

rekrutieren [rekru'ti:rən] <ohne ge-> **I.** *vt* reclutare **II.** *vr* **sich aus etw ~** (*fig*) comporsi di qc

Rekrutierung <-, -en> *f* reclutamento *m*

Rekrutin *f s.* **Rekrut**

Rektor(in) ['rɛkto:ɐ] <-s, -en; -, -nen> *m(f)* ❶ (*Schul~*) direttore, -trice *m, f* ❷ (*Universitäts~*) rettore, -trice *m, f*

Rektorat [rɛkto'ra:t] <-(e)s, -e> *n* rettorato *m*

Rektorin *f s.* **Rektor**

Relais [rə'lɛ:] <-, -> *n* relè *m;* **Relaissta-tion** *f* stazione *f* ripetitrice [*o* ricetrasmit-tente]

Relation [rela'tsi̯o:n] <-, -en> *f* relazione *f,* rapporto *m;* **Preis und Leistung stehen in keiner ~ zueinander** prezzo e prestazione non hanno alcun rapporto reciproco

relativ [rela'ti:f] *adj* relativo

relativieren [relati'vi:rən] <ohne ge-> *vt* relativizzare

Relativität [relativi'tɛ:t] <-> *kein Pl f* relatività *f;* **Relativitätstheorie** *f* (PHYS) teoria *f* della relatività

Relativpronomen *n* (LING) pronome *m* relativo; **Relativsatz** *m* (LING) proposizione *f* relativa

relaxen [ri'lɛksən] <ohne ge-> *vi* (*ent-spannen*) rilassarsi; (*ausruhen*) riposarsi

relevant [rele'vant] *adj* rilevante, importante; **Relevanz** [rele'vants] <-, -en> *f* rilevanza *f,* importanza *f*

Relief [re'li̯ɛf] <-s, -s *o* -e> *n* (KUNST, GEOG) rilievo *m*

Religion [reli'gi̯o:n] <-, -en> *f* religione *f;* **Religionsbekenntnis** *n* professione *f* di fede; **Religionsfreiheit** *f* libertà *f* religiosa; **Religionsgemeinschaft** *f* comunità *f* religiosa; **Religionsgeschichte** *f* storia *f* delle religioni; **Religionskrieg** *m* guerra *f* di religione; **religionslos** *adj* ❶ (*unreligiös*) irreligioso ❷ (*bekenntnis-los*) senza confessione; **Religions-schule** *f* scuola *f* religiosa; **Religions-stifter** *m* fondatore *m* di una religione; **Religionszugehörigkeit** *f* confessione *f*

religiös [reli'gi̯ø:s] *adj* ❶ (*die Religion betreffend*) religioso; **~e Kunst** arte sacra ❷ (*fromm*) pio, devoto

Religiosität [religi̯ozi'tɛ:t] <-> *kein Pl f* religiosità *f,* devozione *f*

Relikt [re'lıkt] <-(e)s, -e> *n* resto *m,* relitto *m*

Reling ['re:lıŋ] <-, -s *o* -e> *f* (NAUT) impavesata *f*

Reliquie [re'li:kvi̯ə] <-, -n> *f* reliquia *f;* **Reliquienschrein** *m* reliquiario *m*

Remake ['ri:meɪk] <-s, -s> *n* (FILM) rifacimento *m*

Reminiszenz [reminıs'tsɛnts] <-, -en> *f* (*geh*) reminiscenza *f*

remis [rə'mi:] <inv> *adj* pari; **Remis** [rə'mi:, *pl:* rə'mi:s *o* rə'mi:zən] <-, - *o* -en> *n* (SPORT: *bes. Schach*) parità *f,* pareggio *m*

Remittenden [remı'tɛndən] *fpl* resa *f* (di giornali [*o* libri] invenduti)

Remoulade(nsoße) [remu'la:də(nzo:sə)] <-, -n> *f* (GASTR) salsa *f* remoulade

rempeln ['rɛmpəln] *vt* (*fam*) urtare, dare uno spintone

Ren [rɛn *o* re:n] <-s, -s *o* -e> *n* (ZOO) renna *f*

Renaissance [rənɛ'sã:s] <-, -n> *f* ❶ (*Stil, Epoche*) Rinascimento *m* ❷ (*fig*) rinascita *f*

Rendezvous [rãde'vu:] <-, -> *n* appuntamento *m,* rendez-vous *m*

Rendite [rɛn'di:tə] <-, -n> *f* (WIRTSCH) rendita *f*

Reneklode [re:nə'klo:də] <-, -n> *f* (BOT) regina *f* Claudia

renitent [reni'tɛnt] *adj* renitente

Rennbahn *f* pista *f;* (*Pferde~*) ippodromo *m;* (*Rad~*) velodromo *m;* (*Auto~*) autodromo *m*

rennen ['rɛnən] <rennt, rannte, gerannt> *vi sein* correre; **gegen etw ~** andare a urtare contro qc; **jdn über den Haufen ~** (*fam*) buttare a terra qu con uno spintone; **Rennen** <-s, -> *n* corsa *f; das ~ machen* (*fam*) vincere, essere vincitore; **das ~ auf-geben** (*fig*) abbandonare la partita; **gut im ~ liegen** essere in buona posizione; **das ~ ist gelaufen** la corsa è finita; (*fig*) la faccenda è sistemata

Renner <-s, -> *m* (*fam: Verkaufsschlager*) articolo *m* che va a ruba

Rennfahrer(in) *m(f)* (*Auto~*) corridore, -trice *m, f* (automobilista); (*Rad~*) ciclista *mf;* **Rennpferd** *n* cavallo *m* da corsa; **Rennplatz** *m s.* **Rennbahn**; **Rennrad** *n* bicicletta *f* da corsa; **Rennreiter(in)** *m(f)* fantino, -a *m, f;* **Rennsport** *m* corse *fpl;*

(*Pferde~*) ippica *f;* **Rennstall** *m* scuderia *f;*
Rennstrecke *f* percorso *m* della gara;
(*Rundstrecke*) circuito *m;* **Rennwagen** *m*
vettura *f* da corsa

Renommee [renɔ'me:] <-s, -s> *n* reputazione *f;* (*gutes ~*) buon nome *m*

renommieren [renɔ'mi:rən] <ohne ge->
vi vantarsi (*mit* di), gloriarsi (*mit* di);
renommiert *adj* rinomato

renovieren [reno'vi:rən] <ohne ge-> *vt*
rinnovare, restaurare

Renovierung <-, -en> *f* rinnovamento *m,*
restauro *m*

rentabel [rɛn'ta:bəl] *adj* redditizio, rimunerativo

Rentabilität [rɛntabili'tɛ:t] <-> *kein Pl f*
redditività *f*

Rente ['rɛntə] <-, -n> *f* ❶(*Alters~*, *Waisen~*, *Invaliden~*) pensione *f* ❷(FIN) rendita *f;* **Rentenalter** <-s> *kein Pl n* età *f*
pensionabile; **Rentenanpassung** *f* adeguamento *m* delle pensioni; **Rentenanspruch** *m* diritto *m* alla pensione; **Rentenempfänger(in)** *m(f)* pensionato,
-a *m, f;* **Rentenversicherung** *f* previdenza *f* sociale; **Rentenvorsorge** *f* **private ~** assicurazione *f* privata per la
vecchiaia

Rentier *n s.* Ren

rentieren [rɛn'ti:rən] <ohne ge-> *vr*
sich ~ rendere, fruttare; **das rentiert sich
nicht** non rende; (*fig*) non vale la pena

Rentner(in) ['rɛntnɐ] <-s, -; -, -nen> *m(f)*
pensionato, -a *m, f*

reparabel [repa'ra:bəl] *adj* riparabile

Reparation [repara'tsjo:n] <-, -en> *f*
❶(MED) riparazione *f* ❷*pl:* (POL) riparazioni *fpl*

Reparationen [repara'tsi̯o:nən] *fpl* (POL)
riparazioni *fpl*

Reparatur [repara'tu:ɐ̯] <-, -en> *f* riparazione *f;* **etw in ~ geben** fare riparare qc;
reparaturanfällig *adj* delicato; **reparaturbedürftig** *adj* **~ sein** aver bisogno di
essere riparato; **Reparaturkosten** *pl*
spese *fpl* di riparazione; **Reparaturwerkstatt** *f* officina *f* (di) riparazioni

reparieren [repa'ri:rən] <ohne ge-> *vt*
riparare

Repertoire [repɛr'toa:ɐ̯] <-s, -s> *n* repertorio *m*

repetieren [repe'ti:rən] <ohne ge-> *vt*
ripetere

Report [re'pɔrt] <-(e)s, -e> *m* ❶(*Bericht*)
rapporto *m* ❷(FIN) riporto *m*

Reportage [repɔr'ta:ʒə] <-, -n> *f* reportage *m,* servizio *m*

Reporter(in) <-s, -; -, -nen> *m(f)* reporter

mf, cronista *mf*

Repräsentant(in) [reprɛzɛn'tant] <-en,
-en; -, -nen> *m(f)* rappresentante *mf;*
Repräsentantenhaus <-es> *kein Pl n*
camera *f* dei deputati

Repräsentation [reprɛzɛnta'tsi̯o:n] <-,
-en> *f* rappresentanza *f*

repräsentativ [reprɛzɛnta'ti:f] *adj*
❶(*stellvertretend*) rappresentativo ❷(*eindrucksvoll*) di (grande) effetto

repräsentieren [reprɛzɛn'ti:rən] <ohne
ge-> *vt* rappresentare

Repressalien [reprɛ'sa:li̯ən] *fpl* rappresaglia *f*

repressiv [reprɛ'si:f] *adj* repressivo, inibitorio

Reproduktion [reprodʊk'tsi̯o:n] *f* riproduzione *f*

reproduzieren [reprodu'tsi:rən] <ohne
ge-> *vt* riprodurre

Reptil [rɛp'ti:l, *pl:* rɛp'ti:li̯ən] <-s, -ien> *n*
rettile *m*

Republik [repu'bli:k] <-, -en> *f* repubblica *f*

Republikaner(in) [republi'ka:nɐ] <-s, -;
-, -nen> *m(f)* repubblicano, -a *m, f*

republikanisch *adj* repubblicano

Reputation [reputa'tsjo:n] <-, -en> *f*
(*geh*) reputazione *f*

Requiem ['re:kvi̯ɛm] <-s, -s *o* A
Requien> *n* (REL) (messa *f* di) requiem *m*

Requisit [rekvi'zi:t] <-(e)s, -en> *n* ❶*pl*
(THEAT) accessorio *m* di scena ❷(*Zubehör*)
requisito *m*

Requisiteur(in) [rekvizi'tø:ɐ̯] <-s, -e; -,
-nen> *m(f)* (THEAT) trovarobe *mf*

resch [rɛʃ] *adj* (*A, südd*) ❶(*knusprig*)
croccante ❷(*von Frauen: lebhaft, etwas
resolut*) vivace, risoluto

Reschen ['rɛʃən] *n* (GEOG) Resia *f*

Reservat [rezɛr'va:t] <-(e)s, -e> *n* (*Tiere
und Pflanzen*) riserva *f*

Reserve [re'zɛrvə] <-, -n> *f* ❶(*Vorrat,
Ersatz, Rücklage*) riserva *f;* **etw in ~
haben** avere qc in serbo ❷(*Zurückhaltung*) riservatezza *f,* riserbo *m;* **jdn aus
der ~ locken** fare uscire qu dalla riservatezza

Reserve- (*in Zusammensetzungen*) di
riserva [*o* ricambio]; **Reservekanister** *m*
tanica *f* di riserva; **Reserveoffizier** *m*
ufficiale *m* di riserva; **Reserverad** *n*
ruota *f* di scorta; **Reservespieler(in)**
m(f) (SPORT) riserva *f*

reservieren [rezɛr'vi:rən] <ohne ge-> *vt*
riservare; (*Hotelzimmer, Tisch*) prenotare;
reserviert *adj* riservato; **Reserviertheit**
<-> *kein Pl f* riservatezza *f*

R

Reservist [rezɛr'vɪst] <-en, -en> *m*
❶ (MIL) riservista *m* ❷ (SPORT) riserva *f*

Reservoir [rezɛr'voa:ɐ̯] <-s, -e> *n* ❶ (*Becken*) serbatoio *m* ❷ (*fig*) riserva *f*

Residenz [rezi'dɛnts] <-, -en> *f* (città *f* di) residenza *f*

residieren [rezi'di:rən] <ohne ge-> *vi* risiedere

Resignation [rezɪgna'tsi̯o:n] <-, -en> *f* rassegnazione *f*

resignieren [rezɪ'gni:rən] <ohne ge-> *vi* rassegnarsi; **resigniert** *adj* rassegnato

resistent [rezɪs'tɛnt] *adj* (BIOL, MED) (**gegen etw**) ~ **sein** essere resistente (a qc)

resolut [rezo'lu:t] *adj* risoluto, deciso

Resolution [rezolu'tsi̯o:n] <-, -en> *f* risoluzione *f*

Resonanz [rezo'nants] <-, -en> *f* (*fig* PHYS, MUS) risonanza *f*; ~ **finden** avere risonanza; **Resonanzkörper** *m* (MUS) cassa *f* armonica [*o* di risonanza]

Resopal® [rezo'pa:l] <-s> *kein Pl n* formica® *f*

resozialisieren [rezotsi̯ali'zi:rən] <ohne ge-> *vt* reinserire nella società

Resozialisierung *f* reinserimento *m* nella società

resp. *abk v* respektive rispettivamente

Respekt [re'spɛkt *o* rɛs'pɛkt] <-(e)s> *kein Pl m* rispetto *m*; ~ **vor jdm/etw haben** avere rispetto per qu/qc; **sich** *dat* ~ **verschaffen** farsi rispettare; **jdm** ~ **einflößen** incutere rispetto a qu; **bei allem** ~ **vor ..., aber ...** con tutto il rispetto per ..., ma ...

respektabel [rɛspɛk'ta:bəl] *adj* ragguardevole, stimato

respektieren [rɛspɛk'ti:rən] <ohne ge-> *vt* rispettare

respektive [rɛspɛk'ti:və] *adv* (*geh*) ❶ (*beziehungsweise*) rispettivamente ❷ (*oder*) o, oppure

respektlos *adj* **jdm/etw gegenüber** ~ **sein** essere irrispettoso verso qu/qc; **Respektlosigkeit** <-, -en> *f* irriverenza *f*

Respektsperson *f* persona *f* di riguardo

respektvoll *adj* **jdm/etw gegenüber** ~ **sein** essere pieno di rispetto verso qu/qc

Ressentiment [rɛsãti'mã:] <-s, -s> *n* risentimento *m*; (**gegen jdn**) ~**s hegen** provare risentimenti (nei confronti di qu)

Ressort [rɛ'so:ɐ̯] <-s, -s> *n* ❶ (*Zuständigkeitsbereich*) competenza *f* ❷ (*Abteilung*) sezione *f*, divisione *f*

Ressourcen [rɛ'sʊrsən] *pl* risorse *fpl*

Rest [rɛst] <-(e)s, -e> *m* (MAT) resto *m*; (*Stoff-*) scampolo *m*; (~ *betrag*) rimanenza *f*; (*Essens-*) avanzi *mpl*; **jdm den** ~ **geben** (*fam*) dare a qu il colpo di grazia;

zehn geteilt durch drei ist drei, ** ~ **eins dieci diviso tre fa tre col resto di uno; **Restauflage** *f* resto *m* della tiratura

Restaurant [rɛsto'rã:] <-s, -s> *n* ristorante *m*

Restauration [rɛstaʊra'tsi̯o:n *o* rɛstaʊra'tsi̯o:n] <-, -en> *f* ❶ (POL) restaurazione *f* ❷ (*A: Restaurant*) ristorante *m*

Restaurator(in) [rɛstaʊ'ra:to:ɐ̯] <-s, -en; -, -nen> *m(f)* restauratore, -trice *m, f*

restaurieren [rɛstaʊ'ri:rən] <ohne ge-> *vt* restaurare

Restbestand *m* resto *m*, rimanenza *f*; **Restbetrag** *m* resto *m*, importo *m* restante; **restlich** *adj* restante, rimanente; (*übrig*) residuo; **restlos** I. *adj* intero, totale II. *adv* (*fam*) perfettamente; **Restposten** *m* (COM) rimanenza *f*, saldo *m*

Restriktion [rɛstrɪk'tsjo:n *o* rɛstrɪk'tsjo:n] <-, -en> *f* (*geh*) restrizione *f*; **jdm in einer Angelegenheit** ~**en auferlegen** imporre a qu delle restrizioni in una faccenda

restriktiv [rɛstrɪk'ti:f *o* rɛstrɪk'ti:f] *adj* (*geh*) restrittivo, limitativo

Restrisiko <-s, -risiken> *n* rischio *m* residuo

Resultat [rezʊl'ta:t] <-(e)s, -e> *n* risultato *m*

resultieren [rezʊl'ti:rən] <ohne ge-> *vi* (**aus etw**) ~ risultare (da qc)

Resümee [rezy'me:] <-s, -s> *n* riassunto *m*; **das** ~ **ziehen** trarre il succo

Retorte [re'tɔrtə] <-, -n> *f* (CHEM) storta *f*, alambicco *m*; **eine Stadt/Mahlzeit aus der** ~ (*pej*) una città/un pasto che non ha più niente di naturale; **Retortenbaby** *n* (*sl*) figlio, -a *m, f* della provetta

retour [re'tu:ɐ̯] *adv* (A, CH: zurück) indietro; **jdm etw** ~ **geben** dare qc di ritorno a qu; **Sie erhalten alle Unterlagen wieder** ~ riceverà tutto il materiale indietro; ~**!** (*auf Briefen: zurück an den Absender*) rispedire al mittente; **Retourgeld** <-(e)s> *kein Pl n* (CH: COM: Wechselgeld) resto *m*

retournieren [retʊr'ni:rən] *vt* (CH: zurücksenden, -geben) rispedire al mittente; **eine Ware** ~ rispedire una merce al mittente

retten ['rɛtən] I. *vt* ❶ (*aus Gefahr*) salvare; **jdm das Leben** ~ salvare la vita a qu; **bist du noch zu** ~**?** (*fam*) sei del tutto normale?; **wenn Stefan auch kommt, ist der Abend gerettet** se viene anche Stefano, la serata è salva ❷ (*bewahren*) **jdn/ etw** (**vor jdm/etw**) ~ preservare qu/qc (da qu/qc) II. *vr* **sich** ~ salvarsi; **ich konnte mich vor Anrufen kaum noch** ~

non riuscivo quasi più a salvarmi dalle telefonate; **rette sich, wer kann!** si salvi chi
può!; **rettend** *adj* salvatore
Retter(in) <-s, -; -, -nen> *m(f)* salvatore,
-trice *m, f*
Rettich ['rɛtɪç] <-s, -e> *m* rafano *m*, ravanello *m*
Rettung <-, -en> *f* ❶ (*aus Gefahr*) salvataggio *m*, salvezza *f*; (*Befreiung*) liberazione *f*; **du bist meine letzte ~** (*fam*) sei
la mia ancora di salvezza ❷ (*A: Rettungsdienst*) soccorso *m*; **die ~ verständigen**
chiamare soccorso ❸ (*A: Rettungswagen*) autoambulanza *f*; **Rettungsaktion** *f*
azione *f* di salvataggio; **Rettungsanker** *m* (*fig*) ancora *f* di salvezza; **Rettungsboot** *n* ❶ (*Motorboot*) battello *m*
di salvataggio ❷ (*Beiboot*) scialuppa *f* di
salvataggio; **Rettungsdienst** *m* servizio *m* di salvataggio; **Rettungshubschrauber** *m* elicottero *m* di salvataggio;
Rettungsinsel *f* zattera *f* di salvataggio;
Rettungskraft *f* soccorritore *m*; **ret-
tungslos** *adv* senza scampo, irrimediabil-
mente; **Rettungsmannschaft** *f* squadra *f* di soccorso; **Rettungsplan** *m*
piano *m* di soccorso; **Rettungsring** *m*
salvagente *m*; **Rettungsschwimmen**
<-s> *kein Pl n* nuoto *m* di salvataggio;
Rettungsschwimmer(in) *m(f)* nuotatore, -trice *m, f* di salvataggio; **Rettungswagen** *m* mezzo *m* di soccorso; **Ret-
tungsweste** *f* giubbotto *m* salvagente
Retusche [re'tʊʃə] <-, -n> *f* (FOTO)
ritocco *m*
retuschieren [retʊ'ʃiːrən] <ohne ge-> *vt*
(FOTO) ritoccare
Reue ['rɔɪə] <-> *kein Pl f* pentimento *m*,
rimorso *m*; **~ über etw** *acc* **empfinden**
provare pentimento per qc; **reuelos** *adj*
impenitente
reuen *vt* **es reut mich** mi pento
reuig *adj* (*geh*) pentito; **reumütig** ['rɔɪ-
myːtɪç] *adj* pentito
Reuse ['rɔɪzə] <-, -n> *f* nassa *f*
Revanche [re'vãːʃ(ə)] <-, -n> *f* rivincita *f*;
Revanchepartie *f*, **Revanchespiel** *n*
(SPORT) (partita *f* di) rivincita *f*
revanchieren [revã'ʃiːrən] <ohne ge-> *vr*
sich ~ ❶ (*sich rächen*) **sich bei jdm für
etw ~** vendicarsi di qc su qu ❷ (*sich
erkenntlich zeigen*) **sich für etw ~** contraccambiare qc ❸ (SPORT) prendersi la
rivincita
Revers [re'vɛːɐ̯ *o* re'veːɐ̯] <-, -> *n A: m*
(*von Mänteln, Jacken*) risvolto *m*
reversibel [revɛr'ziːbəl] *adj* (*geh*) reversibile

revidieren [revi'diːrən] <ohne ge-> *vt*
❶ (*Geschäftsbücher, Kasse*) verificare
❷ (*Meinung*) cambiare; (*Urteil*) correggere ❸ (*Vertrag, Buch*) rivedere
Revier [re'viːɐ̯] <-s, -e> *n* ❶ (*Tätigkeitsbereich*) settore *m*, sfera *f* ❷ (ZOO) territorio *m* ❸ (*Polizei~*) commissariato *m* (di
polizia) ❹ (*Forst~*) distretto *m* forestale;
(*Jagd~*) bandita *f* ❺ (MIN) distretto *m* minerario
Revision [revi'zjoːn] <-, -en> *f* ❶ (*von
Geschäftsbüchern, Kasse*) verifica *f*, controllo *m* ❷ (*von Meinung*) cambiamento *m*; (*von Urteil*) correzione *f* ❸ (*von
Vertrag*) revisione *f* ❹ (TYP) revisione *f*
❺ (JUR) ricorso *m*; **gegen ein Urteil ~ einlegen** presentare ricorso contro una sentenza
Revisor(in) [re'viːzoːɐ̯, *pl:* revi'zoːrən]
<-s, -en; -, -nen> *m(f)* revisore, -a *m, f*
Revolte [re'vɔltə] <-, -n> *f* rivolta *f*, insurrezione *f*
revoltieren [revɔl'tiːrən] <ohne ge-> *vi*
rivoltarsi, insorgere
Revolution [revolu'tsjoːn] <-, -en> *f*
rivoluzione *f*
revolutionär [revoluts jo'nɛːɐ̯] *adj* rivoluzionario; **Revolutionär(in)** <-s, -e; -,
-nen> *m(f)* rivoluzionario, -a *m, f*
Revoluzzer(in) [revo'lʊtsɐ] <-s, -; -,
-nen> *m(f)* (*pej*) rivoluzionario, -a *m, f*,
sovversivo, -a *m, f*
Revolver [re'vɔlvɐ] <-s, -> *m* revolver *m*;
Revolverheld *m* (*pej*) uomo *m* dal grilletto facile
Revue [rə'vyː] <-, -n> *f* ❶ (MUS) rivista *f*,
varietà *f* ❷ (MIL) rivista *f*
Rezensent(in) [retsɛn'zɛnt] <-en, -en; -,
-nen> *m(f)* recensore, -a *m, f*, critico *m*
rezensieren [retsɛn'ziːrən] <ohne ge-> *vt*
recensire
Rezension [retsɛn'zjoːn] <-, -en> *f*
recensione *f*, critica *f*
Rezept [re'tsɛpt] <-(e)s, -e> *n* ❶ (MED,
GASTR) ricetta *f* ❷ (*fig*) rimedio *m*; **ein ~
für/gegen etw** un rimedio per/contro qc;
rezeptfrei *adj* non soggetto a prescrizione
medica
Rezeption [retsɛp'tsjoːn] <-, -en> *f*
❶ (LIT) ricezione *f* ❷ (*Hotel~*) réception *f*
rezeptpflichtig *adj* da vendersi dietro
prescrizione medica
Rezession [retsɛ'sjoːn] <-, -en> *f*
(WIRTSCH) recessione *f*
reziprok [retsi'proːk] *adj* reciproco
Rezitativ [retsita'tiːf, *pl:* retsita'tiːvə] <-s,
-e> *n* recitativo *m*
rezitieren [retsi'tiːrən] <ohne ge-> *vt*

recitare

R-Gespräch ['ɛrɡəʃprɛːç] *n* (TEL) telefonata *f* a carico di chi la riceve

rh, RH *abk v* **Rhesusfaktor** (MED) Rh

Rhabarber [ra'barbɐ] <-s> *kein Pl m* rabarbaro *m*

Rhein [raɪn] *m* Reno *m;* **rheinisch, rheinländisch** ['raɪnɪʃ, 'raɪnlɛndɪʃ] *adj* renano

Rheinland *n* Renania *f;* **Rheinländer(in)** ['raɪnlɛndɐ] <-s, -; -, -nen> *m(f)* -a *m, f;* **Rheinland-Pfalz** *n* Renania-Palatinato *f*

Rhesusaffe ['reːzʊsafə] <-n, -n> *m* reso *m;* **Rhesusfaktor** ['reːzʊsfaktoːɐ] *m* (MED) (fattore *m*) Rh *m;* **~ positiv/negativ** Rh+ [*o* positivo]/Rh- [*o* negativo]

Rhetorik [re'toːrɪk] <-> *kein Pl f* retorica *f* **rhetorisch** *adj* retorico; **~e Frage** domanda retorica

Rheuma ['rɔɪma] <-s> *kein Pl n* (*fam*) reumatismo *m*

Rheumatiker(in) [rɔɪ'maːtikɐ] <-s, -; -, -nen> *m(f)* (MED) reumatico, -a *m, f*

rheumatisch *adj* (MED) reumatico

Rheumatismus [rɔɪma'tɪsmʊs] <-, Rheumatismen> *m* (MED) reumatismo *m*

Rhinozeros [ri'noːtserɔs] <- *o* -ses, -se> *n* rinoceronte *m*

Rhododendron [rodo'dɛndrɔn, *pl:* rodo'dɛndrən] <-, Rhododendren> *mn* (BOT) rododendro *m,* rosa *f* delle Alpi

Rhombus ['rɔmbʊs, *pl:* 'rɔmbən] <-, Rhomben> *m* (MAT) rombo *m*

Rhone ['roːnə] *f* (GEOG) Rodano *m*

Rhönrad ['røːnraːt] *n* cerchio *m* acrobatico

Rhythmen *pl von* **Rhythmus**

rhythmisch ['rʏtmɪʃ] *adj* ritmico

Rhythmus ['rʏtmʊs, *pl:* 'rʏtmən] <-, Rhythmen> *m* ritmo *m*

RIAS ['riːas] <-> *kein Pl m akr v* **Rundfunk im amerikanischen Sektor (von Berlin)** *stazione radiofonica con sede a Berlino*

Ribisel ['riːbiːzəl] <-, -(n)> *f* (*A: Johannisbeere*) ribes *m*

Ribonukleinsäure [ribonukle'iːnzɔɪrə] *f* acido *m* ribonucleico

Richtantenne *f* antenna *f* direzionale

richten ['rɪçtən] I. *vt* ① (*lenken*) **etw auf jdn/etw ~** dirigere qc verso qu/qc; (*Waffe, Fernglas*) puntare qc su qu/qc; (*Aufmerksamkeit, Blicke*) volgere qc a qu/qc; **etw an jdn/etw ~** (*Worte, Bitte*) rivolgere qc a qu/qc ② (*bes. südd, A, CH: her~*) preparare; (*in Ordnung bringen*) mettere in ordine, assettare; (*Essen*) preparare; (*Haare*) farsi; (*Betten*) (ri)fare; (*repariе-*

ren) riparare II. *vr* **sich nach etw ~** orientarsi su qc, regolarsi secondo qc; (*folgen*) seguire qc; (LING) concordare con qc; **sich nach jdm ~** conformarsi a qu; **ich richte mich ganz nach dir** mi regolo secondo quello che mi dici tu; **unsere Urlaubspläne ~ sich nach dem Wetter** i nostri progetti per le vacanze dipendono dal tempo

Richter(in) ['rɪçtɐ] <-s, -; -, -nen> *m(f)* giudice *mf,* (donna *f*) magistrato *m;* **vor den ~ bringen** citare in giudizio; **Richteramt** *n* magistratura *f*

Richterin *f s.* **Richter**

richterlich *adj* giudiziario

Richter-Skala <-> *kein Pl f* **die ~** la scala Richter

Richtfunk *m* trasmissione *f* per ponte *m* radio; **Richtgeschwindigkeit** *f* (MOT) velocità *f* consigliata

richtig ['rɪçtɪç] I. *adj* ① (*zutreffend*) giusto, corretto; **auf dem ~en Wege sein** essere sulla buona strada; **das ist genau das Richtige für mich** è proprio quello che ci vuole per me; **bin ich hier ~ nach Bonn?** va bene di qua per Bonn?; **sehr ~!** giustissimo! ② (*echt*) vero; (*wirklich*) autentico; **du bist eine ~e Hexe** (*fam*) sei proprio una strega ③ (*geeignet*) giusto; **der ~e Mann** l'uomo giusto; **im ~en Augenblick** al momento giusto ④ (*fam: in Ordnung*) **nicht ganz ~ (im Kopf) sein** essere un po' tocco II. *adv* ① (*korrekt*) correttamente; **du hast das Fenster nicht ~ zugemacht** non hai chiuso bene la finestra; **meine Uhr geht nicht ~** il mio orologio non è esatto ② (*in der Tat*) effettivamente ③ (*fam: ~gehend*) bene; (*gänzlich*) completamente; **jetzt bin ich aber ~ erleichtert** (*fam*) adesso sono proprio sollevato

richtiggehend *adj* (*regelrecht*) vero (e proprio)

Richtigkeit <-> *kein Pl f* giustezza *f,* esattezza *f;* **seine ~ haben** essere in ordine, essere giusto

richtig|stellen[ALT] *vt s.* **stellen I.7.; Richtigstellung** *f* rettifica *f,* correzione *f*

Richtlinie <-, -n> *f* direttiva *f,* norma *f;* (*Anweisungen*) istruzioni *fpl;* **sich an die ~n halten** attenersi alle direttive; **Richtpreis** *m* (WIRTSCH) prezzo *m* indicativo; **unverbindlicher ~** prezzo raccomandato; **Richtpunkt** *m* punto *m* di mira; **Richtschnur** *f* ① (*zur Absteckung von Linien*) corda *f* (per tracciare) ② (*fig: Grundsatz*) norma *f,* regola *f;* **Richtstrahler** *m* (RADIO) trasmettitore *m* direzionale

Richtung <-, -en> f ❶ (*Verlauf*) direzione f, senso m; **in ~ Venedig** in direzione Venezia; **aus allen ~en** da tutte le direzioni; **in alle ~en** in tutte le direzioni; **in entgegengesetzter [**o **umgekehrter] ~** in senso contrario ❷ (*fig: Strömung*) corrente f; (*Tendenz*) tendenza f; **richtungweisend** adj (*fig*) direttivo, normativo
Richtwert m valore m indicativo
Ricke ['rɪkə] <-, -n> f (ZOO) capriola f
rieb [ri:p] 1. u 3. pers sing imp von **reiben**
riechen ['ri:çən] <riecht, roch, gerochen> **I.** vt odorare, sentire l'odore; (*Tiere*) annusare; **jdn nicht ~ können** (*fig fam*) non poter soffrire qu; **das konnte ich doch nicht ~!** (*fig fam*) non potevo mica prevederlo **II.** vi ❶ (*Geruch wahrnehmen*) **an etw** dat **~** odorare qc; (*Tiere*) annusare qc ❷ (*Geruch verbreiten*) **nach etw ~** sapere di qc; **angebrannt ~** sapere di bruciato; **gut/schlecht ~** avere un buon/cattivo odore; **übel riechend** maleodorante, puzzolente; (*Atem*) cattivo; **aus dem Mund ~** avere l'alito cattivo
Riecher <-s, -> m (*fam*) naso m; **einen guten ~ (für etw) haben** avere fiuto (per qc)
Riechkolben m (*sl scherz*) nappa f, nasone m; **Riechsalz** n sali mpl
rief [ri:f] 1. u 3. pers sing imp von **rufen**
Riege ['ri:gə] <-, -n> f (SPORT) squadra f
Riegel ['ri:gəl] <-s, -> m ❶ (*Tür~*) catenaccio m, chiavistello m; (*am Türschloss*) stanghetta f; **einer Sache** dat **einen ~ vorschieben** (*fig*) mettere un freno a qc ❷ (*Schokoladen~*) stecca f
Riemen ['ri:mən] <-s, -> m ❶ (*Band aus Leder*) cinghia f, correggia f; (*Gürtel*) cintura f; (*Schuh~*) stringa f; **den ~ enger schnallen** (*fig fam*) stringere la cintura, tirare la cinghia; **sich am ~ reißen** (*fig fam*) darsi da fare ❷ (*Ruder*) remo m
Ries [ri:s] <-es, -e> n (*Papier*) risma f
Riese ['ri:zə] <-n, -n> m gigante m
Rieselfeld n (AGR) marcita f
rieseln ['ri:zəln] vi sein (*Wasser*) scorrere; (*Schnee, Sand*) cadere; (*Regen*) cadere, piovigginare
Riesen- (*in Zusammensetzungen*) gigantesco, (da) gigante; **Riesengebirge** n (GEOG) Monti mpl Giganti; **riesengroß** adj gigante, gigantesco, colossale; **Riesenrad** n ruota f panoramica; **Riesenschlange** f boa f; **Riesenschritt** m (*fam*) **mit ~en** a passi da gigante; **Riesenslalom** m (SPORT) slalom m gigante
riesig I. adj gigante; (*gewaltig*) enorme **II.** adv (*fam: sehr*) molto; **sich ~ amüsie-**

ren divertirsi un mondo
Riesin ['ri:zɪn] <-, -nen> f gigantessa f
riet [ri:t] 1. u 3. pers sing imp von **raten**
Riff [rɪf] <-(e)s, -e> n scogliera f
rigoros [rigo'ro:s] adj rigoroso, rigido; (*rücksichtslos*) senza riguardi
Rigorosum [rigo'ro:zʊm, pl: rigo'ro:za o rigo'ro:zən] <-s, Rigorosa o A Rigorosen> n esame m di laurea
Rikscha ['rɪkʃa] <-, -s> f risciò m
Rille ['rɪlə] <-, -n> f rigatura f; (ARCH) scanalatura f; (*Schallplatten~*) solco m
Rind [rɪnt] <-(e)s, -er> n ❶ (*Art*) bovino m ❷ (*Tier*) bue m ❸ sing (*fam: ~fleisch*) manzo m
Rinde ['rɪndə] <-, -n> f ❶ (*von Baum, Gehirn*) corteccia f ❷ (*von Brot, Käse*) crosta f
Rinderbraten m (GASTR) arrosto m di manzo; **Rinderfilet** n (GASTR) filetto m di manzo; **Rinderwahnsinn** <-s> kein Pl m sindrome f della mucca pazza; **Rinderzucht** f allevamento m di bovini; **Rindfleisch** n (carne f di) manzo m; **Rindfleischsuppe** f brodo m di manzo; **Rindsleder** n (*Leder*) vacchetta f; **Rindsuppe** <-, -n> f (A: Rinderbouillion, klare Rinderkraftbrühe*) brodo m di manzo; **Rindvieh** n ❶ (ZOO) bovini mpl ❷ (*fam pej*) bue m
Ring [rɪŋ] <-(e)s, -e> m ❶ (*allgemein*) anello m; (*Ehe~*) fede f; (*Servietten~*) portatovagliolo m ❷ (SPORT: Box~*) ring m ❸ pl (SPORT: Turngerät*) anelli mpl ❹ pl (*unter den Augen*) occhiaie fpl ❺ (*fig: Menschengruppe*) circolo m; (*Verbrecher~*) organizzazione f
Ringbuch n quaderno m ad anelli; **Ringbucheinlage** f foglio m da inserire in un quaderno ad anelli
Ringel ['rɪŋəl] <-s, -> m cerchietto m, voluta f; **Ringellocke** f ricciolo m
ringeln **I.** vt arricciare, inanellare **II.** vr **sich ~** (*Haare*) arricciarsi; (*Schlange*) arrotolarsi
Ringelnatter f (ZOO) biscia f dal collare, natrice f
Ringelspiel n (A: Karussell*) giostra f, carosello m
ringen ['rɪŋən] <ringt, rang, gerungen> **I.** vi ❶ (SPORT) lottare ❷ (*streben*) far di tutto; **um Anerkennung ~** far di tutto per essere riconosciuto **II.** vt (*geh*) **die Hände ~** torcersi le mani
Ringer(in) <-s, -; -, -nen> m(f) lottatore, -trice m, f
Ringfinger m anulare m; **ringförmig** ['rɪŋfœrmɪç] adj anulare, circolare;

Ringkampf *m* lotta *f;* **Ringkämpfer(in)** *m(f)* lottatore, -trice *m, f*
Ringlotte [rɪŋ'glɔtə] <-, -n> *f* (A: Reneklode, BOT) regina *f* Claudia
Ringrichter(in) *m(f)* giudice-arbitro, -a *m, f*
rings [rɪŋs] *adv* ~ **um** … intorno a …
rings(her)um ['rɪŋs'?ʊm ('rɪŋshɛ'rʊm)] *adv* tutt'intorno, in giro
Ringstraße *f* circonvallazione *f*
Rinne ['rɪnə] <-, -n> *f* ❶ (Furche, Abfluss~, Fahr~) canale *m;* (Dach~) grondaia *f* ❷ (Rinnstein) cunetta *f* ❸ (Rille) scanalatura *f*
rinnen ['rɪnən] <rinnt, rann, geronnen> *vi sein* (Sand, Zeit) scorrere; (Blut) colare
Rinnsal ['rɪnza:l] <-(e)s, -e> *n* (geh) rigagnolo *m;* **Rinnstein** *m* cunetta *f*
R.I.P. *abk v* requiescat in pace RIP
Rippchen ['rɪpçən] <-s, -> *n* (GASTR) costoletta *f*
Rippe ['rɪpə] <-, -n> *f* ❶ (ANAT, BOT) costa *f;* (ARCH) costolone *m* ❷ (TEC: von Heizkörper) aletta *f;* **Rippenbruch** *m* frattura *f* di una costola; **Rippenfell** *n* pleura *f;* **Rippenfellentzündung** *f* pleurite *f;* **Rippenstoß** *m* colpo *m* alle costole [o nei fianchi]
Rippli ['rɪpli] <-s, -> *n* (CH: GASTR) costina *f*
Rips [rɪps] <-es, -e> *m* (Gewebe) reps *m*
Risiko ['ri:ziko, pl: 'ri:zikos o 'ri:zikən] <-s, -s o Risiken> *n* rischio *m;* **ein ~ eingehen** correre un rischio; **auf eigenes ~** a proprio rischio e pericolo; **Risikofaktor** *m* fattore *m* rischio; **risikofreudig** *adj* amante del rischio; **Risikogruppe** *f* (MED) gruppo *m* a rischio; **Risikokapital** *n* (FIN) capitale *m* a rischio; **risikolos** *adj* senza rischi; **Risikomanagement** *n* gestione *f* del rischio; **risikoreich** *adj* rischioso, pericoloso
riskant [rɪs'kant] *adj* arrischiato, rischioso
riskieren [rɪs'ki:rən] <ohne ge-> *vt* (ar)rischiare
riss[RR], **riß**[ALT] [rɪs] *1. u 3. pers sing imp von* reißen
Riß[ALT] <-sses, -sse> *m s.* Riss
riß[ALT] *s.* riss
Riss[RR] [rɪs] <-es, -e> *m* ❶ (in Stoff, Papier) strappo *m;* (in Fels) fenditura *f;* (in Glas, Porzellan, Freundschaft) incrinatura *f;* (in Wand) crepa *f;* (a in Haut) screpolatura *f;* (in Metall) cricca *f* ❷ (TEC: Zeichnung) tracciato *m,* pianta *f*
riss[RR] [rɪs] *1. u 3. pers sing imp von* reißen
Riss[RR], **Riß**[ALT] [rɪs] <-sses, -sse> *m* ❶ (in Stoff, Papier) strappo *m;* (in Fels) fenditura *f;* (in Glas, Porzellan, Freund-

schaft) incrinatura *f;* (in Wand) crepa *f;* (a in Haut) screpolatura *f* ❷ (TEC: Zeichnung) tracciato *m,* pianta *f*
rissig *adj* (Haut, Mauerwerk, Leder) screpolato; (Erde, Felsen) pieno di crepacci; (Glas, Porzellan) incrinato; **~ werden** screpolarsi, incrinarsi
Rist [rɪst] <-es, -e> *m* ❶ (Fußrücken) collo *m* del piede ❷ (Handrücken) dorso *m* della mano
Riten *pl von* Ritus
ritt [rɪt] *1. u 3. pers sing imp von* reiten
Ritt [rɪt] <-(e)s, -e> *m* cavalcata *f*
Ritter ['rɪtɐ] <-s, -> *m* cavaliere *m;* **armer ~** (GASTR) pane fritto; **rostige ~** (GASTR) dessert tipico della zona della Saar preparato con pasta di pane e budino alla vaniglia; **Ritterburg** *f* maniero *m;* **Ritterkreuz** *n* croce *f* di cavaliere; **ritterlich** *adj* cavalleresco; **Ritterlichkeit** <-> *kein Pl f* cavalleria *f;* **Ritterorden** *m* ordine *m* cavalleresco; **Ritterroman** *m* (LIT) romanzo *m* cavalleresco; **Ritterrüstung** *f* armatura *f* da cavaliere; **Ritterschlag** *m* accollata *f;* **Rittersporn** <-(e)s, -e> *m* speronella *f*
rittlings ['rɪtlɪŋs] *adv* a cavallo, a cavalcioni
Ritual [ritu'a:l] <-s, -e *o* -ien> *n* rituale *m*
rituell [ritu'ɛl] *adj* rituale
Ritus ['ri:tʊs, pl: 'ri:tən] <-, Riten> *m* rito *m*
Ritz [rɪts] <-es, -e> *m* ❶ (Schramme) scalfittura *f* ❷ (Spalte) buco *m*
Ritze ['rɪtsə] <-, -n> *f* (Spalte) fessura *f*
ritzen I. *vt* ❶ (an~, auf~) scalfire ❷ (ein~) **etw** (in etw *acc*) ~ incidere qc (in qc); **die Sache ist geritzt** (sl) la cosa è fissata **II.** *vr* **sich ~** scalfirsi
Rivale [ri'va:lə] <-n, -n> *m,* **Rivalin** [ri'va:lɪn] <-, -nen> *f* rivale *mf*
rivalisieren [rivali'zi:rən] <ohne ge-> *vi* **mit jdm um etw ~** rivaleggiare con qu per qc
Rivalität [rivali'tɛ:t] <-, -en> *f* rivalità *f*
Riviera [ri'vi̯e:ra] *f* **die** (italienische) ~ la Riviera; **die** (französische) ~ la Costa Azzurra
Rizinus ['ri:tsinʊs] <-, -o -se> *m* ricino *m;* **Rizinusöl** *n* olio *m* di ricino
RNS [ɛr?ɛn'?ɛs] <-> *kein Pl f abk v* Ribonukleinsäure RNA
Roastbeef ['ro:stbi:f] <-s, -s> *n* rosbif *m,* roast beef *m*
Robbe ['rɔbə] <-, -n> *f* foca *f*
robben ['rɔbən] *vi sein* strisciare carponi
Robbenfang *m* caccia *f* alle foche
Robe ['ro:bə] <-, -n> *f* ❶ (geh: Abend~) abito *m* da sera ❷ (Amts~) toga *f;* (von Geistlichen) abito *m* talare

Roboter ['rɔbɔtɐ] <-s, -> *m* robot *m*

robust [ro'bʊst] *adj* ❶ (*kräftig*) robusto ❷ (*widerstandsfähig*) resistente, solido; **Robustheit** <-> *kein Pl f* robustezza *f*

roch [rɔx] *1. u 3. pers sing imp von* **riechen**

röcheln ['rœçəln] *vi* rantolare

Rochen ['rɔxən] <-s, -> *m* (ZOO) razza *f*

Rock[1] [rɔk, *pl:* 'rœkə] <-(e)s, Röcke> *m* ❶ (*Damen~*) gonna *f* ❷ (*Herrenjacke*) giacca *f* (da uomo)

Rock[2] [rɔk] <-(s), -(s)> *m* ❶ *sing* (*Musik*) musica *f* rock ❷ (*Tanz*) rock and roll *m*; **Rockband** ['rɔkbɛnt] <-, -s> *f* complesso *m* rock

rocken ['rɔkən] *vi* ❶ (*Musik machen*) fare musica rock, rockeggiare ❷ (*tanzen*) ballare il rock

Rocker ['rɔkɐ] <-s, -> *m* rocker *m*; **Rockerbande** *f* banda *f* di rocker; **Rockerbraut** *f* (*fam*) ragazza *f* del rocker

Rockfestival *n* festival *m* rock

Rodel[1] ['ro:dəl] <-s, -> *m* ❶ (*südd: Schlitten*) slitta *f* ❷ (*CH: Liste*) lista *f*

Rodel[2] <-, -n> *f* (*A: kleiner Schlitten*) slittino *m*; **Rodelbahn** *f* pista *f* per slitte

rodeln ['ro:dəln] *vi* haben *o bei Fortbewegung sein* andare in slitta, slittare

roden ['ro:dən] *vt* dissodare

Rodler(in) ['ro:dlɐ] <-s, -; -, -nen> *m(f)* (*A: jd, der mit dem Schlitten fährt*) guidatore, -trice *m*, *f* di slittino

Rodung <-, -en> *f* dissodamento *m*

Rogen ['ro:gən] <-s, -> *m* (ZOO) uova *fpl* di pesce

Roggen ['rɔgən] <-s, -> *m* segale *f*; **Roggenbrot** <-(e)s, -e> *n* pane *m* di segale; **Roggenmehl** <-(e)s, -e> *n* farina *f* di segale

roh [ro:] *adj* ❶ (*ungekocht, ungebraten*) crudo, non cotto ❷ (*nicht be-, verarbeitet*) grezzo, greggio ❸ (*grob*) rozzo; (*brutal*) brutale; **~e Gewalt** forza bruta; **Rohbau** <-(e)s, -ten> *m* costruzione *f* rustica; **Roheisen** *n* ferro *m* grezzo; **Roherz** *n* minerale *m* grezzo; **Rohgewicht** <-(e)s, -e> *n* (WIRTSCH) peso *m* lordo; **Rohgummi** *n* gomma *f* greggia; **Rohkost** *f* crudités *fpl*

Rohling ['ro:lɪŋ] <-s, -e> *m* ❶ (*pej: Mensch*) bruto *m* ❷ (TEC: *Werkstück*) pezzo *m* grezzo

Rohmaterial *n* materiale *m* grezzo; **Rohmetall** *n* metallo *m* grezzo; **Rohöl** *n* (petrolio *m*) greggio *m*

Rohr [ro:ɐ̯] <-(e)s, -e> *n* ❶ (BOT) canna *f* ❷ (TEC) tubo *m*, tubatura *f* ❸ (*A: Back-*

röhre) forno *m*; **Rohrbruch** *m* scoppio *m* di un tubo

Rohrdommel ['ro:ɐ̯dɔməl] <-, -n> *f* (ZOO) tarabuso *m*

Röhre ['rø:rə] <-, -n> *f* ❶ (TEC, EL, RADIO, TV) tubo *m* ❷ (*Brat~*) forno *m*; **in die ~ gucken** (*fam: leer ausgehen*) rimanere a mani vuote ❸ (*fam pej: Fernsehgerät*) televisore *m*

röhren ['rø:rən] *vi* bramire

Rohrleger <-s, -> *m* tubista *m*; **Rohrleitung** *f* tubazione *f*, conduttura *f*; **Rohrmatte** *f* stuoia *f* di bambù; **Rohrmöbel** *npl* mobili *mpl* di bambù; **Rohrnetz** *n* tubature *fpl*; **Rohrpost** *f* posta *f* pneumatica; **Rohrspatz** *m* **wie ein ~ schimpfen** (*fam*) imprecare; **Rohrstock** *m* canna *f*; **Rohrstuhl** *m* sedia *f* di canne; **Rohrzucker** *m* zucchero *m* di canna

Rohseide *f* seta *f* grezza

Rohstoff *m* materia *f* prima; **Rohstoffmangel** *m* penuria *f* di materie prime; **Rohstoffreserven** *fpl* riserve *fpl* di materie prime; **Rohwolle** *f* lana *f* grezza; **Rohzucker** *m* zucchero *m* grezzo

Rokoko ['rɔkoko *o* ro'koko *o* rɔko'ko:] <-(s)> *kein Pl n* (KUNST, MUS, LIT) rococò *m*

Rolladen[ALT] <-s, Rolläden *o rar* -> *m s.* **Rollladen**

Rollbahn *f* (AERO) pista *f* di rullaggio; **Rollbraten** *m* (GASTR) rollè *m*, rotolo *m* di carne; **Rollbrett** *n* skate-board *m*

Rolle ['rɔlə] <-, -n> *f* ❶ (*Gerolltes*) rotolo *m*; (*Garn~*) rocchetto *m*; (*Draht~*) bobina *f* ❷ (TEC: *Lauf~*) carrucola *f*; (*Walze*) rullo *m*; (*unter Möbeln*) rotella *f* ❸ (SPORT) capriola *f*; **eine ~ vorwärts/rückwärts machen** fare una capriola in avanti/all'indietro ❹ (*fig* THEAT, FILM) ruolo *m*; **eine ~ spielen** (THEAT) sostenere una parte; (*fig: wichtig sein*) avere importanza; **aus der ~ fallen** (*fig*) sfigurare; **es spielt doch keine/eine ~, ob ...** non ha/ha importanza se ...; **das spielt keine (große) ~** questo conta poco; **bei mir spielt Geld keine ~** per me i soldi non sono un problema

rollen ['rɔlən] **I.** *vt* haben ❶ (*drehen*) (far) girare, rotolare ❷ (*auf~*) arrotolare ❸ (*ein~*) arrotolare; (*einwickeln*) avvolgere ❹ (GASTR: *aus~*) spianare **II.** *vr* sich ~ ❶ (*sich drehen*) rotolarsi ❷ (*sich auf~*) arrotolarsi ❸ (*sich ein~*) **sich in etw** *acc* ~ arrotolarsi in qc **III.** *vi* ❶ *sein* (*sich rollend fortbewegen*) rotolare; (*Räder*) girare; **ins Rollen kommen** (*fig*) cominciare, avviarsi ❷ *sein* (*Auto, Zug*) passare; (*Flugzeug*) rollare ❸ *haben* (*drehend bewegen*) **mit den**

R

Augen ~ roteare gli occhi ❹ *haben* (*Donner*) rimbombare

Rollenbesetzung *f* (THEAT, FILM) distribuzione *f* delle parti; **Rollenbild** <-(e)s, -er> *n* stereotipo *m,* cliché *m,* immagine *f;* **das traditionelle ~ der Frau verändern** cambiare l'immagine tradizionale della donna; **Rollenklischee** *n* cliché *m;* **Rollenkonflikt** *m* conflitto *m* di ruolo; **Rollentausch** *m* scambio *m* di ruolo; **Rollenverhalten** *n* ruolo *m* [o comportamento *m*] tipico; **Rollenverteilung** *f* (THEAT, FILM) distribuzione *f* delle parti; **Rollenzwang** *m* imperativi *mpl* del ruolo sociale

Roller ['rɔle] <-s, -> *m* ❶ (*Spielzeug*) monopattino *m* ❷ (*Motor~*) (moto)scooter *m*

Rollfeld *n* (AERO) campo *m* di atterraggio e di decollo

Rollfilm *m* pellicola *f* a bobina; **Rollkragen** *m* collo *m* alto; **Rollkragenpullover** *m* maglione *m* col collo alto

RollladenRR <-s, Rollläden *o rar* -> *m* persiane *fpl* avvolgibili

Rollmops *m* (GASTR) aringa *f* arrotolata

Rollo ['rɔlo *o* rɔ'lo:] <-s, -s> *n* persiana *f* avvolgibile

Rollscanner *m* (INFORM) scanner *m* a rullo; **Rollschinken** *m* involtino *m* di prosciutto; **Rollschrank** *m* armadio *m* con avvolgibile; **Rollschuh** *m* pattino *m* a rotelle; **~ laufen** fare il pattinaggio a rotelle, andare coi pattini a rotelle; **Rollsplitt** *m* pietrisco *m* catramato; **Rollstuhl** *m* sedia *f* a rotelle; **Rollstuhlfahrer(in)** *m(f)* persona *f* che si muove sulla sedia a rotelle; **rollstuhlgerecht** *adj* predisposto per sedie a rotelle; **Rolltreppe** *f* scala *f* mobile

Rom[1] [ro:m] *n* (*Hauptstadt Italiens*) Roma *f*

Rom[2] [rɔm] <-s, -a> *m* (*Zigeuner*) rom *mf*

ROM [rɔm] <-(s), -(s)> *n abk v* **read-only memory** (INFORM) ROM *f*

Roma ['ro:ma] *sing* Roma *fsing*

Roman [ro'ma:n] <-s, -e> *m* romanzo *m;* **romanhaft** *adj* ❶ (*romanartig gestaltet*) romanzato ❷ (*fig*) romanzesco

Romanik [ro'ma:nɪk] <-> *kein Pl f* romanico *m*

romanisch *adj* ❶ (LING) romanzo, neolatino ❷ (*Kunst*) romanico ❸ (*Volk, Länder*) latino

Romanist(in) [roma'nɪst] <-en, -en; -, -nen> *m(f)* romanista *mf*

Romanistik [roma'nɪstɪk] <-s> *kein Pl f* romanistica *f*

Romanistin *f s.* **Romanist**

Romanschriftsteller(in) *m(f)* romanziere, -a *m, f*

Romantik [ro'mantɪk] <-> *kein Pl f* (KUNST, LIT, MUS) romanticismo *m*

Romantiker(in) [ro'mantike] <-s, -; -, -nen> *m(f)* (KUNST) romantico, -a *m, f*

romantisch *adj* romantico

Romanze [ro'mantsə] <-, -n> *f* (MUS, LIT) romanza *f*

Römer <inv> *adj* di Roma, romano

Römer(in) ['rø:me] <-s, -; -, -nen> *m(f)* romano, -a *m, f,* abitante *mf* di Roma

Römertopf *m* teglia *f* in terracotta

römisch *adj* romano; **römisch-katholisch** *adj* cattolico romano

Rommé ['rɔme *o* rɔ'me:] <-s, -s> *n,* **Rommee**RR <-s, -s> *n* ramino *m*

röntgen ['rœntgən] *vt* radiografare; (*Körperteil*) fare una radiografia di

Röntgenaufnahme *f* radiografia *f;* **Röntgenbild** *n* radiografia *f;* **Röntgengerät** *n* apparecchio *m* radiologico; **Röntgenologie** [rœntgenolo'gi:] <-> *kein Pl f* radiologia *f;* **Röntgenstrahlen** *mpl* raggi *mpl* X; **Röntgentherapie** *f* radioterapia *f;* **Röntgenuntersuchung** *f* (MED) esame *m* radioscopico, radioscopia *f*

Rooming-in [ru:mɪŋ'ɪn] <-(s)> *kein Pl n* degenza della gestante con il proprio figlio

rosa ['ro:za] <inv> *adj* rosa; *s. a.* **blau**; **Rosa** <-(s), - *o fam* -s> *n* rosa *m; s. a.* **Blau**; **rosarot** ['ro:za'ro:t] *adj* rosa, rosato; **die Welt durch eine ~e Brille sehen** vedere tutto rosa

Rose ['ro:zə] <-, -n> *f* rosa *f*

rosé [ro'ze:] <inv> *adj* rosato; *s. a.* **blau**

Rosé <-s, -s> *m* (*Wein*) rosé *m,* rosato *m*

Rosengarten *m* roseto *m,* giardino *m* di rose; **Rosenkohl** *m* cavolino *m* di Bruxelles; **Rosenkranz** *m* (REL) (corona *f* del) rosario *m;* **den ~ beten** recitare il rosario; **Rosenmontag** ['ro:zənmo:nta:k] *m* lunedì *m* grasso; **Rosenöl** <-(e)s, -e> *n* olio *m* essenziale di rose; **Rosenstock** *m* rosaio *m;* **Rosenstrauch** *m* rosaio *m;* **Rosenzucht** *f* rosicultura *f*

Rosette [ro'zɛtə] <-, -n> *f* rosetta *f;* (ARCH) rosone *m*

rosig ['ro:zɪç] *adj* ❶ (*rosa*) roseo ❷ (*fig: erfreulich*) roseo; **keine ~e Zukunft** un futuro poco roseo; **alles in ~em Licht sehen** vedere tutto roseo

Rosine [ro'zi:nə] <-, -n> *f* uva *f* passa; **~n im Kopf haben** (*fig fam*) avere idee grandiose e irrealizzabili

Rosmarin ['ro:smari:n *o* ro:sma'ri:n] <-s> *kein Pl m* rosmarino *m*

Ross[RR] [rɔs] <-es, -e *o dial* Rösser> *n*,
Roß[ALT] <-sses, -sse *o dial* Rösser> *n*
(*südd*, A, *CH: sonst geh*) cavallo *m*,
destriero *m poet;* **sich aufs hohe ~ set-**
zen (*fig*) montare in superbia; **Ross-**
haar[RR] *n* crine *m* (di cavallo); **Rosskas-**
tanie[RR] *f* ❶ (*Baum*) castagno *m* d'India,
ippocastano *m* ❷ (*Frucht*) frutto *m* dell'ippocastano; **Rosskur**[RR] *f* (*fam*) cura *f* da
cavallo

Rost[1] [rɔst] <-(e)s, -e> *m* (*Gitter, Brat~*)
griglia *f;* **vom ~** (GASTR) ai ferri, alla griglia
Rost[2] <-(e)s> *kein Pl m* (CHEM, BOT) ruggine *f;* **~ ansetzen** arrugginire

Rostbraten *m* arrosto *m* fatto ai ferri;
Rostbratwurst *f* salsiccia *f* alla brace
rostbraun *adj* color ruggine, rugginoso
rosten ['rɔstən] *vi haben o sein* arrugginire;
(SCIENT) inossidarsi
rösten ['rœstən] *vt* arrostire, cuocere ai
ferri; (*Brot*) tostare; (*Kaffee*) torrefare
rostfrei *adj* ❶ (*ohne Rost*) non arrugginito
❷ (*nicht rostend*) inossidabile
röstfrisch *adj* appena tostato
Rösti ['rœsti] *pl* (*CH:* GASTR) *patate arro-*
stite alla maniera svizzera
rostig *adj* arrugginito
Röstkartoffeln *fpl* patate *fpl* arrosto
Rostschutz *m* protezione *f* antiruggine;
Rostschutzfarbe *f* vernice *f* antiruggine; **Rostschutzmittel** *n* antiruggine *m;*
Rostumwandler <-s, -> *m* inibitore *m*
di ruggine
rot [roːt] <-er *o* röter, -este *o* röteste> *adj*
rosso; (*Haar*) rossiccio; (*Gesicht*) rubicondo; **~ werden** arrossire; **einen ~en**
Kopf kriegen diventare rosso come un
peperone *fam;* **der ~e Faden** (*fig*) il filo
conduttore; **auf jdn wie ein ~es Tuch**
wirken far montare qu su tutte le furie; **in**
den ~en Zahlen stecken essere in deficit; *s. a.* **blau**
Rot <-s, - *o fam* -s> *n* (colore *m*) rosso *m;*
bei ~ über die Straße gehen passare col
rosso; **die Ampel steht auf ~** il semaforo è
rosso; *s. a.* **Blau**
Rotation [rotaˈtsi̯oːn] <-, -en> *f* rotazione *f;* **Rotationsdruck** <-(e)s, -e> *m*
stampa *f* rotativa; **Rotationsprinzip**
<-s> *kein Pl n* principio *m* di rotazione;
Rotationssystem <-s> *kein Pl n* (POL)
sistema *m* di rotazione
Rotbarsch *m* (ZOO) pesce *m* persico
rotblond *adj* fulvo; **rotbraun** *adj* rosso
bruno; (*Haar*) bruno rossiccio
Rotdorn <-(e)s, -e> *m* biancospino *m*
rosso
Röte ['røːtə] <-> *kein Pl f* ❶ (*Farbe*)

(colore *m*) rosso *m;* (*im Gesicht*) rossore *m*
❷ (BOT) robbia *f*
Rote-Armee-Fraktion [rotaarˈmeːfrak-
tsi̯oːn] *f* frazione *f* dell'armata rossa,
gruppo terroristico (*RAF*)
Röteln ['røːtəln] *pl* (MED) rosolia *f*
röten I. *vt* (*geh*) tingere di rosso, arrossare
II. *vr* **sich ~** arrossare; (*Himmel*) tingersi di
rosso; (*Haut, Augen*) arrossarsi
rotglühend *adj* arroventato, rovente
rot-grün *adj* (POL) **die ~e Koalition** la coalizione rosso-verde (*tra il partito dei social-*
democratici e quello dei verdi)
rothaarig *adj* dai capelli rossi
Rothaut *f* (*scherz*) pellirossa *mf*
rotieren [roˈtiːrən] <*ohne ge*-> *vi* ❶ (*sich*
drehen) **um etw ~** rotare intorno a qc
❷ (*fam: hektisch werden*) agitarsi
Rotkäppchen ['roːtkɛpçən] <-s> *kein Pl n*
Cappuccetto *m* rosso
Rotkehlchen ['roːtkɛːlçən] <-s, -> *n* pet-
tirosso *m*
Rotkohl *m* (*bes. nordd*) cavolo *m* rosso;
Rotkraut *n* (*südd*, A) cavolo *m* rosso
rötlich *adj* rossastro; (*a Haar*) rossiccio
Rotlichtviertel <-s, -> *n* (*fam*) quar-
tiere *m* a luci rosse
Rotor ['roːtoːɐ, *pl:* roˈtoːrən] <-s, -en> *m*
(TEC) rotore *m*
rot|sehen <*irr*> *vi* (*fam*) vedere rosso;
Rotstift *m* matita *f* rossa; **dem ~ zum**
Opfer fallen venir cancellato
Rotte ['rɔtə] <-, -n> *f* ❶ (*pej: Schar*)
banda *f*, masnada *f* ❷ (MIL, AERO, NAUT) for-
mazione *f* a due ❸ (*Tier~*) branco *m*
Rötung <-, -en> *f* arrossamento *m*
rotviolett *adj* rosso violaceo
Rotwein *m* vino *m* rosso
Rotwild *n* cervi *mpl*
Rotz [rɔts] <-es, -e> *m* (*vulg: Nasen-*
schleim) moccolo *m fam;* **~ und Wasser**
heulen (*fam*) piangere come una fontana
rotzen ['rɔtsən] *vi* (*vulg*) ❶ (*sich schnäu-*
zen) soffiarsi il naso ❷ (*ausspucken*) scatarrare
Rotzfahne *f* (*sl*) moccichino *m fam;* **rotz-**
frech ['rɔtsˈfrɛç] *adj* (*sl pej*) sfacciato; **rot-**
zig *adj* ❶ (*vulg: Nase*) moccioso ❷ (*sl*
pej: frech) sfacciato; **Rotznase** *f* (*sl*)
❶ (*Nase*) naso *m* pieno di moccio *fam*
❷ (*pej: Kind*) moccioso, -a *m, f fam*
Rouge [ruːʒ] <-s, -s> *n* rouge *m*
Roulade [ruˈlaːdə] <-, -n> *f* (GASTR) involtino *m* (di carne)
Rouleau [ruˈloː] <-s, -s> *n s.* **Rollo**
Roulett [ruˈlɛt] <-(e)s, -e *o* -s> *n*, **Rou-**
lette [ruˈlɛtə] <-s, -s> *n* roulette *f;* **russi-**
sches ~ roulette russa

R

rückfragen	
rückfragen	**verificare**
Meinst du damit, dass ...?	Con questo vuoi dire che...?
Soll das heißen, dass ...?	Significa che...?
Habe ich Sie richtig verstanden, dass ...?	Ho capito bene che...?
Wollen Sie damit sagen, dass ...?	(Con questo) intende dire che...?
Kapito? (sl)	Hai capito?
Alles klar? (fam)/Ist das klar?	Tutto chiaro? (fam)/È chiaro?
Verstehst du, was ich (damit) meine?	Capisci quel che intendo?
Hast du verstanden, auf was ich hinaus will?	Capisci dove voglio arrivare? (fam)
Ich weiß nicht, ob ich mich verständlich machen konnte.	Non so se mi sono spiegato.

Route ['ruːtə] <-, -n> f percorso m; (Reise~) itinerario m

Routenplaner m navigatore m

Routine [ru'tiːnə] <-> kein Pl f ❶ (Gewandtheit) pratica f ❷ (pej) routine f; **zur ~ werden** diventare routine; **routinemäßig** adj o adv di routine, in modo meccanico; **Routineuntersuchung** f visita f di controllo

Routinier [ruti'nieː] <-s, -s> m routiniero, -a m, f, abitudinario, -a m, f

routiniert [ruti'niːɐt] adj pratico, esperto

Rowdy ['raʊdi] <-s, -s> m (pej) teppista m

Royalist(in) [ʀɔaja'lɪst] <-en, -en; -, -nen> m(f) realista mf, monarchico, -a m, f

RT abk v **Registertonne** tonnellata di stazza

Rubbellos n gratta e vinci m

rubbeln ['ʀʊbəln] vi, vt strofinare, sfregare

Rübe ['ryːbə] <-, -n> f ❶ (Futter~, Gemüse~) rapa f; (Zucker~) barbabietola f; **rote ~** barbabietola f, rapa f rossa; **gelbe ~** (südd) carota f ❷ (fam: Kopf) zucca f

Rubel ['ruːbəl] <-s, -> m rublo m

Rübenzucker m zucchero m di barbabietola

rüber ['ʀyːbɐ] adv (fam) s. **herüber, hinüber**

Rubin [ru'biːn] <-s, -e> m rubino m

Rubrik [ru'briːk] <-, -en> f rubrica f; **unter der ~ ...** alla rubrica ...

ruchbar ['ruːxbaɐ] adj **~ werden** (geh) divenire di pubblico dominio

ruchlos ['ruːxloːs] adj (geh) scellerato, empio, infame; **Ruchlosigkeit** <-> kein Pl f (geh) scelleratezza f, empietà f, infamia f

ruck [ʀʊk] int **~, zuck!** (fam: ganz schnell) in un batter d'occhio

Ruck [ʀʊk] <-(e)s, -e> m scossa f, scossone m; (fam POL) spostamento m, slittamento m; **~ nach links** slittamento a sinistra; **mit einem ~** di colpo; **sich** dat **einen ~ geben** (fam) (ri)scuotersi; **ruckartig** adj ❶ (mit einem Ruck) a strappi ❷ (unvermittelt) brusco

Rückbesinnung <-> kein Pl f ricordo m, rimembranza f (auf+acc di)

rückbezüglich ['ʀʏkbətsyːklɪç] adj (GRAM) riflessivo

Rückblende f flashback m; **Rückblick** m sguardo m retrospettivo; **rückblickend** adj retrospettivo; **~ kann man sagen, dass ...** a posteriori si può dire che ...

rücken ['ʀʏkən] I. vt haben spingere; **etw von etw ~** (weg~) scostare qc da qc II. vi sein (Platz machen) spostarsi; (vorwärts) avanzare; (rückwärts) indietreggiare; **an etw** acc **~** (näher) avvicinarsi a qc; **der Zeiger rückte auf 6** la lancetta andò sul 6; **rück mal ein bisschen!** (fam) spostati un po'!, fatti un po' più in là!; **in weite Ferne ~** (fig) allontanarsi molto

Rücken ['ʀʏkən] <-s, -> m ❶ (ANAT) schiena f, dorso m; **~ an ~** schiena a schiena; **jdm den ~ zukehren** [o **zuwenden**] voltare le spalle a qu; **mir lief es heiß und kalt den ~ hinunter** mi corsero i brividi giù per la schiena; **jdm den ~ stärken** (fig) infondere coraggio a qu; **hinter jds ~** (a fig) alle spalle di qu; **sich** dat **den ~ freihalten** (fig) coprirsi le spalle; **jdm/etw den ~ kehren** (fig) voltare le spalle a qu/qc; **jdm in den ~ fallen** (fig) voltare le spalle a qu ❷ (Berg~) dorsale f; (Hand~, Fuß~, Nasen~) dorso m; (Messer~) costa f; (Buch~) costa f, dorso m; **Rückendeckung** f copertura f alle spalle;

Rückenlehne *f* schienale *m,* spalliera *f;*
Rückenmark *n* midollo *m* spinale;
Rückenschmerzen *mpl* dolori *mpl* di
schiena, mal *m* di schiena; **Rücken-**
schwimmen *n* (nuoto *m* sul) dorso *m;*
Rückenwind *m* vento *m* da dietro
rück|erstatten <ohne ge-> *vt* rimbor-
sare; **Rückerstattung** <-, -en> *f* restituzione *f;* (FIN) rimborso *m,* rifusione *f*
Rückfahrkarte *f* biglietto *m* di andata e
ritorno; **Rückfahrschein** *m* biglietto *m*
di andata e ritorno; **Rückfahrschein-**
werfer *m* fanale *m* di retromarcia; **Rück-**
fahrt *f* (viaggio *m* di) ritorno *m;* **auf der ~**
al ritorno
Rückfall *m* ➊ (*a fig* MED) ricaduta *f* ➋ (JUR)
recidiva *f;* **rückfällig** *adj* **~ werden** (JUR)
essere recidivo; (MED) avere una ricaduta
Rückfenster *n* (MOT) lunotto *m*
Rückflug *m* (volo *m* di) ritorno *m;* **Rück-**
flugticket <-s, -s> *n* biglietto *m* aereo di
ritorno
Rückfrage *f* (ulteriore) richiesta *f* di spie-
gazioni; **rück|fragen** *vi* (**bei jdm**) **~** chie-
dere ulteriori informazioni (a qu)
Rückgabe *f* restituzione *f;* **Rückgabe-**
recht *n* diritto *m* di restituzione
Rückgang *m* ➊ (*Abnahme*) diminuzione *f,*
regresso *m* ➋ (COM, FIN) recessione *f,* flessione *f;* **rückgängig** *adj* **~ machen**
(*Beschluss*) revocare; (*Vertrag*) rescindere;
(*Kauf, Geschäft*) annullare
Rückgewinnung *f* recupero *m*
Rückgrat <-(e)s, -e> *n* spina *f* dorsale,
colonna *f* vertebrale; (*fig*) spina *f* dorsale;
kein ~ haben (*fig*) essere uno smidollato
fam
Rückgriff   *m*   ➊ (*Wiederaufgreifen*)
ricorso *m;* **~ auf etw** *acc* ricorso a qc
➋ (JUR) regresso *m,* rivalsa *f*
Rückhalt *m* appoggio *m,* sostegno *m;*
rückhaltlos *adj o adv* senza riserve
Rückhand *f* (SPORT) rovescio *m*
Rückkauf *m* riacquisto *m,* riscatto *m;*
Rückkaufsrecht   *n*   diritto   *m*   di
riacquisto [*o* di riscatto]
Rückkehr ['rʏkkeːɐ̯] <-> *kein Pl f*
ritorno *m,* rientro *m;* **bei meiner ~** al mio
ritorno
Rückkopp(e)lung *f* feedback *m;* (TEC,
RADIO) reazione *f*
Rücklage *f* ➊ (FIN) (fondo *m* di) riserva *f*
➋ (SPORT: *Haltung*) posizione *f* all'indietro
del corpo
rückläufig *adj* retrogrado, regressivo
Rücklicht *n* luce *f* posteriore
rücklings ['rʏklɪŋs] *adv* ➊ (*rückwärts*)
all'indietro ➋ (*auf dem Rücken*) sulla

schiena ➌ (*von hinten*) da dietro, alle
spalle
Rückmarsch *m* (MIL) ritirata *f*
rück|melden *vr* **sich ~** (UNIV) confermare
l'iscrizione
Rücknahme ['rʏknaːmə] <-, -n> *f* (*von*
Versprechen, Klage) ritiro *m*
Rückporto *n* affrancatura *f* per la risposta
Rückreise *f* (viaggio *m* di) ritorno *m;* **auf**
der ~ al ritorno; **auf der ~ sein** essere
sulla via del ritorno; **Rückreiseverkehr**
<-s> *kein Pl m* traffico *m* di rientro [*o* di
ritorno] (dalle vacanze)
Rückruf <-(e)s, -e> *m* ➊ (TEL) richiamata *f*
➋ (JUR, WIRTSCH) ritiro *m;* **Rückrufaktion** *f*
contrordine *m;* **Rückrufautomatik** *f* sistema *m* automatico di richiamo
Rucksack ['rʊkzak] *m* zaino *m;* **Ruck-**
sacktourist(in) <-en, -en; -, -nen> *m(f)*
saccopelista *mf*
Rückschau *f* sguardo *m* retrospettivo;
rückschauend *adj* retrospettivo
Rückschlag *m* ➊ (SPORT) rimbalzo *m*
➋ (*Fehlschlag*) ricaduta *f*
Rückschluss^{RR} *m* conclusione *f;* **aus etw**
den ~ ziehen trarre la conclusione da qc
Rückschritt *m* passo *m* indietro,
regresso *m;* **rückschrittlich** *adj* retrogrado, reazionario
Rückseite *f* retro *m;* (*von Stoff, Medaille*)
rovescio *m;* (*von Blatt*) verso *m;* (*von*
Gebäude) parte *f* posteriore; **auf der ~**
von a retro di; **siehe ~** vedi retro
Rücksicht *f* riguardo *m;* **~ nehmen auf**
jdn avere riguardo per qu; **mit/ohne ~**
auf +*acc* con/senza riguardo a; **ohne ~**
auf Verluste (*fam*) senza curarsi di eventuali perdite; **Rücksichtnahme** ['rʏk-
zɪçtnaːmə] <-> *kein Pl f* riguardo *m,* considerazione *f;* **rücksichtslos** *adj* senza
riguardo, spietato; **Rücksichtslosigkeit**
<-, -en> *f* mancanza *f* di riguardo; (*Scho-*
nungslosigkeit) brutalità *f;* **rücksichts-**
voll *adj* (**gegen jdn/etw**) **~ sein** essere
pieno di riguardo (verso qu/qc)
Rücksitz *m* (*von Auto*) sedile *m* posteriore; (*von Motorrad*) sellino *m* posteriore;
Rückspiegel *m* specchietto *m* retrovisore; **Rückspiel** *n* (SPORT) partita *f* di
ritorno; **Rücksprache** *f* abboccamento *m,* colloquio *m;* **nach ~ mit** d'intesa
con
Rückstand *m* ➊ (*Rest*) resto *m,* rimanente *m;* (CHEM) residuo *m* ➋ *meist pl* (FIN)
arretrati *mpl* ➌ (*Verzug*) ritardo *m;* **im ~**
sein essere indietro ➍ (SPORT) svantaggio *m;*
rückständig *adj* ➊ (*unterentwickelt*)
arretrato; (*rückschrittlich*) retrivo, retro-

grado ❷ (FIN: *Schuldner*) moroso; (*Betrag*) arretrato; **Rückständigkeit** <-> *kein Pl* f arretratezza f

Rückstau m ❶ (TEC) ristagno m ❷ (MOT) ingorgo m; **Rückstoß** m ❶ (*Stoß nach hinten*) contraccolpo m; (*bei Schusswaffe*) rinculo m ❷ (PHYS) ripercussione f; **Rückstrahler** m catarifrangente m; **Rücktaste** f (TEC) tasto m di ritorno

Rücktritt m ❶ (*vom Amt*) dimissioni fpl, ritiro m; **seinen ~ von einem Amt erklären** rassegnare le dimissioni da una carica ❷ (*~ bremse*) freno m a contropedale; **Rücktrittbremse** f freno m a contropedale; **Rücktrittsgesuch** n dimissioni fpl scritte; **Rücktrittsrecht** n (JUR) diritto m di recesso

Rückübersetzung f retroversione f, ritraduzione f

rück|vergüten <ohne ge-> vt rimborsare; **Rückvergütung** f rimborso m

rück|versichern <ohne ge-> vr **sich ~** riassicurarsi; **Rückversicherung** f riassicurazione f

Rückwand f parete f posteriore

rückwärtig ['rʏkvɛrtɪç] adj di dietro, posteriore

rückwärts ['rʏkvɛrts] adv ❶ (*nach hinten, von hinten nach vorne*) (all')indietro; **~ fahren** fare marcia indietro ❷ (*südd, A: hinten*) (di) dietro; **Rückwärtsgang** m retromarcia f

Rückweg m (via f del) ritorno m

ruckweise adv a scosse

rückwirkend adj (ADM) retroattivo; **Rückwirkung** f ❶ (ADM) retroattività f ❷ (*Auswirkung*) ripercussione f

rückzahlbar adj rimborsabile, restituibile **Rückzahlung** f rimborso m

Rückzieher <-s, -> m (*fam*) marcia f indietro, dietro front m; **einen ~ machen** (*fam*) fare marcia indietro, tornare sui propri passi

Rückzug m (MIL) ritirata f; **den ~ antreten** battere in ritirata

rüde ['ry:də] adj rozzo, rude

Rüde ['ry:də] <-n, -n> m maschio m

Rudel ['ru:dəl] <-s, -> n branco m

Ruder ['ru:dɐ] <-s, -> n ❶ (*von ~ boot*) remo m ❷ (*Steuer~*) timone m; **das ~ fest in der Hand haben** (*fig*) reggere il timone; **Ruderboot** n barca f a remi

Ruderer <-s, -> m, **Ruderin** <-, -nen> f rematore, -trice m, f

rudern vi haben o bei Fortbewegung sein ❶ (*Ruder bewegen*) remare; **mit den Armen ~** (*fig fam*) agitare le braccia come un mulino a vento ❷ (*Ruderboot fahren*)

andare in barca a remi; (SPORT) fare (del) canottaggio

Ruderregatta f gara f di canottaggio; **Rudersport** m canottaggio m

Rudiment [rudi'mɛnt] <-(e)s, -e> n ❶ (*Überbleibsel*) residuo m ❷ (BIOL) rudimento m ❸ pl: (*Grundbegriffe*) rudimenti mpl

rudimentär [rudimɛn'tɛːɐ] adj rudimentale

Rudrer(in) m(f) s. Ruderer

Rud(r)erin <-, -nen> f rematore, -trice m, f

Ruf [ru:f] <-(e)s, -e> m ❶ (*Schrei, Aus~*) grido m ❷ sing (*Auf~*) chiamata f; (*des Herzens, Gewissens*) voce f, richiamo m ❸ sing (*Berufung*) invito m; **einen ~ an die Universität Köln erhalten** essere chiamato quale professore all'università di Colonia ❹ sing (*Ansehen*) reputazione f; (*Ruhm*) fama f; **einen guten/schlechten ~ haben** godere (di) una buona/cattiva fama; **er ist besser als sein ~** è migliore di quel che si dice

rufen ['ru:fən] <ruft, rief, gerufen> I. vt chiamare; **hast du mich gerufen?** mi hai chiamato?; **jdn zur Ordnung ~** richiamare qu all'ordine; **sich** dat **etw ins Gedächtnis ~** farsi venire in mente qc; **wie gerufen kommen** (*fam*) venire a proposito II. vi (a *auf~*) chiamare; (*aus~*) gridare; **nach jdm ~** chiamare qu; **um Hilfe ~** chiamare aiuto; **die Arbeit/Pflicht ruft** il lavoro/dovere chiama

Rüffel ['rʏfəl] <-s, -> m (*fam*) rabbuffo m, sgridata f

Rufmord m grave calunnia f

Rufname m nome m

Rufnummer f numero m telefonico

Rufsäule f colonnina f di soccorso

rufschädigend adj **~es Verhalten** comportamento screditante

Rufweite f **in/außer ~** a portata/fuori della portata di voce

Rufzeichen n ❶ (TEL) segnale m di libero ❷ (*A: Ausrufezeichen*) punto m esclamativo

Rugby ['rakbi] <-(s)> *kein Pl* n (SPORT) rugby m

Rüge ['ry:gə] <-, -n> f biasimo m, rimprovero m

rügen vt biasimare, rimproverare

Rügen ['ry:gən] <-s> f (GEOG) isola f di Rügen

Ruhe ['ru:ə] <-> *kein Pl* f ❶ (*Unbewegtheit*) calma f; (*Stille, Gelassenheit*) quiete f; **die ~ vor dem Sturm** (*fig*) la calma prima della tempesta ❷ (*Schweigen*) silenzio m; **~!** silenzio! ❸ (*Entspannung, Erholung,*

um Ruhe bitten

zum Schweigen auffordern	esortare a tacere
Psst! (*fam*)	Pss!/Pst! Ps! (*fam*)
Halt's Maul!/Schnauze! (*derb*)	Chiudi il becco! (*fam*)
Jetzt hör mir mal zu!	Ora stammi a sentire!
Jetzt sei mal still!	Ora sta' zitto!
Nun seien Sie doch mal ruhig!	Adesso faccia/fate silenzio!
Ich möchte auch noch etwas sagen!	Fate parlare anche me!
Danke! ICH meine dazu, ...	Grazie! La MIA idea al riguardo è...
Ruhig!	Silenzio!
(*an ein Publikum*): Ich bitte um Ruhe!	(*ad un pubblico*) Silenzio, per favore!
Wenn ihr jetzt bitte mal ruhig sein könnt!	Se poteste calmarvi un attimo, per favore!

Bett~) riposo *m;* **sich** *dat* **keine ~ gönnen** non concedersi riposo; **angenehme ~!** buon riposo!; **sich zur ~ setzen** (*Geschäftsmann*) ritirarsi dagli affari; (*Angestellter*) andare in pensione; **die ewige ~** (*geh*) la pace eterna ❹(*innere ~, Friede*) tranquillità *f,* calma *f,* pace *f;* **~ bewahren** mantenere la calma; **jdn mit etw in ~ lassen** lasciare in pace qu con qc; **nicht aus der ~ zu bringen sein** non perdere mai la calma; **zur ~ kommen** trovare un momento di pace; **nicht** [*o* **keinen Augenblick**] **zur ~ kommen** non trovare requie; **in** (**aller**) **~** con calma, in tutta tranquillità; **sie hat die ~ weg** (*fam*) è la calma in persona; **das lässt ihm keine ~** (ciò) non gli dà pace; **immer mit der ~!** (*fam*) calma e sangue freddo!

Ruhegehalt *n* pensione *f*

ruheliebend *adj* amante della quiete; **~ sein** essere un amante della quiete

ruhelos *adj* irrequieto, agitato; (*innerlich*) inquieto; **Ruhelosigkeit** <-> *kein Pl f* irrequietezza *f,* agitazione *f;* (*innerlich*) inquietudine *f*

ruhen *vi* ❶(*aus~*) riposare, riposarsi; **nicht eher ~, als bis ...** non aver pace fin quando non ...; **ruhe in Frieden** riposa in pace ❷(*fig*) essere posato su qc; (*Verdacht, Verantwortung*) gravare; **sein Blick ruhte auf der Landschaft** il suo sguardo si posò sul paesaggio ❸(*sich stützen*) **auf etw** *dat* **~** poggiare su qc ❹(*Arbeit, Betrieb, Produktion*) essere fermo; (*Angelegenheit*) essere sospeso; **eine Angelegenheit ~ lassen** lasciare un affare

Ruhepause *f* pausa *f;* **Ruhestand** *m* (*Lebensabschnitt*) riposo *m;* (*Stellung*) pensione *f;* **im ~** a riposo, in pensione; **in**

den **~ treten** andare in pensione; **Ruhestellung** *f* posizione *f* di riposo; **Ruhestörung** *f* disturbo *m* della quiete pubblica; **nächtliche ~** schiamazzi *mpl* notturni; **Ruhetag** *m* giorno *m* di riposo; (*von Geschäft*) riposo *m* settimanale

ruhig ['ruːɪç] I. *adj* ❶(*unbewegt, a fig*) calmo ❷(*geräuschlos*) silenzioso ❸(*still, gelassen*) tranquillo; **~ bleiben** restare calmo; **sich ~ verhalten** mantenersi tranquillo; **~ Blut!** (*fam*) calma e sangue freddo! II. *adv* (*fam*) ❶(*unbesorgt*) tranquillamente ❷(*meinetwegen*) per me

ruhigstellen *vt* **ruhig ~** (MED: *Arm, Bein*) immobilizzare

Ruhm [ruːm] <-(e)s> *kein Pl m* gloria *f,* fama *f*

rühmen ['ryːmən] I. *vt* ❶(*preisen*) glorificare, esaltare ❷(*loben*) lodare, elogiare; (*übermäßig*) magnificare II. *vr* **sich einer Sache** *gen* **~** gloriarsi di qc, vantarsi di qc

rühmlich *adj* degno di lode, lodevole

ruhmlos *adj* inglorioso; **ruhmreich, ruhmvoll** *adj* glorioso

Ruhr[1] ['ruːɐ] <-> *f* (GEOG) Ruhr *f*

Ruhr[2] ['ruːɐ] <-, *rar* -en> *f* (MED) dissenteria *f*

Rührei *n* uova *fpl* strapazzate

rühren ['ryːrən] I. *vt* ❶(*um~*) rimestare; (*mischen*) mescolare ❷(*bewegen*) muovere; **keinen Finger ~** (*fam*) non muovere un dito ❸(*ergreifen, erregen*) commuovere, toccare; **jdn zu Tränen ~** commuovere qu fino alle lacrime II. *vi* ❶(*um~*) mescolare ❷(*geh: her~*) **von etw ~** derivare da qc; **das rührt daher, dass ...** questo dipende dal fatto che ... III. *vr* **sich ~** ❶(*sich bewegen*) muoversi; **kein Lüftchen rührte sich** non spirava un alito di vento; **rührt euch!** (MIL) riposo! ❷ (*sich melden: Gewissen*) svegliarsi; **rührend** I. *adj* commovente, toccante II. *adv* **sich ~ um jdn kümmern** preoccuparsi di qu in modo commovente

Ruhrgebiet *n* (GEOG) regione *f* della Ruhr

rührig *adj* attivo, dinamico; (*emsig*) operoso

rührselig *adj* (*pej*) ❶ (*Mensch*) emotivo, sentimentale ❷ (*Buch, Film*) lacrimoso, commovente; **Rührseligkeit** *f* emotività *f*, sentimentalismo *m*

Rührteig <-(e)s, -e> *m* impasto *m*

Rührung <-> *kein Pl f* commozione *f*

Ruin [ru'i:n] <-s> *kein Pl m* rovina *f*, tracollo *m*

Ruine [ru'i:nə] <-, -n> *f* rovina *f*

ruinieren [rui'ni:rən] <ohne ge-> *vt* rovinare

ruinös [rui'nø:s] *adj* rovinoso

rülpsen ['rʏlpsən] *vi* (*fam*) ruttare

Rülpser <-s, -> *m* (*fam*) rutto *m*

rum [rʊm] *adv* (*fam*) s. **herum**

Rum [rʊm] <-s, -s> *m* rhum *m*, rum *m*

Rumäne [ru'mɛ:nə] <-n, -n> *m* romeno *m*, rumeno *m*

Rumänien [ru'mɛ:niən] *n* Romania *f*

Rumänin [ru'mɛ:nɪn] <-, -nen> *f* romena *f*, rumena *f*

rumänisch *adj* romeno, rumeno

rum|kriegen *vt* (*fam*) **jdn ~** convincere qu a starci

Rummel ['rʊməl] <-s> *kein Pl m* (*fam*) ❶ (*Betriebsamkeit*) viavai *m*, movimento *m* ❷ (*~ platz*) fiera *f*; **Rummelplatz** *m* (*fam*) parco *m* dei divertimenti

rumoren [ru'mo:rən] <ohne ge-> *vi* (*poltern*) fare fracasso; (*im Magen*) brontolare

Rumpelkammer *f* (*fam*) ripostiglio *m*

rumpeln ['rʊmpəln] *vi* (*fam*) ❶ *haben* (*poltern*) fare fracasso ❷ *sein* (*polternd fahren*) passare con fracasso

Rumpf [rʊmpf, *pl*: 'rʏmpfə] <-(e)s, Rümpfe> *m* ❶ (ANAT) tronco *m* ❷ (NAUT) scafo *m*; (AERO) fusoliera *f*

rümpfen ['rʏmpfən] *vt* **die Nase** (**über etw** *acc*) **~** arricciare il naso (per qc)

Rumpsteak ['rʊmpste:k] *n* costata *f* di manzo

Rumtopf *m* frutta *f* conservata nel rhum

rum|treiben <irr> *vr* **sich ~** (*fam pej*) andare in giro, girovagare; (*auf der Straße*) gironzolare; **wo hast du dich wieder rumgetrieben?** dove hai gironzolato di nuovo?

Run [ran] <-s, -s> *m* corsa *f*; **der ~ auf etw** *acc* la corsa a qc

rund [rʊnt] I. *adj* rotondo; (*Gesicht*) pieno;

(*Zahl*) tondo; **ein ~es Dutzend** (*fam*) una buona dozzina II. *adv* ❶ (*fam: ungefähr*) (all'in)circa ❷ (*herum*) intorno; **eine Reise ~ um die Erde** un viaggio intorno alla terra; **~ um die Uhr** senza interruzione

Rundbau <-(e)s, -ten> *m* rotonda *f*; **Rundblick** *m* panorama *m*; **Rundbogen** *m* arco *m* a tutto sesto; **Rundbrief** *m* (lettera *f*) circolare *f*

Runde ['rʊndə] <-, -n> *f* ❶ (*Gesellschaft*) circolo *m*, cerchia *f* ❷ (*Rundgang*) giro *m*; **die ~ machen** (*a fig*) fare il giro ❸ (*Rennstrecke*) giro *m* ❹ (*beim Boxen*) ripresa *f*, round *m*; **über die ~n kommen** (*fam*) farcela a stento ❺ (*von Getränken*) giro *m*; **eine ~ spendieren** [*o* (**aus**)**geben**] offrire un giro

runden I. *vt* arrotondare II. *vr* **sich ~** arrotondarsi

rund|erneuern <ohne ge-> *vt* (*Reifen*) vulcanizzare

Rundfahrt *f* giro *m*, intinerario *m* (con ritorno al punto di partenza); **Rundflug** *m* giro *m* in aereo; **Rundfrage** *f* inchiesta *f*

Rundfunk *m* radio *f*; **im ~** alla radio

Rundfunk- (*in Zusammensetzungen*) radiofonico; **Rundfunkanstalt** *f* stazione *f* radiofonica; **Rundfunkempfang** *m* ricezione *f* delle emissioni radiofoniche; **Rundfunkempfänger** *m* s. **Rundfunkgerät**; **Rundfunkgebühren** *fpl* canone *m* radiofonico; **Rundfunkgerät** *n* (apparecchio *m*) radio *f*; **Rundfunkhörer(in)** *m(f)* radioascoltatore, -trice *m, f*; **Rundfunkprogramm** *n* programma *m* radiofonico; **Rundfunksender** *m* emittente *f* radiofonica; **Rundfunksendung** *f* emissione *f* radiofonica; **Rundfunksprecher(in)** *m(f)* annunciatore, -trice *m, f* radiofonico, -a; **Rundfunkstation** *f* stazione *f* radiofonica; **Rundfunkteilnehmer(in)** *m(f)* radioabbonato, -a *m, f*; **Rundfunkübertragung** *f* trasmissione *f* radiofonica; **Rundfunkwerbung** *f* pubblicità *f* radiofonica

Rundgang *m* giro *m*; (MIL) ronda *f*

rund|gehen <irr> *vi sein* ❶ (*herumgereicht werden*) circolare; (*erzählt werden*) essere passato di bocca in bocca ❷ (*fam: turbulent werden*) agitarsi; **jetzt geht's rund** adesso si parte!, forza che si inizia!

rundheraus ['rʊnthɛ'raʊs] *adv* francamente, apertamente, chiaro e tondo

rundherum ['rʊnthɛ'rʊm] *adv* ❶ (*rings*) (tutto) intorno ❷ (*fig fam: völlig*) completamente, pienamente

rundlich *adj* ❶ (*annähernd rund*) (ro)ton-

deggiante ❷ (*Mensch*) grassottello
Rundreise *f s.* **Rundfahrt; Rundschrei-**
ben *n* (lettera *f*) circolare *f;* **Rundstrick-**
nadel *f* ferro *m* circolare
rundum ['rʊnt'ʊm] *adv s.* **rundherum**
Rundung <-, -en> *f* rotondità *f*
Rundwanderweg <-(e)s, -e> *m* giro *m,*
sentiero *m* circolare
rundweg ['rʊnt'vɛk] *adv* nettamente, in
modo chiaro e tondo
Rune ['ruːnə] <-, -n> *f* runa *f;* **Runen-**
schrift *f* scrittura *f* runica, caratteri *mpl*
runici
Runkel ['rʊŋkəl] <-, -n> *f* (*A, CH: Runkel-*
rübe) barbabietola *f;* **Runkelrübe** *f* barbabietola *f*
runter ['rʊntɐ] *adv* (*fam*) *s.* **herunter,**
hinunter
runter|hauen <haut runter, haute runter,
runtergehauen> *vt* (*fam*) **jdm eine ~**
mollare una sberla a qu
runter|ziehen *vt* (*sl*) buttar giù, deprimere
Runzel ['rʊntsəl] <-, -n> *f* ruga *f;* **runze-**
lig *adj* (*Mensch*) pieno di rughe, rugoso;
(*Frucht*) raggrinzito
runzeln **I.** *vt* corrugare **II.** *vr* **sich ~** (r)ag-
grinzarsi
runzlig *adj s.* **runzelig**
Rüpel ['ryːpəl] <-s, -> *m* (*pej*) villano *m,*
zotico(ne) *m*
Rüpelei [ryːpə'laɪ] <-, -en> *f* (*pej*) villania *f*
rüpelhaft *adj* (*pej*) villano
rupfen ['rʊpfən] *vt* (*zupfen*) strappare;
(*Geflügel, a fig fam: übervorteilen*) spennare; (*Gras, Unkraut*) strappare
ruppig ['rʊpɪç] *adj* (*pej*) sgarbato, villano
Rüsche ['ryːʃə] <-, -n> *f* ruche *f*
Ruß [ruːs] <-es, *rar* -e> *m* fuliggine *f*
Russe ['rʊsə] <-n, -n> *m* russo *m*
Rüssel ['rʏsəl] <-s, -> *m* (*Elefanten-~,*
Insekten-~) proboscide *f;* (*Schweine-~*) grugno *m*
rußen ['ruːsən] *vi* produrre fuliggine;
(*Lampe*) far fumo
rußig *adj* fuligginoso

Russin ['rʊsɪn] <-, -nen> *f* russa *f*
russisch *adj* russo
Russlandᴿᴿ ['rʊslant] *n,* **Rußland**ᴬᴸᵀ *n*
Russia *f*
rüsten ['rʏstən] **I.** *vi* (MIL) armare **II.** *vr* **sich**
(**zu etw**) **~** (*geh*) prepararsi (a qc)
Rüster ['ryːstɐ] <-, -n> *f* olmo *m*
rüstig ['rʏstɪç] *adj* arzillo
rustikal [rʊsti'kaːl] *adj* rustico
Rüstung ['rʏstʊŋ] <-, -en> *f* ❶ (MIL) armamento *m* ❷ (*Ritter-~*) armatura *f;* **Rüs-**
tungsbegrenzung *f* limitazione *f* degli
armamenti; **Rüstungsetat** *m* budget *m*
per gli armamenti; **Rüstungsexport**
<-(e)s, -e> *m* (MIL) esportazione *f* di arma-
menti; **Rüstungsindustrie** *f* industria *f*
degli armamenti; **Rüstungskontrolle** *f*
controllo *m* degli armamenti
Rüstzeug *n* ❶ (*Werkzeug*) arnesi *mpl*
❷ (*Kenntnisse*) requisiti *mpl*
Rute ['ruːtə] <-, -n> *f* ❶ (*Gerte*) verga *f;*
(*zur Züchtung*) bacchetta *f* ❷ (*Tier-*
schwanz) coda *f* ❸ (*Tierpenis, a*
vulg) verga *f vulg;* **Rutengänger(in)**
['ruːtəngɛŋɐ] <-s, -; -, -nen> *m(f)* rabdomante *mf*
Rutsch [rʊtʃ] <-(e)s, -e> *m* scivolone *m;*
(POL) scivolare *m;* **in einem ~** (*fam*) in una
volta; **guten ~** (**ins neue Jahr**)! (*fam*)
buon anno!; **Rutschbahn** *f,* **Rutsche**
<-, -n> *f* scivolo *m*
rutschen *vi sein* ❶ (*gleiten, aus-~*) scivolare; (*a Kupplung, Reifen*) slittare ❷ (*fam:*
Essen) andare giù ❸ (*fam: auf-~*) **zur**
Seite ~ spostarsi a lato ❹ (*hinunter-~*) scivolare giù
rutschfest *adj* antiscivolo
Rutschgefahr <-> *kein Pl f* strada *f* sdrucciolevole
rutschig *adj* scivoloso, sdrucciolevole
Rutschpartie *f* (*scherz*) scivolata *f;* **eine ~**
machen fare uno scivolone
rütteln ['rʏtəln] *vt, vi* (**an etw** *dat*) **~** scuotere (qc); **daran gibt's nichts zu ~!** (*fam*)
non ci si può fare più nulla!

S s

S, s [ɛs] <-, -> *n* S, s *f;* **S wie Siegfried** S come Savona

s *abk v* **Sekunde** (ASTR) s

s. *abk v* **siehe** v.

S ❶ *abk v* **Süd(en)** S ❷ *abk v* **Schilling** S. ❸ *abk v* **Sulfur** (CHEM) S

S. *abk v* **Seite** p., pag.

s. a. ❶ *abk v* **siehe auch** v.a. ❷ *abk v* **sine anno** (**ohne Jahr**) s.a.

Sa. *abk v* **Summa, Summe** somma

Saal ['zaːl] <-(e)s, Säle> *m* sala *f*

Saar [zaːɐ̯] *f* (GEOG) Saar *f*

Saarland *n* territorio *m* della Saar

Saat [zaːt] <-, -en> *f* ❶ (*Aussaat*) semina *f* ❷ (*Samenkörner*) semenza *f;* **Saatgut** *n* semenza *f,* semente *f*

Sabbat ['zabat] <-s, -e> *m* (REL) sabato *m*

sabbern ['zabən] (*fam*) **I.** *vi* sbavare **II.** *vt* (*dumm reden*) cianciare

Säbel ['zɛːbəl] <-s, -> *m* sciabola *f*

Sabotage [zabo'taːʒə] <-, -n> *f* sabotaggio *m*

Saboteur(in) [zabo'tøːɐ̯] <-s, -e; -, -nen> *m(f)* sabotatore, -trice *m, f*

sabotieren [zabo'tiːrən] <ohne ge-> *vt* sabotare

Sachbearbeiter(in) *m(f)* incaricato, -a *m, f,* addetto, -a *m, f;* **Sachbeschädigung** *f* (ADM) danno *m* materiale; **sachbezogen** *adj* pertinente, concernente, relativo all'argomento; **Sachbuch** *n* saggio *m;* **sachdienlich** *adj* (ADM) utile, giovevole; **~e Hinweise** informazioni al riguardo

Sache ['zaxə] <-, -n> *f* ❶ (*Ding*) cosa *f;* (*Gegenstand*) oggetto *m* ❷ (*fig: Angelegenheit*) faccenda *f;* (JUR) causa *f;* **bei der ~ bleiben** (re)stare in argomento; **nicht (ganz) bei der ~ sein** essere distratto; **das ist eine ~ für sich** è una cosa a sé; **das ist meine ~** sono affari miei; **das ist nicht jedermanns ~** non è cosa da tutti; **das tut nichts zur ~** non c'entra; **die ~ ist die, dass ...** il fatto è che ...; **es ist Ihre ~ zu ...** spetta a Lei *+inf;* **etw von der ~ verstehen** essere del mestiere; **in eigener ~** in causa propria; **seiner ~ sicher sein** essere sicuro del fatto proprio; **zur ~ kommen** venire al fatto ❸ *pl* (*persönlicher Besitz*) effetti *mpl* personali; (*Habseligkeiten*) beni *mpl;* **mit 100 ~n** (*fam: Tempo*) a 100 all'ora; **seine ~n packen** (*fam*) far fagotto

Sachfrage *f* problema *m* tecnico; **Sach-**

gebiet *n* campo *m,* ramo *m;* **sachgemäß** *adj* appropriato, adeguato; **Sachkenntnis** *f* (*Fachwissen*) competenza *f;* (*Kenntnis der Sachlage*) conoscenza *f* di causa; **sachkundig** *adj* esperto, competente; **Sachlage** *f* stato *m* delle cose; (*bestehende Situation*) situazione *f* di fatto; **Sachleistung** *f* prestazione *f* in natura

sachlich *adj* (*sachbezogen*) concreto, positivo; (*objektiv*) obiettivo; (*unparteiisch*) imparziale; (ARCH) funzionale; (*Stil*) sobrio; **~ bleiben/sein** attenersi ai fatti

sächlich ['zɛçlɪç] *adj* neutro

Sachlichkeit <-> *kein Pl f* oggettività *f,* obiettività *f*

Sachregister *n* indice *m* analitico; **Sachschaden** *m* danno *m* materiale

Sachse ['zaksə] <-n, -n> *m* sassone *m*

Sachsen ['zaksən] *n* Sassonia *f*

Sächsin ['zɛksɪn] <-, -nen> *f* sassone *f*

sächsisch *adj* sassone

Sachspende *f* dono *m* in natura

sacht [zaxt] *adj* (*vorsichtig*) cauto; (*sanft*) delicato; (*leicht*) leggero; (*unmerklich*) impercettibile

sachte ['zaxtə] *adv* ❶ (*nicht so heftig*) piano ❷ (*allmählich*) a poco a poco, pian piano *fam*

Sachverhalt *m* stato *m* di cose, circostanze *fpl* di fatto, fatti *mpl*

Sachverständige <ein -r, -n, -n> *mf* esperto, -a *m, f,* perito, -a *m, f;* **Sachverständigengutachten** *n* perizia *f*

Sachwert *m* ❶ (*Wert*) valore *m* reale ❷ *pl* (*Wertobjekt*) valori *mpl;* **Sachzwang** *m* condizionamento *m*

Sack [zak] <-(e)s, Säcke> *m* ❶ sacco *m;* **mit ~ und Pack** con armi e bagagli; **fauler ~!** (*sl*) poltrone *m fam;* **jdn im ~ haben** avere qu in pugno ❷ (*vulg: Hoden~*) coglioni *mpl;* **Sackbahnhof** *m* stazione *f* di testa

Säckchen ['zɛkçən] <-s, -> *n* sacchetto *m*

sacken ['zakən] *vi sein* abbassarsi, sprofondarsi; **zur Seite ~** inclinarsi

Sackerl <-s, -n> *n* (A: *Tüte*) sacchetto *m*

Sackgasse *f* (*a fig*) vicolo *m* cieco; **Sackhüpfen** <-s> *kein Pl n* corsa *f* dei sacchi; **Sackleinen** *n* tela *f* da sacchi; **Sacktuch** *n* (*südd, A, CH*) fazzoletto *m*

Sadismus [za'dɪsmʊs] <-> *kein Pl m* sadismo *m*

Sadist(in) [za'dɪst] <-en, -en; -, -nen>

m(f) sadico, -a *m, f*

sadistisch *adj* sadico

säen ['zɛːən] *vt* (*a fig*) seminare; **dünn gesät sein** (*fig*) essere scarso

Safari [zaˈfaːri] <-, -s> *f* safari *m;* **Safari-park** *m* zoo *m* safari

Safe [seɪf] <-s, -s> *m o n* cassaforte *f*

Saffian ['zafia(ː)n] <-s> *kein Pl m* (*Ziegenleder*) marocchino *m*

Safran ['zafran] <-s, -e> *m* zafferano *m*

Saft [zaft] <-(e)s, Säfte> *m* (*Obst~*) succo *m;* (*Pflanzen~*) linfa *f;* (*Braten~*) sugo *m;* (*Husten~*) sciroppo *m;* (*fam: Strom*) corrente *f;* (*fam: Benzin*) benzina *f;* **ohne ~ und Kraft** insipido, scialbo

saftig *adj* ❶ (*Obst, Fleisch*) succoso, sugoso; (*Wiese*) grasso ❷ (*fam: Rechnung*) salato; (*Ohrfeige*) solenne; (*Antwort*) potente

saftlos *adj* ❶ (*Orange*) senza succo ❷ (*fig*) senza brio

Saftpresse *f* spremifrutta *m*

Sage ['zaːgə] <-, -n> *f* leggenda *f;* (*Götter~, Helden~*) mito *m*

Säge ['zɛːgə] <-, -n> *f* sega *f;* **Sägeblatt** *n* lama *f* della sega; **Sägebock** *m* (TEC) pietica *f;* **Sägefisch** *m* pesce *m* sega; **Sägemehl** *n* segatura *f*

sagen ['zaːgən] *vt* dire; (*ausdrücken*) dire, esprimere; (**zu jdm**) **guten Tag ~** augurare il buon giorno (a qu); **Sie zu jdm ~** dare del Lei a qu; **viel/nichts zu ~ haben** aver/non aver voce in capitolo; **sich** *dat* **nichts ~ lassen** non intendere ragione; **es sich** *dat* **nicht zweimal ~ lassen** non lasciarselo dire due volte; **sich** *dat* **etw gesagt sein lassen** tenere a mente qc; **ohne ein Wort zu ~** senza proferir parola; **nichts sagend** insignificante, futile; (*Gesicht*) inespressivo; **viel sagend** significativo, espressivo; (*Blick*) eloquente; **besser gesagt** o per meglio dire; **genauer gesagt** più precisamente; **unter uns gesagt** detto fra noi; **gesagt, getan** detto fatto; **wenn ich so ~ darf** se mi è lecito; **sage und schreibe** veramente, realmente; **~ wir ...** diciamo ..., facciamo ...; **das sagt man nicht** una cosa simile non si dice; **das ist leicht gesagt** è facile a dirsi; **damit ist alles gesagt** con questo è detto tutto; **damit ist nicht gesagt, dass ...** con questo non è detto che +*conj*; **das hat nichts zu ~** questo non conta nulla; **dagegen ist nichts zu ~** non c'è che dire; **was ~ Sie dazu?** che ne dice?; **was hat das zu ~?** che importa?; **was wollen Sie damit ~?** cosa intende dire con ciò?; **könnten Sie mir ~, wie/wo ...?** mi

potrebbe dire come/dove ...?; **sag' bloß!** (*fam*) non dirmi!; **~ Sie mal!** dica un po'!; **was Sie nicht** (**alles**) **~!** che dice mai!; **wem ~ Sie das!** a chi lo dice!; **das sagt** (**mir**) **alles!** questo spiega tutto!; **das kann man wohl ~!** è proprio il caso di dirlo

Sagen *n* **das ~ haben** avere voce in capitolo

sägen ['zɛːgən] **I.** *vi* (*fam: schnarchen*) russare **II.** *vt* segare

sagenhaft *adj* ❶ (*legendär*) leggendario ❷ (*fam: wunderbar*) favoloso

Sägespäne *mpl* segatura *f;* **Sägewerk** *n* segheria *f*

Sago ['zaːgo] <-s> *kein Pl m* (*Mehl*) sagù *m*

sah [zaː] *1. u 3. pers sing imp von* **sehen**

Sahara [zaˈhaːra] *f* Sahara *m*

Sahne ['zaːnə] <-> *kein Pl f* crema *f,* panna *f;* **Sahnetorte** *f* torta *f* con panna; **sahnig** *adj* cremoso

Saison [zɛˈzõː] <-, -s> *f* stagione *f;* **außerhalb der ~** fuori stagione

saisonal [zɛzoˈnaːl] *adj* stagionale

Saisonarbeit *f* lavoro *m* stagionale; **Saisonarbeiter(in)** *m(f)* stagionale *mf;* **saisonbedingt** *adj* stagionale

Saite ['zaɪtə] <-, -n> *f* corda *f;* **andere ~n aufziehen** (*fig*) cambiar musica; **Saiteninstrument** *n* strumento *m* a corda

Sakko ['zako] <-s, -s> *m o n* giacca *f* da uomo

sakral [zaˈkraːl] *adj* sacrale, sacro

Sakrament [zakraˈmɛnt] <-(e)s, -e> *n* sacramento *m*

Sakrileg [zakriˈleːk] <-s, -e> *n* sacrilegio *m*

Sakristei [zakrɪsˈtaɪ] <-, -en> *f* sagrestia *f*

Salamander [zalaˈmandɐ] <-s, -> *m* salamandra *f*

Salami [zaˈlaːmi] <-, -s> *f* salame *m*

Salär [zaˈlɛːɐ̯] <-s, -e> *n* (*A, CH: Gehalt*) salario *m,* paga *f*

Salat [zaˈlaːt] <-(e)s, -e> *m* ❶ (*Speise*) insalata *f;* **gemischter ~** insalata mista; **da haben wir den ~!** (*fam*) la frittata è fatta! ❷ (*Pflanze*) lattuga *f;* **Salatbesteck** *n* posate *fpl* da insalata; **Salatgurke** <-, -n> *f* cetriolo *m* da insalata; **Salatplatte** *f* piatto *m* d'insalata; **Salatschleuder** *f* centrifuga *f* per l'insalata; **Salatschüssel** *f* insalatiera *f;* **Salatsoße** *f* condimento *m* (per l'insalata)

Salbe ['zalbə] <-, -n> *f* pomata *f,* unguento *m*

Salbei ['zalbaɪ] <-s> *kein Pl m* salvia *f*

salbungsvoll *adj* (*pej*) untuoso, mellifluo

Salden, Saldi *pl von* **Saldo**

saldieren [zalˈdiːrən] <ohne ge-> *vt* saldare

Saldo ['zaldo] <-s, -s *o* Salden *o* Saldi> *m* (COM, FIN) saldo *m*

Säle *pl von* **Saal**

Saline [za'liːnə] <-, -n> *f* salina *f*

Salm [zalm] <-(e)s, -e> *m* salmone *m*

Salmiak [zal'mi̯ak] <-s> *kein Pl m* cloruro *m* d'ammonio; **Salmiakgeist** *m* ammoniaca *f*

Salmonelle [zalmo'nɛlə] <-, -n> *f* salmonella *f*; **Salmonellenvergiftung** *f* salmonellosi *f*

salomonisch [zalo'moːnɪʃ] *adj* salomonico, saggio

Salon [za'lõː] <-s, -s> *m* ❶ (*Friseur~*) salone *m* ❷ (*feines Wohnzimmer*) salotto *m;* (NAUT) salone *m* nautico; **salonfähig** *adj* presentabile (in società); **Salonlöwe** *m* (*scherz*) uomo *m* salottiero

salopp [za'lɔp] *adj* (*Kleidung*) trasandato; (*Haltung*) disinvolto; (*Ausdrucksweise*) sciatto

Salpeter [zal'peːtɐ] <-s> *kein Pl m* nitrato *m;* **Salpetersäure** *f* acido *m* nitrico

Salto ['zalto] <-s, -s *o* Salti> *m* salto *m*

salü *int* ❶ (*CH: hallo*) salve ❷ (*CH: tschüs*) ciao, arrivederci

Salut [za'luːt] <-(e)s, -e> *m* (MIL) saluto *m*

salutieren [zalu'tiːrən] <ohne ge-> *vt, vi* (MIL) salutare

Salve ['zalvə] <-, -n> *f* (MIL) salva *f*

Salz [zalts] <-es, -e> *n* sale *m;* **salzarm** *adj* (*Diät*) iposodico; **Salzbergwerk** *n* miniera *f* di salgemma, salina *f*

Salzburg ['zaltsbʊrk] *n* Salisburgo *f*

salzen <salzt, salzte, gesalzen> *vt* salare

Salzgehalt *m* contenuto *m* di sale, salinità *f;* **Salzgurke** *f* cetriolino *m;* **salzhaltig** *adj* salifero, salino; **Salzhering** *m* aringa *f* salata

salzig *adj* (*Salz enthaltend*) salino, salso; (GASTR) salato

Salzkartoffeln *fpl* patate *fpl* lesse; **Salzlake** *f* salamoia *f;* **salzlos** *adj* senza sale, insipido; **Salzsäure** *f* acido *m* cloridrico; **Salzsee** *m* lago *m* salato; **Salzstange** *f* bastoncino *m* salato, salatino *m;* **Salzstreuer** *m* saliera *f;* **Salzwasser** *n* acqua *f* salata

Samariter [zama'riːtɐ] <-s, -> *m* samaritano *m*

Samen ['zaːmən] <-s, -> *m* ❶ (*fig* BOT) seme *m* ❷ (*Saat*) semente *f* ❸ (*Sperma*) sperma *m;* **Samenbank** *f* banca *f* dello sperma; **Samenerguss**[RR] *m* eiaculazione *f;* **Samenkorn** *n* grano *m;* **Samenstrang** *m* (ANAT) cordone *m* spermatico

sämig ['zɛːmɪç] *adj* denso

Sämischleder ['zɛːmɪʃleːdɐ] *n* pelle *f* scamosciata

Sammelbecken *n* bacino *m* collettore; (*fig*) ricettacolo *m;* **Sammelbegriff** *m* nome *m* collettivo; **Sammelbestellung** *f* ordinazione *f* collettiva; **Sammelbüchse** *f* bossolo *m* (per oboli); **Sammelfahrkarte** *f,* **Sammelfahrschein** *m* biglietto *m* collettivo; **Sammelmappe** *f* raccoglitore *m*

sammeln ['zaməln] **I.** *vt* (rac)cogliere; (*anhäufen*) accumulare; (*aus Liebhaberei*) collezionare; (*Erfahrungen*) acquisire; (*versammeln*) radunare; (*Kräfte*) concentrare; **Spenden** ~ fare una colletta **II.** *vr* **sich** ~ ❶ (*Sachen*) accumularsi; (*Personen*) radunarsi ❷ (*sich konzentrieren*) raccogliersi, concentrarsi **III.** *vi* **für etw** ~ fare una colletta per qc

Sammelnummer *f* (TEL) numero *m* collettivo; **Sammelpunkt** *m* ❶ (*Sammelplatz*) luogo *m* di adunata ❷ (*Brennpunkt*) fuoco *m*

Sammelsurium [zaməl'zuːriʊm] <-s, Sammelsurien> *n* (*pej*) guazzabuglio *m*

Sammeltaxi *n* taxi *m* collettivo

Sammler(in) <-s, -; -, -nen> *m(f)* raccoglitore, -trice *m, f;* (*Liebhaber*) collezionista *mf;* (*Spenden~*) promotore, -trice *m, f* di una colletta; **Sammlerstück** <-(e)s, -e> *n* pezzo *m* da collezione; **Sammlerwert** <-(e)s> *kein Pl m* valore *m* da collezione

Sammlung <-, -en> *f* ❶ (*Sammeln*) raccolta *f;* (*von Spenden*) colletta *f* ❷ collezione *f* ❸ (*fig: innere* ~) raccoglimento *m,* concentrazione *f*

Samstag ['zamstaːk] <-s, -e> *m* sabato *m; s. a.* **Dienstag**

samstags *adv* di [*o* il] sabato

samt [zamt] **I.** *prp* + *dat* (insieme) con, unitamente a **II.** *adv* ~ **und sonders** tutti insieme

Samt [zamt] <-(e)s, -e> *m* velluto *m;* **Samthandschuh** *m* jdn mit ~ en anfassen (*fig*) trattare qu coi guanti

samtig *adj* vellutato, di velluto

sämtlich ['zɛmtlɪç] *adj* tutto; (*vollständig*) completo

Sanatorium [zana'toːriʊm] <-s, Sanatorien> *n* sanatorio *m*

Sand [zant] <-(e)s, -e> *m* sabbia *f;* jdm ~ in die Augen streuen (*fig*) gettare polvere negli occhi di qu; im ~ e verlaufen (*fig*) insabbiarsi, perdersi nel nulla; wie ~ am Meer (*fam*) in grande quantità

Sandale [zan'daːlə] <-, -n> *f* sandalo *m*

Sandalette [zanda'lɛtə] <-, -n> *f* sanda-letto *m*

Sandbank *f* banco *m* di sabbia; **Sand-dorn** *m* (BOT) olivello *m* spinoso

Sandelholz ['zandəlhɔlts] *n* legno *m* di sandalo

sandeln ['zandəln] *vi* (*A: fam pej: untätig sein*) ciondolare, oziare; **sändeln** ['zɛndəln] *vi* (*CH*) *s.* **sandeln**

Sandhaufen *m* mucchio *m* di sabbia

sandig *adj* sabbioso

Sandkasten *m* recinto *m* con sabbia; **Sandkorn** *n* granello *m* di sabbia; **Sand-kuchen** <-s, -> *m* pan di Spagna

Sandler <-s, -> *m* (*A*) ❶ (*fam pej: Obdachloser*) senzatetto *mf* ❷ (*fam pej: untüchtiger Mensch*) inetto *m*

Sandmännchen *n* (*Märchengestalt*) mago *m* Sabbiolino; **Sandpapier** *n* carta *f* vetrata; **Sandsack** *m* sacco *m* di sabbia; (SPORT) punching ball *m;* **Sandstein** *m* (*pietra f*) arenaria *f;* **Sandstrahlge-bläse** *n* sabbiatrice *f;* **Sandstrand** *m* spi-aggia *f* sabbiosa; **Sandsturm** *m* tem-pesta *f* di sabbia

sandte ['zantə] *1. u 3. pers sing imp von* **senden**

Sanduhr *f* clessidra *f*

Sandwich ['sɛntvɪtʃ] <-(e)s, -(e)s> *m o n* sandwich *m,* panino *m* imbottito

sanft [zanft] *adj* (*Gemüt*) dolce, mite; (*leicht*) leggero; (*a nicht steil*) lieve; (*zart*) delicato

Sänfte ['zɛnftə] <-, -n> *f* lettiga *f,* portan-tina *f*

Sanftmut <-> *kein Pl f* mitezza *f,* dol-cezza *f* (d'animo); **sanftmütig** ['zanft-myːtɪç] *adj* mite, dolce

sang [zaŋ] *1. u 3. pers sing imp von* **sin-gen**

Sänger(in) ['zɛŋɐ] <-s, -; -, -nen> *m(f)* (*berufsmäßig*) cantante *mf,* cantore *m,* cantatrice *f*

sang- und klanglos *adv* (*fam*) ~ **abzie-hen** scomparire inosservato

sanieren [za'niːrən] <ohne ge-> *vt* risa-nare

Sanierung <-> *kein Pl f* risanamento *m;* **Sanierungsmaßnahme** *f* misura *f* di risanamento

sanitär [zani'tɛːɐ] *adj* sanitario; ~**e Anla-gen** impianti sanitari

Sanität [zani'tɛːt] <-> *kein Pl f* (*CH, A*) ❶ (MIL: *Sanitätsdienst*) sanità *f* ❷ (*Kran-kenwagen*) ambulanza *f*

Sanitäter [zani'tɛːtɐ] <-s, -> *m* infer-miere *m;* (MIL) soldato *m* di sanità

sank [zaŋk] *1. u 3. pers sing imp von* **sin-ken**

Sankt [zaŋkt] <inv> *adj* San(to); ~ **Niko-laus** San Nicola; **Sankt Bernhard** [zaŋkt 'bɛrnhard] *m* (GEOG) San Bernardo *m;* **der Große/der Kleine** ~ il Gran/il Piccolo San Bernardo; **Sankt Gallen** [zaŋkt 'galən] *n* (GEOG) San Gallo *f;* **Sankt Gott-hard** [zaŋkt 'gɔthart] *m* (GEOG) San Got-tardo *m*

Sanktion [zaŋktsi̯oːn] <-, -en> *f* ❶ (JUR: *Bestätigung*) ratifica *f* ❷ *meist pl* (COM, POL) sanzioni *fpl;* ~**en gegen jdn verhän-gen** decretare sanzioni contro qu

sanktionieren [zaŋktsi̯o'niːrən] <ohne ge-> *vt* sanzionare

Sankt Moritz [zaŋkt 'moːrɪts] *n* (GEOG) Saint Moritz *f;* **Sankt-Nimmerleins-Tag** [zaŋkt'nɪmɐlaɪnsta:k] *m* (*scherz*) **am** ~ il giorno del poi dell'anno del mai; **Sankt Ulrich** [zaŋkt 'ʊlrɪç] *n* (GEOG) Orti-sei *f*

sann [zan] *1. u 3. pers sing imp von* **sin-nen**

Saphir ['zaːfiɐ] <-s, -e> *m* zaffiro *m*

Sarde ['zardə] <-n, -n> *m* sardo *m*

Sardelle [zar'dɛlə] <-, -n> *f* acciuga *f*

Sardin [zar'dɪn] <-, -nen> *f* sarda *f*

Sardine [zar'diːnə] <-, -n> *f* sardina *f*

Sardinien [zar'diːni̯ən] *n* Sardegna *f*

sardisch ['zardɪʃ] *adj* sardo

Sarg [zark] <-(e)s, Särge> *m* bara *f*

Sari ['zaːri] <-(s), -s> *m* (*indisches Gewand*) sari *m*

Sarkasmus [zar'kasmʊs] <-, Sarkas-men> *m* sarcasmo *m*

sarkastisch *adj* sarcastico

Sarkophag [zarko'faːk] <-s, -e> *m* sarco-fago *m*

Sarong ['zaːrɔŋ] <-(s), -s> *m* (*indonesi-scher Rock*) sarong *m*

saß [zaːs] *1. u 3. pers sing imp von* **sitzen**

Satan ['zaːtan] <-s, -e> *m* Satana *m;* (*fig: Mensch*) demonio *m,* diavolo *m*

satanisch [za'taːnɪʃ] *adj* satanico, diabo-lico

Satellit [zatɛ'liːt] <-en, -en> *m* satellite *m;* **Satellitenfernsehen** *n* televisione *f* via satellite; **Satellitenfoto** *n* immagine *f* via satellite; **Satellitennavigationssys-tem** *n* sistema *m* di navigazione satelli-tare; **Satellitennetz** *n* rete *f* satellitare; **Satellitenradio** *n* radio *f* satellitare; **Satellitenschüssel** *f* (*fam*) parabola *f;* **Satellitenstaat** *m* stato *m* satellite; **Satellitenstadt** *f* città *f* satellite

Satellitensystem *n* sistema *m* satellitare

Satin [za'tɛ̃ː] <-s, -s> *m* satin *m*

S

Satire [za'ti:rə] <-, -n> *f* satira *f;* **eine ~ auf etw** *acc* una satira di qc; **Satiriker(in)** [za'ti:rıkɐ] <-s, -; -, -nen> *m(f)* satirico *m*

satirisch *adj* satirico

satt [zat] *adj* ❶ *(gesättigt, a fig)* sazio; *(viel)* molto, a sazietà; **~ machen** saziare; **~ werden** saziarsi; **sich ~ essen** mangiare a sazietà; **etw ~ haben** essere stufo di qc *fam,* averne abbastanza di qc ❷ *(Farbe)* intenso, scuro

Sattel ['zatəl] <-s, Sättel> *m* sella *f;* **fest im ~ sitzen** *(fig)* ritenere la propria posizione sicura; **Satteldach** *n* tetto *m* a due spioventi; **sattelfest** *adj* **in etw** *dat* **~ sein** *(fig)* essere ferrato in qc

satteln *vt* sellare; *(Packtier)* mettere il basto a

Sattelschlepper *m* motrice *f* per semirimorchio; **Satteltasche** *f (an Pferdesattel)* bisaccia *f; (an Zweiradsattel)* borsetta *f* portaccessori

Sattheit <-> *kein Pl f* sazietà *f*

sättigen ['zɛtɪgən] **I.** *vt* ❶ *(satt machen)* saziare; *(fig: stillen)* soddisfare, appagare ❷ (CHEM, PHYS, COM) saturare **II.** *vi* saziare; **sättigend** *adj* che sazia

Sättigung <-, -en> *f* ❶ *(das Sattsein)* sazietà *f; (fig)* appagamento *m; (das Sättigen)* satollamento *m* ❷ (CHEM, PHYS) saturazione *f*

Sattler(in) ['zatlɐ] <-s, -; -, -nen> *m(f)* sellaio, -a *m, f*

sattsehen sich an etw *dat* **nicht ~ sehen können** non stancarsi di guardare qc

Saturn [za'tʊrn] <-s> *kein Pl m* Saturno *m*

Satyr ['za:tʊr] <-s *o* -n, -n *o* -e> *m* satiro *m*

Satz [zats] <-es, Sätze> *m* ❶ (LING) frase *f,* proposizione *f* ❷ *(These)* principio *m;* (MAT) teorema *m; (Grund~)* assioma *m* ❸ (MUS) movimento *m* ❹ *(Tennis~)* set *m* ❺ *(Quote)* tasso *m; (Gebühren~)* tariffa *f* ❻ *(zusammengehörige Dinge)* serie *f;* (COM) assortimento *m* ❼ (TYP) composizione *f* ❽ (INFORM: *Datensatz)* serie *f* ❾ *(Sprung)* salto *m,* balzo *m* ❿ *(Boden~)* fondo *m,* deposito *m,* sedimento *m; (Kaffee~)* fondo *m;* **Satzbau** *kein Pl m* (LING) costruzione *f* della frase; **Satzlehre** *f* sintassi *f;* **Satzteil** *m* parte *f* della proposizione

Satzung ['zatsʊŋ] <-, -en> *f (von Körperschaften)* statuti *mpl; (von Verein)* ordinamento *m,* regolamento *m;* **satzungsgemäß** *adj* statutario

Satzzeichen *n* segno *m* d'interpunzione

Sau [zaʊ] <-, Säue> *f (Hausschwein)* scrofa *f,* troia *f; (Wild~)* cinghiala *f; (fam:*

Schwein, a fig) porco *m;* **keine ~** *(fig sl)* neanche un cane *fam;* **die ~ rauslassen** *(sl: feiern)* far baldoria *fam; (wütend sein)* arrabbiarsi, infuriarsi; **jdn zur ~ machen** *(sl)* trattare qu come un cane *fam;* **unter aller ~** *(sl)* da cani; **sein Englisch ist unter aller ~** sa l'inglese da cani

sauber ['zaʊbɐ] *adj* ❶ *(nicht schmutzig)* pulito; **etw ~ machen** pulire qc; **~ machen** fare le pulizie; **~ sein** *(Kind)* non farla più addosso *fam; (Tier)* non sporcare in casa ❷ *(gut u sorgfältig)* accurato; *(genau)* esatto ❸ *(hübsch)* carino ❹ *(anständig)* perbene ❺ *(fam iron)* bello

Sauberkeit <-> *kein Pl f* ❶ *(Reinlichkeit)* pulizia *f* ❷ *(sorgfältiger Zustand)* accuratezza *f,* precisione *f* ❸ *(Anständigkeit)* onestà *f*

säuberlich ['zɔɪbɐlıç] *adv* accuratamente

sauber|machen[ALT] *vt, vi s.* **sauber 1.**

Saubermann-Image *n* fama *f* da bacchettone

säubern ['zɔɪbɐn] *vt* ❶ *(reinigen)* pulire ❷ *(fig: Buch)* **etw (von etw) ~** ripulire qc (da qc); (POL) epurare qc (da qc)

Säuberung <-, -en> *f* ❶ *(Reinigung)* pulizia *f* ❷ *(fig)* ripulita *f;* (POL) epurazione *f;* (MIL) rastrellamento *m;* **ethnische ~** pulizia etnica

Saubohne *f* fava *f*

Sauce ['zo:sə] <-, -n> *f s.* **Soße**

Sauciere [zo'si̯e:rə] <-, -n> *f* salsiera *f*

Saudiaraber(in) [zaʊdi'a:rabɐ] *m(f)* saudita *mf*

Saudi-Arabien [zaʊdia'ra:bi̯ən] *n* Arabia *f* Saudita

saudumm ['zaʊ'dʊm] *adj (fam)* stupidissimo

sauer ['zaʊɐ] *adj* ❶ *(nicht süß)* acido; *(Wein)* aspro ❷ *(verdorben: Milch)* acido; *(Geruch)* acre; **~ werden** *(Milch)* inacidirsi; *(fam: Mensch)* incavolarsi, incacchiarsi ❸ (GASTR: *Gurke)* sott'aceto; *(Hering)* all'agro; *(Sahne)* acido ❹ *(Boden, Regen,* CHEM) acido ❺ *(Pflicht)* amaro, spiacevole; *(Arbeit)* duro, faticoso; **~ verdient** guadagnato faticosamente ❻ *(fam: Mensch)* incavolato; *(Gesicht)* accigliato; **~ reagieren** *(Mensch)* incavolarsi, incacchiarsi; **auf jdn ~ sein** *(fam)* avercela con qu; **Sauerampfer** *m* (BOT) romice *f;* **Sauerbraten** *m* (GASTR) arrosto *m* all'agro

Sauerei [zaʊə'raɪ] <-, -en> *f (fam pej)* porcheria *f; (a Zote)* sconcezza *f*

Sauerkirsche *f* amarena *f;* **Sauerklee** *m* (BOT) acetosella *f;* **Sauerkraut** *n* crauti *mpl*

Sauerland ['zaʊɐlant] *n* Sauerland *m*

säuerlich ['zɔɪʁlɪç] *adj* (CHEM) acidulo; (*herb, a Wein*) asprigno

Sauermilch *f* latte *m* acido [*o* cagliato]

Sauerstoff *m* ossigeno *m;* **Sauerstoffapparat** *m* inalatore *m* d'ossigeno; **Sauerstoffgerät** *m* respiratore *m* a ossigeno; **sauerstoffhaltig** *adj* ossigenato, contenente ossigeno; **Sauerstoffmangel** *m* mancanza *f* d'ossigeno; **Sauerstoffmaske** *f* maschera *f* a ossigeno; **Sauerstoffzelt** *n* tenda *f* a ossigeno

Sauerteig *m* lievito *m*

saufen ['zaʊfən] <säuft, soff, gesoffen> **I.** *vt* ❶ (*Tier*) bere ❷ (*sl: Mensch*) trincare **II.** *vi* ❶ (*Tier*) bere ❷ (*sl: Mensch*) sbevazzare

Säufer(in) ['zɔɪfɐ] <-s, -; -, -nen> *m(f)* (*fam pej*) ubriacone, -a *m, f,* beone, -a *m, f*

Sauferei [zaʊfəˈʁaɪ] <-, -en> *f* (*fam*) ❶ *sing* (*Trunksucht, pej*) bere *m* ❷ (*Gelage, pej*) bevuta *f*

Säufernase *f* (*fam*) naso *m* paonazzo

Saufgelage *n* (*fam pej*) gozzoviglia *f*

säuft [zɔɪft] *3. pers sing pr von* **saufen**

saugen ['zaʊgən] <saugt, sog *o* saugte, gesogen *o* gesaugt> **I.** *vi* ❶ succhiare, poppare; **das Baby saugt an der Mutterbrust** il bambino succhia dal seno materno ❷ (*ein~*) aspirare **II.** *vt* ❶ (*Milch*) succhiare, poppare ❷ (*ein~: Schwamm*) assorbire; (*Luft*) aspirare; **Staub ~** passare l'aspirapolvere

säugen ['zɔɪgən] *vt* allattare

Sauger <-s, -> *m* ❶ (*auf Babyfläschchen*) ciuccio *m;* (*Schnuller*) succhiotto *m* ❷ (*fam: Staub~*) aspirapolvere *f*

Säuger <-s, -> *m,* **Säugetier** *n* mammifero *m*

saugfähig *adj* assorbente; **Saugflasche** *f* biberon *m;* **Saugheber** *m* sifone *m*

Säugling ['zɔɪklɪŋ] <-s, -e> *m* lattante *mf;* **Säuglingsheim** *n* (asilo *m*) nido *m;* **Säuglingspflege** *f* puericultura *f;* **Säuglingsschwester** *f* puericultrice *f;* **Säuglingssterblichkeit** *f* mortalità *f* dei lattanti

Sauhaufen *m* (*fam pej*) gentaglia *f*

Säule ['zɔɪlə] <-, -n> *f* colonna *f;* **Säulengang** *m* colonnato *m;* (*Säulenhalle*) portico *m;* **Säulenhalle** *f* loggia *f,* porticato *m*

Saum [zaʊm] <-(e)s, Säume> *m* (*Näh~*) orlo *m;* (*fig: Rand*) bordo *m,* margine *m*

saumäßig (*sl*) **I.** *adj* (*sehr schlecht*) pessimo; (*verstärkend*) terribile, enorme **II.** *adv* (*sehr schlecht*) malissimo; (*verstärkend*) terribilmente, enormemente

säumen ['zɔɪmən] *vt* (*Saum nähen an*) fare l'orlo a

säumig *adj* (*geh*) ❶ (*nachlässig*) negligente, indolente ❷ (*Schuldner*) moroso; (*Zahlung*) insoluto, arretrato

Saumpfad *m* mulattiera *f*

Saumtier *n* bestia *f* da soma

Sauna ['zaʊna] <-, -s *o* Saunen> *f* sauna *f*

saunieren [zaʊˈniːʁən] <ohne ge-> *vi* fare la sauna

Säure ['zɔɪʁə] <-, -n> *f* ❶ *sing* (*saure Beschaffenheit*) acidità *f;* (*von Wein*) asprezza *f* ❷ (CHEM) acido *m*

säurebeständig *adj* antiacido

Sauregurkenzeit [zaʊʁəˈɡʊrkəntsaɪt] *f* (*fam scherz*) stagione *f* morta

säurehaltig *adj* acido, contenente acido

Saurier ['zaʊʁiɐ] <-s, -> *m* (ZOO) sauro *m*

Saus [zaʊs] *m* **in ~ und Braus leben** fare la bella vita

säuseln ['zɔɪzəln] *vi* (*Blätter im Wind*) stormire, mormorare; (*Wind in den Bäumen, Mensch*) sussurrare

sausen ['zaʊzən] *vi* ❶ *sein* (*Geschoss*) fendere l'aria; (*fam: Mensch*) correre, volare; (*fam: Fahrzeug*) filare ❷ *haben* (*Ohren*) fischiare; (*Kopf*) ronzare; (*Wind, Sturm*) sibilare, fischiare; **durch eine Prüfung ~** (*fam*) essere bocciato ad un esame; **etw ~ lassen** (*fam: verzichten auf*) lasciar perdere

Sauser <-s, -> *m* (CH: GASTR: *gärender Most*) mosto *m*

Saustall *m* (*fam a fig*) porcile *m;* **Sauwetter** *n* (*vulg*) tempaccio *m,* tempo *m* da cani; **sauwohl** *adj* (*fam*) **sich ~ fühlen** sentirsi proprio bene

Savanne [zaˈvanə] <-, -n> *f* savana *f*

Saxofon[RR] [zaksoˈfoːn] <-(e)s, -e> *n* sassofono *m*

Saxofonist(in)[RR] [zaksofoˈnɪst] <-en, -en; -, -nen> *m(f)* sassofonista *mf*

Saxophon <-(e)s, -e> *n s.* **Saxofon**

Saxophonist(in) <-en, -en; -, -nen> *m(f) s.* **Saxofonist**

SB [ɛsˈbeː] *abk v* **Selbstbedienung** self-service *m*

S-Bahn ['ɛsbaːn] *f* ferrovia *f* urbana, metropolitana *f*

SBB [ɛsbeːˈbeː] *f abk v* **Schweizerische Bundesbahn** Ferrovie *fpl* federali svizzere

SB-Bank [ɛsˈbeːbaŋk] <-, -en> *f banca con sportello automatico*

s. Br. *abk v* **südlicher Breite** lat S

SB-Tankstelle *f* distributore *m* automatico [*o* self-service] di benzina

scannen *vt* (INFORM) scannerizzare, sottoporre a scanning

Scanner ['skɛnɐ] <-s, -> *m* (INFORM) scanner *m*

S

Schabe ['ʃaːbə] <-, -n> f blatta f;
(Küchen~) scarafaggio m

schaben ['ʃaːbən] vt (ab~: Schmutz)
raschiare; (Fell, Leder) scarnare; (Gemüse)
grattugiare, grattare; **den Lack vom
Tisch ~** raschiare la vernice dal tavolo

Schabernack ['ʃaːbɐnak] <-(e)s, -e> m
jdm einen ~ spielen fare uno scherzo a
qu

schäbig ['ʃɛːbɪç] adj ❶ (fadenscheinig)
liso, logoro ❷ (fig: Charakter) gretto,
meschino ❸ (armselig) misero

Schablone [ʃaˈbloːnə] <-, -n> f
modello m, forma f; (fig pej: Schema)
schema m fisso, cliché m

Schach [ʃax] <-s, -s> n (Spiel) (gioco m
degli) scacchi mpl; (Stellung) scacco m;
~ spielen giocare agli scacchi; **in ~ halten**
(fig) tenere in scacco; **Schachbrett** n
scacchiera f; **schachbrettartig** adj a
scacchiera

schachern ['ʃaxɐn] vi (pej) **um etw ~**
mercanteggiare su qc

Schachfigur f figura f degli scacchi,
scacco m; (fig) fantoccio m; **schachmatt**
adj scacco matto; (fig: erschöpft) sfinito;
Schachpartie <-, -n> f partita f a
scacchi; **Schachspiel** n (gioco m degli)
scacchi mpl; **Schachspieler(in)** m(f)
scacchista mf

Schacht [ʃaxt] <-(e)s, Schächte> m (MIN)
pozzo m (da miniera); (Kanal) tombino m;
(Fahrstuhl~) tromba f (dell'ascensore)

Schachtel ['ʃaxtəl] <-, -n> f scatola f;
eine ~ Zigaretten un pacchetto di sigarette; **alte ~** (fam pej) vecchiaccia;
Schachtelhalm m (BOT) equiseto m

Schachzug m (a fig) mossa f (negli
scacchi)

schade ['ʃaːdə] adj **~ sein** essere peccato;
sich dat **zu ~ sein für** sentirsi sprecato
per; **es ist ~, dass …/um …** è un peccato
che +conj, è un peccato per +conj; **wie ~!**
che peccato!

Schädel ['ʃɛːdəl] <-s, -> m (ANAT) cranio m;
(Totenkopf) teschio m; **Schädelbruch** m
frattura f cranica; **Schädeldecke** f
calotta f cranica

schaden ['ʃaːdən] vi **jdm/etw ~** nuocere
a qu/qc; **das schadet dir gar nichts**
(fam) ben ti sta; **das kann nicht(s) ~** non
fa male

Schaden <-s, Schäden> m ❶ (Beschädigung) danno m; (TEC) avaria f, guasto m;
~ anrichten causare danni; **zu ~ kommen** subire un danno, essere danneggiato;
durch ~ wird man klug (prov) sbagliando
s'impara ❷ (Nachteil) svantaggio m, pre-

giudizio m ❸ (Verlust) perdita f ❹ (körperlich) lesione f; (Verletzung) ferita f

Schadenersatz m risarcimento m (dei)
danni; (jdm) **~ leisten** risarcire (a qu) i
danni

Schadenfreude f gioia f maligna; **schadenfroh** adj malignamente soddisfatto

Schadensersatz kein Pl m (JUR) s. **Schadenersatz**

schadhaft adj (beschädigt) danneggiato;
(Material) difettoso

schädigen ['ʃɛːdɪgən] vt nuocere a, danneggiare; **schädigend** adj dannoso,
nocivo; **~e Wirkung** conseguenza dan-
nosa; **Schädigung** <-, -en> f danneggiamento m, lesione f

schädlich ['ʃɛːtlɪç] adj dannoso; (a gesundheitlich) nocivo; **Schädlichkeit** <-> kein
Pl f dannosità f, nocività f

Schädling ['ʃɛːtlɪŋ] <-s, -e> m parassita m;
Schädlingsbekämpfung f lotta f anti-
parassitaria

schadlos adv **sich an jdm ~ halten** rivalersi su qu

Schadstoff m elemento m nocivo,
agente m inquinante; **schadstoffarm**
adj poco nocivo; **Schadstoffbelas-
tung** f inquinamento m; **schadstoffge-
prüft** adj libero da sostanze nocive

Schaf [ʃaːf] <-(e)s, -e> n ❶ (Tier) pecora f;
schwarzes ~ (fig) pecora nera ❷ (pej fam:
Dummkopf) sciocco, -a m, f, minchione,
-a m, f; **Schafbock** m montone m

Schäfchen ['ʃɛːfçən] <-s, -> n ❶ (kleines
Schaf) pecorella f; **sein ~ ins trockene
bringen** (fam) mettere da parte un bel
gruzzoletto; **~ zählen** (fam) contare le
pecore ❷ pl (Gemeinde) pecorella f;
Schäfchenwolken fpl pecorelle fpl

Schäfer(in) ['ʃɛːfe] <-s, -; -, -nen> m(f)
pecoraio, -a m, f; **Schäferhund** m
(cane m) pastore m; **Schäferstünd-
chen** n convegno m amoroso

Schaffell n pelle f di pecora

schaffen¹ ['ʃafən] <schafft, schuf,
geschaffen> vt ❶ (er~, hervorbringen)
creare; **für etw wie geschaffen sein**
essere fatto apposta per qc ❷ (bewirken)
fare; (Voraussetzungen) creare; (Ruhe)
imporre; (Unruhe) causare; (Ordnung) fare, mettere; (Ersatz) procurare;
Abhilfe ~ rimediare; **Klarheit ~** chiarire

schaffen² vt ❶ (bewältigen) portare a termine, fare; (Prüfung) passare; (Portion)
mangiare tutto; **es ~ farcela**; **wir haben's
geschafft!** ce l'abbiamo fatta! ❷ (fam: fer-
tigmachen) esaurire, sfinire, spossare;
geschafft sein (fam: erschöpft) essere

stanco morto; **jdm (sehr) zu ~ machen**
dar (molto) da fare a qu ❸ (*befördern*) por-
tare ❹ (*dial: arbeiten, a vi*) lavorare
Schaffensdrang *m* impulso *m* creatore;
Schaffenskraft *f* forza *f* creatrice
Schaffhausen [ʃafˈhaʊzən] *n* (GEOG) Sciaf-
fusa *f*
Schaffner(in) [ˈʃafnɐ] <-s, -; -, -nen>
m(f) bigliettaio, -a *m, f*
Schafgarbe *f* (BOT) achillea *f*
Schafherde *f* gregge *m* di pecore
Schafhirte *m*, **-hirtin** *f* pastore *m* di
pecore
Schafott [ʃaˈfɔt] <-(e)s, -e> *n* patibolo *m*
Schafskäse *m* formaggio *m* pecorino;
Schafskopf *m* (*fig, pej: Schimpfwort*)
imbecille *m*, cretino *m*; **Schafstall** *m*
ovile *m*
Schaft [ʃaft] <-(e)s, Schäfte> *m* (*Stiel*)
manico *m*; (BOT) gambo *m*; (*von Baum,
Säule, Waffe*) fusto *m*; (*Stiefel~*) gambale *m*; **Schaftstiefel** *m* stivalone *m*
Schafzucht *f* allevamento *m* di pecore
Schah [ʃaː] <-s, -s> *m* scià *m*
Schakal [ʃaˈkaːl] <-s, -e> *m* sciacallo *m*
Schäker(in) [ˈʃɛːkɐ] <-s, -; -, -nen>
m(f) ❶ (*fam: Witzbold*) burlone, -a *m, f*
❷ (*gerne flirtender Mensch*) chi ama flirtare
schäkern *vi* (*fam: scherzen*) scherzare;
(*flirten*) flirtare
schal [ʃaːl] *adj* ❶ (*abgestanden*) guasto
❷ (*fig: fade, geistlos*) insulso, insipido
Schal [ʃaːl] <-s, -s> *m* scialle *m;* (*länglich*)
sciarpa *f;* (*quadratisch*) foulard *m*
Schälchen [ˈʃɛːlçən] <-s, -> *n* scodellina *f*,
ciotolina *f*
Schale [ˈʃaːlə] <-, -n> *f* ❶ (*Gefäß*) coppa *f;*
(*Schüssel*) scodella *f*, ciotola *f*, terrina *f*
❷ (*Waag~*) piatto *m* (della bilancia)
❸ (*Obst~, Kartoffel~*) buccia *f;* (*Eier~,
Nuss~, von Hülsenfrucht, Schalentier*)
guscio *m* ❹ (*fig: Äußeres*) scorza *f* ❺ (*A,
südd: Tasse*) tazza *f* ❻ (*Muschel~*) conchiglia *f* ❼ (*Wend*) **sich in ~ werfen**
(*fam*) mettersi in ghingheri
schälen [ˈʃɛːlən] **I.** *vt* (*Obst*) sbucciare;
(*Tomaten, Kartoffeln*) pelare; (*Eier, Kastanien*) sgusciare **II.** *vr* **sich ~** (*a Schlangen*)
sbucciarsi; (*Haut*) spellarsi
Schalentier *n* conchiglia *f*
Schäler [ˈʃɛːlɐ] <-s, -> *m* sbucciatore *m*
Schalk [ʃalk] <-(e)s, -e *o* Schälke> *m*
mattacchione *m* fam, burlone *m* fam; **er
hat den ~ im Nacken** è un gran burlone;
schalkhaft *adj* faceto, scherzoso
Schall [ʃal, *pl:* ʃalə *o* ˈʃɛlə] <-(e)s, -e *o*
Schälle> *m* suono *m*, tono *m;* **~ und**

Rauch sein essere insignificante; **schall-
dämmend** *adj* fonoassorbente; **Schalldämmung** *f* assorbimento *m* sonoro;
Schalldämpfer *m* assorbente *m* acustico; (*von Auto, Waffe*) silenziatore *m;*
(MUS) sordina *f;* **schalldicht** *adj* a isolamento acustico, insonorizzato
schallen *vi* (ri)sonare; **schallend** *adj* riso-
nante; (*Gelächter*) sonoro; (*Beifall*) scrosciante
Schallgeschwindigkeit *f* velocità *f*
sonica; **Schallgrenze** *f,* **Schallmauer** *f*
muro *m* del suono; **die ~ durchbrechen**
superare il muro del suono; **Schallplatte** *f*
disco *m;* **Schallwelle** *f* (PHYS) onda *f* acustica
Schalotte [ʃaˈlɔtə] <-, -n> *f* scalogno *m*
schalt [ʃalt] *1. u 3. pers sing imp von*
schelten
Schaltanlage *f* impianto *m* di distribuzione; **Schaltbild** *n* schema *m* dell'impianto elettrico; **Schaltbrett** *n* quadro *m* di
distribuzione
schalten [ˈʃaltən] **I.** *vt* regolare; (TEC) inserire; (MOT: *Gang*) innestare **II.** *vi* ❶ (*verfügen*) disporre; **frei ~ und walten** fare e
disfare a piacimento ❷ (*fam: kapieren*)
capire; (*reagieren*) reagire ❸ (MOT) cambiare marcia; **in den dritten Gang ~** innestare la terza
Schalter <-s, -> *m* ❶ (TEC) commutatore *m*, interruttore *m* ❷ (*in Bank, Post,
Auskunfts~*) sportello *m;* **Schalterbe-
amte** *m*, **Schalterbeamtin** *f* impiegato,
-a *m, f* allo sportello; **Schalterhalle** *f*
sala *f* degli sportelli; **Schalterstunden**
fpl orario *m* per il pubblico
Schaltfläche *f* (*Computer*) barra *f;*
Schalthebel *m* (*a fig*) leva *f* di comando;
(MOT) leva *f* del cambio; **Schaltjahr** *n*
anno *m* bisestile; **Schaltknüppel** *m*
(MOT) cloche *f* del cambio; (AERO) cloche *f;*
Schaltkreis *m* (EL) circuito *m* elettrico;
Schaltplan *m* schema *m* (dell'impianto)
elettrico; **Schalttafel** *f s.* **Schaltbrett**;
Schalttag *m* giorno *m* intercalare
Schaltung <-, -en> *f* ❶ (TEC) inseri-
mento *m*, accoppiamento *m* ❷ (MOT) cam-
bio *m* di marcia
Schaltzentrale *f* (TECH) centrale *f* di
comando
Scham [ʃaːm] <-> *kein Pl f* ❶ (*Sichschä-
men*) vergogna *f;* **ich möchte vor ~ in die
Erde versinken** vorrei sprofondare
dalla vergogna ❷ (*~ haftigkeit*) pudore *m*
❸ (*~ teile*) (parti *fpl*) pudende *fpl*
Schambein *n* pube *m*
schämen [ˈʃɛːmən] *vr* **sich** (**einer Sache**

gen) ~ vergognarsi (di qc)

Schamgefühl *n* pudore *m;* **Schamgegend** *f* pube *m;* **Schamhaar** *n* peli *mpl* del pube; **schamhaft** *adj* (*züchtig*) modesto; (*verschämt*) vergognoso, pudico; **Schamhaftigkeit** <-> *kein Pl f* (*Züchtigkeit*) modestia *f;* (*Verschämtheit*) vergogna *f,* pudicizia *f;* **Schamlippe** *f* (ANAT) labbra *fpl* vaginali; **schamlos** *adj* impudico; (*unverschämt*) svergognato; (*Lüge, Frechheit*) spudorato; **schamrot** *adj* ~ **werden** arrossire di vergogna; **Schamröte** <-> *kein Pl f* rossore *m* dalla vergogna; **mir stieg die** ~ **ins Gesicht** diventai rosso dalla vergogna; **Schamteile** *npl* (parti *fpl*) pudende *fpl*

Schande [ˈʃandə] <-> *kein Pl f* vergogna *f;* (*a Unehre*) disonore *m;* (*Schmach*) infamia *f,* ignominia *f;* **jdm/etw** ~ **machen** far disonore a qu/qc; **ich muss zu meiner (großen)** ~ **gestehen ...** debbo confessare, con mia grande vergogna ...; **das ist (wirklich) eine** ~! è proprio una vergogna!

schänden [ˈʃɛndən] *vt* (*entehren*) disonorare; (*besudeln*) macchiare; (*entweihen*) profanare

Schandfleck *m* marchio *m* d'infamia, macchia *f*

schändlich *adj* ❶ (*abscheulich*) vergognoso, infame ❷ (*fam: sehr schlecht*) orribile

Schandtat *f* infamia *f,* scelleratezza *f;* **zu jeder** ~ **bereit sein** (*fam scherz*) essere della partita

Schändung <-, -en> *f* disonorare *m;* (*Entweihung*) profanazione *f*

Schanigarten *m* (*A: fam*) *piccolo giardino della pensione a disposizione degli ospiti*

Schänke^RR [ˈʃɛŋkə] <-, -n> *f* osteria *f,* mescita *f*

Schanktisch [ˈʃaŋktɪʃ] *m* banco *m* di mescita; **Schankwirt** *m* oste *m;* **Schankwirtschaft** *f* mescita *f* di vini, osteria *f*

Schanze [ˈʃantsə] <-, -n> *f* ❶ (MIL) trincea *f* ❷ (SPORT: *Sprung~*) trampolino *m* (di salto)

Schar [ʃaːɐ] <-, -en> *f* (*Menge*) schiera *f,* frotta *f;* (*Vogel~*) stormo *m;* **in ~en** a frotte

Scharade [ʃaˈraːdə] <-, -n> *f* sciarada *f*

Schäre [ˈʃɛːrə] <-, -n> *f* (GEOG) faraglione *m*

scharen [ˈʃaːrən] I. *vt* (*versammeln*) **jdn um jdn** ~ radunare qu attorno a qu II. *vr* **sich (um jdn)** ~ radunarsi (attorno a qu)

scharenweise *adv* a schiere, a frotte

scharf [ʃarf] <schärfer, schärfste> *adj* ❶ (*Schneide*) affilato, tagliente; (*Kante*)

vivo; (*Spitze*) aguzzo ❷ (*Speise*) piccante, forte; (CHEM) corrosivo; (*Geruch*) acre, penetrante ❸ (*Wind*) rigido, pungente ❹ (*Stimme*) stridulo ❺ (*Bild*) nitido; (*Umrisse*) netto, marcato; (*Augen*) buono; (*Gehör*) fine ❻ (*Kurve*) brusco; **~ bremsen** frenare bruscamente ❼ (*Verstand*) acuto, sottile; ~ **nachdenken** pensare intensamente ❽ (*Worte*) pungente, aspro; (*Kritik*) mordace ❾ (*Disziplin*) rigido, rigoroso; (*Überwachung*) stretto ❿ (MIL: *Munition*) caricato a palla; (*Bombe*) innescato ⓫ (*sl: geil*) tosto, figo *sl;* **auf etw** *acc* ~ **sein** (*fam*) desiderare avidamente qc

Scharfblick *m* perspicacia *f,* acume *m*

Schärfe [ˈʃɛrfə] <-, -n> *f* ❶ (*von Schneide*) taglio *m* ❷ (*von Speise*) (sapore *m*) piccante *m* ❸ (*von Wind*) rigidità *f;* (*von Stimme*) acutezza *f* ❹ (*von Bild*) nitidezza *f,* precisione *f* ❺ (*Verstandes~*) acume *m,* sottigliezza *f* ❻ (*von Worten*) asprezza *f;* (*von Kritik*) mordacità *f* ❼ (*Härte*) durezza *f,* severità *f*

schärfen *vt* affilare; (*Sinne, Verstand*) acuire; (*Gespür*) affinare

scharfkantig *adj* a spigoli vivi, nitido

scharf|machen *vt* (*fam*) aizzare, provocare

Scharfmacher *m* (*fam*) agitatore *m,* sobillatore *m*

Scharfrichter *m* giustiziere *m*

Scharfschütze *m,* **Scharfschützin** *f* tiratore, -trice *m, f* scelto, -a

scharfsichtig *adj* perspicace, acuto

Scharfsinn *m* acume *m,* sagacia *f;* **scharfsinnig** *adj* acuto, sagace

Scharlach[1] [ˈʃarlax] <-s, *rar* -e> *m A: n* (*Farbe*) (colore *m*) scarlatto *m*

Scharlach[2] <-s> *kein Pl m* (MED) scarlattina *f*

Scharlatan [ˈʃarlatan] <-s, -e> *m* ciarlatano *m*

Scharmützel [ʃarˈmʏtsəl] <-s, -> *n* scaramuccia *f*

Scharnier [ʃarˈniːɐ] <-s, -e> *n* cerniera *f*

Schärpe [ˈʃɛrpə] <-, -n> *f* (*an Uniform*) sciarpa *f;* (*an Kleidung*) fusciacca *f*

scharren [ˈʃarən] I. *vi* raschiare, raspare; (*Hühner*) razzolare; **mit den Füßen** ~ stropicciare i piedi per terra II. *vt* (*Boden*) raschiare; (*Loch*) scavare (raspando)

Scharte [ˈʃartə] <-, -n> *f* ❶ (*Kerbe*) tacca *f,* intaccatura *f* ❷ (MIL) feritoia *f* ❸ (*Berge*) valico *m,* sella *f;* **schartig** *adj* intaccato

scharwenzeln [ʃarˈvɛntsəln] <*ohne ge*-> *vi* haben *o* sein (*fam*) **um jdn** ~ strisciare intorno a qu

Schaschlik [ˈʃaʃlɪk] <-s, -s> *m o n* (GASTR)

spiedino *m*

schassen ['ʃasən] *vt* (*fam: Schüler*) espellere; (*Minister*) silurare

Schatten ['ʃatən] <-s, -> *m* ❶ ombra *f*; **im ~ von** all'ombra di; **es sind 40° im ~** ci sono 40° all'ombra; **jdn in den ~ stellen** (*fig*) mettere in ombra qu; **nur noch ein ~ seiner selbst sein** essere l'ombra di se stesso ❷ (*Dunkelheit*) oscurità *f*, tenebre *fpl* ❸ (*Figur, Gestalt*) ombra *f*, spettro *m*; **Schattendasein** *n* **ein ~ führen** rimanere nell'ombra; **schattenhaft** *adj* (*Umrisse*) indistinto; (*fig: vage*) vago; **Schattenkabinett** *n* (POL) gabinetto *m* ombra; **Schattenmann** *m* uomo *m* ombra; **Schattenriss**^RR *m* silhouette *f*; **Schattenseite** *f* parte *f* ombrosa; (*fig: Kehrseite*) rovescio *m* della medaglia; (*das Negative*) lato *m* oscuro; **Schattenwirtschaft** <-> *kein Pl f* economia *f* sommersa

schattieren [ʃa'tiːrən] <ohne ge-> *vt* ombr(eggi)are

Schattierung <-, -en> *f* (*Vorgang*) ombreggiatura *f*; (*schattierte Stelle*) ombratura *f*; (*fig*) sfumatura *f*

schattig *adj* ombreggiato

Schattseite *f* (*CH*) *s*. **Schattenseite**

Schatulle [ʃa'tʊlə] <-, -n> *f* cassetta *f*, scrignetto *m*

Schatz [ʃats] <-es, Schätze> *m* ❶ (*a fig: Mensch*) tesoro *m* ❷ *pl* (*Reichtum*) ricchezza *f*; **Schatzamt** *n* tesoreria *f*, ministero *m* del Tesoro

schätzen ['ʃɛtsən] **I.** *vt* ❶ (*Wert festlegen*) valutare, stimare; (*veranschlagen*) calcolare; **einen Schaden auf mehrere Millionen ~** valutare un danno di diversi milioni; **wie alt schätzt du mich?** quanti anni mi dai?; **was schätzt du, wieviel/wie lange …?** quanto pensi che … +*conj*? ❷ (*würdigen*) stimare, apprezzare; **sich glücklich ~** dirsi fortunato; **jdn/etw zu ~ wissen** saper apprezzare qu/qc **II.** *vi* (*veranschlagen*) indovinare; **schätzenswert** *adj* stimabile, apprezzabile

Schätzer(in) <-s, -; -, -nen> *m(f)* stimatore, -trice *m, f*

Schatzkammer *f* tesoro *m* pubblico; **Schatzkästchen** ['ʃatskɛstçən] <-s, -> *n*, **Schatzkästlein** ['ʃatskɛstlaɪn] <-s, -> *n* scrignetto *m*; **Schatzmeister(in)** *m(f)* tesoriere, -a *m, f*

Schätzung <-, -en> *f* stima *f*, valutazione *f*; **nach meiner ~** secondo i miei calcoli; **schätzungsweise** *adv* approssimativamente

Schätzwert *m* valore *m* di stima

Schau [ʃaʊ] <-, -en> *f* ❶ (*Vorführung*) esibizione *f*; (*Ausstellung*) mostra *f*, esposizione *f*; **etw zur ~ stellen** (*ausstellen*) mettere in mostra qc; (*fig: Gefühle*) mostrare qc; (*protzen mit*) ostentare qc ❷ (*fam: Spektakel, Theater*) spettacolo *m*; **eine ~ abziehen** (*fam*) mettersi in scena; **jdm die ~ stehlen** (*fam*) rubare la scena a qu

Schaubild *n* diagramma *m*; **Schaubude** <-, -n> *f* baraccone *m* da fiera

Schauder ['ʃaʊdə] <-s, -> *m* (*Kälte~*) brivido *m*; (*Grauen*) orrore *m*

schauderhaft *adj* (*Verbrechen*) orribile; (*fam: Kälte*) terribile

schaudern *vi* ❶ (*frösteln*) **vor jdm/etw ~** rabbrividire davanti a qu/per qc ❷ (*Grauen empfinden*) inorridire; **mich schaudert bei dem Gedanken an …** inorridisco al pensiero di …

schauen ['ʃaʊən] *vi* (*bes. südd, A, CH*) ❶ (*sehen*) guardare; **aus dem Fenster ~** guardare dalla finestra; **schau, schau!** ma guarda un po'! ❷ (*sich kümmern*) guardare, badare

Schauer ['ʃaʊɐ] <-s, -> *m* (METEO: *Regen~*) scroscio *m*; (*Hagel~*) grandinata *f*

Schauergeschichte *f* (*Gruselgeschichte*) storia *f* raccapricciante; (*fam: Lügenmärchen*) racconto *m* truculento

schauerlich *adj* ❶ (*Anblick, Tat*) orribile ❷ (*fam: sehr schlecht*) orrendo

Schauermann ['ʃaʊɐman] *m*, *pl:* 'ʃaʊɐlɔɪtə] <-(e)s, Schauerleute> *m* (NAUT) portuale *m*

Schaufel ['ʃaʊfəl] <-, -n> *f* pala *f*

schaufeln I. *vt* (*Loch*) scavare **II.** *vi* spalare

Schaufenster *n* vetrina *f*; **Schaufensterbummel** *m* **einen ~ machen** fare un giro per vedere le vetrine; **Schaufensterpuppe** *f* manichino *m*

Schaukasten *m* teca *f*

Schaukel ['ʃaʊkəl] <-, -n> *f* altalena *f*

schaukeln I. *vi* ❶ (*mit Schaukel*) andare in altalena; (*mit Stuhl*) dondolarsi ❷ (*Boot*) ballare; (*Fahrzeug*) oscillare **II.** *vt* (*Kind auf den Knien*) dondolare; (*wiegen*) cullare

Schaukelpferd *n* cavallo *m* a dondolo; **Schaukelstuhl** *m* sedia *f* a dondolo

schaulustig *adj* curioso

Schaum [ʃaʊm] <-(e)s, Schäume> *m* schiuma *f*; (*Bier~*) spuma *f*; **Schaumbad** *n* bagnoschiuma *m*

schäumen ['ʃɔɪmən] *vi* schiumare, far schiuma; (*Meer, Sekt*) spumeggiare; **vor Wut ~** schiumare di rabbia

Schaumgummi *m o n* gomma *f* piuma

schaumig *adj* schiumoso, spumoso; **etw ~ schlagen** (GASTR) montare a neve qc

S

Schaumkrone f (*Bier*) cresta f schiumosa; **Schaumschläger** m (*fig, pej: Prahler*) spaccone m fam; **Schaumstoff** m espanso m; **Schaumwein** m spumante m

Schauplatz m luogo m della rappresentazione

Schauprozess^RR m processo m clamoroso [o sensazionale]

schaurig ['ʃaʊrɪç] adj ❶ (*unheimlich*) orrendo ❷ (*fig fam: schlimm*) terribile

Schauspiel n (*a fig*) spettacolo m; (*als Literaturgattung*) dramma m

Schauspieler(in) m(f) (THEAT, FILM, TV) attore, -trice m, f; (*fig*) commediante mf

Schauspielerei kein Pl f (*Schauspielen*) teatro m; (*fig: Vorstellung*) commedia f

schauspielerisch adj teatrale, scenico, artistico

schauspielern vi (*Theater spielen*) recitare in teatro; (*fig*) fare l'attore, recitare

Schauspielhaus n teatro m (di prosa); **Schauspielkunst** f arte f drammatica; **Schauspielschule** f scuola f di arte drammatica

Schausteller(in) <-s, -; -, -nen> m(f) proprietario, -a m, f di un baraccone

Schautafel f tabellone m

Scheck [ʃɛk] <-s, -s> m assegno m; **ein ~ über 50 Euro** un assegno di 50 euro; **einen ~ ausstellen** emettere un assegno; **einen ~ einlösen** incassare un assegno; **ungedeckter ~** assegno senza copertura; **Scheckbuch** n, **Scheckheft** n libretto m degli assegni

scheckig ['ʃɛkɪç] adj pezzato, chiazzato

Scheckkarte f carta f assegni

scheel [ʃeːl] I. adj (*neidisch*) invidioso; (*abschätzig*) storto, bieco II. adv ~ **ansehen** guardare di sbieco

Scheffel ['ʃɛfəl] <-s, -> m (*alte Maßeinheit*) staio m; **in ~n** a palate; **sein Licht unter den ~ stellen** mettere la fiaccola sotto il moggio

scheffeln vt (*Geld*) ammassare

Scheibe ['ʃaɪbə] <-, -n> f ❶ disco m ❷ (TEC: *Unterleg~*) rondella f; (*Töpfer~*) tornio m ❸ (SPORT, MIL: *Schieß~*) bersaglio m ❹ (*Fenster~*) vetro m ❺ (*Brot~*) fetta f; **in ~n schneiden** affettare; **Scheibenbremse** f (MOT) freno m a disco; **Scheibengardine** f tendina f per finestra; **Scheibenschießen** n (SPORT, MIL) tiro m al bersaglio; **Scheibenwaschanlage** f lavavetro m; **Scheibenwischer** <-s, -> m tergicristallo m

Scheich [ʃaɪç] <-s, -e o -s> m sceicco m

Scheide ['ʃaɪdə] <-, -n> f ❶ (ANAT) vagina f

❷ (*von Waffe*) fodero m, guaina f

scheiden ['ʃaɪdən] <scheidet, schied, geschieden> I. vt haben (*trennen*) dividere; (CHEM) separare; (*Ehe*) sciogliere; **sich (von jdm) ~ lassen** divorziare (da qu) II. vi sein (*auseinander gehen*) separarsi; **aus dem Amt ~** dare le dimissioni

Scheidewasser n (CHEM) acqua f forte

Scheideweg m bivio m

Scheidung <-, -en> f divorzio m; **die ~ einreichen** chiedere il divorzio; **in ~ leben** stare per divorziare; **Scheidungsgrund** m motivo m di divorzio; **Scheidungsklage** f domanda f di divorzio; **Scheidungsprozess**^RR m causa f di divorzio

Schein [ʃaɪn] <-(e)s, -e> m ❶ (*Bescheinigung*) attestato m, certificato m; (*Erlaubnis~*) permesso m; (*Empfangs~*) ricevuta f; (*Gepäck~*) scontrino m bagagli; (*Zins~*) cedola f, tagliando m ❷ (*Fahr~*) biglietto m ❸ (*Geld~*) banconota f ❹ (*an Universität*) certificato di fine corso ❺ kein Pl (*Licht~*) luce f, chiarore m ❻ (*An~*) apparenza f; (*Aussehen*) aspetto m; **den ~ wahren** salvare le apparenze; (**nur**) **zum ~** solo per finta, per la forma; **der ~ trügt** l'apparenza inganna

Schein- (*in Zusammensetzungen*) finto, apparente

scheinbar adj (*anscheinend*) apparente; (*vorgeblich*) finto, simulato

scheinen ['ʃaɪnən] <scheint, schien, geschienen> vi ❶ (*Sonne*) splendere; (*glänzen*) brillare ❷ (*den Anschein haben*) sembrare, parere; **wie mir scheint** a quanto sembra; **es scheint, dass ...** sembra che +conj

Scheinfirma f (COM, JUR) ditta f simulata

scheinheilig adj ipocrita

Scheinschwangerschaft f (MED) gravidanza f apparente

Scheinselbstständigkeit f libera professione f apparente

Scheintod m (MED) morte f apparente; **scheintot** adj morto in apparenza

Scheinwerfer <-s, -> m (*zum Beleuchten*) riflettore m, faro m; (THEAT, FILM) proiettore m; (*Such~*, AUTO) faro m; **Scheinwerferlicht** n luce f dei proiettori

Scheiß- ['ʃaɪs] (*in Zusammensetzungen, vulg*) di merda

Scheiße ['ʃaɪsə] <-> kein Pl f (*vulg*) merda f; **verdammte ~!** merda!; **in der ~ sitzen/stecken** sedere/stare nella merda; **~ bauen** fare stronzate

scheißegal adj (*fam*) **das ist mir ~** non me ne frega niente, me ne frego

scheißen <scheißt, schiss, geschissen> *vi* (*vulg*) cacare; **auf etw** *acc* ~ fregarsene di qc

scheißfreundlich *adj* (*sl*) untuoso

Scheißhaus *n* (*vulg*) cesso *m*

Scheißkerl *m* (*vulg*) stronzo *m*

Scheit [ʃaɪt] <-(e)s, -e *o* südd, A, CH -er> *n* ceppo *m*, ciocco *m*

Scheitel ['ʃaɪtəl] <-s, -> *m* ❶ (*im Haar*) riga *f*, scriminatura *f*; **vom ~ bis zur Sohle** da capo a piedi; (*fig*) da cima a fondo ❷ (*höchster Punkt*) cima *f*, sommità *f* ❸ (ASTR) zenit *m* ❹ (MAT) vertice *m*; **scheiteln** *vt* **das Haar ~** fare la riga; **Scheitelpunkt** *m* punto *m* culminante; (*a fig*) culmine *m*; (ASTR) zenit *m*

Scheiterhaufen ['ʃaɪtəhaʊfən] *m* rogo *m*

scheitern ['ʃaɪtən] *vi sein* fallire; **an etw** *dat* ~ fallire per qc; (*Regierung*) cadere a causa di qc; **an einer Mannschaft ~** (SPORT) perdere contro una squadra; **zum Scheitern bringen** far naufragare; **zum Scheitern verurteilt** destinato a fallire

Schellack ['ʃɛlak] *m* gommalacca *f*

Schelle ['ʃɛlə] <-, -n> *f* ❶ (*Türklingel*) campanello *m* ❷ (TEC) fascetta *f*

schellen *vi* suonare

Schellenbaum *m* (MUS) cappello *m* cinese [*o* turco]

Schellfisch ['ʃɛlfɪʃ] *m* (ZOO) eglefino *m*

Schelm [ʃɛlm] <-(e)s, -e> *m* birbante *mf*, briccone *m*; **schelmisch** *adj* burlone, scherzoso

Schelte ['ʃɛltə] <-, -n> *f* (*geh*) rimprovero *m*, sgridata *f*

schelten <schilt, schalt, gescholten> *vt*, *vi* rimproverare, sgridare

Schema ['ʃeːma] <-s, -s *o* Schemata *o* Schemen> *n* schema *m*, piano *m*; **nach ~ F** (*pej*) come al solito

schematisch [ʃeˈmaːtɪʃ] *adj* (*a pej*) schematico

Schemel ['ʃeːməl] <-s, -> *m* ❶ (*Hocker*) sgabello *m* ❷ (*südd*) poggiapiedi *m*

Schemen *pl von* **Schema**

schemenhaft *adj* indistinto

Schenke ['ʃɛŋkə] <-, -n> *f* osteria *f*, mescita *f*

Schenkel ['ʃɛŋkəl] <-s, -> *m* ❶ (ANAT) coscia *f*; (*Ober-*) femore *m*; (*Unter-*) gamba *f* ❷ (*von Zirkel*) asta *f*; (MAT: *von Winkel*) lato *m* ❸ (*Schere, Zange*) branca *f*

schenken ['ʃɛŋkən] I. *vt* ❶ (*Geschenk*) (**jdm**) **etw ~** regalare qc (a qu); **etw geschenkt bekommen** ricevere qc in regalo; **das ist geschenkt** (*fam: ist einfach*) è semplice; (*wertlos*) dimenticalo! ❷ (*erlassen*) condonare ❸ (*fig: Freiheit,*

Vertrauen) dare; (*Aufmerksamkeit*) prestare II. *vr* **sich** *dat* **etw ~** regalarsi qc; (*darauf verzichten*) risparmiarsi qc, rinunciare a qc III. *vi* regalare, fare regali

Schenkung <-, -en> *f* donazione *f*

scheppern ['ʃɛpɛn] *vi* (*fam*) scontrarsi, incocciarsi

Scherbe ['ʃɛrbə] <-, -n> *f* coccio *m*, pezzo *m*; **in ~n gehen** andare in frantumi; **~n bringen Glück** (*prov*) cocci di bottiglia, fortuna che ti piglia; **Scherbenhaufen** <-s, -> *m* **vor einem ~ stehen** trovarsi davanti a un mucchio di cocci

Schere ['ʃeːrə] <-, -n> *f* ❶ (*Werkzeug*) (paio *m* di) forbici *fpl*; (*Blech-*) cesoia *f* (per lamiera) ❷ (ZOO: *Krebs-*) chela *f*, pinza *f* ❸ (SPORT) sforbiciata *f*; (*Ringen*) forbice *f*

scheren[1] ['ʃeːrən] <schert, schor, geschoren> *vt* (*Tier*) tosare; (*Mensch*) tagliare i capelli; (*Haar*) tagliare; (*Bart*) radere; (*Hecke, Pflanze*) potare

scheren[2] I. *vt* (*fam*) **was schert mich das!** che m'importa! II. *vr* **sich um jdn/ etw nicht ~** non curarsi di qu/qc; **scher dich zum Teufel!** va al diavolo!; **scher dich um deinen Kram!** fatti gli affari tuoi!

Scherenschleifer(in) <-s, -; -, -nen> *m(f)* arrotino, -a *m, f*

Scherenschnitt *m* silueta *f*

Scherereien [ʃeːrəˈraɪən] *fpl* seccature *fpl*, noie *fpl*; **jdm ~ machen** procurare noie a qu

Scherz [ʃɛrts] <-es, -e> *m* (*Unfug*) scherzo *m*; (*Witz*) spiritosaggine *f*; **schlechter ~** scherzo di cattivo gusto; **im ~** per scherzo; **~ beiseite!** bando agli scherzi!; **Scherzartikel** *m* articolo *m* per Carnevale

Scherzel <-s, -> *n* (*A: Anschnitt*) prima fetta *f*

scherzen *vi* scherzare

Scherzfrage <-, -n> *f* indovinello *m* scherzoso

scherzhaft *adj* scherzoso; (*Gedicht*) burlesco

scheu [ʃɔɪ] *adj* (*schüchtern*) timido; (*menschen-*) schivo; (*Tier*) pauroso; (*Pferd*) ombroso; **~ werden** adombrarsi; **Scheu** <-> *kein Pl f* timidezza *f*

scheuchen ['ʃɔɪçən] *vt* scacciare

scheuen ['ʃɔɪən] I. *vt* (*Kosten*) badare a; (*Arbeit*) aver paura di; (*Mühe*) scansare; (*Auseinandersetzung*) evitare; (*Menschen, Licht*) (s)fuggire; **weder Kosten noch Mühe ~** non risparmiare né spese né fatica II. *vr* **sich vor etw** *dat* **~** (*Angst haben*) avere paura di qc, temere qc;

(*zurückschrecken*) rifuggire qc **III.** *vi* (*Pferd*) adombrarsi

Scheuer ['ʃɔɪɐ] <-, -n> *f* granaio *m*

Scheuerbürste *f* bruschino *m;* **Scheuerlappen** *m* strofinaccio *m;* **Scheuerleiste** *f* ❶ (*Fußleiste*) battiscopa *m* ❷ (NAUT) parabordo *m* con rinforzo

scheuern ['ʃɔɪɐn] **I.** *vt* (*reinigen*) pulire strofinando; (*Schuh*) sfregare; **jdm eine ~** (*fam*) mollare un ceffone a qu **II.** *vr* **sich** (**an etw** *dat*) **~** sfregarsi (contro qc)

Scheuklappe *f meist pl* (*a fig*) paraocchi *mpl*

Scheune ['ʃɔɪnə] <-, -n> *f* granaio *m*

Scheusal ['ʃɔɪzaːl] <-s, -e> *n* mostro *m*

scheußlich ['ʃɔɪslɪç] *adj* ❶ (*Anblick*) orribile, orrendo; (*Verbrechen*) atroce ❷ (*fam: unangenehm*) terribile, spaventoso; **Scheußlichkeit** <-, -en> *f* atrocità *f*, orrore *m*

Schi *m s.* **Ski**

Schicht [ʃɪçt] <-, -en> *f* ❶ (GEOL, SOC) strato *m;* (*dünner Belag*) strato *m* sottile, film *m;* (*Farb~*) mano *f* ❷ (*Arbeits~*) turno *m* di lavoro; (*die Arbeiter*) squadra *f;* **~ arbeiten** fare i turni; **Schichtarbeit** *f* lavoro *m* a turni

schichten ['ʃɪçtən] **I.** *vt* disporre a strati; (*Holz*) accatastare **II.** *vr* **sich ~** stratificarsi

Schichtwechsel *m* cambio *m* di turno; **schichtweise** *adv* ❶ (*Schicht für Schicht*) a strati ❷ (*Gruppe für Gruppe*) a turni

schick [ʃɪk] *adj* ❶ (*elegant*) chic, elegante ❷ (*fam: großartig*) magnifico; **Schick** <-(e)s> *kein Pl m* chic *m*, eleganza *f*

schicken ['ʃɪkən] **I.** *vt* (*senden*) mandare; (*versenden*) spedire; (*holen lassen*) mandare a chiamare; **jdn einkaufen ~** mandare qu a far la spesa **II.** *vr* **sich ~** (*sich geziemen*) addirsi; **das schickt sich nicht** questo non si fa; **sich in etw** *acc* **~** (*fügen*) rassegnarsi a qc

Schickeria [ʃɪkəˈriːa] <-> *kein Pl f* (*iron*) jet-set *m*

Schickimicki [ʃɪkiˈmɪki] <-s, -s> *m* (*fam*) trendy *mf*, chic *mf*

schicklich *adj* (*anständig*) decente; (*angemessen*) adeguato, appropriato

Schicksal ['ʃɪkzaːl] <-s, -e> *n* destino *m*, fato *m;* (*persönliches Geschick*) sorte *f;* **jdn seinem ~ überlassen** abbandonare qu al proprio destino; **schicksalhaft** *adj* fatale, fatidico; **Schicksalsschlag** *m* rovescio *m* di fortuna, colpo *m* del destino

schiebbar *adj* **ineinander ~** telescopico

Schiebedach *n* tetto *m* scorrevole; (MOT) tetto *m* apribile; **Schiebefenster** *n* fine-

stra *f* scorrevole

schieben ['ʃiːbən] <schiebt, schob, geschoben> **I.** *vt* ❶ (*fortbewegen*) spingere; **die Schuld für etw auf jdn ~** (*fig*) addossare la colpa di qc a qu; **etw in den Mund ~** mettere qc in bocca ❷ (*fam pej: handeln mit*) trafficare **II.** *vi* ❶ (*bewegen*) spingere ❷ (*fam*) **mit etw ~** fare traffici con qc

Schieber <-s, -> *m* ❶ (TEC) cursore *m;* (*Wasserbau*) saracinesca *f;* (*Riegel*) chiavistello *m*, paletto *m* ❷ (*fam pej: Schwarzhändler*) borsanerista *m;* (*Drogen~*) spacciatore *m* di droga

Schiebetür *f* porta *f* scorrevole

Schieblehre *f* (TEC) calibro *m* a corsoio

Schiebung <-, -en> *f* ❶ (*Geschäfte*) affare *m* illecito ❷ (*Begünstigung*) favoreggiamento *m;* (SPORT) scorrettezza *f* (nel gioco)

schiech [ʃiax] *adj* (A: *hässlich*) orribile

schied [ʃiːt] *1. u 3. pers sing imp von* **scheiden**

Schiedsgericht ['ʃiːtsɡərɪçt] *n* (JUR) tribunale *m* arbitrale; **schiedsgerichtlich** *adj* arbitrale; **Schiedsrichter(in)** *m(f)* (JUR) giudice *mf* arbitrale; (SPORT) arbitro, -a *m*, *f;* **Schiedsspruch** *m* (JUR) arbitrato *m*, sentenza *f* arbitrale

schief [ʃiːf] *adj* (*Linie, Mund, Blick, Ansicht*) storto; (*schräg*) obliquo; (*geneigt*) inclinato; (*Turm*) pendente; (*fig: falsch*) falso, sbagliato; **~ ansehen** guardare di traverso; **das Bild hängt ~** il quadro è appeso storto; **auf die ~e Bahn geraten** (*fig*) finire sulla cattiva strada

Schiefer ['ʃiːfɐ] <-s, -> *m* ❶ (*Gestein*) scisto *m;* (*Ton~*) ardesia *f* ❷ (A: *Holzsplitter*) scheggia *f* di legno; **Schiefertafel** *f* lavagna *f*

schief|gehenALT *vi s.* **gehen I.3.**

schief|lachen *vr* **sich ~** (*fam*) crepare dalle risate

schief|laufen <läuft schief, lief schief, schiefgelaufen> *vi sein* (*fam*) andare storto [*o* male], fallire, non riuscire; **heute läuft aber auch alles schief!** oggi va tutto storto!

schief|treten <tritt schief, trat schief, schiefgetreten> *vt* (*Schuhabsatz*) consumare

schielen ['ʃiːlən] *vi* essere strabico; **nach etw ~** (*fam*) sbirciare qc; **Schielen** <-s> *kein Pl n* strabismo *m;* **schielend** *adj* strabico, guercio

schien [ʃiːn] *1. u 3. pers sing imp von* **scheinen**

Schienbein *n* tibia *f*

Schiene ['ʃiːnə] <-, -n> f ❶ (MED) stecca f ❷ (Lauf~) guida f ❸ (FERR) rotaia f ❹ (TEC) barra f

schienen vt steccare

Schienenbus m elettromotrice f; **Schienenfahrzeug** n veicolo m su rotaia; **Schienennetz** n rete f ferroviaria; **Schienenstrang** m (tronco m di) rotaie fpl; **Schienenverkehr** m traffico m ferroviario; **Schienenweg** m strada f ferrata; **auf dem** ~ per ferrovia

schier [ʃiːɐ̯] I. adj (Fleisch) magro; (fig: Hohn, Bosheit) puro, mero II. adv (beinahe) quasi

Schierling ['ʃiːɐlɪŋ] <-s> kein Pl m cicuta f

Schießbefehl m ordine m di far fuoco

Schießbude f baraccone m del tiro a segno; **Schießbudenfigur** f (fig) figura f da baraccone

schießen ['ʃiːsən] <schießt, schoss, geschossen> I. vt (Geschoss) sparare; (Ball, Pfeil) tirare; (Rakete) lanciare; (ab-: Wild) uccidere, abbattere; **ein Foto** ~ (fam) fare una foto; **ein Tor** ~ segnare una rete, fare un gol; **jdn ins Bein** ~ sparare qu alla gamba; **jdn am Krüppel** ~ storpiare qu con una fucilata II. vi ❶ haben (Schütze) sparare, tirare; (Fußballer) tirare, mandare; **auf jdn** ~ far fuoco su qu, sparare a qu; **daneben** ~ mancare il bersaglio ❷ sein (schnell wachsen) crescere rapidamente ❸ sein (sich schnell bewegen) sfrecciare, passare veloce; **der Gedanke schoss mir durch den Kopf** il pensiero mi passò per la testa; **zum Schießen sein** (fam: lustig) essere uno spasso

Schießerei [ʃiːsəˈraɪ] <-, -en> f sparatoria f

Schießhund m segugio m, bracco m; **wie ein** ~ **aufpassen** (fam) stare all'erta

Schießplatz m poligono m (di tiro); **Schießpulver** n polvere f da sparo; **Schießscharte** f feritoia f; **Schießstand** m poligono m (di tiro)

Schiff [ʃɪf] <-(e)s, -e> n ❶ (NAUT) nave f, bastimento m; **mit dem** ~ **fahren** andare con la nave ❷ (ARCH: Kirchen~) navata f

Schiffahrt^ALT f s. **Schifffahrt**

schiffbar adj navigabile; **Schiffbau** m costruzioni mpl navali, navalmeccanica f; **Schiffbruch** m (a fig) naufragio m; ~ **erleiden** (a fig) naufragare; **schiffbrüchig** adj naufragato; **Schiffbrüchige** <ein -r, -n, -n> mf naufrago, -a m, f

Schiffchen ['ʃɪfçən] <-s, -> n ❶ (TEC: von Nähmaschine) navetta f; (beim Weben) navetta f (del telaio) ❷ (Spielzeug) barchetta f

schiffen I. vi (fam: urinieren) orinare, pis-

ciare II. vunpers (fam: heftig regnen) piovere a dirotto

Schiffer(in) <-s, -; -, -nen> m(f) battelliere, -a m, f; **Schifferklavier** n (fam) fisarmonica f

Schifffahrt^RR f navigazione f; **Schifffahrtslinie**^RR f (Route) linea f marittima [o di navigazione]; (Unternehmen) compagnia f marittima, società f di navigazione; **Schifffahrtsweg**^RR m rotta f navale

Schiffsarzt m, **Schiffsärztin** f medico, -a m, f di bordo

Schiffschaukel f altalena f

Schiffsjunge m mozzo m; **Schiffskoch** m cuoco m di bordo; **Schiffsladung** f carico m della nave; **Schiffspapiere** npl documenti mpl di bordo; **Schiffsrumpf** m scafo m; **Schiffsschraube** f elica f della nave; **Schiffsverkehr** m (auf See) traffico m marittimo; (auf Flüssen) traffico m fluviale; **Schiffszwieback** m galletta f

Schiit(in) [ʃiˈiːt] <-en, -en; -, -nen> m(f) sciita mf

schiitisch adj sciita

Schikane [ʃiˈkaːnə] <-, -n> f ❶ (Erschwerung) angheria f, vessazione f ❷ (SPORT) chicane f; **mit allen** ~n (fam) con tutti i comfort, con tutto il necessario

schikanieren [ʃikaˈniːrən] <ohne ge-> vt vessare, tormentare

schikanös [ʃikaˈnøːs] adj (Mensch) pignolo, cavilloso; (Behandlung) vessatorio; (Regelung) fiscale; **jdn** ~ **behandeln** vessare qu

Schikoree^RR [ʃikoˈreː o ˈʃɪkoreː] <-s> kein Pl mf s. **Chicorée**

Schilcher <-s, -> m (A) vino rosso chiaro della Stiria

Schild^1 [ʃɪlt] <-(e)s, -er> n (Zeichen, Aushänge~) insegna f; (Hinweis~) segnale m d'indicazione; (Nummern~, Tür~) targa f; (Etikett) etichetta f; (Preis~) cartellino m del prezzo

Schild^2 [ʃɪlt] <-(e)s, -e> m ❶ (fig HIST, MIL) scudo m; (Wappen~) stemma m; **etw im** ~e **führen** tramare qc ❷ (ZOO) scudo m; (von Schildkröte) guscio m

Schildbürgerstreich m (pej) tiro m da sempliciotto

Schilddrüse f (ghiandola f) tiroide f

schildern ['ʃɪldɐn] vt (erzählen) descrivere; (umreißen) schizzare

Schilderung <-, -en> f descrizione f; (literarische ~) narrazione f, racconto m

Schildkröte f tartaruga f; **Schildkrötensuppe** <-, -n> f zuppa f di tartaruga

Schildpatt ['ʃɪltpat] <-(e)s> kein Pl n

S

(placca *f* cornea della) tartaruga *f*

Schilf [ʃɪlf] <-(e)s, -e> *n* (~*pflanze*) canna *f* palustre; (~*fläche*) canneto *m*

schillern [ˈʃɪlɐn] *vi* avere riflessi, cambiare colore; **schillernd** *adj* iridescente, cangiante; (*fig*) ambiguo

Schilling [ˈʃɪlɪŋ] <-s, - *o* -e> *m* scellino *m*

schilt [ʃɪlt] *3. pers sing pr von* **schelten**

Schimäre [ʃiˈmɛːrə] <-, -n> *f* chimera *f*

Schimmel¹ [ˈʃɪməl] <-s> *kein Pl m* (BOT) muffa *f*

Schimmel² <-s, -> *m* (ZOO) cavallo *m* bianco

schimmelig *adj* ammuffito; ~ **riechen** sapere di muffa

schimmeln *vi sein o haben* ammuffire

Schimmelpilz *m* (BOT) aspergillo *m*, ficomicete *m*

Schimmer [ˈʃɪmɐ] <-s> *kein Pl m* (*schwaches Licht*) lume *m*, chiarore *m*; (*von Haar, Perlen, Seide*) splendore *m*; (*von Metall*) splendore *m*, scintillio *m*; **keinen** (**blassen**) ~ **von etw haben** (*fam*) non avere la più pallida idea di qc

schimmern *vi* (*Licht, Kerze*) rilucere; (*Mond, Haare, Perle, Seide, Metall*) splendere

schimmlig *adj s.* **schimmelig**

Schimpanse [ʃɪmˈpanzə] <-n, -n> *m* scimpanzé *m*

Schimpf [ʃɪmpf] <-(e)s> *kein Pl m* (*Schande*) vergogna *f*; (*Schmach*) infamia *f*, ignominia *f*; (*Beleidigung*) offesa *f*; (*Affront*) oltraggio *m*; **mit ~ und Schande** ignominiosamente

schimpfen [ˈʃɪmpfən] *vi* (*ärgerlich sein*) imprecare; (*fluchen*) bestemmiare; (*Vögel*) garrire; (*Affen*) strillare; (*schelten*) sgridare, rimbrottare; **auf** [*o* **über**] **jdn/etw ~** imprecare contro qu/qc; (*sich beklagen*) lamentarsi per qu/qc; **mit jdm ~** sgridare qu

schimpflich *adj* (*Behandlung*) oltraggioso; (*Handlung*) disonorante, infamante; (*stärker*) ignominioso

Schimpfname *m* nomignolo *m* [*o* epiteto *m*] ingiurioso

Schimpfwort *n* insulto *m*, bestemmia *f*

Schindel [ˈʃɪndəl] <-, -n> *f* (*Holzbrett*) scandola *f*

schinden [ˈʃɪndən] <schindet, schund, geschunden> I. *vt* ❶ (*abhetzen*) vessare, tormentare; (*Tier*) scuoiare ❷ (*fam: Zigarette*) scroccare; **Eindruck ~** (*fam*) cercare di far colpo; **Zeit ~** (*fam*) tirare qc per le lunghe II. *vr* **sich ~** (*sich abmühen*) affaticarsi, arrabattarsi *fam*

Schinder <-s, -> *m* ❶ (*fig, pej: Quäler*)

aguzzino *m*, vessatore *m* ❷ (*obs: Abdecker*) scorticatore *m*

Schinderei [ʃɪndəˈraɪ] <-, -en> *f* (*Plackerei*) angheria *f*, vessazione *f*; (*Qual*) strapazzo *m*

Schindluder *n* **mit jdm/etw ~ treiben** (*fam*) maltrattare qu/qc

Schinken [ˈʃɪŋkən] <-s, -> *m* ❶ (GASTR) prosciutto *m* ❷ (*fam pej: Gemälde*) crosta *f*, imbratto *m*; (*Buch, Film*) mattone *m*, polpettone *m*; **Schinkenspeck** *kein Pl m* pancetta *f* affumicata; **Schinkenwurst** *f* salsiccia *f* di prosciutto

Schippe [ˈʃɪpə] <-, -n> *f* (*Schaufel*) pala *f*; (*nordd*) paletta *f*; **jdn auf die ~ nehmen** (*fam*) prendere in giro qu

schippen [ˈʃɪpən] *vi, vt* (*nordd: dial*) spalare, gettare con la pala; **Erde/Kies in etw** *acc* ~ spalare terra/ghiaia in qc

Schirm [ʃɪrm] <-(e)s, -e> *m* ❶ (*Regen~*) ombrello *m*; (*Sonnen~*) parasole *m*; (*von Pilz*) cappella *f* ❷ (*Wand~*) paravento *m*; (*Ofen~*) parafuoco *m*; (*Lampen~*) paralume *m*; (*Mützen~*) visiera *f* ❸ (*Bild~, Röntgen~*) schermo *m*; **Schirmbildaufnahme** *f* radiografia *f*; **Schirmherr(in)** *m(f)* protettore, -trice *m, f*, patrono, -a *m, f*, patrocinatore, -trice *m, f*; **Schirmherrschaft** *f* patronato *m*; **unter jds ~ stehen** essere sotto il patronato di qu; **Schirmmütze** *f* berretto *m* con visiera; **Schirmständer** *m* portaombrelli *m*

schiss^{RR} [ʃɪs] *1. u 3. pers sing imp von* **scheißen**

Schiss^{RR} [ʃɪs] <-es> *kein Pl m* (*sl: Angst*) fifa *f fam*; ~ **haben** farsela addosso *fam*

schizophren [ʃitsoˈfreːn] *adj* schizofrenico

Schizophrenie [ʃitsofreˈniː] <-> *kein Pl f* schizofrenia *f*

schlabberig [ˈʃlabərɪç] *adj* (*fam*) ❶ (*wässrig*) acquoso, lungo ❷ (*schmiegsam*) flessuoso, flessibile

schlabbern [ˈʃlabɐn] I. *vi* (*fam*) ❶ (*pej: kleckern*) sbrodolarsi, macchiarsi ❷ (*Kleidung*) ciondolare, sbrindellare II. *vt* (*fam: auflecken*) leccare

Schlacht [ʃlaxt] <-, -en> *f* (*a fig*) battaglia *f*

schlachten [ˈʃlaxtən] *vt* macellare

Schlachtenbummler(in) <-s, -; -, -nen> *m(f)* tifoso-*a m* che segue la propria squadra nelle trasferte

Schlachter(in) <-s, -; -, -nen> *m(f)* (*nordd*) macellaio, -a *m, f*

Schlächter [ˈʃlɛçtɐ] <-s, -> *m* (*nordd*) macellatore *m*

Schlachterei [ʃlaxtəˈraɪ] <-, -en> *f*

(*nordd*) macelleria *f*
Schlachtfeld *n* campo *m* di battaglia;
Schlachthof *m* macello *m*, mattatoio *m;*
Schlachtplan *m* piano *m* di battaglia;
Schlachtruf *m* grido *m* di battaglia;
Schlachtschiff *n* nave *f* da battaglia, corazzata *f*
Schlachtung <-, -en> *f* macellazione *f*
Schlachtvieh *n* bestiame *m* da macello
Schlacke ['ʃlakə] <-, -n> *f* scoria *f*
Schlaf [ʃlaːf] <-(e)s> *kein Pl m* sonno *m;* **einen festen/leichten/tiefen ~ haben** avere il sonno pesante/leggero/profondo; **den ~ des Gerechten schlafen** dormire il sonno del giusto; **jdn aus dem ~ reißen** strappare qu dal sonno; **im ~** nel sonno; **etw im ~ können** sapere qc a menadito; **Schlafanzug** *m* pigiama *m*
Schläfchen ['ʃlɛːfçən] <-s, -> *n* **ein ~ machen** (*fam*) schiacciare un pisolino
Schlafcouch *f* divano-letto *m*
Schläfe ['ʃlɛːfə] <-, -n> *f* tempia *f*
schlafen ['ʃlaːfən] <schläft, schlief, geschlafen> *vi* (*a fig*) dormire; **gut/ schlecht ~** dormire bene/male; **~ gehen** andare a dormire; **mit jdm ~** andare a letto con qu; **darüber will ich noch ~** voglio ancora dormirci sopra; **~ Sie gut!** buonanotte!
Schläfenbein *n* (ANAT) osso *m* temporale
schlafend *adj* che dorme; **sich ~ stellen** far finta di dormire
Schlafengehen <-s> *kein Pl n* **vor dem ~** prima di coricarsi
Schlafentzug *m* mancanza *f* di sonno
Schläfer(in) ['ʃlɛːfər] <-s, -; -, -nen> *m(f)* dormiente *mf*
schlaff [ʃlaf] *adj* (*Seil*) lento, allentato; (*Haut*) flaccido, floscio; (*Disziplin*) rilassato; (*fig: kraftlos*) fiacco, molle; **~ werden** allentarsi; (*fig*) rilassarsi; **Schlaffheit** <-> *kein Pl f* (*von Seil*) allentamento *m;* (*von Muskeln, Haut*) flaccidità *f;* (*Kraftlosigkeit*) debolezza *f*
Schlafgelegenheit *f* posto *m* letto
Schlafittchen [ʃlaˈfɪtçən] *n* **jdn am** [*o* **beim**] **~ nehmen** [*o* **kriegen**] (*fam*) prendere qu per il collo, dare una tirata d'orecchi a qu, dare una lavata di capo a qu
Schlafkrankheit *f* malattia *f* del sonno;
Schlaflied *n* ninnananna *f;* **schlaflos** *adj* ❶(*Mensch*) insonne ❷(*Nacht*) insonne, in bianco *fam;* **Schlaflosigkeit** <-> *kein Pl f* insonnia *f;* **Schlafmittel** *n* sonnifero *m;* **Schlafmütze** *f* ❶(*Kopfbedeckung*) berretto *m* da notte ❷(*fig fam: Langschläfer*) dormiglione, -a *m, f*
schläfrig ['ʃlɛːfrɪç] *adj* (*Mensch*) asson-

nato; (*a Tag*) sonnolento; **jdn ~ machen** far venire sonno a qu; **Schläfrigkeit** <-> *kein Pl f* sonnolenza *f*
Schlafrock *m* vestaglia *f;* **Schlafsaal** *m* dormitorio *m;* **Schlafsack** *m* sacco *m* a pelo; **Schlafstadt** *f* città *f* dormitorio; **Schlafstelle** *f* (*Bett*) posto *m* per dormire; (*Nachtquartier*) alloggio *m;* **Schlafstörung** *f* disturbo *m* del sonno; (MED) disgripnia *f*
schläft [ʃlɛːft] *3. pers sing pr von* **schlafen**
Schlaftablette *f* sonnifero *m;* **schlaftrunken** *adj* sonnolento; **Schlafwagen** *m* vagone-letto *m;* **Schlafwagenplatz** <-es, -plätze> *m* posto *m* in vagone [*o* carrozza] letto; **schlafwandeln** *vi sein o haben* essere sonnambulo; **Schlafwandeln** <-s> *kein Pl n* sonnambulismo *m;* **Schlafwandler(in)** <-s, -; -, -nen> *m(f)* sonnambulo, -a *m, f;* **schlafwandlerisch** *adj* **mit ~er Sicherheit** con la sicurezza del sonnambulo; **Schlafzimmer** *n* camera *f* da letto
Schlag¹ [ʃlaːk] <-(e)s, Schläge> *m* ❶(*Hieb, fig*) colpo *m;* (*mit Hand*) pacca *f,* manata *f;* (*heftiger*) botta *f;* **auf einen ~** d'un solo colpo; **jdm einen ~ versetzen** assestare un colpo a qu; **schwerer ~** (*fig*) duro colpo; **ein ~ ins Gesicht** (*fig*) uno schiaffo; **~ auf ~** (*fig*) colpo su colpo, uno dopo l'altro ❷*pl* (*Prügel*) botte *fpl,* busse *fpl fam* ❸(*von Herz*) battito *m;* (*Puls~*) pulsazione *f;* **~ 8 Uhr** alle otto in punto ❹(MED: *~anfall*) colpo *m* apoplettico; **mich soll der ~ treffen, wenn …** mi venisse un accidente se … ❺(*elektrischer ~*) scossa *f* ❻(*Blitz~*) fulmine *m;* (*Donner~*) tuono *m* ❼(*von Singvogel*) canto *m* ❽(*Art*) razza *f,* specie *f,* sorta *f* ❾(*fam: Portion*) porzione *f*
Schlag² [ʃlaːk] <-(e)s> *kein Pl m* (*A: Schlagsahne*) panna *f*
Schlagabtausch *m* (*beim Boxen*) scambio *m* ravvicinato di colpi; (*verbal*) schermaglia *f;* **Schlagader** *f* arteria *f;* **Schlaganfall** *m* colpo *m* apoplettico; **schlagartig** I. *adj* fulmineo II. *adv* di colpo; **Schlagball** *m* (*Ballspiel*) pallacorda *f;* (*Ball*) palla *f* (nella pallacorda); **Schlagbaum** *m* sbarra *f,* barriera *f;* **Schlagbohrmaschine** *f* trapano *m* elettrico
Schlägel^{RR} ['ʃlɛːgəl] <-s, -> *m* ❶(MUS: *Trommel~*) bacchetta *f,* mazza *f;* (*Glocken~*) martelletto *m* ❷(*Holzhammer*) mazzuolo *m* ❸(*südd, A, CH: Keule*) cosciotto *m;* (*Hähnchen~*) coscia *f* (di pollo)
schlagen ['ʃlaːgən] <schlägt, schlug,

geschlagen> I. vt ❶ battere; (*Eier, Sahne*) (s)battere, montare; **jdm etw aus der Hand** ~ far cadere qc di mano a qu; **etw in Papier** ~ (*einwickeln*) avvolgere qc nella carta, incartare qc; **etw in Stücke** ~ fare a pezzi qc; **einen Nagel in die Wand** ~ piantare un chiodo nel muro; **die Hände vors Gesicht** ~ coprirsi la faccia con le mani ❷ (*besiegen*) vincere, sconfiggere; (*Schlacht*) combattere; (*Rekord*) battere; **sich geschlagen geben** darsi per vinto ❸ (*Baum*) abbattere; (*Holz*) tagliare ❹ (*läuten: Stunde*) battere, suonare; **es hat 12 geschlagen** è scoccato mezzogiorno, sono suonate le dodici ❺ (*Trommel*) battere, suonare; (*Saiteninstrument*) suonare ❻ (*Kreis, Bogen*) fare, tracciare; (*Purzelbaum*) fare; (*Alarm*) suonare; (*Funken*) mandare, sprizzare; **Profit aus etw** ~ trarre profitto da qc II. vi ❶ (*Mensch, Gegenstand, Herz, Puls*) battere; **nach jdm** ~ cercare di colpire qu; (*fig: ähneln*) assomigliare a qu; **um sich** ~ difendersi; (*im Schlaf*) dibattersi; **mit dem Kopf auf** [o **gegen**] **etw** *acc* ~ battere la testa contro qc ❷ (*Uhr*) suonare ❸ (*Blitz*) **in etw** *acc* ~ abbattersi su qc ❹ (*singen: Vogel*) cantare III. vr **sich** ~ (*sich prügeln*) battersi, picchiarsi; **sich gut** ~ battersi bene; **sich um etw** ~ (*a fig*) battersi per qc; **sich auf jds Seite** ~ schierarsi dalla parte di qu

schlagend *adj* (*Argumentation*) stringente; (*Beweis*) convincente

Schlager <-s, -> *m* ❶ (MUS) canzone *f* di successo ❷ (*fig fam: Erfolg*) successo *m;* (*Buch*) best seller *m;* (COM) articolo *m* di successo

Schläger ['ʃlɛːgɐ] <-s, -> *m* (*Tennis~*) racchetta *f;* (*Golf~*) mazza *f* (da golf); (*Hockey~*) bastone *m* (da hockey)

Schlägerei [ʃlɛːgəˈraɪ] <-, -en> *f* rissa *f,* baruffa *f fam*

Schlagerfestival *n* festival *m* della canzone

schlägern ['ʃlɛːgɐn] *vi* (*A*) abbattere gli alberi

Schlagersänger(in) *m(f)* cantante *mf* di musica leggera

schlagfertig *adj* pronto; **Schlagfertigkeit** *f* prontezza *f* di parola

Schlaghose *f* pantaloni *mpl* a zampa d'elefante

Schlaginstrument *n* strumento *m* a percussione

Schlagkraft *f* forza *f,* potenza *f;* (*fig: Wirkungskraft*) efficacia *f,* efficienza *f;* (MIL) forza *f* d'urto; **schlagkräftig** *adj* (*Boxer*) forte; (*Armee*) potente; (*Argumente*) con-

vincente; **Schlaglicht** *n* (FOTO, KUNST) effetto *m* di luce; (*fig*) sprazzo *m* di luce; **Schlagloch** *n* buca *f*

Schlagobers <-> *kein Pl n* (*A: Schlagsahne*) panna *f* montata; **Schlagrahm** <-(e)s> *kein Pl m* (*A*) *s.* **Schlagobers**; **Schlagsahne** *f* panna *f;* (**geschlagene**) ~ panna montata

Schlagseite *f* (NAUT) sbandamento *m;* ~ **haben** (*fam scherz*) essere sbronzo

Schlagstock *m* manganello *m;* **Schlagstockeinsatz** *m* uso *m* del manganello

schlägt [ʃlɛːkt] *3. pers sing pr von* **schlagen**

Schlagwerk *n* suoneria *f*

Schlagwort *n* ❶ (*Parole*) motto *m,* slogan *m* ❷ (*Gemeinplatz*) luogo *m* comune ❸ (*Stichwort*) voce *f*

Schlagzeile *f* titolo *m*

Schlagzeug *n* batteria *f;* **Schlagzeuger(in)** <-s, -; -, -nen> *m(f)* batterista *mf;* **Schlagzeugspieler(in)** *m(f)* batterista *mf*

schlaksig ['ʃlaksɪç] *adj* (*fam*) goffo, impacciato

Schlamassel [ʃlaˈmasəl] <-s, -> *m* *o* *n* (*fam: Durcheinander*) confusione *f;* (*schwierige Lage*) pasticcio *m;* **da haben wir den** ~ ora siamo nei guai

Schlamm [ʃlam] <-(e)s, *rar* -e *o* Schlämme> *m* fango *m,* melma *f;* **Schlammbad** *n* bagno *m* di fango; **schlammig** *adj* (*Weg, Schuhe*) fangoso; (*Wasser*) limaccioso; **Schlammschlacht** *f* (*fam*) ❶ (*Fußballspiel*) partita *f* su campo fangoso ❷ (*Streit*) litigio *m* furioso

Schlampe ['ʃlampə] <-, -n> *f* (*fam pej*) sciattona *f*

schlampen ['ʃlampən] *vi* (*fam pej*) essere disordinato [o sciatto]

Schlamperei [ʃlampəˈraɪ] <-, -en> *f* ❶ *sing* (*Verhalten*) sciatteria *f,* trascuratezza *f* ❷ (*schlechte Arbeit*) abborracciatura *f*

schlampig *adj* (*Mensch*) disordinato, sciatto; (*Arbeit*) abborracciato

schlang [ʃlaŋ] *1. u 3. pers sing imp von* **schlingen**

Schlange ['ʃlaŋə] <-, -n> *f* ❶ (*Tier*) serpe *f;* (*a fig*) serpente *m,* biscia *f* ❷ (TEC: *Rohr*) serpentino *m* ❸ (*fig pej: Frau*) vipera *f* ❹ (*Menschen~*) coda *f,* fila *f;* (*Auto~*) fila *f;* ~ **stehen** fare la coda

schlängeln ['ʃlɛŋəln] *vr* **sich** ~ serpeggiare

Schlangenbiss[RR] *m* morso *m* di serpente; **Schlangengift** *n* veleno *m* di serpente; **Schlangenlinie** *f* serpentina *f;*

Schlangenmensch *m* contorsionista *mf*
schlank [ʃlaŋk] *adj* (*Mensch, Gestalt, Figur*) slanciato, snello; (*Taille*) sottile
schlank|essen *vr* sich ~ dimagrire mangiando
Schlankheit <-> *kein Pl f* snellezza *f,* figura *f* slanciata; **Schlankheitskur** *f* cura *f* dimagrante
schlankweg *adv* (*fam: ohne weiteres*) senz'altro; (*ohne zu zögern*) senza esitare
schlapp [ʃlap] *adj* ❶ (*müde*) spossato, esausto ❷ (*fam pej: feige*) vigliacco, indolente ❸ (*schlaff*) floscio
Schlappe [ˈʃlapə] <-, -n> *f* (*fam: Niederlage*) sconfitta *f,* scacco *m;* **eine ~ einstecken** subire uno scacco
Schlapphut *m* cappello *m* floscio
schlapp|machen *vi* (*fam: zusammenbrechen*) crollare, essere cotto; (*aufgeben*) rinunciare
Schlappschwanz *m* (*fam pej*) smidollato *m*
Schlaraffenland [ʃlaˈrafənlant] *n* paese *m* della Cuccagna
schlau [ʃlaʊ] *adj* ❶ (*klug*) scaltro; (*pfiffig*) furbo; (*listig*) astuto ❷ (*iron: dumm*) intelligente ❸ (*fam: bequem*) comodo; **ich werde nicht ~ daraus** non ne vengo a capo
Schlauberger <-s, -> *m* s. **Schlaumeier**
Schlauch [ʃlaʊx] <-(e)s, Schläuche> *m* ❶ (*Garten~*) pompa *f;* (*Feuerwehr*) manichetta *f* antincendio ❷ (*Wein*) otre *m* ❸ (*Fahrrad~*) camera *f* d'aria ❹ (TEC: *Zufuhr~*) tubo *m* flessibile; **Schlauchboot** *n* canotto *m* pneumatico
schlauchen [ˈʃlaʊxən] *vt* (*fam: körperlich*) strapazzare; (*seelisch*) snervare
schlauchlos *adj* (*Reifen*) privi di camera d'aria, tubeless
Schläue [ˈʃlɔɪə] <-> *kein Pl f* furbizia *f,* astuzia *f*
Schlaufe [ˈʃlaʊfə] <-, -n> *f* (*Schleife*) fiocco *m;* (*Aufhänger*) cappio *m;* (*Halte~ in Bus*) sostegno *m*
Schlauheit <-> *kein Pl f* s. **Schläue**
Schlaumeier [ˈʃlaʊmaɪɐ] <-s, -> *m* (*fam*) furbacchione *m,* volpone *m*
Schlawiner [ʃlaˈviːnɐ] <-s, -> *m* (*fam*) furbo *m* matricolato
schlecht [ʃlɛçt] **I.** *adj* ❶ (*nicht gut*) cattivo; **mir ist ~** mi sento male ❷ (*verdorben*) guasto; (*Luft*) viziato; **~ werden** (*verderben*) guastarsi, deteriorarsi ❸ (*gemein*) cattivo, brutto ❹ (*Zeiten*) duro, difficile; (*Ende*) brutto **II.** *adv* male; (*mit Schwierigkeit*) difficilmente, male; **auf jdn/etw ~ zu sprechen sein** non avere una buona

parola per qu/qc; **immer ~er** di male in peggio; **~ und recht** alla meno peggio *fam;* **nicht ~!** mica male! *fam*
schlechterdings [ˈʃlɛçtɐˈdɪŋs] *adv* assolutamente
schlecht|gehen^ALT *vunpers s.* **gehen I.1.**
schlechtgelaunt *adj* di cattivo umore
Schlechtheit <-, -en> *f* ❶ *sing* (*Wesen*) cattiveria *f;* (*von Ware*) cattiva qualità *f* ❷ (*schlechte Tat*) cattiveria *f*
schlechthin [ˈʃlɛçtˈhɪn] *adv* ❶ (*an sich*) per eccellenza, per antonomasia ❷ (*geradezu*) semplicemente ❸ (*absolut*) assolutamente, del tutto
Schlechtigkeit [ˈʃlɛçtɪçkaɪt] <-, -en> *f* ❶ *sing* (*Wesen*) cattiveria *f;* (*von Ware*) cattiva qualità *f* ❷ (*schlechte Tat*) cattiveria *f*
schlecht|machen^ALT *vt s.* **machen I.4.**
Schlechtwettergeld [ʃlɛçtˈvɛtɐgɛlt] *n* (*im Baugewerbe*) indennità *f* di cattivo tempo
schlecken [ˈʃlɛkən] **I.** *vi* (*bes. norddt: Süßigkeiten essen*) mangiare dolciumi **II.** *vi, vt* (*bes. südd: Eis, Milch*) leccare
Schleckermaul *n* (*fam*) ghiottone, -a *m, f*
Schlegel^ALT <-s, -> *m s.* **Schlägel**
Schlehdorn [ˈʃleːdɔrn] <-(e)s, -e> *m* (BOT) prugnolo *m,* spino *m* nero
Schlehe [ˈʃleːə] <-, -n> *f* ❶ (*Frucht*) prugnola *f* ❷ (*Strauch*) prugnolo *m*
schleichen [ˈʃlaɪçən] <schleicht, schlich, geschlichen> **I.** *vi sein* andare striscioni, sgaiattolare; (*fig: Zeit*) passare lentamente **II.** *vr* sich ~ entrare/uscire di soppiatto; **schleichend** *adj* (*Zerfall, Inflation*) strisciante; (*Krankheit, Gift*) lento
Schleichhandel *m* traffico *m* illecito; **Schleichweg** *m* via *f* segreta, sentiero *m* nascosto; **Schleichwerbung** *f* pubblicità *f* occulta
Schleie [ˈʃlaɪə] <-, -n> *f* (ZOO) tinca *f*
Schleier [ˈʃlaɪɐ] <-s, -> *m* ❶ (*a fig*) velo *m;* (*am Hut*) veletta *f;* **den ~ lüften** (*a fig*) sollevare il velo ❷ (FOTO) velo *m;* **Schleiereule** *f* barbagianni *m;* **schleierhaft** *adj* **es ist mir völlig ~, …** (*fam*) mi è assolutamente incomprensibile …
Schleife [ˈʃlaɪfə] <-, -n> *f* ❶ (*Schlinge*) cappio *m,* fiocco *m;* (*Kranz~*) fiocco *m* ❷ (*von Straße*) curva *f* a S; (*von Fluss*) ansa *f* ❸ (AERO) loop *m,* gran volta *f* ❹ (INFORM) loop *m*
schleifen^1 [ˈʃlaɪfən] <schleift, schliff, geschliffen> *vt* (*schärfen*) arrotare, affilare; (*Glas, Diamanten*) molare; (TEC) rettificare
schleifen^2 *vt* ❶ (*auf dem Boden, fam:*

mit~) trascinare ❷ (MIL: *Festungsanlagen*) radere al suolo, smantellare

Schleiflack *m* vernice *f* a pulimento

Schleifstein *m* cote *f*; (*Papierherstellung*) mola *f*

Schleim [ʃlaɪm] <-(e)s, -e> *m* ❶ (*schleimige Substanz*) muco *m*; (*krankhaft*) catarro *m*; (*von Schnecke*) bava *f*; (*von Pflanze*) mucillagine *f* ❷ (GASTR) crema *f*

schleimen *vi* (*fam*) ❶ (*Schleim absondern*) secernere muco, sbavare ❷ (*schmeichelnd reden*) adulare, lusingare

Schleimer(in) [ˈʃlaɪmɐ] <-s, -; -, -nen> *m(f)* (*pej*) adulatore *m*

Schleimhaut *f* (MED) mucosa *f*

schleimig [ˈʃlaɪmɪç] *adj* ❶ (*Flüssigkeit*) vischioso; (*Auswurf, Absonderung*) di muco; (*Pflanze, Tier*) viscido ❷ (*pej: Mensch, Art*) viscido, servile; (*Reden*) mellifluo

schlemmen [ˈʃlɛmən] *vi* banchettare

Schlemmer(in) <-s, -; -, -nen> *m(f)* ghiottone, -a *m, f*

Schlemmerei [ʃlɛməˈraɪ] <-, -en> *f* (*Mahl*) banchetto *m*

schlendern [ˈʃlɛndɐn] *vi sein* bighellonare *fam*

Schlendrian [ˈʃlɛndriaːn] <-(e)s> *kein Pl m* (*fam*) tran-tran *m*; **im alten ~ weitermachen** continuare il solito tran-tran

schlenkern [ˈʃlɛŋkɐn] *vt, vi* ciondolare

Schleppe [ˈʃlɛpə] <-, -n> *f* strascico *m*

schleppen [ˈʃlɛpən] **I.** *vt* ❶ (*hinter sich her~*) trainare ❷ (*tragen*) trascinare **II.** *vr* **sich ~** (*a fig*) trascinarsi; **schleppend** *adj* (*Gang*) strascicato; (*Unterhaltung*) stentato; (*Melodie*) lento; (*Nachfrage*) stentato

Schlepper <-s, -> *m* ❶ (MOT) trattore *m* ❷ (NAUT) rimorchiatore *m* ❸ (*von Flüchtlingen, Asylanten*) mediatore *m* di clandestini

Schleppkahn *m* chiatta *f* rimorchiata; **Schlepplift** *m* sciovia *f*, skilift *m*; **Schleppnetz** *n* rete *f* a strascico; **Schlepptau** *n* cavo *m* da rimorchio; **in jds ~** (*fig*) a rimorchio di qu

Schlesien [ˈʃleːziən] *n* Slesia *f*

Schlesier(in) <-s, -; -, -nen> *m(f)* slesiano, -a *m, f*

schlesisch *adj* slesiano

Schleswig-Holstein [ˈʃleːsvɪçˈhɔlʃtaɪn] *n* Schleswig-Holstein *m*

Schleuder [ˈʃlɔɪdɐ] <-, -n> *f* ❶ (*Waffe*) fionda *f* ❷ (*Zentrifuge*) centrifuga *f* ❸ (AERO) catapulta *f*; **Schleuderball** *m* (SPORT) palla *f* vibrata; **Schleudergefahr** *f* ~! strada sdrucciolevole!

schleudern I. *vt haben* ❶ (*werfen*) scagliare, scaraventare ❷ (TEC: *Wäsche*) centrifugare ❸ (AERO) catapultare **II.** *vi sein o haben* sbandare

Schleuderpreis *m* prezzo *m* di svendita; **Schleudersitz** *m* (AERO) sedile *m* eiettabile

schleunig [ˈʃlɔɪnɪç] *adj* pronto, rapido, sollecito; **schleunigst** *adv* il più presto possibile

Schleuse [ˈʃlɔɪzə] <-, -n> *f* chiusa *f*

schleusen *vt* (*Schiff*) far passare per la chiusa; (*Wasser*) guidare; (*fam: Menschen*) far passare clandestinamente

Schleusenkammer *f* conca *f* di navigazione; **Schleusenwärter(in)** *m(f)* guardiano, -a *m, f* della chiusa

schlich [ʃlɪç] *1. u 3. pers sing imp von* **schleichen**

Schliche [ˈʃlɪçə] *mpl* trucchi *mpl*, astuzie *fpl*; **jdm auf die ~ kommen** scoprire le astuzie di qu

schlicht [ʃlɪçt] *adj* (*einfach*) semplice; (*bescheiden*) modesto; (*nüchtern*) sobrio; **~ und einfach** semplicemente

schlichten [ˈʃlɪçtən] *vt* ❶ (*Streit*) comporre, conciliare ❷ (*glätten*) levigare, lisciare

Schlichter(in) <-s, -; -, -nen> *m(f)* mediatore, -trice *m, f*, conciliatore, -trice *m, f*, arbitro, -a *m, f*

Schlichtheit <-> *kein Pl f* semplicità *f*; (*Bescheidenheit*) modestia *f*; (*Nüchternheit*) sobrietà *f*

Schlichtung <-, -en> *f* composizione *f*, conciliazione *f*; **Schlichtungsverfahren** *n* procedimento *m* di conciliazione

Schlick [ʃlɪk] <-(e)s, -e> *m* limo *m*, melma *f*

schliddern [ˈʃlɪdɐn] *vi* (*nordd*) *s.* **schlittern**

schlief [ʃliːf] *1. u 3. pers sing imp von* **schlafen**

Schliere [ˈʃliːrə] <-, -n> *f* pappa *f*, stria *f*

Schließe [ˈʃliːsə] <-, -n> *f* fibbia *f*, fermaglio *m*

schließen [ˈʃliːsən] <schließt, schloss, geschlossen> **I.** *vt* ❶ (*zumachen*) chiudere; (*Lücke*) colmare ❷ (*beenden*) terminare, finire; (*Sitzung*) togliere ❸ (*Vertrag*) concludere; (*Ehe*) contrarre; (*Frieden*) fare; (*Freundschaft*) fare, stringere; **jdn in die Arme ~** abbracciare qu ❹ (*folgern*) **etw (aus etw) ~** dedurre qc (da qc) **II.** *vi* ❶ (*zugehen*) chiudere, chiudersi ❷ (*Geschäft*) chiudere ❸ (*aufhören*) (**mit jdm/ etw**) **~** chiudere (con qu/qc) ❹ (*Wend*) **von sich** *dat* **auf andere ~** giudicare gli altri secondo il proprio metro; **auf etw** *acc* **~ lassen** far pensare a qc

Schließfach *n* (*Bank~*) cassetta *f* di sicurezza; (*Post~*) casella *f* postale; (*Gepäck~*) deposito *m* bagagli a cassette

schließlich *adv* (*am Ende*) alla fine; (*im Grunde*) in fondo, in fin dei conti; (*an letzter Stelle*) da ultimo

Schließmuskel *m* (ANAT) muscolo *m* costrittore, sfintere *m*

Schließung <-, -en> *f* ❶ (*Betriebs~*) chiusura *f* ❷ (*Beendigung*) conclusione *f*; (*von Sitzung*) chiusura *f*

schliff [ʃlɪf] *1. u 3. pers sing imp von* **schleifen**

Schliff [ʃlɪf] <-(e)s, -e> *m* ❶ (*Schärfen*) affilatura *f*; (*von Diamant, Glas*) taglio *m*, sfaccettatura *f*; **einer Sache** *dat* **den letzten ~ geben** (*fam*) dare l'ultimo tocco a qc ❷ (*fig fam: Lebensart*) buone maniere *fpl*, garbo *m*

schlimm [ʃlɪm] **I.** *adj* ❶ (*schlecht*) brutto; (*a böse*) cattivo; **~ er** peggiore; **~ er werden** peggiorare; **immer ~ er werden** andare di mal in peggio *fam* ❷ (*ernst*) grave; **das ist nicht ~** non è grave, non fa niente; **das ist halb so ~** non è poi niente di grave ❸ (*ärgerlich*) fastidioso **II.** *adv* male; **~ er** peggio; **am ~ sten** peggio di tutto; **schlimmstenfalls** *adv* nel peggiore dei casi

Schlinge ['ʃlɪŋə] <-, -n> *f* (*Schlaufe*) cappio *m*, nodo *m* scorsoio; (MED) (fasciatura *f* a) sciarpa *f*; **seinen Kopf aus der ~ ziehen** (*fig*) tirarsi fuori da un guaio

Schlingel ['ʃlɪŋəl] <-s, -> *m* birbante *m*, monello *m*

schlingen ['ʃlɪŋən] <schlingt, schlang, geschlungen> **I.** *vt* (*winden*) stringere, cingere **II.** *vi* (*hastig essen*) ingoiare; (*herunterschlucken*) inghiottire **III.** *vr* **sich ~** stringersi; (*Efeu*) avviticchiarsi

schlingern ['ʃlɪŋɐn] *vi* (*Schiffe*) rollare

Schlingpflanze *f* pianta *f* rampicante

Schlips [ʃlɪps] <-es, -e> *m* (*fam*) cravatta *f*; **jdm auf den ~ treten** offendere qu

Schlitten ['ʃlɪtən] <-s, -> *m* ❶ (*Rodel~*) slitta *f*, slittino *m* ❷ (*von Schreibmaschine*) carrello *m* ❸ (*fam: Auto*) trabiccolo *m*; **Schlittenfahrt** *f* corsa *f* in slitta

schlittern ['ʃlɪtɐn] *vi haben o sein* scivolare, slittare

Schlittschuh *m* pattino *m* (per ghiaccio); **~ laufen** pattinare su ghiaccio; **Schlittschuhlaufen** <-s> *kein Pl n* pattinaggio *m* su ghiaccio; **Schlittschuhläufer(in)** *m(f)* pattinatore, -trice *m*, *f* su ghiaccio

Schlitz [ʃlɪts] <-es, -e> *m* (*Spalt*) fessura *f*, fenditura *f*; (*von Schraube*) taglio *m*; (*Hosen~*) patta *f* dei calzoni; (*im Kleid*) spacco *m*; (*Einwurf~*) buca *f*; **Schlitzaugen** *npl* occhi *mpl* a mandorla

schlitzen *vt* (*auf~*) fendere

Schlitzohr *n* (*fam*) dritto *m*; **schlitzohrig** *adj* (*fam*) furbo, astuto, scaltro, abile

Schlögel <-s, -> *m* (*A, südd: GASTR: Keule*) coscia *f*

schlohweiß ['ʃloːˈvaɪs] *adj* candido, bianchissimo

schloss[RR] [ʃlɔs] *1. u 3. pers sing imp von* **schließen**

Schloss[RR] [ʃlɔs] <-es, Schlösser> *n* ❶ (*Gebäude*) castello *m* ❷ (*Verschluss*) serratura *f*; (*Vorhänge~*) catenaccio *m*; (*Gewehr~*) otturatore *m*; (*Gürtel~*) fibbia *f*; (*von Tasche*) cerniera *f*; **ins ~ fallen** chiudersi di scatto; **hinter ~ und Riegel bringen** mettere sotto chiave; **hinter ~ und Riegel sitzen** essere in prigione

Schloß[ALT] *s.* **schloss**

Schloß[ALT] <-sses, Schlösser> *n s.* **Schloss**

Schlosser(in) ['ʃlɔsɐ] <-s, -; -, -nen> *m(f)* fabbro *m* ferraio

Schlosserei [ʃlɔsəˈraɪ] <-, -en> *f* officina *f* del fabbro

Schlossherr(in)[RR] *m(f)* castellano, -a *m*, *f*

Schlosshund[RR] *m* **wie ein ~ heulen** (*fam*) piangere a calde lacrime

Schlot [ʃloːt] <-(e)s, -e o rar Schlöte> *m* ❶ (*Fabrik~*) ciminiera *f*; (*von Schiff*) fumaiolo *m* ❷ (*fam pej*) zoticone *m*

schlott(e)rig ['ʃlɔt(ə)rɪç] *adj* ❶ (*zitternd*) tremante ❷ (*Kleidung*) cascante

schlottern ['ʃlɔtɐn] *vi* ❶ (*zittern*) tremare ❷ (*Kleidung*) ballare addosso, essere cascante

schlottrig *adj s.* **schlott(e)rig**

Schlucht [ʃlʊxt] <-, -en> *f* gola *f*

schluchzen ['ʃlʊxtsən] *vi* singhiozzare

Schluchzer <-s, -> *m* singhiozzo *m*

Schluck [ʃlʊk] <-(e)s, -e o rar Schlücke> *m* sorso *m*; (*~ Alkohol*) goccio *m*; **ein tüchtiger ~** una sorsata

Schluckauf <-s> *kein Pl m* singhiozzo *m*, singulto *m*

schlucken ['ʃlʊkən] **I.** *vt* ❶ (*hinunter~*) inghiottire, mandar giù ❷ (*fig: Beleidigung*) mandar giù, ingoiare ❸ (*fam: kosten, brauchen*) inghiottire, divorare; (*Benzin*) consumare; (*absorbieren: Schall*) assorbire **II.** *vi* inghiottire, deglutire

Schlucker <-s, -> *m* **armer ~** (*fam*) povero diavolo

Schluckimpfung *f* vaccinazione *f* per via

orale; **schluckweise** *adv* a sorsi
schludern [ˈʃluːdɐn] *vt, vi* abborracciare
schlug [ʃluːk] *1. u 3. pers sing imp von* **schlagen**
Schlummer [ˈʃlʊmɐ] <-s> *kein Pl m* sonno *m* leggero, sopore *m*
schlummern *vi* sonnecchiare; (*fig: Kräfte, Pläne*) essere sopito; **schlummernd** *adj* assopito; (*fig: verborgen*) latente
Schlund [ʃlʊnt] <-(e)s, Schlünde> *m* (ANAT) faringe *f*; (*Rachen*) gola *f*; (*bei Tieren*) fauci *fpl*
schlüpfen [ˈʃlʏpfən] *vi sein* ❶ (*gleiten*) scivolare, sgusciare ❷ (*in Kleidungsstück*) **in etw** *acc* ~ infilarsi qc; **aus dem Ei** ~ uscire dall'uovo
Schlüpfer <-s, -> *m* slip *m*, mutandine *fpl*
Schlupfloch [ˈʃlʊpflɔx] *n* (*Durchschlupf*) pertugio *m*; (*Schlupfwinkel*) nascondiglio *m*; (*fig: Lücke*) buco *m*, foro *m*
schlüpfrig [ˈʃlʏpfrɪç] *adj* ❶ (*rutschig*) sdrucciolevole, scivoloso ❷ (*fig: anzüglich*) salace, scurrile
Schlupfwinkel <-s, -> *m* tana *f*, nascondiglio *m*
schlurfen [ˈʃlʊrfən] *vi sein* strascicare i piedi, ciabattare
schlürfen [ˈʃlʏrfən] I. *vt* (*beim Essen/Trinken*) mangiare/bere rumorosamente; (*mit Genuss*) centellinare II. *vi* ciabattare *fam*
Schlussᴿᴿ [ʃlʊs] <-es, Schlüsse> *m*, **Schluß**ᴬᴸᵀ <-sses, Schlüsse> *m* (*Ende*) fine *f*, termine *m*; (*Ab-, ~folgerung*) conclusione *f*; (*von Debatte*) chiusura *f*; (*von Rede*) fine *f*, conclusione *f*; ~ **machen** finire, terminare; **mit jdm/etw ~ machen** farla finita con qu/qc *fam*; **zu dem ~ gelangen, dass ...** giungere alla conclusione che ...; **am ~ von** alla fine di; **~!** basta!; **~ damit!** finiamola! *fam*; **Schlussabrechnung**ᴿᴿ *f* bilancio *m* finale; **Schlussbemerkung**ᴿᴿ *f* osservazione *f* finale
Schlüssel [ˈʃlʏsəl] <-s, -> *m* ❶ (*Gegenstand*) chiave *f* ❷ (*fig*) chiave *f*, soluzione *f* ❸ (MUS) chiave *f* (di violino), chiave *f* per accordare ❹ (INFORM) chiave *f*; **Schlüsselanhänger** *m* ciondolo *m* portachiavi; **Schlüsselbein** *n* clavicola *f*; **Schlüsselblume** *f* primula *f*; **Schlüsselbund** *m o n* mazzo *m* di chiavi; **Schlüsselerlebnis** *n* evento *m* chiave; **schlüsselfertig** *adj* pronto per la consegna; **Schlüsselfigur** <-, -en> *f* figura *f* chiave; **Schlüsselindustrie** *f* industria *f* chiave; **Schlüsselkind** *n* (*sl*) bambino *che in assenza dei genitori deve provvedere a sé stesso*; **Schlüsselloch** *n*

buco *m* della serratura; **Schlüsselposition** *f*, **Schlüsselstellung** *f* posizione *f* chiave; **Schlüsselzahl** *f* combinazione *f*
schlussendlichᴿᴿ [ˈʃlʊsˈʔɛntlɪç] *adv* alla fine
schlussfolgernᴿᴿ *vt* **etw** (**aus etw**) ~ dedurre qc (da qc); **Schlussfolgerung**ᴿᴿ *f* conclusione *f*, deduzione *f*
Schlussformelᴿᴿ *f* formula *f* finale
schlüssig [ˈʃlʏsɪç] *adj* (*Beweis*) conclusivo; (*Argumentation*) concludente; **sich** *dat* **über etw** *acc* ~ **werden** decidersi su qc
Schlusslichtᴿᴿ *n* luce *f* posteriore; (*fig fam*) fanalino *m* di coda; **Schlussnote** *f* (*Börse*) fissato *m* bollato; **Schlusspfiff**ᴿᴿ *m* (SPORT) fischio *m* finale; **Schlusspunkt**ᴿᴿ *m* punto *m* finale; **einen ~ hinter** [*o* **unter**] **etw** *acc* **setzen** (*fig*) porre termine a qc; **Schlussrunde**ᴿᴿ *f* ultimo giro *m*; (*Boxen*) ultima ripresa *f*; **Schlussstrich**ᴿᴿ *m* **einen ~ unter etw** *acc* **ziehen** (*fig*) porre fine a qc; **Schlussverkauf**ᴿᴿ *m* svendita *f* (di fine stagione); **Schlusswort**ᴿᴿ *n* ultima parola *f*; (*Nachwort*) conclusione *f*
Schmach [ʃmaːx] <-> *kein Pl f* (*Schande*) vergogna *f*; (*Entehrung*) ignominia *f*, infamia *f*; (*Demütigung*) umiliazione *f*; (*Beleidigung*) oltraggio *m*
schmachten [ˈʃmaxtən] *vi* languire; (*fig: sich sehnen*) struggersi; **vor Durst/Hunger** ~ languire per la sete/fame; **nach der Geliebten** ~ struggersi per l'amante; **schmachtend** *adj* (*Mensch*) innamorato; (*Blick*) languido
schmächtig [ˈʃmɛçtɪç] *adj* esile, smilzo
schmackhaft [ˈʃmakhaft] *adj* (*wohlschmeckend*) gustoso; (*appetitanregend*) appetitoso; **jdm etw** ~ **machen** (*fig*) rendere qc gradevole a qu
Schmäh <-s, -(s)> *m* (*A*) ❶ (*fam: Trick, Kniff*) inganno *m*, trucco *m* ❷ (*fam: Schwindelei, Unwahrheit*) truffa *f*, imbroglio *m*
schmähen [ˈʃmɛːən] *vt* (*geh*) ingiuriare, oltraggiare
schmählich [ˈʃmɛːlɪç] I. *adj* (*schändlich*) vergognoso, ignominioso II. *adv* tremendamente, terribilmente; (*verlassen*) vergognosamente
Schmähung [ˈʃmɛːʊŋ] <-, -en> *f* (*geh: Beschimpfung*) ingiuria *f*, insulto *m*, oltraggio *m*; (*Verleumdung*) diffamazione *f*
schmal [ʃmaːl] <-er *o* schmäler, -ste *o rar* schmälste> *adj* stretto; (*Hände, Gesicht*) sottile; (*mager, a fig*) magro
schmälern [ˈʃmɛːlɐn] *vt* (*schmäler*

machen) restringere; (*verringern*) ridurre, diminuire; (*fig: Verdienste*) sminuire; (*Bedeutung*) scemare; (*Rechte*) ledere

Schmälerung <-, -en> *f* restrizione *f*, riduzione *f*, diminuzione *f*; (*von Bedeutung*) scemare *m*; (*von Rechten*) lesione *f*

Schmalfilm *m* (FILM) pellicola *f* a passo ridotto; **Schmalfilmkamera** *f* cinepresa *f* a passo ridotto

schmallippig *adj* ① (*dünnlippig*) con le labbra sottili ② (*fig*) acido

Schmalspur *f* (FERR) scartamento *m* ridotto; **Schmalspurbahn** *f* ferrovia *f* a scartamento ridotto

Schmalz¹ [ʃmalts] <-es, -e> *n* ① (*Schweine~*) strutto *m* ② (*Ohren~*) cerume *m*

Schmalz² <-es> *kein Pl m* (*fam pej: Sentimentalität*) sentimentalismo *m*; (*Werk*) opera *f* sdolcinata; **schmalzig** *adj* (*fam pej*) sdolcinato

Schmankerl [ʃmaŋkəl] <-s, -n> *n* (*südd, A: Leckerbissen, a fig*) ghiottoneria *f*

schmarotzen [ʃmaˈrɔtsən] <ohne ge-> *vi* (BOT, ZOO) vivere da parassita; (*pej: Mensch*) scroccare *fam*

Schmarotzer [ʃmaˈrɔtsɐ] <-s, -> *m* (BOT, ZOO) parassita *mf*

Schmarotzer(in) <-s, -; -, -nen> *m(f)* (*pej: Mensch*) scroccone, -a *m, f fam*, parassita *m*

Schmarren [ʃmarən] <-s, -> *m* ① (*A, südd: Eierkuchen*) frittatina *f*, omelette *f* ② (*fam pej: Unsinn*) sciocchezza *f*

schmatzen [ʃmatsən] *vi* (*laut essen*) mangiare rumorosamente

Schmaus [ʃmaʊs, *pl:* ˈʃmɔɪzə] <-es, Schmäuse> *m* banchetto *m*

schmausen [ʃmaʊzən] I. *vi* bisbocciare, banchettare II. *vt* mangiare

schmecken [ʃmɛkən] I. *vt* (*Geschmack wahrnehmen*) sentire il sapore di; (*kosten, versuchen*) assaggiare II. *vi* (*gut ~*) essere buono; (*probieren*) provare, assaggiare; **jdm** ~ piacere a qu; **gut** ~ avere un buon sapore; **nach etw** ~ (*a fig*) sapere di qc; **es sich** *dat* ~ **lassen** mangiare qc di gusto; **das schmeckt mir gut/ausgezeichnet** mi piace/è squisito; **schmeckt's?** (*fam*) è buono?

Schmeichelei [ʃmaɪçaˈlaɪ] <-, -en> *f* lusinga *f*; (*pej*) adulazione *f*; (*Kompliment*) complimento *m*

schmeichelhaft *adj* lusinghevole, lusinghiero

schmeicheln [ʃmaɪçəln] *vi* ① (*mit Worten*) **jdm** ~ lusingare qu; (*pej*) adulare qu ② (*fig: vorteilhaft aussehen lassen*) donare

Schmeichler(in) <-s, -; -, -nen> *m(f)* lusingatore, -trice *m, f*; (*pej*) adulatore, -trice *m, f*

schmeichlerisch *adj* lusinghevole; (*pej*) adulatorio

schmeißen [ʃmaɪsən] <schmeißt, schmiss, geschmissen> *vt* (*fam*) ① (*werfen*) gettare, scagliare ② (*fam: bewältigen*) sistemare, sbrigare; **den Laden** ~ (*fig*) sbrigare la faccenda ③ (*spendieren: Runde*) pagare, offrire

Schmeißfliege [ʃmaɪsfliːɡə] *f* moscone *m*

Schmelz [ʃmɛlts] <-es, -e> *m* (*Glasur, Zahn~*) smalto *m*; (*Glanz*) splendore *m*; (*Klang*) timbro *m*

Schmelze [ʃmɛltsə] <-, -n> *f* ① (*Vorgang*) scioglimento *m*; (TEC) fusione *f* ② (*Schnee~*) (periodo *m* del) disgelo *m* ③ (TEC: *Masse*) massa *f* fusa

schmelzen [ʃmɛltsən] <schmilzt, schmolz, geschmolzen> I. *vt haben* sciogliere; (TEC) fondere II. *vi sein* sciogliersi; (TEC) fondersi

Schmelzkäse *m* formaggio *m* fondente; **Schmelzofen** *m* forno *m* di fusione; **Schmelzpunkt** *m* punto *m* di fusione; **Schmelztiegel** *m* (*a fig*) crogiolo *m*; **Schmelzwasser** *n* acqua *f* di disgelo

Schmerbauch [ʃmeːɐbaʊx] *m* (*fam pej*) pancione *m*

Schmerz [ʃmɛrts] <-es, -en> *m* (*körperlich, seelisch*) dolore *m*; (*Kummer*) afflizione *f*, pena *f*

schmerzempfindlich *adj* sensibile al dolore

schmerzen (*geh*) I. *vi* (*fig* MED) dolere II. *vt* (*fig*) addolorare, affliggere

Schmerzensgeld *n* risarcimento *m* per danni morali

schmerzhaft *adj* (*a fig*) doloroso; **schmerzlich** *adj* (*Verlust*) doloroso; (*Verlangen*) ardente; **schmerzlindernd** *adj* analgesico, calmante, sedativo; **schmerzlos** *adj* indolore; **Schmerzmittel** *n* analgesico *m*, calmante *m*; **schmerzstillend** *adj* calmante, sedativo; (SCIENT) analgesico; **Schmerztablette** *f* analgesico *m*

Schmetterball *m* (SPORT) schiacciata *f*, smash *m*

Schmetterling [ʃmɛtɐlɪŋ] <-s, -e> *m* farfalla *f*

schmettern [ʃmɛtɐn] I. *vt* ① (*werfen*) scaraventare; (*Tür ins Schloss*) sbattere con violenza; (SPORT: *Ball*) schiacciare ② (*Lied*) cantare a squarciagola II. *vi* ① (*Trompete*) squillare; (*Stimme*) tuonare; (*Mensch*) urlare; (*Vogel*) cantare ② (SPORT)

S

fare una schiacciata

Schmied [ʃmiːt] <-(e)s, -e> m fabbro m
ferraio; (*Huf-*) maniscalco m; **Schmiede**
['ʃmiːdə] <-, -n> f fucina f, forgia f;
Schmiedeeisen n ferro m fucinato;
schmiedeeisern adj di ferro battuto

schmieden ['ʃmiːdən] vt battere, fucinare;
(*herstellen*) fabbricare; **einen Plan ~** (*fig*)
ideare un piano

schmiegen ['ʃmiːgən] vr **sich ~**
(*Mensch*) stringersi; (*Kleid*) aderire; **sich
an jdn ~** stringersi a qu; **sich in jds
Armen ~** stringersi nelle braccia di qu; **das
Kleid schmiegt sich an den Körper** il
vestito aderisce al corpo

schmiegsam adj flessibile, pieghevole

Schmiere ['ʃmiːrə] <-, -n> f (*fam*)
❶ (*Fett*) grasso m, lubrificante m; (*Salbe*)
pomata f; (*Schmutz*) unto m; (*Aufstrich*)
pasta f da spalmare ❷ (*pej: Theater*) teatro m di guitti ❸ (*fam*) ~ **stehen** fare il
palo

schmieren ['ʃmiːrən] I. vt ❶ (TEC: *mit
Fett*) ingrassare, lubrificare; (*mit Öl*) oliare
❷ (*streichen*) spalmare; **etw auf etw** acc ~
spalmare qc su qc; **Brot mit Marmelade ~**
spalmare il pane di marmellata; **mit Butter ~** imburrare ❸ (*fam: schlecht schreiben*) scarabocchiare ❹ (*fam: bestechen*)
corrompere; **jdm eine ~** (*fam*) mollare un
ceffone a qu; **es läuft wie geschmiert**
(*fam*) va liscio come l'olio II. vi (*fam*)
❶ (*Stift*) macchiare; (*Radiergummi*) sporcare cancellando; (*Scheibenwischer*) sporcare ❷ (*schlecht schreiben*) scarabocchiare

Schmiererei [ʃmiːrəˈraɪ] <-, -en> f (*fam*)
❶ (*schlechte Schrift, pej*) scarabocchia-
tura f ❷ (*schlechte Malerei, pej*) crosta f

Schmierfett n (TEC) grasso m lubrificante;
Schmierfink m (*fam*) ❶ (*Autor, Journalist, pej*) scribacchino m, imbrattacarte mf
❷ (*Kind, pej*) sudicione, -a m, f, sporcaccione, -a m, f; **Schmiergeld** n (*fam*)
bustarella f

schmierig adj ❶ (*fettig*) unto, grasso
❷ (*fig: widerlich*) sordido ❸ (*fig fam: kriecherisch*) viscido

Schmiermittel n lubrificante m;
Schmieröl n olio m lubrificante;
Schmierpapier n foglio m per appunti;
Schmierseife f sapone m tenero;
Schmierzettel m brutta copia f, minuta f;
(*Zettel für Notizen*) foglietto m per appunti

schmilzt [ʃmɪltst] 3. *pers sing pr von*
schmelzen

Schminke ['ʃmɪŋkə] <-, -n> f trucco m,
belletto m

schminken I. vt (*jdn*) truccare; (*Mund,
Augen*) truccarsi II. vr **sich ~** truccarsi

Schminktisch <-es, -e> m tavolo m per
il trucco

schmirgeln ['ʃmɪrgəln] vt smerigliare;
Schmirgelpapier n carta f smerigliata

schmiss[RR] [ʃmɪs], **schmiß**[ALT] *1. u
3. pers sing imp von* **schmeißen**

Schmiss[RR] [ʃmɪs] <-es, -e> m,
Schmiß[ALT] <-sses, -sse> m ❶ (*Mensur-
narbe*) sfregio m, cicatrice f ❷ (*fam:
Schwung*) brio m, slancio m

schmissig adj (*fam*) pieno di brio [*o* slan-
cio], brioso

Schmöker ['ʃmøːkɐ] <-s, -> m (*fam*)
librone m, mattone m

schmökern ['ʃmøːkɐn] vi (*fam*) immergersi nella lettura; **in einem Buch ~** leggere un libro

schmollen ['ʃmɔlən] vi (**mit jdm**) ~
tenere il broncio (a qu); **Schmollmund** m
muso m, broncio m; **einen ~ machen** fare
il muso, tenere il broncio

schmolz [ʃmɔlts] *1. u 3. pers sing imp von*
schmelzen

Schmorbraten m stufato m

schmoren ['ʃmoːrən] I. vt stufare II. vi
❶ (GASTR) cuocere a fuoco lento ❷ (*fam: in
der Sonne*) crogiolarsi al sole

Schmortopf m casseruola f

Schmu [ʃmuː] <-> *kein Pl* m (*fam: Betrug*)
raggiro m; **~ machen** raggirare

Schmuck <-(e)s, *rar* -e> m ❶ (*Juwelen*)
gioielli mpl; (~ *stück*) gioiello m ❷ (*Verzierung*) ornamento m; (*Zierrat*) decorazione f

schmuck [ʃmʊk] adj avvenente, leggiadro, grazioso

schmücken ['ʃmʏkən] vt **etw** (**mit etw**) ~
(ad)ornare qc (di qc)

Schmuckkästchen n portagioie m, portagioielli m; (*fig scherz: Haus*) gioiello m

schmucklos adj (*a fig*) disadorno, spoglio;
Schmucklosigkeit <-> *kein Pl* f mancanza f di ornamenti, semplicità f; (*fig*)
sobrietà f

Schmuckstück n (*a fig*) gioiello m

schmuddelig ['ʃmʊdəlɪç] adj (*unordentlich*) trasandato; (*schmutzig*) lurido

schmuddlig adj s. **schmuddelig**

Schmuggel ['ʃmʊgəl] <-s> *kein Pl* m contrabbando m

schmuggeln I. vi fare contrabbando II. vt
contrabbandare

Schmuggelware f merce f di contrabbando

Schmuggler(in) <-s, -; -, -nen> m(f) contrabbandiere, -a m, f

schmunzeln ['ʃmʊntsəln] vi sorridere

compiaciuto

Schmus [ʃmuːs] <-es> *kein Pl m* (*fam:* *Unsinn*) ciance *fpl;* (*Schmeicheleien*) moine *fpl*

schmusen ['ʃmuːzən] *vi* (*fam*) (**mit jdm**) ~ amoreggiare (con qu)

Schmutz [ʃmʊts] <-es> *kein Pl m* sporco *m;* (*Kot, Schlamm*) fango *m,* melma *f;* (*fig: Schweinerei*) porcheria *f;* **in den ~ ziehen** (*fig*) trascinare nel fango

schmutzen *vi* sporcarsi

Schmutzfink *m* (*fam: Kind*) sudicione, -a *m, f;* (*unmoralisch*) sporcaccione, -a *m, f;*

Schmutzfleck *m* macchia *f* di sporco

schmutzig *adj* (*unsauber*) sporco; (*Arbeit*) sudicio; (*beschmiert*) imbrattato; (*Geschäft, Mittel*) losco; (*unanständig*) indecente; (*obszön*) osceno; ~ **werden** sporcarsi, insudiciarsi

Schmutzwäsche *kein Pl f* biancheria *f* sporca

Schnabel ['ʃnaːbəl] <-s, Schnäbel> *m* becco *m;* **ich rede, wie mir der ~ gewachsen ist** (*fam*) parlo come posso; **halt den ~!** (*fam*) chiudi il becco!;

Schnabeltier *n* ornitorinco *m*

Schnake ['ʃnaːkə] <-, -n> *f* ❶ (*Weberknecht*) tipula *f* ❷ (*fam: Stechmücke*) zanzara *f* ❸ (*Witz*) lazzo *m*

Schnalle ['ʃnalə] <-, -n> *f* ❶ (*am Ende des Gürtels*) fibbia *f* ❷ (*A: Türklinke*) maniglia *f* ❸ (*fam pej*) puttana *f*

schnallen *vt* (*Gürtel*) affibbiare, allacciare; **enger ~** stringere; **etw auf etw** *acc* ~ allacciare qc a [*o* su] qc; **etw ~** (*sl*) capire qc

schnalzen ['ʃnaltsən] *vi* (**mit den Fingern**) ~ schioccare le dita; **mit der Zunge ~** (far) schioccare la lingua

Schnäppchen ['ʃnɛpçən] <-s, -> *n* (*fam, dial*) occasione *f,* affare *m;* **ein ~ machen** fare un affarone; **Schnäppchenjagd** *f* (*fam*) caccia *f* all'occasione; **Schnäppchenjäger(in)** <-s, -; -, -nen> *m(f)* (*fam*) maniaco, -a degli sconti *m*

schnappen ['ʃnapən] **I.** *vt haben* ❶ (*greifen*) prendere, afferrare; (**frische**) **Luft** ~ prendere una boccata d'aria ❷ (*fig fam: erwischen*) acchiappare, acciuffare **II.** *vi* ❶ *haben* (*beißen*) **nach etw** ~ cercare di addentare qc; **nach Luft** ~ boccheggiare ❷ *sein* (*Schloss, Feder*) scattare

Schnappschloss^{RR} *n* serratura *f* a scatto; **Schnappschuss**^{RR} *m* (*fam*) (foto *f*) istantanea *f*

Schnaps [ʃnaps] <-es, Schnäpse> *m* (*fam*) acquavite *f;* **Schnapsbrennerei** *f* (*fam*) distilleria *f* di acquavite; **Schnaps-**

idee *f* (*fam*) idea *f* balorda

schnarchen ['ʃnarçən] *vi* russare

schnarren ['ʃnarən] *vi* stridere; (*mit der Stimme*) parlare col naso

schnattern ['ʃnatən] *vi* (*Gänse, Enten*) schiamazzare; (*fam: schwatzen*) chiacchierare

schnauben ['ʃnaʊbən] **I.** *vi* (*Pferd*) sbuffare; **vor Wut/Entrüstung** ~ (*fig*) fremere di rabbia/sdegno **II.** *vr* **sich** *dat* (**die Nase**) ~ soffiarsi il naso

schnaufen ['ʃnaʊfən] *vi* ❶ (*schwer atmen*) ansimare; (*keuchen*) ansimare, respirare affannosamente ❷ (*dial: atmen*) respirare

Schnauz [ʃnaʊts] <-es, Schnäuze> *m* (*CH: Schnurrbart*) baffi *mpl;* **Schnauzbart** *m* mustacchi *mpl;* (*fam: Mann*) baffone *m fam*

Schnauze ['ʃnaʊtsə] <-, -n> *f* ❶ (*von Tier*) muso *m;* (*Schweine~*) grugno *m* ❷ (*an Kanne*) becco *m* ❸ (*fam: von Flugzeug, Fahrzeug*) muso *m* ❹ (*vulg: von Mensch*) becco *m;* **die ~ voll haben** (*sl*) averne piene le scatole *sl;* (**halt die**) ~! (*fam*) chiudi il becco!

schnauzen *vi* (*fam*) gridare, inveire

schnäuzen^{RR} ['ʃnɔɪtsən] *vr* **sich** ~ soffiarsi il naso

Schnauzer <-s, -> *m* ❶ (*Hunderasse*) schnauzer *m* ❷ (*fam: Schnauzbart*) baffi *mpl*

Schnecke ['ʃnɛkə] <-, -n> *f* ❶ (*Nackt~, gastr, fig*) lumaca *f;* (*mit Haus*) chiocciola *f;* **jdn zur ~ machen** (*fam*) sgridare qu, fare una sfuriata a qu ❷ (*tec*) vite *f* senza fine ❸ (*arch: Volute*) voluta *f;* (*Wendeltreppe*) scale *fpl* a chiocciola ❹ (*gastr: Hefekuchen*) focaccia *f* a forma di chiocciola ❺ (*anat*) coclea *f;* **Schneckenhaus** *n* guscio *m* della chiocciola; **Schneckentempo** *n* (*fam*) **im ~** a passo di lumaca/di tartaruga

Schnee [ʃneː] <-s> *kein Pl m* ❶ (*Niederschlag, Ei~*) neve *f;* ~ **von gestern** (*fig fam*) vecchia storia; **zu ~ schlagen** (*gastr*) montare a neve ❷ (*sl: Kokain*) neve *f;* **Schneeball** *m* ❶ (*aus Schnee*) palla *f* di neve ❷ (*bot*) viburno *m;* **Schneeballeffekt** *m* effetto *m* valanga [*o* scatenante]; **Schneeballschlacht** *f* battaglia *f* a palle di neve; **schneebedeckt** *adj* innevato, coperto di neve; **Schneebesen** *m* frusta *f;* **schneeblind** *adj* sofferente di oftalmia da neve; **Schneedecke** *f* coltre *f* di neve; **Schneefall** *m* nevicata *f;* **Schneeflocke** *f* fiocco *m* di neve; **Schneefräse** *f* spazzaneve *m* (a fresa);

schneefrei *adj* sgombro da neve, libero dalla neve; **Schneegestöber** <-s, -> *n* bufera *f* di neve; **Schneeglöckchen** <-s, -> *n* bucaneve *m;* **Schneegrenze** *f* limite *m* delle nevi perenni; **Schneekanone** *f* cannone *m* sparaneve; **Schneeketten** *fpl* (AUTO) catene *fpl* da neve; **Schneemann** *m* pupazzo *m* di neve; **Schneematsch** *m* poltiglia *f* di neve; **Schneepflug** *m* (*Fahrzeug, beim Skilaufen*) spazzaneve *m;* **Schneeraupe** *f* spartineve *m,* battipista *m;* **Schneeregen** *kein Pl m* pioggia *f* mista a neve, nevischio *m;* **Schneeschaufel** *f,* **Schneeschippe** *f* pala *f* per la neve; **Schneeschmelze** *f* (periodo *m* di) disgelo *m;* **Schneeschuh** *m* ❶ racchetta *f* da neve ❷ (*obs*) sci *m;* **schneesicher** *adj* a innevamento sicuro; **Schneesturm** *m* bufera *f* di neve; **Schneetreiben** *n s.* **Schneegestöber**; **Schneeverhältnisse** *npl* stato *m* di innevamento; **Schneeverwehung** *f* ammasso *m* di neve (formato dal vento); **Schneewehe** *f* duna *f* di neve; **schneeweiß** *adj* bianco come la neve, candido; **Schneewittchen** [ʃneːˈvɪtçən] <-> *kein· Pl n* Biancaneve *f;* **Schneezaun** *m* paraneve *m*

Schneid [ʃnaɪt] <-(e)s> *kein Pl m* (*fam*) coraggio *m,* ardire *m*

Schneide [ˈʃnaɪdə] <-, -n> *f* filo *m;* (*Klinge*) lama *f*

schneiden [ˈʃnaɪdən] <schneidet, schnitt, geschnitten> I. *vt* ❶ tagliare; (*Hecke*) potare; (*beim Überholen*) tagliare; (MAT: *Linie, Kreis*) intersecare; **klein ~** sminuzzare; **Gesichter ~** fare smorfie; **die Luft ist zum Schneiden** (*fam*) l'aria è pesante ❷ (*fig: meiden*) ignorare, snobbare ❸ (*operieren*) tagliare, operare; (*Geschwür*) incidere ❹ (SPORT: *Tennis, Ballspiele*) tagliare la palla II. *vi* ❶ (*Mensch*) tagliar fuori; (*Messer*) essere affilato ❷ (*fig: Wind, Kälte*) tagliare ❸ (*operieren*) tagliare, operare III. *vr* **sich ~** ❶ (*verletzen*) tagliarsi, farsi un taglio ❷ (MAT: *Linien*) intersecarsi ❸ (*fam: sich irren*) sbagliarsi; **schneidend** *adj* (*Wind, Kälte*) pungente; (*Schmerz*) lancinante; (*Hohn, Bemerkung*) mordace, caustico; (*Stimme, Ton*) acuto

Schneider [ˈʃnaɪdɐ] <-s, -> *m* (*fam: Gerät*) affettatrice *f*

Schneider(in) <-s, -; -, -nen> *m(f)* sarto, -a *m, f*

Schneiderei [ʃnaɪdəˈraɪ] <-, -en> *f* sartoria *f*

schneidern *vt* cucire, confezionare

Schneiderpuppe *f* manichino *m*

Schneidersitz *m* **im ~ sitzen** essere seduto a gambe incrociate

Schneidezahn *m* (dente) incisivo *m*

schneidig *adj* risoluto, energico

schneien [ˈʃnaɪən] *vi* ❶ *haben* **es schneit** nevica ❷ *sein* **jdm ins Haus ~** (*fam: Brief*) arrivare inaspettatamente da qu; (*Besuch*) piombare in casa di qu

Schneise [ˈʃnaɪzə] <-, -n> *f* ❶ (*Wald~*) pista *f* tagliata nel bosco ❷ (*Flug~*) corridoio *m* aereo

schnell [ʃnɛl] *adj* veloce, rapido; (*Gang*) spedito; (*plötzlich*) repentino; (*flink, fix*) pronto, svelto; **~ machen** fare presto; (*fam: sich beeilen*) sbrigarsi; **~er gehen** allungare il passo; **möglichst ~, so ~ wie möglich, auf dem ~sten Weg** il più presto possibile; **~, ~!** presto, presto!

Schnellboot *n* (NAUT) vedetta *f*

Schnelle <-, -n> *f* (*Strom~*) rapida *f;* **ein Bier auf die ~** (*fam*) una birra di volata; **etw auf die ~ machen** (*fam*) fare qualcosa di corsa

schnellen *vi sein* balzare; (*Feder*) scattare; **in die Höhe ~** balzare in alto; (*fig: Preise*) salire alle stelle *fam*

Schnellfeuerwaffe *f* arma *f* a tiro rapido; **Schnellgaststätte** *f* tavola *f* calda, snack-bar *m;* **Schnellgericht** *n* ❶ (JUR) tribunale *m* per direttissima ❷ (GASTR) piatto *m* veloce; **Schnellhefter** *m* classificatore *m*

Schnelligkeit <-> *kein Pl f* velocità *f,* rapidità *f;* (*Promptheit*) prontezza *f*

Schnellimbiss^RR *m* (*Restaurant*) snack-bar *m;* (*Gericht*) spuntino *m*

Schnellkochtopf *m* pentola *f* a pressione

schnellstens *adv* al più presto; (*möglichst schnell*) quanto prima

Schnellstraße *f* superstrada *f;* **Schnellverfahren** *n* ❶ (TEC) procedimento *m* rapido ❷ (JUR) procedimento *m* per direttissima; **Schnellzug** *m* (treno *m*) direttissimo *m*

Schnepfe [ˈʃnɛpfə] <-, -n> *f* ❶ (ZOO) beccaccia *f* ❷ (*fam pej*) donnaccia *f*

schnetzeln [ˈʃnɛtsəln] *vt* (*südd, CH*) affettare

schneuzen^ALT *s.* **schnäuzen**

Schnickschnack [ˈʃnɪkʃnak] <-(e)s> *kein Pl m* (*fam*) ❶ (*wertloses Zeug*) cianfrusaglie *fpl;* (*Beiwerk*) accessori *mpl* ❷ (*Gerede*) chiacchiere *fpl*

schniefen [ˈʃniːfən] *vi* (*dial*) tirare su col naso

Schnippchen [ˈʃnɪpçən] <-s, -> *n* **jdm ein ~ schlagen** (*fam*) giocare un tiro a qu

Schnippel ['ʃnɪpəl] <-s, -> mn (fam) ritaglio m, pezzetto m

schnippeln vi (fam) **an etw** dat ~ tagliuzzare qc

schnippen ['ʃnɪpən] **I.** vi schioccare; **mit den Fingern** ~ schioccare con le dita **II.** vt togliere (velocemente) con le dita

schnippisch ['ʃnɪpɪʃ] adj sfacciato, impertinente

Schnipsel ['ʃnɪpsəl] <-s, -> m o n pezzetto m, ritaglio m

schnipseln vt, vi (fam) s. **schnippeln**

schnipsen ['ʃnɪpsən] vt, vi (fam) s. **schnippen**

schnitt [ʃnɪt] 1.u 3.pers sing imp von **schneiden**

Schnitt <-(e)s, -e> m ❶ (Schneiden) taglio m; (Öffnung) intaglio m; (Wunde) taglio m, ferita f ❷ (Haar~) taglio m ❸ (~ muster) cartamodello m ❹ (von Gesicht, von Augen) taglio m, forma f; (von Profil) tratti mpl, linea f ❺ (FILM) taglio m ❻ (~ punkt) punto m d'intersezione; (Längs~, Quer~) sezione f; (fam: Durch~) media f; **im** ~ in media ❼ (MAT) **der Goldene** ~ la sezione aurea

Schnittblumen fpl fiori mpl da taglio; (abgeschnittene) fiori mpl recisi

Schnitte <-, -n> f ❶ (Scheibe) fetta f; (von Fisch, Fleisch) trancia f ❷ (belegtes Brot) tartina f ❸ (A: Waffel) Wafer m

Schnittfläche f superficie f di taglio; (MAT) sezione f

schnittig adj (Sportwagen) slanciato; (Tempo) veloce

Schnittkäse <-s, -> m formaggio m da taglio; **Schnittlauch** m erba f cipollina; **Schnittmuster** n cartamodello m; **Schnittpunkt** m (MAT) punto m d'intersezione; (von Straßen) (punto m d')incrocio m; **Schnittstelle** f (INFORM) interfaccia f; **Schnittwunde** f ferita f da taglio

Schnitzel[1] ['ʃnɪtsəl] <-s, -> n (GASTR) fettina f, cotoletta f; **Wiener** ~ cotoletta milanese

Schnitzel[2] <-s, -> n o m (Papier~) ritaglio m, pezzetto m; **Schnitzeljagd** f (SPORT: Pferde) caccia f alla carta

schnitzen ['ʃnɪtsən] **I.** vt (Figur, Gegenstand) etw (**aus etw**) ~ intagliare qc (da qc) **II.** vi intagliare

Schnitzer <-s, -> m (fam: Fehler) gaffe f

Schnitzer(in) <-s, -; -, -nen> m(f) (Holz ~) intagliatore, -trice m, f

Schnitzerei [ʃnɪtsə'raɪ] <-, -en> f (Verzierung) intaglio m; (Bildwerk) scultura f in legno

schnodd(e)rig ['ʃnɔd(ə)rɪç] adj (fam:

Benehmen) irrispettoso, insolente; (Ton, Ausdrucksweise) incivile

schnöde ['ʃnøːdə] adj (schändlich) vergognoso, infame; (gemein) vile; (verächtlich) sprezzante

Schnorchel ['ʃnɔrçəl] <-s, -> m (von U-Boot) schnorchel m; (von Taucher) respiratore m di superficie

schnorcheln vi fare immersione con lo schnorchel

Schnörkel ['ʃnœrkəl] <-s, -> m (ARCH) arabesco m; (in Schrift, a fig) svolazzo m, ghirigoro m

schnorren ['ʃnɔrən] vt (fam) (**bei jdm**) etw ~ scroccare qc (a qu)

Schnorrer(in) <-s, -; -, -nen> m(f) (fam) scroccone, -a m, f, parassita mf

Schnösel ['ʃnøːzəl] <-s, -> m (fam pej) sfacciato, -a m, f, bellimbusto m

schnüffeln ['ʃnʏfəln] vi ❶ (schnuppern) tirar su l'aria per il naso; **an etw** dat ~ (riechen) fiutare qc; (Hund) annusare qc ❷ (fam pej: spionieren) curiosare, frugare; (als Spitzel) spiare ❸ (sl) sniffare

Schnüffler(in) <-s, -; -, -nen> m(f) (pej) ❶ (Spion) spia f, spione m ❷ (Neugieriger) curioso, -a m, f, ficcanaso mf, intrigante mf

Schnuller ['ʃnʊlə] <-s, -> m tettarella f, ciuccio m fam

Schnulze ['ʃnʊltsə] <-, -n> f (pej MUS) canzonetta f; (THEAT) commedia f sdolcinata

schnulzig adj (fam pej) sdolcinato

schnupfen ['ʃnʊpfən] **I.** vi fiutare tabacco, tabaccare **II.** vt (Tabak, Kokain) sniffare; **Schnupfen** <-s, -> m raffreddore m; (**einen**) ~ **haben** essere raffreddato, avere il raffreddore; **Schnupftabak** m tabacco m da fiuto

schnuppe ['ʃnʊpə] adj **das ist mir** ~ (fam) non m'importa

Schnupperlehre f (fam) apprendistato m di prova

schnuppern ['ʃnʊpən] vi **an etw** dat ~ annusare qc

Schnur [ʃnuːɐ] <-, Schnüre> f corda f; (Bindfaden) spago m; (Kordel) cordoncino m; (TEC) cordone m, filo m

Schnürchen ['ʃnyːɐçən] <-s, -> n etw **wie am** ~ **können** (fam) sapere qc a menadito; **das klappt wie am** ~ (fam) corre liscio

schnüren ['ʃnyːrən] vt (Schuhe) allacciare; (Paket) legare; (schlingen) stringere

schnurgerade ['ʃnuːɐgə'raːdə] adj rettilineo, diritto

schnurlos adj senza fili; ~**es Telefon** cordless m

Schnurrbart *m* baffi *mpl;* **schnurrbärtig** *adj* baffuto

schnurren ['ʃnʊrən] *vi* (*Katze*) fare le fusa; (*Ventilator, Motor*) ronzare

schnurrig *adj* (*Geschichte*) spassoso; (*Mensch*) strano

Schnürsenkel ['ʃny:ɐ̯zɛŋkəl] *m* laccio *m* da scarpe, stringa *f* per scarpe; **Schnürstiefel** *m* stivale *m* con lacci

schnurstracks ['ʃnu:ɐ̯'ʃtraks] *adv* (*fam*) difilato

schnurz [ʃnʊrts] *adj* (*fam*) **das ist mir ~** me ne frego

Schnute ['ʃnu:tə] <-, -n> *f* (*fam bes. nordd: Mund*) muso *m;* (*Schmollmund*) broncio *m;* **eine ~ ziehen** fare il broncio

schob [ʃo:p] *1. u 3. pers sing imp von* **schieben**

Schober ['ʃo:bɐ] <-s, -> *m* (*südd, A: Heuschuppen*) fienile *m;* (*Heuhaufen*) mucchio *m* di fieno

Schock [ʃɔk] <-(e)s, -s *o rar* -e> *m* choc *m*

schocken ['ʃɔkən] *vt* (*fam*) far venire un colpo, scioccare, lanciare; (*moralisch*) choccare, dare uno choc

schockieren [ʃɔ'ki:rən] <ohne ge-> *vt* scioccare, scandalizzare

Schockwelle *f* (*auch fig*) onda *f* d'urto

Schockwirkung <-, -en> *f* effetto *m* shockizzante

schofel ['ʃo:fəl] *adj* (*fam*) misero

Schöffe ['ʃœfə] <-n, -n> *m* giurato *m;* **Schöffengericht** *n* giuria *f;* **Schöffin** ['ʃœfɪn] <-, -nen> *f* giurata *f*

Schokolade [ʃoko'la:də] <-, -n> *f* cioccolato *m;* (*Getränk*) cioccolata *f*

Scholle ['ʃɔlə] <-, -n> *f* ❶ (*Erd~*) zolla *f;* (*Eis~*) lastra *f* di ghiaccio *fig* ❷ (*Fisch*) passera *f* di mare, pianuzza *f*

schon [ʃo:n] *adv* ❶ (*zeitlich, örtlich*) già; **~ oft** più volte; **~ wieder** di nuovo; **~ von weitem** già da lontano; **das weiß ich ~ lange** lo so da un pezzo; **es ist ~ lange her** è già da un pezzo ❷ (*mit nachfolgender Zeitbestimmung*) fin da; **~ damals** fin d'allora; **~ jetzt** fin d'ora; **~ als Kind** fin da bambino ❸ (*gewiss, doch, wohl*) certamente, senz'altro; (*das*) **~, aber ...** certo, ma ...; **ich weiß ~** lo so, lo so; **es wird ~ gehen** andrà bene; **das mag ~ sein** è possibile; **wenn ich das ~ höre** solo a sentirlo; **sie wird ~** (**noch**) **kommen** verrà, verrà; **~ gut!** va bene, basta così; **mach ~!** (*fam: beeil dich!*) spicciati!; **und wenn ~!** (*fam*) che fa!, che importa, e allora?

schön [ʃø:n] I. *adj* bello; (*angenehm*) piacevole; **~e Worte** (*leere*) belle parole; **~ werden** (*Wetter*) mettersi al bello; **es ist ~** [*o* **-es Wetter**] fa bello; **das ist ~ von dir** è gentile da parte tua; **das ist ja alles ganz ~, aber ...** (*fam*) d'accordo, ma ...; **das ist** (**ja**) **eine ~e Geschichte!** (*fam*) bell'affare!; **das wäre** (**ja**) **noch ~er!** (*fam*) sarebbe il colmo!; **~e Grüße** tanti saluti; **~es Wochenende!** buon fine settimana! II. *adv* bene; (*fam: ziemlich*) abbastanza; **~ malen/schreiben/singen** dipingere/scrivere/cantare bene; **ich lasse ~ grüßen** tante belle cose da parte mia; **das werde ich ~ sein lassen** (*fam*) me ne guarderò bene; **bitte ~!** prego!; **danke ~!, ~en Dank!** tante grazie!; **sei ~ brav!** sii bravo!, fa il bravo!

Schonbezug *m* coprisedile *m;* (*für Matratze*) coprimaterasso *m*

schonen ['ʃo:nən] I. *vt* (*jdn, Nerven*) risparmiare; (*Gesundheit*) aver riguardo di, badare a; (*Gegenstand*) avere cura di; (*jds Gefühle*) aver riguardo di II. *vr* **sich ~** risparmiarsi, riguardarsi; **schonend** I. *adj* delicato, riguardoso II. *adv* con riguardo; **jdm etw ~ beibringen** insegnare qc a qu gentilmente

Schonfrist *f* periodo *m* di rodaggio

Schongang <-s, -gänge> *m* ❶ (AUTO) quinta *f* ❷ (*Schonwaschgang*) programma *m* delicato

Schöngeist *m* bellospirito *m;* **schöngeistig** *adj* (*Mensch*) amante delle belle lettere; **~e Literatur** belle lettere

Schönheit <-, -en> *f* bellezza *f;* **Schönheitschirurgie** *f* chirurgia *f* estetica; **Schönheitsfehler** *m* difetto *m* estetico; (*fig*) imperfezione *f;* **Schönheitskönigin** *f* reginetta *f* di bellezza; **Schönheitsoperation** *f* operazione *f* di chirurgia estetica; **Schönheitspflege** *f* cosmesi *f*

Schonkost *f* dieta *f* (leggera)

Schönling ['ʃø:nlɪŋ] <-s, -e> *m* (*pej*) bellimbusto *m*

schön|machen I. *vi* (*Hund*) drizzarsi sulle zampe posteriori II. *vr* **sich ~** farsi bello III. *vt* (*Kind*) mettere il vestito migliore a; (*Wohnung*) decorare

Schönschrift *f* bella scrittura *f,* calligrafia *f;* (*fam: Reinschrift*) bella copia *f*

schön|tun <tut schön, tat schön, schöngetan> *vi* (*fam*) **jdm ~** (*schmeicheln*) adulare qu

Schonung <-, -en> *f* ❶ *sing* (*von Gesundheit*) riguardo *m,* cura *f;* (*von Gegenstand*) attenzione *f,* riguardo *m;* (*Nachsicht*) indulgenza *f* ❷ (*Wald*) bosco *m* di riserva; (*Baumschule*) vivaio *m;* **schonungslos** *adj* (*Behandlung*) senza riguardo; (*Vorge-*

hen) senza delicatezza; (*Kritik*) spietato; (*Wahrheit*) brutale

Schonzeit *f* periodo *m* di divieto di caccia

Schopf [ʃɔpf] <-(e)s, Schöpfe> *m* ciuffo *m;* **die Gelegenheit beim ~ ergreifen** cogliere la palla al balzo *fam*

Schopfbraten *m* (*A:* GASTR: *Schweinefleisch vom Nacken*) coppa *f* di maiale

schöpfen ['ʃœpfən] **I.** *vt* ❶ (*Flüssigkeit*) attingere; **Wasser aus der Quelle ~** attingere acqua alla fonte; **Suppe ~** versare la minestra con il mestolo ❷ (*geh*) **Atem ~** respirare; **Mut ~** farsi coraggio; **Hoffnung ~** riacquistare la speranza; **Kraft ~** riprendere forza; **Verdacht ~** insospettirsi ❸ (*neuen Ausdruck, Wort*) coniare **II.** *vi* attingere, prendere

Schöpfer(in) <-s, -; -, -nen> *m(f)* creatore, -trice *m, f;* **schöpferisch** *adj* creativo

Schöpfkelle *f,* **Schöpflöffel** *m* ramaiolo *m,* mestolo *m*

Schöpfung <-, -en> *f* creazione *f;* **Schöpfungsgeschichte** *f* (*in Bibel*) genesi *f*

Schoppen ['ʃɔpən] <-s, -> *m* ❶ (*Wein, Bier*) quartino *m,* mezzetta *f* ❷ (*südd, CH: Babyfläschchen*) biberon *m*

Schöpserne <-n> *kein Pl n* (*A:* GASTR: *Hammelfleisch*) carne *f* di montone

schor [ʃoːɐ̯] *1. u 3. pers sing imp von* **scheren**[1]

Schorf [ʃɔrf] <-(e)s, -e> *m* (*auf Wunde*) crosta *f* (della ferita); (*Hautkrankheit*) pelle *f* squamosa, crosta *f*

Schornstein ['ʃɔrnʃtaɪn] *m* (*von Gebäude*) comignolo *m;* (*von Fabrik, Lokomotive, Schiff*) fumaiolo *m;* **Schornsteinfeger(in)** <-s, -; -, -nen> *m(f),* **Schornsteinkehrer(in)** <-s, -; -, -nen> *m(f)* spazzacamino *m*

schoss[RR] [ʃɔs], **schoß**[ALT] *1. u 3. pers sing imp von* **schießen**

Schoß [ʃoːs] <-es, Schöße> *m* ❶ (*Teil des Körpers, Mutterleib*) grembo *m;* **auf jds ~** sulle ginocchia di qu; **das ist ihm in den ~ gefallen** (*fig*) gli è piovuto dal cielo ❷ (*fig: von Kirche, Familie*) seno *m* ❸ (*Rock~*) falda *f;* **Schoßhund** *m* cane *m* da salotto

Schössling[RR] ['ʃœslɪŋ] <-s, -e> *m,* **Schößling**[ALT] <-s, -e> *m* germoglio *m,* rampollo *m*

Schote ['ʃoːtə] <-, -n> *f* ❶ (BOT) baccello *m,* siliqua *f;* (*fam*) pisello *m* ❷ (NAUT) scotta *f*

Schott [ʃɔt] <-(e)s, -en *o rar* -e> *n* (NAUT) paratia *f*

Schotte ['ʃɔtə] <-n, -n> *m* scozzese *m*

Schottenmuster *n* disegno *m* scozzese

Schotter ['ʃɔtɐ] <-s, -> *m* ghiaia *f,* pietrisco *m*

schottern *vt* inghiaiare

Schottin ['ʃɔtɪn] <-, -nen> *f* scozzese *f*

schottisch *adj* scozzese

Schottland ['ʃɔtlant] *n* Scozia *f*

schraffieren [ʃra'fiːrən] <ohne ge-> *vt* tratteggiare

Schraffierung <-, -en> *f,* **Schraffur** [ʃra'fuːɐ̯] <-, -en> *f* tratteggio *m,* tratteggiatura *f*

schräg [ʃrɛːk] *adj* (*nicht gerade*) obliquo, sbieco; (*geneigt*) inclinato; (*quer laufend*) diagonale; **~ gegenüber** dall'altra parte in linea diagonale; **Schrägstreifen** *m* banda *f* trasversale; **Schrägstrich** *m* linea *f* obliqua

Schramme ['ʃramə] <-, -n> *f* scalfittura *f,* graffio *m*

Schrammelmusik ['ʃraməlmuziːk] <-> *kein Pl f* (*A: Wiener Volksmusik*) musica popolare viennese

schrammen *vt* scalfire, graffiare

Schrank [ʃraŋk] <-(e)s, Schränke> *m* armadio *m;* (*Kleider~*) guardaroba *m;* (*Wand~*) armadio *m* a muro; (*Geschirr~*) credenza *f;* (*Bücher~*) libreria *f;* (*Geld~*) cassaforte *f*

Schranke ['ʃraŋkə] <-, -n> *f* (*fig* FERR) barriera *f;* (*Gerichts~*) (s)barra *f;* (*fig*) limite *m;* **jdn in seine ~n weisen** richiamare qu all'ordine; **schrankenlos** *adj* (*Bahnübergang*) senza sbarre; (*fig*) illimitato; (*bes. Macht*) assoluto; **Schrankenwärter(in)** *m(f)* custode *mf* del passaggio a livello

Schrankkoffer *m* baule *m* armadio

Schrankwand *f* parete *f* di armadi a muro

Schraubdeckel *m* coperchio *m* a vite

Schraube ['ʃraʊbə] <-, -n> *f* ❶ (TEC) vite *f;* **bei ihm ist eine ~ locker** (*fam*) gli manca qualche rotella ❷ (NAUT, AERO) elica *f*

schrauben *vt* avvitare; (*fester/loser ~*) stringere/allentare; (*in die Höhe/niedriger ~*) far salire/ridurre

Schraubendreher <-s, -> *m* s. **Schraubenzieher**; **Schraubenschlüssel** *m* chiave *f* per dadi; **Schraubenzieher** <-s, -> *m* cacciavite *m*

Schraubstock *m* morsa *f* (da banco); **Schraubverschluss**[RR] *m* chiusura *f* a vite; **Schraubzwinge** *f* (TEC) sergente *m,* morsetto *m*

Schrebergarten ['ʃreːbɐgartən] *m* piccolo orto privato

Schreck [ʃrɛk] <-(e)s, -e> *m* spavento *m,* sgomento *m;* **einen ~ bekommen** prendere uno spavento; **jdm einen ~ einjagen**

S

incutere spavento a qu; **ach du (mein) ~!** (*fam*) Dio mio!, mamma mia!

schrecken I. *vt haben* (*ängstigen*) spaventare; **jdn aus dem Schlaf/seiner Lethargie ~** svegliare qu di soprassalto/svegliare qu dal suo letargo **II.** *vi sein* **aus dem Schlaf ~** svegliare di soprassalto

Schrecken <-s, -> *m* ❶(*Erschrecken*) spavento *m;* **in ~ versetzen** spaventare; **mit einem ~ davonkommen** cavarsela con uno spavento; **~ erregend** spaventoso, terrificante ❷ *meist pl* (*des Krieges*) orrori *mpl* ❸(*Entsetzen*) terrore *m*

schreckenerregend *adj* spaventoso, terrificante

schreckensbleich *adj* pallido di paura, terreo, sbiancato

Schreckensszenario *n* scenario *m* dell'orrore

Schreckgespenst *n* ❶(*Person*) spauracchio *m fam* ❷(*drohende Gefahr*) spettro *m*

schreckhaft *adj* che si impaurisce facilmente, pauroso

schrecklich *adj* terribile, spaventoso; (*Anblick*) orribile; (*Verbrechen*) atroce; (*fam: stark, groß*) terribile, tremendo

Schreckschuss^RR *m* colpo *m* sparato in aria; **Schrecksekunde** *f* momento *m* di spavento

Schrei [ʃraɪ] <-(e)s, -e> *m* grido *m*, urlo *m;* **der letzte ~** (*fam*) l'ultimo grido; **einen ~ ausstoßen** cacciare un urlo, dare un grido

Schreibblock <-(e)s, -s> *m* taccuino *m*, bloc-notes *m*

schreiben [ˈʃraɪbən] <schreibt, schrieb, geschrieben> *vt, vi* scrivere; **auf der (Schreib)maschine ~** scrivere a macchina, dattilografare; **wie ~ Sie sich?** come si scrive il Suo nome?; **Schreiben** <-s, -> *n* (ADM: *Brief*) lettera *f;* (*Schriftstück*) scritto *m*

Schreiber [ˈʃraɪbɐ] <-s, -> *m* ❶(*Gerät*) strumento *m* per scrivere ❷(TEC: *Fahrten~*) tacografo *m;* (*an Messgerät*) registratore *m*

Schreiber(in) <-s, -; -, -nen> *m(f)* (*Verfasser*) scrittore, -trice *m, f,* autore, -trice *m, f;* (*Brief~*) corrispondente *mf;* (HIST) scriba *m;* (*Gerichts~*) cancelliere *m* del tribunale

schreibfaul *adj* pigro nello scrivere lettere, che scrive poco; **Schreibfehler** *m* errore *m* ortografico; **schreibgeschützt** *adj* (INFORM) protetto in scrittura; **Schreibkraft** *f* stenodattilografo, -a *m, f;* **Schreibmaschine** *f* macchina *f* da scrivere; **Schreibpapier** *n* carta *f* per

macchina da scrivere; **Schreibschrank** *m* secrétaire *m;* **Schreibschrift** *kein Pl f* corsivo *m;* **Schreibtisch** *m* scrivania *f;* **Schreibtischtäter(in)** <-s, -; -, -nen> *m(f)* cospiratore *m*

Schreibung <-, -en> *f* modo *m* di scrivere, grafia *f*

Schreibunterlage *f* cartella *f* da scrivania, sottomano *m*

Schreibwaren *fpl* articoli *mpl* di cancelleria; **Schreibwarenhändler(in)** *m(f)* cartolaio, -a *m, f;* **Schreibwarenhandlung** *f* cartoleria *f*

Schreibzeug *n* occorrente *m* per scrivere

schreien [ˈʃraɪən] <schreit, schrie, geschrie(e)n> **I.** *vi* (*Mensch, Vogel*) gridare; (*auf~*) (mettersi a) urlare; (*brüllen*) urlare; (*rufen*) gridare, chiamare; (*laut reden*) parlare forte, gridare; (*weinen: Kind*) piangere, strillare; (*Esel*) ragliare; (*Eule*) stridere; (*Hahn*) cantare; **nach jdm/etw ~** chiamare ad alta voce qu/qc; **zum Schreien (komisch) sein** (*fam*) essere da sbellicarsi dalle risate **II.** *vt* gridare, chiamare **III.** *vr* **sich heiser ~** diventare rauco a furia di gridare, sgolarsi; **schreiend** *adj* ❶(*brüllend*) urlante ❷(*fig: Farbe*) stridente; **eine ~e Ungerechtigkeit** un'ingiustizia che grida vendetta

Schreihals *m* (*fam*) strillone, -a *m, f,* sbraitone, -a *m, f*

Schreikrampf <-(e)s, -krämpfe> *m* urlo *m* spasmodico

Schrein [ʃraɪn] <-(e)s, -e> *m* (*Reliquien~*) reliquiario *m*

Schreiner(in) [ˈʃraɪnɐ] <-s, -; -, -nen> *m(f)* (*bes. südd*) falegname *m*

Schreinerei [ʃraɪnəˈraɪ] <-, -en> *f* (*bes. südd*) falegnameria *f*

schreinern [ˈʃraɪnɐn] *vi, vt* (*bes. südd*) fare il falegname

schreiten [ˈʃraɪtən] <schreitet, schritt, geschritten> *vi sein* (*geh*) camminare, marciare; (*würdevoll*) incedere; **über etw** *acc* **~** passare sopra qc; **zu etw ~** (*fig*) passare a qc

schrie [ʃriː] *1. u 3. pers sing imp von* **schreien**

schrieb [ʃriːp] *1. u 3. pers sing imp von* **schreiben**

Schrift [ʃrɪft] <-, -en> *f* ❶(*~ art, Hand~, ~ system*) scrittura *f;* (*Auf~*) scritta *f* ❷(*Gedrucktes*) scritto *m;* (*literarisches Werk*) opera *f;* (*Abhandlung*) atto *m,* trattato *m;* **die Heilige ~** la Sacra Scrittura ❸(*CH: Ausweispapiere*) documenti *mpl;* **Schriftdeutsch** *n* tedesco *m* letterario;

(*nicht Dialekt*) buon tedesco *m;* **Schrift-führer(in)** *m(f)* segretario, -a *m, f,* protocollista *mf;* **Schriftgröße** <-, -n> *f* (*Computer*) dimensione *f* di carattere; **schriftlich I.** *adj* scritto **II.** *adv* per iscritto; ~ **festhalten** mettere per iscritto; **Schriftsprache** *f* lingua *f* scritta; (*Hochdeutsch*) tedesco *m* standard

Schriftsteller(in) <-s, -; -, -nen> *m(f)* scrittore, -trice *m, f;* **schriftstellerisch** *adj* letterario, di [*o* da] scrittore; **Schriftstellername** *m* pseudonimo *m* di scrittore

Schriftstück *n* scritto *m;* (ADM) documento *m;* **Schriftverkehr** *kein Pl m* corrispondenza *f*

schrill [ʃrɪl] *adj* stridulo, acuto

schritt [ʃrɪt] *1. u 3.pers sing imp von* **schreiten**

Schritt [ʃrɪt] <-(e)s, -e> *m* ❶(*beim Gehen, a fig*) passo *m;* **drei ~e von ... a** quattro passi da ...; **große ~e machen** camminare a grandi passi; **jdm auf ~ und Tritt folgen** seguire qu passo passo; **~ für ~** passo (per) passo; (*fig*) gradatamente, gradualmente; **~e unternehmen** (*fig*) intraprendere dei passi; **den ersten ~ tun** (*fig*) fare il primo passo; **mit jdm/etw ~ halten** (*fig*) andare di pari passo con qu/andare al passo con qc ❷(*von Hose*) cavallo *m*

Schrittempoᴬᴸᵀ *kein Pl m s.* **Schritttempo; Schrittmacher** *m* ❶(*fig* SPORT) battistrada *m* ❷(MED) pacemaker *m;* **Schritttempo**ᴿᴿ *kein Pl m* (**im**) ~ **fahren** andare/procedere a passo d'uomo

schrittweise *adv* passo passo; (*fig: allmählich*) gradatamente, gradualmente

schroff [ʃrɔf] *adj* ❶(*steil*) erto, ripido; (*jäh abfallend*) dirupato, scosceso ❷(*fig: barsch, plötzlich*) brusco

schröpfen [ˈʃrœpfən] *vt* (*fig*) salassare

Schrot [ʃroːt] <-(e)s, -e> *m o n* ❶(*Mehl*) (chicchi *mpl* di) cereali *mpl* macinati grossolanamente, cruschello *m* ❷(*Flinten~*) pallini *mpl;* **von altem ~ und Korn** di vecchio stampo

schroten *vt* tritare, macinare

Schrott [ʃrɔt] <-(e)s> *kein Pl m* rottami *mpl* metallici; **ein Auto zu ~ fahren** ridurre un'auto a pezzi; **Schrotthändler(in)** *m(f)* negoziante *mf* di ferraglia; **Schrotthaufen** *m* ❶(*Ansammlung*) mucchio *m* di rottami ❷(*fam: altes Auto*) catorcio *m;* **Schrottplatz** *m* parco *m* rottami; **schrottreif** *adj* (*Auto*) pronto per essere demolito; **Schrottwert** *m* valore *m* di rottame

schrubben [ˈʃrʊbən] *vt* strofinare, (s)fre-

gare; **Schrubber** <-s, -> *m* spazzolone *m*

Schrulle [ˈʃrʊlə] <-, -n> *f* (*pej*) ❶(*Marotte*) grillo *m,* capriccio *m,* tic *m* ❷(*alte Frau*) vecchiaccia *f*

schrullig *adj* stravagante, bizzarro

schrumpelig [ˈʃrʊmpəlɪç] *adj* raggrinzito, rugoso

schrumpfen [ˈʃrʊmpfən] *vi sein* ❶(*Gewebe*) (r)aggrinzare, restringersi; (*Apfel*) incresparsi ❷(*fig: Vorrat, Kapital*) assottigliarsi, ridursi

Schrumpfung <-, -en> *f* ❶(*von Gewebe*) restringimento *m,* ritiro *m* ❷(*fig*) riduzione *f,* diminuzione *f*

schrumplig *adj s.* **schrumpelig**

Schrunde [ˈʃrʊndə] <-, -n> *f* (*Haut~*) screpolatura *f;* (*Fels~, Gletscherspalte*) crepaccio *m*

Schub [ʃuːp] <-(e)s, Schübe> *m* ❶(*Stoß,* PHYS) spinta *f* ❷(MED) fase *f* ❸(*Gruppe, Anzahl*) gruppo *m,* quantità *f;* **Schubkarre** *f,* **Schubkarren** *m* carriola *f;* **Schubkraft** *f* forza *f* di spinta; **Schublade** *f* cassetto *m*

Schubs [ʃʊps] <-es, -e> *m* (*fam*) spintarella *f*

schubsen [ˈʃʊpsən] *vt* (*fam*) spingere, dare una spinta a

schüchtern [ˈʃʏçtən] *adj* timido; **Schüchternheit** <-> *kein Pl f* timidezza *f*

schuf [ʃuːf] *1. u 3. pers sing imp von* **schaffen**¹

Schuft [ʃʊft] <-(e)s, -e> *m* (*pej*) furfante *m,* canaglia *f*

schuften [ˈʃʊftən] *vi* (*fam*) sfacchinare, sgobbare

Schufterei [ʃʊftəˈraɪ] <-, -en> *f* (*fam: Plackerei*) sfacchinata *f,* sgobbata *f*

schuftig *adj* (*pej*) infame, basso, vile; **Schuftigkeit** <-, -en> *f* (*pej*) infamia *f,* bassezza *f,* viltà *f*

Schuh [ʃuː] <-(e)s, -e> *m* scarpa *f;* **jdm etw in die ~e schieben** (*fig fam*) gettare la colpa di qc addosso a qu; **ich weiß, wo dich der ~ drückt** (*fig*) so che cosa ti preoccupa; **Schuhanzieher** <-s, -> *m* calzascarpe *m;* **Schuhband** *n* laccio *m,* stringa *f;* **Schuhbürste** *f* spazzola *f* per scarpe; **Schuhcreme** *f* lucido *m* da scarpe; **Schuhgeschäft** *n* negozio *m* di calzature; **Schuhgröße** *f* numero *m* di scarpe; **Schuhlöffel** *m* calzascarpe *m;* **Schuhmacher(in)** *m(f)* calzolaio, -a *m, f;* **Schuhnummer** *f* s. **Schuhgröße;** **Schuhplattler** [ˈʃuːplatlɐ] <-s, -> *m* danza tipica tirolese; **Schuhputzer(in)** *m(f)* lustrascarpe *mf;* **Schuhsohle** *f* suola *f* (della scarpa); **Schuhspanner** *m*

S

forma *f* per scarpe, tendiscarpe *m*

Schukostecker® [ˈʃuːkoʃtɛkɐ] *m* spina *f* con messa a terra

Schulabbrecher(in) *m(f)* chi ha interrotto gli studi; **Schulalter** *n* età *f* scolastica; **Schulanfang** *m* inizio *m* dell'anno scolastico; **Schularbeit** *f* ➊ (*Hausaufgaben*) compiti *mpl* per casa ➋ (*A: Klassenarbeit*) compito *m* in classe; **Schulaufgabe** *f* compito *m* (scolastico); **Schulausflug** *m* gita *f* scolastica; **Schulbank** *f* banco *m* di scuola; **die ~ drücken** (*fam*) andare a scuola; **Schulbeginn** *m* (*morgens*) inizio *m* delle lezioni; (*Schuljahresbeginn*) inizio *m* dell'anno scolastico; (*nach Ferien*) rientro *m* a scuola; **Schulbeispiel** *n* esempio *m* classico [*o* tipico]; **Schulbesuch** *m* frequenza *f* scolastica; **Schulbildung** *f* istruzione *f* scolastica; **Schulbuch** *n* libro *m* scolastico; **Schulbus** *m* scuolabus *m*

schuld [ʃʊlt] *adj* **an etw** *dat* **~ sein** avere la colpa di qc

Schuld [ʃʊlt] <-, -en> *f* ➊ (FIN) debito *m;* **seine ~en bezahlen** pagare i propri debiti; **in jds ~ stehen** (*a fig*) essere debitore di qu ➋ *sing* (*Fehler, Vergehen, Verbrechen*) colpa *f;* **die ~ auf sich nehmen** assumersi la responsabilità; **jdm die ~** (**an etw** *dat*) **geben** dare a qu la colpa (di qc); **das ist meine ~, ich bin schuld** è colpa mia; **schuldbewusst**^RR *adj* conscio della propria colpa

schulden [ˈʃʊldən] *vt* **jdm etw ~** dovere qc a qu, essere debitore di qc a qu

schuldenfrei *adj* esente da debiti; (*Grundstück*) non ipotecato, libero da ipoteca

Schuldfrage *f* questione *f* della colpevolezza; **Schuldgefühl** *n* senso *m* di colpa

schuldhaft *adj* colpevole

schuldig *adj* ➊ (*schuldhaft, verantwortlich*) **einer Sache** *gen* [*o* **an etw** *dat*] **~ sein** essere colpevole di qc; **~ sprechen** dichiarare colpevole; **sich ~ bekennen** riconoscersi colpevole ➋ (*verpflichtet, verschuldet*) debitore; (*gebührend*) dovuto; **jdm etw ~ sein** (*a fig*) dovere qc a qu, avere un debito di qc verso qu; **die Antwort ~ bleiben** dovere dare una risposta; **die Antwort nicht ~ bleiben** avere la risposta pronta; **was bin ich Ihnen ~?** cosa Le devo?

Schuldige <ein -r, -n, -n> *mf* colpevole *mf*

Schuldigkeit <-> *kein Pl* f dovere *m*, obbligo *m; seine ~ tun* fare il proprio dovere

schuldlos *adj* **an etw** *dat* **~ sein** non essere colpevole di qc; **Schuldlosigkeit**

<-> *kein Pl* f innocenza *f*

Schuldner(in) [ˈʃʊldnɐ] <-s, -; -, -nen> *m(f)* debitore, -trice *m, f*

Schuldschein *m* certificato *m* di credito; **Schuldspruch** *m* verdetto *m* di colpevolezza, condanna *f*

Schule [ˈʃuːlə] <-, -n> *f* scuola *f*; **Hohe ~** (*Reiten*) alta scuola; **höhere ~** scuola media [*o* secondaria]; **~ haben** aver lezione; **~ machen** fare scuola; **in die ~ kommen** iniziare la scuola; **zur ~ gehen** andare a scuola; **heute ist keine ~** oggi non c'è scuola

schulen *vt* (*ausbilden*) istruire, formare; (*Auge, Ohr, Gedächtnis*) educare; (*dressieren*) ammaestrare

Schüler(in) [ˈʃyːlɐ] <-s, -; -, -nen> *m(f)* allievo, -a *m, f*; (*im schulpflichtigen Alter*) scolaro, -a *m, f*, alunno, -a *m, f*; (*an höheren Schulen*) studente, -essa *m, f*; (*fig: Anhänger*) discepolo, -a *m, f*; **Schüleraustausch** *m* scambio *m* di studenti; **Schülerausweis** <-es, -e> *m* tessera *f* dello studente; **Schülerin** *f s.* **Schüler**; **Schülerlotse** *m*, **Schülerlotsin** *f* scolaro che aiuta i compagni ad attraversare la strada; **Schülermitverwaltung** *f* partecipazione *f* degli scolari ai consigli scolastici; **Schülerschaft** <-, -en> *f* scolaresca *f*; **Schülerzeitung** *f* giornale *m* studentesco

Schulfach *n* materia *f* scolastica; **Schulferien** *pl* vacanze *fpl* scolastiche; **Schulfernsehen** *n* televisione *f* scolastica; **Schulflugzeug** *n* aeroplano *m* di addestramento; **schulfrei** *adj* **~er Tag** giorno di vacanza; **~ haben** avere vacanza; **Schulfreund(in)** *m(f)* compagno, -a *m, f* di scuola; **Schulfunk** *m* radio *f* scuola

Schulgebühr *f* tassa *f* scolastica; **Schulgeld** *n* tassa *f* scolastica; **Schulheft** *n* quaderno *m* di scuola; **Schulhof** *m* cortile *m* della scuola

schulisch *adj* scolastico

Schuljahr *n* anno *m* scolastico; **Schulkamerad(in)** *m(f)* compagno, -a *m, f* di scuola; **Schulkenntnisse** *fpl* nozioni *fpl* scolastiche; **Schulkind** *n* scolaretto, -a *m, f*; **Schulklasse** *f* classe *f*; (*a Klassenzimmer*) aula *f*; **Schulleiter(in)** *m(f)* direttore, -trice *m, f* di scuola; (*an höheren Schulen*) preside *mf*; **Schulmappe** *f* cartella *f*; **Schulmedizin** *f* medicina *f* classica; **Schulmeinung** <-, -en> *f* opinione *f* scolastica; **schulmeisterlich** *adj* (*pej: pedantisch*) pedante; (*belehrend*) professorale, cattedratico; **schulmeistern** (*pej*) I. *vi* pedanteggiare II. *vt* criticare; **Schulpflicht** *f* istruzione *f* obbligatoria, obbligo *m* scolastico; **schulpflichtig** *adj* **im ~en Alter** in età scolare; **Schulrat** *m,* **Schulrätin** *f* ispettore, -trice *m, f* scolastico, -a; **Schulreform** *f* riforma *f* scolastica; **Schulschiff** *n* (NAUT) nave-scuola *f;* **Schulschluss**^RR *kein Pl m* fine *f* delle lezioni; **Schulspeisung** *f* mensa *f* [*o* refezione *f*] scolastica; **Schulstress**^RR *m* stress *m* da [*o* a] scuola; **Schulstunde** *f* (ora *f* di) lezione *f;* **Schultasche** *f* cartella *f*

Schulter ['ʃʊltɐ] <-, -n> *f* spalla *f;* **~ an ~** spalla a spalla; **jdm auf die ~ klopfen** battere sulla spalla a qu; **etw auf die leichte ~ nehmen** prendere qc alla leggera; **jdm die kalte ~ zeigen** trattare qu con indifferenza

Schulterblatt *n* scapola *f;* **schulterfrei** *adj* che lascia scoperte le spalle, sbracciato; **schulterlang** *adj* lungo fino alle spalle **schultern** *vt* mettere in spalla **Schulterschluss**^RR <-es> *kein Pl m* spalleggiamento *m*

Schulung <-, -en> *f* ❶ (*Ausbildung*) istruzione *f,* addestramento *m;* (*von Stimme*) educazione *f* ❷ (*Lehrgang*) corso *m* d'istruzione

Schulunterricht *m* insegnamento *m* scolastico; **Schulversager(in)** *m(f)* fallito, -a *m, f* negli studi; **Schulweg** *m* strada *f* tra casa e scuola; **Schulweisheit** *f* erudizione *f* scolastica; **Schulwesen** *kein Pl n* organizzazione *f* scolastica, ente *m* scolastico; **Schulzeit** *f* anni *mpl* di scuola; **Schulzeugnis** *n* pagella *f* scolastica

schummeln ['ʃʊməln] *vi* (*fam: beim Spiel*) barare; (*in Schule*) copiare

schumm(e)rig ['ʃʊm(ə)rɪç] *adj* crepuscolare

Schund [ʃʊnt] <-(e)s> *kein Pl m* (*pej*) robaccia *f fam,* ciarpame *m*

schund [ʃʊnt] *1. u 3. pers sing imp von* **schinden**

schunkeln ['ʃʊŋkəln] *vi* dondolarsi tenendosi sottobraccio

Schuppe ['ʃʊpə] <-, -n> *f* ❶ (ZOO) scaglia *f;* (*a Haut~*) squama *f* ❷ (*Kopf~*) forfora *f;* **es fiel mir wie ~n von den Augen** (*fig*) mi cadde la benda dagli occhi

schuppen I. *vt* (*Fisch*) squamare II. *vr* **sich ~** squamarsi

Schuppen ['ʃʊpən] <-s, -> *m* capannone *m,* rimessa *f;* **Schuppenflechte** *f* (MED) psoriasi *f;* **Schuppentier** *n* squamato *m*

schuppig *adj* (*Haut*) squamoso, scaglioso; (*Haar*) pieno di forfora

Schur [ʃuːɐ, *pl:* 'ʃuːrən] <-, -en> *f* tosa-

tura *f*

schüren ['ʃyːrən] *vt* (*a fig*) attizzare

schürfen ['ʃʏrfən] I. *vt* ❶ (*Haut*) scalfire ❷ (*Bodenschätze*) scavare (per estrarre) II. *vr* **sich ~** scalfirsi III. *vi* (**nach etw**) **~** esplorare il terreno (alla ricerca di qc)

Schürfung <-, -en> *f* ❶ (*Verletzung*) scalfittura *f* ❷ (MIN) ricerca *f* di minerali, prospezione *f*

Schürfwunde <-, -n> *f* graffio *m*

Schürhaken *m* attizzatoio *m*

Schurke ['ʃʊrkə] <-n, -n> *m,* **Schurkin** ['ʃʊrkɪn] <-, -nen> *f* farabutto, -a *m, f,* canaglia *f*

schurkisch *adj* infame, spregevole

Schurwolle *f* lana *f* vergine

Schurz [ʃʊrts] <-es, -e> *m* grembiule *m;* (*Lenden~*) perizoma *m*

Schürze ['ʃʏrtsə] <-, -n> *f* grembiule *m;* **Schürzenjäger** *m* (*fam pej*) donnaiolo *m*

Schuss^RR [ʃʊs] <-es, Schüsse> *m,* **Schuß**^ALT <-sses, Schüsse> *m* ❶ (*einer Waffe*) colpo *m,* sparo *m;* (SPORT: *beim Fußball*) tiro *m;* **einen ~ abgeben** sparare un colpo; **gut in ~** (*fam: Mensch*) in buona salute; (*Auto*) in buono stato; (*Firma*) florida; **weit vom ~ sein** essere fuori tiro ❷ (*~ Wein, Essig*) goccio *m;* (*fig: ~ Humor*) pizzico *m,* tantino *m fam* ❸ (*beim Skilaufen*) schuss *m* ❹ (*Weberei*) trama *f* ❺ (*sl: Rauschgift*) schizzo *m sl*

schussbereit^RR *adj* pronto per sparare, caricato

Schüssel ['ʃʏsəl] <-, -n> *f* scodella *f,* ciotola *f*

schuss(e)lig^RR ['ʃʊs(ə)lɪç] *adj,* **schußlig**^ALT *adj* (*fam pej*) sbadato, disattento

Schusslinie^RR *f* traiettoria *f;* **Schusswaffe**^RR *f* arma *f* da fuoco; **Schusswechsel**^RR *m* conflitto *m* a fuoco; **Schussweite**^RR *f* portata *f,* gittata *f;* **außer ~** fuori tiro; **in ~** a tiro; **Schusswunde**^RR *f* ferita *f* d'arma da fuoco

Schuster ['ʃuːstɐ] <-s, -> *m* calzolaio *m;* (*Flick~*) ciabattino *m*

schustern *vi* (*fam pej: pfuschen*) tirar via

Schutt [ʃʊt] <-(e)s> *kein Pl m* macerie *fpl;* (*Bau~, bes. Gips~*) calcinacci *mpl;* **in ~ und Asche legen** ridurre in cenere; **Schuttabladeplatz** *m* scarico *m* dei rifiuti

Schüttelfrost *m* brividi *mpl* di febbre

schütteln ['ʃʏtəln] *vt* scuotere, agitare; **den Kopf ~** scuotere la testa; **jdm die Hand ~** stringere la mano a qu; **vor Gebrauch ~** agitare prima dell'uso

schütten ['ʃʏtən] I. *vt* versare; (*aus~*) spargere, spandere II. *vi* **es schüttet** (*fam*) piove a dirotto

schütter ['ʃʏtə] *adj* (*Haar*) rado

Schutthalde <-, -n> *f* materiale *m* detritico; **Schutthaufen** *m* mucchio *m* di rifiuti

Schüttstein *m* (*CH: Spülstein, Ausguss*) lavello *m*

Schutz [ʃʊts] <-es> *kein Pl m* protezione *f*; (*Zuflucht, Obdach*) rifugio *m*, riparo *m*; ~ **vor jdm/etw** [*o* **gegen jdn/etw**] protezione da qu/qc; ~ **bei jdm suchen** rifugiarsi presso qu; **jdn in** ~ **nehmen** prendere qu sotto la propria protezione, prendere le difese di qu; **im** ~(**e**) **der Dunkelheit** col favore delle tenebre; **Schutzanzug** *m* vestito *m* protettivo; **schutzbedürftig** *adj* bisognoso di protezione; **Schutzblech** *n* parafango *m*; **Schutzbrille** *f* occhiali *mpl* protettivi; **Schutzdach** *n* tettoia *f*, pensilina *f*

Schütze ['ʃʏtsə] <-n, -n> *m* ❶ (ASTR) Sagittario *m;* **er/sie ist** (**ein**) ~ è (del) Sagittario ❷ (*Schießender*) tiratore *m*

schützen ['ʃʏtsən] **I.** *vt* proteggere, riparare; (*in Obhut nehmen*) tutelare, salvaguardare; (*bewahren*) preservare; **jdn** (**vor jdm/etw** [*o* **gegen jdn/etw**]) ~ proteggere qu (da qu/qc); **gesetzlich geschützt** protetto dalla legge **II.** *vr* **sich** (**vor jdm/etw**) ~ difendersi (da qu/qc); **sich vor Hitze/Leid** ~ difendersi dal caldo/dalla sofferenza; **sich gegen den Schaden** ~ salvaguardarsi dai danni; **schützend** *adj* protettore, protettivo

Schützenfest *n* festa *f* dell'associazione dei tiratori a segno

Schutzengel *m* angelo *m* custode

Schützengraben *m* trincea *f*; **Schützenhilfe** *f* (*fig*) **jdm** ~ **geben** appoggiare qu; **Schützenkönig** *m* (*Schützenfest*) vincitore *m* del primo premio nel tiro a segno; **Schützenverein** *m* associazione *f* dei tiratori a segno

Schutzfärbung *f* (ZOO) mimetismo *m* protettivo

Schutzfrist *f* (JUR) periodo *m* di proprietà riservata; **Schutzgebiet** *n* ❶ (POL) protettorato *m* ❷ (*Natur*~) parco *m* nazionale; **Schutzgeld** *n* tangente *f;* ~**er erpressen** estorcere tangenti; **Schutzgitter** *n* griglia *f* di protezione; **Schutzhaft** *f* fermo *m* precauzionale; **Schutzheilige** *mf* patrono, -a *m, f;* **Schutzhelm** *m* elmetto *m* di protezione; **Schutzhülle** *f* involucro *m* protettivo; (*für Instrumente*) custodia *f*; (*von Buch*) copertina *f* salvalibri; **Schutzhütte** *f* rifugio *m;* **Schutzimpfung** *f* vaccinazione *f* profilattica

Schützin ['ʃʏtsɪn] <-, -nen> *f* tiratrice *f; s. a.* **Schütze**

Schützling ['ʃʏtslɪŋ] <-s, -e> *m* protetto, -a *m, f*

schutzlos *adj* senza protezione, indifeso; **Schutzmann** <-(e)s, -männer *o* -leute> *m* (*fam*) vigile *m*, poliziotto *m;* **Schutzmarke** *f* (COM) marchio *m* di fabbrica; **Schutzpatron**(**in**) *m(f)* patrono, -a *m, f;* **Schutzpolizei** *f* polizia *f* di pubblica sicurezza; **Schutzraum** *m* rifugio *m;* (*Luft*~) ricovero *m* antiaereo; **Schutzumschlag** *m* copertina *f* salvalibri; **Schutzweg** *m* (*A: Fußgängerübergang*) strisce *fpl* pedonali; **Schutzzoll** *m* dazio *m* protettivo

Schwabe ['ʃvaːbə] <-n, -n> *m* svevo *m;* **Schwaben** ['ʃvaːbən] *n* Svevia *f;* **Schwabenstreich** *m* (*scherz*) balordaggine *f*

Schwäbin ['ʃvɛːbɪn] <-, -nen> *f* sveva *f*

schwäbisch *adj* svevo

schwach [ʃvax] <schwächer, schwächste> *adj* (*nicht kräftig*) debole; (*Hoffnung*) vago; (*Geste, Nachfrage*) fiacco; (*Licht*) fioco; (*Gesundheit*) gracile, delicato; (*Getränk*) leggero; (*Kaffee*) lungo; (*dürftig: Leistung*) scarso; **die wirtschaftlich Schwachen** le persone di scarsa disponibilità finanziaria; **die** ~**e Stelle** il punto debole; ~**er Trost** magra consolazione; ~ **werden** (*Kraft verlieren*) indebolirsi; (*fig: der Versuchung erliegen*) cedere; **mir wird** ~ mi sento svenire

Schwäche ['ʃvɛçə] <-, -n> *f* debolezza *f*; (*Gebrechlichkeit*) fragilità *f*; (*Vorliebe*) debole *m;* **eine** ~ **haben für** avere un debole per; **Schwächeanfall** *m* attacco *m* di debolezza

schwächen *vt* (*a. fig: Gegner*) indebolire; (*entkräften*) spossare, fiaccare; (*Ansehen*) diminuire, sminuire

Schwachheit <-, -en> *f* ❶ (*moralische Schwäche*) debolezza *f* ❷ (*Gebrechlichkeit*) fragilità; **bild dir bloß keine** ~**en ein!** (*fam*) non farti illusioni!

Schwachkopf *m* (*fam pej*) imbecille *m*

schwächlich *adj* (*körperlich schwach*) deboluccio, gracile; (*kränklich*) malaticcio; **Schwächlichkeit** <-> *kein Pl f* debolezza *f*, gracilità *f*; (*Kränklichkeit*) cagionevolezza *f*; **Schwächling** ['ʃvɛçlɪŋ] <-s, -e> *m* (*pej*) debole *m;* (*Feigling*) codardo *m*

Schwachsinn *m* ❶ (MED) deficienza *f* mentale, imbecillità *f* ❷ (*fam pej: Blödsinn*) idiozia *f*, scemenza *f;* **schwachsinnig** *adj* ❶ (MED) debole di mente, defi-

ciente ❷ (*fam pej*) imbecille
Schwachstelle *f* lato *m* debole;
Schwachstrom *m* corrente *f* a bassa
tensione
Schwächung <-, -en> *f* (*a fig*) indeboli-
mento *m;* (*Minderung*) diminuzione *f,*
attenuazione *f*
Schwaden [ˈʃvaːdən] <-s, -> *m meist pl*
(*Rauch~, Dampf~*) nube *f;* (*Nebel~*)
banco *m*
schwafeln [ˈʃvaːfəln] *vt, vi* (*fam pej*) blaterare
Schwager [ˈʃvaːgɐ] <-s, Schwäger> *m,*
Schwägerin <-, -nen> *f* cognato, -a *m, f*
Schwalbe [ˈʃvalbə] <-, -n> *f* rondine *f;*
Schwalbennest *n* (A GASTR) nido *m* di
rondine
Schwall [ʃval] <-(e)s, -e> *m* (*Woge*)
ondata *f,* cavallone *m;* (*Guss, Wort~*)
flusso *m*
schwamm [ʃvam] *1. u 3. pers sing imp*
von **schwimmen**
Schwamm [ʃvam] <-(e)s,
Schwämme> *m* ❶ (*Tier, Wasch~*) spugna *f*
❷ (*südd, A: Pilz*) fungo *m; ~* **drüber!**
(*fam*) mettiamoci una pietra sopra
Schwammerl <-s, -n> *n* (A, südd: fam:
Pilz) fungo *m*
schwammig *adj* spugnoso; (*pej: Leib*)
gonfio, molle; (*pej: Begriff*) vago
Schwan [ʃvaːn] <-(e)s, Schwäne> *m*
cigno *m*
schwand [ʃvant] *1. u 3. pers sing imp von*
schwinden
schwanen [ˈʃvaːnən] *vi* (*fam*) **mir
schwant nichts Gutes** ho un cattivo presentimento
schwang [ʃvaŋ] *1. u 3. pers sing imp von*
schwingen
schwanger [ˈʃvaŋɐ] *adj* incinta; *~* **werden**
rimaner incinta; **Schwangere** <-n, -n> *f*
donna *f* incinta, gestante *f*
schwängern [ˈʃvɛŋɐn] *vt* mettere incinta;
mit etw geschwängert (*fig*) pregno di qc,
saturo di qc
Schwangerschaft <-, -en> *f* gravidanza *f;* **Schwangerschaftsab-
bruch** *m* interruzione *f* della gravidanza,
aborto *m;* **Schwangerschaftsgym-
nastik** <-> *kein Pl f* ginnastica *f* preparto;
Schwangerschaftstest *m* test *m* di
gravidanza; **Schwangerschaftsunterbrechung** *f* interruzione *f* della gravidanza, aborto *m;* **Schwangerschafts-
urlaub** *m* maternità *f; ~* **nehmen** entrare
in maternità
Schwank [ʃvaŋk] <-(e)s, Schwänke> *m*
❶ (LIT) farsa *f* ❷ (*lustige Begebenheit*) sto-

riella *f* allegra
schwanken [ˈʃvaŋkən] *vi* ❶ *haben* (*Äste,
Wipfel*) muoversi (di qua e di là), agitarsi;
(*Boot*) dondolare ❷ *sein* (*~ d gehen*) barcollare, traballare ❸ *haben* (*fig: Preise,
Temperatur, Kurse*) oscillare ❹ *haben* (*fig:
unentschlossen sein*) essere indeciso;
(*zögern*) esitare; **zwischen etw und
etw ~** essere indeciso fra qc e qc;
schwankend *adj* ❶ (*taumelnd*) vacillante, barcollante ❷ (*fig: fluktuierend*)
oscillante; (*wechselnd*) variabile ❸ (*fig:
zögernd*) esitante, titubante
Schwankung <-, -en> *f* oscillazione *f;*
(*von Stimmung*) cambiamento *m*
Schwanz [ʃvants] <-es, Schwänze> *m*
❶ (*bei Tieren*) coda *f;* **mit dem ~ wedeln**
scodinzolare ❷ (*vulg: Penis*) cazzo *m*
schwänzeln [ˈʃvɛntsəln] *vi* (*Hund*) scodinzolare
schwänzen [ˈʃvɛntsən] (*fam*) **I.** *vt* saltare;
die Schule ~ marinare la scuola **II.** *vi*
ancheggiare, sculettare *vulg*
Schwanzflosse <-, -n> *f* pinna *f* caudale, deriva *f*
schwappen [ˈʃvapən] *vi* ❶ *haben* (*hin
und her*) sciabordare ❷ *sein* (*über~*) traboccare
Schwarm [ʃvarm] <-(e)s, Schwärme> *m*
❶ (*Insekten~*) sciame *m;* (*Vogel~*)
stormo *m;* (*Fisch~*) banco *m;* (*Men-
schen~*) schiera *f,* frotta *f,* folla *f* ❷ (*verehrter Mensch*) passione *f;* (*Idol*) idolo *m*
schwärmen [ˈʃvɛrmən] *vi* ❶ *sein* (*Insekten*) sciamare; (MIL) procedere in ordine
sparso ❷ *haben* (*fig: begeistert sein*) **für
jdn/etw ~** essere entusiasta di qu/qc; (*verliebt sein*) spasimare per qu/qc; **von jdm/
etw ~** (*begeistert reden*) parlare con entusiasmo di qu/qc
Schwärmer <-s, -> *m* ❶ *pl* (ZOO) sfingidi
mpl ❷ (*Feuerwerk*) serpentello *m*
Schwärmer(in) <-s, -; -, -nen> *m(f)*
entusiasta *mf,* appassionato, -a *m, f;* (*Fantast*) sognatore, -trice *m, f;* (*sentimentaler
Mensch*) sentimentale *mf*
Schwärmerei [ʃvɛrməˈraɪ] <-, -en> *f*
entusiasmo *m*
schwärmerisch *adj* (*begeistert*) entusiasta, entusiastico; (REL) fanatico; (*träumerisch*) sognatore
Schwarte [ˈʃvartə] <-, -n> *f* ❶ (*dicke
Haut*) cotenna *f;* (*Speck~*) cotica *f* ❷ (*fam
pej: altes Buch*) libraccio *m*
schwarz [ʃvarts] <schwärzer, schwär-
zeste> *adj* ❶ (*Farbe, fig*) nero; (*Gedanken*) malvagio; **die ~e Liste** il libro nero;
ein ~er Tag una giornata nera *fam,* una

giornataccia *fam;* ~ **werden** annerire, oscurarsi; **ins Schwarze treffen** far centro; *(fig)* indovinare, cogliere nel segno; ~ **auf weiß** nero su bianco; **in den ~en Zahlen** (FIN) in attivo; **es sieht ziemlich ~ aus** *(fig)* le cose vanno abbastanza male; **es wurde mir ~ vor den Augen** mi sentii svenire ❷ *(illegal)* clandestino ❸ *(pej: katholisch)* cattolico; *s. a.* **blau**

Schwarz <-(es), -> *n* nero *m;* **in ~** *(Trauer)* di nero, a lutto

Schwarzafrika *n* Africa *f* nera; **schwarzafrikanisch** *adj* negro africano

Schwarzarbeit *f* lavoro *m* nero; **schwarzarbeiten** *vi* lavorare in nero; **Schwarzarbeiter(in)** *m(f)* lavoratore, -trice *m, f* abusivo

schwarzbraun *adj* bruno cupo; **Schwarzbrot** *n* pane *m* nero; **Schwarze** <ein -r, -n, -n> *mf* negro, -a *m, f*

Schwärze ['ʃvɛrtsə] <-, -en> *f* ❶ *sing (Dunkelheit)* oscurità *f* ❷ *(Farbe)* nero *m;* *(Drucker~)* inchiostro *m* (da stampa)

schwärzen *vt* tingere di nero, annerire; (TYP) inchiostrare

schwarzfahren ['ʃvartsfa:rən] <irr> *vi* sein ❶ *(ohne Führerschein)* guidare senza patente ❷ *(ohne Fahrkarte)* viaggiare clandestinamente; **Schwarzfahrer(in)** *m(f)* ❶ *(ohne Führerschein)* persona *f* che guida senza patente ❷ *(ohne Fahrkarte)* viaggiatore, -trice *m, f* clandestino, -a; **Schwarzgeld** *kein Pl n* denaro *m* sporco, fondi *mpl* neri; **schwarzhaarig** *adj* dai capelli neri; **Schwarzhandel** *m* commercio *m* clandestino, mercato *m* nero; **Schwarzhändler(in)** *m(f)* borsanerista *mf;* **schwarzhören** *vi* ascoltare la radio senza pagare il canone; **Schwarzhörer(in)** *m(f)* (radio)ascoltatore, -trice *m, f* abusivo, -a

schwärzlich ['ʃvɛrtslɪç] *adj* nerastro

Schwarzmarkt *m* mercato *m* nero; **schwarzsehen** <irr> *vi* ❶ *(pessimistisch sein)* essere pessimista, vedere tutto nero ❷ (TV) *guardare la televisione senza pagare il canone;* **Schwarzseher(in)** *m(f)* ❶ *(Pessimist)* pessimista *mf* ❷ (TV) telespettatore, -trice *m, f* abusivo, -a; **Schwarzsender** *m* emittente *f* clandestina; **Schwarzwald** *m* Foresta *f* Nera; **schwarzweiß** *adj* (in) bianco e nero; **Schwarzwurzel** *f* (BOT) scorzonera *f*

Schwatz [ʃvats] <-es, -e> *m (fam)* chiacchierata *f*

schwatzen *vi, vt,* **schwätzen** ['ʃvɛtsən] *vi, vt (dial)* (**über jdn/etw**) ~ chiacchie-

rare (su qu/qc)

Schwätzer(in) ['ʃvɛtsə] <-s, -; -, -nen> *m(f)* ❶ *(pej: Klatschmaul)* chiacchierone, -a *m, f*, pettegolo, -a *m, f;* *(Schwafler)* chiacchierone, -a *m, f;* *(Angeber)* fanfarone, -a *m, f*

schwatzhaft *adj (pej: geschwätzig)* chiacchierone, loquace; *(klatschsüchtig)* maldicente, pettegolo; **Schwatzhaftigkeit** <-> *kein Pl f* loquacità *f;* *(Klatschsucht)* maldicenza *f*

Schwebe ['ʃve:bə] <-> *kein Pl f* **in der ~** in equilibrio; *(fig)* in sospeso; **Schwebebahn** *f* ferrovia *f* aerea; *(Drahtseilbahn)* teleferica *f;* **Schwebebalken** *m* asse *f* d'equilibrio

schweben *vi* ❶ *sein (fliegen)* librarsi; **in Gefahr ~** *(fig)* essere in pericolo ❷ *haben (frei hängen)* **an etw** *dat* ~ essere sospeso a qc ❸ *haben (fig: noch unentschieden sein)* essere indeciso; **schwebend** *adj* sospeso; *(fig: Frage, Verfahren)* pendente, in sospeso

Schwede ['ʃve:də] <-n, -n> *m* svedese *m*

Schweden ['ʃve:dən] *n* Svezia *f*

Schwedin ['ʃve:dɪn] <-, -nen> *f* svedese *f*

schwedisch *adj* svedese

Schwefel ['ʃve:fəl] <-s> *kein Pl m* zolfo *m;* **Schwefeldioxid** <-s, -e> *n* (CHEM) anidride *f* solforosa; **schwefelhaltig** *adj* sulfureo

schwefeln *vt* solforare

Schwefelsäure *f* acido *m* solforico; **Schwefelwasserstoff** ['ʃve:fəl'vasəʃtɔf] *m* acido *m* solfidrico, idrogeno *m* solforato

Schweif [ʃvaɪf] <-(e)s, -e> *m* coda *f*

schweifen ['ʃvaɪfən] I. *vi sein (Mensch, Blick, Gedanke)* vagare II. *vt haben* (TEC) ripiegare

Schweigegeld *n* prezzo *m* del silenzio; **Schweigemarsch** *m* marcia *f* silenziosa; **Schweigeminute** *f* minuto *m* di silenzio

schweigen ['ʃvaɪgən] <schweigt, schwieg, geschwiegen> *vi (nicht reden)* tacere; *(aufhören)* cessare; **über etw** *acc* [*o* **von etw**] ~ tacere su qc; **ganz zu ~ von** ... per non parlare di ...; **Schweigen** <-s> *kein Pl n* silenzio *m;* **das ~ brechen** rompere il silenzio; **jdn zum ~ bringen** far tacere qu; **sich in ~ hüllen** avvolgersi nel silenzio; **schweigend** I. *adj* silenzioso II. *adv* in silenzio

Schweigepflicht *f* **ärztliche ~** segreto professionale del medico

schweigsam *adj* taciturno; **Schweigsamkeit** <-> *kein Pl f* taciturnità *f*

S

Schwein [ʃvaɪn] <-(e)s, -e> n ❶ (ZOO)
maiale m, porco m; (~ efleisch) maiale m
❷ (fam pej: Mensch) porco m; **kein** ~ (sl:
niemand) non … anima viva fam ❸ (fam:
Glück) culo m sl; ~ **haben** (fam) avere
culo, avere un gran sedere sl; **Schweine-
braten** m arrosto m di maiale; **Schweinefett** n grasso m di maiale; (ausgelassen) strutto m; **Schweinefleisch** n
(carne f di) maiale m; **Schweinefutter** n
mangime m per porci; **Schweinehund** m
(sl) porco m, canaglia f; **Schweinekote-
lett** <-s, -s> n cotoletta f di maiale;
Schweinepest kein Pl f peste f suina
Schweinerei [ʃvaɪnəˈraɪ] <-, -en> f (fam)
❶ (Unordnung, Unanständigkeit) porcheria f ❷ (Gemeinheit) porcata f
Schweineschmalz n strutto m;
Schweinestall m (a fig) porcile m; **das
ist (ja) ein ~!** (fam) sembra una stalla!
schweinisch adj (fam) ❶ (schmutzig)
sporco, sudicio ❷ (anstößig) osceno, sconcio
Schweinshaxe <-, -n> f (südd, A)
stinco m di maiale; **Schweinsleder** n
pelle f di porco; **Schweinsstelze** <-,
-n> f (A) zampetto m di maiale
Schweiß [ʃvaɪs] <-es> kein Pl m (a fig)
sudore m; (leichter) madore m; **in ~ gebadet sein** essere in un bagno di sudore;
im ~ seines Angesichts col sudore della
fronte; **der ~ trat ihm auf die Stirn** il
sudore gli imperlò la fronte; **Schweiß-
ausbruch** m traspirazione f cutanea;
schweißbedeckt adj coperto di sudore,
sudato
Schweißbrenner m cannello m per saldare
Schweißdrüse f ghiandola f sudoripara
schweißen [ˈʃvaɪsən] vt, vi saldare;
Schweißen <-s> kein Pl n saldatura f
Schweißfüße mpl ~ **haben** sudare ai
piedi
schweißgebadet [ˈʃvaɪsɡəˈbaːdət] adj
bagnato di sudore
Schweißperle f perla f di sudore
Schweißstelle f saldatura f
schweißtreibend adj sudorifero;
schweißtriefend adj grondante di
sudore; **Schweißtropfen** m goccia f di
sudore
Schweiz [ʃvaɪts] f **die** ~ la Svizzera; **die
deutsche/französische** ~ la Svizzera
tedesca/romanda
Schweizer <inv> adj svizzero, elvetico
Schweizer(in) <-s, -; -, -nen> m(f)
(Bewohner der Schweiz) svizzero, -a m, f
Schweizerdeutsch n dialetto m svizzero

tedesco
schweizerisch adj svizzero, elvetico
schwelen [ˈʃveːlən] I. vi ❶ (Feuer, Material) bruciare senza fiamma [o lentamente]
❷ (Hass, Feindschaft) covare II. vt (TEC)
distillare a bassa temperatura
schwelgen [ˈʃvɛlɡən] vi (üppig leben)
stravizare; **im Überfluss** ~ nuotare
nell'abbondanza; **in Erinnerungen/
Gefühlen** ~ godere di ricordi/sentimenti;
schwelgerisch adj (genießerisch)
voluttuoso
Schwelle [ˈʃvɛlə] <-, -n> f (Tür~, fig,
PSYCH) soglia f; (Eisenbahn~) traversina f
schwellen [ˈʃvɛlən] <schwillt, schwoll,
geschwollen> vi sein gonfiarsi; (MED)
tumefarsi; (Gewässer) ingrossarsi, crescere
Schwellenangst f fobia f delle situazioni
nuove
Schwellenwert m valore m di soglia
Schwellkörper m corpo m cavernoso
Schwellung <-, -en> f (MED) rigonfiamento m, gonfiore m
Schwemme [ˈʃvɛmə] <-, -n> f ❶ (fürs
Vieh) guazzatoio m ❷ (Überfluss) offerta f
eccessiva, invasione f
schwemmen vt (fort~) dilavare
Schwemmland n terreno m alluvionale
Schwengel [ˈʃvɛŋəl] <-s, -> m (Glo-
cken~) batacchio m; (Pumpen~) leva f
Schwenk [ʃvɛŋk] <-(e)s, -s o -e> m
❶ (FILM, TV) pianosequenza m, movimento m di macchina ❷ (Drehung) svolta f
schwenkbar adj orientabile; (drehbar)
girevole
schwenken [ˈʃvɛŋkən] I. vt haben ❶ (hin
und her bewegen) sventolare; (schwingen) brandire ❷ (GASTR) far saltare ❸ (spülen) sciacquare ❹ (TEC: drehen) girare;
(wenden) orientare II. vi sein girare, voltare; (MIL) fare una conversione
schwer [ʃveːɐ] I. adj ❶ (gewichtig, ~fäl-
lig, ~verdaulich) pesante; (Last) pesante,
gravoso; **zwei Zentner** ~ **sein** pesare un
quintale; ~**es Geld machen** (fam) fare un
patrimonio; **eine** ~**e Zunge haben** balbettare, parlare con difficoltà (per ubriachezza)
❷ (ernst, schlimm) grave, grande, duro
❸ (Gewitter, Sturm) grosso, grande
❹ (hart: Tag, Arbeit) pesante, faticoso;
(Amt, Aufgabe) arduo, difficile; (Geburt,
Tod) doloroso; (schwierig) difficile; **das ist
nicht (so)** ~ non è poi tanto difficile;
Schweres durchmachen attraversare
momenti difficili ❺ (stark, kraftvoll: Wein,
Parfüm, Zigarre) forte; (Fahrzeug) potente;
(AGR: Boden) forte II. adv ❶ (gewichtsmä-
ßig) molto ❷ (stark, ernst) gravemente,

seriamente; (*enttäuscht, beleidigen*) molto; (*geprüft, büßen, bestrafen*) duramente ❸ (*hart: arbeiten*) sodo, duramente; (*mit Schwierigkeiten*) con difficoltà ❹ (*fam: sehr*) molto; ~ **betrunken sein** essere ubriaco fradicio; **sich ~ täuschen** sbagliarsi di grosso

Schwerarbeit *f* lavoro *m* pesante; **Schwerarbeiter(in)** *m(f)* operaio, -a *m, f* addetto, -a ai lavori pesanti; **Schwerathletik** *f* atletica *f* pesante; **Schwerbehinderte** *mf* grande invalido, -a *m, f;* **Schwerbeschädigte** <ein -r, -n, -n> *mf* grande invalido, -a *m, f*

Schwere <-> *kein Pl f* ❶ (*Gewicht*) peso *m* ❷ (PHYS: *Schwerkaft*) gravità *f* ❸ (*Ernsthaftigkeit*) gravità *f;* (*von Leiden, Leben*) durezza *f,* peso *m* ❹ (*Stärke: von Gewitter*) forza *f* ❺ (*Härte: von Arbeit*) pesantezza *f;* (*von Amt*) difficoltà *f,* onere *m* ❻ (*Schwierigkeit*) difficoltà *f;* **schwerelos** *adj* privo di gravità; **Schwerelosigkeit** <-> *kein Pl f* ❶ (PHYS) mancanza *f* di gravità, imponderabilità *f* ❷ (*fig: Leichtigkeit*) leggerezza *f*

Schwerenöter ['ʃveːrənøːtɐ] <-s, -> *m* (*fam*) donnaiolo *m,* dongiovanni *m*

schwererziehbarALT *adj* caratteriale

schwer|fallenALT <irr> *vi s.* **fallen 8.**

schwerfällig *adj* (*Gang, Bewegung, Mensch*) lento, pesante; (*Verstand*) lento, tardo; (*Argumentieren*) goffo; (*Stil, Übersetzung*) pesante; **Schwerfälligkeit** <-> *kein Pl f* (*von Bewegung, Mensch*) lentezza *f,* pesantezza *f;* (*von Verstand*) lentezza *f;* (*von Stil*) pesantezza *f*

Schwergewicht *n* ❶ (SPORT, *a fam scherz: Mensch*) peso *m* massimo ❷ (*fig: Nachdruck*) massima importanza *f;* **das ~ auf etw** *acc* **legen** dare il massimo peso a qc; **schwerhörig** *adj* duro d'orecchio; **Schwerhörigkeit** <-> *kein Pl f* debolezza *f* d'udito; **Schwerindustrie** *f* industria *f* pesante; **Schwerkraft** *f* forza *f* di gravità; **schwerkrank**ALT *adj* gravemente ammalato

schwerlich *adv* difficilmente

schwerlöslich ['ʃveːɐ̯løːslɪç] *adj* difficilmente solubile

schwer|machenALT *vt s.* **machen I.4.**

Schwermetall *n* metallo *m* pesante

Schwermut <-> *kein Pl f* malinconia *f;* **schwermütig** ['ʃveːɐ̯myːtɪç] *adj* malinconico

schwer|nehmenALT <irr> *vt s.* **nehmen 8.**

Schweröl <-s, -e> *n* olio *m* (combustibile) pesante

Schwerpunkt *m* ❶ (PHYS) centro *m* di gravità, baricentro *m* ❷ (*fig*) centro *m;* (*Hauptgewicht*) massima importanza *f;* **den ~ auf etw** *acc* **legen** dare la massima importanza a qc; **schwerpunktmäßig** *adj* per punti chiave; **Schwerpunktstreik** *m* sciopero *m* che paralizza i gangli vitali dell'economia

schwerreich *adj* (*fam*) ricco sfondato, ricchissimo

Schwert [ʃveːɐ̯t] <-(e)s, -er> *n* spada *f;* **Schwertfisch** *m* pesce *m* spada; **Schwertlilie** *f* iris *f,* iride *f*

schwer|tunALT <irr> *vr* **sich ~** *s.* **tun III.2.**

Schwerverbrecher(in) *m(f)* grande criminale *mf;* **schwerverdaulich**ALT *adj* (*a fig*) indigesto; **schwerverletzt**ALT *adj* gravemente ferito; **schwerverständlich**ALT *adj* di difficile comprensione; **schwerwiegend** *adj* (*Gründe*) grave, serio; (*Entschluss*) importante

Schwester ['ʃvɛstɐ] <-, -n> *f* ❶ (*Verwandte, a fig*) sorella *f* ❷ (*Kranken~*) infermiera *f* ❸ (*Nonne*) suora *f;* **schwesterlich** *adj* di sorella, fraterno

schwieg [ʃviːk] *1. u 3. pers sing imp von* **schweigen**

Schwiegereltern ['ʃviːɡɐʔɛltɐn] *pl* suoceri *mpl;* **Schwiegermutter** *f* suocera *f;* **Schwiegersohn** *m* genero *m;* **Schwiegertochter** *f* nuora *f;* **Schwiegervater** *m* suocero *m*

Schwiele ['ʃviːlə] <-, -n> *f* callo *m,* durone *m fam;* **schwielig** *adj* calloso

schwierig ['ʃviːrɪç] *adj* difficile; (*mühsam*) penoso; (*verzwickt*) delicato; (*heikel*) spinoso; (*unübersichtlich*) accidentato

Schwierigkeit <-, -en> *f* difficoltà *f;* **~ en bereiten** creare difficoltà; **auf ~ en stoßen** incontrare difficoltà; **Schwierigkeitsgrad** *m* grado *m* di difficoltà

schwillt [ʃvɪlt] *3. pers sing pr von* **schwellen**

Schwimmbad *n* piscina *f;* **Schwimmbecken** *n* piscina *f;* **Schwimmdock** *n* bacino *m* galleggiante

schwimmen ['ʃvɪmən] <schwimmt, schwamm, geschwommen> I. *vi sein* ❶ (SPORT) nuotare; ~ **gehen** andare in piscina; **auf dem Rücken/auf der Seite** ~ nuotare sul dorso/sul fianco; **über einen Fluss** ~ attraversare un fiume a nuoto ❷ (*Sachen*) galleggiare ❸ (*fig fam: unsicher sein*) essere insicuro II. *vt sein o haben* nuotare; **Schwimmen** <-s> *kein Pl n* nuoto *m;* **schwimmend** I. *adj* nuotante; (NAUT: *Hotel*) galleggiante; (*Insel*) navigante **II.** *adv* a nuoto

Schwimmer ['ʃvɪmɐ] <-s, -> *m* (NAUT, TEC) galleggiante *m*

Schwimmer(in) <-s, -; -, -nen> *m(f)* (SPORT) nuotatore, -trice *m, f*

Schwimmflosse *f* pinna *f;* **Schwimmhaut** *f* (ZOO) natatoia *f;* **Schwimmlehrer(in)** *m(f)* insegnante *mf* di nuoto; **Schwimmsport** *m* nuoto *m;* **Schwimmweste** *f* giubbetto *m* di salvataggio

Schwindel ['ʃvɪndəl] <-s> *kein Pl m* ❶ (MED) vertigini *fpl;* ~ **erregend** vertiginoso ❷ (*pej: Betrug*) imbroglio *m;* (*Täuschung*) impostura *f;* (*Lüge*) frottole *fpl;* **Schwindelanfall** *m* vertigini *fpl,* capogiro *m;* **schwindelerregend** *adj* vertiginoso; **schwindelfrei** *adj* ~ **sein** non soffrire di vertigini; **Schwindelgefühl** <-(e)s, -e> *n* senso *m* di vertigine; **schwindelig** *adj* (MED) vertiginoso; **mir ist ~** ho le vertigini

schwindeln I. *vi* ❶ (*fam: lügen*) mentire ❷ (*Schwindel haben*) **mir schwindelt** ho le vertigini **II.** *vt* (*fam*) inventare

schwinden ['ʃvɪndən] <schwindet, schwand, geschwunden> *vi sein* ❶ (*abnehmen*) diminuire, decrescere; (*schwächer werden*) attenuarsi; **im Schwinden begriffen sein** andar svanendo ❷ (*dahin~, vergehen*) passare; (*Hoffnung, Erinnerung*) svanire

Schwindler(in) <-s, -; -, -nen> *m(f)* (*Lügner*) mentitore, -trice *m, f;* (*Betrüger*) imbroglione, -a *m, f,* truffatore, -trice *m, f*

schwindlig *adj s.* **schwindelig**

Schwindsucht *f* (*obs*) tubercolosi *f,* tisi *f;* **schwindsüchtig** *adj* tisico

schwingen ['ʃvɪŋən] <schwingt, schwang, geschwungen> **I.** *vt* (*Tücher*) agitare; (*Fahnen*) sventolare; (*Waffen*) brandire **II.** *vr* **sich auf etw** *acc* ~ balzare su qc, lanciarsi su qc **III.** *vi* ❶ (*Schaukel, Pendel*) oscillare ❷ (*Ski*) scendere a serpentine ❸ (*vibrieren*) vibrare ❹ (*fig: nachklingen*) risonare

Schwingung <-, -en> *f* ❶ (PHYS) oscillazione *f;* **in ~(en) versetzen** far oscillare ❷ *pl* (*fig*) vibrazioni *fpl*

Schwips [ʃvɪps] <-es, -e> *m* (*fam*) leggera sbornia *f;* **einen ~ haben** essere un po' brillo

schwirren ['ʃvɪrən] *vi sein* ronzare; (*Vögel, Gedanken*) frullare; (*Kugel, Pfeil*) sibilare

schwitzen ['ʃvɪtsən] *vi* (*Menschen*) sudare; (*Wände, Mauern*) trasudare; (*Fenster*) appannarsi; (GASTR) rosolare; **Schwitzen** <-s> *kein Pl n* sudata *f,* traspi-

razione *f;* **Schwitzwasser** *n* condensa *f*

schwoll [ʃvɔl] *1. u 3. pers sing imp von* **schwellen**

schwören ['ʃvøːrən] <schwört, schwor, geschworen> *vi, vt* **bei jdm/etw** [*o* **auf jdn/etw**] ~ giurare su qu/qc; **jdm/sich** *dat* **etw** ~ (*versprechen*) giurare qc a qu/a se stesso; **auf jdn/etw** ~ (*fig: viel halten von*) aspettarsi molto da qu/qc; **ich möchte darauf ~, dass …** giurerei che …

schwul [ʃvuːl] *adj* (*fam*) omosessuale

schwül [ʃvyːl] *adj* ❶ (*Wetter, Luft*) afoso, soffocante; **es ist** ~ c'è afa ❷ (*fig: Atmosphäre*) opprimente ❸ (*fig: Fantasien, Träume*) eccitante

Schwule ['ʃvuːlə] <ein -r, -n, -n> *m* (*fam*) omosessuale *m*

Schwüle ['ʃvyːlə] <-> *kein Pl f* ❶ (*Witterung*) afa *f* ❷ (*Stimmung*) pesantezza *f* ❸ (*fig: Sinnlichkeit*) sensualità *f*

Schwulenheirat *f* matrimonio *m* gay, matrimonio *m* tra omosessuali

Schwulst [ʃvʊlst] <-(e)s, Schwülste> *m* (*pej*) ampollosità *f*

schwulstig ['ʃvʊlstɪç] *adj* (*A: pej*), **schwülstig** ['ʃvʏlstɪç] *adj* (*pej*) ampolloso, gonfio

Schwund [ʃvʊnt] <-(e)s> *kein Pl m* ❶ (*Abnahme*) diminuzione *f* ❷ (*Verlust*) perdita *f* ❸ (*Schrumpfung*) ritiro *m;* (MED) atrofia *f*

Schwung [ʃvʊŋ] <-(e)s, Schwünge> *m* ❶ (*Bewegung*) movimento *m* circolare; (*mit dem Arm*) giro *m* (del braccio); (*von Skiläufer*) svolta *f,* virata *f* ❷ (*Linienführung*) linea *f* ❸ *sing* (~*kraft, Antrieb*) forza *f,* slancio *m;* (*fig: Elan*) slancio *m,* entusiasmo *m;* (*fig: mitreißende Kraft*) energia *f,* forza *f* travolgente; **in** ~ in forma; **jdn in** ~ **bringen** stimolare qu; **etw in** ~ **bringen** dare l'avvio a qc; **in** ~ **kommen** prendere l'avvio ❹ *sing* (*fam: Menge*) mucchio *m,* montagna *f;* **schwunghaft** *adj* vivace, attivo; **Schwungrad** *n* (TEC) volano *m;* **schwungvoll** *adj* ❶ (*Bewegung, Linie, Unterschrift*) ampio e circolare ❷ (*Rede*) vivace, animato; (*Aufführung*) pieno di slancio; (*Musik*) brioso

Schwur [ʃvuːɐ̯] <-(e)s, Schwüre> *m* giuramento *m;* (*Gelübde*) voto *m;* **einen ~ tun, dass …** giurare di +*inf;* **Schwurgericht** *n* corte *f* d'assise

Schwyz [ʃviːts] *n* (*Stadt*) Svitto *f;* (*Kanton*) Svitto *m*

Science-Fiction[RR] ['saɪəns'fɪkʃən] <-, -s> *f,* **Sciencefiction**[RR] <-, -s> *f* fantascienza *f;* **Sciencefiction-Film**[RR] *m* film *m* di fantascienza

S

Sciencefiction-Roman^{RR} *m* romanzo *m* di fantascienza

Scooter ['skuːtɐ] <-s, -> *m* monopattino *m*

scrollen *vt* (*Computer*) scorrere

sechs [zɛks] *num* sei; *s. a.* **acht**

Sechs <-, -en> *f* sei *m*; (*Schulnote: ungenügend*) *zero*

Sechseck *n* esagono *m*; **sechsfach** *adj* sestuplo; *s. a.* **achtfach**

sechshundert *num* seicento

sechsjährig *adj* ❶ (*sechs Jahre alt*) di sei anni ❷ (*sechs Jahre lang*) che dura sei anni

sechsmal *adv* sei volte

Sechstagerennen *n* (SPORT) seigiorni *f*

Sechste <ein -r, -n, -n> *mf* sesto, -a *m, f*; *s. a.* **Achte**

Sechstel <-s, -> *n* sesto *m*

sechstens *adv* sesto (luogo)

sechste(r, s) *adj* sesto, -a; (*bei Datumsangaben*) sei; *s. a.* **achte(r, s)**

sechzehn ['zɛçtseːn] *num* sedici

Sechzehntel *n* sedicesimo *m*; **Sechzehntelnote** *f* (MUS) sedicesima *f*

sechzehnte(r, s) *adj* sedicesimo, -a; (*bei Datumsangaben*) sedici; *s. a.* **achte(r, s)**

sechzig ['zɛçtsɪç] *num* sessanta; **etwa ~** (...) una sessantina (di ...); *s. a.* **achtzig**

Sechzigerjahre *npl* anni *mpl* sessanta

sechzigjährig *adj* ❶ (*sechzig Jahre alt*) sessantenne ❷ (*sechzig Jahre lang*) che dura sessant'anni; **Sechzigjährige** <ein -r, -n, -n> *mf* uomo *m* (donna *f*) sulla sessantina, sessantenne *mf*

Sechzigstel <-s, -> *n* sessantesimo *m*

sechzigste(r, s) *adj* sessantesimo, -a; *s. a.* **achte(r, s)**

Secondhandladen ['sɛkənd'hændlaːdən] *m* negozio *m* dell'usato

SED [ɛsʔeːˈdeː] <-> *kein Pl f* (HIST, POL) *abk v* **Sozialistische Einheitspartei Deutschlands** partito socialista unitario tedesco

Sediment [zediˈmɛnt] <-(e)s, -e> *n* (GEOL, CHEM) sedimento *m*

See¹ [zeː] <-s, -n> *m* (*Binnen~*) lago *m*; **Vierwaldstätter See** lago *m* dei Quattro Cantoni

See² <-> *kein Pl f* (*Meer*) mare *m*, oceano *m*; **glatte ~** mare calmo; **schwere ~** mare grosso; **an der ~** al mare; **in ~ stechen** salpare; **~ in mare; auf hoher/offener ~** in alto mare

Seeadler *m* aquila *f* marina; **Seebad** *n* (*Ort*) stabilimento *m* balneare; **Seebär** *m* (*scherz*) lupo *m* di mare; **Seebeben** *n* maremoto *m*; **Seefahrt** *f* ❶ (*Schifffahrt*) navigazione *f* marittima ❷ (*einzelne*) viaggio *m* per mare; **Seefrachtbrief** *m* polizza *f* di carico marittimo; **Seegang**

kein Pl m moto *m* ondoso; **hoher ~** mare grosso; **Seegras** *n* (*Tang*) zostera *f*; (*zum Polstern*) crine *m* vegetale; **seegrün** *adj* verde mare; **Seehafen** *m* porto *m* marittimo; **Seehandel** <-s> *kein Pl m* commercio *m* marittimo; **Seeherrschaft** *f* dominio *m* dei mari; **Seehund** *m* foca *f*; **Seeigel** *m* riccio *m* di mare; **Seekarte** *f* carta *f* nautica; **Seeklima** *n* clima *m* marittimo; **seekrank** *adj* **~ sein** aver il mal di mare; **Seekrankheit** *f* mal *m* di mare; **Seelachs** *m* merluzzo *m*

Seele ['zeːlə] <-, -n> *f* (*a fig: Mensch*) anima *f*; (*fig: Gemüt*) animo *m*, anima *f*; (*Gefühl*) sentimento *m*, cuore *m*; **mit ganzer ~** con tutta l'anima; **er/sie ist eine ~ von einem Menschen** è una pasta d'uomo *fam*; **das ist mir aus der ~ gesprochen** mi è sgorgato dall'anima; **nun hat die arme ~ Ruh!** adesso il poveretto è in pace

seelengut ['zeːlənˈɡuːt] *adj* di buon cuore; **Seelenheil** <-(e)s> *kein Pl n* (REL) salvezza *f* dell'anima; **Seelenleben** *n* vita *f* interiore; **Seelenruhe** *f* tranquillità *f* d'animo; **in aller ~** con tutta calma; **seelenruhig** *adv* imperturbabile, tranquillo; **Seelenverwandte(r)** <ein -r, -n, -n> *f(m)* spirito *, -* affine *m*; **Seelenwanderung** *f* metempsicosi *f*, trasmigrazione *f* dell'anima

Seeleute *pl* gente *f* di mare

seelisch *adj* psichico, psicologico; **~ bedingt** psicogeno

Seelöwe *m* leone *m* marino, otaria *f* dalla criniera

Seelsorge *f* cura *f* d'anime; **Seelsorger(in)** <-s, -; -, -nen> *m(f)* padre *m* spirituale

Seeluft *f* aria *f* di mare; **Seemacht** *f* potenza *f* marittima; **Seemann** *m* marinaio *m*; **Seemannsgarn** *n* **~ spinnen** raccontare avventure di marinai; **Seemeile** *f* miglio *m* marino; **Seenot** *f* pericolo *m* di naufragio; **Seenotruf** *m* SOS *m*; **Seepferdchen** <-s, -> *n* cavalluccio *m* marino, ippocampo *m*; **Seeräuber** *m* pirata *m*, corsaro *m*; **Seeräuberei** ['zeːrɔɪbəˈraɪ] <-, -en> *f* pirateria *f*; **Seerecht** *n* diritto *m* marittimo; **Seereise** *f* viaggio *m* per mare; **Seerose** *f* ninfea *f*; **Seeschlacht** *f* battaglia *f* navale; **Seeschlange** *f* ❶ (ZOO) serpente *m* marino ❷ (*in Mythologie*) idra *f*; **Seestern** *m* stella *f* di mare, asteria *f*; **Seestreitkräfte** *fpl* forze *fpl* navali, marina *f*; **Seetang** *m* alga *f* marina; **seetüchtig** *adj* navigabile, atto alla navigazione; **Seevogel** *m*

uccello *m* marino; **Seeweg** *m* via *f* marittima; **auf dem ~** per mare; **Seewind** *m* vento *m* marino; **Seezunge** *f* sogliola *f*
Segel ['ze:gəl] <-s, -> *n* vela *f;* **die ~ setzen** alzare le vele, salpare; **Segelboot** *n* barca *f* a vela; **Segelfliegen** *n* volo *m* a vela; **Segelflieger(in)** *m(f)* veleggiatore, -trice *m, f,* volovelista *mf;* **Segelflug** *m* volo *m* a vela; **Segelflugzeug** *n* aliante *m;* **Segeljacht** *f* yacht *m* a vela; **Segelklub** *m* circolo *m* velico
segeln *vi* veleggiare, navigare a vela; (SPORT) fare della vela; (*Wolken, Vogel*) veleggiare; **~ gehen** andare a fare della vela; **mit dem Wind ~** navigare di bolina; **Segeln** <-s> *kein Pl n* (navigazione *f* a) vela *f,* velismo *m;* **Segelregatta** *f* regata *f* velica; **Segelschiff** *n* veliero *m,* nave *f* a vela; **Segelsport** *m* velismo *m;* **Segeltörn** <-s, -s> *m* viaggio *m* in barca a vela; **Segeltuch** *n* (tela *f*) olona *f*
Segen ['ze:gən] <-s, -> *m* ❶ (*gesprochener, fam: Einwilligung*) benedizione *f* ❷ (*~ des Himmels*) grazia *f* (di Dio) ❸ (*Glück*) fortuna *f;* (*Wohltat*) beneficio *m;* **segensreich** *adj* (*wohltätig*) benefico; (*glückbringend*) che porta fortuna
Segler ['ze:glɐ] <-s, -> *m* ❶ (*Segelschiff*) veliero *m* ❷ (*Segelflugzeug*) aliante *m*
Segler(in) <-s, -; -, -nen> *m(f)* (SPORT) velista *mf*
Segment [zɛˈgmɛnt] <-s, -e> *n* segmento *m*
segnen ['ze:gnən] *vt* benedire
Segnung <-, -en> *f* benedizione *f;* (*segensreiche Wirkung*) beneficio *m*
sehbehindert *adj* che ha la vista debole; **leicht/stark ~ sein** avere la vista un po'/ molto debole
sehen ['ze:ən] <sieht, sah, gesehen> I. *vt* vedere; (*an~*) guardare; (*erkennen*) riconoscere; (*beurteilen*) giudicare; (*treffen*) vedere, incontrare; **wieder ~** rivedere; **etw gern/ungern ~** vedere qc di buon/ cattivo occhio; **bei jdm gern gesehen sein** essere ben accetto a qu; **jdn kommen ~** veder arrivare qu; **das habe ich kommen ~** l'avevo previsto; **sich ~ lassen** (*erscheinen*) farsi vivo *fam;* **sich ~ lassen können** (*gut aus~*) presentarsi bene; **ich sehe nichts mehr** non vedo più niente; **ich kann es nicht ~, wenn ...** non mi piace che *+conj;* **ich kann ihn nicht ~** (*ausstehen*) non posso vederlo; **wenn man ihn (so) sieht** a vederlo; **das kann man ~** si può vederlo, lo si vede; **das muss man gesehen haben** bisogna averlo visto; **das müssen wir erst mal ~**

dobbiamo prima vedere; **das möchte ich doch mal ~!** vorrei proprio vederlo; **das wollen wir (doch einmal) ~!** è da vedersi; **da sieht man es mal wieder!** è tipico!; **da siehst du, was dabei herauskommt** vedi che cosa succede II. *vr* **sich ~** (*treffen*) vedersi, incontrarsi; **sich gezwungen ~ etw zu tun** vedersi costretto a fare qc; **sich in der Lage ~ etw zu tun** essere in grado di fare qc III. *vi* (*mit den Augen*) vederci; (*in bestimmte Richtung*) guardare; **gut/schlecht ~** vederci bene/male; **~, dass etw getan wird** vedere che venga fatto qc; **jdn vom Sehen kennen** conoscere qu di vista; **auf etw** *acc* **~** (*achten*) badare a qc; **aus etw ~** (*hervorschauen*) fare capolino da qc, emergere da qc; **in die Zukunft ~** guardare all'avvenire; **jdm ins Gesicht/in die Augen ~** guardare qu in faccia/negli occhi; **nach jdm/etw ~** (*sich kümmern*) occuparsi di qu/qc; **mal ~, ob ...** vedremo se ...; **wir wollen ~** vedremo; **wir werden ja ~** staremo a vedere; **ich sehe schon, das geht nicht** vedo già che non va; **siehe auch** vedi anche; **siehe oben/unten** vedi sopra/sotto; **sieh mal!** guarda!; **lass mal ~!** fa vedere!; **darf ich mal ~?** posso vedere?; **siehst du** (, **ich habe es ja gesagt)!** vedi (, l'avevo detto io)!
sehenswert *adj* degno d'esser visto, notevole; **Sehenswürdigkeit** <-, -en> *f* cosa *f* notevole, bellezza *f*
Seher(in) <-s, -; -, -nen> *m(f)* veggente *mf*
Sehfehler *m* difetto *m* della vista; **Sehkraft** *f* vista *f,* facoltà *f* visiva; **Sehleistung** <-, -en> *f* (MED) capacità *f* visiva
Sehne ['ze:nə] <-, -n> *f* ❶ (ANAT) tendine *m* ❷ (*Bogen~, MAT*) corda *f*
sehnen ['ze:nən] *vr* **sich nach etw ~** (*Verlangen haben*) desiderare ardentemente qc, bramare qc; **sich nach jdm/etw ~** (*Heimweh haben*) aver nostalgia di qu/qc; **ich sehne mich danach zu** +*inf*/, **dass ...** ho una gran voglia di +*inf*
Sehnenscheidenentzündung *f* tendovaginite *f*
Sehnerv *m* nervo *m* ottico
sehnig *adj* ❶ (*Fleisch*) tiglioso ❷ (*fig: nervig, kraftvoll*) nerboruto
sehnlich *adj* ardente, fervido
sehnlichst *adv* appassionatamente, ardentemente
Sehnsucht *f* ❶ (*Verlangen*) desiderio *m* ardente, brama *f;* **~ nach Liebe** desiderio d'amore ❷ (*Heimweh*) nostalgia *f;* **~ nach etw haben** avere nostalgia di qc; **vor ~**

S

vergehen struggersi dal desiderio

sehnsüchtig *adj* con struggimento, nostalgico; (*Wunsch*) appassionato, struggente; (*ungeduldig*) con ansia; **jdn/etw ~ erwarten** aspettare qu/qc con struggimento; **sehnsuchtsvoll** *adj* (*geh*) con struggimento, nostalgico; (*Wunsch*) appassionato, ardente, struggente; (*ungeduldig*) con ansia

sehr [ze:ɐ̯] *adv* molto, tanto; **~ lang/schön** lunghissimo/bellissimo; **~ bald** tra poco, presto; **~ viel** moltissimo; (*vor Substantiv*) molto, una gran quantità di; **wie ~** quanto; **wie ~ auch ...** per quanto +*conj*; **zu ~** troppo; **so ~** tanto; **bitte ~!** prego

Sehschärfe *f* acutezza *f* visiva

Sehvermögen *n* vista *f*, facoltà *f* visiva

seicht [zaɪçt] *adj* ❶ (*Wasser*) poco profondo, basso ❷ (*fig pej: flach*) piatto, scialbo

seid [zaɪt] *2. pers pl pr von* **sein**[1]

Seide ['zaɪdə] <-, -n> *f* seta *f*; **reine ~** seta pura

Seidel ['zaɪdəl] <-s, -> *n* boccale *m* (da birra)

Seidelbast ['zaɪdəlbast] *m* mezereo *m*

seiden *adj* di seta; **Seidenpapier** *n* carta *f* velina; **Seidenraupe** *f* baco *m* da seta; **Seidenraupenzucht** *f* bachicoltura *f*; **Seidenwaren** *fpl* seterie *fpl*; **seidenweich** ['zaɪdən'vaɪç] *adj* morbido come la seta; **seidig** *adj* come la seta

Seife ['zaɪfə] <-, -n> *f* sapone *m*, saponetta *f*; **Seifenblase** *f* (*a fig*) bolla *f* di sapone; **Seifenfabrik** *f* saponificio *m*; **Seifenlauge** *f* saponata *f*, lisciva *f* di sapone; **Seifenoper** *f* soap opera *f*; **Seifenpulver** *n* sapone *m* in polvere; **Seifenschale** *f* portasapone *m*; **Seifenspender** *m* dosatore *m* di sapone; **Seifenwasser** *n* (acqua *f*) saponata *f*

seifig *adj* pieno di sapone, insaponato

seihen ['zaɪən] *vt* (*filtern*) filtrare, passare

Seil [zaɪl] <-(e)s, -e> *n* corda *f*; (*Tau*) fune *f*; (NAUT) cavo *m*; **Seilbahn** *f* funivia *f*, teleferica *f*

Seilschaft <-, -en> *f* cordata *f*

Seiltänzer(in) *m(f)* funambolo, -a *m*, *f*

sein[1] [zaɪn] <ist, war, gewesen> *vi sein* essere; (*existieren*) esistere; (*sich befinden*) trovarsi; (*stattfinden*) aver luogo; **Lehrer ~** essere insegnante; **20 Jahre alt ~** aver vent'anni; **ich bin es** sono io; **hier bin ich** eccomi (qua); **mir ist kalt** ho freddo; **mir ist, als ob ...** ho l'impressione che +*conj*; **es ist an dir zu** +*inf* spetta a te +*inf*; **es ist schön(es Wetter)** fa bello, fa bel tempo; **es ist Winter** è inverno; **es ist**

kalt/warm è [*o* fa] freddo/caldo; **es ist lange her** è un pezzo; **es waren viele Menschen da** c'erano molte persone; **so ist es** è così; **2 und 2 ist 4** 2 più 2 fa 4; **das ist nichts für Sie** non fa per Lei; **das mag ~** può darsi, sarà; **beinahe wäre ich ...** mancò poco che +*conj*; **als ob nichts (geschehen) wäre** come se niente fosse (stato); **da dem so ist, ...** quand'è così, ...; **sei es ..., sei es ...** sia ..., sia ...; **es sei denn (, dass) ...** a meno che +*conj*; **es könnte sehr wohl ~, dass ...** potrebbe darsi benissimo che +*conj*; **wie dem auch sei** come che sia; **sei es auch noch so wenig** per quanto poco sia; **sind Sie es?** è Lei?; **was ist mit Ihnen?** che cos'ha?; **was ist das?** che cos'è?; **wer ist das?** chi è?; **lass es ~!** lascia perdere!; **lass es gut ~!** non prendertela!; **das ist ja gerade!** proprio di questo si tratta!

sein[2] *pron poss von* **er, es** (*adjektivisch*) suo, -a *m*, *f*, **suoi** *mpl*, **sue** *fpl*

Sein <-s> *kein Pl n* essere *m*; (*Da~*) esistenza *f*

seine *s.* **seine(r, s)**

Seine ['zɛːnə *o* sɛn] *f* Senna *f*

seiner *pron pers gen von* **er, es** di lui; *s. a.* **seine(r, s)**

seine(r, s) ['zaɪnə, -nɐ, -nəs] *pron poss von* **er, es** (*substantivisch*) (il) suo, (la) sua, (i) suoi *pl*, (le) sue *pl*; **das Seine tun** fare il possibile; **jedem das Seine** (*prov*) a ciascuno il suo

seinerseits *adv* da parte sua

seinerzeit *adv* allora

sein(e)s *s.* **seine(r, s)**

seinesgleichen <inv> *pron* suo pari, uno *m* come lui; **jdn wie ~ behandeln** trattare qu da pari a pari; **unter ~** tra i propri pari

seinetwegen ['zaɪnət've:gən] *adv* per causa sua, per lui; (*negativ*) per colpa sua

seinetwillen ['zaɪnət'vɪlən] *adv* **um ~** per lui, per amor suo

seinige(r, s) (*obs, geh*) *s.* **seine(r, s)**

sein|lassenALT *s.* **lassen**[2] 3.

seins *s.* **seine(r, s)**

seit [zaɪt] I. *prp* da II. *konj* da quando

seitdem [zaɪt'de:m] I. *adv* da allora II. *konj* da quando

Seite ['zaɪtə] <-, -n> *f* ❶ (*von Körper, Gegenstand, Fläche*) lato *m*, parte *f*; (*von Fahrzeug*) fianco *m*, lato *m*; (*von Schiff*) fianco *m*, fiancata *f*; (*von Stoff*) verso *m*; **linke ~** (*von Stoff*) rovescio *m*; (TYP) verso *m*; **rechte ~** (*von Stoff*) diritto *m*; (TYP) retto *m*; **~ an ~** fianco a fianco; **auf allen ~n** da ogni parte; **auf beiden ~n** da ambo le parti; **auf der einen ~ …, auf der anderen ~ …** da un lato …, dall'altro [o dall'altra]; **nach allen ~n** in tutte le direzioni; **von der ~** di lato; (MIL) al fianco; **von beiden ~n** da una parte e dall'altra; **auf die ~ legen** (a fig: sparen) mettere da parte; **zur ~ gehen/treten/fahren** farsi da parte; **jdn von der ~ ansehen** guardare qu di lato; **jdm nicht von der ~ weichen** seguire qu come la sua ombra; **auf jds ~ stehen** (fig) parteggiare per qu, essere dalla parte di qu; **jdn auf seine ~ bringen** (fig) tirare qu dalla propria parte; **jdm zur ~ stehen** (fig) assistere qu, aiutare qu ❷ (MAT: von Gleichung) termine m, membro m ❸ (Charakterzug, Aspekt) lato m, aspetto m; **jds starke/schwache ~** il (lato) forte/il (lato) debole di qu; **von seiner besten ~ zeigen** mostrarsi dal lato migliore ❹ (von Partei) ala f; (SPORT, MIL) fianco m ❺ (von Buch, Zeitung) pagina f

Seitenairbag m (AUTO) airbag m laterale; **Seitenaltar** m altare m laterale; **Seitenansicht** f vista f laterale; (Profil) profilo m; **Seitenaufprallschutz** m (AUTO) paraurti m laterale; **Seitenblick** m occhiata f (di lato); **Seiteneingang** m entrata f laterale; **Seitenflügel** m (ARCH) ala f; (von Flügelaltar) sportello m; **Seitenhieb** m (fig) fiancata f, stoccata f; **Seitenlage** f posizione f laterale; **stabile ~** posizione laterale stabile; **seitenlang** adj di pagine e pagine; **Seitenlänge** <-, -n> f ❶ (Pyramide, Möbelstück) lunghezza f laterale ❷ (Umfang einer Manuskriptseite) lunghezza f di pagina; **Seitenlinie** f ❶ (SPORT) linea f laterale ❷ (FERR) linea f secondaria ❸ (Genealogie) linea f collaterale

seitens prp +gen da parte di
Seitenschiff n navata f laterale; **Seitensprung** m (fig) scappatella f; **einen ~ machen** avere un'avventura; **Seitenstechen** kein Pl n fitta f al fianco; **Seitenstraße** f strada f laterale; **Seitenstreifen** m (von Straße) banchina f; **seitenverkehrt** adj inverso, in ordine inverso; **Seitenwind** m vento m laterale

seither [zaɪt'heːɐ̯] adv da allora
seitlich I. adj laterale II. adv laterale, di lato III. prp +gen a lato di
seitwärts ['zaɪtvɛrts] adv lateralmente
sek., Sek. abk v **Sekunde** sec.
SEK [ɛsʔeːˈkaː] <-> n s. **Sondereinsatzkommando** unità f operativa speciale, gruppo m operativo speciale
sekkieren [zɛˈkiːrən] <ohne ge-> vt (A: belästigen, quälen) maltrattare

Sekret [zeˈkreːt] <-(e)s, -e> n secreto m
Sekretär [zekreˈtɛːɐ̯] <-s, -e> m (Möbelstück) secrétaire m
Sekretär(in) [zekreˈtɛːɐ̯] <-s, -e; -, -nen> m(f) segretario, -a m, f
Sekretariat [zekretariˈaːt] <-(e)s, -e> n segretariato m
Sekretärin f s. **Sekretär**
Sekt [zɛkt] <-(e)s, -e> m spumante m
Sekte ['zɛktə] <-, -n> f setta f; **Sektenmitglied** n membro m di una setta
Sektfrühstück n colazione f a base di champagne; **Sektglas** n calice m da spumante
Sektierer(in) [zɛkˈtiːrɐ] <-s, -; -, -nen> m(f) seguace mf (di una setta), settario, -a m, f; **sektiererisch** [zɛkˈtiːrərɪʃ] adj settario
Sektion [zɛkˈtsi̯oːn] <-, -en> f ❶ (Abteilung) sezione f, reparto m ❷ (MED) dissezione f, autopsia f; **Sektionschef(in)** m(f) (A) funzionario ministeriale di massimo grado
Sektkühler m secchiello m del ghiaccio (per spumante); **Sektlaune** f (scherz) euforia f da champagne
Sektor ['zɛktoːɐ̯] <-s, -en> m (MAT) settore m
sekundär [zekʊnˈdɛːɐ̯] adj secondario
Sekundararzt [zekʊnˈdaːɐ̯artst] m, **Sekundarärztin** f (A: Assistenzarzt) assistente mf medico, -a; **Sekundarlehrer(in)** [zekʊnˈdaːɐ̯leːrɐ] m(f) (CH) insegnante mf della Sekundarschule
Sekundärliteratur f opere fpl critiche, bibliografia f
Sekundarschule f (CH: ca. 6.-10. Schulstufe) scuola che comprende gli anni della scuola media e i primi due della scuola superiore
Sekunde [zeˈkʊndə] <-, -n> f secondo m; **eine ~, bitte!** un momento, per favore!; **Sekundenschnelle** [zeˈkʊndən'ʃnɛlə] f **in ~** in un attimo; **Sekundenzeiger** m lancetta f dei secondi
selbe s. **selbe(r, s)**
selber ['zɛlbɐ] adv (fam) s. **selbst**
selbe(r, s) ['zɛlbə, -bɐ, -bəs] adj stesso; **im ~n Augenblick** nello stesso momento
selbst [zɛlbst] I. pron dem stesso; in persona; **die Sache/das Haus ~** la cosa/la casa in sé stessa; **etw ~ machen** fare qc da solo; **von ~** da sé; **wie von ~** quasi da sé; **das versteht sich von ~** va da sé; **er ist die Güte ~** è la bontà in persona; **~ ist der Mann** (prov) chi fa da sé fa per tre II. adv (sogar) persino; **~ wenn** anche se +conj, quand'anche +conj

S

Selbstachtung f rispetto m per sé stesso

selbständig ['zɛlpʃtɛndɪç] adj ❶ (unabhängig) indipendente; (POL) autonomo; **sich ~ machen** (im Beruf) rendersi indipendente; (scherz: abhanden kommen) sparire ❷ (COM) in proprio; **Selbständigkeit** <-> kein Pl f indipendenza f; (POL) autonomia f

Selbstauslöser m autoscatto m

Selbstbedienung f self-service m; **Selbstbedienungsladen** m self-service m, supermercato m; **Selbstbedienungsrestaurant** n ristorante m con self-service

Selbstbefriedigung f masturbazione f, onanismo m

Selbstbeherrschung f dominio m di sé, autocontrollo m

Selbstbestätigung f (PSYCH) autoconferma f, conferma f di sé

Selbstbestimmung f autodeterminazione f; **Selbstbestimmungsrecht** n diritto m di autodeterminazione

Selbstbeteiligung f (an Kosten) franchigia f

Selbstbetrug m illudersi m, ingannare m sé stesso

selbstbewusst[RR] adj sicuro di sé; **Selbstbewusstsein**[RR] n sicurezza f, autostima f; (PHILOS) autocoscienza f

Selbstbildnis n autoritratto m

Selbstbräuner <-s, -> m autoabbronzante

Selbstdisziplin kein Pl f autodisciplina f

Selbsterfahrung f esperienza f di sé; **Selbsterfahrungsgruppe** f gruppo m di autocoscienza

Selbsterhaltung f autoconservazione f; **Selbsterhaltungstrieb** m istinto m di autoconservazione

Selbsterkenntnis f conoscenza f di sé stesso; **selbsternannt** adj autonominato; **Selbstfindung** f processo m di identificazione

selbstgefällig adj soddisfatto di sé stesso; **Selbstgefälligkeit** f autocompiacimento m

selbstgemacht adj (Marmelade) fatto in casa; (Pullover, Geschenk) fatto da sé

selbstgerecht adj pieno di sé; (eingebildet) presuntuoso, tronfio

Selbstgespräch n monologo m, soliloquio m; **~e führen** parlare fra sé

selbstherrlich adj dispotico, tirannico

Selbsthilfe f iniziativa f personale; **zur ~ greifen** farsi giustizia da sé; **Selbsthilfegruppe** f gruppo m di autoaiuto

Selbstjustiz f **~ üben** fare giustizia da sé

selbstklebend adj autoadesivo

Selbstkosten pl (WIRTSCH) costi mpl di produzione [o effettivi]; **Selbstkostenpreis** m prezzo m di costo; **zum ~** a prezzo di costo

Selbstkritik f autocritica f; **selbstkritisch** adj autocritico

Selbstlaut m vocale f

Selbstlerner(in) <-s, -; -, -nen> m(f) autodidatta mf

selbstlos adj disinteressato, altruista; **Selbstlosigkeit** <-> kein Pl f disinteresse m, altruismo m

Selbstmitleid kein Pl n (pej) autocommiserazione f

Selbstmord m suicidio m; **~ begehen** suicidarsi; **Selbstmordattentat** n attentato m kamikaze; **Selbstmordattentäter(in)** m(f) kamikaze m; **Selbstmörder(in)** m(f) suicida mf; **selbstmörderisch** adj suicida; **Selbstmordkandidat(in)** m(f) candidato, -a m, f al suicidio; **Selbstmordversuch** m tentativo m di suicidio; **einen ~ machen** tentare di suicidarsi

selbstredend adv naturalmente, ovviamente

Selbstschussanlage[RR] f dispositivo m automatico di sparo

Selbstschutz m autodifesa f

selbstsicher adj sicuro di sé; **~ auftreten** comportarsi con molta sicurezza

selbstständig[RR] ['zɛlpʃtɛndɪç] adj ❶ (unabhängig) indipendente; (POL) autonomo; **sich ~ machen** (im Beruf) rendersi indipendente; (scherz: abhanden kommen) sparire ❷ (COM) in proprio; **Selbstständigkeit**[RR] <-> kein Pl f indipendenza f; (POL) autonomia f

Selbstsucht f egoismo m; **selbstsüchtig** adj egoista, egoistico

selbsttätig adj automatico

Selbsttäuschung f illusione f

Selbstüberwindung f dominio m di sé

Selbstverleugnung f abnegazione f, sacrificio m personale

selbstverliebt adj narciso

selbstverschuldet adj per colpa propria

Selbstversorger m chi si nutre di alimenti di propria produzione; (in Urlaub) chi (in vacanza) provvede al proprio vitto

selbstverständlich adj naturale, ovvio; **das ist ~** è naturale; **~!** si capisce!; **Selbstverständlichkeit** f (Fraglosigkeit) indiscutibilità f; (selbstverständliche Tatsache) cosa f ovvia; (Ungeniertheit) naturalezza f, semplicità f; **etw für eine ~ halten** ritenere qc ovvio; **er tat es mit**

einer erstaunlichen ~ lo fece con un'incredibile naturalezza; **das war doch eine ~!** era ovvio!

Selbstverständnis <-ses> *kein Pl n* coscienza *f* del proprio ruolo *geh;* **mein ~ als Frau und Mutter** la coscienza del mio ruolo di donna e madre

Selbstverteidigung *kein Pl f* autodifesa *f*

Selbstvertrauen *n* fiducia *f* in sé

Selbstverwaltung *f* amministrazione *f* autonoma, autonomia *f* amministrativa

Selbstverwirklichung *f* autorealizzazione *f*

Selbstwertgefühl *n* stima *f* di sé

Selbstzufriedenheit *f* autocompiacimento *m*

Selbstzweck *m* fine *m* a sé stesso

selchen ['zɛlçən] *vt* (*A, südd:* GASTR: *räuchern*) affumicare

Selchfleisch *kein Pl n* (*A, südd:* GASTR: *Rauchfleisch*) carne *f* affumicata

Selektion [zelɛk'tsjoːn] <-, -en> *f* (BIOL) selezione *f*

Selen [ze'leːn] <-s> *kein Pl n* selenio *m*

selig ['zeːlɪç] *adj* ❶ (REL) beato; **~ sprechen** beatificare; **Gott habe ihn ~!** Dio l'abbia in gloria ❷ (*verstorben*) defunto, povero ❸ (*überglücklich*) felice; **Seligkeit** <-> *kein Pl f* ❶ (REL) beatitudine *f* ❷ (*Glücksgefühl*) felicità *f*; **Seligsprechung** <-, -en> *f* beatificazione *f*

Sellerie ['zɛləri] <-s, -(s)> *m* sedano *m*

selten ['zɛltən] *adj* ❶ (*nicht häufig*) raro; **sehr ~** rarissimo ❷ (*außergewöhnlich*) straordinario ❸ (*fam: merkwürdig*) strano, singolare; **Seltenheit** <-, -en> *f* ❶ *sing* (*seltenes Vorkommen*) rarità *f* ❷ (*seltenes Stück*) pezzo *m* raro; **Seltenheitswert** *m* **~ haben** avere un valore di rarità

seltsam *adj* strano, curioso

seltsamerweise *adv* stranamente

Seltsamkeit <-, -en> *f* stranezza *f*, singolarità *f*

Semantik [ze'mantɪk] <-> *kein Pl f* (LING) semantica *f*

semantisch [ze'mantɪʃ] *adj* (LING) semantico

Semester [ze'mɛstɐ] <-s, -> *n* semestre *m*

Semikolon [zemi'koːlɔn] <-s, -s *o* Semikola> *n* punto *m* e virgola

Seminar [zemi'naːɐ̯] <-s, -e> *n* seminario *m*

Semit(in) [ze'miːt] <-en, -en; -, -nen> *m(f)* semita *mf*; **semitisch** *adj* semitico, semita

Semmel ['zɛməl] <-, -n> *f* (*dial*) panino *m*, rosetta *f*; **wie warme ~n weggehen** andare a ruba; **Semmelbrösel** *mpl* (*A,*

südd: GASTR: *Paniermehl*) pane *m* grattugiato, pangrattato *m*; **Semmelknödel** *m* (*A, südd:* GASTR: *Semmelkloß*) gnocco *m* di pane; **Semmelmehl** <-(e)s> *kein Pl n* pangrattato *m*

sen. *abk v* **senior** sen.

Senat [ze'naːt] <-(e)s, -e> *m* senato *m*

Senator(in) [ze'naːtoːɐ̯] <-s, -en; -, -nen> *m(f)* senatore, -trice *m, f*

Sendeanlage *f* stazione *f* trasmittente; **Sendeantenne** *f* antenna *f* trasmittente; **Sendebereich** *m* (RADIO, TV) raggio *m* d'emissione; **Sendefolge** *f* programma *m* delle trasmissioni; (*Teil einer Serie*) puntata *f*

senden ['zɛndən] <sendet, sendete *o* sandte, gesendet *o* gesandt> *vt* ❶ mandare, inviare ❷ (RADIO, TV) trasmettere, mandare in onda

Sendepause *f* intervallo *m*

Sender <-s, -> *m* ❶ (*Anlage*) trasmettitore *m* ❷ (RADIO, TV) (stazione *f*) trasmittente *f*, emittente *f*

Senderaum *m* studio *m*; **Sendereihe** *f* serie *f* di trasmissioni; **Sendeschluss**[RR] *kein Pl m* fine *f* delle trasmissioni; **Sendezeit** *f* tempo *m* di trasmissione

Sendung <-, -en> *f* ❶ (*Beförderung*) invio *m*, spedizione *f* ❷ (*Gegenstand*) invio *m* ❸ (RADIO, TV) trasmissione *f*

Senf [zɛnf] <-(e)s, -e> *m* senape *f*; **Senfgas** *n* iprite *f*

sengen ['zɛŋən] **I.** *vt* bruciacchiare; (GASTR: *Geflügel*) fiammeggiare **II.** *vi* (*Sonne*) dardeggiare; **sengend** *adj* ardente, cocente, infocato

senil [ze'niːl] *adj* senile

Senilität [zenili'tɛːt] <-> *kein Pl f* senilità *f*

senior ['zeːnjoːɐ̯] *adj* **Herr X ~** il signor X senior

Senior(in) ['zeːnjoːɐ̯] <-s, -en; -, -nen> *m(f)* ❶ *pl* (*alte Menschen*) anziani *mpl* ❷ (*Ältester*) decano, -a *m, f* ❸ (SPORT) senior *mf*; **Seniorenkarte** *f*, **Seniorenpass**[RR] *m* carta *f* d'argento

Senkblei *n* piombino *m*

Senke ['zɛŋkə] <-, -n> *f* depressione *f*

senken ['zɛŋkən] **I.** *vt* ❶ (*Kopf, Augen, Blick, Stimme*) abbassare; (*Haupt*) chinare ❷ (*Steuern, Kosten*) ridurre; (*Preise*) calare **II.** *vr* **sich ~** abbassarsi; (*Boden*) avvallarsi; (*Gelände*) scendere; (*Abend, Nacht*) calare

Senkfuß *m* piede *m* piatto

senkrecht **I.** *adj* verticale, perpendicolare **II.** *adv* (*jäh*) a picco; (AERO) a candela

Senkrechte *f* verticale *f*

Senkrechtstart *m* decollo *m* verticale;

Senkrechtstarter *m* ❶ (AERO) aereo *m* a decollo verticale ❷ (*fig: Mensch*) fenomeno *m,* asso *m,* cannone *m;* (*Buch*) best seller *m*

Senkung <-, -en> *f* ❶ *sing* (*Bewegung nach unten*) abbassamento *m* ❷ (*von Boden*) avvallamento *m;* (GEOL) depressione *f* ❸ *sing* (*von Preisen, Steuern*) ribasso *m,* riduzione *f*

Senn [zɛn] <-(e)s, -e> *m* (*südd, A, CH*) *s.* **Senner**

Senner(in) <-s, -; -, -nen> *m(f)* (*A, südd: Almhirt*) pastore *m* montano, malgaro, -a *m, f*

Sennhütte *f* (*A, südd*) malga *f*

Sensation [zɛnza'tsi̯oːn] <-, -en> *f* (*Aufsehen*) sensazione *f;* (*Ereignis*) fatto *m* sensazionale

sensationell [zɛnzatsi̯o'nɛl] *adj* sensazionale; (*Fähigkeiten, Angebot*) eccezionale

Sensationsgier <-> *kein Pl f* (*pej*) brama *f* sensazionalistica; **Sensationslust** *f* sensazionalismo *m;* **Sensationslüstern** *adj* (*pej*) avido di sensazionalità

Sense ['zɛnzə] <-, -n> *f* falce *f*

sensibel [zɛn'ziːbəl] *adj* sensibile

Sensibelchen <-s, -> *n* (*scherz, pej*) ipersensibile *mf*

sensibilisieren [zɛnzibili'ziːrən] <ohne ge-> *vt* (**jdn**) **für etw** ~ sensibilizzare qu (a qc)

Sensibilität [zɛnzibili'tɛːt] <-> *kein Pl f* sensibilità *f*

Sensor ['zɛnzoːɐ] <-s, -en> *m* (TEC) sensore *m*

sentimental [zɛntimɛn'taːl] *adj* sentimentale

Sentimentalität [zɛntimɛntali'tɛːt] <-, -en> *f* sentimentalismo *m*

separat [zepa'raːt] *adj* separato, a parte

Separatismus [zepara'tɪsmʊs] <-> *kein Pl m* separatismo *m*

Separatist(in) [zepara'tɪst] <-en, -en; -, -nen> *m(f)* separatista *mf*

separatistisch *adj* separatistico

September [zɛp'tɛmbɐ] <-(s), -> *m* settembre *m; s. a.* **April**

Sequenz [ze'kvɛnts] <-, -en> *f* (FILM, MUS) sequenza *f*

Sera *pl von* **Serum**

Serbe ['zɛrbə] <-n, -n> *m* serbo *m*

Serbien ['zɛrbien] *n* Serbia *f*

Serbin ['zɛrbin] <-, -nen> *f* serba *f*

serbisch ['zɛrbɪʃ] *adj* serbo

serbokroatisch [zɛrbokro'aːtɪʃ] *adj* serbocroato

Seren *pl von* **Serum**

Serenade [zere'naːdə] <-, -n> *f* serenata *f*

Serie ['zeːri̯ə] <-, -n> *f* serie *f;* (*Bände*) collana *f*

seriell [zeri'ɛl] *adj* seriale

Serienausstattung *f* equipaggiamento *m* di serie; **serienmäßig I.** *adj* di serie **II.** *adv* in serie; **Seriennummer** *f* numero *m* di serie; **Serienproduktion** *f* produzione *f* in serie; **Serienschaltung** *f* collegamento *m* in serie; **serienweise** *adv* in serie

seriös [zeri'øːs] *adj* serio

Serpentine [zɛrpɛn'tiːnə] <-, -n> *f* serpentina *f*

Serum ['zeːrʊm] <-s, Sera *o* Seren> *n* siero *m*

Server ['sœːve] <-s, -> *m* ❶ (INFORM) server *m* ❷ (SPORT) battitore *m*

Service¹ [zɛr'viːs] <-(s), -> *n* (*Ess~, Kaffee~, Tee~*) servizio *m*

Service² ['zøːɐvɪs] <-, -s> *m o n* ❶ *sing* (*Kundendienst*) assistenza *f* tecnica; (*Bedienung*) servizio *m* ❷ (*Tennis*) servizio *m*

servieren [zɛr'viːrən] <ohne ge-> **I.** *vt* servire **II.** *vi* ❶ (*am Tisch*) servire in tavola ❷ (*Tennis*) battere il servizio

Serviererin *f* cameriera *f*

Serviertochter *f* (*CH: Serviererin*) cameriera *f*

Serviette [zɛr'vi̯ɛta] <-, -n> *f* tovagliolo *m;* **Serviettenring** *m* (anello *m*) portatovagliolo *m*

servil [zɛr'viːl] *adj* (*geh*) servile

Servobremse ['zɛrvobrɛmzə] *f* servofreno *m;* **Servolenkung** *f* servosterzo *m;* **Servomotor** *m* servomotore *m,* motore *m* ausiliario

servus ['sɛrvʊs] *int* (*A, südd: Gruß*) ciao, salve

Sesam ['zeːzam] <-s, -s> *m* sesamo *m;* ~ **, öffne dich!** apriti, Sesamo!

Sessel ['zɛsəl] <-s, -> *m* ❶ poltrona *f* ❷ (*A: Stuhl*) sedia *f;* **Sessellift** *m* seggiovia *f*

sesshaftᴿᴿ ['zɛshaft] *adj,* **seßhaft**ᴬᴸᵀ *adj* sedentario; (*wohnhaft*) residente; **sie ist jetzt in Paris** ~ adesso è residente a Parigi; ~ **werden** stabilirsi

setzen ['zɛtsən] **I.** *vt* ❶ (*hintun*) mettere; (*sitzen lassen: Gast*) far sedere; (*Kind*) mettere a sedere; **jdn an Land** ~ sbarcare qu; **etw auf die Tagesordnung/den Spielplan** ~ mettere qc nell'ordine del giorno/in programma; **etw in die Zeitung** ~ mettere qc sul giornale ❷ (*Pflanze, Baum*) piantare ❸ (*aufstellen: Ofen*) montare, installare; (*Denkmal*) erigere; (*Segel*) issare; (*Standard, Norm*) fissare, stabilire

④(TYP) comporre **⑤**(*Geld*) **eine Summe auf etw** *acc* ~ puntare una somma su qc **⑥**(*schreiben: Punkt, Komma*) mettere; (*Namen*) mettere; **seine Unterschrift unter einen Brief** ~ apporre la propria firma in calce alla lettera; **etw auf die Rechnung** ~ mettere qc in conto **⑦**(*fest~: Termin, Grenze, Ziel*) fissare, porre; **jdm eine Frist** ~ fissare un termine a qu **⑧**(*fig*) riporre; **seine Hoffnung auf** [*o* **in**] **jdn/ etw** ~ riporre la propria speranza in qu/qc **II.** *vr* **sich** ~ **①**(*Platz nehmen*) sedersi, mettersi a sedere; (*Vogel*) posarsi; **sich zu jdm** ~ sedersi vicino a qu; ~ **Sie sich!** si sieda! **②**(*Kaffee, Tee, Lösung*) depositarsi **③**(*sich fest~: Staub, Geruch*) penetrare; **der Staub hat sich in die Ritze gesetzt** la polvere è penetrata nella fessura **III.** *vi* **auf jdn/etw** ~ (*a fig*) puntare su qu/qc; **über etw** *acc* ~ (*springen, hüpfen*) saltare sopra qc

Setzer(in) <-s, -; -, -nen> *m(f)* compositore, -trice *m, f*

Setzerei [zɛtsəˈraɪ] <-, -en> *f* compositoria *f*

Setzfehler *m* errore *m* di composizione

Setzkasten *m* cassetta *f* dei caratteri

Setzling [ˈzɛtslɪŋ] <-s, -e> *m* **①**(AGR) piantone *m* **②**(*bei Fischzucht*) avannotto *m*

Seuche [ˈzɔɪçə] <-, -n> *f* epidemia *f*; (*Tier~*) epizoozia *f*; (*fig*) peste *f*, flagello *m*; **Seuchengebiet** *n* zona *f* contaminata; **Seuchenherd** *m* focolaio *m* epidemico

seufzen [ˈzɔɪftsən] *vi, vt* sospirare; **Seufzer** <-s, -> *m* sospiro *m*

Sex [zɛks] <-(es)> *kein Pl m* sesso *m*; **Sexappeal**^RR, **Sex-Appeal** [ˈsɛks əˈpiːl] <-s> *kein Pl m* sex appeal *m*, attrazione *f* sessuale; **Sexbombe** *f* (*fam*) maggiorata *f* fisica; **Sexfilm** *m* film *m* porno

Sexismus [zɛˈksɪsmʊs] <-> *kein Pl m* sessismo *m*

Sexist(in) [zɛˈksɪst] <-en, -en; -, -nen> *m(f)* sessista *mf*

sexistisch *adj* sessista

Sexorgie *f* orgia *f* (del sesso)

Sexshop [ˈzɛksʃɔp] <-s, -s> *m* sex-shop *m*

Sexta [ˈzɛksta, *pl*: ˈzɛkstən] <-, Sexten> *f* prima *f* ginnasio

Sextaner(in) [zɛksˈtaːnɐ] <-s, -; -, -nen> *m(f)* alunno, -a *m, f* di prima ginnasio

Sextant [zɛksˈtant] <-en, -en> *m* sestante *m*

Sextelefon *n* telefono *m* a luci rosse; **Sextourismus** *m* sessoturismo *m*; **Sextourist(in)** *m(f)* sessoturista *mf*

Sexualerziehung [zɛksuaˈlɛɐtsiːʊŋ] *f* educazione *f* sessuale; **Sexualfor-**

scher(in) *m(f)* sessuologo, -a *m, f*; **Sexualforschung** *f* sessuologia *f*; **Sexualhormon** *n* ormone *m* sessuale

Sexualität [zɛksualiˈtɛːt] <-> *kein Pl f* sessualità *f*

Sexualkunde *f* educazione *f* sessuale; **Sexualmoral** <-> *kein Pl f* morale *f* sessuale; **Sexualobjekt** *m* oggetto *m* sessuale; **Sexualtrieb** *m* impulso *m* sessuale; **Sexualverbrechen** *n* delitto *m* sessuale; **Sexualwissenschaft** *f* sessuologia *f*

sexuell [zɛˈksuɛl] *adj* sessuale

sexy [ˈzɛksi] <inv> *adj* sexy

sezieren [zeˈtsiːrən] <ohne ge-> *vt* sezionare; (*a fig*) anatomizzare

s-förmig [ˈɛsfœrmɪç] *adj* a (forma di) esse

sfr, sFr *abk v* **Schweizer Franken** Fr.sv.

Shampoo [ˈʃampu] <-s, -s> *n* shampoo *m*

shampoonieren [ʃampuˈniːrən] <ohne ge-> *vt* (*Haare*) fare uno shampoo a; (*Hund*) lavare con lo shampoo; (*Teppich*) trattare con lo shampoo

Shareware <-, -> *f* (INFORM) shareware *m*

Sherry [ˈʃɛri] <-s, -s> *m* sherry *m*

shoppen *vi* fare shopping

Shopping [ˈʃɔpɪŋ] <-s, -s> *n* **①**(*Einkaufsbummel*) shopping *m* **②**(INFORM) acquisti *mpl* on line

Shorts [ʃɔrts] *pl* pantaloncini *mpl* corti, shorts *mpl*

Show [ʃoʊ] <-, -s> *f* show *m*; **eine ~ abziehen** (*sl*) fare la scena; **Showbusiness** [ˈʃoʊbɪznɪs] <-> *kein Pl n* show business *m*; **Showdown** [ʃoʊˈdaʊn] <-(s), -s> *m o n* chiarimento *m*; **Showgeschäft** <-(e)s> *kein Pl n* show business *m*; **Showmaster** [ˈʃoʊmaːstɐ] <-s, -> *m* presentatore *m* TV

siamesisch [ziaˈmeːzɪʃ] *adj* siamese; ~ **e Zwillinge** gemelli siamesi

Sibirien [ziˈbiːriən] *n* Siberia *f*

sibirisch *adj* siberiano

sich [zɪç] *pron refl* (*betont*) sé; (*unbetont*) si; ~ **selbst** sé stesso; **an** ~ in sé; **an und für** ~ in sé stesso; **bei** ~ (*am Körper*) con sé; **für** ~ a sé; **von** ~ **aus** per conto proprio; **wieder zu** ~ **kommen** tornare in sé; **etwas auf** ~ **haben** (*fig*) avere importanza

Sichel [ˈzɪçəl] <-, -n> *f* falce *f*; **sichelförmig** [ˈzɪçəlfœrmɪç] *adj* a forma di falce, falciforme

sicher [ˈzɪçɐ] **I.** *adj* **①**(*nicht gefährlich*) sicuro; (*geborgen*) sicuro, protetto; **sich bei jdm** ~ **fühlen** sentirsi sicuro presso qu; **seines Lebens nicht** (**mehr**) ~ **sein** non essere (più) sicuro della propria vita; **vor jdm/etw** ~ **sein** essere al sicuro da qu/qc

❷ (*gewiss*) certo, sicuro; (*zuverlässig*) sicuro; **einer Sache** *gen* ~ **sein** essere sicuro di qc; ~ **ist, dass ...** certo è che ...; ~ **ist** ~ la prudenza non è mai troppa *prov* **II.** *adv* ❶ (*gefahrlos*) in modo sicuro ❷ (*bestimmt, gewiss*) certamente, certo; ~ **auftreten** avere un modo di fare sicuro; **etw** ~ **wissen** sapere qc per certo; **er hat das ~ vergessen** l'ha certamente dimenticato; **weißt du das ~?** lo sai con sicurezza?; **sicher|gehen** <irr> *vi sein* essere sicuro, assicurarsi; **um ganz sicherzugehen** per maggior sicurezza

Sicherheit <-, -en> *f* ❶ *sing* (*Ungefährlichkeit*) sicurezza *f*; (*Geborgenheit*) sicurezza *f*, protezione *f*; **in ~ bringen** mettere al sicuro; **sich in ~ wiegen** illudersi di essere al sicuro ❷ *sing* (*Gewissheit*) certezza *f*, sicurezza *f*; **mit** ~ con certezza ❸ *sing* (*Zuverlässigkeit*) sicurezza *f* ❹ (FIN: *Bürgschaft*) garanzia *f*; **gegen** ~ contro garanzia, su pegno

Sicherheitsabstand *m* distanza *f* di sicurezza; **Sicherheitsbindung** *f* attacco *m* di sicurezza

Sicherheitsexperte *m*, **-expertin** *f* esperto *m* di sicurezza; **Sicherheitsglas** *n* vetro *m* di sicurezza; **Sicherheitsgurt** *m* cintura *f* di sicurezza; **sicherheitshalber** *adv* per (motivi di) sicurezza; **Sicherheitskopie** *f* (INFORM) copia *f* di sicurezza; **Sicherheitslücke** *f* falla *f* nel sistema di sicurezza; **Sicherheitsnadel** *f* spilla *f* di sicurezza; **Sicherheitsrat** *m* consiglio *m* di sicurezza; **Sicherheitsschloss**^RR *n* serratura *f* di sicurezza; **Sicherheitsventil** *n* valvola *f* di sicurezza; **Sicherheitsvorkehrung** <-, -en> *f* misura *f* di sicurezza; ~ **en treffen** prendere delle misure di sicurezza

sicherlich *adv s.* **sicher**
sichern **I.** *vt* ❶ (*schützen*) proteggere, salvaguardare; (MIL) coprire ❷ (*garantieren, ver~*) garantire, porre al sicuro ❸ (*verschaffen*) (**jdm**) **etw** ~ procurare qc (a qu) ❹ (*befestigen*) consolidare, fortificare; (*Bergsteiger*) assicurare ❺ (TEC: *Maschinen*) bloccare; (*Schusswaffe*) mettere la sicura a **II.** *vr* **sich** ~ (*sich schützen*) proteggersi; (*beim Bergsteigen*) assicurarsi; **sich vor jdm/etw** [*o* **gegen jdn/etw**] ~ proteggersi da qu/qc
sicher|stellen *vt* ❶ (*garantieren*) assicurare, garantire ❷ (*in Sicherheit bringen*) mettere al sicuro ❸ (*beschlagnahmen*) sequestrare
Sicherung <-, -en> *f* ❶ *sing* (*Schutz*) pro-

tezione *f*, salvaguardia *f*; (MIL: *Deckung*) copertura *f* ❷ *sing* (*Garantie*) assicurazione *f*, garanzia *f* ❸ *sing* (*Festigung*) consolidamento *m* ❹ (*von Schusswaffe*) sicura *f* ❺ (EL) fusibile *m*; **Sicherungskasten** *m* pannello *m* degli interruttori; **Sicherungskopie** *f* (INFORM) copia *f* di sicurezza

Sicht [zɪçt] <-> *kein Pl f* ❶ (~ *verhältnisse*) visibilità *f* ❷ (*fig: Ausblick*, FIN) vista *f*; **auf kurze/lange** ~ a breve/lunga scadenza; **aus meiner** ~ dal mio punto di vista; **bei** ~ (FIN) a vista; **in** ~ in vista; **sichtbar** *adj* ❶ (*zu sehen*) visibile; (*wahrnehmbar*) percettibile ❷ (*fig: offensichtlich*) manifesto, evidente; (*Fortschritt*) evidente; ~ **werden** apparire, manifestarsi

sichten *vt* ❶ (*erblicken*) avvistare, scorgere ❷ (*durchsehen u ordnen*) ordinare, classificare

Sichtgerät *n* (*von Computer*) unità *f* video (terminale), videomonitor *m*
sichtlich *adj* visibile, manifesto
Sichtverhältnisse *npl* (condizioni *fpl* di) visibilità *f*; **Sichtvermerk** *m* (*in Visum*) visto *m*; **Sichtweite** *f* vista *f*; **in/außer** ~ in vista/fuori del campo visivo

sickern ['zɪkən] *vi sein* passare; (*a Blut*) stillare

sie [ziː] *pron pers* ❶ *nom 3. pers sing f* (*in Bezug auf Menschen, unbetont, meist nicht übersetzt*) ella; (*betont*) lei; (*in Bezug auf Dinge, unbetont, meist nicht übersetzt*) essa; (*betont*) lei ❷ *nom 3. pers pl* (*unbetont, meist nicht übersetzt*) essi *mpl*, esse *fpl*; (*betont*) loro ❸ *sing, acc von* **sie** (*betont*) lei; (*unbetont*) la, l' ❹ *pl, acc von* **sie** (*betont*) loro; (*unbetont*) li *mpl*, le *fpl*

Sie *pron pers* ❶ *nom sing* (*Höflichkeitsform*) Lei; **jdn mit** ~ **anreden** dare del Lei a qu ❷ *nom pl* (*Höflichkeitsform*) voi; (*geh*) Loro ❸ *sing, acc von* **Sie** La ❹ *pl, acc von* **Sie** Li *mpl*, Le *fpl*

Sieb [ziːp] <-(e)s, -e> *n* (*feines*) setaccio *m*; (*grobes*) vaglio *m*, crivello *m*; (*Gemüse~*) passaverdura *m*; (*Tee~, Kaffee~*) colino *m*; **ein Gedächtnis wie ein ~ haben** essere uno smemorato; **Siebdruck** *m* serigrafia *f*

sieben[1] ['ziːbən] **I.** *vt* (*Sand, Erde*) setacciare, passare al setaccio; (*Mehl, Tee, Gold*) setacciare; (*Getreide*) vagliare **II.** *vi* (*fig: bei Bewerberauswahl, Prüfung*) selezionare, fare una cernita

sieben[2] *num* sette; *s. a.* **acht**
Sieben <-, -> *f* sette *m*
Siebenbürgen [ziːbən'byrgən] *n* Transil-

vania *f*
siebenfach *adj* settuplo; *s. a.* **achtfach**
Siebengebirge *n* Settemonti *mpl*
siebenhundert *num* settecento
siebenjährig *adj* ❶ (*sieben Jahre alt*) di sette anni ❷ (*sieben Jahre lang*) settennale
siebenmal *adv* sette volte
Siebenmeilenstiefel ['ziːbənˈmaɪlənʃtiːfəl] *mpl* stivali *mpl* delle sette leghe
Siebensachen ['ziːbənˈzaxən] *fpl* **seine ~ packen** (*fam*) prendere i propri stracci
Siebenschläfer *m* ghiro *m*
siebentausend *num* settemila
Siebtel <-s, -> *n* settimo *m*
siebtens *adv* (in) settimo (luogo)
siebte(r, s) *adj* settimo, -a; (*bei Datumsangaben*) sette; **im ~ Himmel sein** essere al settimo cielo; *s. a.* **achte(r, s)**
siebzehn *num* diciassette
Siebzehntel *n* diciassettesimo *m*
siebzehnte(r, s) *adj* diciassettesimo; *s. a.* **achte(r, s)**
siebzig ['ziːptsɪç] *num* settanta; *s. a.* **achtzig**; **siebzigjährig** *adj* ❶ (*siebzig Jahre alt*) settantenne ❷ (*siebzig Jahre lang*) di settanta anni; **Siebzigjährige** <ein -r, -n, -n> *mf* uomo *m* (donna *f*) sulla settantina, settantenne *mf*
Siebzigstel <-s, -> *n* settantesimo *m*
siebzigste(r, s) *adj* settantesimo; *s. a.* **achte(r, s)**
siedeln ['ziːdəln] *vi* insediarsi
sieden ['ziːdən] <siedet, sott *o* siedete, gesotten *o* gesiedet> **I.** *vt* (far) bollire; (GASTR) lessare **II.** *vi* sbollire
siedend *adj* bollente; **siedendheiß** ['ziːdəntˈhaɪs] *adj* (*dial*) a bollore, bollente; **plötzlich fiel mir ~ ein, dass ...** (*fam*) con indicibile sgomento improvvisamente mi venne in mente che ...
Siedepunkt *m* ❶ (PHYS) punto *m* di ebollizione ❷ (*fig: Höhepunkt*) culmine *m*
Siedler(in) ['ziːdlɐ] <-s, -; -, -nen> *m(f)* colono, -a *m, f*
Siedlung <-, -en> *f* ❶ (*An~*) insediamento *m* ❷ (*Wohn~*) centro *m* residenziale
Sieg [ziːk] <-(e)s, -e> *m* vittoria *f*; **den ~ davontragen** riportare la vittoria
Siegel ['ziːɡəl] <-s, -> *n* sigillo *m*; **unter dem ~ der Verschwiegenheit** in gran segreto; **Siegellack** *m* ceralacca *f*; **Siegelring** *m* anello *m* con sigillo
siegen ['ziːɡən] *vi* **über jdn/etw ~** vincere qu/qc
Sieger(in) <-s, -; -, -nen> *m(f)* vincitore, -trice *m, f*; **als ~ aus etw hervorgehen**

uscire vincitore da qc; **Siegerehrung** <-, -en> *f* celebrazione *f* dei vincitori; **Siegerpose** <-, -n> *f* atteggiamento *m* da vincitore
siegesbewusst^{RR}, **siegesgewiss**^{RR}, **siegessicher** *adj* sicuro di vincere; **Siegeszug** *m* corteo *m* trionfale; (*a fig*) trionfo *m*
siegreich *adj* vittorioso
sieht [ziːt] *3. pers sing pr von* **sehen**
siezen ['ziːtsən] *vt* dare del Lei a
Signal [zɪˈɡnaːl] <-s, -e> *n* segnale *m*; **das ~ zu etw geben** dare il segnale di qc; **Signalanlage** *f* impianto *m* di segnalazione
signalisieren [zɪɡnaliˈziːrən] <ohne ge-> *vt* segnalare
Signalwirkung *f* **~ haben** avere effetti determinanti; **von etw geht eine ~ aus** qc ha suscitato degli effetti determinanti
Signatur [zɪɡnaˈtuːɐ] <-, -en> *f* ❶ (*Kartenzeichen*) segno *m* convenzionale ❷ (*Buchnummer in Bibliothek*) segnatura *f*
signieren [zɪˈɡniːrən] <ohne ge-> *vt* firmare
Silbe ['zɪlbə] <-, -n> *f* sillaba *f*; **Silbentrennung** *f* divisione *f* in sillabe
Silber ['zɪlbɐ] <-s> *kein Pl n* ❶ (*Metall, Farbe*) argento *m* ❷ (*Tafelgeschirr*) argenteria *f*; **Silberblick** *m* (*fam*) strabismo *m* di Venere; **Silberfischchen** *n* lepisma *f*; **Silberfuchs** *m* volpe *f* argentata; **Silbergeschirr** *kein Pl n* stoviglie *fpl* d'argento; **silberhell** *adj* argenteo; (*Klang*) argentino; **Silberhochzeit** *f* nozze *fpl* d'argento
silberig ['zɪlbərɪç] *adj* argenteo
Silbermedaille *f* medaglia *f* d'argento; **Silbermünze** *f* moneta *f* d'argento
silbern *adj* ❶ (*aus Silber*) d'argento ❷ (*silberig*) argenteo; (*Stimme*) argentina
Silberpapier *n* (carta *f*) stagnola *f*; **silberweiß** *adj* argentato
silbrig *s.* **silberig**
Silhouette [zɪˈluɛtə] <-, -n> *f* silhouette *f*
Silicium, **Silizium** [ziˈliːtsiʊm] <-s> *kein Pl n* silicio *m*
Silikon [ziliˈkoːn] <-s, -e> *n* (CHEM) silicone *m*
Silo ['ziːlo] <-s, -s> *m o n* silo *m*; **im ~ einlagern** insilare
Silvester [zɪlˈvɛstɐ] <-s, -> *n* san Silvestro; **Silvesterparty** *f* festa *f* di Capodanno
simpel ['zɪmpəl] *adj* ❶ (*unkompliziert, schlicht*) semplice ❷ (*pej: einfältig, beschränkt*) sempliciotto, sciocco
Sims [zɪms] <-es, -e> *m o n* (ARCH) cornice *f*, cimasa *f*; (*Wandbrett*) mensola *f*;

S

(*Fenster~*) davanzale *m*

simsen ['zɪmsən] *vi* (*fam: eine SMS schicken*) messaggiarsi

Simulant(in) [zimu'lant] <-en, -en; -, -nen> *m(f)* simulatore, -trice *m, f*

simulieren [zimu'li:rən] <ohne ge-> *vi, vt* fingere, simulare

simultan [zimʊl'taːn] *adj* simultaneo; **Simultandolmetschen** <-s> *kein Pl n* traduzione *f* simultanea; **Simultandolmetscher(in)** *m(f)* interprete *mf* simultaneo, -a

sind [zɪnt] *1. u 3. pers pl pr, bei Sie sing u pl von* **sein**[1]

Sinfonie [zɪnfo'niː] <-, -n> *f* sinfonia *f*; **Sinfoniekonzert** *n* concerto *m* sinfonico; **Sinfonieorchester** *n* orchestra *f* sinfonica

sinfonisch [zɪn'foːnɪʃ] *adj* sinfonico

singen ['zɪŋən] <singt, sang, gesungen> *vt, vi* (*a sl: gestehen*) cantare; **Singen** <-s> *kein Pl n* canto *m*

Single[1] [sɪŋgl] <-, -(s)> *f* (*Schallplatte*) 45 giri *m*

Single[2] <-s, -s *m o* -, -s *f*> *mf* (*Alleinlebende*) single *mf*

Single-Disco *f* discoteca *f* per single; **Single-Haushalt** *m* ménage *m* di un single; **Single-Party** *f* festa *f* per single

Singsang ['zɪŋzaŋ] <-(e)s> *kein Pl m* cantilena *f*

Singular ['zɪŋgulaːɐ̯] <-s, -e> *m* singolare *m*

Singvogel *m* uccello *m* canoro

sinken ['zɪŋkən] <sinkt, sank, gesunken> *vi sein* ❶ (*nach unten ~*) calare, affondare; (*Schiff*) affondare; (*Ballon, Nebel*) calare; (*Sonne, Stern*) tramontare, calare; (*in weichen Untergrund*) sprofondare; **in einen Stuhl/zu Boden ~** cadere su una sedia/a terra ❷ (*sich senken: Boden, Gelände, Gebäude*) abbassarsi, calare; (*Fundament*) abbassarsi ❸ (*Wasserspiegel*) abbassarsi; (*Temperatur*) calare, scendere; (*Preise, Kurse*) calare, diminuire ❹ (*Ansehen, Vertrauen*) calare; (*Einfluss*) diminuire; **in jds Achtung ~** perdere la stima di qu; **die Hoffnung/den Mut ~ lassen** perdere la speranza/perdersi d'animo

Sinn [zɪn] <-(e)s, -e> *m* ❶ (*Wahrnehmungs~*) senso *m*; **~ haben für ...** avere il senso di ... ❷ *pl* (*Begierde*) sensi *mpl*; (*Bewusstsein*) sensi *mpl*, conoscenza *f* ❸ (*Denken*) intenzione *f*, pensiero *m*; **etw im ~(e) haben** avere in mente qc; **sich** *dat* **etw aus dem ~ schlagen** togliersi qc dalla testa; **jdm in den ~ kommen** venire in mente a qu; **in jds ~e** secondo le inten-

zioni di qu ❹ (*Verständnis, Empfänglichkeit*) comprensione *f*, sensibilità *f* ❺ (*Zweck*) scopo *m*, senso *m*; **der ~ des Lebens** il senso della vita; **der ~ der Sache** il senso della cosa; **ohne ~ und Verstand** senza senso; **das hat keinen ~** non ha alcun senso ❻ (*Bedeutung*) significato *m*, senso *m*; **keinen ~ ergeben** non avere nessun senso; **im ~e des Gesetzes** ai sensi di legge; **in gewissem ~e** in un certo senso; **im eigentlichen/bildlichen ~e** in senso proprio/figurato; **im engeren/weiteren ~e** in senso stretto/lato; **im wahrsten ~e des Wortes** nel pieno significato della parola

Sinnbild *n* simbolo *m*; **der Löwe ist ~ für Venedig** il leone è il simbolo di Venezia; **sinnbildlich** *adj* simbolico; **~ darstellen** simboleggiare

sinnen ['zɪnən] <sinnt, sann, gesonnen> *vi* ❶ (*nachdenken*) (**über etw** *acc*) **~** riflettere (su qc) ❷ (*planen*) (**auf etw** *acc*) **~** meditare qc

sinnentstellend *adj* che altera il senso

Sinnesänderung *f* cambiamento *m* d'idea [*o* d'opinione]; **Sinneseindruck** *m* sensazione *f*; **Sinneslust** *f* piacere *m* sensuale; **Sinnesorgan** *n* organo *m* dei sensi; **Sinnestäuschung** *f* allucinazione *f*; **Sinneswandel** <-s> *kein Pl m* mutamento *m* di significato

sinnfällig *adj* evidente; **sinngemäß** *adj* conforme al senso; **etw ~ wiedergeben** riprodurre il senso di qc; **sinngetreu** *adj* fedele al senso [*o* al significato]

sinnieren [zɪ'niːrən] <ohne ge-> *vi* fantasticare, meditare

sinnig *adj* (*Gedanke*) sensato; (*sinnreich*) ingegnoso

sinnlich *adj* ❶ (*die Sinnesorgane betreffend*) sensoriale ❷ (*Mensch, Mund, Genuss*) sensuale; **Sinnlichkeit** <-> *kein Pl f* sensualità *f*

sinnlos *adj* ❶ (*ohne Sinn*) senza senso ❷ (*widersinnig*) assurdo, insensato; **~ betrunken** ubriaco fradicio *fam* ❸ (*vergeblich*) vano, inutile; **Sinnlosigkeit** <-> *kein Pl f* assurdità *f*

sinnverwandt *adj* sinonimico; **sinnvoll** *adj* ❶ (*Satz, Aussage*) sensato ❷ (*vernünftig*) sensato; (*nützlich*) funzionale, utile; **sinnwidrig** *adj* assurdo, insensato

Sintflut ['zɪntfluːt] *f* diluvio *m* universale

Sinti ['zɪnti] *pl* zingari, -e *m, fpl* (di origine tedesca)

Sinus ['ziːnʊs] <-, -*o* -se> *m* seno *m*

Siphon [zi'fõː *o* 'ziːfõ] <-s, -s> *m* sifone *m*

Sippe ['zɪpə] <-, -n> *f* ❶ (*von Menschen*)

stirpe *f*; clan *m*; (*fam:* Verwandtschaft) famiglia *f*; (*scherz*) tribù *f* ❷ (ZOO) specie *f*

Sippenhaft <-> *kein Pl f* pena (*detentiva*) estesa alla famiglia di un colpevole o perseguitato politico (*applicata ai responsabili della stirpe sotto il nazismo*)

Sippschaft <-, -en> *f* (*meist pej*) parentado *m*

Sirene [zi'reːnə] <-, -n> *f* sirena *f*; **Sirenengeheul** *n* urlo *m* delle sirene

Sirup ['ziːrʊp] <-s, -e> *m* sciroppo *m*

Sisyphusarbeit ['ziːzyfʊsˀarbaɪt] *f* fatica *f* di Sisifo

Sitcom ['sɪtkɔm] <-, -s> *f* (TV) sitcom *f*

Site <-, -s> *f* (INFORM: Internetseite) pagina *f* Internet

Sitte ['zɪtə] <-, -n> *f* ❶ (Benehmen) (buon) costume *m*; **gegen die guten ~n verstoßen** offendere la decenza ❷ (*Brauch*) uso *m*, usanza *f*; **nach alter ~** secondo le antiche usanze ❸ (Gewohnheit) abitudine *f*

Sittendezernat <-(e)s, -e> *n* (polizia *f*) buoncostume *f*; **sittenlos** *adj* dissoluto, immorale; **Sittenlosigkeit** <-> *kein Pl f* dissolutezza *f*, immoralità *f*; **Sittenpolizei** *f* squadra *f* del buon costume, buoncostume *f*; **sittenstreng** *adj* austero, puritano; **Sittenverfall** *m* decadenza *f* dei costumi; **sittenwidrig** *adj* (JUR) immorale, depravato

Sittich ['zɪtɪç] <-s, -e> *m* pappagallino *m*

sittlich *adj* morale; **Sittlichkeit** <-> *kein Pl f* moralità *f*; **Sittlichkeitsverbrechen** *n* delitto *m* sessuale

sittsam *adj* (Mädchen) pudico; (Benehmen) costumato; (Kleidung) decente; **Sittsamkeit** <-> *kein Pl f* (von Mädchen) pudicizia *f*; (von Kleidung) decenza *f*

Situation [zitua'tsjoːn] <-, -en> *f* situazione *f*, condizioni *fpl*

situieren [zitu'iːrən] *vt* situare; **gut situiert** abbiente, agiato

Sitz [zɪts] <-es, -e> *m* ❶ (~ gelegenheit) posto *m*; (Stuhl) sedia *f*; (Sessel, a in Fahrzeugen) sedile *m* ❷ (PARL: von Abgeordneten) seggio *m* ❸ (von Firma, Verein, Regierung) sede *f* ❹ (von Kleidung) taglio *m*; **dieses Kleid hat einen guten ~** questo vestito cade bene; **Sitzbad** *n* semicupio *m*

sitzen ['zɪtsən] <sitzt, saß, gesessen> *vi* ❶ (Mensch) sedere, essere seduto; (Vogel) stare, essere posato; **bleiben Sie ~!** resti seduto!; **~ lassen** (fam: im Stich lassen) piantare; (bei Verabredung) dare un bidone a; **etw auf sich** *dat* **~ lassen** lasciar correre qc; **das lasse ich nicht auf mir ~!** questa non la mando giù; **einen ~**

haben (fam: betrunken sein) essere sbronzo; **~ bleiben** (re)stare seduto; (in der Schule) essere bocciato; (beim Tanz) fare da tappezzeria ❷ (sich befinden) stare, essere; (Firma, Regierung) avere la propria sede, risiedere; (fig) avere radici; **in einer Partei ~** (Mitglied sein) essere membro di un partito; **der Hass saß lange in ihm** fu pervaso a lungo dall'odio ❸ (Modell ~) posare ❹ (passen: Frisur) stare bene; (Kleidung a) cadere bene; **wie angegossen ~** stare a pennello ❺ (treffen: Bemerkung) essere giusto ❻ (Wend) **im Gedächtnis ~** rimanere impresso (nella memoria); **im Gefängnis ~** essere al fresco

sitzen|bleibenᴬᴸᵀ *s.* sitzen 1.

sitzend *adj* ~**e Lebensweise** vita sedentaria

sitzen|lassenᴬᴸᵀ *s.* sitzen 1.

Sitzgelegenheit *f* posto *m* a sedere; **Sitzheizung** *f* (AUTO) riscaldamento *m* del sedile; **Sitzkissen** *n* cuscino *m* (per sedersi); (orientalisches) pouf *m*; **Sitznachbar(in)** *m(f)* vicino *m* di posto; **Sitzordnung** *f* disposizione *f* dei posti; **die ~ festlegen** stabilire la disposizione dei posti a tavola; **Sitzplatz** *m* posto *m* a sedere; **Sitzstreik** *m* sciopero *m* passivo **Sitzung** <-, -en> *f* ❶ seduta *f*; (JUR) udienza *f*; **die ~ ist geschlossen** la seduta è tolta ❷ (INFORM) sessione *f*; **Sitzungssaal** *m* sala *f* delle riunioni; (JUR) aula *f* delle udienze

Sitzverteilung *f* (PARL) ripartizione *f* dei seggi

Sizilianer(in) [zitsi'liaːnə] <-s, -; -, -nen> *m(f)* siciliano, -a *m, f*

sizilianisch *adj* siciliano

Sizilien [zi'tsiːliən] *n* Sicilia *f*

Skala ['skaːla] <-, -s o Skalen> *f* scala *f* **Skaleneinteilung** *f* graduazione *f* della scala

Skalp [skalp] <-s, -e> *m* scalpo *m*

Skalpell [skal'pɛl] <-s, -e> *n* scalpello *m*

skalpieren [skal'piːrən] <ohne ge-> *vt* scalpare

Skandal [skan'daːl] <-s, -e> *m* scandalo *m*

skandalös [skanda'løːs] *adj* (anstößig) scandaloso; (unerhört) inaudito

skandalträchtig *adj* scandaloso

Skandinavien [skandi'naːviən] *n* Scandinavia *f*

Skandinavier(in) <-s, -; -, -nen> *m(f)* scandinavo, -a *m, f*

skandinavisch *adj* scandinavo

Skat [skaːt] <-(e)s, -e o -s> *m* skat *m*

Skateboard ['skɛɪtbɔːt] <-s, -s> *n* skateboard *m*

skaten ['skɛɪtən] *vi* (*fam: Inliner fahren*) pattinare inline

Skelett [ske'lɛt] <-(e)s, -e> *n* scheletro *m*

Skepsis ['skɛpsɪs] <-> *kein Pl* *f* scetticismo *m*

Skeptiker(in) ['skɛptɪkɐ] <-s, -; -, -nen> *m(f)* scettico, -a *m, f*

skeptisch *adj* scettico

Skeptizismus [skɛpti'tsɪsmʊs] <-> *kein Pl* *m* scetticismo *m*

Sketch [skɛtʃ] <- (es), -e(s) *o* -s> *m* sketch *m*, scenetta *f* comica

Ski [ʃiː] <-s, -er *o rar* -> *m* sci *m;* ~ **fahren** sciare; **Skianzug** *m* (SPORT) tuta *f* da sci; **Skiausrüstung** *f* attrezzatura *f* da sci; **Skifahrer(in)** *m(f)* (SPORT) sciatore, -trice *m, f;* **Skihaserl** [ʃiːhaːzɐl] <-s, -> *n* (*A, südd: scherz*) giovane sciatrice *f;* **Skihose** *f* pantaloni *mpl* da sci; **Skikurs** *m* corso *m* di sci; **Skilanglauf** *m* sci *m* di fondo; **Skilauf** <-(e)s> *kein Pl* *m* (SPORT) **nordischer/alpiner** ~ sci alpino; **Skilaufen** <-s> *kein Pl* *n* sci *m;* **Skiläufer(in)** *m(f)* sciatore, -trice *m, f;* **Skilehrer(in)** *m(f)* insegnante *mf* di sci; **Skilift** *m* sciovia *f*

Skinhead ['skɪnhɛt] <-s, -s> *m* skinhead *m*

Skipass[RR] *m* ski-pass *m;* **Skipiste** *f* pista *f* da sci; **Skischule** *f* (SPORT) scuola *f* di sci; **Skispringen** <-s, -> *n* salto *m* con gli sci; **Skispringer(in)** *m(f)* saltatore, -trice *m, f* con gli sci; **Skistock** *m* bastone *m* da sci, racchetta *f;* **Skiträger** *m* portasci *m;* **Skiurlaub** *m* vacanze *fpl* sci(istiche); **Skizirkus** *m* circo *m* bianco

Skizze ['skɪtsə] <-, -n> *f* (*Entwurf*) schizzo *m;* (LIT) abbozzo *m;* **skizzenhaft** *adj* abbozzato, schizzato

skizzieren [skɪ'tsiːrən] <ohne ge-> *vt* schizzare, abbozzare

Sklave ['sklaːvə] <-n, -n> *m* schiavo *m*

Sklaverei [sklaːvə'raɪ] <-> *kein Pl* *f* schiavitù *f*

Sklavin ['sklaːvɪn] <-, -nen> *f* schiava *f*

sklavisch *adj* da schiavo, servile

Sklerose [skle'roːzə] <-, -n> *f* sclerosi *f;* **multiple** ~ sclerosi a placche

Skonto ['skɔnto] <-s, -s *o rar* Skonti> *m o n* sconto *m*

Skorbut [skɔr'buːt] <-(e)s> *kein Pl* *m* scorbuto *m*

Skorpion [skɔr'pi̯oːn] <-s, -e> *m* ❶ (ZOO) scorpione *m* ❷ (ASTR) Scorpione *m;* **er/sie ist (ein)** ~ è (dello) Scorpione

Skript [skrɪpt] <-(e)s, -en *o* -s> *n* ❶ (*Manuskript*) manoscritto *m* ❷ (*einer Vorlesung*) appunti *mpl,* dispensa *f* ❸ (FILM)

copione *m*

Skrupel ['skruːpəl] <-s, -> *m* scrupolo *m;* **skrupellos** *adj* senza scrupoli; **Skrupellosigkeit** <-> *kein Pl* *f* mancanza *f* di scrupoli

Skulptur [skʊlp'tuːɐ̯] <-, -en> *f* scultura *f*

Skunk [skʊŋk] <-s, -s *o* -e> *m* skunk *m*

skurril [skʊ'riːl] *adj* (*geh*) buffonesco

S-Kurve ['ɛskʊrvə] <-, -n> *f* curva *f* a S, doppia curva *f*

Skyline ['skaɪlaɪn] <-, -s> *f* orizzonte *m*

Skysurfing[RR] ['skaɪsœfɪŋ] <-> *kein Pl* *n* (SPORT) skysurfing *m*

s. l. *abk v* sine loco s.l.

Slalom ['slaːlɔm] <-s, -s> *m* slalom *m*

Slang [slɛŋ] <-s> *kein Pl* *m* ❶ (*saloppe Sprache*) slang *m* ❷ (*Jargon*) gergo *m,* slang *m*

Slapstick ['slɛpstɪk] <-s, -s> *m* comicità *f* farsesca

Slash ['slɛʃ] <-s, -s> *m* (INFORM) slash *m*

Slawe ['slaːvə] <-n, -n> *m,* **Slawin** ['slaːvɪn] <-, -nen> *f* slavo, -a *m, f*

slawisch *adj* slavo

Slip [slɪp] <-s, -s> *m* slip *m,* mutandina *f;* **Slipeinlage** *f* proteggi *m* mutandina

Slogan ['sloːɡən] <-s, -s> *m* slogan *m*

Slowake [slo'vaːkə] <-n, -n> *m* slovacco *m*

Slowakei [slova'kaɪ] *f* **die** ~ la Repubblica Slovacca

Slowakin [slo'vaːkɪn] <-, -nen> *f* slovacca *f*

slowakisch *adj* slovacco

Slowakisch <-s> *kein Pl* *n,* **Slowakische** <-n> *kein Pl* *n* slovacco *m*

Slowene [slo've:nə] <-n, -n> *m* sloveno *m*

Slowenien [slo've:niən] *n* Slovenia *f*

Slowenier(in) [slo've:niɐ] <-s, -; -, -nen> *m(f)* sloveno, -a *m, f*

Slowenin [slo've:nɪn] <-, -nen> *f* slovena *f*

slowenisch *adj* sloveno

Slowenisch <-s> *kein Pl* *n,* **Slowenische** <-n> *kein Pl* *n* sloveno *m*

Slum [slam] <-s, -s> *m* slum *m,* bassofondi *mpl*

sm *abk v* Seemeile miglio *m* marino

Smalltalk[RR], **Small Talk**[RR] ['smɔːltɔːk] <-s, -s> *m* small talk *m*

Smaragd [sma'rakt] <-(e)s, -e> *m* smeraldo *m*

Smog [smɔk] <-(s), -s> *m* smog *m;* **Smogalarm** *m* allarme *m* smog

Smoking ['smo:kɪŋ] <-s, -s> *m* smoking *m*

SMS [ɛsɛm'ɛs] <-, -> *f abk v* Short Message Service SMS *m,* messaggino *m;* **jdm eine** ~ **schicken** messaggiare a qu

smsen [ɛsɛmˈɛsən] *vi* (*fam: eine SMS schicken*) messaggiarsi

Snob [snɔp] <-s, -s> *m* snob *mf*

Snobismus [snoˈbɪsmʊs, *pl:* snoˈbɪsmən] <-, Snobismen> *m* snobismo *m*

snobistisch [snoˈbɪstɪʃ] *adj* snob

Snowboard [ˈsnɔʊbɔːt] <-s, -s> *n* snowboard *m;* **Snowboarder(in)** *m(f)* snowbo(a)rdista *mf*

s.o. *abk v* **siehe oben** v.s.

SA-Mann [ɛsˈʔaːman, *pl:* ɛsˈʔaːbɪtə] <-(e)s, SA-Leute> *m* (HIST, MIL) SA *f*

SammelanschlussRR *m* (TEL) centralino *m* telefonico privato

SamstagabendRR *m* sabato sera; **am ~** sabato sera; **an diesem ~** questo sabato sera; **jeden ~** ogni sabato sera

samstagabendsRR *adv* il sabato sera

SamstagmittagRR *m* sabato a mezzogiorno; *s. a.* **Samstagabend**

samstagmittagsRR *adv* il sabato a mezzogiorno

SamstagmorgenRR *m* sabato mattina; *s. a.* **Samstagabend**

samstagmorgensRR *adv* il sabato mattina

SamstagnachmittagRR *m* sabato pomeriggio; *s. a.* **Samstagabend**

samstagnachmittagsRR *adv* il sabato pomeriggio

SamstagvormittagRR *m* sabato mattina; *s. a.* **Samstagabend**

samstagvormittagsRR *adv* il sabato mattina

Säuferin *f s.* **Säufer**

Schäferin *f s.* **Schäfer**

Schallplattensammlung *f* collezione *f* di dischi, discoteca *f*

Schauspielerin *f s.* **Schauspieler**

schimm(e)lig *adj* ammuffito; **~ riechen** sapere di muffa

SchißALT <Schisses> *kein Pl m s.* **Schiss**

schißALT *s.* **schiss**

Schlachterin *f s.* **Schlachter**

Schlägerin *f s.* **Schläger**

schlechtgelauntALT *adj s.* **gelaunt**

Schlemmerin *f s.* **Schlemmer**

Schlosserin *f s.* **Schlosser**

Schmalspur- (*in Zusammensetzungen*) a scartamento ridotto

Schmerzensschrei *m* grido *m* di dolore

schmudd(e)lig [ˈʃmʊd(ə)lɪç] *adj* (*unordentlich*) trasandato; (*schmutzig*) lurido

Schneiderin *f s.* **Schneider**

Schnelläufer(in) *m(f)* (SPORT) velocista *mf*

schnellebig *adj* febbrile

Schnitzerin *f s.* **Schnitzer**

schnöd(e) [ˈʃnøːd(ə)] *adj* (*schändlich*) vergognoso, infame; (*gemein*) vile; (*verächtlich*) sprezzante

Schreinerin *f s.* **Schreiner**

Schuhmacherei [ʃuːmaxəˈraɪ] <-, -en> *f* calzoleria *f*

Schuhmacherin *f s.* **Schuhmacher**

Schuldenkriterium <-s> *kein Pl n* (*Europäische Währungsunion*) criterio *m* del debito

schwerbeladenALT *adj s.* **beladen**

schwererziehbar *adj* caratteriale

schwerkrank *adj* gravemente ammalato

schwerverdaulich *adj* (*a fig*) indigesto

schwerverletzt *adj* gravemente ferito

schwerverständlich *adj* di difficile comprensione

schwindelerregendALT *adj s.* **Schwindel 1.**

schwind(e)lig *adj* che ha le vertigini, che soffre di vertigini; (MED) vertiginoso; **mir ist ~** ho le vertigini

Science-fictionALT [ˈsaɪənsˈfɪkʃən] <-, -s> *f,* **SDR** [ɛsdeːˈʔɛr] <-(s)> *kein Pl m abk v* **Süddeutscher Rundfunk** rete radiotelevisiva regionale tedesca con sede a Stoccarda

Sechs-, sechs- *s. a.* **Acht-, acht-**

Seiler(in) <-s, -; -, -nen> *m(f)* cordaio, -a *m, f*

Seilerwaren *fpl* cordami *mpl*

Seniorin *f s.* **Senior**

Sennerin *f* (*A, südd*) *s.* **Senner**

Servus [ˈsɛrvʊs] *int* (*A, südd: Begrüßung und Verabschiedung unter Freunden*) ciao, salve; **~ sagen** dire ciao; **„sag zum Abschied leise ~"** (*Titel eines Wienerliedes*) saluta dicendo piano ciao (*titolo di una canzone viennese*)

Setzerin *f s.* **Setzer**

SexappealRR <-s> *kein Pl m* sex appeal *m*, attrazione *f* sessuale

SFB [ɛsʔɛfbeː] <-(s)> *kein Pl m abk v* **Sender Freies Berlin** rete radiotelevisiva regionale con sede a Berlino-Ovest

Sieben-, sieben- *s. a.* **Acht-, acht-**

silb(e)rig [ˈzɪlb(ə)rɪç] *adj* argenteo

Small TalkRR <-s, -s> *m* small talk *m*

SMV [ɛsʔɛmˈfaʊ] <-, -s> *f abk v* **Schülermitverwaltung** partecipazione degli scolari ai consigli scolastici

s. o *abk v* **siehe oben** v.s.

so [zoː] **I.** *adv* ❶ (*Art und Weise*) così, in questa maniera; **~ oder ~** o in un modo o nell'altro; **bald ~, bald ~** ora in un modo, ora in un altro; **und ~ fort** e così via, eccetera; **und zwar ~** e precisamente così; **um ~ besser** tanto meglio; **~ liegen die Dinge** le cose stanno così; **~ ist das**

Leben **nun mal** (così) è la vita; **wenn dem ~ ist** se è così; **~ siehst du aus!** (*fam*) stai fresco! ❷ (*bei a, adv*) così, talmente; **~ ein(e)** uno (una) così; **~ etwas** una cosa simile, una tale cosa; **~ etwas wie** ... qualcosa come ...; **~ ... wie** tanto ... quanto; **~ gut wie** praticamente, quasi; **~ etwa** all'incirca; **~ ... auch** per quanto +*conj*; **~ sehr** tanto; **~ sehr, dass ...** a tal punto che ...; **~ ..., dass** così ... che; **so dass ...** per cui ...; **~ viel** tanto; **~ ziemlich** pressappoco; **~ (und ~) oft** tante (e tante) volte; **~ viel ist gewiss, dass ...** una cosa è certa, che ...; **du tust nur ~** fai solo finta; **~ ein Esel!** che imbecille!; **recht ~!** così va bene!; **~ genannt** (*wie es genannt wird*) cosiddetto; (*angeblich*) sedicente, che si dice **II.** *konj* (*also, folglich*) così, dunque; **~ Gott will** se Dio vuole **III.** *int* **~!** ecco!, bene!; **~, ~!** ma guarda un po'!; **ach ~!** ah, davvero?, veramente?; **~?** davvero?, veramente?

SO *abk v* **Südost(en)** SE

sobald [zoˈbalt] *konj* non appena

Socke [ˈzɔkə] <-, -n> *f* calzino *m*; **sich auf die ~n machen** (*fam*) andarsene

Sockel [ˈzɔkəl] <-s, -> *m* zoccolo *m*, piedistallo *m*; (*Unterbau*) basamento *m*

Socken [ˈzɔkən] <-s, -> *m* (*CH, A, südd*) calzino *m*

Soda [ˈzoːda] <-> *kein Pl n* soda *f*

sodass[RR] [zoˈdas] *konj* (*A: so dass*) cosicché

Sodawasser *n* (acqua *f* di) soda *f*

Sodbrennen [ˈzoːtbrɛnən] <-s> *kein Pl n* bruciore *m* di stomaco

Sodomie [zodoˈmiː] <-, -n> *f* sodomia *f*

soeben [zoˈʔeːbən] *adv* (*gerade jetzt*) in questo istante; (*vor kurzer Zeit*) appena, poco fa

Sofa [ˈzoːfa] <-s, -s> *n* divano *m*, sofà *m*; **Sofakissen** *n* cuscino *m* del divano; **Sofa-Überwurf** *m* copridivano *m*

sofern [zoˈfɛrn] *konj* purché +*conj*, a condizione che +*conj*; **~ nicht** a meno che +*conj*

soff [zɔf] *1. u 3. pers sing imp von* **saufen**

Sofia [ˈzoːfi̯a] *n* Sofia *f*

sofort [zoˈfɔrt] *adv* subito, immediatamente; **~ zur Sache kommen** venire subito al dunque; **Sofortbildkamera** *f* (macchina *f*) polaroid® *f*; **Soforthilfe** *f* primo soccorso *m*; **sofortig** *adj* immediato, istantaneo; **Sofortmaßnahme** *f* misura *f* immediata

Softie [ˈzɔfti] <-s, -s> *m* (*fam*) mezza calzetta *f*, delicatino *m*

Soft-Porno [ˈzɔftpɔrno] <-s, -s> *m*

(*film m*) soft-core *m*

Software [ˈsɔftwɛːɐ̯] <-, -s> *f* software *m*; **Software-Piraterie** *f* (INFORM) pirateria *f* informatica; **Software-Raubkopie** *f* (INFORM) software *m* piratato

sog [zoːk] *1. u 3. pers sing imp von* **saugen**

sog. *abk v* **sogenannt** cosiddetto, -a

Sog [zoːk] <-(e)s, -e> *m* risucchio *m*; (*a fig*) vortice *m*

sogar [zoˈgaːɐ̯] *adv* perfino, persino

sogenannt[ALT]**, so genannt**[RR] *adj* (*wie es genannt wird*) cosiddetto; (*angeblich*) sedicente, che si dice

sogleich [zoˈglaɪç] *s.* **sofort**

Sohle [ˈzoːlə] <-, -n> *f* ❶ (*Fuß~*) pianta *f* ❷ (*Schuh~*) suola *f* ❸ (GEOL: *Tal~*) fondo *m*; (MIN) livello *m*

sohlen *vt* solare

Sohn [zoːn] <-(e)s, Söhne> *m* (*a fig*) figlio *m*; **der verlorene ~** il figlio prodigo

Soja [ˈzoːja] <-, Sojen> *f*, **Sojabohne** *f* soia *f*; **Sojamehl** *n* farina *f* di soia; **Sojaöl** *n* olio *m* di soia; **Sojasoße** *f* salsa *f* di soia

Sojen *pl von* **Soja**

solange [zoˈlaŋə] *konj* finché, fintantoché

solar [zoˈlaːɐ̯] *adj* (ASTR, METEO, PHYS) solare

Solar- [zoˈlaːɐ̯] (*in Zusammensetzungen*) solare

Solarenergie *kein Pl f* (PHYS) energia *f* solare

Solarium [zoˈlaːri̯ʊm] <-s, Solarien> *n* solarium *m*; **solariumgebräunt** *adj* lampadato

Solarzelle *f* pannello *m* solare

solch, solche(r, s) *adj* tale; **ein ~er .../ eine ~ ...** una tale .../una tale ...; **ein ~er Mensch** un simile individuo; **als ~er** come tale; **ich habe ~e Angst/~en Hunger** ho una tal paura/fame; **es gibt ~e und ~e** (*fam*) non son tutti uguali

solcherlei [ˈzɔlçɐˈlaɪ] *adj inv* tale

Sold [zɔlt] <-(e)s, -e> *m* soldo *m*

Soldat [zɔlˈdaːt] <-en, -en> *m* soldato *m*, militare *m*

Soldatenfriedhof *m* cimitero *m* di guerra

soldatisch *adj* soldatesco, militare

Söldner [ˈzœldnɐ] <-s, -> *m* mercenario *m*

Sole [ˈzoːlə] <-, -n> *f* acqua *f* salsa

Soli *pl von* **Solo**

Solidarbeitrag [zoliˈdaːɐ̯baɪtraːk] *m* contributo *m* di solidarietà

solidarisch [soliˈdaːrɪʃ] *adj* solidale; **sich mit jdm ~ erklären** solidarizzare con qu

Solidarität [zolidariˈtɛːt] <-> *kein Pl f* solidarietà *f*

solide [zoˈliːdə] *adj* ❶ (*Haus, Möbel*) solido ❷ (*gründlich: Arbeit, Arbeiter*)

coscienzioso, serio; (*Wissen*) solido
❸ (*Mensch, Lebensweise*) onesto ❹ (FIN:
Firma) solido; (*Preise*) ragionevole
Solidität [zolidi'tɛːt] <-> *kein Pl* f ❶ (*von
Haus, Möbel*) solidità f ❷ (*von Arbeit,
Arbeiter*) coscienziosità f, serietà f; (*von
Wissen*) solidità f ❸ (*von Mensch, Lebensweise*) onestà f ❹ (*von Firma*) solidità f;
(*von Preisen*) ragionevolezza f
Solist(**in**) [zo'lɪst] <-en, -en; -, -nen> *m(f)*
solista *mf*
Soll [zɔl] <-(s), -(s)> n ❶ (FIN) dare *m*,
debito *m*; ~ **und Haben** dare e avere
❷ (*Plan~*) norma f di produzione; **sein ~
erfüllen** adempiere il proprio dovere
sollen[1] ['zɔlən] <soll, sollte, sollen>
Modalverb (*Pflicht*) dovere; **ich soll
Ihnen sagen, dass …** devo dirLe che …;
du sollst nicht töten non ammazzare; **du
sollst doch nicht rauchen!** non devi
fumare!; **du sollst mal sehen …** vedrai
…; **du solltest lieber gehen** faresti
meglio ad andare; **du hättest nicht
gehen** ~ non saresti dovuto andare; **das
hättest du nicht tun** ~ non avresti dovuto
farlo; **er soll reich sein** dicono che sia
ricco; **er soll sofort kommen** che venga
subito; **er soll gesagt haben** avrebbe
detto; **Sie ~ wissen …** desidero che Lei
sappia …; **sollten Sie ihn zufällig treffen**
se per caso lo incontrasse; **man sollte meinen …** si direbbe; **man sollte weniger
essen** bisognerebbe mangiar meno; **so
etw sollte man vermeiden** si dovrebbe
evitare una cosa simile; **mir soll es gleich
sein** per me è lo stesso; **das soll es geben**
queste cose accadono; **es soll geschehen**
succederà; **es sollten Jahre vergehen,
bevor …** passeranno anni prima che
+*conj*; **es sollte nicht lange dauern, bis
…** non durerà molto fino a …; **wenn es
regnen sollte** se dovesse piovere, se pio-
vesse; **soll ich kommen?** devo venire?;
soll ich dir helfen? devo aiutarti?; **sollte
das möglich sein?** è possibile?; **was soll
ich tun?** che cosa devo fare?; **was soll das
heißen?** che cosa vuol dire?; **was soll das
kosten?** quanto costa?, quant'è?; **was soll
das werden?** che succederà?, che sarà?
sollen[2] <soll, sollte, gesollt> I. *vi* **soll ich?**
devo?; **was soll das?** (*was hat das zu
bedeuten*) come sarebbe?, che significa?;
(*wozu*) a che serve questo?, che scopo ha?;
was soll der Quatsch? (*fam*) ma a che
gioco giochiamo?; **was soll ich dort?** cosa
ci faccio?; **was soll's** (*fam: ist gleichgültig*)
è uguale II. *vt* **das sollst du!** devi farlo!;
das solltest du nicht non dovresti farlo

Sollzinsen *mpl* interessi *mpl* a debito
[*o* passivi]
Solo ['zoːlo] <-s, -s *o* Soli> *n* assolo *m*
solo ['zoːlo] <inv> *adj* solo; **ich bin ganz
~** (*fam*) sono tutto solo
Solothurn ['zoːloturn] *n* Soletta f
solvent [zɔl'vɛnt] *adj* solvente
Solvenz [zɔl'vɛnts] <-, -en> f solvibilità f,
solvenza f
somit [zo'mɪt] *adv* quindi, di conseguenza
Sommer ['zɔmɐ] <-s, -> *m* estate f; **im ~
d'estate; **mitten im ~** in piena estate;
den ~ über durante l'estate; **Sommer-
fahrplan** *m* orario *m* estivo; **Sommerferien** *pl* vacanze *fpl* estive; **Sommerfrische** f villeggiatura f; **Sommerhalb-
jahr** *n* semestre *m* estivo; **Sommerklei-
dung** f vestiti *mpl* estivi; **sommerlich**
adj estivo, d'estate; **Sommerloch** *n*
(*fam*) periodo *m* morto (in estate); **Som-
mermantel** *m* soprabito *m*; **Sommerpause** f pausa f estiva; (*des Parlaments*)
pausa f estiva; **Sommerreifen** *m* pneumatico *m* estivo; **Sommerschlussver-
kauf**[RR] *m* liquidazione f di fine stagione
(estiva); **Sommersemester** *n* semestre *m* estivo; **Sommersonnenwende** f
solstizio *m* d'estate; **Sommerspiele** *npl*
Olympische ~ olimpiadi *fpl* estive; **Sommersprosse** <-, -n> f lentiggine f;
sommersprossig *adj* lentigginoso;
Sommerzeit f ❶ (*Uhrzeit*) ora f estiva
❷ (*Jahreszeit*) estate f
Sonate [zo'naːtə] <-, -n> f sonata f
Sonde ['zɔndə] <-, -n> f sonda f
Sonder- ['zɔndɐ] (*in Zusammensetzungen*) speciale; **Sonderanfertigung** f
❶ (*Tätigkeit*) fabbricazione f fuori serie
❷ (*Stück*) esemplare *m* fuori serie; **Sonderangebot** *n* offerta f speciale; **im ~
sein** essere in offerta speciale; **Sonderausführung** f versione f speciale; **Sonderausgabe** f ❶ (*Buch, Zeitschrift*) edizione f straordinaria ❷ (FIN) spesa f straordinaria
sonderbar *adj* strano, singolare, bizzarro;
sonderbarerweise *adv* caso strano
Sonderbeilage f supplemento *m*; **Son-
derfall** *m* caso *m* particolare; **Sonder-
genehmigung** f autorizzazione f speciale
sondergleichen ['zɔndɐ'glaɪçən] <inv>
adj (*nachgestellt*) senza pari
Sonderkommando <-s, -s> *n*
comando *m* speciale
sonderlich I. *adj* eccessivo II. *adv* eccessivamente
Sonderling ['zɔndɐlɪŋ] <-s, -e> *m* origi-

S

nale *m*, persona *f* strana

Sondermarke *f* francobollo *m* da collezione

Sondermüll *m* residui *mpl* tossici

sondern ['zɔndɐn] *konj* ma, bensì; **nicht nur ...,** ~ **auch ...** non solo ..., ma anche ...

Sondernummer *f* numero *m* speciale; **Sonderregelung** *f* regolamento *m* speciale; **Sonderschule** *f* scuola *f* per handicappati, classi *fpl* differenziali; **Sonderstellung** *f* posizione *f* particolare; (*von Person*) posizione *f* privilegiata; **Sondervollmacht** *f* (JUR) procura *f* speciale, poteri *mpl* speciali; **Sonderwunsch** <-(e)s, -wünsche> *m* desiderio *m* particolare; **Sonderzug** *m* treno *m* straordinario

sondieren [zɔn'diːrən] <ohne ge-> *vt* sondare

Sonett [zoˈnɛt] <-(e)s, -e> *n* sonetto *m*

Sonnabend ['zɔnʔaːbənt] *m* sabato *m;* *s. a.* **Dienstag**

Sonne ['zɔnə] <-, -n> *f* sole *m;* **in der** ~ al sole; **die** ~ **scheint** splende il sole

sonnen *vr* **sich** ~ prendere il sole; **sich im Ruhm/Glück/Erfolg** ~ (*fig*) godersi la fama/la felicità/il successo

Sonnenaufgang *m* sorgere *m* del sole; **Sonnenbad** *n* bagno *m* di sole; **sonnenbeschienen** *adj* soleggiato; **Sonnenblume** *f* girasole *m;* **Sonnenbrand** *m* scottatura *f* (solare); **Sonnenbrille** *f* occhiali *mpl* da sole; **Sonnencreme** *f* crema *f* solare; **Sonnendach** *n* tenda *f* da sole; **Sonnenenergie** *f* energia *f* solare; **Sonnenfinsternis** *f* eclisse *f* solare; **Sonnengel** *n* gel *m* solare; **sonnenhungrig** *adj* patito della tintarella; **sonnenklar** *adj* (*fam*) ❶ (*hell und sonnig*) chiaro, soleggiato ❷ (*eindeutig*) evidente, chiarissimo; **Sonnenkollektor** *m* collettore *m* solare; **Sonnenkraftwerk** *n* centrale *f* a energia solare; **Sonnenlicht** *n* luce *f* solare; **Sonnenmilch** *f* latte *m* solare; **Sonnenöl** *n* olio *m* solare; **Sonnenschein** *m* **im** ~ al sole; **Sonnenschirm** *m* ombrellino *m*, parasole *m;* (*großer*) ombrellone *m;* **Sonnenschutz** *kein Pl m* ❶ (*Maßnahme*) protezione *f* solare ❷ (*Konstruktion*) riparo *m* dal sole; **Sonnenschutzmittel** *n* ambra *f* solare; **Sonnenseite** *f* parte *f* esposta al sole, solatio *m;* **Sonnenstich** *m* insolazione *f*, colpo *m* di sole; **Sonnenstrahl** *m* raggio *m* di sole; **Sonnensystem** *n* sistema *m* solare; **Sonnenuhr** *f* orologio *m* solare, meridiana *f;* **Sonnenuntergang** *m* tramonto *m* del sole; **Sonnen-**

wende *f* solstizio *m*

sonnig *adj* ❶ (*Zimmer, Platz*) soleggiato, assolato; (*Tag, Wetter*) sereno ❷ (*fig: Mensch: heiter*) gaio

Sonntag ['zɔntaːk] <-s, -e> *m* domenica *f; s. a.* **Dienstag**

Sonntagabend^{RR} *m* domenica sera; **am** ~ domenica sera; **an diesem** ~ questa domenica sera; **jeden** ~ ogni domenica sera

sonntagabends^{RR} *adv* la domenica sera

sonntäglich *adj* domenicale

Sonntagmittag^{RR} *m* domenica a mezzogiorno; *s. a.* **Sonntagabend**

sonntagmittags^{RR} *adv* la domenica a mezzogiorno

Sonntagmorgen^{RR} *m* domenica mattina; *s. a.* **Sonntagabend**

sonntagmorgens^{RR} *adv* la domenica mattina

Sonntagnachmittag^{RR} *m* domenica pomeriggio; *s. a.* **Sonntagabend**

sonntagnachmittags^{RR} *adv* la domenica pomeriggio

sonntags *adv* di [*o* la] domenica; **sonn- und feiertags** la domenica e i giorni festivi

Sonntagsarbeit *kein Pl f* lavoro *m* domenicale; **Sonntagsdienst** *m* ~ **haben** essere di servizio la domenica; ~ (*Hinweis: Arzt*) medico *m* di servizio; (*Apotheke*) farmacia *f* di turno; **Sonntagsfahrer** *m* (*pej*) automobilista *mf* della domenica, automobilastro, -a *m, f;* **Sonntagsstaat** *m* (*obs*) vestiti *mpl* della domenica [*o* festa]

Sonntagvormittag^{RR} *m* domenica mattina; *s. a.* **Sonntagabend**

sonntagvormittags^{RR} *adv* la domenica mattina

sonst [zɔnst] *adv* ❶ (*andernfalls*) altrimenti ❷ (*außerdem*) oltre a ciò, inoltre; ~ **niemand** nessun altro; ~ **nichts** niente altro; **wenn es** ~ **nichts ist** se non c'è niente altro; ~ **noch etwas?** che altro desidera? ❸ (*gewöhnlich*) di solito, normalmente ❹ (*früher*) un tempo; **sonstig** *adj* ulteriore, altro; **Sonstiges** varie *fpl*

sooft [zoˈʔɔft] *konj* ogniqualvolta

Sopran [zoˈpraːn] <-s, -e> *m* ❶ (*Partie, Stimme*) soprano *m;* (*Knaben*~) voce *f* bianca ❷ (*Sängerin*) soprano *m*

Sopranistin [zopraˈnɪstɪn] <-, -nen> *f* (MUS) soprano *mf*

Sorge ['zɔrgə] <-, -n> *f* ❶ (*Angst*) preoccupazione *f;* (*innere Unruhe*) pensiero *m*, apprensione *f;* (*Kummer*) dispiacere *m;* **jdm** ~**n machen** dare dei pensieri a qu; **sich** *dat* ~**n um jdn/etw machen** darsi pensiero per qu/qc; **keine** ~! non si preoccupi!; **du hast ~ n!** (*iron*) che razza di preoccupazioni! ❷ (*Fürsorge*) cure *fpl*, sollecitudine *f*; **dafür ~ tragen, dass ...** badare che +*conj*; **lassen Sie das meine ~ sein!** lasci che ci pensi io!

sorgen I. *vi* **für etw ~** (*beschaffen*) pensare a qc, provvedere a qc; (*vorsorgen für*) provvedere a qc; (*bewirken*) procurare qc, causare qc; **für jdn ~** (*sich kümmern um*) preoccuparsi di qu; (*betreuen*) aver cura di qu; (*versorgen*) provvedere a qu; **dafür ~, dass ...** fare in modo che +*conj*; **ich werde dafür ~** ci penserò io; **dafür ist gesorgt** s'è provveduto II. *vr* **sich** (**um jdn/etw**) ~ essere in pensiero (per qu/qc)

sorgenfrei *adj* senza pensieri; **Sorgenkind** *n* figlio, -a *m*, *f* che dà molti pensieri; (*fig: a Sache*) spina *f*; **sorgenvoll** *adj* (*Leben*) pieno di pensieri; (*Blick*) pensieroso; (*Worte*) ansioso

Sorgerecht *n* (JUR) affidamento *m* di minori

Sorgfalt ['zɔrkfalt] <-> *kein Pl* *f* cura *f*; (*Gründlichkeit*) precisione *f*; (*Gewissenhaftigkeit*) coscienziosità *f*; **sorgfältig** ['zɔrkfɛltɪç] *adj* (*Arbeit*) accurato; (*gründlich*) preciso; (*gewissenhaft*) scrupoloso

sorglos *adj* senza preoccupazioni; (*unbekümmert*) spensierato; (*leichtsinnig*) incosciente; (*nachlässig*) negligente; **Sorglosigkeit** <-> *kein Pl* *f* spensieratezza *f*; (*Leichtsinn*) incoscienza *f*; (*Nachlässigkeit*) negligenza *f*

sorgsam *adj* (*sorgfältig*) accurato; (*umsichtig*) circospetto; (*vorsichtig*) cauto, prudente

Sorrent [zɔ'rɛnt] *n* Sorrento *f*

Sorte ['zɔrtə] <-, -n> *f* ❶ (*Art*) tipo *m*, sorta *f* ❷ (*Marke*) marca *f* ❸ (*Qualität*) qualità *f* ❹ (BOT) varietà *f* ❺ *pl* (*Devisen*) valute *fpl*

sortieren [zɔr'tiːrən] <ohne ge-> *vt* (*nach Sorten zusammenstellen*) assortire; (*ordnen*) classificare; (*Briefe*) smistare

Sortiermaschine *f* selezionatrice *f*

Sortiment [zɔrti'mɛnt] <-(e)s, -e> *n* ❶ (COM) assortimento *m* ❷ (*Buchhandel*) commercio *m* libraio

SOS [ɛsʔoːʔɛs] <-, -> *n* S.O.S

sosehr [zo'zeːɐ] *konj* per quanto +*conj*

soso [zo'zoː] I. *adv* (*fam: so lala*) così così II. *int* (*sieh mal einer an*) to'!

Soße ['zoːsə] <-, -n> *f* (GASTR) salsa *f*; (*Braten~*) sugo *m*; (*Spaghetti~*) sugo *m*, salsa *f*

sott [zɔt] 1. *u* 3. *pers sing imp von* **sieden**

Soufflé [zu'fleː] <-s, -s> *n* (GASTR) soufflé *m*

Soufflee^{RR} [zu'fleː] <-s, -s> *n* s. **Soufflé**

Souffleur [zu'fløːɐ] <-s, -e> *m* suggeri-

tore *m*; **Souffleurkasten** *m* buca *f* del suggeritore

Souffleuse [zu'fløːzə] <-, -n> *f* suggeritrice *f*

soufflieren [zu'fliːrən] <ohne ge-> I. *vi* fare il suggeritore II. *vt* **jdm etw ~** (*fig* THEAT) suggerire qc a qu

Soundkarte ['saʊndkartə] *f* (INFORM) scheda *f* di suono

soundso ['zoːʔʊntzoː] *adv* tal dei tali; **Herr/Frau Soundso** il signore/la signora tal dei tali

soundsovielte ['zoːʔʊntzoˈfiːltə] *adj* tal e tal

Soundtrack ['saʊndtræk] <-s, -s> *m* colonna *f* sonora

Soutane [zu'taːnə] <-, -n> *f* sottana *f*

Souvenir [zuvə'niːɐ] <-s, -s> *n* souvenir *m*, ricordo *m*

souverän [zuvə'rɛːn] *adj* (*fig*) con superiorità

Souverän [zuvə'rɛːn] <-s, -e> *m* (CH: POL: *stimmberechtigtes Volk*) corpo *m* elettorale, elettorato *m*

Souveränität [zuvərɛniˈtɛːt] <-> *kein Pl* *f* sovranità *f*

soviel [zo'fiːl] I. *adv* s. **viel** II. II. *konj* quanto, per quanto +*conj*; **~ ich weiß** per quanto ne sappia io

soweit [zo'vaɪt] I. *adv* fin qui, fino a questo punto; **~ wie** (tanto) quanto; **~ erforderlich** in caso di bisogno, se necessario; **bist du ~?** sei pronto?; **es ist ~** ci siamo II. *konj* fin dove; (*in dem Maße, wie*) per quanto +*conj*; **~ ich mich erinnere** per quanto ricordi

sowenig [zo'veːnɪç] I. *adv* (altret)tanto poco; **~ wie möglich** il meno possibile; **ich weiß es ~ wie du** ne so tanto poco quanto te II. *konj* per poco che +*conj*

sowie [zo'viː] *konj* ❶ (*sobald*) (non) appena ❷ (*und auch*) e anche, come anche

sowieso [zovi'zoː] *adv* comunque, tanto; **ich gehe ~ hin** ci vado comunque

Sowjet [zɔ'vjɛt] <-s, -s> *m* (HIST) soviet *m*; **die ~s** i sovietici; **Sowjetbürger(in)** *m(f)* (cittadino, -a *m*, *f*) sovietico, -a *m*, *f*; **sowjetisch** *adj* sovietico; **Sowjetunion** *f* **die ~** l'Unione *f* Sovietica

sowohl [zo'voːl] *konj* **~ ... als auch ...** tanto ... quanto ...

sozial [zoˈtsi̯aːl] *adj* sociale; **~e Einrichtungen** servizi sociali; **die ~en Verhältnisse** le condizioni sociali; **der ~e Wohnungsbau** l'edilizia popolare; **Sozialabbau** *m* revoca *f* delle prestazioni sociali; **Sozialabgaben** *fpl* contributi *mpl* sociali; **Sozialamt** *n* ufficio *m* d'assi-

S

stenza sociale; **Sozialarbeiter(in)** *m(f)* assistente *mf* sociale; **Sozialausgaben** *fpl* spese *fpl* sociali; **Sozialdemokrat(in)** *m(f)* socialdemocratico, -a *m, f*; **sozialdemokratisch** *adj* socialdemocratico; **Sozialfall** *m* caso *m* sociale; **Sozialhilfe** *f* assistenza *f* sociale; **Sozialhilfeempfänger(in)** *m(f)* beneficiario, -a *m, f* di assistenza sociale

Sozialisierung [zotsjaliˈtsiːruŋ] <-> *kein Pl f* socializzazione *f*

Sozialismus [zotsjaˈlɪsmʊs] <-> *kein Pl m* socialismo *m*

Sozialist(in) [zotsjaˈlɪst] <-en, -en; -, -nen> *m(f)* socialista *mf*

sozialistisch *adj* socialista

Sozialkritik *f* critica *f* sociale

Sozialleistung *f* prestazione *f* sociale; **Sozialpartner** *mpl* parti *fpl* sociali; **Sozialprodukt** *n* prodotto *m* nazionale; **Sozialstaat** *m* stato *m* sociale; **Sozialversicherung** *f* previdenza *f* sociale; **Sozialverträglichkeit** <-> *f* equità *f* sociale; **Sozialwissenschaften** *fpl* scienze *fpl* sociali; **Sozialwohnung** *f* casa *f* popolare

Soziologe [zotsjoˈloːgə] <-, -n> *m* sociologo *m*

Soziologie [zotsjoloˈgiː] <-> *kein Pl f* sociologia *f*

Soziologin [zotsjoˈloːgɪn] <-, -nen> *f* sociologa *f*

soziologisch [zotsjoˈloːgɪʃ] *adj* sociologico

Sozius [ˈzoːtsiʊs] <-, -se> *m* **①** (COM: *Teilhaber*) socio *m* **②** (*Motorrad~*) persona *f* che viaggia sul sellino posteriore; **Soziussitz** *m* sellino *m* posteriore

sozusagen [zoːtsuˈzaːgən] *adv* per così dire

s. p. *abk v* **sine pagina** s.p.

Space-Wagon [ˈspeɪsvægən] <-, -s> *m* monovolume *f*

Spachtel [ˈʃpaxtəl] <-s, -> *m* spatola *f*

spachteln I. *vt* stuccare II. *vi* (*fam: essen*) pappare

Spagat [ʃpaˈgaːt] <-(e)s, -e> *m o n* **①** spaccata *f* **②** (*A, südd: Schnur, Bindfaden*) spago *m*

Spagetti[RR] [ʃpaˈgɛti] *pl*, **Spaghetti** *pl* spaghetti *mpl*; **Spaghettiträger** *mpl* spalline *fpl* sottilissime

spähen [ˈʃpɛːən] *vi* spiare; **nach jdm/etw ~** guardare se viene qu/qc

Spalier [ʃpaˈliːɐ] <-s, -e> *n* spalliera *f*; **~ stehen** fare ala

Spalt [ʃpalt] <-(e)s, -e> *m* (*Öffnung*) fessura *f*, fenditura *f*; (*Mauer~*) crepa *f*;

(*Fels~*) crepaccio *m*; (*Sprung*) incrinatura *f*; **die Tür einen ~ öffnen** aprire appena la porta

spaltbar *adj* (PHYS) fissile

spaltbreit *adj* a spiraglio; **eine ~e Öffnung** un'apertura a spiraglio

Spalte [ˈʃpaltə] <-, -n> *f* **①** (*Fels~, Mauer~*) crepa *f*; (*Gletscher~*) crepaccio *m* **②** (TYP) colonna *f* **③** (*A: Schnitte* (*Obst*)) fetta *f*, spicchio *m*

spalten <spaltet, spaltete, gespaltet *o bes. fig:* gespalten> I. *vt* **①** (*Material*) fendere; (*Steine, Holz*) spaccare **②** (*fig: Gruppe, Land*) scindere, dividere **③** (PHYS: *Atom*) fissionare; (CHEM) dissociare II. *vr* **sich ~** **①** (*sich teilen*) fendersi, spaccarsi **②** (*fig: die Einheit verlieren*) scindersi

Spaltung <-, -en> *f* **①** (*von Material*) fenditura *f*, spaccatura *f* **②** (*fig* POL) divisione *f*, scissione *f*; (*Glaubens~*) scisma *m* **③** (PHYS) fissione *f*; (CHEM) scissione *f* **④** (*~ des Bewusstseins, der Persönlichkeit*) dissociazione *f*

Span [ʃpaːn] <-(e)s, Späne> *m* truciolo *m*; **Spanferkel** [ˈʃpaːnfɛrkəl] *n* maialino *m* da latte

Spange [ˈʃpaŋə] <-, -n> *f* fermaglio *m*; (*Schuh~*) fibbia *f*

Spanien [ˈʃpaːniən] *n* Spagna *f*

Spanier(in) <-s, -; -, -nen> *m(f)* spagnolo, -a *m, f*

spanisch *adj* spagnolo; **~e Wand** paravento *m*; **das kommt mir ~ vor** (*fam*) mi pare strano

spann [ʃpan] *1. u 3. pers sing imp von* **spinnen**

Spann [ʃpan] <-(e)s, -e> *m* collo *m* del piede

Spannbeton *m* calcestruzzo *m* precompresso; **Spannbetttuch**[RR] *n* lenzuolo *m* con angoli elasticizzati

Spanne [ˈʃpanə] <-, -n> *f* **①** (*Zeit~*) intervallo *m*, lasso *m* di tempo **②** (*Handels~, Verdienst~*) margine *m*

spannen [ˈʃpanən] I. *vt* **①** (*an~*) tendere, tirare **②** (*ein~, einklemmen*) stringere; (*in die Schreibmaschine*) mettere; **vor den Wagen ~** attaccare al carro **③** (*Schusswaffe, Fotoapparat*) caricare **④** (*bes. südd, A: fam: merken*) accorgersi di II. *vr* **sich ~** **①** (*sich an~*) tendersi **②** (*sich wölben*) **sich (über etw** *acc*) **~** inarcarsi (su qc) III. *vi* **①** (*Kleidungsstück*) stringere; (*Haut*) tirare **②** (*Gewehr, Kamera*) caricare

spannend *adj* avvincente, appassionante

Spanner <-s, -> *m* **①** (*Gerät*) tenditore *m*; (*Hosen~*) stiracalzoni *m*; (*Schuh~*) tendiscarpe *m* **②** (ZOO: *Schmetterling*) falena *f*

❸ (*fam: Voyeur*) voyeur *m*

Spannkraft *f* **❶** (TEC) forza *f* di tensione; (*von Feder*) elasticità *f* **❷** (*von Muskel*) tonicità *f* **❸** (*fig: von Mensch*) energia *f;*

Spannteppich <-s, -e> *m* (*CH: Teppichboden*) moquette *f*

Spannung <-, -en> *f* **❶** (*von Seil, Feder, Muskel*) tensione *f* **❷** (EL) tensione *f,* voltaggio *m;* **unter ~** (EL) sotto tensione **❸** *sing* (*Ungeduld, Ungewissheit*) impazienza *f,* tensione *f;* (*Neugier*) curiosità *f;* (~*sgeladenheit: von Film, Buch*) suspense *f;* **etw mit ~ erwarten** attendere qc con impazienza **❹** *sing* (*nervlich, innerlich*) tensione *f* **❺** *meist pl* (*Feindseligkeit*) tensione *f,* conflitto *m*

Spannweite *f* **❶** (*Flügel~ ,* AERO) apertura *f* alare **❷** (*Brücken~*) luce *f* campata

Spanplatte *f* truciolato *m*

Sparbrief *m* certificato *m* di deposito a risparmio, saving letter *f;* **Sparbuch** *n* libretto *m* di risparmio; **Sparbüchse** *f* salvadanaio *m;* **Spardose** *f* salvadanaio *m;* **Spareinlage** *f* deposito *m* di risparmio

sparen ['ʃpaːrən] I. *vi, vt* **❶** (*sparsam sein*) economizzare, fare economia; **mit Lob ~** essere parco di lodi **❷** (*von etw wenig verbrauchen*) **an etw** *dat* **~** risparmiare qc; (*Strom, Gas*) economizzare su qc; **am Essen ~** risparmiare sul mangiare II. *vr* **sich** *dat* **etw ~** (*nicht tun*) risparmiarsi qc; **~ Sie sich** *dat* **die Mühe zu ...** si risparmi la pena di ...

Sparer(in) <-s, -; -, -nen> *m(f)* risparmiatore, -trice *m, f*

Sparflamme *f* fiamma *f* al minimo; **auf ~** (*fig fam*) al minimo

Spargel ['ʃpargəl] <-s, -> *m* asparago *m;* **~ essen** mangiare gli asparagi; **Spargelspitze** *f* punta *f* d'asparago

Sparguthaben *n* deposito *m* a risparmio; **Sparheft** *n* (*CH*) *s.* **Sparbuch; Sparkasse** *f* cassa *f* di risparmio; **Sparkonto** *n* conto *m* di risparmio; **Sparkurs** <-es, -e> *m* risparmio *m;* **auf ~ sein** fare economie, cercare di risparmiare

spärlich ['ʃpɛːɐ̯lɪç] *adj* (*knapp*) scarso; (*Gewinn*) magro; (*Haar*) rado; **~ bekleidet** poco vestito

Sparmaßnahme *f* misura *f* di risparmio

Sparren ['ʃparən] <-s, -> *m* (*Dach~*) falso puntone *m*

Sparring ['ʃparɪŋ o 'sparɪŋ] <-s> *kein Pl n* sparring *m;* **Sparringspartner** *m* sparring partner *m*

sparsam *adj* (*Mensch*) economo, parsimonioso; (*im Verbrauch*) economico; **mit**

etw ~ umgehen fare economia di qc

Sparsamkeit <-> *kein Pl f* parsimonia *f,* economia *f;* **Sparschwein** *n* salvadanaio *m* a porcellino

spartanisch [ʃpar'taːnɪʃ] *adj* spartano, austero

Sparte ['ʃpartə] <-, -n> *f* **❶** (*Gebiet*) campo *m,* settore *m;* (*Wissenszweig*) ramo *m,* branca *f;* (*Geschäftszweig*) branca *f* **❷** (*Zeitungsspalte*) rubrica *f*

Spartensender *m* canale *m* specializzato in un genere

Sparziel *n* obiettivo *m* di risparmio

Spaß [ʃpaːs] <-es, Späße> *m* **❶** *sing* (*Vergnügen*) piacere *m,* divertimento *m;* **~ machen** (*Sache: angenehm sein*) essere divertente; **sich aber einen – daraus machen etw zu tun** divertirsi a fare qc; **jdm den ~ verderben** rovinare il divertimento a qu; **das war ein teurer ~** (*fam*) è costato un occhio della testa; **viel ~ !** buon divertimento! **❷** (*Scherz*) scherzo *m;* **~ machen** (*Mensch: scherzen*) scherzare; **~ verstehen** stare agli scherzi; **zum ~** per scherzo; **~ beiseite!** bando agli scherzi!

spaßen *vi* (*scherzen*) scherzare; **er lässt nicht mit sich** *dat* **~** con lui c'è poco da scherzare; **damit ist nicht zu ~** con questo non si scherza

spaßeshalber *adv* per scherzo

Spaßgesellschaft *f* società *f* del divertimento

spaßhaft *adj,* **spaßig** *adj* (*Geschichte*) divertente, spassoso; (*Mensch*) faceto, scherzoso; **Spaßmacher** *m* burlone, -a *m, f,* mattacchione, -a *m, f;* **Spaßverderber** *m* guastafeste *mf;* **Spaßvogel** *m* burlone, -a *m, f,* mattacchione, -a *m, f*

Spastiker(in) ['ʃpastikɐ] <-s, -; -, -nen> *m(f)* (MED) spastico, -a *m, f*

spastisch ['ʃpastɪʃ o 'spastɪʃ] *adj* (MED) spastico

spät [ʃpɛːt] I. *adj* tardo; (*Frühjahr, Obst, Reue*) tardivo; **am ~en Abend** nella tarda serata; **bis in die ~e Nacht (hinein)** fino a notte inoltrata II. *adv* tardi; **zu ~** troppo tardi; **zu ~ kommen** arrivare in ritardo; **jdn fragen, wie ~ es ist** chiedere l'ora a qu; **wie ~ ist es?** che ore sono?; **es ist schon ~** è già tardi; **es wird ~** si sta facendo tardi

Spat [ʃpaːt, *pl:* 'ʃpɛːtə o 'ʃpɛːtə] <-(e)s, -e o Späte> *m* spato *m*

Spätaussiedlerproblematik *f* problemi relativi all'integrazione di persone con cittadinanza tedesca, ma che hanno un'esperienza di migrazione alle spalle

Spaten ['ʃpaːtən] <-s, -> *m* vanga *f*

S

später ['ʃpɛːtɐ] I. *adj* ❶ (*nachkommend*) posteriore ❷ (*zukünftig*) futuro II. *adv* (*danach*) più tardi; **nicht ~ als** al più tardi; **einige Zeit ~** qualche tempo dopo; **bis ~!** a più tardi!

spätestens *adv* al più tardi

Spätfolge *f* conseguenza *f* tarda; **Spätherbst** *m* tardo autunno *m;* **Spätlese** *f* ❶ (*Lese*) tarda vendemmia *f* ❷ (*Wein*) vino *m* di prima scelta; **Spätobst** <-(e)s> *kein Pl* *n* frutta *f* tardiva; **Spätschaden** *m* (disturbi *mpl*) postumi *mpl;* **Spätschicht** *f* turno *m* di notte; **Spätsommer** *m* tarda estate *f*

Spatz [ʃpats] <-en *o* -es, -en> *m* passero *m;* **die ~ pfeifen es von den Dächern** (*fig*) lo sanno tutti; **ein ~ in der Hand ist besser als eine Taube auf dem Dach** (*prov*) meglio un uovo oggi che una gallina domani

Spätzle ['ʃpɛtslə] *pl,* **Spätzli** ['ʃpɛtsli] *pl* (*CH, südd*) *tipo di pasta a base di farina e uova*

Spätzündung *f* (MOT) accensione *f* ritardata

spazieren [ʃpa'tsiːrən] I. *vi sein* passeggiare; **~ fahren** fare una passeggiata (in bicicletta, macchina, etc); **~ gehen** andare a passeggio II. *vt haben* **~ fahren** portare a fare una passeggiata (in macchina, etc); (*Kind*) portare a passeggio

spazieren|fahrenALT *s.* **spazieren** I., II.; **spazieren|gehen**ALT *s.* **spazieren** I.

Spazierfahrt *f* gita *f;* **Spaziergang** *m* passeggiata *f;* **Spaziergänger(in)** [ʃpa'tsiːrgɛŋɐ] <-s, -; -, -nen> *m(f)* chi va a passeggio, passeggiatore, -trice *m, f;* **Spazierstock** *m* bastone *m* da passeggio

SPD [ɛspeː'deː] <-> *kein Pl* *f abk v* **Sozialdemokratische Partei Deutschlands** *partito socialdemocratico tedesco*

Specht [ʃpɛçt] <-(e)s, -e> *m* picchio *m*

Speck [ʃpɛk] <-(e)s, -e> *m* ❶ (GASTR) lardo *m;* **durchwachsener ~** pancetta *f* ❷ (*fam: Fettpolster*) grasso *m*

speckig *adj* ❶ (*schmutzig*) unto e bisunto; (*Buch*) sciupato e sporco ❷ (*fam: dick*) grasso

Speckschwarte *f* cotica *f;* **wie eine ~ glänzen** essere lustro come il lardo; **Speckseite** <-, -n> *f* lardone *m*

Speckstein *m* steatite *f*

Spediteur [ʃpedi'tøːɐ̯] <-s, -e> *m* spedizioniere *m*

Spedition [ʃpediˈtsi̯oːn] <-, -en> *f* ❶ (*Versendung*) spedizione *f* ❷ (*Speditionsabteilung*) reparto *m* spedizioni ❸ (*Transportunternehmen*) impresa *f* di spedizioni

speditiv [ʃpediˈtiːf] *adj* (*CH: rasch*) spedito, rapido

Speed [spiːt] <-s, -s> *n* (*sl: Droge*) speed *m*

Speer [ʃpeːɐ̯] <-(e)s, -e> *m* lancia *f;* (SPORT: *Wurf-*) giavellotto *m;* **Speerwerfen** <-s> *kein Pl* lancio *m* del giavellotto

Speiche ['ʃpaɪçə] <-, -n> *f* ❶ (*an Rad*) raggio *m* ❷ (ANAT) radio *m*

Speichel ['ʃpaɪçəl] <-s> *kein Pl* *m* saliva *f;* **~ absondern** salivare; **Speicheldrüse** *f* ghiandola *f* salivale

Speicher ['ʃpaɪçɐ] <-s, -> *m* ❶ (*Getreide~*) granaio *m;* (*Lagerraum*) magazzino *m,* silo *m* ❷ (*Dachboden*) solaio *m,* sottotetto *m* ❸ (*Wasser~*) serbatoio *m* ❹ (INFORM) memoria *f*

Speicherkapazität *f* (INFORM) capacità *f* di memoria

speichern *vt* ❶ (*einlagern*) immagazzinare, accumulare ❷ (*Computer*) salvare, memorizzare

Speicherplatz *m* (INFORM) spazio *m* di memoria; **Speicherschutz** *m* (INFORM) protezione *f* della memoria

Speicherung <-, -en> *f* immagazzinazione *f;* (INFORM) memorizzazione *f*

speien ['ʃpaɪən] <speit, spie, gespie(e)n> *vt, vi* (*spucken*) sputare; (*sich erbrechen*) vomitare

Speise ['ʃpaɪzə] <-, -n> *f* (*Nahrung*) nutrimento *m;* (*Gericht*) piatto *m,* pietanza *f;* **~n und Getränke** cibi e bevande; **Speiseeis** *n* gelato *m;* **Speisekammer** *f* dispensa *f;* **Speisekarte** *f* menu *m*

speisen I. *vt* ❶ (*geh: zu essen geben*) dar da mangiare a; (*essen*) mangiare ❷ (TEC) alimentare II. *vi* (*geh: essen*) mangiare

Speisenaufzug *m* montavivande *m;* **Speisenfolge** *f* menu *m*

Speiseöl *n* olio *m* commestibile; **Speiseröhre** *f* esofago *m;* **Speisesaal** *m* sala *f* da pranzo; **Speisesalz** <-es, -e> *n* sale *m* da cucina; **jodiertes ~** sale iodato; **Speisewagen** *m* carrozza *f* ristorante

Speisung <-, -en> *f* (A TEC) alimentazione *f*

speiübel ['ʃpaɪʔyːbəl] *adj* **mir ist ~** mi sento malissimo

Spektakel[1] [ʃpɛk'taːkəl] <-s, -> *m* (*fam: Krach, Lärm*) baccano *m,* chiasso *m*

Spektakel[2] <-s, -> *n* (*Anblick, Schauspiel*) spettacolo *m*

spektakulär [ʃpɛktaku'lɛːɐ̯] *adj* spettacolare

Spektra *pl von* **Spektrum**

Spektralanalyse [ʃpɛk'traːlanalyːzə] *f* analisi *f* spettrale

Spektrum ['ʃpɛktrʊm] <-s, Spektren *o* Spektra> *n* spettro *m*

Spekulant(in) [ʃpeku'lant] <-en, -en; -, -nen> *m(f)* speculatore, -trice *m, f*

Spekulation [ʃpekula'tsi̯o:n] <-, -en> *f* speculazione *f; ~en anstellen* fare speculazioni, speculare

spekulativ [ʃpekula'ti:f] *adj* ❶ *(hypothetisch)* speculativo, astratto ❷ (WIRTSCH) speculatorio

spekulieren [ʃpeku'li:rən] <ohne ge-> *vi* speculare; **auf etw** *acc* ~ *(fam)* contare su qc; **an der Börse** ~ speculare in borsa

Spelunke [ʃpe'lʊŋkə] <-, -n> *f (pej)* bettola *f*

spendabel [ʃpɛn'da:bəl] *adj (fam)* spendereccio, generoso

Spende ['ʃpɛndə] <-, -n> *f* offerta *f,* dono *m*

spenden *vt (Geld, Lebensmittel)* offrire; *(Blut, Organ)* donare, dare; *(Seife, Wasser, Schatten)* dare; *(Sakrament)* amministrare; *(Segen)* impartire, dare; *(Lob)* tributare; *(Trost)* dare, recare; **Beifall** ~ applaudire

Spendenaffäre *f* scandalo *m* delle donazioni; **Spendenkonto** *n* conto *m* per le donazioni; **Spendenmarathon** *m* gara *f* di solidarietà

Spender <-s, -> *m (Gerät)* distributore *m*

Spender(in) <-s, -; -, -nen> *m(f)* donatore, -trice *m, f;* **Spenderherz** *n* cuore *m* donato; **Spenderniere** *f* rene *m* donato; **Spenderorgan** *n* organo *m* donato

spendieren [ʃpɛn'di:rən] <ohne ge-> *vt (fam)* **(jdm) etw** ~ offrire qc (a qu); *(bezahlen)* pagare qc (a qu)

Spengler(in) ['ʃpɛŋlə] <-s, -; -, -nen> *m(f) (südd, A, CH)* lattoniere *m*

Sperber ['ʃpɛrbə] <-s, -> *m* sparviero *m*

Sperling ['ʃpɛrlɪŋ] <-s, -e> *m* passero *m*

Sperma ['ʃpɛrma] <-s, Spermen *o* Spermata> *n* sperma *m*

sperrangelweit [ʃpɛr'ʔaŋəl'vaɪt] *adv (fam)* ~ **offen** spalancato

Sperrbezirk <-s, -e> *m* zona *f* vietata

Sperre ['ʃpɛrə] <-, -n> *f* ❶ *(Schranke)* barriera *f;* *(Straßen~)* blocco *m;* (MIL) sbarramento *m;* *(Tal~)* diga *f* di sbarramento ❷ (TEC) arresto *m,* bloccaggio *m* ❸ *(Verbot)* divieto *m,* interdizione *f;* *(Embargo)* embargo *m;* *(Nachrichten~)* censura *f* ❹ (SPORT) sospensione *f*

sperren ['ʃpɛrən] **I.** *vt* ❶ *(ver~)* sbarrare, bloccare ❷ *(Einfuhr, Handel)* interdire, proibire ❸ (TEC: *Strom, Gas, Wasser)* tagliare, chiudere; *(Telefon)* staccare ❹ (TYP) spazi(eggi)are ❺ *(Konto, Kredit, Gehalt,* *Bezüge)* bloccare; *(Scheck)* sbarrare ❻ *(Spieler)* sospendere, squalificare; **jdn in etw** *acc* ~ (rin)chiudere qu in qc ❼ *(A, südd: schließen)* chiudere **II.** *vr* **sich** *(gegen jdn/etw)* ~ opporsi (a qu/qc) **III.** *vi (A, südd: schließen)* chiudere

Sperrfrist *f* periodo *m* bloccato

Sperrgebiet *n* zona *f* vietata

Sperrgut *n* merce *f* ingombrante

Sperrholz *n* (legno *m*) compensato *m*

sperrig *adj* ingombrante, voluminoso

Sperrkonto *n* conto *m* vincolato

Sperrmüll *m* rifiuti *mpl* ingombranti; **Sperrmüllabfuhr** *f* rimozione *f* dei rifiuti ingombranti

Sperrsitz *m* posto *m* distinto

Sperrstunde *f* ora *f* di chiusura

Sperrung <-, -en> *f* ❶ *(Versperren)* sbarramento *m,* blocco *m* ❷ *(Verbot)* proibizione *f,* interdizione *f* ❸ (TEC: *von Strom, Gas, Wasser)* blocco *m* ❹ (TYP) spazi(eggi)atura *f* ❺ *(von Konto, Scheck, Gehalt, Kredit, Bezügen)* blocco *m* ❻ (SPORT) sospensione *f*

Spesen ['ʃpe:zən] *pl* spese *fpl*

Spessart ['ʃpɛsart] *m* Spessart *m*

Speyer ['ʃpaɪə] *n* Spira *f*

Spezi¹ ['ʃpe:tsi] <-s, -(s)> *m (A, südd: Freund)* amicone *m,* amico, -a *m, f* intimo, -a, compare *mf*

Spezi² <-s, -(s)> *n (A, südd: fam: Getränk)* bevanda che si ottiene mischiando coca cola e limonata

Spezialgebiet [ʃpe'tsi̯a:lgəbi:t] *n* specialità *f*

spezialisieren [ʃpetsi̯ali'zi:rən] <ohne ge-> **I.** *vt* specializzare **II.** *vr* **sich** **(auf etw** *acc)* ~ specializzarsi (in qc)

Spezialisierung <-, -en> *f* specializzazione *f*

Spezialist(in) [ʃpetsi̯a'lɪst] <-en, -en; -, -nen> *m(f)* specialista *mf*

Spezialität [ʃpetsi̯ali'tɛ:t] <-, -en> *f* specialità *f*

Spezialvollmacht <-, -en> *f* (JUR) delega *f* speciale, procura *f* straordinaria

speziell [ʃpe'tsi̯ɛl] *adj* speciale, particolare

Spezies ['ʃpe:tsi̯ɛs] <-, -> *f* (BIOL) specie *f*

spezifieren [ʃpetsifi'tsi:rən] <ohne ge-> *vt* specificare

spezifisch [ʃpe'tsi:fɪʃ] *adj* specifico

Sphäre ['sfɛ:rə] <-, -n> *f* sfera *f;* **sphärisch** *adj* sferico

Sphinx [sfɪŋks] <-, -(e)> *f* sfinge *f*

spicken ['ʃpɪkən] **I.** *vt* ❶ *(fig: Rede,* GASTR) lardellare ❷ *(fam: bestechen)* comprare **II.** *vi (fam: abschreiben)* copiare; **Spickzettel** *m (fam)* bigino *m*

spie [ʃpiː] *1. u 3. pers sing imp von* **speien**

Spiegel [ˈʃpiːɡəl] <-s, -> *m* ❶ (*a fig*) specchio *m;* (*von Arzt*) specolo *m;* **in den ~ sehen** guardare nello specchio ❷ (*Wasser~*) specchio *m;* (*Alkohol~, Zucker~*) tasso *m* ❸ (MIL: *Kragen~*) mostrina *f;* **Spiegelbild** *n* immagine *f* riflessa; (*fig*) specchio *m,* riflesso *m;* **spiegelbildlich** I. *adj* speculare II. *adv* in modo speculare; **spiegelblank** *adj* lucido come uno specchio; **Spiegelei** *n* uovo *m* al tegamino; **Spiegelfechterei** [ˈʃpiːɡəlfɛçtəˈraɪ] <-, -en> *f* finzione *f;* **spiegelglatt** *adj* liscio come uno specchio; **spiegelgleich** *adj* speculare

spiegeln I. *vt* (*a fig*) riflettere, rispecchiare II. *vr* **sich ~** (*sich betrachten*) specchiarsi; **sich auf dem Wasser ~** specchiarsi sull'acqua ❷ (*sich wider~*) **sich in etw** *dat* **~** rispecchiarsi in qc III. *vi* (*glänzen*) splendere, brillare; (*reflektieren*) riflettere

Spiegelreflexkamera *f* (macchina *f* fotografica) reflex *f;* **Spiegelschrift** *f* scrittura *f* speculare

Spiegelung <-, -en> *f* riflesso *m*

Spiel [ʃpiːl] <-(e)s, -e> *n* ❶ (*zur Unterhaltung*) gioco *m;* (SPORT: *Wettkampf*) gara *f;* (*Karten~, Billard~, Tennis~*) partita *f;* **leichtes ~ mit jdm haben** (*fig*) avere buon gioco su qu; **ein falsches ~ spielen** (*fig*) fare il doppio gioco; **mit etw sein ~ treiben** beffarsi di qc; **etw aufs ~ setzen** (*fig*) mettere in gioco qc; (*Ruf, Zukunft*) compromettere qc; **auf dem ~ stehen** (*fig*) essere in gioco; **aus dem ~ lassen** (*fig*) non immischiare, lasciare fuori di questione; **im ~ sein** (*fig*) essere in gioco; **die Hand im ~ haben** (*fig*) avere le mani in pasta ❷ (THEAT: *Stück*) commedia *f;* (*Darbietung*) interpretazione *f* ❸ (*Spielen, Spielweise*) gioco *m,* modo *m* di giocare; (SPORT) gioco *m;* (MUS) brano *m* musicale ❹ (TEC) gioco *m*

Spielart *f* (*Sonderform*) variante *f;* (BIOL, ZOO) varietà *f;* **Spielautomat** *m* slot-machine *f;* **Spielball** *m* ❶ (*Ball*) palla *f,* pallone *m* ❷ (SPORT) palla *f* decisiva ❸ (*fig*) giocattolo *m;* **Spielbank** *f* casinò *m;* **Spielcomputer** *m* playstation® *f*

spielen I. *vt* ❶ (*Spiel*) giocare ❷ (MUS) suonare ❸ (THEAT) recitare; (*Rolle*) interpretare ❹ (*vortäuschen*) atteggiarsi a, fare; **was wird hier gespielt?** (*fig*) che cosa succede qui? II. *vi* ❶ (*ein Spiel ~,* SPORT) giocare; **um 50 Euro ~** giocare 50 euro; **mit jdm/etw ~** (*fig*) giocare con qu/qc ❷ (MUS) suonare ❸ (*sich zutragen*) svolgersi; **die Handlung spielt in Rom/im 15.Jahr-**

hundert la trama si svolge a Roma/nel 15.secolo

spielend *adv* a occhi chiusi, senza problemi; **das schaffst du doch ~** lo fai a occhi chiusi

Spieler(in) <-s, -; -, -nen> *m(f)* giocatore, -trice *m, f*

Spielerei [ʃpiːləˈraɪ] <-, -en> *f* ❶ *sing* (*Zeitvertreib*) trastullo *m,* passatempo *m;* (*Spaß, Kinderei*) scherzo *m;* (*Leichtigkeit*) giochetto *m* ❷ (*nutzloser Gegenstand*) carabattola *f*

Spielerin *f s.* Spieler

spielerisch *adj* ❶ (*verspielt*) giocoso, scherzoso ❷ (SPORT: *Können, Überlegenheit*) di gioco; (THEAT: *Können, Leistung*) recitativo; **mit ~er Leichtigkeit** con la più grande facilità

Spielfeld *n* campo *m* da gioco, terreno *m;* **Spielfilm** *m* lungometraggio *m;* **Spielhölle** *f* (*pej*) bisca *f;* **Spielkamerad(in)** *m(f)* compagno, -a *m, f* di giochi; **Spielkarte** *f* carta *f* da gioco; **Spielkasino** *n* casinò *m;* **Spielleiter(in)** *m(f)* ❶ (THEAT, FILM: *Regisseur*) regista *mf* ❷ (*Schiedsrichter*) arbitro, -a *m, f;* **Spielmarke** *f* gettone *m,* fiche *f;* **Spielplan** *m* programma *m;* **Spielplatz** *m* campo *m* giochi; **Spielraum** *m* spazio *m;* (TEC) gioco *m;* (*Bewegungsfreiheit*) libertà *f* d'azione, margine *m;* **Spielregel** *f* regola *f* di gioco; **Spielsachen** *fpl* giocattoli *mpl;* **Spieltrieb** *m* istinto *m* del gioco; **Spieluhr** *f* carillon *m* (a orologeria); **Spielverderber(in)** <-s, -; -, -nen> *m(f)* guastafeste *mf;* **Spielwaren** *fpl* giocattoli *mpl;* **Spielzeit** *f* ❶ (THEAT) stagione *f* (teatrale) ❷ (SPORT: *Spieldauer*) durata *f* della partita; (*Saison*) stagione *f* (sportiva); **Spielzeug** *n* (*einzelnes, a fig*) giocattolo *m;* (*Sammelbegriff*) giocattoli *mpl*

Spieß [ʃpiːs] <-es, -e> *m* ❶ (*Pike*) lancia *f;* (*Wurf~*) giavellotto *m;* (*Brat~*) spiedo *m;* **den ~ umdrehen** (*fig*) ritorcere le accuse; **er schreit wie am ~** (*fam*) grida come un dannato

Spießbürger(in) *m(f)* (*pej*) piccolo, -a borghese *m, f,* borghesuccio, -a *m, f,* filisteo *m;* **spießbürgerlich** *adj* (*pej*) piccolo borghese, filisteo

spießen [ˈʃpiːsən] I. *vt* **etw auf etw** *acc* **~** infilzare qc con qc II. *vr* **sich ~** (*A*) ❶ (*sich verklemmen*) incastrarsi ❷ (*nicht wie gewünscht verlaufen*) arenarsi, non procedere

Spießer(in) <-s, -; -, -nen> *s.* Spießbürger(in)

Spießgeselle *m* complice *mf*

spießig s. **spießbürgerlich**
Spießruten fpl ~ **laufen** passare per le forche caudine
Spikes [ʃpaɪks] pl ❶ (an Schuhen, Reifen) chiodi mpl ❷ (~ reifen) copertoni mpl chiodati
Spinat [ʃpi'naːt] <-(e)s, -e> m (BOT) spinacio m; (GASTR) spinaci mpl
Spind [ʃpɪnt] <-(e)s, -e> m o n armadietto m
Spindel ['ʃpɪndəl] <-, -n> f (beim Spinnen) fuso m; **spindeldürr** adj magro come un chiodo
Spinett [ʃpi'nɛt] <-(e)s, -e> n spinetta f
Spinne ['ʃpɪnə] <-, -n> f ragno m
spinnefeind ['ʃpɪnə'faɪnt] adj (mit) jdm ~ **sein** essere il nemico giurato di qu
spinnen ['ʃpɪnən] <spinnt, spann, gesponnen> I. vi ❶ (Garn ~) filare ❷ (fam: verrückt sein) essere svitato; (Unsinn reden) dire stupidaggini II. vt (Garn) filare
Spinnengewebe n, **Spinnennetz** n ragnatela f; **Spinn(en)netz** n ragnatela f
Spinner(in) <-s, -; -, -nen> m(f) ❶ (Garn~) filatore, -trice m, f ❷ (fig fam: verrückte Person) mattoide mf
Spinnerei [ʃpɪnə'raɪ] <-, -en> f ❶ (Betrieb) filanda f ❷ (fam: Blödsinn) scemenze fpl
Spinnerin f s. **Spinner**
Spinngewebe n ragnatela f; **Spinnmaschine** f filatoio m; **Spinnrad** n fuso m; **Spinnrocken** m conocchia f; **Spinnwebe** ['ʃpɪnveːbə] <-, -n> f ragnatela f
Spion [ʃpi'oːn] <-s, -e> m (Guckloch) spioncino m; (Fensterspiegel) specchietto m
Spion(in) [ʃpi'oːn] <-s, -e; -, -nen> m(f) spia f; (Geheimagent) agente m segreto
Spionage [ʃpio'naːʒə] <-> kein Pl f spionaggio m; **Spionageabwehr** f controspionaggio m; **Spionagenetz** n, **Spionagering** <-(e)s, -e> m rete f di agenti segreti
spionieren [ʃpio'niːran] <ohne ge-> vi ❶ (Spionage treiben) fare la spia ❷ (pej: herum~) curiosare; **in jds Schubladen ~** ficcare il naso nei cassetti di qu
Spionin f s. **Spion**
Spirale [ʃpi'raːlə] <-, -n> f (allg, MED) spirale f
Spiralfeder f molla f a spirale
Spiralnebel m nebulosa f a spirale
Spiränzchen [ʃpi'rɛnsçən] pl ~ **machen** (fam) fare storie
Spiritismus [ʃpiri'tɪsmʊs] <-> kein Pl m spiritismo m
Spiritist(in) [ʃpiri'tɪst o spiri'tɪst] <-en,

-en; -, -nen> m(f) spiritista mf
spiritistisch adj spiriti(sti)co
spirituell [ʃpiritu'ɛl] adj spirituale
Spirituose <-, -n> f bevanda f alcolica
Spiritus ['ʃpiːritʊs] <-, -se> m (Alkohol) spirito m, alcool m; **Spiritusbrenner** m bruciatore m a spirito; **Spirituskocher** m fornello m a spirito; **Spirituslampe** f lampada f a spirito
Spital [ʃpi'taːl] <-s, Spitäler> n (A, CH, sonst: obs: Krankenhaus) ospedale m, ospizio m
spitz [ʃpɪts] adj ❶ (Gegenstand) aguzzo, a punta ❷ (Winkel) acuto ❸ (Gesicht) affilato ❹ (fig: Worte) tagliente, pungente
Spitz <-es, -e> m (cane m) volpino m
Spitzbart m barba f a punta, pizzo m
spitz|bekommen <bekommt spitz, bekam spitz, spitzbekommen> vt (fam) **etw ~** accorgersi di qc, avvedersi di qc
Spitzbogen m arco m ogivale
Spitzbube ['ʃpɪtsbuːbə] m ❶ (pej: Gauner) farabutto m, canaglia f ❷ (Schelm) birba f, birbante m; **spitzbübisch** adj birichino
Spitze ['ʃpɪtsə] <-, -n> f ❶ (von Gegenständen) punta f; **etw auf die ~ treiben** spingere qc all'estremo ❷ (Berg~) vetta f, cima f ❸ (MAT: Rang, Person) vertice m ❹ (vordere Stelle, SPORT) testa f; **an der ~ stehen** essere in testa ❺ (Spitzengeschwindigkeit) velocità f massima ❻ (boshafte Anspielung) frecciata f ❼ (Textil) merletto m, pizzo m
Spitzel ['ʃpɪtsəl] <-s, -> m spia f; (Polizei~) informatore m (della polizia)
spitzeln vi (pej) fare la spia, fare il delatore
spitzen vt temperare, fare la punta a; **die Ohren ~** drizzare gli orecchi, tendere l'orecchio
Spitzenerzeugnis n prodotto m superiore [o di prima qualità]; **Spitzengeschwindigkeit** f velocità f massima; **Spitzengespräch** n colloquio m al vertice; **Spitzenkandidat(in)** m(f) candidato, -a m, f capolista; **Spitzenklasse** f qualità f superiore; **Spitzenkleid** n abito m di pizzo; **Spitzenlohn** m retribuzione f massima; **Spitzenpolitiker(in)** <-s, -; -, -nen> m(f) politico m di primo piano; **Spitzenreiter** m (SPORT) (squadra f) capolista f, capoclassifica mf; (fig: von Hitparade) capoclassifica f; (Firma) leader mf; **Spitzensportler(in)** <-s, -; -, -nen> m(f) asso m sportivo, atleta mf di spicco
Spitzer <-s, -> m (Bleistift~) temperamatite m, temperalapis m

spitzfindig *adj* sottile; (*pej: haarspalterisch*) cavilloso, sofistico; **Spitzfindigkeit** <-, -en> *f* sottigliezza *f*; (*a Äußerung*) argutezza *f*; (*pej*) cavillosità *f*

Spitzhacke *f* piccone *m*

spitz|kriegen *vt* (*fam*) capire

Spitzmaus *f* toporagno *m;* **Spitzname** *m* nomignolo *m*, soprannome *m;* **spitzwinklig** *adj* ad angolo acuto, acutangolo

Spleen [ʃpliːn] <-s, -e *o* -s> *m* (*Angewohnheit*) abitudine *f* strana; (*Marotte*) grillo *m;* (*Idee*) idea *f* balzana

spleenig *adj* bizzarro, balzano; (PSYCH) malinconico

Splitt [ʃplɪt] <-(e)s, -e> *m* pietrisco *m*

Splitter ['ʃplɪtɐ] <-s, -> *m* (*Holz~, Knochen~*) scheggia *f*; (*Diamant~*) pagliuzza *f*; (*Metall~*) scaglia *f*; (*Glas~*) coccio *m*; (*Bruchstück*) frammento *m*

splitterfasernackt [ˈʃplɪtɐˈfaːzɐˈnakt] *adj* (*fam*) nudo come un verme

Splittergruppe *f* gruppuscolo *m*

splittern *vi sein* scheggiarsi

splitternackt *s.* **splitterfasernackt**

Splitterpartei *f* partito *m* scissionista

SPÖ [ɛspeːˈʔøː] *f abk v* **Sozialistische Partei Österreichs** *partito socialista austriaco*

Spoiler ['ʃpɔɪlɐ] <-s, -> *m* (AUTO) spoiler *m*

spondieren <ohne ge-> *vi* (*A: den Magistergrad verliehen bekommen*) ricevere la laurea

sponsern ['ʃpɔnzɐn] *vt* sponsorizzare

Sponsion [ʃpɔnˈsɪoːn] <-, -en> *f* (*A: Verleihung des Magistergrads*) consegna *f* della laurea

Sponsor ['ʃpɔnzɐ] <-s, -en> *m* sponsor *m*

Sponsoring ['ʃpɔnsəʌrɪŋ] <-s> *kein Pl n* sponsorizzazione *f*

spontan [ʃpɔnˈtaːn] *adj* spontaneo

Spontaneität [ʃpɔntaneiˈtɛːt] <-> *kein Pl f* spontaneità *f*

sporadisch [ʃpoˈraːdɪʃ] *adj* sporadico

Spore ['ʃpoːrə] <-, -n> *f* (BOT) spora *f*

Sporn [ʃpɔrn, *pl:* 'ʃpɔːrən] <-(e)s, Sporen> *m* (a ZOO, BOT) sperone *m;* **einem Pferd die Sporen geben** spronare un cavallo; **sich** *dat* **die Sporen verdienen** guadagnarsi i galloni

Sport [ʃpɔrt] <-(e)s, *rar* -e> *m* sport *m;* **~ treiben** fare dello sport; **Sportabzeichen** *n* distintivo *m* sportivo; **Sportanzug** *m* tuta *f* sportiva; **Sportart** *f* (tipo *m* di) sport *m;* **Sportarzt** *m*, **Sportärztin** *f* medico *m* per atleti; **Sportgeschäft** *n* negozio *m* di articoli sportivi; **Sportlehrer(in)** *m(f)* insegnante *mf* di educazione fisica

Sportler(in) <-s, -; -, -nen> *m(f)* sportivo, -a *m, f*

sportlich *adj* sportivo

Sportmedizin *f* medicina *f* sportiva; **Sportnachrichten** *fpl* notizie *fpl* sportive; **Sportplatz** *m* campo *m* sportivo; **Sportveranstaltung** *f* manifestazione *f* sportiva; **Sportverein** *m* circolo *m* sportivo, società *f* sportiva; **Sportwagen** *m* ❶ (*Auto*) macchina *f* sportiva ❷ (*Kinderwagen*) passeggino *m*

Spot [spɔt] <-s, -s> *m* spot *m*, spazio *m* pubblicitario

Spott [ʃpɔt] <-(e)s> *kein Pl m* scherno *m*, derisione *f*; (*Gegenstand des ~s*) scherno *m;* (*beißender*) sarcasmo *m;* **seinen ~ mit jdm/etw treiben** schernire qu/qc

Spottbild *n* caricatura *f*

spottbillig *adj* dal prezzo irrisorio

Spöttelei [ʃpœtəˈlaɪ] <-, -en> *f* canzonatura *f*, dileggio *m*

spötteln ['ʃpœtəln] *vi* **über jdn ~** canzonare qu

spotten ['ʃpɔtən] *vi* **über jdn ~** schernire qu

Spötter(in) ['ʃpœtɐ] <-s, -; -, -nen> *m(f)* schernitore, -trice *m, f*, canzonatore, -trice *m, f*

spöttisch *adj* derisorio, canzonatorio

Spottpreis *m* prezzo *m* irrisorio; **zu einem ~** a un prezzo irrisorio

sprach [ʃpraːx] *1. u 3. pers sing imp von* **sprechen**

sprachbegabt *adj* portato per le lingue; **Sprachbegabung** *f* talento *m* linguistico

Sprachcomputer *m* traduttore *m* elettronico

Sprache ['ʃpraːxə] <-, -n> *f* ❶ (*Sprachsystem*) lingua *f*; (*Sonder~*) idioma *m;* **fremde ~** lingua straniera; **lebende/tote ~** lingua viva/morta ❷ *sing* (*Sprechfähigkeit*) parola *f*, favella *f*; (*Ausdruckweise*) linguaggio *m;* (*Sprechweise*) parlata *f*; **mit der ~ herausrücken** (*fam*) sputar fuori; **nicht mit der ~ herauswollen** (*fam*) non voler aprir bocca; **zur ~ bringen** mettere in discussione, trattare

Sprachebene *f* livello *m* linguistico; **Spracherkennung** *f* (INFORM) riconoscimento *m* della voce; **Sprachfehler** *m* difetto *m* di pronuncia

Sprachförderung *f* sviluppo *m* delle competenze linguistiche; **Sprachführer** *m* manuale *m* di conversazione; **Sprachgebrauch** *m* uso *m* linguistico; **allgemeiner ~** linguaggio comune;

Sprachgefühl *kein Pl n* sensibilità *f* linguistica; **Sprachkenntnisse** *fpl* conoscenze *fpl* linguistiche; **mit deutschen ~n** con cognizioni di tedesco; **Sprachkompetenz** <-> *kein Pl f* (LING) competenza *f* linguistica; **sprachkundig** *adj* poliglotta; **Sprachkurs** *m* corso *m* linguistico; **Sprachlabor** *n* laboratorio *m* linguistico; **Sprachlehre** *f* grammatica *f*; **Sprachlehrer(in)** *m(f)* insegnante *mf* di lingue **sprachlich** *adj* linguistico
sprachlos *adj* ~ **sein** rimanere senza parole
Sprachraum *m* area *f* linguistica; **im deutschen ~** nei paesi di lingua tedesca; **Sprachreise** *f* viaggio *m* studio (a scopo linguistico); **Sprachrohr** *n* megafono *m;* *(fig)* portavoce *m;* **Sprachstörung** *f* logopatia *f;* **Sprachstudium** *n* studio *m* delle lingue; **Sprachurlaub** *m* soggiorno *m* linguistico
Sprachwissenschaft *f* linguistica *f,* filologia *f;* **Sprachwissenschaftler(in)** *m(f)* linguista *mf;* **sprachwissenschaftlich** *adj* linguistico
sprang [ʃpraŋ] *1.u 3.pers sing imp von* **springen**
Spray [ʃpreː] <-s, -s> *m o n* spray *m;* **Spraydose** *s.* **Sprühdose**
sprayen [ˈʃpreːɪən] I. *vi* usare uno spray II. *vt* nebulizzare; **etw ~** spruzzare qc su qc
Sprechanlage *f* citofono *m;* **Sprechblase** *f* fumetto *m*
sprechen [ˈʃprɛçən] <spricht, sprach, gesprochen> I. *vi* parlare; **mit jdm über etw** *acc* ~ parlare con qu di qc; **laut/leise ~** parlare forte/piano; **für jdn ~** intervenire in favore di qu; **gut über jdn/etw ~** dir bene di qu/qc; **gut/schlecht auf jdn zu ~ sein** vedere qu di buon/mal occhio; **auf etw** *acc* **zu ~ kommen** venire a parlare di qc; **jdn zum Sprechen bringen** far sciogliere la lingua a qu; **das spricht für sich** il fatto parla da sé; **das spricht für Sie** ciò parla a Suo favore; **alle Anzeichen ~ dafür, dass ...** tutto fa pensare che +*conj* II. *vt* dire, recitare; *(aus~)* pronunciare; **Deutsch/Italienisch ~** parlare tedesco/italiano; **kein Wort ~** non proferir parola; **nicht zu ~ sein** non esserci per nessuno; **ich möchte Sie ~** vorrei parlarLe; **wir ~ uns noch!** ci rivedremo!
Sprecher(in) <-s, -; -, -nen> *m(f)* parlatore, -trice *m, f;* *(Redner)* oratore, -trice *m, f;* *(Wortführer)* portavoce *mf;* (RADIO, TV) annunciatore, -trice *m, f,* speaker *m;* (LING) parlante *mf*
Sprecherziehung *f* insegnamento *m*

della dizione, ortofonia *f;* **Sprechfunk** *m* radiotelefonia *f;* **Sprechstunde** *f* *(von Ärzten)* orario *m* di visita; *(von Beamten)* ore *fpl* di ufficio; *(von Lehrern)* ore *fpl* di ricevimento; **Sprechstundenhilfe** *f* assistente *mf,* infermiere, -a *m, f;* **Sprechweise** *f* modo *m* di parlare, parlata *f;* **Sprechzimmer** *n* studio *m;* (MED) ambulatorio *m;* *(in Kloster)* parlatorio *m*
spreizen [ˈʃpraɪtsən] I. *vt* *(Finger)* allargare; *(Beine)* divaricare; *(Flügel)* spiegare II. *vr* **sich ~** *(sich sträuben)* recalcitrare
Spreizfuß *m* (MED) piede *m* spianato
Sprengbombe *f* bomba *f* dirompente
Sprengel <-s, -> *m* ❶ *(Amtsbereich eines Geistlichen)* parrocchia *f,* diocesi *f* ❷ *(A, sonst: obs: Amts-, Verwaltungsbezirk; Dienstbereich)* circoscrizione *f,* distretto *m*
sprengen [ˈʃprɛŋən] I. *vt* **haben** ❶ *(mit Sprengstoff, Spielbank)* far saltare ❷ *(aufbrechen: Schloss, Tresor)* forzare, scassinare; *(Fesseln, Ketten, a Jagd)* spezzare ❸ *(Versammlung)* disperdere ❹ *(Wasser)* spruzzare; *(Straße, Rasen)* annaffiare; *(Wäsche)* inumidire II. *vi* **haben** *(mit Sprengstoff)* far saltare
Sprengkopf *m* testata *f;* **atomarer ~** testata nucleare; **Sprengkörper** *m* ordigno *m* esplosivo; **Sprengladung** *f* carica *f* esplosiva; **Sprengsatz** <-es, -sätze> *m* esplosivo *m,* carica *f* esplosiva
Sprengstoff *m* esplosivo *m;* **Sprengstoffanschlag** *m* attentato *m* dinamitardo; **Sprengstoffzünder** *m* detonatore *m*
Sprengung <-, -en> *f* ❶ *(mit Sprengstoff)* esplosione *f* ❷ *(Aufbrechen)* scasso *m* ❸ *(von Versammlung)* dispersione *f* ❹ *(von Rasen)* annaffiamento *m*
Spreu [ʃprɔɪ] <-> *kein Pl f* pula *f;* **die ~ vom Weizen trennen** *(fig)* sceverare il grano dalla pula
spricht [ʃprɪçt] *3.pers sing pr von* **sprechen**
Sprichwort [ˈʃprɪçvɔrt] *n* proverbio *m;* **sprichwörtlich** *adj* proverbiale
sprießen [ˈʃpriːsən] <sprießt, spross *o* sprießte, gesprossen> *vi sein* spuntare
Springbrunnen *m* fontana *f* a zampillo
springen [ˈʃprɪŋən] <springt, sprang, gesprungen> I. *vi sein* ❶ *(Mensch, Tier)* saltare; *(Ball)* rimbalzare; *(mit einem Satz)* balzare; **über einen Graben ~** saltare un fosso; **aus den Schienen ~** uscire dalle rotaie, deragliare; **etw ~ lassen** *(fam)* offrire qc ❷ *(Schwimmsport)* tuffarsi ❸ *(Risse bekommen: Glas)* incrinarsi; *(Haut)* screpolarsi ❹ *(reißen: Saite)* spez-

zarsi **II.** *vt haben* (*Rekord*) battere; **springend** *adj* **der ~e Punkt** il punto saliente
Springer <-s, -> *m* (*Schach*) cavaliere *m*
Springer(in) <-s, -; -, -nen> *m(f)* saltatore, -trice *m, f;* (*Schwimmer*) tuffatore, -trice *m, f*
Springflut *f* marea *f* sizigiale
Springreiten <-s> *kein Pl n* percorso *m* di caccia, corsa *f* equestre ad ostacoli
Sprint [ʃprɪnt] <-s, -s> *m* (SPORT) gara *f* di velocità; **einen ~ einlegen** scattare
sprinten ['ʃprɪntən] *vi haben o sein* fare uno scatto, scattare
Sprit [ʃprɪt] <-(e)s, -e> *m* (*fam: Benzin*) benzina *f*
Spritze ['ʃprɪtsə] <-, -n> *f* ① (MED: *Instrument*) siringa *f* ② (*Einspritzung*) iniezione *f,* puntura *f;* **jdm eine ~ geben** fare un'iniezione a qu ③ (*Feuer~*) pompa *f* antincendio
spritzen I. *vt haben* ① (*Straße, Rasen*) annaffiare ② (*lackieren*) verniciare a spruzzo ③ (MED: *Patienten*) fare un'iniezione a; (*Mittel*) iniettare ④ (*Zuckerguss, Muster*) **etw** (**auf etw** *acc*) **~** decorare qc (con qc) **II.** *vi* ① (*Flüssigkeit*) schizzare, spruzzare; (*Füller*) schizzare ② *sein* (*fam: eilen*) filare
Spritzenhaus *n* deposito *m* delle pompe da incendio
Spritzer <-s, -> *m* spruzzo *m*, schizzo *m;* (*kleine Menge*) goccia *f;* (*Fleck*) zacchera *f*
spritzig *adj* (*Wein*) frizzante; (*Auto*) brillante; (*fig: lebendig*) vivace; (*witzig*) divertente
Spritzkuchen *m* frollino *m, frollino fatto con la siringa da pasticcere;* **Spritzpistole** *f* pistola *f* a spruzzo; **Spritztour** *f* (*fam*) piccola gita *f*
spröde ['ʃprøːdə] *adj* ① (*brüchig*) fragile; (*hart*) duro ② (*rissig: Haut*) screpolato ③ (*fig: Thema, Stoff*) arduo, difficile ④ (*fig: Mensch*) scostante, scontroso; **Sprödigkeit** <-> *kein Pl f* ① (*Brüchigkeit*) fragilità *f* ② (*von Haut*) screpolatura *f* ③ (*fig: Wesen*) scontrosità *f,* ritrosia *f*
sprossᴿᴿ [ʃprɔs], **sproßᴬᴸᵀ** *1.u 3. pers sing imp von* **sprießen**
Sprossᴿᴿ [ʃprɔs] <-es, -e> *m,* **Sproßᴬᴸᵀ** <-sses, -sse> *m* (BOT) germoglio *m*
Sprosse ['ʃprɔsə] <-, -n> *f* (*Leiter~*) piolo *m;* (*fig: Stufe*) gradino *m;* **Sprossenkohl** *m* (*A: Rosenkohl*) cavolino *m* di Bruxelles; **Sprossenwand** *f* (SPORT) spalliera *f*
Sprösslingᴿᴿ ['ʃprœslɪŋ] <-s, -e> *m,* **Spröβlingᴬᴸᵀ** <-s, -e> *m* rampollo *m*
Sprotte ['ʃprɔtə] <-, -n> *f* spratto *m*

Spruch [ʃprʊx] <-(e)s, Sprüche> *m* ① (*Ausspruch*) detto *m,* motto *m;* (*Weisheits~*) massima *f;* (*Lehr~*) aforisma *m;* (*Bibel~*) versetto *m* ② (JUR: *Urteil*) sentenza *f;* (*Schieds~*) arbitrato *m;* (*Orakel~*) oracolo *m* ③ *pl* (*fam: leeres Gerede*) grandi parole *fpl;* **Sprüche klopfen** (*fam*) dire paroloni; **Spruchband** *n* striscione *m;* **spruchreif** *adj* **die Sache ist noch nicht ~** la cosa non è ancora matura (per una decisione)
Sprudel ['ʃpruːdəl] <-s, -> *m* (*Mineralwasser*) acqua *f* minerale gassata
sprudeln *vi* ① *haben* (*schäumen: Wasser, Quelle*) zampillare, spumeggiare; (*Sekt, Limonade*) spumeggiare, essere effervescente ② *haben* (*kochen: Wasser*) bollire; **vor Freude/guten Ideen ~** (*fig*) traboccare di gioia/buone idee ③ *sein* (*hervor~: Wasser, Worte*) sgorgare
Sprudler <-s, -> *m* (A: *Quirl*) frullino *m*
Sprühdose *f* (bombola *f*) spray *m*
sprühen ['ʃpryːən] **I.** *vt haben* (*Funken, a fig: Feuer, Hass*) schizzare **II.** *vi* ① *sein* (*Wasser*) schizzare; (*Funken*) sprizzare ② *haben* **vor Geist ~** essere di spirito brillante; **ihre Augen sprühten vor Zorn/ Freude** i suoi occhi sprizzavano rabbia/ gioia; **sprühend** *adj* (*fig: Geist*) scintillante, spumeggiante; (*Laune, Temperament*) brioso, brillante; **Sprühregen** *m* pioggerella *f* (minutissima)
Sprung [ʃprʊŋ] <-(e)s, Sprünge> *m* ① (*Hüpfen*) salto *m;* (*Satz*) balzo *m;* (*Kopf~ beim Schwimmen*) tuffo *m;* (*Gedanken~*) salto *m,* rapido passaggio *m;* **keine großen Sprünge machen können** (*fig fam*) non poter fare grandi cose; **jdm auf die Sprünge helfen** (*fam*) dare una mano a qu; **bei jdm auf einen ~ vorbeikommen** (*fam*) fare un salto da qu; **auf dem ~ sein etw zu tun** (*fam*) essere sul punto di fare qc ② (*Riss in Glas o Porzellan*) crepa *f,* incrinatura *f;* (*in Holz*) fessura *f;* (*in Stahl*) cricca *f;* (*in Haut*) screpolatura *f;* **einen ~ bekommen** incrinarsi; **sprungbereit** *adj* ① (*Sportler, Tier*) pronto per il salto ② (*fam: ausgehfertig*) pronto per uscire; (*reisefertig*) pronto per partire; **Sprungbrett** *n* (*Turnen*) pedana *f;* (*Schwimmen, a fig*) trampolino *m;* **Sprungfeder** *f* molla *f;* **Sprunggelenk** *n* articolazione *f* tibio-tarsale; **Sprunggrube** *f* buca *f* per il salto
sprunghaft *adj* ① (*unzusammenhängend*) sconnesso, slegato ② (*unbeständig*) volubile ③ (*plötzlich*) improvviso; **Sprunghaftigkeit** <-> *kein Pl f* ① (*von*

Gedanken) sconnessione *f* ❷(*Unbestän-digkeit*) volubilità *f*

Sprungschanze *f* trampolino *m;* **Sprungtuch** *n* telo *m* di salvataggio; **Sprungturm** *m* trampolino *m* per tuffi

Spucke ['ʃpʊkə] <-> *kein Pl f* (*fam*) saliva *f;* **da bleibt mir die ~ weg** (*fam*) rimango di sasso

spucken *vi, vt* sputare; (*sich erbrechen*) vomitare; **große Töne ~** (*fam*) sballarle grosse

Spucknapf *m* sputacchiera *f*

Spuk [ʃpuːk] <-(e)s, *rar -e*> *m* ❶(*Erschei-nung*) visione *f,* apparizione *f* ❷(*fam: Lärm*) chiasso *m,* baccano *m;* (*Aufwand, Umstände*) storie *fpl*

spuken *vi* (*Gespenst*) apparire; **es spukt** (**hier**) (qui) ci sono i fantasmi

Spülbecken *n* lavandino *m,* acquaio *m*

Spule ['ʃpuːlə] <-, -n> *f* (FILM) bobina *f;* (*Nähmaschinen~*) rocchetto *m*

Spüle ['ʃpyːlə] <-, -n> *f* lavandino *m,* acquaio *m*

spulen ['ʃpuːlən] *vt* bobinare

spülen ['ʃpyːlən] **I.** *vt* ❶(*Geschirr*) rigover-nare, lavare ❷(*Wunde*) lavare; (*Mund*) sciacquare ❸(*Haar, Wäsche*) (ri)sciacquare ❹(*schwemmen*) trasportare; **etw ans Ufer ~** trasportare qc a riva **II.** *vi* ❶(*ange-schwemmt werden*) **an etw** *acc* **~** sciabor-dare contro qc ❷(*in Toilette*) azionare lo sciacquone, tirare l'acqua ❸(*Geschirr ~*) lavare i piatti; (*Mund~*) sciaquarsi; (*Wasch-maschine*) (ri)sciacquare

Spülkasten <-s, -kästen> *m* sci-acquone *m;* **Spülmaschine** *f* lavasto-viglie *f;* **spülmaschinenfest** *adj* (*Geschirr*) resistente al lavaggio nella lava-stoviglie; **Spülmittel** *n* detersivo *m* per (le) stoviglie; **Spülprogramm** *n* pro-gramma *m* di risciacquo

Spülung <-, -en> *f* ❶(MED) irrigazione *f* ❷(TEC) lavaggio *m*

Spülwasser *n* (*a fig pej*) risciacquatura *f*

Spulwurm *m* ascaride *m*

Spund¹ [ʃpʊnt, *pl:* ʃpʏndə] <-(e)s, Spünde> *m* (*am Fass*) zaffo *m*

Spund² <-(e)s, -e> *m* (*fam*) **junger ~** sbar-batello *m*

Spur [ʃpuːɐ̯] <-, -en> *f* ❶(*Fuß~, a fig: Fährte*) orma *f,* traccia *f;* (*Abdruck*) im-pronta *f;* (*Zeichen, Anzeichen*) traccia *f,* ombra *f;* **eine ~ verfolgen** seguire una traccia; **~en hinterlassen** (*fig*) lasciare tracce; **die ~en sichern** rilevare le im-pronte; **jdm auf der ~ sein** (*fig*) essere sulle tracce di qu; **vom Täter fehlt jede ~** il colpevole non ha lasciato traccia ❷(*Fahr-*

bahn) corsia *f;* (*Rad~*) rotaia *f;* (*Ski~*) pista *f;* (*von Tonband*) pista *f,* traccia *f* ❸(*kleine Menge*) pizzico *m* ❹ *pl* (*Überreste*) vesti-gia *fpl* ❺(*~ weite,* FERR) scartamento *m;* (*von Auto*) carreggiata *f*

spürbar *adj* sensibile

spüren ['ʃpyːrən] *vt* (*Hunger, Kälte, Schmerz*) sentire; (*Enttäuschung, Zorn*) provare; (*wahrnehmen*) percepire

spuren ['ʃpuːrən] *vi* ❶(*eine Spur machen*) aprire la pista ❷(*fam: gehorchen*) filare [*o* rigare] dritto *fam*

Spurenelement *n* microelemento *m*

Spürhund *m* bracco *m,* segugio *m*

spurlos *adv* **~ verschwinden** sparire senza lasciar traccia

Spürnase *f* **eine sehr gute ~ haben** avere un fiuto finissimo; **Spürsinn** *m* (*a fig*) fiuto *m*

Spurt [ʃpʊrt] <-s, -s *o* -e> *m* (SPORT) sprint *m;* (*End~, a fig*) sprint *m* finale

spurten ['ʃpʊrtən] *vi haben o sein* (SPORT) fare uno sprint, scattare

Spurweite *f* ❶(MOT) carreggiata *f* ❷(FERR) scartamento *m*

Squash ['skvɔʃ] <-> *kein Pl n* (SPORT) squash *m*

SR [ɛsˈʔɛr] <-(s)> *kein Pl m abk v* **Saarlän-discher Rundfunk** *rete radiotelevisiva regionale tedesca con sede a Saarbrücken*

Sri Lanka ['sriː ˈlaŋka] *n* Sri Lanka *m*

SS ❶ *abk v* **Sommersemester** semestre *m* estivo ❷ *abk v* **Schutzstaffel** SS *fpl*

St. ❶ *abk v* **Stück** pezzo ❷ *abk v* **Sankt** S.

s. t. *abk v* **sine tempore** senza il quarto d'ora accademico

Staat [ʃtaːt] <-(e)s, -en> *m* ❶(POL) stato *m* ❷ *sing* (*Prunk, Aufwand*) sfoggio *m,* pompa *f;* (*Festgewand*) gran gala *f;* **mit etw ~ machen** far sfoggio di qc; **Staa-tenbund** *m* confederazione *f* di stati; **staatenlos** *adj* apolide; **Staatenlose** <ein -r, -n, -n> *mf* apolide *mf*

staatlich *adj* dello stato, statale; (*dem Staat gehörig*) demaniale; (*national*) nazio-nale; (*öffentlich*) pubblico; **~e Unterstüt-zung** sussidio dello stato; **~ anerkannt** riconosciuto dallo stato; **~ geprüft** diplo-mato

Staatsakt <-(e)s, -e> *m* cerimonia *f* uffi-ciale; **Staatsaktion** *f* **eine ~ aus etw machen** fare di qc un affare di stato; **Staatsangehörige** *mf* cittadino, -a *m, f;* **Staatsangehörigkeit** *f* nazionalità *f;* **Staatsanleihe** *f* ❶(*Schulden des Staa-tes*) prestito *m* statale ❷(*Schuldverschrei-bung*) emissione *f* di buoni del tesoro; **Staatsanwalt** *m,* **Staatsanwältin** *f*

S

sostituto, -a procuratore, -trice *m, f* della repubblica; (*vor Gericht*) pubblico ministero *m;* **Staatsanwaltschaft** *f* procura *f* della repubblica; (*vor Gericht*) pubblico ministero *m;* **Staatsbeamte** *m*, **Staatsbeamtin** *f* funzionario, -a *m, f* statale; **Staatsbegräbnis** *n* funerale *m* di stato; **Staatsbesuch** *m* visita *f* ufficiale; **Staatsbürger(in)** *m(f)* cittadino, -a *m, f;* **staatsbürgerlich** *adj* civico; **Staatsbürgerschaft** *f* cittadinanza *f,* nazionalità *f;* **Staatschef(in)** *m(f)* capo *m* di stato; **Staatsdienst** *m* servizio *m* statale; **im ~ stehen** essere funzionario statale; **Staatseigentum** *n* bene *m* dello stato; **Staatsexamen** *n* esame *m* di stato; **Staatsfeind** *m* nemico *m* pubblico; **Staatsform** *f* forma *f* di governo, regime *m;* **Staatsgebiet** *n* territorio *m* nazionale; **Staatsgeheimnis** *n* segreto *m* dello stato; **Staatsgewalt** *f* potere *m* politico, autorità *f* dello stato; **Staatshaushalt** *m* bilancio *m* pubblico; **Staatskirche** *f* chiesa *f* di stato; **Staatskosten** *pl* **auf ~** a spese dello stato; **Staatsmann** *m* statista *m,* (uomo *m*) politico *m;* **staatsmännisch** ['ʃta:tsmɛnɪʃ] *adj* di statista, di uomo di stato; **Staatsoberhaupt** *n* capo *m* di stato; **Staatspräsident(in)** *m(f)* presidente *m* della repubblica; **Staatsräson** <-> *kein Pl f* ragione *f* di stato; **Staatsrat** *m* ❶ (*Institution*) consiglio *m* di stato ❷ (*Person*) consigliere *m* di stato; **Staatsschuld** *f* debito *m* pubblico; **Staatssekretär(in)** *m(f)* sottosegretario, -a *m, f* di stato; **Staatssicherheitsdienst** *m* polizia *f* di sicurezza; **Staatsstreich** *m* colpo *m* di stato; **staatstragend** *adj* che esprime lo Stato; **die staatstragenden Parteien** i partiti espressione dello Stato; **Staatstrauer** *f* lutto *m* nazionale; **Staatsverschuldung** *f* indebitamento *m* dello stato; **Staatsvertrag** <-(e)s, -träge> *m* trattato *m* di stato, *accordo fra lo Stato e le singole regioni di uno stato federale*

Stab [ʃta:p] <-(e)s, Stäbe> *m* ❶ (*Stock*) bastone *m;* (*dünner, Dirigenten~*) bacchetta *f;* (*kurzer*) bastoncino *m;* (*Eisen~*) sbarra *f;* **über jdn den ~ brechen** (*fig*) condannare qu ❷ (SPORT: *Staffel~*) testimone *m;* (*Stabhochsprung~*) asta *f* ❸ (MIL: *Führungsgruppe*) stato *m* maggiore ❹ (*Mitarbeiter~*) quadri *mpl,* staff *m*

stabförmig *adj* a forma di asta
Stabhochspringer(in) <-s, -; -, -nen> *m(f)* saltatore, -trice *m, f* con l'asta; **Stab-**

hochsprung *m* salto *m* con l'asta
stabil [ʃta'bi:l] *adj* stabile; (*Konstitution*) robusto
stabilisieren [ʃtabili'zi:rən] <ohne ge-> **I.** *vt* stabilizzare **II.** *vr* **sich ~** stabilizzarsi
Stabilisierung <-, -en> *f* stabilizzazione *f*
Stabilität [ʃtabili'tɛ:t] <-> *kein Pl f* stabilità *f;* **~s- und Wachstumspakt** (EU) patto *m* di stabilità e di crescita
Stabilitäts- und Wachstumspakt <-(e)s> *kein Pl m* (*Europäische Währungsunion*) patto *m* di stabilità e di crescita
Stabmixer *m* frullatore *m* a immersione
Stabreim *m* allitterazione *f*
Stabsarzt *m* capitano *m* medico; **Stabschef** *m* capo *m* di stato maggiore; **Stabsoffizier** *m* ufficiale *m* di stato maggiore
Stabwechsel *m* (SPORT) cambio *m* del testimone
stach [ʃta:x] *1. u 3. pers sing imp von* **stechen**
Stachel [ʃtaxəl] <-s, -n> *m* (*von Pflanzen*) spina *f;* (*von Igel, ~ schwein*) aculeo *m;* (*von ~ draht*) punta *f;* (*von Insekt*) pungiglione *m*
Stachelbeere *f* uva *f* spina; **Stachelbeerstrauch** *m* arbusto *m* di uva spina
Stacheldraht *m* filo *m* spinato; **Stacheldrahtverhau** *m* reticolato *m;* **Stacheldrahtzaun** *m* reticolato *m*
stachelig *adj* (*Rose, Kaktee*) spinoso; (*Igel*) aculeato; (*Oberfläche*) ruvido, pungente; (*Kinn, Bart*) pungente
Stachelschwein *n* porcospino *m*
Stadel ['ʃta:dəl] <-s, - *A* auch -n, *CH* Städel> *m* (*A, CH, südd: Scheune*) fienile *m,* pagliaio *m*
Stadion ['ʃta:diɔn] <-s, Stadien> *n* stadio *m*
Stadium ['ʃta:diʊm] <-s, Stadien> *n* stadio *m*
Stadt [ʃtat] <-, Städte> *f* ❶ (*Ort*) città *f;* **die ~ Zürich** la città di Zurigo; **in die ~ gehen** andare in città ❷ (~ *verwaltung*) amministrazione *f* comunale; **stadtbekannt** *adj* **das ist ~** è un fatto notorio; **Stadtbezirk** *m* rione *m,* quartiere *m;* **Stadtbibliothek** *f* biblioteca *f* civica; **Stadtbild** *n* fisionomia *f* della città; **Stadtbücherei** *f* biblioteca *f* civica [*o* comunale]
Städtchen ['ʃtɛ(:)tçən] <-s, -> *n* cittadina *f*
Städtebau ['ʃtɛ(:)təbaʊ] *kein Pl m* urbanistica *f;* **städtebaulich** *adj* urbanistico; **Städtepartnerschaft** *f* gemellaggio *m*
Städter(in) ['ʃtɛtɐ] <-s, -; -, -nen> *m(f)* cittadino, -a *m, f*

Stadtflucht *kein Pl f* fuga *f* dalla città; **Stadtgebiet** *n* territorio *m* urbano; **Stadtgespräch** *n* (TEL) conversazione *f* urbana; **das ist ~** tutta la città ne parla
städtisch ['ʃtɛtɪʃ] *adj* urbano, cittadino; (*verwaltungsmäßig*) comunale, municipale, civico
Stadtkern *m* nucleo *m* cittadino; **Stadtmauer** *f* mura *fpl* cittadine; **Stadtmensch** *m* uomo *m* di città; **Stadtmitte** *f* centro *m* (della città); **Stadtplan** *m* pianta *f* della città; **Stadtplaner(in)** *m(f)* urbanista *mf*; **Stadtplanung** *f* urbanistica *f*; **Stadtrand** *m* periferia *f* (cittadina); **Stadtrandsiedlung** *f* agglomerato *m* periferico; **Stadtrat** *m* (*Gremium*) giunta *f*; **Stadtrat** *m*, **Stadträtin** *f* assessore *m*; **Stadtrundfahrt** *f* giro *m* turistico della città; **Stadtstaat** *m* città *f* stato; **Stadtstreicher(in)** <-s, -; -, -nen> *m(f)* vagabondo, -a *m, f* (di città); **Stadtteil** *m* quartiere *m*, rione *m*; **Stadttor** *n* porta *f* della città; **Stadtväter** *mpl* (*scherz*) consiglieri *mpl* comunali; **Stadtverkehr** *m* traffico *m* cittadino; **Stadtverwaltung** *f* amministrazione *f* comunale; **Stadtviertel** *n* quartiere *m*; **Stadtwerke** *npl* aziende *fpl* comunali
Staffel ['ʃtafəl] <-, -n> *f* ❶ (SPORT) staffetta *f* ❷ (MIL, AERO: *Flug~*) squadriglia *f*
Staffelei [ʃtafə'laɪ] <-, -en> *f* cavalletto *m*
Staffellauf *m* staffetta *f*
staffeln *vt* ❶ (*Gebühren, Steuern, Gehälter*) graduare ❷ (*staffelweise aufstellen*) scaglionare
Staffelung <-, -en> *f* ❶ (*Gliederung*) graduazione *f* ❷ (*Aufstellung*) scaglionamento *m*
Stagflation [ʃtakfla'tsjoːn] <-> *kein Pl f* (COM) stagflazione *f*
Stagnation [ʃtagna'tsi̯oːn] <-, -en> *f* ristagno *m*
stagnieren [ʃta'gniːrən] <ohne ge-> *vi* ristagnare
stahl [ʃtaːl] *1. u 3. pers sing imp von* **stehlen**
Stahl [ʃtaːl] <-(e)s, Stähle *o rar* -e> *m* (*Metall*) acciaio *m*; **Nerven aus ~** (*fig*) nervi d'acciaio; **Stahlbeton** *m* cemento *m* armato; **Stahlblech** *n* lamiera *f* d'acciaio
stählen ['ʃtɛːlən] *vt* temprare
stählern ['ʃtɛːlən] *adj* (*a fig*) d'acciaio
Stahlfeder *f* ❶ (*Schreibfeder*) pennino *m* d'acciaio ❷ (*Sprungfeder*) molla *f* d'acciaio; **Stahlgerüst** *n* ponteggio *m* tubolare; **stahlhart** ['ʃtaːl'hart] *adj* durissimo, duro come l'acciaio; **Stahlhelm** *m* elmetto *m* d'acciaio; **Stahlindustrie** *f*

industria *f* dell'acciaio; **Stahlrohrmöbel** *npl* mobili *mpl* tubolari; **Stahlträger** *m* longherone *m* d'acciaio; **Stahlwerk** *n* acciaieria *f*
staksen ['ʃtaːksən] *vi sein* (*fam*) camminare impettito
Stalagmit [ʃtala'gmiːt] <-s *o* -en, -e(n)> *m* (GEOL) stalagmite *f* [*o* stalammite *f*]
Stalaktit [ʃtalak'tiːt] <-s *o* -en, -e(n)> *m* (GEOL) stalattite *f*
Stalinismus [ʃtali'nɪsmʊs] <-> *kein Pl m* stalinismo *f*
stalinistisch [ʃtali'nɪstɪʃ] *adj* stalinista
Stall [ʃtal] <-(e)s, Ställe> *m* stalla *f*; (*Hühner~*) pollaio *m*; (*Pferde~, Renn~*) scuderia *f*; (*Schweine~*) porcile *m*; **Stallknecht** *m* stalliere *m*
Stallung <-, -en> *f* stallaggio *m*, scuderia *f*
Stamm [ʃtam] <-(e)s, Stämme> *m* ❶ (*Baum~*) tronco *m*, fusto *m* ❷ (LING) radice *f* ❸ (*Kundschaft*) clientela *f* fissa ❹ (*Abstammung*) linea *f* ❺ (*Volks~, Eingeborenen~*) tribù *f*; **Stammaktie** *f* azione *f* ordinaria; **Stammbaum** *m* albero *m* genealogico; (*von Tieren*) pedigree *m*; **Stammbuch** *n* (*Familien~*) libro *m* di famiglia
stammeln ['ʃtaməln] *vi, vt* balbettare
stammen ['ʃtamən] *vi* ❶ (*abstammen*) discendere; (LING) derivare; **von etw ~** derivare da qc ❷ (*örtlich*) **aus Padua ~** essere originario di Padova ❸ (*zeitlich*) risalire; **dieses Bild stammt aus dem Mittelalter** questa figura risale al Medioevo
Stammform *f* (LING) forma *f* fondamentale; **Stammgast** *m* abitudinario, -a *m, f*, avventore, -trice *m, f* abituale, habitué *m*; **Stammhalter** *m* erede *m* maschio; **Stammhaus** *n* casa *f* madre
stämmig ['ʃtɛmɪç] *adj* (*kräftig*) robusto; (*gedrungen*) tarchiato
Stammkapital *n* capitale *m* sociale; **Stammkneipe** *f* osteria *f*; **Stammkunde** *m*, **Stammkundin** *f* cliente *mf* abituale, abitudinario, -a *m, f*; **Stammkundschaft** *f* clientela *f* abituale [*o* fissa], abitudinari *mpl*; **Stammlokal** *n* locale *m*; **Stammplatz** *m* posto *m* fisso; **Stammtisch** *m* tavolo *m* riservato agli avventori abituali; **Stammwähler(in)** <-s, -; -, -nen> *m(f)* elettore, -trice *m, f* fedele
Stammzelle *f* (BIOL) cellula *f* staminale; **Stammzellenforschung** *f* ricerca *f* sulle cellule staminali
Stamperl <-s, -n> *n* (*A: Schnapsglas*) bicchierino *m* da grappa
stampfen ['ʃtampfən] **I.** *vi* ❶ *haben*

(*Mensch*) pestare i piedi; (*Tier*) scalpitare ❷ **haben** (*Motor, Maschine*) lavorare ❸ **haben** o **sein** (*Schiff*) beccheggiare ❹ *sein* (*stapfen*) camminare pesantemente **II.** *vt* haben ❶ (*fest~*) (cal)pestare, calcare ❷ (*Trauben*) pigiare; (*Kartoffeln*) schiacciare; (*im Mörser*) pestare

Stampfer <-s, -> *m* ❶ (TEC) pilone *m*, mazzapicchio *m* ❷ (*Küchengerät*) pestello *m*

stand [ʃtant] *1. u 3. pers sing imp von* **stehen**

Stand [ʃtant] <-(e)s, Stände> *m* ❶ *sing* (*Stehen*) posizione *f* eretta; **bei jdm einen schweren ~ haben** (*fig*) avere difficoltà con qu ❷ (*Ort, Platz: von Beobachter, Schütze*) posizione *f*; (*Schieß~*) stand *m*, campo *m* di tiro; (*Taxi~*) posteggio *m*, stazione *f* (di tassì) ❸ (*Verkaufs~, Bude*) banco *m* di vendita; (*Verkaufstisch*) banco *m*; (*Bücher~*) bancherella *f*; (*Informations~, Messe~*) stand *m* ❹ *sing* (*Entwicklungsstufe: von Geschäften, der Dinge*) stato *m*; (*Kurs~*) quotazione *f*; (*von Forschungen, Verhandlungen*) stadio *m*; (SPORT: *Spiel~*) punteggio *m*; **auf den neuesten ~ bringen** aggiornare; **beim jetzigen ~ der Dinge** allo stato attuale delle cose ❺ *sing* (*Zustand*) stato *m*, condizione *f* ❻ *sing* (*Wasser~, Thermometer~*) livello *m*; (*Kilometer~*) chilometraggio *m*; (*Kassen~, Konto~*) situazione *f*, posizione *f*; (*der Sonne, des Monds*) posizione *f*; **den höchsten ~ erreichen** raggiungere il livello massimo ❼ (*soziale Stellung*) condizione *f*, posizione *f*; (*Berufs~*) categoria *f*

Standard [ʃtandart] <-s, -s> *m* ❶ (*Richtschnur*) standard *m*; (*Norm*) norma *f* ❷ (*Lebens~*) tenore *m* di vita ❸ (*Feingehalt*) titolo *m*; **Standardausführung** *f* modello *m* standard

standardisieren [ʃtandardi'zi:rən] <ohne ge-> *vt* standardizzare

Standardisierung <-, -en> *f* standardizzazione *f*, omogeneizzazione *f*

Standarte [ʃtan'dartə] <-, -n> *f* stendardo *m*

Standbild *n* statua *f*

Ständchen ['ʃtɛntçən] <-s, -> *n* serenata *f*; **jdm ein ~ bringen** fare una serenata a qu

Ständemehr <-s> *kein Pl n* (*CH:* POL: *Stimmenmehrheit in der Mehrzahl der Kantone*) maggioranza *f* dei voti dei rappresentanti dei cantoni del Consiglio degli Stati

Ständer ['ʃtɛndə] <-s, -> *m* supporto *m*, sostegno *m*; (*Kleider~*) attaccapanni *m*; (*Noten~*) leggio *m*

Ständerat ['ʃtɛndəra:t] *m* (*CH*) ❶ (PARL, POL: *eine der beiden Kammern des schweizerischen Parlaments*) Consiglio *m* degli Stati, Camera *f* alta ❷ (*Mitglied des Ständerates*) membro *m* del Consiglio degli Stati

Standesamt *n* ufficio *m* di stato civile, anagrafe *f*; **standesamtlich** *adj* ~**e Trauung** matrimonio civile; **Standesbeamte** *m*, **Standesbeamtin** *f* ufficiale, -essa *m, f* di stato civile; **standesgemäß** *adj* conforme al proprio stato sociale

standfest *adj* stabile; **Standfestigkeit** <-> *kein Pl f* ❶ (*sicherer Stand*) stabilità *f* ❷ (*Standhaftigkeit*) costanza *f*

Standgericht *n* corte *f* marziale

standhaft *adj* costante, fermo, perseverante; **Standhaftigkeit** <-> *kein Pl f* costanza *f*, fermezza *f*, perseveranza *f*

stand|halten <irr> *vi* **einer Sache** *dat* ~ (*Mensch*) tener testa a qc; (*Gegenstand*) reggere qc, resistere a qc

ständig ['ʃtɛndɪç] *adj* (*Mitglied, Ausschuss*) permanente; (*Wohnsitz*) stabile; (*ununterbrochen*) continuo; (*fest: Einkommen*) fisso

Standlicht *n* (MOT) luce *f* di posizione; **Standort** *m* ❶ (*von Mensch, Schiff, Flugzeug*) posizione *f* ❷ (BOT) habitat *m* ❸ (*Garnison*) guarnigione *f*; **Standpauke** *f* (*fam*) predica *f*; **jdm eine ~ halten** fare la paternale a qu; **Standpunkt** *m* punto *m* di vista; (*Meinung*) parere *m*, opinione *f*; **jdm seinen ~ klarmachen** chiarire a qu il proprio punto di vista; **auf dem ~ stehen, dass ...** essere dell'opinione che +*conj*; **Standuhr** *f* orologio *m* a pendolo

Stange ['ʃtaŋə] <-, -n> *f* ❶ (*Stab*) bastone *m*; (*Quer~*) sbarra *f*; (*Kleider~, Teppich~*) stanga *f*; (*Gardinen~*) asta *f*; (*Metall~*) barra *f*; (*senkrecht*) palo *m*; (*Hühner~*) posatoio *m*; (*Geweih~*) fusto *m* (di corna); **eine ~ Geld kosten** (*fam*) costare un occhio della testa; **jdm die ~ halten** (*fam*) dar man forte a qu; **jdn bei der ~ halten** (*fam*) riuscire a trattenere qu; **bei der ~ bleiben** (*fam*) non cambiare opinione; **einen Anzug von der ~ kaufen** comp(e)rare un abito (da uomo) confezionato ❷ (*länglicher Gegenstand: ~ Siegellack*) bastoncino *m*; (*~ Zigaretten*) stecca *f*; (*~ Brot*) filone *m*, bastone *m*

Stängel^RR ['ʃtɛŋəl] <-s, -> *m* gambo *m*, stelo *m*; **Stängelgemüse**^RR <-s, -> *n* verdura *f* a stelo [*o* a caule]

Stangenbrot *n* filone *m*, baguette *f*

stank [ʃtaŋk] *1. u 3. pers sing imp von* **stin-**

ken
stänkern ['ʃtɛŋkɐn] *vi* (*fam*) piantar grane
Stanniol [ʃta'ni̯oːl] <-s, -e> *n*, **Stanniol-**
papier *n* carta *f* stagnola
Stanze ['ʃtantsə] <-, -n> *f* ❶(LIT) stanza *f*
❷(*Loch~*) punzonatrice *f*; (*Prägestempel*)
punzone *m*
stanzen *vt* stampare; (*lochen*) punzonare;
(*aus~*) tranciare
Stapel ['ʃtaːpəl] <-s, -> *m* ❶(*Haufen*)
pila *f*, catasta *f* ❷(NAUT: *Dock*) scalo *m*;
vom ~ lassen (NAUT) varare; (*fig*) lanciare
❸(*Warenlager*) deposito *m*; **Stapellauf** *m*
varo *m*
stapeln *vt* impilare, accatastare
stapfen ['ʃtapfən] *vi sein* camminare faticosamente
Star[1] [staːɐ̯] <-(e)s, -e> *m* ❶(*Vogel*)
storno *m* ❷(MED: *grauer ~*) cateratta *f*;
(*grüner ~*) glaucoma *m*; (*schwarzer ~*)
amaurosi *f*
Star[2] [ʃtaːɐ̯] <-s, -s> *m* (FILM) divo, -a *m, f*,
star *f*, stella *f*
starb [ʃtarb] *1. u 3. pers sing imp von* **ster-**
ben
stark [ʃtark] **I.**<stärker, stärkste> *adj*
❶forte; (*kräftig*) vigoroso, robusto; (*kraftvoll*) energico; (*willensstark*) forte; **sich**
für etw ~ machen parteggiare per qc, sostenere qc; **das ist ein ~es Stück!** (*fam*)
questo è il colmo! ❷(*heftig*) violento,
forte; **~er Schnupfen** forte raffreddore
❸(*mächtig, leistungs~*) potente ❹(*intensiv: Verkehr, Kälte*) intenso; (*Farben a*)
forte ❺(*beträchtlich*) grande, considerevole; **~es Gefälle** discesa ripida ❻(*tüchtig, beschlagen*) ferrato ❼(*dick: Mensch*)
grasso, corpulento; (*Schicht*) spesso;
(*umfangreich*) voluminoso; **500 Seiten ~**
di 500 pagine; **zehn Zentimeter ~** di dieci
centimetri di spessore ❽(*fest*) solido,
saldo, resistente **II.**<stärker, am stärks-
ten> *adv* ❶(*bei Verben*) fortemente;
(*beträchtlich*) abbondantemente ❷(*bei
Adjektiven*) molto; **~ verschuldet** indebitato fino al collo
Stärke ['ʃtɛrkə] <-, -n> *f* ❶(*körperliche
Kraft*) forza *f*, vigore *m*, robustezza *f*;
(*Energie*) energia *f* ❷(*Leistungsfähigkeit*)
forza *f*, potenza *f* ❸(*Intensität*) intensità *f*; (*Heftigkeit*) violenza *f* ❹(*Anzahl*)
numero *m*, forza *f*; (MIL) effettivo *m*
❺(*Tüchtigkeit, Beschlagenheit, starke
Seite*) forte *m* ❻(*Dicke: von Schicht*) spessore *m* ❼(*Festigkeit*) solidità *f*; (*innere ~*)
saldezza *f* ❽(*~ mehl*) fecola *f*; (*Wäsche ~*)
amido *m*
stärken I. *vt* ❶(*kräftigen*) rinforzare, cor-

roborare; (*fig*) rafforzare; (*Gesundheit*) rinvigorire, irrobustire ❷(*mit Nahrung*) rifocillare, ristorare ❸(*Wäsche*) inamidare
II. *vr* **sich ~** rifocillarsi, ristorarsi
Starkstrom *m* corrente *f* ad alta tensione;
Starkstromleitung <-, -en> *f* conduttura *f* di corrente ad alta tensione
Stärkung <-, -en> *f* ❶(*Kräftigung*) corro-
boramento *m*, rinforzo *m*; (*fig*) rafforzamento *m*; (*von Gesundheit*) irrobustimento *m* ❷(*Erfrischung*) ristoro *m*; **Stär-**
kungsmittel *n* ricostituente *m*
starr [ʃtar] *adj* ❶(*fig: nicht beweglich*,
TEC) rigido; (*steif*) irrigidito; (*vor Kälte*)
intirizzito ❷(*Blick*) fisso; (*wie versteinert*)
pietrificato; **vor Schreck ~ sein** essere pietrificato per la paura; **vor Staunen ~ sein**
essere sbalordito ❸(*unbeugsam*) inflessibile ❹(*Gesetze, Regeln*) rigoroso
Starre ['ʃtarə] <-> *kein Pl f* ❶(*Steifheit*)
rigidità *f*, fissità *f* ❷(*Feststehen*) immobilità *f*; (MED) rigidità *f* ❸(*Strenge*) rigidità *f*,
rigore *m*
starren ['ʃtarən] *vi* ❶(*starr blicken*) **auf**
etw *acc* ~ fissare qc ❷(*ragen*) ergersi
❸(*strotzen*) **von etw ~** essere pieno di qc;
vor Schmutz ~ essere sporco lurido
Starrheit <-> *kein Pl f* ❶(*Starre*) rigidezza *f*; (*fig* TEC) rigidità *f* ❷(*Unbeugsamkeit*) inflessibilità *f* ❸(*Strenge*) rigore *m*
❹(*Starrsinn*) ostinatezza *f*; **Starrkopf**
<-(e)s, ~köpfe> *m* (*pej*) testone, -a *m, f*,
testa *f* dura, ostinato *m*
Starrsinn *m* caparbietà *f*, testardaggine *f*;
starrsinnig *adj* ostinato, testardo
Start [ʃtart] <-(e)s, -s *o rar* -e> *m* ❶(SPORT)
partenza *f*; (*a ~stelle*) start *m* ❷(AERO)
decollo *m*; (*~ platz*) pista *f* di decollo; (*von
Rakete, Raumschiff*) lancio *m* ❸(MOT)
avviamento *m* ❹(*Computer*) avvio *m*
❺(*fig: Anfangszeit*) inizio *m*, principio *m*;
Startautomatik *f* (MOT) starter *m* automatico; **Startbahn** *f* pista *f* di decollo;
startbereit *adj* pronto alla partenza;
(AERO) pronto al decollo
starten I. *vi sein* ❶(*aufbrechen*) partire;
(SPORT) prendere il via ❷(MOT) avviarsi
❸(AERO) decollare **II.** *vt haben* ❶(*Rakete,
Raumschiff*) lanciare ❷(*fig* MOT: *in Gang
setzen*) avviare
Starter <-s, -> *m* (MOT, SPORT) starter *m*
Starterlaubnis *f* (AERO) permesso *m* di
decollo; **Starthilfe** *f* ❶(AERO) decollo *m*
assistito ❷(*fig: finanzielle Hilfe*)
impulso *m* iniziale; **Starthilfekabel** *n*
(MOT) cavetti *mpl*, cavi *mpl* d'accensione;
Startkapital *n* capitale *m* iniziale; **start-**
klar *adj s.* **startbereit**; **Startmenü** <-s,

-s> *n* (INFORM) menu *m* di avvio; **Startschuss**^{RR} *m* segnale *m* di partenza; **Startsignal** *n*, **Startzeichen** *n* segnale *m* di partenza

Stasi ['ʃta:zi] <-> *kein Pl f* (HIST, *fam*) *akr v* **Staatssicherheitsdienst** *polizia segreta di stato dell'ex RDT*

Statik ['ʃta:tɪk] <-> *kein Pl f* (PHYS) statica *f*

Statiker(in) ['ʃta:tike] <-s, -; -, -nen> *m(f)* studioso *m* [*o* esperto *m*] di statica

Station [ʃtatsi̯o:n] <-, -en> *f* **①** (*Bahnhof, Radio~, Kreuzweg~*) stazione *f;* (*Haltestelle*) fermata *f* **②** (*im Krankenhaus*) reparto *m* **③** (*fig: Halt, Rast*) sosta *f;* **~ machen** fare sosta

stationär [ʃtatsi̯oˈnɛːɐ̯] *adj* stazionario, (*ortsfest*) fisso; **~e Behandlung** (MED) trattamento clinico

stationieren [ʃtatsi̯oˈniːrən] <ohne ge-> *vt* (MIL) dislocare

Stationierung <-, -en> *f* (MIL) dislocamento *m*

Stationsarzt *m*, **Stationsärztin** *f* dottore, -essa *m, f* di reparto; **Stationsschwester** *f* (infermiera *f*) caporeparto *f*

statisch ['ʃta:tɪʃ] *adj* statico

Statist(in) [ʃtaˈtɪst] <-en, -en; -, -nen> *m(f)* comparsa *f*

Statistik [ʃtaˈtɪstɪk] <-, -en> *f* statistica *f*

Statistin *f s.* Statist

statistisch [ʃtaˈtɪstɪʃ] *adj* statistico

Stativ [ʃtaˈtiːf] <-s, -e> *n* stativo *m*, treppiedi *m*

statt [ʃtat] **I.** *prp* +*gen* invece di, in luogo di **II.** *konj* **~ zu** +*inf,* **~ dass ...** invece di +*inf*, anziché +*inf*

stattdessen^{RR} *adv* invece (di ciò)

Stätte ['ʃtɛtə] <-, -n> *f* (*geh*) luogo *m*, posto *m*

statt|finden <irr> *vi* aver luogo; (*Veranstaltung*) tenersi

statt|geben <irr> *vi* **einem Gesuch ~** dar corso a un'istanza; **einer Bitte ~** accogliere una preghiera

statthaft *adj* (*geh: erlaubt*) permesso; (*zulässig*) ammissibile; (JUR) ricevibile

Statthalter *m* governatore *m*

stattlich ['ʃtatlɪç] *adj* **①** (*Gebäude*) imponente; (*ansehnlich*) di bella presenza; (*prächtig*) magnifico **②** (*Summe*) considerevole

Statue ['ʃta:tuə] <-, -n> *f* statua *f*

Statur [ʃtaˈtuːɐ̯] <-, -en> *f* statura *f*

Status ['ʃta:tʊs] <-, -> *m* status *m;* (JUR) situazione *f* giuridica; **~ quo** status quo *m;* **Statussymbol** *n* status symbol *m*

Statuszeile *f* (INFORM) barra *f* di stato

Statut [ʃtaˈtuːt] <-(e)s, -en> *n* statuto *m*,

regolamento *m*

Stau [ʃtaʊ] <-(e)s, -s *o* -e> *m* (*Verkehrs~*) ingorgo *m*, congestione *f;* (*Wasser~*) ristagno *m*, rigurgito *m*

Staub [ʃtaʊp] <-(e)s, -e *o* Stäube> *m* polvere *f;* (*Blüten~*) polline *m;* **~ saugen** passare l'aspirapolvere; **~ wischen** spolverare; (**viel**) **~ aufwirbeln** (*fig fam*) fare molto scalpore; **sich aus dem ~ machen** (*fam*) svignarsela; **Staubbeutel** *m* (BOT) antera *f*

Staubecken *n* bacino *m* di sbarramento

stauben ['ʃtaʊbən] *vi* (*staubig sein*) essere polveroso; (*Staub machen*) far polvere

stäuben ['ʃtɔɪbən] **I.** *vi* **①** (*Staub absondern*) impolverare, alzar polvere **②** (*zerstieben*) polverizzare, nebulizzare **II.** *vt* **①** (*Staub entfernen*) spolverare **②** (*streuen*) cospargere; (*Flüssigkeiten*) versare (*auf/über* +*acc* su)

Staubfaden *m* (BOT) filamento *m*

Staubfänger ['ʃtaʊpfɛŋɐ] <-s, -> *m* nido *m* di polvere

Staubgefäß *n* (BOT) stame *m*

staubig *adj* polveroso, impolverato

Staubkorn *n* granello *m* di polvere; **staub|saugen** *vi, vt* aspirare la polvere; **den Teppich ~** passare l'aspirapolvere sul tappeto; **Staubsauger** *m* aspirapolvere *m;* **Staubtuch** *n* cencio *m* della polvere, strofinaccio *m* per spolverare; **Staubwolke** *f* nube *f* di polvere; **Staubzucker** *kein Pl m* (*A, südd:* Puderzucker) zucchero *m* a velo

stauchen ['ʃtaʊxən] *vt* **①** (*zusammendrücken*) comprimere **②** (*fam: schimpfen*) sgridare

Staudamm *m* diga *f* di sbarramento

Staude ['ʃtaʊdə] <-, -n> *f* (*Pflanze*) pianta *f* perenne; (*Busch*) arbusto *m*

stauen ['ʃtaʊən] **I.** *vt* **①** (*Wasser*) arginare; (*Fluss*) sbarrare; (*Blut*) fermare **②** (NAUT) stivare **II.** *vr* **sich ~** (*Wasser, Blut*) ristagnare; (*durch Abbinden*) arrestare; (*Verkehr*) ingorgarsi; (*Menschen*) ammassarsi; (*fig: sich anhäufen*) ammassarsi, accalcarsi; (*Gefühle*) accumularsi

Staugefahr <-> *kein Pl f* **es besteht ~** attenzione, (possono formarsi delle) code

Staumauer *f* diga *f* di sbarramento

Staumeldung *f* comunicato *m* di un ingorgo

staunen ['ʃtaʊnən] *vi* stupirsi; (*überrascht sein*) rimanere sorpreso; **über etw** *acc* **~** stupirsi di qc; **da staunst du, was?** non te l'aspettavi, eh?; **Staunen** <-s> *kein Pl n* stupore *m*, meraviglia *f;* **aus dem ~ nicht herauskommen** non riaversi dallo stupore

Staupe ['ʃtaʊpə] <-, -n> f cimurro m
Staupilot m chi vede e comunica un ingorgo
Stausee m lago m artificiale
Stauung <-, -en> f (von Wasser) ristagno m; (von Blut) stasi f, congestione f; (durch Abbinden) arresto m; (Stockung) arresto m, stasi f; (von Menschen) folla f, calca f
Std. abk v **Stunde** h
Steak [steːk] <-s, -s> n bistecca f di filetto
Stearin [ʃteaˈriːn o steaˈriːn] <-s, -e> n stearina f
Stechbecken n padella f
stechen ['ʃtɛçən] <sticht, stach, gestochen> I. vt ❶ (mit spitzem Gegenstand, Insekt) pungere; (mit Messer) piantare; (mit Finger) pizzicare; **ein Loch in etw** acc ~ bucare qc; **es sticht mich in der Seite** sento delle fitte al fianco ❷ (Schlachttier) scannare, sgozzare ❸ (Spargel) cogliere; (Torf) scavare ❹ (beim Kartenspiel) ammazzare ❺ (TYP: in Kupfer, Stahl) incidere II. vi ❶ (spitzer Gegenstand, Insekt) pungere; **nach jdm** ~ accoltellare qu; **ins Bläuliche** ~ (Farbe) dare sul bluastro ❷ (Sonne) picchiare ❸ (beim Kartenspiel) imbrogliare III. vr **sich** ~ pungersi; **sich in den Finger** ~ pungersi al dito; **sich mit einer Nadel** ~ pungersi con un ago; **stechend** adj pungente; (Schmerz) lancinante; (Blick, Geruch) penetrante; (Sonne) ardente
Stechginster m ginestra f spinosa; **Stechkarte** f cartellino m di presenza; **Stechmücke** f zanzara f; **Stechuhr** f orologio m marcatempo; **Stechzirkel** m compasso m per spessori
Steckbrief m dati mpl segnaletici; **steckbrieflich** adj ~ **gesucht** ricercato con un mandato di cattura
Steckdose f presa f (di corrente)
stecken ['ʃtɛkən] I. vt ❶ (hinein~, an~) infilare, introdurre; (Schlüssel, Ring) infilare ❷ (fest~) (con)ficcare, piantare; (mit Nadeln) appuntare ❸ (Geld, Mühe, Zeit) investire; **etw in etw** acc ~ investire qc in qc; **jdm etw** ~ (fam) soffiare qc nell'orecchio a qu II. vi ❶ (festsitzen) essere conficcato; **der Schreck steckt mir noch in allen Gliedern** sono ancora tutto spaventato ❷ (sich befinden) essere, trovarsi; **es steckt etwas dahinter** (fig) qui c'è sotto qualcosa; **wo steckst du denn?** (fam) dove ti sei cacciato?
Stecken ['ʃtɛkən] <-s, -> m (dial) bastone m
steckenǀbleiben^ALT s. bleiben 2.

Steckenpferd n ❶ (Spielzeug) cavalluccio m di legno ❷ (fig: Hobby) hobby m
Stecker <-s, -> m, **Steckkontakt** m (EL) spina f
Stecknadel f spillo m; **eine ~ im Heuhaufen suchen** cercare un ago nel pagliaio
Steckplatz m (INFORM) slot m
Steckrübe f navone m
Steg [ʃteːk] <-(e)s, -e> m ❶ (Weg) viottolo m, sentiero m ❷ (Fußgängerbrücke) passerella f; (Boots~) pontile m ❸ (Geigen~) ponticello m
Stegreif ['ʃteːkraɪf] m **aus dem ~ sprechen** improvvisare un discorso
Stehaufmännchen n misirizzi m
Stehcafé ['ʃteːkafeː] n bar m, locale dove si beve il caffè in piedi
stehen ['ʃteːən] <steht, stand, gestanden> I. vi ❶ (aufrecht ~ : Mensch) stare in piedi; (Gegenstand) stare ritto; ~ **bleiben** restare in piedi; ~ **lassen** lasciare in piedi; (an seinem Platz lassen) lasciar stare; (dalassen) dimenticare; (nicht anrühren: Essen) non toccare; **im Stehen essen** mangiare in piedi; **die Sache steht und fällt damit** la cosa dipende da ciò ❷ (sein) essere; (sich befinden) trovarsi; **offen** ~ (geöffnet sein) essere aperto; (COM: Rechnung) non essere pagato, essere scoperto; (frei sein) essere libero; (zugänglich sein) essere accessibile; **ihr steht die ganze Welt offen** il mondo le sta aperto davanti, ha tutte le possibilità; **es steht dir offen zu kommen oder nicht** sta a te decidere se venire o meno; **leer ~ d** disabitato, sfitto, vuoto; **jdm nahe** ~ essere vicino a qu; **über etw** dat ~ (fig) essere superiore a qu; **unter Wasser** ~ essere allagato; **unter jds Leitung** ~ essere sotto la guida di qu; **Tränen standen ihm in den Augen** aveva le lacrime agli occhi; **es steht mir bis hier** (oben) (fig fam) ne ho fin sopra i capelli; **wie steht's?** (wie geht's?) come va?; (was ist) cosa c'è? ❸ (geschrieben, gedruckt sein) esser scritto; **das steht in der Zeitung** è scritto sul giornale; **darauf steht die Todesstrafe** per questo è prevista la pena di morte; **davon steht nichts im Brief** la lettera non ne parla ❹ (sich nicht bewegen) essere fermo; (Verkehr) ristagnare ❺ (anzeigen) segnare; **das Spiel steht eins zu null** la partita sta uno a zero; **das Thermometer steht auf 30 Grad** il termometro segna 30 gradi ❻ (hübsch aussehen) **jdm** ~ stare bene a qu ❼ (Unterstützung) **hinter jdm** ~ (fig) appoggiare qu; **zu jdm** ~ stare dalla parte di qu, sostenere qu; **zu seinem Wort** ~ mantenere la

parola data ❽(*Wend*) **auf jdn/etw ~** (*sl: gut finden*) essere pazzo di qu/qc *sl;* **es steht mir frei zu** +*inf* sono libero di +*inf* **II.** *vr* **sich gut/schlecht ~** (FIN) stare bene/male (finanziariamente); **sich gut mit jdm ~** (*verstehen*) essere in buoni rapporti con qu

stehen|bleibenᴬᴸᵀ *s.* **stehen I.1.**

stehend *adj* ❶(*aufrecht*) in piedi, ritto ❷(*nicht in Bewegung*) fermo; (*fest, unbeweglich*) fisso, immobile; (*Gewässer*) stagnante; **~e Redensart** frase fatta

stehen|lassenᴬᴸᵀ *s.* **stehen I.1.**

Stehkragen *m* colletto *m* alto; **Stehlampe** *f* lampada *f* a stelo

stehlen ['ʃteːlən] <stiehlt, stahl, gestohlen> *vt, vi* rubare; **jdm die Zeit ~** far perdere tempo a qu; **sie kann mir gestohlen bleiben!** (*fam*) vada a farsi friggere!

Stehplatz *m* posto *m* in piedi

Stehvermögen *kein Pl n* ❶(*Ausdauer*) resistenza *f,* tenacità *f* ❷(*Durchhaltevermögen*) perseveranza *f,* tenacità *f*

Steiermark ['ʃtaɪɐmark] *f* Stiria *f*

steif [ʃtaɪf] *adj* ❶(*nicht biegsam*) rigido ❷(*starr*) irrigidito; (*~ gefroren*) intirizzito; **~er Hals** torcicollo *m;* **~ werden** irrigidirsi; (*vor Kälte*) intirizzirsi; **~ und fest behaupten** (*fam*) sostenere con fermezza ❸(*dickflüssig: Pudding*) denso ❹(*gestärkt: Wäsche*) inamidato ❺(*fig: gezwungen*) compassato; (*förmlich*) formale

steifen *vt* ❶(*steif machen*) irrigidire ❷(*stärken: Wäsche*) inamidare

Steifheit <-> *kein Pl f* ❶(*Steife*) rigidità *f,* rigidezza *f* ❷(*fig: von Benehmen*) formalismo *m*

Steigbügel *m* staffa *f*

Steige ['ʃtaɪgə] <-, -n> *f* (*A, südd*) ❶(*kleine Lattenkiste*) piccola gabbia *f* per imballaggio ❷(*Lattenverschlag für Kleintiere*) gabbietta *f* per piccoli animali

Steigeisen *n* rampone *m*

steigen ['ʃtaɪgən] <steigt, stieg, gestiegen> *vi sein* ❶(*hoch~*) salire; (*klettern*) arrampicarsi; (*hinunter~*) scendere; **über etw** *acc* **~** scavalcare qc; **aufs/vom Pferd ~** montare a/smontare da cavallo; **aus dem/in den Wagen ~** scendere dall'/salire in automobile; **einen Drachen ~ lassen** far volare un aquilone ❷(*fig: zunehmen*) aumentare, crescere; (*Preise*) salire; **in jds Achtung ~** crescere nella stima di qu ❸(*fam: stattfinden*) aver luogo; **steigend** *adj* crescente; (COM: *Preise*) in aumento; (FIN: *Tendenz*) al rialzo

Steiger <-s, -> *m* (MIN) capo *m* (sciolta)

steigern ['ʃtaɪgɐn] **I.** *vt* ❶(*erhöhen, ver-*

größern) aumentare; (*Produktion, Leistung*) aumentare, incrementare ❷(LING) formare i gradi di comparazione di **II.** *vr* **sich ~** ❶(*anwachsen*) crescere ❷(*sich verbessern*) migliorare; **sich in Wut ~** montare in collera **III.** *vi* (*bei Auktionen*) fare un'offerta

Steigerung <-, -en> *f* ❶(*Erhöhung*) aumento *m,* accrescimento *m;* (*Preis~*) aumento *m;* (*Produktions~, Absatz~*) incremento *m;* (*Intensivierung*) intensificazione *f;* **allmähliche ~** gradazione *f* ❷(LING) comparazione *f* ❸(*Verbesserung*) miglioramento *m*

Steigung <-, -en> *f* (*Hang*) salita *f,* ascesa *f;* (*von Straße*) pendenza *f*

steil [ʃtaɪl] *adj* (*ansteigend*) ripido, erto; (*abfallend*) scosceso; (*fig: Karriere*) rapido; **Steilhang** *m* pendio *m* ripido; **Steilheit** <-> *kein Pl f* ripidezza *f;* **Steilküste** *f* costa *f* ripida; **Steilpass**ᴿᴿ *m* (SPORT) pallonetto *m*

Stein [ʃtaɪn] <-(e)s, -e> *m* ❶(*Material, Bau~*) pietra *f,* sasso *m;* (*Fels*) roccia *f;* (*Kiesel*) ciottolo *m;* **den ~ ins Rollen bringen** (*fig*) dare l'avvio a qc; **keinen ~ auf dem ander(e)n lassen** (*fig*) distruggere tutto; **jdm ~e in den Weg legen** (*fig*) mettere a qu i bastoni fra le ruote; **da fällt mir ein ~ vom Herzen** (*fig*) mi sento sollevato da un gran peso ❷(*Edel~*) pietra *f* preziosa; (*in Uhr*) rubino *m* ❸(BOT: *Kern*) nocciolo *m* ❹(MED) calcolo *m* ❺(*von Brettspiel*) pedina *f,* pezzo *m;* **bei jdm einen ~ im Brett haben** (*fig fam*) essere nelle grazie di qu

Steinadler *m* aquila *f* reale; **steinalt** *adj* vecchissimo; **Steinbock** *m* ❶(ZOO) stambecco *m* ❷(ASTR) Capricorno *m;* **er/sie ist (ein) ~** è (del) Capricorno; **Steinbruch** *m* cava *f* di pietra; **Steinbutt** *m* rombo *m* chiodato

steinern *adj* di pietra; (*fig a*) di sasso

Steinfrucht *f* drupa *f;* **Steingut** *n* terraglia *f;* **steinhart** *adj* duro come la pietra, durissimo

steinig *adj* sassoso, pietroso; (*felsig*) roccioso

steinigen *vt* lapidare

Steinkohle *f* carbone *m* fossile; **Steinmarder** *m* faina *f;* **Steinmetz** ['ʃtaɪnmɛts] <-en, -en> *m* scalpellino *m;* **Steinobst** *n* frutta *f* col nocciolo; **Steinpilz** *m* porcino *m;* **steinreich** *adj* (*fam*) ricco sfondato; **Steinsalz** *n* salgemma *m;* **Steinsarg** *m* sarcofago *m;* **Steinschlag** *m* caduta *f* massi; **Steinzeit** *f* età *f* della pietra; **ältere/mittlere/jün-**

gere ~ paleo-/meso-/neolitico *m*

Steiß [ʃtaɪs] <-es, -e> *m* (~ *bein*) coccige *m;* (*Gesäß*) sedere *m*, didietro *m fam*, deretano *m;* **Steißbein** *n* coccige *m*

Stelldichein [ʃtɛldɪçʔaɪn] <-(e)s, -(s)> *n* appuntamento *m;* (*zwischen Verliebten*) convegno *m* amoroso

Stelle [ʃtɛlə] <-, -n> *f* ❶ (*Platz, Ort*) posto *m*, luogo *m;* (*Fleck*) punto *m;* (*in Buch*) punto *m;* **an ~ von** in luogo di, in vece di; **an deiner** ~ al tuo posto; **an erster/zweiter** ~ al primo/secondo posto; **auf der** ~ (*sofort*) subito; **schwache** ~ (*a fig*) punto debole; **an jds ~ treten** prendere il posto di qu; **von der ~ bringen** smuovere; **nicht von der ~ kommen** (*a fig*) non fare un passo avanti; **zur ~ sein** essere presente ❷ (*Arbeits~*) impiego *m;* (*Anstellung*) posto *m;* **offene** ~ posto vacante; **offene ~n** (*Zeitungsrubrik*) offerte *fpl* d'impiego ❸ (*Behörde*) autorità *f;* (*Dienst~*) ufficio *m* ❹ (*MAT*) cifra *f*

stellen [ʃtɛlən] I. *vt* ❶ (*hin~, auf~*) mettere, collocare (ritto); (*anlehnen*) appoggiare; (*Falle*) mettere, collocare; **kalt ~** (*Getränk, Speise*) mettere in fresco; **gut/schlecht gestellt sein** (FIN) stare bene/male (finanziariamente); **auf sich** (*allein*) **gestellt** abbandonato a sé stesso ❷ (TEC: *ein~*) regolare; **den Wecker auf acht Uhr ~** puntare la sveglia alle otto; **die Heizung höher ~** aumentare il riscaldamento; **das Radio lauter ~** aumentare il volume della radio; **richtig ~** rettificare, correggere ❸ (*Horoskop*) trarre; (*Diagnose*) fare ❹ (*fest~*) fissare ❺ (*bereit~*) fornire, procurare; (*Zeugen*) produrre; (*Bürgschaft*) fornire; (*Kaution*) fornire ❻ (*Verbrecher*) fermare, arrestare ❼ (*Frage*) porre; (*Termin*) fissare; (*Aufgabe*) assegnare, dare; **jdn vor ein Problem/eine Entscheidung ~** confrontare qu con un problema/una decisione II. *vr* **sich ~** ❶ (*sich hin~, auf~*) mettersi, porsi, collocarsi; **sich gut/schlecht ~** (FIN) stare bene/male (finanziariamente); **sich gut mit jdm ~** (*auskommen*) essere in buoni rapporti con qu; **sich einer Aufgabe/den Fragen ~** essere disposto ad assumersi un compito/a rispondere alle domande; **sich gegen jdn/etw ~** (*fig*) essere contro qu/qc; **sich hinter jdn/etw ~** (*fig*) spalleggiare qu/qc, appoggiare qu/qc; **sich auf (die) Zehenspitzen ~** stare sulla punta dei piedi ❷ (ADM) **sich der Polizei ~** costituirsi alla polizia; **sich dem Gericht ~** presentarsi in tribunale ❸ (*sich ergeben: Frage, Problem, Aufgabe*) sorgere, nascere ❹ (*vortäuschen*) **sich**

krank ~ fingersi malato; **sich taub ~** fingersi sordo

Stellenabbau *m* razionalizzazione *f* dei posti; **Stellenangebot** *n* offerta *f* d'impiego; **Stellenausschreibung** *f* bando *m* di concorso; **Stellengesuch** *n* domanda *f* d'impiego; **Stellenkampf** *m* battaglia *f* per i posti di lavoro; **Stellenmarktprognose** *f* previsioni *pl* sul mercato del lavoro; **Stellenrückgang** *m* diminuzione *f* dei posti di lavoro; **Stellenvermittlung** *f* collocamento *m;* (*Büro*) ufficio *m* di collocamento; **stellenweise** *adv* qua e là; **Stellenwert** *m* valore *m*

Stellung <-, -en> *f* ❶ (*Position, Rang,* MIL) posizione *f* ❷ (*Anordnung*) disposizione *f;* (*Geschütz~*) postazione *f* d'artiglieria; (*Raketen~*) base *f* missilistica ❸ (*Körperhaltung*) posa *f*, posizione *f* ❹ (*Stelle, An~*) posto *m*, impiego *m*, occupazione *f;* (*Amt*) carica *f* ❺ (*Einstellung*) atteggiamento *m;* **~ nehmen zu** prendere posizione riguardo a; **~ beziehen** (*fig*) assumere un atteggiamento

Stellungnahme [ʃtɛlʊŋnaːmə] <-, -n> *f* presa *f* di posizione

Stellungsbefehl <-(e)s, -e> *m* (MIL) cartolina *f* di precetto; **stellungslos** *adj* disoccupato; **Stellung(s)suchende** <ein -r, -n, -n> *mf* persona *f* in cerca di occupazione

stellvertretend *adj* sostituto, vice-; **Stellvertreter(in)** *m(f)* sostituto, -a *m, f*, vice *mf;* **Stellvertretung** *f* rappresentanza *f*, supplenza *f;* **die ~ von jdm übernehmen** supplire qu; **in ~ von** in sostituzione di

Stellwerk *n* cabina *f* di blocco

Stelze [ʃtɛltsə] <-, -n> *f* trampolo *m*

stelzen *vi sein* camminare impettito

Stelzvögel *mpl* trampolieri *mpl*

Stemmbogen *m* conversione *f* a spazzaneve

Stemmeisen *n* palanchino *m*, piede *m* di porco

stemmen [ʃtɛmən] I. *vt* ❶ (*stützen*) puntare, appoggiare ❷ (*Gewicht*) sollevare II. *vr* **sich ~** ❶ (*sich stützen*) puntare i piedi/le mani ❷ (*fig: sich auflehnen*) **sich gegen etw ~** opporsi a qc III. *vi* (*beim Skilaufen*) fare il cristiania

Stemmschwung *m* curva *f* con apertura a monte

Stempel [ʃtɛmpəl] <-s, -> *m* ❶ (*Gerät, Abdruck*) timbro *m;* (*Ergebnis*) timbro *m*, bollo *m;* (*Post~*) timbro *m;* (*auf Metall*) marchio *m;* **einer Sache** *dat* **seinen ~ aufdrücken** (*fig*) dare la propria impronta a qc ❷ (*Münz~*) conio *m;* (*Punze*) pun-

S

zone *m* ❸ (BOT) pistillo *m* ❹ (*fig: Gepräge*) marchio *m*, impronta *f;* **Stempelfarbe** *f* inchiostro *m* per timbri; **Stempelkissen** *n* tampone *m* per timbri; **Stempelmarke** *f* (*A:* ADM: *Gebührenmarke*) marca *f* da bollo

stempeln I. *vt* ❶ (*bedrucken*) timbrare, bollare; (*Post*) timbrare; (*entwerten*) obliterare; **jdn zu etw ~** trattare qu da qc, bollare qu di qc ❷ (*prägen*) stampare; (*punzen*) punzonare II. *vi* (*Stempeluhr betätigen*) timbrare il cartellino; **~ (gehen)** (*fam: arbeitslos sein*) percepire il sussidio di disoccupazione

Stempeluhr *f* orologio *m* da controllo

Stengel^ALT <-s, -> *m* s. **Stängel**; **Stengelgemüse**^ALT <-s, -> *n* s. **Stängelgemüse**

Stenograf(in)^RR [ʃtenoˈɡraːf] <-en, -en; -, -nen> *m(f)* stenografo, -a *m, f*

Stenografie^RR [ʃtenograˈfiː] <-, -n> *f* stenografia *f*

stenografieren^RR [ʃtenograˈfiːrən] <ohne ge-> *vt, vi* stenografare

stenografisch^RR *adj* stenografico

Stenogramm [ʃtenoˈɡram] <-s, -e> *n* stenogramma *m;* **Stenogrammblock** <-(e)s, -s> *m* blocco *m* per stenografia

Stenograph(in) <-en, -en; -, -nen> *m(f)* s. **Stenograf**

Stenographie <-, -n> *f* s. **Stenografie**

stenographieren <ohne ge-> *vt, vi* s. **stenografieren**

stenographisch *adj* s. **stenografisch**

Stenotypist(in) [ʃtenotyˈpɪst] <-en, -en; -, -nen> *m(f)* stenodattilografo, -a *m, f*

Step^ALT <-s, -s> *m,* **Stepp**^RR [ʃtɛp] <-s, -s> *m* (~ *tanz*) tip-tap *m*

Steppdecke *f* trapunta *f*

Steppe [ˈʃtɛpə] <-, -n> *f* steppa *f*

steppen [ˈʃtɛpən] I. *vi* (*Stepp tanzen*) ballare il tip-tap II. *vt* (*nähen*) trapuntare

Stepper [ˈstɛpə] <-s, -> *m* ballerino *m* di step

Sterbebett *n* letto *m* di morte; **auf dem ~ liegen** essere in punto di morte; **Sterbefall** *m* caso *m* di morte, decesso *m;* **Sterbegeld** *n* indennità *f* funeraria; **Sterbehilfe** *f* eutanasia *f;* **Sterbekasse** *f* cassa *f* d'assicurazione in caso di morte

sterben [ˈʃtɛrbən] <stirbt, starb, gestorben> *vi sein* (**an etw** *dat*) ~ morire (di qc); **eines gewaltsamen/natürlichen Todes ~** morire di morte violenta/naturale; **daran wirst du nicht ~!** (*fig fam*) non è mica la morte; **Sterben** <-s> *kein Pl n* morte *f;* **im ~ liegen** essere in punto di morte; **Sterbende** <ein -r, -n, -n> *mf*

moribondo, -a *m, f,* morente *mf;* **Sterbenswörtchen** [ˈʃtɛrbənsˈvœrtçən] *n* **kein ~ sagen** non dire una parola

Sterberate *f* mortalità *f;* **Sterberegister** *n* registro *m* dei decessi; **Sterbesakramente** *npl* estrema unzione *f;* **Sterbeurkunde** *f* certificato *m* di morte

sterblich *adj* mortale; **Sterblichkeit** <-> *kein Pl f* mortalità *f;* **Sterblichkeitsziffer** *f* (tasso *m* di) mortalità *f*

Stereo [ˈʃteːreo] <-s> *kein Pl n* stereofonia *f;* **Stereoanlage** *f* stereo *m,* impianto *m* stereo; **Stereoaufnahme** *f* registrazione *f* stereofonica [*o* stereo]

stereofon^RR [ʃtereoˈfoːn] *adj,* **stereophon** *adj* stereofonico

Stereoskop [ʃtereoˈskoːp] <-s, -e> *n* stereoscopio *m*

stereotyp [ʃtereoˈtyːp] *adj* stereotipo, stereotipato

Stereotyp [ʃtereoˈtyːp] <-s, -e> *n* stereotipo *m*

steril [ʃteˈriːl] *adj* sterile

Sterilisation [ʃteriliːzaˈtsi̯oːn] <-, -en> *f* sterilizzazione *f*

sterilisieren [ʃteriliˈziːrən] <ohne ge-> *vt* sterilizzare

Sterilisierung <-, -en> *f* (A MED) sterilizzazione *f*

Sterilität [ʃteriliˈtɛːt] <-> *kein Pl f* (*a fig*) sterilità *f*

Stern [ʃtɛrn] <-(e)s, -e> *m* ❶ (*am Himmel*) stella *f;* (*Gestirn*) astro *m; ~* **e sehen** (*fam*) vedere le stelle; **unter einem glücklichen ~ geboren sein** (*fig*) essere nato sotto una buona stella; **das steht in den ~ en geschrieben** è scritto nelle stelle ❷ (*Abzeichen, Orden*) stelletta *f;* **ein Hotel mit vier Sternen** un albergo a quattro stelle ❸ (TYP) asterisco *m*

Sternbild *n* costellazione *f*

Sternenbanner *n* bandiera *f* stellata; **Sternenhimmel** *m* cielo *m* stellato; **sternenklar** *adj* chiarissimo, stellato

Sternfahrt *f* (SPORT, POL) rally *m; **sternhagelvoll** adj* (*fam*) ubriaco fradicio; **Sternkarte** *f* carta *f* del cielo; **sternklar** *adj* (*Himmel*) stellato; **Sternkunde** *f* astronomia *f;* **Sternschnuppe** *f* stella *f* filante; **Sternstunde** *f* (*fig*) grande momento *m;* **Sternwarte** [ˈʃtɛrnvartə] <-, -n> *f* osservatorio *m*

Sterz [ʃtɛrts] <-es, -e> *m* ❶ (*Vögel*) coda *f,* codione *m;* (*Pflugsterz*) stegola *f* ❷ (*A, südd:* GASTR: *Speise aus einem Teig aus Mehl, Grieß usw., der in Fett gebacken oder in heißem Wasser gekocht und dann zerteilt wird*) pietanza, il cui impasto a *base di farina di grano, semolino etc, viene fritto o cotto in acqua bollente e poi tagliuzzato*

stet, stetig [ʃteːt, ˈʃteːtɪç] *adj* costante; (MAT) continuo

Stethoskop [ʃtetoˈskoːp] <-s, -e> *n* (MED) stetoscopio *m*

Stetigkeit <-> *kein Pl f* (*Beständigkeit*) costanza *f;* (*Kontinuität*) continuità *f*

stets [ʃteːts] *adv* (*immer*) sempre; (*ständig*) costantemente, continuamente

Steuer[1] [ˈʃtɔɪə] <-s, -> *n* (*fig* MAR, AERO: *Führung*) timone *m;* (MOT) volante *m;* **das ~ übernehmen** (*fig*) mettersi al timone; **am ~ sitzen** (MOT) essere al volante; (AERO) essere ai comandi

Steuer[2] <-, -n> *f* (FIN) imposta *f; ~n hinterziehen* evadere il fisco; **nach Abzug der ~n** detratte le imposte

Steueraufkommen *n* gettito *m* fiscale; **Steuerausgleich** *m* perequazione *f* tributaria, conguaglio *m* fiscale; **steuerbegünstigt** *adj* che gode di agevolazioni fiscali; **Steuerbelastung** *f* onere *m* fiscale; **Steuerberater(in)** *m(f)* consulente *mf* fiscale; **Steuerbescheid** *m* avviso *m* d'accertamento, cartella *f* di pagamento (di imposte)

Steuerbord *n* tribordo *m*

Steuererhöhung *f* aumento *m* delle imposte; **Steuererklärung** *f* dichiarazione *f* fiscale; **Steuererleichterung** *f* agevolazione *f* fiscale; **Steuerflucht** *f* evasione *f* fiscale; **steuerfrei** *adj* esente da imposte; **Steuerfreibetrag** *m* importo *m* esente da tasse; **Steuerfuß** <-es, -füße> *m* (*CH*: FIN: *Steuer(an)satz*) aliquota *f* d'imposta; **Steuergelder** *npl* introiti *mpl* fiscali; **Steuerhinterziehung** *f* evasione *f* fiscale; **Steuerklasse** *f* fascia *f* fiscale

Steuerknüppel *m* cloche *f*

Steuerlast *f* onere *m* fiscale

steuerlich *adj* fiscale; **aus ~en Gründen** per ragioni fiscali

steuerlos *adj* senza guida

Steuermann *m* timoniere *m,* pilota *m*

Steuermarke *f* marca *f* da bollo

steuern I. *vt* haben ❶ (*fig* AUTO) guidare; (NAUT) governare; (AERO) pilotare ❷ (TEC) regolare ❸ (*fig: lenken*) dirigere II. *vi* ❶ *sein* (*fahren*) (**nach rechts**) **~** far rotta (verso destra) ❷ *haben* (AUTO: **am Steuer sein**) essere al volante; (NAUT) essere al timone; (AERO) essere ai comandi

Steuernachlass[RR] *m* condono *m* fiscale; **Steuerparadies** <-es, -e> *n* (*fam*) paradiso *m* fiscale; **steuerpflichtig** *adj* sog-

getto a imposta; **Steuerpflichtige** <ein -r, -n, -n> *mf* contribuente *mf;* **Steuerpolitik** *f* politica *f* fiscale; **Steuerprüfung** *f* controllo *m* fiscale

Steuerrad *n* (MOT) volante *m;* (NAUT) ruota *f* del timone

Steuerrecht *n* diritto *m* tributario; **Steuerreform** *f* riforma *f* tributaria; **Steuerrückerstattung** *f,* **Steuerrückvergütung** *f* rimborso *m* di imposte

Steuerruder *n* timone *m*

Steuersatz *m* aliquota *f* d'imposta; **Steuerschuld** *f* debito *m* tributario; **Steuersenkung** *f* riduzione *f* d'imposte

Steuerung <-, -en> *f* ❶ *sing* (NAUT, AERO) guida *f,* pilotaggio *m;* (WIRTSCH) direzione *f,* guida *f* ❷ (*Steuervorrichtung*) controllo *m,* dispositivo *m* ❸ *sing* (*fig: Bekämpfung*) lotta *f*

Steuerveranlagung *f* accertamento *m* fiscale

Steuerwerk *n* (INFORM) unità *f* di controllo

Steuerzahler(in) *m(f)* contribuente *mf*

Steward [ˈstjuːɐt] <-s, -s> *m* steward *m,* assistente *m* di bordo

Stewardess[RR] [ˈstjuːɐdɛs] <-, -en> *f,* **Stewardeß**[ALT] <-, -dessen> *f* hostess *f,* assistente *f* di bordo

StGB [ɛsteːgeːˈbeː] <-(s), -> *n abk v* **Strafgesetzbuch** CP

stibitzen [ʃtiˈbɪtsən] <ohne ge-> *vt* (*fam: stehlen*) grattare, sgraffignare

Stich [ʃtɪç] <-(e)s, -e> *m* ❶ (*mit Dorn, Stachel, Nadel*) puntura *f;* (*mit Waffe*) colpo *m* ❷ (*Näherei, Kartenspiel*) punto *m* ❸ (*Grafik*) incisione *f* ❹ (*fig: ins Herz*) fitta *f* al cuore ❺ (*fig: Stichelei*) frecciata *f,* stoccata *f* ❻ (*stechender Schmerz*) dolore *m* lancinante ❼ (*Wend*) **einen ~ haben** (*fam: Wein*) avere lo spunto; (*Milch*) essere inacidito; (*Mensch*) esser un po' matto; **einen ~ ins Grüne haben** avere un segno verde, dare sul verde; **im ~ lassen** lasciare, piantare in asso; **mein Gedächtnis lässt mich im ~** la memoria mi tradisce

Stichel [ˈʃtɪçəl] <-s, -> *m* bulino *m*

Stichelei [ʃtɪçəˈlaɪ] <-, -en> *f* (*anhaltendes Sticheln*) punzecchiature *fpl;* (*einzelne Bemerkung*) frecciata *f,* stoccata *f*

sticheln [ˈʃtɪçəln] *vi* ❶ (*gehässig reden*) **gegen jdn ~** punzecchiare qu ❷ (*nähen*) agucchiare; (*sticken*) ricamare

Stichentscheid *m* ❶ (*Entscheidung durch Stichwahl*) risultato *m* del ballottaggio ❷ (*CH*: POL: *Entscheidung durch die Stimme des Präsidenten bei Stimmengleichheit*) risultato *m* determinato dal voto del presidente

stichfest *adj* hieb- und ~ invulnerabile; (*Argumentation*) inopinabile, irrefutabile

Stichflamme *f* (fiamma *f* a) dardo *m*, fiammata *f*, vampata *f*

stichhaltig *adj* plausibile, valido; **Stichhaltigkeit** <-> *kein Pl f* plausibilità *f*, validità *f*

Stichling ['ʃtɪçlɪŋ] <-s, -e> *m* spinarello *m*

Stichprobe *f* ❶ (*Handlung*) sondaggio *m* ❷ (*Sache*) campione *m*

Stichsäge *f* gattuccio *m*

sticht [ʃtɪçt] *3. pers sing pr von* **stechen**

Stichtag *m* giorno *m* stabilito; **Stichtagsregelung** *kein Pl f* (*Europäische Währungsunion*) regolamentazione *f* con il giorno determinato

Stichtagsumstellung <-> *kein Pl f* (*Europäische Währungsunion*) passaggio *m* all'Euro ad un giorno determinato; **Stichwahl** *f* ballottaggio *m*

Stichwort[1] <-(e)s, -wörter> *n* (*in Wörterbuch*) lemma *m*, voce *f*

Stichwort[2] <-(e)s, -e> *n* ❶ (*fig* THEAT) spunto *m* ❷ (*Schlagwort*) appunto *m*; **stichwortartig** *adj* per appunti sommari; **Stichwortverzeichnis** *n* indice *m* tematico

Stichwunde *f* coltellata *f*

sticken ['ʃtɪkən] *vt* ricamare

Stickerei [ʃtɪkə'raɪ] <-, -en> *f* ricamo *m*

stickig ['ʃtɪkɪç] *adj* soffocante

Sticknadel *f* ago *m* da ricamo

Stickoxid <-(e)s, -e> *n* (CHEM) ossido *m* d'azoto

Stickstoff ['ʃtɪkʃtɔf] *m* azoto *m*

stieben ['ʃtiːbən] <stiebt, stob *o* stiebte, gestoben *o* gestiebt> *vi* ❶ *haben o sein* (*sprühen*) sprizzare; (*bes. Funken*) schizzare ❷ *sein* (*sich bewegen*) disperdersi

Stiefbruder ['ʃtiːfbruːdɐ] *m* fratellastro *m*

Stiefel ['ʃtiːfəl] <-s, -> *m* (a *Bierglas*) stivale *m*; (*Schaft~*) stivalone *m*; (*Halb~*) stivaletto *m*; **Stiefelknecht** *m* cavastivali *m*

stiefeln *vi sein* (*fam*) procedere a gran passi

Stiefeltern *pl* patrigno, matrigna *m, f*, genitori *mpl* acquisiti; **Stiefkind** *n* figliastro, -a *m, f*; (*fig*) cenerentola *f*; **Stiefmutter** *f* matrigna *f*; **Stiefmütterchen** *n* (BOT) viola *f* del pensiero; **stiefmütterlich** *adj* (*fig*) da matrigna; **Stiefschwester** *f* sorellastra *f*; **Stiefsohn** *m* figliastro *m*; **Stieftochter** *f* figliastra *f*; **Stiefvater** *m* patrigno *m*

stieg [ʃtiːk] *1. u 3. pers sing imp von* **steigen**

Stiege ['ʃtiːgə] <-, -n> *f* (A, *südd*) scala *f*; **Stiegenhaus** *n* (A, *südd*) tromba *f* delle scale

Stieglitz ['ʃtiːglɪts] <-es, -e> *m* cardellino *m*

stiehlt [ʃtiːlt] *3. pers sing pr von* **stehlen**

Stiel [ʃtiːl] <-(e)s, -e> *m* ❶ (*von Blume*) gambo *m*, stelo *m*; (*von Blatt, Frucht*) picciolo *m*, gambo *m* ❷ (*Griff*) manico *m*; (*von Glas*) gambo *m*, stelo *m*; **Eis am ~** gelato sullo stecco; **Stielaugen** *npl* ~ **machen** (*fam*) far tanto d'occhi; **Stieltopf** *m* casseruola *f* a un manico

stier ['ʃtiːɐ̯] *adj* (*Blick*) fisso

Stier [ʃtiːɐ̯] <-(e)s, -e> *m* ❶ (ZOO) toro *m* ❷ (ASTR) Toro *m*; **er/sie ist** (**ein**) ~ è (del) Toro

stieren ['ʃtiːrən] *vi* **auf etw** *acc* ~ fissare qc

Stierkampf *m* corrida *f*; **Stierkämpfer** *m* torero *m*

stieß [ʃtiːs] *1. u 3. pers sing imp von* **stoßen**

Stift[1] [ʃtɪft] <-(e)s, -e> *m* ❶ (*Metall~*) perno *m*; (*Holz~*) caviglia *f*; (*Nagel*) chiodo *m*, punta *f* ❷ (*Blei~*) matita *f*, lapis *m*; (*Bunt~*) matita *f* colorata ❸ (*fam: Lehrjunge*) apprendista *m*; (*Knirps*) ragazzino *m*

Stift[2] <-(e)s, -e> *n* ❶ (*Stiftung*) fondazione *f* ❷ (*Kloster*) convento *m*, monastero *m* ❸ (*Altersheim*) casa *f* di ricovero

stiften ['ʃtɪftən] *vt* ❶ (*gründen*) fondare; (*errichten, einsetzen*) istituire ❷ (*schenken, bezahlen*) offrire ❸ (*schaffen, bewirken*) creare, provocare; **Frieden ~** ristabilire la pace; **Unruhe ~** creare disordini

Stifter(in) <-s, -; -, -nen> *m(f)* ❶ (*Gründer*) fondatore, -trice *m, f* ❷ (*Spender*) donatore, -trice *m, f* ❸ (*Urheber*) autore, -trice *m, f*

Stiftskirche *f* collegiata *f*

Stiftung <-, -en> *f* ❶ (*Institution, Gründung*) fondazione *f* ❷ (JUR: *Schenkung*) donazione *f*

Stiftzahn *m* dente *m* a perno

Stil [ʃtiːl] <-(e)s, -e> *m* stile *m*; **großen ~s** in grande stile; **Stilblüte** *f* perla *f* stilistica; **stilecht** *adj* in stile; **stilgetreu** *adj* fedele nello stile; (*korrekt*) corretto; **Stilikone** *f* icona *f* di stile

stilisieren [ʃtili'ziːrən] <ohne ge-> *vt* stilizzare

Stilistik [ʃti'lɪstɪk] <-, -en> *f* stilistica *f*

stilistisch *adj* stilistico

still [ʃtɪl] *adj* ❶ (*ruhig, lautlos*) tranquillo, calmo ❷ (*schweigend, stumm*) silenzioso, muto; (*schweigsam*) taciturno; ~ **sein** starsene cheto; **um sie ist es ~ geworden** non si parla più di lei; (**sei**) ~! (sta) zitto! ❸ (*unbewegt*) immobile ❹ (*friedlich*) pacifico; **der Stille Ozean** l'Oceano Pacifico ❺ (*heimlich*) segreto, nascosto; (COM: *Partner, Beteiligung*) silenzioso, non attivo; **~er Teilhaber** socio ininfluente; **~ und leise** clandestinamente, di nascosto; **im Stillen** (*heimlich*) in segreto

Stille [ˈʃtɪlə] <-> *kein Pl* f ❶ (*Unbewegtheit*) tranquillità *f*, calma *f* ❷ (*Schweigen*) silenzio *m*; **in aller ~** in perfetto silenzio; (*Feier*) nell'intimità ❸ (*Ruhe*) quiete *f* ❹ (*Frieden*) pace *f*

Stilleben^ALT *n s.* **Stillleben**
stillegen^ALT *vt s.* **stilllegen**
Stillegung^ALT <-, -en> *f s.* **Stilllegung**
stillen I. *vt* ❶ (*Kind*) allattare ❷ (*Blutung*) fermare; (*Schmerz*) sedare ❸ (*Durst, Hunger*) appagare; (*befriedigen*) soddisfare II. *vi* allattare

Stillhalteabkommen *n* accordo *m* di tregua temporanea
still|halten <irr> *vi* ❶ (*sich nicht bewegen*) stare fermo ❷ (*fig: sich nicht wehren*) non reagire
stilliegen^ALT *vi s.* **stillliegen**
Stillleben^RR *n* natura *f* morta
stilllegen^RR *vt* (*Betrieb*) chiudere; (*Verkehr*) chiudere
Stilllegung^RR <-, -en> *f* chiusura *f*; (*von Verkehr*) chiusura *f* al traffico
stillliegen^RR <irr> *vi* essere fermo
stillos *adj* senza stile
Stillschweigen *n* silenzio *m*; **~ bewahren** mantenere il silenzio; **stillschweigend** *adj* tacito
still|sitzen <irr> *vi* starsene seduto tranquillo
Stillstand *m* arresto *m*; (*Unterbrechung*) interruzione *f*; **zum ~ bringen** arrestare, fermare; **zum ~ kommen** arrestarsi, fermarsi
still|stehen <irr> *vi* ❶ (*stehen bleiben*) fermarsi, arrestarsi ❷ (*nicht in Betrieb sein*) essere fermo; **stillgestanden!** (MIL) attenti!
stillvergnügt *adj* intimamente soddisfatto
Stilmöbel *npl* mobili *mpl* in stile
stilvoll *adj* che ha stile; (*geschmackvoll*) di buon gusto
Stimmabgabe *f* votazione *f*; **Stimmband** *n* corda *f* vocale; **stimmberechtigt** *adj* avente diritto di voto; **Stimmbeteiligung** *f* (CH: POL: *Wahlbeteiligung*) affluenza *f* alle urne; **Stimmbruch** *m* mutazione *f* della voce; **Stimmbürger(in)** <-s, -; -, -nen> *m(f)* (CH: POL: *Wahlberechtigter*) elettore, -trice *m, f*
Stimme [ˈʃtɪmə] <-, -n> *f* ❶ (*Organ, fig* MUS) voce *f* ❷ (*bei Wahl*) voto *m*, suffra-

gio *m*; **gültige/ungültige ~** voto valido/nullo; **seine ~ für/gegen jdn/etw abgeben** votare per/contro qu/qc; **sich der ~ enthalten** astenersi dal voto
stimmen [ˈʃtɪmən] I. *vi* (*richtig sein*) essere giusto; **für jdn/etw ~** (*wählen*) votare per qu/qc; **da stimmt etwas nicht** (*nicht richtig*) non è giusto; (*nicht in Ordnung*) non va bene; (*verdächtig*) c'è qc che non va; **stimmt es, dass ...?** è vero che ...?; (*das*) **stimmt!** giusto!, (va) bene!; **stimmt so!** (*zu Bedienung*) così va bene! II. *vt* (MUS) accordare; **jdn ernst ~** rendere serio qu; **jdn fröhlich/heiter ~** rallegrare/allietare qu; **jdn nachdenklich ~** far pensare a qu, rendere pensieroso qu; **jdn traurig ~** rattristare qu
Stimmenauszählung *f* conteggio *m* dei voti, computo *m* dei voti; **Stimmengewirr** <-s> *kein Pl n* brusio *m* di voci; **Stimmengleichheit** *f* parità *f* (di voti); **Stimmenmehrheit** *f* maggioranza *f* (di voti)
Stimmenthaltung *f* astensione *f* (dal voto); **Stimmgabel** *f* diapason *m*
stimmhaft *adj* sonoro
stimmig *adj* corretto, coerente
Stimmlage *f* (MUS) registro *m*
stimmlos *adj* ❶ (*tonlos*) afono ❷ (LING) sordo; **Stimmrecht** *n* diritto *m* di voto; **Stimmritze** *f* glottide *f*
Stimmung <-, -en> *f* ❶ (*Gemütsverfassung*) stato *m* d'animo, disposizione *f* di spirito; (*Laune*) umore *m*; **~ machen** (*gute Laune*) creare l'ambiente; **nicht in ~ sein** non essere in vena; **in guter/schlechter ~** di buon/cattivo umore ❷ (*von Gesellschaft*) atmosfera *f*; clima *m*; (*Arbeitsmoral*) morale *m*; **~ in etw bringen** animare qc ❸ (*öffentliche Meinung*) opinione *f* pubblica; **~ gegen/für etw machen** far propaganda contro/per qc ❹ (*von Musikinstrument*) accordatura *f*; **Stimmungskanone** *f* animatore, -trice *m, f*; **Stimmungsumschwung** *m* cambiamento *m* d'opinione; **stimmungsvoll** *adj* suggestivo; **Stimmungswandel** *m* cambiamento *m* d'umore
Stimmwechsel *m* mutazione *f* della voce
Stimmzettel *m* scheda *f* elettorale
Stimulation [ʃtimulaˈtsi̯oːn] <-, -en> *f* stimolazione *f*, eccitamento *m*
Stimuli *pl von* **Stimulus**
stimulieren [ʃtimuˈliːrən] <ohne ge-> *vt* stimolare
Stimulus [ˈʃtiːmulʊs, *pl:* ˈʃtiːmuli] <-, Stimuli> *m* stimolo *m*
Stinkbombe *f* bombetta *f* puzzolente

S

stinken ['ʃtɪŋkən] <stinkt, stank, gestun­ken> vi puzzare; **nach etw ~** puzzare di qc; **aus dem Mund ~** avere l'alito cattivo; **hier stinkt es fürchterlich!** qui c'è un puzzo terribile!; **an der Sache stinkt etwas** (*fig fam*) la faccenda mi puzza; **das stinkt mir** (*fam*) ne ho abbastanza, ne ho le tasche piene; **stinkend** *adj* puzzolente, fetente, fetido

stinkfaul *adj* (*fam*) pigrissimo; **stinkkonservativ** *adj* (*fam*) ipertradizionalista; **stinklangweilig** *adj* (*fam*) noiosissimo; **stinksauer** ['ʃtɪŋkˈzaʊɐ] *adj* (*fam*) infuriato; **sie ist ~ auf dich** è infuriata con te

Stinktier *n* moffetta *f*

Stinkwut *f* (*fam*) **eine ~** (**im Bauch**) **haben** friggere di rabbia

Stipendium [ʃtiˈpɛndiʊm] <-s, Stipen­dien> *n* borsa *f* di studio

Stippvisite ['ʃtɪpviziːtə] *f* (*fam*) visitina *f*, capatina *f*

stirbt [ʃtɪrpt] *3. pers sing pr von* **sterben**

Stirn [ʃtɪrn] <-, -en> *f* fronte *f*; **die ~ runzeln** corrugare la fronte; **jdm/etw die ~ bieten** tener testa a qu/qc; **die ~ haben etw zu tun** aver la sfacciataggine di fare qc; **Stirnband** *n* benda *f*, fascia *f*; **Stirnbein** *n* osso *m* frontale; **Stirnhöhle** *f* seno *m* frontale; **Stirnhöhlenentzündung** *f* sinusite *f*; **Stirnrunzeln** <-s> *kein Pl n* corrugamento *m* (della fronte); **Stirnseite** *f* (*Vorderseite*) parte *f* anteriore; (ARCH) facciata *f*

stob [ʃtoːp] *1. u 3. pers sing imp von* **stieben**

stöbern ['ʃtøːbɐn] *vi* (**in etw** *dat*) **~** frugare (in qc)

stochern ['ʃtɔxɐn] *vi* (**in etw** *dat*) **~** frugare (in qc); **im Feuer ~** attizzare il fuoco; **in den Zähnen ~** stuzzicare i denti

Stock¹ [ʃtɔk] <-(e)s, Stöcke> *m* ① (*Stab*) bastone *m*; (*Spazier~*) bastone *m* da passeggio; (*kleiner Takt~*) bacchetta *f*; (*Billard~*) stecca *f* (di biliardo); **am ~ gehen** camminare col bastone; **über ~ und Stein** a rompicollo ② (BOT) ceppo *m*; (*Blumentopf~*) pianta *f*

Stock² [ʃtɔk] <-(e)s, -o -werke> *m* (ARCH) piano *m*; **im zweiten ~** al secondo (piano)

stockbesoffen *adj* (*fam*) ubriaco fradicio, sbronzo; **stockdumm** ['ʃtɔkˈdʊm] *adj* (*fam*) arciidiota, arcistupido; **stockdunkel** *adj* (*fam*) buio pesto

stöckeln ['ʃtœkəln] *vi sein* (*fam*) camminare coi tacchi alti

Stöckelschuh *m* scarpa *f* col tacco alto

stocken ['ʃtɔkən] *vi* ① (*nicht vorangehen*) ristagnare; (*Gespräch*) languire, arenarsi; (*im Sprechen*) interrompersi; **ins Stocken geraten** (*Redner*) impappinarsi; (*Gespräch*) languire; (*Verkehr, Produktion*) ristagnare ② (*stillstehen: Puls, Herz*) arrestarsi, fermarsi; **stockend** **I.** *adj* ristagnante; (*Rede*) esitante **II.** *adv* (*reden*) a stento

Stockerl <-s, -n> *n* (A: *Hocker*) sgabello *m*

stockfinster *adj* **es ist ~** (*fam*) è buio pesto

Stockfisch *m* (a *fig pej*) stoccafisso *m*

Stockfleck *m* macchia *f* di muffa

Stockholm ['ʃtɔkhɔlm *o* ʃtɔkˈhɔlm] *n* Stoccolma *f*

stockkonservativ *adj* (*fam*) reazionario, arciconservatore; **stocksauer** *adj* (*sl*) incazzato nero

Stockschirm *m* ombrello *m* bastone

stocksteif *adj* (*fam*) rigido come un bastone, impalato; **stocktaub** ['ʃtɔkˈtaʊp] *adj* (*fam*) sordo come una campana

Stockung <-, -en> *f* ① (*Behinderung*) ristagno *m* ② (*Stillstand*) arresto *m* ③ (*Verkehrs~*) ingorgo *m* (di traffico) ④ (*im Gespräch*) interruzione *f*, stasi *f*

Stockwerk *n* piano *m*

Stoff [ʃtɔf] <-(e)s, -e> *m* ① stoffa *f*; (*Gewebe*) tessuto *m* ② (*Materie, Substanz*) sostanza *f*; (PHILOS) materia *f* ③ (*fig: Gegenstand*) argomento *m*, tema *m*, soggetto *m*; (*Grundlage*) materiale *m*; **~ zum Nachdenken** motivo *m* di meditazione

Stoffel ['ʃtɔfəl] <-s, -> *m* (*pej fam*) zoticone *m*

stofflich *adj* (PHILOS: *materiell*) materiale; (*den Inhalt betreffend*) contenutistico

Stoffrest *m* scampolo *m*

Stofftier *n* pupazzo *m* di peluche

Stoffwechsel *m* metabolismo *m*; **Stoffwechselkrankheit** *f* malattia *f* del ricambio

stöhnen ['ʃtøːnən] *vi* gemere; **vor Schmerz ~** gemere per il dolore; **über etw** *acc* **~** (*sich beklagen*) lamentarsi di qc; **Stöhnen** <-s> *kein Pl n* gemito *m*

stoisch ['ʃtoːɪʃ] *adj* stoico

Stola ['ʃtoːla] <-, Stolen> *f* stola *f*

Stollen ['ʃtɔlən] <-s, -> *m* ① (*Gebäck*) dolce *m* natalizio ② (MIN, MIL) galleria *f*

stolpern ['ʃtɔlpɐn] *vi sein* **über etw** *acc* **~** incespicare in qc

stolz [ʃtɔlts] *adj* ① (*voller Freude*) **~ auf jdn/etw sein** essere fiero di qu/qc ② (*hochmütig*) orgoglioso, altero ③ (*fig: imposant*) superbo, magnifico ④ (*fam: Summe*) considerevole; (*Preis*) salato

Stolz <-es> *kein Pl m* ① (*Freude*) orgoglio *m* ② (*Hochmut*) superbia *f*, alterigia *f*

❸ (*Selbstwertgefühl*) orgoglio *m,* amor *m* proprio

stolzieren [ʃtɔlˈtsiːrən] <ohne ge-> *vi sein* pavoneggiarsi, camminare impettito

stopRR [ʃtɔp] *int* stop

Stopfei *n* uovo *m* da rammendo

stopfen [ˈʃtɔpfən] I. *vt* ❶ (*voll ~*) riempire; (*Kissen*) imbottire ❷ (*zu~*) turare, tappare; (*Loch, a fig*) tappare ❸ (*hineinpressen*) calcare; **etw in etw** *acc* **~** ficcare qc in qc ❹ (*flicken: Kleidung*) rammendare ❺ (*mästen: Gänse*) ingrassare II. *vi* ❶ (*satt machen*) saziare; **sich voll ~** rimpinzarsi ❷ (*den Stuhlgang hindern*) causare stitichezza, costipare

Stopfgarn *n* filo *m* da rammendo; **Stopfnadel** *f* ago *m* da rammendo

stoppALT [ʃtɔp] *int s.* **stop**

Stopp <-s, -s> *m* ❶ (*Anhalten*) arresto *m* ❷ (*Einstellung*) sospensione *f*

Stoppel [ˈʃtɔpəl] <-, -n> *f* ❶ (*Getreide~*) stoppia *f* ❷ (*Bart~*) pelo *m* ispido; **Stoppelbart** *m* barba *f* ispida; **Stoppelfeld** *n* campo *m* di stoppie; **stoppelig** *adj* irsuto

Stoppelzieher <-s, -> *m* (*A: Korkenzieher*) cavatappi *m*

stoppen I. *vt* ❶ (*anhalten: Auto, Maschinen*) fermare, arrestare ❷ (*mit der Uhr*) cronometrare II. *vi* (*Auto*) fermarsi, arrestarsi

stopplig *s.* **stoppelig**

Stoppschild *n* stop *m;* **Stoppstraße** *f* strada *f* con obbligo di arresto; **Stoppuhr** *f* cronometro *m*

Stöpsel [ˈʃtœpsəl] <-s, -> *m* ❶ (*an Becken*) tappo *m;* (*Korken*) turacciolo *m* ❷ (EL: *Stecker*) spina *f* ❸ (*fam scherz: kleiner Junge*) marmocchio *m*

Stör [ʃtøːɐ̯] <-(e)s, -e> *m* storione *m*

störanfällig *adj* sensibile ai disturbi [*o* ai guasti]

Storch [ʃtɔrç] <-(e)s, Störche> *m* cicogna *f;* **Storchennest** *n* nido *m* di cicogne; **Storchenschnabel** *m* ❶ (BOT) geranio *m* ❷ (TEC: *Zeichengerät*) pantagrafo *m*

stören [ˈʃtøːrən] I. *vt* (RADIO) disturbare; (*Frieden*) turbare; (*belästigen*) importunare, molestare; **lassen Sie sich nicht ~!** non si disturbi! II. *vi* essere di disturbo; **störe ich?** disturbo? III. *vr* **sich an etw** *dat* **~** scandalizzarsi per qc

störend *adj* fastidioso; **etw als ~ empfinden** provare fastidio per qc

Störenfried [ˈʃtøːrənfriːt] <-(e)s, -e> *m* (*pej*) disturbatore, -trice *m, f,* perturbatore, -trice *m, f*

Störfall *m* guasto *m*

Storni *pl von* **Storno**

stornieren <ohne ge-> *vt* stornare

Storno [ˈʃtɔrno] <-s, Storni> *m o n* storno *m*

störrisch [ˈʃtœrɪʃ] *adj* (*widerspenstig*) ostinato; (*Haare*) ribelle; (*Material*) refrattario; (*unfolgsam*) testardo, cocciuto

Störsender *m* stazione *f* disturbatrice

Störung <-, -en> *f* disturbo *m,* perturbazione *f;* (*von Ruhe,* PSYCH) turbamento *m;* (*Unterbrechung*) interruzione *f;* (*Belästigung*) molestia *f;* (TEC) guasto *m;* (RADIO) disturbo *m;* **eine ~ beheben** riparare un guasto; **Störungsdienst** *m* servizio *m* tecnico; **störungsfrei** *adj* (RADIO) senza interferenze; **Störungsstelle** *f* (TEL) ufficio *m* guasti

Stoß [ʃtoːs] <-es, Stöße> *m* ❶ (*Schubs*) colpo *m;* (*Schlag*) percossa *f,* botta *f;* (*mit dem Ellenbogen*) gomitata *f;* (*mit der Faust*) pugno *m;* (*mit dem Kopf*) testata *f;* (*Degen~*) stoccata *f;* **geben Sie Ihrem Herzen einen ~!** si decida!, si faccia coraggio! ❷ (*Anstoßen*) urto *m;* (*Aufprall*) impatto *m;* (*Zusammen~*) collisione *f* ❸ (*Kugelstoßen*) lancio *m* (del peso); (*Schwimm~*) bracciata *f* ❹ (*Trompeten~*) squillo *m* (di tromba); (*Wind~*) folata *f;* (*Atem~*) respiro *m* affannoso ed ansante ❺ (*Stapel*) pila *f;* (*Bündel*) fascio *m;* (*~ Holz*) catasta *f* ❻ (*Erschütterung*) choc *m;* (*a fig*) scossa *f;* (*im Wagen*) scossone *m;* **Stoßdämpfer** *m* ammortizzatore *m*

Stößel [ˈʃtøːsəl] <-s, -> *m* pestello *m*

stoßen [ˈʃtoːsən] <stößt, stieß, gestoßen> I. *vt haben* ❶ (*schubsen*) colpire; (*schieben*) spingere; (*an~, ~ gegen*) battere, urtare; (SPORT: *Kugel*) lanciare; (*hinein~*) cacciare; (*hinaus~*) espellere ❷ (*zerkleinern*) pestare II. *vr* **sich ~** (*an~*) urtare; **sich an etw** *dat* **~** (*an~*) urtare contro qc; (*fig: Anstoß nehmen*) urtarsi per qc, scandalizzarsi per qc III. *vi* ❶ *haben* (*schubsen*) spingere; **mit den Hörnern nach jdm/etw ~** cozzare (con le corna) contro qu/qc; **mit dem Messer nach jdm/etw ~** cercare di colpire qu/qc ❷ *sein* (*treffen, prallen*) **auf** [*o* **an**] **etw** *acc* **~** toccare qc, urtare contro qc; **auf jdn/etw ~** (*finden*) trovare qu/qc; (*jdn treffen*) incontrare qu, imbattersi in qu; (*begegnen: Widerstand*) incontrare qc; (*Freundschaft*) trovare qc; (*sich anschließen*) unirsi a qu/qc ❸ *sein* **an etw** *acc* **~** (*angrenzen*) confinare con qc; (*Zimmer, Grundstück*) essere attiguo a qc

stoßfest *adj* a prova d'urto, resistente agli urti

S

Stoßgebet n giaculatoria f; **Stoßseufzer** m gran sospiro m; **Stoßstange** f paraurti m

stößt [ʃtøːst] 3. pers sing pr von **stoßen**

Stoßverkehr m traffico m di punta; **stoßweise** adv ❶ (ruckartig) a scatti; (mit Stößen) a scosse ❷ (in Stapeln) a pile; **Stoßzahn** m zanna f; **Stoßzeit** f ora f di punta

Stotterer ['ʃtɔtərə] <-s, -> m, **Stotterin** ['ʃtɔtərɪn] <-, -nen> f balbuziente mf

stottern ['ʃtɔtən] I. vi ❶ (Mensch) balbettare, tartagliare ❷ (MOT) perdere colpi II. vt balbettare

StPO abk v **Strafprozessordnung**[RR] C.P.P.

Str. abk v **Straße** v.

stracks [ʃtraks] adv ❶ (geradewegs) difilato ❷ (sofort) immediatamente

Strafanstalt f penitenziario m, prigione f; **Strafantrag** m querela f; (von Staatsanwalt) requisitoria f; **Strafanzeige** f denuncia f; **~ gegen jdn erstatten** sporgere denuncia contro qu; **Strafarbeit** f (von Schüler) penso m, compito m assegnato per punizione; **Strafaufschub** <-(e)s, -schübe> m sospensione f della pena; **strafbar** adj punibile; (JUR) passibile di pena; **~e Handlung** reato m; **sich ~ machen** essere passibile di pena; **Strafbarkeit** f punibilità f

Strafe ['ʃtraːfə] <-, -n> f punizione f; (Züchtigung) castigo m; (Gefängnis~) pena f detentiva; (Geldbuße) multa f; **eine ~ verbüßen** scontare una pena; **eine ~ verhängen** infliggere una pena; **bei ~** sotto pena; **zur ~** per punizione; **du bist wirklich eine ~!** (fig fam) sei un vero castigo!

strafen vt punire; (züchtigen) castigare; **strafend** adj (Maßnahmen) punitivo; (Worte) reprensivo; (Blick) riprovatore

Strafentlassene <ein -r, -n, -n> mf scarcerato, -a m, f

Straferlass[RR] m condono m di pena; (Amnestie) amnistia f

straff [ʃtraf] adj ❶ (gespannt: Seil) teso, tirato; (Haut) liscio, sodo; (Brust) turgido, sodo; **~ spannen** tendere ❷ (stramm) diritto ❸ (streng: Zucht) severo ❹ (bündig: Stil) conciso

straffällig adj (ADM) **~ werden** incorrere in una pena

straffen I. vt ❶ (Seil) tendere; (Haut) rassodare ❷ (fig: Roman) rendere conciso II. vr **sich ~** ❶ (sich spannen) tendersi ❷ (sich aufrichten) rizzarsi

Straffheit <-> kein Pl f ❶ (Gespanntheit) tensione f; (von Haut, Busen) sodezza f ❷ (Strenge: von Disziplin) severità f, rigidezza f ❸ (fig: von Stil) concisione f

straffrei adj **~ ausgehen** uscirne impunito; **Straffreiheit** f esenzione f da pena, impunità f

Strafgefangene mf detenuto, -a m, f; **Strafgericht** n ❶ (JUR) tribunale m penale ❷ (fig: Bestrafung) castigo m, punizione f; **Strafgesetz** n legge f penale; **Strafgesetzbuch** n codice m penale; **Strafjustiz** kein Pl f giustizia f penale

sträflich ['ʃtrɛːflɪç] adj punibile; (unverzeihlich) imperdonabile

Sträfling ['ʃtrɛːflɪŋ] <-s, -e> m detenuto, -a m, f, carcerato, -a m, f; **Sträflingskleidung** f tenuta f da carcerato

straflos s. **straffrei**; **Strafmandat** n mandato m di cattura; **Strafmaß** n grado m della pena; **strafmildernd** adj attenuante; **strafmündig** adj (JUR) perseguibile; **Strafporto** n soprattassa f; **Strafpredigt** f **jdm eine ~ halten** fare una ramanzina a qu; **Strafprozess**[RR] m processo m penale; **Strafprozessordnung**[RR] f codice m di procedura penale; **Strafpunkt** m penalità f; **Strafraum** m area f di rigore; **Strafrecht** n diritto m penale; **strafrechtlich** adj (di diritto) penale; **Strafregister** n casellario m giudiziale; **Strafsanktionen** fpl (Europäische Währungsunion) sanzioni fpl pecuniarie; **Strafstoß** m calcio m di punizione; **Straftat** f reato m, delitto m; **Straftäter(in)** m(f) reo m, delinquente m; **strafverschärfend** adj aggravante; **Strafversetzung** f trasferimento m per ragioni disciplinari; **Strafverteidiger(in)** m(f) avvocato m difensore (in campo penale); **Strafvollzug** m esecuzione f della pena; **offener ~** pena f detentiva con possibilità di lavorare al di fuori della prigione e di uscire il fine settimana; **Strafzettel** m (fam) contravvenzione f, multa f

Strahl [ʃtraːl] <-(e)s, -en> m (fig MAT, PHYS) raggio m; (Wasser~) getto m, zampillo m

strahlen vi ❶ (Licht, Sonne) (ri)splendere; (radioaktiv~) emanare raggi; (Wärme) irradiare; **vor Sauberkeit ~** essere lucido come uno specchio ❷ (fig: Mensch) essere raggiante; **übers ganze Gesicht ~** avere il viso raggiante

Strahlenbehandlung f (MED) radioterapia f, trattamento m coi raggi; **Strahlenbelastung** f esposizione f alle radiazioni; **Strahlenbündel** n ❶ (OPT) fascio m luminoso ❷ (MAT) fascio m di rette

strahlend adj (leuchtend) splendente; (a fig: Schönheit) splendido; (Gesicht) raggi-

ante; (*Tag*) radioso
Strahlendosis *f* dose *f* di radiazioni;
Strahlenkrankheit *f* sindrome *f* da
raggi; **Strahlenschäden** *mpl* (*an Dingen*) danno *m* da radiazioni; (*beim Menschen*) lesioni *fpl* da raggi; **Strahlenschutz** *m* protezione *f* contro le radiazioni; **strahlenverseucht** *adj* contaminato dalle radiazioni
Strahler <-s, -> *m* ❶ (*Heiz~*) radiatore *m*
(di calore) ❷ (*Licht~*) riflettore *m*
Strahltriebwerk *n* turboreattore *m*
Strahlung <-, -en> *f* radiazione *f*; **strahlungsarm** *adj* a bassa irradiazione;
Strahlungsintensität *f* intensità *f*
di radiazione; **Strahlungswärme** *f*
calore *m* radiante
Strähne ['ʃtrɛːnə] <-, -n> *f* ❶ (*Haar~*)
ciocca *f*; (*getönt*) meche *f* ❷ (*Strang*)
matassa *f* ❸ (*fig: Reihe*) serie *f*
strähnig *adj* (*Haar*) a ciocche
stramm [ʃtram] *adj* ❶ (*straff: Seil*) teso,
tirato; ~ **sitzen** (*Kleidung*) essere stretto,
tirare ❷ (*gerade aufgerichtet*) eretto; **~e**
Haltung atteggiamento risoluto ❸ (*fig: kräftig*) forte, robusto ❹ (*fig: Disziplin*)
rigido; **stramm∣stehen** <irr> *vi* essere
sull'attenti
Strampelanzug *m* pagliaccetto *m*, tutina *f*
da neonato
strampeln ['ʃtrampəln] *vi* ❶ (*mit Beinen*)
sgambettare, dimenare le gambe ❷ (*fam: sich abmühen*) stancarsi
Strampler <-s, -> *m s.* **Strampelanzug**
Strand [ʃtrant] <-(e)s, Strände> *m*
(*Bade~*) spiaggia *f*; (*Ufer*) riva *f*; **an den ~**
gehen andare alla spiaggia; **Strandbad** *n*
lido *m*, stabilimento *f* balneare
stranden ['ʃtrandən] *vi sein* ❶ (*Schiff*)
arenarsi, incagliarsi ❷ (*fig geh: scheitern*)
naufragare, fallire
Strandgut *n* (*a fig*) relitto *m*; **Strandhotel** <-s, -s> *n* albergo *m* sul mare;
Strandkorb *m* capanno *m* da spiaggia;
Strandläufer *m* (*Vogel*) gambecchio *m*;
Strandpromenade *f* lungomare *m*
Strang [ʃtraŋ] <-(e)s, Stränge> *m*
❶ (*Seil*) corda *f*, fune *f*; **am gleichen ~**
ziehen (*fig*) mirare al medesimo scopo;
über die Stränge schlagen (*fam*) passare
i limiti ❷ (EL, TEL) linea *f* ❸ (*Nerven~*) funicolo *m* nervoso ❹ (*Woll~, Garn~*) matassa *f*
strangulieren [ʃtraŋuˈliːrən] <ohne
ge-> *vt* strangolare, strozzare
Strapaze [ʃtraˈpaːtsə] <-, -n> *f* strapazzo *m*, fatica *f*
strapazieren [ʃtrapaˈtsiːrən] <ohne
ge-> *vt* ❶ (*Menschen*) affaticare; (*Nerven*) logorare; (*fig: Geduld*) mettere a dura
prova ❷ (*Gegenstände*) sciupare, strapazzare; (*fig: Begriff*) usare continuamente
strapazierfähig *adj* (*Kleidung*) resistente
strapaziös [ʃtrapaˈtsjøːs] *adj* faticoso,
affaticante
Straps [ʃtraps] <-es, -e> *m* reggicalze *m*,
giarrettiera *f*
Straßburg ['ʃtraːsbʊrk] *n* Strasburgo *f*
Straße ['ʃtraːsə] <-, -n> *f* ❶ (*Fahr~, a fig*)
strada *f*; (*bei Namen*) via *f*; **auf der ~** per
strada; **auf offener ~** in mezzo alla strada;
über die ~ gehen attraversare la strada;
~ gesperrt! strada sbarrata!; **auf die ~ setzen** (*fig fam: entlassen*) gettare sul
lastrico; (*Mieter*) mettere alla porta; **auf
die ~ gehen** andare in strada; (*fig:
demonstrieren*) scendere in piazza
❷ (*Meerenge*) stretto *m*; **Straßenanzug** *m* abito *m* da passeggio; **Straßenarbeiter** *m* stradino *m*; **Straßenbahn** *f*
tram *m*; **Straßenbahner** <-s, -> *m*
(*fam*) tranviere *m*; **Straßenbahnlinie** *f*
linea *f* tranviaria; **Straßenbahnnetz** *n*
rete *f* tranviaria; **Straßenbau** *m* costruzioni *fpl* stradali; **Straßenbelag** *m* rivestimento *m* stradale; **Straßenbeleuchtung** *f* illuminazione *f* stradale; **Straßenbenutzungsgebühr** *f* pedaggio *m*;
Straßenblatt *n* giornale *m* di strada;
Straßencafé *n* caffè *m* all'aperto; **Straßendecke** *f* pavimentazione *f* stradale;
Straßenfeger <-s, -> *m* spazzino *m*,
netturbino *m*; **Straßenführung** *f* tracciato *m* stradale; **Straßengraben** *m*
fosso *m* della strada; **Straßenhändler(in)**
m(f) venditore, -trice *m, f* ambulante;
Straßenjunge *m* (*pej*) ragazzo *m* di
strada; **Straßenkampf** *m* combattimento *m* nelle strade; **Straßenkarte** *f*
carta *f* stradale; **Straßenkehrer** <-s,
-> *m s.* **Straßenfeger**; **Straßenkehrmaschine** *f* (*macchina f*) spazzatrice *f*;
Straßenkind <-s, -er> *n* monello *m*;
Straßenkreuzer *m* (*fam*) macchinone *m*; **Straßenkreuzung** *f* incrocio *m*;
Straßenlage *f* (MOT) tenuta *f* di strada;
Straßenlärm *m* rumore *m* della strada;
Straßenlaterne *f* lampione *m*; **Straßenmarkierung** *f* segnaletica *f*; **Straßenmusikant(in)** *m(f)* musicista *mf*
ambulante; **Straßennetz** *n* rete *f* stradale; **Straßenrand** *m* bordo *m* della
strada; **Straßenraub** *m* scippo *m*; **Straßenreinigung** *f* pulizia *f* stradale;
(*Dienststelle*) nettezza *f* urbana; **Straßenrennen** *n* corsa *f* ciclistica; **Straßensänger(in)** *m(f)* cantante *mf* ambu-

S

lante; **Straßenschild** *n* targa *f* stradale;
(*Wegweiser*) indicatore *m* stradale; **Stra-**
ßensperre *f* blocco *m* stradale, barricata *f*; **Straßenstrich** *m* (*fam*) prostituzione *f* da strada; **Straßentransport** *m*
trasporto *m* stradale [*o* automobilistico];
Straßentunnel *m* tunnel *m* stradale;
Straßenverhältnisse *npl* percorribilità *f*
delle strade; **Straßenverkehr** *m* traffico *m* stradale; **im ~** sulla strada; **Stra-**
ßenverkehrsordnung *f* codice *m* stradale;   **Straßenzustand**   <-(e)s,
-stände> *m* stato *m* delle strade; **Stra-**
ßenzustandsbericht *m* bollettino *m*
delle strade

Stratege [ʃtra'te:gə] <-n, -n> *m* stratega *m*

Strategie [ʃtrate'gi:] <-, -n> *f* strategia *f*

Strategiespiel *n* (INFORM) gioco *m* di strategia

Strategin [ʃtra'te:gɪn] <-, -nen> *f* stratega *f*

strategisch [ʃtra'te:gɪʃ] *adj* strategico

Stratosphäre   [ʃtrato'sfɛ:rə   *o*   strato'sfɛ:rə] *f* stratosfera *f*

sträuben [ʃtrɔɪbən] **I.** *vt* (*Haare*) rizzare;
(*Fell*) arruffare **II.** *vr* **sich ~ ①** (*Haare*) rizzarsi; (*Fell*) arruffarsi **②** (*fig: sich wehren*)
sich gegen jdn/etw ~ opporsi a qu/qc

Strauch [ʃtraʊx] <-(e)s, Sträucher> *m*
arbusto *m*; (*Busch*) cespuglio *m*

straucheln ['ʃtraʊxəln] *vi sein* (*fig: auf die
schiefe Bahn geraten*) traviarsi

Strauß[1] [ʃtraʊs] <-es, Sträuße> *m* (*Blu-
men~*) mazzo *m*

Strauß[2] [ʃtraʊs] <-es, -e> *m* (*Vogel*)
struzzo *m*

Straußenei *n* uovo *m* di struzzo; **Strau-**
ßenfeder *f* piuma *f* di struzzo

Strebe ['ʃtre:bə] <-, -n> *f* puntello *m*,
sostegno *m*; **Strebebogen** *m* arco *m*
rampante

streben ['ʃtre:bən] *vi* cercare (di raggiungere); **nach etw ~** aspirare a qc; **nach**
Erfolg ~ aspirare al successo; **Streben**
<-s> *kein Pl n* (*Trachten*) aspirazione *f*;
(*Suche*) ricerca *f*; **das ~ nach Erfolg** l'aspirazione al successo

Strebepfeiler *m* contrafforte *m*

Streber(in) <-s, -; -, -nen> *m(f)* (*pej*)
arrivista *mf*, carrierista *mf*; (*in Schule*)
secchione, -a *m, f fam*; **streberhaft** *adj*
ambizioso, arrivista; (*Schüler*) zelante,
secchione *sl*; **Strebertum** <-s> *kein Pl n*
(*pej*) arrivismo *m*, carrierismo *m*

strebsam *adj* diligente, operoso; (*eifrig*)
zelante; **Strebsamkeit** <-> *kein Pl f* operosità *f*, solerzia *f*; (*Eifer*) zelo *m*

Strecke ['ʃtrɛkə] <-, -n> *f* **①** (*Abschnitt*)

tronco *m*, tratto *m*; (FERR) tratto *m*; **auf**
der ~ bleiben (*fig: scheitern*) rimanere per strada **②** (*Entfernung*) distanza *f*
③ (*Weg, Route*) itinerario *m*; (*Fahr~,*
Flug~) percorso *m*, itinerario *m*; (SPORT)
percorso *m*; (*Verkehrslinie*) linea *f*; (AERO)
rotta *f* **④** (MIN) galleria *f* **⑤** (MAT) segmento *m* **⑥** (*Wend*) **zur ~ bringen** (*Tier*)
uccidere; (*Verbrecher*) arrestare

strecken ['ʃtrɛkən] **I.** *vt* **①** (*Körperteil*)
allungare, stendere; (*Hals*) allungare; **lang**
gestreckt lungo, allungato; **die Zunge**
aus dem Munde ~ cacciare fuori la lingua **②** (MED: *im Streckverband*) estendere
③ (*Metall*) tirare, laminare **④** (*Vorräte,*
Geld) far durare; (*Arbeit*) tirar in lungo;
(GASTR) allungare; (*verdünnen*) diluire **II.** *vr*
sich ~ ① (*sich dehnen*) stendersi; (*sich*
aus~) (di)stendersi, allungarsi **②** (*sich*
recken) sgranchirsi, stiracchiarsi

Streckenabschnitt   *m*   tronco   *m*,
sezione *f*; **Streckennetz** *n* rete *f* stradale; **streckenweise** *adv* a tratti

Streckmuskel *m* (muscolo *m*) estensore *m*; **Streckverband** *m* fasciatura *f*
per estensione

Streetworker(in) ['stri:twœːkɐ] <-s, -; -,
-nen> *m(f)* operatore, -trice *m, f* di strada

Streich [ʃtraɪç] <-(e)s, -e> *m* (*fig: Schabernack*) tiro *m*, scherzo *m*; **jdm einen**
üblen ~ spielen giocare un brutto tiro a
qu

Streicheleinheiten *fpl* (*fam: Zärtlichkeit*)
tenerezza *f*; (*Zuwendung*) attenzione *f*

streicheln ['ʃtraɪçəln] *vt* accarezzare

streichen   ['ʃtraɪçən]   <streicht, strich,
gestrichen> **I.** *vt* **①** *haben* (*mit der Hand*)
passare la mano su; (*zärtlich*) accarezzare;
glatt ~ (*Stoff, Haare*) lisciare **②** (*auftragen*) (**etw auf einen Gegenstand**) **~** spalmare (qc su un oggetto) **③** (*an~*) verniciare; (*tünchen*) tinteggiare; **frisch gestri-**
chen! pittura fresca! **④** (*aus~, durch~*)
cancellare, tagliare **⑤** (*Zuschuss, Zug*) sopprimere; (*Plan, Auftrag*) annullare **II.** *vi*
① *haben* (**über etw** *acc*) **~** passare la
mano (su qc); (*zärtlich*) accarezzare (qc)
② *sein* (*umherstreifen*) girare, vagare
③ *sein* (*wehen*) soffiare

Streicher *mpl* (MUS) archi *mpl*

streichfähig *adj* spalmabile

Streichholz *n* fiammifero *m*; **Streich-**
holzschachtel *f* scatola *f* di fiammiferi;
Streichinstrument *n* strumento *m* ad
arco; **Streichkäse** *m* formaggio *m* da
spalmare; **Streichorchester** *n* orchestra *f* d'archi; **Streichquartett** *n* quartetto *m* d'archi

Streichung <-, -en> f (*von Wort, Satz*) cancellatura f; (*Kürzung*) riduzione f; (*von Schulden, Auftrag*) cancellazione f; (*von Zuschuss, Zug*) soppressione f

Streichwurst f insaccato a pasta molle spalmabile

Streifband <-(e)s, -bänder> n ❶ (*Banderole*) fascetta f ❷ (*Post*) fascia f; **unter ~** sotto fascia

Streife ['ʃtraɪfə] <-, -n> f ❶ (*Personen*) pattuglia f ❷ (*Gang*) giro m d'ispezione

streifen ['ʃtraɪfən] I. vt haben ❶ (*berühren, a fig: Thema*) sfiorare; **nur leicht ~** (*Thema*) sfiorare semplicemente ❷ ((*weg*)*ziehen*) **den Ring auf den Finger ~** infilare l'anello al dito; **den Ring vom Finger ~** sfilare l'anello dal dito; **die Kapuze über den Kopf ~** tirare su il cappuccio (sulla testa) II. vi ❶ sein (*umher~*) girare, vagare ❷ haben (*fig: angrenzen*) **an etw** acc **~** rasentare qc

Streifen <-s, -> m ❶ (*Papier~, Stoff~, von Land*) striscia f; (*Speck~*) lardello m ❷ (*Strich, Linie*) striscia f, linea f ❸ (*Klebe~, Loch~*) nastro m, striscia f ❹ (*Film*) film m; (*Ausschnitt*) pellicola f;

Streifendienst m pattuglia f; **Streifenwagen** m automobile f della polizia

Streifschuss^{RR} m colpo m di striscio; (*Verletzung*) scalfittura f; **Streifzug** m (*Erkundigungszug*) esplorazione f, ricognizione f; (MIL) incursione f

Streik [ʃtraɪk] <-(e)s, -s> m sciopero m; **in den ~ treten** entrare in sciopero; **einen ~ ausrufen** dichiarare lo sciopero; **Streikbrecher(in)** m(f) crumiro, -a m, f

streiken vi ❶ (*Arbeiter*) scioperare, fare sciopero ❷ (*fam: Motor, Fernseher*) non funzionare; (*nicht mitmachen*) rifiutarsi; **Streikende** <ein -r, -n, -n> mf scioperante mf

Streikgeld n indennità f di sciopero; **Streikkasse** f cassa f scioperi; **Streikposten** m picchetto m; **Streikrecht** n diritto m di sciopero; **Streikwelle** <-, -n> f ondata f di scioperi

Streit [ʃtraɪt] <-(e)s, -e> m (*Zank, Zwist*) lite f, litigio m; (*mit Tätlichkeiten*) rissa f; (*heftiger Wortwechsel*) diverbio m, battibecco m, alterco m; (*Meinungs~*) disputa f; (*Rechts~*) controversia f; **mit jdm ~ anfangen** attaccar briga con qu; **mit jdm in ~ geraten** litigare con qu; **streitbar** adj (*streitlustig*) combattivo; (*a angriffslustig*) aggressivo; (*kriegerisch*) bellicoso

streiten ['ʃtraɪtən] <streitet, stritt, gestritten> I. vi ❶ (*zanken*) litigare, bisticciare; (*handgreiflich*) azzuffarsi ❷ (*mit Worten*)

(*über etw* acc) **~** discutere (di qc); **darüber lässt sich ~** la cosa è discutibile II. vr **sich ~** bisticciarsi, litigare

Streiterei [ʃtraɪtəˈraɪ] <-, -en> f (*pej*) continui litigi mpl

Streitfall m (ADM) **im ~** in caso di controversia; **Streitfrage** f controversia f, vertenza f

streitig adj **jdm etw ~ machen** contestare qc a qu

Streitkräfte fpl forze fpl armate; **streitlustig** adj litigioso, polemico; **Streitmacht** f forza f (militare); **Streitschrift** <-, -en> f scritto m polemico; **streitsüchtig** s. streitlustig

streng [ʃtrɛŋ] adj ❶ (*hart, unnachsichtig*) severo, rigido; **eine ~e Erziehung** un'educazione rigida; **ein ~er Lehrer** un insegnante severo; **ein ~er Winter** un inverno rigido ❷ (*CH, A, südd: anstrengend*) difficile; **eine ~e Arbeit** un lavoro difficile ❸ (*genau*) esatto, preciso, assoluto; **~ genommen** a rigore (di termine); **~e Bettruhe** riposo assoluto a letto; **das ist ~stens verboten** questo è severamente proibito ❹ (*herb*) aspro; **ein ~er Geruch/Geschmack** un odore/sapore aspro

Strenge ['ʃtrɛŋə] <-> kein Pl f ❶ (*Striktheit*) severità f ❷ (*Schmucklosigkeit*) austerità f ❸ (*von Geruch, Geschmack*) asprezza f; (*von Winter*) rigore m, rigidezza f

strenggenommen adv a rigore (di termine)

strenggläubig adj ortodosso, osservante

Stress^{RR} [ʃtrɛs] <-es, rar -e> m, **Streß**^{ALT} <-sses, rar -sse> m stress m; **im ~ sein** essere sotto stress

stressen vt stressare

stressfrei^{RR} adj senza stress, tranquillo; **stressgeplagt**^{RR} adj stressato

stressig adj (*fam*) stressante

Stresssituation^{RR} f situazione f da stress

Streu [ʃtrɔɪ] <-, -en> f strame m, lettiera f

Streubüchse f, **Streudose** f polverizzatore m; (*für Salz*) spargisale m; (*für Zucker*) spargizucchero m

streuen ['ʃtrɔɪən] I. vt (*Sand, Blumen, a fig: Gerüchte*) spargere; **die Straße mit Salz ~** cospargere la strada di sale; **Salz/Zucker auf etw** acc **~** cospargere qc di sale/zucchero II. vi ❶ (*Straße ~*) spargere qc sulla strada ❷ (*Salz-, Zuckerstreuer*) spargere

streunen ['ʃtrɔɪnən] vi sein o haben (*fam*) vagabondare

Streusalz <-es> kein Pl n sale m per

strade

Streusel [ˈʃtrɔɪzəl] <-s, -> *m o n* granelli fatti di zucchero, burro e farina; **Streuselkuchen** <-s, -> *m* dolce cosparso di granelli fatti di zucchero, burro e farina

Streuung <-, -en> *f* (*Statistik,* PHYS) dispersione *f*

strich [ʃtrɪç] *1. u 3. pers sing imp von* **streichen**

Strich [ʃtrɪç] <-(e)s, -e> *m* ❶ (*mit Schreibgerät*) tratto *m*; (*Pinsel~ a*) pennellata *f*; (*Linie,* MAT) linea *f*; (*kurzer ~, Gedanken~*) lineetta *f*, trattino *m*; (*Schräg~*) (s)barra *f*; (*Quer~*) barra *f*; **nach ~ und Faden** (*fam*) per bene, a modo; **einen ~ unter etw** *acc* **ziehen** (*fig*) farla finita con qc; **jdm einen ~ durch die Rechnung machen** (*fig*) mandare a monte i piani di qu ❷ (*Richtung: von Haar, Fell*) verso *m*; **gegen den ~** contropelo; **es geht mir gegen den ~** (*fam*) non mi va a genio ❸ (MUS: *Bogenführung*) tocco *m* ❹ (*fig fam: dünner Mensch*) stuzzicadenti *m*, persona *f* scheletrica ❺ (*sl: Prostitution*) prostituzione *f*; (*Gegend*) marciapiede *m fam*; **auf den ~ gehen** (*sl*) battere il marciapiede *fam*

Strichcode <-s, -s> *m* codice *m* a sbarre

stricheln *vt* tratteggiare

Stricher(in) <-s, -; -, -nen> *m(f)* (*fam*) checca *f sl*

Strichjunge *m* (*sl*) ragazzo *m* di vita

Strichkode <-s, -s> *m s.* **Strichcode**; **Strichliste** *f* lista *f* a sbarre; **Strichmädchen** *n* (*sl*) ragazza *f* di vita; **Strichmännchen** *n* omino *m*; **Strichpunkt** *m* punto *m* e virgola; **Strichvogel** *m* uccello *m* di passo; **strichweise** *adv* (METEO) a tratti

Strick [ʃtrɪk] <-(e)s, -e> *m* ❶ (*Seil*) corda *f*, fune *f*; **jdm aus etw einen ~ drehen** (*fig fam*) servirsi di qc per rovinare qu; **wenn alle ~e reißen** (*fam*) nel peggiore dei casi ❷ (*fam: Schlingel*) briccone *m*

stricken [ˈʃtrɪkən] *vi, vt* lavorare a maglia; (*Pullover, Strümpfe*) fare

Strickgarn *n* filo *m* per maglieria; **Strickjacke** *f* giacca *f* di maglia, golf *m*; **Strickleiter** *f* scala *f* di corda; **Strickmaschine** *f* macchina *f* per maglieria; **Stricknadel** *f* ferro *m* da calza; **Strickwaren** *fpl* maglierie *fpl*; **Strickweste** <-, -n> *f* gilè *m* di maglia; **Strickzeug** <-(e)s, -e> *n* lavoro *m* a maglia

Striegel [ˈʃtriːgəl] <-s, -> *m* striglia *f*

striegeln *vt* ❶ (*bürsten*) strigliare ❷ (*fig fam: schikanieren*) strapazzare

Strieme [ˈʃtriːmə] <-, -n> *f*, **Striemen** [ˈʃtriːmən] <-s, -> *m* livido *m*

Striezel <-s, -> *m* (*A, südd*) ❶ (*Hefegebäck*) dolce di pasta lievitata lungo e intrecciato ❷ (*Lausbub*) monello *m*

strikt [ʃtrɪkt] *adj* (*genau*) preciso, esatto; (*streng*) stretto, rigoroso; (*Bestimmung*) tassativo

Stringtanga *m* tanga(slip) *m*

Strip [strɪp] <-s, -s> *m* strip(tease) *m*, spogliarello *m*

Strippe [ˈʃtrɪpə] <-, -n> *f* (*fam*) ❶ (*Schnur*) spago *m*, corda *f* ❷ (*fig: Telefon*) telefono *m*; **an der ~ hängen** (*fam*) stare attaccato al telefono

strippen [ˈstrɪpən] *vi* (*fam*) fare lo spogliarello

Striptease [ˈstrɪptiːs] <-> *kein Pl m o n* spogliarello *m*, strip-tease *m*; **Stripteaselokal** *n* locale *m* notturno con spogliarello; **Stripteasetänzer(in)** *m(f)* spogliarellista *mf*

stritt [ʃtrɪt] *1. u 3. pers sing imp von* **streiten**

strittig [ˈʃtrɪtɪç] *adj* controverso; (*fraglich*) discutibile; **~er Punkt** punto in questione

Strizzi <-s, -s> *m* (*A: Subjekt, das sich am Rande der Legalität bewegt*) farabutto *m*

Stroh [ʃtroː] <-(e)s, -> *kein Pl n* paglia *f*; **~ im Kopf haben** (*fam*) essere senza cervello; **strohblond** *adj* biondo paglierino; **Strohblume** *f* eliciriso *m*; **Strohdach** *n* tetto *m* di paglia; **strohdumm** *adj* (*fam*) tonto, stupidone; **Strohfeuer** *n* fuoco *m* di paglia; **Strohhalm** *m* filo *m* di paglia; (*Trinkhalm*) cannuccia *f*; **sich an einen ~ klammern** aggrapparsi all'ultimo filo di speranza; **Strohhut** *m* cappello *m* di paglia

strohig *adj* (*Gemüse*) legnoso; (*Orange, Haar*) stopposo

Strohmann *m* (*fig*) uomo *m* di paglia; **Strohsack** *m* pagliericcio *m*; **Strohwitwe** *f* donna *f* il cui marito è assente; **Strohwitwer** *m* uomo *m* la cui moglie è assente

Strolch [ʃtrɔlç] <-(e)s, -e> *m* (*pej: übler Kerl*) farabutto *m*, furfante *m*; (*fam: Schlingel*) birbante *m*

Strom [ʃtroːm] <-(e)s, Ströme> *m* ❶ (*Fluss*) corrente *f*, (grande) fiume *m*; (*fig: von Blut*) fiotto *m*; (*von Tränen*) fiume *m*; (*Strömung*) corrente *f*, flusso *m*; (*Menschen~*) fiumana *f*, marea *f*; (*Lava~*) fiume *m*, colata *f*; **in Strömen fließen** scorrere a fiumi; **es gießt in Strömen** piove a catinelle; **gegen den ~ schwimmen** (*fig*) andare contro corrente; **mit dem ~ schwimmen** (*fig*) seguire la cor-

rente ❷(EL) corrente *f;* **den ~ ab-/ein-schalten** togliere/dare la corrente; **unter ~ stehen** (*fig*) essere sotto tensione
Stromabnehmer *m* presa *f* di corrente, trolley *m*
stromabwärts [ʃtroːmˈʔapvɛrts] *adv* (*Lage*) a valle; (*Richtung*) con la corrente
stromaufwärts [ʃtroːmˈʔaʊfvɛrts] *adv* (*Lage*) a monte; (*Richtung*) contro corrente
Stromausfall *m* mancanza *f* di corrente
strömen [ˈʃtrøːmən] *vi sein* ❶(*fließen*) scorrere, fluire; (*Blut*) scorrere; **bei ~ dem Regen** sotto una pioggia torrenziale ❷(*aus~*) **aus etw ~** fuoriuscire da qc ❸(*Menschen*) affluire, accorrere
Stromer [ˈʃtroːmɐ] <-s, -> *m* (*fam: Landstreicher*) vagabondo *m;* (*Schlingel*) briccone *m,* brigante *m*
Stromerzeugung *f* generazione *f* di corrente; **Stromkabel** *n* cavo *m* elettrico; **Stromkreis** *m* circuito *m* (elettrico); **stromlinienförmig** *adj* aerodinamico; **Strommast** *m* pilone *m* dell'alta tensione; **Stromnetz** *n* rete *f* elettrica; **Stromquelle** *f* sorgente *f* di elettricità; **Stromrechnung** *f* bolletta *f* dell'elettricità; **Stromschnelle** *f* rapida *f,* cateratta *f;* **Stromsperre** *f* interruzione *f* di corrente; **Stromstärke** *f* intensità *f* di corrente; **Stromstoß** *m* impulso *m* di corrente
Strömung <-, -en> *f* (*a fig*) corrente *f*
Stromverbrauch *m* consumo *m* di corrente; **Stromversorgung** *f* erogazione *f* di energia elettrica; **Stromzähler** *m* contatore *m* dell'elettricità
Strophe [ˈʃtroːfə] <-, -n> *f* strofa *f*
strotzen [ˈʃtrɔtsən] *vi* **vor etw** *dat* **~** (*voll sein*) essere pieno di qc, rigurgitare di qc; (*wimmeln*) pullulare di qc; **vor Gesundheit ~** sprizzare salute, scoppiare di salute; **strotzend** *adj* rigurgitante, traboccante
strubbelig [ˈʃtrʊbəlɪç] *adj* spettinato, scompigliato
Strudel [ˈʃtruːdəl] <-s, -> *m* ❶(*Wasser, a fig*) vortice *m* ❷(*bes. A, südd: Gebäck*) strudel *m*
Struktur [ʃtrʊkˈtuːɐ] <-, -en> *f* struttura *f*
Strukturalismus [ʃtrʊkturaˈlɪsmʊs] <-> *kein Pl m* strutturalismo *m*
strukturell [ʃtrʊktuˈrɛl] *adj* strutturale
strukturieren [ʃtrʊktuˈriːrən] <ohne ge-> *vt* strutturare
Strukturierung <-, -en> *f* strutturazione *f*
Strukturwandel <-s> *kein Pl m* adeguamento *m* di struttura
Strumpf [ʃtrʊmpf] <-(e)s, Strümpfe> *m*

calza *f;* **Strumpfband** <-(e)s, -bänder> *n* giarrettiera *f;* **Strumpfhalter** *m* giarrettiera *f;* **Strumpfhose** *f* collant *m,* calzamaglia *f;* **Strumpfwaren** *fpl* calze *fpl*
struppig [ˈʃtrʊpɪç] *adj* (*Haar*) irto; (*Bart*) ispido; (*Tier*) arruffato
Strychnin [ʃtrʏçˈniːn *o* strʏçˈniːn] <-s> *kein Pl n* stricnina *f*
Stube [ˈʃtuːbə] <-, -n> *f* ❶(*Wohnzimmer*) soggiorno *m* ❷(*in Kaserne, Internat*) camerata *f;* **die gute ~** il salotto (buono); **Stubenarrest** *m* consegna *f;* **Stubenfliege** *f* mosca *f* comune; **Stubengelehrte** *m* (*pej*) erudito *m* da tavolino; **Stubenhocker** *m* (*pej*) pantofolaio *m;* **stubenrein** *adj* (*Haustier*) pulito; **Stubenwagen** *m* culla *f*
Stuck [ʃtʊk] <-(e)s> *kein Pl m* stucco *m*
Stück [ʃtʏk] <-(e)s, -e> *n* ❶pezzo *m;* **ein ~ Schokolade/Seife** un pezzo di cioccolata/sapone; **in** (**tausend**) **~e gehen** rompersi in mille pezzi; **ein Euro das ~** un euro al pezzo; **ich komme ein ~ mit** (*des Weges*) ti accompagno per un tratto di strada; **das ist ein starkes ~!** (*fam*) questo è troppo! ❷(*Teil~*) parte *f,* porzione *f;* **~ für ~** pezzo per pezzo; **aus freien ~en** di propria iniziativa, volontariamente; **wir sind ein gutes ~ weitergekommen** (*bei Arbeit*) abbiamo fatto un bel pezzo di lavoro; **auf jdn große ~e halten** avere molta stima di qu, avere un'alta opinione di qu ❸(THEAT) lavoro *m* (teatrale), dramma *m,* commedia *f;* (*Musik~*) pezzo *m*
Stuckateur(in)^{RR} [ʃtʊkaˈtøːɐ] <-s, -e; -, -nen> *m(f)* stuccatore, -trice *m, f*
stückeln [ˈʃtʏkəln] *vt* (COM) parcellizzare, frazionare
Stückgut *n* collo *m* singolo; **Stücklohn** *m* salario *m* a cottimo; **Stückpreis** *m* prezzo *m* unitario; **stückweise** *adv* a pezzi, pezzo per pezzo, al minuto; **Stückwerk** *n* lavoro *m* imperfetto; **Stückzahl** *f* numero *m* dei pezzi
stud. *abk v* **studiosus** studente
Student(in) [ʃtuˈdɛnt] <-en, -en; -, -nen> *m(f)* studente, -essa *m, f;* **Studentenausweis** *m* tessera *f* di studente; **Studentenfutter** *n* frutta *f* secca; **Studentenheim** *n* casa *f* dello studente; **Studentenschaft** <-> *kein Pl f* studenti *mpl;* **Studentenwohnheim** *s.* **Studentenheim; Studentin** *f s.* **Student; studentisch** *adj* studentesco
Studie [ˈʃtuːdiə] <-, -n> *f* studio *m;* (*literarisch*) saggio *m*
Studienabbrecher(in) <-s, -; -, -nen> *m(f)* persona *f* che interrompe gli studi;

Studienanfänger(in) <-s, -; -, -nen> *m(f)* matricola *f;* **Studienbeihilfe** *f* assegno *m* di studio; **Studiendirektor(in)** *m(f)* preside *mf;* **Studienfach** *n* materia *f* di studio; **Studiengang** *m* curricolo *m,* corso *m* degli studi; **Studiengebühr** *f* tasse *fpl* universitarie; **studienhalber** *adv* a scopo di studio; **Studienplatz** *m* posto *m* di studio; **Studienrat** *m,* **Studienrätin** *f* insegnante *mf* medio superiore (di ruolo); **Studienreferendar(in)** *m(f)* insegnante *mf* medio superiore (non di ruolo); **Studienreise** *f* viaggio *m* di studio; **Studienzeit** *f* anni *mpl* di studio, studi *mpl;* **Studienzeitbegrenzung** *f* limitazione *f* degli anni di studio

studieren [ʃtu'diːrən] <ohne ge-> *vt, vi* studiare; **Studierende** <ein -r, -n, -n> *mf s.* **Student(in)**; **studiert** *adj* (*fam*) che ha studiato

Studio ['ʃtuːdio] <-s, -s> *n* ❶ (THEAT, TV, RADIO) studio *m* ❷ (*Einzimmerwohnung*) monolocale *m*

Studium ['ʃtuːdiʊm] <-s, Studien> *n* studio *m*

Stufe ['ʃtuːfə] <-, -n> *f* ❶ (*Treppen~, Entwicklungs~*) gradino *m;* **Vorsicht ~!** attenzione al gradino! ❷ (*fig: Ebene*) livello *m;* (*Rang*) grado *m;* **sich mit jdm auf eine ~ stellen** (*fig*) mettersi allo stesso livello di qu ❸ (TEC: *a von Raketen*) stadio *m*

stufen *vt* ❶ (*Hang*) munire di gradini ❷ (*ab~*) graduare ❸ (*Haare*) scalare, sfumare

Stufenbarren *m* parallele *fpl* asimmetriche; **stufenförmig** ['ʃtuːfənfœrmɪç] *adj* a gradini; (*fig*) graduale; **Stufenheck** <-(e)s, -s *o* -e> *n* (AUTO) liftback *m;* **Stufenleiter** *f* (*fig*) scala *f;* (*der Gefühle*) gamma *f;* **stufenlos** *adj* (TEC) senza gradini, piano; **Stufenschnitt** *m* (*Frisur*) taglio *m* scalato; **stufenweise** *adv* gradualmente, gradatamente

stufig *adj* ❶ (*Land*) a terrazze, a gradini, a ripiani ❷ (*Haar*) scalato

Stuhl [ʃtuːl] <-(e)s, Stühle> *m* ❶ (*Möbel*) sedia *f;* **elektrischer ~** sedia elettrica; **der Heilige ~** la Santa Sede; **sich zwischen zwei Stühle setzen** (*fig*) giocarsi due occasioni in una volta; **das haut einen vom ~** (*sl*) c'è da restare sbalorditi ❷ (*~ gang*) defecazione *f* ❸ (*Lehr~*) cattedra *f;* **der ~ für Linguistik** la cattedra di linguistica; **Stuhlbein** *n* gamba *f* della sedia; **Stuhlgang** *m* defecazione *f;* **~/ keinen ~ haben** andare/non andare di corpo; **Stuhllehne** *f* schienale *m* della

sedia

Stukkateur(in) ᴬᴸᵀ <-s, -e; -, -nen> *m(f) s.* **Stuckateur**

Stulle ['ʃtʊlə] <-, -n> *f* (*dial*) tartina *f*

Stulpe ['ʃtʊlpə] <-, -n> *f* risvolto *m*

stülpen ['ʃtʏlpən] *vt* **etw nach innen/ außen** ~ rovesciare qc verso l'interno/ l'esterno; **den Kragen nach oben** ~ tirare su il colletto; **etw auf** [*o* **über**] **etw** *acc* ~ mettere qc sopra qc

stumm [ʃtʊm] *adj* ❶ (*sprechunfähig*) muto ❷ (*schweigsam*) silenzioso, taciturno ❸ (LING) muto; **Stumme** <ein -r, -n, -n> *mf* muto, -a *m, f*

Stummel ['ʃtʊməl] <-s, -> *m* (*Bleistift~, Zigaretten~*) mozzicone *m;* (*von Körperglied*) moncone *m,* moncherino *m;* (*Kerzen~*) moccolo *m;* (*~ schwanz*) mozzicone *m*

Stummfilm *m* film *m* muto

Stümper(in) ['ʃtʏmpɐ] <-s, -; -, -nen> *m(f)* (*pej*) abborraccione, -a *m, f,* schiappa *f*

Stümperei [ʃtʏmpə'raɪ] <-, -en> *f* (*pej*) ❶ (*Arbeiten*) abborracciamento *m* ❷ (*Leistung*) abborracciatura *f*

stümperhaft *adj* (*pej*) abborracciato; **~ e Arbeit** abborracciatura *f*

Stümperin *f s.* **Stümper**

stümpern *vi* (*pej*) abborracciare

stumpf [ʃtʊmpf] *adj* ❶ (*nicht scharf*) smussato, senza filo; (*nicht spitz*) spuntato; (*Nase*) schiacciato; **~ werden** (*Messer*) smussarsi; (*Stift*) spuntarsi; (*fig*) diventare ottuso ❷ (*Winkel*) ottuso; (*Kegel, Reim*) tronco ❸ (*glanzlos, matt*) opaco ❹ (*unempfindlich*) insensibile; (*teilnahmslos*) apatico; (*gleichgültig*) indifferente; (*abgestumpft*) ottuso

Stumpf [ʃtʊmpf] <-(e)s, Stümpfe> *m* (*Baum~*) troncone *m;* (*von Körperglied*) moncone *m,* moncherino *m;* (*Zahn~*) moncone *m* di dente; (*Kerzen~*) moccolo *m*

Stumpfheit <-> *kein Pl f* ❶ (*von Messer*) smussatura *f;* (*von Spitze*) spuntatura *f;* (*von Nase*) schiacciamento *m* ❷ (*Glanzlosigkeit*) opacità *f* ❸ (*Unempfindlichkeit*) insensibilità *f;* (*Teilnahmslosigkeit*) apatia *f;* (*Gleichgültigkeit*) indifferenza *f;* (*Abgestumpftheit*) ottusità *f*

Stumpfsinn *m* ottusità *f* (di mente), ebetismo *m;* (*Langweiligkeit*) noiosità *f;* (*Monotonie*) monotonia *f;* **stumpfsinnig** *adj* (*geistig ~*) ottuso, ebete; (*monoton*) monotono; (*stupide*) stupido

stumpfwinklig *adj* (MAT) ad angolo ottuso, ottusangolo

Stündchen ['ʃtʏntçən] <-s, -> *n* (*fam*) oretta *f*

Stunde ['ʃtʊndə] <-, -n> *f* ❶ (*Zeiteinheit, Zeitpunkt*) ora *f;* **eine geschlagene ~** (*fam*) un'ora d'orologio; **eine halbe ~** mezz'ora; **zur ~** in questo momento; **zu später ~** a tarda ora, tardi; **meine ~ hat geschlagen** è venuta la mia ora ❷ (*Unterrichts~*) lezione *f;* **~n geben/nehmen** dare/prendere lezioni

stunden *vt* jdm eine Zahlung ~ concedere a qu una dilazione nel pagamento

Stundengeschwindigkeit *f* velocità *f* oraria; **Stundenhotel** *n* albergo *m* a ore; **Stundenkilometer** *m* chilometro *m* orario; **stundenlang** I. *adj* che dura delle ore II. *adv* per ore (e ore); **Stundenlohn** *m* paga *f* all'ora; **Stundenplan** *m* orario *m* (delle lezioni); **stundenweise** *adv* a ore; **Stundenzeiger** *m* lancetta *f* delle ore

Stündlein ['ʃtʏntlaɪn] <-s, -> *n* **sein letztes ~ hatte geschlagen** era giunta la sua ultima ora

stündlich ['ʃtʏntlɪç] *adj* ❶ (*jede Stunde*) ogni ora ❷ (*von Stunde zu Stunde*) da un'ora all'altra

Stunk [ʃtʊŋk] <-> *kein Pl m* **~ machen** (*fam*) spargere zizzania

Stuntman ['stʌntmæn] <-s, Stuntmen> *m* controfigura *f*, stunt-man *m*

stupfen ['ʃtʊpfən] *vt* (*südd, A, CH*) *s.* **stupsen**

stupid(e) [ʃtu'piːt (ʃtu'piːdə)] *adj* (*beschränkt*) stupido; (*langweilig, monoton*) noioso, monotono

Stups [ʃtʊps] <-es, -e> *m* (*fam*) spinta *f*

stupsen *vt* (*fam*) spingere

Stupsnase *f* naso *m* all'insù

stur [ʃtuːɐ̯] *adj* testardo, ostinato; **Sturheit** <-> *kein Pl f* testardaggine *f*, ostinazione *f*

Sturm [ʃtʊrm] <-(e)s, Stürme> *m* ❶ (*fig* METEO) tempesta *f*, burrasca *f;* **~ läuten** sonare a stormo; **~ der Entrüstung** uragano *m* di sdegno ❷ (*fig: Aufregung*) tumulto *m* ❸ (MIL, SPORT: *Angriff*) attacco *m;* **gegen etw ~ laufen** (*fig*) attaccare qc ❹ (*fig: An~*) assalto *m;* **im ~ nehmen** prendere d'assalto

Sturmabteilung *f* (HIST) SA *fpl*

Sturmbö <-, -en> *f* violenta *f* raffica di vento, bora *f*

stürmen ['ʃtʏrmən] I. *vi* ❶ *haben* (METEO: *Wind*) infuriare; (*Sturm*) imperversare; **es stürmt** infuria la bufera ❷ *sein* (*rennen*) **auf jdn/etw ~** scagliarsi contro qu/qc ❸ *haben* (SPORT: *als Stürmer spielen*) giocare da attaccante; (*offensiv spielen*) attaccare II. *vt haben* ❶ (MIL: *angreifen*) attaccare, dare l'assalto a ❷ (*im Sturm nehmen, a fig: Banken, Geschäfte*) prendere d'as-

salto

Stürmer(in) <-s, -; -, -nen> *m(f)* (SPORT) attaccante *mf*, avanti *m*

Sturmflut *f* mareggiata *f;* **sturmgepeitscht** *adj* sferzato dalla tempesta

stürmisch ['ʃtʏrmɪʃ] *adj* ❶ (METEO) tempestoso, burrascoso; (*See*) in burrasca ❷ (*fig: ungestüm*) impetuoso, veemente; (*heftig*) violento, tempestoso; **~er Beifall** applauso frenetico; **~e Tage** (*fig*) giorni turbolenti; **nicht so ~!** piano!, calma!

Sturmschäden *mpl* danni *mpl* provocati dalla tempesta; **Sturmvogel** *m* procellaria *f;* **Sturmwarnung** *f* avviso *m* di tempesta

Sturz [ʃtʊrts] <-es, Stürze> *m* ❶ (*Fall, Hinstürzen*) caduta *f* ❷ (*Zusammenbruch, Preis~*) crollo *m;* (*von Regierung*) caduta *f*, rovesciamento *m* ❸ (ARCH: *Fenster~, Tür~*) architrave *m*

stürzen ['ʃtʏrtsən] I. *vt haben* ❶ (*fallen lassen*) far cadere ❷ (*umstoßen, umkippen, a fig: Regierung*) rovesciare ❸ (*umdrehen: Pudding*) rovesciare II. *vi sein* ❶ (*fallen*) cadere, fare una caduta; (*herab~*) precipitare; **vom Dach ~** precipitare dal tetto ❷ (*rennen*) precipitarsi ❸ (*ein~, a Preise*) crollare III. *vr* sich auf jdn ~ lanciarsi contro qu; **sich auf die Zeitung ~** buttarsi sul giornale; **sich in Schulden ~** indebitarsi; **sich in Unkosten ~** darsi a spese pazze; **sich ins Verderben ~** rovinarsi

Sturzflug *m* (volo *m* in) picchiata *f;* **Sturzhelm** *m* casco *m* di protezione

Stute ['ʃtuːtə] <-, -n> *f* cavalla *f*, giumenta *f;* (*Kamel~*) cammella *f;* (*Esel~*) asina *f*

Stuttgart ['ʃtʊtgart] *n* Stoccarda *f*

Stütze ['ʃtʏtsə] <-, -n> *f* ❶ (*zur Unterstützung*) appoggio *m*, sostegno *m*, supporto *m* ❷ (*Pfeiler*) pilastro *m;* (*für Baum*) tutore *m* ❸ (*fig: Hilfe*) aiuto *m;* (*Haushaltshilfe*) domestica *f*

stutzen ['ʃtʊtsən] I. *vt* (*kürzen*) (r)accorciare, tagliare; (*Hecke*) potare; (*Haare, Bart*) spuntare; (*Flügel*) tarpare; (*Schwanz*) mozzare II. *vi* (*erstaunt innehalten*) rimanere sorpreso, fermarsi; (*zögern*) esitare

Stutzen ['ʃtʊtsən] <-s, -> *m* ❶ (*kurzes Gewehr*) carabina *f*, moschetto *m* ❷ (*A: Kniestrumpf*) calzettone *m* ❸ (TEC: *Ansatzrohr*) raccordo *m*

stützen ['ʃtʏtsən] I. *vt* (*ab~*) puntellare, sorreggere; (*fig*) sostenere II. *vr* sich ~ ❶ (*sich auf~*) **sich auf jdn/etw ~** appoggiarsi a qu/qc ❷ (*auf etw beruhen*) **sich auf etw** *acc* ~ basarsi su qc

stutzig *adj* ~ **machen** sorprendere; (*argwöhnisch machen*) insospettire; ~ **werden** essere sorpreso

Stützpunkt *m* base *f*

StVO *abk v* **Straßenverkehrsordnung** C.d.S.

stylen ['staɪlən] I. *vt* mettere in posa; **sich** *dat* **die Haare** ~ acconciarsi i capelli II. *vr* **sich** ~ (*fam*) farsi bello

Styropor® [ʃtyro'poːɐ̯] <-s> *kein Pl n* polistirolo *m* espanso

s.u. *abk v* **siehe unten** v.s.

Subjekt [zʊp'jɛkt] <-(e)s, -e> *n* ❶ (LING, PHILOS) soggetto *m* ❷ (*pej: Mensch*) individuo *m*

subjektiv [zʊpjɛk'tiːf] *adj* soggettivo

Subjektivität [zʊpjɛktivi'tɛːt] <-> *kein Pl f* soggettività *f*

Subkultur ['zʊpkʊltuːɐ̯, *pl:* 'zʊpkʊltuːrən] <-, -en> *f* subcultura *f*

Subskribent(in) [zʊbskri'bɛnt] <-en, -en; -, -nen> *m(f)* sottoscrittore, -trice *m, f*

subskribieren [zʊbskri'biːrən] <ohne ge-> I. *vt* sottoscrivere II. *vi* **auf etw** *acc* ~ sottoscrivere qc

Subskriptionspreis [zʊpskrɪp'tsjoːnspraɪs] *m* prezzo *m* di sottoscrizione

Substandardwohnung *f* (*A: Altbauwohnung ohne eigene Toilette*) appartamento *m* senza servizi

substantiell *adj s.* **substanziell**

Substantiv ['zʊpstantiːf] <-s, -e> *n* sostantivo *m*

Substanz [zʊp'stants] <-, -en> *f* ❶ (*Stoff, Wesen*) sostanza *f* ❷ (*Besitz*) sostanze *fpl,* averi *mpl*

substanziell^RR [zʊpstan'tsjɛl] *adj* sostanziale

Substitut(in) [zʊpsti'tuːt] <-en, -en; -, -nen> *m(f)* (*CH*) sostituto, -a *m, f*

Substrat [zʊp'straːt] <-(e)s, -e> *n* (BIOL, LING) sostrato *m*

Subtext *m* sottotesto *m*

subtil [zʊp'tiːl] *adj* ❶ (*zart, fein*) sottile ❷ (*kompliziert*) complesso, complicato

Subtilität [zʊptili'tɛːt] <-, -en> *f* ❶ *sing* (*Feinheit*) finezza *f* ❷ (*Spitzfindigkeit*) sottigliezza *f* ❸ (*Schwierigkeit*) complessità *f,* complicazione *f*

subtrahieren [zʊptra'hiːrən] <ohne ge-> *vt* sottrarre

Subtraktion [zʊptrak'tsjoːn] <-, -en> *f* sottrazione *f*

Subtropen ['zʊptroːpən] *pl* (GEOG) subtropici *mpl,* regioni *fpl* subtropicali; **subtropisch** *adj* subtropicale

Subvention [zʊpvɛn'tsjoːn] <-, -en> *f* sovvenzione *f*

subventionieren [zʊpvɛntsjo'niːrən] <ohne ge-> *vt* sovvenzionare

subversiv [zʊpvɛr'ziːf] *adj* sovversivo

Suchaktion *f* ricerche *fpl;* **Suchausdruck** *m* (INFORM) chiave *f* di ricerca; **Suchdienst** *m* servizio *m* di ricerche

Suche ['zuːxə] <-, *rar* -n> *f* ricerca *f;* **auf der** ~ **nach etw sein** essere alla ricerca di qc; **auf die** ~ **nach etw gehen** andare alla ricerca di qc

suchen ['zuːxən] *vt, vi* cercare; (*forschen nach*) ricercare; **nach jdm/etw** ~ cercare qu/qc; **bei jdm Rat** ~ chiedere consiglio a qu; **Streit mit jdm** ~ cercare brighe con qu; **was hast du hier zu** ~? che fai qui?, che vuoi?

Sucher <-s, -> *m* ❶ (*Mensch*) cercatore *m* ❷ (FOTO) mirino *m*

Suchgerät *n* rivelatore *m*

Suchmaschine *f* (INFORM: *im Internet*) motore *m* di ricerca

Sucht [zʊxt] <-, Süchte> *f* ❶ (MED) assuefazione *f;* **die** ~ **nach Rauschgift** assuefazione alla droga ❷ (*fig: übersteigertes Verlangen*) mania *f;* **die** ~ **nach Erfolg** la smania di successo

süchtig ['zʏçtɪç] *adj* ❶ (*an einer Sucht leidend*) schiavo; (*rauschgift~*) tossicomane; ~ **nach etw sein** essere schiavo di qc ❷ (*versessen, begierig*) avido; **Süchtige** <ein -r, -n, -n> *mf* (*Rauschgift~*) tossicomane *mf;* (*Alkohol~*) alcolizzato, -a *m, f;* (*Nikotin~*) gran fumatore, -trice *m, f;* **Süchtigkeit** <-> *kein Pl f* (*Rauschgift~*) tossicomania *f;* (*Alkohol~, Nikotin~*) dedizione *f*

Sud [zuːt] <-(e)s, -e> *m* decotto *m*

Süd [zyːt] <-(e)s> *kein Pl m* (*allg*, NAUT, METEO) sud *m*

Süd- ['zyːt] (*in Zusammensetzungen*) del sud, meridionale

Südafrika *n* Sudafrica *m*

Südamerika *n* America *f* del Sud, Sudamerica *m;* **Südamerikaner(in)** <-s, -; -, -nen> *m(f)* sudamericano, -a *m, f,* latinoamericano, -a *m, f;* **südamerikanisch** *adj* sudamericano, latinoamericano

Südasien *n* Asia *f* del Sud

süddeutsch *adj* della Germania meridionale; **Süddeutsche** *mf* tedesco, -a *m, f* meridionale; **Süddeutschland** *n* Germania *f* del Sud

Sudelei [zuːdə'laɪ] <-, -en> *f* (*Gesudel*) pasticcio *m;* (*beim Schreiben, Malen*) scarabocchi *mpl*

sudeln ['zuːdəln] *vi* (*schmieren*) insudiciare; (*beim Schreiben*) scarabocchiare

Süden ['zy:dən] <-s> *kein Pl m* sud *m*, meridione *m;* (*Gebiet*) sud *m;* **in den ~ reisen** andare al sud; **im ~ von** a sud di; **nach ~** verso il sud; **von ~** dal sud

Sudeten [zu'de:tən] *pl* Sudeti *mpl*

Südeuropa *n* Europa *f* del Sud; **Südfrucht** *f* frutta *f* esotica, *frutta del mediterraneo o dei tropici;* **Südhalbkugel** *kein Pl f* emisfero *m* meridionale; **Südhang** *m* versante *m* meridionale

Süditalien *n* Italia *f* del Sud, Meridione *m;* **Süditaliener(in)** *m(f)* (italiano, -a *m, f*) meridionale *mf;* **süditalienisch** *adj* meridionale

Südkorea ['zy:tkore:a] *n* Corea *f* del Sud; **Südkoreaner(in)** ['zy:tkore:nɐ] <-s, -; -, -nen> *m(f)* sudcoreano, -a *m, f;* **südkoreanisch** *adj* sudcoreano, della Corea del Sud

Südländer(in) ['zy:tdlɛndɐ] <-s, -; -, -nen> *m(f)* abitante *mf* dei paesi mediterranei; **südländisch** *adj* mediterraneo

südlich I. *adj* meridionale, australe; **in ~ er Richtung** verso sud II. *prp* +*gen* a sud di III. *adv* **~ von** a sud di

Südostasien [zy:d'ɔst'ʔa:ziən] *n* sudest *m* asiatico

Südosten [zy:d'ʔɔstən] *m* sud-est *m*

südöstlich [zy:d'ʔœstlɪç] *adj* meridionale; **~ von ...** a sud-est di ...

Südpol *m* polo *m* sud; **Südsee** *f* Mari *mpl* del Sud, Pacifico *m* meridionale; **Südtirol** *n* Sudtirolo *m*, Alto Adige *m*

südwärts ['zy:tvɛrts] *adv* verso sud

Südwesten [zy:d'vɛstən] *m* sud-ovest *m*

Südwester [zy:d'vɛstɐ] <-s, -> *m* (*Hut*) sud-ovest *m*

südwestlich [zy:d'vɛstlɪç] *adj* sudoccidentale; **~ von ...** a sud-ovest di ...

Südwind *m* vento *m* meridionale

Suff [zuf] <-(e)s> *kein Pl m* (*fam: Betrunkenheit*) ubriachezza *f;* (*Trunksucht*) alcolismo *m;* **sich dem ~ ergeben** darsi all'alcool; **im ~** in stato d'ubriachezza

süffig ['zʏfɪç] *adj* gradevole, abboccato

süffisant [zʏfi'zant] *adj* (*geh*) superiore, sufficiente

suggerieren [zʊɡe'ri:rən] <ohne ge-> *vt* suggerire

Suggestion [zʊɡɛs'tʃo:n] <-, -en> *f* suggestione *f*

suggestiv [zʊɡɛs'ti:f] *adj* suggestivo; **Suggestivfrage** *f* domanda *f* suggestiva

suhlen ['zu:lən] *vr* **sich** (**in etw** *dat*) **~** voltolarsi (in qc)

Sühne ['sy:nə] <-, -n> *f* (*geh*) ❶ (REL) espiazione *f* ❷ (*allgemeine Strafe*) punizione *f* ❸ (JUR) riconciliazione *f*

sühnen ['zy:nən] *vt* (*geh*) espiare

Suizidabsicht *f* intento *m* suicida

sukzessiv [zʊktsɛ'si:f] *adj* graduale

Sulfat [zʊl'fa:t] <-(e)s, -e> *n* solfato *m*

Sulfid [zʊl'fi:t, *pl:* zʊl'fi:də] <-(e)s, -e> *n* solfuro *m*

Sulfit [zʊl'fi:t] <-s, -e> *n* solfito *m*

Sultan ['zʊlta:n] <-s, -e> *m* sultano *m*

Sultanine [zʊlta'ni:nə] <-, -n> *f* sultanina *f*

Sulz <-, -en> *f* (*A: Sülze*) aspic *m*

Sülze ['zʏltsə] <-, -n> *f* aspic *f*

sülzen ['zʏltsən] *vi, vt* (GASTR) mettere in gelatina; (*quatschen, fam*) chiacchierare

summarisch [zʊ'ma:rɪʃ] *adj* sommario; **etw ~ darstellen** illustrare qc per sommi capi

Summe ['zʊmə] <-, -n> *f* somma *f*

summen ['zʊmən] I. *vi* (*Insekt, Motor*) ronzare; (*Mensch*) canticchiare II. *vt* (*Lied*) canticchiare

Summer <-s, -> *m* (EL) cicalino *m*

summieren [zʊ'mi:rən] <ohne ge-> I. *vt* sommare II. *vr* **sich ~** sommarsi

Sumpf [zʊmpf] <-(e)s, Sümpfe> *m* palude *f;* (*a fig*) pantano *m;* **Sumpfgas** *n* metano *m;* **Sumpfgebiet** *n* zona *f* paludosa; **sumpfig** *adj* paludoso, pantanoso

Sünde ['zʏndə] <-, -n> *f* peccato *m;* **Sündenbock** *m* capro *m* espiatorio; **jdn zum ~ machen** addossare tutte le colpe a qu; **Sündenfall** *m* peccato *m* originale

Sünder(in) <-s, -; -, -nen> *m(f)* peccatore, -trice *m, f*

sündhaft *adj* peccaminoso; **~ teuer** oscenamente caro

sündig *adj* peccaminoso

sündigen *vi* (*fig* REL) peccare

sündteuer *adj* (*A: fam: sündhaft teuer*) costosissimo

super ['zu:pɐ] <inv> *adj* (*fam*) fantastico

Super(benzin) <-s> *kein Pl n* benzina *f* super, super *f fam*

Super-8-Film [zu:pɐ'ʔaxtfɪlm] *m* pellicola *f* superotto, superotto *m*

Super-8-Kamera *f* superotto *f*

Supercomputer *m* (INFORM) supercomputer *m*, supercalcolatore *m*

Superlativ ['zu:pɐlati:f] <-s, -e> *m* superlativo *m*

Supermacht *f* superpotenza *f*

Supermarkt *m* supermercato *m*

Superrechner *m* (INFORM) s. **Supercomputer**

Supersommer *m* estate *f* da sballo, estate *f* da paura

Superstar <-s, -s> *m* superstar *f*, personalità *f* di spicco

Suppe ['zʊpə] <-, -n> *f* minestra *f*, zuppa *f;*

S

die ~ **auslöffeln** (*fig fam*) pagare il fio; **du hast dir die ~ selbst eingebrockt** (*fig*) sei andato in cerca di guai; **Suppenfleisch** *n* carne *f* da brodo; (*zubereitet*) lesso *m*; **Suppengrün** <-s> *kein Pl n* misto di verdure e erbe per minestra (*carote, sedano, porro e prezzemolo*); **Suppenhuhn** *n* pollo *m* da lessare; **Suppenkelle** *f* mestolo *m*; **Suppenküche** <-, -n> *f* mensa *f* per i poveri, cucina *f* popolare; **Suppenschüssel** *f* zuppiera *f*; **Suppenteller** *m* piatto *m* fondo; **Suppenterrine** *f* zuppiera *f*; **Suppenwürfel** *m* dado *m* per brodo

Supplierstunde *f* (*A: Vertretungsstunde*) ora *f* di supplenza

supraleitend ['zu:pralaɪtənt] *adj* (EL) superconduttivo

Surfbrett *n* tavola *f* da salto, surf *m*

surfen ['sœ:fən] *vi* ➊ (SPORT) praticare il surf ➋ (*Internet*) navigare; **im Internet/Web ~** navigare su Internet/in Rete; **Surfen** <-s> *kein Pl n* surfing *m*; **Surfer(in)** <-s, -; -, -nen> *m(f)* ➊ (SPORT) surfista *mf* ➋ (INFORM) internauta *mf*

Surfing ['sœ:fɪŋ] <-s> *kein Pl n s.* **Surfen**

Surrealismus [zʊrea'lɪsmʊs] <-> *kein Pl m* surrealismo *m*

surrealistisch [zʊrea'lɪstɪʃ] *adj* surrealista

surren ['zʊrən] *vi* ➊ *haben* (*Insekt*) ronzare; (*Motor*) rombare ➋ *sein* (*sich bewegen*) muoversi

Surrogat [zʊro'ga:t] <-(e)s, -e> *n* surrogato *m*

Survival-Training [sə'vaɪvltrɛːnɪŋ] *n* corso *m* di sopravvivenza

suspekt [zʊs'pɛkt] *adj* sospetto; **das kommt mir ~ vor** ho i miei dubbi

suspendieren [zʊspɛn'di:rən] <ohne ge-> *vt* sospendere

süß [zy:s] *adj* ➊ (*Geschmack*) dolce ➋ (*fig: angenehm*) soave, piacevole; (*Duft*) soave; **träume ~!** sogni d'oro! ➌ (*fig: niedlich*) carino, grazioso ➍ (*pej: übertrieben freundlich*) mellifluo

Süße ['zy:sə] <-> *kein Pl f* dolcezza *f*, dolce *m*

süßen *vt* (*zuckern*) addolcire, zuccherare; (*Nahrungsmittel*) dolcificare, edulcorare

Süßholz *n* liquirizia *f*; ~ **raspeln** (*fig*) fare il ruffiano

Süßigkeit <-, -en> *f* dolciume *m*, dolce *m*

süßlich *adj* dolciastro

Süßmost *m* mosto *m* dolce; **süßsauer** *adj* agrodolce; **Süßspeise** *f* dolce *m*; **Süßstoff** *m* sostanza *f* dolcificante; **Süßwaren** *fpl* dolciumi *mpl*; **Süßwasser** *n* acqua *f* dolce; **Süßwein** *m* vino *m* liquoroso

SW *abk v* **Südwest(en)** SO

Sweatshirt ['swɛtʃœːt] <-s, -s> *n* pull *m* oversize

Swimmingpool ['svɪmɪŋpuːl] <-s, -s> *m* swimmingpool *f*, piscina *f*

SWR [esvɛ'ʔɛf] <-(s)> *kein Pl m abk v* **Südwestrundfunk** rete radiotelevisiva regionale tedesca con sede a Baden-Baden e Stoccarda

Symbiose [zʏmbi'o:zə] <-, -n> *f* simbiosi *f*

Symbol [zʏm'bɔːl] <-s, -e> *n* simbolo *m*; **Symbolfigur** *f* (figura *f*) simbolo *m*

symbolisch *adj* simbolico

symbolisieren [zʏmbolizi:rən] <ohne ge-> *vt* simboleggiare

Symmetrie [zʏme'tri:] <-, -n> *f* simmetria *f*; **Symmetrieachse** *f* asse *m* di simmetria

symmetrisch [zʏ'me:trɪʃ] *adj* simmetrico

Sympathie [zʏmpa'ti:] <-, -n> *f* simpatia *f*; ~ **für jdn empfinden** nutrire simpatia per qu; **Sympathiekundgebung** *f* manifestazione *f* di solidarietà; **Sympathieträger(in)** *m(f)* campione , -essa di simpatia *m*

Sympathisant(in) [zʏmpati'zant] <-en, -en; -, -nen> *m(f)* simpatizzante *mf*

sympathisch [zʏm'pa:tɪʃ] *adj* simpatico; **jdm ~/nicht ~ sein** essere/non riuscire simpatico a qu

sympathisieren [zʏmpati'zi:rən] <ohne ge-> *vi* simpatizzare

Symphonie [zʏmfo'ni:] *f s.* **Sinfonie**

Symptom [zʏmp'to:m] <-s, -e> *n* sintomo *m*

symptomatisch [zʏmpto'ma:tɪʃ] *adj* (**für etw**) ~ **sein** essere sintomatico (di qc)

Synagoge [zyna'go:gə] <-, -n> *f* sinagoga *f*

synchron [zʏn'kro:n] *adj* (PHYS, EL, MOT) sincrono; (LING) sincronico

Synchronisation [zʏnkroniza'tsi̯o:n] <-, -en> *f* sincronizzazione *f*

synchronisieren [zʏnkroni'zi:rən] <ohne ge-> *vt* sincronizzare; (FILM) doppiare, sincronizzare; **Synchronisierung** <-, -en> *f* sincronizzazione *f*

Syndikat [zʏndi'ka:t] <-(e)s, -e> *n* (COM: *Kartell*) cartello *m*, sindacato *m*; (*Verbrecher~*) racket *m*

Syndrom [zʏn'dro:m] <-s, -e> *n* (MED) sindrome *f*

Synergie [zynɛr'gi: *o* zʏnɛr'gi:, *pl:* zynɛr'gi:ən *o* zʏnɛr'gi:ən] <-, -n> *f* sinergia *f*; **Synergieeffekt** <-(e)s, -e> *m* effetto *m* sinergico

Synode [zy'no:də] <-, -n> *f* sinodo *m*

synonym [zyno'ny:m] *adj* sinonimo, sinonimico; **Synonym** <-s, -e> *n* sinonimo *m*

syntaktisch [zʏn'taktɪʃ] *adj* sintattico

Syntax ['zʏntaks] <-, -en> *f* sintassi *f*

Synthese [zʏn'teːzə] *f* sintesi *f*

synthetisch [zʏn'teːtɪʃ] *adj* sintetico

Syphilis ['zyːfilɪs] <-> *kein Pl f* sifilide *f*

Syrakus [zyra'kuːs] *n* Siracusa *f*

Syrer(in) ['zyːrɐ] <-s, -; -, -nen> *m(f)* siriano, -a *m, f*

Syrien ['zyːriən] *n* Siria *f*

Syrier(in) <-s, -; -, -nen> *m(f) s.* **Syrer(in)**

syrisch *adj* siriano

System [zʏs'teːm] <-s, -e> *n* sistema *m*

Systematik [zʏste'maːtɪk] <-, -en> *f* ❶ (*Ordnung*) sistematicità *f* ❷ (BIOL) sistematica *f*

systematisch [zʏste'maːtɪʃ] **I.** *adj* sistematico **II.** *adv* in modo sistematico

systematisieren [zʏstemati'ziːrən] <ohne ge-> *vt* sistematizzare

Systemkritiker(in) *m(f)* (POL) critico *m* del sistema

systemlos *adj* asistematico, disordinato

Szenarium [stse'naːriʊm] <-s, Szenarien> *n* (THEAT, FILM) scenario *m*

Szene ['stseːnə] <-, -n> *f* ❶ (*fig* THEAT, FILM) scena *f;* **jdm eine ~ machen** fare una scenata a qu; **in ~ setzen** (*fig* THEAT) inscenare; (*fig*) orchestrare ❷ (*sl:* Drogen~, Jazz~, Alternativ~) scena *f,* ambiente *m;* **Szenenwechsel** *m* cambiamento *m* di scena

Szenerie [stsenə'riː] <-, -n> *f* scenario *m*

szenisch *adj* scenico

T t

T, t [te:] <-, -(s)> *n* T, t *f;* **T wie Theodor** T come Torino

t *abk v* **Tonne** t

Tabak ['tabak] <-s, -e> *m* tabacco *m;* **Tabakhändler(in)** *m(f)* commerciante *mf* di tabacco; **Tabakplantage** <-, -n> *f* (AGR) piantagione *f* di tabacco; **Tabaksbeutel** *m* borsa *f* per tabacco; **Tabaksdose** *f* tabacchiera *f;* **Tabakspfeife** *f* pipa *f;* **Tabaksteuer** *f* imposta *f* sul tabacco; **Tabaksteuererhöhung** *f* aumento *m* dell'imposta sui tabacchi; **Tabaktrafik** <-, -en> *f* (A: *Verkaufsstelle*) tabaccheria *f,* rivendita *f* tabacchi; **Stempelmarken bekommt man in der ~** i francobolli si comprano in tabaccheria; **Tabakwaren** *fpl* tabacchi *mpl*

tabellarisch [tabɛ'laːrɪʃ] *adj* in forma di tabella; **~er Lebenslauf** curriculum vitae tabellare

Tabelle [ta'bɛlə] <-, -n> *f* tabella *f,* tavola *f;* **Tabellenführer** <-s, -> *m* (SPORT) capolista *m,* numero *m* uno; **Tabellenkalkulationsprogramm** <-s, -e> *n* (INFORM) foglio *m* elettronico

Tabernakel [tabɛr'naːkəl] <-s, -> *mn* (REL) tabernacolo *m*

Tablar ['tablaːɐ̯] <-s, -e> *n* (*CH: Regalbrett*) scaffale *m,* mensola *f*

Tablett [ta'blɛt] <-(e)s, -s *o rar* -e> *n* vassoio *m*

Tablette [ta'blɛtə] <-, -n> *f* compressa *f,* pastiglia *f;* **Tablettenmissbrauch**^RR *m* abuso *m* di pillole

tabu [ta'buː] <inv> *adj* tabù; **Tabu** <-s, -s> *n* tabù *m*

Tabuwort *n* parola *f* tabù

tachinieren <ohne ge-> *vi* (A) ❶ (*fam: bei der Arbeit untätig herumstehen*) oziare, poltrire ❷ (*fam: etwas vortäuschen*) fingere

Tachinierer <-s, -> *m* (A) ❶ (*fam: Faulenzer*) pigro *m* ❷ (*fam: jd, der etwas vortäuscht*) simulatore *m*

Tacho ['taxo] <-s, -s> *m* (*fam*), **Tachometer** [taxo'meːtɐ] <-s, -> *m o n* tachimetro *m*

Tadel ['taːdəl] <-s, -> *m* biasimo *m,* rimprovero *m;* **tadellos** *adj* impeccabile; (*vollkommen*) perfetto

tadeln *vt* biasimare, rimproverare

tadelnd *adj* di biasimo, di disapprovazione, di condanna, di rimprovero; **ein ~er Blick** un'occhiata di rimprovero

tadelnswert *adj* biasimevole, riprovevole

Tadschikistan <-s> *n* Tagikistan *m*

Tafel ['taːfəl] <-, -n> *f* ❶ (*Platte*) tavola *f,* lastra *f;* (*kleine, a Schokoladen~*) tavoletta *f;* (*dünne ~*) lamina *f* ❷ (*geh: Esstisch*) tavola *f* ❸ (*Schild*) insegna *f*

tafeln *vi* (*geh*) pranzare, banchettare

täfeln ['tɛːfəln] *vt* pannellare; (*mit Holz*) rivestire di legno

Tafelobst *n* frutta *f* da tavola; **Tafelrunde** *f* tavolata *f;* (*von Herrscher*) tavola *f* rotonda; **Tafelsilber** *n* posate *fpl* d'argento; **Tafelspitz** <-es, -e> *m* (A) ❶ (GASTR: *Rindfleisch von der Hüfte*) spuntatura *f* di lombo, punta *f* ❷ (GASTR: *gekochter ~*) bollito *m*

Täfelung <-, -en> *f* rivestimento *m* di tavole, pannellatura *f*

Tafelwasser *n* acqua *f* minerale (da tavola); **Tafelwein** *m* vino *m* da tavola

Taferlklassler(in) <-s, -; -, -nen> *m(f)* (A: *Schulanfänger*) scolaro *m* (che inizia la prima elementare)

taff ['taf] *adj* tosto

Taft [taft] <-(e)s, -e> *m* taffettà *m*

Tag [taːk] <-(e)s, -e> *m* ❶ (*Zeiteinheit, ~eslicht*) giorno *m;* (*im Verlauf*) giornata *f;* **~ und Nacht** giorno e notte; **guten ~!** buon giorno!; **eines (schönen) ~es** un (bel) giorno; **jeden ~** ogni giorno, tutti i giorni; **jeden zweiten ~** ogni due giorni; **den ganzen ~ (lang** [*o* **über**]**)** tutto il giorno; **~ für ~** giorno per giorno; **am folgenden ~** il giorno seguente; **von ~ zu ~** di giorno in giorno; **von einem ~ auf den anderen** da un giorno all'altro; **vor acht ~en** otto giorni fa; **in acht ~en** fra otto giorni; **heute/Sonntag in acht ~en** oggi a otto/domenica prossima; **es wird ~** si fa giorno; **es ist heller ~** è giorno fatto; **an den ~ kommen** venire alla luce, rivelarsi; **etw an den ~ legen** mostrare qc, dimostrare qc; **in den ~ hinein leben** vivere alla giornata; **über ~e** a giorno, a cielo aperto; **unter ~e** in sotterraneo; **zu ~e fördern** [*o* **bringen**] estrarre; (*fig*) rivelare; **das ist ein Unterschied wie ~ und Nacht** c'è una differenza come fra il giorno e la notte; **man soll den ~ nicht vor dem Abend loben** (*prov*) non lodare il bel giorno innanzi sera; **es ist noch nicht aller ~e Abend** (*prov*) chi vivrà, vedrà ❷ *pl* (*fam: Menstruation*) **sie hat**

ihre ~ e ha le sue cose

tagaus [taːkˈʔaʊs] *adv* **~, tagein** giorno per giorno, tutti i giorni

Tagebau *m* scavo *m* a cielo aperto; **Tagebuch** *n* diario *m;* **Tagedieb** *m* (*pej*) fannullone *m;* **Tagegeld** *n* diaria *f*

tagein [taːkˈʔaɪn] *adv s.* **tagaus**

tagelang *adv* per giorni interi

Tagelöhner(in) <-s, -; -, -nen> *m(f)* lavoratore, -trice *m, f* a giornata

tagen [ˈtaːgən] *vi* ❶ (*eine Tagung abhalten*) tenere seduta ❷ (*geh: Tag werden*) **es tagt** si fa giorno

Tagesanbruch *m* **bei ~** sul far del giorno; **vor ~** prima dell'alba; **Tagescreme** *f* crema *f* da giorno; **Tagesdecke** *f* copriletto *m;* **Tageseinnahme** *f* introito *m* giornaliero; **Tagesfahrt** *f* viaggio *m* di un giorno; **Tagesgericht** *n* (GASTR) piatto *m* del giorno; **Tagesgeschehen** *n* attualità *fpl;* **Tagesgespräch** *n* argomento *m* del giorno; **Tageskarte** *f* ❶ (*Speisekarte*) menu *m* del giorno ❷ (*Fahrkarte*) biglietto *m* valido per un giorno, giornaliero *m;* **Tageskurs** *m* quotazione *f* [*o* cambio *m*] del giorno; **Tageslicht** *n* luce *f* del giorno; **ans ~ kommen** (*fig*) venire alla luce; **Tagesmutter** *f* madre *f* che bada ai bambini altrui; **Tagesnachrichten** *fpl* notizie *fpl* del giorno; **Tagesordnung** *f* ordine *m* del giorno; **an der ~ sein** (*fig*) essere all'ordine del giorno; **zur ~ übergehen** passare all'ordine del giorno; **Tagesreise** <-, -n> *f s.* **Tagesfahrt**; **Tagesschau** *f* telegiornale *m;* **Tagesumsatz** *m* entrate *fpl* giornaliere; **Tageszeit** *f* ora *f* (della giornata); **zu jeder ~** a tutte le ore; **zu jeder Tagesund Nachtzeit** in qualsiasi momento, sempre; **Tageszeitung** *f* quotidiano *m*

tageweise *adv* a giornate; **Tagewerk** *n* (*geh*) lavoro *m* quotidiano

Tagfalter *m* farfalla *f* diurna

Taggeld *n* (*CH*) indennità *f* giornaliera, compenso *m* giornaliero

taghell [ˈtaːkˈhɛl] *adj* chiaro come il giorno

täglich [ˈtɛːklɪç] **I.** *adj* giornaliero, quotidiano; (*all~*) di ogni giorno **II.** *adv* giornalmente, al giorno; (*jeden Tag*) ogni giorno; **einmal ~** una volta al giorno

Tagreise <-, -n> *f* (*CH*) *s.* **Tagesreise**

Tagsatzung <-, -en> *f* (*A: Verhandlungstermin bei Gericht*) giorno *m* dell'udienza

tagsüber *adv* durante la giornata, di giorno

tagtäglich [ˈtaːkˈtɛːklɪç] **I.** *adj* quotidiano **II.** *adv* tutti i giorni

Tagundnachtgleiche [ˈtaːkʔʊntˈnaxtglaɪçə] <-, -n> *f* equinozio *m*

Tagung <-, -en> *f* (*Kongress*) convegno *m,* congresso *m;* (*Sitzung*) sessione *f,* seduta *f;* **Tagungsort** <-(e)s, -e> *m* luogo *m* del congresso

Taifun [taɪˈfuːn] <-s, -e> *m* tifone *m*

Taille [ˈtaljə] <-, -n> *f* vita *f;* **Taillenweite** *f* circonferenza *f* vita, vita *f*

tailliert [talˈjiːɐ̯t] *adj* sciancrato

Takelage [takəˈlaːʒə] <-, -n> *f* (NAUT) attrezzatura *f,* alberatura *f,* manovre *fpl* fisse e correnti

takeln [ˈtaːkəln] *vt* (NAUT) attrezzare (un'imbarcazione con alberatura)

Takt[1] [takt] <-(e)s, -e> *m* (MUS) tempo *m,* ritmo *m;* (*Rhythmus, Tonfall*) cadenza *f;* **den ~ schlagen** battere il tempo; **im ~ bleiben, den ~ halten** andare a tempo; **aus dem ~ kommen** andare fuori tempo

Takt[2] <-(e)s> *kein Pl m* (*Feingefühl*) tatto *m,* discrezione *f*

Taktgefühl *n* ❶ (MUS) senso *m* del ritmo ❷ (*fig: Feingefühl*) tatto *m,* delicatezza *f*

Taktik [ˈtaktɪk] <-, -en> *f* tattica *f;* **Taktiker(in)** <-s, -; -, -nen> *m(f)* persona *f* che ha tattica; **taktisch** *adj* tattico; (MIL) operativo

taktlos *adj* privo di tatto, indelicato; **~ sein** mancare di tatto; **Taktlosigkeit** <-, -en> *f* mancanza *f* di tatto

Taktstock *m* (MUS) bacchetta *f* (del direttore d'orchestra); **Taktstrich** *m* sbarra *f* (di misura)

taktvoll *adj* che ha tatto, delicato; **~ sein** aver tatto

Tal [taːl] *pl:* [ˈtɛːlə] <-(e)s, Täler> *n* valle *f*

talabwärts [taːlʔapvɛrts] *adv* a valle

Talar [taˈlaːɐ̯] <-s, -e> *m* toga *f*

talaufwärts [taːlʔaʊfvɛrts] *adv* a monte

Talent [taˈlɛnt] <-(e)s, -e> *n* talento *m;* **~ für Sprachen haben** essere portato per le lingue

talentiert [talɛnˈtiːɐ̯t] *adj* (pieno) di talento, dotato

Taler [ˈtaːlə] <-s, -> *m* (HIST) tallero *m*

Talfahrt <-, -en> *f* discesa *f* a valle, declino *m;* (*einer Währung*) discesa *f* precipitosa

Talg [talk] <-(e)s, -e> *m* sego *m;* (*von Haar*) sebo *m;* **Talgdrüse** *f* ghiandola *f* sebacea

Talisman [ˈtaːlɪsman] <-s, -e> *m* talismano *m*

Talkessel *m* conca *f* valliva

Talkmaster [ˈtɔːkmaːstɐ] *m* (TV) presentatore *m* di talkshow; **Talkshow**[RR] *f* (TV) talk show *m*

Talmi [ˈtalmi] <-s> *kein Pl n* similoro *m;* (*fig*) paccottiglia *f*

Talmud ['talmu:t, *pl:* 'talmu:də] <-(e)s, -e> *m* talmud *m*

Talschaft <-, -en> *f* (*CH*) ❶ (*Bewohner*) valligiani *mpl* ❷ (*Tal*) valle *f*, vallata *f*; **Talsperre** *f* (diga *f* di) sbarramento *m*; **Talstation** *f* stazione *f* a valle; **talwärts** ['ta:lvɛrts] *adv* a valle

Tamburin ['tamburi:n] <-s, -e> *n* tamburello *m*

Tampon ['tampɔn] <-s, -s> *m* tampax® *m*, assorbente *m* interno

Tand [tant] <-(e)s> *kein Pl m* (*geh, obs*) cianfrusaglie *fpl*, gingilli *mpl*

Tändelei [tɛndə'laɪ] <-, -en> *f* (*obs* LIT) trastullo *m*, flirt *m*

tändeln ['tɛndəln] *vi* (*herumspielen*) baloccarsi, gingillarsi; (*schäkern*) celiare, folleggiare; (*flirten*) flirtare

Tandem ['tandɛm] <-s, -s> *n* tandem *m*

Tang [taŋ] <-(e)s, -e> *m* fuco *m*

Tanga ['taŋga] <-s, -s> *m* tanga *m*

Tangente [taŋ'gɛntə] <-, -n> *f* (MAT) tangente *f*

tangieren [taŋ'gi:rən] <ohne ge-> *vt* toccare

Tank [taŋk] <-s, -s *o rar* -e> *m* serbatoio *m*, cisterna *f*; **Tankdeckel** <-s, -> *m* tappo *m* del serbatoio

tanken I. *vi* fare benzina, fare rifornimento di benzina; **voll ~** fare il pieno; **bitte, voll ~ !** il pieno, per favore! II. *vt* (**20 Liter**) **Benzin ~** fare rifornimento di (20 litri di) benzina

Tanker <-s, -> *m* petroliera *f*, nave *f* cisterna

Tankinhalt <-es, -e> *m* capacità *f* del serbatoio; **Tanklastzug** *m* autocisterna *f*; **Tankstelle** *f* (*kleine ~*) distributore *m* (di benzina); (*größere ~*) stazione *f* di rifornimento; (*an der Autobahn*) area *f* di servizio; **Tankwagen** *m* (MOT) autocisterna *f*; (FERR) carro *m* cisterna; **Tankwart(in)** <-(e)s, -e; -, -nen> *m(f)* benzinaio, -a *m, f*; **Tankzug** <-(e)s, -züge> *m* autocisterna *f*, autotreno *m* per il trasporto di carburante

Tanne ['tanə] <-, -n> *f* abete *m*; **Tannenbaum** *m* ❶ (*fam: Tanne*) abete *m* ❷ (*Weihnachtsbaum*) albero *m* di Natale; **Tannenholz** *n* legno *m* d'abete, abete *m*; **Tannennadel** *f* ago *m* d'abete; **Tannenzapfen** *m* pigna *f*

Tante ['tantə] <-, -n> *f* zia *f*

Tante-Emma-Laden [tantə'ɛmala:dən] *m* negozietto *m* all'angolo

Tantieme [tã'tjeːmə] <-, -n> *f* tantième *m*

Tanz [tants, *pl:* 'tɛntsə] <-es, Tänze> *m* ballo *m*, danza *f*; **jdn zum ~ auffordern** invitare qu a ballare; **Tanzabend** *m*

serata *f* danzante

tänzeln ['tɛntsəln] *vi* haben *o* bei Fortbewegung sein ballonzolare; (*Pferd*) caracollare

tanzen [tantsən] I. *vi* ballare, danzare; (*Mücken*) volteggiare II. *vt* ballare; **Walzer ~** ballare un valzer

Tänzer(in) ['tɛntsɐ] <-s, -; -, -nen> *m(f)* ballerino, -a *m, f*

tänzerisch *adj* danzante

Tanzfläche *f* pista *f* da ballo; **Tanzkurs** *m* corso *m* di ballo; **Tanzlehrer(in)** <-s, -; -, -nen> *m(f)* maestro *m* di ballo; **Tanzlokal** *n* dancing *m*; **Tanzmusik** *f* musica *f* da ballo; **Tanzpartner(in)** *m(f)* cavaliere *m*, dama *f*; **Tanzschritt** *m* passo *m* di danza; **Tanzschule** *f* scuola *f* di ballo; **Tanzschuppen** *m* (*fam*) discoteca *f*; **Tanzstunde** *f* lezione *f* di ballo; **Tanztee** *m* tè *m* danzante; **Tanzturnier** *n* gara *f* di ballo

tapen ['teɪpən] *vt* fasciare

Tapet [ta'pe:t] *n* etw aufs ~ bringen (*fam*) mettere qc sul tappeto

Tapete [ta'pe:tə] <-, -n> *f* tappezzeria *f*; **Tapetenrolle** <-, -n> *f* rotolo *m* di carta da parati; **Tapetentür** *f* porta *f* nascosta dalla tappezzeria; **Tapetenwechsel** *m* (*fig fam*) cambiamento *m* d'aria

Tapeverband ['teɪpfɛɐ̯bant] *m* fasciatura *f* a nastro

tapezieren [tape'tsi:rən] <ohne ge-> *vt* tappezzare

Tapezierer(in) <-s, -; -, -nen> *m(f)* tappezziere, -a *m, f*, decoratore, -trice *m, f*

tapfer ['tapfɐ] *adj* bravo, valoroso; (*mutig*) coraggioso; **sich ~ schlagen** battersi con coraggio; **Tapferkeit** <-> *kein Pl f* bravura *f*, valore *m*; (*Mut*) coraggio *m*

Tapir ['ta:pi:ɐ̯] <-s, -e> *m* (ZOO) tapiro *m*

tappen ['tapən] *vi sein* andar tastoni

täppisch ['tɛpɪʃ] *adj* goffo, maldestro

tapsen ['tapsən] *vi sein* (*fam*) brancolare

tapsig *adj* (*fam*) impacciato, goffo

Tara ['ta:ra, *pl:* 'ta:rən] <-, Taren> *f* tara *f*

Tarantel <-, -n> *f* tarantola *f*; **wie von der ~ gestochen** come morso dalla tarantola

Taren *pl von* **Tara**

Tarent [ta'rɛnt] *n* Taranto *f*

Tarif [ta'ri:f] <-s, -e> *m* tariffa *f*; **Tarifgruppe** *f* gruppo *m* tariffario

tariflich *adj* tariffario, tariffale

Tariflohn *m* salario *m* contrattuale; **Tarifpartner** *mpl* parti *fpl* sociali; **Tarifverhandlungen** *fpl* trattative *fpl* tariffarie; **Tarifvertrag** *m* contratto *m* collettivo di lavoro

tarnen ['tarnən] *vt* mimetizzare, camuffare

Tarnfarbe *f* colore *m* mimetico; **Tarnfirma** <-, -en> *f* ditta *f* di copertura

Tarnung <-, -en> *f* mimetizzazione *f*, camuffamento *m*

Tasche ['taʃə] <-, -n> *f* ❶ (*in Kleidungsstück*) tasca *f*; (*Westen~*, *Uhren~* a) taschino *m* ❷ (*Hand~*) borsa *f*, borsetta *f*; (*Akten~*, *Schul~*) cartella *f*; **etw aus eigener** [*o* **der eigenen**] **~ bezahlen** pagare qc di borsa propria; **jdm auf der ~ liegen** (*fam*) vivere alle spalle di qu; **Taschenausgabe** *f* edizione *f* economica; **Taschenbuch** *n* libro *m* tascabile; **Taschencomputer** *m* (INFORM) computer *m* tascabile; **Taschendieb(in)** *m(f)* borsaiolo, -a *m, f*, borseggiatore, -trice *m, f*; **Taschenformat** *n* formato *m* tascabile; **Taschengeld** *n* denaro *m* per piccole spese; **Taschenkrebs** *m* (ZOO) granciporro *m*; **Taschenlampe** *f* lampadina *f* tascabile; **Taschenmesser** *n* temperino *m*, coltellino *m*; **Taschenrechner** *m* calcolatrice *f* (tascabile); **Taschentuch** *n* fazzoletto *m* (da naso); **Taschenuhr** *f* orologio *m* da tasca; **Taschenwörterbuch** *n* dizionario *m* tascabile

Taskleiste <-, -n> *f* (INFORM) barra *f* dei task

Tasse ['tasə] <-, -n> *f* tazza *f*; **eine ~ Tee trinken** bere una tazza di tè; **nicht alle ~n im Schrank haben** (*fam*) non avere tutti i venerdì

tassenfertig *adj* pronto all'istante

Tastatur [tasta'tuːɐ̯] <-, -en> *f* tastiera *f*

tastbar *adj* tastabile, palpabile, tangibile

Taste ['tastə] <-, -n> *f* tasto *m*

tasten ['tastən] I. *vt* tastare, palpare II. *vi* **nach etw tasten** cercare qc a tastoni

Tasteninstrument *n* strumento *m* a tastiera; **Tastentelefon** *n* telefono *m* a tastiera

Tastorgan <-(e)s, -e> *n* tatto *m*

Tastsinn *m* senso *m* del tatto, tatto *m*

tat [taːt] *1. u 3. pers sing imp von* **tun**

Tat [taːt] <-, -en> *f* (*Handlung*) azione *f*, atto *m*; (*Straf~*) delitto *m*; **etw in die ~ umsetzen** mettere in opera qc, attuare qc; **in der ~** infatti; **jdn auf frischer ~ ertappen** cogliere qu sul fatto; **Tatbestand** *m* stato *m* di fatto, fatti *mpl*

Tatendrang *m* slancio *m*, dinamismo *m*; **tatenlos** I. *adj* inattivo, passivo II. *adv* **einer Sache** *dat* **~ zusehen** restare inerte di fronte a qc

Täter(in) ['tɛːtɐ] <-s, -; -, -nen> *m(f)* reo, -a *m, f*, colpevole *mf*

Täterschaft[1] <-> *kein Pl f* (*Beteiligung*) colpevolezza *f*

Täterschaft[2] <-, -en> *f* (*CH: Gesamtheit der Täter*) responsabili *mpl*, colpevoli *mpl*

tätig ['tɛːtɪç] *adj* attivo; **er ist als Bankkaufmann ~** fa l'impiegato di banca, è impiegato in banca; **in einer Firma ~ sein** lavorare in una ditta; **in einer Sache ~ sein** (*geh* ADM) lavorare in qc

tätigen *vt* effettuare; (*Geschäft*) concludere

Tätigkeit <-, -en> *f* ❶ (*das Tätigsein*) attività *f*; (*Arbeit*) lavoro *m* ❷ *sing* (*von Maschine*) funzionamento *m*; **in ~ treten** entrare in funzione; **Tätigkeitsbereich** *m* sfera *f* d'attività; **Tätigkeitsform** *f* forma *f* attiva; **Tätigkeitswort** <-(e)s, -wörter> *n* verbo *m*

Tatkraft *f* energia *f*, dinamismo *m*; **tatkräftig** *adj* energico, dinamico; **jdn ~ unterstützen** dar manforte a qu

tätlich ['tɛːtlɪç] *adj* **~ werden** passare a vie di fatto; **Tätlichkeit** <-, -en> *f* (JUR) vie *fpl* di fatto; **es kam zu ~en** si passò a vie di fatto

Tatmotiv *n* movente *m*

Tatort *m* luogo *m* del reato

tätowieren [tɛto'viːrən] <*ohne ge->* *vt* tatuare

Tätowierung <-, -en> *f* tatuaggio *m*

Tatsache *f* fatto *m*, realtà *f*; **auf Grund dieser ~** perciò, per questo; **~ ist, dass …** sta di fatto che …, la verità è che …; **jdn vor vollendete ~n stellen** mettere qu di fronte al fatto compiuto

tatsächlich I. *adj* effettivo, reale II. *adv* in realtà, in effetti

tätscheln ['tɛtʃəln] *vt* accarezzare, dare colpetti a

Tattergreis(in) ['tatɐɡraɪs] <-es, -e; -, -nen> *m(f)* (*fam pej*) vecchio, -a *m, f* decrepito, -a

tatterig ['tatərɪç] *adj* (*fam*) tremolante, tremante

Tattoo [tɛ'tuː] <-s, -s> *n* tatuaggio *m*

Tatverdacht *m* (JUR) indizio *m* (di reato); **tatverdächtig** *adj* (JUR) indiziato, sospetto

Tatwaffe *f* (JUR) arma *f* del reato

Tatze ['tatsə] <-, -n> *f* zampa *f*

Tau[1] [taʊ] <-(e)s> *kein Pl m* (METEO) rugiada *f*

Tau[2] <-(e)s, -e> *n* (MAR) cavo *m*, gomena *f*

taub [taʊp] *adj* ❶ (*gehörlos*) sordo; **sich ~ stellen** fare il sordo, fare orecchie da mercante; **auf einem Ohr ~ sein** essere sordo da un orecchio ❷ (*Körperteil*) insensibile, intorpidito ❸ (*Ähre, Nuss*) vuoto; (*Blüte, Gestein*) sterile; **taubblind** *adj* sordocieco

Taube <-, -n> *f* piccione *m;* **Tauben-**
haus *n,* **Taubenschlag** *m* piccionaia *f*
Täuberich ['tɔɪbərɪç] <-s, -e> *m* piccione *m* maschio
Taubheit <-> *kein Pl* ❶ (*Gehörlosigkeit*)
sordità *f* ❷ (*von Körperteilen*) mancanza *f*
di sensibilità, intorpidimento *m*
Taubnessel *f* ortica *f* bianca [*o* rossa]
taubstumm *adj* sordomuto; **Taubstum-**
mensprache *f* linguaggio *m* dei sordo-
muti
tauchen ['taʊxən] **I.** *vi haben o sein* tuffarsi, immergersi **II.** *vt haben* tuffare,
immergere
Taucher(in) <-s, -; -, -nen> *m(f)* (SPORT)
sommozzatore, -trice *m, f;* (*mit Ausrüs-*
tung) palombaro *m,* donna palombaro *f;*
Taucheranzug *m* muta *f;* **Taucher-**
ausrüstung *f* equipaggiamento *m* subacqueo; **Taucherbrille** *f* maschera *f* subacquea; **Taucherglocke** *f* campana *f*
pneumatica; **Taucherhelm** *m* casco *m* da
palombaro; **Taucherin** *f s.* **Taucher;**
Tauchermaske <-, -n> *f* maschera *f*
subacquea
Tauchsieder <-s, -> *m* bollitore *m* a
immersione
tauen ['taʊən] *vi haben o sein* sgelarsi,
sciogliersi; **es taut** disgela
Tauern ['taʊən] *pl* (monti *mpl*) Tauri *mpl*
Taufbecken *n* fonte *m* battesimale
Taufe ['taʊfə] <-, -n> *f* battesimo *m;* **etw**
aus der ~ heben (*fig*) fondare qc
taufen *vt* battezzare
Taufkapelle *f* battistero *m*
Täufling ['tɔɪflɪŋ] <-s, -e> *m* battezzando,
-a *m, f*
Taufpate *m,* **Taufpatin** *f* padrino *m,*
madrina *f* di battesimo; **Taufregister** *n*
registro *m* dei battezzati
taufrisch *adj* fresco come una rosa
Taufschein *m* certificato *m* di battesimo
taugen ['taʊgən] *vi* ❶ (*wert sein*) valere;
nichts ~ non valere nulla ❷ (*geeignet*
sein) **zu etw ~** essere buono a qc ❸ (*A:*
fam: zusagen) piacere
Taugenichts <- *o* -es, -e> *m* (*pej*)
buono *m* a nulla, perdigiorno *mf*
tauglich *adj* atto, idoneo; (MIL) idoneo (al
servizio di leva); **zu etw ~ sein** essere idoneo a qc; (*fähig*) essere capace di (fare) qc;
Tauglichkeit <-> *kein Pl f* attitudine *f,*
capacità *f*
Taumel ['taʊməl] <-s> *kein Pl m*
❶ (*Schwindel*) vertigine *f;* (*Benom-*
menheit) stordimento *m* ❷ (*Rausch*)
ebbrezza *f;* **taumelig** *adj* preso da verti-

gine, vacillante, titubante
taumeln *vi sein* vacillare, barcollare
Taunus ['taʊnʊs] *m* Tauno *m*
Tausch [taʊʃ] <-(e)s, -e> *m* scambio *m;*
im ~ gegen in cambio di; **Tauschbörse** *f*
(INFORM) pagina *f* Internet di compravendita
tauschen **I.** *vt* cambiare; **etw gegen etw**
tauschen cambiare qc con qc **II.** *vi* fare
uno scambio; **ich möchte nicht mit ihm ~**
non vorrei essere al suo posto
täuschen ['tɔɪʃən] **I.** *vt* ingannare; **wenn**
mich nicht alles täuscht se non mi sbaglio di grosso **II.** *vr* **sich ~** ingannarsi, sbagliarsi; **sich über etw** *acc* **~** sbagliarsi su
qc; **sich in etw** *dat* **~** sbagliarsi riguardo a
qc; **wir haben uns alle sehr in ihr**
getäuscht sul suo conto ci siamo tutti sbagliati di grosso **III.** *vi* **das täuscht** ciò
inganna
täuschend **I.** *adj* ingannevole, illusorio
II. *adv* **sie sehen sich** *dat* **~ ähnlich** si
somigliano in modo sorprendente
Tauschgeschäft *n* baratto *m,* scambio *m;*
Tauschhandel *m* baratto *m;* **Tausch-**
objekt *n* oggetto *m* di scambio
Täuschung <-, -en> *f* ❶ (*Betrug*)
inganno *m,* frode *f* ❷ (*Irrtum*) errore *m;*
optische ~ illusione *f* ottica; **Täu-**
schungsmanöver *n* finta *f* (manovra);
Täuschungsversuch *m* tentativo *m* di
frode
tausend ['taʊzənt] *num* mille; **ungefähr ~**
un migliaio; **~ und aber ~** migliaia e
migliaia; **~ Dank!** grazie mille!; *s. a.* **acht,**
achtzig
Tausend-, tausend- *s. a.* **Acht-, acht-,**
Achtzig-, achtzig-
Tausend ['taʊzənt] <-s, -e> *n* migliaio *m;*
einige ~ alcune migliaia; **vom ~** per mille;
zu ~en a migliaia
Tausender <-s, -> *m* ❶ (MAT) migliaio *m*
❷ (*fam: Geldschein*) biglietto *m* da mille
tausendfach *adj* centuplicato; *s. a.* **acht-**
fach; **Tausendfüßler** ['taʊzəntfy:slə]
<-s, -> *m* (ZOO) millepiedi *m*
Tausendjahrfeier ['taʊzənt'ja:ɛfaɪə] *f*
millenario *m;* **tausendjährig** *adj* millenario; **tausendmal** *adv* mille volte
Tausendsassa ['taʊzəntsasa] <-s, -s> *m*
(*fam*) (piccolo) sottutto *m;* **er ist ein ~** lo si
trova dappertutto come il prezzemolo
Tausendstel <-s, -> *n* millesimo *m*
tausendstel ['taʊzənstəl] *adj inv* millesimo; *s. a.* **achtel**
tausendste(r, s) *adj* millesimo, -a
Tautropfen *m* goccia *f* di rugiada; **Tau-**
wasser <-s, -> *n* acqua *f* derivata
dallo scioglimento di neve e ghiaccio;

Tauwetter n tempo m di disgelo; **es ist ~** disgela

Tauziehen <-s> kein Pl n (SPORT) tiro m della fune; (fig) braccio m di ferro

Taverne [ta'vɛrnə] <-, -n> f taverna f

Taxameter [taksa'meːtə] <-s, -> n o m tassametro m

Taxcard ['tɛkskaːɐ̯t] <-, -s> f (CH: Telefonwertkarte) carta f telefonica

Taxe ['taksə] <-, -n> f ❶ (Gebühr) tassa f ❷ (Taxi) tassì m

Taxi ['taksi] <-s, -s> n tassì m

taxieren [ta'ksiːrən] <ohne ge-> vt stimare, valutare

Taxifahrer(in) m(f) tassista mf; **Taxistand** m posteggio m di tassì

Taxpreis m prezzo m stimato

Tb(c) [teːˈbeː (teːbeːˈtseː)] abk v **Tuberkulose** TBC, tbc

Team [tiːm] <-s, -s> n team m; **Teamarbeit** kein Pl f lavoro m d'équipe; **Teamchef** m capitano m, caposquadra m; **teamfähig** adj capace di lavorare in un team; **Teamgeist** kein Pl m spirito m di gruppo; **Teamwork** ['tiːmwœːk] <-s> kein Pl n s. **Teamarbeit**

Technik ['tɛçnɪk] <-, -en> f tecnica f; **Techniker(in)** <-s, -; -, -nen> m(f) tecnico, -a m, f; **technikfeindlich** adj contrario alle novità tecnologiche

technisch adj tecnico, meccanico; **~er Ausdruck** termine tecnico; **Technische Hochschule** [o **Universität**] politecnico m; **aus ~en Gründen** per motivi tecnici

Techno ['tɛkno] <-(s)> kein Pl m o n (MUS) tecnohouse f

Technologie <-, -n> f tecnologia f; **Technologiepark** m parco m tecnologico

Technologievorsprung m primato m tecnologico

technologisch adj tecnologico

Techtelmechtel [tɛçtəlˈmɛçtəl] <-s, -> n (fam) flirt m, amoretto m

Teddybär ['tɛdibɛːɐ̯] m orsacchiotto m

Tee [teː] <-s, -s> m tè m; (Aufguss von anderen Pflanzen) infuso m; (Kranken~) tisana f

TEE [teːʔeːˈʔeː] <-(s), -(s)> m abk v **Trans-Europ-Express** T.E.E

Teebeutel m bustina f di tè; **Teebutter** kein Pl f (A: Markenbutter) burro m di marca; **Tee-Ei** n uovo m da tè; **Teegebäck** n biscotti mpl da tè; **Teekanne** f teiera f; **Teekessel** <-s, -> m bollitore m; **Teelöffel** m cucchiaino m da tè

Teenager ['tiːnɛɪdʒɐ] <-s, -> m teenager m

Teer [teːɐ̯] <-(e)s, -e> m catrame m

teeren ['teːrən] vt (in)catramare

Teerpappe f cartone m catramato

Teeservice n servizio m da tè; **Teesieb** n colino m per il tè; **Teestrauch** m pianta f del tè; **Teestube** f tea-room m; **Teewagen** m carrello m; **Teewurst** f insaccato affumicato a pasta molle spalmabile

Teich [taɪç] <-(e)s, -e> m stagno m; (Fisch~) peschiera f

Teig [taɪk] <-(e)s, -e> m pasta f; **teigig** ['taɪgɪç] adj ❶ (Kuchen) non ancora cotto ❷ (Beschaffenheit) pastoso

Teigwaren fpl pasta f (alimentare)

Teil[1] [taɪl] <-(e)s, -e> m (allg, JUR) parte f; **zum ~** in parte; **zum größten ~** per lo più

Teil[2] <-(e)s, -e> n (einzelnes Stück) pezzo m

Teil[3] <-(e)s, -e> m o n (Anteil, Beitrag) parte f; **ich für mein(en) ~** per conto mio; **zu gleichen ~en** in parti uguali; **sich** dat **sein ~ denken** avere delle idee ben precise in proposito

Teilansicht f veduta f parziale; **teilbar** adj divisibile; **Teilbetrag** m importo m parziale

Teilchen ['taɪlçən] <-s, -> n ❶ (PHYS) particella f ❷ (dial: Gebäckstück) pastina f

teilen I. vt ❶ (zer-, zerlegen) dividere, separare; (MAT) dividere ❷ (auf~, ver~) dividere ❸ (Anteil nehmen an) prendere parte a, condividere ❹ (Meinung, Ansicht) condividere II. vr **sich ~** (auseinander gehen, auseinander fallen) separarsi, staccarsi; (Weg) biforcarsi; **sich** dat **etw ~** dividersi qc, spartirsi qc

Teiler <-s, -> m (MAT) divisore m

Teilerfolg ['taɪlɛɐ̯fɔlk, pl: 'taɪlɛɐ̯fɔlɡə] <-(e)s, -e> m successo m parziale

teil|haben <irr> vi partecipare; **an etw** dat **~** partecipare a qc; **Teilhaber(in)** <-s, -; -, -nen> m(f) (COM) socio, -a m, f

Teilkaskoversicherung f casco f parziale

Teilnahme ['taɪlnaːmə] <-> kein Pl f ❶ (Anwesenheit) partecipazione f; (Mitarbeit) cooperazione f, collaborazione f; **~ an etw** dat partecipazione a qc ❷ (Mitgefühl) interesse m, interessamento m; (Beileid) condoglianze fpl; **teilnahmeberechtigt** adj autorizzato a partecipare

teilnahmslos adj indifferente; **Teilnahmslosigkeit** <-> kein Pl f indifferenza f, apatia f

teilnahmsvoll ['taɪlnaːmsloːs] adj compartecipe, interessato

teil|nehmen <irr> vi partecipare; (an Arbeit) collaborare; **an etw** dat **~** prendere parte a qc; **an einem Projekt ~** collaborare a un progetto; **an einem Lehrgang ~** frequentare un corso; **Teilnehmer(in)** <-s, -> *m(f)* (SPORT) partecipante *mf;* (TEL) utente *mf,* abbonato, -a *m, f;* (*Verkehrs~*) utente *mf;* **Teilnehmerwährung** *f* (*Europäische Währungsunion*) moneta *f* partecipante (all'UEM)

teils *adv* in parte; **~ ..., ~ ...** parte ..., parte ...; **~ blieben sie, ~ gingen sie** gli uni restarono, gli altri se ne andarono

Teilsendung *f* spedizione *f* parziale; **Teilstrecke** *f* tratto *m;* **Teilstück** *n* pezzo *m,* parte *f*

Teilung <-, -en> *f* spartizione *f,* divisione *f;* (*Spaltung,* SCIENT) scissione *f;* **Teilungsartikel** *m* articolo *m* partitivo

teilweise I. *adj* parziale **II.** *adv* in parte, parzialmente

Teilzahlung *f* pagamento *m* parziale; **auf ~ kaufen** comprare a rate

Teilzeitarbeit *f* part time *m;* **teilzeitbeschäftigt** *adj* che lavora part time; **Teilzeitkraft** <-, -kräfte> *f* impiegato, -a *m, f* a tempo parziale, lavoratore, -trice *m, f* part-time

Teint [tɛ̃:] <-s, -s> *m* carnagione *f,* colorito *m*

T-Eisen ['te:aɪzən] *n* ferro *m* a T

Telearbeit *f* (INFORM) telelavoro *m;* **Telearbeiter(in)** *m(f)* telelavoratore, -trice *m, f;* **Telearbeitsplatz** *m* (INFORM) (posto *m* di) telelavoro *m*

Telebanking *n* (TEL) telebanking *m*

Telefax ['te:lefaks] <-es, -e> *n* telefax *m*

Telefon [tele'fo:n] <-s, -e> *n* telefono *m;* **am ~** al telefono; **ans ~ gehen** rispondere al telefono; **schnurloses ~** telefono senza fili; **Telefonanruf** *m* telefonata *f;* **Telefonanrufbeantworter** <-s, -> *m* segreteria *f* telefonica; **Telefonanschluss**[RR] *m* allacciamento *m* del telefono

Telefonat [telefo'na:t] <-(e)s, -e> *n* telefonata *f*

Telefonauskunft *kein Pl f* informazione *f* elenco abbonati; **Telefonbuch** *n* elenco *m* telefonico; **Telefongebühren** *fpl* tassa *f* telefonica; **Telefongespräch** *n* telefonata *f;* **Telefonhörer** <-s, -> *m* ricevitore *m,* cornetta *f* del telefono

telefonieren [telefo'ni:rən] <ohne ge-> *vi* telefonare; **mit jdm ~** telefonare a qu; **ins Ausland ~** telefonare all'estero; **ich habe mit Julia telefoniert** ho parlato al telefono con Giulia

telefonisch [tele'fo:nɪʃ] **I.** *adj* telefonico

II. *adv* per telefono

Telefonist(in) [telefo'nɪst] <-en, -en; -, -nen> *m(f)* telefonista *mf*

Telefonkarte *f* scheda *f* telefonica; **Telefonleitung** *f* linea *f* telefonica; **Telefonmarketing** *n* telepromozione *f;* **Telefonnetz** *n* rete *f* telefonica; **Telefonnummer** *f* numero *m* telefonico; **Telefonrechnung** *f* bolletta *f* del telefono; **Telefonseelsorge** *f* telefono *m* amico; **Telefontarif** *m* tariffa *f* telefonica; **Telefonverbindung** *f* collegamento *m* telefonico; **Telefonzelle** *f* cabina *f* telefonica; **Telefonzentrale** *f* centrale *f* telefonica

telegen [tele'ge:n] *adj* telegenico

Telegraf [tele'gra:f] <-en, -en> *m* telegrafo *m;* **Telegrafenamt** *n* ufficio *m* telegrafico

Telegrafie [telegra'fi:] <-> *kein Pl f* telegrafia *f*

telegrafieren [telegra'fi:rən] <ohne ge-> *vt, vi* telegrafare

telegrafisch [tele'gra:fɪʃ] **I.** *adj* telegrafico **II.** *adv* telegraficamente, per telegrafo; **~ überweisen** inviare per vaglia telegrafico

Telegramm [tele'gram] <-s, -e> *n* telegramma *m;* **ein ~ aufgeben** spedire un telegramma; **Telegrammadresse** *f* indirizzo *m* telegrafico; **Telegrammformular** *n* modulo *m* per telegramma; **Telegrammstil** *m* stile *m* telegrafico

Telekinese [teleki'ne:zə] <-> *kein Pl f* telecinesi *f*

Telekolleg ['te:lekɔle:k] <-s, -s> *n corso di lezioni televisivo con esami ed un diploma finale*

Telekommunikation <-> *kein Pl f* telecomunicazione *f*

Teleobjektiv ['te:leʔɔpjɛkti:f] *n* (FOTO) teleobiettivo *m*

Telepathie [telepa'ti:] <-> *kein Pl f* telepatia *f*

Teleshopping *n* acquisti *m* via cavo *pl*

Teleskop [tele'sko:p] <-s, -e> *n* telescopio *m*

Telespiel ['te:leʃpi:l] *n* videogioco *m*

Telex ['te:lɛks] <-, -e> *n* ❶ (*Fernschreiben*) telex *m* ❷ (*Fernschreiber*) telescrivente *f*

Teller ['tɛlɐ] <-s, -> *m* piatto *m;* **flacher/tiefer ~** piatto piano/fondo; **er hat zwei ~ Spaghetti gegessen** ha mangiato due piatti di spaghetti; **Tellergericht** *n* piatto *m* con contorno; **Tellermine** *f* mina *f* piatta; **Tellerwärmer** <-s, -> *m* scaldapiatti *m*

Tellur [tɛ'lu:ɐ] <-s> *kein Pl n* (CHEM) tellurio *m*

Tempel ['tɛmpəl] <-s, -> *m* tempio *m;* **Tempelelefant** *m* elefante *m* del tempio

Temperafarbe ['tɛmpərafarbə] *f* colore *m* a tempera

Temperament [tɛmp(ə)ra'mɛnt] <-(e)s, -e> *n* **❶** (*Wesensart*) temperamento *m* **❷** (*Lebhaftigkeit*) vivacità *f*

temperamentlos *adj* apatico, scialbo; **temperamentvoll** *adj* (*lebhaft*) vivace; (*schwungvoll*) pieno di brio, esuberante

Temperatur [tɛmpəra'tuːɐ̯] <-, -en> *f* temperatura *f;* ~ **haben** avere un po' di febbre; **die ~ messen** misurare la temperatura; **Temperaturanstieg** *m* aumento *m* della temperatura; **Temperaturrückgang** <-(e)s, -gänge> *m* diminuzione *f* della temperatura; **Temperaturschwankung** *f* oscillazione *f* della temperatura; **Temperatursturz** *m* abbassamento *m* della temperatura

temperieren [tɛmpə'riːrən] <ohne ge-> *vt* **❶** (*Wasser, Heizung*) regolare la temperatura di; (*Wein*) chambrer **❷** (*geh fig: Gefühle*) temperare

Tempo[1] ['tɛmpo] <-s, -s> *n* (*Geschwindigkeit*) velocità *f;* **mit hohem ~** a tutta velocità; **~!** (*fam*) forza, sbrigati [*o* sbrigatevi]!

Tempo[2] ['tɛmpo, *pl:* 'tɛmpi] <-s, Tempi> *n* (MUS) tempo *m*

Tempo®[3] <-s, -s> *n* (*fam*) fazzoletto *m* di carta

Tempolimit *n* limite *m* di velocità

temporär [tempo'rɛːɐ̯] *adj* temporaneo, transitorio

Temposünder(in) <-s, -; -, -nen> *m(f)* chi non rispetta i limiti di velocità

Tendenz [tɛn'dɛnts] <-, -en> *f* tendenza *f;* **steigende/fallende** [*o* **sinkende**] ~ tendenza al rialzo/al ribasso

tendenziell [tɛndɛn'tsi̯ɛl] *adj* tendenziale

tendenziös [tɛndɛn'tsi̯øːs] *adj* tendenzioso, parziale

Tendenzwende *f* inversione *f* di tendenza

tendieren [tɛn'diːrən] <ohne ge-> *vi* tendere; **zu etw ~** tendere a qc

Tenne ['tɛnə] <-, -n> *f* aia *f*

Tennis <-> *kein Pl n* tennis *m*

Tennis- (*in Zusammensetzungen*) da [*o* di] tennis; **Tennisarm** <-(e)s, -e> *m* gomito *m* del tennista; **Tennisball** *m* palla *f* da tennis; **Tennisklub** *m* circolo *m* di tennis; **Tennisplatz** *m* campo *m* di tennis; **Tennisschläger** *m* racchetta *f* da tennis; **Tennisspiel** *n* incontro *m* di tennis; **Tennisspieler(in)** *m(f)* tennista *mf,* giocatore, -trice *m, f* di tennis; **Tennistur-**

nier *n* torneo *m* di tennis

Tenor[1] ['teːnɔr] <-s> *kein Pl m* (*Sinn*) tenore *m*

Tenor[2] [te'noːɐ̯, *pl:* te'nøːrə] <-s, Tenöre> *m* (MUS) tenore *m*

Teppich ['tɛpɪç] <-s, -e> *m* tappeto *m;* **auf dem ~ bleiben** (*fam*) guardare in faccia la realtà, mantenersi nei limiti; **Teppichboden** *m* moquette *f;* **Teppichklopfer** *m* battipanni *m;* **Teppichstange** *f* barra *f* per stendere i tappeti

Termin [tɛr'miːn] <-s, -e> *m* (*festgesetzter Tag*) termine *m,* data *f;* (*Frist*) scadenza *f;* (*Arzt~*) appuntamento *m;* **einen ~ einhalten** rispettare un termine; **einen ~ versäumen** mancare ad un appuntamento

Terminal[1] ['tœːminəl] <-s, -s> *m o n* **❶** (*Flughafen*) aerostazione *f,* terminale *m* passeggeri **❷** (*Bahnhof*) scalo *m* merci, stazione *f* di smistamento

Terminal[2] <-s, -s> *n* (INFORM) terminale *m*

Termindruck <-(e)s> *kein Pl m* pressione *f* (a causa di scadenze imminenti); **in ~ sein** essere sotto pressione; **termingemäß, termingerecht** *adj* puntuale, tempestivo; **Terminkalender** *m* agenda *f*

Terminologie [tɛrminolo'giː] <-, -n> *f* terminologia *f*

terminologisch [tɛrmino'loːgɪʃ] *adj* terminologico; **~e Ungenauigkeit** improprietà terminologica

Terminplaner *m* scadenzario *m;* **Terminplanung** *f* fissare *m* il calendario degli appuntamenti; **Terminschwierigkeiten** *fpl* difficoltà *f* di mantenere gli impegni presi

Termite [tɛr'miːtə] <-, -n> *f* (ZOO) termite *f;* **Termitenhügel** *m* termitaio *m*

Terpentin [tɛrpɛn'tiːn] <-s, -e> *n* trementina *f;* **Terpentinöl** *n* olio *m* di trementina, acqua *f* ragia

Terrain [tɛ'rɛ̃ː] <-s, -s> *n* terreno *m*

Terrakotta [tɛra'kɔta] <-, Terrakotten> *f* terracotta *f*

Terrarium [tɛ'raːriʊm] <-s, Terrarien> *n* terrario *m*

Terrasse [tɛ'rasə] <-, -n> *f* terrazza *f;* **terrassenförmig** [tɛ'rasənfœrmɪç] *adj o adv* a terrazze, a gradinate

Terrier ['tɛriɐ] <-s, -> *m* terrier *m*

Terrine [tɛ'riːnə] <-, -n> *f* terrina *f*

territorial [tɛritori'aːl] *adj* territoriale

Territorium [tɛri'toːriʊm] <-s, Territorien> *n* territorio *m*

Terror ['tɛroːɐ̯] <-s> *kein Pl m* terrore *m;* **Terrorakt** <-(e)s, -e> *m* atto *m* terroristico; **Terroranschlag** *m* attentato *m* terroristico

terrorisieren [tɛrori'ziːrən] <ohne ge-> *vt* terrorizzare

Terrorismus [tɛro'rɪsmʊs] <-> *kein Pl m* terrorismo *m*

Terrorismusforscher(in) *m(f)* studioso *m* di terrorismo

Terrorist(in) [tɛro'rɪst] <-en, -en; -, -nen> *m(f)* terrorista *mf*

terroristisch *adj* terrorista

Terrornetzwerk *n* rete *f* terroristica; **Terrorschutz** *m* protezione *f* contro il terrorismo; **Terrorszene** *f* mondo *m* del terrorismo; **Terrorverdächtige(r)** <-ein -r, -n, -n> *f(m)* sospetto , -a terrorista *m;* **Terrorwarnung** *f* avvertimento *m* di attentati terroristici

Tertiär [tɛr'tsjɛːɐ] <-s> *kein Pl n* (GEOL) terziario *m*

Terz [tɛrts] <-, -en> *f* (MUS) terza *f*

Terzett [tɛr'tsɛt] <-(e)s, -e> *n* (MUS) terzetto *m*

Tesafilm® ['teːzafɪlm] *m* scotch® *m*

Tessin [tɛ'siːn] *n* Ticino *m*

Test [tɛst] <-(e)s, -s *o* -e> *m* test *m;* (CHEM, TEC) controllo *m*

Testament [tɛsta'mɛnt] <-(e)s, -e> *n* testamento *m;* **das Alte/Neue ~** il Vecchio/Nuovo Testamento; **sein ~ machen** fare testamento

testamentarisch [tɛstamɛn'taːrɪʃ] **I.** *adj* testamentario **II.** *adv* per testamento

Testamentseröffnung *f* apertura *f* del testamento; **Testamentsvollstrecker(in)** <-s, -; -, -nen> *m(f)* esecutore, -trice *m, f* testamentario, -a

Testbild *n* (TV) monoscopio *m*

testen ['tɛstən] *vt* testare, sottoporre ad un test; **etw auf seine Haltbarkeit ~** sottoporre qc ad un test di resistenza

Testfahrer(in) <-s, -; -, -nen> *m(f)* (AUTO) (pilota *mf*) collaudatore, -trice *m, f;* **Testperson** *f* soggetto *m;* **Testpilot(in)** *m(f)* (AERO) pilota *mf* collaudatore, -trice; **Testreihe** *f* serie *f* di test

Tetanus ['teːtanʊs *o* 'teːtanʊs] <-> *kein Pl m* (MED) tetano *m*

Tête-à-tête [tɛta'tɛːt] <-, -s> *n* tête-à-tête *m*

teuer ['tɔɪɐ] *adj* ❶ (*kostspielig*) caro, costoso; **teurer werden** rincarare; **wie ~ ist das?** quanto costa?; **etw ~ bezahlen** (*a fig*) pagare caro qc; **das wird dich ~ zu stehen kommen** (*fig*) ti costerà caro ❷ (*geh: lieb*) caro

Teuerung ['tɔɪərʊŋ] <-, -en> *f* rincaro *m*

Teufel ['tɔɪfəl] <-s, -> *m* diavolo *m;* **den ~ an die Wand malen** (*fam*) fare l'uccello del malaugurio; **jdn zum ~ jagen** (*fam*)

mandare qu al diavolo; **er ist ein armer ~** (*fam*) è un povero diavolo; **damit kommt man in ~s Küche** (*fam*) così ci si mette nei pasticci; **wo/wie/wann zum ~?** (*fam*) accidenti! dove/come/quando?; **pfui ~!** (*fam*) puah, che schifo!; **zum ~ mit …!** (*fam*) che vada al diavolo …!; **scher dich zum ~!** (*fam*) vattene al diavolo!; **Teufelskerl** *m* (*fam*) uomo *m* in gamba, diavolo *m* d'un uomo; **Teufelskreis** *m* circolo *m* vizioso

teuflisch ['tɔɪflɪʃ] *adj* diabolico

Text [tɛkst] <-(e)s, -e> *m* testo *m;* (*Wortlaut*) contenuto *m;* (*von Lied*) parole *fpl;* (*von Oper*) libretto *m;* **Textaufgabe** *f* quesito *m;* **Textbuch** *n* libretto *m* (d'opera); **Textdatei** *f* (INFORM) file *m* di testo; **Textdichter(in)** *m(f)* paroliere, -a *m, f,* librettista *mf*

texten ['tɛkstən] *vt* ❶ (*Werbetexte*) redigere messaggi pubblicitari ❷ (*Schlagertexte*) stendere testi per canzoni

Texter(in) <-s, -; -, -nen> *m(f)* (*von Werbetexten*) pubblicitario, -a *m, f;* (*von Schlagertexten*) paroliere, -a *m, f*

Textilfaser [tɛks'tiːlfaːzɐ] *f* fibra *f* tessile

Textilien [tɛks'tiːliən] *pl* tessili *mpl*

Textilindustrie *f* industria *f* tessile

Textmarker <-s, -> *m* evidenziatore *m*

Textverarbeitung *f* (INFORM) videoscrittura *f;* **Textverarbeitungsprogramm** *n* (INFORM) programma *m* di scrittura

Textverständnis *n* comprensione *f* del testo

TH [teː'haː] <-, -s> *f abk v* **Technische Hochschule** Università *f* Tecnica, Politecnico *m*

Thai¹ [taɪ] <-(s), -(s)> *m s.* **Thailänder**

Thai² <-> *kein Pl m* tailandese *m*

Thailand ['taɪlant] *n* Tailandia *f*

Thailänder(in) ['taɪlɛndɐ] <-s, -; -, -nen> *m(f)* tailandese *mf*

Thallium ['talɪʊm] <-s> *kein Pl n* (CHEM) tallio *m*

Theater [te'aːtɐ] <-s, -> *n* teatro *m;* **ins ~ gehen** andare a teatro; **~ machen** (*fam*) fare (tante) storie; **das ist alles nur ~** (*fam*) è tutta scena; **Theaterabonnement** *n* abbonamento *m* per il teatro; **Theateraufführung** *f* rappresentazione *f;* **Theaterbesuch** *m* andare *m* a teatro; **Theaterbesucher(in)** *m(f)* frequentatore, -trice *m, f* di teatri; **Theaterdirektor(in)** *m(f)* direttore, -trice *m, f* di [*o* del] teatro; **Theaterferien** *pl* vacanze *fpl* teatrali; **Theaterkarte** *f* biglietto *m* d'ingresso al teatro; **Theaterkasse** *f* cassa *f* del teatro, botteghino *m*

Theaterstück *n* opera *f* per il teatro

theatralisch [teaˈtraːlɪʃ] *adj* teatrale

Theke [ˈteːkə] <-, -n> *f* (*Schanktisch*) banco *m* (di osteria); (*Ladentisch*) banco *m* (di vendita); **Theker** [ˈteːkɐ] <-s, -> *m* barman *m*

Thema [ˈteːma, *pl:* ˈteːmən] <-s, Themen> *n* tema *m;* (*Gesprächs~*) soggetto *m,* argomento *m;* **das ~ wechseln** cambiare argomento; **vom ~ abbringen** distogliere dall'argomento; **vom ~ abkommen** scostarsi dall'argomento

Thematik [teˈmaːtɪk] <-> *kein Pl f* tematica *f*

thematisch *adj* tematico

Themse [ˈtɛmzə] *f* Tamigi *m*

Theologe [teoˈloːgə] <-n, -n> *m* teologo *m*

Theologie [teoloˈgiː] <-, -n> *f* teologia *f*

Theologin [teoˈloːgɪn] <-, -nen> *f* teologa *f*

theologisch [teoˈloːgɪʃ] *adj* teologico

Theoretiker(in) [teoˈreːtikɐ] <-s, -; -, -nen> *m(f)* teoretico, -a *m, f*

theoretisch [teoˈreːtɪʃ] **I.** *adj* teorico **II.** *adv* in teoria

Theorie [teoˈriː] <-, -n> *f* teoria *f*

Therapeut(in) [teraˈpɔɪt] <-en, -en; -, -nen> *m(f)* terapeuta *mf;* **therapeutisch** *adj* terapeutico

Therapie [teraˈpiː] <-, -n> *f* terapia *f*

Thermalbad [tɛrˈmaːlbaːt] *n* bagno *m* termale; **Thermalquelle** *f* sorgente *f* termale

thermisch *adj* termico

Thermodynamik [tɛrmodyˈnaːmɪk] *f* termodinamica *f*

Thermometer [tɛrmoˈmeːtɐ] <-s, -> *n* termometro *m;* **Thermometerstand** *m* altezza *f* della colonna termometrica; **Thermopapier** [ˈtɛrmopapiːɐ] <-s> *kein Pl n* carta *f* termica

Thermosflasche® [ˈtɛrmɔsflaʃe] *f* thermos *m;* **Thermoskanne** <-, -n> *f* thermos *m*

Thermostat [tɛrmoˈstaːt] <-(e)s, *o* -en, -e(n)> *m* termostato *m*

These [ˈteːzə] <-, -n> *f* tesi *f;* **eine ~ aufstellen** formulare una tesi

Thon [toːn] <-s, -e> *m* (*CH:* GASTR: *Thunfisch*) tonno *m*

Thriller [ˈθrɪlɐ] <-s, -> *m* thriller *m*

Thrombose [trɔmˈboːzə] <-, -n> *f* (MED) trombosi *f*

Thron [troːn] <-(e)s, -e> *m* trono *m;* **den ~ besteigen** salire al trono; **Thronbesteigung** *f* avvento *m* al trono; **thronen** *vi* troneggiare; **Thronerbe** *m,* **Throner-**

bin *f* erede *mf* al trono; **Thronfolge** *f* successione *f* al trono; **Thronfolger(in)** <-s, -; -, -nen> *m(f)* erede *mf* al trono; **Thronrede** *f* discorso *m* della corona

Thunfisch [ˈtuːnfɪʃ] *m* tonno *m*

Thurgau [ˈtuːɐ̯gaʊ] *m* Turgovia *f*

Thüringen [ˈtyːrɪŋən] *n* Turingia *f*

Thüringer(in) <-s, -; -, -nen> *m(f)* turingiano, -a *m, f*

thüringisch *adj* turingiano

Thymian [ˈtyːmiaːn] <-s, -e> *m* timo *m*

Tiber [ˈtiːbɐ] *m* Tevere *m*

Tick [tɪk] <-(e)s, -s> *m* ❶ (*fam: Eigenart*) mania *f* ❷ (MED) tic *m*

ticken [ˈtɪkən] *vi* fare tic tac; **nicht richtig ~** (*fam*) non avere tutte le rotelle a posto; **Ticken** <-s> *kein Pl n* ticchettio *m,* tic tac *m*

ticktack [ˈtɪkˈtak] *int* tic tac

Tiebreak [ˈtaɪbreɪk] <-s, -s> *m o n* (SPORT) tie-break *m*

tief [tiːf] **I.** *adj* ❶ (*nicht flach, a fig*) profondo; **~er Schnee** neve alta; **im ~sten Australien** nel cuore dell'Australia; **im ~sten Winter** in pieno inverno ❷ (*niedrig*) basso ❸ (*Ton*) grave; **er hat eine sehr ~e Stimme** ha una voce molto profonda ❹ (*Farbe*) carico, profondo, intenso **II.** *adv* ❶ (*nach unten*) in basso; **ein ~ ausgeschnittenes Kleid** un vestito molto scollato; **~ gesunken sein** (*fig*) essere caduto molto in basso ❷ (*stark*) molto, profondamente; **~ atmen** respirare profondamente; **bis ~ in die Nacht hinein** fino a notte inoltrata; **das lässt ~ blicken** questo svela molte cose

Tief <-s, -s> *n* (METEO) bassa pressione *f*

Tiefbau <-(e)s> *kein Pl m* costruzione *f* sotto il livello del suolo

tiefbetrübt [ˈtiːfbəˈtryːpt] *adj* affranto

tiefbewegt *adj* profondamente commosso

Tiefdruck <-(e)s> *kein Pl m* ❶ (METEO) bassa pressione *f* ❷ (TYP) rotocalco *m;* **Tiefdruckgebiet** *n* zona *f* di bassa pressione; **Tiefdruckkeil** *m* fronte *m* della perturbazione

Tiefe [ˈtiːfə] <-, -n> *f* profondità *f*

Tiefebene *f* bassopiano *m*

Tiefenpsychologie *f* psicologia *f* del profondo; **Tiefenschärfe** (FOTO) profondità *f* di campo; **Tiefenwirkung** *f* effetto *m* in profondità

Tiefflug *m* volo *m* a bassa quota; **im ~** a volo radente; **Tiefgang** *m* ❶ (NAUT) pescaggio *m* ❷ (*fig: Tiefgründigkeit*) profondità *f;* **Tiefgarage** *f* autorimessa *f* sotterranea, garage *m* sotterraneo; **tiefgefroren**, **tiefgekühlt** *adj* surgelato

tiefgreifend, tiefgründig ['tiːfɡraɪfənt, 'tiːfɡrʏndɪç] *adj* profondo; **Tiefkühlfach** *n* freezer *m*, congelatore *m;* **Tiefkühlkost** *f* (prodotti *mpl*) surgelati *mpl;* **Tiefkühltruhe** *f* congelatore *m;* **Tieflader** <-s, -> *m* autocarro *m* a telaio abbassato; **Tiefland** *n* bassopiano *m;* **Tiefpunkt** *m* punto *m* più basso, livello *m* minimo; **Tiefschlaf** <-(e)s> *kein Pl m* sonno *m* profondo; **Tiefschlag** *m* (*a fig*) colpo *m* basso; **tiefschürfend** *adj* profondo

Tiefsee *f* profondità *fpl* marine; **Tiefseefauna** *f* fauna *f* abissale; **Tiefseegraben** *m* fossa *f* oceanica

Tiefsinn *m* ❶ (*Gedankentiefe*) profondità *f* (di pensiero) ❷ (*Schwermut*) malinconia *f;* **tiefsinnig** *adj* ❶ (*tiefgründig*) profondo, pensoso ❷ (*schwermütig*) malinconico

Tiefstand *m* livello *m* basso

tief|stapeln *vi* essere troppo modesto

Tiefsttemperatur *f* temperatura *f* minima

Tiegel ['tiːɡəl] <-s, -> *m* padella *f*, tegame *m;* (*Schmelz~*) crogiolo *m*

Tier [tiːɐ̯] <-(e)s, -e> *n* animale *m*, bestia *f;* **ein hohes ~** (*fig fam*) un pezzo grosso; **Tierart** *f* specie *f* animale; **Tierarzt** *m*, **Tierärztin** *f* veterinario, -a *m, f;* **tierärztlich** *adj* veterinario; **Tierbändiger(in)** <-s, -; -, -nen> *m(f)* domatore, -trice *m, f;* **Tierfreund(in)** *m(f)* amante *mf* degli animali, zoofilo *m;* **Tiergarten** *m* zoo *m*, giardino *m* zoologico

tierisch *adj* ❶ (*Tiere betreffend*) animale ❷ (*fig pej: roh*) brutale, bestiale ❸ (*fam: stark*) bestiale; **~er Ernst** grande serietà

Tierkreiszeichen *n* (ASTR) segno *m* zodiacale; **tierlieb** *adj* amante degli animali, zoofilo; **sehr ~ sein** amare molto gli animali; **Tierliebe** *f* amore *m* per gli animali; **tierliebend** *adj* amante degli animali, zoofilo; **sehr ~ sein** amare molto gli animali; **Tiermehl** *n* (AGR) farina *f* animale; **Tierpark** *s.* Tiergarten; **Tierpfleger(in)** <-s, -; -, -nen> *m(f)* allevatore, -trice *m, f* di animali; **Tierquäler(in)** <-s, -; -, -nen> *m(f)* tormentatore, -trice *m, f* di animali; **Tierquälerei** *f* maltrattamento *m* di animali; **Tierquälerin** *f s.* Tierquäler; **Tierreich** *n* regno *m* animale; **Tierschützer(in)** <-s, -; -, -nen> *m(f)* protettore, -trice *m, f* di animali; **Tierschutzverein** *m* associazione *f* per la protezione degli animali; **Tierversuch** *m* esperimento *m* sugli animali; **Tierwelt** *f* mondo *m* animale

Tiger(in) ['tiːɡɐ] <-s, -; -, -nen> *m(f)* tigre *f*

tigern ['tiːɡɐn] *vi sein* (*fam*) andare, mar-

ciare; **durch die Stadt ~** marciare per la città

Tilde ['tɪldə] <-, -n> *f* tilde *m o f*

tilgbar *adj* ammortizzabile, estinguibile, riscattabile

tilgen ['tɪlɡən] *vt* ❶ (*geh: beseitigen*) cancellare ❷ (FIN) ammortizzare

Tilgung ['tɪlɡʊŋ] <-, -en> *f* ❶ (*geh: Beseitigung*) cancellazione *f* ❷ (FIN) ammortamento *m*

timen ['taɪmən] *vt* (*festsetzen*) fissare; **deine Ankunft war gut getimt** sei arrivato al momento giusto

Time-Sharing[RR], **Timesharing**[RR] ['taɪmʃɛːrɪŋ] *kein Pl n* (INFORM) time-sharing *m*

Timing ['taɪmɪŋ] <-s, -s> *n* organizzazione *f;* (*Koordination*) timing *m*, coordinazione *f;* **das war perfektes ~!** il timing era perfetto!

Tinktur [tɪŋk'tuːɐ̯] <-, -en> *f* tintura *f*

Tinte ['tɪntə] <-, -n> *f* inchiostro *m;* **in der ~ sitzen** (*fam*) trovarsi in un brutto impiccio, essere nei guai; **Tintenfass**[RR] *n* calamaio *m;* **Tintenfisch** *m* (ZOO) seppia *f;* **Tintenfleck** *m* macchia *f* d'inchiostro; **Tinten(radier)gummi** *m* gomma *f* da inchiostro; **Tintenstrahldrucker** <-s, -> *m* (INFORM) stampante *f* a getto d'inchiostro

Tip[ALT] <-s, -s> *m*, **Tipp**[RR] [tɪp] <-s, -s> *m* (*fam*) consiglio *m;* **gib mir mal einen ~, wie ...** dammi un po' un consiglio su come ...

Tippelbruder ['tɪpəlbruːdɐ] *m* (*fam scherz*) vagabondo *m*

tippen ['tɪpən] **I.** *vt* (*fam*) scrivere a macchina **II.** *vi* ❶ (*fam: maschineschreiben*) scrivere a macchina ❷ (*klopfen*) (**an etw** *acc*) **~** dare un colpetto (a qc) ❸ (*fam: wetten*) puntare; **auf jdn/etw ~** puntare su qu/qc; **im Lotto ~** riempire la schedina, giocare al lotto

Tippfehler *m* (*fam*) errore *m* di battuta; **Tippschein** *m* schedina *f* (del totocalcio)

Tippse ['tɪpsə] <-, -n> *f* (*fam pej*) dattilografa *f*, scribacchina *f*

tipptopp ['tɪp'tɔp] *adj* (*fam*) perfetto, impeccabile

Tippzettel *m* schedina *f* (del totocalcio)

Tirol [ti'roːl] *n* ❶ (*österreichisch*) Tirolo *m* ❷ (*italienisch*) Alto Adige *m;* **Tiroler(in)** <-s, -; -, -nen> *m(f)* tirolese *mf*

Tisch [tɪʃ] <-(e)s, -e> *m* tavolo *m;* (*Ess~*) tavola *f;* **bei ~** a tavola; **den ~ decken** apparecchiare la tavola; **mit etw reinen ~ machen** (*fam*) fare piazza pulita di qc; **sich an den gedeckten ~ setzen** (*fig fam*) trovare la minestra scodellata; **etw**

unter den ~ fallen lassen (*fig fam*) fare passare qc sotto silenzio; **so, das wäre vom ~!** (*fam*) (bene,) questo sarebbe sistemato!; **Tischbein** *n* gamba *f* del tavolo; **Tischdame** *f* vicina *f* di tavola; **Tischdecke** *f* tovaglia *f*; **Tischende** *n* **oberes/unteres** ~ estremità *f* superiore/inferiore della tavola; **Tischfußball** *m* calcetto *m*; **Tischgebet** *n* (*vor dem Essen*) benedicite *m*; (*nach dem Essen*) preghiera *f* di ringraziamento, grazie *fpl*; **Tischgesellschaft** *f* tavolata *f*; **Tischgespräch** *n* conversazione *f* a tavola; **Tischherr** *m* vicino *m* di tavola; **Tischkarte** *f* segnaposto *m* (a tavola); **Tischlampe** *f* lampada *f* da tavolo

Tischler(in) ['tɪʃlɐ] <-s, -; -, -nen> *m(f)* falegname *m*

Tischlerei <-, -en> *f* falegnameria *f*

tischlern I. *vi* fare il falegname, fare lavori da falegname II. *vt* (*fam*) fare

Tischnachbar(in) <-n, -n; -, -nen> *m(f)* vicino, -a *m*, *f* di tavola; **Tischordnung** *f* disposizione *f* dei posti (a tavola); **Tischplatte** *f* piano *m* della tavola; **Tischrede** *f* discorso *m* conviviale, brindisi *m*

Tischtennis *n* tennis *m* da tavolo, ping-pong *m*; **Tischtennisball** <-(e)s, -bälle> *m* pallina *f* da ping-pong; **Tischtennisplatte** *f* tavolo *m* da ping-pong

Tischtuch *n* tovaglia *f*; **Tischwäsche** *f* biancheria *f* da tavola; **Tischwein** *m* vino *m* da pasto

Titan [ti'ta:n] <-s> *kein Pl* (CHEM) titanio *m*

Titel ['ti:təl] <-s, -> *m* titolo *m*; **Titelbild** *n*, **Titelblatt** *n* frontespizio *m*; **Titelhalter(in)** *m(f)* detentore, -trice *m*, *f* del titolo; **Titelleiste** <-, -n> *f* (INFORM) barra *f* del titolo

titeln *vt* intitolare

Titelrolle *f* parte *f* del(la) protagonista, ruolo *m* principale; **Titelseite** *f* frontespizio *m*, prima pagina *f*, copertina *f*; **auf der** ~ in prima pagina; **Titelverteidiger(in)** *m(f)* difensore, difenditrice *m*, *f* del titolo

titulieren [titu'li:rən] <ohne ge-> *vt* chiamare, trattare, dare (*als, mit* di +*Artikel*)

tja [tja] *int* (*fam*) beh, mah

Toast [to:st] <-(e)s, -e *o* -s> *m* ① (*Brot*) toast *m* ② (*Trinkspruch*) brindisi *m*

Toastbrot *n* (*getoastetes Brot*) toast *m*, pane *m* tostato; (*Brot zum Toasten*) pane *m* a cassetta, pancarrè *m*

toasten I. *vt* (*Brot*) tostare II. *vi* (*Trinkspruch ausbringen*) fare un brindisi

Toaster <-s, -> *m* tostapane *m*

toben ['to:bən] *vi* ① (*wüten*) essere

furioso, essere scatenato ② (*Schlacht*) infuriare, imperversare; (*Gewitter*) brontolare ③ (*ausgelassen spielen*) scatenarsi, strepitare

Tobsucht *f* furore *m*, pazzia *f* furiosa; **tobsüchtig** *adj* furibondo, pazzo furioso

Tobsuchtsanfall <-(e)s, -fälle> *m* scoppio *m* d'ira; **einen ~ bekommen** avere uno scoppio d'ira

Tochter ['tɔxtɐ, *pl*: 'tœçtɐ] <-, Töchter> *f* figlia *f*; **Tochtergesellschaft** *f* (WIRTSCH) società *f* affiliata, filiale *f*

Tod [to:t] <-(e)s, *rar* -e> *m* morte *f*; **eines gewaltsamen/natürlichen ~es sterben** morire di morte violenta/naturale; **jdn zum ~e verurteilen** condannare qu a morte; **dem ~ ins Auge sehen** vedere la morte da vicino; **sich** *dat* **den ~ holen** prendersi una malattia mortale; **sich zu ~e schämen** vergognarsi a morte; **zu ~e erschrocken sein** essere spaventato a morte; **ich kann ihn auf den ~ nicht ausstehen** (*fam*) mi è antipatico da morire

todbringend *adj* mortale, letale

todernst ['to:t'ʔɛrnst] *adj* molto serio, serissimo

Todesangst *f* ① (*Angst vor dem Tod*) paura *f* della morte ② (*große Angst*) angoscia *f* mortale; **Todesängste ausstehen** essere in preda a un'angoscia mortale; **Todesanzeige** *f* annuncio *m* mortuario; **Todesfall** *m* decesso *m*; **Todesgefahr** *f* pericolo *m* di morte; **Todeskampf** *m* agonia *f*; **Todeskandidat(in)** *m(f)* candidato, -a *m*, *f* alla morte; **todesmutig** *adj* intrepido, eroico; **Todesopfer** *n* vittima *f*, morto *m*; **zahlreiche ~ fordern** provocare gravi perdite; **Todesschuss**[RR] *m* sparo *m* mortale; **gezielter ~** sparo mortale mirato; **Todesstrafe** *f* pena *f* capitale; **Todestag** *m* ① (*Sterbetag*) giorno *m* della morte ② (*Gedenktag*) anniversario *m* della morte; **Todesursache** *f* causa *f* della morte; **Todesurteil** *n* sentenza *f* capitale, condanna *f* a morte; **Todesverachtung** *f* disprezzo *m* della morte; **mit ~** (*fam scherz*) con grande eroismo, superando sé stesso; **Todeszelle** <-, -n> *f* cella *f* di un condannato a morte

todfeind ['to:t'faɪnt] <inv> *adj* **sich** *dat* ~ **sein** essere acerrimo nemico [*o* nemico mortale] di qu; **Todfeind** ['to:tfaɪnt] *m* nemico *m* mortale

todkrank ['to:t'kraŋk] *adj* mortalmente malato, in fin di vita; **todlangweilig** ['to:t'laŋvaɪlɪç] *adj* noioso da morire

tödlich ['tø:tlɪç] I. *adj* mortale II. *adv* mortalmente, a morte; ~ **verunglücken**

morire in un incidente; **~ verletzt** [o **ver-wundet**] ferito mortalmente

todmüde ['to:t'my:də] *adj* (*fam*) stanco morto; **todschick** ['to:t'ʃɪk] *adj* (*fam*) molto chic; **todsicher** ['to:t'zɪçe] *adj* (*fam*) sicurissimo; **Todsünde** *f* (REL) peccato *m* mortale; **todtraurig** ['to:t'traʊrɪç] *adj* desolato; **todunglücklich** ['to:t'ʔʊn-glʏklɪç] *adj* (*fam*) terribilmente infelice

Töff [tœf] <-s, -s> *n o m* (*CH: fam*) moto *f*

Tohuwabohu [to:huva'bo:hu] <-(s), -s> *n* caos *m*, quarantotto *m*

toi [tɔɪ] *int* **~, ~, ~!** (*fam: Wunsch*) in bocca al lupo!

Toilette[1] [toa'lɛtə] <-> *kein Pl f* (*geh: Körperpflege*) toilette *f;* **~ machen** fare toilette

Toilette[2] <-, -n> *f* (WC) toilette *f*, to(e)letta *f*, gabinetto *m;* **auf die ~ gehen** andare alla toilette; **Toilettenartikel** *m* articolo *m* da toletta; **Toilettenpapier** *n* carta *f* igienica

Tokio ['to:kio] *n* Tokio *f*, Tokyo *f*

tolerant [tole'rant] *adj* tollerante; **Toleranz** [tole'rants] <-, *rar* -en> *f* tolleranza *f*

tolerieren [tole'ri:rən] <ohne ge-> *vt* tollerare

toll [tɔl] *adj* (*fam*) ❶ (*unglaublich*) incredibile ❷ (*herrlich*) formidabile, fantastico; **ein ~er Bursche** [o **Kerl**] un tipo in gamba ❸ (*schlimm*) terribile; **es zu ~ treiben** farla (troppo) grossa

Tolle <-, -n> *f* ciuffo *m* (di capelli)

tollen ['tɔlən] *vi* ❶ (*toben*) schiamazzare, strepitare ❷ *sein* (*laufen*) scatenarsi; **durch die Wiesen ~** scatenarsi per i prati

Tollkirsche *f* (BOT) belladonna *f*

tollkühn *adj* temerario, audace; **Tollkühnheit** *f* temerarietà *f*

Tollpatsch[RR] ['tɔlpatʃ] <-(e)s, -e> *m* (*fam*) imbranato, -a *m, f*

tollpatschig[RR] *adj* (*fam*) goffo, impacciato

Tollwut *f* rabbia *f;* **tollwütig** ['tɔlvy:tɪç] *adj* rabbioso

Tolpatsch[ALT] <-(e)s, -e> *m s.* **Tollpatsch**

tolpatschig[ALT] *adj s.* **tollpatschig**

Tölpel ['tœlpəl] <-s, -> *m* (*pej*) imbranato, -a *m, f*

Tomate [to'ma:tə] <-, -n> *f* pomodoro *m;* **~n auf den Augen haben** (*sl scherz*) avere gli occhi bendati; **Tomatenketschup**[RR] *m o n* ketchup *m;* **Tomatenmark** *n* concentrato *m* di pomodoro; **Tomatensalat** *m* insalata *f* di pomodori; **Tomatensuppe** *f* minestra *f* di pomodori

Tombola ['tɔmbola] <-, -s> *f* tombola *f*

Tomografie[RR] [tomogra'fi:] <-, -n> *f*, **Tomographie** <-, -n> *f* (MED) tomografia *f*

Ton[1] [to:n] <-(e)s, -e> *m* (*Erde*) argilla *f;* (*zum Töpfern*) creta *f*

Ton[2] [to:n, *pl:* 'tø:nə] <-(e)s, Töne> *m* tono *m;* (*Klang a*) suono *m;* (*Betonung*) accento *m;* **der gute ~** le buone maniere; **den ~ angeben** dare il tono; (*fig*) dominare; **ich verbitte mir diesen ~!** non permetto che si usi questo tono con me!; **jdn/ etw in den höchsten Tönen loben** (*fam*) lodare qu/qc a tutto spiano; **keinen ~ von sich** *dat* **geben** non dire una parola, non aprir bocca; **einen anderen ~ anschlagen** (*fig*) cambiare tono; **ohne einen ~ zu sagen** senza proferir parola, senza dir verbo; **hast du Töne!** (*fam*) è incredibile!; **der ~ macht die Musik** (*prov*) quello che conta è il modo in cui si dicono le cose; **Tonabnehmer** <-s, -> *m* pick-up *m;* **tonangebend** *adj* che dà il tono; **Tonarchiv** *n* nastroteca *f;* **Tonarm** *m* braccio *m* del pick-up; **Tonart** *f* tonalità *f;* **Tonaufnahme** *f* registrazione *f* del suono; **Tonband** <-(e)s, -bänder> *n* ❶ (*Magnetband*) nastro *m* magnetico ❷ (*~gerät*) registratore *m;* **Tonbandaufnahme** *f* registrazione *f;* **Tonbandgerät** *n* magnetofono *m* a nastro

tönen ['tø:nən] **I.** *vi* (*klingen*) s(u)onare, ris(u)onare **II.** *vt* (*färben*) colorare, sfumare

Tonerde *f* allumina *f*

tönern ['tø:nɐn] *adj* d'argilla, in argilla

Tonfall *m* inflessione *f;* (*Rhythmus*) cadenza *f;* **Tonfilm** *m* film *m* sonoro

Tongefäß *n* vaso *m* di terracotta

Tonhöhe *f* altezza *f* del suono

Tonic(wasser) ['tɔnɪk(vase)] <-(s), -s> *n* acqua *f* brillante

Toningenieur(in) *m(f)* tecnico, -a *m, f* del suono; **Tonkamera** *f* cinepresa *f* sonora; **Tonkopf** *m* testina *f*

Tonkrug *m* brocca *f* di terracotta

Tonlage *s.* **Tonhöhe**; **Tonleiter** *f* scala *f* musicale, gamma *f;* **tonlos** *adj* atono; (*Stimme*) afono, spento

Tonnage [tɔ'na:ʒə] <-, -n> *f* tonnellaggio *m*

Tonne ['tɔnə] <-, -n> *f* ❶ (*Fass*) botte *f*, barile *m* ❷ (*1000 kg*) tonnellata *f*

Tonnengewölbe *n* volta *f* a botte

tonnenweise *adv* a tonnellate, a bizzeffe

Tonregler *m* regolatore *m* di tono; **Tonspur** *f* (FILM) solco *m;* **Tonstörung** *f* (RADIO, FILM, TV) interferenza *f* acustica; **Tonstreifen** *m* colonna *f* [o banda *f*] sonora; **Tonstudio** *n* studio *m* di registrazione

Tonsur [tɔnˈzuːɐ, *pl:* tɔnˈzuːrən] <-, -en> *f* tonsura *f*

Tontaubenschießen <-s> *kein Pl n* tiro *m* al piattello

Tontechniker(in) *m(f)* tecnico, -a *m*, *f* del suono; **Tonträger** *m* portante *m* audio

Tönung <-, -en> *f* ❶ (*Vorgang*) colorazione *f* ❷ (*Ergebnis*) tonalità *f*, tinta *f*

Tonwiedergabe *f* riproduzione *f* del suono

Top [tɔp] <-s, -s> *n* top *m*

top-, Top- [tɔp] (*in Zusammensetzungen*) top

Topas [toˈpaːs] <-es, -e> *m* topazio *m*

Topf [tɔpf, *pl:* ˈtœpfə] <-(e)s, Töpfe> *m* ❶ (*Koch~*) pentola *f*; **alles in einen ~ werfen** (*fig fam*) fare di ogni erba un fascio, mettere tutto nello stesso calderone ❷ (*Nacht~*) vaso *m* da notte ❸ (*Blumen~*) vaso *m*

Töpfchen [ˈtœpfçən] <-s, -> *n* vasetto *m*; (*fam: Nachttopf*) vaso *m* da notte

Topfen [ˈtɔpfən] <-s> *kein Pl m* (*A, südd: Quark*) ricotta *f*

Töpfer(in) [ˈtœpfɐ] <-s, -; -, -nen> *m(f)* vasaio, -a *m*, *f*, ceramista *mf*

Töpferei [tœpfəˈraɪ] <-, -en> *f* bottega *f* di ceramiche

Töpferin *f s.* **Töpfer**

töpfern [ˈtœpfɐn] **I.** *vi* modellare (l'argilla) **II.** *vt* (*Kunst*) **eine Vase ~** modellare un vaso in terracotta

Töpferscheibe *f* tornio *m* da vasaio; **Töpferwaren** *fpl* ceramiche *fpl*

topfit [ˈtɔpˈfɪt] *adj* (*fam*) in perfetta forma

Topfkuchen *m* focaccia *f*

Topflappen *m* presina *f*, presa *f*

Topform *f* (*fam*) **in ~ sein** essere in forma smagliante

Topfpflanze *f* pianta *f* in vaso

Topmanagement *n* top-management *m*; **Topmodell** *n* top model *f*

Topografie[RR] <-, -n> *f s.* **Topographie**

topografisch[RR] *adj s.* **topographisch**

Topographie [topograˈfiː] <-, -n> *f* topografia *f*

topographisch [topoˈgraːfɪʃ] *adj* topografico

toppen [ˈtɔpən] *vt* superare (un record precedente)

Tor[1] [toːɐ] <-(e)s, -e> *n* ❶ (*große Tür*) porta *f*, portone *m* ❷ (*SPORT*) rete *f*, gol *m*; **ein ~ schießen** segnare (una rete), fare un gol; **im ~ stehen** stare in porta

Tor[2] [toːɐ] <-en, -en> *m* (*geh*) stolto *m*, folle *m*

Torbogen *m* arco *m* della porta

Toreinfahrt *f* portone *m*, porta *f* carraia

Torf [tɔrf] <-(e)s> *kein Pl m* torba *f*; **Torfgewinnung** *f* estrazione *f* di torba; **Torfmoor** <-s, -e> *n* palude *f* torbosa; **Torfmull** *m* terriccio *m* torboso

torgefährlich *adj* (*Fußballer*) pericoloso in attacco

Torheit <-, -en> *f* (*geh*) stoltezza *f*, follia *f*

Torhüter(in) *m(f)* portiere, -a *m*, *f*

töricht [ˈtøːrɪçt] *adj* (*pej*) folle, stolto

torkeln [ˈtɔrkəln] *vi haben o bei Fortbewegung sein* vacillare, barcollare

Torlinie *f* (*SPORT*) linea *f* della porta

Tornado [tɔrˈnaːdo] <-s, -s> *m* (*METEO*) tornado *m*

Tornister [tɔrˈnɪstɐ] <-s, -> *m* ❶ (*der Soldaten*) zaino *m* ❷ (*von Schüler*) cartella *f* (a zaino)

torpedieren [tɔrpeˈdiːrən] <ohne ge-> *vt* (*MIL*) silurare

Torpedo [tɔrˈpeːdo] <-s, -s> *m* (*MIL*) siluro *m*

Torpfosten *m* (*SPORT*) montante *m* della porta; **Torschlusspanik**[RR] *f* (*fam*) panico *m* dell'ultima ora; **Torschütze** *m* (*SPORT*) cannoniere *m*

Torso [ˈtɔrzo] <-s, -s *o* Torsi> *m* (*KUNST*) torso *m*

Torte [ˈtɔrtə] <-, -n> *f* torta *f*; **Tortenboden** *m* fondo *m* di torta; **Tortenguss**[RR] *m* glassa *f*; **Tortenheber** *m* paletta *f* per dolci; **Tortenplatte** *f* piatto *m* da dolce

Tortur [tɔrˈtuːɐ] <-, -en> *f* tortura *f*

Torwart [ˈtoːɐvart] <-(e)s, -e> *m* portiere *m*; **Torweg** *m s.* **Toreinfahrt**

tosen [ˈtoːzən] *vi* (*Wind, Meer*) mugghiare; **~der Beifall** applausi strepitosi; **tosend** *adj* (*Beifall*) fragoroso

Toskana [tɔsˈkaːna] *f* Toscana *f*

tot [toːt] *adj* morto; (*verstorben*) defunto; (*ADM*) deceduto; **das Tote Meer** il Mar Morto; **~ umfallen** cadere morto; **klinisch ~ sein** essere clinicamente morto; **er war auf der Stelle ~** morì sul colpo; **mehr ~ als lebendig sein** essere più morto che vivo; **an einem ~en Punkt ankommen** giungere a un punto morto; **das Telefon ist ~** il telefono è staccato

total [toˈtaːl] **I.** *adj* totale **II.** *adv* (*fam: völlig*) del tutto, completamente

Totalausfall *m* black out *m*; **Totalausverkauf** *m* liquidazione *f* totale; **Totalblockade** *f* ❶ (*POL*) embargo *m* ❷ (*fam: Denkblockade*) blocco *m* mentale

totalitär [totaliˈtɛːɐ] *adj* totalitario

Totalitarismus [totalitaˈrɪsmʊs] <-> *kein Pl m* (*POL*) totalitarismo *m*

Totalität [totali'tɛːt] <-> *kein Pl* f totalità f

Totalschaden m danno m totale

tot|arbeiten vr **sich** ~ (*fam*) ammazzarsi di lavoro

tot|ärgern vr **sich** ~ (*fam*) arrabbiarsi da morire

Tote <ein -r, -n, -n> mf morto, -a m, f; (*Verstorbene*) defunto, -a m, f

töten ['tøːtən] vt uccidere, ammazzare

Totenbett n letto m di morte; **totenblass**^RR ['toːtən'blas] adj pallido come un morto, cadaverico; **Totenglocke** f campana f a morto; **Totengräber** ['toːtəngrɛːbɐ] <-s, -> m becchino m; **Totenhemd** n lenzuolo m funebre, sudario m; **Totenkopf** m teschio m; **Totenmesse** f messa f funebre; **Totenschädel** <-s, -> m s. **Totenkopf**; **Totenschein** m certificato m di morte; **Totensonntag** m giorno m dei morti; **Totenstarre** f rigidità f cadaverica; **totenstill** ['toːtən'ʃtɪl] adj **es war** ~ c'era un silenzio di tomba; **Totenstille** ['toːtən'ʃtɪlə] f silenzio m di tomba; **Totentanz** m danza f macabra; **Totenwache** f veglia f funebre; **die** ~ **bei jdm halten** vegliare qu

tot|fahren <irr> vt investire mortalmente

totgeboren adj nato morto

Totgeglaubte, Totgesagte <ein -r, -n, -n> mf persona f creduta morta

tot|kriegen vt **er ist nicht totzukriegen** (*fam scherz*) non si può sradicarlo

tot|lachen vr **sich** ~ (*fam*) morire dalle risate, ridere a crepapelle

tot|laufen <läuft tot, lief tot, totgelaufen> vr **sich** ~ (*fam*) finire in nulla

Toto ['toːto] <-s, -s> m (*fam*) totocalcio m; **Totoschein** m schedina f del totocalcio

tot|sagen vt dare per morto

tot|schießen <irr> vt uccidere con un colpo di arma da fuoco

Totschlag m (JUR) omicidio m volontario; **tot|schlagen** <irr> vt ammazzare; **die Zeit** ~ (*fig*) ammazzare il tempo; **Totschläger** m ❶ (*Mörder*) uccisore m, omicida m ❷ (*Waffe*) mazza f

tot|schweigen <irr> vt mettere a tacere

tot|stellen vr **sich** ~ fingersi morto

Tötung <-, -en> f uccisione f; (*von Menschen*) omicidio m; **fahrlässige** ~ omicidio colposo

Touch Screen <-s, -s> m (INFORM) touch screen m

Toupet [tu'peː] <-s, -s> n ❶ (*Haarteil*) toupet m ❷ (*CH: Frechheit*) sfrontatezza f

Tour [tuːɐ̯] <-, -en> f giro m; **auf** ~**en kommen** (*fam*) andare su di giri; **auf vollen** ~**en** (*fam*) a pieno regime; **in einer** ~ (*fam*) senza interruzione, in continuazione; **Tourenski** ['tuːrənʃiː] <-s, -er> m sci m escursionistico fuori pista; **Tourenzahl** f (TEC) numero m di giri

Touri <-s, -s> m (*fam pej*) turista mf

Tourismus [tu'rɪsmʊs] <-> *kein Pl* m turismo m

Tourist(in) [tu'rɪst] <-en, -en; -, -nen> m(f) turista mf

Touristenklasse f classe f turistica; **Touristenvisum** <-s, -visa> n visto m turistico

Touristik [tu'rɪstɪk] <-> *kein Pl* f turismo m; **Touristikunternehmen** <-s, -> n azienda f di promozione turistica

Touristin f s. **Tourist**

touristisch adj turistico

Tournee [tʊr'neː] <-, -s o -n> f tournée f; **auf** ~ **gehen** andare in tournée, fare una tournée

Toxikologie [tɔksikolo'giː] <-> *kein Pl* f tossicologia f

toxikologisch [tɔksiko'loːgɪʃ] adj tossicologico; ~ **e Untersuchung** analisi tossicologica

toxisch ['tɔksɪʃ] adj tossico

Trab [traːp] <-(e)s> *kein Pl* m trotto m; **im** ~ al trotto; **jdn auf** ~ **bringen** (*fam*) far trottare qu

Trabant [tra'bant] <-en, -en> m (ASTR) satellite m; **Trabantenstadt** f città f satellite

Trabbi ['trabi] <-s, -s> m (*fam*) macchina dell'ex-RDT

traben ['traːbən] vi sein trottare, andare al trotto

Trabrennen <-s, -> n corsa f al trotto, gara f trottistica

Tracht [traxt] <-, -en> f (*Kleidung*) costume m, foggia f; (*Volks*~) costume m regionale; (*Schwestern*~) camice m, divisa f; **jdm eine** ~ **Prügel geben** (*fam*) dare a qu un fracco di legnate

trachten ['traxtən] vi (*geh*) aspirare; **nach etw** ~ aspirare a qc; **jdm nach dem Leben** ~ attentare alla vita di qu

Trachtenjackett <-(e)s, -s> n giacca f folcloristica [o tipica della regione]

trächtig ['trɛçtɪç] adj pregna, gravida

Trackball <-, -s> m (INFORM) trackball f; **Trackpad** ['trakpɛd] <-s, -s> n (INFORM) trackpad m

Tradition [tradi'tsi̯oːn] <-, -en> f tradizione f

traditionell [traditsi̯o'nɛl] adj tradizionale

traditionsbewusst^RR adj tradizionalistico

traf [traːf] *1. u 3. pers sing imp von* **treffen**

Trafik [tra'fɪk] <-, -en> f (A: *Verkaufsstelle*) tabaccheria f, rivendita f tabacchi; **Stempelmarken bekommt man in der ~** i francobolli si comprano in tabaccheria

Trafikant(in) [trafi'kant] <-en, -en; -, -nen> m(f) (A: *Besitzer einer Tabaktrafik*) tabaccaio, -a m, f

Tragbahre f barella f

tragbar adj ❶ (*Geräte*) portatile ❷ (*Kleider a*) portabile ❸ (*fig: erträglich*) sopportabile, tollerabile

träge ['trɛːgə] adj ❶ (*Mensch*) pigro, lento; (*geistig*) indolente; (*Bewegung*) lento ❷ (PHYS) inerte

tragen ['traːgən] <trägt, trug, getragen> **I.** vt ❶ (*weg~, am Körper ~, halten*) portare; **sein Haar lang/kurz ~** portare i capelli lunghi/corti ❷ (*Frucht, Erfolg*) dare, (ri)portare ❸ (*Namen, Aufschrift*) portare, avere ❹ (*er~*) sopportare, subire; **die Konsequenzen ~** subire le conseguenze; **etw mit Fassung ~** sopportare qc con calma; **Verantwortung ~** avere la responsabilità **II.** vi ❶ (*Eis*) reggere; **zum Tragen kommen** (*fig*) trovare impiego ❷ (*Früchte hervorbringen*) dare frutti, fruttificare **III.** vr sich ~ ❶ (*Kleidung*) **dieser Pullover trägt sich gut** questo maglione si porta bene ❷ (*in Erwägung ziehen*) **sich mit dem Gedanken ~ etw zu tun** covare l'idea di fare qc

Träger ['trɛːgɐ] <-s, -> m ❶ (*an Kleidung*) spallina f; (*Hosen~*) bretella f ❷ (TEC) montante m; (*~ balken*) trave f ❸ (*Institution*) organismo m

Träger(in) <-s, -; -, -nen> m(f) ❶ (*Gepäck~*) facchino m ❷ (*von Kultur, Idee*) rappresentante mf ❸ (*von Krankheit*) portatore, -trice m, f

trägerlos adj senza spalline

Trägerrakete f (razzo m) vettore m

Tragetasche f sporta f, borsa f

tragfähig adj solido; **Tragfähigkeit** f (capacità f di) portata f; (*Höchstlast*) portata f massima, limite m di carico; **Tragfläche** f (AERO) superficie f alare; **Tragflächenboot** n, **Tragflügelboot** n aliscafo m

Trägheit <-> kein Pl f ❶ (*von Mensch*) pigrizia f; (*geistig*) indolenza f; (*von Bewegung*) lentezza f ❷ (PHYS) inerzia f; **Trägheitsmoment** n (PHYS) momento m d'inerzia

Tragik ['traːgɪk] <-> kein Pl f tragico m

tragikomisch [traːgiˈkoːmɪʃ o 'traːgiˌkoːmɪʃ] adj tragicomico

Tragikomödie [traɡikoˈmøːdiə o 'traɡi-komøːdiə] f tragicommedia f

tragisch adj tragico; **etw ~ nehmen** (*fam*) prendere qc sul tragico

Tragkraft f forza f portante; **Traglast** f carico m

Tragödie [traˈɡøːdiə] <-, -n> f tragedia f

trägt [trɛːkt] 3. *pers sing pr von* **tragen**

Tragweite f (*fig*) portata f

Trailer ['treɪlɐ] <-s, -> m (FILM) trailer m

Trainee [treɪˈniː] <-s, -s> m allievo m

Trainer(in) ['trɛːnɐ] <-s, -; -, -nen> m(f) allenatore, -trice m, f

trainieren [trɛˈniːrən o treˈniːrən] <ohne ge-> **I.** vt allenare; **jdn/etw auf etw** acc ~ allenare qu/qc per qc **II.** vi allenarsi; **auf etw** acc ~ allenarsi per qc

Training ['trɛːnɪŋ] <-s, -s> n allenamento m; **Trainingsanzug** m tuta f (sportiva); **Trainingshose** f pantaloni mpl della tuta; **Trainingsjacke** f giacca f della tuta; **Trainingslager** n campo m d'allenamento

Trakt [trakt] <-(e)s, -e> m (ARCH) ala f

Traktandenliste [trakˈtandənlɪstə] f (CH: ADM, POL, JUR: *Tagesordnung*) ordine m del giorno

Traktandum [trakˈtandʊm] <-s, Traktanden> n (CH: ADM, POL, JUR: *Tagesordnungspunkt*) punto m dell'ordine del giorno

Traktat [trakˈtaːt] <-(e)s, -e> mn trattato m

traktieren [trakˈtiːrən] <ohne ge-> vt (*fam: schlecht behandeln*) maltrattare

Traktor ['traktoːɐ] <-s, -en> m trattore m

trällern ['trɛlɐn] vi, vt canticchiare, canterellare

Tram[1] [tram] <-s, -s> n (CH) tram m

Tram[2] <-s, -en> m (A: *Dachbalken*) trave f maestra

Trampel ['trampəl] <-s, -> m o n (*fam pej*) persona f sgraziata

trampeln ['trampəln] **I.** vi (*mit den Füßen treten*) battere i piedi **II.** vt **etw platt ~** schiacciare qc pestandola coi piedi

Trampelpfad m pista f battuta; **Trampeltier** n ❶ (ZOO) cammello m ❷ (*fam pej: ungeschickter Mensch*) imbranato, -a m, f

trampen ['trɛmpən] vi sein fare l'autostop

Tramper(in) <-s, -; -, -nen> m(f) autostoppista mf

Trampolin ['trampoliːn o trampoˈliːn] <-s, -e> n trampolino m

Tran [traːn] <-(e)s, rar -e> m olio m di balena; (*Leber~*) olio m di fegato (di merluzzo); **das hab' ich im ~ ganz vergessen** (*fam*) l'ho completamente dimenticato

Trance ['trãs(ə)] <-, -n> f trance f; **in ~ fallen** andare in trance

Tranchierbesteck *n* forchetta *f* e coltello *m* per trinciare

tranchieren [trãˈʃiːrən] <ohne ge-> *vt* trinciare

Tranchiermesser *n* trinciante *m*

Träne [ˈtrɛːnə] <-, -n> *f* lacrima *f;* **~n lachen** ridere fino alle lacrime; **ohne eine ~ zu vergießen** a ciglio asciutto; **den ~n nahe sein** stare per piangere; **in ~n aufgelöst sein** essere in un mare di lacrime; **zu ~n gerührt sein** essere commosso fino alle lacrime; **mit ~n in den Augen** con le lacrime agli occhi; **mir kommen (gleich) die ~n!** (*iron fam*) mi viene (già) da piangere!

tränen *vi* lacrimare

Tränendrüse *f* ghiandola *f* lacrimale; **Tränenfluss**ᴿᴿ *m* fiume *m* di lacrime; **Tränengas** *n* gas *m* lacrimogeno; **Tränensack** *m* sacco *m* lacrimale

tranig *adj* ❶ (*nach Tran schmeckend*) che sa di olio di pesce ❷ (*fam pej: langsam*) lento

trank [traŋk] *1. u 3. pers sing imp von* **trinken**

Trank [traŋk, *pl:* ˈtrɛŋkə] <-(e)s, Tränke> *m* (*poet*) bevanda *f*

Tränke [ˈtrɛŋkə] <-, -n> *f* abbeveratoio *m*

tränken *vt* ❶ (*Tiere*) abbeverare ❷ (*durchnässen*) imbevere; **etw (mit etw) ~** imbevere qc (di qc)

Transaktion [transʔakˈtsi̯oːn] *f* transazione *f*

Transaktions- und Kurssicherungskosten *fpl* (FIN) costi *mpl* di transazione e di sostegno delle quotazioni

Transatlantikflug [transʔatˈlantɪkfluːk] *m* volo *m* transatlantico

transatlantisch *adj* transatlantico

Transfer [transˈfɛːɐ̯] <-s, -s> *m* ❶ (*bei Reise,* FIN, SPORT) trasferimento *m* ❷ (PSYCH) transfer *m*

transferierbar *adj* trasferibile

transferieren [transfeˈriːrən] <ohne ge-> *vt* trasferire

Transformation [transfɔrmaˈtsi̯oːn] <-, -en> *f* trasformazione *f*

Transformator [transfɔrˈmaːtoːɐ̯] <-s, -en> *m* trasformatore *m;* **Transformator(en)häuschen** *n* cabina *f* di trasformazione

Transfusion [transfuˈzi̯oːn] <-, -en> *f* (MED) trasfusione *f* (di sangue)

transgen [ˈtransgeːn] *adj* (BIOL) transgenetico

Transistor [tranˈzɪstoːɐ̯] <-s, -en> *m* transistor(e) *m*

Transit [tranˈziːt *o* tranˈzɪt] <-s,

-e> *m* transito *m;* **Transitabkommen** *n* accordo *m* bilaterale sul transito; **Transitgüter** *npl* merce *f* in transito; **Transithandel** *m* commercio *m* di transito

transitiv [ˈtranziti:f *o* tranziˈtiːf] *adj* (LING) transitivo

Transitverkehr *m* traffico *m* di transito; **Transitvisum** <-s, -visa> *n* visto *m* di transito; **Transitzoll** *m* diritti *mpl* di transito

Transkription [transkrɪpˈtsi̯oːn] <-, -en> *f* (LING, MUS) trascrizione *f*

Transmission [transmɪˈsi̯oːn] <-, -en> *f* trasmissione *f*

transparent [transpaˈrɛnt] *adj* trasparente; **Transparent** <-(e)s, -e> *n* (*Spruchband*) striscione *m;* **Transparenz** [transpaˈrɛnts] <-> *kein Pl f* trasparenza *f*

transpirieren [transpiˈriːrən] <ohne ge-> *vi* traspirare

Transplantat [transplanˈtaːt] <-(e)s, -e> *n* (MED) organo *m* [*o* tessuto *m*] trapiantato

Transplantation [transplantaˈtsi̯oːn] <-, -en> *f* ❶ (BOT) innesto *m* ❷ (MED) trapianto *m;* **Transplantationszentrum** *n* centro *m* trapianti; **transplantieren** [transplanˈtiːrən] <ohne ge-> *vt* trapiantare

Transport [transˈpɔrt] <-(e)s, -e> *m* trasporto *m*

transportabel [transpɔrˈtaːbəl] *adj* trasportabile, portatile, mobile

Transportarbeiter *m* lavoratore *m* di un'impresa di trasporti; **Transportband** <-(e)s, -bänder> *n* nastro *m* trasportatore

Transporter [tranˈspɔrtɐ] <-s, -> *m* (*Schiff*) nave *f* da carico; (*Flugzeug*) aereo *m* da trasporto; (*Auto*) furgone *m*

Transporteur(in) [transpɔrˈtøːɐ̯, *pl:* transpɔrˈtøːrə] <-s, -e; -, -nen> *m(f)* trasportatore, -trice *m, f*

transportfähig *adj* trasportabile

Transportflugzeug *n* aereo *m* da trasporto

transportieren [transpɔrˈtiːrən] <ohne ge-> *vt* trasportare

Transportkosten *pl* spese *fpl* di trasporto; **Transportmittel** *n* mezzo *m* di trasporto; **Transportnetz** *n* rete *f* di trasporti; **Transportschaden** *m* avaria *f* di trasporto; **Transportschiff** *n* nave *f* da carico, cargo *m;* **Transportunternehmen** *n* impresa *f* di trasporti; **Transportunternehmer(in)** *m(f)* titolare *mf* di un'impresa di trasporti; **Transportversicherung** *f* assicurazione *f* sui trasporti

Transrapid *m* treno *m* rapido a sostentazione elettromagnetica

transsexuell [transsɛksuˈɛl] *adj* transessuale

Transvestit [transvɛsˈtiːt] <-en, -en> *m* travestito *m*

transzendent [transtsɛnˈdɛnt] *adj* trascendente

transzendental [transtsɛndɛnˈtaːl] *adj* trascendentale

Transzendenz [transtsɛnˈdɛnts] <-> *kein Pl f* trascendenza *f*

Trapez [traˈpeːts] <-es, -e> *n* trapezio *m*

Trasimenischer See [traziˈmeːnɪʃeˈzeː] *m* lago *m* Trasimeno

Trasse [ˈtrasə] <-, -n> *f* tracciato *m*

trassieren [traˈsiːrən] <ohne ge-> *vt* ❶ (*abstecken*) tracciare ❷ (FIN) spiccare una tratta su

trat [traːt] *1. u 3. pers sing imp von* **treten**

Tratsch [traːtʃ] <-(e)s> *kein Pl m* (*fam*) chiacchiere *fpl*, pettegolezzi *mpl*

tratschen *vi* (*fam*) chiacchierare, spettegolare

Tratte [ˈtratə] <-, -n> *f* tratta *f*

Traualtar *m* altare *m* delle nozze

Traube [ˈtraʊbə] <-, -n> *f* ❶ (*Beere, Blütenstand*) grappolo *m*; (*Wein~*) grappolo *m* d'uva ❷ *pl* (*Weintrauben*) uva *f* ❸ (*fig: dicht gedrängte Menge*) grappolo *m*; **traubenförmig** [ˈtraʊbənfœrmɪç] *adj* a grappolo; **Traubensaft** <-(e)s, -säfte> *m* succo *m* d'uva; **Traubenzucker** *m* glucosio *m*

trauen [ˈtraʊən] **I.** *vi* (*ver~*) **jdm/etw ~** avere fiducia in qu/qc; **jdm nicht über den Weg ~** (*fam*) fidarsi poco di qu; **seinen Augen nicht ~** non credere ai propri occhi **II.** *vr* **sich ~ etw zu tun** osare far qc **III.** *vt* (*verheiraten*) sposare, unire in matrimonio; **sich ~ lassen** sposarsi

Trauer [ˈtraʊɐ] <-> *kein Pl f* tristezza *f*; (*um einen Toten*) lutto *m*; **~ tragen** essere in lutto; **Traueranzeige** <-, -n> *f* annuncio *m* funebre, necrologio *m*; **Trauerbinde** *f* fascia *f* da lutto; **Trauderessen** <-s, -> *n* (*CH: Totenmahl*) banchetto *m* funebre; **Trauerfall** *m* lutto *m*, decesso *m*; **Trauerfamilie** *f* (*CH: Verwandten des/der Verstorbenen*) parenti *mpl* del defunto; **Trauerfeier** *f* onoranza *f* funebre; **Trauerflor** *m* velo *m* da lutto; **Trauerergottesdienst** *m* servizio *m* funebre; **Trauerjahr** *n* anno *m* di lutto; **Trauerkleidung** *f* vestiti *mpl* da lutto; **Trauerkloß** *m* (*fam scherz*) piagnucolone *m*, musone *m*; **Trauermarsch** *m* marcia *f* funebre

trauern *vi* essere in lutto; **um jdn/etw**

trauern essere in lutto per qu/qc

Trauerrand *m* bordo *m* nero, lista *f* nera; **Trauerspiel** *n* tragedia *f*; **Trauerweide** *f* (BOT) salice *m* piangente; **Trauerzirkular** <-(e)s, -e> *n* (*CH: Todesanzeige, die mit der Post verschickt wird*) partecipazione *f* di lutto

Traufe [ˈtraʊfə] <-, -n> *f* scarico *m*; (*Dach~*) grondaia *f*

träufeln [ˈtrɔɪfəln] *vt* gocciolare, versare a gocce

Traum [traʊm, *pl*: ˈtrɔɪmə] <-(e)s, Träume> *m* sogno *m*; **im ~** in sogno; **der Mann ihrer Träume** l'uomo dei suoi sogni; **ich denke nicht im ~ daran!, das fällt mir nicht im ~ ein!** (*fam*) neanche per sogno!; **aus der ~!** (*fam*) la pacchia è finita!

Trauma [ˈtraʊma, *pl*: ˈtraʊmən *o* ˈtraʊmata] <-s, Traumen *o* Traumata> *n* (MED, PSYCH) trauma *m*

traumatisch [traʊˈmaːtɪʃ] *adj* (MED, PSYCH) traumatico

Traumdeutung *f* interpretazione *f* dei sogni, oniromanzia *f*

Traumen *pl von* **Trauma**

träumen [ˈtrɔɪmən] *vi* sognare; **von etw/jdm ~** sognare qc/qu; **mit offenen Augen ~** sognare a occhi aperti; **das hätte ich mir nicht ~ lassen** non me lo sarei mai sognato

Träumer(in) <-s, -; -, -nen> *m(f)* sognatore, -trice *m, f*

Träumerei [trɔɪməˈraɪ] <-, -en> *f* fantasticheria *f*, sogno *m*

Träumerin *f s.* **Träumer**

träumerisch *adj* sognatore, trasognato

traumhaft *adj* ❶ (*fam: überaus schön*) fantastico, stupendo; **das Kleid ist ~** (**schön**) (*fam*) questo vestito è un sogno ❷ (SCIENT) onirico

Traumpaar *n* coppia *f* ideale

traumverloren *adj* trasognato

traurig [ˈtraʊrɪç] *adj* ❶ (*betrübt*) triste, rattristato; **~ machen** [*o* **stimmen**] rattristare, affliggere; **~ werden** rattristarsi, affliggersi ❷ (*schmerzlich*) triste, doloroso ❸ (*kläglich*) deplorevole, pietoso; **Traurigkeit** <-> *kein Pl f* tristezza *f*

Trauring *m* fede *f*, vera *f*; **Trauschein** *m* certificato *m* di matrimonio

traut [traʊt] *adj* (*obs*) ❶ (*gemütlich*) accogliente ❷ (*vertraut*) intimo ❸ (*lieb*) caro

Trauung <-, -en> *f* matrimonio *m*; **kirchliche/standesamtliche ~** matrimonio religioso/civile

Trauzeuge *m*, **Trauzeugin** *f* testimone *mf* di nozze

Traurigkeit/Enttäuschung/Bestürzung ausdrücken

Traurigkeit ausdrücken	esprimere tristezza
Es macht mich traurig, dass wir uns nicht verstehen.	Mi intristisce il fatto che non ci capiamo.
Es ist sehr schade, dass er sich so gehen lässt.	È un gran peccato che si lasci andare così.
Diese Ereignisse **deprimieren mich**.	Questi avvenimenti **mi deprimono**.

Enttäuschung ausdrücken	esprimere delusione
Ich bin über seine Reaktion (sehr) enttäuscht.	Sono (molto) delusa/o dalla sua reazione.
Du hast mich (schwer) enttäuscht.	Mi hai (profondamente) delusa/o.
Das hätte ich nicht von ihr erwartet.	Da lei non me lo sarei aspettato!
Ich hätte mir etwas anderes gewünscht.	Avrei desiderato/voluto qualcos'altro.

Bestürzung ausdrücken	esprimere costernazione sconcerto
Das ist ja nicht zu fassen!	(Questo sì che) è incredibile!/ Non ci credo!
Das ist ja ungeheuerlich!	(Questo sì che) è inaudito!
Das ist ja wohl die Höhe!	Questo è proprio il colmo!
Das kann doch nicht dein Ernst sein!	Non dirai sul serio!
Ich fass es nicht!	Non riesco a capacitarmene!/ Non ci posso credere!
Das bestürzt mich.	Mi sconcerta./Mi lascia basito./ Non riesco a crederci!
Das kann/darf doch wohl nicht wahr sein!	Non può essere vero!

Treff [trɛf] <-s, -s> m (*fam*) ❶ (*das Treffen*) incontro m ❷ (*Treffpunkt*) luogo m d'incontro

treffen ['trɛfən] <trifft, traf, getroffen> I. *vt* ❶ (*begegnen*) incontrare ❷ (*durch Schlag, Schuss*) colpire; **jdn am Kopf ~** colpire qu alla testa; **der Schuss traf ihn in den Rücken** fu colpito alla schiena; **mich trifft keine Schuld** a me non si può dare nessuna colpa ❸ (*fig: kränken*) colpire, offendere ❹ (*be~*) toccare, concernere ❺ (*Auswahl*) fare; (*Maßnahmen*) adottare ❻ (*erraten, herausfinden*) **den richtigen Ton ~** trovare il tono giusto; **auf dem Foto bist du nicht gut getroffen** sulla foto sei venuto male II. *vi* (*Schlag, Schuss*) colpire III. *vr* **sich ~** ❶ (*zusammenkommen*) incontrarsi ❷ (*geschehen*) capitare; **es trifft sich gut/schlecht, dass ...** capita bene/male che ...; **Treffen** <-s, -> n incontro m; **treffend** I. *adj* giusto, preciso; **eine ~e Charakterisierung** una carat-

terizzazione calzante II. *adv* con precisione, appropriatamente

Treffer <-s, -> m ❶ (*beim Boxen*) colpo m andato a segno; (*beim Fechten*) toccata f; (*beim Fußball*) rete f; (*beim Schießen*) centro m ❷ (*in Lotterie*) biglietto m vincente ❸ (*fig: Erfolg*) impresa f fortunata

trefflich *adj* (*geh*) eccellente

Treffpunkt m luogo m d'incontro

treffsicher *adj* che ha una mira infallibile

Treibeis n ghiaccio m galleggiante

treiben ['traɪbən] <treibt, trieb, getrieben> I. *vt haben* ❶ (*jagen*) cacciare, spingere; (*Vieh*) condurre ❷ (*in Bewegung setzen*) muovere; (*Rad*) far girare ❸ (*an~*) spingere; **jdn zu etw ~** spingere qu a qc; **jdn zur Verzweiflung ~** spingere qu alla disperazione ❹ (*hinein~, hineinschlagen*) conficcare; (*Tunnel, Stollen*) scavare; (*Metall*) sbalzare ❺ (*betreiben, tun*) fare, esercitare, praticare; **Ackerbau und Viehzucht ~** dedicarsi all'agricoltura ed all'allevamento; **es zu weit** [*o* **zu bunt** *fam*] ~ esagerare, andare troppo in là; **es mit jdm** ~ (*fam*) farsela con qu **II.** *vi* ❶ *sein* (*fortbewegt werden*) essere spinto; (*auf dem Wasser*) galleggiare, andare alla deriva; **sich ~ lassen** (*fig*) lasciarsi trascinare ❷ *haben* (BOT: *wachsen*) germogliare ❸ *haben* (*Teig*) lievitare; **Treiben** <-s> *kein Pl n* (*fig: der Welt*) corso *m*, movimento *m*; (*auf der Straße*) andirivieni *m*; **treibend** *adj* **die ~ e Kraft** la forza motrice

Treiber <-s, -> *m* ❶ (*Vieh~*) guardiano *m*, mandriano *m*; (*auf der Jagd*) battitore *m* ❷ (INFORM) driver *m*

Treibgas <-es, -e> *n* gas *m* propellente; **Treibhaus** *n* serra *f* (calda); **Treibhauseffekt** <-(e)s> *kein Pl m* effetto *m* serra; **Treibholz** <-es> *kein Pl n* legname *m* galleggiante; **Treibjagd** *f* battuta *f*; **Treibsand** <-es> *kein Pl m* sabbie *fpl* mobili; **Treibstoff** *m* carburante *m*

Trekking ['trɛkɪŋ] *n* trekking *m*

Trema ['treːma] <-s, -s *o* Tremata> *n* dieresi *f*

Trenchcoat ['trɛntʃkɔut] <-(s), -s> *m* trench (coat) *m*

Trend [trɛnt] <-s, -s> *m* tendenza *f*; **modischer ~** moda *f*; **Trendforscher(in)** *m(f)* studioso, -a *m*, *f* dei trend

trendig *adj* (*fam*) *s.* **trendy**

Trendsetter(in) ['trɛntsɛte] <-s, -; -, -nen> *m(f)* iniziatore, -trice *m*, *f* di una nuova moda; **Trendwende** *f* svolta *f* di tendenza; **Trendwort** *n* parola *f* trend

trendy ['trɛndi] *adj* trendy, alla moda

trennbar *adj* separabile

trennen ['trɛnən] **I.** *vt* ❶ (*entfernen*) separare; (*Zusammengehöriges*) scompagnare ❷ (*ab~*) staccare; (*Menschen ~*) disunire; **jdn/etw** (**von jdm/etw**) ~ staccare qu/qc da qu/qc ❸ (TEL) interrompere **II.** *vr* **sich ~** separarsi

Trennung <-, -en> *f* separazione *f*; (*Teilung*) divisione *f*; (EL, TEL) interruzione *f*; **Trennungsentschädigung** *f* indennità *f* di separazione; **Trennungsjahr** *n* (JUR) *anno che due coniugi devono trascorrere vivendo separati prima di poter avviare le pratiche per il divorzio*; **Trennungsstrich** *m* trattino *m* di separazione **Trennwand** *f* parete *f* divisoria

treppab [trɛp'ʔap] *adv* giù per le scale **treppauf** [trɛp'ʔaʊf] *adv* su per le scale **Treppe** ['trɛpə] <-, -n> *f* scala *f*; **die ~ hinauf-/hinuntergehen** salire/scendere le scale; **Treppenabsatz** *m* pianerottolo *m*; **Treppengeländer** *n* ringhiera *f* delle scale; **Treppenhaus** *n* tromba *f*

delle scale; **Treppenlift** *m* servoscala *m*; **Treppenstufe** *f* gradino *m*

Tresen ['treːzən] <-s, -> *m* (*nordd*) ❶ (*in einer Gaststätte*) banco *m* ❷ (*Ladentisch*) bancone *m*

Tresor [tre'zoːɐ̯] <-s, -e> *m* ❶ (*Panzerschrank*) cassaforte *f* ❷ (~ *raum*) camera *f* blindata

Tresse ['trɛsə] <-, -n> *f* gallone *m*

Tretboot *n* pattino *m*

treten ['treːtən] <tritt, trat, getreten> **I.** *vi* ❶ *sein* (*einen Schritt tun*) andare; (*ein~*) entrare; **ins Zimmer ~** entrare in camera; **unter/vor/hinter etw** *acc* ~ andare sotto/davanti a/dietro a qc; **in eine Pfütze ~** mettere i piedi in una pozzanghera; **über die Ufer ~** straripare; **~ Sie näher!** si avvicini!; **in den Streik ~** mettersi in sciopero; **in den Hintergrund/Vordergrund ~** (*fig*) passare in secondo/primo piano ❷ *haben* (*einen Tritt versetzen*) dare un calcio [*o* una pedata]; **gegen jdn/etw** [*o* **nach jdm/etw**] ~ dare un calcio a qu/qc **II.** *vt haben* ❶ (*mit Fußtritt*) dare una pedata a ❷ (*Pedal*) azionare, schiacciare, premere; **die Bremse/Kupplung ~** pigiare il freno/la frizione

Tretmühle *f* (*fam pej*) lavoro *m* monotono **treu** [trɔy] *adj* fedele; (*ergeben*) devoto; **jdm ~ sein** essere fedele a qu

Treubruch *m* tradimento *m*

Treue <-> *kein Pl f* fedeltà *f*; (*Ergebenheit*) devozione *f*; **jdm die ~ halten** restar fedele a qu

Treueid *m* giuramento *m* di fedeltà

Treuhand <-> *kein Pl f* (JUR) amministrazione *f* fiduciaria; **die ~** *s.* **Treuhandanstalt**; **Treuhandanstalt** <-> *kein Pl f* *società federale incaricato per la privatizzazione delle imprese di stato dell'ex-RDT*

Treuhänder(in) ['trɔyhɛndɐ] <-s, -; -, -nen> *m(f)* (JUR) fiduciario, -a *m*, *f*

Treuhandgesellschaft *f* (JUR) società *f* fiduciaria

treuherzig *adj* ingenuo, candido; **Treuherzigkeit** <-> *kein Pl f* ingenuità *f*, candore *m*

treulos *adj* infedele, sleale; (*verräterisch*) perfido; **Treulosigkeit** <-> *kein Pl f* infedeltà *f*, slealtà *f*; (*Verrat*) tradimento *m*

Triangel ['triːaŋəl] <-s, -> *m* triangolo *m*

Triangulation <-, -en> *f* triangolazione *f*

Triathlon ['triːatlɔn] <-s, -s> *n* (SPORT) triathlon *m*

Tribunal [tribu'naːl] <-s, -e> *n* tribunale *m*

Tribüne [tri'byːnə] <-, -n> *f* tribuna *f*, palco *m*

Tribut [tri'buːt] <-(e)s, -e> *m* tributo *m*;

T

einer Sache *dat* ~ **zollen** pagare il proprio tributo a qc; **tributpflichtig** *adj* tributario

Trichine [trɪˈçiːnə] <-, -n> *f* trichina *f*

Trichter [ˈtrɪçtɐ] <-s, -> *m* ❶ (*zum Einfüllen*) imbuto *m* ❷ (*Schall~*) tromba *f* ❸ (*Granat~, Bomben~*) cratere *m;* **trichterförmig** [ˈtrɪçtɐfœrmɪç] *adj* a forma di imbuto

Trick [trɪk] <-s, -s *o* -e> *m* (FOTO, FILM) trucco *m;* (*raffiniert*) espediente *m,* astuzia *f;* **ein gemeiner/fauler ~** uno scherzo mancino/un tiro poco onesto; **Trickaufnahme** *f* trucchi *mpl* cinematografici; **Trickbetrüger(in)** *m(f)* specialista *mf* dell'imbroglio; **Trickfilm** *m* cartoni *mpl* animati; **trickreich** *adj* astuto

trieb [triːp] *1. u 3. pers sing imp von* **treiben**

Trieb [triːp] <-(e)s, -e> *m* ❶ (BIOL, PSYCH) istinto *m;* (PSYCH) pulsione *f* ❷ (*An~*) impulso *m;* (*Neigung*) inclinazione *f,* tendenza *f* ❸ (BOT) germoglio *m,* pollone *m;* **Triebfeder** *f* ❶ (TEC) molla *f* motrice ❷ (*fig: Beweggrund*) molla *f,* movente *m;* **triebhaft** *adj* istintivo, impulsivo; **Triebhaftigkeit** <-> *kein Pl f* impulsività *f,* carattere *m* istintivo [*o* impulsivo]; **Triebkraft** *f* ❶ (PHYS) forza *f* motrice ❷ (*fig: Triebfeder*) movente *m,* molla *f;* **Triebtäter(in)** *m(f)* maniaco, -a *m, f* sessuale; **Triebwagen** *m* (auto)motrice *f;* **Triebwerk** *n* (MOT) motore *m;* (AERO) motore *m* propulsore

triefen [ˈtriːfən] <trieft, triefte *o geh* troff, getrieft *o rar* getroffen> *vi* ❶ *sein* (*Flüssigkeit*) gocciolare ❷ *haben* (*nasser Gegenstand*) grondare; **vor Fett/Wasser ~** essere pieno (zeppo) di grasso/di acqua

Trient [triˈɛnt] *n* Trento *f*

Trier [triːɐ̯] *n* Treviri *f*

Triest [triˈɛst] *n* Trieste *f*

trifft [trɪft] *3. pers sing pr von* **treffen**

triftig [ˈtrɪftɪç] *adj* valido, convincente, fondato

Trigonometrie [trigonomeˈtriː] <-> *kein Pl f* (MAT) trigonometria *f*

Trikolore [trikoˈloːrə] <-, -n> *f* bandiera *f* tricolore

Trikot [triˈkoː] <-s, -s> *n* maglia *f,* maglietta *f*

Trikotagen [trikoˈtaːʒən] *fpl* maglieria *f*

trillern [ˈtrɪlɐn] *vi* trillare, gorgheggiare

Trillerpfeife *f* fischietto *m*

Trilliarde [trɪˈljardə] <-, -n> *f* trilione *m* di miliardi

Trillion [trɪˈljoːn] <-, -en> *f* quintilione *m*

Trimm-dich-Pfad [ˈtrɪmdɪçpfaːt] *m* sentiero *m* del percorso vita

trimmen [ˈtrɪmən] **I.** *vt* ❶ (*durch Sport*)

allenare ❷ (NAUT, AERO) assettare; (*verstauen*) stivare ❸ (*Hund*) tosare; (*Rasen: scheren*) tagliare l'erba, falciare **II.** *vr* **sich ~** allenarsi

trinkbar *adj* bevibile; (*Wasser*) potabile

trinken [ˈtrɪŋkən] <trinkt, trank, getrunken> *vt, vi* bere; **aus der Flasche ~** bere dalla bottiglia; **in** [*o* **mit**] **kleinen Schlucken ~** bere a centellini; **was möchten Sie ~?** che cosa prende da bere?; **einen ~** (*fam*) bere qc di alcolico; **einen ~ gehen** (*fam*) andare a bere un bicchierino; **auf jds Wohl ~** bere alla salute di qu

Trinker(in) <-s, -; -, -nen> *m(f)* bevitore, -trice *m, f*

trinkfest *adj* che regge l'alcool

Trinkgeld *n* mancia *f;* **Trinkglas** <-es, -gläser> *n* bicchiere *m;* **Trinkhalm** *m* cannuccia *f* (per bibite); **Trinkkur** *f* cura *f* delle acque termali; **Trinkspruch** *m* brindisi *m;* **einen ~ auf jdn ausbringen** brindare a qu

Trinkwasser *n* acqua *f* potabile; **kein ~!** acqua non potabile!; **Trinkwasseraufbereitung** *f* depurazione *f* dell'acqua; **Trinkwasserversorgung** *f* approvvigionamento *m* di acqua potabile

Trio [ˈtriːo] <-s, -s> *n* (MUS) trio *m*

Trip [trɪp] <-s, -s> *m* ❶ (*fam: Ausflug*) gita *f* ❷ (*sl: Rauschgift~*) trip *m*

trippeln [ˈtrɪpəln] *vi sein* camminare a passettini

Tripper [ˈtrɪpɐ] <-s, -> *m* gonorrea *f*

trist [trɪst] *adj* (*geh*) mesto, triste

tritt [trɪt] *3. pers sing pr von* **treten**

Tritt [trɪt] <-(e)s, -e> *m* ❶ (*Schritt*) passo *m* ❷ (*Fuß~*) calcio *m,* pedata *f;* **jdm einen ~ geben** [*o* **versetzen**] dare un calcio a qu

Trittbrett *n* predellino *m,* pedana *f;* **Trittbrettfahrer** *m* (*pej*) sciacallo *m*

Trittleiter *f* scaleo *m*

Triumph [triˈʊmf] <-(e)s, -e> *m* trionfo *m*

triumphal [triʊmˈfaːl] *adj* trionfale; **~er Erfolg** successo trionfale

Triumphbogen *m* arco *m* trionfale; **Triumphgeschrei** <-s> *kein Pl n* grido *m* di vittoria

triumphieren [triʊmˈfiːrən] <ohne ge-> *vi* trionfare; **triumphierend I.** *adj* trionfante **II.** *adv* trionfalmente

Triumphzug *m* ingresso *m* trionfale

trivial [triˈvi̯aːl] *adj* triviale

Trivialität [trivi̯aliˈtɛːt] <-, -en> *f* trivialità *f*

Trivialliteratur *f* letteratura *f* triviale

trocken [ˈtrɔkən] *adj* ❶ (*nicht nass, a Wetter*) asciutto; (*ausgetrocknet, regenfrei, a Luft, Boden, Haut*) secco; (GEOG) arido; **im Trockenen** (*vor Regen geschützt*) al riparo; ~ **aufbewahren!** tenere all'asciutto!, preservare dall'umidità!; **auf dem Trockenen sitzen** (*fig*) essere in bolletta ❷ (*Wein*) secco ❸ (*fig: nüchtern*) prosaico, sobrio; (*langweilig*) noioso; (*Antwort*) asciutto, secco; **Trockendock** *n* bacino *m* di carenaggio; **Trockengestell** *n* essicatoio *m*; **Trockenhaube** *f* casco *m*; **Trockenheit** <-, -en> *f* asciuttezza *f*; (*a fig*) aridità *f*; **trocken|legen** *vt* ❶ (*Kind*) cambiare i pannolini a ❷ (*Sumpf*) prosciugare; **Trockenmilch** *f* latte *m* in polvere; **Trockenobst** *n* frutta *f* secca; **Trockenrasur** <-, -en> *f* rasatura *f* a secco; **trocken|reiben** <reibt trocken, rieb trocken, trockengerieben> *vt* asciugare strofinando; **Trockenspiritus** *m* spirito *m* solido, meta *f*; **Trockenwäsche** *f* biancheria *f* asciutta

trocknen ['trɔknən] I. *vt haben* asciugare, essiccare II. *vi sein* asciugare, essiccarsi
Trockner <-s, -> *m* asciugabiancheria *m*
Troddel ['trɔdəl] <-, -n> *f* ghianda *f*; (*Quaste*) nappa *f*
Trödel ['trøːdəl] <-s> *kein Pl m* ❶ (*fam: Dinge*) cianfrusaglia *f* ❷ *s.* **Trödelmarkt**
Trödelei [trøːdəˈlaɪ] <-, -en> *f* (*fam*) baloccarsi *m*
Trödelkram *m* (*fam*) *s.* **Trödel**; **Trödelmarkt** *m* mercatino *m* delle pulci
trödeln ['trøːdəln] *vi* (*fam*) baloccarsi, gingillarsi
Trödler(in) <-s, -; -, -nen> *m(f)* ❶ (*Altwarenhändler*) rigattiere, -a *m, f* ❷ (*fam: Bummler*) gingillone, -a *m, f*
troff [trɔf] *1. u 3. pers sing imp von* **triefen**
trog [troːk] *1. u 3. pers sing imp von* **trügen**
Trog [troːk, *pl:* 'trøːgə] <-(e)s, Tröge> *m* trogolo *m*
trollen ['trɔlən] *vr* **sich ~** (*fam*) andarsene a testa bassa
Trommel ['trɔməl] <-, -n> *f* tamburo *m*; **die ~ für etw rühren** (*fam*) battere la grancassa per qc; **Trommelfell** *n* (ANAT) timpano *m*
trommeln *vi* (*auf Trommel*) sonare il tamburo; (*mit Fingern*) tamburellare; **auf etw** *acc* **~** tamburellare su qc
Trommelrevolver *m* pistola *f* a tamburo; **Trommelstock** *m* bacchetta *f* del tamburo; **Trommelwirbel** *m* rullo *m*
Trommler(in) <-s, -; -, -nen> *m(f)* sonatore, -trice *m, f* di tamburo
Trompete [trɔmˈpeːtə] <-, -n> *f* tromba *f*
trompeten <ohne ge-> *vi* sonare la tromba
Trompeter(in) <-s, -; -, -nen> *m(f)* sona-

tore, -trice *m, f* di tromba, trombettiere, -a *m, f*
Tropen ['troːpən] *pl* tropici *mpl*, zona *f* tropicale; **Tropenhelm** *m* casco *m* coloniale; **Tropenkrankheit** *f* malattia *f* tropicale
Tropf [trɔpf] <-(e)s, -e> *m* (MED) fleboclisi *f*; **am ~ hängen** avere la fleboclisi
tröpfeln ['trœpfəln] I. *vt haben* versare a gocce II. *vi haben o sein* (*herunter~*) gocciolare; **es tröpfelt** (*fam: es regnet*) pioviggina
tropfen ['trɔpfən] I. *vi* ❶ *haben* (*Wasserhahn, Kanne*) gocciolare ❷ *sein* (*Schweiß, Regen, Wasser*) gocciolare; **der Schweiß tropfte mir von der Stirn** la mia fronte grondava di sudore, il sudore mi colava dalla fronte II. *vt haben* far gocciolare
Tropfen <-s, -> *m* goccia *f*; **bis auf den letzten ~** fino all'ultima goccia; **ein guter ~** un buon vino; **das ist ein ~ auf den heißen Stein** (*fam*) è una goccia nel mare; **tropfenweise** *adv* a goccia a goccia
tropfnass^RR ['trɔpfnas] *adj* grondante d'acqua; **Tropfstein** *m* (*Ab~*) stalattite *f*; (*Auf~*) stalagmite *f*; **Tropfsteinhöhle** *f* grotta *f*
Trophäe [troˈfɛːə] <-, -n> *f* trofeo *m*
tropisch *adj* tropicale
Tross^RR [trɔs] <-es, -e> *m*, **Troß**^ALT [trɔs] <-sses, -sse> *m* ❶ (MIL) treno *m* ❷ (*fig: Gefolge*) seguito *m*; (*pej*) cricca *f*
Trost [troːst] <-es> *kein Pl m* consolazione *f*, conforto *m*; **als** [*o* **zum**] **~ bekommst du ...** per consolarti ricevi ...; **du bist wohl nicht ganz** [*o* **recht**] **bei ~?** (*fam*) sei matto?
trösten ['trøːstən] I. *vt* consolare, confortare II. *vr* **sich ~** consolarsi; **sich mit etw ~** consolarsi con qc; **sich mit einer anderen Frau ~** consolarsi con un'altra donna
Tröster(in) <-s, -; -, -nen> *m(f)* consolatore, -trice *m, f*
tröstlich *adj* consolante; (*beruhigend*) rassicurante
trostlos *adj* ❶ (*Mensch*) desolato ❷ (*Sache, Zustand*) desolante; (*hoffnungslos*) disperato, sconfortante; **Trostlosigkeit** <-> *kein Pl f* ❶ (*Untröstlichkeit*) desolazione *f* ❷ (*Hoffnungslosigkeit*) disperazione *f*; **Trostpflaster** *n* piccola consolazione *f*; **Trostpreis** *m* premio *m* di consolazione; **trostreich** *adj* confortante, consolante
Tröstung <-, -en> *f* consolazione *f*, conforto *m*; (*durch Worte*) parole *fpl* di conforto

Trott [trɔt] <-(e)s, -e> m ➊ (*von Pferd*) trotto m ➋ (*fig fam: eintöniger Ablauf*) tran tran m

Trottel <-s, -> m (*fam pej*) cretino m, deficiente m

trottelig adj (*fam pej*) rimbambito, rimbecillito

trotten vi sein trottare

Trottoir [trɔ'toaːɐ, pl: trɔ'toaːrə] <-s, -e o -s> n (*dial*) marciapiede m

trotz [trɔts] prp +gen o dat malgrado, a dispetto di, nonostante; ~ **all(ed)em** malgrado tutto, ciononostante

Trotz [trɔts] <-es> kein Pl m ostinazione f; **aus** ~ per dispetto; **jdm/etw zum** ~ a dispetto di qu/qc; **Trotzalter** n età f dell'opposizione

trotzdem I. adv tuttavia, nonostante ciò II. konj (*fam*) anche se

trotzen vi (*geh*) sfidare; **jdm/etw** ~ sfidare qu/qc

trotzig adj ostinato, caparbio

Trotzkopf m testa f dura; **Trotzreaktion** f reazione f cocciuta

trüb(e) [tryːp ('tryːbə)] adj ➊ (*Flüssigkeit*) torbido; (*Glasscheibe, Spiegel*) opaco; (*beschlagen*) appannato; **im Trüben fischen** (*fam*) pescare nel torbido ➋ (*Himmel*) nuvoloso, coperto, grigio; (*Wetter*) cupo, nuvoloso; (*Augen*) spento; (*Blick*) cupo ➌ (~ *sinnig*) tetro, afflitto

Trubel ['truːbəl] <-s> kein Pl m trambusto m, confusione f

trüben I. vt ➊ (*Flüssigkeit*) intorbidire ➋ (*Himmel*) offuscare ➌ (*fig: Stimmung, Freude, Freundschaft*) guastare; (*Blick, Urteil*) offuscare II. vr sich ~ (*Himmel*) rannuvolarsi

Trübsal ['tryːpzaːl] <-> kein Pl f (*geh*) afflizione f; ~ **blasen** (*fam*) essere abbattuto; **trübselig** adj malinconico; **Trübsinn** m malinconia f; **trübsinnig** adj tetro, malinconico

Trübung <-, -en> f intorbidamento m

trudeln ['truːdəln] vi sein (AERO) cadere a vite

Trüffel ['trʏfəl] <-, -n> f tartufo m

trug [truːk] 1. u 3. pers sing imp von **tragen**

Trug [truːk] <-(e)s> kein Pl m (*geh: Täuschung*) inganno m; (*Schein*) illusione f; **Trugbild** n allucinazione f, illusione f

trügen ['tryːgən] <trügt, trog, getrogen> I. vi ingannare II. vt indurre in errore; **wenn mich nicht alles trügt, …** se non mi sbaglio, …

trügerisch adj ingannevole, illusorio

Trugschluss[RR] m falsa conclusione f

Truhe ['truːə] <-, -n> f cassone m, cofano m

Trümmer ['trʏmɐ] pl (*Bruchstücke*) frammenti mpl; (*Ruinen*) rovine fpl, ruderi mpl; (*Schutt*) macerie fpl; **in** ~ **gehen** andare in rovina; **Trümmerfeld** n campo m di rovine; **Trümmerhaufen** m mucchio m di rovine, ammasso m di macerie

Trumpf [trʊmpf, pl: 'trʏmpfə] <-(e)s, Trümpfe> m atout m; ~ **ausspielen** giocare la carta vincente; **alle Trümpfe in der Hand haben** (*fig*) avere tutti i vantaggi dalla sua

Trunk [trʊŋk, pl: 'trʏŋkə] <-(e)s, rar Trünke> m (*geh*) ➊ (*Getränk*) bevanda f ➋ (*pej: ~ sucht*) bere m, vizio m del bere

trunken adj (*geh*) ebbro; **vor** [o **von**] **etw** ~ **sein** essere ebbro di qc

Trunkenbold ['trʊŋkənbɔlt] <-(e)s, -e> m (*pej*) beone m, ubriacone m; **Trunkenheit** <-> kein Pl f ubriachezza f; ~ **am Steuer** guida in stato di ubriachezza

Trunksucht f alcolismo m; **trunksüchtig** adj alcolizzato

Trupp [trʊp] <-s, -s> m gruppo m, frotta f; (*Mannschaft*) squadra f; (MIL) pattuglia f, drappello m, reparto m

Truppe ['trʊpə] <-, -n> f ➊ (MIL) truppa f ➋ (*Schauspiel~*) compagnia f

Truppenabzug <-(e)s> kein Pl m ritiro m delle truppe; **Truppenbewegung** f movimento m di truppe; **Truppenübung** f manovre fpl; **Truppenübungsplatz** m piazza f d'armi

Trust [trast] <-(e)s, -e o -s> m trust m

Truthahn ['truːthaːn] m tacchino m (maschio); **Truthenne** f tacchina f

Tscheche ['tʃɛçə] <-n, -n> m ceco m

Tschechien ['tʃɛçiən] n Repubblica f Ceca

Tschechin ['tʃɛçɪn] <-, -nen> f ceca f

tschechisch adj ceco

Tschechoslowakei [tʃɛçoslova'kaɪ] f **die** ~ (HIST) la Cecoslovacchia

tschechoslowakisch [tʃɛçoslo'vaːkɪʃ] adj (HIST) cecoslovacco

tschüs, tschüss[RR] [tʃʏs] int (*fam*) ciao

Tsetsefliege ['tsɛtsefliːgə] f mosca f tsè tsè

T-Shirt ['tiːʃœːt] <-s, -s> n t-shirt f, maglietta f

TU [teːˈʔuː] <-, -s> f abk v **Technische Universität** Università f Tecnica, Politecnico m

Tuba ['tuːba, pl: 'tuːbən] <-, Tuben> f ➊ (MUS) tuba f ➋ (MED) tuba f, tromba f

Tube ['tuːbə] <-, -n> f tubo m, tubetto m; **auf die** ~ **drücken** (*fam*) pigiare l'acceleratore

tuberkulös [tubɛrku'løːs] *adj* tubercolotico

Tuberkulose [tubɛrku'loːzə] <-, -n> *f* (MED) tubercolosi *f*

Tübingen ['tyːbɪŋən] *n* Tubinga *f*

Tuch[1] [tuːx] <-(e)s, -e> *n* (*Stoff*) panno *m*

Tuch[2] <-(e)s, Tücher> *n* (*Stück Stoff*) pezza *f*; (*Kopf~, Hals~*) fazzoletto *m*; (*Hals~*) foulard *m*

Tuchballen *m* balla *f* di panno

Tuchent <-, -en> *f* (*A: Federbett*) piumino *m*, piumone *m*

Tuchfühlung *f* auf ~ gehen entrare in contatto; in ~ bleiben rimanere in contatto

Tuchhändler(in) *m(f)* commerciante *mf* di panni

tüchtig ['tʏçtɪç] I. *adj* ❶ (*gut*) buono, bravo; (*fähig*) capace, abile; (*erfahren*) versato; (*fleißig*) diligente ❷ (*fam: groß, stark*) grande, grosso; (*beachtlich*) notevole, considerevole II. *adv* (*fam: sehr, viel*) bene, per bene; (*mit Kraft*) forte, fortemente; **Tüchtigkeit** <-> *kein Pl* *f* (*Fähigkeit*) capacità *f*, abilità *f*; (*Tüchtigsein*) bravura *f*, valore *m*

Tücke ['tʏkə] <-, -n> *f* ❶ *sing* (*Bosheit*) malvagità *f*, perfidia *f*; die ~ des Objekts la malignità delle cose ❷ (*heimtückische Tat*) insidia *f*, brutto tiro *m* ❸ (*Gefahr*) pericolo *m*

tuckern ['tʊkən] *vi* scoppiettare

tückisch *adj* ❶ (*heim~*) insidioso ❷ (*unberechenbar*) imprevedibile

Tüftelei [tʏftə'laɪ] <-, -en> *f* meticolosità *f*, lavoro *m* di pazienza

tüfteln ['tʏftəln] *vi* (*fam*) sottilizzare, pignoleggiare

Tugend ['tuːgənt] <-, -en> *f* virtù *f*; **tugendhaft** *adj* virtuoso

Tüll [tʏl] <-s, -e> *m* tulle *m*

Tülle ['tʏlə] <-, -n> *f* ❶ (*von Kanne*) becco *m* ❷ (TEC) bussola *f*, boccola *f*

Tulpe ['tʊlpə] <-, -n> *f* tulipano *m*

tummeln ['tʊməln] *vr* sich ~ ❶ (*umhertollen*) scorrazzare ❷ (*dial: sich beeilen*) muoversi, spicciarsi *fam*

Tumor ['tuːmoːɐ̯] <-s, Tumoren *o fam* Tumore> *m* (MED) tumore *m*

Tümpel ['tʏmpəl] <-s, -> *m* pozzanghera *f*; (*größerer~*) stagno *m*

Tumult [tu'mʊlt] <-(e)s, -e> *m* tumulto *m*

tun [tuːn] <tut, tat, getan> I. *vt* ❶ (*machen*) fare; gut ~ far bene, giovare; **Gutes** ~ fare del bene; **sein Bestes** ~ fare del proprio meglio; **viel/wenig zu** ~ **haben** avere molto/poco da fare; **mit etw nichts zu** ~ **haben** non avere niente a che fare con qc; **damit ist es nicht getan** non basta, non è finita; **so etw tut man nicht**

questo non si fa; **meine Uhr tut es nicht** (*fam*) il mio orologio non funziona [*o* va]; **das tut nichts zur Sache** questo non c'entra; **du kannst ~ und lassen, was du willst** (*fam*) sei libero di fare quello che vuoi; **tu, was du nicht lassen kannst!** (*fam*) fallo se proprio vuoi; **tu mir** (**bitte**) **nichts!** non farmi niente, per favore!; **kannst du mir den Gefallen ~ und …?** puoi farmi il favore di +*inf*?; **was kann ich für Sie ~?** cosa posso fare per Lei?, in che cosa posso servirLa? ❷ (*setzen, stellen, legen*) mettere II. *vi* fare; **wohl ~** (*geh*) fare del bene; (*angenehm sein*) fare bene; (*lindernd sein*) dare sollievo; **so ~, als ob …** far finta di +*inf*; **er tut nur so** fa solo per finta; **tu doch nicht so dumm!** (*fam*) non fare lo stupido!; **Sie täten besser daran zu** +*inf* Lei farebbe meglio a +*inf* III. *vr* **sich** ~ ❶ (*geschehen*) succedere; **hier hat sich inzwischen einiges getan** qui nel frattempo è successo qualcosa ❷ **sich mit etw schwer** ~ avere difficoltà con qc

Tun <-s> *kein Pl* *n* ❶ (*Beschäftigung*) occupazione *f*, fare *m* ❷ (*Verhalten*) comportamento *m*, condotta *f*

Tünche ['tʏnçə] <-, -n> *f* intonaco *m* di calce

tünchen *vt* intonacare, imbiancare

Tundra ['tʊndra, *pl:* 'tʊndrən] <-, Tundren> *f* tundra *f*

tunen ['tjuːnən] *vt* (AUTO) truccare (un motore)

Tuner ['tjuːnər] *m* (EL) tuner *m*, sintonizzatore *m*

Tunesien [tu'neːziən] *n* Tunisia *f*

Tunesier(in) <-s, -; -, -nen> *m(f)* tunisino, -a *m, f*

tunesisch *adj* tunisino

Tunfisch[RR] ['tuːnfɪʃ] *m* tonno *m*

Tunichtgut ['tuːnɪç(t)guːt] <- *o* -(e)s, -e> *m* fannullone, -a *m, f*

Tunke ['tʊŋkə] <-, -n> *f* (GASTR) salsa *f*, sugo *m*

tunken *vt* (*dial*) intingere, inzuppare

tunlich ['tuːnlɪç] *adj* ❶ (*möglich*) possibile ❷ (*angebracht*) opportuno

tunlichst ['tuːnlɪçst] *adv* etw ~ **vermeiden** evitare possibilmente qc

Tunnel ['tʊnəl] <-s, - *o* -s> *m* tunnel *m*

Tunte ['tʊntə] <-, -n> *f* (*pej*) ❶ (*Frau*) befana *f* ❷ (*Homosexueller*) finocchio *m*

Tüpfel ['tʏpfəl] <-s, -> *mn*, **Tüpfelchen** ['tʏpfəlçən] <-s, -> *n* punto *m*, puntino *m*

tüpfeln *vt* punteggiare, macchiettare

tupfen ['tʊpfən] *vt* ❶ (*tippen*) toccare con la punta delle dita ❷ (*ab~*) detergere

Tupfen <-s, -> *m* (*Fleck*) macchia *f*;

(*Punkt*) punto *m;* **mit weißen ~** a punti bianchi

Tupfer <-s, -> *m* ❶ (*Fleck*) macchiolina *f* ❷ (MED) tampone *m*

Tür [ty:ɐ̯] <-, -en> *f* porta *f;* (*Wagen~*) portiera *f;* **bei verschlossenen ~en** a porte chiuse; **~ an ~ mit jdm wohnen** abitare porta a porta con qu; **zwischen ~ und Angel** (*fam*) su due piedi; **jdm die ~ vor der Nase zuschlagen** sbattere la porta in faccia a qu; **jdm die ~en einrennen** (*fam*) continuare a cercare qu per i soliti motivi; **offene ~en einrennen** (*fam*) sfondare porte aperte; **mit der ~ ins Haus fallen** (*fam*) non fare tanti preamboli; **vor der ~ stehen** (*fig*) essere imminente; **ihm stehen alle ~en offen** (*fig*) ha tutte le porte aperte

Türangel *f* cardine *m* della porta

Turban ['tʊrbaːn] <-s, -e> *m* turbante *m*

Turbine [tʊr'biːnə] <-, -n> *f* turbina *f;* **Turbinenantrieb** *m* propulsione *f* a turbina

turbulent [tʊrbu'lɛnt] *adj* turbolento; **Turbulenz** [tʊrbu'lɛnts] <-, -en> *f* turbolenza *f*

Türflügel <-s, -> *m* battente *m* (della porta); **Türgriff** *m* maniglia *f* (della porta)

Turin [tu'riːn] *n* Torino *f*

Türke ['tʏrkə] <-n, -n> *m* turco *m*

Türkei [tʏr'kaɪ] <-> **die ~** la Turchia

türken *vt* (*fam: Interview*) manipolare; (*Angaben, Papiere*) falsificare; (*Filmszene*) truccare

Türkin ['tʏrkɪn] <-, -nen> *f* turca *f*

türkis [tʏr'kiːs] <*geh:* inv> *adj* turchese

Türkis[1] <-es, -e> *m* (MIN) turchese *f*

Türkis[2] <-> *kein Pl n* (*Farbe*) turchese *m*

türkisch ['tʏrkɪʃ] *adj* turco

Türklinke *f* maniglia *f* (della porta)

Turm [tʊrm, *pl:* 'tʏrmə] <-(e)s, Türme> *m* ❶ (*Bauwerk*) torre *f;* (*Burg~*) torrione *m;* (*Kirch~*) campanile *m,* torre *f* campanaria ❷ (*Sprung~*) trampolino *m* ❸ (MIL, MAR, AERO) torretta *f*

Türmchen ['tʏrmçən] <-s, -> *n* torretta *f*

türmen ['tʏrmən] **I.** *vt* impilare **II.** *vr* **sich ~** ergersi **III.** *vi sein* (*fam: weglaufen*) tagliare la corda

Turmfalke <-n, -n> *m* gheppio *m*

turmhoch *adj* alto come una torre; (*Überlegenheit*) schiacciante

Turmspringen <-s> *kein Pl n* (SPORT) tuffi *mpl*

Turmuhr *f* orologio *m* (della torre)

Turnanzug *m* tuta *f* da ginnastica

turnen ['tʊrnən] *vi* fare ginnastica; **Turnen** <-s> *kein Pl n* ginnastica *f*

Turner(in) <-s, -; -, -nen> *m(f)* ginnasta *mf*

Turngerät *n* attrezzo *m* ginnico; **Turnhalle** *f* palestra *f*

Turnier [tʊr'niːɐ̯] <-s, -e> *n* concorso *m,* gara *f;* (*Ritter~, Tennis~*) torneo *m*

Turnlehrer(in) *m(f)* insegnante *mf* di ginnastica; **Turnsaal** *m* (*A: Turnhalle*) palestra *f;* **Turnschuh** *m* scarpa *f* da tennis; (*für Gymnastik*) scarpa *f* da ginnastica; **Turnunterricht** *m* insegnamento *m* di ginnastica, lezione *f* di ginnastica

Turnus ['tʊrnʊs] <-, -se> *m* turno *m;* **im ~ von ...** a intervalli di ...

Turnverein *m* circolo *m* atletico

Türöffner *m* pulsante *m* apriportone; **Türpfosten** *m* montante *m* della porta, stipite *m;* **Türrahmen** *m* intelaiatura *f* della porta, infisso *m;* **Türschloss**[RR] <-es, -schlösser> *n* serratura *f* (della porta); **Türschnalle** <-, -n> *f* (*A: Türklinke*) maniglia *f* della porta; **Türschwelle** *f* soglia *f;* **Türsteher** <-s, -> *m* buttafuori *m;* **Türstock** <-s, -e> *m* (*A: Türrahmen*) intelaiatura *f* della porta, infisso *m*

turteln ['tʊrtəln] *vi* (*a fig*) tubare

Tusch [tʊʃ] <-(e)s, -e> *m* fanfara *f*

Tusche ['tʊʃə] <-, -n> *f* inchiostro *m* di china

tuscheln ['tʊʃəln] *vi* sussurrare, bisbigliare

Tuschkasten *m* scatola *f* degli inchiostri di china; **Tuschzeichnung** *f* disegno *m* a china

Tussi ['tʊsi] <-, -s> *f* (*fam pej*) tipa *f,* pupa *f;* **so eine blöde ~!** che scema quella!

Tüte ['tyːtə] <-, -n> *f* (*kleine, spitze*) cartoccio *m;* (*größere*) sacchetto *m,* busta *f;* (**das**) **kommt nicht in die ~!** (*fam*) neanche per sogno!

tuten ['tuːtən] *vi* suonare la cornetta; **von Tuten und Blasen keine Ahnung haben** (*fam*) non capire un tubo

TÜV [tyf] <-(s), -s> *m akr v* **Technischer Überwachungs-Verein** ufficio *m* di sorveglianza tecnica; **durch den ~ kommen** passare la revisione; **mein Wagen hat noch ein Jahr ~** devo far revisionare la macchina fra un anno; **TÜV-Plakette** <-, -n> *f* etichetta *f* che attesta la revisione tecnica di un veicolo

TV ❶ *abk v* **Television** TV ❷ *abk v* **Turnverein** circolo *m* atletico; **TV-Kochstudio** *n* studio televisivo allestito per ospitare una trasmissione di cucina; **TV-Premiere** *f* prima *f* TV; **TV-Schrott** *m* (*fam*) TV *f* spazzatura

Twen [tvɛn] <-(s), -s> *m* twen *m*

Twist <-s, -s> *m* (*Tanz*) twist *m*

Typ [ty:p] <-s, -en> *m* tipo *m;* **er ist nicht mein ~** (*fam*) non è il mio tipo

Type ['ty:pə] <-, -n> *f* ❶ (TYP) carattere *m* ❷ (*fam pej: Mensch*) tipo *m*, sagoma *f*

Typenradschreibmaschine <-, -n> *f* macchina *f* da scrivere a margherita

Typhus ['ty:fʊs] <-> *kein Pl m* tifo *m*

typisch ['ty:pɪʃ] *adj* tipico, caratteristico

typisieren [typi'zi:rən] <ohne ge-> *vt* (*A: ein Gerät prüfen und zulassen*) standardizzare, omologare

typographisch [typo'gra:fɪʃ] *adj* tipografico

Typus ['ty:pʊs, *pl:* 'ty:pən] <-, Typen> *m* tipo *m*

Tyrann(in) [ty'ran] <-en, -en; -, -nen> *m(f)* tiranno, -a *m, f*

Tyrannei [tyra'naɪ] <-, -en> *f* tirannia *f*

Tyrannin *f s.* **Tyrann**

tyrannisch *adj* tirannico

tyrannisieren [tyrani'zi:rən] <ohne ge-> *vt* tiranneggiare

U u

U, u [uː] <-, -(s)> *n* U, u *f;* **U wie Ulrich** U come Udine

u. a. ➊ *abk v* **und andere(s)** ed altro, -i ➋ *abk v* **unter anderem** tra l'altro

u. Ä.ᴿᴿ *abk v* **und ähnliche(s)** e sim.

u. A. w. g. *abk v* **um Antwort wird gebeten** RSVP

UB [uːˈbeː] <-, -s> *f abk v* **Universitätsbibliothek** biblioteca universitaria

U-Bahn [ˈuːbaːn] *f* metropolitana *f,* sotterranea *f;* **U-Bahn-Netz** *n* rete *f* della metropolitana; **U-Bahn-Station** *f* stazione *f* della metropolitana

übel [ˈyːbəl] **I.** *adj* (*schlecht*) cattivo; (*schlimm*) brutto; **mir ist** [*o* **wird**] **~** mi sento male; (**das ist gar**) **nicht** (**so**) **~** (*fam*) mica male; **er hat einen üblen Ruf** ha una cattiva fama **II.** *adv* male; **~ riechen** avere un cattivo odore, puzzare; **~ dran sein** essere a mal partito; **ich hätte nicht ~ Lust zu ...** non mi dispiacerebbe affatto +*inf;* **Übel** <-s, -> *n* male *m;* **das kleinere ~** il meno peggio; **ein notwendiges ~** un male neccessario; **zu allem ~** per il colmo delle sventure

übelgelaunt *adj* di malumore

Übelkeit <-> *kein Pl f* nausea *f*

übel|nehmenᴬᴸᵀ *vt s.* **nehmen 8.**

übelriechend *adj* maleodorante, puzzolente; (*Atem*) cattivo

Übelstand *m* (*geh*) inconveniente *m;* **einem ~ abhelfen** rimediare a un inconveniente

Übeltat *f* (*geh*) misfatto *m poet;* (*Verbrechen*) delitto *m;* **Übeltäter(in)** *m(f)* malfattore, -trice *m, f;* (*Verbrecher*) delinquente *mf*

übel|wollen <will übel, wollte übel, übelgewollt> *vi* (*geh*) **jdm ~** voler (del) male a qu

üben [ˈyːbən] **I.** *vt* ➊ (*trainieren*) fare esercizi di; (*Gedächtnis*) esercitare ➋ (*tun*) fare, commettere; **Kritik an etw** *dat* **~** criticare qc; **Verrat an jdm ~** (*geh*) commettere un tradimento nei confronti di qu **II.** *vi* esercitarsi, fare esercizio **III.** *vr* **sich ~** esercitarsi; **sich in etw** *dat* **~** esercitarsi in qc

über [ˈyːbə] **I.** *prp* +*acc o dat* ➊ (*Lage, Richtung*) sopra, su; (*oberhalb*) sopra, al di sopra di; (*auf die andere Seite*) dall'altra parte di; (*jenseits*) oltre; (*a fig*) al di là di; (*~ hinweg*) su, per; (*quer ~*) attraverso; (*auf dem Weg ~*) (passando) per; **~ die Straße gehen** attraversare la strada;

~ einen Graben springen saltare un fosso; **~ Bord gehen** cadere in mare; **nach Münster ~ Krefeld** a [*o* per] Münster passando per Krefeld; **bis ~ beide Ohren verliebt sein** essere innamorato cotto ➋ (*während*) durante; (*innerhalb*) tra, fra; (*hindurch*) per; **~ dem Lesen bin ich eingeschlafen** mi sono addormentato leggendo; **~ Weihnachten fahre ich nach Hause** vado a casa per Natale; **~ Nacht** (*fig: ganz plötzlich*) da un giorno all'altro ➌ (*kausal*) di, per; **~ der Aufregung habe ich vergessen, sie anzurufen** nell'eccitazione ho dimenticato di telefonarle ➍ (*von, betreffend*) di, su, intorno a; **ein Film ~ Gandhi** un film su Gandhi ➎ (*vermittels*) per, tramite ➏ (*in Höhe von*) di, da; **eine Rechnung ~ 1000 Euro** una fattura di 1000 euro ➐ (*von mehr als*) oltre; **Kinder ~ 6 Jahre** bambini oltre i sei anni ➑ (*haufenweise*) **Fehler ~ Fehler** errori su errori ➒ (*Überordnung*) sopra; **~ etw/ jdm stehen** (*fig*) essere superiore a qc/qu; **ich liebe Erdbeeren ~ alles** le fragole mi piacciono più di ogni altra cosa ➓ (*Grenze*) sopra; **12 Grad ~ Null** 12 gradi sopra zero **II.** *adv* ➊ (*mehr, länger als*) più di; **~ fünfzig** (**Jahre alt**) **sein** avere più di cinquant'anni ➋ (*völlig*) **~ und ~** da capo a piedi, completamente ➌ (*Zeitraum*) **die ganze Zeit ~** tutto il tempo; *s. a.* **überhaben**

überall [yːbɐˈʔal] *adv* dappertutto, ovunque; **überallher** [yːbɐˈʔalˈheːɐ] *adv* da tutte le parti; **überallhin** [yːbɐˈʔalˈhɪn] *adv* dappertutto, da tutte le parti

überaltert [yːbɐˈʔaltɐt] *adj* ➊ (soc) formato da troppe persone anziane ➋ (*überholt*) superato; **Überalterung** [yːbɐˈʔaltərʊŋ] <-> *kein Pl f* invecchiamento *m;* **~ der Vereinsmitglieder** età troppo avanzata dei soci

Überangebot *n* offerta *f* eccessiva; **ein ~ an etw** *dat* un'offerta eccessiva di qc

überängstlich *adj* troppo pauroso, apprensivo

überanstrengen [yːbɐˈʔanʃtrɛŋən] <ohne ge-> **I.** *vt* strapazzare, affaticare troppo **II.** *vr* **sich ~** strapazzarsi, affaticarsi troppo; **Überanstrengung** *f* fatica *f* eccessiva, strapazzo *m*

überarbeiten [yːbɐˈʔarbaɪtən] <ohne ge-> **I.** *vt* ritoccare, rivedere **II.** *vr* **sich ~** lavorare troppo

überaß [yːbɐˈʔaːs] *l.u 3.pers sing imp von* **überessen**

überaus [ˈyːbɐʔaʊs *o* yːbɐˈʔaʊs] *adv* estremamente, *oft mit Superlativ übersetzt;* **er ist ~ geschickt** è abilissimo

überbacken [yːbɐˈbakən] <irr, ohne ge-> *vt* gratinare

Überbau <-(e)s, -ten> *m* ❶ *sing* (PHILOS) sovrastruttura *f* ❷ (ARCH) aggetto *m*

überbeanspruchen <ohne ge-> *vt* strapazzare; (TEC) sollecitare eccessivamente

Überbein *n* esostosi *f*

überbelasten <ohne ge-> *vt* sovraccaricare

überbelegt *adj* sovraffollato; **Überbelegung** <-, -en> *f* sovraffollamento *m*

überbelichten <ohne ge-> *vt* (FOTO) sovraesporre

Überbeschäftigung <-, -en> *f* (COM) sovraoccupazione *f*

überbetonen <ohne ge-> *vt* accentuare eccessivamente

überbevölkert *adj* sovrappopolato; **Überbevölkerung** *f* sovrappopolazione *f*

überbewerten <ohne ge-> *vt* sopravvalutare

überbieten [yːbɐˈbiːtən] <irr, ohne ge-> I. *vt* ❶ (*bei Auktion*) offrire più di; **jdn um 500 Euro ~** offrire 500 euro più di qu ❷ (*übertreffen*) **das ist an Unverschämtheit nicht mehr zu ~** è il colmo della sfacciataggine II. *vr* **sich ~** superarsi; **sich gegenseitig in etw** *dat* **~** fare a gara in qc

überbleiben <bleibt über, blieb über, übergeblieben> *vi sein* avanzare, rimanere

Überbleibsel [ˈyːbɐblaɪpsəl] <-s, -> *n* resto *m*

überblenden [yːbɐˈblɛndən] *vi* dissolvere

Überblick *m* ❶ (*Übersicht*) visione *f* generale; **einen ~ über etw** *acc* **haben** avere una visione generale di qc; **den ~ verlieren** perdere la visione d'insieme ❷ (*Aussicht*) panorama *m;* **der ~ über die Stadt** il panorama della città ❸ (*Zusammenfassung*) **ein kurzer ~ über etw** *acc* una breve sintesi su qc

überblicken [yːbɐˈblɪkən] <ohne ge-> *vt* ❶ (*Ausblick haben über*) abbracciare con lo sguardo ❷ (*fig: Übersicht haben über*) avere una visione d'insieme di; (*Lage*) dominare; **die Tragweite des Geschehens lässt sich im Moment noch nicht ~** le conseguenze dell'accaduto non sono ancora valutabili

überbringen [yːbɐˈbrɪŋən] <irr, ohne ge-> *vt* (*geh*) portare; (*aushändigen*) consegnare; **Überbringer(in)** <-s, -; -, -nen> *m(f)* portatore, -trice *m, f;* **zahlbar an** (**den**) **~** pagabile al portatore

überbrücken [yːbɐˈbrʏkən] <ohne ge-> *vt* (*fig: Gegensätze*) superare; (*Zeit*) riempire

Überbrückungsbeihilfe *f* sostegno *m* provvisorio

überdachen [yːbɐˈdaxən] <ohne ge-> *vt* coprire con un tetto

überdauern [yːbɐˈdaʊən] <ohne ge-> *vt* sopravvivere a

überdehnen [yːbɐˈdeːnən] <ohne ge-> *vt* tendere troppo; (*fig a*) dilatare

überdenken [yːbɐˈdɛŋkən] <irr, ohne ge-> *vt* riflettere su

überdeutlich *adj* chiarissimo

überdies [yːbɐˈdiːs] *adv* inoltre, oltre a ciò; (*obendrein*) per giunta

überdimensional [ˈyːbɐdimɛnzi̯onaːl] *adj* ultradimensionale

Überdosis *f* dose *f* eccessiva; (*bei Rauschgift*) overdose *f*

überdrehen [yːbɐˈdreːən] <ohne ge-> *vt* ❶ (*zu stark drehen*) girare troppo; (*Uhr*) caricare troppo; (*Schraube*) spanare ❷ (MOT) far andare fuori giri

überdreht *adj* (*fam*) eccitato

Überdruck <-(e)s, -drücke> *m* (PHYS) sovrappressione *f*

Überdruss^RR [ˈyːbɐdrʊs] <-es> *kein Pl m,* **Überdruß**^ALT <-drusses> *kein Pl m* noia *f,* tedio *m;* **bis zum ~** fino alla nausea; **überdrüssig** [ˈyːbɐdrʏsɪç] *adj* **einer Sache** *gen* **~ sein/werden** essere stanco/stancarsi di qc

überdurchschnittlich *adj* superiore alla media

Übereifer <-s> *kein Pl m* zelo *m* esagerato, meticolosità *f;* **übereifrig** *adj* pignolo, meticoloso

übereignen [yːbɐˈʔaɪɡnən] <ohne ge-> *vt* trasferire

übereilen [yːbɐˈʔaɪlən] <ohne ge-> *vt* precipitare, affrettare (troppo); **übereilt** *adj* ❶ (*überhastet*) precipitato ❷ (*unüberlegt*) avventato

übereinander [yːbɐʔaɪˈnandɐ] *adv* ❶ (*räumlich*) uno sopra l'altro; **~ legen** mettere uno sopra l'altro, sovrapporre; **~ liegen** essere sovrapposto ❷ (*einander betreffend*) l'uno dell'altro

übereinander|legen^ALT *s.* **übereinander 1.**

übereinander|liegen^ALT *s.* **übereinander 1.**

überein|kommen [yːbɐˈʔaɪnkɔmən] <irr> *vi sein* accordarsi; **dahin ~, dass …**

accordarsi di +*inf*; **Übereinkommen** <-s, -> *n* accordo *m*, intesa *f*; **Übereinkunft** [y:bɐˈʔaɪnkʊnft, *pl*: y:bɐˈʔaɪnkʏnftə] <-, Übereinkünfte> *f* ❶ (*Einigung*) accordo *m*, intesa *f*; **nach** ~ previo accordo ❷ (*Vertrag*) contratto *m*

übereinIstimmen *vi* ❶ (*die gleiche Meinung haben*) **mit jdm** (**in etw** *dat*) ~ essere d'accordo con qu (su qc) ❷ (*gleich sein*) concordare; **mit etw** ~ concordare con [*o* corrispondere a] qc; **übereinstimmend** *adj* (*einhellig*) concorde, conforme; (*gleich*) identico; ~ **mit** conformemente a; **etw** ~ **erklären** dichiarare qc concordemente; **Übereinstimmung** *f* concordanza *f*; (*Harmonie*) armonia *f*, accordo *m*; **in** ~ **bringen** mettere d'accordo, accordare

überempfindlich *adj* ipersensibile
Überernährung *f* superalimentazione *f*
überessen [y:bɐˈʔɛsən] <überisst, überaß, übergessen> *vr* **sich an etw** *dat* ~ fare indigestione di qc
überfahren[1] [y:bɐˈfaːrən] <irr, ohne ge-> *vt* ❶ (*Mensch, Tier*) investire, prendere sotto *fam* ❷ (*Ampel*) oltrepassare ❸ (*fam: überrumpeln*) cogliere di sorpresa
überIfahren[2] [ˈy:bɐfaːrən] <fährt über, fuhr über, übergefahren> (*rar*) **I.** *vt haben* traghettare (*über den Fluss* dall'altra parte del fiume) **II.** *vi sein* attraversare
Überfahrt *f* traversata *f*
Überfall *m* assalto *m*; **der** ~ **auf jdn/etw** l'assalto a qu/qc; (*Raub~*) rapina *f*; **bewaffneter** ~ aggressione a mano armata
überfallen [y:bɐˈfalən] <irr, ohne ge-> *vt* ❶ (*angreifen, herfallen über*) attaccare (di sorpresa); (*a fig*) assalire, aggredire; (*Land*) invadere; (*Bank*) rapinare ❷ (*fig: Gedanken, Stimmung, Schlaf*) cogliere; (*Nacht*) cogliere di sorpresa
überfällig *adj* ❶ (*Verkehrsmittel*) in ritardo; **seit zwei Stunden** ~ **sein** essere in ritardo di due ore ❷ (*Wechsel*) scaduto
Überfallkommando *n* (*fam*) squadra *f* mobile
überfliegen [y:bɐˈfliːɡən] <irr, ohne ge-> *vt* ❶ (*hinwegfliegen über*) sorvolare ❷ (*fig: Text*) dare una scorsa a
überIfließen <irr> *vi sein* ❶ (*Flüssigkeit, Gefäß*) traboccare ❷ (*fig*) profondersi; **vor Dank** ~ profondersi in ringraziamenti
Überflug [ˈy:bɐfluːk, *pl*: ˈy:bɐflyːɡə] <-(e)s, Überflüge> *m* (AERO) sorvolo *m*
überflügeln [y:bɐˈflyːɡəln] <ohne ge-> *vt* superare, sorpassare
Überfluss[RR] *m* (sovr)abbondanza *f*; ~ **an etw** *dat* **haben** abbondare di qc; **im** ~ **leben** vivere nell'abbondanza; **zu allem** ~

per giunta, come se non bastasse; **ÜberflussgesellschaftRR** *f* società *f* opulenta
überflüssig *adj* superfluo; (*unnütz*) inutile
überfluten [y:bɐˈfluːtən] <ohne ge-> *vt* (*a fig*) inondare
überfordern [y:bɐˈfɔrdən] <ohne ge-> *vt* chiedere troppo a, esigere troppo da
überfragen [y:bɐˈfraːɡən] <ohne ge-> *vt* chiedere troppo a; **da bin ich überfragt** mi si chiede troppo
Überfremdung [y:bɐˈfrɛmdʊŋ] <-, -en> *f* affermazione *f* di elementi stranieri
überfressen [y:bɐˈfrɛsən] <überfrisst, überfraß, überfressen> *vr* **sich an etw** *dat* ~ mangiare troppo qc
überfrieren [y:bɐˈfriːrən] <überfriert, überfror, überfroren> *vi sein* ricoprirsi di uno strato di ghiaccio; **Glätte durch** ~ **de Nässe** strada sdrucciolevole per ghiaccio
Überfuhr <-, -en> *f* (A: *Fährboot*) traghetto *m*
überfuhr *1. u 3. pers sing imp von* **überfahren**
überführen [y:bɐˈfyːrən] <ohne ge-> *vt* ❶ (*transportieren*) trasportare; (*Gefangene*) tradurre ❷ (*Verbrecher*) provare la colpevolezza di; **Überführung** *f* ❶ (*Transportieren*) trasporto *m*, trasferimento *m*; (*von Gefangenen*) traduzione *f*; (*von Leiche*) traslazione *f* ❷ (*von Verbrecher*) dimostrazione *f* della colpevolezza ❸ (*Brücke*) cavalcavia *m*, sovrappassaggio *m*
Überfülle *f* (sovr)abbondanza *f* (*an* +*dat* di)
überfüllt [y:bɐˈfʏlt] *adj* sovraffollato
Überfüllung [y:bɐˈfʏlʊŋ] *f* sovraffollamento *m*; **wegen** ~ **geschlossen** chiuso perché al completo
überfüttern [y:bɐˈfʏtən] <ohne ge-> *vt* dare troppo da mangiare a, nutrire eccessivamente (*mit* di)
Übergabe *f* ❶ (*Aushändigung*) consegna *f*, rimessa *f* ❷ (MIL) resa *f*, capitolazione *f*
Übergang *m* ❶ (*Überqueren*) passaggio *m*; (*über Gebirge*) valico *m*; (*über Fluss*) traversata *f* ❷ (*Stelle zum Überqueren*) passaggio *m* ❸ (*fig: Wechsel*) passaggio *m*; **der** ~ **von der Schule zum Beruf** il passaggio dalla scuola al lavoro ❹ *sing* (*Zwischenlösung*) transizione *f*; **Übergangsbestimmung** *f* disposizione *f* transitoria; **übergangslos** *adv* senza transizione; **Übergangslösung** *f* soluzione *f* interlocutoria; **Übergangsmantel** *m* soprabito *m* da mezza stagione; **Übergangsphase** *f* fase *f* di transizione

Übergangsregelung *f* sistemazione *f* transitoria; **Übergangsstadium** *n* stadio *m* di transizione; **Übergangszeit** *f* ① (*zwischen Ereignissen, Epochen*) periodo *m* di transizione ② (*zwischen Jahreszeiten*) mezza stagione *f*

Übergardine *f* soprattenda *f*

übergeben [y:bɐ'ge:bən] <irr, ohne ge-> I. *vt* ① (*aushändigen*) consegnare; (*anvertrauen*) affidare; (*übereignen*) cedere ② (*Verbrecher*) consegnare ③ (*Amt*) trasmettere ④ (MIL) cedere II. *vr* sich ~ vomitare

über|gehen¹ ['y:bɐge:ən] <irr> *vi sein* ① (*den Besitzer wechseln*) passare; **vom Vater auf den Sohn** ~ passare di padre in figlio; **in andere Hände** ~ passare in altre mani ② (*fig: die Tätigkeit ändern*) passare; **zu etw** ~ passare a qc ③ (*sich wandeln*) trasformarsi; **in etw** *acc* ~ trasformarsi in qc; **ineinander** ~ (*Farben*) confondersi

übergehen² [y:bɐ'ge:ən] <irr, ohne ge-> *vt* ① (*auslassen*) tralasciare, omettere ② (*nicht berücksichtigen*) dimenticare, ignorare ③ (*nicht beachten*) non badare a

übergenau *adj* precisino, pignolo

übergeordnet *adj* superiore

Übergepäck <-s> *kein Pl n* bagaglio *m* eccedente

übergeschnappt ['y:bɐgəʃnapt] *adj* (*fam*) matto

übergessen [y:bɐ'gɛsən] *pp von* **überessen**

Übergewicht *n* ① *sing* (*zu viel Gewicht*) sovrappeso *m,* eccedenza *f* di peso; ~ **haben** essere in sovrappeso ② (*fig: größere Bedeutung*) preponderanza *f,* predominio *m;* ~ **haben** prevalere, predominare; **übergewichtig** *adj* in sovrappeso; ~ **sein** essere in sovrappeso

überglücklich *adj* felicissimo, esultante di gioia

über|greifen <irr> *vi* (*sich ausdehnen*) estendersi; **auf etw** *acc* ~ estendersi su [*o* in] qc; **die Epidemie hat auf andere Gebiete übergegriffen** l'epidemia si è estesa su altre zone

Übergriff *m* ① (MIL) invasione *f* ② (*Verletzung*) violazione *f;* ~ **auf etw** *acc* violazione di qc

Übergröße *f* (*Kleider~*) taglia *f* forte; (*Schuh~*) numero *m* più grande del normale

über|haben <irr> *vt* (*fam*) ① (*satt haben*) **jdn/etw** ~ averne abbastanza di qu/qc, essere stufo di qu/qc ② (*übrig haben*) **ich hatte nur einen Euro über** mi avanzava solo un euro

überhandᴿᴿ [y:bɐ'hant] *adv* ~ **nehmen** prendere il sopravvento, aumentare

überhand|nehmenᴬᴸᵀ *s.* **überhand**

Überhang *m* ① *bes.* COM) eccedenza *f* (*an* +*dat* di), avanzo *m* (*an* +*dat* di) ② (ARCH) sporto *m,* aggetto *m* ③ (*Felswand*) strapiombo *m* ④ (*Umhang*) mantellina *f*

über|hängen¹ <irr> *vi* **haben** *o* **sein** protendersi, sporgere

über|hängen² *vt* mettere sopra; **sich** *dat* **die Tasche** ~ mettersi la borsa in spalla

überhasten [y:bɐ'hastən] <ohne ge-> *vt* precipitare; **überhastet** I. *adj* precipitato II. *adv* precipitosamente

überhäufen [y:bɐ'hɔɪfən] <ohne ge-> *vt* (*mit Geschenken*) sommergere; **jdn mit etw** ~ sommergere qu di qc; **jdn mit Geld** ~ ricoprire qu di denaro; **jdn mit Vorwürfen** ~ colmare qu di rimproveri; **jdn mit Arbeit** ~ sovraccaricare qu di lavoro

überhaupt [y:bɐ'haʊpt] *adv* ① (*im Allgemeinen*) in genere ② (*besonders*) soprattutto ③ (*bei Verneinungen: ganz und gar*) assolutamente, affatto; ~ **nicht** non … assolutamente, non … affatto; ~ **nichts** proprio niente; **ich denke** ~ **nicht daran zu** … non ci penso neppure a +*inf;* **ich habe** ~ **keine Ahnung** non (ne) ho la minima idea ④ (*in Fragen: eigentlich*) ma, poi; **gibt es diesen Ausdruck** ~**?** ma esiste questa espressione?

überheblich [y:bɐ'he:plɪç] *adj* presuntuoso, arrogante; **Überheblichkeit** <-> *kein Pl f* presunzione *f,* arroganza *f*

überheizen [y:bɐ'haɪtsən] <ohne ge-> *vt* surriscaldare

überhitzen [y:bɐ'hɪtsən] <ohne ge-> *vt* surriscaldare; **überhitzt** [y:bɐ'hɪtst] *adj* (*Temperatur, Konjunktur*) surriscaldato; (*Charakter*) surriscaldato

überhöht [y:bɐ'hø:t] *adj* eccessivo

überholen¹ [y:bɐ'ho:lən] <ohne ge-> *vt* ① (*vorbeifahren, -gehen*) sorpassare; (SPORT, FIG) superare ② (TEC: *überprüfen*) revisionare, mettere a punto; **etw gründlich** ~ fare la revisione completa di qc

über|holen² ['y:bɐho:lən] *vi* (NAUT) ingavonarsi

Überholen [y:bɐ'ho:lən] <-s> *kein Pl n* ~ **verboten!** divieto di sorpasso!

Überholmanöver *n* manovra *f* di sorpasso; **Überholspur** *f* corsia *f* di sorpasso

überholt *adj* (*veraltet*) antiquato, vecchio

Überholverbot *n* divieto *m* di sorpasso

überhören [y:bɐ'hø:rən] <ohne ge-> *vt*

non sentire; (*absichtlich*) far finta di non sentire; (*nicht achten auf*) non badare a; **das möchte ich überhört haben!** (*fam*) preferisco far finta di non aver sentito

Über-Ich *n* (PSYCH) super-io *m*

überirdisch *adj* soprannaturale; (*göttlich*) divino; (*geistig*) spirituale

überißt^{ALT} *2. u 3. pers sing pr von* **überessen; überisst**^{RR} [y:bɐ'ʔɪst] *s.* **überessen**

Überkapazität <-, -en> *f* (COM) eccesso *m* di capacità produttiva

überkleben [y:bɐ'kle:bən] <ohne ge-> *vt* (*Aufschrift, Plakat*) incollare (sopra); **einen Gegenstand mit etw ~** incollare qc sopra un oggetto

über|kochen *vi sein* traboccare (bollendo), andare fuori (bollendo); **vor Wut ~** ribollire d'ira

überkommen [y:bɐ'kɔmən] **I.** <irr, ohne ge-> *vt sein* **ihn überkam** (**die**) **Furcht** fu colto dalla paura **II.** *adj* (*überliefert*) tramandato; (*herkömmlich*) tradizionale

überladen [y:bɐ'la:dən] <irr, ohne ge-> *vt* **jdn** (**mit etw**) **~** sovraccaricare qu (di qc)

überlagern [y:bɐ'la:gɐn] <ohne ge-> **I.** *vt* (*über etw liegen, überlappen*) sovrapporre; (*fig: überschneiden*) interferire, sovrapporre; **dies Alles wird überlagert durch ...** a tutto ciò si sovrappone ..., tutto ciò viene messo in ombra da ... **II.** *vr* **sich ~** sovrapporsi; **Überlagerung** *f* ❶ (*Übereinanderlagerung, Überlappung*) sovrapposizione *f*; (*fig: Überschneidung*) sovrapposizione *f,* interferenza *f* ❷ (*zu lange Lagerung*) immagazzinamento *m* protratto [*o* prolungato]

Überlandbus <-ses, -se> *m* autobus *m* (interurbano); **Überlandleitung** *f* elettrodotto *m*

Überlänge *f* lunghezza *f* eccessiva; **ein Film mit ~** un film di lunghezza eccessiva

überlappen [y:bɐ'lapən] <ohne ge-> *vr* **sich ~** sovrapporsi

überlassen [y:bɐ'lasən] <irr, ohne ge-> *vt* ❶ (*zur Verfügung stellen*) lasciare; (*abtreten*) cedere ❷ (*anvertrauen*) affidare ❸ (*anheim stellen*) lasciare, rimettere; **das überlasse ich Ihnen** mi rimetto a Lei; **~ Sie das bitte mir!** lasci fare a me; **diese Entscheidung müssen Sie schon mir ~** questa decisione deve lasciarla a me ❹ (*preisgeben*) **jdn seinem Schicksal ~** abbandonare qu al suo destino; **jdn sich** *dat* **selbst ~** abbandonare qu a sé stesso

überlasten [y:bɐ'lastən] <ohne ge-> *vt* sovraccaricare; (*jdn a*) oberare

Überlastung <-, -en> *f* sovraccarico *m*

Überlauf *m* sfioratore *m*

über|laufen¹ [y:bɐlaʊfən] <irr> *vi sein* ❶ (*Flüssigkeit, Gefäß*) traboccare ❷ (MIL) disertare; **zum Feind ~** passare al nemico

überlaufen² [y:bɐ'laʊfən] **I.** <irr, ohne ge-> *vt* ❶ (*laufend überwinden*) superare ❷ (*fig*) **es überlief mich kalt** (**dabei**) fui colto dai brividi **II.** *adj* sovraffollato

Überläufer *m* disertore *m*

überleben [y:bɐ'le:bən] <ohne ge-> **I.** *vt* **etw/jdn ~** sopravvivere a qc/qu **II.** *vr* **sich ~** passare; **das hat sich längst überlebt** ciò è superato, ha già fatto il suo tempo

Überlebende <ein -r, -n, -n> *mf* superstite *mf,* sopravvissuto, -a *m, f*

Überlebenschance *f* possibilità *f* di sopravvivenza; **überlebensgroß** ['y:bɐ'le:bənsgro:s] *adj* più grande del naturale; **Überlebenskampf** [y:bɐ'le:bənskampf, *pl:* y:bɐ'le:bənskɛmpfə] <-(e)s, Überlebenskämpfe> *m* lotta *f* per la sopravvivenza; **Überlebenskünstler(in)** *m(f)* (*fam*) mago *m* della sopravvivenza; **Überlebenstraining** *n* survival *m*

überlegen¹ [y:bɐ'le:gən] **I.** <ohne ge-> *vt* riflettere su, pensare a, considerare; **sich** *dat* **etw gut** [*o* **reiflich**] **~** riflettere bene su qc; **es sich** *dat* **anders ~** cambiare idea; **ich will es mir ~** ci penserò **II.** <ohne ge-> *vi* riflettere, meditare; **hin und her ~** pensarci su; **ohne lange zu ~** senza pensarci tanto

überlegen² *adj* superiore; **jdm an etw** *dat* **~ sein** essere superiore a qu per qc; **Überlegenheit** <-> *kein Pl f* superiorità *f*; **seine ~ jdm gegenüber zeigen** mostrare la propria superiorità su qu

überlegt **I.** *adj* ponderato, meditato; **wohl überlegt** ben ponderato **II.** *adv* con ponderazione; **wohl überlegt vorgehen** agire con ponderatezza

Überlegung <-, -en> *f* riflessione *f*; **nach reiflicher ~** dopo matura riflessione; **~en anstellen** fare delle riflessioni

über|leiten *vi* **zu etw ~** passare a qc; **Überleitung** *f* passaggio *m*; (*Verbindung*) collegamento *m*; **die ~ zu etw** il passaggio a qc

überlief *1. u 3. pers sing imp von* **überlaufen**²

überliefern [y:bɐ'li:fɐn] <ohne ge-> *vt* tramandare, trasmettere; **Überlieferung** *f* tradizione *f*

überlisten [y:bɐ'lɪstən] <ohne ge-> *vt* ingannare, sopraffare con astuzia

überm ['y:bəm] (*fam*) = **über dem** *s.* **über**

Übermacht *f* superiorità *f*, forza *f* superiore; (*Vorherrschaft*) predominio *m;* **in der ~ sein** essere superiore; **übermächtig** *adj* ❶ (*Institution*) strapotente; (*Gegner*) superiore ❷ (*Gefühl*) incontenibile; (*Wunsch, Verlangen*) irresistibile

übermannen [y:bɛ'manən] <ohne ge-> *vt* (*geh*) sopraffare; (*überwältigen*) vincere

Übermaß *n* eccesso *m;* **das ~ an etw** l'eccesso di qc; **etw im ~ haben** avere qc in grande abbondanza; **im ~** in eccesso, a dismisura; **übermäßig I.** *adj* eccessivo; (*maßlos*) smisurato; (*übertrieben*) esagerato **II.** *adv* oltre misura; (*allzu viel*) troppo

Übermensch *m* superuomo *m;* **übermenschlich** *adj* sovrumano

übermitteln [y:bɛ'mɪtəln] <ohne ge-> *vt* trasmettere; (*Grüße*) portare

übermorgen *adv* dopodomani, domani l'altro

übermüdet [y:bɛ'my:dət] *adj* spossato, sfinito; **Übermüdung** <-> *kein Pl f* spossatezza *f*, estenuazione *f*

Übermut *m* sfrenatezza *f*, baldanza *f;* **übermütig** ['y:bɛmy:tɪç] *adj* (*Mensch*) sfrenato, scatenato; (*Streich*) spavaldo

übern ['y:bɛn] (*fam*) = **über den** *s.* **über**

übernächste(r, s) *adj* altro, a secondo, -a; **die ~ Haltestelle** la seconda fermata; **~n Montag** lunedì l'altro; **~ Woche** fra due settimane

übernachten [y:bɛ'naxtən] <ohne ge-> *vi* pernottare, passare la notte

übernächtig ['y:bɛnɛçtɪç] *adj* (*A: übernächtigt*) assonnato; **übernächtigt** [y:bɛ'nɛçtɪçt *o* y:bɛ'nɛçtɪkt] *adj* stanco, spossato (per non aver dormito abbastanza)

Übernachtung <-, -en> *f* pernottamento *m;* **~ mit Frühstück** pernottamento e colazione

Übernahme ['y:bɛna:mə] <-, -n> *f* ❶ (*von Schulden, Amt, Methode*) assunzione *f;* **feindliche ~** (WIRTSCH) acquisizione *f* ostile ❷ (*Annahme*) accettazione *f*, presa *f* in consegna; **Übernahmeschlacht** *f* (WIRTSCH) acquisizione *f* ostile

übernatürlich *adj* soprannaturale

übernehmen [y:bɛ'ne:mən] <irr, ohne ge-> **I.** *vt* ❶ (*Geschäft, Amt*) assumere; (*Kosten, Verantwortung, Aufgabe, Verpflichtung*) assumersi; (*Methode*) adottare ❷ (*entgegennehmen*) accettare, prendere in consegna; (SPORT) prendere **II.** *vr* **sich bei der Arbeit ~** affaticarsi troppo lavorando; **er hat sich (finanziell) übernommen** ha fatto il passo più lungo della gamba

über|ordnen *vt* preporre; **jdn jdm ~** pre-

porre qu a qu; **etw einer Sache** *dat* ~ preporre qc a qc

überparteilich *adj* independente, al di sopra dei partiti

Überproduktion <-, -en> *f* (COM) sovrapproduzione *f*

überprüfbar [y:bɛ'pry:fba:ɐ] *adj* controllabile, esaminabile; **kaum/leicht/ schwer ~** a mala pena/facilmente/difficilmente controllabile

überprüfen [y:bɛ'pry:fən] <ohne ge-> *vt* esaminare, rivedere; (*kontrollieren*) controllare, verificare; (*als Sachverständiger*) ispezionare; **Überprüfung** *f* esame *m*, controllo *m*, verifica *f*, ispezione *f*

Überqualifikation <-, -en> *f* qualifica *f* troppo elevata (per le mansioni richieste)

über|quellen <quillt über, quoll über, übergequollen> *vi sein* (*a fig*) traboccare (*vor + dat* di)

überqueren [y:bɛ'kve:rən] <ohne ge-> *vt* attraversare; **Überquerung** <-, -en> *f* attraversamento *m*

überragen¹ [y:bɛ'ra:gən] <ohne ge-> *vt* ❶ (*an Größe*) superare; **etw um Haupteslänge ~** superare qc di una testa ❷ (*fig: übertreffen*) **jdn an etw** *dat* ~ essere superiore a qu per qc

über|ragen² ['y:bɛragən] *vi* (*überstehen*) sporgere

überragend [y:bɛ'ra:gənt] *adj* (*fig*) eccellente; (*Persönlichkeit*) eminente

überraschen [y:bɛ'raʃən] <ohne ge-> *vt* sorprendere; (*freudig ~ a*) fare una sorpresa a; **jdn beim Stehlen ~** sorprendere qu a rubare; **lassen wir uns ~** stiamo a vedere; **ich war angenehm überrascht** è stata una piacevole sorpresa per me; **überraschend I.** *adj* sorprendente; (*unerwartet*) inaspettato, inatteso **II.** *adv* ~ **kommen** giungere di sorpresa; **~ schnell** in modo straordinariamente rapido; **überrascht** *adj* sorpreso (*über + acc, von* di, da, per), stupito (*über + acc, von* di, per); **Überraschung** <-, -en> *f* sorpresa *f*

Überreaktion <-, -en> *f* reazione *f* esagerata

überreden [y:bɛ're:dən] <ohne ge-> *vt* persuadere; **sich ~ lassen** lasciarsi convincere; **Überredung** <-, -en> *f* persuasione *f;* **Überredungskunst** *f* arte *f* della persuasione, modi *mpl* persuasivi

überregional *adj* sovraregionale, ultraregionale

überreichen [y:bɛ'raɪçən] <ohne ge-> *vt* consegnare; (*feierlich*) presentare, offrire

überreif *adj* troppo maturo

überreizen [y:bɛ'raɪtsən] <ohne ge-> *vt*

sovreccitare; **Überreizung** f sovreccita-
mento m

Überreste mpl ❶ (Zurückgebliebenes)
resti mpl; **die sterblichen ~** i resti mortali
❷ (Ruinen) rovine fpl, resti mpl ❸ (CHEM)
residui mpl

Überrollbügel m roll·bar m

überrollen [y:bɐ'rɔlən] <ohne ge-> vt travolgere

überrumpeln [y:bɐ'rʊmpəln] <ohne
ge-> vt sorprendere; **jdn mit einer
Frage ~** cogliere di sorpresa qu con una
domanda

überrunden [y:bɐ'rʊndən] <ohne ge-> vt
❶ (SPORT) superare di un giro, doppiare
❷ (fig: übertreffen) superare

übers ['y:bɐs] (fam) = **über das** s. **über**

übersah 1. u 3. pers sing imp von **übersehen**

übersandt [ybɐ'zant] pp von **übersenden**

übersandte 1. u 3. pers sing imp von
übersenden

übersät [y:bɐ'zɛ:t] adj cosparso; **mit
[o von] etw ~ sein** essere cosparso di qc

übersättigt [y:bɐ'zɛtɪçt] adj sazio

Überschallflugzeug n aereo m supersonico; **Überschallgeschwindigkeit** f
velocità f supersonica

überschatten [y:bɐ'ʃatən] <ohne ge-> vt
(Baum) ombreggiare; (fig: Ereignisse)
offuscare

überschätzen [y:bɐ'ʃɛtsən] <ohne
ge-> vt sopravvalutare; **Überschätzung** f sopravvalutazione f

überschaubar [y:bɐ'ʃaʊba:ɐ̯] adj ❶ (Gelände) di facile orientamento ❷ (fig: klar,
übersichtlich) chiaro; (beschränkt) limitato; **Überschaubarkeit** <-> kein Pl f
(Kosten, Risiko) chiarezza f; (Firma) chiara
strutturazione f

überschauen [y:bɐ'ʃaʊən] <ohne ge-> vt
s. **überblicken**

überschäumen vi sein ❶ (Flüssigkeit,
Gefäß) traboccare (spumeggiando) ❷ (fig:
übersprudeln) traboccare; **vor Temperament ~** essere di temperamento esuberante

überschlafen [y:bɐ'ʃla:fən] <irr, ohne
ge-> vt **etw ~** (fam) dormirci sopra

Überschlag m ❶ (SPORT) salto m mortale
❷ (AERO) looping m ❸ (ungefähre Berechnung) calcolo m approssimativo; (Kos-
ten~) preventivo m

überschlagen¹ [y:bɐ'ʃla:gən] <irr, ohne
ge-> I. vt ❶ (auslassen) saltare, tralasciare
❷ (ungefähr berechnen) fare un calcolo
approssimativo di II. vr **sich ~** ❶ (Mensch,

Fahrzeug) capovolgersi, ribaltarsi; (MOT,
AERO) cappottare; **sich vor Liebenswürdigkeit ~** (fig) profondersi in gentilezze
poet ❷ (Stimme) dare nel falsetto ❸ (fig:
Ereignisse) susseguirsi con rapidità travolgente

überschlagen² [y:bɐ'ʃla:gən] <irr> vt
(Beine) accavallare; (Arme) incrociare

überschlägig, überschläglich ['y:bɐ-
ʃlɛ:gɪç, 'y:bɐʃlɛ:klɪç] adj approssimativo

überschnappen vi sein (fam) ❶ (den
Verstand verlieren) impazzire, diventare
matto ❷ (Stimme) dare nel falsetto

überschneiden [y:bɐ'ʃnaɪdən] <irr, ohne
ge-> vr **sich ~** ❶ (räumlich) incrociarsi
❷ (zeitlich) coincidere, accavallarsi

überschreiben [y:bɐ'ʃraɪbən] <irr, ohne
ge-> vt ❶ (mit Überschrift) intitolare
❷ (übertragen) intestare ❸ (COM) trasmettere, passare; (Übertrag) trascrivere

überschreiten [y:bɐ'ʃraɪtən] <irr, ohne
ge-> vt ❶ (hinweggehen über) passare;
(überqueren) attraversare; (Schwelle, a
fig) varcare ❷ (fig: hinausgehen über)
oltrepassare, superare; (übertreten) trasgredire; **seine Befugnisse ~** andare al di là
delle proprie competenze; **das über-
schreitet seine Fähigkeiten** ciò va oltre
le sue capacità

Überschrift f titolo m, intestazione f

Überschuldung [y:bɐ'ʃʊldʊŋ] <-, -en> f
indebitamento m eccessivo

Überschussᴿᴿ m eccedenza f; **der ~ an
etw** dat l'eccedenza di qc; **überschüssig** ['y:bɐʃʏsɪç] adj eccedente, in eccedenza

überschütten [y:bɐ'ʃʏtən] <ohne ge-> vt
❶ (bedecken) ricoprire; **etw/jdn mit
etw ~** ricoprire qu/qc di qc ❷ (fig: überhäufen) colmare; **jdn mit Fragen ~** bombardare qu di domande; **jdn mit Vorwürfen ~** sommergere qu di rimproveri

Überschwang ['y:bɐʃvaŋ] <-(e)s> kein
Pl m esuberanza f; **im ~ der Gefühle** in un
trasporto di sentimenti

überschwänglichᴿᴿ ['y:bɐʃvɛŋlɪç] adj
esuberante; (Lob) entusiastico; **Überschwänglichkeit**ᴿᴿ <-, -en> f esuberanza f

überschwappen vi sein (fam) traboccare;
das Wasser ist übergeschwappt l'acqua
è traboccata

überschwemmen [y:bɐ'ʃvɛmən] <ohne
ge-> vt (a fig) inondare; **mit Informationen ~** inondare di informazioni; **Überschwemmung** <-, -en> f inondazione f,
alluvione f; **Überschwemmungsge-
biet** n regione f alluvionata

überschwenglichᴬᴸᵀ *adj* *s.* **überschwänglich;** **Überschwenglichkeit**ᴬᴸᵀ <-, -en> *f* *s.* **Überschwänglichkeit**

Übersee *f* **in/nach** ~ oltremare; **von** ~ d'oltremare; **Überseedampfer** *m* transatlantico *m;* **Überseehandel** *m* commercio *m* d'oltremare; **überseeisch** *adj* d'oltremare, transoceanico

übersehbar [y:bɐ'ze:baːɐ̯] *adj* ❶ (*Gelände*) che si può abbracciare con lo sguardo ❷ (*fig: abschätzbar*) calcolabile

übersehen [y:bɐ'ze:ən] <irr, ohne ge-> *vt* ❶ (*Gelände*) abbracciare con lo sguardo ❷ (*fig: abschätzen*) calcolare, valutare; (*Lage*) realizzare ❸ (*nicht bemerken*) non vedere, lasciarsi scappare ❹ (*ignorieren*) ignorare, non badare a

übersenden [y:bɐ'zɛndən] <übersendet, übersandte *o* übersendete, übersandt *o* übersendet> *vt* spedire, inviare, mandare

über|setzen[1] ['y:bɐzɛtsən] **I.** *vt haben* (*mit Fähre*) traghettare **II.** *vi sein* passare all'altra sponda

übersetzen[2] [y:bɐ'tsɛtsən] <ohne ge-> *vt* tradurre; **aus dem … ins …** ~ tradurre dal … in …

Übersetzer(in) <-s, -; -, -nen> *m(f)* traduttore, -trice *m, f*

Übersetzung <-, -en> *f* ❶ (LING) traduzione *f* ❷ (TEC) trasmissione *f;* **Übersetzungsbüro** *n* ufficio *m* traduzioni; **Übersetzungsfehler** <-s, -> *m* errore *m* di traduzione; **Übersetzungswissenschaft** *f* traduttologia *f*

Übersicht <-, -en> *f* ❶ *sing* (*Überblick*) visione *f* d'insieme; (*Orientierung*) orientamento *m;* **die** ~ **über etw** *acc* **haben** avere la visione generale di qc ❷ (*Darstellung*) quadro *m;* (*Tabelle*) tavola *f* (sinottica); (*Abriss*) compendio *m*

übersichtlich *adj* ❶ (*Gelände*) aperto; (*Kreuzung*) ben visibile ❷ (*erfassbar*) chiaro; **Übersichtlichkeit** <-> *kein Pl f* ❶ (*buona*) visibilità *f* ❷ (*Klarheit*) chiarezza *f,* chiara disposizione *f* [*o* organizzazione *f*]

über|siedeln *vi sein* ❶ (*umziehen*) trasferirsi; **nach Berlin/Italien** ~ trasferirsi a Berlino/in Italia ❷ (*emigrieren*) emigrare; (*ins Land kommen*) immigrare; **Übersiedler(in)** <-s, -; -, -nen> *m(f)* (*Ausreisender*) emigrante *mf;* (*Einreisender*) immigrante *mf*

übersinnlich *adj* extrasensoriale, soprannaturale

überspannen [y:bɐ'ʃpanən] <ohne ge-> *vt* ❶ (*bespannen*) (ri)coprire (*mit* di) ❷ (*zu sehr spannen*) tendere eccessivamente

überspannt *adj* (*fig*) ❶ (*übertrieben*) esagerato; (*Forderung*) esorbitante ❷ (*exaltiert*) esaltato, stravagante

überspielen [y:bɐ'ʃpiːlən] <ohne ge-> *vt* ❶ (RADIO, TV) registrare ❷ (*fig: verdecken*) passare sopra a

überspitzt [y:bɐ'ʃpɪtst] *adj* esagerato

über|springen[1] ['y:bɐʃprɪŋən] <irr> *vi sein* ❶ (*Funke*) scoccare ❷ (*fig: Fröhlichkeit*) passare; **auf etw** *acc* ~ passare a qc

überspringen[2] [y:bɐ'ʃprɪŋən] <irr, ohne ge-> *vt* ❶ (*Hindernis*) passare con un salto ❷ (*fig: auslassen*) saltare

über|sprudeln *vi sein* traboccare (*vor* +*dat* di); (*fig a*) sprizzare (*vor etw dat* qc); ~**d** (*fig*) esuberante

überstehen[1] [y:bɐ'ʃte:ən] <irr, ohne ge-> *vt* (*überwinden*) vincere; (*Krise, Krankheit*) superare; (*ertragen*) sopportare; (*überleben*) sopravvivere a; **das wäre überstanden!** ce l'abbiamo fatta!; **das Schlimmste ist schon überstanden** il peggio è passato

über|stehen[2] ['y:bɐʃteːən] <irr> *vi haben o sein* (*hervorragen*) sporgere, aggettare

übersteigen [y:bɐ'ʃtaɪgən] <irr, ohne ge-> *vt* ❶ (*Hindernis*) scavalcare ❷ (*fig: hinausgehen über*) superare, essere superiore a; **das übersteigt alles** (**bisher**) **Dagewesene** (ciò) supera tutto ciò che è stato finora

überstimmen [y:bɐ'ʃtɪmən] <ohne ge-> *vt* battere nella votazione; (*Antrag*) mettere in minoranza

überstrapazieren <ohne ge-> *vt* **jds Geduld** ~ abusare della pazienza di qu

über|stülpen *vt* calcare

Überstunde *f* (ora *f* di lavoro) straordinario *m,* plus-orario *m;* ~**n machen** fare lo straordinario; **Überstundenabbau** *m* abbattimento *m* degli straordinari; **Überstundenantrag** *m* richiesta che il responsabile di un reparto deve inoltrare per far autorizzare gli straordinari; **einen** ~ **stellen** fare richiesta per gli straordinari; **Überstundenzuschlag** <-(e)s, -schläge> *m* (COM) compenso *m* per lavoro straordinario

überstürzen [y:bɐ'ʃtʏrtsən] <ohne ge-> **I.** *vt* precipitare, affrettare; **nur nichts** ~! non precipitare le cose! **II.** *vr* **sich** ~ precipitare, incalzare; **überstürzt I.** *adj* precipitato, precipitoso **II.** *adv* in modo precipitoso

übertariflich *adj* (WIRTSCH) eccedente la tariffa

U

überteuert [y:bɐˈtɔɪɐt] *adj* ❶ (*übermässig teuer*) troppo caro [o costoso] ❷ (*teurer gemacht*) rincarato

übertölpeln [y:bɐˈtœlpəln] <ohne ge-> *vt* abbindolare, gabbare

Übertopf *m* portavasi *m*

Übertrag [ˈy:bɐtra:k, *pl:* ˈy:bɐtrɛ:gə] <-(e)s, Überträge> *m* riporto *m*

übertragbar [y:bɐˈtra:kba:ɐ̯] *adj* ❶ (MED) trasmissibile; (*ansteckend*) contagioso ❷ (JUR, FIN) trasferibile; **auf etw** *acc* **~ sein** essere trasferibile a qc

übertragen [y:bɐˈtra:gən] <irr, ohne ge-> I. *vt* ❶ (MED) **eine Kankheit auf jdn ~** trasmettere una malattia a qu ❷ (*Besitz*) trasferire; **etw auf jdn ~** trasferire qc a qu; **jdm die Leitung des Projekts ~** affidare a qu la direzione del progetto; **jdm eine Vollmacht ~** conferire una procura a qu ❸ (*übernehmen*) **etw auf eine andere Seite ~** trascrivere qc su un'altra pagina ❹ (*anwenden*) **etw auf etw** *acc* **~** applicare qc a qc; **in ~er Bedeutung** in senso figurato ❺ (*übersetzen*) tradurre; **ins Italienische ~** tradurre in italiano ❻ (RADIO, TV) mandare in onda; (TEC) trasmettere; **direkt ~** trasmettere in diretta ❼ (INFORM) trasferire, trasmettere II. *vr* **sich ~** essere contagioso; **sich auf jdn ~** (*a fig*) trasmettersi a qu

Übertragung <-, -en> *f* ❶ (MED) trasmissione *f*; (*Ansteckung*) contagio *m* ❷ (*von Besitz*) trasferimento *m*; (*von Amt, Aufgabe*) assegnazione *f* ❸ (*Abschrift*) trascrizione *f* ❹ (*Anwendung*) applicazione *f* ❺ (*Übersetzung*) traduzione *f* ❻ (RADIO, TV, TEC) trasmissione *f*

übertreffen [y:bɐˈtrɛfən] <irr, ohne ge-> I. *vt* **jdn** (**an etw** *dat*) **~** superare qu (in qc); (SPORT) battere qu (in qc); **das übertrifft alle Erwartungen** (ciò) supera ogni aspettativa II. *vr* **sich selbst ~** superarsi

übertreiben [y:bɐˈtraɪbən] <irr, ohne ge-> *vt, vi* esagerare; **Übertreibung** <-, -en> *f* esagerazione *f*

über|treten[1] [ˈy:bɐtre:tən] <irr> *vi sein* ❶ (*Fluss*) straripare ❷ (SPORT) oltrepassare ❸ (*fig*) passare; **zu anderer Partei ~** passare ad altro partito; **zum Katholizismus ~** convertirsi al cattolicesimo

übertreten[2] [y:bɐˈtre:tən] <irr, ohne ge-> *vt* ❶ (*Grenze*) (oltre)passare ❷ (*Regel, Vorschrift, Gesetz*) violare, contravvenire a

Übertretung [y:bɐˈtre:tʊŋ] <-, -en> *f* trasgressione *f*, violazione *f*

übertrieben [y:bɐˈtri:bən] *adj* esagerato; (*übermäßig*) eccessivo; (*Preis*) esorbitante

Übertritt *m* ❶ (*Grenz~*) passaggio *m* ❷ (POL) passaggio *m* (*zu* a); (REL) conversione *f* (*zu* a)

übertrumpfen [y:bɐˈtrʊmpfən] <ohne ge-> *vt* ❶ (*beim Kartenspiel*) ammazzare con una briscola ❷ (*fig: weit übertreffen*) superare, schiacciare

übervölkert [y:bɐˈfœlkɐt] *adj* sovrappopolato; **eine ~e Region** una regione sovrappopolata

übervoll *adj* strapieno (*mit/von* di), stracolmo (*mit/von* di)

übervorsichtig *adj* troppo cauto, guardingo

übervorteilen [y:bɐˈfɔrtaɪlən] <ohne ge-> *vt* imbrogliare, truffare

überwachen [y:bɐˈvaxən] <ohne ge-> *vt* sorvegliare; (*kontrollieren*) controllare; (*beschatten*) pedinare; **Überwachung** <-, -en> *f* sorveglianza *f*; (*Kontrolle*) controllo *m*; **Überwachungskamera** *f* video *m* sorveglianza; **Überwachungssystem** *n* sistema *m* di sorveglianza

überwältigen [y:bɐˈvɛltɪgən] <ohne ge-> *vt* ❶ (*bezwingen*) sopraffare; **von Müdigkeit überwältigt werden** essere sopraffatto dalla stanchezza ❷ (*erschüttern*) sconvolgere; **ich war von seiner Schönheit überwältigt** ero sconvolto dalla sua bellezza

überwältigend [y:bɐˈvɛltɪgənt] *adj* travolgente; (*großartig*) straordinario; (*Mehrheit*) schiacciante; **nicht gerade ~** non proprio speciale

über|wechseln *vi sein* passare; **zur Gegenpartei ~** passare alla controparte

überweisen [y:bɐˈvaɪzən] <irr, ohne ge-> *vt* ❶ (*Geld*) rimettere; **auf jds Konto ~** versare sul conto di qu ❷ (*Patienten, Kunden*) mandare; **jdn zu einem Facharzt ~** mandare qu da uno specialista; **eine Akte an eine andere Firma ~** mandare un documento ad un'altra ditta

Überweisung *f* ❶ (*Geld~*) trasferimento *m*, bonifico *m* ❷ (*~sschein vom Arzt*) certificato *m* di presentazione del medico curante ad uno specialista; **Überweisungsauftrag** <-(e)s, -träge> *m* (FIN) ordine *m* di bonifico

über|werfen[1] [ˈy:bɐvɛrfən] <wirft über, warf über, übergeworfen> *vt* (*Kleidungsstück*) metter(si) addosso

überwerfen[2] [y:bɐˈvɛrfən] <überwirft, überwarf, überworfen> *vr* **sich mit jdm ~** litigare con qu

überwiegen [y:bɐˈvi:gən] <irr, ohne ge-> *vi* prevalere, predominare; **überwiegend** I. *adj* prevalente, predominante; **die ~e**

Mehrheit la stragrande maggioranza **II.** *adv* in prevalenza

überwinden [y:bɐˈvɪndən] <irr, ohne ge-> **I.** *vt* ❶ (*besiegen*) vincere, battere ❷ (*Schwierigkeit, Hindernis*) superare, vincere; (*Angst, Enttäuschung, Scheu*) vincere **II.** *vr* **sich ~ etw zu tun** sforzarsi di fare qc; **Überwindung** *f* ❶ (*von Schwierigkeit, Hindernis*) superamento *m* ❷ (*Selbst~*) sforzo *m;* **es hat mich ~ gekostet** ho dovuto superarmi

überwintern [y:bɐˈvɪntɐn] <ohne ge-> *vi* svernare, passare l'inverno

überwuchern [y:bɐˈvuːxɐn] <ohne ge-> *vt* (ri)coprire

Überzahl *f* **in der ~ sein** essere in maggioranza; **überzählig** [ˈy:bɐtsɛːlɪç] *adj* **~ sein** essere in soprannumero

überzeugen [y:bɐˈtsɔɪɡən] <ohne ge-> **I.** *vt* (*durch Gründe, Beweise*) **jdn** (**von etw**) **~** convincere qu (di qc); **ich bin davon überzeugt, dass ...** sono convinto che ...; **sich von jdm ~ lassen** lasciarsi convincere da qu; **er ist sehr von sich selbst überzeugt** è pieno di sé **II.** *vr* **sich ~** convincersi; **sich von etw ~** convincersi di qc; **~ Sie sich selbst!** guardi Lei stesso!

überzeugend *adj* convincente, persuasivo; (*Gründe*) plausibile

überzeugt *adj* convinto

Überzeugung *f* convinzione *f;* **der ~ sein, dass ...** essere convinto che ...; **etw im Brustton der ~ sagen** dire qc con la massima convinzione; **aus ~** per convinzione; **Überzeugungskraft** <-, -kräfte> *f* capacità *f* persuasiva, forza *f* di persuasione

über|ziehen¹ [ˈy:bɐtsiːən] <irr> *vt* ❶ (*Kleidungsstück*) mettere (sopra) ❷ (*Wend*) **jdm eins ~** (*fam*) dare una botta a qu

überziehen² [y:bɐˈtsiːən] <irr, ohne ge-> *vt* ❶ (*mit Stoff, Leder*) **etw** (**mit etw**) **~** rivestire [*o* ricoprire] qc (di qc); **ein Bett** (**frisch**) **~** cambiare le lenzuola ❷ (*belasten*) **das Konto um hundert Euro ~** scoprire il conto di 100 euro ❸ (RADIO, TV: *a vi*) protrarre

Überzieher [ˈy:bɐtsiːɐ] <-s, -> *m* (*obs*) soprabito *m*

Überziehung [y:bɐˈtsiːʊŋ] <-, -en> *f* (FIN) scoperto *m;* **Überziehungskredit** [y:bɐˈtsiːʊŋskredit] *m* (FIN) fido *m* bancario

Überzug *m* ❶ (*Schicht*) strato *m* ❷ (*Bezug*) rivestimento *m;* (*Bettbezug*) federa *f*

üblich [ˈy:plɪç] *adj* usuale, consueto, solito; (*geläufig*) corrente; (*normal*) normale;

wie ~ come al solito; **es ist ~ zu ...** si usa +*inf;* **das ist** (**hier**) **so ~** (qui) si usa così

üblicherweise [ˈy:plɪçɐˈvaɪzə] *adv* normalmente, abitualmente

U-Boot [ˈu:boːt] *n* sommergibile *m,* sottomarino *m;* **U-Boot-Stützpunkt** *m* base *f* sottomarina

übrig [ˈy:brɪç] *adj* rimanente, restante; **das Übrige** il resto; **die Übrigen** gli altri; **im Übrigen** del resto; (*außerdem*) inoltre; **~ sein** rimanere, restare; **für jdn nichts ~ haben** avere antipatia per qu; **für Kunst hat er nichts ~** l'arte non gli interessa; **ich habe noch ein Bonbon ~** mi avanza ancora una caramella; **~ bleiben** avanzare, restare, rimanere; **es bleibt nichts anderes ~, als ...** non resta altro da fare che +*inf;* **da wird mir wohl nichts anderes ~ bleiben!** non mi resterà altro da fare!; **~ lassen** lasciare (d'avanzo); **zu wünschen ~ lassen** lasciare a desiderare

übrig|bleibenᴬᴸᵀ *s.* übrig

übrigens [ˈy:brɪɡəns] *adv* del resto, d'altronde; (*nebenbei bemerkt*) a proposito

übrig|lassenᴬᴸᵀ *s.* übrig

Übung [ˈy:bʊŋ] <-, -en> *f* ❶ (SPORT, REL, MUS, LING) esercizio *m;* (MIL, UNIV) esercitazione *f* ❷ *sing* (*Praxis*) pratica *f,* esercizio *m;* **aus der ~ kommen** perdere l'esercizio; **in ~ bleiben** restare [*o* tenersi] in esercizio; **~ macht den Meister** (*prov*) l'esercizio è un buon maestro

ü. d. M. *abk v* **über dem Meeresspiegel** s.l.m.

UdSSR [u:de:ʔɛsʔɛsˈʔɛr] *f* (HIST) *abk v* **Union der Sozialistischen Sowjetrepubliken** URSS *f*

u. E. *abk v* **unseres Erachtens** a nostro avviso

UEFA-Cup [uˈe:fakap] <-s, -s> *m* coppa *f* UEFA

Ufer [ˈu:fɐ] <-s, -> *n* riva *f,* sponda *f;* **am ~** sulla riva; **über die ~ treten** straripare; **Uferböschung** *f* scarpata *f* della sponda; **Uferdamm** *m* argine *m;* **uferlos** *adj* (*fig*) interminabile, senza fine; **ins ~ e führen** perdersi nell'infinito; **Uferstraße** *f* strada *f* lungo la riva

uff [ʊf] *int* (*fam*) uffa; **~, ist da anstrengend!** uffa, che fatica!

Ufo, UFO [ˈu:fo] <-(s), -s> *n akr v* **unbekanntes Flugobjekt** UFO *m*

u-förmigᴿᴿ *adj,* **U-förmig** [ˈu:fœrmɪç] *adj* a (forma di) U

U-Haft [ˈu:haft] <-(s), -s> *f abk v* **Untersuchungshaft** (*fam*) detenzione *f* preventiva

Uhr [u:ɐ] <-, -en> *f* ❶ (*Gerät*) orologio *m;* **die ~ nach-/vorstellen** mettere l'orologio

U

indietro/avanti; **nach meiner ~ ist es ...** sul mio orologio è [o sono] ...; **meine ~ geht (5 Minuten) vor/nach** il mio orologio è avanti/indietro (di 5 minuti); **er ist rund um die ~ beschäftigt** è occupato 24 ore su 24 ❷ (*bei Zeitangaben*) ora *f*, ore *fpl;* **um acht** (~) alle otto; **um 12 ~ mittags/nachts** a mezzogiorno/mezzanotte; **es ist halb drei** (~) sono le due e mezza; **wie viel ~ ist es?** che ore sono?; **um wie viel ~?** a che ora?; **Uhrarmband** <-(e)s, -bänder> *n* cinturino *m* dell'orologio; **Uhrenindustrie** *f* industria *f* orologiera; **Uhrenvergleich** *m* **einen ~ machen** confrontare gli orologi

Uhrkette *f* catena *f* dell'orologio; **Uhrmacher(in)** *m(f)* orologiaio, -a *m, f;* **Uhrwerk** *n* meccanismo *m* dell'orologio, orologeria *f;* **Uhrzeiger** *m* lancetta *f* dell'orologio; **Uhrzeigersinn** *m* **entgegen dem/im ~** in senso anti-orario/orario; **Uhrzeit** *f* ora *f*

Uhu ['uːhu] <-s, -s> *m* (ZOO) gufo *m*

Ukraine [u'kraɪnə] *f* Ucraina *f*

Ukrainer(in) [u'kraɪnɐ] <-s, -; -, -nen> *m(f)* ucraino, -a *m, f*

ukrainisch *adj* ucraino

UKW [uːkaːˈveː] *abk v* Ultrakurzwelle onda *f* ultracorta

Ulk [ʊlk] <-(e)s, -e> *m* scherzo *m;* **aus ~** per scherzo

ulken *vi* scherzare

ulkig *adj* (*fam*) buffo, comico

Ulm [ʊlm] *n* Ulma *f*

Ulme ['ʊlmə] <-, -n> *f* (BOT) olmo *m*

Ultimaten *pl von* **Ultimatum**

ultimativ [ʊltimaˈtiːf] *adj* ultimativo

Ultimatum [ʊltiˈmaːtʊm] <-s, -s *o* Ultimaten> *n* ultimatum *m;* **jdm ein ~ stellen** porre un ultimatum a qu

Ultrakurzwelle [ʊltraˈkʊrtsvɛlə] *f* (RADIO, PHYS) onda *f* ultracorta; **Ultrakurzwellensender** *m* trasmittente *f* a onde ultracorte

ultra-orthodox *adj* ultraortodosso

Ultraschall *m* (PHYS) ultrasuono *m;* **Ultraschallbild** <-(e)s, -er> *n* ecografia *f;* **Ultraschallgerät** *n* ecografo *m;* **Ultraschalluntersuchung** *f* ecografia *f;* **Ultraschallwelle** *f* onda *f* ultrasonora

ultraviolett *adj* (PHYS) ultravioletto

um [ʊm] **I.** *prp +acc* ❶ (*~ herum*) intorno a ❷ (*neben*) vicino a, con ❸ (*bei Uhrzeiten*) a; (*bei ungefähren Zeitangaben*) verso; **~ fünf Uhr** alle cinque; **~ Ostern (herum)** verso Pasqua ❹ (*Differenz angebend*) di; **~ zwei cm kleiner** più piccolo di due cm ❺ (*für*) per, a; **es tut mir Leid ~**

sie mi dispiace per lei; **nicht ~ alles in der Welt würde ich ...** per niente al mondo vorrei ...; **~ jeden/keinen Preis** a ogni/nessun costo ❻ (*wegen*) per ❼ (*Wiederholung*) **Stunde ~ Stunde verging, ohne dass er anrief** passarono ore senza che telefonasse ❽ (*in Verbindung mit Verb*) di; **ich bitte (Sie) ~ Ruhe** vi prego di far silenzio; **darf ich Sie ~ Feuer bitten?** (posso chiederLe se) ha da accendere? **II.** *prp +gen* **~ ... willen** per, per amor di; **~ Gottes willen!** per l'amor del cielo! **III.** *konj* **~ zu ...** per +*inf*, allo scopo di +*inf* **IV.** *adv* (*fam: vorbei*) finito, passato

um|ändern *vt* modificare

um|arbeiten *vt* rielaborare (*zu* in), trasformare (*zu* in); (*abändern*) modificare; (*Film*) riadattare; (*Buch*) rivedere

umarmen [ʊmˈʔarmən] <ohne ge-> *vt* abbracciare; (*heftig*) stringere; **Umarmung** <-, -en> *f* abbraccio *m*

Umbau <-s, -e *o* -ten> *m* ❶ (*das Umbauen*) ricostruzione *f*, trasformazione *f;* **wegen ~s geschlossen** chiuso per (lavori di) restauro ❷ (*Gebäude*) edificio *m* restaurato

um|bauen[1] ['ʊmbaʊən] *vt* trasformare; (*restaurieren*) restaurare; (**das Bühnenbild**) ~ cambiare la scena

umbauen[2] [ʊmˈbaʊən] <ohne ge-> *vt* circondare di costruzioni, chiudere costruendo tutt'intorno

um|benennen <irr, ohne ge-> *vt* cambiare il nome a

um|besetzen <ohne ge-> *vt* cambiare la distribuzione di; (THEAT) cambiare gli attori di; (POL) rimpastare; **Umbesetzung** <-, -n> *f* ❶ (POL) rimpasto *m* ❷ (THEAT) assegnazione *f* di un ruolo ad un altro attore; **~en vornehmen** cambiare alcuni attori

um|betten *vt* ❶ (*Kranken*) cambiare di letto ❷ (*Leiche*) effettuare la traslazione di ❸ (*Fluss*) deviare

um|biegen <irr> **I.** *vt haben* piegare **II.** *vi sein* svoltare

um|bilden *vt* trasformare; (ADM) riorganizzare; (*Regierung*) rimpastare

um|binden <irr> *vr* **sich** *dat* **etw ~** mettersi qc

um|blättern *vi* girare [*o* voltare] pagina

um|blicken *vr* **sich ~** ❶ (*in die Runde, um sich herum*) guardarsi attorno ❷ (*zurück*) guardarsi indietro

umbrechen[2] [ʊmˈbrɛçən] <umbricht, umbrach, umbrochen> *vt* (TYP) impaginare

Umbrien ['ʊmbriən] *n* Umbria *f*

um|bringen <irr> **I.** *vt* assassinare, uccidere; (*a fig*) ammazzare; **diese Schuhe bringen mich fast um** (*fam*) queste scarpe mi fanno un male da morire **II.** *vr* **sich ~** uccidersi; (*a fig*) ammazzarsi; **sich für jdn fast ~** (*fig*) farsi in quattro per qu

Umbruch *m* ❶ (POL) cambiamento *m* radicale ❷ *sing* (TYP: *das Umbrechen*) impaginazione *f*; (*umbrochener Satz*) impaginato *m*

um|buchen *vt* ❶ (FIN) trasferire (su un altro conto) ❷ (*Reise*) cambiare il biglietto di [*o* per]; **Umbuchung** *f* ❶ (FIN) trasferimento *m* di conto ❷ (*von Reise*) cambiamento *m* di biglietto

um|denken <*irr*> *vi* cambiare il proprio modo di pensare, cambiare ottica

um|disponieren <ohne ge-> *vi* ridisporre

um|drehen I. *vt haben* ❶ (*drehen*) girare; (*Arm, Hals*) torcere ❷ (*auf die andere Seite*) voltare; (*Geldstück*) rigirare ❸ (*auf den Kopf stellen*) rivoltare, capovolgere **II.** *vi haben o sein* girare **III.** *vr* **sich ~** voltarsi; **sich nach jdm/etw ~** voltarsi [*o* girarsi] verso qu/qc; **dabei dreht sich mir der Magen um** (*fam*) (a quella vista) mi si rivolta lo stomaco

Umdrehung [ʊmˈdreːʊŋ] *f* giro *m*; (*um die eigene Achse*) rotazione *f*; (*um einen anderen Körper*) rivoluzione *f*; **Umdrehungszahl** *f* numero *m* dei giri

umeinander [ʊmʔaɪˈnandə] *adv* ❶ (*räumlich*) l'uno intorno all'altro ❷ (*einander betreffend*) l'uno dell'altro

um|fahren¹ [ˈʊmfaːrən] <*irr*> *vt* (*niederfahren*) rovesciare, travolgere (con un veicolo)

umfahren² [ʊmˈfaːrən] <*irr*, ohne ge-> *vt* (*herumfahren um*) girare attorno a

Umfahrung [ʊmˈfaːrʊŋ] <-, -en> *f* (*A, CH*) ❶ (*Umgehung*) aggiramento *m* ❷ (*Umgehungsstraße*) circonvallazione *f*

um|fallen <*irr*> *vi sein* ❶ (*hinfallen*) cadere (a terra); (*umkippen*) rovesciarsi ❷ (*fam: ohnmächtig werden*) svenire; **zum Umfallen müde sein** essere stanco morto ❸ (*fam pej: seine Meinung ändern*) fare un voltafaccia; (*nachgeben*) darsi per vinto

Umfang *m* ❶ (*Ausdehnung*) estensione *f*; (*Dicke*) volume *m*; (*Größe*) grandezza *f*, dimensione *f*; (*Leibesfülle*) corpulenza *f* ❷ (*fig: Ausmaß*) mole *f*, dimensioni *fpl*; **in großem ~** su vasta scala ❸ (MAT) circonferenza *f*; **umfangreich** *adj* voluminoso; (*umfassend*) vasto, esteso

umfassen [ʊmˈfasən] <ohne ge-> *vt* ❶ (*umarmen, umschlingen*) abbracciare; (*festhalten*) afferrare ❷ (*einfrieden*) recin-

gere ❸ (*enthalten*) comprendere, essere composto di; **umfassend** *adj* ampio, vasto; (*vollständig*) completo; **~e Maßnahmen** misure drastiche

Umfeld *n* milieu *m*; **im ~ von …** nel contesto di …

um|formen *vt* trasformare; **etw in etw** *acc* **~** trasformare qc in qc; **Umformer** *m* (EL) trasformatore *m*

um|formulieren <ohne ge-> *vt* formulare diversamente

Umformung *f* trasformazione *f*

Umfrage *f* inchiesta *f*, sondaggio *m* d'opinioni

umfried(ig)en [ʊmˈfriːd(ɪg)ən] <ohne ge-> *vt* recintare, recingere

umfuhr *1. u 3. pers sing imp von* **umfahren**

um|füllen *vt* travasare

um|funktionieren <ohne ge-> *vt* trasformare

Umgang *m* (*Beziehungen*) rapporti *mpl*; (*Gesellschaft*) compagnia *f*; **schlechten ~ pflegen** frequentare cattive compagnie; **mit jdm ~ haben** frequentare qu, praticare qu; **im ~ mit … muss man …** con … si deve …; **das ist kein ~ für dich!** non è gente per te!

umgänglich [ˈʊmgɛŋlɪç] *adj* (*gesellig*) socievole; (*freundlich*) affabile

Umgangsformen *fpl* modi *mpl*, maniere *fpl*

Umgangssprache *f* linguaggio *m* corrente, lingua *f* parlata; **umgangssprachlich** *adj* colloquiale

Umgangston <-(e)s, -töne> *m* modo *m* di fare [*o* di parlare]

umgarnen [ʊmˈgarnən] <ohne ge-> *vt* ammaliare, irretire

umgeben [ʊmˈgeːbən] <*irr*, ohne ge-> *vt* circondare, cingere; **den Garten mit einem Zaun ~** circondare il giardino con uno steccato; **eine Stadt mit einer Mauer ~** cingere una città di mura; **jdn mit Liebe ~** (*fig*) circondare qu d'affetto

Umgebung <-> *kein Pl f* ❶ (GEOG) dintorni *mpl*; **Köln und ~** Colonia e dintorni; **gibt es hier in der ~ ein Hotel?** c'è un albergo qua vicino? ❷ (SOC: *Milieu*) ambiente *m*; (*Gesellschaft*) compagnia *f*

Umgegend *f* dintorni *mpl*, zona *f* circostante

umgehen¹ [ʊmˈgeːən] <*irr*, ohne ge-> *vt* ❶ (*herumgehen um*) girare intorno a ❷ (*fig: Gesetz, Frage*) eludere; (*vermeiden*) evitare, scansare

um|gehen² [ˈʊmgeːən] <*irr*> *vi sein* ❶ (*Gespenst*) aggirarsi; (*Gerücht*) circolare ❷ (*mit Personen*) trattare; (*mit Dingen*) maneggiare; **mit jdm grob** ~ trattare qu rudemente; **er kann mit den Leuten** ~ **sa** trattare la gente; **mit etw sparsam** ~ usare qc con parsimonia

umgehend ['ʊmgeːənt] **I.** *adj* immediato **II.** *adv* senza indugio

Umgehungsstraße [ʊmˈgeːʊŋsʃtraːsə] *f* circonvallazione *f;* **Umgehungsverkehr** *m* traffico *m* di circonvallazione

umgekehrt I. *adj* ❶ (*umgedreht*) rovescio ❷ (*fig: entgegengesetzt*) opposto, inverso; **in** ~**er Reihenfolge** in ordine inverso; **in** ~**er Richtung** in direzione opposta; **es war genau** ~ era esattamente l'opposto **II.** *adv* ❶ (*umgedreht*) a rovescio ❷ (*fig: entgegengesetzt*) all'opposto

um|gestalten <ohne ge-> *vt* trasformare (*zu* in); (*umbilden*) rimodellare; (ADM) riorganizzare; (*Buch*) rifare

um|graben <irr> *vt* vangare

um|gruppieren <ohne ge-> *vt* riordinare; (POL) rimpastare

um|gucken *vr* **sich** ~ (*fam*) *s.* **umsehen**

Umhang *m* mantellina *f*

um|hängen *vt* ❶ (*an andere Stelle hängen*) appendere altrove ❷ (*um die Schulter*) mettere addosso; (*Gewehr, Rucksack*) mettere in spalla; **Umhängetasche** *f* borsa *f* a tracolla

um|hauen¹ <haut um, haute um *o geh* hieb um, umgehauen> *vt* (*Baum*) abbattere

um|hauen² <haut um, haute um, umgehauen *o dial* umgehaut> *vt* (*fig fam*) lasciare senza fiato

umher [ʊmˈheːɐ̯] *adv* ❶ (*ringsum*) in giro, intorno ❷ (*verstreut, hier und dort*) qua e là; **umher|blicken** *vi* guardarsi intorno [*o* in giro]; **umher|gehen** <irr> *vi sein* andare in giro, girovagare; **umher|irren** *vi sein* vagare, errare; **umher|laufen** <irr> *vi sein* (*ziellos herumlaufen*) vagare, girovagare; (*spazieren gehen*) passeggiare; **im Garten** ~ passeggiare per il giardino; **in der Stadt** ~ vagare per la città; **umher|ziehen** <zieht umher, zog umher, umhergezogen> *vi sein* girare

umhin|kommen <kommt umhin, kam umhin, umhingekommen> *vi sein* **nicht** ~ **zu** +*inf* non poter fare a meno di +*inf*

umhin|können [ʊmˈhɪnkœnən] <irr> *vi* **nicht** ~ **zu** +*inf* non poter fare a meno di +*inf*

um|hören *vr* **sich** ~ informarsi un po' in giro; **ich werde mich danach** ~ mi informerò un po' in giro

umhüllen [ʊmˈhʏlən] <ohne ge-> *vt* ❶ (*einhüllen*) avvolgere, avviluppare (*mit einer Decke* in una coperta) ❷ (*verschleiern*) velare

umkämpft [ʊmˈkɛmpft] *adj* conteso

Umkehr ['ʊmkeːɐ̯] <-> *kein Pl* ritorno *m;* **umkehrbar** *adj* invertibile, reversibile

um|kehren I. *vt* *haben* ❶ (*umdrehen*) rovesciare, (ri)voltare ❷ (*im entgegengesetzten Sinne wenden*) invertire **II.** *vi sein* tornare indietro, ritornare **III.** *vr* **sich** ~ ❶ (*sich umdrehen*) voltarsi, girarsi ❷ (*ins Gegenteil*) invertirsi

Umkehrschluss[RR] <-es, -schlüsse> *m* (JUR) conclusione *f* avversa

Umkehrung <-, -en> *f* ❶ rovesciamento *m* ❷ (GRAM, MAT) inversione *f* ❸ (MUS) rivolto *m*

um|kippen I. *vt* *haben* rovesciare, ribaltare **II.** *vi sein* ❶ (*umfallen*) rovesciarsi, ribaltarsi; (*Boot*) capovolgersi; (*das Gleichgewicht verlieren*) perdere l'equilibrio ❷ (*fam: ohnmächtig werden*) cadere svenuto ❸ (*fam pej: seine Gesinnung ändern*) fare un voltafaccia ❹ (*fam: ins Gegenteil umschlagen*) mutare improvvisamente; (*Stimme*) cambiare improvvisamente ❺ (*Gewässer*) non presentare più le prerogative per la vita organica, morire

umklammern [ʊmˈklamən] <ohne ge-> *vt* stringere; (MIL) accerchiare

Umklammerung [ʊmˈklamərʊŋ] <-, -en> *f* stretta *f* forte; (*Umarmung*) abbraccio *m*

um|klappen I. *vt haben* ribaltare **II.** *vi sein* cadere a terra

Umkleidekabine *f* (*in einer Sporthalle*) spogliatoio *m;* (*in einem Bekleidungsgeschäft, am Strand*) cabina *f*

um|kleiden¹ ['ʊmklaɪdən] *vr* **sich** ~ cambiarsi

umkleiden² [ʊmˈklaɪdən] <ohne ge-> *vt* rivestire (*mit* di)

Umkleideraum *m* spogliatoio *m*

um|kommen <irr> *vi sein* ❶ (*sterben*) perire, morire ❷ (*fig fam*) morire; **vor etw** *dat* ~ morire di qc; **vor Hitze/Angst** ~ morire di caldo/paura ❸ (*Lebensmittel*) andare a male

Umkreis <-es> *kein Pl m* raggio *m,* giro *m;* (*von Personen*) cerchia *f;* (*Nähe*) vicinanze *fpl;* **im** ~ **von zehn Kilometern** nel giro di dieci chilometri

umkreisen [ʊmˈkraɪzən] <ohne ge-> *vt* girare intorno a; (ASTR) orbitare intorno a

um|krempeln ['ʊmkrɛmpəln] *vt* ❶ (*umschlagen*) rimboccare, rimboccarsi ❷ (*fig: auf den Kopf stellen, durchsuchen*) mettere sottosopra ❸ (*fig fam: Haus, Zimmer*) rinnovare di sana pianta; (*Mensch*) trasformare completamente

um|laden <irr> *vt* trasbordare, ricaricare

Umlage *f* quota *f*, contributo *m*

umlagern [ʊmˈlaːgən] <ohne ge-> *vt* (*umgeben*) circondare, assediare

um|lagern² [ˈʊmlaːgən] *vt* (*anders lagern*) immagazzinare altrove

Umland <-(e)s> *kein Pl n* zona *f* satellite

Umlauf *m* ❶ *sing* (*Kreisen*) giro *m*, rotazione *f* ❷ *sing* (*von Geld*) circolazione *f*; **in ~ bringen** [*o* **setzen**] mettere in circolazione; **im ~ sein** circolare ❸ *sing* (ASTR) rivoluzione *f* ❹ (*Rundschreiben*) circolare *f*; **Umlaufbahn** *f* (ASTR) orbita *f*

Umlaut *m* (LING) ❶ (*~ung*) metafonia *f* ❷ (*umgelauteter Vokal*) vocale *f* raddolcita

um|legen *vt* ❶ (*Kleidungsstück*) mettere (sopra); (*Verband*) applicare ❷ (*niederwerfen*) abbattere ❸ (*fam: zu Boden strecken*) stendere a terra ❹ (*sl: töten*) fare fuori *fam* ❺ (*umklappen*) ribaltare; (*umschlagen*) rovesciare ❻ (*verlegen*) spostare; **etw auf etw** *acc* **~** spostare qc su qc ❼ (*verteilen*) ripartire; **die Ausgaben auf die Beteiligten ~** ripartire le spese fra i partecipanti

um|leiten *vt* deviare; **Umleitung** *f* deviazione *f*

um|lernen *vi* ❶ (*neu lernen*) imparare ex novo ❷ (*beruflich*) apprendere un altro mestiere

umliegend *adj* circostante, limitrofo

ummauern [ʊmˈmauən] <ohne ge-> *vt* cingere con un muro

um|melden I. *vt* notificare il cambiamento di nome di II. *vr* **sich ~** notificare la propria partenza; **Ummeldung** *f* notifica *f* di cambiamento

umnachtet [ʊmˈnaxtət] *adj* **geistig ~** ottenebrato; **Umnachtung** <-, -en> *f* **geistige ~** ottenebramento *m* mentale

um|packen *vt* ❶ (*in etw anderes packen*) mettere in un'altra valigia [*o* in un altro pacco] ❷ (*anders packen*) rifare l'imballaggio a [*o* di]; **ich muss den Koffer ~** devo rifare la valigia

um|pflanzen *vt* trapiantare

um|pflügen *vt* arare

um|polen *vt* (PHYS, TEC) invertire la polarità di

um|quartieren <ohne ge-> *vt* far cambiare alloggio a

umranden [ʊmˈrandən] <ohne ge-> *vt* **etw** (**mit etw**) **~** contornare qc (di qc)

Umrandung [ʊmˈrandʊŋ] <-, -en> *f* ❶ orlatura *f*, bordatura *f* ❷ (*Rand*) bordo *m*, contorno *m*

um|räumen *vt* (*Zimmer*) cambiare la disposizione di; (*Bücher*) riordinare

um|rechnen *vt* convertire

Umrechnungsgebühren *fpl* (FIN) costi *mpl* di conversione; **Umrechnungskurse** *fpl* tassi *mpl* di conversione

um|reißen¹ [ˈʊmraɪsən] <irr> *vt* (*niederreißen*) abbattere, gettare a terra

umreißen² [ʊmˈraɪsən] <irr, ohne ge-> *vt* (*fig*) abbozzare, schizzare

um|rennen <irr> *vt* travolgere (correndo)

umringen [ʊmˈrɪŋən] <ohne ge-> *vt* circondare, attorniare

Umrissᴿᴿ *m*, **Umriß**ᴬᴸᵀ *m* contorno *m* (*meist pl*), profilo *m*; **in groben Umrissen zeichnen** disegnare a grandi tratti

um|rühren *vt* rimestare, mescolare

um|rüsten I. *vt* (*Fahrzeug*) trasformare, rimontare II. *vi* (MIL) riarmare

ums [ʊms] = **um das** *s.* **um**

um|satteln *vi* (*fig fam: den Beruf wechseln*) cambiare mestiere; **von etw auf etw** *acc* **~** cambiare da qc a qc

Umsatz *m* volume *m* d'affari, fatturato *m*; **Umsatzsteigerung** *f* incremento *m* del fatturato; **Umsatzsteuer** *f* imposta *f* sugli affari

um|schalten I. *vt* (EL) commutare II. *vi* (RADIO, TV) cambiare canale; **ins Stadion ~** collegarsi con lo stadio; **wir schalten um zum Westdeutschen Rundfunk nach Köln** passiamo la linea all'emittente radiofonica di Colonia

Umschalter *m* (TEC) commutatore *m*

Umschalttaste *f* ❶ (TEC) tasto *m* di commutazione ❷ (*von Schreibmaschine*) tasto *m* delle maiuscole

Umschau *f* (**nach jdm/etw**) **~ halten** guardarsi intorno (alla ricerca di qu/qc)

um|schauen *s.* **umsehen**

um|schichten *vt* ❶ (*Stapel*) disporre diversamente ❷ (*neu einteilen*) ristrutturare, riorganizzare; **Umschichtung** <-, -en> *f* ristrutturazione *f*, riorganizzazione *f*, cambiamento *m* di disposizione; **soziale ~** riordinamento sociale

umschiffen [ʊmˈʃɪfən] <ohne ge-> *vt* navigare intorno a, circumnavigare; (*Kap*) doppiare

Umschlag *m* ❶ *sing* (*Wechsel*) mutamento *m* improvviso ❷ (*an Kleidung*) risvolto *m* ❸ (*Buch~*) copertina *f* ❹ (*Brief~*) busta *f* ❺ (MED) impacco *m*, compressa *f* ❻ *sing* (WIRTSCH: *Güter~*) movimento *m* d'affari; (*Umladen*) trasbordo *m*

um|schlagen <irr> I. *vt* **haben** ❶ (*Kragen*) rovesciare; (*Ärmel*) rimboccare; (*Buchseite*) voltare ❷ (*Bäume*) abbattere ❸ (*Güter*) trasbordare II. *vi* **sein** ❶ (*umkippen*) capovolgersi; (*bes. Wagen*) ribaltarsi; (NAUT) fare scuffia ➋ (*Wind*) voltarsi, girare; (*Wetter, Stimme*) cambiare improvvisamente; **ins Gegenteil ~** prendere la piega contraria

Umschlaghafen <-s, -häfen> *m* porto *m* di trasbordo; **Umschlagplatz** *m* posto *m* di trasbordo

umschließen [ʊmˈʃliːsən] <irr, ohne ge-> *vt* ➊ (*einschließen*) circondare; (MIL) accerchiare; (*umfassen*) stringere ➋ (*fig: beinhalten*) comprendere

umschlingen [ʊmˈʃlɪŋən] <irr, ohne ge-> *vt* ➊ (*umarmen*) abbracciare ➋ (*Pflanze*) avvitticchiare

um|schnallen *vt* mettere, mettersi

um|schreiben[1] [ˈʊmʃraɪbən] <irr> *vt* ➊ (*übertragen*) trascrivere, ricopiare ➋ (*neu schreiben*) rifare, rielaborare; (*ändern*) cambiare ➌ (JUR) trasferire; (*Grundbesitz*) volturare; **etw auf jds Namen ~** volturare qc a nome di qu

umschreiben[2] [ʊmˈʃraɪbən] <irr, ohne ge-> *vt* ➊ (*mit anderen Worten*) perifrasare ➋ (*festlegen*) delimitare, definire ➌ (MAT) circoscrivere

Umschreibung[1] <-> *kein Pl f* ➊ (*schriftliche Änderung eines Text*) trascrizione *f*, copiatura *f*; (*schriftliche Änderung in andere Schrift*) trascrizione *f*, traslitterazione *f* ➋ (*einer Hypothek*) voltura *f* (*auf +acc* a)

Umschreibung[2] [ʊmˈʃraɪbən] <-, -en> *f* (*umschreibender Ausdruck*) perifrasi *f*, circonlocuzione *f*; (*von Aufgaben*) definizione *f*, delimitazione *f*

um|schulden *vt* (FIN) convertire; **einen Kredit ~** convertire un credito; **Umschuldung** <-, -en> *f* (FIN) conversione *f*

um|schulen I. *vt* ➊ (*auf andere Schule*) far cambiare scuola ➋ (*beruflich*) riqualificare professionalmente ➌ (POL) rieducare II. *vi* (*beruflich*) riqualificarsi professionalmente; **von etw auf etw** *acc* ~ acquisire una nuova qualificazione professionale; **Umschulung** *f* ➊ (*auf andere Schule*) cambio *m* di scuola ➋ (*beruflich*) riqualificazione *f* professionale

um|schütten *vt* ➊ (*umfüllen*) travasare ➋ (*umwerfen*) rovesciare, versare

Umschweife [ˈʊmʃvaɪfə] *pl* **ohne ~** (*geradeheraus*) senza preamboli; (*ohne zu zögern*) senza indugio

umschwirren [ʊmˈʃvɪrən] <ohne ge-> *vt* (*a fig*) ronzare intorno a

Umschwung <-(e)s, -schwünge> *m* ➊ (*Veränderung, Wende*) svolta *f*, cambia-

mento *m* ➋ (*CH: zum Gebäude gehörendes umgebendes Land*) terreno *m* circostante; **schönes Haus mit viel ~ zu vermieten** fittasi casa incantevole con ampio terreno circostante

um|sehen <irr> *vr* **sich ~** ➊ (*zurücksehen*) voltarsi a guardare ➋ (*um sich herum sehen*) **sich nach etw ~** guardarsi attorno alla ricerca di qc; **sich in der Stadt ~** visitare la città ➌ (*suchen*) **sich nach etw/jdm ~** cercare qc/qu

umseitig *adj o adv* sul retro

um|setzen I. *vt* ➊ (*anders setzen*) cambiare posto a, spostare ➋ (*umwandeln*) trasformare ➌ (*verkaufen*) vendere, smerciare ➍ (*anwenden*) realizzare; **etw in die Tat ~** mettere qc in atto; **etw in die Praxis ~** mettere in pratica qc II. *vr* **sich ~** (*Platz wechseln*) cambiare posto

Umsicht *f* avvedutezza *f*, circospezione *f*; **umsichtig** *adj* avveduto, circospetto

um|siedeln I. *vt haben* trasferire II. *vi sein* trasferirsi; **Umsiedler(in)** *m(f)* persona *f* trasferita; **Umsiedlung** *f* trasferimento *m*

umso[RR] [ˈʊmzo] *konj* tanto; **je ..., ~ ...** più ..., più ...; **~ besser/schlimmer** tanto meglio/peggio

umsonst [ʊmˈzɔnst] *adv* ➊ (*gratis*) per niente, gratis, gratuitamente ➋ (*vergeblich*) invano, inutilmente; **nicht ~** (*nicht grundlos*) non per niente, non a caso

umsorgen [ʊmˈzɔrgən] <ohne ge-> *vt* curare, avere cura di

um|spannen[1] [ˈʊmʃpanən] *vt* ➊ (*Pferde, Ochsen*) cambiare ➋ (EL) trasformare (*von ... auf* da ... in)

umspannen[2] [ʊmˈʃpanən] <ohne ge-> *vt* stringere; (*a fig*) abbracciare

Umspannstation *f*, **Umspannwerk** *n* stazione *f* di trasformazione

um|springen[1] [ˈʊmʃprɪŋən] <irr> *vi sein* ➊ (*Wind*) cambiare direzione; **auf Nordwest ~** girare a nord-ovest ➋ (*Ampel*) **von Rot auf Gelb ~** scattare dal rosso all'arancione ➌ (*pej: behandeln*) **mit jdm ~** trattare (male) qu; **so kannst du nicht mit ihr ~** non puoi trattarla così

umspringen[2] [ʊmˈʃprɪŋən] <umspringt, umsprang, umsprungen> *vt* (*springend umkreisen*) aggirare, saltare intorno a

um|spulen *vt* ribobinare

Umstand *m* ➊ (JUR) circostanza *f*; **mildernde Umstände** circostanze attenuanti ➋ (*Tatsache*) fatto *m*; (*Einzelheit*) particolare *m*; **die näheren Umstände** i particolari, i dettagli ➌ *pl* (*Verhältnisse*) circostanze *fpl*; (*Lage*) stato *m*, situazione *f*; **unter Umständen** eventualmente, forse;

unter diesen Umständen date le circostanze; **unter allen/keinen Umständen** in ogni/nessun caso; **in (anderen) Umständen sein** essere in stato interessante; **es geht ihm den Umständen entsprechend (gut)** sta (bene) come si può stare nella sua situazione ❹ *pl* (*Aufwand, Mühe*) cerimonie *fpl;* (*Förmlichkeiten*) complimenti *mpl;* **Umstände machen** (*Sachen*) causare difficoltà; (*Personen*) fare cerimonie; **machen Sie sich** *dat* **meinetwegen keine Umstände!** non si disturbi per me!

umständehalber ['ʊmʃtɛndəhalbɐ] *adv* date le circostanze; **~ zu verkaufen** in vendita per questione di circostanze

umständlich ['ʊmʃtɛndtlɪç] *adj* ❶ (*ausführlich*) circostanziato, dettagliato; (*weitschweifig*) prolisso, lungo ❷ (*verwickelt*) complicato; **das ist mir viel zu ~** è troppo complicato per me ❸ (*beschwerlich*) scomodo, faticoso ❹ (*förmlich*) cerimonioso ❺ (*übergenau*) pignolo

Umstandskleid *n* (abito *m*) pre-maman® *m;* **Umstandskleidung** *f* abiti *mpl* pre-maman® [*o* per gestanti]

Umstandswort <-(e)s, -wörter> *n* avverbio *m*

umstehen [ʊm'ʃteːən] <umsteht, umstand, umstanden> *vt* stare attorno a, attorniare

umstehend ['ʊmʃteːənt] *adj* ❶ (*um etw herum stehend*) circostante ❷ (*umseitig*) sul retro

um|steigen <irr> *vi sein* ❶ (*in Bahn, Bus*) cambiare; **in den Zug nach Frankfurt ~** prendere la coincidenza per Francoforte ❷ (*fig fam: überwechseln*) **auf etw** *acc* **~** passare a qc

um|stellen[1] ['ʊmʃtɛlən] **I.** *vt* ❶ (*anders stellen*) spostare ❷ (*fig: anpassen*) adattare; **etw auf etw** *acc* **~** adattare qc a qc; (*Betrieb*) trasformare qc in qc; **auf andere Erzeugnisse ~** indirizzarsi verso altri prodotti **II.** *vr* **sich** (**auf etw** *acc*) **~** (*fig*) adattarsi (a qc)

umstellen[2] [ʊm'ʃtɛlən] <ohne ge-> *vt* circondare, attorniare; (MIL) accerchiare

Umstellung *f* ❶ (*Positionsänderung*) disposizione *f* diversa, spostamento *m* ❷ (*fig: Anpassung*) adattamento *m;* (*von Betrieb*) trasformazione *f;* **~ auf etw** *acc* adattamento a qc; **~ auf Computer** computerizzazione *f* ❸ (*Veränderung*) cambiamento *m*

um|stimmen *vt* **jdn ~** far cambiare idea a qu

um|stoßen <irr> *vt* ❶ (*umwerfen*) roves-

ciare, far cadere (urtando) ❷ (*fig: Plan*) capovolgere

umstritten [ʊm'ʃtrɪtən] *adj* controverso, discutibile

um|strukturieren <ohne ge-> *vt* ristrutturare; **Umstrukturierung** <-, -en> *f* ristrutturazione *f*

um|stülpen *vt* rovesciare, rivoltare; (*fig*) capovolgere

Umsturz *m* sovvertimento *m*, rivoluzione *f;* (*Umwälzung*) rovesciamento *m*

um|stürzen I. *vt haben* rovesciare; (*a fig*) ribaltare; (POL) sovvertire, rovesciare **II.** *vi sein* cadere, crollare; (*umkippen*) ribaltarsi; **umstürzlerisch** ['ʊmʃtʏrtslərɪʃ] *adj* sovversivo, rivoluzionario

um|taufen *vt* ribattezzare

Umtausch *m* ❶ (COM) cambio *m;* **diese Waren sind vom ~ ausgeschlossen** gli articoli di questo reparto non possono venir cambiati ❷ (FIN) conversione *f*

um|tauschen *vt* ❶ (*Waren*) **etw** (**gegen etw**) **~** cambiare qc (con qc) ❷ (FIN) convertire

Umtrieb <-(e)s, -e> *m* ❶ (*umstürzlerische Aktivitäten*) manovra *f* ❷ (AGR) ciclo *m* ❸ (*CH: Aufwand an Zeit, Arbeit, Geld, Mühe*) spreco *m*, dispendio *m*

umtriebig ['ʊmtriːbɪç] *adj* affaccendato, indaffarato

Umtrunk <-(e)s, -trünke> *m* bicchierata *f*, bevuta *f*

UMTS [uːʔəmteːˈɛs] <-> *n s.* **Universal Message Transmission System** UMTS *m;* **UMTS-Lizenz** *f* licenza *f* UMTS; **UMTS-Netz** *n* rete *f* UMTS

U-Musik ['uːmuziːk] <-> *kein Pl f* musica *f* leggera

um|wälzen *vt* ❶ (*Stein*) rotolare ❷ (*fig: grundlegend verändern*) capovolgere; **umwälzend** *adj* rivoluzionario; **Umwälzung** <-, -en> *f* sovvertimento *m*, rivoluzione *f*

um|wandeln *vt* **etw** (**in etw**) **~** cambiare qc (in qc); **Umwandlung** *f* cambiamento *m*, trasformazione *f*

umwarb *1. u 3. pers sing imp von* **umwerben**

um|wechseln *vt* cambiare (*in + acc* in)

Umweg *m* giro *m*, strada *f* più lunga; **einen ~ machen** prendere la strada più lunga, fare un giro; **auf ~en** per vie traverse

Umwelt *f* ambiente *m;* **Umweltaktivist(in)** *m(f)* attivista *mf*; **Umweltbedingungen** *fpl* condizioni *fpl* ambientali; **umweltbelastend** *adj* inquinante; **Umweltbelastung** *f* incidenza *f* inquinante sull'ambiente, fattori *mpl* inquinanti; **umweltbewusst**^RR *adj* o *adv* ecologico; **sich ~ verhalten** rispettare l'ambiente; **Umweltbewusstsein**^RR *n* coscienza *f* ecologica; **Umweltbundesamt** ['ʊmvɛlt'bʊndəsamt] <-(e)s> *kein Pl n* ufficio *m* federale per i beni ambientali; **Umwelteinflüsse** *mpl* influssi *mpl* ambientali; **Umweltforschung** *f* studi *mpl* sull'ambiente; **umweltfreundlich** *adj* non inquinante, salutare all'ambiente; **~e Plastiksäcke** sacchetti di plastica biodegradabili; **Umweltgefahr** *f* pericolo *m* ambientale; **umweltgefährdend** *adj* nocivo all'ambiente, inquinante; **umweltgerecht** *adj* compatibile con l'ambiente, biodegradabile; **Umweltgift** *n* sostanza *f* contaminante; **Umweltgütesiegel** *n* ecoetichetta *f*; **Umweltkatastrophe** *f* disastro *m* ecologico, sciagura *f* ecologica; **Umweltkriminalität** *f* reati *mpl* contro l'ambiente; **Umweltminister(in)** *m(f)* ministro *m* per i beni ambientali; **Umweltministerium** <-s, -ministerien> *n* ministero *m* per i beni ambientali; **Umweltpolitik** *f* politica *f* ecologica; **Umweltqualität** <-> *kein Pl f* qualità *f* dell'ambiente **Umweltschaden** *m meist pl* danni *pl* ambientali; **umweltschonend** *adj* antinquinante; **Umweltschutz** *m* protezione *f* dell'ambiente, tutela *f* dell'ambiente; **Umweltschutzbewegung** <-, -en> *f* movimento *m* ambientalista [*o* ecologista]; **Umweltschützer(in)** <-s, -; -, -nen> *m(f)* ecologista *mf*; **Umweltschutzmaßnahmen** *pl* misure *fpl* antinquinamento; **Umweltschutzpapier** *n* carta *f* riciclata; **Umweltsteuer** *f* imposta *f* ambientale; **Umweltsünder** *m* contaminatore, -trice *m, f* ambientale; **Umweltvergehen** *n* (ECO) ecoreato *m*; **Umweltverschmutzer(in)** <-s, -; -, -nen> *m(f)* inquinatore, -trice *m, f*; **Umweltverschmutzung** *f* inquinamento *m* ambientale; **umweltverträglich** *adj* biocompatibile; **Umweltverträglichkeitsprüfung** *f* valutazione *f* d'impatto ambientale **um|wenden** <wendet um, wendete um *o* wandte um, umgewendet *o* umgewandt> **I.** *vt* voltare, girare **II.** *vr* **sich ~** girarsi, voltarsi **umwerben** [ʊm'vɛrbən] <irr, ohne ge-> *vt* corteggiare **um|werfen** <irr> *vt* ❶ (*umschmeißen*) rovesciare, buttare giù ❷ (*fig fam: Plan, Ordnung*) capovolgere ❸ (*fam: aus der*

Fassung bringen) sconvolgere **umwerfend** *adj* sconvolgente **umwickeln** [ʊm'vɪkəln] <ohne ge-> *vt* avvolgere; **etw mit Binden ~** fasciare qc; **etw mit Papier ~** avvolgere qc nella carta **umzäunen** [ʊm'tsɔɪnən] <ohne ge-> *vt* recintare, recingere; **Umzäunung** <-, -en> *f* recinzione *f*; (*Zaun*) recinto *m* **um|ziehen** <irr> **I.** *vi sein* (*in andere Wohnung*) traslocare, cambiare casa; (*in andere Stadt*) trasferirsi; **nach Stuttgart ~** trasferirsi a Stoccarda **II.** *vr* **sich ~** cambiarsi (d'abito) **umzingeln** [ʊm'tsɪŋəln] <ohne ge-> *vt* accerchiare, circondare **Umzug** *m* ❶ (*Festzug*) corteo *m*; (REL) processione *f* ❷ (*Wohnungswechsel*) trasloco *m* **UN** [u:'ʔɛn] *f abk v* **United Nations** NU *fpl* **unabänderlich** [ʊn?ap'ʔɛndɐlɪç] *adj* immutabile; (*unwiderruflich*) irrevocabile **unabdingbar** [ʊn?ap'dɪŋbaːɐ] *adj* indispensabile **unabhängig** *adj* indipendente; (*Staat*) autonomo; **von jdm/etw ~ sein** essere indipendente da qu/qc; **~ davon, ob/ wann/wie/wo/wer ...** indipendentemente da se/quando/come/dove/chi ...; **Unabhängigkeit** *f* indipendenza *f*; (*staatliche*) autonomia *f*; (*wirtschaftliche*) autarchia *f* **unabkömmlich** ['ʊn?apkœmlɪç] *adj* impegnato, occupato **unablässig** [ʊn?ap'lɛsɪç] **I.** *adj* continuo, incessante **II.** *adv* in continuazione **unabsehbar** [ʊn?ap'zeːbaːɐ] *adj* ❶ (*unkalkulierbar*) incalcolabile; **auf ~e Zeit** a tempo indeterminato ❷ (*räumlich*) immenso **unabsichtlich** *adj* involontario, non intenzionale **unabwendbar** [ʊn?ap'vɛntbaːɐ] *adj* inevitabile, ineluttabile **unachtsam** *adj* (*unaufmerksam*) disattento, sbadato; (*nachlässig*) trascurato; **Unachtsamkeit** <-> *kein Pl f* (*Unaufmerksamkeit*) disattenzione *f*, sbadataggine *f*; (*Nachlässigkeit*) negligenza *f* **unähnlich** *adj* dissimile (+*dat* da), diverso (+*dat* da) **unanfechtbar** [ʊn?an'fɛçtbaːɐ] *adj* incontestabile, inoppugnabile **unangebracht** *adj* inopportuno, fuori luogo **unangefochten** *adj* indiscusso; (*bes. Recht*) incontestabile **unangemeldet** **I.** *adj* non annunciato; (*Besucher*) inatteso **II.** *adv* senza avviso

U

unangemessen *adj* inadeguato

unangenehm *adj* sgradevole; (*misslich*) spiacevole; (*a Überraschung*) brutto, increscioso; (*unsympathisch*) sgarbato; (*ärgerlich*) seccante, fastidioso; **~ auffallen** colpire in modo spiacevole; (**von etw**) **~ berührt sein** essere dispiaciuto (di qc); **es ist mir sehr ~** mi dispiace molto

unangepasst^RR *adj*, **unangepaßt**^ALT *adj* disadattato

unangetastet *adj* intatto; **etw ~ lassen** non toccare qc

unangreifbar [ʊnʔanˈɡraɪbaːɐ̯] *adj* inattaccabile

unannehmbar [ʊnʔanˈneːmbaːɐ̯] *adj* inaccettabile

Unannehmlichkeit *f* fastidio *m*, difficoltà *f*; **jdm ~en bereiten** procurare noie a qu

unansehnlich *adj* non bello, non curato; (*Nahrung*) non appetitoso

unanständig *adj* indecente; (*obszön*) osceno; (*anstößig*) volgare; **Unanständigkeit** *f* indecenza *f*; (*Obszönität*) oscenità *f*; (*Anstößigkeit*) volgarità *f*

unantastbar [ʊnʔanˈtastbaːɐ̯] *adj* intangibile, intoccabile; (JUR) inviolabile; (REL) sacro

unappetitlich *adj* disgustoso

Unart *f* ❶ (*schlechte Angewohnheit*) vizio *m* ❷ (*unartiges Benehmen*) maleducazione *f*; (*von Kindern*) cattiveria *f*; **unartig** *adj* maleducato, cattivo

unästhetisch *adj* antiestetico

unaufdringlich *adj* ❶ (*Parfüm*) discreto, gradevole ❷ (*Mensch*) discreto

unauffällig **I.** *adj* non appariscente, che non dà nell'occhio **II.** *adv* senza farsi notare, con discrezione

unauffindbar [ˈʊnʔaʊffɪntbaːɐ̯] *adj* introvabile, irreperibile

unaufgefordert **I.** *adj* non richiesto **II.** *adv* spontaneamente

unaufhaltsam [ʊnʔaʊfˈhaltzaːm *o* ˈʊnʔaʊfhaltzaːm] *adj* inarrestabile

unaufhörlich [ʊnʔaʊfˈhøːɐ̯lɪç *o* ˈʊnʔaʊfhøːɐ̯lɪç] **I.** *adj* incessante, continuo **II.** *adv* in continuazione

unauflöslich [ʊnʔaʊfˈløːslɪç *o* ˈʊnʔaʊfløːslɪç] *adj* indissolubile

unaufmerksam *adj* ❶ (*unkonzentriert*) disattento; (*zerstreut*) distratto ❷ (*nicht zuvorkommend*) non premuroso; **Unaufmerksamkeit** *f* disattenzione *f*; (*Zerstreutheit*) distrazione *f*

unaufrichtig *adj* insincero, falso; **Unaufrichtigkeit** *f* falsità *f*

unaufschiebbar [ˈʊnʔaʊfʃiːbbaːɐ̯ *o* ʊnʔaʊfˈʃiːbbaːɐ̯] *adj* improrogabile, irrimandabile

unausbleiblich [ʊnʔaʊsˈblaɪplɪç *o* ˈʊnʔaʊsblaɪplɪç] *adj* immancabile, inevitabile

unausgeglichen *adj* poco equilibrato; **Unausgeglichenheit** *f* mancanza *f* d'equilibrio

unausgeschlafen *adj* insonnolito

unausgewogen *adj* squilibrato

unauslöschlich [ˈʊnʔaʊslœʃlɪç *o* ʊnʔaʊsˈlœʃlɪç] *adj* (*geh*) indelebile

unaussprechbar [ˈʊnʔaʊsʃprɛçbaːɐ̯ *o* ʊnʔaʊsˈʃprɛçbaːɐ̯] *adj* impronunciabile

unaussprechlich [ʊnʔaʊsˈʃprɛçlɪç *o* ˈʊnʔaʊsʃprɛçlɪç] *adj* ineffabile; (*Elend, Freude, Leid*) indicibile

unausstehlich [ʊnʔaʊsˈʃteːlɪç *o* ˈʊnʔaʊsʃteːlɪç] *adj* insopportabile; (*widerlich*) odioso

unausweichlich [ʊnʔaʊsˈvaɪçlɪç *o* ˈʊnʔaʊsvaɪçlɪç] *adj* inevitabile

unbändig [ˈʊnbɛndɪç] *adj* indomabile, irrefrenabile; **sich ~ freuen** rallegrarsi enormemente

unbarmherzig *adj* spietato, crudele

unbeabsichtigt *adj* involontario, non intenzionale

unbeachtet *adj* inosservato; **etw ~ lassen** ignorare qc

unbeaufsichtigt *adj* (*Bahnübergang*) incustodito; (*Kinder*) non sorvegliato

unbebaut *adj* (*Acker*) incolto; (*Grundstück*) non edificato

unbedacht *adj* (*Person*) sconsiderato, sventato; (*Handlung*) sconsiderato; **~ handeln** agire sconsideratamente

unbedarft *adj* ingenuo, inesperto

unbedenklich **I.** *adj* sicuro, senza pericoli **II.** *adv* senz'altro, senza pericoli

unbedeutend *adj* ❶ (*unwichtig*) insignificante, irrilevante, poco importante ❷ (*geringfügig*) futile

unbedingt **I.** *adj* ❶ (*absolut*) assoluto; (*bedingungslos*) incondizionato ❷ (*CH*: JUR: *ohne Bewährung*) senza condizionale; **er wurde zu drei Jahren ~ verurteilt** fu condannato a tre anni senza condizionale **II.** *adv* in ogni caso, assolutamente; **das hat nicht ~ etw mit … zu tun** (ciò) non ha necessariamente qc a che fare con …

unbeeindruckt *adj* indifferente, impassibile; **~ bleiben** rimanere indifferente/impassibile; **~ lassen** non lasciarsi impressionare; **~ fortfahren** continuare senza farsi impressionare

unbefangen **I.** *adj* ❶ (*natürlich*) disinvolto, naturale ❷ (*unvoreingenommen*)

spregiudicato ❸(*unparteiisch*) imparziale
II. *adv* con disinvoltura, spregiudicatamente; **Unbefangenheit** <-> *kein Pl f*
❶(*Ungehemmtheit*) disinvoltura *f*, naturalezza *f* ❷(*Unvoreingenommenheit*) imparzialità *f*
unbefriedigend *adj* insoddisfacente; **unbefriedigt** *adj* insoddisfatto
unbefristet *adj* illimitato
unbefugt *adj* non autorizzato, abusivo; **Unbefugte** <ein -r, -n, -n> *mf* ~**n ist der Zutritt verboten** vietato l'accesso ai non addetti
unbegabt *adj* negato; (**für etw**) ~ **sein** non essere dotato (per qc); **musikalisch** ~ **sein** essere negato per la musica
unbegreiflich [ʊnbəˈɡraɪflɪç *o* ˈʊnbəɡraɪflɪç] *adj* incomprensibile, inconcepibile
unbegrenzt *adj* illimitato, sconfinato
unbegründet *adj* infondato, ingiustificato
unbehaart *adj* (*ohne Körperhaar*) glabro, senza pelo; (*ohne Bart*) imberbe, senza barba; (*ohne Kopfhaar*) calvo, pelato
Unbehagen *n* malessere *m*, disagio *m*
unbehaglich *adj* (*ungemütlich*) disagevole; (*unangenehm*) sgradevole; **sich** ~ **fühlen** essere a disagio
unbehandelt *adj* (*Obst*) non trattato
unbeherrscht I. *adj* incontrollato; (*Person*) che non sa dominarsi; **du bist immer so unbeherrscht!** non sai mai controllarti!
II. *adv* incontrollatamente
unbeholfen [ˈʊnbəhɔlfən] *adj* maldestro; (*plump*) goffo; **Unbeholfenheit** <-> *kein Pl f* goffaggine *f*
unbeirrbar [ʊnbəˈʔɪrbaːɐ̯ *o* ˈʊnbəʔɪrbaːɐ̯] *adj* imperturbabile, fermo; **unbeirrt** [ʊnbəˈʔɪrt *o* ˈʊnbəʔɪrt] *adj* imperturbato, fermo, impassibile
unbekannt *adj* sconosciuto; (ADM, JUR) ignoto; ~ **verzogen** trasferito senza lasciare indirizzo; **das ist mir** ~ questo mi giunge nuovo; **Unbekannte** *mf* sconosciuto, -a *m, f*; (ADM, JUR) ignoto, -a *m, f*
unbekleidet *adj* svestito, nudo
unbekümmert [ˈʊnbəkʏmɐt] *adj* ❶(*unbesorgt*) incurante ❷(*sorglos*) spensierato; **Unbekümmertheit** <-> *kein Pl f* incuranza *f*, noncuranza *f*, spensieratezza *f*
unbelastet *adj* ❶(*frei*) libero; ~ **von Sorgen/Pflichten** libero da problemi/doveri ❷(FIN) non gravato da ipoteche
unbelehrbar [ˈʊnbəleːɐ̯baːɐ̯ *o* ʊnbəˈleːɐ̯baːɐ̯] *adj* incorreggibile, irriducibile; (*halsstarrig*) caparbio, ostinato
unbeliebt *adj* malvisto; (*unpopulär*) impopolare; **bei jdm** ~ **sein** essere malvisto da qu; **sich bei jdm** ~ **machen** rendersi anti-

patico a qu; **Unbeliebtheit** *f* impopolarità *f*
unbemannt *adj* senza uomini a bordo, senza equipaggio
unbemerkt I. *adj* inosservato, inavvertito
II. *adv* senza essere visto
unbenommen [ʊnbəˈnɔmən *o* ˈʊnbənɔmən] *adj* **es bleibt Ihnen** ~ nessuno Le impedisce di farlo
unbenutzbar *adj* inutilizzabile; **unbenutzt** *adj* inutilizzato; **etw** ~ **zurückgeben** restituire qc di inutilizzato
unbeobachtet *adj* inosservato
unbequem *adj* ❶(*Sessel*) scomodo ❷(*fig: lästig*) molesto, importuno; **Unbequemlichkeit** *f* scomodità *f*; (*Lästigkeit*) molestia *f*
unberechenbar [ʊnbəˈrɛçənbaːɐ̯ *o* ˈʊnbərɛçənbaːɐ̯] *adj* incalcolabile; (*Mensch a*) imprevidibile
unberechtigt *adj* non autorizzato, illegittimo
unberücksichtigt *adj* trascurato, ignorato; ~ **lassen** tralasciare, non prendere in considerazione; ~ **bleiben** non essere considerato
unberührt *adj* ❶(*nicht berührt*) intatto ❷(*jungfräulich*) vergine
unbeschadet [ʊnbəˈʃaːdət *o* ˈʊnbəʃaːdət] *prp* +*gen* (*geh*) malgrado, nonostante
unbeschädigt *adj* incolume, illeso, intatto
unbescheiden *adj* immodesto, presuntuoso; **ein** ~ **er Typ** un tipo immodesto/presuntuoso; ~ **es Verhalten** atteggiamento presuntuoso
Unbescheidenheit *f* immodestia *f*, presunzione *f*
unbescholten *adj* integro, illibato
unbeschränkt [ˈʊnbəʃrɛŋkt] *adj* illimitato; (*Gewalt*) assoluto; **jdm** ~**e Vollmacht geben** dare a qu pieni poteri
unbeschreiblich [ˈʊnbəʃraɪplɪç] *adj* indescrivibile
unbeschrieben *adj* (*Papier*) bianco; **er ist (noch) ein** ~**es Blatt** (*fam*) non si può ancora dire niente di lui
unbesehen [ˈʊnbəzeːən] *adv* senza vedere [*o* esaminare]; **das glaube ich dir** ~ ti credo senz'altro
unbesiegbar [ˈʊnbəziːkbaːɐ̯ *o* ʊnbəˈziːkbaːɐ̯] *adj* invincibile; **unbesiegt** *adj* imbattuto, invitto *geh*
unbesonnen I. *adj* ❶(*Entschluss*) avventato ❷(*Mensch*) sventato **II.** *adv* alla leggera; **Unbesonnenheit** *f* ❶ *sing* (*Eigenschaft*) sventatezza *f*, leggerezza *f* ❷(*Handlung*) imprudenza *f*

unbesorgt *adj* tranquillo; **seien Sie ~!** non si preoccupi!

unbeständig *adj* ❶(*wechselhaft*) instabile; (*Wetter*) variabile ❷(*Person*) volubile, incostante; **Unbeständigkeit** *f* instabilità *f*; (*Wankelmut*) incostanza *f*, volubilità *f*; (*von Wetter*) variabilità *f*

unbestätigt *adj* non confermato; **nach noch ~en Quellen** secondo fonti non ancora confermate

unbestechlich [ʊnbəˈʃtɛçlɪç *o* ˈʊnbəʃtɛçlɪç] *adj* incorruttibile; **Unbestechlichkeit** *f* incorruttibilità *f*

unbestimmt *adj* indeterminato; (LING) indefinito; **auf ~e Zeit** a tempo indeterminato

unbestreitbar [ʊnbəˈʃtraɪtbaːɐ̯ *o* ˈʊnbəʃtraɪtbaːɐ̯] *adj* incontestabile, indiscutibile

unbestritten [ʊnbəˈʃtrɪtən *o* ˈʊnbəʃtrɪtən] I. *adj* indiscusso, incontestato; **es ist ~, dass ...** è sicuro che ... II. *adv* senza dubbio

unbeteiligt [ʊnbəˈtaɪlɪçt *o* ˈʊnbətaɪlɪçt] *adj* disinteressato, non coinvolto

unbetont *adj* atono, non accentuato

unbeugsam [ʊnˈbɔɪkzaːm *o* ˈʊnbɔɪkzaːm] *adj* inflessibile

unbewacht *adj* incustodito; (*schutzlos*) non sorvegliato; **ein ~er Parkplatz** un posteggio incustodito

unbewaffnet *adj* disarmato

unbewältigt *adj* irrisolto; **~e Probleme/ Konflikte** problemi/conflitti irrisolti

unbeweglich [ʊnbəˈveːklɪç *o* ˈʊnbəveːklɪç] *adj* immobile; (*fest*) fisso; (*starr*) rigido; (*geistig*) inflessibile; **Unbeweglichkeit** *f* immobilità *f*; (*Starrheit*) fissità *f*, rigidità *f*; (*geistig*) inflessibilità *f*

unbewohnbar [ˈʊnbəvoːnbaːɐ̯ *o* ʊnbəˈvoːnbaːɐ̯] *adj* inabitabile; **unbewohnt** *adj* disabitato

unbewusstᴿᴿ *adj*, **unbewußt**ᴬᴸᵀ *adj* inconsapevole; (PSYCH) inconscio; (*instinktiv*) istintivo; **das ist mir ganz ~** non me ne sono reso conto; **Unbewusste**ᴿᴿ <ein -s, -n> *kein Pl n* (PSYCH) inconscio *m*

unbezahlbar [ʊnbəˈtsaːlbaːɐ̯] *adj* impagabile; **unbezahlt** *adj* (*Rechnung*) non saldato [*o* pagato]; (*Arbeit*) non retribuito [*o* pagato]

unblutig *adj* incruento, senza spargimento di sangue

unbrauchbar *adj* inutilizzabile; (*ungeeignet*) inadato

unbürokratisch *adj* non burocratico; **jdm schnelle und ~e Hilfe zusichern** assicurare a qu aiuto sollecito e spontaneo

unchristlich *adj* ❶(*nicht christlich*) non cristiano ❷(*fam: ungerecht*) ingiusto

uncool [ˈʊnkuːl] *adj* non cool

und [ʊnt] *konj* e; (*vor Vokal*) ed; (*bei wiederholten Komparativen*) sempre; (MAT) più, e; **größer ~ größer** sempre più grande; **~ so weiter** [*o* **fort**] eccetera, e così via; **drei ~ zwei ist fünf** tre più due fa cinque; **geh ~ hole mir ...** va a prendermi ...; **sei so gut ~ mach das Fenster zu** fammi il favore di chiudere la finestra; **~ ob!** (*fam*) eccome!, e come no!; **~?** e allora?; **na ~?** (*fam*) e con ciò?

Undank *m* ingratitudine *f*; **~ ernten** raccogliere ingratitudine; **~ ist der Welt Lohn** (*prov*) il mondo è ingrato; **undankbar** *adj* ingrato; **gegen jdn ~ sein** essere ingrato verso qu; **Undankbarkeit** *f* ingratitudine *f*

undatiert *adj* non datato

undefinierbar [ʊndefiˈniːɐ̯baːɐ̯ *o* ˈʊndefiniːɐ̯baːɐ̯] *adj* indefinibile

undemokratisch *adj* antidemocratico

undenkbar [ʊnˈdɛŋkbaːɐ̯] *adj* impensabile, inconcepibile

undeutlich *adj* indistinto; (*Foto*) offuscato; (*Schrift*) illeggibile; (*Laut*) inarticolato; **sich ~ ausdrücken** esprimersi in modo confuso

undicht *adj* non stagno, non ermetico; **der Wasserhahn ist ~** il rubinetto perde

undifferenziert *adj* indifferenziato

Unding *n* **es ist ein ~ zu ...** è assurdo +*inf*

undiplomatisch *adj* non diplomatico

undiszipliniert *adj* indisciplinato

undogmatisch *adj* (POL, REL) non dogmatico, antidogmatico

unduldsam *adj* intollerante

undurchdringlich [ʊndʊrçˈdrɪŋlɪç *o* ˈʊndʊrçdrɪŋlɪç] *adj* impenetrabile

undurchführbar [ʊndʊrçˈfyːɐ̯baːɐ̯ *o* ˈʊndʊrçfyːɐ̯baːɐ̯] *adj* inattuabile

undurchlässig *adj* impermeabile

undurchschaubar [ˈʊndʊrçʃaʊbaːɐ̯ *o* ʊndʊrçˈʃaʊbaːɐ̯] *adj* impenetrabile

undurchsichtig *adj* ❶(*nicht durchsichtig*) non trasparente; (*Glas*) opaco ❷(*fig: undurchschaubar*) impenetrabile, misterioso

uneben *adj* (*Weg*) scosceso, scabro; (*Gelände*) accidentato

unecht *adj* falso; (*nachgemacht*) imitato; (*künstlich*) artificiale

unehelich *adj* (*Kind*) illegittimo, naturale

unehrenhaft *adj* disonorevole

unehrlich *adj* falso, disonesto; **Unehrlichkeit** *f* disonestà *f*, insincerità *f*

uneigennützig *adj* disinteressato, altruista

uneingeschränkt *adj* illimitato; (*Gewalt*) assoluto

uneinheitlich *adj* discontinuo

uneinig *adj* discorde; (*bes. Partei*) diviso; **in diesem Punkt sind wir uns ~** su questo punto non siamo d'accordo; **Uneinigkeit** *f* discordia *f*, disaccordo *m*

uneins <inv> *adj s.* **uneinig**

uneinsichtig *adj* (*unvernünftig*) irragionevole; (*verstockt*) ostinato

unempfindlich *adj* ❶ (*unsensibel*) insensibile; **gegen etw ~ sein** essere insensibile a qc ❷ (*widerstandsfähig*) **gegen Krankheiten ~ sein** essere resistente alle malattie; **Unempfindlichkeit** *f* ❶ (*Unsensibilität*) insensibilità *f* ❷ (*Widerstandsfähigkeit*) resistenza *f* ❸ (*Gefühllosigkeit*) impassibilità *f*, freddezza *f*

unendlich [ʊnˈʔɛntlɪç] I. *adj* infinito; (*unermesslich*) immenso II. *adv* infinitamente; **sie haben ~ lange diskutiert** non finivano più di discutere; **Unendlichkeit** <-> *kein Pl f* infinità *f*; (*Unermesslichkeit*) immensità *f*

unentbehrlich [ʊnʔɛntˈbeːɐ̯lɪç *o* ˈʊnʔɛntbeːɐ̯lɪç] *adj* indispensabile

unentgeltlich [ʊnʔɛntˈgɛltlɪç *o* ˈʊnʔɛntgɛltlɪç] I. *adj* gratuito II. *adv* gratis, per niente

unentrinnbar [ʊnʔɛntˈrɪnbaːɐ̯ *o* ˈʊnʔɛntrɪnbaːɐ̯] *adj* inevitabile, ineluttabile

unentschieden *adj* ❶ (*Mensch*) indeciso, incerto ❷ (*Frage, Angelegenheit*) incerto ❸ (SPORT) **~ enden** finire con un pareggio; **~ stehen** essere in pareggio; **Unentschieden** <-, -> *n* (SPORT) pareggio *m*

unentschlossen *adj* irresoluto, indeciso; (*zögernd*) titubante; **~ sein** esitare; **Unentschlossenheit** *f* irresolutezza *f*, indecisione *f*

unentschuldbar [ʊnʔɛntˈʃʊltbaːɐ̯ *o* ˈʊnʔɛntʃʊltbaːɐ̯] *adj* ingiustificabile, imperdonabile

unentschuldigt *adj* ingiustificato; **~es Fehlen** assenza ingiustificata

unentwegt [ʊnʔɛntˈveːkt *o* ˈʊnʔɛntveːkt] I. *adj* imperterrito, fermo II. *adv* in continuazione, incessantemente

unentwirrbar [ʊnʔɛntˈvɪrbaːɐ̯ *o* ˈʊnʔɛntvɪrbaːɐ̯] *adj* inestricabile

unerbittlich [ʊnʔɛɐ̯ˈbɪtlɪç *o* ˈʊnʔɛɐ̯bɪtlɪç] *adj* spietato; (*a Schicksal*) inesorabile

unerfahren *adj* inesperto; **in etw** *dat* **~ sein** essere inesperto in qc; **Unerfahrenheit** *f* <-> *kein Pl f* inesperienza *f*, mancanza *f* di esperienza

unerfindlich [ʊnʔɛɐ̯ˈfɪntlɪç *o* ˈʊnʔɛɐ̯fɪntlɪç] *adj* **aus ~en Gründen** per ragioni oscure

unerfreulich *adj* spiacevole

unergiebig *adj* ❶ (*Boden*) improduttivo ❷ (*Thema*) infruttuoso

unergründlich [ʊnʔɛɐ̯ˈgrʏntlɪç *o* ˈʊnʔɛɐ̯grʏntlɪç] *adj* impenetrabile, imperscrutabile

unerheblich *adj* irrilevante, insignificante

unerhört [ʊnʔɛɐ̯ˈhøːɐ̯t] I. *adj* ❶ (*unglaublich*) inaudito; (*außerordentlich*) incredibile ❷ (*pej: empörend*) inaudito; **das ist ja wirklich ~!** è veramente incredibile! II. *adv* (*überaus*) incredibilmente

unerkannt *adv* sconosciuto, incognito; **~ entkommen** fuggire incognito

unerklärlich [ʊnʔɛɐ̯ˈklɛːɐ̯lɪç *o* ˈʊnʔɛɐ̯klɛːɐ̯lɪç] *adj* inesplicabile, inspiegabile; **es ist mir ~, wie ...** non riesco a spiegarmi come ...

unerlässlich[RR] [ʊnʔɛɐ̯ˈlɛslɪç *o* ˈʊnʔɛɐ̯lɛslɪç] *adj* indispensabile, essenziale

unerlaubt *adj* illecito, non autorizzato, vietato

unerledigt *adj* non sbrigato; (*Post*) inevaso; (*Rechnung*) non pagato

unermesslich[RR] [ʊnʔɛɐ̯ˈmɛslɪç *o* ˈʊnʔɛɐ̯mɛslɪç] *adj* smisurato; (*unendlich*) infinito, immenso; (*riesig*) enorme

unermüdlich [ʊnʔɛɐ̯ˈmyːtlɪç *o* ˈʊnʔɛɐ̯myːtlɪç] *adj* instancabile, indefesso

unerreichbar [ʊnʔɛɐ̯ˈraɪçbaːɐ̯ *o* ˈʊnʔɛɐ̯raɪçbaːɐ̯] *adj* ❶ (*Ort*) irraggiungibile, inaccessibile ❷ (*fig: Leistung*) ineguagliabile; **unerreicht** *adj* non ancora raggiunto; (*Rekord*) ineguagliabile

unersättlich [ʊnʔɛɐ̯ˈzɛtlɪç *o* ˈʊnʔɛɐ̯zɛtlɪç] *adj* insaziabile

unerschöpflich [ʊnʔɛɐ̯ˈʃœpflɪç *o* ˈʊnʔɛɐ̯ʃœpflɪç] *adj* inesauribile

unerschrocken *adj* impavido, intrepido

unerschütterlich [ʊnʔɛɐ̯ˈʃʏtɐlɪç *o* ˈʊnʔɛɐ̯ʃʏtɐlɪç] *adj* fermo, saldo; (*Ruhe*) imperturbabile

unerschwinglich [ʊnʔɛɐ̯ˈʃvɪŋlɪç *o* ˈʊnʔɛɐ̯ʃvɪŋlɪç] *adj* (*Ware*) inaccessibile; (*zu teuer*) troppo caro; (*Preis*) esorbitante

unersetzlich [ʊnʔɛɐ̯ˈzɛtslɪç *o* ˈʊnʔɛɐ̯zɛtslɪç] *adj* ❶ (*unersetzbar*) insostituibile ❷ (*nicht wiedergutzumachen*) irreparabile, irrimediabile

unerträglich [ʊnʔɛɐ̯ˈtrɛːklɪç *o* ˈʊnʔɛɐ̯trɛːklɪç] *adj* insopportabile

unerwähnt *adj* non menzionato; **etw ~ lassen** non menzionare qc

unerwartet [ˈʊnʔɛɐ̯vartət] I. *adj* inaspettato, inatteso; (*Glück*) insperato; (*plötzlich*) improvviso II. *adv* all'improvviso

unerwünscht *adj* indesiderato; (*ungele-*

gen) inopportuno

unerzogen *adj* ineducato, maleducato

UNESCO [uˈnɛsko] <-> *kein Pl f* UNESCO *f*

unfähig *adj* incapace; **zu etw ~ sein** essere incapace di fare qc; **Unfähigkeit** *f* ❶ (*Inkompetenz*) incapacità *f* ❷ (*Arbeits~*) inabilità *f*

unfair *adj* sleale; (SPORT) scorretto

Unfall *m* incidente *m;* **einen ~ haben** avere un incidente; **bei einem ~ ums Leben kommen** morire in un incidente; **Unfallarzt** *m,* **Unfallärztin** *f* medico *m* del pronto soccorso; **Unfallchirurgie** *f* chirurgia *f* d'urgenza; **Unfallfahrer(in)** *m(f)* automobilista *mf* che ha provocato un incidente; **Unfallflucht** <-> *kein Pl f* fuga *f* del responsabile di un incidente; **~ begehen** fuggire dopo aver provocato un incidente; **Unfallfolgen** *fpl* **an den ~ sterben** morire per i postumi dell'incidente; **unfallfrei** *adj* che non ha mai causato incidenti; **Unfallopfer** *n* vittima *f* dell'incidente; **Unfallquote** *f* numero *m* degli incidenti; **Unfallrisiko** <-s, -risiken> *n* rischio *m* [*o* pericolo *m*] d'incidente; **Unfallschaden** *m* (ADM) danno *m* da incidente; **Unfallstation** *f* stazione *f* di pronto soccorso; **Unfallstatistik** *f* statistica *f* degli incidenti; **Unfallstelle** *f* luogo *m* dell'incidente; **Unfallursache** <-, -n> *f* causa *f* dell'incidente; **Unfallverhütung** *f* prevenzione *f* degli infortuni; **Unfallversicherung** *f* assicurazione *f* contro gli infortuni; **Unfallwagen** *m* ❶ (*Rettungswagen*) autoambulanza *f* ❷ (*beschädigter Wagen*) automobile *f* che ha avuto un incidente

unfassbar[RR], **unfasslich**[RR] [ʊnˈfasbaːɐ̯, ʊnˈfaslɪç *o* ˈʊnfasbaːɐ̯, ˈʊnfaslɪç] *adj* inconcepibile

unfehlbar [ʊnˈfeːlbaːɐ̯ *o* ˈʊnfeːlbaːɐ̯] **I.** *adj* infallibile; (*sicher*) sicuro **II.** *adv* certamente, sicuramente; **Unfehlbarkeit** <-> *kein Pl f* infallibilità *f;* (*Sicherheit*) sicurezza *f*

unfein *adj* poco fine; (*unhöflich*) sgarbato; (*grob*) rozzo

unflätig [ˈʊnflɛːtɪç] *adj* sconcio, osceno, turpe

unförmig [ˈʊnfœrmɪç] *adj* deforme, informe; **Unförmigkeit** <-> *kein Pl f* deformità *f,* difformità *f*

unfrankiert *adj* non affrancato

unfrei *adj* ❶ (*nicht frei*) non libero, schiavo ❷ (*unfrankiert*) non affrancato

unfreiwillig *adj* involontario

unfreundlich *adj* ❶ (*unliebenswürdig*)

scortese, sgarbato; (*barsch*) brusco, aspro ❷ (*nicht ansprechend*) poco accogliente; (*Wetter*) inclemente, brutto

Unfriede(n) *m* discordia *f,* disaccordo *m*

UN-Friedensplan *m* piano *m* di pace dell'ONU

unfruchtbar *adj* sterile; (*zeugungsunfähig*) infecondo

Unfruchtbarkeit *f* sterilità *f;* (*fig a*) infecondità *f*

Unfug [ˈʊnfuːk] <-(e)s> *kein Pl m* ❶ (*Possen*) scemenze *fpl;* **~ treiben** fare scemenze ❷ (*Unsinn*) sciocchezze *fpl;* **red' doch keinen ~!** ma non dire sciocchezze!

Ungar(in) [ˈʊŋgar] <-n, -n; -, -nen> *m(f)* ungherese *mf*

ungarisch *adj* ungherese

Ungarn [ˈʊŋgarn] *n* Ungheria *f*

ungastlich *adj* inospitale

ungeachtet [ˈʊŋgəˈʔaxtət *o* ˈʊŋgəˈʔaxtət] *prp* +*gen* nonostante, malgrado; **~ dessen** ciò nonostante; **dessen ~** malgrado ciò; **~ der Tatsache, dass ...** nonostante il fatto che +*conj*

ungeahnt [ˈʊŋgəˈʔaːnt *o* ˈʊŋgəˈʔaːnt] *adj* insospettato, inaspettato

ungebeten *adj* **~er Gast** intruso, -a *m, f*

ungebildet *adj* incolto

ungeboren *adj* non ancora nato, nascituro; **Ungeborene** <ein -s, -n, -n> *n* nascituro *m*

ungebräuchlich *adj* inusitato, non in uso

ungebraucht *adj* non usato, nuovo di zecca

ungebührlich **I.** *adj* (*ungehörig*) indecente; (*übertrieben*) esorbitante **II.** *adv* (*übertrieben*) eccessivamente

ungedeckt *adj* ❶ (*ohne Bedeckung*) scoperto; **~er Tisch** tavola non apparecchiata ❷ (SPORT) smarcato ❸ (FIN) scoperto

Ungeduld *f* impazienza *f;* **ungeduldig** *adj* impaziente

ungeeignet *adj* inadatto; **für etw ~ sein** essere inadatto a qc; **ein ~er Moment** un momento inopportuno

ungefähr [ˈʊŋgəˈfɛːɐ̯ *o* ˈʊŋgəfɛːɐ̯] **I.** *adj* (*annähernd*) approssimativo; (*vage*) vago **II.** *adv* circa, pressappoco; **~ 100 Euro** un centinaio di euro; **nicht von ~** non a caso; **wo ~?** dove pressappoco?

ungefährlich *adj* non pericoloso; (*harmlos*) innocuo

ungefällig *adj* poco compiacente, scortese

ungefärbt *adj* non colorato; (*Haar*) non tinto; (*Lebensmittel*) senza coloranti

ungehalten *adj* (*geh*) irritato; **über etw** *acc* **~ sein** essere irritato per qc; **~ werden** irritarsi

ungeheizt *adj* non riscaldato

ungehemmt *adj* ❶ (*durch nichts gehemmt*) libero; (*zügellos*) sfrenato ❷ (*frei von inneren Hemmungen*) disinvolto, libero

ungeheuer [ʊngə'hɔɪɐ *o* 'ʊngəhɔɪɐ] **I.** *adj* immenso, enorme; (*riesig*) colossale, gigantesco **II.** *adv* enormemente, infinitamente

Ungeheuer [ʊngə'hɔɪɐ *o* 'ʊngəhɔɪɐ] <-s, -> *n* mostro *m*

ungeheuerlich [ʊngə'hɔɪɐlɪç *o* 'ʊngəhɔɪɐlɪç] *adj* (*pej: unerhört, empörend*) inaudito, scandaloso

ungehindert *adj* **zu etw ~en Zugang haben** avere libero accesso a qc

ungehobelt [ʊngə'ho:bəlt *o* 'ʊngəho:-bəlt] *adj* (*pej*) rozzo, villano

ungehörig *adj* insolente; **Ungehörigkeit** <-, -en> *f* insolenza *f*

ungehorsam *adj* disubbidiente; **Ungehorsam** *m* disubbidienza *f*

ungeklärt *adj* (*Frage, Ursache*) non chiarito; (*Verbrechen*) oscuro

ungekündigt *adj* **in ~er Stellung** senza aver subito licenziamento

ungekünstelt *adj* naturale, non affettato

ungekürzt *adj* (*Text, Ausgabe*) integrale

ungeladen *adj* ❶ (*Schusswaffe*) scarico ❷ (*Gast*) non invitato

ungelegen *adj* inopportuno; (*zeitlich a*) intempestivo; **komme ich ~?** disturbo?; **Ungelegenheiten** *fpl* fastidi *mpl;* **jdm ~ bereiten** procurare fastidi a qu

ungelenk *adj* (*ungeschickt*) goffo, maldestro; **ungelenkig** *adj* rigido

ungelernt *adj* **~er Arbeiter** operaio non qualificato

ungeliebt *adj* non amato; **~ sein** non essere ben voluto

ungelogen *adv* (*fam*) davvero

ungelöst *adj* irrisolto

Ungemach ['ʊngəma:x] <-(e)s> *kein Pl n* (*poet*) ❶ (*Unglück*) avversità *f* ❷ (*Unannehmlichkeit*) fastidio *m*, molestia *f*

ungemein [ʊngə'maɪn *o* 'ʊngəmaɪn] *adv* immensamente

ungemütlich *adj* ❶ (*nicht gemütlich*) non confortevole, poco accogliente ❷ (*fig: Wetter*) brutto, cattivo; (*Person*) poco simpatico; **~ werden** (*fam*) arrabbiarsi

ungenau *adj* inesatto, impreciso; **Ungenauigkeit** *f* inesattezza *f,* imprecisione *f*

ungeniert [ʊnʒe'ni:ɐt *o* 'ʊnʒeni:ɐt] **I.** *adj* disinvolto, con disinvoltura; (*frei*) liberamente, indisturbatamente; **Ungeniertheit** <-> *kein Pl f* disinvoltura *f*

ungenießbar [ʊngə'ni:sba:ɐ̯ *o*

'ʊngəni:sba:ɐ̯] *adj* ❶ (*Speise*) immangiabile; (*Getränk*) imbevibile ❷ (*fam scherz: Person*) intrattabile

ungenügend *adj* (*a Schulnote*) insufficiente

ungenutzt *adj* inutilizzato; **die Chance ~ verstreichen lassen** lasciarsi scappare l'occasione, non cogliere l'occasione

ungenützt *adj* inutilizzato; **die Chance ~ verstreichen lassen** lasciarsi scappare l'occasione, non cogliere l'occasione

ungeordnet *adj* disordinato, in disordine

ungepflegt *adj* non curato, trascurato

ungerade *adj* (*Zahl*) dispari

ungerechnet *prp* +*gen* senza calcolare

ungerecht *adj* ingiusto

ungerechtfertigt *adj* ingiustificato

Ungerechtigkeit *f* ingiustizia *f;* **~ gegenüber jdm/etw** ingiustizia verso qu/qc

ungeregelt *adj* sregolato, disordinato

ungereimt ['ʊngəraɪmt] *adj* ❶ (LIT) non rimato, sciolto ❷ (*fig: keinen Sinn ergebend*) insensato; **~es Zeug** insulsaggini *fpl;* **Ungereimtheit** <-, -en> *f* (*fig*) insulsaggini *fpl*

ungern *adv* mal volentieri, controvoglia

ungerührt ['ʊngəry:ɐ̯t] *adj* insensibile, impassibile; **~ zusehen** guardare con indifferenza

ungesalzen *adj* senza sale, insipido

ungeschält *adj* non sbucciato; **~es Obst** frutta non sbucciata; **~er Reis/Mais** riso/grano non mondato

ungeschehen *adj* **etw ~ machen** fare come se qc non fosse successo; **das ist nicht mehr ~ zu machen** ormai è cosa fatta

Ungeschick <-(e)s> *kein Pl n,* **Ungeschicklichkeit** <-, -en> *f* azione *f* maldestra, goffaggine *f*

ungeschickt *adj* maldestro, goffo

ungeschlacht ['ʊngəʃlaxt] *adj* ❶ (*wuchtig*) grosso ❷ (*grob*) rozzo, grossolano

ungeschlagen *adj* (SPORT) imbattuto

ungeschlechtlich *adj* (BIOL) asessuale

ungeschliffen *adj* ❶ (*Edelstein*) greggio ❷ (*fig pej: Manieren*) villano, rozzo

ungeschminkt *adj* ❶ (*Person*) non truccato, senza trucco ❷ (*Wahrheit*) puro, schietto

ungeschoren *adj* **~ davonkommen** uscirne indenne

ungesehen *adj* inosservato, senza essere visto

ungesellig *adj* insocievole

ungesetzlich *adj* illegale

ungesichert *adj* non premunito, sprovveduto di misure precauzionali

ungestört I. *adj* indisturbato, tranquillo II. *adv* in pace

ungestraft *adj* impunito; **~ davonkommen** uscirne impunito

ungestüm ['ʊngəʃtyːm] I. *adj* (*geh*) impetuoso; (*heftig*) violento II. *adv* (*geh*) con veemenza; **Ungestüm** <-(e)s> *kein Pl n* (*geh*) impetuosità *f*; **mit jugendlichem ~** con impeto giovanile

ungesund *adj* ❶(*Speise, Klima*) malsano; (*schädlich*) nocivo; **für jdn/etw ~ sein** essere nocivo a qu/qc ❷(*kränklich*) malaticcio

ungesüßt *adj* senza zucchero; **Tee ~ trinken** bere il tè senza zucchero

ungetrübt *adj* ❶(*Wasser*) limpido ❷(*fig: Freude, Glück*) non offuscato, sereno

Ungetüm ['ʊngətyːm] <-(e)s, -e> *n* colosso *m;* (*Monstrum*) mostro *m*

ungeübt *adj* inesperto; **in etw** *dat* **~ sein** essere inesperto in qc

ungewandt *adj* maldestro

ungewiss[RR] *adj,* **ungewiß**[ALT] *adj* incerto, dubbio; **jdn über etw** *acc* **im Ungewissen lassen** lasciare qu nell'incertezza di qc; **Ungewissheit**[RR] *f* incertezza *f*, dubbio *m*

ungewöhnlich *adj* ❶(*ungewohnt*) insolito, inconsueto ❷(*außerordentlich*) eccezionale

ungewohnt *adj* inconsueto, insolito

ungewollt I. *adj* involontario, non voluto II. *adv* involontariamente

ungezählt I. *adj* innumerevole II. *adv* senza contare

Ungeziefer ['ʊngətsiːfɐ] <-s> *kein Pl n* insetti *mpl* nocivi, parassiti *mpl*

ungezogen *adj* maleducato; (*bes. Kinder*) cattivo; (*frech*) sfacciato; **Ungezogenheit** <-, -en> *f* maleducazione *f;* (*bes. von Kindern*) cattiveria *f;* (*Frechheit*) sfacciataggine *f*

ungezügelt *adj* sfrenato

ungezwungen I. *adj* spontaneo; (*natürlich*) naturale, disinvolto II. *adv* con disinvoltura; **Ungezwungenheit** <-> *kein Pl f* spontaneità *f;* (*Natürlichkeit*) naturalezza *f,* disinvoltura *f*

ungiftig *adj* atossico

Unglaube *m* ❶(*Zweifel*) incredulità *f* ❷(*REL*) miscredenza *f*

unglaubhaft *adj* incredibile

ungläubig *adj* ❶(*zweifelnd*) incredulo ❷(*REL*) miscredente; **Ungläubige** *mf* (*REL*) miscredente *mf,* infedele *mf*

unglaublich ['ʊnglauplɪç] *adj* ❶(*nicht zu glauben*) incredibile ❷(*fig: unerhört*) inaudito

unglaubwürdig *adj* ❶(*Mensch*) non degno di fede ❷(*Nachricht*) inattendibile; **Unglaubwürdigkeit** *f* inattendibilità *f*

ungleich I. *adj* disuguale; (*verschieden*) differente, diverso; (*unähnlich*) dissimile; (*nicht zusammenpassend*) spaiato II. *adv* (*vor Komparativen: weitaus*) di gran lunga

Ungleichgewicht <-(e)s, -e> *n* squilibrio *m*

Ungleichheit <-, -en> *f* disuguaglianza *f,* diversità *f*

ungleichmäßig *adj* ❶(*unregelmäßig*) irregolare ❷(*nicht zu gleichen Teilen*) sproporzionato

Ungleichung *f* disequazione *f*

Unglück <-(e)s, -e> *n* ❶(*Unheil*) disgrazia *f* ❷(*Pech, Missgeschick*) sfortuna *f;* **vom ~ verfolgt werden** essere perseguitato dalla sfortuna; **zu allem ~ ...** per (il) colmo della sfortuna ...; **das bringt ~** (ciò) porta sfortuna ❸(*~ sfall*) disgrazia *f,* sciagura *f;* (*Katastrophe*) calamità *f;* **ein ~ kommt selten allein** (*prov*) le disgrazie non vengono mai sole ❹(*Elend*) miseria *f;* (*Verderben*) rovina *f;* **in sein ~ rennen** (*fam*) correre alla propria rovina; **jdn ins ~ stürzen** causare la rovina di qu

unglücklich *adj* ❶(*traurig*) infelice ❷(*widrig*) avverso, sfavorevole; **~ ausgehen** finire male ❸(*ungeschickt*) maldestro; **~ stürzen** cadere male

unglücklicherweise *adv* sfortunatamente, per disgrazia

unglückselig *adj* ❶(*Mensch*) disgraziato, sfortunato ❷(*Schicksal, Geschehen*) fatale

Unglücksfall *m* disgrazia *f,* sciagura *f*

Ungnade *f* disgrazia *f,* sfavore *m;* **bei jdm in ~ fallen** cadere in disgrazia presso qu

ungnädig *adj* maldisposto; **etw ~ aufnehmen** prendere qc in mala parte

ungültig *adj* non valido; (*JUR*) invalido; (*Stimmzettel*) nullo; (*Ausweispapiere*) scaduto; **für ~ erklären** dichiarare nullo; (*JUR: Testament, Vertrag*) invalidare; (*Ehe*) annullare; **~ werden** (*nach Ablauf einer Frist*) scadere; (*durch Verjährung*) cadere in prescrizione; **Ungültigkeit** *f* invalidità *f,* nullità *f*

ungünstig I. *adj* sfavorevole; (*nachteilig*) svantaggioso; (*Wetter*) inclemente; **~ er Augenblick** momento poco propizio II. *adv* male

ungustiös *adj* (*A: undelikat*) disgustante

ungut *adj* **ein ~es Gefühl haben** avere una sensazione sgradevole; **nichts für ~!** non se la prenda!, amici come prima!

unhaltbar [ʊn'haltbaːɐ̯ *o* 'ʊnhaltbaːɐ̯] *adj* ❶(*fig MIL*) insostenibile ❷(*SPORT*) impara-

U

bile

unhandlich *adj* poco maneggevole

unharmonisch *adj* disarmonico

Unheil *n* (*geh*) malanno *m;* (*Unglück*) disgrazia *f,* sciagura *f;* ~ **anrichten** recare disgrazie

unheilbar [ʊnˈhaɪlbaːɐ̯ *o* ˈʊnhaɪlbaːɐ̯] *adj* incurabile, inguaribile; ~ **krank sein** avere una malattia incurabile

unheilvoll *adj* funesto, nefasto

unheimlich I. *adj* ❶ (*beängstigend*) inquietante; (*düster*) lugubre, sinistro ❷ (*fam: sehr viel, sehr groß*) tremendo, terribile II. *adv* (*fam: sehr*) molto, paurosamente

unhöflich *adj* scortese, sgarbato; **Unhöflichkeit** *f* scortesia *f*

Unhold [ˈʊnhɔlt, *pl:* ˈʊnhɔldə] <-(e)s, -e> *m* mostro *m,* demonio *m;* (*fig*) bruto *m*

unhörbar [ˈʊnhøːɐ̯baːɐ̯ *o* ʊnˈhøːɐ̯baːɐ̯] *adj* silenzioso, impercettibile

unhygienisch *adj* antigienico

uni [yˈniː] <*inv*> *adj* (in) tinta unita

Uni [ˈʊni] <-, -s> *f abk v* **Universität** (*fam*) università *f*

UNICEF [ˈuːnitsɛf] <-> *kein Pl f* UNICEF *f*

Uniform [uniˈfɔrm] <-, -en> *f* divisa *f,* uniforme *f;* **in** ~ in divisa

Unikat [uniˈkaːt] <-(e)s, -e> *n* ❶ (*Unikum*) unicum *m,* esemplare *m* unico ❷ (*Schriftstück*) copia *f* unica

Unikum [ˈuːnikʊm, ˈuːnika] *n* ❶ <-s, -ka> (*Einzelexemplar*) unicum *m* ❷ <-s, -s> (*fam: komischer Kauz*) (tipo *m*) originale *m*

uninteressant *adj* non interessante

uninteressiert *adj* disinteressato; **an etw** *dat* ~ **sein** essere disinteressato a qc

Union [uˈni̯oːn] <-, -en> *f* unione *f*

universal [univɛrˈzaːl] *adj* universale

Universal- (*in Zusammensetzungen*) universale; **Universalerbe** *m,* **Universalerbin** *f* erede *mf* universale; **Universalgenie** *n* genio *m* universale; **Universalmixer** *m* tritatutto *m*

universell [univɛrˈzɛl] *adj* universale

Universität [univɛrziˈtɛːt] <-, -en> *f* università *f;* **die** ~ **besuchen** frequentare l'università; **Universitätsbibliothek** *f* biblioteca *f* universitaria; **Universitätsprofessor(in)** *m(f)* professore, -essa *m, f* universitario, -a; **Universitätsstadt** *f* città *f* universitaria

Universum [uniˈvɛrzʊm] <-s> *kein Pl n* universo *m*

Unke [ˈʊŋkə] <-, -n> *f* ❶ (*zoo*) ululone *m* ❷ (*fam: Schwarzseher*) uccello *m* del malaugurio

unken [ˈʊŋkən] *vi* presagire tutto nero, fare l'uccello del malauguurio

unkenntlich *adj* irriconoscibile; **Unkenntlichkeit** <-> *kein Pl f* **bis zur ~ entstellen** sfigurare fino a rendere irriconoscibile

Unkenntnis *f* ignoranza *f;* **in ~ über etw** *acc* **sein** ignorare qc; **jdn in ~ lassen** lasciare qu all'oscuro; **in ~ gen** nell'ignoranza di

unklar *adj* ❶ (*nicht klar zu erkennen*) poco [*o* non] chiaro; (*trüb*) torbido; (*undeutlich*) indistinto ❷ (*unbestimmt*) vago, indefinito ❸ (*unverständlich*) incomprensibile, oscuro ❹ (*ungewiss*) incerto; (*fraglich*) dubbio; **im Unklaren über etw** *acc* **sein** essere all'oscuro di qc; **jdn im Unklaren lassen** lasciare qu all'oscuro; **Unklarheit** *f* ❶ (*Unklarsein*) poca chiarezza *f,* mancanza *f* di chiarezza, oscurità *f,* confusione *f* ❷ (*unklare Vorstellung*) mancanza *f* di chiarezza

unklug *adj* imprudente, irragionevole

unkommunikativ *adj* silenzioso, taciturno

unkompliziert *adj* non complicato

unkontrollierbar [ʊnkɔntrɔliːgbaːɐ̯] *adj* incontrollabile

unkonventionell *adj* ❶ (*ungewöhnlich*) inconsueto; **sich ~ kleiden** vestirsi in modo stravagante ❷ (*ungezwungen*) disinvolto, spontaneo

unkonzentriert *adj* distratto; **bei etw** ~ **sein** essere distratto in qc; ~ **arbeiten** essere distratto nel lavoro; **schnell ~ werden** distrarsi con facilità

Unkosten *pl* spese *fpl;* **sich in ~ stürzen** spendere un occhio della testa; **die ~ trägt die Firma** le spese sono a carico della ditta; **Unkostenbeitrag** <-(e)s, -träge> *m* contributo *m* alle spese

Unkraut *n* erbaccia *f;* ~ **vergeht nicht** (*prov*) la malerba non muore mai

unkritisch *adj* acritico

unkultiviert *adj* incolto

unkündbar [ʊnˈkʏntbaːɐ̯ *o* ˈʊnkʏntbaːɐ̯] *adj* irrevocabile; (*Stellung*) permanente

unlängst *adv* poco fa, recentemente

unlauter *adj* (*geh*) ❶ (*unehrlich*) disonesto ❷ (*unfair*) sleale; ~ **er Wettbewerb** concorrenza sleale

unleserlich [ʊnˈleːzɛlɪç *o* ˈʊnleːzɛlɪç] *adj* illeggibile

unleugbar [ʊnˈlɔɪkbaːɐ *o* ˈʊnlɔɪkbaːɐ] *adj* innegabile

unliebsam *adj* spiacevole, increscioso

unlogisch *adj* illogico

unlösbar [ʊnˈløːsbaːɐ̯ *o* ˈʊnløːsbaːɐ̯] *adj*

insolubile

unlöslich [ʊn'løːslɪç o 'ʊnløːslɪç] *adj* insolubile

Unlust *f* svogliatezza *f,* malavoglia *f;* **mit ~** di malavoglia

unmanierlich *adj* maleducato, screanzato, sgarbato

unmännlich *adj* non [*o* poco] virile; (*weibisch*) effeminato

unmäßig I. *adj* eccessivo, smisurato, smoderato; (*im Genuss*) intemperante II. *adv* oltre misura

Unmenge *f* (gran) quantità *f,* massa *f;* **eine ~ an** [*o* **von**] **etw** *dat* una gran quantità di qc; **~n essen** mangiare a crepapelle

Unmensch *m* (*pej*) bruto *m,* mostro *m;* **unmenschlich** [ʊn'mɛnʃlɪç o 'ʊnmɛnʃlɪç] *adj* ❶ (*menschenfeindlich: Gesellschaft*) inumano; (*grausam*) crudele, brutale ❷ (*menschenunwürdig*) indegno dell'uomo, disumano ❸ (*fig: ungeheuer*) sovrumano; **Unmenschlichkeit** *f* inumanità *f,* crudeltà *f*

unmerklich [ʊn'mɛrklɪç o 'ʊnmɛrklɪç] *adj* impercettibile, inavvertibile

unmissverständlich^RR [ʊnmɪsfɛɐ̯'ʃtɛntlɪç o 'ʊnmɪsfɛɐ̯ʃtɛntlɪç] I. *adj* inequivocabile, chiaro II. *adv* senza equivoci

unmittelbar *adj* immediato, diretto; (*bevorstehend*) imminente; **~ darauf** subito dopo

unmöbliert *adj* non ammobiliato, non arredato

unmodern *adj* fuori moda; (*Ansichten*) antiquato

unmöglich [ʊn'møːklɪç o 'ʊnmøːklɪç] *adj* impossibile; **es ist ~ zu ...** è impossibile +*inf;* **das kann ich ~ schaffen** è impossibile che ci riesca; **Unmöglichkeit** *f* impossibilità *f;* **das ist ein Ding der ~** è assolutamente impossibile

unmoralisch *adj* immorale

unmotiviert I. *adj* ingiustificato, non motivato II. *adv* senza giustificazione

unmündig *adj* minorenne; **Unmündigkeit** *f* minorità *f*

unmusikalisch *adj* non musicale

Unmut <-(e)s> *kein Pl m* (*geh*) ❶ (*Missfallen*) malcontento *m* ❷ (*Ärger*) rabbia *f*

unnachahmlich [ʊnnaːx'ʔaːmlɪç o 'ʊnnaːxʔaːmlɪç] *adj* inimitabile

unnachgiebig *adj* intransigente, inflessibile

unnachsichtig *adj* inesorabile; (*streng*) severo

unnahbar [ʊn'naːbaɐ̯] *adj* inavvicinabile, inaccessibile

unnatürlich *adj* ❶ (*nicht natürlich*) innaturale; (*abnorm*) anormale ❷ (*geziert*) affettato

unnormal *adj* anormale

unnötig *adj* non necessario, inutile

unnötigerweise *adv* inutilmente, invano

unnütz ['ʊnnʏts] *adj* inutile; (*überflüssig*) superfluo

UNO ['uːno] <-> *kein Pl f akr v* **United Nations Organization** ONU *f*

unordentlich *adj* disordinato; (*Zimmer*) in disordine; (*nachlässig*) trascurato; (*a Kleidung*) sciatto

Unordnung *f* disordine *m;* (*Durcheinander*) confusione *f;* **in ~** in disordine; **etw in ~ bringen** mettere qc in disordine

unorthodox *adj* eterodosso

unparteiisch *adj* imparziale, obiettivo

unpassend *adj* (*Bemerkung*) sconveniente; (*Zeitpunkt*) inopportuno

unpassierbar [ʊnpa'siːɐ̯baːɐ̯ o 'ʊnpasiːɐ̯baːɐ̯] *adj* impraticabile

unpässlich^RR ['ʊnpɛslɪç] *adj* (*geh*) indisposto; **Unpässlichkeit**^RR <-> *kein Pl f* (*geh*) indisposizione *f*

unpersönlich *adj* impersonale

unpolitisch *adj* apolitico

unpopulär *adj* impopolare

unpraktisch *adj* (*Mensch*) non pratico; (*Gerät*) poco pratico

unproduktiv *adj* improduttivo

unpünktlich *adj* non puntuale; **Unpünktlichkeit** *f* mancanza *f* di puntualità

unqualifiziert *adj* ❶ (*Person*) non qualificato, impreparato ❷ (*Bemerkung*) infondato

unrasiert *adj* non rasato

Unrat ['ʊnraːt] <-(e)s> *kein Pl m* (*geh*) immondizie *fpl,* spazzatura *f*

unrealistisch *adj* irrealistico; **etw ~ einschätzen** dare una valutazione poco realistica

unrecht *adj* ❶ (*geh: falsch*) non giusto, sbagliato ❷ (*Augenblick*) inopportuno

Unrecht *n* torto *m;* (*Ungerechtigkeit*) ingiustizia *f;* **~ haben** avere torto; **jdm ~ tun** fare torto a qu; **im ~ sein** avere torto; **zu ~** a torto; **nicht zu ~** non a torto

unrechtmäßig *adj* illegale, indebito

unredlich *adj* (*geh*) disonesto; (*Geschäft*) sleale

unregelmäßig *adj* irregolare; (*Leben*) sregolato; **Unregelmäßigkeit** *f* irregolarità *f*

unreif *adj* ❶ (*Obst*) immaturo, acerbo ❷ (*fig: Mensch*) immaturo; (*nicht ausgereift: Idee, Plan*) non maturato

unrein *adj* (*a fig*) impuro; (*schmutzig*) sporco

unrentabel *adj* non redditizio

unrichtig *adj* sbagliato; (JUR) falso; (*ungenau*) inesatto, impreciso

Unruh ['ʊnruː] <-, -en> *f* (*der Uhr*) bilanciere *m*

Unruhe *f* ❶ (*fehlende Ruhe*) inquietudine *f;* (*Aufregung*) agitazione *f;* (*Ruhestörung*) disordine *m* ❷ (*Besorgnis*) apprensione *f;* (*innere* ~) ansia *f;* (*nervöse Hast*) irrequietezza *f* ❸ *pl* (POL: *Krawalle*) disordini *mpl,* tumulti *mpl*

Unruhestifter(in) *m(f)* (*pej*) sobillatore, -trice *m, f*

unruhig *adj* ❶ (*nicht ruhig*) inquieto; (*Meer*) mosso ❷ (*Leben, Mensch*) irrequieto; (*Zeiten*) turbolento ❸ (*besorgt*) preoccupato, inquieto; ~ **wegen etw sein** essere preoccupato per qc

uns [ʊns] I. *pron pers* ❶ *dat von* **wir** (*betont*) a noi; (*unbetont*) ci; **von** ~ (*unsererseits*) da parte nostra; **ein Freund von** ~ un nostro amico; **unter** ~ **gesagt …** detto fra noi …; **hier sind wir unter** ~ qui siamo fra noi; **du gehörst zu** ~ sei uno dei nostri ❷ *acc von* **wir** (*betont*) noi; (*unbetont*) ci; **ist das für** ~? è per noi?; **wir sehen** ~ **morgen** ci vediamo domani II. *pron refl* ci

unsagbar [ʊn'zaːkbaːɐ̯] *adj* indicibile

unsanft *adj* brusco, poco dolce

unsauber *adj* ❶ (*schmutzig*) sporco, sudicio ❷ (*nachlässig*) trascurato; (*nicht exakt*) impreciso ❸ (*anrüchig*) disonesto, losco; ~**e Geschäfte machen** fare degli affari loschi

unschädlich *adj* innocuo; **jdn** ~ **machen** rendere innocuo qu

unscharf *adj* (*fig, Ton*) indistinto; (*Foto*) sfocato; (*nicht präzise*) impreciso; **Unschärfe** <-, -n> *f* imprecisione *f,* sfocatura *f*

unschätzbar [ʊn'ʃɛtsbaːɐ̯ *o* 'ʊnʃɛtsbaːɐ̯] *adj* inestimabile; (*kostbar*) prezioso

unscheinbar *adj* poco [*o* non] appariscente

unschicklich *adj* sconveniente, disdicevole; (*unanständig*) indecente

unschlagbar ['ʊnʃlaːkbaːɐ̯ *o* ʊn'ʃlaːkbaːɐ̯] *adj* imbattibile

unschlüssig *adj* irresoluto, indeciso; **ich bin mir noch** ~ **darüber, was ich tun soll** sono ancora indeciso sul da farsi; **Unschlüssigkeit** <-> *kein Pl f* irresolutezza *f,* indecisione *f*

unschön *adj* ❶ (*hässlich*) brutto ❷ (*unangenehm*) spiacevole

Unschuld *f* ❶ (*Schuldlosigkeit*, JUR) innocenza *f;* **seine** ~ **beteuern** (JUR) sostenere la propria innocenza; **eine** ~ **vom Lande** (*fam scherz*) una contadinella ingenua ❷ (*Jungfräulichkeit*) verginità *f;* **unschuldig** *adj* ❶ (*schuldlos*) innocente; ~ **an etw** *dat* essere innocente di qc; **jdn für** ~ **erklären** (JUR) dichiarare innocente qu ❷ (*jungfräulich*) vergine

unselbstständig[RR] *adj* (*Mensch*) non indipendente; (*Länder a*) non autonomo; **Einkünfte aus** ~**er Arbeit** (ADM) redditi da lavoro dipendente; **Unselbstständigkeit**[RR] *f* mancanza *f* di indipendenza [*o* di autonomia]

unselig *adj* (*geh: verhängnisvoll*) fatale

unser ['ʊnzɐ] I. *pron poss von* **wir** (*adjektivisch*) nostro, -a *m, f,* nostri, -e *mpl, fpl;* ~ **Haus** la nostra casa; ~**e Verwandten** i nostri parenti II. *pron pers gen von* **wir** di noi

unsere *s.* **unsere(r, s)**

unsereiner, unsereins *pron indef* uno come noi, noialtri

unsere(r, s) ['ʊnzərə, -rə, -rəs] *pron poss von* **uns** (*substantivisch*) (il) nostro, (la) nostra, (i) nostri *pl,* (le) nostre *pl*

unsererseits ['ʊnzərɐ'zaɪts] *adv* da parte nostra

unseresgleichen ['ʊnzərəs'glaɪçən] <inv> *pron indef* nostro pari *m,* gente *f* come noi

unseretwegen ['ʊnzərɐtveːgən] *adv* per causa nostra, per noi; (*negativ*) per colpa nostra

unseretwillen ['ʊnzərɐt'vɪlən] *adv* **um** ~ per noi, per amor nostro

unsicher *adj* ❶ (*gefährlich*) pericoloso, poco sicuro; **die Gegend** ~ **machen** (*fam*) infestare il luogo ❷ (*ungewiss*) incerto; (*zweifelhaft*) dubbio ❸ (*nicht selbstbewusst*) insicuro ❹ (*gefährdet*) instabile; **Unsicherheit** *f* insicurezza *f;* (*Ungewissheit*) incertezza *f;* **Unsicherheitsfaktor** *m* fattore *m* d'incertezza

unsichtbar *adj* invisibile

Unsinn *m* ❶ (*Unsinnigkeit*) nonsenso *m,* assurdità *f* ❷ (*Unfug*) sciocchezze *fpl,* scemenze *fpl;* ~ **reden** dire sciocchezze; **das ist** (**doch**) ~ sono tutte scemenze; **unsinnig** *adj* assurdo

Unsitte *f* cattiva abitudine *f*

unsittlich *adj* immorale, scostumato

unsolide *adj* ❶ (*Angebot, Person*) inaffidabile; (*Lebensweise*) poco serio ❷ (*Möbel*) non solido, traballante

unsozial *adj* asociale

unsportlich *adj* ❶ (*keinen Sport treibend*) non sportivo ❷ (*nicht fair*) antisportivo

unsre(r, s) s. **unsere(r, s)**

unsrige pron poss geh für **uns(e)re(r, s)**, **der/die/das ~** il nostro/la nostra; **die ~n** i nostri

unstatthaft adj (ADM) inammissibile

unsterblich ['ʊnʃtɛrplɪç] adj immortale; **sich ~ verlieben** (fam) innamorarsi perdutamente; **Unsterblichkeit** f immortalità f

unstet ['ʊnʃteːt] adj ❶ (unbeständig) instabile; (bes. Charakter) volubile ❷ (ruhelos) inquieto; (rastlos) irrequieto

Unstimmigkeit ['ʊnʃtɪmɪçkaɪt] <-, -en> f ❶ (in Rechnung) differenza f; (Widerspruch) contrasto m ❷ meist pl (Meinungsverschiedenheit) divergenze fpl

unstreitig [ʊn'ʃtraɪtɪç o 'ʊnʃtraɪtɪç] adj incontestabile

Unsumme <-, -n> f somma f enorme

unsymmetrisch adj asimmetrico

unsympathisch adj antipatico; **er ist mir ~** mi è antipatico

untad(e)lig [ʊn'taːd(ə)lɪç o 'ʊnta:d(ə)lɪç] adj irreprensibile, ineccepibile

Untat f misfatto m; (Verbrechen) delitto m

untätig adj inattivo, inerte; **Untätigkeit** <-> kein Pl f inattività f, inerzia f; **zur ~ verdammt sein** essere condannato all'inattività

untauglich adj inadatto; **für etw ~ sein** essere inadatto a qc; (MIL) essere inabile a qc

unteilbar [ʊn'taɪlba:ɐ̯ o 'ʊntaɪlba:ɐ̯] adj indivisibile; **Unteilbarkeit** <-> kein Pl f indivisibilità f

unten ['ʊntən] adv ❶ (tief) sotto, giù; **da ~** laggiù; **hier ~** quaggiù; **nach ~** giù; **von ~** (her) dal basso; **rechts ~** in fondo a destra ❷ (am unteren Ende, an der Unterseite) in fondo; **~ an der Seite** in fondo alla pagina ❸ (im Text) **weiter ~** più avanti, sotto; **siehe ~!** vedi sotto ❹ (Wend) **er ist bei mir ~ durch** (fam) non ho più stima di lui

untengenannt adj indicato sotto

unter ['ʊntɐ] prp +acc o dat ❶ (räumlich) sotto; (~ halb von) al di sotto di; **sie wohnen ~ uns** abitano sotto di noi ❷ (zwischen) fra, tra; (inmitten) in mezzo a; **~ anderem** fra le altre cose, tra l'altro; **~ uns** (gesagt) detto fra noi ❸ (weniger als) al di sotto di; **nicht ~ 100 Euro** non meno di 100 euro; **10 Grad ~ Null** dieci gradi sotto zero ❹ (Art und Weise) **~ Schmerzen** con dolori; **~ Tränen** piangendo; **~ der Bedingung, dass ...** a condizione che +conj ❺ (Unterordnung) sotto; **~ der Regierung ...** sotto il governo

di ...; **~ der Militärdiktatur** durante la dittatura militare ❻ (Zuordnung) **was verstehen Sie ~ ...?** che cosa intende per ...?

Unterarm m avambraccio m

Unterbau <-(e)s, -ten> m ❶ (ARCH) fondazioni fpl ❷ sing (fig: Grundlage) fondamento m ❸ (von Straße, Eisenbahn) massicciata f

unterbelichtet adj ❶ (Foto) sottoesposto ❷ (fam: Person) tonto

Unterbeschäftigung f sottoccupazione f

unterbesetzt adj **personell ~ sein** lavorare con meno personale del necessario; **der Kurs ist ~** il corso ha un numero troppo basso di iscritti

unterbewusst[RR] adj subconscio; **das Unterbewusste** il subconscio; **Unterbewusstsein**[RR] n subconscio m, subcosciente m

unterbezahlt adj sottopagato

unterbieten [ʊntɐ'biːtən] <irr, ohne ge-> vt **jds Preise ~** battere offrendo a prezzi minori; **einen Rekord ~** battere un record

unterbinden [ʊntɐ'bɪndən] <irr, ohne ge-> vt impedire, troncare

unterbleiben [ʊntɐ'blaɪbən] <irr, ohne ge-> vi sein ❶ (nicht stattfinden) non aver luogo, non succedere ❷ (nicht wieder vorkommen) non ripetersi

Unterbodenschutz m trattamento m di protezione antiruggine

unterbrechen [ʊntɐ'brɛçən] <irr, ohne ge-> vt interrompere; **Unterbrechung** <-, -en> f interruzione f; **mit ~en** a intervalli; **ohne ~** senza interruzione

unterbreiten [ʊntɐ'braɪtən] <ohne ge-> vt (geh) **jdm etw ~** sottoporre qc a qu

unter|bringen <irr> vt ❶ (Möbel, Gepäck) mettere; (a fig) sistemare ❷ (beherbergen) alloggiare, sistemare; (MIL) acquartierare ❸ (fam: in einer Stellung) collocare, trovare un impiego a; **Unterbringung** <-, -en> f sistemazione f, alloggiamento m

Unterbruch <-(e)s, -brüche> m (CH: Unterbrechung) interruzione f

unterderhand[ALT] [ʊntɐdɐ'ɐ̯hant] adv s. **Hand**

unterdes(sen) [ʊntɐ'dɛs(ən)] adv frattanto, nel frattempo

Unterdruck <-(e)s, -drücke> m depressione f

unterdrücken [ʊntɐ'drʏkən] <ohne ge-> vt ❶ (Menschen) opprimere; (Aufstand) soffocare, reprimere ❷ (Gefühl) reprimere; (Seufzer, Tränen) trattenere;

U

unterbrechen

jemanden unterbrechen	interrompere qualcuno
Entschuldigen Sie bitte, dass ich Sie unterbreche, …	Scusi se La interrompo …
Wenn ich Sie einmal kurz unterbrechen dürfte: …	Mi consenta (di interromperLa un momento) …

anzeigen, dass man weitersprechen will	segnalare che si desidera continuare a parlare
Moment, ich bin noch nicht fertig.	Un momento, non ho ancora finito.
Lässt du mich bitte ausreden?/Könntest du mich bitte ausreden lassen?	Mi fai finire, per favore?/Puoi farmi finire di parlare, per favore?
Lassen Sie mich bitte ausreden!	Mi faccia/Fatemi concludere, per favore!
Lassen Sie mich bitte diesen Punkt noch zu Ende führen!	Mi lasci/Lasciatemi portare a termine questo argomento, per favore!

ums Wort bitten	chiedere la parola
Darf ich dazu etwas sagen?	Posso dire qualcosa (al riguardo)?
Wenn ich dazu noch etwas sagen dürfte: …	Se mi è permesso/Se posso aggiungere qualcosa: …

Unterdrückung <-, -en> f ❶ (von Menschen) oppressione f ❷ (von Aufstand, Gefühl) repressione f, soffocare m

unterdurchschnittlich adj sotto la media

untere s. untere(r, s)

untereinander [ʊntɐ|ɐˈnandɐ] adv ❶ (räumlich) l'uno sotto l'altro ❷ (miteinander) l'uno con l'altro; (gegenseitig) l'un l'altro, reciprocamente

unterentwickelt adj sottosviluppato; (Kind) tardivo

unterernährt adj denutrito; **Unterernährung** f denutrizione f

untere(r, s) [ˈʊntərə, -rə, -rəs] adj basso, -a; (a untergeordnet) inferiore; (unten gelegen) disotto

Unterführung [ʊntɐˈfyːrʊŋ] f sottopassaggio m

Untergang m ❶ (von Gestirn) tramonto m ❷ (NAUT) naufragio m ❸ (fig: Verfall) declino m; (von Reich, Staat) caduta f; (Scheitern, Verderb) rovina f; (Welt~) fine f

Untergebene [ʊntɐˈgeːbənə] <ein -r, -n, -n> mf inferiore mf, subalterno, -a m, f

unter|gehen <irr> vi sein ❶ (Gestirn) tramontare ❷ (NAUT) affondare ❸ (fig: verfallen) declinare; (zugrunde gehen) andare in rovina; (umkommen) perire, morire ❹ (fig: sich verlieren) perdersi; **seine Worte gingen im Lärm völlig unter** le sue parole si spersero completamente nel chiasso

untergeordnet adj ❶ (Position) subordinato, subalterno ❷ (fig: Bedeutung) secondario

Untergeschossᴿᴿ n scantinato m

Untergewicht n insufficienza f di peso; **untergewichtig** adj sottopeso

untergraben [ʊntɐˈgraːbən] <irr, ohne ge-> vt minare, scalzare

Untergrund m ❶ (GEOL) sottosuolo m ❷ (ARCH) fondamento m ❸ (Malerei) fondo m ❹ (fig POL) clandestinità f; **Untergrundbahn** f metropolitana f; **Untergrundbewegung** f movimento m clandestino

unterhalb prp +gen al di sotto di, sotto

Unterhalt m ❶ (Lebens~) mantenimento m, sostentamento m ❷ (JUR) alimenti mpl ❸ (Instandhaltung) manutenzione f

unterhalten [ʊntɐˈhaltən] <irr, ohne ge-> I. vt ❶ (ernähren) sostentare; (a in Betrieb haben) mantenere ❷ (Bauwerk) mantenere; (Geschäft) condurre II. vr sich ~ ❶ (sprechen) **sich (mit jdm) über jdn/ etw ~** conversare (con qu) di qu/qc; **sich (mit jdm) auf Japanisch ~** parlare (con qu) in giapponese ❷ (sich vergnügen) divertirsi

unterhaltend [ʊntɐˈhaltənt] adj divertente

Unterhalter(in) *m(f)* conversatore, -trice *m, f,* anfitrione *m,* ospite *mf*

unterhaltsam *adj* divertente, piacevole

Unterhaltsanspruch *m* (JUR) diritto *m* agli alimenti; **unterhaltsberechtigt** *adj* che ha diritto al mantenimento; *(Ehefrau)* che ha diritto agli alimenti; **Unterhaltskosten** *pl* spese *fpl* di sostentamento; **Unterhaltspflicht** *f* obbligo *m* di passare gli alimenti; **Unterhaltszahlung** <-, -en> *f* pagamento *m* degli alimenti

Unterhaltung [ʊntɐˈhaltʊŋ] *f* ❶ *(Gespräch)* conversazione *f* ❷ *(Vergnügen)* divertimento *m,* passatempo *m;* **gute ~!** buon divertimento! ❸ *sing (Instandhaltung)* manutenzione *f;* **Unterhaltungselektronik** *f* elettronica *f* d'intrattenimento; **Unterhaltungsindustrie** *f* industria *f* dello spettacolo; **Unterhaltungsliteratur** *f* letteratura *f* d'evasione

unterhandeln [ʊntɐˈhandəln] <ohne ge-> *vi* negoziare *(über +acc* per); (MIL) parlamentare *(über +acc* per); **Unterhändler(in)** [ˈʊntɐhɛndlɐ] *m(f)* negoziatore, -trice *m, f,* mediatore, -trice *m, f*

Unterhaus *n* (POL) camera *f* bassa

Unterhauswahl <-, -en> *f* elezione *f* della camera bassa

Unterhemd *n* canottiera *f*

Unterholz *n* sottobosco *m*

Unterhose *f* mutande *fpl;* *(kurze)* mutandine *fpl;* **eine ~** un paio di mutande

unterirdisch *adj* sotterraneo

unterjochen [ʊntɐˈjɔxən] <ohne ge-> *vt* sottomettere, assoggettare

unter|jubeln *vt (fam: zuschieben)* addossare, accollare; *(andrehen)* rifilare, affibbiare

unterkellert [ʊntɐˈkɛlɐt] *adj* munito di cantina

Unterkiefer *m* mascella *f* inferiore, mandibola *f*

unter|kommen <irr> *vi sein* ❶ *(Unterkunft finden)* trovare alloggio ❷ *(fam: Arbeit finden)* trovare un impiego, venir assunto ❸ *(bes. südd, A: begegnen)* **so etw ist mir noch nie untergekommen!** una cosa simile non mi è mai capitata, non ho mai visto una cosa simile

unter|kriegen *vt (fam)* **sich nicht ~ lassen** non lasciarsi abbattere

unterkühlen [ʊntɐˈkyːlən] <ohne ge-> *vt* surraffreddare; **unterkühlt** *adj* (LIT, KUNST) freddo, distanziato; **Unterkühlung** *f* surraffreddamento *m*

Unterkunft [ˈʊntɐkʊnft, *pl:* ˈʊntɐkʏnftə] <-, Unterkünfte> *f* alloggio *m;* **~ und Verpflegung** vitto e alloggio; **jdm ~ geben**

alloggiare qu

unterlag *1. u 3. pers sing imp von* **unterliegen**

Unterlage *f* ❶ *(allgemein)* supporto *m;* *(Schreib~)* sottomano *m;* *(Grundlage)* base *f* ❷ *pl (Akten)* documenti *mpl,* atti *mpl*

Unterlass[RR] [ˈʊntɐlas] *m* **ohne ~** senza interruzione, ininterrottamente

unterlassen [ʊntɐˈlasən] <irr, ohne ge-> *vt* ❶ *(nicht tun)* tralasciare, omettere; *(bes. schuldhaft)* trascurare; **~e Hilfeleistung** omissione di soccorso ❷ *(darauf verzichten)* astenersi da; *(damit aufhören)* smettere, finire; **es ~ zu ...** astenersi dal *+inf;* **Unterlassung** <-, -en> *f* omissione *f*

unterlaufen[1] [ʊntɐˈlaʊfən] <irr, ohne ge-> I. *vi sein* sfuggire, scappare; **mir ist ein Fehler ~** mi è sfuggito un errore II. *vt haben (Bestimmungen, Gesetze)* sfuggire, eludere

unterlaufen[2] *adj* **mit Blut ~** livido

unter|legen[1] [ˈʊntɐleːgən] *vt* mettere sotto; **jdm etw ~** mettere qc sotto (a) qu

unterlegen[2] [ʊntɐˈleːgən] *adj* inferiore, più debole; **jdm (zahlenmäßig) ~ sein** essere inferiore (in numero) a qu

unterlegen[3] <ohne ge-> *vt* ❶ *(mit anderem Material versehen)* **etw mit Stoff ~** mettere della stoffa sotto qc ❷ *(nachträglich versehen)* **einen Film mit Musik ~** munire un film di musica; **Unterlegene** <ein -r, -n, -n> *mf* vinto, -a *m, f,* sconfitto, -a *m, f*

Unterleib *m* basso ventre *m*

unterliegen [ʊntɐˈliːgən] <irr, ohne ge-> *vi sein* ❶ *(besiegt werden)* essere vinto; *(erliegen)* soccombere ❷ *(fig: unterworfen sein)* **(jdm) ~ sein** essere soggetto (a qu)

Unterlippe *f* labbro *m* inferiore

unterm [ˈʊntɐm] *(fam)* = **unter dem** *s.* **unter**

untermauern [ʊntɐˈmaʊɐn] <ohne ge-> *vt* ❶ (ARCH) costruire un muro sotto a ❷ *(fig: Behauptung, Theorie)* corroborare, convalidare

Untermiete *f* subaffitto *m,* sublocazione *f;* **zur ~ bei jdm wohnen** stare in subaffitto da qu; **Untermieter(in)** *m(f)* subaffittuario, -a *m, f*

unterminieren [ʊntɐmiˈniːrən] <ohne ge-> *vt* minare

unter|mischen *vt* frammischiare

untern [ˈʊntɐn] *(fam)* = **unter den** *s.* **unter**

unternehmen [ʊntɐˈneːmən] <irr, ohne ge-> *vt* fare; *(Reise)* intraprendere; **dage-**

gen muss man dringend etw ~ si deve intervenire al più presto; **was sollen wir heute abend ~?** che facciamo stasera?
Unternehmen <-s, -> n ❶(*Vorhaben*) impresa *f* ❷(*Betrieb*) azienda *f;* **Unternehmensberater(in)** *m(f)* consulente *mf* aziendale; **Unternehmensspitze** *f* vertice *m* aziendale; **Unternehmensstruktur** *f* struttura *f* organizzativa dell'impresa
Unternehmer(in) <-s, -; -, -nen> *m(f)* imprenditore, -trice *m, f;* **unternehmerisch** [ʊntɐˈneːmərɪʃ] **I.** *adj* imprenditoriale; **~er Geist** spirito imprenditoriale **II.** *adv* imprenditorialmente; **~ tätig werden** essere occupato nell'imprenditoria; **Unternehmerschaft** <-, -en> *f* (COM) imprenditoria *f*
Unternehmung <-, -en> *f* (*CH: Firma*) ditta *f*
Unternehmungsgeist *m* spirito *m* d'iniziativa, iniziativa *f;* **unternehmungslustig** *adj* intraprendente
Unteroffizier *m* (MIL) sottufficiale *m;* (*Dienstgrad*) sergente *m*
unterǀordnen I. *vt* sottomettere, assoggettare **II.** *vr* **sich ~** sottomettersi
unterprivilegiert *adj* svantaggiato
Unterredung [ʊntɐˈreːdʊŋ] <-, -en> *f* colloquio *m,* abboccamento *m*
unterrepräsentiert *adj* insufficientemente rappresentato
Unterricht [ˈʊntɐrɪçt] <-(e)s, *rar* -e> *m* (*das Unterrichten*) insegnamento *m;* (*~ sstunden*) lezioni *fpl;* **~ in etw** *dat* **geben** dare lezioni di qc; **der ~ fällt aus** non c'è lezione
unterrichten [ʊntɐˈrɪçtən] <ohne ge-> *vt* ❶(*Unterricht geben*) insegnare; **jdn in etw** *dat* **~** dare lezioni di qc a qu ❷(*informieren*) **jdn von** [*o* **über**] **etw** *acc* **~** informare qu di qc; **unterrichtet sein** essere al corrente
Unterrichtsfach *n* materia *f;* **Unterrichtsgegenstand** *m* materia *f* d'insegnamento; **Unterrichtsministerium** <-s, -rien> *n* (*A: Kultusministerium*) ministero *m* della pubblica istruzione; **Unterrichtsstunde** *f* lezione *f*
Unterrock *m* sottoveste *f;* (*ohne Oberteil*) sottogonna *f*
unters [ˈʊntɐs] (*fam*) = **unter das** *s.* **unter**
untersagen [ʊntɐˈzaːgən] <ohne ge-> *vt* vietare, proibire
Untersatz *m* piattino *m;* (*für Gläser*) sottobicchiere *m;* (*für Töpfe*) sottovaso *m;* **ein fahrbarer ~** (*fam scherz*) una macchina

unterschätzen [ʊntɐˈʃɛtsən] <ohne ge-> *vt* sottovalutare; **Unterschätzung** *f* sottovalutazione *f*
unterscheiden [ʊntɐˈʃaɪdən] <irr, ohne ge-> **I.** *vt* **etw (von etw) ~** distinguere qc (da qc) **II.** *vi* (*einen Unterschied machen*) **zwischen verschiedenen Dingen ~** fare una distinzione fra cose diverse **III.** *vr* **sich (von jdm/etw) ~** distinguersi (da qu/qc); **worin ~ sich Ulla und Veronika?** in che cosa sono diverse Ulla e Veronica?; **Unterscheidung** *f* distinzione *f,* differenziazione *f*
Unterschenkel <-s, -> *m* gamba *f*
Unterschicht <-, -en> *f* ceto *m* basso
unterǀschieben¹ [ˈʊntɐʃiːbən] <schiebt unter, schob unter, untergeschoben> *vt* (*unter etw, jdn*) mettere sotto
unterschieben² [ʊntɐˈʃiːbən] <unterschiebt, unterschob, unterschoben> *vt* (*unterstellen*) attribuire, imputare
Unterschied [ˈʊntɐʃiːt] <-(e)s, -e> *m* differenza *f;* **ein ~ in der Qualität** una differenza di qualità; **einen ~ machen zwischen ... und ...** fare una distinzione tra ... e ...; **im ~ zu** a differenza di; **mit dem ~, dass ...** con la differenza che ...; **das ist ein ~ wie Tag und Nacht** ci corre quanto dal giorno alla notte; **das ist ein gewaltiger ~!** questo fa una grande differenza!, questo cambia tutto!; **unterschiedlich** *adj* diverso, differente; **unterschiedslos** *adv* indistintamente, senza eccezione
unterǀschlagen¹ [ˈʊntɐʃlaːgən] <irr> *vt* incrociare; (*bes. Beine*) accavallare
unterschlagen² [ʊntɐˈʃlaːgən] <irr, ohne ge-> *vt* ❶(*Geld*) sottrarre; (*Briefe*) intercettare ❷(*verheimlichen*) nascondere, celare; **Unterschlagung** <-, -en> *f* appropriazione *f* indebita, sottrazione *f*
Unterschlupf [ˈʊntɐʃlʊpf] <-(e)s, -e> *m* ❶(*Obdach*) rifugio *m,* riparo *m* ❷(*Versteck*) nascondiglio *m;* **unterschlupfen** *vi* (*südd: fam*) rifugiarsi (*bei* da); **unterschlüpfen** *vi* (*fam*) rifugiarsi (*bei* da)
unterschreiben [ʊntɐˈʃraɪbən] <irr, ohne ge-> *vt* firmare, sottoscrivere; **Unterschrift** *f* firma *f;* **seine ~ unter etw** *acc* **setzen** apporre la propria firma a qc
Unterschriftenliste *f* (POL, SOC) lista *f* di sottoscrizione
unterschriftsberechtigt *adj* (JUR) autorizzato a firmare
unterschwellig *adj* inconscio
Unterseeboot *s.* U-Boot; **unterseeisch** *adj* sottomarino; **Unterseekabel** *n* cavo *m* sottomarino

Unterseite <-, -n> *f* rovescio *m*, retro *m*

untersetzt [ʊntɐˈzɛtst] *adj* tarchiato, massiccio

unterspülen [ʊntɐˈʃpyːlən] <ohne ge-> *vt* dilavare

unterste *s.* **unterste(r, s)**

unterstehen [ʊntɐˈʃteːən] <irr, ohne ge-> **I.** *vi* jdm ~ dipendere da qu **II.** *vr* **sich ~ etw zu tun** osare fare qc, avere l'ardire di fare qc; **untersteh dich, das zu tun!** guai (a te) se lo fai!

unter|stellen[1] [ˈʊntɐˌʃtɛlən] **I.** *vt* ❶(*zur Aufbewahrung*) depositare, mettere ❷(*Auto*) parcheggiare; (*in Garage*) mettere in garage **II.** *vr* **sich** (**vor etw** *dat*) **~** mettersi al riparo (da qc)

unterstellen[2] [ʊntɐˈʃtɛlən] <ohne ge-> *vt* ❶(*unterordnen*) subordinare; **jdm ~** (MIL) assegnare al comando di qu ❷(*unterschieben*) attribuire ❸(*annehmen*) presumere; **ich unterstelle jetzt einmal, dass das wahr ist** ammetto adesso sia vero; **Unterstellung** *f* ❶(*Unterordnung*) subordinazione *f* ❷(*falsche Behauptung*) insinuazione *f*

unterste(r, s) [ˈʊntɐstə, -tɐ, -təs] *adj* *Superlativ von* **untere** ❶(*örtlich*) (il/la) più basso, -a ❷(*im Rang*) ultimo, -a ❸(*letzte*) ultimo, -a

unterstreichen [ʊntɐˈʃtraiçən] <irr, ohne ge-> *vt* (*a fig*) sottolineare

Unterstufe *f* (*an Schule*) classi *fpl* inferiori

unterstützen [ʊntɐˈʃtʏtsən] <ohne ge-> *vt* ❶(*finanziell*) sussidiare; (*helfen*) aiutare, assistere ❷(*moralisch*) sostenere ❸(*begünstigen*) sostenere, patrocinare; (*fördern*) favorire, appoggiare; **Unterstützung** <-, -en> *f* ❶(*Beihilfe*) sussidio *m;* (*Subvention*) sovvenzione *f* ❷(*Beistand*) aiuto *m*, assistenza *f* ❸(*Förderung*) appoggio *m*

Untersuch [ʊntɐˈzuːx] <-(e)s, -e> *m* (*CH:* ADM: *Untersuchung*) controllo *m*

untersuchen [ʊntɐˈzuːxən] <ohne ge-> *vt* ❶(*prüfen*) esaminare; (*analysieren, abhandeln*) analizzare; **jdn auf etw** *acc* **~** esaminare qu su qc ❷(*nachprüfen*) verificare, controllare; (*polizeilich*) indagare, investigare ❸(*Patienten*) visitare; **sich ärztlich ~ lassen** farsi visitare da un medico

Untersuchung <-, -en> *f* ❶(*Prüfung*) esame *m;* (*Analyse*) analisi *f;* (*Nachforschung, Abhandlung*) studio *m;* (*Erkundung*) esplorazione *f;* **bei näherer ~** dopo approfondito esame ❷(*Nachprüfung*) verifica *f*, controllo *m;* (*beim Zoll, Arzt*) visita *f* ❸(*polizeilich*) indagine *f*, inchiesta *f;*

gerichtliche ~ istruttoria *f*

Untersuchungsausschuss[RR] *m* commissione *f* d'inchiesta; **Untersuchungsgefangene** *mf* detenuto, -a *m, f* in attesa del processo; **Untersuchungshaft** *f* detenzione *f* preventiva; **Untersuchungshäftling** <-s, -e> *m s.* **Untersuchungsgefangene(r)**; **Untersuchungskommission** *f s.* **Untersuchungsausschuss**; **Untersuchungsrichter(in)** *m(f)* giudice *mf* istruttore

untertags [ʊntɐˈtaːks] *adv* (*südd, A, CH: tagsüber*) di giorno

Untertan(in) <-s *o* -en, -en; -, -nen> *m(f)* suddito, -a *m, f*

untertan [ˈʊntɐtaːn] *adj* **sich** *dat* **etw/ jdn ~ machen** assoggettare qc/qu

untertänig [ˈʊntɐtɛːnɪç] *adj* sottomesso; (*ergeben*) devoto

Untertanin *f s.* **Untertan**

Untertasse *f* piattino *m;* **fliegende ~** disco *m* volante

unter|tauchen **I.** *vt haben* immergere, tuffare **II.** *vi sein* immergersi, tuffarsi; (*fig*) scomparire

Unterteil *n* parte *f* inferiore

unterteilen [ʊntɐˈtailən] <ohne ge-> *vt* **etw** (**in etw** *acc*) **~** suddividere qc (in qc); **Unterteilung** *f* suddivisione *f*

Untertitel *m* sottotitolo *m*

Unterton <-(e)s, -töne> *m* ❶(MUS) tono *m* discendente ❷(*Beiklang*) tono *m*, nota *f fig;* **er sagte es mit einem ~ von Spott** l'ha detto con un tono sarcastico

untertourig [ˈʊntɐtuːrɪç] *adj* **~ fahren** marciare al minimo [*o* a basso regime di giri]

untertreiben [ʊntɐˈtraibən] <irr, ohne ge-> **I.** *vt* sminuire **II.** *vi* minimizzare; **Untertreibung** [ʊntɐˈtraibʊŋ] <-, -en> *f* sminuimento *m*

untervermieten <ohne ge-> *vt, vi* subaffittare

unterversichert *adj* che non copre il valore dell'oggetto assicurato; **Unterversicherung** <-, -en> *f* sottoassicurazione *f*

Unterwalden [ˈʊntɐvaldən] *n* (GEOG) Unterwalden *m*

unterwandern [ʊntɐˈvandɐn] <ohne ge-> *vt* infiltrarsi in; **Unterwanderung** *f* infiltrazione *f*

Unterwäsche *f* biancheria *f* intima

Unterwasserkamera *f* cinepresa *f* subacquea; **Unterwassermassage** *f* massaggio *m* subacqueo

unterwegs [ʊntɐˈveːks] *adv* strada facendo; (*auf der Reise*) durante il viaggio; (**immer**) **~ sein** essere (sempre) in giro;

der **Arzt ist schon** ~ il medico sta per arrivare; **bei uns ist ein Baby** ~ (*fam*) aspettiamo un bambino

unterweisen [ʊntɐ'vaɪzən] <*irr*, *ohne* ge-> *vt* (*geh*) **jdn** (**in etw** *dat*) ~ istruire qu (su qc); **Unterweisung** *f* (*geh*) istruzione *f* (*in* +*dat* su), insegnamento *m* (*in* +*dat* su, di)

Unterwelt *f* bassifondi *mpl*, malavita *f*

unterwerfen [ʊntɐ'vɛrfən] <*irr*, *ohne* ge-> **I.** *vt* (*Volk*) sottomettere, assoggettare; (*unterjochen*) soggiogare; **einer Sache** *dat* **unterworfen sein** essere soggetto a qc **II.** *vr* **sich** ~ sottomettersi; **sich jds Befehl** ~ sottomettersi agli ordini di qu; **Unterwerfung** <-, -en> *f* ❶ (*eines Volkes*) assoggettamento *m* ❷ (*Untertänigkeit*) sottomissione *f*; **die** ~ **unter jdn/etw** la sottomissione a qu/qc

unterwürfig ['ʊntɐvʏrfɪç] *adj* (*pej*) servile, ossequioso; **Unterwürfigkeit** <-> *kein Pl* *f* (*pej*) servilismo *m*

unterzeichnen [ʊntɐ'tsaɪçnən] <*ohne* ge-> *vt* (ADM) firmare, sottoscrivere; **Unterzeichner(in)** *m(f)* (ADM) firmatario, -a *m*, *f*; **Unterzeichnete** <ein -r, -n, -n> *mf* (ADM) sottoscritto, -a *m*, *f*; **Unterzeichnung** *f* (ADM) firma *f*

unter|ziehen¹ ['ʊntɐtsiːən] <*irr*> *vt* ❶ (*Kleidungsstücke*) mettersi sotto ❷ (GASTR: *Eischnee, Sahne*) mescolare

unterziehen² [ʊntɐ'tsiːən] <*irr*, *ohne* ge-> **I.** *vt* **jdn einer Sache** *dat* ~ sottoporre qu a qc **II.** *vr* **sich einer Sache** *dat* ~ sottoporsi a qc

Untiefe *f* bassofondo *m*, secca *f*

Untier *n* mostro *m;* (*a fig*) belva *f*

untragbar [ʊn'traːkbaːɐ̯ *o* 'ʊntraːkbaːɐ̯] *adj* intollerabile; (FIN) insopportabile

untrennbar [ʊn'trɛnbaːɐ̯ *o* 'ʊntrɛnbaːɐ̯] *adj* inseparabile

untreu *adj* infedele; **jdm** ~ **werden** diventare infedele a qu, tradire qu; **sich** *dat* **selbst** ~ **werden** rinnegare i propri principi; **Untreue** *f* ❶ (*gegenüber Menschen*) infedeltà *f* ❷ (JUR) frode *f*; (*im Amt*) prevaricazione *f*

untröstlich [ʊn'trøːstlɪç *o* 'ʊntrøːstlɪç] *adj* inconsolabile

untrüglich [ʊn'tryːklɪç *o* 'ʊntryːklɪç] *adj* infallibile, sicuro

Untugend *f* vizio *m*, cattiva abitudine *f*

untypisch *adj* atipico

unüberbrückbar [ʊnʔyːbɐ'brʏkbaɐ̯ *o* 'ʊnʔyːbɐbrʏkbaɐ̯] *adj* (*fig*) insormontabile, insuperabile

unüberhörbar ['ʊnyːbɐhøːɐ̯baːɐ̯ *o* ʊnyːbɐ'høːɐ̯baːɐ̯] *adj* ❶ (*laut*) forte,

intenso ❷ (*offensichtlich*) evidente, chiaro

unüberlegt *adj* sconsiderato, avventato

unübersehbar [ʊnʔyːbɐ'zeːbaːɐ̯ *o* 'ʊnʔyːbɐzeːbaːɐ̯] *adj* ❶ (*Menge*) immenso ❷ (*fig: Folgen*) incalcolabile

unübersetzbar [ʊnʔyːbɐ'zɛtsbaːɐ̯ *o* 'ʊnʔyːbɐzɛtsbaːɐ̯] *adj* intraducibile

unübersichtlich *adj* poco chiaro, confuso; (*Anordnung*) mal disposto; (*Kurve*) cieco

unübertrefflich [ʊnʔyːbɐ'trɛflɪç *o* 'ʊnʔyːbɐtrɛflɪç] *adj* insuperabile, ineguagliabile

unübertroffen [ʊnʔyːbɐ'trɔfən *o* 'ʊnʔyːbɐtrɔfən] *adj* insuperato, ineguagliato

unüberwindlich [ʊnʔyːbɐ'vɪntlɪç *o* 'ʊnʔyːbɐvɪntlɪç] *adj* (*Gegner*) invincibile; (*Schwierigkeiten*) insormontabile

unüblich *adj* inusitato

unumgänglich [ʊnʔʊm'gɛŋlɪç *o* 'ʊnʔʊmgɛŋlɪç] *adj* indispensabile

unumschränkt [ʊnʔʊm'ʃrɛŋkt *o* 'ʊnʔʊmʃrɛŋkt] *adj* illimitato; (POL) assoluto

unumstößlich [ʊnʔʊm'ʃtøːslɪç *o* 'ʊnʔʊmʃtøːslɪç] *adj* irrevocabile

unumstritten [ʊnʔʊm'ʃtrɪtən *o* 'ʊnʔʊmʃtrɪtən] *adj* incontestato

unumwunden [ʊnʔʊm'vʊndən *o* 'ʊnʔʊmvʊndən] *adv* ~ **zugeben** riconoscere francamente

ununterbrochen [ʊnʔʊntɐ'brɔxən *o* 'ʊnʔʊntɐbrɔxən] **I.** *adj* ininterrotto, incessante **II.** *adv* senza interruzione

unveränderlich [ʊnfɛɐ̯'ʔɛndɐlɪç *o* 'ʊnfɛɐ̯ʔɛndɐlɪç] *adj* immutabile; (MAT) invariabile

unverändert [ʊnfɛɐ̯'ʔɛndɐt *o* 'ʊnfɛɐ̯ʔɛndɐt] *adj* immutato, invariato

unverantwortlich [ʊnfɛɐ̯'ʔantvɔrtlɪç *o* 'ʊnfɛɐ̯ʔantvɔrtlɪç] *adj* irresponsabile, incosciente

unverbesserlich [ʊnfɛɐ̯'bɛsɐlɪç *o* 'ʊnfɛɐ̯bɛsɐlɪç] *adj* incorreggibile

unverbindlich [ʊnfɛɐ̯'bɪntlɪç *o* 'ʊnfɛɐ̯bɪntlɪç] **I.** *adj* ❶ (*nicht bindend*) non impegnativo ❷ (*nicht entgegenkommend*) asciutto **II.** *adv* senza impegno

unverbleit *adj* senza piombo

unverblümt [ʊnfɛɐ̯'blyːmt *o* 'ʊnfɛɐ̯blyːmt] *adv* senza mezzi termini, senza fronzoli

unverbraucht *adj* ❶ (*frisch*) non usato, intatto ❷ (*voller Elan*) (ancora) vigoroso, forte

unverdächtig *adj* insospettabile, non sospetto; **sich** ~ **verhalten** comportarsi in modo insospettabile

unverdaulich [ʊnfɛɐ̯'daʊlɪç *o* 'ʊnfɛɐ̯daʊlıç] *adj* (*a fig*) indigesto

unverdient [ʊnfɛɐ̯'diːnt o 'ʊnfɛɐ̯diːnt] **I.** *adj* immeritato, ingiusto **II.** *adv* immeritatamente

unverdientermaßen, unverdienterweise *adv* immeritatamente

unverdorben *adj* ❶ (*Lebensmittel*) non guasto ❷ (*fig: rein, unschuldig*) incorrotto, sano

unverdrossen [ʊnfɛɐ̯'drɔsən o 'ʊnfɛɐ̯drɔsən] *adj* instancabile, assiduo

unverdünnt *adj* non diluito, liscio, puro; **etw ~ trinken** bere qc liscio

unvereinbar [ʊnfɛɐ̯'ʔaɪnbaːɐ̯ o 'ʊnfɛɐ̯ʔaɪnbaːɐ̯] *adj* incompatibile

unverfälscht [ʊnfɛɐ̯'fɛlʃt o 'ʊnfɛɐ̯fɛlʃt] *adj* genuino

unverfänglich [ʊnfɛɐ̯'fɛŋlıç o 'ʊnfɛɐ̯fɛŋlıç] *adj* innocuo

unverfroren [ʊnfɛɐ̯'froːrən o 'ʊnfɛɐ̯froːrən] *adj* sfacciato, sfrontato

unvergänglich [ʊnfɛɐ̯'gɛŋlıç o 'ʊnfɛɐ̯gɛŋlıç] *adj* imperituro; (*unsterblich*) immortale; (*ewig*) eterno

unvergessen *adj* indimenticabile; **sie wird (uns) ~ bleiben** non la dimenticheremo mai

unvergesslich[RR] [ʊnfɛɐ̯'gɛslıç o 'ʊnfɛɐ̯gɛslıç] *adj*, **unvergeßlich**[ALT] *adj* indimenticabile

unvergleichlich [ʊnfɛɐ̯'glaɪçlıç o 'ʊnfɛɐ̯glaɪçlıç] *adj* incomparabile; (*einzig*) unico

unverhältnismäßig [ʊnfɛɐ̯'hɛltnɪsmɛːsıç] *adj* sproporzionato; (*übermäßig*) eccessivo

unverheiratet *adj* non sposato; (*Männer*) celibe; (*Frauen*) nubile

unverhofft [ʊnfɛɐ̯'hɔft o 'ʊnfɛɐ̯hɔft] *adj* insperato; (*unerwartet*) inatteso

unverhohlen [ʊnfɛɐ̯'hoːlən o 'ʊnfɛɐ̯hoːlən] **I.** *adj* non celato [o dissimulato] **II.** *adv* apertamente, senza mezzi termini

unverkäuflich [ʊnfɛɐ̯'kɔɪflıç o 'ʊnfɛɐ̯kɔɪflıç] *adj* ❶ (*nicht zum Verkauf bestimmt*) non in vendita; **~es Muster** campione non commerciabile ❷ (*nicht zum Verkauf geeignet*) invendibile

unverkennbar [ʊnfɛɐ̯'kɛnbaːɐ̯ o 'ʊnfɛɐ̯kɛnbaːɐ̯] *adj* inconfondibile

unverletzt *adj* non ferito, invulnerabile; **bei etw ~ bleiben** non ferircisi

unvermeidbar, unvermeidlich [ʊnfɛɐ̯'maɪtbaːɐ̯, ʊnfɛɐ̯'maɪtlıç o 'ʊnfɛɐ̯maɪtbaːɐ̯, 'ʊnfɛɐ̯maɪtlıç] *adj* inevitabile, ineluttabile

unvermindert *adj* costante, invariato

unvermittelt I. *adj* improvviso, repentino **II.** *adv* d'un tratto

Unvermögen *n* incapacità *f*

unvermutet *adj* inatteso; (*Schwierigkeiten*) imprevisto

Unvernunft *f* insensatezza *f*, mancanza *f* di ragionevolezza; **unvernünftig** *adj* insensato, irragionevole; (*töricht*) assurdo

unveröffentlicht *adj* inedito

unverpackt *adj* non imballato

unverrückbar [ʊnfɛɐ̯'rʏkbaːɐ̯ o 'ʊnfɛɐ̯rʏkbaːɐ̯] *adj* ~ **feststehen** essere definitivo

unverschämt *adj* sfacciato, sfrontato; **Unverschämtheit** <-, **-en**> *f* sfacciataggine *f*, sfrontatezza *f*; (*Äußerung a*) insolenza *f*

unverschuldet [ʊnfɛɐ̯'ʃʊldət o 'ʊnfɛɐ̯ʃʊldət] *adj o adv* ❶ (*ohne Schulden*) senza debiti ❷ (*ohne Schuld*) senza colpa

unversehens [ʊnfɛɐ̯'zeːəns o 'ʊnfɛɐ̯zeːəns] *adv* all'improvviso, improvvisamente

unversehrt [ʊnfɛɐ̯'zeːɐ̯t o 'ʊnfɛɐ̯zeːɐ̯t] *adj* (*Menschen*) illeso, incolume; (*Dinge*) intatto

unversöhnlich [ʊnfɛɐ̯'zøːnlıç o 'ʊnfɛɐ̯zøːnlıç] *adj* (*Meinungen*) inconciliabile; (*Gegner*) intransigente

unverstanden *adj* incompreso

unverständlich *adj* incomprensibile

unversteuert I. *adj* esentasse; **~es Einkommen** reddito esentasse **II.** *adv* esentasse

unversucht [ʊnfɛɐ̯'zuːxt o 'ʊnfɛɐ̯zuːxt] *adj* **nichts ~ lassen** non lasciare nulla d'intentato

unverträglich [ʊnfɛɐ̯'trɛːklıç o 'ʊnfɛɐ̯trɛːklıç] *adj* ❶ (*Speise*) indigesto ❷ (*Mensch*) intrattabile ❸ (*Gegensätze*) inconciliabile

unverwandt *adv* **jdn ~ ansehen** guardare fisso qu

unverwechselbar ['ʊnfɛɐ̯vɛksəlbaːɐ̯ o ʊnfɛɐ̯'vɛksəlbaːɐ̯] *adj* inconfondibile

unverwundbar [ʊnfɛɐ̯'vʊntbaːɐ̯ o 'ʊnfɛɐ̯vʊntbaːɐ̯] *adj* invulnerabile

unverwüstlich [ʊnfɛɐ̯'vyːstlıç o 'ʊnfɛɐ̯vyːstlıç] *adj* indistruttibile, resistente; **~e Gesundheit** salute di ferro

unverzagt ['ʊnfɛɐ̯tsaːkt] *adj* intrepido, impavido

unverzeihlich [ʊnfɛɐ̯'tsaɪlıç o 'ʊnfɛɐ̯tsaɪlıç] *adj* imperdonabile

unverzichtbar ['ʊnfɛɐ̯tsıçtbaːɐ̯ o ʊnfɛɐ̯'tsıçtbaːɐ̯] *adj* irrinunciabile

unverzollt *adj* non sdoganato

unverzüglich [ʊnfɛɐ̯'tsyːklıç o 'ʊnfɛɐ̯tsyːklıç] **I.** *adj* immediato **II.** *adv* subito, immediatamente

unvollendet [ʊnfɔ'lɛndət o 'ʊnfɔlɛndət]

adj incompiuto

unvollkommen [ʊnfɔl'kɔmən *o* 'ʊnfɔl-kɔmən] *adj* ❶ (*mangelhaft*) imperfetto ❷ (*unvollständig*) incompleto; **Unvollkommenheit** *f* ❶ (*Mangelhaftigkeit*) imperfezione *f* ❷ (*Unvollständigkeit*) incompletezza *f*

unvollständig [ʊnfɔl'ʃtɛndɪç *o* 'ʊnfɔlʃtɛn-dɪç] *adj* incompleto

unvorbereitet *adj* impreparato; (*Rede*) improvvisato

unvoreingenommen *adj* non prevenuto, obiettivo

unvorhergesehen *adj* imprevisto

unvorschriftsmäßig I. *adj* non regolare, contrario ai regolamenti **II.** *adv* abusivamente; **~ parken** parcheggiare abusivamente

unvorsichtig *adj* imprudente, incauto; **Unvorsichtigkeit** <-, -en> *f* imprudenza *f*

unvorstellbar [ʊnfo:ɐ̯'ʃtɛlba:ɐ̯ *o* 'ʊnfo:ɐ̯ʃtɛlba:ɐ̯] *adj* inimmaginabile

unvorteilhaft *adj* svantaggioso, sfavorevole; **das Kleid ist sehr ~ für dich** il vestito non ti si addice

unwahr *adj* non vero, falso; **Unwahrheit** *f* falsità *f*; (*Lüge*) menzogna *f*, bugia *f*; **die ~ sagen** mentire

unwahrscheinlich I. *adj* ❶ (*kaum zu erwarten*) improbabile ❷ (*unglaublich*) inverosimile, incredibile ❸ (*fam: sehr viel, groß*) molto **II.** *adv* (*fam: sehr*) molto; **sie hat sich ~ angestrengt** si è sforzata moltissimo; **Unwahrscheinlichkeit** *f* improbabilità *f*; (*Unglaublichkeit*) inverosimiglianza *f*

unwegsam ['ʊnve:kza:m] *adj* impraticabile

unweigerlich [ʊn'vaɪɡɐlɪç *o* 'ʊnvaɪɡɐlɪç] *adv* immancabilmente

unweit I. *prp* +*gen* poco lontano da **II.** *adv* **~ von** poco lontano da

Unwesen *n* **sein ~ an einem Ort treiben** (*pej*) infestare un luogo

unwesentlich *adj* irrilevante; (*unbedeutend*) insignificante; **sie ist nur ~ älter als meine Mutter** è solo un po' più vecchia di mia madre

Unwetter *n* temporale *m*

unwichtig *adj* non [*o* poco] importante, insignificante

unwiderlegbar [ʊnvi:dɐ'le:kba:ɐ̯ *o* 'ʊnvi:dɐle:kba:ɐ̯] *adj* irrefutabile, inconfutabile

unwiderruflich [ʊnvi:dɐ'ru:flɪç *o* 'ʊnvi:dɐru:flɪç] *adj* irrevocabile; (*endgültig*) definitivo

unwiderstehlich [ʊnvi:dɐ'ʃte:lɪç *o* 'ʊnvi:dɐʃte:lɪç] *adj* irresistibile

unwiederbringlich [ʊnvi:dɐ'brɪŋlɪç *o* 'ʊnvi:dɐbrɪŋlɪç] *adj* (*geh*) irrecuperabile; **das ist ~ dahin** è perduto per sempre

Unwille *m* (*geh: Missfallen*) malcontento *m*, sdegno *m*; **~ über etw** *acc* malcontento per qc; **jds ~n erregen** suscitare l'ira di qu; **unwillig I.** *adj* irritato; **~ über etw** *acc* **sein** essere irritato per qc **II.** *adv* (*widerwillig*) controvoglia

unwillkommen *adj* indesiderato

unwillkürlich [ʊnvɪl'ky:ɐ̯lɪç *o* 'ʊnvɪl-ky:ɐ̯lɪç] *adj* istintivo, spontaneo; (*automatisch*) automatico; **ich musste ~ lachen** non potei fare a meno di ridere

unwirklich *adj* (*geh*) irreale

unwirksam *adj* inefficace; (*JUR*) nullo

unwirsch ['ʊnvɪrʃ] *adj* scontroso, brusco

unwirtlich *adj* poco accogliente, inospitale

unwirtschaftlich *adj* antieconomico

Unwissen <-s> *kein Pl n* ignoranza *f*

unwissend *adj* ignorante; (*unerfahren*) inesperto

Unwissenheit <-> *kein Pl f* ignoranza *f*

unwissentlich I. *adj* inconsapevole **II.** *adv* senza saperlo

unwohl *adj* (*unpässlich*) indisposto; **sich ~ fühlen** (*unbehaglich*) non sentirsi a proprio agio; **Unwohlsein** *n* indisposizione *f*

unwürdig *adj* indegno

Unzahl *f* **eine ~ von ...** un gran numero [*o* un'infinità] di ...

unzählbar [ʊn'tsɛ:lba:ɐ̯ *o* 'ʊntsɛ:lba:ɐ̯] *adj* innumerevole

unzählig [ʊn'tsɛ:lɪç *o* 'ʊntsɛ:lɪç] *adj* innumerevole, moltissimo; **~e Menschen** una moltitudine innumerevole di persone; **~ viele Menschen** moltissime persone

Unze ['ʊntsə] <-, -n> *f* oncia *f*

unzeitgemäß *adj* antiquato

unzerbrechlich [ʊntsɛɐ̯'brɛçlɪç *o* 'ʊntsɛɐ̯-brɛçlɪç] *adj* infrangibile

unzerkaut *adj* **~ schlucken!** ingoiare senza masticare!

unzerstörbar [ʊntsɛɐ̯'ʃtø:ɐ̯ba:ɐ̯ *o* 'ʊntsɛɐ̯ʃtø:ɐ̯ba:ɐ̯] *adj* indistruttibile

unzertrennlich [ʊntsɛɐ̯'trɛnlɪç *o* 'ʊntsɛɐ̯-trɛnlɪç] *adj* inseparabile

unzivilisiert *adj* incivile

Unzucht *f* (*JUR*) lussuria *f*, fornicazione *f*; **~ treiben** fornicare; **unzüchtig** *adj* lascivo; (*Schriften*) osceno, pornografico

unzufrieden *adj* scontento; **~ mit jdm/ etw sein** essere insoddisfatto di qu/qc; **Unzufriedenheit** *f* scontentezza *f*

unzugänglich *adj* inaccessibile

unzulänglich ['ʊntsulɛŋlɪç] *adj* (*geh*)

insufficiente; **Unzulänglichkeit** <-, -en> *f* insufficienza *f*

unzulässig *adj* illecito

unzumutbar *adj* inesigibile

unzurechnungsfähig *adj* incapace di intendere e di volere; **jdn für ~ erklären lassen** far dichiarare qu incapace di intendere e di volere; **Unzurechnungsfähigkeit** *f* incapacità *f* di intendere e di volere

unzureichend ['ʊntsuraɪçənt] *adj* insufficiente

unzusammenhängend *adj* sconnesso

unzustellbar *adj* (*als Vermerk*) destinatario sconosciuto; **falls ~, zurück an den Absender** in caso di mancato recapito ritornare al mittente

unzutreffend *adj* inesatto; **Unzutreffendes bitte streichen** cancellare ciò che non interessa

unzuverlässig *adj* (*Mensch*) non fidato; (*Freund*) infido; **er ist ein ~er Mensch** non ci si può fidare di lui

unzweckmäßig *adj* inadeguato

unzweideutig *adj* inequivocabile, chiaro

unzweifelhaft [ʊn'tsvaɪfəlhaft *o* 'ʊntsvaɪfəlhaft] **I.** *adj* indubitabile, certo **II.** *adv* senza dubbio

Update ['apdɛɪt] <-s, -s> *n* (INFORM) ❶ (*Updaten*) file *m* attuale ❷ (*aktualisierte Version*) versione *f* aggiornata

uploaden ['aploʊdən] *vt* (INFORM) uploadare

üppig ['ʏpɪç] *adj* (*Vegetation*) lussureggiante, rigoglioso; (*Haar*) folto; (*Mahl*) ricco, abbondante; (*Formen*) formoso, opulento; **Üppigkeit** <-> *kein Pl f* rigoglio *m*; (*von Haar*) foltezza *f*; (*Reichtum*) ricchezza *f*, abbondanza *f*; (*von Formen*) formosità *f*, opulenza *f*

up to date ['ʌp tə 'deɪt] *adj* (*fam*) up-to-date

Ur [u:ɐ, *pl:* 'u:rə] <-(e)s, -e> *m* uro *m*

Urabstimmung ['u:ɐʔapʃtɪmʊŋ] *f* votazione *f* assembleare

Ural [u'ra:l] *m* ❶ (*Gebirge*) Urali *mpl* ❷ (*Fluss*) Ural *m*

uralt *adj* vecchissimo, antichissimo

Uran [u'ra:n] <-s> *kein Pl n* (CHEM) uranio *m*; **Uranvorkommen** *n* giacimento *m* di uranio

uraufⅼführen *vt* rappresentare per la prima volta; **Uraufführung** *f* prima *f*

urban [ʊr'ba:n] *adj* urbano; **Urbanität** [ʊrbani'tɛ:t] <-> *kein Pl f* (*geh*) urbanità *f*, civiltà *f*

urbar ['u:ɐbaːɐ] *adj* ~ **machen** (AGR) dissodare; (*Moor*) bonificare

Urbild *n* prototipo *m*

ureigen ['u:ɐʔaɪgən] *adj* proprio, peculiare; **in ihrem ~en Interesse** nel proprio interesse; **das ist meine ~e Angelegenheit** questi sono affari miei

Ureinwohner(in) *m(f)* indigeno, -a *m, f*

Urenkel(in) *m(f)* pronipote *mf*

urgemütlich ['u:ɐgə'my:tlɪç] *adj* (*fam: Zimmer*) molto accogliente; (*Stimmung, Atmosphäre*) molto cordiale; **es war ~** è stato estremamente piacevole

Urgeschichte *f* preistoria *f*; **urgeschichtlich** *adj* preistorico

urgieren <ohne ge-> *vt* (*A: form: drängen*) sollecitare, spingere

Urgroßeltern *pl* bisnonni *mpl*; **Urgroßmutter** *f* bisnonna *f*; **Urgroßvater** *m* bisnonno *m*

Urheber(in) *m(f)* (*a fig*) autore, -trice *m, f*; **Urheberrecht** *n* (JUR) diritto *m* d'autore; **urheberrechtlich** *adj* (JUR) del copyright, dei diritti d'autore; **~ geschützt** protetto da copyright; **Urheberschaft** <-> *kein Pl f* paternità *f* (di un'opera); **Urheberschutz** *m* tutela *f* dei diritti d'autore

Uri ['u:ri] *m* (GEOG) Uri *m*

urig ['u:rɪç] *adj* (*fam: Mensch*) originale; (*urwüchsig*) naturale

Urin [u'ri:n] <-s, -e> *m* orina *f*

urinieren [uri'ni:rən] <ohne ge-> *vi* orinare

Urknall <-(e)s> *kein Pl m* big bang *m*

urkomisch ['u:ɐ'ko:mɪʃ] *adj* molto comico

Urkunde ['u:ɐkʊndə] <-, -n> *f* documento *m*; (JUR) atto *m*; **Urkundenfälschung** *f* falso *m* in atto pubblico

urkundlich *adj* documentato

Urlaub ['u:ɐlaʊp] <-(e)s, -e> *m* vacanza *f*, ferie *fpl*; (MIL) permesso *m*, licenza *f*; **~ haben** essere in [*o* avere] ferie; **in ~ fahren** [*o* **gehen**] andare in vacanza [*o* in ferie]; **im ~ sein** essere in vacanza [*o* in ferie]; **letztes Jahr haben wir ~ in Italien gemacht** [*o* **waren wir in Italien im ~**] l'anno scorso abbiamo trascorso le ferie [*o* vacanze] in Italia

Urlauber(in) ['u:ɐlaʊbɐ] <-s, -; -, -nen> *m(f)* villeggiante *mf*

Urlaubsgeld *n* sussidio *m* per le ferie; **urlaubsreif** *adj* (*fam*) **~ sein** aver bisogno di una vacanza; **Urlaubsreise** <-, -n> *f* viaggio *m* turistico [*o* di piacere]; **Urlaubsstimmung** *f* spirito *m* da vacanze, atmosfera *f* da vacanze; **Urlaubsvertretung** *f* sostituzione *f* per vacanze; **meine ~** la persona che mi supplisce; **~ machen** fare da sostituto

Urmensch *m* uomo *m* preistorico [*o* primitivo]

Urne ['ʊrnə] <-, -n> *f* urna *f*

Uroma ['uːɐ̯ʔoːma] <-, -s> *f* (*fam*) bisnonna *f*

Uropa ['uːɐ̯ʔoːpa] <-s, -s> *m* (*fam*) bisnonno *m*

urplötzlich ['uːɐ̯'plœtslɪç] **I.** *adj* repentino, improvviso **II.** *adv* improvvisamente, tutto a un tratto

Ursache *f* causa *f*; (*Grund*) ragione *f*; (*Beweggrund*) motivo *m*; (*Anlass*) occasione *f*; **keine ~!** non c'è di che, di nulla

ursächlich *adj* causale

Ursprung *m* origine *f*; (*Anfang*) principio *m*; **seinen ~ haben in** + *dat* prendere origine da, avere origine in

ursprünglich ['uːɐ̯ʃprʏŋlɪç *o* uːɐ̯'ʃprʏŋlɪç] **I.** *adj* ❶ (*in der Ursprungsform*) originario; (*anfänglich*) iniziale ❷ (*echt*) originale; (*natürlich*) naturale **II.** *adv* in origine, in principio

Ursprungsland <-es, -länder> *n* paese *m* d'origine

Urteil ['ʊrtaɪl] <-s, -e> *n* ❶ (JUR: *richterliches*) sentenza *f*; (*der Geschworenen*) verdetto *m*; **ein ~ fällen** pronunciare una sentenza ❷ (*Beurteilung, ~ skraft*) giudizio *m*; (*Meinung*) opinione *f*; **ein ~ abgeben** dare un giudizio; **sich** *dat* **ein ~ über etw** *acc* **bilden** farsi un giudizio di qc; **nach dem ~ von** a giudizio di

urteilen *vi* (*a beurteilen*) giudicare; **über jdn/etw ~** giudicare qu/qc; **nach seinem Benehmen zu ~** a giudicare dal suo comportamento

Urteilsbegründung *f* (JUR) motivazione *f* della sentenza; **Urteilskraft** *f* giudizio *m*; **Urteilsspruch** *m* (dispositivo *m* della) sentenza *f*; (*der Geschworenen*) verdetto *m*; **Urteilsverkündung** *f* pubblicazione *f* della sentenza

urtümlich ['uːɐ̯tyːmlɪç] *adj* primitivo, primordiale

Ururgroßeltern ['uːɐ̯ʔuːɐ̯egroːsɛltən] *pl* trisavoli *mpl*; **Ururgroßmutter** *f* trisavola *f*; **Ururgroßvater** *m* trisavolo *m*

Urwald *m* foresta *f* vergine, giungla *f*

urwüchsig ['uːɐ̯vyːksɪç] *adj* (*natürlich*) naturale; (*wild*) selvatico

Urzeit *f* **in** [*o* **vor**] [*o* **zu**] **~en** in tempi remoti; **seit ~en** da millenni; **urzeitlich** *adj* remoto, preistorico

USA [uːʔɛs'ʔaː] *pl* U.S.A. *mpl*

usf. *abk v* **und so fort** e così via

usurpieren [uzʊr'piːrən] <ohne ge-> *vt* usurpare

Usus ['uːzʊs] <-> *kein Pl m* (*fam*) usanza *f*; **das ist hier so ~** qui si usa così

usw. *abk v* **und so weiter** ecc.

Utensil <-s, -ien> *n* utensile *m*

Uterus ['uːterʊs, *pl:* 'uːteri] <-, Uteri> *m* (MED) utero *m*

Utopie [uto'piː] <-, -n> *f* utopia *f*

utopisch [u'toːpɪʃ] *adj* utopistico

u. U. *abk v* **unter Umständen** eventualmente

u. ü. V. *abk v* **unter üblichem Vorbehalt** S.E.eO.

UV [uː'faʊ] *abk v* **ultraviolett** UV, Uv

u. v. a. (m.) *abk v* **und vieles andere (mehr)** e molte altre cose

UV-Strahlen [uː'faʊʃtraːlən] *mpl* raggi *mpl* UV

u. W. *abk v* **unseres Wissens** a quanto ci consta

V

V, v [faʊ] <-, -(s)> *n* V, v *f;* **V wie Viktor** V come Venezia

V *abk v* **Volt** V

Vaduz [fa'dʊts *o* va'duːts] *n* Vaduz *f*

Vagabund(in) [vaga'bʊnt] <-en, -en; -, -nen> *m(f)* vagabondo, -a *m, f*

vage ['vaːgə] *adj* vago

Vagina [va'giːna, *pl:* va'giːnən] <-, Vaginen> *f* (ANAT) vagina *f;* **vaginal** [vagi'naːl] *adj* vaginale

vakant [va'kant] *adj* libero; (*bes. Stelle*) vacante

Vakuum ['vaːkuʊm, *pl:* 'vaːkua *o* 'vaːkuən] <-s, Vakua *o* Vakuen> *n* vacuo *m;* **vakuumverpackt** *adj* conservato sotto vuoto

Valentinstag ['vaːlɛntiːnstaːk] *m* giorno *m* di san Valentino

Valuta [va'luːta, *pl:* va'luːtən] <-, Valuten> *f* valuta *f* (estera)

Vamp [vɛ(ː)mp] <-s, -s> *m* vamp *f*

Vampir ['vampiːɐ̯ *o* vam'piːɐ̯] <-s, -e> *m* vampiro *m*

Van ['van] <-s, -s> *m* van *m*

Vandale [van'daːlə] <-n, -n> *m,* **Vandalin** [van'daːlɪn] <-, -nen> *f* (A HIST) vandalo, -a *m, f*

Vandalismus [vanda'lɪsmʊs] <-> *kein Pl m* vandalismo *m*

Vanille [va'nɪl(j)ə] <-> *kein Pl f* vaniglia *f;* **Vanilleeis** *n* gelato *m* di vaniglia; **Vanillepudding** *m* budino *m* di [*o* alla] vaniglia; **Vanillesoße** <-, -n> *f* salsa *f* alla vaniglia; **Vanillezucker** <-s> *kein Pl m* zucchero *m* vanigliato

variabel [vari'aːbəl] *adj* variabile

Variable [vari'aːblə] <-, -n> *f* (MAT, PHYS) variabile *f*

Variante [vari'antə] <-, -n> *f* variante *f*

Variation [varia'tsi̯oːn] <-, -en> *f* variazione *f*

Varieté <-s, -s> *n,* **Varietee**[RR] [varie'teː] <-s, -s> *n* ❶ (*Theater*) teatro *m* di varietà ❷ (*Vorstellung*) spettacolo *m* di varietà

variieren [vari'iːrən] <ohne ge-> *vt, vi* variare

Vasall [va'zal] <-en, -en> *m* vassallo *m*

Vase ['vaːzə] <-, -n> *f* vaso *m*

Vater ['faːtɐ, *pl:* 'fɛːtɐ] <-s, Väter> *m* padre *m;* **er ist ganz der ~** è tutto suo padre

Vaterhaus *n* casa *f* paterna; **Vaterland** *n* patria *f;* **Vaterlandsliebe** *f* patriottismo *m*

väterlich ['fɛːtɐlɪç] **I.** *adj* paterno **II.** *adv* da

padre, come un padre; **väterlicherseits** ['fɛːtɐlɪçɐ'zaɪts] *adv* da parte paterna

vaterlos *adj* senza padre, orfano di padre; **Vatermord** *m* parricidio *m;* **Vatermörder(in)** *m(f)* parricida *mf;* **Vaterschaft** <-> *kein Pl f* paternità *f;* **Vaterstadt** *f* città *f* natale; **Vaterstelle** *f* **bei jdm ~ vertreten** fare da padre a qu; **Vatertag** *m* festa *f* del papà

Vaterunser ['faːtɐ'ʔʊnzɐ] <-s, -> *n* padrenostro *m*

Vati ['faːti] <-s, -s> *m* (*fam*) babbo *m*

Vatikan [vati'kaːn] *m* **der ~** il Vaticano; **Vatikanstadt** *f* **die ~** la Città del Vaticano

V-Ausschnitt ['faʊʊsʃnɪt] *m* scollatura *f* a V

v. Chr. *abk v* **vor Christus** a.C.

VEB [faʊʔeːˈbeː] <-(s), -s> *m abk v* **Volkseigener Betrieb** impresa di proprietà popolare collettiva nella ex R.D.T

Veganer(in) [ve'aːnɐ] <-s, -; -, -nen> *m(f)* vegan *mf*

Vegetarier(in) [vege'taːrie] <-s, -; -, -nen> *m(f)* vegetariano, -a *m, f*

vegetarisch *adj* vegetariano

Vegetation [vegeta'tsi̯oːn] <-, -en> *f* vegetazione *f*

vegetativ [vegeta'tiːf] *adj* (MED, BIOL) vegetativo; **~es Nervensystem** sistema *m* neurovegetativo

vegetieren [vege'tiːrən] <ohne ge-> *vi* vegetare

vehement [vehe'mɛnt] *adj* veemente; **Vehemenz** [vehe'mɛnts] <-> *kein Pl f* veemenza *f*

Vehikel [ve'hiːkəl] <-s, -> *n* ❶ (*fam pej: Fahrzeug*) macinino *m* ❷ (*fig geh: Mittel*) veicolo *m*

Veilchen ['faɪlçən] <-s, -> *n* ❶ (BOT) violetta *f* ❷ (*fam: blaues Auge*) occhio *m* blu

Vektorrechnung ['vɛktoːɐ̯rɛçnʊŋ] *f* calcolo *m* vettoriale

Velo ['veːlo] <-s, -s> *n* (CH) bicicletta *f*

Velours [va'luːɐ̯ *o* ve'luːɐ̯] <-, -> *m* velluto *m;* **Veloursleder** <-s, -> *n* pelle *f* scamosciata

Vene ['veːnə] <-, -n> *f* (ANAT) vena *f*

Venedig [ve'neːdɪç] *n* Venezia *f*

Venenentzündung *f* flebite *f*

Venetien [ve'neːtsi̯ən] *n* Veneto *m*

venös [ve'nøːs] *adj* (MED) venoso

Ventil [vɛn'tiːl] <-s, -e> *n* ❶ (TEC) valvola *f;* (*fig*) valvola *f* di sicurezza ❷ (MUS) pistone *m*

sich verabschieden	
sich verabschieden	**congedarsi**
Auf Wiedersehen!	Arrivederci!
Auf ein baldiges Wiedersehen!	A presto!
Tschüss! (*fam*)/Ciao! (*fam*)	Ciao! (*fam*)
Mach's gut! (*fam*)	Stammi bene!
(Also dann,) bis bald! (*fam*)	(Allora,) a presto! (*fam*)
Bis morgen!/Bis nächste Woche!	A domani!/A settimana prossima!
Man sieht sich! (*fam*)	Ci vediamo! (*fam*)
Pass auf dich auf! (*fam*)	Riguardati! (*fam*)
Komm gut heim!/Kommen Sie gut nach Hause!	Buon ritorno a casa!
Einen schönen Abend noch!	Buona serata!
sich am Telefon verabschieden	**concludere una telefonata**
Auf Wiederhören! (*form*)	A risentirci!
Also dann, bis bald wieder! (*fam*)	Bene allora, alla prossima! (*fam*)
Tschüss! (*fam*)/Ciao! (*fam*)	Ciao! (*fam*)

Ventilation [vɛntila'tsjo:n] <-, -en> *f* ventilazione *f*

Ventilator [vɛnti'la:to:ɐ̯] <-s, -en> *m* ventilatore *m*

ventilieren [vɛnti'li:rən] <ohne ge-> *vt* ventilare, arieggiare

verabreden [fɛɐ̯'ʔapre:dən] <ohne ge-> I. *vt* concordare; (*Zeit, Ort*) fissare, stabilire; **wir hatten doch verabredet, dass ...** avevamo stabilito che ..., avevamo stabilito di +*inf* II. *vr* **sich (mit jdm) ~** darsi appuntamento (con qu); (**mit jdm**) **verabredet sein** avere un appuntamento (con qu)

Verabredung <-, -en> *f* ❶ (*Vereinbarung*) accordo *m* ❷ (*Treffen*) appuntamento *m*

verabreichen [fɛɐ̯'ʔapraɪçən] <ohne ge-> *vt* somministrare

verabscheuen <ohne ge-> *vt* detestare, aborrire

verabschieden <ohne ge-> I. *vt* ❶ (*Person*) congedare ❷ (PARL: *Gesetz*) varare; **den Haushalt ~** approvare il bilancio II. *vr* **sich (von jdm) ~** congedarsi (da qu); **Verabschiedung** <-, -en> *f* ❶ (*Person*) commiato *m*, addio *m*, partenza *f* ❷ (*Gesetz, Haushalt*) varo *m*

verachten <ohne ge-> *vt* disprezzare

verächtlich [fɛɐ̯'ʔɛçtlɪç] I. *adj* ❶ (*voller Verachtung*) sprezzante, sdegnoso ❷ (*verachtenswert*) spregevole II. *adv* con disprezzo

Verachtung *f* disprezzo *m*, spregio *m*

verallgemeinern <ohne ge-> *vt* generalizzare; **Verallgemeinerung** <-, -en> *f* generalizzazione *f*

veralten <ohne ge-> *vi sein* divenire antiquato; (*ungebräuchlich werden*) cadere in disuso; (*Mode*) passare di moda; **veraltet** *adj* (*Ansichten, Ausdruck*) antiquato; (*ungebräuchlich*) inusitato; (*Mode*) fuori moda

Veranda [ve'randa, *pl:* ve'randən] <-, Veranden> *f* veranda *f*

veränderlich *adj* (MAT, LING, METEO) variabile; (*Wesen*) volubile

verändern <ohne ge-> I. *vt* cambiare, mutare; (*verwandeln*) trasformare II. *vr* **sich ~** cambiare; (*beruflich*) cambiare posto; **sich zu seinem Vorteil ~** cambiare in meglio

Veränderung *f* cambiamento *m*, mutamento *m*; (*Verwandlung*) trasformazione *f*; (*Abänderungen*) modificazione *f*, modifica *f*

verängstigen <ohne ge-> *vt* impaurire; **verängstigt** [fɛɐ̯'ʔɛŋstɪçt] *adj* impaurito; (*eingeschüchtert*) intimidito

verankern <ohne ge-> *vt* ❶ (NAUT) ancorare ❷ (*fig: im Gesetz*) fissare; **etw in der Verfassung ~** stabilire qc nella costituzione

veranlagen <ohne ge-> *vt* **jdn (steuerlich) mit etw ~** tassare qu con qc;

veranlagt *adj* **zu etw ~ sein** avere predisposizione a qc; (MED) essere predisposto a qc; **homosexuell ~ sein** avere tendenze omosessuali; **praktisch ~ sein** avere senso pratico; **romantisch ~ sein** essere di indole romantica; **Veranlagung** <-, -en> *f* (pre)disposizione *f*

veranlassen <ohne ge-> *vt* ❶ (*bewegen*) **jdn dazu ~ etw zu tun** spingere qu a fare qc; **sich veranlasst sehen zu ...** vedersi obbligato a +*inf* ❷ (*anordnen*) predisporre, ordinare; **ich werde ~, dass ...** farò in modo che ...; **Veranlassung** <-> *kein Pl f* ❶ (*Veranlassen*) disposizione *f*, ordine *m;* **auf ~ von** su iniziativa di ❷ (*Grund*) motivo *m*, ragione *f;* **keinerlei ~ haben, zu ...** non avere alcun motivo per +*inf*

veranschaulichen <ohne ge-> *vt* illustrare

veranschlagen <ohne ge-> *vt* valutare; **die Kosten mit drei Millionen ~** preventivare i costi a tre milioni; **zu hoch/niedrig ~** sopravvalutare/sottovalutare

veranstalten <ohne ge-> *vt* ❶ (*organisieren*) allestire, organizzare ❷ (*abhalten, geben*) dare

Veranstalter(in) <-s, -; -, -nen> *m(f)* organizzatore, -trice *m, f*

Veranstaltung <-, -en> *f* ❶ *sing* (*Tätigkeit*) organizzazione *f* ❷ (*Fest, Konzert, sportliche ~*) manifestazione *f;* **Veranstaltungskalender** *m* calendario *m* delle manifestazioni

verantworten <ohne ge-> I. *vt* rispondere di; **das kann ich nicht ~** non me ne assumo la responsabilità II. *vr* **sich (vor jdm/etw) ~** giustificarsi (davanti a qu/qc)

verantwortlich *adj* ❶ (*Person*) **für etw ~ sein** essere responsabile per qc; **jdn für etw ~ machen** rendere qu responsabile di qc ❷ (*Stellung*) di responsabilità; **Verantwortlichkeit** <-> *kein Pl f* responsabilità *f*

Verantwortung <-, -en> *f* responsabilità *f;* **die ~ für etw tragen** [*o* **übernehmen**] assumersi la responsabilità di qc; **jdn zur ~ ziehen** chiedere conto a qu; **auf jds ~** sotto la responsabilità di qu

verantwortungsbewusst^RR *adj* responsabile; **Verantwortungsbewusstsein**^RR <-s> *kein Pl n* senso *m* di responsabilità; **verantwortungslos** *adj* irresponsabile, incosciente; **verantwortungsvoll** *adj* ❶ (*Aufgabe, Tat*) di forte responsabilità ❷ (*Person*) molto responsabile

veräppeln <ohne ge-> *vt* prendere in giro

verarbeiten <ohne ge-> *vt* ❶ (*behandeln*) trattare; **Eisen zu Stahl ~** trasformare il ferro in acciaio ❷ (*verbrauchen*) consumare ❸ (*fig: verdauen*) digerire; (*geistig, psychisch*) assimilare

Verarbeitung <-, -en> *f* lavorazione *f*, trattamento *m;* (*von Daten*) elaborazione *f*

verärgern <ohne ge-> *vt* irritare, indispettire

verärgert *adj* arrabbiato, irato, stizzoso

verarmen <ohne ge-> *vi sein* impoverirsi, diventare povero; **Verarmung** <-> *kein Pl f* impoverimento *m*

verarschen <ohne ge-> *vt* (*sl*) prendere per il culo

verarzten <ohne ge-> *vt* (*fam*) medicare

verästeln [fɛɛˈʔɛstəln] <ohne ge-> *vr* **sich ~** ramificarsi

Verästelung <-, -en> *f* ramificazione *f*

verausgaben <ohne ge-> *vr* **sich ~** (*finanziell*) spendere tutto; (*kräftemäßig*) esaurirsi

veräußern <ohne ge-> *vt* (JUR) ❶ (*übereignen*) alienare ❷ (*übertragen*) cedere; **Veräußerung** *f* (*geh* JUR: *Übereignung*) alienazione *f;* (*Übertragung*) cessione *f*

Verb [vɛrp] <-s, -en> *n* (LING) verbo *m*

verbal [vɛrˈbaːl] *adj* verbale; **Verbalattacke** *f* attacco *f* verbale

verballhornen [fɛɛˈbalhɔrnən] <ohne ge-> *vt* parodiare

verband *1. u 3. pers sing imp von* **verbinden**

Verband <-(e)s, Verbände> *m* ❶ (MED) fasciatura *f*, bendaggio *m* ❷ (*Vereinigung*) associazione *f*, unione *f* ❸ (MIL) unità *f;* **Verband(s)kasten** *m* (cassetta *f* di) pronto soccorso *m;* **Verband(s)watte** *f* cotone *m* idrofilo; **Verband(s)zeug** <-(e)s, -e> *n* materiale *m* di pronto soccorso

verbannen <ohne ge-> *vt* esiliare; **etw aus etw ~** (*a fig*) bandire qc da qc; **Verbannung** <-, -en> *f* ❶ *sing* (*das Verbannen*) bando *m* ❷ (*Exil*) esilio *m*

verbarrikadieren [fɛɛbarikaˈdiːrən] <ohne ge-> I. *vt* barricare II. *vr* **sich ~** barricarsi

verbat [fɛɛˈbaːt] *1. u 3. pers sing imp von* **verbitten**

verbauen <ohne ge-> *vt* ❶ (*versperren*) chiudere (con una costruzione); (*fig: Zukunft*) precludere; **die Aussicht ~** togliere la vista con una costruzione ❷ (*pej: schlecht bauen*) costruire male

verbeißen <verbeißt, verbiss, verbissen> I. *vt* reprimere, soffocare II. *vr* **sich ~** accanirsi, arrabbiarsi

verbergen <irr, ohne ge-> I. *vt* ❶ (*verste-*

verbieten	
verbieten	**proibire**
Du darfst heute **nicht** fernsehen.	**Ti proibisco di** guardare la televisione oggi.
Das kommt gar nicht in Frage!	**Non se ne parla proprio!**
Finger weg von meinem Computer! (*fam*)	**Giù le mani dal** mio computer!
Lass die Finger von meinem Tagebuch! (*fam*)	**Non toccare** il mio diario!
Das kann ich nicht zulassen!	**Questo non lo posso permettere!**
Ich verbiete Ihnen diesen Ton!	**Le proibisco di parlarmi con questo tono!/Stia attento a come parla!/ Moderi il tono!**
Bitte unterlassen Sie das! (*form*)	**La smetta, per favore!**

cken) **jdn/etw** (**vor jdm**) ~ nascondere qu/qc (a qu) ❷(*verheimlichen*) (**jdm**) **etw** ~ celare qc (a qu) **II.** *vr* **sich** ~ nascondersi

verbessern <ohne ge-> **I.** *vt* ❶(*besser machen*) migliorare ❷(*berichtigen*) correggere **II.** *vr* **sich** ~ ❶(*beim Sprechen*) correggersi ❷(*finanziell*) migliorare la propria situazione finanziaria; (*beruflich*) migliorare la propria posizione

Verbesserung *f* ❶(*Änderung zum Besseren*) miglioramento *m* ❷(*Korrektur*) correzione *f*; **Verbesserungsvorschlag** *m* proposta *f* di miglioramento

verbeten [fɛɐbeːtən] *pp von* **verbitten**

verbeugen <ohne ge-> *vr* **sich** (**vor jdm/etw**) ~ inchinarsi (davanti a qu/qc); **Verbeugung** *f* inchino *m*

verbeulen <ohne ge-> *vt* ammaccare

verbiegen <irr, ohne ge-> **I.** *vt* piegare, storcere **II.** *vr* **sich** ~ storcersi

verbieten <irr, ohne ge-> *vt* proibire; **jdm** ~ **etw zu tun** proibire a qu di fare qc; **jdm das Rauchen** ~ proibire a qu di fumare; **jdm den Mund** ~ far tacere qu

verbilligen <ohne ge-> **I.** *vt* ridurre il prezzo di **II.** *vr* **sich** ~ diminuire di prezzo, calare; **verbilligt** *adj* a prezzo ribassato

verbinden <irr, ohne ge-> **I.** *vt* ❶(*vereinigen*) **etw** (**mit etw**) ~ unire qc (con qc) ❷(*zusammenbinden*) legare; (TEC) collegare ❸(MED) fasciare, bendare ❹(TEC) allacciare; (*koppeln*) attaccare, agganciare ❺(TEL) mettere in comunicazione; (**Sie sind**) **falsch verbunden!** ha sbagliato numero ❻(*fig: Menschen*) legare; (*Gedanken*) collegare ❼(*mit sich bringen*) **die damit verbundenen Kosten** le spese che ne derivano ❽(*geh: zur Dankbarkeit verpflichten*) **ich wäre Ihnen sehr verbunden, wenn ...** Le sarei molto grato

se ... ❾(*assoziieren*) associare; **einen Namen mit etw** ~ associare un nome a qc **II.** *vr* **sich** ~ unirsi, congiungersi; (CHEM) combinarsi

verbindlich *adj* ❶(*freundlich*) gentile, compiacente ❷(*verpflichtend*) vincolante; **für jdn/etw** ~ **sein** essere vincolante per qu/qc; **Verbindlichkeit** <-, -en> *f* ❶ *sing* (*Freundlichkeit*) gentilezza *f*, compiacenza *f* ❷(*höfliche Redensart*) gentilezze *fpl* ❸ *sing* (*verbindlicher Charakter*) carattere *m* vincolante, obbligatorietà *f*; (*von Vertrag*) obbligazione *f* ❹ *pl*: (COM: *Schulden*) debiti *mpl*

Verbindung *f* ❶(*von Orten, Zug~*) **die ~** (**nach Australien/Rom**) il collegamento (con l'Australia/Roma) ❷(TEC) allacciamento *m*; (*Kopplung*) aggancio *m*; (*Metall~*) lega *f* ❸(TEL) comunicazione *f* ❹(*Vereinigung*) associazione *f*; (*Bündnis*) unione *f* ❺(*Zusammenhang*) relazione *f*; **in ~ mit** in relazione a; **etw/jdn mit jdm in ~ bringen** mettere qc/qu in relazione con qc/qu ❻(*Beziehung*) rapporto *m*; **sich mit jdm in ~ setzen** mettersi in contatto con qu; **mit jdm in ~ stehen** essere in relazione con qu ❼(CHEM) combinazione *f*; **eine ~ mit etw eingehen** combinarsi con qc; **Verbindungslinie** *f* linea *f* di collegamento [*o* di comunicazione]; **Verbindungsmann** <-(e)s, -männer *o* -leute> *m* intermediario *m*, mediatore *m*; **Verbindungsstück** *n* (pezzo *m* di) raccordo *m*

verbirgt [fɛɐˈbɪrkt] *3. pers sing pr von* **verbergen**

verbissen [fɛɐˈbɪsən] **I.** *adj* ❶(*hartnäckig*) ostinato ❷(*Gesichtsausdruck*) rabbioso **II.** *adv* con rabbia; **man darf das nicht so ~ sehen** (*fam*) non bisogna vederla con tale rabbia; **Verbissenheit**

<-> *kein Pl f* accanimento *m*, ostinazione *f*
verbitten <irr, ohne ge-> *vt* **sich** *dat* ~,
dass ... non permettere che +*conj;* **das
verbitte ich mir!** questo non lo tollero!
verbittern <ohne ge-> *vt* amareggiare
verbittert *adj* amareggiato
Verbitterung <-, -en> *f* amareggia-
mento *m*
verblassen <ohne ge-> *vi sein* ❶ (*Farbe,
Stoff*) sbiadire, scolorarsi ❷ (*fig: schwinden*) svanire
Verbleib [fɛɐ̯'blaɪp] <-(e)s> *kein Pl m*
(*geh*) ❶ (*Ort*) dimora *f* ❷ (*Verbleiben*) **ich
weiß nichts über den ~ dieses Briefs**
non so dove sia questa lettera
verbleiben <irr, ohne ge-> *vi sein* ❶ (*geh:
übrig bleiben*) avanzare ❷ (*bleiben, sich
einigen*) rimanere; **wir sind so verblieben, dass ...** siamo rimasti d'accordo
che ...
verbleit [fɛɐ̯'blaɪt] *adj* con piombo
verblenden <ohne ge-> *vt* accecare,
abbagliare; **Verblendung** <-, -en> *f*
❶ (*Verkleidung*) rivestimento *m* ❷ *sing*
(*Geblendetsein*) accecamento *m*, abbagliamento *m*
verblöden <ohne ge-> *vi sein* (*fam*) rincretinire, istupidirsi
verblüffen [fɛɐ̯'blʏfən] <ohne ge-> *vt* stupire, sbalordire; **Verblüffung** <-, -en> *f*
stupore *m*, sbalordimento *m;* **zu meiner ~**
con mio grande stupore
verblühen <ohne ge-> *vi sein* sfiorire,
appassire
verbluten <ohne ge-> *vi sein* dissan-
guarsi, morire dissanguato
verbog [fɛɐ̯'bo:k] *1. u 3. pers sing imp von*
verbiegen
verbogen [fɛɐ̯'bo:ɡən] *pp von* **verbiegen**
verbohren <ohne ge-> *vr* (*fam*) **sich in
etw** *acc* ~ fissarsi su qc
verbohrt *adj* (*fam pej*) ostinato, caparbio
verborgen [fɛɐ̯'bɔrɡən] *adj* (*versteckt*)
nascosto; ~ **halten** tenere nascosto; **im
Verborgenen bleiben** rimanere nascosto;
Verborgenheit <-> *kein Pl f* segretezza *f*
Verbot <-(e)s, -e> *n* divieto *m*, proibizione *f*
verbot [fɛɐ̯'bo:t] *1. u 3. pers sing imp von*
verbieten
verboten [fɛɐ̯'bo:tən] *adj* ❶ (*untersagt*)
vietato ❷ (*fam: unmöglich*) incredibile,
inaccettabile
Verbotsschild *n* segnale *m* di divieto
verbracht [fɛɐ̯'braxt] *pp von* **verbringen**
verbrachte *1. u 3. pers sing imp von* **verbringen**
verbrannt *pp von* **verbrennen**

Verbrauch *m* consumo *m; der* ~ **von etw**
[*o* **an etw** +*dat*] il consumo di qc; **sparsam im ~** economico nel consumo
verbrauchen <ohne ge-> *vt* ❶ (*konsumieren*) consumare; (*abnutzen, a fig:
Menschen*) logorare; (*Luft*) viziare; **unser
Wagen verbraucht zu viel Öl** la nostra
macchina consuma troppo olio ❷ (*ausgeben*) spendere ❸ (*aufbrauchen*) consumare
Verbraucher(in) <-s, -; -, -nen> *m(f)*
consumatore, -trice *m, f;* **Verbraucher-
beratung** *f* ufficio *m* di consulenza per
i consumatori; **verbraucherfreundlich**
adj a favore del consumatore; **Verbrau-
cherschutz** <-es> *kein Pl m* difesa *f* dei
consumatori; **Verbraucherverband** *m*
associazione *f* di consumatori
Verbrauchsgüter *npl* beni *mpl* di consumo
verbraucht *adj* consumato; (*Luft*) viziato;
(*Mensch*) consunto, sciupato
verbrechen <irr, ohne ge-> *vt* (*fam*) **was
habe ich** (**denn**) **verbrochen?** che male
ho fatto?; **was hat er** (**denn**) **schon wieder verbrochen?** che altro ha combinato?; **Verbrechen** <-s, -> *n* delitto *m*,
crimine *m;* **das organisierte ~** la criminalità organizzata; **Verbrecher(in)** <-s, -; -,
-nen> *m(f)* delinquente *mf;* **verbrecherisch** *adj* delittuoso, criminoso; (*Regime*)
criminale
verbreiten <ohne ge-> **I.** *vt* (*Nachricht*)
divulgare, diffondere; (*Wärme, Licht,
Gerücht*) diffondere; (*Schrecken, Krankheit*) disseminare; (*Ideen, Lehre*) propagare **II.** *vr* **sich ~** ❶ (*Nachricht*) divulgarsi,
spargersi; (*Wärme, Licht, Gerücht*) diffondersi; (*Schrecken*) disseminarsi; (*Krankheit*) propagarsi ❷ (*pej*) **sich über etw**
acc ~ dilungarsi su un tema
verbreitern <ohne ge-> **I.** *vt* allargare
II. *vr* **sich ~** allargarsi; **Verbreiterung** <-,
-en> *f* allargamento *m*
verbreitet *adj* esteso, diffuso, ampio; **eine
weit ~e Meinung/Krankheit** un'opi-
nione/una malattia molto diffusa
Verbreitung <-> *kein Pl f* diffusione *f*
verbrennen <irr, ohne ge-> **I.** *vt* **haben**
bruciare; (*Leiche*) cremare **II.** *vi sein* bruciare, ardere; (*Person*) morire carbonizzato
III. *vr* **sich ~** bruciarsi, scottarsi; **sich** *dat*
die Finger ~ scottarsi le dita; (*fig*) rimanere scottato
Verbrennung <-, -en> *f* ❶ *sing* (*das Verbrennen*) bruciatura *f;* (*von Müll*) incenerimento *m;* (CHEM) combustione *f;* (*Lei-
chen~*) cremazione *f* ❷ (MED: *Wunde*)

ustione f, scottatura f; ~ **en ersten Grades** ustioni di primo grado; **Verbrennungsmotor** m motore m a combustione interna

verbrieft adj (geh) garantito per iscritto

verbringen <irr, ohne ge-> vt passare, trascorrere

verbrochen [fɛɐˈbrɔxən] pp von **verbrechen**

verbrüdern [fɛɐˈbryːdɐn] <ohne ge-> vr **sich (mit jdm)** ~ fraternizzare (con qu); **Verbrüderung** <-, -en> f fraternizzazione f

verbrühen <ohne ge-> I. vt scottare II. vr **sich** ~ scottarsi

verbuchen <ohne ge-> vt (FIN) contabilizzare; (fig a) registrare

verbummeln <ohne ge-> vt (fam) ❶ (vertrödeln) sprecare, buttare via ❷ (vergessen) dimenticare

Verbund <-(e)s, -e> m ❶ (WIRTSCH) unione f ❷ (TEC) aderenza f

verbunden [fɛɐˈbʊndən] adj ❶ (verknüpft) legato; **mit etw** ~ **sein** essere legato con qc; (gekoppelt) essere connesso a qc; **damit sind Probleme** ~ (ciò) può comportare dei problemi ❷ (dankbar) obbligato, grato; **ich bin Ihnen sehr** ~ Le sono molto obbligata

verbünden [fɛɐˈbʏndən] <ohne ge-> vr **sich (mit jdm)** ~ allearsi (con qu)

Verbundenheit <-> kein Pl f legame m

Verbündete <ein -r, -n, -n> mf alleato, -a m, f

Verbundglas n vetro m laminato

verbürgen <ohne ge-> vr **sich für etw/ jdn** ~ rendersi garante di qc/qu, garantire per qc/qu; **verbürgt** adj garantito; (Recht) autentico; (Nachricht) attendibile

verbüßen <ohne ge-> vt scontare, espiare

verchecken [fɛɐˈtʃɛkən] vt (sl: verkaufen) vendere

verchromen <ohne ge-> vt cromare

verchromt adj cromato

Verdacht [fɛɐˈdaxt] <-(e)s> kein Pl m sospetto m; ~ **erregen** destare sospetto; ~ **wegen etw schöpfen** insospettirsi di qc; **in** ~ **geraten** cadere in sospetto; **jdn in** ~ **haben** sospettare di qu; **in** [o **im**] ~ **stehen, etw getan zu haben** essere sospettato di aver fatto qc; **ich habe den** ~**, dass ...** ho il sospetto che +conj; **über jeden** ~ **erhaben sein** (geh) essere al di sopra di ogni sospetto

verdacht [fɛɐˈdaxt] pp von **verdenken**

verdachte 1. u 3. pers sing imp von **verdenken**

verdächtig [fɛɐˈdɛçtɪç] adj sospettoso

Verdächtige <ein -r, -n, -n> mf sospetto, -a m, f

verdächtigen <ohne ge-> vt **jdn (einer Sache** gen) ~ sospettare qu (di qc)

Verdächtigung <-, -en> f sospetto m

Verdachtsmoment n (JUR) indizio m

verdammen [fɛɐˈdamən] <ohne ge-> vt condannare; (REL) anatemizzare; **verdammenswert** adj condannabile

verdammt I. adj (fam pej) maledetto; ~ **er Mist!** porca miseria!; **diese** ~ **en Kopfschmerzen!** questo maledetto mal di testa! II. adv (fam) terribilmente, maledettamente; ~ **kalt** terribilmente freddo III. int (fam) ~ **(noch mal)!** maledizione! accidenti!

verdampfen <ohne ge-> vi sein evaporare; **Verdampfung** <-> kein Pl f evaporazione f

verdanken <ohne ge-> vt **jdm etw** ~ dovere qc a qu

Verdankung <-, -en> f (A, CH: ADM: Dank, Bedankung) questo ringraziamento m, soddisfazione f; **das Protokoll wurde nach** ~ **genehmigt** il protocollo fu accolto con soddisfazione; **unter** ~ **der geleisteten Dienste** con ringraziamento per i servizi resi

verdarb [fɛɐˈdarp] 1. u 3. pers sing imp von **verderben**

verdattert [fɛɐˈdatɐt] adj (fam) s. **verdutzt**

verdauen [fɛɐˈdaʊ̯ən] <ohne ge-> vt, vi digerire

verdaulich adj **leicht** ~ di facile digestione, facilmente digeribile, leggero; **schwer** ~ indigesto

Verdauung <-> kein Pl f digestione f; **Verdauungsbeschwerden** fpl, **Verdauungsorgan** <-s, -e> n (ANAT) organo m della digestione; **Verdauungsstörungen** fpl disturbi mpl di digestione

Verdeck n ❶ (NAUT) coperta f, ponte m superiore ❷ (AUTO) capote f; **mit aufklappbarem** ~ decappottabile

verdecken <ohne ge-> vt ❶ (bedecken) coprire ❷ (verbergen) nascondere; (fig: kaschieren) mascherare

verdeckt adj ❶ (nicht sichtbar) coperto ❷ (verborgen) nascosto; ~ **e Ermittlungen** indagini segrete

verdenken <irr, ohne ge-> vt (geh) **das kann ihm niemand** ~ non gli si può dare torto, lo si può comprendere

verderben [fɛɐˈdɛrbən] <verdirbt, verdarb, verdorben> I. vt haben rovinare; (a fig) guastare; (sittlich) corrompere, depravare; **sich** dat **die Augen** ~ rovinarsi la vista; **jdm die Freude ~** guastare la gioia a qu; **es mit jdm ~** perdere il favore di qu; **es mit niemandem ~ wollen** non voler guastarsi con nessuno **II.** *vi sein* guastarsi; (*schlecht werden*) andare a male; **Verderben** <-s> *kein Pl n* rovina *f;* **jdn ins ~ stürzen** mandare qu in rovina; **verderblich** *adj* ❶(*Lebensmittel*) deperibile; **leicht ~** facilmente deperibile ❷(*schädlich*) dannoso, nocivo

verdeutlichen <ohne ge-> *vt* illustrare, spiegare; **Verdeutlichung** <-, -en> *f* chiarimento *m,* spiegazione *f;* **zur ~ von etw** come spiegazione/chiarimento di qc

verdichten <ohne ge-> **I.** *vt* (PHYS) comprimere; (*fig* CHEM) condensare **II.** *vr* **sich ~** addensarsi; (*Verdacht*) consolidarsi; **Verdichtung** *f* ❶(PHYS) compressione *f* ❷(CHEM) condensazione *f* ❸(*fig*) concentrazione *f*

verdienen <ohne ge-> *vt* ❶(*Lohn*) guadagnare; **seinen Lebensunterhalt ~** guadagnarsi da vivere; **sich** *dat* **sein Studium selbst ~** mantenersi da solo agli studi ❷(*fig: Lob, Strafe*) meritare; **womit habe ich das verdient?** (*iron*) perché capitano tutte a me?

Verdienst[1] <-(e)s, -e> *m* (*Einkommen*) guadagno *m;* (*Gewinn*) profitto *m*

Verdienst[2] <-(e)s, -e> *n* (*Leistung*) merito *m;* **~e um etw erwerben** acquistare meriti per qc; **das ist alles nur ihr ~** è tutto merito suo

Verdienstausfall *m* perdita *f* di guadagno

verdienstvoll *adj* ❶(*Handlung*) meritorio ❷(*Person*) benemerito

verdient *adj* ❶(*Sache*) meritato ❷(*Person*) benemerito; **sich um etw ~ machen** rendersi benemerito di qc; **verdientermaßen** [fɛɛ'di:ntɐ'ma:sən] *adv* meritatamente

verdirbt [fɛɛ'dɪrpt] *3. pers sing pr von* **verderben**

verdoppeln <ohne ge-> *vt* raddoppiare, duplicare; **Verdopp(e)lung** <-, -en> *f* raddoppiamento *m*

verdorben [fɛɛ'dɔrbən] **I.** *pp von* **verderben II.** *adj* ❶(*Lebensmittel*) guasto, andato a male; (*Magen*) in disordine ❷(*fig: moralisch*) corrotto, depravato

verdorren [fɛɛ'dɔrən] <ohne ge-> *vi sein* disseccarsi

verdrängen <ohne ge-> *vt* ❶(*wegdrängen*) spostare qu (da qc); **jdn von seinem Platz ~** prendere il posto di qu ❷(PSYCH) reprimere ❸(*ersetzen*) soppiantare, sostituire

Verdrängung <-> *kein Pl f* ❶(*von einer*

Stelle) spostamento *m;* (PSYCH) rimozione *f;* (*aus Amt*) allontanamento *m;* (*von Sorgen*) scacciare *m* ❷(*Ersetzung*) sostituzione *f*

verdrehen <ohne ge-> *vt* (s)torcere, (di)storcere; (*Glieder a*) slogare; (*Augen a*) stravolgere, storcere; **verdreht** *adj* (*fam pej: überspannt*) strambo, bizzarro

verdreifachen <ohne ge-> *vt* triplicare

verdrießen [fɛɛ'dri:sən] <verdrießt, verdross, verdrossen> *vt* seccare, infastidire; **sich** *dat* **etw nicht ~ lassen** non scoraggiarsi per qc

verdrießlich *adj* (*Mensch, Gesicht*) seccato, infastidito

verdross[RR] [fɛɛ'drɔs] *1. u 3. pers sing imp von* **verdrießen; verdroß**[ALT] *1. u 3. pers sing imp von* **verdrießen**

verdrossen [fɛɛ'drɔsən] *adj* seccato; (*unzufrieden*) scontento; (*unlustig*) svogliato; **Verdrossenheit** <-> *kein Pl f* malumore *m;* (*Unzufriedenheit*) scontentezza *f;* (*Unlust*) svogliatezza *f*

verdrücken <ohne ge-> **I.** *vt* (*fam: essen*) trangugiare, ingoiare **II.** *vr* **sich ~** (*fam: verschwinden*) svignarsela, squagliarsela

Verdruss[RR] [fɛɛ'drʊs] <-es> *kein Pl m,* **Verdruß**[ALT] <-drusses> *kein Pl m* (*Unzufriedenheit*) scontentezza *f;* (*Ärger*) fastidio *m,* noia *f;* **jdm ~ bereiten** dare noie a qu

verduften <ohne ge-> *vi sein* (*fam: verschwinden*) squagliarsela

Verdummung <-> *kein Pl f* istupidimento *m,* intontimento *m*

verdunkeln <ohne ge-> **I.** *vt* oscurare; (*fig*) mascherare, camuffare **II.** *vr* **sich ~** oscurarsi; (*a fig*) offuscarsi; **Verdunk(e)lung** <-> *kein Pl f* ❶(*das Verdunkeln*) oscuramento *m;* (*fig*) mascheramento *m* ❷(JUR) occultamento *m*

verdünnen <ohne ge-> *vt* (*dünner machen*) assottigliare; (*Flüssigkeiten*) diluire; (*Wein*) annacquare; **Verdünnung** <-, -en> *f* ❶(*Verdünntsein*) diluizione *f* ❷(*Mittel zum Verdünnen*) diluente *m*

verdunsten <ohne ge-> *vi sein* evaporare; **Verdunstung** <-> *kein Pl f* evaporazione *f*

verdursten <ohne ge-> *vi sein* morire di sete

verdüstern <ohne ge-> *vr* **sich ~** oscurarsi; (*fig*) rabbuiarsi

verdutzt [fɛɛ'dʊtst] *adj* stupito, stupefatto

veredeln <ohne ge-> *vt* ❶(AGR) innestare ❷(*Rohstoffe*) affinare, lavorare ❸(*verfeinern,* GASTR) raffinare

verehren <ohne ge-> *vt* ❶(REL) venerare,

adorare; (geh: anbeten) adorare, ammirare; **sehr verehrter Herr/sehr verehrte Frau Müller** egregio signor/gentile signora Müller; **verehrtes Publikum** gentile pubblico ❷(scherz: schenken) **jdm etw** ~ fare dono a qu di qc

Verehrer(in) <-s, -; -, -nen> m(f) ❶(von Mann, Frau) ammiratore, -trice m, f, corteggiatore, -trice m, f ❷(Bewunderer) amatore, -trice m, f, appassionato, -a m, f

Verehrung f venerazione f, adorazione f; **verehrungswürdig** adj venerabile

vereidigen <ohne ge-> vt **jdn (auf etw** acc) ~ far prestare giuramento a qu (su qc)

vereidigt adj giurato; **~e Übersetzerin** traduttrice giurata

Vereidigung <-, -en> f giuramento m

Verein [fɛɐ̯'ʔaɪn] <-(e)s, -e> m (Vereinigung) associazione f, società f; (Klub) circolo m, club m; (SPORT) società f sportiva; **eingetragener** ~ associazione registrata

vereinbar [fɛɐ̯'ʔaɪnbaːɐ̯] adj compatibile

vereinbaren <ohne ge-> vt ❶(verabreden) pattuire, concordare; (festlegen) fissare, stabilire ❷(in Einklang bringen) **etw (mit etw)** ~ conciliare qc (con qc)

Vereinbarung <-, -en> f (Abmachung) accordo m; (POL) convenzione f; (durch Anmeldung) appuntamento m; **eine** ~ **treffen** concludere un accordo; **nach vorheriger** ~ previo appuntamento

vereinen <ohne ge-> I. vt (geh) (ri)unire; (Gegensätze) conciliare; **mit vereinten Kräften** a forze congiunte II. vr **sich** ~ (geh) (ri)unirsi

vereinfachen <ohne ge-> vt semplificare; **Vereinfachung** <-, -en> f semplificazione f

vereinheitlichen <ohne ge-> vt standardizzare; **Vereinheitlichung** <-, -en> f standardizzazione f

vereinigen <ohne ge-> I. vt ❶(a fig) unire, congiungere; (zusammenführen) riunire; **wieder** ~ (versöhnen) riconciliare; (POL) riunificare; **alle Stimmen auf sich** ~ ottenere tutti i voti ❷(fig WIRTSCH) fondere II. vr **sich** ~ unirsi; (in Klub) associarsi; (Flüsse) confluire

vereinigt adj unito; **Vereinigte Arabische Emirate** Emirati Arabi Uniti; **Vereinigte Staaten (von Nordamerika)** Stati Uniti d'America; **Vereinigtes Königreich** Regno Unito; **Vereinigung** f ❶(zu einer Einheit) unione f; (Verbindung) congiunzione f, collegamento m; (WIRTSCH, POL) fusione f ❷(Verein) associazione f; (Bündnis) lega f, alleanza f

vereinsamen <ohne ge-> vi sein diven-

tare solitario; **vereinsamt** adj solitario; (a Gegend) isolato; (Mensch) solo; **Vereinsamung** <-> kein Pl f isolamento m, solitudine f

vereint [fɛɐ̯'ʔaɪnt] adj unito; **Vereinte Nationen** Nazioni Unite

vereinzelt adj ❶(einsam) isolato ❷(sporadisch) sporadico

vereisen <ohne ge-> I. vt haben (MED) anestetizzare mediante congelamento II. vi sein gelare, ghiacciare; (Straße) coprirsi di ghiaccio

vereiteln <ohne ge-> vt frustrare, sventare

vereitern <ohne ge-> vi sein suppurare; **Vereiterung** <-, -en> f suppurazione f

verenden <ohne ge-> vi sein crepare, morire

verengen <ohne ge-> I. vt restringere II. vr **sich** ~ restringersi; **Verengung** <-, -en> f restringimento m, strettoia f

vererben <ohne ge-> vt ❶(Besitz) **jdm etw** ~ trasmettere in eredità qc a qu ❷(BIOL, MED) **etw (auf jdn)** ~ trasmettere ereditariamente qc (a qu); **Vererbung** <-> kein Pl f (BIOL, MED) trasmissione f (ereditaria); **Vererbungslehre** <-> kein Pl f genetica f

verewigen <ohne ge-> I. vt immortalare, eternare II. vr **sich** (in einem Buch) ~ (fam) immortalarsi (in un libro)

verfahren[1] <irr, ohne ge-> I. vi sein ❶(vorgehen) procedere; **nach dem gleichen Schema** ~ procedere secondo lo stesso schema ❷(behandeln) trattare; **gut/schlecht mit jdm** ~ trattare qu bene/male II. vr **sich** ~ (falsch fahren) sbagliare strada III. vt (Benzin) consumare

verfahren[2] adj (ausweglos) senza via d'uscita

Verfahren <-s, -> n ❶(Vorgehen) procedimento m; (Methode) metodo m, tecnica f ❷(JUR) processo m; **das ~ gegen jdn einstellen** sospendere il procedimento contro qu

Verfall m ❶(von Bauwerk) rovina f; (vollständig) crollo m ❷(von Kultur, Familie, Kunst, Sitten) decadenza f; (von Institutionen) disfacimento m ❸(Ungültigwerden) scadenza f

Verfalldatum s. **Verfall(s)datum**

verfallen <irr, ohne ge-> vi sein ❶(Bauwerk) andare in rovina ❷(körperlich, geistig, sittlich, kulturell) decadere ❸(ungültig werden, ablaufen) scadere ❹(abhängig werden) **jdm/etw** ~ diventare schiavo di qu/qc; **dem Alkohol** ~ **sein** essere schiavo dell'alcool; **sie ist diesem Mann**

völlig ~ è completamente succube di quest'uomo ❺ (*kommen auf*) **wie bist du darauf ~?** come mai ti è venuta quest'idea?

Verfall(s)datum *n* data *f* di scadenza

Verfall(s)tag *m* giorno *m* della scadenza

verfälschen <ohne ge-> *vt* falsificare; (*Lebensmittel*) sofisticare; **Verfälschung** <-, -en> *f* ❶ (*von Lebensmitteln*) sofisticazione *f* ❷ (*von Bericht, Daten*) falsificazione *f*, contraffazione *f*

verfangen <irr, ohne ge-> *vr* **sich in etw** *dat* ~ impigliarsi in qc; **sich in Widersprüchen** ~ (*fig*) cadere in contraddizione

verfänglich [fɛɐ̯ˈfɛŋlɪç] *adj* imbarazzante

verfärben <ohne ge-> *vr* **sich** ~ cambiare colore; **Verfärbung** <-> *kein Pl f* ❶ (*Verlust der Farbe*) scolorimento *m* ❷ (*Annahme anderer Farbe*) cambiamento *m* di colore

verfassen <ohne ge-> *vt* redigere, stendere

Verfasser(in) <-s, -; -, -nen> *m(f)* autore, -trice *m, f*

Verfassung *f* ❶ *sing* (*Zustand*) stato *m*, condizioni *fpl*; (*Stimmung*) stato *m* d'animo; **körperliche ~** condizioni fisiche; **ich bin nicht in der ~ zu +** *inf* non sono in condizione di +*inf* ❷ (*POL*) costituzione *f*

verfassunggebend *adj* costituente; **Verfassungsänderung** *f* riforma *f* della costituzione; **Verfassungsbeschwerde** *f* (*JUR*) ricorso *m* costituzionale; **Verfassungsgericht** *n* corte *f* costituzionale; **Verfassungsklage** *f* (*JUR*) petizione *f* costituzionale; **verfassungsmäßig** *adj* costituzionale; **verfassungspolitisch** *adj* costituzionale; **Verfassungsrecht** <-(e)s> *kein Pl n* diritto *m* costituzionale; **Verfassungsreform** *f* riforma *f* costituzionale; **Verfassungsschutz** *m* ufficio *m* federale per la salvaguardia della costituzione; **verfassungswidrig** *adj* anticostituzionale

verfaulen <ohne ge-> *vi sein* marcire, imputridire

verfechten <irr, ohne ge-> *vt* sostenere, propugnare; **Verfechter(in)** *m(f)* fautore, -trice *m, f*, sostenitore, -trice *m, f*

verfehlen <ohne ge-> *vt* sbagliare; (*Person*) non incontrare, non trovare; (*fig*) mancare, fallire; **seinen Beruf ~** sbagliare mestiere; **das Thema ~** andare fuori tema; **das Ziel ~** mancare il bersaglio; (*fig*) non cogliere nel segno; **seinen Zweck ~** fallire il suo scopo; **diese Rede hat ihre Wirkung verfehlt** il discorso non ha ottenuto l'effetto desiderato; **das halte ich für völ-**

lig verfehlt lo ritengo completamente sbagliato; **Verfehlung** <-, -en> *f* (*moralisch*) colpa *f*; (*JUR*) infrazione *f*, violazione *f*

verfeinden <ohne ge-> *vr* **sich mit jdm** ~ inimicarsi qu

verfeinern <ohne ge-> *vt* raffinare; (*verbessern*) migliorare; **verfeinert** *adj* arricchito, impreziosito

Verfettung <-, -en> *f* (*MED*) adiposi *f*, degenerazione *f* grassa

verfiel *1. u 3. pers sing imp von* **verfallen**

verfilmen <ohne ge-> *vt* filmare; **Verfilmung** <-, -en> *f* riduzione *f* cinematografica, adattamento *m* cinematografico

verfilzt *adj* ❶ (*Wolle*) infeltrito; (*Haar*) arruffato ❷ (*fig* POL, COM) corrotto dal nepotismo

verfing *1. u 3. pers sing imp von* **verfangen**

verfinstern <ohne ge-> *vr* **sich** ~ oscurarsi, rabbuiarsi

Verflechtung <-, -en> *f* intreccio *m;* (*fig*) implicazione *f*

verfliegen <irr, ohne ge-> **I.** *vi sein* ❶ (*Zorn, Duft*) svanire ❷ (*Zeit*) volare (via) **II.** *vr* **sich** ~ (*AERO*) sbagliare rotta

verfließen <verfließt, verfloss, verflossen> *vi sein* ❶ (*Zeit*) scorrere rapidamente ❷ (*Farben*) confondersi

verflixt [fɛɐ̯ˈflɪkst] (*fam*) **I.** *adj* maledetto; **das ~e siebte Jahr** (*scherz*) il famoso settimo anno (di matrimonio) **II.** *int* ~ **noch mal!**, ~ **und zugenäht!** maledizione!, accidenti!

verflossen [fɛɐ̯ˈflɔsən] *adj* (*fam*) **seine ~e Freundin** la sua ex ragazza; **ihr Verflossener** il suo ex

verfluchen <ohne ge-> *vt* maledire

verflucht *adj* (*fam*) maledetto; ~ **noch mal!** maledizione!

verflüchtigen <ohne ge-> *vr* **sich** ~ ❶ (*CHEM*) volatilizzarsi; (*Geruch*) svaporare ❷ (*fig*) svanire ❸ (*fam scherz: Person*) volatilizzarsi

verflüssigen <ohne ge-> **I.** *vt* liquefare **II.** *vr* **sich** ~ liquefarsi

verfochten [fɛɐ̯ˈfɔxtən] *pp von* **verfechten**

verfolgen <ohne ge-> *vt* ❶ (*hinterhergehen*) inseguire; (*Verbrecher*) dare la caccia a; **vom Pech verfolgt sein** essere perseguitato dalla sfortuna ❷ (*fig: Ziel, Absicht*) perseguire; (*Gedanke, REL, POL*) perseguitare ❸ (*Entwicklung, Unterricht, Spur*) seguire; (*beobachten*) osservare

Verfolger(in) <-s, -; -, -nen> *m(f)* inseguitore, -trice *m, f*

Verfolgung <-, -en> *f* inseguimento *m;*

(REL, POL) persecuzione *f;* (*Jagd*) caccia *f;* **Verfolgungswahn** *m* (PSYCH) mania *f* di persecuzione

verformen <ohne ge-> I. *vr* **sich** ~ deformarsi II. *vt* deformare; (*formen*) foggiare; **Verformung** <-, -en> *f* deformazione *f;* ~ **en aufweisen** presentare deformazioni

verfrachten <ohne ge-> *vt* spedire; (*verladen*) caricare; **jdn ins Bett** ~ (*fam*) mettere qu a letto

verfranzen [fɛɐ̯ˈfrantsən] <ohne ge-> *vr* **sich** ~ ❶ (AERO) sbagliare rotta ❷ (*fam: sich verirren*) smarrirsi

Verfremdung <-, -en> *f* straniamento *m*

verfressen *adj* (*fam pej*) mangione

verfrühen <ohne ge-> *vr* **sich** ~ arrivare in anticipo; **verfrüht** *adj* prematuro

verfügbar *adj* disponibile

verfügen <ohne ge-> I. *vt* ordinare II. *vi* **über etw** *acc* ~ disporre di qc

Verfügung *f* ❶ (*Disposition*) disposizione *f;* **sich zur** ~ **halten** tenersi a disposizione; **jdm zur** ~ **stehen** essere a disposizione di qu; **jdm etw zur** ~ **stellen** mettere qc a disposizione di qu ❷ (*Verordnung*) ordinanza *f;* (*Dekret*) decreto *m;* (*Maßnahme*) provvedimento *m;* **einstweilige** ~ provvedimento interinale

verfuhr *1. u 3. pers sing imp von* **verfahren**

verführen <ohne ge-> *vt* ❶ (*anstiften*) **jdn zu etw** ~ indurre qu a fare qc ❷ (*sexuell*) sedurre; **Verführer(in)** *m(f)* seduttore, -trice *m, f;* **verführerisch** *adj* seducente, allettante; **Verführung** *f* seduzione *f;* ~ **Minderjähriger** corruzione *f* di minorenni

vergab *1. und 3. pers sing imp von* **vergeben**

vergalt *1. u 3. pers sing imp von* **vergelten**

vergammeln <ohne ge-> (*fam*) I. *vi sein* (*Brot*) ammuffire; (*Obst*) guastarsi II. *vt* **haben** (*Zeit*) sprecare; **vergammelt** *adj* (*fam*) ❶ (*Nahrung*) andato a male ❷ (*pej: Aussehen*) alterato

vergangen [fɛɐ̯ˈɡaŋən] *adj* passato; **im** ~ **en Jahr** l'anno scorso; **Vergangenheit** <-> *kein Pl f* passato *m;* (*Geschichte*) storia *f;* **der** ~ **angehören** appartenere al passato; **die Vorgänge der jüngsten** ~ **lehren uns, dass …** i recenti avvenimenti ci insegnano che …; **Vergangenheitsbewältigung** <-> *kein Pl f* superamento *m* del passato

vergänglich [fɛɐ̯ˈɡɛŋlɪç] *adj* fugace, effimero; **Vergänglichkeit** <-> *kein Pl f* fugacità *f,* caducità *f*

vergasen <ohne ge-> *vt* ❶ (TEC) gassifi-care ❷ (*durch Giftgase*) gassare

Vergaser <-s, -> *m* (AUTO) carburatore *m*

vergaß [fɛɐ̯ˈɡaːs] *1. u 3. pers sing imp von* **vergessen**

Vergasung <-> *kein Pl f* ❶ (TEC) gassificazione *f* ❷ (*durch Giftgase*) gassatura *f*

vergeben <irr, ohne ge-> *vt* ❶ (*weggeben*) dare via; (*zuweisen*) assegnare; **eine Arbeit** (**an jdn**) ~ assegnare un lavoro (a qu); **jdm einen Auftrag** ~ affidare un incarico a qu; **die Stelle ist noch zu** ~ il posto è ancora vacante; **es tut mir Leid, ich bin schon** ~ (*verlobt, verheiratet*) mi dispiace, sono già impegnato ❷ (*geh: verzeihen*) **jdm etw** ~ perdonare qc a qu; **jdm die Sünden vergeben** rimettere i peccati a qu ❸ (*seinem Ansehen schaden*) **du vergibst dir nichts, wenn …** non ti comprometti se …, non ci rimetti nulla se …

vergebens *adv* invano, inutilmente

vergeblich I. *adj* vano, inutile II. *adv* s. **vergebens**

Vergebung <-> *kein Pl f* (*geh*) perdono *m;* **jdn um** ~ **bitten** chiedere perdono a qu

vergegenwärtigen <ohne ge-> *vr* **sich** *dat* **etw** ~ richiamare alla mente qc

vergehen <irr, ohne ge-> I. *vi sein* ❶ (*Zeit*) passare, trascorrere; **wie** (**doch**) **die Zeit vergeht!** come passa il tempo! ❷ (*aufhören*) passare; (*sich verflüchtigen*) svanire; **mir ist der Appetit vergangen** mi è passato l'appetito ❸ (*schmachten*) **vor etw** *dat* ~ struggersi per qc; **vor Hunger/Angst** ~ morire di fame/paura II. *vr* **sich** ~ ❶ (*verstoßen*) **sich gegen etw** *dat* ~ trasgredire qc ❷ (*sexuell*) **sich an jdm** ~ violentare qu; **Vergehen** <-s, -> *n* infrazione *f,* trasgressione *f*

vergelten <irr, ohne ge-> *vt* ripagare, contraccambiare; **vergelt's Gott!** (*A, südd*) grazie, Dio te ne renda merito!

Vergeltung *f* vendetta *f,* rappresaglia *f;* ~ **für etw üben** vendicarsi di qc; **Vergeltungsmaßnahme** *f* rappresaglia *f;* **Vergeltungsschlag** <-(e)s, -schläge> *m* rappresaglia *f,* ritorsione *f*

vergessen [fɛɐ̯ˈɡɛsən] <vergisst, vergaß, vergessen> I. *vt* dimenticare, dimenticarsi di; (*auslassen*) tralasciare; **das kannst du** ~! (*fam*) puoi dimenticartelo!; **das werde ich dir nie** ~ (*dankbar*) non dimenticherò mai quello che hai fatto; (*rachsüchtig*) non lo dimenticherò II. *vr* **sich** ~ lasciarsi andare; **Vergessenheit** <-> *kein Pl f* dimenticanza *f,* oblio *m;* **in** ~ **geraten** cadere in oblio

vergesslich[RR] *adj,* **vergeßlich**[ALT] *adj* smemorato; **Vergesslichkeit**[RR] <->

sich vergewissern/versichern

sich vergewissern	accertarsi (di qc)
Alles in Ordnung?	**Va bene così?**
Habe ich das so richtig gemacht?	**Ho fatto bene così?**
Hat es Ihnen geschmeckt?	**Le è piaciuto?/È stato di suo gradimento?**
Ist das der Bus nach Frankfurt?	**È questo** l'autobus per Francoforte?
(*am Telefon*): **Bin ich hier richtig beim** Jugendamt?	(*al telefono*): **Parlo con** l'ufficio di assistenza sociale ai minori?
Ist das der Film, von dem du so geschwärmt hast?	**È questo** il film del quale hai parlato con tanto entusiasmo?
Bist du dir sicher, dass die Hausnummer stimmt?	**Sei sicuro che** l'indirizzo sia giusto?

etwas versichern, beteuern	assicurare, affermare
Der Zug hatte **wirklich** Verspätung gehabt.	Il treno era **veramente** in ritardo.
Wirklich! Ich habe nichts davon gewusst.	**Davvero?** Non lo sapevo!
Ob du es nun glaubst oder nicht; sie haben sich **tatsächlich** getrennt.	**Che tu ci creda o no,** si sono **veramente** separati.
Ich kann Ihnen versichern, dass das Auto noch einige Jahre fahren wird.	**Le posso assicurare che** quest'auto andrà bene ancora per qualche anno.
Glaub mir, das Konzert wird ein Riesenerfolg.	**Credimi** il concerto sarà un successone.
Du kannst ganz sicher sein, er hat nichts gemerkt.	**Puoi essere (davvero) certo che/Puoi star sicuro che** non si è accorto di nulla.
Ich garantiere Ihnen, dass die Mehrheit dagegen stimmen wird.	**Le garantisco che/Le posso assicurare che** la maggioranza voterà contro.
Die Einnahmen sind ordnungsgemäß versteuert, **dafür lege ich meine Hand ins Feuer.**	Hanno pagato regolarmente le tasse sul reddito: **ci metto la mano sul fuoco!/Metterei la mano sul fuoco che** hanno pagato regolarmente le tasse sul reddito.

---

kein Pl f smemoratezza *f*

vergeuden [fɛɐ̯ˈɡɔɪdən] <ohne ge-> *vt* sprecare; (*Geld*) scialacquare, sperperare; **Vergeudung** <-> *kein Pl f* sperpero *m*, spreco *m*

vergewaltigen <ohne ge-> *vt* violentare; **Vergewaltigung** <-, -en> *f* violenza *f* carnale, stupro *m*

vergewissern <ohne ge-> *vr* **sich** (einer Sache *gen*) ~ accertarsi (di qc)

vergibt *3. pers sing pr von* **vergeben**

vergießen <irr, ohne ge-> *vt* rovesciare; (*Tränen*) versare; (*Blut*) spargere

vergiften <ohne ge-> **I.** *vt* avvelenare **II.** *vr* **sich** (an etw *dat*) ~ avvelenarsi (con qc); **Vergiftung** <-, -en> *f* avvelenamento *m;* (MED) intossicazione *f*

vergilben [fɛɐ̯ˈɡɪlbən] <ohne ge-> *vi sein*

ingiallire

vergilt *3. pers sing pr von* **vergelten**

verging *1. u 3. pers sing imp von* **vergehen**

Vergissmeinnicht^{RR} [fɛɐ̯ˈɡɪsmaɪnɪçt] <-(e)s, -(e)> *n,* **Vergißmeinnicht**^{ALT} <-(e)s, -(e)> *n* (BOT) miosotide *f,* nontiscordardimé *m*

vergisst^{RR} [fɛɐ̯ˈɡɪst], **vergißt**^{ALT} *3. pers sing pr von* **vergessen**

vergittern <ohne ge-> *vt* munire d'inferriate; **Vergitterung** <-, -en> *f* recinzione *f* in ferro, *il munire di cancellata*

verglasen <ohne ge-> *vt* invetriare, munire di vetri; **Verglasung** <-, -en> *f* invetriatura *f*

Vergleich [fɛɐ̯ˈɡlaɪç] <-(e)s, -e> *m* ❶ (*das Vergleichen*) paragone *m;* **ein ~ mit etw**

un confronto con qc; **einen ~ zwischen ... und ... anstellen** fare un paragone tra ... e ...; **im ~ zu** in confronto a, rispetto a; **das ist doch kein ~!** (ma) non c'è confronto! ❷ (JUR) transazione *f*, accomodamento *m*; **einen ~ schließen** venire ad un accordo; **vergleichbar** *adj* (**mit etw**) **~ sein** essere paragonabile (a qc)

vergleichen <irr, ohne ge-> **I.** *vt* etw (**mit etw**) **vergleichen** confrontare qc (con qc); **es ist nicht zu ~ mit ...** non c'è paragone con ...; **vergleiche Seite 21** confronta pagina 21 **II.** *vr* **sich ~** (JUR) venire ad un accomodamento

vergleichsweise *adv* comparativamente
vergnügen [fɛɐ̯ˈɡnyːɡən] <ohne ge-> *vr* **sich ~** divertirsi; **Vergnügen** <-s, -> *n* divertimento *m*; (*Freude, Spaß*) piacere *m*; **~ bereiten** fare piacere; **zum ~** per divertimento; **mit ihm zu arbeiten, ist kein ~** non è piacevole lavorare con lui; **mit ~!** con piacere!, volentieri!; **viel ~!** buon divertimento!; **vergnüglich** *adj* ❶ (*unterhaltsam*) divertente; (*nett*) piacevole ❷ *s.* **vergnügt**; **vergnügt** *adj* allegro, contento

Vergnügung <-, -en> *f* ❶ *sing* divertimento *m*, svago *m*, passatempo *m* ❷ (*Veranstaltung*) festa *f*, trattenimento *m*; **Vergnügungsindustrie** *f* industria *f* dei divertimenti; **Vergnügungspark** *m* parco *m* di divertimenti; **Vergnügungsreise** *f* viaggio *m* di piacere [*o* di diporto]; **Vergnügungssteuer** *f* imposta *f* sugli spettacoli; **vergnügungssüchtig** *adj* amante dei divertimenti

vergolden <ohne ge-> *vt* dorare; (*fig*) indorare
vergolten [fɛɐ̯ˈɡɔltən] *pp von* **vergelten**
vergönnen <ohne ge-> *vt* (*geh*) **es war mir vergönnt/nicht vergönnt zu ...** mi/ non mi è stato dato di **+***inf*
vergoss^RR, **vergoß**^ALT *1. u 3. pers sing imp von* **vergießen**
vergossen [fɛɐ̯ˈɡɔsən] *pp von* **vergießen**
vergöttern [fɛɐ̯ˈɡœtən] <ohne ge-> *vt* idolatrare, adorare

vergraben <irr, ohne ge-> **I.** *vt* sotterrare, seppellire; **sein Gesicht in beide Hände ~** nascondere il viso tra le mani **II.** *vr* **sich ~** (*fig*) immergersi; **sich in seine Arbeit ~** immergersi nel lavoro
vergrämen <ohne ge-> *vt* ❶ (*verärgern*) alienarsi ❷ (*Wild*) spaventare
vergrämt *adj* amareggiato
vergreifen <irr, ohne ge-> *vr* **sich ~** ❶ (*danebengreifen*) sbagliarsi; (MUS) sbagliare nota; **sich im Ausdruck ~** confon-

dere i termini; **sich im Ton ~** (*unverschämt werden*) sbagliare tono ❷ (*fig: sich aneignen*) **sich an etw** *dat* **~** fare man bassa di qc; **sich an Geld ~** rubare denaro ❸ (*an Personen*) **sich an jdm ~** mettere le mani addosso a qu; (*geschlechtlich*) usare violenza contro qu

vergriffen [fɛɐ̯ˈɡrɪfən] *adj* (COM) esaurito
vergrößern [fɛɐ̯ˈɡrøːsən] <ohne ge-> **I.** *vt* ❶ (*allg*, OPT, FOTO) ingrandire ❷ (*verbreitern*) allargare ❸ (*erweitern*) ampliare ❹ (*vermehren*) incrementare, aumentare ❺ (*fig: verschlimmern*) aggravare **II.** *vr* **sich ~** ❶ (*größer werden*) ingrandirsi; (*Organe*) ingrossarsi ❷ (*sich verbreitern*) allargarsi ❸ (*sich erweitern*) ampliarsi ❹ (*sich vermehren*) aumentare

Vergrößerung <-, -en> *f* ❶ (*allg*, FOTO, OPT) ingrandimento *m* ❷ (*Verbreiterung*) allargamento *m* ❸ (*Erweiterung*) ampliamento *m* ❹ (*Vermehrung*) incremento *m* ❺ (*fig: Verschlimmerung*) aggravamento *m*; **Vergrößerungsglas** *n* lente *f* d'ingrandimento

vergünstigt *adj* (*Preis*) ridotto
Vergünstigung <-, -en> *f* agevolazione *f*; (*bei Preis*) riduzione *f*
vergüten [fɛɐ̯ˈɡyːtən] <ohne ge-> *vt* ❶ (ADM: *bezahlen*) pagare, retribuire ❷ (*zurückerstatten*) rimborsare; (*Schaden*) risarcire ❸ (TEC: *verbessern*) raffinare; (*Stahl*) temprare

Vergütung <-, -en> *f* ❶ (*Arbeits~*) compenso *m*, retribuzione *f* ❷ (*Zurückerstattung*) rimborso *m*; (*für Schaden*) risarcimento *m* ❸ (TEC) bonifica *f*; (*von Stahl*) tempra *f*

verh. *abk v* **verheiratet** sposato, -a
verhaften <ohne ge-> *vt* arrestare; **Verhaftung** *f* arresto *m*
verhagelt *adj* rovinato dalla grandine
verhalf *1. u 3. pers sing imp von* **verhelfen**
verhalten¹ <irr, ohne ge-> *vr* **sich ~** ❶ (*Person*) comportarsi; **sich ruhig ~** rimanere tranquillo ❷ (*Sache*) **die Sache verhält sich so** le cose stanno così ❸ (MAT) stare; **a verhält sich zu b wie x zu y** a sta a b come x a y
verhalten² *adj* (*unterdrückt*) represso; (*Töne, Farben*) smorzato; **mit ~er Stimme** sottovoce
Verhalten <-s> *kein Pl n* comportamento *m*, condotta *f*; (*Haltung*) atteggiamento *m*; (*~ sweise*) modo *m* d'agire; **Verhaltensforschung** *f* etologia *f*; **verhaltensgestört** *adj* caratteriale; **Verhaltensweise** <-, -n> *f* modo *m* di comportarsi

Verhältnis [fɛɐ̯'hɛltnɪs] <-ses, -se> *n* ❶ (*Relation*) relazione *f*; rapporto *m*; **im ~ zu** (*verglichen mit*) in confronto a; **im ~ von 1 zu 2** in rapporto di 1 a 2; **das steht in keinem ~ zu ...** è sproporzionato rispetto a ... ❷ (*persönliche Beziehung*) rapporti *mpl*, relazioni *fpl* ❸ (*fam: Liebes~*) relazione *f*; **ein ~ mit jdm haben** avere una relazione con qu ❹ *pl* (*Bedingungen*) condizioni *fpl*, situazione *f*, stato *m*; **in ärmlichen ~sen leben** vivere in condizioni misere; **in guten** [*o* **gesicherten**] **~sen leben** vivere nell'agiatezza; **über seine ~se leben** vivere al di sopra dei propri mezzi; **klare ~se schaffen** stabilire rapporti chiari; **verhältnismäßig** *adv* ❶ (*relativ*) relativamente ❷ (*angemessen, entsprechend*) proporzionatamente; **Verhältniswahlrecht** *n* sistema *m* proporzionale; **Verhältniswort** <-(e)s, -wörter> *n* preposizione *f*

verhandeln <ohne ge-> **I.** *vt* (JUR) dibattere **II.** *vi* (**mit jdm**) **über etw** *acc* ~ negoziare qc (con qu)

Verhandlung *f* ❶ (*das Verhandeln*) trattative *fpl*; (*bes. diplomatisch*) negoziazioni *fpl*, negoziati *mpl*; **~en aufnehmen, in ~en eintreten** entrare in trattative ❷ (JUR) dibattimento *m*, udienza *f*; **Verhandlungsbasis** *f* base *f* di trattativa; **verhandlungsbereit** *adj* disposto a trattare; **Verhandlungsbereitschaft** *f* disponibilità *f* a negoziare; **verhandlungsfähig** *adj* (JUR) negoziabile; **Verhandlungspartner(in)** <-s, -; -, -nen> *m(f)* (JUR, WIRTSCH) referente *mf*; (*Prozesspartei*) controparte *f*; (*Vertrag*) controparte *f*; **verhandlungswillig** *adj* disposto a trattare

verhangen [fɛɐ̯'haŋən] *adj* coperto

verhängen <ohne ge-> *vt* ❶ (*zuhängen*) **etw** (**mit etw**) ~ coprire qc (con qc) ❷ (*anordnen*) **eine Strafe über jdn** ~ infliggere una pena a qu

Verhängnis <-ses, -se> *n* destino *m*, fatalità *f*; **jdm zum ~ werden** riuscire fatale a qu; **verhängnisvoll** *adj* fatale, funesto

verharmlosen <ohne ge-> *vt* minimizzare; **Verharmlosung** <-, -en> *f* deprezzamento *m*, svalutazione *f*, sottovalutazione *f*, svilimento *m*

verhärmt [fɛɐ̯'hɛrmt] *adj* afflitto, addolorato

verharren <ohne ge-> *vi* haben *o* sein (*geh: bleiben*) rimanere, restare; (*bei Entschluss, auf Standpunkt*) persistere; **in etw** *dat* ~ persistere in qc; **in Schweigen ~** ostinarsi a tacere

verharschen <ohne ge-> *vi* sein (*Schnee*) indurirsi

verhaspeln [fɛɐ̯'haspəln] <ohne ge-> *vr* **sich ~** (*fam*) ❶ (*beim Sprechen*) impappinarsi ❷ (*bei Bewegungen*) ingarbugliarsi

verhasst^RR *adj* odiato, detestato; **sich** (**bei jdm**) ~ **machen** farsi odiare (da qu); **es ist mir ~ zu ...** detesto +*inf*

verhätscheln <ohne ge-> *vt* viziare

Verhau <-(e)s, -e> *m o n* (*Draht~*) reticolato *m*

verhauen <verhaut, verhaute, verhauen> (*fam*) **I.** *vt* ❶ (*verprügeln*) bastonare, picchiare ❷ (*Prüfung, Klassenarbeit*) fare male **II.** *vr* **sich ~** (*sich verkalkulieren*) sbagliarsi di grosso

verheben <verhebt, verhob, verhoben> *vr* **sich ~** farsi male alzando un peso

verheeren <ohne ge-> *vt* devastare, distruggere; **verheerend** *adj* ❶ (*katastrophal*) disastroso, catastrofico ❷ (*fam: furchtbar*) orribile; **Verheerung** <-, -en> *f* distruzione *f*, devastazione *f*; **~en anrichten** compiere una distruzione

verhehlen <ohne ge-> *vt* (*geh*) celare

verheilen <ohne ge-> *vi* sein guarire; (*vernarben*) cicatrizzarsi

verheimlichen <ohne ge-> *vt* (**jdm**) **etw** ~ tenere segreto qc (a qu), nascondere qc (a qu)

verheiraten <ohne ge-> *vr* **sich** (**mit jdm**) ~ sposarsi (con qu); **sich wieder ~** risposarsi

verheißen <irr, ohne ge-> *vt* (*geh: versprechen*) promettere; (*prophezeien*) predire; **Verheißung** <-, -en> *f* (*geh*) promessa *f*; **verheißungsvoll** *adj* promettente, che promette bene

verhelfen <irr, ohne ge-> *vi* **jdm zu etw** ~ procurare qc a qu; **jdm zum Sieg/Erfolg** ~ aiutare qu a vincere/ad avere successo

verherrlichen <ohne ge-> *vt* esaltare, glorificare

Verherrlichung <-, -en> *f* esaltazione *f*, inneggiamento *m*

verhexen <ohne ge-> *vt* stregare; **das ist doch wie verhext!** (*fam*) sembra che il diavolo ci abbia messo la coda

verhielt *1. u 3. pers sing imp von* **verhalten**

verhindern <ohne ge-> *vt* impedire; (*vermeiden*) evitare; **verhindert sein** (*nicht kommen können*) non poter venire; **das lässt sich nicht ~** è inevitabile; **verhindert** *adj* ❶ impedito ❷ **ein ~er Künstler** un artista mancato; **Verhinderung** <-, -en> *f* impedimento *m*

verhob *1. u 3. pers sing imp von* **verheben**

verhoben [fɛɐ̯'ho:bən] *pp von* **verheben**

verhöhnen <ohne ge-> *vt* schernire, deridere

Verhör [fɛɐ̯ˈhøːɐ̯] <-(e)s, -e> *n* interrogatorio *m;* (*von Zeugen*) escussione *f;* **jdn ins ~ nehmen** sottoporre qu a interrogatorio

verhören <ohne ge-> **I.** *vt* interrogare; (*Zeugen*) escutere **II.** *vr* **sich ~** capir male

verhüllen <ohne ge-> *vt* coprire; (*a fig*) velare; **verhüllend** *adj* eufemistico

verhungern <ohne ge-> *vi sein* morire di fame

verhunzen [fɛɐ̯ˈhʊntsən] <ohne ge-> *vt* (*fam pej*) rovinare, guastare

verhüten <ohne ge-> *vt* (*Schaden, Schwangerschaft*) prevenire; (*verhindern*) impedire; **Verhütung** <-> *kein Pl f* prevenzione *f;* (*Empfängnis~*) contraccezione *f;* **Verhütungsmittel** *n* anticoncezionale *m*, contraccettivo *m*

verhutzelt [fɛɐ̯ˈhʊtsəlt] *adj* (*fam*) raggrinzito

verifizieren [verifiˈtsiːrən] <ohne ge-> *vt* verificare

verinnerlichen <ohne ge-> *vt* interiorizzare

verirren <ohne ge-> *vr* **sich ~** smarrirsi, perdersi

verjagen <ohne ge-> *vt* (*a fig*) scacciare, cacciare (via)

verjähren <ohne ge-> *vi sein* cadere in prescrizione; **verjährt** *adj* prescritto; **Verjährung** <-> *kein Pl f* prescrizione *f*

verjubeln <ohne ge-> *vt* (*fam*) scialacquare, dissipare

verjüngen [fɛɐ̯ˈjʏŋən] <ohne ge-> **I.** *vt* ❶ (*Person*) ringiovanire, far tornare giovane ❷ (*Betrieb*) svecchiare, rinnovare **II.** *vr* **sich ~** ❶ (*jünger werden*) ringiovanire, tornare giovane ❷ (*dünner werden*) rastremarsi; **Verjüngung** <-, -en> *f* ❶ (*des Aussehens*) ringiovanimento *m* ❷ (*des Personals*) svecchiamento *m,* rinnovamento *m*

verkabeln <ohne ge-> *vt* cablare; **Verkabelung** <-, -en> *f* cablaggio *m*

verkalken <ohne ge-> *vi sein* ❶ (*Kessel, Maschine*) calcificarsi ❷ (MED: *Arterien*) calcificarsi ❸ (*fam: Mensch*) rimbambirsi

verkalkulieren <ohne ge-> *vr* **sich ~** sbagliarsi (nei calcoli)

Verkalkung <-, -en> *f* ❶ (TEC, MED) calcificazione *f* ❷ (*fam: von Mensch*) arteriosclerosi *f*

verkannt [fɛɐ̯ˈkant] *adj* (*Genie*) incompreso

verkannte *1. u 3. pers sing imp von* **verkennen**

verkappt *adj* camuffato

verkapseln <ohne ge-> *vr* **sich ~** ❶ (MED) incapsularsi ❷ (*fig: sich absondern*) isolarsi, appartarsi

verkatert *adj* **~ sein** (*fam*) soffrire dei postumi di una sbornia

Verkauf *m* ❶ (*das Verkaufen*) vendita *f;* (*Absatz a*) smercio *m;* **etw zum ~ anbieten** mettere qc in vendita ❷ *sing* (*~ sabteilung*) reparto *m* vendite

verkaufen <ohne ge-> **I.** *vt* vendere; **jdm etw (für 10 Euro) ~** vendere qc a qu (per 10 euro); **zu ~** in vendita; **jdn für dumm ~** (*fam*) prendere qu per scemo **II.** *vr* **sich ~** vendersi; **das verkauft sich gut** ciò si vende bene

Verkäufer(in) *m(f)* venditore, -trice *m, f*

verkäuflich *adj* ❶ (*angeboten*) da vendere, in vendita ❷ (*geeignet*) vendibile; **schwer ~** difficile da vendere; **leicht ~** di facile smercio

verkaufsoffen *adj* **~er Samstag** sabato con orario di apertura dei negozi prolungato; **Verkaufspreis** *m* prezzo *m* di vendita; **Verkaufsschlager** *m* campione *m* di vendite

Verkehr [fɛɐ̯ˈkeːɐ̯] <-s> *kein Pl m* ❶ (*Land~, Luft~, Wasser~*) traffico *m;* (*Straßen~, Umlauf*) circolazione *f;* **öffentlicher ~** trasporti *mpl* pubblici; **etw für den ~ freigeben** aprire qc al traffico; **etw aus dem ~ ziehen** togliere qc dalla circolazione; **für den ~ gesperrt** chiuso al traffico ❷ (*Umgang*) rapporto *m*, relazione *f;* **das ist kein ~ für dich** non è una persona da frequentare ❸ (*Geschlechts~*) rapporti *mpl* intimi

verkehren <ohne ge-> **I.** *vi* ❶ *haben o sein* (*Verkehrsmittel*) circolare, fare servizio ❷ *haben* (*Mensch*) frequentare; **in einem Café ~** frequentare un bar; **bei jdm ~** frequentare la casa di qu; **mit jdm ~** essere in rapporti con qu; (*geschlechtlich*) avere rapporti sessuali con qu; **mit jdm brieflich ~** essere in corrispondenza con qu **II.** *vt* trasformare; **etw ins Gegenteil ~** girare qc al contrario

Verkehrsampel *f* semaforo *m;* **Verkehrsamt** *n s.* **Verkehrsverein; Verkehrsanbindung** *f* collegamento *m* alla rete dei trasporti; **verkehrsarm** *adj* con poco traffico, poco trafficato; **Verkehrsaufkommen** <-s, -> *n* densità *f* del traffico; **Verkehrsbehinderung** *f* intralcio *m* del traffico; **verkehrsberuhigt** *adj* **~e Zone** zona a traffico limitato; **Verkehrsberuhigung** <-, -en> *f* traffico *m* limitato; **Verkehrschaos** *n* paralisi *f* del traffico; **Verkehrsdichte** *f* densità *f* del

traffico; **Verkehrserziehung** f educazione f stradale; **Verkehrsflugzeug** <-(e)s, -e> n (AERO) aereo m di linea; **Verkehrshindernis** n ostacolo m [o impedimento m] al traffico; **Verkehrshinweis** m informazioni fpl sul traffico; **Verkehrsinfarkt** <-(e)s, -e> m (AUTO) blocco m del traffico; **Verkehrsinsel** f salvagente m; **Verkehrsknotenpunkt** m nodo m stradale; **Verkehrslärm** <-(e)s kein Pl m (AUTO) rumore m del traffico; **Verkehrsminister(in)** m(f) ministro m dei trasporti; **Verkehrsmittel** n mezzo m di trasporto; **Verkehrsnetz** n rete f stradale; **Verkehrsopfer** n vittima f della strada; **Verkehrsordnung** f codice m stradale; **Verkehrspolizei** f (polizia f) stradale f; **Verkehrspolizist** m vigile m urbano; (motorisiert) agente m della polizia stradale; **Verkehrsregeln** fpl norme fpl di circolazione; **Verkehrsregelung** f regolazione f del traffico; **verkehrsreich** adj molto frequentato; **Verkehrsrowdy** m folle m del volante; **verkehrssicher** adj idoneo alla circolazione; **Verkehrssicherheit** f sicurezza f stradale; **Verkehrsstockung** f ingorgo m stradale; **Verkehrssünder(in)** <-s, -; -, -nen> m(f) pirata m della strada; **Verkehrsteilnehmer(in)** m(f) utente mf della strada; **Verkehrstote** mf vittima f della strada; **Verkehrsunfall** m incidente m stradale; **Verkehrsunterricht** <-(e)s kein Pl m educazione f stradale; **Verkehrsverbund** <-(e)s, -e> m associazione f delle società dei trasporti; **Verkehrsverein** m ente m per il turismo, ufficio m turistico; **Verkehrswesen** n trasporti mpl; **verkehrswidrig** I. adj contro le norme della circolazione II. adv in violazione delle norme della circolazione; **Verkehrszählung** f censimento m della circolazione; **Verkehrszeichen** n segnale m stradale
verkehrt I. adj (falsch) sbagliato; **das ist gar nicht so ~!** (fam) non è poi tanto assurdo II. adv (umgekehrt) al rovescio, capovolto; (falsch) male; (~ herum) al contrario; **etw ~ herum anhaben** indossare qualcosa al contrario; **das Buch ~ herum halten** avere il libro capovolto; **~ gehen** [o **fahren**] sbagliare strada; **etw ~ anfangen** partire con il piede sbagliato in qc; **etw ~ machen** sbagliare qc
verkehrtherum adv al contrario, capovolto; **etw ~ anhaben** indossare qualcosa al contrario; **das Buch ~ halten** avere il libro capovolto

verkennen <irr, ohne ge-> vt (falsch beurteilen) giudicare male; (Genie) non comprendere; (unterschätzen) sottovalutare; **das ist nicht zu ~** è inconfondibile; **es lässt sich nicht ~, dass ...** non si può negare che +conj
Verkettung <-, -en> f concatenazione f; **eine ~ verheerender Umstände** una concatenazione di eventi sfavorevoli
verklagen <ohne ge-> vt jdn (wegen etw) ~ citare in giudizio qu (per qc); **jdn auf etw** acc ~ querelare qu per qc
verklappen <ohne ge-> vt scaricare nel mare
verklären <ohne ge-> I. vt ① (REL) trasfigurare ② (fig) idealizzare, trasfigurare II. vr sich ~ trasfigurarsi; **ein verklärter Blick** uno sguardo raggiante
verklärt [fɛɐ̯ˈklɛːɐ̯t] adj raggiante
verklausulieren [fɛɐ̯klauzuˈliːrən] <ohne ge-> vt munire di clausole; (fig: schwierig formulieren) formulare in modo complicato
verkleiden <ohne ge-> I. vt ① (Menschen) travestire; (kostümieren) mascherare ② (Wand) rivestire, coprire II. vr sich (als Clown) ~ travestirsi (da pagliaccio); **Verkleidung** f ① (von Menschen) travestimento m; (Kostümierung) mascheramento m ② (Bedeckung) rivestimento m, guarnizione f
verkleinern <ohne ge-> I. vt ① (kleiner machen) rimpicciolire; (Maßstab, Foto, Abstand, Wort) ridurre; (vermindern) diminuire; **etw um 10 Zentimeter ~** ridurre qc di 10 centimetri ② (fig: schmälern) sminuire II. vr sich ~ (Betrieb) rimpicciolirsi; (Abstand) ridursi; **Verkleinerung** f <-, -en> f ① (das Verkleinern) rimpicciolimento m ② (TEC, FOTO) riduzione f; **Verkleinerungsform** f (LING) diminutivo m
verklemmt adj (fig: Person) inibito
verklickern [fɛɐ̯ˈklɪkən] <ohne ge-> vt **jdm etw ~** (sl) far capire qc a qu
verklingen <irr, ohne ge-> vi sein smorzarsi, perdersi, svanire
verknallen <ohne ge-> vr sich (in jdn) ~ (fam) prendere una cotta (per qu); **in jdn verknallt sein** (fam) essere cotto di qu
Verknappung <-, -en> f penuria f, scarsità f
verkneifen <irr, ohne ge-> vr sich dat etw ~ (fam: verzichten) rinunciare a qc; (unterdrücken) soffocare qc; **er konnte sich** dat **nicht ~ zu ...** non poté fare a meno di +inf
verkniffen adj contratto

verknittern <ohne ge-> vt sgualcire, spiegazzare

verknoten <ohne ge-> vt annodare

verknüpfen <ohne ge-> vt ❶ (*verknoten*) annodare ❷ (*in Beziehung setzen*) **etw** (**mit etw**) **verknüpfen** collegare qc (con qc); **mit dem Vertrag sind viele Bedingungen verknüpft** il contratto presenta molte condizioni

verkohlen <ohne ge-> I. *vi sein* (*Holz*) carbonizzarsi II. *vt* (*fam: Person*) beffare, prendere in giro

verkommen I.<irr, ohne ge-> *vi sein* ❶ (*verwahrlosen*) rovinarsi ❷ (*Person: im Aussehen*) essere trascurato; (*sittlich*) cadere in basso ❸ (*Gebäude*) andare in rovina ❹ (*Lebensmittel*) guastarsi, deteriorarsi II. *adj* ❶ (*verwahrlost*) in rovina ❷ (*Person: ungepflegt*) malandato; (*verderbt*) corrotto, depravato; **Verkommenheit** <-> *kein Pl f* ❶ (*Verwahrlosung*) rovina *f* ❷ (*von Gebäude*) rovina *f*, abbandono *m* ❸ (*von Person: äußerlich*) trascuratezza *f*; (*sittlich*) depravazione *f*, corruzione *f*

verkorken <ohne ge-> vt tappare

verkorksen [fɛɡ'kɔrksən] <ohne ge-> vt (*fam*) sciupare, rovinare; **eine völlig verkorkste Ehe** un matrimonio disastroso

verkörpern <ohne ge-> vt ❶ (*personifizieren*) incarnare, personificare ❷ (FILM, THEAT) impersonare; **Verkörperung** <-, -en> *f* incarnazione *f*, personificazione *f*

verköstigen [fɛɡ'kœstɪɡən] <ohne ge-> vt dare il vitto a

verkrachen <ohne ge-> vr **sich** (**mit jdm**) ~ (*fam*) rompere (con qu); **verkracht** *adj* (*fam: gescheitert*) fallito; **er ist eine ~e Existenz** è un fallito

verkraften <ohne ge-> vt (*bewältigen*) sopportare; (*Erlebnis*) superare; (*Belastung*) sopportare, reggere

verkrampfen <ohne ge-> vr **sich** ~ ❶ (*sich zusammenziehen*) contrarsi, rattrappirsi ❷ (*fig: gehemmt sein*) bloccarsi, rimanere impacciato; **verkrampft** *adj* contratto; (*Lächeln*) forzato; (*Haltung*) impacciato; **Verkrampfung** <-, -en> *f* ❶ (*das krampfartige Zusammenziehen*) contrazione *f* ❷ (*fig: das Gehemmtsein*) impaccio *m*

verkriechen <irr, ohne ge-> vr **sich** ~ nascondersi; (*bes. Tiere*) rintanarsi

verkrümeln <ohne ge-> vr **sich** ~ (*fam*) svignarsela

verkrümmen <ohne ge-> vr **sich** ~ curvarsi; (*sich verformen*) deformarsi

verkrüppelt *adj* (*Mensch*) storpio;

(*Baum*) storto

verkrusten <ohne ge-> vi sein incrostarsi

verkrustet *adj* incrostato

verkühlen <ohne ge-> vr **sich** ~ (*dial: sich erkälten*) raffreddarsi; **Verkühlung** <-, -en> *f* (*A: Erkältung*) raffreddore *m;* **sich über eine schwere/leichte ~ zuziehen** [*o* **holen**] prendersi un forte/leggero raffreddore

verkümmern <ohne ge-> *vi sein* ❶ (*Pflanzen*) intristire; (*a Mensch*) deperire; (*Fähigkeiten*) venir meno ❷ (MED) atrofizzarsi

verkünden [fɛɡ'kʏndən] <ohne ge-> vt (*geh*) ❶ (*ankündigen*) annunciare, rendere noto; (*prophezeien*) preannunziare ❷ (*bekannt machen*) proclamare; (*Gesetz*) promulgare; (*Urteil*) pronunciare ❸ (*erklären*) dichiarare

verkupfern <ohne ge-> vt ramare

verkuppeln <ohne ge-> vt combinare il matrimonio fra

verkürzen <ohne ge-> I. *vt* (r)accorciare; (*Weg, Wartezeit*) abbreviare; (*verringern*) ridurre; **etw um 10 Centimeter ~** ridurre qc di 10 centimetri; **verkürzte Arbeitszeit** orario di lavoro ridotto II. *vr* **sich** ~ accorciarsi

Verladebahnhof *m* stazione *f* di carico

verladen <irr, ohne ge-> vt caricare; (NAUT) imbarcare

Verladerampe *f* rampa *f* di carico

Verladung <-, -en> *f* sovraccarico *m*

Verlag [fɛɡ'la:k] <-(e)s, -e> *m* casa *f* editrice, editore *m*

verlagern <ohne ge-> I. *vt* spostare; (*überführen*) trasferire; **etw von ... auf ...** *acc* ~ spostare qc da ... a ... II. *vr* **sich** ~ spostarsi; **sich von ... auf ...** *acc* ~ spostarsi da ... a ...

Verlagerung <-, -en> *f* ❶ (*von Interessen, Arbeitsgebiet*) spostamento *m;* (*örtlich*) trasferimento *m;* ~ **nach ...** trasferimento in ... ❷ (METEO) spostamento *m*

Verlagsbuchhändler(in) *m(f)* editore, -trice *m, f;* **Verlagsbuchhandlung** *f* libreria *f* editrice; **Verlagskatalog** *m* catalogo *m* delle pubblicazioni; **Verlagskauffrau** *f,* **Verlagskaufmann** *m* agente *mf* editoriale; **Verlagsrecht** *n* diritto *m* d'editore; **Verlagsredakteur(in)** *m(f)* redattore, -trice *m, f* editoriale; **Verlagswesen** <-s, -> *n* editoria *f*

verlangen <ohne ge-> I. *vt* ❶ (*fragen nach*) chiedere, richiedere; (*wünschen*) desiderare; (*fordern*) esigere, pretendere; (*beanspruchen*) rivendicare; (*berechnen*) volere; **mehr kann man nicht ~** di più non si può pretendere; **das ist zu viel verlangt** questo è (chiedere) troppo; **Sie werden am Telefon verlangt** La desiderano al telefono ❷ (*erfordern*) richiedere, esigere II. *vi* (*sich sehnen*) desiderare; **nach jdm/etw ~** desiderare qu/qc; **Verlangen** <-s> *kein Pl n* (*geh*) ❶ (*Forderung*) richiesta *f*, domanda *f*; **auf ~ von** a richiesta di ❷ (*Wunsch, Sehnsucht*) desiderio *m*; **~ nach etw haben** desiderare qc; (*Lust*) avere voglia di qc; **kein ~ haben zu ...** non avere nessuna voglia di +*inf*

verlängern [fɛɐˈlɛŋɐn] <ohne ge-> I. *vt* ❶ (*räumlich, zeitlich*) allungare, prolungare; (*Gültigkeit, Frist*) prorogare; (*Vertrag, Wechsel*) rinnovare; **ein verlängertes Wochenende** un ponte ❷ (*Soße*) diluire II. *vr* **sich ~** ❶ (*zeitlich*) protrarsi ❷ (*räumlich*) allungarsi III. *vi* (SPORT) continuare il gioco

Verlängerung <-, -en> *f* ❶ (*räumlich, zeitlich*) allungamento *m*, prolungamento *m;* (*von Frist*) proroga *f*, dilazione *f* ❷ (SPORT) tempo *m* supplementare; **Verlängerungsschnur** *f* (EL) prolunga *f*

verlangsamen <ohne ge-> I. *vt* rallentare II. *vr* **sich ~** rallentarsi

verlas *1. u 3. pers sing imp von* **verlesen**

Verlass[RR] [fɛɐˈlas] <-es> *kein Pl m*, **Verlaß**[ALT] <-lasses> *kein Pl m* **auf ihn ist kein ~** non si può fare affidamento su di lui; **darauf ist kein ~** non vi si può fare affidamento

verlassen[1] <irr, ohne ge-> I. *vt* ❶ (*Ort, Thema*) abbandonare; **beim Verlassen des Hauses** uscendo dalla casa ❷ (*Familie, Menschen*) abbandonare, lasciare; **seine Kräfte verließen ihn** gli vennero a mancare le forze II. *vr* **sich ~** fare affidamento; **sich auf jdn/etw ~** fare affidamento su qu/qc; **~ Sie sich darauf!** (ne) stia sicuro!

verlassen[2] *adj* ❶ (*allein gelassen*) abbandonato ❷ (*einsam*) solo, abbandonato; (*öde*) deserto; **Verlassenheit** <-> *kein Pl f* abbandono *m;* (*Einsamkeit*) solitudine *f*

Verlassenschaft <-, -en> *f* (*A: Nachlass*) eredità *f*

verlässlich[RR] [fɛɐˈlɛslɪç] *adj*, **verläßlich**[ALT] *adj* ❶ (*Mensch*) fidato ❷ (*Information*) attendibile; **aus ~er Quelle** da fonte sicura

Verlaub [fɛɐˈlaʊp] *m* (*geh*) **mit ~** con permesso

Verlauf *m* ❶ (*zeitlich*) corso *m;* (*Entwicklung*) sviluppo *m;* (*von Krankheit*) decorso *m;* **im ~ des Abends** nel corso della serata; **im weiteren ~** nel seguito

❷ (*von Straße*) tracciato *m;* (*von Fluss*) corso *m*

verlaufen <irr, ohne ge-> I. *vi sein* ❶ (*ablaufen*) svolgersi, procedere; (*sich entwickeln*) svilupparsi, procedere; (*Krankheit*) avere decorso ❷ (*Grenze, Weg*) correre; (*Fluss*) scorrere ❸ (*Farbe*) spandersi; (*Butter*) squagliarsi II. *vr* **sich ~** ❶ (*sich verirren*) smarrirsi, perdersi ❷ (*sich verlieren: Menschenmenge*) disperdersi; (*Wasser*) defluire, ritirarsi

verlaust *adj* pidocchioso

verlautbaren [fɛɐˈlaʊtbaːrən] <ohne ge-> *vt* annunciare, rendere noto; **Verlautbarung** <-, -en> *f* (ADM, geh) annuncio *m;* (*Mitteilung*) comunicazione *f*; **amtliche ~** comunicazione ufficiale

verlauten <ohne ge-> *vi sein* **etw/ nichts ~ lassen** dire qc/non dire niente

verleben <ohne ge-> *vt* (*Zeit*) trascorrere, passare; **verlebt** *adj* (*Person*) sciupato

verlegen[1] <ohne ge-> I. *vt* ❶ (*an andere Stelle*) spostare; (*Wohnung, Betrieb, Behörde*) trasferire ❷ (*Veranstaltung, Termin*) rinviare; **etw von ... auf ... acc ~** rinviare da ... a ... ❸ (*an die falsche Stelle*) smarrire ❹ (*Buch*) pubblicare ❺ (*Kabel*) posare; (*Fliesen*) mettere II. *vr* **sich auf etw** *acc* **~** passare a qc

verlegen[2] *adj* (*unsicher, schüchtern*) imbarazzato, impacciato; **nie um eine Antwort ~ sein** avere sempre una risposta pronta

Verlegenheit <-> *kein Pl f* ❶ (*Befangenheit*) imbarazzo *m;* **jdn in ~ bringen** mettere qu in imbarazzo ❷ (*unangenehme Lage*) impiccio *m;* (FIN) difficoltà *f* economica; **jdm aus der ~ helfen** aiutare qu ad uscire da una situazione (economica) difficile; **Verlegenheitslösung** *f* soluzione *f* di ripiego

Verleger(in) <-s, -; -, -nen> *m(f)* editore, -trice *m, f*

Verlegung <-> *kein Pl f* ❶ (*an andere Stelle*) spostamento *m;* (*von Wohnsitz, Betrieb*) trasferimento *m* ❷ (*von Termin, Veranstaltung*) rinvio *m;* **~ auf nächste Woche** rinvio alla settimana prossima

verleiden <ohne ge-> *vt* **jdm etw ~** far passare a qu il piacere di qc

Verleih [fɛɐˈlaɪ] <-(e)s, -e> *m* ❶ *sing* (*das Verleihen*) noleggio *m;* (FILM) distribuzione *f* ❷ (*~stelle*) noleggio *m;* (FILM) casa *f* di distribuzione

verleihen <irr, ohne ge-> *vt* ❶ (*ausleihen*) prestare, dare in prestito; (*gegen Gebühr*) noleggiare, dare a nolo ❷ (*Orden, Preis, Titel*) conferire ❸ (*Glanz, Schön-*

heit) conferire; (*Kraft*) infondere, dare

Verleihung <-> *kein Pl f* ➊ (*das Verleihen*) prestito *m;* (*gegen Gebühr*) noleggio *m* ➋ (*von Titel, Orden, Preis*) conferimento *m*

verleiten <ohne ge-> *vt* jdn (zu etw) ~ indurre qu (a fare qc)

verlernen <ohne ge-> *vt* disimparare, dimenticare

verlesen <irr, ohne ge-> I. *vt* ➊ (*Text*) dar lettura di; (*Namen*) fare l'appello di ➋ (*Obst, Gemüse, Salat*) scegliere, selezionare II. *vr* sich ~ leggere male

verletzbar *adj* vulnerabile

verletzen [fɛɡ'lɛtsən] <ohne ge-> I. *vt* ➊ (*verwunden*) ferire; **leicht/schwer verletzt** leggermente/gravemente ferito ➋ (*fig: kränken*) offendere ➌ (*fig: Interessen*) ledere; (*Gesetz*) violare; (*Sitte*) offendere; **seine Pflicht** ~ venir meno al proprio dovere II. *vr* sich ~ ferirsi; **verletzend** *adj* (*Bemerkung*) graffiante

verletzlich *adj* vulnerabile

Verletzte <ein -r, -n, -n> *mf* ferito, -a *m, f*

Verletzung <-, -en> *f* ferita *f;* **Verletzungsgefahr** *f* pericolo *m* di lesione; **Verletzungsrisiko** *n* pericolo *m* di lesione

verleugnen <ohne ge-> *vt* rinnegare, ripudiare; **sich ~ lassen** far dire che non si è in casa; (*am Telefon*) negarsi al telefono; **es lässt sich nicht ~, dass ...** non si può negare che +*conj*

verleumden [fɛɡ'lɔɪmdən] <ohne ge-> *vt* diffamare, calunniare; **Verleumder(in)** <-s, -; -, -nen> *m(f)* diffamatore, -trice *m, f,* denigratore, -trice *m, f,* calunniatore, -trice *m, f;* **verleumderisch** *adj* diffamatorio, denigratorio, calunnioso; **Verleumdung** <-, -en> *f* diffamazione *f,* calunnia *f*

verlieben <ohne ge-> *vr* sich (in jdn/etw) ~ innamorarsi (di qu/qc)

verliebt *adj* (in jdn/etw) ~ sein essere innamorato (di qu/qc); **Verliebtheit** <-> *kein Pl f* l'essere innamorato

verlief *1. u 3. pers sing imp von* **verlaufen**

verlieh *1. u 3. pers sing imp von* **verleihen**

verliehen [fɛɡ'liːən] *pp von* **verleihen**

verlieren [fɛɡ'liːrən] <verliert, verlor, verloren> I. *vt* perdere; **den Kopf/Verstand** ~ perdere la testa/la ragione; **den Mut** ~ perdersi di coraggio; **jdn aus den Augen** ~ perdere di vista qu; **hier hast du nichts verloren** (*fam*) qui non hai niente da cercare; **darüber brauchen wir kein Wort mehr zu** ~ non è il caso di sprecarci altre parole II. *vr* sich ~ perdersi; (*Menschenmenge*) disperdersi III. *vi* an etw *dat* ~ perdere qc; **an Bedeutung** ~ perdere

significato

Verlierer(in) <-s, -; -, -nen> *m(f)* ➊ (*von Dingen*) perdente *mf* ➋ (*von Spiel, Wette, Kampf*) vinto, -a *m, f,* sconfitto, -a *m, f;* **er ist ein/kein guter** ~ sa/non sa perdere

Verlies [fɛɡ'liːs] <-es, -e> *n* segreta *f*

verließ *1. u 3. pers sing imp von* **verlassen**

verliest *3. pers sing pr von* **verlesen**

verloben <ohne ge-> *vr* sich (mit jdm) ~ fidanzarsi (con qu); **Verlobte** <ein -r, -n, -n> *mf* fidanzato, -a *m, f;* **Verlobung** <-, -en> *f* fidanzamento *m*

verlocken <ohne ge-> *vt* (*geh*) attirare, attrarre; **verlockend** *adj* allettante; **das klingt** ~ l'idea è allettante

Verlockung <-, -en> *f* attrazione *f;* (*Verführung*) seduzione *f*

verlogen [fɛɡ'loːgən] *adj* ➊ (*Mensch*) bugiardo ➋ (*Moral, Versprechungen*) falso; **Verlogenheit** <-> *kein Pl f* (*einer Person*) falsità *f;* (*einer Aussage*) doppiezza *f,* ipocrisia *f;* **die ~ ihrer Moral** l'ipocrisia della sua morale

verlor [fɛɡ'loːɐ] *1. u 3. pers sing imp von* **verlieren**

verloren [fɛɡ'loːrən] I. *pp von* **verlieren** II. *adj* perduto, perso; ~ **gehen** andare perduto, perdersi; **das Spiel ~ geben** dare persa la partita; **sich ~ geben** darsi vinto

verloren|gehen *s.* verloren II.

verlosen <ohne ge-> *vt* sorteggiare, estrarre a sorte; **Verlosung** <-, -en> *f* sorteggio *m,* estrazione *f* a sorte

verlottern [fɛɡ'lɔtɐn] <ohne ge-> *vi sein* (*fam*) ➊ (*Person*) ridursi uno straccio ➋ (*Sache*) andare in rovina; **verlottert** *adj* malandato, malridotto

verlud *1. u 3. pers sing imp von* **verladen**

Verlust [fɛɡ'lʊst] <-(e)s, -e> *m* ➊ (*das Verlieren*) perdita *f* ➋ (*Schaden*) danno *m* ➌ (FIN: *Fehlbetrag*) deficit *m;* **mit ~ verkaufen** vendere in perdita; ~ **bringend** deficitario, che causa perdite; **Verlustanzeige** *f* denuncia *f* di smarrimento; **verlustbringend** *adj* che causa perdite; **Verlustgeschäft** *n* affare *m* in perdita

verlustig *adj* (ADM, *geh*) **einer Sache** *gen* ~ **gehen** perdere qc, venire privato di qc; **jdn einer Sache** *gen* **für ~ erklären** dichiarare qu privo di qc

Verlustmeldung <-, -en> *f* denuncia *f* di smarrimento; **eine ~ machen** sporgere una denuncia di smarrimento

verlustreich *adj* ➊ (COM) in perdita, deficitario ➋ (MIL: *Schlacht*) sanguinoso

vermachen <ohne ge-> *vt* ➊ (*vererben*) lasciare in eredità ➋ (*fam: schenken*) rega-

lare
Vermächtnis [fɛɡ'mɛçtnɪs] <-ses, -se> *n* legato *m*, lascito *m*
vermählen [fɛɡ'mɛːlən] <ohne ge-> *vr* **sich (mit jdm)** ~ (*geh*) sposarsi (con qu); **Vermählte** <ein -r, -n, -n> *mf* (*geh*) **die ~ n** gli sposi; **Vermählung** <-, -en> *f* (*geh*) matrimonio *m*
vermarkten <ohne ge-> *vt* commercializzare; **Vermarktung** *f* vendibilità *f*
vermasseln <ohne ge-> *vt* (*fam*) rovinare; **eine Prüfung** ~ cannare un esame
vermehren <ohne ge-> I. *vt* aumentare, accrescere; (*erweitern*) ampliare; (*zahlenmäßig*) moltiplicare II. *vr* **sich** ~ ① (*größer werden*) aumentare, accrescere ② (BIOL) riprodursi
Vermehrung *f* ① (*das (Sich)vermehren*) aumento *m*, incremento *m*; (*zahlenmäßig*) moltiplicazione *f* ② (BIOL) riproduzione *f*
vermeidbar *adj* evitabile
vermeiden <irr, ohne ge-> *vt* evitare, scansare; **es lässt sich nicht ~, dass ...** non si può evitare di +*inf*, è inevitabile che +*conj*; **um Missverständnisse zu ~** a scanso d'equivoci
vermeintlich [fɛɡ'maɪntlɪç] *adj* presunto
Vermerk [fɛɡ'mɛrk] <-(e)s, -e> *m* annotazione *f*, nota *f*
vermerken <ohne ge-> *vt* ① (*notieren*) annotare ② (*zur Kenntnis nehmen*) prendere nota di
vermessen[1] <irr, ohne ge-> I. *vt* misurare, prendere le misure di; (*topographisch*) rilevare II. *vr* **sich** ~ ① (*falsch messen*) sbagliarsi nel prendere le misure ② (*geh: sich anmaßen*) **sich** ~ **etw zu tun** avere l'ardire di fare qc
vermessen[2] *adj* (*geh*) ① (*tollkühn*) audace ② (*überheblich*) presuntuoso; **es ist ~ zu behaupten ...** è da presuntuosi affermare ...; **Vermessenheit** <-> *kein Pl f* (*geh*) ① (*Kühnheit*) audacia *f* ② (*Überheblichkeit*) presunzione *f*
Vermessung *f* misurazione *f*; (*topographisch*) rilevamento *m*; **Vermessungsingenieur(in)** *m(f)* geometra *mf*
vermied *1. u 3. pers sing imp von* **vermeiden**
vermieten <ohne ge-> *vt* affittare, dare in affitto; (*Auto*) noleggiare, dare a nolo; **„Zimmer zu ~ "** "affittasi camere"; **Vermieter(in)** *m(f)* ① (*von Wohnung*) locatore, -trice *m, f* ② (*von anderen Dingen*) noleggiatore, -trice *m, f*
vermindern <ohne ge-> I. *vt* ① (*geringer machen*) diminuire, ridurre ② (*abschwächen*) attenuare II. *vr* **sich** ~ ① (*geringer*

werden) diminuire ② (*sich abschwächen*) diminuire, scemare; (*Schmerzen*) attutirsi
Verminung <-, -en> *f* (MIL) (il) minare *m*
vermischen <ohne ge-> I. *vt* mischiare; (*fig a*) mescolare II. *vr* **sich** ~ ① (*sich mischen*) **sich mit etw** ~ mescolarsi con qc; **die Rassen haben sich vermischt** le razze si sono incrociate ② (*fig: Elemente, Klänge, Farben*) unirsi
vermissen <ohne ge-> *vt* **jdn** ~ sentire la mancanza di qu; **ich vermisse dich sehr** mi manchi molto; **vermisst werden** risultare disperso; **als vermisst gemeldet sein** essere dato per disperso; **ich vermisse meine Brille** non trovo gli occhiali; **Vermisste**[RR] <ein -r, -n, -n> *mf*, **Vermißte**[ALT] <ein -r, -n, -n> *mf* disperso, -a *m, f*; **Vermisstenanzeige**[RR] *f* denunzia *f* di scomparsa; **eine ~ aufgeben** denunziare la scomparsa di qu
vermitteln <ohne ge-> I. *vt* ① (*beschaffen*) procurare ② (*Treffen, Ehe*) combinare; (*Geschäft*) fare da mediatore in; **ein Gespräch** ~ (TEL) passare una comunicazione telefonica ③ (*aushandeln*) negoziare ④ (*fig: Eindruck*) offrire, dare ⑤ (*fig: Wissen*) trasmettere II. *vi* fare da mediatore; **zwischen den Parteien** ~ conciliare le parti; **für jdn vermittelnd eintreten** intervenire in favore di qu
Vermittler(in) <-s, -; -, -nen> *m(f)* ① (*Mittler*) mediatore, -trice *m, f*; (*bei Streitfällen*) conciliatore, -trice *m, f* ② (WIRTSCH) intermediario, -a *m, f*; (*Makler*) sensale *mf*
Vermittlung <-, -en> *f* ① (*das Vermitteln*) mediazione *f*; (*Einschaltung*) intervento *m* ② (*Schlichtung*) accomodamento *m* ③ (TEL: *Telefonzentrale*) centralino *m*; (*Mensch*) centralinista *mf* ④ (*Stellen~*) ufficio *m* di collocamento; **Vermittlungsgebühr** *f* (WIRTSCH) mediazione *f*
vermodern <ohne ge-> *vi sein* putrefarsi, marcire
Vermögen <-s, -> *n* ① *sing* (*geh: Fähigkeit*) facoltà *f*, capacità *f* ② (*Geldbesitz*) patrimonio *m*, fortuna *f*; **das kostet ein ~** costa un patrimonio
vermögend *adj* benestante, ricco
Vermögenssteuer *f* imposta *f* patrimoniale; **Vermögensverhältnisse** *npl* situazione *f* finanziaria; **Vermögensverwalter(in)** *m(f)* amministratore, -trice *m, f* dei beni; **Vermögensverwaltung** *f* amministrazione *f* dei beni; **vermögenswirksam** *adj* fruttifero; **~ e Leistungen** contributi sociali che fanno maturare interessi

vermummen [fɛɡ'mʊmən] <ohne ge-> *vr* **sich** ~ partecipare mascherato ad una dimostrazione

Vermummungsverbot [fɛɡ'mʊmʊŋsfɛɡbo:t] *n* divieto di intervenire mascherati ad una dimostrazione

vermuten [fɛɡ'mu:tən] <ohne ge-> *vt* supporre, presumere; (*erwarten*) aspettare; **es ist zu ~, dass ...** è probabile che +*conj*; **das hätte ich nicht vermutet** non me lo sarei aspettato

vermutlich I. *adj* presunto; (*wahrscheinlich*) probabile II. *adv* presumibilmente, probabilmente

Vermutung <-, -en> *f* (pre)supposizione *f*; **~en über etw** *acc* **anstellen** fare delle congetture su qc

vernachlässigen <ohne ge-> *vt* trascurare; **seine Pflichten** ~ trascurare i propri doveri; **Vernachlässigung** <-, *rar*-en> *f* trascuratezza *f*, mancanza *f* di cura

vernageln <ohne ge-> *vt* inchiodare

vernarben <ohne ge-> *vi sein* cicatrizzarsi, rimarginarsi; **Vernarbung** *f* cicatrizzazione *f*

vernarren <ohne ge-> *vr* **sich in jdn** ~ infatuarsi di qu, prendere una cotta per qu

vernarrt *adj* innamorato pazzo (*in* di), cotto (*in* di)

vernehmen <irr, ohne ge-> *vt* ❶ (*geh: hören*) percepire ❷ (*geh: erfahren*) apprendere, venir a sapere ❸ (JUR) interrogare; **Vernehmen** <-s> *kein Pl n* **dem ~ nach** a quanto si dice

Vernehmlassung <-, -en> *f* (*CH*) ❶ (ADM, JUR: *amtliche Bekanntmachung*) comunicato *m* ❷ (JUR: *Stellungnahme*) presa *f* di posizione

vernehmlich *adj* intelligibile, chiaro; (*hörbar*) percettibile

Vernehmung <-, -en> *f* (JUR: *von Angeklagten*) interrogatorio *m*; (*von Zeugen*) audizione *f*; **vernehmungsfähig** *adj* (JUR) in grado di essere interrogato; **vernehmungsunfähig** *adj* (JUR) non in grado di essere interrogato

verneigen <ohne ge-> *vr* **sich** (**vor jdm/etw**) ~ (*geh*) inchinarsi (davanti a qu/qc); **Verneigung** *f* (*geh*) inchino *m*, riverenza *f*

verneinen <ohne ge-> *vt* ❶ (*mit Nein antworten*) negare, dire di no ❷ (*ablehnen*) rifiutare ❸ (LING) negare; **verneinend** *adj* negativo; **Verneinung** <-, -en> *f* ❶ (*Antwort*) risposta *f* negativa ❷ (*Leugnung, Ablehnung*) rifiuto *m* ❸ (LING) negazione *f*

Vernetzung <-, -en> *f* collegamento *m*,

allacciamento *m*; (INFORM) rete *f*

vernichten <ohne ge-> *vt* annientare; (*zerstören*) distruggere; (*ausrotten*) sterminare; (*Unkraut*) estirpare; **vernichtend** *adj* ❶ (*Kritik*) distruttivo ❷ (*Blick*) fulminante ❸ (*Niederlage*) schiacciante; **jdn ~ schlagen** (SPORT) battere qu in modo schiacciante; **Vernichtung** <-> *kein Pl f* annientamento *m*; (*Zerstörung*) distruzione *f*; (*Ausrottung*) sterminio *m*; (*Unkraut~*) estirpazione *f*; **Vernichtungslager** <-s, -> *n* campo *m* di sterminio

vernickeln <ohne ge-> *vt* nichelare

vernieten <ohne ge-> *vt* ribadire

Vernissage [vɛrnɪ'sa:ʒə] <-, -n> *f* vernissage *m*

Vernunft [fɛɡ'nʊnft] <-> *kein Pl f* ragione *f*; (*gesunder Menschenverstand*) buon senso *m*; ~ **annehmen** mettere giudizio; **jdn zur ~ bringen** ricondurre qu alla ragione; **Vernunftehe** *f* matrimonio *m* di convenienza

vernünftig [fɛɡ'nʏnftɪç] *adj* ❶ (*besonnen*) ragionevole, giudizioso ❷ (*sinnvoll*) sensato ❸ (*fam: ordentlich*) decente

veröden <ohne ge-> I. *vi sein* ❶ (*menschenleer werden*) spopolarsi ❷ (*Boden*) diventare incolto II. *vt haben* (MED) obliterare

veröffentlichen <ohne ge-> *vt* pubblicare; **Veröffentlichung** <-, -en> *f* pubblicazione *f*

verordnen <ohne ge-> *vt* ❶ (MED) prescrivere ❷ (*anordnen, verfügen*) ordinare, decretare; (*festsetzen*) stabilire; **Verordnung** *f* ❶ (MED) prescrizione *f*; **nach ärztlicher** ~ dietro prescrizione medica ❷ (*gesetzlich*) decreto *m*

verpachten <ohne ge-> *vt* dare in affitto, concedere in locazione

Verpächter(in) <-s, -; -, -nen> *m(f)* locatore, -trice *m, f*, proprietario, -a *m, f*

verpacken <ohne ge-> *vt* imballare, impacchettare; **Verpackung** *f* imballaggio *m*; **Verpackungsmüll** <-s> *kein Pl m* imballaggio *m*

verpassen <ohne ge-> *vt* ❶ (*Zug*) perdere; (*Gelegenheit*) lasciarsi sfuggire ❷ (*fam: geben*) dare; **jdm eine ~** (*fam*) mollare una sberla a qu

verpatzen <ohne ge-> *vt* (*fam*) rovinare, guastare

verpesten <ohne ge-> *vt* appestare

verpetzen <ohne ge-> *vt* (*fam*) tradire (facendo la spia)

verpfänden <ohne ge-> *vt* impegnare

verpfeifen <irr, ohne ge-> *vt* (*fam: verra-*

ten) tradire; (*anzeigen*) denunciare

verpflanzen <ohne ge-> *vt* trapiantare; **Verpflanzung** *f* trapianto *m*

verpflegen <ohne ge-> *vt* nutrire; **Verpflegung** <-> *kein Pl f* vitto *m*; **volle ~** pensione completa

verpflichten <ohne ge-> I. *vt* ❶ (*eine Pflicht auferlegen*) **jdn** (**zu etw**) **~** obbligare qu (a fare qc); **ich fühle mich verpflichtet etw zu tun** mi sento obbligato a fare qc; **ich bin Ihnen zu tiefem Dank verpflichtet** Le sono obbligatissimo ❷ (*Künstler*) ingaggiare II. *vr* **sich ~** (*zusagen*) impegnarsi

Verpflichtung <-, -en> *f* obbligo *m*; (*a moralisch*) impegno *m*; (*Pflicht*) dovere *m*; **berufliche/finanzielle ~en** impegni professionali/finanziari; **seinen ~en nachkommen** adempire ai propri impegni

verpfuschen <ohne ge-> *vt* (*fam*) ❶ (*Arbeit*) abborracciare ❷ (*fig: Leben*) rovinare

verpissen <ohne ge-> *vr* **sich ~** (*vulg*) squagliarsela *fam*, tagliare la corda *fam*

verplappern <ohne ge-> *vr* **sich ~** (*fam*) lasciarsi scappare un segreto, tradirsi

verplaudern <ohne ge-> I. *vt* (*Zeit*) passare conversando II. *vr* **sich ~** passare (il tempo) chiacchierando

verpönt [fɛɐ̯'pøːnt] *adj* **~ sein** essere malvisto

verprassen <ohne ge-> *vt* scialacquare, dissipare

verprügeln <ohne ge-> *vt* bastonare, picchiare

verpuffen <ohne ge-> *vi* **sein** ❶ (*explodieren*) esplodere con leggera detonazione ❷ (*fig*) andare in fumo

verpuppen <ohne ge-> *vr* **sich ~** trasformarsi in crisalide

Verputz *m* intonaco *m*

verputzen <ohne ge-> *vt* ❶ (*Gebäude, Wand, Decke*) intonacare ❷ (*fig fam: aufessen*) spolverare

verqualmen <ohne ge-> *vt* (*fam, pej*) ❶ (*verräuchern*) riempire di fumo ❷ (*Geld*) spendere in fumo; **verqualmt** *adj* pieno di fumo

verquatschen <ohne ge-> (*fam*) I. *vt* (*Zeit*) passare in chiacchiere II. *vr* **sich ~** (*sich verplappern*) tradirsi

verquer *adj* storto, male; **jdm ~ gehen** andare storto a qu

verquicken [fɛɐ̯'kvɪkən] <ohne ge-> *vt* (*geh*) unire

verquollen [fɛɐ̯'kvɔlən] *adj* gonfio

verrammeln <ohne ge-> *vt* (*fam*) barricare, sbarrare

verramschen <ohne ge-> *vt* svendere

verrann *1. u 3. pers sing imp von* **verrinnen**

verrannt [fɛɐ̯'rant] *pp von* **verrennen**

verrannte *1. u 3. pers sing imp von* **verrennen**

Verrat <-(e)s> *kein Pl m* tradimento *m*; **~ üben** commettere un tradimento; **~ an jdm begehen** tradire qu

verraten <irr, ohne ge-> I. *vt* ❶ (*Geheimnis*) tradire; **verrate niemandem etwas!** non dire niente a nessuno! ❷ (*Treue brechen*) tradire; **~ und verkauft sein** (*fam*) essere abbandonato a sé stesso ❸ (*fig: deutlich werden lassen*) rivelare II. *vr* **sich ~** tradirsi

Verräter(in) [fɛɐ̯'rɛːtɐ] <-s, -; -, -nen> *m(f)* traditore, -trice *m, f*; **verräterisch** *adj* ❶ (*Person*) traditore; (*heimtückisch*) perfido ❷ (*fig: Miene, Blick*) rivelatore

verrauchen <ohne ge-> I. *vi* **sein** ❶ (*Qualm*) dissiparsi ❷ (*fig: Zorn*) svanire, sbollire II. *vt* **haben** ❶ (*Geld*) spendere in fumo ❷ (*Zimmer*) riempire di fumo

verrechnen <ohne ge-> I. *vt* mettere in conto; (*gegeneinander aufrechnen*) compensare; (*gutschreiben*) accreditare II. *vr* **sich ~** ❶ (*falsch rechnen*) sbagliare i calcoli; **sich um 50 Cent ~** sbagliare di 50 centesimi ❷ (*fig fam: sich täuschen*) ingannarsi; **da hast du dich aber schwer verrechnet!** (*fig fam*) (qui) ti sei sbagliato di grosso!; **Verrechnung** *f* (FIN) (messa *f* in) conto *m*; **nur zur ~** da accreditare; **Verrechnungsscheck** *m* (FIN) assegno *m* da accreditare

verrecken <ohne ge-> *vi* **sein** (*vulg*) crepare; **er wird es ums Verrecken nicht tun** (*sl*) non lo farà, neanche a impiccarlo

verregnet *adj* (*regnerisch*) piovoso; (*Urlaub*) rovinato dalla pioggia

verreiben <verreibt, verrieb, verrieben> *vt* spalmare

verreisen <ohne ge-> *vi* **sein** partire in viaggio; **geschäftlich** [*o* **dienstlich**] **~** partire per un viaggio d'affari; **verreist** (**sein**) (essere) in viaggio

verreißen <irr, ohne ge-> *vt* (*fig fam: vernichtend kritisieren*) stroncare

verrenken [fɛɐ̯'rɛŋkən] <ohne ge-> *vt* (di)storcere; (*Arm, Fuß*) slogare, lussare; **Verrenkung** <-, -en> *f* ❶ (*von Körper*) contorsione *f* ❷ (MED: *von Gelenken*) slogatura *f*, lussazione *f*

verrennen <irr, ohne ge-> *vr* **sich ~** fissarsi; **sich in eine Idee ~** fissarsi su un'idea

verrichten <ohne ge-> *vt* fare, eseguire;

seinen Dienst ~ adempiere alle proprie funzioni; **Verrichtung** f faccenda f

verriegeln <ohne ge-> vt chiudere col catenaccio, sprangare

verriet 1. u 3. pers sing imp von **verraten**

verringern [fɛɐ'rɪŋən] <ohne ge-> I. vt ridurre, diminuire II. vr sich ~ diminuire; **Verringerung** <-, -en> f riduzione f, diminuzione f

verrinnen <verrinnt, verrann, verronnen> vi sein scorrere

Verrissᴿᴿ <-es, -e> m, **Verriß**ᴬᴸᵀ <-sses, -sse> m (fam) stroncatura f

verrohen <ohne ge-> vi sein imbarbarirsi, abbrutire; **Verrohung** <-, -en> f imbarbarimento m, abbrutimento m

verrosten <ohne ge-> vi sein arrugginire

verrostet adj arrugginito

verrotten [fɛɐ'rɔtən] <ohne ge-> vi sein ❶ (Laub, Holz) imputridire ❷ (Gebäude) sgretolarsi

verrucht [fɛɐ'ru:xt] adj infame; (verworfen) abietto; (lasterhaft) depravato

verrücken <ohne ge-> vt spostare

verrückt adj pazzo, matto; ~ **spielen** (fam) fare il pazzo; **jdn ~ machen** (fam) far impazzire qu; **auf etw ~ sein** (fam) andar matto per qc; **auf jdn** [o **nach jdm**] ~ **sein** (fam) essere pazzo di qu; **wie ~** (fam) come un matto; **ich werd' ~!** (fam) non posso crederci!; **Verrückte** <ein -r, -n, -n> mf pazzo, -a m, f, matto, -a m, f; **Verrücktheit** <-, -en> f (pazz) pazzia f, follia f; **Verrücktwerden** <-s> kein Pl n es ist zum ~! (fam) c'è da impazzire!

Verruf m **in ~ bringen** (di)screditare; **in ~ kommen** discreditarsi, cadere in discredito

verrufen adj (berüchtigt) famigerato; (Viertel, Lokal) malfamato

verrußen <ohne ge-> I. vi sein coprirsi di fuliggine II. vt haben coprire di fuliggine

Vers [fɛrs] <-es, -e> m verso m; (Bibel~) versetto m

versachlichen <ohne ge-> vt oggettivare

versacken <ohne ge-> vi sein (fam) ❶ (versinken) affondare ❷ (moralisch) cadere in basso, rovinarsi ❸ (beim Feiern) rimanere (a lungo)

versagen <ohne ge-> I. vt (geh: nicht gewähren) rifiutare; **jdm etw ~** negare qc a qu; **sich** dat **etw ~** non concedersi qc II. vi ❶ (Maschinen, Bremsen) non funzionare; (Waffen) incepparsi; **die Stimme versagte mir** mi mancò la voce ❷ (Person) fallire; **Versagen** <-s> kein Pl n ❶ (TEC) mancato funzionamento m, guasto m; (MOT) panna f ❷ (fig: von

Mensch) fallimento m; **menschliches ~** errore umano

Versager(in) <-s, -; -, -nen> m(f) fallito, -a m, f

versah 1. u 3. pers sing imp von **versehen**

versalzen <irr, ohne ge-> vt ❶ (Speisen) salare troppo ❷ (fig fam: verderben) guastare

versammeln <ohne ge-> I. vt radunare, riunire; (zusammenrufen) convocare II. vr sich ~ radunarsi; (POL) riunirsi

Versammlung f ❶ (Vorgang) riunione f, raduno m; **eine ~ einberufen** convocare una riunione ❷ (versammelte Menschen) assemblea f; **Versammlungsfreiheit** f libertà f di riunione

Versand [fɛɐ'zant] <-(e)s> kein Pl m ❶ (das Versenden) spedizione f, invio m ❷ (~ abteilung) reparto m spedizioni; **Versandabteilung** f reparto m [o servizio m] spedizioni; **Versandanschrift** <-, -en> f indirizzo m di spedizione

versanden <ohne ge-> vi sein insabbiarsi

Versandhandel m vendita f per corrispondenza; **Versandhaus** n ditta f di vendita per corrispondenza; **Versandhauskatalog** m catalogo m di vendita per corrispondenza; **Versandkosten** pl spese fpl di spedizione

versandt [fɛɐ'zant] pp von **versenden**

Versandtasche f busta f postale

versandte 1. u 3. pers sing imp von **versenden**

versank 1. u 3. pers sing imp von **versinken**

versauen <ohne ge-> vt (sl) ❶ (schmutzig machen) sporcare, insudiciare ❷ (verderben) rovinare

versaufen <versäuft, versoff, versoffen> (fam) I. vt haben (Geld) spendere ubriacandosi; **seinen Verstand ~** rincretinire a forza di bere II. vi sein (ertrinken) affogare, annegare; (Motor) ingolfarsi

versäumen <ohne ge-> vt ❶ (Zug, Gelegenheit) perdere ❷ (Unterricht) mancare a; (Pflicht) trascurare; **nicht ~ etw zu tun** non mancare di fare qc; **Versäumnis** <-ses, -se> n omissione f, dimenticanza f

verschaffen <ohne ge-> I. vt procurare; **was verschafft mir die Ehre?** (geh) a cosa devo l'onore? II. vr sich dat **etw ~** procurarsi qc; **sich** dat **Respekt ~** farsi rispettare

verschalen <ohne ge-> vt rivestire di legno

verschämt adj vergognoso

verschandeln <ohne ge-> vt deturpare

verschanzen <ohne ge-> I. vt (MIL) trincerare **II.** *vr* **sich** ~ trincerarsi; **sich hinter Ausflüchten** ~ trincerarsi dietro pretesti

verschärfen <ohne ge-> **I.** *vt* intensificare; (*Tempo*) accelerare; (*verschlimmern*) aggravare; (*Strafe, Lage*) inasprire; (*Spannungen*) aumentare, acuire **II.** *vr* **sich** ~ intensificarsi; (*sich verschlimmern*) aggravarsi; (*Lage*) inasprirsi; (*Spannungen*) aumentare, acuirsi; (*Krise*) acutizzarsi; **Verschärfung** <-, -en> *f* (*Spannung*) inasprimento *m*; (*Tempo*) accelerazione *f*; (*Lage*) aggravamento *m*, peggioramento *m*

verscharren <ohne ge-> *vt* sotterrare

verschätzen <ohne ge-> *vr* **sich** ~ sbagliarsi nel valutare

verscheiden <verscheidet, verschied, verschieden> *vi sein* (*geh: sterben*) spirare

verschenken <ohne ge-> *vt* regalare, dare in regalo

verscherzen <ohne ge-> *vr* **sich** *dat* **etw** ~ giocarsi qc

verscheuchen <ohne ge-> *vt* scacciare

verscheuern <ohne ge-> *vt* (*fam*) svendere

verschicken <ohne ge-> *vt* ❶ (*Post*) spedire ❷ (*zur Erholung*) mandare

verschiebbar *adj* scorrevole

Verschiebebahnhof *m* stazione *f* di smistamento

verschieben <irr, ohne ge-> *vt* ❶ (*verrücken*) **etw** (**um einen Meter**) ~ spostare qc (di un metro) ❷ (*aufschieben*) **etw** (**auf nächste Woche**) ~ rinviare qc (alla settimana prossima); **etw** (**um eine Woche**) ~ rinviare qc (di una settimana) ❸ (*fam: Devisen, Waren*) vendere di contrabbando

Verschiebung <-, -en> *f* ❶ (*Aufschiebung*) rinvio *m*, differimento *m* ❷ (*das Verrücken*) spostamento *m*

verschied *1. u 3. pers sing imp von* **verscheiden**

verschieden [fɛɐ̯ˈʃiːdən] *adj* ❶ (*unterschiedlich*) diverso, differente; (~*artig*) svariato; **das ist** ~ dipende dai casi; **sie sind** ~ **groß** sono di diversa grandezza ❷ (*mehrere, einige*) vario; **Verschiedenes** diverse cose; **verschiedenartig** *adj* ❶ (*ungleichartig*) disparato, eterogeneo ❷ (*mannigfaltig*) vario, svariato, diverso; **Verschiedenartigkeit** <-, -en> *f* ❶ (*Unterschiedlichkeit*) disparità *f*, differenza *f* ❷ (*Vielfalt*) varietà *f*; **Verschiedenheit** <-, -en> *f* ❶ (*Unterschiedlichkeit*) diversità *f*, differenza *f*; (*Unähnlichkeit*) disuguaglianza *f* ❷ (*Mannigfaltigkeit*) varietà *f*, molteplicità *f*; **verschiedentlich** [fɛɐ̯ˈʃiːdn̩tlɪç] *adv* diverse volte

verschießen <verschießt, verschoss, verschossen> **I.** *vt haben* ❶ (*Munition*) consumare sparando ❷ (*fam: Filme*) fare ❸ (SPORT) mancare il tiro; (*Elfmeter*) fallire **II.** *vr* **sich** ~ (*fam: sich verlieben*) prendere una cotta (*in* +*acc* per) **III.** *vi sein* (*Farbe, Stoff*) sbiadire, scolorare

verschiffen <ohne ge-> *vt* imbarcare

verschimmeln <ohne ge-> *vi sein* ammuffire

verschlafen¹ <irr, ohne ge-> **I.** *vt* ❶ (*schlafend verbringen*) passare dormendo ❷ (*fam: versäumen*) dimenticare **II.** *vi* non svegliarsi in tempo

verschlafen² *adj* assonnato; (*a fig*) sonnolento

Verschlag *m* capanna *f*, rimessa *f*

verschlagen **I.** <irr, ohne ge-> *vt* ❶ (*mit Brettern*) chiudere con assi; (*mit Nägeln*) inchiodare ❷ (*nehmen: Atem*) mozzare; **das verschlug mir die Sprache/den Appetit** mi mancò la parola/l'appetito ❸ (*an einen Ort*) gettare, sbattere **II.** *adj* (*schlau, listig*) scaltro, astuto; **Verschlagenheit** <-> *kein Pl f* (*Schlauheit, List*) scaltrezza *f*, astuzia *f*

verschlang *1. u 3. pers sing imp von* **verschlingen**

verschlanken *vt* assottigliare; **die Kosten** ~ assottigliare le spese

verschlechtern <ohne ge-> **I.** *vt* ❶ (*schlechter machen*) peggiorare, deteriorare ❷ (*verschlimmern*) aggravare **II.** *vr* **sich** ~ peggiorare; (*Lage a*) aggravarsi; **Verschlechterung** <-, -en> *f* peggioramento *m*, deterioramento *m*

verschleiern <ohne ge-> **I.** *vt* ❶ (*mit Schleier verhüllen, a Blick*) velare ❷ (*fig: nicht genau erkennen lassen*) dissimulare, nascondere, celare **II.** *vr* **sich** ~ velarsi; (*Himmel*) coprirsi

Verschleierungstaktik *f* tattica *f* di camuffamento

Verschleiß [fɛɐ̯ˈʃlaɪs] <-es, -e> *m* usura *f*

verschleißen <verschleißt, verschliss, verschlissen> **I.** *vt haben* logorare **II.** *vi sein* logorarsi

Verschleißerscheinung *f* traccia *f* di usura

Verschleißfestigkeit *f* (TEC) resistenza *f* all'usura

verschleppen <ohne ge-> *vt* ❶ (*Personen*) deportare; (*entführen*) rapire ❷ (*Krankheit*) trascinarsi ❸ (*weiterverbreiten*) propagare ❹ (*hinauszögern*) tirare per le lunghe

Verschleppung <-, -en> *f* ❶ (*von Personen*) deportazione *f*; (*Entführung*) rapimento m ❷(*von Krankheit*) trascinarsi m ❸(*Weiterverbreitung*) propagazione f ❹(*Verzögerung*) protrazione f; **Verschleppungstaktik** f ostruzionismo m

verschleudern <ohne ge-> vt ❶(*Waren*) svendere ❷(*pej: Geld*) dissipare, scialacquare

verschlief *1. u 3. pers sing imp von* **verschlafen**

verschließbar *adj* chiudibile

verschließen <irr, ohne ge-> I. vt ❶(*abschließen*) chiudere ❷(*wegschließen*) mettere sotto chiave II. vr **sich ~** jdm ~ non aprirsi a qu; **sich einer Sache** dat [o **gegen etw**] ~ rifiutarsi di riconoscere qc

verschlimmern <ohne ge-> I. vt aggravare, peggiorare II. vr **sich ~** aggravarsi, peggiorare; **Verschlimmerung** <-, -en> f aggravamento m, peggioramento m

verschlingen <irr, ohne ge-> I. vt (a fig) divorare II. vr **sich ~** intrecciarsi

verschliss[RR] [fɛɐ̯ˈʃlɪs], **verschliß**[ALT] *1. u 3. pers sing imp von* **verschleißen**

verschlissen [fɛɐ̯ˈʃlɪsən] I. pp von **verschleißen** II. adj logoro, consunto, liso

verschlossen [fɛɐ̯ˈʃlɔsən] adj (*Person*) riservato, chiuso

verschlucken <ohne ge-> I. vt ❶(a fig: *unterdrücken*) inghiottire ❷(*fig: Wörter, Sätze*) mangiare II. vr **sich ~** andare di traverso; **ich habe mich verschluckt** mi è andato di traverso

verschlug *1. u 3. pers sing imp von* **verschlagen**

verschlungen [fɛɐ̯ˈʃlʊŋən] adj (*Weg*) tortuoso

Verschluss[RR] m, **Verschluß**[ALT] m chiusura f; (*Schloss*) serratura f; (*Deckel*) coperchio m; (*Stöpsel*) tappo m; **etw unter ~ halten** tenere qc sotto chiave

verschlüsseln <ohne ge-> vt cifrare; (INFORM) codificare; **verschlüsselte Daten** (INFORM) dati in codice

verschlüsselt adj cifrato, in codice; **eine ~e Botschaft** un messaggio cifrato; **~e Daten** (INFORM) dati in codice; **Verschlüsselung** <-, -en> f (INFORM) codificazione f

verschmachten <ohne ge-> vi sein (fig) languire; **vor Durst/Hunger ~** morire di sete/fame

verschmähen [fɛɐ̯ˈʃmɛːən] <ohne ge-> vt (geh) (dis)degnare; (*ablehnen*) rifiutare

verschmelzen <irr, ohne ge-> I. vt haben fondere II. vi sein fondersi

verschmerzen <ohne ge-> vt consolarsi di, darsi pace di; **das ist leicht zu ~** non è una gran perdita

verschmieren <ohne ge-> vt ❶(*zuschmieren*) colmare spalmando ❷(*verstreichen*) spalmare ❸(*schmierig machen*) imbrattare

verschmitzt [fɛɐ̯ˈʃmɪtst] adj malizioso, scaltro; **Verschmitztheit** <-> *kein Pl* f malizia f, scaltrezza f, furbizia f

verschmoren <ohne ge-> vi sein ❶(EL) fondersi ❷(*Braten*) scuocere

verschmutzen <ohne ge-> I. vt haben sporcare, insudiciare; (*Umwelt*) inquinare II. vi sein sporcarsi; **verschmutzt** adj sporco; (*Umwelt*) inquinato; **Verschmutzung** <-, -en> f imbrattamento m; (*Umwelt~*) inquinamento m

verschnaufen <ohne ge-> vi riprendere fiato; **Verschnaufpause** f pausa f per riprendere fiato

verschneit adj innevato

Verschnitt m ❶(*Abfälle*) sfridi mpl ❷(*von Rum, Wein*) taglio m

verschnörkelt adj pieno di arabeschi

verschnupft adj ❶(*erkältet*) raffreddato ❷(*fig fam: verärgert*) seccato

verschnüren <ohne ge-> vt legare con spago; **Verschnürung** <-, -en> f ❶ sing (*Verschnüren*) legare m (con spago) ❷(*Schnur*) spago m

verschob *1. u 3. pers sing imp von* **verschieben**

verschollen [fɛɐ̯ˈʃɔlən] adj disperso, scomparso

verschonen <ohne ge-> vt risparmiare; **jdn mit etw ~** risparmiare qc a qu; **von etw verschont bleiben** liberarsi di qc

verschönern [fɛɐ̯ˈʃøːnɐn] <ohne ge-> vt abbellire, (ad)ornare

verschoß[ALT] *1. u 3. pers sing imp von* **verschießen**

verschoss[RR] *1. u 3. pers sing imp von* **verschießen**

verschossen [fɛɐ̯ˈʃɔsən] pp von **verschießen**

verschränken [fɛɐ̯ˈʃrɛŋkən] <ohne ge-> vt (*Arme*) incrociare; (*Beine*) accavallare

verschreiben <irr, ohne ge-> I. vt ❶(MED) prescrivere ❷(*Papier*) consumare II. vr **sich ~** ❶(*falsch schreiben*) sbagliare scrivendo ❷(*sich widmen*) dedicarsi; **verschreibungspflichtig** adj soggetto a prescrizione medica

verschrie(e)n [fɛɐ̯ˈʃriː(ə)n] adj malfamato

verschroben [fɛɐ̯ˈʃroːbən] adj stravagante, eccentrico

verschrotten <ohne ge-> vt demolire, ridurre in rottami; (MOT) rottamare; **Verschrottung** <-, -en> f demolizione f, rottamazione *f*; **Verschrottungsprämie** *f* ecocontributo *m*

verschüchtern <ohne ge-> *vt* intimidire

verschüchtert [fɛɐ̯ˈʃʏçtɛt] *adj* intimidito; (*schüchtern*) timido

verschulden <ohne ge-> I. *vt haben* causare, provocare II. *vi sein o vr* **sich** ~ indebitarsi; **hoch verschuldet sein** essere indebitato fino al collo; **Verschulden** <-s> *kein Pl n* colpa *f*; **ohne mein** ~ senza colpa da parte mia

verschuldet *adj* indebitato; **hoch** ~ **sein** essere indebitato fino al collo; **Verschuldung** <-> *kein Pl f* indebitamento *m*

verschütten <ohne ge-> *vt* ❶ (*versehentlich ausschütten*) versare, spargere ❷ (*unter sich begraben*) seppellire

verschwägert [fɛɐ̯ˈʃvɛːɡɐt] *adj* imparentato

verschweigen <irr, ohne ge-> *vt* tacere; **jdm etw** ~ tacere qc a qu

verschweißen <ohne ge-> *vt* saldare

verschwenden [fɛɐ̯ˈʃvɛndən] <ohne ge-> *vt* prodigare, sperperare

Verschwender(in) <-s, -; -, -nen> *m(f)* scialacquatore, -trice *m, f*, dissipatore, -trice *m, f*

verschwenderisch *adj* ❶ (*Mensch*) prodigo, dissipato ❷ (*üppig*) ricco, abbondante

Verschwendung <-> *kein Pl f* sperpero *m*, dissipazione *f*; **Verschwendungssucht** *f* prodigalità *f*

verschwiegen [fɛɐ̯ˈʃviːɡən] *adj* ❶ (*Person*) discreto; (*zurückhaltend*) riservato ❷ (*Ort*) silenzioso, tranquillo; **Verschwiegenheit** <-> *kein Pl f* ❶ (*von Personen*) discrezione *f*; (*Zurückhaltung*) riservatezza *f* ❷ (*Verborgenheit*) segretezza *f*

verschwimmen <irr, ohne ge-> *vi sein* sfumare, confondersi

verschwinden <irr, ohne ge-> *vi sein* scomparire; (*gestohlen werden a*) sparire; **~d klein** infinitamente piccolo; **verschwinde!** (*fam*) sparisci!

Verschwinden <-s> *kein Pl n* scomparsa *f*, sparizione *f*

verschwistert [fɛɐ̯ˈʃvɪstɛt] *adj* affratellato

verschwitzen <ohne ge-> *vt* ❶ (*Kleidung*) impregnare di sudore ❷ (*fig fam: vergessen*) dimenticare

verschwitzt *adj* sudato, bagnato di sudore

verschwommen [fɛɐ̯ˈʃvɔmən] *adj* sfumato; (FOTO) sfocato; (*vage*) vago

verschworen [fɛɐ̯ˈʃvoːrən] *adj* giurato; **ein ~er Haufen** un gruppo affiatato di amici

verschwören <irr, ohne ge-> *vr* **sich** (**gegen jdn**) ~ congiurare (contro qu); **alles hat sich gegen mich verschworen** tutto congiura contro di me; **Verschwörer(in)** <-s, -; -, -nen> *m(f)* congiurato, -a *m, f*, cospiratore, -trice *m, f*; **Verschwörung** <-, -en> *f* congiura *f*, cospirazione *f*

versehen <irr, ohne ge-> I. *vt* ❶ (*ausstatten*) **jdn mit etw** ~ munire qu di qc; **etw mit seiner Unterschrift** ~ apporre la propria firma a qc ❷ (*ausüben*) esercitare II. *vr* **sich** ~ ❶ (*sich irren*) sbagliarsi, fare una svista ❷ (*sich gefasst machen*) **ehe man sich's versieht** quando meno lo si aspetta ❸ (*sich versorgen*) **sich mit etw** ~ rifornirsi di qc; **Versehen** <-s, -> *n* ❶ (*Irrtum*) errore *m*; (*kleiner Fehler*) svista *f*, inavvertenza *f*; (*Unachtsamkeit*) distrazione *f*; **aus** ~ inavvertitamente; **versehentlich** [fɛɐ̯ˈzeːəntlɪç] *adv* inavvertitamente

Versehrte [fɛɐ̯ˈzeːɐtə] <ein -r, -n, -n> *mf* invalido, -a *m, f*; **Versehrtenrente** *f* pensione *f* di invalidità

versenden <versendet, versendete *o* versandte, versendet *o* versandt> *vt* spedire, inviare

versengen <ohne ge-> *vt* (ab)bruciacchiare; (*bes. Stoff*) strinare

versenken <ohne ge-> *vt* ❶ (*Schiff*) affondare ❷ (TEC: *Schraube*) accecare

Versenkung *f* ❶ (*von Schiffen*) affondamento *m* ❷ (*fig: Meditation*) immergersi *m*, sprofondarsi *m* ❸ (THEAT) botola *f* ❹ (*Wend*) **in der** ~ **verschwinden** (*fig fam*) scomparire dalla scena; **aus der** ~ **auftauchen** (*fig fam*) ricomparire sulla scena

versessen [fɛɐ̯ˈzɛsən] *adj* **auf etw** *acc* ~ **sein** essere fanatico di qc; (*auf Süßigkeiten*) essere avido di qc; **Versessenheit** <-> *kein Pl f* avidità *f* (*auf+acc* di)

versetzen <ohne ge-> I. *vt* ❶ (*an andere Stelle*) spostare; (*Pflanze*) trapiantare; (*Wort, Buchstaben*) trasporre ❷ (*Beamten*) trasferire ❸ (*Schüler*) promuovere; **nicht versetzt werden** essere bocciato ❹ (*in Zustand bringen*) **jdn in Angst** ~ impaurire qu; **jdn in Wut** ~ far arrabbiare qu ❺ (*mischen*) mischiare; **etw mit etw** ~ mischiare qc con qc; **Wein mit Wasser** ~ tagliare il vino con l'acqua ❻ (*Schlag, Hieb, Stoß*) assestare; **jdm eins** ~ (*fam*) mollare un ceffone a qu ❼ (*verpfänden*) impegnare ❽ (*fam: vergeblich warten lassen*) mancare a un appuntamento con ❾ (*antworten*) rispondere II. *vr* **sich in jds Lage** ~ mettersi nei panni di qu

Versetzung <-, -en> f ❶ (an andere Stelle) spostamento m; (von Wort) trasposizione f ❷ (von Beamten) trasferimento m ❸ (von Schüler) promozione f ❹ (Vermischung) miscuglio m

verseuchen <ohne ge-> vt (mit Bakterien) infettare; (mit Gift) contaminare; (a fig) inquinare; **Verseuchung** <-, -en> f (Infektion) infezione f; (mit Gift) contaminazione f; (a fig) inquinamento m

Versfuß m piede m

Versicherer(in) <-s, -; -, -nen> m(f) assicuratore, -trice m, f

versichern <ohne ge-> I. vt ❶ (als gewiss hinstellen) (jdm) etw ~ assicurare qc (a qu) ❷ (Versicherung abschließen) jdn (gegen etw) ~ assicurare qu (contro qc) II. vr sich ~ ❶ (sich Gewissheit verschaffen) sich (einer Sache gen) ~ assicurarsi (di qc) ❷ (Versicherung abschließen) sich (gegen etw) ~ assicurarsi contro qc

Versicherte <ein -r, -n, -n> mf assicurato, -a m, f; **Versichertenkarte** f tesserino m sanitario

Versicherung f assicurazione f; **eine ~ abschließen** stipulare un'assicurazione; **Versicherungsbetrug** m frode f in assicurazione; **Versicherungsfall** m sinistro m; **Versicherungsgesellschaft** f società f di assicurazioni; **Versicherungsnehmer(in)** <-s, -; -, -nen> m(f) assicurato, -a m, f, contraente mf di un'assicurazione; **Versicherungspolice** <-, -n> f polizza f assicurativa; **Versicherungsprämie** f premio m di assicurazione; **Versicherungssumme** f capitale m assicurato; **Versicherungsvertreter(in)** m(f) agente mf assicuratore, -trice

versickern <ohne ge-> vi sein disperdersi

versiegeln <ohne ge-> vt ❶ (Brief) sigillare ❷ (Parkett) laccare

versiegen <ohne ge-> vi sein esaurirsi

versiert [vɛr'ziːɐt] adj **er ist sehr ~ in diesen Dingen** è molto esperto di queste cose

versilbern <ohne ge-> vt ❶ (TEC) argentare ❷ (fam: zu Geld machen) realizzare; **Versilberung** <-, rar -en> f argentatura f

versinken <irr, ohne ge-> vi sein ❶ (im Wasser) affondare; (im Schlamm, Schnee) sprofondare ❷ (sich hingeben) **in Gedanken versunken sein** essere assorto in pensieri

versinnbildlichen <ohne ge-> vt simboleggiare

Version [vɛr'zjoːn] <-, -en> f versione f

Versklavung <-, -en> f asservimento m

Versmaß n (LIT) metro m

versnobt adj (pej) snob

versoffen [fɛɐ'zɔfən] I. pp von **versaufen** II. adj ubriaco, sbronzo

versohlen <ohne ge-> vt jdn ~ (fam) sonare qu, sonargliele a qu

versöhnen [fɛɐ'zøːnən] <ohne ge-> I. vt (ri)conciliare, rappacificare II. vr sich ~ riconciliarsi, rappacificarsi; **versöhnlich** adj conciliante; (Worte) conciliativo; **Versöhnung** <-, -en> f (ri)conciliazione f

versonnen [fɛɐ'zɔnən] adj trasognato

versorgen <ohne ge-> I. vt ❶ (sich kümmern um) provvedere a; (Kranke) accudire, assistere ❷ (unterhalten) mantenere ❸ (beliefern) jdn (mit etw) ~ (ri)fornire qu (di qc) II. vr sich mit etw ~ procurarsi qc

Versorger(in) <-s, -; -, -nen> m(f) (WIRTSCH) fornitore, -trice m, f, sostenitore, -trice m, f

Versorgung <-, -en> f ❶ sing (Betreuung) cura f ❷ sing (Unterhalt) mantenimento m; (Alters~) previdenza f ❸ (Belieferung) rifornimento m; **versorgungsberechtigt** adj che ha diritto all'assistenza; **Versorgungslage** f situazione f degli approvvigionamenti

Verspannung <-, -en> f irrigidimento m, inasprimento m

verspäten <ohne ge-> vr sich ~ arrivare in ritardo; **sich um zehn Minuten ~** arrivare in ritardo di dieci minuti; **verspätet** I. adj tardivo II. adv in ritardo; **Verspätung** <-, -en> f ritardo m; (drei Minuten) ~ haben avere (tre minuti di) ritardo

verspeisen <ohne ge-> vt (geh) mangiare, consumare

versperren <ohne ge-> vt ❶ (blockieren) sbarrare, bloccare; **jdm die Aussicht ~** togliere la visuale a qu; **jdm den Weg ~** sbarrare la strada a qu ❷ (bes. A: verschließen) chiudere

verspielen <ohne ge-> I. vt ❶ (Geld) perdere (al gioco) ❷ (spielend verbringen) passare giocando II. vi (bei jdm) verspielt haben (fam) essere caduto in disgrazia (presso qu); **verspielt** adj ❶ (Kind, Katze) giocherellone ❷ (Muster) grazioso, carino

verspotten <ohne ge-> vt deridere, schernire; **Verspottung** <-, -en> f scherno m, presa f in giro, canzonatura f

versprechen <irr, ohne ge-> I. vt promettere; **viel ~d** promettente; **das Blaue vom Himmel ~** promettere mari e monti; **ihr Blick versprach nichts Gutes** il suo sguardo non prometteva niente di buono; **das Wetter verspricht schön zu werden** sembra che il tempo si metta al bello II. vr sich ~ (*beim Sprechen*) impaperarsi; **ich habe mich versprochen** è stato un lapsus; **sich** *dat* **etw von etw/jdm ~** (*erwarten*) aspettarsi qc da qc/qu; **Versprechen** <-s, -> *n* promessa *f;* **jdm ein ~ geben** promettere qc a qu; **ein ~ halten** mantenere una promessa; **Versprecher** <-s, -> *m* lapsus (linguae) *m*, papera *f;* **Versprechung** <-, -en> *f* promessa *f;* **jdn mit leeren ~en hinhalten** tenere a bada qu con vane promesse

verspüren <ohne ge-> *vt* sentire, provare

verstaatlichen <ohne ge-> *vt* nazionalizzare, statalizzare; (*kirchliche Einrichtung*) laicizzare; **Verstaatlichung** <-, -en> *f* nazionalizzazione *f*, statalizzazione *f;* (*von kirchlichen Einrichtungen*) secolarizzazione *f*

Verstädterung [fɛɐˈʃtɛ(:)tərʊŋ] <-, -en> *f* urbanizzazione *f*

Verstand [fɛɐˈʃtant] <-(e)s *kein Pl m* (*Denkfähigkeit*) intelletto *m*, intelligenza *f;* (*Urteilskraft*) giudizio *m;* (*Vernunft*) ragione *f;* (*gesunder Menschenverstand*) buon senso *m;* **den ~ verlieren** diventare pazzo, essere impazzito; **bei vollem ~ sein** essere completamente lucido; **das brachte ihn wieder zu ~** ciò lo ridusse alla ragione; **das geht über meinen ~** (*fam*) questo non lo capisco

verstand *1. u 3. pers sing imp von* **verstehen**; **verstanden** [fɛɐˈʃtandən] *pp von* **verstehen**

verstandesmäßig *adj* razionale

Verstandesmensch *m* razionalista *mf*

verständig [fɛɐˈʃtɛndɪç] *adj* ❶(*einsichtig*) giudizioso ❷(*vernünftig*) ragionevole ❸(*klug*) intelligente

verständigen <ohne ge-> **I.** *vt* informare; **jdn von** [*o* **über etw** *acc*] **~** avvertire qu di qc **II.** *vr* **sich ~** ❶(*sich verständlich machen*) farsi capire, comunicare ❷(*sich einigen*) **sich** (**mit jdm**) **über etw** *acc* **~** mettersi d'accordo (con qu) su qc; **Verständigung** <-> *kein Pl f* ❶(*Benachrichtigung*) informazione *f*, avviso *m* ❷(*Einigung*) intesa *f*, accordo *m* ❸(*Kommunikation*) comunicazione *f*

verständlich [fɛɐˈʃtɛntlɪç] *adj* ❶(*begreiflich, hörbar*) comprensibile; **leicht/ schwer ~ sein** essere facilmente/difficilmente comprensibile ❷(*einsehbar, fassbar*) intelligibile; **jdm etw ~ machen** far capire qc a qu; **sich ~ machen** farsi capire; **verständlicherweise** [fɛɐˈʃtɛntlɪçeˈvaɪzə] *adv* comprensibilmente

Verständlichkeit <-> *kein Pl f* comprensibilità *f*, intelligibilità *f;* (*Hörbarkeit*) udibilità *f*

Verständnis [fɛɐˈʃtɛntnɪs] <-ses> *kein Pl n* ❶(*Begreifen, Mitgefühl*) comprensione *f;* **dafür habe ich kein ~** questo non lo ammetto ❷(*Sinn, Gefühl*) sensibilità *f;* **verständnislos** *adj* privo di comprensione; **Verständnislosigkeit** <-> *kein Pl f* mancanza *f* di comprensione; **verständnisvoll** *adj* comprensivo

verstärken <ohne ge-> **I.** *vt* ❶(*stärker machen*) rinforzare, rafforzare ❷(*vermehren, vergrößern*) aumentare ❸(RADIO) amplificare **II.** *vr* **sich ~** ❶(*stärker werden*) rinforzarsi, rafforzarsi ❷(*sich vermehren*) aumentare, crescere; **Verstärker** <-s, -> *m* (TEC, EL, RADIO) amplificatore *m;* **Verstärkung** *f* ❶(*das Verstärken*) rafforzamento *m;* (MIL) rinforzo *m* ❷(*Vermehrung*) aumento *m* ❸(RADIO) amplificazione *f*

verstauben <ohne ge-> *vi sein* impolverarsi

verstauchen <ohne ge-> *vt* slogare; **sich** *dat* **die Hand ~** slogarsi la mano; **Verstauchung** <-, -en> *f* distorsione *f*, slogatura *f*, storta *f*

verstauen <ohne ge-> *vt* stipare, sistemare

Versteck [fɛɐˈʃtɛk] <-(e)s, -e> *n* nascondiglio *m;* **~ spielen** giocare a nascondino

verstecken <ohne ge-> **I.** *vt* nascondere; (*a fig*) dissimulare **II.** *vr* **sich ~** nascondersi; **Versteckspiel** *n* nascondino *m;* **versteckt** *adj* ❶(*verborgen*) nascosto ❷(*fig: Andeutung, Bemerkung*) velato; (*Lächeln*) furtivo; (*heimlich*) segreto

verstehen <irr, ohne ge-> **I.** *vt* ❶(*begreifen, hören*) comprendere, capire; **jdm etw zu ~ geben** far capire qc a qu; **~ Sie mich recht!** non mi fraintenda!; **verstanden?** (*fam*) capito? ❷(*gut können, beherrschen*) sapere, conoscere; **davon verstehst du nichts** non ne capisci niente ❸(*meinen*) intendere; **was versteht man unter Gehirnwäsche?** che cosa si intende per lavaggio del cervello? **II.** *vr* **sich ~** ❶(*sich vertragen*) andare d'accordo; **sich mit jdm ~** andare d'accordo con qu ❷(*beherrschen*) **sich auf etw** *acc* **~** intendersi di qc ❸(*selbstverständlich sein*) **das versteht sich** (**von selbst**) si capisce, è ovvio

versteifen <ohne ge-> *vr* **sich auf etw** *acc* **~** impuntarsi su qc

versteigen <versteigt, verstieg, verstiegen> *vr* **sich zu etw ~** avere l'ardire di fare qc, osare qc

Versteigerer <-s, -> *m* ufficiale *m* dell'asta pubblica; **versteigern** <ohne

verstehen

Verstehen signalisieren	segnalare di aver capito
(Ja, ich) verstehe!	(Sì,) capisco!/(Sì,) comprendo!
Genau!	Esattamente!
Ja, das kann ich nachvollziehen.	Sì, La/ti seguo.

Nichtverstehen signalisieren	segnalare di non aver capito
Was meinen Sie damit?	Che cosa intende dire?
Wie bitte? – Das habe ich eben akustisch nicht verstanden.	Come dice? – Non ho sentito.
Könnten Sie das bitte noch einmal wiederholen?	Potrebbe ripetere, per favore?
Versteh ich nicht!/Kapier ich nicht! (*fam*)	Non capisco!/Non ci arrivo! (*fam*)
(Entschuldigen Sie bitte, aber) das habe ich eben nicht verstanden.	(Chiedo scusa, ma) quest'ultima cosa non l'ho capita.
Ich kann Ihnen nicht ganz folgen.	Non riesco a seguirLa.

kontrollieren, ob man akustisch verstanden wird	controllare se si viene sentiti
(*an ein Publikum*): Verstehen Sie mich alle?	(*ad un pubblico*): Riuscite a sentirmi?
(*am Telefon*): Können Sie mich hören?	(*al telefono*): Mi sente?/Riesce a sentirmi?
(*am Telefon*): Verstehen Sie, was ich sage?	(*al telefono*): Riesce a sentire quello che dico?

ge-> *vt* vendere all'asta
Versteigerung *f* (vendita *f* all')asta *f*, incanto *m*
versteinern <ohne ge-> *vi sein* (*zu Stein werden*) pietrificarsi; (*fig*) impietrire; **Versteinerung** <-, -en> *f* ❶ *sing* (*Vorgang*) pietrificazione *f* ❷ (*Gegenstand*) fossile *m*
verstellbar *adj* regolabile
verstellen <ohne ge-> **I.** *vt* ❶ (*an anderen Ort*) spostare, cambiare di posto ❷ (*versperren*) sbarrare ❸ (*Stimme, Handschrift*) contraffare ❹ (TEC) regolare **II.** *vr* sich ~ ❶ (TEC) sregolarsi, spostarsi ❷ (*fig: Mensch*) fingere, simulare
Verstellung *f* ❶ (TEC) regolazione *f* ❷ *sing* (*fig: von Mensch*) simulazione *f*, finzione *f*
versteppen *vi sein* diventare una steppa; **Versteppung** <-, -en> *f* trasformazione *f* in steppa
versteuern <ohne ge-> *vt* pagare le imposte su; **Versteuerung** <-, -en> *f* tassazione *f*
verstimmt *adj* ❶ (MUS) scordato ❷ (*Mensch*) di malumore; (*verärgert*) stiz-

zito, irritato ❸ (*Magen*) imbarazzato
Verstimmung <-, -en> *f* ❶ (MUS) scordatura *f* ❷ (*Meinungsverschiedenheit*) disaccordo *m*, disarmonia *f*
verstockt *adj* (*pej: trotzig*) ostinato; (*Sünder*) impenitente; **Verstocktheit** <-> *kein Pl f* (*Widerspenstigkeit*) ostinazione *f*; (*bei Sünder*) impenitenza *f*
verstohlen [fɛɐ̯ˈʃtoːlən] *adj* (*Blick, Lächeln*) furtivo; (*heimlich*) segreto
verstopfen <ohne ge-> **I.** *vt haben* ❶ (*Loch, Ritzen*) (ot)turare; (NAUT) calafatare; (*Ausguss, Straße*) intasare; (*Ohren*) turare, tappare ❷ (MED) costipare **II.** *vi sein* intasarsi; **verstopft** *adj* ❶ (*Nase, Straße, Ausguss*) intasato ❷ (*verschlossen*) turato ❸ (MED) stitico, costipato; **Verstopfung** <-> *kein Pl f* ❶ (*Verschließung*) otturazione *f* ❷ (*von Straße, Ausguss*) intasamento *m* ❸ (MED) stitichezza *f*, costipazione *f*
verstorben [fɛɐ̯ˈʃtɔrbən] *adj* deceduto, defunto; **der Verstorbene** il defunto
verstört *adj* sconvolto, stravolto; (*verwirrt*)

turbato

Verstoß *m* trasgressione *f;* **ein ~ gegen die Verkehrsordnung** un'infrazione al codice della strada

verstoßen <irr, ohne ge-> **I.** *vt* (*vertreiben*) scacciare; **jdn aus dem Elternhaus ~** scacciare qu dalla casa paterna **II.** *vi* **gegen etw ~** contravvenire a qc; **gegen das Gesetz ~** infrangere la legge

verstrahlt *adj* irradiato

verstreichen <irr, ohne ge-> **I.** *vi sein* (*geh: Zeit*) passare; (*Frist*) scadere **II.** *vt* haben **❶** (*Farbe, Salbe*) **etw** (**auf etw** *acc*) **~** spalmare qc (su qc) **❷** (*Fugen, Ritzen*) otturare; (*verspachteln*) stuccare

verstreuen <ohne ge-> *vt* **❶** (*ausstreuen*) spargere; (*unsystematisch*) sparpagliare **❷** (*versehentlich*) versare, rovesciare

verstreut [fɛɐ̯ˈʃtrɔɪt] *adj* (*Gehöfte, Ortschaften*) sparso, sparpagliato, disseminato

verstricken <ohne ge-> **I.** *vt* **❶** (*Wolle*) adoperare lavorando a maglia **❷** (*geh: fig: verwickeln*) coinvolgere **II.** *vr* **sich ~ ❶** (*falsch stricken*) sbagliarsi lavorando a maglia **❷** (*fig*) **sich** (**in etw** *acc*) **~** impegolarsi (in qc)

verströmen <ohne ge-> *vt* emanare

verstümmeln [fɛɐ̯ˈʃtʏmǝln] <ohne ge-> *vt* mutilare; **Verstümmelung** <-, -en> *f* mutilazione *f*

verstummen <ohne ge-> *vi sein* (*geh: Person*) ammutolire; (*Gesang, Geräusch*) cessare, tacere; **vor Schreck ~** ammutolire per la paura

Versuch [fɛɐ̯ˈzuːx] <-(e)s, -e> *m* **❶** (*Handlung*) tentativo *m;* **beim ersten ~** al primo tentativo; **das kommt auf einen ~ an** si tratta di provare **❷** (*wissenschaftlich*) esperimento *m,* prova *f*

versuchen <ohne ge-> **I.** *vt* **❶** (*probieren*) tentare; **~ etw zu tun** tentare di fare qc **❷** (*Speise, Getränke*) assaggiare **❸** (*geh: in Versuchung führen*) tentare; **versucht sein etw zu tun** essere tentato di fare qc **II.** *vr* **sich** (**an etw** *dat*) **~** cimentarsi (con qc)

Versuchsanlage *f* stazione *f* sperimentale; **Versuchsanordnung** *f* disposizione *f* sperimentale; **Versuchsballon** *m* pallone *m* sonda; **einen ~ steigen lassen** (*fig*) fare una prova; **Versuchsgelände** <-s> *n* campo *m* (di) prova; **Versuchskaninchen** *n* (*fig pej*) cavia *f;* **Versuchslauf** *m* **❶** (TEC) giro *m* di prova **❷** (SPORT) giro *m* di ricognizione; **Versuchsperson** *f* soggetto *m* (dell'esperimento); **Versuchsreihe** *f* serie *f* di espe-

rimenti; **Versuchsstadium** <-s, -stadien> *n* stadio *m* di sperimentazione; **Versuchsstrecke** *f* pista *f* di prova; **Versuchstier** *n* cavia *f;* **versuchsweise** *adv* in via sperimentale

Versuchung <-, -en> *f* tentazione *f;* **in ~ kommen** [*o geraten*] **etw zu tun** essere tentato di fare qc; **jdn in ~ führen** indurre qu in tentazione

versumpfen <ohne ge-> *vi sein* **❶** (*sumpfig werden*) impantanarsi **❷** (*fig fam: verwahrlosen*) cadere in basso, depravarsi **❸** (*fig fam: lange zechen*) fare bisboccia

versündigen <ohne ge-> *vr* (*geh*) **sich an etw** *dat* **~** peccare contro qc; **sich an jdm ~** fare un torto a qu

versunken [fɛɐ̯ˈzʊŋkǝn] *adj* **❶** (*gesunken*) affondato; (*Kultur*) sommerso **❷** (*fig*) immerso, assorto; (**ganz**) **in Gedanken ~ sein** essere (molto) pensoso, essere (profondamente) assorto in pensieri

versüßen <ohne ge-> *vt* (*fig*) addolcire

vertagen <ohne ge-> *vt* aggiornare, rinviare, rimandare; **Vertagung** *f* aggiornamento *m,* rinvio *m*

vertan [fɛɐ̯ˈtaːn] *pp von* **vertun**

vertat *1. u 3. pers sing imp von* **vertun**

vertauschen <ohne ge-> *vt* **etw** (**mit etw**) **~** scambiare qc (con qc)

verteidigen [fɛɐ̯ˈtaɪdɪɡǝn] <ohne ge-> **I.** *vt* difendere **II.** *vr* **sich** (**gegen jdn/etw**) **~** difendersi (da qu/qc)

Verteidiger(in) <-s, -; -, -nen> *m(f)* difensore, difenditrice *m, f*

Verteidigung <-> *kein Pl f* difesa *f;* **in der ~** sulla difensiva; **Verteidigungskrieg** *m* guerra *f* difensiva; **Verteidigungsminister(in)** *m(f)* ministro *m* della difesa; **Verteidigungsministerium** *n* ministero *m* della difesa; **Verteidigungsrede** *f* **❶** (JUR) arringa *f,* difesa *f* **❷** (*fig: Apologie*) apologia *f*

verteilen <ohne ge-> **I.** *vt* **❶** (*vergeben*) distribuire; (*zuteilen*) assegnare **❷** (*aufteilen*) ripartire, dividere **❸** (*Salbe*) spalmare **II.** *vr* **sich ~ ❶** (*zeitlich*) dividersi **❷** (*örtlich*) distribuirsi; **die Bevölkerung verteilt sich auf** [*o über*] **das Land** la popolazione si distribuisce sulla campagna

Verteiler <-s, -> *m* **❶** (*Person*) distributore *m* **❷** (*Betrieb*) azienda *f* erogatrice; **Verteilerkasten** *m* (EL) cassetta *f* di distribuzione; **Verteilerschlüssel** *m* chiave *f* di distribuzione; **Verteilersteckdose** <-, -n> *f* (EL) presa *f* multipla

Verteilung *f* **❶** (*das Verteilen,* WIRTSCH) distribuzione *f* **❷** (*Aufteilung*) ripartizione *f,* divisione *f*

verteuern <ohne ge-> I. *vt* rincarare II. *vr*
sich ~ rincarare
Verteuerung <-, -en> *f* rincaro *m;* ~ **um
3%** rincaro del 3%
vertiefen <ohne ge-> I. *vt* rendere più
profondo; (*a fig*) approfondire II. *vr* **sich ~**
❶ (*tiefer werden*) diventare più profondo
❷ (*fig*) **sich** (**in etw** *acc*) ~ immergersi (in
qc); **Vertiefung** <-, -en> *f* ❶ (*a fig*)
approfondimento *m;* (*Hohlraum*) cavità *f;*
(*Senke, Mulde*) avvallamento *m* ❷ *sing*
(*fig: Sichvertiefen*) approfondimento *m*
vertikal [vɛrti'ka:l] *adj* verticale
Vertikale [vɛrti'ka:lə] <-n, -n> *f* verticale *f;*
in der ~ n in verticale
vertilgen <ohne ge-> *vt* ❶ (*Unkraut*)
estirpare; (*Ungeziefer*) sterminare ❷ (*fam:
aufessen*) divorare
vertippen <ohne ge-> *vr* **sich ~** (*fam*)
sbagliare scrivendo a macchina
vertonen <ohne ge-> *vt* musicare, mettere in musica
vertrackt [fɛɐ'trakt] *adj* (*fam*) intricato
Vertrag [fɛɐ'tra:k, *pl:* fɛɐ'trɛ:gə] <-(e)s,
Verträge> *m* contratto *m;* (POL) trattato *m;*
einen ~ (**ab**)**schließen** stipulare un contratto; **jdn unter ~ nehmen** assumere qu
con contratto; **unter ~ stehen** essere soggetto a contratto; **~ von Amsterdam** (EU)
Trattato *m* di Amsterdam
vertragen <irr, ohne ge-> I. *vt* (*ertragen,
aushalten*) sopportare; (*dulden*) tollerare;
er kann viel ~ (*fam: beim Trinken*) regge
bene l'alcool II. *vr* **sich ~** ❶ (*sich verstehen*) **sich** (**mit jdm**) ~ andare d'accordo
(con qu) ❷ (*vereinbar sein*) **sich** (**mit
etw**) ~ essere compatibile (con qc)
vertraglich I. *adj* contrattuale II. *adv* per
contratto
verträglich [fɛɐ'trɛ:klıç] *adj* ❶ (*Mensch*)
conciliante, accomodante ❷ (*Speisen*)
digeribile; **Verträglichkeit** <-> *kein Pl f*
❶ (*von Speisen*) tollerabilità *f,* sopportabilità *f* ❷ (*von Personen*) sopportabilità *f*
Vertragsabschlussᴿᴿ *m* stipulazione *f*
di contratto; **Vertragsbruch** *m* violazione *f* del contratto; **vertragsbrüchig**
adj ~ **werden** violare un contratto; **ver-
tragschließend** *adj* ~ **e Partei** parte
contraente; **Vertragshändler** <-s, -> *m*
rivenditore *m* autorizzato, concessionario *m;* **Vertragspartner** *m* parte *f* contraente; **Vertragsverletzung** *f* violazione *f*
di contratto; **Vertragswerkstatt** *f* officina *f* convenzionata; **vertragswidrig**
adj contrario ai termini del contratto
vertrauen <ohne ge-> *vi* **jdm ~** fidarsi di
qu; **auf jdn/etw** ~ avere fiducia in qu/qc

Vertrauen <-s> *kein Pl n* fiducia *f;* ~ **erwe-
ckend** che ispira fiducia; ~ **zu jdm/etw
haben** avere fiducia in qu/qc; **jdn ins ~
ziehen** confidarsi con qu; **im ~** in confidenza; **im ~ darauf, dass ...** confidando
che +*conj*
vertrauenerweckend *adj* che ispira fiducia
Vertrauensarzt *m,* **Vertrauensärztin** *f*
medico *m* fiscale; **vertrauensbildend**
adj che crea fiducia; **Vertrauensbruch** *m*
trasgressione *f* del rapporto di fiducia; **Ver-
trauensfrage** *f* (PARL) questione *f* di fiducia; **die ~ stellen** porre la questione di
fiducia; **Vertrauenslehrer(in)** <-s, -; -,
-nen> *m(f)* insegnante *mf* di fiducia;
Vertrauensmann <-(e)s, -männer *o*
-leute> *m* uomo *m* di fiducia; **Vertrauensperson** *f* persona *f* di fiducia; **Ver-
trauenssache** *f* **das ist ~** è questione di
fiducia; **vertrauensselig** *adj* troppo fiducioso; (*leichtgläubig*) credulone; **Vertrau-
ensstellung** *f* posto *m* di fiducia; **Ver-
trauensverhältnis** *n* rapporto *m* di fiducia [*o* fiduciario]; **vertrauensvoll** *adj*
fiducioso; **sich ~ an jdn wenden** rivolgersi con fiducia a qu; **Vertrauensvotum** *n* (PARL) voto *m* di fiducia; **vertrauenswürdig** *adj* degno di fiducia, fidato;
Vertrauenswürdigkeit <-> *kein Pl f*
fidatezza *f*
vertraulich *adj* ❶ (*geheim*) confidenziale;
~ **e Mitteilung** confidenza ❷ (*vertraut*)
familiare, intimo; **Vertraulichkeit** <-,
-en> *f* ❶ *sing* (*Eigenschaft, Haltung*) riservatezza *f* ❷ (*Aufdringlichkeit*) invadenza *f;*
plumpe ~ en (*pej*) familiarità
verträumt *adj* trasognato
vertraut *adj* familiare; (*Freund*) intimo;
**sich mit dem Gedanken ~ machen,
dass ...** abituarsi all'idea che +*conj;* **sich
mit etw ~ machen** familiarizzarsi con qc,
impratichirsi in qc; **Vertraute** <ein -r, -n,
-n> *mf* confidente *mf*
vertreiben <irr, ohne ge-> *vt* ❶ (*Personen*) cacciare; (*von Besitz*) spossessare
❷ (*Schnupfen, Schlaf*) far passare; (*Durst*)
togliere; **sich** *dat* **die Zeit ~** far passare il
tempo ❸ (*verkaufen*) vendere, smerciare;
Vertreibung <-, -en> *f* espulsione *f;*
die ~ aus der Heimat l'espulsione dalla
patria
vertretbar *adj* ❶ (*Maßnahme, Standpunkt*) giustificabile, sostenibile ❷ (JUR)
fungibile
vertreten <irr, ohne ge-> I. *vt* ❶ (*ersetzen*) sostituire, rimpiazzare ❷ (*als Repräsentant*) rappresentare; (*als Bevollmächtig-*

ter) essere il rappresentante di ❸ (*Interessen*) difendere, curare; (JUR: *Klienten als Anwalt*) patrocinare ❹ (*Meinung, These*) sostenere ❺ (*zugegen sein*) ~ **sein** essere presente **II.** *vr* **sich** *dat* **die Füße** [*o* **Beine**] ~ sgranchirsi le gambe

Vertreter(in) <-s, -; -, -nen> *m(f)* ❶ (*Stell~*) sostituto, -a *m, f,* supplente *mf* ❷ (*Repräsentant, Handels~*) rappresentante *mf* ❸ (*Anhänger, Verfechter*) sostenitore, -trice *m, f*

Vertretung <-, -en> *f* ❶ (*Stell~*) sostituzione *f,* supplenza *f;* **die ~ von jdm übernehmen** fare supplenza a qu; **in ~** (**von**) (*in Briefen*) per ❷ (*Repräsentanz*) rappresentanza *f;* **diplomatische ~** rappresentanza diplomatica ❸ (COM: *Niederlassung*) agenzia *f*

Vertrieb *m* ❶ *sing* (*Verteilung*) distribuzione *f* ❷ (*Abteilung*) ufficio *m* vendite

Vertriebene [fɛɐ̯ˈtriːbənə] <-in -r, -n, -n> *mf* profugo, -a *m, f*

Vertriebsabteilung *f* ufficio *m* vendite; **Vertriebskosten** *pl* (WIRTSCH) spese *fpl* di vendita; **Vertriebsleiter(in)** *m(f)* direttore, -trice *m, f* delle vendite

vertrocknen <ohne ge-> *vi sein* (dis)seccare; (*fig*) inaridire

vertrocknet [fɛɐ̯ˈtrɔknət] *adj* secco, appassito

vertrödeln <ohne ge-> *vt* (*fam pej: Zeit*) sprecare, sciupare

vertrösten <ohne ge-> *vt* **jdn auf später** ~ far sperare qu nel dopo

vertrotteln <ohne ge-> *vi sein* (*fam*) rincitrullire, rimbambire; **vertrottelt** [fɛɐ̯ˈtrɔtəlt] *adj* rincitrinito, rimbecillito

vertrug *1. u 3. pers sing imp von* **vertragen**

vertun <irr, ohne ge-> **I.** *vt* (*vergeuden*) sciupare **II.** *vr* **sich** ~ (*fam*) sbagliarsi

vertuschen <ohne ge-> *vt* (*fam*) nascondere, occultare; (*Skandal*) soffocare; **Vertuschung** <-, -en> *f* occultamento *m*

verübeln <ohne ge-> *vt* **jdm etw** ~ volerne a qu per qc

verüben <ohne ge-> *vt* commettere, perpetrare

verulken <ohne ge-> *vt* (*fam*) canzonare

verunfallen <ohne ge-> *vi sein* (CH: *verunglücken*) infortunarsi, avere un incidente

verunglimpfen [fɛɐ̯ˈʔʊŋlɪmpfən] <ohne ge-> *vt* ❶ (*beleidigen*) offendere ❷ (*schmähen*) denigrare

verunglücken <ohne ge-> *vi sein* ❶ (*Person*) infortunarsi; (*a Fahrzeuge*) avere un incidente; **tödlich** ~ morire in un incidente

❷ (*scherz: missraten*) non riuscire

verunmöglichen [fɛɐ̯ʊnˈmøːklɪçən] <ohne ge-> *vt* (CH: *verhindern*) impedire, ostacolare

verunreinigen <ohne ge-> *vt* sporcare, insudiciare; (*Umwelt*) inquinare, contaminare; **Verunreinigung** *f* ❶ (*geh: von Kleidung, Fußboden*) insudiciare *m* ❷ (*von Umwelt*) inquinamento *m,* contaminazione *f*

verunsichern <ohne ge-> *vt* rendere insicuro

verunsichert [fɛɐ̯ˈʔʊnzɪçɐt] *adj* (*verwirrt*) confuso; (*unsicher*) insicuro

Verunsicherung <-> *kein Pl f* (*Verwirrung*) insicurezza *f,* incertezza *f;* (*Zweifel*) dubbio *m*

verunstalten [fɛɐ̯ˈʔʊnʃtaltən] <ohne ge-> *vt* sfigurare, deturpare

veruntreuen <ohne ge-> *vt* (JUR) appropriarsi indebitamente, sottrarre; **Veruntreuung** <-, -en> *f* (JUR) appropriazione *f* indebita, sottrazione *f*

verursachen <ohne ge-> *vt* causare, provocare; (*Skandal, Zorn*) suscitare

Verursacher(in) <-s, -; -, -nen> *m(f)* autore, -trice *m, f,* causa *f;* **Verursacherprinzip** *n* principio secondo cui colui che *causa il danno è chiamato a risarcirlo*

verurteilen <ohne ge-> *vt* (*allg,* JUR) condannare; **jdn zum Tode** ~ condannare qu a morte; **zum Scheitern verurteilt** destinato a fallire; **Verurteilung** <-, -en> *f* (*allg,* JUR) condanna *f*

vervielfachen <ohne ge-> *vt* moltiplicare

vervielfältigen [fɛɐ̯ˈfiːlfɛltɪgən] <ohne ge-> *vt* riprodurre; (*fotokopieren*) fotocopiare; **Vervielfältigung** <-, -en> *f* ❶ *sing* (*Kopieren*) riproduzione *f* ❷ (*Kopie*) copia *f*

vervierfachen <ohne ge-> *vt* quadruplicare

vervollkommnen [fɛɐ̯ˈfɔlkɔmnən] <ohne ge-> *vt* perfezionare; **Vervollkommnung** <-> *kein Pl f* perfezionamento *m*

vervollständigen <ohne ge-> *vt* completare; **Vervollständigung** <-> *kein Pl f* completamento *m*

verw. *abk v* **verwitwet** vedovo, -a

verwählen <ohne ge-> *vr* **sich** ~ (*fam*) sbagliare numero

verwahren <ohne ge-> **I.** *vt* (*aufbewahren*) custodire, conservare **II.** *vr* **sich gegen etw** ~ protestare contro qc

verwahrlost [fɛɐ̯ˈvaːɐ̯loːst] *adj* ❶ (*vernachlässigt*) abbandonato; (*Mensch, Äußeres*) trascurato ❷ (*moralisch*) depravato; **Verwahrlosung** [fɛɐ̯ˈvaːɐ̯loːzʊŋ]

<-> *kein Pl f* ❶ (*Vernachlässigung*) trascuratezza *f,* abbandono *m* ❷ (*moralisch*) depravazione *f*

Verwahrung <-> *kein Pl f* custodia *f;* **in ~ nehmen** prendere in custodia

verwaist *adj* ❶ (*elternlos*) orfano ❷ (*fig: verlassen*) abbandonato

verwalten <ohne ge-> *vt* ❶ (*Besitz, Erbe*) amministrare ❷ (*Amt*) ricoprire, esercitare ❸ (POL: *Gemeinde*) governare ❹ (*Betrieb, Firma*) gestire

Verwalter(in) <-s, -; -, -nen> *m(f)* amministratore, -trice *m, f;* (*Treuhänder*) fiduciario, -a *m, f*

Verwaltung <-, -en> *f* amministrazione *f;* **Verwaltungsapparat** *m* apparato *m* amministrativo; **Verwaltungsbeamte** *m,* **Verwaltungsbeamtin** *f* funzionario, -a *m, f* amministrativo, -a; **Verwaltungsbehörde** *f* autorità *f* amministrativa; **Verwaltungsbezirk** *m* circoscrizione *f* amministrativa; **Verwaltungsgericht** *n* tribunale *m* amministrativo; **Verwaltungsgerichtshof** <-(e)s, -höfe> *m* tribunale *m* amministrativo

Verwaltungswissenschaft *f* scienze *f* amministrative

verwand *1. u 3. pers sing imp von* **verwinden**

verwandeln <ohne ge-> **I.** *vt* ❶ (*allg*) **etw (in etw** *acc***) ~** trasformare qc (in qc); **sie ist wie verwandelt** è come trasformata ❷ (CHEM, PHYS) convertire **II.** *vr* **sich (in jdn/etw) ~** trasformarsi (in qu/qc); **Verwandlung** *f* trasformazione *f*

verwandt [fɛɐ̯'vant] *adj* ❶ (*von gleicher Abstammung*) (**mit jdm**) **~ sein** essere imparentato (con qu) ❷ (*fig: von ähnlicher Art*) (**mit etw**) **~ sein** essere affine (a qc)

Verwandte <ein -r, -n, -n> *mf* parente *mf;* **die ~n** la parentela, i congiunti; **entfernter/naher ~r** parente lontano/stretto; **er ist ein ~r von mir** [*o* **mein ~r**] è (un) mio parente

verwandte *1. u 3. pers sing imp von* **verwenden**

Verwandtschaft <-, -en> *f* ❶ (*Familie, Beziehung*) parentela *f* ❷ (*fig: Ähnlichkeit*) affinità *f;* **die ~ mit** [*o* **zu**] **...** l'affinità con **...**; **verwandtschaftlich** *adj* di parentela

verwarf *1. u 3. pers sing imp von* **verwerfen**

verwarnen <ohne ge-> *vt* avvertire; (SPORT) ammonire; **jdn gebührenpflichtig ~** fare una multa a qu; **Verwarnung** *f* avvertimento *m;* (SPORT) ammonizione *f;* **gebührenpflichtige ~** contravvenzione *f,*

multa *f*

verwaschen *adj* (*Farben*) slavato, sbiadito; (*Linien, Konturen*) indistinto

verwässern <ohne ge-> *vt* annacquare; (*fig*) diluire

verwechseln <ohne ge-> *vt* confondere; (*a vertauschen*) scambiare; **jdn (mit jdm) ~** scambiare qu per qu (altro); **die beiden sind sich zum Verwechseln ähnlich** i due si assomigliano come due gocce d'acqua; **Verwechs(e)lung** <-, -en> *f* confusione *f;* (*a Vertauschung*) scambio *m;* (*Irrtum*) errore *m*

verwegen [fɛɐ̯'ve:gən] *adj* temerario; (*a Kleidung*) audace, ardito; **Verwegenheit** <-> *kein Pl f* temerarietà *f,* audacia *f,* arditezza *f*

verwehen <ohne ge-> *vt haben* ❶ (*zuwehen*) **etw (mit Schnee) ~** coprire qc (di neve) ❷ (*wegwehen*) disperdere, dileguare

verwehren <ohne ge-> *vt* (**jdm**) **etw ~** vietare qc (a qu)

Verwehung <-, -en> *f* (*Schnee~*) cumulo *m* di neve; (*Sand~*) mucchio *m*

verweichlichen <ohne ge-> *vt haben o vi sein* rammollire

verweichlicht *adj* (*körperlich*) rammollito, smidollato; (*charakterlich*) effem(m)inato

Verweigerer <-s, -> *m,* **Verweigererin** <-, -nen> *f* ricusante *mf;* (*des Militärdienstes*) ob(b)iettore *m*

verweigern <ohne ge-> *vt* rifiutare; (*a Gesuch*) respingere, negare; **Verweigerung** *f* rifiuto *m*

verweilen <ohne ge-> *vi* (*geh*) ❶ (*sich aufhalten*) trattenersi ❷ (*fig*) soffermarsi; **bei einem Thema ~** soffermarsi su un argomento

verweint *adj* (*Augen*) lacrimoso; (*Gesicht*) gonfio di pianto

Verweis [fɛɐ̯'vaɪs] <-es, -e> *m* ❶ (*Tadel*) biasimo *m;* (*Rüge*) rimprovero *m;* **jdm einen ~ erteilen** biasimare qu ❷ (*in Buch*) rimando *m;* **ein ~ auf eine andere Seite** un rimando a un'altra pagina

verweisen <irr, ohne ge-> *vt* ❶ (*geh: tadeln*) biasimare, rimproverare ❷ (*hinweisen*) rimandare; **jdn auf etw** *acc* **~** rimandare qu a qc ❸ (*Auskunftsuchende*) indirizzare; **jdn an eine andere Abteilung ~** indirizzare qu in un altro reparto

Verweisungszeichen *n* (segno *m* di) rimando *m*

verwelken <ohne ge-> *vi sein* appassire

verwendbar *adj* utilizzabile; **vielseitig ~** pluriuso

verwenden I. *vt* usare; (*a Zeit, Geld*)

impiegare, adoperare **II.** *vr* sich (**bei jdm für jdn**) ~ (*geh*) adoperarsi (presso qu in favore di qu)

Verwendung *f* uso *m,* impiego *m;* ~ **finden** trovare utilizzazione; **für etw keine ~ haben** non avere utilizzazione per qc; **Verwendungszweck** *m* scopo *m,* uso *m*

verwerfen <irr, ohne ge-> **I.** *vt* (*ablehnen*) respingere; (*Idee, Plan*) rigettare **II.** *vr* sich ~ ❶ (*Holz*) incurvarsi ❷ (GEOL) fagliare; **verwerflich** *adj* riprovevole, biasimevole

verwertbar *adj* utilizzabile, riciclabile

verwerten <ohne ge-> *vt* (ri)utilizzare; (*ausnutzen*) sfruttare

Verwertung *f* (ri)utilizzazione *f;* (*Ausnutzung*) sfruttamento *m*

verwesen [fɛɡ'veːzən] <ohne ge-> *vi sein* putrefarsi, decomporsi

Verwestlichung [fɛɡ'vɛstlɪçʊŋ] <-> *f* occidentalizzazione *f*

Verwesung <-> *kein Pl f* putrefazione *f,* decomposizione *f*

verwickeln <ohne ge-> **I.** *vt* (*hineinziehen*) **jdn in etw** *acc* ~ coinvolgere qu in qc; **jdn in ein Gespräch** ~ attaccare discorso con qu **II.** *vr* sich ~ (*Wolle, Schnur, Fäden*) ingarbugliarsi; **sich in Widersprüche** *acc* ~ (*fig*) ingarbugliarsi in contraddizioni; **verwickelt** *adj* (*fig: kompliziert, schwierig*) intricato, complicato; **Verwick(e)lung** <-, -en> *f* ❶ (*Verwickeltsein*) **seine ~ in diese Affäre ist umstritten** non è chiaro se è implicato in questo scandalo ❷ (*Schwierigkeit*) intrico *m,* complicazione *f*

verwildern <ohne ge-> *vi sein* ❶ (*Garten*) inselvatichire; (*Tier*) inselvatichirsi ❷ (*fig: verrohen*) imbarbarirsi

verwildert *adj* ❶ (*Garten*) inselvatichito ❷ (*Tier*) inselvatichito ❸ (*Ausehen*) trascurato, trasandato; (*Kind*) inselvatichito

verwinden <verwindet, verwand, verwunden> *vt* **etw nicht ~ können** non potere superare [o rassegnarsi a] qc

verwirken <ohne ge-> *vt* (*geh*) perdere (*ein Recht* un diritto)

verwirklichen <ohne ge-> **I.** *vt* realizzare; (*Plan*) attuare **II.** *vr* sich ~ ❶ (*Wirklichkeit werden*) realizzarsi, attuarsi ❷ (*Mensch*) realizzarsi; **Verwirklichung** <-> *kein Pl f* realizzazione *f,* attuazione *f*

verwirren <ohne ge-> **I.** *vt* ❶ (*Fäden*) ingarbugliare; (*Haar*) scompigliare ❷ (*durcheinander bringen*) confondere; (*verstören*) turbare **II.** *vr* sich ~ ❶ (*Fäden*) ingarbugliarsi; (*Haar*) arruffarsi ❷ (*fig*) confondersi, turbarsi

verwirrend *adj* sconcertante, che confonde

Verwirrung <-, -en> *f* ❶ (*Durcheinander*) confusione *f* ❷ (*Verstörtheit*) turbamento *m*

verwischen <ohne ge-> **I.** *vt* cancellare **II.** *vr* sich ~ cancellarsi, sfumare

verwittern <ohne ge-> *vi sein* disgregarsi

verwitwet *adj* vedovo

verwöhnen [fɛɡ'vøːnən] <ohne ge-> *vt* viziare

verwöhnt [fɛɡ'vøːnt] *adj* ❶ (*Kind*) viziato, capriccioso ❷ (*anspruchsvoll*) esigente; (*Geschmack*) raffinato

verworfen [fɛɡ'vɔrfən] *adj* (*geh*) abietto; **Verworfenheit** <-> *kein Pl f* abiezione *f*

verworren [fɛɡ'vɔrən] *adj* confuso

verwundbar *adj* vulnerabile

verwunden <ohne ge-> *vt* ferire

verwunderlich *adj* ❶ (*erstaunlich*) sorprendente ❷ (*sonderbar*) strano

verwundern <ohne ge-> *vt* meravigliare, stupire; **verwundert** *adj* meravigliato, sorpreso; **Verwunderung** <-> *kein Pl f* meraviglia *f,* stupore *m;* **zu meiner ~ con** mia meraviglia

verwundet *adj* ferito; **Verwundete** <ein -r, -n, -n> *mf* ferito, -a *m, f;* **Verwundung** <-, -en> *f* ferita *f*

verwunschen *adj* incantato

verwünschen <ohne ge-> *vt* maledire; **verwünscht** *adj* ❶ (*verflucht*) maledetto ❷ (*verhext*) dannato; **Verwünschung** <-, -en> *f* maledizione *f,* bestemmia *f;* ~ **en ausstoßen** imprecare, bestemmiare

verwursten [fɛɡ'vʊrstən] *vt* (*fam: verarbeiten*) **etw zu etw** ~ rielaborare qc in qualcos'altro

verwurzelt *adj* (*a fig*) (**in jdm/etw**) ~ **sein** essere radicato (in qu/qc)

verwüsten <ohne ge-> *vt* devastare; **Verwüstung** <-, -en> *f* devastazione *f*

verzählen <ohne ge-> *vr* sich ~ sbagliarsi nei conti

verzahnen <ohne ge-> *vt* ❶ (TEC) dentare ❷ (*fig: verbinden*) concatenare; **Verzahnung** <-, -en> *f* (TEC) dentatura *f*

verzaubern <ohne ge-> *vt* incantare; (*fig a*) ammaliare; **jdn in etw** *acc* ~ trasformare qu in qc; **Verzauberung** <-, -en> *f* incantesimo *m,* malia *f*

verzehnfachen <ohne ge-> *vt* decuplicare

Verzehr [fɛɡ'tseːɡ] <-(e)s> *kein Pl m* consumazione *f*

verzehren <ohne ge-> **I.** *vt* consumare **II.** *vr* sich ~ (*geh*) struggersi; **sich vor Kummer** ~ struggersi dal dispiacere

verzeichnen <ohne ge-> *vt* ❶ (*aufzeichnen*) registrare ❷ (*falsch zeichnen*) disegnare male

Verzeichnis <-ses, -se> *n* lista *f,* elenco *m;* (*in Buch*) indice *m;* (*Register*) registro *m;* (INFORM) directory *f*

verzeigen <ohne ge-> *vt* (*CH: Anzeige erstatten*) denunciare; **Verzeigung** <-, -e> *f* (*CH*) denuncia *f*

verzeihen [fɛɐ̯'tsaɪən] <verzeiht, verzieh, verziehen> *vt* (**jdm**) **etw** ~ perdonare qc (a qu); ~ **Sie**! scusi!

verzeihlich *adj* perdonabile, scusabile

Verzeihung <-> *kein Pl f* perdono *m;* **jdn um** ~ **bitten** chiedere perdono a qu; ~! scusi!

verzerren <ohne ge-> *vt* ❶ (*Gesicht, Mund*) storcere ❷ (*Optisches*) deformare ❸ (*fig: verfälschen*) deformare, distorcere; **verzerrt** *adj* ❶ (*Gesicht, Tatsache*) deformato ❷ (*Sehne*) storto ❸ (*Bild*) alterato, mosso; (*Ton*) distorto, disturbato; **Verzerrung** *f* ❶ (RADIO) distorsione *f* ❷ (*von Optischem, fig*) deformazione *f*

verzetteln <ohne ge-> **I.** *vt* (*Kräfte*) disperdere; (*Zeit*) dissipare, sprecare **II.** *vr* **sich** ~ disperdersi

Verzicht [fɛɐ̯'tsɪçt] <-(e)s, -e> *m* rinuncia *f;* ~ **auf etw** *acc* rinuncia a qc; **verzichten** <ohne ge-> *vi* rinunciare; **auf etw** *acc* ~ rinunciare a qc; **Verzichtserklärung** <-, -en> *f* (JUR) (atto *m* di) rinuncia *f*

verzieh [fɛɐ̯'tsiː] *1. u 3. pers sing imp von* **verziehen**

verziehen¹ [fɛɐ̯'tsiːən] <irr, ohne ge-> **I.** *vt* **haben** ❶ (*Kind*) viziare, educare male ❷ (*Mund, Gesicht*) storcere; **keine Miene** ~ non batter ciglio, restare impassibile **II.** *vr* **sich** ~ ❶ (*Holz*) imbarcarsi, incurvarsi ❷ (*Gewitter, Wolken*) dispersi; (*Nebel*) dissiparsi ❸ (*fam: sich zurückziehen*) ritirarsi, dileguarsi; **verzieh dich**! (*sl*) sparisci! *fam* **III.** *vi* **sein** (*umziehen*) trasferirsi, traslocare

verziehen² *pp von* **verzeihen**

verzieren <ohne ge-> *vt* ornare; **Verzierung** <-, -en> *f* ornamento *m*

verzinsen <ohne ge-> **I.** *vt* pagare l'interesse su; **mit sechs Prozent verzinst sein** pagare un interesse del sei percento **II.** *vr* **sich** ~ fruttare un interesse

verzogen [fɛɐ̯'tsoːɡən] *adj* ❶ (*Holz, Tür*) deformato, malandato ❷ (*Kind*) viziato, maleducato ❸ (*umgezogen*) ~ **sein** essersi trasferito; **unbekannt** ~ trasferito senza lasciare recapito

verzögern <ohne ge-> **I.** *vt* ❶ (*verspäten*) ritardare; (*hinausschieben*) differire

❷ (*verlangsamen*) rallentare **II.** *vr* **sich** ~ ❶ (*später eintreten*) essere ritardato ❷ (*sich hinausziehen*) protrarsi; **Verzögerung** <-, -en> *f* ritardo *m*

verzollen <ohne ge-> *vt* sdoganare; **haben Sie etwas zu** ~? ha qualcosa da dichiarare?

verzückt *adj* estasiato; **Verzückung** <-, -en> *f* estasi *f;* **in** ~ **über etw** *acc* **geraten** andare in estasi per qc

Verzug *m* ritardo *m;* **in** ~ **geraten/sein** ritardare, essere in ritardo; (*mit Zahlung*) cadere/essere in mora; **Gefahr ist im** ~ c'è un pericolo imminente

verzweifeln <ohne ge-> *vi* **sein an jdm/ etw** ~ disperare di qu/qc; **es ist zum Verzweifeln**! c'è da disperarsi!

verzweifelt *adj* disperato

Verzweiflung <-> *kein Pl f* disperazione *f;* **jdn zur** ~ **bringen** portare qu alla disperazione; **aus** ~ per disperazione; **Verzweiflungstat** *f* atto *m* disperato

verzweigen <ohne ge-> *vr* **sich** ~ ramificarsi, diramarsi; **Verzweigung** <-, -en> *f* ❶ (*das Sichverzweigen*) ramificazione *f,* diramazione *f* ❷ (*CH: Kreuzung*) incrocio *m*

verzwickt [fɛɐ̯'tsvɪkt] *adj* (*fam*) ingarbugliato, complicato

Vesper¹ ['fɛspɐ] <-, -n> *f* (REL) vespro *m*

Vesper² <-s, -> *n* (*südd*) merenda *f;* **Vesperbrot** *n* (*südd*) merenda *f*

vespern <ohne ge-> *vi* (*südd*) far merenda

Vesuv [ve'zuːf] *m* (Monte *m*) Vesuvio *m*

Veteran [vete'raːn] <-en, -en> *m* ❶ (MIL) veterano *m* ❷ (*fig: langjähriger Mitarbeiter*) veterano, -a *m, f*

Veterinär(in) [veteri'nɛːɐ̯] <-s, -e; -, -nen> *m(f)* veterinario, -a *m, f;* **Veterinärmedizin** <-> *kein Pl f* veterinaria *f*

Veto ['veːto] <-s, -s> *n* veto *m;* **sein** ~ **gegen etw einlegen** opporre il proprio veto a qc; **Vetorecht** *n* diritto *m* di veto

Vetter ['fɛtɐ] <-s, -n> *m* cugino *m;* **Vetternwirtschaft** *f* (*pej*) nepotismo *m*

v-förmig ['faʊ̯fœrmɪç] *adj* a (forma di) V

vgl. *abk v* **vergleiche** cf., cfr.

v. H. *abk v* **vom Hundert** per cento

VHS [faʊ̯haː'ʔɛs] <-, -> *f abk v* **Volkshochschule** università *f* popolare

via ['viːa] *prp* via

Viadukt [via'dʊkt] <-(e)s, -e> *m o n* viadotto *m*

Vibration [vibra'tsi̯oːn] <-, -en> *f* vibrazione *f*

vibrieren [vi'briːrən] <ohne ge-> *vi* vibrare

Video ['vi:deo] <-s, -s> *n* video *m;* **etw auf ~ haben** avere qc su video

Video- ['vi:deo] (*in Zusammensetzungen*) video-; **Videoaufzeichnung** *f* videoregistrazione *f*

Videoband <-(e)s, -bänder> *n* nastro *m* videomagnetico; **Videobotschaft** *f* videomessaggio *m;* **Videoclip** <-s, -s> *m* videoclip *m*, filmato *m;* **Videohandy** *n* videofonino *m;* **Videokamera** *f* videocamera *f*

Videokassette <-, -n> *f* videocassetta *f;* **Videokonferenz** <-, -en> *f* (INFORM, TEL) videoconferenza *f;* **Videorecorder** ['vi:deorekɔrdɐ] <-s, -> *m* videoregistratore *m;* **Videospiel** <-(e)s, -e> *n* videogioco *m*, videogame *m;* **Videotext** *m* Videotex® *m;* **Videothek** [video'te:k] <-, -en> *f* videoteca *f;* **Videoüberwachung** *f* videosorveglianza *f*

Vieh [fi:] <-(e)s> *kein Pl n* ❶(AGR) bestiame *m;* **100 Stück ~** 100 capi di bestiame ❷(*fam: Tier, Mensch*) bestia *f;* **Viehbestand** *m* patrimonio *m* zootecnico; **Viehhandel** *m* commercio *m* di bestiame; **Viehhändler** *m* commerciante *m* di bestiame; **Viehherde** <-, -n> *f* mandria *f*, gregge *m;* **Viehseuche** <-, -n> *f* epidemia *f* del gregge, epizoozia *f;* **Viehzucht** <-> *kein Pl f* allevamento *m*, zootecnia *f*

viel [fi:l] **I.**<mehr, meiste> *adj* molto; **~e hundert Bücher** centinaia e centinaia di libri; **durch ~es Lesen** a forza di leggere; **~en Dank!** tante grazie!; **~ Glück!** buona fortuna!; **~ Vergnügen!** buon divertimento! **II.**<mehr, am meisten> *adv* molto; **~ kosten** costare molto; **~ zu tun haben** avere molto da fare; **~ besser/schneller/weiter** molto meglio/più veloce/più lontano; **sehr ~** moltissimo; **so ~** tanto; **so ~ wie** [*o* **als**] tanto quanto; **noch einmal** [*o* **doppelt**]/**dreimal so ~** due/tre volte tanto; **so ~ ist sicher** [*o* **steht fest**]**, dass** quello che è certo è che; **wie ~** quanto, quanti *pl;* **wie ~ er auch verdient, er ist nie zufrieden** per quanto guadagni, non è mai contento; **wie ~ schöner wäre die Welt, wenn ...** come sarebbe più bello il mondo se +*conj;* **wie ~ Uhr ist es?** che ore sono?; **ziemlich ~** parecchio, abbastanza; **zu ~** troppo; **einer zu ~** uno di troppo; **~ zu ~** veramente troppo; **das ist zu ~ des Guten** (*iron*) troppa grazia; **da kriege ich zu ~** mi sale il sangue alla testa, mi infurio; **mir ist heute alles zu ~** (*fam*) oggi mi secca tutto **III.** *pron indef* molto; **~e** molti; **~es** molto, molte cose; **das ist ein bisschen ~ auf einmal** (*fam*) è un po' troppo tutto in una volta; **es fehlte nicht ~** (**daran**) **und ...** poco ci mancava che +*conj;* **wie ~e?** quanti?

vielbeschäftigt *adj* molto occupato; **vieldeutig** *adj* ambiguo, equivoco; **Vieleck** *n* poligono *m;* **Vielehe** *f* poligamia *f*

vielerlei ['fi:lɐ'laɪ] <inv> *adj* ❶(*attributiv*) molto, molti *mpl*, molte *fpl*, di molte specie ❷(*substantivisch*) molte cose *fpl*

vielerorts ['fi:lɐ'ʔɔrts] *adv* in molti posti, da molte parti

vielfach I. *adj* ❶(*Kabel, Schnur*) multiplo ❷(*viele Male*) multi-; **auf ~en Wunsch** a richiesta generale **II.** *adv* (*fam: häufig*) spesso

Vielfahrer(in) <-s, -; -, -nen> *m(f)* guidatore, -trice *m, f* abituale, *persona che viaggia molto in macchina*

Vielfalt ['fi:lfalt] <-> *kein Pl f* molteplicità *f;* **~ an etw** *dat* varietà di qc

vielfältig ['fi:lfɛltɪç] *adj* molteplice, svariato, sfaccettato; (*Mensch*) complesso

Vielflieger(in) <-s, -; -, -nen> *m(f)* persona *f* che viaggia molto in aereo

Vielfraß <-es, -e> *m* (*fam*) ghiottone, -a *m, f*

vielgeliebt *adj* molto amato

vielleicht [fi'laɪçt] *adv* ❶(*eventuell*) forse; **könnten Sie mir ~ helfen?** mi potrebbe aiutare? ❷(*etwa, ungefähr*) circa ❸(*fam: wirklich*) veramente; **du bist ~ gemein!** (*fam*) sei proprio cattivo!

vielmals *adv* **ich bitte ~ um Entschuldigung** chiedo mille volte scusa; **ich danke Ihnen ~** La ringrazio molto

vielmehr [fi:l'me:ɐ *o* 'fi:lme:ɐ] *adv* ❶(*richtiger, besser*) meglio ❷(*eher*) piuttosto ❸(*im Gegenteil*) anzi

vielsagend *adj* significativo, espressivo; (*Blick*) eloquente

vielschichtig *adj* ❶(*aus vielen Schichten*) a molti strati, stratiforme ❷(*komplex*) complesso

vielseitig *adj* (*Mensch*) versatile; (*Interessen*) molteplice; (*Bildung*) vasto; **~ anwendbar** pluriuso

vielsprachig *adj* poliglotta

vielstimmig *adj* di [*o* a] più voci

vielversprechend *adj* promettente

Vielvölkerstaat <-(e)s, -en> *m* stato *m* multietnico

Vielzahl *f* moltitudine *f;* **~ an etw** *dat* moltitudine di qc

vielzellig *adj* pluricellulare

vier [fi:ɐ] *num* quattro; **alle Viere von sich** *dat* **strecken** (*fam*) rimanere stecchito;

sich auf seine ~ Buchstaben setzen
(*scherz*) sedersi; **auf allen Vieren** (*fam*)
carponi, a quattro zampe; **unter ~ Augen**
a quattr'occhi; *s. a.* **acht**

Vier <-, -en> *f* quattro *m;* (*Schulnote: ausreichend*) *sei;* (*Buslinie*) quattro *m*

Vier-, vier- *s. a.* **Acht-, acht-**

Vieraugengespräch
[ˈfiːʔaʊɡəŋɡəʃprɛːç] <-(e)s, -e> *n* (*fam*)
tête à tête *m*, colloquio *m* a quattr'occhi

Vierbeiner <-s, -> *m* (*fam*) quadrupede *m*

vierblätt(e)rig [ˈfiːɡblɛt(ə)rɪç] *adj* a [*o* di]
quattro fogli

Viereck *n* quadrilatero *m*, quadrangolo *m;*
viereckig *adj* quadrangolare

Vierer <-s, -> *m* ❶ (SPORT) (imbarcazione *f*
a) quattro *m* ❷ (*fam: Ziffer*) quattro *m;*
(*Schulnote*) *sei;* (*Buslinie*) quattro *m*

Viererbob *m* bob *m* a quattro; **Vierer-
gruppe** *f* gruppo *m* di quattro

vierfach *adj* quadruplo; *s. a.* **achtfach**

Vierfarbendruck [ˈfiːɐˈfarbəndrʊk]
<-(e)s, -e> *m* ❶ (*Verfahren*) quadricro-
mia *f* ❷ (*Ergebnis*) stampa *f* in quadricromia

Vierfüßler [ˈfiːɡfyːslɐ] <-s, -> *m* quadrupede *m;* **vierhändig** [ˈfiːɡhɛndɪç] *adj o
adv* (MUS) a quattro mani

vierhundert [ˈfiːɡˈhʊndɐt] *num* quattrocento; **Vierhundertjahrfeier** *f* quattro-
centenario *m*

Vierjahresplan [ˈfiːɐˈjaːrəsplaːn] *m*
piano *m* quadriennale; **Vierkampf** *m*
lotta *f* a quattro; **vierkantig** *adj* quadrangolare; **Vierkantschlüssel** *m* chiave *f* a
maschio quadro; **vierköpfig** [ˈfiːɡkœpfɪç]
adj a quattro teste; (*Familie*) di [*o* a] quattro persone

Vierling [ˈfiːɐlɪŋ] <-s, -e> *m* figlio, -a *m, f*
da parto di quattro gemelli; **~e** quattro
gemelli *mpl*

Vierlinge [ˈfiːɡlɪŋə] *mpl* quattro gemelli
mpl

Viermächteabkommen [ˈfiːɐˈmɛçtəap-
kɔmən] *n* convenzione *f* quadripartita

viermotorig *adj* quadrimotore

Vierpfünder [ˈfiːɐpfʏndɐ] <-s, -> *m*
(*Brot*) pane *m* da due chili; (*Fisch, etc*)
pesce *m*, da due chili

vierphasig *adj* (*Kabel*) a quattro fasi, tetra-
polare; **Vierradantrieb** *m* trazione *f*
a quattro ruote; **vierräd(e)rig**
[ˈfiːɡrɛːd(ə)rɪç] *adj* a quattro ruote; **Vier-
sitzer** <-s, -> *m* (MOT) (vettura *f* a) quattro posti *f;* **Vierspänner** [ˈfiːɐʃpɛnɐ] <-s,
-> *m* tiro *m* a quattro; **vierspännig** *adj*
a quattro cavalli; **viersprachig** *adj*
(*Mensch*) quadrilingue; (*Übersetzung,*

Konferenz) in quattro lingue; **vierspurig**
adj ❶ (*Straße*) a quattro corsie ❷ (*Tonband*) a quattro piste; **vierstellig** *adj*
di quattro cifre; **Viersternehotel**
[ˈfiːɐˈʃtɛrnəhotɛl] *n* albergo *m* a quattro
stelle; **vierstimmig** *adj o adv* (*Gesang*) a
quattro voci; (*Stück*) per quattro voci

Vierstufenrakete [ˈfiːɐˈʃtuːfənrakeːtə] *f*
missile *m* a quattro stadi

vierstufig *adj* di quattro gradini; (*fig*) di
quattro gradi; **Viertaktmotor** *m* (AUTO)
motore *m* a quattro tempi

viertausend [ˈfiːɡˈtaʊzənt] *num* quattromila

vierte *s.* **vierte(r, s)**

vierteilig *adj* (*Ausgabe, Serie, Sendung*) in
quattro parti; (*Kostüm*) in quattro pezzi;
(*Service*) di quattro pezzi

viertel [ˈfɪrtəl] <inv> *adj* quarto *m* di; **ein ~
Pfund** un quarto (di libbra), 125 grammi

Viertel <-s, -> *n* ❶ (*Teil*, MAT, ASTR)
quarto *m;* **akademisches ~** il quarto d'ora
accademico; **~ vor/nach zwei** le due
meno/e un quarto; **ein ~(e) (Wein)** (*fam,
dial*) un quartino ❷ (*Stadt~*) quartiere *m;*
Vierteldrehung *f* quarto *m* di giro;
eine ~ nach links/rechts un quarto di
giro a sinistra/a destra; **Viertelfinale** *n*
(SPORT) quarti *mpl* di finale; **Vierteljahr**
[ˈfɪrtəlˈjaːɐ̯] *n* trimestre *m*

Vierteljahresschrift [ˈfɪrtəlˈjaːrəsʃrɪft] *f*
rivista *f* trimestrale; **vierteljährlich** *adj*
trimestrale; **Vierteliter** [ˈfɪrtəlˈliːtɐ] *m o n*
quarto *m* di litro, quartino *m fam*

vierteln *vt* dividere in quattro

Viertelnote *f* (MUS) semiminima *f*

Viertelpause *f* pausa *f* di semiminima

Viertelpfund [ˈfɪrtəlˈpfʊnt] *n* quarto *m* di
libbra

Viertelstunde [ˈfɪrtəlˈʃtʊndə] *f* quarto *m*
d'ora; **viertelstündlich** I. *adj* di un
quarto d'ora II. *adv* (per) un quarto d'ora

viertens *adv* (in) quarto (luogo)

vierte(r, s) *adj* quarto, -a; (*bei Datumsangaben*) quattro; *s. a.* **achte(r, s)**

viertürig *adj* (*Haus, Auto*) a quattro porte

Vierviertaltakt [fɪɐ̯ˈfɪrtəltakt] *m* (MUS)
tempo *m* di quattro quarti

Vierwaldstätter See [fɪːɐ̯ˈvaltʃtɛtə ˈzeː] *m*
lago *m* dei Quattro Cantoni

vierzehn [ˈfɪrtseːn] *num* quattordici;
~ Tage quindici giorni; **heute/morgen/
Montag in ~ Tagen** oggi/domani/
lunedì a quindici; **vierzehntägig**
[ˈfɪrtseːntɛːgɪç] *adj* di quindici giorni;
vierzehntäglich *adj* bimensile; **vier-
zehnte(r, s)** *adj* quattordicesimo, -a; (*bei
Datumsangaben*) quattordici; *s. a.* **ach-**

te(r, s)

vierzig ['fɪrtsɪç] *num* quaranta; *s. a.* **achtzig**

Vierziger(in) <-s, -; -, -nen> *m(f)* quarantenne *mf;* **vierzigjährig** *adj* ❶ (*vierzig Jahre alt*) di quarant'anni, quarantenne ❷ (*vierzig Jahre lang*) quarantennale; **Vierzigjährige** <ein -r, -n, -n> *mf* uomo *m* (donna *f*) sulla quarantina, quarantenne *mf*

vierzigste(r, s) *adj* quarantesimo, -a

Vierzigstel <-s, -> *n* quarantesimo *m*

Vierzigstundenwoche ['fɪrtsɪç'ʃtʊndənvɔxə] *f* settimana *f* di quaranta ore

Vierzimmerwohnung ['fi:ɐ̯'tsɪmevo:nʊŋ] *f* appartamento *m* di quattro stanze

Vietnam [viɛt'nam] *n* Vietnam *m;* **in** ~ nel Vietnam

Vietnamese [viɛtna'me:zə] <-n, -n> *m*, **Vietnamesin** [viɛtna'me:zɪn] <-, -nen> *f* vietnamita *mf*

vietnamesisch *adj* vietnamita

Vignette [vɪn'jɛtə] <-, -n> *f* bollo *m* dell'autostrada

Vikar [vi'ka:ɐ̯] <-s, -e> *m* (REL) vicario *m*

Villa ['vɪla, *pl:* 'vɪlən] <-, Villen> *f* villa *f*

Villach ['fɪlax] *n* Villaco *f*

Villenviertel *n* quartiere *m* signorile

violett [vio'lɛt] *adj* viola, violetto; *s. a.* **blau; Violett** <-(s), - *o fam* -s> *n* viola *m*, violetto *m; s. a.* **Blau**

Violine [vio'li:nə] <-, -n> *f* (MUS) violino *m*

Violinist(in) [violi'nɪst] <-en, -en; -, -nen> *m(f)* (MUS) violinista *mf*

Violinschlüssel *m* (MUS) chiave *f* di violino

VIP, V.I.P. [vɪp, 'vi:aɐ̯'pi:] <-(s), -s> *mf* vip *mf*

Viper ['vi:pɐ] <-, -n> *f* (ZOO) vipera *f*

VIP-Lounge ['vɪplaʊndʒ] <-, -s> *f* (*eines Hotels, Flughafens*) VIP Lounge *f*

Viren *pl von* **Virus**

Virenmail *f* mail *f* con virus

Virologe [viro'lo:gə] <-n, -n> *m* virologo *m;* **Virologie** [virolo'gi:] <-> *kein Pl f* (BIOL, MED) virologia *f;* **Virologin** [viro'lo:gɪn] <-, -nen> *f* virologa *f;* **virologisch** *adj* (BIOL, MED) virologico

virtuell [vɪrtu'ɛl] *adj* (INFORM) virtuale; ~ **er Raum** spazio virtuale

virtuos [vɪrtu'o:s] *adj* virtuoso

Virtuose [vɪrtu'o:zə] <-n, -n> *m*, **Virtuosin** [vɪrtu'o:zɪn] <-, -nen> *f* virtuoso, -a *m, f*

Virus ['vi:rʊs, *pl:* 'vi:rən] <-, Viren> *n o m* (MED, INFORM) virus *m;* **Virusinfektion** <-,

-en> *f* (MED) infezione *f* da virus; **Viruskrankheit** *f* malattia *f* da virus; **Virusscanner** *m* (INFORM) antivirus *m*, protezione *m* antivirus

Visa *pl von* **Visum**

Visage [vi'za:ʒə] <-, -n> *f* (*fam pej*) faccia *f*

Visagist(in) [viza'ʒɪst] <-en, -en; -, -nen> *m(f)* visagista *mf*

Visen *pl von* **Visum**

Visier [vi'zi:ɐ̯] <-s, -e> *n* ❶ (*Helm~*) visiera *f* ❷ (*Gewehr~*) mira *f*

Vision [vi'zi̯o:n] <-, -en> *f* visione *f*

visionär [vizjo'nɛ:ɐ̯] *adj* visionario

Visitation [vizita'tsjo:n] <-, -en> *f* visita *f*, ispezione *f*

Visite [vi'zi:tə] <-, -n> *f* (MED) visita *f*

Visitenkarte *f* (*a fig*) biglietto *m* da visita

visitieren [vizi'ti:rən] <ohne ge-> *vt* perquisire

Viskose [vɪs'ko:zə] <-> *kein Pl f* (CHEM) viscosa *f*

Viskosität [vɪskozi'tɛ:t] <-> *kein Pl f* viscosità *f*

visuell [vi'zuɛl] *adj* visivo

Visum ['vi:zʊm, *pl:* 'vi:za *o* 'vi:zən] <-s, Visa *o* Visen> *n* visto *m*

vital [vi'ta:l] *adj* vitale

Vitalität [vitali'tɛ:t] <-> *kein Pl f* vitalità *f*

Vitamin [vita'mi:n] <-s, -e> *n* vitamina *f;* **Vitamingehalt** <-(e)s, -e> *m* contenuto *m* vitaminico; **Vitaminmangel** *m* avitaminosi *f*, carenza *f* vitaminica; **vitaminreich** *adj* vitaminico; **Vitamintablette** *f* compressa *f* vitaminica

Vitrine [vi'tri:nə] <-, -n> *f* vetrina *f*

Vize- ['fi:tsə *o* 'vi:tsə] (*in Zusammensetzungen*) vice-

Vizekanzler(in) *m(f)* vicecancelliere *m;* **Vizepräsident(in)** *m(f)* vicepresidente, -essa *m, f*

Vogel ['fo:gəl, *pl:* 'fø:gəl] <-s, Vögel> *m* ❶ (ZOO) uccello *m;* **einen** ~ **haben** (*fam*) essere matto, non avere tutte le rotelle; **den** ~ **abschießen** (*fig fam*) cogliere nel segno, vincere il primo premio; **jdm den** ~ **zeigen** dare del matto a qu ❷ (*fig fam: Kerl*) tipo *m;* **das ist ein komischer** ~ (*fam*) è un tipo strano

Vogelbauer <-s, -> *n rar m* gabbia *f* per uccelli; **Vogelbeerbaum** *m* (BOT) sorbo *m;* **Vogelbeere** *f* (BOT) sorba *f;* **Vogelei** ['fo:gəlʔaɪ] <-(e)s, -er> *n* uovo *m* di uccello; **vogelfrei** *adj* proscritto, fuorilegge; **Vogelfutter** *n* becchime *m* (per uccelli); **Vogelgrippe** *f* influenza *f* aviaria; **Vogelhaus** *n* uccelliera *f*, voliera *f;* **Vogelkirsche** *f* (BOT) visciola *f*

vögeln ['fø:gəln] *vi, vt* (*vulg*) chiavare

Vogelnest *n* nido *m* d'uccello; **Vogelperspektive** *f* prospettiva *f* a volo d'uccello; **etw aus der ~ betrachten** considerare qc a volo d'uccello
Vogelschau *f* ornitomanzia *f;* **Vogelscheuche** ['foːɡəlʃɔɪçə] <-, -n> *f* (*a fig*) spaventapasseri *m;* **Vogelschwarm** <-(e)s, -schwärme> *m* stormo *m* di uccelli; **Vogel-Strauß-Politik** [foːɡəl'ʃtraʊspoliti:k] *f* politica *f* dello struzzo; **Vogelzug** *m* migrazione *f* degli uccelli
Vogerlsalat <-(e)s> *kein Pl m* (*A: Feldsalat*) lattughella *f,* dolcetta *f*
Vogesen [vo'ɡeːzən] *pl* **die ~** i Vosgi *mpl*
Vokabel [vo'kaːbəl] <-, -n> *f* vocabolo *m*
Vokabular [vokabu'laːɐ̯] <-s, -e> *n* vocabolario *m*
Vokal [vo'kaːl] <-s, -e> *m* (LING) vocale *f;* **vokalisch** *adj* vocalico; **Vokalmusik** *f* musica *f* vocale
Volk [fɔlk, *pl:* 'fœlkə] <-(e)s, Völker> *n* ➊ (*Gemeinschaft*) popolo *m* ➋ *sing* (*Einwohner*) popolazione *f;* (*Nation*) nazione *f* ➌ *sing* (*fam: Leute*) gente *f;* (*Menschenmenge*) folla *f,* massa *f;* **etw unters ~ bringen** divulgare qc ➍ *sing* (*pej: untere Bevölkerungsschichten*) popolino *m;* **der Mann aus dem ~e** l'uomo della strada ➎ (ZOO) branco *m,* colonia *f*
Völkerbund ['fœlkəbʊnt] <-(e)s> *kein Pl m* Società *f* delle Nazioni; **Völkergemeinschaft** *f* comunità *f* delle nazioni; **Völkerkunde** *f* etnologia *f;* **Völkerkundler(in)** ['fœlkləkʊntlə] <-s, -; -, -nen> *m(f)* etnologo, -a *m, f;* **Völkermord** *m* genocidio *m;* **Völkerrecht** *n* diritto *m* internazionale; **völkerrechtlich** *adj* di diritto internazionale; **Völkerverständigung** *f* intesa *f* tra i popoli; **Völkerwanderung** *f* ➊ (HIST) migrazione *f* dei popoli ➋ (*fam scherz: Menschenstrom*) spostamento *m* in massa
Volksabstimmung *f* (POL) referendum *m;* **Volksbefragung** *f* (POL) consultazione *f* popolare; **Volksbegehren** *n* (POL) proposta *f* di legge d'iniziativa popolare; **Volksbelustigung** *f* divertimento *m* popolare; **Volkscharakter** *m* carattere *m* etnico; **Volksdemokratie** *f* democrazia *f* popolare; **volkseigen** *adj* nazionalizzato; **Volkseinkommen** *n* reddito *m* nazionale; **Volksempfinden** *n* sentimento *m* popolare; **Volksentscheid** *m* (POL) referendum *m;* **Volksetymologie** *f* etimologia *f* popolare; **Volksfest** *n* festa *f* popolare; **Volksfront** *f* (POL) fronte *m* popolare; **Volksgesundheit** *f* salute *f* pubblica;

Volksglaube *m* credenza *f* popolare; **Volksheld** *m* eroe *m* popolare; **Volkshochschule** *f* ➊ (*Einrichtung*) università *f* popolare ➋ (*Kurse*) corsi *mpl* per adulti; **Volksinitiative** <-, -n> *f* (*CH:* POL: *Volksbegehren*) iniziativa *f* popolare; **Volkskrankheit** <-, -en> *f* malattia *f* comune; **Volkskunde** *f* folclore *m;* **volkskundlich** *adj* folcloristico; **Volkskunst** *f* arte *f* popolare; **Volkslied** *n* canto *m* popolare; **Volksmärchen** *n* fiaba *f* popolare; **Volksmehr** <-s> *kein Pl m* (*CH:* POL: *Mehrheit der Stimmberechtigten der ganzen Schweiz bei einer eidgenössischen Abstimmung*) maggioranza *f* popolare; **Volksmenge** *f* folla *f,* moltitudine *f;* **Volksmund** *m* **im ~ heißt das ...** nel linguaggio popolare si dice ...; **Volksmusik** *f* musica *f* popolare; **Volkspolizei** *f* polizia *f* popolare, *nella ex RDT;* **Volksrepublik** *f* repubblica *f* popolare; **Volksschicht** *f* strato *m* [*o* ceto *m*] sociale; **Volksschule** <-, -n> *f* (*A, südd: Grundschule*) scuola *f* elementare; **Volkssport** *m* sport *m* popolare; **Volksstamm** *m* tribù *f;* **Volkstanz** *m* danza *f* popolare; **Volkstracht** *f* costume *m* nazionale; **Volkstum** <-s> *kein Pl n* carattere *m* nazionale; **volkstümlich** ['fɔlkstyːmlɪç] *adj* popolare; **volksverbunden** *adj* legato al popolo; (*volksnahe*) popolare; **Volksvermögen** *n* patrimonio *m* nazionale; **Volksversammlung** *f* ➊ (POL) assemblea *f* popolare ➋ (*Massenversammlung*) riunione *f* di massa; **Volksvertreter** *m* rappresentante *m* del popolo; (*Abgeordneter*) deputato *m;* **Volksvertretung** *f* rappresentanza *f* popolare; (*Parlament*) parlamento *m;* **Volkswirt(in)** *m(f)* economista *mf;* **Volkswirtschaft** *f* economia *f* politica; **Volkswirtschaftler(in)** <-s, -; -, -nen> *m(f)* economista *mf* (esperto) di economia politica; **volkswirtschaftlich** *adj* di economia politica; **Volkswirtschaftslehre** <-> *kein Pl f* economia *f* politica; **Volkszählung** *f* censimento *m* della popolazione

voll [fɔl] **I.** *adj* ➊ (*gefüllt*) pieno; **~ von etw sein** essere pieno di qc; **gerammelt ~** (*fam*) pieno zeppo; **halb ~** mezzo pieno; **~ gepfropft/gestopft** stipato, pieno zeppo; **mit ~em Mund** a bocca piena; **aus dem Vollen schöpfen** (*fig*) attingere a piene mani ➋ (*üppig*) tondo; (*Busen*) turgido; (*Haar*) folto ➌ (*Geschmack*) pieno; (*Ton*) pieno, carico; (*Farben*) carico ➍ (*~ ständig, ganz*) intero, tutto; **die ~e Wahrheit** tutta la verità; **~e zwei Jahre**

due anni interi; **~e drei Stunden** tre ore di orologio; **aus ~em Halse** a squarciagola; **in ~er Fahrt** in piena corsa; **in ~er Größe** a grandezza naturale; **den ~en Preis bezahlen** pagare la tariffa intera; **jdn nicht für ~ nehmen** (*fam*) non prendere qu sul serio ❺ (*erfüllt*) **~ von etw sein** essere pieno di qc ❻ (*fig fam: betrunken*) ubriaco, sbronzo **II.** *adv* pienamente, interamente; **~ machen** riempire; **etw ~ ausnützen** utilizzare qc del tutto; **~ und ganz** pienamente; **~ hinter etw** *dat* **stehen** (*fig*) sostenere pienamente qc; (**sich** *dat*) **die Hose ~ machen** (*fam*) farsela addosso

vollabern^ALT *vt s.* **vulllabern**

vollauf ['fɔl?aʊf *o* fɔl'?aʊf] *adv* pienamente

vollaufen <läuft voll, lief voll, vollgelaufen> *vi sein* riempirsi; **sich ~ lassen** (*fam*) ubriacarsi

vollautomatisch *adj* completamente automatico; **vollautomatisiert** *adj* completamente automatizzato

Vollbad *n* bagno *m* completo

Vollbart *m* barba *f* piena

Vollbeschäftigung *f* (WIRTSCH) piena occupazione *f*

Vollbesitz *m* **im ~ seiner Kräfte** nel pieno possesso delle proprie forze

Vollblut <-(e)s, -blüter> *n* (ZOO) purosangue *m*

Vollblut- (*in Zusammensetzungen*) purosangue; **Vollblüter** <-s, -> *m* (ZOO) purosangue *m*; **Vollblutpferd** <-(e)s> *kein Pl n* cavallo *m* purosangue

Vollbremsung <-, -en> *f* frenata *f* a fondo

vollbringen [fɔl'brɪŋən] <irr, ohne ge-> *vt* compiere

vollbusig *adj* dal seno turgido

Volldampf *m* **mit ~** (*fig fam*) a tutto vapore

Völlegefühl ['fœlegəfyːl] *n* pesantezza *f* di stomaco

vollelektronisch *adj* completamente elettronico

vollenden [fɔl'?ɛndən] <ohne ge-> *vt* ❶ (*abschließen*) terminare, compiere ❷ (*vervollkommnen*) perfezionare

vollendet [fɔl'?ɛndət] *adj* perfetto

vollends ['fɔlɛnts] *adv* interamente, completamente

Vollendung *f* ❶ (*Beendung*) compimento *m*; **mit** [*o* **nach**] **~ des 17. Lebensjahres** a diciassett'anni compiuti ❷ *sing* (*Vollkommenheit*) perfezione *f*

voller = **voll von**, **~ Fehler sein** essere pieno di errori

Völlerei [fœlə'raɪ] <-, -en> *f* (*pej*) crapula *f*

Volleyball ['vɔlibal] *m* ❶ (*Ball*) pallone *m*

da pallavolo ❷ *sing* (*Spiel*) pallavolo *f*

voll‖fressen^ALT <irr> *vr* **sich ~** *s.* **fressen II.**

vollführen [fɔl'fyːrən] <ohne ge-> *vt* ❶ (*vollbringen*) compiere ❷ (*ausführen*) eseguire

Vollgas *n* **mit ~** a tutto gas, a tutta birra *fam*; **~ geben** dare tutto il gas

vollgefressen *adj* (*fam*) pieno come un uovo

Vollgefühl *n* **im ~ seiner Kräfte** nella piena coscienza delle proprie forze

vollgepfropft, vollgestopft *adj* stipato, pieno zeppo

Vollidiot(in) <-en, -en; -, -nen> *m(f)* (*fam pej*) totale idiota *mf*

völlig ['fœlɪç] **I.** *adj* pieno, intero **II.** *adv* completamente, del tutto

volljährig *adj* maggiorenne; **Volljährigkeit** <-> *kein Pl f* maggiorità *f*

vollkaskoversichert *adj* assicurato contro tutti i rischi; **Vollkaskoversicherung** *f* assicurazione *f* contro tutti i rischi, casco *f* totale

vollklimatisiert *adj* completamente climatizzato

vollkommen ['fɔlkɔmən] **I.** *adj* ❶ (*perfekt*) perfetto ❷ (*vollständig*) completo ❸ (*völlig*) assoluto **II.** *adv* perfettamente, del tutto; **Vollkommenheit** <-> *kein Pl f* perfezione *f*

Vollkornbrot *n* pane *m* integrale

voll‖machen^ALT *vt s.* **voll II.**

Vollmacht <-, -en> *f* procura *f*; **jdm** (**eine**) **~ erteilen** conferire (una) procura a qu; **~ haben** essere autorizzato

Vollmilch *f* latte *m* intero; **Vollmilchschokolade** <-, -n> *f* cioccolato *m* al latte (intero)

Vollmond *m* luna *f* piena

vollmundig *adj* abboccato

Vollnarkose *f* (MED) narcosi *f* totale

Vollpension *f* pensione *f* completa

Vollrausch *m* ebbrezza *f* totale

vollschlank *adj* rotondetto, pienotto

vollständig *adj* ❶ (*komplett*) completo; (*Ausgabe*) integrale ❷ (*völlig*) intero, totale; **Vollständigkeit** <-> *kein Pl f* completezza *f*; **der ~ halber** per ragioni di completezza

voll‖stopfen^ALT (*fam*) **I.** *vt s.* **stopfen I.1. II.** *vr* **sich ~** *s.* **stopfen II.1.**

vollstrecken [fɔl'ʃtrɛkən] <ohne ge-> *vt* eseguire; **das Todesurteil an jdm ~** giustiziare qu; **Vollstrecker(in)** [fɔl'ʃtrɛkɐ] <-s, -; -, -nen> *m(f)* (JUR) esecutore, -trice *m, f*; **Vollstreckung** *f* (JUR) esecuzione *f*; **Vollstreckungsbefehl** *m* (JUR)

decreto *m* esecutivo

voll|tanken^ALT *vi s.* **tanken** I.

Volltextsuche <-, -n> *f* (INFORM) ricerca *f* a testo integrale

Volltreffer *m* (colpo *m* in pieno) centro *m*

volltrunken [fɔl'trʊŋkən] *adj* completamente ubriaco; **in ~em Zustand** in stato di ubriachezza

vollumfänglich [fɔl'ʔʊmfɛŋlɪç] *adv* (*CH*) completamente

Vollversammlung *f* assemblea *f* plenaria

vollverzinkt *adj* (AUTO) **~e Karosserie** lamiera zincata

Vollwaise *f* orfano, -a *m, f* di ambedue i genitori

Vollwaschmittel *n* detersivo *m* per tutti i tipi di bucato

vollwertig *adj* **~er Ersatz** risarcimento completo; **Vollwertkost** <-> *kein Pl f* alimentazione *f* a base di prodotti integrali

vollzählig *adj* (al) completo

vollziehen [fɔl'tsi:ən] <irr, ohne ge-> I. *vt* compiere; (JUR) eseguire; **die Ehe ~** consumare il matrimonio II. *vr* **sich ~** compiersi

Vollzug [fɔl'tsu:k] <-(e)s> *kein Pl m* compimento *m*; (JUR) esecuzione *f*; **Vollzugsanstalt** *f* (ADM) istituto *m* di pena

Volontär(in) [vɔlɔn'tɛ:ɐ̯] <-s, -e; -, -nen> *m(f)* volontario, -a *m, f*

Volt [vɔlt] <- *o* -(e)s, -> *n* (PHYS, EL) volt *m*

Volumen [vo'lu:mən] <-s, -> *n* volume *m*

vom [fɔm] = **von dem, jdn ~ Sehen kennen** conoscere qu di vista; **~ Morgen bis zum Abend** dalla mattina alla sera; **heiser ~ Schreien** rauco a furia di gridare; **ich bin ~ Fach** sono del mestiere; *s. a.* **von**

von [fɔn] *prp* +*dat* di, da; (*~ weg*) da; **der Bahnhof ~ Köln** la stazione di Colonia; **eine Komödie ~ Goldoni** una commedia di Goldoni; **ein Mann ~ 50 Jahren** un uomo di 50 anni; **der Tod ~ 20 Menschen** la morte di 20 persone; **eine Zeitung ~ gestern** un giornale di ieri; **einer ~ meinen Freunden** un mio amico; **neun ~ zehn Lesern** nove lettori su dieci; **vom Bahnhof (her)** dalla stazione; **vom Fenster aus** dalla finestra; **~ Berlin** da Berlino; **~ Seiten** *gen* da parte di; **~ Land zu Land** di paese in paese; **~ Zeit zu Zeit** talvolta; **~ weitem** da lontano; **~ nahem** da vicino; **~ vorn/hinten/oben/unten** da davanti/ da dietro/dall'alto/dal basso; **~ heute an** da oggi in poi; **~ klein auf** fin dall'infanzia [*o* da piccolo]; **~ mir aus** per me; **~ selbst** da solo; **was sind Sie ~ Beruf?** che lavoro fa?, che professione esercita?; **grüßen Sie ihn ~ mir** lo saluti da parte mia

voneinander [fɔn'ʔaɪ'nandɐ] *adv* l'uno

dall'[*o* dell']altro

vonnöten [fɔn'nø:tən] *adj* **~ sein** essere necessario

vonstatten [fɔn'ʃtatən] *adv* **~ gehen** andare avanti, procedere

vor [fo:ɐ̯] I. *prp* ❶ +*acc o dat* (*räumlich*) davanti a; **~ dem Haus** davanti alla casa; **~ sich hin reden** parlare fra sé e sé ❷ +*dat* (*zeitlich*) prima; (*bei Uhrzeit*) meno; (*vom Zeitpunkt des Sprechens zurückgerechnet*) fa, or sono; **~ dem Winter** prima dell'inverno; **~ zwei Stunden** due ore fa; **heute ~ zwei Wochen** come oggi due settimane fa; **fünf Minuten ~ elf** le undici meno cinque ❸ +*dat* (*Ursache*) per, di; **~ Aufregung** per l'agitazione; **~ Kälte/Hunger/Angst** di freddo/fame/ paura ❹ (*in festen Verbindungen*) **~ allem** soprattutto; **sich ~ etw** *dat* **hüten** guardarsi da qc; **jdn ~ jdm/etw warnen** mettere in guardia qu contro qu/qc; **Angst ~ etw** *dat* **haben** avere paura di qc; **Schutz ~ dem Regen suchen** cercare riparo dalla pioggia II. *adv* **~ und zurück** avanti e indietro; **nach wie ~** come prima; **Freiwillige ~!** avanti i volontari!

vorab [fo:ɐ̯'ʔap] *adv* (*zuerst*) dapprima; (*im Voraus*) anzitutto

Vorabend *m* vigilia *f*; **Vorahnung** *f* presentimento *m*

voran [fo'ran] *adv* ❶ (*vorn*) davanti, in testa ❷ (*weiter, vorwärts*) avanti

voran|gehen <irr> *vi sein* ❶ (*vorausgehen*) andare avanti, precedere; (*an der Spitze gehen*) essere in testa ❷ (*fig: Fortschritte machen*) procedere ❸ (*zeitlich*) **einer Sache** *dat* **~** precedere qc

voran|kommen <irr> *vi sein* ❶ (*vorwärtskommen*) procedere, avanzare ❷ (*fig: Fortschritte erzielen*) progredire

Voranmeldung *f* prenotazione *f*

Voranschlag *m* preventivo *m*

voran|treiben <irr> *vt* forzare, accelerare, velocizzare

Voranzeige *f* (*von Buch, theat*) presentazione *f*; (FILM) prossimamente *m*

Vorarbeit *f* lavoro *m* preliminare; **die ~ für etw leisten** fare i lavori preliminari per qc; **vor|arbeiten** I. *vi* ❶ (*vorbereitend*) fare un lavoro preliminare ❷ (*im Voraus*) fare il lavoro in anticipo II. *vr* **sich ~** (*vorankommen*) avanzare; **Vorarbeiter(in)** *m(f)* caposquadra *mf*

Vorarlberg ['fo:ɐ̯'ʔarlbɛrk] *n* Vorarlberg *m*

voraus [fo'raʊs, *aber:* ɪm 'fo:raʊs] *adv* (*vor anderen*) davanti; (*an der Spitze*) in testa; **im Voraus** in anticipo, anticipatamente; **er war seiner Zeit weit ~** ha precorso i

tempi
voraus|ahnen *vt* presentire
vorausblickend *adj* che prevede, previdente, lungimirante
voraus|eilen *vi sein* correre avanti; (*fig*) precorrere
voraus|gehen <irr> *vi sein* ❶ (*vorn gehen*) andare avanti; (*a fig*) precedere ❷ (*früher gehen*) andare via prima
vorausgesetzt *adj* ~, **dass ...** (sup)posto [*o* a condizione] che +*conj*
voraus|haben <irr> *vt* jdm etw ~ avere qc in più di qu; **er hat mir viel voraus** mi supera di gran lunga
Voraussage *f* predizione *f;* **voraus|sagen** *vt* predire, pronosticare
vorausschauend *adj* previdente
voraus|schicken *vt* ❶ (*mit der Post*) mandare avanti ❷ (*fig: einleitend sagen*) premettere
voraussehbar *adj* prevedibile
voraus|sehen <irr> *vt* prevedere; **das war ja vorauszusehen!** era da prevedere!
voraus|setzen *vt* presupporre; **Voraus-setzung** <-, -en> *f* ❶ (*Annahme*) supposizione *f,* ipotesi *f* ❷ (*Vorbedingung*) condizione *f;* **unter der ~, dass ...** a condizione che +*conj*
Voraussicht *f* previsione *f;* **aller ~ nach** secondo ogni probabilità; **voraussichtlich I.** *adj* prevedibile, probabile **II.** *adv* probabilmente
Vorauszahlung *f* pagamento *m* anticipato
Vorbau <-(e)s, -ten> *m* ❶ (ARCH) avancorpo *m* ❷ (*fam scherz: Busen*) davanzale *m*
Vorbedacht <-(e)s> *kein Pl m* **mit ~** con premeditazione, di proposito
Vorbedingung <-, -en> *f* condizione *f,* premessa *f*
Vorbehalt ['foːɐbəhalt] <-(e)s, -e> *m* riserva *f;* **unter dem ~, dass ...** con la riserva che +*conj;* **unter üblichem ~** salvo errori e omissioni; **vor|behalten** <irr, ohne ge-> *vt* **sich** *dat* **etw ~** riservarsi qc; **sich** *dat* **~ etw zu tun** riservarsi di fare qc; **alle Rechte ~** tutti i diritti riservati; **Irrtümer ~** salvo errori; **vorbehaltlich** *prp* +*gen* (ADM) con riserva di, salvo; **vorbehaltlos** *adj* senza riserve, incondizionato
vorbei [foːˈbai *o* fɔrˈbai] *adv* ❶ (*räumlich*) **an ... ~** davanti a ...; **lassen Sie mich ~!** mi lasci passare ❷ (*zeitlich: vergangen, vorüber*) passato; **es ist drei Uhr ~** sono le tre passate; **aus und ~** chiuso, finito; **~ ist ~** quel che è stato è stato
vorbei|fahren <irr> *vi sein* passare (con un

veicolo); **an jdm/etw ~** passare davanti a qu/qc
vorbei|gehen <irr> *vi sein* ❶ (*entlang-, vorübergehen*) (**an jdm/etw**) ~ passare (davanti a qu/qc); **ich habe sie im Vorbeigehen gegrüßt** l'ho salutata passando; **bei jdm ~** fare un salto da qu ❷ (*Wurf, Schuss*) mancare (il bersaglio) ❸ (*zu Ende gehen*) finire; **eine Gelegenheit ~ lassen** lasciarsi sfuggire un'occasione
vorbei|kommen <irr> *vi sein* ❶ (**an etw** *dat*) ~ (*an einer Stelle*) passare (davanti a qc); (*an Hindernis*) poter passare qc ❷ (*fam: besuchen*) passare; **bei jdm ~** fare un salto da qu
vorbei|lassen <irr> *vt* (*fam*) lasciar passare
vorbei|marschieren <ohne ge-> *vi sein* sfilare (*an* +*dat* davanti a)
vorbei|reden *vi* **aneinander ~** parlare di cose diverse; **an etw** *dat* **~** sfiorare appena qc
vorbei|schauen *vi* (*fam*) **bei jdm ~** passare da qu; **schau mal vorbei!** passa a trovarmi!
vorbei|schießen <schießt vorbei, schoss vorbei, vorbeigeschossen> *vi* ❶ *sein* (*schnell ~*) sfrecciare (*an jdm/etw dat* davanti a qu/qc) ❷ *haben* (*am Ziel*) mancare (*an etw dat* qc)
vorbei|zwängen *vr* **sich ~** passare davanti (*an* +*dat* a)
vorbelastet *adj* **erblich ~ sein** avere una tara ereditaria
Vorbemerkung *f* avvertenza *f* (preliminare), premessa *f*
vor|bereiten <ohne ge-> **I.** *vt* preparare **II.** *vr* **sich auf etw** *acc* **~** prepararsi a [*o* per] qc; **vorbereitend** *adj* preparatorio; **Vorbereitung** <-, -en> *f* preparazione *f,* preparativo *m;* **~en treffen** fare preparativi; **in ~** in preparazione
Vorbesitzer(in) *m(f)* proprietario, -a *m, f* precedente
Vorbesprechung <-, -en> *f* colloquio *m* [*o* discussione *f*] preliminare
vor|bestellen <ohne ge-> *vt* (*Kinokarten, Buch, Hotelzimmer*) prenotare; (*Tisch*) (far) riservare; **Vorbestellung** *f* prenotazione *f*
vorbestraft *adj* pregiudicato; **nicht ~** senza precedenti penali, incensurato; **Vorbestrafte** <ein -r, -n, -n> *mf* pregiudicato, -a *m, f*
vor|beten **I.** *vi* (REL) intonare [*o* avviare] una preghiera **II.** *vt* (*fam*) **jdm etw ~** fare la predica a qu
vor|beugen **I.** *vi* **einer Krankheit** *dat* **~**

prevenire una malattia **II.** *vr* **sich ~** (*nach vorn beugen*) sporgersi in avanti **III.** *vt* (*Kopf*) sporgere; **vorbeugend** *adj* preventivo; (MED) profilattico; **Vorbeugung** *f* ❶ (*Schutzmaßnahme*) prevenzione *f* ❷ (MED) profilassi *f;* **zur ~ zwei Tabletten täglich** per profilassi due compresse al giorno

Vorbild *n* (*Muster*) modello *m;* (*Beispiel*) esempio *m;* **sich** *dat* **jdn zum ~ nehmen** prendere esempio da qu; **vorbildlich** *adj* esemplare

Vorbildung *f* conoscenze *fpl* preliminari

Vorbote *m* (*fig*) presagio *m,* segno *m* precursore; **vorbringen** <irr> *vt* ❶ (*Wunsch, Meinung*) esprimere, manifestare; (*Gründe*) addurre; (*Beweise*) produrre ❷ (*fam: nach vorn bringen*) portare avanti

vorchristlich *adj* precristiano

Vordach *n* tettoia *f,* pensilina *f*

vordatieren <ohne ge-> *vt* antidatare

Vordenker(in) <-s, -; -, -nen> *m(f)* precursore, precorritrice *m, f*

Vorderachse ['fɔrdɐaksə] *f* asse *m* anteriore

Vorderansicht *f* vista *f* anteriore

Vorderasien ['fɔrdɐ'ʔaːziən] *n* Asia *f* anteriore

Vorderbein *n* zampa *f* anteriore

Vorderdeck *n* coperta *f* di prua

vordere(r, s) ['fɔrdərə, -rɐ, -rəs] *adj* anteriore, davanti

Vordergrund *m* primo piano *m;* **im ~ stehen** (*fig*) essere in primo piano; **in den ~ rücken** [*o* **stellen**] (*fig*) mettere in risalto; **sich in den ~ schieben** (*fig*) mettersi in primo piano; **vordergründig** ['fɔrdɐgrʏndɪç] *adj* superficiale

vorderlastig *adj* appruato

Vordermann *m* capofila *m;* **etw/jdn auf ~ bringen** (*fam*) mettere in ordine qc/far rigare diritto qu

Vorderrad *n* ruota *f* anteriore; **Vorderradantrieb** *m* trazione *f* anteriore

Vorderreifen <-s, -> *m* gomma *f* anteriore

Vorderreihe *f* prima fila *f*

Vorderschinken *m* prosciutto *m* di spalla

Vorderseite *f* parte *f* anteriore; (ARCH) facciata *f*

Vordersitz *m* sedile *m* anteriore

vorderste(r, s) *adj Superlativ von* **vordere** primo, -a

Vorderteil *n o m* parte *f* anteriore, davanti *m*

vordrängeln *vr* **sich ~** (*fam*) farsi avanti [*o* largo]

vordrängen *vr* **sich ~** farsi avanti [*o* largo]

vordringen <irr> *vi sein* inoltrarsi, penetrare

vordringlich *adj* urgente

Vordruck <-(e)s, -e> *m* modulo *m,* stampato *m*

vorehelich *adj* prematrimoniale

voreilig *adj* precipitoso, affrettato; (*unüberlegt*) sconsiderato; **~e Schlüsse ziehen** tirare delle conclusioni affrettate

voreinander [foːɐʔaɪˈnandɐ] *adv* l'uno davanti all'altro

voreingenommen *adj* (**gegen jdn/etw**) **~ sein** essere prevenuto (nei confronti di qu/qc)

vorenthalten <irr, ohne ge-> *vt* (**jdm**) **etw ~** (*nicht geben*) rifiutare qc (a qu); (*nicht sagen*) nascondere qc (a qu)

Vorentscheidung *f* decisione *f* preliminare; **Vorentscheidungskampf** *m* semifinale *f*

Vorentwurf *m* progetto *m* preliminare

vorerst ['foːɐʔeːɐst *o* foːɐˈʔeːɐst] *adv* per il momento, per ora

Vorfahr ['foːɐfaːɐ] <-en, -en> *m* antenato *m*

vorfahren <irr> **I.** *vi sein* ❶ (*vorn fahren, vorausfahren*) andare avanti (con un veicolo) ❷ (*vor Haus, etc*) fermarsi davanti (a una casa) ❸ (*vorrücken, nach vorn fahren*) avanzare **II.** *vt haben* (*weiter nach vorn fahren*) avanzare

Vorfahrt *f* precedenza *f;* **~ haben** avere la precedenza; **die ~ beachten** rispettare la precedenza; **Vorfahrt(s)regel** *f* norma *f* di precedenza; **Vorfahrt(s)straße** *f* strada *f* con (diritto di) precedenza; **Vorfahrt(s)zeichen** *n* segnale *m* di precedenza

Vorfall *m* ❶ (*Ereignis*) avvenimento *m;* (*Zwischenfall*) incidente *m* ❷ (MED: *Prolaps*) prolasso *m*

vorfallen <irr> *vi sein* ❶ (*geschehen*) accadere, succedere ❷ (*nach vorn fallen*) cadere in avanti

Vorfeld <-(e)s, -er> *n* **im ~ von etw** nella fase introduttiva di qc; **im ~ der Veranstaltung** nella fase introduttiva della manifestazione

Vorfilm *m* film *m* preliminare

vorfinden <irr> *vt* trovare, incontrare

Vorfreude *f* gioia *f* dell'attesa, attesa *f* gioiosa; **in ~ auf ...** nella gioiosa attesa di ...

Vorfrühling *m* primavera *f* precoce

vorfühlen *vi* (**bei jdm**) **wegen etw ~** sondare il terreno (presso qu) per qc

vorführen *vt* ❶ (JUR) condurre avanti, accompagnare ❷ (*Mode*) presentare;

(*Kunststücke*) mostrare, presentare; (*Versuch, Gerät*) dimostrare ❸ (FILM) proiettare

Vorführung *f* ❶ (JUR) accompagnamento *m* ❷ (*von Mode, Kunststück*) presentazione *f;* (*von Versuch, Gerät*) dimostrazione *f* ❸ (FILM) proiezione *f*

Vorführwagen *m* vettura *f* da dimostrazione

Vorgabe *f* (SPORT) vantaggio *m*

Vorgang *m* ❶ (*Ereignis*) avvenimento *m;* (*Hergang*) svolgimento *m;* (BIOL, CHEM, TEC) processo *m;* **schildern Sie uns einmal den** ~ ci racconti come si sono svolti i fatti ❷ (JUR, ADM) *Akten*) pratica *f*

Vorgänger(in) ['fo:ɐɡɛŋə] <-s, -; -, -nen> *m(f)* predecessore *m*

Vorgangsweise <-, -n> *f* (A: *Vorgehensweise*) procedura *f*

Vorgarten *m* giardino *m* davanti alla casa

vor|gaukeln ['fo:ɐɡaʊkəln] *vt* **jdm etw** ~ far credere qc a qu

vor|geben <irr> *vt* ❶ (*behaupten*) asserire, pretendere; (*vortäuschen*) fingere ❷ (*nach vorn geben*) dare in avanti ❸ (SPORT) dare di vantaggio

Vorgebirge *n* contrafforti *mpl;* (*Kap*) promontorio *m,* capo *m*

vorgeblich *adj* finto; **er ist** ~ **krank** dice di essere ammalato

vorgefasst[RR] *adj* ~**e Meinung** idea preconcetta

vorgefertigt *adj* prefabbricato

Vorgefühl *n* presentimento *m*

vorgeheizt *adj* preriscaldato

vor|gehen <irr> *vi sein* ❶ (*vorrücken,* MIL) avanzare ❷ (*handeln*) procedere, agire; **gerichtlich gegen jdn** ~ adire le vie legali contro qu ❸ (*fam*) *s.* **vorausgehen** ❹ (*fig: den Vortritt haben*) avere la precedenza ❺ (*Uhr*) andare avanti; **meine Uhr geht** (**eine halbe Stunde**) **vor** il mio orologio va [*o* è] avanti (di mezz'ora) ❻ (*wichtiger sein*) essere più importante ❼ (*geschehen*) accadere, succedere; **was geht wohl jetzt in ihm vor?** che gli succede?; **Vorgehen** <-s> *kein Pl n* ❶ (*Verfahren*) procedimento *m* ❷ (*Handlungsweise*) modo *m* di procedere; (A JUR) azione *f;* **gemeinsames** ~ azione concertata; **Vorgehensweise** *f* modo *m* di procedere

Vorgeschichte *f* ❶ antefatto *m,* antecedenti *mpl* ❷ (SCIENT) preistoria *f*

Vorgeschmack *m* assaggio *m;* ~ **auf etw** *acc* assaggio di qc

vorgesehen *adj* previsto

Vorgesetzte <-ein -r, -n, -n> *mf* superiore *m*

vorgestern *adv* ieri l'altro, l'altrieri;

~ **Abend** l'altra sera

vorgestrig *adj* ❶ (*von vorgestern*) dell'altro ieri ❷ (*fam: überholt*) sorpassato

vor|greifen <irr> *vi* **einer Sache** *dat* ~ anticipare qc; **jdm bei etw** ~ precedere qu in qc; **Vorgriff** *m* anticipazione *f*

vor|haben <irr> *vt* ❶ (*beabsichtigen*) ~ **etw zu tun** avere l'intenzione di fare qc ❷ (*geplant haben*) avere in programma; **was haben Sie heute Abend vor?** che programma ha per questa sera?; **Vorhaben** <-s, -> *n* ❶ (*Absicht*) intenzione *f,* proposito *m* ❷ (*Plan*) progetto *m,* piano *m*

Vorhalle *f* atrio *m,* ingresso *m*

vor|halten <irr> I. *vt* ❶ (*vor etw halten*) tenere davanti ❷ (*fig: vorwerfen*) rinfacciare, rimproverare II. *vi* (*fam: ausreichen*) durare; **Vorhaltungen** *fpl* rimostranze *fpl,* rimproveri *mpl;* **jdm wegen etw** ~ **machen** fare delle rimostranze a qu per qc

Vorhand *f* ❶ (SPORT) diritto *m* ❷ (*von Pferd*) parte *f* anteriore del corpo

vorhanden [fo:ɐ'handən] *adj* (*existent*) esistente; (*verfügbar*) disponibile; ~ **sein** esserci, esistere; **Vorhandensein** *n* esistenza *f;* (*Verfügbarkeit*) disponibilità *f*

Vorhang *m* tenda *f;* (THEAT) sipario *m*

Vorhängeschloss[RR] *n* lucchetto *m*

Vorhaut *f* (ANAT) prepuzio *m*

vorher ['fo:ɐheːɐ] *adv* prima, precedentemente; **am Abend** ~ alla vigilia; **am Tag** ~ il giorno prima; **kurz/unmittelbar** ~ poco/immediatamente prima

vorherbestimmt [fo:ɐ'he:ɐbəʃtɪmt] *adj* predestinato; **Vorherbestimmung** *f* predestinazione *f*

vorher|gehen <irr> *vi sein* precedere

vorherig [fo:ɐ'he:ɐɪç *o* 'fo:ɐheːɐɪç] *adj* **nach** ~**er Vereinbarung** previo accordo

Vorherrschaft *f* predominio *m,* preponderanza *f;* (*Vorrangstellung*) supremazia *f;* (*Hegemonie*) egemonia *f*

vor|herrschen *vi* predominare; **über etw** *acc* ~ predominare su qc; **vorherrschend** *adj* predominante, prevalente

Vorhersage *f* predizione *f,* pronostico *m;* (*Wetter-*) previsioni *fpl* (del tempo)

vorher|sagen *vt* pronosticare; (*Wetter, Folgen*) predire

vorhersehbar *adj* prevedibile; **vorher|sehen** [fo:ɐ'he:ɐze:ən] <irr> *vt* prevedere

vor|heucheln *vt* (*fam pej*) simulare, fingere; **er heuchelte ihr Verständnis vor** le simulò comprensione

vorhin [fo:ɐ'hɪn *o* 'fo:ɐhɪn] *adv* poco fa, poc'anzi

vorhinein ['fo:ɐhɪnaɪn] *adv* (A) **im Vorhi-**

nein dall'inizio

Vorhof m ❶ (ARCH) atrio m ❷ (ANAT) atrio m, orecchietta f

Vorhut <-, -en> f (MIL) avanguardia f

vorige(r, s) ['foːrɪgə, -gə, -gəs] adj anteriore, precedente; **~s Jahr** l'anno scorso; **das ~ Mal** l'ultima volta

Vorjahr n anno m precedente; **vorjährig** adj dell'anno scorso

vorǀjammern vt (fam) **jdm etw ~** lagnarsi [o lamentarsi] di qc con qu

Vorkämpfer(in) m(f) antesignano, -a m, f, pioniere, -a m, f

vorǀkauen vt (Nahrung) masticare in precedenza; **jdm etw ~** (fig) scodellare la pappa a qu

Vorkaufsrecht n (JUR) diritto m di prelazione

Vorkehr ['foːɡkeːɡ] <-, -en> f (CH: Vorkehrung) provvedimento m

Vorkehrung <-, -en> f misura f preventiva; **die nötigen ~en treffen** prendere le dovute precauzioni

Vorkenntnis <-, -se> f nozione f di base, rudimento m

vorǀknöpfen vt (fam) **sich** dat **jdn ~** strapazzare qu, sgridare qu

vorǀkommen <irr> vi sein ❶ (nach vorn kommen) venire avanti ❷ (geschehen) succedere, capitare; **das soll ~!** è la vita!; **das soll nicht wieder ~!** che non si ripeti più! ❸ (vorhanden sein, sich finden) trovarsi ❹ (erscheinen) ricorrere ❺ (scheinen) sembrare, parere; **ich komme mir überflüssig vor** mi sento inutile; **Sie kommen mir bekannt vor** mi sembra di conoscerLa; **das kommt dir nur so vor** è solo apparenza, in realtà non è così; **du kommst dir wohl sehr schlau vor!** (fam) ti sembra di essere molto furbo!; **Vorkommen** <-s, -> n ❶ sing (das Auftreten) presenza f, esistenza f ❷ meist pl (MIN) giacimento m; **Vorkommnis** <-ses, -se> n avvenimento m, evento m

Vorkriegs- (in Zusammensetzungen) prebellico, antebellico, d'anteguerra

Vorkriegszeit f anteguerra m

vorǀladen <irr> vt citare (in giudizio); **Vorladung** f citazione f (in giudizio)

Vorlage f ❶ sing (das Vorlegen) presentazione f ❷ (Gesetzes~) progetto m di legge ❸ (Muster) modello m ❹ (SPORT: beim Fußball) passaggio m

vorǀlassen <irr> vt ❶ (fam: vorgehen lassen) lasciar passare ❷ (zulassen, empfangen) ammettere

Vorläufer(in) m(f) ❶ (Wegbereiter) precursore, precorritrice m, f ❷ (Ski) apripista

mf

vorläufig I. adj temporaneo; (provisorisch) provvisorio II. adv (einstweilig) temporaneamente; (fürs Erste) per il momento

vorlaut adj impertinente, saccente

Vorleben n passato m

Vorlegebesteck n posate fpl di servizio

vorǀlegen vt ❶ (da~, anbringen) mettere (davanti) ❷ (bei Tisch) servire ❸ (Pass, Ausweis, Gesetzentwurf) presentare; (Frage, Plan) (sotto)porre

Vorleistung <-, -en> f prestazione f preliminare

vorǀlesen <irr> vt leggere (ad alta voce)

Vorlesung f (einzelne) lezione f (universitaria); (~reihe) corso m; **in die ~ gehen** andare a lezione; **vorlesungsfrei** adj senza lezione; **Vorlesungsverzeichnis** n programma m dei corsi

vorletzte(r, s) adj penultimo, -a

vorliebRR adv **mit jdm/etw ~ nehmen** accontentarsi di qu/qc

Vorliebe f predilezione f; **eine ~ für etw haben** avere una predilezione per qc; **etw mit ~ tun** prediligere qc

vorliebǀnehmenALT vi s. **vorlieb**

vorǀliegen <irr> vi ❶ (vorhanden sein) esserci, esistere; **da muss ein Irrtum ~** ci deve essere un equivoco; **es liegt nichts gegen ihn vor** non c'è nulla contro di lui ❷ (eingereicht sein) essere presentato; **im ~den Fall** nel caso presente

vorǀlügen <irr> vt **jdm etw ~** (fam) raccontare bugie a qu, mentire a qu

vorm. ❶ abk v **vormals** ex, già ❷ abk v **vormittags** di mattina

vorǀmachen vt (fam) ❶ (zeigen) mostrare, far vedere ❷ (fig: jdn täuschen) dare ad intendere; **sich** dat **(selbst) etw ~** illudersi

Vormacht f supremazia f (über +acc su), predominio m (über +acc su); **Vormachtstellung** f egemonia f

vormalig ['foːɡmaːlɪç] adj ex, di prima

vormals adv prima, in passato; (auf Firmenschildern) già

Vormarsch m avanzata f; **auf dem ~ sein** stare avanzando

vorǀmerken vt ❶ (eintragen, notieren) annotare, prendere nota di ❷ (reservieren) prenotare; **sich für etw ~ lassen** prenotarsi per qc

Vormerkung <-, -en> f (in Bücherei) prenotazione f

Vormieter(in) <-s, -; -, -nen> m(f) inquilino, -a m, f precedente

vormittagALT adv s. **Vormittag**

Vormittag m mattina f; **gestern/heute/**

morgen ~ ieri mattina/stamattina/domani mattina; **im Laufe des ~s** nel corso della mattinata, in mattinata

vormittags *adv* di mattina, in mattinata

Vormonat <-(e)s, -e> *m* mese *m* precedente

Vormund <-(e)s, -e *o* Vormünder> *m* ❶ *(von Minderjährigen)* tutore, -trice *m, f* ❷ *(von Entmündigten)* curatore, -trice *m, f;* **Vormundschaft** <-, -en> *f* ❶ *(von Minderjährigen)* tutela *f* ❷ *(von Entmündigten)* curatela *f;* **Vormundschaftsgericht** *n* tribunale *m* dei minorenni

vorn [fɔrn] *adv* ❶ *(im vorderen Teil)* davanti, anteriormente; *(am vorderen Ende)* all'estremità anteriore; *(auf der Vorderseite)* anteriormente, dalla parte anteriore; *(im Vordergrund)* davanti; **nach ~** (in) avanti; **nach ~ laufen** correre (in) avanti; **von ~** da davanti; **von ~ bis hinten** *(fam)* da cima a fondo ❷ *(an der Spitze)* **vorne an** [*o* **in**] **etw** *dat* in testa a qc ❸ *(am Anfang)* all'inizio; **von ~** dall'inizio; **(wieder) von ~ anfangen** (ri)cominciare da capo

Vorname *m* nome *m* (di battesimo)

vorne *s.* **vorn**

vornehm ['foːrneːm] *adj* ❶ *(kultiviert)* distinto ❷ *(adlig)* aristocratico; *(edel)* nobile; **~ tun** *(fam)* darsi arie da gran signore ❸ *(elegant)* elegante

vor|nehmen <irr> **I.** *vt* ❶ *(durchführen)* fare ❷ *(in Angriff nehmen)* intraprendere, dare mano a **II.** *vr* ❶ *(beschließen)* **sich** *dat* **etw ~** prefiggersi qc, proporsi qc ❷ *(fam: ermahnen)* **sich** *dat* **jdn ~** strapazzare qu, sgridare qu

vornehmlich *adv (geh)* principalmente

vor|neigen **I.** *vr* **sich ~** chinarsi in avanti **II.** *vt* chinare

vorneweg ['fɔrnəvɛk *o* fɔrnə'vɛk] *adv* ❶ *(zuerst)* da principio ❷ *(an der Spitze)* davanti, al primo posto

vornherein ['fɔrnhɛraɪn *o* fɔrnhɛ'raɪn] *adv* **von ~** fin da principio, a priori

Vorort *m* sobborgo *m;* **die ~e** la periferia; **Vorplatz** *m* spiazzo *m;* **Vorposten** *m* (MIL) avamposto *m*

vor|preschen *vi sein (laufen)* correre forsennatamente in avanti, balzare in avanti *(zu* verso); **zu weit ~** *(fig)* spingersi troppo avanti

vorprogrammiert *adj* ❶ *(automatisch)* automatico ❷ *(fig: vorbestimmt)* programmato

Vorrang ['foːrraŋ] *m* ❶ *(Bedeutung, Stellenwert)* priorità *f* ❷ *(Reihenfolge)* precedenza *f;* **den ~ vor jdm haben** avere la precedenza su qu ❸ *kein Pl (A: Vorfahrt)* precedenza *f;* **jdm den ~ lassen/nehmen** dare/prendersi la precedenza; **vorrangig** *adj* prioritario; **Vorrangstellung** *f* **eine ~ einnehmen** [*o* **haben**] occupare una posizione di preminenza

Vorrat *m* scorta *f,* provviste *fpl;* **~ an etw** *dat* scorta di qc; **etw auf ~ haben** avere qc in stock; **solange der ~ reicht** fino a esaurimento delle scorte

vorrätig ['foːrrɛːtɪç] *adj (verfügbar)* disponibile; *(auf Lager)* in magazzino

Vorratsraum *m* magazzino *m*

Vorraum *m* atrio *m;* *(von Kino, Theater)* foyer *m*

vor|rechnen *vt* **jdm etw ~** *(aufzählen)* fare a qu il calcolo di qc; *(vorhalten)* rinfacciare qc a qu

Vorrecht *n* privilegio *m*

Vorrede *f* ❶ *(obs: Vorwort)* introduzione *f;* (THEAT) prologo *m* ❷ *(einleitende Worte)* preambolo *m;* **Vorredner(in)** *m(f)* oratore, -trice *m, f* precedente

Vorreiter(in) <-s, -; -, -nen> *m(f) (fam)* battistrada *mf,* apripista *mf*

Vorrichtung *f* dispositivo *m*

vor|rücken **I.** *vt haben* spostare in avanti **II.** *vi sein* avanzare; **in vorgerücktem Alter** in età avanzata; **zu vorgerückter Stunde** a tarda ora

Vorruhestand *m* prepensionamento *m*

Vorrunde *f* (SPORT) eliminatoria *f*

vor|sagen *vt, vi* suggerire

Vorsaison *f* bassa stagione *f*

Vorsatz *m* ❶ *(Absicht)* proposito *m,* intenzione *f;* *(Entschluss)* risoluzione *f;* (JUR) premeditazione *f;* **einen ~ fassen** prendere una risoluzione; **mit dem ~ zu ...** con l'intenzione di *+inf;* **mit ~** (JUR) deliberatamente ❷ *(TYP)* (foglio *m* di) guardia *f;* **Vorsatzblatt** *n* (foglio *m* di) guardia *f*

vorsätzlich ['foːrzɛtslɪç] **I.** *adj* intenzionale; (JUR) doloso **II.** *adv* intenzionalmente; (JUR) dolosamente

Vorschau *f* ❶ (TV) presentazione *f* dei programmi ❷ (FILM) prossimamente *m* ❸ (INFORM) visualizzazione *f*

Vorschein *m* **zum ~ kommen** comparire, apparire; *(fig: ans Licht kommen)* venire alla luce; **etw zum ~ bringen** portare qc alla luce

vor|schicken *vt* ❶ *(Gepäck)* spedire in anticipo ❷ *(mit Auftrag)* mandare sotto

vor|schieben <irr> *vt* ❶ *(da~)* mettere; *(nach vorn schieben)* spostare in avanti ❷ *(fig: vorschützen)* prendere a pretesto ❸ *(fig: für sich handeln lassen)* servirsi di

vor|schießen <irr> **I.** *vt haben (fam: Geld)*

vorschlagen	
vorschlagen	**proporre**
Wie wär's, wenn wir heute mal ins Kino gehen würden?	**Ti va di** andare al cinema oggi?
Wie wär's mit einer Tasse Tee?	**Ti va** una tazza di tè?
Was hältst du davon, wenn wir mal eine Pause machen?	**Che ne pensi se** facciamo una pausa?/ **Ti andrebbe di** fare una pausa?
Hättest du Lust, spazieren zu gehen?	**Avresti voglia** di fare una passeggiata?
Ich schlage vor, wir vertagen die Sitzung.	**Propongo di** aggiornare la seduta.

anticipare **II.** *vi sein* (*fam*) scattare in avanti

Vorschlag *m* proposta *f;* **auf meinen ~ (hin)** su mia proposta

vor|schlagen <irr> *vt* proporre

Vorschlaghammer *m* mazza *f* da fabbro

vorschnell *adj* precipitoso; (*unüberlegt*) avventato

vor|schreiben <irr> *vt* ❶(*als Vorlage schreiben*) scrivere la brutta copia di ❷(*befehlen*) prescrivere

Vorschrift *f* prescrizione *f;* (*Anweisung*) istruzione *f;* (ADM, MIL) regolamento *m;* **gegen die ~en verstoßen** andare contro il regolamento; **vorschriftsmäßig I.** *adj* regolamentare; (MED: *Dosis*) prescritto **II.** *adv* conforme alle disposizioni; **vorschriftswidrig** *adj* contrario alle disposizioni

Vorschub *m* **jdm/etw ~ leisten** favoreggiare qu/qc

Vorschulalter *n* età *f* prescolastica; **Vorschule** *f* scuola *f* preparatoria; **Vorschulerziehung** *f* educazione *f* prescolastica; **Vorschulkind** <-(e)s, -er> *n* bambino, -a *m, f* in età prescolare

VorschussRR *m,* **Vorschuß**ALT *m* anticipo *m;* **jdm einen ~ geben** concedere un anticipo a qu; **Vorschusslorbeeren**RR *mpl* elogi *mpl* prematuri

vor|schützen *vt* prendere a pretesto; **keine Müdigkeit ~!** (*fam*) e non raccontarmi che sei stanco!

vor|schwärmen *vi* raccontare con entusiasmo; **jdm von etw ~** parlare con entusiasmo di qc a qu

vor|schweben *vi* **mir schwebt etw vor** ho in mente qc

vor|schwindeln *vt* dare ad intendere [*o* a bere]; **jdm etw ~** darla a bere a qu

vor|sehen <irr> **I.** *vt* ❶(*planen*) prevedere; **wie vorgesehen** come previsto; **der Vertrag sieht vor, dass ...** il contratto prevede che +*conj* ❷(*bestimmen*) designare;

jdn für etw ~ avere in mente qu per qc, designare qu per qc **II.** *vr* **sich ~** guardarsi; **sich vor jdm/etw ~** guardarsi da qu/qc; **sich ~, dass** [*o* **damit**] stare attento che non +*conj,* stare attento di non +*inf;* **sieh dich vor, dass du nicht fällst!** attento a non cadere!

Vorsehung <-> *kein Pl f* Provvidenza *f*

vor|setzen *vt* ❶(*davorsetzen*) mettere davanti ❷(*nach vorn setzen*) spostare avanti ❸(*anbieten*) offrire ❹(*fig fam: Lügen, Geschichte, Erklärung*) scodellare

Vorsicht *f* precauzione *f,* prudenza *f;* **~!** attenzione!; **~, Glas!** attenzione, vetro!; **das ist mit ~ zu genießen** (*fig scherz*) è da prendere con le dovute precauzioni; **zur ~ habe ich ...** per precauzione ho ...; **~ ist besser als Nachsicht!** (*prov*) meglio prevenire che curare!; **vorsichtig** *adj* prudente, cauto; **vorsichtshalber** *adv* per precauzione; **Vorsichtsmaßnahme** *f* misura *f* precauzionale; **~n treffen** prendere delle precauzioni

Vorsilbe *f* (LING) prefisso *m*

vor|singen <irr> **I.** *vt* (**jdm**) **etw ~** cantare qc (a qu) **II.** *vi* **jdm ~** cantare (davanti) a qu

vorsintflutlich *adj* (*fam a fig scherz*) antidiluviano

Vorsitz *m* presidenza *f;* **den ~ bei etw führen** [*o* **haben**] detenere [*o* avere] la presidenza di qc; **den ~ übernehmen** assumere la presidenza; **unter dem ~ von** sotto la presidenza di; **Vorsitzende** <ein -r, -n, -n> *mf* presidente, -essa *m, f*

Vorsorge *f* ❶(*Fürsorge*) previdenza *f* ❷(*Vorsichtsmaßnahme*) precauzione *f;* **~ für etw treffen** provvedere a qc; **vor|sorgen** *vi* provvedere; **fürs Alter ~** provvedere per la vecchiaia; **Vorsorgeuntersuchung** *f* check-up *m;* **vorsorglich I.** *adj* previdente, precauzionale **II.** *adv* per precauzione

Vorspann ['fo:ɡʃpan] <-(e)s, -e> *m* ❶(*von Artikel*) cappello *m* ❷(FILM, TV)

titoli *mpl* di testa

Vorspeise *f* (GASTR) antipasto *m*

vor|spiegeln *vt* fingere; **jdm etw ~** far credere qc a qu; **Vorspieg(e)lung** *f* **unter ~ falscher Tatsachen** per simulazione di fatti

Vorspiel *n* ❶ (MUS) preludio *m* ❷ (THEAT) prologo *m* ❸ (*bei Geschlechtsverkehr*) tenerezze *fpl* preparatorie

vor|spielen *vt* ❶ (MUS) sonare; (THEAT) recitare; **jdm etw ~** sonare [*o* recitare] qc davanti a qu ❷ (*fig: vortäuschen*) simulare

vor|sprechen <irr> **I.** *vt* ❶ (*zum Nachsprechen*) pronunciare (per far ripetere); **jdm etw ~** pronunciare qc davanti a qu ❷ (THEAT: *zur Probe*) recitare **II.** *vi* ❶ (*wegen Anliegen aufsuchen*) (**bei jdm**) ~ fare visita (a qu) ❷ (THEAT) fare una prova

vor|springen <irr> *vi sein* ❶ (*plötzlich*) saltare in avanti [*o* fuori] ❷ (*hervorragen*) sporgere; (ARCH) aggettare

vorspringend *adj* sporgente; (*Nase, Kinn*) prominente; (ARCH) aggettante; **Vorsprung** *m* ❶ (ARCH) aggetto *m* ❷ (*Abstand*) vantaggio *m;* **einen ~ (vor jdm) haben** avere un vantaggio (su qu)

Vorstadt *f* sobborgo *m;* **vorstädtisch** *adj* suburbano

Vorstand *m* ❶ (*Gremium*) consiglio *m* direttivo; (*Vereins~*) presidenza *f;* (*Firmen~*) consiglio *m* direttivo ❷ (*Person*) *s.* **Vorstandsmitglied; Vorstandsmitglied** *n* ❶ (*von Firma*) membro *m* del consiglio d'amministrazione ❷ (*von Verein*) membro *m* del comitato

vor|stehen <irr> *vi* ❶ (*her~*) sporgere; (ARCH) aggettare ❷ (*geh: leiten*) **einer Sache** *dat* ~ dirigere qc, presiedere a qc; **vorstehend** *adj* ❶ (*vorspringend*) sporgente ❷ (*vorausgehend*) precedente; **wie ~ bereits gesagt** come già detto in precedenza

Vorsteher(in) <-s, -; -, -nen> *m(f)* (*Leiter, Direktor, Büro~*) capo *m;* (*Schul~*) direttore, -trice *m, f*

Vorsteherdrüse *f* prostata *f*

Vorsteherin *f s.* **Vorsteher**

vor|stellen **I.** *vt* ❶ (*davorstellen*) mettere davanti ❷ (*nach vorn stellen*) spostare in avanti ❸ (*Uhr*) mettere avanti; **um eine Stunde ~** portare avanti di un'ora ❹ (*bekannt machen, vorführen*) presentare; **darf ich Ihnen Frau K. ~?** posso presentarLe la signora K.? ❺ (*darstellen, bedeuten*) rappresentare, significare **II.** *vr* **sich ~** ❶ (*sich bekannt machen*) presentarsi; **sich in einer Firma ~** presentarsi in una ditta ❷ (*sich ausmalen*) **sich** *dat* **etw ~** imma-

ginarsi qc, figurarsi qc; **das kann ich mir nicht ~** non riesco ad immaginarmelo; **darunter kann ich mir überhaupt nichts ~** non mi dice assolutamente niente; **stell dir vor!** pensa un po'! *fam,* figurati un po'! *fam*

vorstellig *adj* (ADM) **bei jdm ~ werden** presentare un reclamo [*o* esposto] a qu

Vorstellung *f* ❶ (*Einführung*) presentazione *f* ❷ (THEAT) rappresentazione *f* ❸ *sing* (*~kraft*) immaginazione *f* ❹ (*Bild, Begriff*) idea *f,* concetto *m;* **eine ~ von etw haben** avere un'idea di qc; **sich** *dat* **von etw eine ~ machen** farsi un'idea di qc; **davon hast du ganz falsche ~en** hai delle idee completamente errate in merito; **Vorstellungsgespräch** *n* colloquio *m* di presentazione; **Vorstellungskraft** *f,* **Vorstellungsvermögen** *n* immaginazione *f*

Vorstopper <-s, -> *m* stopper *m*

Vorstoß *m* ❶ (*Vordringen*) avanzata *f;* (MIL) attacco *m* ❷ (*fig: Versuch*) tentativo *m*

vor|stoßen <irr> **I.** *vt haben* spingere (in) avanti **II.** *vi sein* avanzare, penetrare

Vorstrafe *f* (JUR) condanna *f* precedente, precedenti *mpl* penali; **Vorstrafenregister** *n* casellario *m* giudiziario

vor|strecken *vt* ❶ (*Arme, Hände*) tendere in avanti, allungare ❷ (*fig: Geld*) anticipare

Vorstufe *f* primo stadio *m*

Vortag *m* giorno *m* precedente; (*von Ereignis*) vigilia *f*

vor|täuschen *vt* fingere, simulare; **Vortäuschung** *f* finzione *f,* simulazione *f*

Vorteil *m* vantaggio *m;* **die Vor- u Nachteile** il pro e il contro; **~e bringen** essere vantaggioso; **~e aus etw ziehen** trarre vantaggi da qc; **jdm gegenüber im ~ sein** essere in vantaggio su qu; **für jdn von ~ sein** essere vantaggioso per qu; **sich zu seinem ~ ändern** cambiare in meglio; **vorteilhaft** *adj* vantaggioso; **das Kleid ist ~ für Sie** il vestito Le sta bene

Vortrag ['foːɐtraːk, *pl:* 'foːɐtrɛːgə] <-(e)s, Vorträge> *m* ❶ (*Rede, Vorlesung*) conferenza *f;* (*Bericht*) rapporto *m;* **einen ~ halten** tenere una conferenza ❷ (*von Gedicht*) recitazione *f;* (*von Lied*) esecuzione *f*

vor|tragen <irr> *vt* ❶ (*Gedicht*) recitare, declamare; (*Lied*) eseguire ❷ (*darlegen*) esporre

Vortragende <ein -r, -n, -n> *mf* conferenziere, -a *m, f*

Vortragsreihe *f* ciclo *m* di conferenze

vortrefflich *adj* eccellente; **Vortrefflichkeit** <-> *kein Pl f* (*geh*) eccellenza *f*

vor|treten <irr> *vi sein* ❶ (*nach vorn tre-
ten*) farsi innanzi; **einen Schritt ~** fare un
passo avanti ❷ (*fam: hervorragen*) sporgere

Vortritt <-s, -e> *m* ❶ (*Gelegenheit voran-
zugehen*) precedenza *f;* **einer Dame
den ~ lassen** lasciar passare una signora
❷ (*CH: Vorfahrt*) precedenza *f*

vorüber [fo'ry:bə] *adv* ❶ (*räumlich*)
davanti; **an jdm/etw ~** davanti a qu/qc
❷ (*zeitlich*) passato

vorüber|gehen <irr> *vi sein* ❶ (*räumlich*)
(**an jdm/etw**) **~** passare (davanti a qu/qc)
❷ (*zeitlich*) passare; (*zu Ende gehen*) cessare, finire; **vorübergehend** *adj* temporaneo; **Vorübergehende** <ein -r, -n, -n>
mf passante *mf*

Vorübung *f* esercizio *m* preparatorio

Voruntersuchung *f* ❶ (MED) visita *f* preliminare ❷ (JUR) istruzione *f* preliminare;
Vorurteil *n* pregiudizio *m;* **vorurteilsfrei, vorurteilslos** *adj* senza [*o* esente
da] pregiudizi; **Vorväter** *mpl* antenati *mpl;* **Vorvergangenheit** *f*
piucche(p)perfetto *m*, trapassato *m;* **Vorverhandlung** *f* trattativa *f* preliminare;
Vorverkauf *m* prevendita *f;* **Vorver-
kaufsstelle** *f* botteghino *m*

vor|verlegen <ohne ge-> *vt* anticipare

vorvorgestern *adv* tre giorni fa

vorvorig *adj* **~e Woche** due settimane fa

vor|wagen *vr* **sich ~** avventurarsi avanti;
sich zu weit ~ avventurarsi troppo lontano

Vorwahl *f* ❶ (POL) elezione *f* preliminare
❷ (TEL) preselezione *f*

Vorwählnummer *f* prefisso *m* (teleselet-
tivo)

Vorwand ['fo:gvant, *pl:* 'fo:gvɛndə] <-(e)s,
Vorwände> *m* pretesto *m*, scusa *f;* **etw
zum ~ nehmen** prendere qc a pretesto;
unter dem ~ etw zu tun col pretesto di
fare qc

vor|wärmen *vt* preriscaldare

vor|warnen *vt* preavvisare, mettere in
guardia; **Vorwarnung** *f* preallarme *m*

vorwärts ['fo:gvɛrts *o* 'fɔrvɛrts] *adv* avanti;
~ gehen (*fam*) andare avanti, procedere; **~ kommen** avanzare, progredire;
Vorwärtsgang *m* (TEC) marcia *f* avanti;
vorwärts|gehen^ALT *vi s.* **vorwärts**;
vorwärts|kommen^ALT *vi s.* **vorwärts**

Vorwäsche <-, -n> *f* prelavaggio *m*

vor|waschen <irr> *vt* fare il prelavaggio

Vorwaschgang *m* prelavaggio *m*

vorweg [fo:g'vɛk] *adv* ❶ (*vorher*) prima
❷ (*im Voraus*) in anticipo ❸ (*an der
Spitze*) in testa ❹ (*fam: von vornherein*) a

priori ❺ (*vor allem*) prima di tutto; **vor-
weg|nehmen** <irr> *vt* anticipare

Vorweis ['fo:gvais] <-es, -e> *m* (CH) esi-
bizione *f;* **vor|weisen** <irr> *vt* presentare

vor|werfen <irr> *vt* ❶ (*fig: tadeln*) (**jdm**)
etw ~ rimproverare qc (a qu) ❷ (*hinwerfen*) **jdm/einem Tier etw ~** gettare qc da
mangiare a qu/un animale

vorwiegend I. *adj* prevalente II. *adv* in
prevalenza

Vorwissen *n* conoscenza *f* preliminare

Vorwitz *m* ❶ (*Neugier*) curiosità *f* ❷ (*Vor-
lautsein*) saccenteria *f;* **vorwitzig** *adj*
❶ (*neugierig*) curioso ❷ (*vorlaut*) saccente

Vorwort¹ <-(e)s, -e> *n* prefazione *f*

Vorwort² <-(e)s, Vorwörter> *n* (A: *Präposition*) preposizione *f*

Vorwurf *m* rimprovero *m;* (*Tadel*) biasimo *m;* **jdm etw zum ~ machen** rimproverare qu per qc; **sich** *dat* **wegen etw
Vorwürfe machen** rimproversarsi di [*o* per]
qc; **vorwurfsvoll** *adj* (pieno) di rimprovero

Vorzeichen *n* ❶ (*Anzeichen*) segno *m*,
indizio *m;* (*Omen*) auspicio *m* ❷ (MAT)
segno *m* ❸ (MUS) accidente *m*

vorzeigbar *adj* (*fam*) presentabile

vor|zeigen *vt* mostrare; (*vorlegen a*) pre-
sentare

Vorzeit *f* **in grauer ~** nella notte dei tempi;
vorzeitig *adj* anticipato; (*zu früh*) prematuro, precoce; **vorzeitlich** *adj* preistorico,
antidiluviano

vor|ziehen <irr> *vt* ❶ (*nach vorn ziehen,
vor etw ziehen*) tirare avanti; (*Vorhänge*)
chiudere (tirando) ❷ (*her~*) tirare fuori
❸ (*lieber mögen*) **etw einer Sache** *dat* **~**
preferire qc a qc ❹ (*früher als geplant erledigen*) anticipare

Vorzimmer *n* anticamera *f*

Vorzug *m* ❶ *sing* (*Vorliebe*) preferenza *f;*
(*Vorrang*) precedenza *f;* **einer Sache** *dat*
den ~ geben dare la preferenza a qc
❷ (*gute Eigenschaft*) pregio *m*, merito *m;*
(*Vorteil*) vantaggio *m;* **den ~ haben, dass
…** avere il pregio di +*inf* ❸ (A: *Auszeichnung für einen niedrigen Notendurch-
schnitt im Zeugnis*) lode *f*

vorzüglich [fo:g'tsy:klɪç *o* 'fo:gtsy:klɪç]
adj eccellente; (*Wein, Essen*) squisito

Vorzugspreis *m* prezzo *m* di favore; **vorzugsweise** *adv* (*mit Vorliebe*) preferibilmente, di preferenza; (*hauptsächlich*) principalmente

Votum ['vo:tʊm, *pl:* 'vo:tən *o* 'vo:ta] <-s,
Voten *o* Vota> *n* voto *m*

Voucher ['vaʊtʃe] <-s, -(s)> *m o n* (*Touristik*) voucher *m*, coupon *m*

Voyeur(in) [vɔa'jøːɐ̯] *m(f)* voyeur *m*, guardone, -a *m, f;* **Voyeurismus** [voajøˈrɪsmʊs] <-> *kein Pl m* voyerismo *m*

v. T. *abk v* **vom Tausend** per mille

vulgär [vʊlˈgɛːɐ̯] *adj* volgare

Vulkan [vʊlˈkaːn] <-s, -e> *m* vulcano *m;* **erloschener/untätiger/tätiger ~** vulcano spento/inattivo/attivo; **Vulkanaus-**

bruch *m* eruzione *f* vulcanica; **Vulkanfiber** *f* fibra *f* vulcanica

vulkanisch *adj* vulcanico

vulkanisieren [vʊlkaniˈziːrən] <ohne ge-> *vt* vulcanizzare

Vulkanismus <-> *kein Pl m* (GEOL) vulcanismo *m*

W

W, w [ve:] <-, -(s)> *n* W, w *f;* **W wie Wilhelm** vu doppia

W ❶ *abk v* **West(en)** O ❷ *abk v* **Watt** W

Waadt [va:t] *f* Vaud *m*

Waage ['va:gǝ] <-, -n> *f* ❶ (TEC) bilancia *f;* (*Personen~*) pesapersone *m;* **sich** *dat* **die ~ halten** (contro)bilanciarsi ❷ (ASTR) Bilancia *f;* **er/sie ist** (**eine**) ~ è (della [o una]) Bilancia; **Waagebalken** *m* giogo *m* della bilancia

waag(e)recht *adj* orizzontale

Waagschale *f* piatto *m* della bilancia; **er legt jedes Wort auf die ~** (sop)pesa ogni parola

wabb(e)lig ['vab(ǝ)lıç] *adj* (*fam*) flaccido, floscio

Wabe ['va:bǝ] <-, -n> *f* favo *m;* **wabenförmig** *adj* a nido d'ape; **Wabenhonig** *m* miele *m* di favo

wach [vax] *adj* ❶ (*nicht schlafend*) sveglio; ~ **werden** svegliarsi ❷ (*fig: aufgeweckt*) vivo, sveglio; (*Sinn, Verstand*) acuto, desto

Wachablösung *f* cambio *m* della guardia

Wache ['vaxǝ] <-, -n> *f* ❶ (*Wachdienst, -mannschaft, -posten*) guardia *f;* ~ **haben** essere di guardia ❷ (*Wachlokal*) corpo *m* di guardia; (*Polizei~*) posto *m* di polizia ❸ (*Kranken~*) veglia *f;* **bei jdm ~ halten** vegliare qu

wachen *vi* ❶ (*geh: wach sein*) essere sveglio ❷ (*Wache halten*) **bei jdm ~** vegliare qu ❸ (*aufpassen*) **über jdn/etw ~** sorvegliare qu/qc

Wachhund *m* cane *m* da guardia; **Wachmann** <-(e)s, -leute> *m* ❶ (*Wächter*) guardia *f* ❷ (*A: Polizist*) poliziotto *m,* vigile *m*

Wacholder [va'xɔldǝ] <-s, -> *m* ❶ (BOT) ginepro *m* ❷ (~ *schnaps*) gin *m;* **Wacholderschnaps** *m* gin *m*

Wachposten *s.* **Wach(t)posten**

wach|rufen <irr> *vt* (*Erinnerungen*) risvegliare; (*Vergangenheit*) evocare

Wachs [vaks] <-es, -e> *n* cera *f;* ~ **in jds Händen sein** (*fig*) essere molto accondiscendente con qu, essere nelle mani di qu

wachsam *adj* vigilante; (*Blick, Auge*) vigile; **Wachsamkeit** <-> *kein Pl f* vigilanza *f*

wachsartig *adj* ceroso; **wachsbleich** ['vaks'blaıç] *adj* cereo; **Wachsbohne** *f* fagiolino *m* di qualità gialla

wachsen ['vaksǝn] <wächst, wuchs, gewachsen> I. *vi sein* ❶ (*größer werden*) crescere; **hoch gewachsen** alto, grande; **in die Breite/Höhe** ~ crescere in larghezza/altezza; **sich** *dat* **einen Bart/die Haare ~ lassen** lasciarsi crescere la barba/i capelli ❷ (*fig: zunehmen*) aumentare, accrescersi; (*sich ausdehnen*) estendersi; **die ~de Rezession** l'aggravarsi della recessione; **mit ~der Sorge** con crescente preoccupazione; **jdm gewachsen sein** essere all'altezza di qu; **einer Sache** *dat* **nicht gewachsen sein** non essere all'altezza di una cosa II. *vt haben* (*mit Wachs versehen*) dare la cera a

wächsern ['vɛksǝn] *adj* (*a fig*) cereo

Wachsfigur *f* figura *f* di cera; **Wachsfigurenkabinett** *n* museo *m* delle cere; **Wachskerze** *f* candela *f* di cera; **Wachsmalstift** *m* matita *f* cerata

wächst [vɛkst] *3. pers sing pr von* **wachsen**

Wachstuch *n* tela *f* cerata

Wachstum <-s> *kein Pl n* crescita *f;* **wachstumsfördernd** *adj* che favorisce la crescita; **wachstumshemmend** *adj* che inibisce la crescita; **Wachstumshormon** <-s, -e> *n* ormone *m* della crescita; **wachstumsorientiert** *adj* orientato alla crescita; **Wachstumsrate** *f* (WIRTSCH) tasso *m* di crescita

Wachtel ['vaxtǝl] <-, -n> *f* (ZOO) quaglia *f*

Wächter(in) ['vɛçtɐ] <-s, -; -, -nen> *m(f)* guardiano, -a *m, f;* (*Nacht~*) guardia *f*

Wachtmeister ['vaxtmaıstɐ] *m* brigadiere *m* di polizia; **Wach(t)posten** *m* guardia *f,* sentinella *f*

Wachtraum *m* sogno *m* ad occhi aperti; **Wacht(t)urm** *m* torre *f* di osservazione

Wach- und Schließgesellschaft *f* società *f* di vigilanza notturna

wack(e)lig *adj* ❶ (*Stuhl, Tisch*) traballante; (*Zahn a*) tentennante ❷ (*fam: schwach*) ~ **auf den Beinen sein** reggersi male sulle gambe ❸ (*fig fam: Unternehmen, Position*) vacillante

Wackelkontakt *m* contatto *m* difettoso

wackeln ['vakǝln] *vi* ❶ *haben* (*Möbel*) traballare; (*Zahn a*) tentennare; (*zittern*) tremare; **mit den Ohren ~** muovere le orecchie ❷ *haben* (*fig fam: Herrschaft, Position*) vacillare, essere traballante ❸ *sein* (*unsicher gehen*) barcollare

Wackelpeter <-s, -> *m,* **Wackelpudding** *m* (*fam*) budino *m* di gelatina

wacker ['vakɐ] *adj* ❶ (*rechtschaffen, brav*) onesto, probo ❷ (*tapfer*) valoroso ❸ (*tüchtig*) valente

wacklig *s.* **wack(e)lig**

Wade ['va:də] <-, -n> *f* polpaccio *m*; **Wadenkrampf** *m* crampo *m* del polpaccio; **Wadenwickel** *m* impacco *m* surale

Waffe ['vafə] <-, -n> *f* arma *f*; **zu den ~n rufen** chiamare alle armi; **die ~n strecken** deporre le armi; (*fig*) darsi per vinto; **jdn mit seinen eigenen ~n schlagen** (*fig*) battere qu con i suoi stessi argomenti

Waffel ['vafəl] <-, -n> *f* wafer *m*, cialda *f*; **Waffeleisen** *n* stampo *m* per cialde

Waffenbesitz *m* detenzione *f* di armi; **illegaler ~** detenzione illegale di armi; **Waffenembargo** <-s, -s> *n* embargo *m* delle armi; **Waffengattung** *f* arma *f*; **Waffengewalt** *f* **mit ~** con la forza delle armi; **Waffenhandel** *m* traffico *m* d'armi; **Waffenhändler(in)** *m(f)* trafficante *mf* d'armi; **Waffenlager** *n* deposito *m* di armi; **Waffenlieferung** *f* fornitura *f* di armi; **Waffenruhe** *f* tregua *f*; **Waffenschein** *m* porto *m* d'armi; **Waffenschmuggel** *m* contrabbando *m* di armi; **Waffenstillstand** *m* armistizio *m*; **Waffenstillstandsverhandlungen** *fpl* trattative *fpl* d'armistizio; **Waffensystem** *n* sistema *m* di armamenti

wag(e)halsig ['va:khalzɪç ('va:gəhalzɪç)] *adj* ❶ (*Mensch*) spericolato, temerario ❷ (*Unternehmen*) rischioso

Wagemut ['va:gəmu:t] <-(e)s> *kein Pl m* temerarietà *f*, audacia *f*

wagemutig *adj* ardimentoso, audace

wagen ['va:gən] **I.** *vt* ❶ (*sich nicht scheuen*) osare; (**es**) ~ **etw zu tun** osar fare qc; **wage bloß nicht, mir zu widersprechen!** e non osare contraddirmi! ❷ (*riskieren*) rischiare; **dieser Ausschnitt ist sehr gewagt** questo scollo è molto ardito; **wer nicht wagt, der nicht gewinnt** (*prov*) chi non risica non rosica **II.** *vr* **sich ~** (*etw zu tun*) osar fare qc; **sich nicht aus dem Haus ~** non osare uscire di casa

Wagen ['va:gən] <-s, -> *m* ❶ (*Personen~*) macchina *f*, automobile *f*; (*Liefer~*) furgone *m* ❷ (*Zirkus~, Zigeuner~, Plan~*) carro *m*; (*Pferde~, Straßenbahn~*) vettura *f*; (*Eisenbahn~*) vagone *m* ❸ (*Einkaufs~*) carrello *m*; (*Puppen~, Kinder~*) carrozzina *f* ❹ (*Schreibmaschinen~*) carrello *m* ❺ (ASTR) **der Große/Kleine ~** l'Orsa Maggiore/Minore; **Wagendach** *n* tetto *m* di vettura; **Wagenfenster** *n* finestrino *m* della macchina; **Wagenführer** *m* conducente *m*; **Wagenheber** *m* cricco *m*, martinetto *m*; **Wagenkolonne** *f* colonna *f* di autoveicoli; **Wagenladung** *f* carrata *f*; **Wagenpark** *m* parco *m* di veicoli; (FERR) parco *m* di vagoni; **Wagenpflege** *f* manutenzione *f* dell'automobile; **Wagenrad** *n* ruota *f* della vettura; **Wagenschlag** *m* portiera *f*; **Wagentür** *f* portiera *f*; **Wagenwäsche** *f* lavaggio *m* dell'automobile

Waggon [va'gõ: *o* va'gɔŋ] <-s, -s> *m* vagone *m*

Wag(g)onᴿᴿ [va'gõ: *o* va'gɔŋ] <-s, -s> *m* vagone *m*

wag(g)onweiseᴿᴿ *adv* a vagoni

waghalsig ['va:khalzɪç] *adj* ❶ (*Mensch*) spericolato, temerario ❷ (*Unternehmen*) rischioso

Wagnis ['va:knɪs] <-ses, -se> *n* ❶ (*Risiko*) rischio *m*; **ein ~ auf sich nehmen** assumersi un rischio ❷ (*Unternehmen*) impresa *f* rischiosa

Wagonᴿᴿ [va'gõ: *o* va'gɔŋ] <-s, -s> *m* vagone *m*

Wahl [va:l] <-, -en> *f* ❶ (*a Aus~, Qualität*) scelta *f*; (*zwischen zwei Möglichkeiten*) alternativa *f*; **erste ~** (WIRTSCH) prima scelta; **nach ~** a scelta; **seine ~ treffen** fare una scelta; **keine (andere) ~ haben (, als ...)** non avere (altra) possibilità di scelta (che ...); **wer die ~ hat, hat die Qual** (*prov*) non avere che l'imbarazzo della scelta ❷ (POL) elezione *f*; **sich zur ~ aufstellen lassen** farsi presentare (come candidato) alle elezioni; **zur ~ gehen** andare alle urne

Wahlalter *n* età *f* elettorale; **Wahlaufruf** *m* manifesto *m* elettorale; **Wahlausgang** *m* risultato *m* delle elezioni; **Wahlausschuss**ᴿᴿ *m* commissione *f* elettorale

wählbar *adj* eleggibile; **Wählbarkeit** <-> *kein Pl f* eleggibilità *f*

Wahlbenachrichtigung *f* certificato *m* elettorale; **wahlberechtigt** *adj* avente diritto di voto; **Wahlberechtigte** <-ein -r, -n, -n> *mf* elettore, -trice *m*, *f*; **Wahlberechtigung** <-, -en> *f* diritto *m* al voto; **Wahlbeteiligung** *f* partecipazione *f* elettorale, affluenza *f* alle urne; **eine hohe ~** un'elevata percentuale di votanti; **Wahlbetrug** <-(e)s> *kein Pl m* broglio *m* elettorale; **Wahlbezirk** *m* circoscrizione *f* elettorale

wählen ['vɛ:lən] **I.** *vt* ❶ (*aus~*) scegliere ❷ (POL) eleggere; **jdn zum Abgeordneten ~** eleggere qu deputato; **jdn in den Bundestag ~** eleggere qu alla camera dei

deputati ❸ (TEL: *Nummer*) comporre **II.** *vi*
❶ (*aus~*) scegliere ❷ (POL: *abstimmen*)
votare ❸ (TEL) comporre (il numero)
Wähler(in) <-s, -; -, -nen> *m(f)* elettore,
-trice *m, f,* votante *mf;* **Wählerauftrag** *m*
mandato *m* elettorale
Wahlerfolg *m* successo *m* elettorale;
Wahlergebnis *n* risultato *m* elettorale
Wählerin *f s.* **Wähler**
wählerisch *adj* (*Käufer, Kunden*) difficile;
(*im Essen*) schizzinoso
Wählerliste *f* lista *f* elettorale; **Wähler-**
schaft <-> *kein Pl f* elettorato *m;* **Wäh-**
lerschicht *f* fascia *f* dell'elettorato;
Wählerstimme <-, -n> *f* voce *f* degli
elettori
Wählerwille *m* volontà *f* elettorale
Wahlfach *n* (*Schule*) materia *f* facoltativa; **wahlfrei** *adj* (*Schulfach*) facoltativo;
Wahlgang *m* votazione *f;* **im ersten ~**
al primo scrutinio; **Wahlgeheimnis** *n*
segreto *m* elettorale; **Wahlheimat** *f*
patria *f* d'elezione; **Wahlkampf** *m* lotta *f*
elettorale; **Wahlkreis** *m* circoscrizione *f*
elettorale; **Wahllokal** *n* seggio *m* elettorale
wahllos *adv* a caso
Wahlmann *m* delegato *m;* **Wahlnieder-**
lage *f* sconfitta *f* elettorale; **Wahl-**
pflicht *f* obbligo *m* di votare [*o* di voto];
Wahlpflichtfach *n* materia *f* facoltativa;
Wahlplakat *n* manifesto *m* elettorale;
Wahlprogramm *n* programma *m* elettorale; **Wahlpropaganda** *f* propaganda *f*
elettorale; **Wahlrecht** <-(e)s> *kein Pl n*
❶ (*Recht*) diritto *m* di voto; **aktives/pas-**
sives ~ elettorato attivo/passivo; **allge-**
meines ~ suffragio universale ❷ (*Gesetz*)
diritto *m* elettorale; **Wahlrede** *f* discorso *m* elettorale; **Wahlredner(in)** *m(f)*
oratore, -trice *m, f* elettorale
Wählscheibe *f* disco *m* combinatore
Wahlschein *m* certificato *m* elettorale;
Wahlsieg *m* vittoria *f* elettorale; **Wahl-**
sieger(in) <-s, -; -, -nen> *m(f)* vincitore,
-trice *m, f* delle elezioni; **Wahlsprengel**
<-s, -> *m* (*A:* POL: *Wahlbereich mit einem*
Wahllokal) seggio *m* elettorale; **Wahl-**
spruch *m* motto *m,* divisa *f;* **Wahlsys-**
tem *n* sistema *m* elettorale; **Wahltag** *m*
giorno *m* delle elezioni
Wählton <-(e)s, -töne> *m* bip *m, segnale*
acustico percettibile componendo un
numero di telefono
Wahlurne *f* urna *f* elettorale; **Wahlver-**
halten *n* (POL) comportamento *m* elettorale; **Wahlversammlung** *f* comizio *m*
elettorale; **Wahlversprechen** *n* pro-

messa *f* elettorale
wahlweise *adv* a scelta
Wahn [va:n] <-(e)s> *kein Pl m* ❶ (*geh:*
~ vorstellung) illusione *f* ❷ (MED) mania *f;*
wähnen ['vɛ:nən] *vt* (*geh*) ritenere
(erroneamente), credere, supporre; **sich**
sicher ~ credersi sicuro
Wahnsinn *m* ❶ (MED) demenza *f* ❷ (*fam:*
Unvernunft) follia *f,* pazzia *f;* **das ist doch**
(**heller**) **~!** è pura follia!; **wahnsinnig**
I. *adj* ❶ (*verrückt*) pazzo, folle; (MED)
demente, alienato; **jdn ~ machen** (*fam*)
far impazzire qu ❷ (*fam: außerordent-*
lich) straordinario, enorme; (*Hunger*) tremendo; **~e Schmerzen** (*fam*) dolori
atroci **II.** *adv* (*fig fam: sehr*) enormemente,
moltissimo; **ich habe mich ~ darüber**
gefreut (*fam*) mi ha fatto un gran piacere;
Wahnsinnige <ein -r, -n, -n> *mf* pazzo,
-a *m, f;* **Wahnsinnstat** *f* gesto *m* folle
Wahnvorstellung *f* fissazione *f;* **Wahn-**
witz <-es> *kein Pl m* follia *f,* pazzia *f;*
wahnwitzig *adj* folle, pazzesco
wahr [va:ɐ] *adj* ❶ (*der Wahrheit entspre-*
chend) vero; (*~ heitsgetreu*) veridico, veritiero; **nicht ~?** (nev)vero?; **daran ist**
kein ~es Wort non c'è nulla di vero in
questo; **so ~ ich hier stehe** com'è vero
che sto qui; **das darf doch nicht ~ sein!**
(*fam*) non è possibile! ❷ (*wirklich*) reale;
(*echt*) autentico; **~ werden** realizzarsi;
etw ~ machen realizzare qc; **er hat sein**
Versprechen ~ gemacht ha mantenuto la
(sua) promessa; **sein ~es Gesicht zeigen**
togliersi la maschera; **im ~sten Sinne des**
Wortes nel vero senso della parola ❸ (*aus-*
gesprochen) vero e proprio; **eine ~e**
Pracht una vera meraviglia
wahren ['va:rən] *vt* (*geh*) ❶ (*be~*) mantenere; (*a Geheimnis*) custodire; **den**
Schein ~ salvare le apparenze ❷ (*Interes-*
sen, Rechte) tutelare, salvaguardare
während ['vɛ:rən] *vi* (*geh*) (per)durare; **was**
lange währt, wird endlich gut (*prov*) ciò
che dura a lungo porta buoni frutti
während ['vɛ:rənt] **I.** *prp* +*gen o dat*
durante **II.** *konj* mentre
währenddessen [vɛ:rənt'dɛsən] *adv*
intanto, frattanto
wahr|haben *vt* **nicht ~ wollen, dass ...**
non voler ammettere che +*conj*
wahrhaft I. *adj* (*geh: echt, ehrlich*) vero;
(*wirklich*) reale **II.** *adv* (*geh*) veramente
wahrhaftig [va:ɐ'haftɪç] **I.** *adj* (*geh: wahr-*
heitsliebend) veritiero, verace **II.** *adv* (*geh:*
tatsächlich) veramente, davvero; **~!** davvero!
Wahrheit <-, -en> *f* verità *f;* **in ~** in verità;

um die ~ zu sagen a dire il vero; **das ist die reine ~** è la pura verità; **wahrheitsgemäß, wahrheitsgetreu** *adv* conformemente alla verità

wahrlich *adv* (*geh*) veramente

wahrnehmbar *adj* percettibile

wahr|nehmen <irr> *vt* ❶ (*Geräusch, Geruch*) percepire ❷ (*bemerken*) accorgersi di ❸ (*Chance, Gelegenheit*) approfittare di, cogliere; (*Termin, Frist*) rispettare; (*Interessen*) tutelare, salvaguardare

Wahrnehmung <-, -en> *f* ❶ (*sinnlich*) percezione *f* ❷ (*von Termin*) osservanza *f;* (*von Interessen*) tutela *f,* salvaguardia *f*

wahrsagen, wahr|sagen I. *vi* predire il futuro, vaticinare; **sich** *dat* **~ lassen** farsi predire il futuro II. *vt* predire; **Wahrsager(in)** <-s, -; -, -nen> *m(f)* indovino, -a *m, f,* vaticinatore, -trice *m, f*

Wahrsagerei[1] <-> *kein Pl f* (*pej: das Wahrsagen*) profezia *f,* vaticinio *m*

Wahrsagerei[2] <-, -en> *f* (*pej: Äußerung*) dichiarazione *f* arbitraria

Wahrsagerin <-, -nen> *f s.* **Wahrsager**

Wahrsagung <-, -en> *f* ❶ *sing* (*das Wahrsagen*) predizione *f,* divinazione *f* ❷ (*Prophezeiung*) profezia *f,* vaticinio *m*

währschaft ['vɛːɐ̯ʃaft] *adj* (*CH*) ❶ (*tüchtig, kräftig*) robusto, forte ❷ (*solide*) resistente, robusto; **ein ~es Kleidungsstück** un capo d'abbigliamento resistente

wahrscheinlich [vaːɐ̯ˈʃaɪnlɪç] I. *adj* probabile; **es ist nicht ~, dass ...** non è probabile che +*conj* II. *adv* probabilmente

Wahrscheinlichkeit <-, -en> *f* probabilità *f;* **aller ~ nach** con ogni probabilità; **wie groß ist die ~, dass ...?** quali probabilità ci sono che +*conj?*; **Wahrscheinlichkeitsgrad** *m* grado *m* di probabilità; **Wahrscheinlichkeitsrechnung** *f* calcolo *m* delle probabilità

Wahrung <-> *kein Pl f* tutela *f,* salvaguardia *f*

Währung ['vɛːrʊŋ] <-, -en> *f* valuta *f,* moneta *f*

Währungsausgleich *m* conguaglio *m* dei cambi; **Währungsbuchhaltung** <-, -en> *f* (FIN) contabilità *f* valutaria; **Währungseinheit** *f* unità *f* monetaria; **Währungsfonds** *m* fondo *m* monetario; **Währungsgebiet** *n* zona *f* monetaria; **Währungskonferenz** *f* conferenza *f* monetaria; **Währungskorb** *m* paniere *m* valutario; **Währungsordnung** *f* ordinamento *m* valutario; **Währungspolitik** <-> *kein Pl f* politica *f* monetaria; **die gemeinsame ~ der Mitgliedsstaaten der Europäischen Union** la politica

monetaria unica degli Stati membri dell'Unione europea; **Währungsraum** <-(e)s, -räume> *m* (FIN) zona *f* monetaria; **Währungsreform** *f* riforma *f* monetaria; **Währungsspaltung** <-, -en> *f* scissione *f* monetaria; **Währungssystem** *n* sistema *m* monetario; **Währungsumstellung** *f* conversione *f* monetaria; **Währungsunion** *f* unione *f* monetaria; **Europäische ~** unione monetaria europea

Wahrzeichen *n* emblema *m,* simbolo *m*

Waise ['vaɪzə] <-, -n> *f* orfano, -a *m, f;* **Waisenhaus** *n* orfanotrofio *m;* **Waisenkind** *n* orfano, -a *m, f;* **Waisenrente** *f* prestazione *f* agli orfani

Wal [vaːl] <-(e)s, -e> *m* (ZOO) balena *f*

Wald [valt, *pl:* 'vɛldə] <-(e)s, Wälder> *m* bosco *m,* selva *f;* (*fig a*) foresta *f;* **den ~ vor Bäumen nicht sehen** (*fam*) non vedere quello che si ha sotto il naso; (*fig*) perdere di vista la foresta nella foga di focalizzare un ramoscello; **ich glaub', ich steh' im ~!** (*fam*) non credo ai miei occhi!; **wie man in den ~ hineinruft, so schallt es heraus** (*prov*) chi la fa, l'aspetti

Waldarbeiter *m* boscaiolo *m;* **Waldbestand** *m* patrimonio *m* forestale; **Waldbrand** *m* incendio *m* di bosco; **Waldbeere** *f* fragolina *f* di bosco; **Waldhorn** *n* corno *m* da caccia; **Waldhüter** *m* guardia *f* forestale, guardaboschi *m*

waldig *adj* boscoso, boschivo

Waldlauf *m* corsa *f* nel bosco; **Waldlehrpfad** *m* sentiero *m* per l'educazione botanica; **Waldmeister** *m* (BOT) asperula *f* (odorosa), mughetto *m* dei boschi *fam*

Waldorfschule ['valdɔrfʃuːlə] *f* scuola *f* steineriana, *scuola privata fondata da Waldorf che ha sviluppato una metodologia didattica basata sullo sviluppo delle capacità creative degli alunni*

Waldrand *m* margine *m* del bosco; **am ~ ai** margini del bosco; **waldreich** *adj* ricco di boschi, boscoso; **Waldschaden** *m* danno *m* forestale; **Waldsterben** *n* moria *f* dei boschi

Waldung <-, -en> *f* zona *f* boscosa

Waldweg *m* sentiero *m* di bosco; **Waldwiese** *f* prato *m* boschivo; **Waldwirtschaft** *f* economia *f* forestale

Wales [weɪls] <-> *n* Galles *m*

Walfang *m* caccia *f* alla balena; **Walfänger** ['vaːlfɛŋɐ] *m* ❶ (*Mensch*) baleniere *m* ❷ (*Boot*) baleniera *f;* **Walfisch** *s.* **Wal**

Waliser(in) [vaˈliːzɐ] <-s, -; -, -nen> *m(f)* gallese *mf*

Walkie-Talkie[RR] <-(s), -s> *n* walkie-talkie *m*

Walkman® <-s, -men> *m* walkman® *m*

Wall [val, *pl:*ˈvɛlə] <-(e)s, Wälle> *m* (*Erd~*) vallo *m,* terrapieno *m;* (*Schutz~*) bastione *m*

Wallach [ˈvalax] <-(e)s, -e> *m* (ZOO) cavallo *m* castrato

wallen [ˈvalən] *vi* (*sprudeln*) (ri)bollire; (*wogen*) ondeggiare; **~des Haar** capelli fluenti; **~des Gewand** veste fluttuante

Wallfahrer(in) <-s, -; -, -nen> *m(f)* pellegrino, -a *m, f*

Wallfahrt [ˈvalfaːɐ̯t] *f* pellegrinaggio *m;* **Wallfahrtskirche** *f* santuario *m;* **Wallfahrtsort** *m* luogo *m* di pellegrinaggio

Wallis [ˈvalɪs] *n* Vallese *m*

Wallung <-, -en> *f* ebollizione *f;* (*fig*) bollore *m,* agitazione *f;* **in ~ bringen** mettere in agitazione

WalnussRR [ˈvalnʊs] *f* noce *f;* **Walnussbaum**RR *m* noce *m*

WalrossRR [ˈvalrɔs] *n,* **Walroß**ALT *n* (ZOO) tricheco *m*

walten [ˈvaltən] *vi* (*geh*) agire; **Gnade/ Vernunft ~ lassen** usare clemenza/la ragione

Walzblech *n* lamiera *f* laminata

Walze [ˈvaltsə] <-, -n> *f* rullo *m;* (TYP) cilindro *m*

walzen [ˈvaltsən] *vt* (*glätten*) cilindrare, spianare col rullo; (*Metall, Stahl*) laminare

wälzen [ˈvɛltsən] I. *vt* ❶ (*rollen*) rotolare; **die Schuld auf jdn ~** scaricare la colpa su qu ❷ (*fam: Akten, Bücher*) scartabellare; (*Probleme*) rimuginare II. *vr* **sich ~** rotolarsi; **sich schlaflos im Bett ~** rigirarsi nel letto senza riuscire a dormire

walzenförmig [ˈvaltsənfœrmɪç] *adj* cilindrico

Walzer [ˈvaltsɐ] <-s, -> *m* valzer *m*

Wälzer <-s, -> *m* (*fam*) volumone *m*

Walzstraße *f* treno *m* di laminazione [*o* di rulli]; **Walzwerk** *n* laminatoio *m*

Wampe [ˈvampə] <-, -n> *f* (*fam pej*) pancione *m*

Wams [vams, *pl:* ˈvɛmzə] <-es, Wämser> *n* farsetto *m*

wand [vant] *1. u 3. pers sing imp von* **winden**[1]

Wand [vant, *pl:* ˈvɛndə] <-, Wände> *f* parete *f;* **spanische ~** paravento *m;* **in meinen vier Wänden** a casa mia; **weiß wie die ~** bianco come un cencio; **jdn an die ~ spielen** (*fig*) superare qu; **mit dem Kopf durch die ~ wollen** (*fig fam*) volere la quadratura del cerchio; **mit dem Kopf gegen die ~ rennen** (*fig*) sbattere la testa contro il muro; **da kann man ja die Wände hochgehen!** (*fam*) c'è da impaz-

zire!; **Wandbehang** *m* arazzo *m*

Wandel [ˈvandəl] <-s> *kein Pl m* mutamento *m,* cambiamento *m,* trasformazione *f;* **im ~ der Zeiten** nel mutamento dei tempi

wandelbar *adj* (*geh*) mutevole, variabile

Wandelgang *m,* **Wandelhalle** *f* portico *m*

wandeln [ˈvandəln] I. *vi sein* (*geh: gehen*) camminare, passeggiare; **sie ist ein ~des Wörterbuch** (*fam scherz*) è un dizionario ambulante II. *vt* cambiare, mutare III. *vr* **sich ~** cambiare, mutare

Wanderarbeiter *m* lavoratore *m* stagionale; **Wanderausstellung** *f* esposizione *f* itinerante; **Wanderbühne** *f* compagnia *f* ambulante; **Wanderdüne** *f* duna *f* mobile

Wanderer [ˈvandərɐ] <-s, -> *m* viandante *m,* escursionista *m*

Wanderfalke <-n, -n> *m* falco *m* pellegrino

Wanderin [ˈvandərɪn] <-, -nen> *f* viandante *f,* escursionista *f*

Wanderkarte *f* carta *f* topografica (per escursionisti)

wandern [ˈvandən] *vi sein* ❶ (*gehen*) camminare ❷ (*einen Ausflug machen*) fare un'escursione ❸ (*umherschweifen*) vagabondare; (*Blicke a*) errare; (*Gedanken*) correre

Wanderniere *f* rene *m* migrante [*o* mobile]; **Wanderpokal** *m* coppa *f* challenge; **Wanderprediger** *m* predicatore *m* ambulante; **Wanderschaft** <-> *kein Pl f* viaggio *m* (a piedi), giro *m;* **auf ~ gehen** andare in giro per il mondo; **auf der ~** in viaggio per il mondo; **Wandersmann** <-(e)s, -leute> *m* (*poet*) viandante *m;* **Wandertag** *m* giorno *m* di escursione

Wanderung <-, -en> *f* ❶ (*Ausflug*) gita *f,* escursione *f* ❷ (*von Tieren, Völkern*) migrazione *f*

Wanderverein *m* circolo *m* escursionistico; **Wanderweg** *m* sentiero *m* (per escursioni); **Wanderzirkus** *m* circo *m* itinerante

Wandgemälde *n* pittura *f* murale; **Wandkalender** *m* calendario *m* murale; **Wandkarte** *f* carta *f* murale; **Wandlampe** *f* lampada *f* a muro, applique *f*

Wandlung [ˈvandlʊŋ] <-, -en> *f* ❶ (*Veränderung*) cambiamento *m;* (*Verwandlung*) trasformazione *f* ❷ (REL) transustanziazione *f;* **wandlungsfähig** *adj* trasformabile

Wandrer(in) *m(f) s.* **Wanderer**

Wandschrank *m* armadio *m* a muro; **Wandspiegel** *m* specchio *m* da parete; **Wandtafel** *f* lavagna *f* a muro

wandte ['vantə] *1. u 3. pers sing imp von* **wenden**[2]

Wandteller *m* piatto *m* murale; **Wandteppich** *m* arazzo *m;* **Wanduhr** *f* orologio *m* a muro; **Wandzeitung** *f* giornale *m* murale, dazebao *m*

Wange ['vaŋə] <-, -n> *f* (*geh*) guancia *f,* gota *f poet;* ~ **an** ~ guancia a guancia

Wankelmotor ['vaŋkəlmoːtoːɐ] *m* motore *m* Wankel [*o* a pistone rotante]

Wankelmut ['vaŋkəlmuːt] *m* (*geh*) incostanza *f,* volubilità *f;* **wankelmütig** ['vaŋkəlmyːtɪç] *adj* (*geh*) incostante, volubile

wanken ['vaŋkən] *vi* ❶ *haben* (*schwanken*) vacillare; **ins Wanken geraten** cominciare a vacillare ❷ *sein* (*schwankend gehen*) camminare barcollando

wann [van] *adv* quando; **seit ~?** da quando?; **bis ~?** fino a quando?; **von ~ bis ~?** da quando a quando?; **ich weiß nicht, ~ sie kommt** non so quando verrà; **~ auch immer** in qualsiasi momento

Wanne ['vanə] <-, -n> *f* (*Bade~*) vasca *f;* (*Wasch~*) bacinella *f;* (MOT: *Öl~*) coppa *f* (dell'olio); **Wannenbad** *n* bagno *m* in vasca

Wanst [vanst, *pl:* 'vɛnstə] <-es, Wänste> *m* (*fam pej*) pancione *m;* **sich** *dat* **den ~ vollschlagen** rimpinzarsi

Wanze ['vantsə] <-, -n> *f* ❶ (ZOO) cimice *f* ❷ (TEC: *Abhör~*) microspia *f*

WAP-Handy *n* (telefono *m* cellulare) wap *m,* Wappi *m*

Wappen ['vapən] <-s, -> *n* stemma *m,* blasone *m;* **Wappenkunde** *f* araldica *f;* **Wappenschild** *m* scudo *m;* **Wappentier** *n* animale *m* araldico

wappnen ['vapnən] *vr* **sich gegen etw ~** (*geh*) armarsi contro qc

war [vaːɐ] *1. u 3. pers sing imp von* **sein**[1]

warb [varp] *1. u 3. pers sing imp von* **werben**

Ware ['vaːrə] <-, -n> *f* merce *f;* (*Artikel*) articolo *m;* **eine ~ führen** tenere una merce; **heiße ~** (*sl*) merce illegale; **Warenangebot** *n* offerta *f* di merce; **Warenaufzug** *m* montacarichi *m;* **Warenautomat** *m* distributore *m* automatico; **Warenbegleitschein** *m* (ADM) documento *m* d'accompagnamento merci; **Warenbestand** *m* stock *m;* **Warenhaus** *n* grande magazzino *m;* **Warenhauskette** *f* catena *f* di grandi magazzini; **Warenkorb** *m* paniere *m;* **Warenla-**ger *n* magazzino *m;* **Warensendung** *f* spedizione *f* di merci; **Warenumsatzsteuer** <-, -n> *f* (*CH:* FIN: *auf den Warenumsatz erhobene Steuer*) tassa *f* d'importazione; **Warenzeichen** *n* marchio *m* di fabbrica; **eingetragenes ~** marchio registrato

warf [varf] *1. u 3. pers sing imp von* **werfen**

Warlord ['voːɐlɔrt] <-s, -s> *m* signore *m* della guerra

warm [varm] <wärmer, wärmste> *adj* ❶ (*allg, a Farben, Töne*) caldo; **es ist ~** fa caldo; **mir ist ~** ho caldo; **~ halten** (*Kleidung*) tenere caldo; **zieh dich ~ an!** vestiti pesante!, copriti bene!; **~ machen** (ri)scaldare; **sich ~ laufen** riscaldarsi correndo; **den Motor ~ laufen lassen** far riscaldare il motore ❷ (*fig: ~ herzig*) caloroso, cordiale; **mit jdm nicht ~ werden** (*fam*) non entrare in confidenza con qu; **dieses Restaurant kann ich wärmstens empfehlen** posso raccomandare vivamente questo ristorante; **sich** *dat* **jdn ~ halten** (*fam*) tenersi buono qu

Warmblüter ['varmblyːtɐ] <-s, -> *m* (ZOO) animale *m* a sangue caldo; **warmblütig** ['varmblyːtɪç] *adj* a sangue caldo

Warmduscher *m* (*fam*) rammollito *m*

Wärme ['vɛrmə] <-, *rar* -n> *f* caldo *m;* (*a fig* PHYS) calore *m;* **ist das eine ~ (hier)!** che caldo fa (qui)!; **Wärmeaustausch** *m* scambio *m* termico; **wärmebeständig** ['vɛrməbəʃtɛndɪç] *adj* (TEC) resistente al calore; **Wärmedämmung** <-, -en> *f* isolamento *m* termico; **wärmeempfindlich** *adj* sensibile al calore; **Wärmeenergie** *f* energia *f* termica; **Wärmegrad** *m* grado *m* di temperatura; **Wärmehaushalt** *m* bilancio *m* termico; **Wärmekraftwerk** *n* centrale *f* termica; **Wärmelehre** *f* (PHYS) termologia *f;* **Wärmeleiter** *m* conduttore *m* termico

wärmen I. *vt, vi* (ri)scaldare II. *vr* **sich ~** (ri)scaldarsi

Wärmepumpe *f* pompa *f* di calore; **Wärmequelle** *f* sorgente *f* termica; **Wärmerückgewinnung** *f* recupero *m* termico; **Wärmespeicher** *m* accumulatore *m* termico; **Wärmestrahlung** *f* radiazione *f* termica; **Wärmezufuhr** *f* apporto *m* di calore

Wärmflasche *f* borsa *f* dell'acqua calda

Warmfront <-, -en> *f* (METEO) fronte *m* caldo

Warmhaltekanne *f* thermos *m*

warm|halten *vt* (*Kleidung*) tenere caldo

Warmhalteplatte *f* scaldavivande *m*

warmherzig *adj* caloroso, cordiale

warm‖laufen *vi* **den Motor ~ lassen** far riscaldare il motore; **sich ~** riscaldarsi correndo

Warmluft *f* aria *f* calda; **Warmluftzufuhr** *f* afflusso *m* di aria calda

Warmmiete *f* (*fam*) affitto *m* comprensivo del riscaldamento

Warmstart <-(e)s, -s> *m* (INFORM) riavvio *m*

Warmwasserbereiter [varmˈvasəbəraɪtə] <-s, -> *m* boiler *m*, scalda(a)cqua *m*; **Warmwasserheizung** *f* riscaldamento *m* ad acqua; **Warmwasserspeicher** *m* boiler *m*; **Warmwasserversorgung** *f* approvvigionamento *m* di acqua calda

Warnanlage *f* dispositivo *m* d'allarme; **Warnblinkanlage** *f* (AUTO) lampeggiatori *mpl*; **Warndreieck** *n* (AUTO) triangolo *m*

warnen [ˈvarnən] *vt* avvertire; **jdn vor etw** *dat* **~** mettere in guardia qu da qc; **ich habe ihn oft genug vor ihm gewarnt** ti ho messo spesso in guardia da lui

warnend *adj* ammonitore

Warnmeldung *f* avviso *m* di pericolo; **Warnruf** *m* grido *m* d'allarme; **Warnschild** *n* segnale *m* di pericolo; **Warnschuss**^{RR} *m* colpo *m* in aria; **Warnsignal** *n* segnale *m* d'allarme; **Warnstreik** *m* sciopero *m* d'avvertimento; **Warnton** *m* suono *m* di avvertimento

Warnung <-, -en> *f* avviso *m*, avvertimento *m*; **~ vor etw** *dat* avviso di qc; **ohne vorherige ~** senza preavviso; **das soll mir eine ~ sein** mi servirà di lezione; **das ist meine letzte ~** è il mio ultimo monito

Warnzeichen *n* ❶ (*Warnschild*) segnale *m* di pericolo ❷ (*fig: Warnsignal*) segnale *m* premonitore

Warschau [ˈvarʃaʊ] *n* Varsavia *f*

Warschauer Pakt <-(e)s> *kein Pl m* (POL) Patto *m* di Varsavia

Warte [ˈvartə] <-, -n> *f* (*geh*) belvedere *m*; **von meiner ~ aus** dal mio punto di vista

Wartefrist *f* periodo *m* di attesa

Wartehalle *f s.* **Warteraum**; **Warteliste** *f* lista *f* d'attesa

warten [ˈvartən] **I.** *vi* **auf jdn/etw ~** aspettare qu/qc; **warte mal!** aspetta un attimo!; **mit etw ~** differire qc, ritardare qc; **nicht auf sich ~ lassen** non farsi attendere; **darauf ~, dass …** attendere che +*conj*; **worauf wartest du (denn) noch?** cosa aspetti ancora?; **na warte!** (*fam*) aspetta!; **da kannst du lange ~!** (*fam*) chi di speranza vive disperato muore! *prov* **II.** *vt*

(*Maschine*) revisionare; (*Auto*) controllare, revisionare; **Warten** <-s> *kein Pl n* attesa *f*; **nach langem ~** dopo aver atteso a lungo

Wärter(in) [ˈvɛrtə] <-s, -; -, -nen> *m(f)* guardiano, -a *m, f,* custode *mf;* (*Gefängnis~*) secondino, -a *m, f*

Warteraum *m,* **Wartesaal** *m* sala *f* d'aspetto; **Warteschleife** <-, -n> *f* ❶ (AERO) **~n ziehen** volare in circolo ❷ (TEL) **ich bin schon seit Minuten in der ~** sono in linea già da dieci minuti; **Wartezeit** *f* tempo *m* d'attesa; **Wartezimmer** *n* sala *f* d'aspetto

Wartung <-, -en> *f* ❶ (TEC) manutenzione *f* ❷ (MOT) (servizio *m* di) assistenza *f* (e manutenzione); **wartungsfrei** *adj* senza bisogno di manutenzione; **dieses Gerät ist ~** questo apparecchio non necessita di manutenzione

warum [vaˈrʊm] *adv* perché, per quale ragione; **~ nicht?** perché no?; **~ nicht gleich so?** (*fam*) perché non (facciamo) subito così?

Warze [ˈvartsə] <-, -n> *f* ❶ (*Haut~*) verruca *f* ❷ (*Brust~*) capezzolo *m*

was [vas] **I.** *pron inter* che (cosa); **~?** (*fam: wie bitte?*) come?, cosa?; **~ für ein(e)?** quale …?, che …?; **~ kostet das?** quanto costa?; **~ ist geschehen?** che cosa è successo?; **~ willst du?** che vuoi?; **~ für ein Unsinn!** che assurdità!; **~ Sie nicht sagen!** che dice mai!, possibile!; **~ ist Ihr** [*o* **sind Sie von**] **Beruf?** qual'è la Sua professione?; **ach ~!** (*fam*) macché!, ma va'!; **das hättest du nicht gedacht, ~?** (*fam*) non l'avresti pensato, vero? **II.** *pron rel* ciò che; **nicht wissen, ~ man tun soll** non sapere cosa fare; **alles, ~ …** tutto ciò che …; **das Beste, ~ …** il meglio che …; **(das,) ~ er sagt** ciò che dice; **~ du auch (immer) sagen magst** qualunque cosa tu dica **III.** *pron indef* (*fam: etwas*) qualche cosa, qualcosa; **das ist ~ anderes** è un'altra cosa; **das ist immerhin ~** è già qualcosa; **ist ~?** c'è qualcosa (che non va)?; **hat man so ~ schon gesehen?** s'è mai vista una cosa simile?; **nein, so ~!** che roba!; (*erstaunt*) una cosa simile!

Waschanlage *f* ❶ (*Auto~*) stazione *f* di lavaggio ❷ (*Scheiben~*) impianto *m* di lavaggio; **Waschanleitung** *f* istruzioni *fpl* per il lavaggio; **waschbar** *adj* lavabile; **Waschbär** *m* (ZOO) procione *m;* **Waschbecken** *n* lavandino *m,* lavabo *m;* **Waschbeton** <-s, -e> *m* cemento *m* bianco; **Waschbeutel** *m* beauty case *m;* **Waschbrett** *n* asse *m* per lavare;

W

Waschbrettbauch *m* addome *m* palestrato

Wäsche ['vɛʃə] <-, -n> *f* ❶ *sing* (*Bett~, Tisch~, Unter~*) biancheria *f;* **dumm aus der ~ gucken** (*fam*) fare una faccia da stupido ❷ (*das Waschen*) lavaggio *m* ❸ *sing* (*~ zum Waschen*) bucato *m; ~* **waschen** fare il bucato; **seine schmutzige ~** (*vor anderen Leuten*) **waschen** (*fig*) sciorinare i propri panni sporchi (davanti a tutti)

waschecht *adj* ❶ (*Farbe*) solido; (*Kleidungsstück*) lavabile ❷ (*fig: typisch*) purosangue

Wäschegeschäft *n* negozio *m* di biancheria; **Wäscheklammer** *f* molletta *f* da bucato; **Wäschekorb** <-(e)s, -körbe> *m* cesto *m* della biancheria sporca; **Wäscheleine** *f* corda *f* per il bucato; **Wäschemangel** *f* mangano *m* (per biancheria)

waschen ['vaʃən] <wäscht, wusch, gewaschen> **I.** *vt* lavare **II.** *vi* fare il bucato; **Waschen und Legen** (*beim Friseur*) lavaggio e messa in piega **III.** *vr* **sich ~** lavarsi; **eine Ohrfeige, die sich gewaschen hat** (*fam*) un sonoro ceffone

Wäscherei [vɛʃə'raɪ] <-, -en> *f* lavanderia *f*

Wäscheschleuder *f* centrifuga *f* (della lavatrice); **Wäscheschrank** *m* armadio *m* della biancheria; **Wäscheständer** *m* stenditoio *m;* **Wäschetrockner** <-s, -> *m* ❶ (*EL*) asciugatrice *f* ❷ (*Ständer*) stendibiancheria *m;* **Wäschetruhe** *f* cassone *m* della biancheria; (*für schmutzige Wäsche*) cestino *m* per la biancheria sporca; **Wäschezeichen** *n* monogramma *m* (sulla biancheria)

Waschgang <-(e)s, -gänge> *m* lavaggio *m;* **Waschhandschuh** *m* guanto *m* da bagno; **Waschküche** *f* ❶ (*Waschraum*) lavanderia *f*, lavatoio *m* ❷ (*fam: dichter Nebel*) nebbia *f* fitta [*o* da tagliare col coltello]; **Waschlappen** *m* ❶ (*zum Waschen*) strofinaccio *m* ❷ (*fam pej: Feigling*) uomo *m* di pasta frolla, pappa *f* molle;

Waschmaschine *f* lavatrice *f;* **waschmaschinenfest** *adj* resistente al lavaggio in lavatrice; **Waschmittel** *n* detersivo *m;* **Waschpulver** *n* detersivo *m* (in polvere); **Waschraum** *m* lavatoio *m*, lavanderia *f;* **Waschrumpel** <-, -n> *f* (*A: Waschbrett*) asse *f* per lavare; **Waschsalon** *m* lavanderia *f* a gettoni; **Waschschüssel** *f* catino *m*, bacinella *f;* **Waschstraße** *f* (*AUTO*) impianto *m* di lavaggio (per autoveicoli)

wäscht [vɛʃt] *3. pers sing pr von* **waschen**

Waschtisch *m* lavabo *m*

Waschung <-, -en> *f* abluzione *f*

Waschwanne *f* vasca *f* per il bucato; **Waschweib** *n* (*fig pej*) chiacchierone, -a *m, f*, pettegolo, -a *m, f;* **Waschzettel** *m* (*TYP*) scheda *f* bibliografica; **Waschzeug** <-(e)s, -e> *n* occorrente *m* per lavarsi

Wasser ['vasɐ] <-s, -> *n* acqua *f;* **auf dem ~** sull'acqua; **unter ~** sott'acqua; (*überflutet*) allagato, inondato, sommerso; **Kölnisch ~** acqua di Colonia; **bei ~ und Brot** a pane e acqua; **~ abstoßend** [*o* abweisend] idrorepellente; **~ lassen** (*urinieren*) orinare; **ins ~ fallen** (*fig fam*) andare in fumo; **jdm nicht das ~ reichen können** (*fig*) non essere all'altezza di qu; **nahe am ~ gebaut haben** (*fig fam*) avere le lacrime in tasca; **mit allen ~n gewaschen sein** (*fam*) essere furbo di tre cotte, saperne una più del diavolo; **sich über ~ halten** galleggiare; (*fig*) tenersi a galla; **das ~ läuft mir im Munde zusammen** mi viene l'acquolina in bocca; **das ~ steht ihm bis zum Hals** (*fig*) ha l'acqua alla gola; **das ist ~ auf seine Mühle** (*fig*) questo porta acqua al suo mulino; **bis dahin fließt noch viel ~ den Bach [*o* den Rhein] hinunter** ha da passare molta acqua sotto i ponti

wasserabstoßendᴬᴸᵀ *adj s.* **Wasser**; **wasserabweisend** *adj* idrorepellente **Wasseranschluss**ᴿᴿ *m* allacciamento *m* dell'acqua; **wasserarm** *adj* povero d'acqua; **Wasseraufbereitungsanlage** <-, -n> *f* impianto *m* di depurazione dell'acqua; **Wasserbad** *n* **im ~ kochen** cuocere a bagnomaria; **Wasserball** *m* ❶ *sing* (*Spiel*) pallanuoto *f* ❷ (*Ball*) pallone *m* da pallanuoto; **Wasserbecken** *n* bacino *m* idrico; **Wasserbehälter** *m* serbatoio *m* dell'acqua; **Wasserbett** *n* letto *m* idrostatico

Wässerchen ['vɛsɐçən] <-s, -> *n* **er sieht aus, als ob er kein ~ trüben könnte** (*fam*) sembra un tipo che non farebbe male a una mosca

Wasserdampf *m* vapore *m* acqueo; **wasserdicht** *adj* (*NAUT*) stagno; (*Regenmantel, Uhr*) impermeabile; **wasserdurchlässig** *adj* permeabile; **Wasserenthärter** <-s, -> *m* addolcitore *m;* **Wasserfall** *m* cascata *f;* **wie ein ~ reden** (*fam*) parlare come un mulino (a vento); **Wasserfarbe** *f* acquerello *m;* **wasserfest** *adj* resistente all'acqua; **Wasserfleck** *m* macchia *f* d'acqua; **Wasserfloh** *m* pulce *f* d'acqua; **Wasserflugzeug** *n* idrovolante *m;* **wassergekühlt** *adj* raffreddato ad acqua; **Wasserglas** *n* ❶ (*Trinkglas*)

bicchiere *m* da acqua ❷ *sing* (CHEM) silicato *m* di potassio; **Wassergraben** *m* fossato *m;* **Wassergymnastik** *f* acquagym *f;* **Wasserhahn** *m* rubinetto *m* dell'acqua; **Wasserhärte** <-, -n> *f* durezza *f* dell'acqua; **Wasserhaushalt** *m* (BIOL, MED) bilancio *m* idrico; **Wasserhuhn** *n* folaga *f*

wässerig ['vɛsərɪç] *adj* ❶ (*mit Wasser verdünnt*) annacquato ❷ (MED) sieroso ❸ (*Suppe*) insipido, scipito; (*Obst*) acquoso

Wasserkessel *m* ❶ (*in Küche*) bollitore *m* ❷ (TEC) caldaia *f;* **Wasserkocher** <-s, -> *m* bollitore *m* (per acqua); **Wasserkopf** *m* (MED) idrocefalo *m;* **Wasserkraft** *f* energia *f* idraulica; **Wasserkraftwerk** *n* centrale *f* idroelettrica; **Wasserkühlung** *f* raffreddamento *m* ad acqua; **Wasserlauf** *m* corso *m* d'acqua; **Wasserleitung** *f* conduttura *f* dell'acqua; **Wasserlilie** *f* (BOT) ninfea *f;* **Wasserlinie** *f* linea *f* di galleggiamento; **wasserlöslich** *adj* idrosolubile; **Wassermangel** *m* mancanza *f* [*o* penuria *f*] d'acqua; **Wassermann** *m* (ASTR) Acquario *m;* **er/sie ist (ein)** ~ è (dell' [*o* un]) Acquario; **Wassermelone** *f* cocomero *m,* anguria *f* sett; **Wassermühle** *f* mulino *m* ad acqua

wassern *vi haben o sein* ammarare

wässern ['vɛsən] *vt* ❶ (*stark begießen*) annaffiare ❷ (*Heringe*) dissalare

Wasserpfeife *f* pipa *f* ad acqua, narghilè *m;* **Wasserpflanze** *f* pianta *f* acquatica; **Wasserpistole** *f* pistola *f* ad acqua; **Wasserpocken** *pl* varicella *f;* **Wasserrad** *n* ruota *f* idraulica; **Wasserratte** *f* ❶ (ZOO) arvicola *f* ❷ (*fam scherz: eifriger Schwimmer*) pesce *m;* **wasserreich** *adj* ricco d'acqua; **Wasserreservoir** *n* serbatoio *m* dell'acqua; **Wasserrohr** *n* tubo *m* dell'acqua; **Wasserschaden** *m* danno *m* causato dall'acqua; **Wasserscheide** *f* spartiacque *m;* **wasserscheu** *adj* idrofobo; **Wasserschloss**^RR *n* castello *m* circondato dall'acqua; **Wasserschutzgebiet** *n* riserva *f* naturale marina; **Wasserschutzpolizei** *f* (*im Binnenland*) polizia *f* fluviale; (*an der Küste*) polizia *f* marittima; **Wasserski** <-s> *kein Pl m* sci *m* nautico; **Wasserspeicher** *m* serbatoio *m* dell'acqua; **Wasserspeier** <-s, -> *m* doccione *m;* **Wasserspiegel** *m* ❶ (*Wasserstand*) livello *m* dell'acqua ❷ (*Wasseroberfläche*) superficie *f* dell'acqua; **Wasserspiele** *npl* (*bei Brunnen*) giochi *mpl* d'acqua; **Wassersport** *m* sport *m* acquatico; **Wasser-**

spülung *f* sciacquone *m*

Wasserstand *m* livello *m* dell'acqua; **Wasserstandsmeldung** *f* bollettino *m* sul livello dell'acqua

Wasserstoff *m* (CHEM) idrogeno *m;* **Wasserstoffbombe** *f* bomba *f* all'idrogeno, bomba *f* H; **Wasserstoffperoxyd** ['vasəʃtɔfˈpɛrˀɔksyːt] <-(e)s, -e> *n* (CHEM) acqua *f* ossigenata

Wasserstrahl *m* getto *m* d'acqua; **Wasserstraße** *f* via *f* d'acqua, idrovia *f;* **Wassersucht** *f* idropisia *f;* **Wassertemperatur** *f* temperatura *f* dell'acqua; **Wassertropfen** *m* goccia *f* d'acqua; **Wasserturm** *m* castello *m* d'acqua; **Wasseruhr** *f* ❶ (HIST) clessidra *f* ❷ (*Wasserzähler*) contatore *m* dell'acqua

Wasserung <-, -en> *f* ammaraggio *m;* **Wasserverbrauch** *m* consumo *m* d'acqua; **Wasserverdrängung** *f* dislocamento *m;* **Wasserverschmutzung** <-, -en> *f* inquinamento *m* delle acque; **Wasserversorgung** *f* approvvigionamento *m* idrico; **Wasserverunreinigung** *f* inquinamento *m* dell'acqua; **Wasservogel** *m* (ZOO) uccello *m* acquatico; **Wasserwaage** *f* livella *f* a bolla d'aria, bilancia *f* idrostatica; **Wasserweg** *m* idrovia *f;* **auf dem** ~(e) per via d'acqua; **Wasserwelle** *f* messa *f* in piega; **Wasserwerfer** <-s, -> *m* idrante *m;* **Wasserwerk** *n* centrale *f* idrica; **Wasserzähler** *m* contatore *m* dell'acqua; **Wasserzeichen** *n* filigrana *f*

waten ['vaːtən] *vi sein* **durch etw** ~ guadare qc

Watsche ['vatʃə] <-, -n> *f* (A, südd: fam: Ohrfeige) ceffone *m*

watscheln ['vatʃəln] *vi sein* camminare dondoloni come un'anatra

Watt^1 [vat] <-(e)s, -en> *n* (GEOG) bassofondo *m*

Watt^2 <-s, -> *n* (PHYS, TEC) watt *m*

Watte ['vatə] <-, -n> *f* ovatta *f,* cotone *m;* **Wattebausch** *m* batuffolo *m* di ovatta

Wattenmeer *n* bassi *mpl* fondali

Wattestäbchen ['vatəʃtɛːpçən] *n* bastoncino *m* d'ovatta

wattieren [vaˈtiːrən] <ohne ge-> *vt* ovattare; **Wattierung** <-, -en> *f* imbottitura *f* d'ovatta

Wattstunde *f* wattora *m*

wau, wau [vau'vau] *int* bau, bau

WBS [vau'vau] <-, -en> *m abk v* **Wohnberechtigungsschein** *certificato che dà diritto ad abitare in case popolari*

WC [veːˈtseː] <-(s), -(s)> *n* wc *m*

WDR [veːdeːˈʔɛr] <-(s)> *kein Pl m abk v*

W

Westdeutscher Rundfunk *rete radiotelevisiva regionale tedesca con sede a Colonia*
weben ['veːbən] <webt, webte *o obs, fig*
wob, gewebt *o obs, fig* gewoben> *vt, vi*
tessere
Weber(in) <-s, -; -, -nen> *m(f)* tessitore,
-trice *m, f*
Weberei [veːbəˈraɪ] <-, -en> *f* (*Betrieb*)
stabilimento *m* tessile
Weberin *f s.* Weber
Webervogel *m* tessitore *m*
Webfehler *m* difetto *m* di tessitura;
einen ~ haben (*fig fam*) essere tocco;
Webpelz *m* pelliccia *f* ecologica
Webseite <-, -n> *f* (INFORM) pagina *f* Web
Website <-, -s> *f* (INFORM) sito *m* (web)
Webstuhl *m* telaio *m;* **Webwaren** *fpl* tessuti *mpl*
Wechsel ['vɛksəl] <-s, -> *m* ❶ (*Änderung*) cambiamento *m* ❷ (*abwechselnd*)
alternanza *f;* **im ~** alternandosi ❸ (*Aus-,
Geld~*) cambio *m;* **ein ~ der Regierung**
un cambio di governo ❹ (FIN: *~ schein*)
cambiale *f*
Wechselbad *n* (*a fig*) doccia *f* scozzese;
Wechselbeziehung *f* correlazione *f;*
in ~ zueinander stehen essere in correlazione; **wechselduschen** *vi* fare docce
alternate (di acqua calda e fredda); **Wechselfälle** *mpl* **die ~ des Lebens** (*geh*) le
vicissitudini della vita; **Wechselfieber** *n*
febbre *f* intermittente; (*Malaria*) malaria *f;*
Wechselgeld *n* ❶ (*Kleingeld*) spiccioli
mpl, moneta *f* ❷ (*beim Bezahlen zurück-
bekommenes Geld*) resto *m;* **wechselhaft** *adj* (*Wetter*) variabile; (*Mensch*)
mutevole; (*in Leistungen*) incostante;
Wechseljahre *npl* climaterio *m;* (*bei
Frauen*) menopausa *f*
Wechselkurs <-es, -e> *m* (FIN) cambio *m;* **Wechselkursmechanimus** <-,
-mechanismen> *m* (*Europäische Währungsunion*) meccanismo del corso dei
cambi; **Wechselkursrisiko** <-s, -s *o*
-risiken> *n* (FIN) rischio *m* dei cambi;
Wechselkursschwankungen *fpl* (FIN)
fluttuazione *f* dei cambi; **Wechselkurs-
system** <-s, -e> *n* (FIN) regime *m* dei
cambi
wechseln I. *vt* ❶ (*ab~, aus~, um~*) cambiare, mutare; **kannst du mir 20 Euro ~?**
puoi cambiarmi 20 euro? ❷ (*Worte*) scambiare; (*Blicke*) scambiarsi II. *vi* mutare,
cambiare; (*sich ab~ a*) darsi il cambio;
Wäsche zum Wechseln biancheria di
ricambio; **ich kann nicht ~** non ho da
cambiare; **wechselnd** *adj* mutevole;

(*Wetter*) variabile; (*Glück*) alterno; (*Farben*) cangiante
Wechselrahmen *m* cornice *f* intercambiabile; **wechselseitig** *adj* ❶ (*abwechselnd*) alternato ❷ (*gegenseitig*) reciproco, mutuo; **Wechselspiel** *n* gioco *m*
(alterno); **Wechselstrom** *m* (EL) corrente *f* alternata; **Wechselstube** *f* agenzia *f* di cambio; **wechselvoll** *adj*
(*abwechslungsreich*) vario; (*Schicksal*)
mutevole; **Wechselwähler(in)** <-s, -; -,
-nen> *m(f)* elettore, -trice *m, f* incostante;
wechselweise *adv* ❶ (*abwechselnd*)
alternativamente ❷ (*gegenseitig*) reciprocamente; **Wechselwirkung** *f* interazione *f;* **in ~ stehen** interagire
wecken ['vɛkən] *vt* (*Schlafende, Appetit, Wunsch*) svegliare; (*Erinnerungen*)
destare; (*Bedarf, Neid, Neugier*) suscitare
Wecken <-s, -> *m* (A, südd) ❶ (*Brot in
länglicher Form*) filone *m* ❷ (*kleines längliches Gebäck*) dolce *di forma allungata
Wecker <-s, -> *m* sveglia *f;* **jdm auf den ~
gehen** [*o fallen*] (*fam*) scocciare qu, dare
sui nervi a qu
Wedel ['veːdəl] <-s, -> *m* ❶ (*Staub~*) piumino *m* per spolverare ❷ (*Blatt~*) foglia *f*
palmata; **wedeln** *vi* ❶ (*rasch hin u
her bewegen*) sventolare; **mit dem
Schwanz ~** scodinzolare ❷ (*beim Skifahren*) fare lo scodinzolo
weder ['veːdɐ] *konj* **~ ... noch ...** né ...
né ...; **~ das eine noch das andere** né
l'uno né l'altro; **~ mein Bruder noch ich
haben es gesagt** non l'abbiamo detto né
io né mio fratello
weg [vɛk] *adv* (*nicht da*) via; (*~ gegangen*)
andato (via), uscito; (*~ gefahren*) partito;
(*verschwunden*) scomparso, sparito; (*verloren*) smarrito; **weit ~ von jdm/etw** lontano da qu/qc; **~ da!** via di qui!; **~ mit
euch!** andate via!; **Hände ~!** via le mani!;
ganz ~ sein (*fig fam: hingerissen*) essere
entusiasta
Weg [veːk] <-(e)s, -e> *m* ❶ (*allg*) strada *f,*
via *f,* cammino *m;* (*Pfad*) sentiero *m;*
(*Durchgang*) passaggio *m;* **gehen Sie mir
aus dem ~!** si scansi!; **jdm über den ~
laufen** incontrare qu per caso; **einer
Sache** *dat* **aus dem ~ gehen** eludere qc;
jdm aus dem ~ gehen scansare qu, evitare qu; **etw/jdn aus dem ~ räumen** eliminare qc/qu, sbarazzarsi di qc/qu; **jdm
im ~ stehen** (*fig*) essere d'ostacolo a
qu ❷ (*Strecke*) percorso *m,* tragitto *m;*
(*Reise~*) itinerario *m;* **auf halbem ~(e)** a
metà strada; **auf dem ~ nach Rom** in viaggio per Roma, andando a Roma; **sich auf**

den ~ **machen** mettersi in cammino, incamminarsi; **jdm etw mit auf den ~ geben** dare qc a qu che parte; **vom ~ abkommen** abbandonare la strada giusta; **jdm auf halbem ~(e) entgegenkommen** (*fig*) venire incontro a qu; **etw in die ~e leiten** avviare qc; **sie war auf dem besten ~e, Karriere zu machen** era sulla buona strada per far carriera; **alle ~ e führen nach Rom** (*prov*) tutte le strade portano a Roma ❸ (*Mittel*) mezzo *m*, modo *m*, via (*Methode*) metodo *m*; (*Art und Weise*) maniera *f*; **auf schriftlichem ~e** per (i)scritto; **auf dem kürzesten** [*o* **schnellsten**] ~(e) nel modo più rapido; **auf diesem ~** in questo modo

weg|bekommen <irr, ohne ge-> *vt* (*fam*) ❶ (*entfernen können*) riuscire a togliere ❷ (*kriegen*) buscarsi

Wegbereiter(in) <-s, -; -, -nen> *m(f)* precursore, precorritrice *m*, *f*; **der ~ für etw** il precursore di qc

weg|blasen <bläst weg, blies weg, weggeblasen> *vt* soffiar via; **wie weggeblasen sein** essere sparito come per incanto

weg|bleiben <irr> *vi sein* (*fam*) ❶ (*nicht kommen*) non venire (più); **mir blieb die Spucke** [*o* **Luft**] **weg** rimasi senza fiato ❷ (*ausgelassen werden*) essere tralasciato

weg|bringen <irr> *vt* portare via; (*zur Reparatur*) portare a riparare

weg|denken <irr> *vt* **sich** *dat* **etw ~** concepire qc senza qc; **der Computer ist aus unserem Leben nicht mehr wegzudenken** non si può più concepire la nostra vita senza computer

Wegelagerer <-s, -> *m* brigante *m* di strada

wegen ['ve:gən] *prp* +*gen o dat* ❶ (*aufgrund von, infolge*) per, a causa di; **~ Umbaus geschlossen** chiuso per restauro ❷ (*bezüglich*) riguardo a; **von ~!** (*fam*) neanche per idea!

Wegerich ['ve:gərɪç] <-s, -e> *m* piantaggine *f*

weg|essen <isst weg, aß weg, weggegessen> *vt* (*fam*) **alles ~** mangiare tutto; **jdm etw ~** non lasciare qc da mangiare a qu

weg|fahren <irr> I. *vi sein* partire II. *vt haben* portare via

weg|fallen <irr> *vi sein* essere soppresso; (*unterbleiben*) cadere; **etw ~ lassen** sopprimere qc

weg|fegen *vt* spazzare via

weg|fliegen <irr> *vi sein* (*Blatt, Vogel*) volare via; (*Flugzeug*) partire (in volo)

weg|führen *vt* condurre via

Weggang *m* partenza *f*; **beim ~** partendo

weg|geben <irr> *vt* dare via, disfarsi di

Weggefährte <-n, -n> *m*, **Weggefährtin** <-, -nen> *f* compagno, -a *m*, *f* di viaggio

weg|gehen <irr> *vi sein* ❶ (*fortgehen*) andarsene; (*a fam: Ware*) andare via ❷ (*fam: entfernt werden können*) andar via

weg|gießen <irr> *vt* versare

weg|gucken *vi* (*fam*) *s.* **wegsehen**

weg|haben <irr> *vt* (*fam: Fleck*) rimuovere; **seine Strafe ~** prendersi una multa; **der hat doch einen weg!** (*fam*) è un po' brillo!; **er will mich aus der Firma ~** mi vuole mandar via dalla ditta

weg|hängen *vt* (*zurückhängen*) riporre; (*umhängen*) appendere altrove

weg|hören *vi* non ascoltare, non prestare attenzione

weg|jagen *vt* scacciare

weg|kommen <irr> *vi sein* (*fam*) ❶ (*weggehen*) andarsene; **mach, dass du wegkommst!** togliti dai piedi! ❷ (*abhanden kommen*) andare perduto ❸ (*abschneiden, davonkommen*) **gut/schlecht bei etw ~** cavarsela bene/male in qc ❹ (*hinwegkommen*) **über etw** *acc* **~** passare sopra qc

Wegkreuzung <-, -en> *f* incrocio *m* stradale

weg|lassen <irr> *vt* ❶ (*gehen lassen*) lasciare andare ❷ (*fam: auslassen*) tralasciare, omettere

weg|laufen <irr> *vi sein* correre via; **von zu Hause ~** scappare di casa

weg|legen *vt* ❶ (*zur Seite legen*) mettere via ❷ (*wegräumen*) riporre

weg|machen I. *vt* (*fam*) rimuovere II. *vr* **sich ~** (*fam*) svignarsela

weg|müssen <irr> *vi* (*fam*) ❶ (*fortgehen müssen*) dover andare via ❷ (*fortgebracht werden müssen*) dover esser portato via; **das muss weg** questo deve essere tolto

weg|nehmen <irr> *vt* ❶ (*fortnehmen*) togliere ❷ (*entwenden*) sottrarre ❸ (*Platz, Zeit*) prendere

Wegrand *m* margine *m* della strada

weg|rationalisieren <ohne ge-> *vt* **Personal ~** ridurre il numero del personale mediante razionalizzazione

weg|räumen *vt* ❶ (*forträumen*) rimuovere ❷ (*einräumen*) riporre; (*Geschirr*) sparecchiare

weg|rennen <irr> *vi sein s.* **weglaufen**

weg|rutschen *vi sein* scivolare via

weg|schaffen *vt* ❶ (*fortschaffen*) portare via ❷ (*wegräumen*) rimuovere, sgomberare

weg|schauen *vi s.* **wegsehen**

weg|scheren *vr* **sich ~** (*fam*) togliersi di mezzo

weg|schicken *vt* ❶ (*Menschen*) mandare via ❷ (*Brief, Paket, Waren*) spedire

weg|schieben <irr> *vt* scostare

weg|schleppen I. *vt* trascinare via II. *vr* **sich ~** trascinarsi

weg|schmeißen <irr> *vt* (*fam*) buttare via

weg|schnappen *vt* (*fam*) (*jdm*) **etw ~** soffiare qc (a qu)

weg|schütten *vt* gettare via

weg|sehen <irr> *vi* ❶ (*wegblicken*) guardare da un'altra parte, togliere lo sguardo ❷ (*fam: hinwegsehen*) (**über etw** *acc*) ~ ignorare (qc)

weg|setzen I. *vt* mettere da parte; (*wegräumen*) riporre II. *vr* **sich über etw** *acc* ~ (*fam*) non curarsi di qc

weg|stecken *vt* (*fam*) ❶ (*aufbewahren*) metter via; (*heimlich*) nascondere ❷ (*hinnehmen*) incassare

weg|stehlen <irr> *vr* **sich ~** andarsene di nascosto, sgattaiolare

weg|stellen *vt* mettere via; (*wegräumen*) riporre

weg|stoßen <irr> *vt* spingere via, respingere

Wegstrecke *f* tratto *m* di strada; **schlechte ~** strada dissestata; **Wegstunde** *f* ora *f* di cammino

weg|tragen <irr> *vt* portare via

weg|treten <irr> *vi sein* ritirarsi; (MIL) rompere le righe; **geistig weggetreten sein** (*fam*) essere assente col pensiero

weg|tun <irr> *vt* mettere via

wegweisend ['veːkvaɪzənt] *adj* di guida

Wegweiser <-s, -> *m* indicatore *m* stradale

weg|werfen <irr> *vt* buttare via; **das ist weggeworfenes Geld** (*fam*) è denaro buttato dalla finestra

wegwerfend *adj* sdegnoso, sprezzante

Wegwerfflasche *f* vuoto *m* a perdere; **Wegwerfgesellschaft** *f* società *f* degli sprechi; **Wegwerftelefon** *n* cellulare *m* 'usa e getta'; **Wegwerfwindel** *f* pannolino *m* da buttare [o usa e getta]

weg|wischen *vt* togliere

weg|ziehen <irr> I. *vt haben* tirare (via) II. *vi sein* ❶ (*aus Wohnung*) trasferirsi ❷ (*Zugvögel*) migrare

weh [veː] I. *int* **o ~!** ahimè! II. *adj* doloroso, che duole; **jdm ~ tun** far male a qu; **sich** *dat* **~ tun** farsi male

wehe ['veːə] *int* **~, wenn ...!** guai a te, se

...!

Wehe ['veːə] <-, -n> *f* ❶ *meist pl* (*Geburts~*) doglie *fpl*; **in den ~n liegen** avere le doglie ❷ (*Schnee~*) cumulo *m* di neve

wehen ['veːən] I. *vi* (*Wind*) soffiare; (*Geruch*) spirare; (*Fahne*) sventolare; (*Haar*) svolazzare II. *vt* (*fort~*) spazzare via

Wehklage *f* (*poet*) lamento *m;* **wehklagen** *vi* (*geh*) lamentarsi, gemere

wehleidig *adj* (*pej*) piagnucoloso

Wehmut ['veːmuːt] <-> *kein Pl f* (*geh*) malinconia *f;* **wehmütig** ['veːmyːtɪç] *adj* malinconico

Wehr[1] [veːɐ̯] <-, *rar* -en> *f* **sich zur ~ setzen** opporre resistenza

Wehr[2] [veːɐ̯] <-(e)s, -e> *n* (*Stauwerk*) sbarramento *m*

Wehrbeauftragte *m* incaricato *m* parlamentare per le forze armate; **Wehrbereich** *m* distretto *m* militare

Wehrdienst *m* servizio *m* militare; **wehrdiensttauglich** *adj* (MIL) idoneo per il servizio militare; **Wehrdienstverweigerer** <-s, -> *m* obiettore *m* di coscienza; **Wehrdienstverweigerung** *f* obiezione *f* di coscienza

wehren ['veːrən] I. *vr* **sich** (**gegen jdn/ etw**) ~ (*sich verteidigen*) difendersi (da qu/qc); (*sich widersetzen*) resistere (a qu/qc) II. *vi* (*geh*) **einer Sache** *dat* ~ opporsi a qc

Wehrersatzbehörde *f* ufficio *m* di reclutamento; **Wehrersatzdienst** <-(e)s, -e> *m* servizio *m* civile

wehrfähig *adj* abile al servizio militare; **wehrhaft** *adj* ❶ (*Person*) atto alle armi ❷ (*Burg, Stadt*) ben fortificato

wehrlos *adj* inerme; **Wehrlosigkeit** <-> *kein Pl f* impossibilità *f* [o incapacità *f*] di difendersi

Wehrmacht *f* (HIST) forze *fpl* armate; **Wehrmann** <-(e)s, -männer> *m* (*CH, A:* MIL: *Soldat*) soldato *m;* **Wehrpass**[RR] *m* certificato *m* di congedo

Wehrpflicht *f* servizio *m* militare obbligatorio; **wehrpflichtig** *adj* soggetto agli obblighi militari; **im ~en Alter** in età militare; **Wehrpflichtige** <-r, -n, -n> *mf* soggetto, -a *m, f* agli obblighi di leva

wehrtauglich *adj* idoneo al servizio militare; **Wehrtauglichkeit** <-> *kein Pl f* idoneità *f* al servizio militare

Wehrübung *f* esercitazione *f* militare

Wehweh ['veːveː] *o* veːˈveː] <-s, -s> *n* (*Kindersprache*) bua *f*

Wehwehchen [ve(ː)ˈveːçən] <-s, -> *n* (*fam meist pej*) malanni *mpl;* (*eingebilde-*

tes ~) malanni *mpl* immaginari

Weib [vaɪp] <-(e)s, -er> *n* donna *f*, femmina *f*

Weibchen ['vaɪpçən] <-s, -> *n* (ZOO) femmina *f*

Weiberfeind *m* misogino *m*

Weiberheld *m* (*pej*) donnaiolo *m*

weibisch *adj* (*pej*) effeminato

weiblich *adj* femminile; (*feminin, fraulich a*) femmineo; **Weiblichkeit** <-> *kein Pl f* femminilità *f*

Weibsbild *n* (*pej*) megera *f;* **Weibsstück** *n* (*fam pej*) donnaccia *f*

weich [vaɪç] *adj* ❶ (*nicht hart*) molle; (*Bleistift*) morbido; (*Drogen*) leggero ❷ (*nicht zäh*) tenero ❸ (*bieg-, schmiegsam*) flessibile; (*Haar*) soffice; (*Bett, Kissen*) morbido ❹ (*sanft, milde*) dolce; (*Licht*) tenue; (*Farbton*) tenero ❺ (*empfindsam*) sensibile; **~ werden** (*fam: Mensch*) intenerirsi; (*nachgeben*) cedere

Weiche ['vaɪçə] <-, -n> *f* scambio *m;* **die ~n für etw stellen** (*fig*) stabilire il corso di qc

Weichei *n* (*fam*) rammollito *m*

weichen ['vaɪçən] <weicht, wich, gewichen> *vi sein* ❶ (*zurück~*) **vor jdm/etw ~** indietreggiare di fronte a qc ❷ (*sich entfernen*) allontanarsi; (*sich zurückziehen*) ritirarsi; **nicht von jds Seite ~** stare sempre alle calcagna di qu; **nicht von der Stelle ~** non lasciare il posto ❸ (*Platz machen*) far posto ❹ (*fig: nachlassen*) diminuire

Weichensteller <-s, -> *m* scambista *m*

weichgekocht *adj* (*Ei*) à la coque; (*Nudeln*) cotto; (*Gemüse, Fleisch*) lessato

Weichheit <-> *kein Pl f* mollezza *f;* (*fig a*) tenerezza *f*, dolcezza *f*

weichherzig *adj* dal cuore tenero; (*mitfühlend*) compassionevole; **Weichherzigkeit** <-> *kein Pl f* tenerezza *f* di cuore

Weichholz *n* legno *m* dolce; **Weichkäse** *m* formaggio *m* tenero

weichlich *adj* (*pej*) ❶ (*nicht ganz weich*) molliccio ❷ (*schwächlich*) rammollito ❸ (*verweichlicht*) effeminato; **Weichlichkeit** <-> *kein Pl f* (*pej*) mollezza *f*

Weichling <-s, -e> *m* (*pej*) rammollito, -a *m, f*, effem(m)inato, -a *m, f*

Weichmacher <-s, -> *m* (CHEM, TEC) plastificante *m*

Weichsel ['vaɪksəl] *f* (GEOG) Vistola *f*

Weichspüler <-s, -> *m* ammorbidente *m;* **Weichteile** *npl* parti *fpl* molli; **Weichtiere** *npl* (ZOO) molluschi *mpl;* **Weichzeichner** *m* schermo *m* diffusore

Weide ['vaɪdə] <-, -n> *f* ❶ (BOT) salice *m* ❷ (AGR) pascolo *m;* **Weideland** *n* terreno *m* da pascolo

weiden I. *vt, vi* pascere II. *vr* **sich an etw** *dat* **~** pascersi di qc

Weidenkätzchen ['vaɪdənkɛtsçən] <-s, -> *n* (BOT) gattino *m* del salice

weidlich ['vaɪtlɪç] *adv* molto, assai, parecchio

Weidmann ['vaɪtman] *m* (*obs*) cacciatore *m;* **Weidmannsheil** ['vaɪtmans'haɪl] *int* buona caccia!; **weidwund** *adj* (*Tier*) sbuzzato; (*fig geh: Blick*) stralunato; **~ schießen** sbuzzare

weigern ['vaɪgɐn] *vr* **sich ~** (**etw zu tun**) rifiutarsi (di fare qc); **Weigerung** <-, -en> *f* rifiuto *m;* **die ~ etw zu tun** il rifiuto di fare qc

Weihbischof *m* (REL) vescovo *m* ausiliario

Weihe ['vaɪə] <-, -n> *f* (REL) consacrazione *f;* (*Priester~*) ordinazione *f*

weihen *vt* (REL) consacrare

Weiher ['vaɪɐ] <-s, -> *m* (*bes. südd*) stagno *m*

weihevoll *adj* (*geh*) solenne

Weihnacht <-> *kein Pl f*, **Weihnachten** <-, -> *n* (festa *f* di) Natale *m;* (**zu**) **~** a Natale; **fröhliche ~!** buon Natale!

weihnachtlich *adj* natalizio

Weihnachtsabend *m* vigilia *f* di Natale; **Weihnachtsbaum** *m* albero *m* di Natale; **Weihnachtseinkäufe** *mpl* acquisti *mpl* natalizi; **Weihnachtsfeier** *f* festa *f* di Natale, celebrazione *f* del Natale; **Weihnachtsfeiertag** <-(e)s, -e> *m* giorno *m* di Natale; **der erste/zweite ~** Natale/Santo Stefano; **Weihnachtsfest** *n* (festa *f* di) Natale *m;* **Weihnachtsgans** <-, -gänse> *f* oca *f* natalizia; **jdn ausnehmen wie eine ~** (*fam*) spennare qu come un pollo; **Weihnachtsgeld** *n* gratifica *f* natalizia; **Weihnachtsgeschenk** *n* dono *m* di Natale; **Weihnachtsgratifikation** *f* s. **Weihnachtsgeld;** **Weihnachtslied** *n* canto *m* natalizio; **Weihnachtsmann** *m* babbo *m* Natale; **Weihnachtsmarkt** *m* fiera *f* natalizia; **Weihnachtszeit** <-> *kein Pl f* periodo *m* natalizio; **in der ~** nel periodo natalizio

Weihrauch *m* incenso *m;* **Weihwasser** *n* acquasanta *f*

weil [vaɪl] *konj* perché, poiché

Weilchen ['vaɪlçən] <-s, -> *n* momentino *m*, attimo *m*

Weile ['vaɪlə] <-> *kein Pl f* (lasso *m* di) tempo *m;* (*Augenblick*) momento *m;* **eine ganze ~** un bel po' (di tempo); **nach einer ~** dopo un po'; **vor einer ~** poco [*o* un momento] fa; **vor einer ganzen ~** molto tempo fa; **du kannst eine ~ hier**

W

bleiben puoi restare qui un po'
weilen *vi* (*geh*) dimorare *lett*
Weiler ['vaɪlɐ] <-s, -> *m* casale *m*
Wein [vaɪn] <-(e)s, -e> *m* ❶(*Getränk*)
vino *m*; **jdm reinen ~ einschenken** (*fig*)
parlare chiaro a qu, dire a qu la verità
❷ *sing* (*Pflanze*) vite *f*; **~ (an)bauen** coltivare la vite; **wilder ~** vite americana
❸ *sing* (*~ trauben*) uva *f*
Weinanbau *m*, **Weinbau** <-(e)s> *kein*
Pl m viticoltura *f*; **Weinbaugebiet** *n*
regione *f* vinicola; **Weinbeere** *f* acino *m*
d'uva; **Weinberg** *m* vigneto *m*, vigna *f*;
Weinbergschnecke *f* ❶(ZOO) chiocciola *f* ❷(GASTR) lumaca *f*; **Weinbrand** *m*
brandy *m*
weinen ['vaɪnən] *vi* piangere; **über etw**
+*acc* ~ piangere su qc; **um jdn** ~ piangere
(dietro a) qu; **vor Freude/Wut** ~ piangere
di gioia/rabbia; **es ist zum Weinen mit**
diesem Kind! c'è da piangere con questo
bambino!
weinerlich ['vaɪnɐlɪç] *adj* piagnucoloso
Weinessig *m* aceto *m* di vino; **Wein-**
fass^RR *n* botte *f* da vino; **Weinfla-**
sche *f* bottiglia *f* da vino; **Weingarten** *m*
vigneto *m*, vigna *f*; **Weingärtner(in)** *m(f)*
vignaiolo, -a *m, f*; **Weingeist** <-(e)s> *kein*
Pl m alcool *m* etilico, etanolo *m*; **Wein-**
glas *n* bicchiere *m* da vino; **Weingut** *n*
vigneto *m*; **Weinhändler(in)** *m(f)* commerciante *mf* di vino, vinaio, -a *m, f*;
Weinhauer(in) <-s, -> *m(f)* (*A: Winzer*)
viticoltore, -trice *m, f*; **Weinjahr** *n* **ein**
gutes/schlechtes ~ una buona/cattiva
annata per il vino; **Weinkarte** *f* lista *f* dei
vini; **Weinkeller** *m* cantina *f*; **Weinkel-**
lerei <-, -en> *f* cantina *f*; **Weinken-**
ner(in) *m(f)* intenditore, -trice *m, f* di vini;
Weinkönigin *f* reginetta *f* del vino
Weinkrampf *m* pianto *m* convulso
Weinlaune *f* (*scherz*) **etw in** (**einer**)
~ sagen/beschließen dire/decidere qc
nell'euforia del vino; **Weinlese** *f* vendemmia *f*; **Weinprobe** *f* degustazione *f* del
vino; **Weinranke** *f* viticcio *m*; **Wein-**
rebe *f* vite *f*; **weinrot** *adj* rosso vinaccia;
Weinschaumcreme *f* zabaione; **wein-**
selig *adj* brillo, alticcio; **Weinsorte** *f*
qualità *f* [*o* tipo *m*] di vino; **Weinstein** *m*
tartaro *m*; **Weinstock** *m* vitigno *m*, vite *f*;
Weinstube *f* osteria *f*, taverna *f*; **Wein-**
traube *f* ❶(*einzelne, Form*) grappolo *m*
d'uva ❷ *meist pl* (*Obst*) uva *f*
weise *adj* saggio
Weise[1] ['vaɪzə] <-, -n> *f* ❶(*Art*) modo *m*,
maniera *f*; **auf diese ~** in questo modo; **in**
der ~, dass … in modo che +*conj*; **in**

gewisser ~ hat sie Recht in un certo qual
modo ha ragione ❷(MUS: *Sing~*) aria *f*,
melodia *f*
Weise[2] <ein -r, -n, -n> *mf* saggio, -a *m, f*;
die (**drei**) **~n aus dem Morgenland** i
(tre) re magi
weisen ['vaɪzən] <weist, wies, gewie-
sen> I. *vt* ❶(*zeigen*) (**jdm**) **etw ~** indicare qc (a qu) ❷(*ver~*) mandare; **jdn vom**
Platz ~ (SPORT) espellere qu dal campo; **etw**
von der Hand ~ respingere qc II. *vi* **auf**
etw *acc* ~ indicare qc
Weisheit <-, -en> *f* ❶ *sing* (*Klugheit*) saggezza *f*; ❷ (*Wissen, Kenntnisse*) sapere *m*,
conoscenze *fpl*; **mit seiner ~ am Ende**
sein (*fam*) non sapere più che pesci
pigliare; **die ~** (**auch**) **nicht mit Löffeln**
gefressen haben (*fam*) non essere una
cima; **das ist nicht der ~ letzter Schluss**
non è l'ultima risorsa ❷(*weiser Spruch*)
massima *f*, sentenza *f*; **Weisheitszahn** *m*
dente *m* del giudizio
weis|machen *vt* (*fam*) **jdm etw ~** far cre-
dere qc a qu; **machen Sie das anderen**
weis! lo vada a raccontare a qualcun altro!
weiß[1] [vaɪs] *adj* bianco; **das Weiße Haus**
la Casa Bianca; **Weißer Sonntag** domenica dopo Pasqua; **~ (an)streichen** imbiancare; **~ im Gesicht werden** diventare
pallido (in viso); *s. a.* **blau**
weiß[2] *1. u 3. pers sing pr von* **wissen**
Weiß <-(es), -> *n* (color *m*) bianco *m*; *s. a.*
Blau
weissagen *vt* (*voraussagen*) predire; (*pro-*
phezeien) profet(izz)are; **Weissagung**
<-, -en> *f* profezia *f*
Weißbier *n* birra *f* chiara; **Weißblech** *n*
lamiera *f* stagnata; **Weißbrot** *n* pane *m*
bianco; **Weißbuch** *n* libro *m* bianco;
Weißdorn <-(e)s, -e> *m* biancospino *m*
Weiße <ein -r, -n, -n> *mf* bianco, -a *m, f*
weißen *vt* imbiancare
Weißfisch *m* leucisco *m*
weißgekleidet *adj* vestito di bianco;
weißglühend *adj* incandescente; **Weiß-**
glut *f* (TEC) incandescenza *f*; **jdn** (**bis**)
zur ~ reizen [*o* **bringen**] (*fam*) fare imbestialire qu; **Weißgold** *n* oro *m* bianco;
weißhaarig *adj* dai capelli bianchi;
Weißkäse <-s, -> *m* (*dial*) formaggio *m*
bianco; **Weißkohl** *m* (*nordd*) cavolo *m*
bianco; **Weißkraut** *n* (*südd*) cavolo *m*
bianco
weißlich *adj* biancastro, bianchiccio
Weißrussland^RR *n* Russia *f* Bianca, Bielorussia *f*; **Weißwein** *m* vino *m* bianco;
Weißwurst *f* salsiccia *f* bianca
Weisung <-, -en> *f* ❶(*Befehl*) ordine *m*

❷ (*geh: An~*) direttiva *f*, istruzione *f*; **wei-sungsberechtigt** *adj* avente diritto di emanare ordini; **weisungsgemäß** *adv* in conformità alle istruzioni

weit [vaɪt] I. *adj* ❶ (*räumlich ausgedehnt, breit*) esteso, vasto; (*lang*) lungo; (*groß*) grande; **~e Kreise der Bevölkerung** ampi strati della popolazione; **die ~e Welt** il mondo; **das Weite suchen** prendere il largo ❷ (*geräumig*) spazioso; (*Kleidungsstück*) ampio; (*Öffnung*) largo ❸ (*entfernt*) distante, lontano; **~ gereist** che ha viaggiato molto; **in ~er Ferne liegen** essere molto lontano II. *adv* ❶ (*räumlich entfernt*) lontano, distante; **~ (in der Welt) herumkommen** girare il mondo; **von ~em** da lontano; **~ weg** molto lontano; **ist es ~ von hier?** è lontano da qui?; **wie ~ ist es bis Neapel?** quanto c'è da qui a Napoli? ❷ (*zeitlich entfernt*) lontano ❸ (*räumlich ausgedehnt*) **~ offen** [*o* **geöffnet**] spalancato; **~ verbreitet** molto diffuso; **~ und breit** a perdita d'occhio, da ogni parte ❹ (*sehr, erheblich*) molto, di gran lunga; **~ über die 50 sein** aver passato di gran lunga la cinquantina ❺ (*Wend*) **bei ~em** di gran lunga, molto, assai; **bei ~em nicht so gut wie ...** molto meno buono di ...; **bei ~em nicht vollständig** tutt'altro che completo; **es ~ bringen** andare lontano, fare molta strada; **etw zu ~ treiben** esagerare in qc; **~ davon entfernt sein etw zu tun** essere ben lungi dal fare qc; **~ gefehlt!** sbagliato di molto!; **so ~, so gut** finora tutto okay; **so ~ ich mich erinnern kann** per quanto possa ricordarmi; **bist du so ~?** (*fam*) sei pronto?; **wie ~ bist du?** a che punto sei?; **das ist (aber) ~ hergeholt** è tirato per i capelli; **das geht zu ~!** questo è troppo!

weitab [ˈvaɪtʔap] *adv* **~ von jdm/etw** lontano da qu/qc

weitaus [ˈvaɪtʔaʊs] *adv* di gran lunga

Weitblick *m* lungimiranza *f*; **weitblickend** *adj* lungimirante

Weite <-, -n> *f* ❶ (*Ausdehnung*) estensione *f* ❷ (*Geräumigkeit, a von Kleidung*) ampiezza *f* ❸ (*Öffnung*) apertura *f*; (*innerer Durchmesser*) calibro *m*; (*eines Rohres*) diametro *m* interno ❹ *sing* (*Ferne*) lontananza *f*; (*Entfernung*) distanza *f*

weiten I. *vt* allargare II. *vr* **sich ~** allargarsi

weiter [ˈvaɪtɐ] I. *adj Komparativ von* **weit** (*fig*) ulteriore, altro; **das** [*o* **alles**] **Weitere** il resto; **bis auf ~es** fino a nuovo ordine; (*inzwischen*) (per) intanto; **ohne ~es** senz'altro II. *adv* (*fig: außerdem*) inoltre; (*sonst*) altro; **~ oben** più su; (*in Text*)

sopra; **~ unten** più sotto; (*in Text*) sotto; **~ weg** più avanti; **und so ~** eccetera; **ich kann nicht mehr ~** non ne posso più; **das hat ~ nichts zu sagen** non ha alcuna importanza; **nichts ~!** nient'altro!; **nur ~!** avanti!

weiter|arbeiten *vi* continuare a lavorare

Weiterbehandlung *f* (MED) continuazione *f* della terapia

weiter|bilden I. *vt* tenere corsi di aggiornamento a, aggiornare II. *vr* **sich ~** aggiornarsi; **Weiterbildung** *f* (*in einem spezifischen Fach*) aggiornamento *m*; **zu meiner ~ lese ich ...** per essere aggiornato leggo ...

weiter|bringen <irr> *vt* portare avanti; **weiter|empfehlen** <irr> *vt* raccomandare ad altri; **weiter|entwickeln** <ohne ge-> I. *vt* sviluppare (ulteriormente) II. *vr* **sich ~** svilupparsi, evolversi; **weiter|fahren** <irr> *vi sein* proseguire (il viaggio)

Weiterfahrt *f* proseguimento *m* del viaggio

Weiterflug <-(e)s> *kein Pl m* proseguimento *m* [*o* continuazione *f*] del volo

weiter|führen *vt, vi* continuare; **~de Schule** scuola secondaria

Weitergabe *f* trasmissione *f*

weiter|geben <irr> *vt* far passare; (*Nachricht, Befehl*) trasmettere; (*Gesuch*) inoltrare; **weiter|gehen** <irr> *vi sein* continuare, proseguire; (*im Verkehr a*) circolare; **so kann es nicht ~** così non (si) può continuare; **wie soll es jetzt ~?** e come va avanti adesso?; **weiter|helfen** <irr> *vi* **jdm (bei etw) ~** aiutare qu (in qc)

weiterhin *adv* ❶ (*immer noch*) ancora ❷ (*künftig*) in futuro ❸ (*außerdem*) inoltre

weiter|kommen <irr> *vi sein* andare avanti; (*fig a*) avanzare, progredire; **so kommen wir nicht weiter** (*fig*) così non facciamo progressi; **weiter|leiten** *vt* **etw an jdn ~** inoltrare qc a qu; **eine Nachricht an jdn ~** trasmettere un messaggio a qu; **weiter|machen** *vt, vi* continuare

weiter|reichen *vt* porgere [*o* passare] ad altri

Weiterreise <-, -n> *f* proseguimento *m* del viaggio

weiters [ˈvaɪtɐs] *adv* (*A*) in seguito, dopo, poi

weiter|sagen *vt* dire ad altri

weiter|ziehen <zieht weiter, zog weiter, weitergezogen> *vi sein* proseguire

weitgehend *adj* ampio, vasto; **~e Übereinstimmung erzielen** raggiungere una larga intesa

weitgehend[ALT] *s.* **weit** I.3.; **weitgereist** *adj* che ha viaggiato molto

weither ['vaɪt'heːɐ] *adv* (*geh*) da lontano, da lungi

weitherzig *adj* generoso, liberale

weithin ['vaɪt'hɪn] *adv* ❶ (*bis in weite Ferne*) fino in lontananza; ~ **sichtbar** visibile da lontano ❷ (*weitgehend*) ampiamente

weitläufig I. *adj* ❶ (*Gebäude*) spazioso; (*ausgedehnt*) esteso, vasto ❷ (*Erzählung*) dettagliato, minuzioso ❸ (*Verwandte*) lontano II. *adv* per esteso; ~ **verwandt sein** essere lontani parenti; **Weitläufigkeit** <-> *kein Pl f* ❶ (*Weiträumigkeit*) estensione *f* ❷ (*Ausführlichkeit*) lunghezza *f*

weitmaschig *adj* a larghe maglie; **weiträumig** *adj* spazioso, ampio; **die Unfallstelle ~ umfahren** passare alla larga dal luogo dell'incidente; **weitreichend** *adj* ampio, esteso; **weitschweifig** *adj* prolisso, verboso; **Weitschweifigkeit** <-> *kein Pl f* prolissità *f*, verbosità *f*

Weitsicht <-> *kein Pl f s.* **Weitblick**; **weitsichtig** *adj* ❶ (*MED*) presbite ❷ (*fig: vorausschauend*) lungimirante; **Weitsichtigkeit** <-> *kein Pl f* ❶ (*MED*) presbitismo *m* ❷ (*fig*) lungimiranza *f*

Weitspringer(in) <-s, -; -, -nen> *m(f)* (*SPORT*) atleta *mf* di salto in lungo; **Weitsprung** *m* salto *m* in lungo; **weitverbreitet** *adj* molto diffuso; **weitverzweigt** *adj* molto ramificato; **Weitwinkelobjektiv** *n* (*FOTO*) (obiettivo *m*) grandangolare *m*

Weizen ['vaɪtsən] <-s, -> *m* frumento *m*; **Weizenbier** <-(e)s, -e> *n* (birra *f*) Weizen *f*; **Weizenbrot** *n* pane *m* di frumento; **Weizenkeimöl** *n* olio *m* di germi di frumento; **Weizenkleie** *f* crusca *f* di frumento; **Weizenmehl** *n* farina *f* di frumento

welche(r, s) ['vɛlçɐ, -çə, -çəs] I. *pron inter* quale; (*in Ausrufen*) che; **~ s Haus?** quale casa?; **~ r von den beiden?** quale dei due?; **~ s ist der Unterschied zwischen …?** qual'è la differenza fra …?; **~ Freude!** che piacere! II. *pron rel* (*rar*) che, il quale III. *pron indef* **ich habe noch ~ s** ne ho ancora; **es gibt ~, die …** c'è qualcuno [*o* ci sono persone] che …; **ich brauche Streichhölzer, haben Sie ~?** ho bisogno di fiammiferi, ne ha (qualcuno)?

welk [vɛlk] *adj* appassito; (*a Haut*) vizzo; (*a fig*) avvizzito

welken *vi sein* appassire; (*a fig*) avvizzire

Wellblech *n* lamiera *f* ondulata

Welle ['vɛlə] <-, -n> *f* ❶ (*im Wasser, a fig* PHYS, RADIO) onda *f*; **eine ~ der Begeisterung** un'onda(ta) di entusiasmo; (**hohe**) **~ n schlagen** (*fig*) destare scalpore ❷ (*TEC*) albero *m* ❸ (*Aktualität*) **die (neue) deutsche ~** (*MUS*) le ultime novità musicali tedesche

wellen I. *vt* ondulare II. *vr* **sich ~** ondularsi

Wellenbad *n* piscina *f* con onde artificiali; **Wellenberg** *m* cresta *f* dell'onda; **Wellenbewegung** *f* movimento *m* ondulatorio; **Wellenbrecher** *m* frangionde *m;* **wellenförmig** ['vɛlənfœrmɪç] *adj* ondulato; **Wellengang** <-(e)s *kein Pl m* moto *m* ondoso; **Wellenlänge** *f* lunghezza *f* d'onda; **auf einer ~ liegen, die gleiche ~ haben** (*fig fam*) essere in sintonia con qu; **Wellenlinie** *f* linea *f* ondulata; **Wellenreiten** <-s> *kein Pl n* surfing *m;* **Wellenschlag** *m* ondata *f;* **Wellenschliff** *m* (*an Messern*) affilatura *f* ondulata; **Wellensittich** *m* (*ZOO*) pappagallino *m;* **Wellental** *n* solco *m* [*o* cavo *m*] dell'onda

wellig *adj* ondulato

Wellness *f* benessere *m;* **Wellnessbereich** *m* (*eines Hotels*) area *f* wellness; **Wellnessfarm** *f* beauty farm *f;* **Wellnesswochenende** *n* weekend *m* di benessere

Wellpappe *f* cartone *m* ondulato

Welpe ['vɛlpə] <-n, -n> *m* (*ZOO*) cucciolo *m*

Wels [vɛls] <-es, -e> *m* siluro *m* d'Europa

welsch [vɛlʃ] *adj* (*CH: die französische Schweiz betreffend*) svizzero francese [*o* romando]; **Welschland** ['vɛlʃlant] *n* (*CH*) Svizzera *f* francese [*o* romanda]; **Welschschweiz** <-> *kein Pl f* (*CH: die französische Schweiz*) Svizzera *f* francese [*o* romanda]; **Welschschweizer(in)** <-s, -; -, -nen> *m(f)* (*CH*) svizzero, -a *m, f* francese [*o* romando, -a]; **welschschweizerisch** *adj* (*CH*) svizzero [*o* romando]

Welt [vɛlt] <-, -en> *f* mondo *m*; (*Erde*) terra *f*; **auf der ~** al mondo; **auf die ~** [*o* zur ~] **kommen** venire al mondo; **bis ans Ende der ~** fino alla fine del mondo; **die Alte ~** il mondo antico; **die Neue/Dritte ~** il nuovo/terzo mondo; **Wissenschaftler aus aller ~** scienziati di tutto il mondo; **alle ~** (*fam*) tutti; **vor aller ~** davanti a tutti; **etw aus der ~ schaffen** eliminare qc; **ein Gerücht in die ~ setzen** mettere in giro una voce; **nicht um alles in der ~** per nulla al mondo; **für seine Frau brach eine ~ zusammen** per sua moglie crollò il mondo; **uns trennen ~ en** apparteniamo a due mondi diversi; **Mia ist die beste Mutter der ~** Mia è la migliore mamma del mondo;

W

wann/wie/wo/wer in aller [*o* **um alles in der**] **~?** (*fam*) quando/come/dove/chi mai [*o* per l'amor del cielo]?; **ich versteh' die ~ nicht mehr!** non capisco come possano succedere certe cose; **das kostet doch nicht die ~!** (*fam*) non costa mica un patrimonio!; **das hat die ~ noch nicht erlebt!** (*fam*) è inaudito!; **Flensburg ist doch nicht aus der ~!** (*fam*) Flensburg non è mica in capo al mondo!; **Weltall** *n* universo *m,* cosmo *m;* **Weltanschauung** *f* concezione *f* del mondo e della vita, weltanschauung *f;* **Weltatlas** *m* atlante *m* (mondiale); **Weltausstellung** *f* esposizione *f* mondiale; **Weltbank** <-> *kein Pl f* banca *f* mondiale; **weltbekannt** *adj* di fama mondiale; **weltberühmt** *adj* famoso in tutto il mondo, di fama mondiale; **Weltbeste** <ein -r, -n, -n> *mf* primatista *mf* mondiale; **Weltbestzeit** *f* primato *m* [*o* record *m*] mondiale; **Weltbevölkerung** *f* popolazione *f* mondiale; **Weltbild** *n* concezione *f* del mondo; **Weltbürger(in)** *m(f)* cosmopolita *mf;* **Weltcup** ['vɛltkap] <-s, -s> *m* (SPORT) coppa *f* del mondo

Weltenbummler(in) <-s, -; -, -nen> *m(f)* globe-trotter *mf*

Welterfolg *m* successo *m* mondiale

Weltergewicht ['vɛltəɡəvɪçt] *n* peso *m* welter

weltfremd *adj* (*wirklichkeitsfremd*) lontano dalla realtà; (*naïv*) ingenuo; **Weltfrieden** *m* pace *f* nel mondo; **Weltgeistliche** *m* prete *m* secolare; **Weltgeltung** *f* fama *f* [*o* risonanza *f*] mondiale; **Weltgeschichte** *f* storia *f* universale; **in der ~ herumfahren** (*fam scherz*) girare (in) tutto il mondo; **Weltgesundheitsorganisation** *f* organizzazione *f* mondiale della sanità; **weltgewandt** *adj* esperto, pratico del mondo; **Welthandel** *m* commercio *m* mondiale; **Weltherrschaft** *f* egemonia *f* mondiale; **Welthilfssprache** *f* lingua *f* internazionale ausiliaria; **Weltkarte** *f* mappamondo *m;* **Weltkrieg** *m* guerra *f* mondiale; **der Erste/Zweite ~** la prima/seconda guerra mondiale; **Weltkugel** *f* globo *m* terrestre

weltlich *adj* laico, secolare; (*Bauwerk, Kunst*) profano

Weltliteratur *f* letteratura *f* mondiale; **Weltmacht** *f* potenza *f* mondiale; **Weltmann** *m* uomo *m* di mondo; **weltmännisch** ['vɛltmɛnɪʃ] *adj* da uomo di mondo, mondano; **Weltmarkt** *m* (WIRTSCH) mercato *m* mondiale; **Weltmeer** *n* oceano *m;* **Weltmeister(in)** *m(f)* campione,

-essa *m, f* mondiale; **Weltmeisterschaft** *f* campionato *m* mondiale; **Weltmonopolstellung** *f* posizione *f* di monopolio mondiale, monopolio *m* mondiale; **weltoffen** *adj* cosmopolita; **Weltöffentlichkeit** *f* opinione *f* pubblica mondiale; **Weltordnung** <-> *kein Pl f* (PHILOS) ordine *m* cosmico; **Weltpolitik** *f* politica *f* mondiale; **Weltpresse** *f* stampa *f* internazionale; **Weltrangliste** <-, -n> *f* (SPORT) classifica *f* mondiale, graduatoria *f* **Weltraum** *m* spazio *m* interplanetario, cosmo *m;* **Weltraumbehörde** *f* ente *m* aeronautico e spaziale; **Weltraumfähre** *f* veicolo *m* spaziale; **Weltraumfahrer(in)** *m(f)* astronauta *mf;* **Weltraumfahrt** *f* ❶ (*Fahrt*) esplorazione *f* dello spazio, volo *m* spaziale ❷ (*Wissenschaft*) astronautica *f,* cosmonautica *f;* **Weltraumflug** *m* volo *m* spaziale; **Weltraumforschung** *f* ricerca *f* spaziale; **Weltraumkapsel** *f* capsula *f* spaziale; **Weltraumrakete** *f* missile *m* spaziale; **Weltraumschiff** *n* astronave *f,* navicella *f* spaziale; **Weltraumstation** *f* stazione *f* spaziale **Weltreich** *n* impero *m;* **Weltreise** *f* **eine ~ machen** fare il giro del mondo; **Weltreisende** *mf* globe-trotter *mf;* **Weltrekord** *m* primato *m* mondiale; **Weltrekordinhaber(in)** *m(f),* **Weltrekordler(in)** <-s, -; -, -nen> *m(f)* primatista *mf* mondiale; **Weltreligion** *f* religione *f* universale; **Weltruf** *m* rinomanza *f* mondiale; **ein Sekt von ~** uno spumante di fama mondiale; **Weltruhm** *m* fama *f* mondiale; **zu ~ gelangen** raggiungere fama mondiale; **Weltschmerz** *m* senso *m* malinconico del mondo; **Weltsicherheitsrat** *m* Consiglio *m* di sicurezza delle Nazioni Unite; **Weltsprache** *f* lingua *f* mondiale; **Weltstadt** *f* metropoli *f;* **Weltstar** *m* star *f* internazionale; **Weltumseg(e)lung** <-, -en> *f* circumnavigazione *f* del mondo; **Weltuntergang** *m* fine *f* del mondo; **Weltuntergangsstimmung** *f* atmosfera *f* apocalittica; **Welturaufführung** [vɛlt'ʔuːɐ̯ʔaʊffyːrʊŋ] *f* prima *f* mondiale; **Weltverbesserer** <-s, -> *m* (*pej*) riformatore *m* del mondo; **weltweit** *adj* mondiale, universale; **Weltwirtschaft** *f* economia *f* mondiale; **Weltwirtschaftskrise** *f* crisi *f* economica mondiale; **Weltwunder** *n* **die Sieben ~** le sette meraviglie del mondo

wem [veːm] *pron dat von* **wer** a chi; **mit ~?** con chi?; **von ~?** di [*o* da] chi?

wen [veːn] *pron inter acc von* **wer** chi; **an ~?** a chi?; **für ~?** per chi?

Wende ['vɛndə] <-, -n> f ❶ (*Veränderung*) svolta f ❷ (SPORT: *Schwimmen*) virata f; (*Turnen*) volteggio m frontale; **Wendekreis** m ❶ (GEOG) tropico m; **der ~ des Krebses/Steinbocks** il tropico del Cancro/Capricorno ❷ (MOT) angolo m di sterzata

Wendeltreppe ['vɛndəltrɛpə] f scala f a chiocciola

Wendemantel m mantello m double-face

wenden[1] ['vɛndən] I. *vt* (ri)voltare; (*in andere Richtung: Auto*) girare; (NAUT) virare; **bitte ~!** vedi retro; **man kann die Sache drehen und ~, wie man will ...** (*fig*) si può girare e voltare la cosa come si vuole ... II. *vi* girare

wenden[2] <wendet, wandte o wendete, gewandt o gewendet> I. *vt* (*Schritte, Blicke*) rivolgere; **keinen Blick von jdm ~** non levar gli occhi di dosso a qu II. *vr* **sich ~** (*in andere Richtung: zu jdm/etw hin*) dirigersi, (ri)volgersi; (*von jdm/etw weg*) allontanarsi, distogliersi; **sich nach etw ~** dirigersi verso qc; **sich von jdm/etw ~** allontanarsi da qu/qc; **sich (mit etw) an jdn ~** rivolgersi a qu (con qc); **sich gegen etw/jdn ~** (ri)volgersi contro qc/qu; **sich zum Guten ~** volgersi al meglio

Wendeplatz m piazzale m di manovra; **Wendepunkt** m ❶ (MAT) punto m d'inflessione ❷ (*fig*) svolta f ❸ (ASTR) punto m solstiziale

wendig *adj* ❶ (*Fahrzeug*) maneggevole ❷ (*Person*) sveglio; **Wendigkeit** <-> *kein Pl* f ❶ (*von Fahrzeugen*) maneggevolezza f, manovrabilità f ❷ (*von Personen*) agilità f; (*geistig*) vivacità f

Wendung <-, -en> f ❶ (*Drehung*) voltata f ❷ (*fig: Umschwung*) svolta f; **eine schlimme ~ nehmen** prendere una brutta piega ❸ (*Rede~*) locuzione f

wenig ['ve:nɪç] *adj o adv* poco; **ein ~** un poco, un po'; **ein (ganz) klein ~** un pochino; **zu ~** troppo poco; **~e** poco; **nur ~e Schritte von hier** a due passi da qui; **mit ~en Ausnahmen** con poche eccezioni; **es fehlte ~, und er hätte geschossen** ci mancò poco che non sparasse

weniger ['ve:nɪgɐ] I. *adv Komparativ von* **wenig** meno; **~ als ...** meno di ...; **~ werden** diminuire; **immer ~** sempre meno; **je ~ ..., desto ~ ...** quanto meno ..., tanto meno ...; **mehr oder ~** più o meno; **nicht ~ als** non meno di; **nichts ~ als** tutt'altro che; **um so ~** tanto meno; **viel ~** molto meno II. *konj* meno; **10 ~ 3 ist 7** dieci meno tre fa sette

wenigstens *adv* almeno, per lo meno; (*mindestens*) come minimo

wenigste(r, s) *adj Superlativ von* **wenig, das ~** il meno; **die ~n** pochissimi; **sie hat die ~n Fehler** ha il numero minore di errori; **am ~n** meno di tutti; **er hat am ~n Geld** ha meno soldi di tutti

wenn [vɛn] *konj* ❶ (*konditional*) se; **~ ... je(mals)/überhaupt** se mai/mai +*conj*; **~ ... nicht** a meno di +*inf*, a meno che +*conj*; **~ ... nur** purché +*conj*; **außer ~** tranne quando, a meno che +*conj*; **~ man ihn sieht, könnte man glauben ...** a vederlo, si crederebbe ... ❷ (*zeitlich*) quando; **jedesmal ~** ogni (qual) volta ❸ (*konzessiv*) **~ auch** anche se; **~ er auch noch so arm ist** per quanto povero sia ❹ (*Wunsch*) **~ er doch käme!** se solo venisse!; **~ er nur nicht zu spät kommt!** purché non arrivi troppo tardi!

wenngleich [vɛn'glaɪç] *konj* (*geh*) sebbene +*conj*, benché +*conj*, quantunque +*conj*

wennschon *adv* **~, dennschon** (*fam*) giacché si fa, che si faccia almeno bene

wer [ve:ɐ] I. *pron inter* chi; **~ ist da?** chi è?; **~ sonst?** chi altri?; **~ von beiden?** chi dei due? II. *pron rel* chi(unque); **~ auch immer** chiunque; **~ es auch (immer) sei(n möge)** chiunque sia; **mag kommen, ~ will** venga chi vuole III. *pron indef* (*fam*) qualcuno; **~ sein** essere qualcuno

Werbeabteilung f reparto m pubblicità; **Werbeagentur** f agenzia f di pubblicità; **Werbeblock** m intervallo m pubblicitario; **Werbefachfrau** f, **Werbefachmann** m pubblicitario, -a m, f, reclamista mf; **Werbefernsehen** n pubblicità f televisiva; **Werbefilm** m film m pubblicitario; **Werbefläche** f tabellone m; **Werbefunk** m pubblicità f radiofonica; **Werbegeschenk** n omaggio m pubblicitario; **Werbekampagne** f campagna f pubblicitaria; **Werbeknüller** m scoop m pubblicitario; **Werbekosten** pl spese fpl di pubblicità; **Werbeleiter(in)** m(f) direttore, -trice m, f dell'ufficio pubblicità; **Werbematerial** n materiale m pubblicitario

werben ['vɛrbən] <wirbt, warb, geworben> I. *vt* ❶ (*Kunden*) attirare ❷ (*Arbeitskräfte*) ingaggiare, assumere ❸ (*Soldaten*) reclutare, arruolare II. *vi* **für jdn/etw ~** fare pubblicità per qu/qc; (POL) fare propaganda per qu/qc; **um jds Gunst ~** cercare di ottenere il favore di qu; **um ein Mädchen ~** fare la corte a una ragazza

Werbepause f interruzione f pubblicitaria; **Werbeprospekt** *m* opuscolo *m* pubblicitario

Werber <-s, -> *m* ❶(*fam: Werbefachmann*) pubblicitario *m* ❷(MIL) reclutatore *m* ❸(*obs: Freier*) pretendente *m;* **Werberin** <-, -nen> *f* (*fam: Werbefachfrau*) pubblicitaria *f*

Werbeschrift *f* opuscolo *m* pubblicitario; **Werbesendung** *f* spot *m* pubblicitario; **Werbeslogan** *m* slogan *m* pubblicitario; **Werbespot** ['vɛrbəspɔt] <-s, -s> *m* spot *m* pubblicitario; **Werbespruch** *m* slogan *m* pubblicitario; **Werbetext** *m* testo *m* pubblicitario; **Werbetexter(in)** *m(f)* redattore, -trice *m, f* pubblicitario, -a; **Werbeträger** *m* veicolo *m* pubblicitario; **Werbetrommel** *f* **die ~ (für etw) rühren** fare grande pubblicità (di qc); **Werbeunterbrechung** *f* pausa *f* pubblicitaria; **werbewirksam** *adj* di grande effetto pubblicitario; **Werbewirkung** <-, -en> *f* effetto *m* pubblicitario

Werbung <-, *rar* -en> *f* ❶ *sing* (COM) pubblicità *f;* (POL) propaganda *f;* **für etw ~ machen** fare propaganda di qc ❷ *sing* (*Werbeabteilung*) servizio *m* pubblicità ❸(*An~*) reclutamento *m;* **Werbungskosten** *pl* spese *fpl* professionali

Werdegang *m* sviluppo *m,* evoluzione *f;* (*beruflich*) carriera *f*

werden ['ve:ɐdən] <wird, wurde, geworden> *sein vi* ❶(*Zustandsveränderung*) diventare, divenire; (*entstehen*) nascere; **alt ~** invecchiare; **krank ~** ammalarsi; **verrückt ~** diventare matto; **es wird Frühling/Winter** viene la primavera/l'inverno; **mir wird kalt** comincio ad avere freddo ❷(*Verwandlung*) trasformarsi; **das Wasser wurde zu Eis** l'acqua si trasformò in acqua ❸(*Entwicklung*) trasformarsi, diventare; **das Kind ist zum Mann geworden** il bambino è diventato uomo; **~de Mutter** futura madre; **Arzt ~** diventare medico; **was willst du einmal ~?** cosa vuoi fare da grande?; **was nicht ist, kann noch ~** (*fam*) chi vivrà, vedrà; **aus dir wird nie etwas** (~) non sarai mai nulla di buono; **was soll (nur) daraus ~?** che ne sarà?; **es ist nichts daraus geworden** non se n'è fatto nulla ❹(*Resultat*) **die Fotos sind gut geworden** le foto sono venute bene; **er ist 40 geworden** ha compiuto i 40 anni; **wird's bald?** (*fam*) spicciati! ❺(*Hilfsverb beim Passiv*) essere, venire; **jetzt wird (aber) gegessen!** (*fam*) adesso (però) si mangia! ❻(*Hilfsverb zur Bildung des Futurs*) **er wird morgen um 9 Uhr kommen** arriverà domani alle

nove; **es wird schon wieder** (~) (*fam*) tornerà a posto ❼(*Vermutung*) **sie wird wohl schon unterwegs sein** sarà già per strada

werfen ['vɛrfən] <wirft, warf, geworfen> **I.** *vt* ❶(*Ball, Stein, Speer*) lanciare; (*a fig: Blicke*) gettare; **jdn ins Gefängnis ~** gettare qu in prigione; **jdn aus dem Haus ~** buttare qu fuori di casa ❷(*Falten, Schatten*) fare; (*Wellen*) sollevare ❸(*Tierjunge*) partorire **II.** *vr* **sich ~** ❶(*sich schmeißen*) **sich auf jdn/etw ~** gettarsi su qu/qc; (*fig a*) lanciarsi su qu/qc ❷(*sich verziehen*) imbarcarsi **III.** *vi* ❶(*als Wurfgeschoss benutzen*) tirare, gettare, lanciare; **mit etw (auf jdn) ~** tirare qc (a qu); **mit Geld um sich ~** (*fam*) spendere un sacco di soldi, spendere e spandere ❷(*Junge bekommen*) partorire

Werft [vɛrft] <-, -en> *f* (NAUT) cantiere *m* (navale); (AERO) hangar *m;* **Werftarbeiter** *m* operaio *m* di un cantiere navale

Werg [vɛrk] <-(e)s> *kein Pl n* stoppa *f,* filaccia *f;* **mit ~ verstopfen** stoppare

Werk [vɛrk] <-(e)s, -e> *n* ❶(*Arbeit, Schaffen, Geschaffenes, Kunst~*) opera *f;* **ausgewählte/sämtliche ~e** opere scelte/complete; **ein gutes ~ tun** compiere una buona azione; **am ~ sein** essere all'opera; **ans ~ gehen, sich ans ~ machen** mettersi all'opera ❷(*Betrieb*) impianto *m;* (*Fabrik*) fabbrica *f;* (*Unternehmen*) stabilimento *m;* **ab ~** franco stabilimento ❸(TEC: *Mechanismus*) meccanismo *m*

Werk- (*in Zusammensetzungen*) *s. a.* **Werks-**

Werkbank <-, -bänke> *f* banco *m* da lavoro

werkeigen *adj* aziendale

werkeln *vi* trafficare (*an etw dat* con qc), darsi da fare (*an etw dat* con qc)

werken *vi* lavorare, fare lavori manuali

werkgetreu *adj* fedele all'originale

Werkmeister *m* capotecnico *m,* capofficina *m;* **Werk(s)angehörige** *mf* dipendente *mf* di uno stabilimento; **Werk(s)arzt** *m,* **Werk(s)ärztin** *f* medico *m* di fabbrica; **Werkschutz** *m* servizio *m* di sicurezza aziendale

werkseigen *adj s.* **werkeigen**; **Werksgelände** <-s, -> *n* terreno *m* aziendale; **Werk(s)halle** *f* capannone *m;* **Werk(s)kantine** *f* mensa *f* aziendale; **Werk(s)leiter(in)** *m(f)* direttore, -trice *m, f* di fabbrica; **Werk(s)spionage** *f* spionaggio *m* industriale

Werkstatt <-, -stätten> *f* ❶(*Handwerker~*) officina *f,* atelier *m* ❷(*Auto~*) offi-

cina *f* ❸ (*Künstler~*) studio *m*
Werkstätte (*geh*) *s.* **Werkstatt**
Werkstoff *m* materiale *m;* **Werk(s)tor** *n* cancello *m* della fabbrica; **Werkstück** *n* (*vor der Bearbeitung*) pezzo *m* da lavorare; (*während der Bearbeitung*) pezzo *m* in lavorazione; (*nach der Bearbeitung*) pezzo *m* lavorato; **Werkstudent(in)** *m(f)* studente, -essa *m, f* lavoratore, -trice; **Werksvertrag** <-(e)s, -träge> *m* contratto *m* d'opera; **Werk(s)wohnung** *f* alloggio *m* aziendale
Werktag *m* giorno *m* feriale; **werktags** *adv* nei giorni feriali
werktätig *adj* ~e Bevölkerung popolazione attiva; **Werktätige** <ein -r, -n, -n> *mf* lavoratore, -trice *m, f*
Werkvertrag *m* contratto *m* d'opera
Werkzeug <-(e)s, -e> *n* attrezzo *m;* (*Instrument, a fig*) strumento *m;* (*Kollektivbezeichnung a*) arnesi *mpl;* **Werkzeugkasten** *m* cassetta *f* degli arnesi; **Werkzeugmacher(in)** *m(f)* utensilista *mf;* **Werkzeugmaschine** *f* macchina *f* utensile; **Werkzeugtasche** *f* borsa *f* degli attrezzi
Wermut ['veːɐ̯muːt] <-(e)s> *kein Pl m* ❶ (BOT) assenzio *m* ❷ (*Wein*) vermut *m;* **Wermutstropfen** *m* (*fig geh*) ombra *f*
wert [veːɐ̯t] *adj* etw ~ sein valere qc; **nicht viel ~ sein** non valere gran che; **was ist dieser Ring ~?** quanto vale quest'anello?; **der Mühe ~ sein** valere la pena; **Lübeck ist eine Reise ~** vale la pena fare un viaggio a Lubecca; **das ist schon viel ~** è già molto; **sie ist es nicht ~, dass man sich solche Sorgen um sie macht** non merita che ci si preoccupi tanto per lei
Wert <-(e)s, -e> *m* ❶ (*a fig*) valore *m;* (*Preis*) prezzo *m;* **einen ~ von 50 Euro haben** valere 50 euro; **an ~ verlieren/gewinnen** diminuire/aumentare di valore; **~/keinen ~ auf etw** *acc* **legen** attribuire/non attribuire valore a qc, tenere/non tenere a qc; **das hat doch keinen ~** (*fam*) non ha senso ❷ *pl* (*von Test, Analyse*) risultati *mpl;* (TEC) dati *mpl;* **Wertangabe** *f* dichiarazione *f* di valore; **Wertarbeit** *f* lavoro *m* qualificato; **wertbeständig** *adj* di valore stabile; **Wertbeständigkeit** *f* stabilità *f* di valore; **Wertbrief** *m* (lettera *f*) assicurata *f*
werten *vt* (*be~*) valutare; (*beurteilen*) giudicare; (SPORT: *zählen*) contare; (*benoten*) valutare, dare punti a; **ein Tor nicht ~** annullare una rete
Wertewandel <-s> *kein Pl m* cambia-

mento *m* di valori
wertfrei *adj* senza valore
Wertgegenstand *m* oggetto *m* di valore, prezioso *m*
Wertigkeit <-> *kein Pl f* valenza *f*
wertkonservativ *adj* conservatore
wertlos *adj* senza valore; (*fig a*) che non vale nulla
Wertmaßmesser <-s, -> *m,* **Wertmaßstab** *m* criterio *m*
Wertminderung *f* diminuzione *f* di valore, deprezzamento *m*
Wertpapier *n* (FIN) valore *m,* titolo *m;* **Wertpapierbörse** <-, -n> *f* (FIN) borsa *f* valori; **Wertpapiermärkte** *fpl* (FIN) mercati *mpl* dei valori mobiliari
Wertsache *f s.* **Wertgegenstand; Wertschätzung** *f* (*geh*) stima *f,* considerazione *f;* **Wertschrift** <-, -en> *f* (*CH:* FIN: *Wertpapier*) titolo *m;* **Wertsteigerung** *f* aumento *m* di valore
Wertstoff <-(e)s, -e> *m* materiale *m* riciclabile; **Wertstofftonne** *f* contenitore *m* per la raccolta multimateriale
Wertung <-, -en> *f* valutazione *f;* (SPORT) punteggio *m*
Werturteil *n* giudizio *m* di valore
wertvoll *adj* di valore, prezioso; (*Mensch a*) pregevole
Wertvorstellung <-, -en> *f* ideologia *f*
Werwolf ['veːɐ̯vɔlf] *m* lupo *m* mannaro
Wesen ['veːzən] <-s, -> *n* ❶ *sing* (*Grundeigenschaft*) essenza *f,* sostanza *f;* (PHILOS) entità *f;* **das gehört zum ~ der modernen Kunst** è proprio dell'arte moderna ❷ *sing* (*Art, Charakter*) natura *f,* carattere *m,* indole *f;* **sein wahres ~ zeigen** mostrarsi come si è ❸ (*Lebe~*) essere *m,* creatura *f;* (*Mensch*) persona *f;* **es war kein lebendes ~ zu sehen** non c'era anima viva
Wesensart *f* modo *m* di essere, natura *f,* carattere *m;* **wesensfremd** *adj* jdm/ etw *dat* ~ sein essere estraneo alla natura di qu/qc; **wesensgleich** *adj* della stessa natura, identico; **Wesenszug** *m* tratto *m* caratteristico
wesentlich ['veːzntlɪç] **I.** *adj* essenziale; (*grundlegend*) fondamentale; (*bedeutend*) considerevole, importante; **das Wesentliche** l'essenziale *m;* **im Wesentlichen** in sostanza **II.** *adv* essenzialmente, fondamentalmente; (*beim Komparativ*) molto; **es wäre mir ~ lieber, wenn ...** preferirei molto che +*conj*
Weser ['veːzɐ] *f* Weser *m*
weshalb [vɛsˈhalp] *adv* ❶ (*fragend*) perché, per quale ragione ❷ (*relativisch*) per

cui, per il qual motivo; **der Grund, ~ ...** la ragione per cui ...

Wespe ['vɛspə] <-, -n> f (ZOO) vespa f

Wespennest n (ZOO) nido m di vespe, vespaio m; **Wespentaille** f vita f [o vitino m] di vespa

wessen ['vɛsən] **I.** pron inter ❶ gen von **wer** di chi; **~ Schuld ist es?** di chi è la colpa? ❷ gen von **was** di che **II.** pron rel ❶ gen von **wer** di [o da] chi; **~ Schuld es auch sein mag** di chiunque sia la colpa ❷ gen von **was** di [o da] che cosa

Wessi ['vɛsi] <-s, -s; -s> mf (fam) abitante della Germania dell'Ovest

West [vɛst] <-> kein Pl m (NAUT, METEO) ovest m

Westberlin ['vɛstbɛr'liːn] <-s> n Berlino f Ovest

westdeutsch adj tedesco occidentale; **Westdeutschland** n Germania f occidentale

Weste ['vɛstə] <-, -n> f gilè m, panciotto m; **eine weiße** [o **reine**] **~ haben** (fig) avere la coscienza pulita

Westen ['vɛstən] <-s> kein Pl m (Himmelsrichtung) ovest m, occidente m; **der ~** (POL) l'Occidente; **der Wilde ~** il Far West

Westentasche f taschino m del gilè; **etw wie seine ~ kennen** (fam) conoscere qc come le proprie tasche

Western ['vɛstən] <-(s), -> m western m

Westerwald ['vɛstəvalt] m Westerwald m

Westeuropa n Europa f occidentale; **westeuropäisch** adj dell'Europa occidentale

Westfale [vɛst'faːlə] <-n, -n> m abitante m della Vestfalia; **Westfalen** [vɛst'faːlən] n Vestfalia f; **Westfälin** [vɛst'fɛːlɪn] <-, -nen> f abitante f della Vestfalia; **westfälisch** [vɛst'fɛːlɪʃ] adj vestfalico

Westgeld n marco m occidentale

westindisch ['vɛst'ʔɪndɪʃ] adj dell'India occidentale; **die Westindischen Inseln** le Indie occidentali

Westjordanland n Cisgiordania f

Westküste f costa f occidentale

westlich adj occidentale; **~ von** a ovest di; **die ~e Welt** il mondo occidentale

Westmächte fpl potenze fpl occidentali; **Westmark** f (fam) marco m occidentale; **weströmisch** adj **das Weströmische Reich** l'Impero romano d'occidente; **Westseite** f lato m ovest [o occidentale]; **westwärts** ['vɛstvɛrts] adv verso occidente; **Westwind** m (vento m da) ponente m

weswegen ['vɛs've:gən] s. weshalb

wett [vɛt] adj **~ sein** essere pari

Wettbewerb ['vɛtbəvɛrp] <-(e)s, -e> m ❶ (Veranstaltung) concorso m; (SPORT) gara f, competizione f ❷ sing (WIRTSCH) concorrenza f; **in ~ mit jdm treten** entrare in concorrenza con qu; **Wettbewerber(in)** m(f) concorrente mf; **wettbewerbsfähig** adj competitivo, concorrenziale; **Wettbewerbsfähigkeit** <-> kein Pl f concorrenzialità f, competitività f; **Wettbewerbsverbot** n divieto m di concorrenza; **Wettbewerbsverzerrung** f distorsione f della concorrenza; **Wettbewerbsvorteil** <-s, -e> m (WIRTSCH) vantaggio m della libera concorrenza; **wettbewerbswidrig** adj (Verhalten, Preisabsprachen) anticoncorrenziale

Wettbüro n ricevitoria f

Wette ['vɛtə] <-, -n> f scommessa f; **ich gehe jede ~ ein, dass ...** scommetto qualsiasi cosa che ...; **um die ~ laufen** fare a chi corre di più; **was gilt die ~?** quanto scommettiamo?

Wetteifer m competizione f; **wetteifern** vi **mit jdm um etw ~** gareggiare con qu per qc

wetten vt, vi ❶ (eine Wette abschließen) scommettere; **mit jdm um etw ~** scommettere qc con qu; **zehn gegen eins ~** scommettere dieci contro uno; **ich möchte ~, dass ...** scommetto che ...; **(wollen wir) ~?** scommettiamo? ❷ (bei Wettspielen) (auf etw acc) ~ puntare (su qc)

Wetter ['vɛtɐ] <-s, -> n (METEO) tempo m; **bei schönem/schlechtem ~** col bel/brutto tempo; **wie ist das ~?** che tempo fa?; **Wetteramt** n ufficio m meteorologico; **Wetteraussichten** fpl previsioni fpl del tempo; **Wetterbericht** m bollettino m meteorologico; **wetterbeständig** adj resistente alle intemperie; **Wetterdienst** m servizio m meteorologico; **Wetterfahne** f banderuola f; **wetterfest** s. wetterbeständig; **Wetterfrosch** m ❶ (fam: Tier) raganella f ❷ (scherz: Meteorologe) meteorologo m; **wetterfühlig** adj sensibile ai cambiamenti del tempo, meteoropatico; **Wetterfühligkeit** <-> kein Pl f sensibilità f ai cambiamenti del tempo, meteoropatia f; **Wetterhahn** m galletto m; **Wetterkarte** f carta f meteorologica; **Wetterkunde** f meteorologia f; **Wetterlage** f condizioni fpl meteorologiche; **Wetterleuchten** <-s> kein Pl n lampi mpl (in lontananza); **wetterleuchten** vi **es wetterleuchtet** lampeggia

wettern ['vɛtɐn] vi (fam: schimpfen)

(**gegen** [o **auf**] jdn/etw) ~ infuriare (contro qu/qc)

Wetterprognose f previsioni fpl del tempo; **Wettersatellit** m satellite m meteorologico; **Wetterstation** f stazione f meteorologica; **Wetterumschlag** m, **Wetterumschwung** m improvviso cambiamento m di tempo; **Wettervorhersage** f previsioni fpl del tempo; **Wetterwarte** ['vɛtɐvartə] <-, -n> f stazione f meteorologica; **wetterwendisch** adj (pej) instabile, incostante; (launisch) lunatico; **Wetterwolke** f nube f temporalesca

Wettkampf m competizione f, gara f; **Wettkämpfer(in)** m(f) partecipante mf a una gara sportiva, concorrente mf

Wettlauf m gara f, corsa f; **ein ~ mit der Zeit** una gara col tempo; **wettlaufen** ['vɛtlaʊfən] vi (nur im Infinitiv) fare a gara, gareggiare; **Wettläufer(in)** m(f) corridore, -trice m, f, concorrente mf (di una gara di corsa)

wett|machen vt (fam) ❶ (ausgleichen) compensare; (Rückstand) recuperare ❷ (wieder gutmachen) riparare

Wettrennen n s. Wettlauf

Wettrüsten <-s> kein Pl n corsa f agli armamenti

Wettstreit m gara f, competizione f, contesa f; **mit jdm in ~ treten** competere con qu

wetzen ['vɛtsən] I. vt haben affilare II. vi sein (fam) correre

Wetzstein m pietra f per affilare, cote f

WEU [ve:ʔeːˈʔuː] <-> kein Pl f abk v **Westeuropäische Union** UEO f

WG [veːˈgeː] <-, -s> f abk v **Wohngemeinschaft** (fam) comune f

Whg. abk v **Wohnung** app.

Whisky ['vɪski] <-s, -s> m whisky m

wich [vɪç] 1. u 3. pers sing imp von **weichen**

Wichse ['vɪksə] <-, -n> f (fam: Schuhcreme) crema f per lucidare, lucido m

wichsen I. vt ❶ (fam: polieren) lucidare ❷ (fam, dial: verprügeln) picchiare II. vi (sl, vulg: onanieren) farsi una sega

Wichser <-s, -> m (vulg) masturbatore m, segaiolo m

Wicht [vɪçt] <-(e)s, -e> m nano m; **armer ~** povero diavolo; **elender ~** miserabile m

Wichtel ['vɪçtəl] <-s, -> m, **Wichtelmännchen** n folletto m

wichtig ['vɪçtɪç] adj importante; **sich ~ machen** darsi delle arie; **sich** dat **~ vorkommen** credersi importante; **hast du nichts Wichtigeres zu tun, als …?** non hai niente di meglio da fare che …?

Wichtigkeit <-> kein Pl f importanza f; **von größter** [o **höchster**] **~** della massima importanza

Wichtigtuer(in) ['vɪçtɪçtuːɐ] <-s, -; -, -nen> m(f) (pej) spaccone, -a m, f, millantatore, -trice m, f; **wichtigtuerisch** adj borioso

Wickel ['vɪkəl] <-s, -> m ❶ (Knäuel) gomitolo m; (Gerolltes) rotolo m ❷ (MED: Umschlag) impacco m ❸ (Locken~) bigodino m ❹ (Wend) jdn am [o beim] **~ packen** [o **nehmen**] (fam) prendere qu per la collottola

Wickelkommode f fasciatoio m

wickeln vt ❶ (ein~, auf~) avvolgere; (zu einem Knäuel) aggomitolare; (Draht) bobinare ❷ (Säugling) cambiare il pannolino a

Wickelrock m gonna f a portafoglio, pareo m

Widder ['vɪdɐ] <-s, -> m ❶ (zoo) montone m ❷ (ASTR) Ariete m; **er/sie ist** (**ein**) **~** è dell' [o un] Ariete

wider ['viːdɐ] prp +acc (geh) contro; **das Für und** (**das**) **Wider** il pro e il contro; **~ Erwarten** contro ogni aspettativa

widerborstig ['viːdɐbɔrstɪç] adj ❶ (Person) scontroso, permaloso ❷ (Haar) crespo, stopposo

widerfahren [viːdɐˈfaːrən] <irr, ohne ge-> vi sein accadere, capitare

Widerhaken m uncino m

Widerhall ['viːdɐhal] m ❶ (Echo) eco m o f ❷ (fig: Resonanz) risonanza f; **~ finden** avere risonanza

wider|hallen vi risonare; (a fig) riecheggiare

widerlegbar [viːdɐˈleːgbaːɐ] adj confutabile, discutibile

widerlegen [viːdɐˈleːgən] <ohne ge-> vt confutare

widerlich adj ripugnante, disgustoso

Widerling ['viːdɐlɪŋ] <-s, -e> m (fam pej) uomo m ripugnante

widernatürlich adj contro natura; (unnatürlich) innaturale

widerrechtlich adj illegale, illecito; **sich** dat **etw ~ aneignen** appropriarsi indebitamente di qu

Widerrede f **ohne ~** senza obiezioni; **keine ~ dulden** non tollerare obiezioni

Widerruf m (einer Anordnung) revoca f; (einer Aussage, Behauptung) ritrattazione f; **bis auf ~** fino a nuovo ordine

widerrufen [viːdɐˈruːfən] <irr, ohne ge-> vt (Befehl, Erlaubnis) revocare; (Behauptung, Geständnis) ritrattare;

widersprechen/einwenden

widersprechen	contraddire
Das stimmt (doch) gar nicht. (*fam*)	Non è (affatto) così./Non è vero.
Ach was!/Unsinn!/Blödsinn!/Quatsch! (*fam*)	Ma no!/Che sciocchezze!/Pazzesco! (*fam*)
Das sehe ich anders.	La vedo/penso diversamente.
Nein, das finde ich nicht.	No, non lo penso.
Da muss ich Ihnen widersprechen.	Su questo punto La devo contraddire.
Das entspricht nicht den Tatsachen.	Non rispecchia i fatti./Le cose stanno diversamente.
Davon kann gar nicht die Rede sein.	È assolutamente fuori discussione.
Das kommt nicht in Frage.	Non se ne parla proprio./Non esiste proprio.

einwenden	obiettare
Ja, aber …	Sì, però …
Du hast vergessen, dass …	Hai dimenticato che …
Das siehst du aber völlig falsch.	Hai completamente frainteso.
Sie haben schon Recht, aber bedenken Sie doch auch …	Ha ragione, ma tenga anche conto che …
Das ist ja alles schön und gut, aber …	D'accordo, ma …
Ich habe dagegen einiges einzuwenden.	Ho qualcosa da obiettare.

(*Nachricht*) smentire

widerruflich *adj* revocabile; **etw ~ genehmigen** autorizzare qc con diritto di revoca

Widersacher(in) ['viːdɐzaxɐ] <-s, -; -, -nen> *m(f)* avversario, -a *m, f*, antagonista *mf*, oppositore, -trice *m, f*

Widerschein *m* riflesso *m*, riverbero *m*

widersetzen [viːdɐ'zɛtsən] <ohne ge-> *vr* **sich** jdm/etw ~ opporsi a qu/qc

widersetzlich *adj* riluttante, renitente

Widersinn *m* controsenso *m*, assurdità *f*; **widersinnig** *adj* assurdo, paradossale

widerspenstig ['viːdɐʃpɛnstɪç] *adj* ricalcitrante, riluttante; (*eigensinnig*) ostinato, testardo; **~e Haare** capelli ribelli; **Widerspenstigkeit** <-> *kein Pl* riluttanza *f*; (*Eigensinn*) ostinatezza *f*, testardaggine *f*

wider|spiegeln I. *vt* (*a. fig*) riflettere, rispecchiare II. *vr* **sich** (**in etw** *dat*) ~ specchiarsi (in qc); (*fig*) rivelarsi (in qc)

widersprechen [viːdɐ'ʃprɛçən] <irr, ohne ge-> I. *vi* jdm/etw ~ contraddire qu/qc II. *vr* **sich** *dat* (**in etw** *dat*) ~ (*Personen*) contraddirsi (in qc); (*Dinge, Aussagen*) essere contraddittorio (in qc); **widersprechend** *adj* contraddittorio

Widerspruch *m* ❶ (*Gegensätzlichkeit*) contraddizione *f*, contrasto *m*; **im ~ zu etw stehen** essere in contraddizione con qc, essere in contrasto con qc; **sich in Widersprüche verwickeln** rimanere prigioniero delle proprie contraddizioni ❷ *sing* (*Einwand*) obiezione *f*; (*Protest*) protesta *f*; **~ gegen etw einlegen** fare opposizione a qc; **er duldet keinen ~** non ammette obiezioni; **widersprüchlich** ['viːdɐʃprʏçlɪç] *adj* contraddittorio; **Widerspruchsgeist** *m* spirito *m* di contraddizione; **widerspruchslos** *adj* senza (fare) obiezioni

Widerstand *m* resistenza *f*; **~ gegen etw leisten** opporre resistenza a qc; **~ gegen die Staatsgewalt** resistenza a pubblico ufficiale; **auf ~ stoßen** incontrare resistenza

Widerstandsbewegung *f* (movimento *m* di) resistenza *f*; **widerstandsfähig** *adj* (**gegen etw**) ~ **sein** essere resistente (a qc); **Widerstandsfähigkeit** *f* resistenza *f*; **Widerstandskämpfer(in)** *m(f)* combattente *mf* nella resistenza; (*Partisan*) partigiano, -a *m, f*; **Widerstandskraft** *f* resistenza *f*; **widerstandslos** *adv* ❶ (*ohne Widerstand zu leisten*) senza opporre resistenza ❷ (*ohne auf Widerstand*

zu stoßen) senza incontrare resistenza

widerstehen [viːdɐˈʃteːən] <irr, ohne ge-> *vi* **jdm/etw** ~ resistere a qu/qc

widerstreben [viːdɐˈʃtreːbən] <ohne ge-> *vi* ❶ (*zuwider sein*) ripugnare; **etw widerstrebt jdm** qc ripugna a qu; **es widerstrebt mir, darüber zu sprechen** mi ripugna parlarne ❷ (*geh: sich widersetzen*) **jdm** ~ opporsi a qu; **Widerstreben** <-s> *kein Pl n* ❶ (*Widerstand*) resistenza *f,* opposizione *f* ❷ (*Widerwillen*) ripugnanza *f;* **widerstrebend** *adv* ❶ (*ungern*) controvoglia, di malavoglia ❷ (*unwillig*) con riluttanza

Widerstreit *m* (*von Interessen*) conflitto *m;* (*von Meinungen*) dissidio *m;* **im ~ zu etw stehen** essere in contrasto con qc; **widerstreitend** *adj* contrastante

widerwärtig [ˈviːdɐvɛrtɪç] *adj* ❶ (*abstoßend*) ripugnante; (*ekelhaft*) disgustoso ❷ (*ungünstig*) avverso; **Widerwärtigkeit** <-, -en> *f* avversità *f*

Widerwille *m* ripugnanza *f;* ~ **gegen jdn/etw empfinden** provare ripugnanza per qu/qc; **mit ~n** di malavoglia, controvoglia; **widerwillig** I. *adj* seccato, infastidito II. *adv* (*ungern, widerstrebend*) con riluttanza

widmen [ˈvɪtmən] I. *vt* (**jdm**) **etw** ~ dedicare qc (a qu); (*weihen*) consacrare qc (a qu) II. *vr* **sich jdm/etw** ~ dedicarsi a qu/qc

Widmung <-, -en> *f* dedica *f;* **eine ~ an jdn** una dedica a qu

widrig [ˈviːdrɪç] *adj* (*Umstände*) avverso, sfavorevole; (*Geschick*) contrario; **Widrigkeit** <-, -en> *f* contrarietà *f,* avversità *f*

wie [viː] I. *adv* ❶ (*interrogativ*) come; (*auf welche Weise*) in quale maniera; (*in welchem Maße*) quanto; ~ **bitte?** come (ha detto)?; ~ **das?** (*fam*) come si spiega questo?; ~ **groß?** di che grandezza?; ~ **lange?** (per) quanto tempo?; ~ **oft?** quante volte?; ~ **teuer ist es?** quanto costa?; ~ **viele?** quanti?; ~ **alt sind Sie?** quanti anni ha?; ~ **heißen Sie?** come si chiama?; ~ **machen Sie das?** come (lo) fa?; ~ **meinen Sie das?** cosa intende?; ~ **geht es Ihnen?** come sta?; ~ **gefällt es dir?** ti piace?; ~ **kommt es, dass ...?** com'è che ..., come mai ...?; ~ **wär's mit einem Sherry?** (*fam*) gradirebbe uno sherry?; ~ **wäre es, wenn wir nach Hause gingen?** e se andassimo a casa?; ~ **dem auch sei** comunque sia ❷ (*relativisch*) (il modo) in cui; **in dem Maße, ~ ...** nella misura in cui ... ❸ (*fam: nicht wahr*) nevvero; **das gefällt dir, ~?** ti piace, non è

vero? ❹ (*ausrufend*) come, quanto, che; ~ **gut, dass ...** meno male che ...; ~ **glücklich ich bin!** quanto sono felice!; ~ **schade!** che peccato!; ~ **schön!** che bello!; **und ~!** (*fam*) eccome! II. *konj* ❶ (*vergleichend*) come, quanto; **A ~ Anton** A come Ancona; **so groß ~ ich** alto quanto me; **stumm ~ ein Fisch** muto come un pesce; ~ **gesagt** come già detto; ~ **gewöhnlich** come al solito; ~ **noch nie** come mai prima (d'ora); **das Auto ist ~ neu** la macchina è come nuova ❷ (*sowie*) **große ~ kleine** grandi e piccoli ❸ (*mit Objektsatz*) come; **ich sah, ~ er über die Straße ging** vidi come attraversò la strada; ~ **ich eintrete** come entro; (*bei gleichem Subjekt*) entrando; **Wie** <-, -> *n* **das ~** il come; **auf das ~ kommt es an** dipende dal modo

Wiedehopf [ˈviːdəhɔpf] <-(e)s, -e> *m* (ZOO) upupa *f*

wieder [ˈviːdɐ] *adv* di nuovo, ancora (una volta); **immer** ~ continuamente, di nuovo; **nie** ~ mai più; **schon** ~ di nuovo, ancora; ~ **einmal** ancora una volta; ~ **anfangen** ricominciare; **sich** ~ **anziehen** rivestirsi; **ich bin gleich** ~ **da** torno subito; **da bin ich** ~! eccomi qua!; **da ist er** ~! rieccolo!

wieder- (*bei zusammengesetzten Verben*) ri-

Wiederaufbau [viːdɐˈʔaʊfbaʊ] *m* ricostruzione *f*

wieder|auf|bauen [viːdɐˈʔaʊfbaʊən] *vt, vi* ricostruire

Wiederaufbereitung [viːdɐˈʔaʊfbəraɪtʊŋ] *f* riciclaggio *m;* **Wiederaufbereitungsanlage** *f* impianto *m* di rigenerazione

Wiederaufforstung [viːdɐˈʔaʊffɔrstʊŋ] *f* rimboschimento *m*

wiederaufladbar [viːdɐˈʔaʊflaːtbaːɐ] *adj* ricaricabile; **wieder|auf|laden** *vt* (EL) ricaricare

Wiederaufnahme [viːdɐˈʔaʊfnaːmə] *f* ❶ (*das Wiederaufnehmen*) ripresa *f;* (JUR) riapertura *f* ❷ (*in Gruppe, Verein*) riammissione *f;* **wieder|auf|nehmen** [viːdɐˈʔaʊfneːmən] <nimmt wieder auf, nahm wieder auf, wiederaufgenommen> *vt* ❶ (*Arbeit, Gespräch, Thema, Gedanken, Idee, Beziehungen*) riprendere; (JUR: *Prozess*) riaprire ❷ (*in Gruppe, Verein*) riammettere

Wiederaufrüstung [viːdɐˈʔaʊfrʏstʊŋ] *f* riarmo *m*

wieder|bekommen <irr> *vt* riavere, riottenere; **ich bekomme noch zwei Euro Wechselgeld wieder** avanzo ancora due

euro di resto

wieder|beleben <ohne ge-> vt ① (MED: *fig*) rianimare ② (*Kunst, Sitten*) far rinascere; **Wiederbelebung** f ① (*Person*) rianimazione f ② (WIRTSCH) ripresa f; **~ der Wirtschaft** rilancio m economico; **Wiederbelebungsversuch** m tentativo m di rianimazione

Wiederbeschaffung f recupero m

wieder|bringen <irr> vt riportare; (*zurückgeben*) restituire

Wiedereinführung [vi:dɐ'ʔaɪnfy:rʊŋ] f ripristino m

wieder|ein|setzen [vi:dɐ'ʔaɪnzɛtsən] **I.** vt (*in Amt, Rechte*) reintegrare (*in* +acc in); (*Fürsten, Dynastie*) restaurare **II.** vi (*Regen, Schmerzen*) ricominciare; (*Fieber*) ritornare; **der Regen hat wiedereingesetzt** ha ricominciato a piovere

wieder|entdecken <ohne ge-> vt riscoprire; **Wiederentdeckung** <-, -en> f riscoperta f

wieder|erkennen <erkennt wieder, erkannte wieder, wiedererkannt> vt riconoscere (*an* +dat da); **nicht wiederzuerkennen sein** essere irriconoscibile

wieder|erlangen <ohne ge-> vt recuperare, riacquistare; (*wiederbekommen*) riottenere, riavere

wieder|eröffnen <ohne ge-> vt riaprire; (*wiederaufnehmen*) riprendere; **Wiedereröffnung** f riapertura f; (*Wiederaufnahme*) ripresa f

wieder|erwachen <ohne ge-> vi sein risvegliarsi

wieder|finden <irr> **I.** vt s. finden **II.** vr **sich ~** ritrovarsi; **er fand sich plötzlich im Gefängnis wieder** si ritrovò improvvisamente in prigione

Wiedergabe f ① (*Rückgabe*) restituzione f ② (*Schilderung*) descrizione f ③ (MUS, TYP: *Reproduktion*) riproduzione f; **wieder|geben** <irr> vt ① (*zurückgeben*) restituire, rendere; (*Wechselgeld*) dare di resto ② (*schildern*) descrivere; (*ausdrücken*) rendere ③ (*reproduzieren*) riprodurre ④ (*übersetzen*) tradurre ⑤ (*vermitteln: Eindruck, Gefühl*) comunicare ⑥ (*widerspiegeln*) riflettere

Wiedergeburt f (REL) reincarnazione f

wieder|gewinnen <irr> vt (*Geld*) riguadagnare; (*Gleichgewicht, Selbstvertrauen*) riacquistare, ricuperare; **Wiedergewinnung** <-, -en> f (ECO) recupero m, riacquisto m

wieder|gut|machen [vi:dɐ'ʔgu:tmaxən] vt (*Verlust*) risarcire; (*Unrecht*) riparare, compensare; **einen**

Fehler/ein Unrecht ~ riparare un errore/un torto; **den Schaden ~** rimediare al danno; **nicht wiedergutzumachen(d)** irreparabile, irrimediabile; **Wiedergutmachung** <-, -en> f ① (*Handlung*) riparazione f; (*Kriegsentschädigung*) riparazione f di guerra ② (*Entschädigung*) risarcimento m

wieder|her|stellen [vi:dɐ'ʔhe:ɐ̯ʃtɛlən] vt (*Ordnung, Beziehungen, Gesundheit*) ristabilire; (*Gebäude*) restaurare; **Wiederherstellung** f ① (MED: *von Ordnung*) ristabilimento m ② (*Instandsetzung*) restauro m

wiederholbar [vi:dɐ'ho:lba:ɐ̯] adj ripetibile

wieder|holen¹ ['vi:dɐho:lən] vt (*zurückholen*) riprendere

wiederholen² [vi:dɐ'ho:lən] <ohne ge-> **I.** vt ① (*noch einmal machen*) ripetere ② (*Aufgabe, Gelerntes*) ripassare; (*zusammenfassend*) riassumere, ricapitolare **II.** vr **sich ~** ripetersi

wiederholt [vi:dɐ'ho:lt] **I.** adj ripetuto; **zum ~en Male** ripetutamente **II.** adv ripetutamente, più volte

Wiederholung [vi:dɐ'ho:lʊŋ] <-, -en> f ripetizione f; **Wiederholungsfall** m (ADM) **im ~** in caso di recidiva; **Wiederholungstäter(in)** m(f) (JUR) recidivo, -a m, f

Wiederhören n **auf ~!** a risentirci!

Wiederinstandsetzung [vi:dɐ'ʔɪn'ʃtantzɛtsʊŋ] f riparazione f

wieder|käuen ['vi:dɐkɔɪən] vt ① (*Tiere*) ruminare ② (*fig: ständig wiederholen*) rimasticare; **Wiederkäuer** <-s, -> m (ZOO) ruminante m

Wiederkehr ['vi:dɐke:ɐ̯] <-> kein Pl f ① (*Heimkehr*) ritorno m ② (*periodische ~*) ricorrenza f; **bei meiner ~** al mio ritorno; **wieder|kehren** vi sein (geh) ① (*heimkehren*) (ri)tornare (a casa) ② (*sich wiederholen*) ricorrere ③ (*fig: wiederkommen: Gedanke*) (ri)tornare

wieder|kommen <irr> vi sein (ri)tornare; **ich komme gleich wieder** torno subito

wieder|sehen <sieht wieder, sah wieder, wiedergesehen> vt rivedere; **Wiedersehen** <-s, -> n rivedersi m; **auf ~!** arrivederci!; (*Höflichkeitsform a*) arrivederLa!; **Wiedersehensfreude** f gioia f di rivedersi

wiederum ['vi:dərʊm] adv ① (*aufs neue*) di nuovo, nuovamente ② (*andererseits*) d'altra parte; (*dagegen*) invece

wieder|vereinigen <ohne ge-> vt ricongiungere; (*bes.* POL) riunificare; (*versöhnen*) riconciliare; **Wiedervereinigung** f ricongiungimento *m;* (POL) riunificazione *f;* (*Versöhnung*) riconciliazione *f*

Wiederverheiratung <-, -en> *f* risposarsi *m;* **Wiederverkäufer(in)** *m(f)* rivenditore, -trice *m, f;* **Wiederverkaufswert** <-(e)s> *kein Pl m* valore *m* di rivendita; **wiederverwertbar** *adj* riciclabile; **Wiederverwertung** *f* riutilizzazione *f;* **Wiederwahl** *f* rielezione *f;* **wieder|wählen** *vt* rieleggere; **Wiederzulassung** <-, -en> *f* riammissione *f*

Wiege ['vi:gə] <-, -n> *f* culla *f;* **Wiegemesser** *n* mezzaluna *f*

wiegen[1] ['vi:gən] <wiegt, wog, gewogen> I. *vi* (*Gewicht haben*) pesare; **schwer ~** (*fig*) aver gran peso II. *vt* pesare

wiegen[2] I. *vt* ❶ (*Kind*) cullare; (*a Kopf*) dondolare ❷ (*Kräuter*) tritare II. *vr* **sich ~** cullarsi; **sich in Sicherheit ~** illudersi di essere al sicuro

Wiegenlied *n* ninnananna *f*

wiehern ['vi:ɐn] *vi* ❶ (*Pferd*) nitrire ❷ (*fig fam: vor Lachen*) fare una risata stridula

Wien [vi:n] *n* Vienna *f*

Wiener <inv> *adj* viennese; **~ Schnitzel** cotoletta alla milanese; **~ Würstchen** würstel *m*

wienern *vt* (*fam*) lucidare, lustrare

wies [vi:s] *1. u 3. pers sing imp von* **weisen**

Wiesbaden ['vi:sba:dən] *n* Wiesbaden *f*

Wiese ['vi:zə] <-, -n> *f* prato *m*

Wiesel ['vi:zəl] <-s, -> *n* (ZOO) donnola *f;* **flink wie ein ~** svelto come uno scoiattolo

wieso [vi'zo:] *adv* perché?

wieviel[ALT] *s.* **viel II.**

wievielmal *adv* quante volte

wievielte(r, s) *adj* **der/die Wievielte bin ich?** a che posto sono?; **den Wievielten haben wir heute?** quanti ne abbiamo oggi?; **das ~ Mal war das?** che volta era?

Wikinger(in) ['vɪkɪŋɐ *o* 'vi:kɪŋɐ] <-s, -; -, -nen> *m(f)* vichingo *m*

wild [vɪlt] *adj* ❶ (*Tier, Pflanze, Mensch*) selvatico; **~ wachsen** crescere spontaneo; **~ wachsend** selvatico ❷ (*Landschaft, Volksstämme*) selvaggio ❸ (*Kind: lebhaft*) vivace; (*lärmend*) turbolento; **seid nicht so ~!** non fate tanto chiasso! ❹ (*heftig, stürmisch*) impetuoso, violento; (*wütend*) furioso; **~ drauflosschießen** sparare furiosamente a casaccio; **~ werden** infuriarsi, andare in collera; **auf jdn/etw ~ sein** (*fam*) andare matto per qu/qc; **~ entschlossen sein** (*fam*) essere decisissimo; **das ist halb so ~** (*fam*) non è mica la fine del mondo ❺ (*nicht genehmigt*) abusivo, illegale; (*unkontrolliert*) incontrollabile;

~er Streik sciopero (a gatto) selvaggio; **~ zelten** campeggiare abusivamente

Wild <-(e)s> *kein Pl n* selvaggina *f,* cacciagione *f*

Wildbach *m* torrente *m*

Wildbret ['vɪltbrɛt] <-s> *kein Pl n* selvaggina *f,* cacciagione *f*

Wilddieb(in) *m(f)* bracconiere, -a *m, f*

Wilde ['vɪldə] <ein -r, -n, -n> *mf* selvaggio, -a *m, f;* **wie ein ~r** (*fam*) come un forsennato

Wildente *f* anitra *f* [*o* anatra *f*] selvatica

Wilderer <-s, -> *m,* **Wilderin** <-, -nen> *f* bracconiere, -a *m, f,* cacciatore, -trice *m, f* di frodo

wildern ['vɪldɐn] *vi* cacciare di frodo

Wildfang *m* (*fam*) diavoletto *m*

wildfremd ['vɪlt'frɛmt] *adj* del tutto sconosciuto

Wildheit <-> *kein Pl f* natura *f* selvaggia; (*Ungezügeltheit*) sfrenatezza *f*

Wildkatze *f* (ZOO) gatto *m* selvatico

wildlebend[ALT] *adj s.* **wild 6.**

Wildleder *n* (pelle *f* di) camoscio *m*

Wildnis <-, -se> *f* luogo *m* selvaggio

Wildpark *m* parco *m* nazionale

Wildpastete *f* pasticcio *m* di cacciagione

wildreich *adj* ricco di selvaggina

Wildschaden <-s, -schäden> *m* danni *mpl* causati dalla selvaggina

Wildschwein *n* (ZOO) cinghiale *m*

wildwachsend *adj* selvatico

Wildwasserboot *n* kayak *m*

Wildwechsel *m* passo *m* della selvaggina

Wildwestfilm ['vɪlt'vɛstfɪlm] *m* western *m*

will [vɪl] *1. u 3. pers sing pr von* **wollen[1], wollen[2]**

Wille ['vɪlə] <-ns, *rar* -n> *m* volontà *f;* (*Wollen*) volere *m;* (*Absicht*) intenzione *f;* (*Entschlossenheit*) decisione *f;* **jdm seinen ~n lassen** lasciar fare qu (a modo suo); **aus freiem ~n** di spontanea volontà; **gegen** [*o* **wider**] **meinen ~n** (*ohne Erlaubnis*) contro la mia volontà; (*ungewollt*) involontariamente; **wider ~n** malvolentieri, controvoglia; **du sollst deinen ~n haben** farai come vorrai tu, sarà fatto come vuoi tu; **daran kann ich beim besten ~n nichts** (**mehr**) **ändern** con la più buona volontà non posso cambiar niente; **wo ein ~ ist, ist auch ein Weg** (*prov*) volere è potere

willen *prp* +*gen* **um ~** per (amor di); **um deinet~/seinet~/ihret~** per amor tuo/ suo; **um Himmels ~!** per amor del cielo!;

willenlos *adj* senza volontà, abulico

willens *adj* **~ sein etw zu tun** (*geh*) aver la volontà di fare qc

Willensfreiheit f libero arbitrio m; **Willenskraft** <-> kein Pl f forza f di volontà; **Willensschwäche** <-> kein Pl f volontà f debole, debolezza f di carattere; **Willensstärke** <-> kein Pl f forza f di volontà, volontà f ferrea

willentlich ['vɪləntlɪç] adv (geh) apposta, intenzionalmente

willfahren [vɪl'faːrən o 'vɪlfaːrən] <willfährt, willfahrte, gewillfahrt o willfahrt> vi (geh) jds Wunsch ~ accondiscendere al desiderio di qu; jdm ~ compiacere qu

willfährig ['vɪlfɛːrɪç o vɪl'fɛːrɪç] adj (geh: nachgiebig) condiscendente, arrendevole; (gefügig) docile; jdm ~ sein essere docile ai comandi di qu

Williamsbirne ['vɪljəmzbɪrnə] f buona-cristiana f

willig I. adj (Helfer, Arbeiter) volonteroso; (Kind) docile; (bereit) pronto; ~ sein etw zu tun essere pronto a fare qc II. adv volentieri

willkommen [vɪl'kɔmən] adj (Person) benvenuto; (Sache) gradito, opportuno; (herzlich) ~! benvenuto!; jdn ~ heißen dare il benvenuto a qu; das ist mir sehr ~ mi è proprio gradito

Willkür ['vɪlkyːɐ̯] <-> kein Pl f arbitrio m; jds ~ ausgeliefert [o preisgegeben] sein essere alla mercé di qu; **willkürlich** I. adj ❶ (Maßnahme) arbitrario ❷ (Auswahl) casuale ❸ (Bewegung) volontario II. adv ad arbitrio

wimmeln ['vɪməln] vi brulicare, formicolare; es wimmelte von Menschen brulicava di gente; hier wimmelt es ja von Fettflecken (fam) qui è pieno di macchie di grasso

wimmern ['vɪmɐn] vi piagnucolare

Wimmet ['vɪmət] <-s> kein Pl m (CH) vendemmia f

Wimpel ['vɪmpəl] <-s, -> m gagliardetto m

Wimper ['vɪmpɐ] <-, -n> f ciglio m; ohne mit der ~ zu zucken senza batter ciglio; **Wimperntusche** f mascara m

Wind [vɪnt] <-(e)s, -e> m vento m; bei ~ und Wetter con ogni tempo; den ~ im Rücken haben avere il vento da tergo; in alle ~e zerstreuen spargere ai quattro venti; viel ~ um etw machen (fam) esagerare molto qc, pompare qc; jdm den ~ aus den Segeln nehmen (fig fam) sventare i piani di qu; in den ~ reden (fig) parlare al vento; etw in den ~ schlagen non prendere in considerazione qc, non dare ascolto a qc; von etw ~ bekommen (fam) avere sentore di qc; jetzt weht hier ein anderer ~ (fig) ora spira un'altra aria;

jetzt merke ich, woher der ~ weht (fig fam) adesso sento che vento tira; daher weht der ~! (fig fam) ecco perché!

Windbeutel m (GASTR) bignè m; **Windbö(e)** f raffica f di vento; **Windbruch** m danni mpl causati dal vento nel bosco

Winde ['vɪndə] <-, -n> f ❶ (TEC) argano m; (kleinere) verricello m; (Garn~) aspo m ❷ (BOT) convolvolo m

Windel ['vɪndəl] <-, -n> f pannolino m; noch in den ~n liegen (fig) essere ancora in fasce

windelweich ['vɪndəlvaɪç] adj (fam) jdn ~ prügeln picchiare qu di santa ragione

winden¹ ['vɪndən] <windet, wand, gewunden> I. vt ❶ (geh: flechten) intrecciare; Blumen zu einem Kranz ~ intrecciare una ghirlanda di fiori; etw um etw ~ avvolgere qc attorno a qc ❷ (wegnehmen) jdm etw aus der Hand ~ strappare qc dalle mani di qu II. vr sich ~ ❶ sich (um etw) ~ (Pflanze) avvticchiarsi (a qc); (Schlange) attorcigliarsi (a qc) ❷ (Fluss, Weg) sich durch das Tal ~ serpeggiare nella valle ❸ (Mensch) sich vor Schmerz ~ contorcersi dal dolore ❹ (fig fam: Ausflüchte machen) tergiversare

winden² vi es windet tira vento

Windenergie <-> kein Pl f energia f eolica

Windeseile ['vɪndəsʔaɪlə] f in [o mit] ~ come un fulmine, con la rapidità del vento

windgeschützt adj riparato dal vento; **Windhauch** m alito m di vento; **Windhose** f (METEO) tromba f d'aria; **Windhund** m ❶ (ZOO) levriere m ❷ (fig fam: Luftikus) scapestrato m

windig adj ❶ (Tag) ventoso; (Ort) battuto dai venti; es ist ~ tira vento ❷ (fig fam: Mensch) sventato; (Ausrede) futile; (Sache) dubbio, incerto

Windjacke f giacca f a vento; **Windkanal** m galleria f aerodinamica [o del vento]; **Windkraftanlage** f impianto m eolico; **Windkraftrad** n rotella f di centrale eolica; **Windkraftwerk** n centrale f eolica; **Windlicht** n candela f schermata; **Windmesser** <-s, -> m anemometro m; **Windmühle** f mulino m a vento

Windpocken fpl (MED) varicella f

Windrad n ruota f a vento; **Windrichtung** f direzione f del vento; **Windrose** f rosa f dei venti; **Windschatten** m (von Berg) versante m sottovento; (von Fahrzeug) scia f; im ~ sein stare sottovento

windschief adj (oft pej) storto

Windschutz <-es, -e> m protezione f dal vento; **Windschutzscheibe** f (AUTO)

parabrezza *m;* **Windseite** *f* lato *m*
esposto al vento; **Windstärke** *f* forza *f*
del vento; **windstill** *adj* calmo, senza
vento; **Windstille** *f* calma *f,* bonaccia *f;*
Windstoß *m* colpo *m* di vento, ventata *f*
windsurfen *vi* fare windsurf; **Windsurfen, Windsurfing** *n* windsurf *m;* **Wind-
surfer(in)** *m(f)* surfista *mf*
Windung <-, -en> *f* ❶ (*allg*) tortuosità *f,*
sinuosità *f;* (*Kurve*) curva *f;* (*Fluss~*) ansa *f,*
meandro *m* ❷ (*von Schraube*) giro *m,*
passo *m;* (*von Spule*) spira *f*
Wink [vɪŋk] <-(e)s, -e> *m* ❶ (*Zeichen*)
cenno *m,* segno *m* ❷ (*fig: Ratschlag*) consiglio *m;* (*Tipp*) suggerimento *m;* (*Warnung*)
avvertimento *m;* **ein ~ des Schicksals** un
segno del destino; **jdm einen ~ geben**
fare cenno a qu
Winkel ['vɪŋkəl] <-s, -> *m* ❶ (MAT)
angolo *m;* **spitzer/rechter/stumpfer ~**
angolo acuto/retto/ottuso; **toter ~** angolo
morto ❷ (*Ecke, abgelegenes Plätzchen*)
cantuccio *m* ❸ (TEC: *~ maß*) squadra *f*
Winkeladvokat *m* (*pej*) azzeccagarbugli *m,* avvocato *m* da strapazzo; **Winkeleisen** *n* angolare *m,* cantonale *m;* **Win-
kelfunktion** *f* funzione *f* goniometrica;
Winkelhalbierende <-n, -n> *f* bisettrice *f*
winkelig *adj* angolare; (*voller Winkel*)
angoloso
Winkelmaß *n* squadra *f;* **Winkelmesser**
<-s, -> *m* goniometro *m;* **Winkelzug** *m*
stratagemma *m,* sotterfugio *m;* **Winkel-
züge machen** usare stratagemmi
winken ['vɪŋkən] <winkt, winkte, gewinkt
o dial gewunken> I. *vi* ❶ (*ein Zeichen
geben*) **jdm ~** fare un cenno a qu; **jdm mit
der Hand ~** fare un cenno a qu con la
mano; **jdm mit den Augen ~** ammiccare
a qu ❷ (*grüßen*) **mit der Hand ~** salutare
con un cenno della mano ❸ (*fig: in Aussicht stehen*) attendere; **ihm winkt eine
hohe Belohnung** lo attende una lauta
ricompensa II. *vt* **jdn zu sich** *dat* **~** far
cenno a qu di venire
winklig *s.* **winkelig**
winseln ['vɪnzəln] *vi* guaire, uggiolare
Winter ['vɪntɐ] <-s, -> *m* inverno *m;* **im ~**
in inverno, d'inverno; **mitten im ~** in
pieno inverno; **es wird ~** arriva l'inverno
Winterabend *m* serata *f* invernale; **Win-
terdienst** <-es, -e> *m* servizio *m* invernale; **Wintereinbruch** <-(e)s, -brü-
che> *m* il sopravvenire *m* dell'inverno;
Winterfahrplan *m* orario *m* invernale;
Winterfell *n* pelliccia *f* invernale; **Winter-
ferien** *pl* vacanze *fpl* invernali; **winter-**

fest *adj* resistente al freddo; **das Auto ~
machen** equipaggiare l'auto per l'inverno;
Wintergarten *m* giardino *m* d'inverno;
Winterhalbjahr *n* (*Schule*) semestre *m*
invernale; **winterhart** *adj* (BOT) resistente
al freddo; **Winterkleidung** *f* vestiti *mpl*
invernali; **Winterlandschaft** *f* paesaggio *m* invernale
winterlich *adj* invernale, d'inverno
Wintermantel *m* cappotto *m* (invernale);
Winterolympiade <-, -n> *f* olimpiadi
fpl invernali; **Winterreifen** *m* pneumatico *m* invernale; **Wintersaison** <-, -s> *f*
stagione *f* invernale; **Winterschlaf** *m*
letargo *m;* **~ halten** essere in letargo, ibernare; **Winterschlussverkauf**^RR *m* liquidazione *f* di fine stagione (invernale); **Wintersemester** *n* semestre *m* invernale;
Wintersonnenwende *f* solstizio *m*
invernale; **Winterspeck** *m* (*fam scherz*)
cuscinetti *mpl* di grasso; **Winterspiele**
npl **Olympische ~** olimpiadi *fpl* invernali;
Wintersport *m* sport *m* invernale; **Win-
terurlaub** <-(e)s, -e> *m* vacanze *fpl*
invernali; **Winterzeit** *f* ❶ (*Uhrzeit*) ora *f*
solare ❷ (*Jahreszeit*) inverno *m*
Winzer(in) ['vɪntsɐ] <-s, -; -, -nen> *m(f)*
viticoltore, -trice *m, f,* vendemmiatore,
-trice *m, f*
winzig ['vɪntsɪç] *adj* piccolissimo, microscopico; (*bes. Haus, Zimmer*) minuscolo
Wipfel ['vɪpfəl] <-s, -> *m* vetta *f,* cima *f*
Wippe ['vɪpə] <-, -n> *f* altalena *f*
wippen *vi* ❶ (*auf Wippe*) fare l'altalena
❷ (*auf und ab*) andare su e giù; **mit dem
Fuß ~** dondolare il piede
wir [viːɐ̯] *pron pers* (*1. pers pl*) noi; **~ beide**
noi due; **~ selbst** noi stessi
Wirbel ['vɪrbəl] <-s, -> *m* ❶ (*Wasser~,
Staub~, Luft~, fig*) vortice *m;* (*Luft~, fig
a*) turbine *m* ❷ (*fig: Trubel*) confusione *f;*
(*Aufsehen*) scalpore *m;* **mach nicht so
einen ~!** (*fig fam*) non far tanta confusione! ❸ (ANAT: *~ knochen*) vertebra *f*
❹ (*Haar~*) cocuzzolo *m* ❺ (*Trommel~*)
rullo *m;* **wirbellos** *adj* invertebrato; **~ es
Tier** invertebrato *m*
wirbeln I. *vt haben* far girare vorticosa-
mente; (*Trommel*) far rullare II. *vi sein* turbinare, mulinare
Wirbelsäule *f* colonna *f* vertebrale, spina *f*
dorsale
Wirbelsturm *m* ciclone *m,* uragano *m*
Wirbeltier <-(e)s, -e> *n* (ZOO) vertebrato *m*
Wirbelwind *m* ❶ (*Wind*) turbine *m,* vortice *m* di vento ❷ (*fig scherz: Person*) terremoto *m*
wirbt [vɪrpt] *3. pers sing pr von* **werben**

wird [vɪrt] *3. pers sing pr von* **werden**

wirft [vɪrft] *3. pers sing pr von* **werfen**

wirken ['vɪrkən] **I.** *vi* ❶ (*Wirkung haben*) fare effetto, agire, operare; **beruhigend ~** avere un effetto calmante ❷ (*ein~*) **auf jdn/etw ~** agire su qu/qc ❸ (*einen Eindruck machen*) dare l'impressione di, sembrare; **jugendlich ~** avere un aspetto giovanile ❹ (*zur Geltung kommen*) valorizzare, avere effetto; **das Bild wirkt auf der bunten Tapete nicht** il quadro non è valorizzato sulla tappezzeria colorata ❺ (*geh: beruflich tätig sein*) fare, operare; **in einem Dorf als Arzt ~** operare come medico in un paese **II.** *vt* ❶ (*weben*) tessere ❷ (*hervorbringen*) **Wunder ~** fare miracoli

wirklich ['vɪrklɪç] **I.** *adj* reale; (*tatsächlich*) effettivo; (*echt*) vero **II.** *adv* veramente, davvero; (*tatsächlich*) effettivamente, in effetti; **das ist ~ nett von Ihnen** è veramente gentile da parte Sua; **das habe ich ~ nicht gewusst** non lo sapevo proprio; **~?** davvero?

Wirklichkeit <-> *kein Pl f* realtà *f;* **die raue ~** la dura realtà; **~ werden** diventare realtà, realizzarsi; **in ~** in realtà; **wirklichkeitsgetreu** *adj* fedele alla realtà, realistico; **etw ~ schildern** descrivere qc fedelmente; **Wirklichkeitssinn** *m* senso della realtà, realismo *m*

wirksam *adj* (*Mittel*) efficace; (*Maßnahme*) energico; **gegen etw ~ sein** essere efficace contro qc; **~ werden** (JUR) entrare in vigore; **Wirksamkeit** <-> *kein Pl f* efficacia *f*

Wirkung <-, -en> *f* effetto *m;* (*Ein~*) azione *f;* (*Wirksamkeit*) efficacia *f;* **auf etw** *acc* **eine ~ haben** avere effetto su qc; **keine ~ haben, ohne ~ bleiben** non fare effetto, restare senza effetto; **seine ~ verfehlen** non ottenere l'effetto desiderato; **mit ~ vom 21. April** (ADM) con effetto dal 21 aprile

Wirkungsgrad *m* grado *m* di efficienza; **Wirkungskreis** *m* sfera *f* d'azione; **wirkungslos** *adj* inefficace, senza effetto; **bei jdm ~ bleiben** non fare effetto su qu; **Wirkungslosigkeit** <-> *kein Pl f* inefficacia *f;* **wirkungsvoll** (*wirksam*) efficace; (*effektvoll*) di (grande) effetto; **~ sein** fare effetto; **Wirkungsweise** *f* (*von Medikament*) azione *f* terapeutica; (*von Gerät*) funzionamento *m*

wirr [vɪr] *adj* ❶ (*ungeordnet*) disordinato; (*Haar*) arruffato ❷ (*fig: verworren: Verhältnisse, Gedanken*) confuso; (*Rede*) sconclusionato; **~es Zeug reden** sragionare; **Wir-**

ren ['vɪrən] *pl* disordini *mpl,* tumulti *mpl;* **Wirrkopf** *m* (*pej*) confusionario, -a *m, f;* **Wirrwarr** ['vɪrvar] <-s> *kein Pl m* confusione *f,* disordine *m;* (*Chaos*) pandemonio *m*

Wirsing(kohl) ['vɪrzɪŋ(koːl)] <-s> *kein Pl m* verza *f*

Wirt(in) ['vɪrt] <-(e)s, -e; -, -nen> *m(f)* ❶ (*Gast~, Schank~*) oste *m,* ostessa *f* ❷ (*Gastgeber, Haus~*) padrone, -a *m, f* di casa ❸ (BIOL) ospite *m*

Wirtschaft ['vɪrtʃaft] <-, -en> *f* ❶ (*Volks~*) economia *f;* (*~ ssystem*) sistema *m* economico; **freie ~** economia libera; **die ~ ankurbeln** incrementare l'economia ❷ (*Gast~*) osteria *f,* trattoria *f*

wirtschaften *vi* (*haushalten*) fare economia, economizzare; (*geschäftig arbeiten*) essere occupato, trafficare; **gut/schlecht ~** mandare avanti bene/male qc

Wirtschafter(in) <-s, -; -, -nen> *m(f)* ❶ (WIRTSCH) economo, -a *m, f* ❷ (*Verwalter*) amministratore, -trice *m, f;* (*in der Landwirtschaft*) imprenditore *m* agricolo

Wirtschafterin *f* governante *f*

Wirtschaftler(in) <-s, -; -, -nen> *m(f)* economista *mf*

wirtschaftlich *adj* ❶ (*die Wirtschaft betreffend*) economico ❷ (FIN) finanziario ❸ (*rationell*) razionale; (*lohnend*) conveniente ❹ (*sparsam*) economo, parsimonioso; **Wirtschaftlichkeit** <-> *kein Pl f* ❶ (*Rentabilität*) redditività *f* ❷ (*Sparsamkeit*) economia *f,* parsimonia *f*

Wirtschaftsabkommen *n* accordo *m* economico; **Wirtschaftsberater(in)** *m(f)* commercialista *mf;* **Wirtschaftsbereich** *m* settore *m* economico; **Wirtschaftsbeziehungen** *fpl* relazioni *fpl* economiche; **Wirtschaftsentwicklung** *f* sviluppo *m* economico; **Wirtschaftsexperte** *m,* **Wirtschaftsexpertin** *f* esperto, -a *m, f* di problemi economici; **Wirtschaftsflüchtling** <-s, -e> *m* profugo *m* per motivi economici; **Wirtschaftsform** *f* sistema *m* economico; **Wirtschaftsgebäude** *n* fabbricato *m* rurale; **Wirtschaftsgeld** *n* denaro *m* per le spese di casa; **Wirtschaftsgemeinschaft** *f* comunità *f* economica; **Wirtschaftshilfe** *f* assistenza *f* economica; **Wirtschaftsjahr** *n* anno *m* finanziario; **Wirtschaftskriminalität** *f* criminalità *f* dei colletti bianchi; **Wirtschaftskrise** *f* crisi *f* economica; **Wirtschaftslage** *f* situazione *f* economica; **Wirtschaftsleben** *n* vita *f* [*o* attività *f*] economica; **Wirtschaftsmacht**

nicht wissen	
Nichtwissen ausdrücken	**esprimere di non sapere**
Das weiß ich (auch) nicht./Weiß nicht.	**Non lo so (neanch'io)./Non so.**
Keine Ahnung! (*fam*)	**Non ne ho idea!** (*fam*)
Hab keinen blassen Schimmer!(*fam*)	**Non ne ho la più pallida idea!** (*fam*)
Ich kenne mich da leider nicht aus.	**Purtroppo non me ne intendo.**
Darüber weiß ich nicht Bescheid.	**Non ne sono informato.**
Die genaue Anzahl **entzieht sich meiner Kenntnis.** (*geh*)	La quantità esatta **esula dalla mia conoscenza.** (*geh*)
Woher soll ich das wissen?	**Come faccio a saperlo?**

<-, -mächte> *f* ❶ (*bedeutendes Land*) potenza *f* economica ❷ (*eines Landes*) forza *f* economica; **Wirtschaftsminister(in)** *m(f)* ministro *m* dell'economia; **Wirtschaftsministerium** *n* ministero *m* dell'economia; **Wirtschaftsordnung** <-, -en> *f* ordine *m* economico; **Wirtschaftsplanung** *f* pianificazione *f* [*o* programmazione *f*] economica; **Wirtschaftspolitik** *f* politica *f* economica; **Wirtschaftsprüfer(in)** *m(f)* revisore *m* dei conti; **Wirtschaftsraum** *m* ❶ (WIRTSCH) spazio *m* economico, area *f* economica; **Europäischer ~** area economica europea ❷ (*Wirtschaftsgebäude*) servizi *mpl*, fabbricato *m* rurale; **Wirtschaftssanktionen** *fpl* sanzioni *fpl* economiche; **Wirtschaftsteil** *m* (*einer Zeitung*) pagina *f* economica; **Wirtschafts- und Sozialausschuss** <-es> *kein Pl m* (EU) Comitato *m* economico e sociale; **Wirtschafts- und Währungsunion** <-> *kein Pl f* Unione *f* economica e monetaria; **Wirtschaftswachstum** <-s> *kein Pl n* crescita *f* economica; **Wirtschaftswissenschaft** *f* scienze *fpl* economiche; **Wirtschaftswissenschaftler(in)** *m(f)* economista *mf*; **Wirtschaftswunder** *n* (*fam*) miracolo *m* economico; **Wirtschaftszweig** *m* settore *m* economico
Wirtshaus *n* osteria *f*, taverna *f*; (*Gaststätte*) trattoria *f*; **Wirtsleute** *pl* ❶ (*von Wirtshaus*) padroni *mpl* dell'osteria ❷ (*als Zimmervermieter*) padroni *mpl* di casa
Wisch [vɪʃ] <-(e)s, -e> *m* (*fam pej*) pezzo *m* di carta, fogliaccio *m*
wischen ['vɪʃən] **I.** *vi* **über etw** *acc* ~ passare sopra qc **II.** *vt* ❶ (*entfernen*) **etw (von etw)** ~ togliere qc (da qc); **Staub** ~ spolverare (i mobili); **sich** *dat* **den Schweiß von der Stirn** ~ asciugarsi il sudore dalla fronte ❷ (*reinigen*) pulire, scappare ❸ (*Ohrfeige*) **jdm eine** ~ (*fam*) mollare una sberla a qu

Wischiwaschi [vɪʃiˈvaʃi] <-s> *kein Pl n* (*fam pej*) blablà *m*
Wischlappen *m*, **Wischtuch** *n* ❶ (*Staubtuch*) straccio *m* della polvere ❷ (*Scheuertuch*) strofinaccio *m*
Wisent ['viːzɛnt] <-s, -e> *m* (ZOO) bisonte *m*
Wismut ['vɪsmuːt] <-(e)s> *kein Pl n* (CHEM) bismuto *m*
wispern ['vɪspən] *vt, vi* sussurrare, bisbigliare
Wissbegier(de)^{RR} *f*, **Wißbegier(de)**^{ALT} *f* brama *f* di apprendere; **wissbegierig**^{RR} *adj* desideroso di apprendere
wissen ['vɪsən] <weiß, wusste, gewusst> **I.** *vt* ❶ (*können*) sapere; **nicht aus noch ein** ~ non sapere che pesci prendere; **sich zu benehmen** ~ sapere come comportarsi; **sich** *dat* **zu helfen** ~ cavarsela; **etw zu schätzen** ~ saper apprezzare qc ❷ (*die Kenntnis besitzen*) sapere; **ich weiß nicht, wo er ist** non so dov'è; **ich weiß, was ich will** so quello che voglio; **woher soll ich das ~?** come faccio a saperlo?; **du weißt genau, dass das verboten ist** sai benissimo che è proibito; **soviel ich weiß** per quanto ne sappia; **alles besser ~ wollen** saperla sempre più lunga; **ich wusste, dass es so kommen würde** sapevo che sarebbe andata così; **als ob ich das wüsste!** (*fam*) come se lo sapessi!; **was weiß ich!** (*fam*) che ne so io!; **das musst du (selber)** ~ (*fam*) questo devi saperlo tu; **weißt du was? wir gehen mit** sai cosa facciamo? ci andiamo anche noi; **das hätte man** ~ **sollen!** a saperlo!, ad averlo saputo!; **ich habe ihn wer weiß wie oft gesehen** l'ho visto Dio sa quante volte; **Sie müssen ~, dass ...** sappia [*o* deve sapere] che ...; **gewusst wie!** (*fam*) a sapere come! ❸ (*erfahren*) **durch jdn etw** ~ venire a sapere qc da qu; **jdn etw** ~ **lassen** far sapere qc a qu, informare qu di qc; **ich**

will von ihm/davon nichts ~ non voglio saperne di lui/di ciò ❹(*sich erinnern*) ricordarsi; **weißt du noch?** ti ricordi?; **weißt du seine Adresse noch?** ti ricordi il suo indirizzo? **II.** *vi* (*informiert sein*) essere a conoscenza; **von etw ~** essere a conoscenza di qc; **ich weiß von nichts** non so niente; **wer weiß** chissà; **nicht, dass ich wüsste** non che io sappia; **man kann nie ~** (*fam*) non si sa mai

Wissen <-s> *kein Pl n* sapere *m;* (*Kenntnisse*) cognizioni *fpl;* **meines ~s** per quanto ne so; **nach bestem ~ und Gewissen** con scienza e coscienza; **ohne mein ~** a mia insaputa, senza che lo sapessi; **wider besseres ~** in malafede

Wissenschaft <-, -en> *f* scienza *f;* **Wissenschaftler(in)** <-s, -; -, -nen> *m(f)* scienziato, -a *m, f;* **wissenschaftlich** *adj* scientifico

Wissensdrang *m,* **Wissensdurst** *m* desiderio *m* [*o* sete *f*] di sapere; **Wissensgebiet** *n* campo *m* dello scibile; **Wissenslücke** *f* lacuna *f;* **wissenswert** *adj* interessante

wissentlich ['vɪsəntlɪç] **I.** *adj* intenzionale **II.** *adv* (*bewusst*) consapevolmente; (*vorsätzlich*) deliberatamente

Witfrau ['vɪtfrau] <-, -en> *f* (*CH: Witwe*) vedova *f*

wittern ['vɪtən] **I.** *vt* fiutare; **Gefahr ~** fiutare il pericolo **II.** *vi* annusare

Witterung <-> *kein Pl f* ❶(*Wetter*) tempo *m;* **bei jeder ~** con ogni tempo; **bei günstiger ~** tempo permettendo ❷(*Geruchssinn*) fiuto *m;* (*Geruch*) odore *m;* **Witterungsverhältnisse** *npl* condizioni *fpl* atmosferiche

Witwe ['vɪtvə] <-, -n> *f* vedova *f;* **Witwenrente** *f* pensione *f* vedovile; **Witwer** ['vɪtvɐ] <-s, -> *m* vedovo *m*

Witz [vɪts] <-es, -e> *m* ❶ *sing* (*Esprit*) spirito *m;* (*Geist*) arguzia *f* ❷(*witzige Geschichte*) barzelletta *f;* (*Scherz*) scherzo *m;* **ein dreckiger/fauler ~** una barzelletta sporca/uno spirito di patate; **~e erzählen** [*o* **reißen** *fam*] raccontare barzellette; **mach keine ~e!** (*fig fam*) scherzi?, stai scherzando?; **das soll doch wohl ein ~ sein** è una barzelletta?, bisogna ridere?; **der ~ an der ganzen Sache ist, dass …** il bello è che …; **das ist der ganze ~** (*fam: darauf kommt es an*) questo è il punto; **Witzblatt** *n* giornale *m* umoristico; **Witzbold** ['vɪtsbɔlt] <-(e)s, -e> *m* burlone, -a *m, f,* buffone, -a *m, f*

witzeln *vi* **über jdn ~** fare dello spirito su qu; **über etw** *acc* **~** burlarsi di qc

Witzfigur <-, -en> *f* macchietta *f,* persona *f* buffa

witzig *adj* spiritoso; (*geistreich a*) arguto; (*lustig*) buffo; (*komisch*) comico

witzlos *adj* ❶(*ohne Witz*) senza spirito ❷(*fam: zwecklos*) inutile

WM [veː'ʔɛm] <-, -s> *f abk v* **Weltmeisterschaft** campionato *m* mondiale

wo [voː] **I.** *adv* ❶(*interrogativ*) dove; **~ bist du?** dove sei?; **~ denn?** ma dove? ❷(*relativisch*) dove; (*zeitlich*) quando; **~ auch immer** dovunque +*conj;* **dort, ~** là dove; **überall, ~** ovunque +*conj;* **am Tage/im Augenblick, ~** il giorno/nel momento in cui; **ach** [*o* **i**] **~!** (*fam*) ma no!, macché! **II.** *konj* ❶(*da*) dal momento che ❷(*obwohl, während*) mentre

woanders [vo'ʔandɐs] *adv* altrove, in un altro luogo; **mit den Gedanken ~ sein** avere la testa altrove

wob [voːp] (*obs fig*) *1. u 3. pers sing imp von* **weben**

wobei [vo'baɪ] *adv* ❶(*interrogativ*) con che cosa? **~ bist du gerade?** cosa stai facendo?; **~ ist das passiert?** com'è successo? ❷(*relativisch*) in cui, nella qual cosa; (*bei welcher Gelegenheit*) nella qual occasione

Woche ['vɔxə] <-, -n> *f* settimana *f;* **letzte** [*o* **vergangene**]/**nächste ~** la settimana scorsa/prossima [*o* ventura]; **jede ~** ogni settimana; **jede zweite ~** ogni due settimane; **zweimal die ~** due volte (al)la settimana; **heute in einer ~** oggi a otto; **die ~ über** in settimana

Wochenbericht *m* rapporto *m* settimanale; **Wochenbett** *n* (MED) puerperio *m;* **Wochenblatt** *n* settimanale *m;* **Wochenendbeziehung** *f* relazione in cui ci si vede solo il finesettimana; **Wochenende** *n* fine *m* settimana, weekend *m;* **langes** [*o* **verlängertes**] **~** ponte *m;* **am/übers ~** il fine settimana; **schönes ~!** buon fine settimana!; **Wochenendhaus** *n* casa *f* per il fine settimana; **Wochenendticket** ['vɔxnɛndtɪkət] <-s, -s> *n* (FERR) biglietto ferroviario a prezzo ridotto valido il fine settimana, che dà la possibilità di viaggiare per tutta la Germania; **Wochenendurlauber(in)** *m(f)* weekendista *mf*

Wochenkarte *f* abbonamento *m* settimanale; **wochenlang I.** *adj* di (più [*o* parecchie]) settimane **II.** *adv* per intere settimane; **Wochenlohn** *m* paga *f* settimanale; **Wochenmarkt** *m* mercato *m* settimanale; **Wochenschau** *f* (*obs*) cinegiornale *m,* attualità *fpl;* **Wochentag** *m*

giorno *m* della settimana; (*Werktag*)
giorno *m* feriale; **wochentags** *adv*
durante la settimana; (*werktags*) nei giorni
feriali
wöchentlich ['vœçəntlɪç] I. *adj* settimanale II. *adv* ogni settimana; **dreimal ~** tre
volte (al)la settimana
Wochenzeitung <-, -en> *f* settimanale *m*
Wöchnerin ['vœçnərɪn] *f* puerpera *f*, partoriente *f*
Wodka ['vɔtka] <-s, -s> *m* wodka *f*
wodurch [vo'dʊrç] *adv* ❶(*interrogativ*)
come, in che modo, attraverso che cosa;
~ wollen Sie das erreichen? in che
modo crede di ottenerlo? ❷(*relativisch*)
per cui, attraverso la qual cosa; **das Mittel, ~** il mezzo con cui
wofür [vo'fyːɐ̯] *adv* ❶(*interrogativ*) per
che cosa; **~ halten Sie mich?** per chi mi
prende?; **~ interessieren Sie sich?** di che
cosa si interessa? ❷(*relativisch*) per cui,
per la qual cosa; **er ist nicht das, ~ er sich
ausgibt** non è quello per cui si spaccia
wog [voːk] *1. u 3. pers sing imp von* **wiegen**[1]
Woge ['voːgə] <-, -n> *f* (*geh*) onda *f*; (*fig*)
ondata *f*; **eine ~ der Begeisterung** un'ondata di entusiasmo; **die ~n glätten** (*fig*)
calmare le acque
wogegen [vo'geːgən] I. *adv* ❶(*interrogativ*) contro che cosa ❷(*relativisch*) contro
cui, contro la qual cosa; (*durch Tausch*) in
cambio di ciò II. *konj* mentre
wogen ['voːgən] *vi* (*geh*) ondeggiare, fluttuare
woher [vo'heːɐ̯] *adv* ❶(*interrogativ*) di
[*o da*] dove; (*auf welche Weise*) come;
~ kommt der Brief? da dove viene la lettera?; **~ sind Sie?** di dov'è?; **~ weißt du
das?** come fai a saperlo?; **~ kommt es,
dass ...?** com'è che ...?, come accade
che ...? ❷(*relativisch*) da cui, dal quale;
aber ~ denn! (*fam*) macché!, neanche per
idea!
wohin [vo'hɪn] *adv* ❶(*interrogativ*) dove;
~ damit? (*fam*) dove lo metto? ❷(*relativisch*) in cui nel quale; **~ du auch gehen
magst** dovunque tu vada
wohl [voːl] I. *adv* ❶(*gut, gesund, angenehm*) bene; **sich ~ fühlen** sentirsi
bene; **~ oder übel** volente o nolente;
~ bekomm's! salute!, evviva!; **mir ist
jetzt ~er** sto meglio ora; **mir ist nicht ~
bei der Sache** non mi sento tranquillo in
questa faccenda; **leben Sie ~!** addio!
❷(*durchaus*) perfettamente; **ich habe ~
bemerkt, dass ...** ho ben notato che ...;
das kann man ~ sagen! si può ben dirlo!

❸(*wahrscheinlich*) probabilmente; **ich
muss mich ~ erkältet haben** si vede che
ho preso freddo; **~ kaum** sarà difficile, non
credo; **er könnte ~ noch kommen**
potrebbe ancora venire; **er wird ~ krank
sein** sarà ammalato; **das mag ~ sein** può
darsi benissimo; **ob er ~ schreiben wird?**
chissà se scriverà?; **du bist ~ nicht
gescheit!** ma sei matto! ❹(*etwa, ungefähr*) (all'in)circa; **es waren ~ (an die)
200 Leute da** c'erano circa 200 persone
II. *konj* (*zwar*) è vero che; **er wusste ~,
dass es gefährlich ist, aber ...** lo sapeva
pure che è pericoloso, ma ...
Wohl <-(e)s> *kein Pl n* bene *m*; (*~ befinden*) benessere *m*; (*Gesundheit*) salute *f*;
auf jds ~ trinken bere alla salute di qu;
auf Ihr/euer ~!, zum ~! (alla) salute!;
zum ~ des Landes nell'interesse del paese
wohlauf [voːl'ʔaʊf] *adj* **~ sein** (*geh*) stare
bene (di salute)
wohlausgewogen[ALT] *adj s.* **ausgewogen**
Wohlbefinden *n* salute *f*, benessere *m*
wohlbegründet ['voːlbəˈgrʏndət] *adj*
(*geh*) ben fondato
Wohlbehagen *n* senso *m* di benessere,
agio *m*; **etw mit ~ tun** fare qc di gusto
wohlbehalten *adj* (*Person*) sano e salvo;
(*Sache*) in buono stato
wohlbekannt *adj* (*geh*) ben noto; (*vertraut*) familiare
wohldurchdacht ['voːldʊrçˈdaxt] *adj* ben
meditato
Wohlergehen <-s> *kein Pl n* benessere *m*,
salute *f*
wohlerzogen ['voːlʔɛʁtsoːgən] *adj* (*geh*)
ben educato
Wohlfahrt *f* assistenza *f* pubblica; **Wohl-
fahrtsmarke** *f* francobollo *m* emesso
a scopo di beneficenza; **Wohlfahrtsstaat** *m* stato *m* assistenziale
Wohlfühlhotel *n* beauty farm *f*; **Wohlfühlwochenende** *n* weekend *m* di
benessere
Wohlgefallen *n* piacere *m*, compiacenza *f*;
(*Zufriedenheit*) soddisfazione *f*; **~ an etw**
dat **haben** trovare piacere a fare qc; **sich
in ~ auflösen** finire in bene, avere lieto
fine; (*fam iron: auseinander fallen*) sfasci-
arsi; **wohlgefällig** I. *adj* ❶(*mit Wohlgefallen*) soddisfatto; (*selbstzufrieden*) compiaciuto ❷(*geh, obs: angenehm*) gradevole, piacevole II. *adv* con compiacenza
[*o compiacimento*]; **sich ~ im Spiegel
betrachten** guardarsi compiaciuto allo
specchio
wohlgeformt *adj* ben formato; (*Körper*)

benfatto, armonico

wohlgemeint *adj* fatto con buona intenzione; **~er Rat** consiglio da amico

wohlgemerkt *adj o adv* nota bene, beninteso

wohlgenährt *adj* ben nutrito

wohlgeraten *adj* (*geh*) ❶ (*gut gelungen*) ben riuscito ❷ (*gut erzogen*) ben educato

Wohlgeruch *m* (*geh*) buon odore *m*, profumo *m*

Wohlgeschmack *m* (*geh*) buon sapore *m*, gusto *m* gradevole

wohlgesinnt *adj* **jdm ~ sein** essere ben disposto verso qu

wohlhabend *adj* agiato, benestante

wohlig *adj* piacevole, gradevole

Wohlklang *m* (*geh*) ❶ (*MUS*) armonia *f*, melodia *f*, musicalità *f* ❷ (*LING*) eufonia *f*; **wohlklingend** *adj* (*geh*) melodioso, armonioso

wohlmeinend *adj* (*geh*) benevolo, ben disposto

wohlriechend *adj* (*geh*) profumato, fragrante

wohlschmeckend *adj* (*geh*) gustoso, saporito

Wohlsein *n* (**zum**) **~!** (alla) salute!

Wohlstand *m* benessere *m*, agiatezza *f*; **Wohlstandsgesellschaft** *f* società *f* del benessere; **Wohlstandsmüll** *m* (*pej*) scorie *fpl* della società del benessere

Wohltat *f* ❶ (*gute Tat*) opera *f* buona ❷ *sing* (*Linderung*) benedizione *f*; **das ist eine ~** è una vera benedizione

Wohltäter(in) *m(f)* benefattore, -trice *m, f*

wohltätig *adj* (*Handlung*) caritatevole; (*Person, Werk*) benefico; **gegen jdn ~ sein** essere caritatevole verso qu; **zu ~en Zwecken** a fini caritatevoli; **Wohltätigkeit** *f* beneficenza *f*, carità *f*; **Wohltätigkeitsveranstaltung** *f* manifestazione *f* di beneficenza

wohltuend *adj* piacevole, gradevole

wohl|tunᴬᴸᵀ *vi s.* **tun II.**

wohlüberlegt I. *adj* ben ponderato **II.** *adv* con ponderazione; **~ vorgehen** agire con ponderatezza

wohlverdient *adj* meritato, giusto

wohlweislich ['voːlvaɪslɪç] *adv* saggiamente

Wohlwollen *n* benevolenza *f*; (*Gunst*) favore *m*; (*Geneigtheit*) simpatia *f*; **sich** *dat* **jds ~ erwerben** accattivarsi la simpatia di qu; **etw mit ~ betrachten** considerare qc con benevolenza; **wohlwollend I.** *adj* benevolo **II.** *adv* con benevolenza

Wohnanhänger *m* roulotte *f*; **Wohnanlage** <-, -n> *f* complesso *m* residenziale;

Wohnbau <-(e)s, -bauten> *m* edificio *m* d'abitazione; **Wohnberechtigungsschein** *m* certificato che dà diritto ad abitare in case popolari; **Wohnblock** <-(e)s, -s *o* CH -blöcke> *m* caseggiato *m*; **Wohncontainer** <-s, -> *m* (casa *f*) container *m*

wohnen ['voːnən] *vi* abitare; (*Unterkunft haben*) alloggiare; (*vorübergehend ~*) stare; **bei jdm ~** abitare da qu; **zur Miete ~** stare in affitto; **im Hotel ~** stare in albergo

Wohnfläche *f* superficie *f* abitabile; **Wohngebiet** *n* zona *f* residenziale; **Wohngegend** <-, -en> *f* area *f* residenziale; **Wohngemeinschaft** *f* comune *f*, persone che dividono un appartamento o una casa

wohnhaft *adj* domiciliato, residente; **~ in ...** residente a ...

Wohnhaus *n* casa *f* d'abitazione; **Wohnheim** *n* pensionato *m*; **Wohnküche** *f* cucina *f* abitabile; **Wohnkultur** *f* arredamento *m*; **Wohnlage** *f* posizione *f*; **in günstiger ~** in buona posizione

wohnlich *adj* accogliente, confortevole

Wohnmobil ['voːnmobiːl] <-s, -e> *n* camper *m*; **Wohnort** *m* domicilio *m*, residenza *f*; **Wohnqualität** <-> *kein Pl f* qualità *f* della vita; **Wohnrecht** *n* diritto *m* di abitazione [*o* di residenza]; **Wohnsilo** *m o n* (*pej*) casermone *m*; **Wohnsitz** *m* domicilio *m*, dimora *f*, residenza *f*; **ohne festen ~** senza fissa dimora

Wohnung <-, -en> *f* casa *f*; (*a Unterkunft*) alloggio *m*; (*Etagen~*) appartamento *m*; **eine 3-Zimmer-~** un appartamento di tre stanze; **eine eigene ~ haben** avere un appartamento per conto proprio; **die ~ wechseln** cambiare casa

Wohnungsangebot <-(e)s, -e> *n* offerta *f* immobiliare [*o* di alloggi]; **Wohnungsbau** <-(e)s> *kein Pl m* edilizia *f* residenziale; **sozialer ~** edilizia popolare; **Wohnungsbedarf** <-(e)s> *kein Pl m* fabbisogno *m* di alloggi; (*Nachfrage*) richiesta *f* di alloggi; **Wohnungsbesetzer(in)** <-s, -; -, -nen> *m(f)* occupante *mf* abusivo, occupante *mf* di casa; **Wohnungseigentümer(in)** *m(f)* proprietario, -a *m, f* di un'abitazione, condomino, -a *m, f*; **Wohnungseinrichtung** *f* arredamento *m* (della casa); **Wohnungsgeld** *n* indennità *m* di alloggio; **Wohnungsinhaber(in)** *m(f)* locatario, -a *m, f*; **Wohnungsmarkt** *m* mercato *m* degli alloggi; **Wohnungsnot** *f* crisi *f* degli alloggi; **Wohnungsschlüssel** *m* chiave *f* di casa; **Wohnungssuche** *f* **auf ~ sein**

cercare casa; **Wohnungstür** f porta f di casa; **Wohnungswechsel** m cambiamento m d'abitazione, trasloco m

Wohnviertel n quartiere m residenziale; **Wohnwagen** m roulotte f; **Wohnwert** <-(e)s> kein Pl m s. **Wohnqualität**; **Wohnzimmer** n soggiorno m

Wok [vɔk] <-, -s> m wok m, pentola utilizzata nella cucina cinese

wölben ['vœlbən] **I.** vt curvare a volta; (ARCH) fare [o fabbricare] a volta **II.** vr **sich** (**über etw** acc) ~ inarcarsi (sopra qc)

Wölbung <-, -en> f convessità f; (ARCH) volta f; (Bogen) arcata f

Wolf [vɔlf, pl: 'vœlfə] <-(e)s, Wölfe> m ➊ (ZOO) lupo m; **ein ~ im Schafspelz sein** essere un lupo vestito da agnello; **mit den Wölfen heulen** (fig) adeguarsi agli altri, seguire il branco ➋ (Fleisch~) tritacarne m; **das Fleisch durch den ~ drehen** macinare [o tritare] la carne

Wölfin ['vœlfɪn] f lupa f

Wolfram ['vɔlfram] <-s> kein Pl n (CHEM) wolframio m, tungsteno m

Wolfshunger ['vɔlfshʊŋɐ] s. **Bärenhunger**

Wolga ['vɔlga] f Volga mf

Wolke ['vɔlkə] <-, -n> f nube f, nuvola f; **aus allen ~n fallen** (fig) cascare dalle nuvole; **in den ~n schweben** (fig) vivere nelle nuvole; **Wolkenbruch** m nubifragio m; **Wolkendecke** f cappa f di nubi; **Wolkenkratzer** m grattacielo m; **wolkenlos** adj senza nubi, sereno; **Wolkenschicht** f strato m di nubi

wolkig adj nuvoloso, annuvolato

Wolldecke f coperta f di lana, plaid m

Wolle ['vɔlə] <-, -n> f lana f; **reine** ~ pura lana; **sich in die** ~ **geraten** (fam) litigare

wollen[1] ['vɔlən] <will, wollte, gewollt> vt, vi ➊ (mögen) volere; (wünschen a) desiderare; **etw unbedingt** ~ volere qc ad ogni costo; (machen Sie, wie Sie ~) (faccia) come vuole; **er macht nur, was er will** fa solo quello che vuole; **was ~ Sie von mir?** che cosa vuole da me?; **wo ~ Sie hin?** dove vuole andare?; **du hast es so gewollt** sei stato tu a volerlo; **er will seine Ruhe** vuole starsene in pace; **was willst du mehr?** che vuoi di più?; **ich wollte, es wäre Sonntag** vorrei che fosse domenica; **man muss daran teilnehmen, ob man will oder nicht** bisogna prendervi parte, volenti o nolenti; **das kann man, wenn man so will, Diebstahl nennen** volendo, si può definirlo un furto ➋ (beabsichtigen) aver l'intenzione; **etw tun** ~ pensare di fare qc; **Verzeihung,**

das habe ich nicht gewollt! mi scusi, non l'ho fatto apposta ➌ (Wend) **da ist nichts zu** ~ (fam) non c'è niente da fare; **du hast hier nichts zu ~!** vattene!

wollen[2] <will, wollte, wollen> Modalverb ➊ (mögen) volere, desiderare; **ich will nichts davon hören** non ne voglio sapere nulla ➋ (beabsichtigen) avere intenzione; **etw tun** ~ pensare di fare qc; **was ich noch sagen wollte** a proposito; **was ~ Sie damit sagen?** cosa intende dire con ciò? ➌ (auffordern) **wenn Sie bitte Platz nehmen** ~ se vuole accomodarsi, si accomodi, prego; **willst du (jetzt) wohl aufstehen!** (fam) ti decidi ad alzarti? ➍ (behaupten) pretendere; **etw getan haben** ~ affermare di aver fatto qc; **er will dich gestern gesehen haben** dice di averti visto ieri; **und so jemand will Arzt sein!** (fam) e quello sarebbe un dottore? ➎ (müssen) **das will überlegt sein** occorre rifletterci su ➏ (Wend) **das will ich nicht gehört haben!** come se non l'avessi sentito!; **das will ich hoffen/meinen!** lo spero/credo bene!; **das Wetter will (und will) nicht besser werden** il tempo non accenna a migliorare; **das will nichts heißen** non vuol dire nulla; **das ~ wir mal sehen!** staremo a vedere!

wollen[3] adj di lana

Wollen <-s> kein Pl n volere m, volontà f; (PHILOS) volizione f

wollig adj lanoso

Wolljacke f giacca f di lana; **Wollkleid** n abito m di lana; **Wollknäuel** m o n gomitolo m di lana; **Wollsiegel** n marchio m della lana; **Wollstoff** m tessuto m [o stoffa f] di lana

wollte ['vɔltə] 1. u 3. pers sing imp von **wollen**[1], **wollen**[2]

Wollust ['vɔlʊst] f (geh) voluttà f; **wollüstig** ['vɔlʏstɪç] adj voluttuoso

Wollwaren fpl articoli mpl di lana

womit [vo'mɪt] adv ➊ (interrogativ) con che cosa; ~ **kann ich Ihnen dienen?** in che cosa posso servirLa?; ~ **soll ich anfangen?** da dove devo cominciare? ➋ (relativisch) con cui, con la qual cosa; **…,** ~ **ich nicht sagen will, dass …** … con questo non voglio dire che …; **das ist es,** ~ **er nicht zufrieden ist** ecco di che cosa non è contento

womöglich [vo'mœ:klɪç] adv magari, forse; ~ **kommt er schon heute** può darsi che arrivi già oggi

wonach [vo'na:x] adv ➊ (interrogativ) che cosa, a che cosa, di che cosa; ~ **schmeckt das?** che sapore ha? ➋ (relativisch) dopo di che; (*gemäß*) secondo cui; **ein Gesetz, ~ ... **una legge in base alla quale ...

Wonne ['vɔnə] <-, -n> *f* (*geh*) delizia *f;* **es ist eine (wahre) ~,** ihm zuzuschauen è un vero piacere guardarlo

Wonneproppen ['vɔnəprɔpən] <-s, -> *m* (*fam scherz*) bambino, -a *m, f* paffuto, -a

wonnig *adj* graziosissimo, molto carino

woran [vo'ran] *adv* ❶ (*interrogativ*) a [*o* di] [*o* in] che cosa, cosa; **~ denkst du?** a che cosa pensi?; **~ liegt es, dass ...?** qual'è la ragione per cui ...?; **~ erinnert Sie das?** che cosa Le fa venire in mente? ❷ (*relativisch*) a [*o* di] [*o* in] cui; **nun weiß ich (wenigstens), ~ ich bin** ora (almeno) so come regolarmi; **ich weiß nicht, ~ ich bei ihm bin** non so cosa pensare di lui

worauf [vo'rauf] *adv* ❶ (*interrogativ*) a [*o* di] [*o* su] che cosa, dove, che cosa; **~ warten Sie?** cosa sta aspettando? ❷ (*relativisch*) di [*o* su] [*o* sopra] cui, dove; (*zeitlich*) dopo di che; **~ du dich verlassen kannst!** (*fam*) e di ciò puoi fidarti!

woraus [vo'raus] *adv* ❶ (*interrogativ*) da [*o* di] che cosa ❷ (*relativisch*) da [*o* di] cui; **er kam nicht, ~ ich schloss, dass ...** non venne, dal che dedussi che ...

worin [vo'rɪn] *adv* ❶ (*interrogativ*) in che cosa; **~ besteht der Unterschied?** in che cosa consiste la differenza? ❷ (*relativisch*) in cui; **es gibt vieles, ~ ich mich von dir unterscheide** ci sono diversi punti in cui mi distinguo da te

Workaholic [wœ:kə'hɔlɪk] <-s, -s> *m* (*sl*) maniaco *m* del lavoro, stacanovista *mf;* **Workshop** ['wɔ:kʃɔp] <-s, -s> *m* workshop *m,* gruppo *m* di lavoro

Worldcup ['wœ:(ɐ)ltkap] <-s, -s> *m* (SPORT) coppa *f* del mondo

World Wide Web <-s, -> *n* (INFORM) World Wide Web *m*

Wort [vɔrt] <-(e)s, Wörter *o* -e> *n* parola *f;* (*Vokabel*) vocabolo *m;* (*Ausdruck*) espressione *f;* (*Begriff*) termine *m;* **~ für ~** parola per parola, letteralmente; **das ~ ergreifen** prendere la parola; **jdm das ~ erteilen** dare la parola a qu; **das ~ haben** avere la parola; **das letzte ~ haben** avere l'ultima parola; **jds ~ haben** avere la parola di qu; **sein ~ brechen** venire meno alla parola data; **jdm sein ~ geben** dare la propria parola a qu; **sein ~ halten** mantenere la propria parola; **sein eigenes ~ nicht verstehen** non poter udire la propria voce; **kein ~ verstehen** non capire una parola; **kein ~ herausbringen (können)** non riuscire a proferire parola; **ein gutes ~ für jdn einlegen** mettere una buona parola

per qu; **mit jdm ein ernstes ~ reden** parlare seriamente a qu, fare un discorso serio a qu; **große ~e machen** dire paroloni; **seine ~e auf die Goldwaage legen** pesare le proprie parole; **aufs ~ gehorchen** [*o* **hören**] ubbidire alla parola; **jdm aufs ~ glauben** credere a qu sulla parola; **jdn beim ~ nehmen** prendere qu in parola; **in ~e fassen** esprimere a parole, formulare; **eine Sprache in ~ und Schrift beherrschen** conoscere una lingua parlata e scritta; **ohne ein ~ zu sagen** senza dire una parola; **ums ~ bitten** chiedere la parola; **sich zu ~ melden** chiedere la parola; **nicht zu ~ kommen** non poter dire una parola; **jdn nicht zu ~ kommen lassen** non lasciar parlare qu; **auf mein ~** parola (d'onore); **in einem ~** con una parola; **in ~ und Tat** a parole e fatti; **in ~en** (*ausgeschrieben*) in lettere; **mit anderen ~en** con altre parole; **ein ~ gab das andere** una parola ha tirato l'altra; **es ist kein wahres ~ daran** non c'è una parola di vero in (tutto) ciò; **es war mit keinem ~ davon die Rede** non se ne è nemmeno parlato; **darüber brauchen wir kein ~ mehr zu verlieren** non dobbiamo più sprecare fiato per questo; **das letzte ~ in dieser Angelegenheit ist noch nicht gesprochen** non è detta l'ultima parola (in questa faccenda); **hat man da ~e?** (*fam*) è mai possibile?; **dein ~ in Gottes Ohr!** (*fam*) speriamo!

Wortart *f* (LING) parte *f* del discorso; **Wortbruch** *m* mancare *m* alla parola data; **wortbrüchig** *adj* **~ werden** mancare alla parola data

Wörtchen ['vœrtçən] <-s, -> *n* **ein ~ mitzureden haben** (*fam*) avere voce in capitolo

Wörterbuch ['vœrtəbu:x] *n* dizionario *m,* vocabolario *m;* **Wörterverzeichnis** *n* glossario *m*

Wortführer(in) *m(f)* portavoce *mf;* (*Vertreter*) esponente *mf;* **Wortgefecht** *n* schermaglia *f,* scaramuccia *f;* **wortgetreu I.** *adj* letterale, testuale **II.** *adv* alla lettera; **wortgewandt** *adj* eloquente; **wortkarg** *adj* ❶ (*Mensch*) di poche parole, taciturno ❷ (*Äußerung*) laconico; **Wortklauber** ['vɔrtklaubɐ] <-s, -> *m* (*pej*) pignolo *m,* pedante *m;* **Wortklauberei** [vɔrtklaubə'raɪ] <-, -en> *f* (*pej*) pignoleria *f,* pedanteria *f;* **Wortlaut** *m* testo *m;* (JUR) tenore *m;* **im ~** integralmente, testualmente; **... hat folgenden ~** ... è così redatto

wörtlich ['vœrtlɪç] **I.** *adj* letterale, testuale;

~e Rede discorso testuale **II.** *adv* alla lettera; **~ zitieren** citare testualmente; **etw ~ nehmen** prendere qc alla lettera; **etw ~ übersetzen** tradurre qc letteralmente

wortlos I. *adj* muto **II.** *adv* in silenzio, senza parlare; **Wortmeldung** *f* richiesta *f* di parola; **~en liegen nicht vor** nessuno ha chiesto la parola; **wortreich** *adj* ❶ (*weitschweifig*) ridondante, verboso; (*Stil*) prolisso; **sich ~ entschuldigen** scusarsi esageratamente ❷ (*Sprache*) ricco di vocaboli; **Wortschatz** *m* (*a einer Person*) vocabolario *m;* **Wortschwall** *m* (*pej*) profluvio *m* [*o* torrente *m*] di parole; **Wortspiel** *n* gioco *m* di parole; **Wortstellung** *f* (LING) ordine *m* delle parole; **Wortwechsel** *m* diverbio *m;* **wortwörtlich** ['vɔrt'vœrtlıç] **I.** *adj* letterale, testuale **II.** *adv* parola per parola

worüber [vo'ry:bɐ] *adv* ❶ (*interrogativ*) su [*o* sopra] che cosa ❷ (*relativisch*) su [*o* di] cui

worum [vo'rʊm] *adv* ❶ (*interrogativ*) intorno a che cosa; **~ handelt es sich?** di che cosa si tratta? ❷ (*relativisch*) intorno a cui

worunter [vo'rʊntɐ] *adv* ❶ (*interrogativ*) sotto che cosa; (*zwischen welchen Dingen*) fra che cosa; **~ leidet sie?** di che cosa soffre? ❷ (*relativisch*) sotto cui; (*zwischen denen*) fra cui

wovon [vo'fɔn] *adv* ❶ (*interrogativ*) da [*o* di] che cosa; **~ sprechen Sie?** di che cosa sta parlando? ❷ (*relativisch*) da [*o* di] cui

wovor [vo'fo:ɐ̯] *adv* ❶ (*interrogativ*) di che cosa; (*räumlich*) davanti a che (cosa); **~ hast du Angst?** di che cosa hai paura? ❷ (*relativisch*) davanti a cui, di cui, del quale; **das einzige, ~ ich mich fürchte, ...** la sola cosa di cui ho paura ...

wozu [vo'tsu:] *adv* ❶ (*interrogativ*) a [*o* per] che cosa; (*indirekt a*) perché, a che scopo; **~ ist das gut?** a che cosa serve?; **~ brauchst du das?** a [*o* per] che cosa ti serve? ❷ (*relativisch*) a [*o* di] [*o* per] cui, che; **das, ~ ich dir rate** quello che ti consiglio

Wrack [vrak] <-(e)s, -s *o rar* -e> *n* relitto *m*

wringen ['vrıŋən] <wringt, wrang, gewrungen> *vt* strizzare

WS *abk v* **Wintersemester** semestre *m* invernale

Wucher ['vu:xɐ] <-s> *kein Pl m* (*pej*) usura *f,* strozzinaggio *m;* **~ (mit etw) treiben** praticare lo strozzinaggio (con qc)

Wucherer <-s, -> *m,* **Wucherin** <-,

-nen> *f* (*pej*) usuraio, -a *m, f,* strozzino, -a *m, f*

wucherisch *adj* usurario

wuchern ['vu:xɐn] *vi* ❶ *haben o sein* (BOT) lussureggiare, crescere rigogliosamente; (*fig* BIOL) proliferare ❷ *haben* (*Wucher treiben*) esercitare l'usura, fare l'usuraio

Wucherpreis *m* (*pej*) prezzo *m* esorbitante

Wucherung <-, -en> *f* (*Gebilde*) escrescenza *f*

Wucherzins *m* interessi *mpl* da usuraio

wuchs [vu:ks] *1. u 3. pers sing imp von* **wachsen**

Wuchs [vu:ks] <-es> *kein Pl m* ❶ (*Wachstum*) crescita *f;* (BOT) vegetazione *f* ❷ (*Gestalt*) corporatura *f,* statura *f*

Wucht [vʊxt] <-> *kein Pl f* violenza *f,* forza *f;* (*a fig*) impeto *m;* **mit voller ~** con tutta la forza; **das ist eine ~!** (*fam*) è una cannonata!

wuchten *vt* sollevare

wuchtig *adj* massiccio, pesante; (*Schlag*) violento; (*Stil*) pesante

Wühlarbeit *f* (*fig pej*) attività *f* sovversiva, operazione *f* di sobillamento

wühlen ['vy:lən] **I.** *vi* ❶ (*graben*) scavare; (*mit Schnauze*) grufolare ❷ (*fam: suchen*) frugare **II.** *vr* **sich durch etw ~** farsi strada attraverso qc

Wühlmaus *f* (ZOO) arvicola *f;* **Wühltisch** *m* (*fam*) banco *m* della merce in svendita

Wulst [vʊlst, *pl:* 'vʏlstə] <-es, Wülste *m o* -, Wülste *f*> *m o f* cuscinetto *m;* (MED) protuberanza *f;* (*Verdickung*) rigonfiamento *m;* (*am Helm*) cercine *m;* (ARCH) toro *m;* **wulstig** *adj* tumido

wund [vʊnt] *adj* escoriato; **sich** *dat* **die Füße ~ laufen** farsi venire le vesciche ai piedi a furia di camminare; **sich ~ liegen** avere piaghe da decubito; **~er Punkt** punto debole

Wunde ['vʊndə] <-, -n> *f* (*a fig*) piaga *f;* (*Verletzung*) ferita *f;* **offene ~** ferita aperta; **alte ~n (wieder) aufreißen** (*fig*) riaprire una vecchia ferita

Wunder ['vʊndɐ] <-s, -> *n* miracolo *m;* (*bewundernswerte Sache a*) meraviglia *f;* **~ wirken** (*a fig*) fare miracoli; **an ein ~ grenzen** essere quasi un miracolo; **wie durch ein ~** come per miracolo; **kein ~, dass er krank ist** non c'è da meravigliarsi se è ammalato; (**das ist doch**) **kein ~!** non c'è da stupirsi!; **er glaubt, ~ was getan zu haben** (*fam*) crede di aver fatto chissà che (cosa)

wunderbar *adj* ❶ (*schön*) meraviglioso,

stupendo; **sie singt** ~ canta che è una meraviglia ❷ (*wie ein Wunder*) miracoloso, prodigioso

Wunderglaube *m* fede *f* nei miracoli; **Wunderheiler(in)** <-s, -; -, -nen> *m(f)* guaritore, -trice *m, f;* **Wunderkerze** <-, -n> *f* candela *f* magica; **Wunderkind** *n* bambino, -a *m, f* prodigio

wunderlich *adj* strano, bizzarro

wundern I. *vr* **sich** (**über jdn/etw**) ~ stupirsi (di qu/qc); **ich muss mich doch sehr** ~ (*fam*) non me lo sarei mai aspettato; **du wirst dich noch** ~**!** (*fam*) vedrai! **II.** *vt* sorprendere, stupire, meravigliare; **das wundert mich** questo mi sorprende; **es würde** [*o* **sollte**] **mich nicht** ~, **wenn ...** non mi sorprenderebbe se +*conj*

wunder|nehmen <irr> *vt* (*CH*) **es nimmt jdn wunder, ob/wie/dass ...** qu si meraviglia/si stupisce se/di/che...

wundersam *adj* miracoloso

wunderschön ['vʊndɐ'ʃøːn] *adj* meraviglioso, stupendo

wundervoll *adj* meraviglioso, stupendo

Wunderwaffe *f* (*fig*) arma *f* miracolosa

Wundfieber *n* febbre *f* traumatica

wund|liegenALT *vr* **sich** ~ *s.* **wund**

Wundsalbe <-, -n> *f* unguento *m*

Wundstarrkrampf *m* (MED) tetano *m*

Wunsch [vʊnʃ, *pl:* 'vʏnʃə] <-(e)s, Wünsche> *m* desiderio *m;* (*Verlangen*) richiesta *f;* (*Bitte*) preghiera *f;* (*Glück~*) augurio *m;* **der** ~ **nach etw** il desiderio di qc; **den** ~ **haben etw zu tun** avere il desiderio di fare qc; **jdm einen** ~ **erfüllen** esaudire un desiderio di qu; **jdm jeden** ~ **von den Augen ablesen** leggere a qu i desideri negli occhi; **auf** (**jds**) ~ a richiesta (di qu); **mit den besten Wünschen** con i migliori auguri; **nach** ~ a piacimento; **es geht alles nach** ~ tutto procede nel migliore dei modi; **dein** ~ **ist mir Befehl** (*scherz*) un tuo desiderio è un ordine per me; **haben Sie (sonst) noch einen** ~**?** desidera altro?, ha bisogno di altro?

Wunschbild *n* ideale *m*

Wunschdenken <-s> *kein Pl n* desiderio *m,* augurio *m*

Wünschelrute ['vʏnʃəlruːtə] *f* bacchetta *f* da rabdomante

wünschen ['vʏnʃən] *vt* desiderare; ~ **etw zu tun** desiderare fare qc; (*wollen*) voler fare qc; (*bitten*) chiedere di fare qc; **sich** *dat* **etw** ~ desiderare qc; **jdm etw** ~ auspicare qc a qu; (*wohlmeinend*) augurare qc a qu; **zu** ~ **übrig lassen** lasciar a desiderare; **es wäre zu** ~, **dass ...** sarebbe auspicabile che +*conj;* **ich wünsche Ihnen alles**

Gute Le faccio i miei auguri; **ich wünsche nicht, dass du dorthin fährst** (*geh*) non desidero che tu ci vada; **Sie** ~**?, was** ~ **Sie?** desidera?, cosa desidera?; **wünschenswert** *adj* desiderabile, auspicabile

wunschgemäß *adv* come desiderato [*o* richiesto], conformemente ai desideri

Wunschkennzeichen <-s, -> *n* targa *f* (automobilistica) desiderata [*o* a richiesta]

Wunschkind *n* bambino, -a *m, f* desiderato, -a; **Wunschkonzert** *n* (RADIO) musica *f* a richiesta; **wunschlos** *adj* ~ **glücklich sein** essere perfettamente felice; **Wunschtraum** *m* sogno *m,* desiderio *m;* **Wunschvorstellung** *f* illusione *f;* **Wunschzettel** *m* lista *f* dei regali desiderati

wurde ['vʊrdə] *1. u 3. pers sing imp von* **werden**

Würde ['vʏrdə] <-, -n> *f* ❶ *sing* (*Wert, Haltung*) dignità *f;* **ich halte es für unter meiner** ~, **so etw zu tun** ritengo indegno di me fare qc del genere; **das ist unter aller** ~ è al di sotto di ogni dignità ❷ (*Rang*) grado *m;* (*Titel*) titolo *m;* **würdelos** *adj* senza dignità, indegno; **Würdenträger(in)** *m(f)* dignitario, -a *m, f;* **würdevoll** *adj* dignitoso

würdig *adj* ❶ (*wert*) **einer Sache** *gen* ~ **sein** essere degno di qc; **jdn einer Sache** *gen* **für** ~ **halten** ritenere qu degno di qc ❷ (*würdevoll*) dignitoso

würdigen *vt* ❶ (*anerkennen*) apprezzare; (*Verdienste*) riconoscere; **etw zu** ~ **wissen** saper apprezzare qc ❷ (*für würdig befinden*) **jdn einer Sache** *gen* ~ stimare qu degno di qc; **jdn keines Blickes** ~ non degnare qu di uno sguardo

Würdigung <-, -en> *f* ❶ *sing* (*Anerkennung*) riconoscimento *m* ❷ (*Ehrung*) omaggio *m*

Wurf [vʊrf, *pl:* 'vʏrfə] <-(e)s, Würfe> *m* ❶ (*das Werfen*) getto *m;* (SPORT) lancio *m* ❷ (*fig: gelungenes Werk*) colpo *m,* successo *m* ❸ (ZOO) figliata *f*

Wurfbahn *f* traiettoria *f*

Würfel ['vʏrfəl] <-s, -> *m* ❶ (*Spiel~, Brüh~*) dado *m;* (*Speck~, Zwiebel~*) dado *m,* cubetto *m;* (*Zucker~*) zolletta *f;* ~ **spielen** giocare a dadi; **die** ~ **sind gefallen** (*fig*) il dado è tratto ❷ (*Muster, Karo*) quadro *m* ❸ (MAT) cubo *m*

Würfelbecher *m* bussolotto *m*

würfeln I. *vi* (*Würfel spielen*) giocare ai dadi; (*Würfel werfen*) tirare i dadi; (**um etw**) ~ giocare (qc) ai dadi **II.** *vt* ❶ (*in Würfel schneiden*) tagliare a dadi ❷ (*eine Zahl*) giocare; **eine Sechs** ~ giocare il sei

Würfelspiel n gioco m dei dadi

Würfelzucker m zucchero m in zollette

Wurfgeschoss^RR n proiettile m; **Wurf-hammer** m martello m; **Wurfmesser** <-s, -> n coltello m da lancio; **Wurfsendung** f spedizione f in massa di stampati; **Wurfspieß** m giavellotto m

würgen ['vʏrgən] I. vt strozzare, strangolare II. vi (nicht hinunterschlucken können) **an etw** dat ~ strozzarsi con qc

Wurm [vʊrm, pl: 'vʏrmə] <-(e)s, Würmer> m (ZOO) verme m; **da ist der ~ drin** (fig fam) qui c'è qualcosa che non va

wurmen vt (fam) **es wurmt mich** mi rode

wurmförmig ['vʊrmfœrmɪç] adj vermiforme, vermicolare

Wurmfortsatz m (MED) appendice f vermiforme

wurmig adj bacato, guasto

wurmstichig adj (Holz) tarlato; (Obst) bacato

Wurst [vʊrst, pl: 'vʏrstə] <-, Würste> f (Brat~, Brüh~) salsiccia f; (~ aufschnitt) salume m; **das ist mir ~** [o **Wurscht**] (fam) non me ne importa, me ne frego; **jetzt geht es um die ~!** (fam) ecco il momento decisivo!; **Wurstbrot** n panino m imbottito (di salumi)

Würstchen ['vʏrstçən] <-s, -> n ❶ (GASTR) würstel m ❷ (fig fam: armes ~) poveraccio m; **Würstchenbude** f, **Würstchenstand** m banco m dove si vendono würstel

Würstel <-s, -> n (A: Würstchen) Würstel m

wursteln vi (fam) lavoricchiare

Wurstfabrik f salumificio m; **Wursthaut** f pelle f della salsiccia

wurstig adj (fam) indifferente, menefreghista

Wurstwaren fpl salumi mpl, insaccati mpl; **Wurstzipfel** m estremità f della salsiccia

Württemberg ['vʏrtəmbɛrk] n Vurtemberga f

Würze ['vʏrtsə] <-, -n> f condimento m

Wurzel ['vʊrtsəl] <-, -n> f radice f; **~n schlagen** (Pflanzen) mettere radici, attecchire; (Menschen) mettere radici; **die ~ aus ... ziehen** estrarre la radice da ...; **die ~ allen Übels** la radice di ogni male; **Wurzelgemüse** <-s, -> n radici fpl commestibili; **wurzellos** adj ❶ (ohne Wurzel) senza radici ❷ (fig: Mensch) sradicato

wurzeln vi **in etw** dat ~ mettere radici in qc; **diese Pflanze wurzelt in feuchtem Boden** questa pianta radica nel terreno umido

Wurzelzeichen n (MAT) segno m di radice

würzen vt aromatizzare; (a fig) condire

würzig adj saporito, aromatico; (a fig) piccante

Würzstoff m condimento m

wusch [vu:ʃ] 1. u 3. pers sing imp von **waschen**

Wuschelhaar ['vʊʃəlhaːɐ] n (fam) capelli mpl crespi

wuschelig adj (fam: Haar) crespo, arruffato

Wuschelkopf m (fam) ❶ (Kopf) testa f dai capelli crespi ❷ (Mensch) persona f dai capelli crespi

wusste^RR ['vʊstə], **wußte**^ALT 1. u 3. pers sing imp von **wissen**

Wust¹ [vu:st] <-(e)s> kein Pl m guazzabuglio m, farragine f

Wust² [vʊst] f (CH: FIN) abk v **Warenumsatzsteuer** tassa f d'importazione

wüst [vy:st] adj ❶ (öde) deserto, desolato; (unbebaut) incolto ❷ (unordentlich) disordinato; (wirr) confuso; (Haare) scompigliato; **hier sieht es ja ~ aus!** che disordine! ❸ (ungezügelt, ausschweifend) dissoluto, dissipato ❹ (gemein) vile; (rüde) volgare ❺ (schlimm, furchtbar) terribile ❻ (abstoßend, hässlich) ripugnante, brutto

Wüste ['vy:stə] <-, -n> f deserto m; **jdn in die ~ schicken** (fig) allontanare qu; **Wüstensand** m sabbia f del deserto

Wüstling ['vy:stlɪŋ] <-s, -e> m (pej) libertino m, dissoluto m

Wut [vu:t] <-> kein Pl f furia f; (fig a) furore m; (Zorn) ira f, rabbia f; **eine ~ auf jdn haben** essere arrabbiato con qu; **eine ~ im Bauch haben** (fam) essere furioso; **seine ~ an jdm auslassen** sfogare la propria ira su qu; **jdn in ~ bringen** fare arrabbiare qu; **in ~ geraten** andare sulle furie; **vor ~ kochen** bollire di rabbia; **Wutanfall** m accesso m d'ira; **Wutausbruch** m sfogo m d'ira

wüten ['vy:tən] vi ❶ (Mensch) essere furente; (fig) scatenarsi ❷ (Elemente) infuriare; (a Epidemie) imperversare

wütend adj furente; **auf jdn/etw ~ sein** essere infuriato con qu/qc; **~ werden** infuriarsi, andare in collera

wutentbrannt ['vu:t?ɛnt'brant] adj furioso

Wüterich ['vy:tərɪç] <-s, -e> m pazzo m furioso

Wutgeschrei n grida fpl di rabbia

wutschnaubend adj schiumante di rabbia

Wutschrei <-(e)s, -e> m grido m d'ira;

einen ~ ausstoßen emettere un grido feroce

wutverzerrt *adj* sfigurato dalla rabbia

Wwe. *abk v* **Witwe** vedova

WWF *m abk v* **World Wide Fund for Nature** WWF *m*

Wwr. *abk v* **Witwer** vedovo

WWU [ve:ve:'ʔu:] <-> *kein Pl f abk v* **Wirtschafts- und Währungsunion** UEM *f*, unione *f* economica e monetaria

WWW *n abk v* **World Wide Web** WWW *m*

Wz *abk v* **Warenzeichen** marchio *m* di fabbrica

X

X, x [ɪks] <-, -(s)> n X, x f; **X wie Xanthippe** X come xilofono
x-Achse ['ɪksaksə] f (MAT) asse m x
Xanthippe [ksan'tɪpə] <-, -n> f (pej) bisbetica f, brontolona f
X-Beine npl gambe fpl a x
x-beinig^RR adj, **X-beinig** adj con le gambe a X
x-beliebig ['ɪksbə'li:bɪç] adj (fam) qualsiasi, qualunque; **jeder ~e** uno qualsiasi
X-Chromosom n (BIOL) cromosoma m x
Xenon ['kse:nɔn] <-s> kein Pl n (CHEM) xeno m
xenophob [kseno'fo:p] adj xenofobo; **Xenophobie** [ksenofo'bi:] <-> kein Pl f xenofobia f

Xerografie^RR <-, -n> f s. Xerographie; **xerografieren**^RR <ohne ge-> s. xerographieren; **Xerographie** [kserogra'fi:, pl: kserogra'fi:ən] <-, -n> f xerografia f; **xerographieren** [kserogra'fi:rən] <ohne ge-> I. vt xerografare II. vi fare una xerografia
x-fach ['ɪksfax] adj (fam) molteplice, numeroso
x-förmig ['ɪksfœrmɪç] adj, **X-förmig** adj a (forma di) X
x-mal adv (fam) mille volte
x-temal ['ɪkstəma:l] adv **das ~** l'ennesima volta; **zum x-tenmal** per l'ennesima volta
Xylofon^RR [ksylo'fo:n] <-s, -e> n, **Xylophon** <-s, -e> n xilofono m, silofono m

Y

Y, y ['ʏpsilɔn] <-, -(s)> n Y, y f; **Y wie Ypsilon** Y come yacht
y-Achse ['ʏpsilɔnaksə] f (MAT) asse m y
Yacht [jaxt] s. **Jacht**
Yak [jak] <-s, -s> m yak m
Y-Chromosom <-s, -en> n (BIOL) cromosoma m Y
Yen [jɛn] <-(s), -(s)> m yen m
Yeti ['je:ti] <-s, -s> m yeti m

Yoga ['jo:ga] s. **Joga; Yogasitz** <-es> kein Pl m posizione f (da seduti) yoga
Yoghurt^ALT <-(s), -(s)> m o n s. **Joghurt**
Yogi ['jo:gi] s. **Jogi**
Ypsilon ['ʏpsilɔn] <-(s), -s> n ❶ (lateinisches Alphabet) ipsilon f ❷ (griechisches Alphabet) ipsilon f
Yucca ['jʊka] <-, -s> f yucca f
Yuppie ['jʊpi] <-s, -s> m yuppie mf

Z_z

Z, z [tsɛt] <-, -(s)> *n* Z, z *f;* **Z wie Zeppelin** Z come Zara

zack [tsak] *int* ~ ~! in fretta!, presto!

Zack *m* (*fam*) **auf ~ sein** (*Person*) essere in gamba; (*Sache*) funzionare; **etw auf ~ bringen** far funzionare qc

Zacke ['tsakə] <-, -n> *f,* **Zacken** ['tsakən] <-s, -> *m* ① (*Gabel~, Kamm~, Fels~*) dente *m* ② (*Spitze*) punta *f* ③ (*Zinke*) rebbio *m*

zackig *adj* ① (*gezackt*) dentato, dentellato; (*Felsen*) frastagliato ② (*fam: Mensch*) sveglio, dinamico; (*Rhythmus*) brioso

zagen ['tsaːgən] *vi* (*geh*) esitare

zaghaft *adj* timido; (*ängstlich*) pauroso, pavido; (*zögernd*) esitante, titubante; **Zaghaftigkeit** <-> *kein Pl f* timidezza *f;* (*Ängstlichkeit*) pavidità *f;* (*Zaudern*) esitazione *f,* titubanza *f*

Zagreb ['zaːɡrɛp] *n* Zagabria *f*

zäh [tsɛː] *adj* ① (*fest, hart*) tenace, duro; (*Fleisch*) tiglioso ② (*~ flüssig*) viscoso, denso ③ (*fig: beharrlich*) perseverante ④ (*fig: schleppend*) stentato

zähflüssig *adj* ① (*dickflüssig*) viscoso, denso ② (*fig: Verkehr*) non scorrevole, lento; **Zähflüssigkeit** *f* ① (*zähflüssige Beschaffenheit*) viscosità *f;* (*a fig*) tenacia *f* ② (*fig: von Verkehr*) non scorrevolezza *f,* lentezza *f*

Zähigkeit <-> *kein Pl f* ① (*Widerstandsfähigkeit*) resistenza *f,* durezza *f* ② (*Ausdauer*) tenacia *f*

Zahl [tsaːl] <-, -en> *f* ① (*MAT*) numero *m;* (*Ziffer*) cifra *f;* **gerade/ungerade ~** numero pari/dispari; **vierstellige ~** numero a quattro cifre; **in den roten ~ en sein** essere in deficit ② *sing* (*An~, Menge*) quantità *f;* **eine große ~ von ...** una gran quantità di ...; **zehn an der ~** in numero di dieci; **in großer ~** in gran numero

zahlbar *adj* pagabile; **~ bei Lieferung/in drei Monaten** pagabile alla consegna/a tre mesi

zählbar *adj* numerabile

zahlen ['tsaːlən] I. *vt* pagare; (*ein~*) versare; (*begleichen*) saldare II. *vi* pagare; **bar/in Raten ~** pagare in contanti/a rate; **Herr Ober, bitte ~!** cameriere, il conto per favore!

zählen ['tsɛːlən] I. *vt* ① (*ab~*) contare; **seine Tage sind gezählt** ha i giorni contati ② (*rechnen*) **jdn zu seinen Kunden ~** annoverare qu fra i propri clienti ③ (*sich*

belaufen auf) ammontare a; **er zählt vier Jahre** ha quattro anni II. *vi* ① (*Zahlenfolge hersagen*) contare; **bis zehn ~** contare fino a dieci ② (*fig: gelten*) valere, contare ③ (*gehören zu*) appartenere; **sie zählt zu den besten Tennisspielerinnen der Welt** è una delle migliori tenniste del mondo; **Schriftsteller zählen zu den Freiberuflern** gli scrittori rientrano nella categoria dei liberi professionisti ④ (*sich verlassen*) **auf jdn ~** contare su qu

Zahlenfolge *f* serie *f* numerica; **Zahlengedächtnis** *n* memoria *f* per i numeri; **ein gutes/schlechtes ~ haben** ricordare/non ricordare bene i numeri; **zahlenmäßig** I. *adj* numerico II. *adv* di [*o* per] numero; **~ überlegen sein** superare di numero; **Zahlenmaterial** *n* dati *mpl* numerici; **Zahlenschloss**^{RR} *n* serratura *f* a combinazione (dei numeri)

Zahler(in) <-s, -; -, -nen> *m(f)* pagatore, -trice *m, f*

Zähler <-s, -> *m* ① (*TEC*) contatore *m* ② (*MAT*) numeratore *m;* **Zählerablesung** *f* lettura *f* del contatore

Zahlerin *f s.* Zahler; **Zählerstand** *m* livello *m* del contatore

Zahlkarte *f* modulo *m* di versamento; **zahllos** *adj* innumerevole; **Zahlmeister** *m* ① (*FIN*) tesoriere *m* ② (*MIL*) ufficiale *m* contabile ③ (*NAUT*) commissario *m* di bordo; **zahlreich** I. *adj* numeroso II. *adv* in gran numero; **Zahltag** *m* giorno *m* di paga

Zahlung <-, -en> *f* pagamento *m;* (*Ein~*) versamento *m;* **etw in ~ geben** dare qc in pagamento; **etw in ~ nehmen** accettare qc in pagamento; **gegen ~** contro pagamento

Zählung <-, -en> *f* numerazione *f,* computo *m;* (*Volks~*) censimento *m;* (*Stimmen~*) spoglio *m* delle schede

Zahlungsabkommen *n* accordo *m* di pagamento; **Zahlungsanweisung** *f* ordine *m* di pagamento; **Zahlungsaufforderung** *f* intimazione *f* di pagamento; **Zahlungsaufschub** *m* dilazione *f* di pagamento; **Zahlungsbedingungen** *fpl* condizioni *fpl* di pagamento; **Zahlungsbilanz** *f* bilancia *f* dei pagamenti; **Zahlungseinstellung** *f* sospensione *f* dei pagamenti; **Zahlungserleichterung** *f* facilitazione *f* di pagamento; **zahlungsfähig** *adj* solvente, solvibile

Zahlungsfrist *f* termine *m* di pagamento; **zahlungskräftig** *adj* (*fam*) solvibile; **Zahlungsmittel** *n* mezzo *m* di pagamento; **gesetzliche ~** monete legali; **Zahlungsschwierigkeiten** *fpl* difficoltà *fpl* di pagamento; **in ~ geraten** incontrare difficoltà finanziarie; **zahlungsunfähig** *adj* insolvente, insolvibile; **zahlungsunwillig** *adj* chi paga controvoglia; **Zahlungsverkehr** *m* (operazioni *fpl* di) pagamento *m*, pagamenti *mpl*; **Zahlungsverpflichtung** *f* obbligo *m* di pagamento; **seinen ~en nachkommen** soddisfare i propri impegni di pagamento; **Zahlungsverzug** <-(e)s> *kein Pl m* ritardo *m* di pagamento; **in ~ geraten** essere in ritardo di pagamento

Zählwerk *n* contatore *m*

Zahlwort <-(e)s, -wörter> *n* (LING) numerale *m*

zahm [tsa:m] *adj* ❶ (*Tier*) docile, mansueto; (*gezähmt*) addomesticato ❷ (*fig: gemäßigt, milde*) mite, indulgente

zähmbar *adj* addomesticabile; (*a fig*) domabile

zähmen ['tsɛːmən] *vt* ❶ (*zahm machen*) ammansire; (*a fig*) domare; (*zum Haustier machen*) addomesticare ❷ (*fig: zügeln*) frenare, dominare

Zahmheit <-> *kein Pl f* docilità *f*, mansuetudine *f*

Zähmung <-> *kein Pl f* ❶ (*das Zähmen*) ammansimento *m*; (*zum Haustier, a fig: von Charakter*) addomesticamento *m* ❷ (*fig: das Zügeln*) domare *m*, dominare *m*

Zahn [tsaːn, *pl*: 'tsɛːnə] <-(e)s, Zähne> *m* (ANAT, TEC) dente *m*; (ZOO: *Hauer, Stoß~*) zanna *f*; **Zähne bekommen** mettere i denti; **die dritten Zähne** (*scherz*) la dentiera; **der ~ der Zeit** (*fam*) le ingiurie del tempo; **einen ziemlichen** [*o ganz schönen*] **~ draufhaben** (*fam*) andare a tutta birra; **jdm auf den ~ fühlen** (*fig*) tastare il polso a qu; **jdm die Zähne zeigen** (*fig*) mostrare i denti a qu; **sich** *dat* **an etw** *dat* **die Zähne ausbeißen** (*fig*) dannarsi l'anima per qc; **Haare auf den Zähnen haben** (*fam*) sapersi difendere; **bis an die Zähne bewaffnet sein** essere armato fino ai denti; **das ist etw für den hohlen ~** (*fam*) è troppo poco; **Zahnarzt** *m* dentista *m*; **Zahnarzthelferin** *f* assistente *f* alla poltrona, assistente *f* dentale; **Zahnärztin** *f* dentista *f*; **Zahnausfall** *m* caduta *f* dei denti; **Zahnbehandlung** <-, -en> *f* trattamento *m* odontoiatrico; **Zahnbelag** *m* patina *f* dentaria; **Zahnbürste** *f* spazzolino *m* da denti; **elektri-**

sche ~ spazzolino (da denti) elettrico; **Zahncreme** *s*. **Zahnpasta**

Zähneklappern ['tsɛːnəklapən] <-s> *kein Pl n* battere *m* i denti

zähneknirschend *adv* chi digrigna i denti; (*unwillig*) indignato, stizzito; **sich ~ fügen** rassegnarsi/obbedire a denti stretti

zahnen *vi* mettere i denti; **Zahnen** <-s> *kein Pl n* dentizione *f*

Zahnersatz *m* protesi *f* dentaria; **Zahnfäule** *f* carie *f* dentaria; **Zahnfleisch** *n* gengiva *f*; **Zahnfleischbluten** <-s> *kein Pl n* sanguinazione *f* delle gengive; **~ haben** avere le gengive sanguinanti; **Zahnfüllung** *f* (MED) piombatura *f* di un dente; **Zahngold** <-(e)s> *kein Pl n* (MED) oro *m* utilizzato in odontoiatria; **Zahnklammer** *f* apparecchio *m* ortodontico; **zahnlos** *adj* sdentato, senza denti; **Zahnlücke** *f* spazio *m* interdentale, buco *m fam*; **Zahnpasta** *f* dentifricio *m*; **Zahnpflege** *f* igiene *f* dei denti; **Zahnprothese** *f* protesi *f* dentaria; **Zahnputzglas** *n* bicchiere *m* da bagno; **Zahnrad** *n* (TEC) ruota *f* dentata; **Zahnradbahn** *f* (TEC) ferrovia *f* a cremagliera; **Zahnschmelz** *m* smalto *m* (dentario); **Zahnschmerz** <-es, -en> *m* mal *m* di denti; **Zahnseide** <-, -n> *f* filo *m* interdentale; **Zahnspange** *f* apparecchio *m* ortodontico; **Zahnstein** *m* tartaro *m* (dentario); **Zahnstocher** ['tsaːnʃtɔxe] <-s, -> *m* stuzzicadenti *m*; **Zahntechniker(in)** *m(f)* odontotecnico, -a *m*, *f*; **Zahnwurzel** *f* radice *f* del dente

Zampano [tsamˈpaːno] <-s, -s> *m* (*iron*) superman *m*, mangiafuoco *m*

Zander ['tsande] <-s, -> *m* (ZOO) lucioperca *f o m*

Zange ['tsaŋə] <-, -n> *f* tenaglie *fpl*; (*Kneif~*) pinza *f*; (*kleinere ~*) pinzetta *f*; (MED) forcipe *m*; **jdn in die ~ nehmen** (*fig*) mettere qu alle strette; **zangenförmig** ['tsaŋənfœrmɪç] *adj* a (forma di) tenaglia; **Zangengeburt** *f* parto *m* col forcipe

Zank [tsaŋk] <-(e)s> *kein Pl m* litigio *m*, bisticcio *m*; **Zankapfel** *m* pomo *m* della discordia

zanken *vr* **sich ~** litigare, bisticciare; **sich um etw ~** contendersi qc, litigare per qc

zänkisch ['tsɛŋkɪʃ] *adj* litigioso, attaccabrighe

Zanksucht *f* indole *f* litigiosa, litigiosità *f*; **zanksüchtig** *s*. **zänkisch**

Zäpfchen ['tsɛpfçən] <-s, -> *n* ❶ (ANAT) ugola *f* ❷ (MED) supposta *f*

zapfen ['tsapfən] *vt* spillare

Zapfen ['tsapfən] <-s, -> *m* ❶ (BOT) pigna *f*
❷ (TEC) perno *m;* (*Dübel*) tassello *m;*
(*Spund*) zaffo *m;* (*Holz~*) tenone *m;*
(*Fass~*) tappo *m*
Zapfenstreich *m* (MIL) ritirata *f*
Zapfhahn *m* spina *f;* **Zapfsäule** *f* distributore *m* di benzina
zappelig *adj* (*fam*) irrequieto; (*innerlich
unruhig*) inquieto; **jdn ~ machen** innervosire qu
zappeln ['tsapəln] *vi* dimenarsi, dibattersi;
(*strampeln*) sgambettare; (*Tier*) zampettare; **jdn ~ lassen** (*fig fam*) tenere qu sulla
corda
Zappelphilippsyndrom *n* sindrome *f* da
iperattività
zappen ['tsapən] *vi* (*sl*) fare lo zapping
zappenduster ['tsapən'du:stɐ] *adj* (*fam*)
buio pesto; **und dann ist's ~** (*fig*) e poi è
finita
zapplig *s.* **zappelig**
Zar(in) [tsa:ɐ̯] <-en, -en; -, -nen> *m(f)*
zar *m,* zarina *f*
zart [tsa:ɐ̯t] *adj* ❶ (*Fleisch, Gemüse, Alter*)
tenero ❷ (*fein*) fine; (*Haut, Farbe, Duft*)
delicato; (*Gestalt*) gracile; (*zerbrechlich*)
fragile, delicato; (*leicht*) leggero; (*sanft*)
dolce ❸ (*feinfühlig*) sensibile, delicato;
~ besaitet [*o* **fühlend**] sensibile,
dai sentimenti delicati; **zartbesaitet**
['tsa:ɐ̯tbə'zaɪtət] *adj* sensibile, dai sentimenti delicati; **zartbitter** *adj* semiamaro;
zartfühlend *adj* sensibile, dai sentimenti
delicati; **Zartgefühl** *n* delicatezza *f;* (*Taktgefühl*) tatto *m;* **Zartheit** <-> *kein Pl f*
❶ (*von Obst, Fleisch, Gemüse*) tenerezza *f*
❷ (*Feinheit*) finezza *f;* (*Sanftheit, Zerbrechlichkeit, Schwächlichkeit*) delicatezza *f*
zärtlich ['tsɛ:ɐ̯tlɪç] **I.** *adj* tenero; (*liebevoll
a*) affettuoso **II.** *adv* con tenerezza; **Zärtlichkeit** <-, -en> *f* ❶ *sing* (*Eigenschaft*)
tenerezza *f* ❷ (*Liebkosung*) carezza *f,*
affettuosità *f;* **~en austauschen** scambiarsi affettuosità
Zaster ['tsastɐ] <-s> *kein Pl m* (*sl*) grana *f*
Zäsur [tsɛ'zu:ɐ̯] <-, -en> *f* cesura *f*
Zauber ['tsaʊbɐ] <-s, -> *m* ❶ (*Magie*)
incantesimo *m,* incanto *m;* **das ist alles
fauler ~** (*fam*) è tutto un imbroglio ❷ (*fig:
Reiz*) fascino *m;* **der ~ der Musik** l'incanto della musica
Zauberei [tsaʊbə'raɪ] <-, -en> *f* ❶ *sing*
(*Magie*) magia *f,* incantesimo *m* ❷ (*Zauberkunststück*) gioco *m* di prestigio,
trucco *m*
Zauberer <-s, -> *m* mago *m;* (*Zauber-
künstler*) illusionista *m,* prestigiatore *m*

Zauberflöte *f* flauto *m* magico
zauberhaft *adj* incantevole, affascinante
Zauberhand *f* **wie von** [*o* **durch**] **~** come
per incanto
Zauberin <-, -nen> *f* maga *f;* (*Zauber-
künstler*) illusionista *f,* prestigiatrice *f*
Zauberkunst¹ <-> *kein Pl f* (*Magie*)
magia *f,* giochi *mpl* di prestigio
Zauberkunst² <-, -künste> *f* (*magische
Fähigkeit*) poteri *mpl* magici, arte *f* magica
Zauberkünstler(in) *m(f)* illusionista *mf;*
(*Taschenspieler*) prestigiatore, -trice *m, f*
Zauberkunststück *n* gioco *m* di prestigio
zaubern I. *vi* ❶ (*Magie betreiben*) esercitare la magia; **ich kann doch nicht ~**
(*fam*) non posso fare miracoli ❷ (*Zaubertricks vorführen*) fare giochi di prestigio
II. *vt* far accadere qc per magia; (*herbei~*)
produrre per incantesimo; **das Geld aus
einer Tasche in die andere ~** far passare
per incantesimo il denaro da una tasca in
un'altra
Zauberspruch *m* formula *f* magica; **Zauberstab** *m* bacchetta *f* magica; **Zaubertrank** *m* filtro *m* magico; **Zaubertrick**
<-(e)s, -s> *m* trucco *m* magico; **Zauber-
wort** <-(e)s, -e> *n* formula *f* magica
Zaubrer(in) *m(f) s.* **Zauberer**
Zauderer <-s, -> *m,* **zaudern** ['tsaʊdɐn]
vi esitare, indugiare, tentennare
Zaudrer(in) *m(f) s.* **Zauderer**
Zaum [tsaʊm, *pl:* 'tsɔɪmə] <-(e)s,
Zäume> *m* briglie *fpl;* **im ~ halten** (*fig*)
frenare, tenere a freno
zäumen ['tsɔɪmən] *vt* mettere le briglie a,
imbrigliare
Zaumzeug <-(e)s, -e> *n* briglie *fpl*
Zaun [tsaʊn, *pl:* 'tsɔɪnə] <-(e)s, Zäune> *m*
recinto *m;* **einen Streit vom ~ brechen**
provocare una lite; **Zaungast** *m* spettatore, -trice *m, f* esterno, -a, persona *f* che
sta a guardare; **Zaunkönig** *m* (ZOO) scricciolo *m;* **Zaunpfahl** *m* palo *m* di uno steccato; **ein Wink mit dem ~** un avvertimento indiretto, ma esplicito
z. B. *abk v* **zum Beispiel** p.es.
ZDF [tsɛtde:'ʔɛf] <-(s)> *kein Pl n abk v*
Zweites Deutsches Fernsehen rete televisiva pubblica tedesca
Zebra ['tse:bra] <-s, -s> *n* (ZOO) zebra *f;*
Zebrastreifen *m* strisce *fpl* pedonali
Zebu ['tse:bu] <-s, -s> *mn* zebù *m*
Zeche ['tsɛça] <-, -n> *f* ❶ (*Rechnung*)
conto *m,* scotto *m;* **die ~ prellen** (*fam*)
non pagare il conto ❷ (*Bergwerk*) miniera *f*
di carbone
zechen ['tsɛçən] *vi* sbevazzare, gozzovigliare

Zecher(in) <-s, -; -, -nen> *m(f)* beone,
-a *m, f,* crapulone, -a *m, f*
Zechgelage *n* gozzoviglia *f,* crapula *f;*
Zechpreller(in) <-s, -; -, -nen> *m(f)* chi
se ne va senza aver pagato il conto; **Zech-**
prellerei [tsɛçprɛləˈraɪ] <-, -en> *f* man-
giare *m* e bere *m* senza pagare
Zeck [tsɛk] <-s, -e *o* -en> *m* (*A, südd*),
Zecke [ˈtsɛkə] <-, -n> *f* (ZOO) zecca *f;*
Zeckenbiss[RR] <-es, -e> *m* morso *m* di
una zecca; **Zeckenimpfung** <-, -en> *f*
vaccino *m* antizecche
Zeder [ˈtseːdɐ] <-, -n> *f* cedro *m;*
Zedernholz *n* legno *m* di cedro
Zeh [tseː] <-s, -en> *m* s. **Zehe 1.**
Zehe [ˈtseːə] <-, -n> *f* ❶ (ANAT) dito *m*
del piede; **große/kleine ~** pollice *m/*
mignolo *m* del piede ❷ (BOT: *Knoblauch~*)
spicchio *m* (d'aglio); **Zehenspitze** *f*
punta *f* dei piedi; **auf (den) ~n** in punta di
piedi
zehn [tseːn] *num* dieci; **etwa ~** una decina;
s. a. **acht**
Zehn <-, -en> *f* dieci *f*
Zehn-, zehn- *s. a.* **Acht-, acht-**
Zehner <-s, -> *m* (MAT) decina *f;* **Zehner-**
stelle *f* decina *f;* **eine ~ hinter dem**
Komma una decade dopo la virgola
zehnfach *adj* decuplo; *s. a.* **achtfach**
Zehnfingersystem [tseːnˈfɪŋɐzysteːm]
<-s> *kein Pl n* sistema *m* delle dieci dita,
capacità di battere a macchina a dieci dita
senza guardare i tasti
Zehnkampf *m* (SPORT) decat(h)lon *m;*
Zehnkämpfer(in) <-s, -; -, -nen> *m(f)*
(SPORT) decathloneta *mf,* decatleta *mf*
zehnmal *adv* dieci volte
Zehnmarkschein [ˈtseːnˈmarkʃaɪn] *m*
biglietto *m* da dieci marchi
Zehnpfennigstück [ˈtseːnˈpfɛnɪçʃtʏk] *n*
moneta *f* da dieci pfennig
zehntausend [ˈtseːnˈtaʊzənt] *num* diecimila; **die oberen Zehntausend** (*fam*)
l'alta società, i ceti privilegiati
zehnte *s.* **zehnte(r, s)**
Zehnte <ein -r, -n, -n> *mf* decimo, -a *m, f;*
s. a. **Achte**
Zehntel <-s, -> *n* decimo *m,* decima parte *f*
zehntens *adv* (in) decimo (luogo)
zehnte(r, s) *adj* decimo, -a; (*bei Datumsan-*
gaben) dieci; *s. a.* **achte(r, s)**
zehren [ˈtseːrən] *vi* ❶ (*leben, sich ernäh-*
ren) **von etw ~** vivere di qc ❷ (*mager*
machen) **an jdm ~** far dimagrire qu
Zeichen [ˈtsaɪçən] <-s, -> *n* ❶ (*Tier-*
kreis~, Mal, MUS) segno *m;* (*Symbol*) simbolo *m;* (*Merk~*) contrassegno *m;* (*Ab~*)
distintivo *m;* (*Akten~*) numero *m* di proto-

collo; (*Namens~*) sigla *f;* (*Waren~*) marchio *m;* **im ~ des Stiers geboren sein**
essere nato sotto il segno del toro ❷ (*Si-*
gnal) segnale *m;* (*Beweis*) prova *f;* **ein ~**
geben dare un segno; (*Wink*) fare un
cenno; **das ~ (zu etw) geben** dare il segnale (di qc); **als** [*o* **zum**] **~ von** in segno
di; **das ist ein gutes ~** è buon segno
❸ (*Vor~*) avvertimento *m;* (*An~*) indizio *m;*
(MED) sintomo *m;* **es geschehen noch ~**
und Wunder! (*scherz*) meraviglia!, miracolo! ❹ (INFORM) carattere *m*
Zeichenblock <-(e)s, -s> *m* blocco *m* da
disegno; **Zeichenbrett** *n* tavola *f* da disegno
Zeichenerklärung *f* leggenda *f*
Zeichenlehrer(in) *m(f)* insegnante *mf* di
disegno; **Zeichenpapier** *n* carta *f* da disegno; **Zeichensaal** *m* aula *f* di disegno
Zeichensatz <-es, -sätze> *m* (INFORM)
mappa *f* dei caratteri
Zeichensetzung <-> *kein Pl f* interpunzione *f;* **Zeichensprache** *f* linguaggio *m*
mimico
Zeichenstift *m* matita *f* da disegno; **Zei-**
chentisch *m* tavolo *m* da disegno; **Zei-**
chentrickfilm *m* cartoni *mpl* animati
zeichnen [ˈtsaɪçnən] **I.** *vt* ❶ (*malen*) disegnare; (*skizzieren*) schizzare, abbozzare;
technisches Zeichnen disegno industriale ❷ (*kenn~*) contrassegnare, marcare
❸ (*unter~,* FIN) firmare, sottoscrivere **II.** *vi*
disegnare; **für etw ~** (ADM: *verantwortlich*
sein) assumersi la responsabilità di qc
Zeichnen <-s> *kein Pl n* disegno *m;* **tech-**
nisches ~ disegno industriale
Zeichner(in) <-s, -; -, -nen> *m(f)* ❶ (*Ma-*
ler) disegnatore, -trice *m, f;* **technischer ~**
disegnatore tecnico ❷ (FIN) sottoscrittore,
-trice *m, f;* **zeichnerisch** *adj* grafico,
illustrativo; **etw ~ darstellen** rappresentare qc graficamente
Zeichnung <-, -en> *f* ❶ (*Darstellung,*
Entwurf, Muster) disegno *m* ❷ (FIN) sottoscrizione *f*
zeichnungsberechtigt *adj* autorizzato
a firmare; **Zeichnungsvollmacht** *f*
diritto *m* di firma
Zeigefinger *m* (dito *m*) indice *m*
zeigen [ˈtsaɪgən] **I.** *vt* ❶ (*allg*) mostrare,
far vedere; (*vorführen*) esibire; (FILM, THEAT)
presentare; (*Weg*) indicare, mostrare; (*Wir-*
kung) far registrare; **dir werd' ich's ~!**
(*fam*) ti farò vedere io! ❷ (TEC: *an~*) segnare ❸ (*an den Tag legen*) mostrare,
manifestare; (*aufweisen*) mostrare, rivelare
II. *vi* **auf jdn/etw ~** indicare qu/qc; **mit**
dem Finger auf jdn/etw ~ additare qu/

qc; **nach Süden** ~ indicare il sud; **die Ampel zeigt auf Grün** il semaforo è verde; **zeig (doch) mal!** fammi vedere!
III. *vr* **sich** ~ mostrarsi; (*sich sehen lassen*) farsi vedere; (*sich zur Schau stellen*) mettersi in mostra; **es zeigt sich, dass ...** risulta che ...; **das wird sich** ~ si vedrà; **sie zeigte sich wenig gerührt über diesen Vorfall** si mostrò poco commossa per l'accaduto

Zeiger <-s, -> *m* indice *m*, indicatore *m*; (*Nadel*) ago *m*; (*Uhr~*) lancetta *f*

Zeigestock *m* bacchetta *f*

Zeile ['tsaɪlə] <-, -n> *f* ❶ (*Text~*) riga *f*; **jdm ein paar ~n schreiben** scrivere due righe a qu; **neue ~!** (*beim Diktat*) a capo!; **zwischen den ~n lesen** leggere tra le righe ❷ (TV) linea *f* ❸ (*Häuser~, Baum~*) fila *f*

Zeilenabstand *m* spazio *m* interlineare; **Zeilenlänge** <-, -n> *f* giustezza *f*; **Zeilensetzmaschine** *f* linotype® *f*

Zeisig ['tsaɪzɪç] <-s, -e> *m* (zoo) lucherino *m*

zeit [tsaɪt] *prp* +*gen* ~ **meines Lebens** per tutta la mia vita, vita natural durante

Zeit [tsaɪt] <-, -en> *f* (LING, SPORT, PHYS, PHILOS) tempo *m*; (~ *raum*, ~ *spanne*) periodo *m*; (~ *alter*) epoca *f*, era *f*; (~ *punkt*) momento *m*; (*Jahres~*) stagione *f*; (*Uhr~*) ora *f*; **schlechte ~en** tempi duri; ~ **brauchen** metterci tempo; ~ **gewinnen/verlieren** guadagnare/perdere tempo; **keine ~ haben** (**etw zu tun**) non aver tempo (per fare qc); **sechs Stunden ~ haben** avere sei ore di tempo; **eine ~ festsetzen** fissare l'ora [*o* la data]; **jdm ~ lassen** dar tempo a qu; **sich** *dat* ~ **lassen** fare con comodo, prendersela comoda *fam*; **sich** *dat* ~ **nehmen** prendere tempo; **viel ~ in Anspruch nehmen** richiedere molto tempo; **die ~ (mit Lesen) verbringen** passare il tempo (leggendo); ~ **raubend** che richiede molto tempo, lungo; ~ **sparend** che fa risparmiare tempo; **auf ~ spielen** (SPORT) guadagnare tempo, tirare in lungo le cose; **mit der ~ gehen** andare coi tempi, tenere il passo con i tempi; **auf ~** a termine; **für alle ~en** per sempre; **im Laufe der** ~ col tempo, coll'andare del tempo; **in der ~ vom ... bis zum ...** nel periodo dal ... al ...; **in jüngster ~** recentemente; **in kurzer ~** in breve tempo; **in letzter ~** negli ultimi tempi, ultimamente; **in nächster ~** prossimamente, in un prossimo futuro; **in unserer ~** oggigiorno, nell'epoca in cui viviamo; **in alten ~en** nei tempi antichi, una volta; **das waren andere ~en** erano altri tempi; **mit der ~** col passare del tempo; **seit der** [*o* dieser] ~ da quel momento; **die ganze ~** (über) (per) tutto il tempo; **um diese ~** a quest'ora; **um dieselbe** [*o* die gleiche] ~ alla stessa ora; **um welche ~?** a che ora?; **von ~ zu** ~ di tanto in tanto, ogni tanto; **vor langer ~** molto tempo fa; **zur ~ von** ai tempi di; **zur gleichen ~** allo stesso tempo, insieme; **zur rechten ~** al tempo giusto; (*rechtzeitig*) tempestivamente; **zu jeder ~** in ogni tempo; **zu meiner ~** ai miei tempi; **eine ~ lang** per qualche tempo; **das hat ~** non c'è fretta, c'è tempo; **es wird (allmählich) ~, dass ...** è ora che +*conj*; **es ist an der ~ zu** +*inf* è tempo [*o* ora] di +*inf*; **ach, du liebe ~!** Dio mio!, santo cielo!; **alles zu seiner ~!** ogni cosa a suo tempo!; **wie die ~ vergeht!** come passa il tempo!; **kommt ~, kommt Rat** (*prov*) la notte porta consiglio

Zeitabschnitt *m* periodo *m* (di tempo), epoca *f*; **Zeitabstand** *m* intervallo *m*; **in regelmäßigen Zeitabständen** periodicamente, a intervalli regolari; **Zeitalter** *n* era *f*, età *f*, tempo *m*; **Zeitangabe** *f* ❶ (*Uhrzeit*) ora *f*; (*Datum*) data *f* ❷ (LING) complemento *m* di tempo; **Zeitansage** *f* segnale *m* orario; **Zeitarbeit** *f* lavoro *m* interinale; **Zeitaufnahme** *f* posa *f*; **Zeitaufwand** *m* dispendio *m* di tempo; **zeitaufwändig**^RR *adj* che richiede molto tempo; **Zeitbombe** *f* bomba *f* a orologeria; **Zeitdruck** <-(e)s> *kein Pl* *m* fretta *f*, premura *f*; **unter** ~ **stehen** avere fretta; **Zeiteinteilung** *f* distribuzione *f* del tempo; **gute/schlechte** ~ tempo *m* ben/mal distribuito; **Zeitenfolge** *f* (GRAM) consecutio *m* temporum; **Zeiterfassungssystem** *n* sistema *m* di rilevamento del tempo; **Zeitersparnis** *f* risparmio *m* di tempo; **Zeitfrage** <-> *kein Pl* *f* questione *f* di tempo; **Zeitgefühl** <-(e)s> *kein Pl* *n* senso *m* del tempo; **Zeitgeist** *m* spirito *m* del tempo; **zeitgemäß** *adj* conforme allo spirito del tempo, moderno; (*aktuell*) attuale; **Zeitgenosse** *m*, **Zeitgenossin** *f* contemporaneo, -a *m*, *f*; **zeitgenössisch** ['tsaɪtɡənœsɪʃ] *adj* contemporaneo; **Zeitgeschehen** <-s> *kein Pl* *n* attualità *f*; **Zeitgeschichte** *f* storia *f* contemporanea; **Zeitgewinn** *m* risparmio *m* di tempo; **zeitgleich** *adj* contemporaneamente; ~ **durchs Ziel gehen** tagliare il traguardo contemporaneamente

zeitig I. *adj* primo; **am ~en Nachmittag** di primo pomeriggio **II.** *adv* presto; ~ **aufstehen** alzarsi di buon'ora

zeitigen *vt* (*geh*) ❶ (*hervorbringen*) produrre ❷ (*zur Folge haben*) avere come conseguenza

Zeitkarte *f* abbonamento *m;* **zeitkritisch** *adj* critico nei confronti della propria epoca; **Zeitlang**^{ALT} *f s.* **Zeit**

zeitlebens [tsaɪt'le:bəns] *adv* per tutta la vita, vita natural durante

zeitlich *adj* cronologico; (LING) temporale; (*vergänglich*) caduco; ~ **zusammenfallen** coincidere; ~ **begrenzt** limitato nel tempo; ~ **passt es mir gut** l'orario mi va bene; **das Zeitliche segnen** (*geh*) passare a miglior vita *poet*

Zeitlimit *n* tempo *m* massimo

zeitlos *adj* non soggetto al tempo; (*Kleidung*) non soggetto alla moda

Zeitlupe *f* (FILM) rallentatore *m;* **in** ~ al rallentatore; **Zeitlupenaufnahme** *f* ripresa *f* al rallentatore; **Zeitlupentempo** *n* im ~ a passo di lumaca

Zeitmangel *m* mancanza *f* di tempo; **aus** ~ per mancanza di tempo; **Zeitnehmer(in)** <-s, -; -, -nen> *m(f)* cronometrista *mf;* **Zeitnot** <-> *kein Pl f* mancanza *f* di tempo; **in** ~ **sein** avere pochissimo tempo; **um nicht in** ~ **zu geraten** per non arrivare allo stremo del tempo; **Zeitpunkt** *m* momento *m,* istante *m,* punto *m;* (*Datum*) data *f;* **zu diesem** ~ in quel momento, a questo punto; **Zeitraffer** <-s> *kein Pl m* (FILM) acceleratore *m;* **Zeitrafferaufnahme** *f* ripresa *f* all'acceleratore; **zeitraubend** *adj* che richiede molto tempo, lungo; **Zeitraum** *m* spazio *m* di tempo, periodo *m;* **Zeitrechnung** *f* cronologia *f;* **christliche** ~ era *f* cristiana; **nach/vor unserer** ~ dopo/avanti Cristo

Zeitschrift *f* periodico *m;* (*bes. Illustrierte*) rivista *f*

Zeitsoldat *m* volontario *m;* **Zeitspanne** *f* (lasso *m* di) tempo *m;* **zeitsparend** *adj* che fa risparmiare tempo; **Zeittafel** *f* tavola *f* cronologica; **Zeittakt** *m* (TEL) scatto *m;* **Zeitumstellung** <-, -en> *f* cambio *m* dell'ora

Zeitung ['tsaɪtʊŋ] <-, -en> *f* giornale *m,* quotidiano *m;* (*Zeitschrift*) rivista *f;* **in der** ~ **lesen** leggere sul giornale; **elektronische** ~ giornale telematico

Zeitungsabonnement *n* abbonamento *m* a un giornale; **Zeitungsannonce** *f* inserzione *f* (sul giornale); **Zeitungsanzeige** *f* inserzione *f* (sul giornale); **Zeitungsartikel** *m* articolo *m* di giornale; **Zeitungsausschnitt** *m* ritaglio *m* di giornale; **Zeitungsausträger(in)** *m(f)* distributore, -trice *m,* f di giornali; **Zeitungsbericht** *m*

reportage *m,* articolo *m* di giornale; **Zeitungsente** <-, -n> *f* (*fam*) serpente *m* di mare, canard *m;* **Zeitungskiosk** *m* edicola *f;* **Zeitungsleser(in)** *m(f)* lettore, -trice *m, f* di giornale; **Zeitungsmeldung** *f* notizia *f* di giornale; **Zeitungsnotiz** *f* trafiletto *m,* stelloncino *m;* **Zeitungspapier** *n* carta *f* da giornale; **Zeitungsverkäufer(in)** *m(f)* giornalaio, -a *m, f*

Zeitunterschied *m* differenza *f* di orario; **Zeitvergeudung** <-> *kein Pl f s.* **Zeitverschwendung**; **Zeitverlust** *m* perdita *f* di tempo; (*verlorene Zeit*) tempo *m* perso; **Zeitverschiebung** *f* spostamento *m* del fuso orario; **Zeitverschwendung** *f* spreco *m* di tempo; **Zeitvertrag** *m* contratto *m* a tempo determinato; **Zeitvertreib** <-(e)s, -e> *m* passatempo *m;* **zum** ~ per passatempo

zeitweilig ['tsaɪtvaɪlɪç] *adj* temporaneo, momentaneo; (*vorläufig*) provvisorio

zeitweise *adv* temporaneamente; (*von Zeit zu Zeit*) di tanto in tanto, a periodi; (*eine Zeitlang*) per un certo tempo

Zeitwort <-(e)s, -wörter> *n* (LING) verbo *m;* **Zeitzeichen** *n* segnale *m* orario; **Zeitzeuge** <-n, -n> *m,* **Zeitzeugin** <-, -nen> *f* testimone *mf* della sua epoca; (*Zeitgenosse*) contemporaneo, -a *m, f;* **Zeitzone** <-, -n> *f* fuso *m* orario; **Zeitzünder** *m* spoletta *f* ad accensione ritardata; **Zeitzündung** *f* accensione *f* a tempo

zelebrieren [tsele'bri:rən] <ohne ge-> *vt* celebrare, officiare

Zellbildung *f* citogenesi *f*

Zelle ['tsɛlə] <-, -n> *f* ❶ (BIOL, POL) cellula *f;* **die (kleinen) grauen** ~**n** (*fam scherz*) la materia grigia ❷ (*kleiner Raum*) cella *f;* (*Telefon~, Wahl~*) cabina *f* ❸ (EL) elemento *m* (di batteria), cella *f;* **Zellenbildung** *f* citogenesi *f;* **Zellgewebe** *n* tessuto *m* cellulare; **Zellkern** *m* (BIOL) nucleo *m* della cellula

Zellophan [tsɛlo'fa:n] <-s> *kein Pl n* cellofan *m*

Zellstoff *m* cellulosa *f;* **Zellstofftuch** *n* tessuto *m* di cellulosa

Zellteilung *f* (BIOL) scissione *f* della cellula

Zellulitis [tsɛlu'li:tɪs] <-, Zellulitiden> *f* (MED) cellulite *f*

Zelluloid [tsɛlu'lɔɪt] <-(e)s> *kein Pl n* celluloide *f*

Zellulose [tsɛlu'lo:zə] <-, -n> *f* cellulosa *f*

Zellwand *f* parete *f* della cellula

Zellwolle *f* lana *f* sintetica

Zelt [tsɛlt] <-(e)s, -e> *n* tenda *f;* **ein** ~ **auf-**

schlagen/abbrechen montare/smontare una tenda; **seine ~e abbrechen** (*fig scherz*) levare le tende; **Zeltbahn** *f* telo *m* da tenda

zelten *vi* campeggiare; **~ gehen** andare in campeggio; **Zelten** <-s> *kein Pl n* campeggio *m,* camping *m*

Zeltlager *n* accampamento *m,* attendamento *m;* (*Ferienlager*) campeggio *m,* camping *m;* **Zeltpflock** *m* picchetto *m* da tenda; **Zeltplatz** *m* campeggio *m,* camping *m;* **Zeltstange** *f* paletto *m* da tenda

Zement [tse'mɛnt] <-(e)s, -e> *m* cemento *m*

zementieren [tsemɛn'tiːrən] <ohne ge-> *vt* ❶ (*mit Zement, Beton versehen*) cementare ❷ (*fig: endgültig machen*) sancire

Zenit [tse'niːt] <-(e)s> *kein Pl m* ❶ (ASTR) zenit *m* ❷ (*fig: Höhepunkt*) apice *m,* culmine *m;* **im ~ seines Ruhms** all'apice della sua gloria

zensieren [tsɛn'ziːrən] <ohne ge-> *vt* ❶ (*Bücher, Filme, Zeitungen*) censurare ❷ (*benoten*) classificare, dare voti a

Zensur [tsɛn'zuːɐ̯] <-, -en> *f* ❶ *sing* (*staatliche Kontrolle*) censura *f;* **durch die ~ gehen** passare la censura ❷ (*Note*) voto *m*

zensurieren [tsɛnzu'riːrən] <ohne ge-> *vt* (*A, CH: zensieren*) censurare

Zensus ['tsɛnzʊs] <-, -> *m* censimento *m*

Zentiliter [tsɛnti'liːtɐ] *mn* centilitro *m*

Zentimeter [tsɛnti'meːtɐ] *m o n* centimetro *m;* **Zentimetermaß** *n* centimetro *m*

Zentner ['tsɛntnɐ] <-s, -> *m* mezzoquintale *m;* (*CH, A*) quintale *m*

zentral [tsɛn'traːl] *adj* centrale

Zentral- (*in Zusammensetzungen*) centrale; **Zentralafrika** *n* Africa *f* centrale; **Zentralamerika** [tsɛn'traːla'meːrika] *n* America *f* centrale; **Zentralbank** <-, -en> *f* (EU) banca *f* centrale; **Zentralbankpräsident** <-en, -en> *m* (EU) Presidente *m* della Banca centrale europea; **Zentralbankstatut** <-(e)s, -en> *n* (EU) Statuto *m* della banca centrale

Zentrale <-, -n> *f* centrale *f;* (TEL) centralino *m;* (*Hauptgeschäftsstelle*) sede *f* centrale; (*Taxi~*) centrale *f*

Zentralheizung *f* riscaldamento *m* centrale

zentralisieren [tsɛntrali'ziːrən] <ohne ge-> *vt* centralizzare

Zentralismus [tsɛntra'lɪsmʊs] <-> *kein Pl m* centralismo *m;* **zentralistisch** *adj* accentratore, centralizzatore

Zentralkomitee *n* comitato *m* centrale;

Zentralnervensystem <-s, -e> *n* (ZOO, MED) sistema *m* nervoso centrale; **Zentralverriegelung** <-, -en> *f* (AUTO) chiusura *f* centralizzata; **Zentralverwaltung** *f* amministrazione *f* centrale

Zentren *pl von* **Zentrum**

zentrieren *vt* centrare; **zentriert** *adj* (*Text*) centrato

zentrifugal [tsɛntrifu'gaːl] *adj* centrifugo; **Zentrifugalkraft** *f* forza *f* centrifuga

Zentrifuge [tsɛntri'fuːgə] <-, -n> *f* centrifuga *f*

zentripetal [tsɛntripe'taːl] *adj* centripeto; **Zentripetalkraft** *f* forza *f* centripeta

Zentrum ['tsɛntrʊm, *pl:* 'tsɛntrən] <-s, Zentren> *n* centro *m;* **im ~ des Interesses** al centro dell'attenzione

Zeppelin ['tsɛpəliːn] <-s, -e> *m* dirigibile *m,* zeppelin *m*

Zepter ['tsɛptɐ] <-s, -> *n rar m* scettro *m*

zerbeißen <irr, ohne ge-> *vt* spezzare coi denti, morsicare

zerbomben <ohne ge-> *vt* distruggere con i bombardamenti

zerbrechen <irr, ohne ge-> **I.** *vt haben* rompere, spezzare; **sich** *dat* **den Kopf über etw** *acc* **~** rompersi la testa per qc **II.** *vi sein* rompersi; (*a fig*) spezzarsi; **an Kummer** *dat* **~** spezzarsi dal dispiacere

zerbrechlich *adj* fragile

zerbrochen *pp von* **zerbrechen**

zerbröckeln <ohne ge-> **I.** *vt haben* sbriciolare **II.** *vi sein* sbriciolarsi; (*Mauer, fig a*) disgregarsi

zerdrücken <ohne ge-> *vt* schiacciare; (*Kleidung*) sgualcire

Zeremonie [tseremo'niː *o* tsere'moːnɪə] <-, -n> *f* cerimonia *f*

zeremoniell [tseremo'njɛl] *adj* cerimoniale; **Zeremoniell** <-s, -e> *n* cerimoniale *m*

Zeremonienmeister *m* cerimoniere *m*

zerfahren *adj* ❶ (*ausgefahren*) dissestato ❷ (*zerstreut*) distratto

Zerfall *m* ❶ (*a fig*) crollo *m,* rovina *f;* (GEOL) disfacimento *m;* (CHEM) decomposizione *f;* (PHYS) disintegrazione *f* ❷ (*fig: Verfall*) decadimento *m*

zerfallen <irr, ohne ge-> *vi sein* ❶ (*auseinander fallen*) cadere in [*o* a] pezzi; (*bes. Bauwerk*) crollare, andare in rovina; **zu Staub ~** ridursi in polvere ❷ (*sich auflösen*) disfarsi, dissolversi; (PHYS) disintegrarsi ❸ (*Werte, Familie,* GEOL) disgregarsi ❹ (*fig: sich gliedern*) dividersi; **in viele Teile ~** dividersi in molte parti

zerfetzen <ohne ge-> *vt* (*in Fetzen reißen*) stracciare, fare a pezzi; (*a zerflei-*

schen) lacerare; **zerfetzt** *adj* (*Kleidung, Papier*) stracciato, a pezzi; (*Körper*) dilaniato

zerfleischen <ohne ge-> *vt* sbranare, lacerare, strappare

zerfließen <irr, ohne ge-> *vi sein* ❶ (*Flüssiges*) spandersi ❷ (*Weiches*) liquefarsi ❸ (*fig: Hoffnungen*) dissolversi

zerfressen <irr, ohne ge-> *vt* (*Motten, Neid*) rodere; (*Säure, Rost*) corrodere

zerfurcht [tsɛɛ'fʊrçt] *adj* (*Weg*) scavato; (*Gesicht*) solcato, rugoso

zergehen <irr, ohne ge-> *vi sein* sciogliersi; **auf der Zunge** ~ sciogliersi in bocca

zergliedern <ohne ge-> *vt* ❶ (*sezieren*) sezionare ❷ (*analysieren*) analizzare

zerhacken <ohne ge-> *vt* (*Holz*) spaccare, tagliare; (*Fleisch*) tagliare a pezzetti

zerhauen <zerhaut, zerhaute *o* zerhieb, zerhauen> *vt* tagliare a pezzi, spaccare

zerkauen <ohne ge-> *vt* macinare

zerkleinern <ohne ge-> *vt* (*Fleisch, Gemüse*) tritare; (*Brot, Holz*) spezzettare

zerklüftet [tsɛɛ'klʏftət] *adj* frastagliato

zerknirscht *adj* contrito, mortificato; **Zerknirschtheit** <-> *kein Pl f*, **Zerknirschung** <-> *kein Pl f* contrizione *f*, compunzione *f*

zerknittern <ohne ge-> *vt* sgualcire, spiegazzare

zerknüllen <ohne ge-> *vt* appallottolare

zerkochen <ohne ge-> I. *vt haben* stracuocere II. *vi sein* scuocersi

zerkratzen <ohne ge-> *vt* graffiare

zerkrümeln <ohne ge-> I. *vt haben* sbriciolare II. *vi sein* sbriciolarsi

zerlassen <irr, ohne ge-> *vt* far sciogliere; ~ **e Butter** burro fuso

zerlegbar *adj* ❶ (*Möbel*) scomponibile; (*abnehmbar*) smontabile ❷ (CHEM) decomponibile ❸ (MAT) divisibile

zerlegen <ohne ge-> *vt* ❶ (*Möbel*) scomporre; (TEC: *abmontieren*) smontare; **etw in seine Einzelteile** ~ smontare qc nelle sue parti componenti ❷ (*Fleisch*) trinciare ❸ (CHEM) decomporre ❹ (LING) analizzare, fare l'analisi di

zerlumpt [tsɛɛ'lʊmpt] *adj* cencioso, lacero

zermalmen [tsɛɛ'malmən] <ohne ge-> *vt* (*zerquetschen*) schiacciare; (*mit den Zähnen*) tritare

zermartern <ohne ge-> *vt* **sich** *dat* **den Kopf** ~ lambiccarsi il cervello

zermürben <ohne ge-> *vt* snervare, fiaccare

zernagen <ohne ge-> *vt* rosicchiare, rodere

zerpflücken <ohne ge-> *vt* ❶ (*auseinander zupfen*) sfogliare ❷ (*fig: Text, Buch*) demolire

zerquetschen <ohne ge-> *vt* schiacciare

Zerrbild *n* caricatura *f*

zerreiben <irr, ohne ge-> *vt* triturare; (*a Farben*) macinare; (*reiben*) grattugiare; (*zu Pulver*) polverizzare

zerreißen <irr, ohne ge-> I. *vt haben* stracciare; (*bes. durchreißen*) strappare; (*in Stücke*) far a pezzi II. *vi sein* strapparsi III. *vr* **sich für jdn** ~ farsi in quattro per qu; **Zerreißprobe** *f* ❶ (TEC) prova *f* di trazione ❷ (*fig*) dura prova *f*

zerren ['tsɛrən] I. *vt* ❶ (*ziehen*) tirare con forza; (*schleppen*) trascinare ❷ (*dehnen*) stirare, strappare II. *vi* **an etw** *dat* ~ (*reißen*) dare degli strappi a qc; (*fig*) logorare qc

zerrinnen <irr, ohne ge-> *vi sein* ❶ (*zerfließen*) sciogliersi ❷ (*fig: Jahre, Zeit*) scorrere; (*Hoffnungen*) svanire

zerrissen [tsɛɛ'rɪsən] *adj* ❶ (*in Stücke gerissen*) stracciato, lacero ❷ (*fig*) lacerato; **Zerrissenheit** <-> *kein Pl f* lacerazione *f*, spaccatura *f*

Zerrspiegel *m* (*a fig*) specchio *m* magico

Zerrung <-, -en> *f* stiramento *m*, strappo *m*

zerrütten [tsɛɛ'rʏtən] <ohne ge-> *vt* scuotere; (*schädigen*) rovinare; (*Gesundheit*) logorare; (*Geist*) turbare; (*Ehe*) guastare; (*Finanzen, Ordnung*) dissestare

Zerrüttungsprinzip *n* principio *m* del disfacimento

zersägen <ohne ge-> *vt* segare a [*o* in] pezzi

zerschellen <ohne ge-> *vi sein* sfracellarsi, schiantarsi; **das Flugzeug zerschellte an einem Berg** l'aereo si è schiantato contro la montagna

zerschlagen[1] <irr, ohne ge-> I. *vt* ❶ (*entzweischlagen*) fare a pezzi ❷ (*durch Fallenlassen*) rompere, spaccare ❸ (*durch Darauffallen*) fracassare, frantumare ❹ (*fig: Widerstand*) vincere; (*Pläne*) mandare a monte II. *vr* **sich** ~ (*fig*) andare a monte

zerschlagen[2] *adj* sfinito, spossato, esaurito

zerschlissen [tsɛɛ'ʃlɪsən] *adj* logoro, consunto

zerschmettern <ohne ge-> *vt* ❶ (*zertrümmern*) fracassare; (*bes. Körperteile*) sfracellare ❷ (*fig: Nachricht*) annichilire

zerschneiden <irr, ohne ge-> *vt* tagliare a [*o* in] pezzi, tagliuzzare

zersetzen <ohne ge-> I. *vt* ❶ (CHEM) decomporre ❷ (*fig*) disgregare; (*bes. Sit-*

ten) corrompere; (*untergraben*) minare **II.** *vr* **sich ~ ❶**(CHEM) decomporsi **❷**(*fig*) disgregarsi, disfarsi; **zersetzend** *adj* (*fig*) sovversivo; **Zersetzung** <-> *kein Pl f* **❶**(CHEM) decomposizione *f* **❷**(*fig*) disgregazione *f*; (*bes. Sitten~*) corruzione *f*

Zersiedelung <-, -en> *f* (*form*) edilizia *f* selvaggia, *agglomerato urbano che cambia il paesaggio*

zersplittern <ohne ge-> **I.** *vt haben* mandare in frantumi, scheggiare **II.** *vi sein* **❶**(*in Splitter zerfallen*) andare in frantumi, scheggiarsi **❷**(*fig* POL) essere frantumato

zerspringen <irr, ohne ge-> *vi sein* spaccarsi, rompersi; (*explodieren*) scoppiare

zerstampfen <ohne ge-> *vt* (*zertreten*) calpestare; (*im Mörser*) pestare; (*zerquetschen*) schiacciare

zerstäuben [tsɛɐ̯ˈʃtɔɪbən] <ohne ge-> *vt* (*Flüssigkeit*) spruzzare; (*Pulver*) polverizzare; **Zerstäuber** <-s, -> *m* atomizzatore *m;* (TEC) spruzzatore *m*, polverizzatore *m*

zerstechen <irr, ohne ge-> *vt* foracchiare, bucare; (*Insekten*) pungere

zerstochen *pp von* **zerstechen**

zerstören <ohne ge-> *vt* **❶**(*vernichten*) distruggere; (*Gebäude a*) demolire; (*verwüsten*) devastare **❷**(*fig: Gesundheit, Ehe*) rovinare; (*Hoffnung, Träume, Glück*) distruggere; **Zerstörer** <-s, -> *m* (*Schiff*) cacciatorpediniere *m;* **zerstörerisch** *adj* distruttivo; **Zerstörung** *f* **❶**(*Vernichtung*) distruzione *f*; (*von Gebäude a*) demolizione *f* **❷**(*fig*) rovina *f*; **Zerstörungswahn** <-(e)s> *kein Pl m* mania *f* di distruzione; **Zerstörungswut** *f* vandalismo *m*, mania *f* di distruzione

zerstoßen <zerstößt, zerstieß, zerstoßen> *vt* pestare

zerstreiten <zerstreitet, zerstritt, zerstritten> *vr* **sich ~** contrariarsi, essere discordi

zerstreuen <ohne ge-> **I.** *vt* **❶**(*verstreuen*) disperdere, spargliare **❷**(*fig: Zweifel, Verdacht*) dissipare **❸**(*ablenken*) distrarre; (*unterhalten*) svagare, divertire **II.** *vr* **sich ~ ❶**(*sich verteilen*) disperdersi **❷**(*sich ablenken*) distrarsi; (*sich unterhalten*) svagarsi, divertirsi; **zerstreut** *adj* (*fig*) distratto, sbadato; **Zerstreutheit** <-> *kein Pl f* distrazione *f*, sbadataggine *f*

Zerstreuung *f* **❶***sing* (*das Zerstreuen*) dispersione *f*, **❷**(*Unterhaltung*) distrazione *f*, svago *m* **❸***sing* (*Zerstreutheit*) distrazione *f*, sbadataggine *f*

zerstritten [tsɛɐ̯ˈʃtrɪtən] *pp von* **zerstreiten**

zerstückeln <ohne ge-> *vt* fare a pezzi, sminuzzare

zerteilen <ohne ge-> *vt* dividere; (*trennen*) separare; (*zerschneiden*) tagliuzzare; **etw in Stücke** *acc* **~** dividere qc in pezzi

Zertifikat [tsɛrtifiˈkaːt] <-(e)s, -e> *n* **❶**(*Bescheinigung*) certificato *m* **❷**(*Diplom*) diploma *m*

zertrampeln <ohne ge-> *vt* calpestare

zertreten <irr, ohne ge-> *vt* calpestare; (*Insekt*) schiacciare coi piedi; (*Glut*) spegnere coi piedi

zertrümmern <ohne ge-> *vt* fracassare, frantumare; (*a fig*) distruggere

Zervelatwurst [tsɛrvəˈlaːtvʊrst] *f* cervelata *f*

zerwühlen <ohne ge-> *vt* (*Erde*) smuovere; (*Haar*) scompigliare

Zerwürfnis [tsɛɐ̯ˈvʏrfnɪs] <-ses, -se> *n* (*geh*) discordia *f*, disaccordo *m*, dissidio *m*

zerzausen [tsɛɐ̯ˈtsaʊzən] <ohne ge-> *vt* **jdm das Haar ~** arruffare i capelli a qu, spettinare qu; **zerzaust** *adj* arruffato, scompigliato

Zeter [ˈtseːtɐ] *n* **~ und Mordio schreien** (*fam*) urlare come un forsennato

zetern *vi* strillare, urlare

Zettel [ˈtsɛtəl] <-s, -> *m* foglietto *m*, pezzo *m* di carta; (*beschriebener ~*) biglietto *m*, nota *f*; (*Kassen~*) scontrino *m*; **Zettelkasten** *m* schedario *m*

Zeug [tsɔɪk] <-(e)s> *kein Pl n* **❶**(*fam: Sachen*) roba *f*, cose *fpl*; (*pej*) robaccia *f* **❷**(*fam pej: Unsinn*) stupidaggini *fpl*, sciocchezze *fpl*; **dummes ~!** ma che sciocchezze! **❸**(*Fähigkeit*) capacità *f*, stoffa *f*; **das ~ zu etw haben** avere la stoffa di qc, essere tagliato per qc **❹**(*Wend*) **sich ins ~ legen** (*fam*) mettersi con impegno; **sich für jdn ins ~ legen** (*fam*) adoperarsi per qu; **was das ~ hält** (*fam*) a più non posso

Zeuge [ˈtsɔɪɡə] <-n, -n> *m* testimone *m;* (JUR) teste *m;* **als ~ aussagen** testimoniare, deporre; **vor ~n** in presenza di testimoni

zeugen [ˈtsɔɪɡən] **I.** *vi* **❶**(*erkennen lassen*) **von etw ~** dimostrare qc, testimoniare qc **❷**(*als Zeuge aussagen*) testimoniare **II.** *vt* **❶**(*Kinder*) procreare, generare **❷**(*fig geh*) produrre, creare

Zeugenaussage *f* deposizione *f*, testimonianza *f*; **Zeugenstand** *m* banco *m* dei testimoni; **in den ~ treten** andare al banco dei testimoni; **Zeugenverhör** *n*, **Zeugenvernehmung** *f* escussione *f* dei testi

Zeughaus *n* arsenale *m*

Zeugin [ˈtsɔɪɡɪn] <-, -nen> *f* testimone *f*; (JUR) teste *f*

Zeugnis ['tsɔɪknɪs] <-ses, -se> n ❶ (MED) certificato m; (Arbeits~) attestato m; (Schul~) pagella f; **jdm ein ~ ausstellen** rilasciare un certificato a qu ❷ (Beweis) testimonianza f, deposizione f

Zeugung <-, -en> f procreazione f, generazione f; **zeugungsfähig** adj atto a procreare; **zeugungsunfähig** adj sterile, impotente

z. H., z. Hd. abk v **zu Händen** SPM

Zicke ['tsɪkə] <-, -n> f ❶ (weibliche Ziege) capra f ❷ (Frau) megera f ❸ pl (fam: Dummheiten) stupidaggini fpl; **~n machen** fare storie

zickig adj (fam pej) bisbetico; (launisch) capriccioso; (prüde) pudico

zickzack ['tsɪktsak] adv a zigzag; **~ fahren** guidare a zigzag

Zickzack ['tsɪktsak] <-(e)s, -e> m zigzag m; **im ~ gehen** camminare a zigzag; **Zickzackkurs** <-es, -e> m rotta f a zigzag; **einen** [o **im**] **~ fahren** andare a zigzag, zigzagare; (fig) non avere una meta precisa [o fissa]

Ziege ['tsi:gə] <-, -n> f capra f; **blöde ~** (fam) oca f

Ziegel ['tsi:gəl] <-s, -> m ❶ (Baustein) laterizio m; (quaderförmig) mattone m ❷ (Dach~) tegola f; **Ziegeldach** n tetto m di tegole

Ziegelei [tsi:gə'laɪ] <-, -en> f fornace f, fabbrica f di laterizi

ziegelrot adj rosso mattone

Ziegelstein m laterizio m; (quaderförmig) mattone m

Ziegenbock m caprone m, becco m; **Ziegenfell** n pelle f di capra; **Ziegenkäse** m formaggio m di capra; **Ziegenleder** n capretto m; **Ziegenmilch** <-> kein Pl f latte m di capra

ziehen ['tsi:ən] <zieht, zog, gezogen> **I.** vt haben ❶ (allg) tirare; (zerren) trascinare; (schleppen) trainare, rimorchiare; (dehnen) tendere; **jdn an etw** dat **~** tirare qu per qc; **Fäden ~** filare, fare fili; **jdm den Ring vom Finger ~** sfilarsi l'anello dal dito; **jdn an sich ~** stringere qu a sé; **ein Boot an Land ~** tirare una barca a secco; **jdn auf seine Seite ~** tirare qu dalla propria parte; **alle Blicke auf sich ~** attirare tutti gli sguardi su di sé; **etw nach sich** dat **~** (fig) comportare, avere come conseguenza; **es zieht mich in/nach ...** mi sento attratto verso ... ❷ (heraus~) cavare, togliere; (Zahn, Los, Wurzel) estrarre; (Wechsel, Schlussfolgerungen) trarre; (hervorholen) tirar fuori; **Zigaretten** (**aus dem Automaten**) **~** estrarre le sigarette

dal distributore; **die Pistole ~** estrarre la pistola; **jdm Geld aus der Tasche ~** (fam) mungere la borsa di qu; **aus dem Verkehr ~** togliere dalla circolazione; **Nutzen aus etw ~** trarre profitto da qc ❸ (in etw hinein~) infilare; **jdn in etw** acc **~** coinvolgere qu in qc; **jdn ins Vertrauen ~** confidarsi con qu ❹ (beim Schach) muovere ❺ (Rohre) trafilare; (Mauer) costruire, erigere; (Graben) scavare ❻ (Linie) tracciare ❼ (herstellen) fare, produrre; (Pflanze) coltivare; (Tiere) allevare **II.** vi ❶ haben (allg) (an etw dat) ~ tirare (qc); **an einer Zigarette ~** dar una tirata a una sigaretta ❷ haben (weh tun) fare male ❸ sein (wandern) camminare, girare; (Zugvögel) migrare; (Wolken) muoversi, passare; **durch den Wald ~** camminare per il bosco ❹ sein (weg~) andarsene, partire; **in den Krieg ~** andare in guerra ❺ sein (umziehen) cambiare casa, trasferirsi; **in die Stadt ~** trasferirsi in città; **zu jdm ~** andare ad abitare da qu; **von Krefeld nach Stuttgart ~** trasferirsi da Krefeld a Stoccarda ❻ haben (Kaffee) filtrare; (Tee) stare in infusione; (Kochgut in Wasser) cuocere a fuoco lento ❼ haben (Auto) tirare, trainare ❽ haben (fig fam: zugkräftig sein) avere successo; **bei jdm ~** fare presa su qu; **das zieht bei mir nicht** (fam) con me non attacca ❾ (Luftzug) **es zieht** c'è corrente **III.** vr **sich ~** (sich erstrecken) estendersi; **sich über etw** acc **~** estendersi su qc; **sich in die Länge ~** tirare per le lunghe; **dieses Thema zieht sich durch den ganzen Roman** questo tema ricorre in tutto il romanzo

Ziehharmonika f fisarmonica f

Ziehung <-, -en> f estrazione f

Ziel [tsi:l] <-(e)s, -e> n ❶ (von Reise) destinazione f; **am ~** (seiner Reise) **ankommen** arrivare a destinazione ❷ (~scheibe) bersaglio m; **das ~ verfehlen** mancare il bersaglio; **über das ~ hinausschießen** (fam) passare il segno [o i limiti] ❸ (fig: Zweck) obiettivo m; (Absicht) scopo m; **ein ~ verfolgen** perseguire uno scopo; **sich** dat **ein ~ setzen** [o **stecken**] prefiggersi uno scopo, proporsi una meta; **sein ~ erreichen** raggiungere il proprio traguardo ❹ (SPORT) traguardo m, arrivo m; (als Erster) **durchs ~ gehen** tagliare il traguardo (per primo)

Zielband <-(e)s, -bänder> n nastro m d'arrivo

zielbewusst^RR adj risoluto, deciso

zielen vi ❶ (mit Waffe) (auf jdn/etw) ~ mirare (a qu/qc), prendere di mira (qu/qc), puntare (su qu/qc) ❷ (*fig: anspielen*) **auf etw** *acc* ~ alludere a qc; (*zum Ziel haben*) mirare a qc; *s. a.* **gezielt**

Zielfernrohr *n* cannocchiale *m* di puntamento; **Zielfoto** *n* fotofinish *m;* **Zielgerade** *f* (SPORT) rettilineo *m* d'arrivo; **Zielgerät** *n* dispositivo *m* di puntamento [*o* di mira]; **zielgerichtet** *adj* finalizzato a uno scopo; **Zielgruppe** *f* utenza *f,* destinatari *mpl;* **Zielkamera** *f* telecamera *f* per il fotofinish; **ziellos** *adj o adv* senza meta; **zielorientiert** *adj* mirato; **Zielpunkt** *m* punto *m* di mira, obiettivo *m;* **Zielscheibe** *f* bersaglio *m,* mira *f;* **Zielsetzung** <-, -en> *f* obiettivo *m,* finalità *f;* **zielsicher** I. *adj* dalla mira sicura II. *adv* con determinazione; **Zielsprache** *f* (LING) lingua *f* d'arrivo; **zielstrebig** I. *adj* determinato II. *adv* con determinazione; **Zielstrebigkeit** <-> *kein Pl f* determinazione *f;* **Zielvereinbarung** *f* accordo *m* sugli obiettivi da raggiungere; **Zielvorrichtung** *f* congegno *m* di puntamento

ziemlich I. *adj* (*beträchtlich*) notevole, considerevole; **eine ~ e Menge** un buon numero; **das ist eine ~ e Frechheit** è una bella sfacciataggine II. *adv* abbastanza, alquanto; ~ **sicher** quasi certo; ~ **viel** parecchio, abbastanza; **das ist so ~ dasselbe** (*fam*) è quasi lo stesso

ZieratALT <-(e)s, -e> *m s.* **Zierrat**

Zierde ['tsi:ɐ̯də] <-, -n> *f* ornamento *m;* **zur ~** per ornamento

zieren ['tsi:rən] I. *vt* (*geh*) (ad)ornare, abbellire II. *vr* **sich ~** (*pej*) fare il prezioso; (*beim Essen*) fare complimenti (a tavola)

Zierfisch *m* pesce *m* ornamentale; **Ziergarten** *m* giardino *m* ornamentale; **Zierleiste** *f* ❶ (ARCH: *an Möbelstück, Auto*) modanatura *f* ❷ (TYP) fregio *m*

zierlich *adj* (*klein, fein*) fine, delicato; (*grazil*) gracile; **Zierlichkeit** <-> *kein Pl f* (*Feinheit, Zartheit*) delicatezza *f;* (*Grazilität*) gracilità *f*

Zierpflanze *f* pianta *f* ornamentale

ZierratRR ['tsi:ra:t] <-(e)s, -e> *m* (*geh*) ornamento *m,* decorazione *f*

Zierschrift *f* scrittura *f* ornamentale

Zierstrauch *m* arbusto *m* ornamentale

Ziffer ['tsɪfɐ] <-, -n> *f* cifra *f,* numero *m;* **arabische/römische ~n** numeri arabi/romani; **in ~n** in cifre; **Zifferblatt** *n* quadrante *m*

Ziffernblock <-s, -blöcke> *m* (*von der Computertastatur*) tastierino *m* numerico

zig [tsɪç] *adj inv* (*fam*) un sacco di

Zigarette [tsiga'rɛtə] <-, -n> *f* sigaretta *f;* **sich** *dat* **eine ~ drehen** arrotolare una sigaretta

Zigarettenautomat *m* distributore *m* di sigarette; **Zigarettenetui** *n* portasigarette *m;* **Zigarettenlänge** *f* **auf eine ~** per un attimo; **Zigarettenpackung** *f* pacchetto *m* di sigarette; **Zigarettenpapier** *n* cartina *f* da sigarette; **Zigarettenpause** <-, -n> *f* (*fam*) pausa *f* (per fumare una) sigaretta; **Zigarettenschachtel** *f* pacchetto *m* di sigarette; **Zigarettenspitze** *f* bocchino *m* (per sigarette); **Zigarettenstummel** *m* mozzicone *m*

Zigarillo [tsiga'rɪlo] <-s, -s> *m o n* sigarillo *m*

Zigarre [tsi'garə] <-, -n> *f* sigaro *m*

Zigarrenabschneider *m* tagliasigari *m;* **Zigarrenkiste** *f* scatola *f* di sigari; **Zigarrenstummel** <-s, -> *m* mozzicone *m* di sigaretta

Zigeuner(in) [tsi'ɡɔɪnɐ] <-s, -; -, -nen> *m(f)* zingaro, -a *m, f*

Zigeunerleben *n* vita *f* da zingaro; **Zigeunerschnitzel** <-s, -> *n* (GASTR) fettina di carne in salsa di peperoni, cipolle e pomodoro; **Zigeunerwagen** *m* carro *m* di zingari

zigfach ['tsɪçfax] I. *adj* (*fam*) parecchio; (*häufig*) spesso II. *adv* (*fam*) parecchie volte

zigmal ['tsɪçma:l] *adv* (*fam*) mille volte

Zikade [tsi'ka:də] <-, -n> *f* (ZOO) cicala *f*

Zimmer ['tsɪmɐ] <-s, -> *n* stanza *f;* (*a Hotel~*) camera *f;* **eine Wohnung mit drei ~n** un appartamento di tre vani; **auf** [*o* **in**] **seinem ~ sein** essere in camera; „**~ frei**" "camere libere"

Zimmerantenne *f* antenna *f* interna; **Zimmerdecke** *f* soffitto *m;* **Zimmereinrichtung** *f* arredamento *m;* **Zimmerflucht** *f* fila *f* di stanze; **Zimmerhandwerk** *n* carpenteria *f,* arte *f* del carpentiere; **Zimmerkellner** *m* cameriere *m* ai piani; **Zimmerlautstärke** *f* **das Radio/ Fernsehen auf ~ stellen** mettere la radio/televisione a basso volume; **Zimmermädchen** *n* cameriera *f;* **Zimmermann** <-(e)s, -leute> *m* carpentiere *m*

zimmern ['tsɪmɐn] I. *vt* fare, costruire (in legno) II. *vi* lavorare il legno; **an etw** *dat* ~ (*a fig*) lavorare a qc

Zimmernachweis *m* (ufficio *m*) informazioni *fpl* posti letto, agenzia *f* di soggiorno; **Zimmerpflanze** <-, -n> *f* pianta *f* da appartamento; **Zimmertemperatur** *f* ❶ (*in einem bestimmten Zimmer*) temperatura *f* della stanza ❷ (*mittlere Temperatur*) temperatura *f* ambiente

Z

Zimmertheater *n* teatro *m* da camera; **Zimmervermittlung** *f* ufficio *m* di mediazione (per stanze in affitto)

zimperlich ['tsɪmpɐlɪç] *adj* (*pej*) ❶ (*überempfindlich*) ipersensibile, delicato; (*verzärtelt*) viziato; (*wehleidig*) insofferente ❷ (*übertrieben schamhaft*) prude, ritroso; **Zimperlichkeit** <-> *kein Pl f* (*pej*) ❶ (*Überempfindlichkeit*) ipersensibilità *f*, delicatezza *f*; (*Wehleidigkeit*) essere *m* piagnucoloso ❷ (*übertriebene Schamhaftigkeit*) pruderie *f*, ritrosia *f*

Zimt [tsɪmt] <-(e)s, -e> *m* cannella *f*

Zink [tsɪŋk] <-(e)s> *kein Pl n* (CHEM) zinco *m*

Zinke ['tsɪŋkə] <-, -n> *f* dente *m*

zinken *vt* (*sl: Spielkarte*) truccare

Zinken ['tsɪŋkən] <-s, -> *m* (*fam scherz*) nasone *m*

zinkhaltig *adj* contenente zinco

Zinn [tsɪn] <-(e)s> *kein Pl n* ❶ (CHEM) stagno *m* ❷ (~ *geschirr*) vasellame *m* di stagno

Zinne ['tsɪnə] <-, -n> *f* merlo *m* (*di castelli, torri e fortezze*)

zinnern *adj* di stagno

Zinnerz *n* minerale *m* di stagno; **Zinngeschirr** *n* vasellame *m* di stagno; **Zinngießerei** *f* fonderia *f* di stagno; **zinnhaltig** *adj* stannifero, contenente stagno

Zinnober [tsɪ'no:bɐ] <-s, -> *m* ❶ (*Mineral, Farbe*) cinabro *m* ❷ *sing* (*fam pej: wertloses Zeug*) roba *f*; (*dummes Zeug*) chiacchiere *fpl*; **einen ~ machen** fare tante storie; **zinnoberrot** *adj* rosso cinabro

Zinnsoldat *m* soldatino *m* di piombo

Zins[1] [tsɪns] <-es, -en> *m meist pl* interessi *mpl*, interesse *m*; **~ en bringen** fruttare interessi

Zins[2] <-es, -e> *m* (*bes. A, CH: Miete*) pigione *f*, affitto *m*

Zinsertrag *m* provento *m* d'interessi; **Zinseszins** *m* interesse *m* composto; **jdm etw mit Zins und ~ zurückzahlen** (*fig*) ripagare qc a qu colla stessa moneta; **zinsgünstig** *adj* (FIN) agevolato, a basso tasso di interesse; **zinslos** *adj* infruttifero, senza interessi; **Zinsrechnung** *f* calcolo *m* degli interessi; **Zinssatz** *m* tasso *m* di interessi; **Zinssenkung** *f* riduzione *f* degli interessi; **Zinstabelle** *f* tabella *f* degli interessi; **Zinswucher** *m* usura *f*

Zionismus [tsio'nɪsmʊs] <-> *kein Pl m* sionismo *m*; **Zionist(in)** [tsio'nɪst] <-en, -en; -, -nen> *m(f)* sionista *mf*; **zionistisch** *adj* sionistico

Zip-Away-Hose ['zɪpəwer'ho:zə] *f* pantaloni *mpl* a cerniere

Zip-Datei <'zɪpdatal> *f* file *m* zippato

Zipfel ['tsɪpfəl] <-s, -> *m* punta *f*; **Zipfelmütze** *f* berretta *f* a punta

zippen *vt* (INFORM) zippare

Zipperlein ['tsɪpɐlaɪn] <-s> *kein Pl n* (*fam scherz*) gotta *f*, podagra *f*; **das ~ haben** avere la gotta

Zirbeldrüse ['tsɪrbəldry:sə] *f* ghiandola *f* pineale

zirka ['tsɪrka] *adv* circa, approssimativamente

Zirkel ['tsɪrkəl] <-s, -> *m* ❶ (TEC) compasso *m* ❷ (*Kreis, Klub*) circolo *m*; **Zirkelkasten** *m* astuccio *m* dei compassi

Zirkulation [tsɪrkula'tsjo:n] <-, -en> *f* circolazione *f*

zirkulieren [tsɪrku'li:rən] <ohne ge-> *vi haben o rar sein* circolare

Zirkus ['tsɪrkʊs] <-, -se> *m* ❶ (*mit Clowns, Artisten etc*) circo *m*; **in den ~ gehen** andare al circo ❷ *sing* (*fam pej: Getue*) storie *fpl*; (*Durcheinander*) baraonda *f*, confusione *f*

Zirkus- (*in Zusammensetzungen*) da circo; **Zirkuszelt** *n* tendone *m* da circo

zirpen ['tsɪrpən] *vi* (*Grillen*) cantare, stridere; (*Vogel*) pigolare

zischeln ['tsɪʃəln] *vt, vi* bisbigliare, mormorare, sussurrare

zischen ['tsɪʃən] **I.** *vi* sibilare; (*heißes Fett*) sfrigolare; (*Limonade*) essere effervescente **II.** *vt* fischiare; **einen ~** (*fam*) bersi un bicchierino; **du kriegst gleich eine gezischt!** (*fam*) ti prendi subito una sberla

Zischlaut *m* (LING) sibilante *f*

ziselieren [tsize'li:rən] <ohne ge-> *vt* cesellare

Zisterne [tʃɪs'tɛrnə] <-, -n> *f* cisterna *f*

Zitadelle [tsita'dɛlə] <-, -n> *f* cittadella *f*

Zitat [tsi'ta:t] <-(e)s, -e> *n* ❶ (*Textstelle*) citazione *f* ❷ (*geflügeltes Wort*) detto *m*, sentenza *f*

Zither ['tsɪtɐ] <-, -n> *f* (MUS) cetra *f*

zitieren [tsi'ti:rən] <ohne ge-> *vt* citare; **jdn vor Gericht/zu sich** *dat* **~** citare qu in giudizio/chiamare qu

Zitronat [tsitro'na:t] <-(e)s, -e> *n* cedro *m* candito

Zitrone [tsi'tro:nə] <-, -n> *f* limone *m*; **mit ~** (*Getränk*) al limone; **jdn ausquetschen** [*o* **auspressen**] **wie eine ~** (*fam*) spremere qu come un limone; **Zitronenbaum** *m* limone *m*; **Zitroneneis** *n* gelato *m* di limone; **zitronengelb** *adj* giallo limone; **Zitronenlimonade** *f* limonata *f*; **Zitronenpresse** *f* spremilimoni *m*, spremiagrumi *m*

zögern

zögern	esitare
Ich weiß nicht so recht.	Non lo so esattamente/con esattezza.
Lass mir ein wenig Zeit, darüber nachzudenken.	Dammi un po' di tempo per rifletterci/pensarci.
Ich kann Ihnen noch nicht sagen, ob ich Ihr Angebot annehmen werde.	Non Le posso ancora dire se accetterò la Sua offerta.
Ich muss noch darüber nachdenken.	Devo rifletterci ancora su.

Zitronensaft *m* succo *m* di limone; (*Getränk*) spremuta *f* di limone; **Zitronensäure** *f* acido *m* citrico; **Zitronenschale** *f* scorza *f* di limone

Zitrusfrucht ['tsi:trʊsfrʊxt] *f* (BOT) agrume *m*

zitterig ['tsɪt(ə)rɪç] *adj* tremante, tremolante

zittern ['tsɪtɐn] *vi* tremare; (*vibrieren*) vibrare, tremolare; **vor Kälte** ~ tremare di freddo; **vor Wut** ~ tremare dalla rabbia; **vor jdm** ~ tremare davanti a qu; **am ganzen Körper** ~ tremare in tutto il corpo; **wie Espenlaub** ~ tremare come una foglia; **mir** ~ **die Knie** mi tremano le ginocchia

Zitterpappel *f* (BOT) pioppo *m* tremolo; **Zitterrochen** *m* torpedine *m*

zittrig *s.* **zitterig**

Zitze ['tsɪtsə] <-, -n> *f* capezzolo *m*

Zivi ['tsi:vi] <-(s), -s> *m* (*fam*) ❶ *abk v* **Zivildienstleistende(r)** chi presta servizio civile ❷ *abk v* **Zivilpolizist** poliziotto *m* in borghese

zivil [tsi'vi:l] *adj* ❶ (*nichtmilitärisch*) civile, borghese ❷ (*fig fam: Preise*) moderato, ragionevole; (*Chef*) educato

Zivil <-s> *kein Pl n* abiti *mpl* borghesi; **in** ~ in borghese

Zivilangestellte *mf* impiegato, -a *m, f* civile; **Zivilbehörden** *fpl* autorità *fpl* civili; **Zivilberuf** <-(e)s, -e> *m* lavoro *m* da civile; **im** ~ nel lavoro da civile; **Zivilbevölkerung** *f* popolazione *f* civile; **Zivilcourage** <-> *kein Pl f* coraggio *m* civile; **Zivildienst** *m* servizio *m* civile; ~ **leisten** prestare servizio civile; **Zivildienstleistende** <-n -r, -n, -n> *mf* addetto *m* al servizio civile; **Zivilgericht** *n* tribunale *m* civile; **Zivilgesetzbuch** <-(e)s, -bücher> *n* (CH) codice *m* civile; **Zivilgesetzgebung** *f* legislazione *f* civile

Zivilisation [tsiviliza'tsi̯o:n] <-, -en> *f* civiltà *f*; **Zivilisationskrankheit** *f* malattia *f* del progresso

zivilisatorisch [tsiviliza'to:rɪʃ] *adj* civilizzatore

zivilisieren [tsivili'zi:rən] <ohne ge-> *vt* civilizzare; **zivilisiert** [tsivili'zi:ɐt] *adj* civilizzato, civile; **sich** ~ **benehmen** comportarsi in modo civile

Zivilist [tsivi'lɪst] <-en, -en; -, -nen> *m* civile *m*, borghese *m*

Zivilkammer *f* sezione *f* civile; **Zivilklage** *f* azione *f* civile; **Zivilkleidung** *f* abiti *mpl* borghesi; **Zivilleben** *n* **im** ~ nella vita civile; **Zivilperson** *f* borghese *m*; **Zivilprozess**[RR] *m* processo *m* civile; **Zivilprozessordnung**[RR] *f* codice *m* di procedura civile; **Zivilrecht** *n* diritto *m* civile; **zivilrechtlich** I. *adj* di diritto civile, civilistico II. *adv* dal punto di vista del diritto civile; **Zivilschutz** *m* ❶ (*Schutz der Zivilbevölkerung*) protezione *f* civile ❷ (~ *korps*) corpo *m* di protezione civile

ZNS [tsɛtʔɛn'ʔɛs] *n abk v* **Zentralnervensystem** SNC *m*

Znüni ['tsny:ni] <-s, -s> *m o n* (CH) spuntino *m* mattutino

Zobel ['tso:bəl] <-s, -> *m* zibellino *m*

zocken ['tsɔkən] *vi* (*fam*) giocare d'azzardo

Zofe ['tso:fə] <-, -n> *f* cameriera *f*

Zoff ['tsɔf] <-s> *kein Pl m* (*fam*) litigio *m*; ~ **haben** litigare, avere un litigio

zog [tso:k] *1. u 3. pers sing imp von* **ziehen**

zögerlich ['tsø:gɐlɪç] *adj* tentennante, titubante

zögern ['tsø:gɐn] *vi* esitare, indugiare; (*schwanken*) titubare, tentennare; ~ **etw zu tun** esitare a fare qc; **ohne zu** ~ senza indugio; **Zögern** <-s> *kein Pl n* esitazione *f*, indugio *m*; (*Schwanken*) titubanza *f*; (*Unentschlossenheit*) indecisione *f*; **ohne** ~ senza esitazione; **nach langem** ~ dopo lunga esitazione

Zögling ['tsø:klɪŋ] <-s, -e> *m* allievo, -a *m, f* (interno, -a); (*Internats~*) convittore, -trice *m, f*

Zölibat [tsøli'ba:t] <-(e)s> *kein Pl n o m* celibato *m*

Zoll[1] [tsɔl, *pl:* 'tsœlə] <-(e)s, Zölle> *m* ❶ (*Abgabe*) tassa *f* doganale; (*Straßen~, Brücken~*) pedaggio *m;* **für** [*o* **auf**] **etw** *acc* ~ **bezahlen** pagare la dogana per qc ❷ *sing* (*Dienststelle*) dogana *f;* **den ~ passieren** passare la dogana

Zoll[2] [tsɔl] <-(e)s, -> *m* (HIST: *Längenmaß*) pollice *m*

Zollabfertigung *f* operazioni *fpl* doganali; **Zollabkommen** *n* accordo *m* [*o* convenzione *f*] doganale; **Zollamt** *n* ufficio *m* doganale, dogana *f;* **Zollbeamte** *m,* **Zollbeamtin** *f* funzionario, -a *m, f* doganale, doganiere *m;* **Zollbehörde** *f* autorità *f* doganale; **Zollbestimmungen** *fpl* disposizioni *fpl* doganali

zollen *vt* (*geh*) tributare; **jdm Respekt ~** rispettare qu

Zollerklärung *f* dichiarazione *f* doganale; **Zollfahndung** *f* investigazione *f* della Finanza; **zollfrei** *adj* esente da dazio; **Zollgebiet** *n* territorio *m* doganale; **Zollgrenzbezirk** *m* zona *f* doganale di confine; **Zollgrenze** <-, -n> *f* frontiera *f* doganale; **Zollhoheit** *f* sovranità *f* doganale; **Zollkontrolle** *f* controllo *m* doganale

Zöllner(in) ['tsœlnɐ] <-s, -; -, -nen> *m(f)* (*fam: Zollbeamter*) funzionario, -a *m, f* doganale

zollpflichtig *adj* soggetto a dazio; **Zollschranken** *fpl* barriere *fpl* doganali; **Zollsenkung** *f* riduzione *f* dei dazi doganali

Zollstock *m* metro *m* pieghevole

Zolltarif *m* tariffa *f* doganale; **Zollunion** *f* unione *f* doganale; **Zollverwaltung** *f* amministrazione *f* dei dazi e delle dogane

Zombie ['tsɔmbi] <-(s), -s> *m* zombi *m*

Zone ['tso:nə] <-, -n> *f* zona *f;* **Zonengrenze** *f* (*fam* HIST) ex confine *m* intertedesco

Zoo [tso:] <-s, -s> *m* zoo *m*

Zoologe [tsoo'lo:gə] <-n, -n> *m* zoologo *m*

Zoologie [tsoolo'gi:] <-> *kein Pl f* zoologia *f*

Zoologin [tsoo'lo:gɪn] <-, -nen> *f* zoologa *f*

zoologisch [tsoo'lo:gɪʃ] *adj* zoologico

Zoom [zu:m] <-s, -s> *n* (FILM, FOTO) zoom *m*

zoomen ['zu:mən] *vt* (FILM, FOTO) zoomare, zumare

Zopf [tsɔpf, *pl:* 'tsœpfə] <-(e)s, Zöpfe> *m* treccia *f;* **das ist ein alter ~** è antiquato

Zorn [tsɔrn] <-(e)s> *kein Pl m* ira *f,* collera *f;* (*Wut*) rabbia *f;* **jdn in ~ bringen** far andare in collera qu; **in ~ geraten** andare in collera; **im ~ sagt sie oft Dinge, die sie später bereut** nella rabbia dice spesso cose di cui poi si pente; **zornig I.** *adj* adirato, irato, incollerito; **auf jdn ~ sein** essere in collera con qu; **~ werden** adirarsi, arrabbiarsi **II.** *adv* con rabbia

Zote ['tso:tə] <-, -n> *f* (*pej*) oscenità *f,* sconcezza *f*

Zottel ['tsɔtəl] <-, -n> *f meist pl* (*fam*) ❶ (*Haarbüschel*) ciuffo *m* (di capelli) ❷ (*Troddel*) nappa *f;* **zott(e)lig** *adj* arruffato, spettinato

zottig ['tsɔtɪç] *adj* ❶ (*Fell*) irsuto ❷ (*pej: Haar, Frisur*) scomposto, spettinato

zottlig *s.* zott(e)lig

ZPO *abk v* **Zivilprozessordnung**[RR] C.P.C.

z. T. *abk v* **zum Teil** in parte

Ztr. *abk v* **Zentner** mezzoquintale

zu [tsu:] **I.** *prp* +*dat* ❶ (*Richtung, Lage*) a; ~ **Hause** a casa; ~**m Bahnhof** alla stazione; ~**m Markt** al mercato; ~**r Schule** a scuola; **der Weg ~m Hotel** la strada per l'albergo; **von Haus ~ Haus** di casa in casa; ~**r Tür hinein** dentro per la porta; ~**m Fenster hinaus** fuori dalla finestra; **etw ~ jdm sagen** dire qc a qu; ~**beiden Seiten** da entrambe le parti; ~**r Linken/Rechten** sulla sinistra/destra; ~ **Bett gehen** (*geh*) andare a letto; ~ **Boden fallen** (*geh*) cadere a terra ❷ (*da~*) **etw ~ etw essen/trinken** mangiare/bere qc con qc; **sich ~ jdm setzen** sedersi vicino a qu ❸ (*zeitlich*) ~ **Anfang** in principio, all'inizio, ~**r Zeit Karls des Großen** al tempo di Carlo Magno; ~**m ersten Mal** per la prima volta; ~**r Stunde,** ~**r Zeit** in questo momento, attualmente; ~ **Weihnachten/Ostern/Pfingsten** a Natale/Pasqua/Pentecoste; ~**m Schluss** alla fine ❹ (*Preis*) **ein Eis ~ 50 Cent** un gelato da 50 centesimi ❺ (*mit Zahlenangabe*) ~ **dritt** a [*o* in] tre; ~ **Dutzenden/Hunderten** a dozzine/centinaia; ~ **einem Drittel** per un terzo; ~**r Hälfte** a metà ❻ (*Art und Weise*) ~ **Fuß** a piedi ❼ (*Zweck, Ziel*) per; ~**r Belohnung** per ricompensa; ~**m Geburtstag** per il compleanno; ~**r Probe** in prova ❽ (*Verhältnis*) a; **2 ~ 1** (SPORT) 2 a 1 **II.** *adv* ❶ (*Richtung*) verso; **nach Süden ~** verso sud; **nur ~!** avanti!, coraggio! ❷ (*all~*) troppo; ~ **groß/wenig** troppo grande/poco; ~ **viel/sehr** troppo; **das ist ~ schön, um wahr zu sein** (*fam*) è troppo bello per essere vero ❸ (*fam: geschlossen*) chiuso ❹ (*zeitlich*) **ab und ~**

ogni tanto, di quando in quando **III.** *konj*
❶ (*mit Infinitiv*) da, a, di; **ich habe ~ tun**
ho da fare; **sie ist heute nicht ~ spre-**
chen oggi non si può parlarle; **er befahl**
ihm, aufzuhören gli ordinò di smetterla;
hier hast du nichts ~ sagen! non hai
voce in capitolo ❷ (*mit Partizip*) da;
nicht ~ übersehende Schwierigkeiten
difficoltà palesi

zuallererst [tsuˈʔalɐˈʔeːɐ̯st] *adv* innanzi
tutto

zuallerletzt [tsuˈʔalɐˈlɛtst] *adv* alla fine,
infine

Zubehör [ˈtsuːbəhøːɐ̯] <-(e)s, -e> *n* accessori *mpl;* **Zubehörteil** *n* accessorio *m*

zu|beißen <irr> *vi* mordere; (*Hund*) az-
zannare

zu|bekommen <bekommt zu, bekam zu,
zubekommen> *vt* riuscire a chiudere

Zuber [ˈtsuːbɐ] <-s, -> *m* mastello *m*

zu|bereiten <ohne ge-> *vt* preparare,
fare; **Zubereitung** <-, -en> *f* preparazione *f*

zu|billigen *vt* accordare, concedere

zu|binden <irr> *vt* legare; (*Schuhe*) allac-
ciare

zu|blinzeln *vi* jdm ~ ammiccare, strizzare
l'occhio a qu; **sich** *dat* [*o* **einander**] ~ farsi
l'occhiolino

zu|bringen <irr> *vt* ❶ (*verbringen*) pas-
sare, trascorrere ❷ (*fam: schließen können*) riuscire a chiudere

Zubringer <-s, -> *m* ❶ (*Straße*) svincolo *m,* raccordo *m* ❷ (*Bus*) navetta *f* in
servizio tra la città e l'aeroporto; **Zubrin-**
gerdienst *m* servizio *m* di collegamento
aeroporto-città; **Zubringerstraße** *f* s.
Zubringer

Zubrot *n* **sich** *dat* **mit etw ein ~ verdie-**
nen arrotondarsi lo stipendio con qc

Zucchino [tsʊˈkiːno, *pl:* tsʊˈkiːni] <-s,
Zucchini> *m* zucchina *f,* zucchino *m*

Zucht [tsʊxt] <-, -en> *f* ❶ (*Pflanzen~,
Perlen~*) coltivazione *f;* (*a Bakterien~*) coltura *f;* (*Tier~*) allevamento *m* ❷ *sing* (*obs:
Disziplin*) disciplina *f;* **~ und Ordnung**
disciplina *f;* **Zuchtbulle** *m* toro *m* d'allevamento

züchten [ˈtsʏçtən] *vt* (*Pflanzen, Perlen, a
fig*) coltivare; (*Tiere*) allevare

Züchter(in) <-s, -; -, -nen> *m(f)* (*Pflan-
zen~, Perlen~*) coltivatore, -trice *m, f;*
(*Vieh~*) allevatore, -trice *m, f*

Zuchthaus *n* ❶ (*Gebäude*) penitenziario *m* ❷ *sing* (*~ strafe*) reclusione *f;* **zu 20**
Jahren ~ verurteilt werden essere condannato a 20 anni di reclusione; **darauf**
steht ~ per una cosa del genere c'è la pri-

gione; **Zuchthäusler(in)** [ˈtsʊxthɔɪslɐ]
<-s, -; -, -nen> *m(f)* detenuto, -a *m, f*

Zuchthengst *m* stallone *m* da monta

züchtig [ˈtsʏçtɪç] *adj* (*obs*) virtuoso,
onesto; **die Augen ~ niederschlagen**
abbassare pudicamente gli occhi

züchtigen [ˈtsʏçtɪgən] *vt* (*geh*) castigare
corporalmente; **Züchtigung** <-, -en> *f*
(*geh*) punizione *f* (corporale)

Zuchtperle *f* perla *f* coltivata

Zuchttier *n* riproduttore *m*

Züchtung <-, -en> *f* coltivazione *f*

Zuchtvieh *n* animali *mpl* riproduttori

Zuchtwahl *f* **natürliche ~** selezione *f*
naturale

zuckeln [ˈtsʊkəln] *vi sein* (*fam*) trotterellare

zucken [ˈtsʊkən] **I.** *vi* ❶ (*zusammenfahren*) trasalire, sobbalzare ❷ (*geschlachte-
tes Tier*) palpitare ❸ (*Blitze, Flammen*)
guizzare **II.** *vt* **die Achseln ~** alzare le
spalle

zücken [ˈtsʏkən] *vt* tirare fuori

zuckend *adj* (*Glieder*) tremante; (*Blitz*)
guizzante

Zucker [ˈtsʊkɐ] <-s, *rar* -> *m* ❶ (*Nahrungsmittel*) zucchero *m;* **ein Stück ~** una
zolletta di zucchero ❷ *sing* (*fam: ~ krankheit*) diabete *m;* **~ haben** essere diabetico

Zuckerbäcker *m* (*A: Konditor*) pasticciere *m;* **Zuckerbrot** *n* **mit ~ und Peit-**
sche col metodo del bastone e della carota;
Zuckerdose *f* zuccheriera *f;* **Zucker-**
erbse *f* pisello *m* dolce; **Zuckerfa-**
brik *f* zuccherificio *m;* **Zuckerguss[RR]** *m*
glassa *f;* **mit ~** glassato; **zuckerhaltig** *adj*
saccarifero; **Zuckerhut** *m* pan *m* di zucchero

zuckerig [ˈtsʊk(ə)rɪç] *adj* zuccheroso,
zuccherino

zuckerkrank *adj* diabetico; **Zucker-**
kranke *mf* diabetico, -a *m, f;* **Zucker-**
krankheit *f* diabete *m*

Zuckerl [ˈtsʊkɐl] <-s, -n> *n* (*A*) ❶ (*Bonbon*) caramella *f,* zuccherino *m* ❷ (*etwas
Besonderes*) ghiottoneria *f*

Zuckerlecken *n* **etw ist kein ~** (*fam*)
non è una passeggiata

zuckern *vt* ❶ (*mit Zucker süßen*) zuccherare ❷ (*mit Zucker bestreuen*) inzuccherare

Zuckerrohr *n* canna *f* da zucchero;
Zuckerrübe *f* barbabietola *f* da zucchero; **Zuckerstange** *f* lecca lecca *m*
fam; **zuckersüß** [ˈtsʊkɐˈzyːs] *adj* zuccheroso; **Zuckerwatte** *f* zucchero *m* filato;
Zuckerzange *f* mollette *fpl* da zucchero

zuckrig *s.* **zuckerig**

Zuckung <-, -en> *f* convulsione *f*, spasmo *m;* **nervöse ~ en** tic nervoso

zu|decken I. *vt* **etw (mit etw)** ~ (ri)coprire qc (di qc) **II.** *vr* **sich** ~ coprirsi

zudem [tsu'deːm] *adv* (*geh*) inoltre, per di più

zu|denken <denkt zu, dachte zu, zugedacht> *vt* (*geh*) **jdm etw** ~ destinare qc a qu

zu|drehen *vt* ❶ (*Wasserhahn*) chiudere ❷ (*Gesicht, Rücken*) voltare; **jdm den Rücken** ~ voltare le spalle a qu

zudringlich *adj* invadente, importuno; **jdm gegenüber** ~ **werden** molestare qu; **Zudringlichkeit** *f* invadenza *f,* importunità *f*

zu|drücken *vt* chiudere; **jdm die Kehle** ~ strozzare qu

zu|eignen I. *vt* (*geh*) dedicare **II.** *vr* **sich** *dat* **etw** ~ (*bes.* JUR) appropriarsi di qc; **Zueignung** *f* dedica *f*

zu|eilen *vi sein* **auf jdn** ~ correre incontro a qu

zueinander [tsuʔaɪ'nandə] *adv* uno verso l'altro; ~ **passen** essere fatti l'uno per l'altro; **seid nett** ~ siate gentili l'uno con l'altro

zu|erkennen <irr, ohne ge-> *vt* (*Preis, Auszeichnung*) conferire; (*Recht*) concedere; (*bei Versteigerung*) aggiudicare

zuerst [tsu'ʔeːɐ̯st] *adv* ❶ (*als Erster*) per primo, -a; **wer ~ kommt, mahlt ~** (*prov*) chi primo arriva, primo alloggia ❷ (*zunächst*) dapprima, in primo luogo ❸ (*anfangs*) in principio ❹ (*zum ersten Mal*) per la prima volta

zu|erteilen <ohne ge-> *vt* assegnare, aggiudicare

zu|fächeln *vt* **sich** *dat* **Kühlung** ~ farsi fresco col ventaglio

zu|fahren <fährt zu, fuhr zu, zugefahren> *vi sein* dirigersi (*auf +acc* verso); **fahr zu!** vai!

Zufahrt *f* accesso *m;* **die ~ zu etw sperren/haben** bloccare l'/avere accesso a qc; **Zufahrtsstraße** *f* strada *f* d'accesso; (*zur Autobahn*) raccordo *m* (autostradale)

Zufall *m* caso *m;* **etw dem ~ überlassen** affidare qc al caso; **durch ~** per caso; **der ~ wollte es, dass …** il caso ha voluto che +*conj;* **es war reiner ~, dass …** è stato un puro caso che +*conj;* **welch ein ~!** che coincidenza!

zu|fallen <irr> *vi sein* ❶ (*Tür*) chiudersi; **mir fielen vor Müdigkeit die Augen zu** cascavo dal sonno ❷ (*Aufgabe, Erbe*) **jdm** ~ toccare a qu

zufällig I. *adj* casuale, accidentale; (*Begeg-*

nung a) fortuito **II.** *adv* per caso; **rein ~** per puro caso; **ich war ~ da** ero lì per combinazione

zufälligerweise *s.* **zufällig II.**

Zufallsbekanntschaft *f* conoscenza *f* casuale

Zufallstreffer *m* colpo *m* di fortuna

zu|fassen *vt* afferrare

zu|fliegen <irr> *vi sein* **auf etw** *acc* ~ volare verso qc; **alle Herzen fliegen ihm zu** conquista tutti i cuori; **die Tür ist zugeflogen** (*fam*) la porta si è chiusa da sola

zu|fließen <fließt zu, floss zu, zugeflossen> *vi sein* scorrere (*dat* verso), affluire (*dat* a); **einem Fonds** ~ essere devoluto a un fondo

Zuflucht *f* rifugio *m;* ~ **vor etw** *dat* **finden** trovare rifugio da qc; **zu etw** ~ **nehmen** (*fig*) ricorrere a qc

Zufluss^RR *m* affluente *m;* (*zu See*) immissario *m*

zu|flüstern *vt* **jdm etw** ~ sussurrare qc a qu

zufolge [tsu'fɔlgə] *prp* +*dat o rar gen* secondo, conformemente a

zufrieden [tsu'friːdən] *adj* contento, soddisfatto; **mit jdm/etw** ~ **sein** essere soddisfatto di qu/qc; **sich mit etw** ~ **geben** accontentarsi di qc; ~ **stellend** soddisfacente; **zufrieden|geben**^ALT *vr* **sich** ~ *s.* **zufrieden; Zufriedenheit** <-> *kein Pl f* contentezza *f;* (*Befriedigtsein*) soddisfazione *f;* **zur allgemeinen** ~ con soddisfazione di tutti; **zufrieden|lassen** *vt* lasciare in pace; *s.* **zufrieden; zufrieden|stellen** *vt* accontentare; **zufriedenstellend** *adj* soddisfacente

zu|frieren <irr> *vi sein* gelare, ghiacciare

zu|fügen *vt* ❶ (*Böses, Leid*) fare; (*Schaden*) recare; (*Verlust, Niederlage*) infliggere ❷ (*hin~*) aggiungere

Zufuhr ['tsuːfuːɐ̯] <-> *kein Pl f* ❶ (*Versorgung*) rifornimento *m,* approvvigionamento *m* ❷ (TEC, METEO) afflusso *m;* **zu|führen I.** *vt* rifornire (*jdm etw* qu di qc); **seiner Bestimmung** ~ portare a destinazione; **jdn seiner gerechten Strafe** ~ punire qu giustamente **II.** *vi* **auf etw** *acc* ~ condurre a qc

Zug¹ [tsuːk, *pl:* 'tsyːgə] <-(e)s, Züge> *m* ❶ (FERR) treno *m;* **mit dem** ~ col treno, in treno; **den ~ verpassen** perdere il treno; **der ~ ist (für ihn) abgefahren** (*fig fam*) ha perduto il treno ❷ (*bei Brettspiel*) tiro *m;* **Sie sind am** ~ tocca a Lei; **zum ~(e) kommen** entrare in azione ❸ *sing* (*fig: Tendenz*) tendenza *f;* (*Neigung*) inclinazione *f* ❹ (*Atem~*) respiro *m;* (*beim Rauchen*) tirata *f,* boccata *f;* (*beim Trinken*) sorso *m;* (*beim Schwimmen*) bracciata *f;* **einen ~ an der Zigarette machen** [*o* **tun**] dare una tirata alla sigaretta; **sein Glas in einem ~ leeren** vuotare il bicchiere d'un fiato; **etw in vollen Zügen genießen** godere pienamente qc; **in den letzten Zügen liegen** (*fam*) essere in agonia ❺ *sing* (*Luft~*) corrente *f* (d'aria) ❻ *sing* (*von Kamin, Ofen*) tiraggio *m* ❼ (*Schrift~, Gesichts~, Wesens~*) tratto *m;* **in großen** [*o* **groben**] **Zügen** a larghi tratti ❽ (*Menschen*) fila *f,* colonna *f;* (*Fest~*) corteo *m;* (REL) processione *f*

Zug² [tsu:k] *n* (GEOG) Zug *f*

Zugabe *f* ❶ (*Zusätzliches*) aggiunta *f,* supplemento *m* ❷ (MUS, THEAT) bis *m;* „**~!**" "bis!"; **eine ~ geben** fare il bis, concedere un bis

Zugabteil <-(e)s, -e> *n* scompartimento *m* ferroviario

Zugang *m* ❶ (*Zutritt, Zugriff*) accesso *m;* **~ zu ... accesso a ...;** „**~ verboten!**" "vietato l'accesso" ❷ (*Eingang, Einfahrt*) entrata *f,* ingresso *m* ❸ (*von Waren*) arrivo *m* (di merci); (*Neuerwerbung*) nuovo arrivo *m;* (*von Patienten*) nuovo arrivato *m*

zugange [tsu'gaŋə] *adj* (*fam*) **mit etw/jdm ~ sein** essere occupato con qc/qu

zugänglich ['tsu:gɛŋlɪç] *adj* ❶ (*erreichbar, aufgeschlossen*) accessibile ❷ (*benutzbar*) disponibile

Zugbrücke *f* ponte *m* levatoio

zu|geben <irr> *vt* ❶ (*einräumen, gestehen*) ammettere; **jdm gegenüber etw ~** confessare qc a qu; **zugegeben, das war nicht leicht, aber ...** d'accordo, non era facile, ma ... ❷ (*hinzufügen*) aggiungere; (MUS, THEAT) concedere fuori programma; (*zusätzlich geben*) dare in aggiunta

zugegen [tsu'ge:gən] *adj* (*geh*) (**bei etw**) **~ sein** essere presente (a qc)

zu|gehen <irr> *vi sein* ❶ (*form: Nachricht, Brief*) **jdm ~** giungere a qu ❷ (*fam: sich schließen lassen*) chiudersi ❸ (*hingehen*) **auf jdn/etw ~** avvicinarsi a qu/qc; **dem Ende ~** volgere alla fine; **auf die Fünfzig ~** avvicinarsi alla cinquantina ❹ (*vor sich gehen*) **das geht nicht mit rechten Dingen zu** gatta ci cova; **es ging bei ihnen zu wie im Irrenhaus** a casa loro era come al manicomio

zugehörig *adj* appartenente; **einer Sache** *dat* **~ sein** facre parte di qc; **Zugehörigkeit** <-> *kein Pl f* appartenenza *f;* **die ~ zur Familie/zu einer Gruppe** l'apparte-

nenza alla famiglia/a un gruppo

zugeknöpft *adj* (*fig fam*) abbottonato

Zügel ['tsy:gəl] <-s, -> *m* briglia *f,* redine *f;* **die ~ anziehen** tirare le briglie; (*fig*) tirare la briglia; **die ~ locker lassen** [*o* **lockern**] (*a fig*) allentare le redini

zugelassen *adj* ❶ (*gestattet*) permesso, autorizzato; **nicht ~** proibito; **staatlich ~** autorizzato dallo stato; **zum Verkauf ~** ammesso alla vendita ❷ (*registriert*) registrato, omologato; (*Auto*) immatricolato

zügellos *adj* sbrigliato; (*bes. Lebenswandel*) dissoluto; **Zügellosigkeit** <-, -en> *f* sfrenatezza *f;* (*im Lebenswandel*) dissolutezza *f,* sregolatezza *f*

zügeln ['tsy:gəln] **I.** *vt haben* ❶ (*Pferd*) tenere le briglie di ❷ (*fig: Gefühle*) frenare ❸ (*CH: transportieren*) trasportare **II.** *vi sein* (*CH: umziehen*) traslocare

zu|gesellen <ohne ge-> *vr* **sich ~** ❶ (*sich anschließen*) unirsi (*jdm* a qu) ❷ (*fig: hinzukommen*) aggiungersi (*etw dat* a qc)

zugestandenermaßen *adv* come è stato ammesso

Zugeständnis *n* concessione *f*

zu|gestehen <irr> *vt* ❶ (*zubilligen*) (**jdm**) **etw ~** accordare qc (a qu) ❷ (*zugeben*) ammettere

zugetan *adj* affezionato, attaccato; **dem Alkohol ~ sein** essere dedito al bere

Zugewinngemeinschaft *f* (JUR) comunione *f* degli utili e acquisti

Zugfahrt *f* viaggio *m* in treno; **auf der ~ von ... nach ...** in treno da ... a ...; **Zugfeder** *f* molla *f* di trazione; **Zugfolge** *f* (FERR) successione *f* dei vagoni; **Zugführer** *m* (FERR) capotreno *m*

zu|gießen <gießt zu, goss zu, zugegossen> *vt* ❶ (*Getränk*) versare ancora; (*hin~*) aggiungere ❷ (*Loch*) chiudere (*mit etw* versando qc)

zugig ['tsu:gɪç] *adj* esposto alla corrente d'aria; **hier ist es ~** qui c'è corrente

zügig ['tsy:gɪç] *adj* rapido, scorrevole

Zugkraft *f* ❶ (TEC) forza *f* di trazione ❷ *sing* (*fig: Anziehungskraft*) forza *f* d'attrazione; **zugkräftig** *adj* che attrae il pubblico; (*Titel*) di effetto

zugleich [tsu'glaɪç] *adv* (*gleichzeitig*) nello stesso tempo; (*a ebenso*) nel contempo

Zugluft *f* corrente *f* d'aria; **Zugmaschine** *f* trattore *m,* trattrice *f;* **Zugnummer** *f* ❶ (FERR) numero *m* di treno ❷ (*fig: Attraktion*) numero *m* d'attrazione; **Zugpferd** *n* ❶ (*Tier*) cavallo *m* da tiro ❷ (*fig: jmd, der andere mitreißt*) trascinatore *m;* **Zugpflaster** *n* vescicante *m*

zu|greifen <irr> *vi* ❶ (*zufassen*) afferrare; (*bei Tisch*) servirsi ❷ (*schwer arbeiten*) lavorare sodo

Zugrestaurant <-s, -s> *n* vagone *m* ristorante

Zugriff *m* ❶ (*das Zugreifen*) presa *f*; **sich dem ~ der Polizei entziehen** sottrarsi all'arresto ❷ (INFORM) accesso *m*; **Zugriffsgeschwindigkeit** *f* velocità *f* d'accesso; **Zugriffszeit** *f* tempo *m* d'accesso

zugrunde [tsu'grʊndə] *adv* ~ **legen** porre a base; **einer Sache** *dat* ~ **liegen** essere alla base di qc; ~ **gehen** (*untergehen*) andare in rovina; (*sterben, umkommen*) perire; ~ **richten** rovinare

Zugschaffner(in) *m(f)* controllore *m* del treno

Zugspitze *f* Zugspitze *m*

Zugtier *n* animale *m* da tiro

zu|gucken *vi* (*fam*) stare a guardare; **mir wird schon vom Zugucken schlecht** soltanto a guardare sto male

Zugunglück *n* disastro *m* ferroviario

zugunsten [tsu'gʊnstən] *prp* +*gen* ~ **von** +*dat* a favore di

zugute [tsu'gu:tə] *adv* (*geh*) **jdm etw** ~ **halten** considerare qc a giustificazione di qu; **jdm** ~ **kommen** tornare a profitto di qu, tornare utile a qu

Zugverbindung *f* ❶ (*zwischen zwei Orten*) collegamento *m* ferroviario ❷ (*zwischen zwei Zügen*) coincidenza *f*; **Zugverkehr** *m* traffico *m* ferroviario; **Zugvogel** *m* uccello *m* migratore; **Zugzwang** *m* **in** ~ **sein/geraten** trovarsi nella necessità di scegliere

zu|haben <irr> (*fam*) **I.** *vi* (*Laden, Museum, Behörde*) essere chiuso **II.** *vt* (*Augen*) avere chiuso

zu|halten <irr> **I.** *vt* tenere chiuso; **jdm den Mund** ~ tappare la bocca a qu; **sich** *dat* **die Ohren** ~ tapparsi le orecchie **II.** *vi* **auf etw** *acc* ~ dirigersi verso qc

Zuhälter ['tsu:hɛltɐ] *m* -*s*, -> *m* ruffiano *m*; **Zuhälterei** <-> *kein Pl f* sfruttamento *m* della prostituzione, lenocinio *m*

zuhanden [tsu'handən] *adv* (*CH*) ~ **von** all'attenzione di

zu|hauen <haut zu, haute zu, zugehauen> **I.** *vt* (*Stein*) squadrare; (*fam: Tür*) sbattere **II.** *vi* picchiare

zuhauf [tsu'haʊf] *adv* (*geh*) a iosa

Zuhause [tsu'haʊzə] <-> *kein Pl n* casa *f*

Zuhilfenahme [tsu'hɪlfənaːmə] <-> *kein Pl f* **unter/ohne** ~ **von ...** con/senza l'aiuto di ...

zu|hören *vi* (**jdm/etw**) ~ ascoltare

(qu/qc); **Zuhörer(in)** *m(f)* ascoltatore, -trice *m*, *f*; **Zuhörerschaft** *f* ascoltatori *mpl*, uditorio *m*

zu|jubeln *vi* (**jdm**) ~ acclamare (qu)

zu|kehren *vt* **jdm das Gesicht/den Rücken** ~ volgere il viso/le spalle a qu

zu|klappen **I.** *vt haben* chiudere **II.** *vi sein* chiudersi

zu|kleben *vt* chiudere (con la colla)

zu|kneifen <irr> *vt* stringere; (*Auge*) strizzare

zu|knöpfen *vt* abbottonare

zu|knoten *vt* annodare

zu|kommen <irr> *vi sein* ❶ (*sich nähern*) **auf jdn/etw** ~ dirigersi verso qu/qc, avvicinarsi a qu/qc; **du musst das alles in Ruhe auf dich** ~ **lassen** in tutta calma devi lasciare che le cose maturino ❷ (*zustehen*) **jdm** ~ spettare a qu; (*geziemen*) addirsi a qu ❸ (*geh: übermitteln*) **jdm etw** ~ **lassen** (*Nachricht*) far pervenire qc a qu; (*Geld*) concedere qc a qu

zu|kriegen *vt* (*fam*) *s.* zubekommen

Zukunft ['tsu:kʊnft] <-> *kein Pl f* avvenire *m*; (LING) futuro *m*; **in** ~ in futuro; (*von jetzt an*) d'ora in poi; **in naher/ferner** ~ in un prossimo/lontano futuro; (**eine große**) ~ **haben** avere un grande avvenire

zukünftig **I.** *adj* futuro, venturo; **mein Zukünftiger** (*fam*) il mio futuro marito **II.** *adv* in futuro; (*von jetzt an*) d'ora in poi

Zukunftsaussichten *fpl* prospettive *fpl* per l'avvenire; **Zukunftsforscher(in)** *m(f)* futurologo, -a *m*, *f*; **Zukunftsforschung** *f* futurologia *f*; **Zukunftsmusik** *f* (*fam*) utopia *f*; **das ist** (**noch**) ~ sono (ancora) castelli in aria; **Zukunftsperspektive** <-, -n> *f* prospettive *fpl* per il futuro; **Zukunftspläne** *mpl* progetti *mpl* per il futuro; **zukunftsträchtig** *adj* promettente; **zukunftsweisend** *adj* futuristico, progredito

zu|lächeln *vi* **jdm** ~ sorridere a qu; (*Glück*) arridere a qu

Zulage *f* (*Geld~*) supplemento *m*; (*Gehalts~, Lohn~*) aumento *m* (di stipendio); (*Leistungs~*) premio *m* incentivante

zu|langen *vi* (*fam*) ❶ (*bei Arbeit*) lavorare sodo ❷ (*bei Tisch*) servirsi

zu|lassen <irr> *vt* ❶ (*fam: geschlossen lassen*) lasciare chiuso ❷ (*Zugang gewähren*) ammettere ❸ (*dulden*) tollerare; (*gestatten*) permettere ❹ (*amtlich*) autorizzare; (*Arzt*) abilitare; (*Auto*) immatricolare

zulässig *adj* ammesso, permesso; ~ **e Höchstgeschwindigkeit** velocità massima ammissibile

Zulassung <-, -en> f ❶ (*Gewährung von Zugang*) ammissione f ❷ (*Erlaubnis*) permesso m ❸ (*amtlich*) autorizzazione f; (*als Arzt, Anwalt*) abilitazione f; (*von Auto*) immatricolazione f; **Zulassungsbeschränkung** f restrizione f di ammissioni; (*an Universität*) numero m chiuso; **Zulassungsnummer** f numero m d'immatricolazione; **Zulassungspapiere** npl carta f di circolazione; **Zulassungsstelle** f ufficio m d'ammissione

zulastenᴿᴿ adv ~ des Angeklagten a carico di

Zulauf m afflusso m; **großen** [o **starken**] ~ **haben** (*Arzt, Anwalt*) avere una vasta clientela; (*an Publikum*) essere molto frequentato

zu|laufen <irr> vi sein ❶ (*rennen*) **auf jdn/etw** ~ correre verso qu/qc ❷ (*fam: sich beeilen*) **lauf zu!** (*fam*) sbrigati! ❸ (*Katzen, Hunde*) **jdm** ~ venire dietro a qu ❹ (*eine bestimmte Form haben*) **spitz** ~ terminare a punta

zu|legen I. vt (*fam: hinzufügen*) aggiungere II. vi (*fam: an Tempo, Gewicht*) **an etw** dat ~ aumentare qc III. vr **sich** dat **etw** ~ (*fam*) comprarsi qc

zuleide [tsu'laɪdə] adv **jdm etw** ~ **tun** fare del male a qu

zu|leiten vt ❶ (TEC: *durch Leitung*) far affluire ❷ (*fig: übermitteln*) trasmettere; **Zuleitung** f afflusso m; (*Übermittlung*) trasmissione f

zuletzt [tsu'lɛtst] adv ❶ (*als Letztes*) per ultimo; **bis** ~ fino alla fine; (**und**) **nicht** ~ **wegen ihrer Beziehungen bekam sie die Stelle** e soprattutto grazie alle sue relazioni ottenne il posto ❷ (*als Letzter*) per ultimo; **der** ~ **Gekommene** l'ultimo arrivato ❸ (*fam: zum letzten Mal*) l'ultima volta ❹ (*schließlich*) alla fine, infine

zuliebe [tsu'liːbə] adv **jdm** ~ per amore di qu

Zulieferbetrieb m, **Zulieferer** <-s, -> m fornitori mpl

zu|liefern vt fornire, distribuire, consegnare

zum [tsʊm] = **zu dem**, ~ **Beispiel** per esempio; ~ **Glück** per fortuna; ~ **Spaß** per scherzo; ~ **Teil** in parte; **„Zum Goldenen Adler"** "All'Aquila d'Oro"; **es ist** ~ **Heulen** (*fam*) c'è da piangere; *s. a.* **zu**

zu|machen (*fam*) I. vt (*schließen*) chiudere; (*Loch*) turare; (*mit Knöpfen*) abbottonare; (*Gürtel, Schuhe*) affibbiare II. vi ❶ (*schließen*) chiudere ❷ (*sich beeilen*) sbrigarsi, spicciarsi

zu|mailen vt **jdm etw** ~ inviare a qn una mail

zumal [tsu'maːl] I. adv soprattutto, particolarmente II. konj ~ (, **da**) tanto più che

zu|mauern vt murare

zumeist [tsu'maɪst] adv (*rar*) per lo più

zu|messen <misst zu, maß zu, zugemessen> vt (*geh: Schuld, Bedeutung*) attribuire (*jdm etw* qc a qu); (*Strafe*) infliggere (*jdm etw* qc a qu)

zumindest [tsu'mɪndəst] adv per lo meno, almeno

zu|müllen vt (*sl*) riempire di immondizia

zumutbar adj ragionevole, accettabile; **Zumutbarkeit** <-> *kein Pl* f ragionevolezza f, ragione f; **bis an die Grenzen der** ~ fino ai limiti della ragionevolezza

zumute [tsu'muːtə] adv **mir war dabei nicht ganz wohl** ~ mi sentivo a disagio; **mir ist nicht zum Lachen** ~ non ho voglia di ridere; **wie ist Ihnen** ~? come si sente?

zu|muten ['tsu:muːtən] vt **jdm etw** ~ aspettarsi qc da qu; **jdm zu viel** ~ pretendere troppo da qu

Zumutung <-, -en> f pretesa f; (*Unverschämtheit*) sfacciataggine f

zunächst [tsu'nɛːçst] adv ❶ (*anfangs*) all'inizio, in un primo tempo ❷ (*vorläufig*) per il momento; ~ **einmal** innanzitutto, in primo luogo

zu|nähen vt (ri)cucire

Zunahme ['tsuːnaːmə] <-, -n> f aumento m, incremento m, accrescimento m; (*von Kriminalität*) recrudescenza f; **eine** ~ **um 5%** un incremento del 5%

Zuname m cognome m

zündeln ['tsʏndəln] vi giocare con il fuoco

zünden ['tsʏndən] I. vi ❶ (*Feuer fangen*) accendersi ❷ (*fig: Begeisterung hervorrufen*) entusiasmare, infiammare II. vt accendere; **zündend** adj entusiasmante

Zunder ['tsʊndɐ] <-s, -> m esca f; **brennen wie** ~ bruciare facilmente

Zünder <-s, -> m detonatore m

Zündflamme f fiamma f pilota; **Zündholz** <-es, -hölzer> n (A, südd: *Streichholz*) fiammifero m; **Zündholzschachtel** <-, -n> f scatola f di fiammiferi; **Zündkabel** n (AUTO) cavo m d'accensione; **Zündkerze** f (AUTO) candela f d'accensione; **Zündschloss**ᴿᴿ n (AUTO) interruttore m dell'accensione; **Zündschlüssel** m (AUTO) chiavetta f d'accensione; **Zündschnur** f miccia f; **Zündspule** f rocchetto m d'accensione; **Zündstoff** m ❶ (*leichtentzündliches Material*) (materiale m) infiammabile m; (*Explosivstoff*)

Z

innescante *m* ❷ (*fig: Konfliktstoff*) materia *f* esplosiva

Zündung <-, -en> *f* (AUTO) accensione *f*

Zündvorrichtung *f* dispositivo *m* d'accensione

zu|nehmen <irr> I. *vi* ❶ (*größer werden, wachsen*) aumentare; (*Mond*) crescere; (*gewinnen*) acquistare; (*Tage, Nächte*) allungarsi; **an Größe/Höhe** *dat* ~ aumentare di grandezza/d'altezza ❷ (*schwerer, dicker werden*) ingrassare ❸ (*fig: sich verstärken*) intensificarsi ❹ (*bei Handarbeiten*) aumentare II. *vt* **elf Kilo** ~ ingrassare (di) undici chili; **zunehmend** I. *adj* in aumento; (*Mond*) crescente; **~e Geschwindigkeit** velocità accelerata; **mit ~em Alter** invecchiando II. *adv* sempre più

zu|neigen I. *vi* **einer Sache** *dat* ~ essere incline a qc; (*fig*) propendere per qc; **jdm zugeneigt sein** essere affezionato a qu II. *vr* **sich** ~ inclinarsi; **sich dem Ende** ~ volgere alla fine

Zuneigung *f* affetto *m*, simpatia *f*; ~ **für jdn/etw** simpatia per qu/qc

Zunft [tsʊnft, *pl:* 'tsʏnftə] <-, Zünfte> *f* corporazione *f*

zünftig ['tsʏnftɪç] *adj* come si deve, a regola d'arte

Zunge ['tsʊŋə] <-, -n> *f* ❶ (*fig* ANAT) lingua *f*; **jdm die** ~ **herausstrecken** mostrare la lingua a qu; **sich** *dat* **eher die** ~ **abbeißen, als etw zu sagen** mordersi la lingua prima di dire qc; **eine scharfe** [*o* **spitze**] ~ **haben** avere una lingua tagliente; **sein Name liegt mir auf der** ~ ho il suo nome sulla punta della lingua; **böse ~n behaupten, dass ...** le male lingue sostengono che ... ❷ (TEC: *Riegel, Schuh~*) linguetta *f*; (*an Waage*) lancetta *f*; (*an Blasinstrumenten*) ancia *f* ❸ (ZOO: *See~*) sogliola *f*

züngeln ['tsʏŋəln] *vi* (*Schlangen*) far guizzare la lingua; (*Flammen*) guizzare

Zungenbrecher *m* (*fam*) scioglilingua *m*

zungenfertig *adj* pronto di parola, loquace; **Zungenfertigkeit** *f* ❶ (*Schlagfertigkeit*) prontezza *f* di parola ❷ (*Redegewandtheit*) eloquenza *f*

Zungenkuss^RR *m* bacio *m* alla francese;

Zungenspitze *f* punta *f* della lingua;

Zungenwurst *f* salsiccia *f* di lingua

Zünglein ['tsʏŋlaɪn] <-s, -> *n* **das** ~ **an der Waage sein** (*fig*) essere determinante

zunichte [tsu'nɪçtə] *adv* ~ **machen** (*vernichten*) annientare, distruggere; (*Hoffnungen*) frustrare, deludere

zu|nicken *vi* **jdm** ~ fare un cenno col capo

a qu

zunutze [tsu'nʊtsə] *adv* **sich** *dat* **etw** ~ **machen** (*verwenden*) utilizzare qc; (*ausnutzen*) trarre vantaggio da qc

zuoberst [tsu'ʔoːbɛst] *adv* in cima, in alto

zu|ordnen *vt* assegnare; (LING) coordinare

zu|packen *vi* ❶ (*zugreifen*) afferrare ❷ (*die Gelegenheit ergreifen*) cogliere l'occasione ❸ (*Hand anlegen*) dare una mano

zu|parken *vt* parcheggiare bloccando un'uscita

zupfen ['tsʊpfən] *vt* tirare; (*Unkraut*) strappare; (*Gewebe*) sfilacciare; (*Saiten*) pizzicare; **jdn** (**an etw** *dat*) ~ tirare qu (per qc)

Zupfinstrument <-(e)s, -e> *n* strumento *m* a pizzico

zu|prosten ['tsuːproːstən] *vi* brindare

zur [tsuːɐ̯ *o* tsʊr] = **zu der, ~ Zeit** al momento; ~ **Schule gehen** andare a scuola; „**Zur Krone**" "Alla Corona"; *s. a.* **zu**

zu|raten <irr> *vi* **auf mein Zuraten** su mio consiglio

zurechnungsfähig *adj* capace d'intendere e di volere, imputabile; **Zurechnungsfähigkeit** *f* capacità *f* d'intendere e di volere, imputabilità *f*; **verminderte** ~ parziale incapacità *f* di intendere e di volere

zurecht|finden [tsu'rɛçtfɪndən] <irr> *vr* **sich** ~ ❶ (*sich orientieren können*) trovare la strada, orientarsi ❷ (*fig: vertraut werden*) **sich in** [*o* **mit**] **etw** *dat* ~ familiarizzarsi in [*o* con] qu

zurecht|kommen <irr> *vi sein* **mit etw** ~ venire a capo di qc, risolvere qc; (*auskommen: mit Geld*) farcela con qc; **mit jdm** ~ andare d'accordo con qu

zurecht|legen *vt* preparare

zurecht|machen (*fam*) I. *vt* preparare II. *vr* **sich** ~ prepararsi

zurecht|weisen <irr> *vt* redarguire, rimproverare; **Zurechtweisung** *f* rimprovero *m*, rabbuffo *m*

zu|reden *vi* (*überreden*) **jdm** ~ cercare di persuadere qu; (*zuraten*) consigliare qu; (*ermutigen*) incoraggiare qu

zu|reiten <irr> I. *vt haben* addestrare, scozzonare II. *vi sein* **auf jdn/etw** ~ cavalcare verso qu/qc

Zürich ['tsyːrɪç] *n* Zurigo *f*

zu|richten *vt* (*Essen*) preparare; (*Holz, Stein*) sgrossare; (*Leder*) conciare; (*Stoff*) apprettare; **jdn übel** ~ conciare qu per le feste; **etw übel** ~ ridurre qc in cattivo stato, conciare male qc

zurechtweisen	
zurechtweisen	**rimproverare**
Ihr Verhalten lässt einiges zu wünschen übrig.	Il Suo comportamento lascia molto a desiderare.
Ich verbitte mir diesen Ton!	Non tollero che mi si parli con questo tono!
Das brauche ich mir von Ihnen nicht gefallen zu lassen!	Questo da Lei non posso accettarlo.
Unterstehen Sie sich!	Non ci provi!/Guai a Lei!
Was erlauben Sie sich!	Come si permette?
Was fällt Ihnen ein!	Che Le viene in mente!

zürnen ['tsʏrnən] *vi* (*geh*) essere adirato [*o* in collera] (*jdm* con qu)

Zurschaustellung [tsuːɐ̯'ʃaʊʃtɛlʊŋ] *f* esibizione *f*, mostra *f*

zurück [tsu'rʏk] *adv* ❶ (*weiter hinten, rückwärts, ~ geblieben, a fig*) indietro ❷ (*~ gekehrt*) di ritorno; ~ **an Absender!** al mittente!; ~ **zur Natur** ritorniamo alla natura; **hin und ~** andata e ritorno; **es gibt kein Zurück mehr** non c'è più ritorno; **seit wann ist Heinz ~?** da quando è tornato Heinz?

zurück|bekommen <irr, ohne ge-> *vt* riottenere; **ich bekomme noch zwei Euro zurück** ricevo ancora due euro di resto

zurück|bilden *vr* **sich ~** (*Geschwulst*) sgonfiarsi; (*schrumpfen*) atrofizzarsi

zurück|blättern *vi* riandare; **auf Seite 10 ~** ritornare a pagina 10

zurück|bleiben <irr> *vi sein* ❶ (*hinten bleiben, a fig*) rimanere indietro ❷ (*nicht mitkommen*) essere in ritardo; **hinter den Erwartungen ~** essere inferiore alle aspettative ❸ (*übrig bleiben*) rimanere, restare

zurück|blenden *vi* inserire un flashback

zurück|blicken *vi* (**auf etw** *acc*) ~ guardare indietro a qc; **auf seine Vergangenheit ~** richiamare alla mente il proprio passato

zurück|bringen <irr> *vt* ❶ (*wieder herbringen*) portare indietro ❷ (*wieder wegbringen*) riportare via

zurück|datieren <ohne ge-> *vt* (*Brief*) retrodatare; **die Rechnung auf letzten Monat ~** retrodatare la fattura al mese scorso

zurück|denken <irr> *vi* (**an jdn/etw**) ~ ripensare a qu/qc); **soweit ich ~ kann** per quanto possa ricordare

zurück|drängen *vt* ❶ (MIL) respingere; (*wegdrängen*) spingere indietro ❷ (*fig:*

eindämmen) reprimere, contenere

zurück|drehen *vt* ❶ (*Knopf, Zeiger*) girare in senso antiorario ❷ (*Heizung, Lautstärke*) abbassare

zurück|erobern <ohne ge-> *vt* riconquistare

zurück|erstatten <ohne ge-> *vt* rimborsare

zurück|fahren <irr> I. *vt haben* ricondurre II. *vi sein* ❶ (*zum Ausgangspunkt*) ritornare ❷ (*fig: zurückweichen*) indietreggiare, ritrarsi

zurück|fallen <irr> *vi sein* ❶ (*wieder fallen, verfallen*) (**auf** [*o* **in**] **etw** *acc*) ~ ricadere (su qc) ❷ (SPORT) rimanere indietro ❸ (*leistungsmäßig*) peggiorare ❹ (*an Besitzer*) **an jdn ~** tornare a qu

zurück|finden <irr> *vi* (ri)trovare la via del ritorno; **findest du allein zurück?** ritrovi la strada da solo?; **wieder zu sich** *dat* **selbst ~** ritrovare sé stesso

zurück|fließen <fließt zurück, floss zurück, zurückgeflossen> *vi sein* rifluire

zurück|fordern *vt* richiedere

zurück|führen *vt* ❶ (*zurückbringen*) riportare indietro ❷ (*fig: ableiten*) **etw** (**auf etw** *acc*) ~ attribuire qc (a qu)

zurück|geben <irr> *vt* restituire, ridare; (*Wechselgeld*) restituire, dare di resto; (*Ball*) rimandare; (*Kompliment*) ricambiare

zurückgeblieben *adj* rimasto indietro; **geistig ~** ritardato

zurück|gehen <irr> *vi sein* ❶ (*zum Ausgangsort*) ritornare; **denselben Weg ~** tornare sui propri passi; ~ **lassen** (*Warensendung*) rispedire; (*Essen*) mandare indietro ❷ (*nach hinten, rückwärts*) indietreggiare; (*zurückweichen*) retrocedere; **drei Meter ~** andare indietro di tre metri ❸ (*fig: abnehmen*) diminuire; (*Hochwasser, Fieber, Preise*) calare; (*Schmerz, Sturm*) placarsi ❹ (*fig: herstammen*) (**auf**

etw *acc*) ~ risalire (a qc)

zurückgezogen *adj* ritirato; **Zurückgezogenheit** <-> *kein Pl f* vita *f* ritirata

zurück|greifen <irr> *vi* **auf etw** *acc* ~
ricorrere a qc

zurück|halten <irr> I. *vt* ❶ (*nicht fortlas-
sen*) trattenere; (*aufhalten*) fermare ❷ (*abhalten*) **jdn** (**von etw**) ~ distogliere qu (da
qc) ❸ (*unterdrücken*) reprimere; (*Tränen*)
trattenere ❹ (*Informationen*) rifiutare di
dare II. *vi* **mit etw** ~ nascondere qc, dissimulare qc; **mit seiner Meinung/seinem
Urteil** ~ astenersi dall'esprimere la propria
opinione/il proprio giudizio; **mit seinem
Lob nicht** ~ non lesinare gli elogi III. *vr*
sich ~ ❶ (*sich beherrschen*) trattenersi, contenersi; (*beim Essen*) moderarsi
❷ (*sich im Hintergrund halten*) tenersi
nell'ombra

zurückhaltend *adj* (*reserviert*) riservato;
(*unaufdringlich*) discreto

Zurückhaltung *f* riservatezza *f*

zurück|holen *vt* andare a riprendere,
riportare

zurück|kehren *vi sein* ritornare; **aus
Deutschland** ~ ritornare dalla Germania;
nach Deutschland/Berlin ~ ritornare in
Germania/a Berlino

zurück|kommen <irr> *vi sein* ❶ (*wieder-
kommen*) s. **zurückkehren** ❷ (*fig: wieder aufgreifen*) tornare; **um auf ... +***acc*
zurückzukommen tornando a ...; **darf
ich auf dein Angebot von gestern** ~?
posso ritornare sulla tua offerta di ieri?

zurück|lassen <irr> *vt* ❶ (*hinter-, ver-*)
lasciare (indietro) ❷ (SPORT: *überholen*) distanziare ❸ (*fam: zurückkehren lassen*)
lasciar ritornare

zurück|legen I. *vt* ❶ (*an seinen Platz*)
riporre ❷ (*Kopf*) appoggiare indietro
❸ (*Geld, Waren*) mettere da parte ❹ (*Strecke*) percorrere II. *vr* **sich** ~ appoggiarsi
(all')indietro

zurück|lehnen *vr* **sich** ~ appoggiarsi
indietro

zurück|liegen <irr> *vi* essere passato,
essere successo; **das liegt fünf Jahre
zurück** sono passati cinque anni

zurück|mailen *vi* rispondere ad una mail

zurück|melden *vr* **sich** ~ annunciare il
proprio ritorno

Zurücknahme [tsuˈrʏknaːmə] <-, -n> *f*
❶ (*von Ware, Geschenk*) riprendere *m*
❷ (*fig: von Bestellung*) annullamento *m*;
(*von Behauptung, Beschuldigung, Versprechen*) ritrattazione *f*; (JUR: *von Klage*)
remissione *f*; (PARL: *von Gesetzentwurf*)
ritiro *m*; (*von Anordnung, Zustimmung*)

revoca *f*

zurück|nehmen <irr> *vt* ❶ (*Ware,
Geschenk*) riprendere ❷ (*fig: Bestellung*)
annullare; (*Behauptung, Beleidigung*)
ritrattare; (*Versprechen, Klage, Gesetzentwurf*) ritirare; (*Gesetz*) revocare; **nimm
das sofort zurück!** ritira subito quello che
hai detto!

zurück|prallen *vi sein* ❶ (*Ball*) rimbalzare
❷ (*fig: Mensch*) (**vor Schreck**) ~ indietreggiare di scatto per lo spavento

zurück|reisen *vi sein* ritornare, rientrare

zurück|rollen I. *vi sein* rotolare indietro
II. *vt haben* rotolare fino al punto di partenza

zurück|rufen <irr> *vt* richiamare; **jdm
etw ins Gedächtnis** ~ richiamare qc alla
mente di qu; **sich** *dat* **etw ins Gedächtnis** ~ rammentarsi di qc

zurück|schalten *vt* (AUTO) ingranare la
marcia inferiore; **in den ersten Gang** ~
rimettere la prima

zurück|schauen *vi* (**auf etw** *acc*) ~ guar-
dare indietro (a qc)

zurück|scheuen *vi sein* (**vor etw** *dat*) ~
indietreggiare (davanti a qc); **vor nichts** ~
non avere scrupoli

zurück|schicken *vt* ❶ (*Post*) **etw** (**an
jdn**) ~ rispedire qc (a qu) ❷ (*Personen*)
(ri)mandare indietro

zurück|schieben <irr> *vt* respingere;
(*nach hinten*) spingere indietro

zurück|schlagen <irr> I. *vt* ❶ (*Angriff,
Feind*) respingere ❷ (*Ball*) ribattere ❸ (*Decke, Schleier*) sollevare; (*Saum*) tirare giù;
(*Kragen*) rovesciare, tirare giù II. *vi* ❶ (*den
Schlag erwidern*) restituire il colpo ❷ (*sich
nachteilig auswirken*) (**auf jdn/etw**) ~
ripercuotersi (su qu/qc)

zurück|schneiden <schneidet zurück,
schnitt zurück, zurückgeschnitten> *vi*
potare, sfoltire

zurück|schnellen *vi sein* scattare indietro

zurück|schrauben *vt* limitare, ridurre

zurück|schrecken *vi haben o sein* **vor
etw** *dat* ~ (*zurückfahren*) indietreggiare
spaventato davanti a qc; (*fig: zurück-
scheuen*) aver paura di qc; **vor nichts** ~
non avere paura di niente

zurück|sehnen *vr* **sich nach etw** ~ avere
nostalgia di qc

zurück|senden <sendet zurück, sandte
o rar sendete zurück, zurückgesandt *o
rar* zurückgesendet> *vt* (*geh*) s. **zurückschicken**

zurück|setzen I. *vt* ❶ (*an frühere Stelle*)
rimettere (al proprio posto) ❷ (*nach hinten*) mettere indietro, arretrare ❸ (*benach-*

teiligen) trascurare ❹(*Auto*) indietreggiare, rinculare **II.** *vr* **sich** ~ sedersi indietro **III.** *vi* (*mit Fahrzeug*) indietreggiare, andare indietro

zurück|springen <springt zurück, sprang zurück, zurückgesprungen> *vi sein* saltare indietro

zurück|stecken I. *vt* ❶(*an alten Platz*) rimettere (a posto) ❷(*nach hinten*) mettere indietro **II.** *vi* ❶(*weniger Ansprüche stellen*) moderare le pretese ❷(*einlenken, nachgeben*) cedere

zurück|stehen <irr> *vi* ❶(*weiter hinten stehen*) stare indietro ❷(*nicht gleichwertig sein*) **hinter jdm** ~ essere inferiore a qu ❸(*verzichten*) **hinter etw** *dat* ~ rinunciare a qc

zurück|stellen *vt* ❶(*an seinen Platz*) rimettere (a posto) ❷(*nach hinten, a Uhr*) mettere indietro ❸(*Waren*) mettere da parte ❹(*aufschieben*) rinviare ❺(*Wünsche, Hobbys*) far passare in second'ordine

zurück|stoßen <irr> *vt* ❶(*wegstoßen*) respingere ❷(*fig: abstoßen*) ripugnare

zurück|strömen *vi sein* rifluire

zurück|stufen *vt* trasferire in una categoria inferiore

zurück|treiben <treibt zurück, trieb zurück, zurückgetrieben> *vt* cacciare indietro, ricacciare; (*Vieh*) ricondurre; (*Angreifer*) respingere

zurück|treten <irr> *vi sein* ❶(*nach hinten gehen*) indietreggiare, retrocedere; **bitte** ~! indietro!, fate largo!; **einen Schritt** ~ fare un passo indietro ❷(*fig: weniger wichtig werden*) diminuire; **hinter jdm** ~ (*in den Hintergrund treten*) passare in seconda linea dietro a qu ❸(*fig*) dare le dimissioni; **von einem Amt** ~ dimettersi da una carica ❹(*fig: von einem Vertrag* ~) rescindere un contratto; (*von einem Kauf* ~) annullare un acquisto; (*von einem Recht* ~) rinunciare a un diritto

zurück|verfolgen <ohne ge-> *vt* ripercorrere

zurück|verlangen <ohne ge-> **I.** *vt* ridomandare **II.** *vi* (*geh*) **nach etw** ~ voler riavere qc

zurück|versetzen <ohne ge-> **I.** *vt* ❶(*in den früheren Zustand*) rimettere ❷(*Schüler*) rimandare in una classe inferiore **II.** *vr* **sich** (**in die Vergangenheit**) ~ ritornare col pensiero (al passato)

zurück|weichen <irr> *vi sein* (**vor jdm/etw**) ~ retrocedere (davanti a qu/qc)

zurück|weisen <irr> *vt* ❶(*zurückschicken*) rimandare, rinviare ❷(*Angebot, Vorschlag*) rifiutare ❸(*Behauptung,*

Vorwurf, Beschuldigung) respingere;

Zurückweisung *f* ❶(*Ablehnung*) rifiuto *m* ❷(*von Gegenstand*) non accettazione *f*

zurück|werfen <irr> *vt* ❶(*in Ausgangsrichtung*) rigettare; (*Ball a*) rimandare ❷(*nach hinten*) gettare indietro ❸(*fig: Feind*) respingere ❹(PHYS: *Strahlen*) riflettere; (*Schall*) ripercuotere ❺(*wirtschaftlich*) rimandare indietro; (*gesundheitlich*) far ricadere; **das hat uns um Jahre zurückgeworfen** ci ha rimandato indietro di anni

zurück|zahlen *vt* restituire, rimborsare; **das werde ich ihm ~!** (*fig fam*) gliela farò pagare!

zurück|ziehen <irr> **I.** *vt haben* (*Hand, Klage, Beschwerde, Truppen, Zusage*) ritirare; (*Gardine*) tirare; (JUR: *Forderung*) rinunciare a; (*Auftrag*) revocare **II.** *vr* **sich** ~ ritirarsi; **sich aus der Politik** ~ ritirarsi dalla (vita) politica; **sich von seinen Freunden** ~ isolarsi dai propri amici **III.** *vi sein* ritornare

zurück|zucken *vi sein* trasalire e indietreggiare (*vor* per)

Zuruf *m* chiamata *f*, grido *m*

zu|rufen <irr> *vt* (**jdm**) **etw** ~ gridare qc (a qu)

zurzeit[RR] *adv* attualmente

Zusage *f* (*Versprechen*) promessa *f*; (*Zustimmung*) adesione *f*; **jdm seine ~ geben** fare una promessa a qu

zu|sagen I. *vt* promettere **II.** *vi* ❶(*sein Einverständnis erklären*) acconsentire; (*Einladung annehmen*) accettare l'invito; **~ etw zu tun** (*sich verpflichten*) impegnarsi a fare qc ❷(*gefallen*) piacere; **etw sagt jdm zu** qc piace a qu; **diese Wohnung sagt mir nicht zu** questo appartamento non mi piace

zusammen [tsu'zamən] *adv* ❶(*gemeinsam*) insieme, assieme; **mit jdm ~ sein** essere insieme a qu; **alle ~** tutti insieme ❷(*insgesamt*) complessivamente; (*im ganzen*) in tutto; **das macht ~ vier Euro in** totale fanno quattro euro

Zusammenarbeit *f* collaborazione *f*, cooperazione *f*; **in ~ mit ...** in collaborazione con ...

zusammen|arbeiten *vi* collaborare, cooperare

zusammen|ballen I. *vt* appallottolare **II.** *vr* **sich** ~ ammassarsi, addensarsi

zusammen|bauen *vt* montare

zusammen|beißen <irr> *vt* **die Zähne ~** stringere i denti

zusammen|binden <irr> *vt* legare; **Blu-**

men zu einem Strauß ~ legare i fiori in un mazzo

zusammen|bleiben <irr> *vi sein* rimanere uniti; (*weiterhin*) rimanere insieme

zusammen|brauen I. *vt* (*fam*) preparare, fare **II.** *vr* **sich ~** prepararsi, preannunciarsi

zusammen|brechen <irr> *vi sein* crollare; **vor Erschöpfung ~** crollare dalla fatica; **der Verkehr ist völlig zusammengebrochen** il traffico si è arrestato

zusammen|bringen <irr> *vt* ❶ (*Vermögen*) accumulare; (*Geld*) racimolare ❷ (*Menschen*) far incontrare; (*versöhnen*) riconciliare ❸ (*fam: Gedanken, Worte, Sätze*) mettere insieme

Zusammenbruch *m* ❶ (*a fig*) crollo *m* ❷ (*Bankrott*) fallimento *m*, bancarotta *f* ❸ (*Nerven~*) collasso *m* nervoso

zusammen|drängen I. *vt* ❶ (*Menschen*) ammassare, stipare ❷ (*fig: Fakten, Schilderung*) concentrare, condensare **II.** *vr* **sich ~** accalcarsi, stiparsi

zusammen|drücken *vt* schiacciare

zusammen|fahren <irr> **I.** *vi sein* ❶ (*zusammenstoßen*) (**mit jdm/etw**) **~** scontrarsi (con qu/qc) ❷ (*fig: erschrecken*) (**vor jdm/etw**) **~** trasalire (per qu/qc) **II.** *vt haben* (*fam*) ❶ (*Fahrzeug*) ridurre a un rottame ❷ (*Menschen*) ferire in un incidente; (*töten*) ammazzare in un incidente

zusammen|fallen <irr> *vi sein* ❶ (*einstürzen*) crollare ❷ (*Ballon*) afflosciarsi; (*Teig*) sgonfiarsi; (*fig: Mensch*) dimagrire ❸ (*zeitlich*) coincidere

zusammen|falten *vt* ripiegare

zusammen|fassen *vt* ❶ (*vereinigen*) riunire; **die Teilnehmer zu Gruppen ~** riunire i partecipanti in gruppi ❷ (*in Bericht*) riassumere; **~d lässt sich sagen, dass ...** concludendo si può dire che ...; **Zusammenfassung** *f* ❶ (*Vereinigung*) riunione *f* ❷ (*Überblick*) riassunto *m*

zusammen|fegen *vt* raccogliere con la scopa

zusammen|finden <findet zusammen, fand zusammen, zusammengefunden> *vr* **sich ~** ❶ (*sich vereinigen*) riunirsi ❷ (*treffen*) incontrarsi, ritrovarsi

zusammen|flicken *vt* rattoppare; (*a fig*) rappezzare

zusammen|fließen <irr> *vi sein* confluire; **Zusammenfluss**ᴿᴿ *m* confluenza *f*

zusammen|fügen *vt* (*geh*) congiungere *poet*

zusammen|führen *vt* far incontrare; (*Familien*) riunire

zusammen|gehören <ohne ge-> *vi*

(*Dinge*) andare insieme; (*als Paar*) appaiarsi, fare un paio; (*Kunstgegenstände*) fare da pendant; (*Menschen*) andare bene insieme, essere fatti l'uno per l'altro

zusammengehörig *adj* che va insieme; **sich ~ fühlen** sentirsi uniti; **Zusammengehörigkeit** <-> *kein Pl f* affinità *f*, unione *f*; **Zusammengehörigkeitsgefühl** *n* solidarietà *f*; (*einer Gruppe*) spirito *m* di corpo

zusammengesetzt *adj* (**aus etw**) **~ sein** essere composto (di qc)

zusammengewürfelt *adj* eterogeneo, vario

Zusammenhalt *m* ❶ (TEC) consistenza *f* ❷ (*fig: innere Bindung*) coesione *f*

zusammen|halten <irr> **I.** *vt* ❶ (*verbinden*) tenere unito ❷ (*fam: Geld*) risparmiare **II.** *vi* essere unito

Zusammenhang *m* (*Beziehung*) rapporto *m*, relazione *f*; (*innerer ~*) connessione *f*; (*im Text*) contesto *m*; **der ~ zwischen ... (und ...)** il rapporto tra ... (e ...); **etw aus dem ~ reißen** separare qc dal contesto; **etw mit etw in ~ bringen** mettere qc in relazione con qc; **im ~ mit etw stehen** essere in rapporto con qc; **im ~ mit dieser Angelegenheit** in relazione a questa faccenda; **in diesem ~** in questo contesto

zusammen|hängen <irr> *vi* ❶ (*fest verbunden sein*) **mit etw ~** essere unito a qc ❷ (*fig: in Beziehung stehen*) essere in relazione; **das hängt damit zusammen, dass ...** ciò dipende dal fatto che ...; **zusammenhängend** *adj* (*innerlich*) coerente; (*ununterbrochen*) continuo

zusammenhang(s)los *adj* sconnesso, incoerente; **Zusammenhang(s)losigkeit** <-> *kein Pl f* sconnessione *f*, incoerenza *f*

zusammen|hauen <haut zusammen, haute zusammen, zusammengehauen> *vt* (*fam*) ❶ (*zertrümmern*) fare a pezzi ❷ (*verprügeln*) picchiare ❸ (*zusammenpfuschen*) abborracciare

zusammen|kehren *vt* (*dial*) *s.* **zusammenfegen**

Zusammenklang *m* ❶ (MUS) accordo *m* ❷ (*fig: Einklang*) armonia *f*, consonanza *f*

zusammenklappbar *adj* pieghevole

zusammen|klappen I. *vt haben* (ri)piegare; (*Buch, Messer*) chiudere **II.** *vi sein* (*fam: Person*) crollare

zusammen|kleben I. *vt haben* incollare **II.** *vi haben o sein* incollarsi

zusammen|kneifen <kneift zusammen, kniff zusammen, zusammengekniffen> *vt* stringere

zusammen|knüllen *vt* spiegazzare, sgualcire, appallottolare

zusammen|kommen <irr> *vi sein* ❶ (*sich treffen*) incontrarsi; (*sich versammeln*) riunirsi, radunarsi ❷ (*sich ansammeln*) raccogliersi

zusammen|krachen *vi sein* (*fam*) crollare

zusammen|kratzen *vt* (*fam*) raggranellare

zusammen|kriegen *vt* (*fam*) mettere insieme

Zusammenkunft [tsuˈzamənkʊnft, *pl:* tsuˈzamənkʏnftə] <-, Zusammenkünfte> *f* incontro *m*; (*Versammlung*) riunione *f*; (*Sitzung*) seduta *f*

zusammen|läppern [tsuˈzamənlɛpən] *vr* **sich** ~ (*fam*) (as)sommarsi

zusammen|laufen <irr> *vi sein* ❶ (*Menschen*) accorrere, affluire ❷ (*Flüsse*) confluire ❸ (*Linien, Straßen*) incontrarsi; (MAT) convergere

zusammen|leben *vi* (**mit jdm**) ~ convivere (con qu); **Zusammenleben** *n* convivenza *f*

zusammenlegbar *adj* pieghevole

zusammen|legen I. *vt* ❶ (*zueinander legen*) mettere insieme ❷ (*zusammenfalten*) ripiegare ❸ (*vereinigen, gleichzeitig stattfinden lassen*) riunire; (COM) fondere II. *vi* fare una raccolta di denaro

zusammen|nähen *vt* cucire insieme

zusammen|nehmen <irr> I. *vt* raccogliere; **alles zusammengenommen** in tutto, tutto sommato II. *vr* **sich** ~ ❶ (*sich anstrengen*) concentrarsi ❷ (*sich beherrschen*) dominarsi, contenersi

zusammen|packen *vt* ❶ (*wegpacken*) riporre, metter via ❷ (*zusammen einpacken*) raccogliere; (*in Koffer*) mettere insieme

zusammen|passen *vi* (*Dinge*) intonarsi, armonizzare; (*Personen*) andare bene insieme

zusammen|pferchen *vt* stipare

Zusammenprall *m* urto *m*, collisione *f*; (*a fig*) scontro *m*

zusammen|prallen *vi sein* (**mit jdm/etw**) ~ cozzare (contro qu/qc); (*a fig*) scontrarsi (con qu/qc)

zusammen|pressen *vt* stringere

zusammen|raffen I. *vt* ❶ (*Dinge*) raccogliere alla rinfusa ❷ (*pej: Besitz, Geld*) arraffare ❸ (*Kleider*) sollevare II. *vr* **sich** ~ raccogliere le proprie forze

zusammen|raufen *vr* **sich** ~ (*fam*) trovare un modus vivendi

zusammen|rechnen *vt* addizionare, sommare; **alles zusammengerechnet** in tutto, tutto sommato

zusammen|reimen *vt* **sich** *dat* **etw** ~ (*fam*) spiegarsi qc

zusammen|reißen <irr> *vr* **sich** ~ (*fam*) contenersi, dominarsi

zusammen|rollen I. *vt* avvolgere, arrotolare II. *vr* **sich** ~ arrotolarsi

zusammen|rotten *vr* **sich** ~ assembrarsi (*gegen* contro)

zusammen|rücken I. *vt haben* accostare, avvicinare II. *vi sein* stringersi

zusammen|rufen *vt* convocare

zusammen|sacken *vi sein* (*fam*) ❶ (*Haus*) abbattersi, crollare ❷ (*Person*) afflosciarsi, accasciarsi

zusammen|scheißen <irr> *vt* (*vulg*) sputtanare

zusammen|schießen <schießt zusammen, schoss zusammen, zusammengeschossen> *vt* abbattere

zusammen|schlagen <irr> *vt haben* ❶ (*zerschlagen*) fracassare ❷ (*Hacken, Hände*) battere (l'uno contro l'altro) ❸ (*falten*) (ri)piegare ❹ (*fam: verprügeln*) **jdn** ~ rompere le costole a qu

zusammen|schließen <irr> *vr* **sich** (**gegen jdn/mit jdm**) ~ unirsi (contro/con qu); **sich mit einer Firma** ~ fondersi con una ditta

Zusammenschluss^RR *m* unione *f*, associazione *f*; (*von Firmen*) fusione *f*

zusammen|schnüren *vt* ❶ (*schnüren*) allacciare (insieme) ❷ (*fig: Herz, Kehle*) stringere

zusammen|schrauben *vt* avvitare (insieme)

zusammen|schrecken *vi sein* trasalire

zusammen|schreiben <irr> *vt* ❶ (*Wörter*) scrivere attaccato ❷ (*fam pej: gedankenlos hinschreiben*) scribacchiare

zusammen|schrumpfen *vi sein* ❶ (*schrumpfen*) restringersi, contrarsi; (*runzlig werden*) raggrinzarsi ❷ (*fig: abnehmen*) diminuire (*auf+acc* a), ridursi (*auf+acc* a)

zusammen|schweißen *vt* ❶ (TEC) saldare (insieme) ❷ (*fig: Menschen*) unire

zusammen|sein^ALT *vi s.* **zusammen 1.**; **Zusammensein** *n* ❶ (*Beisammensein*) stare *m* insieme ❷ (*Zusammenkunft*) riunione *f*

zusammen|setzen I. *vt* ❶ (*nebeneinander setzen*) mettere insieme ❷ (*zu einem Ganzen*) comporre ❸ (*montieren*) montare II. *vr* **sich** ~ ❶ (*sich nebeneinander setzen*) sedersi insieme; (*sich treffen*) riunirsi; **sich zu Verhandlungen** ~ riunirsi per (fare) trattative ❷ (*bestehen*) comporsi; **sich aus etw** ~ essere composto di qc; **Zusammensetzung** <-, -en> *f* composizione *f*

Zusammenspiel *n* ❶ (THEAT) affiatamento *m;* (MUS) accordo *m* ❷ (SPORT) gioco *m* d'insieme ❸ (*fig: von Kräften*) interazione *f*

zusammen|stauchen *vt* ❶ (*zusammendrücken*) comprimere ❷ (*fam: maßregeln*) **jdn** ~ dare una strigliata a qu

zusammen|stecken I. *vt* appuntare; **die Köpfe** ~ (*fam*) confabulare II. *vi* (*fam*) stare sempre appiccicati

zusammen|stehen <irr> *vi* ❶ (*nebeneinander*) trovarsi (insieme), stare (insieme) ❷ (*einander unterstützen*) rimanere uniti, appoggiarsi a vicenda

zusammen|stellen *vt* ❶ (*nebeneinander stellen*) mettere insieme, disporre ❷ (*anordnen*) comporre; (*a Menü, Farben*) combinare; (*gruppieren*) raggruppare; (*sortieren*) assortire; (*klassifizieren*) classificare; (*kompilieren*) compilare

Zusammenstellung *f* ❶ (*Anordnung*) disposizione *f* ❷ (*Zusammensetzung*) composizione *f,* combinazione *f;* (*Gruppierung*) raggruppamento *m;* (*Klassifizierung*) classificazione *f* ❸ (*Übersicht*) tavola *f,* prospetto *m*

Zusammenstoß *m* cozzo *m,* collisione *f;* (*a fig*) scontrarsi *m*

zusammen|stoßen <irr> *vi sein* ❶ (*Verkehrsmittel, Meinungen*) scontrarsi ❷ (*Grundstücke*) confinare

zusammen|streichen <streicht zusammen, strich zusammen, zusammengestrichen> *vt* (*fam*) tagliare

zusammen|strömen *vi sein* ❶ (*Flüsse*) confluire ❷ (*fig: Menschen*) affluire

zusammen|stürzen *vi sein* crollare

zusammen|suchen *vt* riunire; **sich** *dat* **etw** ~ mettere insieme, radunare, raccogliere

zusammen|tragen <irr> *vt* raccogliere

zusammen|treffen <irr> *vi sein* ❶ (*Personen*) incontrarsi ❷ (*Ereignisse*) coincidere; **Zusammentreffen** *n* ❶ (*von Personen*) incontro *m* ❷ (*von Umständen*) concorso *m;* (*Gleichzeitigkeit*) coincidenza *f*

zusammen|treiben <treibt zusammen, trieb zusammen, zusammengetrieben> *vt* raccogliere

zusammen|treten <tritt zusammen, trat zusammen, zusammengetreten> I. *vi sein* riunirsi II. *vt haben* calpestare

zusammen|trommeln *vt* (*fam*) radunare

zusammen|tun <irr> I. *vt* (*fam*) mettere insieme II. *vr* **sich** (**zu etw**) ~ riunirsi (per qc)

zusammen|wachsen <irr> *vi sein* ❶ (*in eins wachsen*) concrescere, crescere assieme; (*Wunde a*) chiudersi, rimarginarsi ❷ (*fig: Städte*) unirsi crescendo; (*Menschen*) affiatarsi

zusammen|wirken *vi* ❶ (*geh: zusammenarbeiten*) cooperare ❷ (*Umstände*) concorrere; **Zusammenwirken** <-s> *kein Pl n* concorso *m,* concomitanza *f*

zusammen|zählen *vt* sommare, addizionare

zusammen|ziehen <irr> I. *vt haben* ❶ (*enger machen*) restringere; (*verkürzen*) raccorciare; (BIOL) contrarre ❷ (*Truppen*) concentrare ❸ (MAT) sommare II. *vr* **sich** ~ ❶ (*kontrahieren*) contrarsi; (*a Stoff*) restringersi ❷ (*Gewitter, Unheil*) prepararsi III. *vi sein* **mit jdm** ~ andare ad abitare insieme a qu

zusammen|zucken *vi sein* (**vor jdm/ etw**) ~ trasalire (per qu/qc)

Zusatz *m* ❶ (CHEM: ~ *mittel*) additivo *m* ❷ (*zu Brief*) poscritto *m;* (*zu Testament*) codicillo *m;* (*Nachtrag*) appendice *f;* **Zusatzbestimmung** *f* disposizione *f* supplementare; **Zusatzgerät** *n* adattatore *m*

zusätzlich ['tsuːzɛtslɪç] I. *adj* addizionale; (*ergänzend*) supplementare II. *adv* inoltre, in più

Zusatzversicherung *f* assicurazione *f* complementare; **Zusatzzahl** *f* (*beim Lotto*) numero *m* supplementare

zuschanden [tsuːˈʃandən] *adv* (*geh*) ~ **machen** (*Gegenstände*) guastare, rovinare; (*Hoffnungen, Pläne*) deludere, distruggere

zu|schanzen *vt* (*fam*) **jdm etw** ~ procacciare qc a qu

zu|schauen *s.* zusehen

Zuschauer(in) <-s, -; -, -nen> *m(f)* spettatore, -trice *m, f;* (*Fernseh~*) telespettatore, -trice *m, f;* **Zuschauerraum** *m* auditorio *m;* **Zuschauertribüne** *f* tribuna *f* (per gli spettatori); **Zuschauerzahl** *f* numero *m* degli spettatori

zu|schicken *vt* spedire, inviare

zu|schieben <schiebt zu, schob zu, zugeschoben> *vt* ❶ (*schließen*) chiudere ❷ (*hinschieben*) spingere ❸ (*Schuld, Verantwortung*) addossare, attribuire

zu|schießen <schießt zu, schoss zu, zugeschossen> I. *vt haben* ❶ (*Ball, a fig: Blick*) lanciare ❷ (*fam: Geld*) contribuire (*etw* con qc), versare un contributo (*etw* di qc) **II.** *vi sein* lanciarsi (*auf jdn/etw acc* contro qu/su qc)

Zuschlag *m* ❶ (*bei Ausschreibung, Auktion*) aggiudicazione *f*; (*von Aufträgen*) appalto *m* ❷ (*Preis~*) maggiorazione *f* (di prezzo); (*zu Gebühr*) soprattassa *f*; (FERR) supplemento *m*

zu|schlagen <irr> **I.** *vt haben* ❶ (*Buch*) chiudere; (*Fenster, Tür*) sbattere ❷ (*bei Ausschreibung, Auktion*) aggiudicare; (*Auftrag*) appaltare ❸ (*zuspielen*) lanciare ❹ (*fig: aufschlagen*) aggiungere **II.** *vi* ❶ *sein* (*Fenster, Tür*) sbattere ❷ *haben* (*einen Schlag tun*) sbattere; (*fig*) colpire ❸ (*fam: zugreifen*) **bei diesen Preisen muss man gleich ~** con questi prezzi bisogna approfittarne subito

zuschlagfrei *adj* esente da soprattassa; (FERR) senza supplemento; **zuschlagpflichtig** *adj* soggetto a soprattassa; (FERR) con supplemento obbligatorio

zu|schließen <irr> *vt* chiudere a chiave

zu|schnappen *vi* ❶ *sein* (*Schloss*) scattare ❷ *haben* (*mit Händen*) afferrare; (*zubeißen*) azzannare

zu|schneiden <irr> *vt* tagliare; **das ist auf ihn zugeschnitten** (*fig*) è fatto per lui

Zuschnitt *m* ❶ (*Art des Zuschneidens*) taglio *m* ❷ (*fig: Format*) levatura *f*; (*Gestaltung*) forma *f*

zu|schnüren *vt* (*Paket*) legare; (*Schuhe*) allacciare; (*fig: zusammenziehen*) stringere; **die Angst schnürte ihr die Kehle zu** la paura le strinse la gola

zu|schrauben *vt* ❶ (*Schraubverschluss, Deckel*) avvitare ❷ (*Glas, Flasche*) chiudere (avvitando il coperchio)

zu|schreiben <irr> *vt* attribuire; (*Summe*) accreditare; (*Wertobjekte*) assegnare; **das hat er sich *dat* selbst zuzuschreiben** è colpa sua

Zuschrift *f* comunicazione *f*, lettera *f*

zuschulden [tsu'ʃʊldən] *adv* **sich** *dat* **etw ~ kommen lassen** rendersi colpevole di qc

Zuschuss^RR *m* contributo *m*; (*Unterstützungszahlung*) sussidio *m*; (*staatlich*) sovvenzione *f*; **jdm einen ~ zu etw geben** [*o* **gewähren**] dare a qu sussidio per qc; **Zuschussbetrieb**^RR *m*, **Zuschussunternehmen**^RR *n* impresa *f* sovvenzionata

zu|schustern *vt* **jdm etw ~** (*fam*) procacciare qc a qu

zu|schütten *vt* ❶ (*auffüllen*) riempire, colmare ❷ (*fam: hin~*) aggiungere (versando)

zu|sehen <irr> *vi* ❶ (*als Zuschauer*) (**jdm bei etw**) ~ stare a guardare (mentre qu sta

facendo qc); **man kann doch nicht** (*tatenlos*) **~, wie ...** non si può stare a guardare come ... ❷ (*dafür sorgen*) **~ dass ...** fare in modo che +*conj*

zusehends ['tsuːzeːənts] *adv* (*merklich*) sensibilmente; (*rasch*) rapidamente

zu|sein <irr> *vi sein* essere chiuso

zu|senden <irr> *s.* **zuschicken**; **Zusendung** *f* spedizione *f*, invio *m*

zu|setzen **I.** *vt* ❶ (*hinzufügen*) aggiungere ❷ (*Geld*) perdere, rimettere **II.** *vi* (*fam*) ❶ (*bedrängen*) (**jdm mit etw**) ~ importunare (qu con qc) ❷ (*mitnehmen, treffen*) **jdm** ~ provare qu

zu|sichern *vt* (**jdm**) **etw** ~ assicurare qc (a qu)

Zuspätkommende [tsuːˈʃpɛːtkɔməndə] <ein -r, -n, -n> *mf* ritardatario, -a *m, f*

zu|sperren *vt* (*A, südd: abschließen*) chiudere a chiave

Zuspiel *n* passaggi *mpl*

zu|spielen *vt* passare; **die gefälschten Tagebücher wurden der Presse zugespielt** i diari falsificati furono passati alla stampa per indiscrezione

zu|spitzen *vr* **sich** ~ (*Lage, Konflikt*) inasprirsi

zu|sprechen <irr> **I.** *vt* ❶ (*Mut, Trost*) (**jdm**) **etw** ~ dare qc (a qu) ❷ (*zuerkennen*) conferire; **jdm einen Preis** ~ conferire un premio a qu ❸ (JUR) assegnare; **das Kind wurde der Mutter zugesprochen** il bambino venne assegnato alla madre **II.** *vi* ❶ (*gut zureden*) **jdm** ~ esortare qu ❷ (*fig geh*) **einer Sache** *dat* ~ far onore a qc; **einer Speise** ~ far onore a una pietanza; **beim Fest wurde dem Wein kräftig zugesprochen** alla festa si fece molto onore al vino

Zuspruch *m* (*geh*) ❶ (*Aufmunterung*) esortazione *f*; (*Trost*) consolazione *f* ❷ (*Anklang*) favore *m*; (*Zulauf, Andrang*) affluenza *f*; **sich großen ~s erfreuen** avere un gran successo

Zustand *m* stato *m*; (*Beschaffenheit*) condizione *f*; (*Lage*) situazione *f*; (*rechtliche, politische Lage, Stand*) status *m*; **der gegenwärtige ~** la situazione attuale delle cose; **Zustände kriegen** (*fam*) avere un attacco; **in angetrunkenem ~** in stato di ebbrezza; **in gutem/schlechtem ~** in buono/cattivo stato; **das sind ja schöne Zustände!** (*fam*) belle circostanze!

zustande [tsuːˈʃtandə] *adv* **etw ~ bringen** riuscire a fare qc, attuare qc; **~ kommen** farsi, attuarsi; **Zustandekommen** *n* realizzazione *f*, attuazione *f*

zuständig *adj* (*Gericht, Behörde, Stelle*)

Zuständigkeit

nach Zuständigkeit fragen	fare domande sulla competenza
Sind Sie die behandelnde Ärztin?	È Lei il medico curante?
Sind Sie dafür zuständig?	È Lei il/la responsabile?

Zuständigkeit ausdrücken	dichiarare competenza
Ich bin für die Organisation des Festes verantwortlich/zuständig.	Sono responsabile dell'organizzazione della festa.

Nichtzuständigkeit ausdrücken	dichiarare la non competenza
Da sind Sie bei mir an der falschen Adresse. (*fam*)	Ha sbagliato persona!/Ha sbagliato indirizzo!
Dafür bin ich (leider) nicht zuständig.	(Mi dispiace) non ne sono responsabile.
Dazu bin ich (leider) nicht berechtigt/befugt.	(Mi dispiace) non sono autorizzato.
Das fällt nicht in unseren Zuständigkeitsbereich. (*form*)	Non è di nostra competenza. (*form*)

competente; (*befugt*) autorizzato; (*verantwortlich*) responsabile; **dafür bin ich nicht** ~ questo esula dalle mie competenze; **Zuständigkeit** <-, -en> *f* ❶ (*Kompetenz*) competenza *f* ❷ (*~ sbereich*) sfera *f* di competenza

zustatten [tsu'ʃtatən] *adv* **jdm ~ kommen** (*geh*) tornare utile a qu, tornare a vantaggio di qu

zu|stecken *vt* (*mit Nadeln*) appuntare con spilli; **jdm etw** (**heimlich**) ~ dare qc di nascosto a qu

zu|stehen <irr> *vi* **jdm** ~ spettare a qu

zu|steigen <irr> *vi sein* salire durante il viaggio; **noch jemand zugestiegen?** c'è qualcun altro che è salito?

Zustellbezirk *m* distretto *m* postale

Zustelldienst *m* servizio *m* consegna *f* a domicilio

zu|stellen *vt* ❶ (*versperren*) ostruire; **ein Fenster mit etw** ~ bloccare una finestra mettendo davanti qc ❷ (*form: übermitteln*) consegnare; (*Brief, Paket*) recapitare; (*Post*) distribuire

Zusteller(in) <-s, -; -, -nen> *m(f)* latore, -trice *m, f*

Zustellgebühr *f* tassa *f* di recapito

Zustellung *f* (*form*) consegna *f*; (*von Post*) recapito *m*, distribuzione *f*

zu|steuern I. *vi sein* **auf etw** *acc* ~ dirigersi verso qc II. *vt haben* (*beisteuern*) contribuire con

zu|stimmen *vi* (**jdm**) ~ essere d'accordo (con qu); **einer Sache** ~ acconsentire a una cosa; **einem Plan/Programm** ~

approvare un piano/programma; **zustimmend** *adv* in segno di approvazione; **Zustimmung** *f* (*Einverständnis*) assenso *m*, consenso *m*; (*Billigung*) approvazione *f*; **die ~ zu etw** il consenso a qc; **allgemeine ~ finden** incontrare l'approvazione generale; **seine ~ geben/verweigern** dare/rifiutare il proprio consenso

zu|stoßen <irr> I. *vt haben* (*Tür*) chiudere con uno spintone II. *vi* ❶ *haben* (*mit Messer*) colpire ❷ *sein* (*Unglück*) accadere; **hoffentlich ist ihm nichts zugestoßen** speriamo che non gli sia successo niente

Zustrom *m* afflusso *m*; **großen ~** (**zu verzeichnen**) **haben** registrare una grande affluenza

zu|stürzen *vi sein* **auf jdn/etw** ~ precipitarsi verso qu/qc

zutage [tsu'ta:gə] *adv* ~ **fördern** [*o* **bringen**] estrarre; (*fig*) rivelare; ~ **kommen** [*o* **treten**] (*fig*) venire alla luce; **offen ~ liegen** essere evidente

Zutat *f* meist pl ❶ (GASTR) ingredienti *mpl* ❷ (*fig: Beiwerk*) accessori *mpl*

zuteil [tsu'taɪl] *adv* (*geh*) **jdm ~ werden** toccare a qu; **jdm etw ~ werden lassen** far ottenere [*o* avere] qc a qu

zu|teilen *vt* (**jdm**) **etw** ~ (*Aufgabe, Rolle*) assegnare qc (a qu); (*Dinge, Lebensmittel*) distribuire qc (a qu)

Zuteilung *f* ❶ (*Zuweisung*) assegnazione *f*; (*Austeilung*) distribuzione *f* ❷ (*Teil, Anteil*) parte *f*; (*Ration*) razione *f*; **zuteilungsreif** *adj* rimborsabile

zuteilwerden [tsu'taɪlg] *vi* (*geh*) **jdm ~**

Z

zustimmen	
zustimmen, beipflichten	**essere d'accordo, acconsentire**
Ja, das denke ich auch.	Sì, lo penso anch'io.
Da bin ich ganz deiner Meinung.	Sono totalmente d'accordo con te.
Dem schließe ich mich an.	Mi associo.
Ich stimme Ihnen voll und ganz zu.	Sono pienamente d'accordo con Lei.
Ja, das sehe ich (ganz) genauso.	Sì, la vedo (esattamente) allo stesso modo.
Ich gebe Ihnen da vollkommen Recht.	In questo caso Le do assolutamente ragione.
(Das) habe ich ja (auch) gesagt.	(Questo) l'ho detto anch'io.
Finde ich auch. (*fam*)	Trovo anch'io.
Genau!/Stimmt! (*fam*)	Proprio così!/Giusto! (*fam*)
einwilligen	**approvare**
Einverstanden!/Okay!/Abgemacht!	D'accordo!/Ok!/Siamo d'accordo!
Kein Problem!	Non c'è problema!
Geht in Ordnung!	È a posto!
Wird gemacht!/Mach ich!	Sarà fatto!/Lo farò!

werden toccare a qu; **jdm etw ~ werden lassen** far ottenere qc a qu

zutiefst [tsu'ti:fst] *adv* (*sehr*) profondamente; (*im Innersten*) nell'intimo; **ich bereue es ~** mi pento di ciò con tutto il cuore

zu|tragen <irr> **I.** *vt* ❶ (*hintragen*) (**jdm**) **etw ~** portare qc (a qu) ❷ (*fig geh: heimlich mitteilen*) (**jdm**) **etw ~** riportare qc (a qu) **II.** *vr* **sich ~** (*geh*) accadere

zuträglich ['tsu:trɛ:klɪç] *adj* (*geh*) ❶ (*gesund, heilsam*) salubre (*dat* per), salutare (*dat* per) ❷ (*förderlich*) proficuo (*dat* per)

zu|trauen *vt* **jdm etw ~** credere qu capace di qc; **jdm nicht viel ~** non avere una grande opinione di qu; **das traue ich mir nicht zu** non mi sento di farlo; **das hätte ich ihm (gar) nicht zugetraut** non l'avrei creduto capace di una cosa simile; **ihr ist alles zuzutrauen** è capace di tutto; **Zutrauen** <-s> *kein Pl n* fiducia *f*; **~ zu jdm/etw haben** avere fiducia in qu/qc

zutraulich *adj* (*Kind*) fiducioso; (*Tier*) mansueto

zu|treffen <irr> *vi* ❶ (*richtig sein*) essere giusto; (*wahr sein*) essere vero ❷ (*gelten*) **auf** [*o* **für**] **jdn/etw ~** valere per qu/qc; **zutreffend** *adj* giusto; (*Bemerkung*) pertinente; **Zutreffendes bitte unterstreichen** sottolineare ciò che interessa

zu|trinken <trinkt zu, trank zu, zugetrun-ken> *vi* brindare (*jdm* a qu), bere alla salute (*jdm* di qu)

Zutritt *m* (*Zugang*) accesso *m*; (*Eintritt*) ingresso *m*; **zu etw ~ haben** avere accesso a qc; **zu jdm ~ haben** avere accesso presso qu; **sich** *dat* **zu etw ~ verschaffen** riuscire a introdursi in; **kein ~!, ~ verboten!** ingresso vietato!

zu|tun <irr> *vt* (*fam*) ❶ (*hin~*) aggiungere ❷ (*schließen*) chiudere; **ich konnte die ganze Nacht kein Auge ~** non potei chiudere occhio tutta la notte; **Zutun** <-s> *kein Pl n* **ohne mein ~** senza il mio intervento

zuungunsten [tsu'ʔʊngʊnstən] *prp* +*gen* **~ von** +*dat* a svantaggio di

zuunterst [tsu'ʔʊntest] *adv* tutto in fondo

zuverlässig ['tsu:fɛɐlɛsɪç] *adj* fidato; (*gewissenhaft*) coscienzioso; (*glaubwürdig*) attendibile; **aus ~er Quelle** da fonte sicura; **Zuverlässigkeit** <-> *kein Pl f* fidatezza *f*; (*Gewissenhaftigkeit*) coscienziosità *f*; (*Glaubwürdigkeit*) attendibilità *f*

Zuversicht ['tsu:fɛɐzɪçt] *f* fiducia *f*, confidenza *f*; **in der festen ~, dass ...** nella ferma speranza che +*conj*; **zuversichtlich** *adj* fiducioso

zuviel[ALT] *s.* **viel II.**

zuvor [tsu'fo:ɐ] *adv* prima; **am Tag ~** il giorno prima

zuvor|kommen <irr> *vi sein* **einer Sache**

dat ~ prevenire qc; **jdm** ~ anticipare qu; **jemand ist uns zuvorgekommen** qualcuno ci ha preceduto; **zuvorkommend** *adj* premuroso; **Zuvorkommenheit** <-> **kein** *Pl f* premura *f*

Zuwachs ['tsuːvaks, *pl:* 'tsuːvɛksə] <-es, Zuwächse> *m* ❶ (*Anwachsen*) accrescimento *m,* crescita *f;* ~ **an etw** *dat* crescita di qc ❷ (*Mehrwert*) incremento *m;* ~ **um etw** incremento di qc

zu|wachsen <irr> *vi sein* ❶ (*Wunde*) rimarginarsi ❷ (*mit Pflanzen*) coprirsi di vegetazione ❸ (*fig: zufallen*) **jdm** ~ toccare a qu

Zuwachsrate *f* tasso *m* di incremento

Zuwanderer(in) <-s, -; -, -nen> *m(f)* immigrante *mf*

zu|wandern *vi sein* immigrare; **Zuwanderung** *f* immigrazione *f*

zuwege [tsuˈveːgə] *adv* **etw** ~ **bringen** riuscire a fare qc

zuweilen [tsuˈvaɪlən] *adv* (*geh*) qualche volta, di tanto in tanto

zu|weisen <irr> *vt* assegnare

zu|wenden <irr> **I.** *vt* ❶ (*Gesicht, Rücken*) volgere ❷ (*fig: Aufmerksamkeit*) rivolgere **II.** *vr* **sich jdm/etw** ~ (*sich hinwenden zu*) rivolgersi a qu/qc; (*fig: sich widmen*) dedicarsi a qu/qc; **Zuwendung** *f* ❶ (*Geldbetrag*) sussidio *m;* (*Schenkung*) donazione *f* ❷ *sing* (*Liebe, Beachtung*) attenzione *f*

zuwenig^{ALT} [tsuˈveːnɪç] *adv s.* **wenig**

zu|werfen <irr> *vt* ❶ (*Tür*) sbattere ❷ (*Graben, Loch*) riempire ❸ (*Gegenstand*) gettare; **jdm einen Blick** ~ lanciare un'occhiata a qu

zuwider [tsuˈviːdə] **I.** *prp +dat* contro, contrario a **II.** *adv* (*unangenehm*) sgradevole; (*widerwärtig*) ripugnante; **er ist mir** ~ mi ripugna

zuwider|handeln *vi* **einem Gesetz/ Befehl** ~ contravvenire a una legge/trasgredire un ordine; **Zuwiderhandelnde** <ein -r, -n, -n> *mf* (ADM) contravventore, -trice *m, f,* trasgressore *m,* trasgreditrice *f;* **Zuwiderhandlung** *f* (ADM) contravvenzione *f,* trasgressione *f*

zuwider|laufen <läuft zuwider, lief zuwider, zuwidergelaufen> *vi sein* essere contrario (*dat* a)

zu|winken *vi* **jdm** ~ fare un cenno a qu

zu|ziehen <irr> **I.** *vt haben* ❶ (*Vorhang*) chiudere; (*Schlinge, Knoten*) stringere ❷ (*konsultieren*) consultare ❸ (*bekommen*) **sich** *dat* **eine Krankheit/Verletzung** ~ prendersi una malattia/farsi una ferita; **sich** *dat* **jds Zorn** ~ tirarsi addosso

l'ira di qu **II.** *vi sein* (*in Ortschaft*) immigrare **III.** *vr* **sich** ~ ❶ (*Schlinge*) stringere ❷ (*Himmel*) rannuvolarsi

Zuzug *m* ❶ (*Zustrom*) afflusso *m* ❷ (*Einwanderung*) immigrazione *f*

zuzüglich ['tsuːtsyːklɪç] *prp +gen* più

Zuzugsgenehmigung *f* permesso *m* di residenza

zu|zwinkern *vi* **jdm** ~ ammiccare a qu

ZVS [tsɛtfaʊˈʔɛs] *f abk v* **Zentralstelle für die Vergabe von Studienplätzen** centrale *f* per l'assegnazione dei posti di studio

zwacken ['tsvakən] *vt* (*fam*) *s.* **zwicken**

zwang [tsvaŋ] *1. u 3. pers sing imp von* **zwingen**

Zwang [tsvaŋ, *pl:* 'tsvɛŋə] <-(e)s, Zwänge> *m* ❶ (*Nötigung*) costrizione *f;* (*Gewalt*) forza *f,* violenza *f;* (*Druck*) pressione *f;* **auf jdn** ~ **ausüben** esercitare pressione su qu; **einem inneren** ~ **folgen** seguire un impulso interiore; **etw unter** ~ **tun** fare qc per costrizione; **sich** *dat* **keinen** ~ **antun** non avere soggezione ❷ (*Verpflichtung*) obbligo *m;* **gesellschaftliche Zwänge** obblighi sociali ❸ (*Notwendigkeit*) necessità *f*

zwängen ['tsvɛŋən] **I.** *vt* (*hindurch~*) forzare; (*hinein~*) far entrare con forza **II.** *vr* **sich** ~ (*sich hindurch~*) aprirsi un varco con la forza; (*sich hinein~*) entrare con forza

zwanghaft *adj* forzato

zwanglos I. *adj* (*natürlich, frei*) naturale, spontaneo; (*Benehmen*) disinvolto **II.** *adv* (*ohne Umstände*) alla buona; **Zwanglosigkeit** <-> **kein** *Pl f* disinvoltura *f*

Zwangsarbeit *f* lavori *mpl* forzati; **Zwangseinweisung** *f* internamento *m* forzato; **Zwangsenteignung** <-, -en> *f* (JUR) espropriazione *f* forzata; **Zwangsernährung** *f* nutrizione *f* forzata; **Zwangshandlung** *f* azione *f* coatta; **Zwangsjacke** *f* camicia *f* di forza; **jdn in eine** ~ **stecken** mettere la camicia di forza a qu; **Zwangslage** *f* situazione *f* difficile; **sich in einer** ~ **befinden** essere alle strette; **zwangsläufig** ['tsvaŋslɔɪfɪç] *adj* necessario; (*unvermeidbar*) inevitabile; (*Entwicklung*) irreversibile; **Zwangsläufigkeit** <-> **kein** *Pl f* necessità *f;* (*Unabwendbarkeit*) inevitabilità *f;* **Zwangsmaßnahme** *f* misura *f* coercitiva; (POL: *Sanktion*) sanzione *f;* **Zwangsräumung** *f* evacuazione *f* forzata; **zwangsumsiedeln** ['tsvaŋsʊmziːdəln] *vt* trasferire forzatamente (persone), evacuare coattivamente; **Zwangsumsiedlung** <-, -en> *f* trasferimento *m* forzato (di persone); **Zwangsverkauf** m vendita f forzata; **Zwangsversteigerung** f vendita f giudiziaria; **Zwangsvollstreckung** f esecuzione f forzata; **Zwangsvorstellung** f ossessione f; (*fixe Idee*) idea f fissa; **zwangsweise** adv ❶ (*erzwungen*) per forza; (JUR) coercitivamente ❷ (*zwangsläufig*) inevitabilmente

zwanzig ['tsvantsɪç] num venti; s. a. **achtzig**

Zwanzigmarkschein ['tsvantsɪç'markʃaɪn] m biglietto m da venti marchi

zwanzigste s. **zwanzigste(r, s)**

Zwanzigstel <-s, -> n ventesimo m, ventesima parte f

zwanzigste(r, s) adj ventesimo, -a; (*bei Datumsangaben*) venti

Zwanziguhrnachrichten fpl notiziario m delle venti

zwar [tsva:ɐ̯] adv ❶ (*erklärend*) und ~ e precisamente; **bleib stehen, und ~ sofort!** fermati ed anche subito! ❷ (*einräumend*) certamente, certo, è vero che …; **es ist ~ anstrengend, aber es lohnt sich** è vero che è faticoso, ma ne vale la pena

Zweck [tsvɛk] <-(e)s, -e> m (*Ziel*) scopo m; (*End~*) fine m; (*Absicht*) mira f, intenzione f; (*Sinn*) senso m; **einem guten ~ dienen** servire una giusta causa; **Mittel zum ~** mezzo per raggiungere uno scopo; **die Maßnahme hat ihren ~ erfüllt** è stato conseguito lo scopo a cui mirava il provvedimento; **zu diesem ~** a questo [o tale] scopo; **zu welchem ~?** a quale scopo?; **das hat keinen ~** questo non serve a nulla; **der ~ heiligt die Mittel** (*prov*) il fine giustifica i mezzi

Zweckbau <-(e)s, -ten> m costruzione f funzionale

zweckdienlich adj (ADM) ❶ (*nützlich*) utile ❷ (*angebracht, passend*) opportuno, adeguato, conveniente

Zwecke ['tsvɛkə] <-, -n> f ❶ (*Heft~*) puntina f da disegno ❷ (*Schuh~*) chiodino m

zweckentfremden <ohne ge-> vt usare per uno scopo diverso da quello previsto

zweckentsprechend adj adeguato, appropriato

Zweckgemeinschaft <-, -en> f comunità f finalizzata

zwecklos adj inutile, vano; **Zwecklosigkeit** <-> kein Pl f inutilità f, vanità f

zweckmäßig adj adeguato, appropriato; (*sinnvoll*) opportuno; (*nützlich*) utile; **Zweckmäßigkeit** f adeguatezza f, opportunità f; (*Nützlichkeit*) utilità f

Zweckoptimismus <-> kein Pl m ottimismo m finalizzato

zwecks prp +gen (ADM) allo scopo di, per

Zweckverband m consorzio m

zweckwidrig adj inadeguato, inopportuno

zwei [tsvaɪ] num due; (**nur**) **wir ~** (solo) noi due; **sie arbeitet für ~** lavora per due; s. a. **acht**

Zwei <-, -en> f due m; (*Schulnote: gut*) otto f; (*Buslinie*) due m

Zwei-, zwei- s. a. **Acht-, acht-**

zweiarmig adj a due bracci; **Zweibeiner** <-s, -> m bipede m; **Zweibettzimmer** n camera f doppia

zweideutig adj ❶ (*doppeldeutig*) ambiguo, equivoco ❷ (*schlüpfrig*) licenzioso; **Zweideutigkeit** <-, -en> f ❶ sing (*Doppeldeutigkeit*) ambiguità f, doppio senso m ❷ (*Bemerkung*) (osservazione f a) doppio senso m

zweidimensional ['tsvaɪdimɛnzi̯ona:l] adj bidimensionale

Zweidrittelmehrheit [tsvaɪ'drɪtəlme:ɐ̯haɪt] f (POL) **mit ~** con la maggioranza dei due terzi

zweieiig adj biovulare

Zweier <-s, -> m (SPORT) due m di punta

Zweierbeziehung f rapporto m a due

Zweierbob m (SPORT) bob m a due

zweifach adj doppio, duplice; s. a. **achtfach**

Zweifel ['tsvaɪfəl] <-s, -> m dubbio m; (*Ungewissheit*) incertezza f; **~ wegen etw haben** [o hegen] nutrire dubbi su qc; **über jeden ~ erhaben sein** essere fuor di dubbio; **es steht außer ~, dass …** è fuori dubbio che …; **ohne** (**jeden**) **~** senza (alcun) dubbio, indubbiamente; **es besteht nicht der mindeste** [o leiseste] **~** (**, dass …**) non c'è ombra di dubbio (che …)

zweifelhaft adj ❶ (*fraglich*) dubbio, dubbioso; **es ist ~, ob …** è incerto se … ❷ (*verdächtig*) sospetto; **zweifellos** adv senza dubbio, indubbiamente

zweifeln vi (**an jdm/etw**) **~** dubitare (di qu/qc); (**daran**) **~, dass …** dubitare che +conj

Zweifelsfall m caso m di dubbio; **im ~** in caso di dubbio; **zweifelsfrei I.** adj inequivocabile **II.** adv fuor di dubbio; **zweifelsohne** ['tsvaɪfəls'ʔo:nə] adv senza dubbio

Zweifler(in) <-s, -; -, -nen> m(f) scettico, -a m, f

Zweifrontenkrieg ['tsvaɪ'frɔntənkri:k, pl: 'tsvaɪ'frɔntənkri:gə] <-(e)s, -e> m guerra f su due fronti; **einen ~ führen** combattere una guerra su due fronti

Zweig [tsvaɪk] <-(e)s, -e> m ramo m

zweigeteilt adj bipartito

zweifeln

Zweifel ausdrücken	esprimere dubbi
Ich bin mir da nicht so sicher.	(In questo caso) non sono del tutto sicuro./Non (ne) sono tanto sicuro.
Es fällt mir schwer, das zu glauben.	Mi è difficile crederlo.
Das kaufe ich ihm nicht ganz ab. (*fam*)	Non la bevo! (*fam*)
So ganz kann ich da nicht dran glauben.	Non ci posso credere.
Ich weiß nicht so recht.	Mah, non so.
Ich glaube kaum, dass wir noch diese Woche damit fertig werden.	Non credo proprio che finiremo questa settimana.
Ob die Kampagne die gewünschten Ziele erreichen wird, ist (mehr als) zweifelhaft.	È (più che) dubbio/incerto se, con questa campagna, raggiungeranno mai i loro obiettivi.

zweigleisig *adj* a doppio binario
Zweigniederlassung *f* filiale *f*, succursale *f*; **Zweigstelle** *f* filiale *f*, succursale *f*
zweihändig ['tsvaɪhɛndɪç] *adj* (ANAT, MUS) a due mani; (SCIENT) bimano
zweihundert ['tsvaɪ'hʊndɐt] *num* duecento
zweijährig *adj* ❶ (*zwei Jahre alt*) di due anni ❷ (BOT) biennale
Zweikammersystem [tsvaɪ'kamɛzysteːm] *n* bicameralismo *m*
Zweikampf *m* ❶ (*Duell*) duello *m* ❷ (SPORT) lotta *f* singola
zweimal *adv* due volte; **~ täglich** [*o* **am Tag**] due volte al giorno; **sich** *dat* **etw nicht ~ sagen lassen** non farsi dire qc due volte; **zweimalig** *adj* ripetuto due volte; **nach ~er Aufforderung** alla seconda richiesta
Zweimarkstück ['tsvaɪ'markʃtʏk] *n* moneta *f* da due marchi
Zweimaster <-s, -> *m* due alberi *m*; **zweimotorig** *adj* bimotore; **Zweiparteiensystem** [tsvaɪpar'taɪənzysteːm] *n* (POL) bipartitismo *m*
Zweipfennigstück ['tsvaɪ'pfɛnɪçʃtʏk] *n* moneta *f* da due pfennig
zweipolig *adj* bipolare; **Zweirad** *n* biciclo *m*; **zweirädrig** ['tsvaɪrɛːdrɪç] *adj* a due ruote; **zweireihig** *adj* a due file; (*Anzug, Mantel*) a doppio petto
Zweisamkeit *f* kein Pl *f* essere *m* in due; **in trauter ~** (solo) in due
zweischneidig *adj* a doppio taglio; **das ist ein ~es Schwert** (*fig*) è un'arma a doppio taglio; **zweiseitig** *adj* che ha due lati; (*bilateral*) bilaterale; (*Stoff*) double face; **zweisitzig** *adj* biposto; **Zweispänner** ['tsvaɪʃpɛnɐ] <-s, -> *m* carrozza *f* a due cavalli; **zweisprachig** *adj* bilingue;

Zweisprachigkeit <-> *kein Pl f* bilinguismo *m*; **zweispurig** *adj* (*Straße*) a due corsie; (*Bahnstrecken*) a doppio binario; (*Tonband*) a due piste; **zweistellig** *adj* di due cifre; **zweistimmig** *adj* (*Gesang*) a due voci; (*Stück*) per due voci; **zweistöckig** ['tsvaɪʃtœkɪç] *adj* a [*o* di] due piani; **zweistündig** ['tsvaɪʃtʏndɪç] *adj* di due ore; **zweitägig** ['tsvaɪtɛːgɪç] *adj* di due giorni; **Zweitakter** <-s, -> *m*, **Zweitaktmotor** *m* (AUTO, TEC) motore *m* a due tempi
zweitälteste(r, s) ['tsvaɪt'ʔɛltəstə, -tə, -təs] *adj* secondo, -a (per età)
zweitausend ['tsvaɪ'tauzənt] *num* duemila
Zweitausfertigung *f* duplicato *m*; **zweitbeste(r, s)** ['tsvaɪt'bɛstə, -tə, -təs] *adj* secondo, -a (in graduatoria)
zweite *s.* **zweite(r, s)**
Zweite ['tsvaɪtə] <ein -r, -n, -n> *mf* secondo, -a *m, f*; (*anderer, weiterer*) altro, -a *m, f*; *s. a.* **Achte**
Zweiteiler <-s, -> *m* (*fam*) ❶ (*Bikini*) due pezzi *m*, bikini *m* ❷ (*Kleid*) abito *m* a due pezzi, completo *m*
zweiteilig *adj* di [*o* in] due parti; (*Kleidungsstück*) a due pezzi
zweitens *adv* (in) secondo (luogo)
zweite(r, s) *adj* secondo, -a; (*bei Datumsangaben*) due; (*anderer, weiterer*) altro, -a; **eine ~ Jeanne d'Arc** una seconda Giovanna d'Arco; **~r Klasse** di seconda classe; **aus ~r Hand** di seconda mano; **in ~r Ehe** in seconde nozze; **in ~r Linie, an ~r Stelle** in secondo luogo; *s. a.* **achte(r, s)**
Zweitfrisur *f* acconciatura *f* di ricambio, parrucca *f*
zweitjüngste(r, s) ['tsvaɪt'jʏŋstə, -tə, -təs] *adj* penultimo, -a (per età); **zweitklassig**

adj di second'ordine; **zweitletzte(r, s)** *adj* penultimo, -a; **zweitrangig** *adj* secondario

Zweitschlüssel *m* chiave *f* di riserva, duplicato *m;* **Zweitschrift** *f* duplicato *m;* **Zweitstimme** *f* (POL) secondo voto *m*

zweitürig *adj* a due porte

Zweitwagen *m* seconda macchina *f;* **Zweitwohnung** *f* seconda casa *f*

zweizeilig *adj* di due righe

Zweizimmerwohnung *f* appartamento *m* di due camere

Zwerchfell ['tsvɛrçfɛl] *n* (ANAT) diaframma *m;* **zwerchfellerschütternd** *adj* esilarante

Zwerg(in) [tsvɛrk] <-(e)s, -e; -, -nen> *m(f)* nano, -a *m, f;* **zwergenhaft** *adj* nano; **Zwerghuhn** *n* pollo *m* nano

Zwergin *f s.* Zwerg; **Zwergpudel** *m* barboncino *m;* **Zwergstaat** *m* stato *m* minuscolo; **Zwergvolk** *n* pigmei *mpl;* **Zwergwuchs** *m* nanismo *m*

Zwetsch(g)e ['tsvɛtʃ(g)ə] <-, -n> *f* prugna *f;* **Zwetsch(g)enbaum** *m* prugno *m;* **Zwetsch(g)enmus** *n* marmellata *f* di prugne; **Zwetsch(g)enwasser** *n* prunella *f*

Zwetschke <-, -n> *f* (A: Zwetsch(g)e) prugna *f*

Zwickel ['tsvɪkəl] <-s, -> *m* ❶ (an Kleidungsstücken) gherone *m* ❷ (ARCH) pennacchio *m*

zwicken ['tsvɪkən] *vt* ❶ (bes. A, südd: kneifen) pizzicare ❷ (A: Fahrscheine lochen) forare ❸ (A: mit einer Klammer befestigen) fissare con le mollette

Zwicker <-s, -> *m* (bes. A, südd) pincenez *m*

Zwickmühle *f* (fam) impiccio *m,* dilemma *m;* **in einer ~ sein** (fig fam) trovarsi in un pasticcio

Zwieback ['tsvi:bak] <-(e)s, -e o Zwiebäcke> *m* fetta *f* biscottata

Zwiebel ['tsvi:bəl] <-, -n> *f* ❶ (Gemüse~) cipolla *f* ❷ (Blumen~) bulbo *m;* **zwiebelförmig** ['tsvi:bəlfœrmɪç] *adj* bulbiforme; **Zwiebelkuchen** *m* torta *f* salata con cipolle

zwiebeln *vt* (fam) vessare, angariare

Zwiebelsuppe *f* zuppa *f* di cipolle; **Zwiebelturm** *m* campanile *m* a bulbo

zwiefach ['tsvi:fax] (geh) *s.* zweifach

Zwiegespräch ['tsvi:gəʃprɛːç] *n* (geh) dialogo *m,* colloquio *m* (a quattr'occhi)

Zwielicht *n* crepuscolo *m;* (morgens) alba *f;* **ins ~ geraten** (fig) trovarsi in una situazione poco chiara; **zwielichtig** *adj* ambiguo

Zwiespalt <-(e)s, o rar -e o -spälte> *m* conflitto *m* interiore, dissidio *m;* **in einen ~ geraten** trovarsi in conflitto; **zwiespältig** ['tsvi:ʃpɛltɪç] *adj* contraddittorio

Zwietracht ['tsvi:traxt] <-> *kein Pl* *f* (geh) discordia *f;* **~ säen** fomentare discordia

Zwillich ['tsvɪlɪç] <-s, -e> *m* traliccio *m*

Zwilling ['tsvɪlɪŋ] <-s, -e> *m* ❶ (Geschwister) gemello, -a *m, f;* **eineiige/zweieiige ~e** gemelli monovulari/biovulari ❷ (ASTR) Gemelli *mpl;* **er** [o **sie**] **ist (ein) ~** è dei Gemelli

Zwillingsbruder *m* (fratello *m*) gemello *m;* **Zwillingspaar** *n* gemelli *mpl;* **Zwillingsschwester** *f* (sorella *f*) gemella *f*

Zwinge ['tsvɪŋə] <-, -n> *f* (TEC) ❶ (Metallring) ghiera *f* ❷ (Schraub~) sergente *m;* (Schraubstock) morsa *f*

zwingen ['tsvɪŋən] <zwingt, zwang, gezwungen> **I.** *vt* costringere, forzare, obbligare; **jdn zu Boden ~** costringere qu ad andare a terra; **ich sehe mich gezwungen abzureisen** mi vedo costretto a partire **II.** *vr* **sich (zu etw)** ~ costringersi (a fare qc), sforzarsi (di fare qc); **zwingend** *adj* (Norm) cogente, imperativo; (überzeugend) convincente; (schlüssig) conclusivo; (Notwendigkeit, Gründe) impellente

Zwinger <-s, -> *m* (Hunde~) canile *m*

zwingt *3. pers sing pr von* zwingen

zwinkern ['tsvɪŋkɐn] *vi* (mit den Augen) ~ strizzare gli occhi

zwirbeln ['tsvɪrbəln] *vt* attorcigliare

Zwirn [tsvɪrn] <-(e)s, -e> *m* refe *m*

zwischen ['tsvɪʃən] *prp* +acc o dat (unter zweien, mehreren) fra, tra; (in der Mitte) in mezzo a; **~ uns** fra [o tra] noi; **es ist aus ~ uns** è finita fra noi; **~ fünf und sechs Uhr** fra le cinque e le sei

Zwischenablage *f* (INFORM) clipboard *m;* **Zwischenakt** *m* intermezzo *m;* **Zwischenaufenthalt** *m* breve sosta *f;* **Zwischenbemerkung** *f* osservazione *f,* obiezione *f;* **Zwischenbericht** *m* rapporto *m* intermedio; **Zwischenbescheid** *m* risposta *f* interlocutoria; **Zwischenbilanz** *f* bilancio *m* intermedio; **eine ~ ziehen** (fig) fare un bilancio provvisorio; **Zwischendeck** *n* interponte *m;* **Zwischendecke** *f* piano *m* smorzatore; **Zwischending** *n* (fam) compromesso *m;* **ein ~ zwischen ... und ... sein** essere una via di mezzo tra ... e ...

zwischendurch ['tsvɪʃən'dʊrç] *adv* ❶ (in der Zwischenzeit) frattanto, nel frattempo ❷ (ab und zu) di tanto in tanto; (nebenbei) inoltre, tra l'altro

Zwischenergebnis n risultato m provvisorio; **Zwischenfall** m ① (*Ereignis*) incidente m; **die Demonstration verlief ohne Zwischenfälle** la dimostrazione si svolse senza incidenti ② pl (*Unruhen*) disordini mpl; **Zwischenfinanzierung** f prefinanziamento m; **Zwischenfrage** f **jdm eine ~ stellen** interrompere qu con una domanda; **erlauben Sie mir eine ~** mi permetta una domanda; **Zwischengas** <-es> *kein Pl* n (AUTO) accelerata f (in macchine con cambio a doppia frizione), doppietta f; **Zwischengericht** n entremets m; **Zwischengeschoss**^RR n mezzanino m, (piano m) ammezzato m; **Zwischengröße** f misura f intermedia; **Zwischenhalt** m (CH) tappa f intermedia, sosta f; **er machte in Zürich ein paar Tage ~** ha fatto qualche giorno di sosta a Zurigo; **Zwischenhandel** m commercio m di commissione; **Zwischenhändler(in)** m(f) intermediario, -a m, f; **Zwischenhirn** n diencefalo m

Zwischenlager n centro m transitorio di raccolta, magazzino m per il deposito transitorio di merci; **zwischen‖lagern** vt depositare; **Zwischenlagerung** <-, -en> f immagazzinamento m transitorio

zwischen‖landen vi sein fare scalo; **Zwischenlandung** f scalo m

Zwischenlösung f soluzione f provvisoria; **Zwischenmahlzeit** f spuntino m; (*am Nachmittag*) merenda f; **zwischenmenschlich** adj **~e Beziehungen** rapporti umani; **Zwischenprüfung** f esame m preliminare; **Zwischenraum** m (*räumlich, zeitlich*) intervallo m; (TYP) spazio m; (*zwischen Zeilen*) interlinea f; (*Abstand*) distanza f

Zwischenruf m interruzione f; **Zwischenrufer(in)** <-s, -; -, -nen> m(f) chi interrompe un discorso facendo osservazioni

Zwischenrunde f (SPORT) semifinale f; **Zwischensaison** f media stagione f; **Zwischenspiel** n (*fig* THEAT) intermezzo m; (MUS) interludio m; **zwischenstaatlich** adj interstatale, intergovernativo; **Zwischenstation** f stazione f intermedia; **~ machen** fermarsi ad una stazione intermedia; **Zwischenstecker** m (EL) spina f di adattamento; **Zwischenstück** n pezzo m intermedio, parte f intermedia; **Zwischenstufe** f stadio m intermedio; **Zwischensumme** f somma f parziale; **Zwischentitel** m titolo m intermedio; **Zwischenwand** f parete f divisoria; **Zwischenwirt** m (BIOL)

ospite m intermedio

Zwischenzeit f ① (*Zeitraum*) intervallo m; **in der ~** nel frattempo, frattanto ② (SPORT) tempo m intermedio; **zwischenzeitlich** adv nel frattempo

Zwischenzeugnis n ① (*Arbeits~*) attestato m di capacità ② (*Universitäts~*) attestato m dei corsi svolti; (*Schul~*) pagella f trimestrale/semestrale

Zwist [tsvɪst] <-es, -e> m (*geh*) disaccordo m, discordia f; **Zwistigkeit** <-, -en> f *meist pl* s. **Zwist**

zwitschern ['tsvɪtʃən] I. vi cinguettare; (*Schwalbe*) garrire II. vt **einen ~** (*fam*) bersi un bicchierino

Zwitter ['tsvɪtɐ] <-s, -> m ermafrodito m; **zwitterhaft** adj ibrido

zwo [tsvoː] num (TEL, *fam*) due

zwölf [tsvœlf] num dodici; (*ein Dutzend*) una dozzina (di); (**um**) **~ Uhr mittags** a mezzogiorno; (**um**) **~ Uhr nachts** a mezzanotte; **fünf Minuten vor ~** (*fig fam*) all'ultimo minuto; s. a. **acht**

Zwölf-, zwölf- s. a. **Acht-, acht-**

Zwölfender <-s, -> m cervo m con corna a dodici palchi; **Zwölffingerdarm** m (ANAT) duodeno m; **Zwölfkampf** m (SPORT) gara f di dodici prove; **Zwölfsilb(l)er** <-s, -> m dodecasillabo m

zwölfte s. **zwölfte(r, s)**

Zwölftel <-s, -> n dodicesimo m

zwölftens adv (in) dodicesimo (luogo)

zwölfte(r, s) adj dodicesimo, -a m, f; (*bei Datumsangaben*) dodici; s. a. **achte(r, s)**

Zwölftonlehre <-> *kein Pl* f (MUS) dodecafonia f; **Zwölftonmusik** f musica f dodecafonica

Zyanid [tsya'niːt] <-s, -e> n (CHEM) cianuro m

Zyankali [tsyan'kaːli] <-s> *kein Pl* n (CHEM) cianuro m di potassio

Zyklame [tsy'klaːmə] <-, -n> f (A) ciclamino m; **Zyklamen** [tsy'klaːmən] <-s, -> n ciclamino m

Zyklen pl von **Zyklus**

zyklisch ['tsyːklɪʃ] adj ciclico

Zyklon [tsy'kloːn] <-s, -e> m (METEO) ciclone m

Zyklop [tsy'kloːp] <-en, -en> m ciclope m

Zyklotron [tsy'klotro:n o 'tsyklotro:n, pl: tsyklo'tro:nə o tsyklo'tro:ns] <-s, -e o -s> n ciclotrone m

Zyklus ['tsyːklʊs, pl: 'tsyːklən] <-, Zyklen> m ciclo m

Zylinder [tsi'lɪndɐ o tsy'lɪndɐ] <-s, -> m (*Hut*, TEC) cilindro m

Zylinderblock <-(e)s, -blöcke> m blocco m cilindri

zylinderförmig [tsi'lɪndɐfœrmɪç o tsɤ'lɪn-dɐfœrmɪç] *adj* cilindrico, a forma di cilindro

Zylinderkopf *m* (TEC) testata *f,* testa *f* dei cilindri; **Zylinderkopfdichtung** *f* guarnizione *f* della testata [*o* della testa dei cilindri]

zylindrisch [tsɤ'lɪndrɪʃ] *adj* cilindrico

Zyniker(in) ['tsy:nɪkɐ] <-s, -; -, -nen> *m(f)* cinico, -a *m, f*

zynisch *adj* cinico

Zynismus [tsy'nɪsmʊs] <-, *rar* Zynismen> *m* cinismo *m*

Zypern ['tsy:pɐn] *n* Cipro *f*

Zyprer(in) *m(f) s.* **Zypr(i)er**

Zypresse [tsy'prɛsə] <-, -n> *f* (BOT) cipresso *m*

Zypr(i)er(in) ['tsy:pr(i)ɐ] <-s, -; -, -nen> *m(f),* **Zypriot(in)** [tsypri'o:t] <-en, -en; -, -nen> *m(f)* cipriota *mf*

zypriotisch *adj,* **zyprisch** *adj* cipriota

Zyste ['tsʏstə] <-, -n> *f* (MED) cisti *f*

Zytologie [tsytolo'gi:] <-> *kein Pl f* citologia *f*

Zytoplasma [tsyto'plasma] *n* (BIOL) citoplasma *m*

zz., zzt. *abk v* **zurzeit** attualmente

z. Z., z. Zt. *abk v* **zur Zeit** attualmente

Z

Anhang
appendice

Italienische Kurzgrammatik
Minigrammatica della lingua italiana

Der Artikel

Der Artikel richtet sich in Geschlecht und Zahl nach dem Substantiv.

Bestimmter Artikel

m	sing	pl
allgemein vor *Konsonant*	**il** treno	**i** treni
vor *s + Konsonant, gn, ps, x, z, i* und *y + Vokal*	**lo** sciopero **lo** zio	**gli** scioperi **gli** zii
vor *Vokal*	**l'**anno	**gli** anni
f		
vor *Konsonant*	**la** strada	**le** strade
vor *Vokal*	**l'**ora	**le** ore

Verschmelzung von Präpositionen mit dem bestimmten Artikel

Anders als im Deutschen ist im Italienischen die Verschmelzung von Präpositionen mit dem bestimmten Artikel obligatorisch.

	il	lo	l'	la	i	gli	le
a	al	allo	all'	alla	ai	agli	alle
da	dal	dallo	dall'	dalla	dai	dagli	dalle
di	del	dello	dell'	della	dei	degli	delle
in	nel	nello	nell'	nella	nei	negli	nelle
su	sul	sullo	sull'	sulla	sui	sugli	sulle

Unbestimmter Artikel und Teilungsartikel

	sing		pl
m	zählbar	nicht zählbar	zählbar
allgemein vor *Konsonant*	**un** treno ein Zug	**del** sale (etwas) Salz	**dei** treni (einige) Züge
vor *s + Konsonant, gn, ps, x, z, i* und *y + Vokal*	**uno** sciopero ein Streik	**dello** zucchero (etwas) Zucker	**degli** scioperi (einige) Streiks
vor *Vokal*	**un** anno ein Jahr	**dell'**aceto (etwas) Essig	**degli** anni (einige) Jahre
f			
vor *Konsonant*	**una** casa ein Haus	**della** frutta (etwas) Obst	**delle** case (einige) Häuser
vor *Vokal*	**un'**ora eine Stunde	**dell'**acqua (etwas) Wasser	**delle** ore (einige) Stunden

- Den unbestimmten Artikel **un,...** gibt es, ähnlich wie im Deutschen **ein,...**, nur im Singular bei zählbaren Substantiven. Im Singular bei nicht zählbaren Substantiven und im Plural bei zählbaren Substantiven (im Deutschen jeweils ohne Artikel) steht der **Teilungsartikel** – die Verschmelzungsform von **di** mit dem bestimmten Artikel. Der Teilungsartikel bezeichnet sowohl im Singular als auch im Plural eine nicht näher bestimmte Menge:

Compro **del** pane.	Ich kaufe (etwas) Brot.
Ho incontrato **degli** amici.	Ich habe (einige) Freunde getroffen.

Das Substantiv

Das Geschlecht der Substantive

Das Substantiv hat zwei Geschlechtsformen:

Maskulinum *m*	**il** treno
	lo studente
Femininum *f*	**la** strada
	la lezione

- Ein Neutrum kennt das Italienische nicht.
- Substantive auf **-o** sind meist männlich; Substantive auf **-a** sind meist weiblich; Substantive auf **-e** können männlich oder weiblich sein.

Pluralbildung der Substantive

Das Substantiv hat zwei Numerusformen. Die Pluralform (*pl*) unterscheidet sich von der Singularform (*sing*) nach den folgenden Regeln:

1. Grundregel

	sing	pl
m	il treno	i treni
m, f	il mare	i mari
	la torre	le torri
f	la strada	le strade

2. Substantive auf *-co, -ca, -go, -ga*

Vor allem bei den Substantiven mit Betonung auf der vorletzten Silbe wird hinter **-c-** und **-g-** des Singulars im Plural ein **-h-** geschrieben; die Aussprache des Singulars bleibt erhalten.

Ausnahme: l'amico – gli amici

sing	il buco	*pl*	i buchi
	la bocca		le bocche
	il lago		i laghi
	la bottega		le botteghe

Vor allem bei den Substantiven mit der Betonung auf der drittletzten Silbe wird hinter **-c-** und **-g-** des Singulars im Plural kein **-h-** geschrieben.

sing	il medico	*pl*	i medici
	l'asparago		gli asparagi

3. Männliche Substantive auf -*a*

sing	**il** problem**a**	*pl*	**i** problem**i**
	il geometr**a**		**i** geometr**i**

4. Substantive mit unveränderter Form des Plurals

sing	la città	*pl*	le città
	il film		i film
	il cinema		i cinema
	la foto		le foto

5. Sonderfälle

sing	la mano	*pl*	le mani
	l'uovo *m*		le uova *f*
	l'uomo		gli uomini

→ Im Wörterbuch sind die unregelmäßigen Pluralformen immer angegeben.

Beispiele: fuoco <-chi>città <->uomo <uomini>

Das Adjektiv

Geschlecht und Zahl des Adjektivs

- Das Adjektiv wird in Geschlecht und Zahl verändert, und zwar sowohl vor oder nach einem Substantiv (*le belle case, una ragazza simpatica*), als auch, im Unterschied zum Deutschen, nach einem Verb (*queste case sono belle*).
- Auf die Adjektive auf -**co**, -**go**, -**io** sind im Plural die Regeln für die Schreibung der Substantive auf -**co**, ... anzuwenden.

sing		pl	
m	**f**	**m**	**f**
caldo	calda	caldi	calde
mite		miti	

Stellung des Adjektivs

Das Adjektiv steht im Italienischen meist **nach** dem Substantiv. Folgende Adjektive können jedoch vor dem Substantiv stehen: *bello, bravo, buono, caro, cattivo, giovane, grande, piccolo, santo, strano, vecchio.*

- **Bello, buono, grande** und **santo** haben Sonderformen, wenn sie **vor** einem Substantiv stehen:
- **bello** hat vor maskulinen Substantiven die Formen **bel, bell', bello, bei, begli** in derselben Verteilung wie die Formen des Demonstrativadjektivs **quello**.
- **buono** hat im Singular vor maskulinen Substantiven (außer vor *s* + Konsonant, *gn, ps, x, z*) die Form **buon**.
- **grande** kann vor Konsonant des nachfolgenden Wortes (außer vor *s* + Konsonant, *gn, ps, x, z*) zu **gran** verkürzt werden, vor Vokal zu **grand'**.
- **santo** wird vor Konsonant bei Namen männlicher Heiliger (außer vor *s* + Konsonant) zu **san** verkürzt, vor Vokal bei Heiligennamen zu **sant'**, z. B. San Sebastiano, Santo Stefano, Sant' Antonio.

Steigerung des Adjektivs

Positiv	una macchina veloce	ein schnelles Auto
Komparativ	una macchina **più** veloce	ein schnelleres Auto
relativer Superlativ	**la** macchina **più** veloce del mondo	das schnellste Auto der Welt
absoluter Superlativ	una macchina veloc**issima**	ein sehr schnelles Auto

- **buono, cattivo, grande** und **piccolo** haben außer den regelmäßigen Formen (wie *più buono – il più buono – buonissimo*) auch noch unregelmäßige Steigerungsformen:

buono	migliore	il migliore	ottimo
cattivo	peggiore	il peggiore	pessimo
grande	maggiore	il maggiore	massimo
piccolo	minore	il minore	minimo

Demonstrativadjektiv

questo, ... verweist auf Sachen/Personen/Sachverhalte in zeitlicher oder räumlicher Nähe.

questo, ... der hier, dieser	*m*	*sing*	*pl*
	vor *Konsonant*	**questo** treno	**questi** treni
	vor *Vokal*	**quest'**anno	**questi** anni
	f		
	vor *Konsonant*	**questa** casa	**queste** case
	vor *Vokal*	**quest'**ora	**queste** ore

quel, ... verweist auf Sachen/Personen/Sachverhalte in zeitlicher oder räumlicher Entfernung.

quel, ... der da, jener	*m*	*sing*	*pl*
	vor *Konsonant*	**quel** treno	**quei** treni
	vor *s + Konsonant,* *gn, ps, x, z,* *i* und *y + Vokal*	**quello** zio	**quegli** zii
	vor *Vokal*	**quell'**anno	**quegli** anni
	f		
	vor *Konsonant*	**quella** casa	**quelle** case
	vor *Vokal*	**quell'**ora	**quelle** ore

Possessivadjektiv

Person des Besitzers		Geschlecht und Zahl des Substantivs, das den Besitz bezeichnet			
		m		**f**	
		sing	pl	sing	pl
sing	**1.pers**	il mio	mein	i miei	la mia	le mie
	2.pers	il tuo	dein	i tuoi	la tua	le tue
	3.pers	il suo	sein, ihr	i suoi	la sua	le sue
pl	**1.pers**	il nostro	unser	i nostri	la nostra	le nostre
	2.pers	il vostro	euer	i vostri	la vostra	le vostre
	3.pers	il loro	ihr	i loro	la loro	le loro

- Die **Höflichkeitsform** ist im Singular die 3. Person, oft mit Großschreibung: **il Suo, ...**; im Plural ist es die 2. Person, seltener die 3. Person: **il Vostro, ..., il Loro, ...**
- Vor Verwandtschaftsbezeichnungen wie *madre, padre, sorella, fratello, nonna, nonno, zia, zio, nipote,...* stehen die Possessivartikel im Singular in einer verkürzten Form: *mia madre, nostro zio,....* Die volle Form steht bei Verwandschaftsbezeichnungen im Plural (*i suoi fratelli*) und bei *loro* (*la loro sorella*).
- Das Possessivadjektiv steht im Allgemeinen vor dem Substantiv, in einigen Ausdrücken aber auch danach: *a casa mia, per colpa sua,....*
- Das Possessivadjektiv wird vor Körperteilen und im Allgemeinen vor Substantiven weggelassen, wenn deren Zugehörigkeit eindeutig ist:

Ha perso il figlio in guerra.   Sie hat ihren Sohn im Krieg verloren.

Das Pronomen

1. Personalpronomen

Das Italienische kennt betonte und unbetonte Personalpronomen:

<u>Gli</u> do ragione.	*(unbetont)*	Ich gebe ihm Recht.
Do ragione <u>a lui</u>.	*(betont)*	Ich gebe ihm Recht.

Unbetontes Personalpronomen

	sing					pl				
	1.pers	2.pers	3.pers			1.pers	2.pers	3.pers		
			m	f	rfl			m	f	rfl
direktes Objekt (wen?)	mi	ti	lo	la	si	ci	vi	li	le	si
indirektes Objekt (wem?)			gli	le				loro/gli		

Betontes Personalpronomen

	sing					*pl*				
	1.pers	2.pers	3.pers			1.pers	2.pers	3.pers		
			m	*f*	*rfl*			*m*	*f*	*rfl*
Subjekt (wer?)	io	tu	lui esso	lei essa		noi	voi	loro essi	loro esse	
direktes Objekt (wen?)	me	te	lui	lei	sé	noi	voi	loro	loro	sé
indirektes Objekt (wem?)	a me	a te	a lui a esso	a lei a essa	a sé	a noi	a voi	a loro a essi	a loro a esse	a sé

- Die **Höflichkeitsform** ist im Singular die weibliche 3. Person: **La, Le, Lei, a Lei**; im Plural ist es die 2. Person: **Vi, Voi, a Voi**, seltener die 3. Person: **Li, Le, Loro, a Loro**.

- Im Allgemeinen sind Subjektpronomen im Italienischen nicht obligatorisch. Sie treten nur in der betonten Form auf:

Amo la musica.	Ich liebe die Musik.
Io amo la musica e **lui** il teatro.	Ich liebe die Musik und er das Theater.

- Im Allgemeinen treten Objektpronomen in der unbetonten Form auf. Das betonte Personalpronomen wird verwendet, wenn die Person besonders hervorgehoben werden soll:

~ **Ti** è piaciuta la festa?	Hat dir die Fete gefallen?
≈ **A me** no, e **a te**?	Mir nicht, und dir?
~ Neanche **a me**.	Mir auch nicht.

- Das unbetonte Personalpronomen steht vor dem Verb:

Ti vedo	Ich sehe dich.
Mi fate un piacere.	Ihr tut mir einen Gefallen.

oder es wird beim Infinitiv, beim Gerundium, beim Partizip und beim bejahten Imperativ der 2. Person Singular und der 1. und 2. Person Plural an das Verb angehängt:

Bisogna far**lo**.	Man muss es tun.
Fate**mi** un piacere!	Tut mir einen Gefallen!

Loro steht immer nach dem Verb.

- Die Objektformen des betonten Personalpronomens stehen nach dem Verb:

Amo solo **te**.	Ich liebe nur dich.

Die Pronomen *ci* und *ne*

Als unbetontes Pronomen ersetzt **ci** Ausdrücke mit **a, con** oder **su** in der Bedeutung *damit, davon, daran...*. Als Ortsadverb wird **ci** in der Bedeutung *dort, dorthin* verwendet.

Als unbetontes Pronomen ersetzt **ne** Ergänzungen mit **di** und **da**. Als Ersatz für Ausdrücke mit **di** hat **ne** auch die partitive Bedeutung *davon*. Als Ortsadverb wird **ne** in der Bedeutung *von dort, davon* verwendet.

ci	**Ci** puoi contare.	Du kannst damit rechnen.
	Andate a Roma/da Luigi? – Sì, **ci** andiamo.	Fahrt ihr nach Rom/zu Luigi? – Ja, wir fahren hin/dorthin.
ne	Vuole delle patate? Sì, **ne** prendo un chilo.	
	Möchten Sie Kartoffeln? Ja, ich nehme ein Kilo (davon).	
	La nave si allontana dalla costa. →La nave se **ne** allontana.	
	Das Schiff entfernt sich von der Küste. →Das Schiff entfernt sich davon.	

Kombinationsformen des unbetonten Personalpronomens

	lo	**la**	**li**	**le**	**ne**
mi	me lo	me la	me li	me le	me ne
ti	te lo	te la	te li	te le	te ne
gli le	glielo	gliela	glieli	gliele	gliene
ci	ce lo	ce la	ce li	ce le	ce ne
vi	ve lo	ve la	ve li	ve le	ve ne
si	se lo	se la	se li	se le	se ne

- Zu **loro**, das immer nach dem Verb steht, gibt es keine Kombinationsformen.

2. Demonstrativpronomen

	sing			pl	
	m	**f**	**neutral**	**m**	**f**
dieser (hier)	questo	questa	questo/ciò	questi	queste
der da	quello	quella	quello/ciò	quelli	quelle

- **Quello** wird auch verwendet, um ein zuvor genanntes Substantiv zu ersetzen:

I miei genitori e **quelli** del mio ragazzo non si conoscono ancora.	Meine Eltern und die meines Freundes kennen sich noch nicht.

- **Questo** und **quello** werden benutzt, um Sachverhalte zu bezeichnen:

Non volevo dire **questo**.	Ich meinte nicht das.
Pensi sempre e solo a **quello**.	Du denkst immer nur an das eine.

- Weitere Demonstrativpronomen sind **tale, lo stesso, il medesimo**.

3. Relativpronomen

	sing		pl	
	m	**f**	**m**	**f**
als Subjekt/direktes Objekt	che			
nach Präpositionen	cui			
in jeder Position	il quale	la quale	i quali	le quali

Le donne che vedo ...	Die Frauen, die ich sehe, ...

- Das Relativpronomen **cui** kann auch nach dem bestimmten Artikel vorkommen: **il/la cui, i/le cui**. In diesem Fall dient das zur Wiedergabe des deutschen *dessen/deren*:

La Toscana, i cui vini sono ottimi, ...	Die Toskana, deren Weine sehr gut sind,...
Petrarca, le cui opere io ammiro molto, ...	Petrarca, dessen Werke ich sehr bewundere, ...

Der Artikel richtet sich nach dem darauf folgenden Substantiv.

4. Possessivpronomen

- Das Possessivpronomen **il mio,...** entspricht in seinen Formen dem Possessivadjektiv **il mio, ...**

Adjektiv:	La tua casa è molto grande,	Dein Haus ist sehr groß,
Pronomen:	la nostra è più piccola.	unseres ist kleiner.

5. Interrogativpronomen

Das Interrogativpronomen kann sich auf eine Person, eine Sache/Sachverhalt oder auf eine Menge beziehen.

Person	Sache/Sachverhalt		Menge			
	sing	**pl**	**sing**		**pl**	
			m	**f**	**m**	**f**
chi?	(che) cosa?		quanto?	quanta?	quanti?	quante?
	che?					
	quale?	quali?				

- Die Interrogativpronomen **quale** und **che** *welcher* werden gebraucht, um nach einer Person oder nach genauen Sachen/Sachverhalten zu fragen:

  Che libri leggi?   Welche Bücher liest du?

Die Formen des Verbs

1. Die regelmäßigen Verben

Im Italienischen unterscheidet man drei Konjugationen: die Verben auf **-are** (am<u>a</u>re), auf **-ere** (vend<u>e</u>re) und auf **-ire** (part<u>i</u>re, cap<u>i</u>re)

Indikativ

		Präsens			
		-are	**-ere**	**-ire**	
		amare	v<u>e</u>ndere	partire	capire
		lieben	verkaufen	abreisen	verstehen
sing	1.pers	am**o**	vend**o**	part**o**	cap**isco**
	2.pers	am**i**	vend**i**	part**i**	cap**isci**
	3.pers	am**a**	vend**e**	part**e**	cap**isce**
pl	1.pers	am**iamo**	vend**iamo**	part**iamo**	cap**iamo**
	2.pers	am**ate**	vend**ete**	part**ite**	cap**ite**
	3.pers	<u>a</u>m**ano**	v<u>e</u>nd**ono**	p<u>a</u>rt**ono**	cap**iscono**

- Die **Höflichkeitsform** ist die 3. Person des Singulars, wenn nur eine Person angesprochen wird; es ist die 2. Person des Plurals, seltener die 3. Person des Plurals, wenn mehrere Personen angesprochen werden.
- Die Verben auf **-ere** werden im Infinitiv teils auf der drittletzten Silbe, teils auf der vorletzten Silbe betont (v<u>e</u>ndere, god<u>e</u>re); die übrigen Formen dieser Verben stimmen miteinander überein.
- Einige Verben auf **-ire** haben im Präsens Sonderformen mit Einschub von **-isc-**.
- → Bei diesen Verben ist im Wörterbuch immer die erste Person Präsens angegeben.

  Beispiel: preferire <preferisco>
- Bei Verben auf **-care** und **-gare** wird vor **e** und **i** der Endung **-ch-** und **-gh-** geschrieben:

  mancare   manco, manchi, manca, manchiamo, ..., mancherò, ...

  pagare   pago, paghi, paga, paghiamo, ..., pagherò, ...
- Bei Verben auf **-cere** und **-gere** variiert die Aussprache von **-c-** und **-g-** je nach der Endung.

  vincere   vinco, vinci, ...

  conoscere   conosco, conosci, ...

  leggere   leggo, leggi, ...
- Bei Verben auf **-iare** entfällt unbetontes **i** vor dem **i** der Endung:

  studiare   studio, studi, studia, studiamo,...

Betontes **i** bleibt erhalten:

  inviare   invio, invii, ...

  sciare   scio, scii, ...

- Bei Verben auf **-ciare** und **-giare** entfällt das Schreibzeichen **i** vor **i** und **e** der Endung:

  cominciare   comincio, cominci, comincia,..., comincerò,...

  mangiare   mangio, mangi, mangia,..., mangerò,...

- Einige Verben auf -**are** werden im Präsens Singular auf der drittletzten Silbe betont, in der 3. Person Plural auf der viertletzten:

telefonare   telefono, telefoni, telefona, telefoniamo, telefonate, telefonano

Imperfekt				
sing	**1. pers**	amavo	vendevo	partivo
	2. pers	amavi	vendevi	partivi
	3. pers	amava	vendeva	partiva
_pl_	**1. pers**	amavamo	vendevamo	partivamo
	2. pers	amavate	vendevate	partivate
	3. pers	amavano	vendevano	partivano

Passato remoto				
sing	**1. pers**	amai	vendei	partii
	2. pers	amasti	vendesti	partisti
	3. pers	amò	vendè/vendette	partì
_pl_	**1. pers**	amammo	vendemmo	partimmo
	2. pers	amaste	vendeste	partiste
	3. pers	amarono	venderono	partirono

Futur				
sing	**1. pers**	amerò	venderò	partirò
	2. pers	amerai	venderai	partirai
	3. pers	amerà	venderà	partirà
_pl_	**1. pers**	ameremo	venderemo	partiremo
	2. pers	amerete	venderete	partirete
	3. pers	ameranno	venderanno	partiranno

Perfekt (Passato prossimo)				
sing	**1. pers**	ho		sono	
	2. pers	hai		sei	partito/partita
	3. pers	ha	amato/venduto/	è	
_pl_	**1. pers**	abbiamo	capito	siamo	
	2. pers	avete		siete	partiti/partite
	3. pers	hanno		sono	

Plusquamperfekt			
sing	**1. pers**	avevo amato/venduto/capito	ero partito/partita
	...	...	...

Futur II			
sing	**1. pers**	avrò amato/venduto/capito	sarò partito/partita
	...	...	...

- Perfekt, Plusquamperfekt und Futur II werden mit dem Hilfsverb _avere_ gebildet _(ho amato,...)_; bei Verben der Bewegung oder der Veränderung eines Zustands stehen die Formen von _essere (sono partito,...)_, ebenso bei reflexiven Verben _(mi sono lavato,...)_ und dem Verb _essere_ selbst _(sono stato,...)_.

Konjunktiv

			Präsens			
sing	1. pers	che io	ami	venda	parta	capisca
	2. pers	che tu	ami	venda	parta	capisca
	3. pers	che lui	ami	venda	parta	capisca
pl	1. pers	che noi	amiamo	vendiamo	partiamo	capiamo
	2. pers	che voi	amiate	vendiate	partiate	capiate
	3. pers	che loro	amino	vendano	partano	capiscano

			Imperfekt		
sing	1. pers	che io	amassi	vendessi	partissi
	2. pers	che tu	amassi	vendessi	partissi
	3. pers	che lui	amasse	vendesse	partisse
pl	1. pers	che noi	amassimo	vendessimo	partissimo
	2. pers	che voi	amaste	vendeste	partiste
	3. pers	che loro	amassero	vendessero	partissero

		Perfekt (Passato prossimo)			
sing	1. pers	abbia		sia	
	2. pers	abbia		sia	partito/partita
	3. pers	abbia	amato/venduto/	sia	
pl	1. pers	abbiamo	capito	siamo	
	2. pers	abbiate		siate	partiti/partite
	3. pers	abbiano		siano	

		Plusquamperfekt	
sing	1. pers	avessi amato/venduto/capito	fossi partito/partita
	...	...	...

Konditional

			Präsens		
sing	1. pers	amerei	venderei	partirei
	2. pers	ameresti	venderesti	partiresti
	3. pers	amerebbe	venderebbe	partirebbe
pl	1. pers	ameremmo	venderemmo	partiremmo
	2. pers	amereste	vendereste	partireste
	3. pers	amerebbero	venderebbero	partirebbero

		Perfekt (Passato prossimo)			
sing	1. pers	avrei		sarei	
	2. pers	avresti		saresti	partito/partita
	3. pers	avrebbe	amato/venduto/	sarebbe	
pl	1. pers	avremmo	capito	saremmo	
	2. pers	avreste		sareste	partiti/partite
	3. pers	avrebbero		sarebbero	

Imperativ

sing	2. pers	ama!	liebe!	vendi!	parti!	capisci!
	3. pers	ami!	lieben Sie!	venda!	parta!	capisca!
pl	1. pers	amiamo!	lieben wir!	vendiamo!	partiamo!	capiamo!
	2. pers	amate!	liebt, lieben Sie!	vendete!	partite!	capite!
	3. pers	amino!	lieben Sie!	vendano!	partano!	capiscano!

Passiv

Das Passiv wird mit den Formen von *essere* und dem Partizip Passiv gebildet:

sono amato/amata	ich werde geliebt
ero amato/amata	ich wurde geliebt
…	

Daneben gibt es die Formen mit *venire* und dem Partizip Passiv:

vengo informato	ich werde informiert
vengo aiutato	mir wird geholfen/ich erhalte Hilfe

Infinitiv, Partizip und Gerundium

Infinitiv		amare	vendere	partire
Partizip	**Präsens**	amante	vendente	partente
	Perfekt und Passiv	amato	venduto	partito
Gerundium		amando	vendendo	partendo

2. Die unregelmäßigen Verben

Unregelmäßig sind vor allem Verben auf -**ere** und auf -**ire** und zwar fast immer deren Formen des Passato remoto und das Partizip Perfekt, manchmal auch weitere Zeitformen. Beim Passato remoto der unregelmäßigen Verben kann man dennoch eine Regelmäßigkeit feststellen: Die Abweichungen von der Regel sind meist in der 1. und 3. Person Singular und in der 3. Person Plural. *Beispiel:*

vedere   **vidi**, vedesti, **vide**, vedemmo, vedeste, **videro**.

→ Bei unregelmäßigen Verben sind im Wörterbuch die 1. Person Singular des Präsens und des Passato remoto und das Partizip Perfekt immer angegeben.

Beispiel: **fare** <faccio, feci, fatto>.

Außerdem befindet sich im Anhang nach der Grammatik eine Liste der unregelmäßigen italienischen Verben.

Das Adverb

Adverbien werden nicht dekliniert. Sie können sich auf ein Verb, auf ein anderes Adverb oder auf ein Adjektiv beziehen. *Beispiele:*

Verb:	Arrivo <u>subito</u>.	Ich komme gleich.
Adverb:	Ci vediamo molto <u>spesso</u>.	Wir sehen uns sehr oft.
Adjektiv:	Il libro è <u>abbastanza</u> interessante.	Das Buch ist ziemlich interessant.

- Adverbien können auf Italienisch eine eigene Form haben (*oggi* heute, *qui* hier, *forse* vielleicht) oder vom Adjektiv durch Anhängen der Endung -**mente** abgeleitet werden:

Adjektiv	auf -**o/-a**	auf -**e**	auf -**le**
	perfetto/-a	veloce	facile
Adverb	perfettamente	velocemente	facilmente

- Sonderformen: **leggermente, violentemente** (zu *leggero/-a, violento/-a*)
  bene (zu *buono/-a*).

- Zahlreiche Adverbien haben wie Adjektive einen Komparativ und einen Superlativ:

Positiv	facilmente	tardi
Komparativ	più facilmente	più tardi
Superlativ	facilissimamente	tardissimo

Ausnahmen:	**bene**	**meglio**	**benissimo**	**ottimamente**
	male	**peggio**	**malissimo**	**pessimamente**
	molto	**più**	**moltissimo**	
	poco	**meno**	**pochissimo**	

Unregelmässige italienische Verben
Verbi irregolari italiani

Aufgeführt sind der Infinitiv (*infinito*), die 1. Person des *passato remoto,* das Perfekt (*passato prossimo*) und die unregelmäßigen Formen von Indikativ Präsens (*pr*), Indikativ Imperfekt (*imp*), Futur (*fut*), Konjunktiv Präsens (*conj pr*), Konjunktiv Imperfekt (*conj imp*), Konditional (*cond*), Imperativ (*imperat*), Gerundium (*ger*), Partizip Präsens (*p pr*). Neben dem Partizip II. (*participio passato*) wird das Hilfsverb angegeben, mit welchem das Perfekt gebildet wird.

infinito	passato remoto	passato prossimo (participio passato)	weitere Formen
accendere	accesi	ho acceso	
accludere	acclusi	ho accluso	
accorgersi	mi accorsi	mi sono accorto	
addurre			*v.* condurre
affliggere	afflissi	ho afflitto	
alludere	allusi	ho alluso	
andare	andai	sono andato	*pr* vado, vai, va, andiamo, andate, vanno; *fut* andrò; *conj pr* vada, vada, vada, andiamo, andiate, vadano; *conj imp* andassi; *cond* andrei; *imperat* va'! *o.* vai!, vada!, andiamo!, andate!, vadano!
annettere	annettei *o.* annessi	ho annesso	
apparire	apparvi	sono apparso	*pr* appaio, appari, appare, appariamo, apparite, appaiono; *imp* apparivo; *fut* apparirò; *conj pr* appaia, appaia, appaia, appariamo, appariate, appaiano; *conj imp* apparissi; *imperat* appari!, appaia!, appariamo!, apparite!, appaiano!
appendere	appesi	ho appeso	
aprire	apersi *o.* aprii	ho aperto	
ardere	arsi	ho arso	
assistere	assistei *o.* assistetti	ho assistito	
assolvere	assolsi	ho assolto	
assumere	assunsi	ho assunto	
avere	ebbi	ho avuto	*pr* ho, hai, ha, abbiamo, avete, hanno; *imp* avevo; *fut* avrò; *conj pr* abbia, abbia, abbia, abbiamo, abbiate, abbiano; *conj imp* avessi, avessi, avesse, avessimo, aveste, avessero; *cond* avrei; *imperat* abbi!, abbia!, abbiamo!, abbiate!, abbiano

infinito	passato remoto	passato prossimo (participio passato)	weitere Formen
bere	bevvi o. bevei o. bevetti	ho bevuto	*pr* bevo, bevi, beve, beviamo, bevete, bevono; *imp* bevevo; *fut* berrò; *conj pr* beva; *conj imp* bevessi; *cond* berrei; *imperat* bevi!, beva!, beviamo!, bevete!, bevano!; *ger* bevendo; *p pr* bevente
cadere	caddi	sono caduto	*fut* cadrò; *cond* cadrei
chiedere	chiesi	ho chiesto	
chiudere	chiusi	ho chiuso	
cingere	cinsi	ho cinto	
cogliere	colsi	ho colto	*pr* colgo, cogli, coglie, cogliamo, cogliete, colgono; *conj pr* colga, colga, colga, cogliamo, cogliate, colgano
comparire			*v.* apparire
comprimere	compressi	ho compresso	
concedere	concessi	ho concesso	
concludere			*v.* accludere
condurre	condussi	ho condotto	*pr* conduco, conduci, conduce, conduciamo, conducete, conducono; *imp* conducevo; *fut* condurrò; *conj pr* conduca, conduca, conduca, conduciamo, conduciate, conducano; *conj imp* conducessi; *cond* condurrei; *imperat* conduci!, conduca!, conduciamo!, conducete!, conducano!; *ger* conducendo; *p pr* conducente
connettere	connetéi	ho connesso	
conoscere	conobbi	ho conosciuto	
consistere	consisté o. consistette (*3. Person*)	è consistito (*3. Person*)	
coprire			*v.* aprire
correggere			*v.* leggere
correre	corsi	sono corso	
crescere	crebbi	sono cresciuto	
cuocere	cossi	ho cotto	*pr* cuocio, cuoci, cuoce, cociamo o. cuociamo, cocete o. cuocete, cuociono; *imp* cocevo o. cuocevo; *fut* cocerò; *conj pr* cuocia, cuocia, cuocia, cociamo o. cuociamo, cociate o. cuociate, cuociano; *conj imp* cocessi o. cuocessi; *cond* cocerei o. cuocerei; *imperat* cuoci!, cuocia!, cociamo! o. cuociamo!, cocete! o. cuocete!, cuociano!; *ger* cocendo o. cuocendo; *p pr* cocente

infinito	passato remoto	passato prossimo (participio passato)	weitere Formen
dare	diedi *o.* detti	ho dato	*pr* do, dai, dà, diamo, date, danno; *fut* darò; *conj pr* dia, dia, dia, diamo, diate, diano; *conj imp* dessi; *cond* darei; *imperat* da'! *o.* dai!, dia!, diamo!, date!, diano!
decidere	decisi	ho deciso	
dedurre			*v.* condurre
deludere			*v.* alludere
deprimere			*v.* comprimere
devolvere	devolvei *o.* devolvetti	ho devoluto	
difendere	difesi	ho difeso	
dipendere			*v.* appendere
dipingere	dipinsi	ho dipinto	
dire	dissi	ho detto	*pr* dico, dici, dice, diciamo, dite, dicono; *imp* dicevo; *fut* dirò; *conj pr* dica, dica, dica, diciamo, diciate, dicano; *conj imp* dicessi; *cond* direi; *imperat* di'!, dica!, diciamo!, dite!, dicano!; *ger* dicendo; *p pr* dicente
dirigere	diressi	ho diretto	
discutere	discussi	ho discusso	
dissolvere			*v.* assolvere
dissuadere			*v.* persuadere
distinguere	distinsi	ho distinto	
dividere	divisi	ho diviso	
dolere	dolsi	ho doluto	*pr* dolgo, duoli, duole, doliamo *o.* dogliamo, dolete, dolgono; *fut* dorrò; *conj pr* dolga, dolga, dolga, doliamo *o.* dogliamo, doliate *o.* dogliate, dolgano; *cond* dorrei; *imperat* duoli!, dolga!, doliamo! *o.* dogliamo!, dolete!, dolgano!
dovere	dovei *o.* dovetti	ho dovuto	*pr* devo *o.* debbo, devi, deve, dobbiamo, dovete, devono *o.* debbono; *fut* dovrò; *conj pr* deva *o.* debba, deva, deva, dobbiamo, dobbiate, devano *o.* debbano; *cond* dovrei; *imperat u. p pr fehlen*
eccellere	eccelsi	ho eccelso	
elidere	elisi *o.* elidei	ho eliso	
emergere	emersi	sono emerso	
erigere			*v.* dirigere
escludere			*v.* accludere
esistere	esistei *o.* esistetti	sono esistito	
espellere	espulsi	ho espulso	
esplodere	esplosi	sono esploso	
esprimere			*v.* comprimere

infinito	passato remoto	passato prossimo (participio passato)	weitere Formen
essere	fui, fosti, fu, fummo, foste, furono	sono stato	*pr* sono, sei, è, siamo, siete, sono; *imp* ero; *fut* sarò; *conj pr* sia, sia, sia, siamo, siate, siano; *conj imp* fossi, fossi, fosse, fossimo, foste, fossero; *cond* sarei; *imperat* sii!, sia!, siamo!, siate!, siano!
estinguere			*v.* distinguere
evadere	evasi	sono evaso	
evolvere	evolsi *o.* evolvei *o.* evolvetti	sono evoluto	
fare	feci, facesti, fece, facemmo, faceste, fecero	ho fatto	*pr* faccio, fai, fa, facciamo, fate, fanno; *imp* facevo; *fut* farò; *conj pr* faccia, faccia, faccia, facciamo, facciate, facciano; *conj imp* facessi; *cond* farei; *imperat* fa'! *o.* fai!, faccia!, facciamo!, fate!, facciano!; *ger* facendo; *p pr* facente
fingere	finsi	ho finto	
flettere	flessi *o.* flettei	ho flesso	
fondere	fusi	ho fuso	
frangere	fransi	ho franto	
friggere	frissi	ho fritto	
fungere			*v.* fingere
giacere			*v.* piacere
giungere			*v.* fingere
godere	godei *o.* godetti	ho goduto	*fut* godrò; *cond* godrei
immergere			*v.* emergere
imprimere			*v.* comprimere
incidere			*v.* decidere
includere			*v.* accludere
incutere			*v.* discutere
indurre			*v.* condurre
infliggere			*v.* affliggere
insistere	insistei *o.* insistetti	ho insistito	
introdurre			*v.* condurre
invadere			*v.* evadere
ledere	lesi	ho leso	
leggere	lessi	ho letto	
mettere	misi	ho messo	
mordere	morsi	ho morso	

infinito	passato remoto	passato prossimo (participio passato)	weitere Formen
morire	morii	sono morto	*pr* muoio, muori, muore, moriamo, morite, muoiono; *fut* morrò *o.* morirò; *conj pr* muoia, muoia, muoia, moriamo, moriate, muoiano; *conj imp* morissi; *cond* morrei *o.* morirei; *imperat* muori!, muoia!, moriamo!, morite!, muoiano!
mungere			*v.* fingere
muovere	mossi	ho mosso	
nascere	nacqui	sono nato	
nascondere	nascosi	ho nascosto	
nuocere	nocqui	ho nociuto	*pr* noccio *o.* nuoccio, nuoci, nuoce, nociamo *o.* nuociamo, nocete, nocciono *o.* nuocciono; *imp* nocevo *o.* nuocevo; *fut* nocerò *o.* nuocerò; *conj pr* noccia, noccia, noccia, nociamo, nociate, nocciano; *conj imp* nocessi; *cond* nocerei *o.* nuocerei; *imperat* nuoci!, noccia!, nociamo!, nocete!, nocciano!; *ger* nocendo *o.* nuocendo; *p pr* nocente *o.* nuocente
offendere			*v.* difendere
offrire	offersi *o.* offrii	ho offerto	
opprimere			*v.* comprimere
parere	parvi	sono parso	*pr* paio, pari, pare, paiamo, parete, paiono; *fut* parrò; *conj pr* paia, paia, paia, paiamo, paiate, paiano; *cond* parrei; *imperat fehlt*
percuotere			*v.* scuotere
perdere	persi *o.* perdei *o.* perdetti	ho perso *o.* perduto	
persuadere	persuasi	ho persuaso	
piacere	piacqui	sono piaciuto	*pr* piaccio, piaci, piace, piacciamo *o.* piaciamo, piacete, piacciono; *conj pr* piaccia, piaccia, piaccia, piacciamo *o.* piaciamo, piacciate *o.* piaciate, piacciano; *imperat* piaci!, piaccia!, piacciamo!, piacete!, piacciano!
piangere	piansi	ho pianto	
piovere	piovve (*3. Person*)	è piovuto (*3. Person*)	
porgere	porsi	ho porto	
porre	posi, ponesti, pose, ponemmo, poneste, posero	ho posto	*pr* pongo, poni, pone, poniamo, ponete, pongono; *imp* ponevo; *fut* porrò; *conj pr* ponga, ponga, ponga, poniamo, poniate, pongano; *conj imp* ponessi; *cond* porrei; *imperat* poni!, ponga!, poniamo!, ponete!, pongano!; *ger* ponendo; *p pr* ponente
possedere			*v.* sedere

infinito	passato remoto	passato prossimo (participio passato)	weitere Formen
potere	potei *o.* potetti	ho potuto	*pr* posso, puoi, può, possiamo, potete, possono; *fut* potrò; *conj pr* possa, possa, possa, possiamo, possiate, possano; *cond* potrei; *imperat fehlt*
prendere	presi	ho preso	
presumere			*v.* assumere
produrre			*v.* condurre
proteggere			*v.* leggere
pungere			*v.* fingere
radere	rasi	ho raso	
recidere			*v.* decidere
redigere	redassi	ho redatto	
redimere	redensi	ho redento	
reggere			*v.* leggere
rendere			*v.* prendere
reprimere			*v.* comprimere
resistere	resistei *o.* resistetti	sono resistito	
ridere	risi	ho riso	
ridurre			*v.* condurre
riflettere	riflettei	ho riflettuto *o.* riflesso	
rimanere	rimasi	sono rimasto	*pr* rimango, rimani, rimane, rimaniamo, rimanete, rimangono; *fut* rimarrò; *conj pr* rimanga, rimanga, rimanga, rimaniamo, rimaniate, rimangano; *cond* rimarrei; *imperat* rimani!, rimanga!, rimaniamo!, rimanete!, rimangano!
risolvere			*v.* assolvere
rispondere	risposi	ho risposto	
rodere	rosi	ho roso	
rompere	ruppi	ho rotto	
salire	salii	sono salito	*pr* salgo, sali, sale, saliamo, salite, salgono; *conj pr* salga, salga, salga, saliamo, saliate, salgano; *imperat* sali!, salga!, saliamo!, salite!, salgano!
sapere	seppi	ho saputo	*pr* so, sai, sa, sappiamo, sapete, sanno; *fut* saprò; *conj pr* sappia, sappia, sappia, sappiamo, sappiate, sappiano; *cond* saprei; *imperat* sappi!, sappia!, sappiamo!, sappiate!, sappiano!
scegliere	scelsi	ho scelto	*pr* scelgo, scegli, sceglie, scegliamo, scegliete, scelgono; *conj pr* scelga, scelga, scelga, scegliamo, scegliate, scelgano; *imperat* scegli!, scelga!, scegliamo!, scegliete!, scelgano!
scendere	scesi	sono sceso	

infinito	passato remoto	passato prossimo (participio passato)	weitere Formen
scindere	scissi	ho scisso	
sciogliere			*v.* cogliere
scorgere			*v.* sorgere
scrivere	scrissi	ho scritto	
scuotere	scossi	ho scosso	
sedere	sedei *o.* sedetti	ho seduto	*pr* siedo, siedi, siede, sediamo, sedete, siedono; *conj pr* sieda, sieda, sieda, sediamo, sediate, siedano; *imperat* siedi!, sieda!, sediamo!, sedete!, siedano!
sedurre			*v.* condurre
soffrire			*v.* offrire
solere	solei	sono solito	*pr* soglio, suoli, suole, sogliamo, solete, sogliono; *fut, cond, imperat fehlen*; *conj pr* soglia, soglia, soglia, sogliamo, sogliate, sogliano
sommergere			*v.* emergere
sopprimere			*v.* comprimere
sorgere	sorsi	sono sorto	
sospendere			*v.* appendere
spargere	sparsi	ho sparso	
spegnere (spengere)	spensi	ho spento	*pr* spengo, spegni, spegne, spegniamo, spegnete, spengono; *conj pr* spenga, spenga, spenga, spegniamo, spegniate, spengano
spendere			*v.* appendere
spingere			*v.* fingere
stare	stetti, stesti, stette, stemmo, steste, stettero	sono stato	*pr* sto, stai, sta, stiamo, state, stanno; *conj pr* stia, stia, stia, stiamo, stiate, stiano; *conj imp* stessi; *imperat* sta'! *o.* stai!, stia!, stiamo!, state!, stiano!
stringere	strinsi	ho stretto	
struggere			*v.* leggere
succedere			*v.* concedere
tacere	tacqui	ho taciuto	*pr* taccio, taci, tace, tacciamo *o.* taciamo, tacete, tacciono; *conj pr* taccia, taccia, taccia, tacciamo *o.* taciamo, tacciate *o.* taciate, tacciano; *imperat* taci!, taccia!, tacciamo!, tacete!, tacciano!
tendere			*v.* prendere
tenere	tenni	ho tenuto	*pr* tengo, tieni, tiene, teniamo, tenete, tengono; *fut* terrò; *conj pr* tenga, tenga, tenga, teniamo, teniate, tengano; *cond* terrei; *imperat* tieni!, tenga!, teniamo!, tenete!, tengano!
tingere			*v.* fingere
togliere			*v.* cogliere
torcere	torsi	ho torto	

infinito	passato remoto	passato prossimo (participio passato)	weitere Formen
tradurre			*v.* condurre
trarre	trassi, traesti, trasse, traemmo, traeste, trassero	ho tratto	*pr* traggo, trai, trae, traiamo, traete, traggono; *imp* traevo; *fut* trarrò; *conj pr* tragga, tragga, tragga, traiamo, traiate, traggano; *conj imp* traessi; *cond* trarrei; *imperat* trai!, tragga!, traiamo!, traete!, traggano!; *ger* traendo; *p pr* traente
uccidere			*v.* decidere
udire	udii	ho udito	*pr* odo, odi, ode, udiamo, udite, odono; *fut* udirò *o.* udrò; *conj pr* oda, oda, oda, udiamo, udiate, odano; *cond* udirei *o.* udrei; *imperat* odi!, oda!, udiamo!, udite!, odano!
ungere			*v.* fingere
uscire	uscii	sono uscito	*pr* esco, esci, esce, usciamo, uscite, escono; *conj pr* esca, esca, esca, usciamo, usciate, escano; *imperat* esci!, esca!, usciamo!, uscite!, escano!
valere	valsi	sono valso	*pr* valgo, vali, vale, valiamo, valete, valgono; *fut* varrò; *conj pr* valga, valga, valga, valiamo, valiate, valgano; *cond* varrei; *imperat* vali!, valga!, valiamo!, valete!, valgano!
vedere	vidi	ho visto *o.* veduto	*fut* vedrò; *cond* vedrei
venire	venni	sono venuto	*pr* vengo, vieni, viene, veniamo, venite, vengono; *fut* verrò; *conj pr* venga, venga, venga, veniamo, veniate, vengano; *cond* verrei; *imperat* vieni!, venga!, veniamo!, venite!, vengano!; *ger* venendo; *p pr* veniente *o.* venente
vincere	vinsi	ho vinto	
vivere	vissi	ho vissuto	*fut* vivrò; *cond* vivrei
volere	volli	ho voluto	*pr* voglio, vuoi, vuole, vogliamo, volete, vogliono; *fut* vorrò; *conj pr* voglia, voglia, voglia, vogliamo, vogliate, vogliano; *cond* vorrei; *imperat* vogli!, voglia!, vogliamo!, vogliate!, vogliano!
volgere	volsi	ho volto	

Minigrammatica della lingua tedesca
Deutsche Kurzgrammatik

L'articolo

L'articolo tedesco può essere maschile, femminile o neutro.

	articolo determinativo				articolo indeterminativo		
	sing			pl	sing		
	m	**f**	**n**	**m f n**	**m**	**f**	**n**
nom	der	die	das	die	ein	eine	ein
acc	den	die	das	die	einen	eine	ein
dat	dem	der	dem	den	einem	einer	einem
gen	des	der	des	der	eines	einer	eines

- L'articolo **ein** si usa solo al singolare. Al plurale, dove in italiano si usa il partitivo **dei, delle, ...** , il sostantivo in tedesco rimane senza articolo:

  Ich habe Freunde in der Stadt getroffen.   Ho incontrato degli amici in centro.

Il sostantivo

Il genere e il caso

I generi del sostantivo sono tre:

il maschile *m*	der Tag	il giorno
il femminile *f*	die Frage	la domanda
il neutro *n*	das Meer	il mare

I casi del sostantivo sono quattro:

	sing	pl
il nominativo *nom*	der Tag	die Tage
l'accusativo *acc*	den Tag	die Tage
il dativo *dat*	dem Tag(e)	den Tagen
il genitivo *gen*	des Tag(e)s	der Tage

Le forme del plurale del sostantivo

Il sostantivo si distingue nel numero in singolare (*sing*) e plurale (*pl*).
Nove sono le forme del plurale dei sostantivi tedeschi:

	sing	pl
–en	die Tat der Bär das Bett	die Taten die Bären die Betten
–n	die Frage der Affe	die Fragen die Affen
–e	der Tag der Film	die Tage die Filme
⸚e	die Nacht der Baum	die Nächte die Bäume
–	das Segel der Bürger	die Segel die Bürger
⸚	die Mutter der Vogel	die Mütter die Vögel
–er	das Bild	die Bilder
⸚er	der Mann das Amt	die Männer die Ämter
–s	die Bar das Auto	die Bars die Autos

- Non ci sono regole fisse per la formazione del plurale dei sostantivi tedeschi. Si può comunque constatare che:
1. i sostantivi femminili terminanti in **-in** formano il plurale in **-innen**: *Freundin – Freundinnen.*
2. il plurale in **-en** e **-n** è il più comune per i sostantivi femminili, mentre il plurale in **-e**, **-**, **⸚e** e **⸚** è il più comune per i sostantivi maschili e neutri.
3. i sostantivi terminanti in **-is** formano il plurale in **-isse**: *Ergebniss, Ergebnisse.*

La declinazione del sostantivo

Tre sono le declinazioni del sostantivo tedesco: la prima declinazione, che è la più comune, la seconda declinazione e la declinazione aggettivale. I nomi propri presentano una declinazione particolare.

1. La prima declinazione

	f			
	sing	**pl**	**sing**	**pl**
nom	die Mutter	die Mütter	die Frage	die Fragen
acc	die Mutter	die Mütter	die Frage	die Fragen
dat	der Mutter	den Müttern	der Frage	den Fragen
gen	der Mutter	der Mütter	der Frage	der Fragen

	m			
	sing	**pl**	**sing**	**pl**
nom	der Vater	die Väter	der See	die Seen
acc	den Vater	die Väter	den See	die Seen
dat	dem Vater	den Vätern	dem See	den Seen
gen	des Vaters	der Väter	des Sees	der Seen

	n			
	sing	**pl**	**sing**	**pl**
nom	das Kind	die Kinder	das Bett	die Betten
acc	das Kind	die Kinder	das Bett	die Betten
dat	dem Kind	den Kindern	dem Bett(e)	den Betten
gen	des Kindes	der Kinder	des Bett(e)s	der Betten

2. La seconda declinazione

	m			
	sing	**pl**	**sing**	**pl**
nom	der Mensch	die Menschen	der Affe	die Affen
acc	den Menschen	die Menschen	den Affen	die Affen
dat	dem Menschen	den Menschen	dem Affen	den Affen
gen	des Menschen	der Menschen	des Affen	der Affen

* I sostantivi che seguono la seconda declinazione sono tutti maschili.
* Seguono la seconda declinazione i sostantivi terminanti in -**and**, -**ant** e -**ent** (*der Dokto-rand – des Doktoranden; der Elefant – des Elefanten; der Student – des Studenten*), e i sostantivi maschili derivanti dal greco, spesso professioni (*der Biologe – des Biologen*).
* Alcuni sostantivi presentano una declinazione mista.

	sing	**pl**
nom	der Name	die Namen
acc	den Namen	die Namen
dat	dem Namen	den Namen
gen	des Namens	der Namen

* Come *Name* si declinano anche *Buchstabe*, *Gedanke* e *Wille*.

3. La declinazione aggettivale

Alcuni sostantivi presentano le stesse forme della declinazione dell'aggettivo.

Forme senza articolo

sing	m	f	n
nom	Angestellter	Angestellte	Neugeborenes
acc	Angestellten	Angestellte	Neugeborenes
dat	Angestelltem	Angestellter	Neugeborenem
gen	Angestellten	Angestellter	Neugeborenen
pl			
nom	Angestellte		Neugeborene
acc	Angestellte		Neugeborene
dat	Angestellten		Neugeborenen
gen	Angestellter		Neugeborener

- Queste forme si usano anche con i **numeri cardinali**, con **manch, solch, viel, welch, wenig** non declinati e con **ein bisschen, etwas, mehr, ein paar** (*pl*).

Forme dopo l'articolo determinativo

sing	m	f	n
nom	der Angestellte	die Angestellte	das Neugeborene
acc	den Angestellten	die Angestellte	das Neugeborene
dat	dem Angestellten	der Angestellten	dem Neugeborenen
gen	des Angestellten	der Angestellten	des Neugeborenen
pl			
nom	die Angestellten		die Neugeborenen
acc	die Angestellten		die Neugeborenen
dat	den Angestellten		den Neugeborenen
gen	der Angestellten		der Neugeborenen

- Queste forme dell'aggettivo si usano dopo **der** e anche dopo **derselbe, dieser, jener, folgender, jeder, jeglicher, mancher, solcher, welcher, viele**.

Forme dopo l'articolo indeterminativo e dopo il pronome possessivo

sing	m	f	n
nom	ihr Angestellter	ihre Angestellte	ihr Neugeborenes
acc	ihren Angestellten	ihre Angestellte	ihr Neugeborenes
dat	ihrem Angestellten	ihrer Angestellten	ihrem Neugeborenen
gen	ihres Angestellten	ihrer Angestellten	ihres Neugeborenen
pl			
nom	ihre Angestellten		ihre Neugeborenen
acc	ihre Angestellten		ihre Neugeborenen
dat	ihren Angestellten		ihren Neugeborenen
gen	ihrer Angestellten		ihrer Neugeborenen

- Tra i più importanti sostantivi che seguono la declinazione aggettivale si trovano: *Blinder, Beamter, Deutscher, Fremder, Verwandter, Toter, Reisender, Vorsitzender, Abgeordneter, Gefangener, Industrieller* ...

→ Nel dizionario tra parentesi uncinate vengono riportati dopo il sostantivo il genitivo singolare ed il nominativo plurale. *Esempio:* Bild <-es, -er>

4. La declinazione dei nomi propri

- I **nomi di persona** sono declinati in **-s** al genitivo:

  Michaels Frau　　　　　　　　　　　　la moglie di Michael

  Per i nomi terminanti in **-s, -ß, -x, -z** si usa l'apostrofo, la costruzione con **von** o la desinenza **-ens**:

  Heinz' Tochter, die Tochter von Heinz,　　la figlia di Heinz
  Heinzens Tochter

  Lukas' Mutter, die Mutter von Lukas　　la madre di Lukas

- I **cognomi** sono declinati in **-s** al genitivo singolare e al plurale:

  Frau Hirschs Eltern　　　　　　　　　i genitori della signora Hirsch

  Meiers kommen auch.　　　　　　　　Vengono anche i Meier.

  Per i cognomi terminanti in **-s, -ß, -x, -z** si usa la desinenza **-ens** o la costruzione con **von** per il genitivo singolare; il plurale si forma in **-ens**:

  das neue Auto von Schmitz,　　　　　la nuova macchina di Schmitz
  Schmitzens neues Auto

L'aggettivo

L'aggettivo si declina solo se precede immediatamente un sostantivo (*ein guter Wein*), quindi quando si trova in posizione attributiva. In posizione predicativa, cioè subito dopo un verbo o un avverbio, rimane invece invariato (*der Wein ist gut, der Wein schmeckt äußerst gut*). L'aggettivo variabile presenta tre diverse declinazioni a seconda dell'articolo che lo precede.

La declinazione dell'aggettivo

1. L'aggettivo senza articolo

sing	m	f	n
nom	guter Wein	gute Lösung	gutes Brot
acc	guten Wein	gute Lösung	gutes Brot
dat	gutem Wein(e)	guter Lösung	gutem Brot(e)
gen	guten Wein(e)s	guter Lösung	guten Brot(e)s

pl	m/f/n
nom	gute Weine/Lösungen/Brote
acc	gute Weine/Lösungen/Brote
dat	guten Weinen/Lösungen/Broten
gen	guter Weine/Lösungen/Brote

- Queste forme si usano anche con i **numeri cardinali**, con **manch, solch, viel, welch, wenig** non declinati e con **ein bisschen, etwas, mehr, ein paar** (*pl*).

2. L'aggettivo dopo l'articolo determinativo

sing	m	f	n
nom	der gute Wein	die gute Lösung	das gute Brot
acc	den guten Wein	die gute Lösung	das gute Brot
dat	dem guten Wein(e)	der guten Lösung	dem guten Brot(e)
gen	des guten Wein(e)s	der guten Lösung	des guten Brot(e)s

pl	m/f/n
nom	die guten Weine/Lösungen/Brote
acc	die guten Weine/Lösungen/Brote
dat	den guten Weinen/Lösungen/Broten
gen	der guten Weine/Lösungen/Brote

- Queste forme dell'aggettivo si usano dopo **der** e anche dopo **derselbe, dieser, jener, folgender, jeder, jeglicher, mancher, solcher, welcher, viele**.

3. L'aggettivo dopo l'articolo indeterminativo e dopo l'aggettivo possessivo

sing	m	f	n
nom	ihr guter Wein	ihre gute Lösung	ihr gutes Brot
acc	ihren guten Wein	ihre gute Lösung	ihr gutes Brot
dat	ihrem guten Wein(e)	ihrer guten Lösung	ihrem guten Brot(e)
gen	ihres guten Wein(e)s	ihrer guten Lösung	ihres guten Brot(e)s

pl	m/f/n
nom	ihre guten Weine/Lösungen/Brote
acc	ihre guten Weine/Lösungen/Brote
dat	ihren guten Weinen/Lösungen/Broten
gen	ihrer guten Weine/Lösungen/Brote

- Queste forme dell'aggettivo si usano dopo **ein, kein, mein, dein, sein, ihr** *(f sing)*, **unser, euer, ihr** *(pl)*, **Ihr.**

4. Alcuni aggettivi irregolari

- Nelle forme declinate degli aggettivi in -**el** si omette la -**e**- della radice:
  dunkel   eine **dunkle** Farbe

- Le forme declinate di alcuni aggettivi in -**er**, soprattutto parole dotte, omettono la -**e**- della radice:
  integer   ein **integrer** Mann

- La radice delle forme declinate dell'aggettivo **hoch** è **hoh–**: ein **hohes** Gebirge

La posizione dell'aggettivo

L'aggettivo attributivo precede sempre il sostantivo:
  das **rote** Auto   la macchina rossa

I gradi dell'aggettivo

L'aggettivo oltre alla forma del "positivo" presenta altri due gradi, il comparativo e il superlativo:

uso predicativo	*positivo*	schnell	klug	nass
	comparativo	schneller	klüger	nasser
	superlativo	am schnellsten	am klügsten	am nassesten
		der Schnellste	der Klügste	der Nasseste
uso attributivo	*positivo*	ein schnelles Auto	una macchina veloce	
	comparativo	ein schnelleres Auto	una macchina più veloce	
	superlativo	das schnellste Auto der Welt	la macchina più veloce del mondo	

- Forme irregolari:

hoch	höher	am höchsten	der höchste...
groß	größer	am größten	der größte...
gut	besser	am besten	der beste...
viel	mehr *(invariabile)*	am meisten	der meiste...

- Il tedesco non presenta nessuna forma corrispondente al superlativo assoluto dell'italiano. In questa funzione si usa il positivo con un avverbio:

  ein <u>sehr schnelles</u> Auto   una macchina velocissima

Il pronome

I pronomi in tedesco sono declinabili.

Il pronome personale

	sing				
	1ª pers	**2ª pers**	**3ª pers**		
			m	**f**	**n**
nom	ich	du	er	sie	es
acc	mich	dich	ihn	sie	es
dat	mir	dir	ihm	ihr	ihm
gen	meiner	deiner	seiner	ihrer	seiner

	pl			
	1ª pers	**2ª pers**	**3ª pers**	**forma di cortesia**
nom	wir	ihr	sie	Sie
acc	uns	euch	sie	Sie
dat	uns	euch	ihnen	Ihnen
gen	unser	euer	ihrer	Ihrer

- Il pronome personale indica la persona che parla oppure la persona o cosa di cui si parla nella frase. Diversamente dall'italiano in tedesco il pronome personale non si può omettere:

  <u>Ich</u> habe Paolo gesehen.   Ho visto Paolo.

Il pronome riflessivo

Il pronome riflessivo si riferisce al soggetto della frase e deve concordare con questo nel genere e nel numero:

ich wasche mich	mi lavo
du wäschst dich	ti lavi
er wäscht sich	si lava
wir waschen uns	ci laviamo
ihr wascht euch	vi lavate
sie waschen sich	si lavano

Il pronome dimostrativo

Il pronome dimostrativo si riferisce ad una persona o cosa di cui si è già parlato prima.

	sing			pl
	m	**f**	**n**	**m f n**
nom	dieser	diese	dieses	diese
acc	diesen	diese	dieses	diese
dat	diesem	dieser	diesem	diesen
gen	dieses	dieser	dieses	dieser
nom	derselbe	dieselbe	dasselbe	dieselben
acc	denselben	dieselbe	dasselbe	dieselben
dat	demselben	derselben	demselben	denselben
gen	desselben	derselben	desselben	derselben

- Come **dieser, ...** si declina anche **jener**. *Dieser* indica un oggetto o una persona vicini, *jener* invece un oggetto o una persona lontani.
- Come **derselbe, ...** si declina anche **derjenige**.
- L'articolo determinativo **der, die, das** viene usato anche come pronome dimostrativo.

Il pronome relativo

- Sono pronomi relativi **der** e **welcher**. Il pronome **der** segue la declinazione del corrispondente articolo determinativo con eccezione del dativo plurale e del genitivo.

	sing			pl
	m	**f**	**n**	**m f n**
dat	dem	der	dem	denen
gen	dessen	deren	dessen	deren

Per la declinazione di **welcher** vedi paragrafo "Il pronome interrogativo".

- Il pronome relativo introduce una proposizione subordinata che completa la frase principale e concorda in genere e numero con il sostantivo che lo precede:

Ich ziehe den Anzug an,	Mi metto il vestito
den/welchen ich gestern gekauft habe.	che ho comprato ieri.

Il pronome possessivo

persona del possessore			numero e genere del sostantivo che esprime il possesso			
			sing			pl
			m	f	n	m f n
sing	**1ª pers**	*nom*	mein	meine	mein	meine
		acc	meinen	meine	mein	meine
		dat	meinem	meiner	meinem	meinen
		gen	meines	meiner	meines	meiner
	2ª pers		dein		*come*	mein
	3ª pers	*m*	sein			
		f	ihr		*come*	mein
		n	sein			
pl	**1ª pers**	*nom*	unser	unsere	unser	unsere
		acc	unseren	unsere	unser	unsere
		dat	unserem	unserer	unserem	unseren
		gen	unseres	unserer	unseres	unserer
	2ª pers	*nom*	euer	eure	euer	eure
		acc	euren	eure	euer	eure
		dat	eurem	eurer	eurem	euren
		gen	eures	eurer	eures	eurer
	3ª pers		ihr		*come*	mein
forma di cortesia			Ihr		*come*	mein

- Le forme del pronome possessivo dipendono sempre dalla persona o dall'oggetto che seguono il pronome stesso e concordano quindi in genere, caso e numero con il sostantivo:

  Deine Bücher   (*n pl nom*)   I tuoi libri
  sind in deinem Zimmer. (*n sing dat*)   sono in camera tua.

- Il pronome possessivo può presentarsi anche staccato dal sostantivo a cui si riferisce:

  Ist es dein Buch?   È il tuo libro questo?
  Ja, es ist <u>meins.</u>   Sì, è il mio.

In questo caso il pronome cambia le forme del nominativo singolare maschile e neutro e dell'accusativo singolare neutro:

persona del possessore				numero e genere del sostantivo che esprime il possesso			
				m		**n**	
sing	**1ª pers**	*nom*		meiner		mein(e)s	
		acc				mein(e)s	
	2ª pers			deiner		*come*	meiner
	3ª pers		*m*	seiner			
			f	ihrer		*come*	meiner
			n	seiner			
pl	**1ª pers**	*nom*		unserer *o* unsrer		unseres *o* unsres	
		acc				unseres *o* unsres	
	2ª pers	*nom*		eurer		eures	
		acc		euren		eures	
	3ª pers			ihrer		*come*	meiner
forma di cortesia				Ihrer		*come*	meiner

Il pronome interrogativo

Il pronome interrogativo si può riferire ad una persona (**wer**) o ad una cosa (**was**) ed esiste solo al singolare:

	relativo a persone	relativo a oggetti, circostanze ecc.
nom	wer? chi?	was? che cosa?
acc	wen?	was?
dat	wem?	
gen	wessen?	

- Il pronome interrogativo **welcher?** quale? presenta le seguenti forme:

	sing			pl
	m	**f**	**n**	**m f n**
nom	welcher...?	welche...?	welches...?	welche...?
acc	welchen...?	welche...?	welches...?	welche...?
dat	welchem...?	welcher...?	welchem...?	welchen...?
gen	welches...?	welcher...?	welches...?	welcher...?

Le preposizioni

Le preposizioni tedesche possono reggere diversi casi: il dativo, l'accusativo o entrambi i casi.

- Reggono sempre il *dativo*:

ab	entgegen	nach	seit	aus
entsprechend	nächst	von	außer	gegenüber
nahe	zu	bei	gemäß	nebst
zufolge	binnen	mit	samt	zuwider

- Reggono sempre l'*accusativo*:

bis	gegen	wider	durch	je
pro	für	ohne	um	

- Le seguenti preposizioni reggono l'*accusativo* se indicano un movimento o un cambiamento di direzione, reggono invece il *dativo* se indicano uno stato:

an	in	vor	auf	neben
zwischen	entlang	über	hinter	unter

Esempio:

Er hat den Computer <u>auf den</u>   (*movimento= acc*)   Ha messo il computer sulla
Schreibtisch gestellt.   scrivania.

Der Computer ist <u>auf dem</u>   (*stato= dat*)   Il computer è sulla scrivania.
Schreibtisch.

→ Nel dizionario è indicato il caso corrispondente ad ogni preposizione.

Alcune preposizioni possono combinarsi con l'articolo determinativo che le segue:

an/in + dem = am/im   **von + dem = vom**

an/in + das = ans/ins   **zu + dem/der = zum/zur**

bei + dem= beim

A differenza dell'italiano in tedesco la contrazione delle preposizioni con l'articolo non è obbligatoria.

Le forme del verbo

1. Il verbo regolare o debole

Il presente e l'imperfetto

	indicativo		congiuntivo		
	presente	**imperfetto**	**presente**	**imperfetto**	
ich	lobe	lobte	lobe	lobte	würde loben
du	lobst	lobtest	lobest	lobtest	würdest loben
er/sie/es	lobt	lobte	lobe	lobte	würde loben
wir	loben	lobten	loben	lobten	würden loben
ihr	lobt	lobtet	lobet	lobtet	würdet loben
sie/Sie	loben	lobten	loben	lobten	würden loben

- Le forme semplici dell'imperfetto congiuntivo (*ich lobte,...*) sono tutte identiche a quelle dell'indicativo; per questo motivo si usano spesso le forme composte (*ich würde loben,...*).
- I verbi con radice terminante in -**d**, -**t** e i verbi con radice in -**m**, -**n** preceduti da consonante (con eccezione di -**lm**, -**rm**, -**hm**, -**mm**, -**ln**, -**rn**, -**hn**, -**nn**) aggiungono una -**e**- in tutte le

forme del presente e dell'imperfetto così come nella forma del participio passato e del passivo:

ich	rede	löte	atme	trockne	*ma:*	filme	warne
du	redest	lötest	atmest	trocknest		filmst	warnst
...	...	...	...	...	...	...	...
	geredet	gelötet	geatmet	getrocknet		gefilmt	gewarnt

- I verbi con radice terminante in -el e -er non accentuati perdono la -e- della desinenza nell'infinito, nella 1ª e nella 3ª persona plurale e nella forma di cortesia dell'indicativo presente: **zittern – wir zittern, sie/Sie zittern**

  Possono perdere facoltativamente la -e- della radice nella 1ª persona singolare:
  ich zittere *o* **ich zittre**

- Per i verbi in -s, -ß, -x, -z si omette la -s- nella 2ª persona singolare del presente indicativo:
  reisen – du reist   **beißen – du beißt**   **feixen – du feixt**

Il futuro, il passato prossimo, il trapassato e il futuro anteriore

Ausiliari **werden** e **haben**

	indicativo			
	futuro	**passato prossimo**	**trapassato**	**futuro anteriore**
ich	werde loben	habe gelobt	hatte gelobt	werde gelobt haben
du	wirst loben	hast gelobt	hattest gelobt	wirst gelobt haben
er/sie/es	wird loben	hat gelobt	hatte gelobt	wird gelobt haben
wir	werden loben	haben gelobt	hatten gelobt	werden gelobt haben
ihr	werdet loben	habt gelobt	hattet gelobt	werdet gelobt haben
sie/Sie	werden loben	haben gelobt	hatten gelobt	werden gelobt haben

Ausiliari **werden** e **sein**

	indicativo			
	futuro	**passato prossimo**	**trapassato**	**futuro anteriore**
ich	werde reisen	bin gereist	war gereist	werde gereist sein
du	wirst reisen	bist gereist	warst gereist	wirst gereist sein
er/sie/es	wird reisen	ist gereist	war gereist	wird gereist sein
wir	werden reisen	sind gereist	waren gereist	werden gereist sein
ihr	werdet reisen	seid gereist	wart gereist	werdet gereist sein
sie/Sie	werden reisen	sind gereist	waren gereist	werden gereist sein

	congiuntivo			
	futuro	**passato prossimo**	**trapassato**	**futuro anteriore**
...				
er/sie/es	werde loben	habe gelobt	hätte gelobt *o* würde gelobt haben	werde gelobt haben
...				
er/sie/es	werde reisen	sei gereist	wäre gereist *o* würde gereist sein	werde gereist sein
...				

L'imperativo

infinito	imperativo		
	sing	**pl**	**forma di cortesia**
loben	lobe	lobt	loben Sie
reden	rede	redet	reden Sie

Il passivo

	indicativo	**congiuntivo**
presente	er wird gelobt	er werde gelobt
imperfetto	er wurde gelobt	er würde gelobt
futuro	er wird gelobt werden	er werde gelobt werden
passato prossimo	er ist gelobt worden	er sei gelobt worden
trapassato	er war gelobt worden	er wäre gelobt worden
futuro anteriore	er wird gelobt worden sein	er werde gelobt worden sein

Il participio

infinito	participio presente	participio passato e passivo
loben	lobend	gelobt
reden	redend	geredet

- I participi si declinano come l'aggettivo.

2. Il verbo irregolare o forte

Il presente e l'imperfetto

	indicativo		congiuntivo		
	presente	**imperfetto**	**presente**	**imperfetto**	
ich	trage	trug	trage	trüge	würde tragen
du	trägst	trugst	tragest	trüg(e) st	würdest tragen
er/sie/es	trägt	trug	trage	trüge	würde tragen
wir	tragen	trugen	tragen	trügen	würden tragen
ihr	tragt	trugt	traget	trüg(e)t	würdet tragen
sie/Sie	tragen	trugen	tragen	trügen	würden tragen

L'imperativo

infinito	imperativo		
	sing	**pl**	**forma di cortesia**
tragen	trage	tragt	tragen Sie
lesen	lies	lest	lesen Sie

Il participio

infinito	participio presente	participio passato e passivo
tragen	tragend	getragen

• Gli altri tempi e modi si formano come i verbi regolari.

→ Nel dizionario sono riportati la 3ª persona singolare del presente, la 3ª persona dell'imperfetto e il participio passato dei verbi irregolari.

Esempio: **tragen** <trägt, trug, getragen>

Inoltre in appendice prima della grammatica si trova una lista dei verbi forti più importanti con le rispettive forme irregolari.

L'avverbio

Gli avverbi in tedesco sono indeclinabili e si possono riferire ad un verbo, ad un altro avverbio o ad un aggettivo. *Esempi:*

verbo:	Ich rufe sie gleich an.	Le telefono subito.
avverbio:	Ich sehe ihn sehr oft.	Lo vedo molto spesso.
aggettivo:	Diese Frau ist äußerst schön.	Quella donna è bellissima.

• Come gli aggettivi anche gli avverbi possono assumere dei **gradi,** i quali presentano le stesse forme irregolari degli aggettivi.

Unregelmässige deutsche Verben
Verbi irregolari tedeschi

Nella seguente lista vengono riportati l'infinito (*Infinitiv*), il preterito (*Imperfekt*), il passato prossimo (*Perfekt*) e l'imperativo (*Imperativ*) dei principali verbi irregolari tedeschi. Sotto all'infinito vengono indicate le forme irregolari del presente (*2. persona singolare*), mentre accanto alla forma del participio passato (*Partizip II*) si trova l'ausiliare con il quale si forma il passato prossimo. Le forme dei verbi derivati con il prefisso *auf-, ab-, be-, er-, zer-* etc. corrispondono a quelle dei rispettivi verbi nella loro forma base.

Infinitiv	Imperfekt	Perfekt ("Partizip II")	Imperativ – Sing/Pl
backen bäckst, backst	backte	hat gebacken	back(e)/backt
befehlen befiehlst	befahl	hat befohlen	befiehl/befehlt
beginnen	begann	hat begonnen	beginn(e)/beginnt
beißen	biss	hat gebissen	beiß(e)/beißt
bergen birgst	barg	hat geborgen	birg/bergt
bersten birst	barst	ist geborsten	birst/berstet
bewegen	bewog	hat bewogen	beweg(e)/bewegt
biegen	bog	hat/ist gebogen	bieg(e)/biegt
bieten	bot	hat geboten	biet(e)/bietet
binden	band	hat gebunden	bind(e)/bindet
bitten	bat	hat gebeten	bitt(e)/bittet
blasen bläst	blies	hat geblasen	blas(e)/blast
bleiben	blieb	ist geblieben	bleib(e)/bleibt
braten brätst	briet	hat gebraten	brat(e)/bratet
brechen brichst	brach	hat/ist gebrochen	brich/brecht
brennen	brannte	hat gebrannt	brenn(e)/brennt
bringen	brachte	hat gebracht	bring/bringt
denken	dachte	hat gedacht	denk(e)/denkt
dreschen drischst	drosch	hat/ist gedroschen	drisch/drescht
dringen	drang	ist gedrungen	dring(e)/dringt
dürfen darfst	durfte	hat gedurft	
empfangen empfängst	empfing	hat empfangen	empfang(e)/empfangt
empfehlen empfiehlst	empfahl	hat empfohlen	empfiehl/empfehlt
empfinden	empfand	hat empfunden	empfind(e)/empfindet
erschrecken erschrickst	erschrak	ist erschrocken	erschrick/erschreckt

Infinitiv	Imperfekt	Perfekt (‚Partizip II‘)	Imperativ – Sing/Pl
essen isst	aß	hat gegessen	iss/esst
fahren fährst	fuhr	hat/ist gefahren	fahr(e)/fahrt
fallen fällst	fiel	ist gefallen	fall(e)/fallt
fangen fängst	fing	hat gefangen	fang(e)/fangt
fechten fichtst	focht	hat gefochten	ficht/fechtet
finden	fand	hat gefunden	find(e)/findet
flechten flichtst	flocht	hat geflochten	flicht/flechtet
fliegen	flog	hat/ist geflogen	flieg(e)/fliegt
fliehen	floh	ist geflohen	flieh(e)/flieht
fließen	floss	ist geflossen	fließ(e)/fließt
fressen frisst	fraß	hat gefressen	friss/fresst
frieren	fror	hat gefroren	frier(e)/friert
gären	gor gärte	hat/ist gegoren hat/ist gegärt	gär(e)/gärt
gebären gebierst	gebar	ist geboren	gebier(e)/gebärt
geben gibst	gab	hat gegeben	gib/gebt
gedeihen	gedieh	ist gediehen	gedeih(e)/gedeiht
gehen	ging	ist gegangen	geh(e)/geht
gelingen	gelang	ist gelungen	geling(e)/gelingt
gelten giltst	galt	hat gegolten	gilt/geltet
genießen	genoss	hat genossen	genieß(e)/genießt
geschehen geschieht	geschah	ist geschehen	geschieh/gescheht
gewinnen	gewann	hat gewonnen	gewinn(e)/gewinnt
gießen	goss	hat gegossen	gieß(e)/gießt
gleichen	glich	hat geglichen	gleich(e)/gleicht
gleiten	glitt	ist geglitten	gleit(e)/gleitet
glimmen	glomm	hat geglommen	glimm(e)/glimmt
graben gräbst	grub	hat gegraben	grab(e)/grabt
greifen	griff	hat gegriffen	greif(e)/greift
haben hast	hatte	hat gehabt	hab(e)/habt
halten hältst	hielt	hat gehalten	halt(e)/haltet
hängen	hing	hat gehangen	häng(e)/hängt
hauen hieb	haute	hat gehauen	hau(e)/haut

Infinitiv	Imperfekt	Perfekt („Partizip II')	Imperativ – Sing/Pl
heben	hob	hat gehoben	heb(e)/hebt
heißen	hieß	hat geheißen	heiß(e)/heißt
helfen hilfst	half	hat geholfen	hilf/helft
kennen	kannte	hat gekannt	kenn(e)/kennt
klingen	klang	hat geklungen	kling(e)/klingt
kneifen	kniff	hat gekniffen	kneif(e)/kneift
kommen	kam	ist gekommen	komm(e)/kommt
können kannst	konnte	hat gekonnt	
kriechen	kroch	ist gekrochen	kriech(e)/kriecht
küren	kürte	hat gekürt	kür(e)/kürt
laden lädst	lud	hat geladen	lad(e)/ladet
lassen lässt	ließ	hat gelassen	lass/lasst
laufen läufst	lief	ist gelaufen	lauf(e)/lauft
leiden	litt	hat gelitten	leid(e)/leidet
leihen	lieh	hat geliehen	leih(e)/leiht
lesen liest	las	hat gelesen	lies/lest
liegen	lag	hat gelegen	lieg(e)/liegt
lügen	log	hat gelogen	lüg(e)/lügt
mahlen	mahlte	hat gemahlen	mahl(e)/mahlt
meiden	mied	hat gemieden	meid(e)/meidet
melken	molk melkte	hat gemolken hat gemelkt	melk(e), milk/melkt
messen misst	maß	hat gemessen	miss/messt
misslingen	misslang	ist misslungen	
mögen magst	mochte	hat gemocht	
müssen musst	musste	hat gemusst	
nehmen nimmst	nahm	hat genommen	nimm/nehmt
nennen	nannte	hat genannt	nenn(e)/nennt
pfeifen	pfiff	hat gepfiffen	pfeif(e)/pfeift
preisen	pries	hat gepriesen	preis(e)/preist
quellen quillst	quoll	ist gequollen	quill/quellt
raten rätst	riet	hat geraten	rat(e)/ratet
reiben	rieb	hat gerieben	reib(e)/reibt
reißen	riss	hat/ist gerissen	reiß/reißt
reiten	ritt	hat/ist geritten	reit(e)/reitet
rennen	rannte	ist gerannt	renn(e)/rennt

Infinitiv	Imperfekt	Perfekt ('Partizip II')	Imperativ – Sing/Pl
riechen	roch	hat gerochen	riech(e)/riecht
ringen	rang	hat gerungen	ring(e)/ringt
rinnen	rann	ist geronnen	rinn(e)/rinnt
rufen	rief	hat gerufen	ruf(e)/ruft
saufen säufst	soff	hat gesoffen	sauf(e)/sauft
schaffen	schuf	hat geschaffen	schaff(e)/schafft
scheiden	schied	hat/ist geschieden	scheid(e)/scheidet
scheinen	schien	hat geschienen	schein(e)/scheidet
scheißen	schiss	hat geschissen	scheiß(e)/scheißt
schelten schiltst	schalt	hat gescholten	schilt/scheltet
scheren	schor	hat geschoren hat geschert	scher(e)/schert
schieben	schob	hat geschoben	schieb(e)/schiebt
schießen	schoss	hat geschossen	schieß(e)/schießt
schinden	schindete	hat geschunden	schind(e)/schindet
schlafen schläfst	schlief	hat geschlafen	schlaf(e)/schlaft
schlagen schlägst	schlug	hat geschlagen	schlag(e)/schlagt
schleichen	schlich	ist geschlichen	schleich(e)/schleicht
schleifen	schliff	hat geschliffen	schleif(e)/schleift
schließen	schloss	hat geschlossen	schließ(e)/schließt
schlingen	schlang	hat geschlungen	schling(e)/schlingt
schmeißen	schmiss	hat geschmissen	schmeiß(e)/schmeißt
schmelzen schmilzt	schmolz	ist geschmolzen	schmilz/schmelzt
schneiden	schnitt	hat geschnitten	schneid(e)/schneidet
schrecken schrickst, schreckst	schreckte schrak	hat geschreckt	schrick/schreckt
schreiben	schrieb	hat geschrieben	schreib(e)/schreibt
schreien	schrie	hat geschrie(e)n	schrei(e)/schreit
schreiten	schritt	ist geschritten	schreit(e)/schreitet
schweigen	schwieg	hat geschwiegen	schweig(e)/schweigt
schwellen schwillst	schwoll	ist geschwollen	schwill/schwellt
schwimmen	schwamm	hat/ist geschwommen	schwimm(e)/schwimmt
schwinden	schwand	ist geschwunden	schwind(e)/schwindet
schwingen	schwang	hat geschwungen	schwing(e)/schwingt
schwören	schwor	hat geschworen	schwör(e)/schwört
sehen siehst	sah	hat gesehen	sieh/seht
sein	war	ist gewesen	sei/seid
senden	sandte sendete	hat gesandt hat gesendet	send(e)/sendet

Infinitiv	Imperfekt	Perfekt (‚Partizip II')	Imperativ – Sing/Pl
singen	sang	hat gesungen	sing(e)/singt
sinken	sank	ist gesunken	sink(e)/sinkt
sinnen	sann	hat gesonnen	sinn(e)/sinnt
sitzen	saß	hat gesessen	sitz(e)/sitzt
sollen	sollte	hat gesollt	
spalten	spaltete	hat gespalten hat gespaltet	spalt(e)/spaltet
speien	spie	hat gespie(e)n	spei(e)/speit
spinnen	spann	hat gesponnen	spinn(e)/spinnt
sprechen sprichst	sprach	hat gesprochen	sprich/sprecht
sprießen	spross sprießte	ist gesprossen ist gesprießt	sprieß(e)/sprießt
springen	sprang	ist gesprungen	spring(e)/springt
stechen stichst	stach	hat gestochen	stich/stecht
stecken stak	steckte	hat gesteckt	steck(e)/steckt
stehen	stand	hat gestanden	steh(e)/steht
stehlen stiehlst	stahl	hat gestohlen	stiehl/stehlt
steigen	stieg	ist gestiegen	steig(e)/steigt
sterben stirbst	starb	ist gestorben	stirb/sterbt
stinken	stank	hat gestunken	stink(e)/stinkt
stoßen stößt	stieß	hat gestoßen	stoß(e)/stoßt
streichen	strich	hat gestrichen	streich(e)/streicht
streiten	stritt	hat gestritten	streit(e)/streitet
tragen trägst	trug	hat getragen	trag(e)/tragt
treffen triffst	traf	hat getroffen	triff/trefft
treiben	trieb	hat getrieben	treib(e)/treibt
treten trittst	trat	hat getreten	tritt/tretet
triefen	triefte troff	hat getrieft	trief(e)/trieft
trinken	trank	hat getrunken	trink(e)/trinkt
trügen	trog	hat getrogen	trüg(e)/trügt
tun	tat	hat getan	tu(e)/tut
verderben verdirbst	verdarb	hat/ist verdorben	verdirb/verderbt
verdrießen	verdross	hat verdrossen	verdrieß(e)/verdrießt
vergessen vergisst	vergaß	hat vergessen	vergiss/vergesst
verlieren	verlor	hat verloren	verlier(e)/verliert

Infinitiv	Imperfekt	Perfekt („Partizip II')	Imperativ – Sing/Pl
verlöschen verlischst	verlosch verlöschte	ist verloschen ist verlöscht	verlisch/verlöscht
verzeihen	verzieh	hat verziehen	verzeih(e)/verzeiht
wachsen wächst	wuchs	ist gewachsen	wachs(e)/wachst
wägen	wog	hat gewogen	wäg(e)/wägt
waschen wäschst	wusch	hat gewaschen	wasch(e)/wascht
weben	wob	hat gewoben	web(e)/webt
weichen	wich	ist gewichen	weich(e)/weicht
weisen	wies	hat gewiesen	weis(e)/weist
wenden	wendete wandte	hat gewendet hat gewandt	wend(e)/wendet
werben wirbst	warb	hat geworben	wirb/werbt
werden ward	wurde	ist geworden	werd(e)/werdet wirst
werfen wirfst	warf	hat geworfen	wirf/werft
wiegen	wog	hat gewogen	wieg(e)/wiegt
winden	wand	hat gewunden	wind(e)/windet
winken	winkte	hat gewinkt hat gewunken	wink(e)/winkt
wissen weißt	wusste	hat gewusst	wiss(e)/wisset
wollen willst	wollte	hat gewollt	woll(e)/wollt
ziehen	zog	hat/ist gezogen	zieh(e)/zieht
zwingen	zwang	hat gezwungen	zwing(e)/zwingt

Zahlwörter
Numerali

Grundzahlen
Numeri cardinali

null	0	zero
eins	1	uno
zwei	2	due
drei	3	tre
vier	4	quattro
fünf	5	cinque
sechs	6	sei
sieben	7	sette
acht	8	otto
neun	9	nove
zehn	10	dieci
elf	11	undici
zwölf	12	dodici
dreizehn	13	tredici
vierzehn	14	quattordici
fünfzehn	15	quindici
sechzehn	16	sedici
siebzehn	17	diciassette
achtzehn	18	diciotto
neunzehn	19	diciannove
zwanzig	20	venti
einundzwanzig	21	ventuno
zweiundzwanzig	22	ventidue
dreiundzwanzig	23	ventitré
vierundzwanzig	24	ventiquattro
fünfundzwanzig	25	venticinque
sechsundzwanzig	26	ventisei
siebenundzwanzig	27	ventisette
achtundzwanzig	28	ventotto
neunundzwanzig	29	ventinove
dreißig	30	trenta
einunddreißig	31	trentuno
zweiunddreißig	32	trentadue
vierzig	40	quaranta
fünfzig	50	cinquanta
sechzig	60	sessanta
siebzig	70	settanta
achtzig	80	ottanta
neunzig	90	novanta

(ein)hundert	100	cento
(ein)hunderteins, hundert(und)eins	101	centouno
(ein)hundertzwei, hundert(und)zwei	102	centodue
zweihundert	200	duecento
zweihundert(und)eins	201	duecentouno
dreihundert	300	trecento
fünfhundertdreiundvierzig	543	cinquecentoquarantatré
sechshundert	600	seicento
(ein)tausend	1000	mille
(ein)tausendeins, tausend(und)eins	1001	milleuno, mille e uno
(ein)tausendeinhundert, elfhundert	1100	mille (e) cento
(ein)tausenddreihundert, dreizehnhundert	1300	mille trecento
zweitausend(und)eins	2001	duemila (e) uno
dreitausend	3000	tremila
viertausend	4000	quattromila
zehntausend	10000	diecimila
einunddreißigtausendsechshundertsechzehn	31616	trentunmila seicentosedici
(ein)hunderttausend	100000	centomila
eine Million	1000000	un milione
zwei Millionen	2000000	due milioni
eine Milliarde	1000000000	un miliardo

Ordnungszahlen
Numeri ordinali

erste	1.	primo
zweite	2.	secondo
dritte	3.	terzo
vierte	4.	quarto
fünfte	5.	quinto
sechste	6.	sesto
siebte, siebente	7.	settimo
achte	8.	ottavo
neunte	9.	nono
zehnte	10.	decimo
elfte	11.	undicesimo
zwölfte	12.	dodicesimo
dreizehnte	13.	tredicesimo
zwanzigste	20.	ventesimo
einundzwanzigste	21.	ventunesimo
zweiundzwanzigste	22.	ventiduesimo
dreiundzwanzigste	23.	ventitreesimo
dreißigste	30.	trentesimo

vierzigste	40.	quarantesimo
(ein)hundertste	100.	centesimo
(ein)hunderterste	101.	centunesimo
(ein)hundertzweite	102.	centoduesimo
zweihundertste	200.	duecentesimo
(ein)tausendste	1000.	millesimo
(ein)tausenderste	1001.	millesimo primo
zweitausendste	2000.	duemillesimo
(ein)hunderttausendste	100 000.	centomillesimo
millionste	1 000 000.	milionesimo

Jahrhunderte
Secoli

das 19. Jahrhundert, das neunzehnte Jahrhundert	L' Ottocento, il diciannovesimo secolo, il secolo XIX, l' 800
das 20. Jahrhundert, das zwanzigste Jahrhundert	Il Novecento, il ventesimo secolo, il secolo XX, il 900

Bruchzahlen
Numeri frazionari

ein halb	$^1/_2$	mezzo
ein Drittel	$^1/_3$	un terzo
ein Viertel	$^1/_4$	un quarto
ein Fünftel	$^1/_5$	un quinto
ein Sechstel	$^1/_6$	un sesto
ein Sieb(en)tel	$^1/_7$	un settimo
ein Achtel	$^1/_8$	un ottavo
ein Neuntel	$^1/_9$	un nono
ein Zehntel	$^1/_{10}$	un decimo
ein Zwanzigstel	$^1/_{20}$	un ventesimo
ein Hundertstel	$^1/_{100}$	un centesimo
ein Tausendstel	$^1/_{1000}$	un millesimo
zwei Fünftel	$^2/_5$	due quinti
vier Sieb(en)tel	$^4/_7$	quattro settimi
eineinhalb, anderthalb	$1\,^1/_2$	uno e mezzo
zweidreiachtel	$2\,^3/_8$	due e tre ottavi

Vervielfältigungszahlwörter
Numerali moltiplicativi

einfach	semplice
zweifach, doppelt	doppio
dreifach	triplo
vierfach	quadruplo
fünffach	quintuplo
sechsfach	sestuplo
siebenfach	settuplo
achtfach	ottuplo
neunfach	nonuplo
zehnfach	dieci volte tanto (o maggiore)
elffach	undici volte tanto (o maggiore)
hundertfach	centuplo

Maße und Gewichte
Misure e pesi

Längenmaße
Misure di lunghezza

	Zeichen/Simbolo		Vielfaches der Einheit/ Equivalenza
Millimeter	mm	millimetro	0,001 m
Zentimeter	cm	centimetro	0,01 m
Dezimeter	dm	decimetro	0,1 m
Meter	m	metro	Grundeinheit/Unità fondamentale
Kilometer	km	chilometro	1000 m
Seemeile	sm	miglio nautico	1852 m

Flächenmaße
Misure di superficie

Quadratmillimeter	mm^2, qmm	millimetro quadrato	0,000 001 m^2
Quadratzentimeter	cm^2, qcm	centimetro quadrato	0,000 1 m^2
Quadratdezimeter	dm^2, qdm	decimetro quadrato	0,01 m^2
Quadratmeter	m^2, qm	metro quadrato	1 m^2
Ar	a	ara	100 m^2
Hektar	ha	ettaro	10 000 m^2
Quadratkilometer	km^2, qkm	chilometro quadrato	1 000 000 m^2

Raummaße
Misure di volume

Kubikmillimeter	mm^3, cmm	millimetro cubo	0,000 000 001 m^3
Kubikzentimeter	cm^3, ccm	centimetro cubo	0,000 001 m^3
Kubikdezimeter	dm^3, cdm	decimetro cubo	0,001 m^3
Kubikmeter	m^3, cbm	metro cubo	1 m^3
Raummeter	rm	metro cubo	1 m^3
Festmeter	fm	metro cubo	1 m^3
Bruttoregistertonne	BRT	tonnellata di stazza lorda	2,83168 m^3

Hohlmaße
Misure di capacità

Milliliter	ml	millilitro	0,001 l
Zentiliter	cl	centilitro	0,01 l
Deziliter	dl	decilitro	0,1 l
Liter	l	litro	1 l
Hektoliter	hl	ettolitro	100 l

Gewichte
Pesi

Milligramm	mg	milligrammo	0,001 g
Zentigramm	cg	centogrammo	0,01 g
Dezigramm	dg	decigrammo	0,1 g
Gramm	g	grammo	1 g
Deka(gramm) (in A)	dag	decagrammo	10 g
Pfund	Pfd.	mezzo chilo	500 g
Kilogramm	kg	chilogrammo	1000 g Grundeinheit/Unità fondamentale
Zentner (in D)	Ztr.	mezzo quintale	50 kg
Zentner (in A, CH)	q	quintale	100 kg
Doppelzentner (in D)	dz	quintale	100 kg
Tonne	t	tonnellata	1000 kg

Deutschland
Germania

Länder und Hauptstädte
Stati Federali e capoluoghi

Land	Stato Federale	Hauptstadt	Capoluogo
Baden-Württemberg		Stuttgart	Stoccarda
Bayern	Baviera	München	Monaco
Berlin	Berlino	Berlin	Berlino
Brandenburg	Brandeburgo	Potsdam	
Bremen	Brema	Bremen	Brema
Hamburg	Amburgo	Hamburg	Amburgo
Hessen	Assia	Wiesbaden	
Mecklenburg-Vorpommern	Meclemburgo-Pomerania	Schwerin	
Niedersachsen	Bassa Sassonia	Hannover	
Nordrhein-Westfalen	Renania Settentrionale-Vestfalia	Düsseldorf	
Rheinland-Pfalz	Renania-Palatinato	Mainz	Magonza
Saarland		Saarbrücken	
Sachsen	Sassonia	Dresden	Dresda
Sachsen-Anhalt	Sassonia-Anhalt	Magdeburg	Magdeburgo
Schleswig-Holstein		Kiel	
Thüringen	Turingia	Erfurt	

Österreich
Austria

Bundesländer und Hauptstädte
Stati Federali e capoluoghi

Bundesland	Stato Federale	Hauptstadt	Capoluogo
Burgenland		Eisenstadt	
Kärnten	Carinzia	Klagenfurt	
Niederösterreich	Bassa Austria	Sankt Pölten	
Oberösterreich	Alta Austria	Linz	
Salzburg	Salisburgo	Salzburg	Salisburgo
Steiermark	Stiria	Graz	

Bundesland	Stato Federale	Hauptstadt	Capoluogo
Tirol	Tirolo	Innsbruck	
Vorarlberg		Bregenz	
Wien	Vienna	Wien	Vienna

Die Schweiz
Svizzera

Kantone und Hauptorte
Cantoni e capoluoghi

Kanton	Cantone	Hauptort	Capoluogo
Aargau	Argovia	Aarau	
Appenzell-Ausser-Rhoden		Herisau	
Appenzell-Inner-Rhoden		Appenzell	Appenzello
Basel-Landschaft	Basilea Campagna	Liestal	
Basel-Stadt	Basilea Città	Basel	Basilea
Bern	Berna	Bern	Berna
Freiburg	Friburgo	Freiburg	Friburgo
Genf	Ginevra	Genf	Ginevra
Glarus	Glarona	Glarus	Glarona
Graubünden	Grigioni	Chur	Coira
Jura	Giura	Delémont	
Luzern	Lucerna	Luzern	Lucerna
Neuenburg	Neuchâtel	Neuenburg	Neuchâtel
Nidwalden		Stans	
Obwalden		Sarnen	
Sankt Gallen	San Gallo	Sankt Gallen	San Gallo
Schaffhausen	Sciaffusa	Schaffhausen	Sciaffusa
Schwyz	Svitto	Schwyz	Svitto
Solothurn	Soletta	Solothurn	Soletta
Tessin	Ticino	Bellinzona	
Thurgau	Turgovia	Frauenfeld	
Uri		Altdorf	
Waadt	Vaud	Lausanne	Losanna
Wallis	Vallese	Sitten	Sion
Zug	Zugo	Zug	Zugo
Zürich	Zurigo	Zürich	Zurigo

Italia
Italien

Regioni e capolughi
Regionen und Hauptstädte

Regione	Region	Capoluogo	Hauptstadt
Abruzzo	Abruzzen	L'Aquila	
Basilicata		Potenza	
Calabria	Kalabrien	Catanzaro	
Campania	Kampanien	Napoli	Neapel
Emilia-Romagna		Bologna	
Friuli-Venezia Giulia	Friaul	Trieste	Triest
Lazio	Latium	Roma	Rom
Liguria	Ligurien	Genova	Genua
Lombardia	Lombardei	Milano	Mailand
Marche	Marken	Ancona	
Molise		Campobasso	
Piemonte	Piemont	Torino	Turin
Puglia	Apulien	Bari	
Sardegna	Sardinien	Cagliari	
Sicilia	Sizilien	Palermo	
Toscana	Toskana	Firenze	Florenz
Trentino-Alto Adige	Trentino-Südtirol	Trento	Trient
Umbria	Umbrien	Perugia	
Valle d'Aosta	Aostatal	Aosta	
Veneto	Venetien	Venezia	Venedig

Italia
Italien

1 : 8 500 000

0   50   100   150   200 km

Roma — Capitale di Stato
Rom — Hauptstadt des Staates
Bologna — Capoluogo di regione
Hauptstadt der Region

Europa

1 : 27 000 000

0   250   500   750   1000 km

AND.	ANDORRA	MACED.	MACEDONIA
B.-E.	BOSNIA-		MAZEDONIEN
	ERZEGOVINA	MON.	MONACO
	BOSNIEN-	S.M.	SAN MARINO
	HERZEGOWINA	SLOV.	SLOVENIA
L.	LIECHTENSTEIN		SLOWENIEN
LUSS.	LUSSEMBURGO	C. D. V.	CITTÀ DEL VATICANO
	LUXEMBURG		VATIKANSTADT

Strada di Danimarca
Dänemarkstraße

Reykjavik
ISLANDA
ISLAND

Mare di Norve

Jan Mayen
(Norvegia/
Norwegen)

Circolo Polare Artico
Nördlicher Polarkreis

Europäisches
Nordmeer

Fær Øer
(Danimarca)
Färöer
(Dänemark)

Os

Mare del Nord

Isole Britanniche
Britische Inseln

IRLANDA
IRLAND
Dublino
Dublin

REGNO
UNITO

Nordsee

DANIMARCA
DÄNEMARK
Copenaghen
Kopenhagen

VEREINIGTES
KÖNIGREICH

PAESI
BASSI

Berlino
Berlin

OCEANO ATLANTICO
ATLANTISCHER OZEAN

Londra
London

Amsterdam
NIEDERLANDE
Bruxelles
Brüssel

GERMANIA
DEUTSCHLA

La Manica
Kanal

LUSS.

Parigi
Paris

Lussemburgo
Luxemburg

Danubio
Donau

FRANCIA

Berna/Bern

OSTERREIC

FRANKREICH

SVIZZERA
SCHWEIZ

Lubian
Laibac

KRO

Golfo di Biscaglia
Golf von Biscaya

AND.

MON.

S.M.

PORTOGALLO
PORTUGAL

SPAGNA

Madrid

Corsica
Korsika

C. D. V.

Roma
Rom

Lisbona
Lissabon

SPANIEN

Isole Baleari
Balearen

Sardegna
Sardinien

Mar Tirreno
Tyrrhenisches
Meer

Madeira
(Portogallo/
Portugal)

Stretto di Gibilterra
Straße von Gibraltar

Gibilterra (Regno Unito)
Gibraltar (britisch)

Mar

Me d

Rabat

Algeri
Algier

Tunisi
Tunis

Sicilia
Sizilie

Isole Canarie (Spagna)
Kanarische In. (Spanien)

MAROCCO
MAROKKO

ALGERIA
ALGERIEN

TUNISIA
TUNESIEN

MALTA

Ovest di Greenwich   Est di Greenwich
Westl. Länge von Greenwich   Östl. Länge von Greenwich

Berlin Hauptstadt des Staates
Berlino Capitale di Stato
Erfurt Hauptstadt des Bundeslandes
Capoluogo di Unità Federale

DÄNEMARK
DANIMARCA

Nordsee
Mare del Nord

Ostsee
Mar Baltico

Nordfriesische Inseln
Isole Frisone Settentrionali

Rügen

Kiel

Schleswig-
Holstein

Rostock

Ostfriesische Inseln
Isole Frisone Orientali

(zu/di
Hamburg/
Amburgo)

Lübeck
Lubecca

Mecklenburg-Vorpommern
Meclemburgo-Pomerania

Bremerhaven

(zu/di
Bremen/
Brema)

Hamburg
Amburgo

Schwerin

Oldenburg

Bremen
Brema

Hamburg
Amburgo

Elbe

NIEDERLANDE
PAESI BASSI

Bremen
Brema

POLEN
POLONIA

Niedersachsen
Bassa Sassonia

Brandenburg

Osnabrück

Hannover

Berlin
Berlino

Brandeburgo

Münster

Sachsen-
Anhalt

Potsdam

Berlin
Berlino

Oder

Bielefeld

Magdeburg
Magdeburgo

Oder

Nordrhein-
Westfalen
Renania
Setten-
trionale-
Vestfalia

Göttingen
Gottinga

Sassonia-
Anhalt

Essen

Dortmund

Halle

Leipzig
Lipsia

Düsseldorf

Köln
Colonia

Bonn

Erfurt

Jena

Sachsen

Rhein

Hessen
Assia

Thüringen
Turingia

Dresden
Dresda

Sassonia

Koblenz
Coblenza

Chemnitz

Rheinland-
Pfalz
Renania-
Palatinato

Wiesbaden

Mainz
Magonza

Frankfurt
Francoforte

Würzburg

TSCHECHISCHE
REPUBLIK

REPUBBLICA CECA

Saarland
Saarbrücken

Ludwigshafen

Heidelberg

Bayern

Heilbronn

Baden-

Nürnberg
Norimberga

Regensburg
Ratisbona

FRANKREICH

FRANCIA

Stuttgart
Stoccarda

Tübingen
Tubinga

Ulm
Ulma

Baviera

Donau
Danubio

Württemberg

Donau
Danubio

Augsburg
Augusta

BELG.

LUX.

Freiburg
Friburgo

München
Monaco

Konstanz
Costanza

Rhein
Reno

Bodensee
Lago di Costanza

SCHWEIZ
SVIZZERA

ÖSTERREICH
AUSTRIA

Deutschland
Germania

1 : 6 000 000   0   50   100   150   200 km

BELG. BELGIEN
BELGIO
L. LIECHTENSTEIN
LUX. LUXEMBURG
LUSSEMBURGO

Die Schweiz
Svizzera

1 : 2 350 000

0 25 50 75 km

A.A.-R. Appenzell Ausser-Rhoden
A.I.-R. Appenzell Inner-Rhoden
B.-L. Basel-Landschaft
  Basilea Campagna
B.-St. Basel-Stadt
  Basilea Città
N. Neuenburg
  Neuchâtel
Nidw. Nidwalden
Obw. Obwalden
S. Solothurn
  Soletta
Sch. Schaffhausen
  Sciaffusa

DEUTSCHLAND
GERMANIA

ÖSTERREICH
AUSTRIA

LIECHTENSTEIN

FRANKREICH
FRANCIA

ITALIEN
ITALIA

Schaffhausen
Sciaffusa
Sch.

Thurgau
Turgovia
Frauenfeld

Sankt Gallen
San Gallo
Herisau
Appenzell
A.A.-R.
A.I.-R.

Zürich
Zurigo

Aargau
Argovia
Aarau

Zug
Zug

Glarus
Glarona

Schwyz
Schwyz

Luzern
Lucerna

Nidw.
Stans
Sarnen
Obw.

Uri
Altdorf

Graubünden
Grigioni
Chur
Coira

Tessin
Ticino
Bellinzona

B.-L.
Liestal
B.-St.
Basel
Basilea

Jura
Giura
Delémont

Solothurn
Soletta
S.

Bern
Berna

Freiburg
Friburgo

Neuenburg
Neuchâtel
N.

Waadt
Vaud
Lausanne
Losanna

Wallis
Vallese
Sion
Rodano

Genf
Ginevra

Bodensee
Lago di Costanza

Rhein
Reno

Rhein
Reno

Rhein
Reno

Aare

Doubs

Neuenburger See
Lago di Neuchâtel

Genfer See
Lago di Ginevra

Vierwaldstätter See
Lago di Lucerna

Zürichsee
Lago di Zurigo

Lago
Maggiore

Luganer See
Lago di Lugano

Lago di Lugano

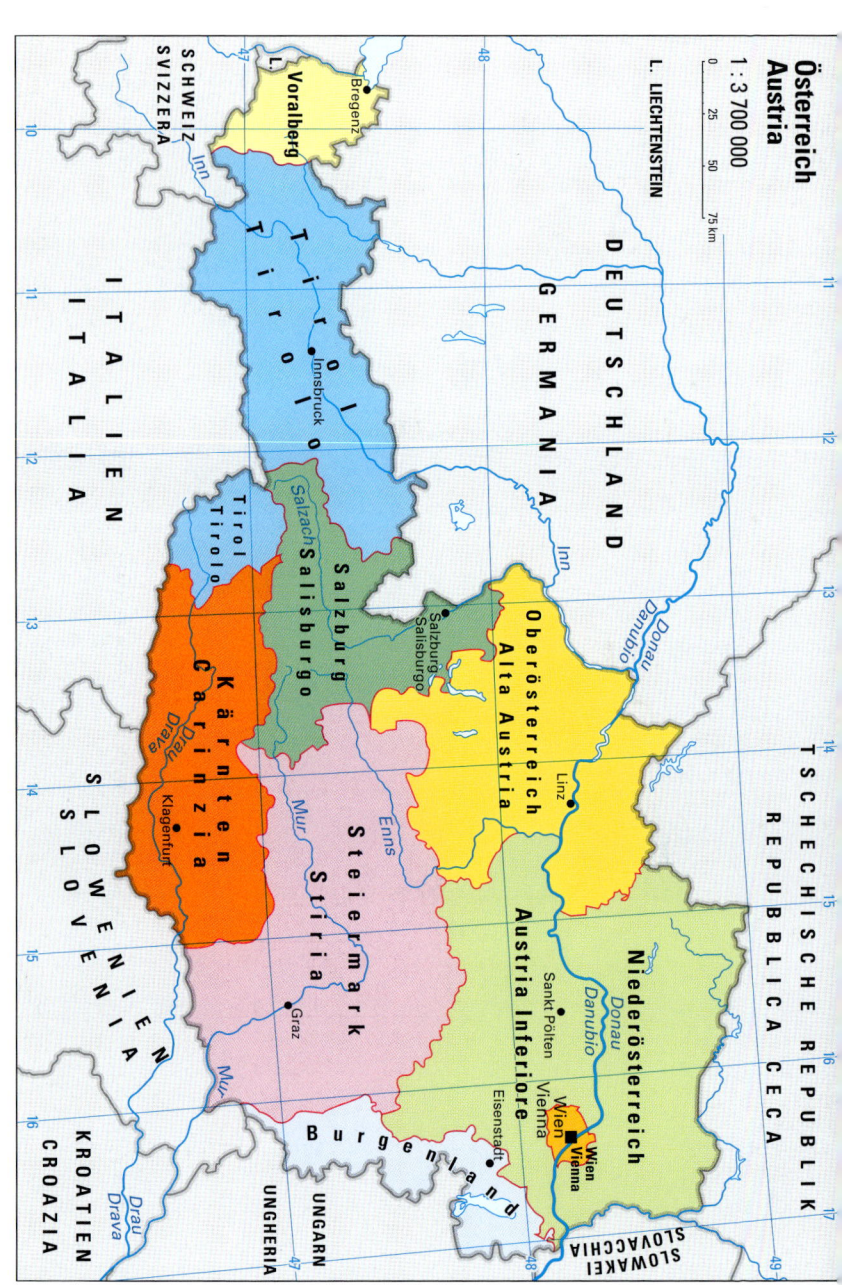

Österreich
Austria

1 : 3 700 000

0 25 50 75 km

L. LIECHTENSTEIN

SCHWEIZ
SVIZZERA

L.
Vorarlberg
Bregenz

Inn

T i r o l
Innsbruck

ITALIEN
ITALIA

Tirol
Tirolo

Salzach
Salzburg
Salisburgo

Salzburg
Salisburgo

DEUTSCHLAND

GERMANIA

Inn

Donau
Danubio

Donau

Oberösterreich
Alta Austria

Linz

Niederösterreich
Austria Inferiore

Sankt Pölten

Danubio
Donau

Wien
Vienna

Wien
Vienna

Eisenstadt

B u r g e n l a n d

TSCHECHISCHE REPUBLIK
REPUBBLICA CECA

Kärnten
Carinzia

Drau
Drava

Klagenfurt

Steiermark
Stiria

Enns

Mur

Graz

Mur

Drau
Drava

SLOWENIEN
SLOVENIA

KROATIEN
CROAZIA

UNGARN
UNGHERIA

SLOWAKEI
SLOVACCHIA

I lemmi sono in ordine alfabetico.

La vecchia grafia tedesca è contrassegnata da ALT mentre la nuova grafia è contrassegnata da RR.

Negli esempi illustrativi e nelle locuzioni la tilde ~ sostituisce il lemma senza la desinenza in parentesi.

Viene fornito il femminile dei sostantivi.

Le forme irregolari vengono fornite sotto il lemma di pertinenza. Nel lemmario in ordine alfabetico sono state registrate come lemmi a se stanti, con un rimando al lemma da cui derivano.

Per i sostantivi vengono fornite le desinenze delle forme flesse – genitivo singolare e nominativo plurale – tra parentesi uncinate subito dopo il lemma o la trascrizione fonetica.

Per i verbi una barra verticale „I" indica che il prefisso è separabile.

Le cifre romane contrassegnano le diverse parti del discorso.

Le cifre arabiche contrassegnano significati diversi.

Vengono fornite numerose indicazioni per l'uso, ad es.:

definizioni e sinonimi, soggetti ed oggetti tipici ed altre spiegazioni integrative,

il settore d'appartenenza,

la diffusione regionale,

il registro per i casi che si discostano da un uso neutrale della lingua.